Lexikon der Alten Welt

Lexikon der Alten Welt

Band 1

A – G

Albatros

Titel der Originalausgabe: Lexikon der Alten Welt

Artemis & Winkler Verlag, Düsseldorf und Zürich

Die Deutsche Bibliothek – CIP-Einheitsaufnahme
Ein Titeldatensatz für diese Publikation ist bei
Der Deutschen Bibliothek erhältlich.

Albatros Verlag, Düsseldorf

Umschlagmotive: Band 1: »First and Second Pyramid of Gizah«,
Kupferstich nach Luigi Mayer; Band 2: »Akropolis bei Sonnenuntergang«,
Gemälde von Louis Gurlitt; Band 3: »Ansicht des Kolosseums in Rom
vom Maronitenkloster«, Gemälde von Jegor G. Solnzew; © AKG Berlin
ISBN 3-491-96036-3

VORWORT

Kurz vor dem Ersten Weltkrieg erschien im Verlag B. G. Teubner zu Leipzig die 7. und letzte Auflage des seinerzeit unübertroffenen einbändigen Lübkerschen ‹Reallexikons des classischen Alterthums›. Seitdem sie vergriffen ist, fehlt im deutschen Sprachbereich ein Werk dieses Zuschnitts, das jedem an der Antike Interessierten, dem Schüler und Lehrer, dem Studenten und Dozenten wie auch dem Fachwissenschaftler anderer Richtung, knappe und zuverlässige Auskunft über alle Gebiete der antiken Kultur- und Geistesgeschichte geben könnte. Die seither im In- und Ausland erschienenen Lexika kleineren Umfangs und begrenzterer Zielsetzung haben die Lücke nicht schließen können. So war es der Wunsch des Artemis Verlages, in Anknüpfung an das bewährte Vorbild ein Lexikon der Alten Welt zu schaffen, und zwar zunächst etwa für jenen Leserkreis, an den sich auch seine BIBLIOTHEK DER ALTEN WELT seit Jahren wendet. Es versteht sich von selbst, daß das Ziel neu gesteckt werden mußte. Vor allem durfte das neue Nachschlagewerk sich nicht auf die griechisch-römische Antike beschränken, sondern mußte den Alten Orient einerseits, das frühe Christentum andererseits berücksichtigen, und in der Auswahl der Stichwörter mußte sich die Ausweitung und innere Wandlung der Forschung im letzten Jahrhundert widerspiegeln. Zu dem längst kanonisch gewordenen Grundbestand an Stichwörtern mußten darum moderne, vielfach neue Gesichtspunkte erschließende Artikel treten. Innerhalb der griechisch-römischen Antike werden neben Literatur, Philosophie, politischer und Kulturgeschichte, Religion, Recht, Wirtschaft, Technik und Verkehr zum erstenmal die Geschichte der Kunst und die der Wissenschaften angemessen berücksichtigt.

Bei der Größe der Aufgabe konnte nicht mehr ein einzelner Herausgeber für das gesamte Werk verantwortlich zeichnen; es empfahl sich, ein Gremium zu bilden, in dem jede Hauptdisziplin der Altertumswissenschaft vertreten war. Dank der Aufteilung der Fachbereiche konnte die Planung gebietsweise so differenziert werden, daß es gelang, auch Spezialisten der einzelnen Fachrichtungen als Mitarbeiter zu gewinnen. Ziel dieser Aufgliederung auf die 237 Verfasser war, eine gleichmäßig sachgemäße und sorgfältige Bearbeitung aller Artikel zu gewährleisten. Die Mitarbeiter haben sich dankenswerterweise zu der nicht leichten Aufgabe verstanden, die Gegenstände ihrer Arbeitsgebiete in der durch den Umfang eines einbändigen Nachschlagewerkes gebotenen Knappheit zu behandeln. Zu der Forderung nach Zuverlässigkeit in der Sache trat die nicht minder wichtige nach Klarheit in der Darstellung, wie wir sie einer weiten, über die Grenzen der Fachgelehrsamkeit hinaus an der Antike interessierten Leserschaft zu schulden glauben. Es wurde auf Deutlichkeit, Übersichtlichkeit und Lesbarkeit des Textes Wert gelegt; die Literaturangaben sind vom Text getrennt. Entsprechend der Anlage eines solchen Werkes, das allgemein und objektiv über den Stand der Forschung unterrichten soll, mußte jede einseitige Polemik unterbleiben: Strittiges oder Ungesichertes ist als strittig und ungesichert gekennzeichnet; in allen wichtigeren Streitfragen sind die gegensätzlichen Standpunkte einander gegenübergestellt.

Obwohl es Hauptaufgabe dieses Nachschlagewerkes bleiben wird, über einzelne Daten und Realien zu informieren, schien es doch nicht ratsam, sich mit der Aufreihung von Einzelartikeln zu begnügen. Man hat daher versucht, heutiger Fragestellung entsprechend, den Einzelartikeln systematische Behandlungen der größeren Zusammenhänge überzuordnen. So werden beispielsweise die griechischen Bildhauer nicht nur einzeln unter ihrem Namen charakterisiert, sondern es wird darüberhinaus die Gattungsgeschichte der griechischen Plastik in einem längeren ‹Dachartikel› dargestellt. Die Übersichtsartikel und die ihnen zugeordneten Einzelartikel sind durch Querverweise miteinander verknüpft.

Im Unterschied zu vergleichbaren Enzyklopädien der Altertumswissenschaft wird im vorliegenden Werk das Wort durch das Bild ergänzt, namentlich im Bereich der Archäologie als der Wissenschaft von den Denkmälern und Sachen. Dabei wurde von photographischen Wiedergaben von vornherein abgesehen; sie sind heute in vorzüglich ausgestatteten Bildwerken leicht zugänglich. Um so nötiger schien es uns, so oft wie möglich die Struktur eines Gegenstandes durch geeignete Mittel zu veranschaulichen. Grundrisse, Architekturelemente, Vasenformen, Ornamente, Musikinstrumente, Maschinen, Hausrat und vieles andere werden daher in schematischen Zeichnungen wiedergegeben, die unter Weglassung alles Beiläufigen das Typische der Form und die Funktion des Gegenstandes hervortreten lassen. In den meisten Fällen mußten diese Bilder neu gezeichnet werden.

Neu gezeichnet sind auch die Karten: sie sollen die historischen und topographischen Artikel ergänzen und sind mit ihnen durch Querverweise verbunden, so daß jeder im Textteil behandelte Ort (Gegend, Landschaft, Fluß usw.) leicht auf einer Karte zu finden ist. Auch hier wurde vor allem Übersichtlichkeit angestrebt und darum auf Angabe allzu vielen Details verzichtet. Nach Möglichkeit steht jede Karte unter einem bestimmten Gesichtspunkt und bezieht sich auf eine bestimmte historische Zeitspanne. Der Erschließung der Karten dient ein topographischer Index.

Der Textteil ließ sich in mancher Beziehung dadurch entlasten, daß gewisse Komplexe in Form von Verzeichnissen im Anhang zusammengefaßt wurden. Dieser Anhang bringt eine Liste der antiken Bildnisse, die Nomenklatur der griechischen und lateinischen Handschriften und der Papyri, ferner eine Aufstellung der bedeutenderen Ausgrabungen neuerer Zeit, Tabellen der Maße und Gewichte und schließlich eine Auswahl von ‹Geflügelten Worten› aus der antiken Literatur.

So entschieden mit alledem die praktische Zielsetzung unseres Unternehmens betont ist, so erschöpft sich das Bestreben der Herausgeber doch nicht in Zweck und Nutzen eines handlichen Nachschlagewerks. Vielmehr war der ganze Plan von vornherein von einem weiterreichenden Leitgedanken getragen, und es sind vor Beginn der Arbeit und dann immer von neuem auf jeder Stufe der Vorbereitung sorgfältige Überlegungen darüber angestellt worden, wie die zur Richtschnur genommenen Prinzipien in die Tat umgesetzt werden könnten. Verleger, Herausgeber und Redaktoren haben sich von der Überzeugung leiten lassen, daß sich in dem zu schaffenden Werk die Idee der Klassischen Altertumswissenschaft spiegeln soll. Diese Idee, aus der Renaissance geboren, war zunächst von den großen Humanisten Italiens und Frankreichs im 16., Hollands und Englands im 17. Jahrhundert verwirklicht worden; im 18. und beginnenden 19. Jahrhundert wurde sie durch die Begründer der modernen philologischen, historischen und archäologischen Disziplinen, von Winckelmann und Herder über Friedrich Gottlob Heyne und Friedrich Schlegel bis zu Friedrich August Wolf, neu erweckt, als umfassende Aufgabe proklamiert und ins allgemeine Bewußtsein erhoben. In ihrer Entfaltung zu den großen gelehrten Leistungen des 19. Jahrhunderts hat sich diese Idee allseitig ausgewirkt, aber keineswegs erschöpft und überlebt, wie gelegentlich gesagt wurde. Trotz aller Beeinträchtigung durch politische Katastrophen, die auf unser Arbeitsfeld nicht nur hemmend und lähmend, sondern vor allem zersplitternd und vereinzelnd gewirkt haben, verleiht diese Idee, wie wir überzeugt sind, nach wie vor dem gesamten Gefüge der an der Erforschung der griechisch-römischen Antike mitwirkenden Disziplinen Sinn und Zusammenhang.

Im Sinne dieser vor 150 Jahren durch Friedrich August Wolf klassisch formulierten Idee der Klassischen Altertumswissenschaft ist auch das hier vorgelegte enzyklopädische Handbuch entworfen worden. Sie bedingte sowohl die Setzung und Umgrenzung des zentralen Gegenstandes der griechisch-römischen ‹*Antike*› unter ständiger Bezugnahme auf Nachbarbereiche als auch die Ausfüllung des so gezogenen Kreises mit einer Summe von Stichwörtern, die sich auf *sämtliche Bereiche der Welt und des Lebens* beziehen. Wir durften uns nicht scheuen, so hoch zu greifen, und durften uns auch durch die Idealität der gewiß nie befriedigend zu erfüllenden Forderung nicht zurückschrecken lassen. Daß die Wandlungen unserer Wissenschaft im Laufe der letzten hundert Jahre in lebendigem Zusammenhang mit den geistigen, sozialen und kulturellen Wandlungen unserer Welt auch die – wenn man so will – konservative Leitidee in vielen Stücken modifiziert und vermannigfaltigt haben, versteht sich. Der Inhalt des Buches wird gewiß sowohl von der geistigen Spannung zwischen Historismus und Klassizität, die zwischen 1848 und 1914 vorwaltete, zeugen wie von den geistigen Bewegungen, in denen im Laufe unseres eigenen Jahrhunderts diese Spannung zu immer neuem Austrag kommt.

Nicht darum freilich wird hier, an der Schwelle des Buches, auf so weitreichende geistes- und wissenschaftsgeschichtliche Zusammenhänge hingedeutet, weil die Herausgeber etwa wähnten, den damit vorschwebenden Maßstäben mit dem hier Dargebotenen ganz gerecht werden zu können. Jedoch soll womöglich die Grundauffassung und Zielsetzung, die uns und unsere Mitarbeiter geleitet hat, auch dem Benutzer des Bandes deutlich werden, zur Orientierung in der Fülle des Einzelnen dienen und im Zusammenwirken der Disziplinen die Einheit der Altertumswissenschaft erscheinen lassen.

Das hier vorgelegte Werk ist die Frucht der Zusammenarbeit eines großen Kreises. Die Initiative dazu ist von dem Leiter des Artemis Verlages, Dr. Bruno Mariacher, ausgegangen. Sein Gedanke war es auch, Vertreter der altertumswissenschaftlichen Hauptdisziplinen in einem Herausgebergremium zu vereinigen und zwei jüngere Fachwissenschaftler mit der ständigen Redaktion zu betrauen. Diese beiden Redaktoren, Dr. Klaus Bartels und Dr. Ludwig Huber, Tübingen/Zürich, haben im Sommer 1961 das Stichwortverzeichnis, einschließlich der Aufgliederung der Sachgebiete und der Bemessung der Artikel, aufgestellt und sind dann seit Frühjahr 1962 hauptamtlich für das Werk tätig gewesen. Ihnen ist es auch zu verdanken, daß zur Koordinierung einer mehrjährigen Zusammenarbeit zwischen Herausgebern, Mitarbeitern und Übersetzern einerseits und Verlag, Druckerei und den graphischen Ateliers andererseits alles Erdenkliche geschehen ist, um das Ganze ohne Stockung und Reibungen zum vorgesehenen Zeitpunkt zu Ende zu führen. Wir danken an dieser Stelle noch einmal allen Mitarbeitern, die ihre Kräfte dem gemeinsamen Unternehmen zur Verfügung gestellt haben. Dieser Dank gilt vor allem den Verfassern der Artikel, unter denen einige über ihre eigenen Beiträge hinaus den Herausgebern mit ihrem Rat zur Seite gestanden haben. Insbesondere hat Prof. Dr. Hatto H. Schmitt, Saarbrücken, die große Arbeit auf sich genommen, die Herstellung der historisch-geographischen Karten zu betreuen. Einige davon hat er selbst neu entworfen, die übrigen kritisch überprüft und auf den letzten Stand gebracht. Prof. Dr. Ernst Risch, Zürich, hat in entgegenkommender Weise den Herausgebern die Verantwortung für den Bereich der historischen Sprachwissenschaft abgenommen.

Großen Dank schulden wir auch jenen zahlreichen Kollegen, Assistenten und Studierenden, die durch ihre Hilfe zu dem Werk beigesteuert haben. Nicht alle Namen lassen sich hier verzeichnen. Besonders verpflichtet sind wir Dr. Dr. G. Wießner, Göttingen, und Dr. F. Fischer, Tübingen, die die Umschrift der vorderorientalischen bzw. der türkischen Namen überwacht haben, und cand. phil. H. Holzhausen, Tübingen, der bei der Nachprüfung, Vereinheitlichung und Korrektur der Literaturangaben wertvollen Beistand geleistet hat.

Wir widmen dieses ‹Lexikon der Alten Welt› dem Andenken unseres unvergessenen Freundes und Kollegen Jacques Moreau (1918–1961), Professor für Alte Geschichte in Heidelberg, der bis zu seinem frühen Tode – er verlor sein Leben bei dem Flugzeugabsturz einer Gruppe von Heidelberger Althistorikern – dem Herausgebergremium angehört und das Werk im Stadium der Planung durch seine universale Umsicht, seine reife Gelehrsamkeit und seine Humanität vielfältig gefördert hat.

Im Herbst 1965 — Die Herausgeber

DIE MITARBEITER

K. Abel, Marburg
A. Adam, Bielefeld
M. von Albrecht, Heidelberg
B. Andreae, Bochum
C. Andresen, Göttingen
E. Badian, Leeds
J. N. Bakhuizen v. d. Brink, Leiden
D. M. Balme, London
J. Barns, Oxford
H. Baumgarten, Göttingen
E. Bayer, Tübingen
C. Becker, München
H. Bellen, Köln
G. Bendz, Lund
E. Berger, Basel
L. Berger-Haas, Basel
I. Beyer, Freiburg
E. Bielefeld, München
E. Boer, Berlin
H. Le Bonniec, Paris
E.-M. Bossert, Tübingen
H. Braunert, Kiel
F. Brunhölzl, Marburg
K. Brunner, Zürich
V. Buchheit, Gießen
E. Buchner, München
K. Büchner, Freiburg
W. Bühler, München
E. Burck, Kiel
W. Burkert, Erlangen
H. A. Cahn, Basel
G. Calboli, Bologna
H. Cancik, Tübingen
Hg. Cancik, Tübingen
K. Christ, Marburg
C. J. Classen, Göttingen
R. Van Compernolle, Brüssel
M. Cramer, Münster
H. Dahlmann, Köln
L. W. Daly, Philadelphia
Chr. M. Danoff, Sofia
H.-J. Diesner, Halle
A. Dihle, Köln
P. Dikaios, Princeton
H. Donner, Göttingen
H. Dörrie, Münster
F. Eckstein, Freiburg
H. Erbse, Tübingen
E. Ettlinger, Zürich
U. Fabricius, Kassel
D. Fehling, Kiel
R. Fellmann, Basel
C. Fensterbusch, Gelsenkirchen
F. Fischer, Tübingen
K. Fischer, Bonn
P. R. Franke, München
K. von Fritz, München
J. G. Fuchs, Basel
D. J. Furley, London
E. Gebhardt, Gießen
M. Gelzer, Frankfurt
Th. Gelzer, Basel
H. Gericke, München
O. Gigon, Bern
M. Glück, Tübingen
G. Gottlieb, Heidelberg
P. Grimal, Paris
G. Gruben, Athen
F. Gschnitzer, Heidelberg
R. Haardt, Wien
P. Haendel, Mannheim
R. Hanslik, Wien
J. W. Halporn, Indiana
U. Hausmann, Tübingen
R. Heidenreich, Leipzig
U. Heimberg, Freiburg
H. von Heintze, Rom
W. Helck, Hamburg
A. Heubeck, Nürnberg
F. Hiller, Marburg
W. Hoffmann, Gießen
H. Homeyer, Saarbrücken
H. Hommel, Tübingen
P. Hommel, Frankfurt
H. Hornung, Tübingen
B. Hrouda, München
H. Hübner, Köln
H. Hunger, Wien
L. Huber, Zürich
G. Jahr, Saarbrücken

U. Jantzen, Hamburg
E. C. Jones, Urbana (Ill.)
J. Ijsewijn, Louvain
K. G. Kachler, Basel
J. Th. Kakridis, Thessaloniki
H. Kaletsch, München
R. Kassel, Berlin
F.-H. Kettler, Münster
F. Kiechle, Bochum
K. Kindermann, Heidelberg
R. Knapowski, Posen
G. Knebel, Hamburg
H. G. Kolbe, Bonn
H. Koester, Harvard
F. Krafft, Hamburg
H. Kraft, Kiel
C. Krause, Basel
W. Krenkel, Rostock
J. Kroymann, Tübingen
F. Kudlien, Kiel
J. H. Kühn, Hamburg
H. Kuhn, München
B. Kytzler, Berlin
P. Langlois, Caen
F. Lasserre, Lausanne
S. Lauffer, München
W.-D. Lebek, Köln
A. Lejeune, Visé (Belgien)
G. Lieberg, Bochum
W. Liebich, Berlin
A. Lippold, Bonn
B. Lohse, Hamburg
G. Lohse, Hamburg
G. Luck, Bonn
K.-H. Lütcke, Tübingen
O. Luschnat, Berlin
H. Maehler, Berlin
F. G. Maier, Frankfurt
S. Mansion, Louvain
J. Maluquer de Motes, Barcelona
H. Marti, Zürich
J. Martin, Würzburg
Th. Mayer-Maly, Köln
Chr. Meier, Freiburg
E. Mensching, Göttingen
R. Merkelbach, Köln
Ph. Merlan, Claremont (Calif.)
E. Meyer, Zürich
G. Meyer, Basel
H. D. Meyer, Köln
R. Meyer, Jena
P. Moraux, Berlin
H. J. Nissen, Heidelberg
K. Oehler, Hamburg
E. Pasoli, Bologna
Th. Pekáry, Bern
F. Pfister, Würzburg
V. Pöschl, Heidelberg
K. Preisendanz, Heidelberg
G. Priesemann, Göttingen
G. Redard, Bern
B. Reicke, Basel
W. Richter, Göttingen
E. Risch, Zürich
M. A. Ritter, Göttingen
H. Rix, Erlangen
B. Röll, München
W. Röllig, Münster
K.-H. Roloff, Bremen
H. Rosenfeld, München
D. Rothenhöfer, Tübingen
U. Rüdiger, Rom
F. Ruge, Tübingen
K. Rupprecht, München
S. Sambursky, Jerusalem
B. Saria, Graz
E. Schäfer, Göttingen
K. Schauenburg, Hamburg
K. Schefold, Basel
I. Scheibler, München
W. Schetter, Mainz
W. Schiering, Göttingen
U. Schindel, Göttingen
W. Schmid, Bonn
W. P. Schmid, Göttingen
E. Schmidt, Frankfurt
H. H. Schmitt, Saarbrücken
H. Schmoll, Neuendettelsau
V. Schnell, Tübingen
L. Schnitzler, Tübingen
H. C. Schnur, Stamford (Conn.)
K. Schubert, Wien
D. Schulz, München
W. Schwabacher, Stockholm
H. Schwabl, Berlin
K.-H. Schwarte, Bonn

E.-R. Schwinge, Tübingen
J. Seibert, Tübingen
O. Seel, Erlangen
H. Sichtermann, Rom
J. E. Skydsgaard, Kopenhagen
B. Snell, Hamburg
M. Soreth, Köln
W. Spoerri, Neuenburg
W. Von den Steinen, Basel
K. Stiewe, Münster
J. Straub, Bonn
K. F. Stroheker, Tübingen
H. Strohm, Erlangen
W. Strothmann, Göttingen
H. Temporini, Tübingen
E. A. Thompson, Nottingham
H. Thyen, Heidelberg
R. Till, Erlangen
D. Timpe, Würzburg
R. Tölle, Hamburg
P. Tschudin, Basel
O.W. von Vacano, Tübingen
M. van der Valck, Rumpt/Geldern
K. Vogel, München
E. Vogt, Bonn
J. Vogt, Tübingen
E.-M. Voigt, Hamburg
H. Volkmann, Köln
J. ter Vrugt, Geldrop
F. R. Walton, Athen
B. H. Warmington, Bristol
R. Wegener, Bonn
F. Wehrli, Zürich
U. Weidemann, Heidelberg
M. Weippert, Tübingen
R. Werner, München
H. Widmann, Tübingen
H. Wieland, München
J. Wiesner, Freiburg
G. Wießner, Göttingen
U. Wilckens, Berlin
G. Wille, Tübingen
D. Willers, Hamburg
A. Wlosok, Heidelberg
J. H. Wolf, Hannover
H. J. Wolff, Freiburg
E. Würthwein, Marburg
D. Wuttke, Bonn
P. Zazoff, Hamburg
E. Zinn, Tübingen
F. Zucker, Hamburg

Die französischen Beiträge wurden übersetzt von L. Oswald, Zürich;
die englischen von Cordula Gigon, Bern;
die spanischen von F. Schwarz-Blasco, Tübingen;
die holländischen von G. Wunberg, Leiden.

WEGLEITUNG ZUR BENUTZUNG DES WERKES

1. Anordnung der Stichwörter

a) Die Stichwörter sind *alphabetisch angeordnet*. Die Umlaute Ä, Ö, Ü sind wie Ae, Oe und Ue behandelt. Zwischen I und J ist wegen des Schwankens der Schreibweise nicht unterschieden. Für die Einordnung der mit Ae, Ai, C, K, Oe, Oi, Z beginnenden Stichwörter vgl. unten 2. Als praktische Regel gilt:

Unter Ae nicht Gefundenes suche unter Ai
Unter Ai nicht Gefundenes suche unter Ae
Unter C nicht Gefundenes suche unter K oder Z
Unter K nicht Gefundenes suche unter C oder Z
Unter Oe nicht Gefundenes suche unter Oi
Unter Oi nicht Gefundenes suche unter Oe
Unter Z nicht Gefundenes suche unter C oder K

b) *Gleichlautende Stichwörter* sind durchgehend numeriert und vom zweiten an mit dem Anfangsbuchstaben abgekürzt; die mit römischen Ziffern bezeichneten Herrscher an erster Stelle, danach die übrigen Träger des Namens, alphabetisch geordnet nach den folgenden Namensbestandteilen. Beinamen bzw. Cognomina rangieren dabei vor Herkunftsbezeichnungen. Es gilt also die folgende Reihenfolge:

Dionysios I.	=	Dionysios I.
....		....
Dionysios	=	3. D.
....	=	....
Dionysios Areiopagites	=	5. D. Areiopagites
....	=	....
Dionysios Skytobrachion	=	9. D. Skytobrachion
....		....
Dionysios von Alexandria	=	11. D. von Alexandria
....	=	....
Dionysios von Halikarnaß	=	16. D. von Halikarnaß
....		....

Wo Beinamen oder Herkunftsbezeichnungen fehlen oder gleich lauten, gilt bei Personen die chronologische Reihenfolge, bei andern Namen oder Begriffen die Rangfolge. – Die Ordnungsziffer gleichlautender Stichwörter kehrt in runden Klammern in den Verweisen nach dem Verweiswort (vgl. unten 4) und in den Kolumnentiteln (vgl. unten 8) wieder.

c) *Römische Namen* sind im allgemeinen unter dem Nomen gentile eingeordnet, nur in einzelnen Fällen unter dem Cognomen, falls diese Benennung vorzugsweise gebräuchlich ist. So steht

M. Aemilius Lepidus unter ‹Aemilius›,
aber: M. Tullius Cicero unter ‹Cicero›.

Verweise von den Cognomina auf das Nomen gentile und umgekehrt vom Nomen gentile auf die Cognomina erleichtern das Auffinden.

d) *Städte, Flüsse und Berge*, teilweise auch *Ländernamen* sind unter den antiken Bezeichnungen aufgenommen:

Rottweil unter ‹Arae Flaviae›,
Donau unter ‹Istros›.

Der moderne Name wird im Artikel angeführt; der antike Name kann von der modernen Bezeichnung her über das topographische Register im Anhang (Spalte 3495 ff.) aufgefunden werden (vgl. unten 10).

e) *Festgeprägte Begriffe*, die aus mehreren Wörtern zusammengesetzt sind, erscheinen unter dem ersten Wort:

A priori unter ‹A›,
Guter Hirte unter ‹Guter›,
In iure unter ‹In›.

Dagegen sind Monumente, die nach Personen oder Orten benannt sind, in den prosopographischen bzw. topographischen Artikeln behandelt: Das ‹Denkmal des L. Aemilius Paullus› im Artikel ‹Aemilius› (10), der ‹Krieger von Capestrano› im Artikel ‹Capestrano›.

2. Schreibweise

a) Für die *Schreibweise orientalischer, griechischer und lateinischer Namen und Begriffe* im Lexikon der Alten Welt können die eingeführten orthographischen Regelungen nicht in allen Fällen maßgebend sein. Denn die Schreibung griechischer und lateinischer Namen schwankt im allgemeinen Gebrauch wie auch in der wissenschaftlichen Literatur zwischen der früher überall, heute vor allem noch in den angelsächsischen Ländern verbreiteten Schreibweise, in der alle Namen, auch die griechischen, in lateinischer oder latinisierter Form wiedergegeben werden, und der neueren, bei uns besonders von Ulrich von Wilamowitz-Moellendorff wieder eingeführten, in der die griechischen Namen in ihrer griechischen Form erscheinen. Dazu kommt, daß eine große Zahl griechischer und lateinischer Namen im 17. und 18. Jh. unter dem Einfluß der französischen Kultur auch im Deutschen eine an die französische Schreibweise und Betonung angeglichene Form erhalten haben. Konsequenz der Schreibung läßt sich mit Rücksicht auf diese komplexen historischen Bedingungen nicht erreichen. Kennzeichnend ist, daß die griechischen Namen auch dort, wo die griechische Form heute wieder üblich geworden ist, keineswegs immer auch die griechische Betonung erhalten haben: wir sagen heute (statt des lateinischen Hercules) ‹Hérakles›, während der Grieche ‹Heraklés› betonte, und (statt Aeschylus) ‹Aíschylos›, wo die ursprüngliche Betonung ‹Aischýlos› lautete.

b) Im Lexikon der Alten Welt gilt die *Grundregel:* griechische Namen und Begriffe werden griechisch, lateinische lateinisch geschrieben, ohne Rücksicht auf die Herkunft der Person oder – bei Autoren – auf die Sprache der Werke, also

‹Aelius Promotus› statt ‹Ailios Promotos›
‹Aischylos› statt ‹Aeschylus›
‹Apameia› statt ‹Apamea›
‹Aristeides› statt ‹Aristides›
‹Ptolemaios› statt ‹Ptolemäus›.

Von diesem Prinzip wurde nur dort abgewichen, wo es im Deutschen fest eingebürgerte Namensformen gibt.

So heißt es:

‹Actium›	statt ‹Aktion›
‹Ädil›	statt ‹Aedilis›
‹Ägypten›	statt ‹Aigyptos›
‹Alexander›	statt ‹Alexandros›
‹Alexandria›	statt ‹Alexandreia›
‹Callistus›	statt ‹Kallistos›
‹Chiron›	statt ‹Cheiron›
‹Delphi›	statt ‹Delphoi›
‹Diözese›	statt ‹Dioikesis›
‹Ephoren›	statt ‹Ephoroi›
‹Horaz›	statt ‹Horatius›
‹Hieronymus›	statt ‹Hieronymos›
‹Hymnus›	statt ‹Hymnos›
‹Konsul›	statt ‹Consul› (aber: ‹Censor›)
‹Lukrez›	statt ‹Lucretius›
‹Terenz›	statt ‹Terentius›.

Insbesondere gilt dies für die aus dem Französischen übernommene Weglassung der griechischen oder lateinischen Namensendung:

Athen, Hadrian, Herodot, Homer, Konstantin d. Gr., Quintilian.

Bei eingedeutschten Namen ist das griechische oder lateinische i durch unser j ersetzt:

Jason, Julia, Jupiter.

Entsprechend werden die topographischen Namen, die mit deutscher Endung gegeben werden, mit j statt i, k statt c und mit deutschen Umlauten geschrieben:

Äquer, Böotien, Herniker, Makedonien, Troja (aber: Ionien).

Die Termini technici der Architektur, der Metrik und der Rhetorik werden, wie in der Fachsprache üblich, mit lateinischen Endungen, im übrigen aber mit k statt c geschrieben:

‹Abakus›	statt ‹Abakos›
‹Iambus›	statt ‹Iambos› (aber: ‹Jamben›, ‹jambisch›)
‹Ionikus›	statt ‹Ionicus›
‹Portikus›	statt ‹Porticus›.

In allen unsicheren Fällen, insbesondere bei mehreren gleichberechtigten Namensformen, sind Verweise angebracht worden. Im einzelnen ließ sich die Entscheidung, welche Form als eingebürgert gelten darf, oft nicht eindeutig treffen. Es schien uns richtiger, die mit diesen Regeln gegebene Unsicherheit und die daraus entspringenden Inkonsequenzen in Kauf zu nehmen, als ein zwar unanfechtbares, aber starres und künstliches System gegen Herkommen und Sprachgebrauch durchzusetzen.

c) Auf *diakritische Zeichen* zur Kennzeichnung von Längen und Kürzen und der Betonung wurde im allgemeinen verzichtet. Lediglich bei entlegeneren griechischen Namen und Begriffen wurde die Länge in der betonten Endsilbe bezeichnet:

Chalkūs, Didachē.

d) Die Umschrift orientalischer Eigennamen richtet sich in der Regel nach den Grundsätzen der ‹Zeitschrift der Deutschen Morgenländischen Gesellschaft›. Von dieser Regel abweichende, in der wissenschaftlichen Literatur jedoch überwiegend übliche traditionelle Umschriften wurden jedoch beibehalten, um dem Benutzer das Auffinden des Stichwortes und die Lektüre der einzelnen Artikel zu erleichtern.

3. Gliederung der Artikel

Alle größeren Artikel sind zur besseren Übersicht und zur leichteren Orientierung bei Querverweisen in Gliederungsabschnitte unterteilt, deren Länge eine Spalte nicht überschreitet. Der Gliederung dienen römische Ziffern, große Buchstaben und arabische Ziffern in eckigen Klammern zu Beginn der Absätze. Bei kürzeren Artikeln sind nur die arabischen Ziffern verwendet, bei größeren treten die Großbuchstaben als übergeordnete Gliederung hinzu. Die römischen Ziffern sind fast ausschließlich der Abgrenzung des griechischen, römischen und christlichen Teils der großen Darstellungen vorbehalten.

Bei allen Artikeln, die länger als drei oder vier Spalten sind, ist die Gliederung in übersichtlicher Form dem Artikel vorangestellt.

Die Gliederungsziffern kehren in den Querverweisen (siehe unten 4) und in den Kolumnentiteln (siehe unten 8) wieder.

4. Querverweise

a) Die Verbindung der kürzeren Einzelartikel mit den zusammenfassenden Darstellungen und umgekehrt ist durch eine große Zahl von *Querverweisen* gesichert. Das Verweiszeichen ist ein Pfeil: → vor dem Wort, auf das verwiesen wird. Querverweise, die sich auf den gesamten Inhalt des Artikels beziehen, sind entweder im Anschluß an die Gliederung oder am Schluß des Artikels angefügt, Hinweise auf weitere Literatur am Schluß der Literaturangaben.

b) Bei Querverweisen, die in den laufenden Text des Artikels eingefügt sind, konnte das Verweiswort mit dem Stichwort, auf das verwiesen wird, nicht immer buchstäblich übereinstimmen. So verweist z. B.

→ Germanien	auf ‹Germanen›,
→ hethitisch	auf ‹Hethiter›,
→ Parther	auf ‹Partherreich›,
→ Tragiker	auf ‹Tragödie›.

c) Bei *gleichlautenden Stichwörtern* (vgl. oben 1) ist die Ordnungsziffer in runden Klammern hinter dem Verweiswort eingesetzt:

→ Dionysios (16) von Halikarnaß.

Ist der ganze Verweis bereits in Klammern eingeschlossen, wird die Ordnungsziffer durch Komma abgetrennt:

Im Seeräuberkrieg (vgl. → Pompeius, 2)...

Bezieht sich ein *Querverweis auf einen größeren Artikel*, so ist der Gliederungsabschnitt, auf den im besonderen verwiesen wird, hinter dem Wort genannt, auf das verwiesen wird, im fortlaufenden Text in runden Klammern (die eckige Klammer um die arabische Ziffer fällt dann fort), bei für sich stehenden Verweisen ohne Klammern:

In der griech. → Geschichtsschreibung (I B 4)...
Vgl. → Christentum III A [2].

5. Literaturangaben

a) Fast alle Artikel sind mit Literaturangaben ausgestattet, die die Verbindung zur neueren Forschung und über diese auch zur älteren Fachliteratur herstellen sollen. Um den Text der Artikel von solchen Nachweisen möglichst zu entlasten, erscheinen diese Literaturangaben, auch typographisch deutlich abgesetzt, gesammelt unter dem Artikel. Hier sind jeweils die anerkannten Standardwerke, Bibliographien und Forschungsberichte, und von der übrigen Literatur vor allem solche Arbeiten aufgezählt, die die Forschung maßgeblich gefördert oder in eine neue Richtung gelenkt haben, bei den Autoren auch die heute in der Fachwissenschaft bevorzugten Ausgaben, Kommentare und Übersetzungen. Werke, die ein ausführliches Literaturverzeichnis enthalten, sind durch den Vermerk ‹(Lit.)› besonders gekennzeichnet.

b) Bei den antiken Autoren sind die Editionen (unter dem Siglum *Ed*) bzw. die Fragmentsammlungen *(Frg)* vorangestellt, bei prosopographischen Artikeln in vielen Fällen auch die wichtigsten Quellen (*Q*). Soweit nicht mit Ausgaben verbunden, sind Kommentare *(Komm)* und Übersetzungen *(Übers)* gesondert aufgeführt. Bei den Ausgaben ist nur Herausgeber und Erscheinungsjahr genannt; bei Teilausgaben eines Autors ist die Abkürzung des betreffenden Werks in Klammern zugefügt. Die übrige Literatur *(Lit)* ist, um den Fortgang der Forschung anzudeuten, in *chronologischer Reihenfolge* gegeben. Bei Neuauflagen ist das Jahr der ersten Auflage in Klammern hinter dem Titel des Buches genannt, darauf das Jahr der letzten Auflage mit hochgestellter Auflageziffer. Entsprechend ist bei Aufsätzen, die in Sammelbänden wieder abgedruckt wurden, das Jahr der ersten Veröffentlichung in Klammern hinter dem Titel angegeben. Für die chronologische Einordnung ist in diesen Fällen das Jahr der letzten Auflage bzw. das Erscheinungsjahr des Sammelbandes maßgebend. Lediglich anastatische Nachdrucke (gekennzeichnet durch ‹Nachdr.›) sind unter dem Jahr der früheren Auflage eingeordnet.

c) *Bei größeren Artikeln* sind die Literaturangaben gelegentlich auch unter den einzelnen Abschnitten gegeben oder, wenn sie am Schluß des Artikels zusammengefaßt wurden, nach den Gliederungsabschnitten geordnet.

d) *Literaturhinweise im fortlaufenden* Text wurden nur in Ausnahmefällen gegeben, wo die Nennung einer Arbeit zu einer einzelnen Stelle des Artikels unentbehrlich schien. Im Text erscheint dann nur der Name des Autors und die Seitenzahl; das ausführliche Zitat ist in die Literaturangaben eingereiht.

e) *Bei den Figuren der Sage* sind im Anschluß an die Literaturangaben die antiken Darstellungen zusammengestellt und Abbildungs- und Literaturhinweise dazu gegeben. Hier steht die Verfassersignatur (vgl. unten 6) erst unter dem Darstellungsnachweis. Auf die *Bildnisse historischer Personen*, die im Anhang zusammengestellt sind (Sp. 3355ff.), ist ebenfalls in den Literaturangaben verwiesen.

6. Verfassersignaturen

Alle Artikel sind einzeln – auch wo mehrere Artikel desselben Mitarbeiters aufeinander folgen – mit den Initialen des Verfassers signiert. Die Verfassersignaturen sind im Anhang (Sp. 3435ff.) aufgelöst. Die Signatur bezieht sich stets auch auf die Literaturangaben (und auf die Darstellungsnachweise, wenn diese nicht noch besonders signiert sind, vgl. oben 5e). Einige kleinere Artikel sind im Zuge der abschließenden Arbeiten durch die Herausgeber und die Redaktion nachgetragen worden; diese sind, wie die Verweise, unsigniert geblieben.

7. Abkürzungen

a) Alle vorkommenden Abkürzungen, auch die allgemeinen, sind im Anhang (Sp. 3437ff.) aufgelöst.

b) Für die *Stellenangaben im Text* der Artikel wurde für die lateinischen Autoren das Abkürzungsverzeichnis des Thesaurus Linguae Latinae (Index Librorum Scriptorum Inscriptionum, Leipzig 1904, mit den Nachträgen) zugrunde gelegt, für die griechischen Autoren wurden neue, nach entsprechenden Prinzipien auf der Grundlage des Liddell-Scott (A Greek English Lexicon..., by H. G. Liddell and R. Scott. A new edition by H. St. Jones, 1940, p. XVI–XLI) zusammengestellte Abkürzungen verwendet. *In den Literaturangaben* sind die Titel der Zeitschriften und die am häufigsten zitierten Standardwerke durch Siglen bezeichnet.

c) *In chronologischen Angaben* bezeichnet der waagrechte Strich (z. B. 241–218) die Zeitdauer, der Schrägstrich (z. B. 316/315 oder 316/311) einen ungesicherten Zeitpunkt zwischen den beiden Jahren.

d) Metrische Zeichen und Abkürzungen werden unter dem Stichwort ‹Metrik› erklärt (Sp. 1955f.).

8. Kolumnentitel

Die Kolumnentitel nennen auf jeder Seite das Stichwort des auslaufenden Artikels der linken Spalte und das letzte Stichwort der rechten Spalte. Die Ordnungsziffern gleichlautender Stichwörter sind in runden Klammern beigefügt. Wo ein Artikel sich über eine oder mehrere Seiten erstreckt, sind auch die Abschnitte der Gliederung genannt.

9. Abbildungen

Die Abbildungen sind nach den Vorschlägen der Verfasser an ihrer Stelle in den Text eingefügt; gelegentlich sind auch mehrere Abbildungen zu einer Gruppe zusammengefaßt, so z. B. die Gemmen und Siegel, Musikinstrumente, Ornamente und Vasen. Alle Abbildungen: Zeichnungen, Karten, Stammbäume und Tabellen, sind durchgehend gezählt. Im Verzeichnis der Abbildungen im Anhang (Sp. 3485ff.) sind Quellennachweise gegeben; die Neuzeichnungen sind dort als solche gekennzeichnet. Die Auswahl der Abbildungen geht meist auf Vorschläge von den Verfassern der betreffenden Artikel zurück.

10. Karten

Die topographischen und historischen Karten sind bestimmten Artikeln zugeordnet; vgl. das Verzeichnis der Karten im Anhang (Sp. 3495f.). Bei allen topographischen Stichwörtern ist diejenige Karte, auf der die entsprechende Eintragung am deutlichsten zu finden ist, mit dem Siglum Kt., der Spalte, bei der die Karte steht, und dem Planquadrat angegeben. Darüber hinaus sind alle auf den Karten überhaupt vorkommenden Namen in einem topographischen Register zusammengefaßt (Sp. 3495ff.), wieder mit Angabe der Karte und des Planquadrats. In diesen Index sind auch Verweise von den modernen auf die antiken Namen aufgenommen. Die Karten verzeichnen durchweg nur die antiken Städtenamen; bisweilen aufgenommene moderne Namen erscheinen in kursiver Schrift. Für die griechische bzw. lateinische Schreibung der Namen ist das Stichdatum der Karte maßgeblich: z. B. wird auf den Karten zur griechischen Kolonisation die griechische Schreibung angewandt, auf den Spezialkarten zu den römischen Provinzen die lateinische.

IN MEMORIAM JACQUES MOREAU

A commentariis (auch commentariensis), Protokollführer, meist Freigelassene, seit Claudius belegt. Es gab a commentariis Augusti zur Führung der commentarii principis, a commentariis beneficiorum zur Führung der beneficia; außerdem a commentariis custodiarum zur Führung des Gefängnisprotokolls, a commentariis praefecti Aegypti in ritterlichem Range zur Führung der Prozeßprotokolle; a commentariis auch in der Finanzverwaltung. J.S.

A libellis, kaiserliche Hofkanzlei zur Bearbeitung der eingereichten Bittschriften (→libelli). Seit Tiberius bezeugt, als ständiges Amt erst seit Claudius. Zunächst nur mit Freigelassenen besetzt, seit Hadrian nur noch für Ritter. J.S.

A priori. Die ‹apriorische› Erkenntnis stützt sich auf Gründe, die dem erkannten Gegenstand logisch vorangehen. Die ideale Wissenschaft, wie sie →Aristoteles darstellt, ist eine deduktive Erkenntnis a priori: die Schlüsse werden auf Grund von Prinzipien gezogen, welche die bewiesene Tatsache dadurch begreifen lassen, daß sie deren Ursachen angeben. Vollkommen ist der Beweis, der sich nicht damit begnügt, zu beweisen, *daß* die Sache ist (ὅτι ἔστι), sondern dazu noch angibt, *warum* sie ist (διότι ἔστι). Die Prämissen, auf denen er beruht, gehen also logisch dem Schluß voran, das heißt, sie sind an sich intelligibler als dieser, obwohl sie gewöhnlich *unserer* Erkenntnis weniger zugänglich sind. Durch seine erstmalige Unterscheidung zwischen dem ‹von Natur Intelligibleren› und dem ‹für uns Intelligibleren› hat Aristoteles den Begriff der apriorischen Erkenntnis definiert. →Erkenntnistheorie. S.M.

A rationibus, der Finanzminister des röm. Kaiserreiches seit →Claudius (1), vorher im privaten Dienst des Kaisers, seit →Hadrian Procurator a rationibus, im 3.Jh., vereinzelt auch vorher, →Rationalis. Sein Gehalt, das höchste, das ein Procurator erhielt, betrug 300000 HS im Jahr. R.Kn.

Ab actis. 1. Militärischer Verwaltungsbeamter zur Führung der acta militaria. – 2. *Ab actis senatus:* Führer der Senatsprotokolle (→acta (1) senatus). – 3. *Ab actis urbis:* kaiserliche Kanzlei zur Veröffentlichung der →acta (2) urbis (= acta diurna), geleitet von einem procurator Augusti ab actis urbis. J.S.

Ab epistulis, kaiserliche Kanzlei zur Führung der amtlichen Korrespondenz des Kaisers, unter Augustus noch Sklaven, seit Claudius Freigelassene, Teilung in ab epistulis Latinis und Graecis. Seit Hadrian gebildete Literaten und Offiziere aus dem Ritterstand. J.S.

Abakus →Tempel B [3], →Rechentechnik.

Abammon, angeblicher ägypt. Erzpriester, tatsächlich ein Pseudonym, unter dem →Iamblichos (1) seine ‹Ägypt. Mysterien› betitelte Schrift veröffentlicht hat. Ph.M.

Lit: A.R.Sodano, Porfirio, Lettera ad Anebo, 1958.

Abanten, bei Homer (Il. 2, 536ff.; 4, 464) und später Name des griech. Stammes der Insel →Euböa, daher dichterisch Abantis und andere Ableitungen für Euböa. In geschichtlicher Zeit nur noch im Namen der Phyle Abantis der Stadt →Chalkis weiterlebend. E.M.

Lit: LFE I 13f.

Abaris, Wundermann aus skyth., jedenfalls nicht-griech. Überlieferung, für die Griechen aus dem Lande der →Hyperboreer stammend, darum mit Apollon, dann auch mit Pythagoras verknüpft. Auf einem Pfeile sitzend, vermag er durch die Lüfte dahinzufliegen. Bezeugt zuerst bei Pindar Fr. 283 Bowra, dann bei Hdt. 4, 36, Plat. Charm. 158B und bes. in einem vermutlich einflußreichen, phantastischen Dialog des →Herakleides (3) Pontikos (Fr. 73–75 Wehrli). Von hier an bis hin zu →Celsus (gegen die Christen: Orig. in Cels. 3, 31) wird A. zum mythischen Beleg für die platonische Lehre der Seelenbefreiung und Gottesnähe des Menschen. O.G.

Lit: E.R.Dodds, The Greeks and the Irrational, 1951.

Abas, Sohn des Lynkeus und der Hypermestra, Vater des →Akrisios und →Proitos, König in Argos.

Abaton, ein heiliger Platz, der ‹nicht betreten› werden darf. →Adyton, →Tabu, →Temenos. K.H.R.

Abdera, griech. Kolonie an der thrak. Küste (Kt. 1152 F2), um 650 v.Chr. vom ion. →Klazomenai gegründet, von den Thrakern zerstört, 545 von →Teos neu gegründet, bald reich und blühend. Heimat der Philosophen →Leukipp, →Demokrit und →Protagoras. 376 v.Chr. schwere Niederlage durch die Triballer, danach ohne politische Bedeutung. E.M.

Lit: D.Lazaridis, *Πήλινα εἰδώλια Ἀβδήρων*, 1960.

Abderiten heißen die Philosophen um Demokrit v. Abdera: sein Lehrer →Leukippos (2, vgl. auch →Protagoras v. Abdera) und seine Schüler: Nessas v. Chios, Metrodoros (2) v. Chios, Diogenes v. Smyrna, →Anaxarchos v. Abdera, →Hekataios (2) v. Abdera, Apollodoros v. Kyzikos, →Nausiphanes v. Teos, Diotimos v. Tyros, Bion v. Abdera, →Bolos v. Mendes (→Vorsokratiker, Frg: VS II 70–251).– Auf biographische Erzählungen über Demokrit mag es letztlich zurückgehen, wenn die Bewohner von Abdera später (zuerst beim Komiker →Machon im 3.Jh., Athen. 349B) gelegentlich als lächerliche Dummköpfe (A. = ‹Schildbürger›) erscheinen, vgl. Wielands ‹Abderiten›. O.G.

Abdicatio. 1. Feierlicher Austritt aus der gens. – 2. Niederlegung eines Amtes wegen Ablaufs der Amtszeit (magistratu abire) oder freiwillige Niederlegung vor Ende der Amtszeit wegen Krankheit u.ä., nur in republikan. Zeit möglich. – 3. Ablehnung der testamentarisch übertragenen tutela. J.S.

Abendmahl →Eucharistie.

Aberglaube. [1] *Allgemein* und so auch bei den Griechen ist A. der Glaube an Formen des Göttlichen und an Begehungen, an die man auf Grund seiner bessern Einsicht nicht glauben dürfte. A. fasziniert gerade nicht durch seine Einsehbarkeit, sondern durch seine handfesten Begehungen und Versprechungen, durch Altertümlichkeit und selbstsichere Fremdartigkeit. Die historische Interpretation steht vor zwei Schwierigkeiten: (1) Zu jeder Zeit besteht die Tendenz, die Religion der jeweils fremden Völker und diejenige der jeweils untergeordneten, ungebildeten Schichten im eigenen Volke als A. zu bezeichnen. (2) Die Abgrenzung zwischen Glaube und A. verschiebt sich von Epoche zu Epoche. Was in einer Frühzeit als Glaube gelten muß, kann in einer aufgeklärten Spätzeit als A. wiederkehren und in der dem A.n eigentümlichen Weise weiterwuchern. Epochen des A.ns sind wesenhaft diejenigen, in denen der Einzelne zwischen einem zu theologischer Theorie und unbestimmten Vorstellungen verkümmerten Glauben, einem zu gesellschaftlicher Sitte herabgesunkenen Staatskult und der Bedrohtheit seines persönlichen Daseins keinen andern Ausweg mehr sieht als sich Doktrinen und Riten auszuliefern, die wenigstens für den Augenblick Hilfe versprechen, auf Glaube und Kult keine Rücksicht nehmen und ihre Anziehungskraft gerade aus ihrer Illegitimität ziehen.

[2] Zu unterscheiden haben wir demnach zwischen (1) dem, was der Gebildete jeder Epoche bei ‹den andern› A. nennt, und (2) dem, was bei Gebildeten bestimmter Epochen selbst faktisch A. ist. Beispiele bei den *Griechen* sind zu (1): Wenn das klassische Epos und Drama Wunder und Zauberkunst nur äußerst sparsam anführen, so impliziert dies, daß für Dichter und Leser dieser Werke dergleichen von vornherein als A. galt, von dem der Gebildete keine Notiz nimmt. In anderer Richtung haben die Griechen den ägypt. Tierkult immer als A. empfunden, waren sich aber auch bewußt, daß z.B. die Perser manche ihrer eigenen Kultformen als A. bezeichneten. (2) Der faktische A. tritt bei den Griechen im späten 5.Jh. v.Chr. an die Oberfläche. Zu den ältesten Texten, die ihn charakterisieren, gehören Hippokr. morb. sacr. 1, Plat. rep. 364B–365A, Theophr. char. 16; bemerkenswert auch mehrere Titel der Neuen →Komödie (*Ἀγύρτης, Δεισιδαίμων, Μητραγύρτης, Φάσμα* usw.). Peinlichkeit in glückverbürgenden oder unglück-

abwehrenden Gesten, in der Beachtung aller möglichen Götterwinke (obschon die systematisierte →Mantik niemals zum A. im strengen Sinne gerechnet wurde), Tagewählerei, Gespensterglaube, →Zauberpraktiken aller Art, von den harmlosesten bis zu den abstrusesten und blutigsten, endlich die nach dem Alexanderzug aus Babylonien vordringende →Astrologie machen diesen A.n aus. Schon vom 3.Jh.v.Chr. gesellt sich freilich zum echten A.n des desorientierten Gebildeten ein distanzierendes folkloristisches Interesse an den Phänomenen des A.ns. Die Dichter entwikkeln eine Vorliebe für Schilderungen von Zauberhandlungen und dgl. (bes. →Theokrit). Im 3.Jh.n.Chr. wiederum beginnen die Versuche der →Neuplatoniker (→Porphyrios u.a.), verschiedene Formen des A.ns (bes. Dämonenglauben und bestimmte Zauberpraktiken) gewissermaßen philosophisch aufzufangen, nachdem ihnen schon die Stoa mit der →Astrologie vorausgegangen war. Wie weit bei den Gebildeten der spätern Antike der A. geht, ist kaum festzustellen; bezeichnend, daß →Plutarch (De superstitione) den A.n für schlimmer hält als den Unglauben.

[3] Das griech. Wort für A. ist *Deisidaimonia*; es bezeichnet (von →Theophrast an) eine Haltung, die das Göttliche (→Dämonen) nicht vernunftgemäß verehrt, sondern vor ihm Angst hat und in der Angst zu übertriebenen und unwürdigen Praktiken greift. Als solche Deisidaimonia haben charakteristischerweise die Griechen auch die *röm. Religion* empfunden (vgl. Polyb. 6,56). Sie zielten dabei auf die Vielzahl kultischer Begehungen in allen Bereichen des privaten und öffentlichen Lebens und auf die ihnen fremde Wichtigkeit, die die Römer der genauen Durchführung aller Kulthandlungen, der Beachtung aller Prodigia und Omina, den Aufgaben der Priesterkollegien beimaßen. In Wirklichkeit hat gerade dies alles mit A. nichts zu tun. Dieser dringt in Rom erst im 1.Jh.v.Chr. in seinen in Griechenland schon vorgebildeten Formen ein. O.G.

Lit: H. Bolkestein, Theophrastos' Charakter der Deisidaimonia, RGVV 21, 2, 1929 – P.J. Koets, Deisidaimonia, 1929 – H. Schweitzer, A. und Zauberei bei Theokrit, 1937.

[4] Die *Römer* betrachteten die superstitio als tadelnswert und bemühten sich, sie von der Religion deutlich zu unterscheiden (Cic. div. 2,148; nat. deor. 1,117; 2,71 bis 72 usw.). Für sie war die superstitio ein Übermaß an Frömmigkeit, das auf einem übertriebenen Mißtrauen gegen die göttlichen Mächte beruhte (Varro bei Aug. civ. 6,9: «der Abergläubische hat Angst vor den Göttern, während der wahrhaft fromme Mensch sie wie Väter verehrt, anstatt sie wie Feinde zu fürchten» (vgl. Servius Aen. 8,187). Allerdings haben schon die röm. Gelehrten nicht mehr gewußt, was das Wort superstitio eigentlich bedeutet. Der A. war zu allen Zeiten in Italien wie in der ganzen antiken Welt bei den kleinen Leuten sehr verbreitet; zahlreiche Beispiele bei Petron: z.B. hielten es die Seereisenden für gefährlich, sich an Bord die Haare schneiden zu lassen (sat. 105). Weiterhin ist Plinius' des Ä. nat. hist. eine Fundgrube abergläubischer, an Tiere, Pflanzen, Steine u.a. geknüpfter, durch die universale stoische Teleologie des Autors nur teilweise gedeckter Vorstellungen, von denen nicht wenige sich bis heute gehalten haben. Auch die Gebildeten waren nicht immer frei davon: Suet. Aug. 90–92 berichtet, daß Augustus auf im Traum empfangene Warnungen und auf allerlei Vorzeichen achtete: so hielt er es für ein schlechtes Vorzeichen, wenn er beim Anziehen den linken Fuß in den rechten Schuh steckte. Als superstitio wurden auch die Fremdkulte bezeichnet, bei Juvenal (14,96–106) die Haltung der Römer, die den Sabbat achten; bei Tacitus (ann. 15,44) die christl. Religion. S. auch →Amulett, →Bulla, →Zauber, →Fluch, →Traum. H. Le B.

Aberkiosinschrift, Grabinschrift (22 metrische Zeilen) des (Bischofs?) Aberkios von Hierapolis (Phrygien), 2.Jh. n.Chr; beschreibt in allegorischen Wendungen (Reich, Herde, Hirte; Pistis; Fisch: vgl. →Symbol) die Verbundenheit des Aberkios mit einer gewissen Glaubensgemeinschaft. Früher von manchen für heidnisch gehalten (Mysterien?), gilt sie heute allgemein als christlich. B.L.

Lit: RAC I 12–17 (Text und Kommentar).

Abisares, mächtiger Fürst in Kaschmir; gest. 325 v.Chr. Erst neutral zwischen →Alexander (5) d.Gr. und →Poros; nach der Hydaspesschlacht sandte er Huldigungsgeschenke an Alexander und wurde als Vasall bestätigt. Sein Sohn A. wurde sein Nachfolger. E.Bd.

Abkürzungen (in Inschriften). [1] Raum und Steinmetzarbeit sparende A. erscheinen bei →Inschriften (wie bei Münzlegenden) als Wortverkürzung durch Abstoßen von Buchstaben bzw. Wortteilen (wobei im extremen Fall nur der Anfangsbuchstabe übrigbleibt; →Suspension) oder durch →Kontraktion (Ausstoßen von Buchstaben bzw. Silben innerhalb des Wortes). – In den *griech. Inschriften* bleiben A. immer verhältnismäßig selten. Am ehesten werden Eigen- und Vatersnamen oder Demotika einigermaßen regelmäßig abgekürzt (z.B. in Attika). Von Fall zu Fall begegnen auch Abbreviaturen von in der gleichen Urkunde ständig wiederkehrenden Termini (bes. in Namenslisten, Inventaren, Bauurkunden und ähnlichen Texten). In der Kaiserzeit werden unter dem Einfluß röm. Praxis Personennamen und Titel häufiger abgekürzt; ebenso zeigen die christl. griech. Inschriften eine Reihe fester A. – Die *lat. Inschriften* verwenden dagegen ein sehr umfangreiches System von A. Sie bestehen oft nur aus dem Anfangsbuchstaben (*litterae singulares*, Gell. 17,9,1) oder aus den zwei oder drei ersten Buchstaben eines Wortes; so können mehrere Abkürzungsvarianten für das gleiche Wort, aber auch gleiche A. für verschiedene Worte entstehen. Neben zahlreichen, individuell für einzelne Texte geschaffenen A. werden bestimmte Worte und Formeln fast regelmäßig und nach einem einigermaßen festen Schema abgekürzt. Dies gilt vor allem für Vornamen, Verwandtschaftsgrade, Herkunftsangaben, persönliche Rechtsstellung, Amtsbezeichnungen, Rangtitel und militärische Grade; weiterhin für feststehende Formeln politischen, rechtlichen oder sakralen Inhalts, ebenso für kalendarische Angaben. Dieses ausgeprägte Abkürzungswesen kann die Lektüre lat. Inschriften für den Nichtfachmann oft recht schwierig machen. Besondere *Abkürzungszeichen* werden in griech. Inschriften unregelmäßig und in wechselnden Formen verwandt; in lat. Inschriften ist ein Punkt auf halber Buchstabenhöhe gewöhnlich. Bezeichnung des Plurals durch Buchstabenverdoppelung ist in späteren lat. Inschriften üblich (z.B. COSS = consules; AUGG = Augusti, DD·NN = Domini nostri).

[2] *Typische bzw. häufige griech. A.: ΤΡΙ : ΑΡΙΣΤΟΓΕΝ : ΧΑΡΙΣΑΝ : ΦΙΛΑ : τριήραρχος Ἀριστογένης Χαρισάνδρου Φιλαΐδης – ΕΜΜΕ ⁝ ΟΙΚ ⁝ ἐμ Μελίτηι οἰκοῦντι – ΑΛΩΠ Ἀλωπεκῆθεν – ΑΦΙΔ Ἀφιδναῖος – ΕΚΚΕΩΝ ἐκ Κεραμέων – ΚΗΦΙΣ Κηφισιεύς – ΕΞΟΙ ἐκ Οἴου – ΣΦΗΤ Σφήττιος – ΞΥ, ΞΥΠ Ξυπεταιών – ΣΤΑΘ σταθμόν – ΦΙΑ: φιάλη – ΔΡΑΣ δραχμάς – ΑΝΕΘ: ἀνέθηκε – ‹ΤΙ Τιβερίου – ‹Κ Κλαυδίου – Τ·ΦΛ· Τίτος Φλάουιος – Τ̃ΑΙΛ̄ Τίτος Αἴλιος – ΥΠΑΤ ὑπατείαν –* $\overline{\Theta C}$ *θεός –* $\overline{IC}$ *Ἰησοῦς –* $\overline{XC}$ *Χριστός –* $\overline{KC}$ *Κύριος –* $\overline{YC}$ *υἱός – ΜΡΘΥ μήτηρ θεοῦ.*

[3] *Typische bzw. häufige lat. A.:* F, FIL filius (filia) – N nepos – PRO·N pronepos – L, LIB libertus (liberta) – S servus (serva) - C·R civis Romanus – C·L civis Latinus – EQ·R eques Romanus – P·R populus Romanus – P·R·Q populus Romanus Quiritium – R·P res publica – S·P·Q·R senatus populusque Romanus – AED aedilis – PR praetor – COS, CONS consul (letzteres auch consularis) – CENS, CES censor – IMP imperator – LEG legatus (auch legio, lege) – TR·MIL tribunus militum – TR·PL, TR·PLEB tribunus plebis – II·VIR duumvir – FL flamen – V·V virgo Vestalis – P·M pontifex maximus – D·N dominus noster –

V·C vir clarissimus – V·E vir egregius – V·P vir perfectissimus – CL, CLAS classis – COH cohors – DEC decurio – P·P primipilus (aber auch: pater patriae, praepositus, pecunia publica) – S·C Senatus consultum – PL·SC Plebiscitum – D·S·S de Senatus sententia – C censuere (aber auch cohors, curaverunt) – H·C hic cubat (auch honoris causa) – H·S·E hic situs est – B·M bene merenti (bonae memoriae) – D·M·(S) dis manibus (sacrum) – V·A vixit annis – Q·V qui vixit – O·T·B·Q ossa tua bene quiescant – S·T·T·L sit tibi terra levis – L·S locus sepulturae – I·O·M Iuppiter optimus maximus – F·P Fortuna Primigenia – N·AVG numen Augusti – S, SAC sacrum – V·S·L·A votum solvit libens animo – V·P·L·M votum posuit libens merito – D·D dono dedit, donum dat (aber auch: domus divina, decreto decurionum) – F·C faciundum curavit – IN·H·D·D in honorem domus divinae – D·N·M·QE (D·N·MQ·EIVS) devotus numini maiestatique eius – D·S·P·D de sua pecunia dedit – H·M·H·N·S hoc monumentum heredem non sequitur – M·P milia passuum. F. G. M.

Lit: Überblick über die griech. A. bei W. Larfeld, Griech. Epigraphik, 1914, 276–280 – Ausführl. Verz. der lat. A. bei H. Dessau, Inscriptiones Latinae Selectae, III 2, 1916, Index XV.

Abkürzungen (in Handschriften) → Kontraktion, → Ligatur, → Suspension; vgl. → Schrift G [2].

Lit: A. Cappelli, Lexicon Abbreviaturarum, Wörterbuch lateinischer und italienischer Abkürzungen, 1901.

Ablaut (franz. apophonie), regelmäßiger Vokalwechsel zwischen zusammengehörenden Flexionsformen oder Wörtern einer Sprache, z. B. lat. *regō*, ‹ich richte› – *rogus*, ‹Scheiterhaufen› (eigtl. ‹Aufrichtung›), griech. Imperf. ἔφευγε, ‹er war auf der Flucht› – Aorist ἔφυγε, ‹er (ent)floh›. Man unterscheidet quantitativen A. oder Abstufung mit Voll- oder Normalstufe, z. B. griech. Vok. πάτεϱ (: *e*), Dehnstufe, z. B. Nom. πατήϱ (: *ē*), und Schwundstufe, z. B. Gen. πατϱ-ός (: Null), und qualitativen A. oder Abtönung, z. B. *e* – *o* in *regō* – *rogus*, griech. λείπω, ‹ich lasse› – Perf. λέλοιπα, adj. λοιπός, ‹übrig›. Ursprünglich durch Akzentwechsel bedingt (vgl. idg. *éi-mi*, ‹ich gehe› – *i-més*, ‹wir gehen›), hat sich der A. bereits grundsprachlich zu einem selbständigen Mittel der Flexion und Wortbildung entwickelt. Im älteren → Griechisch ist er noch durchaus lebendig (Stammformen des Verbums, Wortbildung), ebenso bis heute im Deutschen, während er im → Latein nur noch in Resten erhalten ist. Vgl. → Indogermanisch. E. R.

Lit: J. Kurylowicz, L'apophonie en indo-européen, 1956.

Abnoba mons, der Teil des → Herkynischen Waldes, in dem die Donau entspringt (Plin. nat. 4, 79 u. a.), heute der Schwarzwald. Der Tempel einer Diana Abnoba wurde bei Rötenberg gefunden. L. B.-H.

Lit: K. Schumacher, Siedelungs- und Kulturgesch. der Rheinlande, II, 1923, 157. 183.

Aborigines, nicht autochthone Bevölkerung → Latiums bei Ankunft der Trojaner (→ Aeneas). C. J. C.

Abraxas oder *Abrasax*, aus dem griech. Zahlenwert 365 (Zahl der Tage des Jahres) künstlich gebildeter Name eines geheimnisvollen Gottes, der in der → Gnosis des → Basileides (2. Jh. n. Chr.) der Herr der übersinnlichen Welt ist, aber auch zuweilen in Zauberformeln neben andern, ähnlich benannten Mächten angerufen wird. O. G.

Lit: Nilsson, II 616f.

Abu Simbel, Ort in → Nubien (vgl. Karte), 280 km südl. Assuan. Hier ließ → Ramses II. am Westufer des Nils zwei Tempel in den Felsen hauen, von denen der größere dem → Amun-Re und dem Reharachte geweiht war, der kleinere der → Hathor und der Königin Nofretiri, seiner Gemahlin. Im Inneren des großen Tempels sind Szenen aus den Kriegen Ramses' II. und Opferszenen angebracht, davor sind vier 20 m hohe Kolosse des Königs aus dem Fels herausgearbeitet. Vor der Fassade des Hathortempels stehen 6 Statuen von 10 m Höhe, die Ramses II. und Nofretiri darstellen. W. Hk.

Abuccius, L., gest. vor 54 v. Chr., bei → Varro (rust. 3, 2, 17; 6, 6) erwähnt. A. züchtete Pfauen und schrieb → Satiren im Stil des → Lucilius, die → Fronto (p. 139 N.) ‹trocken› nennt – sofern die Stelle, an der es ‹Albucius› heißt, sich auf A. bezieht. G. L.

Lit: M. Warren, TAPhA 25, 1894, XLII–XLV (zu der Fronto-Stelle).

Aburnius Valens (L. Fulvius Aburnius Valens), röm. Jurist, geb. um 100 n. Chr.; 118 Praefectus urbi feriarum Latinarum; Quästor, zum Volkstribun designiert, Pontifex, später wohl im → Consilium des Antoninus Pius (zur Frage, ob es sich bei den Namensangaben um ein und dieselbe Person oder etwa um Vater und Sohn handelt, vgl. P. Krüger und W. Kunkel, a. O.); war nach → Javolenus Priscus Vorstand der → Sabinianer (Pompon. dig. 1, 2, 2, 53); evt. zusammen mit → Julian (2). 7 Bücher Fideicommissa werden in den Digesten erwähnt. H. Hb.

Lit: P. Krüger, Gesch. d. Quellen u. Lit. d. röm. Rechts (1888), 1912², 188f. – W. Kunkel, Herkunft u. soz. Stellung d. röm. Juristen, 1952, 151–153 – F. Schulz, Gesch. d. röm. Rechtswissensch., 1961, 124. 141. 163.

Abusir, Ort in Ägypten (Kt. 29 C3), 11 km südl. Kairo, bei dem vier Pyramiden (der Könige Sahure, Neferirkare, Neferefre und Neuserre) sowie die Sonnenheiligtümer des Userkaef und des Neuserre liegen. W. Hk.

Abydos (ägypt. *ꜣbdw*), Ort beim heutigen Beljana in *Mittelägypten* (Kt. 29 C7), an dem die Könige der ältesten Zeit begraben worden sind. Hier fand in der 6. Dyn. die Verehrung des Totengottes → Osiris eine neue Stätte, die bald zu einem religiösen Mittelpunkt wurde, da die uralten königlichen Begräbnisriten nun zu einem Osiris-Mysterium wurden: der Gott begab sich in seiner Barke zu seinem Grab im Bereich der Königsgräber *(W-pḳr)*, um dann in der Nacht geheimnisvoll in der Tempelstatue wieder aufzuerstehen (vgl. → Ägypten I D2). Auf diesem Weg wollten die Ägypter den Gott auch nach dem Tod begleiten, weshalb sie in A. → Kenotaphe anlegten und Stelen mit ihren Namen aufrichteten. Die Könige folgten dieser Sitte; erhalten sind die Anlagen König → Sethos' I. und → Ramses' II. W. Hk.

2. **A.,** Stadt in *Mysien*, an der engsten Stelle des Hellespontos (‹fauces Abydenae›) beim heutigen Kap Nagara (Kt. 1152 G2). Hier hielt Xerxes seine Heerschau und baute die Brücke über den Hellespont. A. gehörte 477–412 v. Chr. zum → Att. Seebund und war dann Station der Spartaner am Hellespont. Rom erklärte die Stadt für frei. Die Sitten ihrer Bewohner standen in üblem Ruf (Ath. 12, 524). R. F.

Lit: D. Magie, Roman Rule in Asia minor, 1950, 752. 1012ff. – H. G. Lolling, Mitt. aus Kl. Asien, AM 6 (1881), 219–232.

Accensi. 1. Militärische Ersatzmannschaften. – 2. Bedienstete, meist Freigelassene, von jedem Oberbeamten bestellt, mußten mit dem Ende der Amtszeit des Patrons zurücktreten; in der Kaiserzeit waren die A. z. T. auch Ritter und Freigeborene. Siehe auch → Apparitores. J. S.

Acca Larentia, Hetäre zur Zeit des → Ancus Marcius, die ihren durch → Herakles' Gunst erworbenen Reichtum dem röm. Volk vermacht; nach anderen Ziehmutter von → Romulus und Remus; ursprünglich wohl Gottheit (Mater → Larum, → Larentalien). C. J. C.

Accius, L., röm. → Tragiker, geb. 170 als Sohn freigelassener Eltern unbekannter Nationalität in Pisaurum, trat 140 zugleich mit dem 80jährigen → Pacuvius auf; danach Studienreise nach Kleinasien. Sein Gönner war D. → Iunius (3) Brutus (cos. 138), zu dessen Triumphspielen er die → Praetexta ‹Brutus› verfaßt haben wird. Aus Ciceros Schätzung des A., der Wahl seiner ‹Clutemestra› für die Spiele des → Pompeius (2) i. J. 55, der Wiederaufführung des Tyrannendramas ‹Tereus› nach Caesars Ermordung schloß Ribbeck (a. O. 602f.), daß A. der Senatspartei nahestand. A. starb hochgeehrt ca. 85. – Nach alexandrinischer Weise verband A. philologische Studien mit seiner Tätigkeit als → Tragiker. Die wissenschaftlichen Werke (mindestens 9

Bücher Didascalica; Pragmatica; Parerga; Annales) waren (wenigstens teilweise) in Versform abgefaßt und behandelten die poetischen Gattungen, die Geschichte des Dramas, Bühnentechnik, Orthographie und anderes. – Von den Tragödien sind etwa 40 Titel und 700 Verse bekannt. A. hat die attischen Klassiker und – viel weitgehender als Pacuvius – nacheuripideische Tragiker in der für röm. Dramatiker üblichen Weise imitiert. Mit dieser Verbindung von Klassizismus und Modernismus steht A. auch als Dichter in hellenist. Tradition. Charakteristisch ist die umfassende Auswertung der großen Sagenkreise. 2 Praetexten: Brutus (Vertreibung des → Tarquinius (3) Superbus); Aeneadae oder Decius (Opfertod des P. → Decius (1) Mus in der Schlacht bei Sentinum). Bes. kühn scheint uns die Nachdichtung des Prometheus, der Antigone und der Bakchen nach den berühmten attischen Vorbildern. – Die Wirkung dieses repräsentativen Tragikers auf → Asinius (2) Pollio oder → Seneca (2) ist schwer feststellbar. Aus dem Philocteta zitiert noch → Apuleius.

Frg: TRF 136–227; 281–285 – E. Diehl, Poet. Rom. Vet. Rel., 1961, 73–88 – *Lit:* O. Ribbeck, Die röm. Trag., 1875, 340–607 – F. Leo, Gesch. d. röm. Lit., 1913, 384–405.

Acclamatio, die Erhebung des siegreichen röm. Feldherrn, der mit ordentlichem militärischem Imperium ausgestattet war, zum → Imperator durch Zuruf der Soldaten (t. t.: appellare, vgl. Caes. civ. 2, 26, 1). Als Voraussetzung galt der vollständig errungene Sieg (→ Triumph; vgl. Cic. ad fam. 2, 10, 3: *victoria iusta*). Die A. war hinfällig, wenn sie der Senat nicht bestätigte. Der Feldherr konnte nach der A. für die Dauer seines Kommandos den Imperatortitel seinem Amtstitel vorziehen. G. G.

[2] Auf → historischen Reliefs und Münzen ist die A. ein häufiges Motiv, z. B. zeigen Sesterzen von Trajan und Hadrian sie auf der Rückseite; ebenso der Fries des → Konstantinbogens in Rom und das SW-Relief am → Theodosios-Obelisken in Istanbul. F. E.

Lit. u. Abb: M. Bernhart, Hb. zur Münzkunde d. röm. Kaiserzeit, 1926, 118, Taf. 78, 1–2 – Th. Klauser, RAC I 1950, 232f.

Accursius, Rechtsgelehrter in Bologna, etwa 1182–1260. Verfasser der ‹Glossa ordinaria›, eines auf den Werken der → Glossatoren beruhenden, vollständigen Kommentars zum → Corpus (4) iuris. H. Hb.

Lit: Fr. C. v. Savigny, Gesch. d. röm. Rechts im MA V (1826), 1850² 262–305 – E. Genzmer, Zur Lebensgesch. des A., in: Festschr. für L. Wenger II, 1946, 223ff.

Acerra (wohl etrusk. Wort), im röm. Kult das von einem Gehilfen gehaltene Kästchen, dem man die Weihrauchkörner entnahm, die ins Altarfeuer geworfen wurden (nach Cic. leg. 2, 60 schon im Gesetz der 12 Tafeln; vgl. auch Fest. 17 L.). H. Le B.

Acestes, Sohn des sizil. Flußgottes Krimisos und der Trojanerin Aigeste oder Segesta, nimmt → Aeneas freundlich auf, der ihm seine Gründung Segesta unterstellt.

Achäer, homerische Bezeichnung für die Griechen des Trojanischen Krieges, später Name der Bewohner von → Achaia. In myk. Zeit offenbar eine gültige Gesamtbenennung: Hethit. Keilschrifttexte des 14. Jh.s nennen mehrfach den Herren eines Landes *Ahhijawa*, das wahrscheinlich westl. oder südwestl. des → Hethiterreiches am oder über dem Meer gelegen hat. Dieser Herr wird als ‹Bruder› dem Hethiterkönig gleichgestellt; eine Rolle spielt der Streit um eine Stadt ‹Milavata›, die → Milet bedeuten kann. Die Diskussion zwischen den Anhängern der Gleichsetzung von Ahhijawa mit dem Land der Achäer (E. Forrer; nach F. Schachermeyr der Machtbereich von → Mykene, → Rhodos oder → Kypros) und denen, die sie linguistisch wie sachlich ablehnen, um es in einem nicht griech. bewohnten Raum Anatoliens zu suchen, ist immer noch im Gange. Auch die Gleichsetzung der A. mit den *Aqaiwaša*, übers Meer gekommenen Söldnern, auf ägypt. Inschriften zum Libyerkrieg von ca. 1225 v. Chr. (H. Th. Bossert, Altkreta, 1937³, 58f.) wird vielleicht zu energisch bestritten; wären doch gerade in jener Zeit achäische Söldnertruppen in einem libysch-ägypt. Krieg noch durchaus begreiflich. W. Schg.

Lit: F. Schachermeyr, Hethiter und Achäer, 1935 – Ders., Zur Frage der Lokalisierung von Achiawa, in Minoica, Festschr. J. Sundwall, 1958, 365–380 – F. Cassola, La Ionia nel mondo miceneo, 1957 – H. Bengtson, 46f. – V. R. d'A. Desborough, The Last Mycenaeans and their successors, 1964.

Achämeniden (Ἀχαιμενίδαι), (1) pers. Clan des Stammes der Pasargaden; (2) pers. Königshaus (bis 331 v. Chr.), Ahnherr Haxāmaniš (Ἀχαιμένης). Seine Genealogie ist bekannt aus der Inschrift von → Bīsutūn, ferner einem assyr. Prismenfragment a. d. J. 639 v. Chr. (worauf Kuraš, König von Parsumaš, ‹Land der Perser› genannt ist) und aus Hdt. 7, 11. Sie stellt sich folgendermaßen dar:

Achaimenes ca. 705–675
Teispes ca. 675–645

→ Kyros I. ca. 645–602	Ariaramnes ca. 645–590
→ Kambyses I. ca. 602–559	Arsames ca. 590–559
→ Kyros II. 559–529	→ Hystaspes –
→ Kambyses II. 529–522	→ Dareios I. 522–486

→ Xerxes 486–465
→ Artaxerxes I. 465–424
→ Dareios II. 423–404
→ Artaxerxes II. 404–359
→ Artaxerxes III. 359–338
→ Arses 338–336
→ Dareios III. 336–331 G. R.

Lit: R. Ghirshman, L'Iran des origines à l'islam, 1951, 108ff. – La civilisation iranienne (Sammelwerk), 1952, 42–74 – W. Brandenstein u. M. Mayrhofer, Hb. des Altpersischen, 1964, 4f. (Lit) – Ferner → Perser.

Achaia, Landschaft am Nordrand der → Peloponnes am korinth. Golf (Kt. 1152 C 5), genannt nach den Achäern, schmaler Küstensaum mit gebirgigem Hinterland, nur im W mit größerer Küstenebene, von vielen Flüssen durchflossen. Nach der dor. Wanderung von Nordwestgriechen besiedelt. Geschichtlich in der Frühzeit ohne Bedeutung. Städtebildung erst spät. Mehrere Kolonien in Süditalien (→ Kroton, → Sybaris, → Metapont). Den alten Stammesbund bildeten 12 Städte: Dyme, Pharai, Tritaia, → Patrai, Olenos, Rhypes, Aigion, Helike, Bura, Aigai, Aigeira und Pellene. Von ihnen lagen nur Helike, Patrai, Olenos und Dyme an der Küste oder in der Ebene, die anderen im Bergland. Gemeinsamer Stammeskult des Zeus Homarios oder Hamarios außerhalb von Helike. In späterer Zeit politisch unbedeutend, in den → Perserkriegen neutral, von 454–446 vorübergehend von Athen abhängig. Im → Pelop. Krieg stand Pellene auf seiten Spartas, Patrai auf seiten Athens, seit 418 gehörte A. zum → Pelop. Bund. 367 Anschluß an → Böotien, doch kämpfte A. 362 bei Mantineia auf seiten der Athener und Spartaner. In der Folgezeit traten starke Zerfallserscheinungen im alten Bund auf. 280 gründeten die vier westlichsten Städte den neuen Achäischen Bund. E. M.

Lit: E. Meyer, Pelop. Wanderungen, 1939, 111–143 – Ders., Neue pelop. Wanderungen, 1957, 80–86 – J. K. Anderson, A topographical and historical study of A., BSA 49, 1954, 72–92 – Philippson-Kirsten III 155–199.

[2] *Achäischer Bund.* Der Stammstaat (→ Ethnos, → Bünde) der nordpelop. Achaier griff schon im frühen 4. Jh. v. Chr. (Kalydon und Naupaktos waren jahrzehntelang achäisch), in weit größerem Umfang aber seit seiner Erneuerung im J. 280 über die alten Stammesgrenzen hinaus, wobei den Einwohnern der einverleibten Gebiete das volle achäische Bürgerrecht und ein angemessener Anteil an der Regierung des Bundes zuteil wurde. Sein führender Staatsmann → Aratos (1) gewann seit der Mitte des 3. Jh.s zuerst im Kampf, ab 224 im Bündnis mit Makedonien das Isthmosgebiet und

den Großteil Arkadiens und der Argolis. 198 traten die Achaier zu den Römern über, unter deren Schutz sie bis 191 nahezu die ganze Peloponnes sich einverleibten, später vereinzelt sogar auf Mittelgriechenland übergriffen. Spartas Versuch, sich von dem Bund zu lösen, führte 146 zum Krieg mit → Rom (I C3) und zum Untergang des Bundes. – Die *Verfassung* des Bundes, uns erst für die Zeit nach 230 einigermaßen bekannt, beruht auf der geläufigen Dreiheit von → Magistraten (mit einem → Strategen an der Spitze), Rat und Volksversammlung, doch durfte seit dem Ausgang des 3. Jh.s die Volksversammlung wohl nur noch zur Entscheidung über Krieg und Bündnis, die ihr allein zustand, einberufen werden. Abgestimmt wurde nach Städten, so daß die Überzahl der Teilnehmer aus der Nähe des (wechselnden) Tagungsortes sich nicht auswirken konnte. F.G.

Lit: J.A.O.Larsen, Representative Government in Greek and Roman History, 1955, 75ff. (Lit).

[3] Die *röm. Provinz Achaia* wurde 27 v. Chr. gebildet. Sie umfaßte neben dem griech. Kernland die Inseln, → Thessalien, → Ätolien, → Akarnanien und → Epirus. Senatorische Provinz, die in der Regel von einem Prokonsul prätorischen Ranges mit Hilfe eines legatus pro praetore und eines quaestor verwaltet wurde. 15–44 n. Chr. wurde A. mit Macedonia (→ Makedonien) zusammen vom kaiserlichen Legaten von → Moesien verwaltet. 67 verkündete Nero den Griechen die Freiheit, die aber von Vespasian i.J. 70 oder 73 n. Chr. widerrufen wurde. Seit Antoninus Pius gehört Thessalien zu Macedonia, Epirus wurde eigene Provinz. Hauptstadt von A. war die röm. Kolonie Korinth; in Athen war der Sitz des panhellenischen Bundes, den Hadrian geschaffen hatte. Im 4. Jh. n. Chr. gehörte A. zeitweise zum westl. Reichsteil, seit 395 zum östlichen. J.S.

Lit: Ed. Groag, Die röm. Reichsbeamten von A. bis auf Diokletian, Schriften der Balkankommission, Antiquar. Abt. 9, 1939.

2. **A. Phthiotis,** Landschaft im S von → Thessalien am Golf von Pagasai (Kt. 1152 CD3) mit den Hauptorten Thebai Phthiotides, Phylake, Meliteia, Narthakion, Iton, Pteleon und Larisa Kremaste. Die Landschaft wird zur Hauptsache von dem Gebirge → Othrys ausgefüllt. Die Bewohner waren Periöken der Thessaler, 364 wurden sie vorübergehend von → Alexander (19) von Pherai den Böotern übergeben. E.M.

Achaios, Sohn des → Xuthos und der Krëusa (Apollod. 1, 50), Stammvater der → Achäer.

2. **A.,** Sohn des Andromachos, aus einer jüngeren Linie des → Seleukidenhauses, Vizekönig des → Antiochos III. in Westkleinasien, das er 223–222 von → Attalos I. zurückeroberte. 220 machter er sich als König selbständig, wurde allerdings durch eine Meuterei seiner Truppen an der Eroberung Syriens gehindert. Antiochos III. griff ihn 216 an, schloß ihn 215 in seiner Hauptstadt Sardes ein, nahm ihn 213 durch Verrat gefangen und ließ ihn hinrichten. H.H.Sch.

Lit: P. Meloni, L'usurpazione di A. sotto Antioco III di Siria, Rend. Acc. Linc. Ser. VIII 4, 1949, 535–553; 5, 1950, 161–183 (Lit) – G. Kleiner, Der Münchner Goldstater des A., JbNG 5/6, 1954/55, 143–149 – Weiteres → Seleukiden, → Antiochos III. – *Bildnisse:* → Anhang 000.

3. **A. von Eretria,** Tragiker, 484/1–ca. 406 v. Chr., kämpfte bei seinem ersten Auftritt 448/5 gegen → Euripides, siegte einmal, schrieb mindestens 6 → Tetralogien. Bekannt sind 19 Titel. Die Hälfte der überlieferten Fragmente stammt aus Satyrspielen, in denen man ihm bisweilen den zweiten Platz hinter Aischylos eingeräumt hat. Aristophanes soll ihn vesp. 1081, ran. 184 zitiert haben. Die Alexandriner haben ihn neben → Ion v. Chios und den 3 großen Tragikern in ihren Kanon aufgenommen.

Frg: TGF 746–759. E.-R. Sch.

Achaicus → Mummius.

Acharnai, volkreichster Demos → Attikas nördl. Athen beim heutigen Menidi (Kt. 1152 a C1), bekannt durch → Aristophanes' (1) Komödie ‹Die Acharner›, die nach dem Chor der Köhler des Parnes aus A. benannt ist. E.M.

Achat (ἀχάτης, achatus), Verbindung verschiedener edler Mineralien (→ Amethyst, → Jaspis, → Kalzedon, → Karneol, → Quarz) in Streifen, Flecken oder regelmäßigen Schichten (Bandachat). C.K.

Q: Plin. nat. 37, 139 – *Lit:* Blümner, Technologie III 259ff.

Acheloos, Name mehrerer Flüsse, am bekanntesten der A. mit Quelle am Fuß des → Lakmon (Kt. 1152 B4). durchfließt das Gebiet der Athamanen, Doloper, Agraier und Amphilocher, dann durch die akarnan.-ätol. Ebene (Grenzfluß), Mündung bei → Oiniadai, heute im Oberlauf Megdova, im Unterlauf Aspropotamos, im Altertum bis ins Gebiet der Agraier auch → Inachos genannt. Als Personifikation (A., Sohn des → Okeanos und der → Tethys) vor allem in Akarnanien, Athen, Megara, Oropos und Rhodos verehrt und bildlich dargestellt. E.M.

Acheloos, Sohn des Okeanos und der Thetis, Vater der Sirenen, Gott des gleichnamigen Flusses, des größten griechischen, als König der Flüsse und Sinnbild des fließenden Wassers in ganz Griechenland und Metapont verehrt (Hes. theog. 340; Ephoros bei Macrob. 5, 18). Wirbt um Deianeira, wird jedoch von → Herakles besiegt. Während des Kampfes verwandelt er sich in eine Schlange oder einen Stier; Herakles bricht ihm ein Horn ab, für welches A. später dem Herakles das Horn der Amaltheia gibt, von den Nymphen mit Blumen und Früchten gefüllt. H.S.

Darstellungen: Der Kampf mit Herakles auf dem Amykläischen Thron (Paus. 3, 18, 16), auf korinthischer Vase und Metope von Selinunt, wo A. als Kentaur erscheint; auf rotfigurigem Stamnos in London hat er die Gestalt eines Seedrachens mit Horn; etrusk. Denkmäler zeigen seinen bärtigen Kopf mit Stierhörnern. – *Lit. dazu:* M.T.M. Moeus, EAA I, 1958, 15f. – Schefold, FS, 66f.

Acheron, Fluß der Unterwelt (→ Hades) und Name mehrerer Flüsse, bes. der Hauptfluß der epirot. Landschaft Thesprotis (Kt. 1152 B3), heute Glykys, im Oberlauf Lakkiotikos, Quelle am südl. Abhang des Tomaros. In der Ebene verliert er sich in den Acherusiasee, an der Mündung Totenorakel beim Kloster Hagios Joannis. E.M.

Lit: S.J. Dakaris, The dark palace of Hades, Archaeology 15, 1962, 85–93.

2. **A.,** Fluß im Bruttierland, hier fand → Alexander I. v. Epirus 331 v. Chr. den Tod. E.M.

Acherontische Stiege (‹*Charonische Stufen*›), unterirdischer Gang unter der Bühne des → Theaters (B1). K.G.K.

Achillas, General → Ptolemaios' XIII., leitete 48 die Ermordung des → Pompeius (2), führte 48–47 die ägypt. Truppen gegen → Caesar und wurde auf Befehl der (aus Caesars Gewahrsam entflohenen) Prinzessin Arsinoë ermordet. H.H.Sch.

Achilleus, Sohn des → Peleus und der → Thetis, der stärkste, schnellste und schönste Mann unter den Griechen vor Troja. Von → Phoinix und → Chiron erzogen; von Thetis, die den Schicksalsspruch kannte, daß ihr Sohn entweder ein langes, ruhmloses Leben führen oder jung und ruhmvoll vor Troja sterben müsse, auf Skyros als Mädchen verkleidet unter den Töchtern des Lykomedes versteckt (er heiratete deren eine, nach den → Kyprien Deidameia; sein Sohn war → Neoptolemos). A. verriet sich aber durch sein Interesse an Waffen, die → Odysseus und → Diomedes in die Nähe der Mädchen zu bringen verstanden, und zog mit gegen Troja. Zum Weiteren → Trojanischer Krieg: A. verwundet → Telephos, tötet → Troilos, Hektor, Penthesileia, Memnon und viele andere. Fällt am Skäischen Tor durch Paris (und Apoll); Thetis und die Nereiden klagen um ihn; nach der → Iliupersis (vgl. Eur. Hel. 220ff., Tr. 622ff.) wird die Priamostochter → Polyxena, die er liebte, an seinem Grabe geopfert. Laut Homer (Od. 11, 467ff.) lebt sein Schatten im Hades weiter (lieber als dort König würde er auf Erden Knecht sein), späteren Berichten nach unter seligen Heroen auf der Insel Leuke (im Pontos

Euxeinos) oder im → Elysium, nach anderen dort mit Helena, Medea oder Iphigenie verheiratet. Als → Heros hatte A. zahlreiche Kulte, u. a. in Pontos, Elis, Sigeion, Lakonien.

Lit: Preller-Robert III 2, 1025 ff. 1095 ff. 1110 ff. – L. Farnell, Greek Hero-Cults and Ideas of Immortality, 1921, 285 ff., 409 – *Darstellungen:* A. gehört zu den Lieblingsgestalten der griech. Künstler, bes. der Vasenmaler. Die Übergabe des jungen A. an Cheiron schon auf einer frühatt. Amphora (CVA Berlin 1, Taf. 5), dann vor allem auf schwarzfigurigen Vasen (Brommer 249 f.). A. unter den Töchtern des Lykomedes Thema eines berühmten Bildes des → Athenion (4. Jh. v. Chr.), das vielleicht auf kaiserzeitl. Wandbildern nachklingt (Lippold, GK 72–77. 86). Ein Lieblingsthema archaischer Vasen ist das Brettspiel des A. u. Ajas vor Troja (Brommer 252–255). – Sehr verbreitet war auf Schildbändern und in der archaischen Vasenmalerei die Verfolgung u. Tötung des Troilos durch A. (Kunze 140–141; Brommer 264–269; BJbb 161, 1961, 218–221; Thema eines Porosgiebels der Akropolis: Heidenreich, MdI 4, 1951, 103–119). A. und Briseis auf wenigen Vasen (Brommer 255) u. einem Wandgemälde (Herrmann, Taf. 10). Der trauernde A. u. die Gesandtschaft an ihn wieder Gegenstand att. Vasen (Brommer 256 f., vgl. 7. Olymp. Ber. 183 ff.), ebenso der Zweikampf mit Hektor (Brommer 257 f.). Die Schleifung des Hektor vor allem auf schwarzfigurig att. und ital. Vasen, außerdem auf kaiserzeitl. Denkmälern (Brommer 258 f., BJbb 161, 1961, 223 f.). Tötung der Gefangenen am Scheiterhaufen des Patroklos bes. auf etrusk. Denkmälern (Beazley, EVP 89 f.). Bittgang des Priamos zu A. erstmals im 2. Viertel des 6. Jh.s, auf Schildbändern und att. Vasen (Kunze 145–148; Brommer 330 f.; BJbb 161, 1961, 224 f.). A. und Penthesileia auf Schildbändern und zahlreichen Vasen, ferner auf Wandgemälden (Kunze 148–151; Brommer 262; D. v. Bothmer, Amazons in Greek Art, 1957, passim; BJbb 161, 1961, 226; Schefold, VP 91; ders., AM 77, 1962, 130 f.); bes. berühmt die Münchner Schale des → Penthesileiamalers (Furtwängler-Reichhold, Taf. 6). A. u. Memnon erscheinen vor allem auf att. Vasen, ebenso die Psychostasie (Brommer 259 f.). Ajas mit der Leiche des A. schon früharchaisch (Schefold, FS 24, Taf. 32b; Brommer 275 f.). A.-statuen standen in Gymnasien (Plin. nat. 34, 18). Zyklen aus dem Leben des A. schon archaisch (Schefold, FS 56–58; Hampe-Simon 53–67) kaiserzeitl. Denkmäler (Lehmann-Hartleben, AJA 42, 1938, 82 ff.; Stuart Jones, Palazzo d. Conservatori, 1926, Taf. 68 ff.: Tensa Capitolina; Urschweiz 26, 1962, 16 ff.: Silberschale). Auf → Sarkophagen sind bes. A. in Skyros, A. u. Penthesileia u. die Schleifung des Hektor beliebt (Robert, SR II 21 ff.; Young, Art Bull. 13, 1931, 138 ff.) – *Lit. dazu:* Bulas, Eos Suppl. 3, 1929 – Ders., AJA 54, 1950, 112 ff. – Johansen 21–124 – Kunze 140–151 – Schauenburg, BJbb 161, 1961, 215–235. K. Schb.

2. **A.,** Usurpator in Ägypten 296/297 n. Chr.

3. **A. Tatios** hat um 139 n. Chr. einen Liebesroman geschrieben. Kleitophon und Leukippe, welche die Freuden der Liebe vor der Ehe genießen wollen, werden ertappt und müssen aus der Heimat fliehen. In langer Irrfahrt sühnen sie ihren Fehler, erleiden Schiffbruch und Scheintod, bestehen Keuschheitsproben, werden in einem Prozeß angeklagt und freigesprochen und dürfen in die Heimat zurückkehren. Die religionsgeschichtliche Deutung (→ Roman, 2) nimmt an, daß fast alle Episoden Teile aus dem Mythos der Isis und des Osiris wiederholen und sich auf die Mysterienrituale (Taufe, gespielte Mumifizierung) beziehen. Danach symbolisiert die Erzählung den Sturz der menschlichen Seele in die Materie, die Irrfahrt durchs Leben und die Einkehr in den rettenden Hafen der Isisreligion, bzw. die Heimkehr der Seelen ins jenseitige Reich nach dem Tod. R. Mk.

Ed: E. Vilborg, 1955 – *Übers:* F. Ast, 1802.

4. **A. Tatios,** Kommentator des → Aratos (2), Anf. 3. Jh. n. Chr. Von seinem Werk *Περὶ σφαίρας* sind nur Teile unter dem Titel *Εἰσαγωγή* (Einleitung in die ‹Phainomena› des Aratos) erhalten, die u. a. Quellenmaterial zur stoischen Kosmologie und Physik enthalten. S. S.

Lit: Schäfer, RE 1, 1 (1893), 247–248 – SVF, Index.

Achilleusmaler, bedeutender att. Vasenmaler der Hochklassik, tätig ca. 465–430, Schüler des → Berliner Malers. Die → Lieblingsinschriften des A.s erwähnen vor 450 die Knaben Lichas, Dromippos u. Diphilos, später Hygiainon, Alkimedes, Alkimachos II und Axiopeithes. – Typisch sind die kraftvollen, statuarischen männl. Figuren seiner → rotfigurigen Gefäße, aber erst auf → weißgrundigen Lekythen entfaltet sich der ganze Adel seiner Kunst. In sensibler Umrißzeichnung, die nach 450 die Deckfarbenmalerei ersetzt, erscheinen hier Lebende und Tote in stillem Beieinander und zeugen vom schwereren Todesbewußtsein jener Zeit. Vgl. → Vasen E [5]. – *Werke:* Bauchamphora mit Achill und Briseis, Vatikan (eponym; s. Arias-Hirmer, Abb. 188, Taf. XL); weißgrundige Lekythen (ebd., Taf. XXXVIII ff., Abb. 185–187). I. Sch.

Lit: E. Buschor, Grab eines att. Mädchens (1939), 1959^3 – J. D. Beazley, JHS 34, 1914, 179–226 – Beazley, ARV² 986–1001.

Achtheit. In → Hermupolis (Mittelägypten) verehrte man eine Gruppe von 4 Götterpaaren, die Eigenschaften des Urchaos verkörpern: Nun und Naunet (Urgewässer), Ḥuḥ und Ḥauḥet (Endlosigkeit), Kuk und Kauket (Finsternis), Tenem und Tenemet (Unwegsamkeit) bzw. Amun und Amaunet (Unsichtbarkeit). Die männlichen Götter erschienen in Froschgestalt, die weiblichen als Schlangen. W. Hk.

Acilius, C., → Annalist des 2. Jh.s v. Chr., der in griech. Sprache (Cic. off. 3, 115) röm. Geschichte von der italischen Frühzeit bis auf seine Zeit schrieb; von einem Claudius, vielleicht → Claudius (26) Quadrigarius ins Lateinische übersetzt (Liv. 25, 39, 12). Quelle für → Diodor (2)? – Sicher identisch mit dem Senator, der sich 155 v. Chr. als Dolmetscher für die athen. Philosophengesandtschaft betätigte (Gell. 6, 14, 9; Plut. Cato mai. 22, 5). R. T.

Frg: HRR I 49–52 – *Lit:* A. Klotz, Der Annalist Q. Claudius Quadrigarius, RhM 91, 1942, 268–285 – F. Altheim, Unters. z. röm. Gesch. I, 1961, 182 ff.

2. **A. Glabrio,** M.' (trib. pleb. 201 v. Chr.; Xvir sacr. fac. 200; praet. 196, cos. 191), Freund des P. → Cornelius (30) Scipio, unterdrückte 196 eine Sklavenverschwörung in Etrurien, kämpfte 191 gegen → Antiochos III. (Sieg bei den Thermopylen) und die Ätoler (Liv. 36, 14 ff.; 37, 4 ff.); gelobte einen Tempel für Pietas (Liv. 40, 34, 5 f.). A. L.

3. **A. Glabrio,** M.'(?), trib. pleb. 122 v. Chr., Urheber einer lex Acilia repetundarum (CIL I² 583; Cic. Verr. 1, 51 f.) und einer lex Acilia Rubria, vielleicht Anhänger des C. → Gracchus (2). A. L.

Lit: A. Berger, RE Suppl. 7 (1940), 379 (zur lex Acilia Rubria).

Acilius → Attianus, → Glabrio.

Acker- und Gartenbau. [1] *Getreide.* [Zur ältesten, recht umstrittenen Geschichte der Kornsorten und ihrer stufenweisen Veredelung vgl. → Getreide.] Schon in den myken. Inschriften werden verschiedene Arten angebauten Korns genannt. Homer kennt sowohl Gerste als Weizen. Aus religiösen Zeremonien scheint hervorzugehen, daß Emmer (Triticum dicoccum) in Italiens ältester Geschichte vorherrschte. In historischer Zeit wurde Emmer in mehreren Sorten gleichzeitig mit anderen Kornsorten angebaut. Spelz (Triticum spelta) wird zum erstenmal in → Diokletians Preisedikt (1, 7) ausdrücklich genannt, kommt aber in der Forumnekropole vor. Gerste (Hordeum vulgare) wurde in mehreren Sorten angebaut, sowohl sechszeilig wie zweizeilig (Colum. 2, 9, 14 ff.). Als Brotgetreide war Weizen (Triticum vulgare) am meisten verbreitet und ebenso in verschiedenen Arten bekannt (Colum. 2, 6). In manchen Gebieten deckte die jährliche Produktion hiervon nicht den Bedarf, und besonders die Großstädte importierten große Mengen. Weizen produzierende Gebiete waren in erster Linie Sizilien, Nordafrika, Ägypten und die Schwarzmeergebiete. Hirse wurde besonders in der Po-Ebene angebaut, sowohl gewöhnliche Hirse (Panicum miliaceum) als auch Kolbenhirse (Setaria Italica). Roggen (Secale cereale) wurde selten angebaut (Plin. nat. 18, 141), und Hafer (Avena sativa) kannte man im wesentlichen als Viehfutter (Colum. 2, 10, 32), doch verwandten die Germanen ihn auch in der menschlichen Ernährung (Plin. nat. 18, 149). Häufig wurde er mit Flughafer (Avena fatua) botanisch verwechselt und als Unkraut betrachtet. Emmer, Gerste und Weizen wurden im allgemeinen im Herbst gesät (Oktober bis Dezember), jedoch gab es von allen dreien Sorten, die im Frühjahr gesät werden konnten und in ca. drei Monaten reiften. Hirse wurde ausschließlich im Frühjahr gesät (März). Über den Ertrag herrscht große Unsicherheit, da die Quellen von den verschiedenen Gegenden sehr unterschiedliche Zahlen nennen, von widersinnig kleinen bis zu sagenhaft großen. Am wahrscheinlichsten ist Varros Angabe (rust. 1,44) von 15fachem Ertrag in Etrurien.

[2] Von den Hülsenfruchtgewächsen waren die wichtigsten Saubohne (Vicia faba), Erbse (Pisum arvense), Kichererbse (Cicer Arietinum) und Linse (Lens esculenta). Von allen wurden viele Sorten angebaut. Für Italien erkennt man ihre außerordentliche Bedeutung schon in der älteren Zeit daraus, daß man eine Anzahl Artennamen in wichtigen röm. Personennamen wiederfindet (z.B. faba – Fabius, lens – Lentulus, cicer – Cicero). Außerdem wurde eine Reihe von Hülsenfrüchten als Viehfutter angebaut, meist Arten von Wicken, Platterbse und Lupine. – Bohnen wurden im Herbst gesät, Linsen sowohl im Frühjahr als auch im Herbst und Erbsen im zeitigen Frühjahr. Die Früchte wurden eingesammelt und sowohl reif als auch unreif verwandt. Von der Erntemethode leitet Varro die Bezeichnung legumina (‹quod vellendo leguntur›, rust. 1,32,2) ab. Als eigentliches Gemüse betrachtete man eine Reihe von Arten der Familie der Brassica, teils Rüben (Rettich, weiße Rüben, Kohlrüben), teils Kohl (Brassica oleracia). Rüben wurden sowohl zur menschlichen Nahrung wie als Viehfutter verwandt und waren in Rom eine verbreitete und billige Speise. Kohl war in vielen Sorten bekannt und wurde von Cato sehr empfohlen, auch in der Hausmedizin (agr. 156ff.). Unter dem Namen Pastinaca bauten die Römer die Möhre, die auch vom griech. Bereich her bekannt war. Von der Runkelrübe (Beta vulgaris) und Sellerie (Apium graveolens) wurden sowohl die Wurzelknolle als auch die Blätter gebraucht. Von demselben Typ sind die Porreearten. Zwiebel (Allium cepa) kannte man sowohl als eigentliche Zwiebel wie als Schnittlauch, und Knoblauch (Allium sativum) war eine der gebräuchlichsten Zutaten zur täglichen Kost. Im Gartenanbau wurden auch Arten der Familie der Cucurbitaceae, z.B. Gurke (Cucumis sativa) und Flaschenkürbis (Lagenaria vulgaris), gezogen. Außerdem baute man teils als Nahrungsmittel, teils als Gewürze spezielle Gartenpflanzen an, wie z.B. Artischocke, Spargel, Dill, Kapern, Koriander, Kümmel, Kresse, Pastinak, Raute, Salat, Senf, Thymian und Mohn. Viele von ihnen verlangen in den warmen und trockenen Sommermonaten, ihrer eigentlichen Wachstumsperiode, künstliche → Bewässerung. Rentabel war Gartenbau in großem Umfang vorzugsweise, wo eine naheliegende Stadt einen Markt bot; eines der ältesten Zentren für Gartenbau war daher Böotien-Megara mit Export nach Athen. Die hellenist. Stadtkultur forderte intensiven Gartenbau im Umkreis der Städte (z.B. Alexandria, Antiochia, Pergamon), und von hier aus gelangte eine Reihe von Kulturpflanzen und Anbaumethoden in den letzten Jahrhunderten v.Chr. nach Italien. Belege hierfür sind u.a. bestimmte Pflanzennamen mit Adjektiven wie ‹Syriaca›, ‹Ascalonia›, ‹Persica› u.ä.

[3] *Blumen*. Die zahlreichen Blumenmotive in der → kret.-myk. Kunst bezeugen ein lebhaftes Interesse für Blumen. Homer erwähnt verschiedene Arten, ohne allerdings irgendwelche Details über ihre Kultur zu geben; ebenso steht es mit der griech. archaischen → Lyrik, in der z.B. Rosen, Lilien und Veilchen oft begegnen. Im *Orient* dagegen war man seit den Hängenden Gärten der Semiramis in Babylon und den ‹Paradeisoi› der pers. Könige mit (Blumen-)Gärten wohlvertraut und entwickelte sie auch während der späteren Zeit fort; im Zusammenhang mit dem Alexanderzug und den hellenist. Städtegründungen kamen die Griechen damit in engere Berührung. – In *Rom* gehörte der Garten (hortus) seit je zum röm.-ital. Haus untrennbar hinzu, ursprünglich als Küchengarten. Mit der Entwicklung des Peristyls unter griech. Einfluß wuchs das Interesse an Ziergärten; eine Anschauung davon vermitteln → Pompeji und → Herculaneum, wo sogar die Blumenbeete rekonstruiert werden können. In größeren Häusern und Villen war der Garten integrierender Teil der architektonischen Anlage und mit Skulpturen, Marmorvasen, Brunnen usw. geschmückt. Röm. Wandmalereien zeigen häufig Gärten (berühmtes Bsp. aus dem Triclinium der domus Liviae, jetzt im Thermenmuseum, Rom).

[4] *Flachs* ist für die Mittelmeerländer schon in vorhistorischen Funden nachgewiesen (z.B. in den Pfahlbauten der Schweiz), und der Gebrauch von Leinen bei Homer wohlbezeugt. Die Pflanze (Linum usitatissimum) scheint jedoch in Italien und Griechenland weniger angebaut worden zu sein, da sie eine feuchte Wachstumsperiode verlangt, wohl aber vielfach in Palästina, Phönizien, Ägypten und Nordafrika; die Ptolemäer monopolisierten sowohl den Anbau als auch die Herstellung von Leinen. Außer den obengenannten Zentren nennt Plinius (nat. 19,2ff.) noch Gallien und Spanien als Anbaugebiete des Flachses, während die röm. Landwirtschaftsschriftsteller (s.u.) direkt vor dem Anbau warnen, wo er nicht schon gebräuchlich ist, da der Flachs die Erde aussauge (Colum. 2,10,17). – Die Aussaat findet am häufigsten im Herbst statt, seltener im Frühjahr. Nach der Reife wird der Flachs gerauft und getrocknet, wonach er den üblichen Prozessen (Rösten, Schwingen usw.) ausgesetzt wird (→ Leinen).

[5] *Baumwolle* wird zuerst von Herodot genannt (3,47. 106). Sie war von → Sanherib nach Vorderasien eingeführt und von den → Phöniziern über Karthago verbreitet; nach Plinius (nat. 19,14) wurde sie in Indien und Ägypten sowie auf den Bahrein-Inseln angebaut; in der griech.-röm. Welt wurde der Anbau offenbar kaum betrieben, obwohl Baumwollstoffe eingeführt wurden.

[6] *Hanf* (Cannabis sativus), dem Namen ‹Kannabis› nach gleichfalls indischer oder vorderasiatischer Herkunft, wurde in nördlicheren Gegenden (z.B. Skythien, vgl. Hdt. 4,74), nur gelegentlich im Mittelmeergebiet angebaut. Plinius (nat. 19,174) betrachtet Hanf aus Kleinasien als besten, hebt aber auch den sabinischen hervor. Außerdem wurde er viel in Spanien angebaut, das auch für den Anbau von Spartum (Spartium iunceum) bekannt ist. Beide Pflanzen wurden bes. für Tauwerk gebraucht, vom Hanf ebenso der ölhaltige Same sowohl zur Nahrung als in der Medizin (Plin. nat. 20,173).

[7] Außer den bereits erwähnten *Futterpflanzen* wurde eine Anzahl von Grassorten teils als Grünfutter, teils als Heu verwandt, die entweder auf nicht weiter kultivierten Weiden im Gemeinbesitz (ager publicus), teils auf kultivierten, oft mit → Bewässerung versehenen Weiden wuchsen. Die Identifikation dieser Grassorten ist kaum möglich. Als weitere wichtige Futterpflanzen müssen genannt werden cytisus, häufig identifiziert mit Holzluzerne (Medicago arborea) und gewöhnliche Luzerne (Medicago sativa), welche sowohl Griechen als auch Römer unter dem Namen ‹medica› kannten, was auf die Heimat der Pflanze hinweist. Sie wird zuerst von Aristophanes (equ. 606) genannt und wurde hochgeschätzt, weil sie auch langandauernde Dürre aushielt (Colum. 2,10,25ff.; Varro rust. 1,42).

[8] Die *Technik* des Ackerbaus ist bes. durch die röm. Landwirtschaftstheoretiker (→ Landwirtschaft B) bekannt, doch finden sich in der antiken Literatur seit Homer häufige Anspielungen darauf. Sie scheint durch Jahrhunderte ziemlich unverändert gewesen zu sein. Wichtig war die Ökonomisierung der Bodennutzung, damit der Boden nicht ausgemergelt wurde; umschichtiger Anbau mit einem Jahr Frucht und einem Jahr Brachliegen ist die ursprüngliche Methode, aber es wurden auch mehrere Formen des Fruchtwechsels entwickelt (Varro rust. 1,44,2f.). Durch Zufuhr von Dünger wurde schon zu Homers Zeit die Leistungskraft des Bodens verbessert (Od. 17,299), und ein Misthaufen ist ein wichtiger Bestandteil bei der Anlage des Hofes (Cato agr. 5,8; Varro rust. 1,13,4; Colum. 1,6,21). Die beiden letzten Verfasser geben umständlich an, wie

viele Fuhren Dung den verschiedenen Böden zugeführt werden sollen. Auch das Unterpflügen der Pflanzen kennt man, bes. von Lupinen (Varro rust. 1, 23, 3). Seit dem Altertum ist umstritten, ob auf Grund von ‹overcropping› eine ständige Verschlechterung der Erde stattfindet (Colum. praef. 1 ff.). Der kräftige Winter- und Frühjahrsregen macht es notwendig, das überflüssige Wasser von den Feldern abzuleiten, um Erosion zu verhüten (Cato agr. 155; → Drainage). Im allgemeinen wurde die Saat untergepflügt, so daß das Feld in lange Furchen eingeteilt war (vgl. → Pflug). Eigentliche Entwässerung mit dem Sickerbrunnen kennt man auch. Gelegentlich hat man künstliche → Bewässerung angewandt. – Die *Geräte* waren recht einfach. Handgeräte sind Hacken mit einem oder mehreren Zähnen oder einem breiten Blatt, Spaten, Rechen und Beile verschiedener Typen samt Sicheln in verschiedenen Formen, auch als Krummesser zum Holzschneiden. Gezogen von Ochsen und Eseln, wurden Wagen und Karren, Eggen und → Pflüge verwandt. Das unregelmäßige und oft bergige Terrain machte viele Arbeitskräfte notwendig, zu den ‹instrumenta rustica› rechnet Varro (rust. 1, 17, 1) gleichermaßen Zugtiere (‹instrumentum semivocale›) wie Sklaven (‹i. vocale›). Wenn das Feld gepflügt und evtl. geeggt war, wurde das Säen durch die Hand vorgenommen. Die Aussaatzeit ist Frühjahr oder, häufiger, Herbst. In Feldern und Gärten wurde mehrmals Unkraut gejätet. Die Ernte erfolgte in der Regel mit der Sichel (Hom. Il. 18, 550 ff., Varro rust. 1, 50); in röm. Zeit kannte man eine → Mähmaschine aus Gallien. Die abgemähten Ähren oder Hülsen brachte man zum Dreschplatz, wo das → Dreschen und Lüften erfolgte. Das Korn wird in Kornlagern mit guter Entlüftung oder in unterirdischen Silos aufbewahrt, Hülsenfrüchte in eingegrabenen Vorratsgefäßen (Varro rust. 1, 57, 2). Es ist unsicher, ob eine bewußte Veredelung der bekannten Kulturpflanzen stattfand; aber jedenfalls wählte man zur Aussaat die größten und schwersten Körner oder Samen (Varro rust. 1, 52, 1, Colum. 2, 9, 12). Ohne Kenntnis der biologischen Faktoren erreichte man doch im Altertum auf rein empirischem Wege einen sehr hohen Stand innerhalb des Acker- und Gartenbaus, wesentlich kraft eines hochqualifizierten Stabes von Arbeitern, in hellenist. röm. Zeit hauptsächlich Sklaven. J. E. Sk.

Lit: A. Dickson, The Husbandry of the Ancients, 1798 (bedeutend) – E. Jardé, Les céréales dans l'antiquité grecque, 1925 – E. Schiemann, Entstehung der Kulturpflanzen, in: Hb. der Vererbungswiss. Bd. III, 1932 – P. Grimal, Les jardins romains, 1942 – A. Segré, Note sulla storia dei cereali nell'antichità, Aegyptus 30, 1950, 160–197 – Singer, Holmyard and Hall, A History of Technology I–II, 1956

Ackergesetze. Seit Bestehen der röm. respublica waren Landzuweisungen üblich. Durch Gesetz konnte ein Teil des im Krieg erworbenen Landes für Viritanassignationen (Einzelsiedlungen) oder → Koloniegründungen bereitgestellt werden, die bes. der politischen und militärischen Sicherung des gewonnenen Raumes dienten. Der Rest blieb weiterhin ‹ager publicus› und wurde gegen eine Steuer (→ vectigal) der privaten Nutzung nach Belieben überlassen (occupatio). Gegen die unbeschränkte Okkupation wandte sich (ohne dauernden Erfolg) ein bereits von Cato (1) erwähntes Gesetz (HRR Fr. 95 e), das später Tib. → Gracchus (1) seinen Siedlungsplänen zugrunde legte. Der Anteil am ager publicus wurde darin auf 500 iugera festgelegt (ob es ein Teil der leges Liciniae Sextiae von 367 v. Chr. war, ist ungeklärt). Urheber der Ansiedlungsgesetze vor 133 war (außer bei der lex Flaminia des Tribunen C. → Flaminius, 232) der Senat (Vell. 1, 14 f.). Ausführend bei Landzuweisungen waren (auch später) die Beamten agris dandis adsignandis und coloniae deducendae. – Durch die vielen Kriege (seit dem 2. Jh. meist außerhalb Italiens) wurden die Bauern, da sie als Angehörige der 5 Vermögensklassen zum Kriegsdienst verpflichtet waren, häufig und ungewöhnlich lange von der Bewirtschaftung ihres Landes ferngehalten. Den vernachlässigten bäuerlichen Besitz eigneten sich die Gutsherren an, während die Bauern, soweit nicht im Krieg gefallen, als besitzlose Bürger nach Rom kamen. Die starke Siedlungstätigkeit zwischen 200 und etwa 170 änderte auf die Dauer auch deshalb nur wenig an dieser Situation, weil bei der Plebs immer mehr die Bereitschaft zur bäuerlichen Arbeit fehlte. Verschiedene Politiker erkannten die Gefahren der Umwandlung der Agrarstruktur (z. B. → C. Laelius, 2), deren Änderung auch ein soziales Anliegen war. Eine richtungweisende Lösung erreichten zuerst die → Gracchen. Seit 133 ging die Initiative zur Ackergesetzgebung fast immer von Volkstribunen aus (→ Saturninus, → Livius (4) Drusus), die oft von Nobilitätskreisen angeregt und unterstützt wurden, aber ihre Anträge nur mit Hilfe des Volkes gegen die starre Opposition der Senatsmehrheit durchbringen konnten. Außeritalisches Gebiet wurde zuerst unter C. → Gracchus (2) verteilt (lex Rubria für die Koloniegründung in Karthago). Dem Ziel, alle Streitfragen über italischen Boden beizulegen, und der Stärkung der Kolonisation in Afrika diente die lex agraria von 111 (CIL I² 585). Seit etwa 100 entstand durch die notwendig gewordene Versorgung der entlassenen Soldaten (Neuorganisation des Heeres durch C. → Marius, 1) ein neues Aufgabengebiet innerhalb der Agrargesetzgebung, das z. Zt. Caesars ein zentrales Problem der politischen Auseinandersetzung in Rom war. → Caesar verwirklichte 59 (leges Iuliae) gegen den Senat die Anträge des → Servilius (7) Rullus (tr. pl. 63) und des L. Flavius (tr. pl. 60), die sich auf die Versorgung der Veteranen des → Pompeius (2) und der besitzlosen Plebs bezogen. Umfangreiche Landzuweisungen wurden nach dem Bürgerkrieg vorgenommen; in die bestehenden Besitzverhältnisse hat Caesar dabei nicht eingegriffen. G. G.

Lit: Vančura, RE 12, 1 (1924), 1150–85, s. v. leges agrariae – L. Zancan, Ager publicus, 1935 – J. Göhler, Rom u. Italien, 1939 – H. Last, CAH IX 1–100; M. Cary, ebd, 515 ff. – F. T. Hinrichs, Die Ansiedlungsges. u. Landanweisungen im letzten Jh. d. röm. Rep., Diss. Heidelberg 1957 mschr.

Aconitum (ἀκόνιτον) heißen in der Überlieferung verschiedene, nicht scharf voneinander getrennte Giftpflanzen, bes. der *Eisenhut* (A. napellus L.) und der gemeine *Gemswurz* (Doronicum pardalianches L). A. ist für Italien, Kreta, Zakynthos, vor allem aber für die pontischen Küstenlandschaften Kleinasiens bezeugt. Es war für Menschen und Tiere tödlich, darunter für Wölfe und Panther, weswegen die Pflanze auch *παρδαλιαγχές* genannt wurde. Man schrieb seine Entstehung dem Geifer des von → Herakles aus der Unterwelt entführten → Kerberos zu. Als Giftpflanze eng mit → Hekate verbunden. Vgl. → Flora. J. W.

Lit: Wagler, RE 1, 1 (1893), 1178–83 – Murr, Pflanzenwelt, 219 f.

Acro, Helenius, 2. Jh. n. Chr., Verfasser verlorener Kommentare zu Terenz und Horaz. Eine in mehreren Fassungen erhaltene Scholiensammlung trägt seinen Namen zu Unrecht. D. F.

Ed: O. Keller, 2 Bde, 1902–04 – *Lit:* Schanz-Hosius III 165–167 – V. D'Anto, Pseudoacronia, Latomus 19, 1960, 768–773.

Acta Alexandrinorum, durch Papyri erhaltene Propagandaliteratur griech.-altalexandrinischer Kreise gegen das neualexandrinische Römertum, die gerne das Formular eines fiktiven Gerichtsprotokoll benutzte und daher im Vergleich zu christl. → Märtyrerakten von Interesse ist. C. A.

Ed: H. Musurillo, The Acts of the Pagan Martyrs, 1954 (mit Kom.) – Ders., A. A., BT, 1961 (Lit).

Acta Apostolorum, Martyrum → Apostelgeschichte, → Märtyrerakten.

Acta senatus, → Senatsprotokolle, von → Caesar 59 v. Chr. eingeführt, Veröffentlichung in den → a. (1) urbis. Vorher wurden nur Senatsbeschlüsse, Protokolle nur bei bes. wichtigen Anlässen, z. B. dem Verhör der allobrog. Gesandten i. J. 63 v. Chr., aufgezeichnet. Von → Augustus wurde die Veröffentlichung der Protokolle abgeschafft, aber sie wurden weiter geführt durch einen curator actorum senatus (1. Jh. n. Chr.), seit Trajan den → ab actis senatus. Ein Senatsprotokoll aus d. J. 438 n. Chr. ist erhalten (Gesta senatus Romani, Cod. Theod. praef.). Inhalt der a. senatus: Beschlüsse, Reden, abgelehnte Vorschläge, Verhöre, Reden der Kaiser u. a. Die Protokolle wurden im Senatsarchiv aufbewahrt. J.S.

2. **A. urbis** (auch *a. diurna populi* oder *rerum urbanarum a.*), von → Caesar 59 v. Chr. geschaffen, in albo veröffentlicht; von Privatleuten wurden Auszüge angefertigt und verbreitet. In der Kaiserzeit Vorsteher ein procurator Augusti → ab actis. Inhalt: Senatsbeschlüsse, amtliche Handlungen der Kaiser und Magistrate, Bauten und Reisen. Nachrichten vom Hof und dem Leben der kaiserlichen Familie, Geburtstage und Leichenbegängnisse. Außerdem private Familiennachrichten. Zitate aus der Zeit von 58 v. Chr. bis ins 3. Jh. n. Chr. erhalten. → Zeitungen. J.S.

Acte, Claudia, Freigelassene aus Kleinasien; Geliebte → Neros (1) bis zu seiner Hochzeit mit → Poppaea Sabina zum Ärger seiner Mutter → Agrippina (3) minor, die durch sie ihren Einfluß schwinden sah. A. hatte ein bedeutendes Vermögen. H.T.

Actia, von → Augustus zum Andenken an seinen Sieg im Golf von → Actium gestiftete Spiele; sie wurden zu Ehren → Apolls, des Schutzgottes des Kaisers, begangen und fanden alle vier Jahre am 2. Sept. in Nikopolis gegenüber Actium statt. Ähnliche Spiele wurden in Rom seit 28 vor Chr. gegeben. H. Le B.

Actio, ursprünglich jede, speziell die förmliche (Rechts-) Handlung, dann die zur Feststellung und Durchsetzung privater Rechte erfolgenden (Prozeß-) Handlungen, hierbei insbes. die des Klägers, schließlich gleichbedeutend mit ‹Klage›. Daneben bezeichnet A. (mit individualisierenden Zusätzen) auch den einzelnen Rechtsbehelf zur Durchsetzung privater Rechte (→ iudicium) und von da her das mit diesem Behelf durchgesetzte materielle Recht (Anspruch). – Vgl. → Rhetorik B [6]. G.J.

Actium, nordwestl. Vorgebirge von → Akarnanien am Ausgang des Golfs von → Ambrakia (Kt. 1152 B4) mit einem → Apollontempel; Schauplatz des entscheidenden Siegs Octavians (→ Augustus) über → Antonius (2) und Kleopatra (4) am 2. Sept. 31 v. Chr. Seitdem die 4jährig gefeierten großen ‹Aktischen Spiele› und die weitverbreitete ‹aktische Ära› als Jahreszählung. E.M.

Lit: W.W. Tarn, The battle of A., JRS 21, 1931, 173–199 – J. Kromayer, Actium, Hermes 68, 1933, 361–383 – G.W. Richardson, Actium, JRS 27, 1937, 153–164 – F. Wurzel, Der Ausgang d. Schlacht bei A. u. die 9. Epode des Horaz, Hermes 73, 1938, 361–379.

Ad metalla, im röm. Strafrecht (→ Recht III H) die Verurteilung zur Arbeit im → Bergbau. Sie stand auf Vergehen wie Gewalttat an röm. Bürgern, Wegelagerei, Brandlegung, Notzucht u. a. und wurde vielfach bei der Bestrafung von Juden und Christen (→ Christenverfolgungen) angewandt. Die Verurteilten wurden wie → Sklaven mit einem Brandmal versehen und arbeiteten in Fesseln. H. Br.

Adad → Hadad.

Adadnirāri, assyr. Könige. A. I., 1297–66. Besiegt den → Kassiten Nazimurattaš; weitet das assyr. Reich durch den Feldzug gegen Chanigalbat bis nach Karkemiš aus. – A. II., 909–889, leitet die neuassyr. Epoche durch Feldzüge gegen die Nairi-Länder, Chanigalbat und Babylonien ein. – A. III. → Semiramis. W.R.

Adaeratio, die vor allem im 4. Jh. n. Chr. häufige, rechtlich jedoch nur von Staats wegen vorgenommene Umwandlung von in Naturalien zu leistenden Einnahmen und Ausgaben in Geldeinnahmen und -ausgaben, bes. von Naturalsteuern in Geldsteuern (→ Rom III). R. Kn.

Adapa-Mythe, akkad. Mythe vom Fischer A., der dem Südwind durch einen Fluch den Flügel bricht, nachdem dieser sein Boot kentern ließ. Er muß sich vor → Anu verantworten, gewinnt die Fürsprache der Götter → Dumuzi und Gizzida. Auf Anraten seines göttlichen Vaters → Ea schlägt er das ihm angebotene Brot und Wasser des Lebens aus. Er wird zur Erde entlassen und nach dem unvollständigen Schluß wohl als König von → Eridu eingesetzt. W.R.

Lit: ANET 101–103 – G. Roux, Adapa, le vent et l'eau, RAssyr. 55, 1961, 13–33.

Adeimantos, Befehlshaber der korinth. Flotte 480 v. Chr. im Krieg gegen → Xerxes. A. wurde von der späteren athen. Propaganda wohl zu Unrecht als Feigling verleumdet (Hdt. 8, 5; 94). F. Kch.

2. **A.,** oligarchisch gesinnter athen. Politiker, 407–405 Stratege, nach der Seeschlacht bei Aigospotamoi wegen seines Eintretens für menschliche Behandlung der Kriegsgefangenen von → Lysander verschont (Xen. Hell. 2, 1, 30. 32). F. Kch.

Lit: F. Kiechle, Zur Humanität i. d. Kriegf. d. griech. Staaten, Historia 7, 1958, 141f.

Adherbal, verwaltete nach Micipsas Tod (118 v. Chr.) mit → Hiempsal (den Jugurtha wenig später ermorden ließ) und seinem Vetter → Jugurtha das → Numiderreich. A. und Jugurtha brachten den bald entstandenen Streit um die Herrschaft vor den röm. Senat, der durch Teilung des Reiches eine Lösung zu geben glaubte (Sall. Iug. 16, 2). A. wurde 112 von Jugurtha besiegt und getötet. G.G.

Adiabene → Assyrien.

Adlectio, Aufnahme in eine Körperschaft mit allen Rechten. 1. Übertragung der Titel und Rechte eines gewesenen → Magistrats auf einen, der dieses Amt noch nicht innehatte (a. inter tribunicios, a. inter aedilicios usw.) oder Aufstieg eines Senators aus einer niedrigeren Rangklasse. – 2. *A. inter patricios*, Aufnahme eines Plebejers in den Patrizierstand. – 3. *A. in turmas equestres*, durch Verleihung des Staatspferds Aufnahme in den Ritterstand. – 4. A. bezeichnet außerdem die Verleihung des → Bürgerrechts eines Munizipiums. J.S.

Adler. [1] Unter den verschiedenen Arten des Mittelmeerraumes und seiner Nachbargebiete ragt der als König der Vögel betrachtete Stein-A. hervor. Die auch dem Alten Orient vertraute Vorstellung vom Höhenflug bis in den Blitzbereich, aus dem der Adler blitzschnell herabzustoßen vermag, führte bei Griechen und Römern zur engen Verbindung mit dem Himmelsgott. Als sein Waffenträger wurde der A. zum vornehmsten Symbol der Gottesmacht. Die sprichwörtliche Schärfe des Auges führte zum Bildgedanken vom A. als Boten des Himmelsgottes. Er galt als wichtigster und zuverlässigster Künder des Götterwillens. Der Tempelgiebel heißt A. Wie im Alten Orient war der A. bei Griechen und Römern Hoheitszeichen gottbegnadeten Herrschertums und Sinnbild siegreicher Schlagkraft (Königs- und Kaisermünzen, Legionsadler). Der Gedanke der Kraftballung liegt dem Doppel-A. zugrunde, der im Alten Orient ausgeprägt wurde. Im Mythos wirkt Zeus durch den A. (Ganymed, Prometheus) oder als A. (Ganymed, Aigina, Asteria). Mit Zeus verbunden wurde das wichtige Merkgestirn des A.s am nördlichen Himmel (A. des Ganymed, König Merops von Kos). Zur Überlieferung fügt sich die große Bedeutung des A.s in der Kunst als Symbol für Gottesmacht (Münzen von Elis u. Akragas), Herrscherhoheit und Unüberwindlichkeit. Vgl. → Fauna, → Haliaëtos, → Jagd, → Sternmythen. J.W.

Lit: Keller, Tiere, 236–276 – Ders., Tierwelt II 1–12 – E. Oder, RE I, 1 (1893), 371–375 (Quellen!) – Nilsson I 300. 367 – H. Frankfort, The art and architecture of the ancient Orient (1954), 1958², 17. 30. 126f. – E.R. Goodenough, Jewish Symbols VIII, 1958, 121–142 – C. Krüger, Der fliegende Vogel in der antiken Kunst bis z. klass. Zeit, 1940 – H. Sichtermann, Ganymed, o. J., 50. 56–58 – Chr. Karusos, Phrontismata, in: Theoria, Festschr. W.H. Schuchhardt, 1960, 113–122 – Schefold, Mw, 14f. zu Nr. 101. 97. 92; 294–306 zu Nr. 460–463. 465–467. 516f. 544.

[2] Der Legions-A. war ursprünglich (neben Wolf, Minotaurus, Pferd und Eber) eines der fünf Kultsymbole der röm. → Legion, seit → Marius (1) ihr einziges Palladium und

→ Feldzeichen, eine Silberfigur (auch versilberte oder vergoldete Bronze) mit ausgebreiteten Schwingen auf dem Blitzbündel. Der A. wurde vom → Aquilifer, dem ranghöchsten der → Principales der kämpfenden Truppe, in unmittelbarer Nähe des → Primipilus getragen. E.Bay.

Adlocutio, feierliche Ansprache des Kaisers an die Truppe (vgl. den Gestus der Augustusstatue von Primaporta). Nur auf Münzen und → Historischen Reliefs, nicht als literarischer terminus belegt. Drei Formen der A.: Beim Eintreffen des Kaisers im Feldlager, bei dessen Abreise und nach siegreichen Schlachten. F.E.

Lit: D. Mustilli, EAA I, 1958, 265–266, s.v. Allocuzione, Abb. 380 bis 381.

Admetos, Sohn des Pheres und der Klymene (Periklymene), König im thessalischen Pherai. An der → kalydonischen Jagd und der → Argonautenfahrt beteiligt. In seinem Haus war → Apollon zur Sühnung des Kyklopenmordes Knecht, nach einigen Autoren sein Liebhaber. Bei der Bewerbung um die Hand der Peliastochter → Alkestis wird A. von Apollon unterstützt, der ihm hilft, die von Pelias gestellte Aufgabe (Löwe, Eber und Wolf gleichzeitig anzuschirren) zu erfüllen. Als A. bald nach der Hochzeit sterben soll, weil er vergaß, der Artemis zu opfern, erwirkt Apollon von den → Moiren, daß er weiterleben darf, wenn sich ein anderer für ihn opfert. Die Eltern weigern sich, aber Alkestis ist bereit. Trotz seiner Trauer übt A. die Pflichten der Gastfreundschaft gegen → Herakles, der auf dem Weg zu → Diomedes vorbeikommt; als jener jedoch vom Tod der Alkestis erfährt, begibt er sich an deren Grab und erzwingt von Thanatos die Herausgabe der Toten. Wichtigste dichterische Gestaltung in → Euripides' ‹Alkestis›. Nach att. Sage werden A. und Alkestis vertrieben und fliehen nach Athen.

Lit: Preller-Robert II 1, 29 ff. – A. Lesky, Alkestis, 1925 – *Darstellungen* von A. (oder Apollon) und dem Raubtiergespann sind in spätarchaischer und röm. Kunst vereinzelt nachweisbar (K. Schauenburg, Gymn. 64, 1957, 210–230 und ebd. 69, 1962, 521–529), so in der Eberjagd d. Françoisvase (Schefold, FS 57). Ein Onos in Athen zeigt die Braut Alkestis (Beazley, ARV¹ 726, 27). Etrusk. Darstellungen von Alkestis und A. bespricht Beazley, EVP 134. Ein Relief des späten 5. Jh.s aus Kyrene (E. Paribeni, Cat. d. Sculture di Cirene, 1959, Taf. 47, 45) und röm. Reliefs sowie Sarkophage stellen die Geschichte der Alkestis, vor allem ihre Rückführung, dar (Robert, SR III 1, Taf. 6 f.; AJA 37, 1933, Taf. 17; RA 1895, I 71 ff.; AJA 51, 1947, Taf. 69; Mon. Ant. 31, 1926, Taf. 37. Vgl. das Wandgemälde bei Reinach, RP 187). Wahrscheinlich sind einige Wandbilder auf A. bei der Mitteilung des Schicksalsspruchs zu deuten (Schefold, WP 64. 104. 161. 203). K. Schb.

Adonēus, Versmaß des Klagerufs ὦ τὸν Ἄδωνιν (–◡◡––), Sacerd. p. 516 K. Die alexandrinischen Grammatiker schrieben die → Sapphische Strophe so, daß ein A. die letzte Zeile ausmachte. B. Sn.

Adonia, ein von Frauen begangenes, privates Trauerfest für Adonis. Oriental. Kult, zuerst bei Sappho erwähnt; seine Volkstümlichkeit in Athen ist durch Aristophanes, in Alexandria durch Theokrit (eid. 15) bezeugt. Der Zeitpunkt scheint von Ort zu Ort verschieden gewesen zu sein. Bestandteile des Kults waren das Scheinbegräbnis und die schnellwachsenden → Adonisgärtchen, die in Töpfen auf die Dächer gesetzt wurden. → Feste. F. R. W.

Lit: Nilsson, I 727–728; II 35, Anm. 2.

Adonis, eine aus dem Orient stammende → Vegetationsgottheit (vgl. → Attis und → Kybele), die schon früh auch in Griechenland Verehrung fand (ältestes Zeugnis: Sappho Fr. 21. 107. 132 D; vgl. Hesiod Fr. 32 Rz.). Der Name A. dürfte etymologisch mit phön. *adon* (‹Herr›) zusammenhängen. Ein alter Kultort des Gottes ist Byblos; es bestehen Beziehungen zwischen dem A.-Mythos und Vorstellungen, wie sie für das 2. Jt. v. Chr. in Texten von → Ugarit bezeugt sind. Seinem Mythos (s. u. 2) liegt offenbar die verbreitete orientalische Erzählung von der Großen Mutter und ihrem göttlichen Liebhaber zugrunde (vgl. den babylonischen → Ištar-Dumuzi-Mythos). – Zu den großen, in das Menschenleben einwirkenden Göttern wird A. bei den Griechen nie gerechnet; vielmehr ist er ihnen ein Sinnbild für das alljährliche Dahinwelken und Wiedererwachen in der Natur. In den offiziellen *Kult* hat er keine Aufnahme gefunden; seine im Sommer stattfindenden Feste bleiben Privatfeiern, sind aber wegen des in ihnen enthaltenen emotionalen Elementes bes. bei den Frauen sehr populär. Bei diesen Festen werden u.a. Klagelieder auf den toten Gott gesungen und auf den Hausdächern sog. *Adonisgärtchen* aufgestellt (vgl. Plat. Phaidr. 276 B). Der A.-Kult hat seinen Ursprung offenbar in alten → Fruchtbarkeitsriten (gewisse Ähnlichkeiten bestehen z. B. zum minoischen → Baumkult). – Eine ausführliche Schilderung einer A.-Feier im hellenist. Alexandria gibt → Theokrit (eid. 15). K.-H. R.

Lit: W. W. Baudissin, A. und Esmun, 1911 – Nilsson I 727 f. – F. Nötscher-T. Klauser, RAC I, 1950, 94–98 – G. v. Lücken, Kult und Abkunft des A., FuF 36, 1962, 240–245.

[2] *Sage.* A. ist Sohn des assyr. Königs Theias oder des kypr. Königs Kinyras und dessen Tochter → Myrrha (oder Smyrna). Nach seiner Geburt aus dem Myrrhenbaum, in den die Mutter verwandelt war, von → Aphrodite in einer Kiste Persephone zur Aufbewahrung gegeben. Da diese ihn behalten will, entscheidet Zeus, daß A. je ein Drittel des Jahres bei Aphrodite und Persephone bleiben soll und ein weiteres Drittel zur freien Verfügung hat. Auch dieses verbringt er mit Aphrodite. Er stirbt durch einen Eber. In einer anderen Version der Sage lernt Aphrodite A. erst auf einer Jagd kennen. Aus A.' Blut wachsen Rose und Anemone. (Ov. met. 10, 298 ff.; Apollod. 3, 182–185.)

Darstellungen setzen im späteren 5. Jh. auf att. Vasen ein, wobei meistens → Aphrodite zugleich erscheint (H. Metzger, Les représentations dans la céramique attique du 4ᵉ siècle, 1951, 20, 4. 89–99). Die sogenannten A.gärten treten im gleichen Zeitraum auf (H. Sulze, Angelos 3, 1930, 72–91; Modona, Rend. Pont. Acc. 27, 1952/54, 177 ff.). Der Tod des A. und Büsten des Gottes begegnen auf unterital. Vasen (H. Metzger, a. O. 89–92; Schauenburg, RM 64, 1957, 213). Auf etrusk. und falisk. Vasen sowie etrusk. Spiegeln kommen A. und Aphrodite mehrfach vor (AuA 10, 1961, Taf. 13, 20; S. Haynes, MdI 6, 1953, 23–25 ff.; vgl. das Grabmonument in: Kunst u. Leben der Etrusker, Ausstellung Köln 1956, Kat.-Nr. 475). Sehr häufig sind A. und Aphrodite auf Sarkophagen der Kaiserzeit (Robert, SR III 1, 7 ff.), Wandgemälden (Schefold, WP, passim), Mosaiken (D. Levi, Antioch Mosaic Pavements, 1947, 24 f. 80–81. 305 ff. 315 f.). Vgl. auch die Statue bei H. Seyrig, Syria 27, 1950, 229 f., das Elfenbeinrelief bei V. Spinazzola, Le arti decorative in Pompeji e nel Museo Nazionale di Napoli, 1928, Taf. 224 c) – *Lit:* P. Williams Lehmann, Roman Wall Paintings from Boscoreale, 1953, passim – W. Frazer, Adonis, Attis, Osiris (1909), in: The golden bough IV, 1927³ – P. Lambrechts, Mél. I. Lévy, 1955, 207–224 – G. v. Lücken, WZ Rostock 12, 1963, 2, 259–263. K. Schb.

Adonisgärtchen (Ἀδώνιδος κῆποι) hießen die seit dem 5. Jh. in Griechenland bei den Festen zu Ehren des toten → Adonis in Gefäßen und in flachen Beeten gezogenen Blätter- und Blumenarrangements, die rasch wuchsen und ebenso schnell wieder verwelkten. Vgl. → Anemone. J. W.

Lit: R. J. Rose, 125 f. – H. Jucker, Das Bildnis im Blätterkelch, 1961, 169, 10 – D. Thompson, Garden Lore of Ancient Athens, 1963, Abb. 50 – H. Sulze, Ἀδώνιδος κῆποι, Angelos 2, 1926, 44–50; 3, 1928, 72–91 – Ph. W. Lehmann, Roman Wall Paintings from Boscoreale, 1953, 38 ff.

Adoptianismus, Fachbegriff für altchristl. monarchianische Christologien (vgl. → Christentum V E), die teils eine Präexistenz Christi ablehnen, die Gottessohnschaft als ‹Adoption› des Menschen Jesus durch Gott deutend (→ Judenchristentum), teils wie → Paulus (6) v. Samosata streng zwischen präexistentem Logos und dem von ihm ‹adoptierten› Menschen schieden. In Rom seit Ende 2. Jh., im Osten seit Mitte 3. Jh. verworfen. C. A.

Lit: RGG I 98.

Adoptivkaiser werden die durch → Adoption auf den Thron erhobenen röm. Kaiser → Trajan, → Hadrian, → Antoninus Pius, → Mark Aurel und L. → Verus (1) genannt. Die durch die Kinderlosigkeit des jeweiligen Vorgängers bedingte Aufeinanderfolge dieser Herrscher ließ eine Maßnahme als System erscheinen, die →Nerva, wie zuvor →Galba, in einer Notlage angewandt hatte. Die Adoptionen des →Augustus sind nur entfernt vergleichbar. Die Form der Adoption als Mittel der Nachfolgeregelung übernahm der Prinzipat von der röm. Nobilität, die sie gebrauchte, um den Bestand einer Familie zu sichern oder die Position des noch lebenden Oberhauptes auszubauen. Die Prinzipatsideologie konnte jetzt von einem Wahlkaisertum sprechen; der Aristokratie fiel es leichter, sich mit dieser Form des Prinzipats abzufinden. Tacitus beurteilt das A.-tum realistisch (hist. 1, 15 f.). Vgl. →Rom I E [4]. K. Chr.

Lit: H. Nesselhauf, Die Adoption des röm. Kaisers, Hermes 83, 1955, 477–495.

Adrastos, Sohn des Talaos von Argos und der Lysimache, Tochter des →Abas (oder der Lysianassa, Tochter des Polybos). Flieht vor →Amphiaraos, der seinen Vater ermordete, zu seinem Oheim (oder Großvater) Polybos nach Sikyon, erbt dessen Herrschaft. Nach Aussöhnung mit Amphiaraos, dem er seine Schwester →Eriphyle zur Frau gibt, wieder König von Argos. Seine vier Töchter Argeia, Deipyle, Hippodameia und →Aigialeia heiraten →Polyneikes, →Tydeus, →Peirithoos und →Diomedes; im Namen des ersten führt er die →Sieben gegen Theben (aus der Katastrophe rettet ihn allein sein göttliches Roß →Areion) und später deren Söhne, die →Epigonen; dabei fällt sein Sohn Aigialeus, und A. stirbt aus Trauer in Megara. Viele Kulte (so in Sikyon: Hdt. 5, 67).

Lit: Preller-Robert II 3, 911 ff. 944 ff. – *Darstellungen:* A. auf Viergespann auf einigen schwarzfigurigen Vasen (Beazley, AJA 54, 1950, 315; ders., ABV 367, 88). Tydeus bei A. auf dem chalkid. Skyphos in Kopenhagen (bei Hampe-Simon 21–26). Als Schlichter eines Streites zwischen →Lykurgos und Amphiaraos erschien A. am amykläischen Thron (Paus. 3, 18, 12), wozu ein Schildbandstreifen zu vergleichen ist (Kunze 174 f., Schefold FS 77).

2. **A. von Aphrodisias,** →Peripatetiker, 2. Jh. n. Chr., schrieb über Reihenfolge, Titel und Echtheit der aristotelischen Schriften. A. kommentierte Aristoteles' ‹Kategorien› und ‹Physik› und behandelte Probleme der aristotelischen und theophrastischen Ethik. Spuren seines Kommentars zu Platons Timaios zeugen von großem mathematischem und astronomischem Wissen. P. M.

Adria (ὁ Ἀδρίας, Ἀδριατικὴ θάλασσα, mare Adriaticum, mare superum, ‹das über dem Apennin liegende Meer›), tiefeingeschnittener Meeresarm zwischen der Apennin- und der Balkanhalbinsel, ca. 750 km lang, größte Breite ca. 200 km, bis zu 1590 m Tiefe. Der von der etrusk. Stadt Atria im Podelta abgeleitete Name ursprünglich nur für den inneren Winkel verwendet. Seit dem 4. Jh. auf das nördl. Becken bis zur engsten Stelle zwischen Mons Garganus und dem keraunischen Vorgebirge und in der röm. Kaiserzeit auf den ganzen adriatischen Meeresarm ausgedehnt. Das südl. Becken hieß zunächst Ionisches Meer (nach einem Illyrierstamm der Iones in Epirus). Auf der illyr. O-Seite zerrissene Steilküste und zahllose Inseln, im N Sandbänke und Lagunenbildung, auf der ital. Seite im W flache Abdachung und einfache Küstenlinie. Außer der Tremitigruppe (Insulae Diomedeae) keine Inseln und nur zwei Vorgebirge (Promunturium Cunerum bei Ancona und Mons Garganus). Das Fehlen natürlicher Häfen auf ital. Seite (vgl. Liv. 10, 2, 4) außer Ancona und ganz im S Brundisium und Hydruntum und die Häufigkeit von Stürmen, die durch das Aufeinanderstoßen kalter nördl. (Borra) und warmer südl. (Scirocco) Luftströmungen, die sich in dem schlauchartigen Tal der A. fangen, bedingt sind, beeinträchtigten den regen Seeverkehr. B. A.

Lit: Nissen, I 89.

Adventus (scil. imperatoris), Ankunfts- und Begrüßungszeremonie für den Kaiser bei den Reisen in die Provinzen und bei der Rückkehr nach Rom. Als Münzlegende von den Reisemünzen Hadrians her bekannt und auf →Historischen Reliefs (Cancelleriareliefs) dargestellt. – Symbol auch in der *altchristl. Kunst.* F. E.

Lit: P. G. Hamberg, Studies in roman imperial art, 1945, 56 ff. – G. Cressedi, EAA I, 1958, 89 f. – F. Magi, Rilievo di Anacapri, Rend. Pont. Acc. 28, 1954/55, 45 – E. Simon, Zu den flav. Reliefs von der Cancelleria JdI 57, 1960, 134–156 – E. Kantorowicz, The Kings Advent, Art Bull. 26, 1944, 207–231 (zur Holztür S. Sabina, Rom, vgl. R. Delbrück, Art Bull. 31, 1949, 215–217) – R. Delbrück, Notes on the Wooden Doors of S. Sabina, Art Bull. 34, 1952, 138–145.

Advocatus, der bei einem Geschäft oder Rechtsstreit ‹Herbeigerufene›, leistet durch Tat oder bloßes Erscheinen Beistand, in republikan. Zeit ohne Honorar. Im 3. und 4. Jh. n. Chr. Durchdringen der Advokatur mit Juristen mit bestimmter Studiendauer und Abschlußexamen; Pflichten durch kaiserl. Verordnungen geregelt. – 2. *A. fisci,* seit Hadrian Vertreter des →Fiscus in Streitigkeiten mit den Untertanen. Das Amt gehörte zur ritterlichen Laufbahn. Im 4. Jh. n. Chr. war der a. fisci summae rei in Rom Leiter der Zentralverwaltung, sonst landschaftliche Gliederung, z. B. a. fisci per Italiam, oder nach Gebührenkategorien. J. S.

Adynaton (ἀδύνατον, das ‹Unmögliche›), moderner Ausdruck (wohl nach Aristot. an. pr. 29 b 5) für die Beschwörung einer Naturunmöglichkeit zwecks emphatischer Bekräftigung einer Aussage oder eines Entschlusses, eine Art →Periphrase des Begriffs ‹niemals›. *Bsp.:* Hor. epod. 16, 25–36; Schiller, M. St. 3, 3: «Eh' mögen Feu'r und Wasser sich in Liebe / begegnen, und das Lamm den Tiger küssen / ... Nie ist zwischen uns Versöhnung.» H. H.

Lit: H. V. Canter, The figure of A. in Greek and Latin poetry, AJPh 51, 1930, 32–41 – E. Dutoit, Le thème de l'a. dans la poésie antique, 1936 – Lausberg, Elemente², 70.

Adyton (‹unbetretbar›), ein →heiliger Raum (bes. das Allerheiligste eines →Tempels), der nur ausnahmsweise von bestimmten Personen (→Priester) und zu bestimmten Zeiten betreten werden darf. →Abaton, →Tabu, →Temenos. Bei großgriech. →Tempeln hinter der Cella; →Didyma, →Architektur I D 2; G 2. K.-H. R.

Aebutia gens. Aus diesem später kaum mehr hervortretenden Geschlecht stammen nach den Fasten Konsuln der Jahre 499, 463 und 442 v. Chr.; im 2. Jh. v. Chr. T. Aebutius Carus, Prätor 178, und M. Aebutius Helva, Prätor 168. A. L.

Ädikula (aedes, ‹kleines Haus, Tempelchen›), (1) sakraler Schrein, z. B. →Lararium, Bekrönung eines →Grabes usw.; (2) von Säulenordnung eingefaßte Nische zur Aufnahme einer Statue oder eines Gemäldes; auch Umrahmung von Fenstern etc. Ägyptische und hellenistische Vorformen (z. B. Halle des Athenaheiligtums in Pergamon). Vgl. →Naiskos. C. K.

Ädil. Aedilis, zu aedes, ‹Tempel›, gehörig (Varro ling. 5, 81), bezeichnet den Tempelhüter. Die beiden Ä. en (aediles plebei), 494 v. Chr. als Beamte der plebs neben den Volkstribunen (tribuni plebis) zu deren Hilfe eingesetzt und wie sie sakrosankt, waren die Verwalter des Cerestempels auf dem Aventin. Als Ausgleich für den Zutritt der Plebejer zum Konsulat wurden 367 zwei kurulische Ä. en (aediles curules) bestellt. Die beiden Ädilenpaare unterschieden sich in Wahlqualifikation, Wahlform und Amtstracht und hatten Hilfspersonal und Kasse getrennt. Das Amt war einjährig, auf Rom beschränkt, ohne →imperium, das plebejische nur Plebejern zugänglich, das kurulische jährlich wechselnd →Patriziern und Plebejern, die plebejischen Ä. en wurden in Versammlungen der plebs, die kurulischen in Tributcomitien (→Comitien) gewählt, erstere saßen auf einer Bank (subsellium), letztere hatten den kurulischen Sessel (→Sella curulis) und trugen die toga praetexta. Da die plebejischen Ä. en seit 367 aus Sonderbeamten der plebs Beamte der gesamten Gemeinde wurden, war der dreifache Aufgabenkreis beider Gruppen, der *curatores urbis annonae ludorumque sollemnium* (Cic. leg. 3, 7), in historischer Zeit der gleiche. Sie hatten die polizeiliche Aufsicht über Tempel, öffentliche Straßen, Gebäude und den Marktverkehr, die Sorge für die Kornzufuhr und das Recht zu

Geldbußen und Strafen sowie Strafanträgen beim Volksgericht. Die plebejischen Ä.en richteten die → ludi (8) plebei und → ludi (3) Ceriales aus, die kurulischen die → ludi (9) Romani und konnten sich, wie → Caesar i.J. 65, durch entsprechenden Aufwand für die Wahl zu höheren Ämtern empfehlen. Kraft ihres Ediktionsrechtes erließen die kurulischen Ä.en bei Amtsantritt ein → Edikt, das, jeweils von den Nachfolgern fortgeführt, Richtlinien z.B. über Haftung für Sachmängel beim Verkauf festlegte und unter → Hadrian durch den Juristen → Salvius Julianus abgeschlossen wurde. Caesar erhöhte 44 die Zahl der Ä.en um zwei aediles plebis Ceriales. → Augustus übertrug 22 v. Chr. die Ausrichtung der Spiele den → Prätoren, 11 v. Chr. die Archivverwaltung der Ä.en den → Quästoren, die Getreidefürsorge und polizeiliche Aufgaben kaiserlichen Beamten, dem → praefectus annonae und → praefectus vigilum. So blieb das Ädilenamt in der Kaiserzeit bestehen, verlor aber die meisten Funktionen. Als Unterbeamte gab es Ädilen auch in den → Municipien. H.V.

Lit: Mommsen, Staatsrecht II 470–522 – Namen der bekannten Ä.en bei T. R. Broughton, The magistrates of the Roman republic, 1951/52; Nachträge: Suppl. to the mag. of the Rom. rep., 1960 – G. Impallomeni, L'editto degli edili curuli, 1955.

Aedituus (aeditumus), Tempelwächter mit Wohnung nahe beim Heiligtum; in gewissen Fällen Pförtner und Fremdenführer, oft Freigelassener, manchmal Sklave. Auf jeden Fall war sein Amt ein Vertrauensposten, da er für die kostbaren Kultgeräte, Weihgaben und Tempelschatz verantwortlich war. H. Le B.

Aedituus → Valerius.

Aëdon, Tochter des → Pandareos, Gemahlin des → Zethos. Tötet im Glauben, ein Kind der ihr wegen ihres Kinderreichtums verhaßten Schwägerin Niobe vor sich zu haben, ihren eigenen Sohn Itylos und wird von den Göttern aus Mitleid in eine Nachtigall (ἀηδών), ihre Magd Chelidon in eine Schwalbe (χελιδών) verwandelt (Od. 19, 518 mit Schol.). Vgl. den ähnlichen Mythos der → Prokne. K. Schb.

Lit: Preller-Robert II 1, 125ff. – J. Cazzaniga, La saga di Itys, 1951 – *Darstellungen:* → Prokne.

Ägäis (*Αἰγαῖον πέλαγος*, daraus im MA entstellt Archipelagos, Archipel), das außerordentlich inselreiche Meer zwischen → Griechenland, → Thrakien, → Kleinasien (Kt. 1152 D/I 2/6), von → Herodot bis → Kreta, von → Eudoxos (2) über Kreta hinaus, von → Skylax von Skyros nach N (also ausschließlich der → Kykladen) gerechnet, heute Bezeichnung des gesamten geograph. Raums um die Ä. herum. Erklärung des Namens unsicher, in der Antike (a) von → Aigeus, dem Vater des → Theseus, (b) von Aigai auf Euböa. Die Inseln im S heißen → Kykladen, die an der W-Küste Kleinasiens → Sporaden, die im N von Euböa nördl. Sporaden. Das Ägäische Meer bildet die älteste und bequemste Verkehrsstraße zwischen Griechenland und Asien. Die Seefahrt ist zur Zeit der Etesienwinde nicht ungefährlich, im Verhältnis zum Ion. und Sizil. Meer aber sicher. Vgl. → Kret.-myk. Kultur. E.M.

Lit: Philippson-Kirsten IV.

Aegidius, röm. General und Freund des Kaisers → Majorian (457–461), der Arles gegen die Westgoten verteidigte. A. trug den Titel ‹comes et magister utriusque militiae per Gallias›. Nach dem Tod Majorians, dessen Nachfolger er nicht anerkannte, setzte er die Verteidigung Galliens gegen die Westgoten fort und schlug sie im Jahre 463 bei Orléans. Er starb im gleichen Jahr; sein Sohn und Nachfolger war → Syagrius, der dann 486 → Chlodwig unterlag. E. A. Th.

Lit: K. F. Stroheker, Der senator. Adel im spätantiken Gallien, 1948, 141–142, Prosop. Nr. 1.

Ägina (*Αἴγινα*, ‹Ziegeninsel›), größte Insel im saronischen Golf (Kt. 1152 D 5). Eine befestigte Stadt gab es an der Stelle der antiken und heutigen im NW der Insel auf dem Hügel über dem Hafen schon im 3. Jt. v. Chr. Frühgeschichtlich große Handelsbedeutung, wahrscheinlich früheste Prägestelle von Münzgeld (→ Geld) in Griechenland selbst. Heftige Kämpfe mit Athen seit Beginn des 5. Jh.s, 488/487 Krieg zwischen Athen und Ä., der mit einer Niederlage Athens endet. 456 Verlust der Selbständigkeit Ä.s im Krieg mit Athen, 429 Vertreibung der Ägineten, Ansiedlung att. Kleruchen, 404 Rückkehr der Ägineten. 318–229 unter makedon. Herrschaft, 229–211 im → Achäischen Bund, 210–133 pergamenisch, seit 133 römisch, 40 von → Antonius (2) den Athenern geschenkt, von Octavian (→ Augustus) wieder freigegeben. Reste der antiken Hafenmolen und weitere Reste der antiken Stadt, bes. ein Tempel des Apollon mit einer noch aufrechtstehenden Säule über der vorgeschichtlichen Siedlung. Im Mittelpunkt der Insel der Kegel des Oros (534 m) mit einem Heiligtum des Zeus Hellanios oder Panhellenios. Berühmt ist der über der Nordostspitze der Insel für sich allein auf einem Bergrücken heute im Wald stehende dor. Tempel der → Aphaia mit bedeutenden Giebelskulpturen aus der Zeit um 490/480 (→ ‹Ägineten›, Münchener Glyptothek). E.M.

Lit: A. Furtwängler, Ä., Das Heiligtum der Aphaia, 2 Bde, 1906 – J. P. Harland, Prehistoric Ä., 1925 – G. Welter, Ä., 1938 – W. Kraiker, Ä., Die Vasen des 10.–7. Jh.s v. Chr., 1951 – Berve-Gruben, 58–60; 147–150.

[2] Im *Mythos* ist Ä. eine Nymphe, Tochter des Flußgottes → Asopos. Von Zeus in Gestalt eines Adlers (Nonnos, Dion. 7, 211ff.; 13, 201ff.; 24, 77ff.) oder eines Feuers (Ov. met. 6, 113) nach der dann nach ihr benannten Insel entführt, wo sie den → Aiakos gebar. → Sisyphos verriet dem Vater den Räuber. Später heiratete sie in Thessalien den Aktor und wurde Mutter des Menoitios, des Vaters des → Patroklos (Pind. Ol. 9, 69 mit Schol.).

Lit: Preller-Robert I, 127, 4. 553. 569 – *Darstellungen:* Die Verfolgung der Ä. durch Zeus erscheint auf mehreren att. Vasen des 5. Jh.s (Beazley, ARV², passim). Statuen von Zeus u. Ä. standen in Delphi u. Olympia (Paus. 5, 22, 6; 10, 13, 6). Beazley, Vases Boston II, 1954, 68f., hat nachgewiesen, daß die von Zeus auf Vasendarstellungen verfolgte Frau mitunter → Thetis ist. Meist bleibt die von dem Gott Bedrängte jedoch anonym (s. die große Liste in Beazleys Index). K. Schb.

Ägineten, die Skulpturen vom dor. Tempel der Aphaia auf der Nordspitze der Insel Ägina, die bedeutendsten erhaltenen Reste äginet. Plastik. Der Hauptteil wurde 1811 gefunden und von Ludwig I. für die Münchner Glyptothek erworben; die Ergänzungen von Thorwaldsen werden z. Z. wieder entfernt. Furtwängler, der 1901 neue Funde gemacht hat, versuchte erstmals eine wissenschaftliche Rekonstruktion der Giebel, die von P. Wolters, E. Schmidt und D. Ohly modifiziert werden konnte. O- und W-Giebel sind gegen 500 v. Chr. von zwei einander nahestehenden Meistern ausgeführt worden. Während der Wirren und Kriege zwischen 490 und 480 scheint der Ostgiebel so beschädigt worden zu sein, daß er erneuert werden mußte. Die Erneuerung zeigt schon deutlich den Durchbruch der klassischen Auffassung. Im Ostgiebel kämpft Herakles mit; also war wohl der erste Kampf um Troja dargestellt; im Westgiebel demnach der homerische trojanische Krieg, jeweils mit der Göttin Athena im Mittelpunkt. E. Bg.

Lit: A. Furtwängler, Ägina, Das Heiligtum der Aphaia, 1906 – G. Welter, Ägina, 1938 – E. Schmidt, Zu den Giebeln von Aegina, Ber. VI. Kongr. f. Archäol., 1940, 374f., Taf. 35a – Lippold, GrPl 99–101 – B. Conticello, EAA III, 1960, 238–247 (s. v. Egina) – Lullies-Hirmer, 50f. Taf. 72–77 u. 82–87.

Ägis (Aigis; der wörtlichen Bedeutung nach wohl ‹Ziegenfell›), ein Rüstungsstück, bei Homer von Göttern als Schutzmittel (wie ein Schild) oder um zu schrecken getragen (bes. von → Zeus und → Athena). K.-H. R.

Aegritudo Perdic(c)ae, anonymes Epyllion von der Leidenschaft des Perdic(c)as zu seiner Mutter. Es dürfte nach Prosodie und Stil in Nordafrika im 5./6. Jh. n. Chr. entstanden sein. Der Prolog ist in der Manier des → Reposianus gehalten. W. Sch.

Ed: PLM V 238–250 (F. Vollmer) – *Lit:* E. Bährens, Unedierte lat. Gedichte, 1877, 5–26.

Ägypten

I. Das Alte Ä. – II. Ä. in hellenist. und röm. Zeit.

I. Das Alte Ägypten

A. Natur des Landes, Bevölkerung – B. Geschichte (Überblick): [1] A.R. – [2] M.R. – [3] N.R. – [4] Ausgang – C. Staat, Wirtschaft, Kultur: [1] Verwaltung, Gesellschaft – [2] Erziehung – [3] Kalender, Maßsystem, Geld – [4] Wirtschaft und Verkehr – [5] Heer – D. Religion: [1] Gottesvorstellungen – [2] Osiris und der Totenglaube – [3] Mythen – [4] Gottesdienst – [5] Priesterschaft – [6] Kultgerät, Feste, Kultstätten – E. Literatur: [1] Im A.R. – [2] Im M.R. – [3] Im N.R. – F. Architektur: [1] Allgemeines – [2] Tempel – [3] Grab – G. Plastik: [1] Voraussetzungen – [2] Rundbild – [3] Relief – H. Malerei – I. Kleinkunst.

Ä. = Ägypten, Ägypter; ä. = ägyptisch – A.R. = Altes Reich; M.R. = Mittleres Reich; N.R. = Neues Reich – Dyn. = Dynastie.

A. Natur des Landes, Bevölkerung. [1] Ä. besteht im engeren Sinn nur aus dem Niltal von der Mittelmeerküste bis zum 1. Katarakt bei Assuan, hat jedoch schon früh darüber hinaus die Wüstengebiete beiderseits des Nils, die westlichen Oasen und Teile des südlich anschließenden Nubiens beherrscht. Nur in seinem nördl. Teil fällt häufiger im Winter Regen; daher hängt die Fruchtbarkeit des Landes weitgehend von der Nilüberschwemmung ab, die Mitte September ihren höchsten Stand erreicht. Ausnutzung und Bändigung der Wassermassen haben großen Einfluß auf die Entstehung des ä. Staates gehabt; andererseits hat das Erlebnis der Nilüberschwemmung auch die religiösen Vorstellungen mitgeformt (Urhügel, Umdeutung des Osiris). – [2] Ursprünglich dürfte Ä. in neolithischer Zeit von Gruppen *besiedelt* gewesen sein, die nahe mit ähnlichen in Palästina und Syrien verwandt waren; sie sind klein und feingliedrig gewesen. Ihnen ist die Gründung der ersten Handelsorte im Westdelta zuzuschreiben. Sie wurden von einem aus dem Süden kommenden, sich als Jäger fühlenden Stamm überwandert, der die Führungsschicht der ältesten geschichtlichen Zeit stellte und ein einheitliches Reich schuf. Da diesem im Gegensatz zu Sumer stärkere feindliche Gruppen fehlten, konnte es sich in der Folgezeit fast ungestört entwickeln. – Die ä. *Sprache* enthält semitische wie hamitische Elemente und wird jetzt als selbständiger Zweig der semito-hamitischen Ursprachgruppe angesehen. Gewisse Dialektunterschiede sind aber bereits für die älteste Zeit belegt. Die sog. →‹Hieroglyphenschrift›, in der das Ägyptische bis zur Christianisierung geschrieben wurde, geht von der Vorstellung aus, daß Gleichklang auch Identität bedeutet; damit können mit Bildern konkreter Dinge auch abstrakte geschrieben werden (‹werden›, *ḫpr*, mit dem Bild des ‹Käfers›, *ḫpr*). Bereits früh entwickelte sich neben der Monumentalschrift in Stein die Schreibschrift mit verkürzten Zeichen; dabei wurde meist auf →Papyrus geschrieben. Die Sprache selbst wandelte sich ständig: dem altertümlichen Ägyptisch des A.R. steht die ‹klassische› Sprache des M.R. gegenüber; diese löst in der Literatur zur Amarnazeit das sog. ‹Neuägyptisch› ab, das starke Veränderungen zeigt. Es geht dann in das (mit sehr verkürzten Formen der Schreibschrift geschriebene) →‹Demotische› (ab 660 v. Chr.) über und endet im (mit griech. Buchstaben geschriebenen) →Koptischen der christl. Zeit, das als lebende Sprache im Mittelalter durch das Arabische verdrängt wurde.

B. Geschichte (Überblick). [1] Die geschichtliche Zeit wird in die Epochen Altes Reich (A.R.), Mittleres Reich (M.R.), Neues Reich (N.R.) und Spätzeit eingeteilt. Das A.R. (etwa 2925–2134) ist die Zeit, in der der ‹typisch› ä. Ausdruck in Kunst, Religion und Kultur gefunden wurde. Die Gunst der geographischen Lage ermöglichte es damals den Ä., ohne äußere Beunruhigungen ihre geistige Entwicklung durchzuführen. Das Thema ist die Auflösung der absoluten Macht des Gottkönigs, wie sie zu Beginn der Geschichte (sog. ‹Thinitenzeit›) aus der Reichseinigung entstanden war. Seit der 3. Dynastie (etwa 2654–2579 v. Chr.) nimmt die Vorstellung von der Sonne als Weltgott festere Gestalt an und drängt die ältere Überzeugung vom König als Weltgott in den Hintergrund. Da dabei die ewige Sonne der begrenzten Lebenszeit des Königs gegenübergestellt wurde, konzentrierte sich der Anspruch der Könige darauf, auch nach dem Tode noch wirksame Kraft zu besitzen. Sichtbares Zeichen dieser Behauptung sind seit →Djoser (2635–15) die Pyramiden, die, immer größer und fester gebaut, Körper und wirkende Kraft der toten Könige in alle Ewigkeit erhalten sollen. Den Höhepunkt erreichte diese Auseinandersetzung unter den Königen →Cheops (2553 bis 30) und →Chefren (2521–2495), die die größten je geschaffenen Pyramiden bei Giza errichten ließen; doch begann bereits Chefren, sich ‹Son des →Re› zu nennen und damit die höhere Macht des Sonnengottes anzuerkennen. Mit der 5. Dynastie (2463–2322 v. Chr.) wird das Königtum des Re strikt durchgeführt und der König zu seinem Vertreter auf Erden erklärt. Nicht mehr sein Befehl gilt als Richtschnur des Handelns (Maat), sondern diese ist im Anfang der Dinge von Re geschaffen worden, ist unveränderlich und dadurch auch erlernbar. Indem aber so der Weltgott in größere Ferne rückt, beginnt sich in den Beamten die Erkenntnis von den Möglichkeiten durchzusetzen, die der einzelne hat; man erkennt die individuelle Persönlichkeit und sucht bald, ihr immer weitere Geltung zu schaffen. Die Leugnung jeglicher Bindung führt dann unter der langen Regierung König Phiops' II. (2247–2153 v. Chr.) zum Zusammenbruch des Staates.

[2] *Mittleres Reich*. Dieses unerwartete Ereignis lehrte über die bisher als unbezweifelbar angesehenen Werte nachzudenken; die Reste dieser ‹Auseinandersetzungsliteratur› gehören zu den tiefsinnigsten Überlegungen, die aus dem ägyptischen Schrifttum erhalten sind. Damals zerfiel das Reich in eine nördliche Hälfte der sog. →*Herakleopolitendynastien* (9.–10. Dyn., 2133 bis etwa 2025 v. Chr.) und ein südliches, *thebanisches Reich* (11. Dyn., 2133–1992 v. Chr.). Während im Nordreich versucht wurde, den Staat auf eine neue geistige Grundlage zu stellen, indem der Mensch zum Mittelpunkt der Welt erklärt wurde, lebte im Süden der hemmungslose Machtkampf weiter. König Menthuhotep II. (11. Dyn.) konnte von Theben aus das Reich wieder einen; eine neue staatliche Ordnung herzustellen gelang jedoch erst den Königen der 12. Dynastie (1991–1777 v. Chr.), die das Land nach dem Vorbild des A.R. reorganisierten. Damit traten sie allerdings in Gegensatz zum Individualismus der damaligen Ä. Am inneren Widerstand des Volkes scheiterte am Ende die 12. Dynastie, wenn sie auch große Anstrengungen unternommen hatte, besonders die Wirtschaft des Landes durch Urbarmachung des Fajumsumpfes und Eroberung des goldreichen Nubiens auf eine gesunde Grundlage zu stellen. Damals wurden auch die Handelsverbindungen mit Vorderasien ausgebaut, wobei →Byblos Hauptstützpunkt der Ä. war.

[3] *Neues Reich*. Die 12. Dynastie ging etwa 1777 v. Chr. mit einer Königin Sobeknofru zu Ende; auf sie folgten, oft in schneller Abfolge, Herrscher, von denen wir oft kaum etwas wissen und die meist keine Dynastie gründen konnten. Eine geistige Stagnation ist deutlich; Asiaten dringen in die Verwaltung ein, erringen sogar ab und zu den Thron, einsickernde nomadische Gruppen aus Südpalästina bevölkern das Ostdelta. Im Westdelta (Xois) macht sich eine Nebendynastie selbständig. In dieses zerfallende Reich brechen um 1650 v. Chr. →churritische Gruppen (auch →*Hyksos* genannt) in Ä. ein, die damals, aus ihren Gebieten südl. des Van-Sees kommend, Teile Syriens und Palästina überrannt hatten, wo sie – oft unter indischen Fürsten – eigene Fürstentümer gründeten. Das südlichste war Auaris im Delta, von wo aus Fürsten wie Salatis und Chian bald ganz Ä. beherrschten. Unter ihnen regierten Unterfürsten, von denen die in Theben am bedeutendsten waren. Einer von ihnen, Kamose, begann um 1555 v. Chr. den Kampf

gegen seinen Hyksos-Oberherrn Apophis, doch erst sein Bruder Ahmose (1552–37) vertrieb sie und gründete das sog. *Neue Reich*, das in seiner ersten Hälfte, der Zeit der 18. Dyn., charakterisiert ist durch das Bestreben, die neuen Gedanken, die durch die Hyksos nach Ägypten gekommen waren, zu verarbeiten und weiterzuführen. Diese Nachfolge der Hyksos zeigt sich außenpolitisch darin, daß die ä. Könige auch die syr. Gebiete beanspruchen, die die Hyksos einst beherrscht hatten. Sie kommen in scharfen Gegensatz zum → Mitannireich, das den gleichen Anspruch erhebt. Daraus entwickelten sich die schweren Kämpfe, die → Thutmosis III. (1490–36) und → Amenophis II. (1438–12) in Syrien zu bestehen hatten; sie konnten jedoch das Vordringen der Mitanni nicht verhindern. Erst → Thutmosis IV. (1412–1403) schloß mit Mitanni Frieden. Im Inneren hatte die enge Berührung mit den Hyksos zur Folge, daß man bestrebt war, überlebt erscheinende Formen der Tradition, besonders auch auf religiösem Gebiet, abzulegen. Zugleich nahm der Einfluß des Heeres ständig zu. Physische Kraft schätzte man höher ein als Wissen, der aktive Mensch wurde zum Ideal gegenüber dem ‹Schweigenden›, der sich selbst beherrscht. Gegenüber den dem Verstand unfaßbaren Glaubenssätzen und Dogmen suchte man nach einer ‹vernünftigen› Religion. Alle diese Entwicklungen gipfelten in der sog. Reformation Echnatons (→ Amenophis' IV., 1364 bis 1347), der die sichtbare Sonnenscheibe zum alleinigen Weltgott erklärte, sich selbst aber zum Sohn dieses Gottes (→ Aton), der allein den Willen des Vaters kennt und durchführt. Die Durchführung der neuen Lehre war aber zu radikal; äußere Mißgeschicke, besonders im Kampf gegen den großen hethitischen König → Suppiluliuma, verstärkten das latente Schuldgefühl des Volkes, und mit dem Tode Echnatons mußten seine kurz regierenden Nachfolger, unter ihnen der jugendliche → Tutenchamun (1342–1333), schrittweise zum alten Glauben zurückkehren. Der General → Haremheb, der beim Aussterben der Dynastie etwa 1329 v. Chr. die Herrschaft an sich riß, beseitigte rücksichtslos die letzten Spuren der ‹Häresie› und begründete eine reaktionäre Militärdiktatur. Da ohne Nachkommen, übergab er bei seinem Tod die Herrschaft an seinen Generalissimus, der als → Ramses I. 1306 v. Chr. den Thron bestieg und die 19. Dyn. gründete. Die Familie war semitischer Herkunft und stammte aus dem Ostdelta. Um die Verwaltung wieder aufzubauen, waren er und sein Sohn Sethos I. (1305 bis 1290) gezwungen, die wichtigsten Stellen mit Offizieren zu besetzen, die meist ebenfalls asiatischer Herkunft waren. Doch gelang es den Herrschern nicht, eine tragfähige neue Beamtenschaft zu schaffen, und wir hören immer häufiger von Mißwirtschaft, Bestechung und inneren Schwierigkeiten. Dennoch war Ä. damals noch imstande, schwerste Bedrohungen von außen abzuwehren. So konnte Ramses II. (1290–1223) nach wechselvollen Kämpfen mit → Ḫatti zu einem echten Frieden kommen, der es ihm ermöglichte, sich den inneren Aufgaben und seinen großen Bauplänen zuzuwenden. Sein Sohn Mernephtah wehrte die nach Jahrhunderten der Ruhe mit neuen Völkern gegen die Westdeltagrenze anrückenden Libyer ab, und Ramses III. (1181 bis 1150) beseitigte mit einer letzten Kraftanstrengung die ungeheure Gefahr der → Seevölker, südanatolischer Seeräubervölker, die, durch den Einbruch der Phryger in Bewegung gesetzt, Kilikien und ganz Syrien ausgemordet und -geraubt und sich 1173 v. Chr. beutehungrig zu Wasser und zu Lande gegen Ä. in Bewegung gesetzt hatten.

[4] *Ausgang*. Mit dieser Tat war aber Ä.s Kraft erschöpft, und bald entglitten auch die syr. Besitzungen, um 1070 v. Chr. auch die nubischen Kolonien seiner Macht. Im Inneren setzte sich besonders in der Thebais die Vorstellung vom irdischen Königtum des Gottes Amun durch, der nun durch Orakel selbst regierte. Nur mühsam hielt man die Einheit des Reiches aufrecht, doch hatten sich am Ende des 9. Jh.s bes. in Mittel- und Unter-Ä. die libyschen Offiziere, deren Vorfahren einst als Gefangene in Militärkolonien angesiedelt worden waren, so durchgesetzt, daß Ä. dem Außenstehenden als Bereich zahlreicher selbständiger Königtümer erschien. In der 2. Hälfte des 8. Jh.s gaben aber neue Entwicklungen der ä. Geschichte eine Wendung: Einmal verlagerte sich durch den wachsenden Handel mit den Griechen das Schwergewicht vom Ost- auf das Westdelta, und die Fürsten von → Saïs strebten danach, das Reich unter ihrer Führung zu einigen. Andererseits trat das bisher geschichtslos dahinlebende nubische Königtum in den ägypt. Lebensbereich ein, indem es den Anspruch erhob, die von ihm vertretene orthodoxe Amunstheologie auch in der Heimat dieses Gottes durchzusetzen (‹Äthiopenherrschaft›). Endlich führte der Auftrag des Gottes Assur, seine Weltherrschaft zu begründen, in dieser Zeit auch die → Assyrer nach Ä. Der Widerstand der Nubier ließ eine Konsolidierung der assyrischen Macht in Ä. nicht zu, so daß in einem günstigen Augenblick der Fürst von Saïs, → Psammetich I., Reichseinheit und Selbständigkeit zurückgewinnen konnte (664–610). Die von ihm gegründete 26. Dyn. führte Ä. zu einer letzten Blüte, wenn auch der Gegensatz zwischen den drei großen Bevölkerungsgruppen, den libyschen Soldaten, den griech. Söldnern und den sich nationalägyptisch gebärdenden Priestern folgenreiche Spannungen schuf: so wurde die Eroberung Ä.s durch die Perser 525 v. Chr. dadurch erleichtert, daß sich führende Männer von ihnen ein Zurückdrängen der Priestermacht erhofften. Trotz verschiedener erfolgreicher Aufstände, die Ä. für Jahre der pers. Herrschaft entzogen, ging die Selbständigkeit Ä.s ihrem Ende entgegen. Die tragenden Schichten zogen sich aus dem öffentlichen Leben zurück; eine Auseinandersetzung mit neuen Ideen wurde hochmütig abgelehnt. Nachdem dann durch Alexander 332 v. Chr. Ä. in den Bereich der griech. Welt hineingezogen worden war, wurde die ä. Kultur immer mehr zu einer Geheimwissenschaft, die endlich an ihrer eigenen Verhärtung verstarb.

C. Staat, Wirtschaft, Kultur. [1] Theoretisch ging alle Macht in Ä. vom König aus, doch konnte er Teile von ihr an Untergebene übertragen, die nun als ‹Beamte› in seinem Namen befahlen. In dieser Weise entwickelte sich aus dem noch patriarchalischen Hofstaat der ältesten Zeit ein verzweigter *Beamtenapparat*, der straff aufgebaut war. An seiner Spitze stand ein (seit der 13. Dyn. zwei) → Vezir als oberster Leiter aller Ressorts und oberster Richter. Als eigene Verwaltungen spielten besonders das Schatzhaus als Registrier- und Verarbeitungsstelle aller aus dem Land dem Staat zufließenden Materialien und die Scheunenverwaltung für die Getreideablieferungen eine große Rolle. Wichtig waren aber auch die zahlreichen Aktenbüros, in denen die Listen der Einwohner, aber auch die der auferlegten Steuern usw. bearbeitet, d.h. jede Person und jede Dienstleistung schriftlich erfaßt wurden. Grundlage der Verwaltung war die Einteilung des Landes in Gaue. – Auffallenderweise gab es nur im A.R. hauptamtliche *Richter;* später wurden juristische Angelegenheiten vor ‹Schöffen›-Gerichten verhandelt, d.h. die Honoratioren eines Dorfes oder hohe Beamte der Städte entschieden, ob schuldig oder unschuldig. Die Strafe jedoch hatte der Betreffende sich selbst bereits festgesetzt, wenn er den Schwur, die Wahrheit zu sagen, ablegte. Verstümmelungen oder die Todesstrafe auszusprechen scheint allerdings dem König vorbehalten gewesen zu sein. – Das *Recht* war nicht systematisch kodifiziert, sondern bestand aus einer Sammlung von Entscheidungen des Königs; daher beruft man sich häufig in Anklageschriften auf Präzedenzfälle. Grundsätzlich galt gleiches Recht für alle, wenn auch sonst die ä. Gesellschaft in zahlreiche Klassen aufgeteilt war. Nach den kgl. Prinzen galten die Beamten (‹Schreiber›) als angesehenste Schicht, bis ihnen im N.R. die Offiziere diese Stellung streitig machten. In der Ramessidenzeit sind es dann die kgl. Truchsesse, meist asiatische oder libysche Sklaven, die als mächtigste

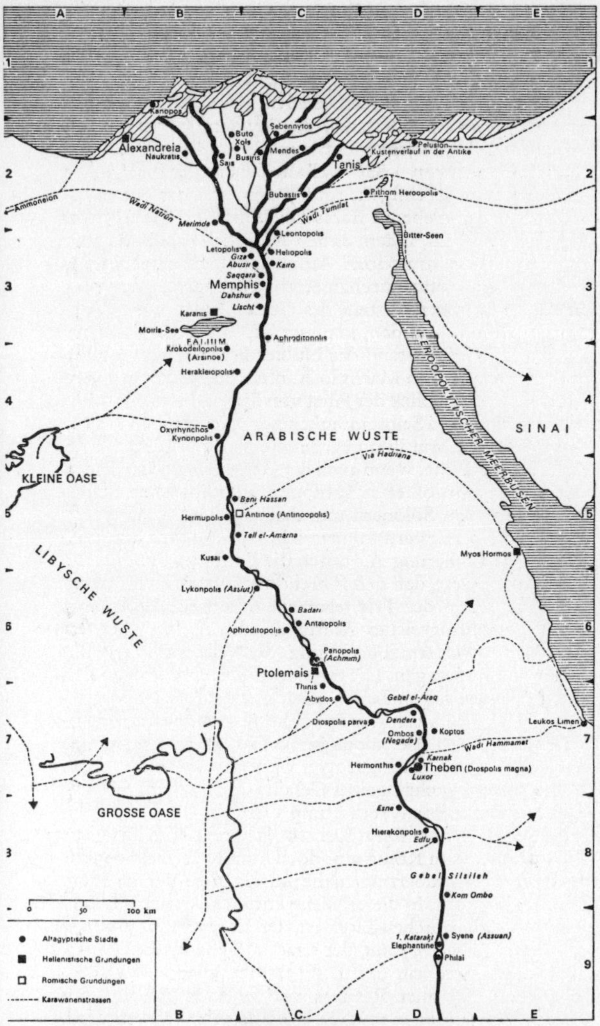

Abb. 1 Ägypten

Männer des Staates erscheinen. Die überragende Rolle, die der ‹Staat› in Ä. spielte, macht es verständlich, daß die Großfamilie keine Bedeutung hatte. Dabei ist die *Frau* rechtlich dem Mann gleichgestellt; in der Ehe verwaltet sie einen Teil des Vermögens des Mannes für die Kinder. Daß ein Mann zwei Frauen hat, ist belegt, aber nicht häufig. Bei hohen Beamten handelt es sich dabei oft um eine kgl. Haremsdame, die ihm zur Ehrung zugewiesen worden ist.

[2] *Erziehung*. Aus der soziologischen Schichtung (s.o.) ist verständlich, daß seit ältester Zeit die Ausbildung zum Schreiber als beste Erziehung galt, die in den Amtsbüros oder den Verwaltungsabteilungen der Tempel durchgeführt wurde, bis im N.R. der ‹Stall› des Königs, d.h. die Kaserne der Wagenkämpfer, zur Hauptausbildungsstätte der jungen Leute wurde. Eigentliche ‹Schulen› gab es nicht, sondern jede Ausbildung war darauf gerichtet, den Betreffenden für eine bestimmte Tätigkeit auszubilden. Die umfassendste Ausbildung dürften dabei diejenigen erhalten haben, die als Nachwuchs ins sog. ‹*Lebenshaus*› gesetzt wurden, da dort literarische Werke abgefaßt, religiöse Texte zusammengestellt, aber auch fremde Sprachen erlernt wurden. Durch die Beschäftigung mit ausländischer Literatur drang gerade im N.R. manche asiatische Vorstellung auch nach Ä. ein.

[3] *Kalender, Maßsystem, Geld*. Aus der Beobachtung der Nilüberschwemmung entwickelten die Ä. ihren *Kalender*, der aus 3 Jahreszeiten (Überschwemmung, Aussaat, Ernte) mit je 4 Monaten bestand; Sternbeobachtungen ließen es ihnen geraten erscheinen, noch 5 Tage dem Jahre anzuhängen (sog. → Epagomenen). Damit war das ä. Jahr nur um $1/4$ Tag gegenüber dem astronomischen zu kurz. Das hatte zur Folge, daß sich der Jahresanfang in 1460 Jahren einmal durch das ganze astronomische Jahr hindurch verschob (sog. → Sothisperiode). Tag und Nacht waren in je 12 Stunden eingeteilt, die man durch Sonnen- und Wasseruhren maß. – Schon früh war man bestrebt, aus verwaltungstechnischen Gründen genaue *Maße* festzusetzen: das hauptsächlichste Längenmaß war die Elle von 0,523 m, als Flächenmaß tritt besonders die Arure (100 Ellen²) von 2735 m² auf. Als Gewicht des N.R. findet sich ein *dbn* genanntes von 91 g (zu 10 *ḳd.t*); für Korn benutzte man damals die Oipe, von der 4 auf einen ‹Sack› gingen (1 Oipe: 19,14 l). – *dbn* und Oipe waren auch die Maße, die man benutzte, um *Zahlungen* durchzuführen, die entweder in Getreide bestanden oder in den verschiedensten Gegenständen des täglichen Lebens, deren Wert auf Kupfer-*dbn* umgerechnet wurde. Allerdings scheinen bereits im N.R. auch Silberstücke im Umlauf gewesen zu sein, die durch Stempel in ihrem Gewicht und Wert garantiert wurden; seit den libyschen Königen der Spätzeit ist diese Art von ‹Geld› gut belegt. Dabei blieb die Wertrelation verhältnismäßig stabil: Silber verhielt sich zu Kupfer etwa wie 100:1; 1 Sack Getreide entsprach 1 *dbn* Kupfer, wobei allerdings der Getreidepreis besonders am Ende der Ramessidenzeit stark zu schwanken pflegte.

[4] *Wirtschaft und Verkehr*. Bemerkenswert ist, daß es den Stand des Händlers erst sehr spät in Ä. gab. War doch das Ideal eine *Staatswirtschaft*, in der der einzelne vom Staat alles das als ‹Bezahlung› für seine Dienste zugewiesen erhielt, was er benötigte. Bes. im A.R. gab es daher rechtlich kein Privateigentum, wenn es sich auch in der Praxis bald entwickelte, bes. da die hohen Beamten bestrebt waren, Einkünfte und Liegenschaften ihren Kindern zu vererben. – So bestand auch kein Bedürfnis für einen *Handel*, der über den Austausch von Erzeugnissen der Heimarbeit auf dem Markt hinausging. Nur in Zeiten, in denen der Staat schwach war, wie zwischen dem Ende des A.R. und der 12. Dyn., gab es unbeschränktes Privateigentum an Feldern, Herden, Sklaven usw. Selbst im N.R. wurde daran festgehalten, daß Felder nur zur Sicherung des Lebensunterhaltes denjenigen zugewiesen wurden, die für den Staat arbeiteten, wie Soldaten, Hirten, Imkern usw.; nur so lange blieb das Feld im Besitz der Familie, als diese das betreffende Amt ausübte. Der wirkliche Eigentümer blieb zunächst allein der König, jedoch haben besonders die Könige der 19. Dynastie dieses Eigentumsrecht in so weitgehendem Maße an die Tempel abgetreten, daß in der 20. Dyn. der Grund und Boden in der Hauptsache Tempeleigentum ist. Wer auf ihm angesiedelt war, mußte den Tempeln einen gewissen Teil des Ertrags abgeben. – Obwohl die Landwirtschaft vom Bau und der Wartung des Kanalsystems abhing, hören wir kaum etwas davon. Es wurde durch zentral gelenkte Zwangsarbeit aufrechterhalten; wenn die Zentralregierung versagte, führte sein Verfall sofort zu Hungersnöten. – Auch der *Außenhandel* lag weitgehend in den Händen staatlicher Stellen, so bes. der kgl. Schatzverwaltung, die die Rohstoffe durch ‹Expeditionen› herbeiholte. Erst am Ende der Ramessidenzeit wurde dieses Monopol durch asiatische Händler durchbrochen, die nun fremde Waren nach Ä. einführten. Abgesehen von einigen Rohstoffen (Holz, Kupfer, Silber) bestand die ä. *Einfuhr* meist aus Dingen des gehobenen Lebensstandards, wie kosmetischen Ölen, Weihrauch, Elfenbein, kostbaren Steinen. Bedeutend war die Einfuhr asiatischer Sklavinnen. Die ä. *Ausfuhr* bestand u.a. aus Gold (zunächst in Gruben bei Koptos

in Ober-Ä., seit dem M.R. aber in den östl. Wüstentälern Nubiens gewonnen, während Kupfer z.T. vom Sinai kam, aber wie Silber in größeren Mengen eingeführt werden mußte); ferner aus Möbeln, Papyrus, Fayence- und Alabastergefäßen. Der Handel wickelte sich soweit möglich zur See ab: die Schiffsrouten Byblos–Westdelta und vom Ostende des Wadi Hammamat am Roten Meer nach Punt (etwa Djibuti) sind uralt. Auch in Ä. selbst war der Nil die wichtigste Verkehrsader. Zu Lande führte eine wichtige Straße vom Ostdelta über Sichem nach Norden (Orontestal) bzw. nach Osten (Bosra); im Süden bestand schon früh eine Straße, die von Abydos über die Oasen (Charge, Dungul) in den Sudan führte. Nach dem Sinai zog man durchs Wadi Tumilat, nach Westen gab es nur eine Verbindung am Meer ins libysche Gebiet. Man benutzte Eselkarawanen. Wagen spielten (abgesehen von den Streitwagen des N.R.) keine Rolle. Auch bei der Bewegung großer Lasten, wie von Steinblöcken, waren Menschenkraft und das Schiff (Obeliskentransport der Hatschepsut) die Hauptmittel. Selbst Flaschenzüge waren unbekannt; man transportierte Blöcke auf schrägen Rampen in höhere Lagen, wobei sie auf Schlitten gezogen wurden.

[5] Das *Heer* begann erst im M.R. und dann bes. im N.R. eine Rolle zu spielen; vorher hob man für die unbedeutenden Feldzüge Teile der Bevölkerung in gleicher Weise aus, wie man sie auch für die Bauarbeiten einsetzte. Erst seit dem M.R. gibt es Berufssoldaten. Im N.R. wurde es für die Söhne höherer Beamter Sitte, in die Streitwagentruppe einzutreten, da diese als vornehm galt, wie auch in Syrien die Streitwagenkämpfer *(marjannu)* den ‹Adel› stellten. Damals wurde es immer mehr Sitte, Kriegsgefangene geschlossen als Soldaten anzusiedeln. In der Ramessidenzeit sind Libyer, Nubier, Asiaten und Seevölker die Hauptkontingente des ä. Heeres. Dadurch wurde die Machtübernahme durch die Libyer in der Spätzeit (ab 22. Dyn.) vorbereitet. Aber auch die → Philister Palästinas sind anfänglich als kriegsgefangene Soldaten vom ä. König angesiedelt worden. Die Truppen unterstanden ‹Obersten› und ‹Standartenträgern›; 200 Mann bildeten eine ‹Kompanie›, aber man operierte auch in größeren Verbänden. Die Hauptwaffen waren zunächst Beil und Bogen; Lanzen traten im M.R., Schwerter dann im N.R. auf. Als Schutzwaffe besaßen die Ä. den Schild; Helme und Panzer kamen erst spät unter asiatischem Einfluß auf. Über die Bevölkerungszahl liegen aus pharaonischer Zeit keine Überlieferungen vor; die aus Neros Zeit bekannte Zahl von 7 Mill. erscheint mir zu hoch.

D. Religion. [1] *Gottesvorstellungen.* Für den Ä. der ältesten Zeit lebte in jedem Wesen oder Ding eine Kraft, die auf die Umwelt einwirkte *(kꜣ,* → *Ka).* Mit diesen Kräften mußte er sich auseinandersetzen, vor allem sie durch Gaben besänftigen. Ihre Wirksamkeit war mehr oder minder lokal beschränkt. Die mächtigsten wurden dann im Laufe der Frühgeschichte zu Gottheiten, die z.T. durch die fortlaufende geistige Entwicklung Veränderungen ihres Wesens erfuhren. Dabei spielte die Gestalt des Weltgottkönigs und seiner Königin eine große Rolle: da dieser zunächst als Falke angesehen wurde, nahmen zahlreiche männlich gedachte Lokalmächte Falkengestalt an, um damit als Emanation des Weltgottkönigs zu gelten. Weiblich gedachte Mächte erklärten sich als ‹Hathor›, eine Form der Königin. Mit dem Erlebnis von der Überlegenheit des Menschen über die Tiere, das in den Beginn der Geschichte fällt, begann auch die Anthropomorphisierung der Mächte, die nun wie Menschen handeln konnten; es entstanden Mythen. Hinzu kommen in dieser Zeit verschiedene Gottheiten, die durch Nachdenken erkannt wurden, wie → Atum, das ‹Nichts› am Beginn der Dinge, oder → Amun, der ‹Verborgene› u.a. Von größter Bedeutung wurde die Auseinandersetzung zwischen der Vorstellung vom König als Weltgott und der Erkenntnis, daß die Sonne, → Re, ihm noch an Macht überlegen sei. Als sich Re als oberster Gott durchgesetzt hatte, wurden erneut Angleichungen anderer Götter an ihn durchgeführt. Überhaupt war es ein Hauptanliegen ä. Theologen, Verbindungen zwischen den verschiedenen Göttern durchzuführen, um sie endlich als Erscheinungsformen eines einzigen Gottes zu erklären. Bereits in der Herakleopolitenzeit spricht man von ‹Gott› *(nṯr).* Die Reformation *Echnatons* zielte in gleicher Richtung, indem sie die sichtbare Sonnenscheibe Aton zum alleinigen Gott erklärte und den Begriff ‹Götter› auszutilgen suchte. Obwohl der Ä. bestrebt war, die einzelnen Gottheiten weitgehend miteinander gleichzusetzen, hielt er doch an dem traditionell gegebenen Äußeren fest. So erhielten alte Tiergötter auch später immer ihren Tierkopf, der mit einem Menschenkörper verbunden wurde. In einigen Fällen tragen sie ihre alte Gestalt wie ein Schriftzeichen auf dem Kopf (→ Isis, Selkis). Überhaupt unterscheidet man die Götter gern durch ihren Kopfschmuck, wie etwa die Kronen bei → Atum oder Onuris, das Kuhgehörn bei → Hathor oder den Mond bei Chons. Echnaton freilich verzichtete bewußt bei der Darstellung seines Gottes Aton auf Menschengestalt, sondern stellte ihn als ‹sichtbare Sonnenscheibe› dar, von der allerdings Menschenarme segnend, schützend und Opfer empfangend ausgehen. Geringere Gottheiten wurden auch später noch als Erscheinungsformen an mächtigere angeschlossen: der Apis-→ Stier galt als solche des → Ptah, → Amun wieder konnte als Gans oder Widder erscheinen.

[2] *Osiris und der Totenglaube.* Da das Problem des Weiterlebens nach dem Tode für den Ä. eine besondere Rolle spielte, war er immer bestrebt, dieses unter göttlichen Schutz zu stellen. Ursprünglich sorgte der tote König auch im Jenseits für die Menschen seiner Zeit, wie er es im Leben getan hatte. Als Re zum Weltgott wurde, trat er auch als Schützer der Toten an die Stelle des Königs. Da er aber nur während der Nacht in der Unterwelt weilte, wurde seine Macht nicht für ausreichend angesehen. Man erinnerte sich da während der 5. Dyn. an den im Ostdelta verehrten Gott → Osiris, der gestorben war, aber in der Erde wiederbelebt worden war. Er wurde nun zum Schützer der Toten. Zu Beginn des M.R. entwickelte sich die Vorstellung, daß der Tote geheimnisvoll durch seinen Tod mit Osiris identisch werde und dadurch auch die Garantie für sein Weiterleben im Jenseits erhalte. Durch Teilnahme an den ‹Mysterien› des Osiris in Abydos hoffte man ebenfalls, am Sterben und Wiedererwachen des Gottes teilnehmen zu können. Daneben entwickelte sich die Vorstellung, daß Osiris den Toten nach seinen Taten im Leben richtete (Totengericht): das Herz des Verstorbenen wurde auf einer Waage gegen das Bild der ‹Wahrheit› (Maat) abgewogen. Zahlreiche Sprüche, auf den Särgen oder später auf Papyri niedergeschrieben und dem Toten mitgegeben, sollten in magischer Weise den Toten gegen die Gefahr sichern, daß das Herz gegen seinen Besitzer aussage oder daß ihn das Geschick der Sünder treffe, von der ‹Großen Fresserin› verschlungen zu werden. In ältester Zeit war man überzeugt, daß der Tote in seiner leiblichen Gestalt weiterlebe, die den Lebenden als ‹verklärte Gestalt› *(ꜣḫ)* erscheinen konnte. Aber bereits am Ende des A.R. benutzt man den alten Ausdruck *bꜣ*, der ursprünglich Erscheinungsformen göttlicher Mächte bedeutete, um den unvergänglichen Teil des Menschen, die ‹Seele›, zu bezeichnen, die sich auf der Erde tummeln kann, während der Leichnam im Grabe liegt. Als menschenköpfiger Vogel, aber auch als Schmetterling wurde sie gern auf Grabbildern dargestellt.

[3] *Mythen* sind uns kaum im Zusammenhang überliefert, doch wird immer wieder auf sie angespielt. So beschäftigen sich mehrere mit der Frage der Weltschöpfung und der Entstehung der Sonne: Aus dem Chaos taucht eine Insel, der ‹Urhügel›, auf, auf der der ‹Große Gackerer› das Urei legt, aus dem die Sonne auskriecht. Oder die Sonne

wird aus der sich im Urozean öffnenden Lotosblume geboren. Die sog. ‹heliopolitanische› Lehre läßt Luft und Feuchtigkeit als Personen aus dem Urgott Atum entstehen, die dann als Generationenfolge Erde und Himmel, dann Fruchtland und Wüste schaffen. Am weitesten reichte die Wirkung des Osiris-Mythos, der Tod und wiederbelebende Beweinung des Osiris durch Isis und → Nephthys, postume Geburt des → Horus und dessen rächendes Vorgehen gegen den Mörder seines Vaters, → Seth, zum Thema hatte. Doch hat dieser Mythos in verschiedenen Formen vorgelegen, da er immer erneut umgedeutet worden ist. Er wurde aber zum Kernmythos der ä. Religion, aus dem alle Riten des Gottesdienstes ihre Ausdeutung fanden. Zur Erklärung von Opferhandlungen wurde auch gern der recht alte Mythos vom Kampf der beiden Brüder (Horus und Seth), dem Raub und der Wiedererringung des ‹Horusauges› benutzt. Er hatte auch Bedeutung für die Vorstellungen vom Königtum; in diesem Kreis tritt bes. der Mythos von der göttlichen Geburt des Königs hervor, nach dem Gott (in unserer Überlieferung Amun) den Thronfolger mit der Königin erzeugt.

[4] *Gottesdienst, Riten.* Theoretisch ist es allein der König, der den *Gottesdienst* durchführen kann, doch überträgt er diese Pflicht den ‹Priestern›, die in seinem Namen handeln. Dabei ist der ‹Gottesdienst› die Summe der gleichen Diensthandlungen, die im Leben zur Bedienung eines hohen Herrn durchgeführt werden: Man weckt ihn, bekleidet und wäscht ihn, speist ihn. Man kann ihn aber auch um seine Befehle bitten oder ihn von Ereignissen in Kenntnis setzen. Bes. der König als ‹Sohn› des Gottes besucht ihn und unterhält sich mit ihm. Wie im Leben ein kleiner Mann nicht unmittelbar Zugang zu einem hohen Beamten hat, kann er sich auch nicht an die großen Götter ohne Vermittler wenden: So können Priester seine Bitten oder Anfragen weiterleiten oder auch die Statuen bedeutender Männer der Vergangenheit, die im Tempelvorhof stehen, oder Götterbilder und -reliefs in den Tempeltoren, die ausdrücklich zum Anhören der Gebete bestimmt sind. Daß man sich dem Gott, wie jedem Vorgesetzten, sauber und ehrerbietig zu nähern hat, ist selbstverständlich: dreimal badeten die Priester am Tag, jedesmal vor der Vorlage der Opfer. Diese bestanden, als wirkliche Speisung, aus Lebensmitteln und wurden, ‹nachdem sich der Gott daran befriedigt hatte›, weitergeleitet, entweder zum Altar eines anderen Gottes, der mit im Tempel verehrt wurde, oder vor eine kgl. oder eine Privatstatue. Die Opfer konnten aber auch einem Toten, d.h. einer privaten Grabstiftung überwiesen werden. Am Ende wurden sie von dem Priester verzehrt, der zu der zuletzt bedachten göttlichen Macht gehörte. – Abgesehen vom ‹täglichen Ritual› wissen wir wenig von besonderen Tempelriten, wenn wir von den Auszügen (‹Festen›) absehen. Auch im Leben des Menschen spielten *Riten* eine auffallend geringe Rolle: wir kennen keine bestimmten Riten bei der Geburt oder bei der Namengebung eines Kindes; wie die Beschneidung (soweit sie geübt wurde) ein rein chirurgischer und kein sakramentaler Akt war, so gab es in Ä. auch keine Hochzeitsriten: die Eheschließung ist ein formloser Willensentscheid der beiden Familienhäupter, bzw. der beiden Beteiligten gewesen; sogar eine juristische Festlegung der finanziellen Verhältnisse der beiden Ehepartner wurde häufig erst später, bei der Geburt der Kinder, getroffen. Zahlreiche Riten umgaben jedoch das Begräbnis des Ä.s, da hier für ihn die Notwendigkeit bestand, mit Hilfe ritueller Handlungen das Weiterleben nach dem Tode zu erzwingen, das er mit den Mitteln seiner Arbeitswelt nicht erreichen konnte. Dabei spielte das → Mundöffnungsritual eine große Rolle, das – ursprünglich zur Belebung einer Statue bestimmt – nun zur Belebung der Mumie angewandt wurde. Daneben bestanden andere Begräbnisrituale, wie das sog. ‹butische›, in denen z. T. Handlungen der Vorzeit als Ritual beibehalten wurden; natürlich wurden sie nun aus dem Osiris-Mythos neu gedeutet. Das gilt auch für die Rituale, die sich mit dem Königtum befassen. Auffallenderweise kennen wir das Krönungsritual der Könige nicht, dafür aber dasjenige, welches beim sog. → Sedfest, einem nach 30jähriger Regierung zum erstenmal gefeierten ‹Jubiläumsfest›, durchgeführt wurde, um die Kraft des alternden Königs zu erneuern. In ihm sind Reste vorgeschichtlicher Handlungen beim Herrschaftsantritt eines neuen Königs erhalten, verbunden mit zahlreichen anderen durch ihr Alter ehrwürdigen Riten. All diesen Handlungen wohnte für den Ä. wirkende Macht inne, so daß der Schritt zum Zauber nicht weit ist. Und in der Tat waren es auch die ‹Gelehrten›, die die Festrituale durchführten, die gleichzeitig als Zauberer den Menschen gegen böse Mächte halfen; denn der Zauber galt dem Ä. als legales Mittel im Lebenskampf. Zahlreiche Zauberpapyri sind erhalten. Daß man allerdings auch schädlichen Zauber fürchtete, zeigen die zahlreichen Amulette, die gefunden wurden, etwa das ‹heile Horusauge›, der ‹Isisknoten›, das Zeichen des Lebens oder der ‹Djed-Pfeiler›, ein Osirissymbol, das Dauer verhieß.

[5] Auch der Aufbau der *Priesterschaft* hat sich im Lauf der ä. Geschichte mehrmals gewandelt. Allgemein war die Teilung in hauptamtliche Priester und solche auf Zeit; letztere waren Tempelarbeiter, die, in 4 ‹Phylen› eingeteilt, 3 Monate im Jahr beim ‹Gottesdienst› halfen. Der Amuntempel von Karnak besaß 4 hauptamtliche ‹Propheten›. Die Hohenpriester zahlreicher Tempel trugen Sondertitel. Jeder, der sich dem Gott näherte, mußte den Titel eines ‹Reinen› (*wꜥb*) führen. Die Verwaltung des Tempelvermögens ähnelte im Aufbau der staatlichen Verwaltung: die Felder, die Rinder, die Getreideablieferungen und die sonstigen Einkünfte unterstanden eigenen Verwaltungen, die letztlich dem Hohenpriester verantwortlich waren. Viele Kapellen sowie die Totentempel der Könige unterstanden der Verwaltung des Hauptgottes der jeweiligen Stadt.

[6] Zur Kultausführung gehörten zahlreiche *Geräte:* Räucherarme, in denen Weihrauch verbrannt wurde; → Sistren und Klappern, die beim Gottesdienst zur Besänftigung des Gottes meist durch Frauen gespielt wurden; Tragbarken, in denen das Götterbild bei den großen Prozessionen getragen wurde. Diese Auszüge sind die *Hauptfeste* der Götter gewesen, bei denen sie auch durch Vorrücken und Zurückweichen Orakel zu geben pflegten. Die Anlässe der einzelnen Festauszüge waren verschieden: in Karnak stand das Opetfest, der Auszug des Amun zum Luxortempel, an erster Stelle; daneben war das sog. Talfest wichtig, bei dem Amun die Hathor von Deir el-Bahari besuchte und dabei die Totentempel der Könige in Westtheben aufsuchte; dieses Fest galt auch als großes Totenfest, bei dem man in den Gräbern der Verstorbenen Feste feierte. Zum Teil gingen diese Feste auf uralte Handlungen zurück, wie das Ziehen der Barke des Erdgottes Sokar in Memphis, der Auslauf des Apis, das Erntefest des → Min oder das ‹Klettern für Min›, ursprünglich das Aufschlagen der Hütte des Gottes. Häufig waren auch Besuche von Göttern bei anderen, wie etwa des Horus bei der Hathor von Dendera. Zu diesen Festen strömten die Ä. von weither zusammen, um an den reichen Opferspeisungen mit teilzunehmen. Große Götterfeste im Namen des Königs zu leiten war eine besondere Ehrung hoher Beamter. – Sämtliche *Kultstätten* Ä.s aufzuzählen ist unmöglich, da jeder Ort zahlreiche Tempel besaß. Die wichtigsten waren der Amun-Tempel von → Karnak, der Re-Tempel von Heliopolis und der Ptah-Tempel von → Memphis; diese wurden auch aktenmäßig gesondert behandelt. Eine Mittelstellung nahm der Osiris-Tempel von Abydos ein. Alle anderen Tempel galten als Provinztempel; von Süden her aufgezählt waren unter ihnen die wichtigsten der Chnum-Tempel von → Elephantine, der Horus-Tempel von → Edfu und der von → Hierakonpolis, der Month-Tempel von Erment, die Min-Tempel von

→Koptos und Achmim, der Hathor-Tempel von →Dendera, der Tempel des Upuaut von →Assiut, der des Thot in →Hermupolis, der des Widdergottes Harsaphes von Herakleopolis und der des Suchos in Krokodeilopolis im Fajum. Die Göttin Neith besaß einen bedeutenden Tempel in →Saïs, Osiris wurde in Busiris, der Widdergott in Mendes, die Katzengöttin Bastet in →Bubastis verehrt.

E. Literatur. [1] *Im A.R.* Alles, was der Ä. niederschrieb, wurde zu einem Zweck niedergeschrieben: ein Schreiben um des Erzählens willen gab es zunächst nicht; erst die Liebeslieder des N.R. können als nicht zweckgebundene Literatur aufgefaßt werden. Daher stehen auch am Anfang der ä. Literatur religiöse Texte, die Spruchsammlungen der →Pyramidentexte, die die ‹Verklärung› des toten Königs bewerkstelligen sollen, also seine Wiederbelebung. Aus den Aufzählungen der Titel Verstorbener, durch die dessen Rang auch in dem Jenseits garantiert werden sollte, entstehen durch Zusätze die *Biographien* der hohen Beamten; sie werden seit dem Ende der 4. Dyn. immer ausführlicher. – Endlich schrieb man wohl seit der 5. Dyn. die *Weisheitslehren* auf, durch die man den kommenden Generationen seine Erkenntnisse über die rechte Lebensordnung weitergeben wollte: erhalten sind die des Ptahhotep und die für Kagemni sowie recht fragmentarisch eine, die dem Prinzen Hordedef der 4. Dyn. zugeschrieben wurde, allerdings alle erst in späteren Abschriften und Bearbeitungen. Mit dieser Gruppe hängt herkunftsmäßig die sog. ‹Auseinandersetzungsliteratur› aus der Zeit zwischen A. und M.R. zusammen, die sich mit dem Erlebnis des Zusammenbruchs des A.R. beschäftigte. Zu ihr gehören die bedeutendsten Werke der ä. Literatur wie die ‹Ermahnungen eines Propheten› (→Ipuwer) mit der Schilderung des Zusammenbruchs, das ‹Gespräch des →Lebensmüden mit seiner Seele›, in dem es um Todessehnsucht und Lebensfreude geht; in den ‹→Klagen des Bauern› steht die Frage der Gerechtigkeit im Vordergrund. Aus dieser Zeit stammen auch eine Anzahl *Lieder*, die die Vergänglichkeit alles Irdischen hervorheben (→Harfnerlied). Eine besondere Gruppe bilden die *Königslehren* (Lehre für Merikare, Lehre des Amenemhet), da sie Deutungen historischer Ereignisse darstellen: Endete ein Herrscher in einer Weise, die der Weltordnung widersprach, also etwa durch Mord, so mußte dieses Ereignis erklärt werden. Diesem Zwang verdanken wir die Lehre für Merikare, die in ihren ethischen Forderungen und Geschichtsdeutungen einen Höhepunkt ä. Denkens darstellt.

[2] *Im M.R.* Zu Beginn der 12. Dyn. wieder wurden eine Anzahl politischer Tendenzschriften geschrieben, die die Stellung der neuen Dynastie stützen sollten, wie die ‹Weissagungen des *Nfr.tj*›, die in Amenemhet I. den neuen Retter der Menschheit begrüßen, oder die berühmte Erzählung von →Sinuhe. Vielleicht gehörte zu diesen Tendenzschriften sogar der Papyrus Westcar (nur der Anfang erhalten), in dem zunächst Geschichten von Zauberern dem König Cheops erzählt werden, dann aber die göttliche Geburt der Könige der 5. Dyn. Im M.R. treten auch die ersten mythischen Erzählungen auf, etwa vom Streit des Horus und Seth; sie finden sich in der ganzen Folgezeit, wie etwa der →Papyrus d'Orbiney mit der Mythe von den beiden Göttern Bata und Anubis, und in spätester Zeit der Papyrus Jumilhac, der Kultlegenden und Mythen des 18. oberägypt. Gaues enthält.

[3] *Im N.R.* Die 18. Dyn. entwickelt die sog. ‹Königsnovelle›, in der der Herrscher als Mensch erscheint. Daneben treten Erzählungen auf, die Taten hervorragender Männer schildern. Stilistisch dürften sie mit den Texten zusammenhängen, die den König als Helden verherrlichen und die besonders in der Ramessidenzeit an Umfang zunehmen. Es ist vielleicht nicht zufällig, daß gerade diese Gruppe von Literaturwerken in der Spätzeit wieder aufblüht, jetzt jedoch deutlich unter griech. Einfluß (demotischer Petubastis-Roman; ‹Ägypter und Amazonen›). – Aus der *religiösen Literatur* nach dem A.R. sind besonders die sog. ‹Sargtexte› hervorzuheben, von denen dann eine direkte Entwicklung zum →‹Totenbuch› führt als einer Sammlung von Sprüchen verschiedenster Herkunft, die nun zum Wohl des Toten zusammengestellt sind. Daneben haben uns Papyri und Tempelwände eine große Zahl von Hymnen, Ritualtexten und Gebeten erhalten, deren Durcharbeitung noch nicht abgeschlossen ist.

F. Architektur. [1] *Allgemeines.* Da der Ä. nur die Wohnungen für Götter oder Tote aus Stein errichtete, ist uns die Profanarchitektur so gut wie ganz verloren. Dabei ist deutlich, daß Stein für diese Bauten nur benutzt wurde, weil die ‹eigentliche› Bauweise in Holz, Rohr, Matten oder Ziegeln sie nicht für die Ewigkeit festhalten konnte. Daher sind ä. Steinbauten nur ‹Versteinerung› von Anlagen aus anderem Material und haben auch in ihrem Äußeren die Formen der ursprünglichen Bauweise erhalten, wie etwa die Hohlkehle (ursprünglich auf eine Ziegelmauer aufgesteckte Palmzweige), den Rundstab oder die Pflanzensäule. Der älteste Steinbau ist bezeichnenderweise eine Anlage, die dem Weiterleben des toten Königs dienen sollte: das Grabmonument des Königs Djoser (Stufenpyramide bei →Saqqara). Hier ist nicht nur der Grabhügel ‹versteinert›, sondern auch der Palast, in dem man den König weiterlebend dachte: jeder Holzpfahl, jede halboffene Tür, jede Matte sind naturgetreu in Stein nachgebildet. Erst nach Djoser entwickelt sich dann eine steingerechte Architektur, soweit wir es aus den einzigen Resten, den Totentempeln der Könige, erkennen können. Aber es dauert mehrere Generationen, bis sich sowohl bei der Pyramide wie bei dem zugehörigen Tempel eine Lösung einstellt, die sowohl kultischen wie ästhetischen Forderungen gerecht wird.

[2] *Tempel.* Nur in Resten sind die Göttertempel des A.R. und auch des M.R. erhalten, die weitgehend aus Ziegeln (nur die Türrahmen, Altäre und →Naoi aus Stein) erbaut waren, wenn wir von der Sonderform des Tempels für den Sonnengott absehen, wie solche in der 5. Dyn. bei Abusir errichtet worden sind (→Tempel A 2). Während man hier die am Himmel sichtbare Sonne anbetete, mußte der Tempel der anderen Götter als Haus gebildet sein. Man betrat ihn durch einen offenen Hof, in dem sich das Volk versammeln konnte; eine gedeckte Halle gab den Höhergestellten und Priestern Schutz, wenn sie auf den Gott warteten. Dieser aber wohnte im hintersten, dunkelsten Teil des Tempels, wo in einem →Naos sein Bild stand. Die charakteristische Fassade eines ä. Tempels sind die →‹Pylone›, die mit Fahnenstangen geschmückten Tortürme. Wenn auch die Grundform bei den Tempeln fast immer gewahrt wird, so ergeben sich doch besonders durch die Anordnung der Nebenräume oder Hinzufügen zusätzlicher Höfe und Hallen immer anders geartete Grundrisse, so daß jeder Tempel eine eigene Individualität besitzt. Dabei wächst ein ä. Tempel im Laufe seines Bestehens dadurch, daß die Könige bestrebt sind, den betreffenden Gott durch Hinzufügen neuer Bauteile zu ehren und damit ‹ihren Namen leben› zu lassen, manchmal unter Beseitigung der Bauten ihrer Vorfahren: beides z.B. am Reichstempel von Karnak. Auch die Totentempel der Könige, die diese im N.R. für ihren Totenkult in Theben-West errichteten, unterscheiden sich im Äußeren kaum von den Göttertempeln, wenn man von dem Terrassentempel der →Hatschepsut in Deir el-Bahari absieht, der jedoch Vorläufer (in Abydos) gehabt zu haben scheint.

[3] *Grab.* Auch die Architektur der Privatgräber geht in Front und Innenräumen von der Nachahmung von Häusern und Gehöften aus. Auch hier führt die Folgezeit zu einer Beschränkung auf das Wesentliche, und es entsteht das sog. ‹Mastaba›-Grab, ein bankartiger, außen glatter Bau mit Kultnische (darin wichtig die →Scheintür) und →Serdab (einem unzugänglichen Raum mit den Statuen des Grabinhabers); die Sargkammer, vom Oberteil der Mastaba zu erreichen, liegt tief im Fels. Die Felsgräber der

Gaufürsten des M.R. wie die der Könige des N.R. zeichnen sich durch Weiträumigkeit aus, während die der Beamten des N.R. meist den gleichen Grundriß (Querhalle mit anschließender Längshalle) zeigen (→ Grab A).

G. Plastik. [1] *Voraussetzungen.* Statuen wie auch Reliefdarstellungen sind zweckgebunden gewesen: In ihnen ‹versteinert› der Körper des Dargestellten für die Ewigkeit, und seine Kraft (Ka) kann aus ihnen in gleicher Weise wirken wie aus dem fleischlichen Körper (oder aus der Mumie). Daher sind auch die ältesten Statuen ‹Grabstatuen›, d.h. in ihnen wird das Weiterleben des Toten garantiert. Die Tatsache, daß die Statue den Körper ersetzen soll, begründet auch verschiedene ‹typisch ägyptische› Eigenheiten der Kunst: der Dargestellte ist sowohl in seiner höchsten physischen Machtfülle wie auch in größter Würde darzustellen: der Mann steht, den linken Fuß vorgesetzt, den Amtsstab oder das Szepter in der Hand; die Frau steht mit geschlossenen Füßen. In der Reliefkunst hat die genannte Grundvorstellung zur Folge, daß man jeden Körperteil so darzustellen hat, daß er funktionsfähig ist, also auch bei Profilansicht des Gesichts das Auge von vorn – denn ein ‹halbes› Auge kann nicht sehen. So wird die Brust von vorn und der Nabel sichtbar, manchmal sogar die Zehen von oben dargestellt. Überschneidungen werden vermieden, um das überschnittene Glied nicht dadurch ‹abzuschneiden›. Erst in der 18.Dynastie, in der der Ä. den letzten Versuch machte, sich von seiner Tradition zu lösen, vermochte man sich für kurze Zeit von der magischen Grundlage der Kunst freizumachen.

[2] *Rundbild.* Von den unzähligen Plastiken, die uns erhalten sind, heben sich einige Gruppen heraus, so die Statuen des Königs → Chefren aus seinem Totentempel, die der Hoheit des Königtums dieser Zeit eindrucksvoll Ausdruck geben, oder die Privatstatuen der 5. Dyn. (→ Ti, Ranofer, sog. → ‹Dorfschulze›, sog. ‹Schreiber› im Louvre), die auch uns noch ein lebendiges Bild der damaligen Menschen vermitteln. Im M.R. sind es bes. die Köpfe verschiedener Königsstatuen (meist ohne den Körper erhalten), aus denen die Erkenntnis von der Ausweglosigkeit der damaligen Entwicklung unmittelbar spricht. Im Gegensatz dazu zeigt sich der Optimismus der 18.Dynastie auch in den Statuen dieser Zeit, wie den Sphingen und Sitzfiguren der Königin → Hatschepsut. Die Spätzeit wiederum leistete auf dem Gebiet der Plastik Besonderes durch die Fähigkeit, mit größter Sparsamkeit der Mittel das individuelle Wesen des Dargestellten offenbar zu machen. Die *typologischen Möglichkeiten* werden bei der Plastik im Laufe der Geschichte zahlreicher: zum Typ des sitzenden oder stehenden Menschen tritt schon früh der kniende; selbst der König kann schon am Ende des A.R. vor dem Gott kniend dargestellt werden. Seit der 5.Dynastie findet sich auch der Typ des schreibenden Mannes; damit soll er als Angehöriger der tragenden Schicht der Beamten charakterisiert werden (also nicht als Diener!). Seit dem M.R. wird die hockende Figur beliebt (sog. Würfelhocker), bei der die Beine in den Mantel eingehüllt sind, so daß der Körper zu einem Kubus abstrahiert werden kann, auf dem dann – allein ausgearbeitet – der Kopf sitzt. Im N.R. treten dann die Naophoren auf, stehende oder hockende Gestalten, die einen Götterschrein vor sich halten. Name und Titel, die für den Ägypter erst die Statue zum Bild des Dargestellten machen, stehen auf der Basis, bei stehenden Statuen auch auf dem Rückenpfeiler, der sie hält, bei den Hockenden auch, zusammen mit Gebeten und Anrufungen an die Betrachter, auf dem Gewand.

[3] *Reliefs* überziehen die Wände sowohl der Gräber wie der Tempel. In den Gräbern stellen sie das Leben des Grabinhabers dar mit dem Zweck, es ihm auch für die Zeit nach dem Tode zu garantieren. Die dargestellten Diener ersetzen die in der Frühzeit am Grab getöteten, die auch weiterhin für ihren Herrn sorgen sollten und darum bei ihrer Tätigkeit dargestellt werden mußten. So kommt es zu den Bilderfolgen, die uns das Leben auf den Besitzungen ä. Großer in allen Einzelheiten vorführen, etwa im Grab des → Ti oder des Mereruka in Saqqara, aber auch noch in den Felsgräbern der 18.Dynastie in West-Theben. Die Tempelreliefs aber zeigen den König im Verkehr mit den Göttern; auch hier soll durch die Darstellung der ununterbrochene Dienst des Königs bei den Göttern garantiert werden. Stellte man doch auch Statuen der Könige vor dem Gott auf, die sie Opfer darbringend oder räuchernd darstellten. An den Außenwänden der Tempel aber befinden sich die Reliefs des Königs, der die Feinde besiegt – entweder in der ‹Hieroglyphe› des die Feinde erschlagenden Königs oder (etwa in Karnak an der Außenwand des Hypostylen-Saales) in Darstellungen wirklicher Kämpfe gegen die Feinde Ä.s. Durch diese Anordnung kommt der Zauberinhalt der bildlichen Darstellungen klar zum Ausdruck. – Technisch steht am Anfang das erhabene Relief, bei dem der Hintergrund weggearbeitet ist und die Figuren sich aus der Wand herausheben. Seit der 4.Dyn. tritt das versenkte Relief auf, bei dem der Umriß der Figuren ausgemeißelt ist, aber der Hintergrund bleibt. Es wird bevorzugt an den Außenwänden angebracht, weil es bei Sonnenbestrahlung besser zu erkennen ist. Seit Ramses II. dringt es auch in die Darstellungen im Inneren der Räume ein. Ebenso wie die Plastiken sind die Reliefs bunt bemalt gewesen.

H. Malerei. Nur Malerei zu verwenden, mag zunächst als Notlösung gegolten haben, z.B. dort, wo schlechter Fels eine Reliefierung verbot (so bei den meisten Gräbern in Theben-West). Der Maler überzog die mit Nilschlamm und einer Kalkschicht vorbereitete Wand mit einem Quadratnetz, durch das die Proportionen festlagen. Dann entwarf er die Szenen mit Rötel und zog die Linien mit schwarzer Farbe nach. Gerade diese Vorzeichnungen lassen erkennen, welche Sicherheit die ä. Künstler im Erfassen des Wesentlichen hatten. Die endgültige Ausmalung hat häufig etwas von der ersten Lebendigkeit genommen. Die Farben: Mineralfarben, durch Eiweiß gebunden, wurden auf den getrockneten Kalk aufgetragen. – Wir wissen, daß auch die königlichen Paläste, da aus Ziegeln gebaut, mit Malereien geschmückt gewesen sind; berühmt sind die Fußboden- und Wandmalereien aus dem Palast Echnatons in Amarna, aber auch aus dem Palast Amenophis' III. auf der Westseite von Theben sind Wandmalereien erhalten.

I. Kleinkunst. Motive, die in der ‹großen› Kunst auftreten, finden sich dann auch in der *Kleinkunst,* auf Stühlen, Truhen, Schilden, Wagen. Salblöffel etwa des N.R. sind am Griff mit Musikantinnen oder Tänzerinnen geschmückt, wie sie auch in den Reliefs erscheinen. Schlachtszenen wie die der Tempelwände sind auf einer der Truhen des Tutenchamun aufgemalt. Überhaupt läßt gerade der Grabfund dieses Königs erkennen, wie sehr alle Gegenstände des täglichen Lebens in den Bereich der Kunst mit einbezogen worden sind. Ausländische Motive sind selbst im N.R. verhältnismäßig selten. Zu Beginn der 18.Dyn. ist deutlich kretischer Einfluß zu erkennen mit weiblicher Sphinx, Greif, Stierkopf und Spirale; asiatischer ist hingegen kaum erkennbar, wenn man von den Tieren um den Lebensbaum absieht. Auch in der Kunst von → Amarna, die bewußt mit der Tradition brechen und die ‹Wirklichkeit› darstellen will, sind fremde Anregungen kaum zu erkennen. W. Hk.

Lit: H.Kees, Kulturgesch. des Alten Ä., HbAW III 1,3, 1933 – Ders., Das Alte Ä., Eine kleine Landeskunde, 1955 – E.Otto, Ägypten, der Weg des Pharaonenreiches (1953), 1958³ – W.Wolf, Die Kultur Ägyptens (1961), 1962² – *Zu C:* W.Helck, Zur Verwaltung des Mittleren und Neuen Reiches, 1958 – *Zu D:* H.Bonnet, Reallexikon der ägyptischen Religionsgeschichte, 1952 – Frankfort-Wilson-Jacobsen, Frühlicht des Geistes, 1954 – H.Kees, Der Götterglaube im Alten Ä. (1941), 1956² – *Zu E:* G.Levèbvre, Romans et contes égyptiens, 1949 – S.Schott, Altägypt. Liedeslieder, 1950 – E.Brunner-Traut, Altägypt. Märchen, 1963 – *Zu F–I:* W.Wolf, Die Kunst Ä.s, 1957 – H.Schäfer, Von ägypt. Kunst (1918), 1963⁴. – *Nachtrag zu D:* S.Morenz, Ägyptische Religion, 1960.

II. Hellenist. und röm. Zeit

A. Ä. unter den Ptolemäern: [1] Geschichte – [2] Aufbau und Verwaltung – [3] Griechen und Orientalen – B. Ä. Unter den Römern – C. Ägypt. Kultur in hellenist. und röm. Zeit.

A. Ä. unter den Ptolemäern. [1] *Geschichte.* 323, beim Tod → Alexanders (5) d. Gr., wurde die Satrapie Ä. → Ptolemaios (I.) zugeteilt, der (seit 305 als König) sie als selbständiges Reich organisierte; bei seinem Tod (283) standen Ä., Kyrenaika, Cypern, Südsyrien, Teile Kleinasiens unter seiner Herrschaft, Teile Griechenlands und der Ägäisinseln (→ Nesiotenbund) unter seinem Einfluß. Dieser Außenbesitz wurde unter → Ptolemaios II. und III. in den → Syr. Kriegen gegen die → Seleukiden noch vergrößert, der Einfluß in Hellas durch Krieg und Subsidienzahlungen (an Achäer und Ätoler) gegen Makedonien behauptet. Unter → Ptolemaios IV. begannen rascher politischer und wirtschaftlicher Niedergang und Reaktion der ägypt. Bevölkerung gegen die dünne griech.-makedon. Oberschicht. Unter Ptolemaios V. ging der Besitz in Syrien, Kleinasien, Ägäis und Thrakien verloren. Seit → Ptolemaios VI. geriet das Reich in wachsende Abhängigkeit von Rom und wurde durch zahlreiche Aufstände und Bruderkämpfe zerrissen. Die späteren Herrscher (seit → Ptolemaios IX.) waren unbedeutend und standen häufig unter Einfluß ihrer Mütter oder Frauen. Mehrere Reichsteilungen schwächten die Macht Ä.s; 96 wurde Kyrene, 58 Cypern auf Grund von Testamenten der Teilherrscher von Rom eingezogen. Nach letzter Erweiterung der ptolemäischen Herrschaft unter → Kleopatra VII. wurde Ä. 30 v. Chr. von Octavian (→ Augustus) erobert; Ende der Dynastie; Ä. wurde Eigenbesitz der röm. Principes.

[2] *Aufbau und Verwaltung* sind bes. aus den Papyri gut bekannt. Für die Grundlagen vgl. → Hellenistischer Staat. 1. Das *absolute Königtum* war de facto erblich im Haus der → Ptolemäer; häufig waren die ältesten Söhne (Sicherung der Nachfolge), seit Ptolemaios VI. auch Brüder und Schwestergemahlinnen Mitregenten. Seit Ptolemaios II. wurden die toten und lebenden Könige im hellenist. → Herrscherkult (mit eponymen Priestern) verehrt; für die Ägypter galt daneben der altägypt. Königskult. Land und Untertanen galten als Eigentum des absoluten Herrschers; sein Wille allein regierte Politik und Wirtschaft. Die makedon. Heeresversammlung gewann erst im 2. Jh. in Gestalt der Garnison von Alexandria Einfluß auf die Thronbesetzung. (Datierung nach Regierungsjahren, → Zeitrechnung.) – 2. Die *Verwaltung* war einheitlich und straff zentralisiert. (a) Chef der Zentralbehörden in der Hauptstadt Alexandria war der → Dioiketes. (b) Das eigentliche Ä. war in rund 40 Gaue (*νομοί*), diese in Toparchien (Distrikte) und *κῶμαι* (Dörfer, kleinste Einheiten) eingeteilt. (Zur Strategie der Thebais und Epistrategie → Stratege.) Auf jeder dieser Ebenen war die Verwaltung von Verwaltungschef (Gau-→ Stratege, Toparch, Komarch) und Kanzleichef (*βασιλικὸς γραμματεύς*, Topo- bzw. Komogrammateus) geleitet; ferner amtierten auf mehreren Ebenen → Oikonomoi (Finanz- und Wirtschaftsverwaltung) und Epistaten (Polizei). Der Stratege wurde allerdings erst unter Ptolemaios III. Chef der gesamten umfangreichen Gauverwaltung; bis dahin stand er als Militärbefehlshaber *neben* → Nomarch, Oikonomos, Antigrapheus, *βασιλικὸς γραμματεύς*. Über diesen hochbürokratischen Verwaltungsapparat wurden nahezu alle Bereiche des Lebens geregelt; die königliche Post, die nur den umfangreichen behördlichen Schriftverkehr beförderte, und gegenseitige Kontrolle der Beamten ermöglichten eine wirksame Beaufsichtigung der Verwaltung. (c) Außerhalb der Gaueinteilung blieben die griechisch organisierten Städte Alexandria und Ptolemais (Stadtkommandant: *ἐπὶ* bzw. *στρατηγὸς τῆς πόλεως*). (d) In den Außenbesitzungen (Kyrenaika, Cypern, Südsyrien, kleinasiat. und thrak. Küstenzonen) hatten → Strategen umfassende Befugnisse auf allen Gebieten. – 3. Das *Rechtswesen* (→ Recht II) war vielgestaltig. Die Gerichtshöfe der → Chrematisten und Laokriten behandelten die Rechtssachen der griech.-makedon. bzw. der ägypt. Bevölkerung nach griech. bzw. ägypt. Recht. Höhere Funktionäre, bes. → Dioiketes und Gaustratege, erhielten daneben immer größere Jurisdiktionskompetenz in ihren Amtsbereichen. Als oberster Gerichtsherr konnte der König durch → Enteuxis angerufen werden. – 4. Das *Heer* wurde aus den auf Kleruchenland (→ Kolonisation C) angesiedelten Makedonen, Griechen und anderen Nicht-Ägyptern ausgehoben; Söldnerkorps dienten als stehendes Garnisonsheer oder wurden im Krieg zusätzlich angeworben. Ägypter gehörten erst seit → Ptolemaios IV. in steigender Zahl zur regulären Truppe. Zur Flotte mußten auch die griech. und phön. Seestädte Schiffe stellen. – 5. Grundlage der *Wirtschaft* war die Landwirtschaft. Strenge Überwachung von Ackerland und Bewässerungssystem sicherte hohe Erträge. Als Erbe der Pharaonen war der König größter Grundherr und Unternehmer. Aus riesigen Staatsdomänen (‹Königsland›), Lehens- und Kleruchengütern, mit denen Würdenträger, Beamte und Soldaten belehnt wurden, Tempel- und Privatland erhielt der König als Pacht bzw. Abgaben unermeßliche Getreidemengen, deren Export (bis ins westl. Mittelmeer) Hauptquelle des Reichtums der Ptolemäer war. Dazu kamen hohe Einnahmen aus königlichen Monopolbetrieben (bes. Öl, Papyrus, Bergbau), Zöllen und zahlreichen direkten und indirekten Steuern und Gewerbelizenzen. Die Belastungen betrafen bes. die eingeborene Bevölkerung; sie war zudem zu vielerlei Leiturgien (Zwangsarbeiten) verpflichtet, denen sich bes. im 2. Jh. v. Chr. viele durch Flucht (*ἀναχώρησις*) entzogen.

[3] Die *griech. Kultur* erhielt unter den Ptolemäern im Musenhof von Alexandria ein neues Blütezentrum und fand auch in den größeren griech. Ansiedlungen der Chora Eingang, bes. solange im 3. Jh. der hohe Lebensstandard in Ä. immer mehr Griechen anlockte. Die Hellenisierung der Ägypter gewann jedoch nur langsam Boden. Griechen und Ägypter trennte lange eine tiefe Kluft. Erst seit Ende des 3. Jh.s (Rückgang des Zustroms von Griechen infolge wirtschaftlicher Schwierigkeiten, gleichzeitig Reaktion der Ägypter: Eingeborenenaufstände) kam man dem erwachenden Selbstbewußtsein der Ägypter entgegen und ließ hellenisierte Ägypter zu Heer, höheren Ämtern und schließlich zum Hof zu. Im 2. Jh. vermischten sich beide Bevölkerungsteile zusehends. – Zur eminenten Bedeutung der griech. Interpretation Ä.s → Orient und Antike. H. H. Sch.

Lit: Zu [1]: → Ptolemäer – *Zu [2]: allgem.:* U. Wilcken, Grundz. u. Chrestomathie der Papyruskunde I 1, 1912 – M. Rostovtzeff, Hellenist. Welt, 3 Bde, 1955/56 (Lit) – Bengtson, 415–439 (Lit) – *Zum einzelnen:* W. Schubart, Verfassung u. Verwaltung des Ptolemäerreichs, AO 35, 4, 1937 – H. Bengtson, Die Strategie in der hellenist. Zeit III, 1952 – E. Seidl, Ptol. Rechtsgesch., 1947 (Lit) – J. Lesquier, Les institutions milit. de l'Egypte sous les Lagides, 1911 – M. Schnebel, Die Landwirtsch. im hellenist. Ä. I, 1925 – C. Préaux, L'économie royale des Lagides, 1939 – *Münzen:* J. N. Svoronos, *Τὰ νομίσματα τοῦ κράτους τῶν Πτολεμαίων*, 4 Bde, 1904–08 – *Prosopographie:* W. Peremans-E. van t'Dack, Prosop. Ptolemaica, 5 Bde, 1950–63.

B. Ä. unter den Römern. Nach Octavians Sieg bei Actium erhielt Ä. eine Sonderstellung unter einem Präfekten des Ritterstandes, der unmittelbar Octavian selbst verantwortlich war. Roms Sorge für die Sicherheit der neuen Provinz mit ihren ungeheuren Reichtümern, ihrer großen Bevölkerungszahl und ihrer stolzen, von Parteiwirren zerrissenen Hauptstadt Alexandria zeigt sich darin, daß anfangs nicht weniger als drei Legionen dort stationiert waren. Roms Vorsichtsmaßregeln waren im ganzen erfolgreich; zwei Jahrhunderte lang gab es keine größere Erhebung. Im Anfang schien die Pax Romana Ordnung und wirtschaftlichen Aufschwung mit sich zu bringen. Die Einteilung Ä.s in Gaue (→ Nomoi; die alte Verwaltungseinheit) wurde beibehalten, die griech. kulturellen Einrichtungen gefördert; umfangreiche Funde literarischer Papyri in den Gaustädten wie Oxyrhynchus zeigen den hohen Stand der griech. Bildung in der frühen röm. Zeit. Der alte ägypt. Priesterstand, wenn auch an Zahl, Besitz und Macht eingeschränkt, behielt seine Privilegien, und der Tempeldienst wurde weiterhin in vollem Umfang ausgeführt. – Ä. war an eine straffe und hohe Besteuerung gewöhnt, aber die Rücksichtslosigkeit der Eintreibung enthüllte bald die Art der neuen Herrschaft. Schon unter Nero verarmten ganze Dörfer und wurden verlassen. Die spätere Zeit der Ptolemäerherrschaft hatte auf die Verschmelzung der griech. und ägypt. Bevölkerungsteile hingewirkt; die röm. Politik suchte diese umzukehren durch die strenge Durchsetzung einer sozialen Hierarchie, in der die röm. Bürger den höchsten Platz innehatten. An zweiter Stelle folgten die Bürger der griech. Gründungen Alexandria und Ptolemais (eine dritte, Antinoopolis, kam unter Hadrian i.J. 130 hinzu); an dritter Stelle die hellenisierte Oberschicht der Gauhauptstädte, die sich auf Mitgliedschaft in den Gymnasien gründete. An der untersten Stelle stand die ägypt. Landbevölkerung, die die volle Steuerlast zu tragen hatte, von der die anderen ganz oder teilweise befreit waren. Die durch solche soziale Unterschiede bereits schwierige Lage wurde weiter kompliziert durch die größtenteils in Alexandria lebenden Juden, deren Unbeliebtheit, die aus der fremden und exklusiven Religionsausübung entstand, durch ihre Bemühungen um das Bürgerrecht noch vergrößert wurde. Es kam mehrfach zu blutigen Unruhen in Alexandria, bis die Unterdrückung eines allgemeinen Aufstandes der Juden in ganz Ä. i.J. 112 ihren Einfluß bis zur Bedeutungslosigkeit sinken ließ. Die nach außen hin privilegierte Stellung der hellenist. Aristokratie in den Städten erwies sich als illusorisch; die ihnen vorbehaltenen Ämter und kulturellen Aufgaben wurden für ihre Träger so aufwendig, daß man sie bald dazu zwingen mußte, sie anzutreten. Eine weitere scheinbare Vermehrung ihrer Privilegien, die Einrichtung von Stadträten in den Gauhauptstädten durch Septimius Severus i.J. 202, bedeutete ihren völligen finanziellen Ruin. – Die Gewährung des Bürgerrechts an alle Einwohner des Reiches durch Caracalla (212) brachte Ä. keine Erleichterung; es hatte im Gegenteil im 3.Jh. an Inflation und Rückgang der Wirtschaft zu leiden. Die Haltung Roms der ägypt. Religion gegenüber war tolerant, und wir hören nur wenig von Auflehnung der Priesterschaft, die die röm. Kaiser ebenso ehrte wie früher die Pharaonen und die Ptolemäer. Aber nach einigen Jahrhunderten röm. Herrschaft scheinen die Kulte der alten Götter ihre Kraft verloren zu haben. Eine neue Religion war aufgekommen, das Christentum, von dessen Schriften in Ä. schon vom 2.Jh. an Fragmente erhalten sind. Eindeutige Bezugnahmen auf das Christentum sind in den offiziellen ägypt. Dokumenten selten, da die Unverträglichkeit des Christentums mit den heidnischen offiziellen Kulten seine Unterdrückung unausweichlich machte. Nichtsdestoweniger breitete es sich nicht nur im Volk weithin aus, sondern brachte in Alexandria auch führende Theologen wie → Clemens, → Origenes, → Athanasios und → Kyrill hervor, die sich erfolgreich mit den heidnischen Philosophenschulen auseinandersetzten und innerhalb des Christentums sich gegen Spaltungen wie die der → Gnosis, von denen erst kürzlich zahlreiche Zeugnisse in Ä. gefunden wurden, durchsetzten. Die Ausbreitung des Christentums schritt trotz der → Christenverfolgung unter Septimius Severus (193–211) und Decius (249–251) stetig fort. Die letzte und grausamste Verfolgung begann unter Diokletian (284–305), der auch die Grundlage für die Verwaltung Ä.s von Byzanz aus schuf, in dem er es in drei Provinzen einteilte und anstelle des bisherigen, auf feste Beträge gegründeten Steuersystems ein anderes einführte, das von den für jedes Jahr geschätzten Rüstungsaufwendungen ausging. Diese Verfolgung wurde erst von Galerius (311) eingestellt. Aber selbst nach dem Regierungsantritt Konstantins I. (313) war der Triumph des Christentums in Ä. über die heidnische Religion, die vor allem bei den Grundbesitzern noch mächtig blieb, nicht vollständig, bis zum 6.Jh., wo Grundbesitzer, jetzt zum Christentum bekehrt, in einer halbfeudalen Machtstellung als Herren größerer Landgüter auftreten. Die christl. Kirche hatte in dieser Zeit ihre eigenen inneren Auseinandersetzungen durchzustehen. Der Charakter des ägypt. Christentums war unbeugsam, asketisch und eifernd; es gab in Ä. zahlreiche Märtyrer; Ä. war das eigentliche Ursprungsland des → Mönchtums, das sich bald über die christl. Welt ausbreitete; aber Ä. zeigte bald eine Tendenz zu nationaler Absonderung, die durch den zunehmenden Gebrauch des → Koptischen, der spätesten Form des Ägyptischen, noch verstärkt wurde. Die ägypt. Kirche, die sich der Aufsicht Konstantinopels entziehen wollte, machte einen Unterschied der Lehre zum Vorwand für die förmliche Trennung und wurde schließlich auf dem Konzil von Chalkedon (451) für häretisch erklärt. Danach wies sie jede Versöhnung zurück. Einen letzten Versuch unternahm Heraclius (610–641), der als Patriarchen und Präfekten einen Bischof, Kyros, nach Ä. schickte, der zwischen den beiden rivalisierenden Theologien vermitteln sollte. Aber die Ägypter kehrten sich von ihm ab. Als 639 ein arabisches Heer unter ʿAmr ibn al-Âṣ im Zeichen der neuen islamischen Religion in Ä. einfiel, wurde das Land i.J. 642 nach schwachem Widerstand rasch überwältigt. J. B.

Lit: Allgemeines: H.I.Bell, Egypt from Alexander the Great to the Arab Conquest, 1948 – Ders., CAH X, 1934, Kap. 10; CAH XI, 1936, Kap. 16 – J.G.Milne, A History of Egypt under Roman Rule (1898), 1924^{3} – W. Schubart, Einf. in d. Papyruskunde, 1918 – L. Mitteis und U.Wilcken, Grundzüge u. Chrestomathie der Papyruskunde, 1912 – A.S.Hunt und C.C.Edgar, Select Papyri, LCL, 1932–34 – J.G.Winter, Life and Letters in the Papyri, 1933 – S.R.K.Glanville (Hg.), The Legacy of Egypt, 1942 – *Einzelnes:* H.I.Bell, Cults and Creeds in Graeco-Roman Egypt, 1953 – W. Otto, Priester u. Tempel im hellenist. Ä., 1905–08 – S.L.Wallace, Taxation in Egypt from Augustus to Diocletian, 1938 – A. C. Johnson, An Economic Survey of Ancient Rome, II: Roman Egypt, 1926 – Ders., Egypt and the Roman Empire, 1951 – G.Rouillard, L'administration civile de l'Egypte byzantine, 1928 – A.C.Johnson und L.C.West, Byzantine Egypt: Economic Studies, 1949 – J.Lesquier, L'armée romaine d'Egypte d'Auguste à Dioclétien, 1918 – R.Taubenschlag, The Law of Graeco-Roman Egypt in the light of the Papyri (1944), 1955^{2} – M.Schnebel, Die Landwirtschaft im hellenist. Ä., 1925 – S. Chaleur, Histoire des Coptes d'Égypte, 1960.

C. Ägypt. Kultur unter Ptolemäern und Römern. Mit der Eingliederung Ä.s in das Reich → Alexanders d.Gr. brach ein Strom griech. Einflusses in die bis dahin einheitlich bewahrte ägypt. Kulturwelt ein. Weil sich die neue griech. Oberschicht während längerer Zeit von der einheimischen Bevölkerung absonderte (→ Barbaren), findet sich in der frühen Ptolemäerzeit Griechisches und Ägyptisches nebeneinander, wie es z.B. in der Anlage des → Serapeums von Memphis faßbar ist. Einflüsse der griech. Kunst sind aber auch in ägypt. gestalteten Werken faßbar (z.B. Grab des → Petosiris). Ä. galt für die Griechen und Römer als Zauberland, eindrucksvoll wegen seiner Altertümer und seiner geheimnisvollen Bräuche und Einrichtungen, wie schon zu → Herodots Zeiten. Der Forderung nach Authentizität der ägypt. Kulte im Ausland dienten die vielen echt ägypt. Objekte, die sich in ganz Europa gefunden haben; unter Mithilfe ägypt. Priester wurden solche Gegenstände auch in Europa selbst hergestellt. Dabei stehen neben glänzenden Leistungen wie dem Pincio-Obelisken in Rom (zu Ehren des → Antinoos von Hadrian erstellt) grotesk anmutende Figuren wie die ‹ägyptisch› sein wollende Statuenserie aus der Villa Hadriana (im Vatikanmuseum). In Ä. selbst darf – trotz der fast an allen wichtigen Bauwerken nachweisbaren Fortsetzung des altägypt. Stils bis in die späte Kaiserzeit (vgl. z.B. den Trajans-Kiosk in → Philai) – der Einfluß der Griechen und Römer nicht unterschätzt werden. Bes. schön faßbar ist er in den als ‹realistisch› zu bezeichnenden Porträtköpfen aus der Ptolemäerzeit und der frühen Kaiserzeit

(→Grüner Kopf). Mischungen von griech.-röm. und ägypt. Stil finden sich am ausgeprägtesten in den alexandrinischen Katakomben von Kom-es-Šukafa. Unter griech. Einfluß steht die Abkehr vom starren Totengesicht der Mumie aus Karton und Gips und sein Ersatz durch (meist zu Lebzeiten des Verstorbenen gemalte) Porträts auf Holztafeln oder Leinwand (→Mumienporträts), die in die Mumienbandage über dem Kopf der Mumie eingefügt wurden. Während das Latein in Ä. sich als Amtssprache nicht durchsetzte, wurden röm. Vorstellungen doch volkstümlich (z.B. Kleinbronzen mit →Horus oder →Anubis als Imperator). Das →Recht (III) der Römer blieb wie die Sprache auf die röm. Bürger beschränkt, hinterließ aber in Prozeßführung und Verwaltung mannigfache Spuren (lat. Amtsbezeichnungen, wie *βενεφικιάριος*; vgl. auch den sog. Gnomon des Idios Logos: BGU V). Viele bedeutende Männer aus den hellenisierten Schichten Alexandrias und Ägyptens haben zur Entwicklung der Spätantike entscheidend beigetragen (→Philon v. Alexandria, →Origenes, →Clemens Alexandrinus, →Nonnos). – Die Entwicklung der →kopt. Kultur muß in einem doppelten Gegensatz gesehen werden: einerseits lehnten die Kopten als Christen das altägypt. Heidentum und seine kulturelle Überlieferung ab (verkörpert in der Kunst- und Schrifttradition; so bedienten sie sich wohl der ägypt. Sprache, aber des ihrer Sprache angepaßten griech. Alphabets), andererseits wehrten sie sich gegen das immer als fremd geltende Rom mit seinem Führungsanspruch und ebenso gegen Byzanz. Diese Abwehrstellung, die auch die Ägypter umfaßte, die der alten Religion treu geblieben waren, hat viel mehr zum Versinken der altägypt. Kultur beigetragen als die Hellenisierung und die arab. Eroberung. P.T.

Ägyptische Kirchenordnung, früher von H. Achelis so genannt, ist nach Ed. Schwartz und R.H. Connolly mit der ‹Traditio apostolica› des →Hippolytos von Rom identisch, vgl. →Kirchenordnung. J.N.B.v.d.B.

Ed: E. Hauler, Didascaliae Apostolorum fragmenta Veronensia lat., 1900 – F.X. Funk, Didascalia et Constitutiones Apostolorum II, 1905, 97–119 – B. Botte, SC 11, 1946 – *Lit:* Ed. Schwartz, Über die pseudoapostol. Kirchenordnungen, Schriften d. Wiss. Gesellschaft in Straßburg 6, 1910 – R.H. Connolly, The so-called Egyptian Church-Order and Derived Documents, 1916 – Weiteres: Altaner, 46–48.

Ägyptische Schraube, Entwässerungsmaschine, die →Archimedes in Ägypten erfunden haben soll (Diod. 1, 34, 2); sie war aber älter (Diod. 5, 37, 3f.). Für die *κοχλίας*, coclea, wurden an einer Achse hölzerne Schneckenwindungen angebracht, das Ganze geteert, eng verschalt, 45° geneigt (schiefe Ebene) und durch das Tretrad bewegt, wodurch das Wasser gehoben wurde (Strab. 3, 147: Span. Bergwerk; 17, 807; Ath. 5, 208f.). W.K.

Q: bes. Vitr. 10, 6, 1ff.

Ägyptisierender Stil. Ägypt. Motive treten in der röm. →Malerei (D 4) seit dem 2. pompejan. Stil häufig auf und sind für den 3. Stil so charakteristisch, daß A. Mau dessen Ursprung irrtümlich in Alexandria lokalisierte. Sie spielen auf das Weihevolle der Mysterien an, ohne doch ein Bekenntnis zu Isis zu bedeuten, deren Kult von Augustus 31 (nach Actium) untersagt wurde, seit Caligula aber wieder sehr populär war. C.K.

Lit: A. Mau, Pompeji in Leben und Kunst, 1908, 484f. – A. Ippel, Der dritte pompejan. Stil, Diss. Bonn 1910 – Schefold, PM, passim, bes. 65 mit Anm.

Aelia Capitolina →Jerusalem.

Aelianus →Silvanus.

Aelia Paetina, zweite Gattin des →Claudius (1), der sie jedoch verstieß, um →Messalina zu heiraten. Von ihr Tochter Claudia Antonia, geb. um 27 n.Chr. (Stammbaum →Jul.-claud. Haus). H.T.

Aelianus, Claudius, v. Praeneste, Sophist; etwa 170/280 geb., Schüler des Sophisten Pausanias in Rom; Oberpriester. Wurde über 60 Jahre alt; erlebte Elagabals Tod (222). Schrieb Sammelliteratur: 1. 17 Bücher ‹*Tierleben*›: Seltsames über die Tiere in bunter Form (Weisheit der Natur in der ‹vernunftlosen› Kreatur; Vorbildlichkeit des Tierlebens). Quellenfrage: für die Forschung wichtig Historiker und Naturforscher, Bolos, Sostratos (Schlangen), Iuba (Elefanten), Alexander v. Myndos, Apion (Ägyptisches), Pamphilos, Plutarch, Telephos, Leonidas v. Byzanz und Damostratos (Fische), →Oppian, Athenaios u.a. – 2. 14 Bücher ‹*Bunte Historia*› (*Ποικίλη ἱστορία*, varia hist.) z.T. nur verkürzt erhalten (→Stobaios, →Suidas); bes. historisches, anekdotisches Material, anfangs auch naturkundliches. – 3. 20 *Bauernbriefe* (Quellen: att. Komiker, Redner). – *Verloren:* Erbauungsliteratur ‹Über die Vorsehung›, ‹Über deutliche Beweise göttlichen Eingreifens› und eine ‹Anklageschrift gegen den «Weichling» Elagabal›. – Der *Stil* galt als Ideal des Attischen (Philostrat) trotz Ionismen und Latinismen; raffiniert schlicht (*ἀφέλεια*, an Xenophon orientiert). Bei den Byzantinern war A. viel gelesen. W.Sp.

Ed: C. Gesner, ed. princ., 1556 – R. Hercher, 2 Bde, BT, 1864/66 – *Nat. an:* A.F. Scholfield, LCL, 1858/59 (Lit; Indices) – *VH:* C. Peruscus, ed. princ., 1545 – J. Perizonius, 1701 (Noten) – *Ep.:* M. Musurus, ed. princ., 1499 – EpistGr 17–23 – A.R. Brenner-F.H. Fobes, LCL, 1949 (Lit; Indices) – *Komm: Nat. an.:* J.G. Schneider, 1784 – F. Jacobs, 1832 – *Lit:* V. De Falco, EI 13, 1932, 790f. – PIR II 165 – K. Gerth, Bursian 272, 1941, 85–90 – Ders., RE Suppl. 8 (1956), 732–734, s.v. 2. Sophistik.

2. **A. Tacticus,** Verfasser einer (Elementar-) *Taktik* (der Griechen); das Werk wurde von →Frontin angeregt und ist dem Kaiser, wohl Trajan, gewidmet; mit →Asklepiodotos, →Arrian verwandt. W.Sp.

Ed: Ed. princ. F. Robortel, 1552 – H. Köchly-W. Rüstow, 1855 – *Lit:* K.K. Müller, RE 1 (1894), 482–486 – A.G. Roos, ed. Arrian II, 1928, p. XXII – PIR I 18 – A. Dain, Histoire du texte d'E., 1946 – J. et L. Robert, Bull. épigraphique, REG 71, 1958, 198.

Aelius, L., gleichnamiger Sohn des L. Ceionius Commodus. 136 n.Chr. Konsul, von →Hadrian adoptiert und als L. Aelius Caesar zum Nachfolger designiert. 137 zweites Konsulat. 136/7 Statthalter v. Pannonien. Gest. 11. 1. 138. Nach Carcopino u.a. uneheliches Kind Hadrians. K.Chr.

Q: Hist. Aug. Spart. Ael. – *Lit:* J. Carcopino, Le bâtard d'Hadrien... (1949), in: Passion et politique chez les Césars, 1958, 143–222. – P. Grenade, Le règlement succesoral d'Hadrien, REA 52, 1950, 258–277; (dazu R. Syme, Antonine relatives, Ceionii and Vettulonii, Athenaeum 35, 1957, 306–315).

2. **A. Aristeides** →Aristeides

3. **A. Dionysius,** →Attizist aus Halikarnaß, 1. H. 2. Jh. n.Chr., vielleicht identisch mit dem gleichnamigen Musiker. Verfasser eines Lexikons in 5 Büchern, in dem attische Ausdrücke in alphabetischer Abfolge erklärt wurden. Das Werk, das eine zweite (erweiterte) Auflage erfuhr, sollte schwierige Wörter erläutern und gleichzeitig zum richtigen Sprachgebrauch anleiten. Quellen vor allem Lexika des →Didymos (1) und →Pamphilos (2). Kurze Beschreibung bei →Photios (Bibl. Cod. 152). Dessen Exemplar enthielt beide Auflagen, außerdem das Lexikon des →Pausanias (4). Alle drei Schriften sind häufig benutzt von der →Synagogē und von →Eustathios, jedoch nach dem 12. Jh. verschollen. Vgl. →Lexikographie B [3]. H.E.

Frg: H. Erbse, Abh. Berlin 1949, 2 (1950) – *Lit:* G. Wentzel, Hermes 30, 1895, 367–384 – L. Cohn, RE 5 (1905), 986–991.

4. **A. Iunius Cordus** soll im 3. Jh. n.Chr. →Biographien von weniger bekannten Kaisern verfaßt haben. Angaben über absonderliche Lebensgewohnheiten sollen das Geschichtswerk des →Marius (5) Maximus ergänzt haben (vit. Macr. 1, 3ff.). E. Hohl hält Cordus wohl zu Recht für einen fingierten Gewährsmann. R.Hl.

Ed: HRR, 344f. – *Lit:* N. Baynes, The Hist. Aug., 1926 – E. Hohl, Über die Glaubwürdigkeit der Hist. Aug., SB Berlin, 1953/52.

5. **A. Marcianus,** Jurist aus der Zeit Caracallas, der, wie aus seiner genauen Kenntnis der kaiserlichen Reskripte vom Anfang des 3. Jh.s geschlossen wird, eine Stellung in der Reichskanzlei gehabt haben dürfte. Hauptwerk: ‹Institutiones› in 16 Büchern, deren Gliederung nur teilweise zu

erschließen ist; z.T. den ‹Institutiones› des → Gaius (3) ähnlich. – Ferner stammen von A. 5 Bücher ‹Regulae› sowie Einzelschriften, darunter auch Erklärungen zu → Papinians Libri de adulteriis publicis iudiciis. H.Hb.

Lit: P.Krüger, Gesch. d. Quellen u. Lit. d. röm.Rechts (1888), 1912², 251f. – W.Kunkel, Herkunft u. soz.Stellung d. röm.Juristen, 1952, 258f.

6. **A. Paetus Catus,** S. (cos. 198 v.Chr., cens. 194), Bruder des P. Aelius Paetus, cos. 201. – → Pomponius (1; dig. 1,2,2,38) berichtet, von ihm stamme ein Buch, das als Wiege des Rechts bezeichnet werden könne und ‹Tripertita› heiße, weil es der jeweiligen Vorschrift des → Zwölftafelgesetzes die interpretatio und alsdann die legis actio folgen ließ (so O.Lenel, a.O., 8ff.; Th.Kipp, a.O.; Kaser, Röm. Rechtsgeschichte, 146, und Th. Mommsen, Jur. Schr. III, 1907, 368, gegen P.Krüger, a.O. 59; bei letzterem auch weitere Literaturhinweise). – Für die Rechtsentwicklung ist insbes. bedeutend, daß A. der Unvollständigkeit des Ius Flavianum durch die Zusammenstellung neuer actiones abhalf und damit für die Bevölkerung ein neues Rechtsbuch schuf, das sog. Ius (1) Aelianum (Dig. 1, 2, 2, 7). Krüger, a.O., will darin den dritten Teil der Tripertita erkennen. Vgl. → Recht III A [2]. [3]. H.Hb.

Lit: O.Lenel, Sabinus-System, in: Festgabe für Ihering, Straßburg, 1892 – Th.Kipp, Gesch. der Quellen des röm.Rechts (1896), 1909³, 100 – P.Krüger, Gesch. der Quellen und Lit. des röm.Rechts (1888), 1912², 58f. – W.Kunkel, Herkunft u. soz.Stellung der röm.Juristen, 1952, 8f.

7. **A. Promotus,** Arzt, vermutlich 2.Jh.n.Chr., vorwiegend Pharmakologe, scheint ganz der ‹magischen› Medizin gehuldigt zu haben. Von seinem Hauptwerk mit dem bezeichnenden Titel *Δυναμερόν*, etwa ‹Heilkraft› (ein Teil davon heißt *Φυσικὰ καὶ ἀντιπαθητικά*), sind Teile erhalten. F.K.

8. **A. Stilo Praeconinus,** L., ca. 150–70 v.Chr., der erste bedeutende lat. Philologe und Grammatiker, Lehrer Ciceros und Varros. Er erklärte die altertümlichen Carmina Saliaria und bearbeitete die Komödien des Plautus. 25 Stücke erklärte er für echt. Die erhaltenen Fragmente geben meist Etymologien. D.F.

Q: Sueton, gramm. 1 – *Frg:* GrRF, 51–76 – *Lit:* Schanz-Hosius I 232–234.

9. **A. Tubero,** L., Freund → Ciceros (Lig. 21), 61–58 Legat des Q. → Tullius (1) Cicero in Asia, 49 vom Senat zum Statthalter Africas bestimmt, nach Pharsalus von → Caesar begnadigt. → Varro (1) ehrte den philosophisch Interessierten (→ Ainesidemos widmete ihm seine *Πυρρώνειοι λόγοι*) durch den Logistoricus ‹Tubero de origine humana›. L. A. Tubero, nicht sein Sohn Q. → A. (10) Tubero, war Verfasser eines Geschichtswerkes (Cic. ad. Q. fr. 1, 1, 10) in mindestens 14 Büchern; es reichte von den Anfängen Roms bis in seine Zeit und stützte sich auf die Darstellungen des → Valerius (2) Antias und → Licinius (11) Macer; → Livius (1) und → Dionysios (16) v. Halikarnaß benutzten es. R.T.

Frg: HRR I 308–312 – *Lit:* A.Klotz, Livius u. seine Vorgänger, 1940/41 (dazu M. Gelzer, in: Kl. Schr. III 1964, 278f.) – P.G. Walsh, Livy, 1961, 110ff.

10. **A. Tubero,** Q., Sohn des vorigen, nach Pharsalus von → Caesar begnadigt, klagte 46 v.Chr. Q. → Ligarius wegen Hochverrats an, zog aber gegen → Cicero als Verteidiger den kürzeren und trat danach nicht mehr als Redner auf. Verf. eines Buches über Caesar an C. → Oppius (2; Gell. 6, 9, 11). → Dionysios (16) v. Halikarnaß widmete ihm seine Schrift über → Thukydides. R.T.

Frg: ORFr (Malc.) 527f. – *Lit:* Broughton, Suppl. 2.

[2] Seine *juristische Ausbildung* erhielt A. bei A. → Ofilius. Schriftstellerisch war er wegen seines altertümlichen Stils nicht geschätzt (Pompon. dig. 1, 2, 2, 46). A. war ein Kenner des privaten und öffentlichen Rechts; auf ihn soll die wissenschaftliche Behandlung des letzteren zurückgehen (Pomp. a.O.). Ein Buch De officio iudicis bei Gell. 14, 2, 20 erwähnt. Sein Schüler war C. → Ateius (2) Capito. Ein älterer Jurist gleichen Namens (Pompon. dig. 1, 2, 2, 40) wird als Bewerber um die Prätur des Jahres 129 v.Chr. erwähnt (Cic. Mur. 75f.). H.Hb.

Lit: P.Krüger, Gesch. d. Quellen u. Lit. d. röm.Rechts (1909³), 75 – W.Kunkel, Herkunft u. soz.Stellung d. röm. Juristen, 1952, 37.

11. **A. Tubero,** Q., Neffe des P. → Cornelius (29) Scipio Aemilianus, überzeugter → Stoiker (Schüler des → Panaitios; Mitschüler des → Hekaton v. Rhodos), Gegner der → Gracchen, namhafter Jurist und → Astronom. – Von seinen Reden ist nichts erhalten. Cicero, der ihn am Gespräch in ‹De re publica› beteiligte, urteilt ungünstig über seinen Stil (Brut. 117). R.T.

Frg: ORFr (Malc.) 171–172.

Aelius → Aristeides, → Donatus, → Gallus, → Seianus.

Aemilian (M. Aemilius Aemilianus), röm. Kaiser 253; geb. ca. 210, maurischer Abstammung; im Frühj. 253 als Gouverneur von Moesia inferior Sieger über die Goten und darauf zum Kaiser proklamiert; vom Senat und im Osten anerkannt. Herbst 253 im Kampf gegen → Valerian von seinen Truppen bei Spoleto ermordet. H.D.M.

Lit: G.M.Bersanetti, Valeriano ed Emiliano, RFIC 76, 1948, 257 bis 279 – *Bildnis* → Anhang I.

Aemilianus → Fabius, → Cornelius.

Aemilius Asper, bedeutender lat. Grammatiker, gegen Ende des 2.Jh.s n.Chr. Benutzt von → Julius (12) Romanus, vielleicht auch von Aelius → Donatus (1). War bekannt durch Kommentare zu Terenz, Sallust, vor allem zu Vergil.

Frg: GrLat V 547–554 – *Lit:* Schanz-Hosius, III 161f.

2. **A. Lepidus,** M. (aed. cur. 193, praet. 191, cos. 185, 175, cens. 179; seit 199 pontifex; 180–152 pontifex maximus), regte 187 als Konsul und 179 als Censor eine reiche Bautätigkeit an (→ Via Aemilia, Liv. 39, 2; Basilica Aemilia, → Rom IV D [3], Liv. 40, 51). Im J. 183 war er als triumvir an der Gründung der Kolonien Mutina und Parma beteiligt. Sechsmal princeps senatus (Liv. perioch. 48). A.L.

Lit: D.Kienast, Cato, 1954, 80f.; 108.

3. **A. Lepidus** *Porcina,* M. (augur, cos. 137 v. Chr.), widersetzte sich als Konsul der von C. Cassius eingebrachten lex tabellaria (Cic. Brut. 97). Nach Spanien entsandt, erlitt A. dort eine schwere Niederlage (App. Hisp. 80/83). Wohl aus politischen Gründen 125 von den Censoren zur Verantwortung gezogen (Vell. 2, 10, 1). → Cicero rühmt ihn als *summus orator* (ebd. 95). A.L.

4. **A. Lepidus,** M., für 78 v.Chr. gegen → Sullas Willen zum Konsul gewählt. Von Ehrgeiz und Gewinnsucht getrieben, suchte er, gestützt auf die zahlreichen Opfer der sullanischen Neuordnung und beutelustige Veteranen, eine besondere Machtstellung zu begründen. Er propagierte die Wiederherstellung der Besitzverhältnisse von 82, Rückberufung der Verbannten und wohl auch die Restauration des Volkstribunats. A. rückte mit seinem in Etrurien durch Aufständische vergrößerten konsularischen Heer auf Rom; erst daraufhin entschloß sich der Senat zu entschiedener Abwehr. Q. → Lutatius (3) Catulus und → Pompeius (2) schlugen den ohnehin schwachen Aufstand nieder. A. floh nach Sardinien, wo er bald darauf starb. Chr.M.

5. **A. Lepidus, M.,** Sohn des Triumvirn M. → Lepidus und der Iunia, Stiefschwester des → Brutus (2; Vell. 2, 88, 1). A. soll 30 v.Chr. beabsichtigt haben, Octavian (→ Augustus) nach dessen Rückkehr zu ermorden. Das Komplott wurde aufgedeckt, Lepidus zu Octavian nach Actium geschickt und hingerichtet. Seine Frau Servilia beging Selbstmord; seine Mutter als Mitwisserin verdächtigt. U.Wm.

Lit: R.Syme, Roman Revolution (1939), 1952², Ind. S. 535 – P. Sattler, Augustus u. der Senat, 1960, 29–31.

6. **A. Lepidus** *Paullus,* cos. suff. 34 v.Chr., Sohn des L. → A. (11) Paullus. A. befehligte 42 eine Flotte des → Brutus (2), schloß sich jedoch spätestens 38 an Octavian (→ Augustus) an. In seinem Konsulat Erneuerung der Basilica Aemilia (→ Rom IV D 3). Augur, Prokonsul, Censor 22 v.

Chr. In erster Ehe mit Cornelia, Stieftochter des Augustus, verheiratet. Vater des M. → A. (7) Lepidus und des L. → A. (12) Paullus. U.Wm.

7. **A. Lepidus,** M., cos. 6 n.Chr., jüngerer Sohn des → A. (6) Lepidus Paullus und der Cornelia, Stieftochter des Augustus. A. kämpfte 8/9 n.Chr. unter → Tiberius in Pannonien und erhielt die Triumphalornamente. Als Legat von Hispania Tarraconensis sorgte er 14 dort für Ruhe. A. wurde 17 von Tiberius finanziell unterstützt. 22 ließ er die Basilica Aemilia restaurieren. 20 Verteidiger des Cn. → Piso (1). Prokonsul von Asia 26–28. Im J. 32 wurde A. von Cotta Messallinus wegen seiner Vorrangstellung angegriffen. Er starb i.J. 33. Augustus nannte ihn *capacem (imperii) sed aspernantem* (Tac. ann. 1, 13). Von Velleius als *vir nomoni ac fortunae Caesarum proximus* (2, 114, 5) bezeichnet. Seine Tochter war mit → Drusus (3), Sohn des → Germanicus, sein Sohn mit → Drusilla, Tochter des Germanicus, verheiratet. U.Wm.

Lit: R. Syme, Marcus Lepidus, *capax imperii*, JRS 45, 1955, 22–33.

8. **A. Lepidus,** M.', cos. 11 n.Chr., Enkel des Triumvirn → Lepidus. Seine Mutter Cornelia war die Tochter des Faustus → Cornelius (39) Sulla und der Pompeia, Tochter des Cn. → Pompeius (2) Magnus. Prokonsul von Asia 21/22. Trat 20 als Verteidiger seiner Schwester Lepida auf. Im J. 21 von Sex. Pompeius im Senat angegriffen. Auf ihn sind bei Tacitus nur ann. 3, 22 und 3, 32 zu beziehen, alle übrigen Stellen auf M. → A. (7) Lepidus. U.Wm.

Lit: R. Syme, Marcus Lepidus, *capax imperii*, JRS 45, 1955, 22–33.

8a. **A. Macer,** aus Verona, gest. 16 v.Chr. in Asia; mit → Vergil, → Tibull und → Ovid befreundet, Verfasser von → Lehrgedichten in alexandrinischer Manier; nur wenige Fragmente erhalten. M., dessen Stil Quintilian (inst. 10, 1, 87) als *humilis* charakterisiert, war bereits vor der Abfassung von Vergils Georgica als didaktischer Dichter hervorgetreten (Quint. inst. 12, 11, 27; vgl. 10, 1, 56). Aus Ov. trist. 4, 10, 43 ff. pflegt man auf drei Werke des A. zu schließen, von denen zwei auch sonst namentlich bezeugt sind: die ‹Ornithogonia› (über die Verwandlung von Menschen in Vögel, wahrscheinlich nach → Boio) und die ‹Theriaca› (über Giftschlangen, wohl vorwiegend nach dem gleichnamigen Werk des → Nikandros (2) v. Kolophon). Die Ansetzung eines dritten Werks über Heilkräuter ist nicht unbestritten; so hat man in A.' Darstellung dieses Themas einen Teil der Theriaca sehen wollen (Schulze, a. O.). Doch läßt sich Ps. Cat. dist. 2 praef. 2 f. wohl eher als Hinweis auf ein selbständiges Gedicht verstehen (Schanz-Hosius, II 165). W.Schm.

Ed: Baehrens, FPR 344–346 – Morel, FPL 107–110 – *Lit:* K. Schulze, Ov. trist. 4, 10, 43 f., RhM 53, 1898, 541–546 – Schanz-Hosius, II 164 f. – H. Bardon, La littérature Latine inconnue II, 1956, 44–47 – G. B. Pighi, Emilio Macro RFIC N.S. 37, 1959, 158–162.

8b. **A. Macer,** röm. Jurist, wirkte unter Caracalla und Alexander Severus (zur Abstammung W. Kunkel, a. O. 256). Von seinen Schriften werden Publica iudicia, De officio praesidis und De appellationibus erwähnt. H.Hb.

Lit: W. Kunkel, Herkunft u. soz. Stellung d. röm. Juristen, 1952, 256 f.

9. **A. Paullus,** L. (cos. 219, 216 v.Chr.), siegte 219 gegen → Demetrios (18) v. Pharos (Polyb. 3, 16, 7; 18, 3 ff.), war 218 Mitglied der röm. Gesandtschaft nach Karthago (Liv. 21, 18, 1) und fiel 216 bei Cannae (Liv. 22, 38 ff.). Seine Söhne veranstalteten nach seinem Tode prächtige Leichenspiele (Liv. 23, 30, 15). A.L.

Lit: A. Lippold, Consules, 1963, 141 f. u. 280 f.

10. **A. Paullus** *Macedonicus*, L. (ca. 228–160, quaest. 195, aed. 193, praet. 191, cos. 182, 168, cens. 164, augur 162/160), kämpfte 190/189 in Spanien (Liv. 37, 2. 46. 57 f.), triumphierte 181 über die Ligurer (Liv. 40, 25–28). Im 2. Makedon. Krieg siegte er am 22. 6. 168 bei Pydna entscheidend über → Perseus (2) v. Makedonien. 167/166 führte A. (gemeinsam mit einer Senatskommission) die Neuordnung der Verhältnisse in Griechenland bzw. Makedonien durch und bestrafte auf Weisung des Senates von Rom Abgefallene in Epirus hart. Er brachte reiche Beute (u.a. Kunstschätze) nach Rom. Anläßlich der von den natürlichen Söhnen Q. → Fabius (6) Maximus Aemilianus und P. → Cornelius (29) Scipio Aemilianus gegebenen Leichenspiele für A. wurden → Terenz' Adelphoe (zum 1. Mal) und Hecyra aufgeführt. An dem der hellenist. Kultur aufgeschlossenen A. wurden Strenge, Gerechtigkeit und Uneigennützigkeit gerühmt. A.L.

Q: Elogium (CIL I² 1 p. 194) – Plut. Aem., Liv. 44 f. – *Lit:* H. H. Scullard, Roman Politics, 1952, 210 ff. – H. E. Stier, Roms Aufstieg z. Weltmacht u. die griech. Welt, 1957, 186 ff.

[2] Das *Aemilius-Paullus-Denkmal* in Delphi (Pfeilerhöhe 9,50 m, Reliefbandhöhe 0,54 m), errichtet nach dem Sieg von 168, bestand aus hoher Basis mit Reliefband und vergoldeter Reiterstatue – das erste Denkmal, das eine Lösung von der Tektonik zeigt (vgl. → Plastik C 2; → Reiterdenkmal). H.v.H.

Abb u. Lit: Kähler 71–73, Taf. 39 – Lippold, GrPl, 351, Taf. 125, 2.

11. **A. Paullus,** L. (quaest. 59 v.Chr., praet. 53, cos. 50). Sohn des M. → A. (4) Lepidus, Bruder des Triumvirn → Lepidus. A. stellte in den 50er Jahren die Basilica Aemilia (→ Rom IV D 3) auf dem Forum Romanum wieder her. 51/50 zählte er zu → Caesars Gegnern, ließ sich aber durch eine hohe Summe bestimmen, nichts gegen ihn zu unternehmen. Teilweise wirkte er mit L. → Scribonius (4) Curio zusammen. 43 stimmte er dafür, seinen Bruder Lepidus zum Staatsfeind zu erklären. Er wurde proskribiert, konnte aber zu → Brutus (2) entkommen und ließ sich nach dessen Niederlage in Milet nieder. Chr.M.

12. **A. Paullus,** L., cos. 1 n.Chr., älterer Sohn des → A. (6) Lepidus Paullus und Bruder des M. → A. (7) Lepidus; verheiratet mit → Julia (3), der Enkelin des Augustus. Beteiligte sich an einer Verschwörung gegen → Augustus und wurde 8 n.Chr. hingerichtet. U.Wm.

Lit: R. Syme, Roman Revolution (1939), 1952², 432 mit Anm. 4.

13. **A. Regillus,** L., befehligte 190 v.Chr. im Krieg gegen → Antiochos III. als Prätor die röm. Flotte; für seinen Sieg bei Myonesos erhielt er einen triumphus navalis (Liv. 37, 14 ff., 26 ff., 58; App. Syr. 26 f.). A.L.

14. **A. Scaurus,** M. (geb. 163/162 v.Chr., cos. 115, cens. 109). Er unterwarf die Ligurer und Gautisker (115). 112 gehörte er einer Gesandtschaft an, die den Streit zwischen → Jugurtha und → Adherbal schlichten sollte. 111 begleitete A. den → Calpurnius (1) Bestia als Legat nach Numidien. Obwohl er angeblich von Jugurtha bestochen wurde, war A. einer der drei Untersuchungsrichter, die auf Grund der lex Mamilia eingesetzt wurden (Sall. Iug. 40). 104 erhielt A. als außerordentliches Amt die Getreideversorgung, die der Senat anläßlich einer Teuerung dem Quaestor Appuleius → Saturninus entzogen hatte. Während seiner ganzen öffentlichen Tätigkeit unterstützte A. entschieden die Politik des Senats: er habe von Tib. → Gracchus (1) bis Q. Varius (90) allen ‹seditiosi› Widerstand geleistet (Cic. Sest. 101). S. war princeps senatus, nahm an einer Gesandtschaft an → Mithridates VI. teil (vor 91) und wird ‹auctor› des Livius (4) Drusus genannt (Cic. dom. 50; Ascon. Scaur. 21, 23 f.). Cicero zollt A. hohe Anerkennung (z.B. de orat. 1, 124; 2, 197). Das Urteil der politischen Gegner bei Sallust Iug. 15, 4 und 29, 2. G.G.

15. **A. Scaurus,** M. (aed. 58 v.Chr., praet. 56), bekannt durch seine skandalöse Verwaltung Sardiniens 55/54. Deswegen 54 angeklagt, von → Cicero mit Erfolg verteidigt (Rede Pro Scauro). Chr.M.

16. **A. Scaurus,** Mamercus, cos. suff. 21 n.Chr., Urenkel des M. → A. (14) Scaurus, letzter seiner Familie. A. zog sich bereits 14 n.Chr. die Feindschaft des → Tiberius zu. Er trat als Verteidiger und als Ankläger auf. 32 wurde A. selbst wegen Hochverrats angeklagt, aber erst in einem zweiten Prozeß (34) waren die Anklagen so schwerwiegend, daß er sich der Verurteilung durch Selbstmord entzog. Als Redner

charakterisiert bei Sen. contr. 10 pr. 2.3 u.ö. und bei Tac. ann. 3,31. Über seine Lasterhaftigkeit u.a. Sen. benef. 4,31, 3f.; Tac. ann. 6,29. U.Wm.

Aemilius → Lepidus, → Papinianus.

Aemulatio → Imitation.

Aeneas (*Αἰνείας*). [1] Die *Sage von Ae.*, seiner Flucht aus Troja, den Irrfahrten, der schließlichen Stadtgründung in Latium ist nicht von Vergil erfunden; er hat ihre Bestandteile früheren Überlieferungen entnommen, deren Ursprung und Entwicklung nur schwer aufzuklären sind.

[2] Ae. erscheint bereits in der *Ilias* (20,75ff.), zeichnet sich im Kampf (u.a. mit Aias und Diomedes) mehrfach aus, wenn er auch nicht zu den großen Helden gehört. Poseidon verspricht seinem Geschlecht die Oberherrschaft über die Troas (ebd. 306–308) – mögliche Anspielung auf eine damals in der Troas errichtete, aus Thrak. stammende Dynastie, zu deren Ehren auch der homerische → Aphroditehymnus gedichtet wurde, der von der göttlichen Abstammung des Ae. von → Anchises und der Göttin erzählt. Wahrscheinlich berichteten die Epen des → *Kyklos*, wie Ae. nach dem → Trojan. Krieg Herrscher über den Ida oder aber, nach Thrakien ausgewandert, Gründer der (historischen) Stadt Aineia geworden sei, Stesichoros (nach der → Tabula Iliaca) wahrscheinlich von einer Reise des Ae. in den Okzident (Sizilien oder Italien). Drei Terrakottastatuetten des 5. Jh.s, 1937–38 in Veji gefunden, die Ae. mit Anchises auf den Schultern darstellen, beweisen zusammen mit einigen Kunstwerken (Vasen und Intaglio, s.u.), daß die Sage in dieser Epoche in Etrurien populär war; sie erlauben jetzt, die literarischen Zeugnisse in Fragmentform bei → Dionysios (16) v. Halikarnaß (1, 72ff.) zu ergänzen: → *Hellanikos* berichtete, daß Ae. in Begleitung des Odysseus von Epirus nach Italien gekommen sei, Rom gegründet und nach einer trojan. Frau Rome benannt habe. Zugleich wird Rom mit etrusk. Städten wie Tusculum in Zusammenhang gebracht, das → Telegonos, der Sohn des Odysseus, gegründet haben soll. – Die ital. Ae.sage fügt sich in ihrer am frühesten greifbaren Fassung in ein größeres Ganzes ein, die trojan. ‹Diaspora›, die Züge von Helden, Trojanern wie Achäern, die am → Trojan. Krieg teilgenommen haben, nach Westen: an der afrikan. Küste die Maxyen (Hdt. 4, 191), die Antenoriden von → Kyrene (Pind. Pyth. 5, 80–88); in Sizilien die Elymäer um Segesta; in Süditalien die Argiver des → Diomedes, in Norditalien die Antenoriden von Venetien. Ob diese Überlieferungen eine erste protohistorische Kolonisierung des Westens durch ‹pelasgische› Völkerstämme widerspiegeln oder nicht: die Einwohner von Etrurien, wo die Ae.sage entstanden zu sein scheint, haben sich anscheinend ähnlich als ‹Orientalen› verstanden. Vielleicht war diese Legende zuerst an die ‹etrusk.› Elemente Roms gebunden, die der latin. Überlieferung einer albanischen Gründung die eines asiat. Stadtgründers gegenüberstellten. – Nach einer analogen Überlieferung war für → Aristoteles Rom von gefangenen Trojanerinnen gegründet worden, die die Schiffe, die sie nach Griechenland führen sollten, in Brand gesteckt und ihre Sieger gezwungen hatten, mit ihnen an Ort und Stelle zu bleiben (Dion. Hal. 1,72,3–4). Nach → *Kallias* (4) hatte eine Trojanerin, Rome, den König → Latinus von Latium geheiratet, dessen Geschlecht die Gründer Roms entstammten (ebd. 1,62,5). Innerhalb dieser verschiedenen Fassungen ist die Rolle, die Aeneas gespielt hat, nur schwer erkennbar, wohl aber in einer typisch etrusk. Version, welche die Römer der → Romulussage vorzogen, weil sie ehrenvoller (‹pius Aeneas›) und für ihre Diplomatie von größerem Nutzen war. Die Überlieferung einer trojan. und die einer romuleischen Gründung in Übereinstimmung zu bringen, bemühten sich Geschichtsschreiber und Dichter seit dem Ende des 3. Jh.s. – → *Fabius (11) Pictor* schiebt, als Annalist durch die Erfordernisse der Chronologie gebunden, zwischen Ae. und Romulus eine albanische Dynastie ein; Alba, nicht Rom wird als Gründung des Ae. hingestellt. → *Naevius* (‹Bellum Punicum›) erdichtete als erster, angeregt durch frühere Überlieferungen bezüglich der trojan. Diaspora, einen Aufenthalt des Ae. in Afrika, bei dem er Dido begegnete, die seine Verheißungen für sich ausnutzen wollte. Durch das Eingreifen des Merkur wurde Aeneas gerettet, landete in Kampanien, befragte vielleicht in einer → Nekromantie die Sibylle und erreichte nach einem Umweg über Prochyta Latium, wo er sich, wie es scheint, friedlich niederließ. – Nach der nur rekonstruierbaren Erzählung → *Catos* (‹Origines›) wird Ae. von Latinus, dem König der → Aboriginer, freundlich aufgenommen, heiratet dessen Tochter Lavinia und gründet die Stadt Lavinium. Turnus, der König von Ardea, erregt einen Krieg gegen die trojan. Siedler; Latinus, dem Ae. treu, fällt. Turnus ruft, besiegt, Mezentius, den etrusk. König von Caere, zu Hilfe. Ae. und Turnus werden beide getötet. Schließlich tötet Ascanius, der Sohn des Ae., den Mezentius in einem dritten Kriege und herrscht allein über das Land. Nach Cato war Ascanius ohne Nachkommen; Romulus und Remus stammten aus dem Geschlecht der Lavinia und des Ae., das sich in Alba niedergelassen hatte. – In der Zeit nach Cato wird die Sage fest in die Nationalgeschichte verwoben, sie dient als politisches Argument und für mehrere gentes als Adelstitel. *Caesar* bemächtigte sich ihrer und verfaßte (wahrscheinlich) eine Schrift mit dem Titel ‹Pontificalia›, in der er Julus (neuer Name für Ascanius) – nun der Ahnherrn der gens Julia – als den ersten der großen Pontifices maximi verherrlichte (ein Amt, das am Beginn der Laufbahn Caesars steht). Zur Zeit Vergils wird die Sendung des → Augustus dadurch ‹gerechtfertigt›, daß Caesar, Abkömmling der Venus (über Julus) und selbst vergöttlicht, die antike Prophezeiung des Poseidon verwirklicht.

[3] *Die Sage in der Aeneis.* Vergil hat die verschiedenen Entwicklungsstadien der Sage in seinem Epos miteinander vereint; ohne viel zu erneuern, hat er die Quellen nebeneinandergestellt. Der Bericht, den er Ae. vor Dido geben läßt, bezieht noch den Fall Trojas ein: er beginnt mit der Episode vom hölzernen Pferd, das die Achäer auf dem Strand zurückgelassen haben und das die Trojaner unvorsichtigerweise in die Stadt ziehen. Als sich die Griechen dieser bemächtigen, erscheint dem schlafenden Ae. der Schatten des Hektor und befiehlt ihm, das Schlachtfeld zu verlassen und die Götter seiner Heimat mitzunehmen (so lenkt Vergil den Verdacht des Verrats ab, der in früheren Sagenfassungen auf Ae. wie auf → Antenor ruhte). Das Zögern des Anchises wird durch ein Wunder überwunden: eine Feuerzunge (apex) auf dem Kopf des Ascanius zeigt ihn als berufen, das Haupt eines Geschlechtes von Königen zu werden. Ae. macht sich auf, seinen Vater auf den Schultern, die Götterbilder in der Hand (s.u. Darstellungen). Seine Gattin Krëusa verliert er im Getümmel; sie wird von Kybele entrückt und zur Gottheit erhoben. In langer Irrfahrt sucht Ae. das Land, in dem er seine Stadt gründen soll. Versuche dazu in Thrakien und Kreta – wohin ein in Delos erhaltenes, von Anchises zunächst falsch gedeutetes Orakel geführt hatte – werden durch schlimme Vorzeichen oder Krankheit als verfehlt bezeichnet und abgebrochen. Auf der Suche nach dem neuen Ziel, Italien, wird Ae. noch nach den Strophaden verschlagen, wo eine der → Harpyen, Kelaino, den Troern weissagt, daß sie genötigt sein würden, ‹ihre Tische zu essen›. Von dort fahren sie ins ion. Meer und landen in Actium, wo sie Festspiele feiern, die jene ankündigen, die Augustus später nach Actium einsetzen wird. Sie landen in Buthrotium, wo sie Andromache, der Gattin des Trojaners Helenos, begegnen. Dieser eröffnet dem Ae. als Seher einen Teil der Zukunft und zeigt ihm den Weg an, dem er folgen soll. Die Troer brechen wieder auf, fahren an Sizilien entlang und nehmen im Vorbeifahren nahe des Ätna einen Gefährten des Odysseus, der dort zurückgeblieben war, auf und laufen in Drepanum ein, wo Anchises

stirbt. Bei neuer Ausfahrt nach Italien wird Ae. von einem Sturm, den Juno hatte erregen lassen, an die afrikan. Küste geworfen. In Afrika gründet eine tyrische Verbannte, die Königin Dido, eine neue Stadt namens Karthago (eine vom Vorläufer des Naevius autorisierte Verdrehung der Chronologie). Ae. wird bei der Königin freundlich aufgenommen und erzählt während eines Festmahls seine Abenteuer. Dido verliebt sich in den Helden und gibt sich, dem Andenken ihres Gatten Sychaeus untreu werdend, während einer Jagd, die Juno, die die Verbindung begünstigte, durch ein Unwetter zerstreut hatte, dem Troer hin; Ae. soll ihr helfen, ihre Stadt zu bauen. Auf das erbitterte Flehen des Jarbas, des Königs eines benachbarten Landes, den Dido zurückgewiesen hatte, schickt Jupiter Merkur zu Ae., um ihn an seine eigentliche Aufgabe zu gemahnen. Ae. läßt die verzweifelte Dido zurück, die sich einen großen Scheiterhaufen errichten läßt und sich mit dem Schwert ihres Geliebten den Tod gibt, setzt seine Reise fort, landet abermals in Sizilien, wo er vom König Acestes, dem Sohn einer Trojanerin und des sizil. Flußgottes Krimisos, aufgenommen wird. (Vergil stützt sich hier auf die Überlieferung, die aus dem elymäischen Volk, das um Segesta angesiedelt war, trojan. Auswanderer machte, die zur Zeit des Königs → Laomedon, eine Generation vor dem Trojan. Krieg, ihre Heimat verlassen hatten.) In Gegenwart des Acestes feiert Ae. Leichenspiele zu Ehren des Anchises, darunter eine Ruderregatta, in der sich mit Mnestheus und Sergestus die Ahnherren späterer röm. Geschlechter (der Memmii bzw. Sergii) auszeichnen, und ein Reiterspiel, wie es in Rom als ‹Lusus Troiae› aufgeführt wurde (der Name vielleicht Wortspiel mit dem alten lat. Wort truia oder troia, das das Reiten in gegenläufigen Bewegungen auf Spiralbahnen bezeichnete. Man hat vermutet, daß dieser Terminus, auf sprechende Ortsnamen bezogen, bes. in Latium und Venetien das Eindringen der Trojasage erleichtert hat). Ascanius (Julus) führt die Schar an. Währenddessen stecken die trojan. Frauen, von Juno angestachelt, die Schiffe in Brand. Der Schaden ist nicht groß, aber Ae. ergreift die Gelegenheit, diejenigen seiner Gefährten zurückzulassen, die der dauernden Irrfahrten müde sind, und gründet für sie die Stadt Segesta, die er Acestes anvertraut. Auf der Fahrt nach Kampanien schläft sein Steuermann Palinurus ein und fällt ins Meer. In Cumae befragt Ae. die Sibylle und wird von ihr, nachdem er durch göttliche Hilfe im Walde einen goldenen Zweig gefunden hat, in die Unterwelt geführt, um Anchises über die Zukunft zu befragen. Auf dem Weg zu ihm trifft Ae. die Schatten des Palinurus, des → Deïpholos, der Dido u.a. In der Weissagung des Anchises kann Aeneas gleichsam ein Bild des zukünftigen Rom schauen. An die Oberwelt zurückgekehrt, verläßt Ae. Cumae und landet an der Stelle, die später nach dem Grab seiner Amme Caieta benannt wurde. Dort herrscht über die Ureinwohner, die Aboriginer, der greise König Latinus, dessen Tochter Lavinia von dem Rutuler Turnus mit Fürsprache der Königin Amata umworben wird. Den Troern kündet eine Reihe von Prodigien an, daß sie im verheißenen Land angelangt sind. Die Weissagung der Kelaino erfüllt sich: sie ‹essen ihre Tische› (das Brot, auf dem sie ihre Speisen ausbreiten), und auch die des → Helenos: sie finden eine Sau mit 30 Ferkeln. Latinus, der weiß, daß ein Fremder seine Tochter heiraten soll, will die Troer aufnehmen, wird aber von Juno zurückgehalten. Auf ihr Anstiften tötet Ascanius aus Unachtsamkeit einen heiligen Hirsch. Das Volk gerät in Empörung, Turnus drängt zum Kriege. Um sich Verbündete zu gewinnen, fährt Ae. den Tiber hinauf und landet bei Euander, einem arkad. Verbannten, der ein Dorf (Pallanteum) auf dem Hügel errichtet hat, der später Palatin heißen wird. Am Tag des Herkulesfestes an der Ara maxima (→ Cacus) geht Ae. am Forum Boarium an Land; er wohnt dem Opfer bei und ist, nachdem er das Gelände des zukünftigen Rom besichtigt hat, Gast des Königs. Am nächsten Tage erteilt Euander dem Ae. seinen Rat: die Etrusker von Caere haben ihren König Mezentius vertrieben, der sich Turnus angeschlossen hat, und sind folglich bereit, Ae. zu helfen. Sie stellen Ae. einen Teil der Truppen unter Führung des Tarchon, Euander eine Reitertruppe unter seinem Sohne Pallas. Venus verschafft Ae. von Vulkan göttliche Waffen, u.a. den Schild, auf dem die Zukunft Roms in Bildern dargestellt ist. Während der Abwesenheit des Ae. haben die Rutuler das Lager der Trojaner in der Gegend von Ostia angegriffen; als Turnus jedoch die Schiffe in Brand stecken wollte, hatte Kybele sie in Nymphen verwandelt. Beim neuen Angriff der Rutuler am nächsten Tage bricht Turnus ins Lager ein, muß jedoch schwimmend die Flucht ergreifen. Am dritten Tage kommt Ae. mit den Verstärkungstruppen zurück. Pallas zeichnet sich sogleich im Kampf aus und bedroht Lausus, den Sohn des Mezentius. Turnus greift ein und tötet den Pallas. Ae. rächt den Jüngling, indem er Rutuler in Mengen niedermetzelt, ohne jedoch Turnus zu erreichen, den Juno entrückt. Er greift Mezentius an, dem Lausus zu Hilfe kommt, und tötet beide. Latinus versucht nunmehr, den Frieden wiederherzustellen. Ein trojan. Angriff unterbricht seine Beratung. Auf seiten der Latiner tritt das junge Heldenmädchen → Camilla, eine ital. Amazone, auf den Plan; sie wird jedoch von Arruns getötet. Im schließlichen Entscheidungskampf tötet Ae. den Turnus, während die Königin Amata sich in der Stadt das Leben nimmt; nach einer Prophezeiung Jupiters am Schluß des Gedichtes herrscht Ae. dann über Latiner und Troer als ein geeintes Volk.

[4] *Zusammenfassung.* Die Ae.sage hat eine bedeutende Rolle in der Entwicklung der röm. Macht gespielt. Sie ließ Rom als eine Stadt erscheinen, die sich in das aus der homerischen Welt hervorgegangene geistige Gemeinwesen eingliedert, sie versinnbildlicht die Beziehungen, die Rom mit der ‹Mittelmeergemeinschaft› verbinden und die es teilweise seiner Etruskisierung verdankt. In der Kaiserzeit wurde sie unter dem → Julisch-claudischen Haus fast eine Theologie der Macht, indem sie die Herrschaftsansprüche der gens Julia rechtfertigte. P. Gr.

Lit: L. Malten, Aineias, ARW 29, 1931, 33–59 – G. Q. Giglioli, Osservazioni e monumenti..., in Bull. del Museo dell'Impero Romano 12, 1941, 8 ff. – J. Perret, Les origines de la légende troyenne de Rome, 1942 – J. Carcopino, Virgile et les origines d'Ostie, 1919 – J. Bérard, Nouvelles notes sur la légende de la diaspora troyenne, REG 57, 1944, 71–86 – Ders., La colonisation greque de l'Italie méridionale et de la Sicile dans l'Antiquité, Paris 1957² – Fr. Bömer, Rom und Troia, Untersuchungen zur Frühgeschichte Roms, Baden-Baden, 1951 – A. Alföldi, Die trojan. Urahnen der Römer, Basler Rektoratsprogramm 1956 – Ders., Early Rome and the Latins, 1965 – M. Barchiesi, Nevio Epico, 1962.

Darstellungen: Der Zweikampf des Ae. mit → Aias nur selten (Brommer 278), der Kampf mit → Diomedes etwas häufiger, vor allem auf rotfigurigen Vasen (Brommer 287). Sehr verbreitet waren Bilder mit Ae. bei der Flucht aus Troja, wobei er stets seinen Vater Anchises auf der Schulter trägt und meist von Askanios begleitet ist. Vereinzelt sind auch 2 Kinder bei ihm. Sehr oft schreitet vor ihm eine Frau, manchmal ist er von 2 Frauen umgeben (Eurydike-Krëusa, Aphrodite oder namenlose Frauen). Ae. ist stets mit dem Helm, meist mit Panzer und Speer sowie anderen Waffen versehen. Die Darstellungen finden sich bes. auf schwarzfigurigen att. Vasen des letzten Viertels des 6. Jh.s und des frühen 5. Jh.s. Die att. Kunst kennt das Thema in der Vasenmalerei bis 460, dann noch an den Nordmetopen des → Parthenon (C. Praschniker, Parthenonstudien, 1928, 111 f.). Daneben sind etrusk. Monumente, teilweise noch archaisch, zu nennen, bes. aber kaiserzeitliche Denkmäler (Münzen, Gemmen, Lampen, Reliefs und Wandbilder sowie Statuen), die wohl großenteils von einer Gruppe abhängen, die einst auf dem Augustusforum stand. Sie wurde als Symbol der pietas Romana verstanden. Darstellungen der Landung in Latium, vor allem auf Reliefs, Sarkophagen und Gemmen zu finden, gehören alle in die Kaiserzeit (Gymn. 67, 1960, 188 Anm. 95). Das Opfer des Aeneas zeigt die Ara Pacis (dazu zuletzt Toynbee, JRS 51, 1961, 155 f.) – *Lit. dazu:* Brommer 273 ff. (mit Nachträgen) – Schauenburg, Gymn. 67, 1960, 176–191 – D. von Bothmer, Bull. MMA Summer, 1962, 6 – K. Schauenburg, RM 70, 1964.

Äoler, spätere, von einem Stammvater Aiolos (Apollod. 1,7,3) abgeleitete Bezeichnung eines griech. Stammes, der schon in myken. Zeit in Hellas saß, bes. in Thessalien (Iolkos), der Achaia Phthiotis (Achilleus war später geradezu der Heros der Ä.), Böotien (Minyer in Orchomenos, Kadmeer in Theben) und an der Küste Ätoliens, und der in spätmyken. Zeit auch an der Süd- und Westküste der Peloponnes (Pylos, Triphylien), ja schließlich von dort aus sogar auf Cypern Fuß gefaßt hatte. Ihr Dialekt bildete in diesen Gebieten später ein Substrat unter dorisch-nordwestgriech. Überlagerung und machte sich vor allem in der ostthessalischen Pelasgiotis gegenüber letzterer sehr kraftvoll bemerkbar. Schon in spätmyken. Zeit hatten sich die Ä. auch auf Lesbos festgesetzt, das später eine Hochburg des Äolertums wurde (hymn. Ap. 37). Der Tradition nach war das eine Folge der auf die → Dorische Wanderung folgenden ‹Äolischen Wanderung›, die nach älterer Ansicht unter Orestes von Amyklai (Pind. Nem. 11,33 ff.; Hellanikos, FGrHist 4 F 32), nach jüngerer unter Penthilos von Böotien (Ephoros, FGrHist 70 F 119) ausgegangen war. Von Lesbos und Tenedos aus erfolgte dann die Besiedlung des kleinasiat. Küstengebietes durch die Ä. Hier stellte die äolische Dodekapolis (Hdt. 1,149), zu der ursprünglich auch das später an die → Ionier verlorene Smyrna gehörte und deren bekannteste Stadt Kyme (Strab. 13,622) war, ihr ältestes Siedlungsgebiet dar, vielleicht mit dem Apollonheiligtum von Gryneion als kultischem Mittelpunkt (→ Zwölfstädtebund). Nicht vor dem 7. Jh. v. Chr. kolonisierten die Ä. von Lesbos, Tenedos (das noch im 6. Jh. weite Gebiete seiner Gegenküste besaß) und Kyme aus schließlich die Troas. Vom Hellespont bis zum Hermos erstreckte sich hierauf ihr Siedlungsgebiet in Kleinasien, aufgegliedert in etwa 30 Poleis. Aber auch Chios und Erythrai zeigten später noch Spuren äol. Niederlassungen, einer äol.-ion. Gemengelage, was für das Problem der sog. Äolismen in der homerischen Sprache wichtig ist. Durch die Dichtungen von → Alkaios und → Sappho wurde das Äolische von Lesbos die Sprache der griech. Lyrik. F. Kch.

Lit: W. Leaf, Strabo on the Troad, 1923 – L. Robert, Villes d'Asie mineure (Et. orient. publ. par l'Inst. Français d'Arch. de Stamboul 2) 1935 – K. Strunk, Die sog. Äolismen der homer. Sprache, Diss. Köln 1957 – M. Sakellariu, La migration grecque en Ionie, Athen 1958, 186–221 – A. Philippson, Die griech. Landschaften IV, 1959 – Thumb-Scherer, Handb. d. griech. Dial., Heidelberg 1949, 1–109 – J. M. Cook, Greek Settlement in the Eastern Aegean and Asia Minor (CAH II² 38), 1961 – F. Kiechle, Die ethn. Zugehörigkeit d. Bevölkerung Boiotiens in myken. Zeit, in: Lakonien u. Sparta, 1963, 258 bis 265.

Äolipile (aeolipila, ‹Äolsball›), im Anschluß an → Vitruv (1,6,2) übliche Bezeichnung für die Dampfkugel → Herons (2) v. Alexandria (pneum. 2,11): Eine um eine waagrechte Achse drehbare, hohle Kugel wird mit Dampf gespeist, der unter Druck aus zwei gegeneinander L-förmig gebogenen Röhren, die einander diametral gegenüber auf der Kugel angebracht sind, austritt und nach dem Rückstoßprinzip die Kugel in Drehung versetzt. Die Ä. kann als der erste Versuch einer Dampfmaschine (-turbine) angesprochen werden, wenn auch die Arbeitsleistung nicht zum Treiben einer Maschine ausgereicht haben dürfte. Vgl. → Automaten [2]. F. Kr.

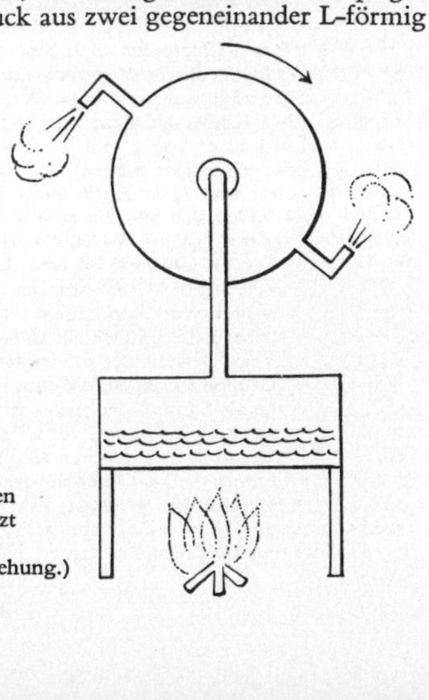

Abb. 2 Äolipile. (Der Wasserdampf strömt aus den rechtwinklig gebogenen Stutzen aus und versetzt die Kugel nach dem Rückstoßprinzip in Drehung.)

Äolis, das Gebiet der griech. Städte auf den Inseln → Lesbos und → Tenedos und an der NW-Küste Kleinasiens (Kt. 1152 G 2/3). Die südäol. Städte um den Golf von Elaia und südl. davon bildeten einen Stammesbund um das Heiligtum des Apollon Gryneios bei Myrina: → Smyrna, das aber schon früh von → Kolophon erobert und zum ion. Bund gebracht wurde, → Kyme, Larisa, Neonteichos, Temnos, Killa, Notion, Aigeirusa, Pitane, Aigaiai, Myrina und Gryneia. Die nördl. Gruppe in der Troas umfaßte Assos, Gargara, Antandros, Kebren, Skepsis, Neandreia und Pityeia (?). Die Äolis wurde bereits von → Kroisos unterworfen, gehörte seit 546 zum Perserreich, nahm am Zug des → Xerxes gegen Griechenland teil (→ Perserkriege), danach zum größten Teil im → Att. Seebund, seit 404 wieder den Persern untertan. Da die Äoler aus Nordwestgriechenland stammten, bezeichnete man auch → Thessaler, → Böoter und andere nordgriech. Stämme als Äoler. Heute bezeichnet ‹äolisch› die altgriech. Dialekte von Lesbos, NW-Kleinasien, Thessalien und Böotien (→ Griechisch). E. M.

Lit: C. Schuchhardt, Altertümer von Pergamon I 1, 1912, 95–105.

Äolisch. [1] Die → *Metrik* (I B 2) der uns seit → Sappho und → Alkaios kenntlichen äolischen Dichtung. Charakteristisch ist, (1) daß es hier nicht möglich ist, ein longum durch 2 Kürzen und 2 brevia durch eine Länge auszufüllen, so daß die Verse stets eine bestimmte Silbenzahl haben; (2) daß die Grundformen mit 2 ancipitia beginnen können (äolische ‹Basis›, also ××–⏑⏑–…, genauer oo–⏑⏑–…, da –––⏑⏑–… oder –⏑–⏑⏑–… häufiger sind als ⏑––⏑⏑–… oder gar ⏑⏑–⏑⏑–…). Die Grundformen sind der → Glykoneus (*gl* = oo–⏑⏑–⏑–), der katalektische Glykoneus (*gl*‸) = Pherekrateus (*pher* = oo–⏑⏑––) und der hyperkatalektische Glykoneus (*gl* –) = Hipponakteus (*hipp* = oo–⏑⏑–⏑––). Diese Formen können auch → akephal erscheinen, also mit einsilbiger Basis: ‸*gl* = ×–⏑⏑–⏑– = Telesilleus, ‸*pher* = ×–⏑⏑–– = Reizianus, ‸*hipp* = ×–⏑⏑–⏑–– = ‹Achtsilbler›. Diese 6 Maße können erweitert werden entweder durch ‹äußere› Erweiterungen, d. h. dadurch, daß 2 oder 3 Grundmaße zusammenrücken oder daß ein jambisches Metron (oder auch 2) davor oder dahinter treten, und zwar in voller oder in gekürzter Form; die gekürzte Form des vorangestellten Iambus ist der Kretikus (–⏑–), die des nachgestellten der Bakcheus (⏑––); oder durch ‹innere› Erweiterungen, dadurch, daß die Elementenfolge –⏑⏑ oder –⏑⏑– einmal oder mehrmals wiederholt wird. – Zur äolischen Metrik ist auch der → Wilamowitzianus zu ziehen. B. Sn.

Lit: Systematischer Überblick über die nach den dargelegten, von E. Kapp aufgewiesenen Prinzipien sich ergebenden Formen bei B. Snell, Griech. Metrik (1955), 1962³, 34 ff. – P. Maas, Greek Metre, 1962, § 54.

[2] Äolisches Tongeschlecht → Musik; Äolischer Dialekt → Griechisch; Äolisches Kapitell → Tempel B [11], → Architektur.

Äquer, ital. Bergvolk der → sabellischen Gruppe in Mittelitalien (Kt. 1420 E 5), angrenzend an das Land der Marser, mit denen sie bisweilen gleichgesetzt werden, der Sabiner, Herniker und Vestiner, in verstreut liegenden Siedlungen am Nordwestufer des Fucinersees, im oberen Aniotal und im heutigen ‹Cicolano› (von ‹Aequiculi›). Im 5. Jh. v. Chr. mit den → Volskern im Bunde gegen die Römer und von diesen als mächtige Gegner gefürchtet. 431 von A. → Postumius (5) Tubertus auf dem Algidus geschlagen, 389 von → Camillus vor Bola besiegt und von nun an ruhig, vielleicht sogar in Freundschaft mit den Römern, die durch ihr

Gebiet nach Apulien zogen. Nach dem 2. → Samnitenkrieg sah Rom sich veranlaßt, das Land der Ä. in festen Besitz zu nehmen. 304 in einem Feldzug von 50 Tagen durch P. Sempronius Sophus unterworfen, erhielten die Ä. Bürgerrecht ohne Stimmrecht. 303 und 302 Gründung der Militärkolonien → Alba Fucentia und → Carsioli. Ein Teil des Volksstamms, die Aequiculi im oberen Himellatal, blieben bis 293 v. Chr. unabhängig. Das Gebiet der Ä. wurde mit dem der übrigen → Samnitenstämme zur 4. Region zusammengefaßt. B. A.

Lit: Nissen, I 514; II 457ff. – Devoto, 127ff.

Äquinoktien, Zeit der Tagundnachtgleichen, wo die Sonne in ihrem Jahreslauf auf der → Ekliptik am Frühlings- und Herbstanfang im Äquator steht und um 6 Uhr auf- und um 18 Uhr untergeht. Die Äquinoktialpunkte (der Frühlings- und Herbstpunkt) sind die Schnittpunkte der Ekliptik mit dem Äquator. Von dem Frühlingspunkt aus wird die Länge und Breite eines Sternes am Himmel gemessen. Vgl. → Präzession der Tagundnachtgleichen. S. S.

Aequitas, die vergöttlichte Rechtlichkeit, bes. im Bereich des Münz- und überhaupt Finanzwesens. Ihr Kult ist (kaiserzeitlich) in Vulci und Praeneste bezeugt; Arnobius (nat. 4, 1) nennt sie unter den göttlich verehrten → Personifikationen. Sie erscheint seit dem Ende des 1. Jh.s n. Chr. sehr oft auf Münzen. H. Le B.

Aerarium militare, der von → Augustus 6 n. Chr. mit einem Kapital von 170 Mill. Sesterzen gegründete Fonds zur Altersversorgung der Soldaten; besteht bis ins 3. Jh. (→ Rom III B 1). R. Kn.

2. **A. Saturni,** der Staatsschatz (aerarium, ‹Kupferkammer›) des röm. Volkes im Saturntempel auf dem Forum Romanum; diese Bezeichnung offiziell erst seit → Claudius (→ Rom III). R. Kn.

Aerarius. 1. Gemeindeangehöriger ohne Grundbesitz, aber Steuerzahler, nicht wehrpflichtig und nicht stimmberechtigt. – 2. Bezeichnung des aus einer → Tribus ganz ausgeschlossenen oder aus einer ländlichen in eine städtische Tribus versetzten Bürgers. J. S.

Aërope, Tochter des Katreus, der sie aus Angst vor einem Orakel dem → Nauplios übergibt, um sie zu ertränken oder als Sklavin zu verkaufen. Er läßt sie aber nach Argos gelangen. Gattin des Pleisthenes (Apollod. 3, 15) oder des → Atreus (Apollod. ep. 2, 10; Soph. Ai. 1295, Eur. Or. 17f., Hel. 391f.), Mutter des → Agamemnon und des → Menelaos. Betrügt Atreus mit Thyestes und gibt ihm den goldenen Widder, der die Herrschaft über Mykene verbürgt. Darauf läßt Atreus sie ins Meer werfen. K. Schb.

Aerotonon. Bei dem von dem Alexandriner → Ktesibios (oder → Philon (4) v. Byzanz?) konstruierten A., dem Luft → Geschütz, wurde in zwei beweglichen Zylindern Luft komprimiert, welche die Schnellkraft der Tiersehnen beim Abschießen der Geschosse verstärkte. Kaum allgemein eingeführt. W. K.

Q: Exzerpte aus Philons Belopoiika, gr.-dt., hg. v. H. Diels u. E. Schramm, Abh. Berlin 12, 1919, 20.

Ärzte, Ärzteschulen → Medizin.

Aes grave, Schwerkupfer, Schwererz. Bezeichnung für das schwere Kupfergeld der Vorzeit (Plin. nat. 33, 43; vgl. auch Liv. 4, 60, 6), so genannt zum Unterschied von leichteren Kupfermünzen, die späterhin in einem reduzierten Münzfuß ausgebracht wurden. Die Einheit für das A. grave war das ältere pfündige → As. – Allgemein versteht man heute unter A. grave die gegossenen italischen und röm. Kupfermünzen des 4./3. Jh.s v. Chr., die nach unterschiedlichen Pfundnormen in Latium (Rom), Kampanien, Apulien, Picenum, Umbrien und Etrurien ausgegeben worden sind. Die genauere Datierung der einzelnen Reihen ist noch umstritten. W. Schw.

Lit: W. Kubitschek, RE 2 (1896), 1499–1513 – E. J. Haeberlin, A. grave, 1910 – E. A. Sydenham, A. grave, 1926 – Ders., The Coinage of the Roman Republic, 1952 – K. Regling, in: v. Schrötter, 13–14 – R. Thomsen, Early Roman Coinage, 3 Bde, 1957–61 (Lit).

2. **A. rude,** Rohkupfer, Roherz. Die italische Form des Rohmetallgeldes (→ Geld); vgl. Plin. nat. 33, 43. Wird von Oberitalien bis Latium, mitunter aber auch in Süditalien, Sizilien und Sardinien, gelegentlich gemeinsam mit frühem röm. Münzgeld, in Horten gefunden, was seinen Geldcharakter, jedoch ohne jedes bestimmte Gewichtssystem, erweist. W. Schw.

Lit: K. Regling, RV IX, 1926, 229 – Ders., in: v. Schrötter, 14 – R. Thomsen, Early Roman Coinage, 3 Bde, 1957–61, bes. II 200–202.

3. **A. signatum,** von den Numismatikern nach Plin. nat. 33, 43 mißverständlich verwendete Bezeichnung für das italische, rechteckig geformte Bronzebarrengeld (→ Geld), das damit als Zwischenstufe zwischen → A. (2) rude und → A. (1) grave aufgefaßt wird. Dieses gegossene Barrengeld, das wie das A. rude noch vorgewogen sein muß, worauf sein häufiges Vorkommen in zerhackten Fragmenten schließen läßt, ist zunächst Träger einfacher Zweig- und Fischgrätenmuster (4./3. Jh. v. Chr.). Es kommt indessen auch auf beiden Seiten mit fein gezeichneten Bildtypen hellenistischen Stils vor: Adler-Pegasus, Schild-Schild, Schwert-Dolch, Amphora-Lanzenspitze, Kornähre-Dreifuß, Dreizack-Caduceus, Anker-Dreifuß, Hühner-Rostra und Elefant-Sau. Der erstgenannte Barren trägt zudem die Inschrift ROMANOM, die beiden letztgenannten können durch ihre Bildtypen möglicherweise in die Zeit nach dem Pyrrhoskrieg, etwa in die 60er Jahre des 3. Jh.s v. Chr., datiert werden. – Das A. signatum dürfte als vorgewogenes Barrengeld ohne Wertbezeichnung dem A. grave vorausgehen; es hat jedoch unzweideutig Geldcharakter und ist vielleicht noch neben ihm verwendet worden. W. Schw.

Lit: K. Regling, RV IV, 1926, 234 – Ders., Klio 6, 1906, 500 – Ders., in: v. Schrötter, 14 – E. J. Haeberlin, A. grave, 1910 – R. Thomsen, Early Roman Coinage, 3 Bde, 1957–61, bes. I 55ff. und III 200ff. (Lit) – R. Herbig, A. signatum, RM 63, 1956, 1–13.

Aesculapius. Der griech. Gott der Heilkunst, → Asklepios, hat in Rom seinen Namen in latinisierter Form beibehalten. Die i. J. 293 v. Chr. während einer Epidemie eingesehenen → Sibyllinischen Bücher verkündeten, Asklepios müsse von seinem Heiligtum in Epidaurus herbeigeholt werden (Liv. 10, 47, 6f.). Von dort brachte eine Gesandtschaft eine heilige Schlange des Gottes, die, wie die Sage berichtet, den Römern freiwillig folgte und die Tiberinsel zum Aufenthalt wählte. Hier wurde i. J. 291 v. Chr. der Tempel geweiht (Ov. met. 15, 622–744), auch der Kult in griech. Weise eingerichtet. In Rom blieb A. ausschließlich der Gott der Heilkunst; in der heiligen Einfriedung des Tempels wurde, wie in Epidauros, die → Inkubation ausgeübt: der Gott erschien den Kranken im Traume und gab ihnen die Mittel zur Genesung an. Im Tiber hat man Votivtafeln gefunden, die A. für Heilungen danken (CIL I² 26–29). Die Weihungen nennen manchmal zusammen mit A. dessen Nebengöttin → Hygieia, die griech. Göttin der Gesundheit, die bisweilen den lat. Namen → Salus trug. Der Kult blieb bis gegen das Ende der Antike lebendig. H. Le B.

Lit: E. J. u. L. Edelstein, Asclepius, 1945 – *Darstellungen:* → Asklepios.

Äsop (*Αἴσωπος*), sagenhafter, aber vielleicht nicht ganz erdichteter Vater der Fabelliteratur des Altertums. Zuerst von Herodot (2, 134) als Sklave genannt und als gleichzeitig mit → Sappho (also 6. Jh.) angesetzt. Nach der besten Überlieferung (Aristot. Fr. 573 R.) war er Thraker und kam im Sklavenhandel nach Samos. Aristophanes (Vesp. 1446ff.) weiß von der Geschichte seiner Tötung zu Delphi wegen vermeintlichen Tempeldiebstahls. Einige dieser schon im 5. Jh. bekannten Züge einer → Biographie tauchen später (1. Jh. n. Chr.?) im sog. → Ä.-Roman wieder auf. Für seine Weisheit berühmt, kam er der Sage nach auch nach Babylonien, wo er dem König Lykurg als Vezir diente. Auf seinen weiteren Reisen soll er schließlich als großer Rhetor nach Delphi gelangt sein, wo er durch Apollons Feindschaft sein Ende fand. – In dem Ä.-Roman heißt es, Ä. habe ‹die Fabeln, die noch unter seinem Namen laufen, geschrieben und in der Bibliothek (des Königs Kroisos?) hinterlassen›. Anderwärts wird Ä. nur als geschickter Erzähler von → Fabeln, nicht als Schriftsteller oder Erfinder der Fabel geschildert, und das stimmt zu der Tatsache, daß, während ‹äsopische Fabeln› im Altertum berühmt sind, wir von keiner eigentlichen Fabelsammlung vor der Zeit des → Demetrios (17) v. Phaleron hören. L.W.D.

Q.u.Lit: B.E. Perry, Aesopica, 1952, 35–241 – Ders., Babrius and Phaedrus, LCL, 1964, xxxv–xlvii.

Äsop-Roman. ‹Leben des Ä.› o.ä. heißt in den Handschriften ein Buch, das man ‹Volksbuch von Ä.› oder ‹Ä.-Roman› zu nennen pflegt. In drei Teilen: Ä. in Samos (1 bis 100), in Babylon (101–123), in Delphi (124–142), enthält es eine Sammlung von Geschichten, die vorher mündlich erzählt wurden. Witzige Worte Äsops oder Fabeln, welche er in einer bestimmten Situation erzählte, werden aneinandergereiht. In vielen Anekdoten zeigt der Sklave Ä., daß er klüger ist als sein Herr, der ‹Philosoph› Xanthos. Zusammenhängende Partien sind 81–100 (Ä. rettet die Freiheit der Samier vor Kroisos; ähnlich wie Bias, Hdt. 1, 27) und 124–142 (Tod Ä.s in Delphi). Der Grundstock dieser beiden Partien dürfte recht alt sein. In 81–100 wird vorausgesetzt, daß Samos frei ist, und von Persern ist noch keine Rede. 124–142 liegt der 1. Heilige Krieg zugrunde. ‹Äsop in Babylon› (101–123) hängt mit dem aram. und syr. → Ahiqar-Roman zusammen, der im 5. Jh. v. Chr. in einem Papyrus aus Elephantine belegt ist: Ä. besiegt den ägypt. König Nektanebo in einem Rätselwettkampf. – Das uns vorliegende Buch ist wohl erst in der Kaiserzeit zusammengestellt worden; Kap. 4–8 enthalten eine Isisaretalogie. Ein Berliner Pap. aus dem 2./3. Jh. hat den jetzigen Textbestand. Die sprachliche Form des in den Hss. überlieferten Textes ist spätantik. R.Mk.

Ed: B. E. Perry, Aesopica I, 1952, 1–208 – *Übers:* A. Hausrath, Aesopische Fabeln, Tusc. 1940 (mit wertvoller Abh.) – *Lit:* H. Zeitz, Der Aesop-Roman und seine Geschichte, Aegyptus 16, 1936, 225 bis 256 – A. Wiechers, Aesop in Delphi, 1959.

Aesopus, Clodius, angesehener Schauspieler zur Zeit Ciceros. Horaz spricht von seiner würdevollen, erhabenen Vortragsweise (epist. 2, 2, 82). A. unterrichtete Cicero in der Redekunst und stand in persönlichen Beziehungen zu ihm. G.G.

Ästhetik. Im Altertum nicht als eigenständige philosophische Disziplin konstituiert. Die einzige in geschlossenem Zusammenhang vorgetragene Bearbeitung eines Teilgebietes ist die ‹Poetik› des → Aristoteles; sie enthält zwar beiläufige Bemerkungen über das Schöne und über das Verhältnis der Dichtung zu den anderen Künsten, ist aber weder auf eine Theorie des Schönen gegründet noch auf ein System der Künste hin angelegt. Schwerpunkte der Reflexion über das Schöne (*καλόν*) bei → Platon (bes. Hipp. mai., Symp., Phaidr.) und → Plotin (bes. enn. 1, 6 und 5, 8). Der Begriff Ä. (Aesthetica) ist modern (A. G. Baumgarten, 1735); *αἰσθητικός* gehört als Adjektiv zu *αἰσθάνεσθαι*, ‹wahrnehmen›, *αἴσθησις*, ‹Sinneswahrnehmung›. – Vgl. → Kunstschriftstellerei, → Musik, → Poetik, → Rhetorik, → Literaturkritik. R.K.

Lit: J. Walter, Gesch. d. Ä. im Altertum, 1893 – B. Bosanquet, Hist. of Aesthetic (1892), 1904² (Neudr. 1957) – E. Grassi, Die Theorie d. Schönen in d. Antike, 1961 (mit Übersetzungsproben aus ant. Originaltexten).

Äther (*αἰθήρ*), bei Homer und andern griech. Dichtern der ‹Himmel› (Il. 8, 556; 15, 192 u.a.). Aristoteles bezeichnet mit Ä. das fünfte Element, das er für notwendig hielt, um die Kreisbewegung der Himmelskörper zu erklären. Es ist von Erde, Luft, Feuer und Wasser dadurch unterschieden, daß die einzige Veränderung, der es unterworfen ist, die Kreisbewegung ist (Aristot. cael. 1, 2–3). D.J.F.

Aetheriae Peregrinatio → Pilgerberichte.

Aethicus. Unter diesem Namen geht irrtümlich eine anonyme Weltbeschreibung mit dem Titel ‹*Cosmographia*›, die aus → Honorius (2) und → Orosius schöpft. G.B.

Ed: GLM, 71–103 – Lit. H. Berger, RE 1 (1894), 697–699 – Schanz-Hosius, IV 2, 124f.

Aëtion (Eetion), Maler, vermutlich identisch mit dem gleichnamigen Bildhauer. Plinius nennt ihn unter den ‹vollkommenen› Malern, datiert ihn in Ol. 107 (352). Sein Hauptwerk – die Hochzeit Alexanders mit Rhoxane (328) – beschreibt ausführlich Lukian; auf seine ‹Neuvermählten› geht vermutlich die Mittelgruppe der → Aldobrandinischen Hochzeit zurück (Plin. nat. 35, 10). C.K.

Q: Overbeck, SQ, 1937ff. – *Lit:* Brunn II 243ff. – C. Robert/O. Roßbach, RE 1, 1 (1893), 700 – Pfuhl, 771ff. – Rumpf, 146ff. – M. Cagiano de Azevedo, EAA I 97f.

Aëtios, → Theodoretos, Bischof v. Kyrrhos (ca. 393–458 n. Chr.) hat in seinem Werke ‹Heilung der Leiden der Griechen› ein knappes, aber stoffreiches Handbuch der philosophischen Doxographie benutzt, das er (2, 95; 4, 31; 5, 16) als *συναγωγὴ τῶν ἀρεσκόντων* des A. bezeichnet. H. Diels, DoxGr 45ff., hat gezeigt, daß die Materialien Theodorets evident auf denselben Philosophiehistoriker zurückgehen, der auch in zahlreichen Notizen bei → Stobaios (ekl. 1; 2) und in der Epitome Ps.-Plutarchs *Περὶ τῶν ἀρεσκόντων φιλοσόφοις φυσικοῖς δογμάτων* verarbeitet ist. Diels hat ihn mit dem sonst völlig unbekannten A. identifiziert und unter dieser Voraussetzung die Reste der ‹Aetii placita› zusammengestellt. Diese Texte erweisen sich als ein gelehrtes Geschichtswerk, das (letztlich nach dem Vorbild von → Theophrasts Buch über die Lehren der Naturphilosophen) die gesamte Naturphilosophie von → Thales und → Pythagoras an bis in die Zeit des → Poseidonios nach Problemen verzettelt darstellt; es wimmelt freilich von Verkürzungen und Einschüben verschiedenster Provenienz. Eine einheitliche philosophische Haltung des ursprünglichen Verfassers ist nicht erkennbar. Er muß dem Ende des 1. Jh.s v. Chr. angehören. Ob er selbst oder nur ein Exzerptor A. hieß, bleibt offen. Das Werk als solches, dessen Interpretation noch eine Zukunftsaufgabe darstellt, ist für die Philosophiegeschichte von größter Bedeutung.

Ed: DoxGr 273–444. O.G.

2. **A. von Amida,** griech. Arzt z.Z. des Justinian, verfaßte eine medizinische Enzyklopädie in 16 Büchern (erhalten), die auf (unzuverlässigen) Exzerpten aus Vorgängern basiert. F.K.

Ed: A. Olivieri, CMG VIII 1.2, 1935/50 (nur die ersten 8 Bde; für den Rest keine brauchbaren Edd.).

Aetius, bedeutendster Feldherr des weström. Reiches in der 1. H. des 5. Jh.s, geb. um 390 in Durostorum (Silistria), vornehmer Abstammung. Geisel bei den → Hunnen. Nach dem Untergang des Usurpators Johannes (423–425) von → Galla Placidia zum → Heermeister in Gallien ernannt. Kämpfe gegen → Westgoten und → Franken. 429 zweiter Reichsfeldherr des Westens; 430 beseitigte er den ersten Reichsfeldherrn und patricius Felix. Der von Galla Placidia an dessen Stelle zum ersten Heermeister ernannte → Bonifatius fiel im Kampf mit A. 432. A. floh zu den Hunnen und erzwang mit ihrer Hilfe 433 die Rückkehr nach Italien und die endgültige Einsetzung zum ersten Reichsfeldherrn mit dem Titel eines → patricius. 20 Jahre lang hatte er damit die faktische Regierungsgewalt im Westen inne. – Nach außen sicherte A. den gall. Reichsteil neu gegen die Westgoten, vernichtete das Reich der → Burgunder am Rhein (437) und schlug 451 im Bund mit den Westgoten die Hunnen unter → Attila auf den katalaunischen Feldern; doch konnte er den neuen Einfall → Attilas nach Italien (452) nicht verhindern. Innenpolitisch stand A. gegen die absinkende Macht des Kaisertums im Bunde mit dem sozial und wirtschaftlich starken Senatsadel; aus diesen Kreisen stammt sein hohes Lob in der zeitgenössischen Literatur. A. verlobte seinen Sohn mit einer Tochter → Valentinians III., aber der Kaiser entledigte sich des übermächtigen Heermeisters, indem er ihn am 21. Sept. 454 während einer Audienz auf dem Palatin in Rom niederstieß. A. hat in neueren Darstellungen gelegentlich den Ehrennamen eines ‹letzten Römers› erhalten; in Wirklichkeit war auch er trotz seiner unbestreitbaren Verdienste um die Reichsverteidigung durch seinen hemmungslosen Machtwillen und sein Hausmeiertum ein Exponent der fortschreitenden Auflösung der westl. Reichshälfte. K. F. Str.

Lit: O. Seeck, Gesch. d. Unterg. d. ant. Welt V, 1921 – E. Stein, Gesch. d. spätröm. Reiches I, 1928 (= Hist. du Bas-Empire I, 1959) – W. Enßlin, Zum Heermeisteramt d. spätröm. Reiches, Klio 24, 1931, 471–501.

Ätna (*Αἴτνη*), schon im Altertum tätiger Vulkan (3313 m) im NO Siziliens, beschrieben von → Strabon (5, 247; 6, 269 ff.), dichterische Darstellung des Ausbruchs von 479 v. Chr. durch → Pindar (Pyth. 1, 20 ff.) und → Aischylos (Prom. 351 ff.). Galt als Werkstätte des → Hephaistos und der → Kyklopen oder als der Berg, den Zeus auf die → Giganten Typhon und Enkelados geworfen hat. → Empedokles soll sich in den Krater des A. gestürzt haben. B. A.

Lit: Nissen, I 250, 274, 277, 280.

Ätolien, Gebirgslandschaft Nordwestgriechenlands nördl. des äußeren korinth. Golfs (Kt. 1152 C4), geschieden in das Küstenland ‹Alt-Ä.› mit zwei größeren, fruchtbaren Ebenen (Getreideanbau, Weinbau, Pferdezucht) und das reine Gebirgsland ‹Epiktetos Aitolia› (das ‹hinzuerworbene Ä.›). Alte Städte nur in Alt-Ä., bes. Chalkis, Pleuron, → Kalydon am korinth. Golf und Agrinion im Inneren. Die Stämme des Gebirgslandes, Agräer, Aperanten, Eurytanen, Ophionen und Apodoten lebten so primitiv, daß noch bei → Polyb. 18, 5, 8 ihre griech. Nationalität bestritten wird. Gemeinsames Heiligtum des Apollon Thermios in Thermon am trichonischen See in Alt-Ä. mit mehreren Tempeln und weiteren Gebäuden über einer prähistorischen Siedlung. In Ä. spielten die Sagen um → Oineus, → Meleager und die → kalydonische Jagd. Die Ätoler galten als halbbarbarisch, roh, raubgierig und kriegslüstern mit sehr urtümlichen Sitten. 426 fügten sie dem att. Strategen → Demosthenes (2), als er das Land unterwerfen wollte, eine schwere Niederlage zu. Geschichtliche Bedeutung erhielt Ä. erst in hellenist. Zeit durch den Ätol. Bund. E. M.

Lit: F. Noack, Befestigte griech. Städte in Ä. u. Akarnanien, AA 1916, 215–239 – E. Kirsten, A. u. Akarnanien in der ält. griech. Geschichte, NJbb 3, 1940, 298–316 – Philippson-Kirsten II 299–367; 558–672.

[2] *Ätolischer Bund.* Die Ätoler bilden, soweit wir zurückschauen können, einen Stammstaat (→ Ethnos), der zuerst nach Teilstämmen, später wie ein Bund nach Stadtgebieten gegliedert war (→ Bünde). Seit der Mitte des 4. Jh.s etwa griffen sie erobernd aus, die Einwohner des eroberten Gebietes nahmen sie zu vollem Recht in ihre Bürgerschaft auf. Der maked. Oberherrschaft vermochten sie sich früh zu entziehen, und auf dem Höhepunkt ihrer Macht, im 3. Viertel des 3. Jh.s, waren Ambrakia, Amphilochien und Teile Akarnaniens, Phokis, Doris und die lokrischen Gebiete, der weitere Umkreis des Spercheios und große Teile Thessaliens ätolisch geworden. Der sog. → Bundesgenossenkrieg (2; 220–217) brachte ihnen nur geringe Einbußen. 212 schlossen sie ein Bündnis mit den Römern (IG IX 1^2, 241) und fochten dann bis 206 und wieder 199 bis 197 an deren Seite gegen → Philipp V. Im J. 192 riefen sie → Antiochos III. nach Griechenland, mußten aber im Frieden von Ambrakia (189) nicht nur weite Gebiete abtreten, sondern auch die Oberhoheit Roms anerkennen. – Die in den Grundzügen nachweisbar ältere ätolische *Verfassung* kennen wir näher erst aus hellenist. Zeit. An der Spitze der jährlich neu gewählten Bundesmagistrate stand ein → Stratege; die Geschäfte führte ein engerer Rat, die Apokleten, und ein weiterer Rat, in dem die einzelnen Städte ihrer Größe nach vertreten waren; die wichtigsten Entscheidungen und die Wahlen waren einer Versammlung vorbehalten, an der alle Bürger teilnehmen durften. F. G.

Lit: R. Flacelière, Les Aitoliens à Delphes, 1937 – M. Sordi, Le origini del koinon etolico, Acme 6, 1953, 419–445 – J. A. O. Larsen, Representative Government in Greek and Roman History, 1955, 69 ff.

Aëtophoren (*Ἀετοφόρον πτολεμαϊκόν*) heißen in dem delischen Inventar des Archonten Metrophanes (146–145 v. Chr.) vermutlich die ptolem. Münzen mit Adlerrückseite des 2. Jh.s v. Chr. im Tempelschatz Apollos. W. Schw.

Lit: L. Robert, Etudes de num. grecque, 1951, 163. 177.

Afer → Domitius.

Affekte. [1] Das griech. Denken hat den *Konflikt zwischen Einsicht und A.n* erst spät grundsätzlich formuliert. Voraus gehen etwa Warnungen vor Maßlosigkeit in Liebe und Haß, vor Geldgier und tierischem Genießen, vor törichter Angst unbekannten Erscheinungen gegenüber. Erst gegen Ende des 5. Jh.s v. Chr. wird prinzipiell der Tatbestand erörtert, daß die Einsicht stets in Gefahr sei, ‹der Leidenschaft zu erliegen›. Über die einfache Antithese zwischen Einsicht (Phronesis, Logos) und A.n (Pathos, Alogon) hinaus entsteht ein System der A.: (1) Lust, (2) Begehren, (3) Traurigkeit, (4) Furcht (zuerst Plat. Lach. 191 DE), und zwar sind (1) und (2) positive, (3) und (4) negative A., (1) und (3) auf die Gegenwart, (2) und (4) auf die Zukunft bezogen. Benutzt und weiter ausgebaut wird dies System von der → Stoa (Hauptquelle: Cic. Tusc. disp. 3 u. 4). Sie schafft zahlreiche Unterabteilungen und unterscheidet von den eigentlichen A.n Zustände, die auch dem Weisen zukommen: gegenüber (1) die Heiterkeit, (2) das Wollen, (4) die Vorsicht; nur zu (3) gibt es kein Gegenbild. – Der uns erhaltene Aristoteles gibt nur Analysen einzelner A., kein System im ganzen. Bei Platon steht die Seelenteilung des ‹Staats› im Vordergrund: Einsicht-Mut-Begehren.

[2] *Wertung der A.:* Die klass. → Stoa verwirft (nach dem Vorgang der → Kyniker?) alle A. als bloße Krankheitszustände der Einsicht; zu solchen A.n rechnet sie u. a. auch Reue und Mitleid. Gegen sie macht bes. der → Peripatos geltend, daß volle Affektlosigkeit (Apatheia) unmenschlich und unerwünscht sei: Furcht vor Schande, Zorn über Übeltäter sind legitim, soweit sie unter Kontrolle der Einsicht bleiben (Metriopatheia). Der frühe Platon sucht die Bedenklichkeit, daß die Einsicht als das höchste menschliche Vermögen durch die A. sollte besiegt werden können, dadurch zu umgehen, daß für ihn niemals der A. selbst die Entscheidung trifft, sondern die Unwissenheit als Mangel an Einsicht (‹Keiner tut wissentlich Unrecht›). Umgekehrt wird die Frage, wie weit im A. begangene Handlungen zurechenbar seien, bes. von Aristoteles untersucht.

[3] Die *Problemgeschichte* der einzelnen A. ist sehr verschieden. Eine Sonderstellung hat die *Lust* als der an jedem Lebewesen nachweisbare Elementaraffekt. Um die Differenzierung des Lustbegriffs bemühen sich → Platon (edle und unedle Lust), → Aristoteles (neben dem tierischen Vergnügen die Lust in der Erreichung des naturgemäßen Zustandes und am vollkommenen Tun selbst), → Epikur (neben der erregenden die Lust der ruhigen Schmerzlosigkeit). Nur die Stoa gibt sich als nahezu kompromißlose Gegnerin aller Lust. Fast ebenso zahlreich wie die Spezialwerke über die Lust (*περὶ ἡδονῆς*) sind solche über den *Zorn* (*περὶ ὀργῆς*; erhalten von → Plutarch bzw. De ira von Seneca). Sie wollen wesentlich vor diesem A. warnen und Wege zu seiner Heilung angeben. Zu einer andern Wertung des Zorns im Blick auf den Zorn Gottes sah sich das Christentum gedrängt (→ Laktanz, De ira Dei).

[4] Das griech. *Wort πάθος* ist von Cicero mit *perturbatio*, von Varro mit *passio*, von Seneca mit *affectus* übersetzt worden. *Passio* ist in die romanischen Sprachen, *affectus* in die Sprache der Wissenschaft übergegangen. O. G.

Lit: S. zu den Philosophen und zu → Ethik.

Affen. Griechen und Römern waren A. aus Afrika, Arabien und Indien in mehreren Arten bekannt. Unterschieden

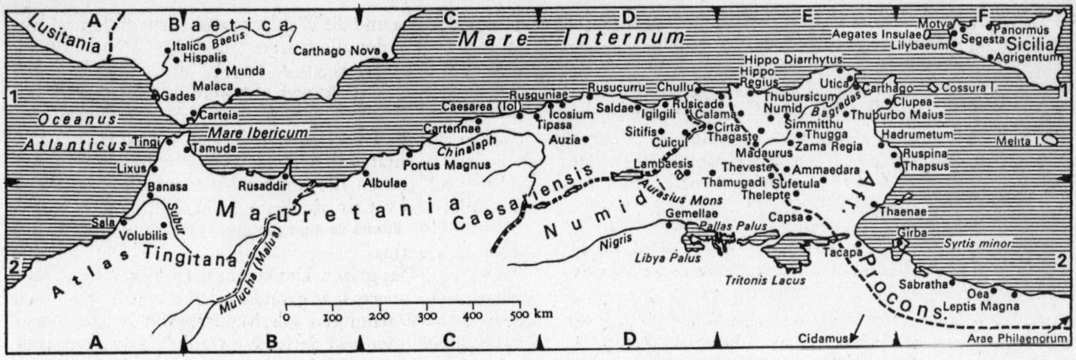

Abb. 3 Die römischen Provinzen in Nordwestafrika

wurden vor allem Hunds-A. (πίθηκος), Pavian (κυνοσκέφαλος) und Meerkatze (κῆβος, κερκοπίθηκος), die man aus Liebhaberei hielt. Gorillas lernte der Karthager → Hanno (1) auf seiner Expedition kennen. Im Gegensatz zu Ägypten und Indien wurden A. keiner Gottheit der antiken Religion zugeordnet. Ihr Vorkommen im Mythos beschränkt sich auf die in A. verwandelten Kerkopen, deren Heim man auf Pithekusa (Ischia) suchte. Auf einen alten Kern der Überlieferung deutet die Kenntnis von A. in der kret. Kunst. Der A. galt als Inbild des Häßlichen und Boshaften mit böser Vorbedeutung. Bezeichnend für die Wertung ist die Bestimmung der lex Pompeia de parricidiis, einen Vatermörder zusammen mit einem A. in einem Sack zu ertränken. Vgl. → Fauna. J.W.

Lit: Keller, Tiere, 1–19; Tierwelt I 3–10 – E. Oder, RE 1, 1 (1893), 706–708 (Quellen!) – G. Karo, Greifen am Thron, 1959, 47f. 62 – W. C. McDermott, The Ape in Antiquity, The John Hopkins Studies in Archaeol. 27, 1938 – Schefold, Mw, 16.

Affix (affixum, ‹Angefügtes›). Damit bezeichnet man sprachliche Elemente, die bei der Bildung von Wörtern an eine Wurzel hinzutreten. Vorne angefügte A. nennt man *Präfixe*, hinten angefügte *Suffixe* und in die Wurzel eingefügte *Infixe*. Die → indogerm. Sprachen verwenden fast ausschließlich Suffixe, außerdem noch das *n-Infix*, z. B. lat. *vi·n·c-ō* zu *vic-tus*. Vom Suffix im engern Sinn, das der → Wortbildung dient (z. B. *vic-tor*, ‹Sieger›), unterscheidet man die (Flexions)Endung (z. B. *victōr-is*). E.R.

Afranius, L., cos. 60 v. Chr., Gefolgsmann und Freund des → Pompeius (2), unter dem er sich 75–72 in Spanien und 66–63 im Osten als Offizier bewährte. Pompeius verhalf ihm 60 zum Konsulat. Seit 55 Verwaltung der Hispania Citerior in Pompeius' Auftrag. Im Bürgerkrieg einer der bedeutendsten Heerführer der Pompejaner; 46 bei Thapsus gefangengenommen und getötet. Chr.M.

2. **A.,** bedeutendster → Togatendichter (→ Komödie II); 2. H. 2. Jh. v. Chr. Wie A. im Prolog der ‹Compitalia› selbst bekennt, bewundert und imitiert er → Terenz und → Menander (1; vgl. Hor. epist. 2, 1, 57). Erhalten sind gut 400 Verse und 44 Titel, darunter ‹Die Versteigerung› (Auctio), ‹Die Ehescheidung› (Divortium), ‹Der Brand› (Incendium, noch unter Nero gespielt, Suet. Nero 11, 2), Thais (Hetärenname). Nach Quintilian (inst. 10, 1, 100) hat A. das Motiv der → Knabenliebe in die Togata eingeführt. H.M.

Frg: CRF 164–222.

Afranius → Burrus.

Africanus → Julius, → Caecilius, → Cornelius Scipio.

Afrika. [1] Von Umriß, Küsten und Ausdehnung des *Erdteils A.* haben vom 7. Jh. an → Entdeckerfahrten (die erste Umsegelung A.s auf Befehl → Nechos (2) v. Ägypten, 609 bis 595; die Entdeckung der Senegal- oder Nigermündung, um 550?) ein ungefähres Bild vermittelt, das sich in der antiken → Geographie und → Kartographie niederschlug. Engere wirtschaftliche und kulturelle Verbindungen entstanden für Griechen und Römer jedoch nur zu Nordafrika, das die Griechen Libyen (Λιβύη) nannten (vgl. die Beschreibung bei Hdt. 4, 41 ff.) und mit Europa und Asien (wozu auch Ägypten gerechnet wurde: Hdt. 2, 32 ff. und noch Plin. nat. 3, 3; Mela 1, 8; Sall. Iug. 17) als einen der drei Erdteile auffaßten. Es wurde von den → Phöniziern durch von → Karthago aus gegründete Kolonien (und Handelsfahrten bis nach Westafrika: → Hanno, 5. Jh.), sehr früh auch durch die griech. → Kolonisation von → Kyrene aus erschlossen. Die seltenen, nur ungenaue Kunde bringenden Berührungen mit → Nubien/‹Äthiopien› und dem Reich → Aksum im Gebiet des heutigen Äthiopien blieben demgegenüber bedeutungslos. Mit den einheimischen Königreichen NW-Afrikas (→ Numidia, → Mauretania), die aus Stammesbünden der weitgehend nomadisierenden Bevölkerung hervorgegangen waren, traten nach der Zerschlagung des karthag. Reiches vor allem die Römer in bald freundliche, bald feindliche Beziehung.

[2] Die *röm. Provinz Africa* (zur Geographie des Gebietes → Atlas) umfaßt weitgehend das Gebiet → Karthagos nach der Eroberung von 146 v. Chr. Damals überließ Rom weite Gebiete an die Söhne Massinissas, deren Hauptstadt Utica war. 46 v. Chr. nach der Schlacht von Thapsus wurde dieses numidische Reich annektiert und zur kurzlebigen Provinz Africa nova gemacht (im Gegensatz zur älteren Africa vetus). 25 v. Chr. vereinigte Augustus die beiden Provinzen zur Africa proconsularis (Hauptstadt Karthago), weitgehend das Gebiet des heutigen Tunesien und Tripolitanien. Die diokletianische Provinzreform brachte die Aufspaltung in drei Einheiten: die A. proconsularis oder Zeugitana mit Karthago, die Byzacena mit Hadrumetum (heute Sousse) und die Tripolitana mit Leptis Magna. Seit 429 fiel A. in die Hände der → Vandalen, 533–670 war es ein Teil des byzantinischen Reiches und wurde anschließend von der arabischen Invasion überschwemmt und grundlegend verändert. (Über das Weiterleben röm.-christl. Kultur in A. → Karthago.) R.F.

Lit: Ch. A. Julien, Histoire de l'Afrique du Nord..., 1951 (Lit) – A. N. Sherwin, Geogr. factors in rom. Algeria, JRS 34, 1944, 1–10 – T. R. S. Broughton, The romanisation of A. proc., 1929.

Agalma, ursprünglich ‹Kleinod›, seit ungefähr 600 v. Chr. darüber hinaus für jede Art von → Weihgeschenk: vom rundplastischen Standbild bis zur bemalten Votivtafel, Geräte, Gefäße usw.; seit dem frühen 5. Jh. in der Bedeutung ‹Weihgeschenk› durch ἀνάθημα immer mehr verdrängt und vorwiegend ‹Götterbild› (primär Kultstatue, späterhin Götterstandbild überhaupt). E.Bg.

Lit: Chr. Karusos, Περικαλλὲς ἄγαλμα, in: Epithymbion Tsuntas, 1942, 535–578 – H. J. Blösch, A., 1943.

Agamedes → Trophonios.

Agamemnon, Sohn des → Atreus (von Hesiod und den Tragikern an auch oft des → Pleisthenes), König von Mykene (nach späteren Berichten nur König von Argos oder gar von Lakedaimon), bei Homer mit einer Art Oberhoheit üder die griech. Fürsten ausgestattet. Daher und als Bruder des → Menelaos ruft er zum Krieg gegen Troja, um die Entführung Helenas zu rächen. Opfert in Aulis seine Tochter → Iphigenie, um Artemis, die er gekränkt hatte, zu versöhnen und endlich günstigen Fahrtwind zu erhalten. Von daher rührt der Haß seiner Gattin Klytaimestra (der man Iphigenie nur mit der Lüge, sie werde zur Vermählung mit Achill geholt, genommen hatte): sie ermordet ihn zusammen mit ihrem Buhlen → Aigisthos, dem Vetter des A., als er von Troja zurückkehrt und auch noch → Kassandra als Geliebte mitbringt. Nach der älteren Version (vgl. Hom. Od. 4, 234 f., → Aischylos) wird A. in Argos oder Lakedaimon von Klytaimestra im Bade mit Netz und Axt umgebracht, nach einer andern zu Gast bei Aigisthos am Kap Maleia während des Mahles erschlagen. Zum weiteren Wirken des Familienfluches (vgl. → Tantalos, → Atreus) vgl. → Orestes, zur schwankenden Haltung vor Troja → Trojan. Krieg. – A. wurde in vielen Kulten, bes. in der Argolis, ein sog. Szepter des A. (bzw. ‹Speer›) in Chaironeia verehrt.

Lit: M. P. Nilsson, Homer and Mycenae, 1933 – E. Kalinka, A. in der Ilias, 1943 – V. d. Valk, LFE 1, 1955, 34–42 – *Darstellungen:* A. erscheint mehrfach im Zusammenhang mit Szenen der → Trojasage, so der Opferung der → Iphigenie, mit Telephos (Brommer 334 f.) oder im Streit mit Achilleus (Schefold, WP 103. 117. 192). Sein Tod auf arch. Ton- und Bronzereliefs und Vasen (Schefold, FS, Taf. 33, Abb. 43). K. Schb.

Agape. Die → Eucharistie war anfangs mit einer sättigenden Mahlzeit verbunden (1. Kor. 11, 20 ff.), die seit Ende des 1. Jh.s meist A. genannt wurde (Jud. 12). Im 2. Jh. von der Eucharistie getrennt (Justin, apol. 1, 67), trat die A. später zunehmend zurück. → Wohltätigkeit. B. L.

Lit: RGG I 169 f.

Agapenor, Sohn des → Ankaios, Freier der → Helena. Nach dem Fall Trojas Gründer von Paphos auf → Cypern.

Agapet I., Papst 535/536, starb in Konstantinopel, wo er auf Wunsch des Ostgotenkönigs → Theodahad die Rückeroberung Italiens durch Byzanz verhindern sollte; statt dessen erreichte A. den Rücktritt des monophysitischen Patriarchen Anthimus und die Vorlage einer dem Chalkedonense entsprechenden Glaubensformel durch → Justinian. K. H. Sch.

Agariste, Tochter des → Kleisthenes (2) v. Sikyon; 575 oder 571 v. Chr. mit → Megakles v. Athen aus der Familie der → Alkmaionidenvermählt (Hdt. 6, 126 ff.); Mutter des → Kleisthenes (1) v. Athen; Urgroßmutter des → Perikles (Stammbaum → Alkmaioniden). R. V. C.

Agasias. Zwei Bildhauer dieses Namens sind bekannt, beide aus Ephesos und ca. von 110–60 v. Chr. tätig, vielleicht also miteinander verwandt: 1. A., *Sohn des Menophilos* scheint der ältere zu sein. Nach den von ihm signierten Inschriftbasen in Delos arbeitete er vor allem Porträtstatuen. Mit einer dieser Basen hat man versuchsweise einen daselbst gefundenen Torso eines zusammenbrechenden Kriegers verbunden. Für Tenos arbeitete er Gruppen von Eros, Anteros und Nike (Frühwerk?). – 2. A., *Sohn des Dositheos.* Außer durch eine Signatur aus Halos (Thessalien) vor allem bekannt durch die von ihm signierte Statue des sog. → borghesischen Fechters im Louvre, die aus stilistischen Gründen in das 2. Viertel des 1. Jh.s v. Chr. datiert wird. E. Bg.

Lit: Kriegertorso v. Delos: Ch. Picard, Le guerrier blessé de l'agora des Italiens à Delos, BCH 56, 1932, 491–530, Taf. 24; ebd. 73, 1949, 573 – Lippold, 372, Anm. 11–13 (zu 1); 382 Anm. 7/8 (zu 2) – Marcadé II 2 f. (zu 2); 4–11 (zu 1) – M. T. Amorelli, EAA I, 1958, 131 f.

Agathangelos, der → Gemmenschneider des berühmten, von Goethe und Winckelmann sehr geschätzten Karneols (heute in den Staatl. Mus. Berlin) mit dem Kopf des sog. Sextus Pompeius (heute als Porträt einer Persönlichkeit aus der frühen Kaiserzeit angesehen). P. Z.

Abb: Furtwängler, Gemmen I, Taf. 49, 26.

Agatharchides von Knidos, → Geograph und Historiker am Hof der Ptolemäer, ca. 200–120 v. Chr. A. verfaßte eine Beschreibung der → Oikumene von Ägypten bis Skythien (Asiatika, 10 Bücher) und von Skythien bis Kyrenaika (Europiaka, 49 Bücher) mit geschichtlichen Notizen in der Art der neuen ‹chorographischen› → Geographie (A 2). Sein Werk bietet vorwiegend Buchgelehrtheit; als originales Zeugnis hat es nur für Ägypten und Äthiopien Wert sowie für das Rote Meer, dem A. den ‹Periplūs Maris Erythraei› widmete (5 Bücher). Das an geographischen und ethnographischen Merkwürdigkeiten reiche Material brachte A. den Ruhm eines Paradoxographen (→ Buntschriftstellerei) ein, der seiner ausgesprochenen Abneigung gegen rhetorische Effekte – er steht wissenschaftlich und stilistisch unter peripatetischem Einfluß – eigentümlich entgegentritt. F. L.

Frg: FGrHist 86 – GGM I 111–195 – *Lit:* O. Immisch, Agatharchidea, SB Heidelberg 1919, Heft 7.

Agatharchos, Maler in Athen, aus Samos, erster bekannter Skenograph (→ Bühnenmalerei). Malte eine Bühnendekoration für Aischylos und verfaßte eine Abhandlung darüber, die vermutlich für die Entwicklung der → Perspektive wichtig wurde. Alkibiades zwang ihn zur Ausmalung seines Hauses (nach 430 v. Chr.). Vgl. → Malerei C [2]. C. K.

Q: Overbeck, SQ, 1118 ff. – *Lit:* Brunn II 51 f. – O. Roßbach, RE 1, 1 (1893), 741 f. – Pfuhl, 665 ff. – H. Bulle, Eine Skenographie, BWPr 94, 1934 – Rumpf, 121, 5 – Ders., Classical and postclassical Greek painting, JHS 67, 1947, 10–21 – M. Cagiano de Azevedo, EAA I 133.

Agathē Tychē (‹günstiges Geschick›). Da → Tyche wandelbar ist, wird ihre gnädige Seite betont, bes. zu Beginn wichtiger Handlungen in der Segensformel ἀγαθῇ τύχῃ; sie wird später kultisch verehrt (in Athen seit 335/4: IG 2² 333 c), oft mit ἀγαθὸς δαίμων, mit anderen Göttern gleichgesetzt (Isis); Weihungen gelten der A. Tyche von Völkern, Städten und Herrschern. C. J. C.

Agathemeros, → Geograph, lebte nach → Menippos (2) v. Pergamon. Sein ‹Abriß der Geographie› (Geographiae Hypotyposis), eine Kompilation kartographischer Einzelangaben der Zeit vor → Ptolemaios (17), ist eine Fundgrube für antike → Kartographie. Vgl. → Geographie A [5]. F. L.

Ed: GGM II 471–487.

Agathias (Scholastikos), aus Myrina (Aiolis), Jurist, Historiker und Dichter im 6. Jh. n. Chr., Verfasser eines unvollendeten, die Jahre 552–558 behandelnden Geschichtswerkes in 5 Büchern, eines Epos mit Darstellungen erotischer Mythen in 9 Büchern (Daphniaka) sowie zahlreicher Epigramme (etwa 100 in der AP erhalten), die er mit solchen von Zeitgenossen zu einer nach Stoffen geordneten Sammlung in 7 Büchern (sog. Agathias-Kranz) zusammenstellte (Einleitungsgedichte AP 4, 3). E. V.

Ed: L. Dindorf, Hist. Gr. min., BT, II, 1871, 132–432 (Gesch. werk und Epigramme).

Agathinos, pneumatischer Arzt, 1. Jh. n. Chr., Begründer der episynthetischen oder eklektischen Richtung, die nach Überwindung der Schulgegensätze strebte. Freund des Stoikers → Cornutus (1); berühmteste Schüler: → Archigenes und → Herodotos; nur wenige Frg.e erhalten. F. K.

Agathokles, ältester Sohn des → Lysimachos, mit einer Tochter des → Kassandros vermählt; besiegte 286 v. Chr. → Demetrios I. im Stellungskrieg in Kilikien; 283 von seinem Vater hingerichtet. Seine Anhänger flohen zu → Seleukos I. E. Bd.

2. **A.,** Musiker, Schüler des → Pythagoras, auch als Lehrer → Pindars genannt.

3. **A. von Syrakus,** geb. ca. 360 v. Chr. in Thermai; Sohn des (aus Rhegion verbannten) Karkinos, der 343/342 (→ Timoleon) in Syrakus das Bürgerrecht erhielt. A. war ein ehrgeiziger Demokrat und mußte mehrmals aus Syrakus fliehen, wo die Oligarchie der Sechshundert an der Macht war: er verlebte so eine abenteuerliche Jugend, war bald Chiliarch in seiner Heimat, bald Kondottiere in

Unteritalien. Als ca. 320 der Stratege Akestoridas die vorübergehend bedrohte Oligarchie wiederhergestellt hatte, ging A. ins Exil nach Morgantine; er warb dort Truppen und bedrohte sowohl die Oligarchen als auch die Karthager. Durch Vermittlung Hamilkars konnte ein Vergleich geschlossen werden: Karthago konnte seine Epikrateia im W, Syrakus seine Hegemonie über die autonomen Sikeliotenstädte behalten; A. kehrte als Stratege nach Syrakus zurück (319/318). Nun zog er Vorteil aus dem Kampf zwischen Oligarchen und Demokraten und ließ sich zum στρατηγὸς αὐτοκράτωρ ernennen, was ihm die absolute Macht verschaffte (317/316). Er griff sofort die Sikeliotenstädte an, in denen die Oligarchen Zuflucht gefunden hatten, aber Karthago, dem daran gelegen war, den status quo zu erhalten, zwang ihm unter dem Vorwand, sein Angriff verletze das Abkommen von 319/318, einen Frieden auf (Sommer 315). Die Verbannten erhielten vergeblich Hilfe von Akragas, Messana und Gela: 314/313 mußten sie mit A. Frieden schließen, wobei Hamilkar Vermittlerdienste leistete: Herakleia, Selinus und Himera sollten Karthago untertan bleiben; die andern Griechenstädte behielten ihre Autonomie unter der Hegemonie von Syrakus. Der karthagische Senat war nicht befriedigt und dachte an einen Gegenschlag. Als 312/311 A. in die Epikrateia einfiel, betraute es einen andern Hamilkar, den Sohn des Gisko, mit der Kriegführung. A. wurde am südlichen Himera in die Flucht geschlagen (Juni 310) und setzte über nach Afrika (20. Aug. 310), wo er mit wechselndem Glück kämpfte. Während seiner Abwesenheit konnte sein Bruder Antandros Syrakus gegen Hamilkar halten (310), aber Akragas nicht daran hindern, fast alle Griechenstädte an sich zu binden (308). 307 mußte A. Afrika verlassen, da sein Heer aufgerieben war. Wieder in Sizilien, schloß er mit Karthago einen Vertrag, der den status quo bestätigte (306/305), dann zerstörte er das Heer der Oligarchen und unterwarf sich das griech. Sizilien (304). Er heiratete darauf Theoxene, die Tochter → Ptolemaios' I., und ließ sich zum König der Sikelioten ausrufen; daraufhin griff er in Unteritalien ein, wohin Tarent ihn nach dem Tode des → Kleonymos gerufen hatte: er wurde der Bundesgenosse → Demetrios' I. Poliorketes und träumte bereits davon, ganz Unteritalien in seine Hand zu bringen und ein Westgriechenreich zu gründen. Da wurde er vergiftet; sterbend gab er Syrakus die Freiheit zurück, da er keinen Sohn hatte, der ihm nachfolgen konnte (289/288). – A. war ein skrupelloser Abenteurer, dem jedes Mittel recht war, mit dem er seine Macht festigen und sich Reichtum verschaffen konnte. Wenn er auch die auf Ostsizilien lastende karthagische Drohung noch einmal abzuwenden vermochte, so hat er vor allem doch zum endgültigen Niedergang des sizilischen Hellenismus beigetragen. R. V. C.

Lit: H. Berve, Die Herrschaft des A., SB München 1952, 5 (ersch. 1953) – R. Van Compernolle, La clause territoriale du traité de 306/5..., RBPh 32, 1954, 395–421.

Agathon, athenischer Tragiker, ca. 445–ca. 401 v. Chr. An den → Lenäen 416 errang er seinen ersten Sieg (→ Platon Symposion). 411 verspottete ihn → Aristophanes (Thesm., bes. 97ff., 191ff.), im selben Jahr hielt → Antiphon eine Verteidigungsrede für ihn. Wahrscheinlich kurz vor 405 emigrierte er, angeblich 40jährig, → Euripides folgend, nach Makedonien zu → Archelaos (1). Auch A. fand seinen Tod in der Fremde. Von seinem Werk sind 6 Titel bekannt (TGF 763–769). Nach Aristoteles (poet. 9. 1451 b 21) hat er in einem von ihnen, dem Anthos (oder Antheus), Personen und Handlung nicht einem Mythos gemäß gestaltet, sondern frei erfunden. Ob er damit wirklich den für die Tragödie konstitutiven Mythos gänzlich eliminierte, bleibt zweifelhaft. In den lyrischen Teilen seiner Dramen hat er die Tendenzen des neuen → Dithyrambos in solchem Maße verarbeitet, daß das Weiche und Geschnörkelte seiner Lieder sprichwörtlich wurde. Dem entspricht, daß er die Lieder des → Chores als erster als bloße Einlagen gedichtet und nicht mehr in den Handlungszusammenhang eingefügt hat (Aristot. poet. 18. 1456 a 29ff.). E.-R. Sch.

Frg: TGF 763–769.

Agathos Daimon, jedes ‹gnädige göttliche Wesen›, bes. der Empfänger der Weinspende am Ende der Mahlzeit, der auch als Schützer des Hauses, der Familie (SIG 1044) verehrt wird, allgemeiner segnende Gottheit, oft mit der → Agathe Tyche verbunden (Weihungen, Altäre); in Ägypten Kult in Alexandria (Schutzgott; Hausschlange: Ps. Kallisth. 1, 32, 6ff.). Sein unbestimmtes Wesen läßt ihn mannigfache Funktionen in der Hermetik, Alchemie, Astrologie und Magie annehmen. C. J. C.

Lit: O. Jakobsson, Daimon och A. D., Diss. Lund 1925.

Agathos Theos, typisch spätgriech. Bezeichnung der Gottheit, die man charakterisieren, nicht benennen will (‹guter Gott›), statt → ἀγαθῇ τύχῃ in Urkunden (SIG 526; 685); Tempel: Paus. 8, 36, 5 (Megalopolis), Weihungen z. B. IG 5, 2, 60, wohl statt Asklepios IG 4, 997a; 1059, statt ἀγαθὸς δαίμων IG 2^2 1950 (Priester), s. Schol. Aristoph. eq. 85, Philoch. Frg. 5. C. J. C.

Agaue (Ἀγαυή, lat. Agave), Tochter des → Kadmos und der Harmonia, Gattin des Echion, Mutter des theb. Königs → Pentheus. Für Verleumdung der → Semele von → Dionysos damit gestraft, daß sie in bakchantischem Wahnsinn → Pentheus zerreißt (vgl. Eur. Bakch.). Flieht nach → Illyrien, heiratet den König Lykotherses, den sie jedoch später zugunsten des → Kadmos beseitigt. L. H.

Darstellungen: → Pentheus.

Agdistis, eine weibliche Gottheit im → Attis-Mythos bzw. ein vom Berge Agdos bei → Pessinus in Phrygien abgeleiteter Beiname der kleinasiatischen Muttergöttin → Kybele (vgl. Paus. 7, 17, 9ff.; Arnobius adv. nat. 5, 5–7). K.-H. R.

Agedincum (heute Sens), Vorort der → Senones in → Gallien, von denen sich der heutige Name herleitet, in der Spätphase des gallischen Krieges bevorzugtes Standquartier der röm. Legionen (Caesar Gall. 6, 44; 7, 10ff.). Hat Reste der spätröm. Stadtmauer. L. B.-H.

Agennius Urbicus, Gromatiker, dessen in verstümmelter Form erhaltene Schrift ‹De controversiis agrorum› einen Kommentar zu einem früheren Gromatiker, wahrscheinlich → Frontinus, geben will. Zeit unbekannt, aber nach Domitian. Unter seinem Namen, unsicher ob mit Recht, ist auch ein anderer Kommentar, ebenfalls zu Frontin, ‹De agrorum qualitate›, überliefert. → Agrimensoren. G. B.

Ed: K. Lachmann, Die Schriften der röm. Feldmesser I, 1848, 59–60 – C. Thulin, Corpus agrimensorum Romanorum I 1, 1913, 20–70 – *Lit:* J. W. Kubitschek, RE 1 (1894), 773 – Schanz-Hosius, IV 2, 302 bis 304.

Agenor, Stammvater der Phönizier, Sohn Poseidons und der → Libye, Urenkel der → Io, Vater der → Europa, des → Kadmos u. a., König von Sidon oder Tyros. K. Schb.

Agens vicem, allgemein Stellvertreter, im besonderen ein Amt bei der Prätorianerpräfektur: a. vicem praefecti praetorio. J. S.

Agentes in rebus. Nach der diokletianisch-konstantinischen Reichsreform (um 320) traten diese militärisch organisierten Staatskuriere (CIL 10, 7200) an die Stelle der → frumentarii (Aur. Vict. Caes. 39, 44f.). Sie hatten eine 5jährige Probezeit (Cod. Theod. 6, 27, 4). Unter Kaiser Julian soll es nur 17 (Lib. or. 1 p. 257, 15 F.), später über 10000 gegeben haben. Sie übernahmen den Dienst einer gut informierten (Cod. Theod. 6, 29, 4) Geheim → Polizei, deckten geplante Unruhen (Aur. Vict. Caes. 39, 45) und Verschwörungen auf (Amm. 15, 3, 8; vgl. 16, 8, 3). W. K.

Lit: O. Hirschfeld, Die a. in rebus (1893), in: Kleine Schriften, 1913, 624–645 – J. A. Arias Bonet, Los a. in rebus, AHDE 17/18, 1957/58, 197–219.

Ager publicus, das röm. Staatsgrundeigentum, das in Italien bis zum Ende des 3. Jh.s v. Chr., in den Provinzen bis ins 1. Jh. v. Chr. ständig angewachsen war; Gegenstand erbitterter sozialer Kämpfe in Rom (→ Ackergesetze). R. Kn.

Agesilaos I., König von → Sparta, nach antiker Tradition 929/928–886/885 v. Chr.

2. **A. II.**, geb. ca. 444 v. Chr., 399 spart. König, übernahm 396 auf Betreiben des → Lysander den Oberbefehl in Kleinasien und gab dem Feldzug für die Freiheit der dort lebenden Griechen einen nationalen Anstrich, indem er wie → Agamemnon in Aulis opferte; er drang in das Innere des Landes vor (395 Sieg am Paktolosfluß), doch ohne größeren Erfolg. 394 errang er, zurückgerufen, bei Koroneia über die → Böoter einen Pyrrhussieg. 391–390 war er im → Korinthischen Krieg erfolgreich. 386 setzte er sich für die Annahme des → Antalkidasfriedens ein, der die Griechen Kleinasiens preisgab, und unternahm in den folgenden Jahren Kriegszüge zu dessen Anerkennung. 371 widersprach er auf dem Friedenskongreß den theb. Gesandten, darunter → Epameinondas, und setzte den Befehl an → Kleombrotos (2) durch, in Böotien einzumarschieren, was zur Katastrophe von → Leuktra führte. In der Folgezeit bemühte er sich um das geschwächte Sparta: er rettete 370–369 und 362 die Stadt bei Überfällen des Epameinondas und begab sich der Subsidien wegen in auswärtige Dienste: 364 nach Kleinasien, 361 nach Ägypten; auf der Rückfahrt von dort starb er ca. 360. A. war, zumindest seit 394, prominentester Vertreter der engstirnigen Politik des damaligen Sparta, den Aufgaben des Augenblicks gewachsen, doch ohne neue Ideen. E. Bn.

Q: Xen. Ages. – Plut. Ages. – Nep. Ages. – *Lit:* B. Niese, RE 1,1 (1893), 796–804 – E. Zierke, Agesilaos, Diss. Frankfurt 1936.

Agiaden, eines der beiden Königshäuser von → Sparta. Die A. hatten ihren Namen von Agis, dessen Vater Eurysthenes, Sohn des Aristodemos, von → Herakles abstammte. Sie waren dem andern Königshaus, den → Eurypontiden, durch Prokles, den Bruder des Eurysthenes und Vater des Eurypon, verwandt, doch hatten sie vor diesem einen gewissen Ehrenvorrang. R. V. C.

Agias (Hagias, Hegias, zuweilen auch Augias), von Troizen, epischer Dichter, vielleicht aus dem 7. Jh., als Verfasser der → Nostoi, zuweilen auch eines Epos um Herakles (Paus. 1, 2, 1) genannt. G. K.

Lit: s. → Nostoi; → Kyklos.

Agis I., König von → Sparta, Stammvater der → Agiaden.

2. **A. II.**, König v. Sparta (427–399), führte 426 und 425 das Invasionsheer der Peloponnesier nach Attika und stellte 418 durch den großen Sieg bei Mantineia Spartas Hegemonie auf der Peloponnes wieder her (Thuk. 5, 57 ff.). 413 besetzte er das Kastell → Dekeleia in Attika, wo er bis 404 sein Hauptquartier hatte. 405 leitete er zusammen mit → Pausanias (2) die Blockade Athens von der Landseite her ein und wirkte 404 bei den Kapitulationsverhandlungen mit (Xen. Hell. 2. 2, 7 ff.). 402–400 zwang er Elis zur Unterwerfung unter Sparta (Xen. Hell. 3, 2, 23 ff.). F. Kch.

Lit: W. J. Woodhouse, King A. of Sparta and his campaign in Arcadia in 418 B. C., 1933 – A. W. Gomme, Essays in Greek History, 1937, 132 ff.

3. **A. III.**, spart. König (338–331), Sohn → Archidamos' III., organisierte 333–331, als → Alexander (5) d. Gr. in Asien kämpfte, mit Geld, Schiffen und Söldnern der Perser eine Erhebung in Griechenland, der sich der größte Teil der Peloponnes anschloß, wurde aber 331 bei Megalopolis von → Antipater (1) besiegt und fiel nach heroischem Kampf.

Lit: Berve II 8 f. E. Bn.

4. **IV.**, 244 v. Chr. mit noch nicht 20 Jahren spartan. König, versuchte durch eine Reform des nur noch 700 Vollbürger, darunter nur etwa 100 (zudem teilweise stark verschuldet) mit Landbesitz, umfassenden Staates die alte spartan. Sozial- und Lebensordnung wiederherzustellen. Die Schulden sollten getilgt, durch Neuverteilung des Landes 4500 Lose für Vollbürger, 15000 für waffenfähige → Periöken geschaffen, die spartan. Erziehung wieder zum Leben erweckt werden; Sparta sollte wieder zum Staat der ‹Gleichen› werden. Die Reform scheiterte, obwohl A. selbst mit gutem Beispiel voranging, nach anfänglichen Erfolgen an Eigennutz und Gesetzwidrigkeiten von Anhängern, am Widerstand der Gegner, darunter des Mitkönigs Leonidas, und weil A. selbst im entscheidenden Augenblick auf den Hilferuf des → Achäischen Bundes hin mit dem Heer außer Landes weilte. A. wurde – als erster der spartan. Könige – hingerichtet. Das Reformwerk wurde von → Kleomenes III. wiederaufgenommen. E. Bn.

Q: Plut. Agis – *Lit:* CAH VII, 1928 (Nachdr. 1954), 739–744 – P. Cloché, Remarques sur les règnes d'A. IV et de Cléomène III, REG 56, 1943, 53–71 – S. Fuks, A., Cleomenes and Equality, ClPh 57, 1962, 161–166 – Ders., The Spartan Citizen-body in mid-third Cent. B. C. and its Enlargement proposed by A. IV, Athenaeum 40, 1962, 244–263.

Aglauros, (1) Gemahlin des → Kekrops; (2) Tochter der vorigen, Schwester der Pandrosos und Herse: → Erichthonios.

Agon → Wettstreit, → Wettkampf. Das ‹Agonale› wurde von J. Burckhardt als wesentlicher Aspekt griech. Lebens erkannt; neuere Forscher haben es auch im politischen Handeln der Griechen aufzufinden gesucht. – Vgl. → Wettspiele.

Lit: J. Burckhardt, Griech. Kulturgeschichte, 4 Bde, 1898–1902, passim – H. Schäfer, Staatsform und Politik, 1932 – V. Ehrenberg, Ost und West, 1935.

[2] In *Rom* wurden schon zur Zeit der Republik den griech. A.en nachgebildete athletische oder musische Wettkämpfe eingeführt. M. → Fulvius (4) Nobilior organisierte als erster Athletenwettkämpfe i. J. 186 v. Chr. (Livius 39, 22, 2); → Sulla, → Pompeius und → Caesar veranstalteten weitere; ihren Höhepunkt erreichte die Vorliebe für A.e aber erst in der Kaiserzeit: vgl. → Actia, → Neronischer Agon, → Kapitolinischer Agon. H. Le B.

[3] *In der griech. Komödie.* Der ‹epirrhematische A.› ist ein erst in der Neuzeit (A. Roßbach-R. Westphal, Griech. Metrik, 1856) erkannter, ziemlich fest geformter Teil der alten → Komödie (I B 4). Er ist in den meisten Stücken des → Aristophanes (nicht in ‹Acharnern›, ‹Frieden›, ‹Thesmophoriazusen›) ein- (‹Lysistrate›, ‹Frösche›, ‹Ekklesiazusen›, ‹Plutos›) oder zweimal (‹Ritter›, ‹Wolken›) belegt, teils vor, teils nach der Parabase. Th. G.

Lit: → Aristophanes.

Agonium, 9. Jan., 17. März, 21. Mai, 11. Dez. im röm. → Kalender. Das A. war nicht Fest eines besonderen Gottes; geopfert wurde am 9. 1. wahrscheinlich dem → Ianus, am 17. 3. dem → Mars, am 21. 5. vielleicht dem Wettergott → Ve(d)iovis, am 11. 12. dem → Sol indiges. Die Bedeutung des Wortes ‹A.› war schon in der Antike unsicher; ursprünglich bezeichnete es wohl die Opferhandlung, später das Opfertier und den Opfertag. H. Kal.

Agora. [1] Die A. hat sich gleichzeitig mit der → Stadt aus sehr bescheidenen *Anfängen* entwickelt. Homer kennt die A. als öffentlichen Platz für Beratung, Gericht, Wettspiele, Tanz und Opfer, vor dem Palast oder in der Stadt gelegen, die A. der Phäaken beim Hafen an ein Poseidon-Heiligtum gebunden, mit Steinbänken, die an die Schautreppen minoischer Plätze erinnern. Der Anteil von myk. Reminiszenz und zeitgenössischem Gut ist schwer zu scheiden, doch bieten die Versammlungsplätze von Alt → Smyrna und → Larisa am Hermos, beide in der Nähe eines Tores bei einem Heiligtum gelegen, für das 7. und 6. Jh. ein ähnliches Bild: Heiligtum und A. sind noch eng verbunden. Einfache Frühformen der A. haben auch die konservativen dor. Städte auf Kreta bewahrt, wo die A. aus einer Erweiterung der Hauptstraße im Verkehrszentrum besteht und wiederum an ein älteres Heiligtum geknüpft ist (→ Gortyn, Dreros, Lato [BCH 25, Taf. 20], ähnlich A. von → Thera). Hier sowie auf der A. von Athen treten die minoischen Schautreppen wieder auf, offenbar für kultische Spiele und Ratsversammlungen angelegt (→ Treppen).

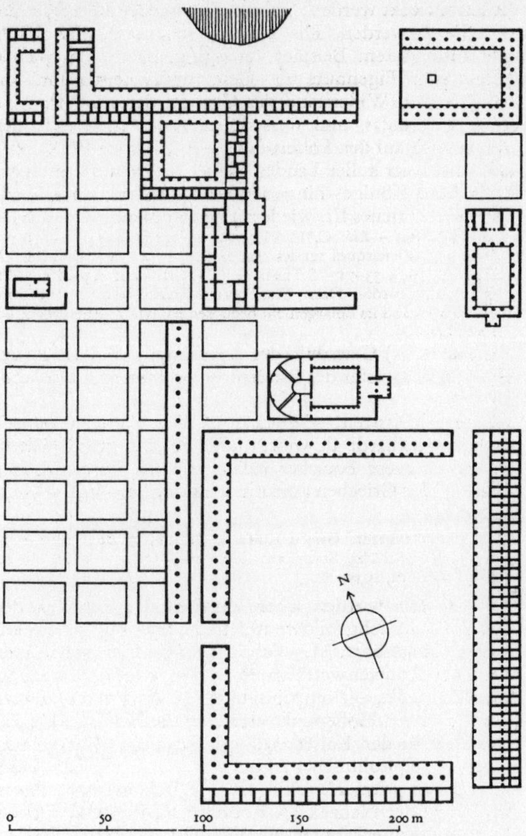

Abb. 4 Plan der Nord- und Südagora von Milet

[2] Die *A. des hippodamischen Systems* (auch ‹ion. A.›; vgl. → Stadt I D) gewann zwangsläufig, indem sie in das Straßennetz eingeordnet wurde, eine streng rechteckige, systematische Gestalt. Die von → Hippodamos entworfene A. des → *Piräus*, deren planvolle Vermessung erhaltene Grenzsteine bezeugen, ist nicht ausgegraben. Ein bes. Handelsmarkt lag am Hafen. Ebenso wies → *Milet* zwei Agorai auf: die Nord-A. am Hafen (sie bedeckt 6 Insulae, ist vom Hafen durch eine lange L-förmige Halle getrennt, zunächst an zwei, später an drei Seiten durch Hallen umgrenzt; die W-Halle einem älteren → Prytaneion vorgeblendet; vor der offenen O-Seite ein Apollon-Temenos und Gymnasion) und die südl. anschließende große Süd-A. (16 Insulae, mit 196,6 × 164 m neben Athen die größte griech. A.: ⊔-förmige Halle, vor der O-Seite eine weitere Halle mit Geschäften, 4.–2. Jh.). Dazwischen liegt das → Buleuterion. Noch klarer zeigt die kleine A. von → *Priene* die Konzeption der ion. A.: zwei Insulae entsprechen dem freien Platz, der im O, N und W von einer ⊔-Halle umrahmt wird. Die Hauptstraße liegt nicht wie bei röm. Plätzen in der Achse des Platzes, sondern tangiert seine N-Seite, die nördl. der Straße von einer weiteren hellenist. Halle abgeschlossen wird, hinter der Buleuterion und Prytaneion liegen. Es entsteht also ein ⊓-förmiges Schema. Die Mitte des Platzes bezeichnet ein → Altar. Östl. grenzt ein abgeschlossenes, eine Insula großes Zeusheiligtum an, westl. als Appendix ein abgesonderter Viktualienmarkt. Ähnlich, aber weiträumiger, die A. von → *Magnesia* (⊓-förmig, 6 Insulae groß, mit einem kleinen, nicht axial gelegenen Zeustempel; östl. davon im schrägen Winkel das große Artemis-Heiligtum).

[3] Die rechteckige von Hallen umrahmte und von der tangential geführten Hauptstraße erschlossene ion. A. wird verbindlich für die *hellenist.* Stadtgründungen im O, aber auch im Mutterland suchte man die alten Plätze durch Hallen diesem Schema anzugleichen (→ Athen, → Megalopolis, → Korinth, → Thasos); daneben bestanden jedoch, wo das Gelände es erzwang, auch im O unregelmäßige Anlagen, wie die trapezförmige A. von → *Assos*, deren Langseiten wiederum von Hallen begrenzt sind. Es war ein kleiner, aber folgenschwerer Schritt, diesen bisher an den Straßenmündungen geöffneten und so dem Organismus der Stadt eingegliederten Hallenplatz zum großen Peristylhof zu schließen; die A. hat damit zwar monumentale Symmetrie gewonnen, war jedoch als selbständiger Bau vom Stadtverkehr isoliert. In → *Delos* wurde im 2. Jh. die A. der ital. Kaufmannsgilde als ca. 82 × 65 m großer Peristylhof außerhalb der Wohnstadt erbaut. Ebenso waren die untere A. von → *Pergamon* (88 × 55 m, 2. Jh. ohne Bezug zu den Straßen), von → *Ephesos* (134 × 134 m; 2.–1. Jh.; dem Stadtplan axial eingeordnet), von → *Herakleia* a. L. (135 × 90 m; 3.–2. Jh.) und die ‹röm. A.› von → *Athen* (112 × 96 m; 1. Jh.) angelegt. So wurde die A. zum repräsentativen Monument, ihr Zusammenhang mit dem Leben der → Polis riß ab. In röm. Zeit herrscht die Peristyl-A., ältere Plätze wurden oft entsprechend umgebaut, mit Prunktoren versehen (Milet, Magnesia, Damaskus) und der freie Platzraum durch einen axialen Repräsentationsbau in seiner Mitte verstellt (Athen, Odeion des Agrippa). – Vgl. – Forum. G. Gb.

Lit: F. Tritsch, Die A. von Elis..., ÖJh 27, 1932, 64–105 – R. E. Wycherly, The Ionian Agora, JHS 62, 1942, 21–32 – W. A. McDonald, The Political Meeting-Places, 1943 – R. Martin, L'A. grecque, 1951 – H. A. Thompson, The Athenian A. (1954), 1962².

Agorakritos, Bildhauer aus Paros, Schüler und Liebling des → Phidias, Rivale des → Alkamenes. Von seinem Hauptwerk, der ‹Nemesis› von Rhamnus, sind ein Stück des Kopfes und Fragmente der Basisreliefs erhalten; um 420 v. Chr. zu datieren. Von seiner ‹Meter› ist vielleicht ein originales Marmorfragment erhalten (Berger, Parthenon-Ostgiebel, 1959, 54 f. Taf. 8). Paus. 9, 34, 1 und Strab. 9, 411 nennen Athena Itonia und Zeus-Hades in Koroneia, auf den Andrén soeben den bärtigen Kopftypus Barbarini (Lippold, GrPl 190, Anm. 9) bezogen hat – nicht zwingend, da auch ein zur delphischen oder athenischen Gruppe gehöriger Phylenheros dargestellt sein könnte (→ Phidias, → Demetrios (11) v. Alopeke). Mitarbeit des A. an den Parthenonskulpturen ist sehr wahrscheinlich und wird beim Niketempel und seiner Balustrade aus stilistischen Gründen vermutet. E. Bg.

Lit: Zur Meter vgl. Sitzstatue Venedig: EA 2478–80 – Lippold, GrPl, 187 f. – P. Zancani Montuoro, Repliche romane di una statua fidiaca, Bull. Com. 61, 1933, 25–58 – E. Buschor, Phidias der Mensch, 1948, 115–120 – K. Schefold, A. als Erbe des Phidias, Rob. Boehringer eine Freundesgabe, 1957, 543–572 – M. T. Marabini Moeus, EAA I, 1958, 146–148 – B. Ashmole, Not by A., Nederlands Kunsthistorisch Jaarboek, 10, 1959, 1–3 – A. Andrén, Rend. Pont. Acc. 35, 1962/63, 27–37 – B. Schlörb, Unters. zur Bildhauergeneration nach Phidias, Diss. Frankfurt 1964.

Agoranomen (Marktaufseher) hießen in vielen griech. Städten die mit der Marktpolizei betrauten → Magistrate (1). F. G.

Agorius → Vettius

Agri decumates → Germanen C [1].

Agricola, Cn. Iulius, cos. suff. 77 n. Chr., aus Forum Iulii (Fréjus). Geb. am 13. 6. 40 als Sohn des Senators L. Iulius Graecinus und der Iulia Procilla. Sein Schwiegervater war T. (?) Domitius Decidius, sein Schwiegersohn P. Cornelius → Tacitus (2). Hauptquelle: Tacitus' ‹Agricola›. In Massilia erzogen, Militärtribun in Britannien unter → Suetonius Paulinus (60), unter Salvius Titianus Quästor der Provinz Asia (64). Nach Tribunat (66) und Prätur (68) von → Galba mit Sonderaufgaben betraut. Schloß sich → Vespasian an, wurde von → Mucianus mit Truppenaushebungen beauftragt und zum Legionslegaten der XX Valeria Victrix in Britannien ernannt (71–73). Von Vespasian (73) unter die

Patrizier aufgenommen. 74–76 Legat von Aquitanien, 77/78–83/84 Statthalter von Britannien, wo er um gerechtere Verwaltung der Provinz und um Romanisierung der südlichen Gebiete bemüht war. In sieben Feldzügen ausgedehnte Eroberungen über die Linie Forth-Clyde hinaus (Anlage von Dealgin Ross, Fendoch und Inchtuthill im östlichen Schottland): Unterwerfung der Ordoviker und Sicherung der Westküste; Vorstoß bis zum Tanaus (Tay?); Sicherung des durchzogenen Gebietes und Konsolidierung der Forth-Clyde-Linie (u. a. Stützpunkte bei Mumrills und Cadder); Vordringen in das südwestliche Schottland (Ayrshire); Einsatz von Flotte und Heer im Gebiet des Firth of Forth und Kämpfe mit kaledonischen Völkerschaften; neuerliches Vordringen bis zum Mons Graupius im schottischen Hochland und Sieg über die Kaledonier unter Calgacus. Auftrag an den Flottenpräfekten, Britannien zu umsegeln. Angeblich unter Vorwand der Statthalterschaft von Syrien abberufen, mit Triumphalornamenten und Statue ausgezeichnet. A. lebte danach in äußerster Zurückhaltung, wie es heißt, um → Domitian nicht verdächtig zu sein, und starb am 23.8.93, dem Gerücht nach durch Vergiftung. Charakteristik: Tac. Agr. 44. U.Wm.

Lit: I. A. Richmond, Cn. Iulius A., JRS 34, 1944, 34–45 – Ders., New evidence upon the achievements of A., Carnuntina 1955, 161–167 – R. Syme, Tacitus, 1958, Ind. S. 838.

2. **A.,** S. Calpurnius, cos. suff. 159 n. Chr. (CIL XVI 110), um 162 von → Mark Aurel und → Verus (1) gegen die Britannier gesandt, nach 162 legatus pro praetore Britanniae (CIL VII 225.758.773 u. ö.), Legat im Markomannenkrieg und vermutlich i. J. 167/168 Statthalter der tres Daciae (CIL III 7505). K.H.Sch.

Agricola → Glitius.

Agrigentum → Akragas.

Agrimensoren (nach der → Groma auch Gromatiker genannt), Feldmesser, spielten bei den Römern seit dem Anfang ihrer Geschichte beim Abstecken von Tempelgebieten, Städten und Lagern eine große Rolle, später auch bei Flurgrenzziehungen und Ackerverteilungen. Die kultische Seite der Wirksamkeit wurde von den Auguren ausgeübt und war wohl die ältere. Die profane Tätigkeit wurde in republikan. Zeit von Privaten, in der Kaiserzeit von A. von Beruf gehandhabt. Der erste namentlich bekannte berufsmäßige Feldmesser ist Saxa, der dem Triumvirn M. → Antonius (2) beim Lagerabstecken behilflich war. In der Literatur erscheinen die A. von etwa 100 n. Chr. an mit den ‹Klassikern› der Gattung → Frontinus, → Hyginus (2), → Balbus, → Siculus Flaccus, → Iunius (7) Nipsus. Der späteren Kaiserzeit gehören → Agennius Urbicus, → Innocentius und → Epaphroditus (2) an. G.B.

Frg: F. Blume-K. Lachmann-Th. Mommsen-A. Rudorff, Die Schriften der röm. Feldmesser, 2 Bde, 1848. 1852 – *Lit:* A. Schulten, RE 7,2 (1912), 1886–96 – Schanz-Hosius, II 799–803. 865 f. – Å. Josephson, Casae litterarum, Stud. zum Corp. agrim. Rom., 1950.

Agrippa, M. Vipsanius, tr. pl. 43? v. Chr., praet. urb. 40, aed. cur. 33, cos. 37, II 28, III 27. Gentilname wird vermieden (Sen. contr. 2,4,13). Homo novus angeblich bescheidener Herkunft, geb. 63. Jugendfreund Octavians (→ Augustus), mit ihm 45/44 in Apollonia. A. begleitete ihn nach dem Tode → Caesars nach Kampanien. 43 klagte A. den C. → Cassius (8) unter der lex Pedia an. Feldherr Octavians im perusinischen und im sizilischen Krieg (41/40). Einer der Vermittler des Vertrages von Brundisium. 39 als Statthalter nach Gallia Transalpina entsandt, besiegte die Aquitaner, überquerte den Rhein und befriedete die Ubier. 37 Begleiter Octavians in Tarent, heiratete (Pomponia?) → Caecilia (1) Attica durch die Vermittlung des → Antonius (2; aus dieser Ehe Vipsania → Agrippina (1), Gattin des → Tiberius, 1). 36 Befehlshaber der reorganisierten Flotte gegen Sex. → Pompeius (4). Für seine Erfolge bei Mylae und Naulochus mit der corona rostrata ausgezeichnet. A. nahm an den Kämpfen in Illyrien teil (35/34), befehligte Octavians Flotte bei Actium (32/31) und war mit → Maecenas Stellvertreter Octavians bis zu dessen Rückkehr nach Rom. Als Vertrauter Octavians übernahm er i. J. 28 mit diesem die Censur und die lectio senatus. Um diese Zeit Heirat mit Claudia Marcella, Nichte Octavians. 25 vertrat er Augustus bei der Eheschließung des → Marcellus (1) und der → Julia (2). 23 erhielt er den Siegelring des Augustus, als dieser ernstlich erkrankte. Danach vergrößerte Kompetenzen (unbestimmbares proconsulare imperium). Erster Aufenthalt im Orient 23–21 (Hauptquartier Mytilene) zur Ausführung diplomatischer und administrativer Aufgaben, vielleicht auch wegen Spannungen mit Marcellus. Von Augustus wegen innenpolitischer Schwierigkeiten zurückgerufen, 21 zur Eheschließung mit → Julia (2), Witwe des Marcellus, veranlaßt (aus dieser Ehe C. und L. → Caesar (2, 3), → Julia (3), → Agrippina (2) und → Agrippa (3) Postumus; Stammbaum → Jul.-claud. Haus). 20–18 zur Beilegung von Unruhen nach Gallien und Spanien entsandt; großzügige Straßenbauten in Gallien. A. erhielt die tribunicia potestas 18 und 13, jeweils für 5 Jahre. Zweiter Aufenthalt im Orient 17/16–13 mit dem imperium proconsulare maius: in Judaea Freundschaft mit → Herodes (1) d. Gr., am Bosporus Einsetzung → Polemons I. als König von Pontos, in Syrien Einrichtung von Veteranenkolonien. Teilnahme an den Kämpfen in Pannonien (13/12). A. starb nach längerer Krankheit Ende März 12 v. Chr. Augustus, dessen engster Freund er war, hielt die Grabrede, ließ ihn im Mausoleum Augusti beisetzen und richtete ihm zu Ehren jährliche Spiele ein. Hervorragender Feldherr (lehnte 38, 19 und 14 die ihm angebotenen Triumphe ab) und Organisator (z. B. Reichsvermessung und -karte, → Kartographie). Auf seinen Kriegszügen erwarb er große Reichtümer (u. a. Besitzungen in Sizilien, auf der thrakischen Chersones und in Ägypten), aus denen er zahlreiche öffentliche Bauten (u. a. das Pantheon) finanzierte. Als Redner und Schriftsteller tätig (u. a. Autobiographie, geographische Kommentare). U.Wm.

Q: Vell. 2; Jos. AJ 12, 125 ff.; 15, 349 ff.; 16, 12 ff.; Suet. Aug.; App. BC 5; Dio Cass. 48–54 – *Charakteristiken:* Vell. 2,79; Sen. epist. 94, 46; Plin. nat. 35,26; Suet. Aug. 66; Dio Cass. 54,29,1–4 – *Lit:* R. Daniel, M. Vipsanius A., 1933 – M. Reinhold, M. Agrippa, 1933 – R. Syme, Rom. Revol. (1939), 1952², Ind. S. 567 f. – *Bildnis* → Anhang I.

2. **A.,** → Skeptiker aus der Schule des → Pyrrhon, später als → Ainesidemos; entwickelte 5 ‹Tropen›, ein Schema zur Widerlegung dogmatischer Behauptungen (Diog. Laert. 9, 88 ff.). M.S.

3. **A. Postumus,** 12 v. Chr.–14 n. Chr., dritter Sohn des → Agrippa (1) und der → Iulia (2; Stammbaum → Jul.-claud. Haus), 4 n. Chr. von Augustus adoptiert. Wegen seiner Entartung enterbt und schließlich 7 n. Chr auf die Insel Planasia verbannt, dort sofort nach dem Tode des Augustus ermordet. Diese Tat überschattet als das berühmte «erste Verbrechen der neuen Regierung» (Tac. ann. 1, 6) die Anfänge der Herrschaft des → Tiberius. K.Chr.

Q: Vell. 2, 112 – Tac. ann. 1, 3–6 – P. H. v. Blanckenhagen-Chr. Alexander, Paintings from Boscotrecase, 1962.

Agrippa → Herodes.

Agrippina (Vipsania A.), gest. um 20 n. Chr., Tochter des → Agrippa (1) und der Pomponia (Tochter des Pomponius → Atticus); erste Ehe mit → Tiberius (1), dem sie den jüngeren → Drusus (2) gebar; zweite Ehe mit C. → Asinius (1) Gallus (Sohn des → Asinius (2) Pollio). H.T.

2. **A.** maior (Vipsania A.), 14/13 v. Chr.–33 n. Chr., Tochter der → Julia (2) und des → Agrippa (1), Enkelin des → Augustus; 5 n. Chr. Ehe mit ihrem Vetter → Germanicus (1), dem sie neun Kinder gebar: u. a. → Nero (2) und → Drusus (3) Caesar, → Caligula, → A. (3) minor, → Drusilla, → Julia (7) Livilla (Stammbaum → Jul.-claud. Haus). 13–16 begleitete sie ihren Gatten nach Germanien (Tac. ann. 1, 69), Herbst 17 in den Orient. Nach seinem Tod beschuldigte sie in Rom Cn. → Calpurnius (8) Piso und indi-

rekt → Tiberius des Giftmordes an ihrem Gatten. Ihre unbändige Herrschsucht (Suet. Tib. 53) und ihre Verachtung gegenüber dem Claudier Tiberius führten 29 zu ihrer Verbannung nach Pandateria (→ Sejan), wo sie 33 starb. H.T.

Lit: A. Stahr, Röm. Kaiserfrauen, 1865 – G. Ferrero, Die Frauen d. Cäsaren, 1923 – J. P. V. D. Balsdon, Roman Women, 1962.

3. **A.** minor (Julia A.), 15–59 n. Chr., geb. in Oppidum Ubiorum, nach ihr später Colonia Agrippinensis (Köln); Tochter des → Germanicus (1) und der → A. (2) maior, Schwester des → Caligula; 28 erste Ehe mit Cn. Domitius Ahenobarbus (cos. 32), dem sie 37 den späteren Kaiser → Nero (1) gebar (Stammbaum → Jul.-claud. Haus). 40 Tod des Gatten und Relegation nach den pontischen Inseln wegen Teilnahme an einer Verschwörung gegen Caligula (Dio 59,22,6f.). 41 ließ sie ihr Oheim → Claudius (1) zurückholen, den sie nach dem Tod ihres zweiten Gatten und → Messalinas Untergang 49 heiratete (Suet. Claud. 26). 50 erreichte sie die Adoption Neros durch Claudius und ihre eigene Erhebung zur Augusta. Seitdem suchte sie planmäßig ihrem Sohn vor → Britannicus die Nachfolge zu sichern (u. a. durch Ehe mit → Octavia, 3); nahm → Seneca zu seinem Erzieher. 54 vergiftete sie Claudius und ließ Nero zum Kaiser ausrufen (Suet. Claud. 43 f.; Dio 60,32–34). Durch ihre Herrschsucht und den Einfluß der → Poppaea Sabina kam es zur Entfremdung von Nero, der sie schließlich durch Anicetus ermorden ließ (Tac. ann. 12–14). Unter Claudius und vor allem zu Beginn der Regierung Neros hatte sie eine ungewöhnliche Machtstellung inne, die sich nur mit der Herrschaft der Severischen Kaiserinnen des 3. Jh.s vergleichen läßt. Ihre Memoiren haben Tacitus und andere Historiker benutzt. H.T.

Lit: A. Stahr, A., d. Mutter Neros, 1867 – E. Kornemann, Große Frauen d. Altertums (1947), 1954⁴.

Agroecius, Bischof von Sens, Verfasser einer ‹De orthographia› betitelten, eigentlich aber der → Synonymik gewidmeten Schrift. Unbedeutend, aber im MA oft benutzt. Vgl. → Grammatik.

Frg: GrLat VII 85–90; 113–125 – *Lit:* Schanz-Hosius, IV 2, 206f. – Manitius, 68, 76, 477.

Agyrrhios, demokratischer Politiker Athens. Führte um 400 v. Chr. einen Sold für die – stark abgesunkene – Beteiligung an der Volksversammlung ein (Aristot. Ath. pol. 41, 3). Auch die Wiederherstellung des die Staatsfinanzen so sehr belastenden → Theorikon noch vor 395 ging auf ihn zurück. F.Kch.

Ahab, König von Israel, 871–852, Sohn → Omris, dessen Werk er fortsetzt: Ausbau der Hauptstadt Samaria (‹Elfenbeinpalast›: 1. Kön. 22,39) mit Baalheiligtum (→ Judentum A 7). Außenpolitisch: Friede mit Juda, Freundschaft mit Tyrus (Ahabs Gemahlin Isebel eine tyrische Prinzessin), Koalition mit Aram-Damaskos gegen Assur (853 Schlacht bei Karkar). Im AT erscheint A. als Gegenspieler des für den Jahweglauben streitenden Propheten Elia. E.W.

Lit: A. Alt, Der Stadtstaat Samaria (1954), in: Kl. Schr. z. Gesch. Israels III, 1959, 258–302.

Ahala → Servilius.

Ahas, König von Juda, 742–726. Hat sich als erster mit Assyrien (→ Mesopot. Reiche B 3) auseinanderzusetzen. Als er die von Aram-Damaskos und Israel geforderte Beteiligung an einer antiassyr. Koalition verweigert, wird er bekriegt (syr.-ephraimit. Krieg). In einem Hilferuf unterwirft er sich trotz der dringenden Warnung des Propheten Jesaja (Jes. 7) dem assyr. Großkönig und gibt dem assyr. Kult Raum im Tempel von Jerusalem (2. Kön. 16, 10ff.). E.W.

Ahenobarbus → Domitius.

Ahhijawa → Achäer.

Aḥiqār, Held einer legendären Erzählung, angeblich Kanzler des → Sanherib und → Asarhaddon, der, von seinem Adoptivsohn zu Unrecht angeklagt, durch Zufall dem Tode entgeht. Seine Geschichte bildet den Rahmen für eine umfangreiche Spruch- und Fabelsammlung. In der ältesten Fassung in altaramäischen Bruchstücken aus den → Elephantine-Papyri des 5. Jh.s bekannt, geht die A.-Erzählung vielleicht auf ein assyr.-babylon. Original, zum mindesten auf derartige literarische Vorbilder zurück, worauf ihr Kolorit und akkad. Parallelen zur literarischen Gattung der Spruch- und Fabelsammlung hindeuten. Von ihrer altaramäischen unterscheidet sich eine sekundär überarbeitete syr. Fassung, auf die direkt oder indirekt arab., armen., äthiop., slaw., rumän. u. a. Textformen zurückgehen. G.Wn.

Lit: RLAssyr I, 1932, 15f. – A. Baumstark, Gesch. der syr. Literatur..., 1922, 11f. – A. Cowley, Aramaic Papyri of the 5th Century B. C., 1933, 204–248 – F. C. Conybeare u. a., The story of Ahikar... (1898), 1913².

Ahnenkult. [1] Für den *griech.* A. ist die allgemein verbreitete fromme Verehrung der Eltern und Voreltern wie auch des Ahnherrn eines Geschlechts zu unterscheiden vom A. im prägnanten Sinne, der auf der Voraussetzung beruht, daß die Vorfahren eine bestimmte Macht über ihre Nachkommen besitzen und diesen Segen oder Verderben verschaffen können. Für die *Griechen* ist es bezeichnend, daß die Verehrung der abgeschiedenen Eltern als durch Pietät geboten sehr streng genommen wird, der Kult der Vorfahren jedoch nur dort eine Rolle spielt, wo es sich entweder um alte Fürstenhäuser handelt oder wo der Urahn der Familie zugleich als → Heros einen öffentlichen, vom Staate organisierten Kult besitzt. Vom A. im engen Sinne gibt es erst recht bloß unbestimmte Spuren: der Glaube, daß die Toten, wenn sie nicht geziemend geehrt werden, den Lebenden im Wachen oder im Traume bittend, mahnend oder drohend erscheinen können oder gar unheilstiftend auf die Erde zurückkehren und namentlich an ihren Grabstätten ihr Unwesen treiben und begütigt werden müssen, ist zuweilen faßbar (vgl. Nilsson I 168ff.) und mag im Volke eine gewisse Verbreitung gehabt haben, doch von der Vorstellung, daß vom A. besondere Kräfte auf die Nachkommen übergehen, ist nirgends die Rede. – Faktisch beschränkt sich also der griech. A. auf die korrekte und regelmäßige Pflege der Gräber der Eltern; dies gehört zu den wichtigsten Pflichten der Kinder und wird vom Staate kontrolliert. Versäumnis dieser Pflicht zieht bürgerliche Disqualifikation nach sich. Doch schon bei den Großeltern nimmt man es nicht mehr streng, und vollends zum röm. A. gibt es bei den Griechen nichts Vergleichbares. O.G.

Lit: U. v. Wilamowitz, Glaube der Hellenen I, 1931, 37f. – Nilsson I 166. 677f.

[2] In *Rom* ist A. nur möglich, wo es im strengen Sinne Ahnen, Di Parentes bzw. Di(vi) Parentum(?), gibt, d. h. bei den alten röm. Gentes. Es steht zwar nicht fest, daß es bei ihnen einen A. im Sinne einer Verehrung der längst Hingeschiedenen gegeben hat; weder aus der Literatur noch aus den fast ausschließlich kaiserzeitlichen Weihungen an die Di Parentes kann man einen sicheren Schluß ziehen. Es ist jedoch wahrscheinlich, daß die → Parentalia den als Göttern betrachteten Familientoten insgesamt gewidmet waren. Daß man aber die Geburts- und Todestage aller wirklichen Ahnen mit Mahlzeiten an ihrem Grabe und mit Blumenkränzen gefeiert hätte, wie man das für die vor kurzem Verstorbenen tat, ist natürlich nicht anzunehmen. – Vielleicht darf man die Gewohnheit, bei jeder Mahlzeit etwas Mehl, Fleisch und Salz ins Feuer zu werfen, angeblich als ein Opfer für die Penaten, sowie den Brauch, ‹für den Lar› gefallene Bissen ins Feuer zu werfen, als einen unbewußten Rest alter Ahnenverehrung ansehen. J.t.V.

Lit: G. Wissowa, Religion und Kultus der Römer, 1912, 232–240 – F. Bömer, A. u. Ahnenglaube im alten Rom, 1943 – F. Cumont, Lux Perpetua, 1949 – Latte, 90. 98.

Ahorn (ζυγία, σφένδαμνος, acer), im alten Mittelmeerraum mit mehreren Arten vertreten, in Gebirgen bes. der kret. A., der wahrscheinlich im Kult der → Rhea gepflegt wurde. Eine bes. Bedeutung im Mythos ist nicht bezeugt.

Aus A. war das hölzerne Pferd vor → Troja gezimmert. Das Holz wurde wegen seiner sprichwörtlichen Härte und der schönen Maserung geschätzt. Vgl. → Flora. J.W.

Lit: Wagler, RE 1,1 (1893), 917–919 – Murr, Pflanzenwelt, 25.

Ahriman (mitteliran.; griech. Ἀρειμάνιος), im Avesta das böse Prinzip, Angra Mainyu (ein einziges Mal in den Gāthās, Yasna 45.2), im Gegensatz zu seinem Zwillingsbruder Spenta Mainyu, dem Geist des Guten, in der zerwanischen Exegese Ōhrmazd (→ Ahura Mazdāh) gleichgesetzt. G.R.

Lit: J. Duchesne-Guillemin, Ahriman et le dieu suprême dans les mystères de Mithra, Numen 2, 1955, 190–195, und NClio 10, 1960, 91–98 – W. Hinz, RE Suppl. 9 (1962), 11–13.

Ahura Mazdāh (mitteliran. Ōhrmazd), ‹Weiser Herr›, wohl ein anderer Name für → Varuna, wie → Mithra ein *ahura* (ind. *asura*), d. h. ein Gott, der eine bes. Macht besitzt. Er wurde bei den → Achämeniden und im → Avesta der größte der Götter, der Himmel und Erde erschaffen hat, der die Könige einsetzt und beschützt. In der mazdaischen Kosmogonie ist A. der Gegner → Ahrimans. Für den Manichäismus wie in der zervanischen Spekulation ist A. der Urmensch, dessen Fall das zeitliche Geschehen in Gang gebracht hat. Vgl. → Iran. Religion. G.R.

Lit: A. Christensen, Die Iranier, HbAW III 1.3, 1933, Index s. v. Ohrmazd – J. Duchesne-Guillemin, Ormazd et Ahriman, 1953 – W. Brandenstein u. M. Mayrhofer, Hb. des Altpers., 1964, 8–10 – Vgl. zu → Varuna.

Aiakesweihung, Sitzstatue, nach Buschor Hera, während Möbius jetzt wieder zur älteren Deutung auf Aiakes selbst zurückgekehrt ist, auf dessen Amt vor → Polykrates' Regierungsantritt die Inschrift der Statue anspielt. Dadurch ist sie auch um 540 datiert. K. Schf.

Lit: E. Buschor, Altsam. Standbilder II, 1934, 40f. – H. Möbius, Arch. Sitzstatue aus Didyma, Antike Plastik II, 1964, 26.

Aiakos, Sohn des Zeus und der Aigina; als sein Land, Ägina, durch eine Seuche entvölkert ist, verwandelt Zeus für ihn Ameisen in Menschen (Myrmidonen). Mit Endeïs zeugt er → Peleus und → Telamon, mit Psamathe Phokos. Hilft dem Apoll und Poseidon beim Bau der Mauern Trojas (→ Laomedon); Freund der Götter (Pind. Ol. 8, 31 ff.), deshalb und wegen seiner Gerechtigkeitsliebe nach dem Tode Richter in der Unterwelt (Isokr. 9, 15; Plat. Apol. 41 A; Gorg. 523 ff.; Aristoph. ran. 465 ff.; als solcher auch auf apul. Vasen: Rumpf, a. O.). Heiligtümer auf der athen. Agora und auf → Ägina. H.S.

Lit: A. Rumpf, EAA III, 1960, 201, s. v. Eaco.

Aias der Lokrer, Sohn des Lokrerkönigs Oileus. Nach Achilleus der schnellste Grieche vor Troja, kämpft oft mit dem ‹Großen› Aias zusammen. Zeichnet sich beim Kampf um die Mauer (Il. 12, 355 ff.) u. um die Leiche des Patroklos (Il. 16, 256 ff.) bes. aus. Auf der Rückkehr von Troja findet A., der schon bei Homer wild und gottlos ist, durch die Feindschaft von Athene und Poseidon den Tod. Der Haß Athenes wird später dadurch motiviert, daß A. beim Fall Trojas → Kassandra von der Statue Athenes, bei der sie Hilfe sucht, wegreißt oder vergewaltigt. – Im *Kult* wurde damit der lokrische Jungfrauentribut verbunden, demzufolge jährlich zwei Mädchen nach Ilion gesandt wurden, die, vom Volk verfolgt, im Tempel Athenes Zuflucht fanden und dort Dienerinnen wurden; diese Buße wurde bis tief in historische Zeit hinein fortgesetzt (Wilhelm, ÖJh 14, 1911, 163 ff.).

Lit: J. Davreux, La légende de la prophétesse Cassandre, 1942 – *Darstellungen:* Die Schändung der Kassandra durch A. ist seit etwa 580/70 häufig als Beispiel der griech. Frevel auf Schildbandreliefs (Kunze 161–163), Vasen (Brommer 282–284), etrusk. Urnen und Spiegeln sowie Gemmen und Wandgemälden (U. Hausmann, Hellenist. Reliefbecher, 1959, 114.208). K. Schb.

2. **A. der Telamonier,** Sohn des Telamon, des Königs von Salamis, im Vergleich zum Lokrier, mit dem er oft zusammen kämpfte, auch der ‹Große› A. genannt. Bei Homer der tapferste und mutigste Grieche des → Trojan. Krieges nach Achilleus, den er, während jener grollt, zu ersetzen sucht. Er mißt sich mit Hektor (sie trennen sich unter Austausch von Geschenken; Il. 7, 179) und rettet den Leichnam des → Patroklos (Il. 16, 128). Streit mit Odysseus um die Waffen des Achilleus. Die troischen Frauen entscheiden auf die Frage, wer ihrer Stadt am meisten geschadet habe, zugunsten des Odysseus (Od. 11, 547 und Schol.). A. verfällt in Wahnsinn und schlägt die Herden, die er für seine Feinde, die Griechen, hält; als er zur Besinnung kommt, stürzt er sich in sein Schwert (‹Kleine Ilias›; Aischyl. Ὅπλων κρίσις; vgl. Soph. Ai.; Ov. met. 13; nichts davon bei Homer). Nachhomerisch ist A. auch Freier der → Helena. Der Stoff ist auch in der röm. → Tragödie (II) beliebt (→ Livius (2) Andronicus, → Ennius, → Pacuvius, → Accius, → Augustus). Nach anderen im Kampf gefallen (Dares 35) oder ermordet (Dict. 5, 15). Wie → Achilleus sollte er nach dem Tod auf Leuke weilen (Paus. 3, 19, 13). – *Kult* des A. in Salamis, von den Athenern nach Athen verpflanzt (Paus. 2, 29, 4), wo A. mit dem Stammbaum der → Philaiden verbunden wurde. Auch in Megara verehrt (Xen., kyn. 1, 9).

Lit: P. v. d. Mühll, Der große A., 1930 – *Darstellungen:* vereinzelt von Kämpfen des A. vor Troja (mit Hektor); sehr häufig A. im Brettspiel mit Achilleus (Brommer 252–255; Ars Antiqua A. G., Katalog der Auktion II 1960 zu Nr. 147) und mit der Leiche des Achilleus (Brommer 275). Mehrfach bei der Abstimmung über die Waffen des Achilleus und im Streit mit Odysseus (Brommer 300 f.). Selbstmord des A. schon im 7. Jh. vor allem in der korinth. Kunst dargestellt, dann vor allem auf att. Vasen (Kunze 154–157; Schefold, FS 24; Brommer 280 f.). K. Schb.

Aidesios, → Neuplatoniker, gest. um 355, Schüler des → Iamblichos, Gründer einer Schule in Pergamon, die die syrische seines Lehrers fortsetzt, Lehrer von Maximus, Chrysanthios, Priscus, uns bes. als Theurg bekannt. Ph. M.

Lit: J. Geffcken, Ausgang des griech.-röm. Heidentums, 1920 – Schmid-Stählin, II 2, 1924⁸, 1055.

Aidos (αἰδώς), → Personifikation, als göttliche Gestalt zunächst in der Dichtung bezeugt: nach Hes. erg. 197–201 beginnt das Eiserne Zeitalter damit, daß A. und → Nemesis die Menschen verlassen und zum Olymp entweichen, bei Soph. O. K. 1267 f. ist sie Beisitzerin des Zeus. Faßbaren Kult hat A. (unter Einfluß der Dichtung?) nur in Athen. Pausanias (1, 17, 1) verzeichnet auf der Agora einen Altar von A., Pheme und Horme, wohl in klass. Zeit aus einem uns nicht mehr bekannten Anlaß errichtet. → Hesych (s. v. Αἰδοῦς βωμός) erwähnt Altäre von A. und Asphaleia auf der Akropolis, eine Priesterin der A. ist inschriftlich aus der Kaiserzeit belegt. Das Standbild der A., das nach Paus. 3, 20, 10 f. → Ikarios, Vater der Penelope, auf der Straße von Sparta nach Arkadien errichtet haben soll, ist sicher erst hellenist. Erklärung einer namenlos gewordenen weiblichen Kultstatue unbekannten Alters. Zusammen mit der Spärlichkeit der Zeugnisse macht die schillernde Bedeutung von αἰδώς (‹Scheu›, ‹Rücksicht›, ‹Anstand› und dgl.) die nähere Bestimmung der Kultbedeutung von A. fast unmöglich. O.G.

Aietes, Sohn des → Helios, Bruder der → Kirke, König von ‹Aia› in Kolchis, Vater von → Medea und Apsyrtos, durch → Phrixos Besitzer des Goldenen Vlieses. → Argonauten.

Aigai, Name mehrerer Städte in Griechenland und Kleinasien, bes. 1. *Hauptstadt Makedoniens* (Kt. 1152 C2) und Begräbnisstätte der makedon. Könige, auch Edessa genannt (vielleicht illyr. Name der Stadt); 274 Plünderung der Königsgräber durch die Soldaten des → Pyrrhos. Seit → Archelaos (1) v. Makedonien (413–399) Pella Hauptstadt des Landes. – 2. *Stadt in der kleinasiat. Äolis* östl. von Myrina, heute Nemrud-kalesi (Kt. 1152 H4) mit sehr ansehnlichen Bauten (2. Jh. v. Chr.). 17 n. Chr. durch ein schweres Erdbeben erschüttert. E.M.

Lit: R. Bohn-C. Schuchhardt, Altertümer v. A., 1889.

Aigeus, König von Athen und Eponym der Ägäis, Sohn des → Pandion, erobert mit seinen Brüdern Pallas, Nisos und Lykos Attika von den Metioniden zurück und wird, zu ihrem Unwillen, König des größten Landesteils. Wegen seiner Kinderlosigkeit in Delphi anfragend, erhält er ein dunkles Orakel, das er, auf dem Rückweg bei Pittheus in Troizen einkehrend, diesem erzählt. Der, den Sinn ergreifend, macht A. trunken und bringt ihn mit seiner Tochter Aithra zusammen – in derselben Nacht, in der auch → Poseidon dieser seiner Geliebten beiwohnt (Apollod. 3, 206 bis 208; Plut. Thes. 3). Deren Kind ist → Theseus. Die weiteren Schicksale des A., der, nach Athen zurückgekehrt, → Medea heiratet (ein Sohn Medos), sind eng mit dem des → Theseus verknüpft. K. Schb.

Darstellungen: Meist in Zusammenhang mit Theseus' Ankunft in Athen oder der Opferung des marathonischen Stiers (Brommer 162f. 197).

Aigialeia, Tochter des → Adrastos, Gemahlin des → Diomedes. Auf Betreiben Aphrodites, die von Diomedes verwundet wurde und ihm zürnt, betrügt A. ihren Gemahl während seiner Abwesenheit. Diomedes, auch nach seiner Rückkehr von Aphrodite verfolgt, wandert nach Italien aus (Schol. [D] Il. 5, 412). K. Schb.

Aigialeus, Sohn des → Adrast, Gründer von Sikyon (wo die 4. Phyle nach den drei dorischen nach ihm benannt ist: Hdt. 5, 68, 2), fällt als einziger im Zug der → Epigonen.

Aigimios, mythischer König, Sohn des Doros, Stammvater (Diod. 4, 37, 58) und Gesetzgeber (Pind. Pyth. 1, 64) der Dorer, erobert Ägina, kämpft mit → Herakles gegen die Lapithen, gibt dessen Sohn Hyllos das gleiche Erbteil wie seinen eigenen Söhnen Dymas und Pamphylos; nach diesen dreien werden die drei dorischen Phylen benannt (Strab. 9, 427; Paus. 2, 28, 6; Apollod. 2, 7, 7). H. S.

Aigisthos, Sohn des Thyestes. Verführt → Klytaimestra, überfällt ihren Gatten → Agamemnon nach der Heimkehr aus Troja, läßt ihn erschlagen (Od. 3, 263 ff.; 4, 524 ff.), heiratet Klytaimestra und herrscht in Mykenai, bis er der Blutrache durch → Orestes verfällt (Od. 3, 305 ff.). Weiterdichtung bei → Aischylos (Ag. 1583 ff.) und → Sophokles (TGF 184), bei dem A. Sohn des Thyest von dessen Tochter Pelopia ist. Nach dieser Version wird er von → Atreus erzogen und angestiftet, Thyest zu ermorden. Da dieser den Sohn erkennt, tötet A. den Atreus.

Lit: Preller-Robert II 3, 1294 ff.; 1302 ff. – *Darstellungen:* Tötung des A. durch Orestes häufiger als die der → Klytaimestra (C. Robert, Bild und Lied, 1881, 149 ff.), erstmals nachgewiesen auf einem früh-att. Krater um 680/670 (CVA Berlin 1, Taf. 18f.), Schildreliefs (Schefold, FS, Abb. 44) einer Metope des mittleren 6. Jh.s (Heraion alla Foce del Sele II, 1954, 275–288) und att. sowie ital. Vasen (Brommer 321f.; Schauenburg, Perseus, 61 Anm. 406). Die Schildreliefs und att. Vasen lassen A. auf seinem Thron sterben, während er auf den ital. stehend überfallen wird. Auch auf röm. Sarkophagen oft dargestellt (Robert, SR II Nr. 154 ff.). K. Schb.

[2] *Grab des A.* (Verbindung willkürlich), ein → Kuppelgrab in → Mykene östl. neben dem ‹Grab der → Klytaimestra›. Es gehört zu den älteren Kuppelgräbern (15. Jh.): nur die Torfassade, nicht der → Dromos mit Steinquadern gefüttert, Entlastungsdreieck über dem Tor fehlt, Kuppel aus Bruchsteinen. Erhaltung wenig gut: es fehlt die eigentliche Kuppel. Vgl. → Grab B [2]. W. Schg.

Lit: A. J. B. Wace, Mycenae, 1949, 17. 35–41.

Aigospotamoi (‹Ziegenflüsse›), Fluß und kleine Stadt auf dem thrakischen Chersones, der Halbinsel Gallipoli (Kt. 1152 G2). Hier errang → Lysander 405 v. Chr. den Sieg über die athen. Flotte, der den → Pelop. Krieg für Sparta entschied. E. M.

Aigyptos, Sohn des → Belos, Enkel Poseidons, Bruder des → Danaos, Eponymos von Ägypten. Galt auch als Sohn des Zeus, des Hephaistos oder des Nils. Seine 50 Söhne bis auf Lynkeus von den → Danaiden ermordet. K. Schb.

Aineias → Aeneas.

2. **A. Taktikos,** ältester griech. Militärschriftsteller, vielleicht identisch mit A. von Stymphalos, dem Führer des Arkadischen Bundes 367 v. Chr. (Xen. Hell. 7, 3, 1); aus einer Vielzahl von Einzelschriften ist ein Stück über die Verteidigung belagerter Städte (*Πῶς χρὴ πολιορκουμένους ἀντέχειν*) erhalten: nicht ohne rhetorische Stilmittel, doch sachlich und anschaulich, belegt durch viele historische Beispiele, aus denen sich eine Abfassungszeit wenig nach 360 v. Chr. ergibt. Die Belagerungskunst steckt noch in den Anfängen, die Hauptgefahr ist der Verrat. W. Bk.

Frg: R. Schoene, BT, 1911 – W. A. Oldfather, LCL, 1923 – L. W. Hunter, 1927 – *Index:* D. Barends, Lexicon Aeneium, 1955.

3. **A. von Gaza,** wohl etwas älterer Zeitgenosse → Prokops v. Gaza (5./6. Jh.). Schüler des Neuplatonikers → Hierokles (3)? Erhalten sind 25 Briefe und ‹Theophrastos›, ein Dialog über Weltschöpfung, Eschatologie, Seele, Auferstehung usw.; vgl. → Zacharias v. Gaza. W. Sp.

Ed: Theophr.: ed. princ. 1559 (lat. Übers. v. A. Traversari, 1513) – Boissonade, 1836 (mit Noten) – M. E. Colonna, 1958 (Einl., Noten, Indices) – Epist.: M. Musurus, 1499 (ed. princ.) – L. Massa Positano, (1950), 1962² – *Lit:* Freudenthal, RE 1 (1894), 1021f. – M. E. Colonna, Zacaria Scolastico, il suo Ammonio e il Teofrasto di Enea di Gaza, AFLN 6, 1956, 107–118 – R. J. Loenertz, Observations sur quelques lettres d'E., HJ 77, 1958, 438–443 – Altaner, 480.

Ainesidemos von Knosos, → Skeptiker aus der Schule des → Pyrrhon, Zeitgenosse Ciceros oder etwas jünger, lehrte in Alexandrien. – *Werke:* 1. *Pyrrhonische Erörterungen* (*Πυρρώνειοι λόγοι*, 8 Bücher); erhalten ein Auszug des → Photios (Bibl. Cod. 212). Das erste Buch zeigt, daß A. die Erneuerung des Pyrrhonismus wegen des Dogmatismus in der Akademie (des → Philon (6) v. Larisa oder des → Antiochos, 9) für notwendig hielt. A. entwickelte hier die von → Pyrrhon her bekannten Prinzipien und forderte ausdrücklich skeptische Zurückhaltung auch gegenüber den eigenen skeptischen Grundsätzen. In den übrigen Büchern setzte er sich mit Naturphilosophie und Ethik der Dogmatiker auseinander. Vermutlich wurden an einer Stelle die 8 ‹Tropen› aufgeführt, mit denen A. den Dogmatikern grundlegende Fehler in der Angabe von Ursachen (Aitiologie) nachwies. – 2. *Abriß zur Pyrrhonischen Philosophie* (*Ὑποτύπωσις εἰς τὰ Πυρρώνεια*), mit den 10 ‹Tropen›, Arten der Argumentation, durch die die Möglichkeit der Erkenntnis angefochten werden kann (z. B. den Hinweis auf die Verschiedenheit der Menschen, ihrer Zustände, der Sinnesorgane usw.). Die Zusammenstellung stammt vermutlich von A., die Argumente sind erheblich älter. Von den übrigen Schriften sind nur die Titel bekannt. Noch unerklärt sind die Stellen, in denen A. sich auf → Heraklit zu berufen scheint. M. S.

Ainianen, kleiner Stamm im oberen → Spercheiostal (bei Hom. Il. 2, 749 in Nordthessalien), selbständiger Staat, Mitglied der → Amphiktyonie. In der Geschichte ohne bes. Bedeutung. Hauptort seit dem 4. Jh. v. Chr. Hypata. E. M.

Lit: Fr. Stählin, Das hellen. Thessalien, 1924, 219–226.

Aiolos, Sohn des Hellen und der Orseïs, Enkel des → Deukalion, Stammvater der → Äolier, Bruder von Xuthos und Doros. Herrschte im thessalischen Magnesia. Von seiner Frau Enarete Vater von sieben Söhnen und sieben (oder fünf) Töchtern, u. a. → Kretheus, → Sisyphos, → Salmoneus, → Athamas, Kanake (Paus. 9, 20, 1. 40, 5; 10, 38, 4; Hyg. fab. 242; vgl. Apollod. 1, 50). Nach Pausanias 9, 40, 3 auch Vater der Arne (Personifikation einer Stadt in Böotien oder in Thessalien). K. Schb.

2. **A.,** der Gott der Winde, → Odysseus.

Aiōn (*ὁ αἰών*), ‹Leben› (physische Lebenskraft, med.: Rückenmark), ‹Lebenszeit›. → Personifikation als Sohn des → Chronos (Eur. Herakl. 900, nicht in der Orphik), durch philosophische Spekulation ‹Lebenszeit ohne Grenze, Ewigkeit› (Heraklit B 52; Plat. Tim. 37 D ff.: ideelle zeitlose Ewigkeit, Plot. 3, 7: vollständige Existenz alles Seienden, s. auch Prokl. in Tim. 240 E ff. u. ö., anders Aristot. cael. A 9, 279 a 22 ff.: das Telos, das die ganze Zeit und Unendlichkeit umfaßt). Seit wann östliche Vorstellungen einwirken, ist umstritten; sicher ist den Griechen der pers. Ewigkeitsgott bekannt geworden, doch erscheint A. in hellenist. Zeit als Weltaltergott, durch stete Erneuerung ewig und ewigen Bestand garantierend: entsprechend sein Kult in Alexandria als *Plutonios* (Ps. Kallisth. 1, 30; Epiphan. panar. 51, 22, verbunden mit → Serapis, auch mit → Thot u.a.), die eleusin. Inschrift SIG 1125 (1. Jh. v. Chr.), die Gleichsetzung mit → Janus durch M. Valerius Messala (Macr. sat. 1, 9, 14), die Darstellung bei Nonnos (Dion. 41, 178 ff.), aber auch die Funktion als zweiter Gott im Corpus Hermeticum (11, 2 ff., als Kraft Gottes 11, 3; s. auch Prokl. in Tim. 242 D) und in den Zauberpapyri (z. B. 1, 200; auch mit Helios gleichgesetzt: 4, 1169 ff.). Dort findet sich auch eine Hierarchie der A.e (4, 2197 f.; 12, 246 ff.; 13, 69 ff.); die Vielzahl persönlicher und räumlich geordneter A.e der → Gnosis stammt wohl aus jüd. Tradition. Viele Einzelheiten sind unsicher, bes. die Zuweisungen bildlicher Darstellungen (die Mischgestalt des Mithrazismus wird nie A. genannt). C.J.C.

Lit: C. Lackeit, A., Diss. Königsberg 1916 – C. Colpe, Die religionsgeschichtl. Schule, 1960, 209–216 – E. Degani, *ΑΙΩΝ* da Omero ad Aristotele, 1961 (vgl. C. J. Classen, Gnomon 34, 1962, 366–370).

Aipytos, bei der Ermordung seines Vaters Kresphontes durch Polyphontes von der Mutter Merope außer Landes gerettet, die durch Boten mit ihm in Verbindung bleibt. Herangewachsen, gibt er sich bei Polyphontes als Mörder des A. aus, fordert die Belohnung und wird von Merope fast umgebracht, bevor der alte Bote ihn erkennt. Nach gemeinsamem Racheplan erschlägt er Polyphontes bei dessen Dankfest am Altar und wird König von Messenien. L.H.

Q: Hyg. fab. 137 nach dem verlorenen ‹Kresphontes› des Euripides.

Aischines, Sokratesschüler, Athener aus dem Demos Sphettos ca. 430–360 v. Chr., nächst → Platon und → Xenophon derjenige → Sokratiker, dessen → Dialoge uns dank zahlreichen Anspielungen und einigen Fragmenten am besten faßbar sind. Der literarischen Struktur nach scheinen sie Platon nahegestanden zu haben; mit Xenophon ist A. dadurch verbunden, daß er → Sokrates nicht als Lehrer einer bes. philosophischen Doktrin, sondern lediglich als unermüdlichen Mahner zu Frömmigkeit, Gerechtigkeit und zur Fürsorge für die eigene Seele gezeichnet hat. Daß er einfacher Herkunft und Sokrates bes. zugetan war, auch nach dessen Hinrichtung mit Xanthippe verbunden blieb und unter den Sokratikern mit → Aristippos eng befreundet war, mag er selbst erzählt haben, wie denn seine Dialoge sich nicht durch philosophische Tiefe, wohl aber durch Liebenswürdigkeit und lebhafte Szenerie ausgezeichnet haben werden. Bezeugt sind: (1) ‹Alkibiades› (Sokrates demütigt im Gespräch den auf Adel, Schönheit, Reichtum stolzen Jüngling bis zu Tränen); (2) ‹Aspasia› (von der Ebenbürtigkeit der Frau mit dem Manne als Ratgeberin im politischen wie im privaten Bereiche); (3) ‹Telauges› (Auseinandersetzung des Sokrates mit einem Pythagoreer); (4) ‹Kallias› (Kontrastierung des armen, aber tugendhaften Aristeides mit dem reichen, aber liederlichen Kallias; scharfe Angriffe auf → Anaxagoras und → Prodikos); (5) ‹Axiochos› (anscheinend z. T. Nr. 1 verwandt); (6) ‹Miltiades› und (7) ‹Rhinon›. – Er scheint auch einige Gerichtsreden geschrieben zu haben. Umgekehrt ist eine sehr bissige Rede des → Lysias, von der wir einige Reste haben, gegen ihn gerichtet gewesen. O.G.

Frg: H. Dittmar, A. v. Sphettos, 1912.

2. **A.,** athen. → Redner, geb. um 390 v. Chr., aus einer kleinbürgerlichen Familie stammend; der Vater Atrometos war als aufrechter Demokrat während des oligarchischen Umsturzes im Exil. Die Söhne steigen zu den höchsten Staatsämtern auf. In seiner Jugend als Behördeschreiber tätig, wird A. nach einer vorübergehenden Periode schauspielerischer Tätigkeit – von Demosthenes bespöttelt – Ratsschreiber. Bekennt sich zu der Politik des → Eubulos, die er, anders als → Demosthenes, auch dann noch weiter vertritt, als → Philipp II. v. Makedonien die Lebensinteressen Athens bedroht. Als Wortführer der promakedonischen Partei redet er einem Ausgleich das Wort, daher geeigneter Gesandter zum Aushandeln des Friedens des → Philokrates (346). Wegen seines undurchsichtigen Verhaltens bei diesen Verhandlungen klagte ihn Demosthenes des Zuwiderhandelns gegen seine Instruktionen an (*παραπρεσβεία*), A. wehrt sich durch eine Gegenklage (or. 1) gegen den Kläger Timarchos, dem Demosthenes die Vertretung der Anklage übertragen hatte, und gewinnt diesen Prozeß (345). Zum eigentlichen Hauptpunkt, der zwei Jahre später nach einer erneuten Anklage verhandelt wird, hält er die noch erhaltene Verteidigungsrede (or. 2), mit der er allerdings nur mit knapper Not der Verurteilung entging, der sich sein Mitgesandter Philokrates durch die Flucht entzog. A. war mitverantwortlich für den Auftrag einer → amphiktyonischen Exekutivaktion an Philipp, die diesem die erwünschte Gelegenheit gab, in Mittelgriechenland einzugreifen und einen bedrohlichen Druck auf Theben und Athen auszuüben; insofern ist A. an dem Krieg, der mit der Niederlage von Chaironeia (338) endete, nicht unschuldig. Diese Ereignisse führten die promakedonische Partei mit A. an der Spitze zur Macht in Athen; der innere Widerstand hörte jedoch nicht auf und äußerte sich in Aktionen wie dem Antrag → Ktesiphons, Demosthenes wegen seiner Verdienste einen goldenen Kranz, die übliche Ehrung, zu verleihen. A. blockierte dies mit einer Verfassungsklage gegen den Antragsteller. Erst 330, nach 7 Jahren, kam der Prozeß zum Austrag, in dem A. die Anklagerede hielt (or. 3), Demosthenes mit der berühmten Kranzrede antwortete. Bei der Richterabstimmung erhielt A. nicht einmal die nötige Anzahl der Stimmen, die ihn vor der → Atimie hätten bewahren können. Er verließ Athen und ging nach Kleinasien und Rhodos, wo er bis zu seinem Tode Redelehrer war. – Von den Reden besitzen wir nur die drei oben erwähnten (gegen Timarchos, über die Truggesandtschaft, gegen Ktesiphon). A. galt als wirkungsvoller Redner, bes. auch durch Vortrag und Stimme, freilich ohne die leidenschaftliche Dynamik des Demosthenes. Die Nachwelt reihte auch ihn in den Kanon der 10 berühmtesten → Redner (I C 5) ein, sein Charakter aber bleibt im Zwielicht. – Bildnis → Anhang I. J.H.K.

Ed: F. Blaß, BT, 1908 – V. Martin-G. de Budé, CB (1927–28), 1952² – *Index:* S. Preuß, 1896 (Nachdr. 1926) – *Lit:* Blaß III 2, 153–266.

Aischrologie (*αἰσχρολογία*, ‹Aussprechen des Häßlichen›). Derbe, bis zur Zote gesteigerte Schelte scheint, als Mittel zur Abwehr des Bösen, ein altes Element der Fruchtbarkeitskulte zu sein. In den Kult der → Demeter gehören wohl die Magd → Iambe, deren Scherze die trauernde Göttin erheitern (Hom. hymn. Dem. 202 ff.), und die ‹Brückenspäße› (→ Gephyrismoi) der → Mysten bei der Prozession nach → Eleusis. Aus dem Bereich des Demeterkultes in → Thasos stammen vielleicht die volkstümlichen Vorbilder der → Jamben des → Archilochos mit ihren heftigen persönlichen Schmähgedichten (Hor. epist. 1, 19, 23 ff., ars 79). In der Art des Iambus drückt sich auch in der alten → Komödie (I A 1. B) der oft unflätige Spott und die öffentliche → Rüge aus, deren Träger der → Chor namentlich in der → Parabase ist. Den veränderten Verhältnissen und dem Geschmack des 4. Jh.s entsprechend wird die heftige Invektive (*ἰαμβικὴ ἰδέα*, Aristot. poet. 5, 1449 b 7 ff.) zugunsten größerer Dezenz und feinerer Durchbildung der Handlung allmählich zurückgedrängt. → Aristoteles stellt (NE 4, 14, 1128 a 22 ff.) die für seine Zeit unschickliche A. der alten Komödie mit ihrer Possenreißerei dem Anstand der Scherze durch Anspielungen in der zeitgenössischen mittleren → Komödie (I C) tadelnd gegenüber, und in der späteren Poetik wird die A. verworfen (vgl. Hor. sat. 1, 4, 1 ff.; ars 281 ff.), in einzelnen Fällen allerdings, z. B. im → Epigramm, gelegentlich doch weitergepflegt. Th.G.

Lit: Lesky, 130. 242 – Schmid-Stählin I 4, 13–24.

Aischylos, athen. Tragiker

A. Leben – B. Bedeutung – C. Werk – D. Menschenbild.

A. Leben. A., 525/4–456/5 v. Chr., Sohn des Euphorion, aus vornehmer Familie in Eleusis. Als Zeichen ausgeprägter Liebe zu seinem Heimatdemos kann der Anruf der Demeter vor dem Agon mit Euripides in Aristophanes' Fröschen (886f.) angesehen werden, auf besondere Verbindung des A. mit dem eleusinischen Kult jedoch weist er nicht. Ebenso wertlos für eine solche Konstruktion ist die Nachricht von einem Prozeß, den man gegen ihn wegen Preisgabe eleusinischer Mysteriengeheimnisse angestrengt hat: A. wurde freigesprochen. Als Tragiker bildete A. den Anfang einer ganzen Generation von Tragödiendichtern. Seine beiden Söhne Euphorion und Euaion widmeten sich ebenso dieser Kunst wie die Nachkommen seiner Schwester, der Sohn → Philokles, der Enkel Morsimos, der Urenkel → Astydamas I. und dessen Söhne Philokles II. und Astydamas II. Am politischen Leben seiner Heimatstadt Athen hat A. regen Anteil genommen: Er kämpfte bei Marathon und Salamis, vielleicht auch bei Platää und Artemision. Er soll → Pindar gekannt haben und mit → Ion (2) von Chios bei den Isthmischen Spielen zusammengetroffen sein. Bestimmt zweimal ist A. an den Hof → Hierons I. von Syrakus gereist, einem der geistigen Zentren der damaligen Zeit; das erste Mal wahrscheinlich nach Aufführung der ‹Perser› (472): auf Wunsch des Hieron hat er dieses Drama in Syrakus erneut auf die Bühne gebracht. Bei demselben Aufenthalt wird auch das zu Ehren seines Gastfreundes verfaßte Festspiel ‹Aitnaiai› aufgeführt worden sein, wahrscheinlich 470 und nicht 476/5, dem Jahr, in dem Hieron die Stadt gründete, nach der es benannt ist. Der Grund, warum A. in hohem Alter Athen ein zweites Mal verließ, ist genauso unbekannt wie der für die erste Reise. Auf jeden Fall fuhr er nach der Aufführung der Orestie im J. 458 noch einmal nach Sizilien. Kurz darauf, 456, ist er dort in Gela gestorben. Wie Euripides also wurde A. in der Fremde bestattet.

B. Bedeutung. A. hat sehr früh mit der trag. Dichtung begonnen. Bereits 499/6 trat er gegen → Choirilos (2) und → Pratinas auf, 484 errang er seinen 1. Sieg, 468 unterlag er, nun schon auf der Höhe seines Lebens, seinem Nachfolger → Sophokles, der damals bei seinem ersten Auftritt auch den ersten Preis gewann. Im ganzen siegte er dreizehnmal, schrieb etwa 80 Dramen und dichtete neben Tragödien angeblich auch Elegien. Bisweilen wird A. als der absolute Meister des → Satyrspiels bezeichnet, sein entscheidendes Verdienst jedoch betrifft die Entwicklung der → Tragödie im allgemeinen: A. hat den 2. Schauspieler eingeführt, die Bedeutung des Chores zurückgedrängt und die Rede zum wichtigsten Element des Dramas erhoben (Aristot. poet. 4. 1449 a 15ff.). Er hat also einmal, formal die Grundvoraussetzung des Dramas konstituierend, die Möglichkeit des → Dialoges zwischen zwei Personen geschaffen und zum anderen, eben dadurch, der Tragödie den oratorienhaften Charakter, den sie bei seinen Vorgängern immer noch hatte, genommen und ihr eigentlich dramatisches Kolorit gegeben. In seiner Spätzeit hat er das noch gesteigert, indem er nun auch seinerseits den 3. Schauspieler verwandte, also die Neuerung übernahm, die Sophokles eingeführt hat. Darüber hinaus kann A. nach nicht mehr faßbaren Anfängen in der Konzeption einer tetralogischen Ordnung der Tragödienaufführungen als der eigentliche Schöpfer der thematisch geschlossenen Trilogie bzw. → Tetralogie angesehen werden. Daß auch er sich nicht immer an diese Regel hielt, zeigen die ‹Perser› (vgl. die Hypoth.). Daß aber die Gestaltung dreier inhaltlich an denselben Mythos gebundener Stücke seiner Sicht von einer sich durch Geschlechter fortzeugenden Tragik im Grunde äußerst adäquat war, zeigt die Orestie. – Auch in bühnentechnischer Hinsicht war A. radikaler Neuerer. Er schuf für seine Aufführungen prächtige Bühnenbilder, arbeitete mit verschiedenen szenischen Maschinen, Apparaten und Geräten, gab den Schauspielern lange Gewänder, höhere Kothurne und auffällig bemalte Masken, erfand neue Tanzfiguren für den Chor und übte sie ihm selbst ein (→ Theater A 1, → Choreographie). Die hierin erkennbare Tendenz zum Monströs-Großartigen hat ihre Parallele in A.' Sprache. Wie schon in der Antike bemerkt, kennzeichnet sie Erhabenheit und Pathos, Ehrwürdigkeit und Höhe des Stils. Sie ist damit der konsequente Ausdruck der hohen Gedanken des Dichters, ja wird mit ihnen identisch (vgl. Aristoph. ran. 1058), bes. deutlich erkennbar an den häufigen Etymologien: Die Bezeichnung bildet das Wesen des Bezeichneten schon durch sich selbst ab. Daneben sind charakteristisch das nur dunkel Andeutende, Rätselhafte bestimmter Stellen, sprachliche Neubildungen, Verwendung kühner Metaphern ohne homerische Bestimmung des tertium comparationis (z. B. sept. 2, 371; Ag. 247. 501). Von den rund 80 Stücken des A. sind, wie bei Sophokles, neben Fragmenten nur die 7 Tragödien erhalten, die schon in der Antike zu einer Auswahl zusammengefaßt waren. Alle 7 stammen aus der Reife- und Spätzeit des Dichters. Wie bei den beiden anderen großen Tragikern bleibt also auch bei A. das Frühwerk unbekannt.

C. Werk. [1] *Perser* (= Pers.). 472 siegte A. mit der inhaltlich unverbundenen Tetralogie Phineus, Perser, Glaukos Potnieus, Prometheus Pyrkaeus. Nach → Glaukos (4) v. Rhegion sind die Pers. den wohl 476 aufgeführten Phoinissen des → Phrynichos (2) nachgebildet (Hypoth. Pers.). Wichtig ist, daß A. Phrynichos in den Pers. grundsätzlich insofern gefolgt ist, als er einen historischen, gegenwartsbezogenen und nicht einen mythologischen Stoff zum Sujet wählte. Gegenüber den übrigen Punkten der Abhängigkeit – Persiens Hauptstadt als Schauplatz der Handlung, wörtlicher Anklang von V. 1 an die Eröffnung bei Phrynichos (Hypoth. Pers.), das Motiv der Ratsversammlung 104ff., 527f. – ist das Ausmaß des Veränderten bedeutsamer: hatte Phrynichos das rein faktische Geschehen im Dreischritt von angstvoller Erwartung der Ratsversammlung nach der Verkündigung des Geschehens von Salamis über Botenbericht von der Niederlage bei Mykale zu Klage der Betroffenen im Gegenüber mit dem geschlagenen Xerxes dargestellt, so gibt A. ihm eine Deutung und zeigt es in seinem Sinn auf. Konsequenterweise vollzieht sich das Drama bei ihm in einem Vierschritt, dessen entscheidender dritter Teil es erst eigentlich zur Tragödie macht (vgl. zur Struktur der Vierteilung bei A.: W. Jens, Stud. Gen. 8, 1955, 246–253): (1) 1–248 Der Chor treuer Thronwächter und die Mutter des Königs in angstvoller Erwartung der Rückkehr des Xerxes; (2) 249–597 Die faktische Klärung der Ungewißheit durch den Botenbericht von der Niederlage bei Salamis (nicht Mykale); (3) 598–906 Die Begründung und Interpretation der Niederlage durch den Schatten des toten Dareios: Xerxes' Hellespontübergang als Werk der Hybris, die Niederlage als Strafe des Gottes; (4) 907–1077 Das ‹Ecce› des Chores im Gegenüber mit Xerxes, der Geschlagenheit in Person. Im Spiegel der Niederlage Persiens zeigte A. Athen die Größe des errungenen Sieges, durch die Analyse des tragischen Grundes ließ er es erkennen, daß auch die eigene Höhe Fallhöhe ist.

[2] *Sieben gegen Theben* (= Sept.). 467 siegte A. mit der inhaltlich verbundenen Trilogie Laios, Ödipus, Sieben gegen Theben und dem Satyrspiel Sphinx. Haben die Pers. ein in der Vergangenheit abgeschlossenes Ereignis zum Inhalt, so die Sept. ein Geschehen, das erst noch Ereignis wird. Zwangsläufig ist die Struktur des Vierschritts modifiziert, der entscheidende Abschnitt ist der zweite: (1) 1–374 Ungewißheit des Eteokles und des Chores. Fürchtet dieser allein für die Stadt, so ahnt jener daneben ein für ihn selbst drohendes Unheil auf Grund des Ödipusfluches (69ff.); (2) 375–791 Lösung der Ungewißheit des Eteokles: Im Verlauf der Aufstellung der sieben Kämpfer sieht er sich durch schicksalhafte Fügung seinem Bruder Polyneikes

gegenübergestellt. Der Fluch des Vaters erfüllt sich in dieser Fügung (659ff.). Das Muß dieses Schicksals akzeptiert Eteokles, indem er es selbst will. Das Geschehen erweist sich als tragisch; (3) 692–875 Lösung der Ungewißheit des Chores und Bestätigung des nach Abschnitt (2) Erwarteten durch einen Bericht: Die Stadt ist gerettet, die Brüder sind in wechselseitigem Mord gefallen; (4) 876–1078 Klage der Hinterbliebenen, der Antigone und der Ismene, die Vollendung des Schicksals der Brüder in ihrem Begräbnis. – Die Frage der Echtheit des Schlusses 1005–1078 ist noch nicht gelöst.

[3] *Hiketiden* (= Hik.; ‹Bittflehende›). Seit Bekanntwerden geringer Reste einer → Didaskalie (Ox. Pap. 20, 1952, Nr. 2256, Fr. 3), nach der A. mit der stofflich verbundenen Danaidentrilogie Hik., Aigyptioi, → Danaiden (Fr. 124f. Mette) und dem Satyrspiel Amymone vor Sophokles gesiegt hat, sind auch die Hik., vielleicht 463, gewiß zwischen 467 und 458 aufgeführt, dem Spätwerk zuzuordnen. Wieder ist ein Geschehen dargestellt, das erst noch Ereignis werden muß. Was bisher Abschnitt (2) und (3) ausmachte, ist zu einem großen Mittelteil zusammengezogen, in dem die Fragen des ersten gelöst und damit zugleich die Voraussetzungen für den dritten geschaffen werden: (1) 1–233 Ungewißheit des Danaos und des Chores, der Danaostöchter: Wird Argos sie, die vor der Ehe mit den Aigyptossöhnen Geflohenen, als Schutzflehende aufnehmen? (2) 234–709 Lösung der Ungewißheit: Vor die Alternative Aufnahme und d. h. Krieg mit den Aigyptossöhnen – Verweigerung des Gastrechts und d. h. Frevel gegen Zeus gestellt, entscheidet sich der Landeskönig Pelasgos auf Drängen der Danaostöchter für die Aufnahme. Durch die Zustimmung des argivischen Volkes wird der Entschluß des Königs realisiert; (3) 710–1073 Ankunft der Aigyptossöhne. Pelasgos wehrt dem Herold, der die Mädchen fortzerren will. Der Herold gibt nach, kündet aber den Krieg an. Die neue Ungewißheit weist auf die folgenden Stücke voraus.

[4] *Orestie.* 458 siegte A. mit der Orestie, der einzigen erhaltenen inhaltlich verbundenen Trilogie: (a) *Agamemnon* (= Ag.). (1) 1–781 Ungewißheit am Anfang und darauf sofortige Lösung, indirekt durch den Wächter und Klytaimestra – Empfang der Feuerpost –, direkt durch den Bericht des Herolds: Troja ist gefallen. Auf der Folie der dreimal wiederholten Aufklärung über das Faktische und der zwischendurch vom Chor gegebenen Darstellung des tragischen Anfangs des Trojazuges, Iphigenies Opferung durch Agamemnon, zeichnet sich die eigentliche Ungewißheit erst recht ab. Was wird aus dem siegreichen Städtezerstörer Agamemnon? (2) 782–1342 Agamemnon und Kassandra, von Klytaimestra empfangen, auf dem Weg von ihrem Wagen in den Palast. Geht der König völlig blind für sein Schicksal über den Purpurteppich seinem Untergang entgegen, so folgt ihm seine Sklavin in vollem Wissen, nachdem sie das kommende Geschehen prophezeit und gedeutet hat; (3) 1343–1673 Todesschreie Agamemnons künden sein Sterben. Die Situation der Hinterbliebenen: vor den Leichen berichtet Klytaimestra ihre Tat und interpretiert sie als vom Daimon gewollte Rache für die Opferung Iphigenies, Aigisth deutet sie als Strafe für Atreus' Frevel an Thyest. Der Chor nennt ihm gegenüber Orest und weist damit auf das zweite Stück. – (b) *Choëphoren* (= Ch.). (1) 1–305 Orest ist heimgekehrt. Die Ungewißheit am Anfang wird, wiederum in drei Stufen, sofort gelöst: Elektra entdeckt am Grab des Vaters Orests Locke und Fußspur und dann, in der → Anagnorisis, den Bruder selbst. Die eigentliche Frage ist wiederum erst jetzt deutlich: wird Orest die Rache an seiner Mutter wirklich vollziehen? (2) 306–651 Orest, zum Muttermord fest entschlossen, vergegenwärtigt sich die Tat im → Kommos mit dem Chor und Elektra, im Dialog mit ihr bereitet er sie durch einen Intrigenplan vor; (3) 652–972 Orest mordet das mordbefleckte Königspaar in dessen eigenem Palast, zuerst den nichtsahnenden Aigisth, dann, neben seiner Leiche, die wissende, um Schonung bittende Klytaimestra; (4) 973 bis 1076 Das Mordnetz, in dem Agamemnon gefangen wurde, in der Hand deutet Orest seine Tat und versucht sie durch Hinweis auf Apolls Gebot zu rechtfertigen. Das Auftauchen der → Erinyen lenkt zum letzten Teil der Trilogie über. – (c) *Eumeniden* (= Eum.). Wie in den Hik. ist auch in den Eum. der sonst bekannte 2. und 3. Abschnitt zusammengezogen. Das Drama vollzieht sich im Dreischritt: (1) 1–234 Orest hilfesuchend im Apollontempel von Delphi. Wird er gereinigt werden von der Befleckung des Muttermordes oder werden die Erinyen ihn erjagen? (2) 235–777 Orest im Athenatempel von Athen. Auf Apolls Rat wendet er sich an Pallas, die selbst zwar den Streit zwischen den Erinyen und Orest nicht entscheidet, durch Stiftung des → Areopags von Athen aber eine Gerichtsverhandlung über ihn veranlaßt: Kampf der Erinyen und Apolls um ihr Recht, Abstimmung der Areopagiten. Dadurch, daß Athene für Orest stimmt, entsteht Stimmengleichheit. Nach der Göttin vorher ausgesprochenem Gebot ist Orest damit freigesprochen; (3) 778–1047 Athene überredet die Erinyen, als neuen Sitz ein Heiligtum am Areopag einzunehmen. Die Nachtgötter werden als Eumeniden (‹Wohlwollende›) zu dem für das Wohlergehen Athens notwendigen Korrelat der Götter des Tags, der Olympier.

[5] *Prometheus* (= Prom.). Der unbezweifelbar echte Prometheus Desmotes ist wahrscheinlich das erste Stück der vielleicht noch nach 458 aufgeführten Prometheustrilogie Prometheus Desmotes, Prometheus Lyomenos, Prometheus Pyrphoros. (1) 1–560 Prometheus, von Zeus zur Strafe für den Feuerraub an einen Felsen geschmiedet, erklärt seine Tat gegenüber dem Chor der Okeaniden und dem zum Nachgeben mahnenden Okeanos; (2) 561–886 Io, wegen Zeus' Liebe mit Wahn geschlagen und über die Erde gejagt, erscheint in ihrem Leid als Entsprechung zu dem Schicksal des Prometheus. Die Schicksale beider werden verbunden durch die Erlösung, die Prometheus als kausal verknüpft voraussagt; (3) 887–1093 Hermes, Zeus' Bote, versucht, Prometheus das Geheimnis über den durch eine Heirat drohenden Untergang der Zeusherrschaft zu entreißen. Prometheus bleibt starr und wird von Zeus aufs neue mit Blitz und Donner geschlagen.

[6] Von den *Fragmenten* sind auf Grund neuer Funde die der Myrmidonen (vgl. bes. Fr. 225 Mette), der Niobe (vgl. bes. Fr. 273 Mette) und des Satyrspiels Diktyulkoi (vgl. Fr. 464–474 Mette) die bedeutsamsten.

D. Menschenbild. Der Sicht des A. stellt sich das tragische Geschehen so dar, daß der Mensch, dem unausweichlichen Zwang zum Handeln unterworfen, eben durch sein Handeln Schuld auf sich lädt und durch diese Schuld dem Leiden verfällt. (Ch. 313 *δράσαντα παθεῖν*, vgl. Ag. 1564). Zu seinem Handeln aber treibt ihn nicht nur das göttliche Schicksal, sondern zugleich der eigene Wille, die freie Entscheidung zu seiner Tat und d. h. zu seinem Schicksal. Die aus ihr resultierende Verschuldung jedoch, gottverhängt und menschgewollt in eins, hat einen bestimmten Sinn: durch das aus ihr entspringende Leiden kommt der Mensch zur Einsicht (Ag. 177 *πάθει μάθος*) in das göttliche Weltgesetz. Dieser Einsicht stellt sich, rational nicht nachvollziehbar, das Geschehene als sinnvolles und gerechtes Geschehen dar. Darin aber zeigt sich A.' Glaube, daß über und in allem Verfallensein des Menschen an Schuld und Leid letztlich ein gütiger Wille des höchsten Gottes waltet, des Zeus (Ag. 160ff.). Seine Gerechtigkeit vermag, wie die Orestie zeigt, die meist durch Geschlechter sich fortzeugende Verschuldung aufzulösen. E.-R. Sch.

Ed: U. v. Wilamowitz, 1914 – G. Murray, OCT (1937), 1955^2 – *Frg:* H. J. Mette, 1959 – *Komm:* P. Groeneboom, 1928ff. (alle Stücke) – H. J. Rose, A Commentary on the Surviving Plays of Aeschylus, 2 Bde, 1957 – *Übers:* J. G. Droysen(-W. Nestle), Kröner 1962 – Ders. (-F. Stoessl), BAW, 1952 – *Lit:* U. v. Wilamowitz, A.-Interpretationen, 1914 – B. Snell, A. u. das Handeln im Drama, Philol.

Suppl. 20, 1, 1928 – K. Reinhardt, A. als Regisseur und Theologe, 1949 – D. Kaufmann-Bühler, Begriff und Funktion der Dike in den Tragödien des A., Diss. Heidelberg 1955 – P.-R. Schütz, Göttliches und menschliches Handeln bei A., Diss. Kiel 1962 – *Im Einzelnen: Pers.:* H. D. Broadhead, The Persae of A., 1960 (Komm.) – P. Groeneboom, A.' Perser, 1960 (Komm. dt. Übers.) – *Sept.:* E. Wolff, HSPh 63, 1958, 89–95 – H. Patzer, ebd., 97–119 – A. Lesky, WSt 75, 1961, 5–17 – W. Schadewaldt, in: Eranion, Festschr. H. Hommel, 1961, 105–116 – K. v. Fritz, in: Antike u. mod. Tragödie, 1962, 193–226 – H. Erbse, Hermes 92, 1964, 1–22 – H. Lloyd-Jones, CLQ, N.S. 9, 1959, 80–115 (zum Schluß) – *Hik.:* K. v. Fritz, Die Danaidentrilogie des A. (1936), in: Antike u. mod. Tragödie, 1962, 160–192 – *Ag.:* Ed. Fraenkel, A.' Agamemnon, 3 Bde, 1950 (Komm.) – *Ch.:* W. Schadewaldt, Der Kommos in A.' Choëph. (1932), in: Hellas und Hesperien, 1960, 106–141 – A. Lesky, Der Kommos der Choëph., SB Wien, 221, 3, 1943 – K. v. Fritz, Die Orestsage bei den großen griech. Tragikern, in: Antike und moderne Tragödie, 1962, 113–159 – *Prom.:* K. Reinhardt, Prom. (1957), in: Tradition und Geist, 1960, 191–226 – *Bildnisse* → Anhang I.

Aison, Sohn des → Kretheus und der Tyro, Vater Jasons. Von seinem Halbbruder Pelias abgesetzt oder zum Selbstmord getrieben (Diod. 4, 50; Apollod. 1, 143). Nach anderer Version nach Jasons Rückkehr aus Kolchis von Medea durch Kochen verjüngt (Ov. met. 7, 250 ff.). K. Schb.

Darstellungen: → Medea.

2. **A.,** att. Vasenmaler des → rotfigurigen Stils, tätig im späten 5. Jh. Pathos der Bewegungen, manieristische Proportionen und ein nuancierter, weicher Strich kennzeichnen ihn als Meister des ‹Reichen Stils› (→ Vasen E 5). – *Werke:* Schale mit Theseus-Taten, Madrid 11365 (signiert; CVA Madrid III ID, Taf. 1–5; 15); ferner weniger qualitätvolle → Peliken, bauchige → Lekythen, Oinochoën, ein Kopfkantharos, Pyxiden. I. Sch.

Lit: Ch. Dugas, A. et la peinture céramique à Athènes à l'époque de Périclès, 1930 – Beazley, ARV² 1174–78.

Aisopos → Äsop.

Aisthesis (αἴσθησις). Obwohl das Wort jede Art von Wahrnehmung bezeichnen kann, verwendet man es in engerem Sinne für die sinnliche → Wahrnehmung, die so von der geistigen Erkenntnis unterschieden wird. A. hat auch die objektive Bedeutung ‹wahrgenommene Sache› und ‹Sinn›, ‹Wahrnehmungsvermögen›. → Erkenntnistheorie. S. M.

Aisymneten (eigentlich ‹Leiter, Vorsteher›), ordentliche → Magistrate in mehreren griech. Städten; in Megara und seinen Kolonien sind die Ai. die Mitglieder des geschäftsführenden Ratsausschusses. – Aristoteles (Pol. 3, 14. 1285 a 29 ff.; 4, 10. 1295 a 11 ff.), dem die Neueren folgen, sah in dem Wort wohl irrtümlich eine früher geläufige Bezeichnung für Reformer vom Schlage eines → Solon oder → Pittakos, die als Vermittler in den Ständekämpfen der archaischen Zeit mit außerordentlichen Vollmachten ausgestattet wurden (‹gewählte Tyrannen›). F. G.

Aithiopen (Αἴθοπες, ‹Brandgesichter›). [1] Im griech. Mythos ein Volk am Rande der Welt, am Okeanos (Hom. Il. 1, 423; 23, 206), zunächst im äußersten Osten, wo → Helios morgens seine Auffahrt beginnt, lokalisiert, von wo auch → Memnon seine A. zum → Trojan. Krieg heranführt (sog. → Aithiopis), dann, als beginnende kosmolog. Spekulation gleiche Brandgesichter am Sonnenuntergang postulierte, auch im äußersten Westen (Od. 1, 23 f.; Apoll. Rhod. 3, 1192). Wie alle ‹Randvölker› von viel Wunderbarem umgeben: Langlebigkeit, prächtige Göttermahle (bei Homer), Tisch der Sonne, Unverdorbenheit, Stärke, Verjüngungsquelle und Goldreichtum (bei Hdt. 3, 17 ff.).

[2] Die Notwendigkeit, diese Anschauungen mit der tatsächlichen Beobachtung von dunkelhäutigen Menschen in Afrika zu vereinen, führte in der griech. → Ethnographie zu zwei verschiedenen Konstruktionen: (1) entweder finden sich, so bei Herodot u. a., im Osten, mehr und mehr zu bloßen Namen verblassend oder mit den Indern verbunden, die A. ἐκ τῆς Ἀσίης (Hdt. 3, 94) oder ἀπὸ ἡλίου ἀνατολέων (7, 70), andererseits die A. ὑπὲρ Αἰγύπτου οἰκημένοι oder ἐκ τῆς Λιβύης (3, 17 ff.; 4, 197), die weiterhin die genannten wunderbaren Züge tragen; (2) oder diese letzteren gelten als die östl. A., und die westl. A. werden an der Westseite Afrikas gedacht (Dion. Perieget. 6, 180; 219; Pomp. Mela 3, 85), wobei man sich diese beiden Stämme durch Wüsten getrennt (Plin. nat. 5, 43) oder als im (unbekannten) Süden zusammenhängend vorstellen konnte (Strab. 1, 2, 27; Ephoros FGrHist 70 F 30).

[3] Das heutige Äthiopien kam mit der griech.-röm. Welt nur zur Zeit des Reiches von → Aksum in flüchtige Berührung, während es mit → Ägypten bis in kopt. Zeit und mit → Arabien (→ Saba, → Hadramaut) enger verbunden war. L. H.

Lit: Zu [1] u. [2]: A. Lesky, Aithiopika, Hermes 87, 1959, 27–38 – D. Herminghausen, Herodots Angaben über Äthiopien, Diss. Hamburg 1964 – *Zu [3]:* → Aksum.

Aithiopis, Epos des → trojan. Sagenkreises (→ Kyklos) aus dem 8. oder 7. Jh., dem → Arktinos v. Milet zugeschrieben (Prokl. Chr.), in wenigen Fragmenten erhalten. – Die A. umfaßte 5 Bücher und bestand (nach Suid. s. v. Ὅμηρος) aus 2 Teilen: der Ἀμαζονία und der Αἰθιοπίς. Der Inhalt (Prokl. chr.; → Tabula Iliaca) ist nicht genau abgrenzbar. Mit Sicherheit behandelte die A. den Kampf des Aithiopenfürsten → Memnon gegen Achill, beider Tod, den Kampf um Achills Leiche, seine Bestattung, den Kampf um seine Waffen, den Selbstmord des → Aias; vielleicht auch die Entrückung Achills nach Leuke und (im 1. Teil) seinen Kampf mit → Penthesileia. – Pestalozzi, Schadewaldt u. a. nehmen eine ‹Ur-A.› bzw. → Memnonis als Vorlage für die Ilias und die A. an. G. K.

Q: EGF 32–36 – Th. W. Allen, Homeri Opera V, OCT, 1912, 105 bis 106. 125–127 – *Lit:* E. Bethe, RE 1, 1 (1893) 1103–05 – A. Severyns, Le cycle épique dans l'école d'Aristarque, 1928, 313–328 – H. Pestalozzi, Die Achilleis als Quelle der Ilias, Diss. Zürich 1945 – W. Schadewaldt, Einblick in die Erfindung der Ilias (1951), in: Aus Hom. Welt u. Werk, 1959³, 155–202 – W. Kullmann, Die Quellen der Ilias, 1960, 18–50. 303–335. 359–379 – K. Reinhardt, Die Ilias u. ihr Dichter, 1961, 349–390 – G. Schoeck, Ilias und A., Diss. Zürich 1961 – Vgl. auch K. Schefold, Archäologisches zum Stil Homers, MH 12, 1955, 132 ff.

Aithra, Tochter des Pittheus, Königs in Troïzen, Mutter des → Theseus von Aigeus, nach anderen von Poseidon, der sie überraschte, als sie auf Geheiß Athenas ein Opfer darbringt (Paus. 2, 33, 1 ff.). Darauf führt sie den Brauch ein, daß die troizen. Jungfrauen vor der Hochzeit den Gürtel der Athena weihten. In Athen Hüterin der von → Theseus geraubten → Helena; mit ihr von den → Dioskuren nach Sparta entführt, als ihre Dienerin mit in Troja. Dort durch ihre Enkel Demophon und → Akamas befreit und in die Heimat zurückgebracht.

Lit: H. Herter, Th. der Ionier, RhM 85, 1936, 177–239; Th. der Athener, ebd. 88, 1939, 244–286. 289–326 – *Darstellungen:* Verfolgung durch Poseidon Thema einiger att. rotfiguriger Vasen (Beazley, ARV¹ 155. 167. 332), ihre Verfolgung durch Theseus nur auf Vasen, nicht in der Literatur nachweisbar (Caskey-Beazley, Vases Boston II, 1954, 63). Die Heimführung der A. durch → Akamas und Demophon auf mehreren Vasen und einer Nordmetope am → Parthenon (C. Praschniker, Parthenonstudien, 1928, 122 ff.). K. Schb.

Aitia (ἡ αἰτία), Ursache, Grund, Seins-Prinzip, das über die Erscheinung eines Seienden oder eines Phänomens, über deren Art, Eigenschaften und die Veränderungen, denen sie unterworfen sind, Aufschluß gibt. Der Ausdruck ist ursprünglich juristisch (Beschuldigung, Anklage) und erweckt die Vorstellung einer willentlichen Handlung, für die der Handelnde verantwortlich ist. Aus dieser Bedeutung hat sich gegen die Mitte des 5. Jh.s der Sinn ‹was Aufschluß gibt über› entwickelt. Platon scheidet die Ursache genau von der bloßen Bedingung, sie ist für ihn vor allem die Form, die sich an den Dingen mitteilt, und das Gute, das die Ordnung schafft. Eine Theorie der Kausalität entwickelt als erster Aristoteles; er unterscheidet vier, und nur 4 Arten von Ursachen (αἰτίαι), die, wie er anerkennt, von seinen Vorgängern mehr oder weniger geahnt worden sind: Materie oder Substrat; Form oder Wesenheit; Bewegungsursache und Zweck. Die Materialursache und die Formursache sind die inneren Prinzipien der Substanz; die Wirkursache und die Zweckursache beherrschen deren Werden: die erste steht am Anfang ihrer Entwicklung, die zweite gibt dieser die Richtung. Nach Aristoteles werden die 4 Ursachen klassisch; gewisse Stoiker nehmen noch eine 5. hinzu (die exemplarische Ursache) und sogar eine 6. (die instrumentale Ursache). Das Kausalitätsprinzip ist von den Alten spontan angewendet worden. Anscheinend hat man vor den Skeptikern dessen Wert nie in Abrede gestellt. Doch richten sich die Angriffe der letzteren (→ Sextus Empiricus) gegen den Begriff der Ursächlichkeit selbst, d. h. gegen die Möglichkeit, daß eine Sache Ursache einer andern sein könne. S.M.

Lit: H. Boeder, Origine et préhistoire de la question philosophique de l'*αἴτιον*, Rev. des sciences philos. et théol. 40, 1956, 421–442 – A. Guzzo-F. Barone, Encicl. Filos., 1957, I 957–963, s. v. Causa – P. De Lacy, The Problem of Causation in Plato's Philosophy, ClPh 34, 1939, 97–115 – A. Mansion, Introduction à la physique aristotélicienne (1913), 1945.

Aitiologische Sagen, oft kurz ‹*Aitien*› (von *αἴτιον*, ‹Ursache›) genannt, haben den ausgesprochenen Zweck, die Entstehung und die Eigentümlichkeiten von Lebewesen, Dingen, Sitten, Einrichtungen usw., kurzum von allem, was die Menschen umgibt und ihr Interesse und ihre Verwunderung weckt (*θαυμάσια*, Mirabilia), zu erklären (Nilsson, I 17). Nach den Gegenständen lassen sich daher folgende Gruppen unterscheiden:

[1] *Natur-Aitien:* Sie erklären z. B. an auffallend gestalteten Felsen Löcher als ‹Einschläge› von göttlichen Waffen (Poseidons Dreizack auf der →Akropolis; Quelle →Hippokrene durch → Pegasos), ihre Umrisse als Versteinerungen von Tieren (z. B. dem teukmessischen Fuchs, → Amphitryon), Schiffen (→ Phäaken), Menschen (→Niobe), und sie führen auf Charakter oder Schicksal bestimmter Gestalten, die in Tiere verwandelt wurden, nicht nur das Entstehen, sondern auch das Aussehen dieser Tiere (z. B. der Eidechse, → Askalabos), den Gesang der Vögel (Nachtigall und Schwalbe, → Aedon bzw. → Prokris), bes. eigentümliche Tätigkeit (Spinne, → Arachne) zurück. Eng verwandt sind die sog. → Sternsagen von der Entstehung der →Sternbilder. Je nach den Umständen wird die Verwandlung bzw. Verstirnung als Straf-, Gnaden- oder Rettungstat von seiten eines Gottes dargestellt; → Metamorphosen und Katasterismen gewinnen in der Dichtung bis zum Hellenismus immer größere Beliebtheit. – Nicht mehr auf einzelne auffallende Erscheinungen beschränkt und darum nur noch im weiteren Sinne als Aitien zu bezeichnen sind die Sagen von der Entstehung der Menschen (erschaffen von → Prometheus; aus den Steinen, die → Deukalion und Pyrrha warfen, nach der → Sintflut wiedererstanden), der großen Götter oder gar der Welt (→ Theogonie; → Kosmogonie).

[2] *Kult-Aitien:* Sie erklären vor allem bestimmte Riten und Feste als turnusgemäße Wiederholungen eines einmaligen mythischen Vorgangs: die Aufteilung des Opferfleisches (von → Prometheus eingeführt), die Klagelieder über gestorbene Heroen (→ Adonis), zumal über solche, die schon als Kinder starben (Kinder der → Medea, Kult in Korinth; → Opheltes, in → Nemea; → Hylas, in Kios), Festbräuche (bei den Choen an den → Anthesterien der Brauch, daß jeder aus einem eigenen Weinkrug trank; bei den eleusin. Mysterien die Mystenspeise Kykeon, durch die → Demeter gestärkt worden war), die Feste selbst (→ Nemeen als Wiederholung der Leichenspiele für → Opheltes, → Pythien als die des Sieges über den → Python) usf. Auch die → Götterattribute werden aus der mythischen Geschichte der Götter erklärt: die → Aigis des Zeus, das → Gorgoneion auf der Aigis der Athene, das Kerykeion des → Hermes (ein Stab, den er auf zwei kämpfende Schlangen warf, die sich dann darum wanden) usw. Die Verwandlungssagen in diesem Bereich gelten nicht der Entstehung von Tier- oder Pflanzenart als solcher, sondern ihrer Zugehörigkeit zum Kult eines Gottes: die Bärin zur → Artemis (vgl. Kallisto), Pferd und Stier zu → Poseidon (→ Areion), Lorbeer (→ Daphne) und → Hyakinthos zu → Apoll, → Myrrha und → Narkissos zu → Aphrodite usw.

[3] *Kunst-Aitien:* Sie führen bestimmte Errungenschaften menschlicher Zivilisation, Technik und Kultur auf bestimmte ‹erste Erfinder› (*πρῶτοι εὑρεταί*) zurück: das Feuer auf → Prometheus, Ackerbau auf → Triptolemos (→ Demeter), Bienenzucht auf → Aristaios, Handwerk, bes. Schmieden, auf → Hephaist, Weben auf → Athene, Weinbau auf → Ikarios (→ Dionysos), Schrift auf → Palamedes, den → Phönizier → Kadmos oder den Ägypter Thot, Kalender und Brettspiel auf → Palamedes, die ‹lebende› Plastik (→ ‹dädalisch›) auf → Daidalos usw.

[4] *Namens-Aitien:* Meere und Meeresteile (z. B. Ägäis von → Aigeus, Ikarisches Meer von → Ikaros), Quellen (→ Dirke), Berge (→ Ätna), Inseln (→ Rhodos) haben ihren Namen von mythischen Gestalten, die dort irgendwelche Taten verrichteten, dort starben oder begraben wurden.

[5] *Orts-Aitien:* Im →Heroenkult mußten Gräber, Orakel und überhaupt jede Art von Kultstätten auf irgendeine Weise mit der Geschichte der betreffenden Heroen verbunden werden: gerade bei den Helden des → Trojan. Krieges hat die Vielzahl z. B. der Gräber zu immer reicherer und auch widersprüchlicherer Ausgestaltung der Sagen um der Aitien willen geführt (vgl. z. B. → Diomedes; → Anchises).

[6] *Grenzen des Begriffs:* Der Überblick zeigt, bes. z. B. in der letzten Gruppe, daß oft die Hinzufügung weniger Einzelzüge, einer Ortsveränderung oder eines festlichen Aktes genügt, um einer Sage eine aitiologische Wendung zu geben, so bes. oft bei → Euripides, überhaupt aber in der späteren Literatur zunehmend: namentlich in → hellenist. und röm. Dichtung (→ Kallimachos (3); → Apollonios Rhodios; → Ovid) sind Aitien außerordentlich beliebt. Andererseits sind aitiologische Sagen, wenn das Aition fast beziehungslos wird, von anderen Mythen und bes. von Märchen, z. B. in den Verwandlungsgeschichten, nicht zu unterscheiden. Schließlich darf die Möglichkeit nicht ausgeschlossen werden, daß z. B. ein Kult oder ein Name erst aus dem Mythos entwickelt wurde, also nicht das angeblich Verursachte, sondern tatsächlich das angegebene Aition das Primäre ist. L.H.

Lit: H. J. Rose, Modern Methods in Class. Mythology, 1930, 9ff. – L. Radermacher, Mythos und Sage bei den Griechen, 1938, 52f., 67f. – A. Kleingünther, *Πρῶτος εὑρετής*, Philol. Suppl. 26, 1, 1934 – Nilsson I, 26–35 – K. Reinhardt, Personifikation und Allegorie, in: Vermächtnis der Antike, 1960, 7–40.

Aius Locutius, röm. Gottheit, deren Name zweimal die Vorstellung des *Sprechens* enthält; sie offenbarte sich als eine Stimme, die, gegen 390 v. Chr., den Römern den baldigen Einfall der Gallier (→ Kelten) verkündete. Die Warnung wurde nicht beachtet, doch errichtete man nach der Vertreibung der Gallier zur Sühne dem Gott einen Altar (Varro bei Gell. 16, 17, 2; Cic. div. 1, 101; Liv. 5, 32, 6. 50, 5). H. Le B.

Akademie, Name der von → Platon in → Athen (I C 13) gegründeten Philosophenschule der → Akademiker. Sie befand sich im NW vor den Mauern Athens, nahe bei einem Heiligtum des altattischen Heros → Akademos (Hekademos). Bei der Belagerung Athens durch → Sulla (87 v. Chr.) wurden die Anlagen schwer verwüstet (Plut. Sull. 12, 4), dann wieder hergestellt und blieben Sitz der Schule bis zu ihrer Schließung durch →Justinian i. J. 529 n. Chr. Über die Organisation der Schule erfahren wir einiges bes. durch Notizen bei → Diogenes (1) Laertios (Buch 3 und 4), dann → Herakleides (3) Pontikos (Frg. 2 W.), → Philochoros (FGrHist 328 F 224) und → Aelianus (2; var. hist. 3, 19, aus Timaios ?).

[2] *Personelle Organisation.* Anzunehmen ist, daß Platon die Schule zwischen 387 und spätestens 361 v. Chr. gegrün-

det und sofort fest organisiert hat. Ihrer juristischen Form nach war sie ein privater Kultverein (Thiasos) zu Ehren der Musen (doch darf dies Moment nicht überbewertet werden). Schulvorsteher, ‹Scholarchos›, war zunächst Platon. Als solcher war er den staatlichen Behörden gegenüber für die Schule verantwortlich; er bestimmte die Richtlinien für Lehre und Lebensstil der Schule und vollzog die Aufnahme der Schüler. Schulangehörige waren im strengen Sinne nur jene, die sich für ihr Leben zu philosophischer Forschung und Lebensform verpflichteten. Die Freiheit der Diskussion, der Kritik an der Lehre des Schulhaupts, der Entwicklung von Sonderlehren war groß, aber nicht unbegrenzt; wer, wie →Aristoteles, die Fundamente der Lehre und Lebensform anrührte, schloß sich aus, wurde wohl auch vom Schulhaupt weggewiesen. Neben der Forschung und Diskussion in der Schule gab es auch Vorträge für das gebildete Publikum von Athen. Der Scholarch und (wohl mit seiner Zustimmung) auch andere Schulangehörige konnten sich auch staatlichen Missionen (Gesandtschaften u.dgl.) zur Verfügung stellen. Bei Abwesenheit ernannte der Scholarch einen Stellvertreter. Platon hat 347 testamentarisch seinen Neffen →Speusippos zum Scholarchen bestimmt. Der Nachfolger Speusipps dagegen wurde 338 von den Schulangehörigen gewählt. Vier Kandidaten standen zur Wahl bzw. hatten sich beworben: →Xenokrates (3), →Aristoteles, →Herakleides (3), →Menedemos (2). Gewählt wurde Xenokrates, was für die Unterlegenen der Anlaß wurde, zwar nicht die Schuldoktrin, wohl aber die persönliche Zusammenarbeit mit der nun von Xenokrates geleiteten Schule aufzugeben. Es ist zu vermuten, daß auch später die Wahl eines neuen Schulleiters zu vielen Rivalitäten und Konflikten führte. Bezeichnenderweise spielte von Xenokrates an die Staatsangehörigkeit des Schulleiters keine Rolle mehr. Unter den späteren Vorstehern der A. finden sich fast keine Athener mehr. Die andern Schulen haben sich meist an das Modell der A. gehalten; mit der modernen Universität ist sie freilich nur z.T. vergleichbar.

[3] *Materielle Grundlagen.* Das Grundstück der A. war zunächst Platons Privatbesitz, von ihm der Schule geschenkt. Es bestand aus Parkanlagen, Räumen für Diskussion, Forschung und Vortrag, Bibliothek und Wohnungen für Scholarch und die nicht in der Stadt wohnenden Schulgenossen. Man darf annehmen, daß Platons bedeutendes Vermögen einige Zeit für alle Bedürfnisse ausreichte; später war man wohl wie andere Schulen auf Beiträge der Schulmitglieder angewiesen, auf solche reicher Gönner, wobei man an die röm. Nobilität denken wird, endlich auf eigentliche Staatsbeiträge. Das Leben in der A. war anerkanntermaßen einfach, belebt durch Symposien und die Feiern bestimmter Götterfeste und der Geburts- und Todestage Sokrates' und Platons. O.G.

Lit: U. v. Wilamowitz, Antigonos, 1881, 263–291.

[4] *Ausgrabungen* brachten seit 1932 am Ende der 1,5 km langen Feststraße, die vom Dipylon zur A. führte, einen großen kaiserzeitl. Bau mit einem von Räumen umgebenen Hof zutage, unter dem sich Reste eines älteren griech. Baus von 40 × 25 m erhalten haben, die als →Gymnasium der A. gedeutet werden können. Doch kommt auch ein 200 m nördl. davon gefundener quadratischer Hallenkomplex in Betracht, bei dem ein archaisches Tempelchen (des Akademos?) liegt. G.Gb.

Lit: G. Karo, AA 1934, 136–140 – Ph. Stauropullos, Berichte in Ergon seit 1958, zuletzt 1962, 3–16.

Akademiker

[1] *Allgemeines.* Mitglieder und Anhänger der von →Platon zwischen 387 und 361 v.Chr. gegründeten Philosophenschule in Athen, die vom benachbarten Heiligtum des Heros Akademos den Namen Akademie erhielt. Die Institution als solche lebte bis zu ihrer formellen Aufhebung durch →Justinian 529 n.Chr.; geistiges Zentrum der platonischen Philosophie war sie freilich nur bis zum 1.Jh.v. Chr. (87 v.Chr. Verwüstung Athens im 1.Mithridat. Kriege), dann noch einmal im 5.Jh.n.Chr., zugleich als eines der letzten Bollwerke heidnischen Widerstandes gegen das Christentum. In der Zwischenepoche scheint sie meist mühsam und bescheiden vegetiert zu haben; die großen Vertreter der Lehre wirkten außerhalb der Schule. – Für die geistige Entwicklung der Akademie ist entscheidend, daß ihr Gründer ein an literarischem Rang unbestrittenes, philosophisch ungewöhnlich vielseitiges, aber auch verschiedenen Deutungen zugängliches Werk hinterlassen hat. Er scheint überdies der Schuldiskussion einen sehr weiten Spielraum gewährt zu haben. Die Frage blieb offen, ob die Aporetik der Frühdialoge oder die später vordringende Dogmatik, ob die Weltflucht etwa des Phaidon oder der politische Wille des ‹Staates› und der ‹Gesetze› oder die Naturphilosophie des Timaios oder die Teleologie und Mathematik kühn verknüpfende Ontologie des Lehrvortrags ‹Über das Gute› Platons letztes Wort sei. Die Schulgeschichte spiegelt eindrucksvoll diese Breite der Möglichkeiten.

[2] *Geschichte bis Arkesilaos.* Unter Platons persönlichen Schülern haben sich viele politischer Tätigkeit zugewandt (eine Liste bei Plut.mor. 1126B–D), seine Schulnachfolger →Speusippos und →Xenokrates (3) haben jedoch bes. Ontologie, Kosmologie und Theologie gepflegt. Ihre wichtigste Leistung ist (a) Weiterbildung der Lehre (auffallend die Erhebung des →Pythagoras zu einer Platon ebenbürtigen Autorität; wichtigste Sätze Platons werden bedenkenlos schon den →Pythagoreern zugeschrieben); (b) Korrektur der Lehre, um sie gegen Angriffe zu sichern (bald nach Platons Tod hatte Aristoteles aus persönlichen wie philosophischen Gründen mit der A. gebrochen); (c) Zusammenfassung der Lehre zu einem geschlossenen, übersichtlichen System. Was in die hellenist. Doxographien als philosophisches System Platons übergegangen ist, ist wohl hauptsächlich das Werk des Xenokrates. Die nächsten Schulhäupter →Polemon (1) und Krates→ (1) und neben ihnen Krantor befestigten den Ruf der Akademie als einer Schule sittenstrenger, fromm dem Erbe Platons verpflichteter, weltabgewandter Männer.

[3] *Von Arkesilaos bis Philon.* Dies änderte sich mit einem Schlage, als um 268 v.Chr. →Arkesilaos (5) die Akademie übernahm, geistvoll, betont weltmännisch (Verehrer des →Aristippos), ein überlegener Polemiker. Vielleicht nicht ohne Einfluß der wissenschaftlichen Behutsamkeit des →Theophrast, griff er zurück auf die Aporetik der Frühdialoge Platons, bes. die Apologie, und sah seine Aufgabe von da her analog der sokratischen. Wie →Sokrates gegen die Dogmatik der →Sophisten, so kämpfte er gegen diejenige der →Epikureer und bes. der →Stoiker. Wie Sokrates hat er selbst nichts geschrieben, aber mit seiner scharfen Disputierkunst größten Erfolg gehabt. Die Philosophiegeschichte hat in ihm einen Neugründer der Akademie gesehen. In seinem Schatten stehen seine unmittelbaren Nachfolger →Lakydes (Schulhaupt 241–224), Telekles (224 bis ca. 216), Euandros (216–???), Hegesinus (kurz nach 200). – Überragend ist dann →*Karneades* (ca. 180–137), als Persönlichkeit eher ein Stubengelehrter, an aporetischer Energie noch Arkesilaos weit übertreffend, unbestritten der größte Philosoph seiner Zeit, erbitterter und schonungsloser Gegner bes. →Chrysipps; doch spitzt sich nun die Frage zu, ob die Aporetik nur dem stoischen Dogmatismus gilt oder über Platon selbst hinaus das letzte Wort der Philosophie schlechthin darstellt. Auch Karneades hat nichts geschrieben. Von seinen Disputationen wissen wir durch Aufzeichnungen der Schüler, bes. seines zweiten Schulnachfolgers →Kleitomachos. Schon Karneades hatte 156–155 Rom be-

sucht, durch Kleitomachos wird die Beziehung zur röm. Nobilität gefestigt. Wie bedeutend sein Nachfolger → Philon (6) v. Larissa gewesen ist, ist schwer abzuschätzen. Jedenfalls hat er der Aporetik einen von Karneades abweichenden Sinn gegeben. Im Zug des 1. Mithridat. Krieges kam er 88 v. Chr. nach Rom, wurde dort Lehrer → Ciceros und ist möglicherweise in Rom gestorben. In Athen wurde die Schule übernommen durch → Antiochos (9) v. Askalon, der nun, wohl unter starkem Einfluß der Stoiker → Panaitios und → Poseidonios, radikal mit seinen Vorgängern brach und zur Dogmatik der alten Schüler Platons von Speusippos bis Polemon zurückzukehren sich bemühte.

[4] *Einteilungen der Schulgeschichte.* Die Philosophiegeschichte hat von da aus eine Gliederung der Schulgeschichte vorgenommen in folgenden Varianten: 1. (a) Alte Akademie von Platon bis Polemon, (b) Neue Akademie von Arkesilaos bis Philon, (c) Wiederaufnahme der Alten Akademie durch Antiochos. – 2. (a) Alte Akademie bis Polemon, (b) Mittlere Akademie bis Lakydes, (c) Neue Akademie von Lakydes an. Die Begründung dieser wohl von → Sotion stammenden Einteilung ist unbekannt. – 3. Hier wird gegen (2) Karneades Begründer der Neuen Akademie. – 4. Hier wird an die Dritte Akademie des Karneades noch eine Vierte, von Philon begründete angehängt. – 5. Eine abschließende Einteilung zählt fünf Akademien durch: (a) Platon, (b) Arkesilaos, (c) Karneades, (d) Philon, (e) Antiochos.

[5] *Akademie und Skepsis.* Undurchsichtig ist das Verhältnis der mit Arkesilaos beginnenden und mit Philon endenden Epoche der Akademie zu der von → Pyrrhon v. Elis begründeten, von → Timon (2) v. Phleius entwickelten und von → Ainesidemos wieder aufgenommenen → Skepsis. Im Endergebnis laufen Aporetik und Skepsis weitgehend auf dasselbe hinaus. Die späte Skepsis des → Sextus (2) Empiricus hat bei Karneades und Kleitomachos massive Anleihen gemacht. Umgekehrt ist ein Einfluß von Pyrrhon und Timon auf die Akademie des Arkesilaos wenig wahrscheinlich; es darf nicht übersehen werden, daß der sokratische Ansatz des Arkesilaos von demjenigen Pyrrhons, der auf Vorsokratisches zurückgreift, sehr verschieden ist. Man spricht also besser nicht von einer skeptischen Akademie.

[6] *Von Antiochos bis zum Neuplatonismus.* Antiochos wäre uns kaum bekannt, wenn nicht → Cicero seine Bücher sehr stark benutzt hätte. These des Antiochos ist nicht bloß Rückkehr zur Alten Akademie, sondern zugleich Nachweis der innern Konvergenz von Akademie, → Peripatos und → Stoa, die alle von Sokrates herkommen und in Epikur den gemeinsamen Gegner sehen. Dies war freilich schon Ansicht des → Poseidonios gewesen. Die Akademie des Antiochos ist denn auch durch mehrere Generationen im Schatten der Stoa geblieben. Bezeichnenderweise beginnen von da an die Anhänger Platons den Namen ‹Akademiker› mehr und mehr zu meiden und sich statt dessen ‹Platoniker› zu nennen. In der späteren Kaiserzeit bleibt der Name ‹Akademie› der Epoche Arkesilaos–Philon vorbehalten. Modern ist dagegen die Aufteilung der Epoche von Antiochos bis 529 n. Chr. in zwei Abschnitte: während die Antike gleichmäßig von ‹Platonikern› spricht, faßt die Moderne die letzte große Blüte der Schule von → Plotin (203–269 n. Chr.) an zum → ‹Neuplatonismus› zusammen und läßt diesem eine vorbereitende Periode des ‹*Mittleren Platonismus*› vorausgehen. In dieser mittleren Periode wird systematische Platonexegese getrieben und eine Doktrin deduziert, die vielfach derjenigen des Xenokrates nahezustehen scheint; wieder werden die mathematischen Disziplinen wichtig, dazu die Spekulationen der → Pythagoreer. Neu ist die Rezeption der aristotelischen Logik auf der einen, mancher Elemente stoischer Theologie auf der andern Seite. Es entsteht eine methodisch sorgfältig, öfters etwas pedantisch ausgearbeitete Lehre mit starker theologischer, nicht selten religiös-erbaulicher Komponente. Der Eindruck der Dürftigkeit, den diese Epoche der Akademie im ganzen macht, mag allerdings auch durch die Unzulänglichkeit der Überlieferung bedingt sein. Durch ein reiches Œuvre uns bekannt ist nur → Plutarch, kein originaler Denker, aber an Beweglichkeit und Intensität des Philosophierens einzig in seiner Zeit. Das Schicksal der Akademie in Athen zwischen Antiochos und Plotin kennen wir kaum. Von den Platonikern dieser Zeit, die neben Plutarch zu nennen sind, scheint kein einziger dort gewirkt zu haben: → Derkylides (Zeitgenosse des Antiochos?), → Eudoros v. Alexandria (augusteische Zeit), → Thrasyllos (der Herausgeber Platons, am Hofe des → Tiberius), dann aus dem 2. Jh. n. Chr.: → Theon (4) v. Smyrna (erhalten eine ‹Mathematische Einführung in die Platonlektüre›) und → Gaius (1), wie es scheint, der einflußreichste Platoniker des 2. Jh.s n. Chr., uns faßbar allerdings fast nur durch → Albinus (1), von dem wir eine knappe Einleitung zu Platons Dialogen und eine historisch sehr wichtige, handbuchartige Übersicht über Platons Lehre besitzen, und → Apuleius von Madaura, der, wenn auch hauptsächlich Literat, doch sich selbst stets als Platoniker bezeichnet und eine Reihe von Büchern über Sokrates, Platon und Platons Lehre hinterlassen hat (beachtlich auch sein Interesse am Pythagoreertum). Bemerkenswert ist sodann → Attikos, von dem eine temperamentvolle Polemik gegen Aristoteles fragmentarisch erhalten ist, → Celsus (3), der erste Verfasser einer Schrift gegen die Christen (Reste in der Gegenschrift des → Origenes, 1), endlich → Maximus (6) v. Tyros, philosophischer Conférencier der Zeit des → Commodus, dessen erhaltene Vortragssammlung trotz äußerster Affektiertheit des Stils philosophisch nicht unwichtig ist. – Für sich zu nennen ist die Literatur der *Hermetik* (→ Hermes Trismegistos), entstanden zwischen dem 2. Jh. v. Chr. und dem 2. Jh. n. Chr. als eine Kombination hellenisierter Elemente ägypt. Religion mit einem Vulgärplatonismus, den man im ganzen mittelplatonisch nennen kann. – Für die folgende Zeit → Neuplatoniker.

[7] *Fortwirkung.* Die geschichtliche Wirkung der vorneuplatonischen Perioden der Akademie ist ganz verschieden: Platon selbst hat, wenn auch in wechselnder Akzentsetzung, durch alle Jahrhunderte gewirkt, Speusipp und Xenokrates scheinen bedeutend auf den Mittel-, aber auch auf den Neuplatonismus gewirkt zu haben, doch ist das einzelne noch wenig erforscht. Die Wirkung der aporetischen Akademie von Arkesilaos bis Philon beruht entscheidend darauf, daß Cicero in seiner Jugend sich ihr anschloß und ihr bis zu seinem Tode treu blieb. Mit ihm haben sich die Christen wie → Laktanz und → Augustin leidenschaftlich auseinandergesetzt, und die von ihm vertretene urbane Aporetik hat dann wieder auf den Humanismus eingewirkt und zur geistigen Abkehr vom theologischen Dogmatismus des Mittelalters wesentlich beigetragen. Das Verdienst des Mittelplatonismus ist es, den ungleich mächtigeren Neuplatonismus vorbereitet zu haben: sein Einfluß auf → Plotin ist vielleicht, auf → Porphyrios sicher größer gewesen, als wir heute noch feststellen können; auffallend noch im späten Timaioskommentar des Calcidius. O. G.

Lit: W. Theiler, Die Vorbereitung des Neuplatonismus, 1930 – Ders., Studien zur Philosophie der Kaiserzeit, 1965 – O. Gigon, Zur Gesch. der sog. Neuen Akademie, MH 1, 1944, 47–64 – J H. Waszink, Calcidius-Studien, 1964.

Akademos (auch *Hekademos*), att. Lokal → Heros, der der platonischen → Akademie, die nahe seiner Kultstätte errichtet wurde, den Namen gegeben hat. K.-H. R.

Akakios, von Caesarea (Palästina), Sophist und → Redner (D 3), Rivale des → Libanios in Antiochia, der A.' natürliche Begabung in *Περὶ εὐφυΐας* lobte. W. Sp.

Lit: O. Seeck, Die Briefe des Libanius, 1906, 39–43 – K. Gerth, RE Suppl. 8, 1956, 734 s. v. 2. Sophistik (fehlerhaft) – P. Wolf, Vom Schulwesen der Spätantike, Diss. Basel 1951, 93 f.

Akamas und Demophon, Söhne des → Theseus und der Phädra, von Elphenor von Böotien erzogen, in dessen Gefolge sie, nach att. Tradition, am → Trojan. Krieg teilnehmen; Insassen des hölzernen Pferdes, befreien sie bei der Eroberung ihre Großmutter → Aithra. D. bringt das → Palladion nach Athen, gewinnt die Herrschaft von Menestheus zurück, gewährt den → Herakliden in Marathon Schutz vor Eurystheus, wobei er (nach Eur. Heraklid. 567–573) den Freitod der Makaria gutheißt. A., nach späterer Sage auch Liebhaber der Priamostochter Laodike, verliebt sich auf der Rückfahrt in die thrak. Königstochter Phyllis, bleibt lange bei ihr. Etabliert sich später in Cypern und gilt als Gründer mehrerer Städte dort und in der Troas. Die Verteilung dieser Erlebnisse auf A. und D. ist jedoch schwankend und oft widerspruchsvoll. L.H.

Akanthos, Pflanzengattung der Bärenklau-Gewächse, im Mittelmeerraum vorwiegend mit zwei Arten vertreten. Als Unkraut galt die kleinere mit Dornen und krausen Blättern, während die größere, glatte Art, auch Paideros oder Melamphyllon genannt, wegen der buchtig gelappten, großen, glänzend grünen Blätter als Zierpflanze geschätzt war und für die Ornamentik (s.u.) der kleineren vorgezogen wurde. Die Wurzeln dienten als Heilmittel. Die mythische Überlieferung weist auf Verbindung mit dem Bereich des → Helios von Rhodos, dessen Mutter Akantho hieß. Als *ἄκανθα* bezeichnete man außerdem Arten der → Distel. – Bei dem in Ägypten wachsenden A.-Baum handelt es sich um eine → Akazie. → Flora. J.W.

Lit: Crusius-Wagler, RE 1,1 (1893), 1147–50 – Murr, Pflanzenwelt, 272–274 – H. Jucker, Das Bildnis im Blätterkelch, 1961 – D.B. Thompson, Garden Lore of Ancient Athens, 1963, Abb. 17f.

[2] In der 2. H. des 5. Jh.s v. Chr. fand der A. Eingang in die griech. → *Ornamentik*, zunächst als geripptes, gefaltetes Blatt an → Akroter und → Stelenbekrönung. Er findet am korinth. Kapitell (→ Tempel B 11) um 400 seine endgültige, gezahnte Blattform, die dann in der Bauornamentik wie in der Plastik der gesamten Antike von größter Bedeutung ist. In der Vasenornamentik fehlt der A. fast völlig. F.H.

Akarnan, Sohn → Alkmeons und der → Kallirhoe, Stammvater der Akarnanen. Rächte sich mit seinen Brüdern an → Phegeus für die Ermordung seines Vaters, brachte so den damals von Arsinoë, der Tochter des Phegeus und früheren Frau des Alkmeon zurückgewonnenen Peplos und das Halsband der → Harmonia wieder an sich und stiftete sie als Weihgeschenke nach Delphi. Er siedelte sich in dem später nach ihm genannten Teil von Epirus an (Apollod. 3, 86–95; Ov. met. 9, 414). K. Schb.

Akarnanien, westlichste Landschaft Mittelgriechenlands an der Küste des → Ion. Meeres zwischen der Ausmündung des korinth. Golfs und dem Golf von Ambrakia (heute Arta), von Ätolien im O durch den Acheloos getrennt. Hauptorte Stratos, Oiniadai, Anaktorion und die ehemals korinth. Kolonien Sollion und Thyrreion. Die Akarnanen bildeten einen losen Bundesstaat. Ihre militärische Stärke lag vor allem in den Leichtbewaffneten: Speerwerfern und Schleuderern. Getreide und Weinanbau vor allem in der Küstenebene von → Oiniadai. Im 5. Jh. werden die Akarnanen zuerst erwähnt (Hdt. 1, 68; 2, 10). 455 v. Chr. Streit mit den Messeniern in Naupaktos um Oiniadai. Im → Pelop. Krieg standen sie auf seiten Athens, 426 Zug des att. Strategen → Demosthenes (2) mit den Akarnanen gegen Leukas und die Ambrakioten, Niederlage bei Aigition. Im 4. Jh. im 2. → Att. Seebund, dann Stützpunkt der Makedonen gegen Ätolien. 314 Synoikismos der östl. Akarnanen in die Städte Stratos, Sauria und Agrinion. Um 270 Aufteilung von A. durch → Alexander II. von Epirus und → Ätolien. Um 230 wurde der nördl. Teil wieder frei, sein Vorort wurde → Leukas. E.M.

Lit: F. Noack, Befestigte Städte in Ätolien u. A., AA 1916, 215 bis 239 – E. Kirsten, Aitolien u. A. in der älteren griech. Geschichte, NJbb 3, 1940, 298–316 – Philippson-Kirsten II 368–417; 588–672.

Akastos, Sohn des Pelias von Jolkos, → Argonaut, auch an der → kalydonischen Jagd beteiligt. Veranstaltet die berühmten → Leichenspiele für → Pelias, nachdem er → Jason und → Medea wegen des Mordes an ihm vertrieben hat. Als seine Gemahlin den → Peleus, der ihre Liebesanträge zurückwies, beschuldigte, er habe sie verführen wollen, sucht A. ihn zu töten. Durch Chirons Hilfe gerettet (Hes. Fr. 79; Pind. Nem. 4, 54ff. mit Schol. 5, 26ff.; Aristoph. nub. 1063, Schol.), erobert Peleus Jolkos und erschlägt beide. K. Schb.

Akazie (*ἀκακία, ἄκανθα*, spina Aegyptia), der ägypt. Schotendorn oder Gummibaum. Gehört zu der auch im Orient weit verbreiteten Gattung der Mimosengewächse und muß scharf von unseren aus Nordamerika stammenden A.n getrennt werden. Am bekanntesten war die schwere A., die Nilmimose, wohlriechend mit immergrünen, gefiederten Blättern und gelben oder weißen Blüten. Niedrigere A.n sind für Kreta und Kleinasien bezeugt. Geschätzt war der von der A. ausgeschwitzte Saft, *κόμμι* (→ Gummi) genannt. Die Blüten wurden oft zu Kränzen geflochten oder für ägypt. → Salbe, der Fruchtsaft als Haarfärbemittel, das Gummi in der Heilkunde verwendet. Das Holz der ägypt. A. wurde im Schiffsbau verwertet. Mythologisch war die A. ohne Bedeutung. Vgl. → Flora. J.W.

Lit: Wagler, RE 1,1 (1893), 1159–62.

Akephalie. Die alten Metriker nannten *ἀκέφαλα* am Anfang verkürzte Hexameter oder jambische Kola. Der heute meist gemiedene Begriff hat eine gewisse Berechtigung bei Erklärung äol. Maße (→ Metrik B 2; → Äolisch, 2). B. Sn.

Lit: O. Schröder, Nomenclator metricus, 1929, 8.

Akitu-Festhaus, mesopot. Kultstätte (→ Mesopot. Reiche D 2). Außerhalb der Stadt gelegen, bildete es das Ziel einer Prozession am A.-Fest. Ursprünglich in Ur beheimatet, findet es sich später auch in Nippur, → Babylon, → Assur, → Mari, Dilbat, → Uruk, → Ninive, Arbela und Harran. A.-Festhäuser sind uns nur in Uruk Assur erhalten. H.J.N.

Lit: W. Andrae, Alte Feststraßen im Nahen Osten, 1941 – A. Falkenstein, akiti-Fest u. akiti-Festhaus, in: Festschrift J. Friedrich, 1959, 147–182.

Akkad, Akkade, Hauptstadt des Reiches der Akkader (→ Mesopot. Reiche B 1; Karte C 4), wahrscheinlich Gründung → Sargons I., im nördl. Babylonien gelegen, genaue Lage unbekannt. A. bestand – wenn auch ohne Bedeutung – noch bis in die Chaldäerzeit. Stadtgöttin war die → Ištar von A. W.R.

Akme, im Menschenleben Zeit der wertvollsten Leistung, Jahr des für den äußeren Lebensgang wichtigsten Ereignisses (= ‹Epoche›). In der Chronologie (→ Apollodor (4) v. Athen) nach dem Ansatz der Pythagoreer das 40. Lebensjahr. Historisch meist nur bedingt verwertbares Lebensdatum. H. Kal.

Akontion, Speer mit Wurfschlinge (Xen. anab. 5, 2, 12) als → Waffe (ebd. 1, 10, 7) und für die Übung des Speerwurfes im → Pentathlon (Hom. Il. 23, 884–897; Hor. carm. 1, 8, 12). Die Länge schwankte (Diod. 14, 27). W.K.

Lit: Reisch, RE 1,1 (1894), 1183–85.

Akontios und Kydippe, mythisches Liebespaar auf Keos: A., ein armer junger Mann, liebt K., die aus vornehmem Hause ist. Da er sie aber nicht gewinnen kann, wird er ihr bei einem Fest einen Apfel mit der Aufschrift «Ich schwöre bei Artemis, keinen andern zu heiraten als Akontios» zu, die K. ahnungslos laut abliest. Wegen des so gesprochenen Schwurs wird sie jedesmal krank, wenn sie einem andern verbunden werden soll, bis schließlich A. sie erhält (Kallim. ait. 3 Fr. 67–75 Pf.; Ov. her. 20f.). L.H.

Akragas (lat. Agrigentum, italien. Girgenti, neuerdings wieder Agrigento), Kolonie von → Gela, mit Beteiligung von Rhodiern an der Stelle einer vorgriech. Siedlung um 580 v. Chr. gegründet (Kt. 1420 F 10); auch der Name wohl vorgriechisch. Reich und blühend. → Pindar nennt sie die ‹schönste der Städte› (Pyth. 12, 1). Bekannt der Tyrann → Phalaris um 560 v. Chr. → Empedokles stammte aus A. Höhepunkt der Macht von A. um und nach 500, bes. unter → Theron (zusammen mit Syrakus 480 Sieg über die Karthager bei → Himera). 405 durch die Karthager zerstört, wieder besiedelt, Zuführung neuer Bürger durch → Timoleon. Ca. 286–280 neue Blüte unter der Tyrannis des Phintias. Auch in den beiden Pun. Kriegen hatte A. unter Belagerung (261 durch die Römer, 255 durch Karthago, 210 durch die Römer), Eroberung und Verschleppung der Bevölkerung schwer zu leiden, bestand aber durch das ganze Altertum. – Das Stadtgebiet beginnt 4 km von der Küste entfernt; es bildet ein von z. T. tief eingeschnittenen Flußtälern (im O der Akragas, im W der Hypsas) begrenztes Dreieck, von etwa 110 m im S bis 351 m ansteigend, Mauerumfang ca. 12 km, Fläche ca. 625 ha. Die heutige Stadt nimmt nur den Raum der Akropolis ein. Einzigartig ist die Reihe der bes. gut erhaltenen dorischen Tempel. Am Stadtrand liegt ein Heiligtum der chthonischen Gottheiten (vor der Gründung von A. bereits Naturheiligtum der Sikuler). Im Zentrum des Heiligtums großer, runder Altar von 8 m Durchmesser. Um 550 Bau eines dor. Peripteros von 6 × 13 Säulen, sog. Tempel der Dioskuren (I), und wenige Jahrzehnte später eines zweiten größeren Peripteros (Tempel L). Tempel A, sog. Herakles-Tempel mit 6 × 15 Säulen, in der Mitte des Felsabsturzes, der die Stadt nach S begrenzt, um 500 erbaut. Zwischen Tempel A und dem Heiligtum der chthonischen Gottheiten liegt der unvollendete Riesentempel des olympischen Zeus (Tempel B), von → Theron 480 als Siegesmonument begonnen. Er ist mit 113,5 × 56 m der größte dor. Tempel und besitzt statt der umlaufenden Säulenhalle eine geschlossene Außenmauer, die durch 7 × 14 Halbsäulen gegliedert ist. In den Interkolumnien standen auf halber Höhe als weitere Gebälkträger 7,75 m hohe Kolossalfiguren. Der Innenhof war wohl offen. Der Tempel D, sog. Iuno-Lacinia-Tempel, mit 6 × 13 Säulen wurde um 450, der Tempel F, sog. Concordia-Tempel, mit 6 × 13 Säulen um 425 v. Chr. errichtet. Außerhalb der Stadtmauer lag am Fuß des Athenafelsens ein Quell- und Höhlenheiligtum vorgriech. Ursprungs. Es wurde später Demeter übertragen. Anf. 5. Jh. Bau eines Demeter-Tempels (C). E.M.

Lit: R. Koldewey-O. Puchstein, Die griech. Tempel in Unterit. u. Sizilien, 1899, 138–184 – P. Marconi, Agrigento, 1929 – Ders., A. arcaica, ASMG 1931, 7–147 – Fr. Krischen, Das Olympieion von A., AA 57, 1942, 1–19 – P. Griffo, A., Guida ai monumenti e gli scavi, 1961 – Berve-Gruben, 81–85; 222–231.

Akrai, heute Palazzolo Acreide, kleine Kolonie von → Syrakus, um 664 v. Chr. 43 km westl. von Syrakus landeinwärts gegründet (Kt. 1420 G 10). Gut erhaltenes kleines Theater, kleines Odeion, Katakomben, Felsheiligtümer, in einem Nebental Nekropole mit Felsreliefs. Im 5. Jh. n. Chr. christl. Gemeinde in A. E.M.

Lit: L. Bernabò Brea, Akrai, 1956.

Akrisios, Sohn des Abas, Zwillingsbruder des → Proitos, König von Argos, Vater der Danaë, von seinem Enkel → Perseus versehentlich getötet.

Lit: Preller-Robert II 1, 229ff., 245ff. – *Darstellungen:* → Perseus.

Akrolith, Bezeichnung für eine Statue, bei der die Extremitäten (d.h. meist die unbekleideten Teile wie Kopf, Hände und Füße) aus einem kostbareren Material (Elfenbein, Gold oder Marmor) als das übrige gearbeitet sind. Im antiken Sprachgebrauch in dieser Bedeutung erst seit dem 2. Jh. v. Chr. zuweilen zu belegen. Pausanias gebraucht das Wort A. nicht. Vitruv (2, 8, 1) bezeichnet als A. eine kolossale Statue. – Köpfe von A.en sind bes. zahlreich aus Unteritalien und Kyrene erhalten. E.Bg.

Lit: K. Schefold, Kultbild in Arlesheim, AntK 3, 1960, 48 – D. Mustilli, EAA I, 1958, 48–50.

Akrostichon, ein Wort, Satz oder Vers, die durch die Anfangsbuchstaben, -silben bzw. -wörter aufeinanderfolgender Verse oder Strophen eines Gedichtes gebildet werden. Beginnen die Verse bzw. Strophen der Reihe nach mit den Buchstaben des Alphabets, so spricht man von alphabetischem A. oder Abecedarium. Das A. hatte ursprünglich wohl magische Funktion. Später dient es der Angabe von Namen und Zeit, dem Schutz gegen Interpolationen bzw. Auslassungen, geheimer Sicherung der Verfasserschaft, feiner Anspielung, polemischer Aussage, zur Gedächtnisstütze oder einfach zum Schmuck. Vorkommen des A. in babylonischen Gebeten weist auf Herkunft aus dem Orient hin. Das A. bei Hom. Il. 24, 1–5 (*λευκή*) ist sicher Zufall. Die A. → Epicharms (Diog. Laert. 8, 78) und des z. Z. des → Herakleides (3) Pontikos lebenden → Dionysios (17) v. Herakleia (vgl. Herakleid. Pont. Fr. 13 a–b und Wehrli z. St.) sind umstritten. Die frühesten gesicherten Belege bei → Aratos (783–787), → Philostephanos, → Nikander (Ther. 345–353, vgl. Gow z. St.) und in der unter dem Namen des → Eudoxos (1) gehenden *Τέχνη*. Die in der Überlieferung → Dikaiarch zugeschriebene *Ἀναγραφὴ τῆς Ἑλλάδος* weist sich durch A. als Werk des → Dionysios (3), Sohn des Kalliphon, aus. → Dionysios (8) Periegetes gehört den Akrosticha 109–134 und 513–532 zufolge in die Zeit Hadrians. Sehr häufig ist das A. in der byzantin. Kirchenpoesie. Bekannte lateinische Beispiele sind → Ennius (vgl. Cic. div. 2, 111), die → Ilias Latina (1–8 *Italicus*, Schlußverse 1063–1070 *scripsit*), die ‹Instructiones› → Commodians (akrostichische Inhaltsangaben) und die Argumenta der Plautuskomödien. Weit verbreitet auch in der Neuzeit (z. B. P. Gerhard, Befiehl du deine Wege) bis in die Gegenwart (J. Weinheber, Hier ist das Wort). E.V.

Lit: K. Krumbacher, Gesch. d. byz. Lit. (1891), 1897^2, 697–700 – J. M. Jacques, Sur un a. d'Aratos, REA 62, 1960, 48–61 – G. Graf, RE 1, 1 (1893), 1200–07 – H. Leclercq, DACL 1, 1 (1924), 356–372 – RAC I 235–238 – J. Werner, KP I, 1962, 222f.

Akroter, Giebelbekrönung über dem First (Mittel-A.) und den Seiten (Seiten-A.) aus Ton oder Marmor. Im 7./6. Jh. ornamentgeschmückte, runde Scheiben (Heraion von → Olympia), im 6./4. Jh. Volutengeschlinge mit Palmetten oder figürliche A. wie Gorgo, Nike, Sphinx, mythologische Gruppen. G.Gb.

Lit: C. Praschniker, Zur Gesch. des A., 1929 – H. Gropengießer, Klass. A., 1960.

Akrothinion, ursprünglich ‹Erstling der Feldfrucht›, dann in dieser Bedeutung durch → Aparchē ersetzt. In klass. Zeit bes. der Anteil der Götter an der Kriegsbeute (Hdt. 8, 121; Thuk. 1, 132; Eur. Phoin. 282 u. a.). O.G.

Akšak, Stadt in Babylonien (→ Mesop. Reiche) am rechten Ufer des Tigris, ca. 50 km südl. Bagdad, genaue Lage umstritten (Tell Umar?). Seit dem 13. Jh. v. Chr. als Upê, griech. Opis bekannt. Wichtiger Handelsplatz. 324 wohnte Alexander d. Gr. im Palast von A. Kultort des → Sîn, Nergal und der Kallat Ekurri. W.R.

Aksum (Axumis), Stadt und Reich im N des heutigen Äthiopien, mit afrikan., hamit. (Kuschiten) und vor allem semit. Bevölkerung. Reiche frühgeschichtliche Funde; um 100 (?) n. Chr. Kolonisationsgebiet von → Saba'. Das Königreich im 1./2. Jh. n. Chr. von → Ptolemaios (17) und im → ‹Periplus Maris Erythraei› erwähnt. Unter König ʿEzānā (griech. Inschrift bei → Kosmas Indikopleustes erh.) Blütezeit: Ausgreifen auf Süd → Arabien (vgl. → Saba), 325 bis 360 (?); Missionierung durch → Kopten oder → Semiten (Rufin hist.), jedenfalls unter dem Patriarchat von Alexandria; das Christentum 340 v. Chr. Staatsreligion und bis zum Konzil von Ephesos (421) orthodox, dann (nach Chalkedon) zu den → monophysitischen Kirchen gehörig. In Handel und Kultur reiche Beziehungen zu → Ägypten, → Meroë (→ Nubien), → Napata einerseits, Südarabien andererseits. Beträchtliche frühchristl. Literatur in äthiop. Sprache, → koptisch beeinflußt. Monumentale Kunst (Stelen, Throne, Grab- und Palastbauten). Vom 6. Jh. an, zumal infolge innerer und äußerer Bedrohung durch den Islam, völliger Verfall. L.H.

Lit: E. Littmann, RGG I 137–144, s. v. Aethiopien (Lit) – J. Leclant, Vorgesch., Archäol. und Gesch. des alten Aethiopien, in: Koptische Kunst, Ausstellungskatalog Villa Hügel 1963, 178–182 (Lit).

Aktaion, Sohn des → Aristaios und der Kadmostochter Autonoe. Wurde von → Artemis in einen Hirsch verwandelt und von eigenen Hunden zerrissen, weil er die Göttin im Bade erblickt hat (Ov. met. 3, 138ff., Nonn., Dion. 5, 287ff.). Bei Diod. 4, 81, 4 wollte er Artemis heiraten, nach Eur. Bacch. 337ff. ein besserer Jäger sein als sie; nach anderen tötete ihn Zeus, weil er Semele nachstellte (so Akusilaos, FGrHist 2 Fr. 33).

Darstellungen: von der Mitte des 6. Jh.s an bis in die Kaiserzeit. Häufig vor allem auf att. u. unterital. Vasen (Brommer 336f.; PBSR 14, 1959, 5 A42, Glockenkrater; Kalpis in Padula. Schwarzfigurige, etrusk. Halsamphora, Florenz, 75690; etrusk. Oinochoe, Villa Giulia 1601). In der Kaiserzeit oft auf Wandgemälden u. Mosaiken (Schefold, WP, passim). Die Blütezeit des Mythos war das 5. Jh., in das auch die berühmte Metope aus Selinunt (Brunn-Bruckmann, Taf. 290) und melische Reliefs gehören. Die Verwandlung des A. in einen Hirsch wird oft durch ein Geweih oder ein über den Kopf gezogenes Fell angedeutet. – *Lit. dazu:* P. Jacobsthal, A.s Tod, Marb. Jb. 5, 1929, 1–23 – Willemsen, JdI 71, 1956, 29–58. K. Schb.

Akte, ‹Steilküste›, Name mehrerer Halbinseln, bes. der → Argolis und der → Chalkidike. E. M.

Aktor, König von Pherai in Thessalien, der → Peleus entsühnt und ihm die Herrschaft vererbt. Über Vor- und Nachfahren gehen die Überlieferungen auseinander. K. Schb.

Darstellung: Beazley, ARV² 785.

Akusilaos von Argos, ca. 500 v. Chr., verfaßte 3 Bücher ‹Genealogiai› (oder ‹Historiai›), in denen er die Göttermythen und Heldensagen, die er in einer schlichten, aber anmutigen Prosa wiedererzählte, in ein genealogisches System (von → Phoroneus bis zum Trojan. Krieg) zu bringen suchte. Abweichungen von der Göttergenealogie → Hesiods, die öfter vorkommen, obwohl diese bei ihm die Grundlage bildet, sind offenbar dem Bestreben nach Vereinfachung, solche von den gangbarsten Versionen der Heldensagen lokalpatriotischen Motiven zu verdanken. Rationalistische Kritik an der Sage wie → Hekataios (3) hat er nicht geübt. K. v. F.

Frg. u. Komm: FGrHist 2.

Akusmatiker, wahrscheinlich echter alter Name der Jünger des → Pythagoras, die im ‹Hörsaal› (*ὁμακόειον*) den Worten des Meisters lauschten. Später Bezeichnung der Altgläubigen, die sich an die überlieferten pythagoreischen Lebensregeln (*ἀκούσματα*) hielten und die Umformung der Lehre in ein System wissenschaftlicher → Kosmologie, → Mathematik und Harmonik nicht mitmachten. – Vgl. → Pythagoreer. O. G.

Lit: W. Burkert, Weisheit und Wissenschaft, 1962.

Akzent. [1] Hervorhebung einer Silbe durch Änderung der Tonhöhe (musikalischer A.) oder der Lautstärke (exspiratorischer oder dynamischer A.), doch ist in vielen Sprachen beides miteinander kombiniert. Beim (vorwiegend) musikalischen A. sind verschiedene Intonationen möglich, z. B. steigender bzw. fallender Ton. Die A.stelle kann durch die Form des Wortes bestimmt sein wie im → Latein (Dreisilbengesetz) oder wenigstens teilweise frei sein wie im Griechischen, wo irgendeine der drei letzten (bei langem Endsilbenvokal der zwei letzten) Silben den A. tragen kann, so daß sonst gleiche Wörter dadurch differenziert werden, z. B. *τόμος*, ‹Schnitt› – *τομός*, ‹schneidend›. Im Gegensatz zum exspiratorischen deutschen A. war der griech. musikalisch, daher auch der Name *προσῳδία (accentus)*, ‹Zugesang›. Dabei war der Hochton (Akut, *ὀξεῖα*) eine Quint höher als der normale Tiefton (Gravis, *βαρεῖα*). Bei langen Vokalen und Diphthongen war außerdem noch die ‹herumgezogene›, d. h. wohl steigend-fallende Intonation möglich (Zirkumflex, *περισπωμένη*), z. B. *ἀνδρών*, ‹Männersaal› – *ἀνδρῶν*, ‹der Männer›. Im Spätgriech. scheint der A. unter Beibehaltung der A.stelle exspiratorisch geworden zu sein. Zum Versakzent vgl. → Prosodie, zum umstrittenen lat. A. → Lateinisch B [1]. E. R.

Lit: A. Martinet, Grundzüge der Allgemeinen Sprachwissenschaft, 1963, 72–84 – Ch. Bally, Manuel d'accentuation grecque, 1945.

[2] *Akzentzeichen.* Im Zusammenhang mit der Ausbreitung der griech. Sprache über den gesamten Vorderen Orient zur Zeit des Hellenismus und mit der Entwicklung der Philologie als Wissenschaft empfand man die Notwendigkeit, die Aussprache festzulegen und gleiche oder ähnliche Wörter durch äußere Zeichen zu unterscheiden. Es ist das Verdienst des → Aristophanes (2) v. Byzanz und seines Schülers Aristarchos (2), ein griech. A.system ausgearbeitet zu haben. Akut, Gravis, Zirkumflex und andere, heute vergessene Zwischenstufen wurden unterschieden. Noch vor der Zeit der alexandrin. Philologen liegt die wiederholte, aber keineswegs regelmäßige Verwendung des Spiritus asper in Inschriften u. z. in der Form eines halbierten Eta (⊢) Der Spiritus asper und der zunächst viel seltenere Spiritus lenis (⊣) wurden von den Grammatikern in ihre A.systeme aufgenommen, die wir aus kaiserzeitl. Texten und verschiedenen Scholien, vor allem der Homerhss., kennen. Eine Blüte erlebten die grammatisch-prosodischen Studien im 2. Jh. n. Chr., als → Herodian (1) die Lehre vom A. und von der Quantität der Silben ausführlich behandelte. Es dürfte damit das relativ häufige Auftreten von A.en in literarischen Papyri (bes. Dichtertexten) des sog. → Strengen Stiles (2.–3. Jh. n. Chr.) zusammenhängen. Die Papyri dieser und späterer Jh.e bieten jedoch fast immer verschiedene Systeme bzw. Spuren von Systemen neben- und durcheinander. In Papyrusurkunden fehlen A.e und Spiritus in der Regel ganz. Mit der Ausbildung der griech. Minuskel um 800 (→ Schrift D 3) setzte sich im wesentlichen das auch uns noch geläufige A.system durch, das von nun ab in den meisten Minuskel- und Unzialhss. vertreten ist. Die Spiritus entwickelten sich von der halbierten Eta-Form (⊢ ⊣, überwiegend im 9. und 10. Jh., seltener im 11. Jh.) über die eckige Form (⌐ ¬, vorwiegend im 10. und 11. Jh., teilw. noch im 12. Jh.) zur runden Form (ʿ ʾ), die allmählich die älteren Formen verdrängte; als sog. Koronis steht das Zeichen zur Bezeichnung von → Kontraktion auch im Inneren eines Wortes. Der nach Angaben antiker Grammatiker aus der Zusammensetzung von Akut und Gravis entstandene Zirkumflex (^) erscheint in den Minuskelhandschriften zunächst in einer kleinen, runden Form (⌒), die sich vom 11. Jh. an immer mehr vergrößert und zum Teil in die moderne Form (~) übergeht. H. Hg.

Akzidens. [1] Als *philosophischer Begriff* bei Aristoteles: (a) zufälliges Ereignis, das selten eintrifft; (b) nicht notwendiges Prädikat, das einem gegebenen Subjekt zukommen oder auch nicht zukommen kann; (c) allgemeiner: jedes nicht das Wesen betreffende Prädikat, sei es notwendig (Akzidens an sich) oder nicht. So aufgefaßt sind alle sekundären → Kategorien für die Substanz Akzidentien. Die Bedeutung (b) hat sich in der Folge durchgesetzt (vgl. Porphyrios, → Boethius).

[2] Zur *grammatikalischen Bedeutung* von A. → Grammatik B [3]. S. M.

Ala, bis zum → Bundesgenossenkrieg [3] das Infanterie- und Reiteraufgebot der → Socii (danach nur für berittene Truppen). Seit Augustus die selbständige, 500 oder 1000 Mann starke Reiterabteilung der → Auxilia; vorwiegend nach Volksstämmen benannt; geführt vom praefectus alae. G. G.

Alabanda, Stadt in Karien südl. vom Maiandros auf dem linken Ufer des Marsyas (Kt. 1152 H5; heute Araphisar). Strabon (14, 660) vergleicht die Lage mit einem Packsattel (zwischen zwei Hügeln). In röm. Zeit ist A. für seinen Reichtum sprichwörtlich (Vitr. 7, 5). Unter den Bauten berühmt der ion. Apollontempel (Pseudodipteros), mit Amazonenfries. R. F.

Lit: D. Magie, Rom. rule in Asia minor, 1950, 992–993 (Lit) – W. B. Dinsmoor, Architecture of Ancient Greece (1902), 1950, 3, 276.

Alabaster (*ἀλαβαστρίτης*), ursprünglich für die Herstellung von Salbgefäßen (→ Alabastroi, Vasen B) bevorzugte Steinart. Unterscheidet sich von → Marmor durch sein kristallinblättriges Gefüge: 1.‹Orientalischer› A., gelblich, wellige Struktur, Farbtönungen (auch Onyx: nicht zu verwechseln mit gleichnamigen weißgestreiften Edelsteinen; vgl. z.B. →Karneol). Für Skulptur, Ornament: →Inkrustation. Fundorte: Arabien, Ägypten, Syrien, Indien. – 2.‹Weißer› A., weich. Für Urnen, Sarkophage, Vasen, Herstellung von Gips (Stuck). In Italien gefunden, bes. in der Gegend von Volterra. C.K.

Q: Plin. 36, 59f. 182; Diosk. mat. med. 5, 152 – *Lit:* Blümner, Technologie III 60ff. 68 – A. Nies, RE 1, 1 (1893), 1271f. – K. Fiehn, ebd. 3A 2 (1929), 2241–43.

Alabastron, beutelförmiges Salbfläschchen mit enger, abgeflachter Mündung, ohne Henkel und Fuß, allenfalls mit Ösen versehen (→Vasen mit Abb. E2). Ursprünglich aus →Alabaster, später auch in Ton und Glas verfertigt. Offenbar ägypt. Herkunft. I. Sch.

Lit: H. E. Angermeier, Das A., 1936 – D. A. Amyx, Hesperia 27, 1958, 213ff. Vgl. →Pasiades.

Alacahüyük (Hüyük bei Alaca, Kt. 153 E2) in Kappadokien. Siedlungshügel (Chalkolithisch-hellenist. Zeit) mit Sphinxtor und Orthostatenreliefs (13. Jh.), phryg. Inschrift. Frühbronzezeitliche Fürstengräber. Ausgrabungen wurden durchgeführt von Makridi-Winckler 1907 und von Türk Tarih Kurumu 1935–47. F.F.

Lit: Letzter Grabungsbericht: H. Z. Kosay, Les fouilles d'Alaca Hüyük, 1951 – Vgl. zu →Anatolien.

Alalach (Kt. 1920a C3), Stadt am Orontesknie in Nordsyrien (Ruine Tell Açana). 17 Schichten vom späten Chalkolithikum (→Uruk-Periode) bis ca. 1200 v. Chr. Schicht VII altbabylon., A. teilweise von →Aleppo abhängig. Sitzbild mit Inschrift des Königs Idrimi vielleicht Schicht IV (ca. 1480–1370). Später von →Hethitern abhängig. Frühe Beziehungen zu Kreta nachweisbar. W.R.

Lit: L. Woolleey u.a., Alalakh, An Account of the Excavations at Tell Atchana, 1955.

Alamannen (häufig auch, fälschlich, Alemannen), german. Stamm, zuerst im Zusammenhang mit →Caracallas Angriff auf sie im Jahr 213 erwähnt (Dio Cass. 77, 13). Ihre Beziehungen zu jenen Germanen, von denen →Tacitus spricht, sind unbekannt; sie werden Einwanderer aus dem Gebiet östl. der Elbe gewesen sein. Um 260 durchbrachen sie den röm. Limes in Obergermanien und ließen sich in den Agri decumates nieder. Ihre Niederlage durch →Julian bei Straßburg (357) schränkte ihre Angriffe auf die röm. Provinzen kaum ein; Mitte des 5. Jh.s hatten sie sich nach dem Elsaß und in die Nordschweiz ausgedehnt, die sie in germanisch sprechende Länder verwandelten. Sie errichteten nie eine zentrale Monarchie und kehrten auch nach gemeinsamen Kriegszügen schnell zu gegenseitiger Unabhängigkeit zurück. Schließlich wurden sie von den Franken unter →Chlodwig unterworfen (um 497), blieben aber bis zur 1. H. des 8. Jh.s heidnisch. E.A.Th.

Lit: W. Veeck, Die A. in Württemberg, 1931 – L. Schmidt, Die Westgermanen (1918) II 1, 1940² – G. J. Wais, Die A. (1940), 1943³ – R. Roeren, Zur Archäol. und Gesch. Südwestdeutschlands im 3. bis 5. Jh. n. Chr., JbRGZ Mainz 7, 1960, 214–294 – K. F. Stroheker, A. im röm. Reichsdienst (1961), in: Germanentum und Spätantike, 1965.

Alanen, Nomadenvolk iran. Herkunft; bis Ende des 2. Jh.s n. Chr. lebten sie in Südostrußland, nach der Ankunft der →Goten am Schwarzen Meer (ca. 200) zwischen Wolga und Donau. Ihre häufigen Versuche, den Kaukasus zu überqueren, wurden mittels der Befestigung seiner westl. Ausgänge durch die röm. Kaiser von →Nero an verhindert. →Arrian schlug als Statthalter von Kappadokien einen ihrer Angriffe ab. Ca. 370 wurden sie von den →Hunnen überrannt. Ein großer Teil entkam jedoch in den Westen, zog zusammen mit Vandalen und →Sueben nach Gallien (406) und schließlich nach Spanien (409). Dort verbanden sich die A. mit den →Vandalen Geiserichs und setzten mit ihnen nach Afrika über (429). Der offizielle Titel der Könige des Vandalenreiches in Afrika war daher ‹König der Vandalen und A.›. E.A.Th.

Lit: G. Vernadsky, Sur l'origine des Alains, Byzantion 16, 1942/43, 81–86 – Ders., Der sarmat. Hintergrund der german. Völkerwanderung, Saeculum 2, 1951, 340–392 – F. Carrata Thomes, Gli Alani nella politica orientale di Antonino Pio, 1958.

Alarich I., Fürst, später König der →Westgoten, aus dem Geschlecht der Balthen, geb. um 370. Seit 391 an der Spitze der damals in Thrakien stehenden Westgoten, dann (394), unter dem Befehl →Theodosius' I., eines starken westgot. Kontingents gegen den Usurpator →Eugenius. Nach dem Tod des Theodosius (Anf. 395) von →Stilicho auf die Balkanhalbinsel zurückgeschickt, marschierte A. gegen Konstantinopel, dann, von dem oström. Prätorianerpräfekten →Rufinus in die makedon. Diözese abgelenkt, gegen Stilicho und, als dieser auf Befehl des Ostkaisers →Arcadius die ostillyr. Provinzen räumen mußte, nach Griechenland. Aus neuer Bedrängnis durch Stilicho (397) scheint A. wieder der Streit der beiden Reichshälften befreit zu haben: die Westgoten bekamen Epirus als Wohnsitz, A. wurde →Heermeister von Illyricum. Von hier aus zog A. 401 durch die Donauländer gegen Italien und bemächtigte sich Venetiens (401/402). Belagerung Mailands, wegen Stilichos Widerstand abgebrochen; Schlacht bei Pollentia unentschieden; nach Vertrag und Niederlage bei Verona (403) Abzug der Westgoten ins Savegebiet. Ein von Stilicho und A. vorbereitetes Unternehmen auf die ostillyr. Diözesen wurde durch ostgotische Einfälle in Italien (405/406) und die Unruhen in Gallien (vgl. →Konstantin III.) vereitelt. A. verlangte eine gewaltige Geldentschädigung und zog 408 gegen Rom, das sich durch eine ungeheure Kontribution freikaufen mußte. Nach Ablehnung der Forderungen A.s nach Jahrgeldern, Getreidelieferungen und Überlassung von Venetien, Noricum und Dalmatien 409 zweiter Zug gegen Rom und Einsetzung des →Attalus zum Gegenkaiser. 410 dritter Zug vor Rom, das am 24. Aug. durch Verrat in seine Hand fiel. A. wollte nun nach Afrika übersetzen, aber der Übergang über die Meerenge von Messina scheiterte, und auf dem Rückmarsch starb der König Ende 410 bei Cosenza. Er wurde, um vor Grabräubern sicher zu sein, im Bett des Busento beigesetzt; neuere Versuche, dieses berühmte, auch dichterisch verherrlichte Grab wiederzufinden, waren vergeblich. – A. gehört zweifellos zu den bedeutendsten Gestalten der germ. Völkerwanderung; im Gegensatz zu den späteren german. Reichsgründern blieb jedoch seine geschichtliche Rolle rein destruktiv. K.F.Str.

Lit: Th. Mommsen, Stilicho und A., Ges. Schriften IV, 1906, 516 bis 530 – L. Schmidt, Die Ostgermanen (1910), 1941² – E. Demougeot, De l'unité à la division de l'empire romain (395–410), 1951.

2. **A. II.,** König der →Westgoten 484–507, Sohn und Nachfolger →Eurichs; durch seine Schwäche verlor das Westgotenreich von Toulouse die unter Eurich erreichte Geltung und erlag schließlich den vom Norden her vordringenden →Franken. 486 Auslieferung des röm. Machthabers →Syagrius an →Chlodwig. Unterstützung der ostgot. Besitznahme Italiens (490), Anschluß an das Bündnissystem →Theoderichs. Die ersten Vorstöße der Franken über die Loire konnte A. noch zurückweisen und dem Burgunderkönig →Gundobad westgot. Hilfstruppen gegen sie stellen (500). Die Spannungen zwischen dem arianischen König und dem katholischen Episkopat bzw. der katholisch-romanischen Mehrheit der Bevölkerung wuchsen; trotz manchem Entgegenkommen (handliche Sammlung röm. Rechtsquellen in der sog. →Lex Romana Visigothorum; katholisches Konzil des gall. Reichsteils zu Agde, 506) erlag A. dem Angriff der nun mit den Burgundern verbündeten Franken rasch, wurde von Chlodwig bei Vouillé (Nähe Poitiers) völlig besiegt und fiel im Kampf.

Die ostgot. Hilfe kam zu spät; das bisher westgot. Gallien wurde zum größten Teil von den Franken in Besitz genommen. K.F.Str.

Lit: L. Schmidt, Die Ostgermanen (1910), 1941².

Alba Fucentia, 302 v. Chr. von den Römern im Kampf gegen die Äquer auf einem Hügel nicht weit vom N-Ufer des Fuciner Sees angelegte Kolonie (Kt. 1420 F5; heute Alba Fucense). Dank den belg. Ausgrabungen seit 1949 eine der am besten bekannten Kolonien aus republ. Zeit mit wohlerhaltenem, ca. 3 km langem polygonalem Mauerring des 3. Jh.s mit vier Toren. Den Decumanus Maximus der Stadt bildet die Via Valeria. Der Stadtkern mit dem Forum, an dessen N-Seite ein Tempel, an dessen S-Seite eine Säulenhalle lagen, wurde in sullanischer Zeit nach einem einheitlichen Plan mit einer Basilika, einem Marktbau (Macellum) und einer Curia versehen, zu denen in der Kaiserzeit noch Thermen hinzukamen. Während der sullanischen Neuordnung erhielt die Stadt auch ein Theater, ein interessantes Zwischenglied zwischen einem hellenist. und einem röm. Theaterbau. Die Hauptstraßen der Stadt waren von Gehsteigen gesäumt, die mit Hilfe überhängender, von Pilastern getragener Stockwerke eine Art Galerien mit Läden (tabernae) bildeten. Am Rand der Stadt lagen ein um 40 n. Chr. aus dem Nachlaß des Q. Naevius Cordus, Gardepräfekten des → Tiberius, erbautes Amphitheater, ein Apollontempel und kaiserzeitliche, mit Wandmalereien versehene Privathäuser. Unter der Stadt führt ein langer Tunnel aus polygonalem Mauerwerk entlang. B.A.

Lit: C. Promis, Le antichità di Alba Fucens negli Equi, 1836 – Zusammenfassung der belg. Ausgrabungsber.: AA, 1959, 205 – V. Cianfarani, EAA I, 1958, 192ff.

Alba Longa (Kt. 1420a, heute Albano), Stadt in den Albanerbergen, in ältester Zeit Vorort des latin. Bundes, aber nach glaubwürdiger (?) Überlieferung schon in der Königszeit von Rom erobert. B.A.

Lit: Nissen, I, 521 – Hülsen, RE 1 (1894), 1301f. → Romsage.

Albani, erste Slg. des Kardinals A., z. T., zusammen mit der Slg. → Chigi, 1728 von Dresden (darunter ‹Dresdner Zeus› und ‹Sterbender Niobide›) und 1734 von den Kapitolinischen Mus. angekauft. Für die zweite, heute noch erhaltene Slg. erbaute A. 1743 die nach ihm benannte Villa an der Via Salaria. J. J. Winckelmann leitete Ankauf und Aufstellung der Antiken – der erste Versuch, eine Privatslg. nach wissenschaftlichen Richtlinien einzurichten. Bedeutende Bildhauer wie Cavaceppi restaurierten die Skulpturen im Sinne des 18. Jh.s. Napoleon überführte fast 300 Stücke nach Paris (nur z. T. zurückerstattet). Die durch neue Ankäufe bereicherte Slg. – seit 1852 im Besitz der Chigi – ging 1866 endgültig auf die → Torlonia über. Bis heute an der Aufstellung Winckelmanns fast nichts geändert, so daß die Slg. museumsgeschichtlich ein einzigartiges Zeugnis des 18. Jh.s geblieben ist. U.R.

Lit: Helbig³ II Nr. 1822ff. – C. Justi, Winckelmann und seine Zeitgenossen II (1872), 1943⁴, 75ff.

Albinovanus Pedo, Freund → Ovids, Adressat des Gedichtes Pont. 4, 10, wo sein Epos Theseïs erwähnt ist. Vermutlich der von Tacitus (ann. 1, 6) genannte Reiteroberst und Verfasser der 23 Hexameter (Sen. suas. 1, 15) über die – wohl 16 n. Chr. selbst erlebten – Schrecken des Nordmeeres. Von → Martial als literarisches Vorbild oft genannt; *fabulator elegantissimus* (Sen. epist. 122, 15). B.K.

Albinus, Platoniker des 2. Jh.s n. Chr., Schüler des → Gaius (1), Lehrer → Galens (die diesem zugeschriebene Schrift ‹Unkörperlichkeit der Qualitäten› könnte dem A. gehören), Verfasser einer ‹Einleitung› zu → Platon und eines Abrisses der platonischen Philosophie (überliefert als Werk eines Alkinoos), worin Platonisches mit Aristotelischem (bes. der Logik und Noetik) durchsetzt ist und manches zum Neuplatonismus hinführt. Ph.M.

Ed: K. F. Hermann, Platonausgabe, 1851–53, VI 147–189 – P. Louis, 1945 (epit.; mit franz. Übers.) – *Übers:* R. le Corre, Revue Philosophique 71, 1956, 28–38 (isag.) – *Lit:* W. Theiler, Die Vorbereitung des Neuplatonismus, 1930 – R. E. Witt, Albinus, 1937 – E. Orth, AC 16, 1947, 113f. – J. H. Loenen, Mnemosyne 9, 1956, 296–319; 10, 1957, 35–56.

2. **A.,** cos. 335 n. Chr., Verfasser eines verlorenen lat. Traktats über Musiktheorie (→ Musik A9ff.), in dem die 5 Tetrachorde latinisiert sind und die aristoxenische Einteilung der Stimmbewegungen in kontinuierliche der Sprache und diskontinuierliche der Musik um den Sprechgesang erweitert ist. G.W.

Lit: C. v. Jan, Der Musikschriftsteller A., Philol. 56, 1897, 163–166.

Albinus → Iunius.

Albis, heute die Elbe, die von → Augustus geplante, vom Jahre 5 n. Chr. bis zur → Varus-Schlacht realisierte Ostgrenze der Provinz Germanien (Mon. Ancyr. 5, 11; Kt. 1057 D–F 1–3). L.B.-H.

Albogalerus, weiße Mütze des → Flamen Dialis, aus der Haut eines → Jupiter geopferten Tieres gemacht (Fest. 9 L.; Gell. 10, 15, 32 aus Varro). H. Le B.

Albucius, T., Prätor ca. 105 v. Chr., verklagte den Q. → Mucius (3) Scaevola erfolglos wegen Erpressung (120/119); seinerseits des gleichen Deliktes wegen von C. → Julius (11) Caesar Strabo angeklagt, ging er 103 in die Verbannung nach Athen. Er war überzeugter → Epikureer (Cic. Brut. 131); → Lucilius (1) verspottete ihn wegen seiner Gräkomanie (Frg. 84. 88 M.). R.T.

Frg: ORFr (Malc.) 220–221.

2. **A. Silus,** C., Rhetor der augusteischen Zeit aus Novaria; in Rom gehörte er zum Kreis des L. → Munatius (1) Plancus und gründete eine Rhetorenschule. Vor Gericht trat er selten auf und hatte in Prozessen mit seiner Redeweise wenig Glück. Größer war seine Wirkung im kleinen Kreise. Ein rechtschaffener Mann, aber keine starke Individualität, sondern fremdem Einfluß (→ Fabianus, → Hermagoras) rasch verfallen. Wie wenig er mit dem Prinzipat einverstanden war, zeigt ein Vorfall bei einem Prozeß, in dem er die Lage des erneut zur Provinz degradierten Italien beklagte und → Brutus (2) zum Zeugen der Freiheit anrief. Proben seiner Deklamationen beim älteren → Seneca (1; contr. 7; 9, 25; Suet. rhet. 30). Eine Schrift zur Theorie der Beredsamkeit bezeugt Quint. inst. 2, 15, 36. R.T.

Lit: Schanz-Hosius, II 348–349.

Alchemie. [1] Der *Begriff* A. taucht erst im Mittelalter auf, als ein aus dem Arabischen ins Latein übernommener t. t. Seine eigentliche Bedeutung ist unklar, da sich nicht erkennen läßt, ob das mit dem arab. Artikel al- zusammengesetzte Wort griech. (*χυμός?*) oder oriental. Ursprungs ist. Die Sache selbst, die in der Antike vom 3. Jh. n. Chr. an greifbar wird, wird mit ‹göttliche, heilige Kunst› (*θεία, ἱερὰ τέχνη*) umschrieben.

[2] Ansatz zur *Sache* sind primär bestimmte Beobachtungen, wonach manche Metalle und Kristalle (‹Edelsteine›) sich unter gewissen Umständen verfärben oder zu verfärben scheinen und daß solche Verfärbungen auch künstlich herbeigeführt werden können; ferner, daß Legierungen von Edelmetallen (Gold-Silber) natürlich vorkommen, gelöst und künstlich hergestellt werden können; Experimente mit Perlen, die aufgelöst bzw. künstlich erzeugt werden können, und solche mit Farbstoffen aller Art treten dazu. Dies ist die technische, zunächst auf altoriental. Praxis zurückgehende Grundlage für die Zentralfrage der A., ob es gelingt, aus unedleren Stoffen edlere künstlich herzustellen, also bes. den edelsten unter allen, Gold. Diese Frage konnte sich in der Antike auf naturphilosophische Theorien stützen, die die Verwandlung aller Elemente und sichtbaren Körper durch qualitative (Peripatos) oder mechanisch-quantitative (Atomismus) Veränderung annehmen (→ Chemie). ‹A.› stellt sich jedoch in den Dienst der bloßen Gier nach Kostbarkeiten (Gold, Edelsteine), betreibt die Goldmacherei (*χρυσοποιία*) mit Mitteln, die offensichtlich inadäquater, superstitiös-zauberischer oder einfach

betrügerischer Natur sind, und stattet ihr Tun mit dem Pathos göttlicher Offenbarung oder geheimnisvoller Urweisheit aus. – Die *geschichtliche Stellung* der A. ist also z.T mit derjenigen der → Astrologie vergleichbar. Hier wie dort verbindet sich ein ursprünglich oriental. Impuls mit einem Gewebe aus Elementen griech. Naturphilosophie, Wissenschaft und Technik, erhebt zunächst den Anspruch, ein legitimer Zweig der Wissenschaft zu sein, gleitet aber rasch ab ins Halbdunkel unkontrollierbarer und nicht immer ungefährlicher Praktiken. Bemerkenswert ist, daß die christl. Antike sich mit der A. leichter abgefunden hat als mit der Astrologie, die sich mit dem christl. Vorsehungsglauben nicht vertrug. Mehrere Traktate der A. sind christl. Kaisern gewidmet oder haben sich sogar als Werke solcher Kaiser (Justinian, Herakleios) gegeben. – Das älteste datierbare Zeugnis für Existenz und Bedeutung der A. ist ein Verbot Kaiser → Diokletians von ca. 296 n. Chr.

[3] Die *älteste* uns erhaltene *Literatur* dürfte aus dem 3. Jh. n. Chr. stammen und zeigt (vom Pap. Leiden. X abgesehen) eine sehr bezeichnende Darbietungsart. – 1. Ein unter dem Namen → *Demokrits* laufender Traktat in 4 Büchern: *Φυσικὰ καὶ μυστικά*, der die Herstellung von Gold und Silber, die Zubereitung von Purpurfarbe und Experimente mit Perlen enthielt (nur z. T. erhalten). ‹Demokrit› soll diese Weisheit von dem Magier Ostanes, also aus Altpersien, empfangen haben (diese Verbindung schon bei Plin. nat. 28, 6f. u. a., aber ohne die A. einzubeziehen). Wie weit Lehren des echten Demokrit Anknüpfungspunkte für Spekulationen der A. liefern konnten, wissen wir nicht, doch bleibt der Traktat ein Zeugnis für das Bemühen der A., sich in die philosoph. Tradition einzuschalten. – 2. Ganz anders ist ein alchimist. Lehrbrief der → *Isis an ihren Sohn Horos*. Hier gilt die A. als Offenbarung ägypt. Götter. Dieser Brief steht dem → Corpus Hermeticum (vgl. → Hermes Trismegistos) nahe, das selbst zuweilen der A. ähnliche Zauberrezepte mitteilt. Die oriental. Ursprünge der A. scheinen in der Tat in *Ägypten* zu liegen, wo anscheinend zuerst bestimmte Techniken der Metallverarbeitung in Praktiken der A. umgeleitet worden sind; der in der Spätantike verbreitete Ruf der Ägypter als Zauberer par excellence ist insofern nicht unbegründet. Sogar unter Moses' Namen lief ein alchimist. Traktat; auch suchte man die Entstehung der A. an Stellen und Episoden des AT zu knüpfen. – 3. Weitaus am einflußreichsten wurden die im 4. Jh. n. Chr. verfaßten 28 Bücher des *Zosimos* (1) *v. Panopolis* (Ägypten), in hieratisch dunklem Stile gehalten, Isis ebenso wie → Mithras und die → Magier als Autoritäten beanspruchend. Behandelt wurden die Herstellung von Edelmetallen, Edelsteinen und Purpurfarbe. Erhalten sind nur die Zitate im vollständig überlieferten Kommentar des *Olympiodoros* (6. Jh.; ob mit einem der anderen spätantiken Träger dieses Namens identisch, ist fraglich), dazu (noch kaum erforschte) syr. und arab. Auszüge. Zosimos verwendet als erster den Begriff *χυμεία* (so, nicht *χημεία*, wie die syr. Transkription khumia zeigt) für die Herstellung von Gold und Silber. Olympiodor seinerseits liefert Beschreibungen chemischer Apparaturen, die von einem beachtenswerten Stand der chemischen Praxis zeugen. – 4. Ebenfalls dem 4. Jh. wird der Lehrbrief eines *Synesios* (mit → Synesios von Kyrene sicher nicht identisch) an Dioskoros, Priester des → Serapis, angehören, ein Kommentar zum Traktat des Ps.-Demokrit (o. N. 1). – 5. Das letzte markante Werk der antiken A. sind die 9 wortreichen, inhaltlich dürftigen Bücher des *Stephanos*, dediziert an Kaiser Herakleios (610–641). Sie wurden wiederholt von byzantin. Dichtern in Verse gebracht, bes. von *Heliodoros* in 4 dem Kaiser Theodosios III. (716–717) gewidmeten, uns erhaltenen Gedichten.

[4] Eine substantielle *Entwicklung* der A. in den rund 500 Jahren zwischen Ps.-Demokrit und Heliodoros ist kaum wahrzunehmen. Gesichtspunkte und Rezepte bleiben sich in der Grundstruktur gleich, nur daß die älteren Texte an oriental. Religionen anzuknüpfen suchen, die späteren dagegen die heidnischen Züge durch Berufungen auf Stellen des AT und NT ersetzen und sich damit legitimieren. Für den geschichtlichen Fortgang ist bezeichnend, daß der lat. Westen sich in Spätantike und Frühmittelalter wenig um A. gekümmert zu haben scheint; auch in der griech. Welt beginnt das Interesse vom 8. Jh. an zu erlöschen. Um so begieriger wird die A. im 6. Jh. von den Syrern, dann von den Arabern übernommen. Durch die Araber gelangt sie dann im Hochmittelalter in den Westen und erfreut sich da zeitweilig, bes. in der Renaissance, eines erstaunlich hohen Ansehens. O. G.

Q und Lit: Große griech. Sammel-Hss: Marcianus Gr. 299 und Parisinus Gr. 2327 – Zwei große moderne Sammlungen (auch mit Interpretationen und Darstellungen): M. Berthelot et Ch.-E. Ruelle, Collection des anciens alchimistes grecs, 1883–88 – Catalogue des Manuscr. Alch. Grecs, durch mehrere Gelehrte (bes. G. Goldschmidt) unter dem Patronat der Union Académique Internationale 1924–32 publiziert.

Aldobrandini, von Papst Clemens VIII. A. (1592–1605) Ende des 16. Jh.s erworbene Villa auf dem Quirinal mit bedeutender Kunstsammlung. Die meisten im 17. Jh. erworbenen Antiken der Slg. A. gelangten 1818 in den Vatikan: darunter die sog. ‹Aldobrandinische Hochzeit›. U. R.

Lit: F. A. und A. Visconti, Indicazione delle sculture e della Galleria usw., 1814.

[2] Die sog. ‹*Aldobrandinische Hochzeit*›, ein friesartiges Wandgemälde, aufgefunden 1604/5, kam aus dem Besitz der A. in die Vatikanische Bibliothek. Bildhöhe 0,92 m, gegenwärtige Länge 2,42 m; weitere Szenen müssen gefolgt sein. Zwei deutlich unterschiedene Gruppen flankieren die Hauptszene; links mit der Bereitung des Bades beschäftigte, rechts musizierende und Weihrauch spendende, an Musen gemahnende Gestalten. Das Sitzmotiv der in ihr Gewand verhüllten Braut in der Mittelgruppe, das ähnlich auf spätklassischen Vasen erscheint, das eindringliche Zureden der neben ihr Sitzenden, sind in ihrer Unmittelbarkeit geniale, in der Folgezeit immer wieder abgewandelte Erfindungen. Auf der Schwelle zu Füßen der Kline sitzt ein seit Robert als ‹Hymenaios›, von Buschor als Herakles – vor der Hochzeit mit Hebe – gedeuteter Jüngling. Nach vorn geöffnete Komposition, noch klassische Körperlichkeit der Figuren läßt die Mittelgruppe als lebensvolle Schöpfung der Zeit um 325 erscheinen; vielleicht – wie schon Goethe vermutete – ein Werk des → Aëtion. Die seitlichen klassizistischen Gestalten sind eklektische Zutaten des frühaugusteischen 2. Stils (→ Malerei D4); einen geheiligten Bezirk andeutende ‹Versatzstücke› sollen auf ein idealeres Dasein hinweisen. Vgl. Maiuri, a. O., Abb. S. 106. C. K.

Lit: C. Robert, Archäolog. Nachlese, Hermes 35, 1900, 657.661 – Pfuhl, 873 ff. – Rumpf, 174, 6 – L. Curtius, Die A. H., in: R. Herbig (Hg.), Vermächtnis der antiken Kunst, 1950, 119–140 – K. Schefold, Sinn u. Form, Zur Deutung d. A. H. und einiger röm. Sarkophage, Schweiz. Archiv f. Volkskunde, 1951, 167–181 – Ders., PM, 72f. 155 – A. Maiuri, La peinture romaine, 1953, 31f. – Helbig [4] I, 1963, 360–366 (B. Andreae).

Alekto → Erinyen.

Aleppo (alt Halpa, Halman), lange Zeit wichtigste Stadt Syriens (Kt. 1920a). Im 2. Jt. v. Chr. Hauptstadt des Reiches Jamhad und Hauptgegner der → Hethiter. Von → Mursilis I. kurz vor 1530 erobert; später wichtiger Stützpunkt der → Churriter, bis es durch → Suppiluliuma von Hatti endgültig hethitisch wurde. Im Seevölkeransturm zerstört (um 1190), trat A. im 1. Jt. v. Chr. hinter anderen Städten Syriens zurück, blieb aber immer wichtiger Handelsknotenpunkt. Seleukos Nikator nannte A. in *Beroia* um, doch hielt sich auch der alte Name (*Chaleb*). Ausgrabungen auf dem Schutthügel verhindert die große Kreuzritterburg auf seinem Gipfel. W. Hk.

Alesia, Vorort der kelt. Madubier, in dem → Vercingetorix i. J. 52 v. Chr. von → Caesar mit ungeheurem Aufwand belagert und zur Übergabe gezwungen wurde (Gall. 7, 69 ff.).

Die Lokalisierung von A., nach Alaise-Saraz (Dép. Doubs) oder nach Alise-Sainte-Reine (Dép. Côte d'Or) ist heftig umstritten, doch wird Alise allgemein der Vorzug gegeben, wo auf dem nahen Mt. Auxois über Spuren eines gall. Oppidums die Ruinen einer röm. Stadt gefunden wurden. Am Fuße des Berges fanden sich Reste röm. Schanzwerke. L.B.-H.

Lit: J. Carcopino, A. et les ruses de César, 1958 – J. Le Gall, A., 1963.

Aletheia (ἀλήθεια), ‹Wahrheit›, nach der im allgemeinen anerkannten Etymologie ‹Nicht-Verstellung›, ‹Unverstelltheit›, nach Heidegger ‹Unverborgenheit›. A. bedeutet ursprünglich Wirklichkeit, insofern das, was man darüber aussagt, mit dem, was sie ist, übereinstimmt. Daher die Bedeutungen: (1) Sein, im Gegensatz zu bloßem Schein; (2) Wahrheit, im Gegensatz zur Lüge; (3) wahre und sichere Erkenntnis, im Gegensatz zur Meinung. S.M.

Lit: Boisacq und Frisk, s.v. ἀληθής – M. Heidegger, Platos Lehre von der Wahrheit, 1948.

Aleuaden, thessalisches, aus → Epirus stammendes Adelsgeschlecht in Larisa, das seit dem 6. Jh. v. Chr. den → Tagos des thessalischen Bundes mit fast königlicher, erblicher Macht stellte. Die demokratische Bewegung im 5. Jh. gefährdete ihre Vormachtstellung, bes. als sich die A. den Persern anschlossen (→ Perserkriege). Gegen Ende des Pelop. Krieges aus Larisa geflüchtet, suchten sie Hilfe bei → Archelaos (1) v. Makedonien. Gegen → Lykophron (3) v. Pherai konnten die A. sich behaupten, nicht aber gegen → Jason (4) v. Pherai, der 375 Tagos wurde. Gegen seine Nachfolger riefen sie → Alexander (4) II. v. Makedonien, der jedoch Krannon und Larisa für sich behielt, so daß die Thebaner Larisa für die A. zurückgewinnen mußten. Gegen die Tyrannen von Pherai suchten sie ab 356 wieder Hilfe bei → Philipp II., der schließlich Thessalien sich unterstellte und den A. bevorzugte Ämter zuwies; drei von ihnen, darunter Simos, wurden Tetrarchen. A. sind noch im Gefolge → Alexanders (5) d. Gr. und → Antigonos' I. P.R.F.

Lit: H. D. Westlake, Thessaly in the Fourth Century B.C., 1935 – M. Sordi, La lega tessala, 1958, 59ff.

Alexander I., König der Molosser in → Epirus, Bruder der → Olympias, 362–331 v. Chr., wuchs in Makedonien auf und wurde 343/342 von → Philipp II. statt des Arybbas als König der Molosser eingesetzt. Er dehnte die molossische Hegemonie über ganz Epirus aus und heiratete 336 → Kleopatra (2), Tochter Philipps II. und seine Nichte. 334 folgte er mit einem Heer dem Hilferuf des von Brettiern, Lukanern und Messapiern bedrängten Tarent. Trotz anfänglicher Erfolge vermochte sich der König, der mit Wissen und Wollen → Alexanders (5) d. Gr. kühne Pläne für die Ausbreitung des Hellenismus im Westen hegte und zeitweise sogar mit Rom verbündet war, ohne Rückhalt bei den unteritalischen Griechen jedoch nicht zu halten und wurde 331 bei Pandosia ermordet. P.R.F.

Lit: Berve II 19ff. – M. Vlasto, A. of Epirus, son of Neoptolemos, Num. Chron. V 6, 1926, 154–231 – P. R. Franke, Die antiken Münzen von Epirus I/II, 1961.

2. **A. II.**, König der Molosser, Sohn des Pyrrhos, der ihn für die Herrschaft in Sizilien bestimmt hatte, und der Lanassa, kämpfte gegen die Illyrer, fiel im → Chremonideischen Krieg in Makedonien ein, wurde aber 263 von → Antigonos II. vertrieben und floh zu den Akarnanen, die ihn mit den Ätolern 262 wieder als König einsetzten. 250/245 schloß er mit den Ätolern einen Vertrag über die Teilung Akarnaniens. P.R.F.

Lit: G. Klaffenbach, Die Zeit des ätol.-akarnan. Bündnisvertrages, Historia 4, 1955, 46–51.

3. **A. I.**, ‹Philhellen›, König der → Makedonen 495 bis 450/440 v. Chr., unterstützte trotz pers. Oberherrschaft seit 492 den Freiheitskampf der Hellenen, dehnte nach 480 sein Reich bis zum Olymp und zum Pangaiongebirge hin aus und festigte durch Gewinnung der Gaufürsten, eine Heeresreform, die Einführung der Münzprägung und andere Maßnahmen das Königtum. Dadurch schuf er die Voraussetzungen für den Anschluß Makedoniens an die hellenische Kultur. Die anfangs guten Beziehungen zu Athen, das ihn mehrfach ehrte, wurden später durch dessen expansive Politik im thrakisch-makedon. Raum getrübt. Durch die Ableitung seines Geschlechts von den Temeniden und wegen seiner Verdienste im Perserkrieg erreichte er für sich und sein Haus die Zulassung zu den olympischen Spielen. P.R.F.

Lit: F. Geyer, Makedonien bis zur Thronbesteigung Philipps II., 1930, 43ff. – P. R. Franke, Geschichte, Politik und Münzprägung im frühen Makedonien, JbNG 3/4, 1952/53, 99–112 – P. Cloché, Histoire de la Macédonie, 1960, 36ff.

4. **A. II.**, König der → Makedonen 370–368 v. Chr., Sohn → Amyntas' III. und der Eurydike, wurde von den → Aleuaden gegen → Alexander (19) v. Pherai zu Hilfe gerufen, besetzte Larisa und Krannon, ohne es an die Aleuaden zurückzugeben, doch befreite → Pelopidas mit einem thebanischen Heer 369 die Stadt Larisa. Sein Schwager → Ptolemaios (24) v. Aloros versuchte ihm die Herrschaft streitig zu machen; ein Vermittlungsversuch des Pelopidas war ohne dauernden Erfolg, denn kurz darauf wurde A. von Ptolemaios auf Betreiben seiner eigenen herrschsüchtigen Mutter, der Buhlin des Ptolemaios, ermordet. P.R.F.

Lit: F. Geyer, Makedonien bis zur Thronbesteigung Philipps II., 1930, 105ff.

5. **A. III. d. Gr.**, 356–323, Sohn → Philipps II. und der → Olympias. Als Kronprinz, u.a. von → Aristoteles erzogen, wurde A. ab 340 mit wichtigen Aufgaben betraut. Nach Philipps Vermählung mit Kleopatra fiel er gleich der Mutter in Ungnade und wurde samt seinen Freunden verbannt. Auch nach seiner Rückberufung war er seines Lebens und der Thronfolge nicht sicher, bis Philipp 336 ermordet wurde, wohl nicht ohne Mitwissen A.s und seiner Mutter.

[2] *Die Feldzüge:* A. wurde mit Hilfe des → Antipater (1) vom Heer sogleich als König anerkannt; er erwarb die wichtige Unterstützung des → Parmenion und beseitigte seine Rivalen. Von den Griechen als Oberbefehlshaber bestätigt, besiegte er die Barbaren im Norden und Westen, unterdrückte eine griech. Erhebung (Zerstörung von Theben 335), ließ Antipater mit der Hälfte der makedon. Armee als Statthalter in Europa zurück und setzte nach Kleinasien über. – A. besiegte die schwachen pers. Streitkräfte in Kleinasien am Granikos, gewann die Griechenstädte durch Proklamation ihrer Freiheit für sich, entließ die unzuverlässige Flotte und marschierte rasch entlang der Küste, um dem von → Memnon (2) geplanten Gegenangriff auf Europa zuvorzukommen. Bei Issos schlug er 333 die pers. Reichsarmee unter → Dareios III.; ein Angebot des Dareios, ihm die westliche Häfte des Reichs abzutreten, wies er zurück und erhob Anspruch auf den Achämenidenthron. Er besetzte Syrien und Phönizien (332 lange Belagerung von → Tyros und Gaza), übernahm 332/331 kampflos Ägypten (wo er zum Pharao gekrönt wurde und → Alexandria (1) gründete) und dezentralisierte die Verwaltung des fast uneinnehmbaren Landes. 331 stieß er über Euphrat und Tigris weiter vor. Bei Gaugamela schlug er das letzte pers. Heer; Dareios entkam und wurde dann auf seiner weiteren Flucht im Sommer 330 von → Bessos ermordet. Um die iranische Aristokratie für sich zu gewinnen, setzte A. in Babylon, wie später mehrfach in den östlichen Provinzen, einen pers. Satrapen ein; dann besetzte er Susiane, Persis und Medien, erbeutete die Reichsschätze, nahm den pers. Königstitel an und erklärte den griech. Kreuzzug gegen den Erbfeind für beendet. Die Befriedung Nordostirans dauerte, begleitet von Auseinandersetzungen mit makedon. Fürsten (s. u. 3), 330–327 und wurde durch A.s Vermählung mit Roxane gekrönt. – 327 fiel A. in Indien ein, gewann oder erzwang die Huldigung der Fürsten im Pandschab, schlug → Poros am Hydaspes und wollte noch bis an den Ganges vordringen. Da zwang ihn am Hyphasis eine Meu-

terei zum Rückzug. Die Armee marschierte und segelte den Indus bis zur Mündung hinab. Von dort führte → Krateros(1) einen Teil durch das Innere von Iran nach dem Westen, → Nearchos sollte den Seeweg zum Euphrat suchen, während A. den Hauptteil des Heeres durch die gedrosische Wüste führte, wo die Strapazen des Marsches überaus hohe Verluste forderten. Nach der Rückkehr aus Indien beseitigte A. 324 eine größere Zahl der Satrapen und Heerführer und löste die Söldnerarmeen der Satrapen auf. In Susa feierte er das Ende des Feldzuges als großen Sieg, u.a. durch die Hochzeiten von Susa (s.u.4). Bei der Entlassung makedon. Veteranen meuterten die makedon. Soldaten, da sie erkannten, daß A. sich in Zukunft nicht mehr auf sie stützen wollte. Doch war er ihnen diesmal gewachsen, da kein großer Krieg bevorstand; sie mußten um Gnade bitten. Zehntausend Veteranen wurden unter Krateros nach Hause geschickt; dieser sollte dort Antipater ersetzen, dessen Ausschaltung A. nun vorzubereiten begann. Inzwischen war in Europa durch → Harpalos' Ankunft und die Proklamation der Rückkehr der Verbannten (→ Nikanor, 2) alles in Unruhe geraten; Antipater weigerte sich, an den Hof zu gehen, und sah sich nach Verbündeten um. Krateros stand noch in Kilikien, als A. starb. – Der Tod → Hephaistions (1) im Okt. 325 war der Anfang vom Ende; A. konnte den Freund nicht ersetzen. Die letzten Monate seines Lebens waren von Größenwahn erfüllt, seine vieldiskutierten letzten Pläne bleiben undurchsichtig. Im Juni 323 erkrankte der König und starb, ohne einen Nachfolger zu ernennen; seinen Siegelring erhielt sein Feldherr → Perdikkas (4).

[3] *Persönlichkeit A.s:* Trotz der echten mystisch-religiösen Züge war A. nicht der Schwärmer des → A.-Romans. Von Jugend auf trieb ihn das Streben nach Macht und Sicherheit in ihrem Genuß; dies ließ sich am Ende nicht vereinigen. Nach dem Tod des Vaters der Gefahr scheinbar entronnen, war er zuerst nur das Geschöpf der makedon. Fürsten. In Asien wurde er dann der Abgott des Heeres und entledigte sich der Freunde Parmenions, dessen Ermordung nach dem Staatsstreich gegen → Philotas ihn endlich ganz befreite. Der Tod des → Kleitos (1) sah ihn auf dem Gipfel: es folgte die Ehe mit Roxane. Doch ein Versuch, die → Proskynese (Fußfall) als Hofzeremoniell statt nur von Orientalen auch von Griechen und Makedonen zu fordern, mißlang (→ Kallisthenes). Der Marsch durch Indien führte Feldherrn und Heer im Sieg wieder zusammen; doch der Traum zerbrach in der Meuterei am Hyphasis, und obwohl an der Spitze des Heeres erprobte Freunde A.s – Hephaistion, Perdikkas, Krateros – standen, zeigte es sich als wahrer Träger der Macht. Auf dem Marsch zur Indosmündung spielte A. mit dem Tod, um sein Heer wieder an sich zu fesseln. Nach dem Rückmarsch durch Gedrosien sah A. seine Stellung durch den Mißerfolg schwer erschüttert: Feldherrn und Satrapen wurden beseitigt, die Söldnerheere entlassen. Das soziale Problem, das diese Zehntausende heimatloser Soldaten bildeten, konnte nur durch die Rückführung aller Verbannten gelöst werden, von denen viele als Söldner gedient hatten; das rief den Widerstand Athens und des → Ätolischen Bundes hervor, mit dessen Hilfe Antipater, der letzte der alten Heerführer, sich der Rückführung widersetzen konnte. Am Ende seines Lebens war A. der Macht weniger sicher denn je.

[4] A.s *politische Ideen* waren seinem Machtstreben untergeordnet. Von Anfang an trieb er opportunistische Politik. Wie sein Vater der Führer des Kreuzzuges gegen die Perser und Befreier der Griechen in Kleinasien, gab er sich oft auch vor Barbaren (Lydern, Karern, Ägyptern) als Befreier aus, auch als er selbst schon auf den pers. Thron Anspruch machte. Nach der Eroberung von Babylon wurde die Gewinnung der iranischen Aristokratie sein Hauptziel. Aber das ganze Experiment brach zusammen, als er in Persepolis, die Tragweite eines griech. Aufstandes überschätzend, den Palast des pers. Erbfeindes niederbrannte. Dafür und für das Unglück, daß er Dareios nicht retten konnte, bezahlte er mit Jahren schwerer Kämpfe in Iran. Gleichzeitig entfremdete ihn seine perserfreundliche Politik, die er aus persönlichen und verwaltungstechnischen Gründen fortsetzte, den Griechen, den makedon. Adligen und den Kerntruppen des Heeres, was sich dann in Indien rächte. Am Ende verfiel A. auf die *Verschmelzungspolitik:* die Hochzeiten von Susa, auf der er achtzig seiner Freunde und Heerführer mit Iranerinnen vermählte, sollten ihm eine gemischte, königstreue Herrscherklasse schaffen, die Lagerkinder der Soldaten vom König als neue, heimatlose Kerntruppen erzogen werden. Welche weiteren bevölkerungspolitischen Pläne A. gehabt hat, ist nicht sicher. Die vielen Städtegründungen gehören jedenfalls nicht hierher; diese dienten in erster Linie strategischen und administrativen Zwecken (→ Kolonisation C).

[5] Persönlich und politisch hat A. sein Ziel nicht erreicht. Das Ende war Aufstand und Größenwahn. 324 zwang A., der sich schon lange als Sohn → Ammons ausgegeben hatte, die Griechen, ihn als Gott zu verehren. Was wir von den Ehrungen Hephaistions und den letzten Plänen wissen, zielt auf Übermenschliches. Nur in Krieg und Eroberung war A.s Genie ungetrübt. Die Schlachten von Issos, Gaugamela, am Hydaspes und viele kleinere zeigen ihn als Meister der Taktik. Noch bewundernswürdiger im Vergleich mit seiner politischen Ziellosigkeit sind die direkten Märsche durch unbekanntes Gebiet. So ist A. hauptsächlich als Heerführer und Eroberer anzusehen. Den griech. Horizont hat er zweifellos erweitert; doch Neues geschaffen hat er nicht. Die Hellenisierung des Nahen Ostens hatte lange vor ihm begonnen und machte erst in den Nachfolgestaaten größere Fortschritte. E. Bd.

Q: Arrian anab. (beste Quelle); Curt. Ruf.; Diod. 17; Plut.; Frg.e der A.-Historiker, FGrHist, 117ff. (vgl. L. Pearson, The lost histories of A. the Great, 1960) – Vollständiges Material bei Berve – *Lit:* Die meisten Biographien sind von Heldenverehrung entstellt, so: J. G. Droysen, Gesch. d. Hellenismus I (1833), 1877^2 – U. Wilcken, A. d. Gr., 1931 – W. W. Tarn, A. the Great, 1948 – Vgl. jedoch: Beloch GG IV – F. Schachermeyr, A. d. Gr., 1949 – *Fortwirkung:* A. Heuß, A. d. Gr. und die polit. Ideologie d. Altertums, AuA 4, 1954 – F. Pfister, A. d. Gr., Die Gesch. seines Ruhms im Lichte seiner Beinamen, Historia 13, 1964, 37–79 – *Bildnisse:* → Anhang I.

6. **A. IV.**, nachgeborner Sohn → Alexanders (5) d. Gr. von der → Roxane, erhielt bei der Geburt den Königstitel (doch galt → Philipp III. als Herrscher). Mit seiner Mutter nur Figur im Schachspiel der Diadochen, war er in der Gewalt der jeweiligen Reichsverweser, → Perdikkas (4), → Antipater (1), → Polyperchon. Nach Philipps Tod wurde A. als alleiniger König anerkannt, aber bald darauf mit der Mutter von → Kassandros gefangengenommen. → Antigonos I. deckte seine Politik mit A.s Namen, bis Kassandros ihn und Roxane nach dem Frieden von 311 töten ließ. E. Bd.

Lit: M. J. Fontana, Le lotte per la successione di Alessandro Magno, 1960.

7. **A. I.** *Balas* von Syrien, angeblicher Sohn → Antiochos' IV., mit Duldung Roms von → Attalos II. gegen → Demetrios (3) I. aufgestellt, verbündet mit Kappadokien und Ägypten; besiegte 150 v. Chr. Demetrios, erhielt die Tochter → Ptolemaios' VI., Kleopatra Thea, zur Frau und führte 150–145 ein unfähiges Regiment. Nach dem Angriff → Demetrios' (4) II. von Ptolemaios verlassen, wurde er 146 vernichtend geschlagen und von den Nabatäern ermordet (145). Vgl. → Antiochos VI. H. H. Sch.

Lit: H. Volkmann, Demetrios I. und A. I., Klio 19, 1925, 373–412 – Weiteres → Seleukiden – *Bildnisse:* → Anhang I.

7a. **A. II.** *Zabinas* von Syrien, als angeblicher Adoptivsohn → Antiochos' VII. oder Sohn → A.s I. Balas 130/129 von → Ptolemaios VIII. dem → Demetrios (4) II. entgegengestellt, den er 125 besiegte. A. regierte in Teilen Syriens, wurde aber von Ägypten fallengelassen und 123 von → Antiochos VIII. besiegt und hingerichtet. H. H. Sch.

Lit: → Seleukiden – *Bildnisse:* → Anhang. I.

8. **A.**, Sohn des → Krateros (2) und sein Nachfolger in Korinth und Chalkis; machte sich ca. 252 v. Chr. von → Antigonos II. unabhängig (wahrscheinlich mit Hilfe → Ptolemaios' II.) und nahm den Königstitel an. Unterstützte die Gegner des Antigonos (u. a. zeitweise → Aratos, 1). Gest. ca. 245. E. Bd.

9. **A. Aitolos,** Dichter, 1. H. 3. Jh. v. Chr., als Tragiker (nur 1 Titel erhalten) zur Pleias (→ Hellenist. Dichtung D) gezählt; schrieb auch ein elegisches Gedicht (‹Apollon›).

Frg: Coll. Alex. 121–130. P. H.

10. **A. Jannai,** 103–77 König der → Makkabäer, Hohepriester der Juden, führte erfolgreich Kriege gegen → Ptolemäer, → Seleukiden und Nabatäer und einen sechsjährigen Bürgerkrieg gegen die → Pharisäer, der hohe Verluste forderte.

11. **A. Numeniu,** Rhetor, Mitte des 2. Jh.s n. Chr. Verfasser einer Figurenlehre und einer in Auseinandersetzung mit den Attizisten → Apollodoros (8) v. Pergamon und → Theodoros (8) v. Gadara entstandenen Rhetorik. In Auszügen erhalten. H. H.

Ed: RhGr I 427ff.; III 1ff., 9ff. – *Lit:* J. Brzoska, RE 1,2 (1894), 1456–59.

11a. **A. Peloplaton** von Seleukia (Kilikien), den → Herodes (2) Atticus ‹Skopelianos νήφων› nannte. Schüler des → Dionysios (15) v. Milet und des → Favorinus. Wanderredner, Sekretär Marc Aurels. W. Sp.

Lit: Christ-Schmid, II 694 – PIR I 85.

12. **A. Polyhistor,** Cornelius, aus Milet. Kam als Kriegsgefangener nach Rom; i. J. 82 durch Sulla freigelassen, Lehrer → Hygins (1). Die ‹unzähligen› Werke des Sammlers (viele Frg. bei Steph. Byz.) behandelten u. a. Ostländer (Neuordnung Asiens durch Pompeius): Ägypten, Karien, Lykien, Libyen, Pontos, Phrygien, Indien, Juden (mit vielen bei Eusebios erhaltenen Zitaten), Chaldäer (Berossoszitate, gleichfalls bei Eusebios) u. a.; ferner Rom; das delph. Orakel. A. schrieb auch eine topographische Schrift über Alkman und einen Korinnakommentar (?). Seine Autorschaft für ‹Thaumasia›, Philosophendiadochien (mit Doxographie der Pythagoreer) und pythagoreische ‹Symbola› ist nicht strikt beweisbar. W. Sp.

Frg: FGrHist 273 (mit Add. u. Corrig. z. III A. u. III a) – *Lit:* Schwartz, RE 1 (1894), 1449–52 – FGrHist III a 403, 30ff. (Lit.)

13. **A. von Abonuteichos,** Zeitgenosse → Lukians, Enkelschüler des → Apollonios (16) von Tyana, trat als ‹zweiter Pythagoras› und Prophet des ‹Neuen Asklepios› auf, des schlangengestaltigen Gottes Glykon, den er den Gläubigen leibhaft vorwies; errichtete um 150 n. Chr. für Glykon Mysterienfeiern und ein bis zum 3. Jh. n. Chr. vielbesuchtes Orakel. Abonuteichos wurde in Ionopolis (heute: Ineboli, an der Nordküste Kleinasiens) umbenannt und setzte Glykon auf seine Münzen. A. hatte platonische und stoische Philosophen zu Freunden, haßte → Epikureer und Christen. Der Kult strahlte über Kleinasien und Thrakien bis Rom aus. Lukian schildert A. als abgefeimten Scharlatan. Sein Erfolg ist bezeichnend für die religiöse Lage der Zeit. W. Bk.

Q: Lukian, A. oder d. falsche Prophet – *Lit:* M. Caster, Études sur A. ou le faux prophète, 1938.

14. **A. von Aigai,** → Peripatetiker, 1. Jh. n. Chr., Lehrer → Neros. Kommentierte → Aristoteles' ‹Kategorien›, deren Ziel nach ihm die Untersuchung der einfachsten und allgemeinsten Bestandteile der Rede als Bezeichnungen der einfachsten Begriffe ist. Scheint sich auch mit Aristoteles' De caelo befaßt zu haben. P. M.

15. **A. von Aphrodisias,** → Peripatetiker, 2.–3. Jh. nach Chr., schrieb Kommentare und kleinere Exegesen zu → Aristoteles. Seine Interpretation ist streng aristotelisch-orthodox und stark antiplatonisch, was ihn nicht selten unwillkürlich vom aristotelischen Standpunkt abweichen läßt. A. hält, wie vor ihm → Boethos (4) v. Sidon, das Einzelne für das von Natur aus Primäre. Den regelmäßigen Bewegungen der Himmelskörper verdankt der Stoff die Qualitäten, die mit der Form (eidos) der Elemente gleichgesetzt werden. Aus den von denselben Bewegungen bewirkten Kombinationen der einfachen Körper entstehen die Formen der Komposita. Auch die Seele der Lebewesen ist nichts anderes als die Natur oder die Kraft, die aus einer bestimmten Mischung entstanden ist; selbst beim Menschen ist sie untrennbar vom Leibe und sterblich. Auch die menschliche Vernunft ist sterblich. Das Intelligible entnimmt sie den Daten der Sinneswahrnehmung, wird aber in ihrer Tätigkeit vom wirkenden Geist (dem höchsten Intelligiblen und Urheber jeder Intelligibilität) befruchtet. Die Welt ist ewig. Als Zweckursache bewirkt Gott die Fortdauer der Himmelsbewegungen; diese bedingen wesentliche Aspekte der sublunaren Welt, z. B. die Erhaltung der Arten, und werden daher als Vorsehung angesehen. Das Individuum wird jedoch nicht von dieser Vorsehung erfaßt noch die Entscheidungsfreiheit des Menschen beeinträchtigt. P. M.

Ed: CAG I–III und Supplementum Arist. II (1887).

16. **A. von Kotyaeion** (Phrygien), 2. Jh. n. Chr., allseitig gebildeter griech. Grammatiker; entfaltete gegen Honorar eine viel bewunderte Unterrichtstätigkeit; Lehrer des Rhetors → Aristeides (2), Erzieher → Mark Aurels, verdient um die Errichtung prächtiger Bauten in seiner Vaterstadt, die ihn nach seinem Tode wie einen Heros feierte. E. V.

Q: Aristid. Or. 32 Keil – Porph. quaest. Hom. 1, 228. 233. 287 Schrad.

17. **A. von Lykopolis,** → Neuplatoniker, 3./4. Jh. nach Chr., bekämpfte den Dualismus und die kosmische ‹Dramatik› der → Manichäer vom philosophischen Standpunkt. Lehrte Schöpfung aus dem Nichts; sprach freundlich von Jesus; zuweilen für einen Christ gehalten. Ph. M.

Ed: A. Brinkmann, 1895 – *Lit:* J. Geffcken, Ausgang des griech.-röm. Heidentums, 1920 – M. Dibelius, RAC I, 1950.

18. **A. von Myndos,** kompilierte im 1. Jh. n. Chr. viele Bücher über Tiere; wichtige Quelle aller späteren Autoren bes. über Vögel, auch über giftige Tiere. A. bringt Merkwürdigkeiten, eine Beschreibung des Roten Meers, mythische Tiergeschichten, in denen z. B. Menschen in Vögel verwandelt werden. Erhaltene Fragmente zeigen, daß er aus reichen literarischen Quellen geschöpft hat. D. M. B.

Frg: M. Wellmann, Hermes 26, 1891, 481ff.

19. **A. von Pherai** gewann nach den Wirren, die der Ermordung seines Onkels → Jason (4) folgten, die Tyrannis von → Pherai (369–358). Sein Versuch, wie Jason über ganz Thessalien zu herrschen, scheiterte, da seine Gegner von Makedonien und bes. Böotien unterstützt wurden. → Pelopidas war 368–367 A.s Gefangener und fiel 364 bei Kynoskephalai im Augenblick des Sieges über A.; → Epameinondas zwang daraufhin Pherai in den Böotischen Bund, aus dem es sich nach der Schlacht von Mantineia (362) befreien konnte. 358 wurde A. ermordet. Die Quellen schildern ihn als grausam. E. Bn.

Lit: H. D. Westlake, Thessaly in the Fourth Cent. B. C., 1935 – M. Sordi, La lega tessala fino ad A. Magno, 1958.

20. **A. von Tralleis,** Arzt, 6. Jh. n. Chr. Erhalten sein medizinisches Hauptwerk *Θεραπευτικά* (12 Bücher), in dem wahllos die verschiedensten Ärzte als Quellen benutzt sind. Viele Wunderheilmittel, Amulette u. dgl. F. K.

Ed: Th. Puschmann, 2 Bde, 1878/79 – *Lit:* Ders., Nachträge zu A. v. Tralleis, Berl. Stud. f. class. Phil. 5,2, 1886.

Alexander → Julius, → Severus.

Alexandermosaik, 1831 in der Exedra zwischen den Sommertriklinien der Casa del Fauno (Pompeji) bereits beschädigt gefunden. Größe ohne Rahmen: 5,12 × 2,77 m. Die hervorragende Kopie eines griech. Gemäldes, wohl nach → Philoxenos (für Kassander von Makedonien 316), ist bis ins Detail erfüllt von der Bedeutung und inneren Tragik des Sieges → Alexanders d. Gr. über Dareios. Das Prinzip der Bewegung (nach r.) und schwächeren Gegenbewegung, das der Komposition zugrunde liegt, entspricht der aristotelischen Forderung nach dreiteiligem Bildaufbau

(Beginn, Mitte, Ende des Geschehens) im Moment des Umschwunges (Peripetie). Klassische Einheit bewirkt auch die → Vierfarbenmalerei. Die Kopie wird Ende des 2. Jhs entstanden sein (vgl. → Malerei C 4; → Schlachtenbild). C.K.

Lit: F. Winter, A. aus Pompeji, 1909 – Pfuhl, Abb. 648 – Lippold, GK, Taf. 16, 86 – Rumpf, 148, 2 – Schefold, O.H.R., 126 – B. Andreae, Das A., 1959 – Ders., Zermalmt vom Wagen des Großkönigs, BJbb 161, 1961, 1–5.

Alexanderroman, moderne Bezeichnung für das Buch ‹Leben und Taten Alexanders des Makedoniers›. In einigen jungen Hss. steht es unter dem Namen Kallisthenes. Der Verf. ist unbekannt: er muß im 3. Jh. n. Chr. in Alexandria gelebt haben.

[1] Eigentlich sollte das Buch eine historische Darstellung sein; die benützten Quellen – ein Alexanderhistoriker und fiktive Briefe von und an Alexander – sind kenntlich. Der Verf. hat aber die Reihenfolge der Ereignisse gänzlich verändert und durch Übernahme der erfundenen Briefe sehr viel Unhistorisches in sein Buch gebracht. Die Berichte über die wunderbaren Königspaläste in Indien und Persien, über das Gespräch Alexanders mit den indischen Weisen (→ Gymnosophisten), über seinen Besuch bei der Äthiopierkönigin Kandake und seinen Briefwechsel mit den Amazonen, über das Traumorakel des Serapis in Alexandria und den Tod Alexanders durch Gift sind alle romanhaft. Die interessantesten Partien sind die gänzlich unhistorischen, die in den Mythos hinüberführen: Alexanders Reise ins Land der ewigen Nacht, wo er fast das Wasser des Lebens gefunden hätte; seine Luftfahrt; seine Fahrt zum Meeresgrund; das Orakel der weissagenden Bäume; endlich die Legende über seine Geburt: sein Vater war der letzte ägypt. König Nektanebos, der in der Maske des → Ammon die → Olympias umarmt hatte. Die Geschichte entspricht den altägypt. Traditionen von der Erzeugung des Thronfolgers durch einen Gott. Diese mythischen oder sagenhaften Überlieferungen dürften zum Teil in die Zeit unmittelbar nach Alexanders Tod zurückgehen.

[2] Manche der fabelhaften Episoden fehlen in den ältesten Hss. Die *Überlieferung* ist sehr wechselnd. Man muß mindestens fünf Rezensionen des griech. Textes unterscheiden, die alle längere Partien zusetzen oder weglassen. Die Rezensionen ε und γ enthalten merkwürdige jüd. Zusätze (z.B. Alexanders Besuch in Jerusalem). Sehr wichtig sind die armen. und die syr. Übersetzung, die lat. des → Iulius Valerius und die des Leo Archipresbyter (um 900 nach Chr.). Mehrere auch gesondert umlaufende Texte hängen eng mit dem A. zusammen, so die lat. → Metzer Alexander-Epitome mit dem Bericht über Alexanders letzte Tage, die → Epistola Alexandri Macedonis ad Aristotelem de itinere suo et de situ Indiae, das Buch des → Palladius über Indien. – Die *Wirkung* des A.s im MA war gewaltig. Er wurde Kristallisationspunkt aller sagenhaften Überlieferung einschließlich christlicher Legenden und in etwa 30 Sprachen bearbeitet. R. Mk.

Ed: W. Kroll, 1926 (Hs. A.) – C. Müller, 1846 (Hss. B und C) – H. Meusel, 1871 (Hs. L) – H. van Thiel, 1959 (Rez. λ) U. v. Lauenstein-H. Engelmann, 1962/63 (Rez. γ, Buch I/II) – L. Bergson, 1965 (Rez. β) – A. A. Pallis, 1935 und 1961 (neugriech. Volksbuch) – *Übers:* H. Weißmann, 1848 (im Anhang zur Übers. des Pfaffen Lamprecht) – *Lit:* A. Ausfeld, Der griech. A., 1907 – I. Friedländer, Die Chadhirlegende und der A., 1913 – F. P. Magoun, The Gests of King Alexander of Macedon, 1929 – F. Pfister. WüJbb 1, 1946, 29–66 – Ders., A. d. Gr. in den Offenbarungen der Griechen, Juden, Mohammedaner und Christen, 1956 – R. Merkelbach, Die Quellen des griech. A., 1954 – G. Cary, The medieval Alexander, 1956 (Rez. Pfister, Gnomon 32, 1960, 360–365).

Alexandersarkophag, aus der Königsnekropole von Sidon, jetzt im Museum von Istanbul (Nr. 68). Aus der größten und zugleich jüngsten der 7 Grabkammern, die vielleicht Abdalonymos, dem von Alexander eingesetzten Satrapen von Sidon, gehörte. Um 330. Unter den Kampf- und Jagdszenen der 4 Seiten und der Giebel auf den Längsseiten Alexander als Sieger bei Issos (daher ‹Alexandersarkophag›) und der Grabherr auf der Löwenjagd. E. Bg.

Lit: Lippold, GrPl 288, Taf. 82, 2 – J. Charbonneaux, Antigone et Démétrios sont-ils figurés sur le sarcophage d'Alexandre?, Rev. des Arts, 1952, 219–228 – Lullies-Hirmer, 81 f., Taf. 232–237, Beil. 8/9.

Alexandreios, zu ergänzen → Stater oder → Chrysus hieß nach Poll. Onom. 9, 59 und nach Inschriften die Goldmünze → Alexanders (5) d. Gr. attischen Gewichtes (8,6 g). – Auf Silbermünzen von Pherai in Thessalien steht ebenfalls A. (auch Alexandreia, Alexandrou, Alexandreion) und bedeutet dort Stater, Drachme, Hemidrachme und Triobolon des → Alexander (19) v. Pherai (369–358 v. Chr.). – *Πτολεμαίου Ἀλεξάνδρειον* auf einer → Tetradrachme attischen Gewichtes Ptolemaios' I. bedeutet ‹Münze des Alexander, geprägt durch Ptolemaios›. W. Schw.

Lit: W. Kubitschek, RE 1 (1894), 1897 – F. Hultsch, RE 5 (1905), 1618 – K. Regling, RE 4 A (1929), 2172 f. – Ders., in: v. Schrötter, 20.

Alexandria *in Ägypten* (*Ἀλεξανδρεία*, arab. Iskenderieh).

[1] *Geschichte.* A. wurde von → Alexander d. Gr. 332 an der Stelle der Siedlung Rhakotis (daher A. ägypt. und kopt. = *Ra-kdjt* bzw. *Rakoti*) gegründet, um die Stellung der Griechen im eben eroberten Lande zu festigen und um die ausgezeichnete Lage zu nützen. Nach den Plänen des Rhodiers → Deinokrates auf der Nehrung zwischen Mareotis-See (ägypt. *mr wr*, ‹großer See›) und dem Meer, gegenüber der vorgelagerten Insel Pharos erbaut. Von den → Ptolemäern aufs prächtigste geschmückt und zur Hauptstadt des Landes ausgebaut. A. galt als außerhalb des ägypt. Landes gelegen (daher A. *ad* Aegyptum); seine Bevölkerung stieg auf über ½ Million Einwohner an. Eine erste Katastrophe ereilte die Stadt beim Kampfe gegen → Caesar, der Pompeius nach A. verfolgte (Caes. civ. 3, 103 ff. und Bell. Alex.). Die Kette der Nachrichten von Aufständen in A. reißt nicht ab. Wegen ihrer Bedeutung für die Getreideausfuhr und als Hauptstadt eines reichen Landes schonten die röm. Herrscher A. nach Möglichkeit, achteten aber auch eifersüchtig darauf, daß keine politisch einflußreiche Persönlichkeit die bes. Gunst A.s erlangen konnte (→ Gallus, 3; → Germanicus; vgl. Tac. ann. 2, 59 ff. mit dem Papyrusbeleg SB Berlin, 1911, 796). Bes. Schwierigkeiten bereiteten die immerwährenden Fehden zwischen den Griechen und der großen jüd. Kolonie (zur vorsichtigen Haltung der röm. Kaiser vgl. den Claudius-Brief Pap. Lond. 1912; unter → Trajan wurde das Judenviertel zerstört). A. war Ausgangspunkt für den Weg Vespasians auf den Thron. Später wurde die Parteinahme der Stadt zum Verhängnis (z.B. Zerstörung des Brucheion durch → Zenobia, 269 n. Chr.). Der Kampf der Christen gegen die Griechen hat A. seiner berühmtesten Institutionen beraubt, des → Museion (unter → Aurelian zerstört) und der Bibliothek (389 durch den Patriarchen Theophilos verbrannt). 618 fiel A. in die Hand der Neuperser (→ Sassaniden), wurde kurz darauf von → Heraclius zurückerobert, fiel aber 642 in die Hände der Araber. Auch unter den Arabern bewahrte A. zunächst seine Bedeutung (noch im 12. Jh. über 50000 Häuser), trat aber immer mehr hinter der neuen Hauptstadt Kairo zurück.

[2] *Anlage, Bauten.* Die bis zur Zerstörung durch Caesar bewohnte Insel *Pharos* war durch einen seiner Länge wegen Heptastadion benannten Damm mit dem Festland verbunden. An der O-Spitze der Insel erbaute 299/279 v. Chr. → Sostratos (1) v. Knidos den etwa 110 m hohen *Leuchtturm*, der als Weltwunder galt. Auf einem quadratischen Sockelgeschoß erhob sich über einem achteckigen Mittelteil der eigentliche, runde Leuchtturm (1326 eingestürzt). Das Heptastadion trennte die beiden Meerhäfen; der Flußhafen für den Nilverkehr befand sich an der Mareotis. – A. umfaßte die *Quartiere* Rhakotis (Ägypterviertel), Neapolis (Griechen), Brucheion (oder Königsviertel), östl. davon das Judenviertel, ferner die Vorstädte Eleusis und (von Augustus eingemeindet) Nikopolis im O, Nekropolis im W. Fast alle berühmten Bauwerke lagen im ummauerten

Königsviertel: der Königspalast, das Kaisareion, dessen aus Heliopolis stammende Obelisken nach London und New York transportiert worden sind, das von Antonius ins Meer hinaus gebaute Timoneion, der heilige Bezirk mit den Gräbern der → Lagiden, dem Sema Alexanders d. Gr. und dem Grabmal der Kleopatra; näher beim Hafenviertel lag das → Museion, ein prächtiger Gebäudekomplex mit angeschlossenem Park, Wandelhalle und Bibliothek. Auch ein künstlich angelegter Aussichtshügel, das Paneion, zierte die Stadt. Die heute noch sichtbare, 302 für Diokletian errichtete, fälschlicherweise so genannte Pompeiussäule stand einst im Vorhof des am Stadtrand gelegenen → Serapeums (Verehrung von → Serapis, → Isis, → Harpokrates), des von den Ptolemäern erweiterten, berühmtesten Tempels der Stadt.

[3] Die *Bedeutung* A.s lag keineswegs nur in seiner Rolle als Hauptstadt Ägyptens und als führende Handelsstadt, sondern auch in der Führung in kulturellen Belangen durch die Gelehrten am königlichen → Museion, vor allem in Philologie und Literatur, aber auch in Philosophie und Theologie: vgl. → Orient und Antike, → Überlieferung (A 3), → Literatur (I), → Philosophie, → Christentum (V), → Alexandrin. Theologie, → Ägypten (II C). Für die bildende Kunst neigt die heutige Wissenschaft eher zur Betonung der Vermittlerrolle A.s (Umformung ägypt. Kulturgutes in griech. Geist) als zum Postulat einer spezifisch alexandrin. Kunst. Während die alexandrin. Malerei und Plastik die Entwicklung der griech. Kunst fortsetzten, ist in den Genrebildern und in der alexandrin. Kleinkunst am ehesten ein eigener, realistisch-ironisierender Stil zu erfassen. Über A. sind auch griech. u. röm. Einflüsse nach Ägypten gelangt. P.T.

Q: Strab. 17, p. 791; Diod. 17, 52. Neben den spärlichen Grabungen geben vor allem die u. a. auf Tonlampen überlieferten Stadtansichten ein Bild der Stadt (s. u. M. L. Bernard); noch viel zu wenig beachtet sind die Darstellungen alexandrin. Quartiere oder Einzelgebäude auf Kunstgegenständen (z. B. Pharos auf Glasbecher aus Begram), in Wandmalereien und Mosaiken – *Lit:* E. Breccia, A. ad Aegyptum, 1914 – H. Th. Davies, A., the Golden City, 1958 – *Ausgrabungen:* Th. Schreiber, Expedition E. v. Sieglin, Ausgr. in A., 1908ff. – E. Breccia, La Necropoli di Sciatbi, 1912 – R. Pagenstecher, Nekropolis, 1919 – *Zeitschrift:* Bull. Soc. Alex. (mit Suppl.en) – *Zu [2] und [3]:* Rostovtzeff, Hellenist. Welt I, 325ff. – M. Rostovtzeff, Die hellenist.-röm. Architekturlandschaft, RM 26, 1911, 1–185 – M. L. Bernard, Le tombeau d'Alexandre et le mausolée d'Auguste, RA 47, 1956, 129–156 – H. Möbius, A. und Rom, Abh. München 19, 1964 – S. zu → Orient und Antike zu G [1] f.

Alexandriner nennt man die seit Augustus in Alexandria als Provinzialmünzen für Ägypten geprägten Bronzemünzen sowie die dortigen Massenprägungen von Billontetradrachmen von Tiberius bis Diokletian. Die letzteren haben zu Beginn noch den Silbergehalt eines röm. → Denars, wiegen jedoch infolge eines etwa dreifachen Kupferzusatzes anfangs so viel wie die früheren ägypt. → Tetradrachmen, während später Größe, Gewicht und Silbergehalt immer mehr herabsinken. – Die A. sind mit dem Jahreszeichen L und daraufolgendem Regierungsjahr des jeweiligen Kaisers datiert, dessen Bildnis die Vorderseite schmückt. Die Rückseiten tragen vielfach historische Typen zur Reichsgeschichte, aber auch religiöse Bilder zu den ägypt. Kulten, reichsröm. Allegorien usw. W. Schw.

Lit: J. Vogt, Die alexandrin. Münzen, 1924 – J. G. Milne, Catal. of the Alex. Coins, 1933 – K. Regling, in: v. Schrötter, 20f.

Alexandrinische Dichtung und Wissenschaft. Alexandria wurde unter den → Ptolemäern zum Mittelpunkt des hellenist. Kulturlebens. Die alexandrin. Dichtung bildete sich ihre eigenen ‹kallimacheischen› Kunstprinzipien; die philologischen Wissenschaften wie die Mathematik und die Naturwissenschaften nahmen in dieser Zeit einen großartigen Aufschwung. Vgl. → Museion, → Grammatik, → Lexikographie, → Überlieferung, → Mathematik, → Astronomie; → Mechanik, → Medizin.

Alexandrinische Theologie. [1] Die a. Th. setzt den Denk- und Forschungsstil der *alexandrin. Philologie* (vgl. → Überlieferung A 3; → Grammatik B 1) in wesentlichen Punkten auch für die biblischen Texte fort. Spätestens unter → Origenes wurde offenkundig, daß man ohne das an der → Homerkritik erworbene Rüstzeug die Aufgabe nicht lösen konnte. Dazu gehörte (1) Herstellung und Sicherung des Wortlauts und Textbestands (die alexandrin. Rezension wurde für die Überlieferung von AT und NT bedeutsam) und (2) Erklärung auf Grund des gesamten verfügbaren Wissens, in Form von Kommentaren; dabei beschritt die → Exegese den Weg weitgehender → Allegorese. Dieser exegetischen Methode entsprach die spekulative Struktur der a. Th. Da man die Bindung an den Buchstaben ablehnte, um hinter dem Wortlaut zum eigentlich Gemeinten vorzudringen, vermochte man neuplatonische Metaphysik und Textauslegung zu verbinden, wie ähnlich es schon → Philon (1) v. Alexandria für das AT getan hatte. Das hat der a. Th. im Unterschied zur → antiochenischen Theologie, die auf grammatisch-wörtlicher Exegese insistierte, ermöglicht, trotzdem die Übereinstimmung mit orthodoxer Tradition für sich zu beanspruchen und den spätantiken Platonismus eng mit dem → Christentum (V E) zu verknüpfen.

[2] Als erster Leiter der alexandrin. Schule wird Pantainos genannt (Euseb. hist. eccl. 5, 10); unter ihm und → Clemens (2) Alexandrinus besaß sie anscheinend den Charakter einer privaten Philosophenschule. Zur Katechetenschule wurde sie unter → Origenes, der ihre Bedeutung begründete. Nachdem er seinen wissenschaftlichen Apparat (Bibliothek!) nach Caesarea (Palästina) verlegen mußte, wo nach ihm Pamphilos und, noch mehr in die Breite, → Eusebius wirkten, strahlte die a. Th. nachhaltig auch auf andere Theologen wie → Basilius, → Gregor (5) v. Nyssa und → Gregor (4) v. Nazianz aus. – In Alexandria selbst sollten fortan vornehmlich Bischöfe Sprecher der a. Th. werden wie der getreue Origenesschüler → Dionysios (11) d. Gr. oder Petrus v. Alexandria (gest. 311), der vorher Leiter der Katechetenschule gewesen war. Letzterer markiert einen Wendepunkt in der Geschichte der a. Th. Als erster wandte er sich gegen Christologie und Seelenlehre des Origenes, die dann im Origenismusstreit Ende des 4. Jh.s in Alexandria, selbst bei einem Origenes noch am nächsten stehenden Theologen wie → Didymos (3) d. Blinden, keinen Fürsprecher fanden. Er machte ferner die Katechetenschule zur Zentrale der Rekatholisierung des von Sekten der → Gnosis erfüllten Ägyptens. Damit verband sich der Verzicht, die Philosophie zur Untermauerung a. Th. hinzuzuziehen, an deren Stelle ein orthodoxes Traditionsbewußtsein trat. Dies verlieh dem → Monophysitismus und vor allem dem Kampf des → Kyrillos gegen → Nestorios das religiöse Pathos, so daß dessen Verurteilung (431) nicht nur als Sieg der a. Th., sondern auch der Orthodoxie gefeiert wurde. Wohl brachte der Konzilsentscheid von Chalkedon (451) einen Rückschlag, aber die monophysitierende Ausdeutung des Chalkedonense durch das 5. ökum. Konzil zu Konstantinopel (553) zeigt, wie einflußreich selbst in der Spätphase die a. Th. war. H.D.

Lit: Vgl. → Christentum V – Speziell *zu* [1]: G. Bardy, Aux origines de l'école d'Alexandrie, RecSR 27, 1937, 65–90 – *Zu* [2]: L. Prestige, God in Patristic Thought (1936), 1952² – H. Crouzel, Théologie de l'image de Dieu chez Origène, 1956 (Lit).

Alexandros → Paris.

Alexinos, aus Elis, → Megariker, Zeitgenosse des → Stilpon, des → Zenon (3) v. Kition und des → Menedemos (2) v. Eretria, die er alle zu widerlegen suchte. Wegen seiner Sucht, alles zu widerlegen, statt Alexinos Elenxinos (Widerleger) genannt (Diog. Laert. 2, 109–110). K.v.F.

Alexion, Grammatiker, 2. H. 1. Jh. n. Chr. Beschäftigte sich vor allem mit etymologischen, orthographischen und prosodischen Fragen. Gewährsmann des → Herodian. H.E.

Frg. u. *Lit:* R. Berndt, De Chaerete, Chaeride, Alexione grammaticis eorumque reliquiis II, Progr. Lyck 1905/6, Königsberg 1906.

Alexis, wohl aus Thurioi, Dichter der mittleren → Komödie (I C); soll über 100 Jahre alt geworden sein (ca. 372 bis 270). Verspottete im ‹Ankylion› → Platon zu Lebzeiten (vor 347) und im ‹Hypobolimaios› (‹Der Untergeschobene›) die Geschwisterehe des → Ptolemaios mit → Arsinoë (ca. 270). Im ‹Hippeus› (‹Der Ritter›) wird die Philosophenverfolgung unter → Demetrios (17) v. Phaleron (ca. 316) gepriesen. A. soll 245 Stücke geschrieben haben; etwa 130 Titel sind bekannt, darunter sind einzelne wie ‹Anteia›, ‹Aleiptria›, vielleicht auch ‹Hypnos› Neubearbeitungen nach → Antiphanes (1), andere Titel hat er mit anderen Dichtern gemeinsam. Unter den Titeln finden sich viele Frauenrollen nach Herkunft, Beschäftigung, Lebenslage, Erlebnissen bezeichnet, daneben Frauennamen (meist Hetären); Hetärenleben und Verführungskünste sind anschaulich geschildert in ‹Isostasion›. Später, als er mit → Menander zu konkurrieren hatte, scheint er zur Charakterkomödie übergegangen zu sein. A. soll den Parasiten (wohl als Titelfigur) zuerst auf die Bühne gebracht haben. Diese Figur, schon von → Epicharm geschildert, den A., wohl als Landsmann, gut kennt, nimmt er in seinen Titeln neben anderen Reminiszenzen an Großgriechenland wieder auf, bes. in seiner Art der → Mythentravestie. Diese ist aber im ganzen bei A. seltener als bei anderen Dichtern der mittleren Komödie; auch Tragödienparodie tritt zurück. Die Hinwendung zur neuen Komödie ist unverkennbar. Th. G.

Frg: FAttCom II 372–521.

Alfenus Varus, P., cos. suff. 39 v. Chr., einer der ersten homines novi aus Gallia Cisalpina (Cremona). Schüler des Servius → Sulpicius (12) Rufus und Jurist. Seine politischen Anfänge liegen im dunkeln. 41 soll er als Legat Octavians bei der Landverteilung in Gallia Cisalpina → Vergils Gut geschützt haben; die 6. Ekloge Vergils ist vielleicht ihm gewidmet. An ihn sind wahrscheinlich auch Catull carm. 30, vielleicht auch carm. 10 und 22 gerichtet. – A. verfaßte Digesten in 40 Büchern, aus denen zwei verschiedene Auszüge in → Justinians Digesten verwendet werden. Gellius (7, 5, 1) erwähnt ein Werk ‹Coniectanea›. H. Hb.-U. Wm.

Lit: R. Syme, Roman Revolution (1939), 1952², Ind. S. 536 – E. Fränkel, Horace, 1957, 89f.

Alfius Avitus (auch: Alphius A.), 2. Jh. n. Chr., poeta novellus, Verfasser der mehrere Bücher umfassenden Dichtung ‹Excellentes› (sc. viri) in fortlaufenden katalektischen jambischen Dimetern; in ihr wurden Gestalten und Ereignisse der röm. Geschichte dargestellt. W. Sch.

Frg: FPL 143 – *Lit:* E. Castorina, I ‹poetae novelli›, 1949, 191–195.

Algebra → Arithmetik und Algebra.

Alimenta. Die von → Nerva begonnene, von → Trajan großzügig fortgeführte Versorgung armer freigeborener Kinder aus Staatsmitteln. Die Verwaltung der Kapitalien, die als Hypotheken (zu 5%) auf italischen Grundstücken angelegt waren, lag in den Händen besonderer quaestores pecuniae alimentariae; das Beispiel Trajans wurde von späteren Kaisern bis auf → Severus (2) Alexander vielfach nachgeahmt. Die Verwaltung der A. bestand bis gegen Ende des 3. Jh. s. → Rom III B 1. R. Kn.

Q: CIL IX 1455; XI 1147.

Alimentus → Cincius.

Alişar (Kt. 153 E 2), Siedlungshügel (Chalkolith.-hellenist. Zeit) in Kappadokien. Trotz kappadok. Tontafeln ist der antike Name unbekannt. Bedeutende Ausgrabungen des Oriental Institute Chicago 1926–1932. F. F.

Lit: H. H. von der Osten-E. F. Schmidt, Oriental Institute Publications 5–7. 19. 20. 27–30, 1929–1937.

Aliso, frühröm. Kastell in der Gegend der Lippe (→ Lupia), widerstand den nach der → Varus-Schlacht (→ Teutoburger Wald) vordringenden → Germanen (Vell. 2, 120), vielleicht mit einem der ausgegrabenen Lager bei Haltern oder Oberaden identisch (Kt. 1057 C 4). L. B.-H.

Lit: F. Koepp, Varusschlacht und A., 1940 – C. Albrecht, Zur Lokalisierung des Römerlagers Aliso, Lipp. Blätter für Heimatkunde 1, 1960.

Alkäische Strophe nennt man bei → Horaz die von → Alkaios gern verwandte Abfolge von 2 *alkäischen Elfsilblern* (*ia* ‸*gl* || *ia* ‸*gl* ||), einem Neunsilbler ×–⏑–––⏑–– und einem Zehnsilbler –⏑⏑–⏑⏑–⏑––|||. Bei Alkaios gehören die beiden letzten Kola allerdings zusammen. Vgl. → Äolisch [2]. B. Sn.

Lit: F. Klingner, Horatius (Ed.), (1939), 1959³, 319.

Alkaios, neben → Sappho bedeutendster lesb. → Lyriker, ca. 600 v. Chr. [1] A. lebte in einer Zeit heftiger Kämpfe unter den Adelsparteien seiner Stadt, → Mytilene, an denen er kräftig Anteil nahm. Die Geschichte dieser Auseinandersetzungen und A.' Rolle in ihnen nachzuzeichnen ist trotz vieler Versuche nicht möglich. Wir erfahren aus seinen Liedern nur Einzelheiten, die er zudem aus seiner Sicht und für ein Publikum, dem die Ereignisse und Personen bekannt sind, schildert. Die antike Tradition schöpfte überwiegend nur aus der gleichen Quelle, unterliegt also den gleichen Beschränkungen. – A.' ärgster Feind war → Pittakos, der einmal der gleichen Partei angehörte, sie aber dann verriet; ihn schmäht er unermüdlich, vor ihm warnt er, und als jener schließlich zum → Aisymneten gewählt wurde, schilt er die Bürger, die sich freiwillig in Knechtschaft begaben. Ein weiterer Gegner ist → Myrsilos, mindestens zeitweilig mit P. verbündet; ein Anschlag der Partei des A. auf ihn schlug fehl, A. mußte sich nach Pyrrha auf Lesbos zurückziehen. Mehr als einmal war er verbannt, vielleicht kam er dabei in andere Länder, nach Thrakien, evtl. Böotien oder Ägypten. Daß A. ein höheres Alter erreichte, geht aus einem Fragment hervor (Fr. 50 L.-P.), in dem er von seiner grauhaarigen Brust spricht. Legende ist dagegen vermutlich seine Begnadigung durch Pittakos.

[2] *Werke.* Alexandrinische Ausgabe in mindestens 10 Büchern, die vermutlich nach inhaltlichen Gesichtspunkten eingeteilt waren; das erste Buch enthielt Hymnen. Wenn von Aristoteles ein Stück (Fr. 348 L.-P.) als → Skolion angeführt wird und Strabon (13, 2, 3) von seinen Stasiōtika (‹Aufstands-›, d. h. politischen Liedern) spricht, sind damit nicht Buchtitel gemeint. – Im wesentlichen lassen sich drei Gruppen unterscheiden: 1. *politische Lieder;* sie sind meist aus einem bestimmten Anlaß geschrieben und geben die Gefühlsreaktion des Dichter wieder, Empörung und Spott, Freude oder Resignation. In anderen warnt er vor der drohenden Gefahr der Tyrannis oder ermahnt zu tapferem Kampf. Das Bild vom Staatsschiff, das er in diesem Zusammenhang braucht (Fr. 6. 326 L.-P.), ist Gemeingut geworden. – 2. *Gelagelieder.* Zwar wurden auch die politischen Lieder teilweise beim → Symposion vorgetragen (Fr. 73 L.-P. läuft in eine Aufforderung zum Trinken aus), es gab aber auch reine Trinklieder. Athenaios überliefert (10, 430), daß A. in jedem Ereignis einen Anlaß zum Trinken sah und hat eine Reihe Liedanfänge zum Beweis zitiert. Auch Lieder mit allgemeinen Betrachtungen gehören zur Gelagepoesie; von solchen ist wenig erhalten (etwa Fr. 38 L.-P.), doch können zahlreiche kleine Fragmente mit sentenzenähnlichen Aussprüchen dazu zählen. – 3. *Hymnen* und *mythologische Erzählung.* Von den Hymnen (ein kurzes Gebet an die Dioskuren: Fr. 34 L.-P.) ist kaum etwas erhalten, von zweien haben wir jedoch ausführliche Prosareferate. Den Typ der lyrischen Erzählung repräsentieren einige meist kurze Lieder, die Stoffe aus dem Epos und Kyklos behandeln. – 4. Die *erotischen Lieder*, auf die sich Horaz (c. 1, 32, 11) bezieht, sind bis jetzt noch nicht aufgetaucht; überhaupt erfahren wir fast nichts von den privaten Lebensumständen des Dichters, die Politik, daneben die Geselligkeit im Kreis Gleichgesinnter scheinen ihn ganz ausgefüllt zu haben.

[3] A. bedient sich des → äolischen Dialekts seiner Heimat, mit Einschlägen aus der epischen Sprache. Seine Metren, teils stichisch gebaut, teils in Strophen zusammengestellt, sind erstaunlich vielfältig. Sein Denken ist konventionell wie seine politische Einstellung (deutlich bes. am

Gegensatz zu → Archilochos), aber er faßt die Außenwelt klar und lebhaft auf und vermag in einfachen, knappen Sätzen Situationen bildhaft-platisch darzustellen. – Eingewirkt hat A. bes. auf → Anakreon und → Horaz; auch → Theokrit in seinen äol. Idyllen (29–31) ahmt ihn nach. Er wurde in den Lyrikerkanon aufgenommen. E.-M. V.

Frg: E. Lobel-D. Page, Poetarum Lesbiorum Fragmenta (PLesbFr) 1955 – *Komm:* D. Page, Sappho and Alcaeus, 1955 – *Übers:* M. Treu, A., Tusc. 1952 – *Bildnisse:* → Anhang I.

2. **A.**, von Athen, Sohn des Mikkos, Dichter der ausgehenden alten und der mittleren → Komödie (I B C). Von zehn Stücken, die man einst besaß, sind acht Titel bekannt, fünf Mythen- (und Tragödien-) parodien, eines ausdrücklich ‹Komodotragodia›. – Vgl. → Parodie. Th. G.

Frg: FAttCom I 886–897.

3. **A. von Messene,** Dichter, um 200 v. Chr. Unter seinen *Epigrammen* befinden sich politische Gedichte auf → Philipp V. von Makedonien, teils bejahend und preisend (AP 9, 518), teils schärfstens verdammend (z. B. AP 7, 247; 9, 519). Nach Plut. Flam. 9 ist AP 7, 247 in ganz Griechenland zitiert worden. Nachfolge in dieser invektiven Art von Epigrammen bei → Catull. Die *Jamben* des A., zweifellos ähnlichen Inhalts, sind verloren. P. H.

Ed: AP.

Alkamenes, Bildhauer, als Athener und Lemnier bezeichnet. Schüler und Nebenbuhler des → Phidias, Rivale des → Agorakritos, hat in der Zeit des → Pelop. Krieges die meisten Kultbilder Athens geschaffen. Von seinen zahlreichen Werken scheint die Marmorgruppe der Prokne mit dem Itysknaben im Original erhalten, vielleicht auch ein Fragment der Hekate von dem Nikepyrgos (Berger). In Kopien überliefert: eine Hermesherme (nach Ausweis der Inschriften zweier Hermen aus Pergamon und Ephesos, die allerdings beträchtlich voneinander abweichen), vielleicht auch Kopf und Basisrelief der Kultstatue des Hephaistos (S. Karusu). Im ‹Ares Borghese› des Louvre hat man den Ares im Tempel der Agora wiedererkennen wollen, ob mit Recht, bleibt fraglich. Sein berühmtestes Werk: die Aphrodite ‹in den Gärten› ist vielleicht im Typus der angelehnten Aphrodite erhalten. E. Bg.

Lit: G. Gullini, Afrodite en Kepois, Rend. Pont. Acc. 21, 1945/46, 151 – E. Tamajo, Per la Hera di A., Atti Acc. Scienze Lettere Arti di Palermo 9, 1949, 1–40 – Lippold, GrPl, 184–187 – E. Langlotz, A.-Probleme, 108. BWPr 1952 – S. Karusu, A. u. d. Hephaisteion, AM 69/70, 1954/55, 67–94 – E. Berger, AM 71, 1956, 170 Nr. 17 (zum kolossalen Kopffragment von der Akropolis im BM; Abb. bei A. Michaelis, Der Parthenon, Nr. 14, Taf. 8) – G. Becatti, EAA I, 1958, 255–260 – B. Freyer, Kultbild und Skulpturenschmuck des Arestempels, JdI 77, 1962, 211–226 – B. Schlörb, Unters. zur Bildhauergeneration nach Phidias, Diss. Frankfurt 1964.

Alkathoos, Sohn des → Pelops und der Hippodameia in Elis. Tötet den kithaironischen Löwen, der den Sohn des Megareus zerrissen hatte, und heiratet Euaichme, die Tochter des Megareus. A. folgt diesem in der Herrschaft über Megara (Paus. 1, 41, 1. 1, 43, 4. Abweichend Schol. Apoll. Rhod. 1, 517), dessen von den Kretern (→ Minos) zerstörte Mauern er mit Hilfe Apolls wieder aufbaut. Tötet im Zorn seinen Sohn Kallipolis. Als → Heros verehrt. K. Schb.

Lit: U. v. Wilamowitz, Euripides' Herakles I (1889), 1895^2, 293 f.

Alkestis, Tochter des → Pelias, Gemahlin des → Admet.

Alketas I., König der Molosser, wurde um 400 v. Chr. von seinem Volk vertrieben und floh zu → Dionysios I. v. Syrakus, der ihn mit illyrischer Hilfe 385/384 wieder als König einsetzte. Als Mitglied des 2. → Attischen Seebundes und mit → Jason (4) v. Pherai verbunden, hat er bis zum Tode 370 eine bedeutende Rolle gespielt. 373 trat er für → Timotheos (1) in Athen als Zeuge auf. P. R. F.

Lit: P. R. Franke, Alt-Epirus, 1955 – K. F. Stroheker, Dionysios I. 1958, 121 f.

Alkibiades, athen. Politiker und Feldherr, ca. 450–404, mütterlicherseits den → Alkmaioniden entstammend. Nach dem Tode seines Vaters entwickelte er sich im Hause seines Onkels und Vormunds → Perikles trotz Kontaktes mit → Sokrates zu einem von sophistischen Staatstheorien erfüllten jungen Mann. Im Laufe seiner politischen Karriere wurde er dann geradezu der Prototyp eines emanzipierten, den Rahmen der Polis sprengenden Machtmenschen. Zunächst zwischen den radikalen Demokraten um → Kleon (1) und den Freunden Spartas schwankend, suchte er nach dem → Nikias-Frieden von 421/420 Spartas Isolierung von seinen enttäuschten Bundesgenossen zu vollenden und erwirkte als Stratege 420 ein Bündnis zwischen Athen, Argos, Elis und Mantineia. Doch unter Nikias' Einfluß folgten die Athener der Politik des A. nur mit halbem Herzen. So war er 418 nicht mehr Stratege, als → Agis II. von Sparta durch seinen Sieg bei Mantineia A.' Sonderbund zertrümmerte. Auf die nun erhobene Forderung der Radikalen hin, den Gegensatz zwischen Nikias und A. durch den → Ostrakismos zu bereinigen, vereinigten sich beide und brachten deren Führer → Hyperbolos wohl 417 mit eben dieser Waffe zu Fall (Plut. Nik. 11; Alk. 13). 417/416 vernichtete A., wieder Stratege, das neutrale → Melos. Rennsiege in Olympia (416) steigerten sein Ansehen noch. In Fortsetzung und Übersteigerung der Westpolitik des Perikles veranlaßte er hierauf eine Intervention auf Sizilien mit dem Fernziel der Niederwerfung des dorischen Syrakus und der Aufrichtung der attischen Macht über die Westgriechen (Plut. Alk. 17; Nik. 12 f.) und wurde zu einem der bevollmächtigten Strategen hierfür gewählt. Bevor aber die Flotte Ende Juni 415 auslief, brachte die Verstümmelung der → Hermen in Athen die allgemeine Hysterie zur Entladung, wobei A. der Profanierung der eleusinischen → Mysterien beschuldigt wurde. Infolge der Verschleppungstaktik der seine Popularität fürchtenden Demagogen (Thuk. 6, 27 ff.) wurde er jedoch erst nach der Landung auf Sizilien vor Gericht gerufen und, als er nach Sparta floh, in Abwesenheit zum Tode verurteilt. Seinen Racheplänen entsprechend eröffnete Sparta 413 mit der Besetzung → Dekeleias den Krieg gegen Athen erneut und nahm Verbindung mit Persien auf. Seit 412 arbeitete A. auf eine Schaukelpolitik Persiens zwischen Athen und Sparta hin. Mit dem Ziel seiner Rückberufung löste er den oligarchischen Umsturz von 411 aus (Thuk. 8, 53 f.) und schloß sich danach der demokratisch gesinnten athen. Flotte bei Samos an, die ihn zum Strategen wählte. Durch einen vernichtenden Seesieg über die Spartaner bei Kyzikos stellte er 410 Athens Position am Hellespont wieder her. Hierauf von der erneuerten Demokratie zurückgerufen, hielt er 408 einen triumphalen Einzug in Athen. Zum ‹Hegemon Autokrator› gewählt, galt er geradezu als der Garant des Sieges. Doch als Spartas neuer Nauarch → Lysander 407 einem Teil der athen. Flotte in A.' Abwesenheit bei Notion eine Schlappe beibrachte, erreichten die Demagogen die Absetzung des Mannes, der vielleicht Lysanders Schachzügen gewachsen gewesen wäre. A. ging hierauf nach Thrakien und floh 404 zum Satrapen → Pharnabazos, der ihn jedoch auf Betreiben Lysanders und der → Dreißig (1) in Athen ermorden ließ. F. Kch.

Lit: F. Taeger, Alkibiades (1925), 1943^2 – J. Hatzfeld, Alcibiade (1940), 1951^2 – C. M. Bowra, Euripides Epinician for A., Historia 9, 1960, 68–79 – *Bildnisse* → Anhang I.

Alkidamas, athen. → Redner und Sophist, 1. H. 4. Jh., geb. in Elaia in der kleinasiatischen Aiolis. Wie → Isokrates war er Schüler des → Gorgias; anders als jener, der neue Wege ging, blieb er als Lehrer der Rhetorik in den Bahnen seines Lehrers und geriet so in scharfen Gegensatz zu Isokrates. Er bevorzugte die freie Rede; Aufbau und Gedanken bereitete er vor, Wortwahl und Ausdruck überließ er dem Augenblick (*καιρός*), auch darin seinem Lehrer treu. Den verkünstelten und gespreizten Stil des Gorgias setzte er fort, so daß Aristoteles in seiner Rhetorik fast alle Beispiele für diesen ‹erkältenden Stil› (*ψυχρόν*) den Reden des A. entnahm. Unter seinem Namen sind 2 Reden erhalten: die echte mit dem Titel: ‹Über die Verfasser von Schreibtischreden oder die Sophisten› (*Περὶ τῶν τοὺς γραπτοὺς λόγους γραφόντων ἢ περὶ σοφιστῶν*) und die unechte Rede: ‹Odysseus klagt Palamedes wegen Hochverrates an› (*'Οδυσσεύς*). Dem beratenden Genos gehörte der *Μεσσηνιακός* an, der seine prodemokratische, antispartanische Haltung charakterisierte (auch hier Gegensatz zu Isokrates, der für Sparta eintrat). Sein bedeutendstes Werk war vermutlich das ‹Museion› (‹Musengarten›), worin die Kunst der Improvisation in anekdotischer Form an berühmten Beispielen (z.B. am Wettkampf Homer-Hesiod) vorgeführt war. Ein eigentliches Lehrbuch der Rhetorik gab es von ihm so wenig wie von Isokrates. J.H.K.

Ed: F. Blaß, Antiphontis orationes... adiunctis... Alcidamantis declamationibus (1881), 1892² – L. Radermacher, Artium scriptores, SB Wien 227, 3, 1951, 135 – *Lit:* Blaß II, 345–363 – P. Friedländer, Platon I (1928), 1954², 117ff. – G. Walberer, Isokrates u. A., Diss. Hamburg 1938 – Zum Museion: E. Vogt, Die Schrift vom Wettkampf Homers u. Hesiods, RhM 102, 1959, 193–222.

Alkimos, Lehrer der Rhetorik in Nikomedeia, von → Libanios sehr bewundert. A. reiste i.J. 356 als Greis nach Rom und übergab seine Schule → Basilius d. Gr. W. Sp.

Lit: O. Seeck, Die Briefe des Libanius, 1906, 52.

Alkinoos, König der → Phäaken, Gemahl der Arēte, Vater der → Nausikaa, Enkel Poseidons, Besitzer eines märchenhaften Palastes und Gartens. Beherbergt den schiffbrüchigen → Odysseus gastfreundlich und läßt ihn auf einem Wunderschiff nach Hause bringen, das Zeus auf Veranlassung Poseidons zur Strafe vor seinem Hafen versteinert (Od. 6–9; 13). In der → Argonautensage nimmt er in ähnlicher Form → Jason und → Medea auf, die vor den Kolchern fliehen (Apoll. Rhod. 4, 990ff. mit Schol. zu 1141; Orph. Arg. 1298ff.). In Korfu, das man später als Heimat der Phäaken ansah, kultisch verehrt. K. Schb.

Alkiphron, Rhetor des 2. Jh.s n. Chr., schrieb 5 Bücher fingierter Briefe von Hetären, Fischern, Bauern und Parasiten. Kulturhistorisch interessant ist vor allem der Briefwechsel von Menander und Glykera. R. Mk.

Ed: M. A. Schepers, 1905 – *Übers:* W. Plankl, Hetärenbriefe, Tusc., 1939.

Alkman, → Lyriker, lebte in der 2. H. des 7. Jh.s in Sparta, stammte aber vermutlich aus Sardes. Nach der Überlieferung soll er Sohn eines Sklaven gewesen sein. – *Werke:* Seine Lieder wurden von den Alexandrinern in 5 Büchern herausgegeben. Für uns der erste Chorlyriker (→ Lyrik I B 2), da von seinen Vorgängern (→ Thaletas, → Xenokritos u. a.) nichts erhalten ist. Dank einem der ersten Papyrusfunde ist uns ein → *Partheneion* (Fr. 1 P.) recht gut kenntlich. Es behandelte im ziemlich zerstörten Mittelteil die Sage der Hippokoonsöhne. Nach einigen überleitenden Sentenzen folgt der gut erhaltene Schluß, in dem von den Chormädchen, bes. zwei rivalisierenden, die Rede ist. Es ist eine lebhafte, lockere Plauderei, der Dichter neckt die Mädchen, eine Schönheitskonkurrenz unter dem Bild eines Pferderennens wird vorgestellt. Beiläufig wird ein Artemisfest erwähnt, offenbar der Anlaß des Chores. Man hat versucht, diesen Teil auf zwei Halbchöre zu verteilen, ohne überzeugenden Erfolg. Das Lied ist monostrophisch in daktylotrochäischem Rhythmus. – Im übrigen sind nur *kurze Fragmente* überliefert, einige vielleicht für monodischen Vortrag. Themen sind Mythen, Sagen und Kulte, daneben spricht A. auch von sich, vom Essen, den Jahreszeiten; eine schöne Schilderung der schlafenden Natur in Fr. 89 P. An seinem Stil fällt eine frische Naivität auf, dazu ein teils schalkhafter, teils derber Humor, der auch vor der eigenen Person nicht haltmacht. Der Dialekt ist lakonisch, das Versmaß meist daktylisch, auch Iamben, Trochäen, Ioniker, keine Daktyloepitriten und kaum äolische Maße. E.-M. V.

Frg: PMelGr 2ff. – *Komm:* D. Page, A., The Partheneion, 1951.

Alkmene, Tochter des Elektryon, Gattin des → Amphitryon, Geliebte des → Zeus und Mutter des → Herakles. Zur Zeit von dessen Tod befand sie sich, längst Witwe, mit einigen Enkeln in Tiryns, wurde auf die Nachricht hin von → Eurystheus vertrieben, suchte und fand, wie alle → Herakliden, Zuflucht in Athen und kehrte im höchsten Alter nach Theben zurück. L.H.

Darstellungen: mit Zeus auf der → Kypseloslade. Unsicher ist eine Statue des Kalamis überliefert. Häufig ist sie mit dem schlangenwürgenden Herakleskind auf klassischen Vasen und röm. Wandgemälden; auf dem Scheiterhaufen auf unterital. Vasen. – *Lit. dazu:* A. de Franciscis, EAA I, 1958, 200. K. Schf.

Alkmeon, Sohn des → Amphiaraos, siegreicher Führer des Zuges der → Epigonen gegen Theben. Ermordet auf Verlangen des Vaters seine Mutter → Eriphyle für ihren Verrat. Von den → Erinyen verfolgt (wie → Orest); Flucht und Irrfahrten. → Phegeus von Psophis entsühnt ihn vergeblich. A. heiratet dessen Tochter Arsinoë, später, nach Entsühnung durch → Acheloos, dessen Tochter Kallirhoë. Wegen des Versuchs, ihr Halsband und Peplos der → Harmonia, nach Eriphyles Tod im Besitz der Arsinoë, zu verschaffen, wird er von den Söhnen des Phegeus ermordet. Eroberer Akarnaniens. In einem ‹A.› des → Euripides verband sich A. im Wahn mit der Teiresiastochter → Manto.

Lit: Preller-Robert II 3, 956ff. – W. Schadewaldt, A. in Psophis (1952), in: Hellas und Hesperien, 1960, 316–334 – M. Delcourt, Oreste et A., 1959 – *Darstellungen:* A. und Eriphyle auf einer tyrrhen. Amphora in Berlin (Beazley, ABV 79, 22; 2. Viertel des 6. Jh.s), vielleicht auch auf 2 schwarzfigurigen Oinochoën (Beazley, a. O., 525, 5). Später auf etrusk. Urnen (G. Körte, I rilievi delle urne etr. II, 1890, 73ff., Nr. 26, 1ff.). K. Schb.

2. **A. von Kroton,** (Alkmaion), Arzt und Naturphilosoph, ca. 570–500, den → Pythagoreern nahestehend, scheint als erster die Stellung des Menschen im Kosmos thematisch herausgearbeitet zu haben. Von den Göttern unterscheidet sich der Mensch dadurch, daß er nur vermutet und nicht klar weiß, vom Tier dadurch, daß er begreift und nicht nur wahrnimmt. Noch für → Aristoteles wichtig ist seine These, daß sich das meiste durch das Spiel von Gegensätzen erklären lasse; folgenreich ist auch seine Behauptung, die Seele sei unsterblich wie die Gestirne und befinde sich wie diese in dauernder (Kreis-) Bewegung (→ Platon, → Psyche). O. G.

Frg: VS I 210–216.

Alkmeoniden, führendes athen. Adelsgeschlecht; leitete sich von → Alkmeon (1) her, den die spätere Überlieferung zum Urenkel → Nestors (1) machte. Die A. spielten in der Geschichte → Athens eine führende Rolle. Ca. 632 v. Chr. wegen des Megaklesfrevels (→ Kylon) aus Athen verbannt, kehrten sie 594/593 nach Ausrufung der Epitimia durch → Solon zurück. Megakles' Sohn Alkmeon nahm am 1. → Heiligen Krieg (ca. 594/590) teil; sein Sohn → Megakles war Führer der Paralier im Kampf gegen → Peisistratos, in dem die A. mehrmals wieder ins Exil gehen mußten. 510 bewirkten die A. den Sturz des → Hippias (1); nach erneuter Verbannung gab der Alkmeonide → Kleisthenes (1) Athen eine neue Verfassung (508/507). Im 5. Jh. wurden mehrere A. ostrazisiert. → Perikles und → Alkibiades sind durch ihre Mütter mit den A. verbunden. R. V. C.

Alkmeonidengiebel, Giebelschmuck des Apollontempels in Delphi, dessen Bau die Alkmeoniden bes. gefördert haben. Die nach Hdt. 5, 62 vertretene Datierung auf 513/505 wird aus stilgeschichtlichen Erwägungen bestritten: eher gegen 520 (?) – O-Giebel (aus Marmor): in der Mitte Viergespann von vorn mit Apollon, Artemis und Leto; beiderseits je 3 stehende Gottheiten, in den Ecken Tierkämpfe. – W-Giebel (aus Kalkstein): → Gigantomachie. – Als Akrotere dienten Niken und Sphingen. → Antenor. E. Bg.

Lit: Schefold, OHR 73 – Lippold, GrPl 81.

Alkmeonis, Benennung eines ohne Titel überlieferten, in einzelnen Fragmenten erhaltenen Epos des → theban. Sagenkreises. Datierung unsicher, evtl. um 600. – Die A. stellte die Taten des → Alkmeon dar, seine Teilnahme am Zug der → Epigonen gegen Theben, seine Abenteuer in

Akarnanien und Aitolien, evtl. auch die Rache an seiner Mutter Eriphyle für die Ermordung des Vaters → Amphiaraos, und ist wohl Quelle der ausführlicheren Erzählung bei Apollod. bibl. 3, 80–85 und Diod. (4, 66). Die genaue Zuweisung und Verteilung des Sagenstoffes auf → Thebais, → Epigonoi und A. ist nicht möglich. G.K.

Q: EGF 76–77. 313 – *Lit:* E. Bethe, Theban. Heldenlieder, 1891, 109–141. 156–157 – C. Robert, Oidipus, 1915, bes. S. 141 – W. Kullmann, Die Quellen der Ilias, 1960, 380–382.

Alkyone, Gemahlin des → Keyx, eines Sohns des Phosphoros, Tochter des Aiolos. A. wird in einen Eisvogel (*ἀλκυών*), Keyx in einen Taucher (Meeresvogel) verwandelt, entweder zur Strafe, weil beide sich Zeus und Hera nannten, oder weil K. ertrank und A. klagte, bis die Götter sich erbarmten (Apollod. 1, 52; Ov. met. 11, 270 f.). K. Schb.

Lit: W. Nestle, Legenden vom Tod der Gottesverächter, ARW 33, 1936, 246–269.

Alkyoneus, Riese auf dem korinth. Isthmos, raubt Rinder des Helios (Apollod. 1, 35). Nach Schol. Pind. Nem. 4, 27 will A. dem → Herakles die Rinder des Geryoneus abnehmen und wirft einen Fels auf ihn, den jener mit der Keule zurückschlägt, so daß A. stirbt. Bei Pindar ist A. in Pallene lokalisiert und das Abenteuer Teil des Trojazuges des Herakles, der A. mit Hilfe des → Hypnos im Schlaf tötet (so auch auf Vasenbildern) oder ihn, da A. auch ein → Gigant und auf seinem Heimatboden unsterblich ist, auf Rat Athenes fortschleppt und fern von Pallene tötet (Apollod. 1, 35 f.).

Lit: Preller-Robert II 2, 512 f. 564 f. – *Darstellungen:* B. Andreae, Herakles u. A., JdI 77, 1962, 130–210. K. Schb.

Allectus, Usurpator 294–297; praefectus praetorio des → Carausius, ermordete diesen 294 und machte sich zu seinem Nachfolger als Herrscher von Britannien; 297 von → Constantius (1) Chlorus bekämpft, fiel in einer Schlacht gegen dessen General Asklepiodotus. Mit A.' Tode kam Britannien an Constantius Chlorus. H.D.M.

Lit: E. Janssens, Carausius, premier souverain national de Grande-Bretagne, Latomus 1, 1937, 269–277.

Allegorie. A. ALLEGORIE UND ALLEGORESE IN DER LITERATUR. Allegorie ist Verbildlichung eines abstrakten Begriffs oder eines Vorgangs, von vornherein auf eine bestimmte Deutung hin konstruiert (z. B. Fabel). Dagegen trägt das ‹Symbol› (nach moderner Auffassung) die Idee wie selbstverständlich in sich, es ist zugleich ‹real› und ‹ideal› (z. B. Mythos, Märchen). Zur Unterscheidung von Symbol und Allegorie vgl. auch Goethe, Maximen und Reflexionen, 1112 f. Hecker. Das griech. Wort *ἀλληγορία* (von *ἄλλο ἀγορεύω*, ‹sage etwas anderes›) ist rhetorischer Terminus technicus (Cic. orat. 94; Att. 2, 20, 3) und bezeichnet insbes. die durchgehende Anwendung von Metaphern (vgl. Quint. inst. 8, 6, 44). Im folgenden ist zu unterscheiden zwischen der (produktiven) *Allegorie* (allegorisches Gestalten) und der (zunächst rezeptiven) *Allegorese* (allegorische Erklärung, Darlegung des ‹verborgenen Sinnes›, der *ὑπόνοια* in Plat. rep. 378 D, und zwar [a] von Texten und [b] des Mythos überhaupt). – Die Allegorese der homerischen Dichtungen beginnt früh. Sie ist eine Rückwirkung der Tatsache, daß die Philosophie sich in fortwährender Auseinandersetzung mit Homer entwickelt hatte: das jetzt in der Philosophie explizit formulierte Wissen wollte man implizit bei Homer wiederfinden. Homer und Hesiod gestalten nicht eigentlich allegorisch. Wo diese Dichter abstrakte Begriffe durch Personifikationen darzustellen scheinen, suchen sie in Wahrheit noch gestalthaft und wirkungskräftig erfahrene Lebensmächte zu erfassen (und in ein genetisches Verhältnis zueinander zu setzen). Aufmerksamkeit erheischt also (anders als bei röm. Poesie) nicht die ‹Personifikation der Abstrakta› in der alten Dichtung, sondern umgekehrt die allmähliche ‹Entpersönlichung der Lebensmächte zu Abstraktionen› in der Philosophie: anschauungsloses Denken mußte sich entwickelt haben, ehe allegorische Homerdeutung entstehen konnte. Die moralisch defensive (sog. ‹negative›) Allegorese der homerischen Dichtungen beginnt vermutlich bei den → Pythagoreern, sicherlich bei dem Grammatiker → Theagenes (2) v. Rhegion (spätes 6. Jh.). Die ‹positive›, ‹physikalische› Allegorese durch die Philosophen (nur Ansätze bei → Diogenes (2) v. Apollonia, → Demokrit) erreicht ihren Höhepunkt in → Metrodoros (3) v. Lampsakos (Ende des 5. Jh.s): Achilleus = Sonne, Hektor = Mond, Helena = Erde, Paris = Luft, Agamemnon = Äther. – Metrodors ‹anthropologische Allegorese›: der Götterstaat ist Abbild des menschlichen Leibes: Demeter = Leber, Dionysos = Milz, Apollon = Galle. Das Modell des menschlichen Leibes wurde zur selben Zeit auch ins Geographische (Schrift über die Siebenzahl) und ins Politische übertragen (ein später Reflex: die Fabel des Menenius bei Livius (2, 32, 8): Senat = Bauch usw.). ‹Ethische Allegorese›: → Anaxagoras faßt die homerischen Gedichte als Spiegelbilder von Tugend und Gerechtigkeit auf (Diog. Laert. 2, 11). → Antisthenes deutet Odysseus (und Herakles) von seinem Bilde des ‹Weisen› her. → Platon dagegen lehnt die Allegorese ab und gelangt so zur Verdammung Homers. ‹Euhemeristische Allegorese›: nach → Euhemeros (Anf. 3. Jh.) waren Götter nur mächtige Menschen (ähnlich dachten schon Herodoros – um 400 – und später → Palaiphatos, → Diodor (2) und → Ennius). – ‹Etymologische Allegorese› wird schon in Platons ‹Kratylos› vorausgesetzt. Die → Stoiker verbinden sie mit der physikalischen Mythendeutung (→ Zenon (3), → Kleanthes (2), → Chrysipp; vgl. Cic. nat. deor. 1, 41; 2, 63). Auf Allegorese von Dichtung wird von den Stoikern vielfach verzichtet: nach Zenon schrieb Homer teils der Wahrheit, teils aber auch der irrationalen Doxa entsprechend, aus der sich kein tieferer Sinn entwickeln lasse (bei Dio Chrys. or. 53, 4; vgl. Lucilius Balbus bei Cic. nat. deor. 2, 70). Ablehnend äußern sich → Epikureer (Cic. nat. deor. 1, 41 f.), der unorthodoxe → Ariston (2) v. Chios, → Seneca (epist. 88, 5) und → Plutarch (def. orac. 29, 426 B; amat. 13, 757 B.), freilich allegorisiert auch er gelegentlich (de E apud Delph. 2, 385 B–C; vgl. auch die Deutung der ägypt. Theologie in der Schrift De Iside et Osiride; dazu Diod. 1, 11 f.). Ähnlich wie der Stoiker → Cornutus, der durch eine Art ‹Entmythologisierung› (*ἀναγαγεῖν* 35, p. 75, 18 L.) die Urtheologie aufzufinden suchte, verfahren die Platoniker → Numenios und → Porphyrios (antr. nymph.) und gelegentlich auch → Plotin (Mythendeutung: enn. 5, 8). – Die alexandrinischen Gelehrten (→ Eratosthenes, → Aristarchos, 2) lehnten die Allegorese ab, die Pergamener (→ Krates (4) v. Mallos) nicht; deren Homerdeutung spiegelt der Allegoriker → Herakleitos: Homer irrte entweder, oder er war allegorisch zu verstehen (vgl. auch den Auctor ‹Über das Erhabene› 9, 7, der jedoch nicht allegorisiert). → Strabon hält den Mythos für das Süße, mit dem Homer die Wahrheit umgeben habe (Strab. 1 passim, z. B. 1, 2, 9, p. 20). Ähnlich Ps.-Plutarch in der Homervita, → Maximos (6) v. Tyros (für den Poesie elementare Philosophie ist: 26, vgl. auch Strab. 1, 2, 2 p. 15), Dion Chrysostomos (55: Über Homer und Sokrates) und andere. Allegorese ist also ein wichtiger Weg der Rezeption von Mythischem in philosophischer Sicht. Die Bedeutung (produktiver) allegorischer Gestaltung ist demgegenüber in der griech. Literatur etwas geringer als in der römischen; vgl. jedoch → Prodikos' Herakles-Allegorie bei Xen. mem. 2, 1, 21, die Apokalyptik (bes. Platon, Plutarch) die Komödien des → Aristophanes; vgl. auch das ‹Bild› des Kleanthes (Cic. fin. 2, 69), den Pinax des Kebes und die Schriften → Lukians. Ein Meisterwerk allegorischer *Malerei* ist die ‹Verleumdung› des → Apelles (Luk. Cal. 2–5; vgl. das Bild Botticellis); s. auch Gegen Aristogeiton 1, 52. – Die Notwendigkeit allegorischer Deutung ergibt sich stets da, wo ein altererbter Kulturschatz mit einer neu entwickelten Form des Denkens in Einklang gebracht werden soll: so entstand bei den Griechen die Homer-Allegorese, bei den hellenisierten Juden das Werk → Philons (eine Synthese von jüd. und griech. Denken im Zeichen allegorischer Interpretation). Ähnliches gilt von der Rezeption der griech. Kultur durch die Römer und von der Aufnahme sowohl der hebräischen als auch der griech.-röm. Tradition durch die Christen. Nicht nur im griech.-jüd.-ägypt. Alexandria (Philon; die Gnostiker, → Clemens (2), → Origenes, der Cornutus gelesen hat), sondern auch in Rom selbst wird daher mit Notwendigkeit die allegorische Deutung der Göttermythen übernommen (Ennius, Varro, vgl. auch die Etymologien bei Cic. nat. deor. 2, 62–89). Lukrez deutet die Unterweltsstrafen ‹existentiell› (d. h. allegorisch): 3, 980 ff., Horaz nimmt Bezug auf eine ethische Allegorese der Odyssee (epist. 1, 2). Allegoresen sind zwar (vermöge ihrer ‹Modernität›) oft sehr zeitgebunden, doch hat z. B. die allegorische Bibelexegese des → Ambrosius dem → Augustin den Weg zum biblischen Christentum geebnet. Im Gegensatz zu den Antiochenern (bes. → Diodoros (5) von Tarsos) steht Augustin daher zur Allegorese positiv (vgl. schon Gal. 4, 24–26; 1. Kor. 9, 9; Hebr. 2, 6 ff.); seine Hermeneutik stützt sich auf den libellus regularum des Donatisten Ticonius (doctr. christ. 3, 30, 42). – Das Bedürfnis nach ‹allegorischem Gestalten› entsteht unter z. T. analogen Bedingungen. Es setzt einerseits eine hohe Stufe der Reflektiertheit voraus, andererseits ein (staatliches oder religiöses) Sendungsbewußtsein, aus dem das Streben nach universaler künstlerischer Weltbewältigung entspringt. Solchem Streben wird das gesamte kulturelle Erbe zum ‹Material›, das zunächst mit Hilfe der Allegorese rezipiert und dann vermittels der Allegorie produktiv zum Sinnträger des neuen Weltbildes umgeprägt wird. Auffallende Bedeutung gewinnt daher das ‹allegorische Gestalten› in Rom. Zum Teil in Anlehnung an Griechisches (rhetorische Kunstlehre; Malerei – vgl. Prop. 2, 12 –; Literatur – vgl. Horazens Staatsschiff, → Silius' Scipio am Scheidewege) entsteht eine eindrucksvolle Reihe röm. Allegorien: Lukrezens Venus, Vergils Fama, Lukans Roma und die zahlreichen Gestalten bei → Ovid, → Statius (1) und → Claudian bis hin zur Philologia des → Martianus Capella und der Philosophia des → Boethius. Über die christliche Psychomachie des → Prudentius wirken solche allegorischen Gestalten bis tief ins MA und in die Neuzeit nach. – → Vergils Aeneis, verfaßt in einer «mit Händen zu ergreifenden Umstülpung allegorischer Interpretationsmethoden» (E. Zinn), wurde ihrerseits früh allegorisch verstanden (vgl. auch die historisch-biographische Allegorese der Eklogen). Neben den christlichen Autoren verwenden die Erklärer des Vergil und des Horaz die Wörter ‹allegoria› und ‹allegorice› am häufigsten. Eigentümlich ist die Parallelisierung der Aeneishandlung mit dem Menschenleben durch Fulgentius (4.–5. Jh.): Buch 1: Seesturm = Geburt; 4: leidenschaftliche Jugend; 6: Weisheit usw. Derselbe Verfasser versucht in einer anderen Schrift Weltgeschichte und Menschenleben zu vergleichen. – Von historischer Bedeutung ist die christliche Allegorese der 4. Ekloge Vergils durch Kaiser → Konstantin (Euseb. Const. ad sanct. coet. or. 19–21). – Vergils allegorisches Dichten hatte freilich andere Ziele. Anders als Homer und Hesiod standen dem röm. Dichter die Denkformen der Philosophie bereits zur Verfügung. Es galt nun, die (ethischen und politischen) ‹Lebensmächte› aus der Abstraktion herauszuführen und ihrem starken Erlebniswert entsprechend darzustellen. In röm. Weise als ‹Kräfte› erfahren, werden sie in einem bewußten künstlerischen Akt personifiziert, das Äußere wird zum Träger des Inneren, das Sichtbare wird nicht um seiner selbst willen dargestellt, sondern um der repräsentativen, bedeutsamen Funktion willen, die es im Zusammenhang des Ganzen hat. M. v. A.

Lit: W. Benjamin, Ursprung des deutschen Trauerspiels (1928), in: Schriften I, 1955, 141–365 – R. van Marle, Iconographie, 1932 – C. S. Lewis, The allegory of love, 1936 – W. Nestle, Griech. Studien 1948, 164–172. 502–516 – E. Auerbach, Neue Dantestudien, 1944 – F. Mehmel, Homer u. die Griechen, AuA 4, 1954, 16–41 – H. Hunger, Jb. Österr. byz. Ges. 3, 1954, 35–54 – P. Courcelle, Interprétations néo-platonisantes du livre VI de l'Enéide, Fond. Hardt 3, 1955, 95–136 – R. M. Grant, The letter and the spirit, 1957 (mit Erklärung der Termini der allegor. Interpretation) – H. J. Newiger, Metapher u. Allegorie. Studien zu Aristophanes, Zetemata 16, 1957 – P. Lévèque, Aurea catena Homeri, 1959 – H. Lausberg, Handb. der lit. Rhetorik, 1960 – H. Rahner, Griech. Mythen in christl. Deutung (1945), 1957² – H. G. Gadamer, Wahrheit u. Methode, 1963 – G. Lucacs, Ästhetik I 2, 1963, 727–775 – R. Joly, Le tableau de Cébès, 1963 – H. R. Jauß, Form u. Auffassung der A. in der ... Psychomachia, Festschr. W. Bulst, 1963, 179–206 – F. W. Hamdorf, Griech. Kultpersonifikationen, 1964.

B. Christl. Allegorese. [1] Das Christentum sollte die A. genuiner Prägung erst relativ spät übernehmen. Die *Anfänge seiner Exegese* entwickelten sich zunächst in unmittelbarer Abhängigkeit bzw. Auseinandersetzung mit einem spätjüd. Schriftenverständnis, dessen Legalismus den Wortsinn postulierte und jeder A. abhold sein mußte. Ferner legte der prophetische Schriftbeweis, durch den die Christen die Kontinuität mit den Offenbarungsschriften des AT begründeten, es nahe, der *Typologie* den Vorzug zu geben, an der man als Grundschema auch dort festhielt, wo für Einzelthemen die A. zugelassen wurde. Bezeichnenderweise ist die A. als durchgängiges Auslegungsprinzip zum erstenmal im Barnabasbrief (→ Apostolische Väter) angewandt worden, der die Diskontinuität zum Judentum vertritt und ihm mit Hilfe der A. das AT als Offenbarungsbuch absprechen möchte. Seine alexandrin. Herkunft ist auch nicht zufällig. In → Alexandria hatte schon früher die jüd.-hellenist. → Apologetik sich der A. bedient, um das AT den Gebildeten zu empfehlen. Hier hatte → Aristobulos (2) in seiner ‹Auslegung der hl. Gesetze› die Anthropomorphismen alttestamentlicher Gottesaussagen auf diese Weise erklärt (fr. 2, Eus. praep. ev. 8, 10, 1–17). → Philon (1) v. Alexandria war ihm darin gefolgt und hatte darüber hinaus in seiner A. dem spekulativen Interesse, den hl. Schriften zeitlos gültige ‹Wahrheiten› der Philosophie abzugewinnen, Raum gegeben. Beides, apologetische Tendenz und spekulativer Aspekt, wurde auch für die christl. A. beherrschend.

[2] Sie nimmt so ihren eigentlichen Anfang erst Mitte des 2. Jh.s mit den christl. → *Apologeten*. Ungeachtet ihrer Kritik an der ‹physiologischen›, d. h. kosmologischen A. der Mythen durch die Stoa bei → Aristeides (apol. 13, 7), → Athenagoras (suppl. 22; vgl. auch Ps.-Clem. hom. 6, 17, 2 f.) u. a. übernehmen sie das technische Vokabular, das jene erarbeitet hatte, während man den kosmologischen Skopus sich nur gelegentlich aneignet, um die Plagiatstheorie zu begründen (Justin apol. 1, 60, 1 ff. zum Chi der Weltseele in Platons Timaios). Für → Origenes, der mit der A. die Angriffe des → Celsus (3) auf die hl. Schriften nur widerwillig abwehrt, tritt allerdings das apologetische Moment zurück. Wie er sich in seiner Gegenschrift auf Paulus (z. B. 1. Kor. 10, 11; Gal. 4, 21 ff.) beruft und den Lehrer der Heiden als Meister derselben feiert (c. Cels. 4, 49), so macht er die A. zu einem Grundprinzip seiner eigenen theologischen Hermeneutik, das aus der Konzeption seiner spiritualistischen Theologie erwächst. In ‹De principiis› (4, 2 ff.) gibt er dem eine eingehende Begründung. Wohl werden wieder die Anthropomorphismen und Ungereimtheiten des Pentateuchs, darunter auch das Problem einer Siebentage-Schöpfung genannt, um die Notwendigkeit der A. zu erweisen (vgl. c. Cels. 5, 59). Sie ist aber jetzt generell gültiges Instrument einer spekulativen Theologie, um deren kosmologische, anthropologische, auch soteriologische, eschatologische und ethische ‹Dogmata› aus der Schrift zu belegen. So werden die Berichte von dem ‹Abstieg› Israels aus dem Hl. Land nach Ägypten auf den ‹Sturz› der Geisterwesen jenseits der Welten ins Diesseits oder die ‹babylonische Gefangenschaft› des Volkes auf ihre als Strafe gedachte Verbannung in die Körperlichkeit bezogen (princ. 4, 3, 11 ff.).

[3] Weniger allerdings durch seine Theorie der A. als durch ihre Anwendung in Kommentaren und Homilien sollte Origenes vorbildlich werden. Hatte noch → Hippolyt die A. mit dem *ekklesiologischen* Skopus verbunden, indem er im Danielkommentar die Susannageschichte auf die von Juden, Heiden und Häretikern bedrängte Kirche oder das Hohelied auf das Liebesverhältnis zwischen Gott und der Kirche deutete, so interpretierte Origenes das Hohelied auf das Verhältnis zwischen Christus und der Seele des Gläubigen und leitete so eine bis ins MA anhaltende ‹*mystische*› Auslegungsgeschichte ein. In den seltensten Fällen berief man sich ausdrücklich auf ihn, wie z.B. → Gregor (5) v. Nyssa im Prolog zu seinen Hoheliedhomilien, der auch die A. mit den gleichen Argumenten begründete. Für die Prävalenz der A. ist vielmehr typisch, daß auch theologische Gegner des Origenes sie übten, wie z.B. → Methodios (1) v. Olympos, der etwa die Aussatzvorschriften des Leviticus auf die christl. Bußpraxis bezog oder die Vorschriften über die rote Kuh (Num. 12, 2f.) allegorisch interpretierte (ed. Bonwetsch GCS, 445ff.). Letztlich beweist ein westlicher Theologe wie → Ambrosius, der mit Origenes in dem Hohenlied ethisch, physikalisch und mystisch gültige Erkenntnisse vorfindet (bes. Isaac 4, 23), wie weit der Wirkungsbereich der alexandrin. A. reichte. Noch → Augustin hat lange darum gerungen, sich aus dem Bann ihrer Genesisexegese zu befreien, um das erstrebte Ziel einer Deutung ‹nach dem Literalsinn› zu erreichen.

[4] Dementsprechend liegen der altkirchlichen Kritik an der A., die nur selten ins Feld führt, daß auch die → Gnosis sie übte (z.B. Ps. Clemens, Hom. 2, 25, 3), weniger hermeneutische Bedenken als andere Motive zugrunde. Bischof Nepos v. Arsinoë, Verfasser einer ‹Widerlegung der Allegoristen›, die den Origenesschüler und Bischof v. Alexandria → Dionysios (11) zur Gegenschrift ‹Über die Verheißungen› veranlaßte (Eus. hist. eccl. 7, 24f.), war ihr Gegner, weil sein Chiliasmus gegen eine allegorische Auslegung der Johannesapokalypse sein mußte. Ebensowenig kann man den Bischof Eustathios v. Antiochien (gest. ca. 337), der in seinem Traktat De engrastrimytho (Lietzmann, KlT 83) die allegorische Deutung der Geschichte von der Hexe von Endor (1. Sam. 28) durch Origenes bekämpfte, als prinzipiellen Gegner der A. bezeichnen. Das gilt auch für die Kritik der → antiochen. Theologen an der alexandrin. A. (→ Exegese [4]), die primär von dem theologischen Schulgegensatz getragen wurde. Der Osten war in seinen Denkschemata zu stark der metaphysischen Prämisse der A. und ihrem ontologischen Gegensatz: transzendent-immanent verhaftet, als daß er sich ihr entziehen konnte. Nicht zuletzt → Dionysios (5) Areiopagites, der die A. teilweise recht willkürlich anwandte, um seiner Offenbarungsmystik die Schriftbasis zu liefern, bringt diesen Tatbestand recht eindringlich in Erinnerung. Vgl. → Exegese; → Christentum V C [4]. C.A.

Q. u. Lit: s. zu → Exegese und Stichworten. Ferner: H. de Lubac, Typologie et Allégorisme, RecSR 34, 1947, 180–226 – RAC I 273–293.

C. Allegorie in der Kunst. Allegorische Motive der neueren Kunstgeschichte lassen sich häufig über verschiedene Stufen auf antike Vorbilder zurückverfolgen (z.B. → Guter Hirte); tatsächlich wurzelt die allegorische Denkweise des Abendlandes in antikem Boden, der in seiner Spätzeit die im dogmatischen Sinn strengste Form der A. hervorgebracht hat. Dem Griechen der Frühzeit bedeutete jede Macht göttliche Wirklichkeit. Bis in die Zeit der Klassik sind Eros, Nike, Eris, Phobos u.a. Erscheinungen des Göttlichen oder Dämonischen, ohne allegorischen Gehalt. Seit der späten Klassik (Platon, Euripides, Aristophanes) erscheinen sie in ihrem Wesen bewußter umrissen; ähnlich den bekannten Werken der → Plastik (Eirene, Eros, Pothos, Hypnos) erhalten die → Personifikationen bei → Parrhasios und → Euphranor göttergleiche Gestalt. Parallel zur literarischen Kritik an der mangelnden Genauigkeit dieser A.n bringt der → Hellenismus schließlich die A. im eigentlichen Sinn hervor; in ihr kann ethische Lehre sichtbar werden, entsprechen sich Theorie und religiöse Anschauung. → Apelles malte eine A. der Verleumdung sowie Dinge, «die man nicht malen kann» (Plin. nat. 35, 96); etwa gleichzeitig schuf → Lysipp den → Kairos, → Protogenes die ‹Staatsgaleeren› (vgl. → Tyche von Antiochia). Die hellenist. A. ist ganz in sich geschlossen, läßt eine Deutung aus sich selbst zu. Demgegenüber kündet sich in Werken wie der Auffindung des Telephos (Schefold, PM, Taf. 48) oder der Apotheose Homers (Ders., Bildnisse, 148) eine komplexere Auffassung der A. an. ‹Arkadia› bzw. Apoll und die Musen können nur im ganzen Bildzusammenhang gedeutet werden. In der pompejan. → Malerei (D 2) setzt sich dieses Prinzip, angelehnt an Werke der griech. Plastik und Malerei, allgemein durch. Der gemalte architektonische → Rahmen stellt nun die sinnreichen Bezüge her, die in zunächst idealisierender Form mit mythischen Bildern bes. auf die → Tugenden anspielen (→ Gegenstücke). Ihre Verwirklichung innerhalb eines durch den Kunstwillen gesteigerten Daseins zielt auf den Gewinn der Unsterblichkeit, auf die am deutlichsten die A.n der → Sarkophage anspielen (→ Meermotive, → Jagdbilder). Auf den → Historischen Reliefs (→ Historienmalerei) werden schließlich Höhepunkte des irdischen Daseins zu A.n der Tugend (Säule über dem Grab Trajans u.a.). Die Spätantike unterlegt der überkommenen Fülle der Motive christliche Bedeutungen. C.K.

Lit: J. J. Winckelmann, Gedanken über die Nachahmung, 1755 – Ders., Versuch einer A., 1766 – G. E. Lessing, Laokoon-Studien, 1766 – F. Creuzer, Symbolik und Mythologie der alten Völker, 1836/42 – H. Blümner, Über den Gebrauch der A., 1881 – F. Matz, Naturpersonifikation in der griech. Kunst, 1913 – O. Brendel, Unters. zur A. der pompejan. Totenkopf-Mosaiken, RM 49, 1934, 157–179 – R. P. Hinks, Myth and A. in Anc. Art, 1939 – E. Petersen, Zur Geschichte der Personif., 1939 – W. Nestle, Vom Mythos zum Logos, 1940 – D. Levi, The Allegories of the Months in Classical Art, Art Bull. 23, 1941, 251–291 – K. Lehmann (Rez. P. G. Hamberg), ebd. 29, 1947, 138 – Ch. Picard, Représentations antiques de l'Apologue dit de Prodicos, CRAI, 1951, 310–322 – J. Pépin, Mythe et allégorie, 1958 – EAA I 261–265.

Alliteration, von dem Neapeler Humanisten J. J. Pontanus geprägter Ausdruck für eine Abart der → Paronomasie, die dem antiken *ὁμοιοπρόφορον*, assiduitas etwa entspricht; die mehrfache Wiederholung des gleichen Konsonanten (gelegentlich auch Vokals) in der gleichen Wortgruppe, meist mit lautmalender Wirkung, bes. beliebt bei l, m, s (vgl. Dion. Hal. comp. 14; Schol. Eur. Med. 476), a und i, vorwiegend in der Dichtung angewendet (dem germanischen Stabreim verwandt). *Bsp.:* Caesars *veni, vidi, vici* (v und i); Verg. Aen. 3, 183 *casus Cassandra canebat* (c und a); ‹über Stock und Stein›. H.H.

Lit: Volkmann, 514–516 – Lausberg, I 478; II 885; Elemente², 151f. – N. Wecklein, Studien zur Ilias, 1905, 2.

Allmachtsformeln. Trotz des Polytheismus finden sich bei Homer Hinweise auf die Machtfülle eines Gottes (Od. 4, 236 «Zeus kann alles», unbestimmt 10, 307; Il. 19, 90 «Gott vollendet alles»), auch zu Epitheta verdichtet *παγκρατής, παναίτιος* ‹alles beherrschend, verursachend›; andererseits charakterisieren die Vorsokratiker ihr jeweiliges Prinzip durch hymnische Formeln für seine alles beherrschende Funktion (z.B. Anaximand. A 15, Heraklit B 41, Parm. B 12), was bes. die Stoa wieder aufnimmt. Unter dem Einfluß philosophischer Spekulation, politischer Entwicklung und östlicher Religionen breitet sich im Hellenismus die Konzeption eines Himmelsgottes aus, dessen Allmacht dadurch ausgedrückt wird, daß die Götter als seine Kräfte erscheinen (→ Dynamis), daß er mit neuen Prädikaten überhäuft wird bzw. neue Aussagen gemacht werden (‹von ihm und durch ihn und in ihm ist alles›; ‹er ist Anfang, Mitte und Ende›) oder einzelne Götter (Zeus, Isis, Serapis, Hermes, Helios, Aion, Kybele, Attis, selbst Priap und Pan), nach ägypt. Brauch (Aretalogien) mit mehreren Götternamen (Zeus-Serapis-Helios) oder εἷς-Formeln (‹einer ist Zeus Mithras Helios›) oder zahllosen typischen Epitheta bzw. Attributen (→ Pantheos) anderer Götter ausgestattet, an seine Stelle treten, wie Weihungen, Hymnen (Orphik, Aristeides), Hermetica, Sibyllina und die Zauberpapyri zeigen. C.J.C.

Lit: E. Norden, Agnostos Theos (1912), 1956⁴ – E. Peterson, Εἷς Θεός, 1926 – H. Hommel, Pantokrator, Theol. Viat. 5, 1953/54, 322–373.

Allobroger, mächtiger kelt. Stamm im N der Gallia → Narbonensis zwischen Rhone und Isère mit Vorort → Vienna (Kt. 1019 E4/5), 121 v. Chr. von Cn. Domitius Ahenobarbus und Q. Fabius Maximus ‹Allobrogicus› unterworfen. Von den → Helvetiern bedrängt, suchen sie Hilfe bei Caesar (Gall. 1, 11). L.B.-H.

Lit: → Kelten, → Gallien.

Allobrogicus → Fabius.

Almagest, Titel des astronomischen Hauptwerkes des → Ptolemaios (17), das ursprünglich ‹Mathematische Syntaxis›, später die ‹Große Syntaxis› (*Μεγάλη* oder *Μεγίστη σύνταξις*) hieß. Aus ‹*Μεγίστη*› und dem vorgesetzten arabischen Artikel ‹al› entstand dann der vom Mittelalter an gebräuchliche Titel ‹Almagest›. S.S.

Al-Nariizi (Anaritius), gest. ca. 922 n. Chr., arabischer Mathematiker und Astronom, schrieb u.a. einen von Gerhard v. Cremona übersetzten Kommentar zu den ersten 10 Büchern der Elemente Euklids nach dem Text des ersten arabischen Übersetzers al-Ḥaǧǧaǧ (790). Der Kommentar enthält wertvolle Stücke aus → Simplikios, → Geminos und → Heron. K.V.

Ed: R. O. Besthorn-J. L. Heiberg, Codex Leidensis 399, 1, 1893–1905 (arab. u. lat., nur Buch 1–6) – M. Curtze, Anaritii ... commentarii ex interpretatione Gherardi Cremonensis ..., Suppl. zu Euclidis Opera (ed. Heiberg-Menge), 1899 – *Lit:* Sarton I 598f. – A. G. Kapp, Arab. Übersetzer u. Kommentatoren Euklids, Isis 22, 1934/35, 150 bis 172.

Aloaden, Otos und Ephialtes, die riesenhaften Söhne des Aloeus und der Iphimedeia, zu den → Giganten gehörig. Halten 13 Monate Ares gefangen, bis Hermes ihn befreit. Wollen den Ossa auf den Olymp und darauf den Pelion türmen, um den Himmel zu ersteigen, werden aber von Apollon getötet (Od. 11, 305ff.; Il. 5, 385ff.). Nach anderen Autoren (Paus. 9, 22, 5) wollen sie Hera und Artemis heiraten, aber Artemis (oder Apollon und Artemis) lassen sie sterben: eine Hirschkuh oder Artemis in Gestalt einer solchen läuft zwischen den A. durch; als sie sie erlegen wollen, töten sie sich gegenseitig.

Lit: Schultz, ML I 253–255 – K. Scherling, RE 18, 2 (1936), 1879–81, s.v. Otos – *Darstellungen:* Inschriftlich gesichert nur Ephialtes, in → Gigantomachien (vgl. F. Vian, La guerre des géants, 1952, 203ff.) – E. Simon, Otos u. Ephialtes, AntK 5, 1962, 45–47. K. Schb.

Alope, Tochter des → Kerkyon von Eleusis. Setzt ihr Kind von Poseidon, Hippothoos, aus, das von einer Stute genährt wird. Als der Vater davon erfährt, wird sie eingesperrt, verhungert und wird von Poseidon in eine Quelle verwandelt (Paus. 1, 5, 2. 38, 4. 39, 3. Hyg. fab. 187. 238. 252). Euripides schrieb eine (verlorene) Tragödie ‹Alope› oder ‹Kerkyon› (Frg. 105–113 N.).

Darstellungen: Nährung des Hippothoon durch eine Stute auf einer rotfigurigen Scherbe in Tübingen (Séchan, 257ff.) und auf einem Sarkophag in der Villa Doria (K. Schefold, La force créatrice du symbolisme, RA 1961 II 198–200). K. Schb.

Alpen. Trotz der Erschließung der A.täler in der Bronzezeit und des intensiven Handelsverkehrs seit der älteren Eisenzeit (→ Hallstattkultur) scheint die Alte Welt allgemeine Kunde von Größe und Gestalt der A. erst nach dem wahrscheinlich in der Gegend des Mt. Cenis erfolgten Übergang des → Hannibal erhalten zu haben. Der planmäßige Ausbau der A.-wege (→ Pässe) begann unter → Augustus nach der Unterwerfung der Alpenvölker (25–14 v. Chr.), als die schnelle Verbindung von und nach Italien für Heer und Verwaltung unerläßlich wurde. Wichtige röm. Alpenübergänge waren: → Alpes Cottiae (Mt. Genèvre) nach der → Narbonensis, → Alpes Poeninae (Gr. St. Bernhard mit Paßheiligtum des Jupiter Poeninus) nach dem Wallis und dem Rhein, Maloja und Julier (mit Paßheiligtum) nach dem westl. → Rätien, Reschenscheideck und Brenner nach der Donau. L.B.-H.

Lit: F. v. Duhn, Die Benutzung der Alpenpässe im Altertum, Neue Hdbger Jbb. 2, 1892, 55–99 – F. Staehelin, Die Schweiz in röm. Zeit (1927), 1948³, 337–388.

Alpes Cottiae, Maritimae, Poeninae, röm. Provinzen der Kaiserzeit im S der Westalpen: A. Maritimae an der Küste; A. Cottiae vom oberen Var bis zur Maurtienne einschließlich, von Nero bis Diokletian ständige Provinz; dann auf Italia und A. Maritimae aufgeteilt. A. Poeninae (auch Graiae et P., Atractianae [et Poeninae]), Wallis, Chamonix, Tarentaise; von Claudius an. Geschichte: → Italien, → Gallien, → Kelten.

Alphabet → Schrift B.

Alpheios, Hauptfluß der → Peloponnes, in → Arkadien entspringend und westl. von → Olympia mündend (Kt. 1152 B/C3). Kultisch verehrt in Arkadien, Messenien und Elis, dargestellt im Ostgiebel des → Zeustempels in Olympia beim Oinomaosrennen. E.M.

[2] Der Flußgott stellt im *Mythos* mehrfach der Artemis oder den Mädchen ihres Gefolges, z.B. → Arethusa, nach. Einem Überfall entgeht Artemis, indem sie sich das Gesicht beschmiert oder bis fast nach Sizilien vor ihm flieht. Vgl. → Arethusa. L.H.

Darstellung: im Ostgiebel des Zeustempels von Olympia umstritten. Vgl. G. Bermond Montanari, EAA I, 1958, 251, Abb. 364. K. Schf.

Alphesiboia, Tochter des → Phegeus, zweite Gemahlin des → Alkmeon, dessen Ermordung sie an ihren Brüdern rächt.

Altar. [1] Der griech. A. (*βωμός*, ara) ist das unentbehrliche Zentrum des Kults. Es gibt Heiligtümer ohne Tempel, aber keine ohne A. Die griech. Grundform ist seit dem 9. Jh. der Opfertisch, auf dem das Brandopfer dargebracht wurde. Daneben tritt für chthonische Gottheiten und Heroen die runde Opfergrube (Bothros), die auf myk. Grabriten zurückgeht. Der A. ist in der Regel nach Osten ‹orientiert› (kleinasiatische Artemis-A.e nach Westen) und liegt in der Achse vor dem gleichorientierten → Tempel, so daß das Kultbild bei geöffneter Türe auf das Opfer schauen konnte. Mit den Tempeln rücken auch die zugehörigen A.e

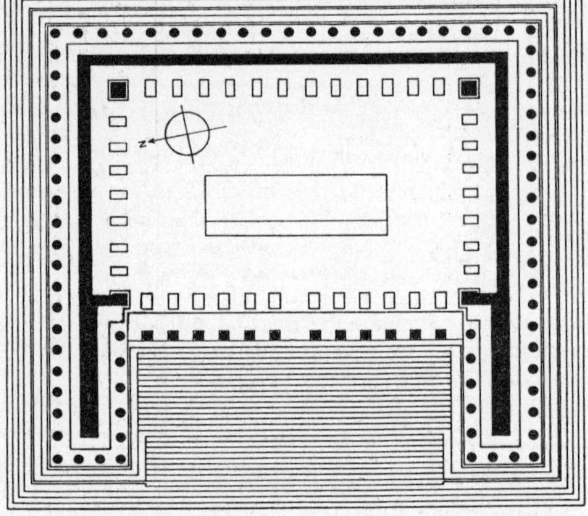

Abb. 5 Grundriß des Zeusaltars von Pergamon

in die monumentale Sphäre auf. Der riesige Rhoikos-A. auf → Samos, der sich über 6 älteren A.en erhebt, bewahrt immer noch, bei 36 × 16 m Umfang, die rechteckige

Grundform des Tisches, auf dem sich ein Hügel aus Opferasche bildete. Im Westen war ihm eine breite Freitreppe vorgelegt; die drei übrigen Seiten wurden durch eine reichverzierte Brüstung vor dem Wind geschützt. Eine andere Form wird durch den tempellosen Poseidon-A. von Monodendri bezeugt. Hier steht ein kleiner Opferaltar auf einem großen, von Brüstungen umgebenen Podium, dem gleichfalls eine Treppe vorgelegt ist. Die von Hallen umgebenen Pracht-A.e von → Magnesia, → Priene, → Pergamon knüpfen an diesen altion. Typus an. Daneben begegnen auch Rund-A.e (→ Didyma). Die dor. A.e, häufig durch einen Triglyphen-Fries (→ Tempel B 3) geschmückt, haben meist die Form eines gestreckten Rechteckes, oft mit vorgelegter Treppe. Größte Ausmaße erreichte der Zeus-A. Hierons II. (269/215) in → Syrakus mit 198 × 23 m. Kleine A.e besetzten allenthalben → Heiligtümer, öffentliche Plätze (→ Stadt) und Bauten, Privathäuser und Gräber und manifestierten die religöse Durchdringung des griech. Lebens. Allein für Olympia überliefert Pausanias (5, 14, 5 ff.) außer dem großen Aschen-A. des Zeus noch 65 A.e. G. Gb.

[2] Die Typen des *röm. A.s* sind: 1. *Ara*, autarker, meist länglich-rechteckiger Opfertisch mit seitlichen Wangen, auf Stufenunterbau, seit der → Ara Pacis (13–9 v. Chr.) umgeben von hoher, relieftragender Umfassungsmauer (urspr. vermutlich aus Holz mit vegetabilem Schmuck), die in der Hauptachse von zwei sich gegenüberliegenden Zugängen durchbrochen ist (so vermutlich auch die Ara Pietatis, die Ara Incendii Neroniani). – 2. *Haupt-A.*, meist länglich-rechteckiger Opferaltar in der Hauptachse vor oder auf den Stufen des Tempels; im Aufbau aus Basis, Körper und Bekrönung bestehend; für die etrusk. Form ist die eingezogene Taille des Körpers charakteristisch. – 3. *Votiv-A.*, kleiner Viereck- oder Rund-A. mit Inschrift, Girlanden- und Tänienschmuck. – 4. *Laren-A.*, → Lararium. C. K.

Lit: W. Hermann, Röm. Götteraltäre, Diss. Berlin 1961 – R. Hallo, Die Monumentalaltäre des Altertums, Diss. Göttingen 1923.

[3] *Der altchristl. A.* (christl. nur altare) setzt weder in sakraler Beziehung noch in seiner Form die klassische Antike (s. o.) fort. Vielmehr entstand aus der Urform des eucharistischen Tisches (1. Kor. 10, 21: τράπεζα; bei → Ignatius schon als θυσιαστήριον bezeichnet) der transportable, hölzerne *Tisch-A.*, der in größeren Kirchen vorkonstantinischer Zeit seinen festen Standort im Presbyterium fand (syr. Didaskalia 15, Ende 3. Jh.s; vgl. → Kirchenordnung). Die nachkonstantin. Zeit gab ihm durch marmorne, auf 4 oder 5 Säulchen ruhende Tischplatten (mensa) beständigere Gestalt, die sich kontinuierlich (bes. in Gallien) bis in die Karolingerzeit erhielt; sigmaförmige Tischmensen (zahlreiche Belege) hingegen knüpfen mehr an antike Totenspeisetische an, auch wenn sie eucharistischen Grabfeiern dienten. Der → Märtyrerkult schuf ab Mitte 4. Jh. zunächst in den Märtyrerkirchen, dann auch in den Gemeindekirchen den jetzt wohl auch mit einem → Ciborium gekrönten *Kasten-A.*, dessen fenestella die Berührung der Märtyrerreliquie und so Kontaktreliquien ermöglichte; dem diente auch die → confessio. Erst ab 7. Jh. machte die Pluralität von Reliquien Nebenaltäre notwendig, wie jetzt auch erst der *Block-A.* mit Vertiefung für die Reliquie (sog. loculus) entstand. Vgl. → Basilika. C. A.

Lit. und Abb: Kl. Wessel, RBK I 111–120.

Altattische Vasen, die att. Keramik des 7. Jh.s v. Chr.; große Grabamphoren, Kratere, Kessel und Kannen. Hauptfundorte: → Athen (Kerameikos, Agora), Vari, → Ägina, → Eleusis. – Die früharchaische Tendenz zur Kontraktion des Gefäßschmucks führt hier zu großzügig angelegten Figurenbildern. Ein Mangel an tektonischer Festigung wird durch reiche Phantasie ausgeglichen (vgl. → protokorinth. V.). Weiche Pinselmalerei, Umrißzeichnung und Dialekt der Inschriften verraten das Vorbild der dorischen Monumentalmalerei. Ritzung zunächst kaum; erst nach 650 v. Chr. wird → schwarzfigurig gemalt (→ Netosmaler). – Bedeutend müssen die schlecht erhaltenen, matt polychrom bemalten a. V. gewesen sein. I. Sch.

Lit: J. M. Cook, Protoattic Pottery, BSA 35, 1934/35 165–211 – CVA Berlin 1, 1938 – K. Kübler, Altatt. Malerei, 1950 – R. Hampe, Ein frühatt. Grabfund, 1960.

Alter, Altersstufen. Die Antike versuchte, die Lebenszeit in bestimmte Stufen zu gliedern. Varro unterschied 5 zu je 15 Jahren (die letzte ausgenommen): Bis 15 war man Junge, *puer* (Ende mit dem Anlegen der → Toga virilis); bis 30 Jungmann, *adulescens;* bis 45 junger Mann, *iuvenis;* bis 60 älterer Mann, *senior;* ab 60 Greis, *senex;* dazu nannten die Griechen den 14jährigen παῖς, den 15jährigen μελλέφηβος, den 16jährigen ἔφηβος, den 17jährigen ἐξέφηβος. Hippokrates teilte die Lebenszeit in sieben Stufen ein, die mit dem 7., 14., 28., 35., 42. und letzten Lebensjahr enden. Neben diese Stufen (Cens. 14) treten wieder andere im öffentlichen röm. → Recht (III D 3): das Kind gilt bis zum vollendeten 7. Lebensjahr als *infans* und war vor dem Gesetz geschäftsunfähig, d. h. es konnte nicht einmal unter vormundschaftlicher Beihilfe ein Rechtsgeschäft vollziehen, ausgenommen war der Erwerb von Besitz. Bis zum Anlegen der Toga virilis (s. o.) war das Kind beschränkt geschäftsfähig, d. h. es konnte Geschäfte nur unter Mitwirkung des Vaters oder Vormundes selbst vollziehen. In der senatorischen Laufbahn (→ Cursus honorum) waren das 25. Lebensjahr für die → Quästur, das 27. für → Tribunat oder → Ädilität, das 30. für die → Prätur, das 33. für das → Konsulat das Mindestalter. – Die Antike pries das A. (Cic. Cato), beklagte aber zugleich, daß die früher nicht benötigte, heute so vielfältig entwickelte Heilkunde nur wenige Leute das Greisenalter erreichen lasse (Cels. praef. 5). Aus Altersangaben auf Grabsteinen des röm. Imperiums ist ein häufigstes Sterbe-A. von etwa 30 Jahren errechnet worden, was einer Lebenserwartung von etwa 24 Jahren entspricht (zum Vergleich: 1946 betrug die Lebenserwartung in Indien 26,91; Ägypten 30,02; Griechenland 49,09; Italien 53,76; Frankreich 54,30; USA 63,16 Jahre). W. K.

Lit: A. R. Burn, Hic breve vivitur, PaP 4, 1953, 1–31 – J. Szilágyi, Zur Frage der durchschnittlichen Lebensdauer in der röm. Kaiserzeit, in: Sozialökon. Verhältn. im Alten Orient u. im Klass. Altertum, 1961, 285–289 – R. Meister, Die spart. Altersklassen vom Standpunkt der Entwicklungspsychologie, SB Wien 241, 5, 1963.

Altercatio (Quint. inst. 2, 4, 28; ἐρώτησις), antike Prozeßverhandlungsform, bei der sich die streitenden Parteien gegenseitig Rede stehen können, und die daraus entwickelte rhetorische Wechselrede (wobei gern auch der Angeklagte die Initiative ergreift: Soph. OT 574 ff.; Plat. apol. 24 C ff.). Beispiel: Lys. 12, 25; 22, 5 usw. H. H.

Lit: Volkmann, 189 f. – J. H. Lipsius, Das att. Recht ... III, 1915, 877 – Über weitere Formen der A., RE 1, 2 (1894), 1692 f.

Althaia, Tochter des Thestios und der Eurythemis. Gattin des → Oineus von Kalydon, Geliebte des Dionysos, Poseidon und Ares. Mutter des → Meleager, der Deianeira und anderer Kinder. Ihre Brüder Iphiklos, Euippos, Plexippos und Eurypylos von → Meleager getötet. K. Schb.

Alxenor, Bildhauer aus Naxos. Bekannt durch die Signatur – mit dem stolzen Zusatz: ἀλλ' ἐσιδέσθε – einer Grabstele aus Orchomenos (Böotien) im Nat. Mus. Athen. Wichtiger Ausgangspunkt für die Lokalisierung von → Stelen, die den stehenden Verstorbenen mit einem Kind oder (wie hier) mit einem Tier verbinden; sie sind auf den → Kykladen zu Hause, deren künstlerisches Zentrum damals wohl → Paros war. Die verschiedenen Fundorte dieser Stelen zeigen, daß diese Gattung im frühen 5. Jh. fast über die ganze Ökumene verbreitet worden ist. E. Bg.

Lit: M. T. Amorelli, EAA I, 1958, 293 – Gnomon 33, 1961, 229.

Alyattes, vorletzter König von → Lydien, 607(?)–560, aus dem Haus der → Mermnaden. Sohn des → Sadyattes II. und Vater des → Kroisos, verheiratet mit Frauen aus Ionien und Karien. Beendet den 12jährigen Krieg mit Milet 602 durch einen Bündnisvertrag. Stiftung zweier Tempel für Athena anstelle des im Krieg zerstörten Heiligtums beim milesischen Assessos (Hdt. 1, 22). Vergebliche Belagerung von → Klazomenai. Eroberung → Smyrnas um 600. Der Einfluß Lydiens reicht von Bithynien bis Karien. Seit dem Krieg mit → Kyaxares 591–585 (Hdt. 1, 74) bildet die Grenze gegen das nach Unterwerfung des Assyrerreichs erstarkte → Medien der Halys. Die Sonnenfinsternis am Tage der Schlacht im Mai 585 hat → Thales v. Milet vorausgesagt. Eine Tochter des Alyattes wird mit → Astyages, dem Sohn des Kyaxares, vermählt, eine andere mit Melas von Ephesos. 580–570 endgültige Vertreibung von Treren und → Kimmeriern aus ihrem Rückzugsgebiet in der Troas. → Kroisos wird als Kronprinz in Adramyttion eingesetzt. Wie sein Vorfahre → Gyges unterhält auch A. Beziehungen zum Orakel von → Delphi (Stiftung eines silbernen Kraters auf eisernem Untersatz, von → Glaukos (3) v. Chios gefertigt: Hdt. 1, 25; Paus. 9, 16, 1). Unter A. werden die ersten → Münzen geprägt. Sein Grabhügel ist der größte in der lyd. Königsnekropole von → Sardes (→ Lydien). P. Hom.

Lit: Ed. Meyer RE 1, 2 (1894), 1707–08 – Ders., Gesch. des Altert. III 165ff., 570ff. – H. Kaletsch, Zur lyd. Chronologie, Historia 7, 1958, 34–39 – C. Roebuck, Ionian Trade and Colonisation, 1959 – J. M. Cook, Old Smyrna, 1948–51, BSA 53/54, 1958/59, 23–27 – G. M. A. Hanfmann, Sardis und Lydien, 1960, 516–517 – Zur Münzprägung: E. S. G. Robinson, JHS 71, 1951, 163–167.

Alypios, Verfasser eines griech. Traktats über Musiktheorie im 3. oder 4. Jh. n. Chr., Quelle der Notation griech. → Musik (A 15). G.W.

Ed: C. v. Jan, Musici Scriptores Graeci, 1895 (Nachdr. 1962), 357.

Amafinius, C., → Epikureer, älterer Zeitgenosse → Ciceros, stellte die Philosophie → Epikurs in lat. Sprache gemeinverständlich dar. Cicero tadelte seinen formlosen Stil (ac. 1, 5 f.; Tusc. 4, 6 f., vgl. 1, 6; 2, 7), ebenso urteilte C. → Cassius (8; Cic. epist. 15, 19, 2). W.L.

Amalarich, König der Westgoten in Spanien 511–531. Er war noch ein Kind, als sein Vater → Alarich II. in der Schlacht von Vouillé fiel (507), und stand dann bis 526 unter ostgot. Vormundschaft. Als sein Schwager Childebert I. von Paris die westgot. Besitzungen in Südgallien (Septimanien) angriff, wurde A. geschlagen und auf der Flucht in Barcelona 531 ermordet. E. A. Th.

Amalaswintha, Tochter des Ostgotenkönigs → Theoderich d. Gr., nach dessen Tode (526) Regentin für ihren unmündigen Sohn → Athalarich. Sie versuchte der röm. Bevölkerung und der katholischen Kirche entgegenzukommen und unterstützte → Justinian im Kampf gegen die → Vandalen (533); sie soll dann dem Kaiser insgeheim die Herrschaft über Italien angetragen haben. Nach dem Tode Athalarichs (534) von ihrem Vetter und Mitregenten → Theodahad, der sich auf die got. Opposition stützte, beseitigt (535). K. F. Str.

Lit: L. M. Hartmann, Gesch. Italiens im MA I (1897), 1923² – W. Schubart, Justinian u. Theodora, 1943 – W. Enßlin, Theoderich d. Gr. (1947), 1959².

Amaler, Königsgeschlecht der → Ostgoten in historischer Zeit (weit in die Vorzeit zurückführender fiktiver Stammbaum bei → Jordanes, vermutlich nach → Cassiodor). Die A. traten erst Mitte 5. Jh. hervor. Der berühmteste A. war → Theoderich d. Gr.; mit seinem Neffen → Theodahad erlosch das Geschlecht 536 im Mannesstamm. K. F. Str.

Lit: L. Schmidt, Die Ostgermanen (1910), 1941² – W. Enßlin, Theoderich d. Gr. (1947), 1959².

Amaltheia, Tochter des → Okeanos, des Kreters Melisseus oder anderer, Nymphe, die den eben geborenen → Zeus mit der Milch einer Ziege (Aiga, Aix) ernährt. A. hängt den Knaben in einer Wiege an einen Baum und läßt die → Kureten lärmen, damit Kronos ihn nicht finden kann. A. wurde auch selbst als Ziege gedacht. Zeus bricht ihr (oder sie sich selbst) ein Horn ab, füllt es mit Segenskraft und gibt es den Töchtern des Melisseus. So entsteht das ‹Horn der A.› (cornu copiae, Füllhorn), das sprichwörtlich war. Später erhält es → Acheloos, der es dem → Herakles gibt, um sein von diesem abgebrochenes Horn zurückzubekommen. Viele weitere Versionen (→ Lit.).

Lit: Stoll, ML I 1, 262–266 – Preller-Robert II 2, 572 – *Darstellungen:* Die Ziege A.s auf Münzen aus Kreta und Aigion; eine Reliefbasis im Capitol zeigt den von der Ziege A.s gesäugten Zeus (Stuart-Jones, Museo Capitolino, 1912, Taf. 66). Die Nymphe A. gleichfalls auf Münzen. Zu Darstellungen des Hornes vgl. K. Wernicke, RE 1, 2 (1894), 1722 f. K. Schb.

Amarantos, Grammatiker aus Alexandria, älterer Zeitgenosse des Galen (2. Jh. n. Chr.), jüngster der aus dem Altertum bekannten Theokritkommentatoren. H. E.

Amarna (Tell el-Amarna), moderne Bezeichnung der Ruinen der Residenz Echnatons (*3ḫ. t-Itn*) in Mittelägypten auf dem östl. Nilufer (Kt. 29 C 5), die er nach dem Verlassen von Theben gründete, um seinem neuen Gott → Aton kompromißlos dienen zu können. Sie wurde unter → Tutenchamun wieder verlassen und von → Haremheb gründlich zerstört. Ausgegraben wurden der kgl. Palast, mehrere Tempel des Aton und Privathäuser, darunter solche von Handwerkern, in denen sich zahlreiche Handwerkermodelle fanden. Gräber der hohen Beamten liegen in zwei Gruppen im westl. Gebirge. Das Königsgrab in einem Wadi östl. der Stadt ist nicht benutzt worden. – Die durch Zufall 1886 im Gebäude des ‹Auswärtigen Amtes› gefundenen ‹*Amarna-Tafeln*› sind Tontafeln, in Keilschrift beschrieben, meist in akkadischer Sprache (2 hethitisch, 1 churritisch), aus der Zeit → Amenophis' III. und IV. Es sind Briefe der damaligen Großkönige und unter ägypt. Herrschaft stehenden Fürsten Syriens und ägypt. Antwortschreiben. Als Quelle unschätzbar. W. Hk.

Lit: H. Winckler-L. Abel, Der Thontafelfund von El-Amarna, 1889/90 – J. Knudtzon, Die El-Amarna-Tafeln, 1907–15.

Amar-Su'ena, akkad. *Būr-Sîn*, 3. König der 3. Dynastie von → Ur, ca. 1998–1989. In A.s Zeit hohe Blüte des Reiches, aber erstmals Einwanderung von → Amoritern (durch Personennamen nachweisbar). W. R.

Amaseia, Stadt in Pontos im tief eingeschnittenen Tal des Iris (Kt. 1238; heute Amasya). Hauptort und Residenz der pontischen Könige. Heimat → Mithridates' VI. und des Geographen → Strabon. Felsgräber in den Abhängen des Burgfelsens. R. F.

Lit: A. H. M. Jones, Cities of eastern Rom. prov., 1937, 155–159.

Amasis, König der 26. ägypt. Dynastie (568–526), Thronname *Ḫnmw-ib-Rʿ*. Er stürzte seinen Vorgänger → Apries mit Hilfe des Heeres, das wegen einer gegen Kyrene erlittenen Niederlage meuterte. Erst nachdem er zwei Versuche des Apries, die Herrschaft wiederzuerlangen, abgewiesen und in diesem Zusammenhang einen Angriff → Nebukadnezars vereitelt hatte, konnte er seine Herrschaft sichern. Er beschränkte die Freizügigkeit der griech. Händler durch die Gründung von → Naukratis, galt aber als griechenfreundlich. Wegen der aufkommenden Persergefahr schloß er Bündnisse mit → Kroisos von Lydien, → Polykrates (1) von Samos, Athen und Sparta. W. Hk.

Q: Hdt. 2, 161 ff. – *Lit:* H. de Meulenaere, Herodotos, 1951, 85 ff.

Amasismaler, att. Vasenmaler, benannt nach dem um 560–520 v. Chr. signierenden Töpfer A., einer der fruchtbarsten Meister des → schwarzfigurigen Stils (→ Vasen E 3), beschaulicher Erzähler des Lebens und dionysischen Treibens, seltener der Heldensage (→ Exekias). Symmetrie und Reihung beherrschen die strengen Kompositionen seiner Frühwerke; nach 540 lockert sich das Bildgefüge durch bewegtere Figuren und schmückendes Detail. – *Werke:* Bauchamphora mit kelternden Silenen, Würzburg 265 (Arias-Hirmer, Abb. 55); Halsamphora mit Dionysos und Mänadenpaar, Paris, Cab. des Méd. 222 (a. a. O., Abb. 56 ff.); Bauchamphoren, Halsamphoren, Olpen, Schalen, Salbgefäße. I. Sch.

Lit: S. Karouzou, The A. Painter, 1956 – D. v. Bothmer, New Vases by the A. Painter, AntK 3, 1960, 71–80.

Amata, Gattin des Königs Latinus und Mutter der Lavinia, sucht deren Hochzeit mit → Aeneas mit allen Mitteln zu verhindern.

Amathus, vorphön. Stadt an der Südküste von → Cypern mit berühmtem Heiligtum der → Aphrodite.

Amazonen (der Name im Altertum in falscher Etymologie meist von Verstümmelung der Brust – μαζός –, die der Erleichterung des Bogenschießens dienen soll, abgeleitet: Diod. 2, 45, 3; 3, 53, 3; Justin 2, 4, 5, vgl. auch Schol. Il. 3, 189), sagenhaftes Volk von kriegerischen, männerfeindlichen Frauen, die zu bestimmten Zeiten mit Männern zusammenkommen, aber nur Mädchen aufziehen (Plut. Thes. 26; Justin 2, 4, 9). Sie dienen vor allem Ares, der auch als ihr Vater oder doch der vieler A. gilt. Als Mutter wird die Najade Harmonia oder die den A. sonst nicht nahestehende Athene genannt. Eng auch die Bindung an Artemis, bes. in Ephesos (Picard). Meist am Thermodon mit Hauptstadt Themiskyra (Pontos) lokalisiert, aber auch in Thrakien, Westkleinasien, Illyrien, bei Diod. 3, 53 ff. in Libyen; später weiter östlich gedacht; bei Hdt. 4, 110–117 mit Skythen vereinigt und Ursprung der → Sarmaten. Durch die bes. berühmten A. Penthesilea (→ Achilleus), Hippolyte (→ Herakles) und Antiope (→ Theseus) erscheinen die A. in vielen Sagenkreisen. Die Entstehung der Sage ist noch sehr umstritten, Spiegelung historischer Vorgänge (Auseinandersetzungen mit matriarchalischen asiat. Stämmen?) wahrscheinlich.

Lit: A. Reinach, RHR 67, 1913, 277–307 – M. Rostovtzeff, REG 32, 1919, 468–472 – H. Herter, RhM 85, 1936, 219–221 – Ch. Picard, REA 42, 1940, 270–284 – R. D. Barnett, in: The Aegean and the Near East, Studies H. Goldman, 1956, 217–218 – *Darstellungen:* Amazonomachien gehören zu den beliebtesten Themen antiker Kunst überhaupt, bes. die des → Herakles. Erste Amazonomachie auf einem Tonschild aus Tiryns um 700 (Brommer, Gnomon 30, 1958, 346; BSA 42, 1947, Taf. 18a); nach 575 vor allem in der Vasenmalerei und auf Bronzeblech Perugia (Hampe-Simon 11–18). Bes. berühmt die ephesischen A. (V. Poulsen, Die A. des Kresilas, 1957; F. Eichler, ÖJh 43, 1958, 7–18) und die Amazonomachie auf dem Schild der Athena Parthenos (G. Becatti, Problemi Fidiaci, 1951, 246–260; Möbius, Gnomon 23, 1951, 266 ff.). Sehr verbreitet sind Amazonomachien auch auf Sarkophagen der Kaiserzeit. Typische Waffe der A. außer Pfeil und Bogen der halbmondförmige Schild, die Pelta. – *Lit. dazu:* D. v. Bothmer, Amazons in Greek Art, 1957 – Brommer 5–21 – K. Schauenburg, Philol. 104, 1960, 1–13. K. Schb.

Ambarvalien, reinigender und unheilabwehrender Ritus der röm. → Religion (II C 1), der an einem wechselnden Tag im Mai vor dem Reifen der Ernten begangen wurde. Man führte die Opfertiere vor dem Opfer in feierlichem Umgang rings um die Felder (Verg. georg. 1, 345 ff.; Tibull 2, 1). Cato (agr. 141) überliefert den Wortlaut des bei der Lustration der Feldmark an → Mars gerichteten Gebetes. In augusteischer Zeit erscheint anstelle des Mars vielmehr Ceres, ohne daß sich der Ausgangspunkt dieser Verschiebung näher fassen läßt. Den A. des Privatkultes entsprach im offiziellen Kult das im Mai von den → Fratres Arvales zu Ehren von → Dea Dia begangene bewegliche Fest. Zum entsprechenden Umgang um die Stadt vgl. → Amburbium. Ferner → Opfer. H. Le B.

Lit: Latte, 41 f. 65.

Ambianer, Stamm der → Belger am Unterlauf der Somme (Kt. 1019 C D2), waren mit 10000 Mann am Kampf gegen → Caesar beteiligt (Gall. 2, 4). Vorort Samarabriva (Amiens).

Lit: s. zu → Kelten, → Belgen, → Germanen. L. B.-H.

Ambiorix, Fürst der Eburonen, eines Stammes der Belger zwischen Maas und Rhein, führte 54 v. Chr. einen erfolglosen Aufstand gegen → Caesar. G. G.

Ambivius Turpio, L., Schauspieler und Regisseur von → Komödien (II) des → Caecilius (16) Statius und → Terenz, für deren Aufstieg er sich tatkräftig einsetzte (Ter. Hec., Prolog). Donat (zu Ter. Phorm. 315) berichtet eine Anekdote über seine Darstellung des Phormio. H. M.

Ambon (griech. ἄμβων von ἀναβαίνειν; lat. ambo, pyrgus, so inscr. 556/569 auf dem A. des Agnello v. Ravenna), Lesepodest mit Stufen, in östl. Kirchenbauten isoliert stehend, in westl. innerhalb der Schranken des Altarraumes, gewöhnl. dann mit einem südl. A. für Lesung der Epistel und einem nördl. A. für Evangelien. Vgl. → Basilika. C. A.

Lit: A. M. Schneider, RAC I 363–365 – Ch. Delvoye, RBK I 126 bis 133 (Lit).

Ambrakia (Kt. 1152 B4; heute Arta), am Golf von A. von Korinthern unter → Gorgos, Sohn des → Kypselos, im 7. Jh. gegründet, 426 Niederlage bei Olpai durch Akarnanen und Athener. Neue Glanzzeit als Hauptstadt des → Pyrrhos (1) von Epirus, seit 229 im → Ätol. Bund, 189 von → Fulvius (4) Nobilior erobert, verlor später durch die Gründung von → Nikopolis (31 v. Chr.) jede Bedeutung. E. M.

Ambronen, german. Stamm, zeitweilig mit → Kimbern und → Teutonen wandernd, mit den letzteren 102 v. Chr. von → Marius bei → Aquae Sextiae geschlagen. Die nordfriesische Insel ‹Amrum› erinnert vielleicht an die A., deren Heimat auf dem jütischen Festland zu suchen ist. L. B.-H.

Lit: s. zu → Germanen.

Ambrosia (wörtl. ‹Unsterblichkeit›) *und Nektar,* Speise und Trank der olympischen Götter, bewirkt bzw. erhält die Unsterblichkeit, kann sterblichen Menschen (z. B. → Tantalos) als Nahrung nur ausnahmsweise durch besondere Gunst der Götter zuteil werden. K.-H. R.

Ambrosiaster, fälschlich unter → Ambrosius' Name überlieferter Kommentar zu den 13 Paulusbriefen (Hebr. fehlt), in Rom unter Damasus (366–387) entstanden, der die allegorische Exegese vermeidet. Dem unbekannten Autor gehören auch die Quaestiones Veteris et Novi Testamenti an (unter Augustins Name überliefert). P. L.

Ed: PL 17, 45–508 – CSEL 50, 1908 (Quaestiones) – *Lit:* Altaner, 351 f. – P. Courcelle, VChr 13, 1959, 133–169.

Ambrosius, Bischof von Mailand. Geb. 334 oder 339 nach Chr. in Trier, wo sein Vater praefectus praetorio Galliarum war, wurde A. nach dessen frühem Tod in Rom durch seine Mutter christlich erzogen; junger Beamter in Sirmium; dann in Mailand Konsular der Provinz Aemilia-Liguria, als der er nach dem Tod des Arianerbischofs Auxentius dank seines Ansehens die Eintracht zwischen den streitenden Parteien der Stadt herstellte. Dafür zum Bischof selbst gewählt (7. 12. 374), erhielt der Katechumen die Taufe und bald darauf die Bischofsweihe. A. verhalf im Westen dem Dogma von Nicaea (→ Bekenntnisse) zum Sieg auf der Synode von Aquileia 381 n. Chr. Auf die stadtmailändischen Kämpfe mit dem von der Kaiserin Justina begünstigten → Arianismus (385/6: A. wurde sogar zusammen mit seiner Gemeinde in der Basilica Porciana belagert) gehen Hymnen zurück, die für den Gemeindegesang in der Kampfzeit bestimmt waren. Mit den Verfechtern röm. Heidentums (→ Symmachus, 2) geriet er wegen ihrer Forderung nach Wiederherstellung des Altars der Victoria im Senatssaal zu Rom aneinander (382–384). Für Kaiser → Valentinian II. weilte er 383 in diplomatischer Mission beim aufständischen Usurpator → Maximus in Gallien. Mit → Theodosius I. verband ihn freundschaftliches Vertrauen, das weder der Synagogenbrand von Callinicum (388; ep. 40 f.: von A. angestiftet) noch die blutige Niederwerfung des Aufstandes von Thessalonike (390), für die der Kaiser vor A. öffentliche Kirchenbuße tun mußte, stören konnten.

[2] Bei seinem Tode (397) hinterließ A. ein umfangreiches literarisches *Werk:* Traktate zum mönchischen Leben, kleinere Schriften zur Jungfräulichkeit und zum Witwenstand, eine Mehrzahl exegetischer Arbeiten, welche die Schrift nach Traditionen alexandrinischer → Allegorese erläuterten (bes. Kommentar zum Sechstagewerk: Hexaemeron; Auslegung des Lukasevangeliums: Expositio Evangelii secundum Lucam). Bedenken gegen seine Autorschaft der Katechesen De mysteriis und De sacramentis und einer Erklärung des Glaubensbekenntnisses (Explanatio symboli) schwinden immer mehr. Aus den dogmatischen Traktaten sind De fide, De spiritu sancto und De paenitentia hervorzuheben. Begräbnisansprachen auf seinen Bruder

Satyrus, Valentinian II. und Theodosius I. haben literarischen Rang und ähneln Lobreden des → Claudian und → Apollinaris (1) Sidonius (→ Trostliteratur). Angesichts eines vor allem in den Briefen greifbaren, taterfüllten Lebens sah man früher in A. mehr den Lehrer der Tat als des spekulativen Denkens. Die Abhängigkeit von → Philon (1) und → Origenes in der Schriftauslegung, von → Athanasios, → Basilius u. a. östl. Kirchenvätern für die dogmatische Unterweisung, die gegenüber → Hieronymus viel freizügigere Verwendung heidnischer Autoren und vor allem die erste Ethik des christl. Abendlandes (De officiis), die Ciceros Werk mit jüdisch-christlicher Tradition vereinte, fügten sich in dieses A.bild ein. Neuere Arbeiten von P. Courcelle, die von anderen Gelehrten noch erweitert worden sind, haben jedoch gezeigt, daß A. auch → Plotin und → Porphyrios verwertete und die Tradition eines neuplatonischen Christentums im Westen verbreitete. Neben der souveränen Beherrschung römischer Eloquenz machte er gerade hierin einen starken Eindruck auf → Augustin. P.L.

Ed: CSEL 32, 1897–1902; 62, 1913; 64, 1919; 73, 1955 78, 1962 (nicht abgeschlossen) – CChrL 14, 1957 (Lukaskomm.; neu angefangene Reihe) – PL 14–17; PL Suppl. 1 – SC 25 (1950), 1961^2; 45, 1956; 52, 1958 (Lukaskomm.; Katechesen) – A. S. Walpole, Early latin hymns, 1922 (Hymnen, mit Komm.) – *Übers:* BKV 17; 21; 32; 1914–1917 – *Lit:* RAC I 365–373 – Altaner, 339–351 – O. Faller, Ambrosiana, 1942, 97–112 (zur Bischofswahl) – P. Courcelle, Orpheus 9, 1962, 21–34 (zus.fassend).

Amburbium, reinigender (sühnender) und unheilabwehrender Ritus der röm. → Religion (II C), bei dem die zum Opfer bestimmten Tiere im Zug rings um die Stadt Rom geführt wurden (Serv. zu Verg. ecl. 3, 77; Hist. Aug. Aurelian. 20, 3); die Riten des A. sind anscheinend, wie die ähnlichen der → Ambarvalien, als bewegliches Fest jedes Jahr begangen worden; doch wurden sie auch bei außerordentlichen Gelegenheiten vollzogen, wenn eine Gefahr die Stadt bedrohte (vgl. Lucan. 1, 592–604). H. Le B.

Lit: Latte, 41 f.

Ambustus → Fabius.

Ameipsias, von Athen, Dichter der alten → Komödie (I B), Zeitgenosse des → Kratinos und → Aristophanes; erster Sieg 414; berühmtestes Stück ‹Konnos› (423), in dem → Sokrates und wohl auch Sophisten auftraten. Th. G.

Frg: FAttCom I 476–487.

Ameise. Die im Mittelmeerraum und in den Nachbarbereichen mit zahlreichen Arten vertretene A. (*μύρμηξ*, formica) galt den Alten als Symbol von Fleiß und kluger Arbeitsteilung. Man schrieb der A. wegen ihres Witterungsvermögens prophetische Begabung zu. Gleichwohl wurde die A. als Schädling mit allen Mitteln verfolgt. Der Mythos, daß Zeus auf Bitten des Aiakos, sein Land zu bevölkern, aus *μύρμηκες* die Myrmidonen entstehen ließ, beruht auf etymologischer Spielerei. Vgl. → Fauna. J.W.

Lit: Keller, Tierwelt II 416–421 – A. Marx, RE 1, 2 (1894), 1820–22 – Nilsson I 33.215.

Amelesagoras (Name wohl fingiert), von Athen (Eleusis), Verfasser einer → Atthis von der Königszeit (mit frei Erfundenem) an, die sich als inspiriert gibt. Vor → Antigonos (5) v. Karystos, nach Jacoby ca. 300 v. Chr.; wohl von → Kallimachos (3) benutzt. W. Sp.

Frg: FGrHist 330 – *Lit:* F. Jacoby, Atthis, 1949.

Amelios, Gentilianus, Schüler → Plotins, von diesem u. a. beauftragt, → Porphyrios zu überzeugen, daß der Intellekt das Intelligible in sich enthält. A. unternahm zu zeigen, daß Plotin kein Plagiator des → Numenios sei; schrieb gegen den Gnostiker Zostrianos. Plotins Lehre vom Intellekt (er spaltet ihn in einen seienden, habenden, schauenden Intellekt) oder der Weltseele verglich A. mit der Logos-Lehre des Johannes. Ph. M.

Frg: A. N. Zoumpos, 1956 – *Lit:* Ders., A. v. Etrurien, 1956.

Amenemhet, Name zahlreicher Könige Ägyptens im Anfang des 2. Jt.s v. Chr., von denen die ersten 4 die bekanntesten sind: – A. I. (*Śḥtp-ib-Rʿ*, 1991–62), Gründer der 12. Dynastie (Mittleres Reich), nachdem er als Vezir Menthuhotep IV. gestürzt hatte; residierte in → Lischt, wo auch seine Pyramide steht; reorganisierte das Land und begann die Eroberung Nubiens. Bei einer Palastrevolution ermordet; ihm folgte sein Sohn → Sesostris I. – A. II. (*Nwb-kꜣw-Rʿ*, 1929–1891); Pyramide bei Dahshur. Aus seiner Zeit stammt der Schatzfund syr. Herkunft aus eṭ-Ṭod. – A. III. (*Nj-mꜣʿ.t-Rʿ*, 1839–1791). Unter ihm erreichte das Mittlere Reich seinen Höhepunkt. Er sandte zahlreiche Expeditionen in die umliegenden Länder und führte die Urbarmachung des → Fajum durch, wo er noch in griech. Zeit als Gott Lamares verehrt wurde. Der zu seiner Pyramide bei Hawara im Fajum gehörige Tempel galt den Späteren als ‹Labyrinth› als Weltwunder (Hdt. 2, 148). – A. IV. (*Mꜣʿ-hrw-Rʿ*, 1791–81), konnte noch zahlreiche Rohstoffexpeditionen ausschicken, doch endete nach seiner und seiner Schwester Sobeknofru Regierung 1777 die Herrschaft der Dynastie in längeren Wirren. W. Hk.

Amenophis I. (*Ḏśr-kꜣ-Rʿ*, 1527–07), Sohn des Ahmose und nach ihm 2. König der 18. ägypt. Dynastie. Er beherrschte Syrien bis zum Euphrat und befriedete Nubien. Er war der erste König, der ein geheimes Grab in den Bergen West-Thebens anlegte; daher galt er später als Ortsheiliger der Siedlung der Nekropolenarbeiter von → Deir el-Medineh. W. Hk.

2. **A. II.** (*ʿꜣ-ḫprw-Rʿ*, 1483–12), stellte in seinen Inschriften seine physische Kraft heraus, konnte jedoch das Vorrücken der → Mitanni in Syrien nicht aufhalten. Zu seiner Zeit drang die Verehrung syr. Götter (→ Astarte, Reschef) in Ägypten ein. W. Hk.

3. **A. III.** (*Nb-mꜣʿ.t-Rʿ*, 1403–1364). Nachdem sein Vater → Thutmosis IV. mit → Mitanni Frieden geschlossen hatte, erreichte die *Kultur* unter A. III. einen Höhepunkt: ein sehr verfeinerter Kunststil, eindrucksvolle Tempelbauten (→ Luxor; der Totentempel des Königs in West-Theben, von dem die sog. Memnonskolosse berühmt wurden; der Mittelteil der hypostylen Halle in → Karnak). *Innenpolitisch* führte die Auflösung der Tradition zu heftigen Auseinandersetzungen. A. III. selbst wandte sich gegen die alten Vorstellungen, indem er das Haremsmädchen Tija, Tochter eines Provinzpriesters, zur ‹Großen königlichen Gemahlin› erhob. Nach außen hin unterhielt er enge Beziehungen zu → Mitanni; heiratete mitannische und zahlreiche andere syr. Fürstentöchter. Gegen seine Krankheit (Zahnabszesse) sandte ihm der Mitannikönig das wundertätige Kultbild der Ištar von Ninive. Unter A. III. lebte der später als Gott verehrte *Amenophis*, Sohn des Hapu, ein berühmter Baumeister. W. Hk.

4. **A. IV.** (*Nfr-ḫprw-Rʿ-wʿ-n-Rʿ*, 1364–47), nannte sich später *ꜣḫ-n-Itn* (Echnaton), Sohn A.' III. und der Tija, verheiratet mit → Nofrete, versuchte, den Kult der sichtbaren Sonnenscheibe (→ Aton) gegen den der alten Götter durchzusetzen. Er gründete eine neue Hauptstadt *ꜣḫ.t-Itn* (→ Amarna), von der aus er besonders den bisherigen Reichsgott → Amun verfolgen ließ. Auch machte er die gesprochene Sprache zur Literatursprache und verlangte auch in der Kunst die Darstellung der ‹Wahrheit›. Da ihm die Gebildeten bei diesen rigorosen Änderungen nicht folgten, mußte er sich auf Ausländer stützen. Außenpolitische Mißerfolge steigerten das Schuldgefühl im Volk, so daß seine Reformation mit seinem Tod zusammenbrach. W. Hk.

Ameria (Kt. 1420 E 5; heute Amelia), alte umbrische Stadt mit großartiger, bis zu 8 m Höhe erhaltener Polygonalmauer des 4./3. Jh.s v. Chr., in röm. Zeit ein blühendes Municipium, dessen landwirtschaftliche Produktion berühmt war. B. A.

Lit: A. di Tommaso, Guida di Amelia, 1931.

Amethyst (*ἀμέθυστος*, amethystus), → Edelstein; sein Name stammt von der Farbe ungemischten Weines. Zahlreich sind die Nachrichten über seine geheimen magischen Kräfte. Importiert aus Indien (Ceylon), Arabien (Petra),

Armenien, Ägypten, Galatien, Thasos, Cypern. Beliebter Schmuck-, bes. Ringstein. C.K.

Q: Plin. nat. 37,121; Plut. quaest. conv. III 1,3,647B; Theophr. lap. 30; Isid. orig. 16,9,1 – *Lit:* Blümner, Technologie III 251f. – A. Nies, RE 1,2 (1894), 1828.

Amicitia, Bezeichnung des freundschaftlichen Verhältnisses zwischen Rom und anderen Staaten, ohne vertragliche Regelung, oft aber Ausgangspunkt für → foedus. Für Rom bedeutete es: Staatsquartier beim Besuch in Rom (Hospitium publicum), Ehrengeschenke, das Recht, röm. Gerichte zu beanspruchen. Das Verhältnis war erblich. *Amicus populi Romani* war der von Rom verliehene Ehrentitel an Staaten oder Persönlichkeiten auf Grund bes. Verdienste. Eintragung der Geehrten in die formula amicorum. – Amici war die Bezeichnung für die politischen Anhänger in spätrepublikan. Zeit. J.S.

Amicus Augusti, Bezeichnung für den Senator oder Ritter, der mit dem Recht der prima oder secunda admissio beim Kaiser beehrt und eventuell zu dessen → Consilium herangezogen wird. Als Begleiter auf Reisen und Feldzügen → comes genannt. H.B.

Lit: J. Crook, Consilium principis, 1955.

Amisos, Stadt an der Südküste des Schwarzen Meeres zwischen den Flüssen Halys und Iris (Kt. 1238), Kolonie der Milesier (7./6. Jh. gegründet), im 5. Jh. att. Kleruchie unter Athenokles, Umbenennung in ‹Peiraieus›. Gegen 370 wurde A. persisch. Gegen Ende des 4. Jh.s erhielt A. wieder den alten Namen, von Alexander befreit; wohl schon im 3. Jh. unter den Königen von Pontos, 72/71 von → Lucullus erobert, 48 v. Chr. von → Pharnakes brutal unterdrückt, nach der Schlacht bei Ziela i. J. 47 v. Chr. von → Caesar befreit. J.S.

Amme. Früh bezeugt (Hom. Od. 7,7), übernahm sie, die oft Sklavin war (Peek, GVI 1729), die Pflege des Kindes in den ersten Jahren (Plat. leg. 7,794A; Quint. inst. 1,1,16) und war später mehr Vertraute als Dienerin (→ Tragödie). Die Römer hatten A.n (Lucr. 5,230), Vor- und Nachteile abwägend (Soran. p. 88; Gell. 12,1), schon früh (Plaut. Mil. 698) und fixierten ihre rechtliche Stellung. W.K.

Lit: J. Herrmann, Die Ammenverträge in den gräko-ägyptischen Papyri, ZRG 76, 1959, 490–499.

Ammianus Marcellinus, geb. ca. 330 n. Chr. in Antiochia, aus vornehmer griech. Familie; sehr jung protector domesticus und zum magister equitum Ursicinus kommandiert (353). Dann begleitete er Ursicinus nach Köln, wo dieser den Usurpator → Silvanus beseitigte, und blieb (356 bis Sommer 357) während des Alamannenkrieges → Julianus' (2) in Gallien. Mit Ursicinus im Perserkrieg kam er nach dem Fall der von → Šapor belagerten Stadt Amida in abenteuerlicher Flucht nach Antiochia zurück. Über seine militärische Tätigkeit nach des Ursicinus Absetzung (360) wissen wir nichts Sicheres. Jedenfalls befand er sich auf dem Perserfeldzug des Julianus (363), am Anfang wahrscheinlich bei der Euphratflotte. Darauf weilte er – als Bekannter des Rhetors → Libanios – bis mindestens 371 (29,1,24: Augenzeuge des Hochverratsprozesses von 371), vielleicht bis zum Untergang des → Valens (378) in Antiochia. Nach den Ereignissen von 378 (Schlacht bei Hadrianopel) begab er sich über Thrakien (um Material für seine Geschichte zu sammeln) nach Rom und nahm dort Wohnsitz. Wir wissen nicht, ob Ammian i. J. 383, wie die anderen → peregrini, aus Rom ausgewiesen und zurückgekommen ist oder bleiben konnte; jedenfalls gewann er beim heidnischen Adel großes Ansehen und stand mit dem Kreis des → Symmachus (dessen epist. 9,110 vielleicht an A. gerichtet ist) in Verbindung.

[2] Sein *Werk* Rerum gestarum libri (ab excessu Nervae) wurde in Rom (vor Winter 392/393) verfaßt, Teile davon mit großem Beifall vorgelesen (vgl. Lib. epist. 983 p. 186 Foerster). Die 31 Bücher umfaßten die Zeit von 96 (Ende der Historiae des Tacitus) bis 378 (Schlacht bei Hadrianopolis). Nur die Bücher 14–31 (die vom Verfasser selbst erlebte Epoche 353–378) sind erhalten. So werden die Regierungen der Kaiser → Constantius II., → Julian, → Jovian, → Valentinian und → Valens mit allen Taten, Kriegen, Kämpfen dargelegt. – A. war sicher Heide; seine religiöse Anschauung könnte man einen ‹neutralen Monotheismus› nennen; gelegentlich spricht er stark gegen die Christen, wie z. B. den stadtröm. Klerus (27,3,14), hat aber im allgemeinen den christl. Glauben hochgeachtet. Diesen ‹Widerspruch› hat man mit A.s Toleranz (Enßlin) oder mit der Einschränkung der religiösen Freiheit unter der Regierung des → Theodosius (Thompson) zu erklären gesucht. A. erzählt *visa* (Ereignisse, die er selbst erfahren hat), *audita* (mündliche Berichte), *lecta* (Quellen: → Oribasius, → Magnus von Carrhac, → V. Nicomachus Flavianus). Es finden sich Exkurse aus fast allen Wissensgebieten sowie Beispiele aus der alten röm. und griech. Geschichte (Hochschätzung der Gelehrsamkeit). Objektivität und Wahrheit sind sein ausdrückliches Ziel. – «Tacitus' Erbe, in jedem Sinne», nennt ihn Syme (Tacitus, 1958, 503), doch «bei Ammian überwuchert das Sinnlich-Anschauliche» (Auerbach, Mimesis, 1959, 60). – Jedes Buch ist einem festen Schema nach gebaut. Seine Muttersprache war das Griechische, seinem Latein mangelte es an Gewandtheit und Leichtigkeit. Es ist einerseits dunkel, andererseits spiegelt es den Einbruch des grell ausmalenden Realismus in den hohen Stil. G.C.

Ed: U. Clark, 1910–15 – W. Seyfarth, Der Codex Fuldensis u. der Codex E des A.M., 1962 – *Komm:* P. de Jonge, Sprachl. u. historischer Komm. zu A.M. XIV 1–7; 7–11, 1935–39 – Ders., Philol. and Histor. Comm. on A.M. XV 1–5; 6–13, 1948–53 – W. Enßlin, Zur Geschichtsschr. u. Weltanschauung des A.M., Klio, Beih. 16, 1923 – G. B. Pighi, Studia Ammianea, 1935 – E. A. Thompson, The Historical Work of A.M., 1947 – O. J. Maenchen-Helfen, The Date of A.M.s' Last Books, AJPh 76, 1955, 384–399 – Ch. P. Th. Naudé, A.M. in die lig van die antieke geskiedskrywing, 1956 – A. Momigliano, Pagan and Christian Historiography in the 4th Cent. A.D., in: The Conflict between Paganism and Christianity, 1963, 79–99 – J. Vogt, A.M. als erzählender Gesch.schreiber der Spätzeit, Abh. Mainz 1963, 8 – C. Di Spigno, Helikon 3, 1963, 524–534.

Ammon (griech.; ägypt.: Amun). [1] Seit 2000 Reichsgott *Ägyptens*, zuerst (seit 11. Dyn.) in Theben verehrt. Sein ursprüngliches Wesen ist unsicher, doch galt er schon früh als Schöpfergott, weshalb er gern in der ithyphallischen Form des Gottes → Min abgebildet wurde, mit dem er auch sonst eng verwandt zu sein scheint. Als Fruchtbarkeitsgott konnte er auch als Widder oder Gans dargestellt werden. Theologisch wurden drei Formen des Amun unterschieden: ‹A., der König der Götter› (*Imn-Rꜥ-nsw-nṯrw*, griech. Amonrasonther), Herr des Reichstempels von → Karnak, meist menschengestaltig mit zwei hohen Falkenfedern auf dem Kopf. Er hieß der ‹Verborgene› und durchdrang und belebte als Lufthauch alle Dinge. Seine Gefährtin ist entweder Amaunet oder eine Geiergöttin, Mut, die neben Karnak auf einer Halbinsel in einem See ihr Kultzentrum hatte. Die zweite Form des A. ist *Imn-Rꜥ-kꜣ-mwt.f* (‹Amonre, Stier seiner Mutter›) in ithyphallischer Form, der als ‹A. von Luxor› jährlich von Karnak zum Luxortempel zog, der als ‹Harem› des Gottes galt. Dieser Auszug war das größte Fest Thebens, an dem gern politische Manifestationen, wie die Anerkennung eines neuen Herrschers, durchgeführt wurden. Dieser A. besuchte auch alle 10 Tage auf dem Westufer von Theben bei → Medinet Habu die dritte Form des A., die dort als Urschlange ‹verstorben› in der Erde wohnte. Diese Schlange hieß *Km-ꜣt.f* (‹die ihre Zeit vollendet hat›, griech. Knēph). Ein weiteres wichtiges Fest des A.-Tempels war das Talfest, bei dem A. die → Hathor von Deir el-Bahari besuchte und Totenfeste abgehalten wurden. – Gegen A. wandte sich in der Hauptsache die Reformation Echnatons (→ Amenophis IV.), der dem unsichtbaren Gott den sichtbaren in der Sonnenscheibe gegenüberstellte; außerdem wandte er sich gegen die wachsende politische und wirtschaftliche Macht des A.-Tempels von Karnak. Am Ende der 20. Dyn. übernahm A. auch die weltliche Herrschaft in der Thebais, die ein ‹Gottesstaat› wurde, in dem der Gott durch Orakel regierte. – In der Spätzeit spielte A. als Hauptgott des nubischen Reichs und als Orakelgott von Siwa eine besondere Rolle, auch bei den Griechen, die ihn als Zeus-Ammon verehrten. W. Hk.

Lit: K. Sethe, Amun und die 8 Urgötter, 1928.

[2] Von den Griechen wurde der ägypt. Gott A. unter dem Namen *Ammon* mit Zeus identifiziert (Plut. mor. 354C; als *Ζεύς Θηβαιεύς* Hdt. 1, 182 u. ö.) ebenso wie der ursprünglich lib. (dann mit dem A. von Theben gleichgesetzte) Herr des Orakels von Siwa als (*Ζεὺς*) *Ἄμμων* (Pind. Pyth. 4, 15; Hdt. 2, 55; 3, 25), der auch Züge des punischen Baal Ḥamōn trägt.

[3] Das *Orakel des A.* (Ammoneion), von →Kroisos befragt, von →Kambyses vergeblich bedroht (Hdt. 1, 46; 3, 25 f.), wird seit etwa 500 v. Chr. durch Vermittlung der Kyrenäer, die A. bes. verehren (Tempel; Münzen; Hdt. 2, 32, 1; Plat. Politikos 257B; Paus. 6, 8, 3; 10, 13, 5), in Griechenland bekannt (Pind. Pyth. 9, 51 ff.; 4, 14 ff.; Frg. 36 Sn. und spätere) und nicht selten konsultiert (Paus. 3, 18, 5; Ps. Plat. Alk. II 148 D ff.; Plut. Kim. 18; Nik. 13; Lys. 20. 25; Diod. 14, 13, 5), bes. vom ‹Pharao› →Alexander d. Gr., der nach ägypt. Brauch als Sohn des Gottes begrüßt wird (Kallisth. FGrHist 124 F 14). Die Bedeutung in späterer Zeit bezeugen Münzen und Inschriften (vgl. auch Paus. 9, 16, 1; 8, 32, 1; 11, 11), den Verfall Strab. 17, 1, 43. Eigenartig ist das Kultobjekt (Curt. 4, 7, 23), libysch die Tempelanlage (ausgegraben, aus →saïtischer Zeit), wohl ägyptisch die Widderköpfigkeit (Hdt. 2, 42) und der Orakelritus: Bewegungen des auf seiner Barke getragenen Götterbildes werden vom Prophetes gedeutet (Kallisth. Frg. 14; vgl. Diod. 17, 50, 6 ff.; Curt. 4, 7, 24). Früh bedeutungslos geworden und in der Kaiserzeit untergegangen. C. J. C.

Lit: Th. Hopfner, Fontes historiae religionis aegyptiacae, 1922/25 – C. D. Belgrave, Siwa, 1923 – U. Wilcken, Alexanders Zug in die Oase Siwa, SB Berlin 1928, 30, 576–603 – G. Steindorff, H. Ricke, H. Aubin, Der Orakeltempel i. d. Ammonsoase, Zeitschr. ägypt. Sprache u. Altertumskunde 69, 1933, 1–24 – C. J. Classen, The Libyan God Ammon in Greece before 331 B. C., Historia 8, 1959, 349–355.

Ammonios Hermeiu, Neuplatoniker, geb. vor 445, gest. 517–526, →Proklos' Schüler, alexandrin. Schulhaupt, wohl pro forma christl. Konvertit. Seine Vorlesungen von seinen Schülern Asklepios und Joh. →Philoponos (andere: →Simplikios, →Olympiodoros, Elias, David, Stephanos v. Alexandria, →Damaskios) teils ediert, teils in deren Aristoteleskommentaren ausgiebig benützt. Ph. M.

Ed: CAG IV 3–6 – *Lit:* K. Kremer, Der Metaphysikbegriff der A.-Schule, 1961 – L. G. Westerink, Anonymous Prolegomena to Platonic Philosophy, 1962 – Zeller-Martano, 200–204.

2. **A. Sakkas,** Lehrer →Plotins, →Longins, des Heiden und wohl auch des Christen →Origenes. Mit einiger Sicherheit wird ihm zugeschrieben, er habe die Übereinstimmung von →Platon mit →Aristoteles behauptet und gelehrt, die Seele einige sich mit dem Körper, ohne sich dadurch zu ändern. Sonstiges, auch ob er Christ war, umstritten. Ph. M.

Lit: K.-O. Weber, Origenes der Neuplatoniker, 1962 – H.-R. Schwyzer, RE 21, 1 (1951), 477–481, s. v. Plotinos.

3. **A. von Alexandria,** Grammatiker, Schüler und Nachfolger →Aristarchs (2), 2. H. 2. Jh. v. Chr. Sein Hauptwerk *Περὶ τῆς ἐπεκδοθείσης διορθώσεως* scheint ein Nachtrag zu den Homerkommentaren des Lehrers gewesen zu sein, vielleicht Mitteilungen aus dessen Vorlesungen. Von →Didymos (1) benutzt. Ferner: Pindarkommentar; Lexeis; eine Schrift über die in der Komödie verspotteten Personen (*Κωμῳδούμενοι*), die älteste ihrer Art. H. E.

Lit: F. Susemihl, Gesch. d. griech. Lit. in der Alexandrinerzeit II, 1892, 153 – H. Erbse, Hermes 87, 1959, 297.

4. **A. von Lamptrai** (Attika), Kultautor (über Altäre und Opfer, in mindestens 4 Büchern), 2./1. Jh. (?). Vgl. →Geschichtsschreibung B 4. W. Sp.

Frg: FGrHist 361.

5. **A.,** Pseudonym eines Lexikons, →Philon (3).

Ammoniter, Stamm der (Nord-)West →Semiten, ungefähr seit dem 13. Jh. am Oberlauf des Jabbok-Flusses (nahr ez-zerqa) ansässig und schon vor Israel (→Judentum A 4) zur Herrschaftsform des Königtums übergegangen, Mittelpunkt Rabbaṯ bənē ʿAmmōn (heute ʿAmmān). Von Kämpfen mit den ostjordan. Israeliten berichtet das AT (z. B. →Jephta), der Angriff ihres Königs Nāḥāš auf die Stadt Jabes bildet den unmittelbaren Anlaß zur Königserhebung →Sauls (1. Sam. 11). Nach kurzer Abhängigkeit vom israelit. Großreich (→David König der A., 2. Sam. 10–12; 1. Chr. 19 f.) leisten die A. →Nebukadnezar Hilfe gegen Juda (2. Kön. 24, 2), verlieren ihre relative Selbständigkeit aber nach der Eroberung →Babylons durch die →Perser. G. Wn.

Lit: RGG I, 1957, 326 – Noth, passim – Ders., Israels Stämme zwischen Ammon und Moab, ZAW 40, 1944, 11–57 – Ders., Beitr. z. Gesch. des Ostjordanlandes III, Beitr. zur bibl. Landes- und Altertumskunde 68, 1946–51, 36–50.

Amnisos (Kt. 1152 F 8), an der N-Küste →Kretas, 7 km östl. von Heraklion gelegener einstiger Hafen von →Knossos und Herrensitz. Von bes. Bedeutung: →Fresken im sog. ‹Haus des Hafenkommandanten› (um 1600 v. Chr.). In der Nähe: die aus der Odyssee (19, 188) bekannte *Eileithya-Höhle* (Tropfsteinhöhle), deren kult. Tradition vom Neolithikum bis zur Zeit der dor. Besiedlung reicht. W. Schg.

Lit: S. Marinatos, *Τὸ Σπέος Εἰλειθυίης*, Praktika 1929, 95–104 – Ders., *Ἀνασκαφαὶ ἐν Κρήτῃ*, Praktika 1930, 91–99 – Ders., *Ἀνασκαφὴ Ἀμνισοῦ Κρήτης*, Praktika 1932, 76–94 – Ders., Funde und Forschungen auf Kreta, AA 1933, 287–295 – Ders., Ausgrabungen und Funde auf Kreta, AA 1934, 245–248; 1935, 245 f. 257–259; AA 1936, 215 – Kirsten, RE Suppl. 7 (1940), 26–38.

Amoibaion. Als A. bezeichnet man in der →Tragödie jeden Wechselgesang, in dem mindestens einer der Partner in lyrischen Maßen singt, also sowohl die nur zwischen Schauspielern stattfindenden Gesänge (Duett, Terzett; vgl. →Monodie), von →Aristoteles (poet. 12. 1452 b 18) als Lieder von der Bühne, *μέλη ἀπὸ τῆς σκηνῆς*, bezeichnet, als auch die zwischen Schauspieler und Chor (vgl. →Kommos). E.-R. Sch.

Lit: R. Kannicht, Unters. zu Form u. Funktion des A. in der att. Tragödie, Diss. Heidelberg 1957 (masch.).

Amor →Eros.

Amor und Psyche, Märchen, das bei Apul. met. 4, 28 bis 6, 24 überliefert ist. P., die Tochter eines Königs, erregt durch ihre Schönheit die Eifersucht der Aphrodite, die ihren Sohn A. auffordert, P. mit Liebe zum elendesten Menschen zu erfüllen. A. genießt aber selbst jede Nacht die Liebe der P. und verlangt nur, daß sie nicht nach seinem Aussehen fragt. Die neidischen Schwestern P.s überreden sie, eines Nachts eine Lampe anzuzünden, worauf A. entweicht. Die verzweifelte P. verursacht den Tod ihrer Schwestern, wird von Aphrodite gequält, dann aber auf Bitten von A. unsterblich gemacht und mit A. vermählt. Das oft mystisch ausgedeutete Märchen hat in der späteren Literatur und Kunst vielfach nachgewirkt.

Lit: K. Kerenyi, Niobe, 1948, 219, Anm. 21 – J. Swahn, The tale of Cupid and Psyche, 1955 – R. Merkelbach, Philol. 102, 1958, 103 bis 116 – *Darstellungen:* Die Gruppe von A. und P. war in der Kunst der Kaiserzeit ungemein verbreitet, vor allem als Rundplastik, auf Gemmen, Reliefs und Sarkophagen. Mitunter ist P. nicht als Mädchen mit Schmetterlingsflügeln, sondern als Schmetterling wiedergegeben. Häufig auch Bilder vieler Eroten und Psychen, bes. auf Sarkophagen und Wandgemälden (Schefold, WP, passim). Berühmtestes Beispiel die Bilder aus dem Vettierhaus in Pompeji (Herrmann-Bruckmann, Taf. 22 ff.). Umstritten die Frage nach den ersten Bildern von A. und P., d. h. nach dem Zeitpunkt ihres Auftretens in der griech. Kunst; vgl. die Hydrienattasche (früher Berlin) bei W. Züchner, Griech. Klappspiegel, 1942, 175–179. – *Lit. dazu:* R. Pagenstecher, Eros und Psyche, SB Heidelb. 1911 – G. Richter, AJA 50, 1946, 364. 366 Anm. 22 – Picard, Manuel III 698, Anm. 1 (Lit). K. Schb.

Ampelius, L., Verfasser des *Liber memorialis*, der einem sonst unbekannten Macrinus (dem Kaiser?) gewidmet war; lebte wohl unter →Hadrian oder →Antoninus Pius. Das Buch enthält in 50 Kapiteln ein Kompendium der Naturwissenschaften (bis Kap. 9) und der Weltgeschichte, die jedoch für Rom kaum über die Republik hinausgeht. Es scheint in Rubriken eingeteilt zu sein wie eine Liste von Prüfungsfragen in Geschichte. Die Quellen sind je nach dem behandelten Stoff verschieden: für die röm. Geschichte wahrscheinlich → Cornelius Nepos und → Hyginus; doch daneben Übereinstimmungen mit → Frontinus und → Florus. Literarisch und historisch im ganzen nur von geringem Wert. Zum erstenmal herausgegeben 1638 von C. Saumaise als Anhang zu → Florus, auf der Grundlage einer heute verlorenen Hs. von Dijon, deren Abschrift von Saumaise wir besitzen (heute Staatsbibl. München). E.P.

Ed: C. Salmasius, 1638 (ed. princ.) – E. Wölfflin, 1873 – N. Terzaghi, 1943 – *Lit:* Wissowa, RE 1 (1894), 1880f. – J. Sorn, Einige Bemerkungen zum lib. mem. des A., 1901.

Amphiaraos, Sohn des Oikles und der Hypermestra, Seher, Liebling des Zeus und Apollon. Teilnehmer am → Argonautenzug und der → kalydon. Jagd. Tötet seinen Oheim Talaos, den Vater des → Adrast; nach der schließlichen Aussöhnung mit dessen Schwester Eriphyle vermählt, Vater des → Alkmeon und → Amphilochos. Von Eriphyle wider seinen Willen und klare Voraussicht gezwungen, am Zug der → Sieben gegen Theben (dort Weiteres) teilzunehmen, bittet er seine Söhne, ihn an ihr zu rächen und einen zweiten, erfolgreicheren Zug gegen Theben zu unternehmen (→ Epigonen). – Bei der Flucht aus der Katastrophe wird er bei Oropos in einem von Zeus geöffneten Erdspalt samt Wagenlenker und Gespann verschlungen (Pind. Nem. 9, 24ff.; 10, 14ff.; Ol. 6, 13ff.). – Viele Kultstätten, sowohl in Böotien wie auf der Peloponnes; Traumorakel ‹Amphiareion› (mit Spielen) bei Theben; am berühmtesten das Orakel bei → Oropos. – Den Auszug des A. (‹Amphiarau exelasis›) schilderte ein → Epos.

Lit: F. Breuer, Die A.sage in der griech. Dichtung, 1945 – *Darstellungen:* Der Auszug des A. schon im 7. Jh. nachweisbar (L. Curtius, in: Festschrift P. Arndt, 1925, 36–44), dann mehrfach auf schwarzfigurigen Vasen (Hampe-Simon 19–22; Brommer 337f.), später selten. Wichtig auch Elfenbeinrelieffragmente aus Delphi (BCH 63, 1939, Taf. 35). Tod des A. auf einigen Vasen, dem Heroon von → Gjölbaschi-Trysa sowie auf etrusk. Denkmälern (Brommer 337f.; Galli, Mon. Ant. 27, 1921, 243). Dem Heilheros A. gelten Weihreliefs (Reisch, in: Festschr. O. Benndorf, 1898, 139–147; N. Himmelmann-Wildschütz, Theoleptos, 1957, 19, Abb. 7). Auf etrusk. Spiegel BM Cat. Bronzes 622 erscheint A. neben Aias und einer Lasa. K. Schb.

Amphiaraoskrater, spätkorinth. Kolonnettenkrater, um 560 v. Chr. (Berlin, Staatl. Mus. 1655; H. 46,4 cm). Schulter-Bildstreifen: Ausfahrt des Amphiaraos, auf der Rückseite die Leichenspiele des Pelias (Wagenrennen); unter den Henkeln Zuschauer und Ringer, die zum Leichenspiel gehören. Die Anordnung des Amphiaraosbildes sowie Leichenspiele als anschließendes Thema, erinnern an die → Kypseloslade. I. Sch.

Lit: Furtwängler-Reichhold, Taf. 121–122 – H. Payne, Necrocorinthia, 1931, 329, Nr. 1471 – H. R. W. Smith, The Hearst Hydria, 1944, 256–261 – Schefold, FS Taf. 67a.

Amphidromien (‹Umlaufsfest›) fanden bei den Griechen am 5. Tage nach der → Geburt statt. Das Kind wurde zur kultischen Reinigung und als Zeichen der Anerkennung durch den Vater von der → Amme oder weiblichen Verwandten um den Herd getragen und damit unter den Schutz der → Hausgötter gestellt. W.K.

Amphiktyon, Sohn des → Deukalion und der Pyrrha, verdrängt seinen Schwiegervater, Kranaos, vom athen. Thron, wird seinerseits von → Erichthonios vertrieben.

Amphiktyonie. Amphiktiones, Amphiktyones (‹Umwohner›) hießen im griech. Bereich die zur Pflege eines gemeinsamen Heiligtums, zu Festversammlungen und zugleich zu regelmäßiger Beratung und Beschlußfassung über gemeinsame Angelegenheiten zusammengeschlossenen Stämme oder Städte bzw. deren Vertreter in der Bundesversammlung (vgl. → Bünde). ‹Die A.› schlechthin war für die Griechen die Vereinigung von 12 Stämmen um die Heiligtümer der Demeter in den → Thermopylen und des Apollon in → Delphi, die sog. pyläisch-delphische A. Der Name A. ist weiter bezeugt für die um den Apollon von → Delos und den Poseidon von → Kalaureia und → Onchestos gescharten Bünde. F.G.

Lit: I. Calabi, Ricerche sui rapporti tra le poleis, 1953, 11ff.

Amphilochios, Schüler des → Libanios, Jurist in Konstantinopel, seit 373 Bischof von Ikonion, befreundet mit → Basilius d. Gr., → Gregor (5) v. Nyssa, → Gregor (4) von Nazianz, seinem Vetter. Neben theologischen Schriften sind 333 ‹Jamben an Seleukos› als Dokument altchristl. → Protreptik bedeutsam. C.A.

Ed: PG 37, 1577–1600; 39, 9–130 – *Lit:* Altaner, 275f.

Amphilochos, Sohn des → Amphiaraos. Tötet mit seinem Bruder → Alkmeon zusammen die Mutter Eriphyle. Teilnehmer am 2. Zug gegen Theben (→ Epigonen) und am → Trojanischen Krieg. Zählt unter die Freier → Helenas (Apollod. 3, 129) und die Insassen des trojanischen Pferdes. Gründet nach dem Fall Trojas mit → Kalchas Orakel in Kleinasien und mit → Mopsos das Orakel in Mallos. A. und Mopsos töten dann einander im Streit. A. wurde, wie Amphiaraos, auch in → Oropos verehrt (Paus. 1, 34, 2). K. Schb.

2. **A. d. J.,** Sohn des → Alkmeon und der Manto, Seher, von dem z. T. dasselbe erzählt wird wie von seinem Oheim. Unklar, ob er oder jener der Gründer von Akarnanien ist (vgl. Thuk. 2. 68, 3). L.H.

Amphion und Zethos, die Zwillingssöhne von Zeus und *Antiope.* Diese, Tochter des Nykteus, Nichte des *Lykos,* der sich während der Minderjährigkeit des → Laios zum Herrscher Thebens gemacht hatte, wurde von Zeus in Gestalt eines Satyrs verführt, floh vor ihrem Vater nach Sikyon zu Epopeus, der sie heiratete. Nykteus tötet sich, Lykos tötet Epopeus und holt Antiope grausam zurück; die unterwegs geborenen Zwillinge A. und Z. muß sie zurücklassen und *Dirke,* der Frau des Lykos, als Magd dienen. Flieht und findet die Söhne auf dem Kithairon in dem Augenblick, als Dirke, als Dionysosjüngerin ebenfalls dort umherschweifend, sie entdeckt und durch einen Stier zu Tode schleifen lassen will. Das vollziehen nun die Söhne an Dirke (wofür, nach Paus. 9, 17, 6, Antiope von → Dionysos, der Dirke in eine Quelle verwandelt, mit Wahnsinn gestraft wird), töten Lykos und erbauen die Mauern → Thebens, wobei A. den Steinen durch die Leier gebietet, die er von → Hermes empfangen oder selbst erfunden haben soll (vgl. → Musikinstrumente A 2); zuweilen gilt er als ‹Erfinder› der Musik, bes. der lyd. Harmonie und der Kitharodie, ferner, im Vergleich zum *βίος πρακτικός* des Z. als Vertreter des *β. θεωρητικός* (so bes. bei Euripides). A., Gatte der → Niobe, stirbt, als er nach dem Tod der Niobiden den Apollontempel zu stürmen versucht.

Q: Die später kanonische Version in Eur. Antiope (= Fr. 184ff. N. und bei Hyg. fab. 8) – *Lit:* Preller-Robert II 1, 114ff. – *Darstellungen:* Mauerbau des A. u. Z. auf einem hadrian. Relief im Palazzo Spada (Brunn-Bruckmann, Taf. 622). *Antiope* im Thiasos auf einem Wandgemälde aus Ostia (NSc 1928, 158, Abb. 19). Ant. und Zeus nur ganz selten nachweisbar (Ziehen, in: Festschrift P. Overbeck, 1893, 116f.) Ant. auch auf einem rotfigurigen Skyphos in Wien (CVA, Taf. 42, 1), von O. Jahn auf ihre Flucht vor Phokos gedeutet. – Außerordentlich häufige Darstellungen der Schleifung *Dirkes,* erstmals auf einem unterital. Krater in Berlin (A. D. Trendall, Paestan Pottery, 1936, Taf. 2a). Berühmt vor allem der sog. → Farnesische Stier in Neapel (Brunn-Bruckmann, Taf. 367), der auf ein älteres Vorbild zurückgeht (Lippold, GrPl, 383, Anm. 19; G. v. Kaschnitz-Weinberg, Sculture del Magazzino del Museo Vaticano, 1937, zu Taf. 65, 335; BMCat. Bronzes 1455). Auch auf etrusk. Urnen (Lippold, JdI 29, 1914, 174–177), Gemmen (z. B. München, ehemals Slg. Arndt 450. 1733; G. Brusin, Kleiner Führer durch Aquileja u. Grado, 1955³, 69; Furtwängler, Gemmen, Taf. 25, 22. 41, 44), Mosaiken (z. B. Nagy, RM 40, 1925, 51–65; Arch. de Prehistoria Levantina 9, 1961, 12ff.) und *Wandgemälden* (Schefold, WP, 42. 144. 185. 206). Spätantik noch auf Kontorniaten (A. Alföldi, Die Kontorniaten, 1943, 110). Die Quellnymphe Dirke vereinzelt auf Vasen u. auf einem Berliner Bronzerelief des 4. Jh.s (Rumpf in: Concordia Decennalis, 1941, 41ff.) – *Lit:* Zuletzt: U. Hausmann, Zur Ant. des Eur. und einem homer. Becher in Athen, AM 73, 1958, 50–72. K. Schb.

Amphipolis, heute Yeni Köi, am → Strymon, 25 km oberhalb der Mündung des Flusses (Kt. 1152 E2), 497 vergeblicher Gründungsversuch des → Aristagoras v. Milet, der von den Edonen erschlagen wurde; 465/464 erneuter Versuch der Athener unter Leagros und Sophanes, 10000 Kolonisten, jedoch Niederlage bei Drabeskos; 437 wird A. (Ennea Hodoi) von Hagnon gegründet; 424 geht A. ohne Widerstand zu → Brasidas über; 422 Schlacht bei A., Brasidas und → Kleon (1) fallen (→ Pelop. Krieg). 359–168 makedonisch, dann Vorort der 1. regio von Makedonien. Vor der Stadt wiederaufgebaut ein ähnliches Löwendenkmal wie bei Chaironeia, etwas jünger (18 m hoch). E.M.

Lit: O. Hirschfeld, RE 1,2 (1894), 1949–52 – J. Papastavru, Amphipolis, 1936 – O. Broneer, The lion monument at A., 1941.

Amphis (auch Amphias), von Athen, Dichter der mittleren → Komödie (I C). Seine Zeit ist dadurch bestimmt, daß er im ‹Amphikrates› (Name eines Bildhauers) → Platon und in seiner ‹Kuris› (‹Kammerzofe›) die Hetäre → Phryne verspottete. Von 28 erhaltenen Titeln sind neun mythologischer Herkunft, fünf bezeichnen Typen aus dem Alltagsleben und der beruflichen Sphäre, vier Charaktertypen. Darunter sind auch eine ‹Gynaikokratia› (‹Weiberherrschaft›, vgl. → Aristophanes' ‹Lysistrate›, ‹Ekklesiazusen› u. a.), eine ‹Gynaikomania› (‹Weibstollheit›). ‹Dithyrambos›, ‹Ialemos› und wohl auch ‹Sappho› enthalten Kritik an der modernen Musik; viele Titel hat A. mit → Alexis und → Antiphanes (1) gemeinsam. Th. G.

Frg: FAttCom II 312–333.

Amphithaleis, griech. Sakralbegriff. Die Kinder, die bei Kulthandlungen beteiligt sind, müssen A. sein, d. h. beide Eltern müssen noch leben (in Rom entsprechend die pueri patrimi et matrimi): bezeugt bes. für die Frühlingsfeiern in Athen (→ Eiresione) und Theben (→ Daphnephoria), auch sonst. Auch die Kinder, die die Ölzweige für die Siegeskränze in Olympia u Delphi schnitten, waren A. O. G.

Lit: Nilsson I, 107f.

Amphitheater. Das A., entsprechend ihrer anderen → Theatertradition erst von den Römern eingeführt, wurde um eine gewöhnlich ovale Arena (= sandbestreuter Spielplatz) ganz herumgebaut, erst provisorisch aus Holzgerüsten, später mit steinernem Unterbau und hölzernen, übereinander gestuften Sitzreihen, dann als Monumentalbau ganz aus Stein oder Ziegeln, das erste in Pompeji ca. 70 v. Chr.; das größte, zugleich für das ganze Imperium vorbildliche, das Kolosseum, in Rom 70/80 n. Chr. (L. 185, B. 155, H. 45,5 m). Dieses hatte außen 4, andere 2 oder 3, aus Arkaden gebildete, mit Statuen verzierte Stockwerke. Wie beim → Theater war der Zuschauerraum gewöhnlich mit Vela gegen die Witterung überdeckt, horizontal in Ränge (maeniana) getrennt durch breite Umgänge (praecinctiones) eingeteilt, und oben durch eine Säulenhalle abgeschlossen; alle Plätze waren wie bei den Theatern durch ein System von Treppen und Gängen leicht erreichbar. Die Arena, manchmal auf tieferem Niveau als die Eingänge zum Zuschauerraum angelegt und von diesem durch eine hohe Brüstung und einen Wassergraben getrennt, wurde für die → Gladiatorenspiele mit einem sandbestreuten Holzboden überdeckt. Darunter befanden sich große, in Rom 7 m tiefe Substruktionen; ausgedehnte Gänge, Gelasse für die wilden Tiere und die zum Kampf Verurteilten; Leichenkammern; Versenkungen und Abstellräume für die reichen Landschaftsszenerien und Requisiten bei den Tierhetzen; Wasserleitungen für die Naumachien (Seeschlachten mit bemannten Kriegsschiffen auf der unter Wasser gesetzten Arena). K. G. K.

Abb. u. *Lit:* → Theater.

Amphitheatralische Spiele. Die A. S., im Gegensatz zu den ludi circenses (→ Circusspiele) und ludi scaenici als munera bezeichnet, waren zur Hauptsache → Gladiatorenkämpfe; bisweilen überschwemmte man auch die Arena des Amphitheaters, um → Naumachien zu veranstalten. Die Tierhetzen *(venationes)* schließlich teilten sich mit den Gladiatorenkämpfen in der Gunst des Publikums. Die erste bezeugte venatio fand 186 v. Chr. statt: M. → Fulvius (4) Nobilior, Besieger der Ätolier, bot dem Volk eine Löwen- und Pantherjagd (Liv. 39,22); sie fand, wie das allgemein vor der Erbauung der Amphitheater üblich war, im Circus Maximus (→ Rom IV D 7) statt. Es gab vielerlei venationes: Vorführung gezähmter Raubtiere, Kämpfe wilder Tiere, die sich gegenseitig zerfleischten, Zweikämpfe zwischen wilden Tieren und bewaffneten Gladiatoren, unter für den Menschen mehr oder weniger gefährlichen Bedingungen. Während der Republik, und mehr noch zur Kaiserzeit, waren die Tierhetzen außerordentlich beliebt: die Tiere wurden zu Tausenden hingemetzelt, um das Volk zu ergötzen. Sie dienten auch zur Marterung der zum Tode Verurteilten, die man *ad bestias* warf (z. B. → Christenverfolgungen); diese Form der Hinrichtung war in die A. S. einbezogen. Veranstalter waren in der Republik die höchsten Magistrate, später die Kaiser. Beziehungen zum Kulte bestanden keine, wenn man von der ursprünglichen Funktion der → Gladiatorenspiele absieht. H. Le B.

Lit: H. P. L'Orange, Studies in the Iconography of Cosmic Kingship, 1953 – Schefold, PM 135.

Amphitrite, Tochter des → Nereus und der Doris (Hes. Theog. 243. 254), aber auch des Okeanos und der Thethys. Gattin Poseidons, der sie geraubt oder verfolgt hatte, Mutter des Triton. Als Meeresgöttin auf Delphin oder in einer von einem Delphin gezogenen Muschel dargestellt. K. Schb.

Darstellungen: auf Vasen (Beazley, ARV[1] 29. 206. 214. 370. 443); die Hochzeit mit Poseidon auf einem Münchner Relief, Münzen, einem Mosaik aus Pompeii (EAA I, 1958, 391): vgl. K. Schefold, Zur Basis des Dom. Ahenobarbus, in: Essays für K. Lehmann, 1965. K. Schf.

Amphitryon, alttheban. Held, durch seine Gattin Alkmene, Tochter des Elektryon von Mykene, mit der → Heraklessage verbunden. Sohn des Alkaios, Königs von Tiryns, und der Astydameia, der Tochter des Pelops, oder der Hipponome, Lysidike oder Laonome (Apollod. 2, 50; Paus. 8, 14, 2; Schol. Il. 19, 116). Stand dem Elektryon gegen die Söhne des Taphiers Pterelaos bei, die Herrschaftsansprüche ihres Großvaters Mestor geltend machten und, abgewiesen, die Rinder des Elektryon entführten. In dem folgenden Kampfe fielen die Söhne des Elektryon und des Pterelaos. Die Taphier brachten die Rinder zum König von Elis, wo A. sie auslöste und nach Mykene zurückbrachte. Dafür mit Alkmene vermählt. Tötete versehentlich den Schwiegervater, als seine Keule, die er nach einem entlaufenen Rinde warf, von dessen Horn abprallte. Floh nach Theben, wurde von → Kreon entsühnt. Da er sich verpflichtete, Alkmene vor Vollzug der Rache für ihre Brüder nicht zu berühren (Ps. Hes. Aspis 11f.), suchte A. Helfer gegen die Taphier; um Kreon zur Teilnahme an dem Zuge zu bewegen, mußte A. Theben von dem unfangbaren teumessischen Fuchs, dem Kinder geopfert wurden, befreien, was ihm mit Hilfe des Hundes der Prokris, dem nie entgehen konnte, was er fangen wollte, gelang: Zeus verwandelte beide Tiere in Stein. Die Insel der Taphier konnte jedoch erst nach dem Tode des Pterelaos erobert werden, den Poseidon durch ein goldenes Haar unsterblich gemacht hatte. Seine Tochter Komaitho verliebte sich in A., zog ihrem Vater das goldene Haar aus, worauf Pterelaos starb, A. die Taphier unterwarf und Komaitho tötete. Heimgekehrt, wohnte A. der Alkmene bei, der sich zuvor Zeus genaht hatte, und zeugte den Iphikles. Er fiel später in einer Schlacht gegen den König der Minyer Erginos und wurde in Theben begraben. Von Pindar als tapfer gerühmt (Nem. 10, 13); Sophokles schrieb eine Tragödie ‹A.›. H. S.

Lit: G. M. A. Richter, A., BMM 1938, 27–28 – F. Stoeßl, A., Wachstum u. Wandlung eines poetischen Stoffes, Trivium 2, 1944, 93–117 – L. R. Shero, Alcmena and A. in ancient and modern drama, TAPhA 57, 1956, 192–240 – Ö. Lindberger, The transformations of A., Acta Univ. Stockholmiensis, Stockholm Stud. in Hist. of Lit. I, 1956.

Amphora (*ἀμφιφορεύς, ἀμφορεύς*), zweihenkliges, bauchiges Vorratsgefäß (→Vasen mit Abb.: A 1–2) für Wein, Öl, Getreide, Fische u.a. – Monumentale A.en geometrischer Zeit waren Grabmäler; sepulkral ist auch die Verwendung kleinerer A.en als Aschenurnen (→Pferdekopf-A.en). – *Typen:* Bei der geometrischen *Bauchhenkel*-A. sind die Henkel nicht zum Hals hochgeführt; bei der *Hals-A.* begleiten sie den Hals. Die von 650–450 gebräuchliche *Bauch-A.* hat keinen abgesetzten Hals. Schlanke Hals-A.en des 5. Jh.s werden nach dem Fundort →Nola *nolanisch* genannt. Gleichzeitig erscheint die *Strickhenkel-A.* Die *Spitz-A.* hat keinen Fuß, sondern steckte im Boden oder Ständer (Wein-A., bes. als Transportgefäß verwendet). Vgl. →panathen. A.en, →Lutrophoros, →Pelike, →Nikosthones. I. Sch.

Lit: Wernicke, RE 1 (1894), 1969–76 – I. Scheibler. JdI 76, 1961, 1–47 – H. Bloesch, JHS 71, 1951, 29–39 – Ders., AntK 5, 1962, 18–29.

Amphorenstempel, amtliche Signierung der Henkel von Tonkrügen, die als Behälter von billigen Lebensmitteln und Delikatessen beim Transport dienten und deren Herkunftsbestimmung deshalb Auskunft über den Handel mit diesen Waren gibt. →Wirtschaft und Handel. H. Br.

Lit: V. Grace, Stamped Amphora Handles found in 1931–32, Hesperia 3, 1934, 197–310.

Amt

A. Griech. und röm. Amt – B. Altkirchliches Amt: [1] Name und Herkunft – [2] Die charismatische Trias – [3] Die institutionelle Trias – [4] Der Sukzessionsgedanke – [5] Der niedere Klerus. – Ä. = Ämter.

A. Griechisches und römisches Amt: →Magistrate; →Griechenland IV: Staat; →Rom IV: Staat; →Athen II und zu den großen griech. Poleis; ferner unter den einzelnen Ämtern: →Archon usw.; →Konsul, →Prätor usw.

B. Das altkirchliche Amt. [1] *Begriff, Grundsätzliches.* *Κλῆρος* (clerus) bezieht sich ursprünglich vermutlich auf die in einer Kerngemeinde versammelten ‹Berufschristen›, die um ihres ‹Erbteils› im Gottesreich willen auf ihren irdischen Besitz verzichtet hatten (Apg. 1, 17, 25 f.; 2, 44 ff.; 4, 36 f.; 5, 1 ff.). Die lat. Entsprechung, ordo, bezeichnet hingegen den Vorstand bei staatlichen, kommunalen und freien Genossenschaften. Bei der Ausbildung von Form und Selbstverständnis des kirchl. A.s waren drei Leitbilder wirksam; vor allem der biblische A.sbegriff, daneben im lat. Westen das A.sbewußtsein der röm. →Magistrate, im griech. Osten das der philosophischen Lehrer (→Christentum III A 1). – In der Urgemeinde ist von Anfang an der A.sbegriff des AT lebendig, mit dem die zentrale theologische Frage, in welcher Weise Gott in der Geschichte handle, dahin beantwortet wird, daß Gott durch menschliche Stellvertreter handle, die er durch die Verleihung des Hl. Geistes auszeichne und bevollmächtige. Bei diesen ‹charismatischen› Ä.n (von *χάρισμα* = ‹Gnadengabe› sc. des Hl. Geistes) unterscheidet das am wichtigsten gewordene Gliederungsschema das triadische, das königliche, priesterliche und prophetische A. Das Kennzeichen des biblischen A.sbegriffs ist der unlösbare Zusammenhang von Geistbesitz und Amtsvollmacht. Er ist auch für die Christen der ersten Generationen charakteristisch; die ältesten Gemeinden verstehen sich wegen ihres Geistbesitzes als Gemeinden von A.strägern im Sinn des AT (daraus später die Lehre vom allgemeinen Priestertum).

[2] In Anlehnung an das triadische Schema entstehen aus den faktisch ausgeübten Funktionen die *charismatischen Ä.* des Urchristentums und heben sich mit dem ersten Zurücktreten des Enthusiasmus deutlich von der Gemeinde ab, ohne doch von ihr und voneinander wirklich scharf geschieden zu sein: die Ä. der *Apostel, Propheten* und *Lehrer;* ihre ineinander übergehenden Aufgaben haben ihren jeweiligen Schwerpunkt in der Mission, in Wortverkündigung und Gemeindeleitung, in der Schriftauslegung. Das nach dem Vorbild des AT vorgestellte A. besteht in der Stellvertretung des in der Gemeinde lebendigen Hl. Geistes; über die Formen von A.santritt und -ausübung ist wenig bekannt: früheste Belege (Ende 1. Jh.) einer Ordination mit Bekenntnisformular (1. Tim. 6, 12 f.) und Handauflegung (2. Tim. 1, 6; Act. 13, 3) deuten auf synagogalen Einfluß. – An der Grenze zwischen charismatischem und institutionellem A. stehen die ‹Witwen›, das heißt die jungfräulich lebenden, von der Gemeinde unterhaltenen weiblichen Personen, denen, angefangen mit der Armenpflege, die Ausführung von nichtliturgischen Aufgaben zukam.

[3] Als gegen Ende des 1. Jh.s der urchristl. Enthusiasmus ermattet, treten auch die charismatischen Ä. zurück; ihre Traditionen gehen auf die →Märtyrer und Bekenner über, ihre Aufgaben aber auf die längst vorhandenen *institutionellen Ä.* An der Spitze der christlichen Gemeinde steht ein Kollegium von ‹*Ältesten*› (*πρεσβύτερος* – presbyter – Priester) – wahrscheinlich nach dem Modell der jüd. Gemeinde –, dem die angesehenen Gemeindeglieder angehören. Zu den Presbytern rechnet sehr bald auch der *Bischof* (*ἐπίσκοπος* ‹Aufseher›). Die Herkunft dieses Beamten ist umstritten; nach den ältesten Quellen scheint er ursprünglich für die Durchführung der →Eucharistie-Feier verantwortlich gewesen zu sein. Als im Kampf mit der →Gnosis die Eucharistie besondere Bedeutung erhielt, fielen dem Bischof nach und nach auch die anderen leitenden Aufgaben zu. – An seiner, des ‹Leiters›, Seite finden wir sehr früh den *Diakon* (von *διάκονος*, ‹Diener›; diese Etymologie legte anscheinend nahe, daß man ihm dienende Funktion zuschrieb; doch ist das eine – wenn auch alte – Konstruktion). Auch dessen Ursprung ist dunkel; das uns geläufige Schema Bischof-Presbyter-Diakon (frühester Beleg: Briefe des →Ignatius) setzt sich erst in der 2. H. des 2. Jh.s durch und stand an manchen Orten noch länger in Frage. Die klare Ausbildung der institutionellen Trias ist eines der Kennzeichen für die Entstehung der altkatholischen Kirche. Die völlige Entwicklung des monarchischen Episkopates, in dem dem Bischof alle Aufgaben der Leitung und Repräsentation zufielen, zog sich noch etwas länger hin; sie wurde durch →Cyprian zum Abschluß gebracht. Sein Satz, daß die Einheit der Kirche in der Einheit der Bischöfe bestehe, ist ein deutlicher Ausdruck dafür.

[4] Der enge Zusammenhang von A. und Geistbesitz hat zu Ende des 1. Jh.s in Rom zu einer wichtigen Konstruktion geführt, der Vorstellung von der *apostolischen Sukzession.* Das A. erscheint dabei wie ein Ding, das von einem Träger zum andern weitergegeben werden kann. Christus hat es gestiftet und die Apostel eingesetzt, die ihrerseits geeignete Nachfolger bestimmt haben. Ursprünglich sollte auf diese Weise nur ein Streit über die A.sdauer der Presbyter entschieden und damit die Gemeindeverhältnisse stabilisiert werden (1. Clem.), aber sehr bald wurde das Prinzip der Lückenlosigkeit der A.snachfolge in einen Beweis für die Lückenlosigkeit und Reinheit der Lehrüberlieferung und damit schließlich auch für die Apostolizität der Kirche verwandelt.

[5] Neben dem eigentlichen Klerus gab es eine Reihe von *niederen Gemeinde-Ä.n* (ordines minores), deren Verhältnisse im Abendland, ausgehend von Rom, um die Mitte des 3. Jh.s geregelt wurden. Es sind die *Subdiakone*, die sich mit den Diakonen in deren Aufgaben teilten, die *Akoluthen* (*ἀκόλουθοι*, ‹Begleiter›, sc. des Bischofs), die →*Exorzisten*, denen die Behandlung und Pflege der Besessenen oblag, die *Lektoren*, die die gottesdienstlichen Lesungen vornehmen konnten, und die *Ostiarier* (Türsteher), die die Kirchengebäude bewachten. Die niederen Grade galten als Vorstufe der höheren. – Im Osten, bes. in Alexandria, haben ferner noch die *Parabolanen*, eigentlich Krankenpfleger und Totengräber, als Privatarmee der Bischöfe nicht selten bei kirchlichen Entscheidungen eine Rolle gespielt. H. Kr.

Lit: H. v. Campenhausen, Kirchl. A. u. geistl. Vollmacht in den ersten 3 Jh.en, BHTh 14, 1953.

Amun →Ammon.

Amyklai, Ort mit bereits vordorischem Heiligtum des →Hyakinthos, dann des Apollon Amyklaios (mit jährlicher Feier der Hyakinthien), beim heutigen Dorf Tsausi 5 km südl. von Sparta (Kt. 1152 C 6). Hocharchaisches Kultbild des Apollon, pfeilerartige Statue, ca. 15 m hoch, in thronartigem Umbau mit reichem Reliefschmuck, der durch →Bathykles (aus Kleinasien) um 500 v. Chr. zugefügt wurde. Aussehen des Baues noch nicht restlos geklärt, nur noch Stützmauern erhalten. E.M.

Q: Paus. 3, 18, 7–19, 5 – *Lit:* E. Fiechter, A., Der Thron des Apollon, JdI 33, 1918, 107–245 – E. Buschor-W. v. Massow, Vom Amyklaion, AM 52, 1927, 1–85 – Neuere Funde: AJA 61, 1957, 283.

Amykos, Sohn des Poseidon, König der Bebryker. Als Faustkämpfer und Erfinder des Boxhandschuhs (→caestus) forderte er jeden Fremden heraus, der in Bithynien landen wollte. Polydeukes, der mit den →Argonauten kam, besiegte ihn. Die Szene wurde in einer Komödie →Epicharms und einem Satyrspiel des →Sophokles behandelt, dann von Apoll. Rhod. 2, 1 ff.; Theokr. 22, 27 ff.; Val. Fl. 4, 99 ff.

Darstellungen: von den erhaltenen am berühmtesten die des A. und der Dioskuren auf einer frühitaliotischen Hydria in Paris (A.D. Trendall, Frühitaliotische Vasen, 1938, 35, 152) und der Ficoronischen Ciste (Q. Giglioli, L'Arte Etrusca, 1935, Taf. 285–89). Weitere Darstellungen auf einigen att. u. etrusk. Vasen (Brommer 346) sowie anderen etrusk. Denkmälern. – *Lit:* L. Marchese, StE 18, 1944, 45–81 – T. Howe, AJA 61, 1957, 341–350. K. Schb.

Amymone, Tochter des →Danaos und der Europe. Wird während einer Trockenheit von ihrem Vater bei Argos auf die Wassersuche geschickt und dabei von einem Satyr belästigt. Schenkt ihrem Retter →Poseidon ihre Liebe. Als Dank läßt er den lernäischen (amymonischen) Quell entstehen. Mutter des Nauplios, des Gründers von →Nauplia.

Darstellungen: vgl. H. Metzger, Les représentations, 1951, 301–306 – Beazley, ARV² 1721. 1730 – K. Schauenburg, AuA 10, 1961, 77–79. K. Schb.

Amyntas III., König der →Makedonen 393–370, Vater →Philipps II. Anfangs mit Olynth verbündet, wurde er 393/392 von den Illyrern vertrieben, kehrte mit thessalischer Hilfe jedoch zurück. Gegen Olynth, das den Gegenkönig Argaios unterstützte und A. 385–382 außer Landes zwang, setzte er sich mit Hilfe Spartas durch, schloß sich aber 375–373 an Athen und →Jason (4) v. Pherai an. Unter ihm gewann Makedonien wieder an innerer Geschlossenheit und damit an politischer Bedeutung. P.R.F.

Lit: F. Geyer, Makedonien bis zur Thronbesteigung Philipps II., 1930, 111 ff. – P. Cloché, Histoire de la Macédoine, 1960, 104 ff.

2. **A.,** ursprünglich Minister des →Deiotarus von Galatien, dessen Hilfskontingent er 42 v. Chr. bei Philippi auf republikanischer Seite führte und mit dem er zu den →Triumvirn (2) überging. Zum Dank machte ihn →Antonius (2) i. J. 39 zum König von →Pisidien, 36 von →Galatien und einigen Nachbarländern (Strab. 12, 567–569). Vor Actium ging er zu Octavian über, der ihn als König bestätigte (Dio 51, 2, 1). A. wurde 25 v. Chr. von aufständischen Kilikiern gefangengenommen und getötet (Strab. a. O.); Galatien wurde in den Grenzen seiner Herrschaft (außer Kilikien und Pamphylien) Provinz. D.T.

Lit: D. Magie, Rom. Rule in Asia Minor, 1950.

Amyrtaios, neben Inaros um 465 v. Chr. Führer beim Aufstand der Ägypter gegen die pers. Herrschaft. Nach Inaros' Niederlage 454 konnte er sich in den Sümpfen des westl. Deltas behaupten (Thuk. 1, 110, 2; Plut. Kim. 18). F.Kch.

2. **A.,** wohl Enkel des vorigen, Führer des Aufstandes von 404, jedoch 398 von Nepherites I. gestürzt. Der einzige König der 28. Dynastie bei →Manetho. F.Kch.

Anacharsis, nach der griech. Überlieferung skyth. Fürst des frühen 6. Jh.s v. Chr., Sohn des Gnuros, der nach Griechenland kommt und seit Hdt. 4, 76 f. Urbild des klugen →Barbaren wird, der sich positiv wie negativ mit der griech. Kultur auseinandersetzt; so auch im Kreis der →Sieben Weisen (Diog. Laert. 1, 101 f.). Wohl zu Beginn des 4. Jh.s v. Chr. ist ein ausführlicher Dialog zwischen dem kulturdurstigen und zugleich unbefangen kritischen A. mit Solon in Athen (scharfe, witzige Kritik an markanten Erscheinungen der griech. Kultur) gestaltet worden. Durch →Lukian wurde das Bild des rechtschaffenen Barbaren dem 17./18. Jh. vermittelt. Daneben hat der Hellenismus eine Briefsammlung desselben Charakters geschaffen. Nach abweichenden Traditionen hat A. gerade umgekehrt die schlichte Lebensart seines Volkes durch griech. Sitte verderben wollen. Übereinstimmend wird behauptet, er sei schließlich von seinen Landsleuten erschlagen worden. Wie weit es sich bei A. um eine echte historische Gestalt handelt, wissen wir nicht. O.G.

Lit: P. Von der Mühll, Das Alter der A.legende, Festschr. f. H. Blümner, 1914, 425–433 – F. H. Reuters, De A. epistulis, 1957.

Anachoresis (*ἀναχώρησις*), bezeichnet im hellenist. und röm. →Ägypten (II A 2) das Verlassen des Arbeitsplatzes oder des festgelegten Wohnsitzes durch einen Einzelnen oder eine Gruppe mit dem Ziel, sich den Verpflichtungen gegenüber dem Staat zu entziehen. Sie äußert sich als Flucht in Wüste und Sümpfe, in Tempel, aber auch zu Bekannten an anderen Orten und wird damit zeitweilig zur Landflucht. Als typische Reaktion der Halbhörigen schon im alten Ägypten auf staatlichen Druck, greift sie seit der Festlegung eines Leistungsortes (*ἰδία*) im 2. Jh. v. Chr. immer stärker um sich und bedingt den wirtschaftlichen Niedergang des ptolemäischen Staates mit. In röm. Zeit bedienen sich Kleinpächter und →Kolonen des gleichen Mittels, und soweit dadurch auch der Protest der Flüchtigen gegen die Arbeitsbedingungen zum Ausdruck kommt, nähert sich die A. dem →Streik. H.Br.

Lit: V. Martin, Les papyrus et l'histoire administrative de l'Egypte gréco-romaine, Münch. Beitr. z. Pap.-Forschg. u. antik. Rechtsgeschichte 19, 1933, 102–165 – H. Braunert, *ΙΔΙΑ*, Journal of Juristic Papyrology 9/10, 1955/56, 211–328 – H. Henne, Documents et travaux sur l'a., Mitt. a. d. Pap.-Sammlg. d. Österr. Nat.-Bibl., N.S. 5, 1956, 59–66 – H. Braunert, Die Binnenwanderung, 1964.

Anachoreten, auch →Eremiten genannt: im ausgehenden 3. und beginnenden 4. Jh. haben sich zwei Formen des →Mönchtums entwickelt: zunächst die Anachorese (von *ἀναχωρεῖν* = sich zurückziehen; vgl. →Antonius), sodann das Klosterleben (→Kloster). B.L.

Lit: RGG IV 1073 f.

Anadiplose (*ἀναδίπλωσις*, reduplicatio: Aquila rhet. 32), ‹Verdoppelung›, rhetor. →Wortfigur; Wiederholung des letzten Glieds einer Wortgruppe zu Beginn der nächsten, bes. gern in der Dichtung (oft an der Versgrenze) angewandt. *Bsp.:* Ov. met. 6, 376: ‹*quamvis sint sub aqua, sub aqua maledicere temptant.* →Klimax, →Epanalepse. H.H.

Lit: Volkmann, 466 f. 471 f. – Lausberg, I 314 f.

Anadumenos, Bezeichnung der Kunstschriftstellerei für einen sich mit der Siegerbinde bekränzenden Jüngling. Paus. 6, 4, 5 erwähnt in Olympia einen A. des Phidias (eine vielleicht auch in Kopien nachweisbare Siegerstatue), so genannt vielleicht zum Unterschied einer in einem ähnlichen Motiv überlieferten und als →Diadumenos bezeichneten Statue des →Polyklet. E.Bg.

Lit: L. Rocchetti, EAA I, 1958, 338.

Anagnia, Stadt der Herniker in Latium (Kt. 1420 a; heute Anagni), seit 306 röm. Reste der Stadtmauer aus Travertinquadern und kaiserzeitlichen Thermen erhalten. B.A.

Lit: Zappasodi, Anagni attraverso i secoli, 1908 – G. Cressedi, EAA I, 1958, 338.

Anagnorisis. Als A. bezeichnet man in der →Tragödie den Umschlag (*μεταβολή*) des Nichtwissens eines Spielers ins Wissen. In seiner ausgeprägtesten Form ist dieses Erkennen das Erkennen einer anderen Person: ein vermeintlicher Feind wird als Freund erkannt oder umgekehrt. Dabei ist entweder nur ein Partner zunächst unwissend (so gegenüber einem Toten: Soph. OT; Eur. Herakles, Bakch.) oder beide (Soph. El.; Eur. Iph. Taur., Ion). Die wirkungsvollste A. ist die, die mit der →Peripetie zusammenfällt (Aristot. poet. 11. 1452 a 29–b 8). E.-R.Sch.

Anagnostes (von ἀναγιγνώσκειν, lesen), Sklave, der vor (Plin. epist. 3, 1, 8) oder bei Tisch (Nep. Att. 14, 1; Suet. Aug. 78, 2) vorlas. W.K.

Anagraphe von Lindos, Inschrift, 1904 gefunden; nur die obere Hälfte des in zwei Teile zerbrochenen Steins gut erhalten (s. Blinkenberg). Eigentlicher Verfasser wohl → Timachidas (der Grammatiker?). Aufgezeichnet auf Grund eines Volksbeschlusses, 99 v. Chr.: Weihungen an die Athena Lindia und Epiphanien der Göttin; mit Zitaten z. T. sonst unbekannter Autoren über Rhodos (FGrHist 509 ff.). W. Sp.

Frg: FGrHist 532 – Blinkenberg (1912), 1941[3] – *Lit:* K. Ziegler, RE 6 A (1937), 1052–60 – R. Van Compernolle, Etude de chronologie et d'historiographie siciliotes, 1959, 393 ff. – Vgl. zu → Geschichtsschreibung I B 5.

Anāhitā (im Awesta, Yasht 5, Ardvīsūrā A., griech. Ἀναῖτις, Περσία Ἄρτεμις u. ä., auch Ταυρική), ostiran. Göttin des Wassers, der Fruchtbarkeit, auch des Krieges und Himmelsgöttin. Aus der altiran. Volksreligion stammend, wird sie von den → Medern verehrt, tritt bei den → Persern unter dem Einfluß → Zarathustras zurück; mit seiner Lehre in Einklang gebracht, lebt ihr Kult (Einzelheiten Strab. 15, 3, 15; Paus. 5, 27, 5 f.) wieder auf (Artaxerxes II.: Berosos FGrHist 680 F 11) und dringt nach Assyrien, Armenien (Tempelprostitution), Pontos, Kappadokien und bes. Lydien (Münzen mit Darstellung, Weih- und Sühneinschriften: Suppl. EG 4, 647–52; Spiele nach griech. Art in Hypapeia, Hierokaisareia, Philadelpheia); noch die frühsassanidischen Könige pflegen ihn. C. J. C.

Lit: Nilsson II 672 ff. (Lit).

Anaklasis, Austausch von einem longum und breve (oder anceps), etwa beim → Anaklomenon, beim Ersatz von Jamben ('×–'∪–) durch Choriamben ('–∪'∪–) u. dgl. B. Sn.

Anaklōmenon (ἀνακλώμενον), ein ‹reflektiertes› Metron, d. i. ein → Ionischer Dimeter (∪∪–'–∪'∪––), bei dem ein langes und ein kurzes Element ausgetauscht werden: ∪∪–∪–∪–– (Anakreontēus). Vgl. → Galliambus. B. Sn.

Anakoluth (λέξις ἀνακολούθως ἔχουσα: Schol. Hom. Il. 2, 469; anacoluthon), das ‹Nichtdurchführen› der begonnenen Satzkonstruktion, sei es durch plötzliches Abbrechen mitten im Satz (→ Ellipse) oder durch Übergang in eine andere Konstruktion (s. auch → Metabolē). Diese Erscheinung begegnet in lebendiger Rede häufig (z. B. bei Platon) und sollte, maßvoll angewendet, nicht als Verstoß gegen die → Aretē der Deutlichkeit gewertet werden (→ Soloecismus). Sie kommt aber auch als bewußt angewandtes rhetor. Kunstmittel vor und dient dann der absichtlichen Steigerung des → Pathos der Rede. → Aposiopēse. H. H.

Lit: Volkmann, 564 – Lausberg, I 274. 459 – L. Reinhard, Die A.e bei Platon, 1920.

Anakreon, → Lyriker, von Teos, Mitte 6. Jh. [1] Mit vielen seiner Landsleute verließ A. unter dem Druck der Perser seine Heimat und ging nach Abdera (ca. 545). Später lebte er längere Zeit auf Samos am Hof des → Polykrates; nach dessen Sturz holte ihn der Peisistratide → Hipparchos (1) nach Athen; sein Schicksal nach dessen Tod (514) ist nicht bekannt. Nach der Tradition soll er ein Alter von 85 Jahren erreicht haben. Was an biographischen Einzelzügen überliefert wird, sind Anekdoten, die oft aus Stellen seiner Gedichte herausgesponnen sein werden.

[2] *Werke.* Die Alexandriner gaben seine Lieder in 5 Büchern heraus; wir haben Zitate aus 3 Büchern mit lyrischen Maßen, dazu je eines aus Iamben und Elegien. Papyrusfunde (erst aus jüngster Zeit) sind nicht zahlreich (Fr. 1. 2 P.). Von den 14 Epigrammen sind mindestens 4 unecht. – A. ist hauptsächlich ein Dichter kultivierten Lebensgenusses; seine *Themen* sind vorwiegend die Liebe und das Gelage. Er empfiehlt mäßigen Weingenuß, lautes und wüstes Treiben ist ihm zuwider, auch sollen zum vollen Becher keine Kriegslieder erklingen. Seine Liebeslieder wenden sich gleichmäßig an schöne Knaben wie an Frauen; sie sind durchaus nicht leidenschaftlich, sondern voll spielerischer Anmut, Ausdruck einer kultivierten Gesellschaft, in der Leichtigkeit, Eleganz und ein gewisses Maß Selbstironie zum guten Ton gehören. Er kennt auch beißenden Spott, so in einem Gedicht auf einen Emporkömmling (Fr. 43 P.), und hat auch sonst mit Schimpfwörtern nicht gespart. Derartiges muß nicht auf persönlicher Feindschaft beruhen: Spott auf Außenseiter gehört ebenfalls zur gesellschaftlichen Unterhaltung. Persönliches spricht am meisten aus einem Gedicht (Fr. 50 P.), in dem er recht realistisch sich selbst als alten Mann schildert und offen seine Todesfurcht bekennt. Mit politischen Ereignissen befaßt er sich nur selten. – *Metrik und Strophenbau* sind einfacher und einförmiger als bei → Sappho und → Alkaios. Neben äolischen und ionischen Versen benutzt er Iamben, Trochäen, einige Asynarteten und Epoden nach dem Vorbild des → Archilochos. → Kritias widmete ihm ein Lobgedicht (Fr. 8 D.).

[3] *Nachleben.* Beeinflußt von ihm zeigt sich bes. die → Hellenist. Dichtung, → Theokrit (eid. 15), → Kallimachos in den Epigrammen und Galliamben, bes. aber die Dichter der → Anthologie. Er wurde in den Lyrikerkanon aufgenommen. Seit der späthellenist. bis in die byzantin. Zeit blühte eine Poesie (griech. und lat.) im anakreontischen Stil, anspruchslose Gedichte in einfachen, ständig wiederholten Versen über Liebe und Wein, Frühling und Hochzeit u. ä., aber auch christl. Inhalts. In den sog. ‹*Anakreonteen*› (s. u.) spiegelt sich das falsche Bild von A. als dem ständig wein- und liebetrunkenen Dichter, das uns bereits in den Epigrammen der Anthologia Palatina entgegentritt; da man die Anakreonteen seit → Gellius (19, 9) für echt hielt, haben sie bis in späte Zeit (deutsche Anakreontik; Goethe; Mörike) das Bild von A. bestimmt.

Frg: PMelGr 172 ff. – *Bildnisse:* → Anhang I. E.-M. V.

Anakreonteen, Gedichte im Stil des ionischen Dichters → Anakreon. Insbesondere bezeichnet man so eine als Anhang der → Anthologia Palatina erhaltene kleine Sammlung von etwa 60 aus verschiedener Zeit stammenden Gedichten, die in spielerischer Weise Wein und Liebe besingen. Von starker Wirkung vor allem im Frankreich des 16. (Übersetzungen von Ronsard und Rémy Belleau) und im Deutschland des 18. Jh.s (Hagedorn, Gleim, Uz, Götz, J. G. Jacobi u. a.). E. V.

Ed: K. Preisendanz, Carmina Anacreontea, BT 1912 – J. M. Edmonds, Elegy and Iambus II, LCL, 1931 – *Lit:* F. Ausfeld, Die deutsche anakreontische Dichtung des 18. Jh.s, Diss. Straßburg 1907 (zur Nachwirkung).

Anakreontēus, anaklastischer ionischer Dimeter, → Anaklomenon. B. Sn.

Anaktoron, eigentlich ‹Herrenhaus›, als Allerheiligstes dienendes Gemach in den Mysterientempeln von → Eleusis und → Samothrake.

Analemma (ἀνάλημμα, ‹Aufnahme›, ‹Aufriß›), geometrisch-mechanisches Verfahren zur Projektion der Schatten- und Stundenlinien auf die verschiedenartigen Auffangflächen von Sonnenuhren. Eine Spezialschrift über das A. schrieb → Ptolemaios (17) nach älteren Quellen (→ Eudoxos (1)?, → Apollonios (15)?, vgl. → Arachne), die auch der (unvollständigen) Beschreibung der Konstruktion bei Vitruv (9, 7) zugrunde lagen. → Uhren. F. Kr.

Analogia. [1] In der *Mathematik:* Gleichheit von Verhältnissen. Vier Größen oder Zahlen heißen ἀνάλογον, wenn a : b = c : d. Vgl. auch → Proportionenlehre, → Logos. H. G.

[2] Als *heuristisches Prinzip* war das Verhältnis der A. im griechischen Denken von hervorragender Bedeutung. Schon im homerischen → Gleichnis, das Fernes durch Nahvertrautes, Unüberschaubares durch Überschaubares einsichtig macht, ist ein Verfahren der A. angelegt. Davon ausgehend entsteht bei den → Vorsokratikern eine offenbar reichlich geübte Methode, kosmische und meteorische, aber auch physiologische Erscheinungen mit Hilfe von A. zu erklären. Beispiele: die Erde ruht auf dem Urwasser wie ein Schiff auf dem Meer (→ Thales), der Blitz ist das Auf-

leuchten der Wolke, wenn sie mit Gewalt zerschnitten wird, so wie das Meer aufleuchtet, wenn es vom Ruder zerschnitten wird (→ Anaximenes (2) von Milet), das im Auge geborgene Feuer ist wie das Feuer in einer Lampe (→ Empedokles).

[3] Für sich steht die Methode der → Sokratik, die das überschaubare und klar analysierbare handwerkliche Tun (→ Techne) als A. sowohl zum ethischen Handeln des Menschen wie auch vor allem zum kosmischen Handeln der Gottheit benutzt. Ungeheuer folgenreich ist die A. des Weltlenkers mit einem Handwerker (→ Demiurg) geworden, teils durch → Xenophon (1; mem. 1, 4), teils und bes. durch → Platons Timaios (vgl. → Kosmologie). Der Welthandwerker fabriziert den Kosmos aus dem vergänglichen Stoff, hinblickend auf das unvergängliche Urbild, so wie der Handwerker seinen Stoff formt im Blick auf die ihm geistig vorschwebende Gestalt (Tim. 28 A ff.). – → Aristoteles ersetzt gewissermaßen den göttlichen Handwerker durch die handwerklich tätige Natur. Die A. zwischen dem Wirken der Natur und dem zielgerichteten, methodischen Vorgehen handwerklicher Arbeit ist ein Fundamentalgedanke seiner Biologie und wird mit allen Konsequenzen durchgeführt. Diese A. zwischen Natur (*φύσις*) und Kunst (*τέχνη*) hat freilich nicht mehr nur Gleichnischarakter: menschliche Kunst ist faktisch-geschichtlich Nachahmerin der Natur. – Die Stoiker haben diese Gedanken Platons und des Aristoteles in weitem Umfange aufgenommen. – Die A. vorsokratischen Typs tritt bei Aristoteles selbst stark zurück, scheint aber bei Poseidonios wiederaufgenommen zu sein, wie bes. → Senecas (2) Quaestiones naturales zeigen.

[4] Schon vorphilosophisch, dann vorsokratisch ist ein weiterer Typus der A., worin die großen Seinsbereiche strukturell miteinander parallelisiert werden. Kosmos – Staat – menschliche Seele – menschlicher Körper werden auf die mannigfachste Weise zueinander geordnet: die A. kann laufen zwischen Kosmos und Staat (→ Heraklit, später Stoa), Kosmos und Mensch (der Kosmos als beseelter Körper, der Mensch als ‹kleiner Kosmos› bei Demokrit), Staat und Mensch (der Staat als lebendiger Organismus, die Ordnung der menschlichen Seele eine staatliche Ordnung in Platons Politeia), Seele und Körper (das Erkennen in A. zum Sehen, die Tugendhaftigkeit in A. zur physischen Gesundheit, bes. bei der Stoa). O.G.

Lit: O. Regenbogen, Eine Forschungsmethode antiker Naturwiss. (1930), in: Kleine Schriften, 1961, 141–194.

[5] In der *Grammatik* (*ἀναλογία*, proportio): Von der Mathematik übernahmen den Begriff der A. auch die alexandrinischen Grammatiker, um ähnliche Proportionen in der Formenlehre (Rand : Randes : Ränder = Land : Landes : Länder) und Wortbildung (Wahl : wählen = Zahl : zählen) zu bezeichnen. Vor allem die Formenlehre faßten sie als ein System von A.n auf; daher heißen Schriften darüber auch ‹Über A.›. Da nun Wörter mit gleichem Nom. Sing. in den obliquen Kasus voneinander abweichen konnten, waren die Grammatiker bemüht, die Gruppen gleich flektierender Wörter durch Regeln abzugrenzen und zugleich die Ausnahmen festzustellen (→ Grammatik B 3). Bei → Varro (1), der sich auf → Aristarch (2) und → Krates (4) v. Mallos beruft, sind A. und → Anomalie Schlagwörter für die Forderung bzw. Bestreitung einer allgemeinen Regelmäßigkeit in der Sprache. – Der Streit zwischen A. und Anomalie griff auch auf die Rhetorik über (→ Rhetorik B,2). Z. B. neigt die → Rhetorik an Herennius zur Anwendung der A., während Cicero (Or. 155–162) und Quintilian (Inst. or. 1,6) auch der Anomalie Rechnung tragen. D.F.

Lit: H. Dahlmann, Varro u. d. hellenist. Sprachtheorie, Problemata 5, 1935 – D. Fehling, Varro u. d. gramm. Lehre von der A. u. d. Flexion, Glotta 35, 1956, 214–270; 36, 1957, 48–100 – Sprachwiss. Wörterbuch, hg. v. J. Knobloch, 1963 – E. Norden, Die antike Kunstprosa I (1898), 1958⁵, 184–194 – H. Lausberg, Hb. der liter. Rhetorik I, 1960, 1254f. – Kennedy, Persuasion, 296f. – K. Barwick, Probleme der stoischen Sprachlehre und Rhetorik, Abh. Leipzig 49,3, 1957, 80ff. – A. Dihle, A. und Attizismus, Hermes 85, 1957, 170–205.

[6] In der *Sprachwissenschaft* gilt die A. als wichtigstes Prinzip, nach dem neue Wörter und Formen gebildet werden; z. B. wurde im Latein das alte, als unregelmäßig empfundene Neutrum *femur feminis*, ‹Oberschenkel› (→ Indogermanisch, 4) nach *rōbur rōboris* durch *femur femoris*, ebenso *honōs honōrem* (lautgesetzlich aus **honōsem* entstanden, → Rhotazismus) nach *victor victōrem* durch *honor honōrem* ersetzt. E.R.

Anamnesis (*ἀνάμνησις*), Wieder-Erinnerung: Verfahren, wodurch eine frühere Erkenntnis ins Bewußtsein zurückgerufen wird. Die Erwerbung von Wissen wird bei Platon (vgl. bes. Men., Phaid.) als die Erinnerung an ein vorgeburtliches Wissen (Erkenntnis der Ideen) dargestellt. Für Aristoteles ist die A. das absichtliche Zurückrufen einer Erinnerung. Augustin (mag.) nimmt die A.-Lehre in abgewandelter Form wieder auf. → Erkenntnistheorie. S.M.

Lit: A. Lion, A., 1935 – G. Rovella, Memoria e ricordo in Platone e S. Agostino, Sophia 21, 1953, 107–111.

Ananios, → Lyriker, unbekannter Herkunft und Heimat, Ionier, 6. Jh. v. Chr. Erhalten nur wenige kurze Fragmente in hinkenden und geraden Iamben, die z. T. an → Hipponax erinnern, und ein ‹Küchenkalender› in Hinktrochäen.

Frg: Anth. Lyr.³ 3, 119f. E.-M. V

Anapäst (*ἀνάπαιστος*), Metron der Form ⏑⏑–⏑⏑–|, mit den Variationen ⏔⏕⏑⏑⏕|, das einzige Versmaß im Griechischen, das einen festen → Takt hat und deshalb zum Marschieren gesungen werden kann (Spartanische Soldatenlieder Fr. 856f. Page). Im Drama gibt es neben den rezitierten *Marsch-A.* die etwas freier gebauten ‹*Klage-A.*›. Abschluß anapästischer Reihen ist der → katalektische anapästische Dimeter ⏔⏕⏔⏕⏔–– (→ Parömiakus). – Über das Verbot des ‹zerrissenen Anapästs› → Trimeter. B.Sn.

Lit: U. v. Wilamowitz, Griech. Verskunst, 1921, 366–375 – B. Snell, Griech. Metrik (1955), 1962³, 23ff.

Anapher, (*ἐπ*)*αναφορά*, repetitio (Rhet. Her. 4, 19), rhetor. → Wortfigur; mehrfache Wiederholung des Anfangs eines Satzes oder Satzteils, gelegentlich auch mit geringen Varianten. *Bsp.*: 1. Kor. 13, 4ff.: «Die Liebe ist langmütig, die L. ist freundlich, sie eifert nicht, die L. prahlt nicht ...». Die längste, 28gliedrige A. steht im Pred. Sal. 3, 2–8. – Vgl. auch → Epipher, → Traductio. H.H.

Lit: Volkmann, 467–469 – Lausberg, I 318–320.

Anaritius → Al-Nariizi.

Anas (heute Guadiana), Fluß im SW → Spaniens, durchfloß das alte Gebiet von → Tartessos; in seinem Unterlauf Grenze zwischen den Provinzen → Baetica und → Lusitania. J.M.d.M.

Lit: A. Schulten, Iber. Landeskunde, 1955, 338–340.

Anastasius I. (Flavius A.), röm. Kaiser 491–518, geb. ca. 431 in Dyrrhachium, gest. 1. 7. 518 in Konstantinopel. Im Hofdienst unter → Zenon (1) aufgestiegen und von der Kaiserinwitwe Ariadne begünstigt, wurde A. am 11. 4. 491 zum Augustus ausgerufen. Mit Ariadne verheiratet, konnte sich A. gegen Aufstände und im Kirchenkampf behaupten. Kriege gegen Perser und Bulgaren kennzeichnen seine Regierung. H.-J.D.

Anastrophe (*ἀναστροφή*, reversio: Quint. inst. 8, 6, 65, vgl. Rhet. Her. 4, 44), ‹Umkehrung› der Reihenfolge zweier beieinanderstehender Wörter; gramm. t. t. für Nachstellung des regierenden Wortes (bes. der Präposition) hinter das regierte unter gleichzeitiger Zurückziehung des Akzentes (z. B. *λίθου ὕπο* statt *ὑπὸ λίθου*) und rhetor. → Wortfigur, Entsprechung zur → Sinnfigur des → Hysteron proteron. *Bsp.*: *mecum, secum, nobiscum* usw., *quibus de rebus* u. ä.; ‹Christi Leiden› statt ‹Leiden Christi›. H.H.

Lit: Lausberg, I 355f.; Elemente², 109.

ʿAnat, kanaanäische Göttin der Fruchtbarkeit und des Krieges, deren Kult seit Beginn des 2. Jt.s nachweisbar und bes. durch Texte aus → Ugarit, auch durch Orts- und Per-

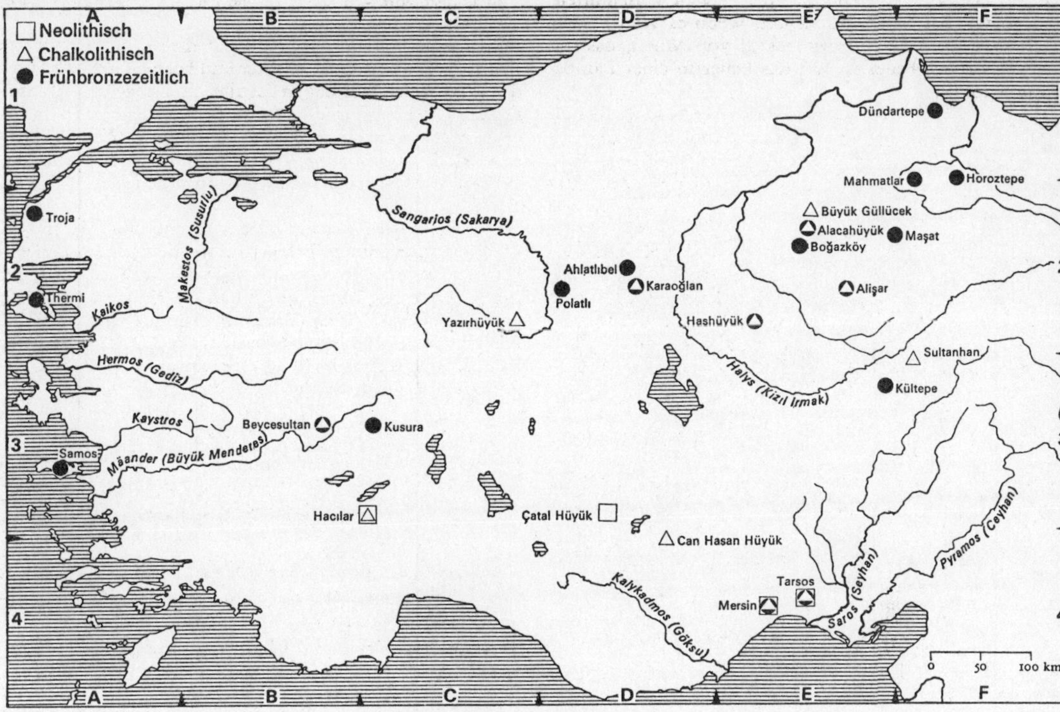

Abb. 6 Prähistorische Funde in Anatolien

sonennamen im AT, Götternamen der →Elephantine-Texte und Angaben aus aramäischem Sprachgebiet (→Palmyra) belegt ist. In Ugarit gilt A. als Schwester (auch Gattin? und Witwe?) des →Baal, dessen Tod sie an →Mōt rächt. In Ägypten ist A. seit den →Hyksos bekannt, vermischt sich jedoch wie im semit. Bereich mit anderen Fruchtbarkeitsgöttinnen (→Hathor) und verliert ihren selbständigen Charakter. G.Wn.

Lit: WbMythol I 235–241 – U. Cassuto, The Goddess Anath (neuhebr.), 1950 – M.-Th. Barrelet, Les déesses armées et ailées, Syria 32, 1955, 222–260 – H. Cazelles, L'hymne ugaritique à Anath, ebd. 33, 1956, 49–57 – M.-Th. Barrelet, Deux déesses syro-phéniciennes sur un bronze du Louvre, ebd. 35, 1958, 27–44.

Anathyrosis, Anschlußfläche von Werkstücken mit plan geglättetem äußerem Saum, →Architektur I B (Abb. 12).

Anatolien. Die Prähistorie (bis z. Beginn d. 2. Jt.s) ist noch ungleichmäßig erforscht. Altsteinzeitliche Funde, die bis ins Altpaläolithikum zurückreichen, sind bekannt vom mittleren Hochland und aus Kilikien (Aufsammlungen) sowie aus Höhlen bei Antalya und im Hatay. Präkeramisches Neolithikum wurde erstmals in Hacılar nachgewiesen, keramikführendes Neolithikum ist selten (→Çatal Hüyük, mit Wandmalereien; →Mersin). Darauf folgt ein langdauerndes Chalkolithikum, anfangs mit Buntkeramik (Mersin, →Tarsos; Hacılar, Can Hasan Hüyük), später mit monochromer Tonware (Mersin, Tarsos; →Beycesultan, Fundstellen an der Westküste, Kumtepe; mittleres und nordöstliches Hochland: Yazırhüyük, Karaoğlan, Hashüyük, →Alacahüyük, Büyük Güllücek, →Alişar, Sultanhan, Horoztepe, Dündartepe, Karaz). Bruchlos folgt die vielgestaltige Frühe Bronzezeit, die an den Küsten der Ägäis um 1900 v. Chr., auf dem Hochland und in Kilikien etwas früher und häufig mit Zerstörungsspuren endet. Verbindende Elemente sind erste stadtartige, meist befestigte Siedlungen (→Troja, Poliochni/Lemnos, Thermi/Lesbos, Emporion/Chios, →Samos, Beycesultan, Kusura, Polatlı, Karaoğlan, Ahlatlıbel, Hashüyük, →Boğazköy, Alacahüyük, Alişar, →Kültepe, Maşat, Horoztepe, Dündartepe, Karaz, Mersin, Tarsos) und die hochentwickelte Toreutik (in Hort- und Grabfunden: Troja, ‹Troas›, Dorak [?], Poliochni, Alacahüyük, Horoztepe, Mahmatlar); ihre Werkstätten werden in Nordwest- und Ostanatolien vermutet. In Keramik und Idolplastik lassen sich mehrere Gruppen unterscheiden; auffallend sind Verbindungen zwischen Kilikien und der Troas. Die Töpferscheibe bürgert sich in Kilikien und an der Westküste, später erst im Hochland ein. Am Ende dieser Periode werden Einflüsse aus Mesopotamien und Syrien in Kappadokien fühlbar; sie münden in die altassyr. Handelskolonien in Kappadokien (19./18. Jh., →Kaneš), die die ältesten Tontafeln Kleinasiens (sog. ‹Kappadokische Tontafeln›) geliefert haben. Diese enthalten schon vereinzelt hethitische Sprachreste. Vgl. →Hethiter, →Churriter, →Kleinasien, →Phrygien, →Lydien; →Mesopot. Reiche. F.F.

Lit: K. Bittel, Prähist. Forschung in Kleinasien, 1934 – M. Pfannenstiel, Die altsteinzeitl. Kulturen Anatoliens, 1941 – K. Bittel, Grundzüge der Vor- und Frühgesch. Kleinasiens (1945), 1950² – Ders., Zur Chronologie der anatol. Frühkulturen, in: Reinecke-Festschr. 1950 13–24 – Ders., Beitrag zur Kenntnis anatolischer Metallgefäße der zweiten Hälfte des 3. Jh.s v. Chr., Jd. I 74, 1959, 1–34 – J. Mellaart in: Anatolian Studies 8 ff., 1958 ff., passim – W. Orthmann, Die Keramik der Frühen Bronzezeit aus Inneranatolien, 1963.

Anatolios, →Mathematiker, Lehrer der aristotelischen Philosophie in Alexandria, 269 Bischof von Laodikeia. Erhalten sind Teile aus einem Werk des A. über →Arithmetik (über die Zahlen 1–10), ferner Stücke aus einem Werk über Wesen und Einteilung der Mathematik. H.G.

Frg: J. L. Heiberg, Congrès d'histoire des sciences, 1909, 27–57 (Arithm., mit franz. Übers. von P. Tannery) – P. Tannery, MAL 3, 1915, 12–31 (Arithm.) – J. L. Heiberg, Heronausgabe IV, 1912, 161 bis 169 (Eint. d. Math.) – *Lit:* Sarton I 337.

Anax. [1] Im Epos häufig Titel des Königs Agamemnon; vielleicht schon mykenisch (→Kret.-myk. Kultur E 1).

[2] *Religionsgeschichtlich.* Bei Homer wird der Titel A. mehreren Göttern, vor allem dem →Zeus, beigelegt (dagegen ist Basileus nie Göttertitel). Schützende Gottheiten, vor allem die →Dioskuren, aber auch die →Kabiren, →Ku-

reten u. a., werden zusammenfassend im Plural *ἄνακες* oder *ἄνακτες* benannt. K.-H.R.

Lit: B. Hemberg, *Ἄ.*, *Ἄνασσα* und *Ἄνακες* als Götternamen, 1955.

Anaxagoras von Klazomenai, bedeutender ionischer Naturphilosoph, ca. 500–425 (→ Vorsokratiker). A. kommt um 460 nach Athen, wird Freund des → Perikles und → Euripides, führt die Naturphilosophie in Athen ein, wird um 430 wegen seiner astronomischen Theorien der Gottlosigkeit angeklagt, muß Athen verlassen und stirbt in Lampsakos. Als ‹Sophist› wird er von der → Sokratik, bes. → Aischines (1), bekämpft, gegen seine Lehren im einzelnen wendet sich → Demokrit, während → Aristoteles ihn hochschätzt. Die Biographie stilisiert ihn vielfach zu einem der ersten Vertreter der wissenschaftlichen Lebensform (*βίος θεωρητικός*). – Die Lehre ist eine kühne Synthese ionischer Naturphilosophie und der Ontologie des → Parmenides. Was existiert, ist seiend, also im strengen Sinne unveränderlich. Was uns als Veränderung, Wachstum, Verfall erscheint, ist in Wahrheit lediglich Umschichtung, Verbindung und Trennung der unzerstörbaren Seinspartikeln. In ihnen ist die Totalität des erfahrbaren Seins bereits enthalten. Wenn also niemals ‹Haar aus Nicht-Haar und Fleisch aus Nicht-Fleisch› entstehen kann, so folgt, daß schon im Brot, das wir genießen, Partikeln von Haar und Fleisch enthalten sind usw. Gegen diese These des A., wonach die (von Aristoteles ‹Homöomerien› genannten) Seinspartikeln selbst alle Sinnesqualitäten besitzen, wendet sich Demokrit, der seinen Seinspartikeln ausschließlich geometrische Eigenschaften zubilligt. Von Parmenides übernimmt A. auch den das Sein erkennenden Geist (*νοῦς*), setzt aber neben dem Geist im Menschen auch einen solchen im Weltganzen an, der die grenzenlose Gesamtmasse der Seinspartikeln erkennt und ursprünglich in Bewegung gesetzt hat, in gewissem Umfang also Urheber und Gestalter unseres Kosmos ist. Diese Lehre hat → Platon wie Aristoteles stark beeinflußt, wenn auch beide konstatiert haben, daß A. in der Verwendung des Nūs nicht folgerichtig genug gewesen sei (Plat. Phaid. 97 B ff., Aristot. metaph. A 4. 985 a 18 ff.). Bemerkenswert ist, daß A. es vermieden hat, den Nūs geradezu Gott zu nennen. – Seine → Meteorologie hat einen deutlich aufklärerischen Zug. Aus einem Meteorfall folgert er, daß die Gestirne Steinklumpen seien, die die schnelle Bewegung zum Glühen gebracht habe; zu Beginn des Peloponnesischen Krieges soll er den abergläubischen Athenern eine natürliche Erklärung der Sonnenfinsternis gegeben haben. – Markant ist schließlich sein Interesse an Physiologie und Erkenntnistheorie. O.G.

Frg: VS II 5–44. – *Bildnisse* → Anhang I.

Anaxandrides, aus Rhodos oder aus Kolophon, Dichter der mittleren → Komödie (I C). Soll wie → Araros und → Eubulos 376 erstmals aufgeführt, dazu 348 an → Philipps Feier nach der Einnahme von Olynth teilgenommen haben. A. war sehr erfolgreich, siegte dreimal an Dionysien, siebenmal an Lenäen und erhielt dazu zweite, dritte, vierte Preise. Er soll 65 Stücke geschrieben haben und auch mit einem → Dithyrambos aufgetreten sein. 42 Titel sind bekannt, darunter fünfzehn mythologische (Göttergeburten wie → Antiphanes u. a.), sechs Typen des Alltagslebens und der beruflichen Sphäre, fünf Charaktertypen; wie bei → Alkaios (2) und Deinolochos auch eine ‹Komodotragodia›. A. soll als erster Komiker Liebesgeschichten und Vergewaltigungen behandelt haben. Als einziger Dichter der mittleren Komödie wird er mehrmals von → Aristoteles zitiert. → Chamaileon überlieferte einige biographische Details von ihm. Th.G.

Frg: FAttCom II 42–81.

Anaxarchos von Abdera, ca. 380–ca. 320 v. Chr., Demokriteer, nahm in der Umgebung → Alexanders d. Gr. an dem Feldzug nach Asien und Indien teil, wo er mit → Pyrrhon von Elis, der als sein Schüler galt, zusammen durch Dolmetscher mit den von den Griechen → Gymnosophisten genannten ind. Philosophen zu diskutieren versuchte. In der peripatetischen Überlieferung, die ihn mit → Kallisthenes kontrastiert, wird er – offenbar nicht zutreffend – als Schmeichler bezeichnet. Er knüpfte an die Ethik Demokrits an, ersetzte dessen Prinzipien der *ἀθαμβίη* und *εὐθυμίη* aber durch die der *ἀπάθεια* (Unempfindlichkeit) und *εὐκολία* (Anspruchslosigkeit). Er bewährte seine Standhaftigkeit, als Nikokreon von Cypern ihn in höherem Alter unter Martern hinrichten ließ. K.v.F.

Frg: VS 72.

Anaxilas, stürzte Sommer 494 die Oligarchie in Rhegion und regierte als Tyrann. 490/489 nahm er Zankle (Messana) ein. A. heiratete Kydippe, Tochter des → Terillos von Himera; nach der Vertreibung des Terillos durch → Theron (kurz vor 480) suchte A. die Unterstützung Karthagos, bis ihm die Katastrophe von Himera (→ Gelon) die Hoffnung, seine Macht nach Westen auszudehnen, nahm. Er verheiratete darauf seine Tochter mit → Hieron I. v. Syrakus. Als er jedoch 477/476 Lokri angriff, schritt Syrakus ein. A. starb 476/475; er hinterließ zwei kleine Kinder unter der Regentschaft des Mikythos. R.V.C.

Q: Hdt. 6, 23; 7, 165; Thuk. 6, 4, 6; Aristot. pol. 5, 10. 1316a 38; Fr. 568 R.; Diod. 11, 48, 2; Strab. 6, 1, 6, 257; Paus. 4, 23, 6 ff.; Schol. zu Pind. Pyth. 1, 99; 112 – *Lit:* G. Vallet, Rhégion et Zancle, 1958, 336 bis 377 – R. Van Compernolle, Et. de chron. et d'histor. sic., 1960, 290–307 C., 445–447.

2\. **A.** (auch Anaxilaos), Dichter der mittleren → Komödie (I C); dem Namen nach dorischer Herkunft. Zeit: er verspottete in seiner ‹Kirke› → Platon und, wie → Eubulos (2) und → Antiphanes (1), die Hetäre Neottis als Titelheldin eines Stückes. Von 20 bekannten Titeln sind sechs → Mythentravestien, neun Typen des Alltagslebens. Ein ‹Monotropos› (‹Eigenbrötler›, in der Nachfolge des → Phrynichos (3) wohl vor → Menanders ‹Dyskolos›) gibt Charakterkomödie. Th.G.

Frg: FAttCom II 332–347.

Anaximander von Milet, ionischer Naturphilosoph, ca. 610–540 (→ Vorsokratiker). A. ist der erste, dessen Buch sich bis ins 2. Jh. v. Chr. erhalten und → Aristoteles, → Theophrast, → Eudemos (3), → Eratosthenes und → Apollodor (3) v. Athen (FGrHist 244 F 29) noch vorgelegen hat. So sind als Zitate eine Reihe von Begriffen erhalten, die zeigen, daß A. bei aller Distanz vom Mythos mythisierende Wendungen nicht gescheut und manche Phänomene in Anlehnung an homerische Gleichnistechnik durch sinnfällige Vergleiche erläutert hat. – Zentralbegriff ist ‹das Unbegrenzte› (*τὸ ἄπειρον*), eine Explikation des hesiodischen Chaos als Ursprung (*ἀρχή*) aller Dinge. Aus dem in dauernder Bewegung befindlichen Unbegrenzten trennen sich das Warme und Kalte als Feuer und Luft ab. Um die Erde legen sich Schichten von Luft und Feuer ‹wie Rinde um einen Baum›. Die Gestirne sind Löcher in den Luftschichten, durch die das Feuer einbricht. Auf den steten Wechsel von Tag und Nacht muß das berühmte Zitat gehen, nach dem die Dinge aus demselben werden, in das sie vergehen «nach der Schuldigkeit; denn sie zahlen einander gerechte Strafe und Buße für ihre Ungerechtigkeit nach der Anordnung der Zeit». Die Zahl der aus dem Unbegrenzten sich absondernden Welten ist selbst unbegrenzt. – A. hat überdies als erster eine Weltkarte (→ Kartographie) und einen → Himmelsglobus konstruiert, so daß Eratosthenes ihn als Schöpfer der wissenschaftl. → Geographie bezeichnen konnte. Charakteristisch sind die festen Zahlenverhältnisse, die er für die Maße der Erde wie für die Distanzen von Sonne, Mond und Fixsternen von der Erde angesetzt hat. O.G.

Frg: VS I 81–90 – *Lit:* Ch. H. Kahn, Anaximander, 1960 – C. J. Classen, Anaximander, Hermes 1962, 159–172 – Vgl. zu → Vorsokratiker – *Bildnisse* → Anhang I.

Anaximenes von Lampsakos, 2. H. 4. Jh., Historiker und bes. Rhetor (s. u.), Schüler des → Zoilos und → Diogenes (5) v. Sinope, Lehrer und Begleiter → Alexanders d. Gr. (?). –

Werke: Drei historische Werke: (1) 12 Bücher Vorgeschichte, eine Universalgeschichte von Theogonie und Urmenschen an bis zur Schlacht von Mantineia (362); (2) mindestens 8 Bücher ‹Philippika› (darin wohl die pseudodemosthenische Rede 11; vielleicht nach 330); (3) ein Werk über Alexander. Weitere Schriften: Über Todesarten von Königen; ‹Trikaranos› (gegen Theopomp); Homerstudien; fraglich ein Alexanderepos. W.Sp.

Frg: FGrHist 72 – *Lit:* Brzoska, RE 1 (1894), 2086–98 – Berve I Nr. 71 mit S. 433 – Bengtson, 580 – KP I 340 (Lit).

[2] Seit der Renaissance wird A. vielfach als Verfasser der → *Rhetorik an Alexander* angesehen. Vgl. → Rhetorik B [5], E [1]. H.H.

2. **A. von Milet,** ionischer Naturphilosoph, ca. 580–520, nach antiker Tradition Schüler → Anaximanders (→ Vorsokratiker). Als Ursprung aller Dinge setzte A. die Luft an. Das Entstehen der Dinge beschrieb er als Verdichtung und Verdünnung der Urluft: durch Verdichtung (*πύκνωσις*) entstehen Wasser und Erde, durch Verdünnung (*μάνωσις*) das Feuer. Beide Gedanken blieben auch später wichtig: die Zentralstellung der Luft kehrt bei → Diogenes (2) v. Apollonia wieder und beschäftigt auch die spätere Philosophie; die These, daß das Weltwerden kein quantitativer, sondern ein qualitativer Prozeß sei, wird von den → Peripatetikern wieder aufgenommen. – Die Erde ließ A. wie ein flaches Blatt auf der Urluft aufruhen. Nach Eudemos (Fr. 145 W.) erkannte A. als erster, daß der Mond kein eigenes Licht besitzt, sondern das der Sonne zurückwirft. O.G.

Frg: VS I 90–96.

Anaxippos, Dichter der neuen → Komödie (I D); soll Zeitgenosse des → Antigonos (1) und → Demetrios (1) Poliorketes gewesen sein. Als Titel bekannt sind ‹Keraunos› (wohl Beiname eines zeitgenössischen Parasiten Damippos), ‹Kitharodos›, ‹Phrear› (‹Der Brunnen›), ‹Epidikazomenos› (wohl ‹Die Erbtochter›; die letzten drei Titel auch bei anderen Dichtern der neuen K.). Der vielleicht dem A. gehörende ‹Enkalyptomenos› (‹Der sich Verhüllende›) ist unter dem sonst unbekannten Namen Anthippos überliefert. Th.G.

Frg: FAttCom III 156–163.

Anceps. Es ist streng zu scheiden (obwohl das nicht immer geschieht) zwischen *syllaba a.*, d.h. einer Silbe, die sowohl lang wie kurz sein kann (→ Prosodie), und *elementum a.*, d.h. einer Stelle im Versschema, an der entweder eine Kürze oder eine Länge stehen kann (→ Elemente). Elementa ancipitia gibt es im → Iambus und → Trochäus, außerdem in der äolischen → Basis. Anderer Art ist das a. am Ende einer → Periode: (syllaba) a. in (elemento) longo (vgl. → Metrik A 2). B.Sn.

Lit: P. Maas, Greek Metre, 1962, § 33 f.

Anchises, Sohn des Kapys und der Themis. Auf Anstiften des Zeus, der sich für den Schaden rächen will, den sie ständig unter den Göttern anrichtet, oder aus Leidenschaft gesellt sich Aphrodite dem Sterblichen als Tochter des Otreus. Später gibt sie sich zu erkennen mit dem Gebot, ihren Namen nie auszusprechen. Nach Übertretung des Verbots tötet, blendet oder lähmt Zeus den A. (Hom. hymn. Aphr. 44 ff.; Verg. Aen. 2, 647 ff.). Beim Fall Trojas rettet ihn sein Sohn → Aeneas, den er nach dem Westen begleitet; stirbt in Drepanon (Sizilien), wird mit Leichenspielen geehrt. Sein Grab suchte man in Aineia, Epirus, Arkadien, Sizilien und Latium. Auch als göttlich verehrt.

Darstellungen: nur ganz vereinzelt (vgl. Klein, ÖJh 16, 1913, 117 bis 120). K.Schb.

Ancona, zentrale Hafenstadt in Picenum an dem wie ein ‹Ellenbogen› (*ἄγκων*) in die Adria vorspringenden Monte Cardeto (Kt. 1420 F 4). Früheisenzeitliche Besiedlungsspuren. Die griech. Stadt 390 von Syrakusanern gegründet. Seit 278 römisch. Flottenstützpunkt, Veteranenkolonie und Umschlagplatz des Handels mit Illyrien. 115 n. Chr. neuer Hafen → Trajans mit Ehrenbogen des Kaisers auf der Mole. Bedeutendes Museum der picenisch-griech. Kultur. B.A.

Lit: N. Alfieri, Topografia antica di A., Atti e memorie Dep. St. patr. 1938, ser. V 2 – M. Moretti, A., 1945 – G. Annibaldi, EAA I, 1958, 354 f – Ders., Il Museo Nazionale delle Marche, 1961.

Ancus Marcius, nach der → Romsage der vierte König, wie sein Großvater → Numa friedfertig, erneuert religiöse Institutionen, muß Krieg führen mit den Latinern (angesiedelt auf dem Aventin, → Patrizier und Plebejer), → Sabinern u.a., vergrößert das röm. Gebiet, entsendet eine Kolonie nach → Ostia, baut die erste Tiberbrücke, den → Carcer und Befestigungen. C.J.C.

Andokides, Redner, geb. ca. 440. [1] A., Sohn des Leogoras aus Kydathen, entstammte dem reichen und vornehmen Geschlecht der Kerykes, das den oligarchischen Kreisen der höchsten Gesellschaftsschicht Athens angehörte. Außenpolitisch galt ihnen Sparta als Bundesgenosse, das ihre Pläne unterstützte (vgl. den Umsturz von 404/03: → Athen II B 4). Der junge A. war (Thuk. 6, 20, 2) führendes Mitglied in einem ihrer Clubs, in dem der Plan zum → Hermenfrevel ausgeheckt wurde. A., eingeweiht, aber nicht beteiligt, wurde zusammen mit anderen Teilnehmern des Anschlags, denen auch Mysterienfrevel zur Last gelegt wurde, und Verwandten (darunter sein Vater) verhaftet, er gab im Gefängnis, angeblich (or. 1, 59) um sein und seiner Verwandten Leben zu retten, weitere Namen preis. Diesen Verrat verziehen ihm seine Standesgenossen nie. Auch den Demokraten suspekt, ging A. nach seiner Freilassung ins Exil. Erst 402, nach zwei mißglückten Versuchen, kehrte er, reich und durch seine Beziehungen zu ausländischen Städten und Potentaten ein einflußreicher Mann, nach Athen zurück. Im Jahr 400 (?) sieht er sich einer neuen Anklage wegen Gottesfrevels (*ἀσέβεια*) gegenüber (die Argumente sind Ps. Lysias or. 6 zu entnehmen). Seine Verteidigung (*Περὶ τῶν μυστηρίων*), die erste der erhaltenen Reden, ist erfolgreich, und so kann er politisch tätig sein, bis er 392/91 nach einer Gesandtschaft, die in Sparta einen Frieden im Korinthischen Krieg vermitteln sollte, die Annahme der Bedingungen (or. 3) empfiehlt, aber mit der Forderung Spartas, die kleinasiatischen griech. Städte dem Perserkönig preiszugeben, auf Widerstand stößt. Auf eine Klage des später führenden Politikers → Kallistratos (1) wegen Mißbrauchs des diplomatischen Auftrags (*γραφὴ παραπρεσβείας*) hin wird er verurteilt, er stirbt im Exil.

[2] Außer den genannten *Reden* ist eine 3. überliefert, die er 407 (*Περὶ τῆς ἑαυτοῦ καθόδου* = or. 2) gehalten hat. Eine 4. (*Κατὰ Ἀλκιβιάδου* = or. 4) kann ihm mit Sicherheit abgesprochen werden. Nicht alle antiken Kritiker haben die Beredsamkeit des A. so hoch eingeschätzt wie → Caecilius (20) v. Kaleakte, der ihn in seinen Kanon der 10 berühmtesten Redner aufnahm. (Damit war die Überlieferung seiner bekanntesten Reden gesichert, während z.B. von Perikles, Alkibiades oder Kallistratos keine erhalten sind.) Noch wenig beeinflußt von den Regeln der schulmäßigen Rhetorik und ihren differenzierten Stilmitteln, zeigt er auch noch nicht den straffen Bau der Rede im ganzen, ebensowenig wie die Sicherheit der Periodenbildung im einzelnen. Er spricht immer in eigener Sache (nicht als Redenschreiber für andere, vgl. → Redner I C) und mit der sachlich-nüchternen Einfachheit und Durchsichtigkeit, aber auch packenden Dringlichkeit, die sein jeweiliges Anliegen erfordert. – Im MA wurden seine Werke zusammen mit denen des → Antiphon, → Deinarch, → Isaios und → Lykurg in einer Sammel-Hs. vereinigt. J.H.K.

Ed: F. Blaß-C. Fuhr, BT, 1913 – G. Dalmeyda, 1930 (Nachdr. 1960) – Komm: (zu or. 1): D. Macdowell, A. On the Mysteries, 1962 – *Index:* L. L. Forman, 1897 (Nachdr. 1962) – *Lit:* Blaß I, 280–338 – U. Albini, Per un profilo di A., Maia N.S. 8, 1956, 163–180 – Ders., Rassegna di studi Andocidei, AeR 3, 1958, 129–148 – Zur Überlieferung: H. Erbse, in: Gesch. der Textüberlieferung I, 1961, 266.

Andokidesmaler, der erste in → rotfiguriger Technik arbeitende Vasenmaler (→ Vasen E 4), tätig in Athen um 530–510, Schüler des → Exekias, benannt nach seinem Töpfer A. Wohl identisch mit dem nach → Lieblingsinschriften benannten *Lysippidesmaler* der → schwarzfigurigen Bilder auf A.-Vasen. – Auf 8 von 30 erhaltenen Vasen erprobt er, oft an gleichen Themen, beide Techniken und dringt im Rotfigurigen zu einer neuen inneren Dimension vor. Nicht rein attisch scheint seine empfindsame Formensprache und die heiter-innige Stimmung seiner Bilder zu sein, die, einer spätarchaischen Vorliebe entsprechend, gern Heraklestaten erzählen. – *Werke:* Bauchamphora mit Herakles' Dreifußkampf, Berlin F2159 (Arias-Hirmer, Abb. 82–87); Bauchamphora mit Athena und gelagertem Herakles, München 2301 (in beiden Techniken; Lullies, GV Abb. 1–7); Bauchamphoren, Schalen. I. Sch.

Lit: Buschor, GV, 137–139 – Beazley, ARV² 1–5 – Ders., Development, 75–78 – H. Marwitz, Zur Einheit des A., ÖJh 46, 1961–63, 73–104.

Andrachle (ἀνδράχλη), ein dem → Erdbeerbaum nahe verwandter, baumartiger Strauch aus der Familie der Ericaceae. Charakteristisch sind glatte Rinde, immergrüne Ovalblätter, weiße Blütentrauben und kirschenartige, geschmacklose Früchte, die von Ziegen gern gefressen werden. In Griechenland und Kleinasien verbreitet. Das harte Holz wurde für Schnitzarbeiten, Webstühle und Webergerät verwendet. In Tanagra war die A. dem Hermes heilig, der unter einem Baum dieser Art aufgezogen war. Die Überlieferung weist auf einen alten → Baumkult (Paus. 9, 22, 2). Vgl. → Flora. J.W.

Lit: Wagler, RE 1,2 (1894), 2130–32 – Murr, Pflanzenwelt, 69f.

Andreas, Arzt im 3. Jh. v. Chr., Leibarzt → Ptolemaios' IV. Philopator, vor allem als Pharmakologe berühmt und als solcher Quelle des → Plinius (1) und des → Dioskurides (2). Von → Galen als Schwindler bezeichnet (XI 795 f. K.). F.K.

Andriskos, Schmied aus Adramytteion, gab sich als Sohn des → Perseus (2) aus und nannte sich deshalb Philipp. Versuchte vergeblich mit seleukidischer Hilfe Makedonien zu gewinnen, floh aus röm. Gefangenschaft nach Thrakien und fiel 150/149 erneut nach Makedonien ein, drang bis Thessalien vor, vernichtete eine Legion der Römer und wurde erst 148 besiegt, 146 dann hingerichtet. Makedonien wurde nunmehr als röm. Provinz eingezogen. P.R.F.

Lit: A.R. Bellinger, Greek wins..., YClSt 12, 1951, 256f. – R. Werner, Abriß der Gesch. antiker Randkulturen, 1961, 117.

Androgeos, Sohn von → Minos und → Pasiphaë. In Attika wegen seiner Siege an den Panathenäen von eifersüchtigen Rivalen oder von Aigeus beseitigt oder, von diesem ausgeschickt, vom marathonischen Stier getötet. Minos erobert daraufhin Megara (→ Nisos) und legt Athen einen jährlichen Tribut von je 7 att. Jungfrauen und Jünglingen auf (Diod. 4, 64, 4ff.; Apollod. 3, 209–213), wovon erst → Theseus es löst. Kulte des A. in Attika. K. Schb.

Androklos, wohl unter Tiberius Sklave eines röm. Beamten in Afrika, soll, seinem Herrn entlaufen, einem Löwen einen Dorn aus dem Fuße gezogen und mit ihm Freundschaft geschlossen haben. Jahre später habe das dankbare Tier in Rom im Amphitheater seinen Retter wiedererkannt und unversehrt gelassen (Gell. 5, 14; Ail. nat. anim. 7, 48; vgl. Sen. benef. 2, 19, 1). K.H. Sch.

Andromache, Gattin des → Hektor, Mutter des → Astyanax, der in der späteren Sage nach dem Fall Trojas durch → Neoptolemos oder → Odysseus getötet wird (Eur. Tro., Sen. Tro.). A. wird Sklavin des Neoptolemos, dessen Gattin, Hermione, von heftiger Eifersucht gepackt wird (Eur. Andr.) Nach seiner Ermordung heiratet sie ihren Schwager Helenos, in dessen Gründung Buthroton Aeneas sie trifft (Verg. Aen. 3, 295 ff.). Stirbt in Pergamon. K. Schb.

Darstellungen: auf einem chalkid. Krater sind Hektor und A. Paris und Helena gegenübergestellt. Auf der Iliupersis des Brygosmalers kämpft A. für ihren Sohn. → Hektor. – *Lit:* A. Rumpf, EAA I, 1958, 361. K. Schf.

Andromachos, Leibarzt → Neros, Erfinder eines sehr berühmten Gegengiftes ‹aus Schlangen›, das aus 61 Bestandteilen zubereitet war und gegen Tierbisse helfen sollte. Die Beschreibung dieses Antidots in 174 elegischen Distichen ist durch Galen (XIV 32–42 K.) erhalten. F.K.

Andromeda, Tochter der Kassiopeia, wie sie und ihr Befreier → Perseus an den Himmel versetzt.

Andron von Halikarnassos, 4. Jh. v. Chr., Verfasser eines angesehenen genealogischen Werks über die Frühgeschichte der griech. Stämme (*Συγγένειαι*, ‹Verwandtschaften›) in 8 Büchern. W. Bk.

Frg: FGrHist 10.

Andronikos von Rhodos, → Peripatetiker. Seine Ausgabe des → Aristoteles (Plut. Sull. 26; Porph. Plot. 24) und seine Tätigkeit als Schulhaupt (?) und Kommentator bewirkten die Renaissance der aristotelischen Studien. Ort und Zeit seines Wirkens umstritten; Athen 1. H. 1. Jh. v. Chr. wahrscheinlicher als Rom nach → Ciceros Tod (→ Tyrannion). Verfasser eines systematischen, mit Erläuterungen versehenen Schriftenverzeichnisses des Aristoteles, das dem arabisch überlieferten Index des sog. → Ptolemaios (19) Chennos zugrunde liegt, und eines selbständigen Werkes ‹Über die Einteilung› (→ Platon), auf das umfangreiche Teile von → Boethius' De divisione zurückgehen. Spuren eines Kommentars zu den ‹Kategorien› bei → Simplikios (CAG VIII). P. M.

Andros, nördlichste und zweitgrößte Insel der → Kykladen, südöstl. → Euböa (Kt. 1152 F 5), gründete Kolonien an der thrak. Küste (→ Akanthos, → Stageiros u. a.), im → Att. Seebund. E.M.

Lit: Th. Saucius, A., 1914.

Androsthenes, von Thasos, Begleiter des → Nearchos; von → Alexander d. Gr. zur Erforschung der Küste Arabiens ausgesandt (324/323 v. Chr.). Schrieb einen *Παράπλους τῆς Ἰνδικῆς* (wohl vorwiegend naturkundlichen Inhaltes). W. Sp.

Frg: FGrHist 711 – *Lit:* Berve I Nr. 80 – H. Strasburger, Alexanders Zug durch die Gedrosische Wüste, Hermes 80, 1952, 461–463.

Androtion von Athen, Schüler des → Isokrates, als Redner und Politiker gemäßigt oligarchischer und antipersischer Tendenz seit ca. 380 v. Chr. tätig, von → Demosthenes (or. 22 u. 24; 355/354 und 353/352 v. Chr.) mehrfach bekämpft, 343 verbannt. Verfaßte im Exil eine → Atthis in 8 Büchern, in der er im Gegensatz zu → Kleidemos bes. die politische Geschichte seiner Zeit behandelte; eine Hauptquelle für → Aristoteles' *Ἀθηναίων πολιτεία.* W. Bk.

Frg: FGrHist 324.

Anecdotum medicum. Eine Pariser Hs. hat einen erst z. T. edierten anonymen Traktat über akute und chronische Krankheiten in griech. Sprache erhalten; Verfasser vielleicht der Eklektiker → Herodotos. Wichtige Doxographie, folgt den → Pneumatikern und den → Methodikern. F.K.

Ed: R. Fuchs, RhM 49, 1894, 540–558; 50, 1895, 576–599; 58, 1903, 69–114 – *Lit:* M. Wellmann, Herodots Werk *Περὶ τῶν ὀξέων καὶ χρονίων νοσημάτων*, Hermes 40, 1905, 580–604.

Anekdote. Der *Begriff* A. ist griechisch und bezeichnet zunächst allgemein alles, was ‹noch nicht publiziert› ist (ἀνέκδοτον). So erscheint er als t.t. des Literaturbetriebs bei Diod. 1, 4; Cic. Att. 14, 17, 6. Buchtitel wird er unseres Wissens erst durch → Prokop (1), dessen Geheimgeschichte der Regierung Justinians und Theodoras von → Suidas als *Ἀνέκδοτα* bezeichnet wird und unter diesem Titel gelesen wurde. Von da her scheint seit der Mitte des 18. Jh.s das Wort A. die uns geläufige Bezeichnung als gewagte, witzige, unterhaltende Kurzgeschichte bes. aus dem Leben bekannter Persönlichkeiten erhalten zu haben. Der Antike ist diese Bedeutung fremd, die Sache natürlich nicht: A.n bilden einen wichtigen Bestandteil der Werke der → Biographie, → Geschichtsschreibung, der praktischen → Ethik (charakteristisch ihre Verwendung etwa bei → Plutarch, → Diogenes (1) Laertios, → Cicero), bisweilen auch der → Redner und → Grammatiker, sogar der Komiker (→ Komödie); nur gehen sie technisch unter dem Begriff der → Apophthegmata, gelegentlich auch ‹Apomnemoneumata› (so die von → Kallisthenes veranstaltete Sammlung von A.n des Musikers Stratonikos: FGrHist 124 F 5). Auch die *Facete dicta* des → Cato Censorius (von Plut. Cato mai. 7, 3–9, 12 als Apomnemoneumata angeführt) oder → Ciceros kann man als A.n-Sammlung bezeichnen. → Buntschriftstellerei (Lit.) O.G.

Anemone (ἀνεμώνη, von ἄνεμος, dem ‹Wind›, der mit leisestem Hauch die zarten Blüten bewegt), im Mittelmeergebiet mit zahlreichen Arten vertreten. Von der scharlachroten, auch blauen und weißen, mohnartigen Kranz- oder Kronen-A. wurde die liebliche Garten-A. mit rosa-, lilafarbigen oder weißlichen Blütensternen unterschieden. Das schnelle Schwinden der im ersten Frühling beginnenden Blüte ließ die A. zum Symbol der rasch verblühenden Jugend werden. Man dachte die A. aus dem Blut des vom Eber verwundeten → Adonis entstanden, auch aus den Tränen, die Aphrodite über den frühen Tod des Lieblings vergossen hatte (vgl. auch Nonnos 2, 90). Das den meisten A.n-Arten eigene giftige Anemonol machte die A. zum Zauberkraut im Garten der → Hekate. Mit der A. verwandt ist das *Adonium*, das durch dunkelblutrote, im Grunde schwarze Blüten auffällt. Es war ein an den Adonisfesten häufiges Symbol rasch aufblühenden und ebenso dahinwelkenden Lebens. Älteste Darstellungen in der → kret.-myk. Kunst. Vgl. → Flora. J.W.

Lit: Wagler, RE 1 (1894), 395 f., 2180 f. – Murr, Pflanzenwelt, 265 f. – S. Marinatos, Kreta u. das myk. Hellas, 1959, 31. 39 – D. B. Thompson, Garden Lore of Ancient Athens, 1963, Abb. 21.

Angareia, altpers. ‹Post- und Transportdienst›; einige Belege auch aus hellenist. Zeit. Bei den Römern ist die A. die Pflicht der Bevölkerung, für die staatlichen Postboten (→ cursus publicus) und den Transport Wagen und Zugtiere zu stellen. Einige in den letzten Jahren bekannt gewordene Inschriften der Kaiserzeit zeigen, wie schwer dieser Frondienst auf der Bevölkerung lastete (→ Post). Th.P.

Lit: M. Rostovtzeff, A., Klio 6, 1906, 249–258 – T. Zawadski, REA 62, 1960, 80.

Angerona, auch Diva A., röm. Göttin, deren rätselhafter Name bisweilen aus dem Etruskischen abgeleitet wird; sie hatte ihr Fest am 21. Dezember: *Divalia* oder *Angeronalia*. Die Pontifices brachten ihr ein Opfer in der curia Acculeia (Varro ling. 6, 23), später in der Kapelle der Volupia, wo sich eine Statue der A. mit verbundenem und versiegeltem Mund befand (Macr. Sat. 1, 10, 7–9). Die röm. Gelehrten sahen in ihr bald die Göttin, welche die angores (Ängste) oder die angina (Angina) vertreibt, bald die Göttin des Schweigens, die Beschützerin Roms, deren Identität geheim bleiben mußte. Weil das Fest der A. am Tag der Wintersonnenwende stattfand, hat Mommsen angenommen, die Göttin ‹bringe die Sonne zurück› an der Schwelle des neuen Jahres. Vor kurzem ist diese oft anerkannte Hypothese modifiziert worden: A. wäre die Göttin der angusti dies, der kürzesten Tage des Jahres. H. Le B.

Lit: Th. Mommsen, CIL I², 337 – H. Wagenvoort, Diva A., Mnemosyne 9, 1941, 215–217 – J. Hubaux, A., AC 13, 1944, 37–43 – G. Dumézil, Déesses latines et mythes védiques, 1956, 44–70.

Angitia, Heilgottheit der → Marser, die in einem heiligen Hain in der Nähe des → Fucinersees verehrt wurde (Verg. Aen. 7, 759; vgl. Serv. Aen. 7, 750). Bisweilen identifiziert mit den Zauberinnen → Medea oder → Kirke. H. Le B.

Anicetus, Erzieher und Freigelassener → Neros (1), 59 Präfekt der Flotte in Misenum, plante und leitete in Neros Auftrag die Ermordung → Agrippinas (3), lieferte dem Kaiser den gewünschten fiktiven Vorwand zur Ermordung → Octavias (3), wurde 62 in ein sorgenfreies Exil nach Sardinien verbannt, wo er eines natürlichen Todes starb (Tac. ann. 14, 3. 7 f. 62; Dio Cass. 61, 13). K.H.Sch.

Anicius Cerialis, C., cos. suff. 65 n. Chr. Nach Tac. ann. 16, 17 verriet er dem → Caligula eine Verschwörung, nach Dio Cass. 59, 25, 5 jedoch wurde er mit seinem Sohn (Stiefsohn?) Sex. Papinius wegen Teilnahme an einer Verschwörung gegen Caligula angeklagt. Selbstmord i. J. 66, weil Annaeus Mela ihn der Feindschaft gegen → Nero (1) bezichtigt hatte. U.Wm.

Lit: J. P. V. D. Balsdon, The Emperor Gaius (1934), 1964², 99.

Anio (heute Aniene), in den Sabinerbergen entspringender, 118 km langer Nebenfluß des Tiber, in den er nördl. von Rom mündet. Bildet bei Sublaqueum eine Reihe von Seen, die durch → Nero noch künstlich aufgestaut wurden. Tritt bei Tibur in mehreren Kaskaden mit einem Niveauunterschied von 243 zu 47 m aus dem Gebirge in die Ebene aus und ist von hier an schiffbar (Strab. 5, 235. 238; Plin. nat. 3, 54). Seine Ablagerungen in der Ebene unterhalb von Tibur bilden den lapis tiburtinus (→ Travertin). B.A.

Lit: Nissen, I 314.

Anios, Sohn der Rhoio (→ Staphylos) und des Apollon, Priesterkönig in Delos, Wahrsager. Seine 3 Töchter, die oinotrop(h)oi, konnten Wein, Getreide, Öl nach Wunsch hervorbringen und versorgten die Griechen vor Troja sowie den von dort geflohenen Aeneas (Lyk. Alex. 570 ff. m. Schol.; Verg. Aen. 3, 80 ff.; Ov. met. 13, 631 ff.). K.Schb.

Ankaios, Sohn des Lykurgos von Tegea, → Argonaut, auf der → kalydonischen Jagd vom Eber getötet (Ov. met. 8, 315 ff.). Ursprünglich vielleicht mit einem zweiten A., Steuermann der → Argonauten nach Tiphys, Gründer von Stadt und Tempel auf Samos identisch. K.Schb.

Anker, Kultzeichen (Neptunkult: Münzen) und Berufszeichen (Seeleute: Grabstelen), Attribut der Annona (Münzen), Dynastiezeichen der → Seleukiden (Iustin. 15, 5, 9). Als altchristl. → Symbol (Epitaphien der Katakomben, auf Gemmen und Ringen, meistens in Verbindung mit Fischen u. a. Symbolen, vgl. DACL I 2, Fig. 557 ff.) Ausdruck erfüllter Hoffnung, durch Hinzufügung eines Querbalkens Erweiterung zum Kreuz (crux dissimulata) und zum Arkanzeichen. Als literarisches Motiv der Popularphilosophie (Epiktet, Frg. 30) häufig auch in der altchristl. Literatur (Hebr. 6, 18 f. ältester Beleg); auch Hoffnungssymbol. U.F.

Lit: RAC I 440–443 – O. Michel, Der Brief a. d. Hebr., KEK (1936), 1957³, 157 f.

Anna Perenna, röm. «Göttin des in seinem steten Fluß und seiner ewigen Wiederkehr betrachteten Jahres (annus)» (Ernout); Volksfest am 15. März (den ersten Iden des alten Jahres; → Kalender D 1), in einem heiligen Hain am Ufer des Tibers, am ersten Meilenstein der → Via Flaminia. Es war ein Neujahrsfest; man wünschte sich gegenseitig «*ut annare perennareque commode liceat*» (Macr. Sat. 1, 12, 6; Ov. fast. 3, 523–542). H. Le B.

Lit: A. Ernout, Dictionnaire étymologique de la langue latine IV, 1959, 35, s. v. annus – O. Immisch, Der Hain der Anna Perenna, Philol. 82, 1927, 183–192.

Annaeus → Florus, → Seneca.

Annales maximi, die ‹umfangreichsten Jahrbücher› (zum Unterschied von anderen ähnlichen Publikationen; Ableitung des Namens von den → pontifices maximi bei Servius Aen. 1, 373 und Cicero de orat. 2, 52), wurden unter dem Oberpontifikat des P. → Mucius (2) Scaevola (130–ca. 115) in 80 Büchern veröffentlicht. Damit endete eine alte, aber nun offensichtlich überlebte Tradition, alljährlich vor dem Amtsgebäude des Pontifex maximus, der Regia, eine Tafel aufzustellen, auf der die wichtigsten Ereignisse, wie z. B. Teuerungen, Sonnen- und Mondfinsternisse (vgl. Cato orig. 77) aufgezeichnet waren (→ Chronik). Bis zu welchem Jahr die im → Archiv vorhandenen Tafeln hinaufreichten, läßt sich nicht feststellen. Den Brand Roms beim Kelteneinfall (386) hat sicher keine der Holztafeln überdauert (Liv. 6, 1, 2). Alles, was die A. aus der Zeit vor dieser Katastrophe berichtet haben sollen, muß deshalb als spätere Konstruktion gelten. Eine literarische Leistung war die Publikation der Priesterchronik sicher nicht – Cicero bezeichnet ihren Stil als äußerst trocken und nüchtern (leg. 1, 6) –, aber für die Geschichtsschreibung wurde dadurch wichtiges Material bereitgestellt. Vgl. auch → Annalistik, → Geschichtsschreibung II A. R.T.

Lit: Schanz-Hosius I 28ff. – M. Gelzer, Der Anfang röm. Geschichtsschreibung (1934), in: Kl. Schr. III, 1964, 98f.

Annalistik, die Hauptform der röm. → Geschichtsschreibung von den Anfängen bis zu → Livius (1) und → Tacitus (2), benannt nach dem Titel ihrer Werke, den ‹Jahrbüchern› (annales). Von der Priesterchronik übernahm sie die Anordnung nach Jahren und erzählte die Geschichte Roms nach den Amtsjahren der eponymen → Konsuln gegliedert. Damit war zwar die chronologische Übersichtlichkeit und relative Vollständigkeit der Darstellung gewährleistet, aber die Erfassung des Zusammengehörigen erschwert (Diod. 20, 43, 7). Im Zentrum standen nicht überragende Persönlichkeiten, sondern die res gestae populi Romani. Für die Disposition der Ereignisse in einem Amtsjahr muß sich schon frühzeitig ein Schema herausgebildet haben: nach der Nennung der Konsuln des Jahres und der übrigen Magistrate wurden Kriege und Außenpolitisches, Innenpolitik und – am deutlichsten an die Herkunft aus der Priesterchronik erinnernd – Prodigien und ihre Sühnung, Feste, Tempelweihen, Naturereignisse behandelt. Da die Werke der röm. Annalisten bis auf Livius, aus dessen Kompositionsweise allerdings nicht ohne weiteres auf die frühen Werke Rückschlüsse gezogen werden dürfen, verloren sind, läßt sich über Gesamtanlage und Disposition des Stoffes nur wenig aussagen. Als geläufiges Schema, das wahrscheinlich auch in den griech. Stadtchroniken und von → Timaios (3) angewandt wurde, ergibt sich aus Dion. Hal. 1, 6, 2, daß die Gründung Roms ausführlich, die Zeit der älteren Republik summarisch und episodisch (κεφαλαιωδῶς, capitulatim), die vom Verfasser selbsterlebte Zeit und die jüngste Vergangenheit wiederum ausführlich dargestellt wurden. Damit war von Anfang an die Trennung in Geschichte der Vergangenheit und der Gegenwart aufgehoben. Es ist deshalb nicht auffällig, wenn die Werke der Annalisten, die, ebenso wie das historische Epos des → Ennius, den programmatischen Titel ‹Annales› führten, in späterer Zeit auch als ‹Historiae› zitiert werden (→ Cassius (4) Hemina, → Claudius (26) Quadrigarius, → Licinius (11) Macer). Die Unterscheidung zwischen annales (Vergangenheits-) und historiae (Zeitgeschichte), wie sie etwa → Sempronius (1) Asellio gefordert hat (vgl. den Bericht bei Gellius 5, 18, 1), besaß erst von dem Augenblick an Gültigkeit, als sich die Darstellung der Zeitgeschichte als eigene Disziplin abgesondert hatte. Die Tatsache, daß sehr viele Männer immer wieder die frühe Geschichte Roms ab urbe condita – und nur sie – darzustellen unternahmen, mag befremdlich wirken: aber abgesehen davon, daß jeder der Nachfolger die Schilderung der selbsterlebten Zeit gegenüber dem Vorgänger weiter auszudehnen vermochte – für Werke vom Stil der Annales gibt es kein vorgegebenes Ziel –, lag der Reiz für alle Annalisten darin, durch Neugruppierung des Stoffes und Verlagerung des Beurteilungsstandpunktes die Selbständigkeit des eigenen Urteils zu beweisen und röm. Geschichte jeweils aus der Sicht der eigenen Zeit zum Nutzen der Gegenwart darzustellen. Über die sog. ‹Älteren Annalisten› (L. → Cassius (4) Hemina, L. → Calpurnius (11) Piso Frugi, Cn. → Gellius (1), → Vennonius) und die sog. ‹Jüngeren Annalisten› (Q. → Claudius (26) Quadrigarius, → Valerius (2) Antias, C. → Licinius (11) Macer) → Geschichtsschreibung II C. R.T.

Lit: A. Rosenberg, Einleitung und Quellenkunde zur röm. Gesch., 1921 – A. Klotz, Livius u. seine Vorgänger, 1940/41 – F. Altheim-D. Felber, Unters. z. röm. Gesch. I, 1961, 121f.; 173ff. – H. Bengtson, Einführung in die Alte Geschichte (1949), 1962⁴ – R. Werner, Der Beginn der röm. Republik, 1963 – M. Gelzer, Kl. Schriften III, 1964.

Annianus, 2. Jh. n. Chr., poeta novellus, Freund des → Gellius (2), Gutsbesitzer im Faliskischen. Von seinen Gedichtbüchern Fescennini und Falisca enthielt das letztere wohl ländliche Gedichte. In den erhaltenen Fragmenten bedient sich A. des → Parömiakus und des hybriden Metrum Calabrium (–⏑⏑–⏑⏑–⏑⏑⏑–). W.Sch.

Frg: FPL 138f. – *Lit:* E. Castorina, I ‹poetae novelli›, 1949, 135–163.

Annikeris von Kyrene, → Kyrenaiker, ca. 330–270, Begründer einer eigenen Richtung, der ‹Annikereioi›. Seine Lehren bes. bei → Diogenes (1) Laertios (2, 96f.; vgl. Suid. s. v.). A. scheint sich vor allem mit → Epikur auseinandergesetzt und den kyrenaischen Lustbegriff von demjenigen Epikurs scharf abgehoben zu haben (vgl. bes. Clem. Al. strom. 2, 130, 8). Auch daß er der Freundschaft und den Verpflichtungen gegen Eltern und Vaterland in bestimmten Grenzen einen Wert in sich selbst, unabhängig von der Lust, zubilligte, wird durch die Diskussion mit Epikur veranlaßt sein. Die Behauptung, er sei in spätern Jahren zum Epikureer geworden, mag der Polemik orthodoxer Kyrenaiker entsprungen sein. O.G.

Lit: → Aristipp von Kyrene.

Annius Luscus, T., Konsul 153 v. Chr., trat 133 im Senat und vor dem Volk gegen das → Ackergesetz des Tib. → Gracchus (1) auf (Liv. perioch. 58). R.T.

Ed: ORFr (Malc.) 104 9f.

2. **A. Milo,** T. (tr. pl. 57 v. Chr., praet. 55). In den Kämpfen um → Ciceros Rückkehr aus dem Exil stellte A. 57 gegen die Banden des P. → Clodius (1) eine eigene Mannschaft auf, die er im Sinne des Cicero und → Pompeius (2) einsetzte. 56 deswegen angeklagt, mit Pompeius' Hilfe freigesprochen. Die Rivalität mit Clodius hielt an bis Jan. 52, als dieser in einer der Schlägereien von A.' Leuten erschlagen wurde. A. bewarb sich damals um das Konsulat von 52, aus Ehrgeiz und Machtstreben, aber bereit, die Sache des Senats zu der seinen zu machen. Pompeius bekämpfte die Kandidatur. Im April 51 wurde A. wegen des Mordes an Clodius angeklagt. Das Gericht tagte unter dem Druck einer starken Heereseinheit des Pompeius; A.' Verteidiger → Cicero war völlig eingeschüchtert (die überlieferte Rede Pro Milone ist nicht die gehaltene). Für A. setzte sich u. a. wohl M. → Cato (2) ein; auch hätten führende Kreise des Senats ihn offenbar gern als Gegengewicht gegen Pompeius gehalten. Er wurde jedoch verurteilt und ging nach Massilia ins Exil. 49 wurde er nicht – wie die meisten damals Verurteilten – von → Caesar begnadigt. 48 nahm er an den von M. → Caelius (2) hervorgerufenen Unruhen teil, wurde gefangengenommen und hingerichtet. Chr.M.

Annius → Florus, → Florianus, → Gallus, → Verus, → Vinicianus.

Annona, der landwirtschaftliche Jahresertrag, auch -vorrat und -bedarf, bes. der Getreidebedarf, daher auch Getreidepreis und Marktpreis überhaupt, schließlich die steuerlichen Getreidelieferungen der röm. Provinzen in Natural- und Geldform sowie die den Soldaten und Beamten zustehenden Bezüge dieser Art. Vgl. → Cura annonae, → Rom III, bes. C. R.Kn.

Anomalie (ἀνωμαλία). Die schon von den → Sophisten beobachtete Erscheinung (→ Grammatik B 1), daß die Sprachform eines Wortes oft nicht mit der Wirklichkeit des Begriffs übereinstimmt, wurde später von → Chrysipp (3) A. (von ἀν-ώμαλος, ‹uneben›) genannt. Eines seiner Beispiele, das wir kennen, ist die Erscheinung, daß Begriffe mit positivem Inhalt sprachlich verneinende Form haben können und umgekehrt (‹un-sterblich› statt ‹ewiglebend›, ‹blind› statt ‹nicht-sehend›). Später wurden vor allem Beispiele aus dem Bereich von Geschlecht und Zahl der Substantive angeführt (wie ‹Weib› Neutrum statt Femininum ist). Die historischen und psychologischen Erwägungen, die solche Erscheinungen erklären, vermochte man nicht anzustellen. Nur der Tatbestand wurde konstatiert, und diejenigen, die nicht an eine Entstehung der Sprache aus planender Vernunft glaubten, führten ihn als Argument ins Feld. Bei → Varro (1) wird der Begriff auf die Unregelmäßigkeiten der Formenlehre ausgedehnt und deshalb in Gegensatz zur → Analogie (3; s. d. für *Lit.*) gestellt. D.F.

Anonymus Bellermanni → Musik A [16].

2. **A. De mundo.** Im Corpus Aristotelicum ist ein kurzer Text erhalten, der sich als Lehrbrief des Aristoteles an → Alexander (5) d. Gr. ‹Über die Welt› gibt. Die Welt wird als Werk Gottes gepriesen; die bilderreiche Sprache ist nicht selten von Pathos erfüllt. Das Hauptgewicht liegt bei der Theologie, doch fehlt es nicht an konkreten Angaben bes. zur → Geographie und → Meteorologie. Stil und Gehalt weisen auf den Anf. des 1. Jh.s v. Chr. Die Darstellung nährt sich von aristotelischer und platonischer Tradition, evtl. aus verlorenen Schriften des Aristoteles. Klare Frontstellung gegen den Atomismus, z. T. auch Polemik gegen die klass. Stoa, was einen Einfluß des → Poseidonios nicht ausschließt. O.G.

Ed: W. L. Lorimer, 1933 – *Lit:* H. Strohm, Studien zur Schrift ‹Von der Welt›, MH 9, 1952, 137–175.

3. **A. De rebus bellicis.** Von einem unbekannten Verfasser, wahrscheinlich einem Oströmer, stammt eine eigenartige lat. Schrift über Kriegswesen, die vermutlich um 370 unter → Valentinian I. und → Valens entstanden ist. Der Verfasser gibt Ratschläge über Einrichtung der Verteidigung mit Beschränkung auf Kastelle und schwere Artillerie, deren Kriegsmaschinen, darunter auch eigene Erfindungen, ausführlich beschrieben werden. Die antike Herkunft des Werkes ist zu Unrecht bezweifelt worden. Vgl. → Festungsbau. G.B.

Ed: S. Gelenius, 1552 – R. Schneider, 1908 – Köchly-Rüstow, Griech. Kriegsschriftsteller I, 1854, 410–413 (kleine Auswahl) – *Lit:* E. A. Thompson, A Roman Reformer and Inventor, 1952 (Lit).

4. **A. De sublimitate,** Verfasser einer bedeutenden fälschlich dem → Longinus zugeschriebenen Schrift über den ‹hohen›, d. h. mächtigen, den Leser in Bann schlagenden Stil (*περὶ ὕψους*, → Rhetorik B 9). Das Werk, eine Antwort auf die gleichnamige Schrift des → Caecilius v. Kalakte (daher in das 1. Jh. n. Chr. zu datieren), fordert unter Berufung auf die klassischen Vorbilder gedankliche Größe gepaart mit echtem Pathos. Vergleich des großen Stils mit der – stoisch verherrlichten – Größe in der Natur (Umkehrung des Kunstprinzips des → Kallimachos, 3). A. urteilt treffsicher und mit Anteilnahme; sein Stil, an den Vorbildern geformt, ist kühn und bilderreich. Bedeutende Nachwirkung in der Neuzeit (Querelle des anciens et des modernes). W.B.

Ed: D. A. Russell, 1964 (mit Komm.) – *Übers:* R. v. Scheliha, 1938 – *Lit:* J. W. H. Atkins, Literary Criticism in Antiquity II (1934), 1952² – W. Bühler, Beitr. z. Erklärung der Schrift v. Erhabenen, 1964.

5. **A. Iamblichi,** unbekannter Verfasser der Exzerpte aus einer ethisch-politischen Schrift bei → Iamblichos, Protreptikos 20. Stil und Inhalt weisen auf die Zeit 420–360 v. Chr. Anweisungen, wie man zu Ehre und Zufriedenheit gelangt, Mahnungen zu Recht und Gesetzlichkeit (Eunomia). Eine bestimmte philosophische Doktrin ist nicht erkennbar. O.G.

Frg: VS II 400–404 – *Lit:* R. Roller, Unters. zum A. Iamblichi, Diss. Tübingen 1931.

6. **A. Londinensis,** ein bedeutender medizinisch-doxographischer Papyrus; sein erster Teil geht auf die medizinische Doxographie des Aristotelesschülers → Menon zurück. F.K.

Ed: H. Diels, Suppl. Aristot. III, 1893.

7. **A. Seguerianus,** Verfasser eines von N. M. S. Séguier 1840 bekanntgemachten griech. rhetor. Traktats des 5. Jh.s n. Chr. über die Teile und Arbeitsgänge der Rede (→ Rhetorik, Tabelle: 7.4). Es ist die Epitome eines antiken Schulbuchs, das um 200 n. Chr. aus → Alexandros (11) Numeniu und anderen Rhetoren zusammengestellt worden ist, gleichermaßen wichtig für unsere Kenntnis des antiken → Schulbetriebs (→ Rhetorik E) wie des Streites attizistischer Rhetorenschulen untereinander. H.H.

Ed: J. Graeven, Cornuti artis rhetoricae epitome, 1891 – *Lit:* J. Brzoska, RE 1,2 (1894), 2328–30 – D. Matthes, Lustrum 3, 1959, 76f.

8. **A. Valesii,** Verfasser zweier in der → Ammianus-Ausgabe des H. Valesius (1636) erschienener historischer Fragmente, heute, bes. aus sprachlichen Gründen, zwei Autoren zugeschrieben. Das erste, über die Jahre 293–337 (Konstantin), stammt von einem wohl heidnischen Verfasser, der → Ammian benützte und von einem Christen aus → Orosius interpoliert wurde; das zweite Fragment (474 bis 526, Odoaker und Theoderich) von einem ungebildeten Christen, Gegner der Goten und Arianer im 6. Jh., dessen Quellen die Vita Severini von Eugippius und italien. Chroniken waren. G.C.

Ed: Excerpta Valesiana, rec. J. Moreau, BT, 1961 (Lit).

Anonymus s. auch → Collatio legum Romanarum et Mosaicarum, → Consultatio veteris cuiusdam Iurisconsulti → Didaskalia, → Disticha Catonis, → Divisio orbis terrarum, → Dimensuratio provinciarum, → Laudatio Turiae, → Mulomedicina, → Itinerarium, → Medicina Plinii, → Notitia dignitatum, → Rhetorik an Alexander, → Rhetorik an Herennius.

Antagoras von Rhodos, 1. H. 3. Jh., Verfasser einer ‹Thebais› und eines Eroshymnos (7 Verse erhalten). → Hellenist. Dichtung C [1]. P.H.

Frg: Coll. Alex. 120 – *Lit:* P. v. d. Mühll, Zu den Gedichten des A. v. Rh., MH 19, 1962, 28–32.

Antaios, Sohn der → Gaia und des Poseidon, riesenhafter König in Libyen, von → Herakles im Ringkampf getötet. Erhielt durch Berührung der Erde stets neue Kraft und mußte daher von Herakles in die Luft gehoben werden.

Darstellungen: nur im Zusammenhang mit → Herakles, bes. auf Vasen (Brommer 22–24). In der Kaiserzeit bes. auf Reliefs und in der Kleinkunst nachweisbar. K.Schb.

Antalkidas (bzw. Antialkidas), Spartaner, vereinbarte 388 v. Chr. mit dem Perserkönig einen Frieden, der 387 in Sardes den Griechen verkündet und 386 in Sparta abgeschlossen wurde. Dieser ‹Antalkidas-› oder ‹Königsfriede› lieferte die Griechenstädte Kleinasiens den Persern aus und bestimmte für alle übrigen, ob groß oder klein, → Autonomie (Xen. Hell. 5,1,31). 367 unterlag A. beim Perserkönig der Diplomatie des → Pelopidas; er soll sich daraufhin das Leben genommen haben. E.Bn.

Lit: H. Bengtson, Die Staatsverträge d. Altert. II, 1962, 188–192 – Zum Namen: U. Wilcken, Griech. Gesch. (1924), 1962⁹, 348f.

Antanairesis oder *Anthyphairesis*, das Verfahren gegenseitiger Subtraktion, durch welches man den größten gemeinsamen Teiler von zwei Zahlen finden oder feststellen kann, daß zwei Zahlen relativ prim sind. In einer Übergangszeit der Entwicklung der → Proportionenlehre wurde das Verfahren benützt zur Definition der Proportion oder des gleichen Verhältnisses für inkommensurable Größen: «in gleichem Verhältnis zueinander stehen (Größenpaare), welche die gleiche gegenseitige Abziehung haben». Die Definition gilt auch für den Fall, daß die gegenseitige Abziehung nie zu Ende kommt, wenn gezeigt werden kann, daß sie bei beiden Größenpaaren immer in derselben Richtung verlaufen muß. So beim Goldenen Schnitt, wo sie immer je einen Schritt in jeder Richtung macht. K.v.F.

Ante, Stirn einer frei endenden Wand, vom *Antenkapitell* gekrönt, → Tempel B [5]; [12].

Antefix, Schmuck des Dachrandes oder Firstes, → Tempel B [4]; [12].

Antenor, vornehmer Trojaner, Vater vieler Söhne, die vor Ilion fielen. Hatte vor dem Krieg die Gesandten Odysseus und Menelaos gastlich aufgenommen. Da er zu Frieden und Rückgabe der Helena riet und sein Haus bei der Eroberung Trojas verschont wurde (Il. 7,347ff.), wird er in späteren Sagen (Dict. 4,22; 5,1,4,8) zum Verräter, der mit seinen Nachkommen nach Kyrene entkam oder → Patavium gründete. Vgl. → Trojan. Krieg. K.Schb.

2. **A.,** Bildhauer und Erzgießer aus Athen, Sohn des Eumares (wohl der von Plin. nat. 35, 56 genannte Maler Eumarus; vielleicht auch identisch mit dem Eumares einer

Signatur von der Akropolis: IG² I 498). Im letzten Viertel des 6.Jh.s und vielleicht noch im frühen 5.Jh.v.Chr. tätig; berühmt durch die Gruppe der → Tyrannenmörder Harmodios und Aristogeiton, die aus Erz gearbeitet und das Symbol der Befreiung Athens von den Tyrannen war (510). Deshalb wurde sie 480 von den Persern geraubt, 476 durch die Gruppe des → Kritios und Nesiotes ersetzt, wahrscheinlich von Alexander wieder zurückgebracht. – Auf der Akropolis von Athen sind zwei Signaturen des A. gefunden worden (IG² I 485/486). Die eine (mit Weihung des Töpfers Nearchos) gehört zu einer erhaltenen, überlebensgroßen Kore der Akropolis (Nr. 681, ca. 520/510 v. Chr.), deren neuer Ernst zu dem spätarchaischen Liebreiz des Typus bedeutsam kontrastiert. – Auf Grund der Ähnlichkeit mit ihr ist der Bildschmuck des hochgefeierten, von den → Alkmaioniden geförderten Apollontempels in Delphi ebenfalls A. zugeschrieben worden. E.Bg.

Lit: Zur Kore v. d. Akropolis Nr. 681: Lippold, GrPl, Taf. 24, 1; Brunn-Bruckmann 22 – F. Studniczka, A. der Sohn des Eumares..., JdI 2, 1887, 135–168 – K. Schefold, Die großen Bildhauer des arch. Athen, 1949, 49–54 – G. Becatti, I Tirannicidi di A., Arch.Cl. 9, 1957, 97–107 – E. Langlotz, Aristogeitonkopf des A.?, AM 71, 1956, 149 bis 152 – P. Orlandini, EAA I, 1958, 408–409.

Anteros (‹Erwiderte Liebe, Gegenliebe›), Sohn von Ares und Aphrodite (Cic. nat. deor. 3, 60), Bruder des → Eros, Phobos und Deimos sowie der Harmonia. Altar des A. in Elis und Athen, von Metöken dort errichtet, wo der Metöke Timagoras von der Akropolis sprang, da der attische Knabe Meles dies zum Beweis seiner Liebe forderte, und Meles ihm aus Reue folgte (Paus. 6, 23, 3).

Lit: Turcan, RA 1961, I 159f. – *Darstellungen:* der Ringkampf zweier Eroten (Eros-Anteros) ist häufiges Motiv auf hellenist.-röm. Denkmälern, bes. auf Gemmen, Reliefs, Sarkophagen (Robert, SR III 1 zu Nr. 83; Schröder, AA 1925, 203f.; H. Pagenstecher, Die calenische Reliefkeramik 58, 63), einigen att. und unterital. Vasen (A. Greifenhagen, Griech. Eroten, 1957, 43ff.; 76f.; P. Wuilleumier, Tarente, 1939, Taf. 47, 2; de Ruyt, Atti d. 7. congresso internaz. di arch. class. II 1961, Taf. 1, 4). Vgl. Picard, RA 1961, I 159ff; Panofsky, Oudholland 50, 1933, 193ff. K.Schb.

Anthemion, Palmetten-Bekrönung (→ Grab C; → Ornament A) und ornamentaler Fries von Palmetten und Lotosblüten über einer Rankenkette. → Tempel B [9].

Anthemios von Tralleis, mit → *Isodoros von Milet* Erbauer der Sophienkirche in → Konstantinopel. G.Gb.

Anthemius (Procopius A.), (west-)röm. Kaiser 467–472, 11.7.472 in Rom erschlagen. Senator, Schwiegersohn → Marcians (1), von → Leo I. nach dem Westen entsandt und von → Ricimer zum Augustus ausgerufen (12.4.467). 472, nachdem Ricimer den → Olybrius als Gegenkaiser eingesetzt hatte, ermordet (Bildnis → Anhang I). H.-J.D.

Anthesteria, ein wichtiges Frühlingsfest, den meisten Ioniern gemeinsam, aber hauptsächlich aus Athen bekannt, dort vom 11. bis 13. Anthesterion (Jan.–Febr.) gefeiert. Am 11., den *Pithoigia*, wurden die Krüge voll jungen Weins geöffnet mit dem Gebet, daß ‹der Gebrauch des pharmakon (Heiltranks) unschädlich und gesund sein möge› (Plut. qu. conv. 655 E). Der 12. war der Haupttag des Festes, nach dem Wetttrinken, in dem jeder seinen eigenen Weinkrug (1 χοῦς, bis ca. 3 Liter) hatte, *Choes* genannt. Das → Aition dieser Sitte lieferte eine Sage von Orestes. Das Weinritual begann und endete bei oder nah dem Tempel des → Dionysos Limnaios, der nur an diesem Tag des Jahres geöffnet war. Dreijährige Kinder wurden an dem Tag mit Blumen bekränzt (eine Art Konfirmation) und mit kleinen Weinkrügen und Spielzeug beschenkt. Die bedeutendsten Ereignisse waren die Epiphanie des → Dionysos auf seinem Schiffswagen, die geheimen Verlobungsriten, die im Limnaion verrichtet wurden, und ein Hieros Gamos des Gottes mit der Frau des Archon Basileus. Am dritten Tag, den *Chytroi*, hatte Dionysos kein Teil. Dieser war ausschließlich den Toten geweiht: ihnen galten eine → Panspermie und Libationen von Wasser und ein Opfer an Hermes Chthonios. Der Tag war von böser Vorbedeutung: die Angabe, daß am 12. (den Choes) alle Tempel geschlossen waren, spiegelt vielleicht eine Vermengung des religiösen und profanen Kalenders, da der rituelle Tag bei Sonnenuntergang begann. Die Aiora, ein Schaukelritus, der mit dem Mythos von → Erigone und → Ikarios in Verbindung gebracht wurde, in Wirklichkeit ein Segnungs- und Reinigungsritual, gehört vielleicht auch zu diesem Tag oder zu den Choes. Kurz, die A. vereinigen eine Reihe von Frühlingsriten, einige zweifellos prädeistisch, die darauf abzielen, für das kommende Jahr mannigfachen Segen zu sichern. Die Rolle des Dionysos war zunächst wohl zufällig, eine historische Entwicklung, die die ursprüngliche Absicht des Festes zwar modifizierte und überdeckte, aber nicht völlig verdunkelte. Vgl. → Feste. F.R.W.

Lit: H.R. Immerwahr, Choes and Chytroi, TAPhA 77, 1946, 245 bis 260 – G. van Hoorn, Choes and A., 1951 – A. Pickard-Cambridge, The Dramatic Festivals of Athens, 1953, 1–22 – Nilsson, I 582–589, 594–598 – Ders., Griech. Feste, 1906, 267ff. – L. Deubner, Att. Feste, 1932, 93ff.

Anthimos, Arzt im 6.Jh.n.Chr.; erhalten ein diätetisches Werk ‹De observatione ciborum ad Theodoricum regem Francorum epistula›; sprachlich (Vulgärlatein, volkssprachliche Einflüsse) sehr interessant. F.K.

Ed: E. Liechtenhan, CML VIII 1, 1928 (Neuaufl. mit deutscher Übers. im Druck).

Anthologia, Name für Sammlungen griech. oder lat. → Epigramme. Schon → Meleagros (2) v. Gadara hat mit dem Sammeln von Epigrammen begonnen: στέφανος, ‹Kranz›, um 70 v.Chr. Das Einleitungsgedicht, in AP 4, 1 erhalten, zählt 47 ältere Dichterinnen und Dichter auf. → Philippos (7) v. Thessalonike sammelt um 40 n.Chr. unter dem gleichen Titel das Anschließende (AP 4, 2). In der Folgezeit weitere Sammlungen, wichtig die des → Agathias, Mitte 6.Jh., unter dem Titel ‹Kyklos› (AP 4, 3). Um 900 n.Chr. ändert Konstantinos → Kephalas die alphabetische Ordnung wie schon Agathias zu Sachgruppen, greift aber auf eine Vielfalt von Texten zurück. Auf seine Sammlung gehen unsere Handschriften zurück, von denen die *Anthologia Palatina* (seit 1600 in Heidelberg, jetzt z.T. in Paris) die bekannteste ist. Diese Hs. ist um 980 entstanden. Die Bücher 5–7 (Liebesgedichte, Weihinschriften, Grabinschriften) und 9–12 (epideiktische, ethische, Gelage- und Liebesgedichte) stammen wohl aus der Sammlung des Kephalas, ebenso Buch 4 mit den Einleitungen älterer Sammlungen. Den Rest bilden u.a. christliche Epigramme, die Kephalas nicht besaß. In Buch 13–14, teils ältere von ihm übergangene Gedichte, teils solche, die jünger sind als er. 1299 hat der Mönch Maximos → Planudes eine andere Sammlung vollendet, die *Anthologia Planudea*, deren Autograph erhalten ist (Cod. Marc. 481 in Venedig). 388 Gedichte mehr als in der A. Palatina (teils als AP 16, teils als A zitiert); aber vieles, was die A. Palatina bot, aus sittlichen Gründen ausgeschieden. P.H.

Ed u. Übers: H. Beckby, Anthologia Graeca, 4 Bde, Tusc., 1957ff. (mit Einleitung und Lit).

[2] *Anthologia Latina*, im engeren Sinn Bezeichnung für die in Nordafrika gegen Ende der Vandalenherrschaft (534) zusammengestellte Sammlung lat. Gedichte des 1.–6.Jh.s n.Chr. Die A. wird am vollständigsten durch den nach dem ehemaligen Besitzer Claude de Saumaise (1588–1653) benannten Codex Salmasianus aus dem 8.Jh. (Paris Bibl. Nat. 10318) überliefert. Die Sammlung liegt im Salmasianus bereits in stark reduzierter Form vor; durch Verstümmelung der Handschrift ist ein Teil am Anfang verlorengegangen. Spuren früherer Bucheinteilung sind erhalten. Streckenweise zeichnen sich mehr oder weniger umfangreiche Zyklen (Vergilcentonen, epanaleptische Monodisticha, Rosengedichte usw.) ab. Der Redaktor ist nicht bestimmbar. – Im weiteren Sinn hat sich die Bezeichnung A. Latina für neuzeitliche Sammlungen verstreuter lateinischer Gedichte eingebürgert. Dazu gehören außer den im Codex Salmasianus überlieferten Stücken Gedichte aus Hand-

schriften des 9. bis 12. Jh.s, die Carmina latina epigraphica, darunter die → Scipionenelogien, das → Arvallied sowie in einem Supplement die Epigramme des Papstes → Damasus (ed. M. Ihm, 1895). W. Sch.

Ed: A. Riese, Anth. Lat. (1869), I 1, 1894²; I 2, 1906² – F. Bücheler, Carm. lat. epigraphica (= Anth. Lat. II 1–3) I, 1895; II, 1897; III, 1926 (ed. Lommatzsch) – *Photograph. Reprod.:* H. Omont, A. des poètes latins dite de Saumaise, 1903 – *Lit:* A. Riese, a. O., praef. – E. K. Rand, Sur le pervigilium Veneris, REL 12, 1934, 84–90.

Anthropologie

A. Stellung des Menschen – B. Differenzierung des Menschen.

A. Stellung des Menschen. Das → Menschenbild steht bei den Griechen von Anfang an unter einer Polarität: stärkstem Bewußtsein der Hinfälligkeit des Menschen und der Vergänglichkeit seiner Taten tritt eine auffallende Nähe zur Gottheit gegenüber. Die *Philosophie* faßt vom 4. Jh. v. Chr. an beide Pole in die klass. Definition, der Mensch sei sterblich und vernunftbegabt. Die Sterblichkeit manifestiert sich außer in Krankheit und Tod bes. darin, daß der Mensch auch die höchste Tätigkeit nur intermittierend und nicht kontinuierlich ausüben kann (das Bedürfnis nach Erholung gehört zum Menschen und wird in Spezialschriften analysiert) und daß er zum Leben auf die Hilfe der Mitmenschen angewiesen, also nicht autark ist. Der Rang des Menschen wird an der Differenz zum Tiere klar. Dieses lebt mit wenigen Ausnahmen nur in der Gegenwart, jener nimmt Vergangenheit und Zukunft dazu (s. etwa Cic. off. 1, 11 aus aristotelisch-stoischer Tradition); dieses kommt prinzipiell nicht über den Bereich der → Affekte hinaus, jener hat die Einsicht in Wahr–Falsch, Gut–Böse. Der Mensch allein vermag die Gottheit zu erkennen und zu verehren, besitzt allein die Sprache und kann allein eine politische Ordnung schaffen. Freilich werden (z. T. schon aus ältester Volksweisheit) auch Gegenargumente genannt: das Tier ist physisch viel besser ausgestattet als der Mensch und zeigt von Natur ethische Qualitäten und technische Fertigkeiten, die der Mensch sich erst mühsam durch Übung und Belehrung aneignen muß. Demokrit, Epikur u. a. erkennen an, daß die menschliche Technik vielfach von der Nachahmung der Tiere ausgegangen sei; ethisch verschafft die Einsicht dem Menschen einen Vorrang, wenn auch so, daß er sowohl besser wie auch schlechter als das Tier werden kann (vgl. Aristot. pol. 1, 2. 1253 a 31 ff.; NE 7, 1. 1145 a 18 ff.). Seine physische Vollkommenheit wird von → Xenophon (mem. 1, 4) an nachgewiesen, wobei immer mehr medizinisch-anatomische Erkenntnisse zu Hilfe genommen werden (bes. Cic. nat. deor. 2). Tier und Pflanze sind dem Menschen ebenso untergeordnet wie dieser der Gottheit. Die → Stoa hat die These, es sei der Zweck der gesamten unbelebten und belebten Natur, dem Menschen zu dienen, so weit getrieben, daß man von einem anthropozentrischen Weltbild sprechen kann; freilich hat sie auch die Eingeordnetheit des Menschen selbst in die lückenlose Kausalreihe des kosmischen Schicksals radikal verfochten. In beiden Punkten ist → Epikur ihr entschiedener Gegner. – Zur inneren Struktur des Menschen vgl. → *Psyche*, zur phys. Konstitution vgl. → Medizin.

B. Differenzierung des Menschen. [1] Das allgemeine, bes. von Aristoteles festgehaltene Bewußtsein unterscheidet drei *Elementardifferenzen:* (a) Mann-Frau, (b) Erwachsener-Kind, (c) Herr-Sklave. Zu (a): Bei gattungsmäßiger Ebenbürtigkeit sind die Aufgaben von *Mann* (Berufsarbeit außer Hause, Politik, Krieg) und *Frau* (Hausverwaltung, Kinderaufzucht) verschieden, demnach auch die Haupttugenden (Mann: Tapferkeit, Frau: Selbstzucht). Daß die Ebenbürtigkeit weitergehe und die Frau alle Aufgaben des Mannes mitübernehmen könne, wird in der → Sophistik erwogen und in → Platons ‹Staat› aufgenommen, bleibt aber ein Gedankenexperiment. Immerhin haben manche Philosophenschulen (bes. → Pythagoreer, Platon, Epikur) Wert darauf gelegt, unter ihren Mitgliedern auch Frauen zu haben. Vgl. → Frau, → Staatstheorie. Zu (b): Die Einordnung des *Kindes* ist verschieden: bald ist es der von Kulturschädigungen noch unverdorbene Mensch und zeigt dessen wahre Natur (bes. Epikur), bald nur der unentwikkelte Mensch, der noch nicht der Einsicht und damit der Glückseligkeit fähig ist (bes. → Aristoteles). Es ergibt sich das Problem, auf welchem Wege das Kind zur Einsicht geführt werden und in welchem → Alter es sie erlangen kann (→ Pädagogik). – Zu (c): Das Problem, ob die → Sklaverei naturgegeben oder nur ein Resultat menschlicher Willkür sei, dürfte latent schon in homerischer Zeit vorhanden gewesen sein (Briseis, Eumaios, Eurykleia). Im 4. Jh. v. Chr. wird es in aller Schärfe bewußt: grundlegend Aristot. pol. 1, 3–7. Die Thesen sind: die Sklaverei ist prinzipiell eine Institution politisch-sozialer Konvention und Willkür (so später bes. die Stoa, wohl auch Epikur); dagegen: neben der Willkürsklaverei gibt es die naturgemäße, sofern es Menschen gibt, die konstitutionell über so wenig Einsicht verfügen, daß sie unfähig sind, als ihr eigener Herr über ihr Bestes zu entscheiden. Für sie ist die Dienstbarkeit unter einem Herrn das Beste, der kraft höherer Einsicht für sie entscheidet, dann aber auch ihre physische Arbeitskraft für sich in Anspruch nehmen darf (so Aristoteles). Im ganzen spiegelt die Philosophie eine betont humane Haltung, die für das Griechentum bis ins 3. Jh. v. Chr. charakteristisch gewesen ist (wichtig bes. der Befund des klass. Dramas). Eine starke Verwilderung ist erst vom 2. Jh. v. Chr. an, z. T. vielleicht unter orientalischem, sicher unter röm. Einfluß zu erkennen, doch hat die Philosophie auch da nachdrücklich humanisierend gewirkt (→ Humanität, → Barbaren).

[2] *Entwicklung des Menschen in der Zeit.* Daß die Menschheit in der Urzeit anders war als jetzt, ist allgemeine, schon von Homer und bes. Hesiod vorgetragene Anschauung. Die Philosophie verweilt gerne bei Kulturentstehungstheorien (→ Protagoras bei Plat. Prot.; Platon, rep., leg.; Aristoteles, pol.; Lukrez, Buch V), und seit dem 4. Jh. v. Chr. gibt es zahlreiche Spezialwerke über Erfindungen und Entdeckungen (*περὶ εὑρημάτων*). Die Argumentation ist fast immer dialektisch: die Urzeit (die in einzelnen Völkern am Rande der bewohnten Erde z. T. weiterlebt) steht der unverbildeten Natur und den Göttern noch ganz nahe und zeichnet sich durch Frömmigkeit, Tapferkeit, Schlichtheit des Lebens aus; nahe steht sie aber auch dem Tiere in Brutalität und Maßlosigkeit. Die Entwicklung erfolgt stufenweise: Fürsorge für die elementare Notdurft, dann für Bequemlichkeit, Unterhaltung und Schmuck, endlich für den Geist, wo denn Wissenschaft und Philosophie entstehen. Die Kulturkritik spielt bei den Griechen seit dem späten 5. Jh. v. Chr. eine große Rolle. Daß der Ackerbau, die Seefahrt, die Gewinnung von Metallen für Krieg u. Luxus fragwürdige Errungenschaften seien, wird oft ausgesprochen. Die Selbstkritik Athens kristallisiert sich in der Gestalt des Skythen → Anacharsis, der zu Solon gekommen sein und sich über die athen. Sitten (Gymnastik, Symposia usw.) lustig gemacht haben soll.

[3] *Räumliche Differenzierung nach Völkern und Rassen.* Primitiv volkstümlich ist zunächst die Sonderung von Griechen und → Barbaren. Sie vertieft sich durch die Beobachtung teils der politisch-sozialen Struktur fremder Völker (orientalische Monarchien), teils des physischen Habitus der Bewohner bes. des Nordens und tropischen Südens. Vom 5. Jh. v. Chr. an wird gefragt, wie weit nicht bloß die Entstehung physischer Rassen, sondern auch die Differenzierung der Völker nach ethischem Charakter und intellektueller Begabung von klimatischen und meteorologischen Verhältnissen abhängig sei. Die Dunkelhäutigkeit der Tropenbewohner wird von der intensiven Sonnenbestrahlung abgeleitet, die Tapferkeit der Nordländer von der Unwirtlichkeit ihres Landes, die geistige Beweglichkeit der Griechen von der glücklichen Ausgewogenheit des

Klimas in ihrem zentral gelegenen Lande usw. Diese Dinge beachtet schon die ion. → Ethnographie und → Medizin, dann die Philosophie und hellenist. Wissenschaft, in abschließender und weiterwirkender Synthese → Poseidonios. – Vgl. → Ethik, → Menschenbild, → Staatstheorie. O.G.

Lit: → zu den einzelnen Philosophen.

Anthropomorphismus. Wohl zu unterscheiden ist das elementare Phänomen, daß alles Wirken übermenschlicher Mächte, soweit es nicht mechanistisch gedeutet wird, in den Kategorien des menschlichen Erkennens, Empfindens und Wollens begriffen wird, von der besonderen Vorstellung, in der jene Mächte durchgehend und grundsätzlich nach Gestalt, Lebensform und Wirkweise als höhere Menschen erscheinen. Im ersten Sinne gibt es keine geschichtliche Religion ohne A., im zweiten Sinne ist der A. eine Eigentümlichkeit der Griechen (wo er bei Römern und Kelten vorkommt, dürfte er auf griech. Einfluß zurückgehen). Am stärksten fällt dies an der Gestalt der Götter auf. Sie werden seit Homer als schöne, alterslose Menschen gedacht und auch so an den Kultstätten dargestellt. Dies grenzt ab einerseits und vor allem von jedem Theriomorphismus, wie er anderswo vorkommt und den Griechen bes. in der ägypt. Religion entgegentrat. Kult tiergestaltiger Götter haben die Griechen als anstößig empfunden (vgl. Cic. nat. deor. 1, 43 mit Anm. von Pease; weiterhin etwa Diod. 1, 83–90). In ihrem eigenen Kult und Mythos gibt es reine Tiergestalten überhaupt nicht, nur zuweilen Mischgestalten wie → Kentauren, → Silene, → Satyrn, oder dann die auch den großen Göttern zukommende Fähigkeit, sich in bestimmten seltenen Situationen in bestimmte Tiere zu verwandeln (Zeus in einen Stier, Athena in eine Eule usw.). Doch beläßt der Kult, aber auch der Mythos diese Verwandlungsfähigkeit in sehr engen Grenzen. Abgegrenzt ist der griech. Gestalt-A. andererseits auch von der Annahme gestaltloser, nur in Symbolen repräsentierter Götter. Allerdings hat hier die Philosophie von → Xenophanes an (VS 21 B 14. 15. 16. 23) kräftig eingegriffen und den A. als eine Denaturierung der wahren Gottesvorstellung verworfen. Von da an verbreitet sich nicht nur die Überzeugung, Gott sei in Wahrheit gestaltlos (oder er könne höchstens als das den Kosmos Umfassende kugelartig gedacht werden), sondern es ergeben sich auch Versuche, den gestaltlosen Kult für die Urzeit der Menschheit nachzuweisen. So hat → Poseidonios an Moses gerühmt, daß er den A. der Griechen ausdrücklich mißbilligt habe (FGrHist 87 F 70), und auf ihn wird auch die historisch nicht ganz unrichtige These zurückgehen, der röm. Kult sei in den ersten 170 Jahren der Stadt bildlos gewesen (Plut. Num. 8, 13/14). Anderswo (Hdt. 1, 131) gilt altpers. Religion als der griechischen überlegen, weil sie jedem A. abgeneigt ist. Wo für Griechenland selber von alten Kulten berichtet wird, die die Gottheit gestaltlos oder im bloßen Symbol (Stein, Holzstück u. dgl.) verehrten, muß in den meisten Fällen (→ Hermen und → Baityloi stehen für sich) die Frage offenbleiben, ob es sich um echte Relikte sehr früher Zeit oder um künstliche Archaismen handelt. – Unter den großen Philosophenschulen hat nur diejenige Epikurs grundsätzlich den A. angenommen (geschickte Begründung bei Cic. nat. deor. 1, 46–48; breite Widerlegung 1, 76–102). In der Spätantike ist der Widerstand gegen die ägypt. halbtiergestaltigen Götter schwächer geworden, doch ohne daß der grundsätzliche A. der griech. Kultreligion preisgegeben worden wäre. – Zu beachten ist der A. der Lebensform in Götterstaat, Götterfamilien auch darin, daß im Handeln der Götter das Phantastische und Zauberische nur einen geringen Raum einnimmt. Freilich kann gerade da der A. leicht zur Karikatur umschlagen. Mythen von zankenden, betrügenden, ehebrechenden Gottheiten hat schon Xenophanes (VS 21 B 11 f.) als üble Folgen des A. gebrandmarkt. O.G.

Antialkidas → Antalkidas.

Antias → Valerius.

Antiatticista, Titel eines alphabetisch geordneten, nur im Auszug erhaltenen Lexikons. Zeit des → Phrynichos (2. Jh. n. Chr.), von dem es angegriffen wird. Im Streit mit den strengen Attizisten um die Zahl der in sprachlicher Hinsicht vorbildlichen attischen Klassiker läßt der unbekannte Verfasser einen größeren Kreis von musterhaften Autoren zu. Er benutzt die gelehrten Bücher verwandten Inhalts aus alexandrinischer Zeit. Sein Werk ist inhaltlich einer der Vorlagen des → Helladios (1) verwandt. Vgl. → Lexikographie B [3]; → Synagogē. H.E.

Ed: I. Bekker, Anecdota Graecae I, 1814, 75–116 – *Lit:* K. Latte, Zur Zeitbestimmung des A., Hermes 50, 1915, 373–394.

Antibakchēus oder Palimbakchēus, d.i. ‹umgekehrter → Bakcheus›, d.h. die Elementenfolge ––◡. Der A. wird von antiken Metrikern angesetzt, um das System möglicher ‹dreisilbiger Versfüße› zu vervollständigen (Heph. p. 11, 13 C.), kommt aber als eigenes Kolon nicht vor. B.Sn.

Antidoros von Kyme, Philologe (und Lexikograph?), ca. 300 v. Chr. Neben einer Schrift ‹Über Homer und Hesiod› verfaßte er ein Buch mit dem Titel ‹Lexeis›, entweder eine Sammlung von Erläuterungen homerischer Ausdrücke oder eine Darstellung der Lehre vom Ausdruck. Als erster soll er sich ‹Grammatiker› (γραμματικός, nicht wie bisher κριτικός) genannt haben. Einziges Fragment: Schol. Hom. Il. 23, 638 f. (→ Lexikographie B 2). H.E.

Lit: B. A. Müller, RE Suppl. 3 (1918), 121–123.

Antidosis, Vermögenstausch, Verfahren in Athen bei Ablehnung einer → Leiturgia. Der zur Leiturgia nominierte Bürger besaß das Recht, unter Angebot des Vermögenstausches einen anderen Bürger zur Übernahme der Leiturgia aufzufordern. Dieser mußte die Aufforderung oder das Angebot annehmen. Im Weigerungsfall wurde eine Entscheidung vor Gericht herbeigeführt, dem beide Parteien ihr ganzes Vermögen deklarieren mußten. Berühmt ist die A.-Rede des → Demosthenes. H.Br.

Antigenes, → Lyriker, vermutlich Mitte 5. Jh. v. Chr., Dichter eines verschollenen → Dithyrambos. Er selbst berichtet von der Aufführung in einem Epigramm (AP 13, 28), das eine neue distichische Form hat (4 da ith/Tetram.). E.-M.V.

Antigone, Tochter des → Ödipus und der Iokaste (oder Euryganeia). Begleitet nach att. Sage ihren Vater mit Ismene in die Verbannung. Nach dem Zug der → Sieben gegen Theben bestattet sie, gegen das Verbot des → Kreon, den Leichnam ihres Bruders → Polyneikes (oder errichtet ihm, nach späterer Sage, zusammen mit → Argia einen Scheiterhaufen). Zur Strafe in ein unterirdisches Gemach (Grab) gesperrt, wo sie sich tötet. Ihr Verlobter Haimon, der sie befreien will, tötet sich über ihr.

Q: Soph. Ant.; Eur. Ant. nahm, nach Frg.en zu schließen, einen glücklichen Ausgang. – *Darstellungen:* nur sehr selten nachweisbar. Vereinzelt finden sich A.-Iokaste (Robert, JdI 34, 1919, 76), A.-Ödipus (H. Klumbach, Tarentiner Grabkunst, 1937, 63, 62) und, auf apul. Vasen, eine Version mit anderem Ausgang als bei Soph.: A. heiratet, nach Ausweis einer Amphora in Bari, unterstützt von Herakles, Haimon (Séchan, 274 ff.; Webster, Hermes 82, 1954, 304 f.). K.Schb.

Antigoniden, hellenist. Dynastie aus makedon. Adel. Ihr Begründer → Antigonos I. Monophthalmos beherrschte 323/321–301 (seit 306 als König) große Teile Vorderasiens; 294–287 (→ Demetrios I. Poliorketes) und 276–168 waren die A. Könige von → Makedonien, bis 197 auch Beherrscher Thessaliens und weiter Teile Griechenlands und der Ägäisinseln. 302 und 224–198/196 waren die Könige aus der Dynastie zugleich Hegemone von Hellenenbünden. Die A. suchten sich durch fiktive Abstammung von → Alexander (5) d. Gr. (und damit von Herakles) zu legitimieren. Durch Eheverbindungen waren sie mit anderen hellenist. Dynastien, bes. den → Seleukiden, aber auch mit griech. und balkanischen Geschlechtern verschwägert (vgl. den Stammbaum der A. und den der → Seleukiden). – Vgl. → Antigonidenreich. H.H.Sch.

DIE ANTIGONIDEN

Philippos, makedon. Adeliger

→ Antigonos I. Monophthalmos (323/1 [König 306]–301) geb. vor 380, gest. 301
∞ Stratonike, T. des Korrhagos

→ Demetrios (1) I. Poliorketes (König 306–283, v. Makedonien 294–287) geb. ~ 337/6, gest. 283 verheiratet mit:

Philippos

1. ∞ (~ 320) Phila, T. des → Antipatros geb. ~ 350, gest. 287

2. ∞ (307) Eurydike, aus Athen

3. ∞ (303) Deïdameia, Schwester des → Pyrrhos (1) v. Epirus gest. ~ 299/8

4. ∞ (~ 290) Lanassa, T. des → Agathokles (3) v. Sizilien, zuvor mit → Pyrrhos (1) verheiratet

5. ∞ (~ 287) Ptolemaïs, T. → Ptolemaios' I. und der Eurydike

aus 1. Ehe der Phila mit → Krateros (1; gest. 321):

→ Krateros (2) geb. 321 Statthalter Antigonos' II. in Korinth

→ Alexandros (8) geb. ~ 290, gest. ~ 245 Statthalter in Korinth ∞ Nikaia

→ Antigonos II. Gonatas (König 283–239, seit 276 v. Makedonien) geb. ~ 319, gest. 239 ∞ Phila, T. → Seleukos' I. (Stammbaum → Seleukiden)

Stratonike, gest. nach 266
∞ 1. → Seleukos I. ∞ 2. → Antiochos I.

Phila ∞ → Antigonos II. Gonatas

→ Antiochos II.

Stratonike ∞ → Demetrios (2) II.

Alexandros (in Ägypten gest.)

→ Demetrios (1a) ‹der Schöne› geb. 286/5, gest. nach 250 ∞ Olympias, T. d. Polykleitos aus Larisa

→ Antigonos III. Doson (229 [König 227]–221) geb. ~ 263/2, gest. 221 ∞ Chryseïs (= Phthia?), Witwe → Demetrios' (2) II.

Echekrates

Söhne aus der Ehe mit Chryseïs als Privatleute erzogen

Antigonos gest. ~ 179

→ Demetrios (2) II. (239–229) geb. ~ 275, gest. 229
∞ 1. Stratonike, T. → Antiochos' I.
2. Nikaia, Witwe → Alexanders (8) v. Korinth
3. Phthia, T. → Alexanders (2) II. v. Epirus
(4. Chryseïs, wohl identisch mit Phthia)

(von Phthia) → Philipp (3) V. (221–179) geb. 238, gest. 179
∞ 1. Polykrateia aus Argos (vorher Gattin Aratos' d. J.)
∞ 2. Ehe mit ?

→ Perseus (2) (179–168) geb. ~ 212, gest. 165 oder 162
∞ 1. bastarn. Prinzessin
∞ 2. Laodike, T. → Seleukos' IV

Philippos geb. ~ 178, gest. ~ 160

Alexandros

Tochter

Demetrios geb. ~ 206, gest. 180

Apama (?) ∞ → Prusias II. v. Bithynien

Tochter ∞ Teres v. Thrakien

H. H. Sch.

Antigonidenreich (seit → Antigonos II.; der Artikel umfaßt nicht die anders gearteten Reichsbildungen → Antigonos' I. und → Demetrios' I.).

[1] *Geschichte.* Nach mehrjährigen, schweren Kämpfen konnte → Antigonos II. Gonatas (283/276–239) die (unter seinem Vater Demetrios I. 287 verlorengegangene) Herrschaft über Makedonien (276), bald darauf auch über Thessalien wiedererringen und in der Folge die direkte oder mindestens indirekte Herrschaft Makedoniens über bedeutende Teile Mittelgriechenlands, der Peloponnes und der Ägäisinseln ausdehnen. Nach schweren Rückschlägen in den späteren Jahren Antigonos' II. (seit etwa 250) und unter → Demetrios II. (239–229) errichtete → Antigonos III. Doson (229–221) erneut die makedon. Hegemonie über große Teile Griechenlands (224 Begründung eines Hellenenbundes). In der größten Expansionsperiode unter → Philipp V. (221–179) erstreckten sich Machtbereich und Einfluß des A.s bis Thrakien, Kreta und sogar Karien. Unter diesem Herrscher stieß jedoch das A. als erstes der großen hellenist. Reiche mit Rom zusammen; 197 wurde die Antigonidenherrschaft auf Makedonien eingeschränkt, 168 der letzte König → Perseus (2; seit 179) abgesetzt und das A. zerschlagen. Die letzten Antigoniden starben als Internierte in Italien.

[2] *Aufbau und Verwaltung* des A.s sind bisher nur in den Grundzügen bekannt. Gegenüber den hellenist. Oststaaten (→ Hellenist. Staat, → Ägypten II, Seleukidenreich) nimmt das A. in manchem eine Sonderstellung ein, da es nur teilweise auf erobertem Gebiet errichtet war und da die Traditionen des Kernlands Makedonien lebendiger als anderwärts fortwirkten. Der Charakter der Herrschaft im eigentlichen Makedonien sowie in Thessalien (Personalunion) ist daher verschieden von dem in den (seit → Philipp II.) hinzueroberten Nebenlanden und Außenbesitzungen (z. B. Paionien, Chalkidike, Thrakien, innerbalkan. Gebiete, Atintanien; Besitzungen in Hellas, zeitweise Karien usw.). – 1. *Bevölkerung.* Im Kernland konnte sich die Antigonidenherrschaft nicht nur (wie die östl. Dynastien) auf eine dünne griech.-makedon. Oberschicht, sondern auf das starke dynastische Gefühl der ethnisch einheitlichen Bevölkerung Makedoniens stützen. So behielt auch die makedon. Heeresversammlung im A., im Gegensatz zu den Oststaaten, den Charakter einer Versammlung des Staatsvolks. Stärkerer Gegensatz zwischen herrschender und beherrschter Bevölkerung (vgl. → Hellenist. Staat 5) bestand nur in einigen Außenbesitzungen, bes. in Hellas, wo die makedon. Herrschaft – trotz fortschreitender kultureller Hellenisierung Makedoniens – weithin als Fremdherrschaft abgelehnt wurde. – 2. *Königtum.* Die hellenist. Form der absoluten, persönlichen Herrschaft (→ Hellenist. Staat 1) war zunächst nur in den hinzueroberten Nebenlanden voll ausgebildet (s. u.). In den Kernlanden behielt das Königtum bis zuletzt gewisse Züge des altmakedon., patriarchalischen Volkskönigtums. Die Hofhaltung blieb verhältnismäßig schlicht. Ein staatlicher → Herrscherkult hat im A. nie bestanden. Die Heeresversammlung war (wenigstens der Form nach) dem König staatsrechtlich gleichgestellt (‹*Βασιλεὺς Ἀντίγονος καὶ οἱ Μακεδόνες*›) und scheint auf die Thronfolge größeren Einfluß als anderwärts gehabt zu haben. Zu tatsächlicher, die reale Macht des Königs einschränkender Mitbestimmung kam es jedoch wohl auch hier nur in Ausnahmefällen. Nach Vorbild der anderen hellenist. Reiche und der Stellung des Königs in den Nebenlanden schritten die (seit → Philipp II. zu beobachtende) Emanzipation des Königtums und die Entwicklung zur absoluten Monarchie rasch fort, bes. unter → Philipp V. (äußere Zeichen: Einführung von → Diadem und Münzporträt). Für die Datierung nach Regierungsjahren → Zeitrechnung. – 3. *Territorialverwaltung.* (a) In den Kernlanden wurden teilweise ältere Formen beibehalten; z. B. in Obermakedonien eingesessene Adelige als Leiter von Verwaltung und Militäraufgebot; in Niedermakedonien dagegen Kreise (Merides) unter vom König ernannten → Epistaten mit Sitz in Städten, die z. T. griech. Polisverfassung, aber nur geringen politischen Spielraum hatten. – (b) Nebenlande und Außenbesitz waren als ‹speergewonnenes Land› königlicher Besitz (→ Hellenist. Staat 1. 4) und wurden, wie in den anderen hellenist. Reichen, von königl. → Strategen verwaltet. Der makedon. Besitz in Hellas unterstand im 3. Jh. zeitweise einem Vizekönig (→ Krateros (2), → Alexandros, 8), der auch zahlreiche Vasallen (Tyrannen) in der Peloponnes kontrollierte. – 4. *Wirtschaft.* Auch im A. war der König größter Grundbesitzer; in Kern- und Nebenlanden umfaßten seine riesigen Domänen außer Acker- und Weideland reiche Gold- und Silberbergwerke und Wälder (Schiffsbauholz, Teer, Pech). Teile des ‹Königslands› in den Nebenlanden wurden als Lehen (*δωρεαί*) an Angehörige des Bluts- und Hofadels (Hetairoi, → Philoi) gegeben. Weitreichende Handelsbeziehungen, bes. im Ägäisraum, erhöhten den politischen Einfluß des A.s. – 5. *Heer:* Das Volksaufgebot (im Kriegsfall) rekrutierte sich bes. aus den kleineren Grundbesitzern als ‹Pezhetairen› (Phalanx-Infanterie). Dazu kamen in steigender Zahl Söldner (bes. Kelten), bes. als stehende Garnisonstruppen in Neben- und Außenlanden. Rückgang des makedon.-thessal. Volkstums infolge der häufigen Kriege machte im späteren 3. und im 2. Jh. Ansiedlung von Thrakern, Kelten usw. in größerem Maß erforderlich. H. H. Sch.

Lit: Zu [1]: J. G. Droysen, Gesch. d. Hellenismus II–III (1843), 1878^2 – B. Niese, Gesch. der griech. u. maked. Staaten, 3 Bde, 1893–1903 – K. J. Beloch, GG IV 1–2 – F. Geyer, RE 14, 1 (1928), 737–762 (Lit) – CAH VII–VIII, 1928–30 (Lit) – M. Holleaux, Etudes d'épigraphie et d'hist. grecques IV–V, 1952–57 – Bengtson, 358–479 (Lit) – *Zu* [2]: F.W. Walbank, Philipp V of Macedon, 1940, bes. 1–9, 264–266 – H. Bengtson, Die Strategie in der hellenist. Zeit II, 1944, 317–394 – M. Rostzovtzeff, Hellenist. Welt, I 193–196, II 502 f. – V. Ehrenberg, Der Staat der Griechen (1958), 1965^2 (Lit) – H. Bengtson, 419–427, 439–442 (Lit) – *Münzen:* H. Gaebler, Die ant. Münzen Nordgriechenlands III, 1906–35 – P. R. Franke, JbNG 7, 1950, 105–138 (Lit).

Antigonos I., ‹der Einäugige› (Monophthalmos), ca. 382 bis 301, unter → Alexander (5) d. Gr. Offizier und Satrap von Großphrygien, doch ohne sich bes. auszuzeichnen. Nach dem Tod des Königs verbündete er sich mit → Antipater (1) und → Krateros (1) gegen → Perdikkas (4). Unter Antipater Stratege von Asien, kämpfte er erfolgreich u. a. gegen → Eumenes (3), unterstützte nach Antipaters Tod → Kassandros, und verfolgte Eumenes bis nach Gabiene, wo er ihn entscheidend besiegte; so gewann er die östlichen Satrapien des Reiches (316). Mit überwältigender Macht kämpfte er dann – zuerst im Namen → Alexanders IV. und stets als Vorkämpfer der griech. ‹Freiheit› – für die Wiedervereinigung des Reiches in seiner Hand. Nach Kämpfen mit Kassandros, → Lysimachos und → Ptolemaios I. kam 311 ein Waffenstillstand zustande; A. wandte sich gegen → Seleukos I., der jedoch im folgenden Jahrzehnt den ganzen Osten des Reiches erobern konnte. Inzwischen erneuerte Ptolemaios den Krieg im Westen. A. sandte seinen Sohn → Demetrios I. zur ‹Befreiung› Athens, das ihnen mit göttlichen Ehren dankte. Nach einem Seesieg über Ptolemaios bei Salamis (306) nahmen A. und Demetrios den Königstitel an; die anderen → Diadochen folgten. Nach erfolglosen Angriffen auf Ägypten und Rhodos wandte sich A. gegen Kassandros: Demetrios ‹befreite› den Großteil von Griechenland, das er im neubelebten Korinthischen Bund vereinigte. Inzwischen hatte Kassandros die Hilfe seiner Verbündeten gewonnen: Demetrios wurde nach Asien zurückberufen; A. fiel in der Schlacht von Ipsos 301 gegen Lysimachos und Seleukos seinem Ehrgeiz zum Opfer. Sein Reich wurde ‹wie ein Riesenleichnam› (Plut. Demetr. 30) unter die Sieger aufgeteilt. E. Bd.

Lit: E. Manni, Demetrio Poliorcete, 1952 – *Bildnisse:* → Anhang I.

2. **A. II.,** gen. Gonatas (Bedeutung nicht geklärt), geb. um 319 v. Chr., versuchte nach 287 die Besitzungen seines Vaters → Demetrios' I. Poliorketes in Hellas gegen → Pyr-

rhos (1), → Lysimachos und → Ptolemaios (21) Keraunos zu behaupten. Seit Demetrios' Tod 283 führte er den Königstitel; erst nach einem Bündnis mit → Antiochos I. (278) und einem Sieg über die Kelten bei Lysimacheia (277) beherrschte er Makedonien (seit 276). Gegen Pyrrhos, der ihn 274–273 aus Teilen seines Reichs vertrieben hatte, verband sich A. 272 mit Sparta und dehnte in der Folge Herrschaft und Einfluß über weite Teile Mittelgriechenlands aus. Im → Chremonideischen Krieg besiegte er 265 → Areus von Sparta bei Korinth, 262 (?) → Ptolemaios II. in der Seeschlacht bei Kos und eroberte 263/262 Athen; im 2. → Syr. Krieg bekämpfte er 260–255 mit seinem Schwager → Antiochos II. den Ptolemaios, dessen Einfluß auf den → Nesiotenbund er zurückdrängte (255 Sonderfriede). Nach den Wirren der Jahre 300–270 war um 250 Makedonien wieder gefestigt und seine Hegemonie über Hellas wieder begründet; sie wurde freilich in A.' letztem Jahrzehnt wieder erschüttert durch den Abfall seines Neffen und Statthalters → Alexandros (8; um 250: Verlust von Korinth und Euböa) und durch die Expansion des → Achäerbunds unter → Aratos (1) v. Sikyon (seit 251, mit ptolemäischer Finanzhilfe). 239 starb A., etwa 80 Jahre alt. Er war in seiner Jugend Schüler des → Zenon (3) v. Kition gewesen, zog Philosophen an seinen Hof und versuchte die Lehren der → Stoiker auf politisches Handeln anzuwenden. Bekannt ist sein Ausspruch, das Königtum sei eine ‹ruhmvolle Knechtschaft› (ἔνδοξος δουλεία) gegenüber den Gesetzen (Stammbaum → Antigoniden). H. H. Sch.

Lit: W. W. Tarn, A. Gonatas, 1913 – W. Fellmann, A. Gonatas, König der Makedonen, u. die griech. Staaten, Diss. Würzburg 1930 – H. Volkmann, Ἔνδοξος δουλεία, Philol. 100, 1956, 52–61 – *Zur Chronologie:* M. Chambers, The first regnal year of A. Gonatas, AJPh 75, 1954, 385–394 – Weiteres → Antigoniden – *Bildnisse:* → Anhang I.

3. **A. III.** Doson, Sohn → Demetrios' (1a) des Schönen, geb. um 263/262, übernahm 229 nach dem Tod seines Vetters → Demetrios II. die Vormundschaft für dessen unmündigen Sohn → Philipp (V.) als Reichsverweser (daher Beiname Doson: ‹der seine Herrschaft abgeben wird›) und ‹Strategos› von Makedonien. Die schwierige Lage von Reich und Dynastie (Verlust der peloponnes. Vasallenstaaten, Abfall Thessaliens und Athens, Angriffe der Dardaner und Ätoler, Meuterei des Heeres) meisterte A. durch erfolgreiche Kämpfe in Päonien und Thessalien, Verhandlungen mit den Ätolern und Zugeständnisse an die Makedonen. 228/227 begründete er in Karien eine makedon. Provinz und nahm 227 den Königstitel an. 225 mit dem bisher feindlichen → Achäerbund gegen → Kleomenes III. von Sparta verbündet, nahm er 224 Korinth und vereinigte Achäer, Thessaler, Epiroten, Akarnanen, Böoter, Phoker, Lokrer und Euböer zu einem Hellenischen Bund unter seiner Hegemonie. Nach Erfolgen in der Peloponnes (223 Zerstörung Mantineias, als Antigoneia wiederaufgebaut) schlug er 222 Kleomenes bei Sellasia und zwang Sparta, dem Bund beizutreten. Bei seinem Tod 221 (nach erfolgreicher Abwehr eines Illyrereinfalls) hinterließ der tatkräftige und besonnene Herrscher seinem Mündel Philipp V. ein wiedererstarktes Makedonien. (Stammbaum → Antigoniden). H. H. Sch.

Lit: M. T. Piraino, A. Doson re di Macedonia, Atti Acc. Palermo, ser. IV 13, 1953, 301–731 (Lit) – Bengtson, 390 (Lit). 408–410 – Weiteres → Antigoniden – *Bildnisse:* → Anhang I.

4. **A.,** Bildhauer, vor allem Erzgießer. Im späteren 3. Jh. v. Chr. (?) tätig, vor allem am Hof der → Attaliden von Pergamon. Von Wilamowitz u. a. Forschern gleichgesetzt mit → Antigonos (5) v. Karystos, der nach Zenobios auch der Entdecker der Künstlersignatur der ‹Nemesis› in Rhamnus von → Agorakritos ist. E. Bg.

Lit: U. v. Wilamowitz-Moellendorf, A. v. Karystos, Philol. Unters. 4, 1881 – B. Schweitzer, Zur frühpergamen. Kunst, AA 54, 1939, 410 – Lippold, GrPl, 353 Anm. 4 u. 5 – S. Ferri, EAA I, 1958, 416.

5. **A. von Karystos,** 3. Jh. v. Chr., Verfasser von → Biographien von Philosophen des 4./3. Jh.s v. Chr., die, die Lehren im Hintergrund lassend, ein überaus anschauliches Bild von Herkunft, Charakter, Lebensgewohnheiten und Schicksalen gaben. In Resten faßbar sind die Biographien der Skeptiker Pyrrhon und Timon, die der von A. bes. geschätzten Akademiker Polemon, Krates, Krantor, Arkesilaos, des Peripatetikers Lykon, des Menedemos v. Eretria, des Zenon v. Kition. Mehrfach scheint A. als Zeitgenosse zu berichten, die Gesamtabsicht seiner Biographien ist freilich unklar, desgleichen, ob er mit einem gleichnamigen Erzgießer bei Attalos I. v. Pergamon und Kunstschriftsteller oder mit dem Verfasser einer z. T. erhaltenen hellenist.-gelehrten Sammlung von Paradoxa identisch ist. O. G.

Ed: O. Keller, BT, 1877 (Paradoxa) – *Lit:* U. v. Wilamowitz, Philol. Unters. IV, 1881.

Antikleia, Tochter des → Autolykos, Mutter des → Odysseus, der bei seiner Hadesfahrt ihren Schatten trifft (Od. 11, 536ff.).

Antilegomena (ἀντιλέγω, ‹widersprechen›): (1) ‹Umstrittene Begebenheiten› (Aischin. 2, 44), (2) Bücher von umstrittener Echtheit (das Verb in Plut. mor. 2, 839 C). → Eusebios (hist. eccl. 3, 25, 3) bezeichnete so Jak., Jud., 2. Petr., 2.–3. Joh., weil der → Kanon des NT diese nicht überall umfaßte. Schon vorher hatte → Origenes diese Schriften ‹umstrittene› (ἀμφιβαλλόμενα) genannt. B. R.

Lit: → Kanon.

Antilochos, Sohn des → Nestor, dem er in der Ilias des Patroklos Tod meldet. Noch bedeutender in der → Aithiopis, in der er engster Freund des Achilleus ist und mit seinem Leben Nestor vor Memnon rettet. Seine Asche wird auf Wunsch des Achilleus mit der des Achilleus und des Patroklos in dessen Grab beigesetzt. → Trojan. Krieg. K. Schb.

Darstellungen: Oltos u. a.: Maler zeigen A. mit Nestor und als Begleiter Achills; um seine Leiche kämpfen Achill und Memnon (Beazley, ARV² 1720 f.) – *Lit:* G. Bermond Montanari, EAA I, 1958, 417. K. Schf.

Antilopen. A. und Gazellen, in mehreren Arten von Westafrika bis Indien verbreitet, waren seit der Frühzeit geschätztes Jagdwild (Fleisch, Fell, Horn). Gazellen wurden schon im 3. Jt. in Ägypten herdenweise zahm gehalten. Die Griechen nannten sie ὄρυξ wegen der graden, spitzen Hörner, auch δόρκας nach den schönen, sanften Augen. Röm. damma wahrscheinlich afrikanisch. Begehrt war das feine Leder als Pergament. In der Kunst war die Gazelle seit kret.-myk. Zeit bekannt und als Inbild des flüchtigen Steppenwildes wegen ihrer zierlichen Form beliebt. Vgl. → Fauna; → Jagd. J. W.

Lit: Keller, Tierwelt I 286–296 – Ders., RE 7, 1 (1910), 889–891 – S. Marinatos, Kreta und das myk. Hellas, 1959, 198 f.; Taf. 36.

Antimachos von Kolophon, Verfasser epischer und elegischer Dichtung, Herausgeber der Ilias und Odyssee, nach Apollodor um 404 v. Chr. – Von seinen Werken, die → Herakleides (1) v. Pontos auf Veranlassung Platons gesammelt hat (danach starb A. vor 348/347), sind nur wenige Fragmente von geringem Umfang erhalten: 1. ‹Thebais›, wohl 24 Bücher, 5 aus Zitaten erkennbar. Die Fragmente geben keinen Aufschluß darüber, ob A. die kyklische ‹Thebais› kannte, zeigen aber, daß Homer sein Vorbild war; 2. ‹Lyde›, mindestens zwei Bücher in elegischem Versmaß. In ihr führte A. myth. Beispiele von unglücklicher Liebe auf (z. B. die Argonautensage), angeblich um sich über den Tod seiner Geliebten, Lyde, zu trösten. Vorbild war die ‹Nanno› des → Mimnermos und die Katalogpoesie → Hesiods. Die Werke Deltoi und Artemis sind nur als Titel bekannt. – A. ist der erste Vertreter des im Hellenismus geläufigen Typs des gelehrten Dichters (poeta doctus). Gelehrsamkeit und Kunst sind in seinem Werk untrennbar vereint. Gelehrte Kenntnis der homerischen Stilmittel, ihre bewußte Erneuerung und Steigerung, die Freude am Detail und an der seltenen Wendung, die nur der Kenner richtig zu würdigen weiß, sind für A. bezeichnend. Die Dichtung löst sich damit zwangsläufig von der Gemeinschaft und wird Kunst für die Gebildeten. – Das Urteil der Antike über A. ist schwankend. → Kallimachos (3) z.B. tadelt ihn, er wurde aber noch im 2. Jh. n. Chr. gelesen, und Hadrian stellte ihn über Homer. Vgl. → Epos F. G.K.

Ed. u. Lit: B. Wyß, Antimachi Colophonii reliquiae, 1936 (mit ausführlicher Einleitung).

2. **A. von Teos,** wahrscheinlich Epiker aus dem 8. Jh. v. Chr. (Plut. Rom. 12, 2). – Wilamowitz u.a. entnehmen den Schol. Aristophan. Pax. 1270, daß er als Verfasser der kyklischen → Epigonoi galt, da die Zuschreibung nicht den jüngeren → Antimachos (1) v. Kolophon, den Verfasser der → Thebais, bezeichnen kann. Vgl. → Kyklos. G.K.

Q: EGF 247 – T.W. Allen, Homeri Opera V, OCT, 1912, 115 – *Lit:* U. v. Wilamowitz, Homer. Unters., 1884, 345 Anm. 26 – E. Bethe, Theban. Heldenlieder, 1891, 36–37 – G. Knaak, Ein neues Fragment des A. v. Teos?, BPhW 23, 1903, 284.

Antimenesmaler, att. Vasenmaler des spät- → schwarzfigurigen Stils (Vasen E 4), tätig im späten 6. Jh. v. Chr., benannt nach dem Lieblingsnamen A. (Hydria in Leyden); Schüler des Lydos (?). Anmutiger Erzähler täglichen Lebens, verwandelt ältere heroische Themen in Idyllen. – *Werke:* Hals- → Amphora mit Herakles bei Pholos, und Olivenernte, London B 226 (CVA, BM III H e, Taf. 55, 4a–b); Hydrien, Halsamphoren, Panathen. Amphoren.

Lit: Beazley, Development, 79–81. I. Sch.

Antimetabolē (ἀντιμεταβολή, commutatio: Rhet. Her. 4, 39), rhetor. → Sinnfigur; Umkehrung eines Gedankens mit Verwendung des gleichen Wortmaterials, z.B. «nicht leben, um zu essen, sondern essen, um zu leben» (vgl. Quint. inst. 9, 3, 85). → Chiasmus. H.H.

Lit: Volkmann, 488 – Lausberg, I 395 ff. – O. Weinreich, Über einige panegyrische Topoi der Schönheits- und Charakterschilderung, WüJbb 1, 1946, 111–127.

Antinoos, Wortführer unter den Freiern der → Penelope, → Odysseus.

2. **A.,** in Bithynien geborener Liebling → Hadrians, ertrank 130 n. Chr. bei einer Nilfahrt, nach Dio Cass. 69, 11, 2 f., um dem Kaiser das Leben zu retten. Hadrian gründete A. zu Ehren die Stadt Antinoopolis, nahm ihn unter die Götter auf und ließ ihm Kulte, Tempel und Statuen errichten. K.H.Sch.

[2] Zur *Statue des A.* als Dionysos (Rom, Vatikan; 1793 bei Palestrina gefunden, dann Palazzo Braschi; Marmor, H. 3,26 m) vgl. → Plastik C [4]. Ferner: → Anhang I. H.v.H.

Lit u. Abb: Lippold, Vat. Kat. III 1 (1936), 113, Taf. 40; 43.

Antiochenische Theologie. Die a. Th. stand vom 3. bis ins 6. Jh. im Gegensatz zur → alexandrin. Theologie; dieser wird in den drei deutlich unterschiedenen Phasen in der Geschichte der a. Th. niemals überbrückt. Die Fehde hatte im übrigen nicht nur theologische, sondern auch kirchenpolitische Gründe. Es wurde in ihr zugleich ein Rangstreit zwischen den beiden Patriarchaten ausgetragen, in dem derjenige gewann, der den Kaiser und den reichskirchlichen Stuhl von Konstantinopel für sich hatte. – 1. Die erste Epoche wird durch → Paulus (6) v. Samosata bezeichnet (abgesetzt 268); der von ihm in der Christologie eingeschlagene Weg des → Adoptianismus wird nicht fortgesetzt. – 2. Erst → Lukian (2; gest. als Märtyrer 312) begründete eine eigentliche Schule, deren Mitglieder (*συλλουκιανισταί* → Arianischer Streit) sich als Träger einer gemeinsamen Konzeption verstanden: Lösung der Bibelexegese von der allegorischen Erklärung; in der Christologie zumindest Hinneigen zur Vorstellung von der Geschöpflichkeit Christi und von der stufenweisen Herabkunft des Logos. Der platonisierenden Betrachtungsweise des → Origenes trat hier ein aristotelisches Moment historischer Wissenschaftlichkeit entgegen. – In der Generation nach Lukian ist die a. Th. wohl in seinen Schülern lebendig, war aber in Antiochia selbst durch ein langwährendes, örtliches Schisma behindert. – 3. Die eigentliche Blüte der a. Th. führte → Diodoros (5) v. Tarsos (gest. 394) herauf, der ähnlich wie zuvor Lukian großes Gewicht auf die Exegese des AT legte, das systematisch als Vorhof zur Heilsgeschichte ausgedeutet wurde. Dies Erbe verwaltete vor allem Johannes → Chrysostomos (gest. 407). In der Christologie widersetzte man sich dem starren, zu Alexandria gelehrten Schema einer Vereinigung des Logos mit dem ‹Fleisch› (Joh. 1, 14). Dafür verwandte man das Logos-Mensch-Schema, was zur sog. Trennungschristologie, die streng auf die Integrität beider Naturen in dem Inkarnierten achtete, führte. Sie wurde von dem größten Vertreter der a. Th., → Theodoros (10) v. Mopsuestia (gest. 428), entwickelt, der den Satz von der einen Person bzw. Hypostase und den zwei Naturen begründete. Ihre prononcierte Propagierung durch → Nestorios (sog. Teilungschristologie; → Dyophysitismus) verwickelte die a. Th. in dessen Streit mit → Kyrill, gegen dessen maßlose Angriffe man den Schulgenossen verteidigte (z.B. → Theodoret v. Kyrrhos). Die postume Verurteilung der a. Th. auf dem 5. ökum. Konzil (553) hat sich auch auf den Nachlaß ausgewirkt, so daß heute die exegetische Arbeit Theodors weithin aus → Kettenkommentaren rekonstruiert werden muß. Nur bei den → Nestorianern erhielten sich Geist und Tradition der a. Th. Vgl. → Christentum V E 3. H.D.

Lit: G. Bardy, Recherches sur s. Lucien d'Antioche et son école, 1936 – J. Guillet, Les exégèses d'Alexandrie et d'Antioche, conflit ou malentendu?, RecSR 34, 1947, 257–302 – A. Grillmeier-H. Bacht, Chalkedon I, 1951, 67 ff. – G. Downey, A history of Antioch in Syria, 1961.

Antiochia, Stadt am Orontes (Kt. 2196 B 2; heute Antakya). A. ist eine der vier ‹Schwesterstädte› im Seleukidenreich neben Seleukeia Pieria, Apameia und Laodikeia. Es wurde i. J. 300 v. Chr., nach der Schlacht von Ipsos, durch → Seleukos I. Nikator gegründet. Zwar war zunächst Seleukeia als Hauptstadt gedacht, doch wurde sie nach Seleukos' Tod nach A. verlegt. Die Lage der Neugründung auf dem linken Ufer des Orontes, am Fuß des Silpios-Berges, war strategisch ungünstig. A. wurde bei der Gründung unter den Schutz des Zeus gestellt, die wenige Kilometer südwestlich von A. gelegene ‹Vorstadt› (heute Bêt-el-mâ) wurde dem Apollon geweiht. Eine erste Blütezeit erlebte A. unter → Antiochos IV. Epiphanes, der ein neues Quartier, Epiphania, am Fuße des Silpios bauen ließ. Unter Antiochos IV. ist auch die große, in den Felsen des Silpios eingehauene Reliefbüste, das sog. Charonion, entstanden; sie soll mit der Abwehr einer Pestepidemie in Zusammenhang stehen. Beim Niedergang der Seleukidendynastie verlor auch A. zunächst an Bedeutung. – 64 v. Chr. kam A. durch → Pompeius (2) an Rom und wurde Hauptstadt der Provinz Syrien. Damit begann der Aufschwung A.s zur Weltstadt, die an Bedeutung, Glanz und Pracht mit Alexandria und Rom wetteiferte. Unter Tiberius entstand eine große Kolonnadenstraße als Hauptachse der Stadt. Sie verlief auf der Grenzlinie zwischen der alten Gründung des Seleukos und der Stadterweiterung des Antiochos Epiphanes. Am 9. April 37 n. Chr. zerstörte ein Erdbeben die Stadt. → Caligula, dessen Vater → Germanicus in A. gestorben war, ließ A. großzügige Hilfe zukommen. Ein weiteres Erdbeben zerstörte A. am 13. Dez. 115. – Einem baulichen Höhepunkt strebte die Stadt unter Hadrian entgegen. Dieser Kaiser war mit A. aufs engste vertraut. 115, 123 und 129–130 weilte er in A. Vor allem die Wasserversorgung der Stadt und die Fassung der reichen Quellen von Daphne ließ Hadrian verbessern. Rückschläge erlitt die Stadt zuerst unter → Septimius (3) Severus, der A. dafür bestrafte, daß es i. J. 194 n. Chr. seinen Rivalen → Pescennius Niger unterstützt hatte. A. wurde seines Titels Metropolis und des Ranges der Provinzhauptstadt entkleidet und zu einem Dorfe der Stadtgemeinde von Laodikeia erklärt, das *ob belli civilis merita* zur neuen Metropolis erhoben wurde. Ebenso empfindlich traf die Stadt die Wegnahme der ‹Olympischen› Spiele. Caracalla gab A. diese Spiele wieder zurück und erhob A. in den Rang einer Kolonie. Schreckliche Katastrophen erreichten A. in der Folgezeit. 256 und 260 n. Chr. wurde A. von den Persern erobert. Bei ihrem Abzug führten sie eine Anzahl Einwohner (vor allem Kunsthandwerker) mit sich fort. Die Herrschaft der Prinzen von Palmyra (→ Odaenathus) befreite A. wieder. Die wichtigste Person in der Folgezeit ist Bischof → Paulos(6) von Samosata, 260 gewählt als Nachfolger des von den Persern weggeführten Demetrianus. Unter direkte röm. Herrschaft kam A. erst wieder im Zuge des Vorgehens → Aurelians gegen → Zenobia. Unter Diokletian schritt der Wiederaufbau A.s voran. Vor allem ließ Diokletian auf der Insel im Orontes einen Palast errichten, den Libanios in seiner 11. Rede beschreibt. Das 4. und 5. Jh. n. Chr. verlief, abgesehen von den → Christenverfolgungen, eher ruhig. Ein Erdbeben richtete zwar 458 gewaltige Schäden an, so daß Kaiser → Leo I. Steuererlässe bewilligen mußte. Der bauliche Niedergang der Stadt begann mit einer großen Feuersbrunst i. J. 525 und einem Erdbeben i. J. 526, bei dem 250000 Menschen umgekommen sein sollen. Die Zerstörung der Stadt war vollkommen. Der Wiederaufbau schritt nur langsam voran, so daß die Eroberung und Plünderung A.s durch die Perser i. J. 540 eine noch stark zerstörte Stadt traf. Der Aufbau ging unter Justinian weiter, 542 durch eine Pest unterbrochen. 637 eroberten die Araber die Stadt. Von 969–1084 folgte eine nochmalige byzantinische Periode, 1084 eroberten die Seldschuken A., denen die Kreuzfahrer die Stadt 1089 entrissen, sie aber 1268 an die Türken verloren. – *Bauten:* In A. sind zahlreiche Bauwerke ausgegraben worden. Sichtbar sind die Stadtmauern (weitgehend aus der Zeit Justinians), das schon genannte ‹Charonion› und die Bāb el-ḥadīd (‹Eisernes Tor›) genannte Stauvorrichtung für den Gebirgsbach Parmenius aus justinianischer Zeit. Literarisch bezeugt und durch Sondierungen fixiert sind die Kolonnadenstraße und die Palastbauten auf der Orontesinsel. Diese bildeten ein ganzes Quartier, dessen Gliederung dem Diokletianspalast in Salonae und dem sog. Camp de Dioclétien in Palmyra ähnlich ist. Neben den Bauten in Daphne (Quellfassungen, Theater) sind vor allem die zahlreichen Mosaikböden wichtig, bes. das sog. Yakto-Mosaik in Daphne, auf dessen Rand alle Bauwerke der Straße von A. nach Daphne dargestellt sind. R. F.

Lit: G. Downey, A History of A. in Syria, Princeton 1961 (mit ausführlicher Bibliographie). – D. Levi, Antioch mosaic pavements, Princeton 1947 – Antioch-on-the-Orontes (Publications of the commitee for the exc. of A.), 4 Bände, Princeton 1932–52.

[2] *Altchristl. Bauten.* Der ‹Alten›, unter → Diokletian zerstörten, hernach wiedererbauten Gemeindekirche (Theod. hist. eccl. 1, 3) stellte → Konstantin die ‹Große›, auch ‹Goldene› genannte Palastkirche (Euseb. vita Const. 3, 50; später Gemeindekirche) zur Seite. Auch spätere Bauten sind weithin nur literarisch, z. B. durch die Predigten des → Chrysostomos bekannt (unter Einschluß von Daphne mindestens 26): unter ihnen ragen die → Memorialkirche des Babylas auf dem Ostufer und die von Theodosius II. aus dem Tychaion umgewandelte Kirche des → Ignatius hervor. Sie wie andere Bauten im Stadtkern (Stephanus Protomartyr; Septem Maccabaei, aus der Synagoge des Kerataion umgewandelt; Theotokos; Michaelskirche), extra muros (→ Coemeterialkirche der Drosis; Prodromoskirche) und in Daphne (Michaelskirche; aus Synagoge umgewandeltes Martyrion des Leontios) u. a. m. traf das Erdbeben vom J. 526 schwer; die Neubauten → Justinians (Prokop. aed. 1, 3, 1 f.) beseitigten nicht alle Ruinen. Bis heute ist daher nur die, wohl mit S. Babylas zu identifizierende, Kreuzschiffbasilika von Kaoussié rekonstruiert worden. C. A.

Funde: J. Lassus-G. Downey, Antioch-on-Orontes II, 1938, 5–48 – *Lit:* W. Eltester, Die Kirchen A.s im 4. Jh., ZNW 36, 1937, 251–286 – G. Downey, a. O. (→ zu 1) und: Ancient A., 1963 – RBK I 178–209.

Antiochos I. Soter, Sohn → Seleukos' I. und der Apame, geb. 324/323 (Stammbaum → Seleukiden), um 293 Mitregent und Generalgouverneur der Oberen Satrapien, mit seiner Stiefmutter Stratonike vermählt. Zu Beginn seiner Regierung (281) kämpfte er ohne Erfolg mit kleinasiatischen Dynasten und → Antigonos II. Gonatas (bis 277). Sein Sieg über die Kelten (um 275), die er im späteren → Galatien ansiedelte, brachte ihm den Namen ‹Soter›. A. sicherte sich Freunde durch Vermählung seiner Schwester Phila mit Antigonos, seiner Tochter Apame mit → Magas v. Kyrene (275), mit dem zusammen er → Ptolemaios II. angriff; im 1. → Syr. Krieg 274–271 erlitt er Verluste in Kleinasien. Um 262 bei Sardes von → Eumenes I. v. Pergamon geschlagen, starb A. am 2. 6. 261. In den Jahren 279–267 hatte er seinen älteren Sohn Seleukos, seit 266/265 den späteren → A. II. zu Mitregenten. A. hat den seleukid. Herrscherkult eingerichtet und viele Städte, bes. im Osten, gegründet. H. H. Sch.

2. **A. II.** Theos, 2. Sohn des vorigen, geb. um 287/286 (Stammbaum → Seleukiden), Mitregent seit 266/265, 261 bis 246 Alleinherrscher, kämpfte um 255 erfolgreich in Thrakien und konnte im 2. → Syr. Krieg (260–253, gegen → Ptolemaios II. mit → Antigonos II. Gonatas verbündet) die in Kleinasien und Syrien verlorenen Gebiete zum Teil zurückgewinnen. 253 verstieß er seine Frau → Laodike und heiratete 252 die Ptolemäerin → Berenike (3) Syra, setzte aber vor seinem Tod (Sommer 246 in Ephesos) seinen Sohn → Seleukos II. aus 1. Ehe zum Nachfolger ein. H. H. Sch.

3. **A. III. d. Gr.,** jüngerer Sohn → Seleukos' II., geb. 243/242 (Stammbaum → Seleukiden), regierte 223–187, anfangs unter Einfluß seines ‹Kanzlers› Hermeias. A. warf den aufständischen Vizekönig von Iran, Molon (222–220), nieder und besetzte im 4. → Syr. Krieg (221 bzw. 219–217) Koilesyrien und Phoinike, wurde aber 217 bei Raphia von → Ptolemaios IV. geschlagen. 220 erhob sich der Vizekönig von Kleinasien, → Achaios (2), den A. seit 216 bekämpfte und 213 hinrichten ließ. In einem Feldzug zur Wiedereroberung der ‹Oberen Satrapien› (212–205) machte A. Armenien (212), das Partherreich (208), Baktrien und Gandhara (206) zu Vasallen; daraufhin (204?) nahm er den Titel ‹Großkönig› an. 203/202 schloß A. mit → Philipp V. v. Makedonien einen Vertrag gegen Ägypten und eroberte im 5. → Syr. Krieg (202/201–195) Koilesyrien und Phoinike (200) und die Süd- und Westküste Kleinasiens (197), anschließend Thrakien (196–194). Der Übergang nach Europa und die Unterjochung der kleinasiatischen Griechenstädte führten zu röm. Protesten und schließlich zum Krieg gegen → Rom (I C 2), Rhodos, Pergamon und die Achäer (192 bis 189), den A. an der Seite des → Ätolischen Bunds als dessen *στρατηγὸς αὐτοκράτωρ* führte (192 Landung in Griechenland, 191 Niederlage bei den Thermopylen, 190 Niederlage bei Magnesia am Sipylos durch P. → Cornelius (30) Scipio Africanus maior und L. → Cornelius (31) Scipio Asiaticus). 189/188 mußte A. im Frieden von Apameia Kleinasien bis zum Tauros räumen und an Rom und seine Bündner Kriegskontributionen zahlen. Am 4. Juni oder Juli 187 wurde er in der Elymais beim Versuch, einen Tempelschatz zu berauben, erschlagen. Verheiratet war A. mit seiner Kusine Laodike, Tochter Mithridates' II. v. Pontos (222), die er anscheinend 191 verstieß, um die Tochter eines Bürgers von Chalkis (Euboia) zu heiraten. Aus der 1. Ehe stammten 3 Söhne und mindestens 4 Töchter, die A. in kluger Heiratspolitik mit Vasallen und benachbarten Fürsten vermählte. A. war neben → Seleukos I. der bedeutendste Seleukide. Er führte das zerfallende Reich wenigstens äußerlich wieder zur alten Größe empor, konnte es allerdings trotz energischer Bemühungen (Ausbau des Herrscherkults; Verwaltungsreform, vgl. → Seleukidenreich, → Stratege) innerlich nicht genügend festigen, zumal die nichtgriech. Bevölkerungsteile, besonders in Iran, zur nationalen Selbständigkeit strebten. H. H. Sch.

Lit: Zu A. I. und II.: → Seleukiden – Zu A. III.: E. A. Heyden, Beiträge zur Gesch. A.' d. Gr., 1873 – Ders., Res ab A. III. Magno praeclare gestae..., Diss. Göttingen 1877 – E. Degen, Krit. Ausführungen zur Gesch. A.'d.Gr., Diss.Basel 1918 – M.Holleaux, Etudes d'épigr. et d'hist.gr. III 1942; V, 1957 – H.H.Schmitt, Unters. z. Gesch. A.' d.Gr. u. seiner Zeit, 1964 (Lit) – *Bildnisse* des A. I–III: → Anhang I.

4. **A. IV.** Epiphanes, 3. Sohn des vorigen (Stammbaum → Seleukiden), lebte 189–175 als Geisel in Rom und wurde 175 nach der Ermordung seines Bruders → Seleukos' IV. mit pergamen. Hilfe König. Im 6. → Syr. Krieg (170–168) eroberte er große Teile Ägyptens, krönte sich als Vormund seines Neffen → Ptolemaios' VI., mußte das Land aber auf röm. Intervention hin räumen. Im Zug der energischen Hellenisierung des Reichs, die er durch viele → Städtegründungen zu erreichen suchte, geriet A. in Konflikt mit dem orthodoxen Judentum (166 → Makkabäeraufstand wegen eines 167 erlassenen Edikts, das den Jahwekult verbot und Opfer für Zeus und den König befahl). Auf einem Zug nach Armenien und Medien (seit 166) starb A. Ende 164 in der Persis an einer Krankheit. H.H.Sch.

Lit: P. van t'Hof, Bijdrage tot de kennis van A. IV, Diss. Amsterdam 1955 (Lit) – *Bildnisse:* → Anhang I.

4a. **A. V.** Eupator, Sohn des vorigen, geb. um 173 v.Chr. (Stammbaum → Seleukiden). 164 König unter Vormundschaft des Lysias, der 162 den → Makkabäeraufstand durch Zurückziehung des Opferedikts (→ A. IV.) beendete. Im gleichen Jahr wurden A. und Lysias von dem aus Rom geflohenen Vetter → Demetrios (3) I. hingerichtet. H.H.Sch.

Lit: → Seleukiden – *Bildnisse:* → Anhang I.

4b. **A. VI.** Epiphanes Dionysos, Sohn des → Alexander (7) I. Balas und der Kleopatra Thea (Stammbaum → Seleukiden), als Knabe 145 v.Chr. von → Diodotos (2) Tryphon gegen → Demetrios (4) II. als Gegenkönig aufgestellt, herrschte nur in Teilen Syriens; wohl 139/138 von Diodotos ermordet. H.H.Sch.

Bildnisse: → Anhang I.

5. **A. VII.** Euergetes ‹Sidetes› (in Side aufgewachsen), Sohn → Demetrios' (3) I. (Stammbaum → Seleukiden), 139 v.Chr. Nachfolger seines von den Parthern gefangenen Bruders → Demetrios' (4) II., beseitigte den Usurpator → Diodotos (2) Tryphon, zwang 134 die Juden zur Anerkennung seiner Oberhoheit und fiel 129 nach anfangs erfolgreichem Feldzug gegen die Parther (130–129) in Medien. Dadurch gingen Iran und Zweistromland den Seleukiden endgültig verloren. H.H.Sch.

Lit: F. Altheim, Weltgesch. Asiens im griech. Zeitalter II, 1948, 95 bis 99 – Weiteres → Seleukiden – *Bildnisse:* → Anhang I.

6. **A. VIII.** Epiphanes Philometor Kallinikos ‹Grypos›, jüngerer Sohn → Demetrios' (4) II. und der Kleopatra Thea (Stammbaum → Seleukiden), 125–121 Mitregent seiner Mutter, besiegte 123 den Prätendenten → Alexander (7a) II. Zabinas. In wechselvollen Kämpfen gegen seinen Halbbruder → A. IX. (seit spätestens 114/113) wurde er 113 vertrieben, regierte aber seit 111 wieder in Teilen Nordsyriens, unterstützt von → Ptolemaios X. A. verlor Teile Kilikiens an Rom und wurde 96 ermordet. H.H.Sch.

Bildnisse: → Anhang I.

6a. **A. IX.** Philopator ‹Kyzikenos›, Sohn → A.' VII. (Stammbaum → Seleukiden), verbrachte seine Jugend in Kyzikos, führte seit spätestens 114/113 wechselvolle Kämpfe gegen seinen Halbbruder → A. VIII. (später mit Unterstützung → Ptolemaios' IX.) und gegen den Judenstaat, beherrschte bes. Koilesyrien. Beging 95 nach einer Niederlage gegen → Seleukos VI. Selbstmord. H.H.Sch.

Bildnisse: → Anhang I.

6b. **A. X.** Eusebes Philopator, Sohn → A.' IX. (Stammbaum → Seleukiden), König 95 v.Chr., bekämpfte seine Vettern → Seleukos VI., → A. XI., → Philipp (3a) I. und → Demetrios (5) III.; er fiel gegen die Parther (nach Josephus bereits 92; nach Appian u.a. lebte er noch 83 und verlor sein Reich an → Tigranes I. v. Armenien). H.H.Sch.

Bildnisse: → Anhang I.

6c. **A. XI.** Epiphanes Philopator, Sohn A.' VIII., Zwillingsbruder → Philipps (3a) I. (Stammbaum → Seleukiden), regierte 94 v.Chr., im gleichen Jahr beim Versuch, den ältesten Bruder → Seleukos VI. an seinem Vetter A. X. zu rächen, geschlagen und ertrunken. H.H.Sch.

Bildnisse: → Anhang I.

6d. **A. XII.** Dionysos Epiphanes Philopator Kallinikos, jüngster Sohn → A.' VIII. (Stammbaum → Seleukiden), erhob sich um 87 v.Chr. gegen seinen Bruder → Philipp (3a) I. in Damaskos, fiel etwa 84 gegen die Nabatäer. H.H.Sch.

7. **A. XIII.** Philadelphos ‹Asiatikos›, Sohn → A.' X. (Stammbaum → Seleukiden), beanspruchte 75 v.Chr. vergeblich als Sohn der Ptolemäerin Kleopatra Selene Ägypten, gewann nach dem Zusammenbruch des armenischen Reichs 69 Syrien mit Duldung des → Lucullus, wurde aber (wohl schon 67) von seinem Vetter → Philipp (3b) II. vertrieben und geriet in Gefangenschaft des arabischen Emirs Samsikeramos. 65/64 entlassen, regierte er nochmals kurze Zeit, wurde aber 64 von → Pompeius (2) entthront (Syrien röm. Provinz) und von Samsikeramos beseitigt. H.H.Sch.

Bildnisse: → Anhang I.

8. **A. Hierax,** jüngerer Sohn → A.' II., geb. etwa 256 vor Chr. (Stammbaum → Seleukiden). 242/241, in der Not des 3. → Syr. Krieges, zwang seine Mutter → Laodike den älteren Bruder → Seleukos II., A. den Königstitel, die Mitregentschaft und Kleinasien (Hauptstadt Sardes) zuzugestehen. In einem Bruderkrieg (240/239 bis vor 236) schlug A. mit Hilfe der → Galater Seleukos bei Ankyra, wurde aber 238 (?) und 229/228 mehrmals von → Attalos I. v. Pergamon besiegt und mußte schließlich Kleinasien räumen. Nach einem vergeblichen Einfall in Mesopotamien (228) wich er nach Thrakien aus, wo er 226 (?) gegen die Galater fiel. H.H.Sch.

Lit: Beloch, GG IV 1, 679–686; IV 2, 202–204 – H. Bengtson, Die Strategie in der hellenist. Zeit II, 1944, 104–106 – E.J. Bickerman, Berytus 8, 1944, 76–78 (zur Chronologie) – Weiteres → Seleukiden.

8a. **A. von Aigai** (Kilikien), P. Anteius, Sophist (→ Redner I D 2, Schüler des → Dionysios (15) v. Milet und Dardanos. Schrieb auch Geschichte und eine ‹Agora›. A. verkehrte mit Asklepios (vgl. Aelius → Aristeides, 2). W.Sp.

Lit: W. Schmid, RE 1 (1894), 2494 – Christ-Schmid, II 770 – PIR I 135f. – FGrHist 747.

9. **A. von Askalon,** → Akademiker, Schüler und Nachfolger des → Philon (6) v. Larisa, zuweilen als Gründer einer fünften Akademie bezeichnet. → Cicero hörte ihn 79/78 v.Chr. A. polemisierte scharf gegen → Karneades und seinen Lehrer Philon; in seiner Schrift gegen Philon, dem ‹Sosos›, verteidigte er die Konzeption der ‹erfassenden Vorstellung› des Zenon (3) v. Kition. Er verband die Philosophie der Alten Akademie mit der der Stoa, die er ebenfalls auf → Platon zurückführte. M.S.

Frg: G. Luck, Der Akademiker A., 1953.

10. **A. von Athen,** → Astrologe, vermutlich Ende 1./Anf. 2. Jh. n. Chr. A. verfaßte ein → Lehrgedicht in Hexametern, ‹Schätze› (Θησαυροί), das schon früh in einer Prosafassung vorgelegen zu haben scheint. Teile daraus sowie Kapitelübersichten zu diesem Werk und zu einer Einführungsschrift ‹Isagogica› (wenigstens 2 Bücher) sind bei → Porphyrios (in Ptol.), bei → Hephaistion (2) und Rhetorius erhalten. E.B.

Ed: F. Boll, Sphaera, 1903, 57f. – Ders., CCAG I 108–113; 142ff.; VII 107–128 – Ders., Kalendarium des A., SB Heidelb., 1910, 16, 7ff. – F. Cumont, CCAG VIII 2, 104–119.

11. **A. von Syrakus,** ältester sizilischer Historiker, Ende 5. Jh., schrieb in der ionischen Literatursprache, wohl schon unter Einfluß → Herodots, die Geschichte Siziliens in 9 Büchern, vom Urkönig Kokalos bis zum Friedenskongreß von Gela 424/423 v.Chr., ferner die Urgeschichte ‹Italiens›, d.h. Süditaliens (1 Buch). W.Bk.

Frg: FGrHist 555.

Antiope, Geliebte des → Zeus, Mutter von → Amphion und Zethos.

Antipatros, schon unter → Perdikkas III. tätig, unter → Philipp II. in führender Stellung (u.a. von Athen geehrt);

sicherte nach Philipps Ermordung die Thronfolge → Alexanders (5) d. Gr. A. blieb während des Alexanderzuges als Statthalter von Europa zurück und unterdrückte 331 Aufstände in Thrakien und Griechenland. Durch Interventionen und strenge Überwachung machte er sich den Griechen verhaßt. Nach der Säuberung von 324 letzter der alten Heerführer, wurde er bei Alexander angeklagt und an den Hof beordert, → Krateros (1) zu seinem Nachfolger bestimmt. A. leistete dem Befehl Folge und begann mit Alexander und insgeheim mit dem Alexander feindlichen → Ätolischen Bund Unterhandlungen. Nach Alexanders Tod im Amt bestätigt, unterwarf er die aufständischen Griechen im → Lamischen Krieg und ließ mehrere Makedonenfeinde hinrichten (→ Demosthenes, 1). Von → Antigonos I. gegen → Perdikkas (4) aufgewiegelt, setzte er mit jenem und Krateros nach Asien über, vereinigte 321 sein Heer mit dem des inzwischen ermordeten Perdikkas und nahm als neuer Reichsverweser → Philipp III. und → Alexander IV. nach Makedonien mit. Nach seinem Tod (319) begann Alexanders Reich sich in die → Diadochenreiche aufzulösen. E. Bd.

Lit: Berve II 46f. – M. J. Fontana, Le lotte per la successione di Alessandro Magno, 1960 – E. Badian, Harpalus, JHS 81, 1961, 36.

2. **A. von Hierapolis,** Ael(ius), → Redner I D, Lehrer Getas und Caracallas, ‹ab epistulis Graecis› des Septimius Severus, Legat Bithyniens, Konsular; starb 68jährig durch Freitod nach Getas Ermordung. Schüler des → Hadrianus und → Polydeukes und Lehrer → Philostrats II; berühmter Improvisator. A. verfaßte Reden, Briefe und eine Geschichte des Severus. A.s Schwiegersohn war der sehr begabte, von Septimius Severus bewunderte und früh gestorbene Urenkel Polemons, L. Flavius Hermokrates von Phokaia. W. Sp.

Frg: FGrHist 211 – *Lit:* W. Schmid, RE 1 (1894), 2517 – G. Barbieri, L'albo senatorio, 1952, 664 – J. Keil, ÖJh 40, 1953, 21.

3. **A. von Sidon,** Epigrammatiker, um 130 v. Chr. Über seine Herkunft aus mächtigem Geschlecht, seine schmuckreiche Dichtungsart und die Todesumstände belehrt die (fingierte) Grabschrift des Meleagros, AP 7, 428. Deren Feststellung, A. sei ein ‹Erster in der Liebe› (auf seine Dichtung bezüglich?) gewesen, ist unprüfbar, da unsere Überlieferung nur Weihepigramme und epideiktische Epigramme umfaßt. Cicero nennt de or. 3, 194 → Q. Lutatius Catulus einen Mann, der die Gedichte des A. ‹wacker im Gedächtnis behielt›. P. H.

Ed: AP – *Lit:* P. Waltz, De Antipatro Sidonio, 1906.

4. **A. von Tarsos,** → Stoiker, Schüler und Nachfolger des → Diogenes (4) v. Seleukeia, wegen seiner heftigen Polemiken gegen → Karneades ‹Federschreier› genannt. A. behandelte zentrale Themen der stoischen Philosophie. In der Logik führte er Schlüsse mit angeblich einer einzigen Prämisse ein (z. B. ‹Wenn du atmest, lebst du›); in der Ethik gab er eine neue, aus der Verteidigung seines Lehrers Diogenes erwachsene Formulierung des Lebenszieles: kontinuierlich und unbeirrt alles, was in der eigenen Macht steht, tun, um das, was primär unserer Natur entspricht, zu erlangen. M. S.

Frg: SVF III 244–258.

5. **A. von Thessalonike,** griech. Epigrammatiker der Zeit um Chr. Geb. (Klient des L. → Calpurnius (12) Piso Frugi, cos. 15 v. Chr.); etwa 100 zum Kranz des → Philippos (7) gehörige Epigramme erhalten (AP). Charakteristisch für sie ist die Freude an der Improvisation und eine gewisse antikallimacheische Tendenz. E. V.

Lit: Reitzenstein, RE 1, 2 (1894), 2514.

6. **A. von Tyros,** → Stoiker, um 70 v. Chr. Lehrer des M. Porcius → Cato (2) Uticensis (Plut. Cato min. 4), gest. kurz vor 44 v. Chr. (Cic. off. 2, 86). Die Fragmente seiner Werke lassen sich von denen des 80 Jahre älteren → Antipater (4) v. Tarsos dadurch trennen, daß jener als Gegner des → Karneades, als Logiker und Ethiker zu erkennen ist, während der jüngere sich, wohl unter Einfluß des → Poseidonios, bes. der Naturphilosophie zugewandt hat. Ein umfangreiches Werk über den Kosmos (Fragmente bei → Diogenes (1) Laertios) gehört ihm sicher, ein weiteres über die Seele wahrscheinlich, möglicherweise auch ein zoologisches Buch. In der Ethik dürfte er, seinem Einfluß auf Cato nach zu schließen, der Orthodoxie → Chrysipps gefolgt sein, doch ist von seinen Lehren fast nichts greifbar. O. G.

Antipater → Coelius.

Antiphanes, wohl Sohn des Stephanos und Athener, bedeutender Dichter der mittleren → Komödie (I C); soll 407/404 geboren und 74 Jahre alt geworden sein, 387 erstmals, i. J. 355 die ‹Anasozomenoi› (‹Die Retter›) aufgeführt haben. Angeblich hat er 280 oder 260 Stücke geschrieben, davon einige durch seinen Sohn Stephanos auf die Bühne gebracht, und dreizehnmal gesiegt; acht Dionysiensiege bezeugt. Von 119 sicheren, bekannten Titeln bezeichnen über 30 Charaktertypen, wobei oft zwei gleich- oder verschiedenartige zusammengestellt sind. Mehrfach Berufstypen als Titelhelden, darunter ein ‹Tritagonistes› (‹Dritter Schauspieler›). Über zwanzig Stücke sind nach Personen benannt, darunter acht nach Hetären; nach Frauen und Männern außerattischer Herkunft über zwölf; mythen- oder tragödienparodische Titel, darunter Göttergeburten (wie bei → Anaxandrides, → Araros, → Philiskos, 1), sind häufig. ‹Problema› und ‹Sappho› behandeln witzige Auflösung anzüglicher Rätselfragen, Sappho tritt auf als Rätselstellerin in Hexametern. A.' att. Grazie, feiner Witz, plastische Anschaulichkeit werden gerühmt. Er beherrscht die Sprache und parodiert virtuos, was er als Verschrobenheit oder Merkmal des Zerfalls ansieht. Berühmtes Urteil über seine eigene Kunst in der ‹Poiesis› (‹Dichtkunst›). → Demetrios (17) v. Phaleron und Dorotheos v. Askalon schrieben über ihn. Th. G.

Frg: FAttCom II 162–311.

2. **A.** Es sind drei verschiedene *Bildhauer* dieses Namens überliefert; berühmt war jedoch nur *A. v. Argos.* Nur aus der Literatur kennen wir seine Werke in Delphi: (1) ‹Hölzernes Pferd› aus Bronze, Weihgeschenk der Argiver für einen Sieg über Sparta (414 v. Chr.); (2) Dioskuren für das 38 Statuen umfassende Denkmal der Spartaner für den Sieg von Aigospotamoi (nach 405 v. Chr.); (3) Elatos, Apheidas und Erasos für das umfangreiche Weihgeschenk der Arkader (um 369 v. Chr.); (4) Perseus und Danae und vielleicht noch andere argiv. Heroen aus dem 20 Statuen umfassenden Weihgeschenk der Argiver (369). E. Bg.

Lit: Lippold, GrPl, 216f. u. 247 – Marcadé I 5f. – D. Mustilli, EAA I, 1958, 437f.

3. **A. von Berge** (Thrakien), wohl 1. H. 4. Jh. v. Chr. (epidaur. Inschrift) und mit dem bei → Antonius (7) Diogenes benutzten A. identisch. Für die Fachgeographen galt er als Schwindler (‹antiker Münchhausen›): Reisefabulistik, Aretalogie usw. W. Sp.

Lit: G. Pasquali, EI 3, 1929, 479 – O. Weinreich, A. und Münchhausen, SB Wien 220, 4, 1942 – E. S. McCartney, A.' cold weather story and its elaboration, ClPh 48, 1953, 169–172.

Antiphilos von Ägypten, Maler am Hofe Ptolemaios' I.; der Legende nach Rivale des → Apelles, des Hofmalers Alexanders d. Gr., den A. schon als Knaben und auf einem späteren Bild zusammen mit Philipp und Athena malte. Ptolemaios malte er bei der Jagd; weitere Themen sind Hippolytos, Dionysos, ein Satyr aposkopeuon, Wollarbeiterinnen und – später, wie sein zweites Alexanderbild, in Rom zu sehen – Kadmos und Europa, Hesione. Seiner Lichteffekte wegen berühmt war das Bild eines feueranblasenden Knaben; sein ‹Gryllos› ließ ihn zum Schöpfer der → Karikatur als Kunstgattung werden (vgl. → Grylloi). Die sprichwörtliche ‹Leichtigkeit› (facilitas) seines Schaffens verbindet ihn mit der für → Nikomachos und → Philoxenos von Eretria überlieferten ‹Schnelligkeit› (celeritas) und ‹abgekürzten› Malweise (breviores → compendiariae), die als Stilmerkmale des frühen Hellenismus zu verstehen (vgl.

→Malerei C4) und Gegenstand von Petrons (2,9) Kritik an der ägypt. Malerei sind. C.K.

Q: Overbeck, SQ, 1942ff. – *Lit:* Brunn II 247ff. – O.Roßbach, RE 1,2 (1894), 2525 – Pfuhl, 769ff. – Rumpf, 149f. – G.Lippold, A., RM 60/61, 1953/54, 126–132 – F.Magi, EAA I 438f.

2. **A. von Byzanz,** griech. Epigrammatiker der frühen Kaiserzeit; etwa 50 in den Kranz des →Philippos (7) aufgenommene preziöse und manierierte Gedichte erhalten (AP). E.V.

Ed: K.Müller, Die Epigramme des A.v.B., 1935 (Lit).

Antiphon *von Rhamnus,* athen. Redner, geb. ca. 480, wurde 411 als Anführer im oligarchischen Umsturzversuch zur Beseitigung der radikalen Demokratie, dem Vorspiel zur Revolution von 404/403 (→Athen II B 4; →Pelop. Krieg), hingerichtet. Thukydides (8,68) hat seine Person positiv gewürdigt, Platon kannte ihn als Lehrer der Rhetorik (Menex. 236 A 4). Von seinen zahlreichen Reden sind noch 15 erhalten, drei davon stammen aus echten Prozessen in Mordsachen; 12 Reden, in Gruppen von je 4 zusammengefaßt (Tetralogien, deren Echtheit freilich nicht unbestritten ist), sind Musterreden ebenfalls für Mordprozesse und zwar je 2 Anklage- und Verteidigungsreden, wie es im att. Gerichtsverfahren üblich war (daher Protologia, Deuterologia). – A.s Reden sind wichtige Zeugnisse für die Umwandlung des prozessualen Verfahrens unter dem Einfluß der →Rhetorik, in dem die äußeren Beweismittel (*βάσανοι ἄτεχνοι*) durch die Darlegungen über die innere Wahrscheinlichkeit der Tatzusammenhänge (*τὰ εἰκότα*) eine ernste Konkurrenz erhielten; aber auch für die Argumentationstechnik, die von der Philosophie (→Eleaten) und der →Sophistik beeinflußt wird. Zu diesen vollständig erhaltenen Reden kommen noch Reste einer Verteidigungsrede im eigenen Hochverratsprozeß (411; = Fr. 1–6 Bl.-Th.; davon 1a–d aus einem Papyrus) und von 17 (18) weiteren Reden. J.H.K.

Ed: F.Blaß-T.Thalheim, BT, 1914 – L.Gernet, CB, 1923 (Nachdr. 1954) – *Index:* F.L. van Cleef, 1895 (Cornell Stud. in Class. Philology Nr. 5) – *Lit:* Blaß I, 91–202 – R.Maschke, Die Willenslehre im griech. Recht, 1926, 69–110 – F.Solmsen, A.studien, 1931 – H.J.Thiel, De Antiphontis oratione prima, Mnemosyne N.S. 55, 1927, 321–334; N.S. 56, 1928, 81–92 – G.Vollmer, Studien zum Beweis antiphonischer Reden, Diss. Hamburg 1958 (masch) – H.Erbse, A.s Rede über den Choreuten, Hermes 91, 1963, 19–35 (Lit) – U.Albini, A. logographico, Maia N.S. 10, 1958, 38 – Zu den Tetralogien: P. von der Mühll, Zur Unechtheit der antiphonischen Tetralogien, MH 5, 1948, 1–5 – G.Zuntz, Once again the Antiphontean Tetralogies, MH 6, 1949, 100–103 – Zur Überlieferung: →Andokides.

2. **A.,** *der Sophist,* aus Athen (spätes 5. Jh. v. Chr.), hat mannigfache →Anregungen von →Heraklit, →Anaxagoras und der →Sophistik geschickt verarbeitet und ist insofern wie →Kritias einer der Wegbereiter der att. Philosophie. In Frg. faßbare Schriften: (1) Über die Wahrheit (großes Bruchstück Pap. Ox. 1364); (2) Über Traumdeutung; (3) eine Staatsrede (*Πολιτικός*); (4) Über den Gemeinsinn. – In (1) scheinen erkenntnistheoretische (darunter die →Quadratur des Kreises mit eingeschriebenem Polygon), kosmologische und ethische Probleme behandelt worden zu sein; bes. wichtig die scharfe Entgegensetzung von →Nomos (Herkommen und willkürlich gesetzte Konvention) und →Physis (unbedingt und gleichmäßig verbindliches Naturrecht) und die These, daß von Natur Griechen und →Barbaren einander gleich seien. In (2) scheint er eine betont rationalistische Methodik der →Traumdeutung geliefert zu haben, in (4) bot er in lockerer Folge und lebendigem Stile Betrachtungen über die Mühsal des Lebens, über den Wert der Selbstzucht, der richtigen Erziehung, der Freundschaft und der Eintracht im Staate. – Xenophon (mem. 1,6) bietet ein Streitgespräch zwischen A. und Sokrates (vgl. Aristot. bei Diog. Laert. 2,46); gering kann der Einfluß des A. nicht gewesen sein. Schon die Antike war jedoch nicht mehr ganz sicher, ob der Sophist A. und der Redner zwei Personen seien oder nicht (Hermog. id. II 399, 18 R.). Das Problem ist bis heute nicht gelöst; erkennt man allerdings die Tetralogien (s.o. A. 1) als Werke des Rhamnusiers an, liegt die Gleichsetzung beider Männer sehr nahe. O.G.

Frg: VS 87 – *Lit:* W.Aly, Formprobleme d. frühen griech. Prosa, Philol. Suppl. 21, 3, 1929, 105–172 – Lesky 390f. – P. Von der Mühll, a.O. (s. zu A. Nr. 1), 1f.

Antipoden, ‹Gegenfüßler›, die Bewohner der gegenüberliegenden Erdhälfte. Die mit der Annahme der Kugelgestalt der →Erde aufgekommene Vorstellung, es gebe A., war schon vor Platon (Tim. 63 A) verbreitet. Unterschieden wurde zwischen A. der südlichen (Antöken) und A. der anderen Seite der nördlichen Halbkugel (Periöken). Zweifel an ihrer Existenz wurden meist von →Epikureern und Christen geäußert. – Vgl. →Oikumene. F.L.

Antisemitismus. Der antike A. (Antijudaismus) setzt die weitverbreitete instinktive Abneigung gegen die Fremdreligion (vgl. den Senatsbeschluß gegen die römische Dionysos-Gemeinde 186 v. Chr.; Liv. 39,8 und →Bacchanalinschrift), nicht Rassenhaß voraus. Zum A. wurde sie dadurch, daß das Judentum durch strenge Glaubens- und Sittengesetze in seiner Umgebung als Fremdkörper wirkte, dem man z.B. Atheismus (bildlose Gottesverehrung) und Menschenhaß vorwarf; politische Motive kamen oft hinzu. Belegt ist der A. seit ca. 300 v. Chr. (oder später?; Esth. 3,8). In Syrien entstand seit ca. 160 v. Chr. eine jüd.-griech. Feindschaft, nachdem Antiochos IV. (→Judentum B 4) unfreiwillig den expansiven Nationalpartikularismus der Hasmonäer ausgelöst hatte. In Ägypten fußte der A. wohl darauf, daß die Juden – ursprünglich z.T. Besatzungstruppen – erst Parteigänger der Ptolemäer, dann der Römer waren, damit aber Einheimische und Griechen zu Feinden hatten; vgl. die Ausschreitungen in Alexandria unter Caligula (um 32) und den jüd. Aufstand unter Trajan in Ägypten und d. Kyrenaika (115/116). Die jüd. Religion war bis 135 und nach 138 →*religio licita.* Doch schuf →Antoninus Pius Gesetze (→Proselyten), die den A. verschärften, als sie durch theologischen Antijudaismus seit Konstantin d. Gr. ideologisch untermauert wurden. Erstrebte letzterer zunächst nur die bürgerliche Isolierung der Juden, so diffamierte sie bereits Konstantin II. (337–361) als ‹ruchlose Sekte› (Cod. Theodos. 16,8). Theodosius II. (408–450) entrechtete sie unter Wegnahme der Autonomie weitgehend (→Judentum B 8). Nach dem Codex Justinians (527–565) ist die jüd. Religion nicht mehr religio licita: der Beginn der mittelalterlichen Rechtlosigkeit des abendländischen Judentums. R.M.

Q: Philo, in Flacc. – Jos., c. Ap. – Tac. hist. 5 – Cod. Theodos. 16 – Cod. Justin. passim – *Lit:* RGG I 456–459. Vgl. zu →Judentum B.

Antispast, Elementenfolge ⏑––⏑, theoretisch angesetzt als mögliche Anordnung von 2 longa und 2 brevia, kommt aber als eigenes Kolon nicht vor. Der A. wurde noch von modernen Metrikern gelegentlich zur Analyse →äolischer Metrik benutzt, z.B. des →Glykoneus: ⏑––⏑|⏑–⏑–. B.Sn.

Lit: O.Schroeder, Nomenclator Metricus, 1929, 11.

Antistates, *Kallaischros, Antimachides* und *Porinos* von Vitruv (7, praef. 15) überlieferte Baumeister des peisistratidischen Olympieion in →Athen. G.Gb.

Antisthenes, Sohn des Antisthenes von Athen und einer thrak. Sklavin, ca. 450/445–ca. 365 v. Chr., →Sokratiker, aber auch von den →‹Sophisten› →Gorgias, →Hippias und bes. →Prodikos beeinflußt. Wie viele Sokratiker versuchte er das, was Sokrates in seinen dialektischen Gesprächen praktiziert hatte, theoretisch zu fixieren und zu unterbauen. Von der sokratischen Überzeugung ausgehend, daß das richtige Handeln allein auf der richtigen Erkenntnis (*ἐπιστήμη*) beruhe, ergab sich für ihn die Frage, wie man zu dieser, das richtige Handeln selbst eindeutig bestimmenden Erkenntnis gelangen könne. Da nun die Erkenntnis eine absolute Erfassung (ihres Gegenstandes) sei, sei es unmöglich zu widersprechen (*οὐκ ἔστιν ἀντιλέγειν*), denn ‹sagen› oder ‹sprechen› bedeute, den Gegenstand (die Wahrheit) auszusagen, und eine Äußerung, die dies nicht tue, sei daher auch kein Sprechen oder Sagen, sondern ein bloßes Geräusch. Es käme daher auch nicht darauf an, einem andern zu widersprechen, sondern ihn zu belehren (*διδάσκειν*), was durch Hinweis auf den Gegenstand (die Wahrheit) zu geschehen habe. Dieselbe Identifikation von Gegenstand und Wahrheit, die dieser Theorie der Unmöglichkeit des Widerspruches zugrunde liegt, bestimmt auch seinen Versuch, den Weg zur wahren Erkenntnis positiv zu bestimmen. Man müsse unterscheiden zwischen der Erkenntnis zusammengesetzter und einfacher Gegenstände: die ersteren könne man durch Aufzählung ihrer (materiellen) Teile bestimmen. Von den einfachen könne man nur aussagen, wem sie ähnlich seien. Der eigentliche Weg zu ihnen aber sei die genaue Unterscheidung der sie bezeichnenden Wörter (*ὀνομάτων ἐπίσκεψις*), womit er an die von Prodikos ausgebildete Unterscheidung von (scheinbaren) Synonymen anknüpfte (→ Sprachphilosophie). – Die *Ethik* des A. war rigoristisch. Er verwarf die Lust, predigte Abhärtung durch freiwilliges Ertragen von Strapazen und Bedürfnislosigkeit. Sein Ideal des Menschen stellte er in einer Schrift ‹Herakles› dar: den alle Mühen ertragenden Helden. Sein Ideal eines monarchisch-hierarchischen Staates, eines Staatswesens, an welchem jeder nach dem Maße seiner Fähigkeit zur Selbstbeherrschung an der Herrschaft teilhat, beschrieb er in seiner Schrift ‹Kyros›. Auch sonst gab es viele Schriften von ihm. – Schon im Altertum galt A. als Begründer der kynischen Philosophie; in der Tat übte er auf → Diogenes (6) v. Sinope und durch diesen und dessen Schüler → Krates (5) auf den Begründer des Stoizismus, → Zenon (3), einen entscheidenden Einfluß aus. Doch fehlt bei ihm das bei Diogenes und den späteren Kynikern so stark ausgeprägte Element der *ἀναίδεια* (Schamlosigkeit). → Kyniker. K.v.F.

Q: bes. Diog. Laert. 6, 1–19 – Aristot. met. 5, 1024b 32–34; 8, 1043b 23–32 – *Bildnisse:* → Anhang I.

2. **A. von Rhodos,** um 200 v. Chr., Verfasser einer von → Polybios gelegentlich herangezogenen Geschichte von Rhodos und einer bei Diogenes Laertios benutzten Philosophengeschichte von Thales an bis Kleanthes. An Zenon v. Elea, Heraklit, dem Kyniker Krates und Demokrit wird die Verachtung von Leben, Macht und Reichtum hervorgehoben, an Demokrit außerdem seine weltumspannenden Forschungsreisen. O.G.

Frg: FGrHist 508.

Antistius Labeo, M., röm. Jurist, Sohn des Pacuvius Labeo, den → Pomponius (1) als Schüler des Servius Sulpicius Rufus erwähnt (Dig. 1, 2, 2, 44). A. wurde 18 v. Chr. von Augustus in die Kommission für die Zusammensetzung des Senats berufen. Er muß damals mindestens 25 Jahre alt gewesen sein. Er durchlief die Ämterlaufbahn bis zur Prätur, lehnte aber ein Konsulat unter Augustus ab (Dig. 1, 2, 2, 47). Die Familie war vom Vater her republikanisch eingestellt, woraus A. kein Hehl machte. Gest. ist A. vor C. → Ateius (2) Capito, also vor 22 n. Chr.

[2] Nach gründlicher Ausbildung in verschiedenen wissenschaftlichen Disziplinen (Gell. 13, 10, 1) und dem Rechtsunterricht bei → Trebatius Testa erwuchs eine reiche schriftstellerische Tätigkeit. Pomponius berichtet (Dig. 1, 2, 2, 47), daß A. 6 Monate des Jahres in Rom wirkte, 6 Monate aber sich zurückzog, um seine Bücher zu schreiben. – A. soll 400 Bücher hinterlassen haben; daraus sind ca. 500 Entscheidungen in den Digesten erwähnt, bei denen jedoch fraglich ist, ob sie auf das Originalwerk oder auf spätere Bearbeitungen zurückgehen. Im einzelnen sind u. a. bekannt die ‹Commentarii ad XII tabulas›, die ‹Epistulae›, die ‹Responsa›, der Kommentar ‹ad praetoris edictum› und die *πιθανά*. Postum sollen mindestens 40 Bücher ‹Posteriores› veröffentlicht worden sein (Gell. 13, 10, 2), die → Iavolenus bearbeitet hat. – A. hat entsprechend seiner Vorbildung bes. auf Worterklärungen und Definitionen Gewicht gelegt. Wie E. Seidl (a. O. 154) nachweist, hat er darüber hinaus erstmals den Gedanken des ‹suum cuique tribuere›, ‹jedem das Seine zuteilen›, einer Reihe von Entscheidungen zugrunde gelegt; hierauf ließe sich die Meinung stützen, er sei Stoiker gewesen. Daraus mag die reformatorische Wirkung resultieren, die Pomponius ihm zuschreibt. Jedenfalls stand er bei den folgenden Generationen in hohem Ansehen. H.Hb.

Lit: A. Pernice, Labeo. Röm. Privatrecht im 1. Jh. der Kaiserzeit I, 1873, 7–92 (Neudr. 1963) – P. Krüger, Gesch. der Quellen u. Lit. des röm. Rechts (1888), 1912², 154–159 – W. Kunkel, Herkunft u. soz. Stellung der röm. Juristen, 1952, 32–34 – E. Seidl, Röm. Rechtsgesch. und röm. Zivilprozeßrecht, 1962, 153–155.

2. **A. Vetus,** C., cos. suff. 30 v. Chr. 45 von → Caesar als Statthalter Syriens eingesetzt, wo er die Revolte des Ritters Q. Caecilius Bassus niederschlagen sollte. Nach einigen Erfolgen Rückzug vor den zum Entsatz anrückenden Parthern. 44 auf → Brutus' (2) Seite, später Übergang zu Octavian (→ Augustus), als dessen Legat er 34 gegen die Salasser kämpfte. Chr.M.

3. **A. Vetus,** L., cos. 55 n. Chr., wohl Sohn des C. A. Vetus, cos. 23. A. plante 55/56 als Legat von Germania superior einen Mosel–Saône-Kanal. Im J. 62 versuchte er vergeblich, seinen Schwiegersohn Rubellius Plautus zum Widerstand gegen → Nero (1) zu bewegen. Ca. 64/65 Prokonsul von Asia. A. beging 65 Selbstmord, um der Verurteilung wegen Hochverrats zuvorzukommen. Vielleicht Quelle für Plin. nat. 3–6. U.Wm.

Lit: R. Rogers, A Tacitean pattern in narrating treason-trials, TAPhA 83, 1952, 279–311 – Schanz-Hosius II 653.

Antistrophē oder Gegenstrophe, der einer → Strophe metrisch respondierende Teil in bestimmten Formen der → Chorlyrik. Ursprünglich in entgegengesetzter Richtung getanzt (Aristot. rhet.) 1409a 26b. B.Sn.

Antithese (*ἀντίθετον*, contrapositum oder contentio: Quint. inst. 9, 3, 81), rhetor. → Sinnfigur, aufbauend auf der antithetischen Grundstruktur griech. Denkens; Gegenüberstellung zweier gegensätzlicher Begriffe oder Gedanken, die sich vielfältiger rhetorischer Ausdrucksmittel bedient, wie sie → Gorgias d. Ä. systematisch entwickelt und angewendet hat; z. B. *κόσμος – ἀκοσμία*, ‹Ordnung – Unordnung› (Gorg. Hel. 1). → Rhetorik B [1. 2] D, → Chiasmus; → Oxymoron. H.H.

Lit: B. A. van Groningen, De a. als Griekse denkvorm, 1953 – Volkmann, 485–488 – Lausberg, I 389–398 – Kennedy, Persuasion, 64ff. 110f. – G. Wolgast, Zweigliedrigkeit im Satzbau des Lysias und Isokrates, Diss. Kiel 1962.

Antium, alte Hafenstadt in Latium (1420a; heute Porto d'Anzio), in Kämpfe mit Rom verwickelt. Die Schnäbel von sechs 341 erbeuteten antianischen Kriegsschiffen schmückten die republikan. Rednertribüne (‹Rostra›) auf dem Forum Romanum in → Rom. Berühmt das 1878 in einer neronischen Villa gefundene Mädchen von A., ein hellenist. Original des 3. Jh.s v. Chr., das eine Opferdienerin in Chiton und um die Hüfte geschlungenem Mantel mit einem Tablett in Händen darstellt, ausgezeichnet durch tordierten Aufbau, frische Lebendigkeit der Bewegung, Feinheit der Marmorbearbeitung. B.A.

Lit: Lippold, GrPl 332, Taf. 119, 3.

[2] A. war Sitz eines berühmten Orakels, dem zwei → Fortunae vorstanden. Wir sind schlecht unterrichtet über die Art, wie diese ihre Antworten gaben. Zur Zeit des Macrobius (Sat. 1, 23, 13) deutete man die Bewegungen der zwei in feierlicher Prozession getragenen Standbilder. Wir wissen nicht, ob dieses Vorgehen orientalischer Herkunft sich mit der gewöhnlichen Technik der sortes verband (→ Praeneste). H. Le B.

Lit: L. Vlad. Borelli, EAA I, 1958, 451.

Antonia, Tochter des Triumvirn M. → Antonius (2) aus dessen Ehe mit Antonia, Tochter des C. → Antonius (10). Geb. 54/49 v. Chr., zunächst mit dem Sohne des Triumvirn → Lepidus verlobt, 34 aber mit Pythodoros v. Tralleis

DIE ANTONINE

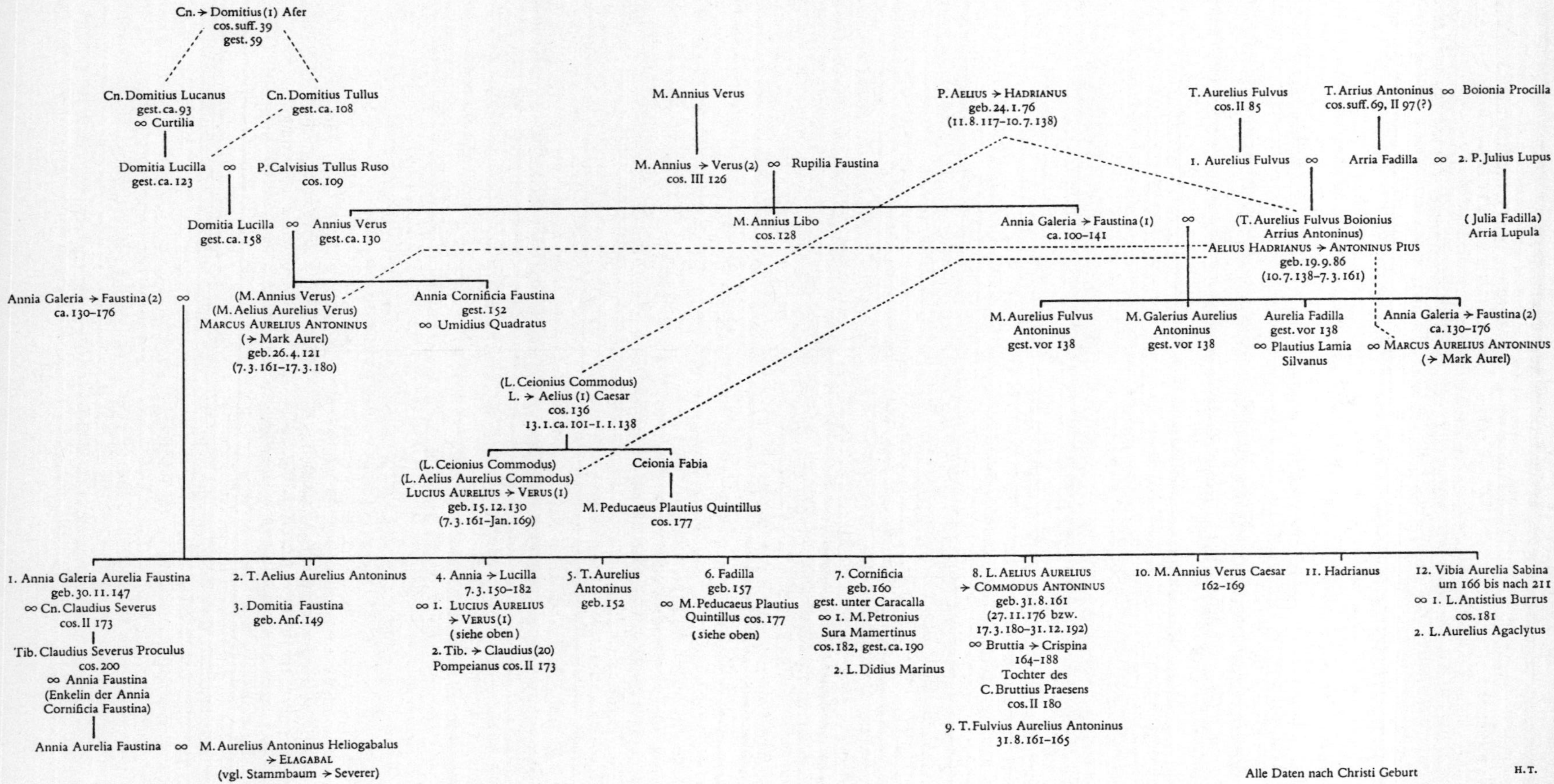

Alle Daten nach Christi Geburt

H. T.

Gestrichelte Linien: Adoptionen

verheiratet. Ihre Tochter Pythodoris Gattin → Polemons I., des Königs v. Pontos. U.Wm.

2. **A.** maior, ältere Tochter des Triumvirn M. → Antonius (2) aus der Ehe mit → Octavia (2). Geb. 39 v. Chr. A. wurde 37 mit L. → Domitius (6) Ahenobarbus, cos. 16 vor Chr., verlobt, den sie nach dem Tode ihres Vaters heiratete. Mutter des Cn. → Domitius (7) Ahenobarbus (cos. 32 und Vater → Neros, 1) und zweier Töchter (Domitia, Frau des C. Passienus Crispus, und Domitia Lepida, Mutter der → Messalina). – Stammbaum → Jul.-claud. Haus. U.Wm.

3. **A.** minor, jüngere Tochter des Triumvirn M. → Antonius (2) und der Octavia (2), geb. 36 v. Chr. A. heiratete 16 v. Chr. den Nero Claudius → Drusus (1), Stiefsohn des Augustus und Bruder des Tiberius. Aus dieser Ehe stammen → Germanicus (1), → Livilla und der spätere Kaiser → Claudius (Stammbaum → Jul.-claud. Haus). Unter → Tiberius einflußreich. Nach dem Tode der → Livia erzog sie ihre Enkel Gaius (→ Caligula) und → Drusilla. A. eröffnete Tiberius die sog. Verschwörung des → Sejan. Von → Caligula zunächst geehrt, später angeblich zum Selbstmord getrieben. Sie starb am 1. 5. 37. U.Wm.

Bildnisse der A. (2) und (3): → Anhang I.

Antonia, → Claudia.

Antoninianus, moderner Name für die von → Caracalla (M. Aurelius Antoninus) seit 214 n. Chr. neben dem → Denar eingeführte schwerere Silbermünze von ca. 5,3–4,7 g. Diese 2 oder 1½fachen Denare zeigen den Kaiser mit Strahlenkrone oder die Büste der Kaiserin auf Mondsichel. Der Silbergehalt des A., anfangs ca. 40%, sinkt im Laufe des 3. Jh.s n. Chr., beträgt unter Valerian etwa nur noch ca. 2% und besteht schließlich lediglich aus einer dünnen Silberhaut über Kupferkern. Kaiser Aurelian versieht diese sog. Weißsilbermünzen mit XX als Wertbezeichnung, die Diokletian dann auf den → Follis übernimmt. W. Schw.

Lit: W. Kubitschek, RE 1 (1894), 2568–71 – K. Regling, ZNum 31, 46–47 – Ders., in: v. Schrötter, 31. 36 (unter 3) – H. Mattingly, Num. Chron. V 16, 1916, 45ff. – Ders., Roman Coins (1928), 1962².

Antoninus Liberalis, → Mythograph, wahrscheinlich 2. Jh. n. Chr. Schrieb 41 Verwandlungsgeschichten (‹Metamorphosen›) in Prosa. Er benutzte laut Angabe der Subscriptiones, die den meisten Erzählungen beigegeben sind, bes. → Nikandros (*Ἑτεροιούμενα*) und → Boio (Ornithogonia). Das Vokabular ist poetisch, die Vorlage schimmert oft noch durch. M. v. d. V.

Ed: MythogrGr II 1 – *Lit:* G. Wentzel, RE 1 (1893), 1572–74 – W. Kroll, RE 17 (1936), 254f., s. v. Nikandros, 11.

2. **A. Pius** (T. Aelius Hadrianus Antoninus), röm. Kaiser 138–161. Geb. am 19. 9. 86 bei Lanuvium als Sohn des Konsulars Aurelius Fulvus. 120 Konsul. Ca. 134/5 Statthalter von Asia. Mitglied von → Hadrians Kaiserrat. Nach dem Tode des L. → Aelius von Hadrian adoptiert mit der Auflage, seinerseits die späteren Kaiser → Mark Aurel und L. → Verus zu adoptieren. Während Hadrians letzter Lebenszeit wird der reiche Gutsbesitzer Regent, seit 10. 7. 138 alleiniger Herrscher. Setzt Konsekration Hadrians durch, erhält Beinamen Pius. – *Innere Politik:* maßvoller Fortschritt. Großer Einfluß des → consilium principis, harmonisches Verhältnis zum Senat. Beamtenversetzung seltener. Humane kaiserliche Rechtsprechung. Abschaffung des Krongoldes für Italien, für die Provinzen Ermäßigung auf die Hälfte. Trotz großer Freigebigkeit (800 Denare pro Kopf), dank sparsamster Finanzpolitik 161 Staatsschatz von 675 Mill. Denaren. → Alimenta-Stiftungen für Mädchen zu Ehren → Faustinas (1) d. Ä. (puellae Faustinianae). Archaischer Zug in der Fürsorge für Ilion und Pallantion. 147 Neunhundertjahrfeier Roms. Erneuerung altitalischer Kulte. – *Grenzpolitik* streng defensiv. Um 140 in → Britannien Errichtung des A. walls (Clyde-Firth of Forth), um 155 äußere Linie des obergerman. → Limes (Walldürn-Öhringen-Lorch). Zahlreiche regional begrenzte Aufstände: zwischen 144 und 152 in Numidien und Mauretanien, 142 → Briganten, 155/158 neue Unruhen in Britannien, 158 Wirren in Dakien, 159 Dreiteilung der Provinz. Weitere Unruhen in Judäa und Ägypten. – Einsetzung von Klientelkönigen in Armenien, bei Quaden und Lazen. – Insgesamt betrachtet fehlen der milden und rechtschaffenen Regierung des A. nicht pastorale und schwunglose Züge. Als ‹Kümmelspalter› (Dio 70, 3, 3) wurde der Pedant bezeichnet, Gleichmut (aequanimitas) war die letzte Parole, die er ausgab, ehe er am 7. 3. 161 starb. K. Chr.

Q: Dio 70 – Hist. Aug. Capitol. Pius – P. L. Strack, Unters. zur röm. Reichsprägung des 2. Jh., III, 1937 – *Lit:* W. Hüttl, Antoninus Pius, 2 Bde, 1933, 1936 – M. Hammond, The Antonine Monarchy, Pap. and Mon., AA 1959 – *Bildnisse:* → Anhang I.

Antonius, M. (143–87; quaest. 113, praet. 102, cos. 99, cens. 97) kämpfte als Prätor erfolgreich gegen die Seeräuber. Während der innenpolitischen Unruhen um → Saturninus (100) stand A. mit Truppen außerhalb Roms. 99 widersetzte er sich den popularen Anträgen des Tribunen Sex. Titius, der durch ein Ackergesetz Saturninus' Politik weiterführen wollte. A. war einer der angesehensten Redner seiner Zeit (Charakteristik Cic. Brut. 139–142). In Ciceros Dialog De oratore ist er einer der beiden Hauptteilnehmer. A. wurde 87 ermordet. G. G.

2. **A.,** M., cos. 44 v. Chr., II 34, III 31. Ältester Sohn des M. → A. (6) Creticus und der Iulia, geb. ca. 82 v. Chr. Zuerst als praefectus equitum unter A. → Gabinius (2) in Palästina und Ägypten (57–55), 54–51 im Stabe → Caesars in Gallien, zuletzt als Quästor. Augur 50. Nahm als Volkstribun (49) die Interessen Caesars im Senat wahr, aus der Curie verwiesen, zum Legaten Caesars ernannt. Während dessen Abwesenheit in Spanien (49) Proprätor in Italien. 48 Teilnahme an den Kämpfen bei Dyrrhachium und Pharsalos. Als magister equitum (48–47) Stellvertreter Caesars in Rom und Italien. Konsulat 44 mit Caesar. Nach dessen Tod bemächtigte er sich des Staatsschatzes und der Papiere Caesars. Durch geschicktes Taktieren gelang ihm u. a. die Sicherung der eigenen Stellung und die Aufrechterhaltung der acta Caesaris. Versuchte die in Kampanien angesiedelten Veteranen Caesars zu gewinnen und Octavians (→ Augustus) testamentarische Adoption zu verhindern. Auf Grund der lex Antonia de permutatione provinciarum (Juni 44) erhob er Anspruch auf den Befehl der makedon. Legionen und die Statthalterschaft von Gallia Cisalpina und Gallia Comata. Anfang 43 militärische Auseinandersetzungen mit dem Senat, der D. → Iunius (2) Brutus als Statthalter von Gallia Cisalpina bestätigte, und mit Octavian, der einen Teil der makedon. Legionen zum Abfall bewogen hatte und neben den Konsuln als Proprätor mit der Kriegsführung beauftragt worden war. Nach Rückschlägen bei Forum Gallorum und Mutina Rückzug nach Gallia Narbonensis (April 43). Von den Statthaltern der westlichen Provinzen Aemilius → Lepidus, → Asinius (2) Pollio und → Munatius (1) Plancus unterstützt. Treffen mit Octavian bei Bononia durch Vermittlung des Lepidus und Bildung eines → Triumvirats (2) reipublicae constituendae für 5 Jahre (durch die lex Titia vom 27. 11. 43 sanktioniert). Bestätigung des A. im Oberbefehl über Gallia Comata, Proskription der politischen Gegner, Vorbereitung des Krieges gegen → Brutus (2) und Cassius (8). In den zwei Schlachten bei Philippi (Okt./Nov. 42) gab die militärische Führung des A. den Ausschlag. Nach den mit Octavian getroffenen Vereinbarungen Aufenthalt des A. im Orient zur Stabilisierung der Verhältnisse, bes. in Kleinasien und Syrien. In Tarsus traf er 41 zum erstenmal mit → Kleopatra VII. zusammen, um sich den Beistand Ägyptens zu sichern. Aufenthalt in Ägypten Winter 41/40, Rückkehr nach Italien erst nach dem perusinischen Krieg. 40 Vertrag von Brundisium durch Vermittlung des → Cocceius Nerva: Teilung der Provinzen westlich und östlich von Skodra. Zur Befestigung des Übereinkommens Ehe des A. mit → Octavia (2) minor. Nach dem Vergleich von Misenum mit Sex. → Pompeius (4) i. J. 39 Aufenthalt in

Achaia und Asia, weitere Bemühungen um die Reorganisation des Ostens, Vorbereitungen für den seit langem geplanten Partherfeldzug. 37 Übereinkunft von Tarent durch Vermittlung Octavias und Verlängerung des Triumvirats. 36 erfolgloser, verlustreicher Feldzug gegen die Parther, 35 neuerliche Rüstungen. In dieser Zeit (37–35) zunehmende Entfremdung von Octavia. 34 Annexion von Armenia, Gefangennahme des → Artavasdes und Triumph in Alexandria. Ständig wachsende Spannungen zwischen A. und Octavian, vorgeblich wegen der Brüskierung Octavias, vor allem aber wegen der sog. alexandrinischen Schenkungen. Offener Bruch während des Konsulats zweier Parteigänger des A. i.J. 32 und offizielle Scheidung von Octavia. Veröffentlichung des Testamentes des A. durch Octavian, formelle Kriegserklärung des Senates gegen Kleopatra. Eröffnung der Feindseligkeiten Frühj. 31, entscheidender Sieg der Octavianer bei Actium (Sept. 31). Nachdem die Verteidigung Ägyptens durch den Abfall der Statthalter der östlichen Provinzen in Frage gestellt war, Selbstmord in Alexandria (1.8.30). – 1. Ehe mit Fadia, Tochter eines Freigelassenen, 2. Ehe mit Antonia, Tochter seines Onkels C. → A. (10; aus dieser Ehe → Antonia (1), Frau des Pythodorus), 3. Ehe (47/46–40) mit → Fulvia (aus dieser Ehe M. → A. (5) Antyllus und Iullus → A., 12), 4. Ehe (40–32) mit → Octavia (2) (aus dieser Ehe → Antonia (2) maior und → Antonia (3) minor). Aus der Verbindung mit Kleopatra Alexander Helios, Ptolemaios Philadelphos und Kleopatra Selene. Bild des A. umstritten, bereits in der Antike durch Ciceros ‹Philippicae› und die Propaganda Octavians geprägt. Einnehmende Erscheinung, ausgezeichnete körperliche Konstitution. Verband Generosität, Loyalität und Tapferkeit mit militärischer Begabung, war jedoch eher Taktiker als Stratege. Im Orient Blick für politische Erfordernisse, in seinen Beziehungen zu Octavian oft entscheidende Verkennung der Situation und mangelnde Entschlußkraft. Fraglich, ob er letztlich die Wiederherstellung der Respublica, die Nachfolge Caesars oder ein Arrangement mit Octavian durch endgültige Teilung des Herrschaftsgebietes anstrebte. Sein Handeln war wohl vielfach weniger durch politisches Kalkül als durch den Druck der Ereignisse bestimmt (Bildnisse → Anhang I). U.Wm.

Q: Caes. Gall. 7.8; civ. 1.3; Cic. Briefe; Phil.; Vell. 2; Jos. AJ 14.15; Plut. Ant.; App. BC 1–5; Dio Cass. 41–53 – *Lit:* Drumann-Groebe I 46ff. – R. Syme, Roman Revolution (1939), 1952², Ind. S. 537 – R. F. Rossi, Marco A. nella lotta politica della tarda repubblica Romana, 1959 – H. Buchheim, Die Orientpolitik d. Triumvirn M. A., 1960.

3. **A.** *(Pietas)*, L., jüngster Sohn des M. → A. (6) Creticus und Bruder des Triumvirn M. → A. (2); quaest. Asiae 50 v. Chr. unter Q. Minucius Thermus, als proquaest. pro praet. Asiae 49 dessen Nachfolger, tr. pl. 44, cos. 41. Beantragte als Volkstribun ein Gesetz, durch das → Caesar Sonderbefugnisse zur Bestellung von Magistraten erhielt, und ein Ackergesetz, bei dessen Durchführung er mitwirkte. Als Legat seines Bruders nahm er am mutinensischen Kriege teil und triumphierte trotz vorübergehender Ächtung durch den Senat *ex Alpibus* (1.1.41). Als Konsul machte er sich zum Anwalt der durch die Landanweisungen Octavians (→ Augustus) geschädigten Italiker und versuchte, die Rechte seines Amtes gegen Octavian geltend zu machen. Die daraus entstehenden Differenzen gipfelten im ‹Perusinischen Krieg›, in dem er besiegt wurde (Winter 41/40). Von Octavian begnadigt, wurde er Mitte 40 zum Statthalter von Spanien bestellt und scheint bald danach gestorben zu sein (Ende 40?). Die Motivation seines politischen Handelns war bereits in der Antike umstritten, ist vermutlich aber so zu erklären, daß er während der Abwesenheit seines Bruders als Sachwalter von dessen Interessen zu handeln vermeinte. Eine tendenziöse Charakteristik findet sich bei Vell. 2,74,2. U.Wm.

Q: App. civ. 5; Dio Cass. 45–48 – *Lit:* Broughton, Ind. S. 531 – R. Syme, Roman Revolution (1939), 1952², Ind. S. 537 – H. Buchheim, Die Orientpolitik des Triumvirn M. Antonius, 1960, 30–38.

4. **A.**, C., praet. 44 v. Chr. Bruder des Triumvirn. 49 als Legat → Caesars in Illyrien von den Pompejanern, 43 als Statthalter Makedoniens von → Brutus (2) besiegt und gefangengenommen. Versuchte in Brutus' Heer eine Meuterei anzuzetteln und wurde auf die Nachricht vom Abschluß des → Triumvirats (2) hingerichtet. Chr. M.

5. **A.**, M. (Antyllos), älterer Sohn des Triumvirn M. → Antonius (2) und der → Fulvia, bei den griech. Autoren Ἄντυλλος genannt. 36 v. Chr. in Tarent mit → Julia (2), Tochter des Octavian, verlobt. Nach Actium erhielt A. die toga virilis und wurde nach der Einnahme von Alexandria auf Befehl Octavians getötet. U.Wm.

5a. **A.**, Iullus, Prätor 13 v. Chr., cos. 10, Prokonsul von Asia ca. 7/6. Jüngerer Sohn des Triumvirn M. → Antonius (2) und der → Fulvia, von seiner Stiefmutter → Octavia (2) erzogen, nach dem Tode seines Vaters von → Augustus begünstigt. 21 v. Chr. mit Marcella, Octavias Tochter, verheiratet. Wegen Ehebruchs mit → Julia (2), Tochter des Augustus, und Hochverrats verurteilt. Selbstmord 2 vor Chr. An ihn ist Hor. carm. 4,2 gerichtet. U.Wm.

6. **A. Creticus,** M. (praet. 74 v. Chr.), Sohn des Redners M. → A. (1), Vater des Triumvirn M. → A. (2). Erhielt 74 durch Senatsbeschluß (auf Grund einer Intrige) ein imperium infinitum, um die → Seeräuber im gesamten Mittelmeer zu bekämpfen, war dieser Aufgabe jedoch bei weitem nicht gewachsen. Nach Operationen im Westen setzte er 73/72 mit großer Streitmacht nach Kreta über, wo er besiegt wurde. Er mußte einen Vertrag mit den Seeräubern schließen und starb bald darauf (71). Chr. M.

7. **A. Diogenes,** Verfasser des Romans ‹Die wunderbaren Abenteuer jenseits von Thule›, wahrscheinlich 2. Jh. n. Chr. Das Buch stellte – nach der religionsgeschichtlichen Deutung (→ Roman, 2) – die pythagoreischen Lehren vom Fall der Seele und ihrem Aufstieg in die Regionen des Mondes und der Sonne, nach Thule und ins Elysium in Form einer Geschichte dar. Von dem Roman sind nur ein Auszug des Photios und Stücke in der Pythagorasbiographie des Porphyrios erhalten, ein Fragment im PSI 1177. Lukian hat A. in seinen ‹Wahren Geschichten› parodiert. R. Mk.

Lit: K. Bürger, Studien zur Gesch. des griech. Romans II, Programm Blankenburg 1903.

8. **A. der Eremit,** geb. um 250 n. Chr. in Mittelägypten als Sohn reicher Eltern, verließ unter dem Eindruck des Evangeliums vom reichen Jüngling (Mt. 19,21) die Welt und ging als → Anachoret in die Einsamkeit. Ca. 35 Jahre alt, begann er, für seine Form der Weltentsagung zu werben und Eremitenkolonien zu gründen, die bereits eine Übergangsform zwischen der Anachorese und dem Klostermönchtum des → Pachomios darstellen (→ Christentum II C). Im Alter begab er sich in die obere Thebais, wo er ca. 356 in völliger Einsamkeit starb. → Athanasios hat A. in seiner ca. 357 verfaßten Vita Antonii als den siegreich mit den Dämonen kämpfenden Helden geschildert, der zudem ein Vorkämpfer der Orthodoxie ist und selbst mit gebildeten Heiden diskutiert (→ Hagiographie). Nach den → Apophthegmata Patrum verließ A. jedoch aus Reue für seine Sünden die Welt und suchte in der Wüste Ruhe und Schutz vor Versuchungen. Wenn A. auch sicher nicht der erste Anachoret überhaupt gewesen ist, so hat man ihm doch nicht zu Unrecht den Beinamen ‹Vater der Mönche› gegeben. Sein reifes geistliches Urteil sowie die Gründung von Mönchskolonien haben auf das im Entstehen begriffene → Mönchtum nachhaltigen Einfluß ausgeübt. Vgl. → Christentum IV 4. B. L.

Lit: H. Dörries, Die Vita Antonii als Geschichtsquelle, Nachr. Göttingen 1949, 14 – H. Lietzmann, KG IV, 124ff. – Altaner 233 (*Lit*).

9. **A. Gnipho,** berühmter röm. Lehrer der Rhetorik (im Hause Caesars wirkend), den u.a. Cicero hörte. Von seinen Werken (De sermone latino; vermutet ist ferner ein Kommentar zu Ennius' Annales) nichts erhalten.

Q: Suet. gramm. 7 – *Lit:* Schanz-Hosius, I 579.

10. **A. Hybrida,** C. (praet. 66 v. Chr., cos. 63, cens. 42). Sohn des Redners M. → A. (1). Wegen verschiedener Vergehen (zumal gegen Provinziale) und hoher Schulden 70 von der Senatsliste gestrichen. 64 bei den Konsulwahlen Bündnis mit → Catilina. 63 Konsul zusammen mit → Cicero, der ihn durch das Angebot einer einträglichen Statthalterschaft gewann. Bei der Niederwerfung Catilinas durch → Cicero hielt A. sich zurück. 62–60 skandalöse Verwaltung Makedoniens, 59 trotz Ciceros Verteidigung verurteilt. A. ging ins Exil, 49 wurde er von → Caesar begnadigt. Chr. M.

11. **A. Iulianus,** Autor einer Monographie De Iudaeis (Min. Fel. 33, 4); von → Tacitus (hist. 5, 1 ff.) benutzt (?); wahrscheinlich identisch mit dem Prokurator von Judäa i. J. 70. R. T.

Lit: PIR I² 163 f. – R. Syme, Tacitus I, 1958, 178.

12. **A. Kastor,** Freigelassener, 1. Jh. n. Chr., schrieb über Pflanzen und legte den ersten bekannten Arzneipflanzengarten an, in dem er → Plinius (1) d. Ä. unterrichtete (nat. 25, 9). D. M. B.

13. **A. Merenda,** T., decemvir cons. pot. leg. scrib. 450 bis 449, unterlag 449 am Algidus gegen die → Aequer.

14. **A. Musa,** Arzt des → Augustus, heilte diesen 23 vor Chr., wofür ihm eine Bildsäule gesetzt wurde (Suet. Aug. 59. 81). War vor allem Pharmakologe, wandte gern Kaltwasserkuren an (Hor. epist. 1, 15, 3). Erhalten eine Schrift ‹De herba vettonica›. F. K.

Ed: E. Howald-H. Sigerist, CML IV, 1927, 1–11.

15. **A. Primus,** M., Feldherr → Vespasians gegen die Vitellianer. Geb. ca. 21 n. Chr. in Tolosa. Wegen Testamentsfälschung 61 verbannt, von → Galba restituiert und zum Legionslegaten in Pannonien ernannt. Von → Otho abgelehnt, schloß er sich später an Vespasian an. Er stieß über die Julischen Alpen vor und führte die pannonischen und moesischen Legionen nach dem Aufbruch von Verona. Sieg in der zweiten Schlacht von Bedriacum und Einnahme von Cremona (Okt. 69). Trotz raschen Vordringens nach Süden wurde A. des geplanten Verrats an Vespasian verdächtigt. Nach der Einnahme Roms hatte A. eine Vormachtstellung inne bis zum Eintreffen des → Mucianus, der ihn zunehmend zurückdrängte. Von Vespasian 70 nur scheinbar freundschaftlich aufgenommen. Da → Martial ihm vier Epigramme widmete (9, 99; 10, 23. 32. 73), muß er noch gegen Ende der Regierungszeit Domitians gelebt haben. Über seinen Charakter u. a. Tac. hist. 2, 86. U. Wm.

Lit: R. Syme, Tacitus, 1958, Ind. S. 827.

16. **A. Saturninus,** L., cos. suff. 82/83 n. Chr., aus Tarraco, von → Vespasian in den Senat aufgenommen. A. empörte sich als Legat von Germania superior am 1. 1. 89 gegen → Domitian und wurde von den in Mainz stationierten Legionen zum Imperator ausgerufen. Noch vor Ankunft Domitians schlug A. Lappius Maximus, der Statthalter von Germania inferior, die Empörung nieder, da das plötzlich eintretende Tauwetter die germ. Verbündeten des A. aufhielt. Am 25. Jan. wurde der germ. Sieg in Rom gefeiert (CIL 6, 2066) und der Kopf des A. auf dem Forum zur Schau gestellt. U. Wm.

Lit: R. Syme, Tacitus, 1958, Ind. S. 827.

Antonius, vgl. auch → Felix, → Pallas.

Antonomasie (*ἀντονομασία*, pronominatio: Rhet. Her. 4, 42), den → Tropen zugehörige Abart der → Synekdoche; Setzung eines kennzeichnenden Epithetons statt des Eigennamens: ‹Eulenäugige› für ‹Athene›. → Rhetorik D. H. H.

Lit: Volkmann, 425 – Lausberg, I 300–302.

Antyllos, pneumatischer Arzt ungewisser Lebenszeit (zwischen 100 n. Chr. und 300 n. Chr.), war vor allem als Chirurg berühmt (Aneurysmenoperation), hat aber auch sonst vieles geschrieben; Fragmente bei → Oreibasios. F. K.

Anu (sumer. *An*, ‹Oben, Himmel›), oberster Gott des sumer. Pantheons, Vater zahlreicher Götter. Er spielt in der Mythologie eine untergeordnete Rolle. Gebete und Hymnen an A. sind nicht bekannt. Hauptkultort → Uruk, wo sein Kult in seleukidischer Zeit – wohl unter griech. Einfluß (als Zeus?) – eine späte Blüte erlebte. W. R.

Anubion, Verfasser eines astrologischen → Lehrgedichts in Distichen. Einige Verse und mehrere Kapitel der Prosafassung sind in den → Manetho zugeschriebenen Apotelesmatica erhalten. E. B.

Ed: A. Olivieri, CCAG II 202 ff. – C. Ae. Ruelle, CCAG VIII 2, 57. 61.

Anubis, ägypt. schakalköpfiger Gott, Schützer der Friedhöfe, der nach der Mythe die Leiche des → Osiris einbalsamierte und gegen → Seth schützte. Daher spielte auch beim Begräbnis des dem Osiris gleichgesetzten Toten ein Priester den A., der die Leiche ‹verklärte›. A. galt als Sohn des Osiris, den er ehebrecherisch mit → Nephthys, der Gattin des Seth, gezeugt habe. Seine Kultorte lagen an verschiedenen Stellen des Landes (Gebelen, → Assiut, → Memphis) am Wüstenrand, wo die Nekropolen angelegt wurden. In → Abydos hieß er ‹Erster der Westlichen› (d. h. der Toten); die Hauptstadt des 17. oberägypt. Gaues hieß seinetwegen bei den Griechen Kynopolis. W. Hk.

Anyte von Tegea, Dichterin von → Epigrammen, um 300 v. Chr. Vertreterin der peloponnesischen Schule (→ Hellenist. Dichtung B 6). Neben Grab- und Weihepigrammen der bekannten Art besitzen wir zahlreiche Epigramme auf tote Tiere (z. B. AP 7, 202 auf einen Hahn, der A. einst aus dem Schlaf scheuchte), möglicherweise echten Gefühls. Unter den Weihepigrammen, wie bei → Leonidas (5) von Tarent, Stiftungen kleiner Leute. AP 9, 314 ist die Selbstvorstellung einer Hermes-Statue; in der Beschreibung des Standorts (Quelle) kommt charakteristisches Naturgefühl zum Ausdruck. Von hier tut A. den Schritt zu Epigrammen, die anmutige Orte preisen und zum Bleiben einladen, ohne daß noch ein Sprecher angegeben ist (z. B. AP 9, 313; 16, 228), bemerkenswert durch ihre Naturliebe, wenn auch nicht ohne Topik. P. H.

Ed: AP – *Lit:* M. J. Baale, Studia in Anytes.. vitam et.. reliquias, Diss. Amsterdam 1903 – G. Herrlinger, Totenklage um Tiere, Tübinger Beitr. z. AW 8, 1930 – G. Luck, Die Dichterinnen der griech. Anth., MH 11, 1954, 170–187.

Anytos, athen. Politiker, Ende 5. Jh. v. Chr., konnte 409 als Stratege der Stürme wegen Pylos nicht entsetzen, wurde angeklagt und entging angeblich nur durch Bestechung der Verurteilung. 404–403 war er bei der Vertreibung der → ‹Dreißig› (1) eines der Häupter der demokratischen Partei, 399 Ankläger des → Sokrates, wofür er später verbannt und angeblich in Herakleia (Pontos) gesteinigt wurde. E. Bn.

Aoidos (‹Sänger›). Der A., der seinen Vortrag selbst auf der Phorminx (→ Musikinstrumente A 1) begleitete, trug Fest-, Tanz- und Trauerlieder vor (Od. 23, 143 ff.; Il. 24, 720), vor allem aber Götter- und Heldenlieder sowie eigene Erlebnisse (Od. 8, 490). Damit übte er eine Funktion aus, die später der → Geschichtsschreibung zufiel, nämlich zu rühmen, die Erinnerung wachzuhalten (Hdt. prooem.). In Analogie zu der Volksepik anderer Völker, bes. zur serbisch-kroatischen, war der A., anders als der spätere → Rhapsode, zumeist auch der Verfasser dieser Lieder und trug mit Hilfe typischer, formelhafter Elemente (→ Epos B 2) improvisierend bzw. variierend einzelne Episoden vor. – In der Ilias werden Aoiden nur bei den Begräbniszeremonien für Hektor erwähnt (24, 720); andererseits sang z. B. Achill selbst die Taten der Helden (*κλέος ἀνδρῶν*: 9, 186–190). In der Odyssee treten berufsmäßige Sänger (→ Phemios, → Demodokos) auf, hochangesehen (13, 28) und z. B. neben dem Seher, dem Arzt und dem Baumeister genannt (17, 385). Sie zogen umher und trugen bei Festen und Gelagen zur Unterhaltung bei. G. K.

Lit: M. Murko, NJbb 43, 1919, bes. 282–283 – W. Schadewaldt, Die Anfänge der Geschichtsschreibung bei den Griechen (1934), in: Hellas und Hesperien, 1960, 395–416 – Ders., Von Homers Welt u. Werk (1944), 1953³, 79–86 – R. Sealy, From Phemius to Ion, REG 70, 1957, 312–355 – Lesky, 30.

Aorist (χρόνος ἀόριστος, ‹unbestimmte Zeit›), Name der griech. Grammatik für ein ‹Tempus›, das im Gegensatz zu Präsens und Imperfekt, welche den Verlauf der Handlung betonen, und zum Perfekt, das den erreichten Zustand bezeichnet, das Geschehen als solches ohne Rücksicht auf zeitliche Dauer ausdrückt. Der Aorist ist also nicht eine Zeitstufe, sondern ein ‹Aspekt› (oder eine ‹Aktionsart›). Nur im Indikativ hat er Vergangenheitsbedeutung. Vgl. → Griechisch C [2], → Indogermanisch. E.R.

Aoristos Dyas (ἀόριστος δυάς), ‹unbestimmte Zweiheit›, Fachausdruck, der nach Aristot. metaph. 1081 b 32 in der mündl. Lehre → Platons eines der zwei Urprinzipien der Wirklichkeit bezeichnete. Die Ideen, Prinzipien der sinnlich wahrnehmbaren Wesen, bilden eine hierarchisch gegliederte Vielheit. Damit sie der Vernunft voll zugänglich werden, muß man sie gewissermaßen auf die Einheit zurückführen, d.h. man muß die Prinzipien und Elemente dieser Vielheit selbst entdecken. Diese Elemente sind einerseits das Eine und andererseits die A.D. (auch das Ungleiche oder das Groß-und-Kleine genannt), die ein unbestimmtes Vielheitsprinzip ist. Indem das Eine dieser ‹Materie› seine Form aufprägt, macht es aus ihr eine bestimmte Vielheit, eine Zahl (von der mathematischen Zahl zu trennen), in der die Wesenheit der Idee zu erkennen ist. Die Ideen werden also mehr oder weniger mit den Zahlen identifiziert. Das Eine und die unbestimmte Dyade, aus denen diese sich zusammensetzen, sind infolgedessen die Urprinzipien alles Bestehenden (vgl. Aristot. metaph. 987 b 18 ff.; Alex. Aphr., in metaph. 55,20–56,35 = Aristot. Fr. 2 Ross). Die platonische Prinzipienlehre ist von den → Neupythagoreern aufgenommen worden, die deren Bedeutung zwar verändert, doch den Ausdruck ‹unbestimmte Zweiheit› beibehalten haben (vgl. z.B. Diog. Laert. 8,25). S.M.

Lit: L. Robin, La théorie platonicienne des idées et des nombres d'après Aristote (1908), 1963 – W.D. Ross, Plato's Theory of Ideas (1951), 1953 – J. Stenzel, Zahl und Gestalt bei Platon und Aristoteles (1924), 1959.

Aornos → Avernus lacus.

Apameia, Stadt am Orontes in Syrien (Kt. 2196 B 2; heute Qal'at el-Mu<u>d</u>īk). Die Siedlung hieß ursprünglich Pharnake, dann makedon. Kolonie, schließlich Name nach Apame, der Gattin → Seleukos' I. Hauptstadt der Apamene, später der Provinz Syria secunda. Eine der Hauptbasen der seleukid. Macht. Beim Census des → Sulpicius (10) Quirinius (5 v. Chr.) soll die Stadt (wohl mit Umgebung) 117000 Bürger gehabt haben. Die Zerstörung A.s geht auf die Eroberung durch den → Sassaniden Chosroes II. Anfang 7. Jh. zurück. 1152 durch ein Erdbeben schwer beschädigt. Daher heute nur noch ausgedehntes Ruinenfeld. Stadtmauer in ihrem Verlauf erkennbar, teilweise erhalten, mit viereckigen Türmen. Quer durch die Stadt führte eine Kolonnadenstraße von 23,5 m Breite und über 1,5 km Länge (Teilstück im Musée du Cinquantenaire in Brüssel rekonstruiert). Die Säulen teilweise mit Spiralkannelüren versehen. Korinthische Kapitelle, darüber Metopenfries mit Kopfprotomen. Terminus ante quem für die Erbauung sind neben zwei Inschriften die Statuen des → Antoninus Pius und des L. → Verus (also wohl Mitte 2. Jh. n. Chr.). Berühmtes Heiligtum des → Baal von A. Heimat des Stoikers → Poseidonios. R.F.

Lit: H.C. Butler, Architecture and other Arts, 1903 – American arch. Exped. to Syria 1899–1900, Part II, 52 ff. – EAA I, 1958, 455 f.

2. **A.** in Bithynien → Myrleia.

Aparchē (ἀπαρχή), schon seit Homer (Od. 14,422) Bezeichnung jeder Art von Erstlingsgabe an die Götter, bes. von der Feldfrucht (→ Akrothinion), speziell auch die Getreidespende der mit Athen befreundeten Staaten an den Demetertempel in Eleusis; weiterhin jede Art von → Weihegaben, bes. Menschen, die einem Gotte als Tribut (Plut. Thes. 16,2) geweiht werden. Auch die von einem Gotte mit einer Koloniegründung Beauftragten scheinen zuweilen A. genannt worden zu sein. O.G.

Apaturia, ein att. → Fest der Phratrien, von hauptsächlich sozialem und politischem Charakter, im Prinzip von allen ion. Griechen gefeiert (Hdt. 1,147). In Athen wurde es im Monat Pyanopsion (Sept.–Okt.) an drei aufeinanderfolgenden Tagen veranstaltet. Am ersten Tag, den *Dorpia,* nahmen die Mitglieder einer Phratrie zusammen ein Festmahl ein. Der zweite, *Anarrhysis,* war der ‹Tag des Opfers›: in Athen waren die auf öffentliche Kosten geehrten Götter → Zeus Phratrios und → Athena Phratria. Der letzte Tag, *Kureotis,* war der wichtigste, an dem Knaben und Mädchen, die künftigen Bürger, in die Listen der Phratrien eingetragen wurden. Es werden drei Opfer um ihretwillen erwähnt: das Meion (‹geringeres› Opfer), entweder für Neugeborene oder für drei- oder vierjährige Kinder dargebracht, die den Segen des Choes-Ritus (→ Anthesteria) erhalten hatten, oder vielleicht für beide; das Kureion für Knaben, die den Stand der → Epheben erreicht hatten; und die Gamelia für jungvermählte Frauen, die in die Phratrie ihrer Ehemänner eingeführt wurden. Diese Opfer wurden von den betreffenden Familien gestellt. F.R.W.

Lit: M.P. Nilsson, Griech. Feste, 1906, 463 f. – L. Deubner, Att. Feste, 1932, 232 ff.

Apeiron, das ‹Unbegrenzte›, zuerst bei → Anaximander (VS 12 B 2) als der Urstoff, aus dem die Welt ursprünglich hervorgeht. Nach Aristoteles (phys. 3,4,203 b 18) wurde es als unbegrenzt bezeichnet, damit ein unerschöpflicher Ersatz vorhanden sei; doch Anaximander meinte mit A. vermutlich sowohl qualitative Unbestimmtheit wie die räumliche Unbegrenztheit. In der Kosmologie der → Pythagoreer sind das Unbegrenzte und das Begrenzte die zwei Urelemente, die durch ihre Vereinigung einen Kosmos hervorbringen. Ähnlich sprach Platon von der ‹unbegrenzten Zweiheit› (→ Aoristos Dyas) oder dem ‹Großen-und-Kleinen› und dem Einen als den Urelementen aller Dinge. Aristoteles zeigte, daß es kein faktisch unbegrenztes Wesen geben könne (cael. 1,5–7; phys. 3,4–8) und verzichtete auf das Unbegrenzte als kosmologisches Prinzip. Doch blieb das Unbegrenzte immer ein wichtiges Prinzip in der atomistischen Kosmologie → Demokrits und → Epikurs, da die Theorie der zufälligen Entstehung einer geordneten Welt nur unter der Voraussetzung möglich war, daß Raum, Materie und Zeit unbegrenzt waren. – Vgl. → Kosmologie. D.J.F.

Apella, richtiger Apellai (Plur. für Sg.), altes Wort für ‹Versammlung›, insbes. in Sparta als Bezeichnung der Volksversammlung (→ Ekklesia) erhalten. F.G.

Apellai, ein, wie der Monatsname Apellaios besagt, weit verbreitetes dor. → Fest, in Einzelheiten aber nur von Delphi bekannt. Wie bei den ion. → Apaturia handelt es sich um ein Geschlechterfest, hier dem Apollon, Poseidon Phratrios und Zeus Patroos geweiht, das aber nur das Opfer für voll erwachsene Knaben *(apellaion = koureion)* umfaßte, während die für kleine Kinder und verheiratete Mädchen bei dem Fest der Artemis Eukleia dargebracht wurden. F.R.W.

Lit: T. Homolle, Règlements de la phratrie des Λαβυάδαι, BCH 19, 1895, 5–69 (bes. 41–47).

Apelles, Maler, von Kolophon, Sohn des Toreuten Pytheas, Schüler des Ephoros von Ephesos, Zeitgenosse der Maler → Nikias (2) v. Athen, → Melanthios (3) und → Pausias v. Sikyon, denen er sich anschloß. Kehrte mit Alexander in seine Heimat zurück und erhielt das Bürgerrecht von Ephesos. Zahlreiche Anekdoten berichten von seinem Besuch bei → Protogenes auf Rhodos, seinem Aufenthalt bei → Ptolemaios I. in Alexandria. Für die Zeit seiner Blüte gibt Plinius (nat. 35,79) das Jahr 332 v. Chr. – Sein *Werk* umfaßt bes. Götterdarstellungen, einige figurenreichere Kompositionen: 1. Nur Titel sind überliefert: Charis (Smyrna), sitzende Tyche, Artemis im Nymphenschwarm, nackter Heros, Herakles; am berühmtesten wurde die für das Asklepieion in Kos gemalte, später im Forumtempel Caesars geweihte Aphrodite Anadyomene; eine weitere, ebenfalls in Kos, blieb unvollendet; eine Aphrodite ‹Monoknemos›. – 2. Zu den bekanntesten Bildnissen gehörte eine Darstellung Alexanders d. Gr. mit Blitz; am Augustusforum sah man zwei Alexanderapotheosen: mit Nike und Dioskuren und über den gefesselten Krieg triumphierend; ein weiteres Gemälde stellte Alexander zu Pferd dar; Antigonos, ebenfalls zu Pferd, dann Neoptolemos im Kampf mit den Persern; von Archelaos ein Gruppenbildnis mit Frau und Tochter; schließlich eine nackte Pankaspe, die Geliebte Alexanders, der sie A. später überließ; ein Selbstbildnis. – 3. Das Stieropfer in Kos; die Prozession des Megabyzos in Ephesos; sein figurenreichstes Bild: → Allegorie der Verleumdung vor Gericht mit anderen Tugenden und Untugenden. – *Bedeutung:* Thematisch ist sein Werk außerordentlich vielseitig, in der Komposition auf jeweils wenige Figuren beschränkt. Immer wieder wird die Schönheit der Linie hervorgehoben (vgl. z.B. Plin. nat. 35, 81). Hingegen meint er selbst bescheiden, Melanthios sei ihm in der Komposition, Asklepiodoros in den Proportionen, Protogenes in allem teils gleich, teils überlegen (ebd. 80). Aber seiner Überlegenheit in der natürlichen Anmut seiner Kunst (*χάρις*) war er sich voll bewußt; in ihr offenbarte sich sein ionisches Wesen, über akademische Beschränkung erhaben. Die Antike wußte, daß mit ihm ein Höhepunkt in der Kunst erreicht war und hielt ihn mitunter für den größten Maler aller Zeiten. Tizian griff das Thema der Anadyomene auf, Dürer und Raphael, Botticelli wurden von der Beschreibung seiner ‹Verleumdung› angeregt. Vgl. → Malerei C [3]. C.K.

Q: Overbeck, SQ, 1827ff. – *Lit:* Brunn II 202ff. – O. Roßbach, RE 1,2 (1894), 2689–92 – Pfuhl, 735ff. – Rumpf, 147,4 – Ders., Anadyomene, JdI 65/66, 1950/51, 166–174 – W. Lepik-Kopaczynska, A., der berühmteste Maler der Antike, 1962 – D. Mustilli, EAA I 456 bis 460.

2. **A.,** Schüler → Markions um 180 n. Chr. und selbständiger Fortsetzer seiner Lehre. A.A.

Lit: A. v. Harnack, Marcion (1921), 1924², 404–420 (Sammlung aller Zeugnisse).

Apenninen (lat. nur Sing. Apenninus; Kt. 1420 D E 3/4), Hauptgebirge Italiens von den Seealpen bis zur brettischen Halbinsel aus grauweißem, hartem, versteinerungsarmem Kalkstein. Ursprünglich waldreich, aber noch im Altertum abgeholzt und verkarstet. Siedlungsgebiet der umbro-oskischen Italikerstämme. B.A.

Lit: Nissen, I 215ff.

Aper, M. Julius oder Flavius, berühmter → Redner und Anwalt der frühen Kaiserzeit, Lehrer des → Tacitus, der von ihm im ‹Dialogus› ein lebendiges Porträt zeichnete. A. stammte aus Gallien (Tac. dial. 7,1; 10,2), war unter Claudius in Britannien (17,4) und wird damals den latus clavus und damit den Zugang zur Senatorenlaufbahn erhalten haben, in der er es bis zur Prätur brachte (7,1). Tacitus betont, daß A. als Redner nicht nur ein Naturtalent, sondern auch ausgebildet gewesen sei, sich jedoch über die Fachliteratur erhaben gefühlt habe (2,2). Im ‹Dialogus› erscheint er als begeisterter Vertreter des modernen Stils, der in der praktischen Beredsamkeit eine Lebensaufgabe sieht, die Erfolg, Macht und Ehren verbürgt. R.T.

Lit: R. Syme, Tacitus 1958, I, 107; II 799.

Apex, Olivenholzstäbchen, das mit einem Wollfaden umwickelt und mit einer Art Wollbüschel gekrönt war; die → Flamines und die → Salier trugen es auf der Spitze ihrer Mütze (Serv. Aen. 2,683; 10,270). H. Le B.

Apfelbaum (*μηλέα*), in den nördl. Mittelmeerländern wildwachsend verbreitet, erscheint in der epischen Überlieferung bereits als kultiviert. Während die Griechen nur wenige Sorten von A.en kannten, war die röm. A.-Kultur dank günstigeren Bodenverhältnissen sortenreich. Die mythologische Bedeutung des A.s ist dadurch verdunkelt, daß in der Überlieferung (*μῆλα* ‹Äpfel›) auch die Früchte der Quitte und des Granatapfelbaumes bezeichnet. Entsprechend schwankt die Deutung der Frucht, die im → Parisurteil als Hochzeitsgeschenk der → Gaia für → Hera im → Hesperidengarten und in der → Atalantesage eine Rolle spielt. In den Bereich der → Aphrodite weist neben diesen Sagen auch die Überlieferung von Melos, dem Priester der Göttin und Pflegevater des Adonis, der sich aus Schmerz über den Tod des Knaben an einem A. erhängte und in die nach ihm benannte Frucht verwandelt wurde (Serv. V. Ecl. 8,37). Der Gesamtbefund spricht für eine hervorragende Beziehung des A.s zu Aphrodite und ihrem Bereich, wodurch die Früchte zu Liebessymbolen wurden. Vgl. → Flora. J.W.

Lit: Murr, Pflanzenwelt, 55–62 – Olck, RE 1,2 (1894), 2700–08 – Hehn, 241f. 248–251.

Aphrodisia, gewöhnlich Name für jede *private Feier* eines glücklichen Ereignisses oder Erfolgs. Von *öffentlichen* → *Festen* der → Aphrodite sind die im Hochsommer abgehaltenen A. von Delos bemerkenswert; Nilsson bringt sie überzeugend mit dem berühmten, von Theseus eingesetzten Geranos(Kranich)-Tanz in Verbindung. In Korinth, wo der Aphrodite-Kult auch die Tempelprostitution umfaßte, feierten die Hetären die A. getrennt von den freigeborenen Frauen der Stadt. F.R.W.

Lit: M. P. Nilsson, Griech. Feste, 1906, 380ff.

Aphrodisias, Stadt in Karien (Kt. 1152 I 5; heute Geyre). Die ältere Geschichte von A. ist kaum bekannt. Die Hauptblüte der Stadt fällt in die röm. Kaiserzeit. Später Metropolis von → Karien. Bauten: Bedeutender Aphroditetempel in ionischem Stil, in eine christl. Basilika umgebaut; Theater, an den Abhang der Akropolis angebaut; Odeion, Stadion, Thermen und, diesen vorgelagert, eine bedeutende ionische Portikus aus der Zeit des Tiberius, deren Architrave einen Kranzdekor zwischen Masken zeigen, ein wichtiges Werk der *Bildhauerschule* von A. (→ Plastik C 3). Wichtig auch zwei Bruchstücke des Maximaltarifes des → Diokletian. Stadtmauern aus der Spätzeit (vermauerte Spolien der Tiberiusportikus). R.F.

Lit: E. Will, Les ruines d'A., RA 1938, 228–235 – G. Jacopi, Gli scavi della missione archeologica it. ad A. nel 1937, Mon. ant. 38, 1939, 74–232 – L. Crema, I monumenti architettonici Afrodisiensi, ebd., 233–311 – M. Squarciapino, La scuola di A., Studi e Mat. Museo Imp. Romano, 3, 1943 – G. Becatti, EAA I, 1958, 109–115.

Aphrodite. [1] *Religionsgeschichtlich.* Die Herkunft der A., der griech. Liebesgöttin, aus dem Orient darf als erwiesen gelten. Vielleicht entspricht sogar ihr Name dem der semit. Fruchtbarkeits-, Liebes- und Himmelsgöttin → Ištar (Astarte). Die Griechen leiteten den Namen A. meist von *ἀφρός*, ‹Schaum›, ab; schon Hesiod (theog. 188ff.) erzählt ihre wunderbare Geburt aus dem Schaum des Meeres. Ob man aus ihrem Beinamen *Kypris* schließen darf, daß die Griechen sie auf Cypern kennengelernt haben, ist nicht zu erweisen; jedenfalls wurde A. dort bes. verehrt (Zentrum des Kultes: Paphos). Auch auf der Insel Kythera (südl. der Peloponnes) ist ihr Kult sehr alt (daher ihr häufiger Beiname *Kythereia*). Ihr altes Epitheton *Urania* (‹die Himmlische›), das der merkwürdigen Geburtsgeschichte bei Hesiod schon zugrunde liegen muß, deutet auf eine Beziehung zum Himmel, wie sie die Göttin im semit. Bereich auch hat (vgl. Jer. 7,18 und 44,17: ‹Himmelskönigin›). Ungeklärt ist der Beiname Pandemos, sekundär als Gegenbild zu Urania verstanden (vgl. Plat. symp. 180 D ff.). Außerdem trägt A. offenbar Züge der kleinasiat. ‹Großen Mutter› (→ Magna Mater), wie der Mythos von ihrer Liebesverbindung mit einem sterblichen Manne, dem → Anchises, zeigt (bes. im homerischen A.-Hymnus). – A. ist also von außen nach Griechenland gekommen, und zwar über das Meer, und hat zuerst auf Inseln und in Hafenstädten Aufnahme gefunden (daher ihre Beinamen *Pontia*, *Limenia* und sonstige Beziehungen zu Meer und Seefahrt). Homer macht sie zur Tochter des Zeus und der in Dodona verehrten → Dione (Il. 5,370f.). Da dies wahrscheinlich nur dichterische Erfindung ist, lassen sich daraus kaum religionsgeschichtliche Schlüsse ziehen. Wann die Gestalt der A. in Griechenland eingedrungen ist und wie sich ihr Kult im einzelnen ausgebreitet hat, läßt sich nicht sagen. Daß ihr Name noch auf keiner Schrifttafel in → Linear B gelesen wurde, mag auf einem Zufall beruhen. Jedenfalls erscheint A. bereits bei Homer mit ausgeprägten Wesenszügen: Göttin der sinnlichen Liebe und der bestrickenden Schönheit, deren Urbild sie ist. Erst dichterische Phantasie macht sie später auch zur Göttin des vegetativen Lebens in der ganzen Natur. Der Beiname ‹in den Gärten›, den sie (als ‹älteste der → Moiren›) in einem athen. Heiligtum trägt (Paus. 1, 19, 2), ist sicher nur eine Ortsbezeichnung. Eigentliche Ehegöttin ist A. nicht, wenn sie auch ihrem Wesen nach in gewisser Beziehung zur Ehe steht. Den Sinn bewaffneter A.-Statuen in einigen pelop. Orten können wir nicht sicher deuten (vielleicht beeinflußt durch ähnliche Züge bei der → Ištar). – Überall, wo Griechen wohnten, ist A. verehrt worden; die Zahl ihrer Tempel ist sehr groß (von Cypern im Osten bis zum Berge Eryx auf Sizilien im Westen). Bemerkenswert ist, daß in Korinth die sonst in Griechenland nicht übliche → Tempelprostitution zu ihrem Kult gehörte. Daß A. bei Homer dem → Hephaistos zur Gemahlin gegeben wird, hat seinen Grund vielleicht darin, daß auch die Werke dieses Gottes durch große Anmut und Schönheit ausgezeichnet sind. → *Eros*, der bei Hesiod als kosmische Urmacht erscheint, hat im Kult zunächst keine Beziehungen zu A.; erst Dichter machen ihn zum Sohn der A. und des → Ares, einer Verbindung, die nur an einzelnen Orten im Kult hervortritt. – Daß A. häufig im Kreise der → Chariten, der Göttinnen der Anmut und des Liebreizes, erscheint, entspricht ganz ihren Wesenszügen. – Von den Römern mit → Venus identifiziert. K.-H.R.

Lit: K. Tümpel, RE 1,2 (1894), 2729–76 – Nilsson I 519–526.

[2] *In der Sage* von der Geburt der A. Urania (vgl. → Uranos), aber auch sonst sind die Beziehungen zum oriental. Mythos sehr deutlich: sowohl → Adonis wie → Anchises vertreten den Typus des Geliebten der Großen Mutter (vgl. → Dumuzi, mit dem Adonis Ez. 8, 14 Vulgata auch identifiziert wird), der mehr ihr Diener oder Schützling als ihr Partner ist. In der verbreiteteren Version über → Adonis, nach der er ein Drittel des Jahres bei Persephone, also unter der Erde, und ein Drittel bei A. sein sollte, ist, obgleich von der Persephonesage beeinflußt, noch der Charakter der Vegetationsgottheit deutlich, wie ihn auch die Riten seines Kultes (mit ihren langen Klagen) zeigen. Griechisch ist die Sage von ihrer Ehe mit → Hephaistos, den sie nach Hom. Od. 8, 266–366 mit → Ares betrügt: Hephaistos, von → Helios darüber informiert, fertigt ein unsichtbares Netz, durch das er die beiden im Ehebruch ertappt und festhält, bis alle Götter Zeugen geworden sind. Nur mit Mühe läßt sich Hephaistos durch Poseidon versöhnen. Sproß der Verbindung der A. mit Ares, die vielleicht durch ihre Züge als Kriegsgöttin veranlaßt wurde und hier und da im Kult weiterlebte, ist nach dieser Sage → Eros. Mit → Dionysos hat A. gemeinsam, daß sie den furchtbar straft, der ihre Macht verachtet: durch Tod (→ Hippolytos), durch widernatürliche Liebe (→ Pasiphaë; → Myrrha) oder andere Strafen (Frauen von Lemnos: → Hypsipyle). → Erotik. L.H.

Darstellungen: Frühe Darstellungen, kurz vor und nach 650, auf einer naxischen Amphora (Ch. Karusos, JdI 52, 1937, 166–197: A. mit Ares) und der Chigikanne (CVA, Villa Giulia 1 III Ce, Taf. 1–4: Parisurteil). Auch später bes. häufig im Zusammenhang mit dem → Parisurteil. In der Gigantomachie weniger hervortretend als viele andere Gottheiten (vgl. aber bereits das Lydosfragment: Graef-Langlotz, Akropolisvasen I, Taf. 33–35, Nr. 607; die Parthenonsmetope XII und den Fries vom Pergamonaltar: Gotsmich, AA 1941, 844–879). Zunächst ist A. stets voll bekleidet, in der Großplastik erscheint sie erst in der knidischen Statue des → Praxiteles völlig nackt (N. Himmelmann-Wildschütz, MWPr. 1957, 11–16). Ob, schon früher, nackte Spiegelträgerinnen A. darstellen, ist umstritten. In Korinth wurde eine bewaffnete A. verehrt; dies Motiv auch in Plastik und Kleinkunst (G. Calza, Ausonia 9, 1919, 172–184; O. Broneer, The Armed A. on Acrocorinth, 1930; J. Marcadé, Revue du Louvre 1961, 165). Mehrfach wird A. von einer Gans oder einem Schwan getragen (A. Kalkmann, JdI 1, 1886, 231–260; Schefold, KV, Nr. 143. 300. 395. 480. 599; Beazley, ARV[1] 575, 3) oder sie reitet, wie die ‹A. Pandemos› des Skopas, auf dem Bock (A. Schober, ÖJh 21/22, 1922/24, 225 f.; Rumpf, SR V 124; H. Metzger, BCH 70, 1946, 376 f.). Vom 4. Jh. ab wird A. häufig mit der Muschel verbunden, bes. in der Koroplastik (Bratschkova, Bull. Inst. Bulg. 12, 1938, 9f; Münzen- u. Medaillen AG, Basel, Vente Publ. 18, 1958, Kat. zu Taf. 14, 61), vgl. → Göttergeburten. Zahlreiche A.statuen in röm. Kopien erhalten. Die elische des → Phidias hatte ihren einen Fuß auf eine Schildkröte gesetzt (Lippold, GrPl 155, vgl. 299 zu einer späteren, im Motiv gleichen Statue). Sehr verbreitet die sich auf einen Pfeiler stützende A. (W. Deonna, AC 17, 1950, 45 ff.). Umstritten noch die Wiedergewinnung der berühmten A. in den Gärten des → Alkamenes (zuletzt dazu Picard, RA 48, 1956, 97 ff.; H. Jucker, Das Bildnis im Blätterkelch, 1961, 202; Schefold, VP, 172). Sehr verbreitet und mehrfach umgebildet eine A. des späten 5. Jh.s, die sog. ‹A. Fréjus›, wohl von → Kallimachos (J. Marcadé, BCH 81, 1957, 435 bis 437; L. Guerrini, ASAA 37/38, 1960, 403–419; Dontas, Ephem., 1961, 1 ff.). Aus dem 4. Jh. bes. berühmt und in der Kaiserzeit oft für Porträtfiguren und Victoria (Brescia; → Trajans- und → Markussäule) verwandt die A. aus Capua (Picard, Manuel III, 730 f.), außerdem die schon genannte Knidia. Frühhellenist. das Original der in über 100 Kopien erhaltenen → Capitolinischen Venus (Lippold, GrPl 291; G. Richter, Cat. of Greek Sculptures in the MMA, 1954, Taf. 108, 147), die mehrfach umgebildet wurde (Lippold, GrPl 307. 312). Raffiniert die A. Syrakus BrBr 578; K. Schefold-P. Tschudin, Eine Venusstatuette von Augst, Urschweiz 25, 1961, 21–29). Bes. berühmt die A. aus Melos (J. Charbonneaux, La Vénus de Milo, 1958; E. G. Suhr, AJA 64, 1960, 253–264, mit Ergänzung als Spinnerin). Sehr beliebt im Altertum auch die im 3. Jh. geschaffene A. des → Doidalsas, im Bade kauernd (R. Lullies, Die kauernde A., 1954). Auf die A. Kallipygos in Syrakus bezog man eine Statue in Neapel, die eine ihr entblößtes Gesäß betrachtende Frau zeigt (Brunn-Bruckmann, Taf. 578, vgl. aber G. Bordenache, Dacia 3, 1959, 443 f.). In der Datierung umstritten die Venus aus Kyrene (Lippold, GrPl 387; Castiglione, BMusHong. 5, 1954, 20; R. Carpenter, Greek Sculpture, 1960, 196 f.). Zur berühmten Venus Genetrix des → Arkesilas, auf dem Caesarforum aufgestellt, vgl. jetzt L. Guerrini, ASAA 37/38, 1960, 417 ff.; A. von Knidos-K. Schefold, AntK 7, 1964, 56–59. Zur Venus in röm. Zeit: K. Schefold ebd. – → Göttergeburten. K. Schb.

Aphthonios, von Antiochia in Syrien, Rhetor des 4. Jh.s n. Chr., hauptsächlich bekannt durch seine erhaltenen → Progymnasmata. H.H.

Ed: H. Rabe, BT, 1926 – *Übers:* R. Nadeau, Speech Monographs 19, 1952, 264 ff. (engl.) – *Lit:* J. Brzoska, RE 1,2 (1894), 2797–2800.

Apicius Caelius. Unter diesem Namen geht ein röm. Kochbuch ‹De re coquinaria›, in 10 Büchern, das wahrscheinlich im 3. oder 4. Jh. n. Chr. kompiliert wurde. Der Name A. Caelius ist nicht authentisch. Möglicherweise ist Caelius der Name des Kompilators, während M. Gavius Apicius ein berühmter Schwelger zur Zeit des Tiberius war (vgl. Tac. ann. 4, 4), dessen Name für das Kochbuch entlehnt wurde. Die Rezepte sind sowohl für raffinierteren als auch für einfacheren Geschmack bestimmt; vielleicht hängt die Verschiedenheit mit dem Kompilieren aus verschiedenen Quellen zusammen. Insgesamt geben sie einen wertvollen Einblick in die griech.-röm. Kochkunst, deren Bedeutung sich bis in die spätere mittelmeerländische Kochkunst, einschließlich der französischen, verspüren läßt. G.B.

Ed: Ed. princ. 1498 – C. Giarratano-F. Vollmer, 1922 – *Übers:* R. Gollmer (1909), 1928[2] – E. Danneill, 1911 – B. Guégan, 1933 (franz., mit Sachkomm.) – *Lit:* M. Wellmann, RE 3,1 (1897), 1254 f. – Schanz-Hosius, II 791–793.

Apion, Grammatiker und Lexikograph, 1. H. 1. Jh. n. Chr., im Hause des → Didymos (1) zu Alexandria erzogen. Nach → Theon (1) Vorstand der alexandrin. Grammatikerschule; unternahm zahlreiche Vortragsreisen nach Griechenland und nach Rom. Als überzeugter Antisemit unterstützte er die Griechen Alexandrias in ihren Fehden mit den Juden in Wort und Schrift. Dadurch zog er sich den Haß des → Josephus zu, der in dem Buch ‹Contra Apionem› antwortete (vgl. → Philon). – *Hauptwerke:* (1) ‹Ägyptische Geschichte und Kultur› (5 Bücher), nach Ausweis der wenigen Fragmente eine unzuverlässige Kompilation; (2) *Γλῶσσαι Ὁμηρικαί* (Erläuterung homerischer Wörter), benutzt von → Apollonios (12) Sophistes. Meist weicht A. bewußt von der Exegese → Aristarchs (2) und seiner Schüler ab. Überall dort sind seine Etymologien und Wortdeutungen von zweifelhaftem Wert. Vgl. → Lexikographie B [2]. H.E.

Frg: FGrHist 616 – H. Baumert, Apionis quae ad Homerum pertinent fragmenta, Diss. Königsberg 1886; dazu die Ausgabe der vermutlich echten, unter A.s Namen überlieferten *Γλῶσσαι Ὁμηρικαί* von A. Ludwich (Über die homerischen Glossen A.s), Philol. 74, 1917, 205–247; 75, 1918, 95–127; vgl. Pap. Ryl. 26 (1. Jh. n. Chr.): *Ἀπ. Γλῶσσαι Ὁμηρικαί*, ed. A. S. Hunt in: Catalogue of the Greek Papyri in the John Rylands Library Manchester I, 1911 – *Lit:* L. Cohn, RE 1,2 (1894), 2803–06 – K. Alpers, Theognostos, *Περὶ ὀρθογραφίας*, Diss. Hamburg 1964, 54–57 (Lit).

Apis, volltiergestaltiger Gott der Ägypter (→ Stier), ursprünglich mit Fruchtbarkeitsriten verbunden, in Memphis auch mit dem Königsfest, dort als Erscheinungsform und Herold des Stadtgottes Ptah verehrt, später mit eigenen Priestern; nach 29 Zeichen ausgewählt, lebt er im Apieion, wo er sich den Gläubigen zeigt (Orakel). Er wird mumifiziert und feierlich beigesetzt (Ritual erhalten), seit Amenophis III. bei Saqqara im Serapeion (ausgegraben). Die Seele des sterbenden → Osiris geht in Apis ein, während jeder Apis wie alle Toten zum Osiris wird; aus *Osorapis* (d. i. alle toten Apisstiere) entwickelt sich → Serapis, während die Ägypter an Apis festhalten. Von den Griechen wird er mit → Epaphos gleichgesetzt, später mit → Isis, → Serapis usw. verehrt. C.J.C.

Lit: E. Otto, Beitr. zur Gesch. d. Stierkulte in Ägypten, 1938.

Apista → Buntschriftstellerei.

Apo koinu (*τὸ ἀπὸ κοινοῦ*, auch *λέξις* oder *σχῆμα ἀ. κ.*, Name erst spätantik belegt): → Versparung, → Zeugma.

Lit: Lausberg I 349f. H.H.

Apodektai, Kollegium von 10 Beamten in Athen, das seit 418/417 v. Chr. inschriftlich nachweisbar ist. Die A. waren Kassenbeamte (→ Tamias), die unter Aufsicht der → Bule die Einzahlungen für den Staat in Empfang nahmen und an die Kassen der einzelnen Behörden verteilten. H.Br.

Apographe. Im attischen Recht technisch für die an die zuständige Behörde, in erster Linie die → Elfmänner, zu richtende Anzeige über unrechtmäßig einbehaltenes Staatsgut oder auf Grund eines bereits gefällten oder noch zu fällenden gerichtlichen Urteils einzuziehendes Privatgut. Widersetzte sich der Besitzer der Beschlagnahme, so kam es zu einem Verfahren vor dem → Dikasterion, bei dem der Anzeigende das Staatsinteresse wahrnehmen mußte; gewann er den Prozeß, so gebührten ihm 3/4 des konfiszierten Gutes als Belohnung, andernfalls verfiel er in eine Kalumnienbuße (→ Recht I B 5c). H.J.W.

Apokalyptik

A. Begriff – B. Jüdische A.: [1] Grundvorstellungen – [2] Apokalypsen – [3] Geschichtl. Auswirkungen – C. Christliche A.: [1] Aufnahme der A. ins Urchristentum – [2] Im NT – [3] Weiterentwicklung.

A. Begriff. Der Begriff A. (von *ἀποκάλυψις*; Apk. Joh. 1,1) umfaßt Spekulationen, die, vorgeblich divinatorischen Ursprungs, durch Traum, Vision oder Meditation gewonnene Einblicke in Zusammenhänge vermitteln wollen, die dem natürlichen Auge verborgen sind, z. B. mythische Aussagen über Wesen und Aufbau des Kosmos unter Einschluß von Astrologie und Astronomie; ferner Betrachtungen über den Ursprung der Sünde, den Fall der Engel sowie über das Schicksal der Verstorbenen im Jenseits. Zuweilen geht die A. ins Mystische über, z. B. dort, wo der Apokalyptiker auf dem Wege der Ekstase in die himmlischen Gefilde eingeht. Vor allem aber bietet sie – unter Einschluß der Theodizee – Betrachtungen über den Ablauf der Weltgeschichte und deren Endziel, das in Israel verkörperte Gottesreich.

B. Jüdische A. [1] Die Blütezeit der a. Geschichtsschau ist die Periode zwischen Antiochos IV. (175–163 v. Chr.) und Hadrian (117–135 n. Chr.), in der das → Judentum (B 3–6) Palästinas von einer Krise in die andere fiel. Gleichwohl liegen die Wurzeln der jüd. A. nicht in dieser Zeit. Zu ihren innerjüd. Voraussetzungen gehört das teleologische Geschichtsverständnis Altisraels und in Verbindung hiermit teilweise das der klassischen Propheten; so fließen besonders bei Ezechiel die Grenzen zwischen A. und Prophetie. Mehr noch wirkte letztere durch die heilsgeschichtliche Interpretation auf die A. ein, wie sie in der priesterlich-jerusalemischen, kanonisch gewordenen Endredaktion der Prophetenbücher des AT vorliegt. Hierzu kommt der Einfluß des gemeinorientalischen Kreislaufdenkens (nach indo-iranischem Schema vier, nach babylonischem sieben Weltzeitalter oder ‹Äonen›). In der A. sind linear-teleologische und zyklische Denkformen derart vereint, daß die Geschichte als Ablauf zahlenmäßig variierender Perioden vorgestellt wird. In ihnen nimmt das Böse laufend zu, bis es in der letzten Zeit, zur höchsten Macht gelangt, von Gott durch unterschiedlich vorgestellte Heilbringer überwunden wird; die am Ende aus schweren Krisen hervorgegangene Heilszeit entspricht im Grunde der idealisierten Urzeit. Weittragende Bedeutung bekam das a. Geschichtsbild dadurch, daß man es im Sinne eines Zwei-Äonen-Schemas vereinheitlichte; danach umfaßt ‹diese Welt› den gesamten Geschichtsablauf im Sinne des altjüd. Denkens, während der ‹zukünftigen Welt› die göttliche Heilsvollendung vorbehalten ist, die man sich teils mit irdischen, teils mit jenseitigen Farben ausmalt. Dies hat sich im Judentum unter pharisäischem Einfluß seit dem Ende des 1. Jh.s n. Chr. als dogmatisch-normativ durchgesetzt.

[2] Der literarische Niederschlag in *Apokalypsen* war besonders groß, als gleichzeitig die hellenistisch-römische Orakelliteratur (→ Sibyllinische Bücher) blühte. Mit ihrer paränetischen und teleologischen Ausrichtung sowie der Tendenz, die Darstellung des als Weissagung geformten Geschichtsablaufes einer Autorität der idealen Vorzeit in den Mund zu legen, scheint sie dank höheren Alters wesentlich mit zur Gestaltung der jüdischen Offenbarungsbücher beigetragen zu haben, von denen z. B. genannt seien: das äthiopische Henochbuch (mehrere Apokalypsen enthaltend), das 3. Buch der Sibyllinen und die Kriegsrolle von → Qumran (vorchristl.); die Himmelfahrt Moses' (um 10 n. Chr.), das 4. Esrabuch (um 96 n. Chr.) sowie die syrische Baruch-Apokalypse (100–130 n. Chr.).

[3] Mit ihrem Determinismus und dem Anspruch, den Beginn der Heilszeit berechnen zu können, hat die A. seit Antiochos IV. zunehmend die ältere Eschatologie beeinflußt und besonders seit dem Tode → Herodes' d. Gr. (4 v. Chr.) weiteste Volkskreise erfaßt. Weder die zelotische Bewegung (messianische oder prophetisch-messianische Führergestalten) noch die hierdurch ausgelösten Aufstände unter Vespasian und Hadrian sind ohne sie denkbar. Nur eine Minorität, wie proherodianisch bzw. prorömisch eingestellte Priesterkreise (→ Sadduzäer) oder unter den Pharisäern die Schule Hillels (→ Judentum B 6), stand hierzu in Opposition. Nach den Niederlagen von 70 und 135 konnten die → Rabbinen die Apokalypsen bis auf Jesaja 24–27; 34–35 und das Danielbuch als nicht normativ unterdrücken. Vgl. → Eschatologie; → Parusie. R.M.

Lit: P. Volz, Die Eschatologie d. jüd. Gemeinde, 1934 – RGG I 463 bis 466; II 662–665.

C. Christliche Apokalyptik. [1] *Aufnahme der A. ins Urchristentum.* Jesus und die Vertreter des Urchristentums übernahmen aus Dan., 1. Hen. u. dgl. zentrale Begriffe wie Gottesreich, Menschensohn, Auferstehung, Wiederkunft. Für weitere Offenbarungen sorgten christl. Propheten (Apg. 11,27 usw.). Verfasser des NT zitierten jüd. Apokalypsen als heilige Schriften (1. Kor. 2,9 eine Elia-A.; Jud. 9 die Asc. Mos.; Jud. 14 das 1. Hen.). Im 1.–2. Jh. wurden zu Missionszwecken jüd. Apokalypsen durch christl. Einschübe ergänzt (Asc. Jes. 6–11; 2. Hen., Or. Sib., Test. XII passim; 4. Esr. 1–2. 15–16 = 5. 6. Esr., u. a.). Oft macht die absichtliche Grenzaufhebung eine sichere Verteilung auf Jüdisch und Christlich unmöglich.

[2] *Im NT* ist zunächst die synoptische Apokalypse zu beachten (Mt. 24,4–25,46 mit Parr.), eine Mahnrede Jesu, die aus Markus-, Logien- und Sondergut besteht. Auch in den Briefen finden sich Stücke apokalypt. Unterrichts (z. B. 1. Thess. 4, 13–5, 11; 2. Thess. 2, 3–12). Trotz der Bedeutung der alttestamentlichen, jüd. und christl. Propheten für die Urkirche erhielt aber das NT nur ein einziges prophetisches Buch, die Apk. Als ihr Urheber wird Christus dargestellt (Apk. 1, 1), dessen Botschaft der Prophet (nicht Apostel) Johannes von Patmos aus nach Ephesos usw. zu senden hatte (1, 9. 11). Anlaß war vermutlich eine Verfolgung unter Domitian etwa 95 n. Chr. Das architektonisch gegliederte, aber intensiv bildreiche Buch ist um eine Siebenerreihe von Gemeindebriefen (2, 1–3, 22) und drei Siebenerreihen von Weltkatastrophen aufgebaut (5, 1–8, 1; 8, 2–11, 19; 15, 7–16, 21). Zweck war Warnung vor dem Staatsabsolutismus und Trost im Martyrium durch apokalypt. Zukunftsschau.

[3] Im *nachbiblischen* antiken Christentum wurden ideengeschichtlich bedeutende Apokalypsen sowohl von Häretikern wie von Kirchenmännern veröffentlicht. Der an die Qumranbewegung erinnernde jüd.-christl. Wiedertäufer Elkesai (aram. Chēl k·sāj, ‹Verborgene Kraft›, so auch → Epiphanios), in Transjordanien seit 101 n. Chr. tätig (Fr. 2 bei Hennecke), schrieb um 115 nach einer Verfolgung (Fr. 8), die wohl mit der des → Ignatius zusammenfiel, und vor Abschluß des Partherkrieges → Trajans (Fr. 7) eine A., aus der → Hippolytos (2) und → Epiphanios Fragmente bewahrt haben. Einer seiner Anhänger sah unter dem syr. Kaiser → Elagabal seine Chance und trat deswegen um 220 mit dem Buch in Rom auf. → Hippolytos (2) bekämpfte ihn scharf; daß er die Angaben des Buches über Elkesai trotzdem ohne weiteres übernahm, ist gegen moderne Zweifel an Existenz und Lebenszeit des Propheten anzuführen. – Um 125 veröffentlichte der röm. Kirchenmann → Hermas eine große apokalypt. Mahnrede, ‹Der Hirt› genannt, die in der Antike manchmal unter den kanonischen Büchern, in der Neuzeit unter denen der → Apostolischen Väter erscheint. – Die von 1. Hen. und 2. Petr. ausgehende, großkirchlich orientierte Petrus-Apokalypse entstand um 135 (in 2, 4 eine Warnung vor Bar Kochba). Petrus wird in Rom gedacht (14, 2), doch kann das Buch aus Ägypten stammen. Es schildert Gericht und Hölle (3–14), dann die Verklärung Jesu (15–17). Nach etwa 300 nur deuterokanonisch (Eus. hist. eccl. 3, 25, 4) und später verdrängt, beeinflußte die Petrus-Apokalypse noch lange die Himmels- und Höllenvorstellungen, sogar über Dante hinaus. → Montanismus und → Gnostizismus machten nach etwa 150 die A. verdächtig. Eifrig produzierten die Gnostiker in Ägypten apokalypt. Evangelien und Dialoge. Bes. wichtig sind das ‹Apokryphon Joannis› und die ‹Ascensio Pauli› aus der Zeit um 150, koptisch, beide bei Nag Hammadi gefunden. Kirchlich hingegen ist die etwa 380 geschriebene Paulus-Apokalypse mit der Petrus-Apokalypse vergleichbar. Im übrigen entstanden unter neutestamentlichen Namen unzählige Apokalypsen von Syrien bis Irland. B. R.

Ed: C. Tischendorf, Apocalypses apocryphae, 1866 – *Lit:* E. B. Allo-J.-B. Frey, Dict. de la Bibl., Suppl. 1, 1928, 306–354 – J. Michl u. a., LThK I 690–708 (Lit) – RGG I 463–472 – L. Aalen, Bibl.-hist. Handwörterbuch I, 1962, 105–108 – Hennecke³ II 405–572 (Lit).

Apokope (ἀποκοπή, ‹Wegschneiden›) nennt die Grammatik das Weglassen eines auslautenden Vokals. So werden in vielen griech. Dialekten Präpositionen apokopiert, z. B. *κὰτ τὸν νόμον* statt *κατὰ τὸν νόμον*. E. R.

Apokryphen (ἀπόκρυφος, ‹verborgen›), Schriften im Umkreis der normalen Kultliteratur, für den Hellenismus orientalische Geheimbücher (Isishymnus von Andros 1, 10; Clem. Alex. strom. 1, 69, 6). In der weiteren Geschichte wurde der Begriff auf ganz verschiedene Schriftengruppen angewandt.

[1] Die weitere Begriffsentwicklung ging vom *Judentum* aus. Neben dem hebr. AT, das um 90 n. Chr. in Jamnia kanonisiert wurde (→ Judentum B 6), und neben dessen griech. Übersetzung in der → Septuaginta umfaßte die jüd. Kultliteratur auch zwei Sondergruppen: (1) in Ägypten die zusätzlichen Septuagintabücher 3. Esr., Tob., Jdt., 1. 2. Makk., Sir., Weish., 1. Bar. u. a.; (2) bei Vertretern der → Apokalyptik (B) und Weisheit esoterische Apokalypsen u. dgl. (4. Esr. 14, 46), darunter Jubil., 1. Hen., 2. Bar. War eine Schrift dem öffentlichen Gebrauch zu entziehen, sagten die Rabbiner ‹verbergen› (J. Levy, Neuhebr. Wörterb., I, 1876, s. v. gānaz). Das *Urchristentum* übernahm lange vor der jüd. Kanonisierung das hebr. und griech. AT, betrachtete die beiden genannten Gruppen von A. als heilig (2. Kor. 2, 9; Jud. 9. 14) und verchristlichte einige der jüd. → Apokalypsen (C 1). Außer christl. → Spruchsammlungen und außer den Schriften, die allmählich zum → Kanon des NT gesammelt wurden, entstand ferner eine z. T. christl., z. T. pseudochristl. Sondergruppe: (3) allerlei mit den neutestamentlichen Gattungen konkurrierende Evangelien (Nazaräer-, Ebioniten-, Hebräer-Evg., jüd.-christl.; Jacobus-, griech. Thomas-Evg. von der Kindheit Jesu; Petrus-, Nicodemus-Evg. vom Lebensausgang Jesu; Ägypter-, kopt. Thomas-Evg. usw., gnostisch) und → Apostelgeschichten (Petrusakten u. a.), Briefe (→ Barn., → 1. Clem., → Ign. u. a.) und Anweisungen (→ Didachē, → Apostolische Väter), → Apokalypsen (Petrus-Apk. u. a.) und Dichtungen (Oden Salomos u. a.). Gegen 200 n. Chr. begannen kirchliche Schriftsteller, gnostische Vertreter der pseudochristlichen Gattung (3) als ‹A.›, d. h. suspekte Erzeugnisse, abzulehnen (Iren. adv. haer. 1, 20, 1; Tert. pudic. 10, 12); im 3. Jh. wurden auch Vertreter der jüd.-apokalypt. Sondergruppe (2) so gestempelt (Orig. in Matth. 23, 37). Bei der Fixierung des Kanons des NT, 367 n. Chr. in Ägypten, bezeichnete → Athanasios alle nichtkanonischen Bücher als ‹A.› (ep. fest. 39, 1). Er und → Hieronymus griffen übrigens beim AT auf den jüd. Kanon zurück, so daß sie die septuagintale Gruppe (1) auszusondern geneigt waren (Athan. ebd., 3; Hier. in reg. praef. 6, 1).

[2] Jedoch behielt der *Katholizismus* die septuagintalen A. (1) im Kanon bei (Innozenz I., epist. 6, 13), während die jüd. Apokalypsen (2) stillschweigend ausgelassen, die neutestamentl. A. (3) ausdrücklich verboten wurden (→ Gelasius, decr. 5, 2–9). Andererseits beschäftigten sich periphere Gruppen wie → Priscillianer und Äthiopier auch nachher mit diesen A. – Im *Protestantismus* wollte man im Anschluß an Hieronymus das AT auf den jüd. Kanon einschränken und bezeichnete so die kleine septuagintale Gruppe (1) als ‹A.› (A. Karlstadt 1520; M. Luther 1534). Das gegenreformatorische Konzil von Trient lehnte 1546 diese Teilung ab. Weil der Protestantismus an die engere Terminologie gebunden war, braucht man seit J. A. Fabricius (1713) für die jüd. A. den Namen ‹*Pseudepigraphen*›.

[3] Die moderne *Forschung*, vom erwähnten Fabricius ausgehend, betrachtet als A. oder Pseudepigraphen des AT und als A. des NT allerlei Volksschriften des nachexilischen Judentums und des Christentums bis und mit der Spätantike, die wegen des angegebenen Ursprungs und der übernommenen Gestalt mit Schriften der Bibel konkurrieren wollten und z. T. konnten. Traditionell werden die → Apostolischen Väter ausgenommen, weil sie dem NT bes. nahestehen sollen, obwohl die einzelnen Fälle in der Tat verschieden liegen. Das religions-, literatur- und sprachgeschichtlich wichtige Material ist noch durch erfreuliche Neufunde bei Qumran und Nag Hammadi bereichert worden. Der Einfluß der A. war groß, vor allem seine Evangelien haben die altchristl. und mittelalterliche Ikonographie (→ Kunst) beeinflußt. B. R.

Ed: E. Klostermann, KlT 3. 8. 11, 1903/04 – A. Harnack, KlT 12, 1905 – R. A. Lipsius-M. Bonnet, Acta apostolorum apocrypha, 2 Bde, 1891–1903 (Ndr. 1959) – A. de Santos Otero, Los evangelios apócrifos (1956), 1963² – Weiteres: Altaner, 51 f. 54. 69 – *Übers:* E. Hennecke, Neutestamentl. Apokryphen (1904), 1924²; 3. Aufl. hg. v. W. Schneemelcher, I, 1959; II, 1964 – P. Rießler, Altjüd. Schrifttum, 1928 – W. Michaelis, Die apokryphen Schriften des NT (1956) 1958² – A. de Santes, Los Evangelios (1956), 1963² (kunstgeschichtl. Anhang!) – J. Maier, Die Texte vom Toten Meer, 2 Bde, 1960 – *Lit:* F. Stegmüller, Repertorium biblicum medii aevi, 5 Bde, 1950–55 – W. Nauck, Bibl. hist. Handwörterbuch I, 1962, 108 f. 112 f. – K. Aland, ebd., 453–455 – Altaner, 51–72.

Apollinaris Sidonius (C. Sollius A. Sidonius), aus gallo-röm. Hochadel, ca. 431 n. Chr. in Lyon geboren, seit ca. 451 mit der Tochter des 455 zum Kaiser ausgerufenen → Avitus (1) vermählt. Der erste Teil seines Lebens zeigt eine enge Verbindung von Literatur und Politik: A. verfaßte poetische → Panegyriken auf die Kaiser Avitus, → Majorian und → Anthemius und wurde von Avitus durch Errichtung einer Statue auf dem Trajansforum (456), von Majorian mit dem Titel eines comes (458), von Anthemius durch Ernennung zum praefectus urbi und Erhebung in den Rang eines patricius (468) geehrt. Ca. 470 wird er zum Bischof von Clermont-Ferrand gewählt und verteidigt 471–474 die Stadt gegen die Westgoten. Als durch den Frieden von Toulouse 475 die Auvergne an die Westgoten kommt, wird er zunächst in Haft gehalten, darf aber ca. 476 wieder nach Clermont zurückkehren, wo er bis zu seinem Tode (ca. 486) das Bischofsamt ausübt. – A. steht in der Tradition der nationalen Literatur: Vorbilder seiner Panegyriken und sonstigen Gelegenheitsgedichte sind die ‹Silvae› des → Statius (1) und → Claudian; in den an literarisch gleichgesinnte Freunde gerichteten Kunstbriefen schließt er sich an → Plinius (2) an. Dichtungen und Briefe sind in einem preziösen Stil gehalten, den überraschende Wortspiele, kunstvolle Verschlüsselungen und ein in manieristischem Sinn erlesenes Vokabular kennzeichnen. In den speziell christl. Briefen führen → Allegorese und Integration biblischer Bilder gelegentlich zu einer Steigerung ins Phantastische. W. Sch.

Ed: Ch. Luetjohann, 1887 – P. Mohr, 1895 – W. B. Anderson, 1936 (Gedichte u. Briefe Buch 1 u. 2, mit Übers.) – A. Loyen, 1960 (Gedichte mit Übers.) – *Lit:* A. Loyen, Sidoine A. et l'esprit précieux en Gaule, 1943.

2. **A. von Laodikeia,** ca. 310–390, orthodox-nizänischer Gegenbischof von L., Verfasser verlorener Streitschriften gegen → Porphyrios und → Julianus (2) Apostata und verlorener dogmatisch-polemischer Schriften (Hauptwerk aus → Gregor v. Nyssa, Antirrheticus, rekonstruierbar); aus zahlreichen Kommentaren sind Fragmente nur durch → Catenen erhalten. A. soll biblische Stoffe auch in Formen des Epos, der Lyrik und des Dramas behandelt haben; eine mit Reminiszenzen aus Homer und späteren Epikern arbeitende Psaltermetaphrase in Hexametern wird ihm allerdings neuerlich abgestritten. Seine gegen den → Adoptianismus des → Paulus (6) v. Samosata gerichtete Christologie (zuerst dichotomisch, dann trichotomisch konzipiert) verstand den Inkarnierten als eine Mischung aus Gott und Mensch, wobei aber die volle Menschlichkeit negiert wurde. Die aus der Identifizierung von ‹Natur› und ‹Person› (Hypostase!) gefolgerte Unvereinbarkeit zweier Personen in Christus führte zur vielzitierten Formel von der ‹*einen* Natur des fleischgewordenen Gottlogos›, deren sich auch → Kyrill (1) bedienen sollte (vgl. → Monophysitismus), obwohl A. durch mehrere Synoden, bes. in Konstantinopel (381), als häretisch verurteilt worden war. C. A.

Ed: H. Lietzmann, A. v. L. u. seine Schule, 1904 – A. Ludwich, Apollinarii metaphrasis psalmorum, 1912 – K. Staab, Pauluskommentare, 1933, 58–82 – J. Reuss, Matthäus-, Markus- u. Johanneskatenen, 1941 – *Lit:* Altaner, 280 f. – Ferner: J. Golega, Der homer. Psalter 1960 – K. Keydell, BZ 54, 1961, 286–290.

Apollinaris → Sulpicius.

Apollinarismus. Die von → Apollinaris (2) v. Laodikeia entwickelte Einheits-Christologie gewann selbst im Zentrum → antiochenischer Theologie Anhänger, so daß, nach seiner Verurteilung (362), in Antiochia eine Sondergemeinde des A. mit eigenem Bischof entstand; auch noch nach der Verurteilung durch das Konzil von Konstantinopel (381). Erst staatliches Verbot ließ manche Anhänger in die Großkirche zurückkehren, wo sie für ihre dem → Monophysitismus zuneigenden Formeln warben. Unentwegte aber verbreiteten weiterhin unter orthodoxen Pseudepigraphen ihr Schrifttum und das des Schulgründers. Ob → Kyrill (1) v. Alexandria ein Opfer der apollinaristischen ‹Fälschungen› geworden ist, wird in der Forschung viel verhandelt. H. D.

Q: → Apollinaris (2) – *Lit:* P. Galtier, S. Cyrille et Apollinaire, Gregorianum 37, 1956, 584–609 – H. M. Diepen, Douze dialogues de christologie ancienne, 1960.

Apollodori Bibliotheca (Apollodors Bibliothek), mythologisches Handbuch, wohl 1. Jh. n. Chr.; enthält Götter- und Heldensagen (Anfang: Uranos-Gaia, Ende: Heimkehr

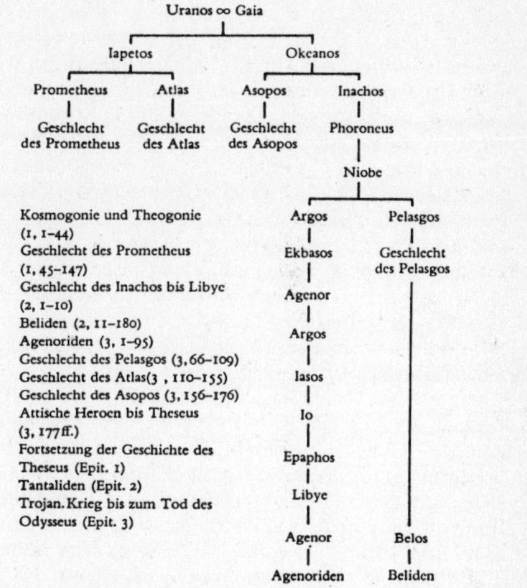

Abb. 9 Genealogie und Gliederung in der ‹Bibliothek›

des Odysseus). Autor unbekannt, nicht → Apollodor (3) v. Athen. Das Werk ist nicht ausschließlich Kompilation; denn es enthält gelehrte Zitate des Autors, der auch die Methoden der Schule → Aristarchs (2) kennt. – Die Quellenfrage ist nicht gelöst: neben Handbüchern sind mehrere der genannten Schriften unmittelbar eingesehen worden (bes. → Pherekydes (1), → Akusilaos und → Hesiod). Die Darstellung ist sachlich, ohne romantisches oder exotisches Beiwerk. Vgl. → Mythographie A [2]. M. v. d. V.

Ed: MythogrGr I – J. Fraser, LCL, 1921 (mit wichtigen Anm.) – *Lit:* Ed. Schwartz, RE 1 (1893), 2875–86, s. v. Apollodoros – M. v. d. Valk, REG 71, 1958, 100–68 – H. Lloyd-Jones, Gnomon 31, 1959, 113 f.

Apollodoros, patriotischer athen. Politiker, geb. ca. 394 v. Chr. Sein Rechtsstreit um das Vermögen seines Vaters, des Bankiers → Pasion, gibt einen guten Einblick in die Struktur der athen. Geschäftswelt um 350 (Demosth. 36). Als Parteigänger des → Demosthenes (1) versuchte er 349, die Überschüsse der Staatseinnahmen, statt wie bisher den Theateraufführungen, den Rüstungen gegen → Philipp II. v. Makedonien zuzuführen. Der Beschluß ging im Rat der 500 und in der Volksversammlung durch, wurde jedoch 348 vom Volksgericht wieder aufgehoben. Mindestens sechs unter Demosthenes' Namen überlieferte Reden (46, 49, 50, 52, 53, 59) dürften von A. stammen. F. Kch.

Lit: Lesky, 551.

1 a. **A. Kepotyrannos,** der ‹Gartentyrann›, Schulhaupt der → Epikureer (2. H. 2. Jh. v. Chr.), Lehrer des → Zenon (5) v. Sidon, fruchtbarer Schriftsteller. Seine Werke (über 400 Bücher; Diog. Laert. 10, 25) sind verloren. W. L.

2. **A. von Alexandria,** Arzt im 3.Jh. v. Chr. Sein Hauptwerk über giftige Tiere war die maßgebliche Quelle für alle, die später über Iologie schrieben (→ Nikandros (2) von Kolophon). F.K.

3. **A. von Athen,** Maler. Seine Meisterschaft um 425 vor Chr. wird durch die Beziehung zu dem jüngeren → Zeuxis bestätigt. Die Themen seiner Werke: Odysseus, Alkmene mit den Herakliden, Aias, ein betender Priester. Seinen Ruhm begründet die Erfindung der → Schattenmalerei (σκιαγραφία), der Malerei im engeren Sinn (Plin. nat. 35, 54). Vgl. → Malerei C [2]. C.K.

Q: Overbeck, SQ, 1641ff. – *Lit:* Brunn II 71ff. – O. Roßbach, RE 1,2 (1894), 2897 – Pfuhl, 674ff. – Ders., ὁ σκιαγράφος, JdI 25, 1910, 12–28 – Rumpf, 121,3 – Ders., Class. and postclass. Greek painting, JHS 67, 1947, 11 – F. Magi, EAA I 475f.

4. **A. von Athen,** Grammatiker des 2.Jh.s v. Chr., berühmtester Schüler → Aristarchs (2). Hielt sich nach seinen Studien in Athen bis zum Jahre 146 in Alexandria auf und kehrte dann nach Athen zurück. *Werke:* 1. *Χρονικά*, chronologisches, vier Bücher umfassendes Werk in komischen → Trimetern, das von der Zerstörung Trojas (1184/3) bis zum Jahre 144/3 reichte. A. hat die Methode eingeführt, ein bekanntes Datum aus dem Leben eines berühmten Mannes mit seiner Reifezeit (ἀκμή, etwa 40. Lebensjahr) gleichzusetzen. – 2. Über die Götter (*Περὶ θεῶν*) in 24 Büchern, A.s Hauptwerk. Vielbenutzte Darstellung der hellenischen Religion. Zahlreiche Fragmente, die dennoch eine befriedigende Beurteilung des Werkes nicht ermöglichen. Es zeichnete sich aus durch wissenschaftliche Beobachtung des religiösen Lebens und sorgfältige Interpretation der literarischen Zeugnisse, vor allem Homers. Gewisse Grundprinzipien der stoischen Theologie hat A. anerkannt, vor allem die zentrale Bedeutung der Götternamen (die A. nicht aus dem Ort der Verehrung, sondern aus der Funktion des Gottes ableitete) für Erklärung ihres Wesens. – 3. Er edierte und kommentierte die Dichter Epicharm und Sophron (→ Überlieferung, A 2) und den homerischen Schiffskatalog (in 12 Büchern). Dieses sein philologisches Hauptwerk enthielt neben reichem Material A.s Grundsätze in der Behandlung homerischer Geographie (→ Eratosthenes) und Exkurse über den epischen Sprachgebrauch. Hauptquelle war der *Τρωϊκὸς διάκοσμος* des → Demetrios (20) v. Skepsis, mit dem er sich kritisch auseinandersetzte. Das Werk ist uns vor allem durch Strabons Referate kenntlich. Selbst die Reste verraten eine imponierende Gelehrsamkeit und souveräne Organisation des überreichen Materials. – 4. A. setzte die glossographischen Studien des → Aristophanes (2) v. Byzanz fort. Er beschäftigte sich vor allem mit etymologischen Problemen (→ Etymologika): Fr. 221–284. – Das unter A.s Namen überlieferte Werk zur → Mythographie (→ Apollodori Bibliotheca) gehört in spätere Zeit. H.E.

Frg. u. Komm: FGrHist 244 (Lit) – *Lit:* Ed. Schwartz, RE 1,2 (1893), 2855–86.

5. **A. von Damaskos,** Architekt. Lebte in der 1. H. d. 2.Jh.s n. Chr. in Rom, wo er bes. von Trajan mit zivilen und militärischen Bauvorhaben beauftragt wurde; er ist außerdem als Verfasser einer Schrift über Kriegstechnik bekannt (Poliorketika, im Ms. Mynas erhalten?). *Werke*: Donau→ Brücke bei Debrecen/Ungarn, vermutlich auf der Trajanssäule dargestellt; ein → Odeon in Rom; ein ‹Gymnasium› auf dem Esquilin (vermutlich die Trajans-→ Thermen); sein Hauptwerk: das Trajansforum in Rom (107–113 n. Chr.). Vgl. → Architektur II D [2]. C.K.

Q: Dio Cass. 68,13. 68,16,2. 69,4,1; Aurel. Vict. Caes. 13,5; Amm. 16,16 – *Lit:* E. Fabricius, RE 1,2 (1894), 2896; ebd. Suppl. 1 (1903), 108 – R. Bianchi Bandinelli, EAA I, 1958, 477–480.

6. **A. von Gela,** Dichter der neuen → Komödie (I D). Erster Lenäensieg bald nach 321; Zeitgenosse des → Menander. Sein Namensvetter → A. (7) v. Karystos verdunkelte später seinen Ruhm, so daß einige seiner Stücke zu Unrecht dem Karystier zugesprochen wurden. Acht oder neun Titel bekannt, darunter nur zwei mythologische, zwei Typen aus dem Alltagsleben, andere nach Situationen im Stück.

Frg: FAttCom III 198–209. Th.G.

7. **A. von Karystos** (wohl derselbe auch als Athener bezeichnet, Doppelbürger), Dichter der neuen → Komödie (I D). Erster Dionysiensieg nach dem ersten des → Poseidippos (1), ca. 290. Zeitgenosse des → Machon v. Sikyon, der bis weit in die 2. H. des 3.Jh.s wirkte. A. soll 47 Stücke geschrieben und fünfmal gesiegt haben. In Stil und Ethos Nachfolger → Menanders; er vertritt mit besonderem Nachdruck den Wert der Familiengemeinschaft. Sein ‹Epidikazomenos› (oder ‹-mene›, ‹Die Erbtochter›, wohl nach 279) ist Vorbild für → Terenz' ‹Phormio›. Ebenso ist dessen ‹Hecyra› nach dem gleichnamigen Stück des A. gearbeitet, vielleicht auch → Plautus' ‹Epidicus› nach dem Vorbild A.s (Original wohl um 290). Im ganzen sind etwa 12 Titel bekannt, von denen sechs Situationen des Stückes, zwei Berufe und nur einer (‹Amphiaraos›) eine mythische Person bezeichnen. Th.G.

Frg: FAttCom III 184–197. 200–209 – *Lit:* T. B. L. Webster, Studies in Later Greek Comedy, 1953, 205–232.

8. **A. von Pergamon,** ca. 104–22 v. Chr. Rhetor, Vertreter des → Attizismus, Lehrer des Octavian und des → Caecilius (17) v. Kalakte. → Rhetorik B [9]. H.H.

Lit: Kennedy, Persuasion, 334f.

9. **A. von Seleukeia,** → Stoiker, Schüler des → Diogenes (4) v. Seleukeia, Verfasser einer Physik und einer ‹Einführung in das Lehrsystem›. M.S.

Frg: SVF III 259–261.

Apollon (auch *Phoibos A.*), ein griech. Gott, dessen Herkunft umstritten und bei dem der innere Zusammenhang seiner verschiedenen Wesensmerkmale nicht immer klar zu durchschauen ist, zumal sich der Schwerpunkt seines Wesens im Laufe der Zeit verschoben hat. Gern wird er heute als der ‹griechischste aller Götter› bezeichnet, doch ist er sicher nicht-griechischer Herkunft, und vielerlei Einflüsse haben bei der Ausprägung seiner Gestalt mitgewirkt. Er war in der zersplitterten griech. Welt – bes. in der archaischen Zeit – eines der einigenden Bänder; seine Heiligtümer in Delos und Delphi hatten geradezu internationale Bedeutung (überaus groß ist auch die Zahl der mit A. gebildeten theophoren Eigennamen). Seine Gestalt ist am wenigsten vermenschlicht worden; stets umgibt ihn etwas Fremdartiges und Unheimliches, in den Kreis der übrigen Olympier hat er sich nie so recht eingefügt.

[1] *Name und Herkunft.* Alle Versuche, den Namen Apollon etymologisch zu erklären, um damit etwas über seine Herkunft und den Kern seines Wesens zu ergründen, haben zu keinem überzeugenden Ergebnis geführt. Das gleiche gilt von vielen seiner Beinamen, wie z.B. *Phoibos, Loxias, Hekatebolos* (letzterer aus dem Griech. als ‹ferntreffend› oder ‹sicher treffend› gedeutet; eher wohl ursprünglich verwandt mit dem Namen der Göttin → Hekate). – Eine Herkunft des Gottes aus dem Norden wollte man teilweise aus der Tatsache erschließen, daß das sagenhafte, angeblich im hohen Norden wohnende Volk der → Hyperboreer im Mythos und in der Kultüberlieferung des A. eine gewisse Rolle spielt. Andrerseits sprechen gewichtige Gründe für eine Herkunft aus Kleinasien, zumal nach seinem alten Beinamen *Lykeios:* gegen die übliche Herleitung dieses Namens aus dem Griechischen (wörtl. ‹wölfisch›, d.h. ‹Wolfsgott›), die allerdings nach wie vor vertretbar erscheint, begründete Wilamowitz (Hermes 38, 1903, 575ff.) die Deutung ‹der Lykier› und sah daher in A. einen ursprünglich in Lykien (im südwestl. Kleinasien) beheimateten Gott. Auch → Leto – im Mythos die Mutter des A. – ist wohl eine alte lyk. Gottheit. Dazu würde passen, daß A. in der Ilias als Beschützer der Troer und Feind der Griechen dargestellt wird und viele Züge seines Wesens und seines Kultes offenbar aus dem östl. Kulturbereich stammen. Ob aber der

eigentliche Ursprung des Gottes etwa im Inneren oder im Osten Kleinasiens (wie z.B. Nilsson vermutet) oder gar in Mesopotamien zu suchen ist, darüber läßt sich bisher keine zuverlässige Aussage machen.

[2] *Eindringen und Ausbreitung in Griechenland.* Die Griechen müssen schon in myk. Zeit mit A. bekannt geworden sein. Auf Schrifttafeln in → Linear B wurde sein Name bisher zwar nicht gelesen, aber bereits bei Homer gehört er zu den mächtigsten und in ihrem Wesen ausgeprägtesten Göttergestalten. Sein Kult hat sich im ganzen griech. Sprachgebiet von einigen wenigen Punkten her ausgebreitet, vor allem über → Delos und → Delphi. Das läßt sich aus der großen Zahl der Plätze erschließen, an denen er als *Delios* bzw. als *Pythios* (sein Name als delphischer Orakelgott) verehrt wurde. In der Literatur ist der homerische A.-Hymnus das früheste Dokument, das Verschiedenheiten im Charakter des A. von Delos und von Delphi und in deren Kultausbreitung erkennen läßt. Überall drängt A. einheimische Gottheiten zurück bzw. verbindet sich mit ihnen und bemächtigt sich bereits bestehender → Orakel; alte, oft prädeistische Bräuche gehen in seinen Kult über. Dieser Vorgang hat auch im Mythos Spuren hinterlassen (z.B. die Tötung des → Hyakinthos und der → Pythonschlange; die Auseinandersetzung des A. mit → Hermes). Das ‹Apollinische› scheint damals jedenfalls einem tiefen religiösen Bedürfnis entsprochen zu haben.

[3] *Wesenszüge.* A. hat seit alters her Beziehungen zum Vegetationskult und Hirtenleben; alte Feste – z.B. die → Pyanopsien und → Thargelien im ionischen und die Hyakinthien und → Karneen im dorischen Bereich – sind an seine Person geknüpft worden. Doch ist er weniger ein agrarischer als vielmehr ein übelabwehrender und heilbringender Gott (z.B. wehrt *A. Smintheus* oder *Sminthios* die Feldmäuse, *A. Parnopios* die Heuschrecken ab). Steinsäulen des *A. Agyieus* stehen vor den Häusern, um Straßen und Wege vor allem Bösen zu schützen (→ Apotropaion). Auch der Omphalos, der heilige Stein des A. in Delphi, weist auf alte Verbindungen mit dem → Steinkult. – A. ist immer der große Heilgott der Griechen gewesen (der → Asklepios-Kult hat sich erst allmählich von Epidauros her ausgebreitet); vor allem in dieser Funktion ist er auch in Rom aufgenommen worden. A.s Beiname *Paieon* (→ Paian), bisher meist als Personifikation des heilenden Zauberliedes verstanden, ist wohl eher auf eine ursprünglich selbständige Heilgottheit zurückzuführen; denn bereits auf Schrifttafeln aus min. Zeit (→ Linear B) ist dieses Wort zu lesen. – A. trägt als ständiges Attribut den Bogen, ist allerdings nicht Jagdgottheit wie Artemis. Mit seinen Pfeilen sendet er plötzliche, dem Menschen unbegreifliche Krankheiten und unerwarteten Tod; der gleiche Gott kann also Krankheiten verursachen und sie auch abwehren. – Vor allem aber ist A. der große, nie irrende Wahrheitskünder, der die Menschen zur Erkenntnis führt. Mit ihm hält auch die → Inspirationsmantik ihren Einzug in Griechenland. Mit Fragen, die alle Lebensbereiche betreffen, wenden sich Privatleute und Staaten an den Gott von Delphi, und so übt er den größten Einfluß aus auf die religiösen, politischen und sozialen Ordnungen und weist sogar den Kolonisten den Weg in die neue Heimat. – Nicht nur bei den Wahrsagern und Orakelpriestern, sondern auch bei den Dichtern und Sängern erweckt A. heilige Begeisterung; er ist der Gott der Musik, aller Harmonie und Ordnung, der selbst an der Göttertafel zum Gesang der → Musen die Leier schlägt (daher sein Beiname *Musagetes*, d.h. ‹Musenführer›). – Erst seit dem 5. Jh. v. Chr. begegnet die Gleichsetzung des A. mit dem Sonnengott → Helios (vielleicht, weil man die Sonnenstrahlen mit den Pfeilen des A. verglich). Auf den Kult hat das nicht eingewirkt, um so größere Bedeutung aber gewann die strahlende Gestalt des Sonnen- und Lichtgottes A. in der Theologie, Philosophie und Kunst. – Die alte und im Mythos so geläufige Verbindung des A. mit *Artemis* als seiner Zwillingsschwester scheint nicht ursprünglich zum Wesen dieses Gottes zu gehören und hat kaum religiöse Bedeutung erlangt; denn Herr von Delos und Delphi ist A., und Artemis hat ihren Kult nur neben ihm. Wie es zu dieser Verbindung und zur Geschichte von der Geburt des Zwillingspaares durch Leto gekommen ist, darüber lassen sich nur Vermutungen anstellen. Vielleicht identifizierte man den bogentragenden A. mit dem minoischen → ‹Herrn der Tiere› und brachte ihn dadurch mit Artemis als der ‹Herrin der Tiere› in engste Verbindung. K.-H.R.

Lit: K. Wernicke, RE 2,1 (1895), 1–111 – Nilsson I 529–564 – H. Cahn, Die Löwen des A., MH 7, 1950, 185–199 – F. Bömer, Gedanken über die Gestalt des A...., Athenäum NS 41, 1963, 275–303.

[4] Von den *Römern* wurde A. früh übernommen. Man nimmt an, daß er von Cumae her eingeführt wurde, oder mindestens, daß Cumae einen entscheidenden Einfluß auf die Entstehung des röm. A.kults hatte; man darf jedoch die etrusk. Einflüsse nicht unterschätzen (der berühmte A. von Veii beweist, daß man den Gott in Südetrurien schon Ende des 6. Jh.s gut kannte). Erst 433 wurde A. ein Tempel gelobt, damit er einer Epidemie Einhalt gebiete, doch besaß er in Rom schon ein Heiligtum, das *Apollinar* (Liv. 3, 63,7) auf den prata Flaminia am Rande des Marsfeldes. Hier, außerhalb des pomerium, da A. ein fremder Gott war, wurde der Tempel 431 geweiht (Liv. 4,25,3; 29,7). Der röm. A. war zunächst ein Heilgott; die Vestalinnen riefen ihn als *A. Medicus* (Arzt) an; in dieser Eigenschaft nahm er mit seiner Mutter → Latona und seiner Schwester → Diana-Artemis am ersten → Göttermahl teil, das i. J. 399 v. Chr. anläßlich einer Seuche dargebracht wurde (Liv. 5,13,6). Dagegen erwartete Rom vom Gott in erster Linie den Sieg, als es mitten im Krieg gegen Hannibal die → Ludi Apollinares einführte (Liv. 25,12,15). A. spielte eine wichtige Rolle bei der Hellenisierung der röm. Religion; seine Priester, die → Quindecimviri, waren es, die als Hüter der → Sibyllinischen Bücher den ritus Graecus (‹griech. Ritus›) organisierten und entwickelten und für die Einführung griech. Götter (z.B. → Aesculapius) oder stark hellenisierter Gottheiten (wie → Magna Mater) eintraten. Augustus betrachtete A. als seinen Beschützer (→ Actia); er baute ihm einen Tempel auf dem Palatin (vgl. Hor. carm. 1,31) und stellte ihn bei den → Säkularspielen im Jahre 17 v. Chr. in den Vordergrund. H. Le B.

Lit: J. Gagé, A. romain, 1955.

[5] Im *Mythos* ist A. Sohn des → Zeus und der → Leto, Bruder der → Artemis, auf Delos geboren und Herr von Delphi, nachdem er → Python (Ov. met. 1,416ff.) besiegt (woran die → Pythien erinnern sollen) und den Dreifuß gegen → Herakles verteidigt hat. → Leto verteidigt er gegen → Tityos und rächt mit Artemis die Anmaßung → Niobes. Er muß zweimal in den Dienst von Sterblichen treten, einmal unter → Admet, als er die Bestrafung des → Asklepios an ihren Vollstreckern, den → Kyklopen, gerächt hatte, dann unter → Laomedon, wegen einer Verschwörung mit Hera, Athene und Poseidon gegen Zeus. Er war dann noch im Trojan. Krieg, trotz der Treubrüche des Laomedon, auf der Seite Trojas und Schutzgott bes. des → Hektor, des → Paris und des → Aeneas. Als Liebhaber von → Daphne, Marpessa (zugunsten des → Idas) und → Kassandra ausgeschlagen, war er bei → Koronis (Sohn → Asklepios), → Kyrene (Sohn → Aristaios), Rhoio (Sohn → Anios), → Dryope (Sohn Amphissos) glücklicher, während er seinen Liebling → Hyakinthos durch Unglück oder die Eifersucht des Zephyros verliert. A. als Gott der Musik offenbart seine Macht im Wettkampf mit → Marsyas und → Pan. L.H.

Q: Hom. hymn. Apoll. – Kall. hymn. 4 – Paus. 3,21,8 – Hom. Il. passim.

Darstellungen: A. tritt verhältnismäßig *früh* in der Kunst auf, so auf einem frühatt. Berliner Krater mit der Tötung des → Aigistos (CVA Berlin 1, Taf. 19,1), auf einer melischen Amphora mit Hyperboreerinnen oder Musen und Artemis (Pfuhl, Abb. 108; vgl. das melische Fragment AM 57, 1932, 133, Taf. 5e und die Schildreliefs bei Kunze 74–75). Ältestes erhaltenes Kultbild aus Dreros (um 680/60): eine Bronzestatue, 80 cm hoch, mit Leto und Artemis (F. Matz, Gesch. d. griech. Kunst I, 1950, Taf. 80a). Auf den Vasen ist der Gott bekleidet, die Bronze zeigt ihn nackt, die berühmte Votivstatuette des Mantiklos mit einem Gürtel bekleidet (frühes 7. Jh.; Matz, ebd. Taf. 66). A. ist schon sehr früh bartlos dargestellt (so der Mantiklosapollon), ein später bärtiger A. auf einer schwarzfigurigen Amphora der Sammlung Faina in Orvieto (RM 53, 1938, 110f.). Schon die ersten Bilder kennzeichnen A. mit Bogen oder Kithara. Mit den sog. → ‹Kuroi› der archaischen Kunst, stehenden nackten Jünglingen, ist selten A. gemeint (G. Richter, Kouroi, 1960). – Von den *Mythen* des Gottes wird selten die Tötung des Pythondrachen dargestellt (J. Fontenrose, Python, 1959, 13ff.). Zu Daphne s. → Götterlieben. Sehr beliebt in archaischer Zeit der Streit mit → Herakles um den Dreifuß in Delphi (Fouilles de Delphes IVa, Taf. 16f.; Brommer 30–38; Münzen u. Medaillen AG, Basel, Vente publ. 22, 1961, Kat. zu Nr. 137; Schwarzfiguriges Oinochoenfrg. der Slg. Astarita; Lekythos in Upsala; Halsamphora der Slg. Ruggiero; weitere bei de Ruyt, Atti d. 7. Cong. arch. II, 1961, 144; Bauchamphora des → Andokidesmalers im Kunsthandel). Auch sonst ist A. bei vielen Mythen zugegen, bes. auf ital. Vasen. Im 5. Jh. wird er häufig mit Musen vereint, bes. aber mit Leto und Artemis. Sein Streit mit → Marsyas von 435 ab beliebtes Motiv, später auch in der Großplastik, noch in der Spätantike nachweisbar (Schauenburg, RM 65, 1958, 42–66), ebenso die Tötung der → Niobiden und des → Tityos. – Außer den genannten *Attributen* Bogen und Kithara sind für A. kennzeichnend Lorbeerkranz und -zweig, Omphalos und Dreifuß. Als Kitharöde ist der Gott meist lang bekleidet, sonst in klassischer und späterer Zeit meist nackt oder nur mit Mäntelchen versehen. – Zahlreiche *Statuen* in Kopien erhalten: Berühmt der bronzene ‹A. Philesios› des → Kanachos (mit Hirsch auf der Rechten) in Didyma, der nur schlecht überliefert ist (vor 494; vgl. E. Simon, in: Charites, Festschr. E. Langlotz, 1957, 38–46). Großgriech. Original der aus einem Heiligtum stammende A. von Piombino (K. Schefold, Meisterwerke griech. Kunst, 1960, zu Nr. 235). Bes. bedeutsam Statuen aus dem 2. Viertel des 5. Jh.s: Sog. Omphalos-A., meist dem → Kalamis zugeschrieben (Lippold, GrPl 102, Taf. 32, 1, Arte Antica e Moderna 10, 1960, 135ff.; AJA 64, 1960, Taf. 102, 3). A. Mantua (Keene Congdon, AJA 67, 1963, 7–13), wohl nach argivischem Bronzeoriginal. Tiber-A. (Lippold, GrPl 111f.), mehrfach als Alexikakos des → Kalamis angesprochen, wohl schon kurz nach 450. Kasseler A. (Thimme, AA 1960, 36–48). Bes. großartig der A. im Westgiebel von Olympia (Hege-Rodenwaldt, Olympia, 1936, Taf. 43–48). Aus dem 4. Jh., in zahlreichen Kopien erhalten, der Sauroktonos des → Praxiteles (Picard, Manuel III, 532ff.; Byvanck, in: Festschr. van Hoorn, 1951, 12ff.; Aquileja, Nostra 29, 1958, 53ff.; Gemme). Sehr verbreitet auch der ‹A. Lykeios› (Lippold, GrPl 238f.), mit über den Kopf geführter Rechter, ebenfalls praxitelisch. Aus dem 4. Jh. auch der A. aus Antium (E. Berger, in: Ars Antiqua AG, Auktion 4, 1962, zu Nr. 52; Lippold, GrPl 264). Der A. vom Belvedere gibt wahrscheinlich eine Statue des → Leochares wieder (A. Andren, Opusc. Rom. 2, 1960, 10; Lippold, GrPl 269; Sotheby Sale Cat. 19. 6, 1961, Nr. 149; Schefold, Gnomon 33, 1961, 517). Zum A. Rhamnusius des → Skopas vgl. Picard, Manuel III 639ff., zum A. Patroos des → Euphranor, ebd., 858ff. Ins 3. Jh. führt der A. aus Kyrene (Amandry, ASAA 24/26, 1946/48, 189; Bernard-Salviat, BCH 83, 1959, 320). – *Lit. dazu:* O. Deubner, Hellenist. A.gestalten, 1934 – K. Pfeiff, A., 1943 – G. Hafner, Ein A.-Kopf in Frankfurt, 1962. K. Schb.

Apollonios, Grieche (wohl aus Karien), → Dioiketes unter → Ptolemaios II. (spätestens seit 259), besaß große Lehensgüter (δωρεαί) in der ägypt. Chora; das Gut bei Philadelphia im Faijum (ca. 2800 ha) ist durch die Papyruskorrespondenz seines Verwalters → Zenon (2a) v. Kaunos wohlbekannt. H. H. Sch.

Lit: M. Rostovtzeff, A Large Estate in Egypt in the 3rd Cent. B. C., Univ. of Wisconsin Studies 6, 1922 – Bengtson, 417 (Lit).

2. **A.,** aus Acharnai (Attika), Exeget (?) und Kultantiquar (‹Über die att. Feste›), ca. 100 v. Chr. Vgl. → Habron; → Geschichtsschreibung I B 4. W. Sp.

Frg: FGrHist 365.

3.–6. **A.** hießen zahlreiche griech. Bildhauer der Römerzeit: 3. Am bekanntesten der Sohn des Artemidoros aus Tralleis in Karien, der mit seinem Bruder Tauriskos um 50 v. Chr. eine Gruppe von → Amphion und Zethos mit dem Stier fertigte; sie ist in Kopie in Neapel, dem ‹Farnesischen Stier›, erhalten, aber durch → Antiope, den Berggott und Kleinigkeiten erweitert. – 4. Von einem A., Sohn des Nestor, stammt der als ‹Torso vom Belvedere› im Vatikan erhaltene → Marsyas (aus einer Gruppe mit Olympos?), vermutlich aus einem hochhellenist. Herakles umgearbeitet. Dagegen ist der eherne Boxer im Thermenmuseum in Rom nicht, wie man lange geglaubt hatte, von einem A. signiert. – 5. Von einem A. war auch die Goldelfenbeinstatue des Iuppiter auf dem Capitol, wohl die im Tempel des Catulus (69 v. Chr.), die nach dem Brand von 79 n. Chr. erneuert wurde (Chalc. comm. 440 M.). – 6. In einer Bildhauerfamilie wechselten die Namen A. und Archias; ein A., Sohn des Archias, hat die in Herculaneum gefundene eherne Hermenkopie des Doryphoros → Polyklets signiert. Vgl. → Plastik C. K. Schf.

Lit. u. Abb: Lippold, GrPl 380–383 – T. Amorelli u. a., EAA I 485 bis 489 – M. Guarducci, Apollonio figlio di Nestore, ASAA 37/38, 1959/60, 361–365.

7. **A.,** nicht vor 1. H. 2. Jh. v. Chr., Verfasser von ‹Historiai thaumasiai› (Heidelberger Mirabiliencodex). Vielleicht ist Bolos die Quelle? W. Sp.

Ed: Paradoxographoi, 103–116 – O. Keller, Rer. nat. script. Gr. min., BT, I, 1877, 43–56 – *Lit:* K. Ziegler, RE 18, 3 (1949), 1152–55, s. v. Paradoxographoi.

8. **A. Dyskolos,** griech. Grammatiker, ca. 1. H. 2. Jh. n. Chr., geb. und gest. in Alexandria. Behandelte in zahlreichen Schriften Akzentlehre, Prosodie und Formenlehre. Erhalten sind drei kleinere Schriften (über Pronomen, Konjunktionen und Adverbien) und ein größeres Werk über Syntax. – Neben seinem Sohn → Herodian (1) ist A. der bedeutendste aller antiken Grammatiker, von denen Schriften erhalten sind. Obwohl nicht mehr systembildend, geht er im einzelnen oft eigene Wege. Sein Interesse am Grundsätzlichen, Allgemeinen bestimmt ihn zu häufiger Argumentation. Sein Werk *Περὶ συντάξεως* ist die einzige erhaltene griech. Schrift über dieses Thema; über eventuelle Vorgänger wissen wir nichts. Es blieb maßgebend bis in die Neuzeit. → Priscianus legte es seiner Darstellung der lat. Syntax zugrunde. D. F.

Ed: GrGr II – *Lit:* Schmid-Stählin, § 766 – A. Thierfelder, Beitr. z. Kritik und Erklärung des A. D., Abh. Leipzig 1935.

9. **A. Eidographos,** alexandrinischer Grammatiker der 2. H. des 3. Jh.s v. Chr.; erklärte Aristophanes und beteiligte sich an der Ordnung der pindarischen Gedichte. Zwischen → Eratosthenes und → Aristophanes Vorsteher der alexandrinischen Bibliothek. Vgl. → Bibliothek. H. E.

Lit: A. Rostagni, Scritti Minori II 1, 1956, 185.

10. **A. Mys,** alexandrinischer Arzt um 25 v. Chr., Herophileer, verteidigte seine Schule in einer umfangreichen Schrift. Sein Werk über Arzneimittel war berühmt. F. K.

11. **A. Rhodios,** Gelehrter und epischer Dichter, 3. Jh. v. Chr. Die *Lebensgeschichte* ist sehr umstritten, aber wahrscheinlich, daß A., bis dahin Bibliothekar der alexandrin. Bibliothek (→ Museion), nach 246/245, dem Regierungswechsel in Alexandria, nach Rhodos ging. Daher der Beiname. Geburtsort Alexandria. Schüler des → Kallimachos (3), später vielleicht Zerwürfnis wegen unterschiedlicher Auffassung vom großen Gedicht (‹Ibis› des Kallimachos gegen A. gerichtet?).

[2] Unter den *Werken* philologische Arbeiten wie ‹Gegen Zenodot› (dessen Homererklärung betreffend), weiterhin epische Gedichte über Städte-Gründungen (Alexandria, Naukratis, Rhodos usw.). In Hinkiamben ein Gedicht ‹Kanobos› (Stadt gleichen Namens an der Nilmündung). Hauptwerk die *Argonautika* in 4 Büchern, ein Epos, in dem sich in besonderer Weise die geographisch-antiquarische Gelehrsamkeit des Alexandriners entfaltete, da die → Argonautensage unerhört reich an Schauplätzen und Aitia (→ Kallimachos) ist. Nach einem Proömium exaktester Disposition (auch die Vorgeschichte umfassend) folgt der Argonautenkatalog: Nachfolge des homerischen Schiffskatalogs, jedoch eine gelehrte Durcharbeitung der mythologischen Überlieferung über die Teilnehmer. Die Hinfahrt nach Kolchis, die Bücher 1 und 2 umfassend, nach Art einer Küstenbeschreibung (→ Periplus) wechselnd zwi-

schen Fahrtschilderung (wobei jedoch wie auch sonst homerische Formelverse und typische Szenen vermieden werden) und Land-Abenteuern. Höhepunkte u.a. das Hylas-Abenteuer (wo wohl die Priorität des → Theokrit offenkundig) und die Durchfahrt durch die Symplegaden. Hier stellt sich zum erstenmal das Problem der Götter bei A.: sie schlagen wohl doch in die Art der homerischen (A. lebt ja mit seinem Werk, unbeschadet eigener persönlicher Weltauffassung, in der Welt → Homers, wie er im wesentlichen auch die Sprache des alten → Epos spricht). Insbesondere treten sie zu Beginn des 3. Buches in einer olympischen Szene hervor, als die Hilfeleistung für die Argonauten in Kolchis beraten wird. Die Liebe Medeas zu Jason, die in einer das alte Epos zurücklassenden psychologischen Schilderung als rein menschlicher Vorgang erzählt wird (eine der höchsten Leistungen des A.), erscheint am Anfang und gelegentlich auch in der Folge als gottgewollt. Der schwankenden Medea des 3. Buches tritt ohne ‹Bruch› die leidenschaftlich entschlossene des 4. Buches zur Seite, das nach Erringen des Vlieses die Rückfahrt nach Griechenland erzählt. Unter den verfolgenden Kolchern ist Medeas Bruder Apsyrtos, der unter ihrer Mitwirkung getötet wird (Vorstufe der späteren Mordtaten in Korinth, die → Euripides zeigte?). Die Rückfahrt unterscheidet sich dadurch von der Hinfahrt aufs stärkste, daß sie auf einer ungeheuer weitgespannten Fahrtroute ohne Vorherberechnung erfolgt (u.a., weil die Argonauten zur Strafe für den Apsyrtos-Mord von Zeus umhergetrieben werden). A. hat hier sämtliche Überlieferungen harmonisierend aneinandergefügt, läßt u.a. die Argonauten auch an den Plätzen der Odyssee vorbeifahren (sorgfältige Variation gegenüber Homer, berühmte Schilderung der Plankten-Durchfahrt mit Hilfe anmutiger Nymphen). Die Rückkehr nach Griechenland nur angedeutet, wenig vorher Schilderung einer Begegnung mit Apollon, die die Priorität der ‹Aitia› des → Kallimachos zu erweisen scheint. Hiernach ist eine Datierung des Werkes in die späteren vierziger Jahre des 3. Jh.s möglich. Nach Mißerfolg in Alexandria anscheinend (kaum veränderte) Neufassung in Rhodos.

[3] Die *Würdigung* des A. muß insofern vom Urteil des Kallimachos über das große Gedicht ausgehen, als A. ungleichmäßig erzählt. Der riesenhafte Stoff erlaubte bei mäßigem Umfang keine stetige Ausführlichkeit; auch lag dem Dichter nicht alles gleichermaßen. Bedeutend seine Psychologie, hervorragend vielfach seine Beseelung der Erzählung durch Stimmungen. Soweit es das Epos zuließ, auch zur hellenistischen Kleinmalerei und Genre-Schilderung neigend. Bedeutend auch die Überwindung der homerischen Formel-Sprache. Ein Vergleich etwa mit → Vergil, der nicht wenig dem A. verdanken dürfte, zeigt dagegen, wie sehr A. es unterlassen hat, dem Unternehmen seiner Helden einen Sinn zu geben: nichts von einer ‹weltanschaulich› gefaßten Erzählung einer ‹Mission›, sondern eine nicht vertiefte, nicht durch Leitgedanken verbundene Aufreihung von Abenteuern. – Für die Nachwirkung vgl. besonders → Vergil, → Valerius Flaccus, → Orphische Argonautika. P.H.

Ed: H. Fraenkel, 1961 – *Lit:* bei H. Herter, Bursian 285, 1944/55, 213–410 (umfassender Forschungsbericht) – *Bildnisse* → Anhang I.

12. **A. Sophistes,** 2. H. 1. Jh. n. Chr., Sohn des Archibios, Verfasser des nur in einer einzigen Hs. (Coisl. graec. 345, 10. Jh.) erhaltenen, (nicht streng) alphabetisch geordneten Homerlexikons (Erklärung homerischer Vokabeln). Der durch Epitomierung verkürzte Text läßt sich mit Hilfe der Zitate späterer Benutzer (vor allem aus → Hesych) an zahlreichen Stellen vervollständigen. A. hatte Zugang zu den Spezialwerken der hellenist. Gelehrten. Als Quellen lassen sich neben Homerscholien die Bücher des → Aristonikos (2), des → Ptolemaios (25) v. Askalon und des → Philoxenos (1) sowie die Glossenwerke des → Apion und des (gleichzeitigen) → Heliodor (2) ermitteln. Das Lexikon des A. ist eine wichtige Quelle für die antike Homererklärung, besonders für die → Aristarchs (2). Vgl. → Lexikographie B [3]. H.E.

Ed: I. Bekker, 1833 – K. Steinicke, Diss. Göttingen 1957, masch. (nur α bis δ) – *Lit:* L. Cohn, RE 2 (1896), 135f. – H. Erbse, Zetem. 24, 1960, 407–432 – H. Schenck, Die Quellen des Homerlexikons des A., Diss. Hamburg 1961, masch.

13. **A. von Alabanda** (Karien), genannt ὁ μαλακός (‹der Weiche›), Schüler seines Landsmanns Menekles, lehrte seit kurz vor 120 v. Chr. in Rhodos, wo ihn i. J. 98 M. → Antonius (1) hörte (Cic. De orat. 2, 3; vgl. 1, 126). Er war ein erklärter Feind der Philosophie (ebd. 1, 75). → Rhodische Schule (dort Lit.). H.H.

14. **A. von Kition,** empirischer Arzt aus dem 1. Jh. vor Chr.; erhalten ein bebilderter Kommentar zu Hippokrates' *Περὶ ἄρθρων* (ältester, sehr wichtiger Textzeuge für diese Schrift) in der kostbaren, alten Florentiner Chirurgen-Hs. (Laur. 74, 7 s. X). F.K.

Ed: H. Schöne, 1896 – *Lit:* J. Kollesch-F. Kudlien, Bemerkungen zum *Περὶ ἄρθρων*-Kommentar des A. v. Kition, Hermes 89, 1961, 322–332.

15. **A. von Perge,** → Mathematiker und → Astronom, etwa 262–190 v. Chr., geb. in Perge in Pamphylien, kam in jungen Jahren nach Alexandria. In der Einleitung zum 1. Buch seines Werks über die → Kegelschnitte erwähnt er einen Besuch in Pergamon, wo er mit → Eudemos (3) zusammentraf. Die ersten Bücher der ‹Kegelschnitte› sind Eudemos gewidmet, Buch 4 und die folgenden König → Attalos I. v. Pergamon (241–197).

[2] *Werke:* Über sein Hauptwerk → Kegelschnitte. – Von weiteren Schriften ist die über Verhältnisschnitte arabisch erhalten (Das Problem: Gegeben sind zwei Geraden und auf jeder ein Punkt, ferner ein Punkt außerhalb der Geraden. Durch diesen ist eine Gerade so zu legen, daß sie auf den gegebenen Geraden von den gegebenen Punkten aus Strecken in einem gegebenen Verhältnis abschneidet). – Von anderen Arbeiten des A. hat → Pappos Titel und z. T. Auszüge überliefert, so von einem System zur Darstellung großer Zahlen, ähnlich wie in → Archimedes' Sandrechner, ferner von einem Werk über ebene Örter (d. h. → geometrische Örter, die auf Kreis oder Gerade führen), über Berührungen, das u.a. die Aufgabe enthält, einen Kreis zu finden, der drei gegebene Kreise berührt. → Eutokios erwähnt im Kommentar zu Archimedes' Kreismessung, daß A. für π engere Schranken berechnet habe als Archimedes, ohne diese jedoch anzugeben. A. kannte die Schraubenlinie auf dem Zylinder und wußte, daß sie ‹gleichförmig›, d. h. in sich verschiebbar ist. – Auf astronomischem Gebiet erwähnt → Ptolemaios (17) Sätze von A. über die → Exzenter- und die → Epizykeltheorie (Almagest 12, 1, ed. Heiberg p. 450, 456; → Astronomie B 3). Möglicherweise hat A. die Epizykeltheorie für die inneren und die Exzentertheorie für die äußeren Planeten vertreten, ähnlich wie später Tycho de Brahe. H.G.

Ed: Kegelschnitte: E. Halley, Oxford 1710 (ed. princeps) – J. L. Heiberg, 1891–93 (Buch 1–4, mit dem Kommentar von Eutokios) – *Übers:* T. L. Heath, 1896 (engl. Bearbeitung) – P. VerEecke, 1924 (franz.) – A. Czwalina, 1926 (deutsch, Buch 1–4) – *Verhältnisschnitt:* E. Halley, 1706 (lat. Übers. aus d. Arab.) – *Lit:* → Mathematik.

16. **A. von Tyana** in Kappadokien, → Neupythagoreer, Wundertäter, 1. Jh. n. Chr.; führte ein asketisches Wanderleben, verwarf blutige Opfer, Wein, Bäder, Sexualität; gab Ratschläge aller Art, weissagte, heilte Kranke, trieb Dämonen aus, ja erweckte eine Tote. Von → Domitian verhaftet, kam er doch wieder frei, angeblich aus dem Gefängnis wunderbar entrückt; nach seinem Tod als Heros oder Gott verehrt. Von seinen *Schriften* sind ein theolog. Fragment (Euseb. praep. ev. 4, 13), eine – großenteils unechte – Briefsammlung und Exzerpte aus einer Pythagorasbiographie (in der des Iamblich) erhalten. Sein Leben wurde erst von Moiragenes (Origenes Cels. 6, 41), dann im Auftrag der Kaiserin → Julia (6) Domna von → Philostrat mit phantastischen Ausschmückungen aufgezeichnet. Der Heide → Hie-

rokles (3) spielte A. gegen Christus aus, wogegen Eusebios polemisierte. Vgl. → Wundertäter. W. Bk.

Q: F. C. Conybeare, Philostratus, The life of A. of T., The epistles of A. and the treatise of Eusebius, LCL, 1912 – *Lit:* Ed. Meyer, Kleine Schriften 2, 1924, 131–191.

17. **A. von Tyros** ist der Held des ohne Verfassernamen überlieferten Liebesromans ‹Historia Apollonii regis Tyri›. Das ursprüngliche Werk muß im 2. oder 3. Jh. n. Chr. in griech. Sprache geschrieben worden sein, wurde ins Lateinische übersetzt und ist uns nur in einem Auszug erhalten, der von einem christl. Bearbeiter angefertigt wurde. A., der König von Tyros, seine Gattin Archistratis und ihre Tochter Tarsia werden getrennt und nach abenteuerlichen Erlebnissen zu Wasser und zu Land durch Diana (-Isis) wieder vereint. Der Stoff hatte im Mittelalter einen sehr großen Erfolg und ist in allen europäischen Sprachen oft bearbeitet worden. R. Mk.

Ed: A. Riese, 1893 – *Lit:* E. Klebs, Die Erzählungen von A. aus Tyrus, 1899.

Apollonios → Molon.

Apollophanes, von Athen, Dichter der ausgehenden alten → Komödie (I B); siegte frühestens 406 an den Lenäen; fünf mythologische Titel von Komödien in der Suda erwähnt. Th. G.

Frg: FAttCom I 922–927.

Apologetik

[1] Ziel und Grenze – [2] Rhetorischer Charakter – [3] Hauptthemen – [4] Zur Geschichte der A.

[1] A. (ἀπολογία = ‹Verteidigung›) bezeichnet jene altchristl. Literatur, die auf *Rechtfertigung und Verteidigung des Christentums* gerichtet ist. Ihr *Nahziel* ist, den Kaiser und die Träger der Staatsgewalt davon zu überzeugen, daß die Christen, fälschlich angeschuldigt, wertvolle Staatsbürger, die Verfolgungen deshalb ungerecht und für das Reich schädlich sind. Als *Fernziel* sollen die Träger der hellenischen Bildung davon überzeugt werden, daß das Christentum eine gleichwertige, daher zu tolerierende, oder gar bessere, daher mit Vorrang anzuerkennende ‹Philosophie› (d. h. hier Lebensform) praktiziert als alle zuvor bekannten und geübten Philosophien. Die A. hatte also die Existenzberechtigung des Christentums in der bürgerlichen und in der Welt der Bildung nachzuweisen. – Für die A., die so den christl. Standpunkt gegenüber Menschen salviert, deren Bekehrung man nicht erwarten kann, spielt die in der Missionspredigt geübte Paränese kaum eine Rolle oder fehlt ganz. Vor allem ist sie ihrer defensiven Zielsetzung nach nicht darauf gerichtet, eine vollständige Lehrdarstellung (‹expositio fidei›) zu geben. Sie ist auf Ausräumung von Mißverständnissen bedacht; Themen, aus denen neue Mißverständnisse erwachsen könnten, werden oft ganz bewußt umgangen, um das aktuelle Ziel nicht zu verfehlen. In ihrer Prämisse, zu Unbelehrten, ja Unbelehrbaren zu sprechen, und in dem Bemühen, den Glaubensinhalt, aus dem man nur so viel mitteilt, wie sich bei der ständigen Bedrohung des Christentums vertreten läßt, vor Profanierung zu schützen, hat die A. in vorkonstantinischer Zeit durchaus exoterischen Charakter. Dabei fehlt es nicht an Beispielen, daß sie von der Verteidigung zur (oft überscharfen) Polemik (→ Tatian; → Firmicus Maternus) übergeht. Ein Vergleich zwischen → Tertullians ‹Apologeticum› und seinem Traktat ‹Ad Scapulam› lehrt jedoch, daß in der konkreten Verfolgungssituation jede provokatorische Invektive vermieden wird.

[2] Um die beabsichtigte Wirkung auf Römer und Griechen auszuüben, bedient sich die A. *rhetorischer Mittel*. Wohl variiert die Form, sei es einer Eingabe an den Kaiser (→ Quadratus, → Aristeides (4), → Meliton v. Sardes, → Athenagoras) bzw. an Kaiser und Senat (→ Justin, ‹Apologie›), sei es der Rede (Tatian), des Dialoges (Justin, ‹Dialog mit Tryphon›; → Minucius (3) Felix) oder des Briefes (z. B. An → Diognet). Gerade deshalb ist das apologetische Schrifttum dem Genos der *Suasorien* (→ Rhetorik C 3) zuzuweisen, das den Autor nicht an eine feste Gliederung bindet, so daß er die von ihm als wirkungsvoll erachteten Argumente in einer von ihm gewählten Reihenfolge vortragen kann, welche schwache Argumente in die Mitte nimmt. Hier wird von ihm weder Vollständigkeit erwartet noch – in ausgeprägtem Gegensatz zur Verteidigungsrede vor Gericht – daß er die gegnerische Meinung erschöpfend darstellt. Man schöpft vielmehr nur jede Möglichkeit des Suasorium aus, um eine angenommene, vorgefaßte Meinung zu bekämpfen. – Durchweg von vornherein rhetorisch gebildet, ist keiner der Apologeten auf ein Feld der Publizistik gedrängt worden, mit dessen Mitteln er sich nicht vertraut gefühlt hätte. Das bringt unbewußt eine wichtige Umsetzung: christl. Glaubensinhalte werden in einen Stil und eine Aussageform gekleidet, die ihnen ursprünglich fremd gewesen waren. Durch die A. mußte das antike Christentum lernen, sich dabei möglichst nicht in die Veränderung der Inhalte selbst hineinziehen zu lassen, auch dort nicht, wo man sich auf eine neue Plattform begeben mußte, um das Gespräch mit den Hellenen führen zu können. Insofern unterscheidet sich diese A. fundamental von der gegen Juden, mit denen man eine gemeinsame Basis hatte: das Gesetz und die Prophetie.

[3] Die *Hauptthemen* aller altchristl. A. erhellen am besten aus dem Brief an → Diognet, dessen Verfasser die drei Hauptvorwürfe gegen das Christentum ohne Umschweife beantwortet: 1. Warum stellen die Christen die bestehenden Kulte und Religionen, damit aber die Basis alles kulturellen Lebens in Frage, indem sie für ihren Gott die ausschließliche Verehrung fordern? Die Antwort rechtfertigt nicht nur den christl. Monotheismus, sondern räumt auch der Polemik gegen die ‹heidnischen Götzen› einen breiten Raum ein. Freilich trifft sie, die so gern den amourösen Zeus und seine oft gebrochene Ehe mit seiner Schwester Hera aufs Korn nimmt, nicht die private Religiosität des 2./3. Jh.s, wohl aber das Festhalten an den Kulten; den Abschied von ihnen will sie den Heiden erleichtern. Alles in allem scheint der christl. Seite in ihrer unbedingten Überzeugung, das Richtige an die Stelle des Falschen zu setzen, die Einsicht gefehlt zu haben, welch revolutionären Einschnitt ins religiöse Leben sie vorzunehmen im Begriffe stand; gegen den schweren Vorwurf, mit der Attacke gegen die bestehenden Kulte bedrohe sie das Fundament der Gesellschaft, führte sie nur das theologische Argument ins Feld. – 2. Wie steht es mit der Integrität christlicher Moral? Die Frage floß aus zwei Besorgnissen. Die erste war schon in obiger Frage enthalten: Mußte nicht die Revolution im Kultischen auch eine Erschütterung des Moralischen nach sich ziehen? Die andere wurde durch Beobachtungen von Randerscheinungen genährt, von denen sich das Christentum nicht immer überzeugend zu distanzieren vermochte (vgl. → Celsus (3), der ihm die gnostischen Gemeinschaften anlastet). Immerhin konnte die A. auf die ethische Vortrefflichkeit der Gemeinden und ihrer Mitglieder hinweisen. Dieser Nachweis gipfelte schon früh in der These, sie seien gerade in ihrer vorbildlichen Lebensführung ein konstruktives Bevölkerungselement des Reiches. – 3. Wie kann das Erlösungswerk Gottes als historisches Heilsdatum begriffen werden? Gottes Güte müßte doch seit Urzeiten wirken! Warum kommt die Erlösung nicht den vorchristl. Geschlechtern zugute? Eine eigentlich philosophische Kritik nahm so an einem Gottesbegriff Anstoß, dem kontinuierliches Wirkendsein (*ἐνεργεῖν*) fremd war. Die Antworten darauf waren sehr verschieden und griffen auf Vorstellungen von einer Probe-, Lehr- oder Vorbereitungszeit der Menschheit zurück. Vor allem → Origenes hat das Problem gegen Celsus, dann in der Auseinandersetzung mit dem → Platonismus gründlich durchdiskutiert.

[4] *Geschichte.* Die A. begann als *Auseinandersetzung mit dem Judentum.* Geschickt prangert der Verfasser der → Apo-

stelgeschichte die Juden als stete Unruhestifter gegen die christl. Mission an, der röm. Behörden den Rechtsschutz nicht versagen, und appelliert so für den Status einer religio licita, wie ihn das Judentum genießt. So wie im Geschichtswerk des Lukas der Proselytenkreis der Synagoge als für das Christentum erfolgreiche Ansatzpunkte bietend erscheint, so erwartet auch Justin in seinem Dialog mit Tryphon, den jüd. Gesprächspartner zu gewinnen. Der noch Celsus bekannte, heute verlorene ‹Dialog des Jason und Papiskus› des Ariston v. Pellas endete mit der Bekehrung des Juden. Die Vorrede der gleichfalls verlorenen lat. Übersetzung bei Ps. Cyprian trägt aber den bezeichnenden Titel ‹De iudaica incredulitate›. Letztlich mußte das Gespräch an der Messiasfrage scheitern, wie auch die erstarkende Orthodoxie des Judentums die Fronten verhärtete und den polemischen Ton verstärkte. Für diese Polemik wurden Juden Gegner, gegen die man sich ebenso wandte wie gegen die ‹Hellenen›, d. h. Heiden, sei es in getrennten Werken wie der kleinasiatische Rhetor Miltiades (Eus. hist. eccl. 5, 17, 5) oder der Bischof Apollinaris v. Hierapolis (ebd. 4, 27) ca. 170 n. Chr., sei es später in einem einzigen Traktat (→ Athanasios, De incarnatione verbi; Ps. → Chrysostomus, ‹Contra Judaeos et gentiles quod Christus est deus›). Lat. Werke bringen das im Titel noch stärker zum Ausdruck wie (als frühe Beispiele) → Tertullians ‹Adversus Judaeos›, dessen echter Teil (1–8) sich an dem aktuellen Ereignis einer Disputation zwischen einem Christen und einem jüdischen Proselyten entzündete, oder Ps. → Cyprians ‹Adversus Judaeos›. – Ähnliche Auswirkungen fortschreitender Distanzierung zeigt jene A., die seit Mitte des 2. Jh.s die rechtfertigende *Auseinandersetzung mit dem griech.-röm. Heidentum* suchte. Wie vorher das alexandrin. Judentum (→ Aristobul; → Philon (1) v. Alexandria) münzte man jene Argumente des pro et contra, die aus der älteren Auseinandersetzung zwischen epikureischer Mythenkritik und stoischer A. erwachsen waren (→ Mythendeutung), für eigene Zwecke aus, um andererseits aus der jüd. A. den sog. Altersbeweis (Moses älter als Platon) und damit das Verdikt der griech. Philosophie als eines Plagiats (vgl. → Josephus, Contra Apionem) o. a. zu übernehmen (vgl. noch → Aristeasbrief). Das tun unterschiedslos Justin, → Clemens (2) von Alexandria und → Origenes. Nur wo man durch eine geschichtsphilosophisch umgewandelte Lehre vom Logos spermatikos den christl. Absolutheitsanspruch proklamierte wie Justin (modifiziert auch bei Origenes), gewann ihre A. einen eigenständig christlichen Charakter. Im *Verlaufe des 3. Jh.s* hörte jedoch die noch am Anfang des Jh.s (z. B. für → Theophilos (2) v. Antiochia mit seinem heidnischen Freunde Autolykos) gegebene Gesprächssituation auf. Nicht nur die sog. ‹Spottschrift› des → Hermias (3) macht das unübersehbar deutlich, sondern auch die z. T. postumen Gegenschriften gegen den letzten großen Angriff auf das Christentum durch → Porphyrius, z. B. die 25 verlorenen Bücher des → Eusebios v. Caesarea. Bereits vor dem konstantin. Kirchenfrieden (→ Christentum II B) hatte man sich von dem Gegner gelöst, womit die historischen Voraussetzungen der klassischen A. hinfällig wurden. Ihre Traditionen polemischer Eristik lebten einerseits in der Ketzerbekämpfungsliteratur fort (vgl. → Epiphanios von Salamis), während ihr Prinzip der Rechtfertigung jetzt zum *Ausdruck des Selbstverständnisses der reichskatholischen Epoche* wurde. So begründete Eusebios in der ‹Praeparatio evangelica› die Kontinuität mit dem Judentum, zugleich aber auch die Ablehnung der Traditionen des Heidentums. Die Sicherheit solchen Bewußtseins spiegelt sich nicht zuletzt darin wider, daß man gleichzeitig in dem Exzerpieren häretischer Quellen und hellenischer Autoren das neue, überlieferungsgeschichtlich so wichtige Feld der Konservierung jener Texte eroberte, zu deren Erhaltung die klassische A. beizutragen nicht willens gewesen war. – Mit → Theodoret, der in seinem ‹Eranistes› die Dialogform apologetischer Tradition für die Häresiebefehdung anwendete und ebenso mit seiner ‹Heilung der heidnischen Krankheiten› die altchristl. A. zum letztenmal aufleben ließ, findet die östliche, mit → Augustins ‹De civitate Dei› die westliche Entwicklung ihren Abschluß. Letzteres hat wohl in sich den reichen Überlieferungsschatz apologetischer Tradition aufgenommen und ist vor allem in seiner ersten Hälfte nach deren Prinzipien gearbeitet, hierbei zugleich stärker die lat. A., wie sie z. B. → Laktanz mit seinen staatsphilosophischen Überlegungen gestaltet hatte, berücksichtigend. Indem es aber zugleich die mit dem christl. Offenbarungsgedanken gestellte, geschichtstheologische Frage mit dem Hinweis auf das Ringen zwischen Weltstaat und Gottesstaat beantwortete, wurde der platonische Optimismus, nach dem das Göttliche sich unausgesetzt in der Welt verwirklicht und auf den die klassische A. sich so gerne berufen hatte, überwunden. Damit war jene Apologie für den Verlauf der Heilsgeschichte eröffnet und begründet, die sich für das abendländische Geschichtsverständnis als so außerordentlich fruchtbar erweisen sollte. H. D.

Ed: E. J. Goodspeed, Die ältesten Apologeten, 1914 – Vgl. zu den Stichworten – *Lit:* Altaner, 91–109. Daraus bes.: J. Geffcken, Zwei griech. Apologeten, 1907 – M. Simon, Verus Israel, 1948 – J. R. Laurin, Orientations maîtresses des apologistes chrétiens de 270 à 361, Analecta Gregoriana 61, 1954 – P. Canivet, Une entreprise apologétique au Ve s., 1959 – P. Henry, Frühchristl. Beziehungen zwischen Theologie u. Philosophie, ZKTh 82, 1960, 428–485.

Apophora, feste Abgabe, die im klass. Griechenland der → Sklave seinem Herrn aus den Einkünften entrichtete, die er in der handwerklichen Produktion und aus dem Verkauf seiner Produkte erzielte, wenn ihm vom Herrn Arbeitsräume und Rohstoffe zur Ausübung eines → Gewerbes zur Verfügung gestellt waren. Das A.-System wurde in der ganzen Antike angewandt; Sklaven erhielten zu diesem Zweck handwerkliche Ausbildung, sie mußten in der röm. Kaiserzeit evtl. auch Verzinsung und Amortisation des vom Herrn gegebenen Produktivdarlehens tragen. H. Br.

Apophthegma (*ἀπόφθεγμα*). Das Wort bedeutet schon in den ältesten Belegen (Xen. Hell. 2, 3, 56; Aristot. met. 1009 b 26; rhet. 1389 a 16; 1394 b 34) technisch einen bes. gewandt oder eindrucksvoll formulierten Ausspruch, fast immer in einer bestimmten, mindestens angedeuteten Situation. Beides unterscheidet das A. von der → Gnome, die lediglich prägnant eine allgemeingültige Einsicht ausspricht. (Dagegen ist die Grenze zwischen A. und → Chrie fließend.) In den erhaltenen Sammlungen sind die Situationen vielfach typisch: kluge Antwort auf eine Frage, die entweder schwierig ist oder eine Fangfrage darstellt (den Rätselfragen nahestehend), Abwehr eines Vorwurfs, Meisterung einer peinlichen oder gefährlichen Lage, paradoxe Umkehrungen von Wert–Unwert, Lob–Tadel usw. Es ist auch zu erkennen, daß es in der griech. Literatur Sammlungen von A.en nur für bestimmte Epochen und Gruppen von Persönlichkeiten gegeben hat. Reich vertreten sind: die → Sieben Weisen und ihnen nahestehende Gestalten (vgl. → Demetrios (17) v. Phaleron, Frg. 114 W), → Sokrates und die Sokratiker, die nachsokratischen Philosophen bis → Chrysippos, die Politiker, Redner und Künstler (unter diesen sind einige sonst kaum bekannte Figuren erstaunlich stark vertreten: → Antagoras, → Stratonikos, Theokrit v. Chios) vor allem des 4. Jh.s v. Chr., Könige und Feldherren in weiter Streuung (viel von Alexander d. Gr.), endlich die Spartaner im ganzen, deren Brachylogie im A. den angemessenen Ausdruck fand (zu diesen zwei Gruppen vgl. die in Plut. mor. 172 B ff. und 208 A ff. erhaltenen Sammlungen). Zuweilen kommen die Vorsokratiker, die att. Tragiker, Ärzte, ältere Dichter wie → Simonides zur Sprache. Nach dem Ende des 3. Jh.s v. Chr. gibt es kaum mehr größere A.reihen von Griechen (wohl aber von Römern wie → Cato (1), → Cicero, → Augustus u. a.). – Manche Schriftsteller haben in großem Umfange A.sammlungen ausgebeutet, so etwa → Plutarch, → Diogenes (1) Laertios, auch → Cicero. Erhalten sind uns überaus viele, untereinander alle verwandte, aber im Bestand immer wieder abweichende Sammlungen, die wenigsten publiziert. Eine der besten und umfangreichsten ist das Gnomologium Vaticanum (Cod. Vatic. Gr. 743), ferner Cod. Vind. Theol. 149; Cod. Paris. Graec. 1168; Cod. Vatic. Pal. Gr. 122. – Der historische Wert dieser A.sammlungen ist ungleich. Einige Sammlungen, bes. diejenigen der Sokratiker, der Künstler, wohl auch Alexanders d. Gr., werden bald nach dem Tode ihrer Helden veranstaltet worden sein und können darum mit einiger Vorsicht als authentisch gelten, andere sind unbestimmbar, auch noch nicht genügend untersucht. Das tralatizische Material ist im allgemeinen geringer, als es zunächst den Anschein hat. Vgl. → Anekdote. O. G. und K. R.

Ed: L. Sternbach-O. Luschnat, Gnomologium Vaticanum, 1963 – *Lit:* W. Gemoll, Das A., 1924.

Apophthegmata Patrum (‹Aussprüche der Väter›), entstanden im frühen ägyptischen → Mönchtum, sind eine Sammlung (Ende des 5. Jh.s) von Worten (Logien), oft im Rahmen einer kurzen Erzählung, in denen meist ein ‹Greis› einem Ratsuchenden Weisung erteilt. Mit der Zeit wurden sie von den Mönchsregeln abgelöst. Vgl. → Hagiographie.

Ed: PG 65, 71–440 – *Lit:* RGG I 496 – Altaner 201. B. L.

Aporie, allgemein die Ausweglosigkeit vor einer schwierigen Frage, die es durch das Finden eines Weges (εὐπορεῖν) zu überwinden gilt. Bei → Platon und von ihm an hat die A. einen dreifachen Charakter. 1. Die *ironische A.*, das spielerische Behaupten, weniger zu wissen, als man weiß, als Polemik bes. in → Platons Frühdialogen (Laches, Charmides, Euthyphron u. a.) gegen den naiven Wissensanspruch der → Sophistik (später wiederholt in der Polemik der Neuen → Akademie gegen → Stoa und → Epikur). – 2. Die *fundamentale A.* angesichts der Grenzen, die dem Wissen des der Körperlichkeit verhafteten Menschen gesetzt sind. In ihr erweist sich, daß der Mensch nur ‹Freund der Weisheit› (φιλόσοφος) ist: weise (σοφός) ist Gott allein. Wo diese Grenzen verlaufen, also die unaufhebbare A. beginnt, ist im einzelnen freilich nicht leicht zu sagen, zumal da theoretische A. und praktische Gewißheit nebeneinander laufen können. – 3. Die *methodische A.* als Ausdruck der Tatsache, daß jedes Sachgebiet viele schwierige Probleme aufweist, über deren Stellung man informiert sein muß, wenn man das Gebiet angemessen behandeln will; manche Probleme können sofort lösbar sein, bei andern ist eine Lösung in der Zukunft zu erhoffen: wesentlich ist unter allen Umständen die richtige Stellung der A. Dies ist die Methodik des → Aristoteles, der bei keiner der großen Untersuchungen versäumt, zunächst die gegebenen A.en klarzustellen. O. G.

Aposiōpēse (ἀποσιώπησις, reticentia: Quint. inst. 9, 2, 54), rednerische → Sinnfigur; Abbruch eines begonnenen Satzes im Affekt oder aus Berechnung, zur Erzielung rhetorischer Wirkung; auch ausdrückliches Verschweigen gewisser Dinge. *Bsp.*: *Quos ego–*, «wart, ich will dir–»; «der Rest ist Schweigen». → Anakoluth, → Ellipse, → Praeteritio. H. H.

Lit: Volkmann, 503 f. – Lausberg, I 438–440.

Apostata → Julian.

Apostel, Titel der durch eine bes. Vision des Auferstandenen legitimierten Missionare (1. Kor. 15, 7), unter denen der Bruder Jesu, Jakobus (ebd.), und Petrus (Gal. 1, 18 f.) eine führende Stellung haben und zu denen nicht nur die ‹Zwölf› (1. Kor. 15, 5), sondern eine erheblich größere Zahl von Missionaren (z. B. Junias und Andronikos, Röm. 16, 7) – auch aus den syrischen Gemeinden (Barnabas? vgl. 1. Kor. 9, 6; Apg. 14, 4. 14) – zählten. Paulus ist mit seinem bes. Anspruch, auf Grund seiner Berufung durch den Auferstandenen (1. Kor. 15, 8 ff.; Gal. 1, 15; 1. Kor. 9, 1) A. der Heiden zu sein, erst später hinzugekommen (1. Kor. 15, 8 ff.), ist aber als solcher auf dem A.-Konzil anerkannt worden (Gal. 2, 7 ff.). Erst in späterer Zeit ist der Titel des A.s auf die zwölf Jünger Jesu beschränkt worden (so besonders im lukanischen Schrifttum), wobei dann z. B. auch Paulus nicht mehr als A. gilt. U.W.

Lit: K. H. Rengstorf, ThW I 406–446, s. v. ἀπόστολος – H. v. Campenhausen, Der urchristl. A.begriff, StC 1, 1948, 96–130 – G. Klein, Die Zwölf A., 1961 – W. Schmithals, Das kirchliche A.amt, 1961.

Aposteldekret, das Apg. 15, 23–29 überlieferte offizielle Schriftstück, das wahrscheinlich ein regionales Abkommen zwischen Juden- und Heidenchristen im palästinisch-syrischen Grenzgebiet reflektiert (oder im Wortlaut wiedergibt?) und vom Verfasser der Apg. fälschlich mit dem Beschluß des Apostelkonzils (Gal. 2, 1 ff.; vgl. → Christentum I B 3) identifiziert worden ist. U.W.

Lit: E. Haenchen, Die Apg., KEK (1956), 1961⁴, 410ff.

Apostelgeschichten. [1] Die *kanonische Apostelgeschichte* bildet, wie ihr Prolog angibt, den zweiten Teil des Lukas-Evg. (Apg. 1, 1). Ihre schlichte Schlußbemerkung über die zwei Rom-Jahre des Paulus 61–62 (28, 30) scheint auf eine Abfassungszeit etwa 63/64 hinzuweisen, als wäre das Apostelmartyrium noch unbekannt (1. Clem. 5). Für Datierung um 80 oder später wird angeführt, daß die A. in ihrer vorliegenden Gestalt die Evangelien, vor allem Lukas (→ Literatur), voraussetzt und daß so das Verhältnis des Lukas zu Markus und Paulus noch besser zu verstehen ist. Horizont des Buches ist das Missionsfeld Jerusalem-Antiochia-Rom (→ Christentum I C. D). Quellen der Kap. 1–12 waren z. T. Erzählungen aus Jerusalem und Palästina, vermittelt durch Petrus, Barnabas und vor allem durch Philippus, Markus, Paulus, denen Lukas nachweislich begegnet ist (21, 8; Kol. 4, 10. 14; Phlm. 24); den Kap. 13–28 liegen Erinnerungen aus Antiochia und von den Paulusreisen zugrunde, welche z. T. ‹Wir-Form› annehmen (16, 10–17; 20, 5–15; 21, 1–18; 27, 1–28, 16). Gegenstand der geschichtlich orientierten, aber kunstvoll stilisierten Schilderung sind nicht die Leistungen der Apostel (wie der sekundäre Titel angibt), sondern die Wirkungen des Herrn, des Geistes, des Wortes, wobei Israel und die Völker, Petrus und Paulus systematisch parallelisiert werden und die sich vom Zion über Juden- und Griechenwelt nach Rom erstreckende Heilsgeschichte theologisch gedeutet ist. Trotz der Stilisierung von historischem Wert will die Apg. also nicht als Biographie, sondern als Belehrung über Christus und die Kirche aufgefaßt werden.

[2] Die *apokryphen Apostelgeschichten* entstanden im 2. bis 6. Jh. mit der kanonischen A. und hellenist. Volksbüchern (→ Roman, 3 f.) als Muster. Gnostische, andere periphere, später auch katholische Kreise in Syrien, Asien und Ägypten schmückten Leben und Lehre einzelner Apostel aus, um das Interesse für Heiligenlegenden zu befriedigen und die Verbreitung von Sondermeinungen zu erleichtern. Schauplätze sind verschiedene Missionsländer, Hauptpersonen sind Petrus (→ Petruskerygma, Acta Petri), Paulus (Acta Pauli et Theclae, Martyrium Pauli) und andere Apostel (Acta Joannis, Andreae, Thomae, Philippi u. a.). ‹Praxeis›, ‹Periodoi› und Helden → Romane prägten den Stil dieser lange beliebten Volksliteratur, die eine reiche Quelle zum Studium spätantiker Geistesgeschichte und Sprachentwicklung bildet. B.R.

Lit: *Zu* [1]: A. Harnack, Die A., 1908 – Ders., Neue Untersuchungen, 1911 – F. J. F. Jackson-K. Lake, The Beginnings of Christianity, 5 Bde, 1920–33 – Ed. Meyer, Ursprung und Anfänge des Christentums III, 1923 – E. Haenchen, Die A., KEK III (1956), 1962⁴ – B. Reicke, Glaube und Leben der Urgemeinde, 1957 – Ders., Interpretation 13,2, 1959, 157–169 (zur Theol. der Apg.) – H. Conzelmann, Die Apg., 1963 – G. Stählin, Die Apg., 1963 – *Zu* [2]: *Ed:* R. A. Lipsius-M. Bonnet, Acta apostolorum apocrypha, 2 Bde, 1891 bis 1903 (Neudr. 1959) – *Übers:* Hennecke³ II 111–348 – *Lit:* C. Schneider, Geistesgesch. des antiken Chr.s II, 1954, 44–49 – Altaner, 59–64 (Lit) – J. Michl, LThK I, 1957, 747–754 (Lit) – W. Nauck, Bibl.-hist. Handwörterbuch I, 1962, 112 f.

Apostolische Väter

A. Begriff – B. Schriftenkreis – C. Theologiegeschichtl. Bedeutung.

A. Begriff. ‹A. V.›, Patres apostolici, ist eine 1672 von J. B. Cotelier (Paris) eingeführte Bezeichnung für die altkirchlichen Schriftsteller Barnabas, → Clemens von Rom und Hermas, als Gestalten des NT aufgefaßt, dazu → Ignatius und → Polykarp. Wegen der Erweiterung des Materials gibt die moderne Forschung allen kirchlichen Schriften ca. 95–145 n. Chr., die selbständiger als die → Apokryphen erscheinen, diesen konventionellen Namen. Es handelt sich um briefähnliche Lehrreden oder andersartige Literatur, wobei früher allerlei Personalien mitediert wurden.

B. Schriftenkreis. [1] *Barnabas*, der unbekannte Verfasser des Barnabasbriefes, war nicht der im NT erwähnte Apostelkollege (Apg. 4, 36), sondern ein nachapostolischer Schriftgelehrter, der vielleicht denselben Namen trug und daher mit ersterem verwechselt wurde (so bei Clem. Al., Orig.). Da er wie die jüd. → Apokalypsen den Untergang der Flavier erwartet (Barn. 4, 4 f.), hat man ihn unter Domitian gegen 95 n. Chr. wegen der Prophetie in 11, 9 (für ein Zitat aus dem vermeintlich damals entstandenen 3. Bar. gehalten) für die Zeit nach 115 oder wegen des Tempelbaus in 16, 4 (auf die Jerusalemspläne Hadrians bezogen) nach 130 datiert. Der Brief kann in Alexandrien oder an irgendeinem Schulort entstanden sein. Wie der Hebr. bekämpft er Rückfall ins Judentum, das zwar von Domitian kontrolliert wurde, aber unter Gamaliel II. erstarken konnte (nach Jos. c. Ap. 2, 77 neuer Tempelbetrieb; nach Dio Cass. 67, 14, 2 viele → Proselyten). In diesem Sinne zeigt Barn. 1–17, daß AT, Gottesbund und Tempelbau christlich-kirchlich allegorisiert werden müssen, und bringt in 18–21 eine nach jüd. Tradition ausgestaltete Mahnrede über die zwei Wege, den des Lichtes und den der Finsternis (vgl. Ordensregel von Qumran 3, 13–4, 26).

[2] → *Clemens* von Rom, den spätere Bischofslisten als dritten Nachfolger des Petrus anführen, schrieb den ‹Ersten Clemensbrief› vermutlich 95 gleich nach der Verfolgung unter Domitian (1. Clem. 1, 1). Er mahnte die Christen in Korinth zu Geduld und Ordnung. Bei ihnen waren die Presbyter durch junge Unruhestifter verdrängt worden, deren Hader (ζῆλος) im Blick auf die kaum überwundene Spannung zwischen Kaiser und Kirche gefährlich war. Die ausführliche Mahnrede hat folgende Hauptteile: Einleitung (1–3); Warnungen vor Anarchie (4–36); Mahnungen zur Loyalität (37–61); Abschluß, teilweise in Form eines liturgischen Gebets (62–65). Um besser zu überzeugen, fügte der Autor zahlreiche griechische und stoische Motive ein. Als ergiebigste Geschichtsquelle für die Verfassungsgeschichte des nachapostolischen → Christentums (II A) beleuchtet der 1. Clem. zugleich den Führungsanspruch der unter den Flaviern sehr gewachsenen Gemeinde in Italien gegenüber der Paulusgründung in Hellas. – Aus späterer Zeit stammen mehrere → *Pseudo-Clementinen:* der zweite Clemensbrief, eine thematische Predigt (Homilie), 1. H. 2. Jh., nach dem Hebr. der früheste überlieferte Predigttext, interessant auch wegen der zitierten Jesusworte (→ Spruchsammlungen); ferner die pseudo-clementinischen Homilien und Rekognitionen (→ Roman, 6), die → Apostolischen Konstitutionen und andere Clemenstexte aus dem 3.–4. Jh. Die unter Konstantin in Rom gebaute Basilika San Clemente hält diese auf der angenommenen Beziehung zwischen Petrus und Clemens beruhende Tradition fest.

[3] Die ‹Apostellehre› oder → *Didachē*, die um 100 in Syrien entstanden sein kann, bringt Gemeindeanweisungen über die zwei Wege (Did. 1–6; vgl. Barn.); Taufe, Fasten, Gebet, Eucharistie (7–10); Lehrer und Brüder (11–15); Wachsamkeit (16). Altertümlich wirken hier die Erscheinungsformen der heiligen Mahlzeit und der wandernden Propheten. Später wirkte die Didache auf mehrere → Kirchenordnungen ein. Nachher verschollen, wurde sie 1873 mit Barn. und 1.–2. Clem. zusammen in Konstantinopel wiederentdeckt.

[4] → *Ignatius*, Bischof des syr. Antiochia, schrieb um 114 n. Chr. in Kleinasien sieben bedeutende Briefe an christl. Gemeinden in Kleinasien und Rom. Johannes und Paulus beeinflußten den inbrünstigen und leidenschaftlichen Stil, in dem er über Christus, Bischöfe und Diakone, Kirche, Gottesdienst und Martyrium schrieb.

[5] → *Polykarp*, Bischof von Smyrna etwa 110–156 nach Chr., Empfänger eines der Ignatiusbriefe, war der Verfasser eines Philipperbriefes etwa aus dem Jahr 115. Er benutzte vor allem Paulus, 1. Petr., 1. Joh. und 1. Clem., mahnte zur Ordnung, Geduld und warnte vor Anarchie, Materialismus, Doketismus (cap. 1–12). Zur Bestätigung übersandte Polykarp die Ignatiusbriefe (13 f.); dabei war ihm das Martyrium des Ignatius schon bekannt (9, 1), aber er möchte noch Einzelheiten darüber hören (13, 2; zur Verteilung dieser beiden Stellen auf einen älteren [cap. 13] und einen jüngeren Brief [Harrison] besteht kein Anlaß). Ohne großen Schwung zu besitzen, ergänzt der Brief vorzüglich das von Clemens und Ignatius vermittelte Bild der Kirche und der Ketzer. Um 150 nahm Polykarp an den Diskussionen über → Markion (im Brief nicht erwähnt) und das Osterfest (→ Feste C 2) teil.

[6] → *Papias* aus Hierapolis in Phrygien, Bischof daselbst etwa 110–130, schrieb gegen Ende seines Lebens ‹Nachrichten über Herrenüberlieferungen›, fünf Bücher, von denen bei Irenäus und Euseb kurze Zitate aufbewahrt sind. Um darstellen zu können, was die Apostel über Worte und Werke Jesu geäußert hatten und einige ‹Älteste› genannte Tradenten um die Zeit 100 n. Chr. darüber noch mitteilen konnten, suchte Papias ehemalige Begleiter der letzteren auf (Eus. hist. eccl. 3, 39, 3 f.). Obwohl seine Schrift apologetisch und antignostisch bestimmt war, sind seine Aussagen über die Evangelisten historisch bedeutsam.

[7] → *Hermas*, angeblich Bruder des späteren Bischofs Pius I., veröffentlichte in Rom um 125 ein Buch mit Visionen und Mahnungen, mit dem er die Romkirche nach einer Zeit der Verfolgung und des Abfalls zu Buße und Ordnung zurückbringen wollte. Es wird nicht von klaren Gedanken, aber von frommen Gefühlen getragen und beleuchtet anschaulich die Probleme der röm. Christen unter Hadrian.

[8] Ein paar frühe *Apologeten:* der um 125 schreibende → *Quadratus* und der Verfasser des → *Diognetbriefes* werden von einigen gleichfalls zu den A. V. gezählt, gehören aber literaturgeschichtlich zu den → Apologeten der alten Kirche. – Von der alten Christenheit wurden mehrere Schriften der A. V. mit Büchern des NT fast gleichgestellt, bis im 4. Jh. der → Kanon schärfer abgegrenzt wurde. B. R.

Ed: K. Bihlmeyer, Die Apostolischen Väter (1924), 1956² – J. A. Fischer, Die Apost. Väter, 1956 (Text, Übers., Komm.) – M. Whittaker, Der Hirt des Hermas, 1956 – *Index:* E. Goodspeed, Index patristicus, 1907 (Neudr. 1961) – H. Kraft, Clavis patrum apostolicorum, 1963 – *Komm:* HbNT, Erg.bde 1–4, 1920–1924 – *Übers:* Hennecke² 327–384. 480–623 (Lit) – *Lit:* A. Adam, Didache, ZKG 58, 1957, 1–47 – H. Köster, Synopt. Überlieferung bei den A. V., 1957 – M. Jouassard, Le groupement des Pères dites apostoliques, MSR 14, 1957, 129–134 – Altaner, 43–46. 66–71. 78–91 (Lit) – T. F. Torrance, The doctrine of Grace in the Apostolic Fathers, 1959 – P. Prigent, L'Épître de Barnabé, 1961 – K. Baus, HbKG I, 1962, 162–172 (Lit).

C. Theologiegeschichtliche Bedeutung. Früher vorwiegend unter literatur- und kanongeschichtlichen Gesichtspunkten ausgewertet und so im Schatten des NT stehend, sind heute die A. V. Gegenstand theologiegeschichtlichen Interesses geworden; an ihnen entzündet sich die Frage eines ‹Frühkatholizismus›. Sie bezeugen, wie das → Christentum (I D) bis Mitte 2. Jh. noch immer im Einflußbereich des hellenist. Spätjudentums liegt. Ihm verdankt es neben katechetischen Stoffen und liturgischen Gebeten auch popularphilosophisches Gedankengut (Diatribestil), aber zugleich eine von Paulus sich entfernende Gnadenlehre, die dem Verdienst-Lohn-Schema der Werkfrömmigkeit Raum gibt und die Sakramente (Taufe, Eucharistie) an die Peripherie rückt. Wo diese im Zentrum der Theologie stehen, wie bei → Ignatius, sind nicht zufällig neben paulinisch-johanneischen Einflüssen solche der → Gnosis festzustellen. Deren breiter Einbruch in das Christentum Mitte des 2.Jh.s hat ungewollt den ‹Moralismus› der A.V. gefördert, die so eine theologiegeschichtl. Übergangsepoche bezeichnen. C.A.

Lit: s.o. zu A und B.

Apostolische Konstitutionen (*Διαταγαὶ τῶν ἁγίων ἀποστόλων διὰ Κλήμεντος*), umfangreichste, aber nicht sehr einflußreiche Sammlung kirchenrechtlicher und liturgischer Quellen (darunter 8,6–15: ältestes, vollständiges Meßformular) der frühen Kirche, vorgeblich apostolischer Herkunft (pseudonym von → Clemens, 1) in 8 Büchern. Entstanden ca. 380 in Syrien. → Kirchenordnung. J.N.B.v.d.B.

Ed: F.X.Funk, Didascalia et Constitutiones Apostolorum, 2 Bde., 1905 – H.Lietzmann, Die Klementinische Liturgie, KIT 61, 1910 (Text von 8,6–15: Anaphora des Serapion) – *Lit:* Altaner, 50.

Apostrophe (*ἀποστροφή*, aversio: Aquila rhet. 9; vgl. Quint. inst. 9, 2, 38), rhetor. → Sinnfigur; Wegwendung vom Publikum und unerwartete Anrede einer einzelnen Person oder Sache (daher unsere ‹Apostrophierung›). *Bsp.:* Cic. Lig. 2 (A. an Tubero). → Rhetorik D [2]. H.H.

Lit: Volkmann, 143 f. 161 – Lausberg, I 377–379.

Apotheose (‹Vergöttlichung›), Brauch, einen Menschen zu Lebzeiten oder nach dem Tod als Gott anzusehen oder den Göttern gleichzuachten kraft seiner Stellung (→ Gottkönigtum) oder auf Grund seiner Leistungen (→ Soter); bei einigen Völkern gelten alle Toten als Götter. Die Griechen ehrten ihre Heroen ‹wie Götter›, ihre Stadtgründer, überhaupt alle Wohltäter, für die sie seit Ende des 5.Jh.s oft schon zu Lebzeiten kultische Ehren beschlossen, bes. für die hellenist. Könige (→ Herrscherkult), ebenso die Römer, denen die A. ursprünglich fremd war, für ihre Kaiser (→ Kaiserkult). C.J.C.

[2] Die A. als offizielle Anerkennung der Vergöttlichung eines verstorbenen Kaisers folgte einem für Augustus geschaffenen Zeremoniell (nachdem vorher Caesar zuerst vom Volk und dann vom Senat als Gott anerkannt worden war und seine Seele nach der Aufnahme durch die Himmelsgötter sich als Komet gezeigt hatte; als Urbild aller A. galt freilich für Rom der Aufstieg des Romulus zu den Göttern): vom Holzstoß aus, worauf die Leiche des Kaisers verbrannt wurde, ließ man einen Adler frei, der die Seele des Verstorbenen mit sich nehmen sollte; ein Zeuge bestätigte, daß er den Geist des Kaisers hatte in den Himmel steigen sehen. Der Kaiser erhielt, nachdem ihn ein Dekret des Senats als Gott anerkannt hatte, den Titel *divus* und wurde der Gegenstand eines postumen Kults: → Sodales Augustales, Claudiales, Flaviales usw. Die gebildeten Römer verhielten sich der A. gegenüber skeptisch: die A. des Claudius machte Seneca in der Apokolokyntosis lächerlich; der sterbende Vespasian erklärte, er fühle, wie er zum Gott werde. Im. 1.Jh.n.Chr. wurde die A. noch nicht automatisch verfügt: von Tiberius bis Domitian wurden einzig Claudius, Vespasian und Titus so geehrt. «Mit der Zeit entstand eine Art Verwaltungstradition (auf Grund der alten Vorstellung von der göttlichmachenden Kraft der Tugenden und der felicitas), die, durch eine Art objektiver Beurteilung, die guten Regierungen ehrte und die schlechten verdammte (damnatio memoriae). Seit Nerva und dem Ende des 1.Jh.s ist die A. des toten Kaisers fast ausnahmslos die Regel, wobei die Vergöttlichung oft auch auf die Kaiserinnen ausgedehnt wird» (Bayet). → Kaiserkult. H.LeB.

Lit: E.Bickermann, Die röm. Kaisera., ARW 27, 1929, 1–34 – H.P. L'Orange, A. in Ancient Portraiture, 1947.

Apotropaion (< *ἀποτρέπειν;* ‹Abwehrmittel›; auch Phylakterion, ‹Schutzmittel›, ist gebräuchlich; lat. amuletum, ‹Amulett›), ein von geheimnisvoller Kraft (→ Mana) erfüllter Gegenstand, der seinen Träger oder Benutzer gegen schädigende Mächte und Geister (bes. vor dem ‹bösen Blick›) schützen und die glückbringenden heranziehen soll. Solche Gegenstände (Edelsteine, Pflanzen, Teile von Tieren), oft mit eingeritzten Zauberformeln versehen, werden auch als Amulette am Körper getragen, um der Zauberwirkung Dauer zu verleihen. Einer primitiven Vorstufe der antiken Religionen entstammend, sterben derartige Erscheinungsformen privater Zauberpraxis im ganzen Altertum nicht aus und sind bes. in der Spätantike weit, sogar unter Gebildeten, verbreitet. Ein gutes Beispiel von A. in der röm. Religion ist die → Bulla. → Aberglaube, → Zauber. K.-H.R. – H.LeB.

Lit: W.M.Flinders-Petrie, Amulets, 1914.

[2] Der Begriff ‹*Apotropäisch*› ist im vergangenen Jh. zu bedenkenlos verwendet worden, der oft keineswegs primitive, sondern komplexe Sachverhalt bisher nicht ausreichend untersucht. Dies gilt bes. auch für die Kunstgeschichte: die Augen griech. Gefäße z.B. gehören zum Ausdruck ihres Lebens, sind mehr als ‹apotropäisch›, und in einer → Gorgo kann das Dämonische gestaltet, nicht nur ‹abgewehrt› sein. D.Sch.

Lit: RAC I, 1950, s.v. Amulett (mit Bibliogr.) – K.Schefold, Die griech. Kunst als religiöses Phänomen (1959), 1961², 35 u. 39.

Apoxyomenos, Bezeichnung der Kunstschriftstellerei für einen sich mit der Strigilis reinigenden Athleten des → Lysipp (Plin. nat. 34, 62). Um 330/320. Eine Kopie davon (1849 in Trastevere gefunden) befindet sich im Vatikan; eine antike (?) Statuettenreplik aus Fiesole ist kürzlich bekannt geworden. E.Bg.

Lit: L.Vlad Borrelli, EAA I, 1958, 497 f. – K.Schauenburg, Athletenbilder d. 4. Jh.s v. Chr., in: Antike Plastik II, 1964, 75–80, Taf. 60–71.

Apparitores (qui magistratibus apparent, ‹aufwarten›), allgemein Bezeichnung für die Diener der Magistrate und Priester. Die A. wurden von den einzelnen Beamten bestimmt für die Zeit ihrer Amtsdauer, dann auf Lebenszeit. Das führte zu einem ständigen Beamtentum mit Besoldung aus dem → aerarium. Gegliedert in decuriae, ordines, collegia mit Vorstand von 6 oder 10 Männern. Die A. bestanden aus Sklaven, Freigelassenen und Bürgern, zuweilen sogar aus dem Ritterstand. Die einzelnen A.: → scribae, → lictores, viatores, praecones, → accensi, nomenclatores, tabellarii, librarii, arcarii, interpretes, geruli, → haruspices, medici, pullarii, victimarii, tibicines u.a. J.S.

Appendix Vergiliana. [1] *Allgemeines.* Unter dem Titel A. Vergiliana wird seit der Ausgabe von Scaliger (1573) eine Sammlung von etwa 10 Gedichten verschiedenster Art und Herkunft zusammengefaßt. Die A. fehlt in den bekannten spätantiken Vergilcodices; die erste Spur findet sich, abgesehen von den antiken Zeugnissen, in einem Katalog des Klosters Murbach (ca. 850). Dazu kommt neuerdings als ältester Textzeuge ein 1953 in Graz aufgefundenes Fragment eines Vergilcodex aus dem 9./10.Jh. mit Teilen des Catalepton. – Wie die Sammlung zustande kam, ist unbekannt; eine autorisierte Ausgabe der Jugendgedichte → Vergils aus seinem Nachlaß gab es jedenfalls nicht. Am besten als vergilisch bezeugt sind Culex und einzelne Stücke des Catalepton (s.u.); die anderen Gedichte werden Vergil erst seit → Sueton zugeschrieben. Sicher aber ist durch einhellige antike Überlieferung, daß etwaige Jugendgedichte Vergils zeitlich vor den Bucolica liegen müssen. – Die Frage nach den Verfassern der Gedichte ist nach mehrhundertjähriger Diskussion noch nicht beantwortet. Zumal die ‹Cirisfrage› schien die Grundlagen der Altertumswissenschaft zu erschüttern, da mit gleichen Methoden (antike Bezeugung, historische Anspielungen in den Gedichten; Metrik, Wortgebrauch; Imitationen, bes. Ovids; Stil, Gedankenführung, Qualität) einander widersprechende Resultate erzielt wurden. Wie die sicher vergilischen Gedichte des Catalepton zeigen, ist z.B. der Wortgebrauch allein kein entscheidendes Kriterium; inhaltliche Unterschiede, andere Metren, der geringe Umfang (Statistik!) u.a.m. machen es schwer, ein (vielleicht unvollkommenes) vergilisches Frühwerk von einer (ungeschickten) Nachahmung oder Fälschung zu unterscheiden.

[2] *Die einzelnen Gedichte.* Das ‹Catalepton› ist eine Sammlung von 3 (nicht-vergilischen) Priapeen und 16 –

wahrscheinlich von dem (unbekannten) Herausgeber in bestimmter Reihenfolge angeordneten – Epigrammen. Der Titel *κατὰ λεπτόν* bezeichnet kleine Stücke im feinen, alexandrinischen Stil. Die Authentizität von Epigramm 2 (gegen die Archaisten), 5 (Abschied von Rhetorik und Dichtung) und 8 (auf die Villa seines epikureischen Lehrers Siron mit Anspielungen auf die transpadanische Ackerverteilung) ist fast allgemein anerkannt; ihre Abfassungszeit liegt zwischen 45 und 41. Diese Gedichte zeigen Vergil unter dem Einfluß → Catulls. Entscheidend sind die gute antike Bezeugung, die Übereinstimmung mit den Vergilviten, die nicht aus dem Catalepton schöpfen, die hohe dichterische Qualität und das Fehlen widersprechender Indizien. Der Wortschatz weicht – aus inhaltlichen Gründen – von den größeren Gedichten gelegentlich stark ab, beweist aber gerade dadurch, daß die Stücke nicht auf den Namen Vergils gefälscht sind. – 2. Die ‹*Mücke*› *(Culex)* gehört zu den Gedichten der A., für die vergilische Verfasserschaft durch die antike Überlieferung (Lukan, Statius, Martial) sehr gut bezeugt ist. Ein Hirt tötet eine Mücke, die ihn stach, damit sie den Schlafenden vor einer Schlange warne. Nach einer Traumerscheinung der Mücke, die eine lange Unterweltsschilderung gibt, errichtet der Hirt seiner Retterin ein Grab, dessen Beschreibung eine Parodie auf das Mausoleum Augusti sein dürfte. Die Parodie schließt den Frühansatz und damit die Verfasserschaft Vergils aus; das Gedicht wird ins 1. Jh. n. Chr. datiert. Es ist einem Octavius gewidmet, den man nicht mit dem Kaiser Augustus identifizieren kann, da dieser sich seit 44 v. Chr. Octavian nannte. – 3. *Ciris:* Die Nisustochter Scylla verrät aus Liebe zu Minos Vater und Heimat und wird in einen Vogel verwandelt (vgl. Ov. met. 8, 1–151). Motivationsschwierigkeiten, Auftrumpfen mit Gelehrsamkeit, umständliche Perioden, schwerfällig eingefügte Exkurse, mangelhafte Proportionen (100 Verse Proömium!), ungeschickte Imitationen (Verg. ecl., Aen.) machen die Annahme der vergilischen Verfasserschaft eigentlich schon von der Qualität her unmöglich. Ansatz: 1. Jh. n. Chr. – 4. *Dirae:* Beim Auszug aus seinem Gute, von dem er durch eine Ackerverteilung vertrieben wird (vgl. Verg. ecl. 1 und 9) – hierdurch ist das Fluchgedicht (V. 1–103) auf etwa 40 v. Chr. datierbar –, verwünscht der Dichter sein Land. Die Verse 104–183 sprechen von der Sehnsucht nach der Geliebten, Lydia, die – aus unbekannten Gründen – zurückbleibt. Die äußere Situation und die Verhältnisse der Personen zueinander sind unklar wie in keiner vergilischen Ekloge. Der Name ‹Lydia› ist zwar auch in dem Fluchgedicht mehrmals genannt (schon V. 41), doch scheinen Sprache, Stil, Metrik und Gedankenführung der beiden Partien so verschieden, daß man seit Jacobs (1792) meist die letzten 80 Verse als selbständiges Stück mit dem Titel ‹Lydia› von dem Fluchgedicht abtrennt. – 5. *Copa:* Eine vor ihrer Schenke tanzende Wirtin preist die Genüsse an, die den Gast bei ihr erwarten. Die lebensvolle Elegie ist eines der beliebtesten Stücke der A. Die Ansätze schwanken zwischen vorvergilischer und hadrianischer Zeit. – 6. *Aetna:* → Lehrgedicht in 646 Hexametern, die einzige erhaltene antike Darstellung des Vulkanismus; die wichtigste Quelle ist wahrscheinlich → Poseidonios. Unter Bezug auf die sinnliche Anschauung, die der Aetna selbst bietet, entwickelt der Dichter seine Vorstellungen über die lockere Struktur der Erde, das Wirken der unterirdischen Winde und den Molarstein als Brennmaterial. Man neigt dazu, das Gedicht in neronische Zeit, vor den Vesuvausbruch von 79 n. Chr. und nach Senecas Tod (65 n. Chr.), zu setzen. Daß jener Lucilius, dem → Seneca (epist. 79) rät, in sein Siziliengedicht eine Aetnabeschreibung einzulegen, der Verfasser sei, ist wenig wahrscheinlich. – 7. Das *Moretum (Kräuterkäsgericht)* ist nach Inhalt – der arme Bauer Simylus bereitet seine Tageskost – und Erzählweise einzigartig in der antiken Literatur. Mit scharfer Beobachtungsgabe und erstaunlich distanzierter Objektivität schildert ein Dichter etwa der ovidischen Zeit eine Episode aus der Arbeitswelt des italischen Bauern. – 8. Außerdem sind in die A. Vergiliana aufgenommen: zwei Elegien auf Maecenas (Lobgedicht auf den toten Maecenas; Abschiedsworte des sterbenden Maecenas); Est et non; Vir bonus. H. Cc.

Lit: → Vergil.

Appian, griech. → Geschichtsschreiber (I C), etwa 90/100, spätestens unter → Trajan geb. In seiner Heimat Alexandria in hoher öffentlicher Stellung; in Rom Advokat (beim Kaisergericht? des Fiscus?). Wurde im Alter Prokurator (unter → Antoninus Pius oder erst unter → Mark Aurel und → Verus), nachdem sein Freund → Fronto (s. dessen Korrespondenz) sich mehrmals bei Pius für ihn verwendet hatte. Sein *Hauptwerk* – eine Autobiographie (FGrHist 237) ist verloren – ist die ‹*Römische Geschichte*›, deren Vorrede (doch schon 150/155 verfaßt?) die Prokuratur voraussetzt. Das endgültige Werk, dem das Résumé der Vorrede nicht ganz entspricht, ist ethnographisch, sachlich geordnet (die Länder sind, jeweils bis zum Abschluß ihrer Geschichte, in der Reihenfolge behandelt, in der sie mit Rom in Berührung kamen). Nach Photios (bibl. cod. 57) war der *Inhalt* der 24 Bücher: 1. Königszeit, ab Aineias; 2. Italien; 3. Samniten; 4. Kelten; 5. Sizilien, Inseln; 6. Iberien; 7. Hannibal (Europajahre); 8. Karthago (in den Ausgaben ‹Libyke› genannt), Numidien; 9. Makedonien, Illyrien; 10. Griechenland, ‹Ionien› (Asien); 11. Syrien (die erhaltene ‹Parthike›, ein byzantin. Machwerk, ist nicht die von A. angekündigte); 12. Mithridates; 13.–17. (nach Photios 13–21): Bürgerkriege 133–35 v. Chr. (Tod des Sextus Pompeius); 18. bis 21. Ägypten; 22. Hekatontaetie (Kaiserzeit); 23. Dakien; 24. Arabien (Kriege Trajans). *Erhalten sind:* Vorrede, Buch 6 und 7, von 8 nur ‹Libyke›, von 9 nur ‹Illyrike›; 11–17; dazu eine Epitome aus Buch 4, → Konstantin. Exzerpte (auch bei Suidas vertreten) aus 1–9 (für 1 auch Photios und ein Anonymus); ein autobiographisches Stück aus 24 sowie Fragmente in Lexika u. a. Die *Quellenfrage* ist viel behandelt, da A. für wichtige Epochen (z. B. die Revolutionszeit) die Hauptquelle ist, und sehr schwierig. Nach Ed. Schwartz z. B. ist die Darstellung der älteren Zeit eine Kontamination, die jüngere Annalen bevorzugt (Berührungen mit Dionysios v. Halikarnaß); die Historiker → Polybios, → Poseidonios, → Sallust, → Asinius (2) Pollio, → Augustus, → Livius u. a. (Spuren von Fannius, Sullas Memoiren, Valerius Messala usw.) seien – entgegen einer auch vertretenen Meinung – mittelbar, etwa über lat. kaiserzeitliche Annalistik, benutzt; daher die tendenziöse, oft ‹romanhafte› Umbildung; Versetzung mit anderem, z. B. annalistischem Gut (oft Berührung mit Plutarch; auch direkt benutzt?). M. Gelzer setzt eine griech. frühkaiserzeitliche Kompilation als A.s direkte Quelle an. Romfeindliches darin könnte aus → Timagenes kommen, der neben → Asinius (2) Pollio, → Strabon, → Juba, → Seneca (1) d. Ä., → Cremutius Cordus u. a. auch als direkte Quelle Appians vermutet wurde. Der Autor A. kannte wohl auch → Arrians Anabasis. *Charakter:* A. bewundert in einer noch gesicherten Zeit Roms Größe und die Monarchie. Der historische Wert dieser Kriegsgeschichte hängt von den Quellen ab; A. selbst gilt eher als Dilettant (er verzichtet z. B. auf durchgehende Chronologie). Sein Stil ist phrasenlos, im ganzen ohne attizistische Prätentionen (Einzelberührungen mit den Klassikern; Latinismen). W. Sp.

Ed: Ed. princ.: z. T. C. Stephanus, 1551 – H. Stephanus, 1557 (B. 6/7) – Lat. Übers. v. P. C. Decembrius, Mitte 15. Jh. – J. Schweighäuser, 1785 (Noten, Indices) – L. Mendelssohn, BT 1879/81, Bd. I erneuert v. P. Viereck – A. G. Roos, 1939 (Neudr. 1962), Bd. II von P. Viereck, 1905 – J. L. Strachan-Davidson, CB 1902 (Noten) – H. White, LCL 1912/13 – E. Gabba, 1958 (Lit., Noten, ital. Übers.) – *Lit:* Ed. Schwartz, RE 2 (1896), 216–237 – PIR I 182 – Pack 66 – J. Balsdon, Rez. Piero Meloni, Il valore storico e le fonti del libro macedonico di Appiano (1955), JRS 46, 1956, 199–201 – F. W. Walbank, Rez. desselben Werkes, ClR 71 (7), 1957, 70–72 – E. Badian, Rez. E. Gabba, Appiano e la storia delle guerre civili (1956), ClR 72 (8), 1958, 159–162 – *Zur Sprache:* Gabba, Ed. B. 13, XXXIII–XXXVII.

Applaus. Starke Beifalls- und Mißfallensäußerungen des Publikums waren im antiken Theater eine alltägliche Erscheinung. Im 5. Jh. v. Chr. mußte darauf geachtet werden, daß das Urteil der Theaterrichter über den Sieg im Agon (→ Theater A 1) nicht durch derartige Stellungnahmen des Publikums beeinflußt wurde, im Rom der Kaiserzeit führte der A., von gemieteten → Claqueurs regelrecht organisiert, nicht selten zu turbulenten Theatertumulten. E.-R. Sch.

Approximationen. Ist die exakte Bestimmung einer mathematischen Größe nicht möglich, so werden A. nötig, wie z. B. bei π oder $\sqrt{2}$; sie kommen aber auch vor, wenn die exakte Bestimmung noch nicht gelungen oder unbequem ist. So wird in Ägypten noch in hellenist. Zeit (Tempelinschriften von Edfu) die Fläche eines viereckigen Feldes mit den Seiten a, b, c, d zu $\frac{a+c}{2} \cdot \frac{b+d}{2}$ angegeben. Das ist in diesem Falle für die Messung bequem und ausreichend genau. Die Babylonier benutzten für den Inhalt

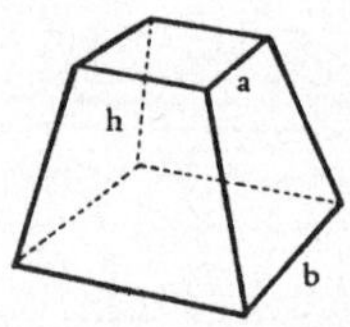

Abb. 10 Pyramidenstumpf

des quadratischen Pyramidenstumpfes mit der oberen Kante a, der unteren Kante b und der Höhe h manchmal den Mittelwert $\frac{a^2+b^2}{2} \cdot h$, manchmal auch die exakte Formel (‹Formel› im Sinne von ‹Rechenrezept›). Bei den Ägyptern kommt die richtige Formel $\frac{h}{3}(a^2+ab+b^2)$ vor; aber es wäre möglich, daß sie als Mittelwert aus drei Stücken aufgefaßt wurde und nur zufällig genau stimmt. – Schon in altbabylon. Zeit finden sich für $\sqrt{2}$ die Näherungswerte 1;25 (d.h. $1+25/60$) $= \frac{17}{12} = \sqrt{\frac{289}{144}}$ (statt $\sqrt{\frac{288}{144}}$) und 1;24,51,10 (d.h. $1+24/60+51/60^2+10/60^3$), und für $\sqrt{3}$: 1;45 = 7/4. Sie wurden u. a. bei Berechnungen des regelmäßigen 5-, 6- und 7-Ecks benutzt. Offenbar waren allgemeine Verfahren zur Approximation von Quadratwurzeln bekannt. Eines davon kann modern so beschrieben werden: Ist x ein zu kleiner Näherungswert für $\sqrt{a}$, so ist $x+\frac{a-x^2}{2x}$ ein besserer. – Näherungswerte für π vgl. → Quadratur des Kreises. – Die bewußte Unterscheidung zwischen genauem und Näherungswert möchten wir erst den → Pythagoreern zuschreiben, im Zusammenhang mit der Entdeckung, daß es Strecken gibt, die kein gemeinsames Maß haben (→ Irrationalität). Seit → Archimedes werden bei Näherungswerten Schranken angegeben, z. B. $\frac{265}{153} < \sqrt{3} < \frac{1351}{780}$ in Archimedes' Kreismessung, jedoch nicht immer. Heron hat zahlreiche zweckmäßige Näherungswerte für praktische Berechnungen angegeben. Seine Angaben für das regelmäßige 5-, 6- und 7-Eck stimmen z. T. mit den babylonischen überein. H. G.

Q: Textes math. de Suse, ed. E. M. Bruins et M. Rutten, 1961 – Heron, Metrika, ed. H. Schoene III, 1903 – *Lit:* K. Vogel, Vorgriech. Mathematik I, 1958; II, 1959.

Apuleius → Saturninus.

Apries (ägypt. *Ḥʿ-ib-Rʿ Wȝḥ-ib-Rʿ*; im AT Hophraʿ) König der 26. ägypt. Dynastie (588–565), kämpfte gegen Sidon und Tyrus. Zu ihm flohen die Reste der Juden nach der Eroberung Jerusalems durch → Nebukadnezar (586). Bei der Hilfe für den Libyer Adikran gegen Kyrene erlitt sein Heer eine Niederlage; es vertrieb ihn und rief Amasis zum König aus. Beim Versuch, mit babylonischer Hilfe zurückzukehren, ertrank Apries im Nil. W. Hk.

Aprikosenbaum (Prunus Armeniaca), wurde den Römern durch parthische Vermittlung bekannt und im 1. Jh. n. Chr. in Italien kultiviert. Auf die östl. Herkunft weist die Bezeichnung ‹armenische Pflaume›, auf die Frühreife der Ausdruck πραικόκια (Diosk. 1, 165). Wie der → Pfirsich war auch die A. ursprünglich eine teuere Luxusfrucht, die erst allmählich weitere Verbreitung fand. Vgl. → Flora. J. W.

Lit: Hehn, 431–434.

Apsidenhaus, Haustypus, dessen rechteckiger Grundriß durch einen bogenförmigen Abschluß der dem Eingang gegenüberliegenden Schmalseite erweitert ist. Im ägäischen Raum bekannt aus der untersten Ansiedlung von → Troja (Ia). Andere Beispiele der früheren und mittleren Bronzezeit (→ Griechenland II A) – teils noch in der einfacheren Gestalt des (einräumigen) ‹Hufeisenhauses› – auf den → Kykladen, in → Orchomenos, → Eutresis, Thermon, → Tiryns, → Asine, → Lerna, Malthi und → Olympia. Nachwirkung im Buleuterion von → Olympia und in → Larisa am Hermos. W. Schg.

Lit: F. Matz, Die Ägäis, HbArch II 197. 261 – F. Schachermeyr, RE 22 (1954), 1434. 1459 f., s. v. Prähist. Kulturen Griechenlands.

Apsines von Gadara (Koilesyrien), ca. 190–250, gefeierter Redelehrer in Athen, Verfasser der jüngsten uns vollständig erhaltenen Τέχνη ῥητορική, ganz auf die im Schulbetrieb damals üblichen → Deklamationen abgestellt. Seine eigenen Muster dieser Art sind verloren, ebenso eine Schrift über die Figuren der Rede. → Rhetorik E. H. H.

Ed: RhGr I 2², 217–329 – *Lit:* J. Brzoska, RE 2, 1 (1895), 277–283 – W. Kroll, RE Suppl. 7 (1940), 1123, s. v. Rhetorik.

Apsis (ἀψίς ursprünglich ‹Bogen›, lat. apsis oder absida, als griech. Lehnwort t. t. wie Synonyma ‹exedra› und ‹concha›), halbkreisförmiger, gewöhnlich halbrunder, aber auch polygonaler und seltener viereckiger, meistens halbkugelig überwölbter Chorraum im Osten der altchristl. → Basilika (gelegentlich mit Gegen-A.), auch für → Baptisterien verwandt, ferner als freistehende Grab-A. vorkommend. Die A. wurde aus spätantiker Sakral- bzw. Profanarchitektur (→ Tempel; → Haus und Palast) übernommen. C. A.

Lit: Ch. Delvoye, RBK I 246–248 (Grundrisse, Lit).

Apsû, im babyl. Mythos (vgl. → Gilgamešepos) der unterirdische Süßwasserozean, Wohnsitz des → Enki/Ea; vgl. → Tiāmat. W. R.

Apsyrtos aus Bithynien, griech. Tierarzt im 4. Jh. n. Chr., Verfasser einer Tierheilkunde (2 B.), die die Hauptquelle der Schriften im Corpus hippiatricorum ist. F. K.

Ed: → Hippiatrica.

Apud iudicem. Verfahren in iure und apud iudicem sind im älteren und klassischen röm. → Recht (III B 1) Abschnitte des normalen Zivilverfahrens. G. J.

Apuleius, geb. um 125 n. Chr. in Madaurus in Numidien, beherrschte die punische, lateinische und griech. Sprache. Er studierte Rhetorik in Karthago und Philosophie in Athen, wo er mit dem Platonismus mystischer Richtung bekannt wurde. In Griechenland und auf Reisen nach Asien ließ er sich in zahlreiche Mysterienkulte einweihen. In Rom wirkte er als Rhetor und Anwalt. Nach Afrika zurückgekehrt, heiratete er die reiche Witwe Aemilia Pudentilla. Deren Verwandte erhoben um 157/158 Anklage, die Heirat sei durch Zauberei zustande gekommen; doch wurde A. freigesprochen. Er ging nach Karthago, wo er Provinzialpriester im Kaiserkult wurde; als Anhänger der 2. Sophistik hielt er in vielen Städten Prunkreden und Vorträge, so um 162 in Karthago.

[2] *Werke.* Aus seiner umfangreichen schriftstellerischen Tätigkeit in lat. und griech. Sprache ragen seine Metamorphosen hervor, der erste vollständig erhaltene antike → Roman. A. bearbeitete die ‹Verwandlungen› eines Lukios v.

Patrai, die → Photios (bibl. 129) noch gelesen hat; eine verkürzte griech. Fassung steht unter den Werken des (Ps.-) → Lukian. Nach seiner Vorlage gibt A. in Icherzählung (wobei Autobiographisches bes. im Isis-Buch eingeflossen ist) die Geschichte des jungen Lucius wieder, den seine Neugierde ins Verderben stürzt (11,15,1); er wird in einen Esel, der aber menschliches Bewußtsein behält, verwandelt und erlebt als solcher die tollsten Abenteuer und Leiden, bis er wieder Mensch wird und dann Befreiung von seiner curiositas durch die Einweihung in die Isismysterien erlangt. Nach R. Merkelbach ist der ganze Roman, einschließlich der eingelegten Stücke, als Mysterientext aufzufassen. Doch liegt kein Entwicklungsroman mit persönlichem Einschlag und keine Bekehrungsschrift vor; vielmehr handelt es sich um eine Mischform aus einem richtigen Unterhaltungsroman, oft stark erotischer Prägung, in den «ein bunter Kranz von Geschichten» (1,1,1), vor allem Novellen, eingewoben ist, allen voran das sog. ‹Märchen von Amor und Psyche› (4,28–6,24), Hexengeschichten (1,6–19; 2,21–30), Räubergeschichten (4,9–21), Ehebruchnovellen (9,14–28). Der Roman ist in asianischem Stil geschrieben, doch ist der Stil variiert und jeweils an die entsprechenden Personen angepaßt. Verfaßt ist das Werk wohl um 170. – Bald nach seinem Prozeß (um 157/158) hat A. seine Verteidigungsrede publiziert (‹Apologie›). – 23 Exzerpte eines Unbekannten sind unter dem Titel ‹Florida› aus den Prunkreden des A. erhalten, die dem Epitomator in 4 Büchern gesammelt vorlagen. Kein Fragment weist über das Jahr 169 hinaus. – Von den philosophischen Schriften zeigt mystischen Charakter, wie er A. entspricht, die an der Schwelle zum Neuplatonismus stehende Schrift De deo Socratis (vgl. Aug. civ. 8, 14 ff.), die eine Lehre von den Dämonen enthält, in der A. sich eng mit Plutarch berührt: die Dämonen sind Mittler zwischen der Gottheit und den Menschen; jeden Menschen bewacht im Leben ein Schutzgeist. Unter dem Namen des A. gehen ferner: De Platone et eius dogmate, wo in Buch 1 die Naturphilosophie, in Buch 2 die Moralphilosophie behandelt ist. Ein angekündigter Teil über die Dialektik fehlt, das erhaltene Buch 3 enthält einen Abriß über die Logik. In der Schrift De mundo liegt eine Bearbeitung der ps. aristot. Schrift *Περὶ κόσμου* vor. Beide Werke dürften vom gleichen Verfasser stammen; ob dieser aber A. ist, scheint fraglich (B. Axelsson, J. Redfors), obwohl die letztere Schrift unter dem Namen des A. schon bei Aug. civ. 4, 2 zitiert ist, wie 8, 23 ff. die hermetische Schrift Asclepius; über die Unechtheit anderer Schriften besteht kein Zweifel. Die überlieferten Titel verlorener Schriften des A. zeigen die geistige Spannweite dieses Vertreters der 2. Sophistik. R. Hl.

Ed: R. Helm, BT, 1907 (Nachdr. 1955) – Apologie, Florida: P. Vallette, CB, 1924 – Metam.: D. S. Robertson (mit frz. Übersetzung von P. Vallette), CB, 1940/45 (Neudr. Buch 7–9, 1956) – C. Giarratano-P. Frassinetti, CP, 1961 – *Übers:* E. Brandt-W. Ehlers, 1958 – R. Helm (1956), 1957³ – *Lit:* M. Bernhard, Der Stil des A., 1927 – E. Junghanns, Die Erzählungstechnik des A., Philol. Suppl. 24, 1932 – H. Riefstahl, Der Roman des A., Frankf. Stud., 1938 – W. Wittmann, Das Isisbuch des A., 1938 – S. Müller, Das Verhältnis von A. De mundo zu seiner Vorlage, 1939 – A. Lesky, A. v. Mad. und Lukios v. Patrai, Hermes 76, 1941, 43–74 – B. Axelson, Akzentuierender Klauselrhythmus bei A., 1952 – R. Merkelbach, Roman u. Mysterium i. d. Antike, 1962 – J. Redfors, Echtheitskrit. Unters. der apul. Schriften De Platone und De mundo, 1960.

Apulien, im Altertum ursprünglich das Land der oskischen Apuli um den Mons → Garganus mit der Hauptstadt Teanum Apulum, dann, bis zur Übertragung des Namens Calabria auf die brettische Halbinsel im 7. Jh. n. Chr. durch die Byzantiner, das Gebiet vom Mons Garganus bis etwa zur Höhe von Tarent und im W bis zum Bradanus (Kt. 1420 F H 6/7). Bedeutende Zeugnisse vorgeschichtl. Kultur. Seit der Wende vom 2. zum 1. Jt. von den illyrischen Stämmen der Daunier und Peuketier besiedelt. Diese, ursprünglich offenbar Königreiche, zerfallen in einzelne, nicht einmal durch eine Bundesverfassung zusammengehaltene Stadtgebiete. Die bedeutendsten sind: Teanum, Luceria, → Arpi, Sipontum, Salapia, Herdonia, Ausculum, → Venusia, → Canusium, Rubi, Gnathia, Barium. Seit dem 9. und bes. dem 7. Jh. v. Chr. nach der Gründung → Tarents gerät das Land immer stärker unter griech. Einfluß, bes. aus den unteritalischen Kolonien. Neben die einheimische Kunstübung des apulisch-geometrischen Stils tritt die Ausformung eines graeco-apulischen Stils, dessen bedeutendste Zeugnisse die sog. → Apulischen Vasen sind. Im letzten Viertel des 4. Jh.s kommt A. in den Einflußbereich Roms, mit dem es 321 ein Schutzbündnis gegen die → Samniten schließt; es fällt aber wieder von Rom ab und wird 317 annektiert. Im 2. Pun. Krieg und im → Bundesgenossenkrieg (3) hat A. als Kriegsschauplatz schwer zu leiden; das blühende Land, Anbaugebiet von Wein und Öl, wird verwüstet und verwahrlost. Von Augustus mit → Kalabrien und dem → Hirpinerland zur 2. Region zusammengefaßt. B. A.

Lit: Nissen, I 541; II 457 ff. – A. Stenico, EAA I, 1958, 502 ff.

Apulische Vasen, führende unteritalisch → rotfigurige V.-Gattung, ca. 430–300 v. Chr. (→ Vasen E 6), von prunkvollem Dekorationsstil; Herstellungszentrum wohl Tarent. Große Voluten- (Grabamphoren), Kolonnetten-, Glockenkratere, Amphoren, Peliken. Bedeutende Maler sind der ‹Sisyphosmaler› (um 420) und der ‹Dareiosmaler› (um 330, → Perservase). – Typisch sind locker gefügte, oft schwerelose Figurengruppen, eine farbige, üppige Pflanzenornamentik (Spiralranken und Blütenkelche, in der Spätzeit perspektivisch gezeichnet; Phantasiepflanzen, Myrtenzweige, Palmetten) und Neigung zur Buntheit überhaupt. Vgl. → Gnathiavasen. I. Sch.

Lit: M. Schmidt, Der Dareiosmaler und sein Umkreis, 1960 – A. Cambitoglu-A. D. Trendall, Apulian Red-Figured Vase Painters of the Plain Style, 1961.

Apulum, röm. Stadt in Dakien (heute Alba Julia). Unter Trajan gegründet, Standort der Legio XIII Gemina. Hauptort der Provinz Dacia Apulensis; seit 118 n. Chr. Sitz des Statthalters. Unter Mark Aurel Municipium Aur. A., nach 180 Colonia A. (Kt. 2209 D 3). B. S.

Lit: C. Daicoviciu, Siebenbürgen im Altertum, 1943 – M. Macrea, in: D. Tudor Istoria Romîniei I, 1960 (rum.).

Aquae Sextiae (Kt. 1019 E 2; heute Aix-en-Provence), 122 v. Chr. angelegter röm. Stützpunkt, Nachfolgeort des ausgegrabenen gall. Oppidums von Entremont, Kolonie seit → Augustus (Colonia Julia A. S.), hatte berühmte warme Quellen. Bei A. besiegte → Marius die → Teutonen. L. B.-H.

Lit: H. Clerc, A. S., Histoire d'Aix-en-P. dans l'antiquité, 1961.

Aquae Sulis (Kt. 502 B 3, heute Bath), wegen seiner heißen Quellen vom 1. Jh. n. Chr. an zunehmend beliebter Badeort im röm. Britannien. Die umfangreichen Badeanlagen (ein großes und drei kleine Schwimmbäder, Heißluftbäder, Innenhöfe, unterirdische Wasserleitungen) sind freigelegt; von einem Tempel der Sul-Minerva sind Reste erhalten (u. a. eine Gorgo). Von den Sachsen vollkommen zerstört und danach nicht mehr benutzt.

Lit: F. Haverfield, Bath, in: Victoria County History: Somerset I, 1906, 219–288 – W. H. Knowles, The Roman Baths at Bath, Archaeologia 75, 1924/25, 1–17 – I. A. Richmond-J. M. C. Toynbee, The Temple of Sulis-Minerva at Bath, JRS 45, 1955, 97–105.

Aquädukt. [1] Der Bau von oberirdischen Wasserleitungen erfolgte weder allein aus technischer noch aus praktischer Notwendigkeit. Kühne Bogenführung und Geländebeherrschung dokumentieren am eindrücklichsten den repräsentativen Sinn dieser Bauten. Die Etrusker haben keine A.e gebaut. In Griechenland waren seit hellenist. Zeit überaus leistungsfähige Druckleitungen in Betrieb (→ Wasserversorgung), und die röm. Druckleitung von Alatri (134 v. Chr.) bewältigte beispielsweise eine Höhendifferenz von ca. 100 m. Die technischen Ansprüche, die der Bau von A.en erfordert, sind kaum geringer, und erst die völlige Beherrschung subtiler Nivellierung erlaubt eine unterbruchslose Überlandführung (mensura declivitatis, mit Gefälle von

1:100 bis 1:5000). Quell- oder gefiltertes Flußwasser wird in einem Kanal (specus) mit rechteckigem Querschnitt gesammelt, der leicht zugänglich, mit Luftschächten in regelmäßigen Abständen versehen und mit speziellem Belag (opus signium) abgedichtet ist. An der Stadtperipherie ist er an Reservoire (piscinae limariae: vgl. z.B. die ‹Piscina mirabilis› bei Misenum) oder Verteilerbecken (castella) angeschlossen, von wo aus das Wasser gereinigt dem städtischen Kanalisationssystem zugeleitet wird (→Wasserversorgung).

[2] *Roms* ältester A., die *Aqua Appia* (um 312 v.Chr.; 16,5 km) wurde bezeichnenderweise erst im Stadtinnern zur Höhe geführt; der *Anio Vetus* (272 v.Chr.) ist 60 km lang, aber nur über einer Talmulde sichtbar. Die *Aqua Marcia* (144 v.Chr.; 90 km) ist zum großen Teil oberirdisch (11 km); sie nimmt später die *Aqua Tepula* (125 vor Chr.) und die *Aqua Julia* (33 v.Chr.; 18 km) auf und erhält als *Aqua Augusta* eine neue Quelle. Die *Aqua Virgo* (22 vor Chr.; 26 km) führt zum Marsfeld; die *Aqua Alsietina* (2 vor Chr.; 35 km) speiste die Naumachia im Trastevere, Gärten und Wasserkünste. Die *Aqua Claudia* (68 km) vereinigt sich 7 km vor der Stadt mit dem *Anio Novus* (um 52 v.Chr.); Nero zweigte sie an der Porta Maggiore zum Celio ab, Caracalla und später Diokletian leiteten die Aqua Marcia zu den von ihnen erbauten →Thermen. Die letzten A.e Roms stammen aus der Zeit des Trajan (Trastevere) und Severus Alexander (für die erneuerten Thermen Neros). Papst Nikolaus V. ließ 1453 die Aqua Virgo als Aqua Felice neu in Betrieb nehmen. Zur Zeit Nervas wurde Rom täglich mit 705000 m³ Wasser versorgt.

[3] Aus *Italien* und den *Provinzen* sind A.e aus über 100 Städten noch heute bekannt und z.T. in Betrieb (z.B. Segovia). Größere Städte besaßen auch hier mehrere A.e (Paris 3, Lyon 5). Den vermutlich längsten A. besaß Karthago (132 km, hadrianisch). Zu den eindrucksvollsten Leistungen gehört der ‹Pont du Gard› bei Nîmes, eine dreigeschossige Brücke von 49 m Höhe und 273 m Länge. – Im J. 98 n.Chr. erschien in Rom das (erhaltene) Werk des Sext. Jul. →Frontinus über A.e; die lex Quinctia zum Schutz der A.e ist das einzige in vollem Wortlaut erhaltene röm. Gesetz. C.K.

Q: Frontin.aqu. – Vitr. 8,5,1 – *Lit:* E.Ziller, Unters. über die antiken Wasserleitungen Athens, AM 2, 1877, 107–131 – C.Merckel, Die Ingenieurtechnik im Altertum, 1899, 466–595 – E.Labatut, DS I, 1877, 336–45 – P.Gauckler, Installations hydrauliques en Tunisie, 2 Bde, 1897–1904 – J.Durm, Baukunst der Römer, 1885, 1905², 460ff. – E.B. van Deman, The Building of the Roman Aqueducts, 1934 – Th.Ashby, The Aqueducts of Anc.Rome, 1935 – G.Carettoni, EAA I, 1958, 36–45.

Aquila Romanus, röm.Rhetor des 3.Jh.s n.Chr., Verfasser eines Traktats De figuris sententiarum et elocutionis, der aus der Figurenlehre des →Alexandros (11) Numeniu schöpft, aber seine Beispiele vorwiegend aus →Cicero nimmt. →Rhetorik C [4]. Vgl. →Julius (13) Rufinianus, →Martianus Capella. H.H.

Q: RhLatmin 22–37 – *Lit:* J. Brzoska, RE 2,1 (1895), 315–317 – M.L.Clarke, Rhetoric at Rome (1953), 1962², 139f.

Aquila →Pontius.

Aquileia, 181 v.Chr. als Kolonie des →Latinischen Bundes im Nordwinkel der Adria zum Schutz gegen die Kelten gegründet (Kt. 1420 F2).). Zunächst Heeresstützpunkt, wurde es bald ein blühendes Zentrum von Wirtschaft und Handel im Carnerland. Knotenpunkt wichtiger Straßen. In der späten Kaiserzeit häufig umkämpft. →Maximinus (2) Thrax 238 hier ermordet. Zahlreiche großartige Reste von Häusern, Hafenanlagen, Amphitheater und paganen Grabbauten. B.A.

Lit: A.Calderini, A. Romana, 1930 – G.B. Brusin, Gli scavi di Aquileia, 1934.

[2] Von den *frühchristlichen Bauten* ist die Kultanlage am Domplatz am ältesten und bedeutendsten: 2 parallel gelagerte apsidenlose Säle von etwa gleicher Größe (Gemeinde- und Katechumenenkirche?), durch 6 Pfeiler in 3 Schiffe und ein östl. Querhaus (Priesterraum) gegliedert und im W durch ein Vestibül verbunden. Sämtliche Räume hatten farbige →Mosaikböden; der in der S-Halle (darüber Dom des MA), fast vollständig erhalten, ist eines der größten und kostbarsten Werke dieser Art. Der älteste Teil soll aus einem vorkonstantinischen Haus erwachsen sein; Weihe vor 319. Die N-Kirche wurde wohl noch im 4., die S-Kirche im 5.Jh. durch einen größeren Neubau ersetzt. – Ferner: eine ursprünglich einschiffige Saalkirche im N (Monastero) und eine dreischiffige Basilika mit Querschiff im S der Stadt (Beligna), beide mit Bodenmosaiken. – Von dem Wohlstand christl. Familien im 4. und 5.Jh. zeugen mehrere Privatoratorien, ebenfalls mit Mosaiken geschmückt. E.Sch.

Lit: H.Kähler, Die spätantiken Bauten unter dem Dom von A., 1957 – G.Brusin-P.L.Zovatto, Monumenti paleocristiani di A. e di Grado, 1957 – G.Brusin, Due nuovi sacelli cristiani di A., 1961 – H.Kähler, Die Stiftermosaiken der konstantin. Südkirche von A., 1962.

Aquilius, lat. →Komödiendichter (→Palliata). Gellius (3,3,4f.) überliefert aus der Komödie ‹Boeotia› 9 Verse (Klage eines hungernden Parasiten über die Erfindung der Sonnenuhr) und →Varros (1) Urteil, der sie aus stilistischen Gründen dem Plautus zuschreibt. H.M.

Frg: CRF 33–35.

2. **A.,** M'. (cos. 129 v.Chr.) beendete als Nachfolger →Perpernas (1) den Krieg in der Provinz Asia, ordnete diese und stellte die neuen Grenzen fest (126 Triumph). In Rom angeklagt, weil →Mithridates V. ihn angeblich bestochen habe, aber freigesprochen. G.G.

3. **A.,** M'. (cos. 101 v.Chr.) war Legat des →Marius (1) im →Kimbern-Krieg. Als Konsul kämpfte er erfolgreich gegen die aufständischen Sklaven in Sizilien. 90 leitete A. eine Gesandtschaft, die einige von →Mithridates VI. vertriebene Könige wieder in ihre Herrschaft einsetzen sollte. A. trieb durch bewußte Herausforderung Mithridates zum Krieg. Am Fluß Sangarios wurde A. völlig besiegt (88). Er floh nach Lesbos, wurde aber an Mithridates ausgeliefert. Der König sah in A. den Urheber des ihm aufgezwungenen Krieges und ließ ihn umbringen (App.Mithr. 21). G.G.

4. **A. Gallus,** C., Prätor für die quaestio ambitus i.J. 66 v.Chr. (Cic.Cluent. 53, 147). Schüler des Q. →Mucius (4) Scaevola, dessen Ansichten er an seinen Schüler Serv. →Sulpicius (12) Rufus weitergab. Er verzichtete auf eine Bewerbung um das Konsulat, um sich ganz seiner juristischen Tätigkeit widmen zu können (Cic.Att. 1,1,1), durch die er sich hohes Ansehen erwarb (Pompon.dig. 1,2,2,42). Gest. Mitte 1.Jh. v.Chr. Als besondere Leistung wird ihm die actio de dolo zugerechnet (Cic.off. 3,14,60), ferner die stipulatio Aquiliana (Inst. 3,29,2; Dig. 46,4,18,1). H.Hb.

Lit: P.Krüger, Gesch. der Quellen u. Lit. des röm.Rechts (1888), 1912², 65f. – W.Kunkel, Herkunft u. soz. Stellung der röm. Juristen, 1952, 21f. – F.Schulz, Gesch. der röm.Rechtswiss., 1961, 55 u. ö.

Aquilius →Regulus.

Aquincum, röm. Legionslager an der Donau in Pannonia inf. im Gebiet der →Eravisker (Kt. 2209 C2; heute Budapest, Stadtteil Ofen-Buda). Standort der Legio II Adiutrix. Nach der Teilung Sitz des Legatus Augusti pro praetore für Unterpannonien. Unter Diokletian Erbauung eines Kastells am gegenüberliegenden Donauufer (Contra-Aquincum). Unter →Valentinian I., der hier starb, Verstärkung der Befestigungen. B.S.

Lit: V.Kuzsinszky, Aquincum, 1934 – A.Alföldi u.a., in: Budapest Története (Gesch. v. Budapest) I, 1943 – J. Szilágyi, Aquincum, 1956.

Aquitania, nach Caesar (Gall. 1,1) das von iber. und kelt. Stämmen besiedelte Land zwischen Garonne und Pyrenäen (→Gallien). 57 v. Chr. von Caesar erobert, seit →Augustus als eine der drei gall. Provinzen bis an die Cevennen und vor die Loire reichend, Hauptstadt Burdigala/Bordeaux. In spätröm. Zeit geteilt in A. prima im NO, A. secunda im NW und die Novempopulana im S. L.B.-H.

Ara Domitii Ahenobarbi (Teil in Münchner Glyptothek, Teil im Louvre; in der Renaissance beim Palazzo Santa Croce ausgegraben), wohl 35/32 v. Chr. von →Domitius (5) Ahenobarbus, dem Freund des Antonius und Octavian errichteter rechteckiger Altar (5,59 × 1,74 m), der zum Neptunstempel der Domitier unter S. Salvatore in Campo gehörte. Die Reliefs feiern die Hochzeit von Neptun und Amphitrite und den Census des Urgroßvaters des Domitius (→Domitius, 3) von 115 v. Chr. H. v. H.

Lit u. Abb: Brunn-Bruckmann, 124 – Kähler, 102–104, Taf. 64f. – B. M. Felletti Maj, EAA III, 1960, 169ff. – Nash I 120–122, Abb. 831–835 – K. Schefold, Zur Basis des Domitius Ahenobarbus, in: Essays in Memory of K. Lehmann, 1964, 279–287.

Ara Pacis Augustae, gefunden an der via Flaminia unter heutiger via in Lucina, stand ursprünglich im Campus Martius (vgl. Plan von →Rom). 1568 die ersten Funde, 1903 und 1937/8 Ausgrabungen. Marmor, Umfriedung annähernd ein Quadrat (11,5 × 10,5 m, H. der Mauern ca. 6 m, des Reliefbandes 1,55 m). Sie wurde 13 v. Chr. gelobt, 9 v. Chr. geweiht. Die Umfriedung ist in der irrationalen Weise der augusteischen Malerei mit Reliefdarstellungen eines heiligen Haines, von Bukranien und Girlanden und vor allem einer Prozession der kaiserlichen Familie und des römischen Adels bei der Stiftung des Altars verziert; dazu kommen Allegorien der Erdmutter, der Roma, Romulus und Remus mit der Wölfin und Aeneas' erstes Opfer in Italien; das Ganze ein Inbegriff der weihevollen, durch den Kaiser gestifteten Ordnung. H. v. H. – K. Schf.

Lit u. Abb: G. Moretti, Ara Pacis Augustae, 1948 – R. Bianchi-Bandinelli, EAA I, 1958, 523ff. – Nash I 63–73, Abb. 60–74 – Zur Datierung zuletzt: H. P. L'Orange, Ara Pacis Augustae, Acta ad arch. et art. hist. pertinentia 1, 1962, 15f.

Arabesken, aus der klassischen Palmettenwellenranke (→Ornament B) unter Aufnahme naturalistischer Blatt- und Blütenmotive entwickeltes hellenist. Rankenornament. Häufigste Verwendung an architektonischen Friesen (z. B. →Ara Pacis) und kunstgewerblichen Geräten hellenist. und bes. röm. Zeit. F. H.

Lit: E. Kühnel, Die A., 1949 – Th. Kraus, Die Ranken d. Ara Pacis, 1953.

Arabien. Mit dem geographischen Begriff A. (arab. *'arab.* ‹Beduinen›) wird allgemein die Halbinsel Ǧazīrat al-'Arab unter verschiedener Einbeziehung sich im N. anschließender Gebiete bezeichnet. Seit der Zeit des Altpaläolithikum ist A. teilweise besiedelt, seit dem 3. Jt. von →Semiten. Araber, d. h. südsemitische Dialekte sprechende Stämme, werden seit dem 9. Jh. in Berichten der Assyrer erwähnt. Zur Bildung bedeutenderer Staaten kam es in vorislamischer Zeit nur im N und S; im N entstand der Staat der →Nabatäer (Hauptstadt →Petra) vom 7. Jh. bis 106 n. Chr.; im S entstanden seit dem 10. Jh. die Staaten von →Saba', →Qatabān, →Ḥaḍramūt und der Staat der →Minäer. Im übrigen vgl. →Semiten. G. Wn.

Lit: RAC I 575–585 – E. Macro, Bibliography of the Arabian Peninsula, 1958 – A. Grohmann, A., 1963 – F. Altheim-R. Stiehl, Die Araber in der Alten Welt, bisher I u. II, 1963/64.

[2] Die *röm. Provinz Arabia.* Im Jahre 105 n. Chr. eroberte im Auftrag Trajans der Statthalter Syriens, A. Cornelius Palma, den reichen nordwestl. Teil des benachbarten nabatäischen Königreiches. Petra (die alte Königsstadt) und Bostra blieben die wichtigsten Zentren der neuen Provinz A. Als Statthalter wurde ein Legatus Augusti pro praetore prätorischen Ranges, später ein Praeses ernannt. Nach →Bostra wurde eine Legion gelegt, seit der Mitte des 2. Jh.s n. Chr. die Legio III Cyrenaica, deren Legat mit dem Provinzlegaten identisch ist. Die Lokalära der Provinz A. zählt vom 22. März 106 n. Chr. In der Provinzreform unter Diokletian wurde die Provinz A. geteilt in die eigentliche A. mit Bostra und einen zweiten Teil, der der Syria Palaestina einverleibt und später zur Pal. salutaris wurde. R. F.

Lit: R. E. Brünnow-A. Domaszewski, Die Provinz A., 3 Bde, 1904 bis 1909 – Liste der Legaten: H. G. Pflaum, Syria 34, 1957, 136–144.

Arachne, eine berühmte lyd. Weberin, die selbst →Athene zu übertreffen beanspruchte. Von Athene in Gestalt einer alten Frau vergeblich vor Überheblichkeit gewarnt, forderte sie die Göttin, nun in ihrer wahren Gestalt, dennoch zum Wettkampf heraus. Sie verletzte diese, indem sie Liebschaften der Götter einwob, wurde von ihr im Zorn mit der Lade des Webstuhls geschlagen und erhängte sich aus Verzweiflung darüber. Athene bewahrte sie durch Verwandlung in eine Spinne (ἀράχνη) am Leben (Ov. met. 6, 1ff.). L. H.

Arachne (ἀράχνη, ‹Spinne›), das Spinngeweben ähnliche Netz der Schatten- und Stundenlinien auf hohlen, sphärischen (?, vgl. →Skaphe; Vitr. 9, 8, 1: *conarachne* = konischen) Sonnenuhren. Nur von Vitruv (a. O.: *arachnen Eudoxus astrologus [dicitur invenisse], nonnulli dicunt Apollonium)* bei der Aufzählung der Erfinder von Horologien (wohl fälschlich als ein solches) erwähnt. Die Zuweisung an →Eudoxos (1) v. Knidos (bzw. →Apollonios (15) v. Perge) betrifft wohl nur die Theorie der mathematischen Konstruktion. Vgl. →Uhren [2]. F. Kr.

[2] Drehbare Scheibe des ebenen →Astrolabs.

Arachosien, östl. Satrapie des Perserreiches (Kt. 1569), so genannt nach dem Fluß Arakhôtos; erwähnt in den keilschriftlichen Quellen, nicht aber bei Hdt. Hauptstadt: Alexandria, heute Kandahar. Stieß (nach Ptol. 6, 20) im Westen an die Drangiana, im Norden an die Paropamisaden, im Süden an die Gedrosia und erstreckte sich im Osten bis zum Indus. Die Parther nannten sie 'Ινδικὴ λευκή (‹Weiß-Indien›). G. R.

Arados (heute Ruād; Kt. 2196 B 3), phön. Stadt auf einer Felseninsel von ca. 1500 m Umfang, gegenüber von Tartos im Mittelmeer gelegen. Nach Strab. 16, 2, 13 Gebäude von großer Höhe (mehrere Stockwerke), angeblich keine Quelle. Mehrfach in der →Amarna-Korrespondenz (um 1400 v. Chr.) genannt; um 1100 von →Tiglatpileser I. erobert, der von A. aus eine Seefahrt unternahm. Unterwarf sich meist freiwillig assyr. und babylon. Königen und gewann nach dem Zeugnis der Münzen ca. 259 v. Chr. die Autonomie, die sie bis in röm. Zeit behielt. Zeichen der Stadt ist auf Münzen eine Galeere, wie auch ihre Bewohner als Matrosen bekannt sind. W. R.

Lit: D. Harden, The Phoenicians, 1962, 27 – E. Unger, RLAss I 160f.

Arae Flaviae (Kt. 1057 D 8; heute Rottweil), militärischer Stützpunkt, wo im J. 74 n. Chr. der Legat Cornelius Clemens nach der Eroberung des Dekumatenlandes (→Germanien C) zu Ehren des Kaiserhauses die A. F. errichtete, später →Municipium. L. B.-H.

Lit: W. Schleiermacher, Munizipium A. F., Gymn. Bh. 1, 1960, 59–63.

Aräometer (ὑδροσκοπίον, ὑδροστάτης, βαρύλλιον), in der Antike ein Gerät zum Bestimmen des relativen Gewichts (bzw. bei konstantem Volumen des Gewichts) von Flüssigkeiten. Nach den antiken Beschreibungen (nach →Pappos bei al-Khāzanī; Synesios v. Kyrene, epist. 15; Carm. de pond. 103–121) hatten solche Hydroskope schon die Form des modernen A.s (feiner, unten beschwerter, graduierter Hohlzylinder), nur fehlte noch die feste Beziehung zum Gewicht des Wassers (spezifisches Gewicht, →Mechanik B 3). Die Erfindung des A.s wird heute meist →Archimedes zugeschrieben, doch fehlen solche Angaben aus der Antike. Das A. wird eher ein – offensichtlich allgemein gebräuchliches (vgl. Prokl., ad Hes. op. 591ff.) und für die verschiedensten Zwecke graduiertes – Prüf- und Meßgerät der chemischen Praxis (→Chemie) und des Handels gewesen sein, dessen auf Empirie beruhende Erfindung wohl kaum von Archimedes' theoretischen Betrachtungen über schwimmende Körper (→Archimedisches Prinzip) beeinflußt war. F. Kr.

Araros, von Athen, Sohn des Komikers →Aristophanes (1), Dichter der mittleren →Komödie (I C); führte, wohl nach 386, seines Vaters ‹Kokalos› und ‹Aiolosikon› auf; soll erst nach 376 mit eigenen Stücken hervorgetreten sein. Sechs Titel (einer umstritten) bekannt, darunter drei Mythenparodien. Galt dem → Alexis als frostig. Th.G.

Frg: FAttCom II 10–17.

Arator, röm. Subdiakon, gest. ca. 550, gab in dem Epos ‹De actibus apostolorum› (2336 Hexameter) dem Stoff der Apg. eine mystisch-allegorische Ausdeutung. Von → Ennodius gefördert; sein Vorbild war jedoch → Sedulius, Carmen paschale. C.A.

Ed: CSEL 72, 1951 – *Lit:* Altaner, 463.

Aratos von Sikyon, 271–213, bedeutender achäischer Staatsmann, zwischen 245 und 213 16mal Stratege dieses Bundesstaates. Zunächst ein Vorkämpfer der Befreiung der Peloponnes von der makedon. Hegemonie, stürzte er 251 in Sikyon die promakedon. Tyrannis und schloß die Stadt an den → Achäischen Bund an. 243 entriß er den Makedonen durch einen Handstreich Korinth; 235 gewann er nach Abdankung des → Lydiadas Megalopolis für den Bund. Ein Versuch, 229 auch Athen zum Anschluß zu bewegen, mißglückte. Die Erfolge → Kleomenes' III. v. Sparta seit 226 und die Angst der Oberschicht vor einem angeblich von diesem beabsichtigten sozialen Umsturz veranlaßten A. jedoch 225, den Achäischen Bund dem König → Antigonos III. Doson zu unterstellen und Korinth wieder den Makedonen zu überlassen (Polyb. 2, 45 ff.). Im → Bundesgenossenkrieg (2) 220–217 spielte A. nicht eben ruhmvoll die Rolle eines Satelliten → Philipps V. Nach dem Ausbruch des 1. Makedon. Krieges suchte er infolgedessen die Neutralität der Achaier zwischen Rom und Makedonien zu wahren. Als er 213, wohl an Lungenleiden, starb, glaubte er, von Philipp V. vergiftet worden zu sein (Plut. Arat. 51 f.). F.Kch.

Lit: F. W. Walbank, A. of Sikyon, 1933 – Ders., A.' Attack on Cynaetha, JHS 56, 1936, 64–71 – E. Bikermann, Les négociations entre A. et Antigonos Doson, REG 56, 1943, 287–304 – H. E. Stier, Roms Aufstieg z. Weltmacht, 1957, 68–69.

2. **A. von Soloi,** Dichter, Zeitgenosse des → Kallimachos (1. H. 3. Jh. v. Chr.). Mit seinem Bruder Athenodoros Philosophiestudium in Athen, Anschluß an den Stoiker → Zenon (3). Später Aufenthalt in Pella bei → Antigonos Gonatas, dem Freund stoischer Lehre. Auch Aufenthalt bei → Antiochos I. v. Syrien. In Antiochia Ausgabe der ‹Odyssee›. – *Werke:* Für Antigonos' Hochzeit ist ein ‹Hymnos auf Pan› gedichtet. Eine Sammlung kleinerer Gedichte hat den Titel ‹Katalepton› (vgl. → Vergil). Daneben noch eine Reihe von Werken bezeugt, darunter Lehrgedichte medizinischen Inhalts. Der Ruhm des A. aber beruht auf seinem astronomischen Lehrgedicht, den ‹*Phainomena*› (‹Himmelserscheinungen›). Diesem Gedicht (wohl von Antigonos angeregt) liegt keine eigene Forschung zugrunde, vielmehr entstammt der Stoff dem → Eudoxos (1) v. Knidos. Cic. de orat. 1, 69: «...ein Mann, der von Sternkunde nichts wußte...» schreibt «schmuckreiche und gute Verse». Eröffnet durch ein Proömium an Zeus: wohlgegliedert, von der Frömmigkeit der Stoiker getragen (vgl. den Zeus-Hymnos des → Kleanthes, 2). Darauf Beschreibung der nördlichen und südlichen Fixsterne (mit dem Großen Bären beginnend). Bemerkenswert, daß → Sternsagen sehr geringer Raum gewährt ist (ausführlichster Mythos: V. 96–136: Geschichte vom Sternbild der Jungfrau, im Anschluß an → Hesiods Gedanken vom Abstieg der Weltalter). Auf die Sternbilder folgen die Planeten, weiter die Gestirne, die zusammen auf- und untergehen. Das letzte Drittel des Werkes handelt über die Wetterzeichen. Für diesen Abschnitt kann Eudoxos nicht Vorlage sein; statt dessen wohl peripatetische Quelle. – Die *Nachwirkungen* des Werkes sind erstaunlich. Kallimachos im Epigr. 27: «Des Hesiod Lied und Weise». → Leonidas (5) v. Tarent (AP 9, 25) will A. als nächsten nach Zeus gerühmt sehen. Eine Reihe lat. Übersetzungen existierte, z. B. von → Cicero und → Germanicus. A. fand eine große Zahl von Kommentatoren, 27 sind namentlich bekannt. Darunter kritische Stimmen, die Ungenauigkeit und Unselbständigkeit des Astronomischen betreffend, bes. von → Hipparchos (3) v. Nikaia. Während die Vergangenheit A. besonders um des Gegenstandes willen pries, findet die Gegenwart, daß er durch klare und schlichte Sprache, durch feinen und sorgfältigen Versbau, also durch die Form, Ruhm verdient. P.H.

Ed: E. Maass, Arati Phaenomena, 1893 – Ders., Commentariorum in Aratum reliquiae, 1898 – *Übers:* A. Schott, 1958 (Wort der Antike 6) – *Lit:* E. Maass, Aratea, Philol. Unters. 12, 1892 – W. Ludwig, Die Phainomena Arats als hellenist. Dichtung, Hermes 91, 1963, 425–448 – *Bildnisse* → Anhang I.

Arausio (Kt. 1019 E 5; heute Orange), eine der blühendsten Städte der → Narbonensis. Kolonie seit → Augustus (Colonia firma Julia Secundanorum A.); ihr Katasterplan ist auf gefundenen Marmortafeln überliefert. Hat dreitorigen Ehrenbogen spätaugusteisch-tiberischer Zeit. Theater mit erhaltener Bühnenrückwand augusteischer Zeit, neben letzteren der ungedeutete, von einem Tempel dominierte ‹Hémicycle› (Zirkus, Gymnasium?). L.B.-H.

Lit: A. Grenier, Manuel d'archéologie gallo-romaine III, 1958, 172–193 – R. Amy-P.-M. Duval u. a., L'arc d'Orange, 2 Bde, 15ᵉ Suppl. à Gallia, 1962 – A. Piganiol, Les documents cadastraux de la colonie romaine d'Orange, 16ᵉ Suppl. à Gallia, 1962.

Araxes, (1) Hauptstrom Armeniens (heute Eraskh), der sich ins Kaspische Meer ergießt; (2) nach Hdt. 1, 202 andere Bezeichnung für den → Oxos; (3) Fluß in der Persis, heute Kor-Bandemīr; (4) linker Nebenfluß des Euphrats in Obermesopotamien, heute Chabur. G.R.

Lit: Hérodote, ed. Ph.-E. Legrand, I, 1946, 194 Anm. 1.

Arbeit

[1] Arbeitsauffassung – [2] Arbeitskräfte, -‹markt› – [3] Arbeitsteilung – Vgl. → Landwirtschaft, → Gewerbe und Industrie, → Sklaven, → Tagelöhner, → Preise und Löhne.

[1] *Arbeitsauffassung.* Von einer allgemeinen Verachtung der A. (bes. der Handarbeit) in der griech.-röm. Antike kann keinesfalls gesprochen werden, wenn krasse Äußerungen, bes. bei → Platon (leg. 741 E), → Aristoteles (pol. 1, 5. 1260 b) oder → Cicero (off. 1, 150 f.), das auch nahelegen. Einen Wandel gegenüber der Hochschätzung der A. etwa bei → Hesiod haben die Auflösung der patriarchalischen Gebundenheit seit dem 7. Jh. v. Chr., die Demokratisierung (→ Polis) und die stärkere Verwendung der → Sklaven seit dem 5. Jh. v. Chr. bewirkt. Die ersten Faktoren förderten den Individualismus und ließen dem politisch gleichberechtigten Bürger ein wirtschaftliches Abhängigkeitsverhältnis vom Mitbürger schwer tragbar erscheinen. So entstand eine Abneigung nicht allgemein gegen die Handarbeit, aber gegen A. in dauernder privater Dienststellung, die nur zu leicht den Vergleich mit der Sklavenarbeit herausforderte (vgl. Poll. 3, 82). Dem Ideal des antiken Staatsbürgers entsprach der Grundbesitzer, dem die Rente aus seinem Eigentum jede Handarbeit ersparte und die ständige politische Betätigung ermöglichte. Gegen eine solche Rentnergesinnung haben sich → Sokrates (Xen. mem. 2, 7, 14) und → Aristoteles (rhet. 2, 4. 1381 a) gewandt und damit einer neuen A.s-Auffassung den Weg gebahnt, die den Griechen in den hellenist. Reichen weitgehend Ersatz für die politische Beschäftigung bot. Eine ähnliche Entwicklung ist in Rom zu beobachten, wenn auch hier die Abneigung gegen die Handarbeit nie so verbreitet war wie im klass. Athen. Eine grundsätzlich positive Schätzung der A. nicht nur als eines notwendigen Übels, sondern auch als eines Wertes an sich brachte jedoch erst auf Grund jüd. Voraussetzungen das Christentum.

[2] *Arbeitskräfte, -‹markt›.* Die antike A.s-Ordnung ruhte zu erheblichem Teil auf Gewalt, auf Hörigkeit und → Sklaverei. Im Alten *Orient* befand sich auch der rechtlich Freie stets in faktischer wirtschaftlicher Abhängigkeit, im archaischen *Griechenland* war er in patriarchalischen Verhältnissen gebunden. Erst die zunehmende Individualisierung, das steigende Freiheitsbedürfnis und die Mobilisierung des Grundeigentums durch Einführung der Münzgeldwirt-

schaft haben hierin einen Wandel in den griech. → Poleis geschaffen. Bes. im Athen des 6./5. Jh.s v. Chr. führten diese Erscheinungen zur Landflucht freier Bauern. Sie konnten im aufstrebenden → Gewerbe A. finden, aber ihre zunehmende A.s-Scheu (s. o. 1) machten staatliche Fürsorge durch A.s-Beschaffung an öffentlichen Bauvorhaben (→ Perikles) und Unterhaltsleistungen (→ Trophe) erforderlich. So wurde die demokratische Polis für die Beschäftigung großer Sklavenmengen in → Landwirtschaft und Gewerbe verantwortlich, deren Anteil auf dem A.s-Markt bei vermehrtem Kapital gesteigert wurde. Diese billigen A.s-Kräfte übten auf die konkurrierenden Freien einen erheblichen Druck aus, verschlechterten ihre Erwerbsbedingungen oder machten sie arbeitslos. Nachdem es im → Pelop. Krieg zur erneuten Landflucht gekommen war, entstand so in Athen ein Konsumentenproletariat. – In den *hellenist. Staaten* standen in großem Umfang halbhörige A.s-Kräfte zur Verfügung; trotzdem war hier der Arbeiterbedarf – bes. im 3. Jh. v. Chr. in Ägypten – so groß, daß freie griech. Bevölkerung angelockt wurde. – Äußerlich ist die Entwicklung in *Rom* seit den → Pun. Kriegen der im klass. Athen parallel verlaufen, nur stärker auf die Landwirtschaft hin orientiert. Vor allem hat aber hier die massenhafte Versklavung von Kriegsgefangenen zu einer Verdrängung der freien Bauern in die Stadt und zu ähnlichen Schwierigkeiten auf dem A.s-Markt geführt. Deshalb änderte sich in der Prinzipatszeit, als mangels Kriegsbeute die Sklavenpreise stiegen, auch die A.s-Verfassung und ging in der späteren Kaiserzeit in halb- und staatshörige A. der rechtlich freien Bevölkerung über. → Kolonat, → Tagelöhner, → Zünfte.

[3] *Arbeitsteilung*. Die Auflösung einer A.s-Leistung in Teilverrichtungen und deren Verteilung auf verschiedene Berufe war in einfachster Form schon in jeder Hauswirtschaft gebräuchlich und ist auch in → Gewerbe und Industrie übernommen worden. Trotz der handwerklichen Spezialisierung seit der klass. Zeit ist es zu einer A.s-Teilung in größerem Umfang nicht gekommen; bes. ist aus Plin. nat. 34, 11 nicht eine internationale A.s-Teilung mit Halbfabrikation abzuleiten. Auch eine technische A.s-Teilung (= A.s-Zerlegung), d. h. Aufteilung eines Arbeitsvorganges innerhalb eines Betriebes, war im → Ergasterion der klass. Zeit höchstens in Ansätzen vorhanden und ist erst in den Großbetrieben der hellenist. und der röm. Kaiserzeit, etwa in der Unterscheidung zwischen κοπεύς und ἐλαιουργός im ptolemäischen Ölmonopol, nachweisbar. H. Br.

Lit: H. Gummerus, RE 9 (1916), s. v. Industrie und Handel, 1494/95 – R. v. Pöhlmann (hg. von F. Oertel), Gesch. der soz. Frage und des Sozialismus in der antiken Welt, 2 Bde (1893/1901), 1925³ (zu [3] bes. F. Oertel, ebd. 522–540) – C. Préaux, La difficulté de requérir le travail dans l'Egypte lagide, Chron. d'Egypte 10, 1935, 343–360 – F. M. Heichelheim, Wirtschaftsgesch. des Altertums (1938), engl., 2 Bde, 1958/64² (Lit).

Arbela, (1) Stadt in Assyrien, nahe beim Oberlauf des Tigris, heute Erbil; (2) pers. Stadt (Steph. Byz.); (3) Stadt in Galiläa, nahe beim See Genezareth (1. Makk. 9. 2). G. R.

Arbiter, Schiedsrichter, durch private Vereinbarung bestellt, Vollmacht und officium von streitenden Parteien im compromissum festgelegt, Beachtung des Spruches durch Stipulationen gesichert, Leitung der Verhandlung nach Gutdünken, nicht an Regeln des Staatsprozesses gebunden. Zuständig auch für Streitigkeiten zwischen Römern und Fremden. J. S.

Arbogast, heidnischer Franke vornehmer Abstammung, machte unter → Gratian im röm. Reichsdienst rasch Karriere. Unter → Valentinian II. erster → Heermeister des Westens. Als solcher brachte er den Kaiser völlig in seine Hand, erhob nach Valentinians II. Tod (392) den Rhetor → Eugenius zum neuen Westkaiser und förderte 393 mit ihm in Italien im Bunde mit Senatskreisen eine ausgeprägte heidnische Restauration. Der Kampf mit → Theodosius I., der Eugenius nicht anerkannte, wurde so zugleich zum Glaubenskrieg zwischen Christentum und Heidentum. 394 unterlag A. am Frigidus und beging Selbstmord. K. F. Str.

Lit: O. Seeck, Gesch. d. Unterg. d. ant. Welt V, 1921 – E. Stein, Gesch. d. spätröm. Reiches I, 1928 (= Hist. du Bas-Empire I, 1959) – A. Piganiol, L'empire chrétien, 1947 – K. F. Stroheker, Zur Rolle der Heermeister fränkischer Abstammung im späten 4. Jh. (1955), in: Germanentum und Spätantike, 1965, 9–29.

Arcadius (Flavius A.), (ost-)röm. Kaiser 383–408, geb. ca. 377 als ältester Sohn → Theodosius' I., Bruder des → Honorius und der → Galla Placidia, gest. 1. 5. 408 in Konstantinopel. Am 16. 1. 383 zum Augustus ausgerufen; seit 384 selbständiger Regent des Ostens. Trotz guter Bildung (→ Themistios) war A. stets von seinen Ratgebern und Hofeunuchen (→ Rufinus (2); → Eutropius, 2) abhängig; seine Regierung ist weiterhin durch Ketzer- und Heidenverfolgungen sowie Abwehrkämpfe gegen West → Goten und → Hunnen gekennzeichnet (Bildnisse → Anhang I). H.-J. D.

Archagathos, angeblich erster griech. Arzt in Rom (219 v. Chr.), soll zunächst wegen seiner chirurgischen Kunst sehr angesehen gewesen sein, dann aber den Beinamen ‹carnifex›, ‹Henker›, bekommen haben. Nachrichten über ihn Plin. nat. 29 (aus → Cassius (4) Hemina). F. K.

Archaisch, aus der griech. Lit. herkommende archäologische Bezeichnung für die griech. → Kunst im Zeitraum zwischen der → geometrischen und der → klassischen Periode, also ungefähr und bes. im 7. und 6. Jh. v. Chr. Das A. schließt zeitlich und sachlich auch die Stilrichtungen des → Dädalischen und → Orientalisierenden ein. D. Sch.

Lit: Eine monographische Darstellung der arch. Kunst fehlt trotz der großen Verdienste unseres Jh.s gerade um diese frühe Zeit. In G. Richter, Archaic Greek Art, 1949 (mit Bibliogr.), ist die Architektur nicht berücksichtigt; zur Ergänzung kann C. Weickert, Typen der arch. Architektur in Griechenland und Kleinasien, 1929, dienen. – Viel bedeutender sind Behandlungen von Einzelthemen durch andere Autoren, vor allem durch E. Buschor; s. die Bibliogr. in dessen ausgew. Schriften: Von griech. Kunst (1956), 1963².

[2] Das sog. *Archaische Lächeln* ist der existentielle Ausdruck gegenwärtiger Lebendigkeit *(Präsenz)*, mythisch-gesteigerten Lebens in der Menschendarstellung der archaischen Kunst Griechenlands; bes. faßbar im Antlitz stehender Jünglinge und Mädchen der Plastik des 6. Jh.s v. Chr. D. Sch.

Lit: H. Kenner, Weinen und Lachen in der griech. Kunst, SB Wien 234, 2, 1960, 63–68 – E. Simon, Gnomon 33, 1961, 646–648 – B. Ashmole, The Classical Ideal in Greek Sculpture, 1964, 9.

Archaismus, bewußter literarischer Rückgriff auf ausgestorbene Sprachformen oder veraltete Stilmittel. Der A. ist ein wichtiges Mittel dichterischen Ausdrucks bes. bei → Ennius, → Lukrez, noch bei → Vergil; in der Prosa der Republik dagegen, abgesehen von altertümlichen Elementen der historiographischen Sondersprache, im ganzen wohl ohne Belang. Erst bei → Sallust beginnt die für die späteren Archaisten der Prosaliteratur charakteristische Nachahmung → Catos (1). Eine archaistische Richtung besteht dann das ganze 1. Jh. n. Chr. hindurch (Sen. epist. 114; Quint. inst. 8, 2, 12 u. ö.), vorbereitet und gefördert durch die grammatische und antiquarische Erschließung der älteren Literatur (→ Varro; → Probus) und den griech. → Attizismus. Sie wird im 2. Jh. herrschend. → Hadrian selbst ist Archaist. Voll Verehrung sieht man zur sittlichen Größe archaischer Zeit auf, empfindet den Reiz archaisch schlichten Stils. Entlegene archaische Wörter demonstrieren Gelehrsamkeit. Hauptvertreter des A. sind der vielbewunderte → Fronto und → Apuleius. Ein Bild vom literarischen Treiben der Zeit gibt → Gellius, selbst Bewunderer Frontos und Archaist. Im 3. Jh. wirkt der A. des 2. Jh.s weiter, so bei Q. → Serenus (1), später bes. bei → Apollinaris Sidonius. Nachahmung älterer, freilich selten der archaischen Autoren, ist oberstes Stilprinzip auch der Spätzeit der lat. Literatur. – In der griech. Literatur gibt es entsprechende Erscheinungen; → Attizismus. W.-D. L.

Lit: Norden, Kunstprosa I 149 ff.; 251 ff.

[2] In der *Archäologie* Bezeichnung für die Nachahmung → archaischer Kunst bzw. Anlehnung an diese. Die ersten archaistischen Werke finden sich schon im 5. Jh. v. Chr. (z. B. Hermes Propylaios des Alkamenes). Oft ist die besondere, in archaischer Zeit verwurzelte mythologisch-kultische Gegenständlichkeit eines archaistischen Werkes Grund seiner Form (z. B. Palladion panathenäischer Preisamphoren). Archaistisches hat im allgemeinen in seinem meistens sehr äußerlichen Verhältnis zum Archaischen weniger Möglichkeiten als → Klassizistisches in seinem Verhältnis zu → Klassischem, dessen Tradition und Tradierbarkeit infolge seiner eigentümlichen Struktur größer ist. D. Sch.

Lit: E. Schmidt, A. Kunst in Griechenland und Rom, 1922 – W. Fuchs, Die Vorbilder der neuatt. Reliefs, JdI, 20. Erg.-H., 1959, bes. 44–59 – Chr. M. Havelock, Archaistic Reliefs of the Hellenistic Period, AJA 68, 1964, 43–58.

Archebulēus, Metron des Schemas ⏕–⏑⏑–⏑⏑–⏑⏑–⏑––, nach dem Dichter Archebulos benannt, kann aus der → äolischen Metrik stammen (= ‸*hipp* 2d); → Kallimachos (3) verwendet den A. in der Ektheosis der Arsinoë mit recht streng durchgeführten Wortenden: ⏕–⏑⏑ ⁝ (–41) –⏑⏑–|⏑⏑–⏑––||. Ähnliche Verse kommen als Klauseln in lyrischen → Daktylen vor; dort wäre der A. als × 5 *da* ⏑–– zu fassen. B. Sn.

Archedemos von Tarsos, → Stoiker, vermutlich Schüler des → Diogenes (4) v. Seleukeia; brachte eine neue Formulierung des Lebenszieles vor: vom Naturgemäßen das Hauptsächlichste auszuwählen und von dem unter keinen Umständen abzuweichen. M. S.

Frg: SVF III 262–264.

Archegetes (‹erster›, ‹oberster Führer›, ‹Urheber›), der Gott oder → Heros, der als mythischer Stadtgründer bzw. Ahnherr der Bevölkerung gilt und der, wenn die Vaterstadt in Gefahr ist, als göttlicher Führer den Kämpfern voranzieht. Vgl. → Staatsreligion, → Eponyme, → Ktistes. K.-H. R.

Archelaos I., 414/411–399 v. Chr. König der → Makedonen, illegitimer Sohn → Perdikkas' II., setzte sich gewaltsam in den Besitz der Macht, schloß einen Handelsvertrag mit Athen, eroberte 410 Pydna zurück und besetzte um 400 Teile Thessaliens. Er verlegte die Königsresidenz von Aigai nach → Pella, baute viele Straßen und zog viele Künstler an seinen Hof, darunter → Euripides (vgl. dessen ‹Archelaos›). Die Einführung des pers. Münzfußes erschloß dem Lande neue Handelsmärkte. Die Gaufürsten der Elimeia und Orestis band er enger als bisher an das Argeadenhaus. Für Makedoniens inneren Ausbau und sein Heer hat er nach Thuk. 2, 100, 2 mehr als alle seine acht Vorgänger getan. P. R. F.

Lit: F. Geyer, Makedonien bis zur Thronbesteigung Philipps II., 1930, 84 ff. – P. Cloché, Histoire de la Macédoine, 1960, 82 ff.

2. **A.,** griech. oder maked. Feldherr → Mithridates' VI., führte im 1. Mithridat. Krieg die pontische Offensive in Kleinasien und Griechenland, wo ihm nach anfänglichen Erfolgen → Sulla die vernichtenden Niederlagen von Chaironeia und Orchomenos zufügte (86 v. Chr.). A.' Vermittlung führte zur Begegnung Sullas und Mithridates' in Dardanos (84), wo der Friede verabredet wurde. Daß A. (vielleicht mit Recht) der Untreue bezichtigt wurde, veranlaßte ihn zum Parteiwechsel: im 2. und zu Beginn des 3. Mithridat. Krieges half er den Römern gegen Mithridates. A., den Sulla ehrenvoll behandelte und zum ‹Freund des röm. Volkes› machte, verkörpert den Typ des hellenist. Condottiere. D. T.

Lit: Th. Reinach, Mithradates Eupator, 1895.

3. **A.,** Philopatris (Sisines), König von → Kappadokien, Urenkel des vorigen, Enkel eines Günstlings des → Pompeius (2), kein Kappadoker (Strab. 12, 540), von Antonius (2), angeblich aus Neigung zu seiner Mutter Glaphyra, begünstigt, seit 36 v. Chr. König (App. civ. 5, 31). A. kämpfte bei Actium für Antonius, sein rechtzeitiger Übergang rettete ihm die Herrschaft (Dio 51, 2, 1). 20 erhielt er dazu einen Teil Kilikiens und Kleinarmenien (Strab. 12, 535, 555); einer Anklage seiner Untertanen entging er durch die Verteidigung des → Tiberius, dessen Haß er sich später durch Undankbarkeit zuzog (Dio 57, 17, 3 f.). Wegen Altersschwäche wurde ihm von → Augustus ein Vormund bestellt (Dio 57, 17, 5). Nach Antritt des Tiberius wurde A. nach Rom geladen und angeklagt, starb aber vor dem Urteil; sein Reich wurde Provinz (Strab. 12, 534). D. T.

Lit: D. Magie, Rom. Rule in Asia Minor, 1950 – *Bildnisse* → Anhang I.

4. **A.,** Bildhauer (Sohn eines Apollonios) von Priene, bekannt durch die Signatur eines im 17. Jh. in der Nähe Roms gefundenen Reliefs: der sog. → Apotheose des Homer (um 100 v. Chr.): Weihung eines Dichters, der bei einem Agon zu Ehren Homers gesiegt hat. Außer dem Weihenden und der Verherrlichung Homers sind Apollon und die neun Musen sowie Zeus und Mnemosyne (?) dargestellt, und zwar in mehreren übereinander angeordneten Streifen vor architektonisch und landschaftlich aufgelokkertem Hintergrund. Der klassizistische Charakter des Reliefs verrät sich in den weitgehenden Zitaten auch sonst bekannter, z. T. ins 2. Jh. v. Chr. zu datierender Vorbilder (u. a. der sog. → Philiskosmusen). E. Bg.

Lit: C. Watzinger, Relief des A. v. Priene, 63. BWPr 1903 – Lippold, GrPl, 373 Anm. 6 – M. Bieber, The Sculpture of the Hellenistic Age, 1955, 127 – L. Guerrini, EAA I, 1958, 543.

5. **A. von Athen,** Naturphilosoph, ca. 480–410, der erste aus Athen, Freund des → Sophokles und des Politikers → Kimon (1), nach zeitgenössischem Bericht auch des → Sokrates (später zu einem Liebes- bzw. Schülerverhältnis des Sokrates zu A. umgedeutet). A. galt als Vermittler zwischen der Naturphilosophie der → Vorsokratiker und sokratischer Ethik. Seine Lehre bildete das System des → Anaxagoras weiter. → Theophrast stellte sie in einer besonderen Schrift dar (Diog. Laert. 5, 42). Platon und Aristoteles nennen A. nicht. Die erhaltenen Berichte sind dürftig, sie lassen nur erkennen, daß die Entstehung der Lebewesen, des Menschen und seiner Kultur im Mittelpunkt standen. O. G.

Frg: VS II 44–49.

Archermos, Bildhauer von Chios. Nach Plinius (nat. 36, 11) Sohn des Mikkiades und Vater des → Bupalos und Athenis. Im 6. Jh. v. Chr. vor allem auf Lesbos und Delos tätig. In → Delos wurde ein Epigramm gefunden, das Mikkiades als Weihenden (?), A. als Künstler nennt (und möglicherweise die Genealogie des Plin. begründet hat). Mit dieser signierten Basis hat man versucht, eine in der Nähe ausgegrabene Marmorstatue, eine geflügelte, um 550 v. Chr. zu datierende Nike (oder Artemis?) im bekannten Knielaufschema, hypothetisch zu verbinden. Eine jüngere Signatur von A. ist auf der Akropolis von Athen gefunden worden; es bleibt jedoch fraglich, ob dieser mit dem des delischen Epigrammes identisch ist. – Nach Schol. Aristoph. av. 574 soll A. der erste gewesen sein, der → Nike geflügelt dargestellt hat, eine Notiz, die mit den obigen Angaben zusammenhängen kann. E. Bg.

Lit: O. Rubensohn, Die geflügelte Göttin von Delos, MdI 1, 1948, 21–43 – A. E. Raubitschek, Dedications from the Athenian Akropolis, 1949, 484 – Lippold, GrPl, 62 f. – M. T. Amorelli, EAA I, 1958, 568.

Archestratos von Gela, Ende 4. Jh. v. Chr., Verfasser eines gastronomischen Lehrgedichtes (→ Hellenist. Dichtung C 2), ‹Hedypatheia›. Quelle des → Ennius. P. H.

Frg: P. Brandt, Corpusc. poesis epicae Graecae ludibundae, 1888, 114–139.

Archias, A. Licinius, von Antiochia, Dichter, ca. 118 bis nach 62 v. Chr., kam gegen Ende des 2. Jh.s nach Rom. Verherrlichte Marius und L. Licinius Lucullus, der ihm 93 v. Chr. das Bürgerrecht von Herakleia in Lukanien verschaffte. Später röm. Bürger, von Cicero in der Rede ‹Pro Archia› verteidigt, da sein Bürgerrecht bestritten wurde. Ciceros Hoffnung auf ein Elogium Att. 1, 16, 15. Dieser Dichter wird zunächst als der Verfasser der unter ‹Archias› (ohne Zusatz) in der → Anthologia Palatina überlieferten Epigramme anzusehen sein. Vermutung ist, daß auch die übrigen in der Anthologie versammelten, aber mit Beinamen (z.B. A.‹v.Byzanz›, ‹v.Makedonien›, ‹der Jüngere›) gekennzeichneten Dichter des Namens mit ihm identisch seien (Beckby: Vielleicht hatte A. Bürgerrecht in verschiedenen Städten). P.H.

Ed: AP – *Lit:* H. Beckby, Anthologia Graeca I, 1957, 34 u.38; Index IV, 1958, 734 – Th. Reinach, De Archia Poeta, Diss. Paris 1889.

Archidamos I., nach antiker Überlieferung spart. König im 2. messen. Krieg.

2. **A. II.,** Enkel des → Leotychidas v. Sparta, 476–427. Beim großen Erdbeben von 464 rettete er Sparta vor den Messeniern und Heloten (Diod. 11, 63, 4ff.). Thukydides läßt ihn vor Ausbruch des → Pelop. Krieges als Warner auftreten (1, 79ff.). Bei den Invasionen Attikas durch die Peloponnesier 431 – wobei er, immer noch auf ein Einlenken Athens hoffend, militärisch kaum noch verantwortbar langsam vorrückte –, 430 und 428 hatte A. den Oberbefehl (‹A.mischer Krieg›). 429 zog er gegen Platää. Kinder des A. waren → Agis II., → Agesilaos II. und Kyniska. F.Kch.

3. **A. III.,** spart. König (360–338), Sohn → Agesilaos' II., seit 371, wo er den Überlebenden von Leuktra entgegenzog, spart. Heerführer, offenbar eifriger Haudegen. Er kämpfte in der Peloponnes (367 ‹tränenlose Schlacht›) und, als Bundesgenosse des → Philomelos, in Phokis. 342 zog er nach Süditalien den Tarentinern zu Hilfe und fiel 338 gegen Lukaner und Messapier. Der 9. Brief des → Isokrates ist an ihn gerichtet, die 6. Rede trägt seinen Namen. E.Bn.

Archiereus, Name des Rangältesten oder Vorsitzenden eines Priesterkollegiums, zuerst belegt bei Hdt. 1, 37. 142 in der Beschreibung der ägypt. Religion, dann im Hellenismus inschriftlich reich bezeugt für die Kulte bes. des Seleukiden- und des Ptolemäerreiches, übernommen auch in röm. Zeit für die von Rom teils neugeschaffenen, teils reorganisierten Kulte. In der Regel wechselte der A. eines Kollegiums jährlich. Nicht selten wurde das Amt auch von Frauen versehen. A. ist die griech. Übersetzung des Titels → Pontifex maximus und des Hohenpriesters (→ Judentum B2). O.G.

Archigenes von Apameia, hochberühmter pneumatisch-eklektischer Arzt z.Z. Trajans, galt in Rom als der Arzt schlechthin (vgl. Iuv. sat. 6, 236 u.ö.). A. schrieb über alle möglichen medizinischen Gebiete, unter Benutzung der verschiedensten Quellen und Schulen, oft unpräzis (zahlreiche Fragmente); → Galen, der durch sein Lob viel zum Ruhm des A. beigetragen hat, muß doch bisweilen seine Effekthascherei kritisieren (z.B. VIII 579 K.). A. war offenbar Modearzt wie sein Zeitgenosse → Kriton (2). F.K.

Archilochēus, ein von Archilochos aus verschiedenen Versformen zusammengesetztes Kolon (→ Asynarteten), zumal 4 *da* | *ith* ||. B.Sn.

Archilochische Strophe, bei Horaz drei nach dem Vorbild des Archilochos gebaute Epodenformen: (1) *hex* || $4da_{\wedge}$ || *hex* || $4da_{\wedge}$ ||| – (2) *hex* | *hem* || *hex* | *hem* ||| – (3) 4*da* | *ith* || $trim_{\wedge}$ |||. B.Sn.

Lit: F. Klingner, Horatius (Ed.), (1939), 1959³, 319.

Archilochos, → Lyriker. [1] Seine Lebenszeit bestimmt sich nach der Sonnenfinsternis i.J. 648 v.Chr., die er (Fr. 74D.) beschreibt. Er stammt von der ion. Insel Paros, von wo sein Urgroßvater Telesikles eine Kolonie nach Thasos führte. Sein Vater hieß ebenfalls Telesikles, seine Mutter war eine Sklavin Enipo. Nach Kritias (VS Fr. 44) wäre er auf Paros geboren, hätte seine Jugend in dürftigen Verhältnissen verbracht und wäre aus Armut nach Thasos gegangen. Jedenfalls hat er an den Kämpfen zwischen → Thasos und den Thrakern teilgenommen, vielleicht auch bei dem Krieg zwischen → Chalkis und Eretria mitgekämpft. In einem Kampf zwischen Paros und Naxos soll er den Tod gefunden haben.

[2] *Werke.* Erhalten sind gut 100 Bruchstücke in Zitaten, Reste von 2 → Epoden auf einem Straßburger Papyrus (Fr. 79a. 80), die zwischen ihm und → Hipponax, wohl zu Unrecht, strittig sind, ferner eine Reihe erst kürzlich veröffentlichter Papyrusfragmente (Pap. Ox. 22, 2310–16; 23, 2356). Die antiken Autoren zitieren ihn nicht nach Buchnummern, sondern nach Gattungen. – Die Anonymität der älteren epischen Dichtung hatte schon → Hesiod in gewissem Umfang aufgegeben. In A. tritt uns zum erstenmal ein Dichter entgegen, der fast ausschließlich von seinen Erlebnissen spricht, dessen Gedichte alle Empfindungen, Affekte und Gedanken, die ein bestimmter Anlaß in ihm erregt, unmittelbar ausdrücken; A.' Dichtung ist ganz und gar persönlich. Da gibt es Ausbrüche wilden Hasses gegen einen ungetreuen Freund, dem er ein furchtbares Schicksal wünscht, an dessen Unglück er sich weiden möchte (Fr. 79a D.). An Lykambes, der ihm, anscheinend nach anfänglichem Entgegenkommen, seine Tochter Neobule verweigerte, rächt er sich mit bösem Spott (Fr. 88. 92–94 D.), auch wohl an Neobule selbst, wenn an der Legende (Hor. epist. 1, 19, 30), daß seine Verse die Töchter des Lykambes in den Tod getrieben hätten, etwas Wahres ist. Neben solcher Leidenschaftlichkeit steht eine nüchterne Skepsis; Menschen und Dinge nimmt er, wie sie sind, indem er allen Schein, alle überkommene Wertung beiseite schiebt. Den krummbeinigen, aber tapferen Feldherrn zieht er dem ansehnlichen vor (Fr. 60D.), er scheut sich nicht zu berichten, daß er im Kampf den Schild – den man sich ja neu kaufen könne – verloren, aber das Leben gerettet habe (Fr. 6D.): das schlägt aller überkommenen Adelsethik ins Gesicht. Den Wechselfällen des Lebens müsse man mit Standhaftigkeit begegnen, Klagen führe zu nichts (Fr. 58. 67D.): diese Erfahrung zu machen, hatte er sicher reichlich Gelegenheit. A. lebte in einer Zeit des politischen Umbruchs und der Unsicherheit; als Halbbürtiger verkörperte er geradezu in sich die Gegensätze seiner Zeit; er betreibt zwar das adlige Kriegshandwerk, aber als Söldner muß er sich seinen Lebensunterhalt damit verdienen. Er hat sich ganz auf die Seite des Neuen gestellt, schreibt aus seiner persönlichen Sicht, alles Typische ist verschwunden.

[3] Dem entspricht, daß er das überkommene epische *Versmaß* (auch in Form der → Elegie) aufgab zugunsten von Versformen, die mehr unmittelbaren Ausdruck gestatteten (→ Iambus). Vieles spricht dafür, daß er → Epodenform und → Asynarteten geschaffen, Iamben und → Trochäen literaturfähig gemacht hat. Von der ganzen Welt der homerischen Götter und Heroen, der Gleichnisse, der feierlichen, altertümlichen *Sprache* findet sich kaum eine Spur, statt dessen herrscht der Augenblick, das Unmittelbare, Dramatische; nur wenige und kurze Bilder verwendet A.; Beiwörter und Metaphern sind prägnant; statt mit Mythen illustriert er mit volkstümlichen Fabeln und Sprichwörtern; alles ist ihm recht, auch das Derbe, wenn es nur treffend ist.

[4] *Bedeutung.* A. hat damit für die Griechen die → Lyrik als Kunst – soweit sie Ausdruck und Mitteilung von Persönlichem ist – aus Eigenem geschaffen; diese frühe Lyrik ist aber nicht Ausdruck eines einsamen Ich, sondern, wie die vielen Anreden zeigen, Mitteilung an ein oder wenige bestimmte Individuen. – Der *Einfluß* des A. auf die spätere Lyrik ist etwa ebenso allgemein wie der Homers; speziell zu greifen bei → Alkaios, → Anakreon, → Solon, weniger deutlich in der Chorlyrik, ferner wieder bei → Kallimachos (Iamben), unter den Römern bei → Lucilius, → Catull und bes. → Horaz. Er wird darum auch häufig mit Homer verglichen. Auf Paros wurde ihm ca. 100 v.Chr. ein Denkmal errichtet mit einer großen Inschrift (Fr. 51 D.), die aus seinem Leben berichtet und mit einzelnen Versen durchsetzt ist (eine ähnliche Inschrift aus dem 3. Jh. v. Chr.: Peek, Philol. 99, 1955, 4ff.). Andererseits wurde er wegen Derbheit und Unmittelbarkeit auch abgelehnt. E.-M.V.

Frg: Anth. Lyr.³ 3, 1ff.; dazu Pap. Ox. 22, 1954, 2310–16; 23, 1956, 2356 – *Übers:* M. Treu, A., Tusc., 1952 – *Bildnisse:* → Anhang I.

2. **A.** und *Philokles*, Bauführer beim Erechtheion in → Athen (I C4) nach 409 v.Chr. G.Gb.

Archimedes, geb. 287 v. Chr. in Syrakus, Sohn des Astronomen Phidias. A. weilte einige Zeit in Alexandria und hat seine Werke später an die dortigen Mathematiker → Konon (2), → Dositheos (2) und → Eratosthenes gesandt. In Syrakus stand er in engen Beziehungen zu König → Hieron II. und seinem Sohn → Gelon. Er wurde durch mechanische Erfindungen bekannt, darunter ein Gerät (Flaschenzug?), mit dem ein Einzelner ein Schiff vom Strand ins Meer ziehen konnte. → Pappos (collectio 8, 11, Hultsch p. 1060) berichtet hierzu seinen Ausspruch: «Gib mir einen Punkt, auf dem ich stehen kann, und ich werde die Erde bewegen» (*δός μοὶ ποῦ στῶ καὶ κινῶ τὴν γῆν*). Während der Belagerung von Syrakus durch M. → Claudius (10) Marcellus hat er durch wirkungsvolle Kriegsgeräte die Verteidigung unterstützt (Plut. Marc. 14). Bei der Erstürmung der Stadt (212) wurde er von einem röm. Soldaten erschlagen.

[2] In seinen *Werken* beschreibt er nicht seine technischen Konstruktionen, sondern seine theoretischen Erkenntnisse. Seine mechanischen Schriften handeln vom Gleichgewicht und von Schwerpunkten, und zwar in streng mathematischer Form, gegründet auf → Axiome, in denen evidente Grundtatsachen mathematisch formuliert sind, aus denen sich die weitere Theorie rein logisch deduzieren läßt. Er entdeckte das ‹Archimed. Prinzip›, daß ein Körper in einer Flüssigkeit so viel an Gewicht verliert, wie die verdrängte Flüssigkeitsmenge wiegt. Nach diesem Prinzip ermittelte er den Anteil der verschiedenen Metalle in einer Krone. Die Schwerpunktsbestimmungen werden ihm zu mathematischen Problemen und zu Hilfsmitteln bei der Inhaltsbestimmung geometrischer Flächen und Körper. Zum Auffinden von Sätzen, nicht zu Beweisen, diente ihm die Methode, Flächen und Körper in schmale Streifen bzw. Schichten zu zerlegen und diese an Hebelarmen geeigneter Länge aufgehängt zu denken. Diese Methode ist insbes. in der an Eratosthenes gerichteten ‹Methodenlehre› (*Πρὸς 'Ερατοσθένην ἔφοδος*) durchgeführt. Zum strengen Beweis der so gefundenen Ergebnisse benutzte er dann die → Exhaustionsmethode. – Er bestimmte das Verhältnis der Oberfläche der Kugel zur Fläche ihre größten Kreises (4:1) und das des Volumens der Kugel zum Volumen des umbeschriebenen Zylinders (2:3). In diese Verhältnisse geht der Wert des Verhältnisses des Kreisumfangs zum Durchmesser, den wir heute mit π bezeichnen, nicht ein. Hierfür fand Archimedes (später) $3\frac{1}{7} > \pi > 3\frac{10}{71}$ mittels des regelmäßigen 96-Ecks (→ Quadratur des Kreises, 5). Weitere Arbeiten handeln vom Volumen der aus den → Kegelschnitten entstehenden Rotationskörper, ferner von der Tangente und dem Flächeninhalt der Archimed. Spirale. Im ‹Sandrechner› wird die Anzahl der Sandkörner in der Welt berechnet; dazu wird ein Schema zur Darstellung großer Zahlen entwikkelt sowie ein Instrument, mit dem der scheinbare Durchmesser der Sonne gemessen werden kann. Hier nennt A. → Aristarch (1) v. Samos als Vertreter des heliozentrischen Weltbildes. Pappos nennt Untersuchungen des A. über halbregelmäßige → Polyeder, ferner ein Werk Über die Herstellung von → Himmelsgloben (*Περὶ σφαιροποιΐας*). *Στομάχιον* ist der Name eines von A. beschriebenen Geduldspiels. Viele Ergebnisse des A. sind durch die Araber überliefert. H.G.

Ed: Th. Gechauff, Basel 1544 – J. L. Heiberg (1880–81), 1910–15² (griech. u. lat.) – *Übers:* E. Nizze, 1827 (deutsch) – P. VerEecke, 1921 (franz.) – A. Czwalina, 1922–25 (einzelne Werke, deutsch; Ostwalds Klassiker Nr. 201, 202, 203, 210, 213, Nachdruck 1963) – Freie Bearbeitungen in moderner Formelsprache: Th. L. Heath, 1897, Suppl. 1912 (engl.) – F. Kliem, 1914 (deutsch) – E. J. Dijksterhuis, 1956 (engl.).

Archimedische Spirale. Definition: Wenn sich eine Strecke in einer Ebene um einen ihrer Endpunkte mit gleichförmiger Geschwindigkeit dreht und sich auf ihr ein Punkt mit gleichförmiger Geschwindigkeit bewegt, so beschreibt dieser Punkt eine Spirale. Archimedes beweist u. a., daß die Subtangente AC gleich dem Umfang des Kreises K und daß der von der Spirale begrenzte Flächeninhalt $^1/_3$ des Inhalts von K ist (→ Abb. 11). H.G.

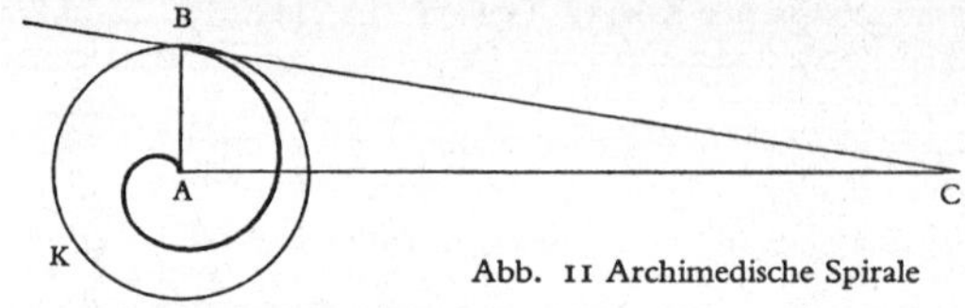

Abb. 11 Archimedische Spirale

Archimedisches Axiom. 1. Größen von gleicher Art werden bei → Euklid (elem. 5, Def. 4) so gekennzeichnet: «Man sagt, daß Größen ein Verhältnis zueinander haben, wenn sie vervielfältigt einander übertreffen können.» (Wir bezeichnen die Größen mit a, b und sagen: ... wenn es eine natürliche Zahl m gibt, so daß ma > b ist, und eine natürliche Zahl n, so daß nb > a ist.) Diese Definition geht auf → Eudoxos (1) v. Knidos zurück. – 2. → Archimedes (sphair. kyl. post. 5) hat postuliert, daß die Differenz zweier gleichartiger Größen stets wieder eine Größe derselben Art ist. Das besagt, daß z. B. die Differenz zweier Strecken nicht ein Punkt, d. h. nicht unendlich klein sein kann. – Als ‹A. Axiom› wird heute gewöhnlich das erste, auf Eudoxos zurückgehende, bezeichnet. H.G.

Archimedisches Prinzip. Das sog. A. Prinzip (Auftrieb) der modernen Physik ist eine Erweiterung der rein hydrostatischen Gleichgewichtsbestimmungen für schwimmende Körper, die leichter, gleich schwer oder schwerer sind als die Flüssigkeit, in der sie schwimmen, wie sie → Archimedes in seiner Schrift ‹Über schwimmende Körper› (1, prop. 3–7) behandelt (vgl. → Mechanik B 3). Ob schon Archimedes seine Erkenntnisse für die Konstruktion eines → Aräometers nutzte, ist zweifelhaft. F.Kr.

Archinos, gemäßigt demokratischer Politiker Athens, 2. H. 5. Jh. v. Chr., der von Phyle aus mit Thrasybulos (1) den Kampf gegen die Dreißig aufnahm und nach dem Sieg erfolgreich für eine allgemeine politische Amnestie und gegen eine liberale Bürgerrechtspolitik eintrat. Auf seine Initiative ging die Einführung des ionischen Alphabets (→ Schrift B 1) in Athen (403/402) zurück. F.Kch.

Archippos, nach → Suidas Dichter der alten → Komödie (I B), der 415–412 einmal siegte; berühmtestes Stück ‹Ichthyes› (‹Fische›) wohl nach 403. Th.G.

Frg: FAttCom I 794–811.

Architektur

I. Griechische A. – II. Römische A.

I. Griechische Architektur

A. Grundsätzliches – B. Technik – C.–H. Geschichte: C. Anfänge, 11.–7. Jh. v. Chr. – D. Im 6. Jh.: [1] Dorisches Mutterland – [2] Westliche Kolonien – [3] Ionien – [4] Kykladen – [5] Äolis – E. Dorische A. im 5.–4. Jh.: [1] Strenger Stil, Klassik – [2] Reicher Stil, Spätklassik – F. Attische Klassik: [1] Grundsätzliches – [2] Parthenon – [3] Propyläen – [4] Zeushalle, Niketempel u. a. – [5] Bauten des reichen Stiles – G. Ostionische A. im 5.–4. Jh.: [1] 5. Jh. – [2] Ion. Renaissance – H. Hellenismus: [1] Grundsätzliches – [2] Tempel und ‹Wunderbauten›.

A. Grundsätzliches. Der lat. terminus ‹architectura›, der nach → Vitruv außer der Baukunst auch die Mechanik umfaßt, ist aus dem Griechischen (*ἀρχιτέκτων*; vgl. *τεκτοσύνη*, ‹Zimmermannskunst›) entlehnt. Demgemäß bleibt in der griech. A. das ursprünglich am Holzbau entwickelte sachgemäße Zusammenfügen der Bauglieder (‹tektonisch›) entscheidend, das, in den ästhetischen Bereich transponiert, zu einem klaren, funktionalen Ausdruck der einzelnen Bauglieder und zu ausgewogenen Verhältnissen der Teile zueinander (Proportion, *συμμετρία*) führt. Das kardinale Thema der Baukunst ist der Tempel, der aus einem rechtwinkligen Gliedergefüge, das die Antinomie von Tragen und Lasten ausdrückt, aufgebaut ist: der Stufenbau bildet die Standebene der vertikalen Säulen und Wände, die das horizontale Gebälk und das Giebeldach tragen. Die öffentlichen Zweckbauten, Hallen, Gymnasien usw., sind aus diesem Formgerüst lediglich abgeleitet, der Wohnbau bleibt bis zum Hellenismus bedeutungslos (→ Haus). Der Tempel ist ein plastischer Körper. Geformt ist die Substanz seiner Glieder, nicht der umbaute Raum, der als Thema der A. nach klass. Vorstufen (s.u. F 1.3.5; G 2) erst im Hellenismus erschlossen wird und in der röm. A. in den Vordergrund tritt. So fehlen auch alle raumbildenden und -steigernden Elemente: → Bogen, → Gewölbe usw. Der Innenraum wird mit den gleichen Elementen des ‹Gliederbaus› ausgestaltet wie das Äußere: Wände, Säulen, Architrave. Auch Bauornament und Farbe dienen der Gliederung; sie bezeichnen Gelenke und Fugen des Baus oder heben kontrastierende Teile voneinander ab. Die Größenverhältnisse der Bauglieder beruhen wie bei einer Plastik (vgl. Kanon des → Polyklet) auf einem immanenten Proportionsgerüst, wachsen also mit der Größe des Baus, so daß z.B. die Stufen des Parthenon kaum mehr ersteigbar sind. Auch steht der Tempel wie ein Standbild frei und ohne optische Bezüge zur Umgebung im heiligen Bezirk. Weiter fehlt bis zum 3.Jh. jede malerische Abstimmung der A. auf die Landschaft sowie die prospekthafte Anordnung mehrerer Bauten um bewußt komponierte Plätze oder Freiräume (→ Stadt), beides Errungenschaften des Hellenismus, die sich in der röm. A. zu reichster Wirkung entfalten.

B. Technik. Die unvorstellbar sorgfältige und kostspielige Steinmetztechnik zielt auf eine exakte und klare Zusammenfügung der Bauglieder und präziseste Verwirklichung der vorgestellten Form. Jedes Bauglied wurde, wo es anging, aus einem Werkstück gearbeitet (monolithe Säulenschäfte, z.B. am Apollon-Tempel von Korinth, von 6 m Höhe). Wo man genötigt war, die größeren Teile, Stufen, Wände, Säulen usw. aus vielen Quadern oder Trommeln aufzubauen, wurden diese mit haarfein schließenden Fugen aneinandergepaßt; danach wurden die Außenflächen in 3–4 Arbeitsgängen immer feiner geglättet und endlich geschliffen. Auch die Berührungsflächen der Werkstücke wurden plan geschliffen, meist aber nur, bei etwas vertieftem Mittelteil, der äußere Saum *(Anathyrose)*. Die Quader wurden durch Holz- oder Metall-*Klammern* miteinander und durch *Dübel* mit der nächsten Schicht verbunden. Jeder Quader wurde mit einer Hebelstange, die in ein ca. 2 cm tiefes Stemmloch auf der unteren Schicht eingesetzt wurde, an seinen Platz gerückt. Porösem Kalkstein, der im dorischen Gebiet überwiegend verwendet wurde, verlieh man durch einen hauchdünnen weißen oder farbigen *Stucküberzug* eine glatte Oberfläche. Auf Marmor wurden die Farben mit erhitztem Wachs eingelassen *(Enkaustik)*. – Auf Grund des in Rissen und Modellen ausgearbeiteten Entwurfs wurde auf jeder fertigen Schicht die nächste mit *Ritzlinien* oder Rötelstrich vorgezeichnet. Das dabei verwendete Maßsystem beruht auf Fuß und Elle (→ Maße). Vertragsbedingungen für den Bauunternehmer, Abrechnungen und detaillierte Bauvorschriften wurden auf einer steinernen *Bauurkunde* niedergelegt und am Bau oder an einem öffentlichen Ort aufgestellt. Am vollständigsten erhalten sind die des Erechtheion (409/405), der Säulenhalle des Philon vom Telesterion von → Eleusis und der Skeuothek (Zeughaus) des Philon im → Piräus (beide 340/330), als wichtigste Dokumente für unsere Kenntnis griech. A. Am Bau selbst wurden vor allem in nachklassischer Zeit auf Architrav oder Säulen Stiftungen und Weihungen vermerkt, Signaturen von Architekten sind Ausnahmen (Apollon-Tempel von → Syrakus?). Zahlen und Buchstaben auf Lagerflächen oder stehengebliebene Bossen der Werkstücke sind *Versatzmarken* bzw. *Steinmetzzeichen*, die den Ort des Steins am Bau angeben sollten, bzw. der späteren Abrechnung mit dem Steinlieferanten oder dem Handwerker dienen konnten.

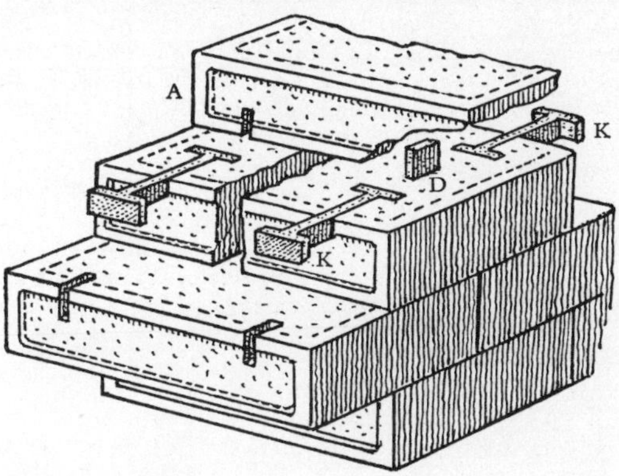

Abb. 12 A Anathyrose K Klammer D Dübel

C.–J. Geschichte. *Vorbemerkung.* Charakter und Geschichte der einzelnen Typen sind unter den betreffenden Stichworten behandelt: → Altar, → Buleuterion, → Grab, → Gymnasium, → Heiligtümer, → Hippodrom, → Monopteros, → Odeion, → Oikos, → Propylon, → Prytaneion, → Säulenhalle, → Schatzhaus, → Stadion, → Telesterion, → Tempel, → Theater, → Tholos. Insbesondere möge man → Tempel vor dem Folgenden lesen.

C. Anfänge. *11.–7. Jh. v. Chr.* Mit der → Dorischen Wanderung erlosch die heterogene Baukunst der myk. Epoche (→ kret.-myk. Kultur), welche die Diskrepanz zwischen der von Kreta übernommenen fließenden, bewegten Struk-

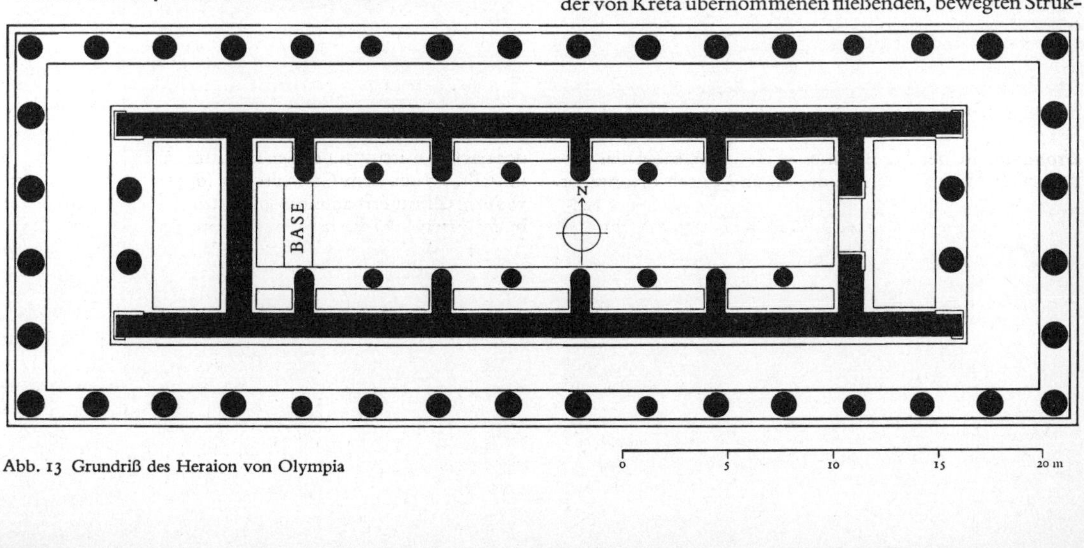

Abb. 13 Grundriß des Heraion von Olympia

tur und den eigenen Anlagen zu monumentaler Gestaltung nicht ausgleichen konnte. Nach einer Pause von 2 Jh.en finden sich im 8. Jh. erste Ansätze einer grundsätzlich neuen, monumentalen A., die nur formal an myk. Grundrißtypen (→ Megaron, Halle) und Bauformen (Säule) anknüpft. Der → Tempel, das Haus der Götter, die man zu gleicher Zeit in hölzernen Standbildern darzustellen beginnt (→ Plastik B 2 f.), wird ihr kardinales Thema. Die Gründung v. Heiligtümern mit einfachen Stein → Altären war vorausgegangen (Samos, Altar I, 10. Jh., bei einer myk. Opferstätte). Dem ersten *Hera-Tempel in → Samos* (Hekatompedos I, 100 Fuß lang), einem lang-schmalen, vorne offenen ‹Haus› mit einer Pfostenreihe unter dem First (Anf. 8. Jh.) wurde später eine Peristasis hinzugefügt, die dem Tempel seine eigentümliche Allseitigkeit und plastische Gliederung verlieh. Der im 7. Jh. erbaute *Hekatompedos II von Samos* (Abb. 16) ersetzt die störenden Mittelstützen durch an die Wand gestellte Pfosten und betont die Front durch zwei Reihen von 6 Säulen. Ein ähnlicher Tempel des 7. Jh.s wurde kürzlich in → Milet entdeckt. Schon vorher muß in → Argos und Korinth der dor. *Peripteros* (→ Tempel B 1) geschaffen worden sein, von dem ein provinzieller Ausläufer, der *Apollon-Tempel in → Thermos*, mit ovaler Peristasis (8. Jh.), abzuhängen scheint. Der gegen 600 über einem älteren, noch säulenlosen Tempel errichtete *Hera-Tempel von → Olympia*

Etwa gleichzeitig treten skulptierte und bemalte Metopen in Griechenland auf (→ Thermos, → Mykene).

D. Im 6. Jh. [1] *Dorisches Mutterland.* Die dor. Ordnung (→ Tempel B 3), die bei der Metamorphose aus dem Holz- in den Steinbau monumentale Form gewann, reift auf der Suche nach einer vollkommenen Gestalt zu festen Grundrißbindungen und harmonischen Proportionen der einzelnen Glieder, die ihrerseits als selbständige Körper ihre statische Funktion (Tragen, Lasten) so eigenwillig zum Ausdruck bringen, daß dem aus plastischen Individuen zusammengesetzten Bau eine eigentliche Einheit abgeht (stark sich verjüngende, wuchtige Säulen, von der Last förmlich flachgequetschte Kapitelle, schweres Gebälk). Der in korinth. Tradition stehende *Artemis-Tempel von → Kerkyra* (Anf. 6. Jh.; Abb. 14) bewahrt im Grundriß noch die lokkere, weiträumige Fügung des Holzbaus (2 Joche weite Ringhalle, 8 × 17 Säulen), hat jedoch mit seinem schweren Gebälk, seiner exuberanten Ornamentik mit den ungeheuren, reliefgeschmückten Giebeln den Höhepunkt dämonischen Ausdrucks erreicht. Im *Apollon-Tempel von → Korinth* (ca. 540; 6 × 15 Säulen) gewinnt die Schwere des Steins Gestalt in den dicht gestellten, äußerst gedrungenen Säulen (Höhe = das 4,1 fache des unteren Durchmessers, im Gegensatz zu Säulen vom Ende 7. Jh. mit H. = das 6,5 fache des unteren Durchmessers) und mächtigen

Abb. 14 Frontansicht des Artemis-Tempels von Kerkyra (Rekonstruktion)

(Abb. 13) zeigt bereits die gefestigte dor. Ordnung (Peristasis von 6 × 16 Säulen, Pronaos und Opisthodom, dreigeteilte Cella mit abwechselnden Säulen und Zungenmauern, Satteldach, Säulen und Gebälk aus Holz, aufgehende Wände aus Lehmziegeln). Die Umwandlung der Bauglieder in Stein vollzog sich um die gleiche Zeit (Reste von z. T. schon steinernen Tempeln der Zeit um 600 in → Argos, → Tegea, → Sparta, → Delphi, Isthmia, → Eretria, meist mit Peristasis und langgestreckter Cella). Die frühen Tempel auf *Kreta* (→ Prinias, → Dreros und → Gortyn) halten noch an der kret.-myk. → Megaron-Form fest (gedrungener Grundriß, Flachdach, Opferaltar oder Herd in der Cella, ohne Peristasis). Am Tempel A von Prinias begegnen erstmals figürliche Darstellungen (Reiterfries).

Architraven. Diese Extreme wurden gegen das Ende des 6. Jh.s zusehends gemäßigt, die Säulen wurden schlanker (Höhe bis zum 5,5 fachen des unteren Durchmessers), das Ornament zarter, die Proportionen reiner abgestimmt, bis sich gegen 500 die alten Kräfte in spätarchaischer Verfeinerung gelöst haben und die frühere Eigenwilligkeit der Bauglieder durch eine empfindliche Abstimmung auf ihre statische Funktion dem Ganzen untergeordnet wurde. So spannt sich der steilere und straffere Echinus (→ Tempel B 3) aktiv der Last entgegen. (Die von Korinth abhängigen archaischen Porosbauten der Akropolis von → Athen; Aphaia-Tempel von → Ägina; Athener-Schatzhaus in → Delphi.) Die bisher schwimmende Grundrißbindung zwischen Cella und Peristasis hat sich stabilisiert (Längswände fluchten mit der 2. Säule von der Ecke), die übermäßige Langgestrecktheit wurde überwunden (→ Ägina, Aphaia-Tempel, 6 × 12 Säulen; → Sunion, 1. Poseidon-Tempel, 6 × 13 Säulen).

[2] *Westliche Kolonien.* Die A. in Italien und Afrika geht, bei gleichem Formgerüst, ihren eigenen Weg. Kennzeichnend ist: (1) ein ausgeprägtes Verhältnis zum Räumlichen; – die Cella, in Griechenland meist durch 2 Säulenreihen in 3 Schiffe gegliedert, wird mit Vorliebe als weiter Saal frei überspannt, die Peristasis wird wie schon beim Artemis-Tempel von Kerkyra als weiträumige, bis zu 2 Jochen tiefe Halle um die Cella gelegt, was zur Bildung 8säuliger Fronten führt, (2) ein besonderer Hang zur Repräsentation; – die Eingangsfronten werden gern durch doppelte Säulenhallen und Freitreppen betont, während die Rückseiten durch den notorischen Ausfall des Opisthodoms vernachlässigt werden; Tempel von oft kolossalem Format werden zu eindrucksvollen Gruppen aneinandergereiht; (3) das Vorherrschen des Chthonischen, Geheimnisvollen in der Religion: das Kultbild steht nicht frei in der Cella, sondern in einem dunkeln, abgesonderten Gemach, dem → *Adyton*, im Hintergrunde der ihrerseits oft megaronartig abgeschlossenen Cella; (4) die Baukunst entwickelt sich weniger stetig; sprunghaftes Experimentieren, heterogene Mischungen dor. und ion. Formen, karthag. und ital. Einflüsse verleihen ihr ein spannungsreiches, komplexes Gesicht. Die größeren Städte bilden eigene Bauschulen aus. Führend war das von Korinth gegründete → *Syrakus: Apollon-Tempel* (äußerst gedrungene, dicht gestellte Säulen mit variierenden Abständen, doppelte Fronthallen, 3schiffige Cella, Adyton). Ähnlich das Olympieion. Neuerdings wurde ein großer ion. Tempel festgestellt. → *Selinus:* 2 große Tempelgruppen auf der Akropolis und östl. der Stadt, 2 chthonische Heiligtümer mit Megaron westl. der Stadt. *Tempel C* (ca. 550 v. Chr; 6 × 17 Säulen, doppelte Vorhalle mit Freitreppe, weite Ringhalle, megaronartige Cella mit Opferaltar und Adyton, Gorgonenrelief im Giebel). ähnlich Tempel D und F. Der kolossale *Tempel G* (begonnen ca. 520; 8 × 17 Säulen, 50 × 110 m, 2 Joche bzw. 12 m tiefe Ringhalle, prostyle Vorhalle, dreischiffige Cella mit freistehendem Adyton, Opisthodom). *Akragas:* 2 chthonische Heiligtümer mit megaronartigen Tempelchen und z. T. runden Spende-Altären; ‹*Herakles-Tempel*› (begonnen ca. 500; 6 × 15 Säulen, Cella bei 11,80 m Breite ohne Säulen, Opisthodom auf Grund mutterländischen Einflusses); das kolossale *Olympieion* (nach 480 entstandener, geschlossener Bau mit 7 × 14 dor. Halbsäulen, 56 × 113 m, dazwischen Wände, vor denen ‹Atlanten› standen; das Innere mit einem zentralen Pfeilersaal und 2 seitlichen Längshallen mit seitlichen Eingängen): der hybride, anläßlich des Sieges über Karthago errichtete Riesenbau entlehnt mit dem Pfeilersaal einen karthagischen Bautypus. – In besonderer, dem plastischen Sinn des Mutterlandes stärker verbundener Tradition stehen die Bauten der vom achäischen → Sybaris aus gegründeten Städte → *Metapont* und → *Paestum: Hera-Tempel I* (ca. 550; 9 × 18 Säulen, zweischiffige Cella, Adyton, 2 Joche tiefe Ringhalle, Säulen zum erstenmal durch → Entasis als plastische Körper charakterisiert; ähnlich der Apollo-Tempel von Metapont); *Athena-Tempel* (Abb. 15); ca. 500; 6 × 13 Säulen, ion. prostyle Vorhalle innerhalb der dor. Peristasis, kassettiertes Dachgesimse anstatt des normalen Geison, hervorragend klare, rationale Proportionen; ähnlich der jüngere Tempel in Metapont). Derselben, mit Vorliebe ion. Elemente verwendenden Tradition gehören die Bauten des *Heraions am* → *Sele* an: altertümliches ‹Schatzhaus› (ca. 550/540, mit Walmdach, hölzernem Architrav und skulpierten Metopen) und Hera-Tempel (ca. 500; Cella mit ion. Frontsäulen und Adyton, 2 Joche tiefe Ringhalle von 8 × 17 Säulen, mit ion. Kymation anstelle des Geison). Bisweilen wuchernde Mischungen von dor. und ion. Formen kennzeichnen auch andere süditalische Bauten, z. B. in → Lokri und Krimisa in Kalabrien. Die A. der dor. Kolonie → *Kyrene* bleibt trotz westl. Züge und gewisser Rückständigkeiten stärker ans Mutterland gebunden: megaronartiger Apollon- und Artemis-Tempel (mit Innensäulen und Adyton) und Zeus-Tempel (8 × 17 Säulen, die dreischiffige Cella mit Pronaos und Opisthodom noch ohne kanonische Bindung an die Ringhalle).

Abb. 15 Frontansicht des Athenatempels von Paestum (Rekonstruktion)

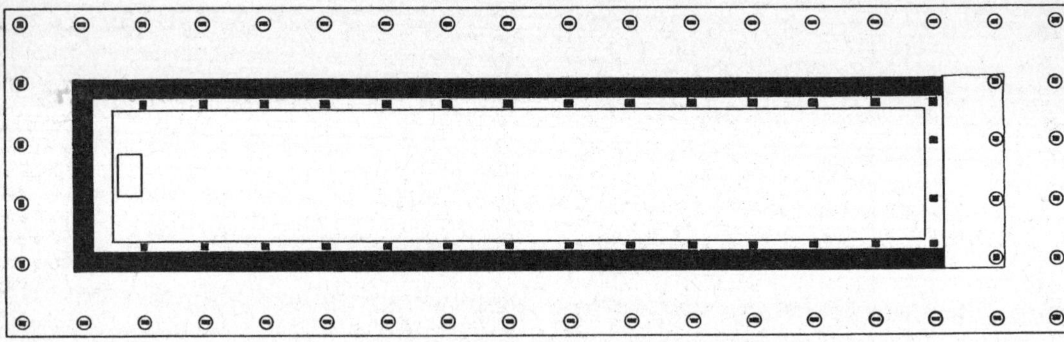

Abb. 16 Grundriß des Hekatompedos II von Samos

[3] *Ionien.* Die Ordnungsprinzipien ion. Grundrisse wurden schon im 7.Jh. beim *Hekatompedos II in* → *Samos* (Abb. 16) ausgeprägt: Peristasis, axiale Anordnung von Säulen und Wänden, geschlossene Rückseite, Verdoppelung der Säulenstellung zunächst an der Front. Die Bauformen müssen sich spätestens zu Beginn des 6.Jh.s ausgebildet haben, wobei myk. Erbgut, orientalische Vorbilder und Beziehungen zu Kreta (Fries und Volute von → Prinias, Säulenbasen) mitwirkten. Jedoch hat sich vom jedenfalls hölzernen oder toreutischen Bauschmuck der Frühzeit nichts erhalten. Um 570 wagte → Rhoikos in Samos den Schritt zum kolossalen Format: Der 1. Dipteros (52 × 105 m; doppelte Peristasis mit 104 Säulen, ca. 18 m hoch, dreischiffige Cella und Pronaos). Ähnliche Riesenbauten folgten diesem Beispiel in → *Ephesos* (Artemision, ca. 560–460), → *Didyma* (Abb. 17; ca. 540–520), wiederum in Samos (2. Dipteros, ca. 535–4.Jh.), ferner in → Athen (Olympieion, ca. 525; unfertig, vielleicht in dor. Ordnung geplant), → Syrakus (großer, vielleicht dipteraler Tempel) und Therme, dem späteren → Thessalonike (großer Peripteros; nach 500). Anstelle des festumrissenen Baukörpers dor. →Tempels (B 3 f.) tritt die reich geschmückte und gegliederte ‹Erscheinung› mit in die Tiefe gestaffelten Reihen von sehr schlanken Säulen (die Höhe entspricht dem 12fachen des unteren Durchmessers; vor der Front bis zu 3 Säulenreihen, im Pronaos 8–10 Säulen), mit üppigem, z. T. aus Pflanzenformen stilisiertem → Ornament (profilierte Basen, Voluten, Blattreihen, Blütenfriese usw.); mit Reliefftriesen, die wie ein Bildschleier Wände und sogar tragende Bauglieder wie Säulen und Architrav überdecken. Plastische Giebelgruppen scheinen hingegen gefehlt zu haben. Gewicht und statische Funktion der Bauglieder werden durch ihre anmutigen und lebendigen Formen verborgen; aufwachsende, statt tragende Säulen, niedrige, durch Faszien unterteilte und durch figürliche Friese schwerelos gemachte Architrave (→ Tempel B 3). Die bildhafte Oberfläche bestimmt mehr als das plastische Volumen die Wirkung, die nun durch die Steigerung zu kolossaler Größe, welcher jedoch die körperliche Schwere und die monumentale Geschlossenheit dor. Bauten fehlt, magischen Ausdruck erreicht. Neben die Dipteroi, in denen die ostion. A. ihre eigentliche Erfüllung fand, treten kleinere Tempel (→ Chios, → Samos, → Milet, → Myus, → Magnesia), Hallen (→ Didyma, → Samos), Altäre (→ Samos: Rhoikosaltar mit 6 Vorläufern; Monodendri; → Didyma: Rundaltar), die eine große Anpassungsfähigkeit und Variabilität der Grundrisse, eine besondere Fülle und Zartheit des Schmucks beweisen. Den weiten Ausstrahlungsbereich ostionischer A. lassen Funde in Kavalla (→ Neapolis) → Thessalonike, → Kyzikos, → Olbia, → Massilia, → Syrakus, → Lokri u. a. erkennen.

Abb. 17 Archaisches Didymaion. Rekonstruktion der Säulenordnung

[4] Die *Kykladen* bildeten eine verwandte, aber eigenständige Bautradition aus. Archaische Peripteralbauten fehlen vorläufig, → Oikosartige Tempel bilden die Regel (1. Artemis-Tempel in → Delos, 7.Jh.; verwandt der zweischiffige ‹Naxier-Oikos›, Anfang 6.Jh.; zwei große Antentempel in Naxos und Paros, 525 v. Chr., mit prächtig ornamentierter Türrahmung; daneben eine L-förmige Halle in → Delos, ca. 550 v. Chr.). Die bei kyklad. Bauhütten bestellten → Schatzhäuser von Knidos (ca. 550) und Siphnos (kurz vor 525) in → Delphi, architektonische Prachtschreine, zeigen die Anmut und Zierlichkeit eines ion. Schmuckensembles auf engstem Raum; hier treten zum erstenmal der im 5.Jh. von der att. A. übernommene Relieffries über dem Architrav und die die Säulen ersetzenden Korenfiguren (Karyatiden) auf. Die Säule, die als selbständiges Kunstwerk empfunden wurde, begegnet in monumentaler Form erstmals als Anathem, oft von einer Sphinx gekrönt (Naxiersäule in → Delphi ca. 570; 2 Sphinxsäulen in → Delos vor 550). Verwandte, originell variierte Votivsäulen in → Athen bezeugen die Zugehörigkeit Attikas zum inselionischen Kreis, trotz seiner dor. Sakralarchitektur.

[5] *6. Jh. Die Äolis* steht, bei aller Verwandtschaft zur ion. A., in eigener Tradition. Seit dem 7. Jh. sind bescheidene, → oikosartige Tempel nachweisbar, die sich auf einem niedrigen Podium erheben (1. Tempel von → Smyrna, 8,5 m breit, Anf. 7. Jh.; 1. Tempel von → Larisa, 4,30 × 7,60 m). Schon früh wird die Peristasis (→ Tempel B 9) übernommen; wahrscheinlich am 3. Tempel von → Smyrna (Ende 7. Jh.), am *Tempel in* → *Neandria* (5 × 11 Säulen? um eine Cella von 9,20 × 21 m mit 7 Mittelsäulen; Mitte 6. Jh.), am *2. Tempel von Larisa* (6 × 9 Säulen, Cella von ca. 7,4 × 13 m, ca. 530 v. Chr.); gesichert am Tempel von Nape auf → Lesbos (8 × 17 Säulen, zweischiffige Cella; Mitte 6. Jh.). Zwei differenzierte Kapitellformen, (1) das *Blattkranzkapitell* (Smyrna, Ende 7. Jh.; Phokaia, ca. 650; Neandria, Larisa, Aigai, Thasos, Delphi) bzw. (2) das *äolische Kapitell* (→ Tempel B 11; vgl. Abb. ebd.) mit vertikal aufsteigenden Voluten (Larisa, Neandria, Lesbos, Kerameikos in Athen, Gades) scheinen ihrem rundansichtigen bzw. frontalen Charakter gemäß (1) im Innenraum bzw. (2) in der Peristasis oder für Votivsäulen verwendet worden zu sein. Bes. Bedeutung haben fortlaufende *Reliefffriese*, an Wänden, Gesimsen und den zunächst hölzernen Architraven aufgenagelte Tonplatten, in deren Nachfolge die Architravfriese von → Assos, → Didyma und → Xanthos stehen; brüstungsartig den Dachrand umschließende *Reliefsimen* (Larisa, Neandria, Smyrna, Sardes u. a.), die, wie entsprechende Simen in Kreta, auf Flachdächer, die dem jüngeren Satteldach vorausgingen, weisen und die wohl auf die Reliefsima des Artemision von → Ephesos eingewirkt haben (die Dipteroi in Samos und Didyma haben Antefixe). Giebelgruppen aus Ton sind in Larisa (2. Tempel, ca. 530, → Haus, Abb. 85) als einziges archaisches Beispiel in Kleinasien erhalten. Gegen Ende des 6. Jh.s stagniert die formenfreudige, heterogene äol. Baukunst, ohne eine monumentale Ordnung auszubilden. Ein nach dorischem Vorbild imitierter Peripteros in Assos (6 × 13 Säulen), dem sinnwidrig der äol. Architravfries appliziert wurde, zeigt die beginnende Unsicherheit. Äol. Bauformen weichen zwar, bis auf das schon früh in den ion. Formschatz aufgenommene lesbische → Kyma, aus der A., leben aber im Kunsthandwerk fort. Nur das von der pergamen. A. wiederbelebte Blattkranz- bzw. Palmkapitell spielt bis in die Kaiserzeit noch eine bescheidene Rolle. Bedeutender sind die äol. Impulse auf die ion. A. (Reliefffriese) und auf die A. der aus Kleinasien stammenden → Etrusker (Tempelpodium, Säulen mit zylindrischer Spira, Torus, Astragal, unkanneliertem Schaft, vereinfachtem Blattkranzkapitell mit glattem Echinus (?), daneben auch Kapitelle mit vertikalen Voluten, verwandter Terrakottaschmuck: → Etrusker C 5).

E. Dorische A. im 5.–4. Jh. [1] Mit dem ‹*strengen Stil*›, der die Epoche der *Klassik* einleitet, gewinnt die gegen Ende des 6. Jh.s zu einer kanonischen Ordnung verfestigte → Tempelarchitektur innere Einheit und monumentale Ruhe; bei fast gleichem Formgerüst eröffnet sich der verfeinerten, spielerischen A. der Spätarchaik gegenüber eine neue Dimension. Das Hauptwerk ist der *Zeus-Tempel von* → *Olympia* (Abb. 166; 27,7 × 64,1 m; 6 × 13 Säulen; 470 bis 456). Der Entwurf baut sich aus dem wesentlichsten Grundmaß auf, dem Säulenabstand (16 Fuß) und findet dadurch zu einer einheitlichen Proportionierung. Gegenüber spätarchaischen Tempeln (z. B. → Ägina) sind die Säulen wuchtiger, die nur noch knapp gewölbten Kapitelle straffer, das Ornament schlichter. Die früher eigenständigen Bauglieder sind der Einheit des Ganzen untergeordnet. Die plastischen Giebelgruppen beherrschen die Fronten, die äußeren Metopen sind deshalb schmucklos, nur die über den Cellafronten tragen Reliefs. In unmittelbarer Nachfolge steht der etwas kleinere *Poseidon-Tempel von Isthmia*. Auch die bisher isolierte A. Großgriechenlands wird von dieser neuen Bewegung ergriffen: 2 frühklassische kanonische Tempel ohne Adyton, nur wenig überlängt (6 × 14 Säulen) in → *Himera* und → *Syrakus* (nach 480). Unter der Wirkung des Zeus-Tempels von Olympia stehen der *Hera-Tempel E von* → *Selinus* und der *Hera-Tempel II von* → *Paestum*. Seit der 2. H. 5. Jh. verraten zunehmend rationalere Proportionen, schwerelose Verhältnisse und sprödere Schmuckformen eine beginnende Erstarrung (→ *Akragas, Concordia-Tempel*).

[2] In der Peloponnes tritt unter dem Bann der att. *Klassik* die Gestaltung des Innenraums in den Vordergrund (s. u.), die Säulenordnung verliert mit immer schlankeren Säulen und stereometrisch-scharfen Bauformen ihre körperhafte Wucht und gewinnt dagegen an Leichtigkeit und Eleganz. Die Front wird als Hauptseite betont, die Rückseite vernachlässigt (Asklepios-Tempel von → Epidauros, ca. 380; Zeus-Tempel von → Nemea und Stratos ohne Opisthodom), der Baukörper wird infolgedessen kürzer (6 × 12 bis 6 × 11 Säulen).

[3] Der ‹*reiche Stil*› (430–370) bringt originelle, lockere Schmuckformen und die Verwendung des *korinth. Kapitells* (→ Tempel B 11) im Innenraum (Tempel von → Bassai, → Tegea, Nemea; → Tholoi von → Delphi, → Epidauros und → Olympia) sowie die Vorliebe für Rundformen (Tholoi; auf halbrunden Basen angeordnete Statuengruppen) und für kleine, preziöse, durch kontrastierend abgestimmte Ornamente und Farben ausgezeichnete Bauten (Epidauros, Asklepios-Tempel um 380 und Tholos um 360; → Athen, Lysikrates-Denkmal, 334 v. Chr.), zugleich aber auch eine allmähliche Erstarrung der strukturellen Bauteile (Kapitelle, Triglyphenfries usw.) zu abstrakt stereometrischen Formen und eine manierierte Gewichtslosigkeit der immer schlankeren Bauglieder. In der *Spätklassik* wird dann zunehmend auch auf den Bauschmuck verzichtet (letzter Apollon-Tempel und 3. Athena-Tempel in Delphi; Nemea, Stratos). Die spröde Reinheit und Entmaterialisierung, die mathematisch klare Proportionierung dieser Bauten bedeutet das Ende des körperhaften dor. Tempels, der weiterhin kein monumentales Thema mehr ist.

F. Attische Klassik. [1] *Grundsätzliches.* In Attika, wo sich seit archaischer Zeit ion. und dor. Strömungen begegneten, verschmelzen in der Hochklassik die beiden ‹Ordnungen› zu einer neuen, höheren Ordnung. Souverän wird jedes Architekturelement an den ihm gemäßen Ort gestellt. Wie in der → Plastik (B 5 ff.) kontrastierende Bewegungen, die im Zusammenspiel ein harmonisches Ganzes ergeben (→ Kontrapost), die starre Seinshaltung archaischer Standbilder ablösen, so tritt in der A. an die Stelle der starren, tektonischen (standfestes Zusammenfügen der Glieder) eine dynamische Komposition, in der die harmonische Verbindung kontrastierender Kräftepaare (Aufstreben–Niederdrücken; Leichtigkeit–Schwere; Körper–Raum) eine spannungsvolle, in sich bewegte, organische Einheit bildet, die dem ‹Kontrapost› entspricht. Ähnlich treten dor. und ion. Formen in ein gegensätzliches Wechselspiel. Dabei wurde die archaische ‹Selbständigkeit› der Bauglieder abgelegt, die nun unlösbar in den Kräftefluß des Ganzen eingebunden sind; vor allem mußte diese von der Idee der Antinomie geprägte Baukunst den bisher nur als ‹Zwischenraum› verstandenen Raum als inneren Gegensatz zum Körper begreifen lernen, womit sich der A. eine neue Dimension eröffnete.

[2] Der 447–438 von → Iktinos erbaute → *Parthenon* (Abb. 18) verkörpert den neuen Stil am reinsten (Peripteros von 8 × 17 Säulen, mit 30,9 × 69,5 m der größte dor. Tempel Griechenlands. Ion. Elemente: achtsäulige Front, durch sechssäulige innere Vorhallen verdoppelte Frontstellungen, 4 ion. Innensäulen im Westraum sowie rings um die Cella umlaufender Reliefffries). Die ungewöhnlich dicht gestellten Säulen und die sehr schmalen Ptera der dor. Peristasis kontrastieren mit der frei aufstrebenden Schlankheit der Säulen und der Leichtigkeit des Gebälks. Der Geschlossenheit des Außenbaus ist die einzigartige Erweiterung der

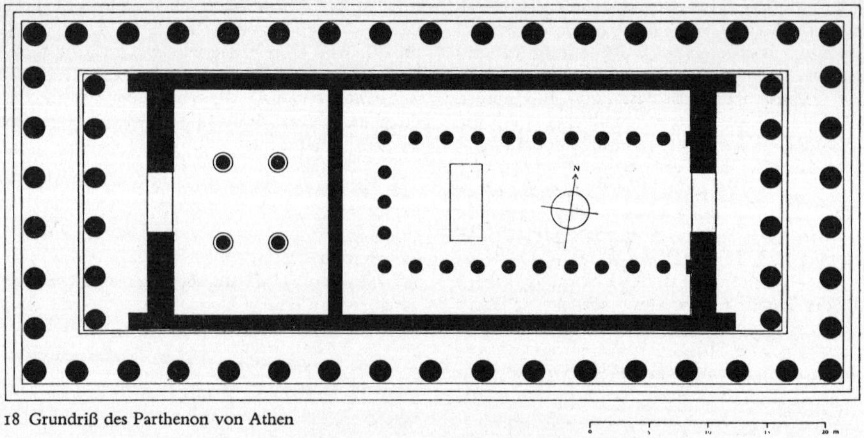

Abb. 18 Grundriß des Parthenon von Athen

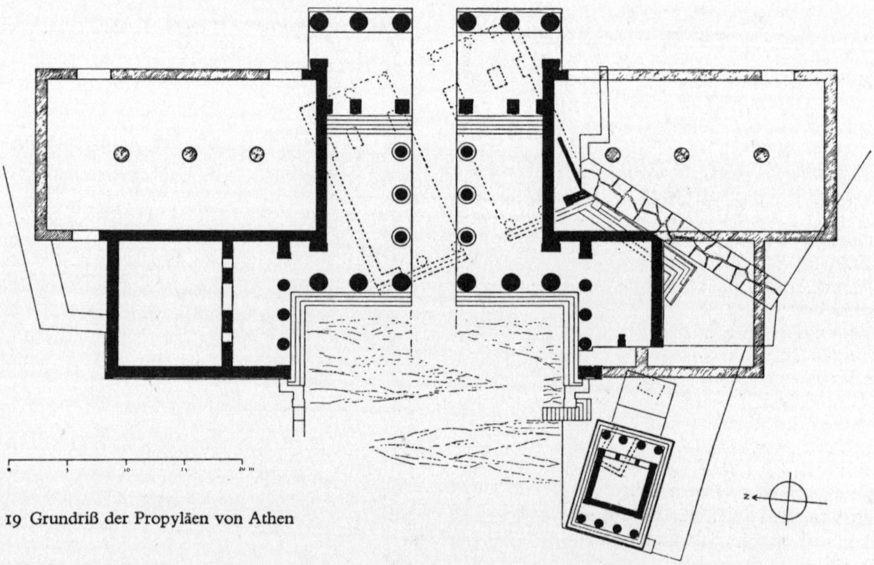

Abb. 19 Grundriß der Propyläen von Athen

Abb. 20 Grundriß des Erechtheion von Athen

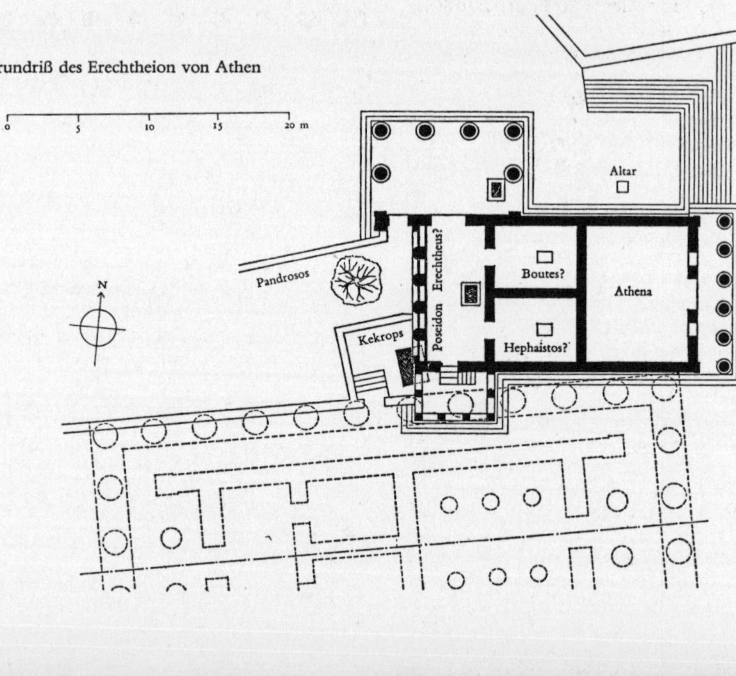

Cella auf 5 Joche entgegengesetzt, deren Breite durch eine ⊓-förmig umlaufende zweistöckige Säulenstellung (statt der bisherigen indifferenten Längsteilung in drei Schiffe) in eine anschauliche Beziehung zur Tiefe gesetzt wird. In diesem frühesten bewußt gestalteten Innenraum der Antike stand das 11 m hohe Goldelfenbeinbild der Athena von → Phidias. Die Proportionierung beruht nicht mehr auf einer Grundeinheit wie beim Zeus-Tempel von Olympia (s. o.), sondern auf einem Grundverhältnis, das den ganzen Tempel durchwirkt und ihm seine eigentümliche Harmonie verleiht (Stylobatbreite: Länge, Säulendurchmesser: Joch, Frontbreite: -höhe, Cellabreite: -länge wie 4:9). Die Kurvaturen aller horizontalen Linien (bis zu 11 cm), die Entasis (Schwellung um 1,7 cm) und die Einwärtsneigung (7 cm) der Säulen betonen das plastische Wesen des Baus. Der Burgfelsen, auf dessen höchster Stelle man durch große Stützmauern für den beherrschend über der Stadt thronenden Parthenon Platz schaffte, wurde bewußt als natürlicher Unterbau in die A. miteinbezogen.

[3] Die 437–431 unter → Mnesikles errichteten *Propyläen* entfalten noch kühner die Idee des harmonischen Gegensatzes und den neuen Raumbegriff: Auf die westliche sechssäulige dor. Fronthalle folgt kontrastierend ein weitgespannter, dreischiffiger ion. Saal (2×3 Säulen), die Torwand mit 5 zur Mitte steigend gestaffelten Türen und eine dor. Halle mit sechssäuliger Front. An diesen Kernbau lehnen sich nur z. T. ausgeführte Flügelbauten, im O zwei geschlossene, der offenen Säulenfront antwortende Hallen, im W zwei niedrige, ⊓-förmig vor die giebelgekrönte Eingangsfront vorgezogene Flügel mit 3 Säulen zwischen Anten, die einen offenen ‹Empfangshof› umgreifen, den ersten bewußt geformten Freiraum der griech. A. Dieser aus verschiedenen Typen komponierte A.komplex – bisher gab es nur selbständige Einzelbauten – bedeutete eine Revolution der Baukunst ebenso wie die erstmals den Entwurf bestimmende Beziehung zum Betrachter. Nicht nur war die wechselnd sich erweiternde und verdichtende Raumfolge (Empfangshof – dor. Westfront – ion. Saal – Türwand – Halle – dor. Ostfront) auf den sie Durchschreitenden abgestimmt, es wurde auch auf die Blickwirkung Rücksicht genommen (zur Korrektur der perspektivischen Verkürzung verlängerte Säulen der Westfront; Standbild der Athena Promachos in der Blickachse), so daß hier der Grundstein zu einer auf den Menschen bezogenen A. gelegt ist (Abb. 19).

[4] Im Anschluß an die Propyläen wurde die *Zeushalle* auf der Agora gleichfalls mit ⊓-förmig vorspringenden, sechssäuligen Flügeln und kontrastierenden Ordnungen – außen dor., innen ion. Säulen mit verdoppeltem Abstand – gebaut, welche den jüngeren Hallenbauten die Richtung gewiesen hat. Die räumliche Tendenz findet in zwei großen, quadratischen Zentralbauten ihre Krönung, dem von Iktinos entworfenen, jedoch später verändert aufgeführten *Telesterion von → Eleusis* (54 × 52 m, mit 2 den Raum umspannenden Säulenringen – innen 2 × 3, außen 5 × 4 Stützen –, ringsumlaufenden Emporen und mittiger Lichtöffnung; Abb. 21) und dem nah verwandten *Odeion* des Perikles. – Die ion. Ordnung fand mit sicherem Empfinden für ihre Grenzen nur dort für den Außenbau Verwendung, wo nicht Monumentalität, sondern Anmut und Leichtigkeit gefordert war, wie beim → *Nike-Tempel*, dem Kabinettstück att. Baukunst (kleiner Amphiprostylos, kurz nach 449 von → Kallikrates (1) entworfen, aber erst 421 ausgeführt) und dem nahverwandten → *Ilissos-Tempel*. Das Gebälk wurde, wie schon bei den ion. Schatzhäusern in → Delphi, dem dor. durch Einfügung eines fortlaufenden Reliefrieses an Stelle des Zahnschnittes angeglichen.

[5] Mit dem *reichen Stil* weicht seit 430 der auf Größe und Einheit gerichtete Geist einer schmuckfreudigen Lockerung der Bauformen und Grundrisse, die sich schmiegsam dem jeweiligen Kultbedürfnis anpassen, einer virtuosen, mit Licht und Schatten spielenden Bereicherung des Ornaments, die den Bauten statt der heroischen Gespanntheit der Hochklassik eine irrationale und lyrische Bewegtheit verleiht. Die komplexe Gestalt des 421–406 errichteten → *Erechtheion* (Abb. 20) wird nicht wie die der Propyläen durch eine klare Idee, sondern durch die pietätvolle Einbeziehung verschiedener Kultmale bestimmt, gleichsam als Reliquienschrein von Tempelformat (prostyler Kernbau mit 4 Räumen auf verschiedenem Niveau, im N angebaute baldachinartige Halle von 4 × 2 Säulen über dem Dreizackmal des Poseidon, im S über dem Grab des Kekrops die ‹Korenhalle› mit 6 Karyatiden. Ringsum ein Fries von auf dunkeln Stein aufgehefteten weißen Marmorreliefs; daneben Anthemienfriese, mit Gold und eingelegten Glasperlen verzierte Kapitelle, reich geschmückte Kassettendecke). – Am *Apollon-Tempel von → Bassai* (22) wendet Iktinos alle Mittel des reichen Stils dem Innenraum zu. Statt der umlaufenden Deckenstützen des Parthenon umgibt die an sich für den Außenbau entwickelte ion. Ordnung mit Gebälk, Fries und Geison rings die Cella. An den

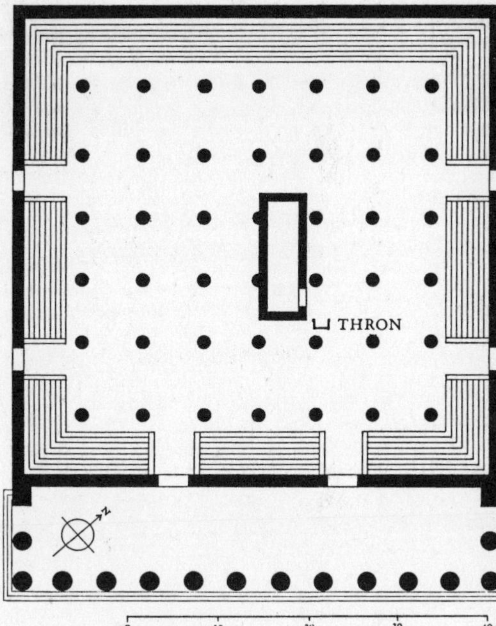

Abb. 21 Grundriß des Telesterion, Eleusis

Abb. 22 Cella des Apollontempels von Bassai

Längswänden verschmelzen die Säulen mit der Wand, an der Rückseite leitet eine freistehende korinth. Säule in das angrenzende Adyton über. Die von den Säulen nicht mehr getragene Decke scheint über dem Geison zu schweben. Die gleichsam nach innen gewendete ion. Peristasis des Zentralraums, der Relieffries, die gleitende Bewegung der Raumübergänge und der Bauglieder (eingebundene Halbsäulen, Basen, Diagonalkapitelle) und die komplizierte Rhythmik stimmen diese Raumschöpfung aufs Geheimnisvolle, eröffnen der bisher in sich ruhenden A. die Sphäre des Erlebnishaften. Besonderer Reiz wird in der Folge *Rundräumen*, als der reinsten Form des Zentralbaus, abgewonnen, die nun durch die zunehmend in die Wand eingebundene, ihrer tragenden Funktion bald gänzlich entkleidete korinth. Innenordnung die orthogonalen Raumgrenzen verwischen und damit das neue irrationale Raumgefühl auszudrücken vermögen: Tholos in → Epidauros (360) mit freistehenden, Tholoi in → Delphi (Anf. 4. Jh.) und Philippeion in → Olympia (nach 338) mit eingebundenen Innensäulen, die zudem durch einen Sockel vom Boden gelöst sind. Diese Strömung führt über den Hellenismus (*Arsinoeion von → Samothrake*, ca. 285, ∅ 20 m, außen dor. Pilastergalerie, der innen korinth. Halbsäulen entsprechen, dazwischen Fenster; Holzdecke mit zentraler Lichtöffnung) zu den röm. Rundbauten (Tempel am Tiber, Pantheon). Der von → Skopas nach 350 erbaute *Athena-Tempel von → Tegea* knüpft mit seiner sublimen Raumgestaltung an Bassai an: die umlaufenden korinthischen Halbsäulen, die immer noch als ganze empfunden werden sollten, negieren die sie schließenden Wandabschnitte und erbringen eine imaginäre Ausweitung des Raums. Der spätklassische *Zeus-Tempel von → Nemea* folgt enger, jedoch mit freistehenden Säulen, der Raumkonzeption von Bassai mit angrenzendem Adyton. Der Differenzierung der Innenräume steht die zunehmende Erstarrung des Außenbaus gegenüber.

G. Ostion. A. im 5.–4. Jh. [1] *Im 5. Jh.* tritt die ostion. A. infolge der pers. Unterdrückung und der athen. Hegemonie zurück. Der dem Straßennetz eingeordnete *Athena-Tempel von → Milet* (Mitte 5. Jh. über einem älteren Heiligtum; hohes ‹Podium›, nach S gerichtet; 6 × 10 oder 11 Säulen? Front dipteral?), Bauglieder aus Didyma, Ephesos, Samos und Larisa, ein unter samischem Einfluß entstandener Peripteros in → Lokri (Mitte 5. Jh.; 6 × 16 Säulen) bezeugen immerhin eine Fortführung der Tradition, die aber der archaischen verhaftet blieb. Erst die att. Klassik schaffte mit der Straffung des ion. Formgutes die Voraussetzung für eine Erneuerung der ostion. A. im Sinne der Klassik. Das gegen 400 erbaute Nereiden-Monument von → Xanthos und der jüngere Ares-Tempel von → Halikarnaß beschränken sich noch auf die bloße Nachahmung der Erechtheion-Säulen.

[2] Den Aufschwung, die sog. ‹*ionische Renaissance*›, brachte das *Mausoleum von → Halikarnaß* (Abb. 23; Grabmonument des → Maussollos, ca. 355 von den Architekten → Pytheos und → Satyros (1) unter Mitarbeit vier berühmter, attisch geschulter Bildhauer erbaut). Auf einem ca. 14,7 m hohen, von 2 Relieffriesen umzogenen Sockel trug eine ion. Peristasis von 9 × 11 Säulen, welche die cellaartige Grabkammer umgab, eine 11 m hohe Stufenpyramide, auf deren Spitze das heroisierte Königspaar im Viergespann erschien. Dieses riesige, 41,15 m hohe Heroon war unbetretbar, gleichsam über die wirkliche Welt erhoben. Das Gewicht der Pyramide verlor über den schlanken Säulen seine Realität und ‹schwebte in der Luft› (Martial). Die A. wurde, bezeichnenderweise durch die Aufnahme östl. Formen (Podium, Pyramide), visionär. Mit dem *Athena-Tempel von → Priene* (Abb. 24) verwirklichte Pytheos gegen 340 das Programm des neuen Stils. Er knüpfte bewußt an das altion. Erbe an, mäßigte jedoch den einst unbändigvitalen Schmuck zu tektonisch gespannten Formen. Der axiale Bezug von Wänden und Säulen wurde gewahrt, zugleich aber dem Bau nach mutterländischen Vorbildern durch den im O bisher nicht gebräuchlichen Opisthodom, durch einheitlichen Säulenabstand und eine mathematisch abgestimmte Proportionierung (Grundriß auf einem Quadratnetz von 6 × 6 Fuß entwickelt, 6 × 11 Säulen mit 12 Fuß Abstand, Breite zu Länge wie 1 : 2; daraus alle weiteren Verhältnisse abgeleitet) klassische Einheit und Monumentalität verliehen. Statt des att. Frieses über dem Architrav wurde der Zahnschnitt beibehalten. Auf plastischen Schmuck wurde verzichtet. – In dieser gleichermaßen dem Rationalen wie dem Erlebnishaften und Wunderbaren zugewandten Zeit mußte der Dipteros wieder Bedeutung gewinnen. Das 356 abgebrannte *Artemision von → Ephesos* wurde in klassischen Bauformen, aber mit unverändertem Grundriß wieder aufgebaut und galt zusammen mit dem Mausoleum als → Weltwunder. Der unvollendete *Dipteros von → Samos* wurde erneut in Angriff genommen. In *→ Didyma* (vgl. → Tempel) begann man über dem von den Persern zerstörten Dipteros gegen 300 einen größeren Neubau, der nach dem Vorbild des Athena-Tempels von Priene die archaische Idee des ‹Säulenwalds› im Sinne der Klassik

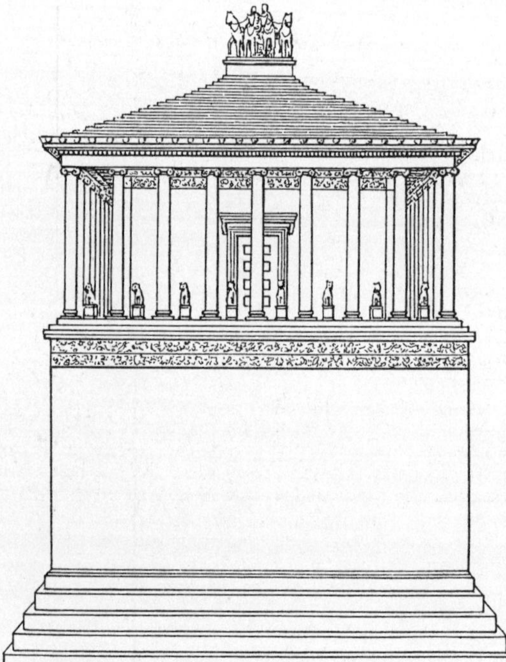

Abb. 23 Rekonstruktion des Mausoleums von Halikarnaß

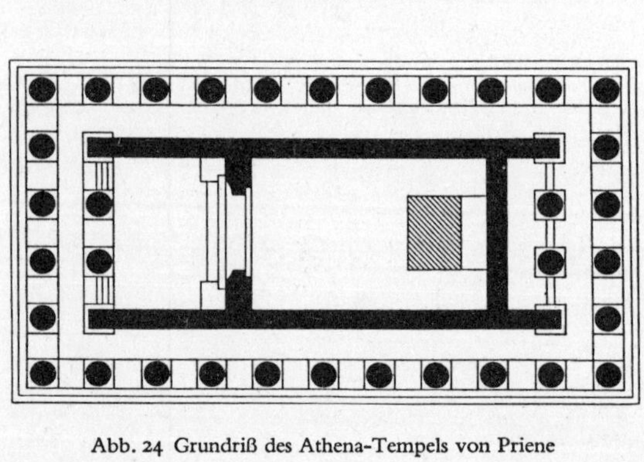

Abb. 24 Grundriß des Athena-Tempels von Priene

zu fassen suchte und zugleich die überraschendste, zum Hellenismus überleitende Entfaltung der seit dem ‹reichen Stil› (s. o.) entwickelten Raumgestaltung bringt: hoher Stufenbau, 10 × 21, insgesamt 120 Säulen, mit gleichem Abstand von 18 Fuß; kontrastierende Raumfolge: mit 12 Säulen dicht gefüllter Pronaos; querliegender Saal mit 2 korinth. Säulen und riesiger Orakeltür; offenes Adyton, 21,7 × 53,6 m groß, 25 m hoch, mit ringsumgeführter Pilastergliederung und reichgeschmücktem Gebälk, über das sich als Decke der Himmel zu spannen scheint. Psychologisch berechnete Größendifferenzen steigern den Eindruck des ohnehin gewaltigen Baus: neben der 14 m hohen ‹Orakeltür› die nur 2,25 m hohen tatsächlichen Eingänge; Zugang durch 2 enge Tunnel in das weite Adyton, in dem ein zierlicher Naiskos mit dem Kultbild stand.

H. HELLENISMUS. [1] *Grundsätzliches.* Mit der politischen Erweiterung der griech. Welt seit Alexander verlagern sich die Themen der A., die nun, die bisher landschaftsgebundenen Ordnungen beliebig vermischend, zur kosmopolitischen, bis zum Euphrat und Nil reichenden Weltkunst wird. Die in der Klassik wurzelnde Formung des Raums dominiert, greift nun aber auf große, hallengesäumte Platz-

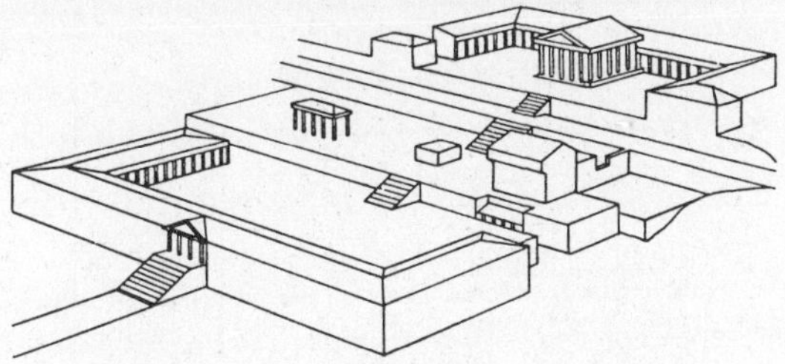

Abb. 25 Rekonstruktion des Asklepiosheiligtums von Kos

anlagen (→ Stadt I D 2) und komplexe, um optische Achsen und Terrassen komponierte Heiligtümer wie → *Lindos* (┌─┐-förmige Hallenfront; Freitreppe; breites, axiales Propylon mit vorgezogenen Flügeln; säulengerahmte Tempelterrasse auf der steilen Akropolis) und → *Kos* (Abb. 25) oder ganze Stadtanlagen (→Pergamon; →Stadt D) über, wobei die profanen Aufgaben in den Vordergrund treten und die sakralen Bauten oft der Repräsentation des Herrschers dienen. Der bisher bescheidene Wohnbau nimmt luxuriösere Formen an (→ Stadt A 5). Der einzelne Baukörper verliert als Teil übergeordneter Raumschöpfungen ebenso seine frühere Selbständigkeit wie die einzelnen Bauglieder, die zu stereotyp repetierten Bauelementen werden (endlose Säulenfluchten als Ausdruck neugewonnener Weiträumigkeit; Übereinanderstaffelung dor., ion. bzw. korinth. Säulenordnungen bei mehrstöckigen Hallen, was zur Fassadenbildung führt).

[2] Die meisten → *Tempel* taten, als kleine, akademische Bauten von oft klassizistischer Haltung, nur dem Kult Genüge, während die führenden Tempelentwürfe durch die räumliche Tendenz der Epoche bestimmt waren, so das Hauptwerk des →Hermogenes (1), das *Artemision von →Magnesia* (2. Jh., 8 × 15 Säulen, später symmetrisch von Hallen umrahmt), das mit dem äußeren Säulenkranz des Dipteros dessen repräsentative Erscheinung bewahrt, zugleich aber durch Fortlassen der inneren Säulen die Ringhalle zum offenen Saal verwandelt. Im Gebälk wurden der att. Relieffries und der ion. Zahnschnitt kontaminiert. Ähnliche Pseudodipteroi: *Aphrodite-Tempel auf Lesbos* und *Smintheion in der Troas*, beide mit 8 × 14 Säulen, vielleicht schon im 3. Jh. erbaut; *Zeus-Tempel von Alabanda* und *Hekataion von Lagina* (8 × 13 Säulen, Ende 2. Jh.) sowie der *Artemis-Tempel von Sardes* (wo einem gegen 300 erbauten großen Antentempel im 2. Jh. prostyle Vorhallen und eine pseudodipterale Peristasis von 8 × 20 Säulen hinzugefügt wurden). Die dekorative, im 4. Jh. auf den Innenraum beschränkte korinth. Säule wurde im 3. Jh. für die Peristasis des *Zeus-Tempels von Diocaesarea* verwendet und erreicht beim 174 begonnenen *Olympieion von Athen* (Dipteros, 8 × 20 Säulen, 16,9 m hoch) kolossales Format. In ‹*Wunderbauten*› drückt sich andrerseits das grandiose Pathos des Hellenismus aus: Der → *Leuchtturm von → Alexandria*, 1. H. 3. Jh., ragt in abgestuften Geschoßformen (Quadrat, Achteck, Zylinder, Kegel) ca. 130 m hoch als riesiges Wahrzeichen der Stadt empor. Der ‹*Koloß von Rhodos*›, eine ca. 300 errichtete, riesige Bronzestatue des Helios (30 m hoch), stand über der Hafeneinfahrt. Zu diesen → Weltwundern gehörte auch der *Zeusaltar von → Pergamon* (gegen 180 begonnen), über einem vom pathetischen Gigantenfries umzogenen Sockel von 36,4 × 34,2 m eine ‹Peristasis› von 22 × 21 Miniatursäulen, in die die westl., von Risaliten eingefaßte Freitreppe hineingreift, die zum peristylartigen Altarhof führt, der nach W, zur Aussicht auf die Landschaft, geöffnet blieb, dessen andere Seiten vom idyllischen, naturbezogenen Telephosfries geschmückt sind. In dieser aus Extremen und Dissonanzen komponierten Schöpfung vereinen sich die zwiespältigen rationalen und emotionalen Kräfte der Epoche zu einem Ganzen von eminenter Wirkung. Ein neues Empfinden für Landschaft und Natur, das sich in Pergamon und → Kos in der eigenwilligen, monumentalen Umgestaltung der Landschaft geltend macht, äußert sich feinsinnig und lyrisch gestimmt in der *Nike von → Samothrake*, die auf dem Bug eines Schiffes über zwei Wasserbecken gegen das tieferliegende Heiligtum hin schwebt. – Die hellenist. A. kommt mit der röm. Eroberung des Ostens und Griechenlands zum Erliegen. Im 1. Jh. ist kein bedeutendes Werk mehr entstanden. Ihr vielseitiges Erbe wird von Rom übernommen, verwandelt und weitergetragen. G. Gb.

Lit: Zur *Einführung:* F. Krauss, Pästum, die griech. Tempel (1941), 1943² – G. Rodenwaldt, Griech. Tempel (1941), 1951² – H. Berve-G. Gruben, Griech. Tempel und Heiligtümer, 1961 – *Handbücher:* A. Choisy, Histoire de l'architecture, 1899 – J. Durm, Hb. d. Architektur: Die Baukunst d. Griechen (1881), 1910³ – F. Noack, Die Baukunst des Altertums, 1910 – D. S. Robertson, Handbook of Greek and Roman Architecture (1929), 1943² – W. B. Dinsmoor, The Architecture of Ancient Greece (1902), 1950³ – W. H. Plommer, Ancient and Classical Architecture, 1956 – A. W. Lawrence, Greek Architecture, 1957 – A. K. Orlandos, *Τὰ ὑλικὰ δομῆς*, 1958/59 – *Bibliographie:* Schefold, O. H. R. (Forschungsber.) – Nach Sachgebieten und Orten geordnet im genannten grundlegenden Hb. von Dinsmoor (bis 1950); Nachträge dazu (bis 1961) bei Berve-Gruben (s. o.).

II. Römische Architektur

A. GRUNDLAGEN. [1] *Grundsätzliches.* Das Wort Strabons (5, 3, 8), die Römer hätten vor allem Bauwerke von öffentlichem Nutzen geschaffen, trifft insofern zu, als das Hauptanliegen der röm. A., im Unterschied zur griech. A., nicht mehr dem Tempelbau gilt. Die Würdigung technischer Leistungen allein wird dem Wesen röm. A. jedoch nicht gerecht. Römische Originalität tritt in der Baukunst am klarsten zutage. Straßen-, Wasserleitungs- und Brückenbau, denen die frühesten Nachrichten gelten, sind nicht nur nutzbare Mittel staatlicher Organisation, sondern repräsentativer Ausdruck des geistigen Führungsbewußtseins Roms seit dem 2. Jh. v. Chr. Der Zug zur Repräsentation eignet auch jedem anderen röm. Bauwerk, dem die Grundsätze der Symmetrie und Axialität zugrunde liegen, und was Rom repräsentiert, wird früher oder später für das ganze Reich verbindlich; die Stadt, die auch auf dem Gebiet der A. das Erbe hellenist. Herrscher antritt, ist wie keine andere Keimzelle maßgebender Bautypen aus der

Synthese griech. und ital. Elemente (Basiliken, Kaiserthermen, Kaiserfora u.a.). Die künstlerische Leistung liegt nicht in der Fügung plastischer Glieder zum autonomen Körper, wie z.B. beim griech. Tempel, sondern in der Bewältigung der Masse zur Schaffung von Raumgebilden durch die Kontinuität von Wand und Decke, denen die tektonischen Glieder untergeordnet sind. *Symmetrie*, *Axialität* und *Raum* entsprechen die künstlerischen Prinzipien der *Fassade*, des richtungbetonenden *Durchblickes* und des *Gewölbebaues*.

[2] *Mauertechnik*. Die Struktur der röm. Mauer unterscheidet sich wesentlich von der griechischen: hier die bindemittellose Fügung individuell bearbeiteter Quadern, dort die modulierfähige Masse. →Mörtel ist im griech. Bauwesen gelegentlich für Abdichtungen von Wasserbehältern und für Fußböden, →Kalk für Fundamente und Mauerverband von Stadtbefestigungen verwendet worden (Phil. Mechan. 79,1; 80,8ff.); Gußmauerwerk wurde jedoch erst seit Beginn der ‹Römerzeit› (2.Jh. v.Chr.; vgl. dazu →Hellenismus) zur Verwirklichung grundsätzlich verschiedener Baugedanken genutzt. Parallel dazu blieb die von den Etruskern übernommene und unter griech. Einfluß verfeinerte Hausteintechnik bis in die Spätantike lebendig. Eine frühe Mauertechnik ist das sog. *opus siliceum* (auch ‹pelasgisches› oder ‹Kyklopenmauerwerk›, seit Ende des 6.Jh.s v.Chr.): a) nur roh behauene Blöcke (Bruchsteinmauerwerk); b) unregelmäßiges Polygonalmauerwerk mit starker Bosse; c) auf Fugen geschnittenes Polygonalmauerwerk; d) trapezförmige Quadern, Tendenz zur Horizontalschichtung (in claudischer und trajanischer Zeit wiederkehrend); hauptsächlich →Kalkstein. – Weiter verbreitet ist das sog. *opus quadratum* (vgl. Vitr. 2,8) aus regelmäßig geformten, horizontal im Fugenversatz und z.T. in Läufer- und Binderschichten verlegten Quadern (Beispiele aus dem etrusk. Rom auf Palatin, Campidoglio, Quirinal; ‹severische› Mauer, 4.Jh. v.Chr.). Anwendung von →Anathyrose (an Fugen oder auf Sicht) und Einheitsmaß (modulus). Diese Mauertechnik steht, bes. in Afrika und den östl. Provinzen, noch während der ganzen Kaiserzeit bis zu den frühchristl. Kuppelbauten Kleinasiens in hoher Blüte, während sie im Westen seit dem 2.Jh. v.Chr. in zunehmendem Maße dem *opus caementicium* weicht, einer Mischung aus Steinsplittern (caementa) und →Mörtel, die sich für Fundament, Mauer- und Gewölbebau eignet. Die Baugrube wird an den Wänden mit einer Holzverschalung aus Brettern und senkrechten Pfosten verkleidet und aufgefüllt. Der Stein-Lehm-Verband ohne Mörtel war vorher in Italien bes. zur Auffüllung von Tempelpodien, Terrassen- und Stadtmauern verwendet worden (von den frühen Nuraghenbauten Sardiniens an). Im Straßenbau wurde erstmals die Via Appia 296 v.Chr. mit Mörtel fundamentiert. Bei aufgehendem Mauerwerk verzichtete man nur selten auf eine Steinverschalung, deren äußere Gestalt je nach Technik wechselt (wichtiges Datierungsmittel). Während bei älteren Mauern die außen sichtbaren Steine sich vom Füllmaterial nur durch sorgfältigeres Verlegen unterscheiden, wurden sie später, wenn auch ohne bestimmte Form (vgl. Vitr. 2,8), separat gearbeitet und im sog. *opus incertum* versetzt (in Verbindung mit Polygonalmauerwerk bei der Stadtmauer von Alba Fucens, um 300 v.Chr.; Rom, Porticus Aemilia, 174 v.Chr.). Die Übergangsform des *opus quasi reticulatum* führt (1.H. 1.Jh. v.Chr.) zum *opus reticulatum* (rein erstmals 55 v.Chr. am Pompeiustheater, Rom). Dabei sind die Steine für die Außenschalen pyramidenförmig zugeschnitten und kön-

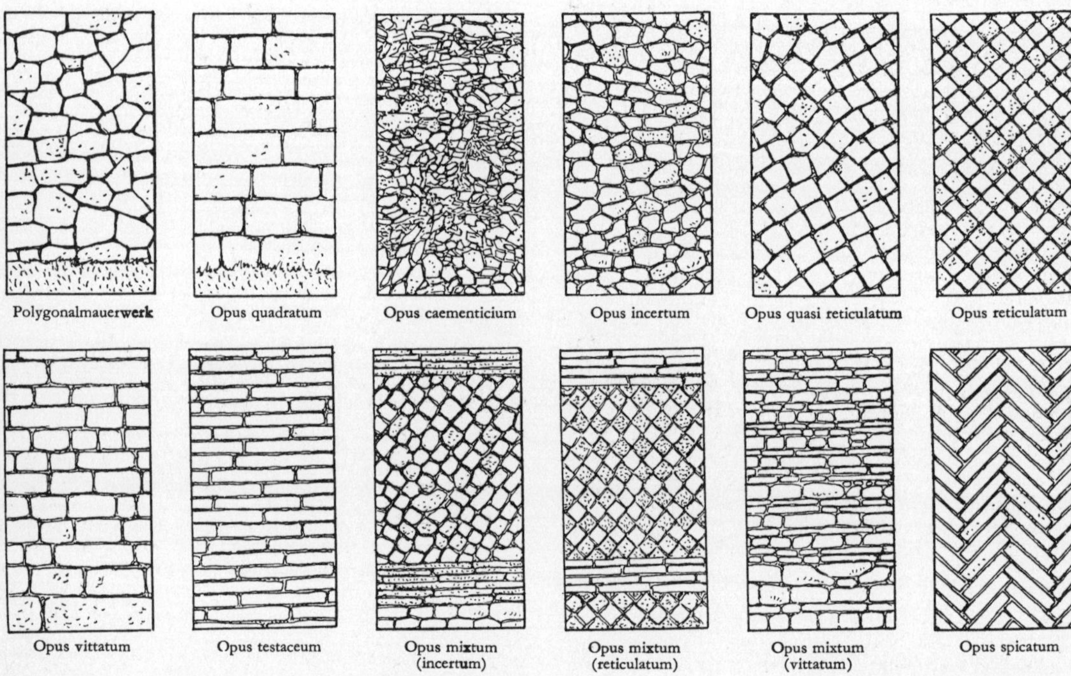

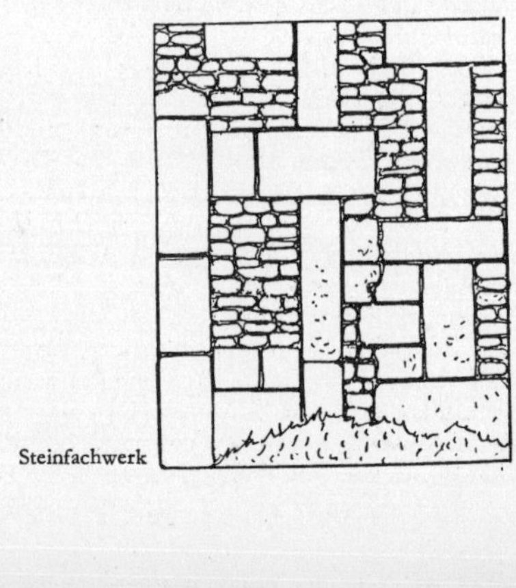

Abb. 26 Römische Mauertechnik

nen im Rautenmuster (mit quadratischer Basis nach außen) über mehrere Schichten unabhängig von der Auffüllung verlegt werden. Das Verlegen in horizontalen Schichten wird als *opus vittatum* bezeichnet (in republikan. Zeit noch unregelmäßig: Tivoli; bes. verbreitet in Umbrien; in Gallien sehr regelmäßige Ausführung bis ins 2. Jh. n. Chr.). Seit der Zeit Caesars werden die luftgetrockneten Ziegel (lateres: *opus lateritium)* durch die gebrannten Backsteine ersetzt, die bisher nur beim Bau von → Hypokausten oder an Mauerköpfen, Öffnungen usw. verwendet wurden; dieses *opus testaceum* ist mit seinen reichen Variationsmöglichkeiten der zukunftsreichste Mauerverband (frühe Beispiele: Grab der Caecilia Metella, Domus Tiberiana, Porta Palatina/Turin). Das etwa gleichzeitig aufkommende *opus mixtum* hält sich bis in die Spätantike: zwei oder mehrere Ziegellagen wechseln in regelmäßigen Abständen mit einem anderen Verband (incertum, reticulatum usw.). – Große Platten von der Breite der gesamten Mauerstärke haben, in regelmäßigen Abständen als durchlaufende Schicht verlegt, statische Funktion, indem sie hohem Druck ausgesetzte Mauern zusammenhalten und der Spannung zwischen Innen- und Außenschale entgegenwirken; ähnliche Funktion haben die zwei Schalen verbindenden Verstärkungsbögen (z. B. Pantheon, → Abb. 27). Die Datierung von Backsteinen ermöglichen bes. im 2. Jh. n. Chr. übliche Werkstattstempel. Vermutlich aus dem phön. Bereich stammt das bes. in Afrika, aber auch in Sizilien (Selinus), Tarquinia und Pompeji (z. B. Casa della Fontana Grande) vertretene *Steinfachwerk*. Das *opus spicatum* (Fischgrätenverband) imitiert ein dem Fußbodenbelag entstammendes Muster. Sehr beliebt sind polychrome Effekte, die sich aus dem Wechsel des natürlichen, unverputzten Materials ergeben (bes. beim opus reticulatum und opus mixtum). Während die Außenwände je nach Epoche und Material verputzt werden oder unverputzt bleiben können, tragen die Innenwände bewohnbarer Räume nahezu ausnahmslos → Wandmalereien (→ Fresko), → Inkrustation oder → Mosaik. Zu den vorwiegend gebräuchlichen Gesteinsarten vgl. → Materialien.

[3] Der *Bogen* (und das Gewölbe) waren mehr oder weniger feste Bestandteile mesopotam., ägypt. und hethit. A. Von ihnen unterscheidet sich der röm. Bogen (fornix) wesentlich durch seine Tektonisierung, d. h. klare Fügung der Bestandteile: tragender Pfeiler mit Basis und Kämpfergesims, lastender Bogen. In dieser Form ist er an den Stadttoren von → Volterra (4. Jh. v. Chr.?), → Falerii (240–230), → Perusia (2. Jh.), aber auch in Griechenland (z. B. Markttor von Priene, 2. H. 2. Jh. v. Chr.) nachweisbar. Die Anfänge liegen beim Hausteinbogen, der die Voraussetzungen für den gemörtelten Backsteinbogen schafft; zur Ausführung bedürfen beide, da die Fugen radial verlaufen, des hölzernen Hilfsgerüstes (Lehrgerüst). Die Bogenführung geschieht oft in mehreren Schichten. Fünfseitig geschnittene Quadern, die eine bessere horizontale und vertikale Verbindung mit dem umgebenden Mauerwerk ermöglichen, werden in augusteischer Zeit eingeführt (z. B. Augustusforum). Die neuen Möglichkeiten dienen neuen Bautypen: reinen Bogenbauten: → Aquädukt, → Brücke, → Triumphbogen; daneben sind sie Ausgangspunkt zur Tektonisierung von Nischen, Arkaden, Kreuz- und Tonnengewölben (s. u.). Als Element der Fassade steht der Bogen häufig im Wechsel und Widerspiel mit dem Giebel (Segmentgiebel). Die klassische Gliederung der Rundbogenstirn ist die des ion. Architravs (Archivolte); sie kann auch nur von einer Hohlkehle begrenzt (z. B. Falerii), als Geison (z. B. Dekoration im Schlafzimmer der Mysterienvilla) oder als vollständiges Gebälk ausgebildet (z. B. Baalbek) oder mit Relief verziert sein (z. B. Triumphbogen von St-Rémy); der Schlußstein ist oft bes. betont. – Flache und scheitrechte (horizontale) Bögen sind im Backsteinbau außerordentlich häufig (Tür- und Fensterstürze); der Druck wird dann

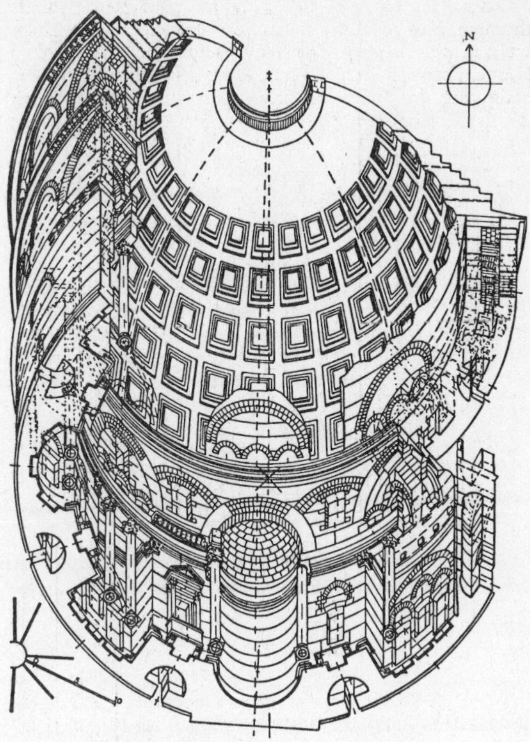

Abb. 27 Aufriß des Pantheons in Rom

meist von Entlastungsbögen aufgefangen (z. B. Domus Augustana, Häuser in Ostia).

[4] *Gewölbe*. Das *falsche* oder *Kraggewölbe* ist in Italien bes. im etrusk. → Grabbau verbreitet (z. B. Krag-Tonnengewölbe in einem Tumulus in Montecalvario). Das *echte Gewölbe*, das in Griechenland nur sporadisch auftritt, erlangte erst in Rom die für das Abendland grundlegende künstlerische Gestalt. Dabei war die Einführung des Mörtels von entscheidender Bedeutung. Die elementarste Form ist das halbkreisförmige *Tonnengewölbe*, zunächst an untergeordneter Stelle (Stütz- und Terrassenmauern, Tempelpodien, Kryptoportiken), seit der 2. H. des 2. Jh.s v. Chr. bei Eindeckung von Räumen (z. B. Stabianer → Thermen, Pompeji; Fortunaheiligtum, Praeneste). Möglichst leichtes Gußmaterial zwischen gemauerten Backsteinrippen (Nervaturen, erstmals am Kolosseum), die in regelmäßigen Abständen miteinander verbunden, aber nicht sichtbar sind, lassen die Gewölbe immer schwereloser und geschmeidiger werden. Bereits in flavischer Zeit werden beträchtliche Spannweiten erreicht (z. B. Aula Regia, Palatin: 30,5 m; sog. Atrium Minervae, Forum: 33 m). – Halbtonnen erscheinen erstmals über allen Säulenhallen des Terrassenheiligtums in Praeneste. Zur Verkleidung sind Malerei und Stuck (z. B. Domus Aurea), Kassetten (z. B. Kryptoportikusvilla in Pompeji; → Triumphbogen), später → Mosaik üblich (z. B. Kryptoportikus in der Villa Hadriana). – Das *Kreuzgewölbe*, das aus der Durchkreuzung zweier Tonnen bzw. einer Tonne mit seitlichen Stichkappen (für Fensteröffnungen) entsteht, ist das große Thema der Frigidarien in den röm. → Thermen. Die Last ruht nicht mehr gleichmäßig auf der Wand, sondern wird auf vier Punkte – über Bogen auf Pfeiler – geleitet. Anfänge im → Grabbau der augusteischen Zeit (z. B. Tumulus dei Lucili, Rom); vielfach verwandt über den Umgängen des Kolosseums, monumental spätestens in den Titusthermen; letzter Höhepunkt in der Basilika des Maxentius (H. ca. 48 m, Spann-

weite ca. 20 m). – Das *Klostergewölbe* entsteht aus dem Schnitt zweier Stichbogentonnen oder durch Überwölbung ohne Zwischenschaltung von →Pendentif bzw. →Trompe und erscheint über dem Quadrat erstmals im Bogengang des Tabularium (78 v. Chr.); es dient auch zur Überwölbung polygonaler Zentralräume, wobei, im Gegensatz zur Hänge-, Pendentif- oder Trompenkuppel, Grate entstehen (vgl. →Kuppel).

[5] *Fassade.* Der in hellenist. Zeit erwachte Sinn für die dekorative Wirkung der Säulenordnung im Dienste der Repräsentation wird in der röm. A. zum herrschenden Prinzip. Die Komposition der Fassade befolgt im allgemeinen die Gesetze der Axialsymmetrie; hinzu kommt die enge Verbindung der *Elemente* des Gliederbaues (Säule, Gebälk, Giebel, →Tempel) mit der Mauer bzw. ihre Projektion auf die Mauer, die in sich modulierfähig ist und über eigene Elemente der Gliederung verfügt (Bogen, Nische, Exedra). Die der Wand vorgelagerte Halbsäule ist in der griech. A. selten (z. B. Lysikratesdenkmal, Grabfassade von Vergina, Buleuterion von Milet), während sie in Rom seit republikan. Zeit bes. vom Tempelbau her bekannt ist (Pseudoperipteros; auch manieristisch in die Wand eingelassen, z. B. Rom, Mausoleum der A. Regilla). Entscheidender ist ihre Verbindung mit dem Bogenpfeiler zur Tektonisierung der Arkade (z. B. Tabularium, Außenseite von Theatern, Amphitheatern usw.). Gebälk (bzw. Architrav oder Geison) und Bogen ergeben die Archivolte; ein bes. im Osten beliebtes Motiv ist die Durchstoßung des Giebelfeldes durch die Archivolte (sog. syr. Giebel, z. B. im Palast von Ptolemais, Tempel in Baalbek, Atîl, Is-Sanamen u. a.). Beim Dreieck- und gebogenen Giebel (Segmentgiebel) kann der Mittelteil zurücktreten oder ausgelassen werden (verkröpfter Giebel, z. B. Markttor von Milet, Trajansbogen/Thamugadi, od. gesprengter Giebel, z. B. Grabfassaden in Petra). Durch Einfassung der Wandnische mit den so variierbaren Elementen der Säulenordnung entsteht die Vielfalt der →Aedicula-Formen. – Der geläufigste und reichgestaltigste Typus des *Aufbaus* ist die drei- bis fünfteilige Scenaefrons (→Szene). Die horizontale Gliederung geht aus von den drei bzw. fünf Bühneneingängen des →Theaters, die ihrerseits im Wechsel mit Statuennischen (Aediculen) stehen und durch vorgekröpfte Säulenpaare auf Sockeln voneinander getrennt sind; über dem Gebälk wiederholt sich diese Abfolge, bekrönt von wechselnden Dreieck- und Segmentgiebeln, wobei die Mitte durch Verbreiterung oder Giebelverkröpfung hervorgehoben ist (so z. B. die Bühnenfront von Aspendos). Dieses Schema wird auf vielfältige Weise variiert; bes. kann auch die ganze Fassade in sich moduliert werden. – Die *Entwicklung* läßt sich am besten in der Wand →Malerei verfolgen, wo bes. der 2. und 4. Stil die Prinzipien der gebauten Fassade verwendet, ihre realen Möglichkeiten aber gleichzeitig überbietet; ferner an Stadttoren, Triumphbogen, Theatern, städtischen Nymphäen der Kaiserzeit, frühen Heiligtümern (z. B. Praeneste) und späteren Tempelbezirken (z. B. Baalbek), →Gräbern, →Häusern usw. – Die *Bedeutung* der röm. Fassade liegt oft darin, daß sie als Rahmen für ihr untergeordnete Bildwerke (Statuen, Reliefs, Malereien) dient, die sie in gegenseitige sinnreiche Beziehung setzt. Die auf diese Weise angestrebte symbolische Aussage zielt wiederum auf Repräsentation (z. B. die Verherrlichung der Tugenden, virtutes, des Kaisers im Triumphbogen usw.). Auch wo bildlicher Schmuck fehlt, wird in dem zur Fassade gestalteten Teil der Sinn eines Gebäudes sichtbar gemacht, der über dessen bloße Funktion hinausweist.

B.–E. Geschichte: B. Anfänge (ca. 10.–3. Jh. v. Chr.). [1] *Etrusk. Zeit Roms.* Die Geschichte der röm. A. und ihrer wesentlichen Merkmale ist eng verbunden mit dem politischen Schicksal und der geistigen Entwicklung der Stadt →Rom. Noch im 4. Jh. n. Chr. wurde auf dem Palatin eine der altertümlichen Hütten gezeigt, die man als Behausung des sagenhaften Stadtgründers Romulus ausgab und von denen in unseren Tagen Reste zum Vorschein gekommen sind (Dion. Hal. 1, 79; Plut. Rom. 20; Dio Cass. 48, 43, 4; →Haus B 2); eine Nekropole wurde in der Talsenke des späteren Forums aufgedeckt. Die Herrschaft der →Etrusker (um 600–510 v. Chr.) verlieh der Stadt die ersten charakteristischen Grundzüge. Unsere Kenntnis von etrusk. A. beruht bes. auf →Stadt-, →Tempel- und →Grab-Bau; das etrusk. →Haus ist archäologisch schwer faßbar und entsprechend wenig erforscht; jedoch deutet manches auf die Existenz des Atriumhauses neben anderen Formen (Sattel- und Walmdach), die wiederum in Gräbern anzutreffen sind. Im Verlauf des 6. Jh.s v. Chr. wird das röm. Forum durch den Bau einer Entwässerungsanlage (cloaca maxima) zum Marktplatz gestaltet. →Titus Tatius wird die Gründung des →Comitium, des Volcanal (vgl. →Volcanus), des →Janustempels, →Numa die Regia und der Vestatempel, →Tullius Hostilius die Curie zugeschrieben. Lehmhütten wurden nun durch Steinbauten ersetzt, der →Circus Maximus gegründet, die Stadt erhielt ihre erste Befestigung. Der letzte Tarquinier soll den Jupitertempel auf dem Kapitol gegründet, der erste republikan. Prätor M. Horatius im J. 509 v. Chr. ihn eingeweiht haben. Die ursprünglich bildlose Götterverehrung der Latiner erhielt unter griech.-etrusk. Einfluß die ersten gebauten Kultstätten in der Form des etrusk.-ital. →Tempels. Auch nach der Vertreibung der Könige blieb Rom, was die künstlerische Aussage betrifft, Jahrhunderte hindurch etrusk.-griech. Provinz.

[2] *Frühe Republik.* Im Verlauf des *5. Jh.s* entstanden die nachmals ehrwürdigsten Tempel der Stadt für →Saturn (497 am Forum), →Merkur (495 zwischen Palatin und Aventin), →Ceres, →Liber und Libera (493 am Aventin, wo →Vitruv ihn noch in seiner ursprünglichen Gestalt gesehen hat; vgl. →Tempel, →Malerei D 1), die →Dioskuren Castor und Pollux (484 am Forum), →Jupiter Fidius (466 auf dem Quirinal), →Juno Regina (393 auf dem Aventin), →Mars (388 im südlichen Stadtteil). Nach der umfangreichen Zerstörung durch die Gallier (387 v. Chr.) beginnt die Periode des Wiederaufbaues innerhalb eines neuen Befestigungsgürtels (sog. Servian. Mauer); spätere Überbauung hat auch hiervon wenige Spuren hinterlassen. In Pompeji läßt sich die Entwicklung des →Hauses jedoch bis ins 4. Jh. v. Chr. zurückverfolgen. Innenpolitische Kämpfe werden 366 durch den Bau des Concordiatempels, die Sicherung der Herrschaft über Latium 338 durch Schmükkung der Rostra (Rednertribüne) mit den Schnäbeln der bei Antium geschlagenen Schiffe besiegelt. Der Sieger, Caius Maenius, erhielt eine →Ehrensäule, deren Schlagschatten auf dem Forum als Stundenzeiger diente; als Censor veranlaßte er 318 den Bau von Galerien (→Maenianum) über den Forumstabernen, von wo aus man dem Spiel der Gladiatoren beiwohnte (→Stadt); die →Tabernen wurden hier nur noch den Wechslern (argentarii) zur Verfügung gestellt, während der Einzelhandel sich nunmehr auf die Sondermärkte und späteren →Macella zurückzog. 330 v. Chr. wurde der alte Seehafen Ostia durch ein →Castrum mit regelmäßigem Straßennetz gesichert, das durch eine Direktstraße mit Rom verbunden war. Unter der Zensur des Appius Claudius 312 erhielt Rom den ersten →Aquädukt und eine ausgebaute Heeresstraße (via Appia) durch Latium, die 296 durch ein ähnliches Lager (Minturno) gesichert wurde. Systematisches Grundschema haben nach griech. und etrusk. Vorbildern auch die meisten Kolonien des 4.–3. Jh.s (Alba Fucens, Cosa, Falerii, Cremona, Placentia sowie das 495 gegründete Norba; →Stadt). Paestum wird 273 röm. Kolonie; ein Podiumtempel (Bau I) aus dieser Zeit ist dem Peristyl des Forums, das den Charakter der hellenist. Agora verrät, noch völlig untergeordnet. Das Forum des im selben Jahr gegründeten Cosa geht zwar noch eine Synthese mit dem Kapitol ein (vgl. Pompeji); jedoch

kam an dessen Längsseite eine → Basilika zutage, die, gehört sie noch dem 3.Jh. an, das älteste Beispiel dieses Typus darstellt. Bei der Erbauung der ersten Basilika in Rom, 184 vor Chr., hören wir von der Niederlegung zweier öffentlicher → Atria; ein Atrium Publicum, Archiv der Quästoren, vermutlicher Vorgänger des Tabularium (s.u.), ist für das J.214 v.Chr. gesichert (Liv.24,10,9). Von bes. Bedeutung ist schließlich die vereinzelte Anwendung des opus caementitium im Mauerbau (Alba Fucens) und des Bogens als Kunstform (Volterra, Falerii).

C. Späte Republik (2.Jh.–30 v.Chr.). [1] *Grundsätzliches:* Im Zuge des Aufstiegs Roms zur Weltherrschaft vollzieht der Römer seit dem 2.Jh.v.Chr. den Wandel vom Bürger zum Aristokraten; die Kulturwerte und Kunstschätze von Jh.en sich aneignend, schafft er sich mit Hilfe griech. Künstler den seinem neuen Lebensstil entsprechenden Rahmen. Die großen Themen: Heiligtum, öffentliche Bauten (Triumphbogen, Forum, Porticus, Basilika, Theater, Amphitheater, Thermen, Aquädukt, Brücke usw.), Privatgebäude (Haus, Villa, Palast) und Grab gewinnen Form aus der Synthese eigener Wesensart und neuer Erfahrungen (Massenbau – Raum, Gliederbau – Halle). Der neue Geist des 2.Jh.s v.Chr. fand seine aufgeschlossensten Förderer im Kreis der Scipionen; die Entwicklung im 1.Jh. verbindet die Kunstgeschichte mit dem Namen Sullas und dessen Eroberung von Pompeji 80 v.Chr. Die Stilphasen der pompejan. Malerei geben Aufschluß über die spezifische Verwendung der in ihrem Zusammenhang meist verlorenen architektonischen Elemente und ihr Verhältnis zum Raum.

[2] *Das 2.Jh.–80 v.Chr.*, die Zeit der zweiten samnitischen Vorherrschaft (‹Tuffperiode›) und des sog. 1. Stils in Pompeji ist gekennzeichnet durch die Aneignung und Umwandlung der hellenist. zur röm. A. im engeren Sinn (nach Vitr.3,2,5 wurde Roms erster Marmortempel von dem Griechen → Hermodoros von Salamis erbaut). Die Gestalt des → *Tempels*, Hauptthema der griech. A., eignet sich wenig für die neuen Ausdrucksmöglichkeiten; die ital. Form wird endgültig hellenisiert (vgl. Rom, Tempel B und D am Largo Argentina; ältere Phasen von A und C noch 3.Jh.; Cori um 200; später Tivoli, Rundtempel; Rom, am Forum Boarium). Seine Lage im *Heiligtum* ist axial und zentral, d.h. freistehend, wie in hellenist. Heiligtümern (Magnesia, Lindos, Kos): Juno-Heiligtum in Gabii, mit vorgelagerter Cavea, Ende 3.Jh., mit älterem pun.-hellenist. Vorbild in Cagliari. Im Heiligtum der Fortuna Primigenia in Praeneste, einer sechsfach gestaffelten axialsymmetrischen Anlage, führt die Verschmelzung von Säulenordnung, Bogen und Gewölbe zur Umdeutung der hellenist. Hallen-A.; das Erlebnis des geschlossenen Raumes gewinnt erstmals Gestalt in dem im Sinne des 2. Stils gegliederten sog. Apsidensaal. Das Jupiterheiligtum von Anxur (Terracina) wurde zu Beginn des 1.Jh.s v.Chr. über gewaltigen Substruktionen neu gestaltet (die Schräglage des Tempels ist durch kultische Tradition bedingt); vgl. auch den mächtigen Unterbau der Akropolis von Ferentinum. Auch in den Städten werden Plätze zu einheitlichen Anlagen zusammengefaßt. 159 v.Chr. erhält der Jupitertempel auf dem Kapitol eine Säulenhalle. Am Forum Romanum ist die Vereinheitlichung des Platzes durch Anlage einer Porticus, wie etwa in Pompeji, aus Mangel an Raum und aus Ehrfurcht vor der Tradition nie verwirklicht worden (→ Forum); dennoch entstehen hier zwischen 184 und 170 v.Chr. drei → Basiliken, wovon die zwei jüngeren hinter der einheitlichen Front von Tabernen und Galerien an den Längsseiten des Platzes verborgen bleiben (Fulvia-Aemilia hinter den Tabernae Novae nördlich, Sempronia hinter den Tabernae Veteres südlich des Platzes). Die Basilika gehört von nun an zum festen Bestand des Forums, wo sie später die beherrschende Stelle einnehmen wird. Besterhaltenes Beispiel ist die Basilika in Pompeji (letztes Viertel des 2.Jh.s v.Chr.). Neben dem Forum steht der aus seinem organischen städtebaulichen Zusammenhang gerissene hellenist. Typ des von Säulenhallen umgebenen Platzes mit Annexräumen dem öffentlichen Leben zur Verfügung (→ *Porticus*, in Rom bes. seit dem 2.Jh.v.Chr. auf dem Marsfeld); ähnlich auch Sondermärkte, sog. → *Macella* in Rom seit 179 v.Chr. Den Bau einer via fornicata, wohl Markthalle, erwähnt Plinius (nat.22,36,8; 38,11,4); die Porticus Aemilia, das Warenlager am Tiberhafen, besteht seit 192 v.Chr. (→ Emporium). Bis um die Mitte des 1.Jh.s v.Chr. besaß Rom kein steinernes → *Theater*. Der Versuch, 154 v.Chr. statt der hölzernen Bühne eine ständige Anlage zu schaffen, scheiterte, die Verbindung mit einem Heiligtum schien auch jetzt noch erforderlich (Val.Max.2,4,2; vgl. oben die Anlagen von Gabii, Praeneste, später Tivoli und das röm. Pompeiustheater). 145 gelang L. Mumius die Errichtung einer → Cavea, die, wohl ähnlich der in Pompeji vom Ende des 2.Jh.s, nach griech. Art in einen natürlichen bzw. aufgeschütteten Erdhang eingelassen war; der ursprüngliche Zustand in Pompeji zeigt noch die kreisförmige Orchestra. Der Bau öffentlicher → *Thermen* bot, praktischen Überlegungen folgend, die erste Möglichkeit der Gewölbebildung über nutzbaren Räumen. Das Schema der ältesten bekannten Anlage des 2.Jh.s (Stabianerthermen in Pompeji), im Kern ein Massenbau, noch ohne organische Verbindung mit der → *Palaestra*, blieb nachweislich bis in augusteische Zeit maßgebend (Baiae). Auch die reinen Bogenbauten erhalten nun monumentales Ausmaß: Roms dritter → *Aquädukt* (Aqua Marcia, 144 v.Chr.) ist auf eine Länge von 11 km oberirdisch geführt. 142 v.Chr. werden die Pfeiler des Pons Aemilius zu Bogen ergänzt (→ *Brücke*). Spätestens seit dem 2.Jh.v.Chr. löst der → *Triumphbogen* immer mehr die → Ehrensäule ab; der Bogen als selbständiger Baukörper ist eine typische Schöpfung röm. A., als Träger einer Fassade von repräsentativerer Wirkung als die Säule. Ein entscheidender Vorgang im 2.Jh.v.Chr. ist schließlich die Bereicherung der ital. Domus mit dem hellenist. Peristyl zur röm. *Villa* (→ Haus); hier wird, u.a. in der Wandmalerei, die Nachahmung hellenist. Palastarchitektur besonders deutlich (→ Malerei).

[3] *Die Sullanische Zeit bis Augustus* (82–30 v.Chr.) darf als die fruchtbarste der röm. Baugeschichte gelten. Das hellenist. Element, der röm. Konzeption bisher in mannigfacher Weise addiert, verliert im Dienst der Fassade und des Raumes immer mehr von seiner Eigenständigkeit; dieser Vorgang läßt sich am deutlichsten am sog. 2. pompejan. Stil verfolgen. Die Räume der Häuser sind häufig kleiner, dafür malerisch-illusionistisch erweitert. Von gebauter Innenraum-A. geben z.B. der erwähnte Apsidensaal und einige spätrepublikan. ‹Nymphäen› eine Anschauung (→ Museion). Die Fassaden selbständiger Gebäude verwenden den tektonisierten Bogen mit vorgeblendeter Säulenordnung. Das Tabularium in Rom bildet gegen das Forum eine zweigeschossige Schauseite über hohem Sokkel, bei der sich dieses Motiv im ersten Obergeschoß elfmal wiederholt (78 v.Chr.). Die Vollendung dieses Fassadentyps brachte die von Caesar begonnene → Basilica Julia. Ähnlich wurden die Außenwände der → Theater und → Amphitheater gestaltet, zwei- bis dreigeschossig, seitdem die röm. Cavea unabhängig vom Gelände einen in sich bestehenden Baukörper bildete. Hauptthema der Fassadengestaltung ist jedoch die röm. Scenaefrons, wie sie im Theater des Pompeius, dem ersten Steinbau Roms, am großartigsten verwirklicht worden ist (55 v.Chr.). Auch Platzanlagen werden fassadenhaft gestaltet: Das Hauptgebäude, in der Regel ein Tempel, wird vor die Rückseite des Platzes gelegt (z.B. Herkulesheiligtum in Tibur) oder ganz in die Rückfront einbezogen (Forum des Caesar). Zu den monumentalsten Anlagen dieser Zeit gehören die über mächtigen Terrassen in die Landschaft gestaffelten Luxusvillen (Tibur; sog. Villa des Pompeius bei Albano; Anguillara u.a.); ein

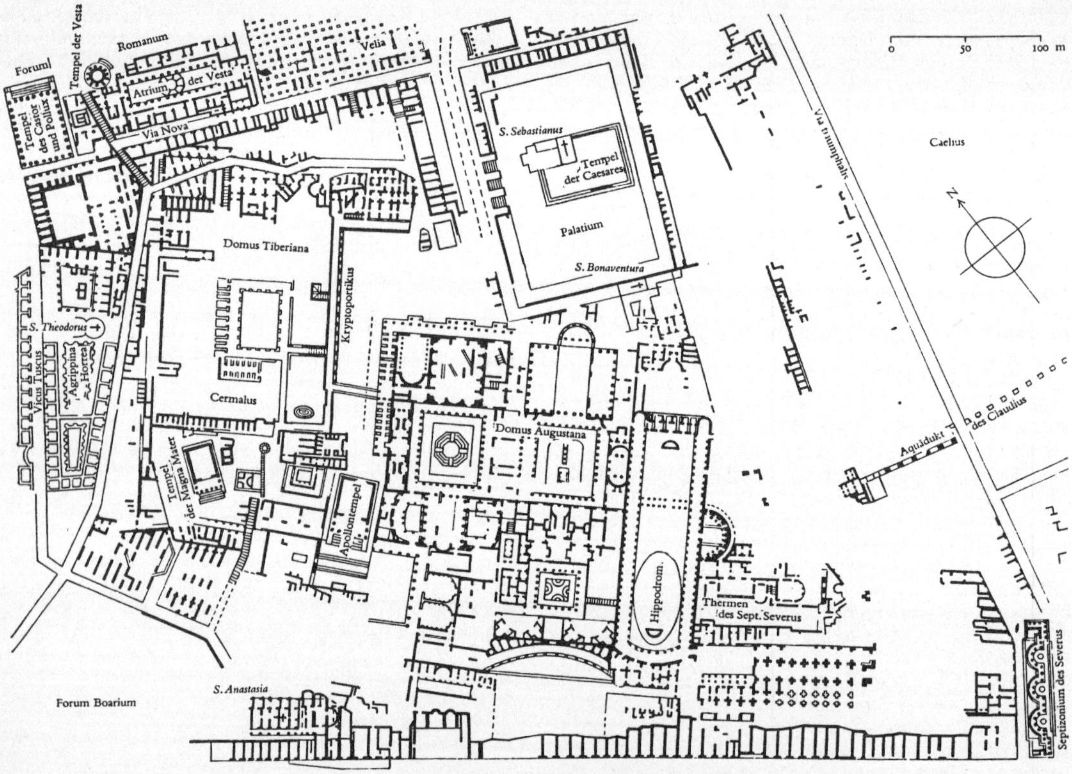

Abb. 28 Lageplan der Paläste auf dem Palatin in Rom

Nachkomme hellenist. Bauform ist der Palast v. → Ptolemais, dessen Grundkonzeption sich in der kaiserlichen Residenz auf dem Palatin wieder durchsetzen wird. – Die Kuppel erhält spätestens zu Beginn der augusteischen Zeit monumentale Ausbildung im Caldarium der → Thermen in Baiae. – Am Ende der Republik hat die röm. A. ihre wesentlichen Bautypen, die – abgesehen von den sog. Kaiserthermen – z. T. schon im 2. Jh. v. Chr. geprägt wurden, mit eigener Formensprache versehen, somit die Grundlage für die Baukunst der Kaiserzeit geschaffen. Dabei war die kunstgeschichtliche Entwicklung ausgegangen von einer *klassizistischen* Grundhaltung unter dem Eindruck hellenist. Baukunst des Ostens; um die Mitte des 1. Jh.s v. Chr. hatte das eigentliche Anliegen, die Gestaltung von Fassade und Raum, einen ersten Höhepunkt erreicht, und ihre nunmehr *barocken* Tendenzen sind unverkennbar (z. B. Bühnenfront des Pompeiustheaters, vgl. Räume 2. Stils). Klassizismus und Barock sind die Pole, die auch die Entwicklung der kaiserzeitlichen Baukunst kennzeichnen.

D. Kaiserzeit. [1] *Julisch-claudische Zeit* (30 v.–69 nach Chr.). Während der langen Regierungszeit des Augustus (30 v.–14 n. Chr.) tritt in der Kunstgeschichte die klassizistische Richtung in den Vordergrund, getragen von einer retrospektiven Geisteshaltung, für die das Grab des Kaisers – von der Form eines übersteigerten etrusk.-ital. Tumulus – das vielleicht eindrücklichste Zeugnis darstellt. Die Festigung des Reichs nach außen wird von zahlreichen Stadtgründungen, dem Ausbau neuer Heeresstraßen, → Brücken, → Aquädukte usw. bes. in Norditalien, Gallien, an Rhein und Donau begleitet (→ Stadt). Augustus hat seinem Werk in der Ara Pacis (13–9 v. Chr.) das bedeutendste Denkmal gesetzt (→ Altar). In Rom wird der Tempelbau großzügig gefördert. Die Erschließung der Marmorbrüche von Luna/Carrara erlaubte eine reichere Verwendung des kostbaren Materials (z. B. Rundtempel am Tiber). Als bedeutendste Platzanlage entsteht, senkrecht zum Forum Iulium gelegen, das Forum des Augustus, umgeben von einer hohen Brandmauer, die zwei seitliche Exedren bildet und von Säulenhallen begleitet wird; vor der Rückwand der axial gelegene Tempel des Mars Ultor (2 n. Chr. geweiht). Auf der Südseite des Forum Romanum wird die einheitliche Front der fünfschiffigen Basilica Iulia fertiggestellt, auf dem Marsfeld 27 v. Chr. mit dem Bau des Pantheon und der Thermen des Agrippa, 23 v. Chr. das Marcellustheater begonnen, der → Circus Flaminius neu gestaltet. Mit dem Ausbau der neuen Kolonie sind z. T. noch spätere Generationen beschäftigt. Augusteisch ist jedoch die künstlerische Gestaltung der meisten Stadttore (Aosta, Turin, Fanum, Spello, Nîmes, Autun), wohl auch der Forumsplätze von Aosta, Narbonne, Arles, alle über zweischiffigen → Kryptoportiken, die Prätorien der augusteischen → Castra an Rhein und Donau, das Caesareum von Kyrene, wenig später die gut erhaltenen Tempel von Vienne und Nîmes und der Haupttempel von Palmyra; um die Mitte des Jh.s wird mit dem Ausbau des monumentalsten Heiligtums der Römerzeit in → Baalbek begonnen. Die Entwicklung des Fassadenbaues an Stadttoren und → Triumphbogen (Augustusbogen am Forum, Bogen in Rimini, Aosta, Susa, Mithridatestor in Ephesos, Porta dei Borsari in Verona, Porta Aurea in Ravenna, Porta Maggiore in Rom) sowie an Bühnenfronten der → Theater mit reichem Säulen- und Statuenschmuck erreicht in *neronischer Zeit* abermals einen barocken Höhepunkt (Hervorhebung der Hauptachse, perspektivische Tiefenwirkung, starke Verkröpfungen, Häufung der Motive, Giebelsprengung usw.). Die → Grabfassaden von Petra zeigen diesen Stil auf der Höhe der Vollendung. Der neronischen Zeit gehören ebenfalls die ersten bühnenfrontähnlichen → Nymphäen in

Rom an (in der Domus Transitoria, an der Terrasse des Claudianum in Rom). Dasselbe Motiv ist Hauptthema der Wanddekoration in Häusern, Villen und Palästen (→ Malerei D 6). In den Vesuvstädten setzt nach dem Erdbeben von 63 n. Chr. eine Periode des Neu- und Wiederaufbaues ein. Bald nach 63 entstandene Häuser öffnen sich, in Annäherung an die suburbane Villa, vom Atrium unmittelbar auf den Garten (z. B. Vettierhaus, Haus des L. Tiburtinus); Ersatz für das Tablinum bieten große, in der Hauptachse der Gärten gelegene Räume. – Augustus besaß auf dem Palatin ein Haus, das sich kaum von denen wohlhabender Besitzer in Pompeji unterschied. Die reichen Prunkvillen in den Gärten Roms jedoch scheinen keinem geringeren Vorbild als dem Heiligtum von Praeneste zu folgen (z. B. die Anlage in den Horti Lucullani und die Villa in der Farnesina). Erst unter Tiberius beginnt der Palastbau auf dem Palatin. Für Nero war die Domus Tiberiana Ausgangspunkt für seine Villa Transitoria, die neben einer Regulierung des Gebietes östlich des Forums (Vestibulum zum Palast, später Porticus margaritaria und peperitaria) die Verbindung mit der nach dem Brand von 64 n. Chr. begonnenen Domus Aurea zum Ziel hatte; diese lag auf dem Esquilin und erstreckte sich bis zu den Gärten des Maecenas (Suet. Nero 31; Tac. ann. 15, 39). Die Überlieferung nennt die Architekten (magistri et machinatores) Severus und Celer. Der vermutliche Hauptteil des Palastes, vom Typ der Villa suburbana, besteht aus einer Mittelpartie in /‾\-Form und seitlich anschließenden Gebäudetrakten, von denen sich der eine beidseitig ins Freie öffnet, während der andere im wesentlichen von einer Raumgruppierung um einen oktogonalen Saal eingenommen wird, deren Konzeption für die röm. Baugeschichte von Bedeutung ist, weil hier zum erstenmal das Problem der Räume in ihrer Beziehung zueinander bewußt aufgeworfen wird. Nicht weniger bedeutend wird der nicht mehr exakt feststellbare Anteil neronischer A. an den später erneuerten → Thermen gewesen sein.

[2] *Die Flavische Zeit* (69–96 n. Chr.) stellt in Rom, im Zeichen einer geistigen Abkehr von der voraufgegangenen Epoche, zunächst die religiöse und soziale Aufgabe der A. in den Vordergrund. Erst unter Domitian, dem letzten Vertreter der Dynastie, bricht die neronische Gesinnung abermals durch. – Roms ausgedehntestes Baugelände ist bezeichnenderweise das von Nero für seine Villa beanspruchte Gebiet zwischen Palatin und Esquilin. Hier entsteht das Forum Vespasians, im rechten Winkel auf das Augustusforum Bezug nehmend: ein von Säulen umgebener und gartenartig bepflanzter Platz mit 7 Eingängen und gegenüberliegendem Tempel, flankiert von Sälen und einer → Bibliothek; in der Überlieferung Templum bzw. Opera Pacis genannt, in seiner Funktion eher eine öffentliche → Porticus als ein Forum. Einen weiteren Tempel ließ Vespasian unterhalb des Tablinum errichten. Neben dem ‹Koloß› des Nero begann Titus 80 n. Chr. mit dem Bau des größten röm. → Amphitheaters (‹Kolosseum›; vgl. Puteoli, Pola u. a.). Domitian eröffnete die ebenfalls von Titus unmittelbar neben der Domus Aurea begonnenen → Thermen. – Die klassizistische Gesinnung spricht am deutlichsten aus den klaren Formen und Proportionen des stadtröm. Titusbogens, den noch spätere → Triumphbogen zum Vorbild nehmen. Nach dem Brand vom J. 80 n. Chr. wird der Architekt → Rabirius von Domitian mit dem Bau eines zweiten Palastes auf dem Palatin beauftragt, der, abgesehen von Besonderheiten seines Grundrisses, abermals einen Markstein in der Entwicklung röm. Raumbildung darstellt, die schließlich in der Villa Hadrians in Tivoli ihren Höhepunkt erreicht (→ Haus B 7).

[3] In der Blütezeit des Reiches unter *Trajan, Hadrian und den Antoninen* (96–193 n. Chr.) erreichte die Bautätigkeit in den Provinzen ihren Höhepunkt. Der restaurativen Gesinnung Trajans entsprach die klassizistische Formensprache seines Architekten → Apollodor (5) v. Damaskos, den er mit den wichtigsten Staatsbauten beauftragte. Hadrian hatte selbst architektonische Ambitionen und nahm an den Bauvorhaben in den Provinzen häufig persönlichen Anteil. Seine Residenz in Tivoli überbietet an Phantasiereichtum den schwerfälligeren Barock der antoninischen Zeit. – In *Rom* beendete Nerva (96–98 n. Chr.) den Bau des sog. Forum transitorium zwischen Augustus- und Vespasiansforum (‹Nervaforum›). Den Abschluß in der Reihe der Kaiserfora bildete jedoch das von Apollodor in der künstlich geschaffenen Senke zwischen Kapitol und Quirinal erbaute Forum Trajans (113 n. Chr. geweiht). Großzügigkeit und Klarheit der Konzeption, bes. aber die Umdeutung des Tempel- zum Basilikaforum wurden vorbildlich für die Gestaltung der Fora in den Provinzen (z. B. Augst u. a., vgl. → Forum). Auf dem Esquilin wurden die → Thermen über dem Erdgeschoß der Domus Aurea vollendet, in ihrem Schema die erste mit Sicherheit greifbare Fassung des großen Kaisertyps. – Das Pantheon Hadrians vermittelt einen völlig neuen Aspekt von der röm. Auffassung des Heiligtums; obschon vorbereitet durch die Ausgestaltung röm. → Tempel, überwiegt hier – gleichsam in Umkehrung des griech. Tempels – die Bedeutung des Innenraumes, genauer des Zentralraumes, dessen Vorläufer in den Thermen und kaiserlichen Residenzen ausgebildet wurden. Eine der Rotunde vorgelagerte Halle kennzeichnet sie als Heiligtum (→ Kuppel, 2). Auf einen Plan des Kaisers selbst geht vermutlich die eigenwillige Anlage eines Doppeltempels für Venus und Rom westl. vom Kolosseum zurück (vgl. Dio 69, 4, 1). Auf dem Marsfeld entstanden der oktostyle Tempel für Hadrian (Hadrianeum), später und wohl in Zusammenhang mit größeren Anlagen die → Ehrensäulen für Antoninus Pius und Mark Aurel (→ Grab). Hadrian ließ sich in einem dem Mausoleum des Augustus ähnlichen Grabmal jenseits des Tibers bestatten (Engelsburg). – Die städtebaulichen Auswirkungen in den *Provinzen* sind bes. klar bezeugt durch den guten Erhaltungszustand zweier trajanischer Neugründungen in N-Afrika: → Thamugadi und → Lambaesis (vgl. → Castrum), und die Neugestaltung älterer Städte durch Anlage von breiten Säulenstraßen (z. B. in Palmyra Nicaea, Kremna, Termessos, Perge, Milet, Bosra, Gerasa, Apameia u. a.), öffentlichen Plätzen mit → Nymphäen, → Triumphbögen (z. B. Agora von Korinth, Milet), → Theatern, → Thermen, → Bibliotheken usw. → Athen erfährt eine bes. Förderung durch die persönliche Gunst Hadrians (Stadterweiterung, sog. Hadriansstadt; Wiederaufnahme der Bauarbeiten am Olympieion, sog. Bibliothek Hadrians, sog. Hadrianstor) und dessen Freund Herodes Atticus (→ Odeon). – Vom Wohlstand der Städte zeugen die zahllosen aus dieser friedlichsten Zeit des Reiches erhaltenen rekreativen Bauten. Beim → *Theater*bau unterscheidet Fiechter 2 Typen der Scenaefrons: den ‹westlichen› mit dreifacher Ausbuchtung (z. B. Lyon, Korinth, Thugga, Palmyra, Priene, Aizanoi u. a.) und den ‹östlichen› mit geradliniger Bühnenrückwand (z. B. Aspendos, Gerasa, Sagalassos, Termessos, Thamugadi, Tauromenion u. a.). → Amphitheater sind im Westen häufiger anzutreffen als im Osten (z. B. Nîmes, Arles, Aquincum, Carnuntum, Italica, Lecce, aber auch in Pergamon, Anazarbus usw.). Für den → *Thermen*bau ist bezeichnend, daß sich der axialsymmetrische Typus der stadtröm. Kaiserthermen durchzusetzen beginnt (z. B. Trier, Leptis Magna, Cherchel, Ephesos), wenn auch keineswegs einheitlich (z. B. Ostia, Tibur, Baiae, Avernersee, Kyrene, Milet). Bedeutende → Nymphäen aus trajanischer Zeit befinden sich in Milet (Agora) und Nîmes (Heiligtum). – Im städtischen *Wohnungsbau* überwiegen die mehrstöckigen Mietshäuser, hinter denen die herkömmliche Domus entschieden zurücktritt. Die Entwicklung nach der Zerstörung der Vesuvstädte 79 n. Chr. bis in spätantike Zeit läßt sich am klarsten in Ostia verfolgen. Hier wurde nicht

nur das → *Hafen*gebiet in trajanischer Zeit wesentlich erweitert; die Stadt selbst erlebte unter Hadrian und den Antoninen die Neuordnung ganzer Quartiere (→ Haus B 8). Stärker als bisher zeigt sich die absolute Eigenständigkeit von Stadt- und Landhaus. Die Villa Hadrians in Tivoli stellt nicht nur einen Höhepunkt in der Entwicklung des Villenbaues, sondern in der Formensprache der röm. A. überhaupt dar. Sie entstand ganz zu Lebzeiten des Kaisers und z.T. vermutlich nach seinen persönlichen Entwürfen (zwischen 118 und 138 n. Chr.); den Kern bildet ein umgebauter Palast aus republikanischer Zeit, erweitert durch zwei Gartensäle (sog. Bibliotheken), eine Inselvilla (‹Theatro Marittimo›), die älteren Thermen und einen Pavillon mit Nymphäum und Gartenperistyl (‹Piazza d'Oro›); ferner eine Gartenanlage (sog. Stadion), flankiert von einem höher gelegenen Gebäude und einem dreiapsidialen Gartensaal (‹Triclinium›) mit Zugang zu einem großen Peristyl mit Wandelhalle (‹Pecile›); große und kleine Thermen, ein ‹Gymnasium›, der künstliche See des ‹Canopus›, dem heiligen Nilarm bei Alexandria nachgestaltet; die sog. ‹Akademie›, Theater und Odeon, kleinere Heiligtümer, worunter eine Nachbildung des Tempels der Aphrodite von Knidos, Aussichtstürme usw.; die bebaute Fläche beträgt ca. 1,5 km². Weitere Villen des 2. Jh.s n. Chr. befinden sich in der Umgebung Roms (Villa dei Sette Bassi, Villa der Quintilier, Villa des Herodes Atticus), in Sirmione, Pozzuoli, L'Hosté, Blankenheim usw. – Die Gruppe der *Ehren- und Torbauten* schließt mit dem Bogen Trajans in Ancona an den → Triumphbogen des Titus in Rom an, ebenso der von Hadrian vollendete, seines reichen Reliefschmuckes wegen bedeutende Bogen in Benevent. Bei den dreitorigen Bogen ist ein mitunter noch unausgewogenes Verhältnis des Haupt- zu den Nebendurchgängen festzustellen (z.B. Timgad, Gerasa, Sufetula, Palmyra); die großen → Aediculen über den Nebendurchgängen fehlen denn auch an späteren Bauten (z.B. Severusbogen in Rom; vgl. früher Orange). Viertorige Bauten sind in Leptis Magna und Tripolis, künstlerisch bedeutende Stadttore in Athen (Hadrianstor), Gerasa, Asseria, Adalia, Pola, Anazarbus und Bosra erhalten.

[4] *Die Severische Zeit und das 3. Jh. n. Chr.* (192–284 nach Chr.). Nach den kritischen Jahren unter den letzten Antoninen beginnt in Rom abermals eine Epoche glanzvoller Bautätigkeit. Die umfangreichsten Projekte wurden während der Regierungszeit des Septimius Severus, des ersten und bedeutendsten Herrschers unter den Soldatenkaisern, entworfen, zum großen Teil jedoch erst in den Jahren Caracallas vollendet. Man hat den Klassizismus dieser Bauten als ‹flavische Renaissance› charakterisiert. Die Klarheit und Strenge der Grundrißbildung bei Heiligtümern, Thermen, Platzanlagen kehrt in den Fassaden von Theatern und Nymphäen wieder; dagegen schwindet hier, wie in jedem Detail, das organische Formgefühl; ein aus der voraufgegangenen Epoche sich fortsetzender Hang zur Üppigkeit und Häufung der Motive steigert den repräsentativen Gehalt der kaiserlichen Baukunst. Dem wachsenden orientalischen Einfluß entsprechend, gelten die bedeutendsten stadtröm. → *Tempel*gründungen orientalischen Kulten (Serapeum des Caracalla, Quirinal; Sonnentempel des Aurelian, Marsfeld; zahlreiche → Mithräen). Im SO der Stadt entstehen die → *Thermen* des Caracalla nach dem Schema des großen Kaisertyps, die an Ausmaß und Prachtentfaltung die Anlage Trajans überbieten und vorbildlich bleiben für den späteren Bau Diokletians. Unterhalb der neuen Erweiterung des *Palastes* an der SO-Seite des Palatins, an der Kreuzung der Via Appia mit der zum Kolosseum führenden Straße, erhob sich das erst in der Neuzeit niedergelegte sog. Septizonium (→ Nymphäum). Auf dem Forum, wo u.a. der Vestatempel seine endgültige Form erhielt (→ Tholos), wurde Septimius Severus und seinen Söhnen 203 n. Chr. die Errichtung eines dreitorigen → *Triumphbogens* über der Via Sacra gewährt, dessen Grundform später im Bogen des → Konstantin wiederkehrt; seiner Familie gilt auch der kleine (‹Argentarier›-) Bogen der Silber- und Viehhändler unweit des Forum Boarium. Ein für die Baugeschichte der Stadt wichtiges Dokument ist der severische Stadtplan, der auf einer Marmortafel an der Außenwand der Bibliothek des Vespasiansforums angebracht war und in Fragmenten erhalten ist (sog. *Forma Urbis;* Maßstab 1:240). Wegweisend für den Gerippebau spätantiker Kuppelräume ist – ähnlich dem Vestibül der Piazza d'Oro in Tibur – das wohl noch dem 3. Jh. angehörende Nymphäum in den Licinianischen Gärten (sog. Tempel der Minerva Medica). – Unter dem Zwang außenpolitischer Ereignisse erhält die seit republikan. Zeit offene Stadt auf Veranlassung Aurelians (270–275) ihren endgültigen Befestigungsgürtel (→ Stadt II F). – Namhafte Städtegründungen sind in diesem Jh. nicht nachzuweisen, jedoch wird die Bautätigkeit in den *Provinzen* fortgesetzt. → Damaskus und → Laodikea werden durch breite Säulenstraßen systematisiert, das Wachstum der nordafrikan. *Städte* planvoll organisiert. → Leptis Magna, die Vaterstadt des Septimius Severus, erweitert sich längs einer neuorientierten Straßenachse, an deren Ende ein Tetrapylon zu Ehren des Kaisers steht. Das Forum mit Tempel und Basilika, das Nymphäum und die zum → Hafen verlaufende Prachtstraße gehören zu den bedeutendsten städtebaulichen Zeugnissen des 3. Jh.s. In → Sabratha bildet das neu errichtete → *Theater* das Zentrum einer großangelegten Stadterweiterung; es ist das besterhaltene und wohl bedeutendste Theater severischer Zeit. – 273 nach Chr. wird das reiche → Palmyra, 275 das später wieder aufblühende → Trier zerstört (vgl. auch → Castrum). – In → Baalbek konnte nach über zweihundertjähriger Bautätigkeit die gewaltige *Tempel*anlage durch Hinzufügung der großen Propyläen sowie des Sechseckhofes nahezu abgeschlossen werden (das Hauptperistyl wurde nie vollendet). Kleinere syr. Heiligtümer dieser Zeit befinden sich in Atîl, Is Sanamen, Brêkeh usw.; in Afrika: Tebessa, Lambaesis, Thugga. Spätseverisch ist der typologisch interessante Rundtempel in Ostia, nach dem Schema des röm. Pantheons, das später dem Heroon und → Grabbau zugrunde gelegt wird. Für die Grundrißbildung der → *Basilika* ist immer noch die trajanische ‹Basilica Ulpia› vorbildlich, jedoch ist das Schema meist nicht zentral, d.h. mit umlaufender Säulenhalle, sondern zur längsgerichteten, dreischiffigen Halle umgedeutet (z.B. Kempten, Leptis Magna). Noch ungeklärt ist die Funktion *öffentlicher Hallen* vom Typ der ‹Encantada› in Saloniki und der ‹Piliers de la Tutelle› in Bordeaux, deren Obergeschoß aus einer der Säulenstellung im Untergeschoß entsprechenden Abfolge von Pfeilern mit Figurenschmuck besteht (vgl. ‹Fassade der Gefangenen› an der Agora, Korinth; ‹Portikus der Giganten› an der Agora, Athen; Hermenhalle, Kyrene). Auf dem Gebiet des → *Thermen*baues treten in den Provinzen Timgad, Ephesos, Thenae u.a. hervor. Thysdrus in Nordafrika besitzt seit Gordian I. eines der größten und besterhaltenen → Amphitheater. Im Gebiet nördl. der Alpen sind die Grundmauern von bedeutenden Landsitzen jener Zeit zum Vorschein gekommen: breitgelagerte, rechteckige oder bogenförmige Trakte, meist mit seitlich vorgelagerten Risaliten oder locker, aber symmetrisch aneinandergefügten Raumteilen (Nenning, Wittlich, Fliessem, Anthée, Mindelsheim u.a., vgl. → *Haus*). In den östl. Gebieten, bes. in Syrien, bereitet sich jener Haustypus vor, der im 4. Jh. als städtische Patrizierwohnung in Ostia Eingang findet. Neben den schon erwähnten *Ehrenbauten* seien die eintorigen Bogen des Caracalla in Cémila, des Alexander Severus in Thugga und Quadrifrontes in Tebessa und Laodicea genannt.

E. SPÄTANTIKE. [1] *Unter den Tetrarchen und Konstantin d. Gr.* (284–337 n. Chr.). Mit dem Regierungsantritt Diokletians beginnt in *Rom* die letzte Phase einer umfassenden

Bautätigkeit in der Tradition der Staatsarchitektur des 1. und 2. Jh.s. Die großen Themen: Basilika, Thermen, Circus, Palast, Triumphbogen, werden noch einmal aufgenommen; überwölbte Räume von gewaltigem Ausmaß verarbeiten die Erfahrungen der Jahrhunderte; ihr farbiger Marmor- und Mosaikschmuck sowie Elemente des Gliederbaues ohne jede statische Funktion kontrastieren mit der knappen Gliederung karger Backsteinwände der Außenfronten. Fassaden und Baukörper, die antikes Formengut wiederaufleben lassen, wirken seltsam bewegungslos und kristallin (z. B. Palast in Spalato, s. u.). Gleichzeitig machen sich Züge der christl. Kunst stark bemerkbar, in der Baukunst freilich erst nach der offiziellen Anerkennung durch Konstantin (312), der bes. den Bau der großen frühchristl. Basiliken Roms förderte; der Übergang vollzieht sich nahezu bruchlos. Hier wie an den gleichzeitigen Profanbauten zeigt sich ein neues, zwangloses Verhältnis zur schlichten Form, das im transzendenten Charakter spätantik-christlicher Gesinnung verwurzelt ist. – Nach dem Brand des Forum Romanum (283 n. Chr.) ließ Diokletian das Curiengebäude in der heute erhaltenen Form wiederherstellen; ein anläßlich der Vicennalia imperatorum (303 n. Chr.) errichtetes Denkmal bei der Rostra ehrt Jupiter und die vier Tetrarchen (5 → Ehrensäulen, dargestellt auf einem Relief des Konstantinbogens). Gleichzeitig entstanden der viertorige Bogen am Forum Boarium (sog. Janus Quadrifrons) und im nordöstl. Stadtteil die größten jemals errichteten Thermen; sie folgen im wesentlichen dem Schema des Caracallabaues. Maxentius setzte die Bauarbeiten am Forum, nördl. der Via Sacra, fort, wo der hadrianische Tempel der Venus und Roma neu erstand, ferner ein Heroon zu Ehren seines früh (309) verstorbenen Sohnes Romulus; dessen → Grab, ein dem Pantheon nachgebildeter Rundbau, und ein ihm geweihter → Circus befinden sich in unmittelbarer Nähe der kaiserlichen Villa an der Via Appia. Die von Maxentius begonnene, erst von Konstantin fertiggestellte ‹Basilica Nova› stellt den Versuch dar, die Erfahrungen der Wölbungstechnik über den großen Frigidarien der Thermen auf die herkömmliche Form der → Basilika zu übertragen; diese Verbindung fand im frühchristl. Sakralbau keine Fortsetzung. – Konstantin verdankt Rom die letzten bedeutenden Zeugnisse röm. Staatsarchitektur. Sein Triumphbogen, anläßlich des Sieges an der Milvischen Brücke errichtet, folgt dem Vorbild des Bogens des → Septimius Severus am Forum. Die nach ihm benannten → Thermen kennen wir, ebenso wie die seiner Mutter Helena, nur nach Bauzeichnungen der Renaissance. Bedeutende → Grabbauten dieser Zeit sind die sog. Tor Pignatara (Grab der hl. Helena), die sog. Tor de'Schiavi, der sog. Tempio della Tosse bei Tibur u. a.

[2] Seit 330 n. Chr. konzentriert sich die Bautätigkeit der Kaiser auf die neugegründete Hauptstadt des Reiches, Konstantinopel. Diesem folgenschweren Ereignis war die Verlegung der Tetrarchenresidenzen auf vier Schwerpunkte des Reiches voraufgegangen, die ihrerseits zu umfangreichen Bauvorhaben in den neuen Zentren führte (Paläste in Trier, Mailand, Saloniki, Nikomedia: vgl. → Haus B 7; Kaiserthermen und Palastbasilika in Trier, das dreitorige Tetrapylon und Mausoleum des Galerius in Saloniki usw.). Gut erhalten ist der Palast Diokletians in → Spalato, Residenz des Kaisers seit seiner Abdankung i. J. 305 n. Chr. Der Grundriß ist der eines → Castrum mit eingeschriebenem Achsenkreuz und streng schematischer Aufteilung für die Bereiche der Hofhaltung. (Abb. 94: Magazine längs des Mauerrechteckes; Wirtschaftsräume, Kaserne; jenseits der querverlaufenden Säulenstraße der Tempelbezirk, gegenüber das Mausoleum; zentrale Vorhalle zum Empfangssaal, offizielle und private Gemächer.) Eine der bedeutendsten spätröm. Villen wurde in → Piazza Armerina (Sizilien) aufgedeckt; das Zentrum der Anlage bildet hier ein Gartenperistyl, von dem aus die verschiedenen, in sich autonomen Baukomplexe erreicht werden können (Abb. 92). In bedrohteren Gegenden sind befestigte Wohnplätze (castella) üblich, die nach Funktion und Typus zu den direkten Vorgängern mittelalterlicher Burgen wurden (→ Haus; → Castrum). C.K.

Lit: *Zu A[1]:* G. Kaschnitz von Weinberg, Die mittelmeerischen Grundlagen der antiken Kunst, 1944 – H. Drerup, Bildraum und Realraum in der röm. A., RM 66, 1959, 147–74 – K. Schefold, Röm. Kunst als religiöses Phänomen, 1964 – *Zu A[2]:* G. Lugli, La tecnica edilizia romana, 1957 – *Zu B–E:* J. Durm, Die Baukunst der Etrusker und Römer, 1905 – G. T. Rivoira, Architettura romana, 1921 – W. J. Anderson-R. P. Spiers-T. Ashby, The Architecture of Ancient Rome, 1927 – G. Rodenwaldt, Röm. Staats-A., Das neue Bild der Antike 2, 1942, 356–373 – D. S. Robertson, A Handbook of Greek and Roman Architecture, 1954 – A. Gerkan, Von antiker A. und Topographie, Gesammelte Aufsätze, 1956 – M. E. Blake, Roman Construction in Italy from Tiberius through the Flavians, 1959 – L. Crema, L'architettura romana, 1959 – F. E. Brown, Roman Architecture, 1961 – G. Karo, Altetrusk. Baukunst, Antike 1, 1925, 213–243 – G. Patroni, Architettura preistorica generale ed italica. Architettura etrusca, 1941 – L. Polacco, Tuscanicae dispositiones, 1952 – Vgl. → Tempel, → Haus, → Grab – A. Boëthius, Roman architecture, from its classicistic to its late imperial phase, 1941 – F. E. Brown, Hadrianic Architecture, in: Essays für K. Lehmann, 1964, 55–58.

III. Christliche Architektur

A. Allgemeines – B. Haupttypen und Geschichte: [1] Vorkonstantin. A. – [2] Konstantin. Epoche – [3] Theodosian. Zeit – [4] Justinian. Epoche – Vgl. → Basilica, → Zentralbau.

A. Allgemeines. Zunächst den → Tempel völlig ablehnend (Apk. 21, 22), später nur metaphorisch seine Begriffe verwertend (Weihepredigt für Tyrus des → Euseb. hist. eccl. 10, 4, 2 ff. und ihre Fachbegriffe wie → Altar, → Naos, → Adyton u. a.), konnten die Christen nicht an den antiken Tempelbau anknüpfen. Die Umwandlung der Tempel zu Kirchen war zudem nur bei völliger Umgestaltung möglich, wenn man nicht, um die zentrale Lage nutzen zu können, die Zerstörung vorzog (Syrien, Griechenland, Kleinasien). Christl. Funktionsdenken knüpfte lieber an Profanbauten an, christl. Zweckbauten (Gemeinde- und Bischofskirche mit → Baptisterium, → Memorial- und → Coemeterialkirchen, Klosterkirchen) fielen daher sehr unterschiedlich aus, zumal die Liturgie an sich noch nicht die Baugestalt präjudizierte. Altar, Presbyterium (Synthronos) mit Bischofskathedra, Gemeinderaum bei Trennung von Männern und Frauen, Gläubigen und → Katechumenen bzw. Büßern, selbst der Taufraum, waren primär Fragen der Raumgestaltung. So lag das Schwergewicht auf der Innenarchitektur und der Raumgliederung durch Säulenstellung (Kämpfer über dem Kapitell als Auf-

Abb. 29 Säulenordnung von St. Apollinare Nuovo in Ravenna

lage für die dem → Architrav vorgezogene → Archivolte: Orlandos, 263–338), ferner auf der Ausstattung (→ Ciborium über Altar, → Ambon, Schranken [cancellae] und Pergola als Abschluß des Presbyteriums: ebd. 471–544); die Wände bedeckten Marmorplatten (ebd. 202–206), Stuck, → Malerei (E 2) bzw. → Mosaik (C 2. 4). Alles konzentrierte sich auf das Sanktuarium, wo das liturgische Gesetz des Innenraumes in den sog. Pastophorien (Jer. 42 bzw. 35,4 LXX: Priesterkammer des Tempels; ‹Pastophoros› hieß auch der Träger heidnischer Kultgeräte), von denen eins immer als Prothesis, das andere als Diakonikon, d. h. Sakristei (im Westen) oder Martyrion bzw. Baptisterium (in Syrien) diente, oder im sog. Transept (= Querschiff) auch nach außen sichtbar werden konnte. Letzter Ausdruck dieser Entwicklung war die → Kuppel über dem zentralisierten Raum (→ Zentralbau).

B. Haupttypen und Geschichte. [1] Der *Saal- bzw. Hallenbau* gehört vor allem der *vorkonstantin.* Zeit an. Der Grundriß eines Wohnhauses (sog. Hauskirche) bot nur geringen Spielraum. In der Hauskirche von → Dura-Europos (um 240 n. Chr.) riß man nur eine Zimmerwand nieder,

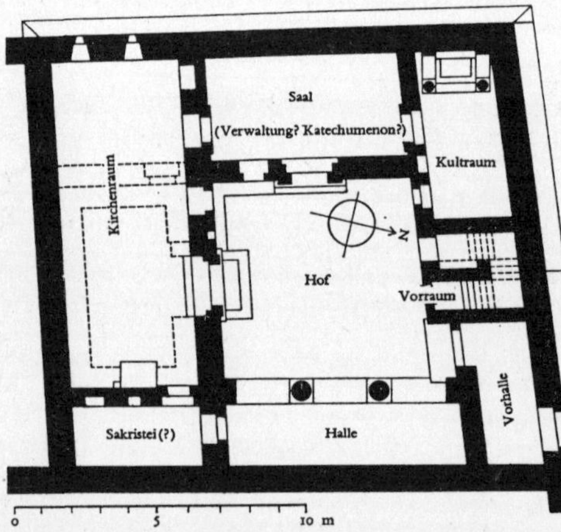

Abb. 30 Grundriß der Hauskirche in Dura Europos

um einen größeren Gemeinderaum zu gewinnen; im übrigen adaptierte man die um den Innenhof liegenden Räume als Diakonikon, Baptisterium und Katechumenenraum (?). Die Entwicklung der benachbarten Haus → Synagoge (ca. 160 n. Chr.) zum synagogalen Saalbau (ca. 244/245) erhellt vergleichsweise eine sonst völlig im Dunkel liegende Periode christl. A.; ähnlich tun es die auf Hausgrundstücken gebauten, nachkonstantin. ‹Titelkirchen› (abzuleiten von titulus = Hausinschrift, die, gewöhnlich in der Form der tabula ansata, den Besitzer angab und Rechtscharakter hatte; vgl. z. B. titulus Byzantis an S. Giovanni e Paolo) für die sonst nur literarisch belegten, vorkonstantin. Kirchen Roms. Auch Oratorien können herangezogen werden, z. B. Salona A, Ende 3. Jh., das innerhalb einer Privattherme durch eine Pergola das Presbyterium (freistehender, halbrunder Synthronos) von dem Gemeinderaum trennte, einen Thermenraum mit Wasserbassin aber als Baptisterium benutzte (Dyggve, 166 II, 7ff.), oder das sog. Oratorium des Theodoros, Aquileia, das gleichfalls im apsidenlosen Raum Presbyterium und Gemeinderaum durch Schranken trennt, ersteres auch im Fußbodenmosaik markierend; dieses Mittel wurde später beim Ausbau eines größeren Gebäudes (Kaiserpalast?) zur sog. Katechumenenkirche noch stärker als Mittel der Raumgliederung angewandt (Brusin-Zovatto, 25). Im übrigen lebte der Hallenbau noch lange in den meist apsidenlosen Saalkirchen fort, die vom Donaubecken über Noricum bis nach Nordgallien nachgewiesen sind, vgl. z. B. Nesactium (Testini, I 348).

[2] Die → *Basilika* der *konstantinischen Epoche* ist hinsichtlich ihrer Entstehung sehr umstritten. Die Ableitung aus dem röm. → Haus (B 3 f.), speziell dem → Peristyl oder der kaiserlichen Palast- bzw. Audienzhalle, wie auch die Ansicht, aus dem → Heroon habe sich zunächst die sepulkrale basilica discoperta (Mittelschiff dachlos; Beleg: Marusinac, Salona) als Memorialbasilika entwickelt, um dann dank Ähnlichkeit zur aula discoperta des Kaiserpalastes (Beleg: Spalato; Mosaikbild vom Palatium Ravennae in S. Apollinare Nuovo) auf die Konstantinsbasiliken einzuwirken, wollen nicht befriedigen (Orlandos, 44–48). Allgemein neigt man daher der Ableitung aus der röm. Markt → Basilika zu, auch wenn mit der Hervorhebung des Mittelschiffes (Obergadenbau völlig neuartig!) und seiner Kontrapunktik zwischen ausgesparter → Apsis und längsgerichtetem Raum sich eine bis dahin unbekannte Baugesinnung manifestiert. Dieser Typus eignete sich jedoch nur für die Bischofs- und Gemeindekirche, so daß man für das → Baptisterium auf den → *Zentralbau* zurückgriff (vgl. → Lateransbaptisterium); dieser wurde auch für Memorialbauten verwandt. In beiden Fällen konnte man liturgischen Forderungen (Heranführung der Katechumenen an die piscina, der Gläubigen an die → confessio) durch innere bzw. äußere Ringbildung eine architektonisch harmonische Lösung geben. Die sog. *Doppelkirchenanlagen* (vgl. neben Aquileia: Testini, I 347, und Salona: ebd. 298 bzw. Trier auch nordafrikanische Beispiele, z. B. Basilika III und IV Sabathra: IV° Congresso 259) sind vielleicht Notlösungen, um bei den Massenübertritten die Scheidung zwischen Katechumenenmesse und Sakramentsgottesdienst an Haupttagen (Osterzeit!) beibehalten zu können, oder entsprangen dem Wunsch, eine Märtyrerkirche intra muros zu haben (für Salona von Dyggve vermutet).

[3] Mit dem *Kreuzarmbau* (→ Zentralbau) der *theodosian. Zeit* verstärkt sich der Einfluß des → Märtyrerkultes auf die christl. A. und zugleich die Tendenz einer Raumzentralisierung. Schon die Entfaltung des Transepts zur Kreuzkirche machte den Schnittpunkt der Kreuzarme zum gewiesenen Ort des Altars (vgl. S. Nazario, Mailand: Corso 8, Abb. 1–3; dort S. 99 ambrosianisches Distichon auf den ‹templum› als ‹forma crucis› –; S. Simpliciano, Mailand, Testini, I, 349 T, beide Ende 4. Jh.). Dies Zentrum brauchte nicht im Vierungsturm nach außen sichtbar zu werden (vgl. S. Croce, Ravenna: Orlandos, 33. 157, 2; S. Anastasia, Rom: ebd. 7a Ende 4. Jh.; später dreischiffige Kreuzkirche; S. Stefano, Verona Anf. 5. Jh.: Guyer 7b); dieser fehlte bei größeren Transeptbauten des ägäischen Raumes auch aus statischen Gründen (vgl. Kreuzkirche, Thasos, Anf. 6. Jh.: Orlandos 157, 1). Die Kreuzschiffbasilika von Salona hingegen (Ersatzbau für die Doppelanlage, zwischen 490–544: Testini, I 428) markierte das Zentrum durch Vierungsturm (Orlandos, 157, 4); dies ist auch für die in ein Viereck eingeschriebene Kreuzanlage der Propheten-, Apostel- und Märtyrerkirche Gerasa anzunehmen (Guyer 4). Die vorjustinian. Johanneskirche, → Ephesos, Anf. 5. Jh., die an das ältere Martyrion (Quadrat. Vierungsturm und Kreuzgewölbe) die Kreuzarme angliederte, machte auch weiterhin das Zentrum im Vierungsturm sichtbar (Forschungen, 60–63). Ähnlich lag es bei der Wallfahrtskirche Qalʿat Simʿān bei Antiochia, Ende 5. Jh., ob nun das zentrale Oktogon überdacht war (so Orlandos, 156. 158) oder nicht (so: Guyer, JdI 49, 1934, 90ff.). Bei kleineren Martyrien war dies sowie die Kreuz- bzw. Kuppelwölbung dank sepulkraler Bautradition die Regel (vgl. Galla Placidia, Ravenna, 1. H. 5. Jh.: Guyer 7c; S. Maria della Croce, Casaranello, Apulien, 5. Jh.: Corso, 11, Abb. 1 u. 3). Vor allem in Lykaonien (Bin-bir-Kilise) und Kappadokien wendet man das auf Memorial-, Gemeinde- und Klosterkir-

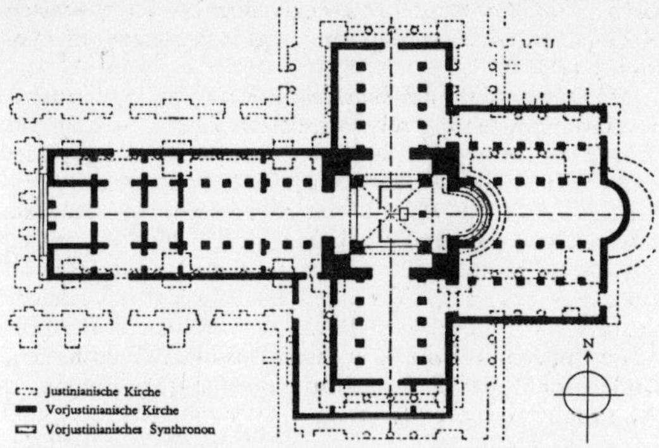

Abb. 31 Grundriß der vorjustinianischen Johanneskirche in Ephesos

chen in zahlreichen Beispielen an; dabei löst der Quadersteinbau das Problem der Kuppel durch übereck gestellte Quader (vgl. Bin-bir-Kilise Nr. 9; Kreuzkirche von Mahaletsch, Lykaonien: Guyer fig. 5 b; Taf. 8); ähnlich bei den wenigen Kreuzkirchen des Ḥaurān (vgl. Martyrion von Šeqra: ebd. fig. 2 d; Taf. 9 a).

[4] *Die Kuppelbasilika* der *justinian. Epoche* war durch solche Raumzentralisierung zumindest vorbereitet worden. Trotzdem bleibt die weite Überspannung des Mittelschiffes durch eine Kuppel und die Synthese von Längsbau und Zentralraum eine geniale, auch technische Leistung, die ihr Lehrgeld zahlen mußte (Einsturz der Kuppeln von → Hagia Sophia, Konstantinopel und Basilika B, Philippi: Hoddinott fig. 97 f.; pl. 53). Die architektonische Aufgabe war mit einer Kuppelpluralität unter Beibehaltung des Kreuzarmbaues zweifelsohne noch nicht gelöst (vgl. Johanneskirche, Ephesos, 2. Drittel 6. Jh.: Testini, I 340). Die zum Vergleich gerne herangezogene Kuppelkirche von Meriamlik, Kilikien, ca. 470 n. Chr., zentralisiert mit ihrer beachtlichen Kuppel nur den halben Raum (Guyer 24 c), und auch die Irenenkirche, → Konstantinopel, nach 532, überwindet noch nicht die Bipolarität von Kirchenschiff und Kuppelzentrum. Dies gelang aber gleichzeitig der Sophienkirche (Talbot Rice-M. Hirmer, 4 f.; 6 f., 532–537). Innerhalb des quadratischen Grundrisses läßt sie die Längsgliederung (Seitenschiffe) und damit die basilikale Längsrichtung bestehen, führt aber durch symmetrische Halbkugeln das Mittelschiff in die Kuppel über. Sowohl in der Quer- wie in der Längsachse wird so das Kuppelzentrum für den Gesamtraum beherrschend. Während dieser Entwurf viel nachgeahmt, aber nie erreicht wurde (vgl. Hagia Sophia, Saloniki: Wulff, 332; Koimesiskirche Nicaea: ebd. 382, beide 8. Jh.; ferner die Klosterkirchen Qaṣ-Ibn-Wardān im nordöstl. Syrien: Testini, I 388, und Alahan Monastir, Isaurien: Guyer 24 a, 31), blieb die Anordnung von 5 Kuppeln über dem inneren Kreuz eines freistehenden Kreuzarmbaues an der Apostelkirche, Konstantinopel (Testini, I 409, nach Sotiriou: fragliche Rekonstruktion), zunächst ohne Nachfolge. Auch die Kreuzkuppelbasilika, die mit Hosios David, Saloniki, Mitte 5. Jh. (Hoddinott, 84–86) ihren ersten Entwurf im kleinen gefunden hatte, sollte erst im 9. Jh. (mittelbyzantin. A.) beherrschend werden. Die justinian. Epoche war eben der basilikalen Konzeption zu sehr verpflichtet, um sie völlig preisgeben zu können. C. A.

Abb (Grundrisse): Forschungen in Ephesos, hg. vom Österr. Archäol. Inst., IV 1–3, 1932. 1937. 1951 – O. Wulff, Altchristl. u. byz. Kunst, 2 Bde, 1918/24; Erg.heft 1935 – Atti del IV° Congr. intern. di archeol. christ. I, 1940 – S. Guyer, Grundlagen mittelalterl. Baukunst, 1950 – A. K. Orlandos, He Xylostegos palaiochristianike Basilike, 1952 – G. Brusin-P. L. Zovatto, Monumenti paleocristiani di Aquileia e di Grado, 1957 – P. Testini, Archeologia cristiana I, 1958 – Corso di cultura sull'arte Ravennate 8, 1961; 11, 1964 – *Lit* (außer den zu Abb. zitierten Werken): R. Egger, Frühchristl. Kirchenbauten in Noricum, 1922 – K. Liesenberg, Der Einfluß der Liturgie auf die frühchristl. Basilika, 1928 – F. Wachsmuth, Der Raum II, 1935 – E. Kirschbaum, Riv. Arch. crist. 13, 1936, 271–303 (Raumcharakter der Basilika) – F. W. Deichmann, Frühchristl. Kirchen in antiken Heiligtümern, JdI 54, 1939, 105–136 – Ders., Säule und Ordnung in der frühchristl. Architektur, RM 55, 1940, 114–130 – S. Guyer, Grundlagen mittelalterlicher Baukunst, 1950 – E. Dyggve, History of Salonitan Christianity, 1951 – J. G. Davies, The Origin and Development of the early Christian Archit., 1952 – Th. K. Kempf, Ecclesia cathedralis eo quod ex duabus perficitur, Atti II° Convegno per lo studio dell'alto medio evo, 1952, 3–10 – A. v. Gerkan, Die profane u. die kirchliche Basilika, RQ 49, 1953, 129–146 – J. B. Ward-Perkins, Constantine and the origin of the christian basilica, BSR 22, 1954, 69–90 – F. W. Deichmann, Studien zur Architektur Konstantinopels, 1956 – Ders., Das Mausoleum der Kaiserin Helena, JdI 72, 1957, 44–110 – J. Fink, Die Kuppel über dem Viereck, 1958 – Ch. Delvoye, Etudes d'architect. paléochrétienne et byzantine, Byzantion 32, 1962, 261–310; 489–547 – D. W. Rordorf, Was wissen wir über die christl. Gottesdiensträume?, ZNW 55, 1964, 110–128.

Architheoren, Führer der Festgesandtschaften griech. Städte, im klass. Athen eine → Leiturgia, die durch staatliche Zuschüsse erleichtert wurde. H. Br.

Archive. [1] Systematische Aufbewahrung von → Urkunden aller Art ist ein Erfordernis jeder höher organisierten Verwaltung. Schon aus den *Kulturen des Vorderen Orients* sind uns A. bekannt und durch bedeutsame Funde erschlossen. Ihre Orte sind Palast (als Sitz der Regierungsgewalt und Wirtschaftszentrum) und Tempel (als Ort besonderer Sicherheit bes. zur Hinterlegung von Verträgen und zu Bankgeschäften geeignet). Der Inhalt der A. ist mannigfaltig, von Urkunden über private Rechtsgeschäfte und Geschäftspapieren über politische Abmachungen und Korrespondenzen bis zu religiösen Texten und chronikartigen geschichtlichen oder astronomischen Aufzeichnungen. Die wichtigsten Archivfunde, absichtlich oder in Katastrophen gebrannte Tontafeln, entstammen, sieht man von der → Bibliothek des Assurbanipal ab, alle dem 2. Jt. v. Chr.: aus → Mari am Euphrat, dem syrischen → Alalach und → Ugarit (Ras Schamra), dem hethitischen → Boghazköj und Tell-el- → Amarna, um 1360 für 12 Jahre die Residenz → Amenophis' IV. Hinzu kommen die vorwiegend wirtschaftlichen Aufzeichnungen der mykenischen Tafeln von → Knossos und → Pylos.

[2] Da die *griech.-röm. Antike* auf Holz oder Papyrus schrieb, hat sich von ihren Archivbeständen, soweit sie nicht gleichzeitig auf Stein publiziert wurden (→ Inschriften), kaum etwas erhalten. Nur aus dem ptolemäischen Ägypten besitzen wir die wertvolle halbamtliche Korrespondenz des Managers Zenon v. Kaunos. In *Athen* unterstand das von einem Staatssklaven geleitete Staatsarchiv im Metroon der Verantwortlichkeit der → Prytanen, während die Ausfertigung neuer Volksbeschlüsse dem → Grammateus oblag. Verwendung urkundlichen Materials ist bei → Thukydides und den Atthidographen (→ Atthis), bei → Aischines (2), → Demosthenes (1) und in mehreren Werken des → Aristoteles (→ Didaskaliai) nachzuweisen. In *Rom* befand sich das Staatsarchiv (neben dem es ein eigenes plebejisches, den → Ädilen unterstehendes im Cerestempel gab) in einem Teil des →Ärariums am Saturntempel; es unterstand (seit Augustus ausschließlich) den → Quästoren, denen ein Stab von Schreibern beigegeben war, die die Amtspapiere, Kassenbücher, Senatsbeschlüsse u. a. zu verwalten und Urkundenabschriften auszustellen hatten. Auch röm. Historiker, bes. → Tacitus (2), haben Archivmaterial benützt. Wenig wissen wir über die archivarische Behandlung der magistratischen → Commentarii, die in der Kaiserzeit zur Rechtsquelle wurden (→ Constitutiones) und inhaltlich schließlich im → Codex Justinianus, formal in den Regesten der Päpste fortwirkten. Wertvolles Archivmaterial der Spätzeit in den ‹Variae› des → Cassiodor. E. Bay.

Lit: C. C. Edgar, Zenon-Papyri I–V, 1925 ff. – Busolt-Swoboda – Mommsen, Staatsrecht – A. Brenneke-W. Leesch, Archivkunde, 1953 – S. Moscati, Die Kulturen d. alten Orients, 1956, deutsch 1962 – J. Chadwick, Linear B, 1958, deutsch 1959.

Archon, Archonten. Zum Verbum ἄρχω ‹der erste sein: (1) anfangen, (2) anführen, regieren, herrschen› gehört das substantivierte Partizip ἄρχων. Der A. schlechthin ist in Athen und anderen griech. Staaten der eine höchste (und → eponyme) Jahresbeamte; doch kann das Wort auch allgemeiner einen Vorsteher oder Befehlshaber, z.B. auch einen von einer auswärtigen Herrschaft eingesetzten Statthalter bezeichnen. Gelegentlich dient es auch zur Verschleierung der monarchischen Herrschaft: → Dionysios I. v. Syrakus nennt sich ‹A. von Sizilien›, die Herrscher des → Bosporanischen Reiches führen im 4. Jh. den Titel ‹A. von → Bosporos und Theodosia, König der Sinder, Toreten, Dandarier und Psesser›, geben sich also den Königstitel nur gegenüber barbarischen Völkerschaften. – Die ‹Archonten› im Plural (oder im Sg., wo ein beliebiger unter ihnen gemeint ist) sind im gemeingriech. Sprachgebrauch ‹die Regierenden›, die Amtsträger allgemein, insbes. die → Magistrate (1) oder auch allein die Oberbeamten. – *Athen* hatte im 6. Jh. neun jährlich wechselnde Oberbeamte, die auch später, als andere (etwa die → Strategen) neben sie getreten oder vielmehr über sie hinausgewachsen waren, als ‹die neun A.ten› bezeichnet wurden. Von den einst Regierung, Rechtsprechung und Heeresbefehl umfassenden Funktionen sind ihnen freilich in klass. Zeit nur noch bescheidene Reste geblieben. Das ist vor allem auf das Aufkommen neuer Ämter, auf die fortschreitende Demokratisierung, die den Beamten allgemein viel von ihrer Selbständigkeit nahm, und auf die Bestellung der A.ten durch das Los (seit 487/486) zurückzuführen. So waren die A.ten der klass. Zeit, abgesehen von ihren sakralen und repräsentativen Pflichten, zu denen auch die Sorge für → Feste (1) und Spiele gehört, vor allem noch in der Rechtspflege tätig, aber auch hier (wie die anderen rechtsprechenden Beamten) in der Hauptsache auf die Einleitung des Verfahrens und den Vorsitz in dem jeweils zuständigen Gerichtshof, die sog. Gerichtsvorstandschaft (ἡγεμονία δικαστηρίου), beschränkt (→ Recht I B 3). Ganz selten fungierten (wenigstens in klass. Zeit) die neun A.ten als Kollegium; die meisten Geschäfte oblagen den einzelnen unter diesem Sammelnamen zusammengefaßten Behörden. Es sind die folgenden: 1. Der → *eponyme A.*, dem ursprünglich die Oberleitung des Staates zufiel; in klass. Zeit hat er vor allem noch die Rechtsprechung im Bereich des Familien- und Erbrechts und die Fürsorge für Erbtöchter, Witwen und Waisen. – 2. Der *(A.) Basileus*, der ‹König›, ist in historischer Zeit ein Jahresbeamter wie alle anderen; aber er hat die sakralen Funktionen des alten → Königtums bewahrt. Dazu gehört insbes. die Gerichtsvorstandschaft in Religions-, Mord- und Totschlagssachen. Auch seine Gattin hat als ‹Königin› (Basilinna) wichtige kultische Pflichten. – 3. Der → *Polemarchos* war, wie der Name sagt, ursprünglich der Vorsteher des Kriegswesens und noch zur Zeit der Schlacht von Marathon (490) neben den → Strategen Befehlshaber im Felde (mit dem Ehrenplatz auf dem rechten Flügel); später sind ihm nur einschlägige oder benachbarte sakrale und jurisdiktionelle Pflichten geblieben, vor allem ein Teil der → Fremden-Gerichtsbarkeit. – 4. Die 6 *Thesmotheten*, ‹Rechtssetzer›, waren von jeher vor allem mit Aufgaben der Rechtspflege befaßt. F. G.

Lit: C. Hignett, A History of the Athenian Constitution, 1952 – H. T. Wade-Gery, Essays in Greek History, 1958, 86ff.; 171ff.; 180ff.

Archytas von Tarent, → Pythagoreer, 1. H. 4. Jh. v. Chr., Freund → Platons, den er vor dem Tode durch den Tyrannen → Dionysios I. errettet haben soll; auch erfolgreicher Stratege. – *Akustik:* A. lehrte, «daß unmöglich ein Schall entstehen könnte, ohne daß ein gegenseitiger Anschlag von irgendwelchen (Körpern?) stattfände… Von den Schällen erscheinen uns die, welche schnell und stark von dem Anschlag her zu uns dringen, hoch, die aber langsam und schwach, tief zu sein. Denn eine langsam geschwungene Gerte bringt einen tiefen, eine rasch geschwungene einen hohen Ton hervor» (VS 47 B 1). Er erkennt also den Schall als Luftbewegung, sogar Schwingung, unterscheidet aber nicht zwischen der Geschwindigkeit der Schwingung und der Fortpflanzungsgeschwindigkeit. – *Musiktheorie und Arithmetik:* A. berechnete die Verhältnisse der Tonintervalle in den drei Klanggeschlechtern (enharmonisch, chromatisch, diatonisch; → Musik A 11) und beschäftigte sich allgemein mit Zahlenverhältnissen. Er bewies, daß es zwischen zwei Zahlen, die im Verhältnis $(n+1):n$ stehen, keine rationale mittlere Proportionale gibt; daraus folgt, daß der Ganzton, der das Verhältnis 9:8 hat, nicht in zwei gleiche Intervalle zerlegt werden kann. Zum Beweis werden Sätze aus Euklid (elem. Buch 7 und 8) gebraucht. Wahrscheinlich ist der Inhalt von Buch 7 den Pythagoreern schon vor A. bekannt gewesen und Buch 8 im wesentlichen von A. verfaßt. – Aus dem genannten Satz folgt, daß $\sqrt{\frac{n+1}{n}}$ irrational ist, also nur geometrisch, nicht arithmetisch hergestellt werden kann. Trotzdem schätzt A. die Rechenkunst höher ein als die Geometrie, «weil sie noch Beweise zustande bringt, wo die Geometrie versagt» (VS 47 B 4). Aristoteles vertrat wie die meisten griech. Mathematiker die entgegengesetzte Ansicht. – Nach Diogenes Laertius (VS 47 A 1) soll A. als erster *mechanische Probleme* mathematisch behandelt haben; näheres darüber ist nicht bekannt. Umgekehrt benutzte er mechanische Bewegungen (z.B. Drehungen von Geraden und Kreisen) zur Erzeugung von Kurven und Flächen (→ Verdoppelung des Würfels). H. G.

Lit: Sarton I 116 – P. Tannery, Un traité grec d'arithmétique antérieur à Euclide, MAL 3, 1905, 244–250 – B. L. van der Waerden, Die Arithm. d. Pythagoreer I, Math. Ann. 120, 1947–49, 127–149.

Ardaschir I. (Artaxerxes, Artaxares), Sohn des Papak, Perserkönig und erster Großkönig aus dem → Sassanidengeschlecht (224 oder 227–241), besiegte und tötete → Artabanus V. und nahm Ktesiphon; damit trat er die Nachfolge der → Arsakiden an (Titel ‹König der Könige›). Der Versuch, auch Medien und Armenien zu unterwerfen, wo sich Arsakiden behaupteten (Cass. Dio 80, 3, 2 f.), scheiterte zunächst. Der Angriff auf das röm. Nordmesopotamien (Belagerung von Nisibis) und sein Anspruch auf altpersische Grenzen (Cass. Dio 80, 4) führten zum Krieg mit → Severus (2) Alexander 230–232, dessen Ausgang unklar ist (Hist. Aug. Al. Sev. 55 f.; Herod. 6, 5 f.). In den folgenden Jahren führte A. anscheinend im Osten Krieg; 237/238 erneute Wendung nach dem Westen, bei der Nordmesopotamien überrannt wurde (Einnahme von Nisibis und Carrhae). D. T.

Lit: Th. Nöldeke, Tabarî, Gesch. d. Perser u. Araber z. Z. d. Sassaniden 1879 – A. Christensen, CAH XII, 1939, 109ff. – Ders., L'Iran sous les Sassanides (1936), 1944².

Ardea, in der Romsage erwähnte Hauptstadt der Rutuler in Latium im 6. und in der 1. H. des 5. Jh.s, seit 442/434 röm. Kolonie von besonderer kultischer Bedeutung. Reste des archaischen Tempels der Juno Regina auf der Akropolis, in dem sich Gemälde des M. Plautius befanden (Plin. nat. 35, 17), eines Tempels und einer Basilika in der Unterstadt u. a. zeugen von kontinuierlichem, wenn auch bescheidenem Leben der Stadt von der Eisenzeit bis in die Spätantike. B. A.

Lit: C. Caprino, EAA I, 1959, 600.

Ardys, König von Lydien, Sohn und Nachfolger des → Gyges, i. J. 652. Im 7. Jahr seiner Regierung 645 Einnahme von → Sardes und Überflutung großer Gebiete Ioniens durch die mit den thrak. Treren verbündeten → Kimmerier. A. bannt die Kimmeriergefahr und geht seinerseits zum Angriff auf die ion. Städte über, von denen er Priene erobert. Krieg mit Milet. Unterwerfung von Teilen → Phrygiens. Wiederaufnahme der von → Gyges abgebrochenen Beziehungen zu Assyrien. Mit A. beginnt der stetige Aufstieg der lyd. Macht. Sein Sohn und Nachfolger → Sadyattes II. P. Hom.

Lit: Ed. Meyer, RE 2, 1 (1895), 617 – Ders., Gesch. des Altert., III 134. 427. 570 – H. Kaletsch, Zur lyd. Chronol., Historia 7, 1958, 25ff.

Areion, Fabelroß, Sohn von → Poseidon und Demeter Erinys. Rettet vor Theben → Adrast, diente vorher dem Herakles. K. Schb.

Lit: F. Schachermeyr, Poseidon, 1953, 179ff. u.ö.

Areios Didymos, Philosophiehistoriker des späten 1. Jh.s v. Chr., unbestimmter Schulzugehörigkeit, wohl identisch mit dem bei Sen. dial. 6,4; Suet. Aug. 89; Strab. 14,5,4; Plut. mor. 207 AB, 814 D u.a. genannten philosophischen Lehrer des → Augustus und Freund des → Maecenas, der nach dem Tode des → Drusus (1; 9 v. Chr.) eine Trostschrift an die Kaiserin → Livia richtete. Breit angelegt und sorgfältig gearbeitet war ein doxographisches Werk, aus dem bei → Stobaios und → Eusebios (praep. ev.) zahlreiche Fragmente erhalten sind. Sie betreffen die Naturphilosophie des → Aristoteles und der → Stoiker (von → Zenon (3) v. Kition bis → Poseidonios), dann vor allem die Ethik der Peripatetiker (Stob. ekl. 2, p. 116ff. W.) und der Stoiker (ebd. 2, p. 57ff. W.). Seine Quellen sind noch nicht ausreichend erforscht, von einer besondern Bindung an eine bestimmte Schule ist nichts zu erkennen, was an der historischen Zielsetzung des uns faßbaren Werks liegen kann oder an der mit Poseidonios verknüpfbaren Absicht, die Doktrinen von Akademie, Peripatos und Stoa möglichst zusammenzurücken. Für die Geschichte des Peripatos und der Stoa ist das Werk von größter Bedeutung. O.G.

Ed: C. Wachsmuth-O. Hense, Stobaiosausgabe, 1884–1912 – DoxGr 447–472 – *Lit:* Zeller III 1, 635–639.

Arelate (Kt. 1019 D 6; heute Arles), nur von Avien (Ora 689) als griech. Gründung, Theline, bezeichnet, oberer Endpunkt der fossae Marianae, des von → Marius (1) erbauten Kanals durch die versandete Rhonemündung. Flottenbasis → Caesars gegen → Massilia, dessen Rolle im Rhone- und Mittelmeerhandel A. weitgehend übernimmt und auf dessen Kosten das Territorium der um 46 v. Chr. gegründeten Kolonie (Colonia Julia paterna A. Sextanorum) ausgestattet wird. Zeitweilig Residenz → Konstantins d. Gr., der in A. eine Münzprägestätte einrichtete, heißt es auch Constantina. Früh Bischofssitz (meist in Konkurrenz mit Vienna) und mehrfach Tagungsort von Synoden (314; 353; 475; → Konzilien). Seit 395 n. Chr. Sitz der Prätorianerpräfektur für → Gallia, → Belgica, → Hispaniae. Fünf Korporationen der navicularii Arelatenses beherrschen den Handelsverkehr zu Wasser, bes. den Getreideexport nach Italien. Von der mit → Augustus einsetzenden Blüte von A., das → Ausonius (ordo urb. nobil. 10,2) das ‹kleine gall. Rom›, ‹Gallula Roma›, nennt, zeugen die großartigen Denkmäler, vorab das Amphitheater und das Theater aus dem 1. Jh. Vom Forum bestehen Reste eines Tempels sowie die sog. Kryptoportiken (staatliche Getreidespeicher? Markthallen?). Aus konstantin. Zeit die öffentlichen Thermen ‹De la Trouille› am Ufer der Rhone. Außerhalb der Stadtmauern mit Resten von Türmen die große frühchristl. Begräbnisstätte ‹Les Alyscamps› (Elysii campi). A. war ein bedeutendes künstlerisches Zentrum, bes. der Mosaikkunst und der Bildhauerei (Venus von Arles; christl. Sarkophage, → Plastik E 2). L.B.-H.

Lit: L. Constans, Arles antique, 1921 – A. Grenier, Manuel d'archéologie gallo-romaine III, 1958, 157–171 – F. Benoit, Sarcophages paléochrétiens d'Arles et de Marseille, 1954.

Arellius Fuscus, lateinisch und griechisch deklamierender Rhetor der augusteischen Zeit, Lehrer → Ovids. Von seiner unausgeglichenen asianischen Beredsamkeit, die in Charakterisierungen und Beschreibungen glänzte, hat der ältere → Seneca (1) einige Proben bewahrt (suas. 2,1; contr. 2,1, 4; 7,21.7). R.T.

Lit: Schanz-Hosius II, 351.

Arena, mit Sand bestreuter ovaler Spielplatz im → Amphitheater, auch Rennbahn im → Circus. K.G.K.

Areopag. Der Areshügel (Ἄρειος πάγος) im Stadtgebiet von → Athen war seit sehr alter Zeit die heilige Stätte, wo der ‹König›, der (→ Archon) Basileus, über vorsätzlichen Mord, Giftmord und Brandstiftung zu Gericht saß (vgl. → Recht I B 3). Als Urteilsfinder hatte er dabei eine Versammlung aller gewesenen → Archonten um sich. Diese Versammlung hieß ‹Rat› (Bulē) oder genauer, da es noch eine andere → Bulē (den Rat der Fünfhundert) gab, der ‹Rat vom Areshügel›. Schon dieser Name verrät, daß der A. (wie wir ihn kurz nennen) einmal ein wirklicher Rat gewesen ist, der gewiß auch, aber nicht in erster Linie als Gerichtshof fungierte. Aber seitdem die Beratung der → Magistrate (1) und der Volksversammlung (→ Ekklesia) an den von → Solon (oder erst von → Kleisthenes, 1?) eingerichteten mehr demokratischen Rat der Vier- bzw. Fünfhundert übergangen war, sah sich der fortbestehende alte Rat in der Hauptsache auf seine jurisdiktionellen und administrativen Befugnisse beschränkt; sie waren zunächst noch sehr ausgedehnt, liegen aber für uns ganz im Dunkeln. → Ephialtes (4) übertrug sie 462 zum Großteil auf die Fünfhundert, die Volksversammlung und das Volksgericht (die → Heliaia) und beließ dem A. – außer eben dem Blutgericht – nur unbedeutende Geschäfte im sakralen Bereich. Doch wurde der A. gelegentlich auch in der Folgezeit, bes. in Krisenzeiten, von der Volksversammlung mit größeren Aufgaben betraut und besaß zeitweise nicht geringen Einfluß. Die antidemokratischen Verfassungsänderungen der hellenist. und röm. Zeit hoben seine Stellung beträchtlich. F.G.

Ares ist der griech. Kriegsgott, aber nicht in dem Sinne, daß er sein Volk zum Kampf und Sieg führt und als moralische Macht den Kampfgeist stärkt; vielmehr ist er der ‹göttliche Raufbold› (Rose), Repräsentant der Kampfesleidenschaft als solcher. Obgleich er bei Homer als Sohn des Zeus und der Hera gilt, wird ihm die Sympathie des Dichters nicht zuteil: A. ist eine wilde, mordlustige, im Grunde genommen barbarische Gestalt, und die im Altertum verbreitete Ansicht, er sei ein ursprünglich thrakischer Gott, dürfte richtig sein. – Homer gebraucht den Namen A. oft auch metonymisch für ‹Kampf›, ‹Krieg› und ‹Totschlag›, und es fragt sich, ob A. überhaupt nur die → Personifikation des tobenden Kampfes ist, zumal er bei Homer auch von anderen Personifikationen umgeben ist (z.B. Eris und Phobos). Die schon in der Antike vertretene Etymologie Ares = ‹Schädiger› könnte das bestätigen. Zwar wird er später zu den großen 12 Olympischen Göttern gerechnet, aber im Kult hat A. nie eine besondere Bedeutung gehabt. Auf den Krieg bezügliche Riten sind bei den Griechen überhaupt selten. (Eine alte Kultstätte des A. u.a. in Athen am → Areopag, d.h. ‹Areshügel›. Im Kult wird A. an einzelnen Orten – wohl sekundär unter Einwirkung des Mythos – mit → Aphrodite verbunden, z.B. bei Mantinea.) – Obwohl die griech. Geschichte voll von Kriegen ist, liebten die Griechen den Krieg schon von Homer an nicht. A. mußte daher unpopulär sein, zumal als Helfer im Krieg, als Beschützer von Städten und als Verleiher edlen Kampfgeistes und weiser Planung andere Götter (z. B. → Zeus und → Athena) oder → Heroen eine viel wichtigere Rolle spielten. (A. ist daher von dem röm. Kriegsgott → Mars, dem er später gleichgesetzt wurde, grundsätzlich unterschieden.) – Mit A. weithin identisch ist *Enyalios* (neben ihm steht als weibliche Gestalt *Enyo*), dem vor allem auch das Kriegsgeschrei gilt. Auf Schrifttafeln aus → kret.-myk. Zeit, auf denen der Name A. bisher nicht mit Sicherheit gelesen wurde, begegnet dafür Enyalios als selbständige Gottheit. Offenbar ist letzterer im griech. Mutterlande dann durch die von Homer geprägte Gestalt des A. verdrängt und zum bloßen Beinamen gemacht worden. K.-H.R.

Lit: U. v. Wilamowitz, Der Glaube der Hellenen I, 1931, 321ff. – Nilsson I 517–519 – H. J. Rose, Griech. Mythologie, 1955, 158f.

[2] Entsprechend hat A. in der *Sage* oft eine demütigende Rolle: Obwohl Sohn des Zeus und der Hera, wird er von den Göttern ausgelacht, von → Hephaistos beim Ehebruch mit → Aphrodite ertappt und bloßgestellt, ist aber auch dem Zugriff der Sterblichen ausgesetzt: von den → Aloaden

gefesselt, als er → Adonis getötet hatte, im → Trojan. Krieg, wo er auf seiten der Troer kämpft, von → Diomedes verwundet und als er → Halirrhothios, einen Sohn des Poseidon, zur Strafe für die Entehrung seiner und der → Aglauros Tochter, Alkippe, getötet hatte, vom → Areopag zu vorübergehender Knechtschaft bei einem Sterblichen verurteilt. Seine Kinder von Aphrodite sind Deimos und Phobos, → Eros und Anteros und Harmonia, die Gemahlin des → Kadmos; von Kyrene der thrak. → Diomedes; von anderen die → Amazonen, bes. Penthesilea; → Kyknos und → Lykaon (→ Herakles), Euenos und schließlich auch der theban. Drache, den → Kadmos tötet. L.H.

Lit: Preller-Robert I 335ff. – Rose, 158f. (mit Q.angaben).

Darstellungen: schon verhältnismäßig früh in der griech. Vasenmalerei, so auf einer naxischen Amphora der 1.H. des 7.Jh.s in Athen (Ch. Karusos, JdI 52, 1937, 175, Abb. 10) neben → Aphrodite auf einem von Flügelpferden gezogenen Gespann (vgl. auch → Göttersagen). Auf der Françoisvase (um 565) sind im Zug der Götter die Namen von A. und Aphrodite unter dem Henkel angebracht, doch fehlt der Wagen mit den Gottheiten. Auf derselben Vase findet sich A. nochmals bei der Rückführung des Hephaistos (Furtwängler-Reichhold, Taf. 11), beschämt am Boden kauernd, da er H. nicht zur Rückkehr auf den Olymp bewegen konnte. In der archaischen Kunst sind Darstellungen des A. bes. im Zusammenhang mit → Gigantomachien (am Siphnierschatzhaus: Fouilles de Delphes IV, 2, Taf. 11; F. Vian, La guerre des géants, 1952, passim) und dem Kyknosabenteuer des → Herakles (Brommer 79–84) verbreitet. Er ist in dieser Zeit stets bärtig und bewaffnet, nur vereinzelt nackt. Bärtig ist er auch noch auf der im frühen 4. Jh. entstandenen Gigantenkampfamphora im Louvre (Furtwängler-Reichhold, Taf. 96), wo er wieder neben Aphrodite auf dem Wagen kämpft. Mehrfach erscheint A. in → Götterversammlungen, so auf einer → Oltosschale in Tarquinia (Pfuhl, Abb. 359f.), wo er einen Ärmelchiton trägt, und auf der → Sosiasschale (CVA Berlin 2, Taf. 50), jeweils neben Aphrodite; schließlich auch am Ostfries des Parthenons (A.H. Smith, The Sculptures of the Parthenon, 1910, Taf. 33). Dort ist A. unbärtig; Ungeduld und Ungestüm verraten sich in seiner Haltung. Auf einer wenig späteren Schale in London (JdI 46, 1931, 23, Abb. 18) trägt der bärtige A. beim Göttersymposion Kranz und Binde. Vereinzelt wohnt der Gott auch der Geburt Aphrodites bei (F. Brommer, Satyroi, 1937, 14; T. Webster, Der Niobidenmaler, 1935, Taf. 14f. Vgl. → Göttergeburten). – Verhältnismäßig selten ist A. in der großgriech. Vasenmalerei (vgl. etwa den Londoner Volutenkrater F271, Mon. Inst. V, Taf. 22f., mit der Raserei des Lykurg und den ebenfalls apul. Volutenkrater bei K. Stark, Niobe und die Niobiden, 1863, Taf. 3. Der Gott ist jeweils fast nackt, auf dem Krater Jatta bärtig). Auf dem Phlyakenkrater London F269 kämpft A. (→ Enyalios benannt) mit Daidalos (A.D. Trendall, Phlyax Vases, 1959, 75; M. Bieber, The History of the Greek and Roman Theatre, 1961, 133, Abb. 485). Einen reitenden A. bietet im späten 5. Jh. eine böot. Lekane im Louvre mit einem Kampf zwischen A.-Gageneis und Herakles-Athena (A.D. Ure, JHS 55, 1935, 79f,. Abb. 1). Am großen Altar von Pergamon lenkt der Gott dagegen wieder ein Gespann (E. Schmidt, Der große Altar von P., 1961, Taf. 12). Großplastische Wiedergaben sind selten mit Sicherheit nachweisbar. Berühmt der A. des → Alkamenes (zuletzt Freyer, JdI 77, 1962, 211ff.: um 430/20), der in der Kaiserzeit oft – meist mit einer von der → Aphrodite aus Capua abgeleiteten Statue verbunden – für Porträtfiguren verwandt wurde (L'Orange, SO 11, 1932, 94ff.). Weniger sicher gedeutet der A. Somzée (C. Devès, Mon. Piot 39, 1943, 28–34) und andere Köpfe und Figuren des 5. Jh.s (Lippold, GrPl 180, Anm. 1) sowie der A. Ludovisi, der ins 4. Jh. gehört (Picard, Manuel III, 720ff.). – In der *Kaiserzeit* viele Gruppen von A. und Aphrodite, außer den genannten vgl. etwa: Aymard, MEFR 51, 1934, 182ff. (bes. auch Münzen), Schefold, WP, passim; E. v. Mercklin, Antike Figuralkapitelle, 1962, Nr. 395. Häufig *Mars* mit Tropaion (W. Deonna, ZSchwAlt 14, 1953, 65ff.; Gemme Kopenhagen, Nat. Mus. 1589). Verbreitet ein seit Furtwängler meist auf Mars Ultor bezogenes Standbild des bärtigen Mars (Stuart Jones, Museo Capitolino, 1912, Taf. 7; Poulsen, From The Coll. of the Ny Carlsberg Glyptotek 3, 1942, 75f.; Salomonson, Oudh. Meded. 38, 1957, 19f. 40, Anm. 111). In der Kaiserzeit häufig Statuetten des Mars. Vgl. auch C.C. Vermeule, Num. Circ. 63, 1955, 371ff. und in JHS 77, 1957, 294f. (Mars Victor und anderes) sowie Praschniker, ÖJh, Beih. 36, 1946, 17–39 (zum provinzialröm. Mars Latobius). Auch in anderen Provinzen sind Darstellungen des Mars, vor allem auf Reliefs, verbreitet. K. Schb.

Aretaios von Kappadokien, pneumatischer Arzt, Mitte 1. Jh. n. Chr. Erhalten ist sein klar gegliedertes Lehrbuch über Ätiologie, Symptome und Therapie von akuten und chronischen Krankheiten in ionischem Dialekt, das auch literarisch (Homerverse und Hippokrateszitate in die eigenen Sätze verflochten) interessant ist. Ausgezeichnete Krankheitsbeschreibungen (Diabetes!). A. ist der einzige erhaltene → Pneumatiker reiner Observanz und strenger Hippokratiker, der sich von Modeströmungen seiner Zeit (Einfluß magischer Medizin) erfreulich distanzierte. F.K.

Ed: C. Hude, CMG II², 1958 – *Lit:* F. Kudlien, Unters. zu A. von Kapp., 1964.

Aretalogie, philologische Bezeichnung für hellenistische Zusammenstellungen der Wundertaten einzelner Götter (→ Hymnos). Die A. entnimmt, anders als der Hymnos, ihren Stoff nicht dem Mythos, sondern preist die Gegenwartstat, die sich in der Epiphanie äußert. G.K.

Lit: Nilsson II 228f.

Aretas, Name mehrerer → Nabatäer-Könige, von denen A. III. (87–62 v. Chr.) und A. IV. (9 v.–39 n. Chr.) ihren Einfluß auf Syrien (→ Damaskos) und → Judäa ausdehnten. A. III. belagerte i.J. 65 v. Chr. erfolglos Jerusalem (vgl. → Pompejus, 2), A. IV. führte einen siegreichen Krieg mit → Herodes Antipas, der seine Tochter der Herodias wegen verstoßen hatte. G.Wn.

Lit: RE 2 (1896) 673f. – RGG I 590.

Arete (*ἀρετή*, von *ἄριστος* = der Beste, ‹Bestheit›), ursprünglich jede Vollkommenheit und Verwirklichung dessen, was im einzelnen Wesen angelegt ist und von ihm erwartet werden darf; die A. des Messers ist, daß es gut schneidet, des Hundes, daß er wachsam u. dgl. ist, der Beine, daß sie schnell laufen können (vgl. Hom. Il. 20,411). Vom 6. Jh. v. Chr. an treten Sonderbedeutungen hervor: 1. A. wird die ethische Vollkommenheit des Menschen, die Tugend, die als Ziel des Handelns zu erstreben und zu bewähren ist. Vom späten 5. Jh. an fragt die Philosophie (a) nach ihren Teilen (Kardinaltugenden) und deren Verhältnis zueinander, (b) ob der Mensch sie von Natur besitze oder durch Übung und Gewöhnung oder durch Belehrung (so Sokrates) sich anzueignen habe, (c) ob und unter welchen Umständen die A. wieder verlorengehen kann. Die Behandlung der Tugend bzw. der einzelnen Tugenden wird ein Hauptkapitel der philosophischen Ethik. – 2. A. wird die Leistung selbst, die tapfere Tat des Helden, das Wunder der Gottheit, schließlich der Ruhm der Leistung. – Träger der A. ist der ‹tüchtige Mann› (*καλὸς κἀγαθός, ἀγαθὸς ἀνήρ*). A. gilt geradezu als Abstraktum zu ‹gut› (*ἀγαθός*). – Vgl. → Ethik. O.G.

Arethas, Erzbischof von Caesarea (etwa ab 907; geb. ca. 860 zu Patrai), Schüler des → Photios. Bes. bedeutend für die byzantinische Bildung: er sammelte kirchliche und profane Manuskripte, von denen er prachtvolle Abschriften anfertigen ließ (z.B. den Codex Clarkianus des Platon). Diese stattete er nicht selten mit erklärenden (gelehrten) Bemerkungen aus (z.B. zu Platon, Lukian, Dion Chrys., Aristides, Eusebios). Seine bekannteste theologische Schrift ist ein Kommentar zur Apokalypse. H.E.

Lit: S. Kougeas, *Ὁ Καισαρείας Ἀρέθας*, 1913 – J. Bidez, Aréthas de Césarée, Byzantion 9, 1934, 394 – A. Severyns, Recherches sur la Chrestomathie de Proclos I, 1938, 342.

Arethusa, Nymphe, Geliebte des Alpheios, des Flusses in Elis. A. wollte ihm entfliehen und wurde von der ihr gewogenen Artemis in einen Wasserstrom verwandelt, der unter dem Meer nach Sizilien floß. Dort ereilte sie aber Alpheios. A. hieß je eine Quelle in Elis und Syrakus (Paus. 5,7,2; Ov. met. 5,577ff.). Nach einigen älteren Autoren (Telesilla Frg. 1) liebte Alpheios die Artemis.

Darstellungen: Kopf der A. das wichtigste Münzbild von Syrakus. Mit Alpheios auch auf Mosaiken (D. Levi, Antioch Mosaic Pavements, 1947, 109ff. 272ff.; EAA III, 1960, 716, Abb. 878). K. Schb.

Areus, spartan. König (309/308–265), versuchte als erster, höfischen Stil und Zeremoniell hellenist. Herrscher in Sparta nachzuahmen und prägte nach dem Vorbild der Diadochen Münzen mit seinem Namen. 281/280 Feldherr der gegen → Antigonos II. Gonatas und die Ätoler kämpfenden Griechen, rettete er 273/272 Sparta vor dem Zugriff des → Pyrrhos (1) und kam danach den gleichfalls von Pyrrhos angegriffenen Argivern zu Hilfe. Im → Chremonideischen Krieg führte er das Heer der verbündeten Peloponnesier. 265 fand er bei Korinth in einer Niederlage gegen Antigonos den Tod. F. Kch.

Q: Phylarch, FGrHist 81 F 44 – Plut. Pyrrh. 27–32 – Paus. 3,6, 3 ff.

Argaios (Ἀργαῖον ὄρος; heute Erdjias dağ), 3840 m, höchster einer Reihe von Vulkanbergen in Kappadokien; höchste Erhebung Kleinasiens. In Caesarea wurde der A. als Gott verehrt. R. F.

Argeaden, wohl vom makedon. Argos Orestikon, seit → Alexander (3) I. vom peloponnes. Argos abgeleiteter Name des makedon. Königshauses (Hdt. 8, 137), gelegentlich auch auf das ganze Volk übertragen. → Alexander (5) d. Gr. nannte sich stolz einen A.; das Geschlecht erlosch 311/310 v. Chr. mit → Alexander IV. Auch die → Ptolemäer, → Antigoniden und → Seleukiden erhoben den Anspruch, als A. zu gelten. Eine Seitenlinie ist noch im 2. Jh. v. Chr. nachweisbar. P. R. F.

Lit: P. R. Franke, Die antiken Münzen von Epirus I, 1961, 308–311.

Argei, Name der 27 Binsenpuppen, welche die → Vestalinnen jedes Jahr am 14. Mai vom pons Sublicius (→ Rom IV C 4) aus in den Tiber warfen; A. nannte man auch die 24 oder 27 Kapellen, die am 16. und 17. März von einer Prozession besucht wurden; man nimmt an, daß dann die Puppen zu den Ruhealtären getragen wurden, wo man sie am 14. Mai wieder holte (Varro ling. 5, 45–54 und 7, 44; Fest. 14 L., Plut. qu. Rom. 32 u. 86). Lange hat man nach dem Vorgang der röm. Gelehrten geglaubt, es handle sich um einen Ersatzritus, und ursprünglich seien Argiver, d. h. Griechen, → Saturn geopfert worden; heute steht fest, daß A. nicht ‹Argiver› bedeuten kann, doch bleibt der Sinn des Wortes wie des gesamten Ritus unbekannt. H. Le B.

Lit: J. Le Gall, Recherches sur le culte du Tibre, 1953, 83–87 – Latte, 412–414.

Argentarius, M., Epigrammatiker. Möglicherweise identisch mit dem von Seneca d. Ä. (z. B. suas. 5, 6) zitierten röm. Rhetor griech. Herkunft. P. H.

Ed: AP.

Argenteus (sc. nummus) heißt jede Silbermünze in röm. Zeit, wird auch bei Plin. nat. 33, 47 so genannt, während andere Quellenbelege (Hist. Aug. usw.) weniger zuverlässig erscheinen. Vgl. auch → Antoninianus. W. Schw.

Lit: K. Menadier, ZNum 31, 1914, 28 f., 52–54 – K. Regling, in: v. Schrötter, 35–36.

Argentorate (Kt. 1057 C 7; heute Straßburg), Alenkastell vermutet z. Z. des → Drusus, unter Tiberius Holz-Erd-Lager der 2., nach 70 Steinlager der 14. Legion. Um 370 Mauerring verstärkt und mit Türmen bewehrt. L. B.-H.

Lit: J. J. Hatt, Strasbourg aux temps des Romains, 1953.

Arginusen (Kt. 1152 G 4), Inselgruppe am S-Eingang der Meeresstraße zwischen Lesbos und der Küste Kleinasiens, wo die Athener im → Pelop. Krieg 406 v. Chr. die spart. Flotte unter → Kallikratidas schlugen. Da die siegreichen Strategen infolge eines drohenden Sturmes nicht alle Schiffbrüchigen hatten retten können, wurde ihnen dann in Athen der sog. A.-Prozeß gemacht, der – soweit sie nicht geflohen waren – mit ihrer Hinrichtung endete. F. Kch.

Argistis I., König von → Urartu, 785–753, unter dem das Reich seine größte Ausdehnung (bis nach Südgeorgien und über den Urmia-See hinaus) erreicht.

Argivische Sagen, ein weitverzweigter Sagenkreis. Er beginnt, wie viele andere, mit der Urzeit, dem ‹ersten Menschen› → Phoroneus, Sohn eines Flußgotts, des → Inachos, dessen Nachkommen u. a. das ‹erste Weib›, → Niobe (1), die Stammväter Apis (Apia), Kar (Karien), → Argos und Pelasgos sind. Durch → Io, auch eine Nachfahrin des Inachos, ergibt sich über → Epaphos und Libye die Verknüpfung mit → Danaos und seinem Stamm, zu dem die Könige von Argos, → Proitos und Akrisios und schließlich → Perseus gehören. In nicht leicht durchsichtiger Verzahnung mit diesem Geschlecht herrscht ein anderes über Argos, von → Kretheus und → Tyro abstammend, aus dem Bias, → Melampus, Talaos und schließlich → Adrast und → Amphiaraos hervorgehen, durch die der a. Sagenkreis eng mit dem → theban. Sagenkreis verbunden wird. Vgl. → Sieben gegen Theben. L. H.

Argivisch-geometrische Vasen, in der Argolis bis in → protogeometrische Zeit zurückzuverfolgen, eine Eigenständigkeit der Formen ist aber erst seit dem späten 9. Jh. faßbar. Lockerer als auf att.-geometrischen → Vasen (E 1) ist die Dekoration gegliedert; durch reiche Verwendung von Parallellinien, Treppenmäander und schraffiertem Zickzack entsteht eine textile Wirkung. Den figürlichen, in kleinen Metopen angebrachten Motivschatz bilden Pferd, Pferdeführer, Vogel, Fisch. – Der Ton a.-g. V. ist gelb-grau oder gelb. Fundorte: → Argos, → Tiryns, → Mykene, → Asine. I. Sch.

Lit: W. Müller-F. Oelmann, Tiryns I, 1912, 127–164 – O. Frödin-A. W. Persson, Asine, 1938, 312–333 – J. M. Cook. Mycenae 1939–52, BSA 48, 1953, 34–41 – S. Charitonidis, Recherches dans le quartier est d'Argos, BCH 78, 1954, 411–426.

Argolis, die östlichste Landschaft der → Peloponnes, südl. von → Korinth, im W an → Arkadien, im S an die → Kynuria grenzend (Kt. 1152 D 5), genannt nach der Hauptstadt → Argos, die fast das ganze Gebiet unter ihre Herrschaft brachte; besteht aus der argivischen Ebene in der Mitte und der gebirgigen Halbinsel Akte im O. Wichtigste ehemals selbständige Orte: Asine, → Nauplia, → Mykene, Nemea und Kleonai. Auf der Akte lagen die selbständigen Städte Hermione, → Troizen und → Epidauros (mit dem berühmten Asklepiosheiligtum), am Ostrand der Ebene südl. von Mykene das Hauptheiligtum der Landschaft, das Heraion. Zu Geschichte, Sage, Religion → Argos. E. M.

Lit: H. Lehmann, Landeskunde der Ebene v. Argos u. ihrer Randgebiete, 1937 (mit Karte: Die Ebene von Argos 1 : 50000) – Philippson-Kirsten III 93–154.

Argonauten heißen nach ihrem Schiff, der Argo, die ungefähr 50 Helden, die → Jason sammelt, um das Goldene Vlies zu gewinnen; darunter (die Listen variieren) die jeweils mit einer märchenhaften Fähigkeit ausgestatteten → Euphemos, → Idas und → Lynkeus, Kalais und Zethes (→ Boreaden), Kastor und Polydeukes (→ Dioskuren), Kaineus und Peirithoos (→ Lapithen), → Periklymenos, → Orpheus, die Steuerleute → Tiphys und → Nauplios, → Argos (der mit Hilfe Athenes das Schiff – das erste – baut), die Seher Mopsos, → Idmon und → Kalchas; ferner die aus den großen Sagenzyklen bekannten Helden wie → Akastos, Peleus, Telamon, Admetos, Meleager, Iphiklos u. a.; die meisten von ihnen hatten ‹vorher› auch an der → kalydon. Jagd teilgenommen. Ziel der Fahrt ist Aia, meistens in Kolchis, doch auch vereinzelt im Westen lokalisiert. In *Lemnos* vereinigen sich die A. mit dem von → Hypsipyle beherrschten Weibervolk, das seine Männer umgebracht hatte, und hinterlassen viele Nachkommen. In *Samothrake* lassen sie sich auf Rat des Orpheus in die Mysterien einweihen. In *Kyzikos* vom König Kyzikos freundlich aufgenommen; als sie durch Sturm noch einmal an die Küste getrieben und irrtümlich für Fremde gehalten werden, kommt es zu blutigem Gefecht, Kyzikos fällt. Weiterfahrt erst nach Trauerklage und Stiftung des Kults der Göttermutter auf dem Dindymon. In *Kios* wird Hylas von Nymphen geraubt; während Herakles mit Telamon verzweifelt seinen Liebling sucht, fahren die A. auf Anraten der → Boreaden und des → Glaukos, der Herakles andere Abenteuer prophezeit, ohne ihn ab. Bei den *Bebrykern* besiegt Polydeukles → Amykos im Faustkampf und fesselt oder tötet ihn. In *Salmodessos* befreien die Boreaden den blinden Phineus von den → Harpyien, die ihm ständig seine Mahlzeiten raubten oder beschmutzten. Als Dank gibt ihnen der Seherkönig wichtige Ratschläge für die Fahrt, bes. den, in die Symplegaden eine Taube voranfliegen zu lassen und daran das eigene Ergehen zu ermessen. Am *Bosporos*

Fahrt durch die zusammenschlagenden Felsen, die Symplegaden, die seither stillstehen. Im Vorbeifahren vertreiben sie auf der Aresinsel *Aretias* die vor → Herakles dorthin geflohenen stymphalischen Vögel. In *Kolchis* erfüllt Jason mit Hilfe der Aietestochter Medea die für die Herausgabe des Vlieses gestellten Bedingungen (Pflügen eines Feldes mit bronzenen, feuerschnaubenden Stieren, Tötung der aus der Saat von Drachenzähnen entsprossenen Krieger) und fährt mit dem nach Bezwingung des Drachens gewonnenen Vlies davon; → Medea fährt mit und hält die Verfolger auf. Rückkehr mit vielen Umwegen und Abenteuern. Nach der Fahrt durch den *Okeanos* erreichen die A. *Libyen*, wo sie das Schiff eine Strecke weit auf den Schultern tragen müssen, bis am Tritonischen See Triton den Weg zurück zum Meer zeigt (vgl. → Euphemos). In Kreta wird der eherne Wächter der Insel, der Läufer Talos, mit Hilfe Medeas getötet. Nach einigen Autoren fahren die A., z.T. auf Donau, Po, Rhein, Rhone, durch Etrurien und Keltenland, passieren die Insel der → *Kirke*, die sie vom Mord an Apsyrtos reinigt, und die Sirenen, deren gefährlichen Gesang Orpheus übertönt. Bei den Phäaken schließt Jason die Ehe mit Medea, um deren Auslieferung unmöglich zu machen. Nach der Heimkehr Weihung der Argo an Poseidon. Wichtigste Quelle das Epos des → Apollonios (11) Rhodios, wozu es jedoch zahlreiche abweichende Überlieferungen gibt. Vgl. → Jason; → Pelias; → Medea.

Lit: O. Jessen, RE 2,1 (1895), 743–787 – Preller-Robert II 3, 758 ff. – R. Roux, Le problème des Argonautes, 1949 – J. R. Bacon, The Voyage of the Argonauts, 1925 – *Darstellungen:* Bau der Argo auf Campanareliefs (v. Rohden-Winnefeld, Architekton. Tonreliefs der Kaiserzeit, 1911, Taf. 32, mit Text). Szenen bei der Abfahrt der A. sowie in Lemnos am Siphnierschatzhaus und vielleicht auf att. Vasen (Schefold, FS 71–74; N. Alfieri-P. Arias, Spina, 1958, 45; Furtwängler-Reichhold, Taf. 108). Zum Raub des Hylas: W. Grünhagen, Der Schatzfund von Groß-Bodungen, 1954, 53 ff.; Faustkampf mit → Amykos s. d. Rettung des Phineus auf mehreren Vasen, vorwiegend attisch rotfigurigen; berühmteste Darstellung die Würzburger chalkidische Schale (A. Rumpf, Chalkidische Vasen, 1927, Taf. 40 ff.). Weitere Vasenbilder bei Brommer, 351. Aufenthalt der A. in Kolchis, Gewinnung des Vlieses auf einigen Vasen (Brommer 346 f.) sowie Gemmen, Reliefs (Mon. Ant. 31, 1926, Taf. 22: Stuckrelief; M. Gütschow, Mem. Pont. Acc. 4, 1938, 44 ff.: Sarkophage). Ungewöhnlich Jason im Rachen des Drachens auf einer Schale im Vatikan (Beazley, ARV[1] 286, 93). Begegnung von Triton-Euphemos in einer Bronzegruppe dargestellt (Curtius, Rend. Pont. Acc. 1943/44, 255 ff.). Tötung des Talos auf 2 attischen Krateren (Brommer 350). Leichenspiele für Pelias auf Schildreliefs; vgl. zu → Atalante (Kunze 177–179). K. Schb.

Argonautenepos, kyklisches. Alte, aus der Odyssee (bes. 12, 61–72) erschlossene epische Gestaltung der Argonautensage, die der Odyssee bes. für die im Osten lokalisierten Abenteuer als Vorlage gedient haben soll. → Kyklos. – Vgl. → Argonauten, → Orphische Dichtung. G. K.

Lit: K. Meuli, Odyssee u. Argonautika, 1921 – A. Lesky, Aia, WSt 63, 1948, 22–68.

Argonautika, orphische, → Orphik.

Argos, Sohn des Zeus und der → Niobe (1), erhält von → Phoroneus den nach ihm benannten Teil der Peloponnes zur Herrschaft, Gatte der Euadne.

2. **A.** (‹Panoptes›), Urenkel des Vorigen, mit einem Auge, zwei Paaren oder ungezählten Augen an allen Stellen des Körpers, jedenfalls märchenhaft scharfsichtig (‹A.-auge›). Erschlägt einen Stier, der Arkadien verwüstet, und das Monstrum → Echidna. Von Hera zum Wächter der → Io bestellt, aber von Hermes auf die eine oder andere Weise überlistet und erschlagen. Hera versetzte seine Augen an die Federn des → Pfaus.

3. **A.,** Sohn des → Phrixos und der Chalkiope. Verläßt mit seinen Brüdern Kolchis, um das Erbe seines Großvaters → Athamas anzutreten. Nach einem Schiffbruch im Pontos werden sie von den Argonauten aufgenommen. Nach anderen Erbauer der Argo (Apollod. 1, 83. 110; Hyg. fab. 3. 14. 21; Apoll. Rhod. 2, 1095. 1122 ff.). Mehrfach werden Argos-Erbauer und Phrixossohn als zwei Personen betrachtet. K. Schb.

Argos, Name zahlreicher Landschaften und Orte in Griechenland. Am bedeutendsten ist das *peloponnes. A.*, Hauptstadt der → Argolis, noch heute mit dem gleichen Namen an gleicher Stelle (Kt. 1152 D 5). Über die größtenteils in der Ebene gelegene Stadt erhebt sich der steile 289 m hohe Burgberg der Larisa, an den sich getrennt durch den flachen Sattel Deiras gegen NO die flache Erhebung Aspis anschließt. A. war schon in vorgeschichtlicher Zeit besiedelt; auf der Larisa in myken. Zeit eine Burg. Größte Bedeutung in frühgeschichtlicher Zeit, zeitweise führende Macht der Peloponnes. Einer der Hauptorte der griech. Sage (→ Adrast, → Sieben gegen Theben). Bei Homer bezeichnet ‹A.› häufig die ganze Peloponnes oder ganz Griechenland, ‹Argiver› auch die Griechen überhaupt. Gebiet durch Kriege mit Sparta geschmälert. Um 494 Niederlage bei → Sepeia durch → Kleomenes I. (Verlust der → Kynuria). Im → Perserkrieg neutral, dann Anschluß an Athen und meist in Gegensatz zu Sparta (ca. 460 Sieg der Argiver bei → Oinoe über Sparta, 451 30jähriger Frieden zwischen A. und Sparta, im → Pelop. Krieg zunächst neutral, 420 Bündnis mit Athen, Elis und Mantineia, 418 Schlacht bei → Mantineia, Niederlage der Argiver gegen Spartaner). 316 A. von → Kassander erobert, 303 durch → Demetrios I., 272 mit Sparta im Krieg gegen → Pyrrhos (1), der in A. fällt. Seit 229 im → Achäischen Bund. Auf der Larisa Reste der myken. Burg erhalten, ebenso Tempel aus klass. Zeit; am Südostfuß der Larisa ein großes Theater (um 350 v. Chr. errichtet und von Hadrian erneuert) und ein kleines Odeion aus röm. Zeit daneben, davor ausgedehnte Reste der Agora; auf der Aspis Reste von Gebäuden im heiligen Bezirk des Apollon. Bildhauerschule von A. in frühklass. Zeit führend (→ Polyklet). E. M.

Q: Paus. 2, 18, 4–24, 4 – *Lit:* E. Kunze, Archaische Schildbänder, 1950, 215 ff. – W. Vollgraff, La topographie de la ville héllenique, BCH 31, 1907, 144–184 – Ders., Le sanctuaire d'Apollon pythéen à A., 1956 – Neuere Ausgrabungsberichte im BCH seit Bd. 77, 1953.

Argumentatio (*πίστις*), Beweis und Beweisführung in der → Rhetorik (B; Tabelle 7 d. e.). Vgl. → Enthymema, → Epicheirema, → Ratiocinatio. H. H.

Lit: Volkmann, 175 ff. – Lausberg, I 190–236 – D. Matthes, Lustrum 3, 1959, 203–208.

Argumentum, in der → Logik (1) Grund oder Beweis, zur Stützung einer Behauptung oder einer Hypothese (Cic.), bes. als Gegenbegriff zu *ratio*, Beweis, der mehr auf Tatsachen als auf Gründen beruht; (2) Anzeichen, Zeichen, Kennzeichen, welches das Vorhandensein einer Sache kundgibt oder deren Art erkennen läßt. – In der *Literaturgeschichte* bezeichnet ‹Argumentum› die Angabe des Gegenstands und Inhalts eines Gedichtes, eines Dramas usw.; vgl. auch → Hypothesis. S. M.

Argyraspiden. Eine Abteilung, die → Alexander (5) d. Gr. vor dem Indienfeldzug bei der Angliederung orientalischer Kontingente aufstellen ließ (Arr. anab. 7, 11, 3), benannt nach dem silbernen Beschlag der Schilde. Sie gehörten zu den → Hypaspisten. In der nachalexandrinischen Zeit gab es A. nur im syrischen Heer. Ebenfalls nach dem Beschlag oder der Verzierung der Schilde benannt die makedon. Heeresabteilungen der Chalkaspiden (erzbeschlagene Schilde) und Leukaspiden (weiße Schilde), beide im Heer nach Alexander d. Gr. G. G.

Ariadne, Tochter des → Minos. Hilft → Theseus im Labyrinth bei der Tötung des → Minotauros und folgt ihm nach Naxos, wo dieser sie aus Treulosigkeit oder auch auf Betreiben des → Dionysos verläßt (Klage der A.; vgl. bes. Cat. c. 64). A. wird Geliebte des Gottes und durch Zeus unsterblich gemacht, nach anderer Sage wegen Treulosigkeit gegen Dionysos von Artemis getötet (Od. 11, 321 ff.). Kinder A.s von Dionysos: Oinopion, → Staphylos, Thoas. Auf Kreta durch kultische Tänze, auf Cypern (Amathus) durch ein Fest mit merkwürdigen Gebräuchen (Männerkindbett) als Aphrodite A. verehrt (Plut., Thes. 20). Alte

Gottheit, die bald als Muttergottheit, bald auch als Vegetationsgottheit gedeutet wird.

Lit: Preller-Robert II 2, 680ff – M.P.Nilsson, The Minoan-Mycenian Religion, 1950² 526 – F.Klingner, Catulls Peleus-Epos (1956), in: Studien, 1964, 156–264, bes. 177ff. – *Darstellungen:* mit Dionysos vom 6.Jh. ab außerordentlich häufig, mit → Theseus schon auf fruharch. Reliefs (Schefold, FS 37). Am häufigsten in der att. und unterital. Vasenmalerei. Die Auffindung A.s durch Dionysos oder die Abreise des Theseus aus Naxos auf Vasen selten (W.Hahland, ÖJh 44, 1959, 44ff.), auf röm.Wandgemälden und Sarkophagen sehr verbreitet. – *Lit.dazu:* Lippold, GK 47ff. – Adriani, Bull.Soc.Alex.39, 1951,5ff. K.Schb.

Arianischer Streit. Mit der Bezeichnung des präexistenten Logos als ‹Geschöpf Gottes›, dem ein Anfang zuzusprechen und deshalb göttliche Rang- und Wertgleichheit abzusprechen sei, hatte → Arius einen Schulstreit ausgelöst (→ Christentum V E 2), der zu tiefe Gräben aufgerissen hatte, als daß die unbefriedigende *ὁμοούσιος*-Formel von Nicaea (1. ökum. Konzil 325) den von Kaiser → Konstantin erhofften Kirchenfrieden bringen bzw. sichern konnte. Zudem ließen kirchenpolitische Gesichtspunkte alsbald die theologische Ausgangsfrage vergessen. Das gilt auch für den Hauptrufer im Streit, → Athanasios, der alle persönlichen Gegner als ‹Arianer› in seiner Streitpublizistik anprangerte, ohne seine Position klar zu formulieren; erst ziemlich spät trat er für *ὁμοούσιος* als Inbegriff der Orthodoxie ein. Noch verwirrender wirkte sich die mit Verbannung renitenter Bischöfe arbeitende Religionspolitik von → Constantius aus (seit 351), der auf mehreren Synoden sein *ὅμοιος* zu erzwingen suchte, damit aber nur den Graben zwischen West und Ost vertiefte und schließlich das Disputieren über Christi Wesen verbot. Er gab dem schroffen Neuarianismus eines Aetios (gest. 366) und Eunomius (gest. 394; vgl. → Gregor (5) v. Nyssa, Contra Eunomium) und ihrer Formel *ἀνόμοιος* (daher auch: ‹Anhomöer›) Auftrieb, der eine schwache Mittelpartei ihr *ὁμοιούσιος* (daher: ‹Homöusianer›) entgegensetzte. – Die entscheidende *Wende* im a.S. brachte nach Rückkehr der Verbannten unter → Julianus (2) Apostata die sog. Friedenssynode von Alexandria (362): Athanasios ließ die zuvor schroff abgelehnte Formel: *τρεῖς ὑποστάσεις, μία οὐσία* als orthodoxe Interpretation des ‹Homousios› von Nicaea zu, verlangte aber jetzt auch die Anerkennung der Homousie des Geistes. Letzteres hatte die Zersplitterung der Homöusianer zur Folge, die bis auf eine Minderheit (‹Pneumatomachen› = Geistbekämpfer) zu den Homousianern übergingen. Ersteres hingegen gab der Neufassung des Hypostasenbegriffes im Sinne personhafter Individualität durch die sog. ‹Jungnicäner›, an ihrer Spitze → Basilius v. Caesarea, die kirchenpolitische Krönung. So konnte die Sanktionierung des nizänischen ‹Homousios› und, mit der Bestätigung des Nicänums, die erneute Verurteilung des Arianismus auf dem 2. ökum. Konzil von Konstantinopel (381) eine große Mehrheit finden, während die Pneumatomachen der Bannstrahl traf. – Nachhaltig wirkte sich der a.S. auf die → *Goten* aus, die in der Periode homöischer Religionspolitik christianisiert wurden. Die Ostgoten bewahrten ihr ‹Arianertum› bis zu ihrem Untergang 555, die Westgoten bis 586. H.D.

Q: H.G.Opitz, Urkunden zur Gesch. des a.S.s, in: Athanasios, Werke III 1, 1934 – *Lit:* Ed.Schwartz, Zur Gesch. des Athanasios (1904–11), in: Ges.Schr.III, 1959 – Ders., Zur Kirchengesch. des 4.Jh.s (1935), in: Ges.Schr.IV, 1960, 1–110 – W. Schneemelcher, Athanasius v. Alexandrien als Theologe u. als Kirchenpolitiker, ZNW 43, 1950/51, 242–256 – RGG I 593–595 (Lit).

Ariarathes, Name mehrerer Herrscher → Kappadokiens (Diod. 31,19): A.I., persischer Adliger, der z.Z. → Alexanders (5) d.Gr. in der Satrapie Kappadokien eine selbständige Herrschaft gründete, von → Perdikkas (4) besiegt und hingerichtet. – A.II., Neffe A.' I., wahrscheinlich von → Seleukos I. eingesetzt oder geduldet, beherrschte Großkappadokien. – A.III., Enkel A.' II., Schwiegersohn → Antiochos' II., führte als erster den Königstitel. – A. IV. Eusebes, Sohn A.' III., wie dieser mit den → Seleukiden verbündet. 190/189 von den Römern besiegt, seither mit → Eumenes II. und Rom verbündet. – A.V. Eusebes Philopator, Sohn A.' IV., konnte sich gegen → Demetrios I. und den von ihm aufgestellten Gegenkönig nicht halten, kehrte aber mit röm. und pergamenischer Hilfe zurück; Philhellene, der die Hellenisierung seines Landes förderte, fiel im → Aristonikos (1)-Krieg für die Römer. – A.VI. Epiphanes, Sohn A.' V., kam nach Zerwürfnissen im Königshaus zur Herrschaft, behauptete sich gegen Übergriffe → Mithridates' V., auf Veranlassung → Mithridates' VI. 114/113 von Gordios ermordet. – A.VII. Philometor, Sohn A.' VI.; Mithridates VI. spielte erst seinen Beschützer, überfiel ihn, als A. die Rückführung des Gordios verweigerte, ermordete ihn verräterisch bei Verhandlungen und gab sein Land → A.IX. (um 100). – A.VIII., Bruder A.' VII., wurde um 95 gegen Gordios und den Sohn Mithridates' VI. berufen, aber bald von diesem wieder verjagt, starb im Exil; mit ihm endete die Dynastie. – A.IX. Eusebes Philopator, Sohn Mithridates' VI., von diesem (zeitlich unmöglich) nach der Ermordung A.' VII. als Sohn A.' V. ausgegeben (Iust. 38,2,5) und unter der Vormundschaft des Gordios als König eingesetzt. – A.X. Eusebes Philadelphos, Bruder, Gegner und Nachfolger → Ariobarzanes' III. (42 v.Chr.), von → Antonius (2) durch → Archelaos (2) ersetzt und 36 getötet. D.T.

Lit: M.Rostovtzeff, Hellen.Welt – D.Magie, Rom. Rule in Asia Minor, 1950 – *Bildnisse* → Anhang I.

Aricia, eine der bedeutendsten Latinerstädte in den Albanerbergen an der → Via Appia (Kt. 1420 E6; heute Ariccia), deren Blütezeit mit der des nahegelegenen Artemisheiligtums vom Nemisee zusammenfällt, 338 von C. → Maenius eingenommen und zunächst civitas sine suffragio, später Municipium. An baulichen Überresten sind die vom 7. bis 1. Jh. v. Chr. mehrfach erweiterte und erneuerte Stadtmauer, die Ruinen des Dianatempels, einer Statio der Via Appia sowie zahlreiche Felsgräber erwähnenswert. B.A.

Lit: L.Rocchetti, EAA I, 1958, 634f.

Aries, der ‹Widder› oder Sturmbock (Vitr. 10,13,1; Caes. Gall. 2,32,1 u.ö.), Belagerungsmaschine: ein entweder im untersten Stockwerk eines → Turmes (Veg. mil. 4,14) oder unter einem (auf Rädern stehenden: Vitr. 10,13,4) Schutzdach an Seilen und Streben (*κριοδόχη*) aufgehängter starker Balken mit einer massiven Eisenspitze (Widderkopf: Amm. 20,11,15), der durch Seile von den Soldaten (bis zu 100: Vitr. 10,15,7) mit möglichster Wucht gegen die Mauern der Stadt gestoßen wurde (Amm. 23,4,8), um die Steine zu lockern und herauszubrechen. Die Belagerten suchten Schutzdach oder Bock zu zerbrechen oder diesen mit Stricken hochzuziehen. Vgl. → Festungsbau. W.K.

Lit: Liebenam, RE 6,2 (1909), 2244f.

Arimaspen, Volk von Einäugigen im skythischen Norden, stets im Kampf mit goldhütenden Greifen (Hdt. 3,116. 4, 13.27; Aischyl. Prom. 802ff.). Berühmt war das A.-Epos des → Aristeas (1). K.Schb.

Darstellungen: Kampf der A. und Greifen oft ab etwa 400 dargestellt, bes. auf den → Kertscher Vasen (Schefold, KV, passim).

Arimaspenepos → Aristeas.

Ariminum, Hafenstadt an der Adria (Kt. 1420 E3; heute Rimini). Umbrische Gründung (Strab. 217C), dann Sitz der senonischen Gallier, 268 latinische Kolonie und Stützpunkt im Kampf gegen die Gallier, Endstation der 220 angelegten Via Flaminia, Ausgangspunkt der 196/187 v.Chr. angelegten Via Aemilia. 27 v.Chr. in die großartige Stadtmauer ein Ehrenbogen für → Augustus eingefügt mit korinthischen Halbsäulen und Medaillons mit Götterbildern in den Zwickeln, einer der ältesten erhaltenen röm. Bögen. Die 12 n.Chr. von → Drusus (2) vollendete Brücke über den Ariminus (Marecchia) ist noch heute in Gebrauch. Neuerdings wurden in der Stadt reiche Mosaikfußböden des 2. Jh.s aufgedeckt. B.A.

Lit: S.Aurigemma, Rimini, 1934 – G.A.Mansuelli, Ed. archeol. della carta d'Italia, Foglio 101, Rimini, 1949.

Ariobarzanes, Satrap → Artaxerxes' II., macht sich im Satrapenaufstand gegen diesen selbständig (368/367 vor Chr.) und gründet das unabhängige Königreich Pontos. Durch seinen Gesandten Philiskos suchte er 368 zwischen Sparta und Theben zu vermitteln. Gest. 336. G.R.

2. **A. I.** Philorhomaios, kappadokischer Adliger, nach dem Tode → Ariarathes' VIII. ca. 95 v. Chr mit röm. Erlaubnis zum König gewählt. Von → Mithridates VI. wiederholt vertrieben; nach dem 3. Mithridat. Krieg 66 von → Pompeius (2) zurückgeführt. 63/62 resignierte er zugunsten seines Sohnes A.' II. (Val. Max. 5, 7 ext. 2). D.T.

Bildnisse → Anhang I.

3. **A. II.** Philopator, Sohn A.' I., um 52 von seinen inneren Gegnern, vielleicht einer romfeindlichen, propontitischen Partei ermordet. D.T.

Bildnisse → Anhang I.

4. **A. III.** Eusebes Philorhomaios, Sohn A.' II., dem → Cicero als Statthalter die Anerkennung und Unterstützung gegen die inneren Gegner brachte (Cic. epist. 15, 2, 4; 4, 6; Att. 5, 20, 6). A. unterstützte → Pompeius (2) im Bürgerkrieg, wurde von → Caesar begnadigt und bestätigt; von → Cassius (8) i. J. 42 wegen angeblicher Nachstellungen umgebracht. D.T.

Lit: D. Magie, Rom. Rule in Asia Minor, 1950 – *Bildnisse* → Anhang I.

5. **A.,** Sohn des Mederkönigs → Artavasdes (2), der wahrscheinlich mit seinem Vater 30 v. Chr. zu → Augustus floh (Mon. Ancyr. 32, 1), von diesem als Mederkönig (ebd. 33) und durch C. → Caesar (2) i. J. 1 n. Chr. als Armenierkönig eingesetzt (Tac. ann. 2, 4, 1 f.). D.T.

Lit: F. Grosso, La Media Atropatene e la politica di Augusto, Athenaeum 35, 1957, 240–256.

Arion, → Lyriker von Methymna. Hauptsächliche Quelle ist Herodot (1, 23 f.). Danach kam er unter → Periander (625–585) nach Korinth, wo er als erster einen → Dithyrambos aufführte (vgl. → Musik A 6); daß dieser einen Titel hatte, deutet auf mythologischen Inhalt. A. soll ferner eine Kunstreise nach Italien gemacht haben. Erhalten ist von seiner Dichtung nichts, daher die Nachricht, er habe das → Satyrspiel geschaffen, nicht nachprüfbar. Bekannt ist A. hauptsächlich durch die (ebenfalls bei Hdt. überlieferte) Legende, er sei auf der Rückkehr nach Korinth von den Seeleuten gezwungen worden, über Bord zu springen, worauf ein Delphin (dem Apollon heilig), durch seinen Gesang bezwungen (vgl. → Musik A 8), ihn rettete und bei Tainaron an Land brachte. Ein dort aufgestelltes Weihgeschenk (Mensch auf einem Delphin) kennt Herodot. Dies mag der Anlaß gewesen sein, die Legendenmotive, die sämtlich auch sonst bekannt sind, untereinander und mit der Person des A. zu verknüpfen. Ein Epigramm und einen angeblichen Dankgesang des A. an Poseidon (Anth. Lyr.² 5, 4 f.) überliefert → Aelian (VH 12, 45). E.-M.V.

Bildnisse: → Anhang I.

2. **A.** Von → Cicero (fin. 5, 87) aus unbekannter Quelle (→ Theophrast?) als → Pythagoreer aus Lokroi und einer der pythagoreischen Lehrer → Platons genannt. O.G.

Ariovist, König der → Sueben, war etwa 71 v. Chr. von den → Sequanern nach Gallien gerufen worden, um sie gegen die → Haeduer zu unterstützen. Er besiegte die Haeduer und siedelte seine Germanen im Sequanerland an, so daß auch die röm. Provinzen bedroht waren. → Caesar nahm daher die Bitten der Gallier, sie von den Germanen zu befreien, bereitwillig auf. Sein Bemühen um eine Aussprache wies A. zurück: «Caesar solle zu ihm kommen, wenn er etwas von ihm wolle» (Caes. Gall. 1, 34, 2), und bestritt den Römern jegliches Recht, sich in Gallien einzumischen (Gall. 1, 44). Die entscheidende Schlacht in dem bald darauf ausgebrochenen Krieg fand in der Nähe des heutigen Belfort statt; A. unterlag und floh über den Rhein. Die Gefahr, daß sich german. Reiche in Gallien befestigten, war für lange Zeit gebannt. G.G.

Q: Caes. Gall. 1, 31–53.

Ariphron von Sikyon, Chorlyriker (→ Lyrik I B 2), wirkte im 5./4. Jh. v. Chr. in Athen. Erhalten ist ein → Päan auf Hygieia, der noch in der Kaiserzeit bekannt war.

Frg: PMelGr 422 f. E.-M.V.

Aristagoras, Ende des 6. Jh.s v. Chr. in Vertretung seines Schwiegervaters → Histiaios (1) als Vertrauensmann → Dareios' I. Tyrann von → Milet und der eigentliche Urheber des → Ion. Aufstandes. Als er nach ersten Mißerfolgen der Aufständischen Milet verlassen mußte, begab er sich in den Stützpunkt Myrkinos nahe dem Strymon an der thrak. Küste. Dort fiel er 497 im Kampf gegen die Edonen. F.Kch.

Lit: G. De Sanctis, A. di Mileto, in: Problemi di Storia antica, 1932 (zu positive Beurteilung).

Aristainetos. Unter diesem Namen besitzen wir zwei Bücher fingierter erotischer Briefe aus der Spätantike. 1, 10 und 1, 15 sind für die Rekonstruktion von Elegien des → Kallimachos (3) wichtig (Akontios und Kydippe; Phrygios und Pieria). R.Mk.

Ed: R. Hercher, Epistolographi Graeci, 1873, 133–171 – *Übers:* A. Lesky, BAW 1951 – *Lit:* A. Lesky, Zur Überlieferung des A., WSt 70, 1957, 219–231.

Aristaios, Sohn Apollons und der Nymphe → Kyrene, Enkel des Lapithenkönigs Hypseus, Jäger. Apollon erblickt die der Jagd ergebene K. einst, als sie mit einem Löwen ringt, und entführt sie nach Libyen, wo sie ihm A. gebiert (Pind. Pyth. 9, 5 ff.). Durch Hermes zu den Horen und Gaia gebracht, wo er mit Nektar und Ambrosia genährt wird und zu einem der Unsterblichen aufwächst. Nach anderen von → Chiron erzogen. Liebt Eurydike, die Gattin des → Orpheus, die auf der Flucht vor A. den tödlichen Schlangenbiß empfängt. Dem A. sterben darauf alle Bienen, bis er von Proteus den Rat erhält, neue Völker durch → Bugonie zu züchten, als deren Erfinder er fortan galt (Verg. georg. 4, 317 ff.). Nach anderen Sagen nahm er an → Dionysos' Indienzug teil oder erwirkte durch sein Gebet von Zeus die kühlenden Etesienwinde im Sommer. Von seiner Gattin Autonoë Vater des → Aktaion.

Lit: F. Chamoux, Cyrène sous la monarchie des Battiades, 1953, 278 ff. – *Darstellungen:* A. als Kulturbringer wahrscheinlich auf mehreren Denkmälern aus der Zeit um 600 v. Chr. (Papaspyridi-Karusu, ASAA 24/26, 1946/48, 37–46; Beazley, ABV 12.19.29). Aus späterer Zeit gibt es Statuen und Reliefs des A. als Gott (L. Vitali, AfrIt 2, 1928/29, 17–29; Paribeni, Cat. d. Sculture di Cirene, 1959, Taf. 57, 64) – *Lit. dazu:* F. Studniczka, Kyrene, 1890. K.Schb.

2. **A.** d. Ä., Ende 4. Jh. v. Chr., → Mathematiker. Aus einem Buch ‹Vergleich der 5 Figuren› (d. h. der regelmäßigen Polyeder) ist ein Satz im sog. 14. Buch der Elemente → Euklids wiedergegeben (Heiberg, Euklidausgabe, V, p. 6). – Vgl. → Kegelschnitte. H.G.

Lit: Sarton I 140 – Th. Heath, A hist. of Greek Math. II, 1921, 116.

Aristarch von Samos, → Mathematiker und → Astronom, 1. H. 3. Jh. v. Chr., berühmt vor allem durch seine in → Archimedes' ‹Sandrechner› erwähnte heliozentrische Hypothese. Nach A.s Theorie bewegt sich die Erde nicht nur, wie die andern Planeten, um die Sonne, sondern dreht sich auch um ihre eigene Achse. A.s kühne Theorie, die das kopernikanische Weltbild vorwegnahm, hat sich in der Antike nicht durchsetzen können. Von den bekannten Astronomen der Antike ist ihm nur → Seleukos (6) v. Seleukeia gefolgt. Der Stoiker → Kleanthes warf ihm Gotteslästerung vor (Plut. mor. 923 A). Von großer historischer Bedeutung ist A.s erhaltene Schrift ‹Über die Größen und Abstände der Sonne und des Mondes›, weil in ihr zum erstenmal eine Methode zur Messung kosmischer Dimensionen angegeben wird. Die Methode zur Bestimmung der relativen Abstände von Sonne und Mond ist im Prinzip richtig, kann jedoch praktisch nicht angewandt werden, weil sie auf der Messung des Winkels zwischen Mond und Sonne in dem Moment beruht, in dem der Mond zur Hälfte erleuchtet ist. Da dieser Moment nicht exakt festgestellt werden kann und da der zu messende Winkel nur wenig von 90° verschieden ist, ist eine auch nur annähernd genaue

Messung ausgeschlossen. Für das Verhältnis der Abstände Erde–Sonne und Erde–Mond findet A. den Wert von etwa 19, während der richtige Wert etwa 400 beträgt. – Ferner hat A. (nach Vitruv 9,7) einen verbesserten → Gnomon er-

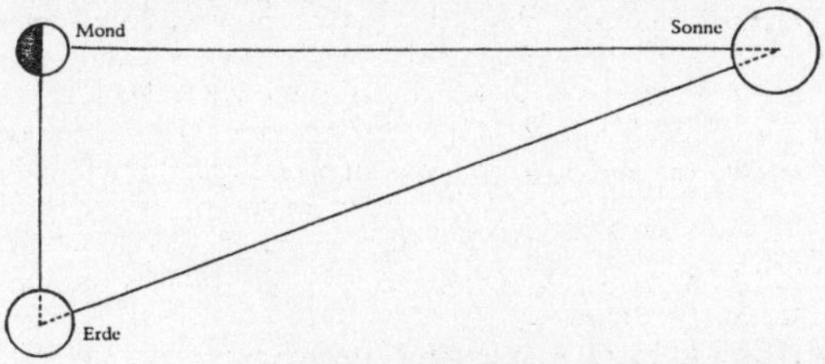

Abb. 32 Aristarchs Bestimmung der relativen Entfernungen Erde–Sonne und Erde–Mond

funden, bei dem der schattenwerfende Stab sich in der Mitte einer hohlen Halbkugel befindet, auf deren Teilungslinie die Tagesstunde abgelesen werden konnte. S.S.

Lit: F. Hultsch, RE 2, 1 (1895), 873–876 – Th. L. Heath, Aristarchos of Samos, 1959 – Ders., Greek Astronomy, 1932, 100ff.

2. **A. von Samothrake,** einflußreichster und wohl auch bedeutendster alexandrinischer Grammatiker, ca. 216–144 v. Chr. Schüler des → Aristophanes (2) von Byzanz, dem er als Vorsteher der alexandrinischen Bibliothek folgte. Prinzenerzieher unter Ptolemaios VI. Philometor (181 bis 146), floh aber (etwa 146) vor Ptolemaios VII. Physkon nach Kypros, wo er durch freiwilligen Hungertod starb. Aus seiner Schule sind etwa 40 z. T. sehr namhafte Grammatiker hervorgegangen. Er selbst verfaßte zahlreiche Kommentare und Monographien zu Homer, zu den größten Lyrikern (wenigstens zu Archilochos, Alkaios, Anakreon, Pindar) und zum Drama des 5. Jh.s (Aischylos, Sophokles, Euripides, Ion, Aristophanes). Seine Interpretationen waren teils textkritisch, teils exegetisch. Sie orientierten sich an einer klar durchdachten Methode (rekonstruierbar aus den Exzerpten des Viermännerkommentars, → Scholien C 2).

[2] *Methode:* 1. Das von seinen Vorgängern → Zenodot und Aristophanes begonnene Zeichensystem hat A. vollendet. Neben dem → Obelos, dessen Bedeutung er anerkannte, verwendete er → Diplē, → Diplē periestigmene und → Asteriskos in neuem und fortan unbestrittenem Sinn, Antisigma (Ɔ) und Stigmē (●) wahrscheinlich für Doppelfassungen. Die Konstitution des Textes ruhte auf einem erschöpfenden Studium aller Hss. und war durch große Vorsicht gekennzeichnet. Nur solche Verse, die er mit seiner Auffassung von Sprache und Geist des homerischen Epos nicht vereinigen konnte, hat er athetiert (→ Athetese), ohne sie indessen zu entfernen. Dabei scheint er sich nicht auf Schwächen der Überlieferung, sondern auf die Gründe der Vernunft (auf die sog. innere Kritik) berufen zu haben. – 2. Die Interpretation folgte dem Prinzip der Analogie. A. bemühte sich, Homer nur aus Homer zu erklären, schied daher die Götter und Heldengestalten Homers von den Vorstellungen der Folgezeit und würdigte seine Sprache als selbständige Einheit. In gewissem Sinne erlangte er so ein echtes historisches Verständnis. Im Urteil über Weltbild und Mythologie Homers schloß er sich, anders als sein Gegner → Krates (4) mit Entschiedenheit dem → Eratosthenes an. – 3. In seinen Kommentaren lieferte A. zahlreiche Beiträge zur Worterklärung, Orthographie und Akzentlehre. Er brachte das System der acht Redeteile (→ Grammatik B 3) zur Geltung und die elementare Grammatik zu einem so vollständigen Abschluß, daß sein Schüler → Dionysios (10) Thrax sie in Kompendienform darstellen konnte. – A.s Einfluß auf die → Überlieferung der klass. griech. Literatur läßt sich kaum überschätzen. Mehr noch als seine Kommentare wirkten die fortan kanonischen Texte, zu denen wohl auch die Vulgata der homerischen Gedichte gezählt werden darf. Neuzeitliche Versuche (besonders A. Naucks), Willkür in seiner Konjekturalkritik nachzuweisen, sind nur teilweise gescheitert. H.E.

Frg: Noch nicht gesammelt – *Lit:* K. Lehrs, De Aristarchi studiis Homericis (1833), 1882[3] – U. von Wilamowitz-M., Homerische Untersuchungen, 1884, 383 – L. Cohn, RE 2 (1896), 862–873 – H. Erbse, Hermes 87, 1959, 275 – M. V. d. Valk, Researches on the Text and the Scholia of the Iliad II, 1964, 84–263 (Lit).

3. **A. von Tegea,** Tragiker, Zeitgenosse des → Euripides, Blüte um 455 v. Chr. 70 Stücke, 2 Siege. Bekannt sind die Titel Tantalos, Asklepios und Achilleus – wohl das einzige Stück eines zweitrangigen Tragikers, das von der römischen Bühne adaptiert wurde (→ Ennius, Achilles Aristarchi). E.-R. Sch.

Frg: TGF 728f.

Aristeas, von Prokonnesos, epischer Dichter, wahrscheinlich aus dem 6. Jh. A. galt als religiöser Wundermann und Jünger Apolls. Er soll die Fähigkeit gehabt haben, seine Seele auf Wanderung zu schicken. Nach Herodot (4, 13–16) erschien er kurz nach seinem Tod an einem anderen Ort, kehrte nach 7 Jahren nach Prokonnesos zurück und führte dort 240 Jahre später den Apollonkult ein. – Bei seiner ersten Rückkehr nach Prokonnesos soll A. in den 3 Büchern des fragmentarisch erhaltenen *Arimaspenepos* seine Abenteuer erzählt haben: von Apoll besessen, sei er auf der Suche nach den Hyperboreern bis zu den Issedonen gelangt. Hier habe er von den sagenhaften, einäugigen Arimaspen, den goldhütenden Greifen und den Hyperboreern gehört. Das Werk ist als ein phantastischer Reiseroman mit religiöser Tendenz Vorläufer der religiös-romanhaften Biographien und der späteren christl. Legendenliteratur. – Nach Meuli gehört die Gestalt des A. in den Bereich schamanischer, ursprünglich skythischer Bräuche und Vorstellungen. G.K.

Q: EGF 243–247; → Suidas s. v. A. – *Lit:* J. D. P. Bolton, A. of Proconnesus, 1961 (vgl. W. Burkert, Gnomon 35, 1963, 235–240).

2. **A.,** fiktiver Verfasser des jüd.-alexandrin. sog. *A.-Briefes*, abgefaßt angeblich 1. H. 3. Jh. v. Chr., tatsächlich um 130/100 v. Chr. zur Verherrlichung des → Septuaginta-Pentateuchs bzw. einer neuen Rezension desselben und des Judentums überhaupt (vgl. besonders die drei Tischgespräche, § 187–300). R.M.

Ed: H. G. Meecham, The Letter of Aristeas, 1935, 5ff. – *Übers:* Kautzsch, AP II, 1ff. – *Lit:* M. Hadas, Aristeas to Philocrates, 1951 (Lit).

3. **A. und Papias,** zwei Bildhauer aus → Aphrodisias, 1. H. 2. Jh. n. Chr. Sie verfertigten zwei Kentaurenstatuen (1736 in der Hadriansvilla bei → Tivoli gefunden, heute Rom, Kapitolinisches Museum). H. v. H.

Lit: M. T. Amorelli, EAA I, 1958, 641.

Aristeides (*Ἀριστείδης*), einflußreicher athen. Staatsmann z. Z. der Perserkriege, 489/488 v. Chr. eponymer Archon, zunächst Anhänger des → Kleisthenes (1), dann des Miltiades, bei Marathon Stratege. Als Führer der konservativen Kreise in Attika war A. Hauptopponent gegen die Flottenpläne des → Themistokles. Erst nach seiner Ostrakisierung (482) hatte Themistokles freie Bahn. 480 ging A. auf Grund der allgemeinen Amnestie nach Salamis, wo er die Eroberung der Insel Psyttaleia am Ostausgang der Bucht von Salamis leitete (Hdt. 8, 95). Im Zug der konservativen Reaktion gegen Themistokles 479 wieder Stratege und Führer des athen. Korps in der Schlacht bei Platää, gewann A. sein Ansehen rasch zurück. Außenpolitisch folgte er nunmehr der Linie des Themistokles: 479/478 unterstützte er dessen Maßnahmen zur Befestigung Athens (Thuk. 1, 91, 3), 478 verschaffte er als Flottenbefehlshaber unter → Pausanias (1) Athen große Sympathien bei den Ioniern und veranlaßte sie 477 zum Zusammenschluß im 1. → Attischen Seebund, dessen Organisation ihm übertragen wurde. Seine Festsetzung der Tribute der zahlenden Mitglieder fand allgemeine Zustimmung. Danach zog er sich aus der Politik zurück und gab → Kimon (1) den Weg an die Spitze der Konservativen frei (Plut. Kim. 5). Wohl

467 ist A. gestorben. Seine Ehrenhaftigkeit hob man schon im 5. Jh. hervor, seit dem 4. Jh. hieß er ‹der Gerechte›; Legenden machten ihn zum ehrenwerten Gegenbild des bedenkenlosen Neuerers Themistokles. F. Kch.

Lit: J. Labarbe, La loi navale de Thémistocle, 1957, 81ff.; 188ff. – C. Hignett, Xerxes' Invasion of Greece, 1963.

2. **A.,** P. Aelius, von → Asklerios ‹Theodoros› genannt, geb. zu Hadrianutherai in Mysien (Inschriften) wohl i. J. 117 (weniger wahrscheinlich 129; man hat auch 120 angesetzt; vgl. Horoskop or. 50, 57f. K.) aus begüterter Familie als Sohn des Zeuspriesters Eudaimon. A. lebte bis in → Commodus' Zeit, starb 60/70jährig. Seine Lehrer: → Alexander (10) v. Kotyaeion, → Aristokles (Pergamon), → Polemon (3), → Herodes (2) Attikos (Athen). A. lebte bes. in → Smyrna, damals der geistigen Hauptstadt Asiens; war auch in Kyzikos; Reisen führten ihn nach Ägypten (ca. 140?; damals Erdbeben in Rhodos), Palästina (?), Rom (wohl 143/144, beschwerliche, 100tägige Winterreise über Balkan und Adria; gefahrvolle Seerückfahrt), Asien, Griechenland und Inseln. Eine große Rolle spielte in A.' Leben und Schriften seine langjährige (hysterische?) Krankheit (zunächst 9 Jahre, von der Romreise an; unter Mark Aurel befiel A. auch die Pest); im Asklepieion in → Pergamon wurde → Asklepios A.' besonderer Schutzgott (abenteuerliche Kuren, Träume); A. glaubte sich nunmehr von dem Gott inspiriert und diente ihm. Er war offiziellen Funktionen abgeneigt (Ateliestreit usw.), besaß aber die kaiserliche Gunst (Antoninus, Marcus), wie Briefverkehr, Atelie und der Besuch Mark Aurels und Commodus' in Smyrna (176) zeigen; nach dem Erdbeben tritt A. beim Kaiser für Smyrna ein.

[2] *Werk:* Überliefert sind 53 ‹Reden›: 1. Sechs ‹*Heilige Reden*› (47/52 K.), eine Art religiöse Autobiographie, dem Asklepios zum Dank, in ‹einfachem› Stil (gewisses beabsichtigtes Durcheinander); als solche teilen sie auf Grund von Hypomnemata A.' Leiden und die Asklepiosoffenbarungen mit (vgl. → Aretalogie). – 2. *Polemische und Rechtfertigungsschriften:* (a) Reden, in denen er die Rhetorik gegen Platon (45 D.) und die im ‹Gorgias› angegriffenen Staatsmänner Miltiades, Kimon, Themistokles, Perikles (46 D.) verteidigt; hiergegen richtet sich die Polemik des → Porphyrios und → Olympiodoros. Rechtfertigungsbrief an den Platoniker Kapito (47 D.). – ‹Über das Paraphthegma› (28 K.), entschuldigt Selbstlob im Athenahymnos (mit vielen Zitaten). – ‹Gegen den Vorwurf, er halte keine Meletai› (33 K.), Propemptikon. – ‹Gegen die, welche die Rhetorik vertanzen› (34 K.), gegen die barocke Rhetorik, die sich Publikumsgelüsten anpaßt. – *Περὶ τοῦ μὴ δεῖν κωμῳδεῖν* (29 K.), an die Smyrnäer (vgl. Tert. spect.). – Verloren ist die Schrift ‹Gegen die Tänzer› (vgl. Luk. salt.; → Libanios). – 3. Eigentliche *Schuldeklamationen* (Meletai): Presbeutikos an Achill (52 D.), nach Hom. Il. 9 (vgl. Liban. decl. 5). Sizil. Reden (29f. D.), nach Thuk. 7, 16f. – ‹Für den Frieden mit Sparta› (31 D.), nach Thuk. 4, 17–20. ‹Für den Frieden mit Athen› (32 D.), gegen Zerstörung Athens i. J. 404 nach Xen. Hell. 2, 2, 20. Die sehr berühmten Leuktrischen Reden (33–37 D.), nach Leuktra (371) fingiert (Allianz Athens mit Sparta oder Theben oder Neutralität? Vgl. Xen. Hell. 6, 5, 33–48). ‹Symmachikoi› (38f.), aus demosthenischem Gut (338 v. Chr.). Von weiteren Deklamationen ist die Existenz bekannt. – 4. *Prosahymnen* (Theorie bei → Alexandros (11) Numeniu und → Menandros, 4), auf Zeus (43 K.) und Serapis (45 K., mit Rechtfertigung des Prosahymnos), beide ex voto; auf Poseidon (46 K.), Herakles (40 K.), Dionysos (41 K.), Athena (37 K.), Asklepios (42 K.), die Asklepiaden (38 K.), das Ägäische Meer (44 K.; sehr schön; vgl. → Mesomedes), den Asklepiosbrunnen (39 K.). – 5. *Panegyrikoi* (Städtelob: vgl. Menandros, p. 346ff. Sp.) auf Kyzikos (27 K.; auch Hadrianstempel gelobt, Huldigung an Marcus und Verus), Korinth (46 K.; auch Poseidonhymnos), Rom (26 K.; wohl in Rom gehalten; wichtig als allgemeine Schilderung des röm. Reichs im 2. Jh.: Segnungen des röm. Weltfriedens, der röm. Ordnungsmacht), Athen (13 D., ‹Panathenaikos›, umfang- und materialreich, ein wahres Repertorium attischer Geschichte), Smyrna (17 K.) und das Wasser von Pergamon (53 K.). Symbuleutikoi ‹Über die Eintracht› (vgl. → Dion (2) v. Prusa) an Rhodos (24 K.), Ephesos, Pergamon und Smyrna (23 K.). – 6. *Reden aus besonderem Anlaß:* Klagereden für Alexander von Kotyaeion (32 K.) als Brief an Rat und Demos von Kotyaeion; den Epheben Eteoneus v. Kyzikos (31 K.). Monodie auf Smyrna (18 K.) anläßlich des Erdbebens, mit ‹Palinodie› (20 K.), Dankrede nach der kaiserlichen Hilfe. Eleusinische Rede (22 K.) nach dem Brand des Demetertempels. Rhodische Rede (25 K.) nach dem Erdbeben in Rhodos, echt (trotz Keil). Geburtstagsrede (→ Genethliakos) auf Apellas v. Pergamon (PIR I 176), Nachkommen eines Quadratus (30 K.). Hilfebrief an Marcus und Commodus nach dem Erdbeben in Smyrna (19 K.). ‹Prosphonetikos› (21 K.) nach Smyrnas Wiederaufbau. – 7. *Aigyptios* (36 K.) über Nilschwellenproblem u. a. Unecht: die Kaiserrede (35 K.; wohl 3. Jh.; → Nikagoras, → Kallinikos); Leptineen (53 f. D.; von Thomas Magister?); ‹Technai› (2 rhet. Traktate mit Zusatzstücken) über *πολιτικός* und *ἀφελὴς λόγος* (mit Demosthenes- bzw. Xenophonanalysen). A. hat auch Gedichte verfaßt (Inschriften).

[3] *Würdigung:* Die Rhetorik ist für A. die höchste Kunst und Betätigung, edelster Ausdruck des menschlichen Geistes. Wenig begabt für die Improvisation, bemühte sich A. vor allem um sorgfältigste Ausarbeitung schriftlicher, für die Literatur bestimmter Reden (vgl. → Isokrates). Er wollte ein neuer Demosthenes und der erste aller Griechen sein. Als der Redner, der die Theorien des Attizismus am vollkommensten verwirklicht hat, und reiner Künstler der Form stand er bis in den Humanismus hinein im Rang eines berühmten Klassikers (vgl. → Longinus, Menander, → Libanios, → Psellos u. a.); als Lehrer hatte A. unmittelbar keinen großen Erfolg. A.' Reden sind uns wichtig für Kultur-, Religionsgeschichte, Topographie usw. W. Sp.

Ed: E. Bonini, 1517 (ed. princ.) – W. Dindorf, 1829 (Noten, Scholien) – B. Keil, 1898, nur Bd. II erschienen (gibt neue Numerierung; mit ausgezeichneten Erklärungen; textkritisch etwas kühn) – *Scholien* (Arethas, Menander, Planudes, Sopatros, Zosimos usw.): W. Frommel, 1826 – F. W. Lenz, 1959 (Prolegomena/Sopatros) – Techne: Spengel, Rhet. Gr. II, 457–554 – W. Schmid, BT, 1926 (Index rhet.) – Or. 26 K.: J. H. Oliver, 1953 (Noten, Index, Lit) – *Lit:* A. Boulanger, A., 1923 – W. Schmid, PhW 24, 1924, 1–14 (mit wohl irrigen Zeitansätzen) – U. v. Wilamowitz, Der Redner A., SB Berlin 1925, 333–353 – K. Gerth, Bursian 272, 1941, 94–124 (Forschungsbericht) – H. Hunger, Zwei unbek. Libanioshss. der Österr. Nat.-Bibl., Scriptorium 6, 1952, 26–32 – H. Gärtner, KP I, 1963, 557–559 (Lit) – F. W. Lenz. A.-studien, 1964 (Lit) – Zu einzelnen Reden: Or. 26 K.: W. Sieveking, Diss. Göttingen 1919 – Or. 41 K.: W. Voll, Diss. Tübingen 1948 – W. Uerschels, Diss. Bonn 1961 – F. W. Lenz, Der Dionysoshymnos des A., CeM 3, 1961, 153 bis 166 – Or. 43 K.: J. Amann, 1931 – Or. 45 K.: A. Höfler, 1935.

3. **A. Quintilianus,** persönlich unbekannter griech. Verfasser eines Werks über die Musik (*Περὶ μουσικῆς*), dessen zeitlicher Ansatz vom 1. bis zum 3. Jh. schwankt. A. ist weniger Fachmusiker als Philosoph; in der Musiktheorie verfährt er eklektisch, aber gründlich. Buch 1: Rhythmik und Metrik. Buch 2 (sehr wichtig): Musikerziehung und musikalische Ethoslehre, anknüpfend an → Damon und → Platon, dessen 6 Oktavgattungen mitsamt den ethischen Maßstäben übernommen sind. Buch 3: arithmetische und naturwissenschaftliche Fragen; endigt unter Berührungen mit dem 3. Buch der Harmonik des → Ptolemaios (17) in einer vom platonischen Timaios beeinflußten musikalischen Ontologie. G. W.

Ed: R. P. Winnington-Ingram, A. Q. de musica, 1963 – *Übers:* R. Schäfke, 1937 – *Lit:* W. Vetter, MGG I, 1949-51, 629ff. – H. Koller, Die Mimesis in der Antike, 1954.

4. **A. von Athen,** christl. → Apologet, verfaßte unter → Hadrian eine Apologie des Christentums (aus jüd. Grundschrift?), deren philosophischer Gottesbegriff die anderen

Religionen (Barbaren, Griechen und Juden) kritisierte. Sie mündete in eine Empfehlung des Christentums aus. C.A.

Q: E. Goodspeed, Älteste Apologeten, 1914, 2–23 – *Lit:* Altaner, 94 f.

5. **A. von Milet,** lebte um 100 v. Chr., verfaßte ein Buch gepfefferter erotischer Geschichten, ‹Milesiaca›, das von → Sisenna ins Lateinische übersetzt wurde. Erhalten ist nur ein einziges Wort (Harpokration, p. 55,4 B.), und über den Aufbau des Buches wissen wir nichts. R.Mk.

Q: Ov. trist. 2,413 f.; 443 f. – Lukian am. 11 – Plut. Crass. 32 – Epikt. 4,9,6 – *Lit:* E. Reitzenstein, Das Märchen v. Amor u. Psyche bei Apuleius, 1912, 59 ff. – B.E. Perry, An Interpretation of Apuleius' Metamorphoses, TAPhA 57, 1926, 253–257.

6. **A. von Theben,** Maler, Lehrer des → Euphranor. Berühmt war das Bild einer sterbenden, ihr Kind abwehrenden Mutter, das später in den Besitz Alexanders d. Gr. gelangte. Genannt werden noch ein liebeskrankes sterbendes Mädchen, ein Kranker und andere für die Psychologie des reichen Stils charakteristische Themen (Ende des 5. bis Anfang des 4. Jh.s; vgl. → Parrhasios; → Malerei C 3). C.K.

Q: Overbeck, SQ, 1778 ff. – *Lit:* Brunn II 171 ff. – O. Roßbach, RE 2, 1 (1895), 897 – Pfuhl, 746 ff. – Rumpf, 128. 151, 2 – F. Magi, EAA I 642 f.

Aristias aus Phleius, Tragiker, 5. Jh. v. Chr.; 467 mit einer Tetralogie seines Vaters → Pratinas 2. Sieger gegen → Aischylos' Thebanische Tetralogie. Bekannt sind 7 Titel. Seine und seines Vaters → Satyrspiele schätzte man gelegentlich fast so hoch wie die des Aischylos. E.-R. Sch.

Frg: TGF 726–728.

Aristie, im epischen Sprachgebrauch die hervorragende Leistung eines einzelnen, die sich gewöhnlich in einer Folge siegreicher Kämpfe offenbart. – Formal zeigt die Erzählung der A. die für Darstellungen von Parallelszenen bezeichnende epische Typik. Sie ist gewöhnlich nach einem einheitlichen Schema aufgebaut: Auslösung der Handlung durch die Götter, Rüstung, Kampf (vor Massenhintergrund), Erfolgskette – vgl. z. B. die A. des Diomedes (Il. 5), Agamemnon (Il. 11), Idomeneus (Il. 13) u. a.; auch der Bettlerwettkampf der Odyssee (Od. 18) und der Freiermord (Od. 21) zeigen die Merkmale einer A. Kompositionell ist die A. fest in der Dichtung verankert und vorbereitet. Sie hat nicht nur die Funktion, die Helden zu charakterisieren und zu preisen, sondern stellt die Höhepunkte des Kampfgeschehens dar, das nach homer. Sicht aus Kämpfen Einzelner besteht, die aus der Masse hervortreten. Die A. bringt die entscheidenden Wendungen. Sie wird durch den Verlauf des Gesamtgeschehens motiviert und kann nicht als einzelnes Heldenlied aus dem Epos gelöst werden. G.K.

Lit: F. Lillge, Komposition und poetische Technik der *Διομέδους Ἀριστεία*, 1911 – R. Schröter, Die A. als Grundform homer. Dichtung u. der Freiermord in der Odyssee, Diss. Marburg 1950 – H. Erbse, Betrachtungen über das 5. Buch der Ilias, RhM 104, 1961, 156–189.

Aristipp von Kyrene (ca. 425–355 v. Chr.), Schüler des → Sokrates, nächst → Platon und neben → Antisthenes (1) der bedeutendste und einflußreichste des Kreises, Vertreter einer stark von der → Sophistik und durch sie hindurch von der Ontologie der → Eleaten bestimmten philosophischen → Ethik, in der Lust und Schmerz als Formen innerer Bewegung im Menschen das Zentrum bilden. Nur diese Bewegung ist wahrnehmbar, und zwar sofern sie gegenwärtig ist. Die Lust als die im Augenblick spürbare ‹glatte Bewegung› (*λεία κίνησις*) zu ergreifen und sich bei ihr zu bescheiden, wird zum Inbegriff der dem Menschen möglichen Eudaimonie. – → Diogenes (1) Laertios (2,83–85) bezeugt zahlreiche *Schriften* des A. (vgl. auch Theopomp, FGrHist 115 F 259), offenbar fast ausschließlich kurze Dialoge, vergleichbar den Memorabilien → Xenophons (1). Zitate fehlen vollständig. Die erhaltenen Texte bilden zwei Gruppen: 1. *Chreiai*, Aussprüche, die die geistige Überlegenheit und Schlagfertigkeit des Philosophen in bedeutenden oder heiklen Situationen beweisen. In ihrer Gesamtheit bieten sie ein Porträt des A. als eines Mannes, der gleich Odysseus klug und entschlossen ohne doktrinäres Pathos aus jeder Lage das Beste zu machen versteht. Die Sammlung muß Anf. 3. Jh. v. Chr. bestanden haben (vgl. Diog. Laert. 4, 40), kann aber sehr wohl schon dem 4. Jh. angehören und insofern als echt gelten. Sie ist uns u. a. bei Diog. Laert. 2, 65 bis 83 recht gut faßbar. Ihr Bild des A. hat bes. auf Horaz gewirkt. – 2. Die ziemlich reiche *Doxographie* (bes. Diog. Laert. 2, 85–93). Ihre Beurteilung ist insofern schwierig, als sie die Lehre des A. fast durchweg in den Begriffen der hellenist. Schulphilosophie wiedergibt; störend wirkt auch das vom Anf. des 3. Jh.s an auf verschiedenen Seiten einsetzende Bemühen, das Verhältnis der aristippischen Ethik zu der → Epikurs zu präzisieren, endlich das schon bei Xenophon (mem. 2, 1 und 3, 8) wahrnehmbare Streben, die Beziehung A.s zu Sokrates zu klären, sei es, daß man ihn als einen Fremdkörper distanzierte (so Xenophon) oder daß man die ausgebildete Lustethik A.s seinem gleichnamigen Enkel zuschob (so der sonderbare Bericht bei Eus. praep. ev. 14, 18, 31–19, 8). Zuverlässig alt sind also nur diejenigen Elemente, die sich mit Lehren der Sophistik oder der andern Sokratiker vergleichen lassen: Lust als glatte Bewegung des Körpers ist einziger Gegenstand des Wissens und Strebens. Ihr ordnen sich alle andern Werte unter. Doch versteht sich der Philosoph als Herr der Lust («ich habe sie, nicht sie hat mich») und verschmäht weder die Lumpen des Bettlers noch das Fürstengewand (vom weltmännischen Auftreten des A. am Hofe → Dionysios' I. v. Syrakus scheint sein Mitsokratiker → Aischines (1) ausführlich berichtet zu haben). Hochgehalten wird die Freundschaft, als sittlich wertlos radikal verworfen die Naturphilosophie. – Eine Schule der → Kyrenaiker hat bis Mitte 3. Jh. v. Chr. existiert. O.G.

Ed: G. Giannantoni, I Cirenaici, 1958 – E. Mannebach, A. et Cyr. fragm., 1961 – *Lit:* O. Gigon, Sokrates, 1947 – *Bildnis* → Anhang I.

Aristo → Titius.

Aristobulos I. (Juda), Sohn des Joh. → Hyrkanos, nahm als erster → Makkabäer den Königstitel an (105 v. Chr.). Er eroberte und judaisierte Ituraia, starb nach einjähriger Regierung i. J. 104/103. Vgl. → Judentum B [4]. H.H.Sch.

1a. **A. II.,** Sohn des → Alexander (10) Jannai, verdrängte 67 v. Chr. seinen Bruder → Hyrkanos II. vom jüdischen Thron, wurde 63 von → Pompeius (2) abgesetzt und 61 im Triumph mitgeführt. 56 entfloh er nach Judäa, wurde aber bald wieder gefangen und 49 als Parteigänger Caesars von den Pompejanern getötet. Sein jüngerer Sohn Matthatia-Antigonos errang 40 mit parthischer Hilfe die Herrschaft, wurde aber 37 von → Herodes I. gefangen und von → Antonius (2) hingerichtet. Vgl. → Judentum B [5]. H.H.Sch.

Lit: J. Wellhausen, Israel. u. jüd. Gesch. (1894), 1958⁹, 271–296 – H. Willrich, Das Haus des Herodes, 1929, 6–48.

2. **A.,** nach 2. Makk. Erzieher Ptolemaios' VI. (181 bis 145 v. Chr.), dem er eine bes. bei → Eusebios fragmentarisch erhaltene Pentateuch-Erläuterung widmete. Da 2. Makk. 1, 10 unhistorisch und A. anscheinend von Ps.-Hekataios und Ps. → Aristeas (2. H. 2. Jh.) abhängig ist, gilt er öfters als fiktiver Autor einer jüd.-alexandrin. Propagandaschrift des 1. Jh.s v. Chr. Seine jüd.-hell. Religionsphilosophie und Apologetik erklärt die Anthropomorphismen des AT allegorisch, und mit Hilfe von Zitatfälschung wird behauptet, die griechischen Denker (z. B. Platon, Pythagoras, Orpheus) hingen von der → Tora ab. Vgl. → Apologetik [4]. R.M.

Lit: N. Walter, Der Thoraausleger A., TU 86, 1964.

3. **A. von Kassandreia,** vermutlich Techniker beim → Alexanderzug. Begann 84 jährig, wohl erst im 3. Jh. (er erwähnt die Schlacht von Ipsos, 301), das eher nüchterne, von Strabon (für Indien) und → Arrian benutzte Alexander-Werk (mit Naturkundlichem, Ethnographischem); scheint auch die schon bestehende Lit. (→ Nearchos; → Onesikritos; ob auch → Kleitarchos und → Ptolemaios I., ist umstritten) kompilierend, kritisierend und ausgleichend benutzt zu haben. W.Sp.

Frg: FGrHist 139 – *Lit:* Schwartz, RE 2 (1896), 911–918 – Berve I Nr. 121 mit S. 433 – Strasburger, Rez. A. Gitti, Alessandro Magno all'oasi di Siwah (1951), Gnomon 25, 1953, 218 – M. J. Fontana, Il problema delle fonti per il XVII libro di Diodoro Siculo, Kokalos 1, 1955, 158 – 171. 179 – G. Wirth, Anmerkungen zur Arrianbiographie (Appian, Arrian, Lukian), Historia 13, 1964, 213–220 (Lit.).

Aristodemos, Messenier aus dem Herrschergeschlecht der Aipytiden; sagenhafter Held des 1. Messen. Krieges (Ende 8. Jh. v. Chr.; → Messenien, → Sparta); opferte auf Befehl eines Orakels seine Tochter den Unterweltsgöttern. Nach dem Tode des Königs Euphaes von den Messeniern zum König ernannt, verteidigte er die Bergfeste Ithome mit Erfolg gegen die Spartaner; im 20. Kriegsjahr nahm er sich, über die aussichtslose Lage der Messenier verzweifelt, das Leben. Die Spartaner eroberten darauf Ithome und besetzten die fruchtbare Ebene von Messenien. Die Gestalt des A. ist höchstwahrscheinlich nicht historisch; seine Legende entstand wohl nach der Befreiung Messeniens (370/369). R. V. C.

Lit: → Aristomenes.

2. **A. von Cumae,** bewahrte → Cumae (524) und Aricia (505) vor den Etruskern und machte sich mit Hilfe des Heeres und des Demos zum Tyrannen von Cumae. Er suchte die Eigenständigkeit der Bürgerschaft zu brechen, warb Söldner an und gewährte Tarquinius Superbus Zuflucht. 490 von den verbannten Aristokraten getötet.

Aristogeiton, Athener aus dem Geschlecht der Gephyräer. A. verschwor sich aus rein privaten Gründen mit → Harmodios gegen die Peisistratiden → Hipparchos (1) und → Hippias (1). Am Tage der Großen Panathenäen 514 v. Chr. wurde Hipparchos beim Leokoreion ermordet, während Hippias dem Anschlag entging. A. wurde verhaftet, gefoltert und hingerichtet. Im 5. Jh. hat die demokratische Tradition aus A. und Harmodios Tyrannenmörder und Freiheitshelden gemacht. R. V. C.

Darstellungen: → Harmodios.

2. **A.,** att. Politiker, der nach der Niederlage von Chaironeia (338) in den Vordergrund trat, um gegen die von → Demosthenes geführte politische Richtung zu kämpfen, und zahlreiche Klagen gegen ihre führenden Männer, neben Demosthenes auch gegen Lykurgos, anstrengte. In der → Harpalos-Affäre angeklagt, wurde er wegen der Geringfügigkeit der Bestechungssumme freigesprochen. Reste aus seinen Reden bei späteren Autoren erhalten. J. H. K.

Frg: OrAtt II 309 – *Lit:* Blaß III 2, 278–283.

Aristokles. Verschiedene Bildhauer dieses Namens sind bekannt, u. a.: 1. ein Bruder des → Kanachos, aus Sikyon, der nach AP 16,220 mit Kanachos und → Hageladas zusammen eine Musengruppe gearbeitet hat. – 2. Ein Erzbildner aus Kydonia auf Kreta, der nach Paus. 5,25,11 um 500 v. Chr. für Olympia gearbeitet hat. – 3. Sohn des Kleoitas und Enkel eines A. (Paus. 5,24,5; 6,20,4), der in der 2. H. d. 5. Jh.s tätig war und vielleicht identisch ist mit A., der i. J. 398 das Basisrelief der → Athena Parthenos restaurierte. – Von den genannten Bildhauern sind bis jetzt noch keine Werke sicher nachgewiesen. – 4. Darüber hinaus kennen wir einen Bildhauer A. – fraglich ob mit (1) oder (2) identisch – auf Grund einer Signatur einer att. Grabstele des späten 6. Jh.s v. Chr.: der bekannten Aristion-Kriegerstele im Nationalmuseum von Athen: nach dem Stil um 510 zu datieren. Vom selben Meister wahrscheinlich noch eine 2. Signatur erhalten (IG² I 835). E. Bg.

Lit: Brunn-Bruckmann, 41a – M. T. Amorelli, EAA I, 1958, 647 bis 648, Nr. 1–5 – Zur Aristionstele vgl. Lippold, GrPl, 84 Anm. 6, Taf. 27,2 – J. Thsepsiades, Ἀνασκαφικαὶ ἔρευναι ἐν Ἀθήναις, Praktika 1953, 65. Abb. 3.

2. **A. von Messene,** → Peripatetiker, 2. Jh. n. Chr., Lehrer → Alexanders (15) v. Aphrodisias, Verfasser einer verschollenen Philosophiegeschichte. A. bekämpfte, bes. in der Erkenntnislehre, → Eleaten, → Epikureer, → Skeptiker und vertrat die grundsätzliche Einheit der → Akademiker, Peripatetiker und → Stoiker (→ Antiochos (9) v. Askalon). P. M.

3. **A. von Pergamon,** → Redner (I D 2), Schüler des Gerodes (2) Arricus, Philosoph und Sophist, Lehrer des Aelius → Aristeides (2), Euodian v. Smyrna, → Herakleides (6) v. Lykien, → Rufus (2) v. Perinth, Athenodoros v. Ainos (→ Chrestos). A. war Senator, etwa unter → Mark Aurel, und cos. suff. Er schrieb auch eine rhetorische Techne, über Rhetorik und Philosophie, von der nichts erhalten ist. Er ist der Adressat eines Teiles der Paraskeue des → Phrynichos (4) Arabios. W. Sp.

Lit: G. Barbieri, L'albo senatorio, 1952, 147.

Aristomenes, Messenier aus dem Herrschergeschlecht der Aipytiden; sagenhafter Held des 2. Messen. Krieges (Mitte 7. Jh. v. Chr.); wiegelte das nördliche → Messenien gegen → Sparta auf und erhielt die Hilfe von Pisa, von Orchomenos (Arkadien) und von Argos. A. lehnte die Königswürde ab, übernahm jedoch das Feldherrnamt. Nach einigen Erfolgen wurde er am Großen Graben geschlagen und mußte sich auf den Berg Hira zurückziehen, wo er mehrere Jahre Widerstand leistete. Nach der Einnahme Hiras soll er nach Rhodos in die Verbannung gegangen sein, wo er eine seiner Töchter mit Damagetos v. Ialysos, dem Vater des Diagoras, vermählt habe. Die A.-Sage wurde nach der Befreiung Messeniens (370/369) sehr ausgeschmückt. R. V. C.

Lit: J. Kroymann, Sparta u. Messenien, 1937 – F. Jacoby, FGrHist 265 Komm. zu F 38–46 – F. Kiechle, Messen. Studien, 1959.

2. **A.,** von Athen. Dichter der alten → Komödie (I B), geb. ca. 470, siegte bald nach 440 an den Lenäen, 394 an den Dionysien, führte 388 noch auf, galt als zweitklassig. Th. G.

Frg: FAttCom I 198–203.

Ariston von Alexandria, Schüler des → Antiochos (9), trat dann zu den → Peripatetikern über, was zu den versöhnenden Tendenzen des Antiochos paßt. Aus seinem Kommentar zu Aristoteles' ‹Kategorien› sind Erörterungen über die Relation erhalten (Simp. in cat., CAG VIII 188.202). A. bereicherte die aristotelische Schlußlehre um einige Modi. P. M.

2. **A. von Chios,** Schüler des → Zenon (3) v. Kition, verließ zusammen mit → Herillos v. Chalkedon die Schule der → Stoiker und gründete eine eigene, die bald nach seinem Tode erlosch. Von den ihm zugeschriebenen Werken hielt → Panaitios nur die Briefe für echt. Mit seiner Lehre von der Belanglosigkeit (ἀδιαφορία) alles ethisch Indifferenten näherte A. sich den → Kynikern. Logik und Physik hielt er für unnütz und gefährlich. M. S.

Frg: SVF I 75–90 – *Bildnisse* → Anhang I.

3. **A. von Keos,** Schulhaupt des → Peripatos nach Lykon (gest. 226 v. Chr.), wie jener bes. an Ethik interessiert und Verfasser vorwiegend analytisch-deskriptiver Monographien ‹Über das Alter›, ‹Über den Hochmut› auch einer (dialogischen?) Schrift über Lykon, endlich von Biographien von Heraklit, Sokrates und Epikur. Ob es ein größeres Biographienwerk von ihm gab und welches die Absicht war, ist nicht zu erkennen. O. G.

Q: F. Wehrli, Schule des Aristoteles 6, 1952.

Aristonikos, unebenbürtiger Bruder → Attalos' III. von Pergamon, verwarf dessen Herrschertestament zugunsten Roms 133 v. Chr. und beanspruchte das pergamen. Reich für sich (Strab. 14,646). Er trat an die Spitze einer Unabhängigkeitsbewegung gegen die Römer und fand bes. bei der Landbevölkerung zahlreichen Anhang; die Bürgerschaft von Pergamon schloß sich ihm jedoch nicht an (OGIS 338). Nach einem erfolglosen Seegefecht bei Kyme, wo ihm die Ephesier entgegentraten, rief er die → Sklaven zur Freiheit auf und besetzte mit verstärktem Heer große Teile des Reiches. Die Bezeichnung ‹Sonnenbürger› (Heliopoliten), die er seinen Anhängern gab, läßt ebenso wie die Sklavenbefreiung auf religiöse und sozialrevolutionäre Ideen wohl orientalischer Herkunft schließen. Zum Gefolge des A. gehörte auch der Stoiker → Blossius von Cumae, der frühere Berater des Tib. → Gracchus (1). Nach wechselvollen Kämpfen besiegte A. den Konsul P. → Licinius (7) Crassus Mucianus bei Leuke 130 v. Chr., wurde aber von dessen Nachfolger M. → Perperna (1) entscheidend geschlagen, als Gefangener nach Rom gebracht und dort getötet. – Vgl. → Sklaven. S.L.

Lit: V. Vavrinek, La révolte d'A., Ceskoslov. Akad. Ved. 67, 1957 – J. Vogt, Pergamon u. A., in: Atti III Congr. Epigraf., 1959, 45 ff.

2. **A.,** Grammatiker aus der Schule Aristarchs, augusteische Zeit. Schrieb u. a. Kommentare zu Hesiod und Pindar. Sein Hauptwerk ist die Schrift über die Zeichen → Aristarchs (2) zu den homerischen Gedichten, ein Teil des sog. Viermännerkommentares (→ Scholien C2). H.E.

Frg: L. Friedländer, Aristonici Περὶ σημείων Ἰλιάδος reliquiae emendatiores, 1853 – O. Carnuth, Aristonici Περὶ σημείων Ὀδυσσείας reliquiae emendatiores, 1869.

Aristonothoskrater des Töpfers A., eine der frühesten Signaturen tragend; 1. H. 7. Jh. (Rom, Kons. Pal. aus Caere; Höhe 36 cm). In der Henkelzone die Blendung des Polyphem und Überfall eines Kauffahrteischiffes durch Piraten. – Ton und Figurenstil lassen auf Entstehung in Caere schließen. I. Sch.

Lit: B. Schweitzer, Zum Krater des Aristonothos, RM 62, 1955, 78–106.

Aristonoos von Korinth, Kitharode. Eine in Delphi gefundene Stele bezeugt, daß ihm und seinen Nachkommen um seiner Götterlieder willen von den Delphern Privilegien gewährt wurden. Auf der Inschrift, nach dem Archontennamen auf 222 v. Chr. datierbar, folgt ein Päan auf Apollon, 48 Zeilen, kleine Strophen aus Glykoneen/Pherekrateen. Weiterhin liegt ein daktylepitritischer Hymnus auf Hestia vor. P.H.

Ed: Coll. Alex. 162.

Aristophanes

A. Leben – B. Werk – C. Die Komödien – D. Charakteristik – E. Überlieferung, Fortwirkung.

A. Leben. A., Philippos' Sohn, mit → Eupolis und → Kratinos berühmtester Dichter der alten (und mittleren) → Komödie (I B–C2; vgl. Hor. sat. 1, 4, 6), war Athener aus dem → Demos Kydathenai. Lebensdaten ungewiß; geb. wohl vor 445; das erste Stück (‹Daitalēs›) 427, kurz nach dem ersten → Eupolis' aufgeführt; er oder sein Vater waren in Ägina begütert; er war wohl Ratsherr (Prytane) Anfang 4. Jh. (IG ed. min. II/III² 1740); letzte Stücke ‹Kokalos› und ‹Aiolosikon› durch seinen Sohn → Araros frühestens 387/386 aufgeführt; auch seine Söhne Philippos und → Nikostratos waren Komiker. Er war wohl tot, als → Platon ihm im Symposion (189 A–193 E. 223 C) ein literarisches Denkmal setzte.

B. Werk. A. ließ schon sehr jung seine Stücke durch die Didaskaloi Kallistratos und → Philonides auf die Bühne bringen, hielt aber auch später gelegentlich an dieser Praxis fest (s. u. C).

[1] Den Typ der politischen alten → Komödie (I B2. 6), wie er von → Kratinos ausgebildet worden war, repräsentieren am reinsten die Stücke seiner ersten Periode bis zum ‹Frieden› anläßlich des → Nikiasfriedens 421. Da werden besonders die Politiker gemaßregelt, welche die Geschicke der Stadt leiten. Themen sind: in den ‹Babyloniern› (426) die Bundesgenossenpolitik, in den ‹Acharnern› (425) die Kriegspolitik, in den ‹Rittern› (424) die Demagogie, in den ‹Wespen› (422) der Gerichtsterror des → Kleon. Den Wunsch nach Frieden aus dem Gesichtspunkt der att. Bauern drücken ‹Georgoi› (424) und ‹Holkades› (wohl 423) schon vor dem ‹Frieden› (421) aus. Die Unmoral der modernen, sophistischen Dialektik ist der alten, strengen Art gegenübergestellt als advokatorische Rhetorik in den ‹Daitalēs› (427), als zynische Rabulistik in den ‹Wolken› (423, später überarbeitet; Verspottung des Sokrates). Euripides als unmoralischer Dichter, der das Volk verdirbt, ist im ‹Proagon› (422) parodiert.

[2] Die datierbaren Stücke der zweiten Periode fallen in die Zeit des dekeleischen Krieges. Vor den Abenteuern der sizil. Expedition und den innenpolitischen Gefahren der Revolutionen um 411 weicht die Komödie aus in den Raum der Phantasie. So zunächst in den ‹Vögeln› (414), welche die Flucht aus Athen in ein Märchenreich behandeln, ferner in der ‹Lysistrate› (411), einem überparteilichen und panhellenischen, jedoch phantastischen Friedensappell. Dem Phantastischen des Inhalts entspricht besonderer metrischer und musikalischer Reichtum in den ‹Vögeln›. Die Rolle des Chores erscheint sehr gesteigert, und in der ‹Lysistrate› sind Chorpartien wie Parodos, Parabase, Stasimon durchdramatisiert. Dichterkritik, immer noch im moralischen Sinn, bes. gegen Euripides, füllt ‹Thesmophoriazusen› (411) und ‹Frösche› (405), wohl auch den ‹Gerytades› (408). In den ‹Tagenisten› und im ‹Triphales› wurde → Alkibiades als Lebemann, kaum als Politiker verspottet.

[3] Die Stücke der dritten Periode gehören schon der mittleren → Komödie (I C) an. Das traditionelle phantastische Element des Chors, auch als Träger der Rüge, ist praktisch verschwunden. Ernüchterung nach dem Umsturz des alten Athen und Verarmung der Stadt und ihrer Bürger spiegeln sich in Distanz und Skepsis gegenüber dem Staat, in Materialismus und Beschränkung auf das Individuelle und Private wider. In grundsätzlicher Kritik am materialistischen Zeitgeist werden in den ‹Ekklesiazusen› (392) eine kommunistische Staatsutopie, im ‹Plutos› (388) das soziale Problem der Armut erörtert. Tragödienparodie steht im Mittelpunkt des ‹Kokalos› (einer Liebesgeschichte nach Sophokles) und des ‹Aiolosikon› (zwei Bearbeitungen einer Liebesgeschichte nach Euripides' ‹Aiolos›, zu der A. die Entfaltung einer Kochrolle fügte). In diesen beiden Stücken prägt sich, wie für den ‹Aiolosikon› schon die Antike bemerkte, der Typus der mittleren Komödie bereits völlig aus.

C. Erhaltene Komödien. In die alexandrin. Bibliothek kamen 44 Stücke unter A'. Namen, davon vier als unecht verdächtigte. Elf davon sind handschriftlich durch das MA erhalten. In chronologischer Reihenfolge sind das:

[1] Die ‹*Acharner*› (aufgeführt von Kallistratos, s. o. B 1, Lenäensieg 425) schildern die Stimmung der während des Archidamischen Krieges in den langen Mauern eingesperrten att. Bauern. Die Friedliebenden sind vertreten durch den Bauern Dikaiopolis (‹der gerechte Bürger›), der sich einen Privatfrieden aus Sparta kommen läßt und ländliche Dionysien und einen Friedensmarkt abhält, hingegen die Kriegshetzer durch den (später versöhnten) Chor der harten alten Kohlenbrenner aus dem Demos Acharnai, der zunächst den Friedensmann steinigen will und den General → Lamachos zu Hilfe ruft. Dieser verharrt, anders als der Chor, im kriegerischen Geist, bleibt von den Segnungen des Friedens ausgeschlossen und wird am Schluß, verwundet aus dem Kampf wieder zurückgekehrt, in zwei parallelen Szenen dem Dikaiopolis, der das Choenfest feiert, gegenübergestellt.

[2] Die ‹*Ritter*› (Lenäensieg 424) sind eine Satire gegen → Kleons Demagogie und seine Kriegspolitik. Kleon tritt auf als Paphlagonier (Anklang an παφλάζειν, ‹übersprudeln›), als schamlos egoistischer Obersklave im Haushalt des personifizierten Volkes, des → Demos, eines urteilsschwachen alten Männleins, das sich durch Schmeichelei und Geschenke bestechen läßt. Auf Grund eines Orakels veranlassen weitere Sklaven, → Nikias und → Demosthenes (2) einen Wursthändler, den Paphlagonier aus dieser Stellung zu verdrängen. Der Chor der Ritter eilt ihm zu Hilfe, und der Paphlagonier muß sich im Wettkampf mit dem Wurstler messen. In gegenseitigen Beschimpfungen, auch vor dem Rat und schließlich im Kampf der Bestechungen und Beschuldigungen vor dem Demos triumphiert der Wurstler, und schließlich erscheint (der von Kleon befreite) Demos verjüngt als ‹König der Hellenen›.

[3] Die ‹*Wolken*› erhielten nur den dritten Preis (Dionysien 423), und A. hat sie (wohl nach 421) anscheinend um-

gearbeitet. Sokrates wird karikiert als ein Sophist, der armselige Schüler in einem ‹Denkhäuschen› in die Mysterien einer verstiegenen, windigen Wissenschaft einweiht, als deren Schutzgötter ihnen (irrtümlich) der Chor der Wolken gilt. Ein alter Bauer Strepsiades will, damit er von Schulden, die sein Sohn gemacht hat, frei werde, lernen, durch die rhetorische Kunst der → Sophisten ‹die schlechte Sache zur guten› zu machen. Nach einer Schaudiskussion wählt er die ‹ungerechte Rede›, die über die ‹gerechte Rede› gesiegt hat, als Lehrmeister. Aber sein Sohn wendet die neuen unmoralischen Redetricks gegen ihn selber an, bis er sich entschließt, Gewalt anzuwenden, und das Haus des Sokrates anzündet. Nach antiker Überlieferung ist die Schaudiskussion von der Umarbeitung betroffen oder gehört ihr ganz an. Der Wert dieser Nachricht ist jedoch umstritten. Platon (Apologie 19B) schrieb den ‹Wolken› Wirkung auf das Sokratesbild der Athener zu. Von entscheidender Bedeutung für die Beurteilung des Stückes sind die Anzeichen dafür, daß A. Sokrates' Redlichkeit anerkannt hat. Das Stück ist neben → Platon und → Xenophon (1) eine wichtige Quelle für den historischen Sokrates.

[4] Die ‹*Wespen*› (zweiter Preis Lenäen 424) richten sich gegen den Mißbrauch, den → Kleon mit den Volksgerichten trieb. Bdelykleon (‹Kleonhasser›) will seinen Vater Philokleon (‹Kleonfreund›) von der Prozeßwut heilen. Er sperrt ihn ein und hat sich gegen die alten Mitrichter, die als Chor von Wespen (Kostüm entsprechend ihrem Verhalten im Gericht) auftreten, zu verteidigen. Im Agon (526–759) wird die Ausnützung der Richter durch die Demagogen angeprangert, im Hundeprozeß (891–1008) Kleon als Kyon (‹Hund›) im Gericht vorgeführt. Der Versuch, den Alten zu gebildeter Lebensart zu erziehen, scheitert. Am Schluß sind tragische Tänze parodiert. Die ‹Wespen› wurden aufgeführt durch Philonides.

[5] Der ‹*Friede*› (zweiter Preis Dionysien 421) zeigt, wie der Bauer Trygaios zu den Göttern reist und mit Hilfe des Chores attischer Bauern die eingeschlossene Friedensgöttin → Eirene befreit. Kriegs- und Friedensursachen werden erörtert, dann wird auf der Erde ein Kult der Eirene eingerichtet und die Hochzeit des Trygaios mit Opora, der ihm von Hermes zur Frau gegebenen Personifikation der Fruchtreife, gefeiert. Dabei Verspottung von Kriegsanhängern. Poetischer Höhepunkt des sonst recht sorglos gebauten Stückes, das in der Erwartung des Nikiasfriedens steht, ist das Lob altgriech. Landlebens in der Nebenparabase (1127 bis 1190).

[6] In den ‹*Vögeln*› (aufgeführt durch Kallistratos, zweiter Preis Dionysien 414) gründen zwei alte Athener mit Hilfe des Vogelkönigs Epops (‹Wiedehopf›) einen weltbeherrschenden Staat ‹Nephelokokkygia› (‹Wolkenkuckucksheim›) der Vögel, die als Chor auftreten. Ihr Anspruch auf die Herrschaft wird im Agon (450–638) durch den Nachweis begründet, die Vögel hätten vor den heutigen Göttern vom Ursprung an die Welt beherrscht. Die Parabase (685 bis 736) enthält Parodie einer orphischen → Theogonie (= Götter- und Weltentstehung). Im zweiten Teil suchen Menschen, denen es auf der Erde, und Götter, denen es im Himmel nicht mehr wohl ist, von der neuen Macht zu profitieren, von den Athenern besonders der Dithyrambiker → Kinesias. Die Vögel sind in musikalisch-metrischer Hinsicht das reichste Stück des A.

[7] Die ‹*Thesmophoriazusen*› (‹Frauen am Thesmophorienfest›, 411 wohl an den Lenäen aufgeführt, Erfolg unbekannt) sind reine → Euripidesparodie. Dessen Frauengestalten, Intrigen, Befreiungsstücke werden parodiert, indem sein als Frau verkleideter Verwandter bei der Festversammlung der Frauen einen Anschlag auf den Dichter zu verhindern versucht, dann entdeckt, gefangen und von jenem selbst befreit wird. Neben vielen Einzelversen sind Szenenfolgen aus ‹Telephos›, ‹Andromeda›, ‹Helena› parodiert. Auch → Agathon tritt auf. – Vgl. → Parodie.

[8] Die ‹*Lysistrate*› (411, wohl an den Dionysien, durch Kallistratos aufgeführt) gilt der Vision eines panhellenischen Friedens. Da die Männer versagen, versammelt Lysistrate (die ‹Heerlöserin›) die Frauen aller Griechen. Durch Verweigerung des ehelichen Umganges wollen sie ihre Männer zum Frieden zwingen. In Athen besetzen die Frauen die Akropolis. Als Vertreter des Staates wird ein → Probule jämmerlich abgefertigt. Drastisch wird das entstehende Liebesverlangen der Frauen und der Männer vorgeführt. Spartanische Friedensgesandte und Athener im Zustand heftigsten Begehrens müssen eine Versöhnungsrede der Lysistrate (1112ff.) anhören. Ein gemeinsames Festmahl leitet abschließend zu lakonischen Tänzen über. Der Chor ist in Männer- und Frauenchor geteilt und durchgehend dramatisiert (s. o. B 2).

[9] Mit einem letzten patriotischen Aufschwung in den ‹*Fröschen*› (aufgeführt durch Philonides, Lenäensieg 405), kurz vor dem Zusammenbruch des alten Athen, läßt A. den Dionysos als Herakles verkleidet in die Unterwelt hinabsteigen, um nach dem Tod des Euripides und Sophokles (406) einen Tragiker auf die verwaiste Bühne Athens hinaufzuholen. Unten sind → Euripides und → Aischylos im Wettstreit. A. stellt seine Kriterien für den großen, genialen, dem Vaterlande nützlichen Dichter an Aischylos, für den schlechten, volksverführenden, intellektuellen Dichter an Euripides dar. Jener darf als Retter triumphierend in die Stadt zurückkehren.

[10] Schon zur mittleren → Komödie (I C) gehören die letzten Stücke. In den ‹*Ekklesiazusen*› (‹Weibervolksversammlung›, wohl 392) bewirkt Praxagora, daß die Frauen ihren Männern, hilflosen Schwächlingen, die politische Macht entreißen. P.s soziales Programm (Rede im Agon 571–709) ist Volksbeglückung durch Güterkommunismus. Es wird im zweiten Teil ad absurdum geführt, ein für die Komödie des A. neuartiger Vorgang. Das Verhältnis zum später publizierten ‹Staat› → Platons ist umstritten.

[11] Im ‹*Plutos*› (388) befiehlt das Orakel dem Karion, dem ersten zu folgen, den er trifft. Es ist ein blinder Alter, Plutos (‹Reichtum›) selber, der aber zuerst im Heiligtum des → Asklepios wieder sehend gemacht werden soll, damit er in Zukunft nur noch zu den gerechten Armen gehe. Penia (‹Armut›) will das verhindern und behauptet im Agon (487–618), nur Armut mache die Menschen gut, Reichtum verderbe sie. Doch sie wird weggeprügelt und P. sehend gemacht. Der zweite Teil zeigt Reihen von Genrefiguren, die nun vom sehenden, gerechten Reichtum Nutzen oder Schaden haben.

D. Charakteristik. A. wirkt in einer Zeit des Umbruchs. Die alte Polis Athen bricht politisch und gesellschaftlich zusammen, und das Verhältnis zum eigenen Dasein und zur Umwelt gestaltet sich durch die → Sophistik und die Naturphilosophie (→ Vorsokratiker) neu. Das Unbehagen gegenüber den neuen Phänomenen symbolisiert A. in den Urteilen und Reaktionen einfacher Athener alten Schlages. Mit Leidenschaft kämpft er für das Beste der Polis. Uneingeschränkt entfalten sich bei diesem Bemühen die reiche Gabe seiner Phantasie und die Vielzahl seiner formalen Ausdrucksmöglichkeiten. A. verfügt über die gesamte Bildung seiner Zeit. Hymnen, Lieder, Monodien, Skolien, epische Verse, Orakel u.a. sowie alle Szenenformen der Komödie und Tragödie beherrscht er in → Parodie und Ernst. Allein von Euripides zitiert er 46 Stücke. Seine Lyrik erreicht differenziertesten Ausdruck des Empfindens. Auch umfaßt er die Realität des Lebens in ihrer ganzen Breite, in der Karikatur einzelner Personen und in der Darstellung des Alltags bis zur derben Sklavenzote. Der Reichtum seiner sprachlichen Ausdrucksmittel übertrifft bei weitem die Neue Komödie, und sein Wortschatz wird von kaum einem anderen Dichter erreicht. Die dramatische Technik des A. wird nicht einheitlich beurteilt. Nach antiken Zeugnissen in den Prolegomena περὶ κωμῳδίας (→ Komödie E 1) ist

A. der Vollender einer technischen Bemühung um die Komödie, die von → Kratinos ihren Ausgang nahm und sich am Ideal der Ordnung orientierte. Angesichts des Erhaltungszustandes früherer und gleichzeitiger Komödien ist diese Feststellung nicht nachprüfbar. Doch sind Parallelen zwischen der technischen Ausgestaltung der Tragödie und der aristophanischen Komödie vorhanden, aus denen man dramatischen Formwillen auch für A. gefolgert hat. Unbestreitbar ist der glückliche Bau einzelner Szenen, etwa von Prologen mit spannungssteigernden Einlagen vor der Exposition und Auftrittspaarungen (vgl. Schluß der ‹Acharner› u.a.). In der Erfindung von Szenerien soll → Eupolis A. überragt haben. Die Schärfe des Spottes scheint bei A. geringer gewesen zu sein als bei Kratinos. Gleichwohl macht A. ein großes Arsenal von Wort- und Situationswitzen und überhaupt ein reiches Instrumentarium komischer Effekte seiner Komödie dienstbar. Schwer zu sagen, wie das Verhältnis des A. zu den von ihm verspotteten Personen war. → Kleon ist ihm gewiß verhaßt. Andererseits zeigt Platon im ‹Symposion› A. und Sokrates in freundschaftlichem Einvernehmen, und es fehlt nicht an Zeichen, daß A. zwischen Sokrates und den → Sophisten unterschieden hat. → Euripides endlich verachtet er vielleicht weniger, als die komische Darstellung vermuten läßt. Kratinos prägte das Wort *εὐριπιδαριστοφανίζων* (‹A. in euripideischer Manier›, Frg. 307 E.). Mit der Kritik sozialer und staatsphilosophischer Theorien erweist sich A., in der veränderten Situation der Komödie des 4. Jh.s, zugleich als anpassungsfähig und stets auf der Höhe der Zeit.

E. Überlieferung, Fortwirkung. Die Komödien des A. wurden nach seinem Tode nicht mehr aufgeführt. Gelesen und bearbeitet wurden sie erst von den alexandrin. (auch den pergamenischen?) Philologen, auf die letztlich unsere Texte und Scholien zurückgehen. Auch in Rom ist es nicht zu Nachbildungen ganzer Komödien des A. gekommen. Geschätzt und nachgebildet wurde in der Kaiserzeit die Sprache von den → Attizisten, während als Dichter → Menander vorgezogen wurde (→ Komödie E 3). Vom 2. Jh. n. Chr. an wurde A., wie Papyri und Scholien nahelegen, bes. gern gelesen, im Byzanz des MA.s sogar auf den Schulen. Seit dem 15. Jh. wurde A. allmählich den Gelehrten der Renaissance und des Humanismus bekannt, bes. durch die Aldina des Musuros 1498. ‹Plutos›, ‹Wolken› und ‹Frösche›, die byzantin. Schulauswahl, wurden zunächst allein nachgeahmt. Hans Sachs (1531), Ronsard u. a. bearbeiteten den Plutos, für Schulaufführungen komponierte Zwingli (1521) Zwischenaktmusiken. Später bildeten Racine in seinen Plaideurs (1668) die Wespen, Goethe (1780) die Vögel, Platen (nach 1826) in seinen Komödien die Parabasen nach. Im deutschen Sprachraum hatten die Übersetzungen (mit Kommentar) von J. G. Droysen (1835 bis 1838) und L. Seeger (1845–1848), beide selbst aus politisch bewegter Zeit, die größte Wirkung. Th. G.

Ed: M. Musurus, ed. princ., 1498 (ohne Lys. u. Thesm.); vollständig erst Ed. Basiliana, 1532 – V. Coulon, 5 Bde, CB, 1923–30 – O. Schröder, Aristophanis Cantica (1909), 1930^2 – Pax: K. Zacher-O. Bachmann, 1909 (vollständigster Hss.-Apparat) – Index: O. J. Todd, 1932 – *Frg:* FAttCom I 572–793 – *Scholien:* W. G. Rutherford, Scholia Aristophanica I–II, 1896 (Hs. R) – *Komm:* zu allen Komödien: J. V. Leeuwen, 11 Bde, 1893–1909; Prolegomena 1908 – *Übers:* L. Seeger (1845–48), eingel. u. erl. v. O. Weinreich, 2 Bde, BAW, 1952/53 – *Lit:* P. Mazou, Essai sur la composition des comédies d'A., 1904 – Schmid-Stählin I 4 – P. Boudreaux, Le texte d'A. et ses commentateurs, 1919 – K. J. Dover, Lustrum 2, 1957, 52–112 (Forschungsber.) – H.-J. Newiger, Metapher und Allegorie, Zetem. 15, 1957 – Th. Gelzer, Der epirrhematische Agon bei A., Zetem. 23, 1960 – C. F. Russo, A. autore di teatro, 1962 – J. Taillardat, Les images d'A., 1962 (Sprache u. Stil) – P. Händel, Formen u. Darstellungsweise der aristophan. Komödie, 1963 – *Zu E:* W. Süß, A. u. die Nachwelt, Erbe der Alten 2/3, 1911 – O. Weinreich zur Übers. v. L. Seeger, a. O. II, XXXVIff. – *Darstellungen:* → Anhang I.

1a. **A.**, att. Vasenmaler des → rotfigurigen Stils, tätig um 400 v. Chr. (→ Vasen E 5); signiert sind zwei Schalen (Berlin F 2531, Boston 00344) und ein Glockenkrater (Agrigent). Von der Bostoner Schale mit Herakles und Nessos ist eine unsignierte Replik ders. Werkstatt erhalten (Boston 00345).

Lit: Beazley, ARV^2 1318–19. I. Sch.

2. **A. von Byzanz**, ca. 257–180 v. Chr., neben → Aristarch (2) der größte hellenist. Grammatiker. Schüler des → Zenodot, → Kallimachos (3) und → Eratosthenes, dessen Nachfolger als Vorstand der alexandrinischen Bibliothek er 195 wurde. Er war ein überaus gelehrter und vielseitiger Schriftsteller, vor allem ein erfolgreicher Editor. Die → Überlieferungsgeschichte (A 2) der Klassikertexte hat er sehr nachhaltig beeinflußt. – *Werke:* 1. Als erster Herausgeber wandte er sich dem Drama zu (Euripides, Aristophanes, vermutlich auch Aischylos und Sophokles), schuf grundlegende Lyrikerausgaben (wenigstens von Alkaios, Anakreon und Pindar), gab Hesiods Theogonie und unter Benutzung der Vorarbeiten von Zenodot und → Rhianos auch Ilias und Odyssee heraus. Seine Methode weist mehrere wichtige Fortschritte auf: neben dem → Obelos verwendete er Sigma (Ϲ) und Antisigma (Ͻ) zur Bezeichnung doppelter Rezensionen. Er setzte den → Asteriskos (⋇), um sinnlose Verse kenntlich zu machen, und bezeichnete eine fortlaufende Reihe unechter Zeilen mit dem Keraunion (✳ oder T). Ob er sich auch der → Diplē bedient hat, ist fraglich (→ Aristarch). Die lyrischen Partien gliederte er nach metrischen Gesichtspunkten (kolometrisch) und beachtete als erster Grundsätze einer Akzent- und Interpunktionslehre. Das mit diesen Mitteln aufgebaute textkritische System war zwar noch unvollkommen, aber es ermöglichte bereits die Aufarbeitung des handschriftlichen Materials und damit die Erhaltung der Literatur. – 2. Er schrieb *Hypotheseis* (Einleitungen, nur teilweise und nur im Exzerpt erhalten) zu Aristophanes und zu den Tragikern, außerdem Abhandlungen zur Komödie, besonders zu Menander. Die Hypotheseis basieren auf den → Didaskaliai des → Aristoteles (wertvoll für die Literaturgeschichte). Dagegen hat sich A.s Einteilung mehrerer platonischer Dialoge in Trilogien nicht durchgesetzt. – 3. Die *Lexeis*, das Ergebnis umfangreicher lexikalischer Untersuchungen, enthalten u. a. Kapitel wie ‹Verwandtschaftsnamen›, ‹Altersbezeichnungen›. Sie übten eine außerordentliche Wirkung auf die → Lexikographie aus. Neben Glossen sammelte A. auch Sprichwörter (6 Bücher). – 4. In einer grammatischen Abhandlung ‹*Über die Analogie*› versuchte A. die Regeln der griechischen Deklination zu entwickeln. Im Anschluß an → Aristoteles und den → Peripatos verfaßte er eine Tiergeschichte (*Περὶ ζῴων*; → Zoologie). – Aus dieser (nur unvollständigen) Liste der Titel ist die Weite seiner Interessen kenntlich, wie der Umfang seiner Kenntnisse und die Besonnenheit seines Urteils aus den Fragmenten. Trotzdem wird man ihn, von den Lexeis abgesehen, eher als Wegbereiter denn als Vollender der sich eben erst entfaltenden philologischen Wissenschaft bezeichnen müssen. – Vgl. → Überlieferung. H. E.

Frg: A. Nauck (1848), dazu E. Miller, Mélanges de Littérature grecque, 1868, 427 und A. Fresenius, De *λέξεων* Aristophanearum et Suetonianarum excerptis Byzantinis, 1875 – *Lit:* L. Cohn, RE 2 (1896), 994–1005.

Aristophaneus, entweder ein Vers aus *cho* + *ba* (–◡◡–◡––), den → Aristophanes stichisch verwandt hat (Fr. 10 K.; er erscheint im Drama auch als Klausel zu → Dochmien), oder der bei Aristophanes beliebte katalektische anapästische Tetrameter (◡◡–◡◡–⁞◡◡–◡◡–|◡◡–◡◡–◡◡––|| mit den bei → Anapästen üblichen Varianten). B. Sn.

Lit: O. Schroeder, Nomenclator Metricus, 1929, 12f. – P. Maas, Greek Metre, 1962, § 58.

Aristophon, Dichter wohl der mittleren → Komödie (I B); neun Titel bekannt, darunter ein ‹Platon› und ‹Zwillinge› (wie → Anaxandrides, → Alexis u. a.). Th. G.

Frg: FAttCom II 520–529.

Aristoteles

A. Leben – B. Werke: [1] Überlieferung – [2] Titelverzeichnis – C. Lehre: [1] Begriff der Philosophie – [2] Verhältnis zu Platon – [3] Methode der Philosophie – [4] Grundformen des Denkens – [5] Theoretische Philosophie: Theologie und Kosmologie – [6] Übrige Naturphilosophie – [7] Praktische Philosophie: Ethik, Ökonomik, Staatstheorie – [8] Rhetorik und Poetik – D. Wirkungsgeschichte.

A. Leben. A. ist nächst → Platon der größte und einflußreichste griech. Philosoph. Die Chronologie seines *Lebens* ist (bes. nach → Apollodor (4) v. Athen): geb. 384 in Stageiros (im Grenzgebiet zwischen Thrakien und Makedonien) als Sohn des Arztes Nikomachos, 367 Eintritt in die → Akademie → Platons in Athen, Mitglied der Schule bis zu Platons Tod (348/347). Dann verläßt A. Athen und hält sich bis 345 beim Fürsten → Hermeias (1) v. Atarneus auf, dann Aufenthalt in Mytilene auf Lesbos (Heimatinsel seines Lieblingsschülers und spätern Nachfolgers → Theophrast), 343 zu König → Philipp II. v. Makedonien berufen, um dessen Sohn → Alexander (5) zu unterrichten. Nach Philipps Tod Rückkehr nach Athen und Gründung einer eigenen Schule (355), die nach dem Lokal der öffentlichen Vorträge Lykeion (ein nach dem benachbarten Tempel des Apollon Lykeios benanntes, schon im 5. Jh. bezeugtes → Gymnasion) oder → Peripatos genannt wurde. Nach Alexanders Tod (323) zwingt ihn die drohende Haltung der antimakedon. Athener, die Stadt zu verlassen und sich nach Chalkis auf Euböa, der Heimat seiner mütterlichen Familie, zu flüchten; dort Erkrankung und Tod 322. – Über die 20 Jahre bei Platon und die 8 Jahre am makedon. Hof wissen wir fast nichts, manches dagegen über seine Familienverhältnisse. Erhalten sind eine Ehrenurkunde der delphischen Amphiktyonie für A. aus dem Jahre 329 (SIG³ Nr. 275), ebenso eine solche der Athener wohl von 337, die 323 annulliert, 322 wiederhergestellt wurde (biographische Überlieferung). Unsicher ist die Echtheit einer Ehrenurkunde von Stageiros und die Echtheit seiner Briefe, von denen die spätere Antike zwei umfangreiche Sammlungen besaß. Etwa 325 muß ihm in Athen eine Ehrenstatue errichtet worden sein (Kopien des Kopfes erhalten).

B. Werke. [1] *Überlieferung*. Die Werke zerfallen in zwei Gruppen: (a) 19 von A. selbst publizierte Schriften, mit Ausnahme des → Protreptikos (Mahn- und Einleitungsschrift zur Philosophie) alles Dialoge, (b) wissenschaftliche Untersuchungen. Eine erste Gesamtausgabe bzw. Zusammenstellung aller Werke wird bald nach dem Tode des A. erfolgt sein. Auf ihr beruht das in mehreren Brechungen (bes. bei Diog. Laert. 5, 22–27) erhaltene Schriftenverzeichnis des 3. Jh.s, das nach den 19 Dialogen und dem Protreptikos 124 Titel umfaßt und mit einer Briefsammlung und einigen Gedichten schließt. Im 1. Jh. ist eine Neuausgabe in Angriff genommen und von → Andronikos v. Rhodos vollendet worden; sie bot eine Auswahl der philosophisch wichtigsten Untersuchungen, zu einer systematischen Folge von großen Pragmatien zusammengefaßt, wobei nicht nur viele Spezialschriften und Materialsammlungen (hier ist vor allem die für die athen. Theatergeschichte grundlegende Sammlung der → Didaskalien einerseits, die für die allgemeine Chronologie und Kulturgeschichte wichtige Publikation der Siegerlisten an den Olympien und → Pythien andererseits zu nennen), sondern auch alle Dialoge und der Protreptikos weggelassen sind. Es ist diese, einen authentischen Text zu geben beanspruchende Ausgabe (unkontrollierbar und nicht restlos glaubhaft ist die von Strabon 13, 1, 54 und Plutarch Sull. 26 überlieferte Nachricht, die Originalmanuskripte des A. seien in die Hand eines Schülers gelangt, dann in einem Keller der kleinasiatischen Stadt Skepsis während 150 Jahren vergessen und liegen geblieben, bis sie um ca. 90 v. Chr. wieder ans Licht gezogen und publiziert worden seien), die wir praktisch vollständig noch besitzen. Sie hat sich schon kurz nach ihrem Erscheinen aus Gründen, die wir nicht ganz durchschauen, völlig durchgesetzt; schon → Alexander (15) v. Aphrodisias besitzt die hellenist. Gesamtausgabe nicht mehr bzw. zitiert sie aus zweiter Hand und benutzt nur noch unser Corpus Aristotelicum. Wie wohl schon die hellenist. Ausgabe umfaßt es auch einige unechte Stücke.

[2] *Titelverzeichnis*. Die Titel der Werke im Corpus Aristotelicum sind in der durch I. Bekker maßgebend gewordenen Reihenfolge: 1. Kategorien (vielleicht z. T. nacharistotelisch überarbeitet), 2. Über Formen der sprachlichen Ausdrucksweise (Hermeneutik), 3. Erste und zweite Analytik (die wissenschaftliche Logik), 4. Topik (die Diskussionskunst), 5. Physik, 6. Über den Himmel (allgemeine Kosmologie), 7. Über Entstehen und Vergehen, 8. Meteorologie, 9. Über die Welt, an König Alexander (Fälschung des 1. Jh.s v. Chr. mit Benützung echter Texte), 10. Über die Seele, 11. Über Sinneswahrnehmung und Sinnesobjekte, 12. Kleine Schriften zur Anthropologie, 13. Über das Pneuma (nacharistotelisch), 14. Tiergeschichte (allgemeine Zoologie, stellenweise überarbeitet), 15. Über die Teile der Tiere (vergleichende Morphologie), 16. Über die Bewegung der Tiere, 17. Über das Gehen der Tiere (nacharistotelisch), 18. Über die Entstehung der Tiere, 19. Über die Farben, 20. Auszug aus der Akustik, 21. Physiognomik (nacharistotelisch), 22. Über die Pflanzen (späthellenistisch, nur in lat. Übersetzung erhalten), 23. Erstaunliche Naturphänomene (hellenist. Zusammenstellung aus altem, gutem Material), 24. Mechanik (Echtheit fraglich), 25. Problemata (wohl späthellenistisch, doch z. T. mit altem Material), 26. Über unteilbare Linien (alt, aber nicht von Aristoteles), 27. Auszug aus der Schrift über Wetterzeichen, 28. Über Xenophanes, Melissos, Gorgias (echt, aber leicht überarbeitet), 29. Metaphysik, 30. Nikomachische Ethik, 31. Große Ethik (nacharistotelische Bearbeitung eines älteren Textes), 32. Eudemische Ethik (ältere, unvollständige Parallelfassung zu Nr. 30), 33. Über Tugenden und Laster (nacharistotelisches, peripatetisches Handbuch), 34. Politik (unvollständig), 35. Ökonomik (altes Material stark umgearbeitet), 36. Rhetorik, 37. Rhetorik an König Alexander (Fälschung ähnlich wie Nr. 9), 38. Poetik (unvollständig). – Noch in dieser Auswahl zeigt das Œuvre des A. eine außerordentliche Spannweite; bemerkenswert schwach vertreten sind nur die von Platon hochgeschätzten mathematischen Wissenschaften (Arithmetik, Geometrie, Astronomie und Harmonik). Doch auch so ist es begreiflich, daß im Hellenismus A. als der vielseitigste unter den Philosophen galt, wobei man vor allem an die Masse seiner naturwissenschaftlichen Werke dachte. Zum klassischen → Logiker ist A. erst in der Kaiserzeit, bes. durch → Porphyrios geworden. – Ein eigenartiges Problem stellt der materielle Umfang der von A. betriebenen biologischen und historischen Forschungen, da es von vornherein undenkbar erscheint, daß das riesige Tatsachenmaterial von ihm allein gesammelt worden wäre. Er muß in irgendeiner Form Hilfskräfte gehabt und diese auf den verschiedenen Gebieten mit Sammelaufträgen (Forschungsreisen, Erkundigungen, Exzerpierung von Fachliteratur) betraut haben, so daß man von den Ansätzen einer eigentlichen Organisation der wissenschaftlichen Arbeit im Teamwork sprechen kann. – Hervorzuheben ist schließlich hier das entschieden *historische Selbstverständnis* des A. Er ist weit über Platon hinaus der erste Philosoph, der sich systematisch mit den Leistungen seiner Vorläufer befaßt und auseinandergesetzt und sich selbst als Glied in einer kontinuierlichen Problementwicklung gesehen hat. Faktisch spielt freilich die Diskussion mit Platon (bes. natürlich der Ideenlehre), die sich durch sein ganzes erhaltenes Werk hindurchzieht, eine zentrale Rolle, wenn man sich auch heute hüten wird, ihn allzu ausschließlich als Schüler und Gegner Platons und von diesem her zu interpretieren.

C. Lehre. [1] *Begriff der Philosophie*. Im weitesten Sinne ist Philosophie für A. die Erforschung aller Erscheinungen, die methodisch erfaßt und systematisch zusammengeordnet werden können, anders: über die sich etwas Allgemeines begründet aussagen läßt. Dies umgreift die Gesamtheit der erkennbaren Gegenstände, der zu verwirklichenden Ziele, dazu bestimmte Sektoren technischer Daseinsbewältigung. In einem engeren Sinne gliedert sich die Philosophie in das sich selbst genügende Erkennen des Seins und seiner Struktur (Möglichkeit und Wirklichkeit, Ursache und Wirkung, Formendes und Geformtes u.a.) und das Erkennen der Werte (Mittel und Zwecke) zugleich mit dem Aufzeigen des Weges zur Verwirklichung eben dieser Werte (da es sich auch für den Philosophen nicht nur darum handelt, zu wissen, was gut sei, sondern auch gut zu werden, NE 2,2. 1103b27ff). In einem engsten Sinne befaßt sich die Philosophie mit dem einen vollkommensten Sein (und kann dann → Theologie heißen) und dem einen vollkommensten Wert, der → Eudaimonia. Während auf der mittleren Ebene metaphysische Theoria und ethische Praxis stark auseinandertreten, treffen sie auf der höchsten Ebene wieder zusammen, sofern die Eudaimonia gerade in der Betrachtung des vollkommenen göttlichen Seins besteht. Der Bios theoretikos, den A. als die vollkommenste Lebensform skizziert, hat seinen Rang von der Tätigkeit des Geistes her, der sich erkennend auf das Göttliche und Ewige richtet und in diesem Erkennen seiner eigenen Unsterblichkeit gewiß wird; der vollkommene Staat wiederum hat keine andere Aufgabe, als dem Bürger die Muße für eben jenen Bios zu verschaffen.

[2] *Verhältnis zu Platon.* Es ist dann allerdings für A. bezeichnend, daß im Gegensatz zu Platon sein Blick sich von vornherein mehr auf das geschichtlich Erreichbare als auf das Vollkommene richtet, dem nur selten ein Mensch nahe kommt. Selbst wenn wir annehmen, daß seine Theologie in verlorenen Dialogen ausführlicher zur Sprache kam als in den erhaltenen Schriften, bleibt das quantitative Mißverhältnis zwischen diesen Dingen und der breiten Fülle der zoologischen Untersuchungen erstaunlich. Und selbst wenn der Beschreibung des vollkommenen Lebens in der Nik. Ethik (10,6–9) und der Konstruktion des vollkommenen Staates in der ‹Politik› (Buch 7f.) eindrucksvolle Abschnitte gewidmet sind, so beansprucht doch die Ethik des durchschnittlichen Lebens und die Analyse der unter gegebenen geschichtlichen Verhältnissen realisierbaren Staatsformen weit mehr Raum und Aufmerksamkeit. Dem entspricht eine heftige Abneigung gegen Paradoxa jeder Art: die ontologischen Paradoxa eines → Heraklit oder der → Eleaten ebenso wie gegen die ethischen Paradoxa, die die → Sokratik vielfach vertrat (auch Platon im Gorgias, im Staat u.a.) und die später die → Stoa wieder aufnahm. Was der Philosophie des A. dadurch zweifellos an pathetischer Kühnheit abging, gewann sie im Felde der Anschaulichkeit und Brauchbarkeit. Mehr als jede andere Lehre war sie geeignet, gelehrte Forschung anzuregen und den Gebildeten hinsichtlich seiner Lebensführung zu beraten. Es ist auch gerade A., der ausdrücklich zwischen dem Berufsphilosophen und dem Laien den Gebildeten ansetzt, den der Philosoph nicht vergessen darf und dem er Richtlinien geben soll (part. anim. 1,1.639a1ff. u.a.).

[3] *Methode der Philosophie.* Was A. zunächst anstrebt, ist ein *geschlossenes System* der seienden Dinge und der zu erstrebenden Werte. Einerseits hängt alles mit allem zusammen, andererseits hat jeder Bereich seine ihm eigentümlichen Probleme. Das erhaltene Œuvre des A. ist gekennzeichnet durch eine ungewöhnliche methodische Sicherheit: eine Fülle von Verweisen markiert die Querverbindungen zwischen den Pragmatien, zeigt aber auch an, welche Fragen nicht jetzt, sondern später, nicht hier, sondern anderswo sachentsprechend zu behandeln sind. Dazu gehört auch die Feststellung, daß bestimmte Fragen überhaupt noch nicht zur Beantwortung reif sind. A. ist zwar überzeugt, über alle Vorgänger hinausgekommen zu sein, ihre Irrtümer vermieden und ihre noch unklaren Intentionen erfüllt zu haben; zugleich aber bleibt sein Denken bis zuletzt in Bewegung, hält Fragen offen und experimentiert mit neuen Formulierungen. Gerade wichtigen Problemen gegenüber ist die urbane Behutsamkeit seiner Ausdrucksweise bezeichnend. – Einen großen Raum nimmt die *Reflexion über die Methode des Forschens* ein. Hauptgesichtspunkte sind: 1. *Klärung des Sprachgebrauchs*, Festlegung und Differenzierung der verschiedenen möglichen Bedeutungen der Hauptbegriffe (metaph. 4), auch scharfe Trennung zwischen eigentlichem und metaphorischem Sprachgebrauch. A. schafft z.T. in Reaktion auf die sokratische Dialogliteratur und in Rückgriff auf die ionische Prosa die wissenschaftliche Sprache der Antike. – 2. *Aufgliederung der Beweisverfahren* in drei Stufen: (a) die *Evidenz* der Phänomene selbst; was in der Natur durch gesunde Sinnesorgane wahrgenommen wird, ist grundsätzlich real, bedarf zwar der Interpretation, kann aber nicht einfach beiseite geschoben werden; ebenso muß die Ethik berücksichtigen, was sich geschichtlich als Consens aller oder doch der meisten und weisesten Menschen erweist; (b) weiter als die Evidenz führt die in der Sokratik ausgebildete *Induktion* (ἐπαγωγή); ein zunächst undurchsichtiger Tatbestand wird erhellt durch Parallelisierung mit einer Reihe durchsichtiger Tatbestände; (c) zwingende Einsicht ergibt sich erst durch den *Syllogismos*, das rationale Schlußverfahren der wissenschaftlichen Logik, die A. selbst als eine seiner eigentümlichsten Leistungen empfunden hat. Der konkrete Anwendungsbereich dieser Logik ist freilich sehr begrenzt; die naturphilosophischen und ethischen Pragmatien begnügen sich meist mit Evidenz und Induktion. Erst der späte → Neuplatonismus und das MA haben versucht, konsequent nach den Regeln der Syllogistik zu philosophieren.

[4] *Grundformen des Denkens.* Durchgehende Strukturen sind bes.: 1. Die → *Definition*, ausgehend von der Sokratik, fixiert durch die platonische Dihäretik; sie gibt nach Gattung (γένος), Differenz (διαφορά) und Art (εἶδος) jedem Wesen seinen Ort. – 2. In anderer Richtung bezeichnen die 10 → *Kategorien* (Wesen, Quantität, Qualität, Relation, Ort, Zeit, Substrat-Sein, Substrat-Haben, Wirken, Leiden) die möglichen Aussagen über das Seiende; jedes Seiende muß unter eine dieser Kategorien fallen. – 3. Zu den Elementarstrukturen des Seienden wie des Denkens, und schon bei den ältesten → Vorsokratikern wichtig, gehört der *Gegensatz*, den A. in seinen verschiedenen Formen (konträr, kontradiktorisch u.a.) ausführlich analysiert, bei der Argumentation immer wieder herangezogen und dem er eine der bedeutendsten verlorenen Untersuchungen gewidmet hat. – 4. Philosophisch ungemein fruchtbar ist das von A. selbst geprägte Begriffspaar *Möglichkeit* (δύναμις, potentia) und *Wirklichkeit* (ἐνέργεια, actus) geworden (vgl. metaph. 8). Es entsteht aus dem Bemühen, zwischen Sein und Nichtsein eine sinnvolle, geordnete Relation herzustellen: das Nichtsein ist das Noch-nicht-Sein des Seins, auf das hin es angelegt ist. Das Werden ist also nicht mehr wie bei Platon ein unabsehbarer und unbegreifbarer Strom, sondern das jeweilige Zur-Verwirklichung-Gelangen dessen, was schon die Möglichkeit dazu besaß. Als solche Verwirklichungen von Möglichkeiten erweisen sich sowohl das ethische Handeln wie das biologische Wachstum, wie die Reaktionen der anorganischen Körper. – 5. Parallel dazu liegt das Paar *Stoff* (ὕλη, materia) und *Form* (εἶδος, species), ausgehend von der schon in der Sokratik skizzierten, doch erst von A. konsequent durchgeführten → Analogie der Naturvorgänge mit der handwerklichen Technik (part. anim. 1,1). Werden wird zur Formung des Formlosen. Dem A. eigen ist die Beifügung eines dritten Grundbegriffs, des *Formverlustes* (στέρησις, privatio); die adäquate Formung eines Stoffes kann nicht erreicht werden oder geht nachträglich wieder verloren. Der Begriff erleichtert wesentlich die Deutung der Naturmängel (Mißbildung, Krankheit, Tod u.a.) und darüber hinaus des Schlechten und Bösen überhaupt. –

6. Endlich sind die wiederum von Platon mehrfach diskutierten, aber erst von A. konsequent verwendeten Begriffspaare *Ursache–Wirkung*, *Zweck–Mittel* zu nennen. In beiden Fällen ist ein Dreierschema herstellbar: reine Ursache–Wirkungen, die zugleich wieder Ursachen sind – bloße Wirkungen: reiner Zweck – Mittel, die selbst wieder Zwecke sind – bloße Mittel. Die Naturforschung wird vor allem nach den Ursachen der Erscheinungen fragen und zur ersten Ursache vorzudringen suchen. Mindestens im Bereich der Biologie tritt die Frage nach den Zwecken ebenbürtig daneben (part. anim. 1, 1). In der Ethik herrscht die Frage nach dem obersten Zweck. In gewissem Umfang ist der ethische Zweckbegriff (τέλος, finis) eine Prägung des A. Die Frage nach den Ursachen tritt zurück, da A. deutlich, wenn auch nicht so entschieden wie später → Epikur, daran festhält, daß ethisches Handeln seine Ursache im Handelnden selbst hat und keine weitere Determination zuläßt. – Ein umgreifendes *System der Ursachen* entwickeln Physik 2 und Metaphysik 1. Unterschieden werden vier Ursachentypen: Materialursache, Formursache, Bewegungsursache, Zweckursache. – Vielfach wichtig ist auch die Unterscheidung der Ursachen im eigentlichen Sinne von den Vorbedingungen (τὰ ὧν οὐκ ἄνευ, condicio sine qua non) eines Phänomens.

[5] *Theoretische Philosophie: Theologie und Kosmologie.* Der Gesamtbereich der theoretischen Philosophie wird beherrscht vom Begriff der → *Bewegung*. A. geht von drei Thesen aus: 1. Jede Bewegung ist charakterisiert durch den Punkt A, den sie flieht, und den Punkt B, den sie sucht und an dem sie ihr Ende findet. – 2. Bewegung existiert nur im Raume des kugelförmigen Kosmos. Hier sind wie in jeder Kugel drei einfache Bewegungen möglich: gradlinig von der Mitte zur Peripherie, gradlinig von der Peripherie zur Mitte, kreisförmig um die Mitte herum. – 3. Jeder Bewegung ist ein bestimmter Körper zugeordnet, den drei einfachen Bewegungen also die drei einfachen Körper und zwar so, daß jedem Körper seine Bewegung von Natur und notwendig eigen ist: die zentrifugale Bewegung dem Feuer, die zentripetale der Erde und die Kreisbewegung einem besonderen Körper, den es nur in der Region der Gestirne gibt: A. nennt ihn Aether oder Kreiskörper, der spätere Peripatos das zu den klassischen vier Elementen dazukommende ‹Fünfte Element› (im MA: quinta essentia). Aus diesen Thesen folgt weiterhin: 4. Zwischen Feuer und Erde werden Luft und Wasser eingeschoben, jene dem Feuer, dieses der Erde in der Bewegungsart nahestehend. – 5. Der Bewegungsart und damit dem Wesen nach sind Feuer und Luft der Erde und dem Wasser entgegengesetzt. Die zwei Elementenpaare zerstören fortwährend einander gegenseitig, indem sie ineinander übergehen. Zur Kreisbewegung gibt es nach A. keinen Gegensatz, also nichts, was sie gefährden könnte. Sie ist also ewig, ebenso das Element, dem sie gehört. – 6. Jedes Element bewegt sich, bis es an seinem ‹eigentümlichen Orte› zur Ruhe kommt: die Erde in der Mitte des Kosmos, das Feuer an der Peripherie. Der natürliche Ort des Kreiskörpers ist aber nicht ein Punkt auf der Kreisbahn, sondern die ganze Bahn. Als einziger bewegt er sich ständig an seinem natürlichen Orte; seine Bewegung wird also auch aus diesem Grunde ewig sein. – 7. Gegen Platon (Phaidr. 245 C–246 A) lehrt A., es könne keine Bewegung geben, in der das Bewegte sich selbst bewege. Immer muß ein Bewegtes von einem Bewegenden unterschieden werden; jedes Bewegende ist selbst wieder bewegt. Doch da die Kette der Bewegungen nicht ins Grenzenlose verlaufen kann, steht am Anfang ein erstes Bewegendes, das selbst unbewegt ist. – 8. Dies führt zu einem *Aufbau des Seins in drei Schichten*. Die unterste Schicht ist die der vier Elemente, die sich wechselnd verbinden und ineinander übergehen und immer neue vergängliche Gestaltungen entstehen lassen. Dies ist der Raum der Natur und der Geschichte, in dem wir als Menschen leben. – Dieser Raum endet am Monde. Wohl schon vor A. war die Tatsache, daß der Mond zwar eine regelmäßige Bahn durchläuft, aber wechselnde Gestalten zeigt, so gedeutet worden, daß er die Grenzscheide zwischen dem Ewigen und dem Vergänglichen darstelle. Der Raum zwischen Mond und fernstem Fixsternhimmel ist erfüllt vom fünften, dem Kreiselement, das ewig gleichmäßig kreist. A. folgert, daß die Gestirne selbst göttlich und beseelt sind und daß von daher der gesamte Kosmos ewig und göttlich heißen kann. Die Unentstandenheit und Unvergänglichkeit des Kosmos ist gegenüber Platon, Epikur und der Stoa immer als eine auffallende Sonderlehre des A. vermerkt worden. – Jenseits des Kosmos, des Raumes, der Zeit und der Sichtbarkeit ist der *unbewegte Beweger*. Er bewegt alles dadurch, daß er der vollkommenste Gegenstand des Denkens und höchstes Ziel des Strebens ist: denn das Denkbare bewegt das Denken, ohne selbst in Bewegung zu sein, und das Schöne erregt das Begehren rein durch seine Existenz. An sich selbst ist der unbewegte Beweger ein reiner, ohne Unterlaß sich selbst denkender Geist (metaph. 11, 6–10. 1071b3–1076a4). Wir haben also zwei Stufen des Göttlichen, die Gestirnzone und den unbewegten Beweger. – Die hellenist. Kritik hat dieser Konstruktion bes. vorgeworfen, daß sie den sichtbaren Kosmos in zwei heterogene Teile spalte, die supralunare Welt ewiger Ordnung und die sublunare Welt der Ruhe- und Ordnungslosigkeit.

[6] *Übrige Naturphilosophie.* Während die *Astronomie* bei A. nur knapp skizziert ist, wird die *Meteorologie* mit Hydrologie und Erdkunde ausführlich behandelt. Wichtig ist schließlich die *Psychologie*. Drei Gesichtspunkten sucht A. gerecht zu werden: 1. Sofern der Mensch die Gestirngötter und den unbewegten Beweger erkennen kann, ist er Geist wie dieser selbst. Der Geist (νοῦς) ist das Unsterbliche am Menschen, das bei der Geburt ‹von außen› eintritt und beim Tod wieder entweicht. – 2. Sofern der Mensch ethisch handelt, wirken in ihm zwei Seelenteile, der vernunftbegabte (λογικόν), der das Gute erkennt, und der vernunftlose (ἄλογον), der das Streben beisteuert und sich der Lenkung durch jenen unterwerfen soll. – 3. Endlich ist die Seele das Prinzip des Lebens bei allem Belebten, Pflanze, Tier und Mensch. Das Bemühen des A., einen durchgehend anwendbaren Seelenbegriff herzustellen, führt zur Bestimmung, daß Seele und Körper sich verhalten wie Bewegendes und Bewegtes, Form und Materie, Zweck und Mittel bzw. Werkzeug. Es entsteht die berühmte Definition der Seele als «primäre, aktuale Wirklichkeit (Entelechie) eines natürlichen, organischen Körpers» (De an. 2, 1. 412b5 f.). Aus ihr folgt, daß Seele und Körper wechselseitig aneinander gebunden sind, die Seele also mit dem Körper vergeht. Wieweit A. diese Folgerung für den Menschen hat ziehen wollen, bleibt unklar, was in der Spätantike heftige Kontroversen veranlaßt hat. Der *Biologie*, bes. der *Zoologie* gilt die besondere Aufmerksamkeit des A. Seine sorgfältige Beschreibung, Klassifizierung und behutsam teleologische Interpretation des Tierreiches gilt in der Antike als eine einmalige und endgültige Leistung.

[7] Die *praktische Philosophie* ist stofflich gegliedert in Individualethik, Ökonomik und Staatsethik, geistig getragen von einem Begriff des Guten, das weder als sokratischer Allgemeinbegriff noch als platonische Idee, sondern als letztes, sich selbst genügendes Ziel des menschlichen Handelns bestimmt wird. Sein Gehalt ist abzuleiten von dem, was am Menschen selbst das Höchste und ihm Eigentümliche ist, also die Aktivität der in Vernunftbegabtes und Vernunftloses aufgegliederten menschlichen Seele. Die *Ethik* unterscheidet: (a) Tugenden des Vernunftbegabten für sich (dianoëtische Tugenden) von der Erkenntnis der ewigen Dinge bis hinab zur alltäglichen Geistesgegenwart und Klugheit; (b) Tugenden des dem Vernunftbegabten gehorsamen Vernunftlosen (ethische Tugenden). Diese las-

sen sich auch als richtige Mitte zwischen Zuviel und Zuwenig beschreiben. Die Nik. Ethik (3,8ff.) gibt eine umfangreiche, mit Tapferkeit und Selbstzucht beginnende Liste, mit z. T. meisterhaften Einzelanalysen. Die Leistung sämtlicher Tugenden ist die Eudaimonia. Allerdings sind, diese zu erlangen, die Tugenden zwar unentbehrlich, aber nicht ausreichend. A. hält es für unrealistisch zu bestreiten, daß Krankheit, Freundlosigkeit, Armut u. dgl. die Eudaimonie stören. Es entsteht die später von den → Stoikern erbittert bekämpfte Lehre von den drei Gütergruppen (seelische, körperliche, äußere Güter), die zusammen die Eudaimonie schaffen. → Die Ökonomik behandelt die menschlichen Beziehungen im Hauswesen (Mann-Frau, Eltern-Kinder, Herr-Diener) und die materielle Versorgung der Bewohner. – Die *Staatsphilosophie* betont zuerst energisch, daß der Mensch von Natur auf die politische Gemeinschaft angelegt ist und nur in ihrem Raume die Eudaimonie findet (*φύσει πολιτικόν ζῷον*, pol. 1,2. 1253a3), und entwikkelt dann teils (in starkem Anschluß an Platon) das Bild eines vollkommenen Staates, teils ein System der geschichtlich feststellbaren Staatstypen und Analysen der Bedingungen, unter denen jede einzelne Staatsform entsteht, sich behaupten kann oder zerstört wird (→ Staatstheorie). Das Schema der Staatsformen ist entweder das traditionelle, daß entweder ein Einzelner regiert (Monarchie, Tyrannis) oder einige (Aristokratie, Oligarchie) oder alle (Demokratie, Ochlokratie), oder aber, einem solonischen Gedanken folgend, die Unterscheidung des Staats der Reichen, der Armen, der Mitte. Unterbaut ist diese ganze Staatslehre durch ausgedehnte historische Studien, insbes. eine Sammlung von Monographien über 158 griechische Staatsverfassungen, von denen uns im ‹Staat der Athener› ein Stück größtenteils erhalten ist (Papyrusfund).

[8] Eine Sonderstellung nehmen → *Rhetorik* und → *Poetik* ein, Werke, die zwei bes. wichtige Bereiche des Geistes und der Kultur für sich selbst untersuchen; der Zusammenhang mit der philosophischen Systematik ist ganz locker, die Absicht, dem praktischen Handeln des Dichters, des Staatsmannes und vor Gericht zu dienen, zwar nicht ausdrücklich, aber doch implicite vorhanden.

D. Wirkungsgeschichte. Der Hellenismus hält die Metaphysik und Kosmologie für überholt, die Ethik für allzu nachsichtig und behutsam und sieht in A. fast ausschließlich den ungeheuer gelehrten Naturforscher. → Poseidonios leitet eine Renaissance des A. ein, und in dem Maße, in dem die systematische Kraft der → Stoa zerfällt und die Lehre → Epikurs einer erneuten, empfindsamen Religiosität unerträglich wird, gewinnt A. wieder an Boden. Seit dem 2. Jh. n. Chr. ist er der zweite Klassiker neben Platon. Doch nun tritt seine Biologie spürbar zurück gegenüber der Logik, auch der Metaphysik, die sich allerdings neben Platon nicht leicht behauptet. Einen entscheidenden Schritt scheint → Porphyrios getan zu haben, indem er planmäßig und in vielgelesenen Schriften die Logik des A. zu einem Instrument der Platonexegese umformt. Von da an wird A. mit immer größerer Ausschließlichkeit zum Logiker schlechthin. Die Kommentare zum Organon häufen sich. Da dieser Teil seines Systems auch bedenkenlos vom Christentum rezipiert werden konnte, so wird die Logik in Ost und West (Übersetzungen und Kommentare des → Boethius) bis zum 12. Jh. nicht nur das einzige Stück A.', das ununterbrochen tradiert wird, sondern auch ein Mittelpunkt allen philosophischen Unterrichts. Zur gleichen Zeit rezipiert auch der Islam die Logik, ferner teilweise die kosmologischen, sogar biologischen und metaphysischen Schriften: im 8.–10. Jh. werden sie in bedeutendem Umfang, wenn auch meist indirekt (über das Syrische und Hebräische) ins Arabische übersetzt. Vom 12. Jh. an gelangen lat. Übersetzungen teils aus der arabischen, dann immer mehr direkt aus der griech. Überlieferung in den Westen. Der lat. Kreuzzug bringt in der Mitte des 13. Jh.s einen Höhepunkt: im eroberten Osten wie im Westen wird nicht nur ein Werk des A. nach dem anderen, sondern manche Werke werden bis zu 3- und 4mal hintereinander ins Lateinische übersetzt (bedeutendster Übersetzer: Wilhelm von Moerbeke). Das Übergewicht der Logik bleibt freilich deutlich bestehen. Immerhin finden daneben Metaphysik und Physik, ja sogar Ethik und Politik, dazu die psychologischen Schriften starke Beachtung. Die großartigste, aber nicht einzige Synthese der neu entdeckten Lehre des A. mit christl. Theologie schafft Thomas v. Aquin (1225–1274). Im Spätmittelalter akzentuiert sich abermals die Vorherrschaft der Logik so sehr, daß der unversöhnliche Haß der Humanisten, z. T. auch der Reformatoren gegen die Scholastik in weitem Umfang ein Haß gegen die zu einem übersubtilen Formelsystem entwickelte Logik des A. ist. Erst das 19. Jh. hat begonnen, radikal umzuwerten und zu betonen, daß A. selbst seiner Logik nur eine begrenzte Bedeutung beigemessen und seine Hauptleistung mit Recht wohl in Metaphysik, Biologie und Ethik gesehen hat. O. G.

Ed: Gesamtedition, nach der zitiert werden muß: I. Bekker (1831–70), 1960² – Viele Einzelausgaben in BT, OCT, CB, LCL – Fragmente der Gedichte in: Anth. Lyr.³ I 115–119 – *Übers:* Meiners Philos. Bibl. – BAW (Auswahl) – P. Gohlke, 1948ff. (vollständig, aber kritisch zu benutzen) – *Lit:* U. von Wilamowitz, A. u. Athen, 1893 – H. Cassirer, A.' Schrift von der Seele, 1932 – E. Bignone, L'A. perduto e la formazione filosofica di Epicuro, 2 Bde, 1936 – J. M. Le Blond, Eulogos et l'argument de convenance chez A., 1938 – H. Cherniss, Aristotle' criticism of the Presocratics (1934), 1964² – Ders., A.' criticism of Plato and the Academy, 1944 – L. Robin, A., 1944 – A. Mansion, Introduction à la physique Aristotélicienne (1913), 1945² – S. Mansion, Le jugement d'existence chez A., 1946 – F. Nuyens, L'évolution de la psychologie d'A., 1948 – W. D. Ross, Aristotle (1923), 1949⁵ – P. Wilpert, Zwei aristot. Frühschriften über d. Ideenlehre, 1949 – P. Moraux, Les listes anciennes des ouvrages d'A., 1951 – Ders., Le dialogue sur la justice, 1957 – W. Jaeger, A. (1923), 1955² – J. Düring, A. in the ancient biographical tradition, 1957 – F. Solmsen, A.' System of the Physical World, 1960 – E. Berti, La filosofia del primo A., 1962 – P. Aubenque, Le problème de l'être chez A., 1962 – Ders., La prudence chez A., 1963 – W. Wieland, Die aristot. Physik, 1962 – D. Allan, The philosophy of A., 1952 (dt. Übers. 1954, franz. Übers. 1962) – J. Owens, The doctrine of being in the Aristotelian metaphysics (1951), 1963² – G. Patzig, De aristot. Syllogistik (1959), 1964² – H. Weiß, Kausalität u. Zufall in der Philosophie des A. (1942), 1964² – W. Bröcker, A. (1934), 1964³ – G. A. Seeck, Über die Elemente in der Kosmologie des A., 1964 – *Dazu die Sammelbände:* A. and Plato in the mid-fourth Century, 1960 – A. et les problèmes de méthode, 1961.

Aristoxenos, Musiker und Biograph, Mitte des 4. Jh.s vor Chr., aus Tarent, gewann in Athen in der Schule des Aristoteles dessen vielseitige Bildung, mußte aber die Nachfolge als Schulhaupt Theophrast überlassen.

[1] In der *Musik* war A. Schüler seines Vaters Spintharos, des Lampros und des Pythagoreers Xenophilos; doch schlägt auch Aristotelisches im exakten Beweisverfahren der Harmonik und in der Unterscheidung von Rhythmus und rhythmischem Substrat (*ῥυθμιζόμενον*) durch. Als klassischer Theoretiker der griech. → Musik (A 9) hat A. die Harmonik systematisch zur Einzelwissenschaft ausgebaut, weshalb er als Begründer der Musikwissenschaft zu gelten hat. Von seinen musiktheoretischen Abhandlungen sind die Harmonischen Anfangsgründe (*Ἁρμονικὰ στοιχεῖα*), bruchstückhaft die Rythmischen Anfangsgründe (*Ῥυθμικὰ στοιχεῖα*), die Lehren der Harmoniker (*Δόξαι ἁρμονικῶν*), Über die Musik (*Περὶ μουσικῆς*), Über Melodieschöpfung (*Περὶ μελοποιίας*), Über das musikalische Hören (*Περὶ μουσικῆς ἀκροάσεως*), Über die Transpositionsskalen (*Περὶ τόνων*), Über die Instrumente (*Περὶ ὀργάνων*), Über den tragischen Tanz (*Περὶ τραγικῆς ὀρχήσεως*) erhalten. Ein Titel ‹Musikgeschichte› (*Ἱστορικὰ τῆς ἁρμονικῆς*) ist in Form und Zuweisung unsicher. Auch die fragmentarisch erhaltenen ‹Vermischten Tischgespräche› (*σύμμικτα συμποτικά*) berühren Musikgeschichte und -theorie. – Für die Musikpraxis empfahl A. eine chromatisch oder enharmonisch durchsetzte Diatonik, während er die zeitgenössische, von ethischen Impulsen absehende Musik ablehnte. In der

Musiktheorie des A. sind besonders bedeutsam die unter Ablehnung der mathematischen Harmonik der Pythagoreer auf der Gehörserfahrung beruhende Methode, die chromatische Einteilung der Oktavskala zu 6 Ganztönen in gleichschwebender Temperatur, die Unterscheidung von akustischer Erscheinung und deren Verarbeitung in der Phantasie des Hörers, die Nomenklatur der Transpositionsskalen, die Unterscheidung von Stellung (*θέσις*) des Einzeltons im System und seinen bei der Umstimmung wechselnden Funktionen (*δύναμις*), sowie der Begriff der absoluten Tonhöhe (*μέγεθος*). Die Wirkung des A. auf → Kleoneides, → Vitruv, → Ptolemaios (17), den Anonymus Bellermanni, Manuel Bryennios, darüber hinaus auf die gesamte Musikgeschichte ist groß. G.W.

Frg: F.Wehrli, Schule des Aristoteles 2, 1945 – G.B. Pighi, A. Rhythmica, 1959 – *Ed:* R. da Rios, A. Elementa harmonica, 1954 – *Lit:* W.Vetter, A., MGG I, 1949–51, 629ff.

[2] A. war einflußreich (vgl. → Biographie A 1) als erster Verfasser von *Philosophenbiographien* im strengen Sinne: eine weitgespannte, stark enkomiastische Lebensbeschreibung von ‹Pythagoras und seinen Anhängern› und, gesondert, von Archytas und von Telestes. Dabei hat sich A. vielfach auf Information durch ‹die letzten› ihm persönlich bekannten Pythagoreer Süditaliens berufen. Dem treten gegenüber Biographien des Sokrates, z.T. auffallend abschätzig (von → Porphyrios benutzt), und des Platon mit vielzitierter boshafter Bemerkung über Aristoteles. Anscheinend suchte A. Pythagoras und die Seinen gegen Sokrates und die Sokratiker auszuspielen. – Er schrieb auch, z.T. biographisch, über die athen. Tragiker. O.G.

Q: F.Wehrli, Schule des Aristoteles 2, 1945.

Aristyllos, alexandrinischer → Astronom, der Anf. 3. Jh. v. Chr. Fixsternbeobachtungen angestellt hat. Seine Daten und die seines Zeitgenossen → Timocharis haben → Hipparch (3) auf die Entdeckung der → Präzession der Tagund-Nachtgleichen gebracht. S.S.

Lit: G.Kauffmann, RE 2,1 (1895), 1065–66.

Arithmetik und Algebra

[1] Zahlentheorie – [2] Grundlagen – [3] Algebraische Gleichungen – [4] Diophant – Vgl. → Mathematik, → Geometrie, → Zahlbegriff, → Proportionenlehre, → Irrationalität.

[1] *Zahlentheorie*. Manche Zahlentabellen der Babylonier (→ Mathematik A 2) können als Vorstufe einer Zahlentheorie angesehen werden, etwa im Sinne der Sammlung von Material für die Untersuchung von Eigenschaften von Zahlen. Jedoch dürfte erst den Griechen klar bewußt geworden sein, daß Zahlen als Gegenstände angesehen werden können, die Eigenschaften haben. Erst bei den Griechen finden wir Namen für solche Eigenschaften, wie ‹gerade› und ‹ungerade›, ‹Primzahl› und ‹zusammengesetzte Zahl›, und als Grundlage dafür den Begriff des Teilers. – Zahlentheoretische Sätze wurden wahrscheinlich zuerst durch Auslegen von Steinchen (*ψῆφοι*; → Psephoi-Arithmetik) gewonnen und bewiesen, so z.B., daß die Summe von geraden Zahlen eine gerade Zahl ist; oder daß die

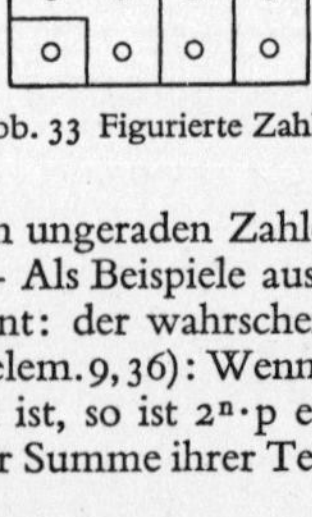

Abb. 33 Figurierte Zahlen

Summe der ersten n ungeraden Zahlen eine Quadratzahl (n^2) ist (Abb. 33). – Als Beispiele aus der griech. Zahlentheorie seien genannt: der wahrscheinlich altpythagoreische Satz (Euklid, elem. 9,36): Wenn $p = 1 + 2 + 2^2 + \dots + 2^n$ eine Primzahl ist, so ist $2^n \cdot p$ eine → vollkommene Zahl (d.h. gleich der Summe ihrer Teiler). – Euklid, elem. 9,20: Es gibt mehr Primzahlen als jede vorgelegte Anzahl von Primzahlen. – Das Sieb des → Eratosthenes: Man findet alle Primzahlen unterhalb einer Zahl n, indem man die Zahlen 1, 2, 3, ..., n anschreibt und alle durch 2, 3, 5 usw. teilbaren streicht. Das hört sich trivial an, ist aber praktisch leicht durchführbar. – Vgl. auch → Antanairesis. – Die → *Pythagoreer* haben anscheinend eine Ordnung und Gliederung des gesamten Zahlenreichs angestrebt. Man teilte nicht nur die ganzen Zahlen einerseits in gerade und ungerade, Primzahlen und zusammengesetzte Zahlen, andererseits in Linienzahlen, Flächenzahlen (z.B. Quadrat-, Polygonalzahlen) und Körperzahlen (z.B. Kubikzahlen), sondern auch die Zahlenverhältnisse a:b in die Arten

πολλαπλάσιον (εἶδος)	wenn $a = n \cdot b$
ἐπιμόριον	wenn $a : b = (n + 1) : n$
ἐπιμερές	wenn $a : b = (n + k) : n$
πολλαπλασιεπιμόριον	wenn $a : b = (l \cdot n + 1) : n$
πολλαπλασιεπιμερές	wenn $a : b = (l \cdot n + k) : n$

und die fünf umgekehrten Arten. Das hat → Nikomachos (2) v. Gerasa (um 100 n. Chr.) ausführlich dargestellt.

[2] *Grundlagen*. Die Definition der Linie als breitenlose Länge gibt eine kennzeichnende Eigenschaft an, und es muß dann festgestellt werden, daß es Gegenstände mit dieser Eigenschaft tatsächlich gibt; diese Feststellungen erscheinen in der Geometrie als → Postulate. Die Definition der Zahl als ‹Zusammensetzung von Einheiten› (→ Zahlbegriff) gibt an, wie Zahlen herzustellen sind. Deshalb sind in der A. keine Postulate erforderlich, und es sind auch keine aufgestellt worden. Was zu beweisen ist, muß aus der konstruktiven Definition folgen. Aber die von den Griechen angegebene Fassung dieser Definition ist nicht geeignet, darauf Beweise zu gründen. Erst im 19. Jh. ist Dedekind und Peano eine geeignete (axiomatische) Formulierung gelungen, und erst Lorenzen hat gezeigt (1950), wie man von der Konstruktion selbst aus zu einer strengen Begründung der A. gelangen kann. – Die Griechen konnten die Grundgesetze der A. wie z.B. $a + b = b + a$ nicht rein arithmetisch beweisen, wenn man nicht das Auslegen mit Steinchen (→ Psephoi-Arithmetik), das ja tatsächlich die Kon-

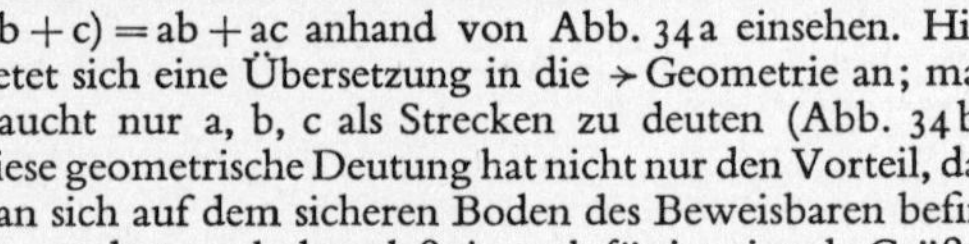

Abb. 34 Figurierte Zahlen

struktion der Zahlen nachahmt oder darstellt, als Beweis ansehen will. Mit Hilfe von Steinchen konnte man z.B. $a(b + c) = ab + ac$ anhand von Abb. 34a einsehen. Hier bietet sich eine Übersetzung in die → Geometrie an; man braucht nur a, b, c als Strecken zu deuten (Abb. 34b). Diese geometrische Deutung hat nicht nur den Vorteil, daß man sich auf dem sicheren Boden des Beweisbaren befindet, sondern auch den, daß sie auch für irrationale Größen gültig ist. Vielleicht war die Entdeckung der → Irrationalität, d.h. inkommensurabler Strecken, der Hauptanstoß zur Entwicklung dieser ‹geometrischen Algebra›, deren Anfangsgründe in Euklids Elem. Buch 2 dargestellt sind.

[3] *Algebraische Gleichungen*. Lineare Gleichungen lösten bereits die Ägypter. Die Unbekannte heißt ‹Haufen› (*ʿhʿ*, aha, früher in einer falschen Vokalisation ‹hau› gelesen, daher ‹Hau-Rechnung›). Beispiel einer Aufgabe: Ein Haufen und sein Siebentel ergibt 19 (Pap. Rhind 24). – Die Babylonier waren mit der Lösung der *quadratischen Gleichungen* vollkommen vertraut. Oft erscheinen sie als Gleichungen mit zwei Unbekannten in einer der beiden Normalformen (1) $x + y = a$, $xy = b$ oder (2) $x - y = a$, $xy = b$. Dabei ist manchmal $b = 1$, d.h. es sind zwei zueinander reziproke

Zahlen zu finden (Reziprokentabelle!), deren Summe oder Differenz eine gegebene Zahl ist. Zur Lösung diente vermutlich die Beziehung (3) $\left(\frac{x-y}{2}\right)^2 + xy = \left(\frac{x+y}{2}\right)^2$; damit findet man im Falle (1) $\frac{x-y}{2} = \sqrt{\left(\frac{a}{2}\right)^2 - b}$,

$$\text{und } x = \frac{x+y}{2} + \frac{x-y}{2} = \frac{a}{2} + \sqrt{\left(\frac{a}{2}\right)^2 - b}$$

$$y = \frac{x+y}{2} - \frac{x-y}{2} = \frac{a}{2} - \sqrt{\left(\frac{2}{a}\right)^2 - b.}$$

Die Unbekannten werden meist (wenn sie nicht als Reziproke bezeichnet werden) als Länge, Breite und eine eventuelle dritte als Tiefe bezeichnet. Diese Bezeichnungen verlieren dabei ihre eigentliche Bedeutung und werden zu reinen mathematischen Fachausdrücken; das geht daraus hervor, daß Längen, Flächen und Volumina bedenkenlos addiert werden. – Bei den *Griechen* erscheinen die quadratischen Gleichungen in geometrischer Form. Übersetzt man das Gleichungssystem (1) ins Geometrische, so entsteht die Aufgabe (Abb. 35): an die gegebene Strecke a ein zu der gegebenen Fläche b flächengleiches Rechteck so anzulegen, daß ein Quadrat übrigbleibt (Euklid, elem. 6, 28; → Flächenanlegung). Euklids Lösung kann im Sinne

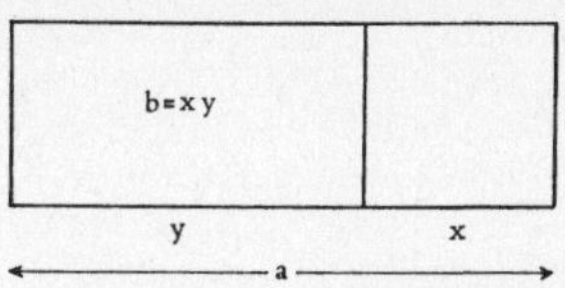

Abb. 35 Flächenanlegung

des obigen Gedankengangs gelesen werden. Die Übersetzung der Beziehung (3) ins Geometrische findet sich Euklid, elem. 2, 5. – Einzelne Fälle *kubischer Gleichungen* kommen in babylon. Texten vor. In einem Falle gelingt die Lösung mit Hilfe einer Tabelle für $n^3 + n^2$, in anderen Fällen sind vielleicht andere, uns noch nicht bekannte Tabellen benutzt worden. – Bei den Griechen könnte man die → Verdoppelung des Würfels, insbes. die Lösung des → Menaichmos durch Schnitt der Parabel $x^2 = ay$ mit der Hyperbel $xy = ab$ als Lösung der kubischen Gleichung $x^3 = a^2b$ ansehen. → Archimedes hat die allgemeinere Gleichung $x^2(c-x) = a^2b$ (wahrscheinlich) durch Schnitt der Parabel $x^2 = \frac{a^2}{c}y$ mit der Hyperbel $(c-x)y = cb$ gelöst. Bei → Diophant tritt einmal (6, 18) eine kubische Gleichung auf, der man durch Zerlegung in Faktoren leicht eine Lösung ansieht. – Kubische Gleichungen wurden weiter von den Arabern behandelt. Eine algebraische Lösungsformel fand erst Scipione del Ferro (um 1500).

[4] → *Diophant* (um 250 n. Chr.) hat die Algebra wieder algebraisch behandelt. Er hatte ein Symbol für die Unbekannte: ς, wahrscheinlich eine Ligatur von αρ = ἀριθμός, und benutzte die Abkürzungen Δ^Y (= δύναμις, ‹Potenz›) für x^2, K^Y (= κύβος, ‹Würfel›) für x^3 und ähnlich bis x^6. Er lehrte Rechenregeln für Potenzen, allgemeine Regeln für das Auflösen von Gleichungen (bei al-Khwarizmi treten solche Regeln als ‹Ergänzung und Ausgleichung›, al'gabr walmuḳābalah, auf; daher kommt das Wort ‹Algebra›). Die allgemeine Methode zur Lösung quadratischer Gleichungen findet sich in den erhaltenen Büchern nicht, doch zeigen viele Stellen, daß Diophant sie vollständig beherrschte, u.a. auch die Bedingungen (→ Dihorismos) kannte, unter denen eine positive reelle Lösung existiert. – Einen großen Raum in seinem Werk nehmen ‹unbestimmte Probleme› ein, Gleichungssysteme mit mehr Unbekannten als Gleichungen. Ferner behandelt er Probleme von der Art wie: eine Quadratzahl in eine Summe von zwei Quadratzahlen zu zerlegen. Dieses Problem hat Fermat (17. Jh.) zu der bis heute unbewiesenen Vermutung geführt: «Es ist jedoch nicht möglich, ... allgemein eine Potenz, höher als die zweite, in zwei Potenzen mit ebendemselben Exponenten zu zerlegen.» – Diophant fragte stets nach Lösungen in rationalen, aber nicht notwendig ganzen Zahlen. H. G.

Q: Archimedis op., ed. J. L. Heiberg, I 190f. und III 130ff. – *Lit:* K. Vogel, Bemerk. zu d. quadr. Gleich. d. babyl. Math., Osiris 1, 1936, 703–717 – O. Neugebauer, Zur geom. Algebra, QuSt 3, 1936, 245–259 – Weiteres → Mathematik.

Arius (Ἀρεῖος), Presbyter zu Alexandria an der Baukaliskirche, aber Schüler des → Lukianos (2) v. Antiochien und somit Vertreter der → antiochenischen Theologie. Um 318 erregte seine Opposition gegen die alexandrin. Theologie, vor allem in seiner Christologie, Anstoß; nach der ersten Exkommunikation durch eine Synode (318/9) war seine Stellung zur Kirche ständig umstritten: 320 von der Synode zu Bithynien unterstützt, 325 vom 1. ökumen. → Konzil zu Nicaea verurteilt, 327 wieder in die Kirche aufgenommen, jedoch auf Betreiben von → Athanasios erneut vom Kaiser verurteilt (327). Kurz nach der abermaligen Wiederaufnahme (335 durch eine Synode zu Jerusalem) starb A. Zu seiner Theologie und dem Fortgang des Streites → Arianischer Streit; → Christentum V E [2]. H. D.

Q. u. Lit: → Arianischer Streit.

Arkades hießen – vielleicht in Anlehnung an arkad. Herkunft der Bewohner – mehrere, politisch miteinander verbundene kret. Siedlungen auf den SW-Abhängen der Lasithiberge, vor allem dem Prophitis Ilias. Die strategisch günstig gelegenen Siedlungen reichen in die subminoische Periode zurück. Im gleichen Gebiet auch etwas ältere Siedlungsreste, Gräber und Einzelfunde. Aus dem 9.–7. Jh. reiche Funde, vor allem aus Gräbern. W. Schg.

Lit: D. Levi, A., una città cretese all'alba della civiltà ellenica, Annuario 10–12, 1927–29 – W. Johannowski, EAA I, 1958, 659–661.

Arkadien, die gebirgige Mitte der → Peloponnes (Kt. 1152 C 5), im N mit den Gebirgen Kyllene (Ziria 2376 m), Aroania (Chelmos 2355 m) und Erymanthos (Olonos 2224 m) an → Achaia, im O an die → Argolis, im S an → Lakonien und → Messenien und im W an → Elis angrenzend. Entwässerung durch den → Eurotas nach S und den → Alpheios mit seinen Nebenflüssen nach W. Nur zwei größere Hochebenen im SO und SW. Hauptorte im N Stymphalos und Pheneos (beide an oberirdisch abflußlosen Seen mit stark wechselndem Wasserstand; unterirdischer Abfluß des Pheneossees ist der Ladon, Nebenfluß des Alpheios), Kleitor, Kynaitha, Psophis, im W Thelphusa, Gortys, Heraia, Lykosura und Phigaleia, auf der ostarkad. Hochebene → Orchomenos, → Mantineia, → Tegea und Pallantion. Zentralheiligtum des Zeus auf dem Lykaion (1334 m) im SW, auch sonst viel altertümliche Kulte. Schon von hellenist. Dichtern, dann bes. von Vergil als Schauplatz ihrer Hirtenpoesie gewählt. In der Sage ist A. durch Jägergestalten wie → Atalante, → Parthenopaios, vor allem durch Arkas (Heros eponymos) und → Kallisto vertreten und Schauplatz mehrerer → Heraklesabenteuer. A. gehörte dem → Pelop. Bund an und stand in den → Perserkriegen auf seiten der Griechen. Im 5. Jh. mehrere Versuche, die Unabhängigkeit vom → Pelop. Bund zu erreichen (473/472 Niederlage bei Dipaia, 418 bei Mantineia). Die dauernde Rivalität zwischen Mantineia und Tegea schwächte die politische Wirksamkeit von A. sehr. Vor allem waren die Arkader als Söldner berühmt. Im 4. Jh. Gründung eines → Arkadischen Bundes, seit dem Zusammenbruch der spartan. Hegemonie bei Leuktra (371); ca. 366 Gründung von → Megalopolis als Bundeshauptstadt des Arkad. Bundes. Die Rivalität zwischen Mantineia und Tegea führte zur Spaltung des Bundes und zur Schlacht bei Mantineia (362). Seit ca. 245/244 Tyrannis des → Lydiadas in Megalopolis, die dieser nach 10 Jahren niederlegte. Danach Eintritt der Städte in den → Achäischen Bund. E.M.

Lit: E. Meyer, Pelop. Wanderungen, 1939, 19–110 – Chr. Callmer, Studien zur Gesch. A.s, 1943 – B. Snell, A., Entdeckung einer geistigen Landschaft (1945), in: Die Entdeckung des Geistes, 1955³, 371–400 – H. Petriconi, Das neue A., AuA 3, 1948, 187–200 – Philippson-Kirsten III 200–300.

Arkadios. Unter dem Namen dieses sonst fast unbekannten griech. Grammatikers ist ein Auszug aus der Allgemeinen Akzentlehre → Herodians (1) überliefert. D.F.

Ed: M. Schmid, *'Επιτομὴ τῆς Καθολικῆς Προσῳδίας 'Ηρωδιανοῦ*, 1860 – *Lit:* L. Cohn, RE 2,1 (1896), 1153–56.

Arkandisziplin (‹Geheimhaltungspflicht›), den eleusinischen → Mysterien, den → Pythagoreern und den → Essenern bekannt, begegnet im Christentum zuerst ca. 200 und erreicht z. Zt. der Massenkonversionen (4. Jh.) ihren Höhepunkt; betraf bes. die → Sakramente, aber auch das Glaubensbekenntnis. B.L.

Lit: RAC I 667–676 – RGG I 606–608.

Arkas, Sohn von Zeus und → Kallisto, nach dem Tod oder der Verwandlung der K. von → Maia erzogen, Stammvater der Arkader (Apollod. 3, 100–102). Mit seiner Mutter unter die Sterne versetzt (→ Sternsagen), weil er sie, die in einen Bären verwandelt worden war, ins Heiligtum des Zeus Lykaios verfolgte (Hyg. astr. 2. 1). Nach Paus. 8, 4, 1 König und Kulturbringer in Arkadien (Ackerbau, Brotbereitung, Weberei). K.Schb.

Arkesilaos I. (auch: Arkesilas), Sohn und Nachfolger → Battos' I., des Königs von → Kyrene (→ Battiaden); von seiner Regierungszeit (ca. 600/590–580/575) ist so gut wie nichts bekannt. R.V.C.

2. **A. II.,** ‹der Harte› (*ὁ χαλεπός*), Sohn und Nachfolger → Battos' II. (→ Battiaden); König von → Kyrene (ca. 565/560–555/550). Unter seiner Regierung lehnten sich die Oligarchen, zu deren Führern seine eigenen Brüder gehörten, offen gegen die Monarchie auf; sie gründeten Barka, ca. 100 km westlich von Kyrene, und drängten die Libyer zum Abfall. A. zog gegen die Aufständischen, wurde aber geschlagen. Kurze Zeit darauf wurde er von seinem Bruder Learchos, der die Macht an sich reißen wollte, erdrosselt; Learchos wieder wurde auf Geheiß der Eryxo, der Witwe A.', ermordet. A.' Regierung scheint für Kyrene eine Zeit des Wohlstands gewesen zu sein, vielleicht durch die Ausdehnung des Silphion-Handels (→ A.schale); aus seiner Zeit stammen die ältesten kyrenäischen Münzen. R.V.C.

3. **A. III.,** Sohn und Nachfolger → Battos' III. (→ Battiaden), König von → Kyrene (2. H. 6. Jh. v. Chr.); bemühte sich, die königliche Macht wiederherzustellen, wurde jedoch vertrieben; während seine Mutter Pheretime auf Kypros beim Tyrannen Euelthon von Salamis eine Zufluchtsstätte fand, flüchtete A. zu → Polykrates (1) von Samos; dort warb er Söldner an, mit deren Hilfe er Kyrene wiedereroberte; die Leitung der Staatsgeschäfte übergab er der Pheretime; er selbst eroberte die übrigen Teile des Landes zurück und richtete schließlich eine tyrannische Monarchie auf. Später schloß er sich mit Kyrene dem → Kambyses an und verpflichtete sich, Tribut zu zahlen; nach 522 v. Chr. wurde er durch die Oligarchen von Barka ermordet. Um ihren Sohn zu rächen, erbat Pheretime die Hilfe des Satrapen von Ägypten, Aryandes, der eine Strafexpedition gegen Barka unternahm. R.V.C.

4. **A. IV.,** Sohn und Nachfolger → Battos' IV. (→ Battiaden), letzter König von → Kyrene (Mitte 5. Jh. v. Chr.). A. unterdrückte einen Aufstandsversuch der Oligarchen. 462 war er in Delphi Sieger im Quadrigarennen (Pind. Pyth. 4; 5) und 460 in Olympia. Er wurde von den Kyrenäern ermordet, die die Demokratie ausriefen. R.V.C.

Lit: → Battiaden.

5. **A.,** von Pitane, → Akademiker, ca. 316–241, Begründer der Mittleren (oder zweiten) Akademie, Nachfolger des → Krates (1) als Leiter der Schule. A. hörte den → Peripatetiker → Theophrast, → Krantor, der ihn der Akademie zuführte, und → Polemon (1). Wie → Sokrates, auf den er sich für seine Skepsis berief, hat er nichts geschrieben; seine Lehre ist nur in Umrissen bekannt. Wegen der Unzuverlässigkeit der Sinneswahrnehmung und der Verstandestätigkeit ist nach A. die Enthaltung von jeglichem Urteil (*ἐποχή*) gefordert. Seine Polemik richtete sich gegen die ‹erfassende Vorstellung› des → Zenon (3) v. Kition; er suchte nachzuweisen, daß *keine* Vorstellung sich untrüglich als wahr ausweist, und schloß daraus, daß *jede* Zustimmung zu unterlassen sei. Auch das Disputieren ‹nach beiden Seiten› (in utramque partem) fordert Enthaltung vom Urteil, denn es zeigt, daß sich für oder gegen jede These gleichwertige Argumente finden lassen. Das Handeln deutete A. als zustimmungslose Reaktion auf Wahrnehmungen. Das ‹Wohlbegründete› (*εὔλογον*) als moralisches Kriterium ist mit dieser Ansicht vereinbar. M.S.

Lit: A. Goedeckemeyer, Gesch. d. griech. Skeptizismus, 1905.

6. **A.,** Bildhauer der cäsarischen Epoche. Schuf Kultbild der Venus Genetrix für gleichnamigen Tempel auf dem Caesarforum und das der Felicitas für Lucullus. – Kentauren mit Nymphen waren im Besitz des → Asinius (2) Pollio; Löwin mit Eroten besaß → Varro (1). H.v.H.

Lit: C. Weickert, Ein röm. Relief aus der Zeit Caesars, in: Festschrift P. Arndt, 1925, 55–61 (zur Statue der Genetrix) – Lippold, GrPl, 386 – M. T. Amorelli, EAA I, 1958, 662. – M. Borda, A., Bull. Comm. 72, 1949/50, 189–204.

Arkesilaosschale, → lakonische Schale aus der Zeit um 560 v. Chr. (Paris, Bibl. Nat. 189, aus Vulci; H. 20 cm, ∅ 29,3 cm). Innenbild: Abwiegen, Verladen und Stapelung von weißer, flockiger Ware (Wolle oder → Silphion) unter Überwachung eines thronenden Arkesilaos, wohl → Arkesilaos' II. von Kyrene. Die begabte Hand des Malers wurde auch an anderen lakonischen Vasen wiedererkannt. I.Sch.

Abb. u. Lit: Furtwängler-Reichhold III, Taf. 151 – B. B. Shefton, Three Laconian Vase Painters, BSA 49, 1954, 300, Nr. 16; 308 – Arias-Hirmer, Abb. 74, Taf. XXIV.

Arktinos, von Milet, epischer Dichter, wahrscheinlich 8. Jh. Nach → Suidas Schüler Homers. Als Verfasser der → Aithiopis, der → Iliupersis und der → Titanomachie genannt. – Die Legende (Clem. Al., Strom. 1, 21, 131) berichtet, wohl in Analogie zum Certamen Homeri et Hesiodi, von einem Agon des A. und des → Lesches und charakterisiert damit vielleicht das Verhältnis der ihnen zugeschriebenen Werke, → Iliupersis und → Kleine Ilias, zueinander, die beide die Zerstörung Trojas behandeln. G.K.

Lit: → Kyklos.

Armenien, Landschaft am Übergang von Vorderasien nach Kleinasien am Oberlauf von Euphrat und Tigris. Im Namen des höchsten Berges in A., des Ararat (5165 m), steckt der alte assyr. Name für A., → Urartu. A. war Durchzugsgebiet für Kimmerier und Skythen, denen das Reich von Urartu erlag. Nach der Zerstörung von Ninive 612 unabhängig; bald jedoch wenigstens der Form nach (als Satrapie) wieder von → Medern und → Persern abhängig. Nach der Eroberung durch → Alexander d. Gr. fiel die Landschaft den → Seleukiden in Syrien zu. 149 v. Chr. gründete der → Partherkönig → Arsakes für seinen Bruder Valarsakes die Dynastie der Arsakiden von A. Der bedeutende Abgar machte → Edessa zur Hauptstadt. Unter ihm verbreitete sich in A. das Christentum, das später die → Sassaniden zugunsten der zoroastrischen Religion zu unterdrücken suchten (vgl. → Iranier). 66 v. Chr. im 3. Mithridatischen Kriege unterliegt König → Tigranes II. den röm. Eroberern. Die Geschicke A.s teilen sich in der Folgezeit. Pompeius und nach ihm Augustus bestimmten den Euphrat als Ostgrenze des Reiches. Demzufolge war der Teil A.s westl. des Euphrat röm. Provinz, die bald zu → Kappadokien, bald zu → Galatien oder → Pontus geschlagen wurde. Seit Vespasian war *A. minor*, wie es nun genannt wurde, endgültig im Verband Kappadokiens. In Melitene am Euphrat bezog die Legio XII

Fulminata Garnison. In der diokletianischen Provinzreform entstanden die Provinzen A. I und II, die von Praesides verwaltet wurden. *A. maior*, östl. des Euphrat blieb demgegenüber ein Klientelstaat, der bald von Rom, bald vom Partherreich abhing. 114 n. Chr. eroberte Trajan Großarmenien, doch mußte Hadrian bei seinem Regierungsantritt die neue Provinz wieder aufgeben. Der einzige römische Statthalter in Großarmenien war L. Catilius Severus (CIL X 8291). R. F.

Lit: K. Güterbock, Röm. A., 1900 – G. C. Susini, EAA I, 1958, 666 (Lit) – Vgl. zu → Iranier.

Armillae, Armreifen, aus Silber (Lir. 10, 44, 5) oder Gold (Fest. 25 M.), wurden als militärische → Auszeichnung verliehen.

Armillarsphäre, astronomisches Instrument der hellenist. Zeit zur Bestimmung von Sternpositionen. In der einfachsten Ausführung bestand die A. aus einem festmontierten und mit Gradeinteilung versehenen Bronzering, der ent-

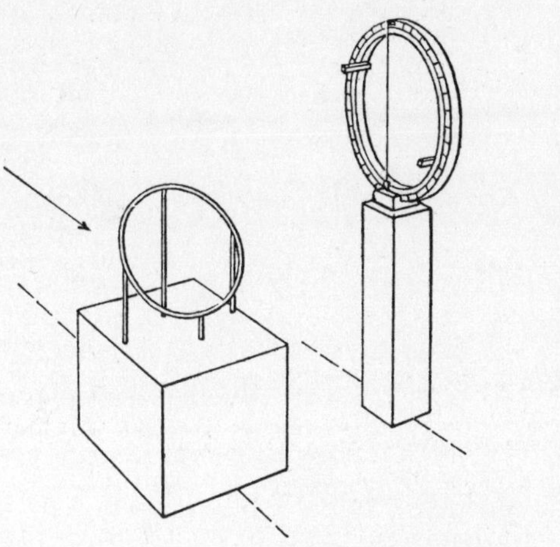

Abb. 36 *Links:* Armillarsphäre, *Rechts:* äquatoriale Armillarsphäre

weder nach der Ebene des Himmelsäquators oder der Meridianebene ausgerichtet war. Unter die gleiche Bezeichnung fielen auch sehr viel kompliziertere Instrumente; im Almagest beschreibt → Ptolemaios (17) eine A., die aus sieben konzentrischen Ringen bestand und die Position eines Gestirns (Länge und Breite) leicht abzulesen gestattete. S. S.

Lit: D. Price, in: C. Singer, A History of Technology III, 1957.

Armilustrium, Fest der rituellen Reinigung der Waffen, das am 19. Okt., nach der Rückkehr aus den Kriegszügen, unter Leitung der → Salier begangen wurde, da die Waffen durch das Blutvergießen unrein geworden waren. Auf rituelle Weise tanzend, trugen die Salier ihre heiligen Schilde in feierlicher Prozession auf den Aventin, wo, in einer gleichfalls Armilustrium genannten Einfriedung, anscheinend der Hauptteil der Feier stattfand (Varro ling. 5, 153; 6, 22; Fest. 17 L.; Plut. Rom. 23). H. Le B.

Arminius (19 v.–19 n. Chr.), Sohn des Cheruskerfürsten Segimer, röm. Bürger und Ritter, Kriegsgefährte des → Velleius Paterculus. Organisiert 9 n. Chr. einen Aufstand der Germanen, vernichtet im Teutoburger Wald (Stelle umstritten) das Heer des P. Quinctilius → Varus (3 Legionen, 3 Alen und 6 Kohorten). 15 Kampf gegen seinen Schwiegervater Segestes, dem → Germanicus zu Hilfe eilt. 17 mit Sueben, Semnonen und Langobarden gegen → Marbod; i. J. 19 von Verwandten beseitigt. *Liberator haud dubie Germaniae* nennt ihn Tacitus (ann. 2, 88). H.-G. K.

Q: Vell. 2, 117–119 – Tac. ann. 1, 55–68; 2, 9–21. 44–46.88; Dio Cass. 56, 18–22 – *Lit:* A. Stein, PIR² A 1063 – E. Hohl, Um A., Biographie oder Legende?, SB Berlin 1951, 1.

Arne, homerische Ortsbezeichnung, die mit dem böotischen *Gla* verbunden wird: einstige Insel am Ostrand des Kopaisbecken (Kt. 1152 D 4). Die über 700 m lange, bis zu 70 m hohe felsige Erhebung ist ganz von einer Bruchsteinmauer umgeben. Der größere Teil: Fluchtburg. Außer Toranlagen (mit Torkammern; Doppeltor im SO) wurden Reste des teils an die Nordmauer angelehnten, wahrscheinlich einst zweistöckigen Palastes ausgegraben, der bis zur nachweisbaren Brandkatastrophe eine längere Dauer benutzt gewesen sein muß. Keramikfunde spätmykenisch (SH III B). W. Schg.

Lit: A. de Ridder, Fouilles de Gla, BCH 18, 1894, 271–310 – F. Noack, Arne, AM 19, 1894, 405–485 – S. Marinatos-M. Hirmer, Kreta und das myk. Hellas, 1959, S. 113 f., Abb. 158. 159 – F. Schachermeyr, Forschungsbericht, AA, 1962, 289–291.

Arnobius d. Ä., Rhetor zur Zeit → Diokletians in Sicca/Numidien, schrieb während der Verfolgung 7 Bücher ‹Gegen die Heiden› (ca. 304–310), hauptsächlich Polemik gegen den Polytheismus, wertvoll als Quelle für heidnische Kulte und Mythologie und als Zeugnis synkretistischer Philosophie. Theologisch berührt sich A. mit markionitischen Anschauungen (→ Markion). A. W.

Lit: Altaner, 162 f. (Lit).

Arnus (Kt. 1420 D 4; heute Arno), 241 km langer Hauptfluß Etruriens, entspringt am Monte Falterona bei Arretium, durchbricht den Apennin bei Incisa und mündet südl. von Pisa ins tyrrhenische Meer. Nebenflüsse des A. sind Visentus (Bisento) und Umbro (Ombrone), im Altertum auch Ausar (Serchio). B. A.

Lit: Nissen, I 71, 303 ff.

Aromata wurden im Altertum die wohlriechenden, gewürzhaften pflanzlichen Produkte genannt, an denen für die Ausübung des Kultes (→ Rauchopfer), zum Würzen der Speisen (Gewürze) und zur Herstellung von Kosmetika, → Parfüms und Heilmitteln (Drogen) immer ein großer Bedarf bestand. Der Vordere Orient, Ostafrika und Indien sind reich an Pflanzen, aus denen A. gewonnen wurden; die Ausfuhr solcher A. in die Mittelmeerwelt ist schon für den Alten Orient nachzuweisen (→ Puntfahrten) und dauerte bis zum Ausgang der Antike an. Von der archaischen Zeit bis in den Hellenismus beherrschten arab. Stämme den Handelsweg, so daß bei den Griechen die Vorstellung entstand, Arabien sei das Ursprungsland der A. Das galt vor allem für → Weihrauch, → Myrrhe, → Kassia, Zimt und Narde. Als Gewürze spielten seit altersher Pfeffer aus Indien und → Silphion aus Kyrene (in der Kaiserzeit aus Persien) eine große Rolle. An dem Fernhandel mit A. war seit dem Hellenismus Ägypten bes. beteiligt, das auch weitgehend die gewerbliche Produktion für Salben und Parfüms übernahm. Früh wurden auch schon Ersatzstoffe dieser begehrten Artikel gehandelt, deren Herstellung in hellenist. Zeit die Ausbildung einer primitiven Chemie gefördert hat. Daneben waren auch Küchenkräuter aller Art in der Antike stets gefragt, und der Handel mit ihnen umspannte seit der klass. Zeit Griechenlands bis in die späte Kaiserzeit den Raum von Gallien bis Indien. H. Br.

Lit: A. Schmidt, Drogen und Drogenhandel im Altertum (1924), 1927² – R. J. Forbes, Studies in ancient Technology I, 1955, 121–144 (Lit).

Aronstab. Die für den A. bezeugten Namen *ἄρον* und *δρακόντιον* bezeichnen mehrere Kräuter der Aroideen. Anlaß zur Benennung nach der Schlange gaben buntgefleckter Stiel, Wurzelform, die Überlieferung von der Entstehung aus Drachenblut und die Vorstellung von der Abwehrkraft gegenüber Schlangen. Die teilweise als Gemüse eßbaren Wurzeln dienten vorwiegend als Heilmittel. Bes. Bedeutung im Mythos ist nicht erkennbar. J. W.

Lit: Olck, RE 2, 1 (1895), 1212–15 – Murr, Pflanzenwelt, 181 f. 198.

Arpi, reiche messapische Handelsstadt in N-Apulien südwestl. des Mons Garganus (Kt. 1420 G 6; heute bei Arpe) mit großem Mauerring (Strab. 6, 283). Schließt sich, von den

→ Samniten bedrängt, 320 an die Römer an, fällt aber im 2. Pun. Krieg zu Hannibal ab, so daß ein Teil seines Gebietes 194 der röm. Kolonie Sipontum zugewiesen wird. Die Stadt verliert daher ständig an Bedeutung. Geringe Reste zwischen dem Dorf Arpe und Foggia. B. A.

Lit: G. Alvisi, Arch. Cl. 14, 1962, 158, Taf. 79.

Arpinum. Volskerstadt am Hang des Liristals (Kt. 1420 I 6; heute Arpino) mit ca. 3 km langer, wohlerhaltener Polygonalmauer befestigt, in der sich ein spitzbogiges Tor aus vorkragenden und zu einem falschen Gewölbe abgearbeiteten Steinen öffnet. 305 von den Römern eingenommen und seit 188 Municipium. Heimat des → Marius (1) und → Ciceros. B. A.

Lit: B. Clavelli, L'antica A., 1826 – O. E. Schmidt, Arpinum, 1900 – G. Cressedi, EAA I, 1958, 671.

Arretium (Arezzo; Kt. 1420 D 4), etrusk. Stadt 85 km südöstl. Florenz, Heimat des → Maecenas und Fundort der bronzenen ‹Chimäre von A.› (um 460 v. Chr.), später berühmt durch die ‹Vasa Arretina› (‹Arretin. → Reliefkeramik›, D 2; 30/25 v.–40 n. Chr.). Seit Anf. 3. Jh. (?) römisch. Sulla siedelte Veteranen in A. an, die Arretini Fidentiores (Plin. nat. 3, 52), Caesar di Arr. Iulienses. Vgl. Etrusker B [2]. O. W. v. V.

Lit: G. Devoto, Att. Acc. Petrarca di A. 34, 1947/48, 60 ff.

Arre(to)phoria, ein att. → Fest der → Athena Polias, vielleicht in Beziehung mit dem Mythos der Töchter des Kekrops, der Fruchtbarkeit des Landes und der Menschen geltend. Im Monat Skirophorion (Mai–Juni) gefeiert, entsprach es offensichtlich den → Skira der Demeter. Durch einen verborgenen Gang stiegen zwei der vier Arre(to)phoroi bei Nacht von der Akropolis zum Schrein der Aphrodite in den Gärten, um dort gewisse Fruchtbarkeitssymbole niederzulegen und auszuwechseln. F. R. W.

Q: Paus. 1, 27, 3 – Schol. Lukian, p. 275, 23–276, 28, Rabe – *Lit:* O. Broneer, Eros and Aphrodite on the North Slope of the Acropolis at Athens, Hesperia 1, 1932, 31–55, bes. 49–54 – Ders., A Mycenaean Fountain on the Athenian Acropolis, Hesperia 8, 1939, 317–433, bes. 428 – A. B. Cook, Zeus III, 1940, 165–181 u. ö. – L. Deubner, Att. Feste, 1932, 9 ff.

Arria maior, Gattin des (A.) Caecina Paetus, cos. suff. 37 n. Chr., folgte ihrem Gatten nach Rom, als dieser wegen Teilnahme an der Erhebung des Camillus → Scribonianus (1) in Dalmatien zur Verantwortung gezogen werden sollte, und ging ihm 42 im Freitod voran. U. Wm.

2. **A.** minor, Tochter der vorigen, Gattin des P. Clodius → Thrasea Paetus, cos. suff. 56 n. Chr. Ihre Tochter Fannia heiratete → Helvidius Priscus. Mit → Persius verwandt, mit → Plinius (2) d. J. befreundet. A. wollte 66, nach dem Beispiel ihrer Mutter, ihrem Gatten nach dessen Verurteilung in den Tod folgen, stand jedoch davon ab. Unter → Domitian mit ihrer Tochter relegiert, von → Nerva zurückgerufen. U. Wm.

Lit: D. McAlindon, Senatorial Opposition to Claudius and Nero, AJPh 77, 1956, 113–132.

Arrianos, griech. kaiserzeitl. Epiker unbestimmten Datums, schuf nach → Suidas eine Übersetzung von → Vergils Georgika, ein Alexanderepos in 24 Gesängen u. a. Vielleicht identisch mit dem Verfasser eines Epigramms auf die Sphinx in Memphis (Ep. Gr. 1015). E. V.

Q: Suidas a 3867 – *Lit:* A. Meineke, Analecta Alexandrina, Berlin 1843, 370 f.

2. **A.,** Flavius, aus Nikomedeia, griech. → Geschichtsschreiber (I C 1) aus vornehmem Haus, wohl gegen Ende 1. Jh. n. Chr. geb. Hörte → Epiktet, dessen Lehre wir dank A.' Aufzeichnungen kennen. Glänzende, im Detail schlecht bekannte Ämterlaufbahn unter → Hadrian, A.' Freund: cos. suff. (20er Jahre 2. Jh.), mehrjähriger Statthalter in Kappadokien (30er Jahre), das er noch vor Hadrians Tod (138) wieder verließ. Später att. Municipalämter, inschriftlich bis in die 60/70er Jahre bezeugt. Literarische Produktion in der Hauptsache offenbar nach 137. – *Erhalten:* ein Periplus des Pontos Euxeinos (auch gleichnamiges pseudo-arrian. Werk erhalten; vgl. → Geographie) an Hadrian (Anfang 30er Jahre), und eine Taktik, 136/137 verfaßt (Anfang fehlt), beide Eigenes (Dienstfahrt von Trapezunt bis Sebastopolis bzw. röm. Reiterübungen) mit Übernommenem verbindend. Ferner ein taktisches Frg., etwa der Alanike; ‹Kynegetikos› (‹Ergänzungen› zu Xen. Kyn.; A. schreibt jetzt als att. Bürger); 7 Bücher Anabasis Alexanders (vgl. → Geschichtsschreibung B 3; → Kleitarchos; → Ptolemaios (22) Lagu) und ‹Indike› (Beschreibung Indiens; Fahrt → Nearchs. Hauptquellen: Nearchos, Megasthenes, Eratosthenes). – Die meisten großen Werke sind *verloren:* 8 Bücher ‹Bithynika› (mit Mythika; bis ca. 74 v. Chr.: Tod Nikomedes' IV., der sein Reich Rom vermachte); 17 Bücher Parthika (vortrajan. Zeit; Trajankrieg), von → Dio Cassius, → Asinius (3) Quadratus (?) und mittelbar von Malalas und Synkellos benutzt; 10 Bücher Diadochengeschichte bis zur Rückkehr Antipatros' nach Europa, 321 (vgl. → Hieronymos (2) v. Kardia, → Dexippos); dazu Werke über Dio v. Syrakus, Timoleon, den Räuber Tillorobos; vielleicht auch Meteorologika (Frg. e bei → Stobaios). – A. wollte in allem ein ‹neuer Xenophon› sein. Stilmuster außerdem Herodot, Thukydides. Attizist ohne Übertreibung; ohne rhetorischen Figurenschmuck. Mäßige literarische Begabung im Dienst tüchtiger Gesinnung des erfahrenen Praktikers. W. Sp.

Ed. princ.: An. Ind.: J. F. Trincavelli, 1535 – Lat. Übers. v. P. P. Vergerius für Kaiser Sigismund, von B. Facius für Alfons d. Gr. v. Sizilien (15. Jh.) – *Kyn.:* L. Holstenius, 1644 (z. T. H. Stephanus, 1589) – *Peripl. M. Eux.:* S. Gelenius, 1533 – *Tact. Alan.:* J. Scheffer, 1664 – *Ed:* A. G. Roos, 2 Bde, BT, 1907, 1928, mit Frg. – *An. Ind.:* E. I. Robson, LCL, 2 Bde, 1929–1933 (fehlerhaft) – *Ind.:* P. Chantraine, CB, 1927 – *Peripl. M. Eux.:* G. Marenghi, 1958 (Einl., Lit., ital. Übers., Noten; vgl. D. M. Pippidi, Athenaeum 36, 1958, 264–268. 440) – *Frg:* FGrHist 156, mit Add. zu 155. 156 – *Übers: An. Ind.:* W. Capelle, 1950 (nützlich) – *Lit:* E. Schwartz, RE 2 (1896), 1230–47 – Schmid-Stählin, II 2, 746–751. 906. 1045 – N. I. Lomuri, VDI 62, 1957, 96–110 – A. B. Breebaart, Enige historiografische Aspecten van A'. Anabasis Alexandri, Diss. Leiden 1960 (Lit.) – Lesky 902–904 – Zur Sprache: K. Latte, Nachr. Göttingen 1950, 23–27 – Roos ed. Bd. I p. XLV f. und Bd. 2 p. L. – PIR III 137/139.

Arrius Varus, unter → Corbulo Kohortenpräfekt in Armenien. A. diffamierte seinen Vorgesetzten bei → Nero und wurde zum Primuspilus der legio III Gallica ernannt. Er begleitete M. → Antonius (15) Primus auf dem Zuge nach Italien. Nach dem Tode des → Vitellius (1; am 20. 12. 69) wurde er Prätorianerpräfekt und erhielt die prätorischen Insignien. Nach dem Eintreffen des → Mucianus, der ihm mißtraute, wurde er seiner Stellung enthoben und mit der Aufsicht über die Getreideversorgung beauftragt. U. Wm.

Arruntius, L., cos. 22 v. Chr., homo novus aus Atina in Latium. Rettete sich als Proskribierter 43 v. Chr. zu Sex. → Pompeius (4). A. trat nach Misenum auf die Seite Octavians (→ Augustus) und kämpfte als Flottenbefehlshaber bei Actium. 17 v. Chr. nahm er als XV vir sacris faciundis an den Säkularfeiern teil. Er verfaßte eine Geschichte des (2.?) Pun. Krieges in der Art des → Sallust (Sen. epist. 114, 17 ff.). Vielleicht ist er Quelle → Plinius' (1) d. Ä. (nat. 1, 37 ind. auctor. 3. 5. 6). Trotz seines Reichtums zurückhaltend und bescheiden. U. Wm.

2. **A.,** L., cos. 6 n. Chr., Sohn des vorigen. Mit den Pompeii und den Cornelii Sullae verwandt. Im J. 15 Vorsitzender der curatores riparum et alvei Tiberis. 23/24 bis ca. 32 Legat von Hispania citerior, blieb aber in Rom, weil → Tiberius ihm angeblich mißtraute. Von Cn. → Piso (1) i. J. 20 vergeblich um Beistand gebeten, verteidigte er 21 seinen Verwandten L. Sulla. Dem → Sejan verhaßt, wurde er 31 angeklagt. Freispruch und Bestrafung der Ankläger auf Grund der Intervention des Cossus Cornelius Lentulus. Im J. 37 auf Betreiben des → Macro von neuem angeklagt, endete er durch Selbstmord. Augustus nannte ihn *non indignum (imperii) et, si casus daretur, ausurum* (Tac. ann. 1, 13); er war begütert und einflußreich; hervorragender Redner. U. Wm.

Lit: R. Syme, Tacitus, 1958, Ind. S. 827.

3. **A. Celsus,** lat. Grammatiker (von → Priscian, → Consentius u. a. benutzt) und Kommentator (Vergil, Terenz), 2. Jh. n. Chr.

Lit: Schanz-Hosius III 174.

4. **A. Stella,** L., geb. in Padua, ca. 89 n. Chr. XVvir sacris faciundis, gab 93 (als Prätor?) Spiele zu → Domitians Sarmatensieg (Mart. 8, 78), cos. suff. 101/102 (CIL VI 1492; Mart. 12, 3, 10), heiratete 89/92 die von ihm als Asteris besungene (Stat. silv. 1, 2, 197 f.) Violentilla (Ianthis bei Martial), eine reiche Witwe aus Neapel. In Gedichten feierten → Statius (silv. 1, 2) und → Martial (6, 21) die Hochzeit; beide waren Freunde des wohl mit dem Dichter Stella identischen A. (Mart. 1, 7; 5, 11). K. H. Sch.

Lit: Schanz-Hosius II 563.

Arruntius → Scribonianus.

Arsakes I., historisch kaum faßbarer Gründer der parth. Herrscherdynastie der → Arsakiden aus dem dahischen Stamme der Parner (Turkmenistan), der sich der Überlieferung nach um 250 v. Chr. gegen den seleukidischen Satrapen Andragoras erhob und in Parthien oder der Landschaft Astauene eine selbständige Herrschaft gründete (Iust. 41, 4). → Tiridates I., → Partherreich. D. T.

Lit: J. Wolski, L'historicité d'Arsace Ier, Historia 8, 1959, 222–238 – *Bildnisse* → Anhang I.

2. **A. II.** (A. wahrscheinlich Eigenname, Iust. 41, 5, 7), auch Artabanos I. genannt, Sohn → Tiridates' I., Partherkönig 210–191, behauptete die arsakidische Macht gegen → Antiochos III. – Als Thronname kommt bei Beibehaltung der traditionellen Königsliste die Bezeichnung ‹A. II.› dagegen Tiridates I. zu. D. T.

Lit: J. Wolski, Arsace II et la généalogie des premiers Arsacides, Historia 11, 1962, 138–145.

Arsakiden, Herrscherdynastie des → Partherreichs, aus dem Stamm der Parner (Steppenvolk in Turkmenistan). 247 v. Chr. galt als Beginn der A.ära. Der Name des Dynastiegründers → Arsakes I. war auch Thronname aller späteren Herrscher. Die A. übernahmen iranische Traditionen (später wurde eine Abstammung vom Achämeniden → Artaxerxes II. fingiert) und wandelten sich damit aus einem nomadischen Eroberergeschlecht zur typisch (Haremswesen, Familienintrigen, Bruderkriege) orientalischen Herrscherdynastie. Das Ende der herrschenden Linie nach → Mithridates II. und → Phraates V. stürzte das Reich in schwere Nachfolgekrisen. Nach Sprache (Pahlavi) und Religion (Mithridates nach → Mithra) iranisch assimiliert, pflegten die A. auch das hellenist. Erbe (Beiname Philhellen seit Ende des 2. Jh.s). D. T.

Lit: W. Wroth, Catal. of the Coins of Parthia (BMC), 1903 (zur Ikonographie).

Arses, jüngster Sohn → Artaxerxes' III., wurde nach dessen Ermordung durch den Vezir Bagoas 338 v. Chr. auf den Thron gehoben, aber bereits nach zweijähriger Herrschaft ebenfalls von Bagoas beseitigt, als er versuchte, diesen umbringen zu lassen. Bagoas erhob Dareios III. auf den Thron.

Arsinoe, Tochter des → Phegeus in Psophis, erste Gattin → Alkmeons, von dem sie Halsband und Peplos der → Harmonia erhält. K. Schb.

2. **A. I.,** Tochter des Königs → Lysimachos v. Thrakien, 1. Frau → Ptolemaios' II. (wohl 285 v. Chr.; Stammbaum → Ptolemäer). Nachdem sie ihm 3 Kinder geboren hatte, verbannte er sie (um 278?) zugunsten seiner Schwester → A. II. nach Koptos. H. H. Sch.

Lit: Beloch, GG IV 2, 182.

3. **A. II.** Philadelphos, geb. um 316 v. Chr., Tochter → Ptolemaios' I. und der → Berenike I. (Stammbaum → Ptolemäer), in 1. Ehe mit → Lysimachos v. Thrakien verheiratet, dessen Sohn aus 1. Ehe, → Agathokles (1), sie zugunsten der Ansprüche ihrer eigenen Kinder beseitigte. Nach dem Tod des Lysimachos (281) war A. in 2. Ehe mit ihrem Stiefbruder → Ptolemaios (21) Keraunos verheiratet; als dieser ihre Söhne aus 1. Ehe ermorden ließ, floh sie über Samothrake nach Ägypten (279) und heiratete in 3. Ehe ihren leiblichen Bruder → Ptolemaios II., nachdem sie dessen 1. Frau → A. I. durch Intrigen verdrängt hatte (um 278). Ihre starke Persönlichkeit ließ sie großen Anteil an der Regierung nehmen. Bald nach ihrem Tod (270) erhielt sie einen eigenen Kult als θεὰ Φιλάδελφος. H. H. Sch.

Lit: Beloch, GG IV 2, 182–194 – *Bildnisse:* → Anhang I.

4. **A. III.,** Schwestergemahlin des → Ptolemaios IV.

Bildnisse: → Anhang I.

Arsinoë, Stadt im Faijum am antiken Faijum-See, heute in der Nähe von Medinet-el-Faiyūm beim Hügel Kom Faris (Kt. 29 B 4). Die Griechen nannten die Siedelung nach einem Krokodilkult, der dort heimisch war, Krokodeilopolis. Seit dem Ende des 2. Jh.s v. Chr. taucht der Name Ptolemais Euergetis auf, der in röm. Zeit durch Arsinoitōn polis abgelöst wird. Die Stadt übernahm damit den Namen des Gaus, der in Arsinoiton nomos umbenannt worden war. A. war in röm. Zeit Gerichtsort des Statthalters. Der Ort hat zahlreiche und bedeutende Papyri geliefert. R. F.

Arsis und Thesis, ‹Hebung› (ἄρσις) und ‹Senkung› (θέσις), ursprünglich des Fußes, um beim Musizieren den Rhythmus zu markieren. Die antiken und modernen Theoretiker haben diese Termini so sehr belastet mit anfechtbaren Vorstellungen von ‹Versfüßen› (→ Metrik D 1) und von einem ‹festen → Takt›, von einem → ‹Iktus› usw., daß man sie besser vermeidet. Am verbreitetsten ist heute der Gebrauch von A. für das, was P. Maas ‹feste longa› nennt, und von ‹Thesis› für das Element oder die Elemente neben solchen longa. B. Sn.

Lit: U. v. Wilamowitz, Griech. Verskunst, 1921, 81 – O. Schroeder, Nomenclator Metricus, 1929, 13.

Arslantaş (Chadatu), westl. Harrân (oberer Euphrat), berühmte Elfenbeinarbeiten aus dem 8. Jh. v. Chr. J. W.

Lit: H. Bossert, Altsyrien, 1951, 203 ff. – H. Schmökel, HbOr II 3, 1957, 307 – A. Parrot, Assur, 1961, Ind.

2. **A.,** phrygisches Felsengrab bei Hayrenvelisultan (Vil. Afyon Karahisar). Erhalten: Relieffassade mit zwei stehenden antithetischen Löwen, die die Vorderpranken auf den Grabeingang stützen. Grabkammer mit zwei Totenbänken. Anf. 6. Jh. v. Chr. Vgl. → Phrygien. E.-M. B.

Lit: F. v. Reber, Die phryg. Felsendenkmäler, 1897, 18 ff. – K. Bittel, Kleinasiat. Studien, 1942, 79 ff. – E. Akurgal, Phryg. Kunst, 1959, 60 ff. u. Taf. 36 a.

Artabanos (Ἀρτάβανος), Name mehrerer wichtiger Persönlichkeiten der pers. Geschichte; die bekanntesten waren: 1. Der Sohn des Hystaspes, Bruder des → Dareios und Onkel des → Xerxes, der ihn während des griech. Feldzuges als Reichsverweser einsetzte. – 2. Der Minister des → Xerxes, der diesen 465 v. Chr. ermordete und der von → Artaxerxes I. umgebracht wurde. – 3. A. V., der letzte parth. König, der Besieger des → Macrinus, der selbst von → Ardaschir besiegt und umgebracht wurde (226 n. Chr.). G. R.

2. **A. I.,** → Partherkönig, → Arsakes II.

3. **A. II.,** → Partherkönig, ca. 128–124/123, fiel im Abwehrkampf gegen die → Tocharer (Iust. 42, 2, 1 f.), Vater → Mithridates' II. D. T.

Bildnisse von A. I. und II. → Anhang I.

4. **A. III.,** → Partherkönig (12 n. Chr.–38) aus einer Nebenlinie der → Arsakiden, errang die Herrschaft im Kampf gegen → Vonones, konnte aber seinen Anspruch auf Armenien nicht durchsetzen. A. scheint die parth. Zentralgewalt gegen die großen Vasallen gestärkt zu haben. Ein erneuter Versuch, Armenien in die Hand zu bekommen (35), und die Fehleinschätzung der röm. Macht (Tac. ann. 6, 31, 1) erschütterten seine Herrschaft: eine rebellische Adelspartei erbat aus Rom einen neuen König (→ Tiridates III.), vor dem A. vorübergehend fliehen mußte. 36 wurde der status quo mit Rom wiederhergestellt. D. T.

Lit: U. Kahrstedt, A. III. u. seine Erben, 1950.

5. **A. IV.,** → Partherkönig 80/81 n. Chr.; → Pakoros II.

6. **A. V.,** → Partherkönig (ca. 213–227), herrschte in Medien, Gegner seines Bruders → Vologaeses V. Der angebliche Vorschlag → Caracallas, die Tochter A.' und damit die Universalherrschaft zu erheiraten, war nach Dio 78,1 und Herod. 4,10f. Anlaß eines röm. Raubzuges nach Adiabene; der erfolgreiche Revanchezug A.' führte zu einem 217 mit → Macrinus abgeschlossenen Frieden. Mit A.' Tod im Kampf gegen → Ardaschir und der Hinrichtung seines Sohnes Artavasdes 229 in Ktesiphon (umstritten) endete das parth. → Arsakidenreich. D.T.

Lit: B. Simonetta, Vologese V., A. V. e Artavasde, Numismatica 19/20, 1953/54, 9–18 – Ders., A note on Vologeses V., A. V. and Artavasdes, Num. Chron., 1956, 77–82.

Artabazos, Perser, Sohn des Pharnakes, Führer der Parther und Chorasmier beim Xerxeszug (→ Perserkrieg), vielleicht mit dem Flottenführer A., der gegen Kimon kämpfte, identisch. 2. A., Feldherr des → Artaxerxes II. Mnemon, der von Artaxerxes III. abfiel.

Artaphernes (altpers. Vi[n]dafarnah, Ἀρταφέρνης, zu Ἀρταφρένης entstellt). 1. Nach Aischyl. Pers. 776 einer der Sieben, die den falschen → Smerdis stürzten. – 2. Halbbruder des → Dareios und dessen Satrap in Sardes, welches er während des → ion. Aufstandes erfolgreich verteidigte (498). – 3. Sohn des vorigen und Neffe des Dareios, neben Datis Anführer der Expedition von 490, die mit Marathon endete. – 4. Gesandter → Artaxerxes' I. nach Sparta (425). – 5. Sohn → Mithradates' VI., erschien im Triumphzug des Pompeius (61). G.R.

Artavasdes I. (auch Artabazes), Sohn und Nachfolger → Tigranes' I., König von → Armenien (ca. 55–34), bot 54 → Crassus seine Unterstützung an, falls er durch Armenien gegen die Parther ziehen würde (Plut. Crass. 19); nach dessen Niederlage verbündete er sich mit → Orodes (vgl. Cic. epist. 15,3,1). 36 unterstützte er → Antonius (2) bei seinem Partherfeldzug, kehrte aber unterwegs aus nicht eindeutig erkennbaren Gründen um. Trotz seiner Loyalität während des röm. Rückmarsches durch Armenien wurde ihm Verrat vorgeworfen; Antonius nahm ihn 34 gefangen und führte ihn nach Alexandria, wo er auf Betreiben → Kleopatras (6) vor Actium getötet wurde; Kleopatra sandte sein Haupt an den ihm verfeindeten → Artavasdes (2) von Medien (Cass. Dio 51,5,5). D.T.

2. **A.** (Artabazes), König von Media Atropatene, gegen den sich zunächst der gescheiterte Partherfeldzug des Antonius (2) i.J. 36 v.Chr. richtete. Mit → Phraates IV. in Streit geraten, verbündete er sich bald darauf mit Antonius gegen jenen und den armenischen → Artavasdes (1) und besiegte sie mit röm. Hilfe. Als die röm. Truppen ihn vor Actium verließen, erlag er seinen Gegnern und floh zu → Augustus (Mon. Ancyr. 32,1), der ihn als König von Kleinarmenien verwendete (Cass. Dio 54,9,2). D.T.

Artaxerxes I. *Μακρόχειρ*, pers. König (465–424), Sohn → Xerxes' I. und der Amestris, nahm → Themistokles auf, nachdem er vergeblich versucht hatte, Sparta gegen Athen zu treiben, und schloß mit Athen 449 den sog. → Kallias-Frieden, in dem A. die griech. Städte Ioniens preisgab: die pers. Streitkräfte sollten den Halys nicht mehr überschreiten. Dieser Frieden kündigte den Verfall des Reiches an.

2. **A. II.** *Μνήμων*, Enkel des vorigen (404–359); mußte seinen Thron in der Schlacht von Kunaxa gegen seinen Bruder → Kyros d.J. verteidigen. Er war ein schwacher Charakter und konnte nur mit großer Mühe die Grenzen des Reiches gegen Sparta, Ägypten und die aufständischen Satrapen der Küste halten. – *Bildnis* → Anhang I.

3. **A. III.** *Ὦχος* (359–338), Sohn des vorigen, unterdrückte grausam die Satrapenaufstände, erniedrigte Ägypten zur pers. Provinz (343) und zwang Athen zum Gehorsam. Zu den sassanid. Königen des Namens → Ardaschir. G.R.

4. **A.** Zu den gleichnamigen sassanidischen Königen vgl. → Ardaschir.

Artaxes (Artaxias), König von → Armenien (ca. 32–21). Nach der Verhaftung seines Vaters → Artavasdes I. zum König ausgerufen, mußte er, von → Antonius (2) besiegt, zu den Parthern fliehen, gewann aber während des aktischen Krieges Armenien zurück. Wurde als Römerfeind ermordet, als der röm. Einmarsch drohte (Cass. Dio 54,9,4f.; Mon. Ancyr. 27,2). D.T.

Artaxias, Thronname des Zenon, Sohn → Polemons (4) I. v. Pontos, König von → Armenien (18–35). War in armenischen Sitten erzogen und wurde von → Germanicus im Auftrag des → Tiberius in Armenien eingesetzt (Tac. ann. 2,56). D.T.

Artemidoros, Grammatiker des 1. Jh.s v. Chr., Vater des → Theon (1). Schrieb Glossenverzeichnisse aus dem Gebiet der Komödie und der Kochkunst (→ Lexikographie). Seine Hauptleistung war eine umfassende Sammlung aller Gedichte der → Bukoliker. H.E.

Lit: C. Wentzel, RE 2 (1896), 1331f. – U. v. Wilamowitz, Die Textgesch. d. griech. Bukoliker, 1906, 124.

2. **A.,** Traumdeuter der 2. H. 2. Jh. n. Chr. aus Ephesos, nennt sich nach der Heimatstadt seiner Mutter Daldis in Lydien (3,66), verfaßte neben Handbüchern der Vogelschau und Handlesekunst in elegantem attizistischem Stil auf Grund umfänglicher Reisen und Quellenstudien (1,1; 5,1) in stoischem Geist ein Werk über → Träume, zunächst drei Bücher (das dritte als Ergänzung der beiden ersten), weiter ergänzt durch ein viertes (Rechtfertigung; Handbuch der Traumdeutung) und fünftes (Sammlung in Erfüllung gegangener Träume). C.J.C.

Ed: R. A. Pack, 1963 – *Lit:* C. Blum, Studies in the Dream-Book of A., 1936 – R. Pack, A. and His Waking World, TAPhA 86, 1955, 280–290.

3. **A. von Ephesos,** Staatsmann und Geograph, ca. 100 v. Chr. A. führte eine Gesandtschaft nach Rom und bereiste Spanien und Ägypten. Sein Werk, Geographumena (11 Bücher), beschreibt im → Periplusschema Europa (1–6), Libyen (7) und Asien einschließlich Ägypten (8–11); zahlreiche Fragmente sind erhalten. An physikalischer und historisch-politischer Länderkunde interessiert, wies A. nichtsdestoweniger auf die Wichtigkeit der astronomisch-mathematischen → Geographie (A 5) hin und bot gegen → Eratosthenes neue Vermessungen des Mittelmeers an. F.L.

Frg: R. Stiehle, Der Geograph A. v. Ephesos, Philol. 11, 1856, 193–244 – *Lit:* R. Daebritz, De Artemidoro Strabonis auctore, 1905 – G. Hagenow, Unters. zu Artemidors Geographie des Westens, 1932.

Artemis. [1] *Herkunft und Name.* A., aus Literatur und Kunst als die jungfräuliche Jagdgöttin der Griechen bekannt, ist ursprünglich keineswegs eine einheitliche Göttergestalt gewesen. «Die älteste Zeit verehrte allerorten je eine Göttin, deren Wesen ihre Gleichsetzung mit A. erlaubte; jeder Ort nannte seine Göttin zuerst mit einem eigenen Namen. Als dann durch den Verkehr die Wesensgleichheit dieser Gestalten den Leuten zum Bewußtsein kam, drang der eine Name immer mehr durch. Die alten Namen blieben in Gebrauch, wurden aber zu Beinamen... So blieb A. auch an verschiedenen Orten nicht immer ganz dieselbe» (U. v. Wilamowitz, Hellen. Dichtung II 48). Daher treten die Epitheta der A. öfter als die anderer Götter selbständig auf. – Die Etymologie des Namens A. ist ungeklärt. Sollte er aus Kleinasien stammen (auf einer lyd. Inschrift hat man Artimis gelesen), so lassen sich dennoch Gründe dafür anführen, daß auch die einwandernden Indogermanen den Glauben an eine Gottheit mitbrachten, die mit minoischen Göttern – besonders der → ‹Herrin der Tiere› – wesensverwandt war. Die Tatsache, daß das Wort A. auf → kret.-myk. Schrifttafeln zu finden ist, kann leider zu keinen weiteren Aufschlüssen verhelfen. Die in der späteren Literatur so geläufige enge Verbindung der A. mit → Apollon als ihrem Zwillingsbruder und mit → Leto als der Mutter des Zwillingspaares spielt im Kult keine wesentliche Rolle und ist kaum als ursprünglich anzusehen.

[2] *Verbreitung und Wesenszüge.* A. ist die populärste Göttin der Griechen. Wilamowitz hat sie in ihrer ursprünglichen Gestalt treffend als die ‹Herrin des Draußen› charakterisiert, die mit ihren Gefährtinnen, den → Nymphen, in Wald und Wildnis außerhalb der friedlichen Wohnstätte des Menschen ihr Wesen treibt und dem Menschen keineswegs immer freundlich gesonnen ist. Bei Homer sind – offenbar veranlaßt durch den Lebenskreis der Adelsgesellschaft seiner Zeit – diese Wesenszüge eingeengt zur Gestalt der ‹Herrin der Tiere› (Il. 21, 470; *Agrotera*), der Pfeil und Bogen tragenden Jägerin und Jagdgöttin. Auch sendet A. mit ihren Pfeilen ebenso wie Apollon plötzlichen, unerwarteten Tod (vor allem den Frauen; vgl. Il. 21, 483). Als sich seit dem 5. Jh. v. Chr. das Leben und Denken der Griechen immer mehr auf die Stadt beschränkte – bes. im ion. Bereich –, verlor A. an Bedeutung; nur die Gestalt der Jagdgöttin blieb lebendig (im Kult trat sie allerdings nie besonders hervor). Dagegen ist A. auf der Peloponnes immer eine umfassende Natur- und Fruchtbarkeitsgöttin mit vielen eigentümlichen Kulten gewesen. Hierbei zeigt sich häufig Verwandtschaft mit altem → Baumkult (z. B. Aufhängung von Kultbildern an Bäumen oder Umwindung derselben mit Zweigen und Reisig). Außerdem sind in pelop. A.-Kulten Reigentänze verbreitet, z. B. im Kult der *A. Korythale* (bei Sparta), der *A. Karyatis* in Lakonien (→ Karyatiden) und der *A. Orthia* in Sparta (dort außerdem Geißelung der Jünglinge, vielleicht als Ersatz für frühere Menschenopfer). Die pelop. A.-Kulte üben eine starke Wirkung auf die dor. Gebiete von Unteritalien und Sizilien aus. Im A.-Kult ist vielleicht der Ursprung der → bukolischen Poesie zu sehen. – Die *A. Laphria* in Nordwest- und Mittelgriechenland (z. B. in Naupaktos und Patrai) ist offenbar vor allem die ‹Herrin der Tiere›; doch der eigenartige Ritus des Jahresfeuers scheint ein → Fruchtbarkeitsritus allgemeinerer Bedeutung zu sein (→ Laphrien). – Als Fruchtbarkeitsgöttin hat A. auf der Peloponnes auch Beziehungen zum Wasser, zu Quellen, Sümpfen und wasserreichen Niederungen *(A. Helaia, Limnaia, Limnatis)*. – A. betreut nicht nur die jungen Waldtiere, sondern auch die Menschenkinder, vor allem die Mädchen *(A. Kurotrophos, Paidotrophos)*. Vor dem Eintritt in die Ehe bringen sie ihr (z. B. der *A. Eukleia)* Voropfer dar. Frauen, die im Wochenbett sterben, sind – so meint man – von den tödlichen Pfeilen der A. getroffen. Der *A. Brauronia* (in Attika) werden die Kleider der gestorbenen Wöchnerinnen geweiht, kleine Mädchen dienen ihr dort eine Zeitlang als ‹Bärinnen›. A. steht aber auch – ähnlich wie die Nymphen – den Gebärenden bei und ersetzt so die alte vorgriech. Geburtsgöttin → *Eileithyia*. Als Beschützerin von Eheschließung und Geburt ist A. populär (bes. in Attika und Böotien); an vielen Orten ist sie Frauengöttin schlechthin (z. B. in Kyrene). Warum sie oft als ‹Fackelträgerin› *(Phosphoros)* gilt (z. B. in Munichia), wissen wir nicht. – Es ist fraglich, ob die Jungfräulichkeit, die so gut zur Gestalt der rüstigen Jägerin, Geburtshelferin und Kinderbetreuerin paßt, ursprünglich ein bes. Wesenszug der A. gewesen ist; denn auch sonst dulden griech. Göttinnen mit ausgeprägten Charakterzügen keinen männlichen Partner neben sich.

[3] *Gleichsetzungen fremder Göttinnen mit A.* Die *A. von Ephesos* ist eigentlich eine asiat. Göttin vom Typ der Großen Göttermutter (→ Magna Mater, → Kybele), der unnahbaren, für den Menschen keineswegs ‹mütterlichen› Herrin des freien Naturlebens und der Fruchtbarkeit. Weiterhin werden mit A. gleichgesetzt: die thrak. Göttinnen → *Bendis* und → *Kotyto;* die vorgriech. Göttin → *Polyboia* (Schwester des → Hyakinthos); die kret. Göttinnen → *Britomartis* und → *Diktynna;* eine taurische Göttin, der früher Menschenopfer dargebracht wurden und die weithin mit der *A. Tauropolos* (z. B. in Halai in Attika) identifiziert wird (→ *Iphigenie* ist offenbar ursprünglich selbst eine Göttin bzw. ein Beiname der A.); die aus Kleinasien stammende Göttin → *Hekate* und in späterer Zeit die Mondgöttin (→ *Selene* bzw. die Titanin *Phoibe)*. K.-H. R.

Lit: K. Wernicke, RE 2, 1 (1895), 1336–1440 – U. v. Wilamowitz, Hellen. Dichtung II, 1924, 46 ff. – Ders., Der Glaube der Hellenen I, 1931, 177 ff. – K. Hoenn, A., 1946 – Nilsson I 481 ff.

[4] Im *Mythos* ist A. Tochter des Zeus und der → Leto (s. d. für ihre Geburt); von Anfang an wahrt sie eifersüchtig ihre Ehre, ihre Jungfräulichkeit und die der Nymphen ihres Gefolges: tötet mit Apollon die Niobiden, weil → Niobe sich Leto gleichstellte, die → Aloaden, weil sie den Olymp stürmen wollten, Chione, weil sie so schön wie A. zu sein beanspruchte (Ov. met. 11, 220 ff.), → Orion, weil er sie im Diskus herausforderte oder ihr selbst oder ihrer Jüngerin nachstellte, → Aktaion, weil er sie im Bade sah. Sie sucht → Arethusa vor Alpheios zu retten, indem sie sie in eine Quelle, und Taygete vor Zeus, indem sie sie in eine Hindin verwandelt. → Kallisto verwandelt sie zur Strafe dafür, daß sie sich von Zeus verführen ließ, in eine Bärin. Weil → Oineus ihr zu opfern vergißt, schickt A. den kalydonischen Eber, dem → Agamemnon aus demselben Grunde (oder weil er ihr in der Jagd gleich sein wollte) die widrigen Winde vor Aulis, die er nur mit der Opferung → Iphigenies abwenden kann. Im → Trojan. Krieg auf seiten Trojas und von Hera in der Götterschlacht jämmerlich geschlagen. L. H.

Q: Il. 24, 602 ff. – Apollod. 1, 53 ff.; 27 – Kall. hymn. 5, 105 ff.

Darstellungen der A. setzen im 7. Jh. ein (CVA Berlin 1, Taf. 18 ff.: A. u. Apollon, 680/70; Melische Amphora in Athen, F. Matz, Gesch. d. griech. Kunst 1, 1950, Taf. 171: A. vor Gespann Apollons. Vgl. auch Kunze 74 und den Kalzedon bei G. Bruns, Die Jägerin A., 1929, Taf. 1, 5: frühes 6. Jh.). Eine um 650 in Delos von Nikandre geweihte Statue meint wohl ebenfalls die Göttin (Lippold, GrPl 43, Taf. 11, 2). Ursprünglich lang gewandet, wird A. später meist mit kurzem Chiton und schließlich auch in Amazonentracht, mit entblößter Brust, wiedergegeben (E. Paribeni, Bd'A 45, 1960, 1–6). Bis in die Kaiserzeit ist sie vereinzelt mit Flügeln dargestellt (Richter, AJA 41, 1937, 535; G. Kleiner, 105. BWPr, 1949, 15), wohl ein Hinweis auf die alte *πότνια θηρῶν*, unter deren Gestalt A. in der Frühzeit verehrt wurde. – *Attribute* der A. sind außer Köcher und Bogen auch Fakkeln (Bruns, a. O. 34 ff.; Schneider-Herrmann, BAntBeschav 34, 1959, 58), Tierfelle (J. Marcadé, BCH 74, 1950, 193 f.) sowie Tiere, bes. der Hirsch A., auf dem sie auch reitet (L. Curtius, RM 45, 1930, 34; E. Löwy, RM 42, 1927, Beil. 24; Arch. Cl. 9, 1957, Taf. 16). Beim Töten eines Tiers erst im späteren 5. Jh. dargestellt, dann häufiger (AM 35, 1910, Taf. 2). – Darstellung der *Mythen:* Früh bei der → Gigantomachie, dann häufiger beim Abenteuer des → Herakles mit der kerynitischen Hirschkuh (Brommer 60 ff.), der Tötung der → Niobiden (A. Lesky, RE 17, 1 (1936), 673 ff.) und des → Tityos (Greifenhagen, Jb. d. Berl. Museen 1, 1959, 5 ff.), dem Tod des → Aktaion (Brommer 336 f.; K. Schauenburg, Perseus, 107) und der Opferung der → Iphigenie. Häufig auch mit Apollon oder mit Apollon und Leto zusammen. – Zahlreiche *Statuen* der A. erhalten. Die Kolossalstatue aus Ariccia (um 450) stellt nicht ganz sicher A. dar (Lippold, GrPl 173, Taf. 62, 4). Die berühmte Brauronia des → Praxiteles ist nach manchen im Typus der A. aus Gabii erkennbar (Lippold, GrPl 239, Taf. 83, 4). Berühmt auch das Original der Dresdener A. (4. Jh.; vgl. Brommer, MWPr 1950/51, 3 ff.). In den Umkreis des → Leochares gehört die A. aus Versailles (Lippold, GrPl 270, Taf. 98, 2). Hellenist. die A. Rospigliosi im Lateran (Lippold, GrPl 336) und die A. Sevilla (Lippold, GrPl 336). Klassizistisch die A. Colonna (Lippold, GrPl 291, Taf. 110, 4; AA 1959, 341). Eine aus Thrakien stammende, der A. eng verwandte Göttin, → *Bendis*, trägt auf dem Kopf ein Tierfell (Schauenburg, Perseus, 108 ff.). Auch zahlreiche Statuetten der A. und Weihreliefs an die Göttin erhalten. Das Kultbild der ephesischen A. in zahllosen Nachbildungen überliefert (H. Thiersch, A. Ephesia, 1935; F. Miltner, ÖJh 44, 1959, 307 ff.; vgl. Picard, RA 1962 I, 103 ff. zu dem in der Deutung umstrittenen Umhang der Göttin). Zur Diana Nemorensis vgl. Alföldi, AJA 64, 1960, 137–144; E. Paribeni, AJA 65, 1961, 55 f. – *Lit. dazu:* G. Bruns, Die Jägerin Artemis, Diss. München 1929 – P. E. Arias, EAA I, 1958, 689–696. K. Schb.

Artemisia I., Tochter des → Lygdamis v. Halikarnassos. Um 480 v. Chr. hatte sie als Vormund ihres Sohnes Pisindelis die Herrschaft über Halikarnassos, Kos, Nisyros und Kalydna inne und nahm mit einem kleinen Flottengeschwader am Feldzug des → Xerxes gegen Griechenland teil, auch an der Seeschlacht bei Salamis, von der sie Xerxes abgeraten und aus der sie sich schließlich auf ziemlich rücksichtslose Art in Sicherheit gebracht haben soll (Hdt. 8, 68;

87f.). Nach der Schlacht sandte Xerxes, bei dem sie wegen ihrer Klugheit und Entschlossenheit in hohem Ansehen stand, einige seiner illegitimen Söhne unter ihrer Obhut nach Asien zurück (Hdt. 8, 103). Über ihr weiteres Schicksal ist nichts bekannt. F.Kch.

Lit: C.Hignett, Xerxes' Invasion of Greece, 1963, 206; 237f.; 265.

A. II., Tochter des Hekatomnos von Mylasa, Schwester und Gemahlin des → Mausolos, nach dessen Tod sie 353 bis 351 v.Chr. die Herrschaft über Karien und Rhodos führte. In diesen Jahren berief sie Künstler aus ganz Hellas nach Halikarnassos, um ihrem Gemahl ein grandioses Grabmal, das → Mausoleum, errichten zu lassen (Diod. 16,45). – *Bildnis* → Anhang I. F.Kch.

Artemision, Name für (a) Grenzgebirge zwischen → Argolis und → Arkadien (Kt. 1152 C5), heute Malevo; (b) mehrere Vorgeb., bes. das an der N-Spitze Euböas (Kt. 1152 D4); dort Seeschlacht 480 v.Chr. (→ Perserkriege), Tempel der Artemis. Im Meer bei A. bedeutende Bronzefunde. E.M.

Lit: Philippson-Kirsten I 576; III 235ff. – AA 43, 1928, 612–616.

Artemon, pergamenischer Grammatiker aus Kassandreia, 1.Jh.v.Chr. Er kommentierte Pindar und verfaßte zwei von → Athenaios benutzte bibliographische Werke. H.E.

Lit: G.Wentzel, RE 2 (1896), 1446f.

2. **A.,** *von Milet,* Verfasser von 22 Büchern über erfüllte Träume bzw. rätselhafte Hinweise des → Serapis auf Heilmittel (Artem. 2,44), erörtert auch das Wesen mantischer Träume (Porph. ad Il. 16,854; s. auch Tert. anim. 46,10), vielleicht von Aelian benutzt (nat. anim. 11, 31ff.), nach Plin. nat. 28,7 ein Schwindler. C.J.C.

Artes liberales. Die A. liberales stellen den Inhalt der höheren Bildung in Rom dar. Sie umfassen die Disziplinen, ‹die einem Freien anstehen›. Ihr Vorbild ist die griech. ‹universale Bildung› (→ *ἐγκύκλιος παιδεία*). Einen festen Kanon der A. liberales hat es im 1.Jh. v.Chr. noch nicht gegeben: → Varro in seinen ‹Disciplinae› (Fr. bei F.Ritschl, Opusc. III 372), → Cicero (de or. 1,8–12; 1,187; 3,127) und → Vitruv (1,1,3) nennen zwischen vier und elf Einzeldisziplinen. Erst z.Z. Senecas (vgl. epist. 88,1–20) scheinen die A. liberales ein fest umrissener Begriff zu sein. Zu ihnen gehören: Grammatik, Dialektik, Rhetorik, Arithmetik, Geometrie, Astronomie, Musik. In der Theorie sollten diese Fächer gleichberechtigt nebeneinander zu einer allseitigen höheren Bildung des Menschen führen. Tatsächlich bekam die → Rhetorik bald so großes Gewicht, daß sie Hauptinhalt eines besonderen Hochschulunterrichts wurde (→ Schule A6, B6). Damit wurden die in der Grammatikerschule gelehrten A. liberales, deren naturwissenschaftliche Disziplinen vom Literaturunterricht allmählich verdrängt wurden, nur mehr zu einer Vorschule für die höheren Studien. In dieser Form kommt das System als die ‹Sieben freien Künste› ins MA, bes. durch das Werk des → Martianus Capella, und wird dort Grundlage für die Artistenfakultäten der mittelalterl. Universitäten. Die sieben Disziplinen werden unterteilt in ein Trivium (die drei sprachlich-literarischen: Grammatik, Dialektik, Rhetorik) und ein Quadrivium (die vier naturwissenschaftlichen: Arithmetik, Geometrie, Astronomie, Musik). Die Zusammenfassung der mathematischen Fächer im Quadrivium findet sich zuerst bei → Boethius (arithm. 1,1); in der Sache geht sie auf die → Sophistik des 5.Jh.s v.Chr. zurück; die der literarischen im Trivium gibt es seit dem 9.Jh.n.Chr. (schol. Hor. ars 307f.). U.Sch.

Lit: H.J.Mette, Enkyklios Paideia, Gymn. 67, 1960, 300–307 – F.Kühnert, Allgemeinbildung und Fachbildung in der Antike, 1961 (Lit) – RAC III, 1962, 365–398, s.v. Enkyklios Paideia.

Artillerie → Geschütze, → Festungsbau und Belagerungstechnik.

Artischocke (*κινάρα*, carduus), im Mittelmeerraum heimisch und kultiviert, nach der Überlieferung im Altertum als Nahrungsmittel nicht so verbreitet wie heute. Bevorzugt wurde sie zunächst von Reichen (Plin. nat. 19,54). In Mythos und Kult war sie ohne Bedeutung. J.W.

Lit: Olck, RE 2,2 (1896), 1455–58.

Arulenus Caelius Sabinus, Cn. (in den Rechtsquellen nur Caelius Sabinus). Konsul i.J. 69 n.Chr. A. soll z.Zt. Vespasians großen Einfluß gehabt haben (Dig. 1,2,2,53). Er gehörte der Schule der → Sabinianer an und war Nachfolger des Schulhaupts → Cassius (9) Longinus. Er war schriftstellerisch regsam (vgl. Gaius 3,70. 141; Dig. 35,1, 72,7). Seine Bearbeitung des ädilizischen Edikts ist von → Ulpian u.a. verwertet worden (vgl. Dig. 21,1,14,3; 21, 1,10; 21,1,17,1–6). H.Hb.

Lit: P.Krüger, Gesch. der Quellen u. Lit. des röm. Rechts (1888), 1912², 170 – W.Kunkel, Herkunft u. soz. Stellung der röm. Juristen, 1952, 131–133 – F.Schulz, Gesch. der röm. Rechtswissenschaft, 1961, 141. 234f.

2. **A. Iunius Rusticus,** Q., cos. suff. 92 n.Chr., Bruder des Iunius Mauricus. Als Volkstribun wollte er 66 zugunsten des → Thrasea Paetus interzedieren, wurde aber von diesem daran gehindert. Als Prätor befand er sich 69 unter den senatorischen Gesandten an die Flavianer und wurde verwundet. Ende 93 von → Domitian zum Tode verurteilt, weil er eine Laudatio des Thrasea Paetus verfaßt hatte. Philosoph und Stoiker; Gönner des jüngeren → Plinius (2). Vielleicht von → Tacitus (2) als Quelle benutzt. Bei Tac. hist. 3,80 und Plin. epist. 1,14; 2,18 gerühmt. U.Wm.

Lit: R.Syme, Tacitus, 1958, Ind. S. 839.

Arusianus Messius, lat. Grammatiker, 2.H. 4.Jh.n.Chr., Verfasser einer alphabetischen Sammlung von grammatischen Konstruktionen; wertvoll durch die Beispiele.

Ed: GrLat VII 449–514 – *Lit:* Schanz-Hosius, IV 1, 183.

Arvales → Fratres Arvales.

Arverner, mächtiger kelt. Stamm in der nach ihnen benannten heutigen Auvergne (Kt. 1019 D4/5), geboten bis zur Unterwerfung durch Rom 121 v.Chr. über weite Teile des südl. → Gallien. Vorort → Gergovia. 52 v.Chr. lag die Führung des gall. Aufstandes beim A.fürsten → Vercingetorix. Nach der Unterwerfung behielten die A. als → civitas libera eine Sonderstellung. L.B.-H.

Lit: s. zu → Kelten, → Gallien.

Aryballos, bauchiges Ölfläschchen mit enger Mündung, scheibenförmigem Mündungsrand und Bandhenkel (→ Vasen, → Abb. 248); von Athleten am Handgelenk getragen; in Ton, Fayence und Bronze erhalten. – Frühformen erscheinen in → der protokorinth. Keramik. Seit etwa 630 v.Chr. sind kugelige A.en ohne Standfläche beliebt. Zweihenklige A.en tauchen erst um 500 (in Attika) auf. I.Sch.

Lit: J.D.Beazley, Aryballos, BSA 29, 1927/28, 187–215 – C.H. Haspels, ebd., 216–223.

Arzneien → Medizin.

As bedeutet ‹Eins› oder ‹Einheit› und ist die Bezeichnung für ein antikes Gewicht (1 Pfund) und eine Münze. Im Maßwesen bedeutet A. ebenfalls die Einheit (1 Fuß), und im Flächenmaß entspricht A. einem Morgen. – Im Münzwesen tritt der A. zuerst als Gewichtseinheit des röm. Kupfergeldes auf, wobei der A. also ursprünglich ein Pfund Kupfer (→ libra) wog (A. librarius). – Das faktische Gewicht des Münzasses steht mit seinem von E.J.Haeberlin aus 1168 Münzexemplaren ermittelten Durchschnittsgewicht von 267,83 g unter der als Regel angenommenen römischen Pfundnorm von 327,45 g. Den ältesten mit Wertbezeichnung I versehenen röm. Bronzemünzen muß demnach eine andere, niedrigere Pfundnorm zugrunde liegen, die noch umstritten ist. – Das ursprüngliche A. wurde im röm. Münzwesen in 12 → Unzen geteilt. Außer dem $^1/_{12}$ Pfund, der Unze, sind → Semis (6 Unzen), → Triens (4 Unzen), → Quadrans (3 Unzen) und → Sextans (2 Unzen) die Unterteile des älteren A., die außer durch S (Semis) jeweils durch eine entsprechende Punktanzahl für die Unze mit Wertbezeichnungen versehen sowie durch verschiedene Typen von Götterköpfen augenfällig gekennzeichnet sind. – Die Einführung des Libralasses ist zeitlich noch umstritten. Im Laufe des 3. Jh.s v. Chr. unterlag der A. jedoch einer Reihe von Gewichtsreduktionen bis herunter zu 27,3 g. Auf die stark umstrittenen Einzelheiten dieser Reduktionen des A. kann hier jedoch ebensowenig näher eingegangen werden wie auf die komplizierten Berechnungen seines Wertverhältnisses zu der im 2. Pun. Krieg beginnenden eigentlichen röm. Silberprägung (→ Denar). – Nach Plin. nat. 33, 46 war die vom Volkstribun C. Papirius Carbo (89 v. Chr.) durchgesetzte A.-Reduktion auf das Gewicht einer halben Unze (von damals 13,64 g) im sog. Semiunzialfuß die letzte A.-Reduktion, wodurch bei dem damaligen Silber-Kupferwertverhältnis von 56 : 1 die Kupferprägungen zu Kreditmünzen wurden. Am Ende der Republik wird auf Sizilien eine Kupferasprägung in 5 Wertstufen mit neuen Bildtypen und griech. Wertbezeichnungen durch M. → Antonius (2) als Kreditmünzenausgabe durchgeführt. – Augustus introduziert dann den → Sestertius im Gewicht von 1 Unze und den → Dupondius, beide aus Messing (→ Aurichalcum), während der neue A. mit ca. 10,92 g und der → Quadrans in reinem Kupfer als Kreditmünzen ausgegeben werden. – Unter Nero erhält der A. zeitweilig wieder das alte Wertzeichen I. – Als in den Inflationen des 3. Jh.s n. Chr. der frühere Denar in der Form des stark kupferhaltigen → Antoninianus praktisch alle anderen Kleinmünzenprägungen ersetzte, wurde schließlich die Kupferprägung in reinem Kupfer nach 275 als verlustbringend eingestellt, womit auch der A. nach fast 600jährigem Bestehen sein Ende fand. W. Schw.

Lit: Babelon, 591 ff. – W. Kubitschek, RE 2 (1896), 1499–1513 – K. Regling, in: v. Schrötter, 38–41 – J. Haeberlin, Aes grave, 1910 – R. Thomsen, Early Roman Coinage, 3 Bde, 1957–61.

Asandros, Bruder → Parmenions. Wohl anfangs Führer der leichten Kavallerie auf dem Alexanderzug (Diod. 17, 4: *Κάσσανδρος*); 334/331 Satrap von Lydien; führte Alexander 329/328 in Baktrien Truppen zu. E. Bd.

Asarhaddon, assyr. König, 680–669, Sohn → Sanheribs. Feldzüge gegen das Meerland, die → Kimmerier und → Phönizier. Erobert Ägypten bis Memphis (671). Kränklich und ängstlich, stellt A. oft Orakelanfragen und führt anläßlich einer Mondfinsternis wieder Ersatzopferriten ein (Tod eines Untergebenen für den König). → Mesopot. Reiche B [3]; D [2]. W. R.

Ed: R. Borger, Die Inschriften. A.s, Königs von Assyrien, 1956.

Ascanius, Sohn des → Aeneas und der Krëusa, flieht mit seinem Vater aus dem brennenden Troja, wohin er später nach älteren Sagenformen als Neubegründer zurückkehrt; nach der verbreitetsten Sage jedoch folgt er Aeneas nach Italien, besiegt, nun *Julus* genannt, nach des Vaters Tod die Etrusker und gründet Alba Longa. → Aeneas, → Romsage.

Aschenaltar, in primitiver Form der Aschenhaufen der verbrannten Opfergaben, dann ein Steinaltar, von dem aber die Asche des Verbrannten nicht weggeräumt wird, so daß er höher und höher wird. Bezeugt sind solche Altäre für Apollon in Theben (Paus. 9, 11, 7), für Hera in Samos, Zeus in Olympia und Pergamon (ders. 5, 13, 8). – Verwandt mit dem A. ist der berühmte Hörneraltar (*κεράτινος βωμός*) Apollons in Delos, aufgeschichtet aus den Hörnern der geopferten Ziegen (Diog. Laert. 8, 13; Kallim. hymn. 2, 61 bis 63). O. G.

Lit: H. Schleif, Der Zeusaltar v. Olympia, JdI 49, 1934, 139–156 – Weiteres → Altar.

Asconius Pedianus, Q., lat. Philologe, wohl 9 v. Chr. bis 76 n. Chr. Er schrieb nachweislich zu mindestens 16 Reden Ciceros Kommentare, wovon 5 erhalten sind. A. gibt historische und antiquarische Erläuterungen, u. a. eine eingehende Schilderung der Vorgeschichte der Rede für Milo. Er benutzte alle ihm zur Verfügung stehenden Informationsmöglichkeiten (die Korrespondenz Ciceros und die verlorenen Senatsakten, → Acta diurna). Durch seine gewissenhafte Arbeit wird er zu einer wertvollen Quelle. – Eine Schrift gegen die Kritiker Vergils (Contra obtrectatores Vergilii) ist verloren. D. F.

Ed: Scholiastae Ciceronis orationum, rec. Th. Stangl, Bd. 2, 1912 – *Lit:* Schanz-Hosius II 731–733.

Asculum Picenum, Hauptstadt von Picenum auf einem von drei Seiten durch Flußtäler geschützten Bergrücken (Kt. 1420 F 5; heute Ascoli Pic.), 268 von den Römern erobert. 91 begann hier der → Bundesgenossenkrieg (3), der 89 mit der Eroberung der Stadt durch Cn. → Pompeius (10) Strabo endete. A. wurde Municipium, später Kolonie der Triumvirn und Octavians und war in der Kaiserzeit eine blühende Agrarstadt, doch sind nur wenige Reste, ein Doppeltor, Tempel und Theater, beide in neuere Gebäude verbaut, sowie zwei röm. Brücken erhalten. B. A.

Lit: C. L. Agostini, Asculum, 1947 – N. Alfieri, EAA I, 1958, 705 f.

Asea, Ort in Arkadien. Prähistorische Siedlung unweit der Alpheios- und Eurotasquelle am Weg von Tripolis nach Megalopolis auf einem felsigen, tafelförmigen Hügel (Paläokastro; bis zu 54 m hoch; 120 × 240 m). Von neolithischer bis in mittelhelladische Zeit besiedelt (zweiräumige Rechteck- und Kurvenhäuser; MH Gräber). Späthelladische, protogeometrische und geometrische Streufunde. In hellenist. Zeit befestigte Akropolis. W. Schg.

Lit: J. Holmberg, The Swedish Excav. at. A. in Arkadia, 1944.

Asellio → Sempronius.

Asia, röm. Provinz in → Kleinasien. 133 v. Chr. vermachte → Attalos III. v. → Pergamon sein Reich testamentarisch den Römern. Die Übernahme erfolgte nicht ohne Schwierigkeiten erst nach der Niederwerfung des Aristonikos-Aufstandes. Die neue Provinz A. wurde bald die Beute der röm. Steuerpächter und Kapitalisten. 116 v. Chr. wurde A. um das Gebiet Phrygiens, das vorher zum Reiche des → Mithridates Eupator von Pontos gehört hatte, vergrößert. Bei der Ausscheidung der Provinzen zwischen Augustus und dem Senat im Jahre 27 v. Chr. kam A. endgültig an den Senat und wurde durch einen Proconsul regiert. Für das Gerichtswesen waren zunächst 9 (später mehr) Conventus iuridici geschaffen. Die Einheit der Provinz wurde durch das ‹Koinon Asias› (→ Koinon) repräsentiert, eine Provinzialversammlung, die jährlich in einer der großen Städte zusammentrat und zur Hauptsache dem Kaiserkulte diente. Hauptstadt der Provinz A. war Ephesos. Die Provinz war im wesentlichen aus den Territorien zahlreicher Städte zusammengesetzt. Die Provinzreform Diokletians zerlegte A. in 7 kleinere Einheiten mit den alten Landesnamen: → Lydia, → Karia, → Phrygia usw. R. F.

Lit: Chapot, La province romaine d'Asie, 1904 – A. H. M. Jones, Cities of the Eastern Rom. Empire, 1937, 28–95.

Asiagenus → Cornelius.

Asianismus (*genus orationis Asiaticum*: Cic. Brut. 325), eine wohl in Analogie zu → ‹Attizismus› geprägte moderne Bezeichnung einer im 3. Jh. v. Chr. aufgekommenen Richtung manierierter → Rhetorik (B 8–10) – niemals Schule mit bewußt aufgestelltem Programm –, deren Vertreter dann bei → Seneca (1) d. Ä. und Quintilian als ‹Asiani› erscheinen, da ihr Zentrum in den kleinasiat. Griechenstädten lag. Vgl. → Hegesias (2), → Gorgias d. J., Sex. → Clodius (3). H. H.

Lit: Ed. Norden, Die antike Kunstprosa I, 1898 (Nachdr. 1958), 131 bis 149 – Kennedy, Persuasion, 301 ff. – U. v. Wilamowitz, A. u. Attizismus, Hermes 35, 1900, 1–52.

Asiaticus → Valerius.

Asien → Kontinente, → Entdeckerfahrten.

Asine, imposant gelegener, südöstlich von → Nauplia in den Argolischen Golf hineinragender felsiger Burgberg mit Siedlungsresten früh-, mittel- und späthelladischer Zeit und einer hellenist. Festungsmauer. Erste Erwähnung: Il. 2, 560. Vorgeschichtlicher Hauptfundplatz: die im Schutz der Akropolis landeinwärts gelegene Unterstadt mit kurvigen und rechteckigen Hausgrundrissen der FH-Zeit, Herrenhaus in der MH-Schicht und einem interessanten Kultraum in der SH-Siedlung. Brandschicht zwischen

FH und MH, fließender Übergang in SH. Reiche Keramikfunde aus den Siedlungen sowie aus einer myk. und geometrischen Nekropole (stattliche myk. → Kammergräber) am Hang des gegenüberliegenden Barbuna-Berges. Vgl. → Griechenland II A. W. Schg.

Lit: O. Frödin-A. W. Persson, A., Results of the Swedish Excavations 1922–1930, 1938 – G. Weicker, A., eine myk.-frühgriech. Siedlung, Antike 15, 1939, 265–271.

Asinius Gallus, C., cos. 8 v. Chr.; geb. 41 als ältester Sohn der C. → A. (2) Pollio. 22/16 v. Chr. Münzmeister; bei den Säkularfeiern 17 v. Chr. XVvir sacris faciundis. 6/5 v. Chr. Prokonsul von Asia. Von → Augustus begünstigt, der ihn *(imperii) avidum et minorem* (Tac. ann. 1, 13) nannte. Seit 12 v. Chr. mit Vipsania → Agrippina (1), der ersten Gattin des → Tiberius, verheiratet, ein Umstand, der ihm dessen Abneigung eintrug. Sein Verhalten vergrößerte noch die Feindseligkeit. Auf Veranlassung des Tiberius wurde A. 30 n. Chr. zum Tode verurteilt, angeblich wegen seiner Beziehungen zu → Sejan (vgl. aber Tac. ann. 4, 71). Er wurde bis 33 in Haft gehalten und starb dort den Hungertod. Verfiel der damnatio memoriae. Als Redner stand A. im Schatten seines Vaters; er war auch schriftstellerisch tätig. U. Wm.

2. **A. Pollio,** C., cos. 40 v. Chr., homo novus aus Teatina Marrucinorum, geb. 76/75. Im Bürgerkrieg auf der Seite → Caesars, kämpfte u. a. bei Pharsalos und Munda. 45 Prätor. Als Statthalter von Hispania ulterior 44/43 Kämpfe gegen Sex. → Pompeius (4). Nach Caesars Tod nahm er zuerst eine abwartende Haltung ein, entschied sich aber ca. Aug. 43 für → Antonius (2). Als Statthalter von Gallia Transpadana war er 41/40 mit der Landverteilung beauftragt; er soll dabei das Gut → Vergils gerettet haben. Im perusinischen Krieg undurchsichtige Haltung; möglicherweise war er auf Wahrung der Interessen des M. → Antonius (2) bedacht. Bevollmächtigter des Antonius beim Vertrag von Brundisium. 40–38 Prokonsul von Macedonia. Im J. 39 Siege über die Parthiner und Triumph ex Parthineis. Er weigerte sich, trotz Entfremdung von Antonius, an der coniuratio Italiae (32) teilzunehmen und → Octavian (→ Augustus) im aktischen Krieg zu begleiten. Darauf zog er sich vom aktiven politischen Leben zurück, widmete sich der Literatur, Kunst und Wissenschaft, starb 5 n. Chr. Bedeutender Redner und Anwalt. A. bevorzugte den archaischen Stil, stand den Attizisten nahe. Er verfaßte ‹Historiae› (eine Geschichte der Bürgerkriege von 60 bis ca. 42), die von Plutarch und Appian benutzt wurden; er schrieb Tragödien, Gedichte, grammatische Studien (Quint. 9, 3, 13) und Briefe. Als Kritiker war er einflußreich und gefürchtet. Er führte den Brauch der Vorlesung eigener Werke ein und begründete die erste öffentliche → Bibliothek in Rom im Atrium Libertatis. Bekannt als Freund und Förderer vor allem des → Catull, des → Horaz und des → Vergil, der ihm die 4. Ekloge widmete und auf seine Anregung die Bucolica verfaßte. Er war verheiratet mit der Tochter des proskribierten L. Quintius, Vater des C. → A. (1) Gallus, cos. 8 v. Chr., und der Asinia, Gattin des M. Claudius Marcellus Aeserninus. Zwei weitere Kinder starben früh. Trotz persönlicher Freundschaft mit Caesar und Antonius blieb er überzeugter Republikaner. Er verband Unabhängigkeit mit kluger Vorsicht, so daß er trotz seiner Reserve gegenüber Octavian als *inter Antonium et Augustum bellorum praemiis refertus* (Tac. ann. 11, 7) bezeichnet werden konnte. U. Wm.

Lit: J. André, La vie et l'œuvre d'Asinius Pollio, 1949 – R. Syme, Roman Revolution (1939), 1952², Ind. S. 538.

3. **A. Quadratus,** C. (?), griech. → Geschichtsschreiber (I C 2), wohl (jüngerer) Zeitgenosse des → Dio Cassius; vielleicht Prokonsul Achaias. – *Werke:* Tausendjährige Geschichte Roms (*Χιλιετηρίς*), von den Anfängen bis Alexander Severus (222–235), in ion. Dialekt, 15 Bücher; ‹Parthika› in wenigstens 9 Büchern (→ Arrian, 2). W. Sp.

Frg: FGrHist 97 – *Lit:* G. Barbieri, L'albo senatorio, 1952, 21–22.

Aširtu, westsemit. (Fruchtbarkeits-) Göttin, deren Kult in Palästina-Syrien seit der Mitte des 2. Jt.s nachweisbar ist (→ Ugarit, → Tyros). Ihr Kultbild wird im AT z. B. zur Zeit → Ahabs in Juda erwähnt (1. Kön. 16, 33), dabei hat es sich wohl nur um das Symbol eines Pfahls gehandelt (vgl. Jud. 6, 25. 28, Dtn. 16, 21). → Semiten D. G. Wn.

Lit: RAC I 730f. – WbMythol I 246–249.

Asitawanda, an der Stelle des heutigen Karatepe am Ceyhan (Kilikien), befestigte späthethit. Grenzstadt des Adana-Landes. Zwei Torbauten mit Portallöwen und -sphingen, Orthostatenreliefs, hieroglyphenhethit.-phön. Bilinguen und Königsstatue auf Stiersockel (8./7. Jh.). Ausgrabungen 1947–52 durch H. Th. Bossert. E.-M. B.

Lit: H. Th. Bossert, U. B. Alkim, H. Çambel, Die Ausgrabungen auf dem Karatepe, Ankara 1950.

Askalabos, Sohn der Misme, die → Demeter in Attika auf der Suche nach Kore bewirtete. Wurde in eine Eidechse (*ἀσκάλαβος*) verwandelt, weil er über den Durst der Göttin lachte. K. Schb.

Askalaphos, Sohn des Acheron und der Gorgyra (Apollod. 1, 33). Sagt aus, daß Kore im Hades von einem Granatapfel gegessen hat und wird daher von dieser oder Demeter in ein Käuzchen (*ἀσκάλαφος*) verwandelt. Es heißt auch, daß Demeter A. zuerst mit einem Felsen bedeckte und ihn erst verwandelte, als → Herakles ihn davon befreite. K. Schb.

Askalon (arab. ʿasqalān, Kt. 2196 A 6), ähnlich wie das benachbarte Asdod (esdūd) Handelsstadt an der Südküste Palästinas; mindestens seit der frühen Bronzezeit (3. Jt. vor Chr.) bis in früharab. Zeit (1. Jt. n. Chr.) kontinuierlich besiedelt. Bereits in den ägypt. Ächtungstexten der 11. Dynastie, später in den → Amarna-Briefen bezeugt, erscheint A. im AT als Glied der Pentapolis der → Philister (1. Sam. 6, 17). In pers. Zeit gehörte der Stadtstaat A. zu Tyros; letzte Blütezeit unter hellenist.-röm. Herrschaft. H. Dn.

Askese. [1] Der *Begriff A.* meint zunächst allgemein die ‹Übung› sowohl als physisches Training wie auch als ethische Bewährung im Gegensatz zur Naturbegabung hier, zum theoretischen Lernen dort. Bei den *Griechen* haben die überragende Wichtigkeit der A. bes. → Antisthenes (1), ferner → Xenophon (1) (Mem. 1, 2, 19–23) betont. Als Bezeichnung eines Lebens freiwilliger, auf religiöser und philosophischer Überzeugung beruhender Entbehrung erscheint A. zuerst in den Beschreibungen indischer Weiser der Alexanderzeit (vgl. → Aristobulos, FGrHist 139 F 41). – Doch sind von den auf bes. Voraussetzungen beruhenden orientalischen Erscheinungen grundsätzlich zu unterscheiden die griech. Formen der A.: 1. Vorschriften hinsichtlich bestimmter Nahrung, sexueller Enthaltsamkeit, die religiösen Grund haben und auf verschiedene Weise in vorgeschichtliche Verhältnisse zurückweisen. So kennen einzelne att. → Feste (→ Thesmophoria, → Skirophoria), aber auch die → Mysterien von Eleusis Fastengebote. Eine reiche Fülle verschiedenster, z. T. hochaltertümlicher Gebote und Verbote kennt die → pythagoreische Tradition. – 2. Die vom 5. Jh. v. Chr. an sich entwickelnde Vorstellung von einem Gegensatz zwischen Leib und Seele (→ Dualismus) führt zur prinzipiellen Forderung, sich in Speise, Trank, Schlaf, Sexualleben möglichst einzuschränken, damit die freie Tätigkeit des Geistes nicht gehindert werde. Dergleichen gibt es in der Ethik fast aller Philosophenschulen (etwa → Epikur bei Diog. Laert. 10, 118; Cic. Hortensius Fr. 85 M.), gelegentlich gestützt durch Wundererzählungen von Menschen, die mit einem Minimum von Nahrung ausgekommen seien (Aristot. De philos. Fr. 23 W.; Plut. mor. 421 A ff.; Diog. Laert. 1, 114). – 3. Erst die Spätantike kennt die A. als ein planmäßig angewandtes Mittel, um Kräfte der Erkenntnis und des Wirkens frei zu machen oder zu erwerben, die über das gewöhnliche Menschenmaß hinausgehen. Die geistige Basis wird innerhalb des Griechentums vom → Neuplatonismus geliefert: die Weltflüchtigkeit kann zu systematischer Abtötung der Leiblichkeit werden, und die

Verbindung, in der schon in Platons Phaidon die Überwindung des physischen Begehrens mit der Einsicht in die ewigen Dinge steht, kann in einer philosophisch und religiös unsicher gewordenen Zeit sich vergröbern zu einer A., mit deren Hilfe der Mensch göttergleiche Fähigkeiten erwirbt. Immerhin dürfte der Einfluß solcher A. auch in der Spätantike nicht sehr groß gewesen sein. In anderer Richtung ist zu betonen, daß der griech. Lebensstil überhaupt und zu allen Zeiten schlicht gewesen ist, in charakteristischem Gegensatz zur → kretisch-mykenischen oder orientalischen Lebensform. Auch zum Luxus, von dem aus einzelnen Epochen der röm. Geschichte berichtet wird, gibt es bei den Griechen kein Gegenstück. O. G.

Lit: W. Capelle, Altgriech. A., N. Jahrbb. f. d. kl. Alt. 25, 1910, 681 bis 708 – P. Arbesmann, Das Fasten b. Griechen u. Römern, RGVV 21, 1, 1929 – J. Haussleiter, Der Vegetarismus i. d. Antike, RGVV 24, 1935.

[2] *Im Christentum.* Dem AT und dem Judentum ist A. im ganzen fremd. Jesus hat, anders als Johannes der Täufer, nicht asketisch gelebt (Mt. 11, 18 f.). Auch seine Verkündigung ist nicht von asketischen Tendenzen getragen. Die z. T. sehr scharfen Forderungen (Mt. 5–7; 19, 12; Mk. 10, 17–31) bezwecken keine A., sondern betonen den Vorrang der Gottesherrschaft vor allen weltlichen Bindungen und Pflichten, woraus der Verzicht auf die Welt folgen kann. – Die *Haltung der Kirche* gegenüber der A. hat sich bald geändert. Zwar tritt Paulus noch nicht für eine eigentliche A. ein, aber sein durch die Naherwartung der Parusie begründeter Rat, womöglich auf die Ehe zu verzichten (1. Kor. 7), konnte leicht als Forderung der A. mißverstanden werden. Im ausgehenden 1. Jh. kam in einigen Teilen der Kirche die Sitte auf, eine nur geistliche Ehe zu führen (Syneisaktentum). Nach → Ignatius von Antiochien (ca. 110) dient die Bewahrung der Keuschheit «zur Ehre des Fleisches des Herrn» (Polyk. 5, 2); der Asket folgt damit dem Vorbild des Herrn in besonderer Weise nach. Im 2. Jh. verbreiten sich asketische Bestrebungen in allen Teilen der Kirche, wenn auch nicht überall in gleicher Intensität. Die Jungfrauen wie auch die Witwen, die auf eine zweite Ehe verzichten, bilden in den Gemeinden einen festen Stand. Allerdings hat die Kirche nicht, wie → Markion, viele Gnostiker (→ Gnosis) und → Montanisten (→ Tertullian, castit., De monogomia), die Ehe als solche abgelehnt, auch nicht die Wiederverheiratung nach dem Tode des ersten Ehegatten. Aber die Ehe galt doch nun deutlich als etwas Geringeres gegenüber der Jungfräulichkeit. Stand man anfangs dem weltlichen Besitz freier gegenüber, so mehren sich auch hier im 3. Jh. die asketischen Tendenzen. Die Gedanken des → Origenes, der wegen Entmannung in Alexandria nicht Presbyter werden konnte, enthalten über die A. eigentlich schon alles, was später für das → Mönchtum wesentlich sein sollte. Die äußere Trennung von der Welt wurde bei den → Anachoreten, unter Aufnahme anderer asketischer Motive wie Nahrungs-A., geübt. Im Mönchtum, aber auch im → Manichäismus, erhielt die A. eine feste äußere Form. In geringerem Maße wurde die A. aber auch in den Gemeinden weiterhin gepflegt. B. L.

Lit: H. Strathmann, Geschichte der frühchristl. A. I, 1914 – H. v. Campenhausen, Die A. im Urchristentum (1949), in: Tradition und Leben, 1960, 114–156 – RAC I 758–795 – RGG I 641–644 – Vgl. *Lit.* bei → Mönchtum.

Asklepiadeen, Versmaße der → äolischen Metrik, benannt nach → Asklepiades (1): Asclepiadeus minor ○○–◡◡––◡◡ –◡– = gl^{c}, A. maior ○○–◡◡––◡◡––◡◡–◡– = gl^{2c}. B. Sn.

Asklepiadeische Strophen heißen bei → Horaz fünf aus der → äolischen Metrik stammende Oden-Formen:

(1) Asklepiadeus stichisch verwandt: gl^{c} || gl^{c} || ...
(2) 3 Asklepiadeen, Glykoneus: gl^{c} || gl^{c} || gl^{c} || *gl* |||
(3) 2 Asklepiadeen, Pherekrateus, Glykoneus: gl^{c} || gl^{c} || *pher gl* ||| (oder *pher* || *gl* |||)
(4) 2mal Glykoneus + Asklepiadeus: *gl* || gl^{c} || *gl* || gl^{c} |||
(5) Große Asklepiadeen stichisch verwandt: gl^{2c} || gl^{2c} || ...

Lit: F. Klingner, Horatius (Ed.), (1939), 1959³, 317 f. B. Sn.

Asklepiades, auch Sikelidas genannt (nach dem Vater?), von Samos, Epigrammatiker, um 270 v. Chr. Hauptvertreter der ionischen Schule (→ Hellenistische Dichtung B 6). Neben einer Reihe von Grabepigrammen (darunter offensichtlich fiktiven wie AP 7, 145 auf Aias) und Weihepigrammen (vgl. → Erinna) steht die große Reihe der erotischen Epigramme, durch welche A. zum Ahnherrn einer weit über die Antike hinaus gültigen Bilder- und Vorstellungs-Topik wird. Es gibt Epigramme ohne Anteil des Subjektiven (z. B. AP 5, 169), zahlreich aber sind die Epigramme, in denen A. eigene Empfindungen, Erlebnisse niederlegt (nicht notwendig als echte autobiographische Aussage). Aufbegehren gegen Zeus, dessen Regen dem Liebenden nicht günstig, mit starkem Selbstbekenntnis (AP 5, 64), Klage vor verschlossener Tür (AP 5, 145; → Paraklausithyron), Selbstbesinnung (AP 12, 46), aber auch Frivolität (AP 5, 85). In diese Epigramme zumal sind Elemente der alten Gelagepoesie eingegangen. Meisterhaft in der Knappheit des Ausdrucks, außerordentlich in der Spannweite des Gefühls. Gelegentlich auch ein scharfer Beobachter anderer (AP 12, 135). AP 5, 181 geht A. so weit, in einem Epigramm den Dialog des → Mimos unterzubringen. – A. war Freund des → Poseidippos (2), hochgeschätzt von → Theokrit. Er bewunderte die ‹Lyde› des Antimachos (AP 12, 168) und erscheint in einer Liste der Gegner des → Kallimachos (3). – Neben Epigrammen sind einzelne Hinkiamben erhalten, auf Poesie anderer Form weist der Name des asklepiad. Verses. → Asklepiadeen. P. H.

Ed: AP – *Lit:* O. Knauer, Die Epigr. des A. von Samos, Diss. Tübingen 1935.

2. **A.,** Arzt um 100 n. Chr.; hatte als berühmter Pharmakologe auch den Beinamen ὁ Φαρμακίων, schrieb ein großes Werk über innerliche und äußerliche Mittel (darüber teilt → Galen eine Menge mit). F. K.

3. **A. von Myrleia** (Bithynien), Grammatiker, ca. 100 v. Chr., lebte später in Turdetanien (Spanien). *Werke:* Erklärungsschriften zu Homer, Theokrit und Arat; außerdem eine Monographie über den Nestorbecher, worin er die Interpretationsweise des → Krates (4) v. Mallos anwendete (sein Einfluß auf die Homererklärung war nur gering); 11 Bücher über grammatische Fragen sowie literaturgeschichtlich wichtige Persönlichkeiten (Περὶ γραμματικῶν); zwei lokalhistorische Schriften über Bithynien und Turdetanien (nur aus wenigen Fragmenten bekannt). H. E.

Frg. u. *Lit:* K. Lehrs, Herodiani scripta tria minora, 1848, 428 (Testimonien u. Frg.) – B. A. Müller, De Asclepiade Myrleano, Diss. Leipzig 1903 (Darstellung u. Frg. von Περὶ γραμματικῶν) – FGrHist 697 (Testimonien u. Frg. der Βιθυνιακά und der Perihegesis Turdetaniens).

4. **A. von Phleius,** Freund des → Menedemos (2) v. Eretria, mit dem zusammen er zuerst bei → Stilpon und den Phaidonschülern Anchipylos und Moschos hörte und dann in Eretria eine Philosophenschule gründete. K. v. F.

5. **A. von Prusa,** berühmter Arzt im 1. Jh. v. Chr. A. kam von der Atomistik her, basierte auf der Solidarpathologie und erklärte die Seele als eine pneumatische Einheit ohne festen Sitz im Körper. In seiner Therapie räumte er, wie schon → Kleophantes, Wein und Bädern einen Ehrenplatz ein. Seine Lehren beeinflußten unmittelbar den Themison v. Laodikeia und damit die von diesem gegründete → Methodikerschule. Die böswilligen Anekdoten über A. als Scharlatan, die Plinius (nat. 26, 12 ff.) mitteilt, gehen in Wirklichkeit auf den gleichnamigen Rhetor aus Myrlea. Von seinen Werken ist nichts erhalten. F. K.

Lit: M. Wellmann, A. von einem herrschenden Vorurteil befreit, NJbb 21, 1909, 684–703.

6. **A. von Tragilos,** Schüler des → Isokrates, 4. Jh. v. Chr. Verfaßte ein mythologisches Werk (Τραγῳδούμενα) in 6 Büchern, worin er den Sagenstoff in Anlehnung an die

Tragödie darstellte (vgl. → Mythographie A 2). Jedoch konfrontierte er deren Versionen auch mit den Varianten aus Epos und Lyrik, ging also bereits philologisch vor. Charakteristisch für ihn ist eine rationalistische Tendenz. M. v. d. V.

Frg: FGrHist 12 – *Lit:* G. Wentzel, RE 2 (1896), 1628, Nr. 27.

Asklepiodotos, Schüler des → Poseidonios, ca. 110–40 v. Chr. (Sen. nat. 4, 17, 3), Verfasser von ‹Quaestionum naturalium causae› (also *Αἴτια φυσικά*, vgl. die gleichnamige Schrift Plutarchs), die von Seneca mehrfach benutzt sind; vielleicht auch Verfasser eines erhaltenen knappen militärischen Handbuches ‹Taktika›. In beiden Fällen scheint es sich um Nachschriften bzw. Bearbeitungen von Vorlesungen des Poseidonios zu handeln wie bei Phanias (Diog. Laert. 7, 41) und dem erhaltenen astronomischen Traktat des → Kleomedes. Poseidonios suchte wohl mit Absicht den Unterrichtsstil des Aristoteles zu erneuern. O. G.

Ed: H. Köchly-W. Rüstow, 1855 (Noten) – W. A. Oldfather, LCL 1923 (Lit; Index) – *Lit:* Roos, ed. Arrian II, 1928, p. XXI – A. Dain, Les manuscrits d'Asclépiodote le philosophe, RPh 60, 1934, 341–360; 61, 1935, 5–21 – F. Lammert, Bursian 274, 1941, 37–39.

2. **A. von Alexandria,** Schüler des → Proklos, Arzt, von Damaskios als Gelehrter gepriesen, doch für mangelndes Interesse an orphischer und chaldäischer Weisheit und nüchterne Ethik getadelt, eifriger Heide. Bestritt Unterschied zwischen ‹unbewegter› und ‹bewegter› Zeit. Ph. M.

Lit: Überweg-Praechter, 636. 644f. – J. Geffcken, Ausgang des griech.-röm. Heidentums, 1920 (mit Nachtrag 1929) – Zeller-Martano, 204f.

Asklepios, der griech. Heilgott, erlangt erst seit dem Ende des 5. Jh.s v. Chr. seine große Bedeutung in der ganzen griech. Welt. Fortan gehört er zu den populärsten Göttern überhaupt; sein Kult überdauert den von fast allen übrigen Göttern bis in die Spätantike. (Bereits 293 v. Chr. hat er auch bei den Römern Aufnahme gefunden; → Aesculapius.)

[1] *Ursprünge des A. und Ausbreitung seines Kultes.* Trotz der großen Bedeutung des A. in historischer Zeit fragt es sich, ob er auch ursprünglich ein Gott oder vielmehr nur ein → Heros von lokaler Bedeutung gewesen ist. Auf Grund der ältesten literarischen Zeugnisse entscheiden sich die meisten Forscher für die zweite Alternative. Homer (Il. 4, 193ff.; 11, 598f.; 11, 833ff.) läßt die Söhne des ‹untadeligen Arztes A.›, den ‹Heros› → Machaon und → Podaleirios – beide ebenfalls hervorragende Ärzte – an den Kämpfen um Troja teilnehmen (Il. 2, 731ff. als Führer eines Truppenkontingentes aus Trikka und anderen thessalischen Städten). Mythischer Lehrmeister der Heilkunst ist der → Kentaure → Chiron. Von der Göttlichkeit des A. verlautet bei Homer also nichts, ähnlich wie bei Hesiod (Frg. 122ff.) und Pindar (Pyth. 3), die sogar von seinem Tode durch den Blitzstrahl des Zeus berichten. Aus diesem Befund muß gefolgert werden, daß A. ursprünglich ein thessalischer, in der Hestiaiotis (Trikka) beheimateter Heros gewesen ist. Auch viele andere Heroen treten ja als Krankenheiler auf; denn die Kranken aus dem einfachen Volk suchen Hilfe in erster Linie bei den ihnen vertrauten Lokalgöttern. A. verdrängt nun allenthalben ältere Heilheroen und -götter. Dabei werden die Heroen oft zu Söhnen des Machaon, A. selbst zum Sohne des → Apollon gemacht; denn immer ist Apollon Heilgott der Griechen gewesen. Selbst in Epidauros, dem Zentrum des A.-Kultes in historischer Zeit, war Apollon Maleatas vor A. der Inhaber des Heiligtums (nachdem er wohl selbst Nachfolger eines alten peloponnesischen Heilgottes namens Maleatas geworden war und diesen Beinamen erhalten hatte). – Unter welchen Umständen der A.-Kult sich von Thessalien aus im übrigen Griechenland ausgebreitet hat, wissen wir nicht; vielleicht ist er von einer Einwandererschicht mitgeführt worden. In Mittelgriechenland (Böotien, Phokis) und auf der Peloponnes hat er schon früh Fuß gefaßt; die Erinnerung an seine Herkunft aus Thessalien ist meist erhalten geblieben.

[2] → *Epidauros* in der Argolis ist seit dem 5. Jh. v. Chr. das alle übrigen Kultstätten überragende Zentrum des *A.-Kultes.* Offensichtlich haben erfolgreiche Heilungen den Ruf des Gottes von Epidauros und den Glauben an seine Heilkraft verbreitet. Auch hat vielleicht die Priesterschaft geschickte Propaganda betrieben. Epidauros wird nicht nur selbst ein berühmter Wallfahrtsort, sondern hat auch innerhalb einer verhältnismäßig kurzen Zeitspanne zahlreiche Tochterkulte gegründet; am berühmtesten sind die in → Athen (420 wird A. von → Sophokles in Empfang genommen und erhält ein Heiligtum am Südhang der Burg), in → Kos (vielleicht aber auch direkt von Trikka aus begründet), in → Pergamon und schließlich in → Rom (293). Als → Schlange hält der Gott von Epidauros seinen Einzug in seine neuen Kultstätten (vielleicht ein Überrest von uraltem → Tierkult); Schlangen, aber auch Hunde, gehören stets zu seinen Attributen. – Da in der A.-Religion – ähnlich wie in den → Mysterien – der einzelne zu dem Gott in persönliche Beziehung tritt, unterscheidet sie sich von den meisten übrigen Kulten, und daher nimmt sie gerade in der Zeit des um sich greifenden Individualismus ihren großen Aufschwung. Auch bildet sie – vor allem für die Masse des einfachen Volkes – ein Gegengewicht gegen die seit der Sophistenzeit einsetzende ‹Aufklärung› mit ihrer Kritik am traditionellen Götterglauben (→ Religion I E 5). In A. ‹findet der leidende Mensch einen Gott, der mit ihm fühlt› (Nilsson). Man stellt ihn sich gern umgeben von einem großen, eng geschlossenen Familienkreis vor, in dem besonders *Hygieia* (‹Gesundheit›), seine Tochter (oder auch Gemahlin), hervortritt.

[3] *Die Therapie im A.-Kult* beruht auf der → Inkubation, einem Schlaf des Kranken im Heiligtum des Gottes. In den vom Gott eingegebenen Träumen – die allerdings oft erst von den Priestern gedeutet werden müssen – erhält der Kranke Hinweise auf die richtigen Heilmittel und -methoden (vgl. Aristoph. plut. 653ff.). Die A.-Tempel sind voll von Weihgeschenken aller Art (häufig Bildern der erkrankten Glieder), in denen die Dankbarkeit der Geheilten zum Ausdruck kommt. In diesem Heilverfahren, das so stark vom Psychischen ausgeht, mögen Autosuggestion und Wunderglaube oft eine wichtige Rolle gespielt haben; daneben entwickeln sich aber allmählich therapeutische Methoden (Diät, Sport, Bäder und dgl.), so daß man schließlich manche Heiligtümer in gewissem Sinne mit Sanatorien vergleichen kann. – Auch die Vertreter der wissenschaftlichen → Medizin nennen sich Asklepiaden (vgl. → Hippokrates). Es bleibt allerdings fraglich, ob bzw. wie weit die medizinische Wissenschaft an Erfahrungen der Priesterschaft des A. anknüpfen konnte. K.-H. R.

Lit: U. v. Wilamowitz, Isyllos v. Epidauros, 1886 – Thraemer, RE 2, 2 (1896), 1642–1697 – F. Kutsch, Antike Heilgötter und -heroen, 1913 – E. u. L. Edelstein, A., 1945 – Nilsson I 806ff. – K. Kerényi, Der göttliche Arzt (1948), 1956² – Siehe auch zu → Religion I.

[4] Im *Mythos* ist A. Sohn des Apollon und der → Koronis (s. d. für seine Geburt), von → Chiron erzogen und in der Heilkunst unterwiesen, Gemahl der Epione oder Xanthe, Vater des → Podaleirios und des → Machaon, die am → Trojan. Krieg als berühmte Ärzte teilnehmen. Er wird von Zeus mit dem Donnerkeil getroffen und in die Unterwelt geworfen, als seine Heilkunst mit der Erweckung eines Toten (nach der geläufigsten Version des → Hippolytos auf Bitten der Artemis) ihre Grenzen überschreitet. L. H.

Q: Pind. Pyth. 3.

Darstellungen: Die bildliche Überlieferung reicht für A. bis ins 5. Jh. zurück. Zahlreiche Weihreliefs aus Athen, teilweise mit Heilungsdarstellungen, gehören ins späte 5. und ins 4. Jh. und setzen ein Kultbild in der Art des → Alkamenes voraus. Andere wurden bes. in → Epidaurus und → Kos gefunden. Statuen des Gottes waren im Altertum sehr verbreitet. Ein A. des → Kanachos stand in Sikyon, ein weiterer von → Alkamenes in Mantinea. Auch für → Skopas, → Bryaxis und → Kephisodot wird von Standbildern des A. berichtet. Das Kultbild in Epidauros, das den Gott thronend zeigte, schuf Thrasymedes (um 370). Im Original erhalten der Kopf des A. aus

Melos (Lippold, GrPl 259, Taf. 95,2), dessen zugehöriger statuarischer Typus mit dem sog. A. Munichia-Este eng verwandt ist (Lippold, a. O.). Im allgemeinen wird A. stehend, auf den Stock gelehnt, gebildet. Meist ist er bärtig (bartlos aber schon der A. des Kanachos: vgl. E. Michon, Mon. Piot 3, 1896, 59–70; Chamoux, in: Studies pres. to D. Robinson I, 1951, 700, Anm. 19) und ist mit einem Mantel bekleidet, der die Brust freiläßt. – Sein *Attribut* ist ein von einer Schlange umwundener Stab, mitunter der → Omphalos (H. Herrmann, Omphalos, 1959, 65ff.; Lacroix, RBN 97, 1951, 5f.). Häufig ist A. mit → *Hygieia* vereint; berühmt die Hygieia Hope (Lippold, GrPl 253; Picard, Manuel III 696). Manchmal erscheint neben A. auch der kleine Heilgott Telesphoros (W. Deonna, Coll. Latomus 21, 1955). Das Bild des A. hat weniger Wandlungen erfahren als das der meisten antiken Gottheiten. – *Lit. dazu:* K. Neugebauer, 78. BWPr 1921 – O. Bernhard, Heilgottheiten auf Münzen, SNR 26, 1934, 5ff. – U. Hausmann, Kunst und Heiltum, 1948 – W. Vollgraff, Le sanctuaire d'Apollon pythéen à Argos, 1956, 55ff. – M. Bieber, Proc. of the American Philos. Society 101, 1957, 70ff. – K. Schefold, Agorakritos, in: Festschr. R. Boehringer, 1957, 544 Anm. 4 – Mansuelli, EAA I, 1958, 719–724. K. Schb.

2. **A.** von Trallies, → Neuplatoniker, 6. Jh. n. Chr., kommentierte → Aristoteles' Metaphysik und die Arithmetik des → Nikomachos (2) v. Gerasa (unediert). H. G.

Ed: M. Hayduck, CAG VI 2, 1888 (Aristoteleskomm.) – *Lit:* R. Hoche, Nikomachosausgabe, 1866, praef. IX.

Askos, kleines ‹Schlauch› gefäß, rund, oval, oft auch figürlich gebildet, flach am Boden aufliegend, mit abgeknickter, enger Mündung, an welcher ein Bügelhenkel ansetzt (→ Vasen, → Abb. 248). Wahrscheinlich als Ölfläschchen verwendet. Antike Bezeichnung nicht überliefert. I. Sch.

Lit: J. D. Beazley, An A. by Makron, AJA 25, 1921, 325–336.

Askoliasmos. Hüpfen auf einem Bein (Plat. symp. 190D; Aristoph. plut. 1129; Aristot. inc. anim. 4, 705b33 u. a.). Von Eratosthenes (Fr. 22P.) und Didymos (schol. Aristoph., a. O.) mit dem Tanz auf einem Ziegenlederschlauch (Verg. georg. 2, 384 u. a.) kombiniert, den Eubulos (Fr. 8K.) als att. Volksbelustigung im 4. Jh. bezeugt. → Spiele. H. Bgt.

Lit: K. Latte, Hermes 85, 1957, 385–391.

Aśoka (Aschoka), 3. König der Maurya-Dynastie, folgte etwa 268 v. Chr. seinem Vater Bindusāra, dem Sohn des → Sandrokottos, und vereinigte nach Eroberung des Kalinga-Reichs (östl. Indien) die ganze indische Halbinsel außer der Südspitze unter seiner Herrschaft. Unter dem Eindruck der blutigen Auseinandersetzungen bekehrte er sich zum Buddhismus, den er durch zahlreiche Felsen- und Säuleninschriften (darunter eine in griech. und aramäischer Sprache) propagierte und auch im Ausland zu verbreiten suchte, u. a. durch Missionen nach Westen zu → Antiochos II., → Ptolemaios II., → Magas v. Kyrene, → Antigonos II. Gonatas und → Alexander (8) v. Korinth (oder → Alexander (2) II. v. Epirus?). A. erstrebte einen friedlichen Wohlfahrtsstaat. Nach seinem Tod (etwa 233) zerfiel das Maurya-Reich rasch. Vgl. → Gandhara. H. H. Sch.

Ed: E. Hultzsch, The Inscriptions of A., 1925 – J. Bloch, Les inscriptions d'A., 1950 – D. Schlumberger u. a., Une bilingue gréco-araméenne d'Asoka, JA 246, 1958, 1–48 – *Lit:* F. Kern, A., Kaiser u. Missionar, 1956 – Ph. Eggermont, The Chronology of the Reign of A. Moriya, 1956 (Lit) – R. Thapar, A. and the decline of the Mauryas, 1961 (Lit).

Asopos, Name mehrerer Flüsse, (a) westl. der → Thermopylen, heute Karvunaria, (b) im südl. → Böotien, (c) im Gebiet von Phlius und Sikyon, heute Fluß von Hagios Georgios (Kt. 1152 D 5). Als Flußgott hatte der A. Kulte in Böotien, Phlius und Sikyon; er galt im Mythos als Vater vieler Töchter und damit als Stammvater vieler mythischer Helden (z. B. → Aigina, Mutter des Aiakos, Korkyra, Mutter des → Alkinoos, Ismene, Großmutter der → Io). E. M.

Aspalathos, verschiedene Strauchpflanzen aus der Familie der Schmetterlingsblütler. Eine dornige, wohlriechende Art wurde im östl. Mittelmeer und im Nahen Osten für die Salbenherstellung verwendet. Bei dem geruchlosen, dornigen A., mit dessen Stachelruten die Tyrannen im Hades von den Erinyen gegeißelt werden (Plat. rep. 10, 616A), handelt es sich um Stachelginster. Chthonisch bestimmt ist auch die Überlieferung, daß Alkmene die von → Herakles erwürgten Schlangen im wildwachsenden A.-Gestrüpp verbrannte (Theokr. 24, 86). Vgl. → Flora. J. W.

Lit: Wagler, RE 2,2 (1896), 1710–11 – Murr, Pflanzenwelt, 110.

Aspar, Flavius Ardabur, geb. um 400 n. Chr., Arianer, Sohn einer Gotin und eines Alanen, des magister militum Ardabur; mit ihm war A. 424/425 gegen den Usurpator → Johannes (1) erfolgreich, 431/434 behauptete er sich, von → Theodosius II. gegen die → Vandalen entsandt, in Afrika, weshalb ihn 434 → Valentinian III. zum Konsul ernannte; 441 zog A. gegen die Perser, 447/450 ohne Glück gegen → Attila. Höchsten Einfluß und den Patriciustitel erlangte er unter dem von ihm zur Macht gebrachten → Marcianus (1). Nach dessen Tod verschaffte er die ihm selbst angetragene Kaiserwürde seinem Vertrauten → Leo I., der jedoch durch die Isaurier (→ Zenon, 1) den Einfluß des auf ein eigenes gotisches Heer gestützten A. einzuschränken suchte. 471 wurden A. und sein von Leo zum Caesar erhobener Sohn Patricius auf Geheiß des Kaisers ermordet. K. H. Sch.

Asparagos, allgemein Bezeichnung für spargelartige Sprossen verschiedener Pflanzen, vor allem genießbare Triebe, bes. die im Mittelmeerraum verbreiteten Spargel-Arten, die als Gemüse und Heilmittel verwendet wurden. In Böotien bekränzte man Bräute mit den Zweigen des spitzblätterigen A., dessen Dickicht der von Theseus verfolgten Perigune als Versteck diente. Vgl. → Flora. J. W.

Lit: Wagler, RE 2,2 (1896), 1712–16 – Murr, Pflanzenwelt, 197 – H. Cahn, Vente publique 11, 1953, Nr. 342; vgl. Beazley, ARV² 578,67.

Aspasia aus Milet, wurde in Athen → Perikles' zweite Frau und gebar ihm einen gleichnamigen Sohn. Nach Meinung der Zeitgenossen übte die geistvolle Frau auch Einfluß auf Perikles' Politik aus und war am Samischen Krieg und am Megarischen Psephisma schuldig (Plut. Per. 24f.). Gegner des Perikles klagten sie 433/432 v. Chr. wegen Gottlosigkeit und Kuppelei an; der zweite Vorwurf war wohl aus ihrer freien Stellung in der Gesellschaft herausgesponnen. Mit Mühe erreichte Perikles ihren Freispruch. F. Kch.

Lit: E. Kornemann, Große Frauen, 1952⁴ – *Bildnis* → Anhang I.

Aspasios, → Peripatetiker, 2. Jh. n. Chr. Seine Kommentare zu → Aristoteles (cat., int., phys., cael., metaph.) sind verschollen. → Plotin benutzte seine Schriften (Porph. Plot. 14). Die Fragmente bezeugen philologisches Interesse. Scholien zu Aristoteles' Nikomachischer Ethik (CAG XIX 1) stammen aus seinem Kommentar zu dieser Schrift. P. M.

2. **A.,** → Gemmenschneider der augusteischen Epoche, uns bekannt durch drei signierte Gemmenbilder, die griech. Statuen des 5. Jh.s wiedergeben und alle aus dem gleichen roten, etwas dunklen → Jaspis hergestellt sind: die berühmte A.-Gemme mit dem Kopfe der Athena Parthenos, jetzt im Mus. Naz. Rom.; eine zweite im BM, eine Dionysosherme wiedergebend, und ein Fragment in Florenz, vielleicht Sarapis darstellend. Der gleichnamige Meister eines Karneols in New York ist jünger. P. Z.

Abb: Furtwängler, Gemmen I, Taf. 49, 12. 15 – Ders., JdI. 3, 1888, Taf. 10, 9 – G. M. A. Richter, Catal. of Engraved Gems, MM New York 1956, Taf. 59, 493.

3. **A. von Byblos,** 1. H. 2. Jh. Schrieb über Byblos, Hypomnemata, rhetorische Schriften, Meletai, Laliai, Lobreden (auf Hadrian u. a.); interpretierte auch → Demosthenes. W. Sp.

Lit: Christ-Schmid, II 698. 710 – PIR I 257 – FGrHist 792f.

4. **A. von Ravenna,** → Redner, Sohn des Grammatikers Demetrianos, Schüler des → Pausanias (5) v. Caesarea und → Hippodromos. A. war ‹ab epistulis graecis› des Kaisers und lehrte noch in Rom um 230 (→ Philostratos III). W. Sp.

Lit: W. Schmid, RE 2 (1896), 1723 – PIR I 257.

Aspendos, heute Balkız, Stadt in → Pamphylien am → Eurymedon mit ansehnlichen Ruinen aus röm. Zeit, darunter das besterhaltene Theater des Altertums aus dem 2. Jh. n. Chr. E. M.

Lit: A. di Vita, EAA I, 1958, 727–730.

Asphodelos, ein stattliches Liliengewächs mit gelblich-weißen, violett angehauchten Blütenähren, die ein charakteristischer Schmuck der mittelländ. Frühlingsflora sind. Bereits dem Epos ist die Vorstellung von der A.-Wiese der Unterwelt so vertraut, daß wir mit frühgriech. Erbe rechnen dürfen (vgl. → Jenseitsvorstellungen, 1). Wahrscheinlich wirkte dabei die bleiche Farbe der in Gräberbezirken häufigen Pflanze mit. Zur Unterweltsbeziehung fügt sich die Verwendung von A. in den Kulten der → Persephone, der chthonischen → Artemis-Hekate und des chthonischen → Dionysos, dessen Mutter → Semele ebenfalls mit A. geehrt wurde. Geschätzt wurde A. als Schutzmittel gegen Zauberei und Ungeziefer. Bes. in der armen Bevölkerung wurden die Wurzelknollen zu bescheidener Mahlzeit verwendet (Hes. erg. 41). Vgl. → Flora. J.W.

Lit: Wagler, RE 2,2 (1896), 1730–33 – Murr, Pflanzenwelt, 240 bis 243 – D.B. Thompson, Garden Lore of Ancient Athens, 1963, Abb. 28.

Assarion. Griech. Ausdruck für den röm. → As. *ἀσσάριον* sowie *ἀσσάρια τρία, δύω, ἥμυσυ* und *ἡμιασσάριον* steht vollinschriftlich als Wertbezeichnung auf kaiserzeitlichen Bronzemünzen von Chios, die ca. 250 n. Chr. auf die Hälfte ihres Gewichtes reduziert wurden. Das A. scheint im Werte zwei der in Chios ebenfalls inschriftlich bezeichneten Bronzeoboloi zu entsprechen, wobei ein Obolos wahrscheinlich in vier → Chalkus zerfiel. – Auch auf der Peloponnes erscheint in der Kaiserzeit das A. in Aigion, Argos und Lakedaimon mit abgekürzter Bezeichnung *ἀς*, während Wertzeichen auf moesischen Städtemünzen – Tomis, Anchialos, Bizye, Olbia, Tyra und Chersonesos Taurikos – sich wohl auf das A. beziehen dürften. Ebenso die Zahlzeichen *B* bis *IB* auf solchen aus Pamphylien, Pisidien und Kilikien, teilweise mit der Abkürzung A. – Kappadokische Silbermünzen mit *'Ας 'ιτ κσ'* oder *ιβ'* setzen den Wert der italischen (reichsrömischen) Asse auf 16 Reichsdenare oder 12 Provinzialdrachmen. W. Schw.

Lit: Head, 601. 492, 413, 479 – Babelon, 600–605 – W. Kubitschek, RE 2 (1896), 1742–44 – K. Regling, in: v. Schrötter, 42.

Assiut, Stadt in Mittelägypten (Kt. 29 C 6), auf dem westl. Nilufer, einst Hauptstadt des 13. oberägypt. Gaues, von den Griechen nach dem Hauptgott, dem ‹wegöffnenden› Schakal *(Wp-wꜣw.t)*, Lykonpolis genannt, war Ausgangspunkt des Oasenhandels. In der → Herakleopolitenzeit war es Stützpunkt des Nordreiches gegen die Thebaner. 205 n. Chr. wurde in A. → Plotin geboren. W. Hk.

Assos, kleine Stadt an der S-Küste der Troas im NW Kleinasiens (heute Behramkale), imposante Lage auf steilem Trachytkegel über der Küste. 560–546 unter → lyd. Herrschaft, 546–479 persisch, bis 405 im → Att. Seebund, um 350 unter Verwaltung des → Hermeias (348–345 Aufenthalt des → Aristoteles in A.), 345–334 persisch, dann unter der Herrschaft → Alexanders (5) d. Gr. und seiner Nachfolger, von 241–133 pergamenisch (damals auch Apollonia genannt), seit 133 römisch. Viele Reste, bes. Stadtmauer, Theater, dor. Tempel der Athena aus dem 6. Jh. v. Chr. mit reichem Reliefschmuck in den Metopen und im Fries über dem Architrav. (Kt. 1152 G 3). E.M.

Lit: L. Bürchner, RE 2,2 (1896), 1748 (mit Plan) – J. T. Clarke u. a., Investigations at A. 1902/21 – F. Sartiaux, Les sculptures... du temple d'A., 1915 – P. Romanelli, EAA I 1958, 741–743.

Aššur, Gott der Stadt Assur (s. u.) und assyr. Reichsgott. Von der Ur-III-Zeit bis in die Partherzeit (Hatra) bezeugt. In Eigennamen und den Inschriften der Könige oft genannt, spielte er in der Volksfrömmigkeit wohl keine Rolle. Gebete an A. sind selten. Als Politikum ist die Ersetzung → Marduks, des babylon. Stadtgottes, durch A. in der assyr. Version des → Enūma eliš zu werten. *Symbol:* Geflügelte Sonnenscheibe. W.R.

Lit: K. Tallqvist, Der assyr. Gott, StOr. 4/3, 1932.

Assur (Ruine Qalʿat Šerqāt; Kt. 1925 C 2), zeitweilige Hauptstadt des assyr. Reiches, oberhalb der Mündung des Unteren Zab am rechten Ufer des Tigris gelegen. Deutsche Ausgrabungen unter W. Andrae. Besiedlung von frühdynastischer bis in parthische Zeit nachweisbar. Altstadt und Neustadt nach SW durch Befestigungen geschützt, sonst Schutz durch den Tigris und einen Kanal. Unter den 34 Tempeln sind von Bedeutung: Tempel des Stadtgottes → Aššur, in altassyr. Zeit angelegt, palastartige Anlage → Šamši-Adads I. mit einigen Erweiterungen bis in neuassyr. Zeit beibehalten. Südwestl. davon die → Ziqqurrat, ursprünglich → Enlil geweiht, seit → Tukultī-Ninurta I. dem assyr. Enlil Aššur. – Doppeltempel für → Anu und → Adad; zwei schmale Heiligtümer mit nahezu identischem Grundriß; Vorhof. Zu beiden Seiten je eine Ziqqurrat mit 3 Stockwerken. Bauherren: → Tiglatpileser I. und → Salmanassar III. (Renovierung). – Doppeltempel für → Sîn und → Šamaš, von Aššurnarāri I. erbaut, von → Sanherib völlig umgestaltet. – Ištartempel, archaisches Niveau aus frühdynastischer Zeit (einfacher Bau mit ‹Knickachse›), mehrere Umbauten; zuletzt mit Tempel des Nabû und der Ssarpanītu vereinigt. – Im NW außerhalb der Stadt Festhaus für das Akītu-Fest (im Zusammenhang mit dem → Neujahrsfest). Mehrere Paläste und Grüfte freigelegt. – 614 wurde A. durch die → Meder völlig zerstört. Xenophon (an. 2, 4, 28) erwähnt an der Stelle A.s eine wohlhabende Siedlung *Καιναί*. In → parthischer Zeit neue Blüte als Sitz eines Satrapen (ausgedehnter Palast), Name wahrscheinlich *Λιβαναί* (Steph. Byz. s. v.). – Zur Geschichte vgl. → Mesopot. Reiche B [3]. W.R.

Lit: W. Andrae, Das wiedererstandene A., 1938 – E. Unger, RLAss I 170–195.

Assurbanipal, assyr. König, 668–ca. 631, jüngerer Sohn → Asarhaddons. A.s älterer Bruder Šamaššumukīn, Vizekönig von Babylon, entfesselt 652 einen Aufstand, den A. nach vierjährigem Bürgerkrieg mit der Einnahme der Stadt beendet. Ägypten geht 655 verloren, doch kann A. das sonstige Reichsgebiet halten und im Iran und in → Elam entscheidende Siege erringen; dadurch wird → Medern und → Persern der Zugang erleichtert. A., zum Gelehrten ausgebildet, rühmt sich oft seiner Kenntnisse. Legte die umfangreichste babylon. Bibliothek in seinem mit künstlerisch bedeutsamen Reliefs geschmückten Palast in → Ninive an. Über sein Ende (von den Söhnen nach Harrān verbannt?) wissen wir nichts. Die verschiedenen antiken Traditionen über A. = ‹Sardanapal› haben sich zwar mit seinem Namen verbunden, gehen aber – soweit nicht vollkommen legendär – auf verschiedene Könige (→ Sargon II., → Sanherib; Šamaššumukīn) zurück. Vgl. → Mesopot. Reiche B [3]. W.R.

Ed: M. Streck, Assurbanipal, 1916 – *Lit:* F. Weißbach, RE 1A 2 (1920), 2436–75, s. v. Sardanapal.

[2] Die ‹*Löwenjagd des A.*› heißen die in Flachrelief auf Orthostaten im Palast zu → Ninive gegebenen Darstellungen von Löwenjagden des Königs, die durch die meisterhafte Wiedergabe vor allem von sterbenden Tieren bekannt sind. Ähnliche Motive finden sich schon auf der Löwenjagdstele aus Uruk (um 2800), auf Rollsiegeln sowie im Palast Assurnasirpals II. (884–859) in Kalchu. Vgl. → Mesopot. Reiche H [2]. H.J.N.

Aššurnaṣirpal II., assyr. König, 883–859, festigt das durch Aššurdān begründete neuassyr. Reich durch bes. grausame Feldzüge und Massendeportationen; auch organisatorische Neugestaltung. Er residiert im prächtig neu aufgebauten → Kalchu. W.R.

Aššuruballit I., assyr. König, ca. 1356–1320. Nimmt nach einem Sieg über das durch die → Hethiter geschwächte → Mitanni Beziehungen zu Ägypten auf. Macht seinen Einfluß in Babylonien geltend. W.R.

Assyrien. [1] Nach → Aššur, dem Gott der Hauptstadt des nordmesopotamischen Landes, nannten sich zunächst die Bewohner dieser Stadt Assyrer. Von → Aššuruballit I. wurde ‹Aššurland› als Bezeichnung des ganzen Reiches (vorher Subartu) eingeführt (→ Mesopot. Reiche B 3).

Die Assyrer gehören ebenso wie die Babylonier zu den semit. Akkadern, ihre Sprache ist vom Babylonischen nur dialektisch verschieden. W.R.

[2] Die *röm. Provinz Assyria* (zur Geschichte Assyriens und der Assyrer → Mesopotamische Reiche). von der von Pompeius und Augustus eingehaltenen Richtlinie, daß der Euphrat die Ostgrenze des Reiches bilden sollte, abweichend, drang Trajan nach der Annexion → Armeniens als Provinz 114 n. Chr. auch in Mesopotamien ein, das er nach dem Fall von Nisibis ohne große Schwierigkeiten eroberte. In den beiden folgenden Jahren eroberte er den Nachbardistrikt, die Adiabene, und erreichte die Hauptstadt Ktesiphon. Die Adiabene wurde zur Provinz A. erklärt. Bereits 116 brach ein Aufstand gegen die röm. Herrschaft aus, der nur mit Mühe niedergeschlagen werden konnte. Trajan sah sich genötigt, einen parth. Klientelkönig einzusetzen; Hadrian mußte die kurzlebigen Gebilde der Provinzen Assyria und → Mesopotamia wieder aufgeben und auch Armenia wieder zum Klientelstaat machen. R.F.

Lit: D. Magie, Roman rule in Asia minor, 1950, 608–610.

Astarte → Ištar.

Asteria, Tochter des Titanen Koios und der Phoibe. Von Perses Mutter der → Hekate (Hes. theog. 404ff.). Von Zeus (oder, nach Nonn. Dion. 2,125; 33, 337; 42,410, von Poseidon), weil sie seine Liebe zurückwies, in eine Wachtel verwandelt und ins Meer gestürzt. Aus ihr entstand Ortygia, später Delos genannt. K.Schb.

Asterion. Am Ufer des Baches A. beim Heraion von → Argos wuchs eine gleichnamige Pflanze, aus deren Blättern man der → Hera Kränze flocht. Der Name weist auf ein Kraut mit quirl- oder sternförmig angeordneten Blättern oder Strahlblüten, wahrscheinlich eine Asternart. Namensverwandt ist ἀστὴρ Ἀττικός, die Bezeichnung für Aster Amellus L. Auch das → Helenion der Gattung Inula wurde als ἀστήρ bezeichnet. Vgl. → Flora. J.W.

Lit: Oberhummer, RE 2,2 (1896), 1784 – Murr, Pflanzenwelt, 270.

Asteriskos (⁜), textkritisches Zeichen der alexandrinischen Grammatiker. → Aristophanes (2) v. Byzanz setzte es an den Rand sinnloser Verse, → Aristarch (2) machte mit seiner Hilfe darauf aufmerksam, daß derselbe Vers noch einmal überliefert ist, allerdings an unpassender Stelle. Dort notierte er die Zeichen A. und → Obelos. H.E.

Astragal (‹Sprungbein›), Knöchel, der als vierseitiger Würfel benutzt wurde (Knöchelspiel). Neben den natürlichen, meist in Gräbern gefundenen A.en sind größere Nachbildungen in Ton (→ Figürliche Gefäße, → Sotades, 1), Bronze und Marmor (Weihgeschenke) erhalten. I.Sch.

2. **A.,** *Perlstab*, halbkreisförmiges Profil mit plastischen oder gemalten alternierenden Halbkugeln und Scheibchen. Vgl. → Ornament A 3. G.Gb.

Astrolab, ‹Sternnehmer›. Der im Almagest (5) beschriebene A. ist eine komplizierte → Armillarsphäre zur Bestimmung der Länge und Breite von Sternen. Im allgemeinen ist aber mit A. das ebenfalls schon den alexandrinischen Astronomen bekannte und späterhin bis zum 17. Jh. benutzte ebene Instrument gemeint: eine kreisrunde Scheibe, die auf der einen Seite ein bewegliches Lineal mit Visiervorrichtung trug. An einem Ring gehalten, diente das A. zur Messung der Höhe eines Sternes. Die andere Seite der Scheibe enthielt die Darstellung der Himmelskugel in stereographischer Projektion; über ihr war eine zweite, ausgeschnittene Scheibe, die → Arachne, mit Angabe des Horizonts, Zeniths usw. für eine gegebene Breite beweglich angebracht, deren Drehung die tägliche Rotation der Himmelskugel imitierte. Mit dieser Scheibe konnten die Auf- und Untergänge der Planeten und Fixsterne bestimmt werden. S.S.

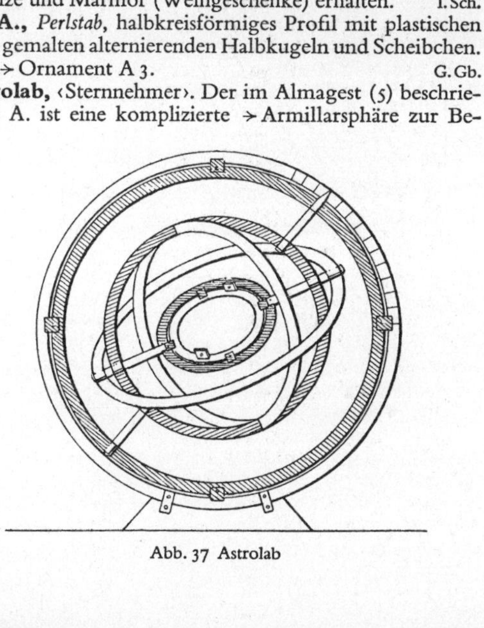

Abb. 37 Astrolab

Lit: W. Kauffmann, RE 2,2 (1896), 1798–1802 – D. Price, in: C. Singer, A History of Technology, 1957.

Astrologie

A. Geschichte der Astrologie: [1] Orient – [2] Griechenland – [3] Rom – [4] Spätantike – [5] Überblick – B. Überlieferung und Fortwirkung – Vgl. → Astronomie.

Vorbemerkung: A. (griech. ἀστρολογία; daneben bis in die Spätantike ἀστρονομία; ἀποτελεσματικά; μαθηματικά; γενεθλιαλογία; lat. astrologia, mathesis, ars Chaldaeorum) ist die Lehre von der Wirkung der Sterne auf das irdische Geschehen.

A. Geschichte der A. [1] *Im Orient.* Das Ursprungsland der A. ist nach neusten Forschungen *Mesopotamien.* Dafür sprechen die Keilschrifttafeltexte aus der Bibliothek → Assurbanipals (688/626 v. Chr.) in Ninive mit Voraussagen aus lange beobachteten Himmelserscheinungen, die auf ein älteres, vielleicht schon um 1000 v. Chr. aus noch älteren Quellen zusammengestelltes Werk, ‹Enūma Anu Enlil›, zurückgehen, das auf etwa 70 Tafeln fast 1000 Omina enthielt. Beobachtet wurden bes. der Mond, dann die Sonne und die Mond- und Sonnenfinsternisse, die von 747 v. Chr. an überliefert sind (Ptol. alm. 1,326,9 u. ö.), dazu die 5 Planeten mit ihren Farben, auch Wolken, Wind und Wetter. Daraus wurden Voraussagen für das ganze Land oder seinen Herrscher gegeben, über Krieg und Frieden, Aufstände und Thronwechsel, Dürre, Überschwemmung, Hungersnot, Seuchen, Gedeihen von Frucht und Vieh, auch Gnade und Ungnade der Götter. Erst 409 v. Chr. findet sich das erste persönliche Horoskop. Auch die Himmelsrichtungen für die Geltung der Omina, Vorstufe der später ausgebildeten astrolog. Geographie, werden bestimmt. Die Verbindung der → Planeten mit Göttern des Landes, mit → Ischtar, der Liebes- und Muttergöttin, → Marduk, dem Heilgott, → Ninurtu, dem Kriegs- und Jagdgott, Nebo, dem Schreib- und Weisheitsgott, Nergal, dem Pest- und Todesgott, die die Griechen als Aphrodite, Zeus, Kronos, Hermes, Ares, die Römer als Venus, Jupiter, Saturn, Merkur, Mars übernahmen, wirkt bis heute in den Namen der Wochentage nach. Bei den Prognosen können Fixsterne die Planeten gleicher Farbe vertreten. Die meisten Sternbilder der Sonnenbahn, die → Tierkreiszeichen, haben damals ihre heute noch gebräuchlichen Namen erhalten, wenn auch die Einteilung in 12 je 30 Grad umfassende Abschnitte 419 v. Chr. noch nicht durchgeführt war. – Im alten *Ägypten* finden sich kaum Spuren der A. Die Sonne ist früh verehrt worden; vielleicht trug das bei zur Einführung des Sonnenkalenders, der mit 12 Monaten von je 30 Tagen und den angefügten 5 Schalttagen den wechselnd langen Mondmonaten mit an Zahl ungleichen Schalttagen weit überlegen ist (→ Kalender). Früh beobachtet wurde auch der → Sirius, der Sothisstern, dessen Frühaufgang mit dem Schwellen des Nils zusammenfiel. Mit A. verbunden scheint die in Ägypten ausgebildete Lehre von den ‹Dekanen› zu sein, Konstellationen, die im Abstand von 10 Tagen aufgehen und sie beherrschen. Dagegen werden die ‹ägypt. Tage›, die Unglückstage des Jahres, mythologisch, nicht astrologisch begründet. Ob babylon. A. schon durch die Perser nach der Eroberung i. J. 525 vor Chr. nach Ägypten hereingetragen wurde, ist nicht sicher. Zur Blüte kam die A. in Ägypten erst in hellenist. Zeit.

[2] *Griechenland.* Den Griechen der Frühzeit ist die A. fremd. Die in der Ilias genannten → Sternbilder, Plejaden, Hyaden, Orion, Bär (18,486f.), dienen wie in der Odyssee (5,272) nicht astrolog. Voraussagen. Nur alter Volksglaube vom fiebererregenden → Sirius kommt vor (Il. 22, 29) und von Unglück bringenden Meteoren (Il. 4,75ff.). → Hesiod begründet seine Tagewahl aus den Sagen, nicht aus der A. Auch bei den Lyrikern und in der Tragödie ist die A. nicht als ein Motiv verwendet. So sieht der Wächter des Atridenhauses (→ Aischyl. Ag. 4f.) die Sternenschar, ohne sie nach der Heimkehr seines Herrn zu befragen. Doch sind schon im 5. Jh. Spuren der A. bes. bei einigen Ärzten zu finden. Auch die Verse aus → Euripides' Melanippe (TGF 482ff.) deuten auf Kenntnis der A. Sie kann aber erst wenig verbreitet gewesen sein, da sie sonst kaum dem Spott des → Aristophanes entgangen wäre, der (Pax 406ff.) die Barbaren im Gegensatz zu den Griechen Sonne und Mond als Götter verehren läßt. Die Philosophie, vor allem die Lehre der → Pythagoreer, die die Ordnung und Regelmäßigkeit der Sternbewegung bewunderten, führte zur Vorstellung von der Göttlichkeit der Gestirne. Die → Orphik fügt einen neuen Zug hinzu: sie sieht in den Sternen die wahre Heimat der Seelen, in die sie nach Erlösung aus dem Kreislauf der Dinge zurückkehren. → Platon gibt im Timaios (41 D/E) einen Bericht des Pythagoreers Timaios aus Lokri wieder, nach dem die Seelen in gleicher Zahl wie die Sterne entstehen, die ihnen als Wagen zugeteilt werden; die Sterne werden dort auch Götter genannt (Tim. 34 A/B). → Eudoxos (1) v. Knidos kennt die A. der Babylonier und billigt die meteorologischen Prognosen, verwirft aber ihre Nativitätsberechnungen. → Aristoteles steht der A. fern, gibt ihr aber durch seine Annahme der von der Fixsternsphäre ausgehenden Bewegung der anderen Sphären eine Art Grundlage (cael. 2, 8), ebenso mit der Betonung ihrer unwandelbaren Ordnung, die eine höhere Macht ihnen verleihe. → Theophrast nennt die Gestirne sichtbare Götter (Cic. nat. 1, 12, 35). Die → Stoa hat eine ähnliche Auffassung. Ihr Gründer → Zenon (3) v. Kition ehrt die in den Sternen wirkende göttliche Kraft der Natur und bewahrt und lehrt den Gedanken an die ‹Sympathie› des Alls. So erkennt er die → Mantik an, wie fast alle seine Nachfolger. So fand → Berossos, der Bel-Priester aus Babylon, geeigneten Boden, als er um 270 v. Chr. auf Kos eine Astrologenschule gründete (Vitr. 9, 6, 2). Stärker als in Griechenland entfaltete sich die A. unter den Ptolemäern in Ägypten, wo die babylon.-griech. A. und Astronomie sich mit einheimischen Lehren verbanden und eine reiche Literatur hervorbrachten. Aus dem 2. Jh. v. Chr. stammt das Werk von → Nechepso-Petosiris und ein Teil der dem → Hermes Trismegistos zugeschriebenen Werke, die der A. weiten Einfluß, auch im Westen, verschafften.

[3] *Rom.* In Rom hat die A. wohl durch Sklaven aus dem Osten bes. beim niederen Volk bald so viel Unruhe hervorgerufen, daß die Astrologen 139 v. Chr. durch ein Edikt aus Rom und Italien ausgewiesen wurden. Auch die Philosophenschulen, → Akademiker, → Peripatetiker, → Epikureer und sogar der Stoiker → Panaitios traten der A. entgegen. Doch setzte sich schließlich → Poseidonios durch, der die Wirkung der Gestirne auf die Klimata und ihre Bewohner, auch auf die Gezeiten untersuchte und so der A. Geltung verschaffte. Auf seinen Reisen in den Westen gewann er bes. in Rom Anhänger. → Pompeius (2) und → Cicero besuchten ihn auf Rhodos. Die röm. Gelehrten → Nigidius Figulus und z. T. auch → Varro (1) nahmen in ihre Werke astrolog. Gut auf. Varro veranlaßte den L. Tarutius Firmanus, der Stadt Rom das Horoskop zu stellen. → Caesar wählte den Stier, das ‹Haus› der Venus, der Stammutter seines Geschlechtes, zum Legionszeichen; → Augustus ließ den Steinbock, sein Nativitätsgestirn, auf Münzen prägen (Suet. Aug. 94, 12). → Horaz spielt → Maecenas gegenüber skeptisch überlegen auf A. an (carm. 2, 17). → Tiberius betrieb auf Rhodos selbst astrolog. Studien und behielt → Thrasyllos, der ihn in die A. eingeführt hatte, bis zu seinem Tode bei sich. In dieser Zeit entstand das astrolog. Lehrgedicht ‹Astronomica›, das → Manilius zugeschrieben wird. Die Kaiser waren mit Ausnahme Trajans alle der A. ergeben, wie dem stoischen Glauben an die → Heimarmene. Eine ausgebreitete astrolog. Literatur entstand. Noch dem 1. Jh. n. Chr. gehören vermutlich an: → Balbillus, der Sohn des Thrasyllos, → Teukros (3) v. Babylon, → Antiochos (10) v. Athen, → Dorotheos (2) v. Sidon. Das Lehrgedicht des Dorotheos drang bis nach Indien; von dort kam es über Persien zu den Arabern; auf Arabisch ist es in erweiterter Form erhalten, von der griech. Fassung sind nur noch Fragmente vorhanden. Fast vollständig liegen aus dem 2. Jh. n. Chr. die ‹Anthologiae› des → Vettius (6) Valens vor, der viel älteres Gut und eine Fülle von Horoskopen bewahrt, und die ‹Apotelesmatica› (Tetrabiblos) des → Ptolemaios (17), der die philosophische und astronomische Grundlage der A. hervorhebt und daher einige ihrer gern geübten prognostischen Methoden als unwissenschaftlich nicht aufnimmt. Auch Gegner der A. treten erneut auf: Favorinus (1) v. Arles (z. T. bei → Gellius erhalten) und → Sextus (2) Empiricus mit seinem ‹Adversus astrologos› (adv. math. 5), der in seiner Polemik einige Züge des astrolog. Systems allein erhalten hat. Doch alle Widerlegungen führten nicht zum Untergang der A. Die Kaiser, bes. die Severer, und ein großer Teil ber Bevölkerung blieben ihre Anhänger.

[4] *Spätantike.* Das sich ausbreitende Christentum bekämpft die A., deren Fatalismus der von Gott gegebenen Willensfreiheit widerspreche. Doch fand die A. Unterstützung in der Philosophie des Neuplatonismus, deren Gründer → Plotin die A. zwar nicht bes. betont, aber doch den Sternen die Fähigkeit anzudeuten zubilligt. So tragen die astrolog. Schriften der folgenden Zeit oft neuplatonische Züge: Porphyrios in der Isagoge (in Ptol.), → Firmicus Maternus in den 8 Büchern Mathesis, → Paulus (5) Alexandrinus in der Einführung in die A. (um 378), mit dem Kommentar des Heliodoros, eines Astronomen Ende 5. Jh. Neben dieser A. der Astronomen fehlte es nicht an Aber- und Zauberglauben, an Gebeten, Beschwörungen, Opfern, die dem Menschen Sternkräfte dienstbar machen sollten, wie es die Einflüsse der orientalischen Religionen mit sich brachten. Auch das zur Staatsreligion erhobene Christentum konnte die A. nicht völlig ausrotten. Die Kirchenväter bekämpften die A. Die Astronomie, die zu den Sieben Freien Künsten gehörte, fand Pflege in den → Klosterschulen, da sie zur Berechnung der beweglichen Feste des Kirchenjahres, bes. des Osterdatums, notwendig war; ein Fehler hierin galt als Häresie. Zur Einführung in die Sternkunde dienten Werke des → Hyginus (1), des → Plinius (1) und die lat. → Arat (2)-Übersetzung. Mit den alten Sternnamen blieben so auch viele Mythen lebendig.

[5] *Überblick.* Es gibt kein einheitliches System der A. Wenn auch die Unterschiede zwischen chaldäischer und ägypt. A. nicht mehr zu fassen sind, da sie im Hellenismus mit anderen Einflüssen fest verschmolzen sind, so laufen doch verschiedene Methoden nebeneinander her. Gemeinsam ist allen das Bemühen, Planeten und Tierkreisbilder, neben denen die übrigen Sterne zurücktreten, in Verbindung zu bringen. So sind den 5 Planeten mit der Sonne je ein Tierkreiszeichen als Tag- und mit dem Mond eines als Nachthaus zugeteilt, eines als ‹Erhöhung›, das gegenüberliegende als ‹Erniedrigung› seiner Macht. Je nach der Entfernung von den Zeichen stehen sie im Diametral- (180°), Trigonal- (120°), Tetragonal- (90°), Hexagonal- (60°) schein zueinander. Prognosen für ganze Zonen und Völker

treten in hellenist. Zeit zurück gegen solche für Einzelne. Der im Augenblick der Geburt im Osten aufsteigende Stern ist der → Horoskopos, der die Zukunft des Neugeborenen gemeinsam mit den Planeten und Tierkreiszeichen bestimmt: Lebensdauer, Verwandtschaft, Eigenart an Leib und Seele, Beruf, Ehe, Kinder, Freunde, Reisen und Tod. Ptolemaios fügt eine Charakteristik der 7 Altersstufen nach ihren Planetenherren bei. Er übergeht die Lehre von den 12 Orten, die die Ekliptik in 12 Orte oder Häuser teilt, die jedes über ein Gebiet des Lebens Auskunft geben, ebenso die von den Katarchen, die aus der Gestirnstellung beim Beginn jedes Tuns den Ausgang voraussagt, und die von den Losen, die durch Würfeln auf einer Sternbildtafel aus dem Wurf über verschiedene Fragen Auskunft gibt.

B. Überlieferung und Fortwirkung. Im Osten war die hellenist. A. schon früh nach Indien gelangt. Von dort kam sie, durch einheimische Züge bereichert, über Persien zu den Syrern und Arabern, die schon im 9./10. Jh. in Byzanz eine Wiederaufnahme der A. veranlaßten und sie auf ihren Eroberungszügen bis nach Spanien brachten. Ihre Werke in lat. Fassung wirkten auf die Länder des Westens vom 11. Jh. an ein und beeinflußten das astrolog. System und die bildliche Darstellung stark. In Byzanz wurden im 13./14. Jh. die astronomischen und astrolog. Studien wiederaufgenommen und die Werke der griech. Autoren dieses Gebietes neu bearbeitet und abgeschrieben. So kamen diese Werke in der Originalsprache in den Westen, der, von Ausnahmen abgesehen, nur die oft schwer verständliche arabisch-lat. Fassung gekannt hatte. Die Gelehrten der Renaissance, darunter auch die Platoniker, ließen auch die A. neu aufleben. Selbst die Kirche gab gelegentlich ihre Gegnerschaft auf. Unter den Horoskopen, die nun viel gestellt und gesammelt wurden, finden sich die hoher Kirchenfürsten neben denen großer Herren und Gelehrter. Man korrigierte sogar manchmal die Geburtsdaten, um schon im Horoskop die spätere Entwicklung vorausbestimmt zu sehen. – R. D. Kavakes hatte schon den Gedanken von der Sonne als Mittelpunkt aus Plinius' und → Julians (2) Schriften geschöpft. Beweise hat erst Kopernikus gegeben, der die Hypothesen des → Aristarch v. Samos und der Pythagoreer kannte. Damit wurde der A. die Grundlage, die Bezogenheit aller Gestirnbewegungen auf die Erde, entzogen. Sie fiel langsam der Vergessenheit und mit der Aufklärung der Verachtung anheim. E. B.

Q: Catalogus Codicum Astrologorum Graecorum (CCAG) I–XII, 1898–1953 – *Lit:* A. Bouché-Leclerq, L'a. grecque, 1899 – F. Boll-C. Bezold-W. Gundel, Sternglaube u. Sterndeutung (1917), 1931[4] – W. Gundel, Astrol. Literaturbericht, Bursian 243, 1934, 35–77 – F. H. Cramer, A. in Roman Law and Politics, 1954 – O. Neugebauer, The Exact Sciences in Antiquity (1951), 1957[2].

Astronomie

Vgl. → Naturwissenschaften, → Philosophie, → Mathematik, → Astrologie.

A. Orientalische Astronomie. [1] In *Ägypten* blieb die A. bis zur Spätzeit, als babylon. und griech. Einflüsse sich bemerkbar machten, auf einem vorwissenschaftlichen Niveau, vor allem wegen der Primitivität der ägypt. → Mathematik (A 1). Der wichtige Zusammenhang von A. und → Kalenderwesen war in Ägypten durch die jährliche Nilüberschwemmung gegeben, die um 2800 v. Chr. mit dem heliakischen Aufgang des Sirius (d. h. seinem Erscheinen kurz vor Sonnenaufgang) zusammenfiel. Das ägypt. Jahr war in 12 Monate von je 30 Tagen und 5 zusätzlichen Tagen eingeteilt, doch bestand daneben eine andere Einteilung, die auf der im Laufe des Jahres sich ändernden Lage von Sterngruppen am Himmel beruhte. Ein parallel der → Ekliptik im wesentlichen südlich zu ihr verlaufender Himmelsstreifen war in 36 Dekane eingeteilt, deren jeder durch eine besondere Konstellation charakterisiert war, und der heliakische Aufgang eines Dekans markierte den Beginn eines 10-Tage-Abschnitts. Da während der kurzen Neujahrsnacht im Sommer nur 12 Dekane am Himmel sichtbar waren, entstand so die Einteilung eines Tages in zweimal 12 Teile, womit das Zeitmaß unserer Stunde festgelegt war. Für Sternbeobachtungen wurde ein primitives Visierinstrument benutzt, zur Stundenmessung dienten Wasseruhren (→ Uhren) oder bei Tag einfache Schattenuhren.

[2] In *Babylon* war seit der sumerischen Epoche der religiöse Kult auf dem Mondkalender (Vollmond, Neumond) basiert, während die Landwirtschaft naturgemäß von dem durch die Sonne bestimmten Zyklus der Jahreszeiten abhing. Das Bestreben, einen Ausgleich zwischen Mond- und Sonnenkalender herzustellen, bestimmte weitgehend die Entwicklung der babylon. A. Anfangs begnügte man sich damit, gelegentlich – im Abstand von etwa drei Jahren – einen dreizehnten Schaltmonat einzuschieben. Um 400 v. Chr. wurde der 19-Jahre-Zyklus eingeführt, der ziemlich genau 235 Monaten (oder 6939,6 Tagen) entspricht. Die 19 Jahre wurden in 12 reguläre und 7 Schaltjahre aufgeteilt. Ein wesentlicher Beitrag der Babylonier zur wissenschaftlichen A. war die Einführung der → Ekliptik, der scheinbaren Sonnenbahn am Himmel, als Bezugssystem für die Festlegung von Mond- und Planetenbewegung. Dies ermöglichte eine Quantifikation astronomischer Daten, statt der qualitativen Beschreibung, die auf den drei Zonen des → Ea, des → Anu und → Enlil beruht und mindestens auf die Zeit um 1100 v. Chr. zurückgeht. Die → Astrologie spielte eine entscheidende Rolle für die Quantifikation der A., die etwa um 800 v. Chr. begann und in der mathematisch hochentwickelten chaldäischen A. der letzten drei Jahrhunderte v. Chr. gipfelte. Die erhaltenen astronom. Tabellen geben ein klares Bild der babylonischen Methoden, mittels deren die Positionen von Sonne, Mond und Planeten errechnet wurden. Die Zahlenangaben sind im Sexagesimalsystem gemacht, Zwischenwerte werden linear interpoliert. Die Zahlenfolgen für den Mond geben auch seine Abweichung von der Ekliptik, woraus sich die Möglichkeit der Voraussage von Mond- und Sonnen → Finsternissen ergab. Im allgemeinen spielte in der babylon. A. der Moment des ersten Sichtbarwerdens von Mond und Planeten nach Sonnenuntergang oder vor Sonnenaufgang eine wesentliche Rolle.

B. Griechische Astronomie. [1] *Pythagoreer, Platon.* Im Gegensatz zur babylon. A. zeichnet sich die griechische durch ihre geometrische Auffassung der Himmelsbewegungen aus. Für die vorsokratische Periode ist vor allem das Aufkommen der Idee eines Modells für Sternbewegungen zu nennen, so die Vorstellung → Anaximanders von den Gestirnen als Öffnungen in feuergefüllten Rädern, die in verschiedenen Entfernungen um die im Zentrum der Welt schwebende Erde rotieren. Die Kugelgestalt der Erde und des Kosmos wurde von den → Pythagoreern angenommen, nach denen ferner Sonne, Mond und die fünf Planeten gleichförmige Kreisbewegungen um die Erde ausführten; aus dem Verhältnis der Geschwindigkeiten der sieben entstehe die → Sphärenharmonie. Die pythagoreische Idee von der Vollkommenheit der Kugel- und Kreisgestalt, die allein den Himmelskörpern und ihren ewigen Bewegungen zukommt, wurde von → Platon (bes. im Timaios; → Kosmologie) übernommen. Reihenfolge und Abstände der Planeten von der Erde sind nach ihm durch die Proportion Mond : Sonne : Venus : Merkur : Mars : Jupiter : Saturn wie 1 : 2 : 3 : 4 : 8 : 9 : 27 gegeben. In der hellenist. A. setzte sich jedoch bald die Reihenfolge Mond, innere Planeten

(Merkur, Venus), Sonne, äußere Planeten (Mars, Jupiter, Saturn), Fixsternsphäre durch, die bis zu Kopernikus in Geltung blieb. Schon zu Platons Zeit erkannte man, daß nur die tägliche Umdrehung des Fixsternhimmels eine

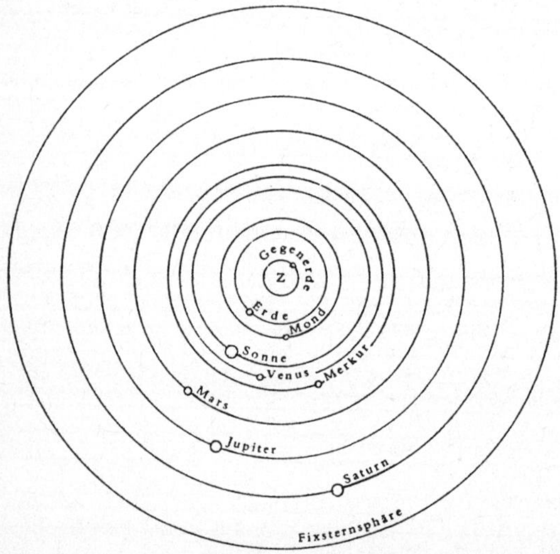

Abb. 38 Weltsystem des Philolaos (Z = Zentralfeuer)

gleichförmige Kreisbewegung ist, während die entgegengesetzt gerichteten Eigenbewegungen der Planeten nicht kreisförmig sind. Platons Verdienst um die A. war es, an Astronomen und Mathematiker die Forderung gestellt zu haben, diese ‹scheinbaren› nicht kreisförmigen Bewegungen auf ‹wahre› kreisförmige zurückzuführen, um «die Phänomene zu bewahren» (*σῴζειν τὰ φαινόμενα;* Simpl. in cael. 488, 18; 493, 3). Diese Forderung führte zu der großartigen Leistung der mathematischen A. der Griechen, ohne die die gesamte spätere Geschichte der A. undenkbar ist.

[2] *Eudoxos. Homozentrische Sphären.* Zunächst ist die von → Eudoxos (1) v. Knidos begründete Hypothese der → homozentrischen Sphären zu nennen (1. H. 4. Jh.; erweitert von Kallippos (2), 2. H. 4. Jh.). Diese bestand im Prinzip darin, daß der Planet auf dem Äquator einer gleichförmig rotierenden Kugel angenommen wurde, deren Achse auf der Oberfläche einer sie einschließenden Kugel befestigt war, die ihrerseits um eine anders orientierte Achse gleichförmig rotierte. Daran schloß sich eine dritte mit der zweiten in ähnlicher Weise gekoppelte Kugel an; nach Bedarf folgten weitere Kugeln mit entsprechend angenommenen Rotationsachsen und Geschwindigkeiten. Die äußerste Kugel war jeweils die Fixsternsphäre. Dieses rein geometrische Modell stellte vor allem die periodischen Schleifenbewegungen der Planeten als Kombinationen gleichförmiger Kreisbewegungen dar. Eudoxos benötigte 26 Sphären, Kallippos fügte 7 weitere hinzu. Aristoteles erhob die

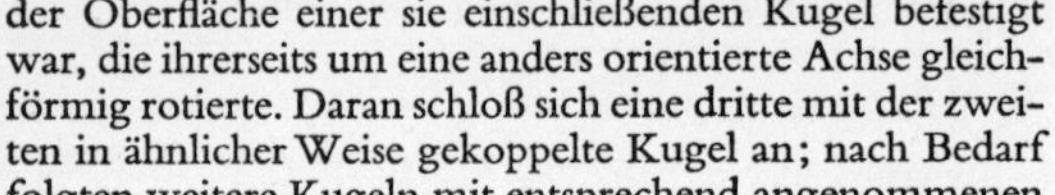

Abb. 40 Scheinbare Bahnschleife eines Planeten

Sphärentheorie zur physikalischen Realität, indem er die Sphären als aus Äther bestehend annahm, und vereinigte die Sphärensysteme der einzelnen sieben Planeten zu einem einheitlichen geozentrischen System. Dazu mußte er weitere 22 ‹rückrollende› Sphären annehmen; die Gesamtzahl der Sphären war nun 55. Die heliozentrische Theorie von → Aristarch (1; 1. H. 3. Jh.), nach der die Erde einer der Planeten ist und sowohl um die eigene Achse rotiert als die-

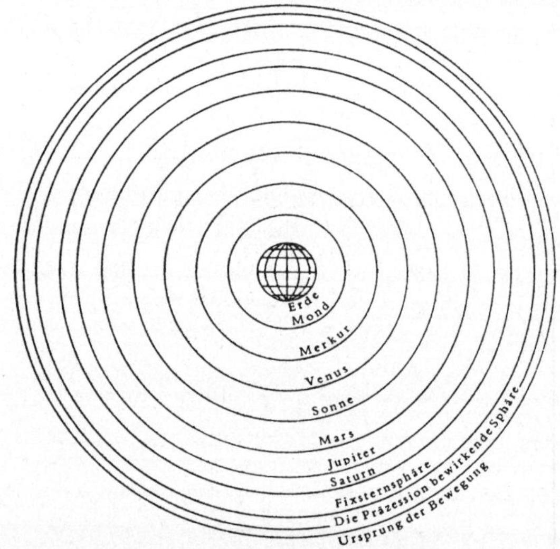

Abb. 39 Weltsystem des Ptolemaios

im Zentrum des Systems ruhende – Sonne umkreist, fand wenig Anklang; der bedeutendste Anhänger dieser Theorie war → Seleukos (6) v. Seleukeia (2. Jh. v. Chr.), während → Hipparchos (3) an der geozentrischen Auffassung festhielt.

[3] *Epizykel- und Exzentertheorie.* Die Erkenntnis, daß der Helligkeitswechsel der Planeten nur durch den Wechsel ihrer Abstände von der Erde zu erklären sei, sowie die Notwendigkeit, eine Erklärung der veränderlichen Geschwindigkeiten der Sonne, des Mondes und der Planeten unter der Voraussetzung der Gleichförmigkeit aller Himmelsbewegungen zu geben, führte vom Ende des 3. Jh.s an zu einer neuen Wendung der griech. A. Die Theorie der → Epizykeln und exzentrischen Kreise ist an die Namen → Apollonios (15) v. Perge (ca. 265–190), → Hipparchos (3; ca. 190 bis 120) und → Ptolemaios (17; ca. 150 v. Chr.) geknüpft, doch muß als ihr Vorläufer → Herakleides (3) Pontikos (2. H. 4. Jh.) genannt werden, der annahm, daß die inneren Planeten Merkur und Venus die Sonne umkreisen, während diese selbst um die Erde läuft. Dadurch sind zwei Kreise gegeben, der Hauptkreis, in dessen Mittelpunkt die Erde ruht, und ein Nebenkreis (Epizykel), dessen Mittelpunkt auf der Peripherie des Hauptkreises umläuft, während der Planet sich auf seiner Peripherie bewegt. Die Epizykeltheorie beschrieb sowohl die periodischen Stillstände und rückläufigen Bewegungen der Planeten als auch ihre wechselnden Abstände von der Erde, die zwischen einem Punkt des kleinsten Abstandes (Perigäum) und einem Punkte des größten Abstandes (Apogäum) schwanken. Um den Wechsel der scheinbaren Geschwindigkeit der Planeten noch besser darstellen zu können, kombinierten Ptolemaios und seine Vorgänger die Exzenterhypothese, nach der die Erde außerhalb des Mittelpunktes des Hauptkreises gelegen ist, mit der der Epizykeln. In der mathematischen Ausführung ihrer Theorien wandten diese beiden Astronomen weitgehend Rechenmethoden an, die denen der modernen Trigonometrie verwandt sind. Von weiteren bedeutenden Leistungen des Hipparchos, wohl des größten Astronomen der Antike, ist die Entdeckung der → *Präzession der Tagundnachtgleichen* zu nennen. Beim Vergleich von Beobachtungen des → Timocharis, die 160 Jahre früher

angestellt waren, fand er, daß die Schnittpunkte des Himmelsäquators mit der 23½° gegen ihn geneigten Ekliptik um 2° vorgerückt waren, was einem Vorrücken von etwa 45″ im Jahr entspricht (richtiger Wert: 50″). Ferner hat Hipparchos die Länge des Jahres und des Monats – im letzten Fall wohl auf Grund babylon. Vorarbeiten – mit großer Genauigkeit bestimmt. Sein Fixsternkatalog, der die Positionen von 850 Fixsternen relativ zur Ekliptik enthielt, der erste seiner Art, ist verloren. Der Sternkatalog des Ptolemaios ist entgegen geläufiger Ansicht von dem Katalog des Hipparch unabhängig.

[4] *Ptolemaios.* Die große Bedeutung des → Ptolemaios (17) beruht auf seinem → Almagest, der großen Zusammenfassung der geozentrischen Theorie, die die Ergebnisse des Ptolemaios und seiner Vorgänger umfassend und systematisch begründet. In einem späteren Werk, betitelt ‹Theorien der Planeten›, ergänzt Ptolemaios verschiedene Resultate des Almagest und gibt ein Modell seiner Theorie, in dem die Epizykeln als Kugelsegmente in Tamburinform dargestellt sind, die in dem Hohlraum zwischen zwei konzentrischen Kugelflächen rotieren. Dabei wendet sich Ptolemaios mehrfach gegen das Modell des Aristoteles, der die verschiedenen Kugeln durch feste Achsen miteinander gekoppelt und so versucht hatte, die Bewegungen aller Planeten in ein einziges, zusammenhängendes System zu bringen. Ptolemaios war der letzte produktive Astronom der Antike. Das einzige astronomische Werk von Bedeutung nach ihm ist → Proklos' Abriß der astronom. Hypothesen, ein populärwissenschaftliches Buch (um 450 n. Chr.), ebenfalls das letzte seiner Art, von dessen Vorgängern noch die Schrift des Platonikers → Theon (4) v. Smyrna (um 100 n. Chr.) und die des Stoikers → Kleomedes erwähnt sein mögen.

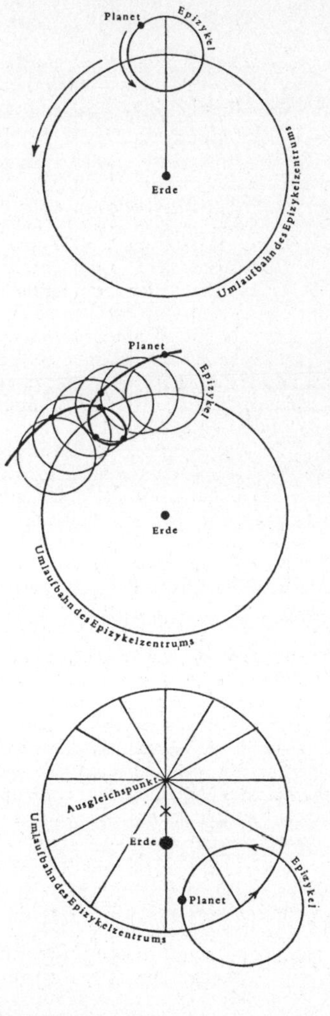

Abb. 41 Epizyklische Planetenbahn

[5] Die *Römer* haben keine selbständigen Beiträge zur A. geliefert, doch liefern mehrere lat. Schriftsteller wertvolles Quellenmaterial zur Geschichte der A., so z. B. → Cicero, → Vitruv, → Plinius (2) und in der Spätantike → Macrobius, → Calcidius und → Martianus Capella.

C. Messinstrumente, bildliche Darstellungen.

[1] *Dioptra. Armillarsphäre.* Zur Bestimmung des scheinbaren Mond- und Sonnendurchmessers wurde von Hipparchos die → *Dioptra* benutzt, bei der durch Anvisieren ein verschiebbares Plättchen mit dem zu messenden Objekt zur Deckung gebracht wurde. Aus der Höhe des Plättchens und seinem Abstand von der Visieröffnung konnte der scheinbare Durchmesser im Bogenmaß ermittelt werden. Das einfachste, von Ptolemaios beschriebene Instrument zur Bestimmung der Meridianhöhe der Sonne bestand aus einem mit Kreisteilung versehenen Metallring, der auf einem vertikalen Stand montiert und in der Meridianebene ausgerichtet war. An zwei diametral einander gegenüberliegenden Stellen des drehbaren Ringes waren kleine Platten angebracht, und visiert wurde, indem man den Schatten der oberen Platte auf die untere fallen ließ. – Ein weit komplizierteres Instrument, die → *Armillarsphäre* oder das Armillarastrolab des Ptolemaios, bestand aus mehreren ineinandergeschachtelten Bronzeringen, deren innerster, mit Visieröffnung versehen, auf den Mond oder einen Fixstern eingestellt wurde, worauf – nach Ausrichtung in der Meridianebene – auf dem graduierten äußeren Ring die Längen- und Breitenkoordinaten relativ zur Ekliptik direkt abgelesen werden konnten. – Das einfache, ebene *Astrolab* (von → Philoponos zum erstenmal beschrieben) war im wesentlichen ein Instrument der → Astrologie und diente zur Aufstellung des Horoskops. Als Zeitmesser dienten vor allem Wasseruhren, bei Tag auch Sonnenuhren (→ Uhren).

[2] Die mittlere *Meßgenauigkeit*, die wohl schon zu Hipparchos' Zeit von den griech. Astronomen erreicht wurde, kann auf etwa 5 Bogenminuten (etwa ein Sechstel des scheinbaren Monddurchmessers) veranschlagt werden. Dieser Wert wurde bis zu Beginn der Neuzeit nicht wesentlich verbessert; erst die Erfindung des Teleskops drückte den mittleren Fehler um Größenordnungen herunter. Die theoretische, durch die Auflösungskraft des unbewaffneten Auges gegebene Grenze der Genauigkeit liegt bei ungefähr einer Bogenminute, wobei bemerkt sei, daß dieser Winkel von der täglichen Drehung der Himmelskugel in 4 Sekunden überstrichen wird. – Von den *Meßergebnissen* der antiken A. ist in erster Linie die mittlere Monatslänge zu nennen, für die in Babylon in der ersten Hälfte des 4. Jh.s v. Chr. schon praktisch der heute geltende Wert von 29 Tagen, 12 Stunden, 44 Minuten, 3,4 Sekunden bekannt war. Eine fast gleiche Genauigkeit wurde zweihundert Jahre danach von Hipparchos erreicht, der wahrscheinlich mit den babylonischen Berechnungen vertraut war. Die Jahreslänge war zu Hipparchos' Zeit zwar nicht mit der gleichen, erstaunlichen Genauigkeit bekannt, übertrifft aber mit dem Wert von 365 Tagen, 5 Stunden, 55 Minuten und 12 Sekunden das wahre tropische Jahr nur um etwa 6½ Minuten.

[3] *Himmelsgloben. Planetarien. Globen* aus Holz, Stein oder Metall, auf denen die auffälligsten Sterne oder Sternbilder eingetragen wurden und die auch um eine nach dem Himmelspol ausgerichtete Achse drehbar waren, sind schon früh in Gebrauch gewesen. Ob → Thales schon eine solche *sphaera solida* benutzt hat (Cic. rep. 1, 22), scheint fraglich, doch kann dies auf → Anaximander wohl zutreffen (Diog.

Laert. 2, 2). Die Technik des Baus von Himmelsgloben entwickelte sich zugleich mit dem Fortschritt der A., und der von Ptolemaios beschriebene Globus mit Meridiankreis, Äquator und Neigung, die entsprechend dem Breitengrad des Beobachters eingestellt werden kann, ist im wesentlichen dem heutigen Globus gleichwertig. – Technisch viel schwieriger zu konstruieren waren *Planetarien*, da der geozentrische Standpunkt die mechanische Veranschaulichung der Planetenbewegungen naturgemäß kompliziert. Archimedes gilt als der erste Erbauer eines Planetariums, von dem Cicero (rep. 1, 22) berichtet, daß es bei einer einzigen Umdrehung die verschiedenen Bewegungen von Sonne, Mond und der fünf Planeten bildlich darstellte und das noch 600 Jahre später von Philoponos (in De anim. 106, 28) erwähnt wird. Die i. J. 1902 bei Antikythera entdeckten Reste eines komplizierten Räderwerkes lassen auf eine weitere Fortbildung des Planetariums schließen, welche die Vorausberechnung astronom. Positionen und Konstellationen ermöglichte.

D. Astronomie und Religion, Philosophie, Astrologie. [1] *A. und Religion.* Nirgendwo in der Geschichte der Naturwissenschaften treten die mythologischen Wurzeln der Wissenschaft zugleich mit ihrer rationalen, mit → Philosophie und → Mathematik zusammenhängenden Denkweise so klar zutage wie in der griech. A. Der vorherrschende Glaube an die Beseeltheit der Sterne (→ Pythagoreer, → Platon) oder an ihre Intelligenz (→ Aristoteles) ist im Grunde nichts anderes als eine Sublimierung des → Sternglaubens und konnte selbst nach dem Aufkommen der großen monotheistischen Religionssysteme nur langsam erschüttert werden. Die strenge Dichotomie von Himmel und sublunarer Region, die das griech. Weltbild vom 4. Jh. an beherrschte, war vor allem auf die Beobachtung der absoluten periodischen Gesetzmäßigkeit der Himmelsbewegungen gegründet. In einer Zeit, die die Präzision der Maschine noch nicht kannte, mußte die ewige, exakte Wiederholung der gleichen Bewegungen und Positionen als Ausdruck göttlicher Beseeltheit erscheinen. Die Ewigkeit der Bewegung legte einen Zusammenhang mit der unsterblichen Seele nahe. Noch bei dem platonisierenden Ptolemaios findet sich (in den ‹Hypothesen der Planeten›) der Vergleich der Planetenbewegungen, die für jeden einzelnen durch ein epizyklisches System erklärt werden müssen, jedoch alle miteinander im Zusammenhang stehen, mit dem Flug einer Vogelschar. Ebenso wie die Muskeln jedes Vogels durch seine Seele angetrieben werden und dennoch alle Vögel zusammen, nur durch das Medium der Luft miteinander verbunden, eine rhythmisch koordinierte Einheit bilden, so wird jeder Epizykel durch die Seele der Sterne angetrieben, während zugleich alle Planeten zusammen, durch den Äther geeint, ein harmonisches Ganzes bilden.

[2] *A. und Philosophie.* Im endlichen, geschlossenen Kosmos der Griechen galt die geradlinige Bewegung als unvollkommen, da die Gerade stets begrenzt war und eine Bewegung auf ihr entweder zum Stillstand kommen mußte oder nur durch Richtungsumkehr fortgesetzt werden konnte (→ Bewegungslehre). Dagegen kann die Bewegung auf einer geschlossenen Kurve beliebig lange in demselben Sinne verlaufen, und insbes. der Kreis ist dadurch ausgezeichnet, daß die scheinbare Geschwindigkeit eines gleichförmig bewegten Körpers, vom Mittelpunkt des Kreises aus beobachtet, ebenfalls gleichförmig erscheint. Die gleichförmige Kreisbewegung wurde so für den Griechen zur einfachsten und zugleich vollkommensten Bewegung, zum Analogon der geradlinig gleichförmigen Trägheitsbewegung im Newtonschen Universum. In der Tat sagt z. B. Philoponos, wenn er den aristotelischen Satz «alle natürlichen Dinge enthalten ein Prinzip der Bewegung und der Ruhe» (Phys. II, 1, 192b13) kommentiert, daß «auch der Himmel an der Ruhe teilnimmt, denn das Beharren in ewiger Bewegung ist nichts anderes als Ruhe» (in De anim. 75, 11). Aus diesem Grunde erschien → Platon, der im Gegensatz zur Absolutheit und Unveränderlichkeit der Ideenwelt die sich dauernd verändernde materielle Welt nur als Objekt einer «plausiblen Darstellung» (εἰκὼς λόγος, Tim. 30b) ansah, die gleichförmige Kreisbewegung der Himmelssphäre als vor allen anderen Bewegungen ausgezeichnet, eben weil sie das einzige Abbild der Unveränderlichkeit innerhalb der physikalischen Welt darstellt. So wurde Platons philosophische Auffassung der Anstoß zur Entwicklung der mathematischen A., indem er nach Entdeckung der Ungleichmäßigkeit der Planetenbewegungen die Astronomen aufforderte, zu erforschen, «durch welche gleichförmigen, geordneten Kreisbewegungen die planetarischen Erscheinungen bewahrt werden können». Mathematisch gesehen ist die Geschichte der griech. A. von Eudoxos bis Ptolemaios ein großartiger Versuch, durch eine Art von harmonischer Analyse jene Bewegungen als eine Kombination gleichförmiger Kreisbewegungen darzustellen und sozusagen auf diese Weise die Himmelsbewegungen ‹auf Ruhe zu transformieren›. In diesem Sinne sind die Theorie der homozentrischen Sphären und die Epizykeltheorie als Prototyp aller naturwissenschaftlichen Theorien anzusehen, da diese stets die ‹Wahrung der Phänomene› zum Ziel haben, d. h. die Einordnung empirischer Gegebenheiten in den Rahmen einer theoretischen Konzeption. – Das Eindringen irrationaler Elemente und mystischer Vorstellungen in die Philosophie der Spätantike hatte zugleich mit dem Niedergang der produktiven Naturforschung auch eine charakteristische Änderung der Einstellung gegenüber den rationalen analytischen Methoden der mathematischen A. zur Folge. In dieser Hinsicht sind → Proklos' Ausführungen in seinem Abriß der astronomischen Theorien und im Kommentar zum Timaios bes. aufschlußreich. Hier macht sich eine Auffassung geltend, die die Natur als ein Ganzes betrachtet, das eine künstliche Zerlegung in Teile nicht zuläßt. Erkenntnistheoretisch wurde so Proklos zum Positivisten, indem er die schleifenförmigen Planetenbahnen als Realität ansah und die Epizykelhypothese nur als eine mathematische Hilfskonstruktion zur Erleichterung der Berechnungen betrachtete.

[3] *A. und Astrologie.* Während so in Griechenland aus der Sternreligion in Wechselwirkung mit Geometrie und Philosophie die wissenschaftliche A. erwuchs, führten von der hellenist. Zeit an orientalische, vor allem babylon. Einflüsse und der mystische Glaube an den Zusammenhang alles kosmischen Geschehens zur → Astrologie, die sich, ausgehend von der Annahme des Einflusses der als göttlich angesehenen Gestirne auf irdische Vorgänge und auf das Menschenleben, zu einer Wissenschaft der Sterndeutung entwickelte. (Vgl. → Astrologie.)

E. Überlieferung und Fortwirkung. Als i. J. 529 n. Chr. die → Akademie in Athen durch → Justinian geschlossen wurde und bald danach auch Alexandria als Zentrum philosophischer und wissenschaftlicher Lehrtätigkeit verfiel, wurde Byzanz zum Mittelpunkt der Pflege der antiken Tradition. Vom 9. Jh. an haben die Araber die antiken Texte ins Arabische übersetzt, und in der darauf einsetzenden Blütezeit des islamischen Kulturkreises, der den weiten Raum von Persien über den Nahen Orient und Nordafrika bis Spanien umspannte, ist auch die astronom. Forschung zu neuem, produktivem Leben erwacht. Die Untersuchungen und Beobachtungen der islamischen Astronomen al-Battani (gest. 929), Ibn Junis (gest. 1005), Al-Fargani (10. Jh.), die Ptolemaios' Almagest zugrunde legten, führten in einigen Punkten über ihn hinaus und zeugen in theoretischer Hinsicht von selbständigem, stellenweise auch kritischem Denken. Im Westen führte Gerhard v. Cremonas lat. Übersetzung des Almagest aus dem Arabischen (ca. 1175) zu einem erneuten Interesse an der A., das die Arbeiten von Sacrobosco im 13.Jh. und von Georg Purbach im 15.Jh. wachhielten. Kopernikus' Hauptwerk De revolutionibus (1543) brach zwar mit dem geozentrischen Weltbild, doch hielt er an der antiken Lehre von den exzentrischen Kreisbewegungen der Planeten und ihren Epizykeln fest. Andererseits betont er in seiner Einleitung die Anregung, die er durch die heliozentrischen Hypothesen der griech. Astronomen erhalten hat. Erst Kepler (1571–1630) und seine Entdeckung der Ellipsenform der Planetenbahnen stellte die A. auf eine neue, der Antike noch nicht bekannte Grundlage. Doch muß hervorgehoben werden, daß die Keplerschen Gesetze ihre Auffindung dem jahrzehntelangen Bemühen Keplers verdanken, im Geiste der → Pythagoreer und Platons nach harmonischen Zahlen- und Größenverhältnissen im Planetensystem zu suchen. So steht auch der Beginn der modernen A. im Zeichen der großen Tradition der griech. Antike. – Vgl. auch → Naturwissenschaft, → Mathematik, → Astrologie. S.S.

Lit: F.Hultsch, RE 2,2 (1896), 1828–62 – E.Rieß, RE 2,2 (1896), 1802–28, s.v. Astrologie – F.Boll, Die Entwickl. d. astronom. Weltbildes im Zusammenhang mit Religion u. Philosophie, in: Die Kultur der Gegenwart, 3.Teil, 3.Band, 1925 – Th.L.Heath, Greek Astronomy, 1932 – F.Boll, Kl.Schriften zur Sternkunde des Altertums, 1950 – W. und H.Gundel, RE 20,2 (1950), 2017–2185, s.v. Planeten – J.L.E.Dreyer, A History of A. from Thales to Kepler, 1953 – A.Pannekoek, A History of A., 1961 – B.L. van der Waerden, Die Anfänge der A., 1965.

Asturer, einheimisches Volk im N → Spaniens (Kt. 2849 B 1), das ein weites Gebiet zwischen → Duero und der Biskaya beherrschte. Im O grenzt es an die → Kantabrer, im S an die → Vettonen und im W an die → Kallaikar. Es teilte sich in die Astures transmontani und in A. Augustani (Hauptstadt Asturica Augusta). Die bedeutendsten Stämme: die Zoelas, die Amaker, die Päsiker, die Lugonen, die Saläner, die Gigurrer, die Tiburer und die Orniaker. Nach schweren Kämpfen im kantabrischen Krieg (26/19 v.Chr.) von den Römern unterworfen. Die wichtigsten Städte der Asturer waren: Asturica, Flavionavia, Nemetobriga und Intercatia. J.M.d.M.

Lit: A.Schulten, Los cántabros y astures y su guerra con Roma, 1943 – J.Maluquer de Motes, Los pueblos y las tribus celtas de España, in: Historia de España I 3, 1954, 1–194.

Astyages, König der Meder, Sohn des → Kyaxares, Schwager des → Kroisos, Vater der Mandane, der Mutter des → Kyros. Dieser empörte sich auf Anstiften des → Harpagos gegen ihn und stürzte ihn. A. wurde Satrap von Hyrkanien und fiel von der Hand des Oibares. G.R.

Astyanax, Sohn → Hektors und → Andromaches, beim Sturz Ilions getötet. In späterer Sage gründet er ein neues Troja. K.Schb.

Astydamas, *Vater und Sohn*, athenische Tragiker des 4.Jh.s v.Chr. Der Vater war Sohn des Morsimos und Enkel des → Philokles (Neffe des Aischylos), die beide selbst Tragiker gewesen waren. Zunächst Schüler des → Isokrates, wandte er sich später der tragischen Dichtung zu. Er soll 240 Stücke geschrieben und 15 Siege errungen haben, 398 erstmalig aufgetreten und 60 Jahre alt geworden sein. Dem Vater wird ein Parthenopaios zugeschrieben, an anderer Stelle wird berichtet, daß ein A. 341/340 mit den Dramen Parthenopaios und Lykaon gesiegt habe. Der in diesen Angaben liegende Widerspruch wird auf Verwechslung von Vater und Sohn zurückgehen und kann kaum gelöst werden. Unsicher bleibt aus demselben Grund die Zuteilung des erstmaligen Sieges eines A. im Jahre 372, des 342/1 mit den Dramen Achilleus, Athamas, Antigone ebenfalls von einem A. errungenen Sieges und der 4 weiteren einem A. zugeschriebenen Titel Alkmeon (vgl. Aristot. poet. 14. 1453 b33), Hektor, Hermes, Nauplios. Von den Stücken des Sohnes sind 8 Titel bekannt. – Ein weiterer A., genannt Astydamas III., gleichfalls Tragiker, gehört in die frühe Zeit der → hellenist. Dichtung (D). E.-R.Sch.

Frg: TGF 777–780.

Astynomen, ‹Stadtaufseher›, hießen in griech. Städten die mit der Straßen- und Baupolizei betrauten → Magistrate (1). F.G.

Astyoche, Tochter des → Laomedon und der Strymo oder Plakia oder Leukippe (Apollod. 3, 146), heiratet den → Telephos, sendet ihren Sohn Eurypylos als Dank für den goldenen Weinstock, den Laomedon von Zeus für den geraubten Ganymed erhalten hatte, ihrem Bruder → Priamos zu Hilfe (Quint.Smyrn. 6, 136; Dict. 2, 5). Nach der Eroberung Trojas kommt sie nach Italien, wo sie, um der Knechtschaft zu entgehen, die griech. Schiffe verbrennt (Schol. Iuven. 6, 655). H.S.

Asylie. Unverletzlichkeit von Person und Eigentum. In klass. und hellenist. Zeit vielfach von griech. Poleis an Fremde individuell oder kollektiv, d.h. als Bürgern eines befreundeten, mit diesem Privileg ausgezeichneten Staates, verliehen, setzte sie das Nichtbürgern gegenüber grundsätzlich bestehende Recht zum jederzeitigen selbsthilfeweisen Vorgehen (*συλᾶν*) außer Kraft. Dem Fremden, der A. genoß, wurde von den Behörden und Gerichten der gewährenden Stadt Rechtsschutz gewährt. Grundlage der A. waren bald Gesetze bzw. Volksbeschlüsse, bald Staatsverträge der beteiligten Poleis. Beispiele für beides sind zahlreich auf Inschriften erhalten. H.J.W.

Asylrecht. Inschriftlich und literarisch aus allen Perioden der griech. Geschichte vielfach bezeugt. Es war das Tempeln und anderen Heiligtümern zustehende Recht, Flüchtigen Schutz vor Verfolgung zu gewähren. Nutznießer des A.s konnte jedwede Person sein, auch Sklaven und Verbrecher. Die Sanktion des A.s war in erster Linie sakral, d.h. die Bestrafung seines Bruchs den jeweils betroffenen Gottheiten anheimgegeben. Doch konnte sich der Bruch, wenn von Individuen verübt, im innerstaatlichen Recht auch als Asebie darstellen und so zu öffentlicher Bestrafung führen (→ Recht I H 2a). War das Asylgebiet groß genug, so sammelten sich in ihm u.U. Massen von Gesindel an, um der Bestrafung zu entgehen. Daher ordnete der Kaiser → Tiberius 22 n.Chr. eine Überprüfung der Asyle an, was zur Beseitigung einer größeren Zahl zu Unrecht in Anspruch genommener A.e führte (Suet. Tib. 37). H.J.W.

Lit: Fr. v.Woeß, Das Asylwesen Ägyptens in der Ptolemäerzeit, 1923.

Asymmetrie (der Gesichtshälften). In der antiken → Plastik lassen Menschenköpfe häufig eine A. erkennen, die im Prinzip auf der Anerkennung eines irrationalen Moments in der Anatomie und künstlerischen Gestaltung des Menschen beruht; diese Abweichung von der Spiegelbildlichkeit und rechnerisch aufgehenden Proportionierung kann bei Porträts natürlich auf vorgegebene physiognomische Besonderheiten zurückgehen. Diesem Prinzip widerspricht nicht das Vorkommen der A. infolge Rücksichtnahme auf Perspektive, Ansichtsseiten bzw. Beschränktheit der formalen Möglichkeiten wie etwa öfter bei Reliefköpfen. D.Sch.

Lit: E.E.Boehringer, Gesichtshälften, RhM 59, 1944, 7–16.

Asynartēten (*ἀσυνάρτητα*), d.h. ‹unzusammenhängende›, durch → Dihärese voneinander getrennte Versstücke; eine seit → Archilochos belegte Form, lyrische Gedichte aus verschiedenen Versmaßen zu bilden. Vgl. → Metrik (B 3), → Erasmonideus, → Ithyphallikus, → Lekythion, → Hemiepes, katalektischer jambischer → Trimeter. B.Sn.

Asyndeton (*ἀσύνδετον*, dissolutio: Quint. inst. 9, 3, 50, vgl. Rhet. Her. 4, 41, oder solutum: Aquila rhet. 41), ‹Unverbundenheit›, rhetor. → Wortfigur; Weglassung der satzverbindenden Wörter (Konjunktionen) zum Zweck pathetischer Erhöhung des Stils, bes. für den → Epilogos empfohlen. *Bsp.:* Lys. 12, 100: «Ihr habt's gehört, ihr habt's gesehen, ihr habt's am eigenen Leib verspürt, ihr habt die Entscheidung in der Hand: sprecht das Urteil!» Schillers M.St. 4, 9: «Erwarte, zögre, säume!» → Polysyndeton.

Lit: Volkmann, 473 f. – Lausberg, I 353–355. H.H.

Atalante, in Arkadien, als Tochter des Iasios (Iasos), des Sohnes des Lykurgos von Tegea und der Minyastochter Klymene, oder in Böotien, als Tochter des Schoineus, beheimatete große Jägerin (Nebenform der Artemis?), Mutter des → Parthenopaios. Traf als Teilnehmerin der → kalydonischen Jagd als erste den Eber (→ Meleager); nach einigen auch am Argonautenzug beteiligt. In der *arkad.* Sage war A. vom Vater, der einen Sohn wünschte, ausgesetzt, aber von einer Bärin ernährt worden; bei den Leichenspielen für Pelias ringt sie mit Peleus. Die Männerhasserin wird schließlich von Meilanion errungen, der sie durch unermüdliche Gefolgschaft auf der Jagd gewinnt. In der *böot.* Version verlangt A. von ihren Freiern, sie im Wettlauf zu besiegen, und tötet die Unterliegenden. Meilanion (Hippomenes) läßt auf Aphrodites Rat 3 Äpfel der Hesperiden im Lauf fallen, die A. aufliest, so daß sie den Lauf verliert. Da beide später in großer Leidenschaft ein Zeus- oder Kybele-Heiligtum beflecken, werden sie in Löwen verwandelt (Ov. met. 10, 560 ff.). K. Schb.

Lit: Escher, RE 2,2 (1896), 1890–1894 – Preller-Robert II 1, 83 ff. – *Darstellungen:* A. erscheint regelmäßig auf den Bildern der → Kalydonischen Jagd; ihr Ringkampf mit → Peleus bes. in der arch. Kunst; ihr Wettkampf mit Hippomenes und Gruppen mit → Meleager im reichen Stil, auf röm. Wandgemälden und Sarkophagen. – *Lit. dazu:* Schefold, FS 71 f., Taf. 60b. 61b. 65b. IV – Beazley, ARV² 1722 – P. Orlandini, EAA I, 1958, 753–756. K. Schf.

Ataraxia (von ταράττω, ‹verwirren›), die ‹Unverwirrtheit› der Seele, die durch das Andringen unerklärter Naturphänomene nicht gestört wird, Ziel der Philosophie zuerst bei → Demokrit (VS 68 A 167), dann im weiteren Sinne als Freiheit von Ängsten und Erregungen bei → Epikur (Diog. Laert. 10, 82. 85. 96. 128 u.a.) und den → Skeptikern (Diog. Laert. 9, 107 u.a.). Gegenteil Tarachē (lat. perturbatio animi). O. G.

Atargatis, griech. Name der nordsyr. ʿAtarʿata (aus ʿAštar(t) und ʿAttā = ʿAnat), Göttin der Fruchtbarkeit, Schutzgöttin, verehrt mit Hadad (→ Baal) in Syrien (Askalon, Dura, Palmyra) und Mesopotamien; ihr Kult in Hierapolis von → Lukian, Syr. Dea, beschrieben (Tempel, heilige Teiche und Tiere, Orakel, Prozession zum See, Fackelfest, Pilger, Selbstentmannung in Ekstase), auf Delos von Syrern eingeführt, seit 3. Jh. von den Griechen (auch in Ägypten) übernommen und mit Eigenem verknüpft (ἁγνὴ Ἀφροδίτη). Im Westen ehren Sklaven und Soldaten (auch Nero) die Dea Suria, die zur Allgöttin wird: *omnipotens et omniparens* (Apul. met. 8, 24 ff. mit Schilderung ihrer Bettelpriester, vgl. dazu Lukian asin. 35 ff.), ähnlich auch CIL 7, 759; ihr späterer Kult kennt Beichte und Kultmahle. C. J. C.

Lit: C. Clemen, Lukians Schrift über die syr. Göttin, 1938 – O. Eißfeldt, Tempel und Kulte syr. Städe in hellenist.-röm. Zeit, 1941 – RAC I, 1950, 854–860 – P. Lambrechts-P. Noyen, Recherches sur le culte d'A. dans le monde grec, Nouv. Clio 6, 1954, 258–277 – WbMythol I, 1961, 244–245.

Atarneus, Stadt in Mysien im gleichnamigen Landstrich, gegenüber der Insel Lesbos (Kt. 1152 H3; heute Kalé Agili). Zwischen A. und Pergamon liegen die bedeutenden Goldbergwerke, aus denen die lyd. Könige ihren Goldreichtum bezogen. 350 v. Chr. der bedeutende Herrscher → Hermeias (1). Zur Römerzeit war die Stadt A. schon stark verödet (Plin. nat. 5, 32. 37. 56). Diodor (13, 65) rühmt ihre Lage und ihren dreifachen Mauerring. Strabon kennt A. noch als unabhängige Stadt (13, 610); später scheint sie zu Pergamon geschlagen worden zu sein. Die letzten Münzemissionen von A. gehen auf die Jahre 79–76 v. Chr. zurück. R. F.

Lit: A. H. M. Jones, Cities of eastern Rom. prov., 1937, 83.

Ate (ἄτη), → Personifikation des Schadens, den der Mensch anzurichten verführt wird, wie des Schadens, der aus törichtem und schlechtem Handeln entsteht. Maßgebend gestaltet ist A. durch Homer als Verblendung und Schuld, der der Mensch allzuleicht verfällt: Il. 9, 505–507; 19, 90–133 (da verblendet sie sogar Zeus, der sie dafür im Zorne vom Olymp auf die Erde hinabwirft, wo sie fortan Unglück bringt). Bei Hesiod (theog. 230) ist A. Tochter der Eris, bei Solon (Fr. 1, 75 f. D.) der von Zeus gesandte Schaden, der aus unbedachter Besitzgier erwächst. In der späteren Dichtung taucht sie bis hinab zu Nonnos (Dion. 11, 113 ff.) immer wieder auf, hat aber, soweit wir sehen, nie einen Kult gehabt. O. G.

Ateius Capito, C., tr. pl. 55 v. Chr., leistete 55 → Pompeius (2) und → Crassus heftige Opposition, stellte sich vor allem Crassus' Auszug gegen die Parther unter Berufung auf unheilverkündende Götterzeichen in den Weg. Chr. M.

2. **A. Capito,** C., Konsul 5 n. Chr., von Augustus dem M. → Antistius (1) Labeo vorgezogen (Tac. ann. 3, 75), offensichtlich weil er im Gegensatz zu diesem ein Anhänger des Kaisertums war. Gest. 22 n. Chr. – A. war Schüler des A. → Ofilius und hatte zu Lebzeiten gleiches Ansehen wie Labeo (Pompon. Dig. 1, 2, 2, 47). Seine Wirksamkeit schwand jedoch nach seinem Tode, nach Pomponius, da er am Überkommenen festhielt (Dig. 1, 2, 2, 47); erwähnt ist er in den Dig. nur einmal bei Proc. dig. 8, 2, 13, 1. – Gellius (4, 6, 10; 4, 10, 7; 4, 14 und sonst) nennt von ihm ‹Coniectanea› in mindestens 9 Büchern, ‹De pontificio iure› in 7 Büchern und ‹De officio senatorio›. H. Hb.

Lit: O. Karlowa, Röm. Rechtsgesch. I, 1885, 683–685 – P. Krüger, Gesch. d. Quellen u. Lit. d. röm. Rechts (1888), 1912², 159 – W. Kunkel, Herkunft u. soz. Stellung der röm. Juristen, 1952, 114 f. – L. Wenger, Die Quellen des röm. Rechts, 1953, 497 f. – F. Schulz, Gesch. d. röm. Rechtswissenschaft, 1961, 121. 141.

3. **A. Praetextatus Philologus,** 1. Jh. v. Chr., vielseitiger Rhetor, Grammatiker und Gelehrter, dessen Schriften aber verloren sind. D. F.

Q: Suet. gramm. 10.

Atelie (ἀτέλεια, zu ἀτελής, ‹abgabenfrei›), Befreiung von allen oder bestimmten Abgaben und Leistungen (etwa auch vom Kriegsdienst). Sie kam bestimmten Personenkategorien (etwa amtierenden → Magistraten (1) oder Waisen) nach dem Gesetz zu, anderen (Einzelnen oder Verbänden, Bürgern oder Nichtbürgern) wurde sie in zahlreichen Abstufungen durch besonderen Beschluß, meist der Volksversammlung (→ Ekklesia), verliehen. Die A. war eines der vielen Vorrechte und → Ehren, mit denen man namentlich Fremde, die sich um den Staat verdient gemacht hatten, zu überhäufen pflegte. – Nahe verwandt mit der A. ist die → Isotelie. F. G.

Atellana, Nebenform der röm. → Komödie (II). Die fabula A. ist die lat. Volksposse, benannt nach Atella, einer oskischen Stadt in Kampanien. Schon früh auch in Rom beliebt (Anspielung vielleicht Plaut. Asin. 11), erlangt sie nach 100 v. Chr. durch → Pomponius (3) Bononiensis und → Novius literarischen Rang. Cicero erwähnt (epist. 9, 6, 17), daß in früherer Zeit A.en auch als Nachspiel an Aufführungen von Tragödien angeschlossen wurden (nach dem Vorbild des griech. → Satyrspiels). Die A. hat vier durch bizarre Masken gekennzeichnete Charaktertypen: den Narren (Maccus), den pausbackigen Tölpel (Bucco), den Alten (Pappus) und den buckeligen (?) Scharlatan (Dossenus); das Auftreten in der A. zog für freie Bürger keine Diffamie nach sich. Der Inhalt ist derb, die Sprache volkstümlich; beliebt sind Wortungetüme und Wortspiele; als Versmaß wird bes. der jambische → Septenar verwendet (vgl. Ter. Maur., gramm. VI 396). H. M.

Frg: CRF 223–276 – P. Frassinetti, Fabularum Atellanarum Fragmenta, CPar, 1955 – *Lit:* A. Dieterich, Pulcinella, 1897 – F. Leo, Röm. Poesie in der sullan. Zeit (1914), in: Kl. Schr. I, 1960, 257–267 – Schanz-Hosius, I 245.

Ateste, Hauptsiedlung der → Veneter (Kt. 1420 D2; heute Este), jedoch offenbar ohne Stadtcharakter in vorröm. Zeit. 141–135 v. Chr. wurde von den Römern das Stadtgebiet festgelegt, 89 erhielt die Stadt latinisches Recht, 49 wurde sie Municipium. Nach der Schlacht von Actium

Kolonie der Veteranen Octavians, doch hatte die Stadt neben Patavium nie größere Bedeutung. B.A.

Lit: B. Forlati Tamaro, EAA III, 1960, 461f.

Athamas, Sohn des → Aiolos, König im minyeischen Orchomenos. Von *Nephele* Vater von → Phrixos und Helle, von einer zweiten Frau, *Ino*, Tochter des → Kadmos und der Harmonia, Vater von → Melikertes und Learchos. Vor den Ränken Inos rettet Nephele ihre Kinder auf dem goldenen Widder, doch gelangt nur *Phrixos* zu Aietes in Kolchis (→ Argonauten), während *Helle* im Meer, dem nach ihr benannten Hellespont, versinkt. Phrixos wird von Aietes freundlich aufgenommen und mit seiner Tochter Chalkiope vermählt, von der er 4 Söhne hat. Den Widder opfert er Zeus, das Goldene Vlies hängt er an einen von einem Drachen bewachten Baum. – A. erzieht in seinem Haus den der Ino übergebenen → Dionysos. Von der deshalb zürnenden Hera wahnsinnig gemacht, tötet A. seinen Sohn Learchos. Ino flieht und stürzt sich mit Melikertes ins Meer; sie wird in die Meergöttin Leukothea, Melikertes in den Gott Palaimon verwandelt. A. flieht außer Landes, gründet Halos (Phthiotis) und wird von → Themisto (dort andere, widersprechende Version der Sage) Vater böot. Eponymen.

Lit: Preller-Robert II 1,41ff. – Robertson, ClR 54, 1940, 1–8 – Zu den religionsgeschichtlichen Rätseln, die die Sage aufgibt (das Kind Melikertes als Gott ‹Paimon›, d.h. ‹Ringer› und z.T. durch die → Isthmischen Spiele gefeiert; der Kult der Ino-Leukothea mehr an den einer Vegetationsgöttin erinnernd), vgl. L.R. Farnell, Greek Hero-Cults, 1921, 35–48 – *Darstellungen:* Eine Reihe von Monumenten (Vasen, Reliefs, Reliefvasenfragmente) wurde von H. Fuhrmann, JdI 65/66, 1950/51, 103–134, auf die Überbringung des *Dionysosknaben* an A. gedeutet. J. Keil, ÖJh 39, 1952, 44, behandelt verlorene Statuen von A. bei der Tötung des *Learchos* (in Rhodos und Ephesos). *Phrixos* auf der Flucht vor Ino während des ganzen Altertums sehr oft dargestellt, erstmals um 570/60 auf einer sehr zerstörten Metope vom sikyonischen Monopteros in Delphi nachweisbar; später auf mel. Reliefs und att. Vasen des 5. Jh.s (P. Jacobsthal, Die melischen Reliefs, 1931, Nr. 34. 69f. 101f.; S. 186f.). Hier auch erstmals *Helle.* Weiter sind Münzen aus Halis in Kreta sowie unterital. Vasen zu nennen. Phrixos und Helle auch oft auf Wandgemälden (Schefold, WP 372 u.ö.), Mosaiken und Gemmen, einmal auf einem Sarkophag. Opferung des Widders an Zeus Phyxios auf unterital. Vasen. – *Lit. dazu:* Fuhrmann, JdI 65/66, 1950/51, 103–134 – K. Schauenburg, RhM 101, 1958, 41–50. K. Schb.

Athanadoros, Bildhauer, aus Kleitor in Arkadien, Schüler des → Polyklet und Mitarbeiter am Weihgeschenk der Lakedämonier für den Sieg von Aigospotamoi (405 v. Chr.) in Delphi. E. Bg.

2. **A.,** Bildhauer, aus der rhodischen Schule stammend, Sohn eines Hagesandros; hat mit → Hagesandros und → Polydoros zusammen u.a. die berühmte → Laokoongruppe aus dem 3. Viertel d. 1. Jh.s v. Chr. geschaffen (zu den übrigen Werken vgl. Lippold, GrPl, 384 und die neuen Funde von Sperlonga). E. Bg.

Lit: (zu beiden): M.T. Amorelli, EAA I, 1958, 881, Nr. 2 u. 4 – G. Jacopi, Gli autori del Laocoonte e la loro cronologia alla luce delle scoperte dell'antro di Tiberio a Sperlonga, AC 10, 1958, 160–163.

Athanasios, geb. 295, Bischof v. Alexandria 328–373, Hauptrepräsentant der → alexandrin. Theologie. Sein theologisch-kirchenpolitischer Kampf richtete sich gegen zwei Gegner: (1) gegen die von der → antiochenischen Theologie bestimmten Richtungen, von A. in allen ihren Aspekten als ‹Arianer› bekämpft, (2) gegen die Mitwirkung des Kaisers in kirchlichen Fragen, d.h. gegen die sich bildende Reichskirche. So stand A. in (fast nie unterbrochener) Opposition gegen Antiochia und Konstantinopel, fand aber mehrfach Bündnis und Hilfe in Rom (→ Christentum III B 1). A. ging viermal ins Exil (Trier 335–337; Rom/Aquileia 339/346; Flucht in die ägypt. Wüste 356–361 und 362/363. Ein letztes Exil 365/366 dauerte nur 4 Monate). Zum glühenden Verteidiger des Nicänums, vor allem des *ὁμοούσιος* (Christus ‹wesenseins› mit dem Vater), und leidenschaftlichen Kämpfer gegen eine ‹arianische› Reichskirche wurde A. aber erst, als die Kaiser → Constantius (1) und nach ihm → Valens die Reichskirche auf die Formel *ὅμοιος* (‹ähnlich›) festlegen wollten. Mit der Synode von Alexandria führte er 362 die Beilegung des → arianischen Streites herbei. – *Schriften:* (1) ‹Oratio contra gentes› und ‹Oratio de incarnatione Verbi› – eine Apologie gegen Juden und Heiden; (2) ‹Orationes tres contra Arianos›; (3) ‹Vita S. Antonii›, die in der → Hagiographie Epoche machende und für das → Mönchstum höchst bedeutsame Biographie des → Antonius (8); (4) Streitschriften zum kirchenpolitischen Kampf, meist in der Form von Sendschreiben; vor allem: ‹Epistola de decretis Nicaenae synodi› (350/351) und ‹Apologia contra Arianos› (um 357) – im ganzen 20 Schriften; (5) der von Hieronymus (vir. ill. 87) zitierte Traktat ‹De virginitate› ist in syr. und kopt. Fragmenten greifbar; (6) 13 Osterfestbriefe (in syr. Übersetzung, z.T. in griech. und kopt. Fragmenten erhalten); wichtig der Festbrief von 367 mit Liste der kanonischen Bücher des AT. H.D.

Ed: PG 25–28 – Krit. Gesamtausgabe, begonnen von H.G. Opitz (Bd. II 1; III 1, 1934ff.); wird fortgeführt – *Lexikon:* G. Müller, Lexicon Athanasianum, 1952 – *Lit:* Ed. Schwartz, Athanasiana I bis IX, NGG, 1904–11 – H. Dörries, Die vita Antonii als Geschichtsquelle, Abh. Gött. 1949, 359–410 – W. Schneemelcher, A. als Theologe und Kirchenpolitiker, ZNW 43, 1950/51, 242–256 – Altaner, 241–249 (Lit).

Athanarich, Fürst der → Westgoten im Gebiet nördl. der unteren Donau seit der Mitte des 4. Jh.s, zuerst anläßlich der Gotenfeldzüge des Kaisers → Valens 367 und 369 erwähnt; blieb anders als → Frithigern Gegner des Imperiums und Heide. 376 zog er sich vor den → Hunnen in das Banater Bergland zurück. Im Winter 380/381 Übertritt ins Reichsgebiet, von → Theodosius I. glänzend aufgenommen. Gest. 381; durch fürstliche Bestattung geehrt. K.F. Str.

Lit: L. Schmidt, Die Ostgermanen (1910), 1941².

Athanatoi (*ἀθάνατοι*, die ‹Unsterblichen›), die Garde des pers. Großkönigs, aus 10000 Fußkämpfern bestehend, deren Zahl nach jedem Verlust sofort wieder aufgefüllt wurde; ihre Tapferkeit wird auch von den Griechen anerkennend hervorgehoben (vgl. Hdt. 7, 83).

Athanis (Athanas) von Syrakus, demokratischer Politiker, Verfasser einer Geschichte Siziliens in 13 Büchern von Dionysios II. bis Timoleon als Fortsetzung zum Werk des → Philistos. W. Bk.

Frg: FGrHist 562.

Athaulf, König der → Westgoten 410–415 nach → Alarich I., führte 412 die Westgoten aus Italien nach Südgallien. Auf Seiten des Kaisers → Honorius zwang er in Valence den Usurpator → Jovinus zur Kapitulation (413). Bald neuer Konflikt mit → Honorius, da A. sich weigerte, die Kaiserschwester → Galla Placidia zurückzugeben und sie 414 heiratete. A. erhob → Attalus von neuem zum Gegenkaiser. A. wurde durch → Constantius (3) 415 zum Abzug über die Pyrenäen gezwungen und im gleichen Jahre in Barcelona ermordet. K.F. Str.

Lit: L. Schmidt, Die Ostgermanen (1910), 1941².

Atheismus. Der Begriff *ἄθεος* ist alt und bezeichnet ursprünglich Menschen und Verhaltensweisen, die der Gottheit zuwider sind (Pind. Pyth. 4, 162, Aischyl. Eum. 151). Für die grundsätzliche Leugnung des Daseins von Göttern wird er zuerst bei Plat. apol. 26C verwendet. Eine solche Haltung bereitet sich in zwei Bereichen vom Ende des 6. Jh.s v. Chr. an vor. 1. Die Unberechenbarkeit des Lebens, das Glück der Ungerechten und Unglück der Gerechten läßt an sinnvollem Walten der Götter zweifeln (vgl. etwa Theogn. 373ff.). – 2. Die ion. Naturphilosophie (→ Vorsokratiker) betreibt zwar wohl keine ausdrückliche → Aufklärung, zeigt aber doch (vor allem die Milesier: → Thales; → Anaximander; → Anaximenes und die Atomisten: → Demokrit), daß das Entstehen und Wirken des Kosmos vollständig und befriedigend ohne die Zuhilfenahme göttlicher Mächte erklärt werden kann (→ Kosmologie). – A. im vollen Sinne ist vom Ende des 5. Jh.s v. Chr.

an greifbar. Unsere wichtigste Informationsquelle über den antiken A., Sext. Emp. adv. math. 9, 49–194 (vgl. schon 9, 14–18) nennt zunächst die Namen der Vertreter; Parallelstellen wie Cic. nat. deor. 1, 2 u. a. zeigen, daß seit dem 2. Jh. v. Chr. eine ziemlich feste Liste der großen Atheisten bestanden hat: → Kritias v. Athen, → Diagoras v. Melos, → Prodikos v. Keos, → Theodoros (9) v. Kyrene, → Euhemeros und andere. Philosophen ersten Ranges sind nicht dabei; → Epikur ist nur durch die Polemik von → Poseidonios an (Cic. nat. deor. 1, 123) des A. bezichtigt worden. Sachlich sind auch da zwei Ansatzpunkte unterscheidbar. 3. Der *historistische A.* geht von der Frage aus, wie bei der Urmenschheit der Gottesbegriff überhaupt entstanden sei (vgl. Aet. 1, 6: DoxGr p. 292–297). Die Theorie des Euhemeros sieht in den Göttern Könige der Urzeit, die um ihrer Leistungen willen von ihren Völkern mit göttlichen Ehren bedacht worden seien; eine noch weitergehende, zuerst bei → Kritias (VS 88 B25) belegte, aber schwerlich von ihm geschaffene Theorie versteht den Götterglauben als eine Erfindung kluger Gesetzgeber, die sich Rechenschaft darüber gegeben hätten, daß nur die Angst vor übermächtigen und allwissenden Göttern die Schlechtigkeit der Menschen einzudämmen vermöchte (auch → Platon hat diese Theorie gekannt und sich durch sie anregen lassen, in seiner Staatskonstruktion zuweilen die Religion als Instrument gesetzgeberischer Pädagogik zu manipulieren, ohne freilich je so weit zu gehen wie Kritias). Entgegengehalten wurde dem, daß der entscheidende Ursprung des Gottesglaubens nicht darin, sondern vielmehr in der Anschauung der Ordnung und Schönheit des Kosmos liege. – 4. Die Argumente des *spekulativen A.* sind am besten bei Sext. Emp. adv. math. 9, 137–181 zusammengefaßt (sie geben sich als Argumente des → Karneades, werden aber wohl älter sein): Sie laufen darauf hinaus, daß es nicht gelingt, die uns zur Verfügung stehenden biologischen und ethischen Kategorien widerspruchsfrei auf die Gottheit anzuwenden: wenn die Götter nach allgemeiner Annahme Lebewesen sind, so muß unser Begriff des mit Wahrnehmung und Empfindung ausgestatteten Lebewesens auf sie übertragbar sein, was unmöglich ist, weil alle Wahrnehmung und Empfindung unter dem Gegensatz Lust–Schmerz steht und die Fähigkeit, Schmerz zu empfinden, die Vergänglichkeit impliziert. Desgleichen muß die Annahme, daß die Götter alle Tugenden besitzen, mit unserem Begriff der Tugend als der siegreichen Überwindung ihres Gegensatzes arbeiten (Tapferkeit als Überwindung der Furcht usw.). Die Götter mit Tugenden ausstatten bedeutet also, daß sie Bedrohungen und Anfechtungen ausgesetzt sind, die sie zu überwinden vermögen, was offenbar absurd ist. Da aber eine Gottheit, die weder ein Lebewesen ist noch Tugend besitzt, nichtig ist, gibt es keine Götter. – Dem wurde entgegnet, daß die Begriffe Leben und Tugend im Bereich der Gottheit und des reinen Geistes prinzipiell anders zu fassen seien als im Bereich des Menschen. – Dem von der Erfahrung der Ungerechtigkeit in der Welt her nahegelegten A. (s. o. zu 1) war schließlich zu begegnen entweder durch den Nachweis der verborgenen Gerechtigkeit in Diesseits und Jenseits (Platonismus) oder durch die These Epikurs, die in sich selbst selige Gottheit befasse sich nicht mit Weltregierung und sei darum für das Weltgeschehen auch nicht verantwortlich. Der in der Naturphilosophie angelegte kosmologische A. (s. o. zu 2) wird aufgehalten durch die These, daß die mathematische Ordnung der Gestirne und die zweckmäßige Einrichtung der lebenden Organismen ohne die Annahme eines souverän planenden Geistes nicht erklärbar seien. Geschichtlich gesehen, ist der A. in der Antike hauptsächlich eine interessante Denkmöglichkeit, hat aber nirgends die bestehenden Kulte ernstlich gefährdet oder gar den Charakter einer Massenbewegung angenommen. Wie weit er die Religion der Gebildeten zerstört hat, ist nicht zu erkennen. O. G.

Athen

I. Topographie – II. Geschichte und Staatsverfassung.

I. Topographie

A. Lage – B. Baugeschichte: [1] Vor- und Frühgeschichte – [2] Bis zur Mitte des 5. Jh.s – [3] Von Perikles bis zur Spätantike – C. Bauten: [1]–[5] Akropolis – [6] Südabhang der Akropolis – [7] Nordabhang – [8] Agora – [9] Pnyx – [10] Östl. der Agora – [11] SO der Stadt – [12] Privathäuser, Straßen – [13] Stadttore, Vorstädte – Vgl. → Architektur I (passim), → Tempel B, → Agora, → Stadt I usw.

A. Lage. Athen (Ἀθῆναι; Kt. 1152 D5), die Hauptstadt → Attikas, liegt in der att. Ebene etwa 5 km vom nächsten Küstenpunkt und 8 km vom Hafen → Piraeus entfernt. Mitte der antiken Stadt war der steile Kalkfelsen der Akropolis (156,2 m), an den sich im W der Kalkkopf des Areopag (115 m) anschließt und noch weiter im W eine Hügelkette (von N nach S: Nymphaion 104,8 m, Pnyx 109,5 m, Museion 147,4 m). An Nord- und Südabhang der Akropolis entspringen mehrere Quellen (Kallirhoe-Enneakrunos, Klepsydra). Der das heutige Stadtgebiet überragende steile Kegel des Lykabettos (277,3 m) im NO lag außerhalb der antiken Stadt. Südl. von Akropolis und antikem Stadtgebiet fließt der im Sommer kaum Wasser führende, vom Hymettos kommende Ilisos in den Hauptfluß der attischen Ebene, den Kephisos, der nördl. Teil der antiken Stadt wird durchzogen von dem schon im Altertum überdeckten, kaum je Wasser führenden Bachbett des Eridanos, der vom Lykabettos kommt und ebenfalls in den Kephisos mündet.

B. Baugeschichte. [1] Die *ältesten Siedlungsspuren* reichen in die jüngere Steinzeit zurück und schließen sich eng an Nord- und Südabhang der Akropolis an. Auch der Name, Athenai, ist vorgriechisch, wohl als Mehrzahlform des Götternamens Athena aufzufassen. A. blieb ununterbrochen besiedelt. In der *mykenischen Zeit* um und nach der Mitte des 2. Jt.s war A. Sitz eines Königtums; der Palast, von dem noch Reste neben dem Erechtheion sichtbar sind, lag auf der Burg, die zu einer mächtigen Festung, größer als Mykene, ausgebaut wurde. Auch von dieser mykenischen Burgmauer, die um 1200 v. Chr. gewaltig verstärkt und erweitert wurde und bis in die klass. Zeit als Befestigung diente, sind große Teile noch heute vorhanden, darunter ein nördl. Nebenaufgang, der bei der Erweiterung überbaut wurde, und ein raffiniert angelegter, verdeckter Zugang zu einer Quelle am Nordabhang außerhalb der Burg.

[2] Die Stadt der historischen Zeit entwickelte sich auf allen Seiten um die Burg herum mit Schwerpunkt am Nordabhang. Hier lag vor allem stets die ‹Agora›, der Hauptplatz mit den Amtsgebäuden, dem Markt usw. Schon sehr früh (der genaue Zeitpunkt ist nicht bekannt) umfaßte das Staatsgebiet A.s die gesamte Halbinsel, von der kein anderer Name als der nach A. (Attika = das ‹athenische Land›) bekannt ist. In die Zeit der sich entwickelnden Demokratie und der Tyrannis der Peisistratiden im 6. Jh. fallen die Anfänge des Ausbaus der Akropolis als Bezirk der Götter und der Agora als Mittelpunkt des öffentlichen Lebens mit den ersten Staatsbauten. Auch eine Stadtmauer ist so gut bezeugt (Thuk. 1, 89, 3; 93, 1), daß sie angenommen werden muß, obwohl weder Verlauf noch Reste bekannt sind. Im → Perserkrieg wurde die von den Bewohnern verlassene Stadt von den Persern besetzt und gründlichst zerstört (480–479). Wiederaufgebaut und mit einem neuen, größeren Mauerring, der ‹themistokleischen Mauer› (Länge 6,5 km; umschlossene Fläche ca. 215 ha) umgeben; dieser, auf größere Strecken erhalten oder durch Ausgrabung festgestellt, wurde mehrfach zerstört, bes. am Ende des → Pelop. Krieges; Neubau durch → Konon (1), bis ins hohe MA immer wiederhergestellt und nur im SO im 2. Jh. n. Chr. durch Kaiser Hadrian in größerem Umfang erweitert. Ergänzt wurde die Stadtbefestigung durch die besondere Ummauerung des → Piraeus und die zwei ‹langen Mauern›, die A. und Piraeus verbanden, später auch

noch durch die ‹phalerische Mauer›, die auch die offene Bucht von Phaleron in den Ring einbezog.

[3] In der *perikleischen Zeit* (Mitte 5. Jh.) wurde die Akropolis zu dem großartigen Festplatz der Götter ausgebaut (Bau der Propyläen, des Parthenon, Erechtheion, Niketempels u.a.), begleitet von weiterer umfangreicher Bautätigkeit in A. und Attika, die sich im 4. Jh. v. Chr. fortsetzte. – In der *hellenist. Zeit* wurde vor allem die Agora nach den gesteigerten Prunkbedürfnissen dieser Zeit ausgebaut, z.T. mit Bauten, die von fremden Königen oder reichen Privaten gestiftet wurden. Bei der Katastrophe im 3. Mithridatischen Krieg (das mit → Mithridates VI. verbündete A. wurde von Sulla belagert und am 1.3.86 erobert) wurde bes. die Umgebung der Stadt schwer verwüstet, der Piraeus für immer zerstört (seitdem eine kleine, unbefestigte Siedlung), aber auch große Teile der Mauern und mehrere öffentliche Gebäude (Odeion des Perikles) in A. selbst. – In der *Kaiserzeit* erhielt A. bes. als Sitz der Philosophenschulen vielfache Förderung; auf der Agora entstanden neue Bauten und neben ihr ein neuer, großer Kaufmarkt. Bes. → Hadrian als Verehrer Griechenlands und A.s bereicherte A. durch großartige Bauten: Zufügung der ‹Hadriansstadt› im SO mit neuem Mauerring und Thermen; Bau des riesigen Olympieions, der Hadriansbibliothek u.a. – Das *Ende des antiken A.* brachte die Eroberung und Zerstörung von A. durch die → Heruler (267 n. Chr.). Wohl blieb die Akropolis unbeschädigt, aber die ganze Unterstadt sank in Schutt und Asche. Dieses Mal war ein wirklicher Neubau nicht mehr möglich. Man errichtete vor allem eine neue Stadtmauer um einen Teil des Stadtkerns am Nordabhang der Burg, wobei viele der zerstörten Bauten ganz abgerissen und in die Mauer verbaut wurden, die bisher sog. ‹valerianische Mauer›. Das ummauerte Gebiet umfaßte nur noch ein Zehntel des bisherigen, doch zeigen Bauten und Funde, daß auch weiterhin das ganze alte Stadtgebiet bewohnt blieb. Auf dem Gelände der außerhalb dieser spätröm. Mauer liegenden Agora entstanden neue große Gebäude, und sogar die ‹themistokleische Mauer› wurde sowohl unter Justinian im 6. Jh. n. Chr. wie im MA mehrfach repariert. Erst mehrere Ereignisse der Zeit um 1200 n. Chr. bedeuteten den vollen Ruin A.s.

C. Bauten. [1] Strahlende Mitte des alten und neuen A. ist die einzigartige *Akropolis*. In myk. Zeit eine starke Festung (→ Stadt I F), wurde sie vom 6. Jh. an zur Wohnung der Götter umgewandelt. In den Fundamenten erhalten ist bes. ein großer Tempel aus Poros mit Ringhalle neben dem Erechtheion und über den Resten des myken. Königspalastes, der sog. ‹*Hekatompedon*›; aus dem frühen 6. Jh. mit Umbau gegen Ende des Jh.s. Die aus dem ‹Perserschutt› (s.u.) stammenden Architekturteile, Giebelreste usw. erweisen weitere Gebäude, unter ihnen vielleicht auch einen Vorgänger des Parthenon, doch ist die Zuweisung der archaischen Skulpturen usw. an andere Gebäude als den genannten Tempel sehr unsicher. – Der Burgaufgang im W war durch ein besonderes Vorwerk befestigt, die *Enneai pylai* (‹Neun Tore›); die gesamte alte *Burgmauer* hieß in klassischer Zeit Pelargikon oder Pelasgikon. Um 510 v. Chr. entstand ein erster Torbau in Marmor, dessen Reste hinter den Propyläen erhalten sind. Das 5. Jh. v. Chr. brachte im Zusammenhang mit der demokratischen Entwicklung die völlige Aufgabe der Burg als Festung und ihre Umwandlung in den ausschließlichen Festraum der Götter. Für die neuen Tempel und anderen Bauten wurde durch Hinausschieben der Burgmauer, die neu aufgeführt wurde (‹*Kimonische Mauer*›), Raum geschaffen, zur Auffüllung benutzte man Reste der bei der pers. Eroberung (480/79) zerstörten älteren Bauten und Weihgeschenke (‹Perserschutt›, daraus am berühmtesten die ‹Koren›, Mädchenstatuen).

[2] Hauptbau wurde der mit bildnerischem Schmuck ungewöhnlich reich ausgestattete reine Marmorbau des *Parthenon* (447–438), das kostbare Gehäuse für das Goldelfenbeinbild der Athena Parthenos des → Phidias. Die Giebel stellten im O die Geburt der Athena aus dem Haupt des Zeus dar, im W den Wettstreit des Poseidon mit Athena um den Besitz des Landes, der große Fries um die gesamte Außenwand der Cella den Festzug am Hauptfest der Göttin, den → Panathenäen. Dem heute stehenden Bau gehen zwei unvollendete Bauten voran, von denen umstritten ist, ob sie beide erst nachpersisch sind oder Parthenon I schon 490/80 v. Chr. begonnen wurde. In christl. Zeit zu einer Marienkirche umgebaut, dann zur Moschee mit hohem Minarett, wurde der Parthenon erst bei der Belagerung A.s durch die Venezianer unter Morosini am 26. Sept. 1687 durch einen Treffer in das hier lagernde Pulvermagazin zerstört. Die herrlichen Giebelskulpturen und einen großen Teil des Frieses und der Metopen ließ Lord Elgin 1801 herausbrechen und nach England bringen (seit 1816 im BM).

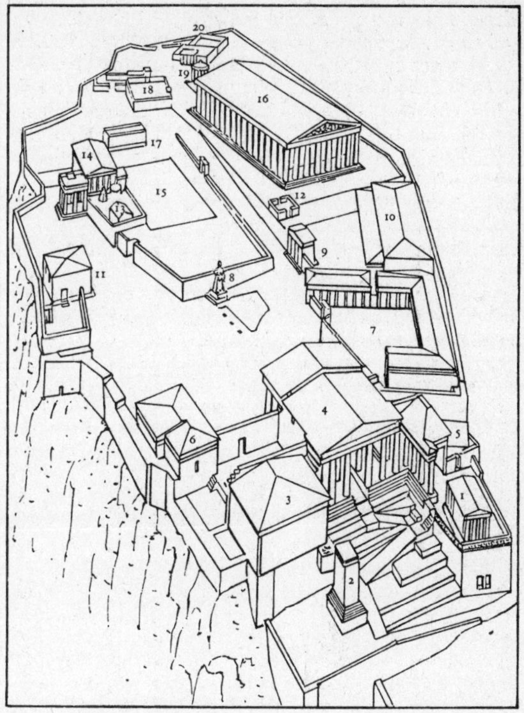

Abb. 42 Rekonstruktion der Akropolis von Athen
1 Niketempel 2 Denkmal des Agrippa 3 Pinakothek 4 Propyläen 5 Bezirk der Chariten (?) 6 Unbekannter Bau 7 Bezirk der Artemis Brauronia 8 Athene Promachos 9 Torbau 10 Chalkothek 11 Wohnung der Arrhephoroi (?) 12 Athene Ergane (?) 13 Pandrososbezirk 14 Erechtheion 15 Alter Athenatempel 16 Parthenon 17 Großer Altar 18 Bezirk des Zeus Polieus 19 Tempel des Augustus und der Roma 20 Bezirk des Pandion (?)

[3] Nach Fertigstellung des Parthenon wurde der herrliche Torbau der *Propyläen* des → Mnesikles errichtet, der in genialer Weise die Schwierigkeiten löste, auf dem stark steigenden Gelände einen alles umspannenden, großzügigigen und festlichen Eingang zu schaffen (437–432). Wohl aus religiösen Bedenken wurde der Gesamtentwurf nur teilweise ausgeführt; der nordwestl. Flügel diente später zur Aufbewahrung von Gemälden (Pinakothek), der südwestl. wurde Durchgang zum Nikepyrgos (s.u.). Im 14. Jh. wurden die Propyläen zu einem Palast umgebaut (der ‹Frankenturm› über dem S-Flügel erst 1875 abgebrochen), um 1650 durch Blitzschlag in ein Pulverlager zerstört. Vor der Pinakothek der ursprünglich wohl für einen pergamenischen König bestimmte, aber dann für eine Statue des → Agrippa (1) in Anspruch genommene hohe Sockel.

Außerhalb der Propyläen wurde gegen Ende des 5.Jh.s vor Chr. über einem bisher offenen heiligen Bezirk auf dem ‹Nikepyrgos› der kleine ionische *Tempel der Athena Nike* oder der → Nike Apteros (der ‹Flügellosen›) errichtet und die Fläche des Pyrgos durch eine Marmorbalustrade mit herrlichen Reliefs umgeben. Um 1680 wurde der Tempel abgebrochen und in türkische Befestigungen verbaut, 1835 und ein zweites Mal 1935–39 neu aufgebaut.

[4] Neben dem alten, zerstörten Tempel des 6.Jh.s sollte ein großer Bau die vielen hier liegenden Kultmale und Kulte zusammenfassen. Auch er wurde nur teilweise ausgeführt, wodurch der eigenartige Bau des *Erechtheion* entstand, der zierlichste Bau der Akropolis mit seinen zwei ionischen Säulenhallen, der Korenhalle und den reichen Relieffriesen (421–406). Er ist zweiteilig, sein höher gelegener Ostflügel ist der Tempel der Athena Polias, der tiefer gelegene Westteil das eigentliche Erechtheion, Kultstätte des Heros → Erechtheus mit verschiedenen weiteren alten Kultstätten und Kultmalen in dem Bau und in seiner unmittelbaren Nähe (Dreizackmal, Salzwasserbrunnen, Pandroseion, Kekropsgrab).

[5] Zwischen Propyläen und Parthenon lagen an der Südseite der Burgfläche der von Hallen umgebene Bezirk der *Artemis Brauronia*, ein Bezirk der *Athena Ergane* und der Hallenbau der *Chalkothek* zur Aufbewahrung von Weihgeschenken. Im Ostteil der Burg lag der große Bezirk des *Zeus Polieus*, über den wenig bekannt ist. Dazu kamen kleinere Kultstätten, Verwaltungsgebäude und ein ganzer Wald von Weihgeschenken und Statuen. In der röm. Kaiserzeit wurde vor der Ostfront des Parthenons der kleine *Rundtempel der Roma und des Augustus* gebaut. – Die Hauptaufgänge zur Burg führten von der Agora und von S hinauf und dann in Windungen zu den Propyläen, erst um die Mitte des 1.Jh.s n.Chr. wurde eine marmorne Freitreppe gebaut. In Spätantike, MA und Neuzeit entstanden mehrere Festungsanlagen im Gebiet des Burgaufgangs. Zur spätröm. Befestigung gehört das sog. ‹Beulésche Tor›.

[6] Am *Südabhang der Burg* lagen eine Anzahl kleinerer Heiligtümer, bes. der heilige Bezirk des *Asklepios* mit heiliger Quelle, Tempel und Nebengebäuden, dazu der Bezirk des *Dionysos* Eleuthereus mit älterem Tempel des 6.Jh.s und größerem aus dem 5.Jh. Dazu gehörte das große *Dionysos-Theater*, im 6.Jh. eine kleine runde *Orchestra*, dann als Steinbau von Perikles begonnen und im 4.Jh. v. Chr. vollendet; mehrfache Umbauten in hellenist. und röm. Zeit. Über dem Theater das *Monument des → Thrasyllos* aus dem 4./3.Jh., Fassade vor einer (später als christl. Kirche dienenden) Grotte, auf der ein Dreifuß als Weihgeschenk stand, darüber zwei spätere Säulen als Weihgeschenkträger. Neben dem Theater Reste des quadratischen Pfeilersaals des perikleischen *Odeions* für Musikaufführungen, nach Zerstörung bei der sullanischen Belagerung wieder aufgebaut. – Am Theater begann die breite *Tripodenstraße*, die den Fuß der Akropolis östl. und nördl. umzog, benannt nach den Dreifüßen, die hier vielfach auf tempelartigen Unterbauten als Weihgeschenke für den Sieg mit dem Chor bei Theateraufführungen aufgestellt wurden. Erhalten ist davon bes. das *Monument des Lysikrates* (335/334 v. Chr.) in der Nähe des Theaters. – Westl. schließt an das Theater die 163 m lange *Säulenhalle* des pergamenischen Königs → Eumenes II. (197–159) an, deren mächtige Rückwand heute noch steht; an diese wiederum das von dem reichen Athener → Herodes (2) Atticus bald nach 161 n. Chr. erbaute *Odeion* (Theater röm. Form) an, das heute wieder für Aufführungen benutzt wird.

[7] Am *Nordabhang der Burg* liegt die vielfach umgestaltete Quelle *Klepsydra* und darüber große Grotten, die Zeus, Apollon und Pan geweiht waren, und weitere Heiligtümer und alte Staatsgebäude, die noch nicht wiedergefunden sind, so das wirkliche *Theseion* (der große heilige Bezirk des Heros Theseus), das Heiligtum der Dioskuren *(Anakeion)*, das Amtshaus der Archonten *(Thesmotheteion)* und das der anderen Beamten *(Prytaneion)* und zwei größere Gymnasien hellenist. Zeit, nach ihren Stiftern als *Ptolemaion* und *Diogeneion* bezeichnet.

[8] Nördlich von Akropolis und Areopag lag der große öffentliche Marktplatz A.s, die *Agora*, mit den wichtigsten Staatsgebäuden (seit 1931 in langjährigen Grabungen größtenteils freigelegt), zunächst ein großer, freier, auch mit Bäumen bestandener Platz, der auch für Volksversammlungen, Theateraufführungen, Pferderennen u. a. diente. Er war ganz durchzogen von der *Panathenäenstraße*, auf der der Festzug der Panathenäen vom Dipylontor (s. u.) aus auf die Burg zog. Die bauliche Ausgestaltung des Platzes begann im frühen 6.Jh. v. Chr., bes. an der Westseite, mit den ersten Gebäuden für Beamte und Rat, der Erbauung eines Brunnenhauses in der SO-Ecke für die *Kallirhoe-Quelle (Enneakrunos*, ‹Neunröhrenbrunnen›), des Zwölfgötteraltars als Ausgangspunktes des att. Straßennetzes, Abgrenzung durch Grenzsteine (Horoi), Anlage von Entwässerungskanälen u. a. Weiterer Ausbau im 5./4. Jh. v. Chr.; *Hauptbauten an der Westseite:* ‹Königshalle› (Stoa basileios), Sitz des Archon Basileus, noch nicht gefunden; Zeushalle; Tempel des Apollon Patroos; Tempel und weitere zugehörige, auch als Staatsarchiv dienende Gebäude der Göttermutter (Metroon); Buleuterion (Sitzungssaal des Rats), Tholos (Rundbau über einfacheren älteren Anlagen, Amtshaus des Ratsausschusses der Prytanen, deshalb auch Prytanikon genannt); *im Norden* die ‹Bunte Halle› (Stoa poikile) mit berühmten Gemälden des Malers Polygnot zur Geschichte Athens, noch nicht ausgegraben; in ihr lehrten später die danach genannten → Stoiker. Den *Südabschluß* bildete ebenfalls eine Säulenhalle (‹Südstoa›), daneben das große Gebäude für das Volksgericht (Heliaia), dazu kamen weitere Gebäude und Anlagen für Verwaltungs-, Gerichts- und Marktzwecke. – In *hellenist. Zeit* wurde die Agora zu einem monumentalen Platz mit möglichst durchgehenden Säulenhallenfronten ausgebaut, der Westfront wurden Säulenhallen vorgelegt, der ganze Südteil mit großen Säulenhallen als Kaufmarkt oder Sitz der Gerichte abgetrennt, und den *Westabschluß* bildete nun die heute ganz wieder aufgebaute große Halle (Stoa) des pergamenischen Königs → Attalos II. (159–138). – In der *Kaiserzeit* wurde auf dem Nordteil des Platzes der *Tempel des Ares* aus dem 5.Jh. v. Chr. errichtet, der von einer anderen Stelle Stein für Stein hierher versetzt wurde. Südlich davon baute Agrippa ein großes *Odeion* (etwa 1000 Personen fassend). Zu einem Umbau der Fassade im 2.Jh. nach Chr. gehören die großen Figuren der sog. ‹Giganten›, die immer sichtbar geblieben und bisher so rätselhaft waren. Weitere Bauten, Altäre, viele Statuen ergänzten das Bild des Staatsmarktes. – In der Herulerkatastrophe (s. o.) ging alles zugrunde. Auf dem Gelände entstand etwa 400 n. Chr. ein großes *Gymnasion*, das wohl als die ‹Universität›, als Sitz der Philosophenschulen diente. – Westlich über dem Markt erhob sich auf dem Markthügel (Kolonos agoraios) der dor. Tempel der Handwerkergötter Hephaistos und Athena aus dem 5.Jh. v. Chr., das früher sog. ‹*Theseion*›, das seine vollständige Erhaltung der frühen Umwandlung in eine Georgskirche verdankt. Oberhalb des Marktes lag an der Panathenäenstraße das *Eleusinion*, das Stadtheiligtum der eleusinischen Gottheiten.

[9] Der Nordabhang der *Pnyx* (s. o. 1) diente als *Volksversammlungsplatz*, zunächst einfach unter Benutzung des abfallenden Hangs. Am Ende des 5.Jh.s wurde die Rednertribüne (Bema) an den Fuß der oberen Felswand verlegt und der Platz gegen die Hangrichtung aufgeschüttet und von einer Stützmauer gehalten, an deren Stelle im 4.Jh. die heute noch erhaltene gewaltige halbrunde Stützmauer trat. Seit Fertigstellung des Dionysostheaters (s. o.) fanden Volksversammlungen gewöhnlich dort statt. Über dem

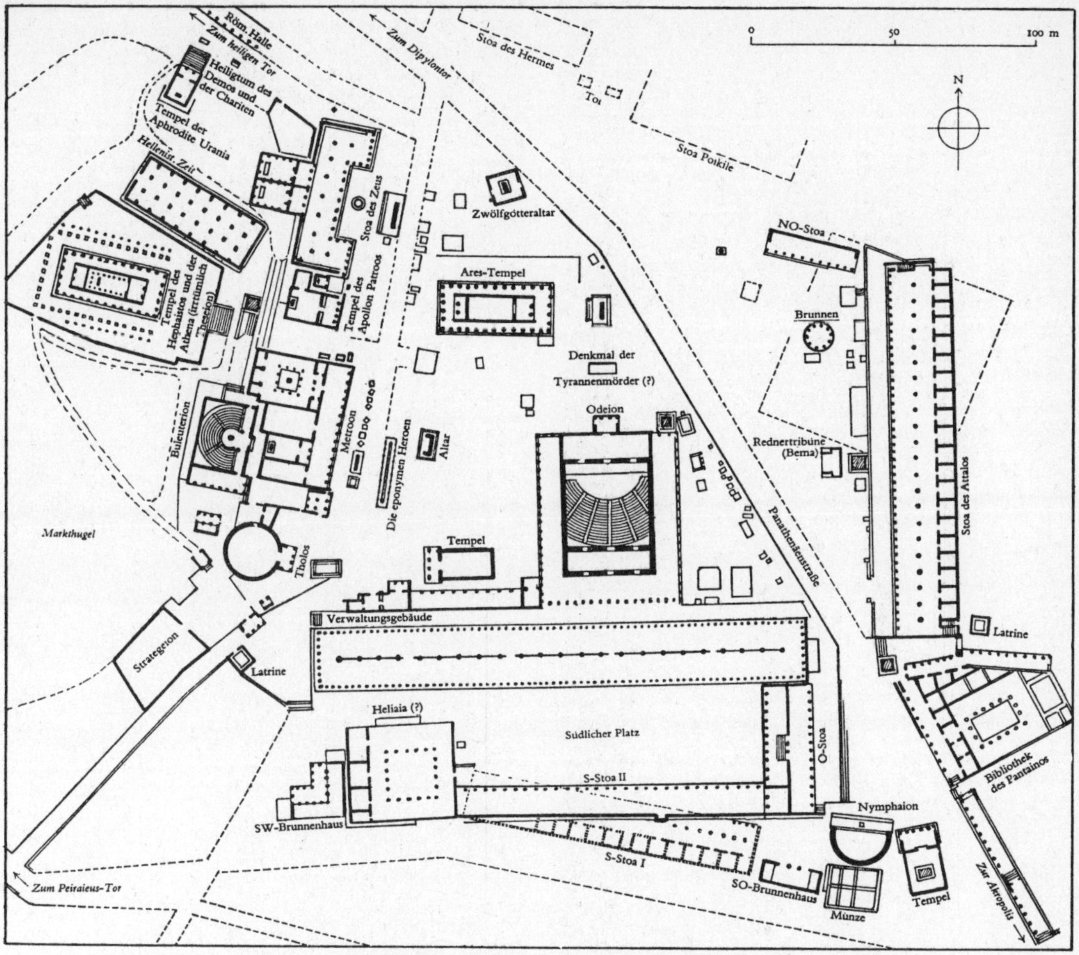

Abb. 43 Lageplan der Agora von Athen (Nachtrag: H. A. Thompson deutet die ‹Heliaia› jetzt als Theseion: AJA 69, 1965, 177)

Versammlungsplatz standen große Säulenhallen u. das Heiligtum der → Demeter Thesmophoros, das *Thesmophorion*.

[10] In augusteischer Zeit wurde *östl. der klassischen Agora* ein neuer *Kaufmarkt* angelegt in Form eines offenen, von Säulenhallen umgebenen Hofes mit Torbauten im O und W, heute noch großenteils erhalten. Weiter östlich schlossen sich schon ältere Marktgebäude an, der Sitz der Marktbehörden, *Agoranomeion*, und der sog. ‹*Turm der Winde*›, ein von einem Andronikos aus Kyrrhos (Makedonien?) im 1. Jh. v. Chr. erbautes Oktogon, das eine große öffentliche Wasseruhr *(Klepsydra)* enthielt. Der volkstümliche Name des ganz erhaltenen Gebäudes bezieht sich auf den Relieffries an der Außenwand, der die Hauptwindgötter darstellt. – Nördlich parallel zum röm. Markt ließ Kaiser Hadrian (117–138 n. Chr.) einen prunkvollen ähnlichen Bau errichten, dessen Hauptsaal eine öffentliche *Bibliothek* enthielt, ebenfalls großenteils erhalten.

[11] Im *SO der Stadt* gegen den Ilisos lag eine Gruppe bes. alter Heiligtümer, bes. das des olympischen Zeus, das *Olympieion;* ein ionischer Riesentempel, Ende des 6. Jh.s in der Tyrannenzeit begonnen, aber nach dem Sturz der Peisistratiden nicht weitergebaut; erst von Hadrian vollendet (129–132); 107 × 41 m mit doppelter korinth. Säulenhalle von 8 × 20 Säulen von 17 m Höhe, von denen noch 16 aufrecht stehen, umgeben von einem riesigen ummauerten Platz mit Statuen des Kaisers. – Gleich westlich dieses Riesentempels steht noch heute das ‹*Hadrianstor*›, ein schlichter Straßenbogen röm. Form, der laut Inschrift die Grenze der alten ‹Stadt des Theseus› gegen die neue ‹Stadt des Hadrian› bezeichnen soll, nicht ganz zutreffend. Hier befand sich im Flußbett des Ilisos eine Quelle, die ebenfalls Kallirhoe (vgl. oben) hieß.

[12] Sonst ist in der Unterstadt außer der Agora mit Umgebung vor allem ein kleines Gebiet westlich der Akropolis ausgegraben mit Straßen, Privathäusern und bescheidenen Heiligtümern wie dem des Heilheros Amynos (Amyneion) und ein Bakchosheiligtum mit Versammlungsraum des Kultvereins der Iobakchen, neuerdings auch am Südabhang der Burg Privathäuser und Heiligtümer (Nymphen). Zahllose Felsabarbeitungen für Privathäuser im ganzen Hügelgebiet westlich der Akropolis waren immer sichtbar. Verstreut im Stadtgebiet sind durch Grabungen und Funde weitere antike Heiligtümer und andere Reste zutage gekommen, darunter vor allem in den östlichen Teilen mehrere Thermen römischer Zeit. Das Straßennetz des alten A. haben wir uns nach den Funden und Schriftstellernachrichten als unregelmäßig, winklig und eng vorzustellen, planlos und natürlich gewachsen im Gegensatz zu regelmäßig angelegten Neugründungen. ‹Attisch› war geradezu typische Bezeichnung für unregelmäßiges Straßennetz.

[13] Von den 13 *Stadttoren* ist das bekannteste das *Dipylon* (‹Doppeltor›) aus dem 4. Jh. v. Chr. im NW. Hier lag innen an der Stadtmauer einerseits ein Brunnenhaus, andererseits das *Pompeion*, die Hofanlage eines Gymnasions, in dem

aber auch der Festzug der Panathenäen vorbereitet wurde, nach Zerstörung bei der sullanischen Belagerung unter Hadrian neu gebaut. Durch das gleich südl. anschließende ‹Heilige Tor› verließ der Eridanos (s.o.) das Stadtgebiet. Hier begann die ‹*Heilige Straße*› nach Eleusis. Vor diesen beiden Toren lag der bereits am Ende des 2.Jt.s v.Chr. benutzte Hauptfriedhof Athens, nach dem Stadtteil auch *Kerameikos* (‹Töpferviertel›) genannt, wo Ausgrabungen die sog. →Dipylonvasen zutage förderten. Viele der z.T. herrlichen Grabdenkmäler befinden sich noch an Ort und Stelle oder in den Athener Museen, am berühmtesten das Denkmal des 394 vor Korinth gefallenen athenischen Ritters Dexileos und das Grabmal der Hegeso. Am Dipylon begann die im Anfang 38 m breite ‹*Staatsstraße*›, an der die Gräber der im Krieg Gefallenen und gemeinsam Bestatteten, berühmter Staatsmänner und anderer bedeutenderer Persönlichkeiten lagen. Sie führte geradeaus zu dem 1600 m vor dem Dipylon beginnenden großen Gartenbezirk des Heros Akademos, der *Akademie*, mit einer ganzen Anzahl von Gebäuden, in der auch Platon lehrte. Ähnlich große Vorstadtgymnasien waren im SO der Stadt das *Lykeion* am Ilisos, der Sitz der Philosophenschule der Peripatetiker, und im S Kynosarges am südl. Ilisosufer. Im O jenseits des Ilisos das im 4.Jh. v.Chr. gebaute *Stadion*, das von Herodes Atticus im 2.Jh. n.Chr. in Marmor erneuert und 1896 für die ersten modernen olympischen Spiele ganz in Marmor neu gebaut wurde. Auf der höchsten Kuppe des Musenhügels (s.o.) wurde für C.Iulius Antiochos Philopappos, einen Nachkommen des Fürstenhauses von →Kommagene, 114–116 n.Chr. ein großes, figurenreiches Grabmal errichtet, das heute als Ruine erhalten ist. E.M.

Q: Thuk.2,15,3–6 – Herakleides 1–5 (vgl. F.Pfister, Die Reisebilder des H., SB Wien 227,2, 1951) – Papyrus Hawara, vgl. U.Wilcken, Genethliakon für C. Robert, 1910, 189–225 – Strab.9,1, 16–20 – Paus.1,2,4–30,4 – *Lit:* W.Judeich, Topographie von A. (1905), 1931^{2} – I.Th.Hill, The ancient city of A., 1953 – J.N.Travlos *Ἡ πολεοδομικὴ ἐξέλιξις τῶν Ἀθηνῶν*, 1960 – Zahlreiche Aufsätze über A. allgemein in der Zeitschrift Hesperia 1ff., 1932ff. mit bisher 10 Suppl.-Bänden – *Zu [C 1]:* P.Cavvadias-G.Kawerau, Die Ausgrabung der Akropolis 1885–1890, 1906 – M.Schede, Die Burg von A., 1922 – Ch.Picard, L'acropole d'A., 2 Bde, 1929–32 – O.Walter, Führer durch Griechenland, H.1: A., Akropolis, 1929 – W.Hege-G.Rodenwaldt, Die Akropolis, 1930 (mehrere Neuauflagen, auch engl. und franz.) – Berve-Gruben, 63–72; 165–191 – E.Buschor, Winke für Akropolispilger, 1960 – O.Jahn-A.Michaelis, Arx Athenarum a Pausania descripta, 1901 – H.Plommer, The archaic acropolis, some problems, JHS 80, 1960, 127–159 – *Zu [C 2.4.8]:* M.Collignon, Le Parthénon, 1912 – G.Ph.Stevens-J.M.Paton, The Erechtheum, 1927 – W.Dörpfeld-H.Schleif, Erechtheion, 1942 – W.B.Dinsmoor, Observations on the Hephaisteion, Hesperia Suppl.V, 1941 – H.Koch, Studien zum Theseustempel in A., Abh.Leipzig 47,2, 1955 – *Zu [C 8]:* The Athenian Agora, bis jetzt 8 Bde, seit 1953, unvollendet – Excavations of the Athenian Agora, Picture books, bis jetzt 7 Hefte, seit 1958 – H.A.Thompson, The Athenian agora; a guide to the excavations (1954), 1962^{2} – *Zu [C 6.9–13]:* R.Martin-H.Metzger, Recherches d'architecture et de topographie à l'Asklépieion d'A., BCH 73, 1949, 316–350 – A.W.Pickard-Cambridge, The theatre of Dionysus in A., 1946 – E.Fiechter, Das Dionysos-Theater in A., 4 Bde, 1935–50 – M.A.Sisson, The stoa of Hadrian at A., BSR 11, 1929, 50–72 – E.Meyer, RE 21,2 (1951), 1106–29, s.v. Pnyx – H.Riemann, RE Suppl.8 (1956), 861–888, s.v. Tripodes – A.Brueckner, Der Friedhof am Eridanos, 1909 – Kerameikos, Ergebnisse der Ausgrabungen, bis jetzt 6 (8) Bde, seit 1939 – G.Karo, An Attic Cemetery, 1943 – M. Santangelo, Il monumento di C.Julius Antiochos Philopappos in A., ASAA, N.S. 3/4, 1941/43, 153–253.

II. Geschichte und Staatsverfassung

A. GESCHICHTE A.s in hellenist. Zeit (für die Geschichte bis zum 4.Jh. v.Chr. → Griechenland II und unten B) – B. VERFASSUNG: [1] Frühzeit – [2] Solon – [3] Kleisthenes – [4] Perikles und Zeit des Pelop. Kriegs – Vgl. auch → Griechenland III.

A. GESCHICHTE A.s. *Hellenist. Zeit:* Nach dem Tod → Alexanders (5) d.Gr. Aufstand gegen → Antipater (→ Lamischer Krieg). Die Niederlage 322 in der Seeschlacht bei Amorgos bedeutete das Ende der athen. Flottenherrschaft. Makedon. Besatzung in Athen (Munichia), Einrichtung einer Timokratie mit einem Census von 2000 Drachmen. → Kassander setzt in A. → Demetrios (17) v. Phaleron ein (317–307), der von → Demetrios I. Poliorketes vertrieben wird und nach Alexandria flüchtet. Nach der Schlacht bei Ipsos (301) Tyrannis des → Lachares in A. In der Zeit der makedon. Thronwirren und Kelteneinfälle Rückgewinnung der Freiheit. 267–262 mit → Areus v. Sparta und → Ptolemaios II. zusammen gegen → Antigonos II. Gonatas (→ Chremonideischer Krieg), Niederlage Athens, makedonische Besatzung bis 229 in Athen. Gute Beziehungen zu Rom. Im Krieg gegen → Perseus (2) auf seiten Roms, A. erhielt dafür die Insel Delos. Im 1. Mithridat. Krieg auf seiten → Mithridates' VI., Belagerung und Einnahme durch → Sulla (86 v.Chr.). Athen hatte danach Bedeutung nur noch auf kulturellem Gebiet, bedeutende Philosophenschulen. Im Bürgerkrieg auf seiten des → Pompeius (2). In der Kaiserzeit freie Stadt.

B. VERFASSUNG. [1] *Frühzeit bis zum 7.Jh.v.Chr.* An der Spitze des Staates stand in früher Zeit ein *König* (*βασιλεύς*). Die ältere Königsliste kennt nur den Urkönig → Kekrops, dann Erechtheus, Pandion, → Aigeus und → Theseus, dem der → Synoikismos A.s zugeschrieben wird. Erweiterte Königsliste von Hellanikos. Alle Namen sind ohne historische Bedeutung. 754/753 soll das Erbkönigtum durch die zehnjährigen Archonten abgelöst und 683/682 das einjährige Archontat eingeführt worden sein. Es gab 3 → *Archonten* (A. eponymos, A. Polemarchos, A. Basileus), daneben die 6 → *Thesmotheten.* Der Archon eponymos mit Amtssitz im → Prytaneion gab dem Jahr seinen Namen, war Hüter der Familien, hatte die Aufsicht über Witwen und Waisen, Erbschaftsangelegenheiten, Bestellung von Vormündern, Aufsicht über die Fest- und Wettspiele, Bestellung der Choregen. Der Archon Basileus war Vorsitzender des → Areopag, hatte die Aufsicht über die → Lenäen, → Anthesterien und die Mysterien, über die heiligen Bezirke und war Vorsitzender der Blutgerichte. Der Archon Polemarchos war zuständig für kultische Obliegenheiten, Heerführung und Fremdengerichtsbarkeit. Die Thesmotheten (Amtshandlung als Kollegium) waren kompetent für die Aufschreibung und Durchsicht der Gesetze und hatten den Gerichtsvorsitz bei öffentlichen Klagen. Neben dem Königtum bestand ein Rat des Adels, auf den allmählich die Macht überging, der Rat am *Areopag.* Lebenslängliche Mitgliedschaft. In historischer Zeit waren alle neun Archonten Anwärter auf die Aufnahme in den Areopag, aber nur die reichsten und vornehmsten Männer wurden gewählt. Der Rat war offiziell zuständig für die Wahrung der Gesetze, war aber die wichtigste Körperschaft des Staates.

[2] *Solon.* Athen wird im 7.Jh. v.Chr. vor allem von den großen Geschlechtern der → Alkmeoniden, → Medontiden, → Eteobutaden, → Lykomiden, → Philaiden u.a. beherrscht. 636 oder 632 scheiterte ein Versuch des → Kylon, eine Tyrannis zu errichten. Um 624 Aufzeichnung des geltenden Rechts durch → *Drakon.* Gesetzgebung, aber keine Verfassungsreform, die erst von → *Solon* durchgeführt wurde, 594/593 wurde Solon zum Schiedsrichter zwischen den Ständen gewählt. Er führte (1) eine Entschuldung der Bürgerschaft (Leihen auf den Körper verboten; dieses Gesetz hatte rückwirkende Kraft) und eine Beschränkung des Grundbesitzes auf ein Höchstmaß; (2) eine Münz-, Maß- und Gewichtsrefom (umstritten) und (3) eine Verfassungsänderung durch: Einteilung der Bürger in 4 Klassen nach dem Bodenertrag: (a) 500-Scheffler (für die Ämter der Archonten und → Tamiai), (b) 300-Scheffler, die Ritter, (c) 200-Scheffler, die → Zeugiten, denen alle anderen Ämter offenstanden, und (d) die → Theten, die nur zur Volksversammlung und zum Volksgericht (→ Heliaia) zugelassen waren. Außerdem Schaffung eines Rates der → Vierhundert (je 100 aus den 4 Phylen), offenbar als Gegengewicht zum Areopag. Solons Gesetze wurden auf hölzerne Tafeln aufgezeichnet, Auszüge aus ihnen standen auf steinernen Säulen in der Königshalle.

[3] *Kleisthenes.* Die Unzufriedenheit mit Solons Gesetzen führte bald zu inneren Kämpfen in Athen. 582–580 Tyrannis des Damasias, danach eine Kommission von 10 Männern. Dann konnte sich → Peisistratos (seit 561) zur Tyrannis aufschwingen. Nach dem Sturz seines Sohnes → Hippias (1) i.J. 510 Reform des → Kleisthenes (1). Er wollte die Bildung von Ständegruppen (Landbesitzer in der Binnenebene; die Leute an der Küste: Paralier; die Bergbevölkerung: Diakrier) verhindern. Neue Einteilung: Stadt, Binnenland und Küste wurden in je 10 Drittel zerteilt. Je eine → Trittys aus den 3 Zonen wurde ohne Rücksicht auf die geographische Lage zu einer → Phyle zusammengeschlossen. Die kleinste Verwaltungseinheit bildet der Demos (insgesamt etwa 100 Demen), zuständig zur Führung der Bürgerliste, Selbstverwaltung auf dem Gebiet der Finanzen und des Kultus. Die Phylen stellten je ein Regiment Fußvolk und Reiterei mit einem gewählten → Strategen, der bis 487 dem Polemarchen unterstand. Der Rat der Vierhundert wurde durch den Rat der Fünfhundert ersetzt (je 50 aus einer Phyle). Er war das wichtigste Instrument, da jeder Antrag an die → Ekklesia vorher vom Rat durchberaten werden mußte. Zur Verhinderung der Tyrannis wurde das Scherbengericht (→ Ostrakismos) eingeführt. Der Verbannte mußte Attika auf 10 Jahre verlassen (487 wurde Hipparchos als erster verbannt). 487/486 Verfassungsreform. Das Archontat wurde als Wahlamt beseitigt. Die Demen wählten nun 50 Kandidaten pro Phyle, aus denen die 9 Archonten ausgelost wurden. Die Ritter wurden zum Archontat zugelassen. Damit verlor dieses Amt an Bedeutung, es gewann die Strategie, die weiterhin Wahlamt blieb. 461 wurde die Kompetenz des Areopags durch → Ephialtes (4) beschränkt. Er behielt nur noch die Blutgerichtsbarkeit.

[4] Unter → *Perikles* wurde die Demokratie vollends radikalisiert. Einführung von Diäten für die Volksrichter (erst 2 Obolen, seit 425: 3 Obolen), ebenso Tagegelder für die Ratsherren und alle anderen Beamten; seit 458/457 waren auch die Zeugiten zum Archontat zugelassen. Außerdem Einführung der → Theorika (Schau- und Festgelder). 451 wurde ein Bürgerrechtsgesetz erlassen: nur wenn beide Eltern Vollbürger Athens waren, wurden ihre Nachkommen als Athener anerkannt. – 413 wurde die Demokratie durch die Wahl von 10 → Probuloi als höchste Behörde eingeschränkt. Diese oligarchische Richtung erhielt durch ihre Verbindung mit → Alkibiades besonderes Gewicht. Im Mai 411 endgültige Beseitigung der Demokratie, Abschaffung aller Diäten, die Bürgerschaft wurde auf 5000 beschränkt, der Rat der Vierhundert hatte alle Gewalt inne. Im Sommer 411 gemäßigte Verfassung des → Theramenes. Die Gewalt wurde in die Hände der 5000 (*οἱ τὰ ὅπλα παρεχόμενοι*) zurückgelegt mit einem Rat der Fünfhundert zur Seite. Im Frühj. 410 wurde die Demokratie wieder eingeführt. Nach der Niederlage Athens im Pelop. Krieg wurde in A. die Tyrannis der → Dreißig (1) unter Führung des Theramenes und → Kritias errichtet. Ihr Gegner war → Thrasybulos, der von Phyle aus kämpfte. Ende 404 oder Anfang 403 brach ihre Herrschaft zusammen; an ihre Stelle trat ein gemäßigteres Zehnmännerkollegium. Im Sept. 403 wurde die volle Demokratie eingeführt. J.S.

Lit: G. Busolt-H. Swoboda, Griech. Staatskunde, Bd. 2, 1926 – C. Hignett, A history of the Ath. constitution to the end of the fifth cent. B.C., 1952 – V. Ehrenberg, Der Staat d. Griechen (1957), 1965².

Athenaeum, von → Hadrian in Rom gegründete Hochschule mit Lehrstühlen für griech. und röm. Rhetoren (*ludus ingenuarum artium:* Aurel. Vict. Caes. 14, 3), an der auch Dichterrezitationen und andere Agone stattfanden. Die Lage des A. ist unbekannt (vielleicht am Trajansforum). R.T.

Lit: F. Schemmel, Das A. in Rom, WklPh 36, 1919, 91–95; PhW 41, 1921, 982–984.

Athenagoras, christl. Apologet aus Athen, richtete um 177 einen ‹offenen Brief› (*πρεσβεία*) an den Kaiser → Mark Aurel, in dem er Vorwürfe gegen die Christen (Atheismus, Kannibalismus, sexuelle Perversion) entkräftet und gerechte Behandlung fordert. Diese ebenso wie eine zweite Schrift ‹Über die Auferstehung der Toten› ist in eleganter Kunstprosa verfaßt und reich an Testimonia aus dem antiken Bildungserbe; zumal die zweite formuliert christliche Glaubensinhalte mit den Mitteln philosophischer Fachsprache. Vgl. → Apologetik. H.D.

Ed: Ed. Schwartz, TU 4, 2, 1891 – E.J. Goodspeed, in: Die ältesten Apologeten, 1914 (nur *πρεσβεία*) – P. Ubaldi-M. Pellegrino, 1947 – *Lit:* J. Geffcken, Zwei christl. Apologeten, 1907 – P. Keseling, RAC I, 881–888.

Athenaios, vermutlich → Peripatetiker, 2. H. 1. Jh. v. Chr., nach anderen Ende 3. Jh. v. Chr., Verfasser einer kleinen Schrift über ältere Belagerungsmaschinen (*Περὶ μηχανημάτων*), die einem Marcellus gewidmet ist, dessen Identifizierung ungewiß ist. Mindestens z.T. dienten ihm die Werke seines Lehrers Agesistratos als Quelle, die auch Vitruv vorlagen. Nur so erklären sich jedenfalls Übereinstimmungen zwischen Vitruv (10, 14 f.; 16, 9 ff.) und A., die sich teilweise wie Übersetzungen auseinander lesen, woraus man sogar schloß, A. sei mit Vitruv identisch. Als Quellen werden (nach Agesistratos?) u.a. auch → Ktesibios genannt. Vgl. → Mechanik B [3]. F.Kr.

Ed: R. Schramm, Abh. Göttingen, 1912, NF 12, 5 (mit Übers.) – *Lit:* P. Thielscher, RE 9 A 1 (1961), 450 (Lit), s.v. Vitruvius.

2. **A. von Attaleia** (in Pamphylien), Arzt im 1. Jh. vor Chr., Schüler des berühmten Stoikers → Poseidonios (Gal. caus. cont. p. 8, 3 K.). A. begründete die → Pneumatikerschule; besaß umfassende philosophische Bildung (→ Medizin D). Das Pneuma ist nach ihm das für Gesundheit und Krankheit entscheidende Element, und das Herz ist das Hegemonikon. Seine Therapie richtet sich nach seiner Auffassung der 4 Grundqualitäten und legte Wert auf Diätetik. Das nicht erhaltene Hauptwerk des A. (Titel unbekannt) umfaßte mindestens 30 Bücher und scheint nach stoischer Manier viele Definitionen enthalten zu haben (Monographie mit Frg.sammlung wäre erwünscht). F.K.

3. **A. von Naukratis,** vielseitiger Literat (→ Buntschriftstellerei), Verfasser der ‹*Deipnosophisten*›, eines Riesensammelwerks (15 Bücher; nicht vor Commodus' Tod, 192, erschienen), abgefaßt in Form eines Tischgesprächs nach einem Gastmahl: A. erzählt dem Timokrates; viele Gelehrte mehrmals bei Larensios (röm. Pontifex) versammelt, u.a.: Masurius (Jurist); Kynulkos (Kyniker); Ulpian von Tyros (attizist. Rhetor), ‹Keitoukeitos›; Galen. Es enthält wertvollstes antiquarisches, grammatisches, literarisches Material (z.B. Komikerfragmente, Historie) und viel Wissenswertes (Themen in näherer oder fernerer Beziehung zum Mahl). *Überlieferung:* cod. Marc. A. ist verstümmelt: Bücher 1–3, 73 fehlen; nur in der ‹Epitome› (von Eustathios verfaßt?) erhalten; außerdem kleinere Lücken. Direkte *Quellen* vielfach: Symposienliteratur; Lexika; Sammelwerke, auf die Alexandriner zurückgehend. → Pamphilos wird oft zitiert. – *Verloren:* Werke über die syr. Könige und Archipps ‹Fische›. – Ohne großes künstlerisches Können (Scaliger nennt A. ‹pecus aurei velleris›); nicht Attizist. W.Sp.

Ed: M. Musurus, ed. princ., 1514 – G. Kaibel, BT, 1887–90 (Indices) – C.B. Gulick, LCL, 1927–41 – Zitiert wird nach Seiten bei I. Casaubonus, 1597–1600 – *Epitome:* S.P. Peppink, 1937–39 – *Frg:* FGrHist 166 – *Lit:* G. Pasquali, EI 5, 1930, 196 f. – PIR I 261 – K. Gerth, Bursian 272, 1941, 124–133 – Ders., RE Suppl. 8 (1956), 741 f., s.v. 2. Sophistik (Lit) – Einführung: L. Nyikos, Ath. quo consilio..., Diss. Basel 1941 – Zur Überlieferung: P. Maas, ByzZ 35, 1935, 299–307; 36, 1936, 27–31.

Athenais, ursprünglicher, heidnischer Name der Kaiserin → Eudokia. C.A.

Athene (auch Athena), griech. Göttin. [1] *Name und Herkunft.* Der Name A. läßt sich aus dem Griechischen nicht erklären. Die Endung des Wortes (-ήνη, dorisch -άνα) deutet auf vorgriech. Ursprung. Der Stadtname → Athenai ist der Plural des Namens der Göttin. Nilsson und Wilamowitz konnten den vorgriech. Ursprung der A. überzeugend nachweisen. Bereits auf Schrifttafeln aus minoischer Zeit begegnet das Wort a-ta-na, einmal mit potnia (‹Herrin›) verbunden. Trotzdem ist es nicht ausgeschlossen, daß auch die einwandernden Griechenstämme eine wesensverwandte, d.h. eine streitbare jungfräuliche Göttin mitbrachten.

[2] *Wesenszüge.* Der Ursprung der A. geht offenbar auf eine friedliche, Haus und Palast schützende Göttin der minoischen Zeit zurück; die → Schlange ist ihr Attribut bzw. ihre → Epiphanie. In der kriegerischen myk. Zeit wandelt sich der Charakter der Göttin: sie wird zur gewappneten Schutzherrin der Burg und auch der Person des Fürsten, der zu seiner Burggöttin in einem persönlichen Verhältnis steht (vgl. im Mythos das Verhältnis der A. zu → Herakles, → Jason, → Odysseus u.a.). Schon im 6. Buch der Ilias erscheint A. auch als Stadtgöttin von Troja: sie beschützt also nicht nur die Fürstenburg auf der Akropolis einer Stadt, wo auch ihr Tempel steht, sondern die ganze herumliegende Siedlung *(A. Polias, Poliuchos).* In dieser Funktion wird sie oft einfach *Pallas* (‹das Mädchen›) genannt; ihr Bild, das *Palladion,* das unzugänglich im Inneren der Burg aufbewahrt wird, ist das Unterpfand für das Bestehen der Burg bzw. der Stadt: diese kann nur dann erobert werden, wenn die Feinde vorher das Bild geraubt haben. – Mit dem Aufhören des Königtums wird A. Schutzgöttin der Freistädte; → Zeus steht dabei oft neben ihr. In Athen heißt sie einfach ‹die Göttin› (ἡ θεός), die Eule ist dort ihr heiliges Tier, wahrscheinlich deswegen, weil Eulen in großer Zahl in den Spalten des Burgberges nisten (γλαυκῶπις, bei Homer häufig Beiname der A., bedeutet wohl kaum ‹eulenäugig›, sondern vielmehr ‹mit glänzenden Augen›). A.s heiliger Ölbaum (μορία) kann vielleicht als Überrest uralten → Baumkultes angesehen werden. – In geschichtlicher Zeit gewinnen allerdings als aktive Stadtbeschützer die → Heroen neben A. an Bedeutung. – A. ist überhaupt eine wehrhafte, kämpferische Gottheit. Der blutlechzende, mordlustige → Ares jedoch ist ihr verhaßt, vielmehr ist sie die Göttin des geordneten und mit Bedacht geführten Kampfes zum Schutze der Heimat. Ihr charakteristisches Rüstungsstück ist die schildartige → Aigis (ursprünglicher Sinn nicht ganz klar, wahrscheinlich ‹Ziegenfell›; vgl. das Löwenfell des Herakles), mit der sie die Feinde schreckt und abwehrt. Die Stadtgöttin wird schließlich zur Beschützerin der Stadt in allen Lebenslagen. Ihre Feste sind Höhepunkte im Leben der Bürgergemeinde (z.B. die alle 4 Jahre in Athen gefeierten → Panathenäen). – Es paßt gut zu A. als der alten Haus- und Palastgöttin, daß sie nicht nur die Männer im Kriegshandwerk beschützt und unterstützt, sondern auch die Frauen bei ihren häuslichen Arbeiten, vor allem beim Weben und Spinnen. Überhaupt ist sie die Schutzpatronin des Handwerks, auch des von Männern betriebenen, und in dieser Funktion wird sie seit homerischer Zeit überall verehrt (z.B. als *A. Ergane).* So kommt es, daß die ursprünglich sehr ‹vornehme› Stadtgöttin in vielen Städten große Popularität erlangt, z.B. in Athen bei den Töpfern. – Bisweilen wird die stadtschützende Göttin auch zum Ackerbau und zur Vegetation in Beziehung gesetzt (→ Procharisterien, → Arretophorien). Die in Athen so bedeutsame Ölbaumzucht steht unter ihrem Schutz. Der Mythos berichtet, sie habe einst im Streit mit Poseidon den ersten Ölbaum in Attika wachsen lassen; von ihren heiligen Ölbäumen nimmt man das Öl für die Siegespreise bei den Panathenäen. – Trotz der Fürsorge, die A. als Schutzgöttin Männern und Frauen zuteil werden läßt, trägt sie keine mütterlichen Züge, vielmehr gehört Jungfräulichkeit zu ihrem Wesen (vgl. → Artemis). Ihre auf manchen Gebieten zutage tretende Wesensverwandtschaft mit → Zeus hat im Mythos dazu geführt, sie dem Zeus als ‹Tochter des gewaltigen Vaters› (ὀβριμοπάτρη) zu gesellen. Es läßt sich aber nicht erklären, welche Vorstellungen zu der merkwürdigen Geschichte von der Scheitelgeburt geführt haben (Wilamowitz verweist auf die alte Vorstellung vom Aufsteigen einer Göttin aus einem Berggipfel. Vgl. → Bergkult). Auch ist nicht klar, ob *Tritogeneia,* der alte rätselhafte Beiname der A., etwa eine Angabe über ihre Geburt oder Herkunft enthält. – In Rom mit → Minerva gleichgesetzt. K.-H.R.

Lit: F. Dümmler, RE 2,2 (1896), 1941–2020 – U. v. Wilamowitz, Der Glaube der Hellenen I, 1931, 234ff. – Nilsson I 345–350. 433–444 – E. Watson-Williams, Γλαυκῶπις 'Α., GaR 2nd ser. 1, 1954, 36–41.

[3] Im *Mythos* ist A. Tochter des Zeus und der Metis, die Zeus verschlingt, um sich vor einem allzu gefährlichen Enkel zu schützen; A. entspringt (in der nachhesiodeischen Tradition gerüstet) seinem Haupt. An der → Gigantomachie nimmt sie teil, tötet Pallas und fesselt → Enkelados. Ist Schutzgöttin des → Odysseus, → Diomedes, → Achilleus, → Menelaos, → Herakles (bei vielen Abenteuern), → Jason. Als der Göttin des Handwerks sucht → Hephaistos sich ihr zu verbinden, aber sein Same fällt zur Erde, und → Erichthonios wird daraus geboren. → Arachne, die es ihr im Spinnen gleichtun will, verliert, erhängt sich und wird von A. aus Gnade in eine Spinne verwandelt. Gegen → Poseidon gewinnt sie die Herrschaft über Attika, als im Wettstreit um Athen ihr Geschenk, der Ölbaum, vor der Salzquelle, die jener auf der Akropolis entspringen läßt, von den 12 Göttern als besser anerkannt wird. L.H.

Darstellungen: Zum Bilde der A. gehören Helm, Schild und Speer. Die → Aigis wird erst mit dem 6. Jh. ausgebildet, zuerst als großer, fellähnlicher Überwurf, tief in den Rücken fallend, am Rande mit Schlangen besetzt, später dann in den vielfältigsten Formen. Die älteren Darstellungen sind meist noch ohne das schreckende → Gorgoneion (Cook, Zeus III, 837–865). Vor allem das 5. Jh. gibt A. auch ungewaffnet und ohne Attribute. Das Tier der A. ist auch in der Bildtradition die Eule. – Die *ältesten* Darstellungen geben A. stehend, gewaffnet mit erhobenem Speerarm und geschlossenen Beinen (‹Palladiontypus›). Nicht ganz gesichert: Krateriskos, Samos (H. Walter, AM 74, 1959, 57–60), Bronzestatuette Olympia B 4500 (Kunze, 7. Ol. Ber. 1961, 160–163, Taf. 70f.), eindeutig A.: protokorinth. Lekythos in Oxford (G. W. Elderkin, AJA 38, 1934, 543 bis 546) – alle erste Hälfte 7. Jh. Etwas später eine Terrakotta-Statuette aus Gortyn (D. Levi, PP 11, 1956, 285–315, Abb. 10f.). In den anschließenden früharch. Bronzestatuetten im Palladiontypus leben wohl pelop. Kultbilder nach (Tegea, Argos, Sparta; vgl. H. G. Niemeyer, Promachos, 1960, 22ff.). Attisch ist die Bildung zur ausschreitenden Vorkämpferin (‹Promachostypus›; vgl. H. G. Niemeyer, a. O. 25ff. u. passim: Statuetten von der Athener Akropolis). Ebenfalls alt ist die Vorstellung von einer thronenden, meist waffenlosen A., gewöhnlich die Stadt- u. Burggöttin: z.B. *A. Ilias* (Il. 6, 86ff. 269ff. 286ff., das älteste literarisch erwähnte A.-Bild), *A. Lindia* von Rhodos (U. Bianchi, Epigraphica 19, 1957, 10ff.) u. die *A. Polias* der Athener Akropolis, für die Terrakotten zeugen (Herington, A. Parthenos and A. Polias, 1955, passim). Erstes erhaltenes Werk der Großplastik ist die Sitzstatue des → Endoios von der Akropolis (S. Stucchi, RM 63, 1956, 122–128, Taf. 57; A. Bombelli, ArchCl 8, 1956, 45f.). Die Promachoi der Preisamphoren spiegeln das 2. Kultbild der Akropolis (zur Gattung: Beazley, ABV, 403–417; G.R. Edwards, Hesperia 26, 1957, 320–349). – In *mythischem Zusammenhang* ist A. von der Früharchaik an die wichtigste Göttin (Vasenbilder, Relief-Friese): A.-Geburt s. → Göttergeburten. Zum Parisurteil gehört sie natürlich (Ch. Clairmont, Parisurteil 1951; R. Hampe, in: Festschr. Schweitzer 1954, 77–86), und entscheidet die → Gigantomachie (F. Vian, La guerre des géants 1952); vor allem aber erscheint sie als *Beistandsgöttin* bei fast allen Heldensagen (G. Beckel, Götterbeistand, 1961; J. D. Beazley, AntK 4, 1961, 55–58). Als Schützerin des Handwerks u. der Kunstfertigkeit, als ‹*Ergane*›, erscheint A. mit der Spindel (A. Di Vita, ASAA 30/32, 1952/54, 141–154), in der Töpfer- oder Bildhauerwerkstatt (Beazley, ARV² 571, 73. 401, 2), die Statue eines Pferdes modellierend (CVA Berlin 3, Taf. 145, 1–2. Zur *A. Hippia* vgl. N. Yalouris, MH 7, 1950, 19ff.). A. und Arachne s. → Arachne. Der Mythos von A. u. der Geburt des → *Erichthonios* ist bildlich zuerst im 5. Jh. belegt (F. Brommer, in: Charites, Festschr. E. Langlotz, 1957, 157ff.). – Die Entwicklung zur Klassik ist angedeutet in der A. im Westgiebel des Aphaiatempels auf Ägina (R. Lullies, Griech. Plastik, 1956, Taf. 69), voll durchgeführt in der A. des Euenor: vielleicht ein Frühwerk des Phidias (A. Raubitschek, Dedications, 1949, Nr. 22) – ruhig stehend, aufgestützter Speer, ‹Isolierung in der Epiphanie›. Das 5.Jh. ist das Jh. der A. Höhepunkt die Schöpfungen des → Phidias: Die ‹Promachos›, auf der Akropolis aus der Perserbeute geweiht (H. ca. 50 Fuß), nur durch Münzen und Beschreibungen bekannt, um 460 (H.G.Niemeyer, a.O., 76–86), die ‹Lemnia›, von nach Lemnos auswandernden Kolonisten um 450 auf der Akropolis geweiht (Brunn-Bruckmann 793f.; E.Kirsten, in: Festschr. Schweitzer, 1954, 166–176). Am berühmtesten die ‹Parthenos›, Kultbild im → Parthenon, auf das hin der Bau entworfen ist, Goldelfenbeinwerk (H. ca. 12 m), 438 vollendet (F.Brommer, Die A. Parthenos, 1957). Der Ostgiebel gibt die Geburt der A., der Westgiebel den Streit A.s mit Poseidon um das att. Land – die erste sichere Darstellung des Mythos, der auch später in der Bildtradition selten bleibt (E.Wüst, RE 22 (1953), 551f.; F.Brommer, Die Skulpturen der Parthenongiebel, 1963), hier hat der Typus der laufenden A. seinen Ursprung (vgl. den Pergamonfries). Die A.-Statuen des Phidias in Pallene, Plataä und Delphi sind nicht erhalten (Lippold, GrPl 142). Die Gruppe des → Myron auf der Akropolis, A. und → Marsyas, ist die älteste und bedeutendste Darstellung des Mythos, vor 440 (A.Andrén, Op.Arch. 3, 1944, 1ff.; Lippold, GrPl 139; zu den späteren Bildern vgl. K.Schauenburg, RM 65, 1958, 42–66). Berühmte Statuentypen müssen Kult- oder Weihestatue gewesen sein: Phidiasisch die ‹A. Medici›, Louvre; Langlotz, MM 1, 1960, 164ff.). → Kresilas steht die ‹A. Velletri› nahe, Louvre, um 430 (Lippold, GrPl 173). Die ‹A. Cherchel› wahrscheinlich die Hephaisteia des → Alkamenes, im Athener Hephaisteion neben dem Gott, nach 416 (S.Karusu, AM 69/70, 1954/55, 77–94). Die ‹A. Hope-Farnese›, Ende des Jh.s (Lippold, GrPl 190). Die ‹A.Ince› schließt an Myron an (G.Richter, Cat. Greek Sculpt. in the MMA, 1954, Nr. 65). Die ‹A. Giustiniani› schon Anf. 4.Jh. (Lippold, GrPl 212). Die letzten selbständigen Schöpfungen im 4.Jh., die praxitelische(?) ‹A.Arezzo› (G. Gullini, Bull.Com. 72, 1946/48, 45–48) und die ‹A. Rospigliosi› – ein schwärmerisch-pathetisches Werk (G.A.Mansuelli, Cat. Scult. Uffizi I, 1958, Nr. 33). Am Ende des 5.Jh.s die ersten archaistischen Darstellungen, vom 4.Jh. an sind auch Kultbilder archaistisch. Hellenistisch-kaiserzeitliche Statuen geben überwiegend eine sehr jugendliche Göttin, sonst auch Anlehnung an klass. Typen. – Die ital.-röm. *Minerva* ist in der bildlichen Tradition immer von der A. abhängig; häufig ist die ‹kapitolinische Trias› (H.Sauer, AA 1950/51, 73–89); die ‹Minerva Chalcidica› wohl im Typus der laufenden A. (F. Castagnoli, Arch. Cl. 12, 1960, 91–95). Vielleicht ist auch die ‹Minerva Medica› erhalten (G.Bendinelli, NSc 1926, 58–61). Es gibt heute über 400 röm. Bronzestatuetten der A.-Minerva in verschiedenen Gewandtypen – *Lit:* H.v.Heintze-H.Hager, Athene-Minerva. Ihr Bild im Wandel der Zeiten, in: Jb. Max-Planck-Ges. 1961 I, 36–127 – *Nachtrag:* Ed.G.T.Hooker, Parthenos and Parthenon, Greece and Rome 10, 1963, Suppl. – W.-H. Schuchhardt, in: Antike Plastik, Lieferung II, 1963, 31–53; Taf. 20–37 – R.Kabus-Jahn, Studien zu Frauenfiguren des 4.Jh.s, 1963, 88–93. D.W.

Athenerschatzhaus. Das um die Jahrhundertwende wieder aufgebaute A. in → Delphi mit plastisch verzierten Metopen und Giebeln hat die Form eines dor. Antentempels von 10,04 × 6,87 m Grundfläche. Nach Paus. 10, 11, 5 soll es aus der Beute von Marathon errichtet worden sein, was aber auf Grund des etwas älteren Stiles der Metopen schwerlich möglich ist. Vielleicht anläßlich des athen. Siegs über Chalkis (505)? – Schmuck der 30 Metopenfelder (9 auf der Längs- und 6 auf der Breitseite): Auf der N- und W-Seite waren die Taten des Herakles dargestellt; auf der am besten sichtbaren S- und O-Seite die Theseustaten. Von den Giebeln ist nur mehr wenig erhalten; als Akrotere dienten reitende Amazonen. E.Bg.

Lit: K.Schefold, Kleisthenes, MH 3, 1946, 72–84 – W.B.Dinsmoor, The Athenian Treasury as dated by its Ornament, AJA 50, 1946, 86–93 – P. de la Coste-Messelière, Sculptures du trésor des A., Fouilles de Delphes IV 4, 1957 – Lippold, GrPl 82.

Athenion, hellenistischer → Kameenschneider, uns bekannt durch den signierten Sardonyx-Kameo im Mus. Naz. Neap., auf dessen Bild Zeus von einem Viergespann aus zwei schlangenbeinige Giganten mit dem Blitz bekämpft (mit dem Pergamonfries in Zusammenhang gebracht). Ein signiertes Fragment aus Kameoglas in Berlin und das Bruchstück einer Replik im BM geben ein verlorengegangenes zweites Werk des A. wieder, auf dem die Triumphfahrt eines wohl pergamenischen Königs dargestellt war. P.Z.

Abb: Furtwängler, Gemmen I, Taf. 57,2; III 158, Abb. 110.

2. **A. von Maroneia** (in Thrakien), Maler, Schüler des Glaukion von Korinth. Plin. nat. 35, 134 vergleicht ihn mit → Nikias (2.H. des 4.Jh.s v.Chr.) und erwähnt sein Bildnis eines Phylarchen in Eleusis, ein Familienbildnis, einen Stallknecht mit Pferd; sein ‹Achill in Skyros› ist wahrscheinlich in einer Kopie aus Pompeji überliefert, welcher ein Achill-Briseisbild formal und stilistisch so nahesteht, daß in ihm eine weitere Kopie desselben Meisters anzunehmen ist (vgl. Schefold, PM 198f. zu Taf. 39 und 51). C.K.

Q: Overbeck, SQ, 1975 – *Lit:* Brunn II 294f. – O.Roßbach, RE 2, 2 (1896), 2041f. – Pfuhl, 775ff. – Lippold, GK, 72ff. – M.T.Amorelli, EAA I 880f.

Athenodoros von Tarsos, → Stoiker, ca. 75 v.Chr. bis 7 n.Chr., Freund → Ciceros (Att. 16, 11, 4; 14, 3), → Strabons (14, 5, 14) und philosophischer Lehrer des → Augustus (Ael. var. hist. 12, 25 u.a.), im Alter in seiner Vaterstadt als Vertrauensmann des Kaisers politisch tätig. A. verfaßte eine Epitome bzw. Bearbeitung des Werkes des → Poseidonios über den Okeanos, eine Schrift gegen die Kategorien des Aristoteles (interessant für die Überlieferungsgeschichte des Aristoteles) ferner Ethisches, benutzt von Seneca in ‹D tranquillitate animi› und in epist. 10, 5. A. ist ein charakteristisch vielseitiger Vertreter der Stoa nachposeidonischen Typs. O.G.

Athetese (von ἀθετεῖν = annullieren), Tilgung von vermutlich zu Unrecht eingedrungenen Worten oder Formen (→ Interpolationen). Vgl. → Textkritik B [3]. H.E.

Athos, der 2033 m hohe Gipfel der S-Spitze der Halbinsel → Akte der → Chalkidike (Kt. 1152 E2), auch Name für die Halbinsel selbst. Die Schiffahrt um den A. herum war sehr gefährlich (Katastrophe der pers. Flotte 492; der spartan. unter Epikles 411), daher baute → Xerxes i.J. 480 einen Kanal durch den schmalen Ansatz der Halbinsel. Erste Klöster im 10.Jh.n.Chr. E.M.

Atia maior, Tochter der Julia, der Schwester → Caesars (1), und des M. → Atius Balbus aus Aricia. Aus ihrer ersten Ehe mit C. → Octavius (4), Prätor 61 v.Chr., → Octavia (2) minor und C.Octavius, später → Augustus (Stammbaum → Jul.-claud. Haus). Nach dem Tode ihres Mannes (ca. 59) heiratete sie L. → Marcius (4) Philippus, cos. 56 v.Chr. A. riet Octavian davon ab, das Erbe Caesars anzutreten. Sie starb im ersten Konsulat des Octavian, Ende 43. Wegen der sorgfältigen Erziehung ihres Sohnes gerühmt. Nach einer späteren Legende galt Apollo als Vater Octavians. U.Wm.

2. **A.** minor, jüngere Tochter des M. → Atius Balbus und der Julia, der Schwester Caesars. Ihr Gatte L. Marcius Philippus, cos. suff. 38 v.Chr., war ein Sohn des L. → Marcius (4) Philippus, cos. 56. Ihre Tochter Marcia heiratete Paullus → Fabius (5) Maximus, cos. 11 v.Chr. U.Wm.

Lit: F.Bömer, P.Ovidius Naso, Die Fasten, 1958, 390f.

Atilius, lat. → Komödiendichter (→ Palliata), bald nach → Ennius; von Cicero (Att. 14, 20, 3) als *poeta durissimus* bezeichnet; ein Stück ‹Der Weiberfeind›, eine Bearbeitung nach → Menanders *Μισογύνης*, bei Cicero (Tusc. 4, 25) genannt. Varro (bei Charisius, gramm. I 241, 29) stellte A., was die Erregung von Affekten angeht, auf gleiche Stufe mit → Caecilius (16) Statius und → Trabea. – A. ist wahrscheinlich identisch mit dem bei Cicero (fin. 1, 5) erwähnten schlechten Übersetzer der ‹Elektra› des → Sophokles. Die Annahme der Identität wird nahegelegt durch ein bei Cicero erhaltenes Stilurteil des Licinius, der den Tragiker A. einen *ferreus scriptor* nennt. Partien aus der ‹Elektra› kamen an den Leichenspielen für Caesar zum Vortrag (Suet. Caes. 84). → Trabea. H.M.

Frg: CRF 32–33 – *Lit:* Schanz-Hosius, I 161.

2. **A. Calatinus,** A. (cos. 258, 254, dict. 249/248, cens. 247), für Cicero (Cato 61; Pis. 14) einer der Großen Roms, kämpfte im 1. Pun. Krieg 258/257, 254 und 249/248 in Sizilien (Polyb. 1, 14. 38; Zon. 8, 12. 14. 15; Diod. 23. 18, 4, → Karthago). Legendär ausgeschmückt wurde die Rettung der Armee des A. durch den Tribunen Caedicius i.J. 258 (Cato bei Gell. 3, 7). A.L.

Lit: V.Basanoff, M.Calpurnius Flamma, Tradition mythologique des annales 5, Latomus 10, 1951, 281–284.

3. **A. Fortunatianus,** bes. von → Caesius Bassus abhängiger spätlat. Grammatiker und Metriker (bes. Metren des Horaz).

Ed: GrLat VI 278–304 – *Lit:* Schanz-Hosius, IV 1, 148f.

4. **A. Regulus,** M. (cos. 267, cos. suff. 256 v. Chr.), kämpfte 267 gegen die Sallentiner und triumphierte. Im 1. Pun. Krieg landete er 256 mit seinem Kollegen L. → Manlius (6) Vulso Longus in Afrika. Nach größeren Erfolgen im Anfang (Polyb. 1.25ff.) wurde er 255 von den Karthagern vernichtend geschlagen (Polyb. 1, 31ff.) und geriet mit dem Rest seiner Truppen in Gefangenschaft. Um das Schicksal des A. nach 255 bildeten sich zahlreiche Legenden. Historisch scheint die Teilnahme an einer vermutlich um den Gefangenenaustausch bemühten Gesandtschaft der Karthager nach Rom i. J. 250 (Oros. 4, 10; Zon. 8, 15). A.L.

Lit: P. Blättler, Studien z. Regulusgesch., 1945 – A. Lippold, Consules, 1963, 34ff.

5. **A. Serranus,** A. (praet. 192 v. Chr., praet. urb. 173, cos. 170), befehligte im Krieg gegen → Antiochos III. i. J. 192/191 röm. Flotteneinheiten in der Ägäis (Liv. 35, 20–22). Im J. 172/171 gehörte er der Gesandtschaft an, die den Krieg gegen → Perseus (2) v. Makedonien diplomatisch vorbereitete (Liv. 42, 37ff., 47). A.L.

Atilius → Glitius.

Atimie. Zu *τιμή* ‹Wert, Buße; Wertschätzung, Ehre› gehört *ἄτιμος* mit der doppelten Bedeutung ‹bußlos› und ‹ehrlos›. Dementsprechend sind in Athen und anderswo zwei Grundformen der A. voneinander zu scheiden; im Einzelfall ist das freilich nicht immer leicht, auch ist ihr geschichtliches Verhältnis noch nicht eindeutig geklärt. 1. Die ältere (strenge) A. geht in die Zeit zurück, da die auf jede Verletzung der Person oder des Vermögens gesetzte Buße der wichtigste Rechtsschutz war. Wer (in der Regel durch ein schweres, gegen die Allgemeinheit gerichtetes Verbrechen) den Anspruch auf Buße verwirkt hatte, wer ‹bußlos› war, den durfte jeder ungestraft töten oder berauben, er war aus der Gemeinschaft ausgestoßen und vogelfrei. Diese Acht wurde auch später noch oft verhängt (nicht immer unter dem Namen A.), vor allem auch im voraus angedroht. – 2. Die jüngere A., der Entzug aller oder einzelner staatsbürgerlicher Rechte, traf bes. säumige Staatsschuldner, dann auch Personen, die sich bestimmte ehrenrührige Handlungen hatten zuschulden kommen lassen. F.G.

Lit: E. Weiß, Griech. Privatrecht I, 1923, 165ff. – U. Kahrstedt, Staatsgebiet u. Staatsangehörige in Athen, 1934, 106ff.

Atius Balbus, M., Prätor vor 59 v. Chr., Gatte von → Caesars Schwester Julia, durch seine Tochter → Atia (1) maior Großvater des Augustus. Chr.M.

Atlant (auch ‹*Telamon*›), an Stelle von Säule oder Pilaster das Gebälk tragende männliche Figur, nach dem das Himmelsgewölbe stützenden → Atlas benannt. Ca. 8 m hohe A.en erstmals am Olympieion von → Akragas. G.Gb.

Atlantis. → Platon fingiert im Timaios und Kritias eine Insel im Atlantik, A., die vor Jahrtausenden Ägypten beherrscht habe, bis sie in einer großen Flut versunken sei; aus 8000 Jahre alten ägypt. Aufzeichnungen habe → Solon die Geschichte dieser Insel kennengelernt. Der bereits in der Antike einsetzende Streit um die Existenz und die Lokalisation von A. ist noch nicht abgeschlossen. F.L.

Atlas, → Gigant, Sohn des Iapetos und der Klymene oder des Uranos und der Gaia. Seine 7 Töchter, die Pleiaden, werden von → Orion verfolgt und mit diesem unter die Sterne versetzt. A. auch Vater der → Hyaden und → Hesperiden. Er trägt das Himmelsgewölbe zur Strafe für seine Teilnahme am Kampf der → Titanen auf seiten des → Kronos. Sucht → Herakles zu betrügen, als dieser die Hesperidenäpfel holt, wird aber von ihm überlistet (Apollod. 2, 120). Nach Ov. met. 4, 630ff. von Perseus versteinert. Galt auch als Astronom.

Lit: W. Kranz, RhM 96, 1953, 35f. – A. Lesky, AnzAW 87, 1950, 148ff. – *Darstellungen:* Auf Vasen (Brommer 57ff.), auf einer Metope vom olympischen Zeustempel (H. Kähler, Das griech. Metopenbild, 1949, Taf. 60) und auf etrusk. Spiegeln (v. Salis, JdI 55, 1940, 114) im Zusammenhang mit dem Hesperidenabenteuer des → Herakles. Auch auf einer lakon. Schale mit → Prometheus (P. Albizzati, Vasi Vat., 1925, Taf. 17, 220), auf einer Hydria (um 450) in Richmond bei der Tötung der Medusa (K. Schauenburg, Kunst in Hessen u. am Niederrhein 3, 1963, 12f.). Auch rundplastisch dargestellt (G. Thiele, Antike Himmelsbilder, 1898, 17ff.). K.Schb.

Atlas, die große Gebirgskette, die Nordafrika von O nach W durchquert (Kt. 61 A2). Die höchsten Erhebungen liegen in Marokko (Djebel Toubkal, 4165 m); in Algerien (Djebel Chelia, 2328 m) bildet er ein hohes Tafelland und von diesem abgetrennt in Tunesien (Djebel Chambi, 1590 m) ein relativ niedriges Relief. In Marokko und in Tunesien sind dem A. weite Küstenebenen vorgelagert, während er in Algerien nur einen schmalen Küstensaum freiläßt. In der Antike wird der A. mehrfach als *Δύρις* bezeichnet (Strab. 17, 825) oder als Addiris (Plin. nat. 5, 13), welche Bezeichnungen auf das Berberwort Adrar, ‹Gebirge›, zurückzuführen sein dürften. Strabon (17, 826) bezeichnet als erster mit A. die Gebirgskette in ihrer ganzen Ausdehnung. 42 n. Chr. hat als erster Römer Suetonius Paulinus den A. mit einem Heer überquert. R.F.

Lit: Ch. A. Julien, Histoire de l'Afrique du Nord, 1951, 9–29 – A. N. Sherwin, Geogr. factors in rom. Algeria, JRS 34, 1944, 1–10.

Atom, die ‹unteilbare› Einheit der Materie nach → Leukipp und → Demokrit. Diese → Kosmologie [5] wurde mit einigen Abweichungen von → Epikur übernommen, von dessen Jünger → Lukrez wir eine ausführliche Darstellung des antiken Atomismus besitzen. Der Begriff der unteilbaren Einheit sollte zunächst dazu dienen, bestimmte Aporien der → Eleaten hinsichtlich der Teilbarkeit der realen Wesen zu überwinden. Auf Grund der Annahme fester, unveränderlicher und unzerstörbarer Atome, die sich in einem unbegrenzten Leeren bewegen, entwickelten die Atomisten eine Erklärung der Erscheinungswelt. D.J.F.

Lit: W. Kranz, Die Entstehung des Atomismus, in: Convivium, Festg. K. Ziegler, 1954, 14–40.

Aton, ägypt. Bezeichnung der sichtbaren Sonnenscheibe, die Echnaton als ‹Der Aton› zum obersten und einzigen Gott erhob. Er erhielt dabei einen ‹Königs›-Namen, dessen ältere Fassung lautet: «Re-Harachte, der im Horizont jubelt in seinem Namen Schu, der der Aton ist.» Später beseitigte man die Anspielungen an alte Götter: «Re, Herr der beiden Horizonte, der im Horizont jubelt in seinem Namen ‹Vater des Re›, der als Aton wiedergekommen ist.» Man stellte ihn in der Amarnazeit nie menschengestaltig, sondern als Sonnenscheibe dar, von der die lebenspendenden Hände ausgehen. Er wurde im Sonnentempel verehrt: offene Höfe, in denen ein Altar stand (vgl. → Ägypten I F 2). W.Hk.

Atossa (*Ἄτοσσα*). 1. Tochter des → Kyros, Schwester des → Kambyses, der sie heiratete; sie ging an den Harem des falschen Smerdis über und wurde später die Gattin des Dareios, dem sie vier Söhne schenkte (darunter → Xerxes) und den sie antrieb, Griechenland zu erobern. Nach Herodot (3, 134; 7, 1ff.) muß ihr Einfluß am Hofe beträchtlich gewesen sein. Bei Aischylos (Pers. 157ff.) erscheint sie als Witwe. – 2. Angeblich Tante von Kyros dem Großen, Gattin des Pharnakes (Diod. 31, 19, 1). – 3. Tochter und Gattin von Artaxerxes II. (Plut. Artax. 23, 27). G.R.

Atrachasīs-Mythe, bruchstückhafter akkad. Mythos. Das Lärmen der Menschen stört → Enlil, der Pest und Dürre sendet. Durch A. werden diese Schrecken gebannt; es folgt die Flut, die A. mit seiner Familie auf Anraten → Eas in einer Arche überlebt. Das Verhältnis der Mythe zum Bericht des → Gilgameš-Epos (11. Tafel) ist noch unklar. W.R.

Lit: ANET 99f.; 104–106 – J. Laessøe, The Atrahasis Epic, a Babylonian History of Mankind, BiOr 13, 1956, 90–102.

Atreus, Sohn des → Pelops und der Hippodameia. Zwist mit seinem Bruder Thyestes erst in der → Alkmaionis. Die beiden ermorden ihren Stiefbruder Chrysippos, worauf Pelops sie verflucht. Nach dessen Tod A. König (→ Hellanikos FGrHist Frg. 157). Thyestes verführt A.' Gattin Aërope und bringt durch sie den goldenen Widder, Unterpfand der Herrschaft über Mykene, an sich; darauf läßt A. seine Frau ins Meer werfen und die Kinder des Thyest töten (Aischyl. Ag. 1190ff.) oder schlachten und Thyest zum Mahl vorsetzen. Helios ändert vor Grauen seinen Lauf und geht einen Tag von West nach Ost. Thyest verflucht das ganze Geschlecht (Aischyl. Ag. 1593ff.; 1219ff.; Soph. Ai. 1293). Infolge eines Orakelspruchs, der ihm Rache durch einen mit seiner Tochter Pelopia erzeugten Sohn verheißt, verbindet er sich mit dieser. Ihr Sohn → Aigisthos tötet den A. Oder Thyest verführt die unerkannte Tochter, die dann Frau des A. wird. Thyestes gerät in dessen Gewalt, und Aigisthos soll ihn töten, wird aber vom Vater an seinem Schwert, das ihm Pelopia bei ihrer Begegnung entrissen hatte, erkannt und tötet nun A. Der Stoff bes. in der Tragödie behandelt. Sophokles schrieb einen Atreus und zwei Thyestestragödien, Euripides einen Thyestes.

Lit: Schmid-Stählin I 2, 1934, 440ff.; vgl. ebd. I 3, 1940, 351 zu den Kreterinnen des Euripides. K. Schb.

[2] Das sog. ‹*Schatzhaus des A.*› oder ‹Grab des Agamemnon› ist das schönste → Kuppelgrab vor den Toren → Mykenes. Bis auf die Verkleidung der Torfassade mit Halbsäulen (Athen, London), Reliefplatten aus verschiedenfarbigen Steinen und die bronzenen Zutaten (an Holztüre und im Kuppelraum) vollständig erhalten; vertritt die voll entwickelte Stufe des myk. Kuppelgrabes. Ende des 14. Jh.s. Die Grabkammer, neben dem Kuppelraum in den Fels gehauen, ist durch verh. niedrige Türe zugänglich. Vgl. → Grab B [2]. W. Schg.

Abb: S. Marinatos-M. Hirmer, Kreta u. das myk. Hellas, 1959, Abb. 148–151 – *Lit:* A. J. B. Wace, The date of the Treasury of A., JHS 46, 1926, 110–120 und Antiquity 1940, 233ff.

Atrium, auch cavaedium (Vitr. 6, 3), (1) der vom Rauch geschwärzte (vgl. Serv. Aen. 1, 726: atrum fit ex fumo) und im Dach geöffnete (*ὑπ' αἰθρίῳ?*), zentrale Teil der ital. Domus (→ Haus B 3); (2) *a. publicum*, öffentliches Amtsgebäude bzw. *atria auctionaria*, Auktionshalle, z. B. A. Libertatis, Publicum, Regium, Maenium, Vestae, Atria Licinia in Rom (→ Architektur II C. D; vgl. → Basilika A 2). C. K.

Q: Liv. 39, 44, 7; Varr. ling. 5, 161 – *Lit:* E. Welin, Studien zur Topogr. des Forum Romanum, AIRRS 6, 1953, 232 und passim.

Atropates, Anführer der Meder in der Schlacht von Gaugamela (331), ergriff nach dem Tode des → Dareios die Partei → Alexanders d. Gr. und erhielt dafür, nach dessen Tod, den nach ihm ‹Atropatene› genannten Teil NW-Mediens. G. R.

Atropos → Moira.

Attaleia, Name mehrerer hellenist. Neugründungen in Kleinasien: 1. Stadt in Lydien, an der Straße von Thyateira nach Pergamon, heute Selçikli (Kt. 1567 B 2). – 2. Hafenstadt der Attaliden beim heutigen Dikeli westl. von Pergamon (Kt. 1567 A 2). – 3. Stadt in Pamphylien, heute Antalya (Kt. 1567 C 3). Um 150 v. Chr. durch Attalos II. Philadelphos gegründet, kam mit dem pergamenischen Reich 133 v. Chr. an Rom, wurde aber zunächst Zentrum eines Seeräuberstaates bis zur definitiven Eroberung 79 v. Chr. Bedeutend war der antike Mauerring A.s, der seit 1914 bis auf einige Türme abgebrochen worden ist, und das Hadrianstor, ein dreibogiger Triumphbogen aus Marmor, 130 n. Chr. aus Anlaß des Besuches Hadrians in A. errichtet. Monumentales Rundgrab, Mitte des 2. Jh.s v. Chr. R. F.

Lit: C. Lanckoronski-G. Niemann-E. Petersen, Städte Pamphyliens und Pisidiens, 1890–92 – V. Viale, Relazione sull'attività della missione arch. di Adalia, Annuario 8, 1929, 357. – Inschriften: L. Robert, REG 61, 1948, 198–203 – R. Paribeni-P. Romanelli, Studi e Ricerche arch. nell'Anatolia meridionale, Mon. Ant. 23, 1915/16.

Attaliden, Geschlecht der Herrscher von → Pergamon (→ Attalos, → Eumenes). Die durch den Makedonen → Philetairos 282 v. Chr. begründete abhängige Herrschaft über Stadt und Umgebung wurde durch fähige Herrscher vergrößert und unabhängig und unter Attalos I. und Eumenes II. infolge der Verbindung mit den Römern zur beherrschenden Macht Kleinasiens, aber auch zum röm. Vasallenstaat, der 133 v. Chr. durch testamentarische Vererbung an Rom endete. Die für die politische Geschichte des Hellenismus folgenreiche Anlehnung an Rom ist durch das Streben nach einer der älteren hellenist. Staaten ebenbürtigen Großmachtstellung zu erklären. Diese Machtpolitik der A., ihre bedeutenden Leistungen für die innere Organisation des

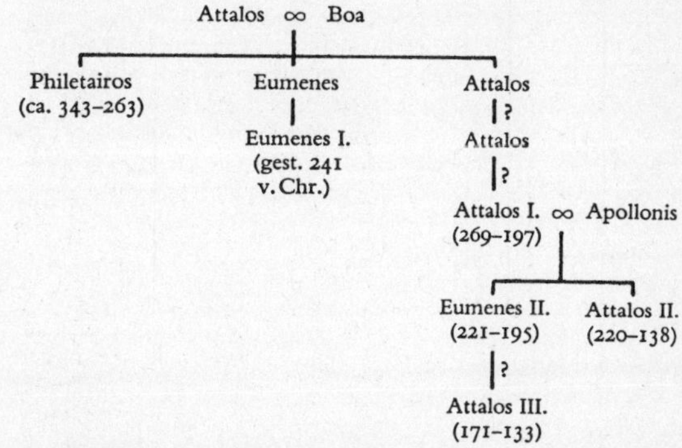

Reiches, ihr fürstliches Mäzenatentum und die Förderung der Wissenschaft und Kunst (Prachtbauten in Pergamon), ihre Stilisierung als Vorkämpfer griech. Kultur und Freiheit sind für hellenist. Herrschertum überhaupt bezeichnend und haben die späteren Vorstellungen von diesem wesentlich mitbestimmt. D. T.

Lit: G. Cardinali, Il regno di Pergamo, 1906 – E. V. Hansen, The Attalids of Pergamon, 1947 – M. Rostovtzeff, Hellen. Welt, 434–444; 630–651.

Attalisches Weihgeschenk. Nach Paus. 1, 25, 2 wurde ein die Galliersiege verherrlichendes Monument von einem Attalos auch auf die Akropolis von Athen gestiftet und an der S-Mauer aufgestellt. Die Figuren waren 2 Ellen hoch, die Darstellung umfaßte Giganten-, Amazonen- und Perserkämpfe. Auf Grund der Maßangaben hat man Teile dieses Monumentes in Kopien nachweisen können. Der Stil der erhaltenen Gruppenfiguren läßt an eine Weihung Attalos' II. denken, der die Gruppe wohl bald nach seinem Regierungsantritt (159 v. Chr.) in Auftrag gab (sog. ‹kleines› attal. Weihgeschenk). – Zum sog. ‹großen› attal. Weihgeschenk, dessen verlorenes Urbild vermutlich auf der Athenaterrasse von Pergamon stand, gehören die Statuen des sog. ‹Galliers mit seinem Weib› und des sog. ‹Sterbenden Galliers›, beide einst in der Slg. → Ludovisi und nach dem Stil um 230 v. Chr. zu datieren. – Darüber hinaus sind Gruppenelemente von weiteren Galliermonumenten in Kopien erhalten. E. Bg.

Lit: P. R. von Bienkowski, Die Darstellungen der Gallier in der hellenist. Kunst, 1908 – Lippold, GrPl 341f. 353f. – L. Vlad Borrelli, EAA III, 1960, 766f. (s. v. Gallo morente).

Attalos I. Soter, Vetter, Adoptivsohn und Nachfolger → Eumenes' I., geb. 269 v. Chr., erster König von → Pergamon (241–197). A. verweigerte den bisher gezahlten Tribut und errang glänzende Siege über die → Galater (Annahme des Königstitels). Infolge des seleukidischen Bruderkrieges nach 240 (→ Antiochos (8) Hierax) gewann A. das seleukidische Kleinasien bis zum Tauros, konnte es aber nicht behaupten. In weiteren Kriegen gegen den seleukidischen Usurpator → Achaios (zeitweise mit Hilfe galatischer Söldner; 216 Koalition mit → Antiochos III.) und durch seine Politik gegenüber den griech. Städten stärkte er jedoch seine Stellung. – Der Beitritt zum röm.-ätolischen Bündnis gegen → Philipp V. von Makedonien (212) bedeutete eine Wende der pergam. Politik. A. nahm am 1. Maked. Krieg teil und gewann die Schätzung der Römer; seine Beschwerde über Philipps kleinasiatische Expansion in Rom

(201) löste den 2. Maked. Krieg aus, an dem er bis zu seinem Tode teilnahm. Aus dem pergam. Kleinstaat eine hellenist. Großmacht zu schaffen, gelang ihm nicht, aber das Bündnis mit Rom hatte große, freilich nicht voraussehbare Folgen (→ Eumenes II.). A. führte ein vorbildliches, auch der Stabilität der Dynastie förderliches Familienleben und wurde gerühmt als Friedensfürst (Bauten in Pergamon, Förderung der Künste und Wissenschaft). Gesamturteil: Polyb. 18,41; Strab. 13,624. D.T.

Lit: U. Wilcken, RE 2 (1896), 2159–2168 – M. Rostovtzeff, Hellen. Welt, 506f. – *Bildnisse* → Anhang I.

2. **A. II.** Philadelphos, zweiter Sohn → A.' I. und der Apollonis aus Kyzikos (→ Attaliden), geb. 220 v. Chr., 159 bis 138 König von → Pergamon. Unter → Eumenes II. in militärischer und diplomatischer Verwendung, verfügte er über beste Beziehungen zu Rom. Als Herrscher gewann er 149 den langjährigen Streit mit → Prusias II. durch röm. Unterstützung und Aufstellung des Gegenkönigs → Nikomedes II. Dem → Demetrios I. v. Syrien stellte er den → Alexander (10) Balas entgegen. Seine beherrschende, wenn auch nicht unangefochtene Stellung unter den anatolischen Mächten dankte er der röm. Freundschaft, für die er mit der Rolle eines abhängigen Vasallen bezahlte. D.T.

Lit: M. Rostovtzeff, Hellen. Welt 631f.

3. **A. III.** Philometor, unsicherer Herkunft (vielleicht Sohn → A.' II. aus ephemerer Verbindung mit Stratonike, der Gemahlin → Eumenes' II., von diesem adoptiert, → Attaliden), geb. 171 v. Chr., letzter König von Pergamon (138–133). Der Überlieferung zufolge war A. ein Sonderling, der sich durch Verfolgung seiner Freunde und Verwandten verhaßt machte und seine Herrscheraufgaben zugunsten botanischer Studien vernachlässigte. Militärische Leistungen bezeugen Inscr. Perg. 246. 249. Durch Testament (vgl. Inscr. Perg. 249) vermachte der Frühverstorbene sein Reich den Römern, was zum → Aristonikos (1)-Krieg und zur Errichtung der Provinz → Asia führte. D.T.

Lit: D. Magie, Rom. Rule in Asia Minor, 1950, 3ff. – *Bildnisse* → Anhang I.

4. **A.**, → Stoiker des 1. Jh.s n. Chr., um 30 von → Sejan aus Rom verbannt (Sen. suas. 2,12), Lehrer → Senecas (2), der ihn bes. in den Briefen öfters zitiert (epist. 9. 63. 67. 72. 81. 108. 110). Im Vordergrund steht ihm die praktische Ethik (Erziehung zu Einfachheit des Lebens und zur Charakterstärke), doch erwähnt Seneca (nat. 2,48. 50) auch eine Theorie über die Vorbedeutung der Blitze (vgl. → Cicero, De divinatione). O.G.

5. **A. von Tymphaia,** Bruder des → Amyntas (1); mit diesem 330 v. Chr. in den Prozeß seines Freundes → Philotas verwickelt, doch freigesprochen, wohl mit Hilfe seines Schwagers → Perdikkas (4). Später als Taxiarch oft erwähnt, besonders in der Schlacht gegen → Poros (327) auf dem Rückmarsch aus Indien. Vgl. → Krateros (1). E.Bd.

Attasche. An den meist in Treibtechnik hergestellten Körpern der → Metallgefäße werden Henkel und Griffe (stets in Gußtechnik) anfänglich angenietet, später angelötet. Für den einen wie für den anderen Zweck sind aus Gründen der Festigkeit breitere Flächen der Ansatzstücke erforderlich, die als Attaschen bezeichnet werden. Sie können rein ornamental (etwa als Palmette: untere Endung von Kannenhenkeln, an Tellergriffen) oder vielfältig figürlich (Menschen- oder Tier→Protomen, auch ganze Figuren oder Figurenszenen, z. B. bei Hydrien des 4. Jh.s v. Chr.) ausgestaltet werden. Sirenen- bzw. Assurattasche am → Greifenkessel. U.J.

Lit: s. zu → Metallgefäße.

Atthis (Ἀτϑίς, Kurzform zu Ἀϑηναΐς), annalistische Darstellung der Geschichte Athens mit besonderer Berücksichtigung der Urgeschichte und der Kultusaltertümer. Nachdem zuerst → Hellanikos eine Spezialschrift über att. Geschichte verfaßt hatte, traten im letzten Jh. selbständiger athen. Politik, zwischen 360 und 262/261 v. Chr., eine Reihe von Athenern mit Atthiden hervor, → Kleidemos, → Androtion, → Phanodemos, Melanthios, → Demon, → Philochoros. Sie zeigen die staatliche Ordnung Athens verwurzelt in den alten Überlieferungen, suchen bes. Sagen und Kulte vor dem Vergessen zu bewahren, nicht ohne Modernisierung und Rationalisierung. Alle Atthiden bauen, bei vielen Varianten im einzelnen, auf einem gemeinsamen Quellenmaterial auf; Rückgrat ist die Liste der att. Könige und → Archonten. Daß eine authentische, alte Chronik, geführt von den → eupatridischen → Exegeten, als Urquelle aller Atthiden existierte (Wilamowitz), ist ganz unwahrscheinlich. W.Bk.

Frg: FGrHist 323a–333 – *Lit:* F. Jacoby, Atthis, 1949 – FGrHist III B Suppl., A commentary on the ancient historians of Athens, 1954.

Attianus, P. Acilius, röm. Ritter aus Italica, also Landsmann → Hadrians, über den er und der nachmalige Kaiser → Trajan beim Tode des P. Aelius Hadrianus Afer 85 n. Chr. die Vormundschaft übernahmen. Im Verein mit → Plotina brachte A. nach Trajans Tod 117 Hadrian auf den Thron (so Dio 69,1,2); den neuen Kaiser forderte er auf, einige Widersacher zu beseitigen (Hist. Aug. Hadr. 5,5; vgl. 9,3). Sehr wahrscheinlich schon unter Trajan, jedenfalls unter Hadrian war A. → praefectus praetorio, bis er, zu mächtig geworden, 119 aus dem Amt entfernt und angeblich (Hist. Aug. Hadr. 8,7; 9,3) deshalb in den Senatorenstand erhoben wurde, weil der Kaiser mit Rücksicht auf die öffentliche Meinung von einer Hinrichtung absehen mußte. K.H.Sch.

Atticus (T. Pomponius A.; 110–32 v. Chr.), → Ciceros Freund. Sohn eines Ritters, der es trotz guten Aussichten ablehnte, die politische Laufbahn einzuschlagen, und sich lieber seinen Geschäften und gelehrten Interessen widmete. Neigte zur Lehre Epikurs. Befreundet mit Marius' Sohn, im Bürgerkrieg Studien in Athen, wo er sich 83 in → Sullas Umgebung fand. Er sorgte geschickt für die Stadt, wurde zunehmend heimisch in ihr. Nach 65 mehrere Aufenthalte in Rom, u. a. 64/63 zu Ciceros Konsulat und Bewerbung dazu. Am 5. 12. 63 führte A. das Aufgebot der Ritter zum Schutz des Senats. 58 betrieb er Ciceros Rückberufung aus dem Exil. Durch vielseitigste Beziehungen und diplomatisches Geschick verfügte er über großen Einfluß, den er opportunistisch zu nutzen wußte. A. riet Cicero 57/56, sich den Machthabern anzuschließen, möglichst ohne es mit den Senatshäuptern zu verderben. Im Bürgerkrieg nach 49 stand er innerlich auf Seiten des → Pompeius (2) und → Cato (2), unterhielt aber ein sehr freundschaftliches Verhältnis auch zu L. → Cornelius (3) Balbus und C. → Oppius (2). 44/43 Unterstützung sowohl der Caesarmörder (wobei er ablehnt, sich offen zu ihnen zu bekennen) als auch des → Antonius (der ihn dafür 43 von der Proskriptionsliste streicht), vor allem durch Geld. A. hielt Octavian (→ Augustus) für den gefährlichsten Gegner, stellte sich dann aber auch mit ihm gut. Seine Tochter heiratete 37 → Agrippa (1). – A. war Verfasser einer kurzen Geschichte Roms und einer Schrift über Ciceros Konsulat. Er war sehr reich und unterhielt einen Stab von Schreibern, die damals berühmte Handschriften anfertigten. Er ließ die inneren Propyläen in Eleusis erbauen. Chr.M.

Q: Nep. Att.; Cic. ad Att. – *Lit:* R. Feger, RE Suppl. 8 (1956), 503ff. (Lit).

Attica → Caecilia.

Atticus → Julius.

Attika, das ‹athen. Land›, östlichste Halbinsel Mittelgriechenlands (Kt. 1152a), im Kap → Sunion endend, in geschichtl. Zeit ganz zu → Athen gehörend, im NW gegen die → Megaris, im N gegen → Böotien durch die Gebirge des → Kithairon und → Parnes abgegrenzt. A. liegt damit abseits des durchgehenden Landweges von Mittelgriechenland nach der Peloponnes und ist von Natur gegen Einfälle fremder Völker geschützt, gleichzeitig idealer Rückzugsort für einen verdrängten Stamm (→ Ioner). A. besitzt zwei größere *Ebenen*, im W die triasische Ebene mit → Eleusis, die im N vom → Kithairon (1409 m), im O vom Aigaleos (468 m) begrenzt ist, und die att. Ebene (Pedias, Pedion) mit Athen, im W vom Aigaleos, im N vom → Parnes (1413 m) und → Pentelikon (1109 m), im O vom → Hymettos (1026 m) begrenzt. Die von niedrigen Randbergen umschlossene Beckenlandschaft östl. vom Hymettos heißt Mesogaia, das Bergland im N Diakria (Epakria, Hyperakria). Das Küstengebiet, mitunter einschließlich der Mesogaia, hieß auch Paralia. A. einschließlich der Hauptstadt war eingeteilt in → *Demen*, dörfliche Gemeinden (in der Stadt Stadtteile), von denen 175 namentlich und viele auch der Lage nach bekannt sind. Wichtigste Orte außer → Athen und der Hafenstadt → Piräus sind Eleusis mit dem berühmten Mysterienheiligtum, das durch Aristophanes bekannte → Acharnai, → Dekeleia, → Aphidna im N, → Rhamnus mit Heiligtum der Nemesis, → Marathon, → Brauron mit Artemisheiligtum und Thorikos an der O-Küste, Phlya und Paiania im Innern. In der Südspitze lag der Bergwerksbezirk → Laurion. Das Zentrum Athen war mit allen Teilen des Landes durch *Straßen* verbunden. Die wichtigsten sind die Straße vom Dipylontor zur Akademie, die ‹heilige Straße› nach Eleusis und die Straße zum Hafen Piräus. Im S ging eine Straße vom itonischen Tor nach Phaleron, an die Küste am Hymettos und nach Sunion. Im O ging eine Straße nach Agrai. Gegen NO führten zwei Straßen zum Gymnasion des Lykeion, die nördliche nach Kephisia und Marathon. Im N führte der Hauptweg nach Acharnai und Dekeleia. – Zu Geschichte und Kult vgl. → Athen. E.M

Lit: E. Curtius-J. A. Kaupert, Karten von A., 1881–94, 26 Blätter 1:25000, mit erläuterndem Text von A. Milchhöfer, 9 Hefte, 1881 bis 1900; dazu 12 Blätter 1:100000 – W. Wrede, Attika, 1934 – Philippson-Kirsten I 753–939; 971–1068.

Attika, glatter, oft Inschriften oder Reliefs tragender Aufsatz über dem Hauptgesims eines Bauwerkes. In Griechenland erstmals monumental an einer Grabfassade in Levkadia (um 325 v. Chr.). In Italien reiche Verwendung schon am Terrassenheiligtum in Praeneste zur Kaschierung der Stirnseite von Tonnengewölben. Auf → Triumphbogen mit der Funktion einer profilierten Statuenbasis. C.K.

Attikos, Platoniker, ca. 176 n. Chr., scharfer Gegner des → Aristoteles und aller Versuche, ihn mit → Platon zu harmonisieren. Aristoteles' providenzlose Gotteslehre sei schlimmer als die → Epikurs; er leugne die Unsterblichkeit; entwerte die innere Vollkommenheit (ἀρετή), da sie nach ihm zum Glücke nicht genüge; seine Lehre vom Äther, dem körperlosen Körper, sei lächerlich. Wie → Plutarch und → Galen schreibt Attikos → Platon die Lehre von einer bösen Weltseele und von einer zeitlichen Entstehung des Kosmos zu. Ph.M.

Ed: A. Baudry, 1931 – *Übers:* O. Gigon, Aristoteles, Einführungsschriften, BAW, 1961.

Attila, König der Hunnen 434–453, zuerst gemeinsam mit seinem Bruder Bleda, den er 445 ermordete, danach Alleinherrscher. 441–443 und 447 drang er in das oström. Reich ein, richtete in den Städten an der Donau, den Balkanprovinzen und Griechenland beträchtliche Verwüstungen an und erpreßte einen hohen Goldtribut von → Theodosius II. 451 fiel er in Gallien ein, wurde aber auf den katalaunischen Feldern (bei Châlons-sur-Marne) von → Aetius und dem Westgotenkönig → Theoderich I. geschlagen. 452 brandschatzte er in Norditalien die bedeutendsten Städte; wohl eher infolge von Hunger und Seuchen als dank der Intervention Papst → Leos I. stand er davon ab, den Apennin zu überqueren. 453 starb er in der Nacht nach der Hochzeit mit Ildico, vielleicht einer Germanin. E.A.Th.

Lit: E. A. Thompson, A History of A. and the Huns, 1948 – F. Altheim, A. und die Hunnen, 1951 – H. Homeyer, A., 1951 – J. Werner, Beitr. z. Archäologie des A.-Reiches, Abh. München 38, 1956.

Attis, phryg. → Vegetationsgott, als Kultpartner mit → Kybele verbunden, ähnlich wie der ihm wesensverwandte → Adonis mit → Aphrodite. Mit dem Kult der Kybele breitete sich auch der des A. aus; allerdings ist er in Griechenland vor der hellenist. Zeit nur spärlich bezeugt: den Griechen war dieser Gott offenbar zu fremdartig. In Rom findet sein Kult zusammen mit dem der Großen Mutter (→ Magna Mater) 204 v. Chr. Eingang, doch offizielle Anerkennung seitens des Staates erlangt er erst am Beginn der Kaiserzeit (unter → Claudius). – Der *A.-Mythos* wird in verschiedenen, teilweise stark voneinander abweichenden Versionen erzählt. A., der Geliebte der Kybele (im A.-Mythos meist → *Agdistis* genannt), wird von ihr wegen Untreue in Raserei versetzt, in der er sich selbst entmannt und dabei den Tod findet. – Die *A.-Feste* (im März) beginnen mit der Trauer um den toten Gott. In der wilden → Ekstase, die die Diener des A. und der Kybele, die *Galloi* (lat. Galli), bis zur Selbstgeißelung und Selbstentmannung treibt (vgl. Catull. 63), wandelt sich die Trauer allmählich in ausgelassene Freude (dem liegt wohl ursprünglich ein → Fruchtbarkeitsritus zugrunde, der in Beziehung steht zum alljährlichen Absterben und Wiedererstehen der Vegetation). Wir wissen nicht mit Sicherheit, welche Riten dabei im einzelnen vollzogen wurden (u. a. sakramentale Mahlzeiten?). – Offenbar gab es neben diesen öffentlich und in der röm. Kaiserzeit mit großer Ausstattung begangenen A.-Festen auch einen → *Mysterien-Kult* nur für Eingeweihte. Dabei wurden u. a. das sog. Taurobolium und Kriobolium vollzogen (die ‹Taufe› eines in einer Grube sitzenden Menschen mit dem Blute eines Stieres oder Widders, der über dieser Grube geschlachtet wird). In der späten röm. Kaiserzeit waren die Anhänger des A. davon überzeugt, daß derjenige, an dem eine solche ‹Bluttaufe› vollzogen ist, ‹wiedergeboren› sei (auch die Formulierung ‹für die Ewigkeit wiedergeboren› ist bezeugt). Ungewiß bleibt, ob bzw. wie weit sich darin ein → Auferstehungsglaube ausdrückt (sakramentale Teilhabe des Mysten an einer Auferstehung des Gottes?). K.-H.R.

Lit: F. Cumont, RE 2,2 (1896), 2247–52 – Nilsson II 640ff. – H. Strathmann, RAC I, 1950, 889–899 – H. Hepding, A., 1903.

Attische Sagen. Außer dem um → Theseus gebildeten Sagenkreis, der freilich in mancher Hinsicht der → Heraklessage nachgeschaffen ist, handeln die a. S. vor allem von den urzeitlichen Königen Attikas, von denen gleich mehrere, → Kekrops, → Erichthonios, → Erechtheus, ‹aus der Erde geboren›, d. h. wahrhaft ‹autochthon› sein sollen. Ein dynastisches Schema konnte daher selbst von der antiken → Mythographie nicht aufgestellt werden, sondern nur eine auch Doppelungen zu Hilfe nehmende Reihenfolge von Königen, meist Usurpatoren, etwa so: → Kekrops, Krandos, → Amphiktyon, → Erichthonios, → Pandion (I. Vater der → Prokne), → Erechtheus, (→ Kekrops II.), → Pandion (II.), → Aigeus, → Theseus, → Menestheus und später dann, schon an der Schwelle der Geschichte, → Kodros. Man vermutet in den Widersprüchen der Sagen und dem Gegensatz → Poseidon – Athene, der in ihnen eine große Rolle spielt, die Auswirkung der vielschichtigen Zusammensetzung der Bevölkerung. L.H.

Q: Apollod. 3, 177ff.; anders Paus. 1, 2, 6.

Attischer Dialekt → Griechisch.

Attischer Seebund. So bezeichnen wir wenig glücklich die → Symmachien, die Athen seit 478 bzw. 377 v. Chr. um sich scharte.

[1] *Erster Attischer Seebund.* 478/477 verweigerten die Kontingente der Inseln, der thrakischen und der kleinasiatischen Städte beim Heer der hellenischen Eidgenossenschaft den von Sparta entsandten Oberbefehlshabern den Gehorsam und übertrugen → Athen den Oberbefehl. Daraufhin schloß Athen mit diesen Städten einen ewigen Bund und organisierte den gemeinsamen Krieg gegen die → Perser, der vor allem zur See zu führen war, in der Weise, daß es den einzelnen Bundesstädten überlassen blieb, ob sie Schiffe stellen oder zu den Athen aus Schiffbau und Seekrieg erwachsenden Kosten einen ihrer Leistungsfähigkeit

angemessenen Beitrag (→ Phoros) leisten wollten. Die meisten, und schließlich fast alle, zogen das letztere vor. Zur Entscheidung der wichtigsten Fragen traten Abgeordnete der verbündeten Städte von Zeit zu Zeit auf der allen Ioniern heiligen Insel → Delos zusammen; hier wurde auch der von den athen. → Hellenotamiai verwaltete Bundesschatz verwahrt, ehe er 454, als man Delos von den Persern bedroht glaubte, nach Athen übertragen wurde. Nach außen hatte der Bund große Erfolge, er drängte die Perser zurück und zwang sie schließlich 449 zum sog. → Kallias-Frieden. Zahlreiche Städte traten dem Bund freiwillig oder gezwungen bei, und er umschloß schließlich die meisten Inseln (außer Kreta) und Küstenstriche der Ägäis und des Meerengengebietes. – Weniger glücklich verlief die innere Entwicklung. Athen machte seine Führung immer rücksichtsloser geltend, griff häufig in die inneren Verhältnisse der Gliedstaaten ein, ging dazu über, durch athen. Volksbeschlüsse für alle Bundesstädte verbindliche Regelungen zu treffen (u.a. zur Vereinheitlichung des Münzwesens und der Maße und Gewichte), zog die öffentlichen und privaten Prozesse der Bündner mehr und mehr vor attische Gerichte und verfügte schließlich völlig frei, ohne jede Rücksicht auf den Bundeszweck, über den Bundesschatz. Die Neigung zum Abfall wuchs, aber Athen konnte die Abtrünnigen meist schnell unterwerfen und benützte dann diese – wie jede andere – Gelegenheit, einzelne Städte durch besondere Verträge, auch durch Annexion ihres Gebietes und Ansiedlung von → Kleruchen noch fester zu binden. Aus den freien Bündnern wurden so mehr und mehr tributpflichtige Untertanen Athens, denen erst der → Pelop. Krieg, vor allem die Jahre 412/404, die Befreiung durch Sparta oder vielmehr teils die persische, teils die lakedämonische Herrschaft brachte. F.G.

Q: The Athenian Tribute Lists I–IV, 1939–53 (Lit).

[2] *Zweiter Attischer Seebund* (378–355). Spartas Herrschaft nach der Kapitulation Athens (404) und Zerschlagung des 1. A. S.s war bald so verhaßt, daß Athen wieder Bundesgenossen gewinnen konnte: nach der Schlacht bei Knidos (394), bes. durch → Thrasybulos (1) i.J. 389–388, und nach dem → Antalkidasfrieden von 386 (so i.J. 384 Chios). Die eigentliche Gründung des 2. A. S.s erfolgte 378; seine Bestimmungen sind vor allem bekannt aus dem Dekret des Aristoteles von 377, einer Einladung zum Beitritt: er war ein Defensivbündnis gegen Sparta, hielt sich genau an die Bestimmungen des Antalkidasfriedens (Autonomie der Bündner, Ausschluß der kleinasiatischen Griechen) und verbot alles, was im 1. A. S. böses Blut gemacht hatte. Politisch wirkte für den Bund, der schließlich ca. 70 Mitglieder umfaßte, bes. → Kallistratos (1), militärisch → Chabrias, → Iphikrates und → Timotheos (1). Vor allem der letzte versuchte, die imperialistischen Tendenzen des 1. A. S.s zur Geltung zu bringen, was schließlich zum → Bundesgenossenkrieg (1) und zur Auflösung des Bundes (355), des letzten griech. Machtgebildes, führte. E.Bn.

Lit: H. Bengtson, Die Staatsverträge des Altert. II, 1962, 207–211 (Lit).

Attizismus, bei Cic. Att. 4, 17, 1 erstmals mit Bezug auf die Sprache belegtes Wort; heute eingebürgert als Bezeichnung für die zu Beginn des 2. Jh.s v. Chr. einsetzende Gegenbewegung gegen Manieriertheit und Schwulst des → Asianismus; gekennzeichnet durch die Nachahmung (*μίμησις*, imitatio) der att. Stilmuster klassischer Zeit. Seine Blüte erreichte der A. um die Zeitenwende (→ Dionysios (16) v. Halikarnaß), einen nochmaligen Aufschwung im 2. Jh. n. Chr. (als Richtung innerhalb der sog. Zweiten Sophistik); vgl. → Redner D; → Rhetorik B[8–10]. H.H.

Lit: Ed. Norden. Die ant. Kunstprosa I, 1898 (Nachdr. 1958), 149ff. – Kennedy, Persuasion, 1963, 330ff. – W. Schmid, Der A., 4 Bde, 1887–97 (nur ab Dion. Hal.) – L. Radermacher, Über die Anfänge des A., RhM 54, 1899, 351–374 – H. Heck, Zur Entstehung des rhetor. A., Diss. München 1917.

Attius Labeo übersetzte um die Mitte des 1. Jh.s n. Chr. Homers Epen ins Lateinische. → Persius verspottete ihn (1, 4 und 50 mit Scholien). 1 Vers erhalten (PRF 363). B.K.

1a. **A. Priscus,** Maler. Zusammen mit Cornelius Pinus soll er zur Zeit Vespasians den Tempel der Honos und Virtus ausgestaltet haben. Daß sein Stil *antiquis similior* gewesen sei, kennzeichnet ihn als Klassizisten. C.K.

Q: Plin. nat. 35, 120 – *Lit:* Brunn II 307f. – Pfuhl, 830 – L. Guerrini, EAA I 908.

2. **A. Varus,** P. (praet. vor 52 v. Chr.). A. war vor 51 Statthalter Africas. 49 auf Seiten des → Pompeius (2), nahm eigenmächtig Africa in Besitz, wobei er den rechtmäßigen (ebenfalls pompejanischen) Statthalter an der Landung hinderte. Er besiegte C. → Scribonius (4) Curio bei Utica und war dann Legat unter Q. → Caecilius (15) Metellus Pius Scipio. 45 bei Munda gefallen. Chr. M.

Atum, ägypt. Gott. Sein Namen bedeutet den ‹Nichtseienden›. Er ist ein spekulativ erdachter Gott des Urchaos, aus dem die Welt hervorgegangen ist. Daher wird er menschengestaltig, mit Doppelkrone, dargestellt. Sein Kultort war Heliopolis, wo er seit der 5. Dyn. mit dem Sonnengott gleichgesetzt wurde; dabei galt er als die untergehende Sonne. Auch verband er sich dort mit älteren Lokalgöttern wie dem Skarabäus, der Schlange oder (spät) dem Ichneumon. In der Mythe schuf er entweder durch Onanie oder durch Aushusten Schu (Luft) und Tefnut (Feuchtigkeit) und gab damit den Anstoß zur Weltentstehung, die als Familienbildung (Geb-Nut: Erde und Himmel; Osiris-Seth: Fruchtland und Wüste) gedacht war. Man verehrte ihn in Heliopolis in einem Stein *(bnbn)* auf einem ‹Urhügel›, dem Urbild des Obelisken. W. Hk.

Auctor ad Herennium → Rhetorik an Herennius.

Auctoritas, röm. Begriff, dem ein griech. Aequivalent fehlt (vgl. Dio Cass. 55, 3). Verschiedene mit Hilfe der Etymologie von auctor, augere gewonnene Grundbedeutungen sind umstritten. Gebrauch: 1. Im *Privatrecht* (→ Recht III): a) A. tutoris heißt das verantwortliche Eintreten des tutor in die Rechtsgeschäfte seines Mündels. b) Der Verkäufer einer Sache garantiert dem Käufer, ihm im Streitfall beim Nachweis der Legitimität seines Besitzes beizustehen. Diese in der Prozeßhilfe sich aktualisierende Garantie heißt A. (‹Gewährschaftshilfe›). 2. Im öffentlichen Leben bezeichnet A. die vorwiegend in Alter, Ehrenstellung, Begabung und Lebensführung gründende Kraft einer Persönlichkeit, durch ihren Rat Einfluß auf die Entscheidungen anderer auszuüben. Diese Person-Macht wird der Amtsmacht (potestas) gegenübergestellt. Vor allem wird A. zum Grundbegriff für die Herrschaftsweise des → Senats, der durch sein consilium politischen Einfluß ausübt, institutionell verankert als A. patrum (Zustimmung des Senats zu Volksbeschlüssen) und als A. senatus (aufgezeichneter Senatsbeschluß). Die A. principis ist seit Augustus zunächst Ausdruck der rechtlich nicht genau faßbaren Machtstellung des Kaisers, erlangt aber sehr bald rechtsverbindliche Kraft (Formel: ex auctoritate principis). Im Christentum bezeichnet der A.-Begriff, zur A. divina gesteigert, Wirkungskraft und Anspruch christlicher Wahrheit. Augustin stellt A. als Korrelat zum Glauben dem Wissen aus Vernunft gegenüber. In dieser erkenntnistheoretischen Funktion bestimmt der Begriff die Diskussionen von Mittelalter und Aufklärung. K.-H, L.

Lit: Mommsen, Staatsrecht III 1022–43 – R. Heinze, A., Hermes 60, 1925, 348–366 – U. Gmelin, A., Diss. Berlin 1936 – F. Fürst, Die Bedeutung der A. im privaten und öffentl. Leben der röm. Republik, Diss. Marburg 1937 – A. Magdelain, A. principis, Paris 1947 – M. Kaser, Röm. Privatrecht I, 1955, 113ff. – Th. Mayer-Maly, ZRG 78, 1961, 221–276.

Auferstehung. Die Vorstellung, daß die im Grabe liegenden Toten dereinst nach Gottes Willen wieder auferstehen (*ἀνιστάναι*, resurgere) und ein neues Leben beginnen, ist im Prinzip rein christlich, auch wenn der Begriff gelegentlich in nichtchristl. Literatur auftaucht (Luk. salt. 45 u. a.) und von den Christen in Anspruch genommen wird (Heraklit VS 22 B 63). Unantik ist (a) der Gedanke, daß der ganze Mensch mit Körper und Seele die A. erfährt, (b) daß die A. ganz an den Willen Gottes gebunden ist. Die Antike kennt nur eine Unsterblichkeit der → Seele, die in ihrem geistigen Wesen selbst angelegt ist. Grundlegend bes. die Auseinandersetzung bei Aug. civ. 21/22. – Vgl. → Sarkophag. O. G.

Aufidius, Cn., Prätor ca. 107, Statthalter von Asia; Verfasser einer röm. Geschichte in griech. Sprache (Cic. Tusc. 5, 112). R. T.

Frg: HRR I CCXLf. – *Lit:* Broughton I 551 ff.

2. **A. Bassus,** röm. → Geschichtsschreiber der frühen Kaiserzeit. → Seneca (2) rühmt sein mannhaftes Ertragen der Altersleiden (epist. 30); da er gleichzeitig sein Epikureertum hervorhebt, ist es wenig wahrscheinlich, daß A. politisch hervortrat. Bezeugt sind von ihm zwei historische Werke: 1. Libri belli Germanici, wahrscheinlich eine Monographie über die Kämpfe des → Drusus (1), → Tiberius und → Germanicus, publiziert unter Tiberius. → Plinius (1) d. Ä. griff das Thema in seinen ‹Bella Germaniae› auf. – 2. Historiae, die mit den Bürgerkriegen nach → Caesars Ermordung begannen – der ältere Seneca (suas. 6, 18; 23) zitiert daraus die Schilderung von Ciceros Tod – und bis zum Sturze → Sejans reichten. Plinius d. Ä. hat es in seiner Zeitgeschichte ‹A fine Aufidi Bassi› fortgesetzt, → Tacitus (2) beide Werke für seine Darstellung der Tiberius-Zeit benutzt. → Cassiodor entnahm ihm für seine Chronik die eponymen Konsuln (vom Livius-Schluß bis 31 n. Chr.). R. T.

Frg: HRR II 96–98 – *Lit:* PIR I² 276 – R. Syme, Tacitus I, 1958, 274, 288 – F. Klingner, Tacitus u. d. Gesch.schreiber d. 1. Jh.s n. Chr. (1958), in: Röm. Geisteswelt, 1961⁴, 469–489 – G. B. Townend, Traces in Dio Cassius of Cluvius, Aufidius and Pliny, Hermes 89, 1961, 227–248.

3. **A. Namusa,** Schüler des Serv. → Sulpicius (12) Rufus (Pompon. dig. 1, 2, 2, 44). Er faßte die Schriften der meisten Schüler des Servius in einem Sammelwerk von 140 Büchern zusammen. H. Hb.

Aufforderung zum Tanz, moderne Bezeichnung einer berühmten hellenist. Gruppe, von W. Klein auf Grund eines Münztypus von Kyzikos rekonstruiert. Die Bestandteile der Gruppe: ein vor einer sitzenden Mänade eine Fußklapper tretender Satyr, sind in mehreren Kopienserien überliefert (am bekanntesten die in Florenz). Die Gruppe, wohl kaum vor der Mitte des 2. Jh.s v. Chr. entstanden, gehört zu den gelungensten Schöpfungen des antiken Rokoko und hat zündende Wirkung gehabt. E. Bg.

Lit: W. Klein, Zeitschr. f. bildende Kunst, NF 20, 1909, 101–116, Abb. 9f. – E. Berger, Kunstwerke der Antike aus der Slg. Käppeli, 1963, A 23 – *Satyr:* Vgl. bes. Kopf aus Vienne im Louvre: Alinari 22711 – *Mänade:* vgl. bes. Kopf und Oberkörper in Tunis: P. Gauckler, Musée Alaoui, 1897, Taf. 12, 16.

Aufklärung. Das dem Begriff zugrunde liegende Bild ist antik. Aufgabe der Philosophie ist es, aus dem Dunkel der Unwissenheit ans Licht der Einsicht zu führen. Die antike Philosophie hat sich stets als Lehrerin eines begründbaren Wissens verstanden gegenüber den geschichtlichen Traditionen, deren Autorität auf Alter und Verbreitung beruht. Die Beziehung zwischen Einsicht und Tradition kann jedoch verschiedene Formen annehmen: (a) die sachliche Widerlegung des Falschen durch nachweisbar Richtiges, (b) die aggressive Destruktion von Torheit und Aberglaube, (c) die Auswertung der Tradition durch Umdeutung, die sie als eine rudimentäre Vorform philosophischer Einsicht erläutert, (d) die Respektierung der Tradition als eines Faktors, auf den aus pädagogischen und sachlichen Gründen nicht verzichtet werden kann. A. im strengen Sinne ist nur (b), wo die destruktive Polemik alle andern Motive überdeckt. Wie weit die ionische Naturphilosophie (→ Vorsokratiker) und die → Sophistik des 5. Jh.s v. Chr. bewußt solche Absichten verfochten, ist kaum mehr festzustellen. Allerdings hat → Platon im ‹Staat› und im ‹Gorgias› die Sokratesgegner Thrasymachos und Kallikles als Aufklärer gezeichnet. Die → Sokratik selbst weist in ihrem Glauben an die Macht des widerlegenden Logos, ihrer Geringschätzung von Autorität und Tradition und ihrer Neigung zu Paradoxien aufklärerische Elemente auf. Evident werden sie in der provozierenden ‹Schamlosigkeit› der → Kyniker und in der Ethik der → Kyrenaiker. Später hat → Epikur bes. im Kampf gegen Platon aufklärerische Schlagworte nicht gescheut. Von der andern Seite hat die radikale → Aporetik der Neuen → Akademie öfters kraß aufklärerisch gewirkt. Eine geistige Bewegung, die an Mächtigkeit mit der Aufklärung des 18. Jh.s vergleichbar wäre, hat es indessen in der Antike nicht gegeben. O. G.

Auge, Tochter des Königs Aleuos von Tegea, der sie, aus Furcht vor Orakelprophezeiungen über einen Enkel, als Priesterin der Athene weiht. A. wird aber von Herakles umarmt und Mutter des → Telephos (s. d. für ihre weiteren Schicksale).

Augenschalen, eine in Athen (→ Exekias, → Nikosthenes, → Oltos) und Chalkis (→ Phineusschale) um 550–520 verbreitete Schalenform mit tiefem, glattem Becken auf niedrigem Fuß. Zwei Augenpaare schmücken die anfangs hellgrundige, im Früh → Rotfigurigen dunkle Außenwandung. Als spätarch. V.gattung vereint sie vereinzelt auch verschiedene Maltechniken an einem Gefäß. Figürliche Bilder erscheinen neben den Henkeln, später auch zwischen den Augen. – Augenpaare sind in Ionien auf anderen Gefäßen schon früher beliebt, in Athen tragen sie auch spätarchaische Halsamphoren; man deutet sie → apotropäisch, als Andeutung der Dionysosmaske oder als Anthropomorphisierung des Gefäßes (→ Vasen B.). I. Sch.

Lit: H. J. Bloesch, Formen att. Schalen, 1940, 1–39 – K. Schefold, Griech. Kunst, 1959, 39f.

Augias (Αὐγείας), oft als Sohn des → Helios bezeichnet, König von Epirus, dessen Stall → Herakles reinigt.

Auguren, röm. → Priesterkollegium, das den Königen und später den Magistraten der Republik bei der Einholung der Vorzeichen (→ Mantik) zur Seite stand. Ihr Name wird auf augere, ‹mehren›, zurückgeführt: der *augur* ist derjenige, der ‹Mehrung› gibt; daraus wird: ‹derjenige, der günstige Vorzeichen gibt› (A. Ernout). Die Gründung des Kollegiums wird bald → Romulus, bald → Numa zugeschrieben. Ursprünglich waren die A. Patrizier; erst die lex Ogulnia (300 v. Chr.) öffnete den Plebejern das Kollegium (5 von 9 Sitzen). Sulla erhöhte ihre Anzahl auf fünfzehn, und Caesar ernannte einen sechzehnten A. (über ihre Ergänzung durch Zuwahl verbunden mit einer Volkswahl in reduzierten Comitien → Priester). Sie hatten keinen Vorsitzenden; bei den monatlichen Versammlungen an den Nonen im *auguraculum*, d. h. in der arx (Burg) des → Kapitols (Fest. 17 L.; Varro ling. 7, 8) äußerten sie ihre Meinung in der Reihenfolge ihres Alters. – Die A. waren nicht eigentlich Priester, denn sie brachten keine Opfer für das Volk dar und befaßten sich nicht mit den Kultbegehungen: sie waren «die Bewahrer der staatlichen Weissagung, die immer streng getrennt war sowohl von der etrusk. → Haruspicina als von der griech. → Mantik, welche in Rom die → Sibyllinischen Bücher vertraten» (Bouché-Leclercq). Sie versuchten niemals, einen Blick in die fernere Zukunft zu tun; sie stellten → Jupiter (und nur ihm) Fragen, die Handlung betreffend, die der Magistrat gerade auszuführen im Sinne hatte, Fragen, auf die Jupiter mit ‹Ja› oder ‹Nein› antwortete. Mit ihrem Augurenstab (*lituus*; vgl. Livius 1, 18, 7) zeichneten sie ein nach den Himmelsrichtungen gerichtetes und in vier Teile geteiltes *Templum*, d. h. ein abgegrenztes Beobachtungsfeld am Himmel; vom Eingang ihres Zeltes aus, das in der Mitte des dem himmlischen entsprechenden irdischen Templums aufgestellt war, beobachteten sie die Vorzeichen (*auguria*), die dem Flug der alites (z. B. → Adler, Geier) oder dem Schrei der oscines (z. B. → Rabe, Krähe) entnommen wurden; meistens jedoch verfuhr man nach einer einfacheren Methode: man beobachtete den Appetit der heiligen Hühner: das günstigste Zeichen war, wenn sie so gierig fraßen, daß sie Körner aus dem Schnabel fallen ließen (Cic. div. 2, 72). Ein vorheriges Fasten in ihren Käfigen konnte sie dazu bereitmachen. Die A. deuteten auch Blitze und Donnerschläge: der von links aus heiterem Himmel kommende Blitz war günstig, aber Blitz und Donner während der Volksversammlungen war ein ungünstiges Zeichen und Grund genug, die Versammlung für den Tag aufzuheben. Die Auguralwissenschaft nannte dirae die zufälligen Zeichen, welche die Einholung der Auspizien störten: irgendwelcher Lärm z. B., der die rituelle Stille unterbrach. Über die Rolle, welche die A. bei der Inauguration von Orten oder Personen spielten, → Priester und → Inauguratio. Daß das Amt der A. noch am Ende der Republik in hohem Ansehen stand, zeigt → Cicero, der selber A. war und ein Buch De auguriis verfaßt hat. Eine kräftige Förderung durch → Augustus ist anzunehmen; existiert hat das Kollegium bis zum Ende des 4. Jh.s n. Chr. H. Le B.

Lit: E. Flinck, Auguralia und Verwandtes, in: Ann. Acad. Fennicae, ser. B., Helsingfors, 1921.

Augurinus, Sentius, bei → Plinius (2) d. J. (epist 4, 27; 9, 8) als Dichter eleganter Kurzgedichte gerühmt. Acht Hendekasyllaben auf Plinius in neoterischem Stil erhalten (FPL 135). Vielleicht identisch mit dem Prokonsul z. Z. Hadrians, Q. Gellius Sentius Aug. E. Bk.

Lit: H. Bardon, La litt. lat. inconnue II, 1956, 222.

Augurinus, vgl. auch → Minucius.

Augurium → Mantik.

Augusta, Titel, → Augustus.

Augusta Praetoria Salassorum, 24 v. Chr. von → Augustus gegründete Kolonie am Fuß der Poeninen (Kt. 1420 B2; heute Aosta). Grundriß des Castrum für die moderne Stadtanlage bestimmend. Ansehnliche Reste der Stadtmauer mit Türmen und Toren, des Forums mit großer Kryptoporticus, des Theaters und Amphitheaters und röm. Häuser. Triumphbogen für Augustus. B. A.

Lit: C. Promis, Le antichità di Aosta, 1862 – P. Barocelli, A. Praetoria, Forma Italiae I, 1948 – G. Bendinelli, EAA I, 1958, 453 ff. – S. Finocchi, Cisalpina I, 1959, 103 ff.

2. **A. Raurica,** als *Colonia R.* im J. 44 v. Chr. von → Munatius Plancus gegründet im Lande der kelt. Rauriker beim heutigen Augst in der Nähe von Basel (Kt. 1057 C9). Aus der Blütezeit im 2. und 3. Jh. zahlreiche Ruinen, u. a. das besterhaltene röm. Theater nördl. der Alpen, Amphitheater, Basilika, Tempel. Nachgewiesen Fora, Thermen, Wohn- und Handwerkerquartiere mit rechtwinkligem Straßennetz. Am Rhein das mächtige *Castrum Rauracense* (Kaiseraugst), Garnisonsort diokletianischer Zeit. In ihm wurde 1962 ein bedeutender Silberschatz aus der Mitte des 4. Jh.s n. Chr. gefunden. L. B.-H.

Lit: R. Laur, Führer durch A. R. (1937), 1959^3 – Ders., Der Silberschatz von Kaiseraugst, 1963.

3. **A. Taurinorum,** Hauptstadt der Tauriner in verkehrsgünstiger Lage am Zugang zum Alpenpaß des Monginevrino und am Zusammenfluß von Doria Riparia und Po, der von hier an schiffbar ist (Kt. 1420 B2; heute Torino, Turin). Der Grundriß des heutigen Stadtkerns lehnt sich aufs engste an den des Castrum an, das Octavian (→ Augustus) nach der Schlacht von Actium hier für seine Veteranenkolonie anlegen ließ. Dessen Mauern mit der Porta Principalis Sinistra (Porta Palatina) sind z. T. erhalten, außerdem Reste des Theaters mit der Porticus dahinter. B. A.

Lit: C. Promis, Storia dell'antica Torino, 1869 – G. Bendinelli, Torino Romana, 1929 – F. Cognasso, Storia di Torino, 1959.

4. **A. Treverorum** (Kt. 1057 B6; heute Trier), in günstigster Verkehrslage am Schnittpunkt der großen Fernstraßen nach Köln, Koblenz, Mainz, Straßburg, Paris.

[1] *Geschichte:* In vorröm. Zeit religiöses Zentrum der → Treverer, wie Spätlatènefunde im römerzeitlichen Tempelbezirk im Altbachtal und im Heiligtum des Lenus-Mars am Irrbach zeigen. Der Beiname A. geht wohl auf → Augustus, der Titel Colonia auf → Claudius zurück. A. war Sitz der Finanzverwaltung für → Belgica, → Germania Sup. und Inf. Als rein zivile Stadt blieb es bis nach der Aufgabe des → Limes unbefestigt. Seit etwa 100 n. Chr. erlebte A. als Versorgungszentrum der röm. Legionen in → Germanien einen enormen Aufschwung des Handels und Gewerbes, vorab des Transportverkehrs auf der Mosel. Von dieser Blüte legen die reich ausgestatteten, unter den spätkaiserzeitl. Monumentalbauten entdeckten Häuser und das einheimische Kunsthandwerk beredtes Zeugnis ab (vgl. → Igel, → Noviomagus/Neumagen). Unter → Postumus und → Victorinus (1) kurzfristig Residenz der gall. Gegenkaiser. 275/276 n. Chr. von → Franken und → Alamannen verwüstet. Unter → Constantius (1) Chlorus Wiederaufbau und Erhebung zur kaiserlichen Residenz mit Münzprägestätte und zum Verwaltungshauptort der Diözese → Gallien, an deren Spitze als höchster Zivilbeamter der Praefectus Praetorio Galliarum steht. Unter → Konstantin d. Gr. bauliche und kulturelle Blüte. Der Kaiserhof wird zum Mittelpunkt geistigen Lebens und frühchristl.-höfischer Kultur. Die Anwesenheit von → Lactantius, → Athanasios, → Ausonius, → Hieronymus ist überliefert. Nach einer Spätblüte unter → Valentinian und → Gratian werden um 395 angesichts der Gotengefahr der kaiserliche Hof nach → Mediolanum und die Präfektur nach → Arelate verlegt.

[2] Ältester der zahlreichen erhaltenen *Bauten* ist das um 100 n. Chr. anstelle eines älteren Holzbaues errichtete Amphitheater. Die wohl bis in fränkische Zeit benützten Thermen im Vorort St. Barbara stammen aus der Mitte des 2. Jh.s. Kernbau des konstantin. Palastbezirkes ist die heute wiederhergestellte sog. Basilika, eine in massivem Ziegelbau errichtete Repräsentationsaula mit ursprünglich T-förmigem Grundriß, der bisher in der antiken Baugeschichte einzig dasteht. Dom und Liebfrauenkirche gehen auf eine konstantinische Doppelkathedrale zurück. Von den Kaiserthermen, nach den Caracalla- und den Diokletiansthermen in Rom den größten des Imperiums, sind die Mauern des Caldariums erhalten. Die gewaltige Porta Nigra (gegen 300), benannt nach der Patina der schweren, ohne Mörtel gefügten Sandsteinquadern, ist das N-Tor des ehemals 6,5 km langen und 285 ha einfassenden spätröm. Mauerringes, des längsten von ganz Gallien. Fünf von den sieben Pfeilern der heutigen ‹Römerbrücke› datieren aus dem 4. Jh. Ins gleiche Jh. gehören die ins ehemalige Kloster von St. Irminen an der Mosel eingebauten Reste der kaiserlichen Speicher. Eine frühchristl. Begräbnisstätte ist konserviert bei der Kirche St. Maximin, die dem Trierer Bischof Maximinus (eingesetzt 332), einem hervorragenden Vertreter der antiarianischen Orthodoxie, geweiht ist. L. B.-H.

Lit: Trierer Zeitschr. für Gesch. u. Kunst des Trierer Landes u. seiner Nachbargeb., seit 1926 – S. Loeschcke, Der Tempelbezirk im Altbachtale zu T., 1942 – E. Gose, Der Tempelbezirk des Lenus Mars in T., 1955 – M. R. Alföldi, Die constantin. Goldprägung in T., JbNG 9, 1958, 99–139 – J. Moreau, Das T.er Kornmarktmosaik, 1960 – W. Reusch, A. T., Rundgang durch das röm. T., 1961.

5. **A. Vindelicorum,** röm. Stadt in Rätien (Kt. 1057 E8; heute Augsburg). Von Augustus neben dem röm. Legionslager in Oberhausen gegründet, erhält unter Hadrian Munizipalrecht. Hauptort von Rätien bis zur Verlegung der Legio III Italica nach → Castra (2) Regina (Regensburg). Die röm. Stadt lag auf der von Lech und Wertach gebildeten Landzunge. Durch die mittelalterl. und neuzeitl. Überbauung haben sich nur wenige Bodendenkmäler erhalten: u. a. Teile des Straßennetzes, der Stadtmauer mit W-Tor und Graben, zweier Thermen und eines im heutigen Fronhof sichtbaren Wohnhauses mit frühchristl. Kapelle. B. S.

Lit: F. Wagner, Die Römer in Bayern (1924), 1928^4 – K. Parlasca, Röm. Wandmalereien in Augsburg, 1956 – W. Hübener, Zum röm. u. frühmittelalterl. Augsburg, JRGZ Mainz 5, 1958, 154–238 – *Inschriften:* F. Vollmer, Inscript. Bavariae Rom., 1915, Nr. 95–176.

Augustales → Sodales Augustales.

Augusteische Literatur. Zeitlich etwa auf die Jahre 31 v. bis 14 n. Chr. begrenzt, nicht nur äußerlich, sondern auch innerlich vielfach auf → Augustus bezogen (Vergil schon ecl. 1, georg. 1 und 3. Anf., 4 Schluß; Aen. 6, 791–807; 8, 671–728; Prop. 2, 31. 34, 61 ff.; 3, 4. 9. 11; 4, 6; Hor. carm. 1, 2. 12. 35; 3, 1–6. 14. 24; 4, 5. 14. 15; epist. 2, 1), ist die A. Dichtung und Kunstprosa ein Gipfel der röm. Literatur. Das Lebensgefühl der älteren Dichtergeneration (→ Vergil, → Horaz) ist wesentlich von dem Erlebnis der neuen Ordnung nach den Wirren der Bürgerkriege geprägt; das der jüngeren Generation (→ Ovid) geht von dem augusteischen Weltfrieden als selbstverständlicher Tatsache aus. Zwischen diesen beiden Polen entfaltet eine Fülle bedeutender Geister ihre jeweils individuelle Tätigkeit, von dem Princeps, seinem → Maecenas und anderen Gönnern (→ Dichterpatronage) nur sehr maßvoll gelenkt; die einzigen schmerzlichen Ausnahmen in diesem Gesamtbild einer bei aller Gebundenheit doch freien und organischen Kulturentwicklung sind die Schicksale der großen Dichter Cornelius → Gallus (3) und Ovid. In der A. Literatur vollendet sich die röm. Literatur: sie wird vollkommener Ausdruck ihrer Zeit, röm. Wesens und des Dichterindividuums: aus dieser dreifachen Erfüllung erhellt, daß es sich nicht um nur ‹höfische› Poesie handelt, sondern um lebendig Gewachsenes. Ein Grundzug der Epoche ist der Sinn für das Wesentliche, der sich auch in der Rückbesinnung auf frühgriech. Vorbilder (Vergil findet, von → Catull und → Theokrit herkommend, zu → Hesiod und → Homer, Horaz zu den äolischen → Lyrikern) und der Abwendung von hellenistischem Kleinformat kundtut: die große Zeit hebt den Dichter über das nur Private hinaus. Mit der Reifung der dichterischen Sprache und Form ist die Übertragung der verfeinerten hellenistischen Technik in das große Format verbunden: so entsteht in Rom zum erstenmal ‹klassische› Dichtung (Musterbeispiel: Vergils Georgica). Klassik wird von jedem Dichter in sehr persönlicher Weise verwirklicht: dies macht den erstaunlichen Reichtum der Epoche aus. – Das Lebenswerk Horazens ist der vielgestaltige und doch einheitliche Ausdruck einer reichen Individualität, die sich in ihrem wesenhaft veranlagten Streben nach Maß und Mitte mit der Staatsordnung des Augustus einig weiß, doch letztlich den ruhenden Pol in sich selbst trägt und sich in sanfter Abwehr ehrenvoller Ämter mit Erfolg behauptet: ein wacher Sinn für das Wirkliche und Mögliche gibt dem Werk Horazens das Gepräge. Die Zustimmung einer solch nüchternen und unabhängigen Persönlichkeit wie der des Horaz ehrt die Leistungen des Augustus besonders. – Vergil beschwört weniger das Sichtbare als vielmehr erhaben Gedachtes und tief Empfundenes: seine Welt ist die des Ethisch-Menschlichen und die des Geschichtlichen, gespiegelt in einem geschulten Künstlerbewußtsein und einer zugleich groß und fein empfindenden Seele. Von einer religiösen Erfahrung des gegenwärtigen Weltalters als einer Zeit erfüllter Heilserwartung aus wird der Raum des Geschichtlichen im ganzen erlebbar. Wesen und Sendung Roms gewinnen in Vergils Werk vollendete Gestalt und verleihen diesem Werk selbst das Gepräge des Urbildlichen. – Mit Vergils Werk verwandt und doch wieder ganz andersartig ist die andächtige und sorgfältige Aufzeichnung und künstlerische Verewigung der vaterländischen Geschichte, der republikanischen Vergangenheit, durch → *Livius:* dies ist ein Akt religiöser Pietät und die Tat eines Künstlers, der in einer Zeit des Neubeginns (die im Positiven wie im Negativen als solche erlebt wird) das Vergangene nicht allein zu bewahren, vielmehr auch fruchtbar zu machen strebt, indem er außer der Erkenntnis- auch die Gefühls- und Willenskraft seiner Leser anspricht. Die Entstehung eines solch umfassenden Werkes hat den von Augustus geschaffenen Frieden zur Voraussetzung. Die Ausgewogenheit der Darstellung und des Urteils können in Verbindung mit der humanen Grundhaltung des Verfassers als eine weitere bedeutsame Ausprägung augusteischer Klassik gelten. Für die Geisteshaltung, die sich liebevoll dem Vergangenen zuwendet (→ Varro, 1; Livius), hat man den Begriff ‹augusteische Romantik› geprägt; wie weit entfernt freilich gerade die Größten von romantischer Selbstvergessenheit sind, zeigt sich an der durchaus ‹modernen› Sprache und künstlerischen Form der A. Literatur und der sehr taktvollen Verwendung von → Archaismen (etwa Ennianismen in der Aeneis), die nie pedantisch oder gespreizt wirken. – Neben Livius stehen als große Historiker → Asinius (2) Pollio und → Pompeius (11) Trogus. Ein zwar nicht literarisches, aber nicht zu übersehendes Zeugnis der Epoche ist ferner der einzigartige Tatenbericht des Augustus (→ Monumentum Ancyranum). – In den *Fachwissenschaften* ist die Architektur durch → Vitruv, die Medizin durch → Antonius (14) Musa, die Rechtskunde durch → Antistius (1) Labeo und → Ateius (2) Capito, die Philologie durch → Verrius Flaccus und → Hygin, die Philosophie durch Q. → Sextius (der griechisch schrieb) und → Papirius (4a) Fabianus vertreten. Viele der genannten Fachleute verdanken dem Augustus ihren Wirkungskreis. – Über die *Redekunst* der augusteischen Zeit besitzen wir im Erinnerungsbuch des älteren → Seneca (1) ein unschätzbares Zeugnis, das die Persönlichkeiten jener Zeit vor dem geistigen Auge des Lesers lebendig erstehen läßt. – Unter Augustus vollendet sich eine genuin röm. Gattung: die *Liebeselegie* (→ Elegie). Mit Ausnahme des → Properz, der mehrfach auf Augustus Bezug nimmt und in einigen nicht-erotischen Stücken zum röm. Aitien-Dichter wird, stehen die Elegiker dem Princeps relativ fern. In der religiös-mythischen Verklärung der Liebeserfahrung setzt sich der Ansatz Catulls fort; sei es in lichter Erdenferne (→ Tibull), in herber Männlichkeit (Properz) oder in übersteigerter Subjektivität, die zum Zusammenstoß mit dem Princeps führt (Gallus): in jeder dieser Spielarten ist die Elegie trotz oder gerade wegen ihres unpolitischen Charakters einzigartiger Ausdruck augusteischen Menschentums und Lebensgefühls. – Anders als bei Catull ist bei den Augusteern die Großform alleinherrschend (sofern man von den Billets der Sulpicia absieht). Ein Zunehmen der ‹artistischen› Elemente schon bei Tibull und Properz und erst recht bei Ovid führt zur Vollendung und schließlich zur Auflösung der Gattung. – Der letzte große Augusteer ist → *Ovid*, dessen Werk nicht mehr aus dem Erlebnis der Wandlung vom Bürgerkrieg zum Weltfrieden zu verstehen ist. Augustus und sein Staat sind kein Himmelsgeschenk; sie sind eine Realität, die mit göttlicher Vollmacht in das Leben der sich ihrer schöpferischen Autonomie bewußt gewordenen Künstlerindividualität eingreift: ein gesetzmäßiger Konflikt, der erstmals zur (im Gegensatz zum Verbannungsschicksal Senecas und Ciceros) *unwiderruflichen* Lostrennung des Dichters von der Gesellschaft (die ihm alles bedeutete) führt. Diese modern anmutende Einsamkeit des Dichters zeigt einen schroffen Gegensatz zu der Situation der ersten Augusteer und steht dem schicksalhaften Durch-Erleben persönlicher Entbehrungen und Erfüllungen bei den Elegikern seit Gallus, Tibull und Properz näher. Von den übrigen zahlreichen augusteischen Dichtern (vgl. Ov. trist. 4, 10 und Pont. 4, 16) seien nur noch der Tragiker → Varius Rufus und die Didaktiker → Grattius und → Manilius (3) genannt. – Vgl. → Literatur II.

M. v. A.

Augustinus

A. Leben u. Werk – B. Literarisches Schaffen: [1] 386–396 – [2] 396 bis 411 – [3] 411–430 – Vgl. → Christentum V F 2.

A. Leben und Werk. [1] Geb. 13. 11. 354 n. Chr. in Thagaste (Numidien) als Sohn des heidnischen Grundbesitzers Patricius aus der Klasse der Curiales und der christlichen Monika, absolvierte A. nach der Grundschule zunächst die Grammatikvorlesungen in Madaura, um nach kurzer Pause in Karthago die Rhetorschule zu besuchen. Nachhaltigen Eindruck dieser Jahre des Konkubinats mit einer nie namentlich genannten Frau – dem Sohn Adeodatus galt bis zum Tode 390 A.' fürsorgende Liebe –, vermittelte die Lektüre von Ciceros Hortensius (373): sie entfachte die Liebe zum Philosophiestudium, die A. durch selbständige Lektüre aristotelischer Schriften zu befriedigen suchte, vertiefte aber die Kritik an der Bibel und dem Glauben der Mutter. A. wurde ‹auditor› der → Manichäer, deren metaphysischer Dualismus seiner Kritik am AT und seinem spekulativen Interesse entgegenkam. Weder Studium noch kurzfristige Tätigkeit als Grammatiklehrer in Thagaste und seit 376 als städtischer Rhetor von Karthago konnten ihn ausfüllen. Steigende Kritik am Manichäismus löste so eine Krisis aus: A. floh Herbst 383 nach Rom und wurde ein Opfer des neuakademischen Skeptizismus (→ Skeptiker). Als Rhetor der Residenz Mailand am Ziel seiner Laufbahn angelangt (384), wurde er deshalb von der Synthese von → Neuplatonismus und Christentum beeindruckt, wie sie ihm in den Predigten von → Ambrosius und in dem Konsul → Mallius Theodorus entgegentrat, der ihn zur Lektüre → Plotins und von → Porphyrios in der lateinischen Übersetzung von → Marius Victorinus anregte (P. Courcelle). Die durch jene ermittelte Erkenntnis, daß Gott ein geistiges Wesen und das Böse Mangel am Guten sei, vollendete die Lösung vom Manichäismus. Bekehrungsberichte hingegen bereiteten die Mailänder Gartenszene vor, die eine conversio im Sinne mönchischer Weltentsagung war (386). Unter Verzicht auf den Lehrauftrag verbrachte A. zunächst Herbst und Winter 386/7 auf einem Landgut in Cassiciacum, um gemeinsam mit Freunden das Erlebte religionsphilosophisch zu vertiefen (Frühdialoge). Dies wie auch die Taufe durch Ambrosius Ostern 387 erlebte Monika noch als Erfüllung ihrer Gebete; im Einschiffungsort Ostia verstarb sie, mit ihrem Sohn im Glauben und mystischen Erleben (Vision von Ostia) verbunden. Herbst 388 in Afrika gelandet, setzte A. das Gemeinschaftsleben mit seinen Freunden zunächst in Thagaste fort; ungeachtet der christlich-frommen Atmosphäre lag weiterhin der Akzent auf der Selbstklärung, die auch ihren literarischen Niederschlag fand (antimanichäische Schriften). Eine Zufallsreise nach Hippo Regius führte dazu, daß A. gegen seinen Willen zum Presbyter und Bischofsadjunkt von der Gemeinde gewählt und alsbald ordiniert wurde (391); er siedelte mit seinen Freunden in die Hafenstadt um, um mit ihnen eine Klostergemeinschaft zu begründen, die nun jedem offenstand. Wie vorgesehen, wurde A. beim Tod von Valerius 396 Bischof jener Stadt, die ihn bis zum Tode (28.8.430) in ihren Mauern beherbergte. Auch als Bischof lebte er in mönchischer Gemeinschaft mit Priestern (späteres Vorbild der Augustinerchorherren des MA.s), verband dies jedoch mit rastloser Tätigkeit in Predigt, Seelsorge, Verwaltung, Rechtssprechung und Armenfürsorge. Befreundet mit dem Bischof Aurelius v. Karthago, beeinflußte er stark die Kirchenpolitik der nordafrikanischen Kirche, die er des öfteren bereiste.

[2] Die mannigfachen Beanspruchungen eines Bischofsamtes dieser Zeit ließen manche literarische Pläne nicht zum Abschluß kommen, z.B. eine Wissenschaftslehre als christliche Enzyklopädie der 7 artes liberales, von der nur der Teil *De musica*, ‹Über die Musik›, vollendet wurde. Umgekehrt haben sie den theologischen Entwicklungsgang A.s nachhaltig beeinflußt. Die Auseinandersetzung mit dem → Donatismus zwang A., seine Sakramentenlehre zu präzisieren; die Kontroverse mit → Pelagius ließ die augustinische Gnadenlehre in steigender Vertiefung heranreifen, und am Schluß seines Lebens rückten Anfragen der Mönche von Nordafrika und Südgallien (→ Prosper; → Vinzenz; → Cassian) das Prädestinationsproblem in das Blickfeld, durch dessen Beantwortung A. weitere Auseinandersetzung nach seinem Tode auslöste. Selbst ein so zeitlos-grundsätzliches Werk wie die 22 Bücher ‹Über den Gottesstaat› hat zeitbedingte Ursachen in der Eroberung Roms durch Alarich (410). Diese biographische Verankerung macht den Reiz des geistigen Lebenswerkes A.s aus, der in seinen Confessiones ein einzigartiges Dokument autobiographischer Rechenschaft über die innere Entwicklung schuf. Noch in den Alterswerken wird sichtbar, wie die einzelnen Entwicklungsphasen bleibende Spuren in dem Denken A.s hinterlassen haben: Sein christlicher Humanismus erinnert an die Frühzeit von Karthago, als ciceronianische Protreptik und ihre Mahnung zum studium sapientiae die Sehnsucht nach Wahrheitserkenntnis (amor intellectus) entflammte, nicht minder der später so oft getadelte Eudämonismus (Glückseligkeitstrieb). Die kurze Periode der Skepsis in Rom wirkt in der Betonung der existentialen Bedeutung des Zweifels (si fallor, sum) nach und gewinnt erkenntnistheoretisches Gewicht. Die nachhaltigsten Auswirkungen aber hat die Mailänder Begegnung mit dem Neuplatonismus: A. gab seine Lehren von der Nichtexistenz des Bösen, von der Einkehr in das eigene Innere als Weg zur Gottesschau (das augustinische aeternum-internum; Illuminationsmystik) nie preis, und selbst in der augustinischen ‹Trinitätspsychologie› (anthropologische Dreiheiten wie Sein-Denken-Wollen als Abbild göttlicher Dreifaltigkeit) bildet neuplatonische Triadenlehre die metaphysische Prämisse. Ähnlich läßt sich die theologische Entwicklung A.s als fortschreitendes Studium des Römerbriefes begreifen, zu dem er in seiner Mailänder Bekehrung gegriffen hatte. Ob allerdings auch in der Lehre von den zwei Reichen im ‹Gottesstaat› manichäischer Dualismus als Nachhall der Zugehörigkeit zur manichäischen Sekte gewertet werden darf, ist umstritten. Jedenfalls kann A.s Geistigkeit ohne Berücksichtigung des biographischen Aufrisses nicht verstanden werden. Die mittelalterliche Deutung des Augustinus magister als dogmatischer Lehrautorität ist hierfür anschauliches Beispiel. – Das augustinische Gedankengebäude ist aus den verschiedensten Bausteinen errichtet, die teils den Traditionen der spätantiken Philosophie, teils der altchristlichen Theologie entstammen und selbst innerhalb dieser Herkunftsbereiche nicht homogen sind. Die Geschlossenheit ihrer Synthese liegt in der Persönlichkeit A.s, dessen universaler Geist solche Vielfalt umschloß. Der ‹Provinzler› ist die geistige Mitte und reifste Frucht der spätantik-christlichen Epoche am Abend ihres Unterganges: am Tage nach seinem Tode (430) überbrachte eine Abordnung die Einladung zum ökumenischen Konzil v. Ephesus in eine Stadt, die von den Vandalen belagert wurde!

B. Literarisches Schaffen. In seinen ‹Retractationes›, einer selbstkritischen Sichtung der *literarischen Werke*, berichtet A., bis zum Jahr 427 habe er 93 Werke mit insgesamt 232 Büchern verfaßt (2,76). Die Zahl erhöht sich, wenn man die Produktion der letzten Lebensjahre, ferner die reiche *Korrespondenz* und die *Predigten* hinzunimmt. – Da A. in seinen ‹Retractationes› seine Werke, zu denen er auch Briefe mit allgemein interessierender Thematik zählt, in chronologischer Folge aufführt, ist dies, erst recht wegen ihrer biographischen Verflechtung, beizubehalten. Man kann drei literarische Schaffensperioden unterscheiden.

[1] Die erste umfaßt die Jahre 386–396 und ist zweifelsohne die interessanteste, weil hier die Entwicklung vom christlich-platonischen Philosophen zum Theologen am offensichtlichsten ist. An ihrem Anfang stehen die philosophischen Werke: die 4 Traktate von Cassiciacum (Contra Academicos, De beata vita, De ordine, Soliloquia), ferner De immortalitate animae (Mailand 387), De quantitate animae (Rom 388) und De magistro (Thagaste 389). Prägt sie ein christlicher Platonismus, so kommt in dem antimanichäischen Schrifttum von Thagaste und Hippo Regius stärker das Thema des Verhältnisses von Vernunft und Offenbarung, Glaube und Autorität zur Sprache. De libero

arbitrio (angefangen Rom 388; vollendet Hippo 395) und De vera religione (Thagaste 389/91) sind für den christlichen Humanismus dieser Frühperiode bes. charakteristisch. Daneben entstehen die ersten exegetischen Arbeiten, neben den Paulusstudien vor allem die Ennarrationes in Psalmos (Predigten). – Die Echtheit einer unvollendeten Schrift De rhetorica (385?) ist umstritten; ihr Kern geht auf eine lat. Bearbeitung des → Hermagoras zurück (→ Rhetorik B 4).

[2] Die zweite Schaffensperiode (396–411), in der noch die antimanichäische Kampagne fortgeht, prägen die Verpflichtungen des Bischofs. De doctrina christiana (396/7) enthält Anweisungen für den Klerus zum Studium der Schrift, ferner eine Hermeneutik und Homiletik. Den Taufunterricht beleben will der Traktat De catechizandis rudibus (399/400). Hervorzuheben sind die Confessiones (397/401), die Buch 1–9 den inneren Werdegang schildern, während Buch 10 eine Selbstanalyse zur Zeit der Abfassung, die Bücher 11–13 als Auslegung von Gen. 1 Betrachtungen zu Gott, Welt, Zeit und Ewigkeit enthalten. Auch das dogmatische Hauptwerk De trinitate wurde 399 begonnen, aber erst 419 vollendet: neben dem Schriftbeweis (Buch 1–4) begründet es das christliche Trinitätsdogma mit Hilfe des Analogieschemas neuplatonischer Metaphysik durch anthropologische Ternare (Buch 8–15; 5–7 stellen das Dogma selbst dar). Im übrigen forderte der donatistische Streit viele Traktate ab, an deren Anfang bereits 394 der Psalmus contra partem Donati steht, dessen → Metrik die Geschichte des romanischen Versmaßes einleitet (→ Psalmen). Exegetisch beschäftigte A. bes. die Genesis.

[3] Die letzte Schaffensperiode (411–430) ist die reichste und reifste. Ihre theologischen Traktate werden durch die Fehde mit Pelagius über die Gnadenlehre, an die sich Werke zum Prädestinationsproblem anschließen, bestimmt; im sog. Opus imperfectum gegen den Pelagiusanhänger Julian v. Eklanum (429/30) bricht sie ab. Das ‹Handbüchlein (Enchiridion) über Glaube, Hoffnung und Liebe› (421/3) führt am besten in die Theologie des reifen A. ein. Aus den exegetischen Arbeiten sind bes. die 124 Tractatus in Joannis Evangelium (414–416) zu erwähnen. Endlich gehört das apologetische Hauptwerk De civitate Dei, das sukzessiv 413–426 veröffentlicht wurde, der Schlußperiode an. Sein 1. Teil (Buch 1–10) zeigt, daß heidnische Religion nicht irdisches Glück gewährleisten konnte, der 2. Teil (Buch 11–22) gibt mit der Darstellung der zwei ‹Bürgerschaften› und ihrer Geschichte (→ Geschichtsschreibung III) die positive Ergänzung. Gerade hier, wo Gedanken entwickelt werden, die das ganze MA befruchtet haben, wird sichtbar, daß A. ein Mensch der spätantiken Bildung ist. Seine religionsgeschichtlichen Kenntnisse bezieht er aus den Kompendien → Varros; römische Geschichte wird nach → Livius oder Kurzdarstellungen (Epitomai), Philosophiegeschichte nach doxographischen Handbüchern gebracht. Nur wo A. durch rhetorische Ausbildung und die persönliche Entwicklung mit Autoren wie → Ennius, → Horaz und vor allem → Vergil, ferner neben → Plotin, → Porphyrios natürlich mit → Cicero direkt vertraut wurde, zitiert er ausführlich. Nimmt man hinzu, daß der Stil die spätantike → Rhetorik (E 2) widerspiegelt, dann erscheint dieses zeitlose Werk zugleich als «la fin de la culture antique» (H. I. Marrou). P.L.

Ed: Die Maurinerausgabe (Paris 1679–1700) ist immer noch PL 32–47 vorzuziehen; die Hauptschriften im CSEL, daneben neuere Einzelausgaben, die in den A.-Bänden des CChrL berücksichtigt werden. – *Übers:* BKV, 1911–1935, 12 Bde (Auswahl) – W. Thimme, BAW, 1950ff. (bisher Bekenntnisse, Gottesstaat, Selbstgespräche, Von der Unsterblichkeit der Seele, Theol. Frühschriften). Genauere Angaben für Ausg., Übers., Spezialorgane, Bibliographien und Lit. bei C. Andresen, Bibliographia Augustiniana, 1962 (mit chronol. Schriftenspiegel). – Aus der Fülle der *Lit:* H. I. Marrou, S. A. et la fin de la culture antique (1938), 1958⁴ – K. H. Schelkle, Virgil in der Deutung A.s, 1939 – P. Courcelle, Recherches sur les Confessions de S. A., 1950 – Ders., Les ‹Confessions› d. S. A. dans la tradition littéraire, 1963 – F. v. d. Meer, A. der Seelsorger (1951), 1953² – M. Testard, S. A. et Cicéron, 1958 – C. Andresen, Das A.-Gespräch der Gegenwart, 1962 (Sammlung wichtigster Aufsätze mit Einführung).

Augustodunum (Kt. 1019 D 4; heute Autun), von → Augustus in den Jahren um Chr. Geb. angelegt als Nachfolgeort der aufgegebenen alten Haeduerhauptstadt → Bibracte. Erhalten Teile der Stadtmauer, wahrscheinlich aus der frühesten Kaiserzeit, mit Nordtor (Porte d'Arroux) und Osttor (Porte St-André), Theater. Festgestellt das rechtwinklige Straßennetz, Amphitheater, zwei einheimische Rundtempel u. a. Vor der Stadt die mächtige Ruine des sog. Janustempels, eines einheimischen Quadrattempels aus der Mitte des 2. Jh.s. L. B.-H.

Lit: A. Grenier, Manuel d'archéologie gallo-romaine III, 1958, 234–244.

Augustus (der Titel), für den Imperator Caesar divi filius (Octavianus) als Dank für die Wiederherstellung der res publica durch Senatsbeschluß vom 16. 1. 27 v. Chr. neugeschaffenes cognomen (Beiname) sakraler Färbung mit inhärentem Romulus-Bezug (Fast. Praen. CIL I² p. 231. 307; Mon. Anc. 34; Suet. Aug. 7, 2). Wesentlicher Bestandteil der Kaisertitulatur. Bezeichnet im Gegensatz zu → Caesar den regierenden bzw. den Oberkaiser. Mit → Mark Aurel und L. → Verus (1) erstmalig zwei Augusti (Hist. Aug. Marc. 7, 6), von → Diokletian zur Regel erhoben. Die weibliche Entsprechung Augusta zuerst von → Livia auf Grund testamentarischer Verfügung ihres Gatten (Tac. ann. 1, 8, 1) getragen, seit → Domitian regelmäßig der Kaisergemahlin, aber auch anderen Frauen des Kaiserhauses zuerkannt. H.B.

Lit: Mommsen, Staatsrecht II 771–774 – H. Erkell, Augustus, Felicitas, Fortuna, 1952, 7–39.

Augustus

[1] Name – [2] Leben und politisches Wirken bis 27 v. Chr. – [3] Innere Politik 27 v. Chr.–14 n. Chr. – [4] Grenzpolitik – [5] Persönlichkeit und politische Leistung – [6] Literarische Werke – [7] Nachwirkung. Das Christentum und Augustus.

[1] *Name:* 63–44: C. Octavius, 44–42: C. Iulius C. f(ilius) Caesar, 42–38: C. Iulius divi f. Caesar, 38–27: Imperator Caesar divi f., 27 v. Chr.–14 n. Chr.: Imperator Caesar (divi f.) Augustus. Den Namen Octavian(us), mit dem man Augustus vor 27 v. Chr. zu benennen pflegt, hat er selbst nicht offiziell geführt. Vgl. → Augustus (1).

[2] *Leben und politisches Wirken bis 27 v. Chr.* Als Sohn des C. → Octavius (4) und der → Atia (1), der Nichte Caesars, am 23. 9. 63 v. Chr. in Rom geb. (Stammbaum → Jul.-claud. Haus), 48 zum Pontifex gewählt. Im J. 46 Teilnahme an Caesars Triumphzug und trotz Krankheit 45 auch an dessen Kämpfen in Spanien. Für den geplanten Partherkrieg als → magister equitum (Reiteroberst) vorgesehen, zum Abschluß seiner Studien nach Apollonia entsandt, wo er die Nachricht von → Caesars Ermordung erhält. Überfahrt nach Italien (April 44); tritt das *Erbe Caesars* an, der ihn testamentarisch adoptiert und zum Haupterben bestimmt hatte. – Während der Erfüllung der Erbschaftsverpflichtungen Auseinandersetzung mit M. → Antonius (2), Aufstellung eines Heeres als Privatmann. Im Kampfe des M. Antonius gegen D. → Brutus (2) stellt er sich dem Senat zur Verfügung, der ihn 43 in seine Reihen aufnimmt und ihm ein proprätorisches Imperium verleiht. Nach den Kämpfen vor Mutina ertrotzt der von seinen Gegnern Unterschätzte und vom Senat Zurückgesetzte seine Wahl zum Konsul für das folgende Jahr, wechselt dann die Seite und begründet 43 bei Bononia zusammen mit Antonius und M. → Lepidus ein auf 5 Jahre befristetes → *Triumvirat* zur Neuordnung des Staates (rei publicae constituendae). Zugewiesene Provinzen: Afrika, Sizilien, Sardinien und Korsika. → Proskriptionen und Konfiskationen begleiten den Weg der Caesarianer. Während der Entscheidungsschlacht bei Philippi (42) ist Octavian krank. – Bei *Neugliederung der Aufgaben* fallen an ihn: Land-

beschaffung für Veteranensiedlung in Italien, Provinzen: Spanien, Sardinien, Afrika. 40 grausame Unterdrückung der Erhebung des L. → Antonius (3) bei Perusia. In Brundisium (40) und Tarent (37) neue Pakte mit M. Antonius, dabei Verlängerung der Triumviralgewalt um 5 Jahre. Nach dem von M. → Agrippa (1) errungenen Seesieg über S. → Pompeius (4) bei Naulochos (36) und der Kapitulation des Lepidus unbestrittener *Herr Italiens* und des Westens. 35–33 zum Schutze Italiens Feldzüge gegen Japuden, Pannonier und Dalmater. Einnahme von Siscia, Vordringen zur Save und nach Montenegro. Bei Zuspitzung der Auseinandersetzung mit Antonius und → Kleopatra (6) leistet der Westen Octavian den Treueid. Letzter Akt des Bürgerkrieges als nationaler Kampf erklärt. 2.9.31 Sieg über Antonius' Flotte bei *Actium*, 1.8.30 Einzug in Alexandria. – Über Syrien und Kleinasien *Rückkehr nach Rom*. Dort 13. bis 15.8.29 dreifacher Triumph, Schließen der Tore des → Janus-Tempels. 28 nach Senatssäuberung Census mit Agrippa, Restaurierung von 82 verfallenen röm. Tempeln. Am 13.1.27 will Octavian im Senat die Verfügungsgewalt über alle Provinzen und Heere zurückgeben und damit staatsrechtlich die Republik wiederherstellen. Auf Drängen der Senatoren erklärt er sich jedoch bereit, neben Ägypten für die Dauer von 10 Jahren die Provinzen Syrien, Gallien und Spanien (in denen der größte Teil des röm. Heeres stand) zu übernehmen, um sie zu befrieden und von ihnen aus die Grenzen zu sichern. Zum Dank für Octavians Leistung und Bereitschaft beschließt der Senat am 16.1.27 eine Fülle von Ehren, u.a. die Verleihung des Ehrennamens *Augustus* (‹der Erhabene›), eines goldenen Ehrenschildes (clupeus virtutis), der die klassischen Tugenden des A. feiert, Mannhaftigkeit, Milde, Gerechtigkeit und Frömmigkeit. – Diese Ehrungen bilden die Grundlage der röm. Kaiserideologie.

[3] *Innere Politik 27 v. Chr.–14 n. Chr.* Ausbau der Stellung des → *Princeps* (des ‹Ersten›) im Staate in Etappen: Seit 23 Verzicht auf alljährliche Übernahme des Konsulats. Stützen der Macht statt dessen das imperium proconsulare maius und die Jahr für Jahr übertragene tribuniz. Gewalt. Infolge Unruhen i. J. 19 Übernahme des imperium consulare für den Bereich der Stadt Rom, infolge akuter Notlagen 22 Oberaufsicht über die Getreideversorgung (cura annonae), 20 über die Straßen (cura viarum). 5 und 2 v. Chr. erneut Konsul, um C. und L. → Caesar (2.3) in den Senat einzuführen. 12 v. Chr. pontifex maximus, 2 v. Chr. Ehrung als pater patriae. Selbstcharakteristik seiner Machtstellung: «An zwingender Machtbefugnis (potestas) habe ich nie mehr besessen, als mir jeweils, innerhalb der durch die Kollegialität gezogenen Schranken, kraft der mir übertragenen Ämter, zustand; meine Vorrangstellung beruhte auf dem Einfluß (auctoritas), den man mir, mehr als irgendeinem anderen, als dem in politischen Fragen maßgeblichsten Führer freiwillig einräumte» (Mon. Ancyr. 6,21 ff., übers. R. Heinze). – *Neuordnung der röm. Gesellschaft* gemäß konservativen Tendenzen. Ständische Verfestigung der Senatoren und Ritter. Ehe- und Sittengesetze (18 v. Chr., 9 n. Chr.) erstreben bei den führenden Schichten Familiengründung und Kinderreichtum. Die politisch entrechtete röm. Bürgerschaft durch Spiele, Getreide- und Geldspenden befriedigt. *Rom* 7 v. Chr. in 14 Regionen eingeteilt, 6 n. Chr. durch sieben cohortes vigilum (Wächter) = Feuerschutzpolizei gesichert. Daneben städtische Kohorten (cohortes urbanae). Reorganisation der großen *Heeres*verbände der Bürgerkriegszeit zu straff gegliederter Berufsarmee mit ca. 28 Legionen und Gesamtstärke (einschl. der Hilfstruppen) von ca. 300000 Mann. Veteranenversorgung seit 6 n. Chr. durch Militärkasse (aerarium militare), der u.a. die neugeschaffene 5%-Erbschaftssteuer zufließt. Anlage zahlreicher → Kolonien, in einzelnen Landschaften (Pisidien) mit betont militärischer Funktion. Trotz Mäßigung der Bürgerrechtspolitik Caesars Beschleunigung der Romanisierung, dank systematischer Neuordnung der Zoll- und Steuerverwaltung wirtschaftlicher Aufschwung der Provinzen. Verwaltungsteilung zwischen A. und Senat nie absolut. In der Rechtsprechung erste Ansätze des späteren ‹Kaisergerichts›. Oppositionsversuche (→ Terentius (4) Varro Murena, M. → Egnatius (3) Rufus, → Fannius (3) Caepio) mißlingen. Das größte Problem bleibt die Nachfolgeregelung (vgl. zu → Marcellus (1), → Agrippa (1), C. und L. → Caesar (2.3), → Tiberius), denn A. besitzt aus seinen drei Ehen mit Clodia, → Scribonia und → Livia einzig aus der zweiten ein Kind, seine Tochter → Julia (2). Dank dem Interesse des A. und seiner Freunde (bes. des → Maecenas) erleben *Kunst und Kultur* eine neue Blüte, die ‹augusteische Klassik› (→ Augusteische Literatur). Neben bewußter Wiederaufnahme altröm. Tradition Neubelebung des Rezeptionsprozesses griech. und hellenist. Vorbilder (→ Vergil, → Horaz, → Elegie, → Livius, → Verrius Flaccus, → Varro, → Vitruv). Kunstwerke hohen Ranges: Ara Pacis, A.-Statue von → Primaporta. Umfangreiche Wiederherstellungsarbeiten in → Rom (Suet. Aug. 28). – Auf *religiösem Gebiet* neben allgemeiner Restauration und der Saekularfeier (17 v. Chr.) wichtig die differenzierte Ausbildung des → Kaiserkultes. Anknüpfend an Errichtung der Roma- und A.tempel in Pergamon und Nikomedeia (29 v. Chr.) sog. Provinzialkult auch im Westen eingeführt (12 v. Chr. in Lugdunum). Im Westen primär Loyalitätsakte, im Osten A. schon zu Lebzeiten als Gott verehrt, oft mit Asklepios, Hygieia, Zeus verbunden. Universalistische Ausweitung der hellenist. ‹Retter›-Vorstellung (→ Soter) und der eines ‹neuen Zeitalters› wirken parallel. In Rom lediglich Kult für den → Genius des A. in Verbindung mit dem der → Laren gestattet; die Priester (Augustalen, → Priesterkollegien) meist Freigelassene. – Der am 19.8.14 n. Chr. in Nola Verstorbene am 17.9.14 vom Senat unter die Götter erhoben.

[4] *Grenzpolitik*. Im Gegensatz zu den weitausgreifenden Plänen Caesars Streben nach Erschließung und Konsolidierung der Grenzprovinzen. Im *Osten* Rückgabe der an die Parther verlorenen Feldzeichen durch → Phraates IV. (20 v. Chr.) als Erfolg propagiert, in *Armenien* mit wiederholten Interventionen röm. Vasallenkönige eingesetzt. 25/24 v. Chr. Vorstoß unter Aelius → Gallus (1) gegen die *Araber* von → Saba (Jemen) gescheitert. Aus *Ägypten* 29 v. Chr. Vordringen des C. Cornelius → Gallus (3) über den 1. Katarakt nach Süden, unter C. Petronius Einnahme von → Napata, Dodekaschoinos südlich von Syene als Grenzzone organisiert (25 v. Chr.). – In *Mauretanien* → Iuba II. als Klientelfürst eingesetzt, Aufstand der Gaetuler 5/6 n. Chr. von Cossus Cornelius Lentulus niedergeschlagen. In *Spanien* 27–24 Kämpfe unter persönlicher Leitung des A. gegen Gallaeker, Asturer, Kantabrer. Abschluß erst 19 v. Chr. unter Agrippa. Baetica 15 v. Chr. dem Senat übergeben. – In *Gallien* 15–13 durch A. Einrichtung der Provinzialverwaltung. Nach der Niederlage des → Lollius (1) 16 v. Chr. röm. Offensive an der Nordgrenze: 15 Unterwerfung der Alpenstämme und des nördlichen Alpenvorlandes, 12–9 Vorstöße des → Drusus (1) maior in *Germanien* bis zur Elbe, 4–6 n. Chr. des → Tiberius. Angriff auf das Reich des → Marbod 6 n. Chr. wegen Erhebung der pannonischen und dalmatischen Stämme (6–9 n. Chr.; → Tiberius) abgebrochen. Nach dem Untergang des → Varus 9 n. Chr. Aufgabe der rechtsrheinischen Gebiete, Konzentration von 8 Legionen am Rhein. – Zwischen 13 und 9 v. Chr. Grenze Illyriens zur *Donau* vorgeschoben, Mösien als Provinz organisiert. Auf dem Balkan 29–28 v. Chr. Sicherung der röm. Stellung durch M. → Licinius (5) Crassus von Makedonien aus. 13–11 Revolten der Thraker. Festigung der Donaugrenze durch Gegenstöße und Umsiedlungsaktionen. Unter C. → Cornelius (17) Lentulus röm. Einfluß bis auf Daker, Sarmaten und Skythen ausgedehnt. – Abschirmung des Reichs durch einen Kranz von *Klientelstaaten*, im Osten vom → Bosporanischen Königreich (→ Dynamis) über Ostkleinasien bis nach

Palästina (→ Herodes) und → Arabien. Daneben Umwandlung früher mittelbar beherrschter in direkt verwaltete Gebiete (25 v. Chr.: Galatien, Lykaonien; 7 v. Chr.: Paphlagonien, Pontus; 6 n. Chr.: Palästina).

[5] *Persönlichkeit und politische Leistung*. Die Spannungen zwischen der Härte, Grausamkeit, Skrupellosigkeit und Berechnung der Anfänge und der überlegenen, rationalen wie skeptischen Selbstbescheidung der letzten Lebensphase zeigen an, daß es A. gelungen ist, auch in seiner Person die Kräfte der Bürgerkriegsepoche zu bändigen. Indem er monarchische und republikanische Elemente verband, schuf er unter Berufung auf die in ihren Dimensionen schwer abgrenzbaren Energien persönlicher Autorität (auctoritas principis) die neue Ordnung des Prinzipats, die – zunächst ganz auf ihn selbst zugeschnitten – doch dauernde Grundlagen bildete. Wenn A. dabei mit allen Mitteln den Anschein aufrechterhielt, daß nach 27 v. Chr. die Verfassung der röm. Republik im Sinne der Nobilität wiederhergestellt wäre, so gelang ihm dies nur durch seinen ungewöhnlichen Willen zur Stilisierung und durch eine Gestaltungskunst, die das Notwendige behutsam verwirklichte.

[6] *Literarische Werke*. 1. Tragödie Aiax. – 2. Ein Buch Epigramme. – 3. Sizilien (Geschichte des sizilischen Krieges oder historisch-geographisches Werk? Suet. Aug. 85). – 4. Autobiographie (bis 25 v. Chr.). – 5. Pamphlet an → Brutus (2) über → Cato (2). – 6. Anregung zur Philosophie. – 7. Biographie des → Drusus (Suet. Claud. 1). – 8. Orationes funebres. – 9. Tatenbericht (→ Monumentum Ancyranum). – 1.–8. sind nur fragmentarisch erhalten oder nur dem Namen nach bekannt.

[7] *Nachwirkung. Das Christentum und Augustus*. Werk und Person des A. schon früh verklärt. Gilt als der schlechthin ideale Herrscher, als kanonisches Herrschervorbild für die röm. wie für die Kaiser des Mittelalters. Reiche Legendenbildung mit z. T. antiken Ansätzen (Entspringen einer Ölquelle am Tiber, Ablehnung des Titels Dominus, Aracaeli-Legende: Errichtung des Altares für den ‹Erstgeborenen Gottes›, Malalas 10, 231 f., u. a.). – Die im Lukas-Evangelium (2, 1 f.) ausdrücklich mit dem Namen des A. und dem Census des P. → Sulpicius (10) Quirinius verbundene Geburt Christi legte die Annahme eines tiefen Zusammenhanges nahe. Die Friedensherrschaft des Augustus gilt bei → Origenes (Cels. 2, 30) als Werkzeug der göttl. Vorsehung, bei → Eusebios (dem. ev. 3, 32) wird die Bedeutung seines Reiches für die christl. Mission betont und die Entsprechung von Monarchie und Monotheismus erhärtet. So entstand eine ‹Augustustheologie›, die am weitesten bei → Orosius (hist. 6, 20 ff.) vorangetrieben wurde. Die gegensätzlichen Auffassungen (z. B. → Hippolyt, in Dan. 4, 9) hatten dagegen nur geringe Wirkung. Allgemein berührten sich christl. und heidnische Vorstellungen aufs engste in der Heilserwartung (→ Vergil, ecl. 4) und dem Bewußtsein der Zeitwende, die mit A. heraufgeführt war. K. Chr.

Q: Mon. Anc. – Vell. II, 59–123 – Tac. ann. 1, 2–10 – Suet. Aug. – Appian, BC – Dio 45–56 – BMC. Emp. 1, 1923 – M. Grant, From Imperium to Auctoritas, 1946 – V. Ehrenberg – A. H. M. Jones, Documents illustrating the reigns of Augustus and Tiberius (1949), 1955² – *Ed:* H. Malcovati, Caesaris Augusti ... fragmenta (1921), 1952³ – *Lit:* V. Gardthausen, A. und seine Zeit, 2 Bde, 1891–1904 – W. Weber, Princeps I, 1936 – A. v. Premerstein, Vom Werden u. Wesen d. Prinzipats, Abh. München, 1937 – L. Wickert, RE 22 (1954), 1998–2296, s. v. princeps – R. Syme, The Roman Revolution, 1939, (deutsche Übers. ohne Anm. 1957) – W. Schmitthenner, A.' span. Feldzug u. d. Kampf um d. Principat, Historia 11, 1962, 29–85 (Lit).

Augustus, vgl. auch → Romulus.

Aula Regia (auch *Valva Regia*), große Mitteltüre der röm. Bühne, → Theater C [3]. K. G. K.

Aulerker, kelt. Stamm, siedeln zur Zeit → Caesars zwischen Seine, Loire und dem Ozean (Gall. 2, 34; 7, 75), geteilt in branovicische, cenomanische und eburovicische A. Teile der cenoman. A. hatten sich im 4. Jh. v. Chr. in Oberitalien angesiedelt. L. B.-H.

Lit: s. zu → Kelten, → Gallien.

Aulis, Hafenstadt an der O-Küste → Böotiens, heute Vathy (Kt. 1152 D4), Sammelpunkt der griech. Flotte im Trojan. Krieg; 397 opferte → Agesilaos v. Sparta in A. und fuhr von dort nach Asien. In A. bestand ein bekanntes Heiligtum der Artemis. E. M.

Lit: BCH 81, 1957, 586 ff.; 84, 1960, 760 ff.; 86, 1962, 776 ff. (Plan).

Aurelian (L. Domitius Aurelianus), röm. Kaiser 270–275; geb. 214 in Moesien; ermordet Herbst 275 bei Byzanz; aus einfachen Verhältnissen stammend und wahrscheinlich in der Reiterei aufgestiegen, in der er unter → Gallienus eine wichtige Stellung hatte. 268 half er Gallienus gegen den Usurpator → Aureolus; anschließend mit → Claudius (20) Gothicus an der Ermordung des Gallienus beteiligt; befehligte unter Claudius im Gotenkrieg die Reiterei. Nach dem Tode des Claudius wurde A. in Sirmium von den Donaulegionen zum Kaiser erhoben (ca. April 270). Gegen den Bruder des Claudius, Quintillus, setzte er sich ohne Kampf durch. Als A. die Herrschaft übernahm, schien die Auflösung des Reichs bereits vollzogen. A. deckte sich zunächst durch ein Abkommen mit → Zenobia und → Septimius → Vaballathus, das diesen die Anerkennung als beauftragte, aber selbständige Verwalter ihrer Gebiete (Ägypten, Syrien, Mesopotamien, Arabien, Teile Kleinasiens) brachte. 270/271 sicherte er seine Stellung durch siegreiche Kriege gegen Juthungen, Sarmaten, Vandalen und nach Italien eingedrungene Goten (Bau der ‹Aurelianischen Mauer› um Rom). Mit der Aufgabe Dakiens sicherte er die Donaugrenze auf lange Zeit. Seit 271 bekämpfte er die Herrscher von → Palmyra, die sich formell von ihm losgesagt hatten, und eroberte den Osten zurück. 273 schlug er einen letzten Aufstand nieder und gewann auch Ägypten. Der gallische Teilherrscher → Tetricus ergab sich ohne Kampf. Mit diesen Erfolgen wurde A. der Neubegründer des Imperiums; er feierte seine Siege im Triumph von 274. Der Festigung des neuen Imperiums diente neben Verwaltungs- und Wirtschaftsreformen vor allem der Kult des ‹unbesiegten Sonnengottes› (Sol invictus). Frühere Ansätze (→ Elagabal) wieder aufnehmend, machte A. den Sonnengott zu seinem Schutzgott und dem des Reiches; er wahrte dabei die römischen Formen und brachte die Universalität des Sonnenkultes durch Ausschaltung regionaler Besonderheiten voll zur Geltung. A. wurde 275 ermordet; sein Werk war die Voraussetzung für den Wiederaufstieg des Imperiums unter → Diokletian. H. D. M.

Lit: H. Mattingly, CAH XII, 1939, 297–311 – K. Groß, RAC I 1004–10 – *Bildnisse:* → Anhang I.

Aurelianus, vgl. auch → **Caelius.**

Aurelius Cotta, C., cos. 75 v. Chr. Berühmter Redner, verteidigte 92 seinen Onkel P. → Rutilius (3) Rufus. Freund des M. → Livius (4) Drusus, deswegen 91/90 auf Grund der Lex Varia verurteilt, mit Sulla zurückgekehrt. Sah sich als Konsul 75 angesichts außen- und innenpolitischer Schwierigkeiten genötigt, Sullas Gesetz, nach dem Volkstribunen sich nach ihrem Tribunat nicht mehr um politische Ämter bewerben durften, zu kassieren. A. starb 73. → Ciceros Dialog De natura Deorum spielt in seinem Haus. Chr. M.

2. **A. Cotta,** M., cos. 74 v. Chr. 74–70 Statthalter Bithyniens, erlitt eine schwere Niederlage zu Wasser und zu Lande durch → Mithridates VI. A. wurde wegen Unregelmäßigkeiten in der Statthalterschaft 67 angeklagt und verurteilt. Chr. M.

3. **A. Cotta,** L. (praet. 70 v. Chr., cos. 65, cens. 64). A. setzte als Prätor i. J. 70 ein Gesetz durch, demzufolge die Kriminalgerichte künftig zu je einem Drittel von Senatoren, → Rittern und Ärartribunen (wahrscheinlich einer besonderen Censusklasse, die den Rittern nahestand) besetzt werden sollten. 66 klagte er mit L. Manlius Torquatus die designierten Konsuln erfolgreich wegen Wählerbestechung an und wurde darauf selbst gewählt. Setzte sich 57 maßgebend für → Ciceros Rückkehr aus dem Exil ein. Er stand in gutem Verhältnis zu → Caesar (dessen Mutter

Aurelia seine Cousine war), und es hieß Anfang 44, er werde am 15. März als → Quindecimvir – das Kollegium war u.a. für die Befragung des sibyllinischen Orakels zuständig – beantragen, Caesar auf Grund eines sibyllinischen Spruchs zum König für die Provinzen zu ernennen; wahrscheinlich war dies eins der vielen Gerüchte, die Caesar als Tyrannen kennzeichnen sollten. Chr.M.

Lit: M. Gelzer, Caesar (1921), 1960⁶, 299; 244 (Lit).

4. **A. Victor,** Sex. Ein unbekannter Redaktor hat im 4.Jh.n.Chr. drei Schriften zu einem Geschichtsabriß von der Urzeit Roms bis ins 4.Jh.n.Chr. vereinigt, darunter die ca. 360 entstandenen ‹Caesares› des Afrikaners Sex.A. Victor. Das Werk bietet Reichsgeschichte, meist in Kurzbiographien der führenden Persönlichkeiten von Augustus bis → Constantius II (gest. 361); es ist in der → Historia Augusta benützt. Der Verfasser wurde 361 consularis Pannoniae secundae, 389 praefectus urbi (Amm. Marc. 21, 10, 6) und unter Theodosius iudex sacrarum cognitionum (Dessau 2945). Eine fälschlich unter seinem Namen gehende, bis 395 reichende ‹Epitome de Caesaribus› benützt auch u.a. die ‹Caesares› des A. Victor selbst. R.Hl.

Ed: Fr. Pichlmayr-R. Gruendel, BT, 1961 – *Lit:* E. Hohl, Die Historia Augusta u. die Caesares des A. Victor, Historia 4, 1955, 220–228.

Aurelius → Symmachus.

Aureolus, Usurpator 268–ca. 270; Daker niederer Herkunft; General des → Gallienus, bekämpfte in dessen Auftrag → Macrianus und → Postumus. A. erhob sich gegen Gallienus und wurde in Mailand belagert. Nach dem Tod des Gallienus von → Claudius (2) Gothicus besiegt und getötet. H.D.M.

Aureus, Goldmünze, seit → Caesar Einheit der röm. Goldprägung im Werte von 25 → Denaren und 100 → Sestertien, nachdem schon in der röm. Republik Goldmünzen im Gewicht von 6, 4 (mit Wertbezeichnung XXX) und 3 Skrupeln mit Januskopf und Eidszene als Bildtypen sowie solche mit Wertbezeichnung LX, XXXX und XX mit Bildtypen Mars und Adler auf Blitz geprägt worden waren. Die Einführung der letztgenannten Goldprägung wird Plin. nat. 33, 47 erwähnt. Die Bedeutung des in den verschiedenen Handschriften stark korrupten Wortlautes ist jedoch umstritten. Das Datum der erstgenannten, früheren Goldprägung wird indessen neuerdings wieder mit 216 v.Chr. angenommen (R. Thomsen), nachdem dies zuvor, infolge der Unsicherheit der Pliniusstelle, häufig bestritten worden war. – Als weiteren frühen A. kann man möglicherweise auch die nach 196 v.Chr. in Griechenland geprägte Goldmünze des T. → Quinctius (3) Flamininus bezeichnen, die jedoch nach Gewicht und Bildtypen besser als griech. → Stater aufgefaßt wird. – Der röm. A. der frühen Kaiserzeit wiegt zu Beginn ca. 8,19 g ($^1/_{40}$ Pfund), sinkt indessen bald auf $^1/_{42}$ Pfund und wird schließlich unter Nero auf $^1/_{45}$ Pfund (7,28 g) festgesetzt (Plin. nat. 33, 47). Bis gegen Ende des 2.Jh.s n.Chr. steigt er wieder auf ca. $^1/_{42}$ Pfund, fällt nach Kaiser Caracalla auf $^1/_{50}$ Pfund und wird später nur noch nach gänzlich unregelmäßigem Münzfuß (als Gewichtsmünze), auch mit Teilstücken, geprägt. Erst Diokletian führt einen neuen A. zu $^1/_{70}$ Pfund (4,68 g) ein, der später auf $^1/_{60}$ gewichtsmäßig erhöht (5,46 g) und manchmal mit Wertzahl Ξ versehen wird. – Die letzte bedeutsame röm. Goldprägung wird schließlich von → Konstantin I. 307 mit dem → Solidus zu $^1/_{72}$ Pfund (4,55 g) geschaffen. W.Schw.

Lit: Babelon, 521–532 – M. v. Bahrfeldt, Die röm. Goldprägung d. Republik u. unter Augustus, 1923 – W. Kubitschek, RE 2 (1896), 2547 – K. Regling, RE 3 A (1929), 31–32 – Ders., in: v. Schrötter, 521–532 – W. Giesecke, Italia Numismatica, 1928, 326 ff. – R. Thomsen, Early Roman Coinage III, 1961, 243 ff.

Aurichalcum, die ihrer goldähnlichen Farbe wegen ‹Golderz› genannte Kupfer-Zink-Mischung, die man meist mit Messing bezeichnet. In der röm. Kupferprägung werden seit Augustus der → Sestertius im Gewicht der → Unze (27,3 g) und sein Halbstück, der → Dupondius (13,6 g oder ½ Unze), aus diesem Metall geprägt. W.Schw.

Lit: H. Willers, Röm. Kupferprägung, 1909, 161–165 – Babelon, 368–369 – BMC (Roman empire) I, XLV–XLVII – K. Regling, in: v. Schrötter, 51 – E. R. Caley, A. and related ancient alloys, NNM 151, 1963.

Aurum coronarium, in der 1.H. des 2.Jh.s v.Chr. Geschenk der Provinzen und Verbündeten Roms an den triumphierenden Feldherrn; aber schon in republ. Zeit und in der Kaiserzeit oft zwangsweise erhoben. Seit dem 4.Jh. Steuer der Dekurionen der Municipien (→ Rom III). R.Kn.

2. **A. oblaticium,** im spätröm. Reich ein Geschenk der Senatoren an den Kaiser, zuletzt eine → Steuer (→ Rom III C). R.Kn.

3. **A. tironicum,** im 4.Jh. n.Chr. anstatt der Rekrutenstellung zu zahlende Vermögenssteuer. Der Normalsatz von 30 Solidi jährlich konnte je nach Größe des Vermögens verdreifacht oder bis zu einem Drittel ermäßigt werden (→ Rom III C). R.Kn.

Aurunker, oskischer Stamm mit Wohnsitz von den Ausonischen Bergen bis zum Liris im N, dem Mons Massicus im S zwischen Latium und Kampanien (Kt. 1420 F6). Hauptstadt Ausonia (337 v.Chr. gegründet). Die A. schliessen sich nach mehreren Kriegen gegen die Römer und nach dem Latinerkrieg an Rom an. In ihrem Gebiet werden die Kolonien Sessa Aurunca, Interamna, Minturnae und Sinuessa gegründet. Die Ureinwohner Italiens werden später gelehrt Ausones, Italien danach Ausonia genannt.

Lit: Nissen, I 531. B.A.

Ausgleichspunkt. Das Prinzip, die Planetenbewegung durch eine Kombination zweier gleichförmiger Kreisbewegungen zu beschreiben, die des Umlaufs auf dem → Epizykel und des Umlaufs des Epizykelzentrums um den zur Erde zentrisch oder exzentrisch (→ Exzentertheorie) gelegenen Hauptkreis (Deferens), reichte zur Erklärung der von → Ptolemaios (17) gesammelten Beobachtungen nicht mehr aus. Da er eine ungleichförmige Bewegung des Epizykelzentrums annehmen mußte, führte er einen vom Mittelpunkt des Hauptkreises verschiedenen ‹Ausgleichspunkt› (Punctum aequans) und einen darum beschriebenen Ausgleichskreis (Aequans) ein, so, daß die vom A. nach dem Epizykelzentrum ausgehenden Radien sich auf dem Ausgleichskreis mit gleichförmiger Geschwindigkeit bewegen. Durch die Annahme dieses Hilfspunktes konnte die Gleichförmigkeit der Bewegung des Epizykelzentrums wenigstens in bezug auf den A. gewahrt werden. S.S.

Ausonisch → Italien B [2].

Ausonius (D. Magnus A.), ca. 310 n.Chr. in Bordeaux geboren, nach dreißigjähriger Tätigkeit zunächst als Grammatik-, dann als Rhetorikprofessor in seiner Heimatstadt ca. 365 als Erzieher des Thronfolgers → Gratian nach Trier berufen, nimmt 368/369 am Alamannenfeldzug teil, wird comes, quaestor sacri palatii, 376 Präfekt von Gallien und erhält 379 das Konsulat. Nach Ermordung des Gratian (383) zieht er sich nach Bordeaux und auf seine Güter an der Garonne zurück, wo er, weit über die Grenzen Galliens hinaus als Dichter berühmt, bis zu seinem Tode kurz nach 393 lebt. In die letzten Lebensjahre fällt der Briefwechsel mit seinem früheren Schüler → Paulinus (1), dem späteren Bischof von Nola, den er vergeblich von seinem Entschluß, der weltlichen Literatur zu entsagen, abzubringen sucht. Die viel verhandelte Frage nach der Christlichkeit des A. hat Pichon (a.O., 214) zutreffend beantwortet: «C'est un chrétien paien d'imagination et épicurien de tempérament.» Dichtung wird von A. weitgehend als artistisches Spiel verstanden. Sein Virtuosentum verwirklicht sich zuweilen in Formkünsteleien (so in den einsilbig endenden Versketten des Technopaignion und in den lat.-griech. Mischgedichten), die sich ihm unter dem Doppelaspekt von lusus und labor darstellen (337, 14 p. 156 P.), in der teils genauen, teils umformenden Übersetzung griech. Epigramme (so der

Epitaphien des pseudoaristotelischen ‹Peplos›), bes. aber in der für das Gesamtwerk charakteristischen Technik der zitierenden, variierenden und kombinierenden Verwendung lat. Klassikerverse. Bezeichnend für dieses Dichten aus der Tradition ist die Kontamination von Versteilen eines oder mehrerer Dichter zu einem neuen Versganzen (Pichon, a. O., 155): der artistische Reiz besteht hier wie beim ‹Cento nuptialis› in dem *opusculum de inconexis continuum, de diversis unum, ... de alieno nostrum* (360, 27 p. 207 P.). Den Nutzen der Poesie findet A. vornehmlich in ihren didaktischen Möglichkeiten, wobei die Versifizierung abstrakter Lehrstücke (z. B. im Eclogarum liber) dem artistischen Ehrgeiz entgegenkommt. Die meisten dieser Dichtungen sind Katalogpoesie (Ordo urbium nobilium, Caesares usw.); an dem Rätselgedicht über die Dreizahl (Griphus) sind enzyklopädische Wissensfreude und künstlerischer Spieltrieb gleichermaßen beteiligt. Sehr wach ist in A. auch das Bewußtsein für die bewahrende Funktion der Poesie: aus ihm hat er die Ahnengalerie der ‹Parentalia› gestaltet und in der ‹Commemoratio professorum Burdigalensium› scharf konturierte Bilder seiner Lehrer und Kollegen geschaffen. Dichtung ist für ihn nicht zuletzt, wie für → Horaz, ein Medium der Selbstdarstellung und persönlicher Mitteilung, und gerade Gedichte dieser Art, wie die Bissulalieder, die poetischen Briefe und die Ephemeris, in der er typische Szenen seines Tageslaufs geschildert hat, sind von unmittelbar ansprechender Anmut und Frische. Die Krönung des vielfächrigen Gesamtwerks stellen zwei vorwiegend deskriptive Epyllien dar: im ‹Cupido cruciatus› wird eine imaginäre Unterweltsszenerie phantasiereich gestaltet, in der ‹Mosella›, seinem berühmtesten Werk, werden Fluß und Landschaft in satten Farben anschaulich gemalt. W. Sch.

Ed: K. Schenkl, 1883 – R. Peiper, 1886 – H. G. E. White, 2 Bde, 1919/21 (mit Übers.) – C. Hosius (1894), 1926³ (Mosella, mit Komm.) – *Lit:* R. Pichon, Les derniers écrivains profanes, 1906, 151 bis 216, 297–319 – P. de Labriolle, La correspondance d'Ausone et de Paulin de Nole, 1910 – G. Jachmann, Das Probl. d. Urvariante in d. Antike u. d. Grundlagen d. A.-Kritik, in: Concordia decennalis, Festschrift d. Petrarcahauses Köln, 1941, 47–104 – S. Prete, Ricerche sulla storia del testo di Ausonio, 1960.

Auspicium → Vogelschau.

Aussetzung. Um die Kinderzahl zu beschränken (Hes. op. 376; Ter. Haut. 667), um einer Auslese willen (Plat. rep. 5, 8 f., p. 460 A; Plut. Lyk. 16; Sen. dial. 3, 15, 2) oder bei unehelicher Geburt (Eur. Ion 14 ff. 350 ff. 1503 ff.) wurden Kinder, bes. Mädchen (Ter. Haut. 626), aber auch Knaben (Longus 4, 19), ausgesetzt. In Rom beruhte die A. auf der väterlichen Gewalt (Gaius inst. 1, 55; Suet. Aug. 65, 4). Mit der A. wurden Geburtshelferinnen (Plaut. Cas. 41; Ter. Haut. 629) oder Vertraute (Eur. Ion 28 f.) beauftragt. Die Kinder wurden mit Erkennungszeichen versehen und notdürftig durch Behälter geschützt (Liv. 27, 37, 6). Die aufgefundenen Kinder wurden meist Sklaven (Ael. VH 2, 27; Suet. gramm. 7. 21; Lact. inst. 4, 20), seltener wie Freie (Plin. epist. 10, 65 f.; Ps. Quint. decl. 278) behandelt; in Rom lag die Entscheidung darüber beim Finder (Cod. Theod. 5, 9, 1), sofern nicht durch die Erkennungszeichen später die Eltern gefunden wurden (Komödie). Unter → Severus Alexander galt die A. als Mord (Dig. 25, 3, 4), doch mußte diese Bestimmung später erneuert werden (Cod. Iust. 5, 51 [52], 2), ohne vollen Erfolg zu haben. Die A. war von nachhaltiger Wirkung auf die → Bevölkerungszahl W. K.

Lit: A. Mau, RE 2, 2 (1896), 2588–89 und E. Weiss-W. Kroll, ebd. 11, 1 (1921), 463–472.

Auszeichnungen. Belohnungen für überragende militärische Leistungen (besonderer Beuteanteil, öffentliche Belobigung, Ehrengeschenke, Beförderung, Sonderrechte) sind in der einen oder anderen Form allen Völkern des Altertums geläufig. Die systematische Ausgestaltung zu einem System, das, den Orden der modernen Zeit vergleichbar, den allgemeinen Zweck ins Auge faßt, findet sich jedoch nur bei den Römern (vgl. Polyb. 6, 39). Die A. der Frühzeit gelten primär der Reiterei (→ Hasta pura, → Phalerae), der militärischen Führung und besonderen, genau umschriebenen Kriegstaten (→ Corona). In der Kaiserzeit entwickelte sich eine Ordensverleihung in Klassen, die für den einfachen Soldaten → Phalerae, Torques, Armillae, für den Offizier → Coronae, → Hastae purae, → Vexilla in fester Verbindung und fester, dem Dienstrang entsprechender Anzahl vorsah, wobei wiederholte Auszeichnung möglich war. Die Verleihungsordnung wurde von den Kaisern mehrfach umgewandelt, bis sie im 3. Jh. n. Chr. verfiel. E. Bay.

Lit: P. Steiner, Die dona militaria, BJbb 114, 1906, 1–98 – A. von Domaszewski, Die Rangordnung d. röm. Heeres, BJbb 117, 1908, 1–275 – J. Kromayer-G. Veith, Heerwesen u. Kriegführung d. Griechen u. Römer, 1928 – A. von Büttner, Unters. über Ursprung u. Entw. der A. im röm. Heer, BJbb 157, 1957, 127–180.

Autarkeia. *In der Ethik* wird die A., eigentlich ‹das Sich-selbst-Genügen›, seit dem späten 5. Jh. v. Chr. in verschiedenen Bedeutungen faßbar: 1. *Physisch* ist das Individuum mannigfacher Hilfe und technischer Veranstaltungen bedürftig; doch besteht der Wunsch, die damit gegebene Abhängigkeit möglichst zu reduzieren. Die → Sokratiker, bes. Antisthenes (1) und → Aristippos und dann → Xenophon (1) haben (mit Sokrates als Beispiel) die A. zum Ideal erhoben, in äußerster Konsequenz → Diogenes (5). – 2. *Politisch* wird vom Staate in bestimmten Grenzen A. erwartet (s. u. und Aristot. pol. 1252 b 27 ff. u. a.). – 3. Als *geistige Unabhängigkeit* dessen, der auf Freunde, Helfer u. Gönner nicht angewiesen ist, wird die A. im Blick auf Zweck und Wert der Freundschaft zum Problem, sofern es scheint, daß Freundschaft in Bedürftigkeit begründet ist, der vollkommene Mensch aber autark sein soll (vgl. Aristot. NE 9, 9; Cic. Lael.). Demgegenüber hat bes. die → Stoa betont, daß Freundschaft zum Wesen des Menschen schlechthin gehört und die A. des Weisen nicht aufhebt. – 4. Endlich gibt es die *A. der Tugend* gegenüber den Gütern des Körpers (Gesundheit, Ansehen u. dgl.). Für Aristoteles muß die volle Glückseligkeit alle drei Güterklassen umgreifen, für die orthodoxe Stoa ist die Tugend autark und auf nichts anderes angewiesen (vgl. Diog. Laert. 5, 30; 7, 127 f.). O. G.

Autobiographie

A. Griechische A. [1] Allgemeines – [2] Vorstufen – [3] Hellenist. Memoiren – B. Römische A.

A. Griechische A. [1] *Allgemeines.* Vorstufen zur A. finden sich in der griech. Literatur (1) von Homer an dort, wo Helden sich selbst vorstellen, Herkunft und Leistung rühmen; (2) dort, wo eine Dichtung vom persönlichen Erleben des Dichters ausgeht, was von der schlicht erinnernden Erzählung bis zum leidenschaftlichen Bekenntnis von Liebe und Haß reichen kann; (3) der eigentlichen A., bes. nah in einerseits den Texten, die der Rechtfertigung eigenen Handelns und Lebens dienen, anderseits solchen, in denen es dem Verf. auf den Nachweis ankommt, daß er die berichteten Ereignisse selbst erlebt oder doch als Augenzeuge verfolgt habe. – Die A. im strengen Sinne setzt mit dem Bewußtsein ein, daß es sich lohne, die eigenen Erlebnisse (Begegnungen mit großen Männern, Abenteuer in fernen Ländern) und Leistungen (in Krieg und Frieden) andern Menschen zur Kenntnis zu bringen, teils zur Information, teils zur Belehrung für ihr eigenes Leben. Diese Überzeugung eigener, wie immer gearteter Ungewöhnlichkeit und der darauf beruhende Wunsch, sich selbst bekannt zu machen, ist ein Hauptgrund aller A., auch der griechischen. (Von der modernen unterscheidet sich die griech. A. bes. durch das Fehlen der Selbstanalyse, die noch in seelischen Mängeln, Brüchen und Schwankungen Belege für die eigene Bedeutsamkeit findet; dem Griechen ist dies durch die ihm eigene Achtung vor sich selbst verwehrt.) Eigentliche A. bleibt jedoch in der griech. Literatur selten, nicht wegen eines defizienten Persönlichkeitsbewußtseins, sondern weil der Einzelne sich nicht zum ausdrücklichen Mittelpunkt eines literarischen Werkes machen darf, ohne damit in der empfindlich reagierenden Gesellschaft von Seinesgleichen Anstoß zu erregen. In noch höherem Maße als von der → Biographie (A 1) gilt von der A.: die dem monarchischen Stile der Barbarenvölker gegenüber bewußt herausgekehrte demokratische Lebensart der Griechen ist für die Entfaltung einer Literatur, die sich auf den hervorragenden Einzelnen konzentriert, äußerst hinderlich gewesen. In Rom, das dem großen Einzelnen von vornherein eine andere Stellung zubilligte, war der Boden günstiger (s. unten B).

[2] *Vorstufen.* Wenn wir von Reden homerischer Helden absehen, ist → Hesiod der erste Grieche, der ausdrücklich von seinem Leben spricht, um mit Selbsterlebtem sein Dichten zu begründen (Musenbegegnung, Handel mit Perses; derartiges wird im Hellenismus wieder aufgenommen). In der immer vom Gegenwärtig-Konkreten ausgehenden → Lyrik (I B) des → Archilochos, → Sappho, → Alkaios u.a. äußert sich das Leben der Dichter unmittelbar; eigentliche A. ist sie nicht. Neues kommt im Werke → Solons dazu, der von den Maximen seiner Lebensführung redet und sein politisches Werk ausdrücklich erläutert und verteidigt. Dem Ziel, die politische Tätigkeit ihrer Verfasser zu rechtfertigen, dienen die Reden der großen Redner, in denen sie ihr eigenes Leben unter dem Gesichtspunkt politischer Apologetik darstellen, bes. von → Antiphon, → Andokides, → Demosthenes. Die Antidosisrede des → Isokrates (or. 15), als Rede fiktiv, gilt zuweilen nicht ganz ohne Recht als die erste eigentliche A. der Antike: eine Rechenschaft über das gesamte Leben des Verfassers, seine Leistungen, Gesinnungen und Ziele. Der Form nach gibt auch in → Platons ‹Apologie›, auch sie Fiktion, Sokrates selbst eine Darstellung seines Lebens. – Neben solchen Reden sind die Sendschreiben zu nennen, am berühmtesten → Platons großer (7.) Brief über seine Beziehungen zu den Fürsten von Syrakus. Weiterhin Darstellungen, die auch formal den Charakter des Geschichtswerkes haben: → Demetrios (17) v. Phaleron hat in einem eigenen, zweifellos stark apologetischen Werk die 10 Jahre seiner Statthalterschaft über Athen (318–308) geschildert. – Anders orientiert sind diejenigen Texte, in denen ein Autor sich selbst ins Spiel bringt, um die Wahrheit bestimmter Aussagen zu verbürgen. Derartige auf A. hinauslaufende Hinweise finden sich verstreut schon bei den meisten Vorsokratikern, dann naturgemäß bes. in der naturwissenschaftlichen, medizinischen und periegetischen Fachliteratur. Im Reisebericht (→ Periodos; → Periplus) verschmilzt die Beschreibung der Oikumene mit dem Bericht über eigene Erlebnisse (real die Berichte der Indienfahrer oder des → Pytheas, fiktiv bei → Euhemeros, → Iambulos u.a., und im → Roman: → Lukios u.a.). Für sich stehen die eigenartigen ‹Epidemiai› des → Ion v. Chios, zunächst wohl Berichte über Vortragsreisen sophistischen Stiles, dazu aber bes. über seine Begegnungen mit bedeutenden Leuten

[3] A.n im geläufigsten Sinne, also *Memoiren* von Feldherren und Herrschern über die Gesamtheit des von ihnen Erstrebten und Geleisteten, sind selten. Hier zu nennen sind mit leichtem Vorbehalt → Xenophons wirkungsreiche ‹Anabasis› und das stark autobiographische Geschichtswerk → Ptolemaios' I. (das vielleicht das spätere Memoirenwerk → Ptolemaios' VIII. angeregt hat), dann das freilich fast ganz verschollene Werk des Königs → Pyrrhos, ferner die breit angelegte A. des → Aratos (1) v. Sikyon (von → Plutarch benutzt). Dem Späthellenismus gehören an A.n des Königs → Herodes I., des mit jenem verbundenen Philosophen und Politikers → Nikolaos (2) v. Damaskos (interessante Fragmente), des jüd. Politikers und Historikers → Josephus (‹Vita›; erhalten); auch die Hauptwerke des etwas älteren und einflußreichen → Poseidonios dürften einen starken Einschlag von A. gehabt haben. Aus der griech. Spätantike sind anzuführen: die griech. geschriebenen A.n der Kaiser → Hadrian und → Julian, der Rückblick → Galens auf seine eigene Schriftstellerei, die parodisch getönte A. Lukians (‹Der Traum›), schließlich die ‹Hieroi Logoi› des Aelius → Aristides, in denen der Verfasser über seine Krankheiten und wunderbaren Heilungen durch Asklepios Tagebuch führt. – Diese Liste allein lehrt schon, daß es die A. als eine geschlossene, durchgeformte Literaturgattung bei den Griechen nicht gegeben hat, wohl aber vielfache Ansätze dazu. O. G.

Ed: FGrHist 227–238 (mit wichtigen *Komm.*) – *Lit:* G. Misch, Gesch. d. A. I: Das Altertum (1907), 1949/50³.

B. Röm. Autobiographie. Bei den Römern hat das Autobiographische von Anfang an eine stärkere Rolle als bei den Griechen gespielt. Doch auch ihre A. ist nicht auf die Darstellung der Individualität im Rousseau'schen Sinn gerichtet, sondern auf ihre Stilisierung als exemplum. Sie ist Aufforderung zur Nachahmung, dient der Sicherung des Nachruhms, der Rechtfertigung des eigenen Tuns, der Selbstanalyse und Selbsterziehung. – Die wichtigsten autobiographischen Werke sind: die sehr trümmerhaft erhaltenen → Satiren des → *Lucilius* (1), deren autobiographischen Charakter → Horaz hervorhebt. Die äußerst freimütige Selbstdarstellung, die auch das Erotische ungeniert ausspricht, entspringt einem sehr entschiedenen Selbstbewußtsein, wie es sich auch in seiner aggressiven Zeitkritik zeigt. – Im autobiographischen Schlußteil des ‹Brutus› beschreibt → *Cicero* seine Entwicklung in Richtung auf sein Ideal des Redners. Hier wie in den autobiographischen Geschichtswerken (De consiliis suis, Commentarium consulatus, letzteres griechisch und lateinisch), Gedichten (De consulatu suo) und Reden (bes. Sest. 36–54; De domo sua 3–31) sucht er sich selbst zu rechtfertigen und für sich zu werben. Am ehesten autobiographisch im modernen Sinne sind die Briefe. Aber sie sind ungewollte Selbstoffenbarung. Daß seine Persönlichkeit hier so ganz anders erscheint als in den übrigen Schriften, was die Kritik Petrarcas und der modernen Ciceroforschung hervorrief, beweist gerade, wie wenig jene Schriften A.n im modernen Sinne sind. – Auch für *Caesars* Selbstdarstellung in den Kommentarien ist die Zurückdrängung des Persönlichen und die scheinbar strenge Sachlichkeit der Darstellung charakteristisch. Zu einem Teil gilt das sicher auch für die – fast völlig verlorenen – autobiographischen Werke historischer Persönlichkeiten (C. → Gracchus (2), Q. → Lutatius (2) Catulus, → Sulla, → Varro (1), → Augustus, → Tiberius, → Claudius (1), → Agrippina (2), → Vespasian, → Hadrian, → Septimius Severus usw.). – Der inschriftlich erhaltene Tatenbericht des *Augustus* ist gleichsam ein erweitertes Elogium in Ichform, wie ja die → *Grabinschriften* in Vers und Prosa dort, wo der Tote selbst spricht, autobiographische Elemente zeigen. – → *Sallust* stilisiert in den Proömien seiner Geschichtswerke seine Abwendung von der Politik als eine Bekehrung zur Geschichtsschreibung. Die autobiographischen Partien in → *Horazens* Satiren und Episteln sind getragen von einer sokratischen Selbstironie, in der der Stolz auf ein den gängigen Maßstäben sich entziehendes Dasein ebenso mitschwingt wie die Absicht, den Freunden durch den Hinweis auf die eigene Schwäche Mut zur Besserung zu machen. – In der röm. *Liebesdichtung* (→ Catull; → Elegie, 2) ist das persönliche Erleben zum Allgemein-Repräsentativen erhoben (Liebestopik, starke Bestimmtheit der einzelnen Gedichte durch die Gattung, Spiegelung des persönlichen Erlebens im Mythos). Auch der Liebesdichter, der das Persönlichste ausspricht, bewegt sich damit in einer vorgeformten Welt. – Sobald er aber wie *Ovid* aus dieser Welt herausgerissen wird, tritt sein persönliches Schicksal stärker hervor. Nicht zufällig sind seine am stärksten autobiographisch gefärbten Gedichte (trist. 4, 10; 1, 3) im Exil entstanden. – Das Autobiographische in → *Senecas* (2) Werk entspringt der philosophischen Rückwendung auf die inneren Güter. Die Mitte, auf die alles bezogen wird, ist auch hier nicht die Individualität, sondern ein Idealbild des Menschen. Die Arbeit des Philosophen an sich selbst ist gerade die Befreiung von allem persönlich Bedingten. Sie wird nicht um ihrer selbst willen beschrieben, sondern soll anderen zum Beispiel dienen. – Auch → *Mark Aurels* ‹Selbstbetrachtungen› sind nicht eigentlich A. Vielmehr hält er in ihnen sich selbst die philosophischen Grundsätze vor, um den quälenden Kampf gegen die Versuchung zur Resignation siegreich zu bestehen und angesichts der schweren Aufgaben seiner Stellung nicht zu verzweifeln. – Erst mit → *Augustins* ‹Confessiones› beginnt eine A. im modernen Sinn. Während in der antiken Ethik und römischen Moral und Politik die Individualität überwunden werden sollte, beläßt das Christentum dem Menschen seine Individualität. Das Verdienst liegt nicht mehr im Grade der Annäherung an eine allgemeine Norm oder an eine bestimmte Autorität, ein bestimmtes exemplum, sondern in einer Entscheidung: zuerst der Bekehrung und dann dem ständig wiederholten Entschluß zum Glauben. Der Mensch bleibt in seiner Individualität unangetastet. Dadurch wird gerade sie zum Gegenstand des Interesses: Wie kommt es, daß Gott gerade mich, Augustin, angesprochen und durch das Geschenk des Glaubens ausgezeichnet hat? Das Zufällige, Bedingte des Individuums scheint unvereinbar zu sein mit dem Unbedingten, Notwendigen Gottes. Die Aufhebung dieses Widerspruchs in der Bekehrung wird zu einem Wunder, über das der Bekehrte nachzudenken nicht abläßt. Aus alledem ergibt sich der im modernen Sinn autobiographische Charakter der ‹Confessiones›. Augustin erforscht sein Leben, auch die scheinbar unwichtigsten und zufälligsten Einzelheiten, um darin das Wirken der göttlichen Vorsehung zu entdecken. V.P.

Lit: G. Misch, Gesch. der A., I: Das Altertum (1907), 1949/50³.

Autochthon. Den Griechen war es stets bewußt, daß die meisten Völker in ihrer historischen Heimat nicht von jeher ansässig, ‹a.› (etwa ‹bodenständig›), sondern von auswärts eingewandert waren. Um so mehr Beachtung fanden die wenigen (scheinbaren) Ausnahmen. Mit besonderem Stolz pflegten die Athener auf ihre A.ie hinzuweisen. F.G.

Autochthon, Iliaskommentator unbekannter Zeit und Herkunft, zitiert von → Porphyrios (Quaest. Hom. 1, 150, 5 Schr.), vielleicht schon von → Epaphroditos (vgl. Schol. zu Il. 22, 3). A. interessierte sich bes. für Waffen und Rüstungen. Sein Kommentar ist achtmal in den exegetischen Ilias-→ Scholien (C 2) erwähnt. H.E.

Autokrates, von Athen, Dichter der alten → Komödie (I B); Zeit unbekannt. Berühmtestes Stück: ‹Tympanistai› (‹Paukenschläger›). Th.G.

Frg: FAttCom I 942–945.

Autokrator ist, wer ‹selbst die Entscheidung hat›. Mit diesem Zusatz bezeichneten die Griechen seit dem 5. Jh. v. Chr. → Magistrate und sonstige Amtspersonen (bes. Gesandte) und Behörden, wenn ihnen eine über das gewöhnliche Maß hinausgehende Entscheidungsfreiheit eingeräumt war. Solche Ausnahmevollmachten, im ganzen ein unentbehrliches Korrektiv der demokratischen Regierungsform, wurden gelegentlich zum Umsturz der Verfassung mißbraucht. F.G.

Lit: M. Scheele, *Στρατηγὸς αὐτοκράτωρ*, Diss. Leipzig 1932.

Autolykos, Sohn des → Hermes und von ihm begünstigter, berühmter Dieb, der seine Untaten durch Klugheit und Zauber zu verbergen weiß. Durch seine Tochter Antikleia der Großvater des → Odysseus (Od. 18, 394 f.; 24, 331 ff.).

Darstellungen: → Sisyphos. K.Schb.

2. **A. von Pitane,** → Mathematiker um 300 v. Chr., älterer Zeitgenosse → Euklids, Verfasser zweier wichtiger Bücher Über die rotierende Kugel und Über den Auf- und Untergang der Fixsterne. Das erste Buch behandelt Probleme der sphärischen Geometrie, die für den beschreibenden Astronomen von Wichtigkeit sind. A. leitet seine Sätze in streng logischer Folge ab. In einem dritten, nicht erhaltenen Werk kritisiert A. die von → Eudoxos (1) begründete Theorie der → homozentrischen Sphären, da sie mit dem Helligkeitswechsel der Planeten unvereinbar sei. S.S.

Ed: F. Hultsch, BT, 1885 (mit lat. Übers.) – *Lit:* Sarton I 511.

Automaten sind mechanische Vorrichtungen, an denen ohne *direkten* menschlichen Eingriff ein einfacher Antrieb (in der Antike: Gewicht, Wasser, Dreh- oder Hebelbewegung, Luft- oder Dampfdruck) aufgrund einer sinnvollen Kombination mehrerer sog. ‹einfacher Maschinen› (→ Mechanik B 3) ‹von selbst› (*αὐτόματος*) komplizierte Bewegungen oder Geräusche auslöst.

[1] Solche A. sind – nur mit anderen Antriebsmitteln – auch die Grundlage der heutigen Automation. Die modernen Vertreter lassen sich zurückführen auf die Zeit des Barocks und der Spätrenaissance, in der A. bes. im Zusammenhang mit Uhren und Wasserspielen sehr geschätzt waren. Diese Zeit schöpfte ihre Kenntnisse und Anregungen aus den gerade wiederentdeckten Schriften der Antike, und hier bes. denen des → Heron (2) v. Alexandria, dessen Material aus heute verlorenen Werken griech. Vorgänger (bes. des → Philon (4) v. Byzanz und des → Ktesibios) stammt. Wann diese Traditionskette begann, läßt sich nicht mehr feststellen. Hephaists ‹goldene Dienerinnen› und ‹von selbst› fahrende Dreifüße in der Ilias (18, 417 ff., 373 ff.) beruhen zwar wohl ebenso wie die Apparate des legendären → Daidalos (1) auf phantasievoll ausgeschmückten Wunschträumen, doch werden auch ihnen schon einfache Apparaturen zugrunde liegen. Die ersten automatenähnlichen Maschinen, die wir kennen, sind jene, mit denen die Götter der attischen Tragödie zur Wendung des Geschehens auf die Bühne geschwenkt wurden (→ Deus ex machina). Zur selben Zeit soll → Archytas (Gell. 10, 12, 8 ff.) eine fliegende hölzerne Taube konstruiert haben (wohl nur Nachahmung der Flugbewegung). Auch setzen die pneumatischen Erfindungen des → Ktesibios (vgl. Vitr. 10, 12, 4 f.) einfachere A., wie pfeifende und sich drehende Vögel u. a., voraus, und dasselbe gilt für die Weckvorrichtung Platons (s. u. 2). Außerdem scheint die Darstellung der Naupliossage im berühmten A.-Theater → Philons (4) wohl auf die dramatische Darstellung des Stoffes durch → Sophokles zurückzugreifen. Das alles (vgl. auch Plat. leg. 10, 893 D; Ps. Aristot. mech. praef. 848 a 34–37) weist auf das Vorkommen einfacher A. schon gegen Ende des 5. Jh.s v. Chr. hin (die uns bekannten Beschreibungen erst späthellenistisch).

[2] Zu den A. oder ‹Wunderwerken› zählen in der Antike auch Wasser-→ Uhren (4) und ähnliche Apparate. Der mit dem Wasserspiegel steigende Schwimmer ist dann über eine Rolle durch ein Seil mit dem Gegengewicht so verbunden, daß Rolle *und* Gegengewicht durch verschiedenartige Übertragungsmittel (Seil, Zahnrad, Zylinder in Kolben u. ä.) Bewegungen auslösen können. Statt des Schwimmers werden oft gebogene oder Kapselheber (→ Mechanik B 5) benutzt, die jeweils nach Erreichen eines bestimmten Wasserstandes im Rezipienten – durch die Wirkung des atmosphärischen Luftdrucks – schnell das gesamte Wasser auslaufen lassen, wodurch es innerhalb des Mechanismus zu plötzlichen Gewichtsverlagerungen kommt – etwa wenn das Wasser in ein Gefäß an einem Waagebalken fließt. Wird dieses Wasser in einen sonst luftdicht verschlossenen Behälter geleitet, so komprimiert es die Luft darin und läßt sie durch ein angebrachtes Blasinstrument ausweichen. So erzeugte Töne scheinen schon von Platon als Wecker benutzt worden zu sein (vgl. Aristokles bei Ath. 4, 174 C ff.). In den A.-Theatern wurde statt Wasser Sand (Hirse) benutzt, so daß das direkt auf dem Sand aufliegende Gegengewicht relativ groß gewählt werden konnte. Dieses senkte sich allmählich, sobald eine Öffnung im Boden des Gewichtskastens freigegeben wurde und der Sand auslaufen konnte, und ließ kompliziert auf Rollen gewickelte Seile ablaufen. Die Rollen waren mit Figuren oder ihren beweglichen Teilen fest verbunden, so daß diese in ganzen oder

teilweisen Drehungen bewegt wurden (Heron aut. 20ff.). Neben solchen stehenden A.-Theatern waren schon Philon auch fahrende bekannt, bei denen das Gewicht außerdem den ganzen Theaterwagen bewegte (Heron aut. 2–19). – Daneben gab es natürlich auch relativ einfache A., z. B. den Weihwasser-A., der nach demselben Prinzip wie moderne Waren-A. nach dem Einwerfen eines Geldstückes eine be-

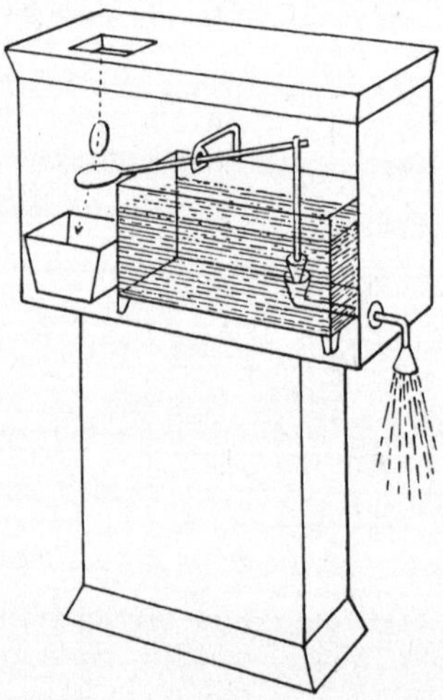

Abb. 45 Weihwasserautomat

stimmte Menge Wasser spendet. Er scheint zumindest z. Z. Herons (pneum. 1, 21) in Ägypten an vielen Tempeleingängen gestanden zu haben. Andere Antriebsmittel sind Dampf (→ Äolipile) oder die Ausdehnung sich erwärmender Luft. Heron beschreibt z. B. Mechanismen (pneum. 1, 38f.), bei denen das Entzünden eines Opferfeuers das automatische Öffnen von Tempeltüren bewirkt. – Das entscheidende bei allen A. ist, daß der Mechanismus dem Betrachter verborgen bleibt, so daß ein Außenstehender meinen muß, das Ganze bewege sich ‹von selbst›. So legt Heron oft Wert darauf, daß die Bewegung nicht mit dem Auslösen des Mechanismus beginnt, sondern – etwa durch schlaff hängende Seile – erst nach einiger Zeit. A. aller Art scheinen in hellenist. Zeit sehr beliebt gewesen zu sein. Ob sie auch technisch genutzt wurden, ist unbekannt; Heron zumindest betont das Spielerische an ihnen. Wieweit das ein Ergebnis seiner Auswahl ist, bleibe dahingestellt. F. Kr.

Q: bes. Phil. Mech. pneum.; Heron, aut. und pneum.; Vitr. 10 – *Lit:* H. Diels, Antike Technik (1914), 1924³, 57–70, 192–232 – A. G. Drachmann, Ktesibios, Philon and Heron. A Study in Ancient Pneumatics, 1948 (Lit) – Vgl. ferner → Heron (2), → Mechanik, → Technik, → Uhren.

Autonomie. Die A. (‹Selbständigkeit›) aller griech. Städte wurde etwa seit der Mitte des 5. Jh.s das vielberufene, aber nie erreichte Ideal griech. Politik. Schon früh suchte man, ohne die Selbständigkeit wirklich zu gewähren, doch am Wort A. festzuhalten. Es gab nun also bedingte und beschränkte A., und das hatte wieder zur Folge, daß man die volle A. gern durch ursprünglich pleonastische Wendungen (vor allem ἐλεύθερος καὶ αὐτόνομος, ‹frei und selbständig›) bezeichnete. F. G.

Lit: F. Nolte, Die hist.-pol. Vorauss. d. Königsfriedens v. 386, Diss. Frankfurt 1923, 8ff. – E. J. Bickerman Autonomia, RIDA 5, 1958, 313–343.

Autonoë, Tochter des → Kadmos, Gattin des → Aristaios, Mutter des → Aktaion.

Autronius Paetus, P. (quaest. 75 v. Chr., cos. des. 65). Für 65 zum Konsul gewählt, aber vor Antritt des Amtes von L. → Aurelius (3) Cotta wegen Wählerbestechung angeklagt; die Wahl wurde für ungültig erklärt. A. schloß sich darauf → Catilina an; deswegen 62 verurteilt. Exil in Makedonien. Chr. M.

Auxesia und Damia, zwei alte Geburts- und Fruchtbarkeitsgöttinnen, verehrt z. B. in Lakonien (IG 5, 1, 363: Damoia), in Troizen mit Fest (‹Lithobolia›: Paus. 2, 32, 2 mit Aitiologie), auf Ägina und in Epidauros (Hdt. 5, 82ff.), auf epidaurischen Inschriften auch Mn(e)ia und Azosia, beide Azosioi theoi (IG² 4, 398; 410; 434). C. J. C.

Auxilia, die nichtröm. Hilfstruppen des röm. Heeres, durch → Augustus z. T. nach röm. Weise in → Alen und → Cohorten zu 500 und zu 1000 Mann organisiert, unter dem Kommando eines ritterlichen Präfekten stehend; in prokuratorischen Provinzen bildeten sie die einzige Besatzungstruppe. Seit → Konstantin I. Bezeichnung für die Fußtruppen des Feldheeres (→ Comitatenses). E. Bay.

Avaricum, Vorort der cubischen → Biturigen, im 4. Jh. n. Chr. *Biturigae*, woher der heutige Name Bourges (Kt. 1019 D4), von Caesar 52 v. Chr. nach langer Belagerung erobert (Gall. 7, 22ff.). Am Beispiel von A. beschreibt Caesar den ‹murus gallicus›, ein aus horizontal geschichteten Balken bestehendes Holzrahmenwerk mit Stein/Erdfüllung und einer Steinverblendung, in der die Balkenköpfe sichtbar blieben. L. B.-H.

Lit: D. Claude, Topographie u. Verfassung d. Städte Bourges u. Poitiers bis in das 11. Jh., Diss. Berlin 1960.

Avennio (Kt. 1019 E5; heute Avignon), Vorort der kelt. Cavaren, röm. Kolonie wohl seit → Augustus. L. B.-H.

Aventicum (Kt. 1019 E4; heute Avenches), Hauptort der Civitas der → Helvetier, seit Vespasian Kolonie (Col. Pia Flavia Constans Emerita Helvetiorum Foederata), Blütezeit im 2./3. Jh., hat röm. Reste wie Theater, Amphitheater, Tempel, Thermen, Stadtmauer (vespasianisch oder spätrömisch, Datierung umstritten). L. B.-H.

Lit: Repertorium der Ur- u. Frühgesch. der Schweiz, H. 4: Die Römer in der Schweiz, 1958 – G. Th. Schwarz, Die Kaiserstadt A., 1964.

Avernus lacus (Kt. 1420 F6; heute L. Averno), mythenumwobener Kratersee in Kampanien zwischen Cumae und Puteoli, Umfang 3 km, größte Tiefe 65 m. Griech. Ἄορνος mit der Etymologie ἀορνίς, ‹vogellos›, da giftige Dämpfe alle Vögel vertrieben hätten. Als ein Eingang zur Unterwelt angesehen (Verg. Aen. 3, 442ff., 5, 732; 6, 118. 201. 239ff.; 7, 91; Lyk. Alex. 695ff.; Sil. 12, 130; Strab. 5, 224; Max. Tyr. 14, 2). Sagenhafter Wohnsitz der höhlenbewohnenden Kimmerier (Ephoros bei Strab. 5, 244). Von → Agrippa (1) 37 v. Chr. als Portus Julius in den Flottenstützpunkt von → Misenum einbezogen. B. A.

Lit: Nissen, I 268 – A. Maiuri, Die Altertümer der phlegräischen Felder, 1958, Itinerari 32, 146.

Averroës (Ibn Roschd), arabischer, in Spanien lebender Philosoph, 1126–1198. Als Kommentator des → Aristoteles (D) wichtig für dessen Überlieferung und von großem Einfluß auf die Scholastik. H. E.

Averruncus, einzig aus → Varro ling. 7, 102 und → Gellius 5, 12, 14 bekannter Gott, den man anrief, um Gefahren abzuwenden; sein Name ist mit dem Verb averruncare, ‹abwenden›, verwandt. H. Le B.

Avesta → Iranier C.

Avianus, um 400 n. Chr., der letzte röm. Fabeldichter, Autor einer Sammlung von 42 Fabeln, die er in der Hauptsache → Babrius entnahm und in lat. Distichen brachte. Die Widmung im Vorwort (Briefform) gilt einem zeitgenössischen Theodosius – kaum dem Kaiser Th. I., sondern wahrscheinlich dem Th. → Macrobius (ca. 400 n. Chr.). In dessen ‹Saturnalien› tritt ein junger Avienus auf, der mit A. identisch sein könnte. Obwohl die Schreibweise des Namens in den A.-Hss. schwankt, ist eine Gleichsetzung des Fabeldichters mit Rufius Festus → Avienus aus sprachlichen und stilistischen Gründen ausgeschlossen. – Der im allgemeinen poetische und klassische Stil der Fabeln ist mit vielen Elementen einer ‹dekadenten Sprache›, charakteristisch spätlat. Konstruktionen und gelegentlichen Verstößen gegen die Regeln der Prosodie durchsetzt, die im 4. Jh. kaum möglich wären. – Die Fabeln, die aus «rohem Latein» in Distichen übertragen zu haben A. sich rühmt (prol. 4 G.), waren wahrscheinlich die Prosaübersetzung der ‹äsopischen Trimeter›, die ein Titianus angefertigt hatte. Ausonius erwähnt (epist. 16) ihre Verbreitung (Crusius, Babrius, p. 7). Von den 42 Fabeln des A. sind 5 neu und nirgendwo sonst bezeugt: 22. 25. 28. 30. 38 (bei Perry, Aesopica, Nr. 580–584); 31 stammen von Babrius, eine, Nr. 27, von Ps.-Dositheus, 4 aus der Collectio Augustana (9. 12. 26. 42), Nr. 5 aus einer unsicheren Quelle. – Die Wahl des elegischen Maßes war unglücklich, und A.' Stil, oft gewunden, schwierig und dunkel, war in gleicher Weise ungeeignet für die Erzählung von Fabeln. Dennoch war seine Nachwirkung sehr beträchtlich: vom 9.–16. Jh. der einzige bekannte Fabeldichter der antiken Welt, wurde A. in den → Klosterschulen des MAs als ‹Klassiker› gelesen, vielfach nachgeahmt und kommentiert (160 Hss.). E. C. J.

Q: B. E. Perry, Aesopica, 1952 – *Ed:* ed. princ.: Steinhöwel, in: Aesopus, Ulm (Joh. Zainer), ca. 1476/77 (27 Fabeln mit Übers.) – Apologus Auiani ciuis Romani..., Köln (Heinr. Quentell), 1494 (vollständig) – H. Cannegieter, Amsterdam 1731 – R. Ellis, Oxford 1887 – A. Guaglianone, Turin 1958 – *Übers:* Duff and Duff, in: Minor Latin poets, LCL, 1934 (engl.) – *Lit:* Schanz-Hosius IV 2, 32–35 – O. Crusius, RE 2,2 (1896), 2373–78 – Zur *Überlieferung:* L. Hervieux, Les fabulistes latins III, 1894 – W. A. Oldfather, New manuscript material for the study of A., TAPhA 42, 1911, 105–121 – K. McKenzie-W. A. Oldfather, Ysopet-Avionnet, Urbana (Ill.), 1919.

2. **A. Euander,** C., Erzbildner, Toreut und Marmorbildhauer aus Athen, betrieb um Mitte 1. Jh. v. Chr. eine Werkstatt in Athen, reiste mit → Antonius (2) nach Alexandria, kam 30 nach Rom als Kriegsgefangener, Lieferant und Freund Ciceros. Verfertigte im Auftrag des Augustus neuen Kopf für die Artemisstatue des Timotheos (Plin. nat. 36, 32).

Lit: Brunn, I, 547 – L. Guerrini, EAA I, 1958, 936f. H. v. H.

Avicenna (Ibn Sina), arabischer Philosoph, auch Arzt, 981–1037, vermittelte die aristotelische Philosophie in neuplatonischer Interpretation an den Orient. Er beeinflußte (vor allem durch sein Hauptwerk ‹Buch der Genesung der Seele›, eine Zusammenfassung von Metaphysik, Logik, Physik und Mathematik) Albertus Magnus und Thomas von Aquino und ermöglichte dadurch frühzeitiges Eindringen aristotelischer Gedanken in das abendländische Geistesleben. H. E.

Avidius Cassius, C., Syrer aus Cyrrhus, cos. suff. 161/163. Als legatus Syriae 164 schlug er → Vologaeses III. aus Syrien heraus und verfolgte ihn durch Mesopotamien bis nach Seleukeia und Ktesiphon, die beide zerstört wurden (165). Nach seinem Parthersieg wurde A. zusätzlich zu seiner Statthalterschaft in Syrien über den ganzen Orient und Ägypten gestellt. Weil die Kaiserin Faustina ihn (nach Dio Cass. 71, 22) aufgefordert hatte, beim Tode → Mark Aurels die Herrschaft zu ergreifen, ließ sich A. auf eine voreilige Todesnachricht hin März 175 zum Kaiser ausrufen; Ägypten und der Orient außer Kappadokien und Bithynien traten auf seine Seite. Mark Aurel brach den Sarmatenkrieg ab, doch vor Beginn der Auseinandersetzung wurde der zum Staatsfeind erklärte Usurpator von zweien seiner Soldaten Aug. 175 getötet. K. H. Sch.

2. **A. Nigrinus,** C., trib. pl. 105 n. Chr. (Plin. epist. 5, 13, 6; 5, 20, 6; 7, 6, 2. 4), schlichtete unter Trajan als legatus Augusti in Achaia Grenzstreitigkeiten zwischen Delphi und dessen Nachbargemeinden, cos. suff. 110, danach Legat in Moesia superior (oder Dalmatien?). Hadrian soll ihn als Nachfolger ausersehen haben (Hist. Aug. Hadr. 7, 1), doch wurde A. wegen Teilnahme an einer Verschwörung gegen den Kaiser 118 in seinem Geburtsort Faventia getötet, *senatu iubente, invito Hadriano* (Hist. Aug. Hadr. 7, 2; ähnlich Dio Cass. 69, 2, 5). Als Vater der Avidia Plautia war A. Schwiegervater des 136 von Hadrian adoptierten L. Ceionius Commodus (= L. → Aelius (1) Caesar) und damit Großvater des Kaisers → Verus (1). K. H. Sch.

Lit: R. Syme, Tacitus, 1958, I 225. 229. 243ff.; II 599ff. 669f.

3. **A. Quietus,** T., gest. ca. 107 n. Chr., Freund des 66 verstorbenen → Thrasea Paetus, 82 Legionslegat in Thrakien, unter → Domitian Prokonsul von Achaia (Plut., quaest. conv. 2, 1, 5; Macr. Sat. 7, 3, 15), cos. suff. 93, für 97 als prominentes Senatsmitglied bezeugt (Plin. epist. 9, 13, 15), 98 Statthalter von Britannien. A. war Freund des jüngeren → Plinius (2; epist. 6, 29) und des → Plutarch, der ihm die Schrift De sera numinis vindicta und den Brüdern → A. (2) Nigrinus und A. (3) Quietus das Buch De fraterno amore widmete. K. H. Sch.

Lit: R. Syme, Tacitus II, 1958, 635–640.

Avienus, Festus Ruf(i)us, 2. H. 4. Jh. n. Chr., didaktischer Dichter (→ Lehrgedicht). Nach seiner Weihinschrift an die Göttin → Nortia (CIL VI 537 = Dessau 2944) wurde er in Volsinii geboren und war zweimal Prokonsul; zu seinen Vorfahren zählte er → Musonius Rufus. A. schuf 1. eine nicht selten erweiternde lat. Neubearbeitung von → Arats Phainomena und Prognostica unter Verwertung des Scholienmaterials; entstanden kurz vor 387/389 (Hier. comm. Tit. 1, 12); – 2. Descriptio orbis, Nachdichtung der Erdbeschreibung des → Dionysios (8) Perihegetes; – 3. Ora maritima, in jambischen Senaren abgefaßt; das nicht vollständig erhaltene Werk folgt einer griech. Vorlage, zieht aber nach der Angabe des Proöms 32ff. darüber hinaus für den Schlußteil den Pontos-Exkurs in → Sallusts Historien heran. Die Küstenbeschreibung beginnt mit Britannien und führt an den Küsten Galliens und Spaniens entlang bis Massilia, wo unser Text abbricht. Nicht erhalten sind zwei weitere Werke in Jamben: eine Epitome des → Livius und ein Gedicht über die Sagen → Vergils. Unter dem Namen des A. werden noch zwei kleinere apokryphe Gedichte überliefert (173f. Holder). W. Schm.

Ed: A. Holder, 1887 – A. Schulten (1922), 1955^2 (Ora mar.; m. Komm.) – A. Berthelot, 1934 (Ora mar., m. Komm.) – P. van De Woestijne, 1961 (Descr.) – *Lit:* F. Marx, RE 2 (1896), 2386–91 – M. Fuhrmann, KP I 788f.

Avillius Flaccus, A., Präfekt von Ägypten 32–38. Spielgefährte der Enkel des Augustus, Freund des → Tiberius (1) und des Naevius Sutorius → Macro. Musterhafte Verwaltung unter Tiberius, danach Verschlechterung. Wegen seiner judenfeindlichen Haltung von → Philon (1) angegriffen. A. fiel nach dem Tode Macros und des → Tiberius (2) Gemellus bei → Caligula in Ungnade und wurde 38/39 vor Gericht gestellt. In der Verbannung auf Andros getötet. Hauptquelle: Philon, In Flaccum. U. Wm.

Lit: A. Stein, Die Präfekten v. Ägypten, 1950, 26f.

Avitus (Eparchius A.), (west-)röm. Kaiser 455–456, geb. um 400 in der Auvergne, gest. Ende 456 in Italien. A. hatte Verbindungen zum Westgotenhof (→ Goten) und wurde nach militärischem Dienst unter → Aëtius 439 gallischer Prätorianerpräfekt. Von → Petronius (2) Maximus im Frühjahr 455 zum ersten Reichsfeldherrn ernannt, wurde er nach dessen Sturz mit Unterstützung des gallischen Adels und der Westgoten am 9. 7. 455 in Arles zum Kaiser ausgerufen und begab sich dann nach Rom. Von → Ricimer geschlagen (17. 10. 456), starb er auf der Flucht nach Gallien. H.-J. D.

2. **A.,** Alcimus Ecdicius, Bischof von Vienna (ca. 494 bis 518) betrieb die Katholisierung der → Burgunder, verfaßte u. a. über 80 historisch wie sprachgeschichtlich wertvolle → Briefe (F), ferner 5 ‹Libelli de spiritalis historiae gestis›, ein biblisches Epos in Hexametern, das zu den Höhepunkten altchristl. Bibeldichtung (→ Literatur III) gehört. M. R.

Ed: PL 59 – R. Peiper, MGAA 6, 2, 1883 – U. Chevalier, 1890 – *Lit:* Altaner, 438f.

Avitus → Alfius.

Axamenta, archaischer Ausdruck in einer unklaren Glosse des Festus (3 L.) für die Gesänge der → Salier. H. Le B.

Axinomantie, seltene späte (oriental.?) Form der Weissagung mit Hilfe von Beilen und (nach Plin. nat. 36, 142) Glanzkohle (Gagates), die (auf glühenden Beilen?) nicht ganz verbrennt, wenn geschehen wird, was sich einer wünscht (auch 30,14). C.J.C.

Axioma, nach Aristoteles (anal. post. 1,2) ein unbeweisbarer, selbstevidenter Satz von solcher Art, daß jeder, der überhaupt irgend etwas lernen (lernend verstehen) will, ihn haben (einsichtig haben) muß. Solcher Art sind der Satz vom Widerspruch, aber auch die Gleichheitsaxiome in der Mathematik, die für alle Gebiete der → Mathematik gleichermaßen Gültigkeit haben sowie für alle Gebiete des Wissens, in denen quantitative Bestimmungen vorkommen. Von den Axiomen unterscheidet Aristoteles die Theseis (θέσεις), welche ebenfalls unbeweisbare, selbstevidente Sätze sind, aber nur innerhalb eines bestimmten Gebietes Gültigkeit haben, wie z. B. der Geometrie. Diese teilt er ein in → Hypothesen und Definitionen. – Bei → Euklid heißen die Axiome κοιναὶ ἔννοιαι (‹allgemeine Einsichten›), während an die Stelle der aristotelischen ὑποθέσεις die αἰτήματα oder Postulate treten. – Später wurde die Frage viel diskutiert, ob gemäß der aristotelischen Definition nur diejenigen unbeweisbaren, selbstevidenten Sätze als Axiome zu bezeichnen seien, welche für alle Wissensgebiete gelten, und demgemäß alle spezielleren selbstevidenten Sätze als Postulate oder ob auch die z. B. speziell geometrischen Sätze, welche eine Relation aussagen (wie z. B. daß zwei Geraden keinen Raum einschließen), Axiome zu nennen seien und nur die nicht ableitbaren Konstruktionssätze, die zugleich Existenzsätze sind (wie die Forderung, zwischen zwei gegebenen Punkten eine Gerade zu ziehen, wodurch die Gerade zugleich eindeutig bestimmt wird), Postulate (vgl. Proklos, in Eucl. 76 f. F.). K. v. F.

Axionikos, Dichter wohl der mittleren → Komödie (I C). Vier Titel bekannt, darunter ein ‹Phileuripides›, in dem die euripideische → Monodie parodiert wurde. Th. G.

Frg: FAttCom II 560–567.

Azitawadda, nach einer hethit.-phöniz. Bilingue in Karatepe (Kilikien) ein im 8. Jh. v. Chr. lebender König von Adana (hethit. Text) bzw. König der Dnnjm (phöniz. Text; = Danuna = → Danaer?). Nachkomme des → Mopsos (Lit. dort). W. Schg.

Baal, westsemit. Gottesbezeichnung (sem. ba'al = Herr, Eheherr), seit dem 2. Jt. in Vorderasien und Ägypten sowohl appellativisch als auch als Eigenname nachweisbar; in → Babylonien ist bel in der Regel Bezeichnung des → Marduk. Bei den verschiedenen B.en Syrien-Palästinas (→ Semiten D) handelte es sich meistens um Gottheiten der Naturgewalt, der Fruchtbarkeit (→ Astarte), des Wetters oder Gewitters, der Sonne oder des Himmels usw., deren Kult in erster Linie gruppen- oder lokalgebunden (genius loci) war: Stammesgottheiten, Orts- und Staatsgottheiten, Götter von Gebirgen und Landschaften usw. Unter den verschiedenen B.en ragen hervor: *B.-Hammon*, der Hauptgott des pun. Afrika, vielleicht ein Sonnen- und Vegetationsgott, der mit → Ammon, → Saturn u.a. gleichgesetzt wurde; *B.-Schamin*, dessen Kult bis zum 7. Jh. n. Chr. in Vorderasien und im Mittelmeerraum nachweisbar ist (bedeutender Tempel in → Palmyra); die B.e von → *Damaskos*, *Doliche* und → *Emesa*. In → *Ugarit* wurde ein B. in Gestalt eines Stieres verehrt (vgl. Ex. 32, 1–6). Das AT kennt z.B. einen ‹Bundes-B.› von → *Sichem* (Jud. 8, 33; 9, 4) und Tempel des B. (vielleicht B.-Schamin) in → *Samaria* (1. Kön. 16, 31 f., vgl. 2. Kön. 10, 21–27) und in → *Jerusalem* (2. Kön. 11, 18). G.Wn.

Lit: WbMythol I 253–274 – RAC I 1063–1113.

[2] B. wurde auch in Ägypten (seit der 18. Dyn.) und als B. Ḥammon im pun. Nordafrika verehrt; seine mannigfachen vorderasiat. Mythen wurden später teilweise hellenisiert und einzelne B.e erlangten in griech.-röm. Zeit allgemeine Bedeutung: sie wurden von den Griechen und Römern ihrem höchsten Gott gleichgesetzt, und ihr Kult wurde seit dem Vordringen der syr. Götter bes. im Heer gepflegt (B. von Doliche, von → Emesa u.a.), neben dem des seit 10. Jh. v. Chr. bezeugten Himmelsgottes B. Šamēn (Zeus Uranios, Caelus, Juppiter summus exsuperantissimus). Vgl. → Elagabal. C.J.C.

Q: ANET – *Lit:* A.S. Kapelrud, B. in the Ras Shamra Texts, 1952 – O. Eißfeldt, Der Gott Karmel, 1954 – W.F. Albright, Die Religion Israels im Lichte der archäolog. Ausgrabungen, 1956 – WbMythol I, 1961, 253–273.

Baalbek, ‹Stadt des Baal›, daher seit der Seleukidenzeit *Heliopolis*, unter Augustus Colonia Iulia Augusta Felix Heliopolis (CIL III, 202. 6665), Ortschaft in der Ebene der Beka'a, zwischen Libanon und Antilibanon auf 1150 m ü. d. M. (Kt. 2196 B 4), mit bedeutendem Tempelbezirk, ursprünglich einem Heiligtum des syr. → Hadad. Die großen Bauten umfassen den Jupitertempel, den Bacchustempel und den etwas abseits stehenden kleineren Rundtempel der Venus. Der Jupitertempel besteht aus einem sechseckigen Vorhof mit vorgelagerten monumentalen Propyläen über Freitreppe, einem Haupthof, dessen Umfassungsmauer eine reiche Nischengliederung aufweist, und dem eigentlichen Tempel, von dessen Peribolos noch sechs Säulen aufrecht stehen. Die Dimensionen sind monumental: Höhe der Säulenschäfte ca. 16 m, im Podium Blöcke von 3,90 m Höhe und 9,50 m Länge vermauert. Im Tempelhof die aus den in einer byzantin. Kirche vermauerten Blöcken wiederhergestellten typischen Turmaltäre mit Innentreppen. Besser erhalten der Bacchustempel südl. neben dem Jupitertempel. Bedeutender Skulpturen- und Ornamentschmuck der Steindecken in Peribolos und Cella. Typisch die Treppen, die ein Betreten der Dachplattform ermöglichten. Der Bau des monumentalen Tempelbezirkes muß schon im 1. Jh. n. Chr. begonnen worden sein (Inschrift auf einem Säulenschaft des Jupitertempels aus dem Jahre 60 n. Chr.), zog sich aber über lange Zeit hin. → Antoninus Pius muß den Bau besonders gefördert haben (Malalas, Chron. 9 p. 280 Bonn). Für diesen Bauvorgang sprechen auch entwicklungsgeschichtliche Beobachtungen Weigands an den Ornamenten. Iuppiter Optimus Maximus Heliopolitanus wird nach syrischer Sitte mit dem römischen Offizierspanzer bekleidet abgebildet als Wagenlenker, die Peitsche in der Rechten, das Blitzbündel in der Linken. Zu seinen Füßen zwei Ochsen (Statue aus Souchne bei Palmyra im Museum Istanbul). R.F.

Lit: Th. Wiegand, B., 4 Bde, 1921–25 – H. Seyrig, Heliopolitana, Bull. Mus. de Beyrouth 1, 1937, 95–97 (Inschrift von 60 n. Chr.) – P. Collart und P. Coupel, L'autel monum. de B., Bibl. arch. et hist. 52, 1951 – F. Castagnoli, EAA III, 1960, 1137–40, s. v. Heliopolis.

Babrius (vielleicht Valerius B.), sonst unbekannter Verfasser von griech. Versionen 143 äsopischer Fabeln in → Hinkjamben, die in den überkommenen Sammlungen (die aber nach Ausweis der Papyrusbruchstücke nicht als inhalts- und ordnungsgetreue Spiegel der ursprünglichen gelten können) in zwei Bücher verteilt und nach der alphabetischen Reihenfolge ihrer Anfangswörter geordnet sind. Obwohl die Sprache dieser Versionen Griechisch ist (es handelt sich um die frühesten versifizierten griech. Auffassungen überhaupt), ist es doch auf Grund der Eigentümlichkeiten des Versbaues höchst wahrscheinlich, daß Lateinisch die Muttersprache des Verfassers war, wie auch sein Name andeutet. Dem Prolog zum jetzigen 2. Buch nach war B. Lehrer des Sohnes eines Königs Alexander, der nur der hellenisierte Großenkel → Herodes' d. Gr. (Jos. AJ 18, 140) sein kann, und muß also wahrscheinlich im späten 1. Jh. n. Chr. gelebt haben; damit stimmen die anderen Indizien überein. L.W.D.

Ed: ed. princ.: J.F. Boissonade, Paris, 1844 – O. Crusius, BT, 1897 – *Übers:* A. Hausrath, Tusc., 1944 – *Lit:* B.E. Perry, B. and Phaedrus, LCL, 1964 – B.E. Perry, ebd., XLVII–LXXIII.

Babylon, Hauptstadt Babyloniens am Euphrat südl. Bagdad (Kt. 1925 C 4). Der Name wird auf Grund einer Volksetymologie als Bāb-ili, ‹Gottestor›, erklärt. Aus der Zeit der 3. Dynastie von → Ur als unbedeutende Siedlung bekannt, wird B. als Residenz → Hammurapis politisches und geistiges Zentrum des Landes und behält diese Vormachtstellung bis in die Chaldäerzeit, auch während der Abhängigkeit von Assyrien (von → Tukultī-Ninurta I. und → Sanherib zerstört). Noch Alexander d. Gr. will B. zur Hauptstadt seines Weltreiches machen, doch nach seinem Tode sinkt es zur Provinzstadt herab. Deutsche Ausgrabungen unter R. Koldewey (1899–1917) legten die jüngeren Bauschichten (das altbabylon. B. liegt unter dem heutigen Grundwasserspiegel) teilweise frei. Länge der Außenmauern ca. 18 km. 8 Tore; bes. großzügig angelegt das → Ištar-Tor → Nebukadnezars II. (Emailleziegel), Prozessionsstraße zum Mardukheiligtum Esagila (Tempel und → Ziqqurrat Etemenanki). Westl. vom Ištar-Tor das große Stadtschloß (Qaṣr), bestehend aus N- und S-Burg; weite Höfe, Hallen und Wohnräume; Gewölbe in der NO-Ecke, wahrscheinlich die ‹Hängenden Gärten›. Gegenüber der Tempel der Ninmach. Ferner Tempel für die → Ištar von Akkade, für Gula (?) und → Ninurta. Unter der neubabylon. Wohnstadt in Merkes in 12 m Tiefe Gebäudereste, die wahrscheinlich zum Palast → Hammurapis gehörten. Weit im N an der Außenmauer (Hügel Bābil) wurde das Sommerschloß Nebukadnezars II. aufgedeckt. Das Akītu-Haus von B. ist noch nicht lokalisiert. Aus jüngerer Zeit ist vor allem das griech. Theater von Bedeutung. Geschichte, Religion, Kunst → Mesopot. Reiche. W.R.

Lit: R. Koldewey, Das wiedererstehende B. (1917), 1925^4 – E. Unger, B., 1931 – Ders., RLAss I 330–369 – F. Wetzel u.a., Das B. der Spätzeit, WVDOG 62, 1957.

Bacchanalia, röm. Mysterienfeiern für → Dionysos/Bakchos. Im J. 186 v. Chr. wurde beim → Prätor eine Gruppe von Bakchosanhängern angezeigt, die sich heimlich nachts zu diesen Feiern trafen; sie wurden angeklagt, sich unter dem Deckmantel der Religion Ausschweifungen und sogar Verbrechen hingegeben zu haben. Die Bewegung wurde unerbittlich unterdrückt: 7000 Personen wurden verfolgt und eine große Anzahl hingerichtet. Der neue Kult wurde jedoch nicht verboten, sondern durch einen Senatsbeschluß, der im Wortlaut erhalten ist (Bacchanalieninschrift, CIL

I² 581, wichtiges Dokument für die alte → lateinische Sprache), streng geregelt. Diese Affäre wird von → Livius (39, 8–19) ausführlich erzählt; er gibt allerdings die offizielle, mit Kritik aufzunehmende Version; was an den B. faktisch vor sich ging, wissen wir kaum. H. Le B.

Lit: A. Bruhl, Liber Pater, 1953, 83–116 (Lit) – M. P. Nilsson, The Dionysiac Mysteries in the Hellenistic and Roman Age, 1957.

Bacchus. Der in Rom einheimische Gott → Liber Pater wurde möglicherweise schon im 6. Jh. v. Chr. Bakchos, → Dionysos gleichgesetzt und durch die Gestalt dieses an Kulten und Mythen reichen Gottes fast völlig überdeckt. Die B.-Mysterien, die sich in Griechenland, Kleinasien und Ägypten entfalteten, wurden gegen Ende des 2. Pun. Krieges in Rom eingeführt, aber der → Bacchanalienskandal des J. 186 v. Chr. zog eine unerbittliche Verfolgung der Mysten nach sich. Servius (zu ecl. 5, 29) sagt, daß Caesar ‹als erster› die B.-Mysterien ‹nach Rom brachte›, was nur bedeuten kann, daß er ihre Erneuerung veranlaßte. Seit dem Ende der Republik steht der B.-Kult in großem Ansehen, was zahlreiche bildliche Darstellungen beweisen: → Campanareliefs, Malereien der Villa Farnesina und in Pompeji, bes. in der Villa Item, welche die Szenen einer Dionysischen Weihe darstellen. Erst nach einer Einweihung wurde der Myste ein Mitglied des → Thiasos: er wurde durch die Einwirkung der Elemente rituell gereinigt (Wasser, Feuer, Luft); man schüttelte die Getreideschwinge, das mystische Symbol der Reinigung; man verlas heilige Formeln und enthüllte dann den Phallos, den man mit allerlei Symbolen auf den Kopf des neu Aufgenommenen fallen ließ; dieser war nun B. gleich, was ihm die Gewißheit gab, er würde sich nach dem Tode ewiger Seligkeit erfreuen. Zahlreiche Grabmale und Sarkophage sind mit bacchischen Symbolen geschmückt, was die Verbreitung dieses Jenseitsglaubens im ganzen Reichsgebiet bezeugt. Die strenge Hierarchie der Priester oder Priesterinnen und der Eingeweihten kennen wir durch ein in Tusculum gefundenes, aus dem 2. Jh. n. Chr. stammendes Marmorfundament, das nahezu 500 Namen aufführt. Mit der altröm. Religion hat dies alles freilich nichts zu tun. H. Le B.

Lit: Fr. Cumont, Les religions orientales dans le paganisme romain, 1929, 195–204 – A. Bruhl, Liber Pater, origine et expansion du culte dionysiaque à Rome et dans le monde romain, 1953 – F. Matz, Dionysiake Telete, Abh. Mainz 1963, 15 – *Darstellungen:* → Dionysos.

Backwerk. Durch Zutaten wie Öl, Milch, Wein, Mohn, Sesam war der Übergang vom → Brot zum B. ein allmählicher. Neben zahlreichen Kuchen- und Tortenformen gab es wahre Teigplastiken, oft obszöner Gestalt (Mart. 9, 2, 3; 14, 69; Petron. 60, 4). Antike Spezialschriften bei Ath. 14, 643 E. W. K.

Abb: Forbes, Technology III, Abb. 11 (ägypt. Schmalz-B.).

Bad. [1] *Kret.-myk.* Im Palast v. → Knossos gründet sich die Bestimmung ‹Badezimmer der Königin›, ‹SO-B.› usw. (16./15. Jh.; F. Matz, Kreta, Mykene, Troja, 1956, Taf. 31), ähnlich wie bei entsprechenden Räumen in → Phaistos, → Palaikastron oder → Phylakopi auf wiedergefundene, bemalte, tönerne Badewannen. Ton-Badewannen gab es vom 16.–13. Jh. (auch auf dem myk. Festland) sehr zahlreich. Gelegentlich dienten sie als → Sarkophage. Ein kleiner quadratischer Raum im Palast von → Tiryns, dessen ganzer, leicht geneigter Fußboden aus einer einzigen Steinplatte besteht, wird als Badezimmer angesprochen. Andere Badezimmer mit Stein- oder Stuckfußboden in → Mykene (A. J. B. Wace, Mycenae, 1949, 104) und → Pylos. W. Schg.

[2] *Griech. und röm. Bad* → Haus; vgl. → Hygiene.

Badari, Ort auf dem östl. Nilufer gegenüber Abutig (Kt. 29 C 6). Hier fand man zuerst Reste der nach B. benannten neolithischen Kultur, charakterisiert durch rotpolierte Keramik, oft mit schwarzgeschmauchtem Rand, auf dem Tierfiguren aufgesetzt sein können. Die Toten wurden in Hockerstellung beigesetzt, liegen auf der linken Seite und blicken nach Westen. W. Hk.

Badewanne (hom. ἀσάμινϑος, später λουτήϱ). Neben dem Baden in Flüssen, Seen und im Meer kennt das Epos die B. für das reinigende Warmbad (Hom. Od. 10, 361; vgl. → Körperpflege). Die B. war aus Ton (wie in Knossos, SO-Flügel) oder, in Prunkstücken, aus Silber (Hom. Od. 4, 128). Die öffentlichen Bäder hatten B.n in Reihenverbänden. F. E.

Lit: Olymp. Ber. IV, 1944, 33 ff.

Baebius Tamphilus, M. (trib. pl. 194, cos. 181 v. Chr.), führte als → Prätor 192 einen Vortrupp für den Antiochuskrieg von Bruttium nach Epirus, von da aus operierte er als Proprätor 191 gemeinsam mit → Philipp V. in Thessalien, was 190 zu seiner Ablösung führte. Im Konsulat 181 lex Baebia de ambitu (Liv. 40, 19, 11) und Regelung der Zahl der → Prätoren (Liv. 40, 44, 2), danach mit P. Cornelius Cethegus Prokonsul in Ligurien, nach militärischen Erfolgen Ansiedlung von 400000 Ligurern in Samnium (180), dafür Triumph. K. H. Sch.

Bär. Der in mehreren Arten im Mittelmeerraum und Vorderasien weit verbreitete B. war vor allem wegen der Schönheit seines Felles als Jagdwild geschätzt. Er galt als Inbild urtümlicher Kraft. Bekannt war die wilde Tapferkeit des weiblichen B.en, die die Vorliebe der Überlieferung für das Femininum erklärt. Von Bärinnen wurden das kret. Zeuskind, → Atalante und Alexandros aufgezogen. Besonders eng ist die Verbindung mit dem Kultbereich der → Artemis: zu ihr gehört → Kallisto, die als Bärin verstirnte Stammutter der Arkader. B.en-Felle waren die alte Kriegstracht der Arkader, deren Heimat als klassisches B.en-Land galt. Der Befund weist auf eine alte B.en-Gestalt der Artemis, deren Dienerinnen im Brauronion auf der Burg von Athen ἄϱκτοι genannt wurden. Sie trugen Gewänder in der gelblich-weißen Farbe einer im Thrakerland verbreiteten B.en-Art. Junge B.en wurden alljährlich der Artemis Laphria in Patrai geopfert. Große Bedeutung hatte der B. bei den Tierkämpfen in röm. Amphitheatern. Vgl. → Fauna; → Jagd, → Sternmythen. J. W.

Lit: Keller, Tiere, 106–128; Tierwelt I 175–181 – M. Wellmann, RE 2, 2 (1896), 2759–62 – Nilsson I 214. 482 – J. J. Bachofen, Der B. i. d. Religionen des Altert. (1863), in: Ges. Werke V, im Druck – H. Potratz, Bär und Hase in der Bildkunst des alten Luristan, AOF 17, 1954/56, 121–128.

Baeterrae (Kt. 1019 D 6; heute Béziers), cäsarische Kolonie (Colonia Julia Septimanorum B.) in der Nähe von → Narbo. L. B.-H.

Baetica, röm. Provinz, unter Augustus gebildet aus einem Teil der früheren Provinz Hispania ulterior. Umschloß das Tal des → Baetis und die S-Küste der Halbinsel (Kt. 2849 B C 3/4), das reichste Gebiet → Spaniens mit mehr als 200 Städten; Hauptstadt Corduba. Die Bewohner, die Turdetaner (Nachfahren der alten Tartessier), wurden rasch romanisiert (Sprache schon im 1. Jh. v. Chr. lateinisch). J. M. d. M.

Lit: R. Touvenot, Essai sur la province romaine de la Bétique, 1940.

Baetis (Kt. 2849 B C 3; ursprünglich → Tartessos, heute Guadalquivir) Fluß in → Spanien, fruchtbarstes Tal der Halbinsel. Schiffbar bis → Corduba. J. M. d. M.

Lit: A. Schulten, Iber. Landeskunde, 1955, 324–335.

Bagauden (Bacaudae), Bezeichnung für die aufrührerischen Bauern Galliens und Spaniens (Tarraconensis und Gallaecia), zuerst verwendet beim gall. Aufstand 286. Für das 4. Jh. ist wenig über die B. bekannt; in der 1. H. des 5. Jh.s gab es zahlreiche Aufstände in der Aremorica, den westl. Alpen und Spanien. Namentlich bekannte Anführer: Aelianus und Amandus (Gallien 286), Tibatto (Gallien 435–437) und Basilius (Spanien 449). Gewöhnlich handelte es sich bei den Rebellen um Landarbeiter, einschließlich Sklaven. Die Ziele der B. sind nirgendwo klar aufgestellt, aber in der Aremorica scheinen sie den Grundbesitz konfisziert und einen von Rom unabhängigen Staat errichtet zu haben. Nach 460 versiegen die Nachrichten. E. A. Th

Lit: W. Seston, Dioclétien et la Tétrarchie I, 1946 – E. A. Thompson, Peasant Revolts in Late Roman Gaul and Spain, PaP 2, 1952, 11–23 – A. H. M. Jones, The Later Roman Empire, 1964, 187–190; 811–812.

Baiae (Kt. 1420 F 7; heute Baia), größte röm. Thermenstadt an der Nordwestseite des Golfes von Puteoli, berühmt durch die Schönheit seiner Lage (Hor. epist. 1, 1, 83) und durch seine heilkräftigen heißen Quellen (zuerst erwähnt Liv. 41, 16, zum Jahr 178 v. Chr.). In spätrepublik. Zeit bevorzugter Villenort, dann kaiserliche Domäne. → Hadrian starb hier 138 n. Chr. Staffelt sich mit seinen seit 1923 systematisch ausgegrabenen, von → Augustus, → Nero, Hadrian, den Antoninen und → Severus (2) Alexander errichteten Anlagen (Kuppelbauten, Thermensälen, Portiken, Terrassen, Exedren, Nymphäen) am Hang des den Golf begrenzenden Hügels empor. Durch eine Erdsenkung in der Spätantike wurden die Quellen abgeleitet, und der tiefer gelegene Teil der Stadt geriet unter den Meeresspiegel. Von den drei heute noch als imposante Ruinen erhaltenen Thermenkuppelsälen, den sog. Tempeln des Merkur, der Diana und der Venus, ist der erstere das früheste, wohl noch in spätrepubl. Zeit zu datierende monumentale Beispiel einer röm. Massivkuppel mit Lucernar und weiten rechteckigen Öffnungen in der Wölbezone, während die beiden anderen interessante Beispiele hadrianischer Kurvenbauten darstellen. B. A.

Lit: A. Maiuri, I campi flegrei, 1958, 66 ff. – F. Rakob, RM 68, 1961, 114–149.

Baitylos, Sakralname heiliger → Steine (zuweilen Meteorsteine), wie sie vor allem in oriental. Kulten Syriens verehrt wurden: vgl. etwa → Philon (3) v. Byblos (FGrHist 790 F 2 § 23). Wohl noch in hellenist. Zeit wurde als B. auch der Stein bezeichnet, den nach Hes. theog. 485 ff. Kronos an Stelle des Zeus verschlungen hatte (Apostolios Cent. 9, 24), und der in Griechenland mehrfach als Reliquie gezeigt wurde (Paus. 9, 2, 7; 9, 41, 6; 10, 24, 6). Bildliche Darstellungen sind häufig auf Ptolemäerkannen und röm. Wandbildern, oft mit Artemis-Isis verbunden. O. G.

Lit: W. J. T. Peters, Landscape in ... Painting, 1963.

Bakcheion, Name von Kultstätten des Bakchoskultes (→ Dionysos), bezeugt für → Athen (I), wo am Areopag das Versammlungshaus der Iobakchen gefunden worden ist (vgl. auch Aristoph. Lys. 1), und aus späterer Zeit für Lesbos (Luk. ind. 11); auch anderswo anzunehmen. O. G.

Bakcheios Geron → Musik A 17.

2. **B. von Tanagra,** Arzt um 200 v. Chr., Herophileer, Hippokrateskommentator und Verfasser des ersten, für die Folgenden (→ Erotianos) grundlegenden Hippokratesglossars, gegen das sein Zeitgenosse → Philinos (2) v. Kos polemisierte. Ferner schrieb er u. a. ‹Erinnerungen an Herophilos und seine Schule›. Erhalten ist nichts. F. K.

Bakchēus, Metron der Form ⏑––, tritt als Kürzung des → Iambus auf, zumal in der → Klausel. B. Sn.

Bakchiaden, korinthisches Herrschergeschlecht, das sich von Bakchis, dem König von Korinth, aus dem Geschlecht der Herakliden herleitete; regierte während des letzten Abschnitts der Königszeit. Als die Monarchie in Oligarchie überging (8. Jh. v. Chr.?), gelang es den B., eine Art dynastisch-legitimer Macht zu bewahren, indem die Staatsämter ihrem Geschlecht vorbehalten wurden; die Oligarchie der B. wurde von → Kypselos gestürzt (ca. 657 oder ca. 620 v. Chr.). R. V. C.

Lit: Ed. Will, Korinthiaka, 1955, 259–362.

Bakchylides, → Lyriker, von Keos, 1. H. 5. Jh. v. Chr. (das früheste erhaltene Epinikion 485/83), Sohn des Meidylos oder Meidon, Neffe des → Simonides (1). Von seinem *Leben* ist so gut wie nichts bekannt; nach Plutarch (ex. 605 C) soll er zeitweilig in der Peloponnes als Verbannter gelebt haben; vielleicht dadurch bestätigt, daß die Keer einen Päan für das Jahr 458 (?) bei Pindar, nicht bei B. bestellten (Pind. Päan 4, vgl. Isthm. 1, 1 ff.). Wie sein Onkel hatte er Beziehungen zu → Hieron von Syrakus, ob er jedoch in Sizilien war, ist trotz Aelian (VH 4, 15) fraglich.

[2] *Werke.* Auf Papyri sind 14 → Epinikien erhalten, 7 → Dithyramben (z. T. stark zerstört), Reste aus den sog. → Enkomien und eines → Päans, sonst einige Zitate aus → Hymnen, → Prosodien, → Hyporchemen und → Erotika; → Partheneia werden erwähnt, ohne daß etwas erhalten wäre. Seine Dichtung war also überwiegend kultisch. Zugeschrieben werden ihm 2 Epigramme, von denen das erste echt sein kann. – Die ersten Epinikien schrieb B. für Sieger aus der Nachbarschaft von Keos, darunter zwei für Ägineten, für die auch → Pindar tätig war. Deutlicher ist eine gewisse Rivalität zwischen B. (mit → Simonides) und → Pindar in den Beziehungen zu Hieron; zweimal schickte B. unaufgefordert ein kleines Gratulationslied (c. 5. 4), während Pindar den Auftrag bekam, aber das Epinikion für den – vornehmsten – olympischen Wagensieg ging an B. (c. 3). Die Rivalität hat sich in den Gedichten niedergeschlagen (Pind. Ol. 2, 94 wird schon von den Scholiasten auf Simonides und B. bezogen, Antwort von B.: Fr. 5; vgl. Pind. Nem. 7, 72 f.). – B.' Kunst liegt hauptsächlich in der Erzählung, weniger in der Erfindung. Er ist im ganzen konventioneller als Pindar, seine Sentenzen geben allgemein verbreitete Ansichten wieder, auch in der Mythenerzählung scheint er sich meist an das Überkommene zu halten; dafür ist er gefälliger und glatter. Seinem Talent kamen die Dithyramben mehr entgegen als die Epinikien; sie sind rein erzählend oder nur mit einer kurzen Einleitung versehen; auffallend der ‹Theseus› (c. 18), der als Gespräch gestaltet ist, in dem die Sprecher strophenweise abwechseln (entstanden vermutlich 467, also keine Vorform der Tragödie). Auch diese Gedichte sind auf Bestellung geschrieben. Von B.' erotischer und sympotischer Dichtung ist wenig erhalten (Fr. 17–20 E); Fr. 20 B entwirft er ein hübsches Bild der weinbeflügelten Phantasie (Vorbild Pind. Fr. 124). In seiner Sprache ist der Einfluß des Epos deutlich. Motive und Wendungen hat er wohl vor allem von Simonides, aber auch von Pindar übernommen. – Er wurde in den Lyrikerkanon aufgenommen. Horaz kennt ihn, und wie die Papyri zeigen, wurde er noch im 1./3. Jh. n. Chr. gelesen. E.-M. V.

Ed: B. Snell, Bacchylidis carmina cum fragmentis, BT (1958), 1961^{8} – *Übers:* H. Mähler (im Druck).

Bakis, → Chresmologe, von den → Nymphen inspiriert (Aristoph. pax 1070 f.; Paus. 4, 27, 4; 10, 12, 11), dem zahlreiche → Orakel zum Perserkrieg (Hdt. 8, 20. 77. 96; Paus. 10, 14, 6; 32, 8 ff.) und anderen Ereignissen (Paus. 4, 27, 4; 9, 17, 5 f.) zugeschrieben wurden, oft von Aristophanes genannt (eq. 123 f.; 1003; av. 962 ff.). Als Böoter angesehen, von dem später je ein gleichnamiger Athener und Arkader getrennt wurden (Theopomp. FGrHist 115 F 77), weshalb man B. auch (irrig) als Appellativ verwendete. C. J. C.

Baktra, Baktrien, Stadt und Land, etwa das heutige Afghanistan (Kt. 1569 G H 2). Fruchtbarkeit und Goldvorkommen (Ael. nat. hist. 4, 25. 15, 8) ermöglichten eine bis in die ältere Steinzeit zurückreichende Kultur. Seit dem Eindringen der → Iranier von diesen bestimmt; durch → Kyros d. Gr. ins → Perserreich einbezogen; unter Dareios 12. Satrapie. Vom Alexanderzug an östl. Vorposten einer blühenden hellenist. Kultur; von der Seleukidenzeit selbständig (unter Diodotos I. und II., dann bes. unter Euthydemos und Demetrios). Von 140 v. Chr. an bedrohliche Einfälle der Saken, Skythen, Tocharer; 642 n. Chr. durch die Araber erobert. Zur Wirkung der Kultur von B. → Gandhara.

Lit: W. W. Tarn, The Greeks in B. and India (1938), 1952^{2}.

Balbillus, Sohn des → Thrasyllos, → Astrologe der Kaiser → Claudius (1), → Nero (1) und → Vespasian. Von seinen Astrologumena ist ein Auszug erhalten. E. B.

Ed: F. Cumont, CCAG, VIII 4, 233 ff. – *Lit:* F. H. Cramer, Astrology in Roman Law and Politics, 1954, 112 ff. – W. Kroll, RE Suppl. 5 (1931), 59, s. v. Claudius (Nr. 82).

Balbinus (D. Caelius Calvinus B.), röm. Kaiser 238; geb. ca. 178; vornehmer senatorischer Herkunft und vor der Erhebung mehrfacher Konsul (213 consul ordinarius); regierte zusammen mit Pupienus (M. Clodius Pupienus Maximus), der einfacher Herkunft war, aber hohe Ämter erreicht hatte (Provinzgouverneur; praefectus urbi; zweifacher Konsul). Beide wurden vom Senat nach dem Tode der beiden → Gordiane aus dem Kollegium der XXviri als Gegenkaiser gegen → Maximinus (2) Thrax gewählt (‹Senatskaiser›), übten die Herrschaft vollständig kollegial aus und besaßen sogar beide die – eigentlich unteilbare – Würde des Pontifex maximus. Die Kollegialität dürfte Reminiszenz an den republikanischen Konsulat sein. Unter Druck nahmen sie → Gordian III. als Caesar an. Pupienus besiegte Maximinus Thrax bei Aquileia. Aber Unruhen in der Stadt und Rivalität zwischen Pupienus und B. untergruben ihre Stellung; beide wurden von den Prätorianern gefangen und ermordet (Juli 238). H.D.M.

Lit: H.G.Mullens, The Revolt of the Civilians A.D. 237–238, GaR 17, 1948, 65–77 – *Bildnisse:* → Anhang I.

Balbus, wahrscheinlich unter → Trajan, Verfasser einer im wesentlichen auf → Heron (2) v. Alexandria fußenden gromatisch-geometrischen Schrift ‹Expositio et ratio omnium formarum›. Das Werk ist einem Celsus gewidmet, der die → Groma, das Visierinstrument, verbessert hatte. Es enthält einleitend eine Übersicht über die Maße, dann als Hauptteil Definitionen geometrischer Begriffe. G.B.

Ed: K.Lachmann, Die Schriften der röm. Feldmesser I, 1848, 91–108
Lit: P.Gensel, RE 2 (1896), 2820–22 – Schanz-Hosius, II 802f.

Balbus, vgl. auch → Atius, → Cornelius.

Balearen (Baleares insulae), eine Gruppe mehrerer Inseln im westl. Mittelmeer vor der Küste der Provinz → Tarraconensis (Kt. 2849 E 2). Die beiden größeren erhielten verschiedene Namen: Melussa, Menorca und Kromiussa, Mallorca nach Hekataios (Diod. 5, 17), auch Gymnesiai, Gymnasides, weil ihre Bewohner anscheinend nackt gingen; die kleineren Inseln, Ibiza und Formentera, hießen Pityussai, die letztere auch Ophiussa (Strab. 3, 5, 1–2). Die B. wurden von den Karthagern kolonisiert, die 600 v. Chr. auf Pityussa Ebussus gründeten und Portus Magonis (Mahon) auf Melussa. 123 unterwarf sie Q. → Caecilius (7) Metellus dem röm. Reich und gründete auf der größten Insel → Palma und → Pollentia. Die Bewohner lebten in Höhlen und Bauten aus riesenhaften Felsblöcken; sie waren hervorragende Steinschleuderer und kämpften als solche mehrmals im karthag. Heer auf Sizilien. 369 n. Chr. wurden die B. eine selbständige römische Provinz, die zur spanischen Diözese gehörte. J.M.d.M.

Lit: Fontes Hispaniae Antiquae VI, 1952.

Balearicus → Metellus.

Ballista, praefectus praetorio → Valerians, stiftet nach dessen Gefangennahme 260 → Macrian und dessen Söhne zur Usurpation an. Nach Niederlage der Macrianer von → Odaenathus bei Emesa besiegt und getötet. H.-G.K.

Q: Hist. Aug. tyr. trig. 12; 14, 1; 18 – *Lit:* A. Stein, PIR^2 B 41.

Balliste, Name für verschiedene → Geschütze (*βάλλειν* = werfen); nur im Lat. nachweisbar (Plaut. Capt. 796; vgl. Procop. Goth. 1, 22); es wurde mit zwei- (Vitr. 10, 11, 3), hundert- (Lucil. 776 M.), vierhundertpfündigen Steinen (Non. 892, 26ff. L.), glühenden Eisenpfeilen (Vitr. 10, 16, 12), hölzernen Brandpfeilen (Amm. 24, 4, 16; Veg. mil. 4, 44) bis zu 1,77 m Länge (Ath. Mech. 7, 8; vgl. das Riesengeschütz Caes. civ. 2, 2, 1) maximal 350 m weit geschossen (vgl. Caes. civ. 3, 55; 1, 82, 4; Bell. Hisp. 13, 7). W.K.

Lit: E. Schramm, Die antiken Geschütze der Saalburg, 1918.

Balsamstrauch (*βάλσαμον*), in Syrien, Palästina und Arabien heimisch, wegen seines aromatischen Saftes für kosmetische und medizinische Zwecke sehr geschätzt. Die bes. in Judäa gepflegte Kultur gewann nach der röm. Eroberung große Bedeutung. B. galt als wunderkräftig gegen Vergiftungen und Schlangenbiß. Mythologisch ist er in der Antike im Gegensatz zur verwandten → Myrrhe ohne Bedeutung. Vgl. → Flora. J.W.

Lit: Wagler, RE 2, 2 (1896), 2836–39 – Murr, Pflanzenwelt, 77.

Bamiyan, Tal zwischen Koh-i-Baba und Hindukuš. Buddhist. Kulthöhlen mit Deckengemälden und Kolossalstatuen im Stil von → Gandhara. K.F.

Lit: Mémoires de la Délégation archéologique française en Afghanistan 2, 1928; 3, 1933.

Bankwesen. Ausgangspunkt für das antike B. bildeten die Vorratshäuser der altoriental. Königs- und Tempelwirtschaften, und auch im archaischen Griechenland besaßen die Tempel ein → Monopol auf das B. Das private B. als Gewerbe konnte sich jedoch erst nach Erfindung des Münzgeldes (→ Geld) – und zwar nach Ausweis seiner Benennungen (*τράπεζα*, mensa) aus dem Wechselgeschäft, mit dem die Münzprüfung verbunden war – entwickeln. Das B. erreichte im hellenist. → Ägypten (II A) mit einem Netz öffentlicher Banken über das ganze Land und der Zentrale in Alexandria seinen Höhepunkt. In der röm. Kaiserzeit wurde aus Rom im ganzen Reich das System kleiner Privatbanken übernommen, die in der Spätantike, als Zwangsgenossenschaften (→ Zünfte) organisiert, unter staatliche Kontrolle gestellt wurden. Schon die ältesten Banken besorgten das Depositengeschäft. Über das offene Depot, das der Bank gegen → Bürgschaft und → Zinszahlung zur Verwendung übergeben wurde, entwickelte sich das Darlehensgeschäft (→ Seedarlehen). Ebenfalls an das Depot knüpfte die Zahlungsvermittlung an. Sie erfolgte vornehmlich in der Form der Überweisung geschlossener Depots an einen Dritten; die für die Auszahlung erforderliche Legitimationsurkunde wurde dabei zum Inhaberpapier ausgestaltet. Aus offenen Depots konnten im röm. B. auch Teilsummen über auswärtige Banken angewiesen werden. Auf naturalwirtschaftlicher Grundlage entstand im hellenist. Ägypten der Giroverkehr, indem die Überweisung von einem privaten Depot eines staatlichen Getreidespeichers auf ein anderes lediglich durch Last- und Gutschrift in den Büchern getätigt wurde. Da die staatlichen Speicher untereinander im Clearing standen, war auch Ferngiroverkehr möglich, und das System der bargeldlosen Zahlung wurde vom B. übernommen. Erst in röm. Zeit wurde das B. mit notariellen und Maklergeschäften sowie Auktionen betraut. Diese umfangreichen Bankgeschäfte erforderten eine Buchhaltung, die bes. im röm. B. weit ausgebildet war. H.Br.

Lit: F. Preisigke, Girowesen im griech. Ägypten, 1910 – R. Herzog, Aus der Gesch. des B., in: Abh. d. Gieß. Hochschulgesellsch. 1, 1919 – B. Laum, RE Suppl. 4 (1924), 68–82 – J. Hasebroek, Staat und Handel im alten Griechenland, 1928 – J. Korver, De Terminologie van het Crediet-Wezen in het Grieksch, Diss. Utrecht 1934 – F. M. Heichelheim, Wirtschaftsgesch. d. Altertums (1938), engl. I. II, 1958/64^2 (Lit).

Baptisterium (*βαπτιστήριον*, ‹Tauchbecken›, als Lehnwort für Bassins von röm. Frigidarien geläufig, dann auf das christl. Taufbecken, piscina, später auf das Taufhaus selbst angewandt). Nach Anfängen des Taufens im Freien

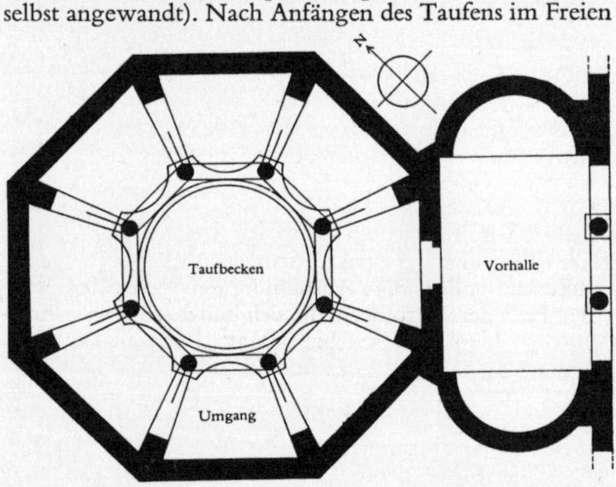

Abb. 46 Grundriß des Lateranbaptisteriums in Rom

(Apg. 8, 36 ff.: Flußtaufe?; Didache 7, 2, vgl. Iustin. apol. 1, 61; Rec. Clem. 7, 38) wurde der Taufakt im 2. Jh. in die Hauskirchen verlegt und fand dort ab 3. Jh. einen eigenen Raum mit Wannenbecken (Tert. coron. 3; Hauskirche von → Dura-Europos). Die nachkonstantin. Zeit hielt an den basilikalen Taufräumen z. T. fest, schuf aber in dem B. ein selbständiges Gebäude neben der Bischofs- bzw. Gemeindekirche, wobei Standort, Raumform und Grundriß in allen möglichen Variationen belegt sind; dies gilt auch für die im Boden eingelassene piscina, die häufig von einem → Ciborium überdacht wurde (beliebtes Bildmotiv für die fons vitae in der Buchmalerei). Der piscina und ihrer liturgischen Funktion entsprach am besten der durch inneren oder äußeren Säulenumgang erweiterungsfähige Zentralnischenbau, doch ist auch die quadratische Anlage belegt. Nur wenn die Mittellage des Taufbeckens geändert und eine → Apsis notwendig wurde (sog. Apsis-B.n), wandelten sich auch diese architekturalen Grundformen. → Malerei und → Mosaik nahmen in symbolischen, christologischen und typologischen Bildprogrammen auf den Taufvollzug der B. gerne Bezug. C. A.

Lit: Fr. W. Deichmann, RAC I 1157–67 (Katalog des archäol. Befundes) – P. A. Underwood, The Fountain of Life in the Manuscripts, Dumbarton Oaks Papers 5, 1950, 80–87 – Actes du Ve Congrès intern. d'archéologie chrétienne, 1957, 187 ff. (verschiedene Beiträge) – J. G. Davies, The architectural Setting of Baptism, 1962, 1–42 – A. Khatchatrian, Les baptistères paléochrétiens, 1962 (Pläne und Bibliographie) – Ch. Delvoye, RBK I 460–496.

Barbaren, *βάρβαροι*, identisch mit altind. ‹barbara›, babylon.-semit. ‹barbaru›, beides abzuleiten von sumer. ‹barbar›; lautmalende Bezeichnung für den ‹Fremden›, ‹Ausländer›, d. h. den, der unverständlich spricht.

[1] Im *Griechischen* findet sich so Hom. Il. 2, 867: *βαρβαρόφωνα* von den Karern; im Gegensatz zu *ἀλλοθρόος* wohl abwertend. Denn so wie → *λόγος*, ‹Wort›, zugleich ‹Vernunft› und ‹Ordnung› bezeichnet, ist in ‹B.› der Aspektwandel von ‹unverständlich› (sc. redend) zu ‹unverständig› von vornherein angelegt: Herakl. Frg. 107 D *βαρβάρας ψυχὰς ἐχόντων*). Hatte Homer die ‹B.› (diese Gesamtbezeichnung kennt er ebensowenig wie ‹Hellenen›; vgl. aber → Panhellenen) im einzelnen wie Griechen dargestellt, so entdeckten die ion. Ethnographen zunehmend die Unterschiede in Lebensweise und Sitte; im übrigen blieb bei ihnen, die in enger Nachbarschaft mit B. zu leben gewohnt und mit blühenden barb. Reichen (Lydien, Perserreich) konfrontiert waren, B. eine wertmäßig neutrale Sammelbezeichnung für Nichtgriechen (Hekataios GFrHist 1 F 119; Hdt. Proöm. u. ö.), und der Kritik ‹barbarischer› hielt der Preis idealer Bräuche die Waage. Anders bei den Griechen des Mutterlandes, die B. z. B. in den benachbarten ‹wilden› Thrakern und zunehmend, vor allem im täglichen Leben, als Sklaven kennenlernten. Trotz der Faszination durch die Hochreiche des → Orients und der Hochachtung für Alter, Weisheit u. Religion bes. → Ägyptens bildete sich hier die Verachtung der ‹B.› aus, die als roh, gesetzlos, menschliche und göttliche Ordnung verachtend, grausam, vor allem als in Pracht und Machtanspruch wie knechtischer Unterwürfigkeit gleich maßlos galten: → Aischylos (bes. in Hik. und Pers.). → Herodot (7, 7 ff., 9, 79 ff. u. ä.). Der große Konflikt in den Perserkriegen, in denen die Griechen trotz aller Uneinigkeit und Schwäche überlegen waren, mußte die vollständige Ausbildung der wertenden Antithese Hellenen-B. fördern, die sich in der späteren panhellenischen Ideologie, bes. bei den att. Rednern (vgl. Plat. Menex.) mehr und mehr verhärtete. Daß «die Hellenen zum Herrschen, die B. zum Dienen da seien» (Eur. Iph. Aul. 1400 f.; vgl. Aristot. Pol., 1, 1. 1252 b 9; 3, 14. 1285 a 20), dürfte die herrschende Meinung gewesen sein, mochte man auch in der Misere des → Pelop. Krieges und danach sich in die Idealisierung von B. (→ Anacharsis; Xen. Kyrop.) oder Legendenbildung um die Wunder der fernsten Völker (z.B. bei → Ktesias) flüchten. Die Erkenntnis, daß alle Menschen «von Natur» gleich sind (Antiphon Frg. 44 b D.) und allenfalls Umwelteinflüssen ihre Unterschiede verdanken (Hippokr. aër. 16 ff.), von den Medizinern zur Grundlage der Diagnose (Hippokr. progn. 25 u. ö.), von Thuk. (vgl. 3, 82, 2 u. ö.; vgl. 1, 6, 5) zu der der Geschichtsschreibung gemacht, hatte es schwer, sich durchzusetzen. Daß hier die *φύσις* als Unterscheidungsmerkmal abgelehnt, Logos allen Menschen zugeschrieben (Aristot. NE 8, 1155 a 16–22) und anderwärts, von Demokrit an (Frg. 247 D.), die Bedeutung staatlicher Zugehörigkeit relativiert wurde, führte freilich zur Verlagerung der Antithese Hellenen-B. auf die Ebene der Bildung, aber da diese ausschließlich als hellenisch (wenn nicht sogar attisch: Isokr. paneg. 50) umschrieben und jeder, der nicht an griech. Sprache und Bildung teilhatte, zum ‹B.› abgestempelt wurde, bedeutete dies eher eine Verschärfung. Als ‹Weise› in der hellenist. philosophischen Theorie von Weisen und Toren oder als Vollbürger der Idealstaaten bei → Platon (rep. 469 B ff.) kommen nur Griechen (vgl. Baldry a. O. 181 ff.) in Betracht. In der hellenist. politischen Praxis blieb trotz der Verschmelzungspolitik Alexanders und in Reaktion auf sie die griech. Führungsschicht der hellenist. Städte unter sich (Peremans a. O. 148; 154 f). Gleichwohl war, je weniger das Nationale und je mehr Bildung und Moral (Eratosthenes bei Strabo 1, 4, 9) betont wurden, von hier aus die Entwicklung zu der Antithese Human-B. angelegt (vgl. z. B. Men. Epitr. 588 f.; Frg. 612 Koerte); von der Entfaltung der → Humanitätsidee ist der Gegenbegriff ‹B.› hinfort nicht zu trennen.

[2] Die ursprüngliche neutrale, nicht verächtliche Bedeutung des Wortes erlaubte es den *Römern* zunächst noch (z. B. Plaut. Asin. prol. ‹barbare vortit›, vgl. mil. glor. 213), das Wort auf sich selbst anzuwenden, die zugewachsene negative Bedeutung im Sinne von roh und unmenschlich mußte jedoch bald den Protest dagegen erwecken (→ Cato d. Ä. bei Plin. nat. 29, 7, 14); mit der Adaption der griech. Kultur stellten sich die Römer auf die Seite der Hellenen gegen die ‹B.› (Lucil. 615 f. M.), und in diesem Sinne blieb die Antithese bes. in Philosophie und Rhetorik lebendig. Vor neuer politischer Verschärfung blieb sie zunächst bewahrt, weil die politische Anwendung des Begriffs B. innerhalb des von röm. Herrschaft und hellenist.-röm. Kultur bestimmten Imperiums keinen Platz mehr hatte und dessen Ausdehnung die Auseinandersetzung mit eigentlichen B. nur in weiter Ferne sich abspielen ließ. Die differenzierte Betrachtung der Nachbarvölker und das vielfältige Ausgreifen des röm. Einflusses über die fixierten Grenzen hinaus, in intensiven Handelsbeziehungen wie im bis zur hohen Kaiserzeit immer mehr ausgebauten System indirekter, abgestufter Herrschafts- und Abhängigkeitsverhältnisse manifest, verhinderte die pauschale Anwendung des Begriffs selbst auf die Völker außerhalb des Reiches (Christ; anders Alföldi a. O., der im Limes eine «ethische Grenzscheide» sieht, durch die beide Seiten sich von jeder sittlichen Bindung frei und zu skrupellosestem Vorgehen gegeneinander berechtigt glaubten). Erst der Zusammenbruch dieses Systems einerseits, die Nivellierung innerhalb des Reiches durch die Constitutio Antoniniana andererseits und die wachsende Bedrohung des Imperiums von außen, eben durch die ‹B.›, führte (vom Anf. des 3. Jh.s an) die politisch verschärfte, die B. eindeutig deklassierende Antithese Romani-Barbari herauf. Da man andererseits für große Teile des Heeres auf B. angewiesen war, konnte ‹B.› in der späten Kaiserzeit Soldat bedeuten und damit u. U. positiven Wert haben; dies erklärt, daß die germanischen Sieger es als Selbstbezeichnung gelten ließen (Jüthner a. O. 15 f.).

[3] Die Christen, selbstverständlich zunächst als B. betrachtet und auch aus den eigenen Reihen noch bei den Apologeten so genannt (Just. apol. 1, 5, 4; Tat. orat. 1, ad. fin.), stellen später ‹B.› neben ‹Hellenen› im Sinne von ‹Heiden› (Eunomios bei Greg. Nyss. Eun. 12); nach der Erhebung

des → Christentums (II B) zur Staatsreligion fällt ‹B.› mehr und mehr mit ‹Ungläubigen› zusammen. L.H.

Lit: *Zu [1]:* J.Jüthner, Hellenen u. B., Erbe der Alten 9, 1923, 1ff. – T.J.Haarhoff, The Stranger at the Gate, 1948 – A.Heubeck, Das Nationalbewußtsein des Herodot, Diss.Erlangen 1936 – H. Bengtson, Hellenen u.B., in: Unser Geschichtsbild, 1954 – H.H. Bacon, Barbarians in Greek Tragedy, 1961 – H.Schwabl-H.Diller-O.Reverdin-W.Peremans-H.C.Baldry-A.Dihle, Grecs et Barbares, Entr. Fond. Hardt 8 (1961), 1961 – *Zu [2]:* Jüthner, RAC I, 1950, 1173–76 s.v. B. – A. Alföldi, Rhein u. Donau in der Römerzeit, Jahresber. d. Ges. Pro Vindonissa, 1948/49, 13 – Ders., Die ethische Grenzscheide am röm.Limes, Schweiz.Beiträge zur Allgem.Geschichte 8, 1950, 37–50 – A.C.Levi, Barbarians on Roman Imperial Coins and Sculpture, NNM 123, 1952 – K.Christ, Römer u. B. i. d. hohen Kaiserzeit, Saeculum 10, 1959, 273–288 – *Zu [3]:* H.Dannenbauer, Die Entstehung Europas I, 1959, 170ff. – K.Lechner, Byzanz u. d. Barbaren, Saeculum 6, 1955, 292–306 – G.W.H.Lampe, A patristic Lexicon, I, 1962, 289 s.v. *βάρβαρος*.

Barbarismus, Abweichung von der Sprachrichtigkeit (→ Rhetorik, ebd. Tab.: 8a), sofern sie sich auf ein Einzelwort bezieht, erörtert und definiert von Quint.inst. 1, 5, 4ff. 16. → Soloecismus. H.H.

Lit: Lausberg, I 257. 259ff.

Barbaron hyphasmata hießen Gewebe aus Gespinstfasern, welche Griechen und Römer nicht benutzten; dazu gehörten u.a. (1) der → Hanf (Hdt.4,74), aus dem sich Thrakerinnen Kleider webten; (2) das spanische ‹spartum› (Plin.nat.19,27), Malven (*μολόχινα;* Malva silvestris L.), die auch den Römern bekannt waren (Plaut.Aul.514); (3) Ziegenhaare, die z.B. in Kilikien, Afrika, Spanien zu groben Stoffen verwebt wurden (Varro rust.2,11,11). W.K.

Barbatus → Cornelius.

Barberini, von Taddeo B., Fürst zu Palestrina, unter dem Pontifikat Urbans VIII. B. (1623–44) im Familiensitz am Quirinal angelegte reiche Antikenslg. Während ein Teil der Skulpturen im 19.Jh. von der Münchner Glyptothek erworben wurde (‹*Fauno B.*›), gelangten die Funde aus dem Grundbesitz der B. in Palestrina in das Museum der Villa Giulia zu Rom. Die übrigen Antiken blieben an ihrem Standort am Quirinal; die ‹Schutzflehende B.› (= Danae?) kam 1934 in den Louvre. U.R.

Lit: Documenti inediti... Mus.d'Italia IV, 1880, p. VI, 19ff. – EA, Nr. 2882–2940 – E.Michon, La ‹suppliante Barberini›, Mon.Piot 35, 1935, 93–124 – Lippold, GrPl Taf.57,4.

[2] Der ‹*Barberinische Faun*› heißt eine überlebensgroße Marmorstatue (H.2,15 m) eines schlafenden Satyrn (München, Glypt.Nr.218), die im 17.Jh. bei Arbeiten an der Befestigung der Engelsburg (dem Grabmal → Hadrians) gefunden, 1813 von Kronprinz Ludwig vom Hause B. für München erworben worden ist. Ergänzungen von Bernini (1598–1680) und Pacetti (um 1800): rechtes Bein (zu stark angewinkelt), Teile des linken Beines, linker Unterarm, rechter Ellenbogen, Finger der rechten Hand und Nasenspitze, große Teile des Felsgeländes, weshalb auch die Haltung des Körpers nicht mehr sicher zu bestimmen ist (wohl zu stark zurückgeneigt). – Ein Hauptwerk der Zeit um 230 v.Chr., das seit seiner Auffindung aufs höchste geschätzt und bewundert worden ist. E.Bg.

Lit: H.Bulle, Der B.sche Faun, JdI 16, 1901, 1–13 – A.Furtwängler, Beschreibung der Glyptothek... München (1900), 1910², Nr.218 – Lippold, GrPl 330, Anm.6; Taf.118,2 – Lullies-Hirmer, 85f., Taf. 248–249.

Barbotine-Technik, Verzierungsweise von → Vasen, bei der aus freier Hand Reliefs entweder aus der Oberfläche selbst gezogen oder – wie bei der röm. B. – mit dickflüssigem Tonschlicker aufgetragen wurden. – Auf mittelminoischen Gefäßen der Zeit um 2000–1800 v.Chr. tritt erstmalig reicher B.-Schmuck in Form dicht gesetzter Nuppen auf, meist durch farbige Bemalung (schwarz-rot-weiß) unterstrichen. Seit 500 v.Chr. verwenden die attischen Vasenmaler die B. zum Aufhöhen weniger, hervorzuhebender Details. Die sog.Schwarzfirnisware des 4.Jh.s v.Chr. (→ Vasen E 7) zeigt ausschließlich B.-Dekor, nämlich sparsam verteilte, ursprünglich vergoldete Pflanzenornamente, nur selten Figurenbilder. Figürlich und mit kräftigem B.-Relief verziert sind dagegen einige Gefäße der frühen Kaiserzeit, deren Farbigkeit durch Bleiglasierung erhöht ist. Vgl. Reliefkeramik A. I.Sch.

Lit: Chr.Zervos, L'art de la Crète néolith. et minoenne, 1956, Taf. 234ff. – G.Kopcke, Studie z. att. Schwarzfirniskeramik des 4.Jh.s, masch. Diss. München 1962 – R. Zahn, *ΚΤΩ ΧΡΩ*, BWPr 81, 1923.

Barcino (Colonia Faventia Iulia Augusta Paterna Barcino; heute Barcelona), zur Zeit des Augustus im Gebiet des iber. Stammes der Laietani an der Küste der Provinz → Tarraconensis gegründet (Kt. 2849 D 2) und besiedelt mit Veteranen der legio II Augusta. Zur Zeit der Flavier Erstellung monumentaler Bauten in großer Zahl. Im 3.Jh. (265?) beim Einfall der Franken geplündert und teilweise zerstört. Beim Wiederaufbau unter → Aurelianus verkleinert und mit einer starken Mauer mit zahlreichen Türmen umgeben (erhalten). 414 von den Westgoten erobert; 415 wurde dort ihr König Athaulf ermordet. J.M.d.M.

Lit: Anuari Institut d'Estudis Catalans, 1909–31 – L.Pericot, España romana, 1945.

Bardesanes, 154–222 n.Chr.; seine gnostisierende Lehre, die astrologische Vorstellungen zur Welterklärung heranzog, war für Edessa und die Osrhoëne bis ins 4.Jh.n.Chr. die vorherrschende Form des Christentums. Ernsthafte Rivalen waren zunächst nur die → Markioniten, von denen sich B. unterscheidet durch Festhalten an der Einheit Gottes, Weltzugewandtheit und Synkretismus. Einfluß des → Valentinus ist unsicher; dualistische Züge erst bei späteren Bardesaniten. Sein Antimarkion, Dialoge, Astrologische Schriften, → Psalmen sind verloren; erhalten: ‹Buch der Gesetze der Länder› (von einem Schüler?). H.K.

Ed: F.Nau, Le livre des lois des pays, 1889 – PSyr I 2, 1907, 490 bis 658 – *Lit:* L.Cerfaux, RAC I 1180–86 – A.F.J.Klijn, The Acts of Thomas, 1962, 38–53.

Bardya → Smerdis.

Barea Soranus, Q.Marcius, cos.suff. 52 n.Chr., gehörte mit → Thrasea Paetus zu den angesehensten Senatoren der neronischen Zeit. B. machte sich als Prokonsul von Asia (vor 63) um das Wohl der Provinz verdient, zog sich jedoch wegen seiner Freundschaft mit Rubellius Plautus den Zorn Neros zu. Wegen dieser Freundschaft, wegen angeblich aufrührerischer Bestrebungen in der Provinz und wegen seiner allgemeinen Amtsführung 66 (nach Dio Cass.62, 26,1ff. bereits 65) von Ostorius Scapula angeklagt. Seine Tochter Servilia, Gattin des verbannten Annius Pollio, wurde mit ihm zusammen zum Tode verurteilt. B. war Stoiker und Freund → Vespasians. U.Wm.

Lit: R.Rogers, A Tacitean pattern in narrating treason-trials, AJPh 83, 1952, 279–311 – R.Syme, Tacitus, 1958, Ind.S.829.

Barka, Stadt in der Kyrenaika (Kt. 1565 F 5; heute El-Mergh). Die zugehörige Hafenstadt ist → Ptolemais. Unter Rom nur Status eines Vicus. Bekannt für seine schnellen Pferde. Bauten: bedeutendes zweistöckiges Felsengrab 4 km von B. R.F.

Barkiden, abgeleitet von ‹Barkas›, dem Beinamen → Hamilkars (2), im eigentl.Sinne Bezeichnung für die Söhne Hamilkars, → Hannibal (2), Hasdrubal (2) und Mago (2), häufig auch für das ganze Geschlecht und dessen Anhänger verwandt. Vgl. → Karthago. W.H.

Barkochba, Simon Bar-Kosiba (griech. *Σιμων Χωσιβα*), Führer des jüd. Aufstandes unter Hadrian, als *Fürst von Juda* (so auch auf Münzen) 132–135/136 n.Chr. messianischer, streng gesetzestreuer Regent, Gegner des hillelitischen Ethnarchats (→ Judentum B 6) und der Christen; neuerdings durch die Funde in der Wüste Juda (Wādi Murabba'at; Naḥal Ḥever) dokumentarisch greifbar. R.M.

Lit: RGG VI 37f.

Barlaam von Kalabrien, ca.1290–1350, Basilianermönch, Gegner der Hesychasten und Anhänger des Unionsgedankens, Lehrer von Petrarca und Boccaccio, schrieb auch über Mathematik, Astronomie und Musik, Verfasser einer *Logistik* sowie einer Abhandlung über *arithmetische Beweise* zum 2. Buch der Elemente Euklids. K.V.

Ed: J Chamber, *Λογιστική* ..., 1600 (mit lat. Übers. u. Komm.) – *'Αριθμητικὴ ἀπόδειξις τῶν γραμμικῶς ἐν τῷ δευτέρῳ τῶν στοιχείων ἀποδειχθέντων*, in: Euclidis opera omnia (ed. Heiberg) V, 1888, 725–738 – *Lit:* J.L. Heiberg, Gesch. d. Math. u. Naturw. im Altertum, 1925, 47, 62 – Sarton III 583–587.

Barletta, Ort bei Bari. Der *Koloß von B.* ist eine imponierende, im Wachsguß hergestellte, originale Bronzestatue eines oström. Kaisers des 5. Jh.s n. Chr. mit zwei Tuniken, Panzer, Schärpe und Chlamys und mit einem Diadem im glatt und lang herabhängenden, nur am Rande gestutzten Haar. Von Venezianern im 13. Jh. aus dem Orient mitgebracht, wegen Schiffbruchs bei B. zurückgelassen. 1491 wurden Arme und Beine ergänzt und der Koloß bei der Kirche S. Sepolcro aufgestellt. Eines der bedeutendsten auf uns gekommenen Werke spätantiker Plastik mit linearen, transzendental übersteigerten Ausdrucksformen, in dem man nach vielen wechselnden Benennungen mit Kaisernamen des 4. und 5. Jh.s mit hoher Wahrscheinlichkeit den Kaiser → Marcianus (1; 450–457) erkannte. B.A.

Lit: H. Koch, Bronzestatue v. B., in: Antike Denkmäler III, 1912 f., 20–27, 219–226, Taf. 116–120 – J. Kollwitz, Oström. Plastik, 1941, 109 ff., Taf. 30 u. 42 – G. Furlani, EAA I, 1958, 980.

Barracco. Giovanni B. (1829–1914), Abgeordneter und (seit 1886) Senator des ital. Königreiches, baute seine Antikenslg., von bedeutenden Archäologen wie Helbig und Pollak beraten, mit seltenem künstlerischem Empfinden auf. 1902 der Stadt Rom geschenkt, wurde die Slg. zunächst in eine von Gaetano Koch errichtete Villa überführt und dann nach zehnjähriger Auslagerung (1938–48) endgültig in der ‹*Kleinen Farnesina*› (begonnen 1523) aufgestellt. Die Slg. B. hebt sich vor allem durch die große Zahl griech. Originalwerke (bes. Grabstelen) von den übrigen röm. Museen ab. U.R.

Lit: C. Pietrangeli, Mus. B. di sc▪ltura antica (1949), 1960^2.

Barttracht ist gleich der → Haartracht Zierde und wichtigstes Ausdrucksmittel für den Rang des Mannes. Der Bart verkörpert seine Kraft; er wird gepflegt, gestutzt, rasiert. Schon in Mykene treten die verschiedenen B.en nebeneinander auf: Vollbart mit gedrehtem Schnurrbart; dieser allein bei ausrasiertem Kinn; der Backenbart ohne Schnurrbart (*ὑπήνη*). Hom. Il. 10, 173 bezeugt das Rasiermesser (*ξυρόν*), wohl zur Rasur von Oberlippe und Kinn; der Wangenbart war vorherrschend. Die archaische Zeit übernimmt dies; erst am Ende überwiegt Voll- und Schnurrbart. Die Ermahnung der spartan. Ephoren *κείρεσθαι τὸν μύστακα* (Plut. Kleom. 9) ist für uns unklar, da Denkmäler z. T. dafür, Textstellen aber (Aristoph. vesp. 476) dagegen sprechen. Seit den Perserkriegen tritt ein Wandel ein: Der Vollbart ist nur noch für den reiferen Mann die Tracht; er wird zum Abzeichen des Weisen. Philosophenschulen pflegten sich nach der B. zu unterscheiden. Mit Alexander d. Gr. erfolgt der radikale Wechsel: die Rasur wird allgemein (Plut. Thes. 5), ab 2. Jh. v. Chr. auch in Rom; nur die Alten, die Denker und die Unbemittelten blieben beim Bart. Erst Hadrian nimmt den Philosophenbart wieder auf, der aber unter Diokletian wieder verschwindet. F.E.

Lit: J. v. Müller, Griech. Privataltertümer, HbAW IV 1,2 (1887), 1893^2, 81.95 ff. – A. Mau, RE 3, 1 (1897), 30–34 – J. Fink, Bärtigkeit griech. Götter u. Helden in arch. Zeit, Hermes 80, 1952, 110–114 – Olymp. Ber. VII, 1961, 171–176, Taf. 74–77.

Barytonese (*βαρυτόνησις*, ‹Tieftonigkeit der Endsilbe›) heißt die im lesbischem Dialekt durchgeführte Betonungsregel, wonach der → Akzent innerhalb der im Griechischen geltenden Dreisilbengrenze soweit als möglich nach vorne gezogen wird, z. B. *ἐνίαυτος, αὖτος, αὔτω* statt *ἐνιαυτός, αὐτός, αὐτοῦ*. E.R.

Basalt, bes. hartes Gestein, in Oberägypten (Äthiopien) gebrochen (*βασανίτης* bezeichnet nur den schwarzen, nicht jedoch den grünen B., der literarisch nicht erwähnt ist). Beide Gesteine sind seit alexandrin. Zeit für Statuen mit Bronzecharakter verwendet worden. C.K.

Q: Plin. nat. 36, 58; Strab. 17, 808; Diod. 1, 64 – *Lit:* Blümner, Technologie III 23 ff. – Ders., RE 3, 1 (1897), 39 f.

Basileus → Königtum, → Archon.

Basiliden, die Nachfahren des → Kodros, des sagenhaften Königs von Athen, des Begründers von Ephesos; benannt nach Basile, einer chthonischen Göttin, deren Kult mit dem des → Neleus (1) und des Kodros verbunden war. Die Oligarchie der B. in Ephesos wurde in der 1. H. des 6. Jh.s v. Chr. gestürzt. In → Erythrai und → Chios herrschten B. als Oligarchen. R.V.C.

Basilides, christl. Gnostiker, 1. H. 2. Jh., aus Alexandria, mit seinem Sohn Isidor der Begründer einer über Unterägypten verbreiteten gnostischen Sekte. Seine ‹Exegetika› (24 Bücher Auslegung des ‹Evangeliums›) und seine Oden sind verloren; Fragmente erhalten (das Zitat in den Acta Archelai des Hegemonius ist unecht) bei → Clemens (2) Alexandrinus, → Origenes und → Irenäus, ein Referat bei → Hippolyt. – Im Vordergrund steht bei B. das Problem des Bösen. Sein monistisches *System* identifiziert das Pleroma mit den siderischen Mächten: Aus Gott und den ‹Sieben› (erste Ogdoas) entsteht die in 365 Stufen gegliederte Geisterwelt (aus dem kombinierten Zahlenwert beider ergibt sich das Wort Abrasax als Bezeichnung des ‹Großen Herrschers›). Die Welt ist ein Abbild der untersten Stufen der Geisterwelt. Die Seele ist in der Welt in endloser Re-Inkarnation vom Stein über Pflanze und Tier zum Menschen begriffen. Durch das Herabkommen des Nus (hier = Weltgeist) auf Jesus in der Taufe wird dieser zum Gesandten an den widerstrebenden Weltenherrscher (die Feier des Tauftages Jesu am 6. Januar als Weltenwende bei B. ist der Ursprung des christl. Epiphanien → Festes, C 1). Durch Jesu Botschaft erkennt die Seele, wer sie ist, und versteht ihr Leiden als Läuterung. H.K.

Frg: Völker, 38–57 – *Lit:* P. Hendrix, De alexandrijnsche haeresiarch B., Diss. Amsterdam 1926 (Lit) – G. Quispel, L'homme gnostique, Eranos-Jahrbuch 16, 1928, 89–139 – K. Holl, Der Ursprung des Epiphanienfestes (1917), in: Ges. Aufs. I, 1928, 123–154.

Basilika

A. Die griech.-röm. B.: [1] Name – [2] Typen – [3] Geschichtlicher Überblick – [4] Verwendung und Bedeutung – B. Die christl. B.: [1] Die 5schiffige B. – [2] Die 3schiffige B. – [3] Die B. in Syrien – [4] Die B. der Ägäis – [5] Fortwirkung.

A. Die griech.-röm. Basilika. [1] *Name.* Das Adj. *βασιλικός* ist in der Verwaltungssprache des hellenist. Ostens vielfach gebräuchlich; dagegen ist die *στοὰ βασίλειος*, Königshalle, Amtssitz des Archonten, z. B. in Athen, vermutlich ohne bautypologische Beziehung zur röm. basilica, deren charakteristische Merkmale durch die Beschreibung Vitruvs (5, 1, 4) und archäologisch nachweisbare Bauten gesichert sind, für die die antike Bezeichnung überliefert ist.

[2] *Typen:* 1. *Markt-B.* a) *Zentraltyp* mit umlaufender Säulenhalle auf den vier Innenseiten (B. Aemilia, B. Iulia, B.en in Alba Fucens, Ostia, Xanten u. a.), im Querschnitt ‹basilikale› Überhöhung des Mittelschiffes (Obergaden, z. B. Pompeji) bzw. Emporen über den Seitenschiffen und Fenster an den Seitenwänden (Fanum) bzw. Emporen und Überhöhung (B. Ulpia, B. in Augst); gelegentlich Vorhalle (chalcidicum, z. B. Pompeji, Rom, B. Aemilia) und, je nach Lage zum Forum, dem Eingang gegenübergelegenes Tribunal: der Schmalwand innen angebaut (Pompeji) oder als Ausbuchtung der Längsseite vorgelagert (Cosa, Fanum, Sabratha); beim kanonischen Typ (B. Ulpia, s. u.) apsidiale Erweiterung der Schmalseiten. – b) *Längstyp: dreischiffig* (Apamea, Aspendos, Kempten, Otricoli u. a.) mit einer (Kyrene), zwei (Leptis Magna) bzw. drei Apsiden (Silchester) und gelegentlich Vorhalle (Maxentius-B.). Überhöhtes Mittelschiff (Maxentius-B.) bzw. Emporen und Überhöhung (Leptis Magna). *Einschiffig* (Doclea,

Velleia u.a.) mit eingebauter (Timgad) bzw. angebauter Apsis (B. des Iunius Bassus, Rom) bzw. dreifacher apsidialer Erweiterung (Alesia). – c) *Palast-B.*, z.B. Palatin, Villa Hadriana, Spalato, Trier, Konstantinopel; meist einschiffig mit apsidialer Erweiterung in der Längsachse. – d) *Kult-B.*, z.B. B. Sotterranea, B. Crepereia, B. Hilariana in Rom und die Synagogen des 2. und 3. Jh.s n.Chr., meist ohne Vorhalle und Apsis, jedoch mit basilikalem Querschnitt bzw. Emporen (Sardes, 2. Jh; Diastylon von Alexandria, fünfschiffig; 72säulige Synagoge von Aleppo).

[3] *Geschichtlicher Überblick:* Säulenhallen mit basilikalem Querschnitt sind aus Heiligtümern und Palästen Ägyptens bekannt; beim griech. Typus fehlt die Verbreiterung des Mittelschiffs (‹hypostyle Halle› in Delos, um 210 vor Chr.). Rom besaß zu dieser Zeit noch keine B. (Liv. 26,27, 3); die vermutlich erste, von M.P. Cato erbaute B. stand zwischen 184 und 52 v.Chr. auf der Westseite des Comitium am Forum Romanum (Vir.ill. 47,5; Liv. 29,44; Plut. Cato min. 5). Die B. Fulvia-Aemilia (179 v.Chr.), mit den Tabernae novae gegen die Forumseite, ist in mehreren Erneuerungen bekannt (ca. 96 × 48 m; Liv. 40,51), während die B. Sempronia (170 v.Chr.) auf der Südseite von Grund auf durch die B. Iulia (105 × 46 m) ersetzt wurde (12 nach Chr. fertiggestellt, letzte Restaurierung 416 n.Chr.), wobei die ehemaligen Tabernae veteres von der Front- auf die Rückseite verlegt wurden. Etwa gleichzeitig mit der B. Opimia (121 v.Chr., nahe Concordiatempel) entstand die B. in Pompeji; nicht viel jünger sind die B.en von Ardea, Cosa und Alba Fucens. Die in der 2.H. des 1. Jh.s v.Chr. von → Vitruv erbaute B. in Fanum ist uns in seiner genauen Beschreibung erhalten. In dieselbe Zeit gehören die B.en in Korinth (B. an der Lechaionstraße und B. Iulia); augusteisch sind die B.en von Kyrene und Xanten. – Form und Lage der B. Ulpia (159 × 55 m) am Trajansforum (113 nach Chr.) werden in den Provinzstädten kanonisch, z.B. Augst, Lyon, Paris, Leptis Magna, Alesia, Silchester u.a. (B.-Fora; Vorformen z.B. Xanten). Die letzte bedeutende dreischiffige B. der vorchristl. Zeit ist die des Maxentius in Rom, nicht ein Glieder-, sondern ein Massenbau nach dem konstruktiven Schema der großen → Frigidarien (Hauptschiff 80 × 25 m).

[4] *Verwendung und Bedeutung:* Nach Vitruv dient die B. sowohl negotiatores wie magistratus; die B. Porcia war zeitweise Amtssitz der Volkstribunen (Plut. Cato min. 5), die B. Iulia diente in der Kaiserzeit dem Centumviralgericht (Plin. epist. 2,14,4; 2,14,8 u.a.). Einige B.en Roms waren ausgesprochene Kaufhallen (B. flascellaria, vascellaria, vestiaria). In den Provinzen wird die Zweckbestimmung bes. vielfältig gewesen sein. Ein in seiner Funktion ähnlich gleitender Bautyp ist das öffentliche → Atrium; zwei Gebäude dieser Art mußten dem Bau der ersten röm. B. weichen (Liv. 39,44,7). Daneben muß die Bedeutung der Basilika als königliche Halle, d.h. Thronsaal (Palast-B.), und Sakralraum (Kult-B.) lebendig geblieben und auf den Typus der Markt-B. übertragbar gewesen sein. Die frühen Christen haben die Form des Megaron gemieden; Vorläufer zur christl. B. ist weniger die Zentral-B. als die bes. im Osten häufige Langhaus-B. C.K.

Q: Vitr. 5,1,4ff. – *Lit:* K. Lange, Haus und Halle, 1885 – A. Mau, RE 3,1 (1897), 83–96 – G. Leroux, Les origines de l'édifice hypostyle, 1913 – R. Schultze, B., Unters. zur antiken und frühmittelalterlichen Baukunst, 1928 – F. Krischen, Die B. von Pompeji und die Entstehung der antiken Markt-B., Architectura 1, 1933, 46–49 – V. Müller, The Roman B., AJA 41, 1937, 250–261 – A. Maiuri, Not. Scav. 8,5, 1951, 225–260 (B. von Pompeji) – E. Langlotz, RAC I, 1950, 1225–1249 – E. Welin, Studien zur Topogr. des Forum Romanum, AIRRS 8, VI, 1953, passim – G. Carettoni, EAA II, 1959, 2–12 – G. Fuchs, Die Funktion der frühen röm. Markt-B., BJb 161, 1961, 39–46.

B. Im Kirchenbau. ‹B.› von altchristl. Autoren prädikativ und deshalb nicht für einen Bautyp gebraucht, bezeichnet heute den durch Säulen oder Pfeiler gegliederten Kirchen(lang)bau; die geschichtliche Ableitung ist umstritten (→ Architektur III B 2). Abbildungs(Grundriß-)nachweise im folgenden meist nach Orlandos (=O)., sonst mit Verfassernamen; s.u. *Lit.*

[1] Die *fünfschiffige B.* ist die repräsentative Entfaltung des dreischiffigen Normaltyps (s.u.); die Konstantinsbauten S. Giovanni in Laterano = Salvatorkirche, 313 n.Chr. (O., fig. 31), St. Peter, Rom (O., fig. 29), Geburtskirche, Bethlehem (O., fig. 13), und → Grabeskirche (O., fig. 12 nach Eus. vita Const. 3,36–39) – großräumige Anlagen auf

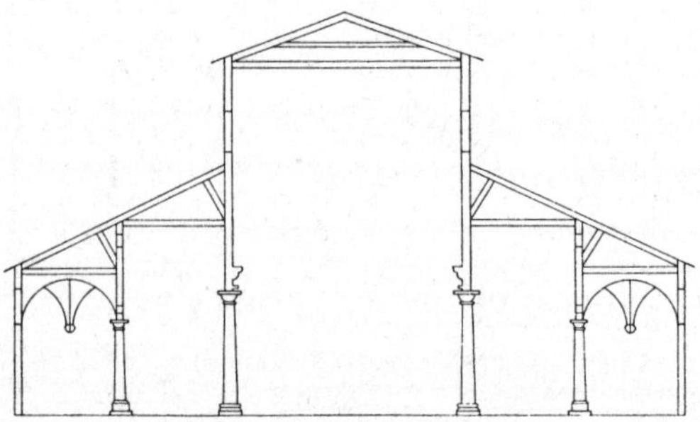

Abb. 47 Querschnitt durch St. Peter in Rom

zentralen Plätzen mit Atrium und umlaufendem Säulenportikus; vgl. ferner S. Paolo fuori le mura, Rom, 4./5. Jh., und Demetrios-B., Saloniki, Anf. 5. Jh. (O., fig. 141; vom Präfekten Leontios gestiftet). Dem eifern Bischofskathedralen nach, z.B. S. Reparatus, Orléansville in Algerien, 325 (?) n.Chr. (O., fig. 28), die B. maior von Mailand, Ende 4. Jh. (O., fig. 133), und die B. Ursiana, Ravenna (Angelis d'Ossat, tav. I. II.). Weitere Verwendung des Typs in Griechenland: Epidauros (O., fig. 26), Basilika C Nikopolis (Testini, 412), Kathedrale von Salamis (O., fig. 119) und in Nordafrika: B. von Dermech bei Karthago (O., fig. 49). Hier wird er zur siebenschiffigen, ja sogar neunschiffigen B. fortentwickelt; vgl. S. Salsa, Tipasa (O., fig. 120), B. maior, Karthago (Testini, I, 286), und Coemeterial-B. Dammus-el-Karita bei Karthago.

[2] Die *dreischiffige B.* ist die gängige Bischofs- und Gemeindekirche, dient aber auch als → Memorialkirche. Das breitere Mittelschiff (offenes Satteldach aus Holz, das Oberlichtgaden tragen, während die Seitenschiffe ein Pultdach deckt) wird durch eine → Apsis abgeschlossen. Der Zugang erfolgt durch ein → Atrium (Säulenportiken; zentrale piscina für kultische Waschung) oder durch einen → Narthex bzw. Säulenvestibül. Wie nicht anders zu erwarten, findet das Grundschema regionale Abwandlungen. Am reinsten repräsentiert es sich in der stadtröm. B., für die die hervorspringende Apsis bei sonst glattem Rechtecksbau typisch ist; vgl. B. Liberiana-S. Maria Maggiore 1. Stadium; S. Sabina (Deichmann, 6. 5); Unterkirche von S. Clemente und S. Giovanni e Paolo (Krautheimer, 76. 155). Dieser Typ strahlt sowohl nach Dalmatien (vgl. B. urbana, Salona, Testini, I, 298) wie Griechenland (vgl. Basilika A, Theben, und Kos: O., fig. 505 f.) als auch nach Nordafrika aus (vgl. Donatistenkirche von → Thamugadi:

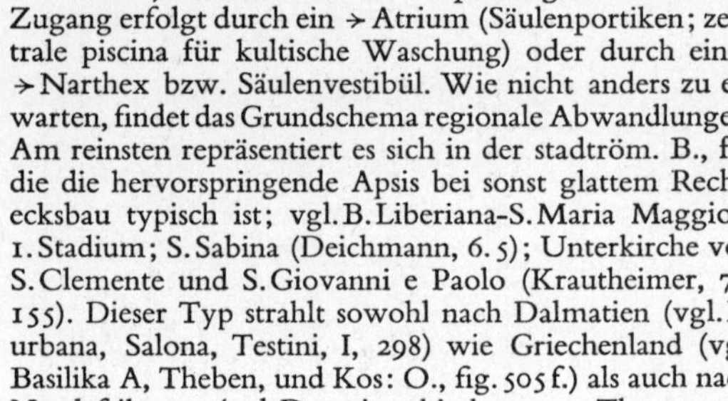

Abb. 48 Grundriß
der frühchristl. Basilika Sta. Maria Maggiore, Rom

Testini, I, 366). Die Eigenart der letzteren ist die wohl aus memorialen Gründen geschaffene Gegenapsis (11 Belege, darunter auch S. Reparatus, s. o.), ferner die Verlegung des z. T. mit einem → Ciborium gekrönten → Altars vor den erhöhten Apsisraum: vgl. Mosaik von Thabraca (darnach Testini, I 370) und die B. iudicaria von Sabathra (ebd. 371).

[3] *Syrien* (bes. reicher u. vielfältiger Befund) kennt im südl. Teil (Ḥaurān, Basaltstein) die *Querbögen* über dem Schiff; vgl. die Emporen-B. von Ṭafḥa mit der profanen B. in Šaqqa (O., 183–187; 150). Im übrigen verlegt man nach profaner Bautradition das Atrium in den S., vgl. für den Ḥaurān die B. des Julianos, Umm-iğ-Ğimāl (O., 389), für Nordsyrien Bā ʿūdā (O., 22, 4). Dort baut man gerne die Pastophorien (→ Architektur A) und Narthexflanken turmartig aus und gewinnt so eindrucksvolle O- bzw. W-Fassaden, vgl. Ruweiḥa, Qualb-Lōze und Kloster-B. Turmanīn (Beyer, 36–39). Anders ist die Ostorientierung, Dreiteilung des Presbyteriums (Apsis von 2 Pastophorien eingerahmt, von denen eins als Martyrion, das andere als Prothesis diente) und die Schaffung von Annexbauten für Katechumenen mit Seitentüren zum Kirchenschiff und eines Diakonikon beim Eingang zu beurteilen: Dies war liturgisch bedingt und daher auch in → Kirchenordnungen verankert (vgl. Didasc. c. 12; Apost. Konst. 2, 57; Test. Domini 1, 19; Schneider a. O., s. u.). Dieser Umstand dürfte auch das Vordringen der Ostorientierung nach den westl. Reichsteilen (in Rom hatte zunächst nach dem Vorbild des röm. Tempelbaus die Westorientierung gegolten) verursacht haben. Katechumenschiff, Diakonikon und dreigeteiltes Presbyterium übernahm man in Palästina; vgl. Kathedrale Gerasa (in späteren Anbauten des 5. Jh.s), und in der Theodoruskirche, Gerasa, Ende 5. Jh. (Schneider, 8 f.). – Noch weiter drang das dreigeteilte *Presbyterium* vor, nach Ägypten: vgl. H. Barbara und H. Sergios in Altkairo, Deir

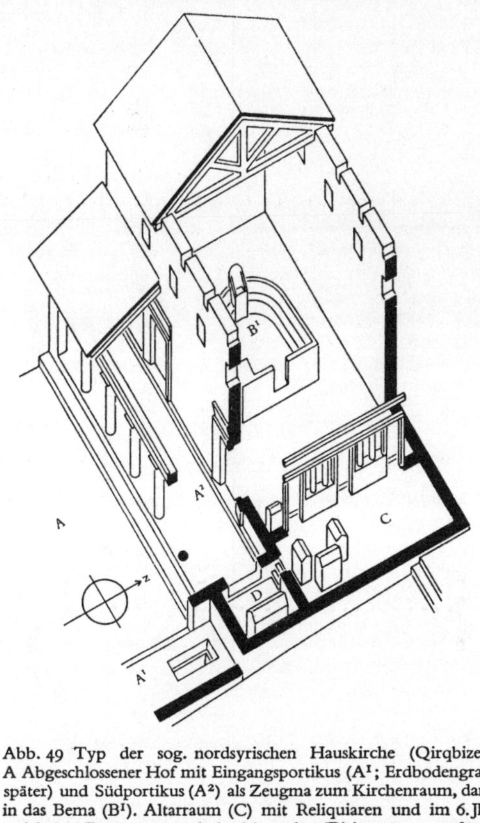

Abb. 49 Typ der sog. nordsyrischen Hauskirche (Qirqbize). A Abgeschlossener Hof mit Eingangsportikus (A¹; Erdbodengrab später) und Südportikus (A²) als Zeugma zum Kirchenraum, darin das Bema (B¹). Altarraum (C) mit Reliquiaren und im 6. Jh. errichteter Ikonostase; auch das Martyrion (D) ist später angefügt.

Abū Hennis bei Antinoe, B. von Dendera und von Ptolemais, Kyrenaika (IV° Congresso, S. 282 ff.); nach Süditalien: vgl. S. Gennaro, Neapel (Testini, I, 85); nach Tunesien: vgl. Goraat-es-Zid u. Henschir-el-Ateuch (IV° Congresso 180. 148); nach Spanien: vgl. Menorca und S. Fructuosus, Tarragona (Testini, I, 361; 362, 1); nach Griechenland: vgl. Basilika D von Nea Anchialos = Theben (IV° Congresso 359), Basilika B, Nikopolis (O., 99. 133); nach Dalmatien: vgl. B. iuxta portum und, unter Ungestaltung einer typisch westl. Basilika bzw. ihrer Seitenschiffe, die B. occidentalis, Salona (Dyggve, Abb. III, 11. 13); nach Bulgarien: vgl. Tsaričin-Grad und Pirdop (Hoddinott, 131 f.), ja selbst nach Rom; vgl. S. Giovanni a Porta latina Anf. 6. Jh. (Testini, I, 290); dazu trug vor allem bei, daß er sich der dreischiffigen B. verhältnismäßig einfach zuordnen ließ. Die nordsyr. Eigenart, das sog. ‹Bema› → Ambon (ebd. 292) ins Zentrum des Schiffes zu legen, veränderte jedoch nicht nur bei dreischiffigen B.en (vgl. Sinḫār: ebd. 273), sondern vor allem bei einschiffig reduzierten B.en (vgl. Kfeir: ebd. 291) den Raum so stark, daß ihre Ausbreitung regional begrenzt blieb.

[4] Ähnlich ist es mit der Vorliebe der *ägäischen Küstengebiete* für den *Transept* (Querschiff) und die Empore (matroneum; *γυναικωνῖτις*). Der ungeteilte Transept (vgl. z. B. Lokris, Paramythia, Buthrotum: O., 126. 128 f.) begegnet schon bei fünfschiffigen Konstantinsbauten in Rom (O., 125), wird aber in der Ägäis gerne durch Fortführung des Mittelschiffes dreigeteilt (O., 133; dort weitere Beispiele). – Auch die *Empore* ist überregional, wie der Vergleich zwischen S. Lorenzo, Mailand, mit der → Grabeskirche (Testini, I, 33. 299) lehrt. Immerhin ist die Häufigkeit des Transepts und seine Vielfalt in Griechenland, Makedonien (IV° Congresso 372) und im ägäischen Raum auffallend; vgl. in Pisidien Sagalassos (Testini, I 402) und Perge (O., 143; dort weitere Beispiele). Ebenso sind hier die Emporen-B.en bes. eindrucksvoll; vgl. in Saloniki Acheiropoietos und Hagios Demetrios (O., 118, 121 f.), in Philippi B. A (Hoddinott, 80–82), auf den Inseln die Kreuzkirche Thasos und die sog. Katapoliane, Paros (O., 163, 348), in Konstantinopel die Johanneskirche des Studios (O., 349), die Irenenkirche und → Hagia Sophia, während in → Rom S. Agnese und S. Lorenzo fuori le mura (Deichmann, 10. 10a. 65) einen ortsfremden Typ übernehmen. Die Konzentrierung von Transept- u. Emporen-B. im ägäischen Raum hat sicher den Ausgleich zwischen ausgerichtetem und zentralisiertem Raum gefördert (→ Architektur III B 3 f.).

[5] Das von der dreischiffigen B. beherrschte Stadtbild → Ravennas (vgl. SS. Apostoli, S. Spirito, S. Agata, S. Apollinare Nuovo) beweist gerade angesichts der im übrigen unverkennbar starken Einflüsse des Ostens, wie sie z. B. in den Pastophorien von S. Giovanni Evangelista und S. Apollinare in Classe sichtbar werden (vgl. Angelis d'Ossat, 8–15; 5–7; 16 f.), wie lebendig noch im 5./6. Jh. die langgestreckte, einfache B. Roms als Baukonzept war. Doch sollte ihre Stunde erst mit der karolingischen Renaissance schlagen und später mit der romanischen B. abendländische Bedeutung gewinnen. C. A.

Abb (Grundrißnachweise): A. W. Beyer, Syr. Kirchenbau, 1925 – Atti del IV° Congr. intern. di archeol. crist. I, 1940 – F. W. Deichmann, Frühchristl. Kirchen in Rom, 1948 – E. Dyggve, History of Salonitan Christianity, 1951 – A. K. Orlandos, He Xylostegos palaiochristianike B., 1952 – P. Testini, Archeologia cristiana I, 1958 – Angelis d'Ossat, Studi Ravennati, 2 Bde, 1962 – R. F. Hoddinott, Early byzantine Churches in Macedonia, 1963 – *Lit* (außer den zu Abb. zitierten Werken): P. Gauckler, Basiliques chrétiennes de Tunisie, 1913 – H. C. Butler, Early Churches in Syria, 1929 – J. Vaultrin, Basiliques chrétiennes de Carthago, 1933 – J. W. Crowfoot, Early Churches in Palestine, 1941 – J. Lassus, Sanctuaires chrétiennes de Syrie, 1947 – Ders., DACL XV 2, 1953, 1855–1942 – A. M. Schneider, Liturgie u. Kirchenbau in Syrien, Nachr. Göttingen 1949, 3 – Ders., Die altchristl. Bischofs-Gemeindekirche, ebd. 1952, 7 – E. Langlotz-F. W. Deichmann, RAC I 1225–59 – Ch. Delvoye, RBK I 514–567.

Basilius d. Gr., um 330–379, aus Caesarea in Kappadokien, älterer Bruder des → Gregor (5) v. Nyssa, befreundet mit → Gregor (4) v. Nazianz (die ‹Kappadokier›). Erst nach rhetorisch-philosophischer Ausbildung (Konstantinopel, Athen) wurde B. 356/7 getauft; er zog sich 358 mit Gleichgesinnten in eine Einöde bei Neocaesarea (Pontos) zurück. Hier stellte er mit Gregor v. Naz. zusammen die ‹Philokalia› genannte Auswahl aus → Origenes her und verfaßte mit Gregor die zwei mönchischen Regeln, die im → Mönchtum des Ostens bis heute hohe Bedeutung haben. Um 364 von seinem Bischof Eusebios als Priester nach Caesarea berufen; 370 Bischof und Metropolit. Als solcher war er um den Ausgleich eines in Antiochien seit → Paulus (6) v. Samosata bestehenden Schisma bemüht; im übrigen bekämpfte B. das → Arianertum, setzte sich für das *ὁμοούσιος* ein und bereitete mit der Deutung von Hypostasis als innertrinitarischem Personbegriff den dogmatischen Entscheid von 381 (→ Konzilien) vor. – Die dogmatischen *Schriften* bezeichnen seine Position: 3 Bücher ‹Gegen Eunomios› (um 364), d. h. gegen die Anhomoier. ‹De Spiritu Sancto› (um 375) verteidigt das ‹*ὁμοούσιος*› auch für den Hl. Geist. Das Hauptwerk des B. sind die *Homilien:* 9 längere über den Schöpfungsbericht der Genesis (‹Hexaemeron›), 18 zu den Psalmen, davon mehrere von umstrittener Echtheit, ferner 23 Reden oder Predigten über Märtyrer oder zu besonderen Anlässen. Zu dieser Schriftengruppe gehört auch die Mahnrede *Πρὸς τοὺς νέους* – eine aus einem Protreptikos erwachsene Anleitung an einen Neffen, der außerchristl. Literatur das für den Christen Nützliche zu entnehmen; die Rede ist bezeichnend für die Einstellung des B. zum hellenischen Bildungserbe (vgl. → Christentum V C 3). – Von der großen Zahl erhaltener → Briefe (365) ist ein kleiner Teil – etwa 20 – nicht echt; die übrigen enthalten reiche Zeugnisse über die kirchenpolitische und die seelsorgerliche Wirksamkeit B.s. – Als Seelsorger und Mann der kirchlichen Praxis unterscheidet er sich sehr von den meisten griech. Vätern, die gern in Spekulation oder Begrifflichkeit aufgingen. Er ist zum Vater des griech. Mönchtums geworden. Der nach B. benannte Ritus der Messe ist in der griechisch-orthodoxen Kirche (wenn auch durch Zutaten überdeckt) an zehn Tagen des Kirchenjahres im Gebrauch. H. D.

Ed: Vollständig nur: PG 29–32 – Grundlage zu einer neuen Ausg.: S. Y. Rudberg, Etudes sur la tradition manuscrite de saint B., 1953 – Ders, L'Homélie ... sur le mot ‹observe-toi toi-même›, 1962 – *Übers:* BKV 46.47, 1925 – St. Giet, Hom. sur l'Hexaéméron, 1949 – F. Boulenger, Aux jeunes gens sur la manière de tirer profit des lettres helléniques, 1952 – Y. Courtonne, Lettres, 2 Bde, 1957. 1961; Bd. 3 in Vorbereitung – *Lit:* K. Gronau, Poseidonios und die jüd.-christl. Genesis-Exegese, 1914 – Y. Courtonne, Saint B. et l'hellénisme, 1934 – D. Amand, L'ascèse monastique de saint B., 1949 – J. Gribomont, Histoire du texte des ascétiques de saint B., 1953 – H. Dörries, De Spiritu Sancto, Abh. Göttingen 1956 – W. Jaeger, B. u. d. Abschluß des trinitarischen Dogmas, ThLZ 83, 1958, 255–258 – *Zu den Briefen:* F. Loofs, Eustathios v. Sebaste und die Chronologie der B.-Briefe, 1898 – A. C. Way, The language and the style of the letters of saint B., 1927 – B. Treuker, Polit. und sozialgeschichtl. Studien zu den B. Briefen, 1961.

Basis (eigentlich ‹Schritt›, ‹Fuß›), meist rechteckiger Sokkel von Votiv- und Grabmonumenten (→ Statuenbasis) bzw. rundes, profiliertes Standglied von ion. Säulen, → Tempel B [9]. – B.relief → Statuenbasis. G. Gb.

Basis, von Gottfried Hermann geprägte Bezeichnung für die → anceps-Stellen am Anfang äolischer Kola, → äolische Metrik. B. Sn.

Baskonen (Vascos, Basken), Ureinwohner zu beiden Seiten der Westpyrenäen (Kt. 2849 C 1); im heutigen Navarra und Aquitanien. Mit den anderen Völkerschaften → Spaniens nicht verwandte Reste eines Volkes, das auf die Jungsteinzeit (Neolithikum) zurückgeht. Städte: Pompaelo und Oiaso; eine röm. Straße durchzog die Pyrenäen bei Roncesvalles. Das Volk ließ sich aber nie romanisieren und auch von den Westgoten nicht unterwerfen. Das Christentum drang erst im Mittelalter ein. Vorfahren der heutigen Basken, die sogar die alte Sprache bewahren. J. M. d. M.

Lit: J. Caro Baroja, Los Pueblos de España, 1950.

Bassai → Phigaleia.

Bassarai → Dionysos.

Bassarika → Dionysios (3 a) der Bassariker.

Bastarner treten – wohl stark mit Ost → Kelten vermischt – als eines der ersten german. Völker in den Gesichtskreis der antiken Welt, stehen Ende 3. Jh. v. Chr. am Schwarzen Meer (Kt. 2640), dienen als Söldner unter → Philipp V. v. Makedonien und → Mithridates VI. von Pontos. L. B.-H.

Lit: s. zu → Germanen.

Bastet, ägypt. Göttin, die ursprünglich die wohlriechende Salbe verkörperte, im A. R. aber löwenköpfig dargestellt wurde. Später (M. R.?) erhielt sie, um ihr liebenswertes Wesen herauszustellen, den Kopf der Katze. Ihr Kultort → Bubastis im Delta war nach Hdt. 2,60 Schauplatz ausschweifender Feste. Die Griechen erklärten sie als Artemis (Hdt. 2,137). W. Hk.

Bataver, german. Stamm an der Rheinmündung (Kt. 1057 A 3), seit Ende 1. Jh. v. Chr. unter Rom, dem sie getreue Truppen stellen. Der furchtbare B.aufstand unter Iulius → Civilis 69/70 n. Chr. (Tac. hist. 12–37) blieb ein isoliertes Ereignis. Vgl. → Germanen (B 1). L. B.-H.

Lit: J. E. Bogaers, Civitas en stad van de Bataven en Canninefaten, 1960.

Bathykles, von Magnesia, ion. Baumeister des ‹Amykläischen Throns› bei → Sparta, gegen 520 v. Chr. (Paus. 3,18,6 ff.). G. Gb.

Lit: E. Buschor-W. v. Massow, Vom Amyklaion, AM 52, 1927, 1–85.

Bathyllos, aus Alexandria stammender Schauspieler, Liebling und Freigelassener des → Maecenas (Tac. ann. 1, 54), entwickelte um 23 v. Chr. in Konkurrenz mit dem Kilikier Pylades, der die tragische Form bevorzugte, den komischen → Pantomimus zur selbständigen Kunstgattung. K. H. Sch.

Bato, aus dem Stamme der Breuker, Führer der aufständischen Pannonier 6 n. Chr., verbündet mit dem Dalmater → B. (2), der ihn 8 wegen Verrats tötet. H.-G. K.

2. **B.,** der Dalmater, kämpft 6–9 an der dalmatinischen Küste und im Savetal gegen die Römer. Nach Kapitulation in Ravenna interniert. H.-G. K.

Q: Dio Cass. 55,29 f. 32. 34; 56,12 f. 16 – *Lit:* A. Stein, PIR² B 93 f.

Baton, Dichter der neuen → Komödie (I D). Der ‹Aitolos› wurde vielleicht 277, ‹Die Wohltäter› vielleicht ca. 240 aufgeführt. → Arkesilaos (5) soll ihn aus der Akademie verwiesen haben, da er den → Kleanthes (gest. 251) verspottet hatte. Dieser aber trat für ihn ein und erreichte Aussöhnung mit Arkesilaos. B. verhöhnte die Philosophen wegen des Gegensatzes zwischen ihren strengen Regeln und ihrem lokkeren Leben und pries → Epikur als Mahner zum Lebensgenuß. Vier Titel bekannt. Th. G.

Frg: FAttCom III 258–265.

2. **B. von Sinope,** ‹Rhetor›, 3./2. Jh. v. Chr. Schrieb über den Tyrannen Hieronymos v. Syrakus (um 214), die Tyrannen von Ephesos, Persien, Attika, Thessalien, Ion v. Chios. Von → Polybios (7,7–8) kritisiert? W. Sp.

Frg: FGrHist 268 – *Lit:* Ed. Schwartz, RE 3 (1899), 143 f.

Batrachomyomachie, ein der Tierfabel verwandtes parodisches Epos, zunächst Homer, gelegentlich auch dem → Pigres von Halikarnaß zugeschrieben (Suid. s. v.). Die B. ist vollständig erhalten und schildert in 303 Versen den Kampf der Frösche und Mäuse, der von Zeus beendet wird. Datierung unsicher, vielleicht 6./5. Jh. – Die komische Wirkung beruht auf der parodischen Verwendung epischer Formeln und Szenen. → Parodie. G. K.

Q: T. W. Allen, Homeri Opera V, OCT, 1912, 161–183 – *Lit:* W. Aly, RE 20,2 (1950), 1313–16, s. v. Pigres.

Battiaden, die Nachfahren → Battos' I., des Begründers von → Kyrene. Die Familie stammte aus Thera und leitete sich von Euphemos, dem Sohne Poseidons, einem der Gefährten → Jasons, her. Die B. herrschten in Kyrene während acht Generationen (2. H. 7. Jh. bis Anf. 2. H. 5. Jh.). R. V. C.

Q: Pind. Pyth. 4; Hdt. 4, 150ff. – *Lit:* H. Schaefer, Die verfassungsgesch. Entwickl. Kyrenes im 1. Jh. nach seiner Begründung, RhM 95, 1952, 135–170 – F. Chamoux, Cyrène sous la monarchie des B., 1953.

Battos I., Sohn des Polymnestos, aus Thera (→ Battiaden); mit wirklichem Namen wohl Aristoteles; gründete → Kyrene auf Anordnung des Orakels von Delphi in der 2. H. des 7. Jh.s v. Chr., sowohl nach theräischer als nach kyrenäischer Tradition (Hdt. 4, 150ff.); wurde erster König von Kyrene; gest. 600/590. R. V. C.

2. **B. II.,** ‹der Reiche› (ὁ εὐδαίμων), Sohn und Nachfolger → Arkesilas' I. (→ Battiaden); König von Kyrene ca. 580/575–565/560; begünstigte die Einwanderung aus dem Mutterland, um das griech. Element zu verstärken; ein Aufruf der Pythia ließ Siedler bes. aus der Peloponnes, Kreta und den Inseln nach Kyrene strömen. Die Ansiedlung der Zugewanderten und die Enteignung der Einheimischen trübte die Beziehungen zwischen Kyrenäern und Libyern. Die Libyer veranlaßten den Pharao → Apries, ein Heer gegen Kyrene zu schicken, das jedoch bei Irasa vernichtet wurde (ca. 570). R. V. C.

3. **B. III.,** ‹der Lahme› (ὁ χωλός), Sohn und Nachfolger → Arkesilas' II. (→ Battiaden); König von Kyrene ca. Mitte 6. Jh. v. Chr.; unter dem Druck innerer Unruhen mußte er zulassen, daß die Kyrenäer auf Anordnung des delphischen Orakels die Mantineer um Entsendung eines Mannes baten, der ihrer Stadt eine neue Verfassung geben sollte (→ Demonax). R. V. C.

4. **B. IV.,** ‹der Schöne› (ὁ καλός), Sohn und Nachfolger → Arkesilas' III. (→ Battiaden); König von Kyrene Ende 6. bis Anf. 5. Jh. v. Chr. B. bewahrte den tyrannischen Charakter der Monarchie; kurz nach 480 schüttelte er das Joch der Perserherrschaft ab; die archäologischen Funde deuten auf eine Zeit großen Wohlstandes. R. V. C.

Lit: → Battiaden.

Baubo, Göttin des orphischen Demeterkults und in der orphischen Tradition statt → Jambe die Frau des Dysaules, die Demeter mit unzüchtigen Späßen erheitert. Kult nur in Paros bezeugt. Vgl. → Aischrologie. K. Schb.

Bauern → Landwirtschaft; → Kolonisation B; → Kolonat.

Bauernkalender, bestimmt Jahreslauf und -zeiten nach periodisch wiederkehrenden Naturvorgängen (Vegetation, Witterungswechsel) im Zusammenhang mit den jährlichen Auf- und Untergängen leicht erkennbarer Sterne (Plejaden, Orion, Arkturos, Leier), deren Kenntnis für Bauern, Seeleute, Krieger von jeher wichtig war (→ Kalender A 2; B 3; C 1; D 2). Italische B. (menologia rustica: CIL I² p. 280. 281; 1. Jh. n. Chr.) verzeichnen für jeden Monat: Zodiakalzeichen, Monatsnamen, Tagesanzahl, Datum der → Nonae, Stundenzahl von → Tag und Nacht, Tierkreis und Schutzgottheit, zu verrichtende Feldarbeiten, Monatsfeste. H. Kal.

Bauinschrift, meist den Stifter und die Bestimmung des Baus nennende Inschrift an gut sichtbarer Stelle, meist am → Architrav oder → Attika, → Architektur I B. G. Gb.

Lit: → Bauurkunde.

Baukis → Philemon.

Baumkult ist in sehr vielen Religionen verbreitet. In ältester Zeit waren Haine – zunächst ohne Gebäude – die wichtigsten Kultplätze. Für die minoische Zeit wird kultische Verehrung von Bäumen durch viele bildliche Darstellungen nahegelegt. Dagegen gibt es aus der *griechischen* → Religion (I B 5) der historischen Zeit mit ihrer anthropomorphen → Gottesvorstellung kein eindeutiges Zeugnis für B.: Bäume galten vielmehr nicht an sich als heilig, sondern nur deswegen, weil sie in vielen Fällen einem Gotte gehörten, z. B. die heilige Orakeleiche des Zeus in → Dodona, der heilige Lorbeerbaum des → Apollon in Delphi, der heilige Ölbaum der → Athena. Der Kult galt dann stets dem betreffenden Gott und nicht dem Baum. Die Heiligkeit des Baumes konnte sich auch auf seine abgeschnittenen Teile übertragen (Früchte, Ruten, Zweige, Kränze). Der Baum galt nie als toter Gegenstand, sondern – wie Berge, Quellen und dgl. – als beseelt. → Dryaden, → Nymphen. K.-H. R.

Lit: Nilsson I 209–212; 486f.

[2] Die alte *römische* → *Religion* (II C 1) bietet recht zahlreiche Beispiele von archaischem B.: zur → Romulussage gehören der heilige Feigenbaum Ruminalis (→ Rumina) und der Kornelkirschbaum auf dem Palatin, der aus dem Speer entstanden war, den der Gründer der Stadt vom Aventin aus geschleudert hatte (Plut. Rom. 20). Eine uralte Steineiche auf dem Vatikan war Gegenstand eines Kultes (Plin. nat. 16, 237). Fest. (314 L.) erwähnt Querquetulanae, Gottheiten des Eichenhains (querquetum). Es bestanden zahlreiche heilige Haine (lucus), die nicht unbedingt einer bestimmten Gottheit geweiht sein mußten: das öffentliche Fest der *Lucaria* am 19. und 21. Juli scheint zu Ehren der heiligen Haine selbst begangen worden zu sein. → Seneca (2) beschreibt die fromme Ergriffenheit, die in alten Wäldern an göttliche Gegenwart glauben läßt (epist. 41). H. Le B.

Bauto, Flavius, gest. vor 392 n. Chr., transrhenanischer Franke in röm. Diensten, unter → Gratian magister militum, zog als solcher 381 mit → Theodosius I. gegen die Goten; ab 383 wieder am Hofe → Valentinians II., war er der entscheidende Lenker des jugendlichen Kaisers. Zu B.s Konsulatsantritt 385 hielt Augustinus den Panegyrikus (conf. 6, 6). K. H. Sch.

Bauurkunde, öffentlich, meist in Form von Steinstelen aufgestellte Konstruktionsvorschriften oder Abrechnungen eines Bauwerks, → Architektur I B. G. Gb

Lit. (auch zu Bauinschrift): H. Lattermann, Griech. Bauinschriften, 1908 – F. G. Maier, Griech. Mauerbauinschriften, 1959f.

Beamte → Magistrate.

Beda Venerabilis, 673–735 (?), angelsächs. Mönch von vielfältiger Gelehrsamkeit. Arbeitete u. a. über Chronologie und Kalender, bearbeitete antike grammatische Schriften und schrieb auf den Kirchenvätern basierende Kommentare zu biblischen Schriften sowie Biographien von Kirchenmännern seiner Zeit. Sein Hauptwerk ist die ‹Historia ecclesiastica gentis Anglorum›. D. F.

Ed: J. A. Giles, 6 Bde, 1843 – *Lit:* A. H. Thompson (Hg.), Bede, His Life, Times, and Writing, 1935 – Encycl. Brit., s. v. Bede (Lit.).

Befestigung → Festungsbau, → Stadt I F. II F.

Befreundete Zahlen (φίλοι ἀριθμοί), Zahlen, von denen jeweils die eine gleich der Summe der Faktoren der anderen ist (vgl. Iambl. in Nic. p. 34 f. P.). In der Antike wurde nur ein solches Zahlenpaar genannt: 284 und 220. Noch Descartes kannte nur drei. Nach Jamblich hätte schon Pythagoras solche Zahlenpaare entdeckt und mit dem Satz in Verbindung gebracht, daß ein Freund ein ἕτερος ἐγώ, ein zweites Ich, sei. K. v. F.

Begistun → Bisutun.

Begräbnisvereine. Inschriften bezeugen für die Kaiserzeit das Vorhandensein einer großen Anzahl durch Senatsbeschluß zugelassener Kollegien kleiner Leute (collegia tenuiorum). Ihr Hauptzweck war, ihren Mitgliedern ein anständiges Grab zu verschaffen (c. funeraticia oder salutaria); dank monatlicher Mitgliederbeiträge konnte sie nicht nur die Begräbniskosten bezahlen, sondern auch für den → Totenkult sorgen: jährliches Mahl beim Grab, Veilchen- und Rosenspenden → Rosalia, → Kultvereine. H. Le B.

Begram, Ruinen nördl. von Kabul, südl. des Hindūkuš, Geländefestung der Alexander-Zeit (?), Stadt der griech.-baktr. Könige, Kuṣaṇa-Siedlung. Aus letzterer Zeit stammt ein Verwahrfund mit chinesischen Lacken der späteren Han-Zeit, ind. Elfenbeinen des Stils von → Mathura sowie Bronzen, Stuckreliefs und figürlich bemalten Gläsern syr. oder alexandrin. Herkunft des 1. Jh.s v. Chr. bis 1. Jh. nach Chr., u. a. mit einer Darstellung des Pharos. K. F.

Lit: Mémoires de la Délégation archéologique française en Afghanistan 9, 1939; 11, 1954; 12, 1946 – G. M. A. Richter, Ancient Plaster Casts of Greek Metalware, AJA 62, 1958, 369–377.

Beifuß. Die dem →Wermut nahestehenden südl. Arten des B. tragen den Namen *Artemisia*, wahrscheinlich wegen der bes. Beziehung zum Bereich der →Eileithyia, da die Wirkstoffe der B.-Arten abortive Eigenschaften haben. Der aromatische Charakter begünstigte die Verwendung als Gewürzkraut. Namentlich konkurriert der Meerstrand- oder See-B. (ἀψίνθιον θαλάσσιον) mit dem Wermut. Er wurde in der Nähe von Alexandria von den Isis-Priestern anstelle von Olivenzweigen geführt. Die Wirkkraft der B.-Arten ließ den Wanderer, der B. bei sich trug, nie ermüden und vor Tieren wie Gespenstern sicher sein. Vgl. auch →Eberraute; →Flora. J.W.

Lit: Wagler, RE 3,1 (1897), 195f. – Murr, Pflanzenwelt, 190 – O. Geßner, Gift- und Arzneipflanzen, 1931, 204f.

Bekenntnisse

[1] Abgrenzung – [2] Entwicklung – [3] Die wichtigen Symbole.

[1] *Abgrenzung.* Als altkirchliche B. bezeichnet man im weiteren Sinn alle formelhaften Lehraussagen, durch die die Kirche den Inhalt ihres Glaubens zusammenzufassen und sich gegen häretische Meinungen abzugrenzen suchte. Im engeren Sinn sind darunter drei bestimmte Glaubensformeln zu verstehen: das apostolische, das nicaenische und das athanasianische ‹Symbol› (ursprünglich: ‹Erkennungszeichen›, vgl. →Symbolon). Es gibt verwandte und vergleichbare religionsgeschichtliche Phänomene, wie z.B. gnostische Gebete und Offenbarungsreden, →Aretalogien und ‹Symbole› der →Mysterienkulte. Von diesen unterscheidet sich das altkirchliche B. durch seine Verwurzelung im AT und eine eigentümliche Entwicklung.

[2] Die Stufen der genannten *Entwicklung* können als Sünden-B. – Tauf-B. – Lehr-B. bezeichnet werden: 1. Das entstehende Christentum hat engen Zusammenhang mit der Bußbewegung Johannes des Täufers. Dieser sucht durch eine Bekehrung, d.h. eine sittliche und religiöse Erneuerung des Volkes das Eintreffen des von den Propheten geweissagten Heils vorzubereiten. Die Bekehrung zeigt sich äußerlich in Anlehnung an liturgische (Versöhnungstag) und religiöse (Bußpsalmen) Vorbilder im AT durch das Sprechen eines *Sünden-B.es*. Dadurch wird zwar nicht direkt die Entsühnung bewirkt – die ist vielmehr eine Tat Gottes –, aber die Voraussetzung dafür geschaffen. An das Sünden-B. anläßlich der Johannestaufe knüpft einerseits die Entwicklung der altkirchlichen →Bußpraxis an (Einleitung durch ein öffentliches Sünden-B.), andererseits die Entstehung der Tauf-B.e. – 2. Auf die Anrufung Gottes, mit der das Sünden-B. schloß, fällt nun in der Urgemeinde das Hauptgewicht. Denn die Erkenntnis, daß Sündenvergebung und Heil durch Jesu stellvertretenden Tod und Auferstehung bewirkt werden, führt dazu, daß hier die Anrufung des Namens Jesu mit einem Gottesprädikat eintritt. Das sind zunächst Akklamationen, wie *Κύριος Ἰησοῦς* (1. Kor. 12,3); sie schließen aber ein Urteil ein, dessen Anerkennung Voraussetzung für den Empfang der Taufe war. Dieses Urteil, u.U. erweitert durch einen verdeutlichenden Zusatz, ist das *Tauf-B.*, wie es etwa Mt. 16,16 oder Apg. 8,37 vorliegt; die Einfügung dieses – sekundären – Verses gehört in eine Zeit, die einen Taufbericht ohne B. für unvollständig ansah. – 3. Es ist umstritten, ob das dreigliedrige B. zum Vater, Sohn und Hl. Geist unabhängig von den ursprünglich eingliedrigen Christus-B.en entstanden und nachträglich mit ihnen zusammengewachsen oder ob die eingliedrige Formel erweitert worden ist. In jedem Fall erhielt das Tauf-B., da es ja bei der Aufnahme in die Gemeinde abgelegt wurde, eben dadurch noch eine weitere Funktion: es grenzte die Gemeinde gegen ihre Umwelt und, durch weitere Entfaltung, gegen Johannesjünger, Juden überhaupt, Doketisten, Gnostiker usw. ab. Sobald man sich dabei mit spekulativen Meinungen auseinanderzusetzen hatte, war es nötig, eine entsprechende Lehre dagegenzustellen (bes. im 2. Artikel gegen den Gnostizismus das B. der Tatsächlichkeit von Jesu irdischem Leiden). – Mit diesen Erweiterungen war das Tauf-B. zu einem Kompendium des christl. Glaubens geworden; es galt als Zusammenfassung der offenbarten und von den Aposteln überlieferten Lehre, als Norm und Richtschnur des Glaubens (vgl. →Kanon).

[3] Obwohl der Inhalt dieser B.e übereinstimmte, war die Form doch noch relativ frei geblieben: 1. Im Westen erlangte dabei das *Symbolum Romanum* wegen des Anspruchs der röm. Gemeinde, die reinste Form der apostolischen Überlieferung zu lehren, eine besonders große Bedeutung; es stellt die Grundform aller abendländischen Symbole dar, insbesondere das *Apostolicum* geht darauf zurück. Im Osten blieben größere Mannigfaltigkeit und Anpassungsfähigkeit länger bestehen. Im 3. Jh., als im Westen nur noch geringfügige Änderungen möglich waren, ging man im Osten dazu über, nun auch bei innerkirchlichen Auseinandersetzungen durch das Glaubenssymbol eine Abgrenzung vorzunehmen und es dementsprechend zu erweitern. Das scheint erstmals beim Kampf der Origenisten (→antiochenische Theologie) gegen →Paulus (6) von Samosata um 270 geübt worden zu sein. So erklärt es sich, daß man hernach im →arianischen Streit im Anschluß an das Tauf-B. neu gebildete Formeln mit Selbstverständlichkeit beschließt, ohne über die Berechtigung solchen Vorgehens Reflexionen anzustellen. – 2. Am wichtigsten wurde dabei zunächst das *Symbol der Synode von Nicaea* (325; →Konzilien, 3). In den heftigen Streitigkeiten, die nun um die Geltung dieses (vom Kaiser herbeigeführten, theologisch sehr anfechtbaren) B.es ausbrachen, haben die meisten Synoden den Ersatz durch eigene brauchbare und rechtgläubige B. versucht. Doch konnte erst die Synode von Konstantinopel (381) die Fehler der Formel von Nicaea korrigieren. Unter allen kirchlichen B.en ist dieses, das ‹*Nicaenum*›, bei weitem das wichtigste; es gilt, zumeist ausdrücklich, in der ganzen Christenheit, und die Aufnahme in die Meßliturgie zeigt ebenfalls seine Bedeutung an. Danach hat nur noch die Synode von Chalkedon (451) ein B. und damit den Ausgangspunkt für neue Streitigkeiten beschlossen. – 3. Eine Sonderstellung nimmt das *Symbolum Athanasianum* oder Quicunque ein. Sein Verfasser war nicht →Athanasios, sondern ein Lateiner, den man bisher mit keinem der lateinischen Väter identifizieren kann. Es handelt sich um eine breite Darlegung des trinitarischen und christologischen Dogmas in 40 rhythmischen Sätzen; Gebrauch und Zuschreibung an Athanasios sind seit dem 7. Jh. nachzuweisen. Wahrscheinlichste Abfassungszeit sind die ersten Jahrzehnte des 6. Jh.s. H.Kr.

Q: A. Hahn, Bibliothek der Symbole und Glaubensregeln (1842), 1897^3 – H. Lietzmann, Symbole der Alten Kirche (1914), 1961^5 (Kleine Texte 17–18) – *Lit:* J. de Ghellinck, Patristique et Moyen Age I: Les recherches sur les origines du symbole des Apôtres (1946), 1949^2 – N.D. Kelly, Early Christian Creeds, 1950 – H. Lietzmann, Symbolstudien I–XIV (1922–27), in: Kl. Schriften I, 1958, 144 bis 195 – Altaner, 42f.; 246f.

Bel →Baal.

Belenus, kelt. Gott, der in der Kaiserzeit in Norditalien, in Südgallien und vor allem im Noricum, dessen Schirmherr er nach Tert. apol. 24,7 war, verehrt wurde. Er war ein Sonnengott, den man mit →Apollo gleichsetzte; bisweilen mit Zunamen Augustus (z.B. CIL V 738–742). H. Le B.

Beleuchtung. Entsprechend Lebensform und Lebensrhythmus der Antike (man ging früh zu Bett und stand früh auf) ist die B. schlicht und zweckgemäß. Die B.mittel sind: Kienspan (*Πεύκη*), →Fackel (*δαΐς*), →Lampe (*λυχνός*) und Kerze (AP 6,249). Das Epos erwähnt Feuerbecken (*λαμπτῆρες* Hom. Od. 18,307) mit Kienholz und Brennscheiten, Fackeln (Hom. Od. 4,300) und sogar goldene Statuetten als Fackelhalter (Od. 7,100), nicht aber Lampen, die jedoch nach den Funden im SM I (Knossos, Mallia usw.) für diese Zeit vorausgesetzt werden müssen, wenn auch nur in den Palästen. Herdfeuer und Kienspan erleuchteten das Wohnhaus. Die lange Serie griech. Lampen beginnt im 10. Jh. vor Chr. und erreicht im 3. und 2. Jh. v. Chr. hypertrophe Formen mit riesigen Schnauzen und bizarren Henkeln. Bronzeformen haben die Tonfabrikation beeinflußt. Eine kostbare Gattung im 7./6. Jh. v. Chr. stellen marmorne Ringlampen mit drei Rundungen dar. Mit Reliefs verziert sind sie wohl Kultlampen oder Anatheme. Im 5. Jh. v. Chr. tauchen die ersten Bronzekandelaber (Mittelsäule auf Dreibein) auf. Die → Etrusker kennen sie als Teil der Grabausstattung. Lampen sind auch eine beliebte Form von Weihegaben von einfachster Art (AP 6, 162) bis zur aufwendigsten Form (Ath. 15, 60: Lampe im Prytaneion zu Tarent mit 365 Dochten!). *Λυχνοῦχοι* nannten die Römer, wohl in Übernahme aus Griechenland, Erzbilder von Knaben, die in ihren Händen Lampen und Kandelaber trugen (Idolino). Schlichter sind dann wieder die Lampen der Katakombenzeit. F.E.

Lit: A. Rumpf, Lychnouchoi, in: Critica d'arte 4, 1939, 17–27 – H. Menzel, Lampen in Mainz, 1958 – R. H. Howland, The Athenian Agora IV: Greek Lamps and their Survivals, 1958 – C. Grandjouan, ebd. VI: Terracottas and plastic Lamps of the Roman period, 1961.

Belevi, ca. 15 km im NO von Ephesos (Kt. 1152 H 5), unvollendeter, großartiger Grabbau des späten 4. Jh.s v. Chr., ähnlich dem Mausoleum von → Halikarnaß, Grabherr unbekannt. E.M.

Lit: J. Keil, Führer durch Ephesos (1915), 1957⁴, 137–142.

Belgen, die Stämme der → Belgica, aufgezählt Caes. Gall. 2, 4, zu unterschiedlichen Teilen aus Mischgruppen von → Germanen und → Kelten bestehend. Neuerdings sieht man an der Entstehung der B. eine dritte indogermanische, vielleicht voreinzelsprachliche Volksgruppe beteiligt. → Ambianer, → Menapier, → Nervier, → Remer. L.B.-H.

Lit: R. Hachmann-G. Kossack-H. Kuhn, Völker zwischen Germanen und Kelten, 1962.

[2] Vor Caesar fliehende Gallier gaben den Namen der Stammesgruppe auch einem kelt. Stamm in Britannien, der, von Wiltshire ausgehend, im SW Britanniens durch starke Festungen ausgedehnte Gebiete beherrschte; er war sehr gemischten Ursprungs.

Lit: C. F. Hawkes-G. C. Dunning, The B. of Gaul and Britain, Arch. Journ. 87, 1930, 150–335.

Belgica, nach der Einteilung Caesars (Gall. 1, 1) der nördlichste, von den → Belgen bewohnte Teil → Galliens (Kt. 1019 D 2), begrenzt von Meer, Niederrhein, Ardennen und Seine. Unter → Augustus wurden in die Provinz B. mit Hauptstadt → Durocortorum der Oberrhein und das Gebiet der → Helvetier einbezogen. Später, wohl unter → Domitian, wurden die bisherigen Militärzonen → Germania Superior und Inferior als eigene Provinzen von der B. abgetrennt. In spätröm. Zeit teilte sich die B. in *B. Prima* im O und *B. Secunda* im W. L.B.-H.

Lit: s. zu → Gallien, → Germanien.

Belisar, bedeutendster Feldherr → Justinians in den Kriegen gegen die → Perser, → Vandalen und → Ostgoten, geb. um 500. Schon unter → Justinus I. zum Militärbefehlshaber von Mesopotamia ernannt (527; von da an begleitete ihn → Prokop als consiliarius), unter Justinian zum → Heermeister im Osten. 530 Sieg über die Perser bei Dara, 531 Niederlage am Euphrat. 532 Niederwerfung des Nika-Aufstandes. 533/534 vernichtende Siege über die → Vandalen und Gefangennahme → Gelimers. Krieg gegen das Ostgotenreich in Italien: 535 Landung auf Sizilien, 536 in Unteritalien. Einnahme und Behauptung Roms gegen zweijährige Belagerung durch Witiges; 540 Kapitulation Ravennas. Nach neuen, wenig erfolgreichen Kämpfen seit 541 gegen die Perser, 544 wieder gegen die Goten unter → Totila geschickt, aber infolge unzureichender Mittel nicht erfolgreich und 549 wieder abberufen; lebte dann bis zu seinem Tode (565) in Konstantinopel. B., dessen Leistungen Justinian mit einer Mischung von Anerkennung und Mißtrauen gegenüberstand, war ein tüchtiger Heerführer ohne politischen Ehrgeiz und als solcher ein hervorragendes Werkzeug der justinian. Reichs- und Restaurationspolitik. K.F.Str.

Lit: L. M. Hartmann, Gesch. Italiens im MA, I (1897), 1923² – W. Schubart, Just. u. Theodora, 1943 – L. M. Chaussin, Bélisaire, 1957.

Bellerophon (bei Homer: Bellerophontes), Sohn des Glaukos oder Poseidon und der Eurymeda, Enkel des Sisyphos; unsicher ist, ob B. ursprünglich lyk. (Malten) oder korinth. Held (Kretschmer) ist; jedenfalls früh in der griech. Sage. Mit Hilfe eines Zaumes, den ihm Athena im Traum gegeben hat, fängt er am Quell Peirene das Flügelroß Pegasos (Pind. Ol. 13, 63 ff.), Sohn Poseidons und → Medusas und bei deren Enthauptung geboren (→ Perseus). Durch dessen Hufschlag entstanden viele Quellen, z. B. die Hippokrene auf dem Helikon. Am Hof des Königs von Argos, Proitos, wurde B. von dessen Gattin Anteia (bei den Tragikern Stheneboia), deren Liebe er zurückwies, der versuchten Verführung bezichtigt (Potipharmotiv). Der erzürnte Proitos sandte B. mit einem verschlossenen Brief, in dem die Tötung B.s verlangt wurde, zu seinem Schwiegervater Iobates in Lykien (Eur. ‹Stheneboia›: verloren; Fr. 661–672 N.; vgl. Hyg. fab. 57). Die Abenteuer, die jener ihm aufträgt, um ihn zu töten, besteht B. alle; bes. bezwingt er die feuerschnaubende Chimäre, ein Mischwesen aus Löwe, Ziege und Schlange. Iobates erkennt die göttliche Abkunft B.s und macht ihn zum Schwiegersohn (Hom. Il. 6, 155 ff.). B. überredet dann auch Anteia zu einem Ritt auf dem Pegasos und stürzt sie ins Meer. Später war er den Göttern verhaßt und stürzte bei dem Versuch, auf dem Pegasos den Olymp zu erreichen, zu Tode (Pind. Isthm. 7, 44 ff.; Eur. ‹Bellerophontes›: verloren, Fr. 284–315 N.). In Korinth und Lykien wurde er kultisch verehrt. Als Gottheit bald des Himmels, bald des Poseidon-Bereiches gedeutet. Auch für die geschichtlichen Verhältnisse (Beziehungen Argolis-Kleinasien; Übergang vom Wagen- zum Reiterkämpfer) ausgewertet.

Lit: Preller-Robert II 1, 179 ff. – Malten, JdI 40, 1925, 121 ff. – Ders., Hermes 79, 1944, 1–12 – P. Kretschmer, Glotta 31, 1951, 92–103 – F. Schachermeyr, Poseidon, 1950, 125 ff. – E. Will, Korinthiaka (1955), passim – J. Wiesner, Olympos, 1960, 125 ff. – *Darstellungen:* B. erscheint schon sehr früh im Repertoire der griech. Künstler, zuerst um 660 auf protokorinth. Vasen. Bis ins spätere 5. Jh. wird er fast nur beim Kampf mit der Chimära dargestellt, dann unter dem Einfluß der euripideischen Tragödien auch mit Stheneboia, bei der Übernahme des Briefes von Proitos an Jobates oder der Ankunft in dessen Reich (Schauenburg, AA 1958, 27–30). Um 530 tritt auf einer schwarzfigurigen Schale erstmals die Bändigung des Pegasos durch B. auf, ein später auf Reliefs, Lampen, Wandgemälden beliebtes Motiv (Schauenburg, a. O. 29–35 und in Ars Antiqua A. G., Auktion IV, Luzern, 1962, zu Nr. 129). Das Motiv des Kampfes mit der Chimäre erlebt in der mittleren und späteren Kaiserzeit eine neue Blüte, vor allem auf Mosaiken und Gemmen. B. ist meist auf dem fast stets (Ausnahmen: Schauenburg, JdI 71, 1956, 86 Anm. 80) geflügelten Pegasos dargestellt, kämpft aber vereinzelt auch zu Fuß (a. a. O., 94 mit Anm. 104). Bereits auf dem protokorinth. Skyphos aus Ägina ist der Heros unbärtig (W. Kraiker, Aigina, 1951, Taf. 18). – *Lit. dazu:* F. Brommer, MWPr 1952/54 – K. Schauenburg, JdI 71, 1956, 59–96 (vor allem für Unteritalien-Etrurien, dort auch die Literatur zur Chimära) – Salviat-Weill, BCH 84, 1960, 347–386 – Bonacasa, Arch. Cl. 12, 1960, 179–184. K.Schb.

Bellona (von bellum), früher Duellona (von duellum), latinische Kriegsgöttin. Im J. 296 v. Chr. gelobte ihr Appius → Claudius (6) Caecus im Verlaufe eines Kampfes gegen die Etrusker und Samniten einen Tempel (Liv. 10, 19, 17), der auf dem Marsfeld, außerhalb des → Pomerium (→ Rom IV C 1), neben dem Altar des Mars gebaut und häufig für Senatssitzungen benutzt wurde. Vor dem Tempel stand die *bellica*-Säule, von der aus die → Fetiales bei der rituellen Kriegserklärung symbolisch die Lanze warfen (Ov. fast 6, 201–208). B. erscheint unter den Göttern, die in der → Devotionsformel angerufen werden (Liv. 8, 9, 6). Sie wurde der griech. Kriegsgöttin → Enyo und später der Göttin → Mâ von Kappadokien gleichgesetzt und in der spätern Kaiserzeit völlig von dieser absorbiert. H. Le B.

Lit: A. Alföldi, The Main Aspects..., Essays Mattingly, 1957.

Bellum Africum, Alexandrinum, Hispaniense, → Caesar.

Belos, Sohn Poseidons und der Libye, Bruder → Agenors. Vater des Danaos und des Aigyptos. Ursprünglich semit. Gott (→ Baal), von den Genealogen in die Stammbäume griech. Heroen eingefügt. K. Schb.

Belsazar (akkad. Bēl-šar-uṣur), Sohn König → Nabonids von Babylon, verwaltet während dessen Abwesenheit das Reich. 539 v. Chr. von Kyros bei → Akšak geschlagen: Ende des neubabylon. Reiches (→ Mesopot. Reiche B 2). Die Erzählung des AT (Dan. 5) ist legendär. W. R.

Belvedere, Torso vom, ein seit der Renaissance viel bewundertes Marmorwerk im Belvedere des Vatikans; neuerdings als → Marsyas oder → Philoktet gedeutet. Signatur des athen. Bildhauers → Apollonios (4) auf dem Felsblock (1. Jh. v. Chr.). E. Bg.

Lit: Schefold, PM 137. 193 – Lippold, GrPl 380, Taf. 134, 1 – Helbig⁴ Nr. 265.

Bemarchios, von Caesarea (Kappadokien), heidnischer Rhetor am Hof des → Constantius, intrigierte gegen → Libanios. B. verfaßte Reden und eine Geschichte → Konstantins d. Gr. in 10 Büchern. W. Sp.

Lit: FGrHist 220 – M. E. Colonna, Gli storici bizantini I, 1956, 5.

Bematisten, die Wegemesser → Alexanders d. Gr. – Bekannt: Baiton, Diognetos, Philonides v. Kreta; fraglich, ob Amyntas B. war. Baitons und Amyntas' ‹Stathmoi› gingen über das Historisch-Technische hinaus: man hat deshalb vermutet, daß den B. ‹Reiseromane› untergeschoben worden seien. Vgl. ferner den ‹Chorographen› Archelaos, der vielleicht mit dem letzten kappadok. König → Archelaos (2; gest. 17 n. Chr.) identisch ist. W. Sp.

Frg: FGrHist 119/23 – *Lit:* allgemein Ed. Schwartz, RE 3 (1899), 266/7 – Berve I 44. 51 f. – L. Pearson, The Diary and the Letters of Alexander the Great, Historia 3, 1954/55, 439–443 – Im einzelnen: Schwartz, RE 2 (1896), 2779 s. v. Baiton; 1 (1894), 2008 s. v. Amyntus Nr. 22 – Berger, RE 5 (1905), 785 s. v. Diognetos Nr. 16 – Berve I Nr. 198. 271. 800; II Nr. 4 – J. u. L. Robert, Bulletin épigraphique, REG 73, 1960, 162 – F. Pfister, Das Alexander-Archiv und die hellenist.-röm. Wissenschaft, Historia 10, 1961, 35–43.

Ben Hadad, Name mehrerer Könige von → Damaskos im 10./9. Jh. v. Chr. Durch Streitigkeiten zwischen Israel und Juda zum Krieg veranlaßt (1. Reg. 15, 18–20), erreichte B. I. von → Omri Gebietsabtretungen und Errichtung eines Handels-Freibezirks in → Samaria. 857 erlangte → Ahab von B. (II.?) die Rückgabe der Gebiete und die Errichtung eines israelitischen Freibezirks in Damaskos (1. Reg. 20). Es ist umstritten, ob noch B. (II.?) oder ein Hadadeser (assyr. Adad-idri) in der Schlacht von Qarqar 853 Führer der Koalition gegen → Salmanassar III. war. Durch → Hazael erneut abhängig, konnte sich Israel erst unter → Joas gegen B. III. behaupten und verlorene Gebiete zurückgewinnen (2. Reg. 13, 24 f.). Vgl. → Judentum A 7. G. Wn.

Lit: CAH III, 1925, passim (s. Index) – Noth, 217–228.

Bendis, thrak. Göttin. Ihr Kult wird um 430 v. Chr. offiziell in Athen eingeführt (offenbar veranlaßt durch enge politische Beziehungen Athens zu Thrakien), er verliert aber bereits um 300 v. Chr. völlig an Bedeutung. – Höhepunkt des reich ausgestalteten athen. B.-Festes *(Bendideia)* ist ein nächtlicher Fackelwettlauf zu Pferde (vgl. Plat. rep. 1, 327 A ff.). B. wird von den Griechen bisweilen der → Artemis gleichgesetzt (z. B. Hdt. 4, 33). → Kotyto. K.-H. R.

Benedikt von Nursia, geb. um 480 in Nursia (Umbrien), studierte in Rom, wurde Eremit bei Subiaco, später Abt eines Klosters (Vicovaro). Von den Mönchen wegen seiner festen Leitung vertrieben, gründete er ca. 529 auf dem Monte Cassino in einem alten Apollotempel ein Kloster. Seine Regel entstand in langen Jahren der Praxis. B. hat sie gegen Ende seines Lebens in Buchform gefaßt (73 Kapitel). Von älteren Regeln unterscheidet sie sich durch Knappheit, Schlichtheit und das besonnene Maß bei der → Askese. In vielem zeigt B. sich abhängig von → Cassianus, dessen Gedanken über Askese und Streben nach Vollkommenheit er jedoch in festere Form gebracht hat. Neu ist die Forderung der Residenzpflicht (stabilitas loci) für Mönche. B. hat durch die Verpflichtung zur Lesung der Bibel, der Kirchenväter und der Lehrbücher sowie die Forderung, auch Knaben aufzunehmen, selbst den Grund für die spätere wissenschaftliche Arbeit seines Ordens gelegt. B. L.

Ed: R. Hanslik, CSEL 75, 1960 (Regel) – *Übers:* BKV 20, 1914 – *Lit:* I. Herwegen, Sinn und Geist der B.inerregel, 1944 – Ph. Schmitz, Gesch. des B.inerordens, 4 Bde, 1947–60 – Altaner, 444–447 – RGG I 1033.

Beneficiarius, im Heer der röm. Republik der im Stab des → Tribunen Dienende, beneficio tribuni vom schweren Lagerdienst befreit. In der Rangordnung der Kaiserzeit steht der B. des Tribunen unter den Unteroffiziersdienstgraden der Truppe (→ Tesserarius, → Optio, → Signifer), während der B. in höheren Stäben über ihnen rangiert, als Unteroffizier im Kanzlei- und Gendarmeriedienst unmittelbar hinter dem → Cornicularius und dem mit der Führung des Amtsjournals magistratischer Befehlshaber beauftragten Commentariensis, im 3. Jh. n. Chr. mit direkter Aufstiegsmöglichkeit zum → Centuriat. E. Bay.

Beneventana, Sonderform der südital. Halbkursive vom späten 8.–12. Jh. mit dicken, gedrungenen Buchstaben, Gegensatz von Haar- und Druckstrichen und vielen rhomboiden Formen. Vgl. → Schrift D [5]. H. Hg.

Abb: z. B. F. Steffens, Lat. Paläographie, 1929, Nr. 68.

Beneventum, Samniterstadt in Kampanien (Kt. 1420 G 6), bekannt seit dem 4. Jh. unter dem Namen Maleventum, später röm. Kolonie an der → Via Appia. Reste antiker Bauwerke, Isistempel von → Domitian 89 n. Chr., Theater, Thermen. Bedeutendstes Denkmal ein Trajansbogen, einer der schönsten Ehrenbögen, dem Kaiser 114 n. Chr. für den Bau der B. und Brundisium verbindenden Via Traiana gewidmet. Komplexes politisch-allegorisches Bildprogramm in vierzehn großen Relieftafeln und mehreren kleineren Friesen, das auf der Stadtseite Trajans Verhältnis zu Rom, auf der Landseite das zu den Provinzen darstellt. B. A.

Lit: A. Meomartini, B. 1909 – A. v. Domaszewski, OeJh 2, 1899, 173–192 – A. G. S. Snijder, JdI 41, 1926, 94 ff. – C. Pietrangeli, L'arco di Traiano a B., 1943 – G. B. Hamberg, Studies in Roman Imperial Art, 1945, 63–75 – J. Beaujeu, La religion romaine à l'apogée de l'Empire I, 1955, 431–437 – P. Veyne, MEFR 72, 1960, 191–219 – R. Brilliant, Gesture and Rank in Roman Art, Mem. of the Connecticut Acad. of Arts and Sciences 14, 1963.

Beni Hassan, Ort in Mittelägypten (Kt. 29 C 5) auf dem östl. Nilufer südl. Minjeh, bekannt durch große Felsgräber der Stadtherren im 16. oberägypt. Gau aus dem Beginn des Mittleren Reiches. W. Hk.

Bentley-Luchssches Gesetz. Wenn im lat. Drama ein Vers (bes. jambischer → Senar und trochäischer → Septenar) mit einem jambischen Wort endet, darf der Vers nicht auf ∪–∪–|| enden, es sei denn, das vorangehende Wort ist a) einsilbig oder b) viersilbig mit Kürzen in den ersten drei Silben; Phrasen am Zeilenende, die eine feste Einheit bilden (z. B. ∪–∪–|| in malam crucem), machen eine Ausnahme. – Dieser Sachverhalt wurde zuerst von Richard Bentley (ad Hor. sat. 2, 5, 79; ed. tertia 1869, 494) angedeutet, war jedoch schon in der Antike im Zusammenhang mit dem Senar der lat. → Tragödie bekannt (vgl. Diomedes, in: Grammatici Latini I, 507, 11–13 K.). Die Regel gilt auch für den ersten Teil des Verses (weniger im mittleren Teil), denn der lat. Dichter ließ nur widerstrebend Folgen jambischer Wörter in jambischen oder trochäischen Versen zu. J. W. H.

Lit: Aug. Luchs, Quaestiones metricae, in: Wil. Studemund, Studien auf dem Gebiete des archaischen Lateins I, 1873, 5 ff. – W. Lindsay, Early Latin Verse, 1922, 270–273 – P. Harsh, Iambic Words, 1949. 68–73, 94 f.

Berenike I., Tochter eines Makedonen Magas (irrtümlich als Halbschwester → Ptolemaios' I. angesehen); geb. um 340 v. Chr. (Stammbaum → Ptolemäer). Aus ihrer ersten Ehe mit dem Makedonen Philippos entsproßte u. a. → Magas v. Kyrene; danach wurde sie Geliebte und (um 317)

2. Gattin Ptolemaios' I., dem sie u. a. → Arsinoë II. und → Ptolemaios II. gebar. Um 290 zur Königin erhoben, überlebte sie ihren Gatten um einige Jahre und wurde nach ihrem Tod (bald nach 279) in den Kult der *θεοὶ Σωτῆρες* aufgenommen. H. H. Sch.

Lit: Beloch, GG IV 2, 180–181 – *Bildnisse:* → Anhang I.

2. **B. II.,** Erbtochter des → Magas v. Kyrene (Stammbaum → Ptolemäer). Von ihrem Vater mit → Ptolemaios III. verlobt, wurde sie nach Magas' Tod von ihrer Mutter Apame mit dem makedon. Prinzen → Demetrios (1 a; ‹der Schöne›) verlobt, den sie bald beseitigen ließ, da er mit Apame ein Verhältnis unterhielt. Nach kurzer Alleinherrschaft vermählte sich B. mit Ptolemaios III., als dieser (27. Jan. 246 v. Chr.) den Thron bestieg. Dadurch fiel Kyrene wieder an das Lagidenreich. Bald nach dem Tod ihres Gatten (Winter 222/221) wurde sie, vielleicht wegen ihrer Regentschaftsansprüche, von den Ministern ihres Sohnes → Ptolemaios' IV. ermordet. Der Hofastronom → Konon (2) benannte ein neuentdecktes Sternbild ‹Locke der B.›, nach einer Haarlocke, die B. für siegreiche Heimkehr ihres Gatten aus dem 3. Syr. Krieg gelobt hatte (→ Sternsagen, → Katasterismos). B. wird von → Kallimachos (3) mehrmals, bes. in der ‹Locke der B.› (Fr. 110; 387 f. Pf.; vgl. Catull 66) gefeiert. H. H. Sch.

Bildnisse: → Anhang I.

2a. **B. III.** (Kleopatra B.), Tochter → Ptolemaios' IX. und der Kleopatra → IV., heiratete um 100 ihren Oheim → Ptolemaios X., 88 dessen Sohn → Ptolemaios XI., der sie nach neunzehntägiger Ehe töten ließ. (Stammbaum → Ptolemäer). H. H. Sch.

2b. **B. IV.** übernahm 58 nach der Vertreibung ihres Vaters → Ptolemaios XII. zusammen mit ihrer Schwester → Kleopatra VI. die Regierung, heiratete erst den angebl. Seleukiden Seleukos ‹Kybiosaktes› (‹Salzfischhändler›), den sie nach kurzer Ehe töten ließ, dann Archelaos von Komana; 55 nach Restauration ihres Vaters von diesem hingerichtet (Stammbaum → Ptolemäer). H. H. Sch.

3. **B. ‹Syra›,** Tochter → Ptolemaios' II. aus 1. Ehe, wurde 252 nach dem 2. → Syr. Krieg mit → Antiochos II. v. Syrien vermählt (Stammbaum → Ptolemäer). Sie gebar ihm einen Sohn, zu dessen Gunsten ihr Bruder → Ptolemaios III. den 3. → Syr. Krieg unternahm. Der Thronfolger und, wenig später, auch B. wurden auf Geheiß der → Laodike 246 bzw. 245 ermordet. H. H. Sch.

Lit: → Ptolemaios III.

4. **B.,** Julia, Tochter → Herodes Agrippas I., geb. 18 n. Chr. Verheiratet u. a. mit ihrem Onkel Herodes v. Chalkis. Nach dessen Tod (48) Inzest mit ihrem Bruder → Herodes Agrippa II. Geliebte des → Titus in Judäa (67–70) und Rom, später abgewiesen. H.-G. K.

Q: Jos. ant. 19, 5, 1; 20, 7, 3; Suet. Tit. 7; Dio Cass. 66, 15 – *Lit:* E. Mireaux, La reine B., 1951.

Berenike, Name mehrerer in hellenist. Zeit gegründeter Städte; → Kolonisation C.

Bergbau

A. Überblick. Geschichte – B. Recht. Organisation. (Bw. = Bergwerk).

A. Überblick. Geschichte. [1] Das in den westeurop. Sprachen gebrauchte Wort ‹Mine› für Bw.e weist durch seinen kelt. Ursprung über die griech.-röm. Welt hinaus, während die röm. Bezeichnung *metallum* von den Griechen übernommen ist. Tatsächlich war B. überall am Mittelmeer schon in prähist. Zeit bekannt. Er begann mit dem Abbau von Feuerstein, aber auch später blieb die Ausbeute von Gesteinsarten und von Salz neben der von → Metallen immer von großer Bedeutung. Dagegen waren mineralische Brennstoffe im Altertum unbekannt.

[2] Die bedeutendsten Vorkommen an Edelmetallen und Steinen besaß → *Ägypten* (I C 4). → Gold und → Elektron wurden an der nub. Grenze gewonnen; nach → Kupfer, das man zur Herstellung der → Bronze benötigte, und nach Türkis grub man auf dem Sinai. Die südöstl. Wüste war reich an Gesteinsarten, → Sand- und → Kalkstein, → Granit, → Alabaster sowie → Porphyr, der erst in der Kaiserzeit gebrochen wurde. In Verbindung mit diesem B. wurden auch → Edelsteine (z. B. Smaragd, Topas, Amethyst, Bergkristall) gefunden. → Eisenerze fanden sich dagegen vornehmlich in den armen. Bergen, in Kleinasien (dort auch Elektron und Kupfer) und im Libanon. Hier an den B. gewohnt, verbreiteten die → *Phönizier* ihre Kenntnisse mit ihrer → Kolonisation über das Mittelmeergebiet. Vor allem eröffneten sie Eisen- und Kupfer-B. auf → Cypern; Messing wurde dabei schon in früher Zeit hergestellt.

[3] Die Phönizier begannen auch mit dem Gold-B. auf Thasos, der von den ergiebigeren Gruben in Thrakien unter athen. und später makedon. Herrschaft abgelöst wurde. Dort wurde daneben auch → Silber gewonnen, die Bw.e von Laurion besaßen jedoch hierin für *Griechenland* die größte Bedeutung und ermöglichten Athen seinen politischen Aufstieg. Neben Blei bot das Lauriongebiet noch Brauneisenstein, wie überhaupt an vielen Orten Griechenlands Eisenerze anzutreffen sind. Abgebaut wurden aber im wesentlichen nur die Vorkommen im Taygetos durch die Spartaner und die auf den Inseln Euböa und Seriphos. Kupfer-B. wurde auf Eretria und Delos betrieben, auf Melos Schwefel gewonnen. Athen hatte auch den Vorteil, für seine Bauten Marmor auf dem Hymettos und dem Pentelikon abbauen zu können, der sich sonst vornehmlich auf den Inseln Paros und Naxos vorfand. In den Bw.en bei Syrakus wurde → Kalkstein abgebaut.

[4] Im Gegensatz zu den Bergen Griechenlands besitzt der Apennin keine Erze. Erst mit der Eroberung des etrusk. Gebietes und der vorgelagerten Inseln Elba und Sardinien kam *Rom* in den Besitz von Eisenvorkommen, aber auch von Silber, Kupfer, Zinn und Zink. Den größten Zuwachs an Edelmetallen brachte Rom → Spanien, das mit seinen Bodenschätzen schon die Phönizier und Karthager angelockt hatte. Vornehmlich Silber wurde hier abgebaut, daneben Gold, Zinn, Blei, Eisen und Quecksilber, das in Rom zu Zinnober verarbeitet wurde. Der B. hat die Römer auch mit zu den Feldzügen gegen die Alpen- und Donauvölker veranlaßt, und während sie mit dem Besitz von → Gallien große Schätze an Eisenerzen und die Kenntnis ihrer Verarbeitung übernehmen konnten, bot ihnen → Britannien reiche Ausbeute an Zinn und Blei. Um das westl. Mittelmeer wurden daneben auch Gesteinsarten und Mineralien abgebaut; es soll nur auf die Marmorbrüche von Carrara und die Salz-Bw.e von Hallstatt hingewiesen werden.

B. Recht. Organisation. [1] Ein *Bergregal* hat es im Altertum nicht gegeben, die Verhältnisse im B. richteten sich nach dem jeweiligen Bodenrecht. Nachdem sich in Ägypten seit dem Mittleren Reich der Grundsatz durchgesetzt hatte, daß der Pharao Herr von Grund und Boden sei, war er damit auch Eigentümer der Bw.e und Steinbrüche. Im Hellenismus wirkte die gleiche Auffassung fort. Die griech. → Poleis brachten den Boden, auf dem vornehmlich B. betrieben wurde, weitgehend in die Hand des Staates, und ebenso verfuhr – meist durch Konfiskation – die kaiserliche röm. Regierung. Wie die → Domänen waren die B.-Distrikte von der Munizipalverwaltung eximiert und unterstanden innerhalb einer oder zweier benachbarter Provinzen eigenen → Prokuratoren.

[2] Die *Organisation* des B.s entsprach der der übrigen Wirtschaft. In Ägypten unterstand der B. des Landes einer Zentralbehörde, und die Bodenschätze wurden direkt durch den Staat ausgebeutet. Dagegen wurden etwa in Athen einzelne Grubenfelder von den → Poleten in der Regel auf 3 Jahre verpachtet, und die Pächter verarbeiteten das gewonnene Erz in eigenen Werkstätten (→ Metall A. B.). Die hellenist. Staaten kombinierten die beiden Systeme; jedenfalls trat in Ägypten neben die direkte Ausbeutung eine Abart der Pacht, die Vergabe im Submissionswege.

Wie in Griechenland wurden auch in Rom ursprünglich die im Besitz des Staates befindlichen Bw.e von den → Censoren Privatgesellschaften gegen Erlegung von Pachtzins zur Bewirtschaftung überlassen. Die schlechten Erfahrungen mit den → Publicani führten in der Kaiserzeit zwar zur Übernahme in staatl. Verwaltung, das Pachtsystem wurde jedoch unter den Prokuratoren aufrechterhalten.

[3] Die *Arbeit im B.* wurde immer als bes. schwer empfunden. Trotzdem herrschte im alten Ägypten bei den Tätigkeiten, die technische Schulung erforderten, das freie Gewerbe vor; sonst wurde neben Kriegsgefangenen die halbhörige Bevölkerung im Frondienst eingesetzt. Das gleiche System wurde im Hellenismus übernommen. Auch in Griechenland führte erst das Anwachsen der Sklavenarbeit nach den Perserkriegen zum regelmäßigen und großzügigen Einsatz von → Sklaven im B. Sie wurden hierbei als Betriebszubehör betrachtet und daher vom Pächter eines Grubenfeldes meist in Miete übernommen. Daneben arbeiteten nicht nur Kleinunternehmer eigenhändig mit, sondern es gab auch im 5. und 4.Jh.v.Chr. im Lauriongebiet freie Lohnarbeit. Im röm.B. waren neben zahlreichen Sklaven und Sträflingen (→ ad metalla) ebenfalls freie Einheimische beschäftigt. Beim Nachlassen des Sklavenangebotes in der Kaiserzeit wurden diese zunehmend zum Frondienst gezwungen und in der Spätantike wie die → Kolonen an ihre Grube erblich gebunden.

[4] Der Bedarf an Produkten des B.s zum Lebensunterhalt (Salz), zur Herstellung von Werkzeugen, als Baumaterial und als Tauschmittel hat schon im Alten Orient *Fernhandel* hervorgerufen. Der Gebrauch von Edelmetallen als Münzgeld ließ dann den B. zu einem der wichtigsten *Erwerbszweige* werden, in dem etwa in Athen große Vermögen gewonnen werden konnten. Der Niedergang des B.s hat in der Spätantike trotz staatlicher Förderungsmaßnahmen (4.Jh.n.Chr.) zu einer deutlichen Abnahme der umlaufenden Edelmetallmenge und damit erheblich zum Rückgang der Wirtschaft beigetragen. H.Br.

Lit: K.Fitzler, Steinbrüche und Bw.e im ptol. und röm.Ägypten, 1910 – Orth, RE Suppl.4 (1924), 108–155 – E.Schönbauer, Beitr. zur Gesch. des B.rechts, Münch. Beitr. z. Papyrusforschg. u. ant. Rechtsgesch.12, 1929 – H.Wilsdorf, Bergleute und Hüttenmänner im Altertum bis zum Ausgang der röm.Republik, 1952 – S.Lauffer, Die Bw.s-Sklaven von Laureion I. II. Abh.Mainz 1955, 12; 1956, 11 – Forbes, Technology VII – F.M.Heichelheim, Wirtschaftsgesch. des Altertums (1938), engl. I. II, 1958/64² (Lit).

Bergkristall (*κρύσταλλον*, crystallum), kristallisierter Quarz, seiner reinen Klarheit wegen geschätzt. Tritt in Indien, Kleinasien, Cypern und den europäischen Alpen auf und wurde bes. zur Herstellung von Ringsteinen (→ Gemmen) und Trinkgefäßen (sog.crystalla) verwendet. C.K.

Q: Plin.nat. 37, bes.23; Diod. 2,52; Strab. 15,717 – *Lit:* Blümner, Technologie III 249f.

Bergkulte gibt es in den meisten Religionen (bes. zahlreiche Zeugnisse aus dem altoriental.Kulturbereich); hohe Berge – oft von Wolken umhüllt, von ewigem Schnee bedeckt oder gar feuerspeiend – wurden, den Menschen fast unzugänglich, als in die Region der Götter hineinragend empfunden. In Griechenland wurden Berge nicht als Götter persönlich gefaßt und verehrt. Doch galten sie oft als Wohnstätten von → Nymphen. Vom Wetter- und Himmelsgott → Zeus glaubte man, daß er auf einem Berge wohnt, der in den Himmel ragt (→ Olymp). Bisweilen wurden Berge bestiegen, um dort Kulthandlungen – bes. für die Wettergötter – zu verrichten. K.-H.R.

Berliner Göttin, originale Sitzstatue um 480 v.Chr. aus Tarent (= Persephone?)

Berliner Maler, führender att.Vasenmaler des strengrotfigurigen Stils, tätig ca.500–465, Schüler von → Euthymides und → Phintias, Lehrer des → Hermonax und → Achilleusmalers. Identifizierung mit → Gorgos unsicher. An → Lieblingsnamen: Sokrates und Nikostratos. – Er gibt das gerahmte Bildfeld auf (vgl. → Euthymides) und schmückt seine dunkelwandigen Gefäße mit freistehenden Einzelfiguren. Es sind agile, hochbeinige Gestalten von prägnanter, schlanker Muskulatur. Vgl. → Vasen, E[5]. – *Werke:* Bauchamphora mit Satyr und Hermes, Berlin F2160 (eponym; Arias-Hirmer, Abb.150–53); → Panathenäische Amphoren, Halsamphoren, Kratere, Stamnoi, Lekythen, Hydrien. I.Sch.

Lit: J.D.Beazley, Der Berliner Maler, 1930 – M.Robertson, Origins of the Berlin Painter, JHS 70, 1950, 23–34 – J.D.Beazley, An Amphora by the B.P., AntK 4, 1961, 49–67 – Ders., ARV² 196–214.

Bernstein (*τὸ ἤλεκτρον*, electrum, sucinum; zu unterscheiden von *ὁ ἤλεκτρος*, → Elektron; german.Bezeichnung bei Plin.nat.37,42 und Tac.Germ.45: glaesum; vgl. etym. → Glas). Der Sage nach Tränen der am Eridanos in Pappeln verwandelten Heliaden, worin ein Hinweis auf Baumharz gesehen wird (Hdt.3,115). B.handel trieben bes. die Phönizier; im 6.Jh.v.Chr. blühte die etrusk. B.industrie von Picenum. Direkter griech.-baltischer Verkehr scheint spätestens für das 4.Jh. nachgewiesen (B.straße über Makedonien–Serbien–Ungarn–Schlesien–Westpreußen). Über die Entdeckung des B.landes zur See (N- oder O-See?) berichtete → Pytheas von Massilia (Diod. 5,23; Plin.nat.4,94; 37,35). Seit der 18.Dynastie gelangte B. bis nach Ägypten und ist bes. in den Funden von Mykene reich vertreten. Bei den Griechen erweckte er mehr naturwissenschaftliches Interesse, während er in der Kaiserzeit wieder als Schmuck beliebt wurde. Vorliebe genoß die rötliche, durchsichtige Varietät. C.K.

Q: Plin.nat. 37,30 – *Lit:* Blümner, Technologie II 381ff. – Ders., RE 3,1 (1897), 295–304 – F.Kredel, Ein archaisches Schmuckstück aus B., JdI 38/39, 1923/24, 169–180 – P.Marconi, La cultura orientalizzante nel Piceno, Mon.Ant.35, 1933, 266–455 – G.Pesce, EAA I, 1958, 312–315, s.v.ambra.

Beroia in *Makedonien*, in der Landschaft Bottiaia, am Abhang des Bermios (Kt.1152 C2; heute Verria). Von militärischer Bedeutung (Thuk.1,64,4). 288 v.Chr. verlor → Demetrios (1) die Herrschaft an Pyrrhos. Nach Pydna (168) ergab sich B. als erste Stadt den Römern, gehörte zur 3.regio.Judengemeinde in B., deshalb Missionstätigkeit des Paulus dort.

2. **B.** *in Thrakien*, identisch mit der auf Inschriften erwähnten *Τραιανέων πόλις* (auf Münzen *Αὐγούστη Τραιανή*) zwischen dem Haimosgebirge und dem Hebrostal (Kt.1152 G1; heute Stara Zagora). Schon vorrömisch, aber erst in der Kaiserzeit erwähnt. 251 n.Chr. bei B. Niederlage des Kaisers Decius gegen die Goten.

3. **B.** *in Syrien* → Aleppo. J.S.

Beros(s)os, Bel-Priester aus Babylon. Seine Chronik, ‹Babyloniaka›, mit wichtigen Königslisten ist → Antiochos I. Soter (281–261) gewidmet und bezeichnenderweise vor allem von → Josephus und den spätantiken christlichen Historikern benutzt. Um 270 soll B. auf Kos eine → Astrologenschule gegründet haben (Vitr.9,6,2). E.B.

Frg: FGrHist 680 – *Lit:* P.Schnabel, Berossos, 1923 – W.Spoerri, Unters. zur babyl.Urgesch. u. zu d. Turmbau-Sibyllina, 1961.

Berytos, Hafenstadt an der Küste des Libanon (Kt.2196 B4; heute Beirut). Alte phön.Ansiedlung, dann Stadt im Seleukidenreich. → Agrippa (1) deduzierte mit Soldaten der III. und der VIII.Legion die Colonia Julia Augusta Felix B. Die Monumente der röm.Stadt, die ein auf einem Achsenkreuz aufgebautes Straßensystem hatte, sind alle unter der arabischen Stadt verschwunden. Der rechteckige Umriß der Colonia B. spiegelt sich noch im Bild der mittelalterl. arabischen Stadt. R.F.

Lit: Du Mesnil du Buisson, Le Decumanus max. de la colonie rom. de B., Bull soc.ant.France 1926, 202 – Syria II, 1921, 249.

Bessos, pers.Satrap von Baktrien-Sogdiane unter → Dareios III., kämpfte bei Gaugamela auf dem linken Flügel; begleitete mit einigen anderen Satrapen den Großkönig auf der Flucht in den Osten und tötete ihn (Juli 330), um Verhandlungen mit → Alexander (5) d.Gr. zu verhindern. Unter dem Namen Artaxerxes wurde B. dann zum König ausgerufen, konnte jedoch Alexander nicht Widerstand leisten und zog sich in den äußersten Nordosten Irans zurück. Nach seiner Gefangennahme 329 ließ ihn Alexander als Königsmörder grausam hinrichten. E.Bd.

Lit: Berve II 105ff.

Bestattung. A. Griechisch. 1. Bei den griech. B.s-Riten stehen im Vordergrund das Bestreben, dem Toten mitzugeben, was er bes. geschätzt hat und was er zur Weiterexistenz braucht, sowie das Bedürfnis, durch monumentalen Aufwand das Ansehen des Toten und seiner Familie sichtbar zu machen; der Glaube an ein Weiterwirken der Toten, deren Wohlwollen man erwerben, deren Mißgunst man abwehren muß, tritt, wie dann im → Totenkult, stark zurück. Im einzelnen bestehen die B.s-Riten in Reinigungen der Lebenden von der Befleckung durch den Tod und Spenden für die Toten im Zusammenhang mit der B. selbst: Vor dem Haus, in dem ein Toter lag, wurde ein Gefäß mit Wasser (*ἀρδάνιον*) aus einem fremden Hause aufgestellt; wer das Haus betreten hatte, mußte sich damit reinigen, ehe er mit anderen zusammenkam. Am Tage nach der B. wurden das Trauerhaus und seine Bewohner durch Waschungen des ganzen Leibes oder auch durch weitere Prozeduren gereinigt. Grundsätzlich galt man während wenigstens 3 und höchstens 9 Tagen nach einem Todesfall als unrein. – 2. Wie man sich B.en in heroischer Zeit dachte, schildert Il. 23, 166ff.; B.en des 8./7. Jh.s v. Chr. zeigen die athen. → Dipylonvasen: der Tote wird auf einem mit gemusterten Teppichen bedeckten Wagen zum Grabe gefahren, Scharen von Männern und wehklagenden Frauen folgen nach. In myk. Zeit werden die Toten beerdigt, bei Homer verbrannt, spätere Zeiten kennen beide Sitten, ohne daß diese Differenz einen wesentlichen Einfluß auf die B. selbst und auf die Anschauungen von der Daseinsform der Toten (Existenz im Grabe selbst oder in der Ferne des Hades, Schatten oder Leichnam: → Seele) gehabt hätte. Die Grabbeigaben sind in myk. Zeit ebenso reichlich wie kostbar, im 8./7. Jh. weniger kostbar als sorgfältig ausgestattet mit allem, was zum Weiterleben notwendig erscheint. Später werden sie immer bescheidener; dagegen bleibt der Aufwand an B.s-Prozessionen, Klagegesängen und Grabdenkmälern noch lange bedeutend. Hier setzen die scharfen Einschränkungen durch die Gesetzgeber ein, so bes. am Ende des 4. Jh.s v. Chr. durch Demetrios (17) v. Phaleron in Athen, der sich auf entsprechende Gesetze Solons berief (Frg. 135 W.; Plut. Sol. 21). Daraufhin bricht die Reihe der großen, kunstvollen → Grabdenkmäler Athens völlig ab. Eine Spende für den Toten war gleich bei der B. erforderlich, weitere am 3. und 9. Tage nach dem Tode (Is. or. 2, 36f.). Bis zum 3. Tage fasteten die Angehörigen oder enthielten sich doch des Fleisches. Dann fand das Totenmahl statt (*περίδειπνον:* Diog. Laert. 9, 115; Demosth. or. 18, 288). Die strengste Trauerzeit war schicklicherweise 30 Tage (Lys. or. 1, 14), mindestens aber 9 Tage (Aischin. or. 3, 77). Schließlich war der 30. Tag jedes Monats den Toten heilig (*τριακάδες:* Poll. 1, 66). Während wir im Athen der klass. Zeit viel vom schicklichen Verhalten den Toten gegenüber hören, ist von eigentlichen Kultvorschriften und Anrufungen bestimmter Götter im Zusammenhang mit der B. kaum die Rede. – Vgl. → Totenkult. O.G.

B. Etruskisch. Die etrusk. Kultur war von Anfang an mit Intensität und reicher Phantasie auf die Sorge für die Verstorbenen gerichtet. Was von ihr erhalten blieb, stammt größtenteils aus Gräbern. Ziel des B.s-Wesens war die Heroisierung der Verstorbenen, ihre Verwandlung in ‹di animales› (Nigidius, bei Arnob. nat. 3, 40; Serv. Aen. 3, 168) und die Erfüllung der sich aus dem Glauben an solche Erhöhung ableitenden sakralen Pflichten. Der Wunsch, die Bedeutung der Bestatteten und ihrer Familien den Nachbleibenden dauerhaft und großartig vor Augen zu stellen, war darüber hinaus besonders in der Frühe ein kräftiger Gestaltungsantrieb. So erwuchsen die → Grabarchitektur, -plastik und -malerei, aber auch ein reich differenziertes Zeremoniell mit Opfern, Spielen, Wettkämpfen, artistischen und musischen Vorführungen, Schmausereien und Tänzen. Die späteren röm. Gladiatorenspiele werden auf Zweikämpfe bei etrusk. Totenfeiern zurückgeführt. Häufig überliefern Grab-, Urnen- oder Sarkophaginschriften die wichtigsten Daten zur Person des Bestatteten. – Vieles weist auf Vorstellungen, daß den Verstorbenen zu Fortbestand und Behauptung ihrer Identität in der anderen Welt eine gestalthafte Fixierung in dieser dienlich zu sein vermöge. Darum werden die Beisetzungsbehältnisse oft menschenförmig gebildet oder mit einer figürlichen Darstellung des Dahingeschiedenen verbunden. Bereits die Villanova-Ossuarien können durch das Daraufsetzen eines Helmes anthropomorphisiert werden. Besonders anschauliche Beispiele bietet die Entwicklung in Clusium: Die zunächst durch das Vorbinden einer Gesichtsmaske vermenschlichte Urne wird in stufenweiser Entwicklung durch die Umbildung des Deckels zu einem menschlichen Haupt und die Hinzufügung von Brüsten, Händen und Armen zum → Kanopen, dieser zur steinernen Sitzfigur mit zur Aufnahme der Totenasche gehöhltem Leib. – Die den Kanopen zugrunde liegenden Vorstellungen haben auch anderwärts in Etrurien Gestalt angenommen. In Villanovatradition stehende Urnen von Saturnia haben keulenkopfförmige Tonhauben, die dem Gefäß menschenartiges Aussehen verleihen. Hausförmige Terrakotta-Urnen aus Veii (Grotta Campana) zeigen in der Mitte aus dem Dach vollplastisch hervorspringend das Haupt des Toten, wie schon früh in der etrusk. Kunst der Kopf des Menschen stellvertretend für die ganze Gestalt stehen kann. Eine Sonderstellung nahmen in Caere die als Aschenurnen angelegten Terrakottabehältnisse in Gestalt aufgebahrter oder auf der Kline lagernder Toter ein, deren monumentalisierte Form die beiden berühmten, lebensgroßen Ehepaar → Sarkophage des Louvre und der Villa Giulia darstellen (um 530 v. Chr.). Ob auch diese der Beisetzung dienten oder – wahrscheinlicher – lediglich als gestaltbewahrende Denkmäler im Grab aufgestellt waren, ist eine offene Frage. – Übernimmt so in den Bereichen der Brandbestattung im Anschluß an die Villanovasitten nicht selten die Urne die Funktion der Gestaltbewahrung, so wird bei der viel üblicheren, im südl. Etrurien fast ausschließlich geübten Leichenbestattung der Tote selbst in repräsentativer Weise aufgebahrt. Ob zu seiner Erhaltung konservierende Mittel angewendet wurden, wissen wir nicht. Grabungsberichte vermerken manchmal, die Bestatteten hätten sich bis zur Öffnung der Grabkammern erhalten, seien dann aber beim Zutritt der Luft vor den Augen der Eintretenden zu Staub zerfallen. Wohl kennt die frühe Eisenzeit bereits → Sarkophage (gehöhlte Baumstämme, Holzkästen, Tuffkustodien), aber diese treten mit der Entstehung monumentaler Grabthalamoi zurück, scheinen im ganzen den Einzelbestattungen in Fossagräbern außerhalb der Kammergräber vorbehalten. In den Kammern dagegen wird der Tote, wie es die Deckelfiguren der späteren Steinsarkophage zeigen, auf ein Ruhebett gelegt (Regolini Galassi; Tarquinii), auf steinerne Klinen oder Bänke (Pietrera; Populonia; Orvieto) oder auf aus dem anstehenden Tuff geschnittene Scheinbänke und -klinen (Caere; Felsgräbernekropolen). Auch sitzend auf Sesseln scheinen Beisetzungen vorgekommen zu sein (Caere, Tomba degli Scudi e delle Sedie). Für Caere ist dabei charakteristisch, daß Mann und Frau durch zwei Jahrhunderte unterschiedliche Totenlager erhalten (650 bis 450 v. Chr.). Während der Mann auf einer aus dem Tuff geschnittenen Scheinkline ruht, wird die Frau, links von ihm, in einen gleichfalls aus dem Tuff geschnittenen, an beiden Enden giebelförmig abschließenden Kasten gelegt. O.W.v.V.

Lit: Fr. v. Duhn, Italische Gräberkunde I, 1924 – R. Mengarelli, La necropoli di Caere, Nuove osservazioni su speciali usi e riti funerari, StE 11, 1937, 77–93 – O. W. v. Vacano, Die Etrusker, Werden u.

geistige Welt, 1955, 103–121, 144–199, 223–238 – Ders., Die Etrusker i.d. Welt der Antike, 1957, 82–115 – J. Heurgon, La vie quotidienne chez les Etrusques, 1961, 180–190 – A. Hus, Recherches sur la statuaire en pierre étrusque archaïque, 1961, 493–548 (Statue en pierre et croyances funéraires).

C. Römisch. Die ältesten Begräbnisstätten um Rom bezeugen das gleichzeitige Vorkommen der Erd-B. und der Einäscherung; beide Bräuche haben in histor. Zeit weiterbestanden, wenn auch die Verbrennung viel üblicher war. Die vorbereitenden Riten sind für die beiden Arten der B. die gleichen: man ruft den Toten bei seinem Namen (conclamatio: Serv. Aen. 6,218 u.a.); wenn man sicher ist, daß er nicht mehr antworten wird, wäscht, parfümiert und bekleidet man ihn; in den Mund legt man ihm nach griech. (durch die → Etrusker vermittelter?) Anschauung eine Münze, die dazu dienen soll, seine Überfahrt in → Charons Nachen zu bezahlen, dann stellt man ihn im Atrium auf einem Paradebett zur Schau, die Füße gegen die Eingangstüre gerichtet; diese Aufbahrung dauerte von drei bis zu sieben Tagen. Tannen- und Zypressenzweige machten die Vorübergehenden darauf aufmerksam, daß das Haus durch einen Todesfall unrein (→ Reinheit) geworden war. Am Begräbnistage begleiteten Verwandte und Freunde die Leiche an die Grabstätte; wenn es sich um eine hochstehende Persönlichkeit handelte, bekundete ein langer Trauerzug die Vornehmheit der Familie (→ Pompa funebris), während die → Totenklagen deren Leid auf konventionelle Weise ausdrückten. Bisweilen wurde eine Leichenrede (→ Laudatio funebris) auf dem Forum gehalten. Grundsätzlich (mit einzelnen Ausnahmen) aber wurde die Leiche außerhalb der Stadtgrenze Roms verbrannt; auf den Holzstoß warf man Kleider, wohlriechende Essenzen, Opfergaben jeder Art sowie die persönlichen Besitztümer des Verstorbenen. Mit abgewendeten Augen setzten Verwandte und Freunde den Holzstoß in Brand mit Fackeln, die zum B.s-Ritus gehörten, obwohl die B. fast immer bei Tageslicht stattfand. Die Familie sammelte die ausgeglühten Gebeine in eine Urne, die sie dann in einem → Grab oder einem → Columbarium niederlegte. Bevor der Tote auf den Holzstoß gelegt wurde, schnitt man ihm einen Finger ab, den man nun gemäß den priesterlichen Weisungen begrub: erst dann hatte sie alle ihre Pflichten gegenüber dem Verstorbenen erfüllt (*iusta facere*: Fest. p. 135 L.; Varro ling. 5,23). Sie mußte sich nun noch der → Reinigung unterziehen. H. LeB.

Lit: Latte, 100–102.

Besteck. Ein Eßbesteck in unserem Sinne kannte nur die röm. Kaiserzeit mit ihren silbernen Prunkservicen (vgl. Schatzfund v. → Aug. Raurica mit Eßstäbchen, Sieblöffeln und Suppenlöffeln). Man aß im Altertum mit den Händen. Das Fleisch wurde mit Messern (aus Eisen oder Bronze) vorgeschnitten, auf Bratspieße ὀβελοί gesteckt oder mit fünfzinkigen Gabeln (Hom. Il. 1,463; Od. 3,460) gehalten. Soßen und Brühen tunkte man mit Brot auf. Die Küche hatte ein reiches Sortiment an B.en. So gab es Hack-, Tranchier-, Abhäutemesser, verschiedene Schöpf-, Gieß- und Sieblöffel. Das gleiche muß auch für die Heiligtümer angenommen werden (Festschmäuse u. rituelle Mahlzeiten). F. E.

Lit: Olymp. Forsch. I, 1938, 166f. – Olymp. Ber. II, 1937/38, 40, Abb. 26 (Kultmesser) – R. Laur-Belart, Der spätröm. Silberschatz von Kaiseraugst (Aargau), 1963, 30ff., Abb. 19–21.

Bestia → Calpurnius.

Betonie (κέστρον, betonica), zu den Lippenblütlern gehörig, im Mittelmeerraum mit mehreren Arten verbreitet; galt als Pflanze mit geheimnisvollen Kräften. Wurzeln und Blätter waren als Heilmittel geschätzt. B. im Haus sicherte vor Unglück und Schlangen. Wahrscheinlich gehören mythische Namen (in Troja: Kestros, Kestria, Kestrinos) in diesen Zusammenhang. → Flora. J. W.

Lit: Wagler, RE 2,2 (1896), 368–369 – Murr, Pflanzenwelt, 193.

Beutel. θύλακος oder κώρυκος meinen den Sack aus Leder oder Stoff, βαλλάντιον den Geldbeutel; dieser erscheint auf Hetärenszenen (Berlin F 2254), beim Einkauf (Baltimore; Beazley ARV² 24,14). Den Sack benutzen Bauern (Münzen und Medaillen A. G. Basel, Aukt. 26, 1963, 135), Handwerker und Flötisten (Paris, CabMed 542) sowie Athleten (Berlin F 2292). Der Brotsack kann auch metaphorische Bedeutung haben (Hdt. 3,46; Aristoph. Plut. 763). F. E.

Bevölkerungsstatistik. [1] *Amtliche Erhebungen* bevölkerungsstatistischer Art gehörten auch in der Antike zu den elementaren Bedürfnissen der staatlichen Gewalt (vgl. den Schiffskatalog Homers, Ilias 2). Sie waren zur Feststellung der Wehr- und Steuerkraft, zur Abgrenzung des Kreises der Bürgerschaft und der Empfangsberechtigten bei Sozialgeschenken erforderlich. So wurde im klass. Athen von den → Phratrien eine Geburtsmatrikel, den Demen (→ Demos) eine Bürgerliste, den → Strategen eine Stammrolle geführt; wir besitzen aus dem hellenist. und röm. Ägypten zahlreiche Papyri mit Besitz- und Personenstandsanzeigen, kennen das Verfahren des röm. → Census-Geschäfts und der diokletianischen Steuerreform mit der Neuveranlagung (→ Capitatio) im 15jährigen Zyklus. Die überlieferten Ergebnisse sind indes unzureichend und ungesichert, weil die statistischen Methoden des Altertums unzulänglich waren und weil außerdem geringe Erfahrung im Umgang mit großen Zahlen und ihre Schreibung in Buchstaben die Textüberlieferung in Altertum und Mittelalter stark korrumpiert haben. Die modernen Zahlen über Bevölkerungsstand und -bewegung in der Antike müssen daher grobe Schätzungen und obendrein lückenhaft bleiben, obwohl die Berechnungen exakte Flächenraumbestimmungen, vereinzelte Zahlen zur Nahrungsmittelproduktion, zu Getreideimport und -konsum (Spenden), zahlreiche Nennungen von Truppenstärken (denen jedoch die Unzuverlässigkeit der antiken Historiker mit Ausnahme des → Thukydides und des → Hieronymos (2) v. Kardia entgegensteht) u. a. heranziehen können.

[2] In den *modernen Schätzungen*, bei denen eine ernsthafte Diskussion möglich ist, spielt Attika eine wesentliche Rolle, für das uns verläßliche Angaben zur Zählung durch → Demetrios (17) v. Phaleron (316 v. Chr.?) überliefert sind: 21000 (erwachsene männliche) Bürger, 10000 Metöken (die Zahl der Sklaven, 400000, ist offenbar verderbt). Als Gesamtzahl im Scheitelpunkt der Bevölkerungskurve, 432 v. Chr., errechnete man zwischen 235000 (K. J. Beloch) und 315000 Einwohner (A. W. Gomme), davon 100000 bis 175000 Bürger und mehr als 100000 Sklaven. Die Bevölkerung Griechenlands vor Beginn des Pelop. Krieges hat nach der klassischen Untersuchung von K. J. Beloch (einschließlich Makedonien 3 Mill., davon 1 Mill. Sklaven) kaum jemand mehr zu schätzen gewagt. Für die Reiche des Hellenismus, wo sich seit etwa 300 v. Chr. der Bevölkerungsschwund des Mutterlandes bemerkbar machte, sind Schätzungen nicht zu verantworten. Einigermaßen verläßlich scheint als Richtmaß die Angabe des → Josephus Flavius zu sein, der die Bevölkerung des verhältnismäßig dicht besiedelten Ägypten (ohne Alexandria) unter → Nero (1) auf 7,5 Mill. schätzt. Für das röm. Imperium besitzen wir die festen Zahlen der drei Reichszählungen des → Augustus (Mon. Ancyr. 8) mit einer Bürgerbevölkerung von 4–5 Mill., davon anscheinend 800000 außerhalb Italiens, durch die die Censusangaben für die (erwachsenen männlichen) Bürger der Republik (bes. in der Epitome des → Livius) des 3./2. Jh.s v. Chr. mit Zahlen zwischen 215000 und 394000 und für 70/69 v. Chr., nach dem → Bundesgenossenkrieg (3), mit 910000 eine Stütze finden. Die Schätzungen für die Reichsbevölkerung, die seit der Pest unter → Mark Aurel ständig zurückging, schwanken für die Zeit des Augustus zwischen 35 und 70 Mill. Aus der Spätzeit des Reichs haben wir keine statistischen Angaben. – Die Schätzungen über die *antiken Großstädte* stehen kaum auf festerem Boden. Das

klassische Athen, das Korinth übertroffen hatte, aber bald von Syrakus überflügelt wurde, hatte mehr als 100000 Einwohner. In hellenist. Zeit überschritt Alexandria, dem Seleukeia in Pierien und Antiochia am Orontes fast gleichkamen, die Halbmillionengrenze und erreichte unter Augustus die Million. Für die Stadt Rom liegt das Ergebnis einer Volkszählung vor, die die → Censoren unter den außergewöhnlichen Umständen des Bürgerkrieges 86 vor Chr. veranstalteten: 463000 Köpfe (Hier. Chron.). Obwohl dann → Caesar die Hauszählung durch die Besitzer anordnete, sind weitere Zahlen nicht bekannt. Einiges spricht dafür, daß Rom unter Augustus die Millionengrenze unter den Antoninen (Mitte des 2. Jh.s n. Chr.) die 1,5 Mill. überschritten hat. E.Bay.

Lit: D. Hume, Essay on the Populousness of the Ancient Nations, 1752 – K. J. Beloch, Die Bevölkerung der griech.-röm. Welt, 1886 – A. W. Gomme, The Population of Athens in the 5th and 4th Cent. B. C., 1933 – J. Carcopino, La vie quotidienne à Rome à l'apogée de l'Empire 1939, deutsch 1959 u. ö. – F. G. Maier, Röm. Bevölkerungsgesch. und Inschriftenstatistik, Historia 2, 1953/54, 318–351.

Bewässerung war im Gegensatz zur → Landwirtschaft (A 1) Ägyptens und Mesopotamiens nur gelegentlich in der griech.-röm. Welt angewandt. Ihr Alter im griech. Bereich bezeugt Homer (Gärten des Alkinoos: Od. 7,129; vgl. Il. 21,346ff.), im römischen das Wort ‹rivalis›, d.h. ‹der, der denselben Bewässerungskanal, rivus, benutzt›. Die → Landwirtschaftsschriftsteller nennen gelegentlich B., z.B. Cato agr. 1,7 (Gärten); 8,1 (Wiesen), 36 (Bäume). Plinius (nat. 17,246ff.) gibt an, welche Bäume man wässern muß, und teilt mit, daß im Sulmodistrikt auch die Kornfelder bewässert wurden. – Außer auf natürliche Gewässer griff man auch auf Wasser aus Aquädukten zurück. Das Wasser wurde durch Kanäle geleitet und durch Gräben verteilt. Eine Inschrift aus Tusculum (CIL 8,4440) hat ein Verzeichnis der Landgüter, welche Wasser von einem Aquädukt entnehmen dürfen und gibt den genauen Zeitpunkt an, zu dem gezapft werden darf. Die Juristen haben präzise Regeln über die Ausnützung von Wasser zur B. (Dig. 43,20). In der Kaiserzeit wurde die B. auch in einer Anzahl von Provinzen ausgebaut; bes. in Nordafrika findet man zahlreiche Reste von B.sanlagen. Vgl. → Schöpfmaschinen; → Aquädukt; → Wasserversorgung. J.E.Sk.

Lit: van Buren, RE Suppl. 8 (1956), 9–16.

Bewegungslehre. Die Griechen haben nie versucht, eine Bewegungstheorie im Sinne einfacher, auf einen Idealfall bezogener mathematischer Formeln zu entwickeln. Anscheinend erklärten sie die Bewegung zunächst durch verschiedene biologische Analogien. Das natürliche Wachstum scheint das Modell für → Anaximander und die andern Milesier gewesen zu sein, ‹Liebe› und ‹Streit› für → Empedokles, die Vernunft (*νοῦς*) für → Anaxagoras, die Seele für Platon. Immerhin boten → Leukipp und → Demokrit eine rein mechanistische Theorie. Aristoteles verband die natürliche Bewegung mit den vier → Elementen: jedes bewegt sich geradlinig auf seinen natürlichen Ort zu und bleibt in ihm, wenn es ihn erreicht hat: die Erde im Zentrum des Kosmos, umgeben von Wasser und Luft, das Feuer an seiner Peripherie. Der → Äther außerhalb der Feuersphäre hat eine natürliche Kreisbewegung. Weiterhin setzt die Bewegung nach Aristoteles einen Beweger voraus; der letzte Ursprung aller Bewegung im Kosmos ist für ihn der → Unbewegte Beweger. – Eine Alternative boten die Atomisten, die ein Leeres annahmen und darum voraussetzen konnten, daß eine natürliche Bewegung so lange dauert, bis das Bewegte auf ein Hindernis stößt D.J.F.

Beycesultan (Kt. 153 B 3) am oberen Mäander, Ruinenhügel (Chalkolithikum–späte Bronzezeit) einer bedeutenden Siedlung unbekannten Namens. Umfassende Stratigraphie, im 2. Jt. mehrere Paläste. Ausgrabung durch Brit. Inst. of Archaeology at Ankara, 1954–1960. F.F.

Lit: S. Lloyd-J. Mellaart, Anatolian Studies, 1955–1961 – Dies., Beycesultan I, 1962.

Bias, Bruder des → Melampus, durch den er Gemahl der Pero, Tochter des → Neleus, wird. Zusammen mit Melampus erhält er einen Teil von Argos, dem Reich des → Proitos.

2. **B.,** einer der → Sieben Weisen. Bildnis → Anhang I.

Bibel (ursprünglich *τὰ βιβλία*, Sir. Prol. 10, und biblia, neutr. plur.: ‹die Bücher›, zunächst nur auf das AT bezogen [2. Clem. 14,2], dann auch auf NT [Origenes]; seit ca. 1100 als fem. sing., ‹die Schrift›, aufgefaßt): s. → Judentum (B 10), → Christentum (I K), → Kanon, → Septuaginta, → Vetus Latina, → Vulgata. B.R.

Lit: H. Rost, Die Bibel in den ersten Jh.en, 1946 – O. Paret, Die B., Ihre Überlieferung in Druck u. Schrift (1948), 1950² – S. L. Greenslade (Hg.), The Cambridge History of the Bible, 1963.

Bibelstil, hochstehende griech. Majuskel-Buchschrift des 4. Jh.s, traditionell auch als Unziale bezeichnet; benannt nach den berühmten Bibelhss. des 4.–5. Jh.s (Cod. Sinaiticus, Vaticanus, Alexandrinus). Vgl. → Schrift D [1]. H.Hg.

Bibernell (*καυκαλίς*), zu den Doldenblütlern gehörig, im Mittelmeerraum weit verbreitet; fiel den Alten wegen seines bocksartigen Geruches und scharfen Geschmacks auf. B. war als Heilmittel, die Blätter als Gemüse geschätzt. Als Gewürzpflanze begehrt war die Anis-B. (*ἄνισον*), bes. der von Kreta. Vgl. → Flora. J.W.

Lit: Olck, RE 1,2 (1894), 2215–18, s. v. Anis – Wagler, RE 3,1 (1897), 402–403 – Murr, Pflanzenwelt, 183.

Bibliothek *in der Antike.* [1] Daß die *Griechen des 6. und 5. Jh.s* bereits B.en besaßen, können wir aus der Blüte der Wissenschaft und Dichtung z. Z. der Tyrannen und aus so manchen Zitaten und Anspielungen in der klassischen Literatur (Tragödie, Komödie) erschließen. → Aristoteles, der Schöpfer einer Systematik der Wissenschaften, verfügte über eine umfangreiche B., deren wechselvolle Schicksale bis in die röm. Zeit quellenmäßig belegt sind. Im Hellenismus verbreitete sich mit der griech. Kultur auch die Pflege der nunmehr spezialisierten Wissenschaften über alle Diadochenstaaten. → Ptolemaios I. und II. begründeten in → Alexandria die Großb.en → *Museion* und *Serapeion.* Das erste umfaßte ca. 500000 Papyrusrollen und stellte bis zu dem unseligen Brand unter Caesar ein geistiges Zentrum ersten Ranges dar. Aus der Katalogisierung dieser Büchermassen erwuchsen u. a. die berühmten ‹Pinakes› des Dichter-Bibliothekars → Kallimachos (3), die erste Bibliographie der griech. Literatur. Größere B.en bestanden in hellenist. Zeit in → *Pergamon* (Gründung der Attaliden mit angeblich 200000 Rollen zur Zeit des Mark Anton) und in der Residenz der Makedonenkönige, → Pella. Außer diesen Fürsten-B.en und den Büchersammlungen von Philosophenschulen und einzelnen Gelehrten gab es auch B.en an Schulen aller Stufen (Hochschulen, Fachschulen, Elementarschulen). Aus der 1. H. 2. Jh. n. Chr. sind noch stattliche Baureste der Hadrians-B. zu → Athen und der Stadt-B. von → Ephesos erhalten. – Gebildete *Römer* zur Zeit Ciceros besaßen ebenfalls ihre Privat-B.en. Der Polyhistor M. Terentius → Varro (1) wurde zum Bibliothekar der ersten öffentlichen B. Roms ernannt. Augustus eröffnete 28 v. Chr. im Apollontempel eine griech.-lat. Doppel-B., die Palatina, und seinem Beispiel folgten noch manche röm. und byzantin. Kaiser. Eine der berühmtesten *christl.* B.en war die des → Origenes zu Cäsarea (Palästina), die von seinem Schüler Pamphilos und später von → Eusebios betreut wurde. Kaiserliche und Patriarchats-B. in *Konstantinopel* bildeten durch ein Jt. byzantin. Geschichte hindurch die einzigartige Sammelstelle des literarisch-wissenschaftlichen Erbes der griech.-röm. Antike und damit das sichere Fundament der gesamten byzantin. Kultur (→ Überlieferung). Im Westen, wo ein derartiger Mittelpunkt fehlte, ist es das Verdienst zahlreicher kleinerer Klosterschreibschulen und Klosterbibliotheken, die Reste des antiken Bildungsgutes späteren Geschlechtern übermittelt zu haben. – Zur Bedeutung des Bibliothekswesens in *Mittelalter* und *Neuzeit* für die Überlieferung antiker Texte → Überlieferung; vgl. ferner → Archive. H. Hg.

Lit: C. Wendel, Gesch. der B., 1940 – H. Hunger, in: Gesch. der Textüberlieferung I, 1961, 63–71 (Lit).

[2] Der *B.s-Bau* bestand aus einem oder mehreren Sälen mit Regalen oder Wandnischen zur Aufbewahrung der Schriftrollen. Die großen hellenist. B.en von → Alexandria (→ Museion) und → Pergamon waren Vorbilder für die öffentlichen B.en der Römer. Die *röm. B.en* der republikan. Zeit waren privat; die erste griech. Privat-B. bringt → Aemilius (10) Paullus 167 v. Chr. nach Rom (vgl. den Raum von ca. 3 × 3 m in der Villa der Pisonen, Herculaneum). Die älteste öffentliche B. wurde auf Caesars Veranlassung von → Asinius (2) Pollio im ‹Atrium Libertatis› untergebracht. Seit 28 v. Chr. besaß Rom eine weitere B. beim Apollontempel auf dem Palatin: zwei parallel gelegene, nischengegliederte Säle mit flacher Apsis, der eine vermutlich für griech., der andere für röm. Schriften; vor jeder Nische führte eine Treppe auf einen durchlaufenden, begehbaren Wandsockel, von dem aus die eingelassenen Wandschränke erreichbar waren; in einer axial gelegenen Hauptnische befand sich eine Statue. Nach diesem Prinzip sind fast alle späteren B.en gebaut: 23 v. Chr. in der Porticus Octaviae, 75 n. Chr. am Forum Vespasians (heute Kirche SS. Cosma e Damiano). Am Trajansforum (112 n. Chr.) waren beide Räume (17 × 27 m) zweistöckig, d. h. dem unteren Wandsockel entsprach eine von Säulen getragene Galerie; ähnlich die dreigeschossige Inneneinrichtung der mit einer prunkvollen Fassade versehenen B. von Ephesos (115 n. Chr.; 16,7 × 11 m); die Galerien waren über Treppen in einer doppelschaligen Wand erreichbar, die gleichzeitig der Abwehr von Feuchtigkeit diente. Zentrale Bedeutung hat die B. des Forum Hadriani in Athen; eine ähnliche Anlage befindet sich in Side. Die kleine B. von Timgad (→ Thamugadi) ist ein Musterbeispiel späterer Ausbildung: ein hufeisenförmiger, überwölbter Saal, flankiert von 2 größeren Lesesälen und erreichbar über einen U-förmigen Säulenvorhof mit je 2 weiteren kleinen Räumen. Weitere B.s-Räume sind aus der Domus Aurea, der Villa Hadrians in Tivoli und den → Thermen Caracallas (20 × 40 m) bekannt. Auch kleinere Städte besaßen B.en (z. B. Como, Suessa, Volsinii); in Rom zählte man zur Zeit Konstantins 28 Bibliotheken. C. K.

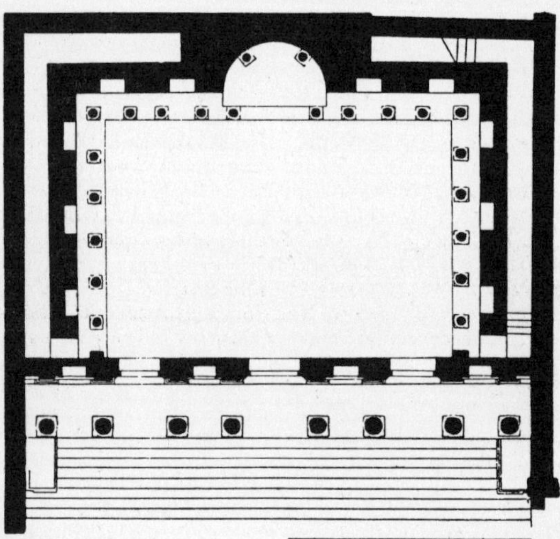

Abb. 50 Grundriß der Celsus-Bibliothek von Ephesos

Lit: Chr. Callmer, Antike B.en, Opusc. Archaeolog. 3, 1944, 145 bis 193 – Crema, 367 H.

Bibracte, Vorort der → Haeduer auf dem Mt. Beuvray westl. von Autun, wurde auf Anordnung der Römer Ende des 1. Jh.s v. Chr. zugunsten des neu gegründeten → Augustodunum (Autun) aufgegeben. L. B.-H.

Lit: J. G. Bulliot, Les fouilles du Mt. Beuvray, 1904.

Bibulus → Calpurnius.

Biceps, von P. Maas geprägter metrischer Begriff, um ein langes → Element (longum) zu bezeichnen, in dem auch 2 Kürzen auftauchen können (notiert ⏘), wie in Daktylen.

Lit: P. Maas, Greek Metre, 1962, § 33,2. B. Sn.

Bidental. Ein Ort, wo der Blitz eingeschlagen hatte, wurde in der röm. → Religion (II C) als ‹religiosus› betrachtet, d. h. ungefähr als → Tabu; man durfte ihn nicht mehr betreten, deshalb wurde er von einem Mäuerchen *(puteal)* umgeben; eine Inschrift verkündete, daß der Blitz dort ‹begraben› lag. Das Blitzmal war nach dem von den sacerdotes bidentales (CIL XV 7253) als Sühnopfer dargebrachten Schaf benannt, das *bidens* (mit zwei Zahnreihen versehen) sein mußte (vgl. Hor. ars 471 u. a.). H. Le B.

Bienen. Da man im Altertum keinen Zucker kannte, war Honig das gewöhnliche Mittel zum Süßen und die B.zucht folglich außerordentlich verbreitet. Trotzdem glückte es der antiken Naturwissenschaft nicht, die Zoologie der B. zu klären, obgleich man an dem wohlgeordneten Insektenstaat sehr interessiert war und das Leben der B. z. B. in einem B.schlag aus durchsichtigem Material zu beobachten suchte (Plin. nat. 11,49; 21,80). Die Arbeitsteilung zwischen der eierlegenden Königin, den Arbeits-B. und den Drohnen, deren Leben ausschließlich der Fortpflanzung dient, wurde nicht festgestellt, u. a. weil die Paarung, die außerhalb des B.korbes hoch in der Luft stattfindet, nicht beobachtet werden konnte (Plin. nat. 11,46). Infolgedessen entstanden alle möglichen Theorien um die Fortpflanzung der B. (vgl. z. B. Arist. hist. an. 553 a), am kuriosesten wohl die, daß die B. ihren Nachwuchs in bestimmten Blumen fänden oder daß er aus verendetem Vieh entstände (→ Bugonie). Man meinte, der Honig stamme aus der Luft, von Bäumen oder Blüten, Wachs entweder von Bäumen oder Blumen. Auch die Bedeutung der B. für die Bestäubung der Blüten wurde nicht beobachtet. Trotzdem wurde die B.zucht auf empirischer Grundlage mit viel Erfolg betrieben. – Im Mythos ist → Aristaios der Heros der B.zucht und ‹Erfinder› der → Bugonie. Homer nennt nicht ausdrücklich B.zucht, weist aber öfter auf wilde B. hin (Il. 2, 87 ff.). Hesiodos kennt dagegen sowohl B.stöcke wie auch Arbeits-B. und Drohnen, die er mit faulen Weibern vergleicht (Theog. 594 ff.). Danach werden Hinweise und Schilderungen von B. häufiger und ihr Staat oft mit einem menschlichen Staat mit einem oder mehreren (!) Königen, Staatsverfassung, Kolonisierung (Schwärmen) usw. verglichen (Varro rust. 3,16,4; Cic. de off. 1,157; Seneca epist. 121,22; Verg. georg. 4 passim). Hauptquellen für die B.zucht im Altertum sind Aristoteles (hist. an. 5. 553 a ff.), Varro (rust. 3,16,4 ff.), Vergil (georg. 4), Columella (9, 2–16) und Plinius (nat. 11,11–70). Folgende Methode wurde empfohlen: Die B.stöcke, aus Weiden, Kork, Naturholz, Brettern oder Ziegeln verfertigt, werden an einer ruhigen Stelle aufgestellt, weit entfernt von Misthaufen, Badeanlagen u. ä. Eventuell werden sie mit einer niedrigen Mauer umgeben und ringsherum bestimmte Pflanzen gesät, bes. Rose, Thymian, Herzkraut, Mohn, Wicken. Der B.korb soll häufig gereinigt werden; um ungehindert arbeiten zu können, kann der Imker mit einer Art Blasebalg Rauch auf die B. blasen (Colum. 9,15,5). Zwei- bis dreimal jährlich wird der Honig entnommen, gegen das Frühjahr und im Spätsommer, eventuell noch im Spätherbst, wo jedoch den B. reichlich Wintervorrat zu lassen ist. Wenn die Honigtafeln herausgenommen sind, schneidet man den Wachsdeckel der Zellen mit einem Messer ab, und der noch fließende Honig tropft in eine Schüssel. Danach wird das Wachs in einem Tuch gepreßt, bis der letzte

Honig heraustritt, der als minderwertig gilt. Das Wachs kann ausgewaschen und abgeschmolzen werden. – Als Beispiel für große wirtschaftliche Ausbeute der B.zucht nennt Varro (rust. 3, 16, 10) eine Produktion von 10000 Sesterzen jährlich auf einem ganz kleinen Hof. In hellenist. Zeit erhoben mehrere Staaten eine besondere Steuer auf Honigproduktion, u.a. das ptolemäische Ägypten. Bes. berühmt war Honig aus Attika (hymettisch) und aus Sizilien (hybläisch). J.E.Sk.

Lit: Olck, RE 3 (1899), 431–457 – J.Klek, RE Suppl. 4 (1924), 211–213.

Bier. Früheste Belege in Babylonien um 2800 v.Chr.; in Ägypten soll es 2017 v.Chr. von dem Gotte Osiris eingeführt worden sein (Diod. 1, 20. 34); es wurde zum Nationalgetränk (Hdt. 2, 77). Griechen und Römer kannten das B. (ζύθος, cer(e)visia, camum) in verschiedenen Qualitäten, konnten ihm aber keinen Geschmack abgewinnen (AP 9, 368). → Germanen (Tac. Germ. 23), Skythen (Verg. georg. 3, 380) und bes. den → Kelten (Amm. 15, 12, 4) diente es als Weinersatz. Brauerei je nach Qualität verschieden: Weizen, Gerste oder Hirse wurden eingeweicht, ausgequollen, getrocknet, gemahlen, mit Sauerteig versetzt, zu Brot verbacken, eingemaischt, das Filtrat mit Honig oder Hopfen (?) gewürzt und vergoren. Spanier konnten das B. haltbarer machen. Der Hopfen (Plin. nat. 21, 86) wurde erst im MA als Konservierungsmittel wiederentdeckt. Das älteste B., vom J. 353 n.Chr., wird im Museum von Alzey aufbewahrt. Gebraut wurde meist zu Hause, doch sind aus Köln, Trier und Metz Brauer (cervesarii) bekannt. W.K.

Q: Plin. nat. 14, 149; vgl. Isid. orig. 20, 3, 17ff. – *Lit:* Fr.A.King, Beer has a History, 1950 – C.A.Forbes, Beer, a sober account, CIJ 46, 1951, 281–285. 300.

Bigatus, mit einer Biga versehen, schon in der Antike Bezeichnung für den röm. → Denar (Plin. nat. 33, 46; Fest. p. 98. 347 B; Tac. Germ. 5, 5; Liv. 23, 15, 15; oder *argentum bigatum* 33, 23, 7. 9), da sein Rückseitentyp durch die beiden den Wagen ziehenden Pferde oder andere Zugtiere (Hirsche, Ziegenböcke, Kentauren, Eroten, Hippokampen usw.) dem reitenden Dioskurenpaar des Denars sehr ähnlich ist. Beim B. kann die Biga Gottheiten tragen wie Luna, Diana, Hercules, Victoria usw. – Der B. wurde, offenbar gleichzeitig mit den frühesten Denarprägungen, zuerst kurz nach 213 v. Chr. ausgegeben und lief lange neben diesen her, etwa bis 73 v. Chr. W.Schw.

Lit: Babelon, I 623–625 – W.Kubitschek, RE 3 (1899), 467 – H. Mattingly, Roman coins (1928), 1960², 18f. 175 – K.Regling, in: v. Schrötter, 74 – J.G.Milne, Bigati, JHS 64, 1944, 49f. – A.Stazio, Bigati e argentum oscense, Numismatica, 1947, 11ff. – L.H. Neatby, The ‹Bigatus›, AJA 55, 1951, 241ff. – R.Thomsen, Early Roman coinage I, 1957, 42–43. 177–178; II, 1961, 99f. 134. 136. 184–189. 191–197. 368. 385–389; III, 1961, 265 (Lit).

Bild

A. Kultbild – B. In der Malerei: [1] Rahmen – [2] Bilderzyklen.

A. Kultbild. Die B.freudigkeit der Antike entspricht einer Religion, die die göttlichen Kräfte in der Wirklichkeit verehrt, versteht und und gestaltet. Die Götter-B.er wurden gebadet, geölt, bekränzt, gespeist und gekleidet. Jedoch hat sich die Auffassung mit der → Kunst gewandelt. Vorgriechisches hat sich in Erzählungen von der furchtbaren Macht der Verkörperungen der Gottheit erhalten, die seit der archaischen Zeit ins Gestalthafte verwandelt und sinnvoll begründet werden. Die uralte Vorstellung der Identität von B. und Dargestelltem wird dazu vergeistigt, daß der Gott als Urbild der Menschengestalt erscheint. Die aus edlem Material gebildete Kultstatue wird schon in archaischer Zeit zum unberührten Gegenstand reiner Verehrung. Seit → Xenophanes' und → Heraklits Kritik kann das B., in dem der Gott verstanden wird, vom Gott selbst unterschieden werden (→ Agalma), doch bleibt die Frage der Götterverehrung ein Gegenstand philosophischer Diskussion bis in die Spätantike. Im einfachen Volk erhielten sich die vorklass. Vorstellungen und kamen wieder an die Oberfläche, sobald die klass. Gestaltreligion ihre Kraft verlor. – In der geometrischen Periode waren die Kult-B.er anikonische Male, mit denen die Vorstellung von der Gottheit noch nicht begrenzt war; nur in Votivstatuetten zeigt sich, wie sie gestalthafter wird. Um 650 wagt man zum erstenmal, die Gottheit als Urbild der Menschengestalt monumental zu bilden (in Gold und Elfenbein, auch Erz). Stolzes Bewußtsein der mythischen Wirklichkeit wählt im Hocharchaischen (620–570) überlebensgroßes, ja für Jünglings-B.er, die in den Heiligtümern und als Grabstatuen geweiht wurden, kolossales Format, drei- bis vierfache Lebensgröße (→ Kunst), die aber seit → Solons Zeit lebens- oder wenig überlebensgroßen B.ern weicht. Kolossal sind dann wieder hochklassische Kult- (Zeus und Parthenos des → Phidias, ca. 12 m hoch) und Weih-B.er (ca. 16,5 m hohe Promachos des Phidias), und der frühe Hellenismus wagt nochmals eine Steigerung (→ Lysipp: sein Zeus in Tarent gegen 18 m hoch; der Unterschenkel des dortigen sitzenden Herakles so hoch wie ein Mann; der Helios seines Schülers Chares in Rhodos 31 m hoch). Dem eifert die Römerzeit nach (Statue → Konstantins, von der Kopf und andere Fragmente im Hof des Konservatorenpalastes erhalten sind; Koloß von → Barletta: → Markianos). – Zu den Gattungen der Weihbilder → Kunst. K.Schf.

Lit: C.Clerc, Les théories relatives au culte des images chez les auteurs grecs du 2e siècle ap. J.Chr., 1915 – J.Geffcken, Der B.erstreit des heidnischen Altertums, ARW 19, 1919, 286–315 – V.Müller, RE Suppl. 5 (1931), 490–511, s.v. Kult-B. – F.Willemsen, Frühe griech. Kult-B.er, 1939 – H.E.Killy-M.Höpfner-K.Schefold, RAC II, 1954, 302–318, s.v. Bild II – E.Will, Le relief cultuel gréco-romain, 1955.

B. In der Malerei. [1] Jeder *Rahmung* einer bildlichen Darstellung liegt zunächst ein ordnendes Prinzip zugrunde, das der ursprünglichen Unendlichkeit die begrenzte Fläche entgegenstellt (von späten bronzezeitlichen Felsbildern an). Altägyptisch sind bereits die Formen der Achtenden- und der kultischen Naiskos- und Flügelrahmen. Das griech. B. ist immer autonom gebaut, somit auf den B.rahmen nicht angewiesen, während die heteronome Tektonik der röm. → Malerei (D) ihm, bes im 3. Stil (→ ebd. D 5), die Bedeutung verleiht, die er in der späteren abendländischen Kunst behält. Römisch-repräsentativer Gesinnung entspricht die Unterordnung des Einzelb.es in monumentale Architekturrahmen bühnenartiger Wandsysteme. Bewegliche Monumentalrahmen nach Art der Renaissancealtäre können nur vermutungsweise erschlossen werden. Für unsere Kenntnis antiker B.rahmen, ihrer Zierformen, Aufhänge- und Standvorrichtungen sind, neben einigen → Mumienporträts und spätantiken Zeugnissen, die illusionistischen Darstellungen auf römischen Wanddekorationen ausschlaggebend.

[2] *Bildzyklen.* In der griech. Kunst haben B.zyklen erzählenden Charakter oder verbinden die B.er nach poetisch-mythischen Analogien; in der Römerzeit dienen sie, ähnlich den → Gegenstücken, ideellen Programmen. Die unvermittelt häufige Anwendung von → Gegenstücken seit augusteischer Zeit ist nur aus einem genetischen Zusammenhang mit den seit dem 2. Stil beliebten B.en zu verstehen. Solche Frieserzählungen sind erst in der röm.-kampan. Wandmalerei zu einer monumentalen Gattung geworden (Ursprung letztlich in der kontinuierlich erzählenden → Illustration von Buchrollen). In ihrer konsequentesten Ausbildung können B. die einfache Form des nicht selten mit Inschriften versehenen Frieses sprengen, indem sie eine oder mehrere Wände eines Raumes mit inhaltlich zugehörigen Dekorationsmotiven (z.B. → Stillleben oder → Meermotive) ausschmücken, um eine ideelle Einheit, einen beabsichtigten (z.B. dionysischen oder musischen) Grundton des betreffenden Gemaches zu erreichen. Einige dem 2.–4. Stil (→ Malerei D 4–6) gemeinsame B.-zyklen: Heiliger Hain auf Wandsockeln (→ Jagdbilder,

→ Meermotive, Eroten, u.a.); Weihgeschenke (bes. Votivbilder mit → Landschaft und → Stilleben; → Götterattribute), die als ergänzende Anspielung auf die überwiegend mythologischen Bild- oder Frieserzählungen bzw. Gegenstücke zu verstehen sind. Sinn dieser Dekorationsweise ist es, die Umgebung des Alltags durch Darstellung von Mysterien-, Bildungs- und Siegesmotiven mit den röm. Idealen zu verknüpfen. C.K.

Lit: Zu [1]: W. Ehlich, Bild und Rahmen im Altertum, 1955 – Ders., EAA II 857–860, s.v. cornice – Schefold, PM, 168 – *Zu* [2]: Schefold, PM, 81ff. – Ders., VP, 186ff.

Bildhauerlehrstück, zahlreich gefundene Reliefplatten, auf denen ägypt. Handwerker die richtige Herstellung von menschlichen Figuren, Körperteilen, aber auch Hieroglyphen geübt haben. Übungsstücke von Malern sind auf Ostraka erhalten. W. Hk.

Bildung

[1] Begriff – [2] Homerische Zeit – [3] Poliszeit: Kalokagathia – [4] Personale B.s-Ideale – [5] Sophistik – [6] Spätere B.s-Ziele – [7] Hellenist. Zeit: ‹Universale B.› – [8] Röm. B.s-Ideale – [9] Frühes Christentum. – Vgl. → Erziehung, → Schule, → Pädagogik.

[1] *Begriff.* Bildung ist in hohem Maße abhängig von den jeweils geltenden ethischen Normen; der B.s-Begriff setzt nicht nur die allgemeine Bildsamkeit des Menschen voraus, sondern bestimmt zugleich darüber, in welcher Richtung sich der Heranwachsende, zu welchem Ziel hin er sich prägen lassen soll. Anschaulich wird dieses Ziel häufig in einer Formulierung von hoher sprachlicher Allgemeinheit oder auch in einem als vorbildlich gedachten Menschentypus. Die antike Kultur verdankt ihre B.s-Ziele ihren Dichtern geradeso wie ihren Philosophen; das erste B.s-Ideal der griech. Kultur finden wir bei Homer.

[2] Das B.s-Ideal der *homer. Zeit* ist der Held oder Ritter; Muster des Verhaltens sind die Heroen und die Ahnen. Greifbar wird das Ziel in den Anweisungen, die ein Vater dem Sohn gibt (z.B. Hippolochos an Glaukos, Il. 6, 207ff.) oder ein Älterer dem Jüngeren (Il. 9, 442ff.). Kennzeichnend für diese Epoche ist, daß zwischen Freund und Feind kein Unterschied der B. besteht, spezifisch griechisch ist, daß der Idealtypus sich nicht nur in Taten, sondern zugleich in kluger Rede bewähren muß.

[3] *Die ‹Kalokagathia›.* Das allgemeine B.s-Ziel der *Poliszeit* (bis etwa 450 v.Chr.) ist die sog. ‹Kalokagathia›. Die Akzente mögen (wie bei → Pindar, z.B. Ol. 9, 100ff.) mehr auf dem Bewußtsein liegen, zu einer Adelsschicht zu gehören, oder (wie bei → Solon, z.B. Fr. 3, 30ff.) auf dem Gefühl, Bürger einer Polis zu sein, entscheidend ist die Differenzierung der Forderungen: So nennt etwa → Aischylos eine Vierzahl von Tugenden: selbstbeherrscht-einsichtig, rechtlich gesonnen, tüchtig und gottesfürchtig soll der Bürger sein (σώφρων, δίκαιος, ἀγαθός, εὐσεβὴς ἀνήρ, Sept. 610; vgl. Aristoph. ran. 726f.).

[4] *Personale B.s-Ideale.* Mit diesem gleichsam demokratischen Ideal überschneiden sich einige Norm-Vorstellungen, die nicht zu gleicher allgemeiner Anerkennung gelangt sind. Dazu kann man das Ideal des lebensklugen und gedanklich überlegenen Mannes rechnen, wie es uns in den → Sieben Weisen entgegentritt, die bäuerlichen Forderungen eines → Hesiod (z.B. erg. 298ff.), auch Zeugnisse eines frühen Individualismus wie etwa bei → Xenophanes. Gegenüber dem Ideal der Kalokagathia, das die harmonische Bildung von Leib und Geist bezeichnet, sind sowohl der Weise als auch der autarke Einzelne von der Norm abweichende Leitbilder.

[5] Erst die → *Sophisten* setzten das bisherige Ideal außer Kraft, indem sie den fähigen Einzelnen zum Prinzip der Norm erhoben. Dem sophistischen Ideal stellte die Sokratik das Gegenbild des Philosophen gegenüber (z.B. Plat. Theait. 173Cff.). Beide haben als Ideal den ‹Lebenstüchtigen› vor Augen; doch besteht die Tüchtigkeit des Sophisten darin, sich jedermann und jeder Lage gewachsen zu zeigen, die des Philosophen darin, das Wahre zu suchen, das Wirkliche zu erkennen und das als gerecht Erkannte durchzusetzen.

[6] *Spätere B.s-Ziele.* Daß beide Wege möglich waren, zeigen auf der einen Seite die Formel vom Großbeherzten (μεγαλόψυχος, Aristot. EN 4, 7. 1123b1f.), der Typ des → Kynikers und des Epikureers (λάθε βιώσας), auf der andern Seite der Typ des Rhetors und die neue Formel vom Weltbürger, die in der Stoa entwickelt wird. Keines dieser Ideale hat allgemeine Gültigkeit erlangen können.

[7] *Die ‹universale Bildung›* (ἐγκύκλιος παιδεία). Ein B.s-Ideal von allgemeiner Geltung und langer Wirkung war erst wieder die etwa vom 4. Jh. v. Chr. an sog. ἐγκύκλιος παιδεία; sie bezeichnet die höhere Schulbildung in der hellenistisch-röm. Phase der antiken → Erziehung (B 5), d.h. das auf den lehrbaren Kern reduzierte Wissens- und Kulturgut der jeweiligen Gegenwart unter Ausschluß aller Spezialkenntnisse; zur ‹universalen B.› gehörten als die üblichen Fächer (die Zahl schwankt gelegentlich) die sieben → Artes liberales (→ Martianus Capella, → Cassiodor, → Isidor). Wer als ‹gebildet› im Sinne der Zeit gelten wollte, mußte den Erziehungsgang der ‹universalen B.› durchlaufen; wer zum Fachmann werden wollte, mußte ihn gewöhnlich vorher abgeschlossen haben. Gegenüber der wechselvollen Geschichte der Spezialwissenschaften ist der Kern des Schulwissens in der ganzen Antike von der hellenist. Zeit an erstaunlich konstant geblieben.

[8] Die *röm. Bildungsideale* der frühen Zeit treten uns am eindruckvollsten in der Gestalt → Catos (1) entgegen: ein guter Römer ist ein guter Bauer und ein tapferer Krieger (z.B. agr. praef. u.a.); das formelhafte Leitwort ist: ‹mores maiorum›. Die Gräzisierung Roms hat ein neues B.s-Ideal nicht hervorgebracht, wohl aber, angefangen mit den Scipionen, eine Fülle neuer Vorbilder, die den alten Formen neue, individuelle Ausprägungen gaben. In der B.sgeschichte Roms sind die großen Vorbilder wirksamer gewesen als Programme. Auf dem Gipfel des Erreichbaren stand → Cicero. Ebensogut konnte sich der Römer aus der Fülle überlieferter B.s-Ideale die Lebensform des Epikureers (z.B. → Horaz), des stoischen Weisen (z.B. → Seneca) oder des Gelehrten und Forschers (z.B. → Plinius (1) d.Ä.) wählen und in Lebenshaltung und Lebensführung nach seinen Kräften zu verwirklichen streben. G.P.

[9] Das *frühe Christentum* verhielt sich den Fragen der Bildung gegenüber zunächst ausgesprochen indifferent, wenn nicht ablehnend. Das beruhte nicht allein auf seiner Eschatologie (→ Apokalyptik, → Christentum I D.K) – Bildung und Kultur gehören dem vergehenden → Aion an –, sondern hatte prinzipielle Gründe: am Wesen des Christusglaubens mußten für es alle menschlichen Ansprüche, auch alle Ansprüche des Geistes und der Bildung scheitern, so wahr er die einzige für Menschen offene Möglichkeit zum Heil des transzendenten Gottes und seiner ‹Weisheit› ist (so vor allem Paulus, bes. 1. Kor. 1, 18ff.). Damit war freilich über menschliches B.-Streben nur insoweit das Urteil gesprochen, als es Weg zur Selbstbestimmung und Selbstrettung des Menschen zu sein beansprucht. Dagegen war jede B. freigegeben, die angesichts der geoffenbarten Wahrheit und ‹Weisheit› Gottes ihre eigene Begrenztheit und ihre bloß vorläufige und relative Geltung erkennt. – Diese dialektische Beurteilung der B. ist im allgemeinen in der alten Kirche in Geltung geblieben (→ Christentum V C), wenngleich die paulinische Begründung dieser ‹B.s-Kritik› in ihrer prinzipiellen Schärfe bald kaum noch verstanden wurde. Sie ist auch dann nicht preisgegeben worden, als sich namentlich das östl. Christentum auf Wegen, wie sie bereits → Philon (1) v. Alexandria beschritten hatte, um einen Ausgleich zwischen biblischer Offenbarung und griech. Paideia bemühte. Gegenüber solchem ‹B.s-Christentum› (→ Justin, → Clemens Alexandrinus, → Origenes, → Basilius v. Caesarea, → Gregor v. Nazianz, → Gregor v.

Nyssa) fehlte es freilich nicht an Gegenstimmen, die in dieser Entwicklung die Gefahr zunehmender Weltförmigkeit der Kirche lauern sahen und den ‹Primat der Unmündigkeit› (vgl. dazu etwa Mt. 11,25) bzw. den ‹barbarischen› Charakter des Evangeliums festgehalten wissen wollten, so neben dem Syrer → Tatian bes. das östl. → Mönchtum, soweit es sich dem Vorbild des Anachoreten → Antonius verpflichtet fühlte. In gewissem Sinne ist auch → Tertullian hierher zu rechnen, wie sein berühmter Ausspruch lehrt: *Quid ... Athenis et Hierosolymis, quid academiae et ecclesiae ... nobis curiositate opus non est, post Christum Iesum, nec inquisitione, post evangelium* (praescr. 7; vgl. aber idol. 10 und cor. 8); ähnliche Äußerungen sind aus späterer Zeit etwa von → Hieronymus (z. B. epist. 14,11; 21,13; 22,29.30; vgl. aber epist. 53; in Dan. praef.) und → Gregor d. Gr. (z. B. moral. 35,2,3; past. 3,6; epist. 11,34) überliefert, wie überhaupt im abendländischen Christentum der Spätantike die Gegenkräfte gegen B. und Wissenschaft stärker gewesen zu sein scheinen als in dem des Ostens. Doch haben sich diese bildungsfeindlichen Tendenzen auch im Westen nicht durchsetzen und nicht verhindern können, daß schließlich mit dem Imperium auch die antike B. übernommen wurde, freilich nur als Propädeutik vertieften Schriftstudiums. Damit wurde die antike B. zur ‹Schulbildung› zum Zweck geistigen Trainings (vgl. bes. → Basilius Ad iuvenes; Aug. doctr. christ. Buch II). M. R.

Lit: → Erziehung.

Binnenschiffahrt. In Griechenland gab es kaum schiffbare Flüsse. In Italien wurden der Po und der Tiber befahren. Die aus dem ganzen röm. Reich eintreffenden Waren wurden in → Ostia auf kleinere Schiffe umgeladen, die bis Rom segelten; dort gab es gut ausgebaute Kaianlagen und Magazine am Ufer. Reger Handelsverkehr herrschte auf dem Nil, dem Rhein und der Donau; auf den Grenzflüssen waren Einheiten der Kriegsmarine stationiert (→ Schiffahrt, → Flußflottillen). Th. P.

Lit: J. Le Gall, Le Tibre, fleuve de Rome dans l'antiquité, 1953.

Binse (σχοῖνος, iuncus), in feuchten Gegenden Griechenlands und Italiens häufig. In mehreren Arten verbreitet, deren größere zu zahlreichen Flechtarbeiten (u. a. → Seile, → Körbe) verwendet wurden. Auch B.-Matten und Hüttendecken sind bezeugt. Aus B.-Stroh waren die menschenähnlichen Puppen, Argei, gefertigt, die in Rom am 14. Mai vom Pons Sublicius in den Tiber geworfen wurden (→ Ersatzopfer). Mehrere B.-Arten galten als heilkräftig. Wahrscheinlich bezieht sich darauf der Asklepios-Beiname Schoinatas. Die Benennung der Aphrodite als Σχοινηΐς deutet die Beziehung der B. zum feuchten Bereich der Göttin an. Ebenso hieß Atalante als Tochter des Athamassohnes Schoineus, der Heros der böotischen Stadt Schoinos war. Böotien galt als binsenreiche Landschaft; der isthmische Ort Schoinous deutet auf ein Gebiet, das reich an B. war. Vgl. → Rohr; → Flora. J. W.

Lit: Wagler, RE 3,1 (1897), 476–480 – Murr, Pflanzenwelt, 280f.

Biographie

A. Griech. B. [1] Anfänge – [2] Hellenist. B. – [3] Hauptrichtungen – B. Röm. B. – C. Christl. B.

A. Griechische Biographie. [1] Der *Begriff* B. (aus griech. kaiserzeitl. βιογραφία, *biographia*; im Deutschen seit dem 18. Jh.; das lat. Äquivalent *vita* seit Cornelius Nepos) bezeichnet die ‹Lebensbeschreibung› als die mit Erzählung der Schicksale verbundene Darstellung der Tätigkeit und des Charakters eines Menschen. *Elemente* der B. sind naturgemäß überall dort vorhanden, wo literarisch von einzelnen Menschen und ihren Schicksalen die Rede ist: in Epos, Lyrik, Drama, Redekunst und Geschichtsschreibung. B. als Gattung setzt jedoch eine Konzentration des Interesses auf den Einzelnen voraus, die nur unter bes. Voraussetzungen zustande kommt. In Monarchien, in denen die Geschichte der Gemeinschaft am Charakter, an der Leistung und am Schicksal eines Einzelnen hängt, wird die B. zur nächstliegenden Form der Historiographie überhaupt. In der griech. klassischen Demokratie dagegen ist der Einzelne historisch nur als aktiver Teil der politischen Gemeinschaft interessant. Ihn zum Mittelpunkt zu machen, würde sowohl den Fakten wie vor allem dem inneren Stile der Demokratie widersprechen. So entsteht bei den Griechen die B. im strengen Sinne erst relativ spät und außerhalb des politischen Bereiches. – Zwei *Ansatzpunkte* treten vom Beginn des 4. Jh.s v. Chr. an hervor: 1. Das Œuvre großer *Dichter* erweckt das Bedürfnis, ihr Leben und die Entstehung ihrer Werke kennenzulernen, und in ihrem Werke ihren Charakter und ihre Schicksale aufzuspüren. Die att. → Komödie des 5. Jh.s zeigt diese biographische Neugier gewissermaßen im Primitivzustand: das 4. Jh. beginnt daraus die Dichter-B. zu formen; ihr gesellt sich mit der Zeit die B. der großen Redner und Historiker. Im Hellenismus wird es üblich, den anspruchsvolleren Gesamtausgaben der Klassiker jeweils eine B. voranzustellen, die die Wechselbeziehung zwischen Bios und Werk beleuchtet. Gelehrsamkeit liefert dazu aktenmäßige Angaben über Herkunft, Familienverhältnisse und Todesumstände; Apophthegmatisches fehlt auch nicht, wie denn das → Apophthegma als die Bewährung des Einzelnen im kritischen Augenblick zu allen Zeiten ein Ingrediens der B. gewesen ist. – 2. Die in sich selbst ruhende Persönlichkeit *weiser Männer* drängt zu Darstellungen ihrer Vorbildlichkeit. Hier ist das von Jugend auf sinnvolle, wie ein Kunstwerk bis in alle Einzelheiten bewußt gestaltete Leben selbst das Thema: zuerst Sokrates und Pythagoras, dann Philosophen wie Platon, Epikur, Zenon, aber auch Gestalten wie die Sieben Weisen. Mögen ihre Werke z. T. umfangreich sein: bei diesem Typus der B. kommt es nicht auf die Beziehung zwischen Bios und Œuvre an, sondern auf die Gestaltung eines vom Geiste bestimmten Bios als solchen. Die bald auf Zenon, bald auf Epikur bezogene Mahnung, der Jünger solle bei jeder Lebensentscheidung so handeln, als ob ihm der Meister zusähe, weist auf die tiefste Intention dieser Art B. – Gemeinsam ist beiden Typen von B., daß sie Menschen schildern, die abseits und unabhängig von der politischen Gemeinschaft ihr Leben und Werk aufbauen, als Einzelne den autarken Mittelpunkt ihrer eigenen Welt zu bilden vermögen.

[2] *Hellenist. B.* Die Entwicklung im späten 4. und 3. Jh. bringt drei neue Momente: 1 In. der griech. Welt treten Fürsten großen Stiles auf; *politische* B. wird möglich, bietet sogar für Dionysios I. und II. von Syrakus, Philipp und bes. Alexander d. Gr. die einzig angemessene Darstellung. Aus der langen Reihe der hellenist. Könige hat sicherlich mancher seinen Biographen gefunden. Doch es bleibt bezeichnend, daß diese elementarste Form der B., die Fürsten-B. in der griech. Welt sich niemals zu wirklicher Blüte entfaltet hat: das liegt nicht nur an der Bedeutungslosigkeit der meisten hellenist. Könige, sondern auch daran, daß die griech. B durch ihren Ursprung außerhalb des politischen Bereiches (s. o.) dauernd bestimmt geblieben ist. – 2. Die *philosophische Ethik* liefert der B. neue präzise Gesichtspunkte für die Beschreibung des geistigen Habitus eines Menschen. Das Entscheidende scheinen Aristoteles und Theophrast geleistet zu haben, und zwar (a) in einer reichen Differenzierung und Systematisierung der → Tugenden (und Laster), (b) in einer bei aller Entschiedenheit realistischen Haltung, die die ethischen Forderungen im Bereich des Menschenmöglichen beläßt und auch den spezifisch gesellschaftlichen Verhaltensweisen wie Hilfsbereitschaft, Umgänglichkeit, Unterhaltsamkeit Beachtung schenkt, (c) in der sorgfältigen Analyse der zwischen Charakter (Ethos), Handeln und Leiden bestehenden Beziehungen, (d) in der Herausarbeitung bestimmter geschlossener Lebenstypen. Es entsteht die Literatur ‹Über Lebensformen› (Περὶ βίων), in der anhand reichen biographischen Materials die Typen des Forschers, des Ehrgeizigen, des

Genießenden mit zahlreichen Varianten beschrieben werden: erhalten ist nichts, aber in die Nähe können von Erhaltenem teils → Theophrasts ‹Charaktere›, teils einzelne Traktate → Plutarchs gerückt werden. – Der → Peripatos hat mit diesen Dingen die gesamte B. des Hellenismus reich befruchtet; zur Ausscheidung einer spezifisch peripatetischen Form der B. selbst reicht unser Material indessen nicht aus. – 3. Schließlich ergeben sich für den formalen Aufbau der B. im einzelnen bestimmte *Regeln*, z. T. aus der Sache selbst, z. T. aus gewissen Vorformen (etwa in Gerichtsrede oder → Enkomion). Die B. kann entweder ein nach Tugenden und Verhaltensbereichen (Familie, Freunde, Berufsgenossen, Staat, Götter) gegliedertes Porträt oder einen Lebenslauf von der Geburt bis zum Tode geben oder beide Gesichtspunkte miteinander kombinieren. Die körperliche Erscheinung wird mit dem geistigen Wesen in Beziehung gesetzt, in der Herkunft und den Kindheitserfahrungen der Ausgangspunkt für spätere Entwicklungen gesucht, die Details des täglichen Lebens und gerade sie (Gewohnheiten der Kleidung, Ernährung, der Tageseinteilung u. dgl.) als Hinweise auf das Ethos ausgewertet. An diesen Kategorien zeigt sich bes. klar, daß die griech. B., außerhalb des politischen Bereichs entstanden, sich zur Staatengeschichte durchaus nicht etwa verhält wie das Besondere zum Allgemeinen. Selbst wo sie politische Gestalten beschreibt, bleibt sie in der Atmosphäre des Privaten.

[3] *Hauptrichtungen:* Fünf Gruppen können unterschieden werden: 1. Die im Späthellenismus zusammengefaßten *Klassiker der B.:* → Aristoxenos, → Antigonos v. Karystos, → Hermippos, → Satyros (2). Am einflußreichsten ist der erste, der noch auf die spätantike B. (Apolloniosvita → Philostrats, Proklosvita des Marinos, Damaskiosvita des Isidoros) eingewirkt haben mag. – 2. Die großen *Sammelwerke* und *Reihen* von B.n. Für die Dichter scheint schon die Spätsophistik (→ Damastes v. Sigeion, Glaukos v. Rhegion) damit begonnen, der Peripatos des 4./3. Jh.s es fortgesetzt zu haben (schon Aristoteles *Περὶ ποιητῶν*). Daneben haben wir die für uns mit → Sotion v. Alexandria beginnende, mit → Diogenes Laertios endende gestaltenreiche Reihe der Philosophengeschichten. Ihnen dürfen auch die spätantiken Sophisten- und Philosophenviten des → Philostratos und → Eunapios zugerechnet werden. – 3. Aus den größtenteils verlorenen B.reihen hat der mit dem Hellenismus einsetzende höhere *Schulbetrieb* die Materialien für jene B.en entnommen, die er seinen Klassikereditionen voranzustellen pflegte. Diese sind meist erhalten, freilich stets in schulmäßig depravierter Gestalt. – 4. Für sich steht → *Plutarch*, dessen Parallel-B.n eine Leistung eigener Art darstellen. Er kennt die klass. B.n, die peripatetische Ethik und die hellenist. Technik der B., scheint aber für seine bes. Zielsetzung keine Vorbilder gehabt zu haben. – 5. Zu nennen ist endlich die vergleichsweise unbedeutende (s. o. A 2), einzelnen Fürsten und Staatsmännern gewidmete *politische B.* Neben B.n der großen sizil. und makedon. Herrscher ist hier nur etwa die von → Polybios verfaßte B. des Philopoimen zu nennen. O. G.

Ed: A. Westermann, *Βιογράφοι*, Vitarum scriptores Graeci minores, 1845 – *Lit:* F. Leo, Die griech.-röm. B., 1901 – A. Dihle, Studien zur griech. B., 1956.

B. RÖM. BIOGRAPHIE. Die B. hatte einerseits keinen Platz in Rom, solange das Gefühl vorherrschte, daß der Einzelne nur ein Glied der res publica oder wenigstens einer aristokratischen gens sei, andererseits zeigt eine alte Sitte der röm. Aristokratie, die → laudatio funebris, zahlreiche Züge der B. und ist als eine ihrer national-röm. Wurzeln anzusprechen; als eine andere gelten die Aufschriften unter Statuen bedeutender Männer, die tituli, die in Varros ‹Imagines› und im ‹Agricola› des Tacitus nachwirken. Als überragende Persönlichkeiten, die aus ihrem Geschlecht heraustraten, in → Autobiographien für sich Propaganda machten, entstanden B.n, in denen andere über diese Männer schrieben. War die Individualität des Staatsmannes entdeckt, so fand das vom Hellenismus beeinflußte Rom bald auch Interesse für die des Dichters und des Philosophen, zumal im 1. Jh. v. Chr. die aristotelischen Schriften nach Rom kamen, die B. aber eine Leistung des → Peripatos ist, dessen moralisierende Tendenz röm. Empfinden sehr entgegenkam. – P. → Cornelius (30) maior hatte um 190 an den König v. Makedonien ein Sendschreiben geschickt, in dem er in griech. Sprache seine militärischen Operationen rechtfertigte (Polyb. 10, 9, 3). Ennius hat in einem lat. Epitaph die Größe seines dichterischen Werkes verherrlicht (Cic. Tusc. 1, 34). Weit über solchen Anfängen standen → Autobiographien, die Diktatoren im 1. Jh. v. Chr. verfaßten, allen voran → Sulla. Als sein Freigelassener Cornelius Epidacus nach dessen Tod seine Memoiren fortsetzte, war auf röm. Boden die erste B. geschaffen. Nach ihm schrieb L. → Voltacilius Pitholaus eine B. des → Pompeius (Hieronym. hist. z. J. 1936, p. 151 Helm). Solche B.n und auch ihre Form haben bald Wirkung auf rein historische Darstellungen gehabt, wie z. B. Sallusts Catilina zeigt. → Varro (1), der große Kenner hellenist. Literatur, hat den hellenist. Typus der B.n-Sammlung (→ Hermippos v. Smyrna, → Istros v. Kyrene) in seinem Werk De viris illustribus als erster für die lat. Literatur fruchtbar gemacht. Hieron (vir. ill. praef.) zählt die Verfasser von röm. B.-Sammlungen auf und nennt außer Varro noch → Santra, → Nepos (2) und → Hygin (1). Es scheint, daß Santra nur B.n von Dichtern und Rednern geschrieben hat. Somit hat die röm. B. im Laufe des 1. Jh.s v. Chr. drei Typen von B.n herausgebildet: (1) die Einzel-B., (2) die Sammlung gleichgearteter röm. B.n, (3) die Sammlung von B.n verschiedenartiger röm. und nichtröm. Ständevertreter, meist mit der Tendenz, die röm. den nichtröm. zumindest als gleichwertig zu erweisen. Zur 1. Gruppe gehören etwa → C. Oppius (2) mit seiner Caesar-B. oder → Herennius (3) Senecio mit seiner B. des → Helvidius Priscus, bes. aber die biograph. Enkomia, wie die Cicero-B. des → Tiro, → Plinius' (1) B. des → Pomponius (7) Secundus, → Tacitus' B. des → Agricola u. a. Die Einzel-B. mündet in christl. Zeit in die Heiligenvita ein, die daneben auf die hellenist. Darstellungsform des Dialogs (→ Satyros (2), Euripidesvita: A. Lesky, Gr. Lit., 742) zurückgeht, wie z. B. die Vita Martini des → Sulpicius (13) Severus. – Zur 2. Gruppe zählt vor allem → Sueton mit seinen Kaiser-B.n, zur 3. Gruppe gehört Cornelius → Nepos (2), wie bei den Griechen → Plutarch. Für die spätere röm. Geschichtsschreibung hat die größte Bedeutung die 2. Gruppe erlangt, da diese Art von histor. B. vom 2. Jh. n. Chr. an die → Annalistik verdrängt hat. → Marius (5) Maximus, die Scriptores → Historiae Augustae, → Aurelius (5) Victor stehen in Suetons Nachfolge. – Die 3. Gruppe verlor in nachchristl. Zeit naturgemäß ihren Zweck einer vergleichenden Wertung röm. Persönlichkeiten und wurde zum Sammellexikon mit biograph. Daten bedeutender Personen, wie etwa Hieronymos' De viris illustribus, ersetzte also eine Literaturgeschichte. In griech. Tradition steht dagegen das biograph. → Enkomion, das für uns seinen Höhepunkt in → Plinius' (2) Panegyricus auf Trajan hat; es lebt weiter bei den → Panegyrikern und im frühchristl. Bereich bei → Eusebios (Panegyrikus auf Konstantin d. Gr.), dann in den Heiligenviten, wie z. B. bei Pontius (Vita Cypriani), → Sulpicius (13) Severus (Vita S. Martini), → Palladius (Historia Lausiaca), → Gregor (1) d. Gr. (Dialogi). Im letztgenannten Werk wird in Buch 2, in der Vita Benedicti, das Eindringen erbaulicher Wundererzählungen in die B. bes. deutlich. R. HI.

Lit: F. Leo, Die griech.-röm. B. nach ihrer lit. Form, 1901 – D. R. Stuart, Epochs of Greek and Roman B., 1928 – J. Romein, Die B., 1948 – W. Steidle, Sueton und die antike B., 1951 – J. D. Garbaty, The Nature of B., 1958 – H. Gerstinger, RAC II 386ff.

C. CHRISTLICHE BIOGRAPHIE. Die christl. B. orientierte sich sowohl an hervorragenden Bischöfen wie z. B. → Cyprian (Vita von Pontius, als Panegyrikus gestaltet), → Ambrosius (Vita von Paulinus), → Augustin (Vita von Possidius) und Porphyrius von Gaza (Vita von Diakon Markus; Anf. 5. Jh.) wie auch → Mönchen (Vita des → Antonius durch → Athanasios), deren → Apophthegmata in sich christl. Logientradition und Stilmerkmale der antiken Philosophensprüche vereinigen. Die → Märtyrer, deren → Märtyrerakten zunächst liturgischen Zwecken dienten, wurden durch Märtyrer- und → Heiligenkult Gegenstand der hagiographischen B. (Vita Macrinae von → Gregor (5) v. Nyssa; Vita Melaniae junioris von Gerontius, 2. H. 5. Jh.; Vita Hypatii von Kallinikos, 2. H. 5. Jh.). In den verschiedenen Vitae des Kyrill von Skythopolis spiegelt sich die Vielfalt dieser christl. Biographieformen wider, die ihrerseits von der spätantiken Rhetorik und Panegyrik stark geprägt wurden und vielleicht noch stärker als die Philosophen-Biographien (s. o.) das Exemplarische des dargestellten Lebens betonen. C. A.

Lit: Altaner, 199–204 – Vgl. ferner zu → Hagiographie.

Biologie

[1] Allgemeines – [2] Frühe Theorien – [3] Platon – [4] Aristoteles – Vgl. → Botanik, → Zoologie, → Fauna, → Flora, → Zeugungslehre, → Naturwissenschaft.

[1] *Allgemeines.* B. als eigene Wissenschaft – die systematische Erforschung von Tieren und Pflanzen um ihrer selbst willen – ist schwerlich vor → Aristoteles entstanden. Biolog. Untersuchungen gab es zwar schon vor ihm, sie waren aber in die → Kosmologie eingegliedert und beschränkten sich auf Gegenstände, die entweder der Kosmologie Schwierigkeiten boten (z. B. der Ursprung des Lebens) oder kosmologische Grundbegriffe veranschaulichten (z. B. die Wirkung von Wärme und Kälte). Das Interesse war deshalb primär aitiologisch, nicht beschreibend oder gar systematisch. Daher der Titel von → Demokrits verlorenen Büchern, die die einzigen ausdrücklich biolog. Traktate vor Aristoteles sind: ‹Die *Ursachen* betreffend Tiere und Pflanzen›. – Auf der anderen Seite wurde das kosmologische Denken durch solch alltägliche Erfahrungen wie Ernährung, Fortpflanzung und die Erkenntnisse der → Medizin und der → Landwirtschaft beeinflußt. Dieser Einfluß ist in den ‹Gegensatzpaaren› des Warmen und Kalten und des Nassen und Trockenen festzustellen; dann in der Annahme, daß die Welt aus lebendiger und sich-selbst-bewegender Materie besteht (→ Hylozoismus); in → Thales' Lehre, das Wasser sei der Urstoff, in Aristoteles' Interpretation, daß Nahrung und Samen der Lebewesen feucht seien; vgl. → Hippon von Rhegion (VS 38 A 3, 31 A 4). → Anaxagoras hat eine präformistische Zeugungslehre (VS 59 B 10). Die Vererbungslehre spiegelt sich nicht nur in mythischen Kosmogonien, sondern auch in → Anaximanders ‹fruchtbarem› (*γόνιμον*, VS 12 A 10) Grundprinzip und in der Behandlung der Geschlechtsunterschiede bei → Parmenides, → Empedokles und → Anaxagoras. Die Begriffe der abgewogenen ‹Mischung› (*κρᾶσις*), der ‹angeborenen Wärme› (*σύμφυτον θερμόν*) und des Pneuma können sehr wohl medizinisch-biolog. Ursprungs sein. In alledem sehen wir ein lebhaftes Interesse an der lebenden Natur; aber erst die → Akademie formte es zu planmäßiger Forschung.

[2] *Frühe Theorien.* Leben und Seele (*ψυχή*) wurden allgemein für unzertrennlich gehalten, sogar bei den Pflanzen. Geist und Körper wurden gelegentlich getrennt behandelt (→ Anaxagoras), doch andere suchten nach einer Erklärung ihrer Verbindung. So sagte → Empedokles, «das Denken sei das Blut um das Herz herum» (VS 31 B 105), und → Demokrit meinte, die Seele bestehe wie das Feuer aus runden Atomen. Welche Grade der Vernunft man den Tieren und Pflanzen zuschreiben solle, darüber waren die Meinungen geteilt. – Die biolog. Hauptprinzipien waren die vier Qualitäten des Warmen, Kalten, Nassen, Trockenen, ohne Zweifel von vorphilosophischen Gedankengängen über Ackerbau und Jahreszeiten abgeleitet. Da sie den vier natürlichen Regionen – Sonne und Sterne, Luft, Meer, Erde – zugeordnet waren, wurden sie von Empedokles mit Feuer, Luft, Wasser und Erde gleichgesetzt. Die meisten Kosmologen hielten sich in der B. an diese vier Prinzipien, unabhängig davon, welches Prinzip sie in der Kosmologie als ursprünglich betrachteten. Der frühe Autor von ‹De prisca medicina› plädiert für andere ‹Kräfte› (*δυνάμεις*), wie das Süße, Salzige, Saure, Fette, und bes. für die ‹Säfte› (*χυμοί*): Blut, Phlegma, schwarze und gelbe Galle. Doch wurden die vier gegensätzlichen Qualitäten und die vier Säfte von der → Medizin bald in ein einziges Schema gebracht und alle anderen Kräfte von ihnen abgeleitet (Hippokr. nat. hom. 7; Gal. 19, 486 K.). Platon und Aristoteles nahmen – jeder mit gewissen Einschränkungen – die vier Qualitäten in ihre Lehre auf, die dann in der B. bis zum Ende des MA gültig blieben. – Jede der vier Qualitäten spielte in der B. eine charakteristische Rolle. Die wichtigste war das Warme, als das aktivste betrachtet und von vielen sogar als das Prinzip von Leben und Seele aufgefaßt. Dies lehrte auch die Medizin des 4. Jh.s, und für → Aristoteles gilt die Lebenswärme als angeboren und als der Ursprung der Bewegung bei allen natürlichen Prozessen wie Verdauung, Zeugung usw. Die Vorsokratiker und die meisten späteren Forscher verstanden auch die Kälte als eine Kraft – nicht nur als bloße Abwesenheit von Wärme, woran Aristoteles entschieden festhält –, deren besondere Wirkung es sei, zu verdichten und zu verfestigen. So bewirkt die Luft an sich schon Kühlung, die auch zum Leben notwendig ist; in diesem Sinn, als Träger des Bestandteils ‹Kälte›, trägt die Luft zur Ernährung der Pflanzen bei (Hippokr. nat. puer. 26). Aber der lebendige Atem (*πνεῦμα*) wurde als Mischung von Luft und Wärme gedacht, und Aristoteles hielt auch ihn sowohl für angeboren wie für eingeatmet. Diese wichtige These, die vielleicht von → Alkmeon v. Kroton und → Diogenes (2) v. Apollonia herstammt, wurde später von der ärztlichen Schule der → ‹Pneumatiker› und von den → Stoikern weiterentwickelt und lebte noch bei Harvey und Newton fort. Das Pneuma trat an die Stelle der Wärme als Träger des Lebens und wurde mit übernatürlichen Kräften ausgestattet; aber diese für die menschliche Physiologie so wichtige Auffassung kam zu spät, als daß sie auf die B. noch hätte stark einwirken können. Die verbleibenden zwei Qualitäten, das Nasse und das Trockene, bildeten den für das Leben notwendigen Stoff, in der Form von Blut, Saft, Nahrung, Samen bzw. Knochen, Haar, Holz usw. Vor der Entwicklung der Pneuma-Theorie wurden das Nasse und das Warme zusammen als die das Leben hervorbringende Mischung betrachtet, z. B. im Fall der Urzeugung aus dem Schlamm, die noch bei Aristoteles und Theophrast eine große Rolle spielt. – Das Mischungsverhältnis (*κρᾶσις, συμμετρία*) der vier Qualitäten ist in der vorsokratischen und späteren B. ein wichtiges Prinzip. Im allgemeinen wird die Gesundheit als das Gleichgewicht dieser vier Kräfte verstanden (vgl. z. B. Alkmeon, VS 24 B 4). Im besonderen bestimmt das jeweilige Verhältnis das Wesen der Verbindung: → Empedokles gab das Verhältnis der vier Elemente in Fleisch, Knochen etc. an (VS 31 A 78, B 96), und → Parmenides nannte den Geist ein Ergebnis der Mischung in den Gliedern (VS 28 B 16). Platon führt als pythagoreische Meinung an, die Seele sei die Harmonie des Körpers (Phaid. 86), eine These, die von → Aristoxenos aufgenommen wird. – Die chemische Wirkung der Gegensätze wurde als Verdauung und Verkochen (*πέψις*), Fäulnis (*σῆψις*), Gerinnen, Verdicken, oder Sich-verflüchtigen u. ä. erklärt (vgl. Aristot. meteor. 4); z. B. gab es eine Kontroverse darüber, ob Nahrung durch Verkochen oder durch Verfaulen assimiliert wird (Empedokles, VS 31 A 77, B 68).

[3] *Platon* führte die teleologische Erklärungsweise in die Forschung ein, die in der → Ethik schon durch → Sokrates entwickelt und möglicherweise von → Anaxagoras und → Diogenes (2) v. Apollonia vorausgeahnt worden war. In der allerdings mythischen Sprache des Timaios werden die

Urelemente (Feuer, Luft, Wasser, Erde) durch den schaffenden Demiurgen «überredet», sich zu abgeleiteten Stoffen, wie Fleisch und Knochen, zu verbinden, aus denen er dann die lebenden Körper schafft. Das Wirken dieser Stoffe ist insofern ‹notwendig›, als es sowohl selbsttätig wie unentbehrlich ist. Aber dies sind veränderliche und ‹irrende Ursachen›: deshalb gibt es keinen mechanischen Determinismus, sondern eine planmäßige Lenkung ist erforderlich. Daher muß die B. sowohl die ‹Notwendigkeit› wie das Prinzip des Zwecks berücksichtigen (vgl. Phaid. 96–99). Platons dialektische Methode der Definition wurde auch auf die biolog. Klassifikation angewandt (Plat. Politikos 263 f.; Speus. Fr. 5–26 L.; Epikr. Fr. 11 K.; → Botanik, 1). Sie bestand darin, zuerst Beobachtungen über die verschiedenen Arten zu sammeln, diese dann nach Ähnlichkeiten zu gruppieren, und dann die Gruppen zu gruppieren; nachdem die Unterschiede zwischen den Gruppen festgestellt waren, wurde die ganze Hierarchie von der Spitze an nochmals geteilt, woraus sich das Schema einer → ‹Diärese› ergab, in welchem nun jede Gruppe und Art eingeordnet und bestimmt werden konnte. Aristoteles gab dieser Klassifizierungsmethode in seiner Logik eine feste Form, die bis zu Linné und der modernen Einteilung im wesentlichen die gleiche blieb. Es gibt allerdings keine Belege dafür, daß die Akademie mit der praktischen Klassifikation oder in der deskriptiven Biologie sehr weit gekommen wäre.

[4] *Aristoteles*. Die biolog. Schriften des Aristoteles sind der früheste überlieferte Versuch, eine Übersicht über das ganze Tierreich zu geben, während die Werke → Theophrasts die Pflanzen umfassen. Beide geben ausdrücklich als ihre Absicht an, die verschiedenen Erscheinungsformen, Organfunktionen und Lebensbedingungen zunächst zu beschreiben und dann zu erklären; Aristoteles hebt immer wieder hervor, die Beobachtung müsse der Theorie vorausgehen (gen. an. 3, 10, 760 b 31). Es ist aber sehr gut möglich, daß die aitiologischen Bücher vor den beschreibenden entstanden sind. In der Aitiologie folgt Aristoteles der von Platon eingeführten zweifachen Erklärung durch Teleologie und Notwendigkeit, die er seiner eigenen Theorie der vier Ursachen anpaßt. Bei Theophrast tritt die Teleologie zurück, wohl weil die Pflanzen dafür weniger Möglichkeiten bieten, wie Aristoteles sagt. – Aristoteles lehrte, daß lebende Wesen die Seele in drei Stufen besitzen könnten. Die Fähigkeit, sich zu ernähren und fortzupflanzen, ist allen gemeinsam; die Sinneswahrnehmung ist auf Tiere und Menschen beschränkt; die Vernunft ist dem Menschen allein eigen, wenn manche Tiere auch Spuren von Intelligenz aufweisen. Alle natürlichen Substanzen enthalten einen Antrieb zur Bewegung, so daß die Lebewesen zweifachen Antrieb enthalten: den der zielbewußten Seele und den der der Notwendigkeit unterliegenden Körpermaterie. Das teleologische Prinzip stellt auch diesen zweiten in seinen Dienst, um das jeweils Bestmögliche zu erreichen. Der Biologe muß sowohl die Materialursache wie die Form, auf die abgezielt wird, in seiner Erklärung berücksichtigen. Die Natur tut, wie der Handwerker, nichts aufs Geratewohl (ἡ φύσις οὐδὲν μάτην ποιεῖ). Wegen der begrenzten Menge der verfügbaren Aufbaustoffe muß die auf ein Organ verwandte Materie an einem anderen eingespart werden. Die einzelnen Organe teilen die nötigen Funktionen untereinander auf (diese Grundsätze wurden später von Goethe und M. Edwards wiederaufgenommen). Die unbewußte Teleologie der Natur – eine schwierige Vorstellung – bleibt unerklärt. – Jedes Tier und jede Pflanze wächst deshalb von Natur aus zur Vollkommenheit in ihrer spezifischen Form und Funktion und zur Fortpflanzung ihrer eigenen Gattung heran. Gleichzeitig lehrte Aristoteles, daß sie alle ihren Platz in der ‹scala naturae› hätten, die von den Pflanzen über die pflanzenähnlichen Tiere – der Übergang von den Pflanzen zu den Tieren ist fließend – zu den höheren Tieren und zum Menschen führt, und von diesem Standpunkt aus betrachtete er die niedrigen Gattungen als ‹unvollkommen›, und zwar wesenhaft unvollkommen. Der Platz in der scala wird durch den Anteil an Lebenswärme bestimmt; er wird durch Intelligenz, Vielfalt der Organfunktionen, Art der Fortpflanzung, Haltung (der Mensch aufrecht, die Pflanzen um 180° verkehrt) angezeigt. – Die primären *Bestandteile des lebenden Körpers* sind das Warme, Kalte, Nasse, Trockene, deren jeweiliges Mischungsverhältnis die Unterschiede an Gewicht, Dichtigkeit, Härte etc. bedingte. Sekundär werden sie zu Fleisch, Knochen etc. verbunden. Diese Verbindungen sind → ‹homöomerisch›, d. h. in gleichartige Teile (Fleisch in Fleisch) teilbar. Aus diesen wieder sind die ‹anhomöomerischen› Teile oder ‹Organe› gebildet. Die Lebenswärme ist angeboren; sie wird durch die Nahrung erneuert und durch das Atmen oder durch die umgebende kühle Luft – oder das kühle Wasser – gemäßigt. Das Pneuma ist ebenfalls angeboren und wird durch die Atemluft erneuert, von der Aristoteles es nicht immer unterscheidet (vgl. jedoch gen. an. 2, 3, 736 b 36; mot. an. 10; → Zoologie). – Unter den *biochemischen Wechselwirkungen* ist die für Aristoteles und Theophrast wichtigste das Verkochen (πέψις) durch die Wärme. Das Verkochen der Nahrung bringt das Blut hervor, das alle übrigen Teile ernährt, daneben überschüssige Produkte (περιττώματα), von denen einige ausgeschieden werden, während andere der Natur dazu dienen, Knochen, Haar etc. zu entwickeln und den männlichen Samen und das Menstrualblut zu bilden. Der Begriff der Perittomata war der Medizin vielleicht schon geläufig (Anon. Lond. 4, 26 f.). Diese Vorgänge sind überall ähnlich, aber die dabei erzeugten Organe unterscheiden sich dem Grad nach (d. h. in Form, Größe) bei verwandten Arten, während sie zwischen Arten verschiedener Gruppen nur durch Analogie zu vergleichen sind (d. h. die Flosse dem Flügel) – was teils der modernen ‹Homologie›, teils unserer ‹Analogie› entspricht. So haben die blutlosen Tiere (ἄναιμα) eine Flüssigkeit, die dem Blut entspricht, als Organnahrung. Alle Lebewesen werden zentral gelenkt und in Bewegung gesetzt: bei den blutführenden Tieren (ἔναιμα) durch das Herz, bei den blutlosen durch ein analoges Organ; bei den niedrigsten Tieren ist dieses Prinzip so auf alle Teile verteilt, daß viele Insekten die Teilung überleben und die Pflanzen sogar durch Teilung vermehrt werden können. Nach der Lehre des Aristoteles ist es in jedem Fall die Seele, die das Wachstum verursacht und leitet; sie wird also vervielfacht, wenn Pflanzen geteilt werden. Theophrast, der den Nachdruck auf die Materialursachen legt, läßt diese Theorie ohne philosophische Grundlage: nach ihm besitzen die Pflanzen (unerklärliche) Regungen, Antriebe zum Wachstum, eine Flüssigkeit, Trägerin des Lebens, und Wärme; sie hängen mehr als die Tiere von den materiellen Bedingungen besonders des Klimas ab, für das sie eingerichtet sein müssen. – *Spätere Autoren* haben weiteres Material beigesteuert; aber im allgemeinen beherrschten die aristotelischen Lehren die B. bis zur Erneuerung der theoretischen Forschung im späteren MA. D. M. B.

Lit: → Botanik, → Vererbungslehre, → Zoologie.

Bion von Borysthenes, einflußreicher Popularphilosoph um 300–250 v. Chr., treibt die sokratische Art der ironischen Selbsterniedrigung bewußt auf die Spitze, weshalb die Selbstzeugnisse über seine niedrige Herkunft (Vater ein ehemaliger Sklave und Fischhändler, Mutter eine Hetäre, Diog. Laert. 4, 46) mit Vorsicht aufzunehmen sind; Schüler der → Akademie und des → Peripatos, später ausgedehnte Vortragsreisen. Sein Werk bestand in der Tradition der → Sokratik teils in kräftig anschaulichen, dialogartigen Diskussionen ethischer Probleme, nicht auf systematische Belehrung, sondern ausschließlich auf erzieherische, aufrüttelnde Wirkung bedacht (→ Diatribe), teils in einzelnen pointierten Aussprüchen (→ Apophthegmata), die wohl wie bei → Antisthenes (1) und → Aristippos schon unmittelbar nach seinem Tode, wenn nicht schon vorher gesammelt wurden; einiges davon erhalten, nicht weniges durch brillante Formulierung ausgezeichnet, so daß sich sein Einfluß nicht nur auf den geistesverwandten → Teles, sondern auch auf → Ariston (3) v. Keos und den Römer → Horaz verstehen läßt. O.G.

Frg: F.W.A. Mullach, Fragmenta philosophorum Graecorum, 1860 bis 1881, II, 423–429.

2. **B. von Smyrna,** Dichter, um 100 v. Chr. Von seinen ‹Bukolischen Gedichten› 17 Fragmente erhalten (einige scheinen vollständige Gedichte), in denen das erotische Element hervortritt, während die Bedeutung des eigentümlich Hirtenmäßigen gering ist. Die ‹Totenklage auf B.›, die fälschlicherweise unter der Verfasserschaft des → Theokrit oder des → Moschos umläuft, gibt einen Hinweis für die Zuweisung der (fälschlich dem Theokrit gegebenen) ‹Totenklage auf Adonis› an B. Dieses Gedicht ist von unvergleichlicher Emotion. In einer höchst subjektiven Weise angeordnet, erzählt es vom Tod des → Adonis und von der Trauer der Aphrodite: nicht etwa in strenger Beobachtung der Zeitfolge, sondern in Sprüngen. Bald gibt B. vor, Erzähler eigenen Erlebens, bald, Gesprächspartner der Göttin zu sein. Mit dieser Disposition übertrifft B. weit das Subjektive in den Hymnen des → Kallimachos; er erreicht den äußersten Punkt subjektiver Gestaltung im Hellenismus. Für Zeremonien des Adonis-Kultes wird das Gedicht kaum bestimmt gewesen sein. – Unecht dürfte das ‹Hochzeitsgedicht auf Achill und Deidameia› sein. P.H.

Ed: U. v. Wilamowitz-Moellendorff, Bucolici Graeci (1905), 1910^2 – A.S.F. Gow, Bucolici Graeci, 1952 – Ders., Greek Bucolic Poets transl. with brief notes, 1953 – *Übers* (der *‹Totenklage auf Adonis›*): U. v. Wilamowitz-Moellendorff, Reden und Vorträge I, 1925, 292 bis 305.

Birke (betula), galt den Römern als ein gallischer Baum, der nur in kühlen Gebieten Norditaliens vorkam. Sie fiel wegen der weißen Farbe ihrer Rinde auf. B.n-Ruten wurden für die → Fasces verwendet. Auch Fesseln und Schilde aus B.n-Flechtwerk waren bekannt. Der für ägypt. Wagen des 2. Jt.s v. Chr. gebrauchte B.n-Bast stammt aus Transkaukasien. Vgl. → Flora. J.W.

Lit: Wagler, RE 3, 1 (1897), 491 – J. Wiesner, Fahren und Reiten in Alteuropa und im Alten Orient, 1939, 33.

Birnbaum (*ὄγχνη, ἄπιος*), in Griechenland wild verbreitet (*ἀχράς*), aber bereits in frühgriech. Zeit auch kultiviert. Religiöse Bedeutung hatte er vor allem im Kult der → Hera von Tiryns, deren ältestes Kultbild aus B.-Holz geschnitzt war. Die Früchte des wilden B.s wurden in Argos bei dem Fest des Birnwerfens verwendet, bei dem die beteiligten Knaben *βαλλαχράδαι* genannt wurden. Schon im Altertum brachte man den alten Namen der Peloponnes, Apia, mit dem B. zusammen. Auf einem wilden B. erschienen die → Dioskuren und → Helena den vor → Aristomenes fliehenden Spartanern. In gleicher Weise hielten sie die Messenier vor weiterer Verfolgung zurück. Die frühgriech. Vertrautheit mit dem kultivierten B. ist durch die epische Überlieferung von → Tantalos bezeugt, dessen Durstqualen durch einen edlen B. gesteigert wurden. Vgl. → Flora. J.W.

Lit: Olck, RE 3, 1 (1897), 491–498 – Murr, Pflanzenwelt, 62–64.

Bischof → Amt

Bistonen, thrakischer Stamm, Sitz am Ägäischen Meer und am See Bistonis (heute Burugöl) unweit Abdera, sehr kriegerischer Stamm. In der Sage Volk des → Diomedes (2) mit seinen menschenfressenden Stuten, daher dichterisch für → Thrakien gebraucht. E.M.

Bīsutūn, Dorf, 30 km östl. Kermānschāh; am senkrechten Abhang eines Berges in dessen Nähe (*Βαγίσταvov ὄρος*; altpers. Bagā-stāna, ‹Gottesstätte›) ließ → Dareios I. 60 m über dem Boden die Taten, die seine Regierungszeit auszeichneten, eingraben. Die in 14 Kolonnen angebrachte Inschrift ist in drei Sprachen abgefaßt: persisch, elamisch und babylonisch. Über ihr befindet sich ein Relief, das D. in anbetender Haltung vor → Ahuramazdā darstellt. Darunter sieht man zwei Reliefs aus der Partherzeit (→ Mithradates II., → Gotarzes II.). G.R.

Ed: H. Weißbach, Die Keilinschriften der Achämeniden, 1911, 8 bis 75 – R.G. Kent, Old Persian (1950), 1953^2, 107f., 116–134 – *Lit:* F.W. König, Relief und Inschrift des Königs Dareios I. am Felsen von Bagistan, 1938 – H. H. v. d. Osten, Die Welt der Perser, 1956, Taf. 45–46 – L. Vanden Berghe, Archéologie de l'Irān ancien, 1959, 105–107 – R.N. Frye, Persien, 1962, 177ff.

Bīt Hilāni, in Syrien beheimatete Bauform zweier Langräume, die parallel zur Fassade liegen, deren erster durch eine Säulenhalle mit 1 bis 3 Säulen von außen zu betreten ist. Seit → Tiglatpileser III. gab es in oder bei jedem assyr. Palast ein B.H. Wahrscheinlich nicht verwandt mit dem → Megaron, wie oft vermutet. Vgl. → Mesopotamische Reiche F [4]. H.J.N.

Lit: H. Frankfort, The Origin of the B.H., Iraq 14, 1952, 120–131 – R. Naumann, Architektur Kleinasiens, 1955, 427f., passim.

Bithynien, Königreich, pers. Satrapie und röm. Provinz im nordwestlichen Kleinasien, von der Propontis im W bis etwa Herakleia Pontike im O. Wichtigster Fluß ist der Sangarios, bedeutendstes Gebirge der bithyn. Olymp. Im 4. Jh. v. Chr. sind uns die Namen von bithyn. Königen bekannt, deren letzter, Bas, Truppen → Alexanders (5) d. Gr. besiegte. Die Dynastie lebte im 3. Jh. fort und setzte sich erfolgreich gegen die Diadochen zur Wehr. Bedeutendste Herrschergestalt ist → Nikomedes I. (gest. um 250 v. Chr.). 264 v. Chr. gründete er das nach ihm benannte Nikomedeia als Hauptstadt B.s. Sein Enkel → Prusias II., an dessen Hof → Hannibal (2) Zuflucht suchte, gründete Prusa am Fuße des bithyn. Olymp. Der röm. Einfluß (Ermordung Hannibals) machte sich in zunehmendem Maße bemerkbar. 155 v. Chr. z. B. schlichtete der Senat einen Krieg zwischen Prusias II. und → Attalos II. v. Pergamon auf der Basis des status quo ante. Über die Administration des bithyn. Königreiches erfahren wir praktisch nichts.

[2] *Die röm. Provinz.* 74 v. Chr. kam Rom nach dem Willen des letzten Königs → Nikomedes III. in den Besitz des bithyn. Königreiches. Unter → Caesar Deduktion röm. Kolonien in Herakleia und Apameia. → Plinius (2) d. J. spricht von 12 Städten in B., doch lassen sich diese nicht genau festlegen, da die Grenzen zwischen dem röm. B. und Pontus unklar sind. Sicher steht, daß in byzantin. Zeit die Grenze westwärts verschoben wurde. Als Prokonsuln der senatorischen Provinz B. wirkten u. a. C. Papirius Carbo (Prätor 62 v. Chr.), und C. → Memmius (2; mit ihm ging 57 v. Chr. → Catull nach B.). Unter Hadrian mußte vorübergehend C. Iulius → Severus (1) als ‹corrector et auditor› mit dem Range eines kaiserlichen Legaten die zerrütteten Verhältnisse in der Provinz B. ordnen. Nach Hadrian verwalteten die Provinz wieder Prokonsuln. R.F.

Lit: A.H.M. Jones, Cities of the eastern Roman prov., 1937, 148ff. – D. Magie, Roman rule in Asia minor, 1950.

Biton, vermutlich 2. H. 2. Jh. v. Chr., Verfasser einer kleinen, an König → Attalos (II. oder III.) gerichteten Schrift, in der sechs ältere Kriegsmaschinen beschrieben werden, deren verschiedene, teils sonst unbekannte Konstrukteure etwa von 350–150 wirkten. Die Beschreibungen beruhen kaum auf Autopsie und sind so undurchsichtig (die in den Mss. entstellten Abbildungen mögen ursprünglich deutlicher gewesen sein), daß eine Rekonstruktion bisher nicht gelungen ist. – B. selbst erwähnt eine eigene Schrift über → Optik. – Vgl. → Mechanik A [1]. B [3]. F.Kr.

Ed: A. Rehm-E. Schramm, Abh. München, 1929, NF 2 (mit Übers.).

Biturigen, großer kelt. Stamm in → Aquintania (Kt. 1019 C4), im 1. Jh. v. Chr. geteilt in *cubische B.* zwischen Loire und Creuse mit Vorort → Avaricum (Bourges) und *vivische B.* an der unteren Garonne mit Vorort Burdigala (Bordeaux), von Caesar (Gall. 8, 3) 51 v. Chr. unterworfen.

Lit: s. zu → Kelten, → Gallien. L.B.-H.

Biunx, zwei → Unciae, bei dezimaler Teilung des → As $^2/_{10}$ dieser Einheit, dem → Sextans der duodezimalen Teilung entsprechend. Im ostitalischen → Aes grave und im geprägten Kupfer von Larinum mit 2 Kugeln als Wertbezeichnung ausgestattet. W. Schw.

Lit: K. Regling, in: v. Schrötter, 76.

Blasinstrumente → Musikinstrumente

Blei (μόλυβδος, plumbum nigrum), Nebenprodukt der Silbergewinnung (→ Silber). Für technische Zwecke verwendet. Umguß bei Eisen-, Bronze- oder Holzdübeln zur Verankerung von Quadern, Säulentrommeln, Statuen; Lötung von Erz- und Silbergegenständen (z.T. zinnlegiert); Erzeugung von B.weiß (→ Farben); Schreibgeräte (Stifte, Tafeln). Nur selten künstlerisch verarbeitet (kleine Votivgaben, Gefäße, Urnen). C.K.

Q: Plin. nat. 33,94; 34,95 ff.; 156 ff. –*Lit:* Blümner, Technologie IV 88 ff. – Ders., RE 3,1 (1897), 561–564.

Blitho → Sulpicius.

Blonder Kopf, kurz vor 480 gefertigtes Original, vielleicht vom Hauptmeister der → Olympiaskulpturen.

Abb: Lippold, Taf. 45, 1.

Blossius, C., aus Cumae, Anhänger der Stoa, eng befreundet mit → Tib. Gracchus (1) und Teilnehmer seiner Pläne. Er verteidigte nach Tib.' Tod dessen Absichten, die dem Wohl des Staates gedient hätten. B. floh nach Asien und beging dort Selbstmord. G. G.

Blumen → Flora; → Gartenbau.

Blundell, mit mehr als 500 Skulpturen größte private Antikenslg. in England, in *Ince Hall* (bei Liverpool). Henry B. legte 1777 den Grundstock der Slg. an, indem er u. a. die Antiken der Villa d'Este und der Villa Mattei – soweit nicht in den Vatikan gelangt – erwarb. Statuen wie die Athena und die Kopfreplik des ‹Dresdner Knaben› trugen zu dem Weltruf der Slg. bei. Dazu erstand B. 1800 zehn Kisten Antiken, welche die Franzosen 1798 aus den päpstlichen Gemächern entführt hatten. Die Statuen sind z. T. in einer Nachbildung des Pantheon aufgestellt. U.R.

Lit: A. Michaelis, Ancient Marbles usw., 1882, 333 f. – B. Ashmole, A catalogue usw., 1929 – C. C. Vermeule, Notes on a new edition of Michaelis usw., AJA 59, 1955, 137; (mit D. v. Bothmer) 63, 1959, 156–N 159.

Blutrache, im frühen Griechentum die religiös begründete Verpflichtung der Sippengenossen eines Erschlagenen, diesen durch Tötung des Täters zu rächen; Beispiele begegnen vor allem in den Erzählungen mythischer Zeit. In der organisierten Polis – in Athen spätestens seit → Drakon – war die Blutrache durch die gerichtliche Verfolgung des Mörders ersetzt, die allerdings noch immer Vorrecht und Pflicht der Verwandten war (→ Recht I G). H. J. W.

Blutsühne. [1] Tötung eines Menschen, der weder Kriegsgegner noch Verbrecher ist, bedeutete zu allen Zeiten einen Einbruch in die Ordnung, der mit sakralen und profanen Mitteln wieder aufgehoben werden muß. Bei den *Griechen* steht bei Homer der profane Aspekt (materielle Entschädigung an die Verwandten des Getöteten) so sehr im Vordergrund, daß der Eindruck entsteht, die kultische B. sei ihm unbekannt oder spiele doch kaum eine Rolle. Die ältesten eindeutigen Belege sind die Reinigung des Achilleus vom Mord an Thersites durch Odysseus in Lesbos mittels eines Opfers an Apollon, Artemis und Leto (kykl. Aithiopis nach Prokl. chr.) und die Reinigung des Adrastos durch Kroisos (Hdt. 1,35). Die Gesetzgebung differenziert vom 6. Jh. vor Chr. an die Tötungsarten (absichtlich-unabsichtlich, gerecht-ungerecht), was auch Einschränkungen der kultischen B. nach sich zieht (→ Recht I H). Verwandtenmord bleibt ihr zu allen Zeiten unterworfen. Die mythischen Fälle liefern denn auch die Hauptbelege für den Kultvorgang: Ixion (Pherek. FGrHist 3 F 51), Orestes (Aischyl. Eum.), Medea und Jason (Apoll. Rhod. 4, 702 ff.). Der in der Regel landesflüchtige Mörder erbittet Reinigung von einem angesehenen Bürger, indem er sich verhüllten Haupts als Hilfeflehender an dessen Herd setzt. Die Reinigung darf ihm nicht verweigert werden und besteht in der Schlachtung eines Opfertieres, dessen Blut über die Hände des Mörders fließen muß. Die Unreinheit geht auf das Tier über, dessen Reste beseitigt werden. – Zu trennen von dieser B. sind die Bräuche, die bezwecken, den Toten zur Rache unfähig zu machen. O.G.

Lit: Nilsson, I 91 f. 98–101.

[2] *Rom.* Das vergossene Blut, der Mord, auch wenn es sich um eine gerechtfertigte Tat handelt, lassen eine Befleckung zurück: der Lorbeer war es, der, beim → Triumph, die Krieger vom auf dem Schlachtfeld vergossenen Blut reinigte (Plin. nat. 15,135). Nach dem Mord an seiner Schwester mußte sich Horatius (→ Horatier) in der Weise reinigen, daß er unter einem Balken hindurchging, der auf zwei Altären aufruhte (Tigillum sororium), wie ein Gefangener unter dem Joch (Liv. 1,26). Es ist bemerkenswert, daß der Brudermörder → Romulus keinem Reinigungsritus unterworfen wurde. Vgl. → Reinheit. H. Le B.

Bocchus, König von → Mauretanien, Schwiegervater des → Jugurtha. Zu Beginn des Krieges der Römer mit Jugurtha hatte B. den Römern Bündnis und Freundschaft angetragen; aber einige Senatoren verhinderten die Verständigung (111 v. Chr.). Während des Krieges stand B. auf Seiten des Jugurtha, ohne daß er die Verbindungen zu den Römern abbrach. Nach Jugurthas Niederlagen bat B. um Verhandlungen, zu denen der röm. Feldherr → Marius (1) die Quästoren → Sulla und Manlius auswählte. Schließlich verzieh der röm. Senat B. und forderte ihn auf, sich Bündnis und Freundschaft zu verdienen. Nach neuen Verhandlungen mit Sulla lieferte B. Jugurtha aus, und bald wurde ihm ein Freundschaftsvertrag gewährt. G. G.

Q: Sall. Iug. 103 ff.

Bocchus → Cornelius.

Bockschor. Chortanz und Verkleidung der Tänzer waren im alten Griechenland vor allem im → Dionysos-Kult verbreitet. Bockschöre (τραγικοὶ χοροί) spielten bei der Entstehung der dramatischen Dichtung eine bedeutsame Rolle. → Tragödie (I A 1), → Komödie (I A 1), → Dithyrambos, → Satyrspiel, → Satyrn und Silene. K.-H. R.

Bocksdorn (ῥάμνος), ein Strauch aus der Familie der Nachtschattengewächse mit überhängenden, oft dornigen Zweigen, violetten Blüten und roten, ungenießbaren Beeren, in Griechenland und Italien weit verbreitet, der → Nemesis von Rhamnus geweiht. Man schrieb dem B. reinigende und abwehrende Kraft zu. Auch mit Persephone, Hekate und den Erinyen verbunden. An den Chytren der → Anthesterien kaute man die Blätter, um sich gegen Schaden durch die Seelen zu schützen. Mit Zweigen und Salbe aus B. sicherte man Häuser bei Geburt und Krankheit gegen Dämonen. Als Heilmittel gegen Schlangenbiß war der B. auch dem → Asklepios geweiht (Paus. 3,14,7). – Vgl. auch → Flora. J.W.

Lit: Murr, Pflanzenwelt, 104–106.

Böotarchen, die (bis 386 v. Chr. elf, um 370 sieben) Mitglieder des einflußreichsten → Magistrats-Kollegiums des Stammstaates der → Böoter. Sie hatten den Befehl im Feld und die politische Oberleitung. F. G.

Böotien, Landschaft Mittelgriechenlands (Kt. 1152 D 4), überwiegend Ebene und Binnenland, obwohl vom korinth. Golf im S bis zur Meerenge von → Euböa im N reichend, im W und N an → Phokis und → Ostlokris, im O an → Attika grenzend. Hauptfluß der → Kephisos, in den abflußlosen → Kopaissee mündend. Hauptorte in myken. Zeit → Theben und → Orchomenos, in klass. Zeit daneben zahlreiche weitere Städte, bes. → Tanagra, → Thespiai, Haliartos, Anthedon, Koroneia, Lebadeia und → Chaironeia. In geschichtlicher Zeit meist zu einem *Bund unter Führung Thebens* zusammengefaßt. B. besaß im 4. Jh. eine Repräsentativverfassung. Ganz B. zerfiel in 11 Teile, von denen jeder einen Böotarchen, dazu 60 Mitglieder zum Bundesrat, 1000 Hopliten und 100 Reiter stellte. Theben umfaßte allein 4 Teile. Die Böoter galten in Athen als bäurisch und plump.

B. war Heimat → Hesiods, → Pindars, → Korinnas und → Plutarchs. In der bildenden Kunst ohne Bedeutung. E.M.

Lit: M. Feyel, Polybe et l'histoire de Béotie au 3e siècle avant notre ère, 1942 – P. Guillon, La B. antique, 1948 – Philippson-Kirsten II 430–548; 645–739.

Böotische Vasen. Auf geometrischen und subgeometrischen b. V. wird → mykenisches und → protogeometrisches Formengut lange beibehalten. Eine Sonderform des frühen 7. Jh.s sind die sog. Vogelschalen. – → Schwarzfigurige und → rotfigurige b. V. sind typisch für provinzielle Brechung der von Athen ausgehenden künstlerischen Impulse. – Vgl. auch → Kabirenvasen. I. Sch.

Lit: R. Hampe, Frühe griech. Sagenbilder, 1936, 20–31 – P. N. Ure, Boeotian Pottery of the Geometric and Archaic Styles, 1927 – R. Lullies, Zur b.-rotfigurigen Vasenmalerei, AM 65, 1940, 1–27 – A. D. Ure, AJA 62, 1958, 389–395.

Böse, *das* (griech. *κακόν*, lat. malum, das ‹Schlechte›). Das Problem des B.n erscheint im griech. Denken auf verschiedenen Ebenen: 1. Schon *älteste Ethik* rechnet mit Handlungen, die gegen die gute Sitte, die gesetzliche Ordnung des Staates, die Kultvorschriften oder das ungeschriebene Gesetz verstoßen. Unpassendes Gestikulieren (Diog. Laert. 1,70), Feigheit vor dem Feinde, Inzest, Elternmord gehören zu einer weiten Skala verwerflicher Handlungen. Die Entwicklung bringt eine doppelte Differenzierung: einmal nach der Qualität der Tat, die entweder deklassiert oder Strafe erfährt oder den Täter dem Zorn der Götter überantwortet; sodann nach der Zurechenbarkeit der Tat, die durch die innere Verfassung des Täters oder durch äußere Umstände entschuldigt werden kann. – 2. Dies führt zur Frage der *speziellen philosophischen Ethik* (C 3), woher im Menschen das Schlechte kommt, die verschieden beantwortet wird (s. d.; ferner → Affekte, → Seele). – 3. Das weitere Problem, wie das Schlechte überhaupt im Menschen sein kann, der praktischen Ethik und Gesetzgebung gleichgültig, gewinnt höchste Relevanz, wo ein Zustand *ursprünglicher Vollkommenheit* angesetzt wird. → Hesiod (erga 109 ff.) spricht vom Goldenen Zeitalter (→ Weltalter), → Empedokles (VS 31 B 115 ff.) scheint zu lehren, daß die menschliche Seele ursprünglich bei den Göttern war und dann auf die Erde verbannt wurde. → Platon und → Aristoteles fragen daraufhin, wie ein Verlust der vollkommenen → Eudaimonie überhaupt möglich ist. Der Absturz der Seele im Mythos des ‹Phaidros› (246 C) wie die Zersetzung des vollkommenen Staates in der ‹Politeia› (545 C ff.) wird gerade von antikem Denken her zum Rätsel. Daß die Verderbnis selbst in einer Störung der seelischen Ordnung (vordringende Affekte) oder in der Vermengung der Seele mit vergänglicher Körperlichkeit, also schließlich in der Tatsache besteht, daß der Geist die Materie nicht ganz zu unterwerfen vermag, wird bei Platon angedeutet und vom Platonismus aufgenommen, löst aber das Ausgangsproblem nicht. – Völlig fernzuhalten ist der vom AT und NT her bestimmte Begriff des B.n und der *Sünde*. Daß es Götterfeinde (Theomachoi) und Missetaten, die vor allem oder ausschließlich von der Gottheit verfolgt werden, gibt, sind deutlich davon zu trennende Sonderfälle. Zur Reihe: Sünde vor Gott, Verdammtheit, Sündenbekenntnis und Erlösung gibt es in der Antike nichts wirklich Vergleichbares. – 4. Das umfassende Problem ist, wie es im Kosmos überhaupt das Schlechte geben kann, wo es doch schon für den vorphilosophischen Glauben, also das Problem der → Theodizee eine göttliche Verwaltung des Ganzen gibt. Die Antworten lassen sich zur Hauptsache wie folgt gruppieren: 1. Vieles erscheint uns als anstößig, ohne es zu sein, weil wir den Zusammenhang oder die Zweckbestimmung nicht genügend erkennen. – 2. Das Schlechte existiert zur Erprobung der Sittlichkeit und Willenskraft der Menschen. – 3. Gut und Schlecht sind ein Gegensatzpaar, mit ontologischer Notwendigkeit gibt es das eine nicht ohne das andere. – 4. Das Ganze des Kosmos ist immer gut und vollkommen, die Teile brauchen es nicht immer zu sein und tragen gerade in ihrer Unvollkommenheit zur Vollkommenheit des Ganzen bei. Der Mensch übersieht nur einen Teil und vermag daher die Ordnung nicht zu durchschauen. – 5. Von der → Vorsokratik und → Platon an (s. bes. Tim. 52 A–53 C) gilt der Gedanke, daß die Vollkommenheit vor allem in Gestaltetheit und Geordnetheit besteht. Demgemäß kann das Schlechte bestimmt werden als das absolut Ungestaltete und Ungeordnete, daher auch als ‹Materie› (*ὕλη*), das, was der → Demiurg als ein zu Gestaltendes vorfindet und von dessen Ungestaltetheit immer eine Spur verbleibt (→ Kosmologie). Der → Peripatos faßt die Ungestaltetheit vielmehr als reinen Mangel (Steresis, Privation) und bestimmt das Schlechte als reinen Mangel am Guten. Gemeinsam ist beiden Thesen, daß sie im Ansatz keineswegs dualistisch sind noch so aufgefaßt werden dürfen, daß aber in den Auswirkungen doch ein Bruch besteht, sofern im geschichtlichen Bereich die Materie wie die Privation die Gestaltung zum Guten nicht bloß retardieren, sondern aktiv stören und partiell vereiteln können. Diese Schwierigkeit bleibt unüberwindbar. O. G.

Q: Thematisch hat sich mit dem Problem des B. erst die Spätantike befaßt; vorher tritt es, freilich in vielerlei Zusammenhängen, mehr beiläufig auf. Wichtigste Texte: Plut. De sera num. vind.; Max. Tyr. or. 41; Plot. enn. 1, 8; Prokl. De malorum subsistentia. – *Lit:* vgl. bes. zu → Platon, → Platonismus, → Plotin, → Boethius, → Stoa.

Boethius, Anicius Manlius Torquatus Severinus, ca. 480 geb., Schwiegersohn Symmachus' d. J., Inhaber hoher Ämter unter → Theoderich d. Gr., später als Hochverräter, d. h. als mit → Justinian gegen die Gotenherrschaft konspirierend, hingerichtet (524), wohl der Gesinnung eher als der Tat nach schuldig. B. unternahm es, das griech. Bildungsgut (das ‹Quadrivium› – der Ausdruck stammt von ihm – sowie die nach Logik, Physik und Ethik gegliederte Philosophie Platons *und* Aristoteles', deren Harmonie er nachweist) durch Übersetzungen und Kommentare der röm. Kultur einzuverleiben. Was zur Ausführung gelangt ist, wurde zur Grundlage mittelalterlich-christlicher Bildung. Als Theologe Verfechter des Chalkedonense (→ Christentum V E 3); prägte manche im Mittelalter vielgebrauchte Definitionen und Lehrsätze (Person, Natur usw.). Indem er auf das Trinitätsproblem aristotelische Kategorien anwandte und auch sonst rein philosophisch argumentierte, bereitete er die Scholastik vor. Das berühmteste seiner Werke ist die im Gefängnis verfaßte Trostschrift, die mit kynischen, stoischen, platonischen (neuplatonischen) und aristotelischen Gedanken arbeitet. Als Trostgrund wird besonders vorgebracht, daß irdische Güter in Wahrheit nur Scheingüter sind (vgl. Dante, Par. X 124–126). Daß der Gerechte oft leidet, der Böse gedeiht , rechtfertigt B. u. a. durch den neuplatonischen Gedanken, daß Böses und demnach der Böse gar nicht existiert; der Böse stößt sich sozusagen selbst aus dem Sein; auch vereitelt er sein eigenes Streben, das bei ihm, wie bei allen Menschen, auf Gott, das Eine, das wahre Gut geht (vgl. → Theodizee). Sonst bemüht sich die Schrift, die Vereinbarkeit von Willensfreiheit, Fatum und Providenz zu zeigen. Auffallend ist, daß Christliches in der Schrift fehlt; wer sie liest, ohne zu wissen, daß B. Christ war, wird vieles als der christl. Theologie widersprechend empfinden. Mit Aristoteles wird die Anfangs- und Endlosigkeit der Welt, mit Platon die Schöpfung als Ordnen präexistierender Materie, Präexistenz der Seelen und Anamnesis gelehrt, mit Plotin angenommen, bei ihrem Abstieg bekleide sich die Seele zunächst mit einem besonderen Leib, ehe sie in die Bande des irdischen gerät (5 pr. 6; 3 m. 9; 5 pr. 2). Ph. M.

Ed: PL 63–64 – S. Brandt, CSEL 48, 1906 (Komm. zu Porphyrs Isagoge) – G. Friedlein, 1867 (Arithmetik, Musik, Geometrie) – C. Meiser, 2 Bde, 1877–80 (Komm. zu Aristoteles' Hermeneutik) – H. F. Stewart u. E. K. Rand, 1918 (Theolog. Schr.; Consol.; mit engl. Übers.) – L. Bieler, CChr 94, 1957 (Consol.) – *Lit:* F. Klingner, De Boethii Consolatione Philosophiae, Philol. Unters. 27, 1921 – P.

Courcelle, Les lettres grecques en Occident..., 1948 – V. Schurr, Die Trinitätslehre des Boethius..., 1935 – F. Stegmüller, LThK 2, 1958, 554–556 – *Übers:* K. Büchner (1943), 1960² und O. Gigon, 1966 (consol.).

Boethos. Zwei, wahrscheinlich drei verschiedene Bildhauer dieses Namens werden in der modernen Forschung durcheinandergebracht. Zur Klärung des schwierigen Problems sei folgende hypothetische genealogische Abfolge vorangestellt und z. T. neu erläutert und begründet:

(Apollodor)
|
Boethos I. (aus Karthago; 3. Jh. v. Chr.?)
|
Athanaion
|
Boethos II. (aus Kalchedon; 1. H. d. 2. Jh.s)
/\
Menodothos Diodotos (aus Nikomedeia)
|
Boethos III. (aus Kalchedon?; 4. V. d. 2. Jh.s)

B. II war nach Inschriften aus Delos (um 165 v. Chr.) und Lindos (um 184 v. Chr.) sicher in der 1. H. d. 2. Jh.s tätig. Für B. I haben wir nur einen ‹terminus ante›, nämlich die Zerstörung Karthagos i. J. 144 v. Chr. Die Existenz eines B. III ergibt sich mit großer Wahrscheinlichkeit aus der delischen Basis einer Ehrenstatue des Epigenes, der (wie es scheint) vor d. J. 126/125 Epimelet war. Dieser B. könnte identisch sein mit dem ‹Sohn des Diod[otos]›, der den Marmorsessel aus Athen signiert hat (Diodotos, der nach Ligurio mit Menodothos zusammen eine Heraklesstatue: Kopie (?) des → Herakles Farnese, gearbeitet haben soll, scheint jedenfalls dessen Vater zu sein). Die im Meer bei Mahdia gefundene Herme, die ein B. *Καλχηδόνιος* signiert hat, kann auf Grund des Stiles nicht B. II zugeschrieben werden; sie ist sicher später und könnte von demselben B. (III) geschaffen sein. Auch der mitgefundene, geflügelte Genius, der von Studnicka vielleicht mit Recht mit der Herme zusammengruppiert worden ist, scheint nicht vor das letzte Viertel d. 2. Jh.s datiert werden zu können. – Plinius spricht an zwei Stellen von einem B., und zwar von einem Toreuten. Man hat bis jetzt geglaubt, diesen mit B. II identifizieren zu können, weil man das für Lindos von Plinius bezeugte toreutische Werk mit der daselbst zutage gekommenen Basis (s. o) in Verbindung bringen wollte. Dies ist jedoch keineswegs notwendig, ja kaum möglich, da der ebenfalls von Plinius überlieferte Ganswürger (sofern dieser mit Recht im Typus München erkannt worden ist) aus stilistischen Gründen noch ins 3. Jh. v. Chr. gehört. Der berühmte B.-Toreut kann daher wohl nur mit dem B. I identifiziert werden, da die für B. überlieferte Hydria auf Karthago hinweist und die berühmten ‹lecti boethiaci› mit den Betten ‹punicana specie› identisch zu sein scheinen und auch das von Paus. erwähnte, vergoldete sitzende Knäblein in Olympia ausdrücklich dem Karthager zugeschrieben wird. Ein drittes Werk dieses Meisters wird durch eine trajanische (?) Inschrift von Ephesos bezeugt und im daselbst gefundenen Ganswürger-Typus vermutet. (Eine Beziehung dieser Statue mit der von → Herodas im 4. Mimiambos beschriebenen Statue in Kos bliebe jedoch nur möglich, wenn der diesbezügliche Mimiambus ins mittlere 3. Jh. herabdatiert werden könnte.) E. Bg.

Lit: A. Rumpf, Boethoi, ÖJh 39/40, 1952/53, 86–89 – Lippold, GrPl, 328. 308. 352. 367 – Marcadé II 28–36 – L. Laurenzi, EAA II, 1959, 118, Nr. 1–5.

2. **B.** (aus Kalchedon) → Boethos (1).

3. **B. von Sidon,** → Stoiker, Schüler des → Diogenes (4) v. Seleukeia; schrieb einige naturphilosophische Werke, in denen er offenbar stark von der stoischen Orthodoxie abwich. B. lehnte die Theorie vom Weltbrand ab und leugnete, daß der Kosmos ein lebender Organismus sei, hielt aber an der Lehre des → Chrysipp fest, daß *alles*, was geschieht, nach der → Heimarmene geschieht. Er entwickelte eine eigentümliche Kriterienlehre, nach der es vier Kriterien der Wahrheit gibt: Vernunft, sinnliche Wahrnehmung, Begierde und Wissenschaft. M. S.

Frg: SVF III 265–267.

4. **B. von Sidon,** → Peripatetiker, 1. Jh. v. Chr., Schüler und Nachfolger des → Andronikos. Reste eines gründlichen Kommentars zu → Aristoteles' ‹Kategorien› bei → Simplikios (CAG VIII). Das Studium der Philosophie soll mit der Physik beginnen. Das Allgemeine ist von Natur aus später als das Individuelle. Die Form ist keine Substanz. Die Seele ist sterblich. P. M.

Boğazköy → Hattuša.

Bogen → Architektur, → Triumphbogen.

Bogenschützen (*τοξόται*, sagittarii). Da der Bogen als Jagd- und Kriegswaffe in allen Urkulturen mit Ausnahme Australiens vorkommt (erstmals gegen Ende des Eiszeitalters um 14 000 v. Chr. im nördlichen Eurasien), ist auch seine Verwendung als klassische Fernwaffe in den Kriegen geschichtlicher Zeit bis zum Aufkommen der Feuerwaffen weit verbreitet. Bei vielen Völkern und Stämmen, bes. bei den aus der osteuropäischen Steppe andringenden Reiternomaden (→ Völkerbewegungen), ist er Nationalwaffe, in den frühen Hochkulturen als Ausdruck der Streitwagen- und Rittergesinnung beliebte Königswaffe (vgl. → Odysseus, → Philoktet, → Teukros; die Löwenjagd des → Assurbanipal; ‹B.› war auch bei den Griechen die volkstümliche Bezeichnung für die → Dareiken, die pers. Goldmünzen → Dareios' I., die den König mit Bogen im Knielauf zeigen). – Bei den Griechen der nachhomer. Zeit, Römern und Germanen geriet die Bogenwaffe in Verruf, ihre Verwendung galt vielfach als Zeichen der Heimtücke und Feigheit (→ Pandaros, → Paris). Im griech. Heerwesen wurden Kontingente von B. erstmals zwischen den Landschlachten von Marathon und Platää aufgestellt, um die technische Überlegenheit der Perser im Fernkampf auszugleichen. In Attika versahen seit dem 5. Jh. v. Chr. berittene B. (*ἱπποτοξόται*) fremder Herkunft (Skythen u. a.) ständig Dienst als Landgendarmerie. In den gemischten Verbänden der griech.-hellenistischen Heere tauchen B. zu Pferd und zu Fuß als wichtigster Teil der Leichtbewaffneten (→ Schleuderer, → Speerwerfer) auf, als Bürgeraufgebot der untersten Schätzungsklasse oder häufiger als Söldner, vielfach im nationalen Verband, unter ihnen mit besonderem Ruf die Kreter, deren ethnische Bezeichnung vielfach mit B. gleichgesetzt wird. Die Römer, die sich die Bogenwaffe nie zu eigen gemacht haben, verwendeten seit dem 2. Pun. Krieg ebenfalls Söldner aus Kreta; im Heer der Prinzipatszeit gab es gesonderte Auxiliarformationen (cohortes sagittariorum). Seit dem 2. Jh. n. Chr. gewannen die B. erneut an Bedeutung, bes. die nationalen Einheiten aus dem syr.-pers. Grenzraum, die wirkungsvoll gegen die Germanen eingesetzt wurden. B.-Abteilungen gehörten ebenso wie die Panzerreiter, mit denen sie sich oft im Gefecht taktisch ergänzten, zu den wichtigsten Waffen der rivalisierenden Großmächte Byzanz und Persien. E. Bay.

Lit: J. Kromayer-G. Veith, Heerwesen u. Kriegführung der Griechen u. Römer, 1928 – R. Grosse, Röm. Militärgesch. von Gallienus bis zum Beg. d. byz. Themenverfassung, 1920 – F. Altheim, Die Krise der Alten Welt II, 1952 – K. J. Narr, Urgesch. der Kultur, 1961.

Bogud, König von → Mauretania Tingitana, 49 v. Chr. von → Caesar als König anerkannt, im Bürgerkrieg auf dessen Seite; sein Eingreifen verhalf Caesar zum Sieg bei Munda (45). B. hielt nach dessen Tod zu → Antonius (2). Durch einen unglücklichen Angriff auf Spanien verlor er sein Reich. 31 von → Agrippa (1) getötet. G. G.

Bohne. Die Sau-B. (*κύαμος, πύαμος*, faba) war im Alten Orient, in Ägypten und im Mittelmeergebiet seit der Frühzeit bekannt (Hom. Il. 13, 589). Außerdem war eine andere Art verbreitet (*δόλιχος, φασήολος* = Dolichus sinensis L.). Auf ein hohes Alter der als Nahrungsmittel und Futterfrucht angebauten B. weist das Fest der Pynaopsien zu Ehren des Apollon im Monat Pyanopsion (Okt./Nov.), benannt nach dem dabei verzehrten B.n-Gericht. Ein B.n-Brei wurde der altröm. Göttin Carna an den Kalenden des Juni geopfert. Das alte Geschlecht der Fabii wurde nach der B. benannt (Plin. nat. 18, 10). Auffallend ist demgegenüber die weitverbreitete kultische Ächtung der Sau-B., die in Ägypten als so unrein galt, daß Priester sie nicht ansehen durften (Hdt. 2, 37) und von Demeter, die den Einwohnern von Pheneos (Arkadien) die Hülsenfrüchte (ὄσπρια) stiftete, ausgenommen wurde (Paus. 8, 15, 3); der → Flamen Dialis durfte nicht einmal den Namen aussprechen. → Amphiaraos enthielt sich der B., weil sie die Weissagung aus Träumen beeinträchtigte; → Orpheus und → Pythagoras untersagten das B.-Essen. In der Überlieferung werden verschiedene Gründe für diese Vorschriften angeführt (Blähwirkung, geistige Abstumpfung). Man schrieb dem B.n-Genuß sexuelle Erregung (B. als Hodensymbol), Schlafbeunruhigung und böse Träume zu. – In Athen gebrauchte man die B. zum Abstimmen bei den Wahlen der Archonten, der Buleuten und Richter (Aristoph. av. 1022; eq. 41, Xen. mem. 1, 2, 9). Wahrscheinlich steht damit der Kult des Heros Kyamites am B.n-Markt in Athen in Zusammenhang (Paus. 1, 37, 4). Auch in der Heilkunde ist die B. bezeugt. Unproblematisch ist die Verwendung der anderen B.n-Art, die als bekömmlicher bezeichnet wird. Sie galt Dionysos als angenehm (Ath. 2, 56 A). Vgl. → Flora. J.W.

Lit: Murr, Pflanzenwelt, 164–167 – Olck, RE 3, 1 (1897), 609–627 – Hehn, 218–222.

Boidas, Bildhauer, Sohn und Schüler des → Lysipp, was auf eine Tätigkeit in der Zeit um 300 v. Chr. schließen läßt. Es wird von B., der nicht so berühmt wie sein Bruder Euthykrates gewesen sei, nur ein Werk überliefert, nämlich ein ‹adorans› (Plin. nat. 34, 73); kopiert (?) in einer Bronzestatue in Berlin (deren Arme ergänzt sind): Thema, Zeitstufe und Zusammenhang mit der lysippischen Richtung empfehlen eine Identifizierung. E.Bg.

Lit: G. Hafner, Bronzestatue eines Knabensiegers in Berlin, ÖJh 35, 1943, 1–16 – Lippold, GrPl, 296 – G. Carettoni, EAA II, 1953, 123 (mit Abb.).

Boier, kelt. Stamm. Seit dem 4. Jh. v. Chr. sitzen B. in der Emilia mit Vorort → Bononia (Kt. 1420 D 3). Sie unterliegen Anf. des 2. Jh.s den Römern und scheinen teilweise nach Böhmen abgezogen zu sein, wo möglicherweise schon zuvor B. saßen. Um 60 v. Chr. Abwanderung aus Böhmen nach Pannonien, Noricum und Gallien; der Rest unterliegt den → Dakern und → Markomannen. L.B.-H.

Lit: s. zu → Kelten.

Boio, Dichterin (oder Dichter Boios?), schrieb ein Lehrgedicht ‹Ornithogonia› (Verwandlungen in Vögel). → Hellenist. Dichtung C [2]. Zeit unbestimmbar. P.H.

Frg: Coll. Alex. 23.

Bolanus → Vettius.

Bolos von Mendes (Ägypten), ‹Demokriteer›, auch ‹Pythagoreer›; nicht scharf datierbar (ca. 200 v. Chr.?). Behandelte ‹Thaumasia›; *Φυσικὰ δυναμερά* (Sympathie, Antipathie); ‹Cheirokmeta›; Georgika (?); Medizinisches; Astrologisches usw. Gern angesehen als Autor von Ps. Democritea (schon im Altertum wurden Cheirokmeta und Sympathiebuch auch → Demokrit zugeschrieben), Vermittler der oriental. Magierschwindelliteratur an die griech.-röm. Antike. Er fand dadurch auch in seinem Interesse an den okkulten Naturkräften und Eigenschaften viele Nachfolger (‹Physika-Literatur›). W.Sp.

Frg: VS 78.68 B 300 – FGrHist 263 – *Lit:* K. Ziegler, RE 18, 3 (1949), 1142, s. v. Paradoxographoi – A. J. Festugière, La révélation d'Hermès Trismégiste I (1944), 1950², 197ff., 222ff., 432 – J. H. Waszink, RAC II 502–508 – W. Burkert, Hellen. Pseudopythagorica, Philol. 105, 1961, 232–234.

Bomilkar, Karthager, bei der Landung des → Agathokles (3) v. Syrakus in Afrika (20. Aug. 310 v. Chr.) zum Feldherrn des karthag. Heers ernannt, versuchte er, eine Verständigung mit Agathokles herbeizuführen, da er von ihm Unterstützung seines Plans erhoffte, Tyrann von Karthago zu werden. Sein Mißerfolg kostete ihm das Leben. R.V.C.

Bona Dea, die ‹Gute Göttin›, eine Göttin der weiblichen Fruchtbarkeit, deren geheimer Kult den Männern streng untersagt war. Er wurde jedes Jahr in einer Dezembernacht von den Matronen der vornehmen Kreise im Hause eines Konsuln oder Prätoren gefeiert; das Opfer wurde ‹für das römische Volk› (Cic. Att. 1, 13, 3) dargebracht; die → Vestalinnen nahmen an den Feiern teil, deren ehrwürdiges Alter Cicero (har. resp. 37) bezeugt. Die → Myrte war vom Kult ausgeschlossen, und der Wein wurde als ‹Milch› bezeichnet. Im Dez. 61 drang → Clodius (1) als Frau verkleidet in das Haus Caesars, wo das Fest der B. D. stattfand; der Frevel wurde entdeckt, und es kam zu einem Skandal. – B. D. war auch eine Heilgöttin; sie besaß auf dem Aventin (→ Rom IV A) einen Tempel unbekannten Alters, wo heilige Schlangen gehalten wurden, wie in dem des → Aesculapius, und wo mit Pflanzen aller Art Heilmittel bereitet wurden (Macr. Sat. 1, 12, 25–26). In der Mythologie der späten Republik wurde sie bald der Tochter, bald der Gemahlin des → Faunus, der kaum bekannten Göttin Fauna, gleichgesetzt. Das ursprüngliche Wesen der B. D. und ihres Kultes ist umstritten: es scheint nicht möglich, der Hypothese Lattes zu folgen, sie sei nur eine Nachbildung der gleichnamigen griech. Göttin → Agathē Theos, einer → Hygieia verwandten Heilgottheit. Der offizielle Charakter und das Alter des geheimen Dezemberkultes bürgen für dessen röm. Ursprung; dennoch ist B. D. auf schwer zu bestimmende Art hellenisch beeinflußt worden: Festus (60 L.) sagt, B. D. werde auch → Damia genannt und ihre Priesterin damiatrix; leider ist die griech. Göttin Damia sehr schlecht bekannt. Noch in der Kaiserzeit war ihr Kult verbreitet. H. Le B.

Lit: Latte, 228–231 – A. Greifenhagen, RhM 52, 1937, 225–247.

Bonifatius, röm. General, Comes Africae, gest. 432. Als er 429 von der Reichsregierung nach Italien zurückgerufen wurde, weigerte er sich; weithin (fälschlich?) wurde angenommen, daß er die → Vandalen zu seiner militärischen Unterstützung veranlaßt habe, von Spanien nach Afrika überzusetzen. Unfähig, das Land von diesen Verbündeten wieder zu befreien, versöhnte er sich mit der Regierung und kehrte nach Italien zurück, starb aber an einer Wunde, die er in Ariminum beim Versuch, → Aetius' Empörung niederzuwerfen, empfangen hatte. E.A.Th.

Lit: J.M. de Lepper, De rebus gestis Bonifatii comitis Africae et magistri militum, 1941 – H. J. Diesner, Die Laufbahn des comes Africae B., in: Kirche u. Staat im spätröm. Reich, 1964.

Bononia (Bologna; Kt. 1420 D 3), etrusk. Stadt am Nordrand des Apennin, ursprünglich Velzna/Felsina, nach Besetzung durch die Kelten im 4. Jh. v. Chr. B. genannt. 190 v. Chr. Gründung der latinischen Kolonie B. durch die Römer (Liv. 37. 57. 7. Vell. 1, 15). – Die Stufen der → Villanovakultur werden wie diese selbst nach Fundstätten in B. bezeichnet. Besonderheiten sind die Bronzesitula von der Certosa (um 500 v. Chr.) und die reliefverzierten Grabstelen (5./4. Jh. v. Chr.). Vgl. → Etrusker. O.W.v.V.

Lit: G. A. Mansuelli, in: Mostra dell'Etruria Padana I, 1960, 1–39 u. 145 – *Bibliogr:* a. O. II 22–25.

Bonus Eventus, der ‹Glückliche Ausgang›, röm. Gottheit, Verkörperung des Erfolgs; → Varro (rust. 1, 1, 6) ruft ihn an als eine der Schutzgottheiten des Ackerbaus; er scheint vor allem bei den Bauern vielfach verehrt worden zu sein. Doch besaß er auch in Rom auf dem Marsfeld einen Tempel (A. Marc. 29, 6, 19). H. Le B.

Boreaden, die geflügelten Söhne des Windgottes → Boreas, *Kalais und Zetes*, Teilnehmer der → Argonautenfahrt, auf der sie Phineus von den → Harpyien befreien (Apoll. Rhod. 2, 241–290). Nach anderer Sage bestrafen die B., Schwäger Kleopatras, der ersten Frau des Phineus, diesen, weil er auf Anstiften seiner 2. Frau die Söhne erster Ehe geblendet hatte (Diod. 4, 44; Apollod. 3, 199–200; Orph. Arg. 671 ff.). Herakles tötet die B. auf Tenos, weil auf ihren Rat die Argonauten ohne ihn von Kios abfuhren (Apoll. Rhod. 1, 1300–1310). K. Schb.

Darstellungen: bei der Verfolgung der Harpyien auf der lakon. Schale, Arch. Cl. 4, 1952, 10–13, Taf. 5. L. Rocchetti, Boreadi, EAA II, 1959, 140 – Beazley, ARV^2, 409, 48. Vgl. → Argonauten.

Boreas, in Thrakien hausender Gott des Nordwindes, → Titan, Sohn des Astraios und der → Eos; raubte aus Athen die Erechtheustochter Oreithyia. Die Athener maßen daher der Hilfe ihres ‹Schwagers› die Sturmkatastrophe der pers. Flotte bei Euböa (480 v. Chr.) bei und errichteten ihm am Ilissos einen Tempel (Hdt. 7, 189). Seine Söhne sind Kalais und Zetes, die → Boreaden.

Darstellungen: Nach der Seeschlacht am Kap Artemision wird der Raub der Oreithyia durch B. beliebtes Thema der att. Vasenmalerei, das dann in der unterital. eine neue Blüte erfährt. Berühmt auch ein Akroter aus Delos (Picard, Manuel II 2, 794–796, Abb. 318). Dazu Attaschen von Bronzehydrien. B. ist fast stets geflügelt und bärtig; er trägt griech., thrak. oder oriental. Gewand, vereinzelt ein Fell. Selten ist er nackt. – *Lit. dazu:* Schauenburg, AuA 10, 1961, 77–79. K. Schb.

Borghese. Die von Kardinal Scipione B. (1576–1633) zum Schmuck der Villa B. an der Porta Pinciana zu Rom gesammelten Antiken wurden fast alle von den Franzosen i. J. 1806 nach Paris entführt (‹Fechter B.›, ‹Ares B.› u. a.). Fürst Camillo B. legte seit 1816 eine neue Slg. an: z. T. 1893 versteigert, der Rest i. J. 1902 zusammen mit der Villa B. an den Staat verkauft. U. R.

Lit: EA, Nr. 2701–2881 – Helbig^3 II Nr. 1529 ff. – I. Faldi, Note sulle sculture Borghese del Bernini, Bd'A 38, 1953, 140–146 – P. Della Pergola, La Galleria B. in Roma (1950), 1955^4.

Boscoreale (Kt. 1420 a), Fundort zweier röm. suburbaner Villen.

[1] Die eine Villa, bei Sette Termini, eine typische Villa rustica, barg den berühmten *Schatz von B.*, der außer einigen Geschmeiden über tausend Goldmünzen und eine Fülle meisterhaft getriebenen Silber- und Bronzegeschirrs augusteischer Zeit enthielt. Die schönsten Stücke sind zwei Becher mit Darstellungen des Triumphes des → Tiberius und des thronenden → Augustus, Becher mit spielenden Eroten, mit entzückenden Tierszenen und mit Philosophenskeletten, zwei Kannen mit opfernden Viktorien und Phialen, welche Büsten einer Africa (oder Kleopatra?) und zweier Römer im Schalenrund tragen.

[2] Die andere i. J. 1900 ohne archäologische Aufsicht im Fondo Vona ausgegrabene Villa, nach einem ihrer Besitzer *Villa des P. Fannius Synistor* genannt, besaß prachtvoll ausgemalte Räume, die sich um ein Peristyl lagerten. Die Malereien, die den bedeutendsten Zyklus pompejanischer Malerei 2. Stils darstellen, wurden, soweit sie von Interesse schienen, aus den Wänden herausgeschnitten und an Museen in Neapel, New York, Brüssel, Mariemont, Paris und Amsterdam verkauft. Das Peristyl war mit einer Scheinarchitektur von korinthischen, den tragenden Säulen der Portikus entsprechenden Säulen vor einer bunten Marmorwand ausgemalt. Zwischen den Säulen spannten sich Fruchtgirlanden, die auf der Wand darunter Platz ließen für bildlichen Schmuck, Kampfpreise und zu seiten des Einganges zum Festsaal Flügelfiguren. Auf der N-Seite des Hofes lag eine Folge reich ausgemalter Räume, von O nach W ein kleines → Triclinium, dessen Scheinarchitektur eine Scherwand darstellt, über die hinweg man in einen Pfeilerhof blickt und vor der Säulen bis zur Decke reichen, weiter ein Cubiculum mit Stadtansichten und Architekturlandschaften zwischen Säulen, eine Exedra mit einer Wanddekoration ohne Säulen mit glänzendem Girlandenschmuck, weiter dem Eingang der Villa gegenüber der berühmte Festsaal mit einem Zyklus großer Figuren in den Interkolumnien einer gemalten Säulenhalle. An der Rückwand vor blauem Grund in der Mitte Venus mit Amor, links Dionysos und Ariadne, rechts die drei Grazien, an den Seitenwänden vor rotem Grund Angehörige der makedon. Königsfamilie, kopiert nach einem Vorbild hochhellenist. Zeit, schließlich ein Sommertriclinium mit den von → Vitruv (7, 5) als Wanddekoration erwähnten gemalten Bühnenfronten. Weniger wichtige Räume auf den andern Seiten des Hofes, darunter der Saal mit Musikinstrumenten links vom Eingang der Villa, zeigen die Nachahmung einer Wandverkleidung mit Inkrustationsplatten. Die Malereien lassen sich an Bedeutung nur mit denen der Villa dei Misteri in Pompeji vergleichen, sind aber etwas später als diese gegen 40 v. Chr. zu datieren. – Vgl. → Malerei D [4]. B. A.

Lit: *Zu* [1]: A. Heron de Villefosse, Le trésor de Boscoreale, Mon. Piot 5, 1899 – *Zu* [2]: F. Barnabei, La villa Pompeiana di P. Fannio Sinistore, 1901 – P. W. Lehmann, Roman Wall Paintings from B. in the MMA, 1953 – E. Simon, Die Fürstenbilder v. B., 1958.

Boscotrecase, Gemarkung am Westhang des Vesuvs (Kt. 1420 F 6), wo 1903–05 die durch Ziegelstempel identifizierte Villa des → Agrippa (3) Postumus teilweise ausgegraben, aber 1906 von einem Vesuvausbruch wieder verschüttet wurde. Die Malereien von drei Räumen abgenommen und nach Neapel und New York verbracht. An den Beginn des letzten Jahrzehnts des 1. Jh.s v. Chr. zu datieren, stellen die Malereien einen Fixpunkt für die röm. → Malerei (D 5) dar. Die einfarbig grundierten Wände sind mit einer außerordentlich feinen, flächenhaften Dekoration axialsymmetrisch gegliedert. Nur entwicklungsgeschichtlich ist der Zusammenhang mit dem Aufbau der Wand aus Sockel, Orthostaten und Quaderschichten noch zu erkennen, so zart und unplastisch sind die Dekorationselemente, z. B. bandartige Pilaster und Kandelabersäulen geworden. Im ‹Schwarzen Zimmer› finden sich in der Dekoration ägyptisierende Elemente und in den Mittelfeldern Vignetten mit bukolischen Sakrallandschaften. Im ‹Roten Zimmer› sind die Mittelfelder weiß grundiert. In dem so geschaffenen unwirklichen Raum schweben große Landschaftskompositionen wie eine Fata Morgana glücklicherer Gefilde. Im ‹Mythologischen Zimmer› bilden die Mittelfelder Ausblicke in traumhafte mythische Landschaften mit Polyphem und Galathea auf der Westwand, mit Perseus und Andromeda auf der Ostwand. Der illusionistische Stil der Malereien und die Landschaftsdarstellung aus der Vogelperspektive sind rein römisch. Der ausführenden Werkstatt wird die Schöpfung des 3. Stils zugeschrieben. B. A.

Lit: P. H. v. Blanckenhagen, The Paintings from Boscotrecase, 1962.

Bosporanisches Reich, zu beiden Seiten der Meerenge von Kerč (Kimmerischer Bosporos, vgl. Kt. 2640) mit der Hauptstadt → Pantikapaion (später: Bosporos). Die Geschichte des Bosp. Reiches beginnt mit der von 480–438/437 in Pantikapaion residierenden Dynastie der Archaianaktiden, deren Regenten und politische Maßnahmen unbekannt sind. Spartokos I. (438/7–433/2) stürzt die Archaianaktiden und begründet die Dynastie der → Spartokiden, die von 438/7–108/7 die Herrschaft im Bosp. Reich ausübt. Die gemeinsam regierenden Söhne des Spartokos Seleukos (433/2–393/2) und Satyros I. (433/2–389/8) erwerben Kepoi auf der Taman-Halbinsel und 405/4 das athen. Nymphaion auf der Krim. Leukon I. (389/8–349/8), Sohn des Satyros (Mitregent sein Bruder Gorgippos), erobert die milesische Kolonie Theodosia, gewinnt die Herrschaft über die Sinder und einige andere maïtische Völkerschaften wie über die teïsche Kolonie Phanagoreia und nimmt den Titel an: Archon von Bosporos und Theodosia, König der unterworfenen maïtischen Stämme. Er eröffnet Handelsverbindungen mit Athen (Getreide) und pontischen Städten. Spartokos II. (349/8–344/3) und Pairisades I. (349/8 bis 311/10) erweitern das Reich am Ostufer des Asowschen Meers; Pairisades ändert die Herrscherfolge so, daß nicht mehr die zwei ältesten Söhne die Regentschaft gemeinsam ausüben, sondern der erstgeborene Alleinherrscher wird. Das führt zum Bruderkrieg (311/310–310/309) zwischen

Satyros II., Eumelos und Prytanis, der mit dem Sieg des Eumelos (310/9–304/3) endet. Dieser nimmt auch in den griech. Städten des Bosp. Reichs den Königstitel an. Von seinen Nachfolgern ist kaum mehr als der Name bekannt. Beginnender Verfall des Reiches durch wirtschaftlichen Niedergang Griechenlands infolge der Diadochenkriege und des Vordringens der → Sarmaten nach Südrußland, was zu Kämpfen mit den Krimskythen unter Skiluros und Palakos führt. Der letzte Spartokide Pairisades V. wird 108/107 bei einem skythischen Aufstand in Pantikapaion getötet. An seine Stelle tritt der gegen die Skythen zu Hilfe gerufene → Mithridates VI. von Pontos, der von 107–63 im Bosp. Reich herrscht und eine neue Dynastie begründet, der die Herrscher → Pharnakes I. (63–47), → Asandros (47–19, Statthalter des Pharnakes) und Dynamis (19–15 Alleinherrscherin) angehören. Im J. 17 wird → Polemon I. von Pontos durch → Augustus zum König des Bosp. Reichs eingesetzt, der, nach anfänglichen Schwierigkeiten als Herrscher von der bosporan. Bevölkerung anerkannt, das Reich zum röm. Klientelrandstaat macht: wirtschaftliche Nachblüte im Bosp. Reich. Gegen ihn erhebt sich Aspurgos (8? v.–38 n. Chr.) auf der Taman-Halbinsel, der die Personalunion zwischen Pontos und Bosporos löst und auf den nach der Zwischenregierung des von Kaiser → Caligula eingesetzten → Polemon II. (38–42) sein Sohn Mithradates (42–45) folgt, der von → Claudius (1) zugunsten seines Bruders Kotys' I. (45–71) der Herrschaft enthoben wird. Das Bosp. Reich erhält finanzielle und militärische Unterstützung von Rom. Die bosporan. Herrscher führen seit Rheskuporis I. (71–92) den Vornamen Tiberius und den Gentilnamen Iulius. Im 3. Jh. breitet sich das Christentum im Bosp. Reich aus. Im 4. Jh. dringen die → Hunnen ein, von denen → Justinian I. das Bosp. Reich befreit. Tib. Iulius Doiptunes (Diuptunes, Mitte des 5. Jh.s) ist der letzte bekannte Herrscher des Bosp. Reichs. R.W.

Lit: R. Werner, Das Bosporan. Reich, in: Abriß d. Gesch. antiker Randkulturen, 1961, 142–155 (mit Lit.).

Bosse, bruchrauhe oder roh bearbeitete, meist leicht gewölbte Außenfläche eines steinernen Werkstückes.

Bostra, Stadt im Ḥaurān (Kt. 2196 B 5; heute Boṣra-eski-Šām). B., das zum nabatäischen Königreich gehörte, kam mit diesem unter → Trajan ans röm. Reich. Die Stadt erhielt den Titel Nova Traiana B. B. wurde Hauptort der Provinz Arabia, die Legia III Cyrenaica wurde dorthin verlegt. Unter → Severus (2) Alexander wurde B. zur Kolonie erhoben. → Philippus (4) Arabs war Bürger von B. Bei der diokletianischen Neueinteilung wurde die Provinz Arabia auf das Gebiet um B. reduziert. B. war Bistum, dann Metropolis unter dem Patriarchen von Antiochia. 613 Zerstörung durch die Perser, 634 als erste Stadt in Syrien von den Arabern erobert. Bauten: Mauerring mit Toren, sehr bedeutend das außergewöhnlich gut erhaltene Theater (im MA Zitadelle, jetzt freigelegt), Kathedrale (Oktogon). R.F.

Lit: M. Vogüé, Syrie centrale, 1865 – R. Brünnow-A. v. Domaszewski, Prov. Arabia III, 1905 – H. C. Butler, Princ. arch. exp. Syria II A 4, 1904 – J. W. Crowfoot, Churches at B., Brit. sch. arch. Jerus., 1937.

Botanik

[1] Allgemeines – [2] B. bis Aristoteles – [3] Aristoteles – [4] Theophrast – [5] B. nach Theophrast – Vgl. → Flora, → Biologie, → Zoologie, → Landwirtschaft B, → Medizin B [7].

[1] *Allgemeines.* Die umfangreichen Abhandlungen des → Theophrast, ‹Historia plantarum› und ‹De causis plantarum›, die ältesten erhaltenen botanischen Lehrbücher, bezeugen ein reich überliefertes, an Feldfrüchten und Arzneipflanzen, bes. an Wurzeln gewonnenes empirisches Wissen. Die Griechen berichteten auch über Gartenbau und seltene Bäume in Ägypten (Theophr. passim), über die Wildgehege der Perser (→ Paradeisos; Xen. anab. 1, 2, 7) und die babylon. Gärten, wo die Befruchtung von Feige und Palme vorgenommen, aber nicht verstanden wurde (Hdt. 1, 193; Theophr. hist. plant. 2, 8; assyr. Reliefs des 9. Jh.s zeigen die rituelle Palmbaumbefruchtung). Bei Homer werden etwa 60 Pflanzen genannt, im Corpus Hippocraticum ungefähr 300 für medizinische Zwecke, bei Theophrast 500.

[2] *B. bis Aristoteles.* Die frühen Kosmologen verwendeten gelegentlich botan. Belegmaterial, aber seltener als zoologisches. → *Empedokles* nahm an, daß die Pflanzen vor den Tieren entstanden seien und anders als die Tiere Männliches und Weibliches in sich enthielten; daß die Wurzel von der Erde ernährt werde, aber die Schößlinge von der Luft; daß das Abwerfen des Laubs durch Wassermangel bedingt sei; Früchte werden mit Eiern verglichen (VS 31 A 70, B 79). Er schrieb den Pflanzen Wahrnehmungsvermögen und einige Intelligenz zu, wie auch → Anaxagoras, wogegen → Diogenes (2) v. Apollonia dies bestritt und später Aristoteles hierin die Trennungslinie zwischen Tieren und Pflanzen erblickte. Sein Nachfolger → *Menestor* wandte den überlieferten Gegensatz Warm-Kalt auf die Pflanzen an und erklärte damit das jahreszeitliche Wachstum, Fruchtbarkeit, Laubabwurf, Standort; wärmere Pflanzen wachsen im Wasser, um so die richtige Mischung zu bewahren. Diese für Empedokles charakteristische Ansicht war auch grundlegend für Theophrast, der Menestor oft zitiert. Unter anderen gleichfalls zitierten Autoren des 5. Jh.s glaubte → *Kleidemos (2) v. Athen,* daß Pflanzen und Tiere aus denselben Substanzen bestünden, daß aber die Pflanzen sich um so mehr von den Tieren entfernten, je kälter sie seien; er nahm damit eine Theorie des Aristoteles vorweg. Kleidemos verband dies mit praktischen Ratschlägen über die Zeiten zur Aussaat und Erklärungen der Krankheiten der Pflanzen (VS 62). → *Hippon* v. Rhegion soll angenommen haben, daß Lage und Klima Blüte, Fruchtbarkeit und Laubabwurf bestimmen und daß es bei allen Pflanzen sowohl wilde wie veredelte Varietäten gibt. Unter den verlorenen Büchern Demokrits über ‹Ursachen› gibt es den Titel ‹Samen, Pflanzen, Früchte›, aber über seine Theorien ist nichts bekannt, außer daß gerade wachsende Pflanzen ein kürzeres Leben hätten als krumme, was von Theophrast widerlegt wurde. – Zu dieser Zeit wurde ganz allgemein angenommen, daß Pflanzen eine Seele besitzen, weil sie ja Leben haben. → *Platon* schrieb ihnen sogar Lust und Schmerz zu (Tim. 77 A), setzte sie aber, wie auch Aristoteles, an das unterste Ende der scala naturae. Er und Speusipp werden von dem Komiker → Epikrates beim Nachdenken darüber geschildert, ob der Kürbis als Baum, Gemüse oder Kraut zu definieren sei (Fr. 11 K.). Diese Parodie bezieht sich wohl auf die Bemühungen der Akademie um das Problem der Klassifizierung der Pflanzen (vgl. Speus. Fr. 5, 6 L.; → Biologie). – Die *Hippokratischen Schriften* enthalten Diätvorschriften mit vielen Pflanzennamen (Hippokr. vict. 2) und eine eingehende Beschreibung des Wachstums eines Samens durch Pneuma und Feuchtigkeit, das Hervorbrechen von Wurzeln und Blättern, die Wirkung von Wärme und Kälte im Boden wie durch die Kälte in der Luft (nat. puer. 22–26). An diesen beiden Stellen wird die physiologische Theorie auf den praktischen Ackerbau angewandt; es ist aber zweifelhaft, ob sie vor Aristoteles zu datieren sind.

[3] *Aristoteles.* Die zoolog. Schriften des → Aristoteles (→ Zoologie) enthalten vermutlich von einem frühen Herausgeber beigefügte Hinweise auf ein Buch ‹Über Pflanzen›, das vielleicht von Aristoteles stammt und verloren ist, wenn nicht Theophrasts noch erhaltene Werke gemeint sind. (Ps. Aristot. De Plantis wird nun allgemein → Nikolaos (2) v. Damaskos zugeschrieben, Ende des 1. Jh.s v. Chr.). Die Grundzüge der aristotelischen B. sind aber in den vielen Vergleichen mit der Zoologie sehr wohl erkennbar: Die Pflanzen unterscheiden sich von den Tieren durch das Fehlen der Sinneswahrnehmungen, doch kann die Grenze nicht genau gezogen werden. Die Pflanzenseele ist nur der Ernährung und Fortpflanzung fähig; sie befindet sich hauptsächlich an der Verbindung von Wurzel und Sproß (die dem

Herzen des Tieres entspricht), ist aber auch in der ganzen Pflanze gegenwärtig und potentiell vielfältig, so daß Pflanzen durch Teilung vermehrt werden können. Wie die Tiere haben auch die Pflanzen Lebenswärme, die durch kühle Luft und die Ernährung ausgeglichen werden muß: die letztere besteht aus Erde und Wasser, die durch die Wurzeln aufgenommen werden. Der süße Teil wird durch die Wärme in der Pflanze verdaut (πέψις); da er sich schon aufnahmebereit im Boden findet, wird er ganz assimiliert und hinterläßt keine Exkremente; der einzige Rückstand (περίττωμα) der Nahrung ist der Teil, der in Frucht und Samen ausgeschieden wird. Pflanzen entfalten sich bis zu einem natürlichen Höhepunkt ihres Lebens, auf den Alter und Tod folgen, wenn die Wärme allmählich schwindet. Pflanzen mit mächtigen Wurzeln leben am längsten, während die einjährigen Pflanzen mit ihrem größten Teil aus der Erde herausragen. Fettigkeit hilft Pflanzen wie auch Tieren, ihre warme Feuchte und damit das Leben zu erhalten; Mangel daran verursacht Laubabwurf bzw. Kahlheit und Mausern. – Aristoteles unterschied bei den Teilen der Pflanze wie bei den Tieren offensichtlich zwischen ‹homöomerischen› Geweben und ‹anhomöomerischen› Organen; aber seine vollständige Aufzählung ist nicht überliefert: wahrscheinlich stimmte sie mit der des Theophrast (s.u.) überein. Als Organe erwähnt er Blatt, Fruchthülle, Wurzel; als Gewebe Holz und Rinde. Er richtet aber auch auf Schößling, Stengel, Knoten, Äste, Zweige und Blattadern seine Aufmerksamkeit. Die Organe erklärt er in seiner Art teleologisch (→Biologie): Die Blätter dienen zum Beschützen der Frucht, die Wurzeln zur Ernährung; sie entsprechen dem Mund oder vielmehr dem Magen (vgl. Aristot. part. an. 2, 3. 650 a 27). Seine Theorie der Klassifizierung scheint er nicht über die gewöhnlichen Gruppen wie Baum, Gemüse, Kraut, Hülsenfrüchte, Getreide ausgedehnt zu haben. Er erwähnt Varietäten verschiedener Klimalagen und Standorte. Die Pflanzen wurden volkstümlich männlich oder weiblich genannt, je nachdem sie Frucht trugen, aber ihre wirkliche Geschlechtlichkeit war weder im Altertum noch im MA bekannt. Aristoteles meint, sie besäßen, außer durch Analogie, keine männlichen oder weiblichen Prinzipien. Der Same ist bereits ein Embryo, aus überschüssiger Nahrung durch ‹Verkochen› (πέψις) direkt hervorgebracht; einige Pflanzen haben nicht einmal Samen (Weide, Pappel), sondern vermehren sich nur durch Ableger oder durch Urzeugung. Bei der künstlichen Reifung trägt das ‹Männliche› zum ‹Kochen› der Frucht bei. Wie bei den Tieren enthält der Same die Seele, die die Teile der Pflanze aus einem Stück des Samens entstehen läßt, während der Rest als Nahrung verzehrt wird. Wurzeln entwickeln sich vor dem Sproß. Pflanzen können entweder aus Samen vermehrt werden oder aus Ablegern, aus Nebentrieben, durch Pfropfen, als Schmarotzer oder durch Urzeugung.

[4] *Theophrast* verwirft die aristotelische Physiologie nicht ausdrücklich, legt aber viel Gewicht auf die Materialursachen (bes. die Qualitäten Warm-Kalt, Naß-Trocken); die Pflanzenseele erwähnt er nicht und die Finalursache nur selten. Sein Hauptbeitrag besteht in der Morphologie und Beschreibung. Dabei benutzte er zweifellos die Werke vieler Vorgänger, denn er führt Sachverständige für Gartenbau und Heilwurzeln, Ärzte, Forschungsreisende (u.a. →Androsthenes, den Begleiter des →Nearchos) ebenso an wie frühere und zeitgenössische Naturforscher; vielleicht war →Diokles (3) v. Karystos der Verfasser eines umfangreichen botan. Traktats, der wahrscheinlich Theophrast und später →Plinius (1) d. Ä. als Quelle diente. In ihrer heutigen Form eine Kompilation ohne rechten Zusammenhang, enthalten die botan. Werke Theophrasts viele wichtige Einzelheiten. *Klassifizierung:* Ohne ein Schema dafür aufzustellen, teilt er die Pflanzen in die allgemeinen Gruppen: Bäume, Sträucher, strauchige Pflanzen, Kräuter ein und verwendet auch die volkstümlichen Gruppennamen wie Gemüse, Hülsenfrüchte, Getreide, Wasserpflanzen, Sumpfpflanzen; diesen fügt er Adjektive zur Bezeichnung der Gattung bei, die sich mit der noch heute gültigen Einteilung in natürliche Familien berühren, wie die heute latinisierten: Arundinaceae, Bulbaceae, Ferulaceae (d.h. Umbelliferae), Acanaceae, Cichoraceae; daneben gibt er häufig die Varietäten an. Diese Betrachtungsweise, die der des Aristoteles in der Historia animalium sehr ähnlich ist, bereitete einer natürlichen, strukturellen Klassifizierung den Weg, die freilich erst im 16. Jh. durchgeführt wurde. Theophrasts Nachfolger klassifizierten die Pflanzen entweder nach ihren pharmakologischen Eigenschaften oder nach dem Alphabet. – Theophrasts Historia plantarum befaßt sich mit den unterscheidenden Merkmalen bei den Pflanzen (und folgt dabei Aristoteles' ‹Historia animalium›). Bäume unterscheiden sich in Wurzeln, Knoten, Laubabwurf, Blatt, Blüte, Frucht, Samen. Bei der Bestimmung der Teile einer Pflanze nimmt Theophrast den Baum als Norm, bemerkt aber, daß nicht alle Pflanzen alle Teile besitzen. Die Teile, die Dauer haben, sind Wurzel, Stamm, Ast, Zweig; die jährlich erneuerten Teile Blatt, Blüte, Frucht, neue Schößlinge. Wie Aristoteles unterscheidet auch Theophrast die homöomerischen Teile: Rinde, Holz, Mark, die sich aus Saft, Faser, Ader, Fleisch zusammensetzen. – Einige seiner besten Beschreibungen beziehen sich auf die Wurzelmorphologie, zweifellos von den Wurzelkundigen übernommen. Er nimmt das aristotelische Prinzip, daß die Wurzel nicht durch ihre Lage, sondern durch ihre Funktion definiert werden müsse, wieder auf, berichtigt die volkstümliche Ansicht, daß es sich bei jedem unter der Erde befindlichen Teil um eine Wurzel handelt, indem er Zwiebeln, Knollen, Rhizome und den unter der Erde liegenden Teil des Stammes davon ausnimmt. Er unterscheidet zwischen Pfahlwurzeln, Seiten- und Nebenwurzeln, Saug- und Luftwurzeln. Bei den Blättern unterscheidet er gestielte von stiellosen, gegenständige von wechselständigen, einfache von zusammengesetzten, und beschreibt viele Merkmale an Blattform, -rand und -spitze, ebenso der Blattnerven, Saftigkeit usw. Einige seiner Gattungsnamen werden in ihrer lat. Form noch heute benutzt, z.B. Salicifolia, Betulifolia, Alnifolia. Unter Blüte versteht er die ‹Blumenkrone› (corolla) mit Staubgefäß und Griffel; bei diesen unterscheidet er zwischen den petaloiden und apetaloiden (in Anerkennung der Homologie mit dem Blatt) und hypogynen, perigynen, epigynen. Die strukturelle Beziehung zwischen Blume, Frucht und Samen beschreibt er richtig, ohne aber von ihrer geschlechtlichen Bedeutung zu wissen. Die Frucht beschreibt er als Fruchthülle und Samen. Mit den verschiedenen Arten der Samen befaßt er sich eingehend; die Merkmale, durch die sich die Monocotyledonen (Einkeimblättrigen) von den Dicotyledonen (Zweikeimblättrigen) unterscheiden, werden angegeben (ein Fortschritt gegenüber Aristoteles), aber von dieser Unterscheidung wird weiter kein Gebrauch gemacht. Er folgt Aristoteles, wenn er den eigentlichen Samen von den umgebenden Strukturen unterscheidet. – Die Fortpflanzungsweisen teilt Theophrast im Prinzip gleich ein wie Aristoteles, geht aber mehr ins Detail. Die Urzeugung, die er durch normale Materialursachen erklärt, behandelt er nur am Rande, da er sich vorzugsweise mit den Veränderungen beschäftigt, die durch Züchtung und Düngung entstehen; deshalb unterscheidet er wie →Hippon v. Rhegion, den er aber kritisiert, stets den wilden vom kultivierten Zustand. Auch Veränderungen durch Lage und Klima führt er an, ebenso die regionale Verbreitung, ein Gesichtspunkt, den später der Geograph →Strabon wieder aufnahm. Ganz wie die traditionelle griech. →Biologie und →Medizin mißt auch er der Beziehung einer Art zu Luft- und Bodenverhältnissen und der Ausgewogenheit dieser Bedingungen (συμμετρία, κρᾶσις) die größte Bedeutung bei.

[5] *B. nach Theophrast.* Nach Theophrast wurden jahrhundertelang in der botan. Theorie wenig Fortschritte gemacht. Ps. Aristoteles, De Coloribus (5) gibt eine neue Untersuchung über die Pflanzenfarben; aber Ps. Aristoteles, De Plantis (verfaßt von → Nikolaos (2) v. Damaskos) ist eine bloße Kompilation aus Aristoteles und Theophrast. Das Interesse an der B. wurde wieder dem → Ackerbau und der → Medizin untergeordnet. Grundlegend war in dieser Zeit das ursprünglich phönizisch geschriebene Werk des → Mago (3) v. Karthago über die *Landwirtschaft.* → Catos (1) Buch De agricultura (ca. 160 v. Chr.) diente ausschließlich dem praktischen Gebrauch, aber → Varros (1) Res rusticae (37 v. Chr.) zeigen überwiegend botanisches Interesse. – Zum einzelnen vgl. → Landwirtschaft, B: Landwirtschaftliche Schriftstellerei. – Größere Bedeutung für die B. erlangte die *Pharmakologie* (→ Medizin, B 7). Die überlieferten Gedichte des → Nikandros (2) v. Kolophon (2. Jh. v. Chr.) führen ca. 100 Pflanzen an, die gegen Gifte zu gebrauchen sind, und enthalten die früheste bekannte Liste giftiger Pilze, aber keine genügende Beschreibung. → Krateuas (1. Jh. v. Chr.) schrieb eine Abhandlung in drei Büchern über Wurzeln, in der er die medizinischen Eigenschaften der Pflanzen beschreibt; er veröffentlichte auch eine Volksausgabe, die nur Namen und farbige Bilder statt der Beschreibung gab. Diese Bilder wurden vermutlich immer wieder kopiert und könnten sehr wohl den Illustrationen des Wiener Codex Anicia Juliana vom Jahr 512 n. Chr. zugrunde liegen. In den erhaltenen Werken des → Scribonius (5) Largus und → Celsus (1) werden viele Arzneipflanzen angegeben. Am vollständigsten ist → Dioskurides (2), dessen ‹Materia medica› ungefähr 600 Pflanzen und viele Beschreibungen, nach pharmakologischen Gesichtspunkten klassifiziert, enthält. Dieses Buch – immer wieder ergänzt und umgeordnet – wurde zum Standardwerk des MA. Was die B. betrifft, ist es der Naturalis historia → Plinius' (1) d. Ä. (Buch 12–27) über B. und Pharmakologie weit überlegen, da diese nur eine verworrene Kompilation aus älteren Verfassern ist, wo häufig die gleichen Pflanzen unter verschiedenen Namen erscheinen und eine Identifikation oft unmöglich ist. – Die Gepflogenheit, B. aus Büchern zu schreiben, ohne die Pflanzen selbst anzusehen, scheint im 1.–3. Jh. sehr verbreitet gewesen zu sein. → Galen, der stolz darauf ist, Tiere und Pflanzen selbst untersucht zu haben, übt diese Kritik an → Pamphilos (2) von Alexandria (Gal. 11, 793 K.), und die Fragmente von → Rufus von Ephesos, Q. → Serenus (1) und → Solinus verraten, daß sie ohne jede Originalität aus Theophrast, Plinius etc. exzerpiert haben. → Gargilius Martialis mag darin eine Ausnahme gewesen sein. Der Wert der beiden verlorenen Bücher des → Athenaios (2) v. Attaleia über B. ist ungewiß. Im 4. Jh. wurde die botan. Lehre durch Basileios wieder belebt, der im Gegensatz zu Aristoteles und Theophrast die Meinung vertrat, daß alle Pflanzen Samen besäßen. Neue Erkenntnisse über seltene Pflanzen vermittelte → Theodoros (5) Priscianus. Ein stetiger Zuwachs an Erkenntnissen kann durch das ganze MA festgestellt werden, aber in der Theorie wird erst in der Schrift des Albertus Magnus De vegetabilibus ein Fortschritt sichtbar. D. M. B.

Lit: E. H. F. Meyer, Gesch. d. B., 1854 – E. L. Greene, Landmarks of Botanical History, Smithsonian Miscellaneous Collections 54, 1909 – A. Arber, The Natural Philosophy of Plant Form, 1950.

Boten. Neben B. im Dienst der staatlichen → Post (in Rom: → cursus publicus) gab es von Privatpersonen oder -gesellschaften angestellte Postboten. Privatbriefe wurden vielfach durch eigene Sklaven befördert. Für die Staatspost verwendeten bereits die → Perser berittene Postboten, die Griechen hatten Schnelläufer (→ Hemerodromen), die Ptolemäer auf Kamelen reitende B. Die Briefboten der röm. Staatspost, des → cursus publicus, heißen statores oder → tabellarii; auch die beim Militär tätigen → frumentarii und → agentes in rebus scheinen Briefe befördert zu haben. Der Botendienst wurde als schwer und anstrengend angesehen und galt oft als Strafe (vgl. z. B. Petron 47). Th. P.

Lit: W. Riepl, Das Nachrichtenwesen d. Altertums, 1913 – E. J. Holmberg, Zur Gesch. des cursus publicus, 1933.

Botenbericht, längere Rede eines Boten in der Tragödie, in der er den anderen Spielern ein während des Stückes hinterszenisch oder ein dem Drama zeitlich vorausliegendes, außerszenisch geschehenes Ereignis berichtet. Als B. im weiteren Sinne bezeichnet man auch die ein geschehenes Ereignis berichtenden Reden anderer Personen. E.-R. Sch.

Lit: J. Keller, Struktur und dramatische Funktion des B.es bei Aisch. und Soph., Diss. Tübingen 1959 (masch.) – L. Bergson, Episches in den ῥήσεις ἀγγελικαί, RhM 102, 1959, 9–39 – G. Erdmann, Der B. bei Euripides, Diss. Kiel 1964 (masch.).

Botryophoren (βοτρυοφόρος sc. δραχμή), wahrscheinlich Bezeichnung für hellenistische Drachmen der Insel Tenos der 2. H. des 2. Jh.s v. Chr. mit Traubendolde als Rückseitentypus. Erwähnt in einem delischen Inventar von 140–139 v. Chr. sowie in einem zweiten, vielleicht etwas älteren (Inscr. Delos 1449. 1450). W. Schw.

Lit: L. Robert, Etudes de num. grecque, 1951, 165–166 – M. N. Tod, Num. Chron. VI 20, 1960, 9.

Boudicca, Gattin des Icenerfürsten Prasutagus, führt britannischen Aufstand 61 n. Chr. an. Camulodunum, Londinium und Verulamium geplündert. Unterliegt dem Statthalter → Suetonius Paulinus und nimmt Gift. H.-G. K.

Q: Tac. ann. 14, 31–37; Agr. 16; Dio Cass. 62, 1–12 – *Lit:* Chr. M. Bulst, The Revolt of Queen B., Historia 10, 1961, 496–509.

Bovianum, Hauptstadt des Samniterstamms der Caraceni in den Abruzzen (Kt. 1420 F 6; heute Pietrabbondante) mit Überresten der Stadtmauer, eines hellenist. Theaters, eines im Inneren mit Terrakottareliefs geschmückten Tempels und eines Nymphäums. B. A.

Lit: A. Maiuri, NSc 1913, 456 – Ders., Passegiate campane, 1951, 291 ff. – L. Rocchetti, EAA II, 1959, 157.

Brahmanen, griech. auch *Gymnosophistai.* Ihre Lebensweise, gesellschaftliche Funktion und Lehre wurde bes. seit Alexanders Zug bekannt durch → Onesikritos, → Nearchos, → Aristobul und → Megasthenes (FGrHist 134, 133, 139, 715; s. ferner 153 F 9, Ps. Kallisth. 3, 5 ff. und die folgenden Einlagen 3, 7/16), später durch Bardanes (FGrHist 719) u. a. C. J. C.

Lit: R. Merkelbach, Die Quellen des griech. Alexanderromans, 1954 – R. C. Majumdar, The Classical Accounts of India, 1960.

Branchiden (Βραγχίδαι), Nachkommen des Sehers Branchos: dynastische Priesterkaste, welche die Orakelstätte des Apollon, → Didyma, südl. von → Milet beim Hafen Panormos verwaltete. Die heilige Straße von Didyma zum Hafen Panormos war von meist überlebensgroßen Statuen der B. flankiert. Eine der wiedergefundenen Statuen, heute im BM London, stellt nach der Inschrift *Chares* dar, Sohn des Klesis und Herrscher v. Teichioessa (Thuk. 8, 26, 28). E. Bg.

Lit: L. Rocchetti, EAA II, 1959, 164.

Branchos, ‹der Heisere› (Quint. inst. 11, 3, 55), von Apollon geliebt und mit Sehergabe ausgestattet (durch genealogische Sagen mit Delphi verknüpft: Konon FGrHist 26 F 1, 33; Strab. 9, 3, 9), Stammvater des milesischen Priestergeschlechts der → *Branchiden,* die mit den Euangeliden (Konon FGrHist 26 F 1, 44) das Orakel in Didyma bzw. Branchidai verwalteten, den Persern dessen Schätze übergaben, nach Osten umgesiedelt und von Alexander ausgerottet wurden (Strab. 11, 11, 4; Curt. 7, 5, 28 ff.). C. J. C.

Brasidas, Spartaner aus angesehener Familie, schon als junger Mann 431/430 v. Chr. eponymer Ephor. Gegen den Widerstand einflußreicher Kreise in Sparta, die nach der Schlappe auf Sphakteria 425 eine Verständigung mit Athen wünschten, erreichte er 424 die Erlaubnis zu einer energischen Aktion im chalkidisch-thrakischen Raum. Überall als Befreier von der Unterdrückung durch Athen auftretend, errang er dort mit seinem Korps von Söldnern und Heloten und anfänglich im Bunde mit → Perdikkas II. v.

Makedonien bedeutende Erfolge und gewann im Winter 424/423 sogar Amphipolis (Thuk. 4, 103 f.), weswegen der damals in diesem Raum kommandierende Historiker → Thukydides in die Verbannung gehen mußte. Als weitere Städte in diesem Raum von Athen abfielen, erschien 422 → Kleon (1) mit frischen Streitkräften, wurde jedoch von B. bei Amphipolis geschlagen. Beide Feldherren fielen in der Schlacht (Thuk. 5, 3 ff.). F. Kch.

Braten. In besonderen Bronze- oder Eisenpfannen (fretale, sartago) wurde das meist vorher gekochte Fleisch von Kammstücken, Schinken, Nieren im Ofen (clibanum) oder auf dem Grill (craticula; Petron. 31, 11: Würstchen) gebraten; z. B. Hähnchen: Kochen, mit Tuch trocknen, Sauce durch Hautschnitte einziehen lassen, braten, pfeffern, servieren; doch konnte das gesalzene Fleisch auch nur über einem Holzkohlenfeuer gebraten und mit Honig aufgetragen werden, der den spezifischen Geschmack hervorhob (Apic. 271). Zu Bratfisch vgl. Apic. 140 (in Ei), 445 (in Sauce). Vgl. → Kochen. W. K.

Q: Apic. 269. 275. 292. 295. 449 – *Abb.* einer Pfanne: AJA 25, 1921, 44 Fig. 5.

Brauron, heute Porto Rafti, Ort und Hafen an der O-Küste → Attikas (Kt. 1152 a D 3) mit Heiligtum der Artemis Brauronia am Südrand der kleinen Ebene mit kleinem dorischem Tempel klassischer Zeit (20 × 10,5 m) über Resten eines Tempels aus dem 6. Jh., einem besonderen Heiligtum mit dem Grab der Iphigenie (Eur. Iph. Taur. 1462 ff.) und einem auf drei Seiten von Säulenhallen umgebenen Hof mit einer weiteren im N anstoßenden Halle. Viele Einzelfunde, bes. von Statuen der Arktoi (‹Bärinnen›, 5–10jährige Mädchen im Dienst der Artemis). Von B. wurde der Kult auch nach Athen übertragen. Penteterisches Fest, vor allem von Frauen gefeiert (in der Sage Raub der att. Frauen durch die lemn. Pelasger) mit rhapsodischen Wettkämpfen. B. war Heimat des Tyrannen → Peisistratos. E. M.

Lit: A. Milchhöfer, RE 3, 1 (1897), 822–924 – E. Vanderpool u. a., Koroni, a Ptolemaic camp on the east of Attica, Hesperia 31, 1962, 26–61 – C. C. Vermeule, The colossos of Porto Raphti, ebd. 62–81 – *Ausgrabungen* des Heiligtums: PAA seit 1948; BCH seit Bd. 73, 1949.

Brennöfen. Um ein Verschmutzen der → Ziegel und → Töpferwaren durch Asche zu vermeiden, wurden Feuer- und Brennraum getrennt und über- oder hintereinander gelegt, bisweilen auch Muffeln verwendet. Bei den (späten römischen) Muffelöfen wurden die heißen Gase des Feuerraums durch Rohre durch den Brennraum geleitet, ohne mit den Gefäßen in Berührung gekommen zu sein. Für bes. große Objekte mußten besondere B. gebaut werden (Plin. nat. 35, 163; Iuv. 4, 131 ff.). Die Brenntemperaturen zwischen 800° und 960° wurden durch Holz (vgl. Plin. nat. 34, 67. 96) erzeugt. W. K.

Abb: Singer, Technology II, Abb. 237.

Brennus, in der Überlieferung seit Livius (noch nicht bei Polybios und Diodor) Name eines Senonenfürsten, unter dessen Führung der gall. Vorstoß auf Rom 387 v. Chr. stand: Sieg an der Allia, Einnahme Roms (außer dem Capitol). Berühmt sein Ausspruch *Vae victis*, als er beim Abwiegen des Lösegelds noch sein Schwert in die Waagschale warf.

2. **B.,** gall. Fürst, Führer der gall. Invasion nach Griechenland 279 v. Chr. Er verheerte erst Makedonien, zog dann plündernd durch Thessalien an die von den mittelgriech. Staaten verteidigten Thermopylen und, nach Umgehung des Passes auf dem schon von Xerxes 480 benutzten Weg, weiter nach Delphi, wo er, der Überlieferung nach infolge Eingreifens der Götter, scheiterte. B. gab sich selbst den Tod; geringe Reste des Heeres retteten sich nach N. E. Bn.

Q: Iustin. 24, 6–8; Diod. 22, 9; Paus. 10, 19–23 – *Lit:* Beloch, GG IV 1, 1925, 560–564.

Breuker, illyrischer Stamm in Pannonia inf. beiderseits der unteren Sawe östl. von Sirmium (Kt. 2209 C 3). Die B. werden von → Tiberius 12–10 v. Chr. unterworfen. Unter ihren Führern Pines und Bato nehmen sie entscheidenden Anteil am großen pannonisch-dalmatischen Aufstand von 6–9 n. Chr. In röm. Zeit leisten sie in mehreren Auxiliarformationen Dienst. B. S.

Lit: A. Graf, Übersicht der antiken Geogr. Pannoniens, 1938.

Breve (sc. elementum), von P. Maas eingeführte Bezeichnung für den Platz im metrischen Schema, an dem eine kurze Silbe erscheinen muß, → Element. B. Sn.

Lit: P. Maas, Greek Metre, 1962, § 32.

Breviarium Alarici → Lex Romana Visigothorum.

Brevitas (συντομία), ‹Kürze›, als rednerische Qualität von Aristot. rhet. 3, 16, 1416 b 28 ff. noch als Einseitigkeit getadelt, später den 4 ἀρεταί (→ Virtutes dicendi) des → Theophrast von den Stoikern als fünfte hinzugefügt und definiert als «eine auf das für die Erhellung des Gegenstands Allernotwendigste beschränkte Ausdrucksweise» (Diog. Laert. 7, 59). → Rhetorik B 6 f. H. H.

Lit: Volkmann, 153 f. – Lausberg, I 169 f. – J. Stroux, De Theophrasti virtutibus dicendi, 1912, 35 ff. – W. Kroll, RE Suppl. 7 (1940), 1082, s. v. Rhetorik. Zur literarischen Auswirkung in der Folgezeit: E. R. Curtius, Europ. Lit. u. lat. MA (1948), 1963[4], 479 ff.

Briareos, einer der → Hekatoncheiren: vgl. → Titanomachie. Mit seiner Hilfe verhindert auch → Thetis eine Verschwörung Heras, Poseidons und Athenes gegen Zeus.

Brief

A. Theorie – B. Schreibmaterial und Beförderung – C. B.e im Alten Orient – D. Griech. B.e – E. Lat. B.e – F. Christl. B.e – G. Bedeutung und Nachwirkung. – Vgl. → Schrift, → Buch, → Nachrichtenwesen, → Post (dort jeweils auch *Lit.*).

A. THEORIE. [1] *Quellen.* Im Gegensatz zu den zahlreichen Traktaten über die → Rhetorik (B. C) besitzen wir aus der Antike nur wenige theoretische Abhandlungen über den B. und das B.schreiben. Es ist zu unterscheiden zwischen (1) regelrechten B.stellern mit allgemeinen Hinweisen und Musterbriefen; (2) Darlegungen über Wesen und Stileigentümlichkeiten des B.es in grammatischen und rhetorischen Schriften; (3) theoretischen Erörterungen in B.en selbst. Zur 1. Gruppe zählen die ‹*Τύποι ἐπιστολικοί*›, überliefert unter dem Namen des → Demetrios (17) v. Phaleron, aber wohl dem 1. Jh. n. Chr. oder etwas früherer Zeit entstammend, und die Schrift *Περὶ ἐπιστολιμαίου χαρακτῆρος*, von den Hss. bald → Proklos, bald → Libanios zugeschrieben, vermutlich von einem sonst unbekannten Proklos aus frühbyzantin. Zeit. Ergänzend treten Papyrusbruchstücke ähnlicher Werke hinzu. Nach Erörterungen über den B. und seinen Stil bietet ‹Demetrios› 21, ‹Proklos› 41 kurze Muster-B.e für verschiedene Gelegenheiten (die Sammlung wurde in byzantin. Zeit auf 113 Fälle erweitert). – In die 2. Gruppe gehört der Exkurs (§§ 223–235) in der Stillehre *Περὶ ἑρμηνείας* des Demetrios, der sich auch mit der (verlorenen) ältesten brieftheoretischen Erörterung auseinandersetzt, die → Artemon (1) im Vorwort seiner Ausgabe der B.e des Aristoteles gab. Im Zusammenhang mit der Prosopopoiie erwähnt den B. → Theon (2) im 1. Jh. n. Chr. (Rh. Gr. II 115 S.). Im letzten Kapitel seiner ‹Ars rhetorica› gibt → Julius (21) Victor (4. Jh. n. Chr.) detaillierte Ratschläge für Inhalt und Form von B.en, ähnlich die Excerpta rhet. (Rh. Lat. Min. 589 H.). – Zur 3. Gruppe gehören → Cicero (7; vgl. unter Lit.), → Seneca (epist. 75); → Philostratos, → Gregor (4) v. Nazianz und → Photios (gesammelt in Epist. Gr., 14–16); → Isidor (3) v. Pelusion (epist. 5, 133).

[2] *Grundanforderungen* an den Stil sind allgemein Klarheit (*σαφήνεια*) und angemessene Kürze; er soll dem Umgangston der Gebildeten nahestehen und die rechte Mitte zwischen gänzlich ungeformter und übertrieben gezierter Rede halten. Seltene Wörter, Metaphern, übermäßiger Periodenbau sind zu vermeiden. Anekdoten, Sprichwörter, Sentenzen, Zitate können als Schmuck verwendet werden, im lat. B. auch griech. Wendungen. Der B., ‹Abbild der eigenen Seele› (Demetr. 227), soll dem Empfänger so sehr wie irgend möglich angepaßt werden. Der B. wird

nämlich als die Hälfte eines Dialogs verstanden: er hält das Gespräch zwischen getrennten Freunden und durch die Illusion des Beieinanderseins (das zu ihr gehört: Aristot. NE 1157) die Freundschaft selbst aufrecht. Dem entspricht auch das antike B.tempus: der Schreiber versetzt sich in den Augenblick, in dem der Brief vom Empfänger gelesen werden wird (nicht: «Ich sende dir...», sondern: «Ich habe dir gesandt...»). Dementsprechend ist der erste Musterb. des ‹Demetrios› der Freundschaftsb. (*τύπος φιλικός*), und ebenso gibt → Seneca die Form einer B.sammlung gerade demjenigen seiner Werke, das bes. von der Idee der Freundschaft beherrscht wird.

B. Schreibmaterial und Beförderung. [1] Im Zweistromland wurden B.e mit Rohrgriffeln auf weiche Tontafeln geschrieben und diese dann luftgetrocknet oder gebrannt. Auch ‹B.umschläge› sind gefunden worden: Tonhüllen, die um die beschriebene Tafel gebildet wurden und vom Empfänger zerbrochen werden mußten. Die klassische Antike benutzte hauptsächlich 2 Arten von Briefmaterial: doppelte oder mehrfache Holztäfelchen (codicilli), deren von einem überstehenden Rande geschützten Innenflächen mit Wachs überzogen waren, in welchen man mit der Spitze des Griffels (stilus) Buchstaben einritzen und sie hernach mit dessen stumpfem Ende wieder tilgen konnte (tabula rasa), sowie die ägypt. Praxis der mit Tinte beschriebenen Papyrusblätter. Die Schreiben wurden mit einer Schnur umwickelt und versiegelt. Jedoch war das Briefgeheimnis (→ Post) sehr geringgeachtet, so daß die Schreiber sich oft genug mit Andeutungen begnügten oder abbrachen mit der Bemerkung, nicht weitergehen zu können. Man half sich mit verabredeten Zeichen und → Geheimschriften.

[2] *Beförderung* (vgl. → Nachrichtenwesen, → Post). In zentral geleiteten Großreichen gab es Postsysteme mit Relaisstationen für den amtlichen B.verkehr. Private Schreiber mußten selbst für die Beförderung sorgen: man hielt eigens dazu Sklaven, die zu Fuß täglich etwa 75 km zurücklegten, benutzte aber auch gern die Gefälligkeit reisender Freunde, die solche B.e gern, zugleich als Empfehlung, überbrachten. Entsprechend lange Beförderungszeiten, in ungünstigen Fällen bis zu mehreren Jahren, waren nicht zu vermeiden: Hieronymus las einen B. Augustins (epist. 28) erst nach 9 Jahren.

C. Briefe im Alten Orient. Die Ausgrabungen des letzten Jh.s haben gewaltige Mengen von Briefen zutage gefördert: 1887 das Tontafelarchiv von → Amarna mit 377 B.en (die diplomatische Korrespondenz der Pharaonen → Amenhotep III. und IV. 1413–1358); 1935 in → Mari etwa 5000 altassyr. und altbabylon. B.e und Korrespondenzbelege aus dem Jh. um → Hammurapi (1750–1650). Außer in Handel, Politik und privatem Verkehr ist der Brief bereits in den verschiedenen Kulturkreisen des Alten Orients auch als literarische Form von Bedeutung, in der *assyr.-babyl.* Literatur z.B. für die Darstellung von Geschichte, durch anschauliche Schilderung, lebendige, oft poetische Sprache auch stilistisch von Annalen, Prunk- und Bauinschriften unterschieden (vgl. die ‹Gottesbriefe› → Asarhaddons und → Sargons II. an den Gott Assur). In der *hethit.* Geschichtsschreibung gibt es eingelegte B.e in den ‹Mannestaten Suppiluliumas›. In *Ägypten* mußte für Schulaufsätze B.form benutzt werden; Musterb.-Sammlungen gab es schon um 1500 v. Chr. Pap. Lansing enthält ein literarisches Korpus von 10 (‹fiktiven›) B.en, Pap. Anastasi I. eine polemische Epistel (Hori gegen Amen-em-ope).

D. Griechische Briefe. [1] *Überblick.* Die früheste Erwähnung eines griech. B.es (Il. 6, 168) betrifft interessanterweise einen ähnlichen Fall wie die früheste Erwähnung eines Briefes im AT (2. Sam. 11, 14ff.: der Uriasbrief). Während der ganzen Antike enthalten Geschichtswerke eingelegte B.e, wobei es jedoch offenbleiben muß, ob es sich um echte (evtl. umstilisierte) Dokumente oder freie Erfindungen handelt. Den ältesten uns bekannten griech. B.wechsel gibt Thuk. 1, 128f. wieder (Pausanias-Xerxes). In → Romanen finden sich eingelegte Liebesbriefe (Chariton 4, 4, 7; Xen. Eph. 2, 5; Petron 130). Der Logos des Lysias in Plat. Phaidr. 230 E ff., den man als ältesten Übungsb. aus der Rednerschule auffaßt, wird ein halbes Jt. später durch ein Schreiben → Frontos fortgesetzt (p. 234 v. d. H.). Als älteste erhaltene B.e gelten 2 kleine Bleiplättchen der 1. H. d. 4. Jh.s v. Chr. Der ägypt. Sand hat zahlreiche griech. Papyrusb.e erhalten, die ein buntes Bild des familiären und öffentlichen Lebens der hellenist. Epoche bieten; vgl. z.B. die B.e des → Zenon (2a) v. Kaunos. – Neben die Papyrusb.e treten die auf Inschriften erhaltenen B.e hellenist. Herrscher sowie die literarisch überlieferten Schreiben. Der letztgenannte Komplex gliedert sich dreifach: (1) B.e historischer Persönlichkeiten; (2) fiktive B.e; (3) wissenschaftliche Traktate in B.form.

[2] Die 1. Gruppe der *literarisch tradierten B.e* konfrontiert mit dem Hauptproblem der griech. Epistolographie, der Unterscheidung von echten und gefälschten Schreiben. Nachdem schon Leibniz das Problem gesehen hatte (H. Diels, SB Berlin 1912, 584), wies Bentley 1699 nach, daß die Sammlung der B.e des legendären Tyrannen → Phalaris (ca. 600 v. Chr.) ein volles Jt. später gefälscht worden war, und machte darüber hinaus die Unechtheit einiger anderer Corpora wahrscheinlich. Tatsächlich sind viele unter einem großen Namen überlieferte B.e unecht und stammen z.T. aus rhetorischen Übungen späterer Zeiten; auch in geschlossen überlieferten Corpora mischt sich Echtes mit Gefälschtem, so daß jedes einzelne Schreiben gesondert zu prüfen ist. Diese Arbeit ist für zahlreiche Briefsammlungen von Philosophen, Fürsten und Dichtern noch nicht bewältigt (vgl. z.B. die B.e → Platons). Um so wertvoller sind uns die echten Stücke. Hervorzuheben ist als ergreifendes persönliches Dokument der Trostbrief Plutarchs an seine Gattin anläßlich des Todes ihres Töchterchens (mor. 608 A bis 612 B; vgl. → Trostliteratur). Von → *Libanios* stammt die umfangreichste Briefsammlung der heidnischen Antike mit 1605 Nummern (1544 echt), nach J. Burckhardt hat er aus jedem Brief ein kleines Kunstwerk gemacht. Unter den Korrespondenten finden sich bedeutende Persönlichkeiten wie Julian, Aristainetos, Themistios, Ammianus Marcellinus und der Franke Richomar. Von *Kaiser* → *Julian* (2) sind 87 B.e überliefert; obwohl Echtheitsfragen offen sind, enthalten sie doch auch authentische Zeitdokumente von größtem Interesse (bes. der B. an → Themistios über Regierungsprobleme und ein autobiographischer Rechenschaftsbericht an die Athener). Die B.e der Sophisten → Prokop (2) und → Aineias (3) v. Gaza (Anf. 6. Jh.) führen zur byzantin. Epistologie, die die Kunst des B.schreibens bewahrt und weiter differenziert, jedoch keine neuen Formen mehr hervorbringt. – Viele der erwähnten unechten B.e prominenter Persönlichkeiten sind in der sog. 2. Sophistik entstanden, auch Sammlungen von *fiktiven B.en,* die, meist humoristisch, ganze Stände (Fischer, Bauern, Hetären, Parasiten) charakterisieren oder erotische Motive ausmalen. Wir besitzen solche Sammlungen von → Alkiphron, → Aelianus (1), → Philostratos, → Aristainetos und → Theophylaktos Simokathes. – Die B.form wurde seit dem 5. Jh. v. Chr. von Philosophen und Rhetoren zur *Einkleidung lehrhaften Inhaltes* verwendet (→ Empedokles, → Isokrates, → Theopomp, → Alkmaion (2) v. Kroton), später besonders von der peripatetischen Schule: → Aristoteles (dessen Briefe als erste Privatkorrespondenz veröffentlicht wurden), → Theophrast, → Eudemos. Vor allem sind die Epikureer mit Schriften dieser Art an die Öffentlichkeit getreten: → Epikur, → Metrodoros (4), → Hermarchos, → Diogenes (3) v. Oinoanda. – Fast alle Disziplinen sind mit Fachtraktaten in B.form vertreten: Philosophie, Philologie, Mathematik, Technik, Medizin, Veterinärmedizin, Jura. Besonders beliebt war die B.form für isagogische Schriften

(vgl. → Eisagoge). Die → menippeische Satire hat die B.-form in phantastischer Weise karikiert (→ Lukian, *Κρονικαὶ Ἐπιστολαί*).

E. Lateinische Briefe. [1] In Rom treten uns *persönliche B.e* erst mit den 37 überlieferten B.büchern → Ciceros entgegen. Alle früheren, von denen wir Kunde haben (z.B. → Cato (1) an seinen Sohn) sind verloren oder nur in geringen, wenn auch eindrucksvollen Fragmenten erhalten (→ Cornelia (1) an ihren Sohn C. Gracchus). Um so reicher ist der Schatz, der uns in Ciceros Korrespondenz vorliegt. Die 931 Briefe des Corpus stammen z.T. auch von prominenten Korrespondenten (Pompeius, Caesar, Brutus, Cato, Antonius u.a.). Die 797 Schreiben von Cic. selbst geben uns einen bis in die Tage Goethes hinein mit nichts zu vergleichenden Einblick in Leben, Denken und Empfinden eines hochgebildeten, sensiblen Menschen der Vergangenheit. Als Lehrb. gibt die Wahlanleitung des Q. Cicero dem Bruder interessante Hinweise für sein Verhalten während der Kandidatur für das Konsulat (Commentariolum petitionis), wie umgekehrt Marcus dem Quintus für die Provinzialverwaltung (ad Q. fr. 1, 1). – Gelegentlich erhaltene B.e und Fragmente von Schreiben gewähren wertvolle Einblicke in das Persönlichkeitsbild einzelner Kaiser (Augustus, Tiberius, Trajan). → Plinius d.J. veröffentlichte neben seiner Korrespondenz als Statthalter mit dem Kaiser Trajan auch 9 Bücher Kunstbriefe, deren eigentlicher Adressat trotz der vorangesetzten Namen der Empfänger das Publikum ist. In ihnen ist die B.form Einkleidung für kurze Essays über Vorkommnisse des Tages, für feuilletonistische Beschreibungen und andere Skizzen. Wichtig ist die damit zusammenhängende Beschränkung des B.es auf jeweils nur ein Thema. Die B.tradition wird dann außer von den Christen (unten F) im 2. Jh. von → Fronto, am Ende des 4. von → Symmachus (2) weitergeführt.

[2] Den *philosophischen B.* vertreten in klassischer Form die 124 ‹Epistulae morales› → Senecas d.J. Widmungsb.e finden sich vor den Gedichtsammlungen des → Statius (1) und → Martial. Die 468 ‹Variae› → Cassiodors enthalten seine amtlichen Erlasse als Minister Theoderichs. Im römischen → Recht (III A) spielte die B.form – als schriftliche Antwort auf eine Anfrage – eine bedeutende Rolle.

[3] Zahlreiche lat. *Dichtungen* sind in B.form abgefaßt. Schon in der frühen griech. Dichtung begegnet diese Form gelegentlich, so bei → Alkaios (Hdt. 5, 95). In die Komödien des → Plautus sind Briefe eingelegt (Bacch. 734; Curc. 429; Persa 502; Pseud. 41). Wir finden sie fragmentarisch bei → Lucilius, verstreut bei → Catull (13; 32; 35; 38; 65; 68) und bei den Elegikern (z.B. Prop. 1, 11; 4, 3; Tibull/Lygdamus 3, 5). → Horaz erhebt die Form zu einer eigenen Literaturgattung, die poetischen mit epikureischen Traditionssträngen verbindend. → Ovid kleidet ebenfalls mehrere seiner Werke in B.form: die ‹Heroides› enthalten fingierte Liebesb.e mythischer Frauen, die ‹Tristia› und ‹Epistulae ex Ponto› die Klagen des verbannten Dichters. In der Folge zeigt sich die Form nur vereinzelt (Pers. 2 und 6; Stat. silv. 4, 4 und 9; Claudian carm. 19; 31; 40; 41; Paul. Nol.). Die letzte größere Sammlung von poetischen Episteln (mit untermischten Prosastücken) hat → Ausonius geschaffen. Umgekehrt findet sich der poetische Brief noch als Einlage in Prosaepisteln bei → Apollinaris Sidonius und → Ennodius.

F. Christliche Briefe (vgl. → Literatur III). [1] *Bestand.* Von den 27 Schriften des NT besitzen 22 B.form (→ Christentum I E.K), die so die älteste christliche Literaturform darstellt; die B.-Corpora (Paulus-B.e) wurden für die Entstehungsgeschichte des NT wichtig; es vereinigt die verschiedensten Gattungen: am synagogalen B.stil orientierte Gemeindeschreiben (Paulinisches B.formular; Jak.), Lehrepisteln (Hebr., johanneische B.e), kleine Privatschreiben (Phlm.) und Circularb.e (Kol., vielleicht auch Eph.). Schon im NT bedienen sich pseudepigraphische B.e (z.B. Pastoralbriefe, Petrusb.e) apostolischer Autorität, was sich nicht nur bei den → Apostolischen Vätern (z.B. Barnabas-B. fortsetzt, sondern auch von → apokryphen B.en wie der ‹Epistola Apostolorum› (2. Jh.) oder ‹Epistola Titi discipuli Pauli› (4. Jh.) ausgenutzt wird. Den Typ des oriental.-spätantiken Himmelsb.es (z.B. Hermes-, Asklepios-B.) nimmt ein Christus-B. (4. Jh.) auf. Die interessanteste Fälschung des 4. Jh.s mag der dem hl. Paulus und Seneca zugeschriebene B.wechsel sein. Das echte Gut aber ist überaus zahlreich und bedeutend: aus der Zeit bis zum Ausgang der Antike besitzen wir ca. 5500 griech. und rund 3200 lat. christl. Briefe von etwa 300 Autoren. Sehen wir hier von den als Kanzleiedikte zu wertenden → Papstbriefen ab, so gliedert sich der Bestand in 3 Hauptgruppen (wobei bisweilen die Grenzen fließend sind): (1) Abhandlungen über theologisch-dogmatische, moralische oder kirchenrechtliche Fragen in B.form; (2) Schreiben zur Vermittlung des persönlichen Verkehrs; (3) Widmungsbriefe.

[2] *Geschichte.* Die Tiefe und Eindringlichkeit der paulinischen B.e, «der einflußreichsten B.sammlung der Weltgeschichte» (v. Harnack), ist zwar für die Folgezeit unwiederholbar geblieben; doch zeigen viele christl. B.-schreiber eine sprachliche und formale Meisterschaft, die sie weit über die meisten des zeitgenössischen Heidentums stellt. Aus dem 1. Jh. ist → Clemens (1) v. Rom zu erwähnen (95/96), aus dem 2. Jh. → Ignatius v. Antiochia, → Polykarp und Dionysios von Korinth (Euseb. hist. eccl. 4, 23). Die Auseinandersetzungen um den → Montanismus und der Osterstreit (→ Feste C 2) sind vorwiegend in B.en ausgetragen worden (Euseb. hist. eccl. 5, 19; vir. ill. 35). Der Brief an → Diognet ist eine der schönsten frühchristl. Apologien (um 200). Aus der Zeit vor Konstantin zeigt die B.sammlung → Cyprians (65 von C., 16 an C.), wie während der Verfolgungen bisweilen B.e als einziges Band die Gemeinden zusammenhielten (249–258). – Nach → Athanasios (B.publikation zu kirchenpolitischen Zwecken) verdienen vor allem die Kappadoker Beachtung: → Gregor (4) v. Nazianz, Gregor (5) v. Nyssa und → Basilius' Korrespondenz mit dem Heiden → Libanios. Neben Johannes → Chrysostomos und → Theodoret erwecken die Briefe des → Synesios v. Kyrene Interesse im Zusammenhang mit → Hypatia. Die ausgedehnten Korrespondenzen des → Hieronymus (der bei den Humanisten, vor allem bei Erasmus, viel Bewunderung fand), des → Ambrosius, → Augustins und des → Paulinus (1) v. Nola werden wenigstens an Umfang weit übertroffen durch die Sammlungen des Nilus (1062 B.e) und des → Isidor (3) v. Pelusion (mit 2011 Stücken das umfangreichste Corpus der ganzen Antike), durch die wir das Leben der Mönche zu Beginn des 5. Jh.s kennenlernen. In den Schreiben des Sidonius, Ruricius, → Avitus, → Ennodius mischt sich christl. Gedankengut mit den üblichen weltlichen – meist wenig belangreichen – B.themen der Spätantike. Der persönliche Anteil des Kaisers → Justinian an seinen im Kanzleistil abgefaßten Briefen, die auch theologische Probleme behandeln, ist schwer zu bestimmen. Theodor von Studion, der letzte große Gegner des byzantin. Caesaropapismus (7./8. Jh.), nimmt in seinen 549 B.en hauptsächlich auf den Bilderstreit, aber auch auf andere theologische Themen Bezug. – Auch auf Papyri sind christl. B.e zutage gekommen (bisher über 100). Von unbekannten Personen geschrieben, bezeugen sie die frühe Phase der Ausbreitung des christl. Glaubens.

G. Bedeutung und Nachwirkung. Als historische Quellen sind die B.e des Altertums von unschätzbarem, noch lange nicht voll erschlossenem Wert. Sie eröffnen uns den unmittelbarsten Zugang zu den Menschen jener Zeit, zeigen sie in ihren Bestrebungen und Empfindungen deutlicher als alle anderen Zeugnisse. Durch sie sind uns z.B. die Seelenregungen Ciceros bis in ihre feinsten Schwingungen hinein, oft auf die Stunde genau, deutlich. Die zu allen Zeiten wirksame politische Macht der B.e zeigen z.B. das Schreiben des Hethiterkönigs → Hattusilis III. (gegen Ende des 14. Jh.s v. Chr.), in dem er offen von der diplomatischen Wirkung seiner B.e spricht, Aussprüche wie die Catos 191 v. Chr. zu den Athenern (Frg. 20 Malc.: *Antiochus epistulis bellum gerit, calamo et atramento militat*) und des Herzogs von Mailand Gian Galeazzo Visconti (1378–1402), daß ihm Salutatis B.e mehr geschadet hätten als 1000 Reiter. Während im MA vor allem die antiken Regeln über das B.-schreiben zwar auch in der Praxis, vor allem aber in den ‹artes dictandi› fortlebten, hat sich der Humanismus der Renaissance bes. an den B.en Ciceros (wiedergefunden zuerst durch Petrarca zu Verona 1345) entzündet. Aus ihnen übernahm man die Voranstellung des eigenen Namens in der Adresse, die Anrede mit tu und überhaupt die Gestaltung der B.e. Darüber hinaus aber wurden nicht nur die zahlreichen B.e und B.sammlungen der Humanisten (Petrarca 550, Muret 79), sondern auch ihre Freundschaften (zwischen Poggio und Niccoli, Valla und Beccadelli, Traversari und Guarino) nach dem Vorbild der B.e Ciceros und der sich in ihnen manifestierenden Freundschaften gestaltet. B.K.

Lit: W. Schubart, Ein Jahrtausend am Nil. B.e aus dem Altertum, 1912 – A. v. Gleichen Rußwurm, Antikes Leben in B.en, 1922 – C. Bardt, Röm. Charakterköpfe in B.en (1913), 1925² – M. Hofmann, Antike B.e, 1935 – H. Rüdiger, B.e des Altertums, 1941 – J. N. Nielen, Kirchenväterb.e aus dem Alltag, 1949 – *Zu A:* H. Koskenniemi, Studien zur Idee und Phraseologie des griech. B.es, 1956 (Bibliogr.) – Ders., Cicero über die Briefarten, Arktos N. S. 1, 1954 (Festschr. Linkomies), 97–102 – *Zu B:* W. Riepl, Das Nachrichtenwesen des Altertums, 1913 – O. Seeck s. v. cursus publicus, RE 4 (1901), 1846 bis 1863 – *Zu C:* A. Erman-F. Krebs, Aus den Papyri der königl. Museen, 1893, 93 ff. – J. Friedrich, Aus dem hethit. Schrifttum, AO 24, 3, 1925 – F. Delitzsch, Zur assyr.-babyl. B.literatur, Beitr. zur Assyriologie I, 1889, 185 ff.; II, 1891, 19 ff. – B. Meißner, Altbabylon. Briefe, ebd. II 557 ff. – Ders., Die bab.-ass. Litt., in: Hb. d. Lit.wissenschaft, Bd. 13, 1929, 91 ff. – Erman-Lange, Pap. Lansing, Abh. d. dän. Ges. d. Wiss. 1925 – *Zu D:* Epistolographi Graeci, ed. R. Hercher, 1873 – Epistulae privatae Graecae, ed. St. Witkowski (1906), 1911² – R. Bentley, A Dissertation upon the Epistles of Phalaris, 1699 – W. Crönert, Die beiden ältesten griech. B.e, RhM 35, 1910, 157–160. 381 – M. Heinemann, Epistulae amatoriae quomodo cohaerent cum elegiis Alexandrinis, Diss. Straßburg 1910 – L. Eisner, Epistulae privatae Graecae, Diss. Marburg 1912 – U. E. Paoli, Sulla corrispondenza amorosa degli antichi, StIt 3, 1923, 251–257 – W. Schubart, Griech. B.e aus Ägypten, Antike 8, 1932, 113–137 – C. B. Welles, Royal Correspondence in the Hellenistic Period, 1934 – *Zu E:* H. Peter, Der Brief in der röm. Lit., 1901 (Rez.: F. Leo, GGA 1901, 318–325) – *Zu F:* G. Ghedini, Lettere Cristiane dai papiri Greci del III e IV secolo, 1923 – A. Deißmann, Licht vom Osten (1908), 1924³ – O. Roller, Das Formular der paulin. B.e, 1933 – D. Gorce, Les voyages, l'hospitalité et le port des lettres dans le monde chrétien des IVe et Ve siècles, 1925 – A. v. Harnack, Die B.sammlungen des Apostels Paulus u. d. anderen vorkonstantin. christl. B.sammlungen, 1926 – G. Ghedini, Paganesimo e Cristianesimo nelle lettre papiracee greche, in: Atti del IV Congresso di papirologia, 1936 – M. T. Cavassini, Lettere Cristiane nei papiri Greci, Aegyptus 34, 1954, 266–282 (mit Liste der bis dahin gefundenen christl. Papyrusb.e) – H. Lietzmann, Zur Entstehung der B.sammlung Augustins (1930), in: Kl. Schr. I, 1958, 260 bis 304 – P. Nautin, Patristica II: Lettresé et écrivains chrétiens des IIe et IIIe siècles, 1961 – Zum Unterschied der christl. B.e zu etwa denen Epikurs vgl. Wolfg. Schmid, Gnomon 27, 1953, 429 – Ders., RAC V, 1962, 743 – *Zu G:* G. Voigt, Die Wiederbelebung des klass. Altertums (1859), 1893³ (Nachdr. 1960), II 417–436 – A. Viertel, Die Wiederauffindung von Ciceros B.en durch Petrarca, 1879 – G. Steinhausen, Gesch. des deutschen B.es, 1889–91.

Brigantium, röm. Stadt in Rätien (Kt. 1057 E9; heute Bregenz). Die keltische Stadt lag auf dem Terrain der hochgelegenen Altstadt; die römische wurde, vermutlich schon unter Augustus, an den Bodensee, auf den Ölrain, verlegt. In der Spätantike entstand auf dem Gebiet der alten Keltensiedlung wieder eine ummauerte Stadt. B. S.

Lit: B. Saria, EAA I, 1958, 170–172.

Brigetio, röm. Legionslager bis etwa 215 n. Chr. in Pannonia sup., dann in Pannonia inf. (Kt. 2209 C 2; heute Ószöny). Garnison der Legio II Adiutrix. B. S.

Lit: S. Paulovics, Funde u. Forschungen in B., in: Laureae Aquincenses II, 1941 – L. Barkóczi, Brigetio I/II, 1944/51.

Briseis, eigentlich Hippodameia, die Sklavin und Geliebte des → Achilleus. Vgl. → Trojan. Krieg.

Britannia. [1] Der natürlichen Gliederung des *Landes* entsprachen die kulturellen Zonen, die die Römer bei ihrer Eroberung vorfanden: in den gebirgigen Teilen einerseits bronzezeitliche Kulturen von Stämmen unbekannter Sprache, die bis ins Neolithikum zurückreichen, im Flachland andererseits kelt. Bevölkerung, die in mehreren Wellen eingedrungen war und eisenzeitliche Zivilisation mitgebracht hatte. Trotz der stammesmäßigen Verbindung mit der Bevölkerung Galliens und lebhaftem Handel über den Kanal hinweg blieb B. jedoch den Mittelmeervölkern bis zu Caesar unbekannt. Die Zinn-Fahrten der Phönizier zu den → Kassiteriden – als Geheimnis gehütet –, vielleicht ein in → Avienus' Ora Maritima noch faßbarer Periplus des 6./5. Jh.s v. Chr., in größerem Maße dann die Fahrt des → Pytheas von Massilia um England herum und wohl bis

Abb. 51 Britannien in der Römerzeit

zur mittelnorwegischen Küste ließen zwar Kunde über B. zu den Griechen dringen, Irland aber blieb während des ganzen Altertums so gut wie unbekannt (erst bei Ptolemaios findet sich eine etwas bessere Kenntnis der Küsten, vielleicht auf Grund einer Erkundung unter Agricola), Schottland wurde nur durch die Feldzüge des Agricola vorübergehend berührt.

[2] Um so kühner war das Unternehmen Caesars gegen B., das er zur Sicherung seiner gall. Eroberungen in den Jahren 55 und 54 durchführte. Die einheimischen Könige, angeführt von → Cassivellaunus, zahlten einen gewissen Tribut, blieben aber im übrigen weitgehend selbständig; Cunobelinus, König der Catuvellaunen, konnte sogar die von Caesar hinterlassenen Verhältnisse ändern und die an sich unter Roms Schutz stehenden Trinovanten seinem Reich einverleiben. Fehden unter den brit. Stämmen, Kriegshetze der Emigranten in Rom und das röm. Bestreben, Gallien gegen brit. Störungen zu sichern, lösten (nach Schauaktionen des Caligula) die systematische *Eroberung* unter → Claudius aus: mit vier Legionen und Hilfstruppen

wurde unter A. Plautius (43–47) und nach ihm P. Ostorius Scapula (47–52) als oberstem Befehlshaber das offene Land rasch erobert, Legionslager in Exeter (?), Gloucester, Wroxeter und Lincoln errichtet; Scapula operierte erfolgreich gegen Silurer und Ordovicer in Wales (Niederlage des dorthin geflüchteten Catuvellaunenkönigs → Caratacus, der 51 durch die Königin der Briganten, Cartimandua, ausgeliefert wird); A. Didius Gallus (52–58) sicherte diese Grenze durch Kastellbauten. C. Suetonius Paulinus rückte durch das Gebiet der Deceangli vor, nahm mit Angelsey ein religiöses und politisches Widerstandszentrum ein und hob nach dem Tode des Paratagus das Königtum bei den Icenern auf. Daraufhin Aufstand der Thronerbin Boudicca, die Camulodunum, Londinium und Verulamium zerstört, dann aber rasch von Suetonius besiegt wird. Unter C. → Petronius Turpilianus (62/63) und M. Trebellius Maximus (63–69) schreitet die Romanisierung Südostbritanniens fort. → Petilius Cerialis (71–74) unterwirft die Briganten (Gründung des Legionslagers York/ → Eburacum), Frontinus (74–78) die Silurer (Legionslager Caerleon/Isca Silurum), Agricola (78–84) die Ordovicer. Er unternimmt verschiedene Feldzüge und Flottenunternehmen gegen Schottland und schließt 84 mit der Schlacht am Mons Graupius die Eroberung ganz Englands ab. – Auch nach seiner Zurückberufung und der Reduzierung der Besatzung auf drei Legionen mit Auxilia blieb die Lage für längere Zeit ruhig; erst in hadrianischer Zeit hören wir von schweren Unruhen der Briganten; durch Errichtung eines starken Grenzwalls vom Solway zum Tyne (17 Forts; auch nach rückwärts durch einen Erdwall abgedeckt) wurde daraufhin das Gebiet nach außen wie nach innen gesichert. Der unter → Antoninus Pius weiter nördlich zwischen Clyde und Forth angelegte Erdwall ist schon 184 wieder aufgegeben worden; 195 wurde auch der Hadrianswall, der, nach langer Friedenszeit, wegen der Unruhen 155–158 hatte repariert werden müssen, durch die Usurpation des Albinus von Truppen entblößt und zerstört. → Severus und → Caracalla stellten in einer durchgreifenden Strafexpedition gegen Maeaten und → Kaledonier die Lage wieder her und verstärkten die Besatzung des Walls sowie der nördl. gelegenen Außenposten; im übrigen mußte die Verteidigung gegen Norden mehr und mehr einheimischen Stämmen überlassen werden – ein System, das Severus nach der Ordnung der Verhältnisse (208–211) eingeführt hatte. Im späten 3. Jh. machten angelsächsische Piratenangriffe die Errichtung von Wachtposten und Burgen entlang der Ost- und Südküste sowie die Unterhaltung von Seepatrouillen notwendig. Die Usurpation des → Carausius und seine Gründung eines selbständigen Reiches in B. ließ in der Folge abermals die Nordgrenze brechen; doch schon 297 stellte → Constantius Chlorus die röm. Herrschaft noch einmal her (297–306); Chester und bes. York wurden größer wieder aufgebaut. Angriffe der Pikten und Scoten hatte Julian 360 noch abgewehrt; ein erneuter Durchbruch 367 wurde nur noch mühsam und jeweils nur für kurze Zeit überwunden. Die Usurpationen des Magnus und des Konstantinus (383 bzw. 407), die das Land von Truppen entblößten, bedeuten praktisch das Ende der röm. Besatzung und Herrschaft über B., dessen Verteidigung nun den einzelnen Städten und den als Föderati herbeigerufenen Sachsen überlassen wird. Nach 410 hat wohl kein römisches Heer mehr B. betreten, und in den Kämpfen zwischen Kelten, Sachsen und Angeln ist die schon vorher sich abschwächende Romanisierung weitgehend verschwunden.

[3] Die *Kultur und Religion* der Briten entspricht der der → Kelten überhaupt. Nur hat die röm. Eroberung die verheißungsvollen Ansätze zu einer hohen Entwicklung der La-Tène-Kultur praktisch erstickt und durch die städt. Zivilisation die ursprünglich dörfliche Kultur in den Hintergrund gedrängt. Zentren der Romanisierung waren die Kolonien → Eburacum, → Lindum, Glevum und → Camulodunum und die Hauptorte der Civitates (nach späterer Überlieferung 28), die sich zu Municipia entwickeln, im ganzen jedoch mehr den Charakter von Märkten haben; hervorzuheben sind Silchester, → Verulamium/St. Albans, Cirencester, Caerwent, Leicester, Winchester; sie zeigen alle die typische, zu weite Befestigung und Fora nach Art der Castra Praetoria. Die wirtschaftlich bedeutendste Stadt war Londinium, Verkehrsknotenpunkt und Umschlagplatz, wenn auch ihre staatsrechtliche Stellung ungeklärt ist; der erstaunlich reich ausgestattete Thermenort Aquae Sulis/Bath zeugt von dem Bemühen, mediterrane Zivilisation unter diesen nördlichen Himmel zu verpflanzen. Grundlage der recht blühenden Wirtschaft waren der gute Ertrag von Ackerbau und Viehzucht, die Mineralvorkommen: Zinn in Südwestengland (→ Kassiteriden), silberführende Bleiminen, schließlich die Kohlengruben von Mittelengland. Der zunächst vorherrschende Tauschhandel ging mehr und mehr in eine im 4. Jh. erstaunlich stabile Geldwirtschaft über. – Im religiösen Leben bestanden vier Strömungen nebeneinander fort: die alte und namentlich auf dem Land nie erloschene keltische Religion (→ Kelten), der offizielle römische Staatskult in den Städten sowie die Kulte der Soldaten, bei denen wiederum zwischen offiziellen und inoffiziellen zu unterscheiden ist. Heiligtümer der typischen Soldatengottheiten (z. B. → Mithras) haben sich mehrfach gefunden. Christl. Gemeinden sind seit dem 3. Jh. anzunehmen, engl. Bischöfe auf mehreren großen Konzilien des 4. Jh.s anzutreffen. Die christl. Mission hatte jedoch nach der angelsächsischen Eroberung von neuem zu beginnen (Augustinus).

Lit: F. Haverfield-G. Macdonald, The Roman Occupation of B., 1924 – R. G. Collingwood, Roman B., (1923), 1934[4] – A. R. Burn, Agricola and Roman B., 1953 – J. M. C. Toynbee, Art in Roman B., 1963 – I. A. Richmond, Roman B., Penguin (1955), 1963[2] (Lit) – *Karte:* Ordnance Survey, Map of Roman B., 1956[3].

Britannicus (Tiberius Claudius Caesar B.), 41–55, Sohn des → Claudius und der Valeria → Messalina (Stammbaum → Jul.-claud. Haus), damit erster Sohn, der einem Kaiser im Purpur geboren wurde. Der Beiname B. 43 vom Senat für Erfolge des Claudius in Britannien verliehen, zuvor führte B. wie sein Vater den Beinamen Germanicus. Von → Agrippina (3) zugunsten ihres Sohnes → Nero (1) aus der Thronfolge verdrängt, von den ihm ergebenen Erziehern und Offizieren isoliert und als Epileptiker abgestempelt. 55 auf Befehl Neros vergiftet. K. Chr.

Q: Tac. ann. 11–13 – Dio 60f.

Britomartis, alte kret. Göttin, die auch mit der wesensverwandten westkret. Göttin Diktynna verbunden erscheint, gilt später als Nymphe im Gefolge der → Artemis oder wird mit Artemis selbst identifiziert. Auch der seit mykenischer Zeit bestehende Kult der Aphaia auf → Ägina (dort berühmter Tempel) wird mit B. in Verbindung gebracht. K.-H. R.

[2] In der *Sage* ist B. Tochter des Zeus und der Karme, Geliebte des Minos, vor dem sie aber flieht und schließlich ins Meer springt, wo Fischer sie in ihren Netzen auffangen (daher ‹Diktynna›). Von Artemis oder durch eigene Kraft und List gerettet, gelangt sie nach Aigina und verbirgt sich in einer der Artemis heiligen Höhle, fortan als Aphaia verehrt (Kallim. hymn. 3, 189ff.; Ant. Lib. 40ff.). L. H.

Brizo, eine auf Delos bezeugte, vor allem von Frauen verehrte Göttin, die den Schlafenden im Traum → Orakel gibt (vgl. Ath. 8, 335). K.-H. R.

Brombeerstrauch (*βάτος*, rubus), in Griechenland und Italien weit verbreitet, wegen seiner traubenartigen Früchte (*μόρον*, morum) sehr geschätzt und als Pflanze des Goldenen → Weltalters angesehen. Fruchtsaft, Stengel und Blätter dienten auch als Heilmittel. Namensverwandt sind der att. Demos *Βάτη*, das troische *Βατίεια*, das Gebiet *Βατίνητον* bei Priene. Die von Herakles erwürgten Schlangen werden von Alkmene in einem B. verbrannt. Eine oft vermutete

Beziehung zur Unterwelt ist in der Überlieferung nicht erkennbar. Vgl. → Flora. J.W.

Lit: M. Schmidt, RE 3,1 (1897), 887f. – Murr, Pflanzenwelt, 274.

Bronze (χαλκός, aes), durch Zusatz von 10–30% Zinn (auch → Blei, → Silber, Zink) verhärtetes → Kupfer. In Mesopotamien seit dem 3. Jt. hergestellt, erobert sich die B. auf Handelswegen allmählich das ganze Mittelmeergebiet. Die unbegrenzten Verwendungsmöglichkeiten machten sie zum gebräuchlichsten Metall des Altertums: Werkzeuge, Waffen, Beschläge, Dächer, Gefäße, Spiegel, Schmuck, Münzen, Statuetten, Großplastik. Verarbeitet wird es im Voll- oder Hohlguß oder in toreutischen Verfahren (→ Metall B, → Toreutik); Kunstgegenstände können außerdem versilbert, vergoldet oder durch Einlagetechniken bereichert werden. Vgl. → Materialien. C.K.

Q: Plin. nat. 34,1ff. – *Lit:* Blümner, Technologie IV 178ff. u. passim. – Ders., RE 3,1 (1897), 892–897 – B. Bearzi u.a., EAA II, 1959, 182–190, s. v. bronzo.

Brot. [1] *Mahlen.* Das geerntete Getreide wurde auf einer Tenne (Cato agr. 129) durch Rinder (Hom. Il. 20,495; Varro rust. 1,52,1f.), Pferde (Col. 2,20,4), mit Schlitten, tribulum (CGL 5,250,18), Walze, plostellum Poenicum (Varro rust. 1,52,1; Jesaja 28,27), oder Dreschflegel (Col. 2,20,4; Plin. nat. 18,298) gedroschen. Durch Worfeln säuberte man das Getreide von der Spreu (Hom. Il. 5,499; 13, 588; Isid. orig. 20,14,10). Um die Körner leichter von den Hülsen trennen zu können, röstete man das Getreide, bes. die Gerste (Ov. fast. 6,313). Früher (aber auch noch in der Kaiserzeit) wurden die Körner in meist hölzernen *Mörsern* (ὅλμος, pila, mortarium: Aristoph. vesp. 238; Plin. nat. 18, 73; Plaut. Aul. 95) zerstampft. Eine Verbesserung brachte der Reibstein oder die (noch von röm. Legionären benutzte) tönerne Reibschüssel, in die Quarzsplitter eingebrannt waren. – *Mühlen* werden früh erwähnt (4. Mos. 11, 8); es gab verschiedene Arten: 1. *Handmühle:* Ein durchbohrter konischer Stein mit Griff lag auf einem flachen auf, der einen Zapfen hatte; beide Steine (vgl. 5. Mos. 24,6; Sen. epist. 90,22) trugen Rillen; das Getreide wurde durch das Bohrloch nachgefüllt. Kleiner und feiner war die *Gewürzmühle* (Petron. 74,5). 2. Aus der Handmühle entwickelte sich die *mola machinaria* (Apul. met. 7,15,3); sie wird in den Quellen oft erwähnt, nie beschrieben, ist aber aus Pompeji bekannt. Sie konnte von Sklaven oder Tieren (Pferden, Eseln) betrieben werden. 3. Schließlich gab es seit der frühen Kaiserzeit (vgl. aber Lucr. 5,516) die *Wassermühle* (aquaemolina: CGL 2,462,17), die eine große Arbeitserleichterung für einige Teile Italiens brachte (Plin. nat. 18, 97), indem sie das → Tretrad ersetzte. Die Konstruktion (Vitr. 10,5,2) war einfach: Ein kleines, vertikales Zahnrad übertrug die Kraft vom Schaufelrad auf ein horizontales Zahnrad, dessen Achse den Läufer bewegte. Nach dem gleichen Prinzip arbeiteten die von → Prokop (bell. Goth. p. 96 Bonn.) für 536 n. Chr. erwähnten Schiffsmühlen in Rom. Durch den eisernen Zapfen, auf dem sich der Läufer bewegte und der an dessen engster Stelle in einer eisernen Platte lagerte, konnte der Abstand zwischen dem Läufer (catillus) und dem konischen Bodenstein (meta), der aus Lava oder Sandstein bestand, bestimmt werden, damit aber zugleich die gewünschte Feinheit des Mehles, das durch seinen Steinmehlzusatz der Zahnkaries entgegenwirkte. Die Qualität des Mehles hing ab vom Mahlen, Sieben (διασήθειν, cribro discutere) und der Art des Getreides. Bei den Griechen hieß das aus Gerste bzw. Weizen gewonnene Mehl ἄλφιτα bzw. ἄλευρα, wobei der Sommerweizen (πυρὸς σητάνιος, triticum) den wenig nahrhaften, schwammigen, leicht verdaulichen ‹pollen›, der Winterweizen (πυρὸς σεμιδαλίτης, siligo: Cato agr. 35,1) den gehaltvollen, schwer verdaulichen ‹flos siliginis› lieferte, deren Feinheit dem χύρις genannten entsprach, während σεμίδαλις ein gröberes, ἄλευρον das gewöhnliche Mehl bezeichnete.

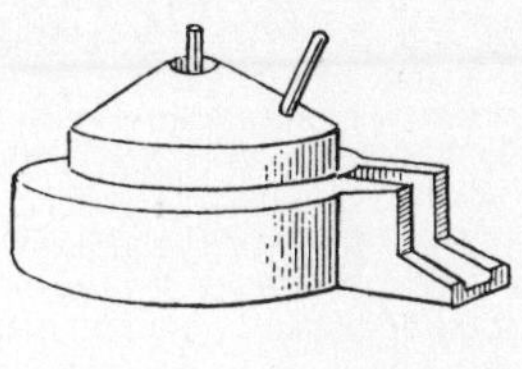

Abb. 52 Handmühle

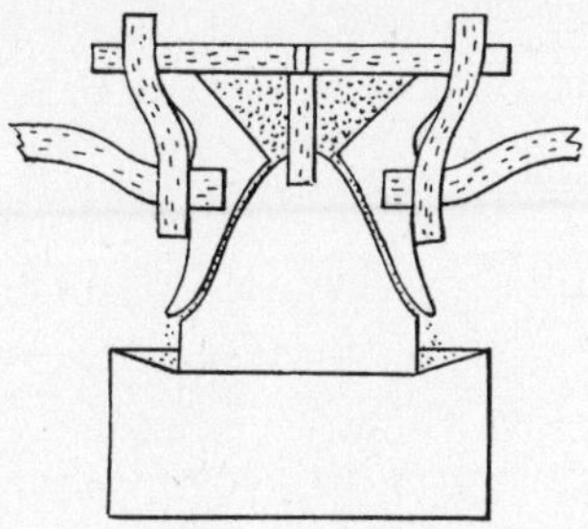

Abb. 53 Mahlwerk

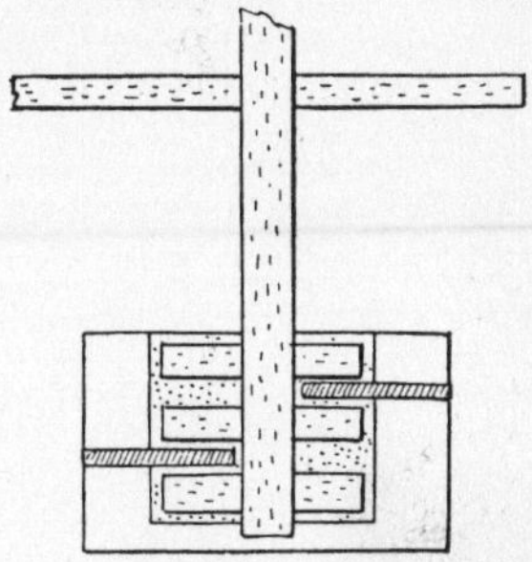

Abb. 54 Knetmaschine

[2] *Backen.* Das Gerstenmehl war, zu einem einfachen Teig geknetet, in einer Form getrocknet und vor dem Genuß mit Wasser befeuchtet, als μάζα die Nahrung des einfachen Griechen; verbacken wurde fast nur Weizenmehl. Dieses wurde meist mit Sauerteig (ζύμη, fermentum) vermengt, der dadurch gewonnen wurde, daß man Hirse (milium) oder Weizenkleie mit Most knetete und an der Sonne trocknete (ein Jahr haltbar); davon wurden Stücke in Wasser aufgelöst, mit Speltmehl erwärmt und dem Teig untergemischt; oder man röstete Kuchen aus Gerste und Wasser, bewahrte sie bis zum Sauerwerden und setzte Teile davon dem Teig zu oder nahm Bierschaum oder einfach etwas Teig vom Vortage (Plin. nat. 18,68. 102–104). Für den Teig (σταῖς) wurde Mehl mit Wasser angefeuchtet, Salz hinzugefügt und das Ganze im Backtrog (μαγίς, alveus) mit der Hand (vgl. Ath. 12,548 C: Handschuhe) oder einer Knetmaschine (Vitr. 10,5,2), wie man sie in Pompeji fand, durchgeknetet (μάττειν, subigere). Auf dem Backbrett (πλάθανος) wurde der fertige Teig (φύραμα) mit der Hand oder Backform flach und rund geformt, bisweilen gestempelt (CIL 10,8058,18). Das geformte Brot wurde im Backofen (ἰπνός, furnus) durch ein Holzkohlenfeuer gebacken (πέσσειν, coquere). Das Backen selbst verlief wie heute. W.K.

Q: Plin. nat. 18,72ff.; 112ff. u. ö.; Moret. – Die ungezählten, meist aus Weizen hergestellten Brotsorten zählen auf Ath. 3, 108F–116A; Poll. 6,72ff.; vgl. 6,32 – *Lit:* Blümner, Technologie, 1–89 – *Abb:* Singer, Technology I, Abb. 221 (Dreschen); II, Abb. 78 (mola machinaria); Abb. 77 (Bäckerei); Abb. 88 (Backofen) – Forbes, Technology III, Abb. 21 (Mörser).

Brücke. [1] *Mykenische* Straßen-B.n von geringer Spannweite mit spitzbogigem, aus rohen, vorkragenden Steinen aufgeführtem ‹falschem → Gewölbe› bei Mykene und Epidauros. – *Griechische* Stein-B.n klass. Zeit (B. in → Brauron 9,2 m lang, 9 m breit; Mitte 5. Jh.) sind einfache, orthogonale Konstruktionen aus horizontalen Platten, die auf in Flußrichtung versetzten Orthostaten aufliegen. Seit dem 4. Jh. sind B.n mit Kraggewölben nachweisbar: beim Heiligen Tor in → Athen (3,7 m Spannweite; Anf. 4. Jh.), Viadukt bei → Knidos (über 7,6 m). Größere B.n waren aus

Holz. Die Kühnheit bes. der Ionier als B.-Ingenieure wird bewiesen durch die Überbrückung des Bosporos durch Mandrokles von Samos (513 v. Chr., wohl eine Schiffsbrücke; Hdt. 4, 87f., vgl. 7, 34, Schiffsbrücke über den Hellespont bei Abydos und 4, 89, 97 und 136ff. Erbauung und Abbruch einer offenbar hölzernen B. über den Istros). G. Gb.

[2] Die älteste *röm. B.*, Pons Sublicius (‹Pfahl-B.›), war ein Holzbau, der seit dem 5. Jh. v. Chr. die beiden Ufer südl. der Tiberinsel, in der Nähe des ältesten Marktes, miteinander verband. Wenig flußaufwärts wurde 179 v. Chr. der Pons Aemilius mit Steinpfeilern (pilae) und hölzernem Oberbau errichtet, der 142 durch Bögen (fornices) ersetzt wurde (Liv. 40, 51, 4; Reste erhalten). Seit 62 v. Chr. führt der Pons Fabricius in zwei je ca. 25 m weiten Bögen auf die Tiberinsel; der wenig später erbaute Pons Cestius stellt von hier die Verbindung mit dem rechten Ufer her. Verbindungen vom Marsfeld aus werden seit Augustus immer zahlreicher (Pons Agrippa, Neronianus, Aelius). Caracalla restauriert den Pons Aurelius, einen vermutlich in Zusammenhang mit der Aqua Marcia (144 v. Chr.) erbauten Viadukt. Der Pons Milvius an der Via Flaminia wird 207 vor Chr. erstmals erwähnt und 110 v. Chr. erneuert (noch teilweise erhalten). – In den *Provinzen* setzt mit Erneuerung der Fernstraßen unter Augustus die große Epoche des B.enbaues ein: Die z. T. erhaltene B. von Narni an der Via Flaminia mit Spannweiten bis zu 32 m, durchschnittlicher Höhe von ca. 30 m und Länge von 128 m; die B.en bei Rimini, Aosta und Nîmes (‹Pont du Gard› → Aquädukt). Zu den kühnsten B.en Spaniens gehören die von Salamanca und Alcantara (98–106 n. Chr.; ca. 60 m hoch und 200 m lang). Trajans Truppen erbauten 104/105 n. Chr. nahe Drobeta die berühmte 1,1 km lange Donau-B. nach Plänen des → Apollodor (5) v. Damaskus (Dio. Cass. 68, 13), die Konstantin 328 restaurierte. – Die Einteilung in Fahrbahn (iter) und zwei Bürgersteige (decursoria) mit äußeren Balustraden (plutei) ist allgemein üblich; bemerkenswert ist die jeweilige künstlerische Gestaltung (Bogenarchitrav, Pilastergliederung, Nischen, Triumphbogen). C. K.

Lit: M. Besnier, DS IV A, 559–567, s. v. Pons – Crema, 146f. – P. Gazzola, Ponti Romani, 2 Bde, 1963.

Brücke (*ζεῦγμα, iunctura*), Stelle im Vers, an der Wortende verboten oder vermieden ist. → Prosodie, → Havet-, → Knox-, → Maas-, → Porsonsche Brücke. B. Sn.

Lit: P. Maas, Greek Metre, 1962, §47 – B. Snell, Griech. Metrik (1955), 1962³, 6ff.

Brukterer, german. Stamm im Gebiet der Ems (Kt. 1057 C4), auf der sie 12 v. Chr. von → Drusus (1) in einem Schiffsgefecht besiegt wurden (Strab. 7, 290). Maßgeblich beteiligt am Aufstand der → Bataver. Gehen später in den → Franken auf. L. B.-H.

Lit: s. zu → Germanen.

Brumalia, Fest der Wintersonnenwende (bruma): Namen der → Saturnalia in der Spätzeit, als der Zusammenhang des Festes mit → Saturn vergessen war. H. Le B.

Lit: Latte, 361.

Brundisium, bedeutendste Hafenstadt an der O-Küste S-Italiens (Kt. 1420 I7; heute Brindisi) der Hafen schon von → Herodot (4, 99) erwähnt, doch ist griech. Kolonisation ungewiß. Die Japygerstadt wird 266 v. Chr. römisch, 246/245 Kolonie latinischen Rechts, nach dem → Bundesgenossenkrieg (3) Municipium. Durch die → Via Appia mit Rom verbunden; an ihrem Endpunkt wurden Ende 2. Jh. n. Chr. zwei 19 m hohe Säulen mit Figuralkapitellen aufgestellt. Seit dem illyrischen Krieg 229 bis in augusteische Zeit Kriegshafen Roms bei Operationen im östl. Mittelmeer, dann Haupthafen für den Personenverkehr nach Griechenland (→ Verkehr). Vergil starb hier 19 v. Chr. auf der Rückkehr von Athen. Der Hafen von B. ist auf der Trajanssäule dargestellt. B. A.

Lit: P. Camassa, La Romanità di Brindisi, 1934 – A. Degrassi, Rend. Pont. Acc. 22, 1946–47, 167–183 – L. Rocchetti, EAA II, 1959, 173ff.

Brunnen, Brunnenhaus → Wasserversorgung.

Brunnenhausszenen, fester Bildtyp in der Vasenmalerei des späten 6. Jh.s. Sie schmücken vornehmlich Hydrien und Kalpiden, zeigen entweder das ganze Brunnenhaus von vorn (London B 329) bzw. in Seitenansicht (B 331) oder in abstrahierter Sicht (B 335). Stets ist die Szene belebt: Mädchen mit Gefäßen kommen, holen Wasser und gehen. Zweige und Binden bekunden die Weihe des Orts an die Nymphen. F. E.

Lit: B. Dunkley, Greek Fountain Buildings, BSA 36, 1935/36, 143–204.

Bruttedius Niger, röm. Rhetor und → Geschichtsschreiber, Schüler des → Apollodor (8) v. Pergamon (Sen. contr. 2, 1, 35f.), 22 n. Chr. Ädil. Mitankläger des Silanus (Tac. ann. 3, 66); sein würdeloses Verhalten nach dem Sturz → Sejans geißelt Iuvenal (10, 83ff.). Aus seinem Geschichtswerk zitiert Seneca d. Ä. (suas. 6, 20f.) den Bericht von der Ermordung → Ciceros. R. T.

Frg: HRR II 90f. – *Lit:* PIR I² 369 – R. Syme, Tacitus I, 1958, 326, 368.

Bruttier, konstituieren sich kurz vor der Mitte des 4. Jh.s v. Chr. im waldreichen Bergland des Aspromonte und Sila im Inneren des Südwestzipfels Italiens (Kt. 1420 H 8/9), der nach ihnen brettische Halbinsel genannt wird. Hervorgegangen sind sie aus einem → Ver sacrum, der sich von den → Lukanern abspaltet (Diod. 16, 15. Iust. 23, 1); sie nennen sich daher ‹Abtrünnige›. 356 konnten die B. einen am oberen Krathis gelegenen Stützpunkt → Dionysios' II. besetzen und gründeten hier ihre Hauptstadt Consentia. Sie eroberten dann die Griechenstädte Terina, Hipponion, Pandosion und Rhegion. Weitere Städte: Kaulonia, Peklia, Ruscia, Skylletion, Tempsa, Valentia. Wie die Lukaner kämpfen die B. gegen die von Tarent zu Hilfe gerufenen Söldnerführer. 272 werden sie von den Römern unterworfen. 216–203 auf Seiten → Hannibals (2), im 2. Jh. völlig romanisiert, von Augustus mit Lukanien zur 3. Region zusammengefaßt. Nach 670 n. Chr. wird der Name Kalabrien von der salentinischen auf die brettische Halbinsel übertragen. B. A.

Lit: Nissen, II 927ff. – Devoto, 298ff., 305ff.

Brutus (L. Iunius B.; cos. 509 v. Chr.), nach der Überlieferung Held der röm. Revolutionssage und mit L. → Tarquinius (1) Collatinus erster Konsul der Republik. Er soll der einzige patrizische Träger des Namens gewesen sein, galt aber den späteren plebejischen Juniern als ihr vornehmster Ahnherr. Das Cognomen Brutus erhielt er angeblich, weil er sich blödsinnig stellte. Vom letzten röm. König L. → Tarquinius (3) Superbus wurde B. nach Entmündigung am Hofe gehalten; er begleitete die Prinzen nach Delphi. Nach der Schändung der → Lucretia führte er den Sturz des königlichen Tyrannen und die Begründung der Republik herbei. Staatsrechtliche und sakrale Neuerungen werden ihm zugeschrieben. Im Kriege der Veijenter und Tarquinienser zur Wiedereinsetzung der Könige soll er im Zweikampf den Tod gefunden haben. R. W.

2. **B.** (M. Iunius B.; quaest. 53 v. Chr., praet. 44), nach Adoption: Q. Caepio B., Sohn des M. → I. (1) Brutus und der → Servilia, unter Anleitung seines Onkels M. Porcius → Cato (2) gründlich gebildet und zum überzeugten Stoiker geworden. 60/59 vielleicht mit Caesars Tochter → Julia (1) verlobt. Ca. 54 Heirat mit Claudia, deren Vater App. → Claudius (25) Pulcher er 53 als Quästor nach Kilikien begleitete. 49 wohl Aussöhnung mit → Pompeius (2), der 77 B.' Vater hatte töten lassen. Nach Pharsalos bat B. Caesar um Begnadigung und wurde freundlichst aufgenommen. 47 in dessen Gefolge in Kleinasien. 46–45 Statthalter in Gallia Cisalpina. B. stand damals in enger Verbindung mit → Cicero, der ihm verschiedene Schriften widmete (u. a. den ‹Brutus›) und auf seinen Ansporn den ‹Cato› schrieb. 45 verfaßte auch B. einen ‹Cato›, heiratete bald darauf dessen Tochter Porcia. Caesar machte ihn für 44 zum Prätor und sah ihn für 41 als Konsul vor. Im Winter 45/44 ge-

wann B. die Überzeugung, daß → Caesar die Republik nicht wiederherstellen wollte, und beschloß unter schweren Gewissenskämpfen, ihn zu töten. Er traf sich darin mit vielen anderen (u.a. C. → Cassius (8) Longinus), und es fiel ihm sogleich die Führung der Gleichgesinnten zu. B. setzte durch, daß → Antonius (2) nicht auch getötet würde. Nach dem 15.3.44 zeigte sich, daß man nur an die Beseitigung des Tyrannen, nicht auch an die Sicherung des Senatsregimes gedacht hatte. B. und Cassius mußten sich aus Rom, dann aus Italien zurückziehen. Seit Dez. 44 stellte B. ein Heer in Griechenland auf, der Senat legalisierte 43 seine und Cassius' Stellung. Nach Sicherung des Ostens und Aufbringung der nötigen Mittel unterlagen sie bei Philippi (Nov. 42). B. nahm sich das Leben. – Die Stärke seines Charakters wurzelte in der Überzeugung von der fortwährenden Gültigkeit der alten Normen. Damit war er der damaligen Situation nicht gewachsen, zumal er «den vitalen Behauptungsinstinkt nicht als Dominante» empfand (Heuß) und keine Faszination von ihm ausging. Chr. M.

Lit: M. Gelzer, RE 10,1 (1918), 973–1020 – R. Syme, Roman Revolution (1939), 1956³, 57ff. – J.P.V.D. Balsdon, The Ides of March, Historia 7, 1958, 80–94 – A. Heuß, Propyl. Weltgesch. IV, 1963, 293ff.

Brutus → Iunius.

Bryaxis, Bildhauer. Auf Grund des Namens wohl karischer Abstammung, vielleicht Athener geworden. Mindestens die ganze 2.H. des 4.Jh.s v.Chr. tätig, er muß also sehr alt geworden sein. Als Mitarbeiter am → Mausoleum von Halikarnaß (Nordseite) muß er schon um die Jahrhundertmitte ein angesehener Bildhauer gewesen sein. Die in Athen südl. des sog. Theseion ausgegrabene Basis mit der Signatur des B. scheint auf Grund des Stiles der Basisreliefs (Reiter vor Dreifuß) und der Inschrift in die gleiche Zeit, jedenfalls kaum später datiert werden zu können. Das überlieferte Porträt des → Seleukos Nikator und die Apollonstatue können aus historischen Gründen wohl erst gegen oder um 300 v.Chr. geschaffen worden sein. Die meisten überlieferten Werke hat er für Kleinasien (vor allem im Auftrag der karischen Dynasten) geschaffen. – Sein Anteil innerhalb der noch erhaltenen Mausoleums-Skulpturen festzulegen fällt schwer. Fast allgemein wird ihm der sog. Maussollos zugewiesen und als Werkstattarbeit auch die sog. Artemisia angeschlossen. Die Weiterentwicklung dieses Meisters glaubt man in drei, nur in Kopien erhaltenen, bärtigen Götterbildern fassen zu können (Kopf Nottingham; Serapis; Zeus von Otricoli). Für die Zuweisung des überaus häufig überlieferten Serapis-Typus gibt es auch durch die Schriftquellen (Clem. Alex. protrept. 4,48, Sp. 37 St.) eine äußere Beglaubigung, auch wenn über die ursprüngliche Aufstellung und Entstehung dieses später (seit etwa 285 v.Chr.) in Alexandria bis in die Spätantike bestaunten Werkes keine Sicherheit mehr zu erlangen ist. Auch von der neben dieser Kultstatue aufgestellten Kore gibt es anscheinend Kopien, die nach dem Stil ebenfalls von B. geschaffen sein könnten. Der Dionysos von Knidos und die beiden Apollonstatuen (von Patara und Daphne) scheinen auf Münzen nachgebildet: dazu vgl. Apollonstatue in Chiton und Mantel im Thermenmuseum. Der Asklepiostypus Capitol-Neapel (vgl. Lippold, GrPl 311 Anm. 8, hervorragende freie Bronzenachbildung des frühen 3.Jh.s v. Chr.) könnte auf B. zurückgehen (E. Berger). E. Bg.

Lit: W. Amelung, Saggio sull'arte del IV. secolo av. Cristo, Ausonia 3, 1908, 115–135 – J. Sieveking zu Brunn-Bruckmann 605 – G. Lippold, Sarapis und B., Festschr. Arndt, 1925, 115–127 – A. Adriani, Alla ricerca di Briasside, MAL 8, 1, fasc. 10, 1948, 434–469 – E. Buschor, Maussollos u. Alexander, 1950, 37f., 47 – Lippold, GrPl, 257–260 – J.H. Jongkees, Bryaxis or Satyros, Mnemosyne, IV 11, 1958, 136–138 – L. Vlad. Borrelli, EAA II, 1959, 196–199.

Brygosmaler, bedeutender att. Schalenmaler des strengrotfigurigen Stils, tätig ca. 495–470 (→ Vasen E 5), benannt nach seinem Töpfer; Schüler des → Panaitiosmalers (?), Zeitgenosse von → Duris und → Makron. → Lieblingsnamen sind selten (Dipilos, Alkmeon). – Sein sprühendes Temperament drückt sich in spannungsvoll-kurvigen Umrissen, in zügigem Strich und vehement bewegten Figuren aus, nicht zuletzt in der dionysischen Stimmung seiner Bilder. Die spontane Schaffensweise des B. erschwert eine sichere chronologische Anordnung seiner Arbeiten. – *Werke:* Schale mit trunkenen Komasten, Würzburg 479 (Arias-Hirmer, Abb. 138, Taf. 33); Schale mit Iliupersis, Louvre G 152 (a. O., Abb. 139–41). – Schalen, Skyphoi, Kantharoi, Rhyta und Kyathoi. I. Sch.

Lit: P. Hartwig, Die griech. Meisterschalen, 1893, 307–374 – J.D. Beazley, Brygan Symposia, Stud. pres. to D. Robinson II, 1953, 74–83 – G.M.A. Richter, A Lekythos by the Br.-Painter, in: Charites, 1957, 140–143 – Beazley, ARV² 368–385.

Bryson von Herakleia, Schüler des → Eukleides von Megara, aus dessen Schriften oder Vorträgen nach der Behauptung → Theopomps (FGrHist 115 F 259) Platon vieles übernommen haben soll. Er ist aller Wahrscheinlichkeit nach identisch mit dem B., von dem Aristoteles anal. post. 75b 40ff. und soph. el. 171b 12ff. sagt, er habe eine Lösung des Problems der Quadratur des Kreises zu geben versucht, die jedoch ‹eristisch› gewesen sei, da sie nicht von speziell geometrischen, sondern allgemeineren Voraussetzungen ausgegangen sei. Es handelt sich dabei wahrscheinlich um eine allgemeine Kontinuitätsbetrachtung, nach der, wenn dem Kreis ein Quadrat eingeschrieben und ein anderes umbeschrieben wurde und man annahm, daß das innere kontinuierlich wachse, bis es mit dem äußeren zusammenfalle, dabei auch ein Quadrat vorkommen müsse, das dem Kreis inhaltsgleich sei. K. v. F.

Bubastis, Ort am südl. Teil des Ostdeltas des Nils (Kt. 29 C 2), jetzt Tell Basta; einst Hauptstadt des 18. unterägypt. Gaus. Hier wurde → Bastet verehrt, seit dem Neuen Reich in Gestalt einer Katze. Ihr feierte man ein großes Fest, das Herodot (2, 59 f.) beschreibt. W. Hk.

Bucchero, Tonerde, die in Ostionien (Lesbos und Aeolis) und Etrurien während des 8., 7. und 6.Jh.s v.Chr. zur Herstellung grau-schwarzer Reliefgefäße verwendet wurde; auch die Keramik selbst wird B. genannt. Man erreichte die schwarze Färbung durch mineralische Zusätze und Beendigung des Brandes nach der Reduktion (→ Vasen, C). I. Sch.

Lit: W. Lamb, BSA 32, 1931/32, 41–67 – Ders., Grey wares from Lesbos, JHS 52, 1932, 1–12 – D. Lollini, EAA 2, 203–210.

Buch

[1] Papyrus und Rolle – [2] Pergament und Codex – [3] Buchmalerei – [4] Einband – [5] Buchproduktion – [6] Buchhandel. R. = Rolle, C. = Codex.

[1] Papyrus und Rolle. Die von den Ägyptern übernommene und bis in die röm. Kaiserzeit überwiegende Form des antiken B.es war die *Rolle* (= R.). In Ägypten läßt sich die Papyrus-R. bis ins 4.Jt. v.Chr. zurückverfolgen. Während der ganzen griech.-röm. Antike bildete *Papyrus* den wichtigsten Beschreibstoff im gesamten Mittelmeerraum. Erhalten sind uns aber Papyri fast nur in jenen Ländern, wo der heiße Wüstensand konservierend wirkte (Ägypten, Palästina, Südarabien), während überall sonst der Papyrus sich im Humus auflöste. Ausnahmen sind die halbverkohlten Papyri von Herkulanum und der ebenfalls verkohlte, erst 1962 gefundene Papyrus von Derveni (Lagada dei Thessalonike). Die Herstellung des Beschreibstoffes wird von → Plinius (1) d. Ä. (nat. 13.74–82) geschildert: Aus dem weichen, porösen Mark der Papyrusstaude wurden schmale, dünne Streifen geschnitten und dicht aneinandergelegt, eine zweite entsprechende Schicht im rechten Winkel darübergelegt und mit einem Stein oder Hammer so lange geklopft, bis beide Lagen zu einem zusammenhängenden Blatt wurden; dabei diente der Saft der Papyrusstaude selbst als Klebstoff. Nach Trocknung und nochmaliger Glättung klebte man (mit Kleister) mehrere Blätter zu einer R. aneinander. Auf der Innenseite der R. mußten die Fasern horizontal, also parallel zur späteren Schrift (recto), auf der Außen- und Rückseite vertikal zur Schrift (verso)

verlaufen. Die durchschnittliche Papyrus-R. war 6–10 m lang und 25–30 cm breit (bzw. hoch; Mittelwerte!). Je nach der Sorgfalt der Bearbeitung unterschied man eine ganze Reihe von Papyrussorten, die von der feinsten Qualität für Widmungsexemplare an allerhöchste Persönlichkeiten bis zum groben Packpapier reichten. – Der *Schriftspiegel* literarischer Texte bestand aus Kolumnen mit möglichst gleichmäßiger Zeilenzahl. Je nach der Sparsamkeit des Schreibers und dem Aufwand des Bestellers wurden die Zwischenräume zwischen den Kolumnen und die oberen und unteren Freiränder größer oder kleiner gehalten. Auch zu Beginn und am Ende jeder R. ließ man ein Stück Papyrus unbeschrieben. An den Freirändern und zwischen den Kolumnen finden sich manchmal Marginalien (→ Scholien), gelegentlich zwischen den Zeilen Textvarianten oder grammatische Notizen (Interlinearscholien). – Über die *Handhabung* der Papyrus-R. beim Lesen sind wir durch antike Autoren, vor allem aber durch bildliche Darstellungen hinreichend informiert. Das ermüdende Auf- und Zurückrollen wurde durch Benützung eines Holzstabes (*ὀμφαλός* = ‹Nabel›) erleichtert; von der Tätigkeit des Rollens stammt auch die lat. Bezeichnung ‹volumen› (= Band) für die Papyrus-R. Die R. (*βιβλίον*) bildete seit der Zeit der alexandrin. Bibliothekare die bibliographische Einheit, nach der der Umfang eines Werkes, aber auch der Bestand einer Bibliothek angegeben wurde.

[2] Pergament und Codex. In den ersten Jh.en der christl. Zeitrechnung entwickelte sich die neue Form des Buches, die der alten R. immer mehr ihre Vorrangstellung streitig machen sollte, der → *Codex* (= C.). Die Urform des C. glaubt man in den → Polyptycha bzw. in den Pergamentnotizbüchern zu finden, die schon einem → Catull bekannt waren. Aber noch zu der Zeit des → Martial scheint sich die neue Buchform noch nicht durchgesetzt zu haben, und auch bei den röm. Juristen des 3. Jh.s galt der C. nicht als vornehm. Auf Grund von Statistiken läßt sich zeigen, daß im 2. Jh. für heidnische Texte die Pergamentrolle, für christl. Texte jedoch der Papyruscodex die beliebteste Buchform gewesen ist. Nun war aber die C.-Form für das spröde Papyrusmaterial an sich nicht geeignet; bevor (nach 1945) M. Bodmer gut 20 solcher Papyruscodices erwerben konnte, waren nur wenige erhaltene Exemplare bekannt. Der dem C. adäquate Beschreibstoff war zweifellos das → *Pergament*. Seine Qualität richtet sich nach dem Tier (Kalb, Schaf, Ziege, Esel) und dessen Alter sowie der Sorgfalt der Bearbeitung. Die nicht gegerbte Haut wird nach einem mehrtägigen Kalkbad von Haaren, Oberhaut und Fleischteilen befreit und anschließend gereinigt (kalziniert); es folgt die Spannung, Trocknung und Glättung mit Bimsstein und Kreide. Über die röm. Gesetzessammlungen des 3. Jh.s (→ Codex Gregorianus; C. Hermogenianus) führte der Weg zum Sieg des Pergament-C. in der christl. Kirche des 4. Jh.s. Größere Widerstandsfähigkeit, Möglichkeit der beidseitigen Beschriftung, hervorragende Eignung des Pergaments zur Buchmalerei und damit zur prunkvollen Ausstattung repräsentativer Bände für den liturgischen Gebrauch sicherten dem Pergament-C. den endgültigen Vorrang innerhalb der Kirche. – Der *Buchblock* eines C. besteht aus aneinandergehefteten Lagen, die nach Beschriftung der einzelnen Blätter zusammengestellt und in der Regel mit Signaturen, den sog. Kustoden, versehen wurden. Die häufigste Art von Lagen sind die → Quaternionen; neben ihnen finden sich auch Binionen, Ternionen, Quinionen und andere Lagenverhältnisse. – Eine Seite enthielt in der Regel 1–2 Kolumnen, in den ältesten Codices auch 3–4. Der *Schriftspiegel* wurde häufig durch Blindlinien vor der Beschriftung festgelegt; allein für griech. Hss. kennen wir 150 nach Anordnung, Proportion und Zahl der Hilfslinien verschiedene Linienschemata. In Papyruscodices legte man kleine Pergamentfalze an die Büge der Lagen zum Schutz gegen ein Zerreißen bei der Heftung.

[3] Während für Ägypten, beginnend mit den figuralen Darstellungen der → Totenbücher, eine ausgebildete *Buchillustration* nachweisbar ist, ist das erste Zeugnis im griech.-röm. Bereich ein Romanfragment (Pap.: Parisinus Suppl. graec. 1294) aus dem 1./2. Jh. n. Chr.; voll ausgebildet wurde sie erst unter dem Einfluß der Kirche: Bibelillustration, die in der Tradition der Lehrbücher stand und wohl ihrerseits die Illustration von Homer- (Ilias Ambrosiana) und Vergil-Mss. (nach den Vorlagen der Bilderbücher; s. u.) erst hervorrief – eine filmstreifenartige Darstellung (Wiener Genesis, Cottonbibel), die in zahlreichen Hss. des MA.s fortlebte. Miniaturen wurden zu Vollminiaturen ausgestaltet, die man gern zu Beginn des B.blocks in eigenen Schmucklagen zusammenfaßte (Wiener Dioskurides-Hs., Codex Rossanensis). Daneben gab es B.typen mit mehr oder weniger feststehenden Bilderzyklen: Die Evangeliarien enthielten zu Beginn der 4 Evangelien je 1 Evangelistenbild und vorausgehend die oft reich geschmückten Kanonestafeln, die Psalterien eine Miniatur des Königs David, eine Kreuzigung und ein Marienbild, → Aesop und → Physiologos eine Fülle von Tierbildern, → Dioskurides (3) und Pseudo → Apuleius ein noch größeres Repertorium von Pflanzenbildern, → Oppian (‹Kynegetika›), Jagdszenen und mythologische Bilder, → Nikandros (2) zahlreiche Giftschlangen, Skorpione u. ä., → Ptolemaios (17) Tierkreis- und Sternbilder, astronomische Personifikationen sowie geograph. Karten. – Vor dieser spätantiken Blüte muß es zwar *Bilderbücher*, fortlaufende, zyklische Bildfolgen, vielleicht von kurzen erklärenden Texten begleitet, z. T. als Vorlagen für Handwerker aller Art gedacht, in reichem Maße gegeben haben, B.illustrationen aber beschränkten sich im wesentlichen auf Lehrbücher, für die sie unentbehrlich waren (astronomische Lehrbilder gab es vermutlich seit dem 6. Jh.) und auf Szenen- und Schauspielerbilder, etwa zu den Komödien des Terenz. Schließlich ist seit der hellenist. Zeit das Autorenbild zu Beginn des Textes belegt und in Varros ‹Imagines› eindrucksvoll kumuliert.

[4] Der *Einband* eines C. – die R. konnte man nur verschnüren und versiegeln – diente sowohl dessen Schutz als auch dem Schmuckbedürfnis. Fragmente ägypt. Ledereinbände sind mit Papyrusmakulatur gefüllt. Die → Kopten kannten kunstvolle Einbände, deren bunte geometrische Figuren sie in Lederapplikationsarbeit ausführten. Für spätantike Prunkeinbände bediente man sich zum Teil älterer oder zeitgenössischer Elfenbeinschnitzereien, aber auch der Goldschmiedekunst unter Heranziehung von Edelstein und Halbedelstein; zahlreiche derartige Einbände sehen wir noch heute auf den Mosaiken der Kirchen von Ravenna und Rom. Das älteste erhaltene Beispiel ist der Buchdeckel der Königin Theodelinde im Dom von Monza. Die im Mittelalter in Ost und West sehr beliebte Blindpressung auf Ledereinbänden findet sich schon in karolingischer Zeit in Form zahlreicher kleiner Stempel (Salzburg).

[5] Für die *Buchproduktion* in der Antike war die Beschaffung des notwendigen Beschreibstoffes (s. o.) und der geeigneten Schreibsklaven (Schnellschreiber, *ταχυγράφοι*) erste Voraussetzung. Da Ägypten jahrhundertelang der einzige Papyrusproduzent für den gesamten Mittelmeerraum war, mußte man oft mit hohen Preisen und mit Verknappung des verfügbaren Materials rechnen; Spekulation und Kartellsystem trugen das ihre dazu bei. Rom sicherte sich in der Kaiserzeit seinen Bedarf durch eigene hauptstädtische Papyrusmagazine. Die Berufsschreiber arbeiteten in Gruppen nach Diktat und wurden nach der Zeilenzahl entlohnt (→ Stichometrie). Seit dem 6. Jh. übernahmen die Mönche in Klöstern wie Vivarium (→ Cassiodor), ferner die Benediktiner und später auch andere Orden die Abschreibearbeit von Hss. antiker, auch heidnischer Texte.

[6] Die ältesten Nachrichten über einen antiken *Buchhandel* (vgl. → Bibliotheken) führen in das Athen des ausgehenden 5. Jh.s v. Chr. Es gab damals Ausgaben von Wer-

ken der Dichter und Philosophen, ja sogar eine Art B.-händlerviertel mitten in der Stadt. Xenophon weiß vom Export beschriebener Papyrusrollen aus Attika. Im Alexandria der Ptolemäerzeit können wir uns den B.handel großzügiger vorstellen als im griech. Mutterland. In Rom kennen wir u.a. den berühmten Verleger → Atticus, den Freund Ciceros. Die beiden ersten kaiserzeitl. Jh.e dürfen als Blütezeit des röm. Welt-B.handels bezeichnet werden. In Spätantike und Mittelalter standen dagegen private Einzelabschriften im Vordergrund, nur die großen Bibliotheken Konstantinopels sorgten planmäßig für neue Abschriften wichtiger Werke. H.Hg.

Lit: K. Dziatzko, Unters. über ausgew. Kapitel des antiken Buchwesens, 1900 – Th. Birt, Die Buchrolle in der Kunst, 1907 – Ders., Abriß des antiken Buchwesens, in: HbAW I 3, 1913 – W. Schubart, Das Buch bei den Griechen und Römern (1907), 1921² – H. Gerstinger, Griech. Buchmalerei, 1926 – Ders., RAC II 733–772 – H. Loubier, Der Bucheinband von seinen Anfängen bis zum Ende des 18. Jh.s, 1926 – K. Weitzmann, Illustrations in Roll and Codex, 1947 – K. Schefold, Orient, Hellas und Rom, 1949, 211–216 – C. Wendel, Die griech.-röm. Buchbeschreibung verglichen mit der des Vorderen Orients, 1949 – F. G. Kenyon, Books and Readers in ancient Greece and Rome (1932), 1951² – E. G. Turner, Athenian Books in the 5th and 4th centuries B. C., 1952 – H. Helwig, Hb. der Einbandkunde, 3 Bde, 1953–55 – L. Santifaller, Beitr. zur Gesch. der Beschreibstoffe im MA, Bd. 1, 1953 – B. van Regemorter, La reliure des manuscrits grecs, Scriptorium 8, 1954, 3–23 – C. H. Roberts, The Codex, in: Proc. of the Royal Brit. Acad. 40, 1954, 169–204 – H. Hunger, Antikes und mittelalterliches Buch- und Schriftwesen, in: Geschichte der Textüberlieferung I, 1961.

Buche. Die Rot-B. (ὀξύη, fagus), in Italien und Nordgriechenland verbreitet, war Italikern und Griechen vor der Landnahme bekannt. In Griechenland erfolgte ein Bedeutungswechsel, indem φηγός, urverwandt mit fagus, zur Bezeichnung der → Eiche wurde (so Soph. Trach. 171 neben δρῦς, 1158). Es ist aber durchaus möglich, daß zahlreichen mythischen Namen, die mit φηγός zusammenhängen, die Bedeutung Rot-B. zugrunde liegt, ebenso dem Kult des Zeus Φηγωναῖος, dem in Rom der Iuppiter Fagutalis entspricht. Der stattliche Baum war dem Kult des idg. Himmelsgottes angemessen. Das leicht zu bearbeitende Holz wurde mannigfach genutzt (Bau- und Schiffsholz, Wagen, Möbel und Geräte). Für Joche verwendete man das Holz der Hain- oder Weiß-B. (ζυγία, carpinus), für Ölpressen, Möbel und Bauten das der Hopfen-B. (ὀστρύς). Vgl. → Flora. J.W.

Lit: M. Schmidt, RE 3,1 (1897), 971–973 – Murr, Pflanzenwelt, 6,2 – W. Eilers-M. Mayrhofer, Kurdisch *buz* u. die idg. ‹B.n›sippe, Mitt. Anthrop. Ges. Wien 92, 1962, 61 f.

Buchsbaum (πύξος, buxus), im nördl. Mittelmeergebiet, ursprünglich in Paphlagonien verbreitet. Man wußte, daß der immergrüne, wilde B. die Berge und die Kälte liebte und schätzte das glatte, dauerhafte, harte und schwere Holz für Tischler- und Drechslerarbeiten. Ein B.-Bild des → Apollon stand in Olympia (Paus. 6,19,6). Aus B. fertigte → Athene zuerst die Flöte (buxum). Der als Zierpflanze gehegte B. galt merkwürdigerweise als der → Aphrodite verhaßt. Die oft behauptete Beziehung zu den Unterirdischen ist nicht durch Überlieferung verbürgt. Vgl. → Flora. J.W.

Lit: M. Schmidt, RE 3,1 (1897), 985 f. – Murr, Pflanzenwelt, 99 f. – Hehn, 230–234.

Buchstabensymbolik. Die symbolische Verwendung des Alphabets oder einzelner Buchstaben hat folgende Hauptformen: 1. Prinzip der Reihung: Zum Schutz gegen böse Geister werden etwa sämtliche Buchstaben des Alphabets hingeschrieben. – 2. Prinzip der Anordnung: vgl. die berühmte → Satorformel. – 3. Form einzelner Buchstaben: in dem sich gabelnden Y sah man das Symbol der ethischen Entscheidung (vgl. die Erzählung von Herakles am Scheideweg, Xen. mem. 2,1,21–34; → Prodikos). – 4. ‹Pars pro toto›: Der Anfangsbuchstabe steht für das ganze Wort und somit für die Sache. – 5. Lautwert: die einzelnen Vokale entsprechen bestimmten Farben; daher werden die sieben griech. Vokale mit Vorliebe verwendet. – 6. Zahlwert: Da jeder griech. Buchstabe auch einen Zahlwert hat, läßt sich durch Addition der Buchstabenwerte der Zahlwert des Wortes errechnen. Die Übereinstimmung der Zahlwerte zweier Wörter erlaubt bestimmte Schlüsse. – Die meisten dieser Prinzipien sind angewandt bei Plutarch ‹Über das E in Delphi›. – Unsere Kenntnis der antiken B. stammt überwiegend aus Schriften der → Pythagoreer und → Neuplatoniker; ihre Gedanken wirkten, verbunden mit orientalischer Buchstabenmystik, auf Gnostiker (Valentinos, Markos), Alchemisten (→ Zosimos, 2) sowie durch Traditionen der Kabbala auf Juden und Mohammedaner. – An Werken sind erhalten u.a. Theodosios von Alexandria, περὶ γραμματικῆς (ed. Goettling), Ausonius, De litteris monosyllabis Graecis et Latinis (ed. Peiper), Scotus, Versus de alphabeto (PLM V 375), Sabas v. Talas (gest. 532 n. Chr.), Über die Mysterien der griech. Buchstaben. – Vgl. auch → Zahlensymbolik. G.L.

Lit: F. Dornseiff, Das Alphabet in Mystik und Magie (1922), 1925².

Bügelkanne, in der kret.-myk. Kultur (G 3) beliebte Gefäßform, benannt nach der sehr praktischen Handhabe: einem brillenartigen Doppelbügel zum Eingreifen von Zeige- und Mittelfinger im Zentrum des eiförmigen, kugeligen oder bauchig in die Breite gewölbten Körpers. Gehalten wird der Bügel durch ein massives, oben scheibenförmig endendes Säulchen (falscher Hals). Die kleine Gefäßmündung ist so aus dem Zentrum nach außen etwas verschoben. Große B.n haben für Wein, kleine (beliebte Grabbeigaben) für Salböl gedient. Aus einem Amphorentypus im 17./16. Jh. (MM III) entstanden. W. Schg.

Abb: H. Th. Bossert, Altkreta, 1937³, Abb. 354, 359 – *Lit:* A. Furumark, Mycenaean Pottery, 1941, 19.

Bühnenmalerei. Nach Vitr. 7 praef. 10 gab → Anaxagoras im Anschluß an die erste Skenographie des → Agatharchos eine wissenschaftliche Erklärung der → Perspektive, und → Demokrit verfaßte ein Buch über Optik. Noch im 2. Jh. n. Chr. definiert Damianos die Perspektive (‹Skenographia›) als Teil der Optik in Verbindung mit der Malerei. B. ist somit wesentlich perspektivische Malerei, der Begriff *Skenographie* meint sowohl das eine wie das andere. Einfluß auf die Tafel → Malerei (C), bes. im Verlauf des Hellenismus. Das röm. spätrepublikanische Holztheater übernimmt das griech. System der zwischen Thyromata und Interkolumnium der Bühne versetzten, auswechselbaren Pinaxprospekte (die ersten läßt Claudius Pulcher 99 v. Chr. anfertigen: Plin. nat. 35,23). Deren drei, den bekannten Gattungen des griech. Theaters entsprechende Grundtypen wirken laut Vitr. (s.o.; vgl. auch 7,5,2) direkt auf die Wanddekoration des 2. Stils (z.B. Boscoreale; → Malerei D 4). Von größter Bedeutung für die Entwicklung der röm. → Szenaefrons und Wandmalerei (→ Malerei D 3–9) ist die Palastfassade der tragischen Bühne (→ Theater B 1). C.K.

Lit: Pfuhl, 665 f. 674 – Beyen I 108 ff. – H. Bulle, Eine Skenographie, BWPr 94, 1934 – A. M. G. Little, A Roman Sourcebook for the Stage, AJA 60, 1956, 27–33 – Schefold, VP, 35 ff.

Bühnenmusik. Bei den dramatischen Aufführungen im 5. Jh. v. Chr. wurden die Gesänge des → Chores durchweg von Aulosmusik begleitet, bisweilen wurde die Kithara als zweites Instrument mit hinzugenommen. Komponist der B. war der Dichter selbst. Orchesterbegleitung kannte erst die hellenist.-röm. Zeit, bes. im Pantomimus. Hier wurde der Rhythmus durch das Scabellum (κρούπεζα) angegeben. E.-R. Sch. u. G.W.

Bünde. Als B. bezeichnen die Neueren politische Gebilde, die (in manchem den modernen Bundesstaaten und Staatenbünden vergleichbar) eine Mehrzahl von kleinen Staaten, meist Stadtgemeinden (→ Polis), mehr oder weniger fest zusammenschlossen. In der griech. Geschichte der klass. und hellenist. Zeit spielten die B. eine wichtige Rolle. Die bedeutendsten waren in klass. Zeit der → Attische Seebund und der → Pelop. Bund, in hellenist. Zeit der → Achäische und der → Ätolische Bund. Ein griech. Ausdruck für ‹Bund› in diesem Sinne fehlt nicht zufällig; denn nach Ursprung und Wesen sind diese B. sehr verschieden. Nur z.T. sind es wirkliche B.: eine Mehrzahl von Staaten hat sich in einem Bündnis (einer → Symmachie) zu gemeinsamer Kriegführung, seltener (im 4.Jh.) in einem allgemeinen Friedensvertrag (einer → Koine Eirene, so der → Korinthische Bund von 338) zur Wahrung des Friedens zusammengeschlossen und zur Erreichung des Bundeszweckes eine mehr oder weniger feste Organisation gegeben. Zu diesen echten B. gehören auch (mit z.T. anderer Zielsetzung) die sog. → Amphiktyonien. – Die meisten B. sind jedoch unechte B.; an ihrem Anfang steht nicht der Zusammenschluß mehrerer Staaten durch einen Bund, d.h. einen regelrechten Vertrag: es sind vielmehr alte oder nach zeitweiliger Auflösung erneuerte Stammstaaten (→ Ethnos), die den Städten ihres alten und neu hinzuerworbenen Gebietes eine gewisse Selbstregierung und, dem äußeren Anschein nach, die Stellung von ‹Gliedstaaten› in einem ‹Bundesstaat› einräumen. – In der Mitte zwischen diesen Hauptgruppen stehen die nach dem Vorbild beider seit dem 4.Jh. gelegentlich vollzogenen Zusammenschlüsse der Städte und Stämme einer Landschaft (nicht eines Stammes): so auf → Euboia und → Kreta sowie, auf der Grundlage einer älteren Symmachie, in → Epirus. – Vgl. auch → Koinon; ferner → Latinischer und → Italischer Städtebund. F.G.

Lit: J.A.O.Larsen, Representative Government in Greek and Roman History, 1955.

Bürgerrecht. [1] *In griechischen Staaten.* Bürger (πολῖται) sind nach griech. Auffassung alle, die am Staat Anteil haben, oder genauer: die in ihrer Gesamtheit den Staat bilden, soweit er genossenschaftlich gefaßt ist (→ Griechenland III A). Das sog. Ethnikon, das im Sing. den Einzelnen nach seiner Staatsangehörigkeit bezeichnet, bezeichnet im Plural den Staat: οἱ Ἀθηναῖοι, ‹die Athener› bedeutet zugleich ‹der Staat Athen›. Freilich hatten nicht überall alle erwachsenen Bürger männlichen Geschlechts tatsächlich Anteil an der Regierung; es gab vielerorts oligarchische Verfassungen, die nur einer Minderheit von ‹Vollbürgern› Stimmrecht und Wählbarkeit einräumten; doch regierte auch in solchen Staaten die Minderheit im Namen und grundsätzlich auch zum Vorteil der Gesamtheit; auch die ‹Passivbürger› genossen den Schutz des Staates und die privaten Rechte, die den → Fremden abgingen; ein Passivbürger, der etwa den vorgeschriebenen Zensus erreichte, wurde automatisch Vollbürger. – Das B. war durchwegs erblich, und zwar wurde vielfach (in Athen seit 451/450) verlangt, daß beide Eltern Bürger gewesen waren. Ferner konnte das B. (in der Regel durch die Volksversammlung) einzelnen Fremden oder ganzen Gruppen verliehen werden; meist war das als Auszeichnung und Dankesbezeugung gemeint (→ Ehren), seltener sollte es wirklich die Bürgerzahl erhöhen helfen. – Unter *Isopolitie* verstehen wir (nicht ganz in Übereinstimmung mit dem Sprachgebrauch der Quellen) die meist wechselseitige, nicht selten vertraglich gesicherte Verleihung des B.s an alle Bürger eines anderen Staates; sie sollte die beiden Staaten einander nur näherbringen. Die *Sympolitie* dagegen ist die Verschmelzung zweier oder mehrerer Bürgerschaften in einem Staat, wie sie etwa beim → Synoikismos und vor allem (unter Fortbestand eines besonderen gliedstaatlichen B.s neben dem Bundesbürgerrecht) in den bundesstaatlich organisierten Stammesbünden (→ Ethnos) der klass. und hellenist. Zeit begegnet. F.G.

Lit: E.Szanto, Das griech.B., 1892.

[2] *In Rom.* Die ältere Bezeichnung war caput (bürgerliches Rechtssubjekt) und ius Quiritium, die gebräuchlichere civitas Romana. Ihre Inhaber trugen die Toga und den dreiteiligen → Namen (praenomen, nomen gentile, Filiation) mit späterem Zusatz der → Tribus und des cognomen. Sie unterlagen der (von 167 v.Chr. bis auf Diokletian ausgesetzten) Steuerpflicht und dem Wehrdienst, hatten in den Volksversammlungen das Stimmrecht (ius suffragii), theoretisch das passive Wahlrecht für die Ämter (ius honorum) und das Berufungsrecht an das Volk gegen Kapitalstrafen (ius → provocationis). Nur röm. Bürger konnten nach röm. Recht anerkannte Geschäftsverträge (ius commercii) und gültige Ehen (ius conubii) schließen sowie Prozesse mit legis actiones führen. In der Kaiserzeit fiel mit dem Ausschalten der Volksversammlung das Stimmrecht weg. Das B. wurde durch Geburt erworben, wenn beide Eltern röm. Bürger waren oder ein Elternteil einer Gemeinde angehörte, der Rom das ius conubii durch Vertrag zuerkannt hatte. Jeweils durch Gesetz wurde das B. von Senat und Volk einzelnen als militärische Auszeichnung (z.B. dem Numider Muttines, Liv. 27,5,7), als Anklägerbelohnung in Repetundenprozessen, Personengruppen bei der Gründung von Kolonien und ganzen Gemeinden verliehen. Jeder röm. Bürger konnte seinem Sklaven durch rechtsgültige → manumissio ein eingeschränktes, erst für dessen Nachkommen volles röm. B. erwirken, eine Großzügigkeit, die der Makedone → Philipp V. bewunderte (Syll. 543,32ff.). Ein Halbbürgerrecht erhielten durch Vertrag die Bewohner der civitates sine suffragio, die privatrechtlich als Römer behandelt, zu Steuern und Heerdienst herangezogen wurden, aber nicht das ius suffragii und provocationis bekamen. Zuerst erhielt → Caere 353 diese Rechtsstellung, mit der allmählich Teile Mittelitaliens dem röm. Staat angeschlossen wurden. Eine andere Vorstufe zum röm. B. war das Latinische Recht (ius Latii, → Latin. Städtebund). Gemeinden dieses Rechts waren selbständig mit eigenem B. und eigener Verwaltung, ihre Bürger besaßen das ius commercii und conubii mit Rom und wurden bei dauernder Übersiedlung nach Rom und Eintrag in die Bürgerliste der Censoren Römer. Wegen der starken Abwanderung nach Rom wurde das röm. B. später nur den Latinern gegeben, die einen erwachsenen Sohn in der Heimat zurückließen. Seit dem 2.Jh. v.Chr. erhielten gewesene Beamte latinischer Gemeinden, die in der Heimat blieben, das B. In der Kaiserzeit führte die Verleihung des Latinischen Rechts an Provinzialgemeinden zu weiterer Ausbreitung des röm. B.s. Die Italiker gewannen im → Bundesgenossenkrieg (3) durch die lex Iulia und lex Plautia Papiria das röm. B. (→ Italischer Städtebund). Damit wurde der Grundsatz, daß der röm. Bürger ein zweites B. nicht besitzen konnte, aufgegeben; der Römer hatte neben der gemeinsamen Heimat Rom noch seine Sonderheimat (domus oder origo). Das röm. Stadtbürgerrecht wurde ein Staatsbürgerrecht und in der Kaiserzeit ein Reichsbürgerrecht. In seiner Bewilligung waren die Kaiser verschieden freigebig; das Vorbild → Caesars, der Oberitalien das röm. B., Gallia Narbonensis, Sizilien und großen Teilen Spaniens das Latinische Recht verlieh, ahmten die Adoptivkaiser des 2.Jh.s nach. Dauernden Zuwachs an röm. Bürgern stellte das Heer, da Nichtbürger mit der Aufnahme in die Legionen sofort, mit der Einstellung in die Hilfstruppen und die Flotte nach ehrenhaftem Dienst das B. erhielten. 212 n.Chr. erklärte → Caracalla mit der constitutio Antoniniana alle freien Einwohner des Reiches mit Ausnahme der → dediticii zu römischen Bürgern. Verlust des B.s (capitis deminutio) trat ein, wenn ein Bürger in Kriegsgefangenschaft oder Sklaverei geriet oder, in der Republik, bei dauernder Übersiedlung das B. eines fremden Staates erwarb. Ging ein mit Todesstrafe bedrohter Angeklagter vor dem Spruch des Gerichts ins Exil, so gab er damit freiwillig sein B. auf. Bisweilen wurde das B. ganzen Gemeinden auf Volksbeschluß aberkannt, so auf Antrag → Sullas 81 v.Chr. Arretium und Volaterrae (Cic. dom. 79). Anmaßung des röm. B.s wurde gerichtlich geahndet, z.B. 65 v.Chr. durch die lex Papia de peregrinis, die den Prozeß gegen Archias auslöste. H.V.

Lit: Mommsen, Staatsrecht III – A.N.Sherwin-White, The Roman citizenship, 1939 – E. Meyer, Röm. Staat u. Staatsgedanke (1948) 1961² – E.Levy, Libertas und Civitas, ZRG 78, 1961, 143–172.

Bugonie, eine in Altertum und MA verbreitete Theorie, daß Bienen (und andere Insekten) im Kadaver eines getöteten Ochsen von selbst entstehen können (realer Anhaltspunkt ist die Beobachtung, daß Insektenschwärme sich zuweilen in Tierkadavern niederlassen). Dies scheint das Thema eines epischen Gedichts *Βουγονία* von Eumelos zu sein und wird auch von Vergil behandelt (georg. 295 ff.), wo → Aristaios als ‹Erfinder› der B. erscheint. Vgl. noch Geoponica 15, 2, 21–36 und als frühen Beleg für offenbar dieselbe Anschauung im AT Ri. 14, 8 ff. J.E.Sk.

Bukephalos, Streitroß → Alexanders (5) d. Gr.; starb nach der Schlacht gegen → Poros (326); durch Gründung der Stadt Bukephala am Hydaspes geehrt. E.Bd.

Bukolik. [1] *Griech. Bukolik.* Gesang und Sängerwettstreit dürften in der wirklichen Welt griech. Hirten heimisch gewesen sein, vor allem in Sizilien. Literarisches Interesse an dieser Welt hat bereits → Sophron; ihren Höhepunkt erreicht die griech. B. in der → Hellenist. Dichtung (B 3; s. d.). → Theokrit verbindet in seinen ländlichen → Mimen die (dialogische) Darstellung eines Hirtenalltags mit der Entfaltung kunstreichen Hirtengesanges, wobei sich fragt, inwieweit diese B. realistisch genannt werden dürfe. Der Anteil des Wirklichen, in der Wirklichkeit Möglichen darf nicht einfach deswegen gering eingeschätzt werden, weil uns die Hirten dieser Dichtung sehr zur Kunst begabt vorkommen. Über die ‹Jüngere B.› → Bion, → Moschos. P.H.

Ed: U. v. Wilamowitz-Moellendorff, Bucolici Graeci (1905), 1910² – A. S. F. Gow, Bucolici Graeci, 1952.

[2] *Röm. Bukolik.* → Epigramme mit buk. Thematik sind in Rom schon im 2. Jh. v. Chr. gedichtet worden (→ Porcius (7) Licinus Fr. 6 M.). Als Vermittler hellenist. Dichtkunst hat → Catull auch → Theokrit durch eine Nachbildung der ‹Pharmakeutriai› der röm. Poesie erschlossen (Plin. nat. 28, 19). Doch wurde erst durch → Vergil die mimetisch-buk. Gattung in großem Stil in die lat. Dichtung eingeführt. Außer Theokrit ist für ihn die späthellenist. Bukolik wichtig geworden: so ist Arkadien als das musische Reich pastoraler Sangeskunst (ecl. 4, 58 f.; 7, 4; 10) schwerlich eine Erfindung Vergils (so Snell); vielmehr deutet alles darauf hin, daß es sich um die Fortführung einer Konzeption der nachtheokritischen B. (Spuren bei → Erykios AP 6, 96) handelt (Jachmann, L'Arcadia). – Trotz zahlreicher Theokritreminiszenzen sind *Vergils Eklogen* aus einem anderen Geist geschaffen und von differenzierterer Struktur als die des Hellenisten. In der Zeichnung der Hirten sind alle derb biotischen Züge zugunsten einer verinnerlichten Darstellung zurückgedrängt worden. Die Landschaftsschilderung ist unrealistisch: unterschiedliche Wirklichkeitselemente und literarische Reminiszenzen verschmelzen zu einer imaginären Ideallandschaft (Jachmann, Technik). Jedoch ist die poetische Welt dieser Gedichte nur in wenigen Fällen (ecl. 2 und 8) selbstgenügsam in sich geschlossen: in der Mehrzahl der Eklogen ist sie offen auf die Geschichte und die persönlichen Geschicke des Dichters hin. Dabei sind nicht nur die politischen Wirren (Ackerverteilung) und Hoffnungen der Zeit teils unmittelbar (ecl. 1 und 9), teils in mythologischer Umschreibung (ecl. 4 und 5) in sie eingegangen, sondern auch private Freundschaften und literarische Fehden (ecl. 3, 84 ff.; 6, 64 ff.; 10). Eine Sonderstellung nimmt die 4. Ekloge ein, die mit ihren beiden nicht völlig miteinander verbundenen Motivkreisen der Geburt des Kindes und der Wiederkehr des Goldenen Zeitalters den buk. Rahmen sprengt (Jachmann, 4. Ekloge). – Für die weitere Geschichte der Gattung ist gerade die elysische Thematik der 4. Ekloge Vergils bedeutungsvoll geworden. Die von Vergil aus seinem Glauben an eine umfassende staatliche Neuordnung prophezeite Rückkehr des Goldenen Zeitalters wird in der panegyrischen B. der → Carmina Einsidlensia (2, 21 ff.) und des → Calpurnius (13) Siculus (1, 36 ff.) als durch den Regierungsantritt Neros (54) hier und jetzt Wirklichkeit gewordenes Ereignis gefeiert (Schmid, Panegyrik). Die innere Aushöhlung dieser panegyrisch engagierten B. zeigt die 7. Ekloge des Calpurnius, in der der pastorale Rahmen nur noch Vorwand für eine preisende Beschreibung des Neronischen Amphitheaters ist, die ein aus der Stadt zurückgekehrter Hirt gibt. Demgegenüber herrscht bei dem letzten Vertreter der paganen Pastorale, bei → Nemesian (3. Jh. n. Chr.), die genuin buk. Thematik vor, der diesen Motivkreis allerdings durch Einbeziehung dionysischer Motive erweitern wird (zur Entwicklung in der Spätantike vgl. Schmid, Tityrus, 107 ff.). W.Sch.

Lit: J. Hubaux, Les thèmes buc. dans la poésie latine, 1930 G. Jachmann, Die dichterische Technik in Vergils Buk., NJbb 49, 1922, 101–120 – Ders., L'Arcadia come paesaggio bucolico, Maia 5, 1952, 161–174 – Ders., Die 4. Ekl. Vergils, Ann. Pisa 20, 1952, 13–62 – V. Pöschel, Virgils Hirtendichtung, 1964 – H. J. Rose, The Ecl. of Vergil, 1942 – W. Schmid, Panegyrik u. B. in d. neron. Epoche, BJbb. 153, 1953, 63–96 – Ders., Tityrus Christianus, RhM 96, 1953, 101–165 – B. Snell, Arkadien (1945), in: Entdeckung des Geistes, 1955³, 371–400 – F. Klingner, Virgils 1. Ekl. (1927), in: Studien, 1964, 225–246.

[3] Die *christliche Adaption* der B. läßt zwei unterschiedliche Typen erkennen: 1. Der erste wird durch das Gedicht des → *Endelechius* und das Vergilcento des Pomponius (4. oder 5. Jh.?) repräsentiert. In ihnen sind die Hirtennamen der paganen B. und die ländliche Umwelt beibehalten worden. Eine wohl einmalige Neuerung bei Endelechius stellt die Ersetzung des Hexameters durch die 2. → asklepiadeische Strophe dar, ein für die spätantike Gattungskreuzung instruktives Beispiel. Stärker als manches Stück der profanen lat. B. weist die Ekloge des Endelechius mimische Züge auf: in der ersten Szene teilt Bucolos dem Aegon den Verlust seiner Herde durch die Rinderpest mit, in der zweiten gewinnt Tityrus durch den Bericht, daß seine mit einem Kreuzzeichen versehene Herde von der Seuche verschont blieb, beide für die neue Religion. Die Rede des Tityrus ist mit kurzen Angaben der christl. Glaubens- und Sittenlehre durchwoben: Tityrus, bei Vergil (ecl. 1) der Herold Octavians, ist zum christl. Prediger geworden. Als solcher erscheint er auch im Vergilcento des *Pomponius* (4./5. Jh.), freilich auf scholastischere Weise. Hier gibt die ländliche Szenerie nur den bald verblassenden Rahmen für einen Diskurs des Tityrus über die christl. Lehre ab. Das Artifizielle des Experiments, B. und Predigt zu verbinden, wird bei Pomponius noch stärker fühlbar als bei Endelechius. An ihm gemessen, wirkt die Einbeziehung bukolischer Themen in die Heiligenpoesie durch → Paulinus (1) v. Nola ungezwungener. – 2. Der zweite Typus der christl. Adaption der B. stellt sich dar in dem Experiment des ‹*Epigramma Paulini*› (entstanden um 408 in der Narbonensis; der Verfasser ist nicht näher bestimmbar). Hier ist Arkadien durch das Klosteridyll, der Hirten- durch einen Mönchsdialog ersetzt worden. In dem Bericht von dem Vandalen- und Alaneneinfall ist die vergilische Technik, das Zeitgeschehen in die B. einzublenden, adaptiert worden. Dies trifft auch für die anschließende Schilderung der Entsittlichung in den Städten zu. Doch weist der Abschnitt typisch satirisches Gepräge auf, so daß die Absicht des Verfassers, dem Genos durch Kreuzung mit der Satire neue Aktualität zu verleihen, unverkennbar ist. W.Sch.

Ed: des Pomponius, CSEL 16, 1888, 609–615 u. Anth. Lat. I 2, 719a – des Epigramma Paulini, CSEL 16, 1888, 499–508 – *Lit:* J. Hubaux, Les thèmes bucoliques dans la poésie latine, 1930 – W. Schmid, Tityrus Christianus, RhM 69, 1953, 101–165 – RAC I 786–800 – R. Helm, RE 18, 2 (1949) 2359–60 (zum Epigr. Paulini).

Bukranion, eine Reihe von Rinderköpfen oder -schädeln, oft durch Girlanden verbunden, seit dem Hellenismus ein häufiges, auf das Rinderopfer anspielendes Motiv, besonders für Relieffriese an Sakralbauten und Altären (Nord-Propyläen von → Epidauros, Demeter-Tempel von → Pergamon) verwendet. G.Gb.

Lit: A. E. Napp, B. und Girlande, Diss. Heidelberg 1933.

Bulē. [1] *Funktion des Rats.* B. ist die gemeingriech. (nicht überall technische) Bezeichnung des Rates. Am Anfang steht der Rat der ‹Alten› (Gerontes), in hom. Zeit ein vom König einberufener und auf Kosten der Gemeinde bewirteter Adelsrat, dessen Mitglieder nicht notwendig Greise sind. Aus dem Beirat des Königs wird dann die einflußreichste Behörde des Adelsstaates. In den inneren Kämpfen der archaischen und klass. Zeit wird der Rat überall einschneidend umgestaltet oder neu eingerichtet; mehrfach tritt auch neben den alten ein jüngerer demokratischer Rat (so in Athen neben den → Areopag der Rat der Vierhundert seit → Solon oder vielleicht erst der Rat der Fünfhundert seit → Kleisthenes, 1), während oligarchische Verfassungen (→ Griechenland III B 3) gern zwischen einem engeren (etwa den → Probuloi) und einem weiteren Rat unterscheiden. Alles in allem bleibt der Rat auch in der klass. und hellenist. Zeit das unentbehrliche Kollegium, das die → Magistrate berät und überwacht, die Volksversammlung (→ Ekklesia) vorbereitet und ihre Entschlüsse maßgeblich beeinflußt oder gar (in oligarchischen oder in räumlich ausgedehnten Staaten ohne Ekklesia) das Volk allein vertritt; dazu treten wachsende Aufgaben in der Verwaltung, bes. im Finanzwesen, vielfach auch eine ausgedehnte Polizeigewalt und Strafgerichtsbarkeit (in Athen hat der Areopag in Mordsachen, der Rat der Fünfhundert über Staatsverbrecher zu richten).

[2] *Zusammensetzung des Rats.* Die Mitgliederzahl schwankt weit: die → Gerusia Spartas hat 28, der eine oder andere oligarchische Rat, neben dem keine Ekklesia steht, einige Tausend Mitglieder; in der Demokratie zählt der Rat meist einige Hundert Mitglieder (Athen: 500). Die Mitgliedschaft ist in der älteren Zeit und in oligarchischen Staaten meist lebenslänglich, in der Demokratie meist (wie in Athen) auf ein Jahr, nicht selten auf ein halbes Jahr beschränkt. Wiederwahl ist erschwert. Die Oligarchie ergänzt den Rat gern aus den gewesenen Magistraten oder durch Kooptation, oder es sitzen alle Vollbürger gleichzeitig oder im Turnus abwechselnd im Rat. Auch die Volkswahl der Ratsmitglieder ist schon der Oligarchie bekannt, die Demokratie ersetzt sie häufig durch das Los. Auf eine angemessene Vertretung der einzelnen Abteilungen der Bürgerschaft, der → Phylen und → Demen, in ‹Bundesstaaten› (→ Ethnos) der Städte wird in der Regel geachtet. Ratsfähig sind (auch in der Demokratie) meist nicht alle Bürger; wenigstens ein bestimmtes Lebensalter (in Athen 30, in Sparta 60 Jahre) wird vielfach vorausgesetzt.

[3] *Verfahrensweise.* Der Rat tagte häufig, in Athen (von den Fest- und Unglückstagen abgesehen) täglich, außerordentliche Sitzungen waren nicht ungewöhnlich. Fast ständig tagte in Athen und anderswo der geschäftsführende Ausschuß (die → Prytanen oder die entsprechende Behörde), der sich aller dringlichen Angelegenheiten anzunehmen hatte; andere Ausschüsse widmeten sich speziellen Aufgaben (etwa der Finanzverwaltung oder dem Flottenwesen). Den Vorsitz im Rat und das Recht, ihn einzuberufen, hatte zunächst der König, dann die höchsten Magistrate, später vielfach der geschäftsführende Ausschuß des Rats bzw. sein Vorsitzender. F. G.

Buleuterion, Bau für die Ratsversammlung wie das *Ekklesiasterion* für die Volksversammlung. Die archaische Frühform, ein gestreckter Saal nach Art eines → Oikos (B. von → Olympia, mit apsidialer Rückwand, 7 Innensäulen in der Längsachse und offener Front mit 3 Säulen zwischen Anten), wurde seit dem 5. Jh. in Anlehnung an das → Telesterion abgelöst von einem etwa quadratischen Saal mit ⊓- oder ⌒-förmig umlaufenden Sitzstufen (altes B. von → Athen um 500, nach 404 ersetzt durch das neue B., 22,5 × 17,5 m, mit zunächst hölzernen, ⌒-förmigen Sitzstufen, 4 Deckenstützen und prostyler Vorhalle). Ähnliche, aber entwickeltere B.a gehören seit dem 4. und 3. Jh. zur → Agora jeder Stadt; am besten erhalten in → Priene (Abb. 55; 18,4 × 20,3 m, theaterartig angelegte, ⊓-förmige Sitzstufen für 700 Bürger, die Decke von einer Pfeilergalerie getragen, in der Front eine offene, von einem Bogen überwölbte Loggia für den Redner, gegen 200 v. Chr.) und → Milet (34,9 × 24,3 m, halbkreisförmige Zuschauermuschel für ca. 1500 Bürger, nur 4 Stützen für die aus Bindern

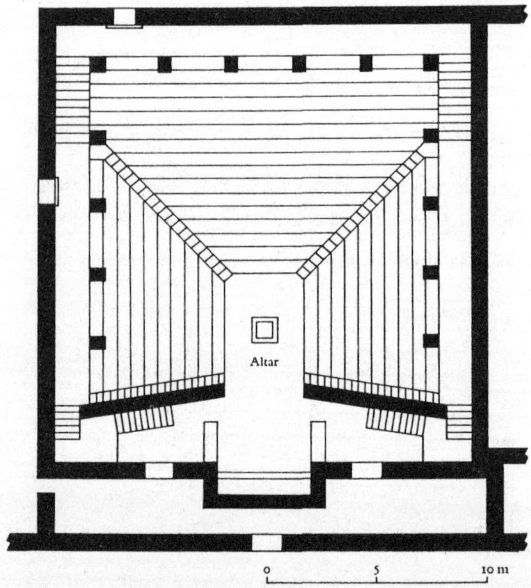

Abb. 55 Grundriß des Rathauses von Priene

konstruierte Decke, davor ein großer Peristylhof mit Propylon, gegen 160 v. Chr.). Der bedeutendste Versammlungsbau wurde für 10000 Abgeordnete Arkadiens gegen 360 in Megalopolis nach dem Vorbild des großen Telesterion von Eleusis errichtet (66 × 52 m; die 67 Säulen wurden radial angeordnet, damit der Blick auf die Mitte möglichst unbehindert blieb. Der 14säuligen Fronthalle wurde wenig später ein Theater vorgebaut). G. Gb.

Lit: F. Krischen u. a., Antike Rathäuser, 1941.

Bulla, hohles Schmuckstück, das ein Amulett (→ Apotropaion) gegen den bösen Blick enthielt; die röm. Kinder trugen es am Halse bis zum Mannesalter, legten es zusammen mit der → Toga praetexta ab und brachten es dem Haus- → Laren dar (Schol. Hor. sat. 1, 5, 65). Sie war aus Gold für die Kinder der Senatoren und der Ritter, aus Leder für die andern. Der → Triumphator trug ebenfalls eine B., die apotropäische Talismane enthielt (Macr. Sat. 1, 6, 9). H. Le B.

Bundesgenossenkrieg, Name mehrerer Kriege: [1] *Attischer B.*, 357–355, mißlungener Versuch → Athens, Byzanz und die Inseln Chios, Kos und Rhodos, die zu → Maussollos abgefallen waren, wieder zu unterwerfen und damit die Auflösung des 2. → Att. Seebundes zu verhindern, wobei → Chabrias 357 fiel, → Chares (1) nach der Schlacht bei Embata 356 eine Anklage gegen seine Mitfeldherrn erwirkte und 355 den aufständischen Satrapen → Artabazos unterstützte. Das führte zu einem Ultimatum des Großkönigs, dem Athen sich beugen mußte. E. Bn.

Lit: S. Accame, La lega ateniese del sec. IV a. C., 1941, 189–195 – H. Bengtson, Die Staatsverträge d. Altert. II, 1962, 288 f.

[2] Der Krieg → Philipps V. v. Makedonien gegen den → Ätol. Bund (220–217), zumal gegen das ätolische Freibeutertum (bis nach Kleinasien übergreifend) gerichtet: Feldzüge gegen Akarnanien (Elis, Ätolien selbst, Lakonien, Dardaner und Achaia Phthiotis). 217 durch den Frieden von Naupaktos beendet.

[3] *Röm. B.*, der Aufstand der Italiker (→ Ital. Städtebund) gegen Rom 91–89 (bellum Italicum, Marsicum, sociale). Ursachen: Die italischen Bundesgenossen fühl-

ten sich unter der drückender werdenden Herrschaft Roms zurückgesetzt, bes. seit die entsprechende römische Schicht der → Ritter 123 v. Chr. durch C. Sempronius → Gracchus (2) erhebliche wirtschaftliche Vorteile errungen hatte. Der in den wirtschaftlich führenden Kreisen bes. in Mittel- und Süditalien schon seit Mitte des 2. Jh.s erwachte Wunsch nach Aufnahme in das röm. → Bürgerrecht wurde angesichts der Unnachgiebigkeit Roms in den 90er Jahren zur entschiedenen Forderung. Die Ermordung des M. → Livius (4) Drusus, der sie i. J. 91 als Volkstribun erfüllen wollte, gab das Zeichen zum Aufstand. – Zentren des Aufstands waren (1) die → Marser und ihre Nachbarn in Mittelitalien (dort auch die ital. Hauptstadt → Corfinium), (2) die → Samniten und → Lukaner. → Etrusker und → Umbrer standen zunächst abseits. Rom geriet in äußerste Not und konnte sich nur durch Anspannung aller Kräfte (Siege unter → Pompeius (10) Strabo und → Sulla) und rasche Zugeständnisse retten: 90 Angebot des Bürgerrechts an die Treugebliebenen, 89 an alle, die die Waffen niederlegen wollten. Samniten und Lukaner, die starke antirömische Ressentiments hatten, kämpften großenteils weiter und suchten ein Bündnis mit → Mithridates VI. Sie wurden mehrfach besiegt, beruhigten sich aber erst, als → Cinna ihnen 87 offenbar weitgehende Unabhängigkeit zugestand. Neuer Streit brach aus, als die Neubürger auf wenige → Tribus beschränkt werden sollten. Sie verbanden sich darauf z. T. mit P. → Sulpicius (11) Rufus und Cinna und nahmen 83–82 am Kampf gegen Sulla teil. Seinen Abschluß fand der Krieg erst mit Sullas Sieg über die Samniten vor Rom am Collinischen Tor (1. Nov. 82). Der B. trug wesentlich zum Ausbruch der Bürgerkriege der 80er Jahre bei. Vgl. → Bürgerrecht, → Rom I D [1]. Chr. M.

Lit: A. Kiene, Der röm. B., 1845 – Mommsen, Röm. Gesch. II, passim – E. Badian, Forschungsbericht: From the Gracchi to Sulla, VII: The Allies, Historia 11, 1962, 223 ff. 233 ff. (Lit).

Buntschriftstellerei, von ποικίλη ἱστορία (→ Aelian, u. a.; vgl. Plin. nat. praef. 24. 33; Gell. praef. 5, 10; Clem. Al. strom. 6, 2, 1) abgeleitete Bezeichnung für hellenist. und kaiserzeitl. Werke, die Wissenswertes aus allen Disziplinen, → Anekdoten, → Apophthegmen, → Rätsel, → Aporien, → Ekphraseis, → Kataloge, in zwangloser, unterhaltender, bunter Art (Buntheit in Stoff und Form: als Exzerpte, Lesefrüchte, Gespräche, Erlebnisse usw.) bieten. Die formalen Vorbilder lieferten (heute verlorene) Schriften hellenist. Zeit. Eine besondere Gruppe bildet die sog. *Gelageliteratur*, Fiktionen umfangreicher Tischgespräche, deren Teilnehmer (Deipnosophisten) neben anderen Problemen mit Vorliebe das Küchen- und Schmauswesen erörtern. In dieser Tradition (vgl. bes. Platon, Xenophon, Speusipp, Aristoteles, Aristoxenos, Epikur, Persaios, Hieronymos v. Rhodos, Prytanis, Herakleides v. Tarent, Didymos, Parmeniskos, Plutarch, Herodian u. a.; später noch Methodios v. Olympos (christl.); bei den Lateinern Maecenas, Asconius Pedianus (?), Gellius, Apuleius (?), Laktanz, Macrobius und → Menippeische Satire, welche Symposionform verwendet) steht → Athenaios, bei dem sie ins Massenhafte entartet. Neben den Symposiaka-Autoren gehören zur B.: Ps. Aristot. ‹Peplos›; → Sotion, ‹Keras Amaltheias›, → Seleukos (5) Homerikos (?); → Pamphilos (2) v. Alexandria, ‹Leimon›; → Pamphila, ‹Hypomnemata›; → Favorinus (1); → Telephos (2); → Alexandros (16) von Kotyaeion; → Aelian (1); → Helladios (2) u. a.; von den Christen: → Julius (2) Africanus, ‹Kestoi›; vgl. auch Clemens (2) Alexandrinus ‹Stromateis› (‹Teppiche›); von den Römern → Aurelius (4) Opilius, → Cicero, → Nepos, → Tiro, → Sueton, → Gellius u. a.; s. auch → Plinius (1) d. Ä. Verwandt ist das Genre der Auswahlsammlungen: erhalten allein ist → Stobaios, hinter dem die antike Florilegien- und Gnomologienliteratur (s. Orion) steht; heute nur noch ein Trümmerfeld, verdankte sie ihre Entstehung verschiedenen Bedürfnissen: Erziehung, Erbauung, Rhetorikunterricht, Philosophie (Aristoxenos, Demetrios v. Phaleron, Chrysipp u. a.); Niederschläge dieser Tradition auch bei → Plutarch, → Theophilos (2), Clemens Alexandrinus, Orion. In Umrissen erkennbar die ‹Eklogai› des → Sopatros; vgl. Damophilos v. Bithynien. Bunter Inhalt auch in den von Aristoxenos, Kallimachos, Philostephanos, Istros, Hegesandros u. a. verfaßten *Hypomnemata*, *Attakta*, *Symmikta* (Ursprung: aristotel. Stoffsammlungen, Problemata-Literatur). – Stofflich berührt sich mit der B. oft die *Paradoxographie:* sie behandelt hauptsächlich Seltsamkeiten (‹Thaumasia›, ‹Paradoxa›; auch ‹Apista›) der empirischen Welt (z. B. Tiere, Pflanzen, Gewässer, Steine, Länder, Sitten); Material boten → Historie, naturkundliche, geographische und ethnographische Literatur und die Dichter. Ältester anregender Vertreter dieses Genre ist → Kallimachos; ferner → Philostephanos, Archelaos von Ägypten (*Ἰδιοφυῆ;* Epigramme über Paradoxa erhalten; vor Antigonos (5) v. Karystos); Myrsilos v. Methymna (FGrHist 477; ‹Historika Paradoxa›; auch ‹Lesbiaka›; gleichfalls vor Antigonos); → Ephoros; → Theopomp; → Antigonos (5) v. Karystos; → Bolos; Nymphodor v. Syrakus; → Polemon (2) v. Ilion; Ps. Aristot. ‹Mirab. auscult.›; → Apollonios (7); → Agatharchides; → Metrodor von Skepsis; → Alexander (Polyhistor? v. Myndos?); → Cicero; → Varro; → Isigonos (2); → Nikolaos (2) v. Damaskos; → Plinius d. Ä.; → Philon (3) v. Byblos; → Phlegon; → Physiologos; Solinus; → Timotheos (4) von Gaza; → Hierokles; ‹Philhistores›; → Damaskios; s. auch → Anthemios v. Tralleis (Mechaniker, Architekt); → Philon v. Byzanz (7 → Weltwunder; vgl. Kallixeinos v. Rhodos, ‹Über Alexandria›, ca. 150 v. Chr. (?); FGrHist 627) u. a. Ins Schwindelhafte arten aus → Ptolemaios (19) Chennos und bes. → Ps. Plut. ‹De fluviis›, ‹Parallel. min.› (FGrHist 284–296). ‹Apista› schrieben → Palaiphatos, → Antonius (7) Diogenes (vgl. → Antiphanes v. Berge). Ferner sind Traumbücher, Wundererzählungen (→ Klearchos (3) von Soloi, → Iamblich, → Proklos usw.) zu vergleichen, auch die Mirabilia im Dienst anderer Literatur, wie z. B. bei Pausanias dem Periegeten. Späte Ausläufer antiker B. und Paradoxographie sind → Theophylaktos Simokattes. → Psellos, Glykas, Philes. – *Anonyme Kompilatoren:* Paradoxographus Florentinus (‹Sotion›-Wassermirabilia; Quelle: Isigonos u. a.); Paradoxographus Vaticanus Rohdii (Kongruenzen mit → Nikolaos (2) v. Damaskos); Paradoxographus Palatinus (nach Athenaios). W. Sp.

Ed: E. Westermann, Paradoxographoi, 1839 (= Paradoxographoi; p. IX–LIII: P.-liste) – O. Keller, Rer. nat. script. Gr. min., BT, I, 1877 (weniger Texte; Index) – *Frg:* auch FHG und FGrHist, bes. IV (noch nicht erschienen) – *Lit:* s. zu → Geschichtsschreibung I B u. I C – Ferner: K. Ziegler, RE 18, 3 (1949), 1137–66, s. v. Paradoxographoi (Lit) – W. Kroll, RE Suppl. 6 (1935), 11 f., s. v. Archelaos – B. u. ä.: A. Hug, RE 4 A 2 (1932), 1273–82, s. v. Symposionlit. – K. Horna, RE Suppl. 6 (1935), 78–87, s. v. Gnome – J. Martin, RAC III 658–666, s. v. Deipnonlit. – H. Fuchs, RAC V 504–515, s. v. Enzyklop. (Lit).

Bupalos, Bildhauer (und Architekt?), Sohn des → Archermos, Bruder des Athenis und Zeitgenosse und Feind des → Hipponax; war also im späten 6. Jh. tätig. Plinius (nat. 36, 12–13) nennt Werke von B. auf Delos, Iasos und Chios, die er zusammen mit dem Bruder gearbeitet habe. Paus. (4, 30, 6) nennt als Arbeiten des B. allein eine Tyche in Smyrna und zwei Gruppen von drei bekleideten Chariten in Pergamon. Bei den übrigen Schriftquellen handelt es sich um Fälschungen oder um mehrdeutige Hinweise. E. Bg.

Lit: A. Rumpf, Zu Bupalos und Athenis, AA 51, 1936, 52–64 – Marcadé II 37 f.

Buphonia, altertümliche Opferzeremonie am Fest des Zeus Polieus, den → Dipolia, in Athen: Gerste, mit Weizen vermischt, wird auf einen Tisch gelegt, ein Ochse darauf losgelassen, und wenn er zu fressen beginnt, wird er von einem Priester aus dem Geschlecht der Thauloniden erschlagen. Dieser heißt dann Ochsenmörder (*βουφόνος*), muß gleich nach der Tat unter Zurücklassung seines Beils von der Stelle fliehen. Das Beil wird vor Gericht gebracht und weggeschafft. Die antiken wie die zahlreichen modernen Deutungen des Brauches sind hypothetisch. O.G.

Q: Porph. abst. 2, 10. 29f. (aus Theophr.); Aristoph. nub. 984f. mit Schol. – *Lit:* Nilsson, I 152–155.

Burebistas, König von → Dakien, der ca. 60–44 im Donauraum ein beachtliches Reich aufbaute. Eroberungszüge führten ihn ans Schwarze Meer, nach Thrakien und Pannonien. 48 verhandelte → Pompeius (2) wegen Unterstützung mit B. → Caesar plante einen Feldzug gegen ihn (44). Etwa zur gleichen Zeit wurde B. ermordet; sein Reich zerfiel in mehrere Einzelstaaten. G.G.

Burgunder, german. Stamm, ursprünglich an der balt. Küste (Bornholm hieß im MA Burgundarholm). Im 1. und 2. Jh. saßen sie westl. der unteren Weichsel; Mitte des 3. Jh.s erscheinen sie im Bereich des oberen und mittleren Mains, vom Rhein durch die Wohngebiete der Alamannen und Franken getrennt. 406 überquerten sie den Rhein und gründeten ein Königreich in der Germania I mit der Hauptstadt Worms. Beim Versuch, ihre Herrschaft nach Westen auszudehnen, erlitten sie 437 eine vernichtende Niederlage durch → Aetius und ein hunn. Heer, an die das Nibelungenlied erinnert. Die Reste des Volkes wurden durch Aetius 443 nach Savoyen umgesiedelt, wo ihr Königreich sich nach S und N ausdehnte und bis zur Unterwerfung durch die Franken (534) bestand. Die B. wurden Mitte des 5. Jh.s zum arianischen Christentum, 516 zum katholischen bekehrt. Vgl. → Gundobad, → Sigismund. E.A.Th.

Lit: L. Schmidt, Die Ostgermanen (1910), 1941² – E. Gamillscheg, Romania Germanica III, 1936 – F. Beyerle, Gesetze der B., 1936 – H. Zeiß, Studien zu den Grabfunden aus dem B.reich an der Rhone, SB München, 1938, 7 – P. Bouffard, Nécropoles burgondes de la Suisse, 1945 – K.F. Stroheker, Studien zu den historisch-geographischen Grundlagen der Nibelungendichtung (1958), jetzt in: Germanentum und Spätantike, 1965 – R. Moosbrugger, Die Besiedlung der Schweiz durch die Alamannen und Burgunder, in: Monograph. zur Ur- und Frühgeschichte der Schweiz, 1965.

Burrus, Sex. Afranius, Prätorianerpräfekt 51–62 aus Vasio Vocontiorum. Kaiserlicher Finanzprokurator der thrakischen Chersones ca. 29 bis ca. 51. Durch → Agrippina (3) alleiniger Prätorianerpräfekt. B. verhalf → Nero (1) 54 zum Prinzipat und erhielt die Konsularinsignien. Zusammen mit → Seneca (2) war er Ratgeber Neros; er wirkte bes. dem Einfluß Agrippinas entgegen. Mit Hilfe Senecas behielt er 55 die Präfektur. Eine Anklage wegen Verschwörung blieb erfolglos. Seine Haltung bei der Ermordung Agrippinas ist undurchsichtig. 62 versuchte er vergeblich, Nero an der Verstoßung → Octavias (3) zu hindern. B. starb infolge einer Krankheit oder durch Gift. Charakteristiken bei Tac. ann. 14, 51 und Cass. Dio 62, 13, 2. U.Wm.

Lit: W.C. McDermott, Sextus Afranius Burrus, Latomus 8, 1945, 229–254 – R. Syme, Tacitus, 1958, Ind. S. 826 – H.G. Pflaum, Carrières procuratoriennes équestres, 1961, Nr. 13.

Bursa → Munatius.

Busiris (*Pr-Wśjr* ‹Tempel des Osiris›; vorher Name *Ḏdw*), Ort inmitten des Nildeltas (Kt. 29 C 2), einst Hauptstadt des 9. unterägypt. Gaues, galt als Heimat des Totengottes Osiris. Auf Osiris-Mysterien in B. spielt Herodot (2, 59; 61) an. W. Hk.

Buße, Bußpraxis. Die B. ist ein zentrales Moment in der Verkündigung Jesu (Mk. 1, 14f.). Angesichts der bevorstehenden, in Jesus schon anbrechenden Gottesherrschaft wird von den Menschen B., d.h. totale ‹Umkehr› (*μετάνοια*), gefordert. Wie Jesus selbst die Vollmacht, Sünden zu vergeben, für sich in Anspruch nahm (Mk. 2, 10f. Parr.), so hat er auch seinen Jüngern das ‹Binden› und ‹Lösen› aufgetragen (Mt. 16, 18f.; 18, 18; vgl. Joh. 20, 22f.). Im 2. Jh. zeigen sich in der Großkirche die ersten Ansätze zur Ausbildung eines geordneten Bußinstituts. Dabei wurden die Heiligkeitsforderungen der Anfangszeit ermäßigt; nur die Todsünden der Unzucht, des Abfalls und des Mordes waren von der, stets öffentlich geübten, Buße ausgeschlossen. Dagegen vertrat der → Montanismus einen gesetzlichen Radikalismus und bestritt den Gemeinden das Recht der Sündenvergebung: nur der Pneumatiker dürfe den Gefallenen wieder in die Gemeinde aufnehmen. Um 217 wurde in Rom (→ Callistus?) oder in Karthago (Agrippinus?) durch ein Edikt auch Unzucht für vergebbar erklärt, im Gefolge des Massenabfalls von Christen während der decischen → Christenverfolgung auch die Sünde des Abfalls. Indem das B.institut in der Hand der Bischöfe konzentriert wurde, verstärkte es zugleich ihre Autorität: sie üben an Christi Statt das priesterliche und richterliche Amt aus. Gegenüber der laxeren B.praxis verstanden die → Novatianer (seit Mitte 3. Jh.) die Kirche als die von Todsündern reine Gemeinde (‹Katharer›) und sonderten sich darum von der Großkirche ab. Im Osten wurde das B.wesen weniger rechtlich ausgestaltet als im Westen. → Clemens (2) und → Origenes sehen in der B. eine Heilung, die nur durch Führung eines kundigen Geistträgers erlangt werden kann. Dabei bilden sich im Osten im 3. und 4. Jh. besondere Bußstufen heraus, die verschiedene Klassen umfassen. In der Zeit der Reichskirche wurde die B.praxis weiter normiert. In der ausgehenden alten Kirche zeigen sich neben der öffentl. B. die ersten Ansätze einer privaten B. in Form einer ‹geheimen Zurechtweisung› (Augustin). B.L.

Lit: ThW IV 972–1004 – RAC II 805–812 – RGG I 1544–48 – B. Poschmann, Paenitentia secunda, 1940 – Campenhausen, passim.

Bustrophedon (‹ochsenwendig›, nach dem Ochsengespann, das die Furchen zieht), die Manier mancher altgriech. und altital. Inschriften, links- und rechtsläufige Zeilen abwechseln zu lassen. H.Hg.

Butades, von Sikyon, nach der Überlieferung ‹Erfinder› der Tonplastik, also wohl in Korinth (wo von ihm ein Relief überliefert wird) um 650 v. Chr. (?) tätig. E.Bg.

Lit: Lippold, GrPl, 24 Anm. 5 – L. Guerrini, EAA II, 1959, 156f.

Buteo → Fabius.

Butes, Name eines athen. Heros, an den sich ganz verschiedene Mythen und Erfindungen angehängt haben (Apollod. 3, 14f.; Diod. 4, 70; 5, 20; Ov. met. 7, 500), Ahnherr des Geschlechtes der *Eteobutaden*, in dem das → Priestertum des → Poseidon Erechtheus mit Kult im Erechtheion erblich war. Der athen. Politiker → Lykurgos (3) entstammte diesem Geschlechte. O.G.

Buto (*Ḏbʿw.t;* jetzt Tell el-Farāʿine), Ort im Westdelta des Nils (Kt. 29 B 2), spielte bes. in religiösen Texten als mythische Hauptstadt Unterägyptens eine große Rolle. Hier wurde die ‹grüne› Schlange, als Amme des Horuskindes erklärt, verehrt. Die Griechen sahen in ihr Leto. W. Hk.

Butter. Der früheste Beleg von B. sind B.reste in Töpfen, die in → Gordion gefunden wurden. In den Mittelmeerländern wird jedoch keine B., sondern Olivenöl als Fett im Haushalt verwendet. B. kennt man hauptsächlich als etwas Fremdartiges, das von nördl. Völkern, z. B. Päonen am Strymonfluß in Thrakien (Hekat. bei Ath. 10, 447 D), den Skythen (Hdt. 4, 2), Lusitaniern (Strab. 3, 3, 7) und anderen angewendet wird. Das griech. Wort für B., *βούτυρον*, meist als ‹Kuhkäse› erklärt, könnte auch ein (skythisches?) Fremdwort sein. Schon Solon scheint auf die Butterherstellung anzuspielen (Plut. Sol. 16), aber nur in der Medizin (z. B. Plin. nat. 28, 133 ff.) sowie einzelnen Kulten (z. B. der → Venus Erycina; Ath. 9, 395 A) fand Butter Eingang. J.E.Sk.

Buzygen, athen. Priestergeschlecht, dem alljährlich die sakrale Eröffnung der Aussaat auf einem Ackerstück am Hang der Akropolis oblag und außerdem das erbliche → Priestertum des ‹*Ζεὺς ἐν παλλαδίῳ*› und des ‹Zeus Teleios› zukam. Als Ahnherr galt der → Heros *Buzyges*, auf den eine Reihe von Erfindungen und Vorschriften, den Ackerbau betreffend, zurückgeführt wurden, überwiegend wohl nicht aus alter Sage, sondern aus enkomiastischer Erfindung. Den B. gehörten die athen. Politiker → Xanthippos und → Perikles an. O.G.

Byblos (heute Ǧübail), phön. Stadt, 42 km nördl. Beirut am Meer gelegen (Kt. 2196 B 3). Die Besiedlung des Ortes erfolgte bereits in neolithischer Zeit. Wichtig als Verbindungsstadt → Phöniziens zu Ägypten (seit der 2. Dynastie); die Fürsten von B. wurden zeitweilig als ägypt. Beamte (Titel ‹Bürgermeister›), B. als ägypt. Stadt angesehen. Blütezeit zwischen 2000 und 1500 v. Chr. (Export von Libanonzedern), in der Amarnazeit Rib-Addi Fürst von B. Älteste phön. Grabinschrift auf Sarkophag des Königs Achīrām (um 1000 v. Chr.), ältere Texte in (ungedeuteten) gublitischen ‹Hieroglyphen›. Stadtgöttin die ‹Herrin von B.›, eine Astarte, mit großem Tempel. Außerdem Tempel des Reschef. W.R.

Lit: M. Dunand, Fouilles de Byblos I, 1937; II, 1958 – P. Montet, Byblos et l'Egypte, 1928.

Byzantinische Kursive, aus der griech. Geschäftsschrift der Kaiserzeit durch Mischung mit Elementen des → Kanzleistils entstandene Gebrauchsschrift mit vielen großen Ober- und Unterlängen (4-Zeilen-Schrift); bes. in Pap. des 4.–7. Jh.s. H.Hg.

Abb: z. B. W. Schubart, Pap. Graecae Berol., 1911, Taf. 46.

Byzantion → Konstantinopel.

Byzes, von Naxos, stellte nach Paus. 5, 10, 3 als erster marmorne Dachziegel her. 1. H. 6. Jh. G.Gb.

Caecilia Attica (Pomponia?), Tochter des T. Pomponius → Atticus, geb. 51 v. Chr. Häufig in den Briefen → Ciceros erwähnt. Durch Vermittlung des M. → Antonius (2) i. J. 37 mit Vipsanius → Agrippa (1) verheiratet. Aus dieser Ehe stammt Vipsania → Agrippina (1), die Gattin des → Tiberius (1). Im J. 28 v. Chr. (Ehe des Agrippa mit Claudia Marcella maior) entweder geschieden oder gestorben. U.Wm.

Lit: M. Reinhold, Marcus Agrippa, 1933, 35–37.

2. **C. Metella,** in erster Ehe mit → Aemilius (14) Scaurus (cos. 115 v. Chr.) verheiratet. 88 → Sullas vierte Frau; verließ 86 Rom aus Furcht vor den Marianern. Während Sullas Triumphfest (81) erkrankte sie tödlich; Sulla ließ sich aus Aberglauben von ihr scheiden, ehrte sie aber dann durch eine prächtige Leichenfeier (Plut. Sull. 35, 2 f.). G.G.

3. **C. Metella,** Tochter des Q. → Caecilius (9) Metellus Creticus, verheiratet mit M. Licinius Crassus, dem ältesten Sohn des → Crassus. Berühmt ist ihr bis heute erhaltenes Grabmal an der Via Appia in Rom. Chr.M.

Lit: Crema, 214 f. (zum Grab).

Caecilius, → Neoteriker aus Novum Comum (am Comersee), Freund → Catulls, Verfasser eines Gedichts auf Kybele (Catull 35), vielleicht Vorfahre → Plinius' (2) d. J. G.L.

2. **C. Africanus,** S. (zum Namen vgl. P. Krüger, a. O. 194). Vermutlich vor 175 n. Chr. gest. (W. Kunkel, a. O. 172). Schüler des → Salvius Julianus, dessen Entscheidungen den Hauptgegenstand der ‹Quaestiones› des C. bilden. Das Werk ist vermutlich nach dem Tode Julians, jedenfalls nach dem Hadrianischen Edikt verfaßt. Die Stoffanordnung folgt jedoch nicht dem Edikt (vgl. dazu P. Krüger, a. O. 196). Die ‹Quaestiones› wurden in nachklass. Zeit literarisch benutzt. Auf 2 weitere Werke des C. wird ohne nähere Angabe Bezug genommen. H.Hb.

Lit: P. Krüger, Gesch. d. Quellen u. Lit. d. röm. Rechts (1888), 1912^2, 194–197 – W. Kunkel, Herkunft u. soz. Stellung der röm. Juristen, 1952, 172 f. – F. Schulz, Gesch. d. röm. Rechtswissenschaft, 1961, 124 f.

3. **C. Epirota,** Q., 2. H. 1. Jh. v. Chr., lat. Grammatiker. Führte als erster Vergil und andere zeitgenössische Dichter in den Unterricht ein. D.F.

Q: Suet., gramm. 16.

4. **C. Iucundus,** L., reicher Bankier in Pompeji. Bekannt durch seine Villa (Insula I reg. V, Nr. 26), durch eine im Atrium gefundene Bronzeherme mit seinem Porträt und durch den Fund der sog. pompejanischen Quittungstafeln (tabulae cereatae), die mit wenigen Ausnahmen in die neronische Zeit datiert werden können. U.Wm.

Q: CIL IV Suppl. 1, 3340 (1–155) – *Lit:* M. della Corte, Case ed Abitanti di Pompei, 1954, 12 f. – *Bildnis* → Anhang I.

5. **C. Metellus,** L. (cos. 251, 247 v. Chr., mag. equ. 249, dict. 224, pont. max. 243–221), siegte im 1. Pun. Krieg 250 bei Panormus über Hasdrubal und erbeutete karthag. → Elefanten (Polyb. 1, 40; Liv. perioch. 19). An sein rettendes Eingreifen beim Brand des Vestatempels (241) knüpften sich Legenden. A.L.

6. **C. Metellus,** Q. (tr. pl. 209 v. Chr., aed. cur. 208, cos. 206, dict. 205, decemvir agr. dand. assign. 201, legatus 186), Freund des P. → Cornelius (30) Scipio Africanus, hielt 221 eine für unsere Kenntnis der Zielsetzungen des röm. Adels wichtige Leichenrede auf seinen Vater, L. → C. (5) Metellus (Plin. nat. 7, 139 ff.). A.L.

Lit: A. Lippold, Consules, 1963, 12; 75 ff.

7. **C. Metellus Balearicus,** Q. (cos. 123 v. Chr., cens. 120), unterwarf die seeräuberischen Einwohner der Balearen und gründete dort Städte; triumphierte 121. G.G.

8. **C. Metellus Celer,** Q. (praet. 63 v. Chr., cos. 60). Seit 66 als Legat seines Schwagers → Pompeius (2) im Mithridat. Krieg. Wirkte 63 teilweise in Pompeius' Interesse in Rom und nahm an der Niederwerfung → Catilinas an wichtiger Stelle teil. Als Konsul wandte er sich 60 entschieden gegen Pompeius und verhinderte die Durchsetzung seiner Forderungen. C. ist i. J. 59 v. Chr. gestorben. Er war verheiratet mit der berüchtigten → Clodia. Chr.M.

9. **C. Metellus Creticus,** Q. (praet. 74 v. Chr., cos. 69). Unterwarf 68–66 Kreta und beseitigte damit einen der wichtigsten Stützpunkte der Seeräuber. Geriet dabei in Streit mit → Pompeius (2), der von Kleinasien aus in Kreta einzugreifen suchte; Ende der 60er Jahre war er einer von dessen entschiedensten Gegnern in Rom. Chr.M.

10. **C. Metellus Delmaticus,** L. (cos. 119 v. Chr., cens. 115), widersetzte sich als Konsul einem Antrag des Tribunen → Marius, die Brücken enger zu machen, über die die Bürger zur Abstimmung schritten, und wurde von Marius mit Gefängnis bedroht. In Makedonien bekämpfte C. die Skordisker und griff von dort aus die Dalmater an. Die siegreichen Kriege schloß er 117 mit dem Triumph ab. Während der Censur stieß er wegen sittlicher Bedenken 32 Mitglieder aus dem Senat (Cic. Cluent. 119) und untersagte aufwendige Theateraufführungen. G.G.

11. **C. Metellus Macedonicus,** Q. (praet. 148, cos. 143, cens. 131) warf 148 → Andriskos nieder, darauf erster Statthalter der Provinz Macedonia. 146 operierte C. erfolgreich gegen Achäer und Thebaner (Polyb. 39, 8 ff.; Paus. 7, 15). Nach seinem Triumph über Makedonien (146) ließ er die (vielleicht von ihm selbst errichteten bzw. umgebauten) Tempel des Jupiter Stator und der Juno Regina beim Circus Flaminius mit einer prächtigen Porticus umgeben (Vell. 1, 11; CIL I^2 252). Im Jahre 143 unterdrückte C. einen Sklavenaufstand in Minturnae und kämpfte dann in Hispania Citerior gegen die Keltiberer (Oros. 4, 17, 9; Vell. 2, 5). Als Censor war er streng; er hielt eine Rede gegen die Ehelosigkeit (Liv. perioch. 59; Gell. 1, 6). Politisch war C. Gegner des P. → Cornelius (29) Scipio Aemilianus und der beiden → Gracchen (Cic. rep. 1, 31; Brut. 88). Der 115 verstorbene C. hatte 4 Söhne, die alle das Konsulat erreichten (123, 117, 115, 113). A.L.

Lit: Münzer, 245 ff.

12. **C. Metellus Nepos,** Q. (tr. pl. 62 v. Chr., praet. 60, cos. 57). Bruder von Q. → C. (8) Metellus Celer, Legat des → Pompeius (2) im Osten. Als Volkstribun bereitete er die Rückkehr des Pompeius nach Rom innenpolitisch vor, u. a. mit dem Antrag, Pompeius mit seinem Heer zur Bekämpfung → Catilinas herbeizurufen. Seine Mission scheiterte am Widerstand → Catos (2). C. floh zu Pompeius. Obwohl er sich damals mit → Cicero verfeindete, setzte er sich 57 als Konsul für dessen Rückkehr aus dem Exil ein. Zuletzt bezeugt als Statthalter Spaniens i. J. 56. Chr.M.

13. **C. Metellus Numidicus,** Q. (cos. 109 v. Chr., cens. 102). Der für seine integre Haltung bekannte C. wurde 109 mit der Führung des bis dahin für die Römer wenig rühmlichen Krieges gegen → Jugurtha beauftragt (Sall. Iug. 43, 5). C. reorganisierte das verwahrloste Heer. 108 besiegte er Jugurtha am Fluß Muthul. Sein Legat → Marius (1) nutzte seine Differenzen mit C. dazu aus, um dessen Ansehen in Rom und der Provinz zu schwächen. Durch Volksbeschluß erhielt Marius das Kommando in Numidien, obwohl C. auch für 107 mit der Führung des Krieges beauftragt worden war. C. brach darauf die erfolgreichen militärischen Operationen ab und kehrte Ende 107 nach Rom zurück. Er wurde von der Nobilität immer als der eigentliche Sieger über Jugurtha angesehen (Plut. Mar. 10, 9). Als Censor tadelte C. den → Saturninus, er versuchte vergeblich, ihn und → Servilius (5) Glaucia aus dem Senat auszustoßen (App. civ. 1, 126). 100 war er der entschiedenste Gegner des Saturninus und seiner factio. Er verweigerte als einziger den Schwur auf eines der Ackergesetze, den Saturninus forderte, um die Opposition der Senatsmehrheit auszuschalten. Als Saturninus seine Verbannung beantragte, verließ er Rom freiwillig (Cic. Sest. 101 anerkennend über C.' Haltung). C. wurde 99 zurückgerufen, hat sich aber offenbar nicht mehr öffentlich betätigt. G.G.

14. **C. Metellus Pius,** Q. (praet. 89 v. Chr., cos. 80), Sohn des vorigen, erhielt den Beinamen Pius für seine Bemühung um die Rückkehr des Vaters aus dem Exil. Im

→ Bundesgenossenkrieg (3) hatte er 88–87 den Oberbefehl gegen die Samniten, mit denen er 87 im Auftrag des von → Marius (1) und → Cinna schwer bedrängten Senats erfolglos verhandelte. C. zog dann vor Rom, ohne die Stadt entsetzen zu können, zumal er sich nicht entschließen konnte, den Bürgerkrieg mit allen Mitteln zu führen. Danach ging er nach Afrika und Ligurien, 83 zu → Sulla, der inzwischen in Italien gelandet war, und übernahm ein wichtiges Kommando gegen → Cinnas Anhänger. 81 Pontif. max., 80 zusammen mit Sulla Konsul. 79–72 bekämpfte er → Sertorius in Spanien. Er starb ca. 64. Als naher Verwandter Sullas und Haupt eines mächtigen Geschlechts gehörte C. zu den führenden Politikern der sullanischen und nachsullanischen Zeit. Chr. M.

15. **C. Metellus Pius Scipio,** Q. (tr. pl. 60 v. Chr., praet. 55, cos. 52). Sohn eines Scipio Nasica, adoptiert durch Q. → C. (14) Metellus Pius. Seit 53 Schwiegervater des → Pompeius (2), der ihn Mitte 52 zu seinem Kollegen im Konsulat machte. Am 1. Jan. 49 stellte er im Senat den Antrag, → Caesar solle seine Provinz aufgeben und sein Heer entlassen, andernfalls als Staatsfeind angesehen werden. Bei der Verteilung der Provinzen bekam er Syrien, von wo er Pompeius 2 Legionen zuführte. Aus der Niederlage bei Pharsalos (48), wo er das Zentrum kommandierte, entkam er nach Afrika. Dort wurde er 46 bei Thapsus von Caesar entscheidend besiegt; bald danach nahm er sich das Leben. Chr. M.

16. **C. Statius,** lat. → Komödiendichter, insubrischer (keltischer) Freigelassener, gest. 168 v. Chr.; zeitlich zwischen → Plautus und → Terenz. Aus Terenz (Hec., Prolog) wissen wir, daß C. sich auf der Bühne vor allem dank unermüdlicher Unterstützung von → Ambivius Turpio durchgesetzt hat. Von C. sind 42 Titel und nur knapp 300 Verse erhalten. Daß er nicht als der Überlieferung würdig erschien, mag damit zusammenhängen, daß ihm, u. a. von Cicero (Brut. 258; Att. 7, 3, 10), Autorität in Fragen der lat. Sprache abgesprochen wurde. Andere erwähnen seine echt römisch-italische Komik: eher tadelnd → Gellius, der (2, 23) drei Szenen aus → Menanders ‹Halsband› (*Πλόκιον*) mit der freien Nachbildung des C. vergleicht; lobend → Volcacius Sedigitus, der im Kanon der zehn Komödiendichter (Gell. 15, 24) dem C. wegen seiner mimischen Kraft den ersten Platz einräumt. Die Sprache des C. ist reich an Klang- und Wortfiguren; gewagte und originelle Ausdrucksweise ist nicht selten. Der Vergleich mit Menander zeigt seine Vorliebe für Sentenzen und Witze; einen Monolog verwandelt C. einmal in eine polymetrische Monodie. Im ganzen scheint er Plautus näher zu stehen als Terenz. Daß er → Kontamination bewußt gemieden (Leo) und bereits den polemischen Prolog verwendet habe (Oppermann), ist unwahrscheinlich (Haffter). Vgl. → Trabea. H. M.

Frg: CRF 35–81 – *Lit:* F. Leo, Gesch. d. röm. Lit. I, 1913 (Nachdr. 1958), 217 – H. Oppermann, C. u. d. Entwickl. d. röm. Kom., Forsch. u. Fortschritte 15, 1939, 196 – H. Haffter, Terenz u. seine künstlerische Eigenart, MH 10, 1953, 5–8 – A. Koerte-A. Thierfelder, in: Menanderausgabe II, 1953, 120.

17. **C. von Kalakte,** griech. Literaturkritiker augusteischer Zeit, Attizist, Freund des → Dionysios (16) v. Halikarnaß. Von den zahlreichen Schriften nur spärliche Fragmente erhalten. Erste Spezialschrift über Figuren. Literarische → Synkriseis. Kanon der 10 attischen → Redner. Echtheitskritik der Reden sowie biographische Erforschung der Redner. W. B.

Frg: E. Ofenloch, Caecilii Calactini fragmenta, 1907 – *Lit:* J. Brzoska, RE 3 (1899), 1174–88 – Kennedy, Persuasion, 299 u. ö.

Caecina Alienus, A., cos. suff. 69 n. Chr., aus Vicetia. 68 Quästor in Baetica und zunächst auf der Seite → Galbas. Als C. sich als Legionslegat in Germania superior wegen Veruntreuung öffentlicher Gelder verantworten sollte, beteiligte er sich an der Erhebung des → Vitellius (1). Er führte ein Heer nach Italien und besiegte nach anfänglichen Mißerfolgen die Othonianer bei Bedriacum. Trotz seines gespannten Verhältnisses zu → Fabius (13) Valens leitete er gemeinsam mit diesem die Staatsgeschäfte (hist. 2, 92). Als Führer des vitellianischen Heeres gegen die Flavier versuchte C., die Soldaten zum Abfall zu bewegen, wurde aber gefangengesetzt. Nach dem Siege des → Antonius (15) Primus wurde er befreit und zu → Vespasian geschickt (hist. 3, 31). Trotz ehrenvoller Behandlung war er an der angeblichen Verschwörung des → Eprius Marcellus (ca. 78/79) beteiligt. Auf Befehl des → Titus getötet. Charakteristik: Tac. hist. 1, 53; 2, 30. 56. 99 ff.; Plut. Otho 6. U. Wm.

Lit: R. Syme, Tacitus, 1958, Ind. S. 829.

2. **C. Severus,** A., cos. suff. 1 v. Chr., homo novus und erfahrener Militär. Als Legat von Moesia kämpfte er bei Sirmium (6 n. Chr.) und an den volkäischen Sümpfen (7 n. Chr.) gegen die pannonischen Aufständischen und verteidigte die Provinz gegen Daker und Sarmaten. Legat von Germania inferior unter → Germanicus (14–16 nachweisbar). C. unterdrückte mit Mühe die Meutereien der Legionen in Vetera. Er nahm an Expeditionen gegen die Marser und Cherusker teil. Im Feldzug des Germanicus geriet er mit seinen Legionen beim Übergang über die pontes longi in Gefahr, konnte aber doch einen Sieg erringen. Mit den Triumphalinsignien ausgezeichnet. Im J. 16 von Germanicus mit dem Bau einer Flotte beauftragt. 21 beantragte er, daß die Provinzstatthalter nicht mehr von ihren Frauen begleitet werden sollten. U. Wm.

Caeculus, nach lokaler Tradition Gründer von → Praeneste (Sol. 2, 9). C. J. C.

Caecus → Claudius.

Caelius Aurelianus, Arzt im 5. Jh. n. Chr. in Numidien, übersetzte vor allem griech. Mediziner, hat so das auch doxographisch wichtige Werk des → Soranos (2) v. Ephesos über akute und chronische Krankheiten erhalten; andere Schriften von ihm verloren. F. K.

Ed: I. E. Drabkin, 1950 (mit engl. Übers.).

2. **C. Rufus,** M. (tr. pl. 52 v. Chr., aed. 50, praet. 48). Eine der begabtesten und charmantesten Erscheinungen der damaligen jeunesse dorée. Freund → Catilinas, Liebhaber der → Clodia. 57 wegen verschiedener etwas undurchsichtiger Affären angeklagt, aber freigesprochen (→ Ciceros Rede Pro Caelio). 52 als Tribun Opposition gegen → Pompeius (2) im Sinne des Senats. 51/50 rege, uns zum großen Teil erhaltene Korrespondenz mit Cicero (epist. 8, 1 ff.), voller Witz, mit scharfsichtigen, glänzend formulierten Analysen der Lage am Vorabend des Bürgerkriegs. Seiner Maxime, daß «man, solange ohne Waffen gekämpft wird, auf der anständigeren Seite, sobald es zum Kriege kommt, auf der stärkeren stehen muß» (ebd. 14, 3), folgend, ging er 50 zu → Caesar über. 48 wandte er sich gegen dessen Schuldentilgungsgesetz (das in der schwierigen Situation Schuldnern und Gläubigern gleicherweise gerecht zu werden suchte) und erregte schließlich durch die Forderung nach zeitweiligem Erlaß der Miete und Annullierung der Schulden Unruhen. Verschiedene Motive bestimmten ihn: eigene Schulden, Verärgerung über die Cäsarianer, Enttäuschung und Reue wegen seines Verrats an der Sache des Senats, auch wohl die – trügerische – Hoffnung, eine von Caesar unabhängige Macht in Rom zu begründen und für die Pompejaner einzusetzen. Der Aufstand wurde niedergeschlagen (→ Annius (2) Milo), C. selbst getötet. Chr. M.

Caelius, vgl. auch → Apicius, → Arulenus, → Balbinus.

Caepio → Fannius, → Servilius.

Caere (*vetus*, daher heute Cerveteri, griech. *Ἄγυλλα*), etrusk. Stadt am Tyrrhen. Meer, ca. 40 km nordwestlich Rom (Kt. 1420 E6). Den → Villanovanekropolen folgen seit dem 7. Jh. v. Chr. Hunderte von Tumuli mit oft architektonisch gestalteten Grabkammern. Inschriften bestätigen die Anwesenheit von Griechen. Den Umbruch zwischen Villanova- und orientalisierender Zeit (→ Etrusker B4) repräsentiert die ‹Tomba Regolini Galassi› (um 650 v. Chr.) mit reichen Beifunden (Rom, Vatikan). Wichtig für die Geschichte der archaischen Wandmalerei sind die bemalten Terrakottaplatten ‹Boccanera› (BM), ‹Campana› (Louvre), ‹Campetti› (Villa Giulia). Die Plastik beginnt mit Terrakottasitzfiguren orientalisierenden Stiles (Kons. Pal.; BM), um in dem archaischen Tonsarkophag der Villa Giulia mit dem gelagerten Paar ihren Höhepunkt zu erreichen (ca. 510 v. Chr.). 353 von Rom unterworfen. Vgl. → Etrusker B [7] f. O.W.v.V.

Lit: B. Pace, Caere, Scavi di Raniero Mengarelli, Mon. Ant. 42, 1955, 2–23 – M. Pallottino, La necropoli di Cerveteri (1950), 1960⁵.

Caeretaner Hydrien, schwarzfigurige, gedrungene → Hydrien des späten 6. Jh.s v. Chr., wahrscheinlich einer ostion., nach Etrurien ausgewanderten Werkstatt entstammend (Hauptfundort Caere). – Typisch ist die Ornamentdekoration: Zungenstab an Henkeln, Fuß und Mündung, zeichnerisch sparsame Sternmuster am Hals, Efeuranke oder Lotospalmettenfries mit großen Voluten an Schulter und Bauch. Figurenbild in der breiten Henkelzone, auf der Rückseite zu seiten des Vertikalhenkelansatzes in der Regel antithetische Tiere. Erzählt wird drastisch und detailliert, unter reicher Verwendung von Ritzung und Deckfarben, in rein ionischem Figurenstil. I. Sch.

Lit: P. Devambez, Hydries de Caeré au Louvre, Mon. Piot 41, 1946, 29–62 – K. Friis-Johansen, Eine neue Caeretaner Hydria, Opusc. Romana IV, 1962, 61 ff. – V. Callipolitis, Les hydries de Caeré, AC 24, 1955, 384 – N. Plaoutine, Le peintre des hydries de Caeré, RA 18, 1941, 12 – J. H. Hemelrijk, De Caeretaanse Hydriae, 1956.

Caesar (als Titel), cognomen der Julier, von → Augustus auf Grund der Adoption durch C. Iulius → Caesar (1) anstelle des nomen gentile geführt, von → Claudius (1) ohne privatrechtliche Legitimation als Bestandteil der Titulatur beibehalten, nur von → Vitellius (1) ausgelassen (Suet. Vit. 8, 2). Seit Hadrian daneben Titel des designierten Nachfolgers (Hist. Aug. Ael. 1, 2), mit dem Attribut → nobilissimus epigraphisch zuerst für → Geta (z. B. Dessau 427), numismatisch zuerst für → Philippus (5) II. (RIC IV 3, 1949, 74 u. ö.) bezeugt. In dieser Form auch von dem nach diokletianischer Ordnung einen eigenen Verwaltungsbezirk regierenden Gehilfen des → Augustus getragen. Nachwirkung: Kaiser, Zar. H. B.

Lit: A. Heuß, RAC II, 1954, 824–826 – W. Enßlin, RE 17, 1 (1936), 791–794 – Bl. Parsi, Désignation et investiture de l'empereur romain, 1963.

Caesar

A. C. als Politiker – B. Die literarischen Werke.

A. C. DER POLITIKER. [1] C. Julius C. (100–44; aed. 65, praet. 62, cos. 59, 48, 46, 45, 44, dict. 49, 48/47, 46–44, dict. perpetuus 44) kam als Neffe des → Marius (1) 87–84 in enge Berührung mit → Cinna, dessen Tochter Cornelia er heiratete (sie gebar ihm → Julia, 1). Er wurde für das ehrwürdige Priesteramt des flamen Dialis vorgesehen. Als → Sulla forderte, er solle sich von Cornelia scheiden lassen, weigerte C. sich und mußte sich darauf vor dessen Häschern verstecken. Dank Protektion begnadigt, diente er 81–79 als Offizier im Osten, tat sich dann in Rom durch Anklage zweier berüchtigter Statthalter hervor. 76–73 Studium in Rhodos, unterbrochen durch Kriegsdienst gegen die Seeräuber. 73 wird C. zum pontifex kooptiert, ein deutlicher Beweis dafür, daß der sullanische Adel ihn zu den Seinen zählte (oder gewinnen zu können glaubte). Doch scheint es, daß der Bruch, der ihn seit 82/81 von der Oligarchie trennte, so tief war, daß er den Weg zu ihr nicht finden konnte. Daher bekämpfte er sie danach mehrfach mit auffälliger Schärfe. Er beteiligte sich seit 70 an popularen Aktionen gegen den Senat, nahm sich der Opfer der → Proskriptionen an, betrieb 65–63 weitreichende, aber erfolglose Pläne mit → Crassus und setzte sich 67, 66 und 63/62 für → Pompeius (2) ein (Zusammenarbeit mit L. Labienus und Q. → Caecilius (12) Metellus Nepos). 63 wurde er überraschend zum pontifex maximus gewählt, am 5. 12. forderte er in eindrucksvoller Rede den Senat auf, für die fünf gefangenen Catilinarier nicht den Tod, sondern lebenslängliche Haft zu beschließen. Er wurde als Komplize → Catilinas verdächtigt. 61/60 war er (wie schon ca. 69 als Quästor) als Statthalter in Hispania ulterior, wo er sich in Kriegführung und Verwaltung auszeichnete. – Die Schulden Caesars, der für politische Zwecke, Bauten und Kunstsammlungen große Summen ausgab, wuchsen ständig. Auch war er wegen seiner galanten Abenteuer bekannt (u. a. mit → Mucia Tertia und → Servilia).

[2] Im Jahre 60 verband er sich mit Pompeius, den er bald danach mit Crassus aussöhnte. Man wollte gemeinsam Forderungen durchsetzen, deren Erfüllung jeder einzelne der drei nicht erreichen konnte. Gegen heftigsten Widerstand der Senatsmehrheit unter M. → Cato (2), M. → Calpurnius (2) Bibulus u. a. ließ Caesar das Programm gewaltsam und unter Rechtsbrüchen von den Comitien ratifizieren (u. a. zwei Ackergesetze, Bestätigung der Verfügungen des Pompeius im Osten) und brachte ein sachlich ausgezeichnetes Repetundengesetz ein. Dafür erhielt er durch die lex Vatinia die Gallia Cisalpina auf fünf Jahre, durch Senatsbeschluß auch die Transalpina und damit die Möglichkeit, sich gegen den Senat zu sichern und den Aufbau einer Vormachtstellung (etwa nach dem Vorbild des Pompeius) vorzubereiten. Im April 59 engere Verbindung mit Pompeius, der Julia heiratete. Gegen die gefährlicher werdende Opposition suchte er sich durch ein Komplott mit L. → Vettius (1) durchzusetzen. Anfang 58 griff man C. im Senat an und suchte ihn vor Gericht zu ziehen. Er rettete sich durch Verlassen der Stadt mit Beistand der Volkstribunen. Damit hatte er bewiesen, daß man ungestraft die geheiligten Institutionen der Verfassung verletzen konnte: ein Schlag, den das Senatsregime ihm nie verzeihen konnte. – 58 wirkte P. → Clodius (1) in C.s Interesse in Rom.

[3] 58–51 *Gallischer Krieg.* C. griff 58 die Helvetier an und besiegte sie bei Bibracte. Im Herbst Niederwerfung → Ariovists. 57 Feldzug gegen die Belger, Sieg über die Nervier, gleichzeitig Eroberungen im Nordwesten Galliens unter P. → Licinius (4) Crassus. Im Herbst 57 sind weiteste Teile des Landes unter röm. Oberhoheit. Darauf im Winter Erhebung mehrerer Völker, die C. 56 bezwingt. In diesem Jahr wird auch Aquitanien erobert. 55 kurzer Übergang über den Rhein und nach Britannien. 54 fast ergebnisloser Feldzug nach Britannien; im Winter gerät C.s Heer durch Aufstände der Treverer, Nervier, Eburonen u. a. in Bedrängnis. Ende 53 war Gallien wieder fest in seiner Hand. – C. verfolgte die röm. Politik damals mit größtem Interesse und griff mit Hilfe von Freunden mehrfach ein. Im Winter hielt er sich außer 54/53 jeweils in Oberitalien auf. Er unterhielt eine Kanzlei in Rom (L. → Cornelius (2) Balbus) und einen ständigen Kurierdienst. 56 schloß er mit Pompeius und Crassus ein neues Bündnis in Lucca (1. → Triumvirat), darauf Verlängerung seines Kommandos um 5 Jahre. 55 beantragt Cato C.s Auslieferung an die Germanen. 54 stirbt → Julia. Trotz mancher taktischer Erfolge kann C. die Senatsmehrheit und die gehobenen Kreise der Gesellschaft nicht mit sich versöhnen. – 52 gerät er in größte Not, da sich in Rom Pompeius von seinem Bündnis abzuwenden beginnt und in Gallien ein umfassender Aufstand alles bedroht. C. besiegt → Vercingetorix bei Alesia, bleibt ständig in Gallien, das er 51 wieder befriedet und als Provinz organisiert. Die ungeheure Beute verwendet er zu Rüstungen, glänzenden Bauten in Rom (→ Comitien, 4) und Bestechung von Senatoren.

[4] Seit 51 wurde in Rom C.s Abberufung offen betrieben. Man wollte ihn, wenn er zurückkam, vor Gericht stellen. Doch kam 51 und 50 kein gültiger Beschluß zustande (C. → Scribonius (4) Curio). Als der Senat endlich am 7. 1. 49 den Notstand beschloß (dadurch wurde Interzession gegen den Abberufungsbeschluß unmöglich), fiel C. in Italien ein (11. 1. Übergang über den Rubico); er hofft, die noch ungerüsteten Gegner zu einer Verständigung zu zwingen oder gleich zu schlagen. Doch Pompeius entkommt mit dem

Gros des Heeres. Darauf Eroberung Spaniens, 48 Übergang nach Epirus. C. ist inzwischen zum Konsul gewählt, belagert Pompeius ohne Erfolg bei Dyrrhachium und erringt am 9.8. den entscheidenden Sieg bei Pharsalos. Anschließend Überfahrt nach Ägypten, wo er, mit geringen Truppen in Alexandria eingeschlossen, über ein halbes Jahr festgehalten wurde. Er wurde entschädigt durch die Liebe →Kleopatras, die ihm dann auch einen Sohn gebar. Inzwischen hatten sich die Gegner in Africa gesammelt, in Italien gab es Unruhen und Meutereien. 47 auf dem Rückweg Sieg über →Pharnakes II. bei Zela («ich kam, sah, siegte»), Ordnung der asiatischen Verhältnisse. Nach kurzem Aufenthalt in Italien setzte C. nach Africa über, wo er die Gegner am 6.4.46 bei Thapsus besiegte. Darauf Selbstmord M. →Catos (2), Einrichtung der Provinz Africa Nova. Im Nov. 46 mußte C. dann noch einmal nach Spanien ziehen, um ein inzwischen neu gesammeltes starkes Heer der Pompeiussöhne zu bekämpfen. Am 17.3.45 Abschluß des Bürgerkriegs durch den Sieg bei Munda. – Während des Krieges hat C. seine Gegner so großzügig wie möglich behandelt und die meisten begnadigt (clementia Caesaris).

[5] Ende 48 wurde C. für ein Jahr zum Diktator ernannt, ca. April 46 erhielt er die Diktatur auf 10 Jahre, seit Febr. 44 war er dictator perpetuus. Darüber hinaus wurden ihm außerordentliche Ehren und Vollmachten verliehen: Oberbefehl über alle Heere, Verfügung über die Staatskasse, Entscheidung über Krieg und Frieden, Sittenaufsicht, bindende Empfehlungen bei Wahlen. Er durfte Gewand und Goldkranz des Triumphators (das alte Königsornat) ständig tragen, Statuen von ihm wurden im Jupiter- und (als deus invictus) im Quirinustempel aufgestellt. Er erhielt kultische Ehren u.a. Seine Regierung war rein monarchisch, alle Entscheidungen wurden von ihm mit Hilfe seiner Kanzlei getroffen. Der Senat war höchstens formell beteiligt. Unter den Gegenständen seiner rastlosen Regierung ragt die Sozialpolitik hervor, in der er allen Schichten gerecht zu werden suchte (kluge Maßnahmen zur Linderung der Schuldennot, Landversorgung der Veteranen, beides unter weitgehender Schonung der Besitzenden. Minderung der Zahl der Getreideempfänger, Ansiedlung von 80000 Proletariern in den Provinzen). C. verlieh den Transpadanern und vielen anderen das Bürgerrecht, setzte mehrere organisatorische Reformen ins Werk (z.B. Vermehrung der Amtsstellen, →Kalenderreform, Municipalgesetz), plante die Durchstechung des →Isthmos von Korinth, Kodifikation des Rechts u.dgl. Aber vor der Aufgabe einer neuen Integration des Staates versagte er. Weite Kreise der Gesellschaft blieben ihm feindselig gesonnen, unter seinen Anhängern fand er wenig Verständnis, es konnte nicht gelingen, die für eine sinnvolle, stabile Verwaltung nötige Bürokratie aufzubauen (ohne die auch die von C. vielleicht erstrebte Verbesserung der Provinzialverwaltung unmöglich war). So konnte seine Monarchie keinen Grund fassen. Die Geringschätzung der überkommenen Institutionen, bes. des Senats, sein selbstherrliches Walten und die äußeren Zeichen monarchischer und fast göttlicher Würde (die ihm z.T. wohl zu seiner Entlarvung als ‹Tyrann› verliehen worden waren), führten endlich zu der auch von verschiedenen seiner Anhänger getragenen ‹Verschwörung›, der er am 15.3.44 zum Opfer fiel. C. stand damals vor dem Abmarsch in den Partherfeldzug, den er geplant hatte, um den innerrömischen Schwierigkeiten für eine Weile zu entgehen. – Reicher Charme, diplomatisches Geschick, eine geniale politische Phantasie, Entschlußkraft und dämonischer Tatwille haben C. befähigt, sich in den schwierigsten Lagen durchzusetzen. Er war als Soldatenführer und Feldherr kaum zu übertreffen, besaß begnadetes Organisationstalent und gehörte durch Bildung und Interessen zu den erlauchtesten Geistern seiner Zeit. Die Großherzigkeit, mit der er seinen Gegnern begegnete, wurzelte offenbar tief in seiner Natur. Aber er kannte kein Maß und keinen Beziehungspunkt außer sich. Es fehlte ihm die Sache, die Überzeugungskraft der Idee. Letzte Ursache dafür war, daß es in der damaligen röm. Gesellschaft keine Alternative gab, der er sich hätte verknüpfen können. So bestand sein Ethos in dem Bewußtsein der eigenen Überlegenheit. Und so beschränkte sich seine Wirksamkeit im wesentlichen darauf, daß er den Prozeß, der zum röm. Kaisertum führte, ungemein beschleunigte. Chr. M.

Lit: Ed. Meyer, C.s Monarchie und das Principat des Pompeius (1918), 1922³ – M. Gelzer, Caesar (1921), 1960⁶ (Lit) – K. Kraft, Der goldene Kranz C.s und der Kampf um die Entlarvung des ‹Tyrannen›, JbNG 3/4, 1952/53, 1–97 – H. Strasburger, C. im Urteil der Zeitgenossen, HZ 175, 1953, 225–264 – J.P.V.D. Balsdon, The Ides of March, Historia 7, 1958, 80–94 (Lit) – A. Heuß, Propyl. Weltgesch. IV, 1963, 249–295 – Ch. Meier, C.s Bürgerkrieg, Einl. zu C., Der Bürgerkrieg, übers. v. H. Simon, 1964 – F.E. Adcock, Caesar's Dictatorship, CAH IX, 1934, 691ff. – Vgl. ferner: F. Gundolf, C., Gesch. seines Ruhmes, 1924 – Ders., C. im 19. Jh., 1926.

[6] *Archäologische Zeugnisse*. Im Unterschied zur pathetischen Selbstdarstellung →Sullas (Neubau des Kapitols, Tabularium) und des →Pompeius (Theater, Porträt) erbaute C. ein schlichtes Forum, das noch Marktcharakter hat und vom Tempel der Venus Genetrix beherrscht wird. Ähnliche Platzanlagen gab es schon im Rom des 3. Jh.s; man muß die Form als altrömisch empfunden haben. Die Reiterstatue C.s vor dem Tempel war dem Ganzen eingeordnet. Aus der Anlage spricht dieselbe objektive Gesinnung wie aus den schlichten Zügen von C.s Porträt, aus denen das Pathos der Pompeiuszeit geschwunden ist. Diese Objektivität wurde grundlegend für die Haltung des →Augustus; es ist symbolisch, wie sich sein Forum an das C.s anschließt; ohne diese Grundlage ist der Erfolg des jungen Octavian nicht zu verstehen. Diese Zusammenhänge spiegeln sich in der Geschichte der Wand →Malerei (Mittelpavillon und Betonung des Bildes cäsarisch) und im historischen →Relief. K. Schf.

Lit: E. Nash, Bildlexikon I, 1961, 427–432 (Forum Iulium) – A. Alföldi, Studien über C.s Monarchie, 1953 – Ders., Das wahre Gesicht C.s, Antike Kunst 2, 1959, 27–31 – Ders., Der Mettiusdenar, Schweiz. Münzblätter 13, 1964, 29–33 – K. Schefold, Zur Basis des Domitius Ahenobarbus, Essays Karl Lehmann, 1965, 279–287.

B. Die literarischen Werke. [1] *Übersicht*. Wie →Sueton (Iul. 55f.) schildert, war C. nicht nur ein Mann umfassender literarischer Bildung, sondern ist auch selbst als Redner und Schriftsteller vielfältig hervorgetreten. In engem Zusammenhang mit seiner →Kalenderreform besorgte er zusammen mit →Sosigenes u.a. ein gelehrtes astronomisches Werk. Über die von ihm selbst veröffentlichten Werke hinaus wußte man in der Antike noch von *Jugendgedichten*, einem (offenbar epischen) ‹Lob des Herkules› und einer Tragödie ‹Oedipus›, und kannte eine von ihm angelegte Apophthegmata-Sammlung und Epigramme; Augustus verfügte später, daß derartiges Beiwerk nicht weiter verbreitet werde. – Gesammelt waren seine *Korrespondenzen*, bes. die Briefe an Männer seiner Umgebung (ad familiares) und an →Cicero. Sechs Stücke daraus sind mit Ciceros Briefen an Atticus als Beilagen überliefert (ad Att. 9,6a. 7c. 13a. 14. 16; 10,8b). Sie sind von Bedeutung als Proben seines bündigen Briefstils und politischer Willensbekundung (Werben um Cicero, Selbstzeugnisse, Proklamierung der clementia gegenüber der Unnachgiebigkeit der Gegner). – Unter den bezeugten *Reden* ist zu unterscheiden zwischen solchen, die schriftlich ausgearbeitet und publiziert waren, und anderen, von denen sich nur die Kunde erhalten hat; eine dritte Gruppe bilden die bei den Historikern und bei Dichtern wie →Lukan wiedergegebenen Reden, die zwar dem Wortlaut nach fingiert sind, aber gelegentlich doch C.s Geist atmen. Als Redner ist C. schon 23jährig im Jahre 77 v. Chr. gegen Cn. →Cornelius (9) Dolabella wegen Amtsmißbrauch aufgetreten. Seine rednerische Ausbildung ergänzte er später bei dem Rhetor →Molon in Rhodos. Einer Tante aus der gens Julia hielt er 68 als Quästor die feierliche

Leichenrede, aus der Sueton (Iul. 6) die bemerkenswerten Sätze über die königliche und göttliche Abstammung der eigenen Familie zitiert: Formulierungen, die beweisen, wie lebendig für ihn selbst und die Seinen diese später von Vergil in der Aeneis verdichteten Zusammenhänge waren. Daß er, nach dem öffentlichen Nachruf auf eine ältere Verwandte, im gleichen Jahre der eigenen jungen Gattin Cornelia die Leichenrede hielt, war eine auffallende Neuerung innerhalb der Tradition der → Laudatio funebris. Im Bürgerkrieg veröffentlichte C. die ‹*Anticatones*›, eine Verunglimpfung des toten Gegners → Cato (2). Die beiden Bücher, in denen sich C., gereizt durch eine Lobschrift Ciceros, offenbar zu unbilligen Schmähungen gegen seinen alten Feind hinreißen ließ, entstanden i. J. 45 im Feldlager vor Munda. Ein Jahr zuvor hatte er auf dem 24 Tage dauernden Wege von Rom nach Spanien das Reisegedicht ‹*Iter*› geschrieben, das man sich wohl nach Art des Iter Siculum des → Lucilius und des horazischen Iter Brundisinum vorzustellen hat. Unter ähnlichen Verhältnissen waren in der Mitte der fünfziger Jahre auf einer Alpenüberquerung von Oberitalien nach Gallien die beiden Bücher *De analogia* verfaßt worden, ein Werk über grammatische Sprachrichtigkeit als Grundlage der Redekunst. C., der schon als Knabe den Analogisten M. → Antonius (9) Gnipho zum Lehrer gehabt hatte (Suet. gramm. 7), griff damit in den theoretischen Streit um die Prinzipien der → ‹Analogie› [5] und ‹Anomalie› ein (Regelung und Gesetzmäßigkeit der Sprachformen gegenüber einem ungebundenen Sprachgebrauch). Das Werk war mit einer bedeutsamen Huldigung an Cicero gerichtet und sollte den Unterbau zu dem liefern, was → Cicero soeben in seinem Werk De oratore entwickelt hatte. Bei späteren Grammatikern sind daraus eine Anzahl von Einzelheiten zur Orthographie, Morphologie und Flexion überliefert, ferner einige prinzipielle Hinweise zur Wortwahl und Synonymik (reines, gewähltes Latein, unter Meidung alles Ungewohnten, Altertümlichen, Poetischen; Kürze und durchsichtige Klarheit: *Latinitas, pura et illustris brevitas, elegantia)*. Die Durchführung war streng fachlich, so daß der Kontrast zwischen der Subtilität des Inhalts und der Ungunst der Abfassungsbedingungen Staunen erregte. Die Reste des Werks lassen zur Genüge erkennen, in welchem Maße Sprache und Stil der erhaltenen Schriften und Bruchstücke Caesars auf theoretischer Durchdringung der Grundlagen beruhen.

[2] *Die Geschichtswerke*. Für die Einschätzung der beiden Geschichtswerke, des Bellum Gallicum und des Bellum Civile, ist dies von entscheidender Bedeutung. Sie geben sich zwar als → ‹Commentarii›, also als anspruchslose Niederschriften bloßer Tatsachen ohne Schmuck und Stilisierung; aber schon die Zeitgenossen (so Cicero, Brut. 262, und Hirtius im Vorwort zum 8. Buch des Bellum Gallicum) stellten die Paradoxie fest, daß der Verzicht auf alle herkömmliche Formung zu einer neuen Form unüberbietbarer Vollendung geführt hatte. Für diesen Stil erlesener Schlichtheit und unauffälligen Reizes *(venustum, dulce)* wurde ‹elegantia› das immer wiederholte Kenn- und Lobeswort. Aus der griech. Historiographie haben als Vorbilder außer den autobiographischen Ὑπομνήματα von Herrschern und Feldherren wohl die Feldzugsberichte aus dem Kreis → Alexanders (5) d. Gr. und – als klassisches Muster des schlichten Stils – die historischen Schriften → Xenophons (1) eingewirkt; vgl. auch das ‹xenophontische› Fehlen eines Proömiums (Luk. hist. conscr. 23) und die Selbstdarstellung in 3. Person. – Das *Bellum Gallicum* stellt buchweise die jährlichen Feldzüge der Eroberung Galliens vom J. 58 bis zur Einnahme von Alesia i. J. 52 dar. Ob die Bücher auch jahrweise abgefaßt wurden oder das Werk als ein Ganzes nach dem Siege über → Vercingetorix konzipiert wurde, ist eine alte Streitfrage. Für die letztere Annahme spricht, daß, über das streng eingehaltene annalistische Schema hinaus, die Stoffverteilung und das gegenseitige Verhältnis der Bücher eine Gesamtkomposition erkennen lassen, die durch bloße Addition in sukzessiver Entstehung nicht zustande gekommen sein kann. Eine Aufbauanalyse (wie sie noch aussteht), die der Gewichtsverteilung, dem Auf und Ab des Kriegsgeschehens, dem quantitativen Ausgleich zwischen dem Umfang der einzelnen Bücher (z. B. Verlegung des vergleichenden Exkurses über Gallier und Germanen ins 6. Buch), der Vorzugsstellung des ersten und letzten (7.) Buches und der Linienführung des Ganzen Rechnung trüge, würde gewiß zeigen, daß im Bellum Gallicum ein Prosawerk von künstlerischer Kompositionskunst vorliegt, das wie in seiner sprachlichen Qualität, so auch in Hinsicht auf den Aufbau seinen eigenen Platz zwischen der Kunst des Cicero und des Sallust behauptet. – Das *Bellum civile* liegt offensichtlich in unvollendeter Gestalt vor; deshalb erscheint es abwegig, die vielfachen Spuren der Unfertigkeit als Überlieferungsschäden deuten zu wollen. Der Inhalt umfaßt die Jahre 49 und 48 und bricht mit dem Beginn des alexandrin. Feldzuges ab. – Wohl unmittelbar nach C.s Tode unternahm es A. → Hirtius, die Lücke zwischen dem Bellum Gallicum und dem Bellum civile zu schließen und die Commentarien bis zu dem endgültigen Siege bei Munda fortzusetzen. Er hat selbst noch das 8. Buch des Bellum Gallicum mit den abschließenden Ereignissen der Jahre 51 und 50 beisteuern können, ehe er im April 43 bei Modena fiel. Die Fortsetzungen, das Bellum Alexandrinum, das Bellum Africanum und das Bellum Hispaniense, stammen offensichtlich von jeweils verschiedenen Verfassern. Obwohl jeder dieser Autoren sich eng an das Vorbild seines Meisters anzuschließen sucht, zeigt doch jeder ein anderes Profil; gerade die Abweichungen von Caesars Darstellungsart, etwa die stärkere Berücksichtigung von Stimmungen der Truppe und die Charakterisierung handelnder Personen, sind lehrreich auch für ein genaues Erfassen der authentischen Selbstdarstellung in den cäsarischen Werken.

[3] *Zusammenfassung und Fortwirkung*. «Caesars Leichtigkeit zu siegen ist auch an seiner Schreibart kenntlich» (Herder). Das innere Einssein des Schriftstellers mit dem Feldherrn und Staatsmann wird im Urteil der Antike über C.s Reden und Schriften hervorgehoben: *tanta in eo vis est, id acumen, ea concitatio, ut illum eodem animo dixisse quo bellavit appareat* (Quint. 10, 1, 114); *eloquentia militarique re aut aequavit praestantissimorum gloriam aut excessit* (Suet. Iul. 55, 1). Der Redner → Fronto rühmt an C. die *facultas dicendi imperatoria* (p. 117 v. d. H.). Trotzdem sind die Reden verlorengegangen und haben selbst die erhaltenen Commentarii in der Antike und im MA nicht sosehr als Sprachkunstwerke denn als Geschichtsquellen weitergewirkt. So ist die Wirkungsgeschichte seiner Schriften fast getrennt von der ‹Geschichte seines Ruhms›, wie F. Gundolf sie dargestellt hat, verlaufen. Im Unterricht spielen die Commentarii seit der Renaissance bes. in der Prinzen- und Fürstenerziehung sowie auf den Kriegsschulen eine Rolle. Im gewöhnlichen Lateinunterricht wurden sie auf der Oberstufe neben anderen Historikern berücksichtigt. Erst die Lehrpläne der Preuß. Gymnasien der Restaurationszeit zwischen 1816 und 1840 (J. Schulze), deren Beispiel im übrigen Deutschland befolgt wurde, haben dem Bellum Gallicum seine Vorzugsstellung im Elementarunterricht gegeben; seitdem ist C. der erste lat. Autor, der nach der Durchnahme der Schulgrammatik gelesen wird. Die vermeintliche Leichtigkeit der Sprache hat zu dieser Entscheidung ebenso beigetragen wie der militärische Stoff und die Bewunderung des 19. Jh.s für C., «den größten der Sterblichen» (J. Burckhardt, Gesamtausgabe, VII 237). Mit der Intensität dieser pädagogischen Einübung hat jedoch die wissenschaftliche Erschließung der Commentarii in der Philologie nicht Schritt gehalten. Vielmehr scheint die Herabdrückung der Lektüre auf die Elementarstufe dem Ansehen dieser Texte, wenigstens in Deutschland, aber auch anderswo, geschadet zu

haben. Als authentische Selbstdarstellung eines genialen Täters bieten sie jedoch den unmittelbarsten Zugang zu den heute wieder so stark umstrittenen Fragen der Art und Größe dieser schon den Zeitgenossen inkommensurablen Erscheinung. Vergleichbare Dokumente sind von keinem der großen Tatmenschen des Altertums auf uns gekommen. Bei der Würdigung und Kritik der Commentarii wurde früher die sog. Tendenz, neuerdings die ‹Deformation› des historischen Rohstoffs in den Vordergrund gerückt. Da C. aber sowohl im Bellum Gallicum wie im Bellum civile nur ausnahmsweise von Krisen und Niederlagen, aufs Ganze gesehen stets von Siegen und Erfolgen zu berichten hatte, gab es nichts zu beschönigen (Collins). Die Partien, in denen er Fehlschläge und Katastrophen auf eigener Seite, wie die Clades Tituriana (Gall. 5,24–52) und den Untergang des C. → Scribonius (4) Curio (civ. 2,23–44) schildert, gehören zu den großartigsten des Werkes. E.Z.

Ed: O. Seel, BT, 1961 (Gall.) – A. Klotz, BT, 1950 (civ.) – Ders., BT, 1927 (bell. Alex., Afr., Hisp., Fragmente) – *Komm:* F. Kraner-W. Dittenberger-H. Meusel (1885), 1960[18] (Gall., Nachwort u. bibliogr. Nachträge von H. Oppermann) – F. Kraner-F. Hofmann-H. Meusel (1881), 1959[12] (civ.; Nachwort und bibliogr. Nachträge von H. Oppermann) – *Lexikon:* H. Meusel, 1887–93 – *Lit:* H. Fränkel, Über philol. Interpretation am Beispiel von C.s Gall. Krieg, NJbb 9, 1933, 26–41 – F. Adcock, C. als Schriftsteller, engl. 1957, deutsch 1958 – F. Klingner, C., in: Röm. Geisteswelt, 1961[4], 90–109 – M. Gelzer, C. als Historiker, in: Kl. Schriften II, 1963, 307–335 – *C. im Unterricht:* F. A. Eckstein, Lat. u. griech. Unterricht, 1887, 217–225 – E. Schwabe, Das Fortleben von C.s Schriften..., NJbb 10, 1902, 307–326 – *Bildnisse* → Anhang 1.

2. **C.,** C. (C. Iulius Caesar), 20 v. Chr.–4 n. Chr. Ältester Sohn der → Iulia (2) von → Agrippa (1, Stammbaum → Jul.-claud. Haus). 17 v. Chr. von Augustus adoptiert; durch Erziehung, Vorstellung beim Heer, Leitung von Spielen, Teilnahme an Senatssitzungen, vorzeitige Übernahme von Senats- und Priesterämtern, reiche Ehrungen, Ernennung zum princeps iuventutis und Wahl zum Konsul für das Jahr 1 n. Chr. planmäßig herausgestellt und faktisch zum Nachfolger des Augustus designiert. 1 v. Chr. Reise in den Osten. Anerkennung des → Ariobarzanes (5) und später des → Artavasdes als Könige von Armenien, Verhandlungen mit → Phraates V. In neuen armen. Wirren 2 n. Chr. vor Artagira verwundet, stirbt er auf der Heimreise an der lyk. Küste. K. Chr.

Q: Vell. 2, 101 f. – Dio 54 f. – AM 75, 1960, 70, Nr. 1.

3. **C.,** L. (L. Iulius Caesar), 17 v. Chr.–2 n. Chr. Zweiter Sohn aus der Ehe der → Iulia (2) mit → Agrippa (1, Stammbaum → Jul.-claud. Haus). Daher bald nach seiner Geburt zusammen mit seinem älteren Bruder C. → Caesar (2) von Augustus adoptiert, vorzeitig in die Ämterlaufbahn eingeführt, durch Statuen und Widmungen geehrt. 2 v. Chr. (?) princeps iuventutis, zum Konsul designiert. Auf dem Wege nach Spanien erkrankt, in Massilia gestorben. K. Chr.

Caesar, vgl. auch → Julius.

Caesar Augusta (heute Zaragoza), Stadt in → Spanien, Gerichtsbarkeit innerhalb der Provinz Tarraconensis. Als Colonia Inmunis Caesar Augusta 24 v. Chr. durch Augustus gegründet in der Nähe des Oppidums von Salduba am linken Ufer des → Hiberus (Kt. 2849 C 2). Wurde besiedelt mit einer Deduzierung von Veteranen der Legionen VII Gemina, IV Macedonia und VI Victrix, die in den kantabr. Kriegen gekämpft hatten. Bis in die Zeit des Claudius wurden dort Münzen in großer Zahl geprägt mit den Zeichen C.C.A. und den Namen der Magistrate. Die Anlage der alten Stadt ist noch bei heutigen Vermessungen festzustellen. Ein Teil der röm. Mauer aus dem 3. Jh. n. Chr. mit vorspringenden Rundtürmen erhalten. J. M. d. M.

Lit: Zeitschrift Caesaraugusta seit 1951 (Universitat Zaragoza) – A. Vives, La moneda Hispanica, 1926 – G. Hill, Notes on the Ancient Coinage of Hispania Citerior, 1931 – A. G. Bellido, La Península Iberica, 1953.

Caesarea (*Καισαρεία*), Name mehrerer Städte: 1. *westl. von Algier* (Kt. 61 C 1; heute Cherchel), unter dem Namen *Iol* alter pun. Handelsplatz. Hauptstadt des Königreiches → Numidien. König Juba II., unter dem die Stadt ein Mittelpunkt des Hellenismus wurde, verlieh ihr den Namen C. 40 n. Chr. wird C. Hauptstadt der neuen Provinz → Mauretania Caesariensis. Durch Claudius zur Kolonie erhoben. Bauten: Stadtmauer von 7 km Umfang, Theater (später Amphitheater), Amphitheater, Circus (nicht ausgegraben), Thermen, Leuchtturm. R. F.

Lit: P. M. Duval, Cherchel et Tipasa, 1946 – St. Gsell, Cherchel, 1952 (Lit).

2. **C.,** Stadt am Abhang des *Hermon* an einer der Hauptquellen des Jordan. Polybios (16, 18, 2) kennt sie als Panion (heute Benijas). Augustus schenkt sie Herodes d. Gr., dessen Sohn Philippos sie zur Hauptstadt seiner Tetrarchie macht und ihr den Namen C. verleiht. Daher *Καισαρεία ἡ Φιλίππου* (Mk. 8, 27). Im 4. Jh. Bischofsstadt, immer mehr unter dem älteren Namen Panion (Kt. 2196 B 4). R. F.

3. **C.** *paralios*, in *Palästina*, an der Stelle der sehr alten Siedlung Stratonsturm (*Στράτωνος πύργος*) gegründet um 22 v. Chr. von Herodes d. Gr. und prächtig ausgebaut. Die feierliche Einweihung fand 10/9 v. Chr. statt. Seit 6 n. Chr. Sitz der röm. Prokuratoren (im Theater wurde 1961 die bisher einzige Inschrift des → Pontius Pilatus gefunden). Vespasian erhob C. zur Prima Colonia Flavia Augusta C., denn er war in C. zum Kaiser ausgerufen worden. Seit Alexander Severus Metropolis Syriae Palaestinae, dann Metropolis der → Palaestina prima und als solche auch Bischofssitz. Hier war → Eusebius von C. Bischof. In C. war eine reiche Bibliothek. C. wurde als letzte Stadt Syriens 639/640 von den Arabern erobert und in den Kreuzzügen so gründlich zerstört, daß sie völlig versandete. Bauten: Mauerring, Circus, Theater, Amphitheater. Laufende Ausgrabungen. Kt. 2196 A 5. R. F.

Lit: L. Häfeli, C. am Meer, 1923 – M. Weippert, Arch. Jahresber., ZDPV 79, 1963, 172 – A. Reifenberg, C., Isr. Expl. Journ. 1, 1950, 20–32 – H. Avi-Jonah, Notes and News, Isr. Expl. Journ. 6, 1956, 260; 13, 1963, 146 – Die Pilatusinschrift: A. Frova, RIL 95, 1961, 419–434 – M. Floriani Squarciapino, EAA II, 1959, 543–545, s. v. Cherchel (Lit).

4. **C.,** die Hauptstadt *Kappadokiens* (früher Mazaka oder Eusebeia, heute Kayseri; Kt. 1567 D 5), am Fuße des → Argaios. Zwischen 12 und 9 v. Chr. wurde der Name C. durch Archelaos von Kappadokien verliehen. Kam mit Kappadokien als röm. Provinz 17 n. Chr. unter Rom. Unter Valens Metropolis der Cappadocia I, später Bischofssitz. Geringe Ruinen bei Eskišehir in der Nähe von Kayseri. R. F.

Lit: S. Stucchi, EAA II, 1959, 526 f.

Caesarius, ca. 470–542, 502 Bischof von → Arelate (Arles), der damaligen politischen und kirchlichen Metropole Galliens; bekämpfte den Semi → Pelagianismus erfolgreich (529 Synode zu Orange). B. L.

Ed: G. Morin, 2 Bde, 1937–42 = CChrL 103 f., 1953 – *Lit:* Altaner 439 f.

Cäsaropapismus ist eine Form des Verhältnisses von Kirche und Staat, in der beide in dem Kaiser ihr gemeinsames Haupt haben. Der C. hat seine Wurzeln im oriental. → Gottkönigtum und im (neu)platonischen Weltbild. Seine Verwirklichung setzt bei → Konstantin bereits ein und ist unter → Justinian voll ausgebildet. H. Kr.

Caesellius Vindex, gelehrter röm. Lexikograph der Zeit Hadrians (?). Von seinen (wohl archaische Sprachformen behandelnden) ‹Lectiones antiquae› oder ‹Stromateis› sind nur stark veränderte Exzerpte erhalten (bei → Cassiodor).

Lit: Schanz-Hosius, III 154–156.

Caesennius → Paetus.

Caesius Bassus, lat. Metriker, mit einem Dichter neronischer Zeit, Freund des → Persius, wahrscheinlich identisch. Mit dem für echt geltenden Fragment (s. u.) ist er der älteste erhaltene Vertreter der sogenannten Derivationstheorie (→ Metrik). D. F.

Frg: GrLat VI 255–272 – *Lit:* Schanz Hosius II 484–486.

Caesoninus → Calpurnius.

Caieta, Amme des → Aeneas, Eponyme der Stadt C. (nahe Terracina), an deren Stelle sie begraben wurde.

Calatinus → Atilius.

Calcidius (Chalkidios), christl. Neuplatoniker, 4./5. Jh. Verfasser einer kommentierten lat. Teilübers. von Platons Timaios (zu ihren Autoren gehören → Numenios und → Porphyrios), eine der Hauptquellen der mittelalterlichen Kenntnis platonischer → Kosmologie. Ph. M.

Ed: J. H. Waszink, Timaeus a Calcidio translatus, 1962 (Komm.) – *Lit:* J. C. van Winden, C. on Matter, 1959 (eng. Teilübers., mit Komm.) – J. H. Waszink, Stud. zum Timaioskomm. des C., I, 1964.

Caldus → Coelius.

Calenus → Fufius.

Calidius, M., bemühte sich als Prätor (57 v. Chr.) um die Rückberufung → Ciceros aus der Verbannung; 51 und 50 bewarb er sich erfolglos ums Konsulat. C. starb als Anhänger Caesars am Anfang des Bürgerkrieges. Als Schüler des → Apollodoros (8) v. Pergamon war C. Attizist (Cic. Brut. 274 ff.). Zusammen mit Cicero verteidigte er 54 M. → Aemilius (15) Scaurus und 52 T. → Annius (2) Milo. R. T.

Frg: ORFr (Malc.) 433–438.

Caligula (Gaius Iulius Caesar Germanicus), röm. Kaiser 37–41, jüngster Sohn des → Germanicus und der → Agrippina (2), geb. 12 n. Chr. in Antium. Den Kosenamen (‹Stiefelchen›) erhielt er als Kind im Lager seines Vaters, den er auf seinen Reisen und Feldzügen begleitete. Nach dessen Tod nahmen sich → Livia und → Antonia (3) d. J. seiner an, bis → Tiberius ihm seine Gunst zuwandte: 31 wurde er Quästor. Ohne weitere Ämter bekleidet zu haben, wurde er nach Tiberius' Tod auf Betreiben des Prätorianerpräfekten → Macro am 16. März 37 zum Imperator ausgerufen und am 18. März vom Senat als Augustus anerkannt. Der Beginn eines ‹Saturnischen Zeitalters› wurde überall in Treuekundgebungen gefeiert. Aber in Rom machte sich der anfänglich senatsfreundliche Princeps bald verhaßt, als er sich im Stil der hellenistischen Könige als ‹Gottkaiser› zu gebärden begann: als Inkarnation Jupiters, nach dem er sich Optimus Maximus Caesar nannte, beanspruchte er einen eigenen Tempel auf dem Palatin; er trat öffentlich in der Gestalt verschiedener, sogar weiblicher Gottheiten auf. Befremdlich war seine Teilnahme an den Mysterien der → Isis, der er auf dem Marsfeld einen Tempel errichtete. Die Geburt seiner Tochter Drusilla feierte er nach dem Geburtsritual der Pharaonen; mit seiner Schwester → Drusilla wollte er eine ‹Geschwisterehe› führen. Im Orient wurde er als Neuer Gott, Neuer Dionysos verehrt; aber in Alexandria, wo seine Statuen in den Synagogen aufgestellt wurden, kam es zu Ausschreitungen des Pöbels gegen die Juden, die sich auf ihre Privilegien beriefen und den Kaiserkult ablehnten. Auch in Palästina brachen Unruhen aus; C. hatte sogar beabsichtigt, sein Bild im Allerheiligsten des Tempels von Jerusalem aufstellen zu lassen. – In der Reichsverwaltung blieben die von Tiberius eingeführten Maximen im allgemeinen gewahrt. Im Osten setzte er, vielleicht nach dem Vorbild des → Antonius (2), Klientelkönige ein: Iulius Agrippa in Iudaea, die Söhne des Kotys in Thrakien, Pontus und Bosporus, Kleinarmenien, Antiochos IV. in Kommagene. Ptolemaios v. Mauretanien wurde hingerichtet, sein Land als Provinz eingezogen. Auf einer Reise nach Gallien führte C. eine Expedition an die Kanalküste, wo er die Dedition eines britannischen Fürsten entgegennahm, und an den Rhein, wo er die Verschwörung des Cn. → Cornelius (20) Lentulus Gaetulicus niederschlug. – Am 24. Jan. 41 fiel er in Rom, nach mehreren Attentatsversuchen der Senatsopposition, dem Anschlag der Prätorianertribunen → Cassius (1) Chaerea und Sabinus, mit denen sein Günstling → Callistus im Bunde stand, zum Opfer. J. Str.

Lit: P. V. D. Balsdon, The Emperor Gaius, 1934 – H. Dessau, Gesch. d. röm. Kaiserzeit II 1, 1924, 104–136 – H. Willrich, Caligula, Klio 3, 1903, 85–118. 288–317. 397–470 – M. Gelzer, RE 10, 1 (1917), 381 bis 423 – W. Enßlin, Gottkaiser u. Kaiser v. Gottes Gnaden, SB München 1953, 6, 28 – H. P. L'Orange, Das Geburtsritual am röm. Kaiserhof, SO 21, 1941, 105–116 – A. Momigliano, La personalità di C., Ann. Pisa, ser. 2, 1, 1932, 205–228 – *Bildnisse* → Anhang I.

Callaicus → Junius.

Calleva Atrebatum (Kt. 502 B 3; heute Silchester), große, in röm. Zeit besiedelte Stadt; vielleicht nach dem Aufstand der Boudicca durch einen Erdwall, später durch eine Feuersteinmauer eingeschlossen; Anlage in Insulae. Häuser, Läden, Werkstätten, ein Forum mit Basilika, Thermen, vier Tempel, eine kleine christl. Kirche u. a. sind freigelegt worden.

Lit: G. C. Boon, Roman Silchester, 1957.

Callistus, C. Iulius, kaiserlicher Freigelassener unter → Caligula und → Claudius (1). C. muß bereits unter Caligula sehr einflußreich gewesen sein, da er 39 n. Chr. durch seine Fürsprache den Redner → Domitius (1) Afer gerettet haben soll. Seine Tochter Nymphidia, Mutter des → Nymphidius Sabinus, Geliebte des Caligula. An der Verschwörung des → Cassius (1) Chaerea gegen Caligula beteiligt. Unter Claudius a libellis. C. intrigierte gegen → Messalina, trat jedoch nicht offen gegen sie auf. Nach ihrem Tode befürwortete er eine Heirat des Claudius mit → Lollia Paulina, konnte sich jedoch nicht gegen → Pallas (3) durchsetzen. Der Arzt → Scribonius (5) Largus widmete ihm sein Rezeptbuch ‹De compositionibus medicamentorum›. Über seinen Reichtum und seine Verschwendungssucht spricht Plin. nat. 33, 134; 36, 60, über seine Überheblichkeit Sen. epist. 47, 9 und Jos. AJ 19, 64 ff. U. Wm.

2. **C. I.** *(Calixtus)*, röm. Bischof 217–222, fast nur durch eine gehässige Beschreibung bei → Hippolytos (Philos. 9, 7. 11 ff.) bekannt; wahrscheinlich ursprünglich Sklave, zur Zwangsarbeit in den sardinischen Bergwerken verurteilt, schließlich von → Commodus befreit, von Bischof Zephyrin mit der Verwaltung des später nach ihm genannten Coemeteriums betraut (→ Katakomben). Als er nach Zephyrins Tod zum Bischof gewählt wurde, sonderte sich der schon vorher mit ihm verfeindete Hippolytos samt einem kleinen Gemeindeteil ab. Nach Hippolyts Vorwürfen hat C. die Entwicklung des monarchischen Episkopates dadurch gefördert, daß er die bis dahin für unsühnbar geltenden Sünden dem Bußverfahren und der bischöflichen Vergebungsgewalt unterwarf, und daß er – doch wohl den Gemeinden – das Recht bestritt, einen in Sünde verfallenen Bischof abzusetzen. Weder bewiesen noch widerlegt ist die Vermutung, C. sei der von → Tertullian (pudic. 1) angegriffene Pontifex sc. maximus. – Völlig unwahrscheinlich ist, daß C. – der den → Sabellius exkommunizierte – Modalist (→ Modalismus) gewesen sei; doch hat er die Einheit Gottes stärker betont als der von ihm des Ditheismus beschuldigte Hippolyt. – Wenn C. das Konkubinat vornehmer Frauen mit Sklaven und Freigelassenen als Ehe anerkannte, dann hat ihn vermutlich nicht nur die allgemeine Abneigung der Kirche gegen Mischehen dabei geleitet, sondern auch das Bestreben, die Stellung der Kirche zur Sklaverei zu revidieren. H. Kr.

Lit: B. Altaner, ThR 11, 1939, 129–138 – B. Poschmann, Paenitentia secunda, 1940 – J. Gaudemet, La décision de Callixte en matière de mariage, in: Studi in onore di Ugo Enrico Paoli, 1955, 333–344.

Calpurnia, Tochter des L. → Calpurnius (10) Piso Caesoninus. 59 v. Chr. von Caesar in 3. Ehe geheiratet, darauf Wahl ihres Vaters zum Konsul. 52 wollte Caesar sich von ihr scheiden lassen, um eine Tochter des Pompeius zu ehelichen, aber diese Pläne zerschlugen sich. An den Iden des März 44 wollte C. Caesar überreden, nicht in den Senat zu gehen. Chr. M.

2. **C.,** dritte, kinderlose Gattin des jüngeren → Plinius (2), begleitete ihren Gatten nach Bithynien, kehrte aber beim Tode ihres Großvaters Calpurnius Fabatus nach Rom zurück (Plin. epist. 10, 120 f.); an sie Plin. epist. 6, 4. 7; 7, 5; über sie 4, 1. 19; 5, 14, 8; 8, 10. 11. 19. K. H. Sch.

Calpurnius Bestia, L. (tr. pl. 120 v. Chr., praet. 114, cos. 111), führte als Konsul Krieg gegen → Jugurtha, wurde aber bald von diesem bestochen und gestand ihm einen günstigen Frieden zu. Daraufhin 110 durch die lex Mamilia verurteilt. C. war nach Sallusts Urteil ein tüchtiger Mann, dessen Habsucht aber alle guten Eigenschaften überwog (Iug. 28, 5). G. G.

2. **C. Bibulus,** M. (praet. 62 v. Chr., cos. 59). Schwiegersohn und enger Verbündeter → Catos (2), dessen rigorose Politik er 59 gegen seinen Kollegen → Caesar durchzusetzen versuchte. Nach einer empfindlichen Niederlage beim Kampf um das Ackergesetz (man leerte dabei einen Korb voll Mist über ihn) zog er sich für den Rest des Konsulats in sein Haus zurück, beobachtete aber täglich den Himmel (wodurch nach geltendem Recht alle weiteren Gesetze Caesars ungültig wurden) und veröffentlichte bissige Pamphlete. C. gehörte in den folgenden Jahren zu den prominentesten Senatoren. 52 stellte er den Antrag, → Pompeius (2) zum Konsul ohne Kollegen zu wählen. 51 Statthalter Syriens. 49/48 Flottenkommandant des Pompeius in der Adria, wo er, während er Caesar in Epirus blockierte, an Überanstrengung starb. Chr. M.

3. **C. Bibulus,** L., praet. des. 36 v. Chr., Sohn des vorigen und der → Porcia, Statthalter von Syrien ca. 34–32. C. schloß sich seinem Stiefvater → Brutus (2) an und wurde proskribiert. Nach Philippi ergab er sich und wurde Anhänger des → Antonius (2). Unter ihm Flottenpräfekt. C. versuchte wiederholt, zwischen Antonius und Octavian zu vermitteln. Er starb ca. 32 v. Chr in Syrien. Möglicherweise ist er Quelle des → Plutarch für die Brutusbiographie. Freund des → Horaz (sat. 1, 10, 86). U. Wm.

Lit: Broughton, Ind. S. 541.

4. **C. Crassus Frugi Licinianus,** C., cos. suff. 87 n. Chr., Nachkomme des M. Licinius Crassus Frugi, cos. 14 v. Chr. Wegen Teilnahme an einer Verschwörung gegen → Nerva nach Tarent verbannt. Unter → Trajan wegen neuerlicher Umsturzpläne vom Senat auf eine Insel relegiert. Zur Zeit → Hadrians abermals verdächtigt und von einem Prokurator beim Verlassen der Insel getötet. U. Wm.

5. **C. Flaccus,** Rhetor des 2. Jh.s n. Chr., bezeichnender Vertreter der → Deklamationen-Gattung mit ihren sensationellen Themen von → Controversien verschiedenster Art. Exzerpte aus 53 solchen Stücken sind von ihm erhalten. → Rhetorik C [4]. H. H.

Ed: G. Lehnert, BT, 1903 – *Lit:* J. Brzoska, RE 3, 1 (1897), 1371–73 – M. L. Clarke, Rhetoric at Rome (1953), 1962², 136f.

6. **C. Piso,** C. (cos. 67 v. Chr.), sehr entschiedener Gegner des → Pompeius (2), bekämpfte 67 die in dessen Interesse eingebrachte lex Gabinia (→ Gabinius, 2). 66/65 Statthalter beider Gallien. 63 von Caesar wegen Mißhandlung eines Transpadaners angeklagt, von Cicero verteidigt, freigesprochen. C. versuchte, Caesar als Catilinarier zu Fall zu bringen. Chr. M.

7. **C. Piso,** Cn. (quaest. pro praet. 65/64 v. Chr.), war irgendwie in die Umtriebe verwickelt, die man 1. Catilinarische Verschwörung nennt (→ Catilina). Auf Betreiben des → Crassus gab ihm der Senat darauf ein außerordentliches Kommando in Hispania citerior. Dort wurde er 64 ermordet. Chr. M.

Lit: R. Seager, The first Cat. Conspiracy, Historia 13, 1964, 338–347.

8. **C. Piso,** L., cos. 1 v. Chr., jüngerer Sohn des Cn. C. Piso, cos. suff. 23 v. Chr. Zur Unterscheidung von L. → C. (12) Piso pontifex gelegentlich L. C. Piso augur genannt. Unter Augustus (5/6? n. Chr.) Prokonsul von Asia. Hielt 16 eine heftige Rede gegen Amtserschleichung und zunehmende Korruption. Belangte Urgulania, die einflußreiche Freundin der → Livia. Übernahm 20 die Verteidigung seines Bruders Cn. C. → Piso (1). 24 von Q. Veranius wegen Hochverrats angeklagt, starb er vor dem Prozeß. Von Tacitus als *nobilis ac ferox vir* (ann. 4, 21) bezeichnet. U. Wm.

Lit: R. Syme, Some Pisones in Tacitus, JRS 46, 1956, 17–21.

9. **C. Piso,** L., cos. 57 n. Chr., curator aquarum 60–63, Prokonsul von Africa 69/70, Pontifex, Frater Arvalis. Sohn des L. C. Piso, cos. 27. Im J. 62 mit der Regulierung indirekter Steuern beauftragt. 70 grundlos des Abfalls von → Vespasian verdächtigt und auf Befehl des → Mucianus vom Legionslegaten Valerius Festus getötet. U. Wm.

10. **C. Piso Caesoninus,** L. (cos. 58, cens. 50 v. Chr.). Sehr kultiviert und anständig, ein überzeugter → Epikureer, als Politiker mit guten Einsichten, aber ohne Mark. 59 verheiratete er seine Tochter → Calpurnia (1) an Caesar, erhielt darauf das Konsulat von 58, in dem er, vornehmlich durch Nichtstun, im Sinne Caesars wirkte. P. → Clodius (1) erkaufte seine Neutralität und seinen Beistand bei → Ciceros Verbannung und sonst durch Verleihung der mit besonderen Vollmachten versehenen Statthalterschaft Macedonia. Dort führte C. 57–56 Krieg; nach seiner Rückkehr hielt Cicero eine Rede gegen ihn (in Pisonem). Als Censor war er im ganzen unparteiisch, nahm aber einige Cäsarianer gegen seinen Kollegen App. → Claudius (25) Pulcher in Schutz. 49 verurteilte er die Eröffnung des Bürgerkriegs durch Caesar und tat sich in der folgenden Zeit – wie nach dessen Ermordung – verschiedentlich im Sinne einer maßvoll vermittelnden Politik hervor. Chr. M.

11. **C. Piso Frugi,** L. (tr. pl. 149 v. Chr., praet. 136, cos. 133). C. brachte 149 das erste Gesetz gegen Erpressungen ein (lex de repetundis), das die Einrichtung einer ständigen Untersuchungskommission (quaestio perpetua) veranlaßte. Er war ein Gegner der → Gracchen. – P. widmete sich vor allem der historischen Forschung und schrieb ‹annales› von den Anfängen Roms bis in seine Zeit (7 Bücher). Das Werk wurde u. a. von → Livius und → Dionysios (16) v. Halikarnaß benutzt. P. war ein Mann von strenger Rechtlichkeit und sittlicher Integrität. G. G.

Frg: HRR I CLXXXIff. u. 120ff. – *Lit:* K. Latte, Der Historiker L. Calp. F., SB Berlin 1960.

12. **C. Piso,** L., cos. 15 v. Chr. (das Cognomen Frugi kommt ihm nicht zu). U. a. in den Arvalakten der Jahre 14, 20 und 27 n. Chr. das Distinktiv ‹pontifex› zum Unterschied von L. → C. (8) Piso augur. Geb. 48 als Sohn des L. → C. (10) Piso Caesoninus. Seine Laufbahn ist nur mit Schwierigkeiten zu rekonstruieren. Vielleicht war er außerordentlicher Statthalter von Gallia Transpadana 25/16; möglicherweise unternahm er 16 einen erfolgreichen Zug gegen die Vindeliker. Ca. 13/12 konsularischer Legat von Galatia-Pamphylia. Von hier aus (als Prokonsul von Macedonia?) mit der Kriegsführung gegen die Thraker betraut (12/11–10/9); er erhielt Triumphalornamente und Supplikation. Ungewiß, ob Prokonsul von Asia (3/2?) und/oder Legat von Syrien (4/1?). Als Stadtpräfekt ca. 13–32 gerühmt. C. starb 32 und erhielt ein Staatsbegräbnis. Er zeigte sich niemals servil und verband große Fähigkeiten mit kluger Mäßigung. Vertrauter des Augustus und des Tiberius, mit dem er eng befreundet war. Wegen seiner Trinkfreudigkeit war er bekannt. Gönner und Freund des → Antipater (5) von Thessalonike. Seine Tochter Calpurnia war mit L. Nonius Asprenas, cos. suff. 6, verheiratet. M. Licinius Crassus Frugi, cos. 27, war nicht, wie bisher angenommen, sein Sohn, sondern der des M. Licinius Crassus Frugi, cos. 14 v. Chr. Daher ist trotz Porph. Hor. epist. 2, 3 zweifelhaft, ob Horazens Ars poetica ihm gewidmet ist. U. Wm.

Lit: R. Syme, Roman Revolution (1939), 1952², Ind. S. 540 – Ders., Some Pisones in Tacitus, JRS 46, 1956, 17–21 – Ders., Piso Frugi and Crassus Frugi, JRS 50, 1960, 12–20.

13. **C. Siculus,** bukolischer Dichter der neronischen Zeit (→ Bukolik), dessen Tätigkeit sich zwischen 54 und kurz nach 57 n. Chr. datieren läßt (Momigliano, a. O. 456ff.). Von C. sind 7 Hirtengedichte erhalten; 4 weitere, die ihm in älteren Ausgaben durchweg zugewiesen werden, gehören → Nemesian. Die Eklogensammlung stellt sich als übersichtlich gegliedertes Gedichtbuch dar: Anfang, Mitte und Abschluß (1. 4. 7) bilden drei jeweils panegyrisch engagierte

Hirtengedichte, und zwischen diesen finden sich vier Idyllen rein pastoralen Inhalts (2.3.5.6) symmetrisch eingefügt. (Abwegig Hubaux, a.O. 194f., der die drei ersten Verse der 1. Ekloge als Rest eines verlorengegangenen Gedichts faßt und davon auf weitere, nicht erhaltene Eklogen des C. schließt.) C. fühlt sich in der Bukolik als Nachfolger → Vergils, ist sich freilich auch der Schwierigkeit dieses Anspruchs bewußt (4,64ff.). Mit der Verherrlichung der Regierung Neros als eines neuen Goldenen Zeitalters in ecl. 1 und 4 wird die elysische Thematik von Vergils 4. Ekloge weitergeführt, deren sich ungefähr zur gleichen Zeit und zum gleichen Zweck auch der Verfasser der → Carmina Einsidlensia bedient. Daß Beziehungen zwischen diesem und C. bestehen, geht aus der Übereinstimmung zwischen dem Anfangsvers von C.' vierter und der zweiten Einsiedler Ekloge hervor; vieles spricht dafür, daß C. in diesem Fall der Imitierende ist (Schmid, a.O. 94ff.). Hinsichtlich der Person des C. ergibt sich aus seinen Gedichten, daß er zum Hof keinen unmittelbaren Zugang hatte, aber auf die Unterstützung eines hochgestellten Gönners, der in den Eklogen unter dem Namen Meliboeus erscheint, hoffte (1,92ff.; 4,157ff.). Die mehrfach vertretene Auffassung, daß C. der Sohn eines Freigelassenen des C. Calpurnius Piso gewesen und mit dem Verfasser des hexametrischen Panegyrikus auf Piso (→ Laus Pisonis) identisch sei (Skutsch, a.O. 1403ff.), läßt sich nicht sicher begründen. W. Sch.

Ed: H. Schenkl, 1885, 1–47 – C. Giarratano (1910), 1943³, 1–67 – J.W.-A.M. Duff, Minor Latin Poets, 1935 (Neudr. 1961), 207–285 – R. Verdière, 1954, 124–209 (mit Übers. u. Komm.) – *Lit:* M. Haupt, Opuscula I, 1875, 358–406 – F. Skutsch, RE 3 (1899), 1401–06 – J. Hubaux, Les thèmes bucoliques dans la poésie latine, 1926, 193 bis 228 – W. Schmid, Panegyrik u. Bukolik in der neron. Epoche, BJbb 153, 1953, 63–96 – A. Momigliano, Secondo contributo alla storia degli studi classici, 1960, 454–461.

Calpurnius, vgl. auch → Agricola, → Piso, → Licinianus.

Calvinus → Domitius.

Calvisius Sabinus, C., Prätor 46(?) v. Chr., Statthalter von Africa Vetus ca. 45/44, cos. 39, Statthalter von Hispania (citerior?) 29/28, Triumph ex Hispania 28. Im Bügerkrieg Legat → Caesars, unter Octavian (→ Augustus) Flottenpräfekt gegen Sex. → Pompeius (4). Von Cicero als *homo magni iudici* (ad fam. 10,26,3) bezeichnet. U.Wm.

2. **C. Taurus,** L., Haupt der → Akademie ca. 145 n. Chr., jüngerer Freund → Plutarchs, Lehrer des → Gellius und des → Herodes (2) Atticus. C. scheint die Unterschiede zwischen → Platon und → Aristoteles betont und gegen die Epikureer, aber auch gegen die → Stoa, der er doch manches entnimmt, polemisiert zu haben, ist somit nichteklektischer Platoniker. Ph.M.

Lit: K. Praechter, RE 5A 1 (1934), 57–68.

Calvus, C. Licinius Macer, 82–47, enger Freund → Catulls, als Redner gefeierter Vertreter des ‹attischen Stils›. C. schrieb ein mythologisches Epyllion ‹Io›, Hochzeitslieder, satirische Epigramme auf → Caesar und → Pompeius (2) und eine Elegie auf den Tod seiner Gattin Quintilia. Seine Themen entsprechen im wesentlichen denen Catulls. G.L.

Calvus, vgl. auch → Cornelius.

Camenae, in der ältesten röm. Religion Quellnymphen. Ihr Heiligtum ist in Rom eine Grotte in der Nähe der Porta Capena. Ihr Name, auf die Wurzel des Verbums ‹cano› zurückgeführt, hat sie zur lat. Entsprechung der griech. → Musen werden lassen. P. Gr.

Lit: Plut. Numa, 13 – Serv. Verg. ecl. 7,21.

Camerinus, von → Ovid als epischer Dichter erwähnt (Pont. 4,16,9). Identität mit dem Konsul d. J. 9 n. Chr. Q. Sulpicius Camerinus zweifelhaft. B.K.

Camilla, Tochter des Volskerkönigs Metabus, folgte diesem ins Exil und wurde in den heiligen Wäldern der Diana zur Jägerin und Kriegerin erzogen. Als sie dem → Turnus gegen → Aeneas zu Hilfe kam, wurde sie von Arruns durch einen Pfeilschuß getötet. P. Gr.

Q: Verg. Aen. 11.

Camilli (etrusk.), Kinder vornehmer röm. Familien, die den → Flamines bei der Ausübung des Kults beistanden. Sie durften noch nicht mannbar sein und mußten ‹Amphithaleis› sein, d. h. ihre Eltern mußten noch leben (Macr. Sat. 3,8,7 u. Fest. 82 L.). H. Le B.

Lit: Latte, 407f.

Camillus (M. Furius C.; tr. mil. c. p. 401 v. Chr., 398, 394, 386, 384, 381, cens. 403, dict. 396, 390, 389), bedeutendstes Mitglied der vielleicht aus Tusculum stammenden patrizischen gens Furia. Als erstes Amt bekleidete C. 403 mit M. Postumius Albinus die Censur, soll als Konsulartribun 401 gegen Falerii und 398 gegen Capena gekämpft haben. Als Diktator eroberte er 396 → Veji und dürfte bei seinem Triumph als erster den vollen Schmuck des Kapitolinischen Jupiter getragen haben. Unter 391 berichtet die Annalistik den Prozeß des C. wegen Unterschlagung der vejentischen Kriegsbeute oder des Triumphes mit weißen Pferden, weswegen er nach Ardea ins Exil ging. Als 390 die → Kelten Rom besetzten, soll C. in Abwesenheit zum Diktator ernannt worden sein, Rom gerettet, den Feinden das Lösegeld entrissen und die Übersiedlung der röm. Bürgerschaft nach Veji verhindert haben, weshalb Livius (5,49,7; 7,1, 10) ihn den zweiten Gründer Roms nennt. Die älteste erhaltene Überlieferung hierüber (Polyb. 1,6,2ff.; 2,18,2ff. 22,4f.) weiß von dieser Rettungstat nichts. Auch sind die Kriege des C. gegen Volsker und Äquer 389 unhistorisch, weil die Latiner von Rom abfielen und daher dieses von den Volskern und Äquern getrennt war: als einzige Stadt mag C. Sutrium von den Etruskern zurückerobert haben. Die Taten in seinen späteren Konsulartribunaten scheinen erfunden, ebenso sein Tod durch eine Pest 365. R.W.

Camillus, vgl. auch → Furius.

Campana. [1] Als Leiter des Monte di Pietà (Pfandhaus) in Rom begründete Giovanni Pietro C. (1808–80) eine der bedeutendsten Slg.en von Antiken jeder Art, bes. von Vasen und röm. Terrakottareliefs (sog. ‹*C.-Reliefs*›). Nachdem nach seinem Bankrott (1861) die Ermitage in Leningrad ausgewählte Skulpturen der Slg. übernommen hatte, kaufte Napoleon III. den Hauptteil für den Louvre und das Museum in Colmar an. Die Reste gelangten i. J. 1863 nach Brüssel und Florenz. U.R.

Lit: H. Hofmann, Aus südwestdtsch. Mus., AA 19, 1904, 52–57 – A. Minto, Corteo nuziale in un frammento di tazza attica, Appendice, Ausonia 9, 1919, 76–77 – H. v. Rohden-H. Winnefeld, Architektonische röm. Tonreliefs der Kaiserzeit, 1911, 7*f.

[2] Nach C. heißen die *Campana-Reliefs:* architektonisch verwendete → Terrakottareliefs. Darstellungen in Flachrelief klassizistischen Stils aus der griech. Sage (bes. zahlreich aus dem bakchischen Kreis), aus dem röm. Leben (Zirkus, Theater, Palästra, Tempel und Triumphbogen) sowie rein dekorative Szenen (Tiergruppen; → Fabelwesen wie → Arimaspen, → Greifen, → Kentauren, → Sphingen, → Sirenen, → Gorgonen; Ranken). Die Herstellung geschah mit Hilfe von Formen, nur wenige sind frei modelliert. Farbige Bemalung erhöhte ihren Reiz. Die Werkstätten scheinen im engeren oder weiteren Umkreis von Rom gelegen zu haben, sie arbeiteten von der Mitte des 1. Jh.s v. Chr. bis gegen Mitte des 2. Jh.s n. Chr. U.J.

Lit: H. v. Rohden-H. Winnefeld, Architekton. röm. Terrakotten der Kaiserzeit, in: R. Kekulé, Die antiken Terrakotten IV, 1911 – A. H. Bornbein, Campanareliefs, Typologische und stilkrit. Unters., Diss. Bonn 1963.

Campestres, eine Art von kelt. Muttergottheiten, Schirmherrinnen der Feldlager; sie erscheinen neben den → Matres und → Epona auf den Weihungen der equites singulares in Rom. H. Le B.

Campodunum, röm. Stadt in Rätien (Kt. 1057 E9; heute Kempten/Allgäu), Vorort der keltischen Estionen. Starke Zerstörungen durch die Alamanneneinfälle im 3. Jh. Neuanlage in der Spätantike auf dem Gebiet der einstigen keltischen Siedlung, der Burghalde. Da die frühe röm. Stadt nicht vom späteren Kempten überbaut ist, geben die Reste ein gutes Bild einer einfachen röm. Stadt. B.S.

Lit: F.Wagner, Die Römer in Bayern (1924), 1928⁴ – W. Krämer, Campodunum-Forschungen, 1953.

Camulodunum (Kt. 502 C 3; heute Colchester), nach der Unterwerfung der Trinovanten vom Catuvellaunenkönig Cunobelinus gegründet, Haupthandelshafen von Britannia. 43 unter Claudius von den Römern eingenommen; 50 Gründung einer Veteranenkolonie dicht neben der alten Stadt; 61 von Boudicca zerstört; neugegründet als Colonia Victricensis. Reste eines Tempels (für Claudius?), eines Mithräums und des Westtores. Über die weitere Geschichte ist wenig bekannt.

Lit: C.F.C. Hawrkes – M.R.Hull, C., 1947.

Cancelleriareliefs, 1937 an der Cancelleria in Rom gefundene → Reliefs, die → Vespasian und → Nerva feiern (Gesicht Nervas nach Magi u.a. aus einem Domitian umgearbeitet), bedeutende Beispiele einer manieristischen Frühstufe des unter Trajan zur Herrschaft kommenden Klassizismus. → Plastik C [4]. K.Schf.

Lit: F.Magi, I rilievi flavi del Pal. della C., 1945 – J. Béranger, Les génies du sénat et du peuple romain et les reliefs flaviens de la C., Latomus 70, 1964, 76–88 (Lit).

Candidatus, der Bewerber um einen Magistrat in Rom, so genannt nach seinem durch Kreide und andere Mittel auffallend weiß und glänzend gefärbten Gewand (toga candida). Chr.M.

Lit: Mommsen, Röm. Staatsrecht I 479.

Candidus, griech. → Geschichtsschreiber des 5.Jh.s nach Chr., aus Tracheia in Isaurien. Notar orthodoxen christl. Glaubens. Handelte in 3 Büchern von der Thronbesteigung Leos I. (457) bis zu der des Anastasios (491). W.Sp.

Q: Phot. cod. 79 – *Frg:* FHG IV 135ff. – FGrHist 748 – *Lit:* M.E. Colonna, Gli storici bizantini I, 1956, 8/9.

Canidius Crassus, P., cos. suff. 40 v. Chr., 43 Legat des → Lepidus in Gallien, danach einer der bedeutendsten Heerführer des → Antonius (2). C. kämpfte im perusinischen Krieg. 37–31 war er unter Antonius im Orient; er kämpfte gegen die Iberer und Albaner im Kaukasus und nahm an den Partherfeldzügen teil. Bei Actium war C. Befehlshaber des Landheeres; er verließ seine Truppen vor der Übergabe, um Antonius zu benachrichtigen. Nach der Einnahme von Alexandria wurde der überzeugte Antonianer auf Befehl Octavians (→ Augustus) hingerichtet. U.Wm.

Lit: Broughton, Ind. S. 542 – R. Syme, Roman Revolution (1939), 1952², Ind. S. 540.

Caninius Rebilus, C. (cos. suff. 45 v. Chr.), Legat → Caesars in Gallien und im Bürgerkrieg. Am 31.12.45 ließ Caesar ihn nach dem Tod des Konsuls Fabius Maximus noch auf wenige Stunden zum Konsul wählen (vgl. die witzige Bemerkung Cic. fam. 7, 30, 1). Chr.M.

2. **C. Rufus**, Freund des jüngeren → Plinius (2) und sein Nachbar in Comum (Plin. epist. 1, 3; 2, 8; 7, 18); literarisch interessiert (ebd. 3, 7; 6, 21), versuchte er sich an einem Epos über → Trajans dakischen Krieg, ermuntert von Plinius (8, 4), der ihm Stoff für eine weitere Dichtung vermittelte (9, 33). K.H.Sch.

Cannenefaten, german. Stamm an der niederländischen Nordseeküste, eng verwandt mit den südlich benachbarten → Batavern, deren Geschicke sie weitgehend teilen. Ihr Name lebt in der heutigen nordholländischen Landschaft Kennemerland fort. Kt. 1057 A 2/3. L.B.-H.

Canon vestium, in spätröm. Zeit die die Lieferung von Kleidung an die Soldaten ersetzende → Steuer (→ Adaeratio). Die Steuer war eine Vermögenssteuer, die im Bereiche jeder civitas nach capita und iuga (→ Capitatio) repartiert wurde (→ Rom III C). R.Kn.

Canopus (lat. Form von → Kanopos), kanalförmiges Bassin mit fließendem Wasser in den Ziergärten der röm. Villen (vgl. bes. die Villa Hadriana in → Tibur), ähnlich dem Euripus; als Nil zu deuten und mit den Vorstellungen von → Isis und Ägypten in Zusammenhang zu bringen (→ Orient und Antike H 1 und 4). P.T.

Canticum, zur Musikbegleitung vorgetragene Partie der röm. → Komödie. Der antike Terminus umfaßt die zur Flötenbegleitung rezitierten stichischen Langverse (jambische, trochäische, anapästische Septenare und Oktonare) und die eigentlichen Gesangspartien in mannigfachen Versmaßen (Kretiker, Bakcheen, Ioniker, ohne strophische Responsion). Diese Cantica wurden vielleicht gelegentlich wie im späteren → Pantomimus von einem Cantor gesungen, damit der Schauspieler für die Darstellung frei war. → Diverbium. H.M.

Canuleius, C. (tr. pl. 445 v. Chr.) soll in seinem Volkstribunat die nach ihm benannte Lex Canuleia de conubio patrum et plebis beantragt haben (Cic. rep. 2, 63; Liv. 4, 1, 1), die den Plebejern das Eherecht (→ conubium) mit den → Patriziern erteilte. Auch war er an dem Antrag seiner Kollegen im Tribunat beteiligt, den Plebejern Zugang zum Konsulat zu verschaffen. Vgl. → Ständekampf. R.W.

Canusium (*Κανούσιον*), bedeutende Stadt in Apulien am Aufidus, etwa 20 km vom Meer entfernt (Kt. 1420 H6; heute Canosa), Zentrum der Wollverarbeitung. Griech. Gründung, seit 318 mit Rom verbündet, blieb aber zweisprachig bis in die Kaiserzeit hinein (Hor. sat. 1, 10, 20). Von der Bedeutung der Stadt zeugen reiche Grabfunde bes. des 4. und 3. Jh.s v. Chr., Kistengräber und in den Fels geschnittene, architektonisch ausgebildete Kammergräber, aus denen die schönsten → apulischen Prachtvasen und eine eigentümliche Gattung hellenistischer mit Protomen und Figuren verzierter und in zarten Tönen bemalter Keramik, die sog. *Canosiner Vasen*, stammen. B.A.

Lit: N. Jacobone, Canusium, 1929 – O. Elia, EAA II, 1959, 315ff.

Caper, Flavius, lat. Grammatiker des 2. Jh.s n. Chr., von Späteren viel benutzt. Schrieb eine Formenlehre (De Latinitate) und ein Traktat über Wörter zweifelhaften Geschlechts (De dubiis generibus); beide Schriften sind verloren. Zwei unter seinem Namen erhaltene Schriften gehen höchstens teilweise auf ihn zurück. D.F.

Ed: GrLat VII 92–107; 107–112 – *Lit:* Schanz-Hosius III 163f.

Capestrano, in den Abruzzen, Fundort (1934) der Statue des ‹Kriegers von C.› (Chieti, Mus.): wichtig als Zeugnis der italischen → Plastik (C 1). Kalkstein, H. (mit Plinthe) 2,23 m. Reste von Bemalung. H.v.H.

Abb: Kähler 27–29, Taf. 5 – G. Cressedi, EAA II, 1959, 320.

Capitalis, lat. Buchschrift, Majuskel, nach dem Vorbild des monumentalen frühkaiserzeitl. Inschriftenstils, in den beiden Spielarten (Capitalis) → Quadrata und → Rustica bis Beginn des MA.s im Gebrauch. Vgl. → Schrift C [3]. H.Hg.

Capitatio-Iugatio, in der Wissenschaft bis in die neueste Zeit höchst umstrittene, der Steuerreform → Diokletians eigentümliche Begriffe, die, ebenso wie die denselben entsprechenden Begriffe des caput und iugum, für die Erkenntnis der technischen Prozedur bei der Veranlagung der die Landwirtschaft personal und real belastenden Steuern von entscheidender Bedeutung sind. Die zunächst entstandene Frage, ob das caput-iugum eine reale oder irreale Steuereinheit darstelle, scheint sich immer mehr zugunsten der zweiten Ansicht entschieden zu haben. Auch zahlreiche andere Ansichten, wonach beispielsweise das caput den Gegenwert von 1000 Solidi repräsentieren, mit dem iugum untrennbar verbunden sein oder nur auf Ländereien der coloni bezogen werden sollte, haben der Kritik nicht standgehalten und sind aufgegeben worden. In letzter Zeit scheint die Forschung in der c. oder iugatio eine Methode der steuerlichen Veranlagung oder Bewertung der verschiedenen Vermögensbestandteile und Feststellung ihres Kapitalwertes nach capita und iuga als ideellen Werteinheiten zur Berechnung bestimmter Steuern zu sehen. R.Kn.

Lit: J. Karayannopulos, Das Finanzwesen d. frühbyz. Staates, 1958, 28–43 (Lit).

Capito → Ateius, → Fonteius, → Octavius, → Sinnius.

Capreae, Insel im Golf von Neapel (Kt. 1420 F7; heute Capri), seit dem Paläolithikum Besiedlungsspuren. Griech. Kolonie ohne große Bedeutung seit dem 7. Jh. v. Chr. Blüte in der frühen Kaiserzeit, nachdem → Augustus 29 v. Chr. die Insel in kaiserliche Verwaltung übernahm und dort eine Villa am Meer erbaute. → Tiberius, der 27–37 hier lebte, ließ zwölf Villen auf die Namen der Zwölfgötter anlegen, von denen die Villa Jovis auf der Höhe des Monte Solare und einige kleinere Villen wiederentdeckt wurden. Später diente die Insel als Verbannungsort unliebsamer Mitglieder der kaiserlichen Familie. B. A.

Lit: J. Friedländer, C., 1938 – A. Maiuri, C., Storia e monumenti 1956 – A. De Franciscis, Le statue della Grotta Azzurra, 1965.

Capua (Kt. 1420 F6), heute S. Maria di C. Vetere, da die Stadt 840 n. Chr. verlassen und an die Stelle von Casilinum in der Volturnusschleife verlegt wurde. Vordem Hauptstadt des kampanischen Binnenlandes. Ursprünglich osk. Siedlung, die um die Mitte des 6. Jh.s von den Etruskern in eine Stadt mit regelmäßigem Stadtplan und zwei Stadtteilen Albana und Seplasia offenbar für die etrusk. und osk. Bewohner verwandelt wurde. Um 471 v. Chr. Zuzug von → Samniten, die sich 438/424 der Stadt bemächtigten. 338 Bündnisvertrag mit Rom. 216–211 mit → Hannibal (2) verbündet, nach der Rückeroberung als röm. Staatsdomäne konstituiert, 83 röm. Kolonie, 58 röm. Bürgerrecht. In der späteren Kaiserzeit nach → Auson. Ordo urb. nobil. 8 achtgrößte Stadt der Alten Welt. – Seit dem 6. Jh. v. Chr. eine unter etrusk. und großgriech. Einfluß stehende eigene Kunstübung. Statuen aus örtlichem Kalkstein zeugen von einem vorröm. Matronenkult. Reste eines Theaters aus dem 2. Jh. v. Chr., des nach dem Kolosseum zweitgrößten antiken → Amphitheaters, von Thermen und einem mit Fresken des 2. Jh.s n. Chr. ausgemalten Mithräum. B. A.

Lit: J. Heurgon, Rech. sur l'histoire, la religion et la civilisation de C. préromaine..., 1942 – A. de Franciscis, EAA II, 1959, 335f. – A. Alföldi, Early Rome and the Latins, 1965.

Capys, Gefährte des Aeneas, zuweilen als Gründer → Capuas genannt.

Cara Cognatio oder *Caristia*, röm. → Fest der ‹teuren Verwandtschaft›; es wurde am 22. Febr., am Tage nach den → Feralia, gefeiert. Nach der Ehrung der Toten nahmen die Glieder einer gleichen Familie zusammen ein sakrales Mahl ein (älteste Zeugnisse: Ov. fast. 2, 617–638; Val. Max. 2, 1, 8). Das vielleicht auf griech. Anregung zurückgehende Fest scheint während der ganzen Kaiserzeit beliebt gewesen zu sein und ist noch im 6. Jh. n. Chr. bezeugt. H. Le B.

Lit: Latte, 274, 3. 339, 2.

Caracalla (M. Aurelius Antoninus), röm. Kaiser 211–217. (Der Spitzname C. ist abgeleitet von der keltischen Bezeichnung für ein Gewand – Kapuzenmantel? –, das er in Rom einführte). C., geb. 188 in Lyon, Sohn des → Septimius (3) Severus und der → Julia (6) Domna, wurde 196 zum Caesar, 198 zum Augustus ernannt, übernahm nach dem Tod des Vaters (4. Febr. 211) in Eboracum (York) gemeinsam mit seinem Bruder → Geta die Herrschaft und kehrte sofort nach Rom zurück. Trotz der Vermittlungsversuche der Julia Domna ließ er Geta ermorden und veranstaltete unter seinen angeblichen Gegnern ein grausames Blutgericht, dem auch der Jurist → Papinian zum Opfer fiel (Febr. 212). Sein absolutistisches Regiment stützte C. auf die von ihm verwöhnte Armee; als ‹Soldatenkaiser› wollte er nach dem Vorbild Alexanders den Weltherrschaftsanspruch durch die Eroberung des Partherreiches verwirklichen. – Durch die → Constitutio Antoniniana verlieh er allen freien Reichsbewohnern das röm. Bürgerrecht (212). Dieser Nivellierungstendenz entsprach auch seine synkretistische Religionspolitik: → Serapis erhielt auf dem Quirinal einen Tempel, in den von C. erbauten Thermen wurde ein → Mithras-Heiligtum eingerichtet, → Iuppiter Capitolinus wurde in Ägypten verehrt. – Nach einem Sieg über die → Alamannen (213) sicherte C. im Kampf gegen die Carpen die Donaugrenze (214) und stellte die Truppen für den Orientfeldzug zusammen. In Antiochia lehnte er das Friedensangebot des Partherkönigs → Vologaeses V. ab (215) und eröffnete, nachdem er in Alexandria Unruhen blutig niedergeschlagen hatte, den Krieg gegen dessen Nachfolger → Artabanos V., den er zuvor noch um die Hand seiner Tochter angehalten hatte. C. stieß bis Arbela vor (216), mußte aber in Edessa überwintern; vor der neuen Offensive wurde er bei Carrhae auf Befehl des Prätorianerpräfekten → Macrinus ermordet (8. April 217). J. Str.

Lit: F. Altheim, Niedergang der Alten Welt II, 1952, 262–266 – A. Calderini, I Severi, la crisi dell'impero nel III secolo, 1949 – G. Walser u. Th. Pekary, Die Krise des röm. Reiches, Ber. über d. Forsch. z. Gesch. d. 3. Jh.s (193/284 n. Chr.) von 1939 bis 1959, 1962, 11–15 – K. Bihlmeyer, Die ‹syr.› Kaiser zu Rom u. das Christentum, 1916, 26–46 – *Zur Const. Ant.:* L. Wenger, Die Quellen d. Röm. Rechts, 1953 – E. Meyer, Röm. Staat u. Staatsgedanke (1948), 1961², 431f. 544 Anm. 42 (Lit) – *Bildnisse* → Anhang I.

Caratacus, Sohn des britannischen Königs Cunobelinus, 43 n. Chr. von A. → Plautius (1) aus Camulodunum vertrieben. Als König der Siluren später erneut gegen Rom. Besiegt und von Cartimandua, Königin der Briganten, ausgeliefert (51). In Rom von → Claudius begnadigt. H.-G. K.

Q: Tac. ann. 12, 33–37 – *Lit:* A. Stein, PIR² C 418.

Carausius (M. Aurelius Mausaeus C.), Usurpator 287 bis 294; keltischer Herkunft; als Admiral des → Maximian mit dem Krieg gegen → Sachsen und → Franken betraut, machte er sich zum Kaiser; gewann Britannien und auf dem Festland Gesoriacum (Boulogne) und beherrschte die See; bis 293 von den andern Kaisern (→ Diokletian) als Augustus anerkannt, dann durch → Constantius (1) Chlorus bekämpft und 294 von → Allectus ermordet. H. D. M.

Lit: E. Janssens, Carausius, premier souverain national de Grande-Bretagne, Latomus 1, 1937, 269–277 – W. Seston, Dioclétien et la Tétrarchie I, 1946.

Carinus (M. Aurelius C.), röm. Kaiser 283–285; älterer Sohn des → Carus; von diesem zum Caesar gemacht (282) und mit der Verwaltung des Westens betraut; Kämpfe gegen Germanen; mit seinem Bruder → Numerian seit 283 Augustus; schlug in Moesien den zum Kaiser ausgerufenen → Diokletian; im Frühj. 285 ermordet. H. D. M.

Bildnisse → Anhang I.

Carmen. In ältester Zeit heißen carmina die in gebundener Form (*verba concepta:* eine rhythmische, nach Kola und Kommata fast symmetrisch gegliederte Prosa mit gelegentlicher Assonanz) abgefaßten religiösen (vgl. Cato agr. 141: das Gebet des pater familias), juristischen, magischen (vgl. Liv. 1, 26, 9: *lex horrendi carminis*) Texte. Seit dem 1. Jh. vor Chr. bezeichnet C. mehr und mehr den Gegensatz zur Prosa, und mit der Übernahme der griech. Kunstlyrik tritt es an die Stelle der → Ode. Die frühe Bedeutung ‹Zauberspruch› hat sich im franz. ‹charme› erhalten. G. L.

2. C. De figuris, ein unter teilweiser Benutzung von → Rutilius (2) Lupus die Wortfigurenlehre (→ Rhetorik D) behandelndes hexametrisches Gedicht, einem Messius (wohl → Arusianus Messius) gewidmet und wahrscheinlich um die Wende vom 4. zum 5. Jh. n. Chr. entstanden; vgl. → Lehrgedicht B [3]; → Rhetorik C [4]. W. Schm.

Ed: Anth. Lat. 485 R., PLM III 272ff. – *Lit:* Schanz-Hosius IV 2, 35ff.

3. C. De ponderibus et mensuris, ein um ca. 400 nach Chr. verfaßtes, sprachlich und metrisch korrektes Gedicht von über 200 Hexametern, das lange Zeit irrtümlich dem Priscian zugeschrieben wurde; es behandelt nicht nur die einzelnen Gewichte und Maße, sondern macht auch Angaben zur Bestimmung des spezifischen Gewichts der verschiedenen Flüssigkeiten sowie zur Feststellung des Anteils von Gold und Silber bei einer aus beiden Metallen zusammengesetzten Legierung. Vgl. → Lehrgedicht (B 3); Näheres zur Deutung der Titelüberschrift und zur Fixierung des Adressaten (eines Symmachus) bei Schanz-Hosius. W. Schm.

Ed: Anth. Lat. 486 R. – Bährens, PLM, V 71ff. – *Lit:* Schanz-Hosius IV 2, 37f.

Carmen Arvale, Saliare → Fratres Arvales, → Saliares.

Carmenta, Mutter des Euander, kam mit ihm von Arkadien nach Rom. In ihrer Heimat Nikostrate oder Themis, wurde sie in Rom wegen ihrer prophetischen Gaben nach ‹carmen› C. genannt. Beim Capitol begraben; gab dem benachbarten Stadttor Roms ihren Namen. P. Gr.

Lit: R. Pettazzoni, C., St. e Mat. 17, 1941, 1–16.

Carmina Einsidlensia, zwei in der Hs. Einsidlensis 266 (10. Jh.) überlieferte bukolische Gedichte panegyrischer Prägung (→ Bukolik) aus der Zeit Neros. In der ersten (wohl zwischen 59 und 63 entstandenen) Ekloge wird eine musische Darbietung → Neros als Überbietung Vergils gefeiert (mit Sicherheit Anspielung auf die für Nero bezeugten ‹Troica›: Bücheler, a. O. 4); in dem zweiten (ca. 55 zu datierenden) Gedicht wird die Herrschaft Neros als ein neues Goldenes Zeitalter gepriesen, das in seiner überquellenden Glücksfülle bereits die Keime zum *taedium* in sich enthält (Schmid, a. O. 64 ff.; anders Fuchs, a. O. 365 ff.). Der unbekannte Verfasser, der anscheinend bereits die Anerkennung des Hofes gefunden hatte (1, 18: dazu Bücheler, a. O. 5), gehörte den Hofkreisen an. Unbefriedigend sind die Versuche, ihn mit C. Calpurnius Piso (Groag; Bickel) oder → Lukan (Verdière) zu identifizieren. W. Sch.

Ed: Anth. Lat. 725 f. – C. Giarratano, Calpurnii et Nemesiani Bucolica (1910), 1943³, 97–107 – J. W.-A. M. Duff, Minor Latin Poets, 1935, 317–335 (mit Übers.) – R. Verdière, T. Calpurnii... et... Lucani De laude Caesaris, 1954, 210–219 (mit Übers. u. Komm.) – *Lit:* E. Groag, RE 3 (1899), 1379 – F. Skutsch, RE 5 (1905), 2115 f. – F. Bücheler, Zur höfischen Poesie unter Nero, Kl. Schriften II, 1927, 1–6 – W. Schmid, Panegyrik u. Bukolik in der neron. Epoche, BJbb 153, 1953, 63–96 – E. Bickel, Politische Sibylleneklogen, Rh. Mus. 97, 1954, 193 ff. – W. Schmid, Nochmals über das 2. Einsiedl. Gedicht, Hermes 83, 1955, 124–128 – W. Theiler, Zu den Einsiedl. Hirtengedichten, StIt 27/28, 1956, 565–577 – H. Fuchs, Der Friede als Gefahr, HStClPh 63, 1958, 363–385.

2. **C. Marciana.** Unter den → Orakeln, die während des Krieges gegen Hannibal im Volk umliefen und die der Senat im J. 213 hatte einziehen lassen, befanden sich die Weissagungen eines Sehers namens Marcius, die C. M. Sie kündeten die Niederlage von → Cannae an und empfahlen die Stiftung von jährlich wiederkehrenden Spielen nach griech. Ritus zu Ehren Apollos. Unter dieser Bedingung würde der Gott die Feinde Roms vernichten (Liv. 25, 12; Macr. Sat. 1, 17, 27–29). Die Niederlage von Cannae hatte nur post eventum vorhergesagt werden können. Trotzdem wurden die C. M. in Betracht gezogen, und i. J. 212 organisierten die → Decemviri nach Befragung der → Sibyllinischen Bücher die → Ludi Apollinares. Die C. M. sind in Prosa verfaßt, aber Rhythmus und Wortschatz verraten den Einfluß der epischen Dichtung. Bruchstücke allgemein gnomischen Inhalts sind erhalten. H. Le B.

Lit: J. Gagé, Apollon Romain, 1955, 270–279.

3. **C. Priapea,** eine Sammlung von 80 lat. → Epigrammen anonymer Herkunft auf den ithyphallischen Gartengott → Priapus. Entgegen früherer Ansicht, nach der die Gedichte von mehreren Autoren stammen sollten und in spätaugusteische Zeit gehörten, ist eher *ein* Autor für die ganze Sammlung anzunehmen, die Entstehungszeit bald nach Martial anzusetzen. – Inhaltlich gehören die C. P. zu den Literaturgattungen, in denen sich antike → Erotik mit unverhüllter Drastik ausspricht. Dadurch haben sie in entsprechender Weise fortgewirkt; bemerkenswert ist etwa Goethes Beschäftigung mit ihnen nach der Rückkehr aus Italien. Ersichtlich ist das artistische Vergnügen an möglichst erschöpfendem Durchspielen und Kombinieren weniger Grundmotive. Literarisch gehören die C. Priapea zur kaiserzeitlichen ‹leichten Lyrik›, für die das Belustigende in der Thematik, die Laszivität, ja Aischrologie und häufige Aggressivität im Ton und dazu die Eleganz, ja ein pointiertes Raffinement in der Form charakteristisch sind. Vgl. → Priapeus. V. B.-E. Z.

Ed: F. Buecheler-W. Heraeus, Petron-Ausgabe (1862), 1922⁶ – F. Vollmer, Poetae Lat. minores II 2, 1923 – E. Cazzaniga, 1959 – *Komm:* A. Maggi, 1923 – *Übers:* A. von Bernus, 1905 – *Lit:* H. Herter, De Priapo, RGVV 23, 1932 – R. Helm, RE 22 (1954), 1908–13 – V. Buchheit, Stud. z. C. Priapeorum, Zetemata 28, 1962 – W. Speyer, GGA 216, 1964, 149–153 – F. Klingner, Studien, 1964, 295–304 – E. Grumach, Goethe u. d. Antike, 1949, I 385–390.

Carmona, wichtige iber.-röm. Siedlung in Niederandalusien. K. Schf.

Lit: J. de M. Carriazo-K. Raddatz, MM 2, 1961, 71–106.

Carna, alte röm. Göttin, schlecht bekannt (Name, antik von caro, ‹das Fleisch›, abgeleitet, heute zuweilen als etrusk. Wort betrachtet). C. hatte ein Heiligtum auf dem Caelius; am 1. Juni opferte man Speck und Bohnenbrei (daher Kalendae fabariae). Das Opfer wird daher oft mit dem Totenkult und C. mit der Unterwelt in Verbindung gebracht; nach Ov. fast. 6, 131–182 und Macr. Sat. 1, 12, 31–33 scheint sie aber vielmehr mit der Erhaltung der physischen Kraft des Mannes und seiner vitalen Organe (Leber, Herz usw.) befaßt gewesen zu sein. H. Le B.

Lit: G. Dumézil, C., REL 38, 1960, 87–98.

Carnuntum, röm. Lagerfestung an der Donau in Pannonia sup. (Kt. 2209 B 1; beim heutigen Petronell). Etwa seit 15 n. Chr. Standort der Legio XV Apollinaris, seit etwa 114 n. Chr. der XIV Gemina Martia Victrix. 193 wird hier der Statthalter von Pannonia sup., L. → Septimius (3) Severus, zum Kaiser ausgerufen. Nov. 308 Kaiserkongreß unter Vorsitz → Diokletians. Bedeutende antike Denkmäler (2 Amphitheater, Legatenpalast, sog. Heidentor = röm. Grabbau). B. S.

Lit: E. Swoboda, Carnuntum (1949), 1958³ – E. Vorbeck, Militärinschriften aus C., 1954.

Carnuten, kelt. Stamm zwischen mittl. Loire und Seine (Kt. 1019 D 3). In ihrem Bereich hielten die Druiden → Galliens alljährlich an geheiligter Stelle Gericht (Caes. Gall. 6, 13). Von den C. ging 52 v. Chr. der gallische Aufstand (als eine Art heiliger Krieg?) aus (Gall. 7, 2 f.). Vororte → Cenabum (Orléans), Autricum (Chartres). L. B.-H.

Lit: s. zu → Kelten, → Gallien.

Carrinas, C., cos. suff. 43 v. Chr., Prokonsul von Gallia Comata ca. 30/29, 28 Triumph ex Gallis. Sohn des Marianers C. Carrinas. 45 als Legat → Caesars in Hispania ulterior, 41 als Legat Octavians (→ Augustus) in Spanien. Kämpfte mit König → Bogud von Mauretanien. Im Krieg gegen Sex. → Pompeius (4) Befehlshaber dreier Legionen. In Gallien unterwarf er die Moriner und trieb die Sueben über den Rhein zurück. U. Wm.

Lit: R. Syme, Roman Revolution (1939), 1952², Ind. S. 541.

Carsioli (Kt. 1420 E 5; heute Carsòli), Stadt der → Äquer, 302 und 298 latinische Kolonie. Verweigerte im 2. Pun. Krieg Rom Hilfe und wurde 204 bestraft. Im Bundesgenossenkrieg von den Marsern zerstört, aber wiederaufgerichtet und zum Municipium erhoben. Von der antiken Stadt zwischen Arsoli und Carsòli nur geringe Spuren. Wichtigster Fund ist eine vor 217 v. Chr. zu datierende Opfergrube mit interessanten italischen Terrakotten. B. A.

Lit: Th. Ashby, Carsioli, Suppl. Papers of the Amer. School of Class. Studies in Rom 1, 1905, 108 ff. – A. Cederna NSc, 1951, 169 ff. – Ders., Arch. Cl. 5, 1953, 186 ff.

Carteia, Stadt an der S-Küste → Spaniens in der → Baetica nahe den Herkulessäulen (Kt. 2849 B 5), 171 v. Chr. in Colonia latina libertinorum umgewandelt und mit 4000 Nachkömmlingen römischer Soldaten und einheimischer Frauen besiedelt: die erste Gründung außerhalb Italiens mit → latinischem Recht. Die Überreste von C. wurden irrtümlich als die von → Tartessos betrachtet. J. M. d. M.

Lit: A. G. Bellido, La Península Iberica, 1953, 403.

Carthaginensis, röm. Provinz in → Spanien (Kt. 2849 C 3), unter Diokletian (vermutlich im Jahr 297) gebildet aus dem alten Gerichtsbezirk von → Carthago Nova, einigen weiteren Gebieten und den Balearen (369 wieder abgetrennt). Gehörte zur Diözese Hispania der gall. Präfektur. J. M. d. M.

Lit: A. G. Bellido, La Península Iberica, 1953, 394.

Carthago Nova (heute Cartagena, Kt. 2849 C3), um 226 v. Chr. an der SO-Küste → Spaniens, über dem alten Oppidum von Mastia, das den besten natürlichen Hafen an der Küste beherrschte, durch → Hasdrubal Barcas gegründet und zu einem Flotten- und Militärstützpunkt → Karthagos mit einem Umfang von 20 Stadien ausgebaut. 209 durch P. → Cornelius (30) Scipio erobert (Polyb. 10, 10; Liv. 26, 41–45). 45 v. Chr. durch Caesar Kolonie (Urbs Iulia Nova Carthago), zugehörig zur Hispania Citerior, später zur Tarraconensis. Seit 287 n. Chr. Hauptstadt der → Carthaginensis. J. M. d. M.

Lit: A. G. Bellido, La Península Iberica, 1953 – E. Diehl u. a., Los Nietos, MM 3, 1962, 45–83.

Carus (M. Aurelius C.), röm. Kaiser 282–283; geb. in Narona in Illyrien; gest. ca. Aug. 283 bei Ktesiphon in Mesopotamien; frühe Laufbahn unsicher; Prätorianerpräfekt unter → Probus (1), in Rätien von den Truppen zum Gegenkaiser erhoben (ca. Okt. 282) und nach der Ermordung des Probus allgemein anerkannt; erhob seine Söhne → Carinus und → Numerian zu Caesaren. C. kämpfte an der Donau gegen die Quaden und führte einen erfolgreichen Feldzug gegen den Sassaniden Vahrans II. (Eroberung Ktesiphons). Er starb dort unter unklaren Umständen. H. D. M.

Lit: P. Meloni, Il regno di Caro, Numeriano e Carino, 1948 (Ann. d. Facoltà di lettere..., Cagliari 15, 2) – *Bildnisse* → Anhang I.

Carvilius Maximus, Sp. (cos. 293 v. Chr., 272, Legat 292, cens. wahrsch. 289), stammte aus dem Ritterstand und stieg zu den höchsten Ehren auf (Triumphe 293, 272). Im ersten Konsulat Eroberung der Städte Amiternum und Cominium in Samnium, Troilum in Etrurien, im zweiten Unterwerfung der italischen Verbündeten Tarents und Beendigung des Tarentin. Krieges. R. W.

2. **C. Maximus Ruga,** Sp. (cos. 234, 228, augur (?) 211), kämpfte 234 siegreich gegen die Sarden. Nach der röm. Niederlage bei Cannae (216) trat er vergeblich für die Aufnahme von Latinern in den Senat ein (Liv. 23, 22). A. L.

Casca → Servilius.

Cascellius, A., röm. Jurist, Schüler des Volcatius, der wiederum Schüler des Q. → Mucius Scaevola war (Pompon. dig. 1, 2, 2, 45). Quästor vor 73 (vgl. Kunkel, a. O. 26). Auf ihn geht vermutlich das Iudicium Cascellianum (Gaius 4, 166ᵃ. 169) zurück; er hat, gegen Augustus opponierend, für Gegenstände, die die Triumviri gewährt hatten, die Klagemöglichkeit negiert (vgl. Krüger, a. O. 73; bes. N 75). Von seinen Werken wird von Pomponius (a. O.) ein Liber bene dictorum erwähnt; bes. → Antistius (1) Labeo hat seine Auffassungen überliefert. H. Hb.

Lit: P. Krüger, Gesch. d. Quellen u. Lit. d. röm. Rechts (1888), 1912², 73 f. – W. Kunkel, Herkunft u. soz. Stellung d. röm. Juristen, 1952, 25–27.

Cassianus, Johannes (ca. 360–430/5), gründete nach Aufenthalt in einem Kloster bei Bethlehem und bei Eremiten in Ägypten ca. 415 in Marseille je ein Kloster für Männer und Frauen. C.s Schriften De institutis coenobiorum (419 bis 426) und die 24 Collationes (wohl fingierte Unterredungen mit → Anachoreten, nach 420) wurden grundlegend für das abendländische → Mönchtum (→ Benedikt). C. übertrug wesentliche Gedanken des östlichen → Mönchtums ins Abendland: Ziel des Mönchslebens ist die Erlangung der Vollkommenheit im Sinne der inneren Tugenden. In seiner Theologie war C. Anhänger des Semi-→ Pelagianismus. B. L.

Ed: M. Petschenig, CSEL 13 u. 17, 1886/8 – O. Chadwick, J. C., A Study in Primitive Monasticism, 1950 – Altaner 416 f. – RGG I 1626.

Cassiodor, Flavius Magnus Aurelius Senator (ca. 490–583, quaest. 507; cons. 514; praef. praet. 533), Geheimsekretär Theoderichs d. Gr.; erstrebte Versöhnung zwischen Römern und Ostgoten. Verfaßte eine (im Auszug erhaltene) Gotengeschichte, ferner eine Weltchronik. Nach 540 zog er sich, offenbar ohne selbst Mönch zu werden, in das von ihm gegründete Kloster Vivarium in Kalabrien zurück, wo er u. a. eine Kirchengeschichte herausgab. C. förderte die wissenschaftliche Arbeit der → Benediktiner. B. L.

Ed: PL 68–70 – CSEL 71, 1952 – MGAA 11/12, 1893 f. – CChrL 97 f., 1958 – *Lit:* J. van den Besselaar, C. Senator, 1950 – RAC II 915–926 – A. Momigliano, Sec. contributo a. storia, 1960, 219 ff.

Cassivellaunus, König der Catuvellauni in Hertshire, Anführer der südöstl. Briten gegen Caesar. Nach einer ersten Niederlage in Kent vermied er weitere Schlachten, behelligte aber den röm. Nachschub empfindlich. Dennoch erreichte Caesar die Kapitulation des C., der sich zu Tributzahlungen und zur Achtung der Unabhängigkeit der Trinovanten, die röm. foederati wurden, verpflichtete.

Cassius Chaerea, 14 n. Chr. Centurio im niedergerman. Heer, 41 Tribun einer Prätorianercohorte. Wegen ehrenrühriger Behandlung durch → Caligula wurde er zur treibenden Kraft einer Verschwörung, die zur Ermordung des Princeps am 24. 1. 41 führte. Nach Regierungsantritt des → Claudius (1) hingerichtet. Bei Tac. ann. 1, 32 als *animi ferox* charakterisiert. U. Wm.

2. **C. Dionysius,** aus Utica, übersetzte, es zugleich bearbeitend, um 90 v. Chr. das Werk des Karthagers → Mago (3) über Ackerbau ins Griechische (vgl. Varro rust. 1, 1, 10; → Landschriftstellerei). Sein Werk, von dem nur spärliche Fragmente erhalten sind, wurde in der Folgezeit viel benutzt, so von → Varro (1), → Vergil und → Plinius (1) d. Ä. Letzterer erwähnt auch (nat. 25, 8) ein illustriertes Arzneimittelbuch von seiner Hand. G. B.

Lit: M. Wellmann, RE 3, 1 (1897), 1722 – Schanz-Hosius I 241 f.

3. **C. Felix,** Arzt im 5. Jh. n. Chr. in Afrika, wie → Caelius (1) Aurelianus Übersetzer; erhalten: De medicina ex Graecis logicae sectae auctoribus liber translatus (Volks- und Fremdsprachliches). F. K.

Ed: Val. Rose, 1879.

4. **C. Hemina,** L., röm. → Annalist, schrieb im 2. Jh. vor Chr. Annalen in 4 (?) Büchern, die wie → Catos (1) ‹Origines› mit der italischen Urgeschichte begannen (Saturnus, Aeneas, Gründungsgeschichte italischer Städte) und bis zur Zerstörung Karthagos reichten (Fr. 39). Das 4. Buch trug den Sondertitel Bellum Punicum posterior (!), enthielt aber auch noch Ereignisse aus dem Jahre 181 (Fr. 37). Von den späteren röm. Historikern wurde das Werk nicht benutzt, wohl aber von → Appian (Celt. 6, 3 = Fr. 19); die Grammatiker zitieren aus ihm Antiquarisches. In der Überlieferung wird H. gelegentlich mit → Cassius (11) Severus verwechselt (Tert. apol. 10, 7). R. T.

Frg: HRR I 98–111 – *Lit:* F. Leo, Gesch. d. röm. Lit., 1913, 329 f.

5. **C. Iatrosophista,** Arzt, Lebenszeit unbekannt (vielleicht 3. Jh. n. Chr.), Verfasser von *Ἰατρικαὶ ἀπορίαι καὶ προβλήματα φυσικά* (den ps. aristotelischen Problemata ähnlich; vor allem pneumatisches Lehrgut). F. K.

Ed: J. Ideler, Phys. et med. gr. min. I, 1842, 144–167.

6. **C. Longinus,** C., cos. 73 v. Chr., brachte 73 mit seinem Kollegen, um einer Unruhe im Volk zu begegnen, ein Getreidegesetz ein, nach dem ein bestimmter Kreis von Bürgern – wie seit C. → Gracchus (2) bis → Sulla – wieder kostenlos oder verbilligt Getreide erhalten sollte. 72 Niederlage gegen → Spartacus bei Mutina. 66 trat C. dafür ein, daß → Pompeius (2) mit dem Kommando gegen → Mithridates VI. betraut wurde. Chr. M.

7. **C. Longinus,** Q., tr. pl. 49 v. Chr. Vertrat Anfang Jan. 49 mit M. → Antonius (2) → Caesars Interesse in Rom. Als der Senat am 7. Jan. das senatus consultum ultimum beschloß, flohen beide zu Caesar und verschafften ihm den Vorwand, zur Verteidigung der tribunizischen Rechte in Italien einzumarschieren. 48 Caesars Statthalter in Spanien. Seine korrupte Verwaltung rief eine Fronde unter der dortigen (dem → Pompeius (2) freundlichen) Bevölkerung hervor. Dazu kam die Meuterei zweier Legionen. C. starb bei der Rückkehr aus Spanien. Chr. M.

8. **C. Longinus,** C. (quaest. 53 v. Chr., tr. pl. 49, praet. 44). C. führte als Quästor die Reste der bei Carrhae ge-

schlagenen Armee des → Crassus zurück, verteidigte und verwaltete Syrien bis 51. Im Bürgerkrieg Flottenkommando auf → Pompeius' (2) Seite, nach Pharsalus von → Caesar begnadigt. Diente 47/46 als Legat bei Caesar, der ihn für 44 zur Prätur befördern ließ und für 41 zum Konsulat vorsah. 44 stiftete und organisierte C. die Verschwörung gegen → Caesar (seinen Schwager → Brutus (2), der das Haupt der Gruppe wurde, zog er erst später hinzu). Getreu der alten republikanischen Tradition war er der ehrlichen Überzeugung, daß Caesar, da er eine Tyrannis errichtet hatte, zu töten sei; bereits Anfang 44 hatte C. offen gegen die Verleihung göttlicher Ehren an Caesar gestimmt. Nach dem Anschlag mußte C. Rom verlassen; er ging nach Syrien und übernahm das Kommando der dort stehenden Armeen. Belagerung des P. → Cornelius (11) Dolabella in Laodikeia. 42 Ächtung durch die Triumvirn, Marsch nach Macedonia. Nach dem ersten Treffen bei Philippi nahm er sich das Leben. – Er war verheiratet mit Iunia Tertia. Briefe von ihm (und an ihn) bei Cicero ad fam. erhalten. Chr.M.

9. **C. Longinus,** C., Urenkel des Serv. → Sulpicius (12) Rufus und Enkel des Q. Aelius Tubero; Konsul im J. 30 n. Chr.; 40–41 Prokonsul in Asien, 45–49 Legat in Syrien. 65 von Nero verbannt; von Vespasian zurückgerufen; gest. nach 69 n. Chr. – Schüler des → Sabinus, nach ihm Schulhaupt der → Sabinianer (daher auch ‹Cassianer›). C. besaß hohes Ansehen und Einfluß; seine Tätigkeit als Respondent wird wiederholt bezeugt. – *Hauptwerke:* ‹Libri iuris civilis›, bearbeitet von → Javolenus unter Textveränderungen in 15 Büchern; das Werk des C. war offensichtlich umfangreicher (zur Stoffanordnung vgl. P. Krüger, a. O. 169). – Weiterhin werden von ihm Erläuterungen zu Vitellius erwähnt (Dig. 33, 7, 12, 27). H.Hb.

Lit: O. Karlowa, Röm. Rechtsgesch. I, 1885, 691 f. – Th. Kipp, Gesch. d. Quellen d. röm. Rechts (1896), 1909³, 120 – P. Krüger, Gesch. d. Quellen u. Lit. d. röm. Rechts (1888), 1912², 168–170 – W. Kunkel, Herkunft u. soz. Stellung d. röm. Juristen, 1952, 130 f. – F. Schulz, Gesch. d. röm. Rechtswissenschaft, 1961, 119–121. 141.

10. **C. Parmensis,** C. (quaest. 43 v. Chr.), einer der Caesarmörder. C. nahm auf → Brutus' (2) Seite am Bürgerkrieg teil und ging 36 zu → Antonius (2) über. 30 wurde er auf Octavians (→ Augustus') Befehl getötet. Seine lyrischen Gedichte sind verloren. Chr.M.

11. **C. Severus,** wegen seiner maßlosen Angriffe gegen die vornehme Gesellschaft von → Augustus nach Kreta relegiert, von → Tiberius verbannt; starb verarmt auf der Insel Seriphos (Tac. ann. 1, 72, 3; 4, 21, 3). Seine Schriften wurden verbrannt (Suet. Cal. 16, 1). Er war noch ein wirklicher Redner – den Freund des Augustus, L. Nonius Asprenas, klagte er wegen Giftmordes an (Quint. inst. 11, 1, 57) –, voll Feuer seine Zuhörer mitreißend, aber gefürchtet wegen seiner scharfen Zunge; die Scheinwelt der Deklamatoren lockte ihn wenig. Der ältere → Seneca (1) hat ihn treffend charakterisiert (contr. 3 praef.) und Proben seiner Beredsamkeit zitiert. R.T.

Frg: ORFr (Meyer) 545–551 – *Lit:* Schanz-Hosius II 345.

12. **C. Vecellinus** (Vicellinus), Sp. (cos. 502 v. Chr., 493, 486). Angeblich einziger Patrizier der sonst nur als plebejisch bekannten gens Cassia. Im 1. Konsulat Feldzug gegen die → Sabiner (Aurunker?), 501 oder 498 magister equitum des ersten Diktators T. Larcius. Im 2. Konsulat (493) Abschluß des nach Datierung und Inhalt umstrittenen Bundesgenossenvertrages zwischen Rom und den latinischen Städten zu gleichem Recht (foedus Cassianum, → Latinischer Städtebund), in den 486 im 3. Konsulat des C. auch die → Herniker einbezogen wurden. Als C. an der Assignation des den Hernikern entzogenen Landes neben röm. Bürgern auch Bundesgenossen beteiligen wollte, soll er in den Verdacht des Strebens nach Alleinherrschaft geraten und hingerichtet worden sein. R.W.

Cassius, vgl. auch → Avidius, → Dio.

Castellani, sehr schöne Slg. des 19. Jh.s der Brüder Augusto und Alessandro C. in Rom (Palazzo C.) und Neapel. Bes. reich an griech. und etrusk. Vasen sowie an antikem Schmuck. Einige Vasen und Lampen der Slg. 1865 und 1867 vom Österreichischen Museum in Wien erworben. Dagegen kam ein großer Teil i. J. 1884 in Paris und Rom unter den Hammer (Schmuck); den Rest der Slg. (vor allem Vasen) stifteten die Erben der Brüder C. dem Museo di Villa Giulia in Rom (1924). U.R.

Lit: P. Mingazzini, Vasi arcaici della collezione C. a Roma, Bd'A 17, 1923, 495–508 – Ders., Vasi della Collezione C., 2 Bde, 1930.

Castra Praetoria → Cohortes Praetoriae.

2. **C. Regina,** röm. Legionslager in Rätien (Kt. 1057 E7; heute Regensburg). Ursprünglicher Name Radasbona, der auf eine vorröm., keltische Siedlung hinweist. Den gleichen Namen führte das Auxiliarkastell südwestl. des 179 n. Chr. fertiggestellten Lagers der Legio III Italica, das hier den Schutz der Donaugrenze übernahm. Umfang des Legionslagers im heutigen Stadtplan gut erkennbar, Porta Praetoria sowie andere Mauerteile erhalten. B.S.

Lit: F. Wagner, Die Römer in Bayern (1924), 1928⁴ – G. Steinmetz-M. Heuwieser, Aus Regensburgs Vergangenheit, 1925 – *Inschriften:* F. Vollmer, Inscriptiones Bavariae Romanae, 1915, Nr. 357–425B.

3. **C. Vetera** (Kt. 1057 B4), zwischen 16 und 12 v. Chr. von der 5. und 21. Legion angelegtes Lager des niederrheinischen Heeres auf dem Fürstenberg bei Xanten (Vetera I). Nach der Zerstörung im Aufstand der → Bataver neues Einlegionenlager auf der Bislicher Insel (Vetera II). Am Platz der Zivilsiedlung wird um 100 n. Chr. die *Colonia Ulpia Traiana* gegründet. L.B.-H.

Lit: H. v. Petrikovits, RE 8,2 (1958), 1801–34.

Castrum, röm. Militärlager. [1] Republik. Die Lager dieser Periode sind *Marschlager* oder während Belagerungen vorübergehend errichtete Lager. Nach → Polybios (6, 26–42) für zwei Legionen (damals 24000 Mann), im Grundschema ein Quadrat von 2250 Fuß (ca. 660 m) Seitenlänge; Wall und Mauer mit abgerundeten Ecken. In Frontmitte die *porta praetoria*, gegenüber die *porta decumana*, auf den Seiten die *portae principales* (dextra und sinistra), die durch die entsprechenden Hauptstraßen verbunden sind: die *via praetoria* führt auf das *Praetorium* zu (Wohnsitz des Lagerkommandanten, Kult- und Verwaltungszentrum), vor dessen Front sie von der *via principalis* durchkreuzt wird. Dieses Schema soll nach → Frontin (strat. 4) seit dem Kriege gegen Pyrrhos (280–272 v. Chr.) angewendet worden sein. Er orientiert sich sicher am Beispiel etrusk. und griech. → Städteanlagen, nach deren Vorbild bereits → Ostia (330 v. Chr.) und → Minturno (296 v. Chr.) angelegt worden waren. Von den röm. Lagern der Zeit des 2. Pun. Krieges in Spanien sind erst die späteren Belagerungscastra annähernd nach dem Schema des Polybios organisiert (Renieblas des F. Nobilior, 153 v. Chr., Peña Redonda des Scipio, Numantia 137–133 v. Chr., und Almazán); jedoch bestanden oft Unterschiede zwischen Theorie und Praxis. Marschlager der Kaiserzeit (Zelte!) schildert → Hygin (um 100 n. Chr.), der eine etwas andere Lagerdisposition gibt: durch eine zweite Querstraße, die *via quintana*, parallel zur *via principalis* wird die Tiefe des Lagers um ⅓ seiner Breite erweitert.

[2] *Kaiserzeit.* Im Verlauf des 1. Jh.s n. Chr. entstehen, den neuen militärischen Bedürfnissen an den Reichsgrenzen entsprechend, die sog. *Standlager* (C. stativa). Ungefähr dem von Hygin geschilderten Typus des Marschlagers entsprechend, zeigen doch viele der ausgegrabenen Lager große Abweichungen (Novaesium, frühes augusteisches Legionslager mit einspringender Ecke). Die Innenbauten der C. werden massiv, zuerst Holz- dann Fachwerk-, schließlich Steinbauten. Dieselbe Entwicklung zeichnet sich an der Umwallung ab. Aus dem Hauptgebäude des republikanischen Marschlagers wird die Wohnung des Kommandanten ausgeschieden und zum *Legatenpalast* (praetorium). Das Zentralgebäude bleibt Verwaltungssitz und Kultzentrum (Heiligtum für die Feldzeichen) und erhält

die Bezeichnung *principia* (vgl. Valkenburg; Haltern; → Aliso). Weitere wichtige Innenbauten sind : *Valetudinarium* (Lagerspital), Tribunen- und Präfektenwohnhäuser (kleine, quadratische Bauten mit Innenhof) sowie die Kasernenbaracken (langgezogene Kammerbauten für eine Centurie mit Wohnung des Centurio am Ende, zu zweien für einen Manipulus gruppiert). Neben den bedeutenden Legionslagern (Novaesium, Castra Vetera, Mainz, Nijmegen, Vindonissa, Lauriacum, Carnuntum, Burnum und Lambaesis) hat die Forschung längs der Limites zahlreiche Castella für Cohorten und Alen aufgedeckt (Saalburg, Niederbieber, Valkenburg, Butzbach usw.), die im kleinen die Disposition der Legionslager wiederholen. Vor den C. entwickeln sich die Zivilsiedlungen, die meist aus den *Canabae* hervorgegangen sind. Für die Canabae sind langgezogene Holzbauten mit kleinen Kellern typisch, daneben auch Kultlokale der eigentlichen Soldatenkulte (→ Mithras, → Jupiter Dolichenus). Legionslager sind oft von einem *Amphitheater* begleitet.

[3] *Spätantike.* Nach den militärischen Katastrophen in der Mitte des 3. Jh.s n. Chr. erfolgte unter Diokletian und Konstantin eine Neuarmierung der Limites. Die neuen C. zeichnen sich durch gedrängten Umfang und mächtige Mauern aus (Dicke über 3 m). Rechteckige oder polygonale Türme, runde, trapezförmige oder polygonale Grundrisse, bis zu 15 m breite Gräben in ca. 10 m Abstand vor den

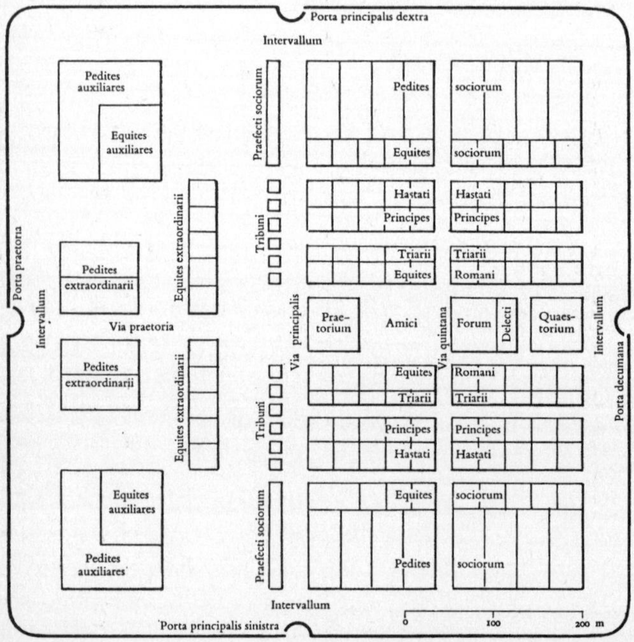

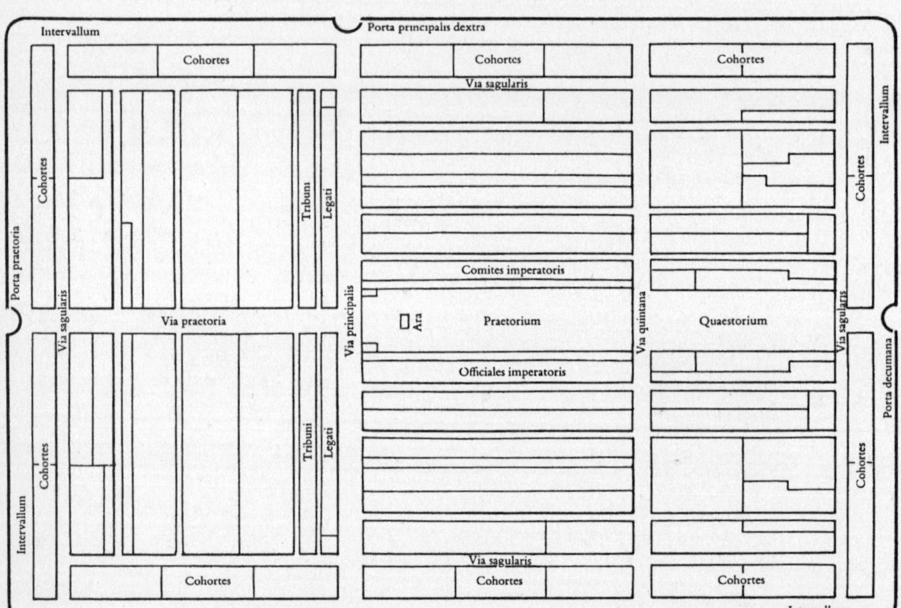

Abb. 56 Schematischer Plan eines römischen Legionslagers, *oben:* Zweilegionenlager (nach Polybios), *unten:* Dreilegionenlager (nach Hyginus).

Mauern. Typische Bauten: Altrip, Alzei, Jünkerath, Castrum Rauracense/Kaiseraugst, Köln/Deutz usw. Daneben kleinere Kastelle, sog. Centenaria, besonders am Limes Tripolitanus. R.F.-C.K.

Lit: H. Lorenz, Unters. zum Praetorium, 1936 (Katalog aller C. und Castella, aber Name Praetorium falsch verwendet) – A. Rumpf, EAA II, 1959, 412–416 – Crema, 33ff., 280ff., 356ff., 560, 620ff. – A. Schulten, Numantia, 4 Bde, 1914–29 – R. Fellmann, Die Principia des Legionslagers Vindonissa und das Zentralgebäude der röm. Lager und Kastelle, 1958 – Vgl. die topograph. Artikel.

Çatal Hüyük (Kt. 153 D3), bei Çumra (Vilayet Konya, Türkei), bedeutende neolithische und chalkolithische Siedlung stadtartigen Charakters mit Wandmalereien und fettleibigen → Idolen. Die Untersuchung der Funde geschieht durch J. Mellaart seit 1961. F.F.

Lit: J. Mellaart, C.H., Anatolian Studies 12, 1962, 41–65; 13, 1963, 43–103.

Catena aurea → Goldene Kette.

Catilina (L. Sergius C.; praet. 68 v. Chr.). C. nahm als Offizier unter Cn. → Pompeius (10) Strabo am → Bundesgenossenkrieg (3) teil. 82/81 betätigte er sich als Scherge → Sullas (Tötung des M. → Marius (4) Gratidianus u. a.) und gewann großen Reichtum. 67/66 Statthalterschaft in Africa, skandalöse Ausbeutung der Provinzialen. Er wurde deswegen 65 angeklagt, erlangte aber durch Bestechung und Entgegenkommen des Anklägers P. → Clodius (1) einen Freispruch. – 66/65 beteiligte er sich an Umtrieben des P. → Autronius und P. → Cornelius (38) Sulla, die angeblich die Ermordung der Konsuln von 65 zum Ziel hatten. Die Affäre ist undurchsichtig, zumal man sie damals offenbar allseits vertuscht hat (Cic. Sulla 81; vgl. Cn. → Calpurnius (7) Piso). Es sind wohl dunkle Komplotte geschmiedet worden, gefördert von M. Licinius → Crassus, aber wie weit das ernsthaft war, ist unklar. Die Bezeichnung ‹1. Catilinarische Verschwörung› ist irreführend – 64 und 63 bewarb sich C. vergeblich um das Konsulat, 64 im Bund mit C. → Antonius (10), Crassus und → Caesar, 63 mit Unterstützung zahlreicher verschuldeter und unzufriedener Adliger, verarmter Veteranen und Teilen der plebs urbana. Nach der erneuten Niederlage begann etwa Aug. 63 die eigentliche Verschwörung: man plante einen Staatsstreich Das Ziel war keine Revolution, sondern die Gewinnung staatlicher Positionen, Beseitigung von Gegnern, Schuldenerlaß usw. An verschiedenen Orten wurden Mannschaften gesammelt. Der Konsul → Cicero deckte die Pläne auf, stellte die Führer der Verschwörung in Rom und ließ sie am 5. 12. hinrichten. C., der seit Nov. bei einer Mannschaft in Etrurien war, versuchte vergeblich, nach Norden auszubrechen, und fiel Anf. 62 bei Pistoria. Chr. M.

Lit: M. Gelzer, RE 2 A 2 (1923), 1693–1711 – Z. Yavetz, The Failure of Catiline's Conspiracy, Historia 12, 1963, 485–499.

Catillus, Befehlshaber der Flotte → Euanders, Gründer von → Tibur (Cato Fr. 56 P.). C.J.C.

Cato (M. Porcius Cato Censorius, 234–149 v. Chr.), aus ritterlichem (etruskischem?) Landadel von Tusculum, wurde als 17jähriger Soldat, 214 trib. mil., 204 Quästor des P. → Cornelius (30) Scipio Africanus. Der Aufstieg des homo novus in der senatorischen Laufbahn vollzog sich dann rasch: 199 pleb. Ädil, 198 Prätor in Sardinien, 195 Konsul (zusammen mit dem patrizischen Freund L. → Valerius (6) Flaccus). Für seine erfolgreiche Kriegführung in Spanien erhielt er 194 den Triumph. 191 machte er den Krieg gegen → Antiochos III. mit und trug zum Sieg an den Thermopylen bei; 189 war er legatus in Ätolien bei M. → Fulvius (4) Nobilior. Von 187 an beteiligte er sich am Kesseltreiben gegen die Scipionen, 184 wurde er zum Censor gewählt (wieder zusammen mit Flaccus). Nie wieder hat Rom einen Censor besessen, der die Aufgaben dieses Amtes mit solcher Energie wahrnahm (daher der Beiname Censorius): 7 Senatoren wurden aus dem Senat ausgestoßen, zahlreiche Ritter verloren das Staatspferd (equus publicus); C. sorgte für die Erhöhung der Staatseinnahmen und die Hygiene in Rom und baute die Basilica Porcia. – Außenpolitisch trat er 167 für ein Disengagement in Makedonien und für milde Behandlung von Rhodos ein; kurz vor seinem Tode verteidigte er die Lusitaner gegen Serv. → Sulpicius (4) Galba. Seine Ablehnung alles Griechischen war eindeutig: Ausweisung der athenischen Philosophengesandtschaft (155), sarkastische Äußerungen zur Rückführung der achäischen Internierten (151) und über die Griechen allgemein (p. 77 J.). Mit unauslöschlichem Haß verfolgte er bis zum Lebensende Karthago. Durch seine ständige Forderung ‹Carthago delenda est› (die bekanntere Form ‹ceterum censeo Carthaginem esse delendam› ist in der Antike nicht belegt) ertrotzte er die Kriegserklärung gegen den Widerspruch des P. → Cornelius (35) Scipio Nasica. Als er im Herbst 149 starb, hatte er nach anfänglichem kläglichem Versagen der röm. Führung im 3. Pun. Kriege noch die erste Bewährung des P. → Cornelius (29) Scipio Aemilianus erleben dürfen. – Verheiratet war C. zweimal, zuerst mit Licinia (Sohn: Licinianus), dann als 80jähriger mit der Tochter seines ehemaligen Sekretärs Salonius (Sohn: Salonianus). – Über sein Leben informieren die Biographien des → Nepos (2) und → Plutarch; hinzu kommen die Erwähnungen bei Cicero, der in dem homo novus C. sein Vorbild sah und ihm in ‹De senectute› ein verklärendes Denkmal setzte, sowie die Darstellung bei Livius (C.s Charakteristik: 39, 40). C. war ein integrer Mann, der, vom Wert des mos maiorum und altrömischer virtus überzeugt, für den populus Romanus und die Senatsherrschaft gegen alle Emanzipationstendenzen einzelner nobiles kämpfte, jedoch kein ‹Altrömer›, sondern ein Mann in einer Grenzsituation. Sein Kampf gegen den griech. Kultureinfluß war der letzte Versuch einer engstirnigen Reaktion, der zum Scheitern verurteilt war.

[2] *Werke.* In der Literatur ist der unermüdlich auch im Alter tätige C. (orig. Fr. 2) der Schöpfer der röm. Prosa geworden. – 1. Seine ersten Arbeiten gehören in das Gebiet der → *Fachschriftstellerei:* die Libri ad Marcum filium (sc. Licinianum) umfaßten das nach seiner Auffassung für den jungen Römer notwendige Bildungsgut: Landwirtschaft, Medizin, Rhetorik, Kriegswesen. In eigenen commentarii behandelte er die gleichen Themen (außer der Rhetorik) nochmals gesondert. Sein Carmen de moribus enthielt eine Sammlung von Sprüchen zur altröm. Lebenshaltung. – 2. Erhalten ist die Schrift *De agricultura:* kein systematisches Lehrbuch über die → Landwirtschaft, sondern eine unter Benutzung griech. Quellen aus der eigenen Praxis erwachsene Anleitung für den in der Stadt wohnenden Gutsbesitzer unter dem Gesichtspunkt der Rentabilität (→ Landschriftstellerei). Der 1. Teil (1–54) zeigt einen klar erkennbaren Aufbau: Ansehen und Bedeutung der Landwirtschaft, Erwerb und Einrichtung eines Gutes von 100 iugera (25 Hektar) sowie Beschreibung der im Jahreslauf anfallenden Arbeiten. Der 2. Teil enthält Muster für Vertragsabschlüsse, Hinweise auf Bezugsquellen, Rezepte, Zaubersprüche, religiöse Vorschriften mit alten Gebetsformeln (139–141). Da sich darunter manche Dubletten finden, kann das Werk in der vorliegenden Form nicht von C. selbst publiziert worden sein. Benutzt wurde es von → Varro (1) und dem älteren → Plinius (1). – 3. *Reden:* Bereits als junger Mann hatte C. seine sabinischen Landsleute als patronus vor Gericht vertreten (Plut. 1, 5ff.). Er selbst wurde 44mal angeklagt, aber niemals verurteilt (Plin. nat. 7, 100). Von 79 Reden, die alle aus der Zeit des Konsulats und danach stammen (Ausnahme Fr. 217f.?), besitzen wir noch Fragmente (→ Redner II B 1). Kein Gebiet des privaten und öffentlichen Lebens fehlt unter den Themen. Der Kampf des homo novus gegen Angehörige der Nobilität (Q. Minucius Thermus, M.' → Acilius (2) Glabrio, die Fulvii Nobiliores) und Volkstribunen wie M. → Caelius (2) war erfüllt von persönlicher Gehässigkeit und gab gleichzeitig Gelegenheit, von sich selbst und seiner Untadeligkeit Zeugnis

abzulegen (De suis virtutibus; De sumptu suo; vgl. Liv. 34,15,9 *haud sane detrectator laudum suarum*). Eine Gruppe für sich bilden die Reden während der Census (Fr. 69ff.): in ihnen zeigt sich politische Leidenschaft und eine echt italische Kunst ätzender Charakterisierung. Über seine Reden zur Außenpolitik s. o. [1]. C. besaß von seinen Reden Konzepte (Fr. 173), auf Grund deren er im Alter seine berühmten Verteidigungen zur Publikation ausarbeitete (Cic. Cato 38). Damit vollzog er den Schritt, die Rede in Rom zu einem Literaturwerk zu machen. Erst Cicero bemühte sich, C.s Reden zu sammeln (Brut. 65). – 4. Auch die 7 Bücher *Origines*, ‹Ursprünge› («Geschichtliche Grundlagen des zu seiner Zeit bestehenden röm. Staates», E. Norden) sind ein Alterswerk (Fr. 49; Nepos 3,2). Behandelt waren die Gründung Roms (752/751) und die Königszeit (Buch 1), die Frühgeschichte der italischen Stämme und Städte mit besonderem Interesse für die Gründungsgeschichte (Buch 2–3), beides unter Benutzung griech. Quellen (→ Timaios, 3). Interesse für Volkskundliches, liebevolle Behandlung der altröm. Einrichtungen und Sitten zeichnen diesen 1. Teil mit seiner neuartigen, nicht stadtrömischen, sondern gesamtitalischen Konzeption aus. Die Bücher 4–7 behandelten im Überblick (capitulatim) die römische Geschichte vom 1. Pun. Krieg bis zum Todesjahr C.s (149). Mit diesem ersten in lat. Sprache abgefaßten Geschichtswerk wandte sich C. ebenso gegen die bis dahin griechisch schreibenden röm. Historiker (→ Geschichtsschreibung II B 1) wie gegen die langweiligen, dürren Notizen der Priestertafel (Fr. 77). Im Gegensatz zum ‹Persönlichkeitskult› in → Ennius' Annales faßte er die Geschichte als res gestae populi Romani auf und nannte deshalb die Namen der Heerführer nicht (Nepos 3,4), wies vielmehr exemplarisch auf die altröm. virtus (Selbstaufopferung eines Militärtribunen, Fr. 83). Als Beispiele rechten Handelns nahm er eigene Reden auf (für die Rhodier; gegen Galba) – nicht erfundene, wie es in der griech. → Geschichtsschreibung seit → Herodot üblich war. Infolge der eigenwilligen Anlage und Geschichtsbeurteilung war den Origines keine nachhaltige Wirkung beschert.

[3] C.s *Sprache und Stil* sind ein kompliziertes Gebilde, eine für seine Zeit sehr bezeichnende Mischung von Altertümlichem und Modernem; Einfluß der Dichtersprache (→ Ennius) und der Umgangssprache, rhetorische Figuren aus griech. Technik (C. hat nicht erst im Alter Griechisch gelernt, wie Cicero, Cato 26 behauptet), daneben aber auch spezifisch Italisches (Wirklichkeitsnähe, lebhafte Schilderungen, Freude an Wortneuschöpfungen). Es ist ein ausgeprägt persönlicher Stil (Cic. rep. 2,1; Plut. Cat. 7), sachgebunden (*rem tene, verba sequentur*: p. 80 J.). Sprachlich und in der zensorischen Haltung Vorbild Sallusts, erlebte C. in der Zeit des Archaismus für kurze Zeit eine Renaissance bei → Gellius und → Fronto; Hadrian stellte ihn über Cicero (Hist. Aug. Hadr. 16,5f.). R. T.

Ed: A. Mazzarino, 1962 (De agricultura) – P. Thielscher, Des M. Cato Belehrung über d. Landwirtsch., 1963 (De agr., mit Übers. u. Komm.) – ORF (Malc.), 12ff. (Reden) – HRR I 55ff. (Origines) – H. Jordan, 1860 (sonstige Fragmente) – *Lit:* M. Gelzer-R. Helm, RE 22 (1953), 108ff. – R. Till, Die Sprache C.s, 1935 – D. Kienast, C. der Zensor, 1954 – *Bildnisse* → Anhang I.

2. **C.** (M. Porcius Cato Uticensis; 95–46 v. Chr.; tr. pl. 62. praet. 54), Neffe des M. → Livius (4) Drusus, Stiefbruder der → Servilia. C. leistete nach gründlichen philosophischen und rhetorischen Studien 67 Kriegsdienst in Makedonien. Als Quästor tat er sich 65 oder 64 durch genaue Kontrolle von Staatskasse und Archiv hervor (u. a. Eintreibung der bei den → Proskriptionen gezahlten Kopfgelder). 63 Anklage gegen L. → Licinius (12) Murena. Am 5. 12. 63 bestimmte C. den Senat, die Hinrichtung der Catilinarier zu beschließen, und trug Anf. 62 entscheidend zur Niederlage des Q. → Caecilius (12) Metellus Nepos bei. Damals setzte er eine Verbilligung des Getreides für die plebs durch. Diese Erfolge gaben C. Mut und Einfluß, um auf eine entschiedenere Senatspolitik zu drängen: er suchte mit Schlendrian und Gefälligkeitsgesinnung aufzuräumen (wobei er mit den Steuerpächtern in Konflikt kam) und wurde zur Seele des energischen, z. T. mit unkonventionellen Mitteln betriebenen Widerstands gegen → Pompeius (2) und → Caesar, der in Caesars Konsulat 59 zu einer schweren Niederlage des Senats führte. 61 lehnte er Pompeius' Bitte um die Hand einer seiner Nichten ab. 58–56 wurde er von P. → Clodius (1) durch den Auftrag zur Einziehung Cyperns aus Rom entfernt. Nach der Rückkehr Ehrung durch den Senat. 55 verhinderte Pompeius gewaltsam C.s Wahl zum Prätor. 54 war er Vorsitzender des Repetundengerichts, erkannte dabei Caesars Repetundengesetz nicht an. Er leistete auch weiter harten Widerstand gegen die Machthaber (u. a. Antrag, Caesar den Germanen auszuliefern). Erst Anf. 52, als die Anarchie unerträglich wurde, lenkte er ein und erreichte Pompeius' Einverständnis, statt Diktator ‹Konsul ohne Kollege› zu werden. Den Antrag dazu stellte er freilich nicht selbst, sondern M. → Calpurnius (2) Bibulus. Danach engere Zusammenarbeit mit Pompeius, bes. gegen Caesar, den C. bei nächster Gelegenheit anzuklagen drohte. Vergebliche Konsulatsbewerbung für 51. 49 lehnte er erst jedes Zugeständnis an Caesar ab, sprach sich aber angesichts der mangelnden Rüstungen des Pompeius für Verhandlungen aus. Er hatte ein Kommando in Sizilien, stieß jedoch bald zu Pompeius. Nach Pharsalos sammelte er in Afrika die Reste der Republikaner. Nach der Schlacht bei Thapsus nahm er sich in Utica das Leben. Sein Tod wirkte wie ein Fanal (vgl. Ciceros ‹Cato›, Caesars ‹Anticatones›). – C. war zutiefst geprägt durch die stoische Lehre, die sich in Rom ganz am Herkommen orientierte. Er lehnte jede Neuerung ab. Seine Politik war von Ethos, Kraft, Mut und Findigkeit in der Wahl der Mittel bestimmt, enthielt aber zugleich utopische Züge. «Er wuchs über die untadelige Observanz ehrenwerter Normen nicht hinaus» (Heuß). C. war in zweiter Ehe mit der Tochter des Q. Marcius Philippus verheiratet, sein Schwager war L. → Domitius (4) Ahenobarbus; L. Licinius → Lucullus und M. → Calpurnius (2) Bibulus waren Schwiegersöhne. Chr. M.

Lit: M. Gelzer, C. Uticensis (1934), in: Kl. Schr. II, 1963, 257–285 – A. Afzelius, Die politische Bedeutung des jüngeren C., CeM 4, 1941, 100–203 – A. Heuß, Propyl. Weltgesch. IV, 1963, 284 – *Bildnisse* → Anhang I.

Cato, vgl. auch → Porcius, → Valerius.

Catull (C. Valerius Catullus), geb. um 84 v. Chr. in Verona, gest. mit etwa 30 Jahren kurz nach 55 (→ Caesars erste Fahrt nach Britannien und die Errichtung des Pompeiustheaters, beides 55, sind in seinen Gedichten erwähnt), einer der bedeutendsten lyrischen Dichter Roms. C. stammte aus begüterter Familie. Sein Vater war ein angesehener Bürger, der Villen in Sirmio (carm. 31) und in der Nähe von Tibur (Tivoli; carm. 44) besaß. Caesar pflegte bei ihm einzukehren, wenn er im cisalpinischen Gallien weilte. Dies hinderte den jungen C. nicht, gegen ihn und seine Gefolgsleute, z. B. den praefectus fabrorum Mamurra, wie gegen → Pompeius (2) die heftigsten Angriffe zu richten (carm. 29, 54, 57; 113). Die geistige Elite Roms befand sich in entschiedener Opposition gegen die Zerstörer der Republik, so auch Licinius → Calvus, mit dem C. in schwärmerischer Jugendfreundschaft verbunden war (carm. 50), oder → Asinius (2) Pollio, dessen Bruder zum Freundeskreis des C. gehörte (carm. 12). Im Frühling 57 ging C. in der cohors praetoria des → Memmius (2) auf ein Jahr in die kurz zuvor von Pompeius errichtete Provinz Bithynien. Einige Gedichte halten Momente der Reise fest: den Abschied von den Freunden und den Aufbruch zu den Bildungsstätten Kleinasiens (carm. 46), den Besuch am Grabe des Bruders bei Troja (carm. 101), die Weihung des Schiffes, das ihn über die Meere führte (carm. 4), die Rückkehr nach Sirmio (carm. 31), den Unwillen über den ausgebliebenen Gewinn (carm. 28). → Apuleius (apol. 10) bezeugt, daß Lesbia, die Geliebte des C., eine → Clodia war. Sie wurde von dem

Humanisten Pietro Vettori mit der Schwester von → Ciceros Todfeind, dem Volkstribunen → Clodius (1) Pulcher (Wortspiel in carm. 79), und der Frau des → Caecilius (8) Metellus Celer, identifiziert, der 62 als Statthalter des cisalpinischen Gallien leicht mit der Familie des C. in Kontakt kommen konnte. Von ihr entwirft Cicero in der Rede Pro Caelio der advokatorischen Absicht entsprechend ein recht abstoßendes Bild.

[2] Die *Gedichte*, insgesamt 116, sind in der Überlieferung nach metrischen Prinzipien architektonisch geordnet: die großen Gedichte (61–68) in der Mitte, die kleineren am Anfang (1–60: Elfsilbler, Hinkjamben u. a. lyrische Maße) und am Schluß (69–116: Epigramme). Ob C. sie in dieser Reihenfolge als einheitliche Sammlung selbst herausgegeben hat, ist umstritten. Bes. in den Lesbiagedichten sind intime Erlebnisse, Stimmungen, Leidenschaft und Haß in einer Intensität und Ursprünglichkeit dichterisch geformt, die in der Antike kaum ihresgleichen hat. Daher hat die von der Romantik beeinflußte Literaturkritik (z. B. Niebuhr) in C. den größten röm. Dichter gesehen. Angesichts der Seelengewalt Vergils, der Weisheit und Grazie des Horaz und der Schönheit, Innigkeit und Dichte ihrer Werke läßt sich dieses einseitige Urteil nicht aufrechterhalten. Auch darf C. bei aller Ursprünglichkeit nicht nur als Bekenntnis- und Erlebnisdichter verstanden werden. Er bedient sich vorgeprägter Ausdrucksformen, die er neu erfüllt. In fruchtbarer Auseinandersetzung mit der Tradition, bes. der Kunst und Ideenwelt der Griechen, dringt er zum Eigenen vor. So lassen sich innerhalb seiner Dichtung Stufen erkennen, die von den Übertragungen der ‹Locke der Berenike› des → Kallimachos (3; carm. 66) und der verlorenen der ‹Zauberin› des Theokrit zu freieren Übertragungen wie der des → Sapphogedichtes (carm. 51), in dem C. die tiefe Erschütterung ausdrückt, die er durch Lesbia erfuhr, und zu eigenen, von fremden Vorbildern freien Gestaltungen emporsteigen. Auch steht C. nicht isoliert da. Er gehört dem Kreis der → Neoteriker an, die eine umwälzende Erneuerung der röm. Poesie herbeiführten. Doch können wir an den kümmerlichen Bruchstücken der anderen Neoteriker nicht erkennen, wieviel C. dem → Valerius (4) Cato (vielleicht in carm. 56 angeredet), → Helvius (2) Cinna (carm. 10), Licinius → Calvus (carm. 50. 53) oder → Cornificius (1; carm. 38) verdankt. Wie seine Freunde lehnt er die große Form des Heldengedichts ab und sucht eine Lebensnähe, die zumindest den Anschein erweckt, als sei seine Poesie ganz aus dem Augenblick entstanden. Alltäglichen Anlässen weiß er eine ansprechende und persönliche Form zu geben: einer Einladung (carm. 13), einer Begrüßung des heimkehrenden Freundes (carm. 9), einem Gespräch mit der Geliebten oder mit dem Vögelchen, an dem sie ihre Freude hat (carm. 2), ernst gemeinten oder scherzhaften Schmähungen eines treulosen Freundes oder eines politischen Gegners. Ein einziger, so nicht wiederkehrender Augenblick und die Gefühle, die er in einem leicht erregbaren Herzen erweckt, scheinen hier festgehalten. Spielerisch ist die Form der Gedichte, die C. selbst ‹Kleinigkeiten› (*nugae*, carm. 1) nennt, scheinbar anspruchslos und spontan, von ungesuchter Einfachheit. Aber bei aller Natürlichkeit hat er Freude an artistischen Experimenten und Bravourstücken, an der Bewältigung schwieriger Metren (→ Galliamben im Attisgedicht, carm. 63), an dem virtuosen Gebrauch der Sprache und ihren zarten und rohen Nuancen. Äußerlich läßt sich die Qualität an der meisterhaften Handhabung der Versmaße erkennen, an der Ungezwungenheit, mit der seine Sprache sich in die strengen Metren einfügt. Das geschieht mit so überzeugender Natürlichkeit, daß namentlich bei den Elfsilblern und Hinkjamben nichts von Anstrengung zu spüren ist. Vor allem ist erstaunlich, wie dicht und genau diese scheinbar so lokker gefügten Gebilde sind, welchen Reichtum an Nuancen und Motiven, welches musikalische Feingefühl, welche suggestive Kraft sie entfalten, welcher Zartheit und Innigkeit, welcher Leidenschaft sie fähig sind. Sie reicht von jugendlichem Mutwillen, unbeschwerter Fröhlichkeit und einer Spottlust, die sich aus dem mimischen Talent des Südländers und seiner Beobachtungs- und Karikierungsgabe nährt, bis zur literarischen und politischen Satire und einem Zynismus, wo höhnisches Lachen der vergebliche Befreiungsversuch eines liebeskranken Herzens ist. Auf seinen Liebesgedichten beruht der Hauptruhm des C. Alle Phasen des Glücks und der Qual durchschreiten sie von der Begegnung (carm. 51), der Liebeserwartung und -erfüllung, die in der Alliuselegie (carm. 68), der frühesten röm. → Elegie, mythisch-religiös dargestellt wird, der Ergriffenheit und lächelnden Melancholie in den Gedichten auf das Vögelchen (carm. 2. 3), dem seligen Jubel des *Vivamus, mea Lesbia, atque amemus* (carm. 5) bis zum *Odi et amo* (carm. 85) und zu Carmen 76 *(Si qua recordanti)*, das die Qualen zerstörender Leidenschaft beschreibt und in seiner Bitterkeit mit der Darstellung der Liebe bei → Lukrez (4, 1058 ff.) verwandt ist.

[3] Aber C. hat nicht nur persönliche Gedichte geschrieben, er war nicht nur ‹Lyriker› im modernen Sinn. Neben die persönlichen Hochzeitsgedichte (carm. 61. 62; → Hymenaios) tritt das 64. Gedicht, ein mythologisches *Epyllion* im hellenist. Stil, das die Vermählung des → Peleus und der Thetis schildert. Während in der Alliuselegie der Mythos dazu dient, das persönlich Erfahrene zu sublimieren, erscheint hier umgekehrt die mythische Erzählung, die im Objektiven verharrt, von der persönlichen Liebeserfahrung C.s durchdrungen. Wohl steht die Klage der → Ariadne, das Kernstück des Gedichts, noch in der Tradition der Liebesklage und des Liebesmonologs der euripideischen Tragödie, des hellenist. Epos, der hellenist. Liebeserzählung (die ‹Phyllis› des Kallimachos), aber sie gewinnt ihre Intensität als Spiegelung des bitteren Liebesschicksals des Dichters. Wir stehen hier am Übergang von der griech. Liebesklage zur röm. Liebesdichtung. Das Schicksal der unglücklichen Liebe der Ariadne ist in die Erzählung höchsten Glücks, der Vermählung der Göttin Thetis und des Heroen Peleus, eingebettet. Diese Kontrastkomposition nimmt einen Formtypus vorweg, dem wir in der augusteischen Dichtkunst (→ Vergil, → Ovid) wiederholt begegnen. Sie entspringt nicht nur dem ästhetischen Gesetz, daß Gegensätze einander erhellen und steigern, sondern ergibt sich aus der Einsicht in das Ganze des menschlichen Lebens, das in Kontrasten und Spannungen besteht. Sie zeigt den klassischen Griff nach dem Ganzen. So wird C. zum Wegbereiter der augusteischen Dichtkunst und Mitbegründer der lat. Klassik.

[4] Rather, Bischof von Verona, bezeugt i. J. 966 in einer Predigt, C. gelesen zu haben. Zu Beginn des 14. Jh.s wurde die verschollene Veroneser Handschrift wieder aufgefunden, ging aber dann endgültig verloren. Abschriften sind in großer Zahl erhalten; die wertvollsten sind ein Codex aus Saint-Germain in Paris und einer in Oxford. Carm. 62 ist – anscheinend aus einem anderen Überlieferungszweig – außerdem im Thuaneus (Paris) überliefert. Die Abweichungen zeigen, wie brüchig das Fundament des Veronensis ist. V. P.

Ed: M. Schuster-W. Eisenhut, BT (1949), 1958³ – W. Kroll-J. Kroymann (1923), 1959³ (mit Komm., Lit.) – *Übers:* O. Weinreich, 1960 (Lit.) – *Lit:* F. Klingner, Catulls Peleus-Epos (1956), in: Studien, 1964, 156–224.

Catullus, Zeitgenosse → Neros (1), Dichter von → Mimen [2]: ‹Das Gespenst› und vor allem ‹Laureolus› (ein Räuber, der gekreuzigt wird) sind bekannt (Iuv. 8, 186). Sein Ruhm reicht bis → Josephus, → Sueton und → Tertullian. H. M.

Frg: CRF 392–393.

Catulus → Lutatius.

Caudex → Claudius.

Caudium, Stadt der Caudiner in Samnium (sw. Beneventum; heute Montesarchio), in deren Nähe das röm. Heer 321 in eine Falle gelockt wurde. Es mußte waffenlos durch ein aus Speeren gebildetes Joch (‹Caudin. Joch›) gehen, um sich zu retten. Später wird C. als Statio der → Via Appia erwähnt (Hor. sat. 1 5, 51; Strab. 5, 249; 6, 283). B. A.

Causa efficiens, finalis, formalis, materialis → Aitia.

Cebenna mons (Kt. 1019 D 5; heute die Cevennen), der Steilabfall des französ. Zentralmassivs zum Rhonebecken, Quellgebiet der Loire (Liger), Klimascheide zum Mittelmeergebiet. Am C. entsteht der Mistral, der ‹Circius› des Altertums (Strab. 4, 182 u. a.). Der Übergang ins Land der → Arverner über den verschneiten C. mitten im Winter (Frühjahr 52 v. Chr.) gehört mit zu den kühnsten Unternehmungen Caesars (Gall. 7, 8). L. B.-H.

Ceionius, Lagerpräfekt des P. Quinctilius → Varus i. J. 9. Wurde durch seine Feigheit bei der Niederlage im Teutoburger Wald zum schimpflichen Beispiel. U. Wm.

2. **C. Commodus,** L., cos. 78 n. Chr., Septemvir epulonum, 79/80 Legat von Syrien. Urgroßvater des L. → Verus (1). U. Wm.

Celsa (heute Gelsa in der Provinz Zaragoza), Stadt in Hispania → Tarraconensis, ein Brennpunkt der Romanisierung im Ebrotal. Im 2. und 1. Jh. v. Chr. Prägung zahlreicher Bronzemünzen, erst mit iber., später mit lat. Umschriften. 45 v. Chr. von Caesar als erste röm. Siedlung in Hispania Citerior unter dem Namen Colonia Victrix Iulia Lepida gegründet und nach wenigen Jahren umgenannt in C. V. I. Celsa. Mit der Gründung von → Caesar Augusta, das eine bessere Lage hatte, verlor C. seine ursprüngliche Bedeutung. J. M. d. M.

Lit: A. Vives, La moneda Hispanica, 1926.

Celsus (A. Cornelius C.), verfaßte z. Z. des Tiberius eine Enzyklopädie in lat. Sprache, ‹*Artes*›, die mindestens Ackerbau, Medizin, Rhetorik und Kriegskunst, möglicherweise auch Philosophie und Jurisprudenz umfaßte. Nur der medizinische Teil (8 Bücher) ist erhalten. Buch 1 gibt eine Geschichte der → Medizin, 2 behandelt die allgemeine Pathologie, 3 die einzelnen Krankheiten des ganzen Körpers, 4 diejenigen der Körperteile, 5 und 6 die Arzneimittellehre, 7 die Chirurgie und 8 die Knochenbehandlung. C. scheint nicht selbst Arzt gewesen zu sein, aber er ist sehr sachverständig und hat wahrscheinlich mehrere Quellen benutzt. Sein Stil ist klassisch klar; C. wurde später sogar *medicorum Cicero* genannt. G. B.

Ed: Ed. princ.: B. Fontius, 1478 – F. Marx, CML I, 1915 – *Übers:* E. Scheller-W. Frieboes, 1906 – *Lit:* M. Wellmann, RE 4, 1 (1900), 1273–76 – Schanz-Hosius, II 722–727 – G. Baader, Überlieferungsprobleme des A. Corn. C., Forschungen und Fortschritte 34, 1960, 215–218 (Lit).

2. **C.** (voller Name: P. Iuventius C. Titus Aufidius Hoenius [statt Oenus] Severianus). Bereits der Vater des C. war ein angesehener Jurist; der Sohn war wohl sein Schüler (Dig. 31, 20). C. war 106/107 Prätor, 129 zum zweitenmal Konsul. Unter Hadrian Mitglied des Consilium. Er war Haupt der proculianischen Schule. Von den Werken des C. sind uns aus den Digesten 39 Bücher Digesten bekannt. Nur indirekt erfahren wir durch Ulpian von Epistulae, Commentarii und Quaestiones. C. soll ein scharfer Kritiker (vgl. Dig. 28, 1, 27: die Echtheit der Stelle wird bestritten) und selbständig in seinem Denken gewesen sein. H. Hb.

Lit: P. Krüger, Gesch. d. Quellen u. Lit. d. röm. Rechts (1888), 1912^2, 180–182 – L. Wenger, Die Quellen d. röm. Rechts, 1953, 501 – F. Schulz, Gesch. d. röm. Rechtswissensch., 1961, 148 N. 1 – E. Seidl, Röm. Rechtsgesch. u. röm. Zivilprozeßrecht, 1962, 175.

3. **C.,** Platoniker, 2. Jh. n. Chr., bekämpft mit seinem ‹Wort der Wahrheit› die Juden und bes. die Christen (die sich ja nicht einmal wie jene auf väterlichen Brauch berufen können), setzt ihrer Religion eine durch zeitgenössischen Platonismus gefärbte Theologie entgegen, findet ihre Religionsstifter ziemlich verächtlich, will sie aber tolerieren, wenn sie nur loyale Bürger sein wollten. Seine Kenntnis der beiden Religionen ist beachtlich, auch ist er mit jüd. Bekämpfern des Christentums vertraut. Erhalten ist nur → Origenes' (1) Gegenschrift mit vielen wörtlichen Zitaten. Ph. M.

Ed: R. Bader, 1940 – *Lit:* C. Andresen, Logos u. Nomos, 1955.

Celtica, der größte und zentrale, von Kelten bewohnte Teil der cäsarischen Einteilung Galliens (Gall. 1, 1), von Ardennen und Seine bis zur Rhone, Garonne und den Cevennen reichend (Kt. 1019 DE 3/5). Das Zentrum von C. wurde unter → Augustus zur → Lugdunensis, die Randgebiete kamen zu → Belgica und → Aquitania. L. B.-H.

Lit: s. zu → Gallien.

Cenabum (Kt. 1019 C 3; heute Orléans), Vorort der → Carnuten, die 52 v. Chr. mit der Ermordung in C. ansässiger röm. Kaufleute den gall. Aufstand einleiteten (Caes. Gall. 7, 3), seit → Aurelian *Aurelianensis urbs*, woher sich der heutige Name ableitet. L. B.-H.

Censor, röm. → Magistrat. Das Amt wurde wahrscheinlich 443 v. Chr. eingerichtet; es stand zunächst nur den Patriziern offen. Die Censur war wie der Konsulat ein Doppelamt mit kollegialer Interzession. Gewöhnlich wurde es nur von gewesenen Konsuln bekleidet. Den C.en oblag ursprünglich nur die Aufstellung der Bürgerliste (→ Census) und die Einteilung der Bürger in die Tribus sowie die Einschätzung des Vermögens zur Festsetzung der Steuer. Ihre Amtszeit, die sich zu Anfang über 5 Jahre erstreckte, wurde wahrscheinlich 434 v. Chr. von Aemilius Mamercus auf 18 Monate verkürzt. Spätestens 351 v. Chr. wurde die Censur auch Plebejern zugänglich; 339 bestimmten die leges Publiliae, daß wenigstens einer der zwei C.en Plebejer sein müsse. Die Insignien der C.en waren toga praetexta und sella curulis; → Liktoren standen ihnen nicht zu. – 312 wurde den C.en zusätzlich durch die lex Ovinia die Führung der Senatorenliste (lectio senatus) übertragen; sie hatten damit das Recht, einzelne Senatoren, die – wenn auch in rechtlich nicht anfechtbarer Weise – gegen die guten Sitten verstoßen hatten, aus dem Senat zu entfernen. Die geringste Strafe war die bloße ‹Ermahnung› (admonitio); darüber hinaus konnten die C.en durch höhere Einschätzung des Vermögens die Steuer heraufsetzen oder einzelne Bürger in eine geringere Tribus versetzen oder überhaupt aus allen Tribus ausstoßen. – Zu den Aufgaben der C.en gehörte auch die Verpachtung der Steuern und Zölle, der Einkünfte aus Bergwerken und des staatl. Grundbesitzes und die Vergabe größerer öffentlicher Arbeiten an private Firmen. – Der bedeutendste C. war der ältere → Cato (1), der seinen Beinamen ‹Censorius› nach seiner Censur i. J. 184 v. Chr. trägt. → Sulla hob das Amt ganz auf; aber schon 70 v. Chr. wurde es wieder eingerichtet. Von → Caesar an, der das Amt der Censur als Jahresamt endgültig abschaffte und dafür selbst den Titel eines praefectus morum annahm, verfiel die Censur vollends. Als letzter Kaiser hat Domitian den Titel eines censor perpetuus getragen.

Censorinus, Grammatiker des 3. Jh.s n. Chr., Verfasser einer Schrift De die natali, ‹Vom Geburtstag›, die mit Ausnahme des Schlusses erhalten ist. Sie wurde einem vornehmen Gönner 238 n. Chr. als Geburtstagsgabe überreicht. Behandelt werden in höchst gelehrter Weise Fragen, die mit dem Begriff → Geburtstag zusammenhängen oder sich anschließen lassen: → Genius (Schutzgeist), Ursprung des Menschen und Menschengeschlechts, → Astrologie, → Zahlenmystik, → Altersstufen und kritische Jahre (von denen das vom Gönner zurückgelegte 49. das kritischste sei), → Zeitbegriff, Zeitrechnung usw. Das Material hat C. aus verschiedenen Quellen, bes. aus → Varro (1) und → Sueton gesammelt. Sein Stil ist flüssig. – Mit diesem Werk zusammen ist noch eine verstümmelte Schrift überliefert, die wichtige Nachrichten über Metrik (unsere älteste röm. Quelle für dieses Gebiet) und Musik gibt. Sie wird ‹Fragmentum Censorini› genannt, hat aber mit C. wahrscheinlich nichts als die Überlieferung gemeinsam. G.B.

Ed: F. Hultsch, 1867 (mit ausführl. Ind. verborum) – J. Cholodniak, 1889 – *Lit:* G. Wissowa, RE 3,2 (1897), 1908–10 – Schanz-Hosius, III 219–222.

Census, die von den → Censoren alle 5 Jahre (→ Lustrum) durchgeführte Vermögensschätzung, nach der die röm. Bürger in die 5 Steuerklassen eingeteilt wurden. Geschätzt wurden die erwachsenen Bürger männlichen Geschlechts, die capite censi oder aerarii, die Bürger gewisser Municipien und die Vermögen besitzenden Witwen. Letztere zahlten das aes hordearium, so wie die Waisen das aes equestre. Die überlieferten C.zahlen zeigen das Anwachsen der Bevölkerung von der Königszeit (angeblich 80000 Köpfe) bis 70/69 v. Chr. (910000, → Bevölkerungsstatistik). In der frühen Kaiserzeit wurde fünfmal ein C. abgehalten, 28 v. Chr., 8, 14, 47 und 72 n. Chr. Die Ergebnisse der vier ersten sind bekannt und lassen ein leichtes Ansteigen der Zahl der röm. Bürger (wohl einschl. Frauen und Kinder) von 4063000 auf 5984072 erkennen. R.Kn.

Centenionalis, röm. Kupfer-Münzsorte des 4. Jh.s nach Chr., die im Cod. Theod. 9.23, 1–2 (356 n. Chr.) als *pecunia maiorina* bezeichnet wird, im zweiten Edikt (395 n. Chr.) aber nur mehr unter dem Namen C. Geltung hat. Man darf den C. in zwei unter Constans, Vetranio und Constantinus Gallus geprägten Kupfersorten erkennen, von denen die erste durchschnittlich 3,8–7,5 g wog – vielleicht die ‹pecunia maiorina› – die zweite nur noch 2–3 g. Nach K. Regling ist diese als der eigentliche C. zu betrachten. Die Namenserklärung als $^1/_{100}$ ist unsicher. W. Schw.

Lit: E. Babelon, I 612–614 (verfehlte Namenserklärung) – J. Maurice, Num. Const. 3, 1912, XLVII – H. Mattingly, Roman Coins (1928), 1960², 220ff. (verfehlt) und 253 – K. Regling, in: v. Schrötter, 97 – M. R. Alföldi, JDI 78, 1963, 102–103 (die pecunia majorina sei *kein* Münznominal) – Dies., JNG 13, 1963, 102.

Centesima rerum venalium, die für das von → Augustus 6 n. Chr. eingerichtete → Aerarium (1) militare bestimmte 1%ige Auktionsumsatzsteuer. Die Höhe des Steuersatzes wurde im 1. Jh. n. Chr. mehrfach geändert. Ob die im spätröm. Reich erhobene Verkaufssteuer (venalicium) mit der C. rerum venalium identisch ist, ist nicht sicher festzustellen. R.Kn.

Cento, ‹Flickgedicht› (von griech. κέντρων, vulgärgriech. κέντων, ‹aus Lumpen zusammengestückte Kleidung oder Decke›), eine aus Versen oder Versteilen anderer Dichter komponierte Dichtung. Die klassische Definition des C.s gibt → Ausonius: *opusculum de inconexis continuum, de diversis unum, de seriis ludicrum, de alieno nostrum* (p. 207, 27 P.; Vorschriften über das Zusammenfügen der Verse 207, 32; zur Kunst des Centonarius 208, 55).

[1] Centonenhafte Partien in rein äußerlichem Sinne finden sich in den späten Teilen der homerischen Epen: doch sind diese noch nicht als artistisches Spiel im Sinne der Definition des Ausonius zu verstehen, sondern erklären sich durchweg aus der unbefangenen Verwendung eines vorgegebenen epischen Formelschatzes. Gebilde von eigenständigem künstlerischem Wert entstehen zunächst da, wo eine mehr oder weniger ausgebildete C.technik in den Dienst der → Parodie gestellt wird, so in der → Batrachomyomachie, der Gigantomachie des → Hegemon v. Thasos und gelegentlich bei → Aristophanes (z. B. ran. 1264ff.). Ein kleiner, in parodistischer Absicht der Erzählung eingefügter Vergil-C. findet sich bei → Petron (132, 11); umfangreiche komische Vergil-C.nen sind dann das De alea betitelte Gedicht der → Anthologia Latina (8) und der C. nuptialis des Ausonius, in dem, vor allem in den schlüpfrigen Abschnitten, eine aus der Spannung zwischen der Vorlage und dem Thema resultierende groteske Wirkung erstrebt wird (... *ut bis erubescamus, qui et Vergilium faciamus impudentem*, p. 215, 6 P.). Als Kunstwerk fragwürdig wird der C., wenn er ohne jede parodierende Absicht als Neuschöpfung ernst genommen sein will. Das älteste Beispiel dieser Art stammt aus späthellenist. Zeit: es ist das Epigramm eines Areios auf die tönende Memnonstatue (G. Kaibel, Epigramm. Graeca ex lapidibus coll., 1878, 1009), der sich in der Subscriptio als Angehöriger des alexandrinischen Museion und als Ὁμηρικὸς ποιητής bezeichnet (vielleicht handelt es sich bei den CIL VI 638f. und X 6127 als *Vergilianus* bzw. *Ovidianus poeta* charakterisierten Dichtern gleichfalls um Centonarii). Die weite Verbreitung von Homer- und Vergil-C.nen in der Spätantike wird durch Tertullian (praescr. 39, 3–5) bezeugt: die von ihm erwähnte Medeatragödie des → Hosidius Geta ist zusammen mit anderen Vergil-C.nen meist mythologischen Inhalts in der Anthologia Latina (7–18) überliefert; entsprechende Homer-C.nen finden sich in der Anthologia Palatina (9, 381f.). Interessant ist die von Tertullian erwähnte Versifizierung der Tafel des → Kebes in Form eines Vergil-C.s. Welcher Beliebtheit sich diese hybride Kunstübung auch beim breiten Publikum erfreute, zeigt die Tatsache, daß der Verfasser eines (christl.) Vergil-C.s (Anth. Lat. 16) nach der Rezitation seines Gedichtes als *Maro iunior* akklamiert wurde (Anth. Lat. 16a). Lukian erwähnt die Improvisation eines aus Hesiod-, Anakreon- und Pindarversen bestehenden C.s beim Symposion (symp. 17).

[2] Für die *christliche Dichtung* gewann der C. eine neue Bedeutung, insofern er die Möglichkeit eröffnete, die pagane Dichtung – oder richtiger: umgruppierte Elemente derselben – in den Dienst der christlichen Verkündigung zu stellen: → Proba charakterisiert ihren die ganze Heilsgeschichte umfassenden C. als *Maro mutatus in melius* (praef. 3f.). Diesem und ähnlichen Werken (wie der → Bukolik des Pomponius, Anth. Lat. 719a und den Gedichten Anth. Lat. 16 – Mavortius? – und 719) entsprechen im griech. Bereich die christlichen Homer-C.nen des Bischofs Patricius und der Kaiserin → Eudokia. → Hieronymus lehnte diese Form der Christianisierung heidnischer Dichtung ab (epist. 53, 7 *puerilia sunt haec et circulatorum ludo similia*), und im *Decretum Gelasianum* werden Vergil-C.nen heilsgeschichtlichen Inhalts als apokryph verworfen (Gelasius I., epist. 42, 5, 8). – Als in weiterem Sinne centonenhaft kann die spätlat. Dichtung mitunter auf größere Strecken hin dann bezeichnet werden, wenn für sie die Technik einer musivischen, kunstvoll synthetischen Verknüpfung von Klassikerreminiszenzen charakteristisch ist; in diesem Sinne stellt z. B. das Werk des Rutilius → Namatianus den Idealfall eines C. dar. W. Schm.

Lit: O. Delepierre, Tableau de la littérature du centon, 2 Bde, 1874/1875 – F. Ermini, Il centone di Proba e la poesia centonaria latina, 1909 – O. Crusius, RE 3 (1899), 1929–32 – H. I. Marrou, Augustin et la fin de la culture antique (1938), 1958⁴, 498f. – J. D. Denniston-R. G. Austin, OCD, 1949, 179f. – D. Comparetti, Virgilio nel medio evo I, 1946, 65–67, 120 – K. H. Schelkle, RAC II, 1954, 972f. – R. Lamacchia, Dall'arte allusiva al centone, AeR N. S. 3, 1958, 193 bis 216 – Dies., Tecnica centonaria e critica del testo, Rend. Acc. Linc., 1958 – H. Happ, Luxurius, Diss. masch. Tübingen, 1958, 72–81 (vgl. M. Rosenblum, Luxorius, 1961, 251–254) – K. Büchner, RE 8A (1958), 1467f., s. v. Vergilius – W. Schmid, Loci similes in Rutilio Namaziano, Studi in onore di L. Castiglioni, 1960, 879–887.

Centum Cellae, Hafenstadt an der südetrusk. Küste (Kt. 1420 D 5; heute Civitavecchia), von → Trajan angelegt, der dort auch eine Villa besaß. In der Spätantike bedeutender Bischofssitz. B.A.

2. **C.** *in Spanien*, spätantikes Mausoleum, vermutlich → Constans' I. (gest. 350), bei → Tarraco, mit der frühesten erhaltenen christl. Mosaikkuppel. K. Schf.

Lit: Th. Hauschild u. H. Schlunk, Vorberichte, MM 2, 1961, 119–182 – H. G. Niemeyer und Chr. Rüger, Vorber. 2, ebd. 3, 1962, 101–118.

Centumviri, Sondergerichtshof in Privatsachen, besteht vielleicht seit 149 v. Chr., in republikan. Zeit durch magistratische lectio 3 Bürger aus jeder Tribus in die Richterliste aufgenommen, in der Kaiserzeit ausgelost; unter Trajan 180 Richter. Seit Augustus hatten die → decemviri stlitibus iudicandis, seit Tiberius ein praetor ad hastam den Vorsitz. Verhandlungen in der Kaiserzeit in der Iulia Basilica vor aufgepflanzter hasta. Verfahrensart: legis actio cum sacramento, Sponsionssumme auf 125 Sesterzen festgelegt. Zuständig bes. für Eigentums- und Erbschaftsprozesse. J.S.

Centuria, Centurio. Die C. war die kleinste und für die Verwaltung maßgebliche Einheit der röm. → Legion (= 60 Centurien); geführt vom Centurio, der entsprechend der Rangordnung innerhalb der Legion pilus, princeps oder hastatus genannt wurde. Die 60 Centurionen hatten im Kampf die wichtigste untere taktische Funktion. G.G.

Centuriatcomitien, die nach Centurien geordnete Volksversammlung in Rom, → Comitien.

Centuripae, seit dem 8. Jh. blühende Sikulerstadt im Innern Siziliens (Kt. 1420 F 10; heute Centuripe), die im 4. Jh. unter den Einfluß von Syrakus geriet und nach dessen Eroberung durch die Römer im 2. und 1. Jh. v. Chr. eine besondere Blütezeit erlebte. Zentrum der Herstellung von Terrakotten und späthellenist., in pastosen Farbtönen, hellblau und rosa, bemalter Keramik (→ Reliefkeramik B3). B.A.

Lit: G. Libertini, C., 1926 – A. D. Trendall, Metrop. Mus. Bull., 1955, 161 – G. V. Gentili, EAA II, 1959, 477.

Ceres, ital. Göttin, die früh → Demeter gleichgesetzt wurde. Ihr Name, mit *creare, crescere* verwandt, bezeichnet die Wuchskraft der Pflanzen, aber im Kult schützt sie nur die der Ernährung dienenden Pflanzen, das Gemüse und vor allem das Getreide. – Verschiedene Völker Mittelitaliens verehrten C. und verwandte Gottheiten: der Cerfus der Umbrier, der Cerus der Latiner waren männliche Formen der Ceres; in Agnone, in Samnium, verehrte man C. in einem heiligen Hain inmitten einer Gruppe von etwa fünfzehn Gottheiten, die ihr anscheinend untergeordnet waren. In Rom hat C. einen Flamen, und ihr Fest, die Cerialia, erscheint auf dem sog. Numakalender, was das Alter ihres Kultes beweist. Die latin. C. ist eng mit Tellus, der Erdgöttin, verbunden, welcher sie alte und moderne Forscher oft – zu Unrecht – gleichgesetzt haben (→ Tellus). – Allein verehrt wurde die Agrargöttin C. an ihrem großen Fest, das jährlich am 19. April stattfand: den → Ludi Ceriales; man bat sie um Förderung des Getreidewachstums im entscheidenden Moment, da die Ähre sich in der Blatthülle bildet. Im Mai, an den → Ambarvalien, feierten die Bauern ihr zu Ehren die Sühneriten der Getreidereife. Vor der Ernte opferten sie ihr eine Sau, später die Erstlinge der Ernte: diese Riten hoben die Sakralisation auf und erlaubten ihnen, sich die Früchte der Erde, das Eigentum der Göttin, die sie hatte wachsen lassen, anzueignen, ohne einen Frevel zu begehen. C. stand in enger Beziehung zu andern Agrargottheiten: zu → Ops, → Flora, → Consus, → Seia, → Segetia, → Tutilina. – Als chthonische Göttin fordert C. die Hinrichtung des Erntediebes: das Zwölftafelgesetz ordnet an, er sei zu Tode zu peitschen, um die beleidigte Göttin zu versöhnen (Plin. nat. 18, 12). C., die zusammen mit Tellus über den normalen Vollzug der Begräbnisriten wacht, ist auch eine Totengöttin: sie herrscht über den → Mundus, den Hölleneingang, durch den die Lebendigen mit dem Manenreich in Verbindung stehen (Festus 126 L.). – Vom 6. Jh. an wurde C. Demeter gleichgesetzt. Im J. 496 gelobte nach der Überlieferung der Diktator Postumius unter dem Druck einer Hungersnot, einen Tempel zu errichten, und zwar der aus Ceres-Demeter mit Liber und Libera, die Dionysos und Kore gleichgesetzt wurden, gebildeten Trias; dieser Tempel, der 493 vom Konsul Sp. Cassius geweiht wurde (Dion. Hal. 6, 17. 94), stand nahe beim Circus Maximus an der Stelle der heutigen Kirche Sta. Maria in Cosmedin (nicht, wie gewöhnlich gesagt wird, auf dem Abhang des Aventin). Das Gelöbnis, das Postumius nach Befragung der → Sibyllinischen Bücher ausgesprochen hatte, implizierte die Anerkennung der teilweise hellenisierten Schutzgottheit der Plebejer durch den Staat. Gegenüber der kapitolinischen behielt die Trias Ceres-Liber-Libera, der die plebejischen Ädilen die → Ludi Ceriales darbrachten, immer eine plebejische Färbung. C. bürgte für die Gesetze, die die Unverletzlichkeit der → Volkstribunen gewährleisteten; ihr Tempel war der religiöse Mittelpunkt der plebejischen Gemeinde. Fester als jede andere röm. Gottheit bewahrte C. während der ganzen republikanischen Zeit diesen politischen Zug, der sie zur Göttin einer sozialen Schicht machte. – Mitte des 3. Jh.s v. Chr. kam ein neuer, von Großgriechenland übernommener Kult, der von griech. Priesterinnen, denen man die röm. Staatsbürgerschaft zuerkannte, versehen wurde. Dieser ausschließlich weibliche, mystische Kult verband, wie in Griechenland, C. Demeter eng mit ihrer Tochter → Proserpina-Persephone. Jedes Jahr feierten nach einer neuntägigen Buße die weißgekleideten Matronen die ‹Entdeckung› der von Pluto geraubten Proserpina und ihre ‹Rückkehr› zur Mutter, der sie die Erstlinge der Getreideernte darbrachten (Cic. Balb. 55; Fest. 86 L.; Serv. georg. 1, 344; Tert. pall. 4 u.a.). H.LeB.

Lit: Fr. Altheim, Terra Mater, 1931 – J. Bayet, Les Cerialia, RBPh 29, 1951, 5–32; 341–366 – H. Le Bonniec, Le culte de Cérès à Rome, des origines à la fin de la République, 1958 – *Darstellungen:* → Demeter.

Cerialis → Anicius, → Petillius.

Certamen Homeri et Hesiodi → Homer.

Cervidius Scaevola, Q., praefectus vigilum 175 n. Chr., später vielleicht auch praefectus praetorio, unter Mark Aurel im Consilium (Hist. Aug. M. Aur. 11, 10); Angehöriger des Ritterstandes; z.T. wird griech. Herkunft oder Wirksamkeit in der Provinz behauptet (dagegen W. Kunkel, a.O. 217f.). → Paulus (2) und Tryphoninus sind vermutlich seine Schüler. – *Hauptwerke:* 1. *Digesten* (40 Bücher), wohl aus den Jahren 169–176. – 2. *Responsa* (6 Bücher), aus der Zeit des Severus. – Beide Werke wahrscheinlich erst nach seinem Tode herausgegeben. Die Digesten bieten in erster Linie eigenes Material; kurz, ohne dogmatische Ausführungen, «oft recht derb» (P. Krüger, a.O. 217). Die Responsa sind z.T. Auswahl aus den umfangreicheren Digesten, z.T. neuere Entscheidungen. – Weiterhin werden erwähnt: *Quaestiones* (20 Bücher), aus dem Rechtsunterricht erwachsen; ferner *Quaestiones publice tractatae* (1 Buch) und *Regulae* (4 Bücher). – Sein Schüler Tryphoninus hat zu den Digesten und Responsa Erläuterungen geschrieben. H.Hb.

Lit: O. Karlowa, Röm. Rechtsgesch. I, 1885, 733–735 – Th. Kipp, Gesch. d. Quellen d. röm. Rechts (1896), 1909³, 134f. – P. Krüger, Gesch. d. Quellen u. Lit. d. röm. Rechts (1888), 1912², 215–220 – M. Kaser, Röm. Rechtsgesch., 1950, 171 – W. Kunkel, Herkunft u. soz. Stellung d. röm. Juristen, 1952, 217–219 – L. Wenger, Die Quellen d. röm. Rechts, 1953, 511f. – F. Schulz, Gesch. d. röm. Rechtswissenschaft, 1961, 294f. – W. Kunkel, Röm. Rechtsgesch. (1952), 1964⁴, 108.

Cestius (Epulo), C., Volkstribun, Prätor und Septemvir epulonum unter Augustus. Seine Grabpyramide an der via Ostiensis (Dessau 917). Bestimmte u.a. M. Vipsanius → Agrippa (1) zu seinem Erben. U.Wm.

2. **C. Gallus,** C., cos. suff. 42 n. Chr. Legat von Syrien 65 (63?)–67. Versuchte 66 den Frieden in Iudaea herzustellen. Nach der vorzeitig abgebrochenen Belagerung von Jerusalem erlitt er auf dem Rückzug schwere Verluste. Nach seinem Tode (Frühj. 67) übernahm → Vespasian die Kriegsführung. U.Wm.

3. **C. Pius,** Rhetor der augusteischen Zeit aus Smyrna, bissig und eitel – über Cicero dünkte er sich erhaben (Sen. suas. 7, 12) –, von seinen Anhängern umschwärmt und imitiert. Proben seiner Deklamationen beim älteren → Seneca (1). R.T.

Frg: ORFr (Meyer) 537–539 – *Lit:* Schanz-Hosius II 352.

Cethegus → Cornelius.

Chabrias, athen. Feldherr, seit 390/389 v. Chr. erfolgreich in Thrakien, der Peloponnes, auf Ägina, Cypern (zur Unterstützung des → Euagoras 388–386), in Ägypten (als Bundesgenosse des Königs gegen die Perser), gegen die Spartaner in Böotien (379–377) und bes. in der Seeschlacht von Naxos (376), brachte zahlreiche Städte zum Anschluß an den 2. → Attischen Seebund. Ab 369 kämpfte er gegen die Thebaner; 366 wurde er angeklagt und freigesprochen.

360 war er als Führer der Flotte noch einmal in Ägypten. 357 fiel er, tapfer kämpfend, im Hafen von Chios. Demosthenes (20,75ff.) preist ihn als Feldherrn. E. Bn.

Q: Nep. Chabr.

Chaerea → Cassius.

Chairemon, Tragiker, um 400 v. Chr. Überliefert sind 9 Titel, wohl primär von → Satyrspielen. Den ‹Kentauros› bezeichnet → Aristoteles (poet. 1.1447 b21) als eine ‹aus allen Metren gemischte Rhapsodie› (Nähe zum Epos?), die Stücke allgemein charakterisiert er rhet. 3, 12. 1413 b13 als → Lesedramen. E.-R. Sch.

Frg: TGF 781–792.

2. **Ch. von Alexandria,** → Stoiker und ägypt. Priester (Hierogrammateus), wohl seit 49 n. Chr. Lehrer des späteren Kaisers → Nero (1), Verfasser eines Buches über die Hieroglyphen und eines über ägypt. Geschichte. Beide Bücher wurden wegen ihrer philosophisch stoisierenden Exegesen ägypt. Dinge noch in der Spätantike, bes. von → Porphyrios in mehreren Schriften benutzt. Nach Orig. c. Cels. 1, 59 hat er auch eine astrologische Schrift über die → Kometen verfaßt. O. G.

Ed: FGrHist 618 – *Lit:* H. R. Schwyzer, Chairemon, Klass.-Phil. Studien 4, 1932.

Chairestratos, Bildhauer von Rhamnus, bekannt und ungefähr datiert durch eine signierte Marmorstatue der Themis, die (von einem Megakles geweiht) im alten Tempel des Heiligtums der Nemesis von Rhamnus stand und daselbst gefunden worden ist (heute Nat. Mus. Athen). Der in der Weihinschrift angegebene Vater des Ch. scheint mit dem *Χαιρέδημος* identisch zu sein, der auf einer auf d. J. 315/314 datierten Inschrift (IG II² 2726) genannt ist. Der auf einem Dekret von Oropos aus d. J. 328/327 genannte *Χαιρέστρατος Χαιρεδήμου* müßte dann wohl der Vater des letztgenannten, d. h. der Großvater des Bildhauers sein. Trifft diese Genealogie zu, war der Bildhauer der Statue um 300 v. Chr. oder bald danach tätig: ein Zeitansatz, der dem neuen, schlichten Stil der Statue, der frühhellenistischen Reaktion auf das Pathos der Alexanderzeit, entspricht (vgl. Demosthenesstatue des → Polyeuktos). – Auf einem Fragment einer Marmorstütze (?) in Delphi signierte ein Ch. als Athener. Es kann sein, daß es sich um das Werk (oder die Kopie eines Werkes) desselben Bildhauers handelt, der außerhalb Attikas anstatt mit dem Demotikon mit dem Ethnikon signierte. E. Bg.

Lit: A. Wilhelm, Themis u. Nemesis in Rhamnus, ÖJh 32, 1940, 200–209 – Lippold, GrPl, 302 – Marcadé I 11 f. – L. Guerrini, EAA II, 1959, 331 f.

Chairis, Grammatiker der aristarchischen Schule, vermutlich 1. Jh. v. Chr. Kommentierte Homer, Pindar und Aristophanes. Sein Sohn Apollonios erklärte hom. Glossen. H. E.

Frg. u. *Lit:* R. Berndt, De Charete, Chaeride, Alexione grammaticis eorumque reliquiis I, Diss. Königsberg 1902.

Chairon, Ringkämpfer und Schüler → Platons, ca. 332 vor Chr. mit maked. Einverständnis Tyrann von → Pellene (bis 313?). E. Bn.

Chaironeia, Stadt im westl. → Böotien (Kt. 1152 D4), Heimat des → Plutarch. 338 v. Chr. Sieg → Philipps II. von Makedonien über die Athener und Thebaner. Über einem Massengrab in der Schlacht gefallener Thebaner oder Makedonen der heute wieder aufgerichtete ‹*Löwe von Ch.*› (8,5 m hoch, aus dem Anf. der hellenist. Zeit). 86 v. Chr. Sieg → Sullas über → Archelaos (2), den Feldherrn → Mithradates' VI. E. M.

Lit: G. Sotiriades, Das Schlachtfeld v. Ch. u. d. Grabhügel d. Makedonen, AM 28, 1903, 301–330 – N. G. L. Hammond, The two battles of Ch. (338 and 86 b. C), Klio 31, 1938, 186–218.

Chaldäer (akkad. Kaldu), semit. Nomadenstamm im südl. Euphratgebiet. Die Ch. dringen seit ca. 1000 v. Chr. nach Norden vor, drängen die babylon. Bevölkerung in die alten Städte zurück und werden in dauernde Kämpfe mit den → Assyrern verwickelt. Nach deren Niederlage gegen die → Meder (625) begründen sie ein neues babylon. Reich, das sie unter → Nebukadnezar (604–562) nach Westen bis Ägypten ausdehnen können. Auf diesen Kriegszügen wird Jerusalem erobert und werden die → Juden (A9) in die ‹Babylon. Gefangenschaft› geführt (597 v. Chr.; 2. Kön. 24 f.). Dieses Reich war nur von kurzer Dauer; schon 538 fiel es den → Persern zu. Aber der Name Ch. blieb bewahrt. Von der Zeit → Alexanders (5) d. Gr. an bezeichnete er eine Art Priesterkaste, der das Volk hohes Alter und magische und astrologische Kenntnisse zuschrieb (vgl. bes. Diog. Laert. 1, 1 u. 6 und den wohl aus → Poseidonios geschöpften Bericht des Diodor 2, 29–31). Daher wird der Name Ch. von hellenist. Zeit an, bes. in Rom, für die → Astrologen gebraucht. E. B.

Ed: W. Kroll, De oraculis Chaldaicis, 1894.

Chaldäische Orakel (*Λόγια τῶν Χαλδαίων*, Oracula Chaldaica), eine in Zitaten der Neuplatoniker fragmentarisch erhaltene Sammlung hexametrischer → Orakelsprüche, die in sich pythagoreische, platonische, stoische und orientalische Elemente vereinigen und der Rechtfertigung theurgischer Praktiken zu dienen suchen. Sie ist mit großer Wahrscheinlichkeit das Werk des zur Zeit → Mark Aurels lebenden Theurgen Julianus, der in ihr Mahnungen der Götter empfängt. E. V.

Ed: W. Kroll, De oraculis Chaldaicis ,Breslauer philologische Abhandlungen VIII 1, 1894 – *Lit:* bei Nilsson II 479 Anm. 1 – W. Theiler, Die Chaldäischen Orakel und die Hymnen des Synesios, 1942.

Chaleb → Aleppo.

Chalkaspiden → Argyraspiden.

Chalkedon → Kalzedon und → Kalchedon.

Chalkeia, ein volkstümliches att. → Fest der → Athena Ergane, Patronin des Handwerks, am 30. Pyanopsion (Sept. bis Okt.) von allen Handwerkern, bes. den Metallarbeitern, gefeiert. → Hephaistos scheint kultisch dabei nur eine untergeordnete, nicht offizielle Rolle gespielt zu haben. F. R. W.

Lit: Nilsson, I 440 – L. Deubner, Att. Feste, 1932, 35 f.

Chalkidike, gebirgige Halbinsel vor der Küste → Makedoniens (Kt. 1152 D2), die in drei weitere schmale Halbinseln ausläuft, von O nach W: → Akte (mit dem Berg → Athos), Sithonia und Pallene mit thrakischer und griech. Bevölkerung (seit Mitte des 8. Jh.s von → Chalkis und → Eretria besiedelt, genannt nach den griech. Siedlern aus Chalkis). Zumeist nur kleine Orte, die wichtigsten → Stageiros, → Akanthos, → Poteidaia und → Olynthos. E. M.

Lit: A. B. West, History of the Chalcidic League, 1918 – D. Zanglis, *Χαλκιδική*, 1956.

Chalkidios → Calcidius.

Chalkidische Vasen, Gattung schwarzfiguriger V. der 2. H. des 6. Jh.s v. Chr. – Nach dem Alphabet der Inschriften gilt → Chalkis als Entstehungsort, obwohl Funde nur in chalkid. Kolonien Unteritaliens, nicht in Chalkis selbst gemacht wurden. Die meisten ch. V. stammen aus etrusk. Gräbern. – Vorherrschende Gefäßformen sind Hydria, Amphora und Krater mit Bügelhenkeln (‹chalkid. Form›). – Elegante Linienführung und eine Vorliebe für Ornament- und Tierkompositionen bezeichnen den Stil. Daneben stehen originelle Mythenbilder von zwar altüberlieferter Typik, aber frischer Schilderungsweise (→ Phineusschale). – Technik: Ton orange, → Firnis bei gutem Brand glänzend schwarz; Konturritzung selten, reiches Deckrot und -weiß. I. Sch.

Lit: A. Rumpf, Ch. V., 1927 – H. R. W. Smith, The Origin of Chalkidian Ware, Univ. of Calif. Publ. Class. Archaeol. I 3, 1932 – J. Boardman, Early Euboean Pottery, BSA 52, 1957, 12–14 – Ders., JHS 57, 1962, 138.

Chalkina (*χάλκινα*), Bezeichnung für ‹Geld› bei den Alexandrinern (nach Epiphanios, 392 n. Chr.), was darauf hindeutet, daß dort noch in der Spätantike die Erinnerung an das Hauptumlaufsmittel Ägyptens in ptolemäischer Zeit, die Kupfermünze, weiterbestand. W. Schw.

Lit: Babelon, 389. 460 – K. Regling, in: v. Schrötter, 99.

Chalkis, wichtigste Stadt auf der Insel → Euböa, am → Euripos an der engsten Stelle der Meerenge gelegen (Kt. 1152 E4). In frühgeschichtlicher Zeit sehr bedeutend, viele → Kolonien (→ Kyme, → Naxos, → Katane, → Leontinoi, → Messene (Zankle), → Rhegion, auf den nördl. → Sporaden, der nach Ch. benannten Halbinsel → Chalkidike). Im 7. Jh. Krieg mit → Eretria (→ Lelantischer Krieg). Im 1. → Att. Seebund, 446 Abfall von Athen, Besiedlung mit att. Kleruchen. In hellenist. Zeit wichtiger Stützpunkt der makedon. Macht in Griechenland. E.M.

Lit: J. Boardman, Early Euboean pottery and history, BSA 52, 1957, 1–29.

Chalkotona. Die ‹Erzspanner› waren → Geschütze, die durch die Biegungselastizität gehämmerter Bronzefedern wirkten; kaum allgemein eingeführt. W.K.

Q: Phil. Mech. Bel. 67,43; vgl. 56,22.

Chalkūs (*χαλκοῦς, χαλκοῖ*), Bezeichnung für eine Bronzemünze, oft allgemein, aber auch nicht selten für eine bestimmte Münze (Poll. Onom. 4,175 und 9,65–66. 81). In Athen kam der → Obolos auf 8 Bronzechalkoi. In der Zeit Alexanders d. Gr. gingen im allgemeinen wohl 6 Chalkoi auf einen Obolos. – In Sizilien war der Ch. ein Zwölftel der → Litra und hieß dort → Uncia. In Priene gingen 16 Ch. auf den Obolos. – Bronzemünzen des Antiochos IV. Balas von Syrien sind mit *χα* (in Monogrammform) bezeichnet. – *χαλκοῦς, χαλ* oder *χ* steht auf Bronzemünzen Agrippas II. v. Judaea, und *χ* auf kleinen Bronzemünzen v. Klazomenai bezeichnet sie ebenfalls als Ch. W. Schw.

Lit: Babelon, 460–463 – Head, 390f. – W. Kubitschek, RE 3 (1899), 2098–99 – K. Regling, in: v. Schrötter, 99f. – M. N. Tod, Num. Chron. VI 5, 1945, 116; 6, 1946, 47ff. (Lit); 15, 1955, 125ff. – L. Breglia, Numismatica antica, 1964, 121.

Chalyber, volkreicher Stamm am Südostufer des Pontos, für große Kunst der Metallbearbeitung berühmt.

Chamaileon von Herakleia am Pontos, ca. 340–270, → Peripatetiker, baute bes. die peripatetische Literaturgeschichte aus mit Schriften über → Homer, die Lyriker (→ Sappho, → Stesichoros, → Lasos, → Pindar, → Simonides (1), → Anakreon), die Tragiker (→ Thespis, → Aischylos, Monographie über die → Satyrn), und die → Komödie. Neben die Erklärung schwieriger Stellen tritt die Auswertung der Werke für die Biographie. Die Traktate ‹Über die Lust›, ‹Über Trunkenheit› und eine Mahnschrift zur Philosophie (Protreptikos) waren wohl Neufassungen aristotelischer Titel; eine Abhandlung ‹Über die Götter› nimmt einen Titel → Theophrasts auf. Nennenswerten Einfluß hatten lediglich die literaturgeschichtlichen Werke. O.G.

Frg: F. Wehrli, 1957 (mit Kommentar).

Chaos (‹gähnende Leere›), das am Anfang alles Seins ‹wurde› (*ἐγένετο*) und aus dem Erebos (Finsternis) und Nyx (Nacht) hervorgingen (Hes. theog. 116. 123). Nach anderen entsteht das Chaos aus dem Dunkel. In der bestehenden Welt ist Ch. der Weltraum (Hes. theog. 700), der Luftraum oder der Hades. K. Schb.

Lit: H. Schwabl, RE Suppl. 9 (1962), 1433.

Charax, A. Claudius, griech. → Geschichtsschreiber (I C 1) aus Pergamon; lebte unter Hadrian, Antoninus Pius, Mark Aurel; bekleidete hohe Reichsämter, war Konsul (i. J. 147) und Priester. Verfaßte eine griech. (und röm.?) Geschichte in 40 Büchern (mit ‹historischer› → Mythendeutung), woraus die ‹Chronika› (wohl mindestens 11 Bücher) epitomiert wurden. Von Stephanos v. Byzanz und den Byzantinern benutzt. W. Sp.

Frg: FGrHist 103 m. Add. z. II AB (in: III B) – *Lit:* PIR II 189 – J. et L. Robert, Bulletin épigraphique, REG 74, 1961, 215f.

Chares, athen. Feldherr (seit 366 v. Chr.), Söldnerführer und Haudegen, klagte im → Bundesgenossenkrieg (1) nach der Schlacht bei Embata (356) seine Mitfeldherren → Iphikrates und → Timotheos (1) an. In den folgenden Jahren war er einer der militärischen Führer gegen → Philipp II. v. Makedonien: bei Olynth (349), wiederholt in Thrakien, vor Byzanz (340) und – als Befehlshaber der Athener – bei Chaironeia (338). Als 335 → Alexander (5) d. Gr. seine Auslieferung forderte, floh er nach Asien, kämpfte 332 auf pers. Seite und starb wohl einige Jahre später. E. Bn.

Lit: Berve II 403f. – H. W. Parke, Greek Mercenary Soldiers, 1933.

2. **Ch.,** ‹der Gnomiker›, Spruchdichter, von dem etwa 50 verstümmelte Zeilen auf einem Papyrus des frühen 3. Jh.s v. Chr. erhalten sind. Vgl. → Hellenist. Dichtung B [4].

Frg: Coll. Alex. 223. P. H.

3. **Ch.,** Schüler und Freund des → Apollonios (11) Rhodios. Verfaßte ein Werk über die in den Argonautika erwähnten Sagen und eine von → Sextus Empiricus benutzte grammatische Abhandlung. – Vgl. → Chairis (Lit). H. E.

4. **Ch. v. Mytilene,** Hofbeamter (*εἰσαγγελεύς*) → Alexanders d. Gr. Verfasser einer Alexandergeschichte in mindestens 10 Büchern, in der wohl das Interesse für Hof und Person Alexanders, Novellenhaftes und Merkwürdiges, Militärisches und Politisches überwog. Scheint von → Kleitarchos, → Aristobulos (3), → Duris (2) benutzt zu sein. W. Sp.

Frg: FGrHist 125 – *Lit:* Schwartz, RE 3 (1899), 2129 – Berve I Nr. 820 – Vgl. → Geschichtschreibung II B (Lit).

Charidemos, aus Euböa stammender Söldnerführer, kämpfte seit 368 v. Chr. abwechselnd für die Athener, die ihn u. a. mit dem Bürgerrecht auszeichneten und mehrmals zum Strategen wählten, und gegen sie, bes. im Dienst der Thrakerkönige Kotys und Kersobleptes, und verdingte sich auch an die Perser. Als 335 → Alexander (5) d. Gr. seine Auslieferung verlangte, floh er zum Perserkönig, der ihn 333 wegen seiner freimütigen Kritik an den gegen Alexander d. Gr. getroffenen Maßnahmen hinrichten ließ. E. Bn.

Lit: Berve II 406f. – H. W. Parke, Greek Mercenary Soldiers, 1933.

Charinos, einer der wenigen signierenden Töpfer von Kopfgefäßen, tätig in Athen um 500 v. Chr. (→ Vasen E4). Seine Oinochoën und Krüge haben vorwiegend die Form von Neger- oder Mädchenköpfen, letztere ähneln im Stil gleichzeitigen Akropoliskoren. Plastische Modellierung und aufgemalte Ornamentik seiner Werke sind von subtilem Reiz. I. Sch.

Lit: J. D. Beazley, Ch., JHS 49, 1929, 43–45.

Charisius, Flavius Sosipater, lat. Grammatiker, ca. 4. Jh. Er verfaßte ein zum weitaus größten Teil erhaltenes umfangreiches Lehrbuch der Grammatik, in das er oft große Stücke aus älteren Grammatiken wörtlich übernommen hat. Vielfach stehen verschiedene Quellen zum gleichen Thema nebeneinander. Daher bietet dieses Werk günstige Ansatzpunkte für die Rekonstruktion seiner heute verlorenen Quellen (→ Remmius Palaemon). D. F.

Ed: K. Barwick, 1925 – *Lit:* K. Barwick, Remmius Palaemon und die röm. ars grammatica, Philol. Suppl. 15,2, 1922 – Schanz-Hosius IV 1, 149–152.

Charisma (*χάρισμα*). Als Ch. bezeichnet Paulus die vielgestaltigen Gaben des Einen Geistes Gottes, unter denen er wesenhaft auch die kirchlichen Ämter sieht (vgl. z. B. 1. Kor. 12); doch hat sich – zumal in der nachapostolischen Zeit bis in das 3. Jh. hinein – in dem Maße eine zu Konflikten führende Spannung eingestellt, als sich die kirchlichen Ämter im Zusammenhang der entstehenden Kirchenordnungen verfestigten und die Führung und Kontrolle über die freien Charismatiker beanspruchten. Vgl. → Amt; Christentum III A 1. U. W.

Lit: Campenhausen, Amt – E. Käsemann, Amt und Gemeinde im NT, in: Exeget. Versuche und Besinnungen I, 1960, 109–134.

Chariten, *Grazien*, griech. Göttinnen, die Anmut, Liebreiz und Frohsinn verkörpern. Meist erscheinen sie in der Dreizahl, oft im Gefolge der → Aphrodite. Ihre Namen bei Hesiod theog. 809: Aglaia, Euphrosyne, Thalia. K.-H. R.

Chariton von Aphrodisias (Kleinasien) war Sekretär eines Rhetors und schrieb einen Roman ‹Chaireas und Kallirhoe›. Das Werk ist für die religionsgeschichtliche Auslegung (→ Roman, 2) der einzige erhaltene Liebesroman, der sich nicht auf ein Mysterienritual bezieht. Ch. war daher frei in der Führung der Handlung; z.B. geht die von ihrem Gatten getrennte Kallirhoe eine zweite Ehe ein, was in einem Mysterienroman unmöglich wäre. Auch gibt es Ansätze zur Charakterzeichnung, z.B. des zweiten Gatten der Kallirhoe, Dionysios. Die Requisiten der Handlung sind aber die üblichen: Scheintod und Begräbnis, Entführung durch Seeräuber, Kreuzigung und Rettung, Prozeß, Krieg, Wiederfinden und Heimkehr. Richtig attisch zu schreiben hat Ch. nicht gelernt, er hat aber die Klassiker gelesen und übernimmt aus ihnen viele Wendungen. Er läßt seinen Roman in der Zeit nach der sizilischen Expedition spielen. Durch Papyrusfunde ist gesichert, daß Ch. spätestens um 200 n.Chr. geschrieben hat. Papanikolaou hat vor kurzem aus stilistischen Erwägungen den Ch. ins 1.Jh.v.Chr. datieren wollen. Andererseits nimmt Petri an, daß Ch. in gewissen Episoden von den erhaltenen Romanen des → Xenophon (3) von Ephesos, → Achilleus (3) Tatios und → Iamblichos (2) abhängig ist, aber den Mysteriensinn der betr. Episoden nicht verstanden hat (→ Roman, 2). R.Mk.

Ed: E.Blake, 1938 – *Lit:* B.E.Perry, AJPh 51, 1930, 93–134 – R.Petri, Über den Roman des Ch., 1963 – A.Papanikolaou, Zur Sprache Ch.s, Diss. Köln 1962 (masch.).

Charon, Fährmann, der die Toten über den Grenzfluß (→ Styx oder → Acheron) der Unterwelt (→ Hades) setzt; als Fährgeld legte man den Toten einen Obolos in den Mund. Vielleicht ein alter Totengott. Lebt heute in der griech. Volkssage noch als Charos oder Charontes.

Lit: J.Fontenrose, Python, 1959, 477ff. – *Darstellungen:* oft auf weißgrundigen Lekythen und etrusk. Grabdenkmälern: K.Schauenburg, JdI 73, 1958, 53f. K.Schb.

2. **Ch. von Lampsakos,** (jüngerer?) Zeitgenosse des → Thukydides (die sich widersprechenden antiken chronologischen Angaben über ihn sind sicher unrichtig), verfaßte eine Lokalchronik seiner Heimatstadt → Lampsakos (nur daraus längere Fragmente erhalten); eine Universalchronik am chronologischen Leitfaden der spartan. ‹Prytanen›, d.h. wohl der eponymen → Ephoren; Persika, Aithiopika, Kretika, Libyka und Hellenika (?). K.v.F.

Frg.u.Komm: FGrHist 262.

Charondas, v. → Katane; neben → Zaleukos und → Solon einer der berühmtesten griech. Gesetzgeber (6.Jh.v.Chr.); die Gesetzgebung, die er für Katane schuf, wurde von den chalkidischen Städten des Westens übernommen, namentlich von → Rhegion, wo Ch. im Exil lebte. Er vereinigte die Vorschriften des Gewohnheitsrechts (*νόμιμα Χαλκιδικά*) zu einem Gesetzbuch, setzte die Geldstrafen genau fest und gab so den chalkidischen Städten gemäßigte, auf eine Handelsoligarchie zugeschnittene Gesetze; sie dienten lange als Muster in der griech. Welt (die Chalkidier Thrakiens beriefen Androdamas v. Rhegion als Gesetzgeber zu sich). Es ist schwer, sich von der Gesetzgebung des Ch. ein genaues Bild zu machen, da viele pythagoreische Lehren sich in die Tradition eingeschlichen haben. R.V.C.

Lit: B.Pace, Arte e civiltà della Sicilia antica III, 1945, 248–257 – G.Vallet, Rhégion et Zancle, 1958, 313–320.

Charonische Stufen (auch ‹Acherontische Stiege› genannt), unterirdischer Gang unter der Bühne des → Theaters (B 3). K.G.K.

Charun, etrusk. Dämon, der den Namen des griech. Fährmannes Charon trägt, jedoch nicht die gleiche Rolle spielt; auf den etrusk. Grabmalereien und Sarkophagen ist C. mit schrecklichen Gesichtszügen dargestellt; er trägt einen Hammer, mit dem er den tödlichen Stoß versetzt. Er ist es, der den Toten raubt und in die Unterwelt entführt. H. Le B.

Lit: F. de Ruyt, Charun, démon étrusque de la mort, 1934.

Charybdis, Meeresstrudel, d.h. ein dreimal täglich das Meer einschlürfendes und ausspeiendes Ungeheuer, gegenüber der → Skylla, an dem → Odysseus (Od. 12, 101ff.; 235ff.; 426ff.) und → Jason (Apoll.Rhod. 4, 787f.; 823f.) vorbeifahren müssen. Meist in die sizilische Meerenge verlegt (Strab. 6, 2, 9, p. 275). K.Schb.

Chatten, mächtiger german. Stamm mit Hauptsitzen an der unteren Eder, an Fulda und Schwalm, Kernvolk der Hessen. Gegen ihre Macht wandte sich → Domitian in zwei Feldzügen, die zur Errichtung erster → Limeslinien führten. Vgl. → Germanen (B 1). L.B.-H.

Lit: s. zu → Germanen.

Chauken, german. Stamm an der Nordseeküste zwischen Ems und Elbe (Kt. 1057 CD2), auf künstlichen Wohnhügeln (Wurten) lebend. Suchten 47 n.Chr. mit Piratenschiffen die gallische Küste heim (Tac. ann. 9, 18f.), gingen wahrscheinlich in den → Sachsen auf. L.B.-H.

Lit: s. zu → Germanen.

Chazael → Hazael.

Chelone (*χελώνη*), Schildkröte. Volkstümlicher Name für die Münze der Insel Aigina, nach ihrem Prägebild. Schon von Poll. 9, 74 und Hesych. s.v. so bezeichnet. – Eine neuere Hypothese (G.Welter) gibt eine nicht unwahrscheinliche Erklärung für dieses bisher durchaus ungedeutete, eigentümliche Münzbild der frühesten Silbermünzen Europas und seine Herkunft: In der Zeit vor dem Beginn der eigentlichen aiginetischen Münzprägung wurden wohl bildlose Silberbarren in Gestalt leicht zu gießender Halbkügelchen im Handel vorgewogen und vom Volke wegen ihrer an die Schildkröte erinnernden Form vielleicht so genannt. Später wurde das erste geprägte Silbergeld wirklich mit dem Bild einer Schildkröte geschmückt. W.Schw.

Lit: Babelon, 509 – K.Regling, in: v.Schrötter, 101 – G.Welter, Aiginet. Schildkröten, AA 1954, 28–30.

Chemie. Von einer Ch. im modernen Sinne kann man für die Antike nicht sprechen. Es gab zwar schon früh eine chem. Technik (s.u. 1, 2; → Metalle B. C, → Färben, → Töpferei u.a.), jedoch konnten die zur Wirkung gebrachten chem. Reaktionen nicht als solche erkannt werden. Ansätze zu einer chem. Theorie finden sich in den Elementenlehren der Griechen (vgl. → Mineralogie), und aus der Auseinandersetzung mit diesen (bes. der aristotelischen) und der Alchemie (s.u. 3) erhielt die neuzeitliche Ch. ihre wesentlichen Impulse, die sie über das rein technische Wissen von Antike und MA hinausführten. Für diesbezügliche Einzelheiten → Elementenlehre.

[1] Bis weit in die Neuzeit hinein beruhte die *chem. Technik und Industrie* auf der Auswertung empirisch (durch Zufall oder Probieren) gewonnener Kenntnisse von chem. Reaktionen – meist unabhängig und unbeeinflußt von etwa gleichzeitig vorhandenen Theorien, wie sie erstmals von Griechen aufgestellt wurden. Die Produkte sind jedoch, soweit eine Nachprüfung möglich ist (→ Materialien), von erstaunlicher Güte. Teilweise läßt sich auch eine stetige Verbesserung der technischen Verfahren an Funden aus verschiedenen Zeiten nachweisen (bes. → Glas; in der Metalldarstellung wohl z.T. durch die mangelnde Ausweichmöglichkeit auf andere Lagerstätten erzwungen: so berichtet Strabon [9, 1, 23], daß nach dem Erschöpfen des Silber-Bergwerks von Laurion dessen Haldenbestände neu verhüttet wurden). Detaillierte Rezepte sind jedoch wohl nur selten außerhalb der Fachwelt bekannt geworden (aus Keilschrifttafeln kennen wir solche etwa zur Herstellung von Tonglasuren seit dem 17.Jh.v.Chr.); sie wurden verständlicherweise größtenteils geheimgehalten, enthielten andererseits aber auch z.B. für die Metalldarstellung lokal bedingte Eigenheiten, die ohne brauchbare Theorie bei der Übertragung auf Erze anderer Lagerstätten oft zu Mißerfolgen hätten führen müssen und wohl auch geführt haben. In den seltensten Fällen konnten nämlich die Hauptbestandteile der Mineralien (etwa die Metalle) als solche erkannt werden; denn analytische Bestimmungsmethoden wurden zwar als praktische Prüfmethoden (→ Metalle B 1, Mineralogie, 4) zur Unterscheidung der wertvollen Stoffe (s.u. 2) von ihren Fälschungen wohl schon vor den Griechen entwickelt, und auch ihr theoretischer Wert zur Be-

stimmung chem. (und physikalischer) Eigenschaften eines Stoffes und damit des Stoffes selbst wurde von den Griechen erkannt (nach Ansätzen bei Platon, Tim. 61 C 3 ff., von Aristoteles, meteor. 4 – jeweils im Anschluß an eine Theorie zur Mineralgenese [→ Mineralogie, 2, 4], was m. E. für die Echtheit des Buches spricht, das heute allgemein → Theophrast oder → Straton (2) von Lampsakos zugesprochen wird); aber entsprechend ihren Elementenlehren konnten diese Methoden nur zur Bestimmung der vier ‹Elemente› Erde, Wasser, Luft und Feuer und deren Mischungsverhältnissen in den natürlichen Stoffen dienen. So kann es auch nicht verwundern, daß von solchen Rezepten, die sich wegen ihrer allgemeinen Anwendbarkeit – teils unvollständig, mißverstanden oder zwecks Geheimhaltung (Decknamen) schon von der Quelle her unverständlich – in antiken Schriften zur → Mineralogie, Pharmakologie (→ Dioskurides (2); aus dem 17. Jh. v. Chr. die ägypt. Papyri Smith und Ebers) und → Architektur (Vitruv) finden und auf Grund einer Identifizierung der genannten Mineralien nachgeprüft werden können, manche zu den versprochenen Produkten führen, während man nach anderen solche erhält, die mit den versprochenen nur farbliche oder andere Eigenschaften gemeinsam haben. Daneben mußten der Antike solche Stoffe als gleich gelten, die zur Herstellung gleicher Produkte dienten, z. B. zur → Glas- und Seifenherstellung u. a. Pflanzenasche (Pottasche K_2CO_3) bzw. (natürliche) Soda (Na_2CO_3); vgl. Plin. nat. 31, 107.

[2] Neben dieser allgemeinen scheint sich schon früh eine speziellere chem. Technik herausgebildet zu haben, die sich der Fälschung wertvoller Stoffe (Edelsteine und -metalle, Farbstoffe) widmete. Bekannt sind uns solche *Fälscherrezepte* aus den beiden griech. Papyri (Pap. Holmiensis und Leidensis) des 3. Jh.s n. Chr., die aus Grabbeilagen eines ägypt. Fälschers stammen (sie waren also nicht für eine literar. Verbreitung gedacht; vgl. auch z. B. Plin. nat. 37, 197); sie enthalten z. T. jedoch nachweisbar älteres, teilweise magisch gefärbtes Material (→ Bolos v. Mendes = Ps. Demokrit; vgl. VS 68 B 300) und behandeln, sich ergänzend, hauptsächlich Fälschungen von Gold, Silber, Edelsteinen und Farbstoffen. Das ‹Goldmachen› (χρυσοποιία) z. B. umfaßt Rezepte für einfaches Plattieren, Vergolden (mit Blattgold und Goldstaub), für Gold- (bes. → Elektron) und goldähnliche Legierungen (Messing, Bronze u. a.). Das Endprodukt wird in den Rezepten zwar als ‹Gold› bezeichnet, und oft wird angegeben, bei Anwendung welcher Prüfmethoden selbst ein Fachmann (τεχνίτης) getäuscht wird; es wird jedoch stets als Fälschung hingestellt, nie behauptet, daß tatsächlich Gold entstehe (dagegen s. u. 3). – Ausgangsmaterial solcher Rezepte zum Gold- und Silber-‹machen› durch Legierungen waren entweder andere Metalle, die ‹gefärbt› wurden (aus Kupfer z. B. entstehe durch ‹Weißung› [λεύκωσις] – mit Hilfe von Arsen-, Zinn- oder Bleiverbindungen – Silber, durch [Feuer-] Gilbung [ξάνθωσις] Gold), oder das Edelmetall (bzw. eine Edelmetall-Legierung) selbst, das durch Zusätze von geeigneten anderen Metallen oder Metallverbindungen ‹verdoppelt› (‹verdreifacht› usw.) wurde. Diese Substanz, die andere Metalle gold oder silber ‹färben›, ihre Farbe dem ganzen Gemisch – wie ‹Hefe› (μᾶζα) dem ganzen Teig – zuteilen kann, wurde μᾶζα (lat. massa) genannt.

[3] Diese ‹Masse› spielt dann eine entscheidende Rolle in der antiken und mittelalterl. *Alchemie*, deren Entstehen im griechisch sprechenden Ägypten wohl auf das 2.–3. Jh. nach Chr. anzusetzen ist. Sie gibt ursprünglich eine religiös-synkretistische Deutung der in den Fälscherrezepten (s. o. 2) angegebenen chem. Prozesse mit Hilfe naturphilosophischer Anschauungen der Griechen, die über stoische und neuplatonische Lehren in den → Synkretismus Ägyptens eingegangen waren. Im einzelnen lassen sich die alchemist. Vorstellungen der Antike allerdings noch nicht von denen späterer Zeiten abgrenzen. Das Material liegt nur sehr unvollständig vor, außerdem wurden die alchemist. Schriften wegen ihres technischen Charakters im Laufe der Tradition mindestens in der Terminologie und den damit zusammenhängenden Vorstellungen jeweils dem neuesten Stand angepaßt und nicht als ‹Literatur› tradiert. – Nach den nicht-atomistischen und -korpuskularen griech. Elementenlehren entstehen alle Stoffe entweder durch Änderung der Qualitäten aus *einem* Urstoff, oder sie sind nur qualitativ (bei Platon quantitativ) unterschiedene Arten des Urstoffes (der πρώτη ὕλη bei Aristoteles), der durch Umschlag einer der Qualitäten Feucht/Trocken und Kalt/Warm (bzw. bei Platon durch eine andere Zusammensetzung der Urdreiecke) von einem ‹Element› zu einem anderen wird. Ändert sich also eine der Qualitäten, so wandelt sich der Stoff. Manche Stoffe sind nach Aristoteles (vgl. gen. corr. 1, 10, 328 b 6 ff.) so beschaffen, daß sie beim ‹Mischen› (μῖξις) nur mit ihren Eigenschaften (als εἶδος) wirken: So verschwinde das Zinn stofflich fast gänzlich in der Bronze, nur seine farblichen Eigenschaften gingen (sc. beim Verschmelzen) auf das Kupfer über und machten es zu → Bronze. Ähnlich wirkt dann den Alchemisten die μᾶζα: Sie übertrage den Zusätzen oder unedlen Ausgangsprodukten ihre Eigenschaften und mache sie zu Gold bzw. Silber (Transmutation). Es gelte also nur, die μᾶζα zu finden (→ Stein der Weisen), die nach Art eines Ferments möglichst vielen anderen Stoffen die (farblichen) Eigenschaften des Goldes bzw. Silbers überträgt. – Jedoch könne nicht der Mensch diesen Prozeß des ‹Goldwerdens› künstlich (technisch, d. h. *gegen* die Natur) bewirken, nur die ‹Natur› könne es im Sinne griech. → Naturwissenschaft (C 1–3; vgl. → Mineralogie, 4): ἡ φύσις τὴν φύσιν νικᾷ, heißt es immer wieder in den alchemistischen Schriften: «(Nur) die Natur (selbst) besiegt die Natur», wodurch der Prozeß ‹natürlich› wird. Die einzelnen Phasen des chemischen Prozesses werden allegorisch und märchenhaft umschrieben: Die (Götter der) Natur müssen durch Beschwörungen und mystische Zauberei, die orientalischen Komponenten des Synkretismus, oder durch Gebet veranlaßt werden, zum Gelingen des ‹Großen Magisterion› der Transmutation beizutragen, den an sich widernatürlichen Vorgang natürlich zu machen. Aber auch der Adept hat sich dem Prozeß voll hinzugeben; denn durch ihn und in ihm wird seine Seele geläutert. Das eine geschieht nicht ohne das andere und nur unter bestimmten Konstellationen der Gestirne (→ Astrologie): Mikrokosmos und Makrokosmos werden beim Gelingen wieder eine mystische Einheit, zu der der technische Vorgang nur zum geringsten beiträgt – was gegen andere Bestrebungen schon von → Zosimos (2) betont werden mußte. An dem Endprodukt jedoch, dem Gold, läßt sich der Grad des Gelingens ablesen, und die Suche nach dem → Stein der Weisen machte vor keinem natürlichen Stoff halt, so daß den Alchemisten bei ihren Untersuchungen eine Fülle von wirklichen chem. Entdeckungen gelang. Auch auf ihre Verfeinerung der chem. Technik (z. B. des Destillierens) und des Apparatebaus konnte die spätere anti-alchemistische Ch. in ihren Anfängen des 16. (Iatro-Ch.) und 17. Jh.s zurückgreifen. – Die Alchemie war jedoch dem lat. MA nicht direkt bekannt geworden, sondern erst seit etwa dem 12. Jh. durch die Vermittlung der Araber. Die Rezepte der rein chem. Technik (auch der Fälschungen) haben sich dagegen, wie Schriften des 8.–11. Jh.s zeigen, die noch nicht wieder von der Alchemie beeinflußt sind, im byzantinischen Bereich und im lateinischen MA *ohne* Unterbrechung der Tradition in der Praxis bis in die Neuzeit erhalten und werden z. T. noch heute in ähnlicher Form angewendet. F. Kr.

Q: M. Berthelot, Coll. des anciens alchimistes grecs, 3 Bde, 1887–88 (mit franz. Übers.) – Pap. Graecus Holmiensis, ed. Lagercrantz, 1913 (mit Übers.) – J. Bidez, F. Cumont u. a., Catal. des manuscr. alch. gr., 1924 ff. – *Lit:* M. Berthelot, Introd. à l'étude de la ch. des anciens et du moyen-âge, 1889 – F. Strunz, Über d. Vorgesch. u. d. Anfänge d. Ch., 1906 (Lit) – H. Diels, Antike Technik (1914), 1924³, 121–156 –

E. O. v. Lippmann, Entstehung u. Ausbreitung der Alchemie, 3 Bde, 1919–54 – I. Hammer-Jensen, Die älteste Alchymie, 1921 – E. J. Holmyard, Makers of Chemistry, 1931 – J. Read, Prelude to Chemistry (1936), 1939² (Nachdr. 1961) – H. E. Fierz-David, Entwicklungsgesch. d. Ch. (1945), 1952² – J. Read, Through Alchemy to Chemistry (1957), 1961² – Vgl. → Hermet. Literatur, → Technik.

Cheops (ägypt. *Ḫnmw-ḫw.f-wj*), König der 4. ägypt. Dynastie (etwa 2553–30), Erbauer der größten Pyramide von Giza (146,6 m). Kulturgeschichtlich wichtig ist der Fund der Grabausstattung seiner Mutter Hetepheres. W. Hk.

Cheramyes (Weihung), eine an der NO-Ecke des sam. Heraions gefundene, überlebensgroße Statue, heute in Paris (Louvre Nr. 686: H. 1,83 m), nach der Inschrift Weihgeschenk des Ch. an Hera; wohl diese Göttin selbst darstellend. Ein Werk ersten Ranges, 2. Viertel 6. Jh. E. Bg.

Lit: E. Buschor, Altsam. Standbilder II, 1934, 25–29, Abb. 86–89 – Lippold, GrPl 56, Taf. 14, 1.

Chersiphron, von Knossos, und sein Sohn *Metagenes* erbauten das archaische Artemision von → Ephesos (als Berater wurde → Theodoros (11) v. Samos hinzugezogen) und verfaßten eine von → Vitruv (7, 12, 159) genannte Schrift darüber. Bauzeit von ca. 560 bis Anf. 5. Jh. Die Berufung eines kret. Architekten für den bedeutendsten ostion. Dipteros beleuchtet die engen Beziehungen zu Kreta. Vgl. → Architektur I C; D [3]. G. Gb.

Chersonesos, Name vieler Halbinseln, bes. bekannt die thrak. Ch., heute Gallipoli, an den Dardanellen (Kt. 1152 G 2), und die taurische Ch., die Krim (Kt. 1569 C 1); ferner Stadt an der S-Küste der Krim und weitere Städte. E. M.

2. **Ch.** (Kt. 1569 C 1), Stadt an der S-Küste der Halbinsel Krim, zu unbekanntem Zeitpunkt (um 500?) von dorischen Griechen aus → Herakleia (3) Pontike gegründet. Bis um die Mitte des 4. Jh.s v. Chr. Kämpfe mit den Taurern; Blütezeit im 3. und 2. Jh. Seit 108 v. Chr. unter pontischer Herrschaft, danach wechselnd im → Bosporanischen Reich bis zwischen 131 und 154 n. Chr. R. W.

Cherusker, german. Stamm zwischen mittlerer Weser und Elbe, seit 4 v. Chr. im Bündnis mit Rom. Wohl in Auflehnung gegen die röm. Verwaltung und Steuerpraxis erhob sich ein germ. Völkerbund, geführt von den Ch.n unter → Arminius, und siegte 9 n. Chr. im → Teutoburger Wald über die Römer unter → Varus (s. auch → Germanen B 1; → Idistaviso). Innere Fehden führten i. J. 21 zum Tod des Arminius und bald zur Auflösung der Ch. L. B.-H.

Lit: s. zu → Germanen.

Chiasmus (χιασμός: Hermog. inv. 4, 3, 157), Überkreuzstellung $\begin{smallmatrix} a & & b \\ & \times & \\ b & & a \end{smallmatrix}$, benannt nach der Form des griech. *X* (Chi), rhetor. → Wortfigur, in die sich bes. gern → Antithesen kleiden. *Bsp.:* Sall. Catil. 5, 4: «Genug Redegabe, Klugheit zu wenig.» H. H.

Lit: Lausberg, I 361. 395 ff.; Elemente², 32. 128 ff.

Chigi, von Agostino C. im frühen 16. Jh. angelegte Slg. Der Hauptteil jedoch nicht im Palazzo C., sondern im Palazzo Odescalchi (im 18. Jh. C.-Besitz). Die aus Ankäufen und Funden auf eigenen Gütern bestehende Slg. wurde 1728 mit der Slg. → Albani nach Dresden verkauft: ‹Dresdner Knabe› und ‹Athena Lemnia› verhalfen so dem ältesten deutschen Museum zu Weltruhm. Die sog. ‹Ch.-Kanne› (s. u.) wurde dagegen erst 1881 bei Veji auf einem Familiengut gefunden und 1913 vom Staat erworben. U. R.

Lit: E. Q. Visconti, Opere varie usw. II, 1829, 141 ff. – Fiorelli, VIII. Formello, NSc 1882, 292 f. – R. Lanciani, Storia degli scavi di Roma usw. I, 1902, 150 f.

[2] *Chigikanne,* → protokorinth. Kanne der Zeit um 630 v. Chr. (Rom, Villa Giulia, ehemals Slg. → Chigi; H. 26 cm). Bauchige Olpe, bilderreichste und kunstvollste ihrer Art. Schulterfries: in der Phalanx einander angreifende Hoplitengruppen, die linke noch zum Teil im Aufbruch begriffen. Hauptfries: Parisurteil (unter dem Henkel), Löwenjagd, Doppelsphinx, Wagenlenker mit Knappe, vier Reiter mit Beipferd. Darunter eine Hasenjagd. I. Sch.

Abb. u. Lit: Antike Denkmäler II, 1899–1901, 7, Taf. 44–45 – Arias-Hirmer, Abb. 16–17, Taf. IV.

Chiliarch, bei den Persern Kommandeur des Leibregimentes, der 1000 μηλόφοροι. Eigentlicher Aufgabenbereich als Vezir: Überwachung des Verkehrs mit dem Hof, Berichterstattung beim König, Einführung von Gesandten und Bittstellern. → Alexander d. Gr. nannte den ersten → Hipparch in Ch. um (→ Hephaistion, 1); damit Verschmelzung makedon. und pers. Formen und Schaffung eines höchsten Reichsamtes.

Chiliasmus. Erwartung eines tausendjährigen Reiches (vor dem Letzten Gericht und dem Ende der Welt), in dem der Messias über die Gerechten herrscht; in der spätjüd. → Apokalyptik entstanden (die tausendjährige Wartezeit der Seelen Plat. rep. 615 A, Verg. Aen. 6, 748 besagt nichts; Ähnlichkeit iran. Vorstellungen: Theopomp. FGrHist 115 F 65 wenig) und ins NT gedrungen: Apk. 20, 1–10. Im frühen Christentum umstritten, vertreten z. B. von → Papias, → Justin, den → Montanisten (Tertullian), → Laktanz und zunächst auch von Augustin, der den Ch. jedoch später umdeutete (civ. 20, 7. 9). C. J. C.

Lit: A. Wikenhauser, Die Herkunft der Idee des tausendjährigen Reiches i. d. Joh. Apk., RQ 45, 1937, 1–24.

Chilon, Spartaner, Ephor ca. 556/555 v. Chr.; spielte in der Geschichte → Spartas eine entscheidende Rolle, die von der späteren Überlieferung noch ausgeschmückt wurde (so galt er z. B. zu Unrecht als Begründer des Ephorats); er wurde als Heros verehrt und sehr bald zu den → Sieben Weisen gezählt; eine Reihe von Denksprüchen wird ihm zugeschrieben. In Wirklichkeit hat Ch. wohl das Ephorat verstärkt, indem er ihm das Recht gab, Könige abzusetzen; seine bedeutendste Leistung lag jedoch auf dem Gebiet der Außenpolitik: da das Mißverhältnis zwischen der Zahl der Spartiaten und der der → Perioken und → Heloten dauernd zunahm, entschied er, auf weitere Eroberungen zu verzichten und statt dessen eine Bündnispolitik einzuschlagen (→ Peloponnesischer Bund). R. V. C.

Chilperich I., König der Franken 561–584, geb. 539, Sohn Chlothars I. Zunächst nur König von Tournai, bekam er infolge des Todes seines Bruders Charibert I. (567) auch ausgedehnte Gebiete in Nord- und Südfrankreich. Ein großer Teil seiner Regierungszeit war mit Kämpfen gegen seine Brüder Sigibert I. und Guntram ausgefüllt; 584 wurde er ermordet. Nach → Gregor von Tours war er der Nero und der Herodes seiner Zeit – ungeachtet seines Interesses an lat. Literatur und Theologie. E. A. Th.

Lit: L. Schmidt, Die Westgermanen, 1918 – E. Ewig, Die fränk. Teilungen und Teilreiche (511–613), Abh. Mainz 1952, 9.

Chimäre (‹Ziege›), feuerspeiendes, aus Löwe, Ziege und Drache zusammengesetztes Ungeheuer, das Lykien verwüstet; von → Bellerophon getötet.

Lit. und Darstellungen: → Bellerophon.

China. [1] Dem *Abendland* wurde Ch. schon im 5. Jh. v. Chr. durch den Seidenhandel bekannt, der Persien und Indien über Baktrien erreichte. Nach dem altchines. Wort ‹sir› (Seide) wurden die Chinesen Seres genannt. → Ktesias, der sie zuerst erwähnt, verbindet sie mit den Indern; er nahm an, sie wohnten am Nil südlich der Äthiopier (so noch Luc. 10, 292 f.). Als im 4./3. Jh. v. Chr. die Ts'in allmählich ganz Ch. unterwarfen, erhielt ihr Reich in Indien den Namen ‹Cina›. Dieser Name blieb auch nach dem Sturz der Dynastie erhalten; die Griechen lernten ihn im 1. Jh. n. Chr. kennen. Die Hauptstadt Thina, die der → *Periplus (2) maris Erythraei* als Abgangsort der Karawanen nennt, ist vielleicht Hsi-an-fu im Chensi. Da die Seide in Baktrien aus Nordosten ankam, die Küste von Sina aber, wie → Marinos (3) aus zweiter Hand berichtet, von Indien aus zu erreichen war, galt Ch. bald als das äußerste nördliche (so der Periplus) oder östliche (so Mela 1, 11) Ende der Welt jenseits der → Skythen, bald als die südöstliche Grenze des als Binnenmeer vorgestellten Indischen Ozeans, so Marinos und Kl. → Ptolemaios (17), die die ‹Sinai› dort hinsetzen, die ‹Seres› dagegen in den hohen Norden. Außer einem ephemeren Vasallenverhältnis des griech. Königs der Paropamisaden Hermaios zur Dynastie der Han um 40 v. Chr. und einer Siedlung röm. Söldner in Li-jien (Kansu) um 54 v. Chr., die nur auf chines. Seite Spuren hinterließen, gab es nie direkte Beziehungen zwischen den Chinesen und dem Abendland, da der ganze Handel, zur See und zu Land, von anderen Völkern vermittelt wurde. F. L.

Lit: G. Coedès, Textes d'auteurs grecs et latins relatifs à l'Extrême-Orient, 1910.

[2] In *chines.* Chroniken finden sich über Berührungen mit der griech.-röm. Oikumene zwei interessante Berichte: i. J. 120 n. Chr. seien Zauberkünstler und Musiker vom ‹westlichen Meer› (aus Alexandria?), vom röm. Reich geschickt und vom chines. Kaiser empfangen worden (Hou-han-shu, cap. 86, bei Hirth, a. O. 36ff.). In den chines. Reichsannalen (cap. 118, bei de Guignes a. O. I, LXXVIII) wird berichtet, daß das röm. Reich sehr ausgedehnt, städtereich und Herr über viele unterworfene Länder sei, und die Stadt Rom beschrieben; i. J. 166 n. Chr. sei ein ‹Gesandter› (?; ein Kaufmann, der sich dafür ausgab?) *Antuns* (d. i. Antoninus → Marc Aurel) erschienen. K. K.

Lit: J. de Guignes, Histoire générale des Huns, des Turcs..., 2 Bde, Paris 1756 – H. Yule, Cathai and the way thither, 1866 (bes. LXII) – F. Hirth, China and the Roman Orient, 1885 – Ders., Zur Gesch. des antiken Orienthandels, in: Verh. d. Berl. Ges. f. Erdk., 1889, 46ff.

Chionides, Dichter der alten → Komödie (I A 1. B); von → Aristoteles (poet. 3, 1448 a 33 f.) mit → Magnes zusammen als ältester Komiker nach → Epicharm genannt, siegte wohl im ersten staatlichen Komödienwettstreit an den Dionysien 486. Die Titel: ‹Heroen›, ‹Bettler›, ‹Perser oder Assyrer› umstritten, da seine Stücke wohl nicht erhalten waren.

Frg: FAttCom I 4–7. Th. G.

Chios, nördlichste ion. Insel vor der Westküste → Kleinasiens und gleichnamige Stadt an der Ostseite der Insel (Kt. 1152 G4), galt als bes. reich. Ch. war berühmt für seinen Wein und den Mastixstrauch (Pistacia lentiscus), nach dem die Insel auf arabisch und türkisch genannt wird. Aus Ch. stammten viele bedeutende Dichter und Künstler, die Insel galt neben anderen Orten als Heimat → Homers. Im 7. Jh. Kämpfe mit Erythrai in Ionien, 513 Tyrannis des Strattis unter pers. Oberhoheit, 495 Beteiligung an der Seeschlacht bei Lade, im → Att. Seebund. 441 → Sophokles (1) als Stratege auf Ch., Zusammentreffen mit → Ion (2) v. Ch. 413 Abfall von Athen, bis 404 Kämpfe zwischen athen. und spartan. Partei, 404–394 spartan. Harmost auf Ch. Nach dem → Antalkidasfrieden (386) schloß Ch. 384/383 als erste Stadt wieder ein Bündnis mit Athen ab, fiel aber 357 wieder ab (→ Bundesgenossenkrieg, 1). Nur geringe antike Reste erhalten. E. M.

Lit: L. Bürchner, RE 3,2 (1899), 2286–2300 – A. Orlandos, Monuments byz. de Ch., 2 Bde, 1930/31 – P. Argenti, Bibliogr. of Ch. from the class. time to 1936, 1940 – D. W. S. Hunt, An archaeol. survey of the class. antiquities of the island of Ch., BSA 41, 1940/45, 29–52 – J. Boardman, Chian and early Ionian architecture, AntJ 39, 1959, 170 – Philippson-Kirsten IV 245–259.

Chiotische Vasen, Sondergattung ostgriech. (→ Rhodische Vasen), auf → Chios gefundener Tierfriesvasen; um 600–550; erhalten sind dünnwandige, kleine Kelchkratere, Schüssel- und Kannenfragmente. Ornamente und Figuren zeigen eine grazile, zugleich etwas spröde Formensprache. – Unsicher bleibt, ob die in → Naukratis gefundene jüngere, sehr farbige Keramik ebenfalls chiotisch genannt werden kann. I. Sch.

Lit: R. M. Cook, The Distribution of Chiot Pottery, BSA, 44, 1949, 154–161 – D. Boardman, Chian and Naukratite, ebd., 51, 1956, 55–62.

Chirius Fortunatianus, C., Verfasser einer lat. ‹Ars rhetorica› in 3 Büchern, nach dem Vorbild von Ciceros ‹Partitiones oratoriae› in katechetischer Form geboten, ca. 4./5. Jh. n. Chr. Vgl. auch → Rhetorik C [4], → Martianus Capella. H. H.

Ed: RhLatmin 79–134 – *Lit:* K. Münscher, RE 7,1 (1910), 44–55 – M. L. Clarke, Rhetoric at Rome (1953), 1962², 139–142.

Chiron (*Χείρων*), der gerechteste, weiseste, neben → Pholos einzige ‹gute› → Kentaur, auch anderer Abstammung als die übrigen: Sohn der Okeanide Philyra, der sich → Kronos in Gestalt eines Hengstes näherte (um sich vor Rheia zu verbergen oder weil Philyra sich aus Angst vor ihm in eine Stute verwandelt hatte). Daher die Mischgestalt des unsterblich geborenen Ch. Lebt auf dem Pelion; Seher, Erzieher und Beschützer vieler Helden (z. B. des → Peleus, → Achilleus, → Jason, → Herakles) und Lehrer, bes. in der Musik (sogar des → Apoll) und der Medizin (sogar des → Asklepios). – Wird im Streit der → Kentauren und des → Herakles bei → Pholos versehentlich von einem der unheilbar vergifteten Pfeile getroffen und tritt, um sterben zu können, seine Unsterblichkeit dem → Prometheus ab.

Q: Apollod. 2, 83ff. 119 – Ch. Picard, Le culte et la légende du centaure Ch. dans l'Occident méditerr., REA 53, 1951, 5–25 – *Darstellungen:* s. zu → Kentauren, zu → Achilleus und den anderen genannten Helden.

Chiton, Leibrock aus Leinen oder Baumwolle, Hauptgewand der Griechen. Wie der Name, so ist auch Gewand- und Webart semit. Ursprungs. In kurzer und langer Form getragen, mit und ohne Ärmel, stets gegürtet. Ursprünglich von beiden Geschlechtern getragen, erscheint der lange Ch. ab 5. Jh. v. Chr. fast nur als Frauentracht, wird aber weiter vom bärtigen Dionysos, Musikanten und Schauspielern getragen. Der kurze Ch. bleibt Untergewand für Krieger, Wanderer und Handwerker, wie er auch unter dem Mantel getragen wird (Bildnisse der Philosophen). Vgl. → Kleidung. F. E.

Chlaina (< *χλαίνω*, ‹wärmen›), großer Wollmantel, vornehmlich von Männern getragen, einfach *ἁπλοΐς*) oder doppelt gelegt (*δίπλαξ*). Wurde (nach Poll. 7, 46) ‹über dem → Chiton› (*ἐπὶ τῷ χιτῶνι*) getragen, gehört also den ‹Umhängen› (*περιβλήμματα*) an. Ursprünglich Mantel für Bauern und Krieger, kommt ab 5. Jh. v. Chr nur noch bei Philosophen (*τρίβων*), Kitharoden und Götterstatuen vor. Vgl. → Kleidung. F. E.

Chlamys (später *χλαμύδιον*), Schultermantel für Reisende und Krieger. Die oblonge Tuchbahn, halb so breit wie die → Chlaina, wird auf der rechten Schulter mit einer Nadel festgesteckt. Tritt im 6. Jh. v. Chr. auf und scheint in Thessalien ursprünglich beheimatet zu sein; von der thessal. Ch. unterscheidet sich die makedon. Ch. als Kurzform, ohne Zipfel (*γωνίαι*). War nie doppelt gelegt. F. E.

Chlodwig (Chlodowech), fränk. König 481/482 (Ch.s 15. Lebensjahr) – 511, Sohn des Merowingers → Childerich, Teilfürst der salischen → Franken um Tournai. 486/487 beseitigte er durch seinen Sieg bei Soissons die gall.-röm. Herrschaft des → Syagrius; Unterwerfung des Gebiets bis an die Loire. Trotz seiner Verbindung mit → Theoderich d. Gr., der Ch.s Schwester Audefleda heiratete, trieb Ch. eine durchaus eigenwillige Politik auch gegen dessen Ziele: 496 und 498 Vorstöße in das → Westgotenreich südl. der Loire, Unterwerfung der → Alamannen um 497. Mit diesem Sieg brachte die Legende den Übertritt des bis dahin heidnischen Königs (seine burgund. Gemahlin Chrodechilde war Katholikin) zum katholischen Glauben in Verbindung (an Weihnachten 497 oder 498 getauft). Diese Entscheidung für die Glaubensform der röm. Bevölkerung Galliens und gegen den → Arianismus der Ostgermanen war von größter politischer Bedeutung (vgl. → Avitus, 2). – In den nächsten Jahren breitete Ch. seine Macht nach allen Seiten weiter aus: Intervention im burgund. Bürgerkrieg 500/501; 506 Unterwerfung der → Thüringer am Niederrhein und der ‹Befreiungskrieg› für die kath. Römer des Westgotenreiches, 507, im Bunde mit dem

Burgunder → Gundobad. In der Schlacht bei Vouillé (bei Poitiers) wurde → Alarich II. besiegt und fiel; das Eingreifen Theoderichs 508 hinderte Ch. aber an der völligen Eroberung des westgotischen Südgallien und am Zugang zur Mittelmeerküste. In den nächsten Jahren unterwarf Ch. vollends die fränk. Teilstämme (bes. die Ripuarier); der inneren Festigung des Reiches diente die Aufzeichnung der Lex Salica und die Ordnung der neuen fränk. Reichskirche auf dem Konzil zu Orléans (Juli 511). – Das mit bedenkenloser Tatkraft, aber auch mit großem Weitblick geschaffene Großreich Ch.s hatte Bestand und bestimmte für lange Jahrhunderte die weitere politische Entwicklung in West- und Mitteleuropa. K.F.Str.

Lit: G. Kurth, Clovis (1896), 1923³ – W. von den Steinen, Theoderich u. Chlodwig, 1933 – M. Gorce, Clovis, 1935 – A. Van de Vyver, Clovis et la politique méditerranéenne, in: Festschrift H. Pirenne, 1936 – H. Löwe, in: Gebhardt, Handb. d. deutsch. Gesch. I, 1954⁸ – R. Buchner, in: Historia Mundi V, 1956.

Choaspes (*Χοάσπης*), 1. Hauptfluß der Susiana, der sich nahe dem Tigris in den Pers. Golf ergießt (Kt. 1569 E3); sein Lauf hat sich viel verändert; heute Kerḫā, am Unterlauf Kārūn. – 2. Fluß des südl. Hindūkuš, der auch *Χόης* genannt wird, heute Kunar. G.R.

Lit: F.H. Weißbach, RE 3 (1899), 2354f.; RE 6 (1909), 1061–1063, s.v. Eulaios (1).

Choirilos, athen. Tragiker, mit → Thespis und → Phrynichos als Vorläufer des → Aischylos genannt. 523/520 v. Chr. trat er erstmalig auf, 499/496 kämpfte er gegen Aischylos und → Pratinas. Er soll 160 Stücke geschrieben, 13 Siege errungen und Neuerungen für Maske und Kostüm eingeführt haben. Nur ein Titel ist überliefert: Alope. E.-R.Sch.

Frg: TGF 719f.

2. **Ch. von Iasos** (EGF 308–311), Verfasser eines Epos (→ Hellenist. Dichtung C 1) zu Ehren Alexanders. P.H.

3. **Ch. von Samos**, epischer Dichter, 2. H. 5. Jh. v. Chr. – Einzelne Fragmente seiner Werke sind erhalten. Wohl im Anschluß an Herodot berschrieb er den Sieg der Athener über Xerxes. Die Unterschrift einer verlorenen Rolle (Pap. Ox. 1399) nennt ‹Barbarika›, ‹Medika› und ‹Persika›, vielleicht epische Darstellungen der Barbarenkriege vor 490, des ersten und zweiten Perserkrieges. Die ‹Persika› (oder ‹Perseis›) werden auch sonst erwähnt. G.K.

Frg: EGF 265–272 – *Lit:* Schmid-Stählin I 2, 542–546.

Choiroboskos, Georgios, griech. Grammatiker, lehrte im 6. (?) Jh. n. Chr. in Konstantinopel. Dem Unterricht legte er die Techne des → Dionysios (10) Thrax zugrunde, dazu die Flexionsparadigmata des → Theodosios (3). Dazu stellte er Erläuterungsschriften (→ Grammatik B 2) aus den Werken älterer Grammatiker (namentlich → Apollonios (8) Dyskolos und → Herodian, 1) zusammen. Sie blieben erhalten und wurden von den Verfassern der ersten griech. Grammatiken des Abendlandes (→ Überlieferung A 2) benutzt. D.F.

Ed: GrGr IV – *Lit:* L. Cohn, RE 3,2 (1899), 2363–67 – P. Maas, ByzZ 25, 1925, 359ff. (zur Datierung).

Choliambus (Hinkiambus, *σκάζων*), jambischer → Trimeter, in dem das vorletzte Element nicht ein breve, sondern ein longum ist: × – ∪ – × ⁞ – ∪ – × – ‘–’ – ||, wobei im letzten anceps meist Kürze steht. Erscheint stichisch verwandt in unfeierlicher Dichtung seit → Hipponax, später bei → Kallimachos und → Herondas. B.Sn.

Lit: P. Maas, Greek Metre, 1962, § 58.

Chor. [1] Ch. bezeichnete seit Homer die Tanzgruppe und den mit Gesang verbundenen Tanz, vor allem Kulttanz. Über Aufkommen und Wirken des Ch.s in vorliterarischer Zeit läßt sich nichts Genaues ermitteln. Die reichen Formen der griech. Chorlyrik (darüber ausführlich → Lyrik I B 2) mit Jünglings- und Mädchen-, einzelnen oder Doppelchören und die Rolle des Ch.s in der → Tragödie (I A 3) setzen jedoch eine längere Vorgeschichte, bes. in Verbindung mit Kult und kultischem → Tanz (3) voraus; zu → Päan, → Hymenaios, → Threnos und → Dithyrambos sind Vorformen mit Wechselgesang anzunehmen, in denen der Ch. den → Refrain sang. – In Rom finden sich, abgesehen von der stark zurückgedrängten Rolle des Ch.s im Drama, Nachrichten von chorischen Volksliedern. Seit dem 2. Pun. Krieg kamen kultische Jungfrauen- und auch Knabenchöre auf. Chöre von hymnologi finden sich in Mysterienkulten und im Kaiserkult und mögen vereinzelt auch für christliche Sängerchöre vorbildlich geworden sein. G.W.

[2] *Beschaffenheit, Verwendung usw.* Der Ch. der klass. griech. Dramen setzte sich aus Chorsängern *(Choreuten)* zusammen. In der entwickelten Tragödie waren es 12, seit Sophokles 15, in der Komödie des 5. Jh.s 24. Er wurde vom *Chorführer* (*κορυφαῖος*) angeführt. Im Gegensatz zum Chorganzen, das nur an den lyrischen Partien beteiligt war (→ Parodos, → Stasimon, → Amoibaion), konnte dieser auch mit Sprechversen in die Handlung eingreifen. Er war damit das Verbindungsglied zwischen Ch. und Schauspielern. Die einzelnen Gesänge des Ch.s waren von Tanzbewegungen der Choreuten (→ Choreographie) und Musik eines Flötenspielers begleitet (→ Bühnenmusik). – Es ist anzunehmen, daß der Ch. in dieser Form auch noch bei den dramatischen Aufführungen im *Hellenismus* beteiligt gewesen ist; bes. bei den → Wiederaufführungen der alten Tragödien wird man ihn in der herkömmlichen Weise eingesetzt haben. Die Tanzbewegungen allerdings können fortgefallen, die Zahl der Choreuten wird verringert worden sein. – In *Rom* war der Ch. in der Komödie dann fast ganz eliminiert (s. Plaut. Poen. u. Rud.), in der Tragödie war er noch vorhanden, aber nur lose mit der Handlung des jeweiligen Stückes verknüpft.

[3] *Funktion im Drama:* Ursprünglich rein chorisches Spiel, hat sich die → Tragödie, bes. unter Einfluß des → Aischylos, durch Hinzukommen der Schauspieler allmählich von diesem Anfangsstadium fortentwickelt und damit die Anteile des Ch.s am Handlungsablauf immer mehr zugunsten der reinen Schauspielerpartien zurückgedrängt (Aristot. poet. 4. 1449 a 15ff.); gänzlich eliminiert wurde der Ch. jedoch nie: auch in der vollentwickelten Tragödie ist er fester Bestandteil jedes Spiels, befindet sich fast immer während des ganzen Stücks auf der Bühne und hat innerhalb des Geschehensablaufs ganz bestimmte Funktionen. Äußerlich gesehen verbindet er mit seinen Liedern (→ Parodos, → Stasimon) die einzelnen Teile des Dramas und gibt damit als konstantes Element jedem Stück eine mindestens äußere Einheit, innerlich gesehen übernimmt er gleichsam die Rolle des ersten Zuschauers und interpretiert als solcher das sich vor ihm abspielende Geschehen. In dieser Rolle ist er nun allerdings keineswegs der sog. ‹ideale Zuschauer› (A.W. Schlegel), der über dem Geschehen stehend aus einem Mehrwissen heraus urteilt: er verkörpert vielmehr nur eine Gruppe ganz gewöhnlicher Menschen und artikuliert lediglich deren mannigfaltige Reaktionen auf das Geschehen: die bisweilen richtigen (dann möglicherweise auch allgemeingültigen), bisweilen einseitigen und falschen, meist theologisch ausgerichteten Deutungen, die gefühlsbestimmten Stellungnahmen, die in die Handlung eingreifenden Äußerungen. So verstanden, kann er entweder die politische Gemeinschaft darstellen, innerhalb deren das Drama spielt (Aischyl. Sept.; Soph. OT), oder sich aus den Gefolgsleuten eines Spielers zusammensetzen (Aischyl. Ch.; Soph. Ai., Phil.). Bisweilen ist er sogar Hauptfigur (Aischyl. Hik., Eum.; Eur. Tro.) und bestimmt selbst mit seinem Handeln und Leiden den Ablauf des Spiels. In allen Fällen ist er, der Forderung des Aristoteles (poet. 18. 1456 a 25ff.) entsprechend, Akteur und Teil des Ganzen, seine Äußerungen stehen immer im Zusammenhang mit der Handlung. Sophokles erfüllte diese Forderung noch ganz, Euripides schon weniger, Agathon überhaupt nicht mehr: er hatte die Chorlieder zu beliebig

auswechselbaren Einlagen umgewandelt. – Zur Funktion des Chores in der *Komödie* → Komödie (I A. C 3). E.-R. Sch.

Lit: Zu [2]: Reisch, RE 3, 2 (1899), 2373–2404 – *Zu* [3]: W. Helg, Das Chorlied der griech. Tragödie in seinem Verhältnis zur Handlung, Diss. Zürich 1950 – G. Müller, Hermes 89, 1961, 398–422.

[4] *Chorlied. Formaler Aufbau.* 1. In der *Chorlyrik* (→ Lyrik A). Zu unterscheiden sind astrophische und strophisch gegliederte Chorlieder, unter diesen wiederum monostrophische (A A'A" usw.) und triadische (AAB, A'A'B' usw., → Perikope). Die ältere Form ist die monostrophische (→ Alkmans Partheneion). Triadischen Aufbau haben die meisten Lieder → Pindars und → Bakchylides'; die ältesten erhaltenen Beispiele sind Ibyk. Fr. 1 P. und Simon. Fr. 38 P., bei beiden ist das Verhältnis monostrophischer und triadischer Lieder nicht bekannt, da alle übrigen Fragmente zu kurz sind. Nicht nachprüfbar ist die Notiz im → Suidas, daß bereits die gesamte Dichtung des → Stesichoros in Triaden gehalten war. Bei Alkman fällt Strophenschluß immer mit Satzschluß zusammen, bei → Ibykos ist am Ende der Triade Satzschluß; → Simonides, Pindar, Bakchylides lassen die Sätze auch über den Triadenschluß greifen. Die → Responsion bleibt streng gewahrt, Übergang zu astrophischem Bau ist nicht zu erkennen. Durchkomponierte (astrophische) Chorlieder seit dem sog. jüngeren → Dithyrambos (Beispiele: → Pratinas Fr. 1 P., → Ariphron Fr. 1 P., → Timotheos Fr. 15 P.). Mit einer Ausnahme (Bakchyl. carm. 18) kennt das chorlyrische Lied keinen Wechselgesang; Versuche, das Partheneion des Alkman auf zwei Halbchöre zu verteilen, sind nicht überzeugend geglückt. – 2. Im *Drama* bestehen die Chorlieder meist aus einem oder mehreren Strophenpaaren (→ Strophe und → Antistrophe: AA' BB' CC' usw.). Responsionslose Strophen können am Anfang (Proode), am Schluß (Epode) oder in der Mitte (Mesode) stehen, ferner können refrainartig wiederholte Ephymnien, anapästische oder jambische Partien eingeschoben sein. Wechselgesang zwischen Halbchören oder Chor und Solist (→ Amoibaion) ist im Gegensatz zur Chorlyrik häufig. – Für das Römische → Canticum. E.-M. V

Choregie, eine → Leiturgia in Athen, der seit ca. 500 vor Chr. die Verantwortung für die Aufführungen im → Theater übertragen war. Sie war von bes. Bedeutung für die → Dithyramben, → Tragödien und → Komödien an den dionysischen Festen, wurde aber auch für Aufführungen an kleineren Festen und bei sonstigen Gelegenheiten verwandt. Den zu Choregen bestimmten Bürgern wurden die Dichter wahrscheinlich allgemein durch das Los zugeteilt. Die Choregen stellten den Chor auf und sorgten für seine Ausbildung und Ausstattung; sie hatten auch einen begleitenden Flötenspieler und, wenn der Dichter die Einstudierung der Chöre nicht selbst übernahm, einen Chorlehrer einzustellen; von ihnen war damit der Erfolg einer Aufführung stark abhängig. Deshalb wurde auch den Choregen als Siegern ein Preis zuerkannt (ein Dreifuß bei Dithyramben). Für die dramatischen Aufführungen an den → Dionysien waren für die drei Tragödien-Tetralogien drei, für die Komödien anfangs fünf, später ebenfalls drei Choregen erforderlich. Entsprechend den hohen Aufwendungen wurden nur wohlhabende Bürger zur Ch. bestimmt – für Dithyramben durch Wahl der → Phylen, für die Dionysien und → Lenäen durch den → Archon Eponymos bzw. den → Archon Basileus –, die (wie bei vergleichbaren Leiturgien) nur alle 2 Jahre zur Übernahme verpflichtet waren. Am Ende des → Pelop. Krieges mußte für einige Jahre an den großen Dionysien die Ch. auf 2 Bürger aufgeteilt werden (Synchoregie), und diese Einrichtung erhielt sich bei kleineren Festen noch später. Auch der Agonothetes, der seit ca. 318 v. Chr. auf Grund staatlicher Ernennung und mit staatlichen Mitteln die Feste ausrichtete, wurde Chorege genannt. H. Br.

Lit: A. W. Pickard-Cambridge, Dithyramb, Tragedy and Comedy, 1937 – Weiteres → Liturgia.

Choreographie, die Art, in der ein Chorlehrer seinen → Chor bei rein chorischen oder bei dramatischen Aufführungen tanzen ließ. Wie die Einübung der Tänze wurde meist auch die Ch. vom Dichter selbst übernommen. Aischylos z. B. war als Erfinder neuer Tanzfiguren bekannt. Über die Art der Tanzfiguren selbst läßt sich nichts mehr sagen. Vgl. → Tanz. E.-R. Sch.

Choreuten, Chorsänger, → Chor.

Choriambus, Metron der Form –◡◡– (*cho*). Choriambische Reihen zuerst bei → Sappho (Fr. 90 D.: 3*cho* + *ba* als Klausel). Ch. oft zwischen Jamben, kann auch mit ihnen respondieren (z. B. Anakr. Fr. 43 P.), gelegentlich auch im 1. Metron eines Trimeters, → Anaklasis. B. Sn.

Chorikios von Gaza, → Redner (I D 3), bedeutendster Schüler des → Prokopios (2). Erhalten sind Lobreden auf hohe Würdenträger (die Reden auf den baulustigen Bischof Markianos enthalten Kirchen- und Gemäldebeschreibungen), Hochzeits- und Trauerreden (auf Prokopios; Maria, Mutter Markians), → Dialexeis und → Meletai und eine Apologie der Mimen. W. Sp.

Ed: R. Foerster-E. Richtsteig, BT, 1929 (Lit) – Apol. mim.: Ch. Graux, 1877 (Noten) – Or. in Arat. et Steph.: Ch. Graux, 1877 – Kirchenbeschreibungen: R. W. Hamilton, 1930 (Übers., Noten) – Einzelnes ab 1705 ediert – *Lit:* Christ-Schmid, II 1031 f. – K. Gerth, RE Suppl. 8 (1956), 743 s. v. 2. Sophistik (Lit) – A. Rabinowitz, C.s Description of Palestine, Commentat. I. Lewy, 1949, 173–187 – A. Perosa-S. Timpanaro, Libanio (o C.?), Poliziano e Leopardi, StIt 27/28, 1956, 411–425.

Chorismos (χωρισμός), ‹Trennung›. Mit diesem Begriff hat Aristoteles die ontologische Transzendenz der platonischen → Ideen, bezüglich der sinnlich wahrnehmbaren Einzeldinge, bezeichnet. In seinem eigenen System gebraucht er die Bezeichnung ‹getrennt› für (1) die Substanz, um deren unabhängigen Existenzmodus zu kennzeichnen im Gegensatz zu dem der sekundären Kategorien, die der Substanz inhärent und von ihr nicht trennbar sind; (2) die unkörperliche Substanz im Gegensatz zur sinnlich wahrnehmbaren, in der die Form von der Materie nicht zu trennen ist. Vgl. → Metaphysik [2. 3]. S. M.

Lit: E. de Strycker, in: Autour d'Aristote, Recueil d'études ... offert à A. Mansion, 1955, 119–139.

Chorizonten, Bezeichnung für die Gelehrten Xenon und Hellanikos (Prokl. chr. p. 102 Allen), die Ende des 5. Jh.s v. Chr. auf Grund sachlicher und sprachlicher Widersprüche in den homer. Gedichten → Homer die bis dahin unbestrittene Verfasserschaft der Odyssee absprachen (Hinweise auf stilistische Verschiedenheiten finden sich auch sonst; vgl. z. B. Plat. Hipp. min. 363 B; Aristot. poet. 24. 1459 b 15). Sie wurden von → Aristarch (2) zurückgewiesen, der die ernsthafte Behandlung dieser Frage überhaupt für das spätere Altertum unterdrückte. G. K.

Lit: J. W. Kohl, De Ch., 1917 – Schmid-Stählin I 1, 84.

Chorlyrik → Lyrik.

Chorodidaskalos, Lehrer eines Chores rein chorischer oder dramatischer Aufführungen, in älterer Zeit mit dem Dichter des aufzuführenden Werkes identisch. E.-R. Sch.

Q: Aristoph. eccl. 809.

Chosrau I. *Anoscharwan*, bedeutendster sassanid. König 531–579, führte umfassende Reformen durch.

Chosroes → Osrhoes.

Chrematisten, im ptolemäischen Ägypten die königlichen Richter (→ Recht II 2). Noch für das Jahr 6/5 v. Chr. belegt (Pap. Sammelb. III 6663), fielen die enchorischen Chrematistenkammern im Laufe der Kaiserzeit weg, während die alexandrinischen, von 3 auf 2 Mitglieder reduziert, bis ins 3. Jh. eine Spezialzuständigkeit für Angelegenheiten der Vollstreckung in Grundstücke und der freiwilligen Gerichtsbarkeit behielten. Vielleicht ebenfalls aus einer Gerichtsbehörde hervorgegangen war ein ‹Chrematisterion› genanntes Amt in → Dura-Europos, das im 2. Jh. n. Chr. mit Aufgaben der freiwilligen Gerichtsbarkeit befaßt gewesen zu sein scheint. H. J. W.

Chremonideischer Krieg, 267–261, von → Ptolemaios II. v. Ägypten angezettelt, der die Konsolidierung der Macht → Antigonos' II. Gonatas in Hellas erschweren wollte. 267 schloß Ptolemaios ein Bündnis mit Sparta unter König → Areus und zahlreichen andern pelop. Städten sowie mit Athen, nachdem dort im Aug. 267 die pro-maked. Regierung von Nationalisten gestürzt worden war. Einer von diesen, → Chremonides, veranlaßte im Sept. 267 einen Volksbeschluß ‹gegen die Unterdrücker der griech. Poleis› (SIG 434/5, 12), der einer Kriegserklärung an Makedonien gleichkam. Antigonos begann daraufhin im Frühj. 266 die Belagerung Athens. Die zum Entsatz heranrückenden Peloponnesier unter Areus wurden bei Korinth aufgehalten und 265 dort geschlagen, worauf ihr Bund zerfiel. Eine ägypt. Flotte nahm vor Kap Sunion Stellung, vermochte aber lediglich den Nachschub der Makedonen zu stören und zog sich 263 nach Kleinasien zurück. Wohl im Frühj. 262 durch Hunger zur Kapitulation gezwungen, kam Athen nunmehr völlig unter maked. Kontrolle und erhielt wieder eine maked. Besatzung. Die Entscheidung gegen Ägypten scheint dann der große maked. Seesieg bei Kos 262/261 gebracht zu haben, worauf Makedonien und Ägypten 261 Frieden schlossen. F. Kch.

Lit: W. S. Ferguson, Hellenistic Athens, 1911, 176ff. – W. W. Tarn, The New Dating of the Chr. War, JHS 54, 1934, 26–39 – Ders., CAH VII, 705ff. – R. Flacelière, Les Aitoliens à Delphes, 1937, 195ff. – J. Pouilloux, Antigone Gonatas et Athènes après la guerre de Chr., BCH 70, 1946, 488–496.

Chremonides, anti-maked. und pro-ägypt., in der Stoa philosophisch gebildeter athen. Politiker, der in dem nach ihm benannten → Chremonideischen Krieg eine prominente Rolle spielte. Danach ging er an den Hof von Alexandria. Wohl 256 v. Chr. wurde er als ägypt. Admiral bei Ephesos von den Rhodiern durch eine List besiegt. F. Kch.

Lit: A. Momigliano, A New Date for the Battle of Andros?, ClQ 44, 1950, 107–116.

Chreōn Apokopē (Annullierung der Schulden) und Gēs Anadasmos (Neuaufteilung des Bodens) waren bei den Griechen als typische Maßnahmen des Umsturzes verrufen und verfemt. F. G.

Chresmologe, Sonderform des → Mantis bzw. → Wundertäters, der Orakel sammelt, gibt und deutet. Neben angeblich alten, teilweise erfundenen Namen, auf die → Orakelsammlungen gefälscht werden, finden wir im 6. Jh. z. B. Amphilytos, Antichares, Lysistratos (Hdt. 1, 62; 5, 43; 8, 96) und bes. Onomakritos (→ Musaios; Orph. Test. 182–195 K.), im 5. Jh. → Diopeithes, → Hierokles und viele andere, deren Wirkung und Einfluß → Aristophanes (Pax 1045ff.; av. 959ff.), → Thukydides (2, 8. 21. 54; 8, 1) u. a. brandmarken: später treten die Ch. gegenüber anderen Formen der → Mantik zurück. C. J. C.

Chrestomathie, Sammlung des ‹Wissenswerten›, enthaltend Auszüge aus umfangreichen Originalwerken, auch als ‹Eklogai› oder als ‹Anthologia› bezeichnet. Derartige, vor allem praktischen Zwecken dienende Zusammenstellungen entstanden in der Kaiserzeit. Die bekannteste Ch. ist die des Grammatikers Proklos (vielleicht mit → Proklos, dem Neuplatoniker des 5. Jh.s, identisch), eine Einführung in die griech. Literatur und in ihre Gattungen, mit der eine Inhaltsangabe des epischen → Kyklos verbunden war. Die ersten beiden Bücher exzerpierte → Photios (Bibl. Cod. 239), die Inhaltsangaben stehen in mehreren Homer-Hss. – Auch das Lexikon des → Helladios (1) trug den Titel C. wie die Epitome von → Strabons Werk in der ältesten Handschrift. H. E.

Lit: A. Severyns, Recherches sur la Ch. de Proclos I Tom. 2, 1938, 65.

Chrestos, von Byzanz, → Redner, Schüler des → Herodes (2) Atticus. Zu seinen Schülern zählten: Athenodoros v. Ainos (vgl. → Aristokles, 3), zur Zeit des → Polydeukes Lehrer in Athen; → Hippodromos; Philiskos v. Thessalien, unter Caracalla auf Verwendung der → Julia (6) Domna Professor; → Herakleides (6) v. Lykien; Apollonios v. Naukratis (→ Hadrianus); Tib. Cl(audius) Nikomedes v. Pergamon, durch Münzen und Inschriften bekannt; der Tragödiendichter Isagoras u. a. W. Sp.

Lit: W. Schmid, RE 3 (1899), 2450 – K. Gerth, RE Suppl. 8 (1956), 742. 755 s. v. 2. Sophistik.

Chrie (χρεία, lat. usus, chria, auch sententia), ursprünglich ‹Bedarf›, dann: ‹kurzer Spruch›, → Gnome, → Apophthegma oder knappe Erzählung, die man auswendig lernen und in schwierigen Situationen als Richtlinie benutzen kann. Die frühesten Belege scheinen darauf hinzuweisen, daß der Begriff im Umkreis der Sokratik entstanden ist: → Aristippos (Diog. Laert. 2, 84f.; vgl. 4, 40), → Metrokles (ebd. 6, 33), Bion (1) v. Borysthenes (ebd. 4, 47). Beliebt waren Sammlungen von Ch.n offenbar vor allem in der → Stoa: Titel des → Zenon (ebd. 6, 91), → Ariston (2) von Chios (ebd. 7, 160), → Persaios (ebd. 7, 36), → Kleanthes (3) (ebd. 7, 174). – Als Lehrgegenstand der → Rhetorik (E 1) innerhalb der → Progymnasmata: Ausspruch, → Sentenz, → geflügeltes Wort o. ä., auch exemplarische Handlungsweise, wiedergegeben in anekdotischer Form (Ausspruchs- oder Handlungs-Chrie). Von der Ch. handeln alle griech. Progymnasmatiker sowie Quint. inst. 1, 9, 4; Prisc. rhet. 3. Zur Durchführung der Ch. hat sich ein erstmals in Rhet. Her. 4, 54ff. begegnendes, auf die vararistotel. Rhetorik zurückgehendes Schema, die *expolitio* (ἐξεργασία), herausgebildet, das bes. von den Byzantinern allseitig angewendet und in neuerer Zeit dem Schulunterricht als Aufsatzrezept schlechthin zugrunde gelegt wurde (Merkvers für diese Ch.: *quis, quid, cur, contra, simile et paradigmata, testes).* Durchgeführt scheint es bereits bei Lys. 14, 12ff.; Cic. Lael. 17–24 usw. O. G. und H. H.

Lit: G. v. Wartensleben, Begriff der griech. Chreia..., Diss. Bonn 1901 – H. J. Marrou, Gesch. d. Erz. i. klass. Altert., 1957, 252ff. – Lausberg, I 536ff., vgl. 413ff. – Volkmann, 257f. – K. v. Fritz, RE Suppl. 6 (1935), 87ff., s. v. Gnome – W. Stegemann, RE 17, 1 (1936). 431f., s. v. Nikolaus – Zum Nachleben: M. Seyffert, Die Ch., 1857.

Christentum

I. Urchristentum – II. Ausbreitung – III. Verfassung – IV. Frömmigkeitsgeschichte – V. Theologie- und Geistesgeschichte – VI. Sekten – Chr. = Christentum

I. Urchristentum

A. Aufgabe, Abgrenzung – B. Die Anfänge: Jesus – C. Das palästin. Judenchristentum – D. Das hellenist. Urchristentum – E. Paulus – F. Die synoptischen Evangelien – G. Das lukanische Werk – H. Die johanneische Theologie – I. Die Gemeinden der 1. H. des 2. Jh.s – K. Urchristliche Literatur. – U. = Urchristentum.

A. Aufgabe, Abgrenzung. Der historische Begriff des U.s bezeichnet das älteste Christentum (1) in seiner für die weitere Geschichte konstitutiven Bedeutung sowie (2) als neues Phänomen der spätantiken Religionsgeschichte. Das U. ist darum keine in sich abgeschlossene Größe. Zwar ist der Beginn mit dem Auftreten Jesu (nicht erst mit der Gründung der nachösterlichen Kirche) eindeutig gegeben. Doch ist die Grenze nach vorn in dem Maße fließend, als die Gesch. des U.s in die der altkatholischen Kirche übergeht, und am besten mit dem Wirken der Apologeten um 150 n. Chr. anzusetzen. Der geschichtliche Weg des U.s in seinen verschiedenen Zweigen ist methodisch nicht direkt aus den vorhandenen Quellen heraus darzustellen. Die *Schriften* des NT sind überwiegend Zeugnisse aus späterer Zeit. Aber in ihnen läßt sich vielfach älteres Gut aus *mündlicher Überlieferung* aufweisen, deren Geschichte – als die Vorgeschichte der Schriften des NT – durch die überlieferungsgeschichtliche Methode rekonstruierbar ist, die so allererst ein differenziertes Gesamtbild der Entwicklung des U.s zu erstellen vermag.

B. Die Anfänge: Jesus. [1] *Quellen* sind ausschließlich die synoptischen Evangelien, und zwar deren älteste Traditionsschicht, aus der jedes einzelne Stück wiederum kritisch auf seine Authentizität zu prüfen ist.

[2] Die *Bewegung Jesu* ist, wiewohl ihr Wirkungsort Galiläa, bes. die mit hellenistischen Siedlungen durchsetzte

Gegend um den See Genezareth war, eine im ganzen nicht-hellenistische Erscheinung innerhalb der jüd. Religionsgeschichte gewesen. Jesus selbst stammt aus rein jüd. Umgebung (Nazareth). Seine Eltern führten ihren Stammbaum vielleicht auf David zurück; doch sind sowohl die beiden Genealogien Mt. 1 und Lk. 3 als auch die Bezeichnung ‹Davidsohn› Röm. 1, 3 u. ö. durch die Christologie der späteren Gemeinde bestimmt. Die Überlieferung über die Geburt von der Jungfrau Maria im judäischen Bethlehem Lk. 2/Mt. 1 ist legendär. Jesus dürfte als Zimmermann (Mk. 6, 3) in Nazareth gelebt haben, bis er (von einem Festaufenthalt in Jerusalem aus?) zu Johannes an den Jordan zog.

[3] Über den *Täufer* (der Name auch bei Jos. AJ 18, 116) ist historisch nur sein Taufwirken erhebbar, wegen dessen Öffentlichkeitswirkung → Herodes (1) Antipas ihn (in Machairus?) gefangennehmen und schließlich hinrichten ließ (Mk. 6, 17 ff.; glaubwürdiger Jos. AJ 18, 118 f.). Er sprach jedermann als ‹Frevler› – d. h. von Jahwe abgefallen und damit der Heilszugehörigkeit verlustig – an. Das Endgericht stehe nahe bevor (Mt. 3, 7 ff/Lk. 3, 7 ff.). Allein ‹Umkehr›, die er als jetzt noch möglich voraussetzt, kann vor dem baldigen Verderben bewahren und dem endzeitlichen Heil anheimgeben. Der Taufvollzug, als Ritus der Reinigung von Frevel verstanden (Mk. 1, 4), besiegelte die Umkehr. Johannes selbst hat sich unter Berufung auf Jes. 40, 3 als ‹Rufer in der Wüste› verstanden, was historisch Profil gewinnt durch die → Qumrangemeinde, die dasselbe Zitat auf ihren eigenen Auszug in die Wüste, ihre dortige Tora-Bewahrung und -Lehre und von daher auf die ‹Umkehr› jedes Neuaufgenommenen bezogen hat (1 QS 8, 12–14; 9, 19). Die Vermutung ist gut begründet, daß Johannes in bewußter Unterscheidung dazu zum Prediger *allgemeiner* Umkehr geworden ist.

[4] Im Zusammenhang seiner Umkehr und Taufe ist Jesus offenbar ein bes. (visionäres?) Widerfahrnis zuteil geworden, durch das er zu seinem eigenen Auftreten in Galiläa bewegt wurde. Das ist anzunehmen, obwohl der Taufbericht Mk. 1, 9–11 ganz als Visionsbericht stilisiert und die Audition Mk. 1, 11 im Sinne des späteren (hellenistischen?) Taufbekenntnisses (→ Taufe; → Bekenntnis) gestaltet ist. Jesu Auftreten zeigt ebenso seine enge Beziehung wie auch den wesentlichen Unterschied zu dem des Täufers. Wie dieser setzt er voraus, daß alle Menschen Frevler sind, bes. die als ‹Gerechte› in Geltung stehenden Mitglieder des Pharisäerordens; auch er sieht in der ‹Umkehr› die dringlich erforderte Voraussetzung des künftigen Heilsempfanges (Lk. 13, 1 ff.). Es geht ihm jedoch nicht so sehr um die Umkehr, als vielmehr um das Heil selbst, das er in der Begegnung mit ihm ‹diesem Geschlecht› zuspricht. Daß Gott sich der Frevler erbarmen und ihnen Gerechtigkeit und Heil schenken wird, ist für ihn die Grundvoraussetzung: in *seinem* Wirken in den galiläischen Dörfern komme die künftige ‹Gottesherrschaft› (um deren Kommen jeder Israelit in den synagogalen Tagesgebeten betete) jetzt schon (also den Endereignissen selbst vorgreifend) zur Wirkung. So wendet er sich in bewußter Provokation der Frommen an die öffentlich als Frevler Geltenden und hält mit ihnen Mahlgemeinschaft. Wer gerecht zu sein beansprucht, hat das zu bejahen und sich dessen zu freuen (Lk. 15, 11 ff.), wenn anders er nicht der Gerechtigkeit verlustig gehen will (Lk. 18, 9 ff.). Darum ist Nächstenliebe das Gebot der Stunde, bes. die Feindesliebe (Lk. 6, 27 ff./Mt. 5, 43 ff.), in der man dem Schuldner vergibt, weil und wie Gott vergeben *hat* (Mt. 6, 12/Lk. 11, 4 u. bes. Mt. 18, 23 ff.). Der in Jesu Sinn Gerechte kann sich aller Sorge entschlagen, weil Gott für ihn sorgt und er sich darum einzig auf die Gottesherrschaft einzulassen hat (Mt. 6, 25 ff./Lk. 12, 22 ff.; bes. 12, 31 als Abschlußvers!). Entsprechende Unmittelbarkeit zu Gott prägt auch den Stil des Betens, vgl. das Vaterunser Lk. 11, 2 ff. mit der einfachen Gottesanrede ‹Vater› (aramäisch: abba), die in jüdischer Gebetstradition beispiellos ist. Ähnlich hat Jesus die Stilform des Gleichnisses neu geprägt; die Gottesherrschaft läßt sich im Bilde bekannten Alltags gewahren! – So sehr in all dem jüdische Tradition verwahrt ist, so deutlich sind überall deren Grenzen gesprengt. In zunehmender Schärfe stellten sich daher die Sachwalter der Tradition, Pharisäer und Schriftgelehrte, ihm entgegen, während er seinerseits die Auseinandersetzung mit ihnen suchte (vgl. z. B. das Verhalten am Sabbat Mk. 2, 23 ff.; 3, 1 ff.; Lk. 14, 1 ff.). Dabei greift er nicht nur die Gegner als ‹Heuchler› an, sondern setzt auch die Tradition selbst, zumal die Lehrautorität der Rabbinen, außer Kraft (vgl. bes. das «Ich aber sage euch» in Mt. 5, 21 f.). Darin zeigt sich die ‹Vollmacht›, die Jesus durchweg in seinem Verhalten, in Verkündigung und Lehre, für sich in Anspruch nahm: Indem er als der Anwalt des Gottesreiches dieses den Menschen seiner Umwelt zusprach, hat er die Entscheidung des endzeitlichen Gerichts als vom jetzigen Verhalten der Menschen zu ihm abhängig, als dessen Vorentscheid, behauptet. Der ‹Menschensohn›, der nach jüd. Vorstellungstradition das Gericht vollziehen wird, wird so zum Anwalt der Jünger Jesu und zum Verkläger derer, die sich jetzt von Jesus lossagen (Lk. 12, 8 f.). Jedes andere Kriterium seines Vollmachtsanspruches hat er abgewiesen (Lk. 11, 29 ff.). Gerade auch seine Heilungen konnten ihn nicht legitimieren, sosehr sie faktisch als Zeichen der von Jesus ausgerufenen Gottesherrschaft zu werten waren (vgl. Mt. 11, 2 ff.).

[5] Hat Jesus so die Wahrheit seines Wirkens und seiner Botschaft mit der Wahrheit der Gottesherrschaft identifiziert, so hat er es in seinem eigenen *Schicksal* eben darauf ankommen lassen. Jesu Verkündigung läßt sich daher von seinem Geschick nicht isolieren. Seine Wirksamkeit in Galiläa hat wahrscheinlich nur ein Jahr gedauert (die dem entgegenstehende Chronologie des Joh. Ev. ist historisch unwahrscheinlich). Als Jesus mit seinem engsten Anhängerkreis zum nächsten Passahfest nach Jerusalem ging, war seine Bewegung schon so sehr in das Licht der Öffentlichkeit getreten, daß es nur eines Anlasses (Zusammenstoß im Tempelvorhof? vgl. Mk. 11, 15 ff. und das Wort gegen den Tempel Mk. 14, 58/Joh. 2, 19/Apg. 6, 14) bedurfte, um es zu seiner Verhaftung durch das → Synedrion kommen zu lassen. Dieses hat ihn unter Anklage aufrührerisch-messianischer Umtriebe (diesen Sinn hat die Kreuzesinschrift Mk. 15, 26) der Strafverfolgung durch die röm. Verwaltung übergeben. Der Prokurator → Pontius Pilatus (26–36/37 n. Chr. in Judäa) sprach das Todesurteil. Durch röm. Soldaten ist Jesus gekreuzigt worden, wohl kurz vor Beginn des Passahfestes (Mk. 14, 2!, ebenso das Joh. Ev., während nach dem synoptischen Passionsbericht Jesus am Passahtage selbst stirbt). Eine einwandfrei genaue Datierung des Todesjahres Jesu ist nicht zu geben (nicht vor d. J. 26, nicht nach d. J. 30). Über die Ereignisse nach Jesu Tod ist das Urteil der Forschung kontrovers. Seine Bestattung durch Joseph von Arimathia (Mk. 15, 42 ff.) und die Auffindung des leeren Grabes durch einige Jüngerinnen (Mk. 16, 1 ff.) sind als Vorgänge in Jerusalem von den Erscheinungen des Auferstandenen zu unterscheiden, die unabhängig davon zuerst Petrus (1. Kor. 15, 5; vgl. Lk. 24, 34 und Joh. 21, 1 ff.) und dann der Gruppe der ‹Zwölf› (wahrscheinlich in Galiläa, vgl. Mk. 16, 7) widerfahren ist (Zusammenhang mit jüd. Vorstellungstradition: Vision Jesu als des von Gott zum endzeitlichen Leben Aufgerichteten und in den Bereich der bei Gott verborgenen Endzeit Erhöhten, vgl. Gal. 1, 15; Röm. 8, 34). Daraufhin sammelte sich ein größerer Teil der bisherigen Anhängerschaft Jesu (1. Kor. 15, 6) und konstituierte sich in Jerusalem als die ‹Kirche› Gottes (→ ekklesia), d. h. die Gemeinde der endzeitlichen Heilsempfänger. In ihr hat zunächst → Petrus dank der ihm zuteilgewordenen Ersterscheinung im Führungskreise der ‹Zwölf› eine Vorrangposition, die er jedoch dann – bes. nachdem der Bruder Jesu, Jakobus, (mit der Familie Jesu

aus Nazareth?) unter Berufung auf eine ihm gesondert widerfahrene Erscheinung (1.Kor.15,7) zur Gemeinde hinzugestoßen war – zunächst noch mit diesem und dem Zebedaiden Johannes teilte (‹die Säulen›, Gal.2,9), später aber Jakobus ganz überlassen zu haben scheint.

C. Das palästinische Judenchristentum. [1] *Quellen:* Die judenchristlichen Schichten der synoptischen Tradition, bes. die Logienquelle und das Mt.-Sondergut.

[2] Auf Grund der Erscheinungen konstituierte sich die Urgemeinde als *Fortsetzung der vorösterlichen Jüngergemeinde* des nunmehr Auferstandenen (vgl. die die Auferstehung Jesu berücksichtigende Umprägung des Wortes Jesu Lk. 12,8 in Mt.10,32f.!). Die ‹Menschensohn›-Christologie (Jesus *ist* der himmlische ‹Menschensohn›) hält als die älteste kirchliche Christologie auf Grund der Auferstehung Jesu legitim seinen das Heil begründenden Vollmachtsanspruch fest. Der Christus-Titel tritt demgegenüber zunächst in seiner Bedeutung zurück, da er im Sinne politischer Messianologie geprägt war, die Jesus selbst von sich gewiesen hatte; er tritt erst in der hellenist. Tradition hervor, jedoch weithin nicht mehr als Titel, sondern als cognomen Jesu. In der weiteren judenchristlichen Traditionsgeschichte wird entsprechend die Tendenz wirksam, die gesamte Jesusüberlieferung durch die Menschensohnchristologie zu prägen. So wird schon der vorösterliche Jesus in seinen Selbstaussagen zum ‹Menschensohn› (vgl. z.B. Mk.2,10; Mt.11,19; 12,32); seine Worte werden als Worte dessen, dem die Christen jetzt als dem Erhöhten zugehören, bewahrt und überliefert (Logienquelle!). – In diesem Sinne führte die Urgemeinde auch die *Mahlgemeinschaft* mit dem vorösterlichen Jesus über den in ihrer kultischen Überlieferung festgehaltenen Abschied hinaus (Mk. 14,25; Lk.22,18; 1.Kor.11,26) im Vorblick auf die endzeitliche Mahlgemeinschaft mit dem Erhöhten fort (→ Eucharistie). Im Sterben Jesu als solchem wurde freilich zunächst keine Heilsbedeutung gesehen. Der älteste Passionsbericht stellt Jesu Endgeschick zwar als Erfüllung der Schrift und also nach Gottes Willen ‹notwendig› dar (vgl. bes. Mk.8,31; 9,31; 10,33f.); doch stammt das Verständnis des Todes Jesu als stellvertretenden Sühnopfers des Einen für alle aus etwas späterer Zeit. Sein ursprünglicher Traditionsort dürfte die Liturgie der Abendmahlsfeier gewesen sein (vgl. Mk.14,22–24 mit dem in der synoptischen Tradition vereinzelten Wort Mk.10,45 par. und der vorpaulinischen Überlieferung 1.Kor.15,3).

[3] Trotz dem besonderen Selbstverständnis der Urgemeinde verblieb ihr Leben bis zum Ausbruch des jüd. Krieges (66–70 n.Chr.) im *Rahmen des jüd. Gemeinwesens*. Neben der weiter überlieferten Kritik Jesu an der Gesetzestradition und -frömmigkeit hielt man ausdrücklich am Gesetz fest (Mt.5,17ff.!) und hielt die Fastensitte ein (vgl. Mk.2,19b–20 gegenüber dem ursprünglichen Abschluß des Wortes Jesu in Mk.2,19a). Die Kritik betraf nun nicht das Daß, sondern das Wie der traditionellen Frömmigkeit (Mt.6,1–18). Die jüd. Umwelt galt als Herde der ‹verlorenen Schafe Israels› (Mt.10,6), die durch Weiterverkündigung der Predigt Jesu zur christlichen Gemeinde als der Heilsgemeinde der Endzeit zurückzurufen sei (Mt.9,35ff.). Der Anschluß an die Gemeinde wurde durch die → Taufe auf den Namen Jesu vollzogen, wodurch man die Johannestaufe in christianisierter Gestalt fortführte. – Mit dem J.70 n.Chr. beginnt das Ende der Geschichte des → Judenchristentums, das, von Jerusalem in das Ostjordanland (Pella) abwandernd, sich in der Folgezeit im ostjordanisch-innersyrischen Gebiet mit heterodox-jüd. Gruppen vermischt hat und selbst zur Sekte geworden ist (→ Nazoräer).

D. Das hellenistische Urchristentum. [1] Die *Quellenlage* auf dem Gebiet des frühesten Christentums ist besonders schwierig. Auszuwerten ist sowohl die hellenistische Schicht der synoptischen Tradition als auch das aus der paulinischen und außerpaulinischen Briefliteratur zu erhebende Traditionsgut, ohne daß die überlieferungsgesch. Unterschiede nivelliert werden dürfen.

[2] Das *älteste hellenist. Chr.* ist sicher schon in den 30er Jahren entstanden: vielleicht durch partikulare Berührungen bes. der galiläischen Judenchristen mit ihrer engeren und weiteren Umgebung (in Damaskos gab es schon zur Zeit des vorchristl. Paulus eine Gemeinde); jedenfalls aber durch die Gewinnung von Diasporajuden in Jerusalem (Apg.6–8) für die christl. Sache (durch sie ist die dann im vordersyr. Raum führende Gemeinde in Antiochia entstanden, vgl. Apg.11,19ff.). In der jüd. → Diaspora gab es eine verzweigte und intensiv betriebene Tradition religiöser Propaganda zum Anschluß von → Proselyten an die Gemeinde des Gesetzes. Diese Tradition, in Kreisen der ersten diasporajüd. Christen außerhalb Palästinas zum Zwecke christl. Mission übernommen, ist zum wichtigen Bindeglied zwischen der judenchristl. und der sich nun rasch und relativ unabhängig entwickelnden hellenist.-christl. Überlieferung geworden.

[3] Die *Predigt* des Einen Gottes und seines bevorstehenden universalen Weltgerichts bekam in der Verkündigung der Auferweckung Jesu als seiner Erhöhung zum Richter der Frevler und zum Retter der an ihn ‹glaubenden› ‹Christen› (beide Begriffe tauchen erst hier auf!) eine neue, beherrschende Mitte (vgl. zu diesem Schema der Missionspredigt 1.Thess.1,9f.; z.T. auch Hebr.6,2). Dabei wurde die Überlieferung der Urgemeinde, der neuen, nichtjüd. Situation entsprechend, wesentlich verändert: Der Titel ‹Menschensohn› wurde nicht übernommen; an seine Stelle traten die Titel ‹Herr› (*κύριος*) und ‹Gottessohn› (*υἱὸς θεοῦ*), beide im hellenist. Taufbekenntnis haftend (vgl. Röm.1,3f.; 10,9f.; Apg.8,37 varia lectio; vgl. → Bekenntnis). Beide Titel bezeichnen Jesus (‹Christus›) als gottheitlichen Wesens, wobei die hellenist. Vorstellung göttlicher Wesen in Menschengestalt (vgl. → Theios Anēr; → Wundertäter) die entstehende hellenist. Christologie mitgeprägt hat. So wird die Auferweckung Jesu als seine himmlische Epiphanie (vgl. 1.Tim.3,16), seine Erscheinungen (Lk.24,13ff.) sowie überhaupt das irdische Wirken Jesu im ganzen (bes. seine Wunder, die jetzt ins Zentrum der Jesusüberlieferung rücken) als → Epiphanie des wesenhaft himmlischen, von Gott zu den Menschen herabgekommenen Gottessohnes aufgefaßt. Dabei tritt allmählich die die urchristl. Überlieferung prägende jüd., von der → Eschatologie bestimmte Geschichtsauffassung zurück; der Unterschied der *Zeiten* wird zum Unterschied zwischen oberen göttlichen und unteren irdisch-menschlichen *Räumen*. Die bestimmende Epiphanievorstellung läßt die bevorstehende Nähe der Endereignisse als eine aus dem Himmel her schon jetzt hereinragende Wirklichkeit auffassen; entsprechend wird der Geist (*πνεῦμα ἅγιον*) anstelle seiner judenchristl. Funktion (der vorgreifenden Verbindung mit den im Eschaton verborgenen ‹Geheimnissen› Gottes) nunmehr als aus dem Himmel her gegenwärtige, substanzhaft göttliche, in den Menschen eingehende und ihn wesenhaft verwandelnde Kraft verstanden. Aus der Teilgabe am endzeitlichen Heil wird gegenwärtig erfahrbare überirdische Wirklichkeit, weil die Zugehörigkeit der Jünger zu Jesus nach Art der hellenist. → Mysterien als wesenhafte Teilhabe am Geschick Jesu als des Kultgottes verstanden ist, die in der nun sakramental verstandenen Herrenmahlfeier (→ Eucharistie) stets neu erfahren wird.

[4] Der *inneren Lösung* dieses hellenisierten Chr.s aus dem Vorstellungszusammenhang jüd. Überlieferung, dessen Elemente in der christl. Tradition gleichwohl mit übernommen worden sind, entspricht die völlige *Selbständigkeit der christl. Gemeinden* als von den jüd. Synagogen unabhängige eigene ‹Religionsgemeinschaften›. Neu hinzugewonnene Nichtjuden sind von vornherein auf die *christl.*

Überlieferung, nicht mehr auf Tora und Beschneidung, verpflichtet worden. Sie haben das AT von vornherein nur noch als Bibel der *Christen* – und zwar als Sammlung göttlich autorisierter Weissagungen auf Christus und das christl. Heil – kennengelernt. Über der entscheidenden Zusammengehörigkeit von Heiden und Juden (Gal. 3,28) in der christl. Gemeinde (vgl. die Tischgemeinschaft in → Antiochia, Gal. 2,11 ff.) traten die Unterschiede im Blick auf die Observanz zum Judentum nicht wesentlich zutage. Gewiß suchte man zur Jerusalemer Urgemeinde Beziehungen (vgl. Gal. 1,18 f. von Damaskos, Gal. 2,1 ff. von Antiochia, Apg. 11,22 u. ö. von Jerusalem aus). Allmählich sind dabei aber die wesentlichen Unterschiede bes. im Verhältnis zur Tora sichtbar geworden und haben zu Auseinandersetzungen geführt, vor allem seit dem Beginn der Mission des *Paulus*, der in neuer Ausdrücklichkeit die Freiheit der Heidenchristen von der Tora-Observanz forderte und dies mit seinem *Heiden*apostolat legitimierte (Gal. 1,11 f.; 1. Kor. 15,9 f.). Eine grundsätzliche Vereinbarung konnte zwischen Jerusalem und Antiochia auf dem sog. Apostelkonzil in Jerusalem (Gal. 2,1 ff.; harmonisierend Apg. 15) getroffen werden (ca. 48/49 n. Chr.). Hier wurde die gesetzesfreie Heidenmission als gleichberechtigt neben dem Judenchristentum anerkannt (Gal. 2,7 ff.) und als Ausdruck der Einheit eine für die ‹Armen› in Jerusalem bestimmte Geldsammlung in den heidenchristl. Gemeinden vereinbart. Dieser Beschluß hat die Zusammengehörigkeit aller Juden- und Heidenchristen in Einer ‹Kirche Gottes› zu einer gesamtchristl. bestimmenden Idee gemacht – über alle bestehenden Unterschiede hinweg. Daran haben auch spätere Konflikte – z. B. die, die zum sog. → Aposteldekret führten, vor allem aber die Kämpfe des Paulus mit Vertretern eines radikalen → Judenchristentums (1) – nichts Wesentliches mehr ändern können.

[5] Neben dem vordersyrischen sind *andere Zentren hellenist. U.s* entstanden, die jedoch ungleich stärker im historischen Dunkel liegen. Hier ist bes. *Ägypten* zu nennen, wo es bereits recht früh eine christl. Überlieferung gegeben hat. Aus Alexandria stammt Apollos, der parallel zu Paulus und weitgehend unabhängig von ihm (vgl. 1. Kor. 3,4 ff.; Apg. 18,24 ff. sucht das zu übermalen) als Missionar und Lehrer in Kleinasien (Ephesos 1. Kor. 16,12) und Korinth (1. Kor. 1,12; 3,4 ff. 22) gewirkt hat. Er scheint aus dem hellenist. gebildeten alexandrin. Judentum hervorgegangen zu sein (Apg. 18,24). Wenn der Hebr. aus dem alexandrin. Christentum stammt (→ Philon verwandte Art der Auslegung des AT), so darf seine traditionsgeschichtliche Analyse zur Erkenntnis alexandrin.-christl. Überlieferung ausgewertet werden. Auch hier bekannte man den erhöhten Christus, der – wie die personhafte göttliche Weisheit der etwa gleichzeitigen jüd. Weisheitsliteratur – vor der Weltschöpfung bei Gott präexistent gewesen, dann auf Erden erschienen und den Menschen gleich geworden sei, um durch seinen Tod hindurch zum Himmel wieder zurückkehrend, als himmlischer Hoherpriester sein Kultamt im oberen Heiligtum anzutreten und so den Seinen den Zugang dorthin zu öffnen. Ein schroff antijüd. Überlegenheitsbewußtsein zeigt sich hier. Dem Jerusalemer Tempel tritt das himmlische Heiligtum, dem irdischen Hohenpriester der himmlische, dem vergänglichen, zu wiederholenden Opfer das ein für allemal vollzogene Selbstopfer Christi gegenüber, durch das die Tora ‹außer Kraft gesetzt› (Hebr. 10,9) und der ‹neue Bund› konstituiert worden sei (Hebr. 8,13). – Für *Oberägypten* bezeugt das neugefundene Thomasevangelium eine stark gnostisch geprägte, aus palästinischer Tradition übernommene Jesusüberlieferung. Dies Gebiet ist dann im 2./3. Jh. eine Hochburg gnostischen Christentums gewesen, was es wahrscheinlich von Anfang an war. – Die Gemeinde in → *Rom* mag aus der dortigen Judenkolonie heraus entstanden sein, hat jedoch schon zur Zeit der Abfassung des Röm. eine nichtjüd. Majorität und vollends eine Generation später (1. Clem.) eine ganz unjüd. Atmosphäre der Überlieferung. (Zum Aufenthalt und Tod des Petrus in Rom → Petrus.)

E. Paulus. [1] Paulus (so nach dem röm. cognomen Paulus, israelitischer Name Saul) entstammt einem streng jüd. (pharisäischen?) Elternhause der Diaspora in der hellenistischen Stadt → Tarsos. Er hat als Angehöriger der Pharisäer (Phil. 3,5) eine rabbinische Lehrausbildung (in Jerusalem bei Gamaliel d. Ä.?, Apg. 22,3) erfahren. Daß er mit bes. Eifer der jüd. Überlieferung verpflichtet war, bezeugt er selbst (Gal. 1,14; Phil. 3,5); rabbinische Schulung (freilich frühjüd.-apokalyptischer Prägung) zeigt sich indirekt in der Struktur seines christl. Denkens. Als jüd. Gelehrter hat er sich an der Verfolgung von (hellenist.) Christen (Gal. 1, 22) aktiv beteiligt (Gal. 1,13 f.; 23; 1. Kor. 15,9; Phil. 3,6; mit teilweise legendarischer Ausmalung Apg. 9,1 ff.; 22,4 f.; 26,9 ff.). Sein Motiv war dabei nicht nur das ‹Ärgernis› des χριστὸς ἐσταυρωμένος (1. Kor. 1,23), sondern offenbar auch schon die Erkenntnis, daß der Glaube an Christus wesenhaft die Bindung des künftigen Endheils an die Bewahrung der Tora ausschließe (Gal. 5,4). Wahrscheinlich war die Gemeinde, die er verfolgte, aus Juden und Nichtjuden gemischt und schon von daher zumindest einer strengen Tora-Observanz entraten. Durch eine Erscheinung des Auferstandenen, die wie den anderen → Aposteln, so auch ihm widerfahren ist, hat er sich zum christl. Heidenapostel berufen gewußt (Gal. 1,15 f.; 1. Kor. 9,1 ff.; 15,8; Phil. 3,7 ff.) und in dieser Wende seines Geschicks die Wirkung der heilsgeschichtlichen Wende erfahren, die im Geschick Christi als Anbruch der Endereignisse (1. Kor. 15,12 ff.) für die Welt insgesamt, Juden wie Heiden, geschehen war.

[2] So ist Paulus zum ersten kirchlichen Missionar geworden, der in bestimmter theologischer Konzeption dezidiert *Apostel der Heiden* war und dies zumal nach dem Apostelkonzil energisch und planvoll durchgeführt hat. Nach ersten Anfängen in der Umgebung von Tarsos (Gal. 1,21) von Barnabas nach Antiochia geholt (Apg. 11,26), scheint er seine weiteren Unternehmungen zunächst vom Hintergrund dieser syr. Metropole aus geführt zu haben (vgl. Apg. 18,22 f.). Daß in seinen Briefen später von Antiochia nicht die Rede ist, vielmehr mehrfach seine vollständige Unabhängigkeit als Apostel von jeglicher menschlicher Instanz betont wird (Gal. 1,1. 11 f.; 1. Kor. 4,4 f.), kann als Hinweis darauf gewertet werden, daß sich sein Verhältnis zu Antiochia (seit dem Vorfall Gal. 2,11 ff.?) zumindest seit Gründung eigener Missionszentren (→ Ephesos für Kleinasien, → Korinth für Makedonien und Griechenland) gelockert hat. Daß sich in seinen Briefen so gut wie keinerlei synoptisches Gut findet, läßt sich durch die Annahme erklären, daß die Jesusüberlieferung traditionsgeschichtlich von den von ihm als Missionar übernommenen Predigtstoffen (1. Kor. 11,23 ff.; 15,1–11; 1. Thess. 1, 9 f.; 4,13 ff.; Röm. 10,9 f.; Phil. 2,5 ff. u. a.) unabhängig gewesen und daher von ihm nicht mit übernommen worden ist. Paulus hat freilich von Anfang an diese missionarische Gemeinüberlieferung (*εὐαγγέλιον*) durch die Intention seiner eigenen Gedanken frei geprägt und so wiederum die Geschichte der Überlieferung im Bereich seiner Gemeinden wesentlich beeinflußt. Ein festes Konzept einer ‹Theologie› hat Paulus jedoch nicht gehabt; seine Gedanken bildeten sich im jeweiligen Zusammenhang der Situationen, in die er sich gestellt erfuhr; sie sind dialogisch strukturiert.

[3] Das lassen seine *Briefe* in ihrer bemerkenswerten Unterschiedlichkeit erkennen. Während *1. Thess.*, die Erstmission widerspiegelnd, theologisch am traditionellsten ist und später zentrale paulinische Gedanken nur anklingen (1. Thess. 4,13–5,11), führt die in *1.* und *2. Kor.* redaktionell zusammengestellte Korrespondenz mit der größten griech. Gemeinde in eine akute Auseinandersetzung hinein, in der

es für Paulus bei der Durchsetzung seiner apostolischen Autorität darum geht, die spezifisch christl. Elemente der (jüd. geprägten) Tradition in der hellenist. Atmosphäre dieser Gemeinde herauszustellen und zu bewahren. Gegenüber einer Christologie, die den auferstandenen Kyrios als πνεῦμα in der religiösen Erfahrung der Pneumatiker je unmittelbar gegenwärtig erkennt (bes. 1. Kor. 2, 10ff.), stellt Paulus den Tod (1. Kor. 1, 18; 2, 2) und die Auferweckung Jesu (1. Kor. 15) als den in Gottes geschehener Heilstat (2. Kor. 5, 20) gelegten Grund des künftigen Heils der Christen heraus. Gegenüber dem individuellen Aufschwung, den die korinth. Gnostiker in den Geistwirkungen (Zungenrede 1. Kor. 14; Weisheitsrede 1. Kor. 1, 17; 2, 1; 12, 8; ‹Erkenntnis› 1. Kor. 8, 1f. der ‹Vollendeten› 1. Kor. 2, 6f.; imponierendes persönliches Auftreten 2. Kor. 10, 1. 10; geistliche Machterweise 2. Kor. 12, 12) als Wahrheitserweise des Christus praesens zu erfahren behaupteten und von Paulus vorzuweisen verlangten, geht es in seinem Sinne um den ‹Aufbau› der Gemeinde durch gegenseitige Nächstenliebe (1. Kor. 8, 1f.; 13, 1ff.) und vernünftige, jedermann faßbare Belehrung (1. Kor. 14), wobei der wahre Apostel Christi in eigener Schwachheit vollendet sei (2. Kor. 12, 9), weil er durch *Gottes* Gnade ist, was er ist (1. Kor. 15, 10). Das vielgestaltig je gegenwärtige πνεῦμα, dessen Wirkung Paulus durchaus freien Raum im Gemeindeleben zu geben bestrebt war (vgl. 1. Thess. 5, 19), hat jedoch sein Kriterium nicht in der Geisterfahrung als solcher, sondern im Christusgeschehen. Der Unterschied zwischen dem vollendeten Christusgeschick und dem seiner Vollendung erst entgegengehenden Geschick der Christen ist gegenüber der gegenwärtigen Geisterfahrung der frühchristl. Gnosis in Korinth festgehalten. – *Gal.* dagegen führt in den Kampf des Heidenapostels gegen radikale →Judenchristen (1). Hier wie dann wenig später in dem reflektierenden *Röm.* hat Paulus den gekreuzigten Christus, der an der Frevler Statt den Fluch der Tora über den Frevel auf sich genommen hat (Gal. 3, 13), als das Ende der Botmäßigkeit gegenüber der Tora (Röm. 10, 4; vgl. Gal. 5, 1ff.), die Zugehörigkeit zu Christus als den heilsgeschichtlichen Grund der ‹Rechtfertigung› der Frevler (Gal. 2, 15ff.; Röm. 3, 21ff.) und die Liebe als die in der Gemeinde – dem Machtbereich des Geistes (Röm. 8, 5ff.) – zu übende Wirksamkeit des Glaubens (Gal. 5, 6) und so als die wahre Erfüllung des Gesetzes (Gal. 5, 13ff.; Röm. 13, 8ff.) herausgestellt. So sind die Christen ‹in Christus›, d. h. *durch* seinen stellvertretenden Tod für die Frevler und seine Auferweckung durch Gott und *in Teilhabe* an diesem Geschick Christi dem Leben für Gott anheimgegeben, das sie durch den Gottesgeist in ihrem Wandel jetzt schon als die von der Sünde befreiten Gottessöhne fordert (Röm. 8, 12f.) und an dem in der zukünftigen Totenauferweckung ihren Teil zu empfangen, ihnen auf Grund ihrer Verbindung mit Christi Geschick (Röm. 6, 3ff.) bestimmt ist. Als solche aber sind gerade die Heiden durch die Gnade Gottes gewürdigt worden, ‹Israel Gottes› (Gal. 6, 16) und ‹Same Abrahams› (Gal. 3, 29; Röm. 4, 12. 16) zu sein; sie sind an die Stelle des verstockten Israel getreten, dem Gott aber am Ende gleichwohl an der Rettung teilgeben wird (Röm. 11, 25ff.).

[4] Die auf dem Apostelkonzil vereinbarte Geldsammlung (s. o. D 4) hat Paulus als krönenden *Abschluß seiner Wirksamkeit* im Osten des Reiches eifrig betrieben; in ihrem Zustandekommen sieht er ein Zeichen heilsgeschichtlicher Verwirklichung der Einen Kirche aus Juden und Heiden. Nach Überbringung der Kollekte will er zu neuer Wirksamkeit im Westen, ausgehend von der röm. Gemeinde als seinem Zentrum, aufbrechen (Röm. 15, 14ff.), gerät jedoch in Jerusalem in etwa zweijährige römische Gefangenschaft (in Caesarea), um von dort nach Rom überführt und nochmals ca. 2 Jahre in Arrest gehalten zu werden (legendarisch ausgestaltete Quelle: Apg. 21–28). Daß er schließlich dort (wohl kurz vor 66 n. Chr.) das Martyrium erlitten hat, setzt Apg. 20, 35. 38 voraus und bezeugt 1. Clem. 5, 4 ausdrücklich. Sein Ziel, von Rom aus Spanien zu erreichen, hat er wahrscheinlich (trotz 1. Clem. 5, 7 und Canon Muratori 38) nicht erreicht. – Die große geschichtliche Leistung des Paulus besteht darin, (1) durch sein Missionswerk zu der raschen Ausbreitung des Christentums in Richtung auf eine Weltkirche aus Juden und Heiden beigetragen, (2) in seiner theologischen Durchdringung der missionarischen Gemeindetradition den Grund zur Entstehung eines eigenen Überlieferungskreises paulinischer Gemeinden gelegt (s. u. 5); und (3) entscheidend bewirkt zu haben, daß im religionsgeschichtlichen Entstehungsprozeß des hellenistischen U.s die jüd. Strukturelemente in der christl. Tradition bewahrt worden sind.

[5] Über Entwicklung und Geschick der *paulinischen Gemeinden in Kleinasien und Griechenland* ist wenig zu erfahren. Es scheint, daß sie sich – abgesehen von vereinzelten Verfolgungsvorkommnissen (1. Thess. 2, 14ff. und dann bes. die in 1. Petr. vorausgesetzte Situation) –, zunächst relativ ungestört entfalten konnten. Das Verhältnis zur Umwelt – der politischen (vgl. Röm. 13, 1ff.; 1. Petr. 2, 13ff.; 1. Tim. 2, 1f.; Tit. 3, 1f.) wie der nachbarlichen (z. B. Röm. 12, 18; Tit. 3, 2) – ist zwar grundsätzlich distanziert, aber doch von zunehmend freundlicher Aufgeschlossenheit. Christen – zumal Bischöfe (1. Tim. 3, 7) – müssen im bürgerlichen Leben vorbildlich und gut beleumundet sein. In den Gemeinden selbst stellt sich allmählich eine bestimmte Ordnung ein (Gemeindeämter, gottesdienstliche Gemeindeversammlung, Katechumenat, Gemeindefürsorge), wenngleich noch lange Zeit der ‹Geist› mit seiner freien Initiative einen gegen alles Maßlose und Mißbrauch abgegrenzten Vorrang hat. Dabei kommt es hier und da zu Spannungen und Konflikten, in denen der Name des Paulus eine Rolle spielt: vgl. die *1. Clem.* (→Apostol. Väter) in Korinth vorausgesetzten Streitigkeiten zwischen einer opponierenden Gruppe ‹Jüngerer› und einer konservativen, um die Gemeindebeamten gescharten Gruppe ‹Älterer›, vielleicht ein Neuaufflammen der Auseinandersetzungen zur Zeit des Paulus. Heftige theologische Kämpfe führte der Verfasser des *Kol.* unter dem Namen des Paulus selbst gegen jüd.-gnostische Einflüsse. Eine spätere Phase solcher Auseinandersetzungen zeigen die *Pastoralbriefe* (1./2. Tim.; Tit.), deren Verfasser bemüht ist, seine Gemeindeüberlieferung als die ‹orthodoxe›, weil ‹apostolische› Tradition gegen Heterodoxie abzugrenzen und die rechtgläubigen Gemeinden im Namen des alten, ehrwürdigen Märtyrer-Apostels (vgl. 2. Tim. 4, 6ff.) vor jeglichem Kontakt mit den zugleich als unsittlich geltenden Irrlehrern zu warnen und durch Gehorsam gegen die Tradition und ihren Garanten, den Bischof als Nachfolger des Apostels, immun zu machen. – Überall zeigt sich zusammen mit der Tendenz, die ‹Lehre› des Paulus zu bewahren, die Herausbildung einer festen ‹kirchlichen› Tradition in Verflachung und Erstarrung der Gedanken des Paulus. Eine Ausnahme macht nur der *Eph.*, dessen Verfasser durchaus Paulus entsprechend die heilsgeschichtliche Vereinigung von Juden und Heiden zum bestimmenden Horizont der ihm (in Kol.?) vorgegebenen kosmischen Soteriologie erhoben hat (vgl. bes. Eph. 2, 11ff.).

F. Die synoptischen Evangelien. Der Hauptbereich der Jesusüberlieferung waren hellenist.-judenchristl. Gemeinden. Nach verschiedenen mündlich tradierten Stoffsammlungen hat als erster der Verfasser des Mk. eine schriftliche Darstellung verfaßt. In ihrer Bezeichnung als ‹Evangelium› (1, 1), bis dahin terminus technicus für die Missionsüberlieferung, kommt das theologische Programm zum Ausdruck, die Jesusüberlieferung mit dieser zu verschmelzen. Den traditionellen Inhalt des εὐαγγέλιον – Tod und Auferstehung Jesu – rückt *Mk.* in das Zentrum seiner Darstellung, indem er die verschiedenen Einzelstoffe an der bis dahin isoliert überlieferten Passions- und Ostergeschichte orientiert. So erscheint die Passion und Auferstehung Jesu als das von Gott gesetzte Ziel, das von Anfang an (vgl. 3,6) vor Augen steht, zumal nach der als entscheidendem Wendepunkt herausgearbeiteten Szene des Petrusbekenntnisses (8,27ff.) mit der anschließenden ersten der drei im folgenden Stoff verteilten Leidensweissagungen (8,31; 9,31; 10,33f.). Ebenso gilt der Weg Jesu im ganzen als zunächst verborgene und dann (seit Ostern) offenbare Epiphanie Jesu als des ‹Gottessohnes›, die als solche Inhalt des ‹Evangeliums› ist. – Der so von Mk. geschaffene Rahmen für die in sich vielfältige Jesusüberlieferung ist dann in der weiteren Traditionsgeschichte der Evangeliengattung maßgeblich geworden: sowohl bei Mt. wie bei Lk. liegt mit Mk. selbst bes. der markinische Stoffaufriß zugrunde. – Das *Mt. Ev.* stammt wahrscheinlich aus judenchristlichen Kreisen des syrisch-palästinensischen Grenzgebietes. Es ist vor allem dadurch charakterisiert, daß hier das hellenistische ϑεῖος ἀνήρ-Kolorit des Mk.stoffes durch die beherrschende Vorstellung von Jesus als dem Tora-Lehrer der Endzeit (vgl. die Mose-Sinai-Typologie im Rahmen der Bergpredigt Mt. 5–7 sowie die Schlußszene Mt. 28,16ff.) übermalt und die wunderhaften Züge des Erzählungsgutes zugunsten des Glaubensmotivs reduziert worden sind.

G. Das lukanische Werk. Der bewußt literarisch arbeitende Verfasser des *lukanischen Doppelwerks* fand bereits eine Anzahl von ‹Evangelien› vor (Lk. 1,1ff.) und benutzte die Gattung, um seine eigene Gesamtkonzeption christlicher Überlieferung zu gestalten. Er hat die Sacheinheit von Jesusüberlieferung und Missionstheologie als von Gott gefügten heilsgeschichtlichen Verlauf dargestellt, indem er an die Darstellung der Geschichte Jesu (Lk. Ev.) in nahtloser Folge seine Apg. als Geschichte der Verkündigung der historia Jesu anschließen läßt. Die Geschichte Jesu ist für ihn die Zeit des in Jesu Person auf Erden gegenwärtigen Heils, das nach seiner Himmelfahrt (eine vom Verfasser im Interesse der Kontinuität der Erscheinungen des Auferstandenen mit der historia Jesu geschaffene Vorstellung) eine abgeschlossene Epoche geschichtlicher Vergangenheit geworden ist. Der historische Charakter des Doppelwerkes dient dem spezifisch theologischen Anliegen, die Verbürgtheit der christlichen Überlieferung durch das Sichtbarmachen des göttlichen Geschichtsplanes aufzuweisen, wodurch zugleich die urchristlich-jüd. Tradition, den Grund des Heils in Jahwes Geschichtstaten zu wissen, aufgeklärt-hellenistischen Christen verständlich und auf die Dauer tradierbar werden konnte. Die lukanische Idee der Heilsgeschichte (die vielleicht auf die Konzeption des dreigliedrigen Taufbekenntnisses eingewirkt hat) ist zusammen mit seinem Konzept der apostolischen Geschichte zum festen Erbe der kirchlichen Tradition geworden. ‹Lukas› ist so einer der entscheidenden Väter der altkatholischen Kirche.

H. Die johanneische Theologie. Unabhängig von paulinischer Tradition hat der Verfasser des *Joh. Ev.* (und der *Joh.-Briefe?*) – offenbar in einem relativ abgesonderten Traditionsbereich – aus ihm vorgegebener Jesustradition (Logien und kleine Redestücke sowie massiv-epiphanische Wundererzählungen) ein Evangelium geschaffen (vielleicht dabei bereits schriftliche Quellen benutzend). In der Tradition bes. des Redengutes wirkt die Struktur palästinischer Menschensohnchristologie nach (der Titel bezeichnenderweise im Joh. noch durchaus geläufig), doch ist das judenchristl. Erbe in den Kreisen der johanneischen Gemeinde längst vielfach mit synkretistischer, orientalisch-gnostischer Tradition verschmolzen. Die Spannung dieser Überlieferung gegenüber den alten Traditionselementen löst der Verfasser durch die eigenwillige Konzeption von der Sendung des präexistenten Gottessohnes (des ‹Logos›, Joh. 1,1ff.) als Mensch (1,14) in den Kosmos der Menschen (3,16), um in seiner Person das Heil als Licht und Leben zu eröffnen und so unter den Menschen eine definitive Scheidung zwischen Erkennenden und Verstockten als an seinen Namen Glaubenden und im Unglauben Verharrenden herbeizuführen (3,19f.; 9,39). Mit ihm ist daher das Endgericht bereits jetzt vollendete Wirklichkeit geworden (3,36). Seine Sendung findet ihre Vollendung in seiner Kreuzigung (19,30), die zugleich als seine Erhöhung zu Gott (3,14; 8,28; 12,32ff.) Voraussetzung seiner ‹Verherrlichung› in den nachösterlich Glaubenden (bes. 17,1ff.) durch den Geist (16,14) ist, worin diese ihres vollendeten Heils in der Einheit mit dem verherrlichten Sohn und, darin vermittelt, mit dem Vater selbst (bes. 17,20ff.) teilhaftig sind. Als solche ‹bleiben› sie in Jesus (15,4), indem sie in seiner Liebe (15,9), der vollendeten Bruderliebe (1. Joh. 4, 11f.), bleiben, die so als die irdisch-menschliche Gestalt des Christentums erscheint (17,23).

I. Die Gemeinden der 1. H. des 2. Jh.s. bieten kein zusammenhängendes Bild, nicht nur, weil die Quellen (s.u. K) sehr disparat sind, sondern vor allem, weil die werdende frühkatholische Kirche regional verschieden war und keine einheitliche Geschichte hatte. Allgemein charakteristisch für diese Epoche ist die Herausbildung kirchlicher Organisationen (bes. das monarchische Bischofsamt, dessen Züge durch → Ignatius von Antiochia und → Polykarp von Smyrna hervortreten; vgl. → Amt), kirchlicher Tradition (→ Bekenntnisse; Sammlung apostolischer Schriften als Beginn der Bildung des nt.lichen Kanons) und → Kirchenordnung (Verfassung, → Liturgie, B [2]). Die Geschichte ist *nach außen* durch erste (freilich immer noch sporadisch aufflammende, regional vereinzelte) → Christenverfolgungen, *nach innen* durch Auseinandersetzungen zwischen Orthodoxie und Heterodoxie in den Gemeinden gekennzeichnet (bes. in Syrien und Kleinasien; in Rom erst um die Jh.mitte; im stark gnostisch geprägten Ägypten siegte eine Orthodoxie offenbar überhaupt erst später). Aber wie nach außen hin noch nicht die Verfolgungen, sondern ‹ein ruhiges und stilles Leben› (1. Tim. 2,2) die Regel war, so nach innen eine sich konsolidierende, bürgerlich-populäre Gemeindefrömmigkeit (Beispiel → Hermas). Noch ist das Christentum keine Größe von Weltformat; nirgendwo zeigt sich ein missionarischer Elan dazu. Eine solche Tendenz beginnt in der christlichen Oberschicht erst mit den → Apologeten. U.W.

Lit: zum Ganzen: W. G. Kümmel, Das U., ThR NF 14, 1942, 81 bis 95. 155–173; 17, 1949, 3–50. 103–142; 18, 1950, 1–53; 22, 1954, 138 bis 170. 191–211 (Forschungsberichte) – Ders., Das NT, Gesch. d. Erforschung seiner Probleme, 1958 – R. Bultmann, Das U. im Rahmen der antiken Religionen (1949), 1954^{2} – Ders., Theologie des NT, (1948–53), 1961^{4} – *Zu A:* W. Wrede, Über Aufgabe u. Methode der sog. Theologie des NT, 1897 – *Zu B:* R. Bultmann, Jesus (1951), 1961^{3} – M. Dibelius-W. Kümmel, Jesus (1939), 1960^{3} – G. Bornkamm, Jesus von Nazareth (1956), 1964^{6} – G. Gloege, Aller Tage Tag, 1960 – J. M. Robinson, Kerygma und hist. Jesus, 1960 – H. Conzelmann, RGG III 619–653, s. v. Jesus Christus – *Zu C:* H. E. Tödt, Der Menschensohn in der synopt. Überlieferung, 1959 – F. Hahn, Christolog. Hoheitstitel (1963), 1964^{2} – *Zu D:* H. Braun, Der Sinn der nt.lichen Christologie, ZThK 54, 1957, 350–364 (Lit) – F. Hahn, Das Verständnis der Mission im NT, 1964 – *Zu E:* s. zu → Paulus – *Zu F:* M. Dibelius, Die Formgesch. des Evangeliums (1919), 1961^{4} – R. Bultmann, Gesch. der synopt. Tradition (1921), 1961^{5} *Zu G:* H. Conzelmann, Die Mitte der Zeit, Stud. z. Theol. d. Lukas, (1954) 1964^{5} – E. Haenchen, Die Apg., KEK (1956), 1962^{4} – U. Wilckens, Die Missionsreden der Apg. (1961), 1962^{4} – *Zu H:* R. Bultmann, Das Evg. Joh., KEK (1941), 1962^{8}.

K. Literaturgeschichte. [1] *Abgrenzung.* Die urchristl. Literaturgeschichte umfaßt das von der Gestalt Jesu abhängige Schrifttum, das bis ca. 145 n. Chr. zustande kam. Zu berücksichtigen sind die 51–ca. 95 entstandenen Schriften des NT inkl. deren Voraussetzungen in mündlichen Überlieferungen und formellen Gattungen und die bibelähnlichen Schriften der Zeit ca. 95–145. Vor und nach diesem approximativen Schlußtermin ändert sich das Bild mit dem öffentlichen Schrifttum der → Apologeten. Eine direkte Fortsetzung bildet aber die Entwicklung des neutestamentlichen → Kanons und Textes sowie der → Apokryphen.

[2] *Voraussetzungen* der neutestamentlichen Schriften waren zunächst mündliche Überlieferungen. Teils Augenzeugenberichte über Worte und Werke Jesu (Luk. 1, 2; Apg. 1, 21 f.), teils als Gemeindeformulare bei der Bekehrungspredigt (Apg. 2, 22–39 mit Parr.; 1. Kor. 15. 1–5), beim Taufunterricht (Mt. 28, 20; Luk. 1, 4), bei der Mahlzeitshomilie (Apg. 20, 7; Thema die Passion: 1. Kor. 11, 23) und bei der Christen-Paränese (Apg. 20, 17–35; 1. Thess. 2, 12) entwickelt, wie die formgeschichtliche Forschung zeigen konnte, wuchsen diese Stoffe allmählich zu größeren Einheiten (→ Spruchsammlungen) zusammen. Wo die mündliche Übermittlung des Lehrstoffes nicht ausreichte, wurden mit jüd. und griech. Literaturformen neue Gebilde schriftlicher *Gattungen* entwickelt: der Brief (mit jüd. Einschlägen nach griech. Vorbild, später zur Predigt geworden); das Evangelium (mit der hellenist. → Biographie nicht vergleichbar); die → Apostelgeschichte (bewußt als L. geschrieben; Aufnahme profaner Stilelemente aus → Roman und Aretalogie); die Apokalypse (von jüd. Tradition noch stark geprägt).

[3] Die im NT an der Spitze stehenden *Evangelien* sind trotz der mündlichen, letztlich palästinensischen Überlieferung, die sie benutzen, in der schriftlichen Gestalt jünger als die Paulusbriefe. Die zahlreichen, auch literarische Abhängigkeit widerspiegelnden Übereinstimmungen zeigt der Paralleldruck von Mt.-, Mk.- und Lk.-Ev. in einer *σύνοψις* (daher ‹Synoptiker›). Nach der vorherrschenden Zweiquellentheorie gingen Mt. und Lk. vom Schema das Mk. aus und verwerteten außerdem eine → Spruchsammlung, ‹Logienquelle›, oder ‹Q› genannt. Umstrittener ist die Frage, ob literarische Vorstufen der Synoptiker (Urmarkushypothese; sog. Protolukas) angenommen werden können; ihre Schlußredaktion wird von den meisten nach 70 angesetzt. Entstehungsbereiche waren für das Mt.-Ev. vermutlich Palästina oder eher Syrien, für das Mk.-Ev. im Endstadium Italien (so wegen einer Angabe des → Papias), für das Lk.-Ev. Syrien und Italien. Das Joh.-Ev. geht von speziellen Überlieferungen aus, die wegen Analogien zu den → Qumranschriften auf Judäa hinweisen, steht auch in manchen Punkten Lk. nahe und kann zwischen 70 und 90 etwa in Syrien entstanden sein (Pap. Ryl. 457 beweist Verbreitung vor d. J. 120; → Kanon und Text). Alle vier Evangelisten verbinden unauflöslich ihre Theologie und Jesusbericht, jeder in charakteristischer, das Christusdogma ausdeutender Weise. – Die → *Apostelgeschichte* (1) entstand als direkte Fortsetzung des Lk. Wie das Vorwort des zweiteiligen Werkes (Lk. 1, 1–4; vgl. Apg. 1, 1ff.) zeigt, beansprucht es literarischen Rang und will auch nichtchristliche Leser ansprechen. – Die im NT erhaltenen → *Briefe* (F) des Paulus (s. o. E 3) wurden auf der zweiten und dritten Reise nach bzw. in Rom diktiert. Ihre Entstehungsjahre sind mutmaßlich: 1. Thess. 51, 2. Thess. 53, Gal. 55, 1. Kor. 56, 2. Kor. 57, Röm. 58, die Gefangenschaftsbriefe Phil. 62 und Philem. 63 (falls in Rom geschrieben), Eph. und Kol. (unter gleicher Voraussetzung, und falls von Mitarbeitern) 63. Schüler des Paulus schrieben etwa 75 (nach anderer Meinung später) die Pastoralbriefe (1. 2. Tim., Tit.), Schüler anderer Apostel den Hebr. und die Katholischen Briefe (Jak., 1. 2. Petr., Jud., 1.–3. Joh.), den 1. Petr. evtl. 64, die übrigen 90/95, wobei Barn. und 1. Clem. (→ Apostolische Väter) literarisch zur selben Gruppe gehören. – Die vom Propheten Johannes veröffentlichte *Offenbarung* entstand um 95 auf Patmos oder in Ephesus (→ Apokalypsen). – Nach dem Jahr 100 begann die Entwicklung eines → *Kanons* des NT, und zwar in Analogie zum AT, wegen der Autorität der Jesus- und Apostelüberlieferungen und im Anschluß an die Paulusbriefe.

[4] Vor allem in der Zeit von 95–145 n. Chr., zum Teil aber noch viel später, wurde das neutestamentliche Schrifttum vielfach fortgeführt und ergänzt, indem neutestamentliche oder verwandte Literaturformen für weitere Schriften verwandt und oft entsprechende Ansprüche auf Verbindlichkeit erhoben wurden. Eine besondere Gruppe dieser Zeit bilden traditionsgemäß die → *Apostolischen Väter*, die apostolischen Geist weiterzutragen scheinen. Allerdings beschränkt sich dies mehr auf ein konventionelles Festhalten an den literarischen Formen. Der theologische Gehalt dieser Schriften ist sehr unterschiedlich. In der Wahrung des apostolischen Erbes greift man auch auf synagogale Traditionen zurück – eine Einschätzung der Traditionen, die für die auslaufende Epoche charakteristisch ist. Eine andere Fortsetzung bilden die → *Apokryphen* des NT, die sich neutestamentliche Namen und Formen aneigneten und als Volksliteratur mit dem NT konkurrieren wollten. Teilweise vor 145, hauptsächlich aber nachher und bis in die Spätantike und das MA hinein entstanden so pseudapostolische Evangelien, → Apostelgeschichten, Briefe, → Apokalypsen u. a. B. R.

Lit: W. G. Kümmel, Das NT, Gesch der Erforschung seiner Probleme, 1958 – A. Wikenhauser-A. Vögtle, Einleitung in das NT (1953), 1961⁴ – Altaner, 43–90 – Feine-Behm-Kümmel, Einleitung in das NT, 1964 (Lit) – Vgl. → Apokryphen, → Apostolische Väter, → Kanon und Textgesch. des NT.

II. Ausbreitung

A. Vorkonstantinische Zeit: [1] Bis Ende des 2. Jh.s – [2] Im 3. Jh. – B. Das Chr. als Staatsreligion – C. Anfänge der Nationalkirchen: [1] Ägypten – [2] Persien – [3] Armenien – D. Christianisierung der Germanen: [1] Goten – [2] Übrige Germanen.

A. Vorkonstantinische Zeit. [1] Mit dem Abklingen des urchristl. Enthusiasmus und dem Aussterben des Apostolates geht die erste Phase der explosiven Ausbreitung des Chr.s zu Ende. An ihre Stelle tritt ruhiges, organisches Wachstum in folgenden drei Bereichen: die *örtliche Ausdehnung* gewinnt neue Gesellschaftskreise; die gebildeten und religiös interessierten Schichten werden teils erschlossen, teils vorbereitet; im *Nahbereich* erfolgen Übergänge von den Häfen und Verkehrszentren auf die Nachbarorte; im *Fernbereich* geht die Ausbreitung weiter mit Handel und Verkehr vor sich. Wirksame Voraussetzungen dafür: 1. Die politischen Verhältnisse, die *pax Romana* (dessen waren auch die Christen sich bewußt); die Grenzen des Imperiums waren im allgemeinen (außer im Osten) auch die der Mission. 2. Die verbreiteten Sprachen: für die Mission im Fernbereich konnte nach Osten die syr., nach Westen die griech. Verkehrssprache dienen; im Nahbereich mußte meist die Grenze zur Landessprache überwunden werden, was erst nach Entstehung einer zweisprachigen Gemeinde möglich war. Besondere Bedeutung hat dabei der Übergang in die lateinische Sprache als Amts- und (im Westen) zweite Verkehrssprache. Die Zeit des Sprachwechsels ist wegen der unsicheren Chronologie der literarischen und epigraphischen Zeugnisse selten genau zu bestimmen. Für Afrika sind Gemeinden mit nur lateinisch sprechenden Gliedern seit Mitte 2. Jh. anzunehmen; nur koptisch sprechende Christen in Ägypten gegen Ende des 2. Jh.s; um dieselbe Zeit müht sich → Irenaeus in Lugdunum mit dem Keltischen. Gegen Ende des Jh.s ist im Römerreich überall der Übergang von der Fern- zur Nahausdehnung vollzogen. Die größte Verbreitungsdichte besteht bei der griech. sprechenden Bevölkerung im Osten des Mittelmeerraums; dabei führt Kleinasien. Im Westen entsteht gerade das lat. Chr. mit den Ausbreitungszentren Karthago und Rom. Nach Osten ist die Fernausdehnung, mit Edessa als Ausbreitungszentrum, in vollem Gang und erreicht vor Ende des Jh.s Baktrien.

[2] Für die *Ausbreitung im 3. Jh.* ist die entscheidende Voraussetzung, daß jetzt die altkatholische Kirche voll ausgebildet ist. Sie ist dadurch einerseits als sichtbare Größe in

ihrer Organisation und ihrem Besitz angreifbar geworden, andererseits die solide Basis für die Wirksamkeit der christl. Ideen in einem Jh. der sozialen Umschichtung und geistigen Auseinandersetzung. Im Römerreich werden Vereinheitlichungs- und Zentralisierungstendenzen zugleich mit Vermassungserscheinungen sichtbar; die Religionen werden durch Synkretismus und Spiritualisierung einander ähnlich. Vom Synkretismus nur in formalen Einzelheiten berührt (Selbstauffassung in Angleichung an die → Mysterienreligionen; → Arkandisziplin), hat das Chr. desto mehr der Spiritualisierung und Verbreitung mystischer Gedankengänge zu verdanken: es konnte nun solche Heiden ansprechen, die bereit waren, geistige Inhalte als Offenbarung anzunehmen. – So erfaßte das Chr. nun auch die *höchsten Schichten*. Mitglieder des Kaiserhauses, auch einzelne Kaiser, zeigen ihr Interesse, und in zunehmendem Maße finden sich Bischöfe, die der Aristokratie entstammen. Das Chr. ist – ohne förmlichen Anerkennungsakt – an die Öffentlichkeit getreten. Schon das Übertrittsverbot des → Septimius Severus am Anfang des Jh.s schließt eine faktische Anerkennung des Status quo in sich, und der Synkretismus der späteren Severer und des → Philippus Arabs setzt diese religionspolitische Linie konsequent fort. Die Gemeinden treten jetzt als Eigentümer auf; die kultischen Plätze, Kirchen und Coemeterien, werden unübersehbar. Die Zahlenstärke steigt sprunghaft an; freilich lassen sich weder absolute noch relative Angaben machen, zumal die Lage in den verschiedenen Provinzen sehr unterschiedlich ist. In *Kleinasien*, *Ägypten* und *Afrika* wird schon die Landbevölkerung erreicht. Im Osten geht in *Ostsyrien* und *Persien* allmählich der Aufbau einer bischöflichen Organisation vor sich. Das Chr. dringt von Edessa aus nach *Armenien* vor und wird dort unter → Tiridates Staatsreligion (kurz vor 300). Die → *Christenverfolgungen* unter → Decius und → Valerian um die Mitte des Jh.s hatten größere Teile der Bevölkerung in ihrem Verhältnis zur Kirche in Fluktuation versetzt; bei Ausbruch der Verfolgung begann zwar eine Massenflucht aus der Kirche heraus, aber dabei wurde das Interesse weiterer Kreise so weit geweckt, daß der Rückstrom nach dem Ende der Verfolgung größer war als der vorausgehende Verlust. Das wiederholte sich in der Verfolgung → Diokletians. Gerade dort, wo sie am heftigsten getobt hatte, brachte die konstantinische Wende die stärksten Zunahmen. Durch den Wechsel der staatlichen Religionspolitik Anfang 4. Jh. hielt der Massenstrom in die Kirche hinein an.

B. Christentum als Staatsreligion. Die Entwicklung des Chr.s zur Staatsreligion beginnt unter → Konstantin – das → Konzil von Nicaea drückt in dieser Hinsicht ein religionspolitisches Programm aus – und bringt die Verwischung der Grenze von Staat und Kirche. Staatliche Hoheitsaufgaben werden der Kirche übertragen (Rechtsinstitut der audientia episcopalis, → manumissio u. a.), und Belange der Kirche (Bekämpfung der Häresien, Missionsaufgaben, z. T. auch der Kirchenbau) vom Staat wahrgenommen. Die Grenzen zwischen kirchlicher und staatlicher Gesetzgebung werden fließend, und aus Konstantins Fürsorge für die Einheit der Kirche wird bei seinen Nachfolgern die unmittelbare Einflußnahme auf die Kirchenlehre. Ähnliches gilt für das Verhältnis zur alten Religion. Konstantin hatte das beim Antritt der Gesamtherrschaft abgegebene Toleranzversprechen im allgemeinen gehalten. Unter seinen Söhnen, vor allem unter der Alleinherrschaft des → Constantius, wird der staatliche Bekehrungszwang immer merklicher, auch wenn die Gesetze nicht mit der Schärfe ihres Wortlauts durchgeführt werden. Die kurze Reaktion unter → Julian (2) bedeutet wenig für die Gesamtentwicklung. → Gratian ließ sich als erster röm. Kaiser nicht mehr das Amt des → Pontifex Maximus übertragen. Unter → Theodosius wurden die Opferverbote erneuert und verschärft und durch Einziehung von Grundbesitz und Immunitäten die Priestertümer des staatlichen Kults nachhaltig geschwächt. Im Streit um die Wiederaufstellung der von Constantius aus dem Senatssaal entfernten Victoria gewannen die Bischöfe Damasus von Rom und → Ambrosius von Mailand, die freilich ihre ganze geistliche Autorität gegen die heidnische Tradition einsetzen mußten, den Sieg über die Senatspartei (→ Symmachus, 2). Im Osten kommt es gegen Ende des Jh.s zu Tempelstürmen durch städtischen und mönchischen Pöbel, bei denen mit den Tempeln unschätzbare Kunst- und Bildungswerte vernichtet werden, wie z. B. durch die Zerstörung des → Serapeions in Alexandria (391). Im selben und im folgenden Jahr verbietet Theodosius für jedermann Betreten der Tempel und Opfer und stellt dadurch die Alleinberechtigung des Chr.s in letzter Konsequenz her.

C. Anfänge der Nationalkirchen. Für die Ausbreitung des Chr.s im 4. Jh. ist dreierlei kennzeichnend. 1. Während mit dem Staatskirchentum die Welt in die Kirche hineinströmt, ziehen sich einzelne von der Welt und der verweltlichten Kirche an den Rand der Zivilisation zurück (→ Askese) und erreichen dabei die bisher noch nicht angesprochenen Teile der Bevölkerung auch auf dem Lande. 2. Diese Bewegung führt durchweg auch aus dem Bereich der kulturellen Einheit hinaus. Die Grenzen der Landessprachen werden jetzt überall überwunden. Es entstehen nationale Kirchen. 3. Die Mission überschreitet durch staatliche, kirchliche und private Initiative jetzt auch die politischen Grenzen.

[1] Die Entwicklung stellt sich am deutlichsten in *Ägypten* dar, weil hier die Geschichte des → Mönchtums besonders früh beginnt und auch die Voraussetzungen für eine nationale Sonderentwicklung bei der Geschlossenheit des Landes mit seiner alten Kultur besonders günstig waren. Noch im 3. Jh. ging man dazu über, die einheimische Sprache mit dem griech. Alphabet (erweitert um 6–8 aus dem → Demotischen genommene Buchstaben) zu schreiben; Mönche, bes. der oberägypt. Klöster, machten sich an die Übersetzung der altchristl. griech. Literatur. Diese nichtgriech. christl. Bildung erhielt dem → koptischen Chr. bis weit ins MA hinein seine Eigenart. – Von Ägypten aus stieß vor Mitte 3. Jh. das Chr. nach *Süden* vor. Der aus → Aksum (westl. des Roten Meeres) gekommene Frumentius wurde durch → Athanasios zum Bischof seines Landes geweiht. Es gelang ihm, König und Volk für das Chr. zu gewinnen (etwa 350). Auch hier wurde, vielleicht durch Frumentius selber, die bis dahin rein konsonantische Schrift Äthiopiens vokalisiert und damit so lesbar und eindeutig gemacht, daß eine christl. Literatur entstehen konnte. – Die von hier aus in Angriff genommene Christianisierung des Homeritischen Reiches (östl. des Roten Meeres) führte hingegen nicht zu Dauererfolgen.

[2] Die nach Osten, bes. nach *Persien* gerichtete, von Edessa ausgehende Mission hatte durch ihre syr. Sprache von Anfang an zum griech. Chr. nur in losem Verhältnis gestanden, war aber gerade dadurch zur raschen Ausdehnung nach Osten befähigt worden. Der Gang der Dinge wurde durch die politischen Ereignisse nachhaltig beeinflußt: das Reich der → Sassaniden entwickelte sich zu einem betont nationalpersischen Staatswesen, stieß die Reste der hellenist. Kultur ab, betrachtete seit der konstantinischen Wende die Christen als Verbündete des röm. Landesfeindes und verfolgte sie trotz dem Einspruch Konstantins. Der von jenem vorbereitete, nach seinem Tode ausgetragene Krieg trug zur Verschlimmerung der Lage der Christen im Perserreich weiter bei. Nach der Beruhigung dank dem politischen Frieden (um 400) entstand eine selbständige persische Nationalkirche mit dem Bischof von Seleukia als Haupt. Nur in theologischer Hinsicht blieb sie von Edessa abhängig und nahm damit Anteil an den christologischen Streitigkeiten.

VERFASSUNG UND SYNODEN DES FRÜHEN CHRISTENTUMS
Gemeinden des 1. Jahrhunderts
Sitz eines Metropoliten
Sitz eines Patriarchen
Tagungsort einer Synode
Tagungsort eines ökumenischen Konzils
Sitz eines Metropoliten, zugleich Tagungsort einer Synode
Sitz eines Metropoliten, zugleich Tagungsort eines ökumenischen Konzils
Sitz eines Patriarchen, zugleich Tagungsort eines ökumenischen Konzils
Patriarchat Rom
Patriarchat Konstantinopel
Patriarchat Antiochia
Patriarchat Jerusalem
Patriarchat Alexandria
Verulamium
Rotomagus
Remi
Col. Agrippina
Treveri
Rhenus
Danuvius
Turones
Bituricum
Vesontio
Liger
Burdigala
Lugdunum
Vienna
Elusa
Aug. Taurinorum
Mediolanum
Aquileia
Sirmium
Viminacium
Bracara
(ab 433)
Asturica
(bis 433)
Arausio
Vasio
Arelate
Nemausus
Aquae
Massilia
Ravenna
Ariminum
Iberus
Biterrae
Narbo
Caesaraugusta (bis 433)
Tagus
Toletum
Tarraco
Emerita
Valentia
Hispalis
Iliberris
(Elvira)
(bis 531)
Carthago Nova
Palma
Carales
Rom
Capua
Puteoli
Salona
Scodra
Dyrrhachion
Markianopolis
Serdika
Philippopolis
Scupi
Stobi
Hadrianopolis
Thessalonike
Pella
Konstantinopel
Philippoi
Chalkedon
Nikomedeia
Nicaea
Klaudiopolis
Gangra
Ankyra
Mokissos
Amaseia
Sebaste
Neokaisareia
Valarschapat
Dvin
Melitene
Caesarea
Amida
Arbela
Nisibis
Kyzikos
Troas
Pergamon
Sardes
Smyrna
Ephesos
Milet
Larisa
Nikopolis
Korinth
Athen
Patrai
Synnada
Antiochia Pis.
Laodikeia
Ikonion
Tyana
Anazarbos
Edessa
Hierapolis
Euphrat
Tigris
Tarsos
Aphrodisias
Side
Seleukeia
Antiochia
Apameia
Myra
Rhodos
Traianopolis
Salamis
Paphos
Seleukeia-Ktesiphon
Berytos
Damaskos
Tyros
Caesarea
Bostra
Diospolis
(Lydda)
Jerusalem
Petra
Gortyn
Syrakus
Hippo Regius
Cirta
Karthago
Kyrene
Darnis
Ptolemais
Alexandria
Kabasa
Pelusion
Leontopolis
Nil
Oxyrhynchos
Antinoë
0
500
1000 km
A
B
C
D
E
F
G
H
I
1
2
3
4
5
6

[3] Parallele Vorgänge spielten sich in *Armenien* ab. Hier war das syr. Chr. Staatsreligion geworden. Die griech. Kirche war aber stärker beteiligt, weil der große Missionar → Gregor (2) der Erleuchter sich die Bischofsweihe im kappadokischen Caesarea geholt hatte. Da die Bekehrung des Landes auf Entschluß und Befehl des Königs erfolgt war, hatte das Volk zunächst geringen Anteil. Erst nach der Mitte des Jh.s versuchte der Katholikos (das geistliche Oberhaupt) Nerseh, das Mönchtum zu beleben und so auch das Volk zu gewinnen. Primär jedoch bewirkte die politische Entwicklung, daß ein nationales armenisches Chr. entstand. Die Perser, an die bei der Verständigung mit Ostrom der größere Teil Armeniens gekommen war, setzten auch hier alles daran, daß die Verbindung der Kirche mit der griech. Welt gelöst wurde; Syr. blieb nur für Literatur und Liturgie erlaubt. Aber nun verband sich das aufflammende Nationalbewußtsein mit dem Chr.: Sahak, der Sohn des Nerseh, verlegte den Sitz des Katholikos nach der alten Königsresidenz Walarschapat (Edschmiadsin); Mesrob schuf ein eigenes armenisches Alphabet und gründete eine Gelehrtenschule, durch die bei völliger kirchlicher Selbständigkeit die griech.-syr. Liturgie, die Bibel, Schriften der älteren Kirche, aber auch Philosophen und Historiker den Armeniern zugänglich gemacht wurden. Zugleich wurde die Organisation der Kirche abgeschlossen und die griech. Kirchengesetze in Auswahl und mit Zusätzen angenommen. – Durch Mesrob wurden zu Anfang des 5. Jh.s auch die schon früher entstandenen Kirchen der Kaukasusländer Iberien und Albanien (am Kaspischen Meer) organisiert, insbesondere die Liturgie in der Landessprache und ein eigenes Alphabet eingeführt.

D. Christianisierung der Germanen. [1] Die Küstenstädte des Schwarzen Meeres waren im 2. Jh., ihr Hinterland im 3. Jh. n. Chr. erreicht worden; am Nordufer entstanden bischöfliche Kirchen. Zwei Bischöfe hatten am → Konzil von Nicaea teilgenommen, davon wird der eine als Bischof ‹von Gotien› bezeichnet. Die *Goten*, unmittelbare Nachbarn der Römer zwischen Donaumündung und Krim, waren durch ihre Beutezüge ins Reich und durch Vermittlung ihrer Kriegsgefangenen in vielfache Berührung mit dem Chr. gekommen. Sendungsbewußtsein und politische Ziele veranlaßten Konstantins Versuch, sie zu missionieren. Entscheidend war auch hier der Übergang in die Landessprache. Er ist das Verdienst des → *Wulfila* und seiner Bibelübersetzung. Wulfila und die anderen Goten übernahmen das Chr. in der bei ihrem Eintritt in das Römerreich herrschenden Form. Sie hingen der als ‹arianisch› bezeichneten homöischen Auffassung an (→ Arianischer Streit) und behielten sie bei, als durch Theodosius die homousianische Lehre zum Sieg geführt wurde.

[2] Von den Goten kam das Chr. in derselben arianischen Form zu den *übrigen Germanen*. Da diese sich ohnehin wegen ihrer geringen Zahl von den Römern zurückzuhalten bemüht waren, legten sie hinfort zwar nicht auf das Dogma selber, wohl aber auf den religiösen Unterschied Wert. Dadurch wurde der Arianismus zur eigentlich germanischen Religion. Auch jene Germanen, deren Eindringen in *Rätien*, *Germanien* und *Gallien* die Christianisierung zum Stillstand brachte und nicht selten auch die kirchliche Organisation zusammenbrechen ließ, gerieten spätestens nach der Landnahme unter den Einfluß ihrer bereits christl. Stammesverwandten und wurden durch sie dem – arianischen – Chr. zugeführt. Gegen Ende des 5. Jh.s hatte sich rings um das westl. Mittelmeer von Thrakien bis Karthago ein Kranz von german. Reichen arianischer Religion gelegt, die katholisiert werden mußten, bevor die Ausbreitung des Chr.s nach Osten und Norden fortschreiten konnte. Dabei machte die Bekehrung der heidnischen Franken zum Katholizismus den Anfang, die Katholisierung der Langobarden (erst gegen Ende des 7. Jh.s) den Abschluß. Der Aufprall des Hauptstoßes der Völkerwanderung hat die Ausbreitung des Christentums hier um drei Jh.e aufgehalten. – In *Britannien* war die Christianisierung und der Aufbau der kirchlichen Organisation bis zum Ende des 4. Jh.s langsam und stetig vorangegangen. Infolge des Auszugs der Römer und des Eindringens der Germanen (→ Britannia; → Völkerwanderung) wurde die altbritische Kirche auf den Westen des Landes zurückgedrängt. Erst die Begründung der Mission bei den Angelsachsen durch Papst → Gregor I. (596) brachte die Ereignisse wieder in Fluß. – *Irland* war, vermutlich gegen Ende des 4. Jh.s, von Britannien aus missioniert worden. Hier bildete sich, so gut wie unbeeinflußt von außen, eine unabhängige Mönchskirche heraus. H. Kr.

Lit: H. Lietzmann, KG I–IV – K. Müller (-H. v. Campenhausen), KG I 1 – H. v. Schubert, Gesch. d. Christl. Kirche im frühen MA, 1921 – A. v. Harnack, Die Mission u. Ausbreitung d. Chr.s i. d. ersten drei Jh.en, 2 Bde (1902), 1924⁴ – K. S. Latourette, A History of the Expansion of Christianity I, 1937 – RAC II, 1138–59.

III. Verfassungsgeschichte

A. Vorkonstantinische Zeit. [1] Das 2. Jh. ist die Zeit, in der die altkatholische Kirche entsteht. Der Begriff der Katholizität meint die beständige Übereinstimmung in den Dingen des Glaubens und der Sitte. Diese Übereinstimmung wird durch eine Reihe von Kriterien bewiesen; davon ist das wichtigste und konstituierende die bischöfliche Verfassung der katholischen Gemeinden in der Form des monarchischen Episkopates. Dem Urchr. fehlt diese Einrichtung; sie ließ sich nur durch entschlossene Abkehr von den urchristl. Anfängen herstellen. Das charismatische → Amt der Urchristenheit und das institutionelle der altkatholischen Kirche sind grundsätzlich verschieden. Zwar enthält die Verfassung der charismatischen Gemeinden mit dem Presbyterium einen institutionellen Bestandteil, und der Titel ‹Presbyter› kehrt als institutionelles Amt wieder. Aber die Kontinuität ist geringer, als es scheint; das Amt hat seinen Charakter gänzlich gewandelt. – Für das institutionelle Amt finden sich zwei ursprüngliche Begründungen. Nach dem 1. → Clemensbrief ist das Amt (hier noch das der Presbyter) von Christus als Apostolat gestiftet und von den Aposteln an die von ihnen ausgesuchten Amtsträger weitergegeben worden. Nach → Ignatius hat das Bischofsamt sein Wesen darin, daß der von seinem Klerus umgebene Bischof als Abbild und irdischer Repräsentant Gottes heilswirksam handelt. Diese beiden Begründungen kommen, so verschieden sie gedacht sind, doch darin überein, daß nur das institutionelle Amt befugt und befähigt ist, die → Eucharistie zu zelebrieren. Charismatisches und institutionelles Amt sind beides kirchliche – auf die Kultgemeinde bezogene – Ämter. Anders das Amt des freien Lehrers, das im Osten bis zum Anfang des 4. Jh.s eine Rolle spielt. Dabei handelt es sich nicht um die aus der charismatischen Trias (Apostel-Propheten-Lehrer: 1. Kor. 12, 28) bekannte Figur, die ihr Vorbild im jüd. Schriftgelehrten hat, sondern um die christl. Form des philosophischen Lehrers. Er erreicht seine Hauptbedeutung Mitte 2. Jh.–2. H. 3. Jh., lange nach dem Aussterben der charismatischen Lehrer. Seit Anfang des 3. Jh.s wird dieses Amt verkirchlicht und dabei mit dem Presbyterat verbunden.

[2] Die Skala der Gemeindeformen ist 1. H. 2. Jh. noch sehr breit. Neben institutionell oder charismatisch verfaßten Gemeinden gibt es Mysterienvereine mit christl. Beimengungen, verschiedenartige Asketengemeinschaften usf. Die inneren Gründe dafür, daß die bischöfliche Verfassung zur alleinberechtigten Form wurde, liegen in der *Verselbständigung des Amtes* gegenüber der Gemeinde und dem Übergang aller Funktionen der Gemeinde an das Amt: die Gemeinde wirkte bei der Wahl und Amtseinsetzung nur

noch durch ihre Gegenwart mit, die liturgischen Verrichtungen und die Kirchenzucht wurden auf die Eucharistie hingeordnet und damit dem Bischof unterworfen, die dem Bischof unterstehende karitative Organisation ausgebaut und straff zusammengefaßt und schließlich auch die Kirchenlehre in ihren Entwicklungsmöglichkeiten dadurch beschränkt, daß sie zur Interpretation des eucharistischen Geschehens geeignet bleiben mußte. Mit dem allem erlangen die bischöflichen Gemeinden jene Übereinstimmung, die zu Ende des Jh.s als katholisch konstatiert und an vielen Kriterien nachgewiesen werden kann. Der Übergang von der charismatischen zur institutionellen Verfassung ging nicht ohne Kämpfe vor sich, bes. dort, wo es noch Charismatiker gab, die die Gemeindeleitung nicht abgeben wollten, so regelmäßig in den von charismatischen Gemeinden aus missionierten Gebieten (daran kenntlich, daß es dort viele kleine Bischofsgemeinden gibt). Die Reste der alten Charismatikervollmachten werden von den → Märtyrern und Bekennern beansprucht; deren Ansprüche werden erst um die Mitte des 3. Jh.s grundsätzlich zurückgewiesen. Ihr Erbe treten die Asketen an. – Nicht ganz so heftig waren die Streitigkeiten, in denen die Bischöfe die Unterordnung der Lehrer erzwangen (vgl. aber den → arianischen Streit). Auch ihre Ansprüche wurden schließlich von den Asketen übernommen; deren Unterordnung haben die Bischöfe niemals ganz erreicht.

[3] Die Entstehung von *übergemeindlichen Verbänden* setzt in den Anfangszeiten des Chr.s ein, im Grunde bereits mit den Missionen der Urgemeinde. Die ersten Versuche, mehrere Gemeinden zusammenzufassen, sind aus den Briefen des NT zu erkennen: sie sind u.a. auch autoritative Weisung und reden, ausdrücklich oder nicht, auch von dem Autoritätsanspruch ihres Verfassers. Dementsprechend ist das ‹Annehmen› von Briefen und Boten technischer Ausdruck dafür, daß die Gemeinschaft mit einer Autorität oder unter einer gemeinsamen Autorität anerkannt wird. Die wichtigste Autorität der Art war und blieb die des Apostels Paulus, weil sie von der röm. Gemeinde – Rom war sein letzter Missionsstützpunkt – als Erbe übernommen wurde. Der 1. Clemensbrief setzt die apostolische Autorität fort, und die Korinther haben sie widerspruchlos anerkannt. Ähnlich legen die Briefe des Ignatius nach Kleinasien diesen Gemeinden nahe, sich der Autorität von Antiochien zu unterstellen – offenbar, weil Antiochien als ursprünglicher Ausgangspunkt der kleinasiatischen Mission die apostolische Autorität über Kleinasien fortsetzt. – Die Überzeugung, daß die apostolische Autorität als Primat bestimmter Gemeinden weiterbesteht, wurde dadurch folgenreich, daß sie mit der Theorie von der Ämtersukzession kombiniert und auf die Weihen der monarchischen Bischöfe übertragen wurde: die Gemeinde, die für eine Tochtergemeinde den Bischof weihte, erhielt eine überragende Stellung. Neben den genetisch entstehenden Verbänden bilden sich übergemeindliche Vereinigungen auch durch freien Entschluß. Bei ihrer Auseinandersetzung in Kleinasien schlossen sich die Charismatiker (vgl. → Montanisten) in einer Organisation nach dem Vorbild der Urgemeinde vor der Zerstörung Jerusalems, die institutionellen Gemeinden dagegen in der Synode zusammen. – Wo unter vielen kleinen Gemeinden eine Großstadt dominierte, wie → Karthago in Afrika, da konnte der hauptstädtische Bischof einen faktischen Primat erlangen mit Schwerpunkt in der Jurisdiktion, statt in der Weihgewalt; wo nicht, wie im benachbarten Numidien, wechselte das Oberamt zu dem jeweils angesehensten oder dienstältesten Bischof.

[4] Zu Anfang des 3. Jh.s hat sich der monarchische Episkopat zwar längst als alleinberechtigte Gemeindeverfassung durchgesetzt. Dennoch bietet die Gesamtkirche durch die unterschiedliche Größe der Bischofssprengel noch ein sehr buntes Bild. Im allgemeinen entspricht zwar die Zahl der Bischofssitze der Verbreitung des Chr.s in dem jeweiligen Gebiet; die Bischöfe von Antiochia, Alexandria und Rom waren aber in ihrem großen Sprengel allein geblieben. Indem sie nun, zu ihrer Entlastung wie zu ihrer Unterstützung bei Auseinandersetzungen mit Klerus oder Amtsbrüdern, dazu übergehen, neue Bischöfe in ihren Gebieten zu weihen, nicht mehr zur Erschließung neuer Gebiete, sondern zur Ausübung der bereits bestehenden Gewalt, legen sie den Grund zur Aufrichtung der *Patriarchalgewalt* in diesen Bezirken und zur späteren → Patriarchatsverfassung der Reichskirche. – Der Ausbau der katholischen Kirche hat zur Folge, daß von Streitigkeiten leicht die ganze Kirche ergriffen und zur Parteinahme veranlaßt wird. Dabei werden (es gibt noch keine gesamtkirchliche Instanz) die beiden Möglichkeiten übergemeindlicher Vereinigung, die synodale und die patriarchale, gleichzeitig ausgenutzt. Welches von beiden Momenten überwiegt, hängt an den örtlichen Verhältnissen. Entsprechend den beiden ursprünglichen Begründungen, die im 1. Clemensbrief und bei Ignatius formuliert waren, besteht etwa im Ketzer-Taufstreit (→ Taufe) für → Cyprian von Karthago die Einheit der Kirche in der Einheit der selbständigen Bischöfe, für Stephan von Rom in der Unterordnung aller unter die apostolische Autorität des römischen Bischofs (vgl. → Papsttum).

B. Hierarchie der Reichskirche. [1] Vom 4. Jh. an greift auch der Staat in die Entwicklung der kirchlichen Verfassung ein. → Konstantin verfolgt seit 312 sichtlich zwei Ziele: die Abstimmung des kirchlichen und des staatlichen Verwaltungsapparates aufeinander und die Schaffung einer übergeordneten kirchlichen Instanz. Die Experimente der ersten Jahre führen 325 zur ökumenischen Synode von Nikaia und der dort beschlossenen → *Metropolitan-Verfassung*. Die bestehenden Rechte werden weniger beseitigt als ergänzt und ausgebaut: von den Patriarchaten hat nur Antiochien, dessen Verhältnisse damals sehr ungeordnet waren, Einbußen zu erleiden; die Patriarchen von Rom und Alexandria nehmen die sonst den Metropoliten zukommenden Rechte (Bestätigung der Bischofswahl) in ihre viel weitergehende Gewalt auf, werden aber andererseits von Konstantin in Verwaltungsdingen wie Metropoliten behandelt. Allerdings sind auch deren faktische Rechte zunächst größer, als die Synode zugestanden hatte. In den Fragen der geistlichen Gerichtsbarkeit über die Metropoliten bleiben die Dinge in der Schwebe. Konstantin hat die Anklagen gegen Eustathius von Antiochien und Markell von Ankyra an die hauptstädtische Ortssynode, die gegen Athanasios von Alexandrien dagegen an die Provinzialsynode der Nachbarprovinz überwiesen. – Konstantins Vorstellungen von der gegenseitigen Zuordnung der Kirche und des Staates stießen *im Westen* auf stillschweigende Ablehnung. Die *Kirchenprovinzen*, die hier im Laufe des 4. Jh.s entstanden, entsprechen nicht den staatlichen Verwaltungsbezirken, sondern der vorangegangenen genetischen Entwicklung. Wenn äußerer Einfluß darauf wirkte, dann war es der des röm. Bischofs, der sich zwar auf die Synode von Nicaea berief, aber die Gebiete so abgrenzte, wie er es für richtig hielt. Dabei zeigt sich, daß sich die Unterschiede zwischen den röm. Primatsansprüchen und der Patriarchalgewalt des röm. Bischofs immer mehr verwischen. Hier bereitet sich die komplizierte Entwicklung des Frühmittelalters vor. Dagegen hat sich die Metropolitanverfassung *im Osten* (abgesehen von Ägypten) durchgesetzt.

[2] Den nächsten wichtigen Schritt im Ausbau der kirchlichen Verfassung tat die *Synode von Konstantinopel* (381). Zunächst wurde abermals gefordert, daß die Grenzen der Reichsdiözesen auch bei kirchlichen Angelegenheiten beachtet werden müßten (einstweilen ergebnislos, weil patriarchale und metropolitane Rechte miteinander konkurrierten). Im wichtigen Beschluß über die *Rangordnung*

der Oberbischöfe erscheint neben Alexandria und Antiochia nun plötzlich auch Konstantinopel unter den mit einem Ehrenvorrang ausgezeichneten Bischofsstühlen des Ostens. Als Bischof der Residenz soll der von Neu-Rom den ersten nach dem von Alt-Rom erhalten. Zwar sind mit dieser Einstufung einstweilen noch keine patriarchalen Rechte verbunden; dennoch werden dadurch die Forderungen Alexandriens (und Roms), daß nur kirchliche Gründe die Rangordnung der Bischöfe bestimmen dürften, zurückgewiesen. – Dieses Rangverhältnis von Rom und Konstantinopel bleibt in der *Neuordnung von Chalkedon* (451), noch ausführlicher mit der politischen Bedeutung der beiden Städte begründet (beide Kaiserstädte, beide Sitz eines Senats; ‹nur› – dagegen protestiert der röm. Bischof – das höhere Alter bestimmt den Ehrenvorrang Roms), erhalten. Die Hebung der Bedeutung Konstantinopels wird durch die Gebietsverteilung erreicht. Man geht von den politischen Diözesen aus und beruft für sie Bischöfe zur höchsten geistlichen Gerichtsbarkeit. Das ist für Ägypten Alexandria und für die Diözese Oriens Antiochia; Konstantinopel wird aber für drei Diözesen (Thrakien, Pontus und Asia) zuständig. Der Bischof von Jerusalem erreichte – vor allem durch seine persönliche Rührigkeit, aber auch durch den Hang der Zeit zur Romantik –, daß er ebenfalls zu den ‹Exarchen› gerechnet wurde. Im Laufe des 5. Jh.s hat sich dann für diese Oberbischöfe der Name ‹Patriarchen› eingebürgert. H. Kr.

Q: → Kirchenordnungen – *Lit:* K. Müller (-H. v. Campenhausen), KG I 1 (Lit) – H. v. Campenhausen, Amt – H. Lietzmann, Zur altchristl. Verfassungsgeschichte (1914), in: Kl. Schr. I, 1958, 141–185 – J. Gaudemet, Histoire de droit et des institutions de l'Eglise en Occident III: L'Eglise dans l'Empire romain, IVe–Ve s., 1958 – J. Dauvillier, Histoire de droit et des institutions de l'Eglise en Occident II: L'Antiquité, 1959 – Fr. Dvornik, Bycance et la primauté Romaine, 1964 – Altaner, 27–29.

IV. Frömmigkeitsgeschichte

[1] Das Problem – [2] Liturgie – [3] Buße – [4] Askese und Mönchtum – [5] Heiligenverehrung. (F. = Frömmigkeitsgeschichte).

[1] Die F. des Chr.s kann nur als Teil seiner allgemeinen Geschichte begriffen werden. In ihr findet das jeweilige Gesamtverständnis des christl. Glaubens seinen Niederschlag. Dabei stellt sich zugleich stets die Frage nach Kontinuität und Einheit des Glaubens: in welcher Weise ist das Ursprüngliche bewahrt oder verändert worden? Für die Zeit der alten Kirche betrifft diese Frage vor allem das Verhältnis zur heidnischen Antike, also das Problem der Hellenisierung des Chr.s. Diese Hellenisierung kann als Befreiung der christlichen Botschaft von nationalen und territorialen Bindungen sowie als Teilhabe an dem Universalismus der hellenistischen Religionen verstanden werden. Sie kann aber auch als Paganisierung des Chr.s begriffen werden, die in der Angleichung an hellenistische Religionssysteme und Philosophien besteht. Dabei ist jedoch gegenüber voreiligen Schlüssen, wie sie in der älteren Forschung weithin üblich waren, Vorsicht geboten und in stärkerem Maße die Kontinuität des christlichen Glaubens, die sich trotz mancher heidnischer Vorstellungen und Bräuche erhalten hat, im Auge zu behalten.

[2] Was die → *Liturgie* betrifft, so läßt sich eine mannigfaltige und vielschichtige Entwicklung beobachten. Gewisse liturgische Elemente waren dem Chr. in seinen → Gottesdiensten von Anfang an vertraut. Hier knüpfte es an jüd. Traditionen an. Jesus hat trotz seiner Warnungen vor einem bloß äußerlichen Gottesdienst doch selbst am jüd. Kult teilgenommen und bei seinem letzten Mahl, das wahrscheinlich ein Passahmahl war, auch die jüd. Passahliturgie gebraucht. Die ältesten christl. Gottesdienste und Gebete weisen manche dem Judentum eigentümlichen Züge auf, finden jedoch im Entscheidenden von Kreuz und Auferstehung Christi her zu neuen Gestaltungen. Besonders deutlich zeigt sich das beim urchristlichen Passah/Ostern (→ Feste, C 2). Für die Gebete übernahm man teilweise wörtlich jüd. Vorlagen. Allerdings ist die spätere liturgische Entwicklung stärker unter dem Einfluß der hellenist. Umwelt erfolgt und durch die Tendenz gekennzeichnet, die Sakramente als → Mysterien zu verstehen. In bes. starkem Maße wurden bei der → Taufe, die sich ursprünglich ebenfalls an jüd. Vorbilder anlehnte (→ Proselytentaufe), heidnische Bräuche übernommen. Das gilt vor allem für die schon früh begegnenden, in der späteren Zeit jedoch immer stärker ausgebauten Riten des Exorzismus (→ Exorzisten) und der Skrutinien, die zumal bei der Säuglingstaufe leicht magisch verstanden wurden. Die Sakramente wurden demgegenüber in der alten Kirche noch nicht deutlich abgegrenzt; Taufe und Abendmahl galten als die wichtigsten. Auch → Augustin hat trotz seiner klaren Definition des Sakramentes (*accedit verbum ad elementum et fit sacramentum:* in evang. Ioh. 80, 3) die Zahl der Sakramente nicht festgelegt.

[3] Läßt sich in der Geschichte der Liturgie ein stetes Anwachsen der Formen unter Aufnahme jüd. wie hellenist. Elemente beobachten, so ist die Entwicklung der kirchlichen *Bußauffassung* (→ Buße) durch Verfestigung und Klerikalisierung gekennzeichnet. Am Anfang stand hier gerade das freie Wirken des Geistes, das jedoch keineswegs im Sinne eines Schwärmertums zu verstehen ist. Die Frage der Todsünden war in den ersten beiden Jh.en ungeklärt geblieben, obwohl anfangs offenbar noch nicht bestimmte Sünden für unvergebbar erklärt waren, sondern die genaue Scheidung zwischen läßlichen und Todsünden bereits eine neue Stufe der Verrechtlichung darstellt. Mit dem Anwachsen der Gemeinden ergab sich die Notwendigkeit einer festen Regelung. Die Auffassung des → Montanismus, daß bestimmte Sünden nur durch → Pneumatiker vergeben werden können, und die großkirchliche, seit dem frühen 3. Jh. aufgekommene Praxis, auch die Todsünden der Schlüsselgewalt der Bischöfe zu unterstellen, sind daher nur verschiedene Ausprägungen der neuen Situation, der sich die Kirche gegenübergestellt findet. Die Zukunft konnte nur der römischen Praxis gehören, zumal das Pneumatikertum im Montanismus selbst bald zurückging und sich auch hier eine Tradition zu bilden begann. Augustin hat in dieser Frage die abschließende Klärung gebracht, indem er in der unvergebbaren Sünde nur den Unglauben gegenüber der der Kirche übertragenen Vollmacht der Sündenvergebung erblickte.

[4] Während in der Liturgie und bei der Buße wohl eine weitgehende Entwicklung zu beobachten ist, diese jedoch an Ansätze der Anfangszeit anknüpfen konnte, kommt mit dem → *Mönchtum* ein ganz neues Moment in der Geschichte des Chr.s auf. → *Askese* im eigentlichen Sinne war sowohl Jesus als auch dem Urchristentum fremd, so sehr u. U. ein radikaler Verzicht um des Himmelreiches willen geboten sein konnte. Die Ansicht des Paulus, daß es gut sei, nicht zu heiraten, war in der Naherwartung der → Parusie begründet. Schon bald kam jedoch unter dem Einfluß der Umwelt auch im Chr. eine asketische Strömung auf. Sie erhielt in der → Gnosis sowie bei → Markion ihre radikale Form. Auch in der Kirche ergriff das asketische Ideal weite Kreise. Dabei wurde die Askese mehr und mehr zum Selbstzweck. Das natürliche Leben, vorab im Bereich des Geschlechtlichen, erschien als sündig. Wollte man das Gebot der Nachfolge ganz verwirklichen und das Göttliche in sich aufnehmen, so erschien die Enthaltsamkeit als der einzige Weg dazu. In der Zeit der Reichskirche und der Massenkonversionen, die zwangsläufig eine Ermäßigung der sittlichen Forderungen der Kirche mit sich brachten, fanden gerade viele ernste Christen, daß die Kirche selbst zur Welt geworden sei und daß man daher noch einen Schritt weitergehen und die Weltkirche verlassen müsse.

[5] Auch in der Vorstellung der *Heiligkeit* kam im späteren 2. Jh. und vor allem in den folgenden Jh.en ein neuer Zug auf. Das Urchristentum hatte die Heiligkeit als eschatologische Gabe verstanden, die sich freilich zugleich in einem

neuen, heiligen Leben äußert. Unter dem Einfluß der antiken Wertethik wurde die Heiligkeit jedoch seit dem 2. Jh. mehr und mehr im Sinne bestimmter Tugenden gesehen. So kam es zur Entstehung und Ausbildung des Märtyrerideals (→ Märtyrer) und des Heiligenkults. In den → Märtyrerakten und in der → Hagiographie entwickelte die Kirche eine neue Literatur, die das veränderte Heiligkeitsideal propagierte und zur Nachahmung der christlichen Asketen aufforderte. Dabei hat die Vita Antonii des → Athanasios (→ Antonius, 8) auf einzelne Mönche wie auch auf andere literarische Werke einen unvergleichlichen Einfluß ausgeübt. Nur selten wurden Stimmen laut, die vor einer Überschätzung der Askese warnten. Sie haben an der Ausbreitung des asketischen Ideals nichts zu ändern vermocht. Auf der anderen Seite sind unter den Asketen die hervorragendsten Theologen zu finden, wie etwa die drei großen Kappadokier oder Augustin. Zudem bedeutete die strenge Askese keineswegs, daß man sich gegenüber der Geisteswelt verschloß. Gerade → Basilius d. Gr. hat in seiner Schrift ‹Mahnworte an die Jugend über den nützlichen Gebrauch der heidnischen Literatur› das Beste der heidnischen Antike für das Chr. fruchtbar zu machen gesucht. Ungeachtet strenger Askese findet so die griech. Geisteswelt auch im Mönchtum ihre Heimstätte. B.L.

Lit: Harnack, DG – Seeberg, DG – K. Müller (H. v. Campenhausen) KG I 1 – Lietzmann – C. Schneider, Geistesgesch. des antiken Chr.s, 2 Bde, 1954 – F. Overbeck, Über die Anfänge der patristischen Literatur, HZ 48, 1882, 417–472 (Nachdr. 1954) – F. Loofs, Leitf. z. Stud. d. Dogmengesch. (1889), 1950⁵ – C. J. Cadoux, The Early Church and the World (1925), 1955² – S. ferner DACL und RAC.

V. Geistesgeschichte

A. Vorbemerkungen – B. Hauptrichtungen der frühchristl. G.: [1] Verhältnis zum Judentum – [2] Prophetie und Theologie – C. Auseinandersetzung mit der hellenist. Bildung: [1] Voraussetzungen – [2] Abgrenzung und Aufnahme – [3] Kampf um die Jugendbildung – [4] Überwindung von Gnosis und Neuplatonismus – D. Der Sieg des Chr.s: [1] Voraussetzungen – [2] Folgen – E. Griech. Denken in östl. Theologie: [1] Überblick – [2] Trinitarischer Streit – [3] Christolog. Streit – [4] Mönchische Mystik – F. Antikes Denken in der westl. Theologie: [1] Voraussetzungen – [2] Röm. und griech. Einflüsse – [3] Vergleich mit der byzantin. Reichskirche.

G. = Geistesgeschichte, g.lich = geistesgeschichtlich.
Vgl. → Apologetik, → Exegese, → Literatur III, → Kunst II.

A. Vorbemerkungen. Die G. des Chr.s spiegelt die Spannungen und Konflikte wider, die es in sich und mit seiner Umwelt auszufechten hatte. Seine G. ist die Summe der Entscheidungen, die in diesen Auseinandersetzungen gefällt wurden. – Dabei ist das Chr. von dem Vermischungsprozeß der Spätantike angerührt worden – nicht nur in äußerlichen Bereichen. Die g.liche Leistung des Chr.s besteht jedoch darin, daß es sich dem → Synkretismus nie passiv überließ – dies ein wichtiger Unterschied zu fast allen g.lichen Strömungen jener Zeit. Die geistige Stoßkraft des Chr.s bewies sich darin, daß es vornehmlich außerchristl. Gut dem eigenen anglich, sich aber kaum von demselben prägen ließ. Während des 1.–4. Jh.s hat man mit bewundernswerter Klarheit gewußt, auf welche zentralen Bereiche es ankam, und sie dem Assimilationsprozeß zielbewußt entzogen. Die Veränderungen, die das Chr. erfuhr, gehen mehr auf eine Hypertrophie der Abwehr zurück.

B. Hauptrichtungen der frühchristl. G. [1] Vorbedingung für jede künftige g.liche Entscheidung war, daß eine eindeutige Abgrenzung gegen das → *Judentum* gelang. In der Zeit des → Urchristentums löste sich das Chr. als Institution vom Judentum – und blieb doch mit dessen Traditionen eng verbunden. Wohl betrachtete man das mosaische Gesetz als durch das Evangelium überwunden; aber zugleich erhielt das AT als ein Bericht, in dem die Heilsabsichten Gottes angekündigt werden, erneute und erhöhte Bedeutung. Der Alte Bund wurde als Vorhof zum Neuen Bunde angesehen. – So wurde es nötig, ein radikales Neuverständnis des AT zu erarbeiten. Die interpretatio Christiana hatte nachzuweisen – meist mit den an → Homer erprobten Mitteln (vgl. → alexandrin. Theologie) –, wieso christl. Glaube und christl. Ethik im AT enthalten seien. Diese exegetischen Bemühungen haben die G. des Chr.s tief geprägt. Die Bindung an das AT verhinderte, daß man sich der hellenischen Bildung widerstandslos hingab, die vielmehr (s. unten C 2) an hebr. alttestamentlichen Leitbildern gemessen wurde. Darin war bereits die hellenist. → Synagoge vorangegangen. Ihr Erbe übernehmend (vgl. bes. Hebr.; Jak.; → Clemens, 1) gelang es schon dem Urchristentum, jene Maßstäbe zu erarbeiten, die auch für die g.lichen Auseinandersetzungen der Zukunft gültig bleiben sollten.

[2] *Prophetie und Theologie.* Jesu Botschaft richtete sich an jedermann; die 11 Jünger, die den Auftrag übernahmen, diese Botschaft auszubreiten, waren gewiß der ‹repräsentative› Querschnitt einer Gemeinde, in der nicht – wie bei Pharisäern und Sadduzäern – einer privilegierten Schicht die Heiligung und die Rechtfertigung leichter erreichbar sein sollte als den ‹Armen›. Andererseits waren sie nicht Theologen, während doch die Botschaft Jesu vieles, das nur der theologisch Geschulte in ganzer Tragweite erkennen konnte, enthielt. Daher vermochte → Paulus, selbst solcher Schulung in hohem Maße teilhaft, demgegenüber das Verständnis der Botschaft wesentlich zu vertiefen und löste damit zwangsläufig einen Prozeß steigender *Theologisierung* aus, der im NT bereits mit dem sog. Paulinismus greifbar wird. – Auf der anderen Seite drohte die *Prophetie* (meist Laien), die theologische Substanz zu verändern, wenn man sie wild wuchern ließ. Die Berufung auf den Hl. Geist genügte vor der Gemeinde nicht mehr als Legitimation. An ihre Stelle tritt, nachdem schon Paulus das *Ordnungsprinzip* hatte betonen müssen (1. Kor. 14), im Zuge einer rasch sich bildenden → Kirchenordnung (vgl. die Pastoralbriefe) die ‹Berufung› zum Amt: nur der durfte die ‹heilsame Lehre› verkündigen, dem das Charisma durch Handauflegung übermittelt war (1. Tim. 4, 14; 2. Tim. 1, 6) – das → Charisma, das von den Aposteln, d.h. von Christus hergeleitet wurde (1. Clem. 42. 44). Selbst die → Didachē, die die ‹Propheten› respektiert, empfiehlt das Bischofsamt (Did. 15), das die Pastoralbriefe im Hinblick auf die → Häresie fordern (so auch → Ignatios). – Die beiden skizzierten Entwicklungslinien mochten unabhängig voneinander einsetzen; vertieftes theologisches Verständnis erfordert vertiefte Schulung (Theologisierung), Abwehr gegen nicht legitimierte Außenseiter erforderte Straffung der Kirchenordnung, namentlich der Aufsicht (Institutionalisierung). De facto haben sie sich bereits in der ausgehenden Phase des Urchristentums vereinigt. Seit der Wende vom 1. zum 2. Jh. bestimmte diese Verflechtung die G. des antiken Chr.s. Mochten auch manche Impulse durch den Prozeß der Klerikalisierung verlorengehen: dank der geistigen Führung des Klerus gewann das Chr. weiten Abstand von anderen Kulten. Keine der Mysterien-Religionen hat eine Theologie hervorgebracht. Dort steht im Vordergrund das aktuelle Kulterlebnis, über dessen Tragweite kaum reflektiert wird. Eher erscheint die durch → Allegorese ermöglichte Verteidigung der Mythologie durch die Stoa vergleichbar. Im Chr. hingegen war von frühsten Anfängen an dem Theologen die Aufgabe zugewachsen, Apologet gegen die Gegner, Lehrer für die Gemeinde zu sein. Durch Bindung an das Amt und durch Bindung an eine theologische Grundkonzeption wurde seine Verkündigung tradierbar.

C. Auseinandersetzung mit der hellenist. Bildung. [1] *Voraussetzungen.* Nach dieser Entscheidung mußte man zum Bildungserbe der hellenist. Antike eine fruchtbare Einstellung finden, zumal man die unbedingte Bindung an das jüd. Gesetz aufgegeben hatte. Die geistigen Kräfte des Hellenismus waren so stark, daß selbst strenggläubiges Judentum sich ihm nicht entzogen hatte (vgl. bes. → Philon (1) v. Alexandria und Paulus: s. o. B 2); ein aus dieser Abschirmung befreites Chr. konnte es noch weniger. Umgekehrt hätte ein Verzicht auf die Auseinandersetzung mit der hellenist. Paideia das Chr. völlig in unfruchtbare Isolierung gedrängt. Als seit Mitte des 2. Jh.s bewußt der Versuch unternommen wurde, das hellenische Bildungserbe für Christen zu erschließen (→ Justin), sprach nur in zweiter Linie mit, daß sowohl Mission wie Apologetik die Begegnung mit den griechisch sprechenden und denkenden Menschen auf ihrer eigenen Ebene verlangten. Wichtiger war die Erkenntnis, daß das griech. Bildungserbe keineswegs tot war; immer noch lebte eine lange, ungebrochene Überlieferung fort, die gerade in der Formung des Menschen Positives zu wirken vermochte. Es mußte locken, diese Kräfte dem Chr. zuzuführen – soweit das möglich war, ohne die Substanz des Chr.s zu verändern –, und töricht erscheinen, sie in die Opposition gegen das Chr. drängen zu wollen. Seltsamerweise geschah beides.

[2] Einerseits kam einzig mit den Philosophen, nicht aber mit Priestern anderer Religionen eine Diskussion zustande, und zwar zunächst mit den Stoikern, dann vor allem mit den Platonikern. Nur sie (es waren wenige; nur → Celsus und → Porphyrios werden genauer kenntlich) waren bereit, das Chr. mit geistigen Waffen zu bekämpfen. Obwohl in der christl. → Apologetik der Spott über das schockierende Detail und die ‹Sittenlosigkeit› des griech. Mythos und damit der Zweifel an der ethischen Vertrauenswürdigkeit hellenischer Tradition breiten Raum einnahm, ging es bei dieser Auseinandersetzung im Grunde um die Frage nach den beiden gemeinsamen Werten Logos und Nomos, auch wenn man sehr Verschiedenes darunter verstand, also um rationale und ethische Normen, die den Menschen zu etwas Wertvollem formen. Das Chr. sah sich dabei einem Traditionsbewußtsein gegenüber, das jeder Änderung feindlich war und das vor allem eine das Bisherige umstürzende und entwertende Offenbarung nicht anerkennen konnte. Die Auseinandersetzung spitzte sich zu auf die Frage, welche der miteinander streitenden Traditionen legitim sei und warum. – Eine nachhaltige Strömung innerhalb des Chr.s (→ Gnosis; → Justin (1); → Clemens (2) Alexandrinus) scheint darauf hingezielt zu haben, hellenische *Philosophie* als *Vorbereitung* auf das Heil ebenso anzuerkennen wie die mosaische Offenbarung. Aber zu dieser einfachen Lösung kam es nicht, weil damit griech. Philosophie und Religiosität neben die christl. Religion gestellt und ein außerchristl. Erlösungsfaktor anerkannt worden wäre; man hätte so der philosophischen These beigepflichtet, daß alle Formen der Verehrung sich auf das gleiche Göttliche beziehen. Die Strenge des jüd.-christl. Monotheismus gegen alle Götter der Heiden ließ sich jedoch nicht auswischen; die Gefahr, durch Allegorese jede Abgrenzung aufzuheben, sollte man in der Abwehr gegen die Gnosis bald richtig erkennen. So blieb es bei radikaler Ablehnung heidnischer Theologie. – Trotz aller Polemik wurde aber eine Formel gefunden, die zwar der hellenischen Weisheit die religiöse Anerkennung versagte, aber doch den Zugang zu ihr weit öffnete. Man trat nach dem Muster der Kontroversen alexandrinischer Gelehrter (→ Philon; → Josephus contra Apionem) in einen Streit darüber ein, ob der hellenischen Philosophie oder dem Gesetz Mosis die Priorität gebühre. Da es dabei um die Fixierung eines möglichst frühen Zeitpunktes ging, konnte man sich das hohe Alter der judaischen Tradition zunutze machen. Für beide Parteien stand fest, daß die Priorität ebenso die Lauterkeit der Offenbarung wie die Legitimität der Tradition garantierte, wogegen Posteriorität und Entstellung als identisch galten. Diese Ansicht (schon von den Juden und Christen vertreten, die Celsus bekämpft) enthielt die Möglichkeit, das hellenische Bildungserbe wohl im ganzen für vertretbar zu erklären, weil es in den Grundzügen übereinstimme, aber ihm eine geringere Verbindlichkeit zuzuerkennen, weil es in seiner Tradition durch das behauptete Plagiat gebrochen sei. Zugleich war der Primat des Chr.s verteidigt: hellenisches Wissen reichte nicht aus, um das Heil zu erreichen; Glauben und Bekenntnis zu Christus mußte als das Entscheidende hinzutreten. Auch einem willkürlichen → Synkretismus war gewehrt: Chr. und hellenisches Bildungserbe wurden nicht gleichwertige Bestandteile einer Synthese, sondern das Chr. in seiner Substanz mußte unverändert stets den Vorrang behalten. Andererseits mußte jenes Bildungserbe nur dann bekämpft werden, wenn es zu eigenständigem Kultur- und Traditionsbewußtsein führte (s. u. C 4).

[3] Die *Adaptation des hellenischen Bildungserbes* war schwieriger als die Usurpierung des AT (s. o. B 1). Konnte damals ein überschaubarer Text verhältnismäßig rasch umgewertet werden, so mußte diese neue Aufgabe mit umfassenderen Mitteln gemeistert werden. Dabei gab es kein zentrales Lehramt, das die Modalitäten der Einführung und Umwertung der hellenischen Bildungsfaktoren bestimmt hätte. So wichtig die einschlägigen Schriften des → Origenes, des → Clemens von Alexandria und des → Eusebios von Caesarea wurden, um Maßstäbe zu setzen – der eigentliche, gerade an diesen Theologen greifbare Vorgang der Adaptation schlug andere Wege ein. Schon vor 300, erst recht aber nach den Toleranz-Edikten des Kaisers Konstantin ergriffen viele Christen den Beruf des Philosophen oder Rhetors; anders ausgedrückt: das Chr. eroberte die *Jugenderziehung*. Christl. Lehrer unterwiesen in den althergebrachten Bildungsstoffen; sie erklärten Homer und Demosthenes, sie unterrichteten in Grammatik und Philosophie – und dabei vollzog sich jene Synthese, die die vor- und außerchristl. Antike mit dem Chr. verband, in Alexandria (Pantainus; Clemens) ebenso wie in Caesarea (Origenes, Eusebios) und Rom (→ Marius Victorinus). Kaiser → Julian Apostata hatte also gewichtige Gründe, den Christen ihre Tätigkeit in der Jugendbildung zu untersagen. Hier lag eine Schlüsselposition. Mochte christl. Unterricht auch alles herkömmliche Detail in Grammatik, Literatur und Philosophie angemessen darstellen – das pagane Traditionsbewußtsein, in das die hellenische Weisheit einmündete (s. u. C 4) und auf das es Julian ankam, vermittelte der christl. Unterricht nicht. Ein auf Ignoranten beschränktes Chr. aber, auch das des Jahres 360 noch, wäre notwendig verkümmert. Der Kampf um diese Position – Unterricht der Jugend – ist auf beiden Seiten in klarem Bewußtsein dessen, worum es ging, geführt worden. Das Ziel, das Bildungsprivileg der Griechen zu brechen, ist deshalb nicht nur von den Kappadokiern (→ Basilius von Caesarea; → Gregor (5) v. Nyssa; → Gregor (4) v. Nazianz), sondern auch von → Kyrill (1) von Alexandria (Contra Julianum) und → Theodoret v. Kyrrhos zielstrebig verfolgt worden.

[4] Dieser Prozeß der Amalgamierung verlief nicht glatt. Ein andersartiges Bewußtsein von der Einheit, Ungebrochenheit und Legitimität der altüberkommenen Bildung kam mehrmals und plötzlich zu entschiedenem Ausbruch. Vor allem zwei Gegner hätten im Falle ihres Sieges das Chr. tiefgreifend verändert: (1) die → *Gnosis*, mit Einschluß der Bewegungen, die von Markion und Mani ausgingen, (2) der → *Neuplatonismus*. So verschieden sie waren, die dem Chr. zugemutete Veränderung war die gleiche: die Gottheit wäre gestuft zu denken; der Mensch hätte viele, gleichfalls im Wert gestufte Möglichkeiten, den Aufstieg zu Gott zu vollziehen. Die eine Heilstat Christi wäre nicht Ausgangspunkt aller Erlösung, sondern (bestenfalls) Glied in einer Kette ähnlicher Heilstaten. – Mit großer Folgerichtigkeit hat das Chr. gegenüber der *Gnosis* an der Einmaligkeit und an der Geschichtlichkeit von Christi Heilstat festgehalten. Es hat die Persönlichkeit Gottes nicht durch die allzu vielen göttlichen Wesen, die nach gnostischer Vorstellung

zur Welt herabgesandt sind oder von ihr aufsteigen, verdunkeln lassen. Wohl war man in Dingen, die am Rande lagen (z.B. Engellehre), tolerant, dämpfte gnostischen Überschwang, der theologisch relevant zu werden drohte, klug ab (z.B. → Irenaeus mit seiner heilsgeschichtlichen Rekapitulationslehre, deren Christologie die kosmologische Urmenschspekulation der Gnosis abwandelt). Dem gnostischen Weltdualismus und -pessimismus aber trat man nicht nur mit der Schöpfungslehre des AT, sondern auch mit platonisierenden Argumenten (so bes. Origenes) entgegen. – Andererseits war auch der *Platonismus* ein bes. ernst zu nehmender Gegner. Seit dem 1./2.Jh. hatte er unter Rückgriff auf Platon und Aristoteles eine Theologie entwickelt, die mit Recht den Namen einer Wissenschaft trug. Im 3.Jh. trat er in Form des *Neuplatonismus* zudem aus einer Jahrhunderte währenden Abkapselung hervor, obwohl er keine Wirkung auf die Öffentlichkeit beabsichtigte und ausdrücklich nur wenigen Menschen Heilserkenntnis zusprach. Im Gegensatz zur Gnosis und ihren Erlösungslehren war er streng rational. → Plotin (Enn. 2, 9) grenzte sich eindeutig von ihr ab, als er Anhängern → Valentins in Rom begegnete, ebenso wie später der Platoniker → Alexandros (17) v. Lykopolis in der Ablehnung des → Manichäismus auf Seiten des Chr.s trat. Eine neuplatonische Modifikation hätte dem Chr. ein streng logisches, ja wohl fast scholastisches Gepräge gegeben. Denn auch der Neuplatonismus wurde durch die Denknotwendigkeit bestimmt, sich das Göttliche als gestuft und in höchster Spitze als unpersönlich (das höchste Eine) vorzustellen. Gerade durch eine ontologische Systematik, speziell die Lehre von der Stufung der transzendenten Wesenheiten, und die Verschmelzung von Metaphysik und Theologie prägte er tiefgreifend das philosophische Bewußtsein jener Zeit. Seiner Begriffssprache und der an Aristoteles geschulten Kunst des Definierens, Schließens und Beweisens konnte sich das Chr. nicht verschließen. Das gilt vor allem für die neuplatonische Hermeneutik, deren Platon-Erklärung bald die allegorische, bald die wörtliche Auslegung anwandte, um den maximalen theologischen Ertrag zu gewinnen; Porphyrios sah es als ein Plagiat an, daß Origenes diese Methode auf biblische Texte übertrug. – Um die Gnosis auszuscheiden, konnte man Besseres an ihre Stelle setzen. Um den Platonismus abzuwehren, mußte man sich auf eben dessen Boden begeben: auf den Boden theologischer Begrifflichkeit. Der Gefahr, diese Begrifflichkeit zu immer feinerer Subtilität entwikkeln zu müssen, ist das Chr. des 4. und 5.Jh.s allerdings nicht entgangen.

D. Der Sieg des Chr.s. [1] *Die g.lichen Gründe* liegen tiefer, als die erhaltene Literatur erkennen läßt. Abgesehen vom Inhalt der christl. Botschaft dürften auch Fakten wie z.B. Befreiung von Dämonenfurcht, straffe kirchliche Organisation, durch die sich das Chr. von allen übrigen Kulten unterschied, den Ausschlag gegeben haben. Der Sieg darf vor allem nicht ausschließlich politisch (die Staatsgewalt hemmt das Chr. erst, dann fördert sie es) erklärt werden. Auf die Dauer hatte keine der heidnischen Mächte der Spätantike neben dem Chr. Bestand. Es vermochte in alle Schichten spätantiker Geistigkeit und Religiosität vorzudringen; es verdrängte die primitiven, oft magischen Kulte der sozial untersten Schicht ebenso wie die Mysterien-Kulte. Nur in Ausnahmefällen scheinen Umwandlung oder Zerstörung heidnischer Heiligtümer mit Gewalt geschehen zu sein; im ganzen ging der Wechsel friedlich vor sich – und jedenfalls so, daß dem Chr. keine Gewalt entgegengesetzt wurde.

[2] *Folgen.* Nach der Erhebung des Chr.s zur Staatsreligion und der Christianisierung weiter Schichten fiel der Impuls, sich mit den ‹gentes› auseinanderzusetzen, weg; die Apologetik lebte zwar noch bis ins 5.Jh. fort (→ Theodoret), wurde aber traditionell oder zur Droh- und Spottrede gegen die im Unglauben verharrenden Heiden umgestaltet (→ Firmicus Maternus). Einzig unter den Gebildeten formten sich Zentren des geistigen Widerstandes: der traditionsgebundene Stadtadel zu Rom (→ Symmachus), die Neuplatoniker und die Manichäer. So einflußreich sie auch sein mochten, so stellten sie doch eine Minderheit dar. Nur der Kampf gegen den → Manichäismus bewirkte eine letzte Blüte der apologetisch polemischen Literatur. – Weit entfernt davon, jene intellektuellen Kräfte des Heidentums zu nützen, die für die Erziehung der kaum übersehbaren, nun in die Kirche einströmenden Massen hätten dienlich sein können, war man allzuleicht versucht, seine politische Niederlage mit der des antiken Geisteserbes zu identifizieren und dieses als leichte Beute zu betrachten. Charakteristisch hierfür ist → Eusebios v. Caesarea, der den Sieg Konstantins als gottgewollt geschichtstheologisch zu deuten verstand (Vita Constantini), in seiner ‹Praeparatio evangelica› aber kapitelweise Bestände antiker Literatur aus seiner Bibliothek zitierte, um schließlich zu beweisen, daß die ‹Philosophie der Hebräer› selbst einem Platon überlegen sei. Letztlich wurde nun die Aneignung und damit auch Erhaltung des antiken Erbes nur noch vom Gesichtspunkt der Verwendbarkeit für die christl. Theologie bestimmt. – Eine weitere *Einengung* der g.lichen, fortan aufs engste mit der Theologiegeschichte verkoppelten Auseinandersetzung kommt hinzu. Die Bekenntnisformeln, oft über Verlust des kirchlichen Amtes bzw. Exkommunikation entscheidend, ließen keine vage Mehrdeutigkeit zu. Entscheidungen auf diesem Gebiet erhielten bald zudem politisches Gewicht: die Frage der Reichseinheit verfälschte das Anliegen der Kircheneinheit. Immer wieder griffen Kaiser in die Diskussion ein, um theologische Entscheidungen zu erzwingen, die seit → Theodosius reichsgesetzlich verkündet wurden. Der normale Prozeß der Aussonderung heterogener Elemente durch eine Orthodoxie war deshalb von einem Kampf um dieselbe mit Hilfe einer auf die Spitze getriebenen Dialektik begleitet. Die dabei erarbeitete, später kaum wieder erreichte Präzision theologischer Distinktionen wiegt nicht die Tatsache auf, daß die Konzentration aller geistigen Arbeit auf ein fortschreitend sich verengendes Feld die Verschmelzung von Antike und Chr. in ihrer Breite verhindert hat.

E. Griech. Denken in der östl. Theologie. [1] Ungeachtet des oben Dargelegten sind bei dem Bemühen, den Glauben an Christus als Gottes Sohn so exakt wie möglich zu formulieren und verbindlich zu machen, auch wichtige Elemente der antiken G. wirksam geworden: da die griech. Kirchenlehrer fides und intellectus nicht voneinander trennten und Fragen des Dogmas nur auf intellektualistischem Wege lösten, vollendete sich in nachkonstantinischer Zeit der durch → Origenes vorbereitete Einbruch der antiken Philosophie in die Dogmatik. Die Aufnahme der G. durch die Theologiegeschichte wird eindrucksvoll daran sichtbar, daß an der dogmatischen Klärung der Trinitäts- wie Inkarnationslehre in sehr charakteristischer Verteilung ihres Einflusses auf die → alexandrinische und die → antiochenische Theologie sowohl Neuplatonismus wie auch Aristotelismus beteiligt gewesen sind.

[2] Das *Trinitätsproblem* (→ arianischer Streit) führte zwangsläufig in den Bereich der Metaphysik, so daß zunächst Denkmodelle des Neuplatonismus vorherrschend waren. Für dessen scholastischen Habitus war es kennzeichnend, Aussagen, die für das Vorbild als höhere Stufe gelten sollten, am Abbild zu diskutieren und an ihm zu erproben, ob eine Modellvorstellung von einem transzendenten Wesen zutreffen könne. So wurde der Mensch als Zwei-Naturen-Wesen definiert (das Höhere ist die Seele, diese ihrerseits Abbildung des Intelligiblen) und über die Verbindung der beiden Naturen im Menschen mit viel Scharfsinn gestritten (Porphyrios bei Nemesios em. nat. hom. 2f.). Das

System der metaphysischen Stufung stand auch hinter der Christologie z.B. eines → Origenes und bedingte jenen → Subordinatianismus, der den Sohn dem Seinswert nach unter den Vater stellte. Erst in der Endphase des trinitarischen Streites, als der greise → Athanasios (nach 362) der Formel: μία οὐσία ἐν τρισὶν ὑποστάσεσιν zustimmte, konnten die drei Personen dank dieser Umwertung auf der gleichen Seinsebene, ohne werthafte Stufung, gedacht werden. – Diese bemerkenswerte Abwehrleistung ist ein Verdienst der sog. Kappadokier, vor allem von → Basilius v. Caesarea. Nichtsdestoweniger waren gerade sie (→ Gregor (4) v. Nazianz, vor allem → Gregor (5) v. Nyssa) für die neuplatonische Geisteswelt sehr aufgeschlossen. So entwickelte Basilius das Verhältnis Leib-Seele mit Hilfe neuplatonischer Kategorien (Porphyrios). In der Tat war durch den Entscheid des 2. ökumenischen Konzils (381), der den trinitarischen Streit beendigte, der Einfluß des Neuplatonismus auf andere Gebiete wie z.B. die Anthropologie abgedrängt worden, die erst durch den von → Nestorios entfachten christologischen Streit dogmengeschichtliche Bedeutung erhielt. Wenn dabei Alexandria zu einem Zentrum des → Monophysitismus wurde, so hängt das nicht nur mit religiösen, schon bei Athanasios sichtbar werdenden Motiven (Vergöttungsideal) zusammen, sondern wiederum mit dem neuplatonischen Denkschema. Eigentlich mußte, nachdem die Theologie für das transzendente göttliche Wesen das Stufenprinzip aufgehoben hatte, nach dem Analogieprinzip für das inkarnierte ein Gleiches gefordert werden. In Alexandria blieb aber der Stufengedanke latent erhalten, wenn → Kyrill (1) innerhalb seiner ‹hypostatischen Union› (Einung von menschlicher und göttlicher Natur) die Prädominanz des Göttlichen betonte. Selbst die Kritik an ihm bediente sich mit der Vorstellung von der ‹Enhypostasie› der menschlichen Natur des Inkarnierten in der göttlichen einer Denkkategorie der neuplatonischen Philosophie (als Wort allerdings nicht belegt).

[3] Das *Inkarnationsproblem* (→ Eutychianischer Streit) hatte schon bei seinem ersten, trichotomischen Lösungsversuch durch → Apollinaris v. Laodikeia in anthropologische Fragenkreise geführt. Vor allem war nach der geschichtlichen Existenz Christi gefragt. Nur wenn die reale Menschlichkeit betont wurde, erschien die Geschichtlichkeit und die Singularität der Erlösung gewährleistet, konnte der Menschgewordene als ethisches Vorbild gelten. Eben deshalb fand jene sog. Trennungschristologie (Betonung der Eigenständigkeit von menschlicher und göttlicher Natur in Christus; → Dyophysitismus) gerade innerhalb der → antiochenischen Theologie eine Heimstätte. Denn diese exegetische Schule hatte von den ersten Anfängen an auf grammatischen Wortsinn und damit Historizität der Texte betont Wert gelegt. Hier stand man daher dem Geist aristotelischer Wissenschaftlichkeit näher. Der eigentliche Schulgründer, → Diodoros (5) v. Tarsos, gehört zu den wenigen altchristl. Autoren, die naturwissenschaftliche Werke hinterließen. Sicher gehört der pseudojustinische Traktat ‹Widerlegung einiger aristotelischer Lehren›, der kapitelweise aus den ‹Physika› und 3 Büchern ‹De caelo› von Aristoteles zitiert, dem antiochenischen Kreis an. Auch in der Christologie eines → Theodor (10) v. Mopsuestia sind Einflüsse der Anthropologie des Aristoteles feststellbar. Allgemein bevorzugte man aristotelische Begrifflichkeit, um das Verhältnis der beiden Naturen als ‹Verbindung› (σύνθεσις) oder ‹Verknüpfung› (συνάφεια) zu beschreiben oder Leib und Seele in ihrem Verhältnis nach dem Begriffspaar Form-Substanz zu bestimmen. – Nie hat sich jedoch der Aristotelismus bei den Antiochenern so stark ausgewirkt wie bei den Alexandrinern die neuplatonische Metaphysik. Ihr gegenüber befand man sich vielmehr, wie die modifizierte, den extremen Nestorianismus vermeidende Christologie eines → Theodoret zeigt, in der Defensive. Bezeichnenderweise bedienten die Antiochener sich der aristotelischen Dialektik erst, nachdem sie im → Neuplatonismus heimisch geworden war; vor allem nach dem Entscheid von Chalkedon (451) gewann sie für die sog. neuchalkedonische Theologie innerhalb der byzantin. Reichskirche Bedeutung. Immerhin wird der g.liche Beitrag des spätantiken Aristotelismus zur Theologiegeschichte an zwei Tatsachen erkennbar: (1) der aus der orthodoxen Reichskirche ausgeschiedene Dyophysitismus, der sich unter den Sassaniden im syr. Raum als nestorianische Kirche konsolidierte, wurde zum Träger der Überlieferung des Corpus Aristotelicum und übermittelte es den Arabern; (2) nachdem der Streit sich gelegt hatte, konnte → Johannes (6) v. Damaskus nicht nur für die Logik seiner Dialektika, sondern auch für die Christologie von De fide orthodoxa unangefochten aristotelischer Begrifflichkeit wieder jenen Raum geben, den sie insgeheim schon früher bei manchem griech. Kirchenvater innehatte.

[4] Es gibt nur eine Ausnahme von dem hier entwickelten Bild der Einschränkung g.lichen antiken Einflusses auf die altchristl. Theologiegeschichte: die *mönchische Mystik*, soweit sie intellektualistisch war. Ihr kam die selbstgewählte ‹Freiheit› weltflüchtiger Askese zugute. Schon bei → Gregor v. Nyssa zeichnet sie sich ab, wenn er die visionäre Gotteserkenntnis mit den neuplatonischen Begriffen der ‹negativen Theologie› beschreibt. Ob er dadurch direkt oder indirekt über → Euagrios bzw. Ps. → Dionysios (5) noch → Maximus (3) Confessor beeinflußt hat, sei dahingestellt. Das wichtigste Zeugnis für die g.liche Bedeutung mönchischer Mystik bleibt das pseudodionysische Schriftencorpus, das ungebrochen neuplatonische Metaphysik und Stufenordnung aufgenommen und zu einer Theologie der ‹kosmischen Liturgie› verarbeitet hat.

F. Antikes Denken in der westl. Theologie. [1] *Voraussetzungen.* Im Unterschied zum Osten fand der lat. Westen in seiner theologiegeschichtlichen Entwicklung eigene Lösungen. Nicht unwichtige Vorbedingung war, daß man schon recht früh (zuerst gegenüber → Constantius) kaiserliche Eingriffe in theologische Entscheidungen abgewehrt hatte. Nach dem Erlöschen des westlichen Kaisertums aber besaß die Kirche eine Selbständigkeit, die ihr im Unterschied zur Ostkirche freiere Entfaltungsmöglichkeiten bot. Zudem brauchte man die Last konziliarer Entscheidungen und damit sich verbindender Kämpfe der Schulströmungen nicht zu tragen. Man erlebte beides mehr als Zuschauer, und wenn man eingriff, geschah es aus kirchenpolitischen Gründen (→ Leo d. Gr.). Von den mehr stadtrömischen Kämpfen um den → Monarchianismus und → Sabellius abgesehen, betrafen die theologischen Auseinandersetzungen des Westens überwiegend Fragen der Kirchenzucht (→ Novatian; Ketzertaufstreit: → Cyprian; → Donatismus) und der Heilsverwirklichung bzw. Gnadenlehre (→ Pelagius). Dieser dogmengeschichtliche Tatbestand korrespondiert damit, daß die lat. Reichshälfte nie stark von der Metaphysik griech. Philosophie geprägt worden war; das ausgeprägte Rechtsdenken der Römer hatte sich immer den Sinn für das Praktische bewahrt.

[2] Unter solchen günstigeren Vorzeichen konnte die Verschmelzung röm. Geisteserbes mit der lat. Theologie sich unbehindert vollziehen. Von den frühesten Zeugnissen (1. → Clemensbrief) an strömten die Traditionen der *Stoa*, die in Rom seit → Seneca (2) eine ungewöhnliche Bedeutung hatte, in die christl. Ethik ein, um dann bei Pelagius auch für die Gnadenlehre Gewicht zu erhalten. Bei → Tertullian, der bezeichnenderweise in Trinitätslehre und Christologie, aber auch in seiner wissenschaftlichen Psychologie (De anima) vom Osten abhängig war, nur gedrungenerweise sich mit metaphysischen Fragen beschäftigte und sein theologisches Profil in den ethisch-praktischen Traktaten gewann, tritt ein zweiter Faktor entgegen: die Bildungswelt der *Rhetorik*. Sie hatte zwar auch auf die östl. Theologie

immer einen gewissen Einfluß gehabt, spielte im Westen jedoch eine noch größere Rolle: sie war einmal einem weiteren Personenkreis zugänglich als die Philosophie (mancher Bischof ging aus dem Rhetorenstand hervor); vor allem aber vermittelte sie ein breiteres, wenn auch flacheres Wissen, das u.a. auch die Dichtung einbezog. Vor allem → *Vergil* übte auf diesem Wege einen gegenüber den christl. Homer- und Platonimitationen des Ostens unvergleichlich stärkeren Einfluß auf die theologische Literatur des Westens aus (→ Literatur, III). Von den Prosaikern wirkte neben → Varro u.a. vor allem → *Cicero* als Meister der Eloquenz und Lehrer der Ethik auf die christl. Latinität ein. Doch sollte Cicero durch seine philosophischen und staatsrechtlichen Werke auch als g.licher Übermittler Bedeutung gewinnen. Schon → Minucius Felix belegt, was dann durch → Laktanz und vor allem den jungen → Augustin völlig evident wird, wie primär durch Cicero westl. Theologie mit griech. Philosophie und Metaphysik bekannt wurde und wie sehr deren vorher erfolgte, von Cicero inaugurierte Latinisierung die Rezeption durch die westl. Theologie erleichtert hat. – Dieses Bild änderte sich auch nicht, als man seit Ende 4. Jh. unmittelbaren Kontakt mit griech. Geisteskultur suchte (z.B. → Hieronymus) oder die einschlägigen Werke von → Porphyrios ausnutzte, um über christl. Heilsfragen Klarheit zu gewinnen (→ Ambrosius, → Marius Victorinus, Augustin). Selbst in dieser Periode der Aufnahme des neuplatonischen Stufungsdenkens bleibt der röm. Grundzug erhalten. Am deutlichsten tritt er bei Augustin entgegen, wenn das Verhältnis von fides (für die spekulative Theologie des Ostens nur eine Durchgangsstufe zur Erkenntnis) und intellectus als eine unaufgebbare, für zwei einander bedingende Erkenntniswege notwendige Kontrapunktik bestimmt wird. So konnte die g.liche Entwicklung des Westens in der Regel des → Benedikt v. Nursia kulminieren, die, neben dem frommen Werk, nicht spekulative Mystik, sondern Beschäftigung mit den verschiedenen Wissenschaften empfahl, so den Zugang zum antiken Geisteserbe eröffnete und eine Kulturtradition ersten Ranges begründete. Neben → Cassiodor, der das Kloster suchte, um geistige Muße zu pflegen und Wissenschaft treiben zu können, ist → Boethius die eindrucksvolle Figur solcher g.licher Synthese im Westen: er vermittelte durch Übersetzungen die aristotelische Logik in neuplatonischer Deutung seiner Zeit und dem MA, bezog zugleich aber auch zu theologischen Problemen des Tages Stellung.

[3] Der *Vergleich mit der byzantinischen Reichskirche* hebt den Unterschied zwischen West und Ost hervor (5./6. Jh.). Ungeachtet ihrer im sog. → Caesaropapismus begründeten inneren Verfestigung unter → Justinian war sie auch weiterhin von Lehr- und Schulstreitigkeiten erfüllt, sei es um den Origenismus, die sog. theopaschitische Formel (‹einer aus der Trinität hat im Fleisch gelitten›), oder die sog. ‹Drei Kapitel›, mit denen Justinian die antiochenischen Theologen (→ Theodor v. Mopsuestia, → Theodoret, Ibas v. Edessa) verurteilte, seien es die Versuche, der monophysitischen Umtriebe durch kaiserliche Propaganda für den → Monergismus bzw. → Monotheletismus Herr zu werden. Die Tatsache, daß in justinianischer Zeit die ersten Anfänge eines profanen Bildungshellenismus sichtbar werden, der dann in der Renaissance des 9./10. Jh.s aufblühen sollte, erhöhte noch den Kontrast. – So ist das Chr. im Osten und im Westen unter völlig verschiedenen Bedingungen in das MA eingetreten: hier die theologisch in ihrer Entwicklung eingeengte Reichskirche, die konsequent abweist, was sich nicht völlig in den Rahmen einfügt (→ Nestorianer) – dort eine allmählich unter dem Papsttum zentralisierte Kirche, in der Romanitas und Christianitas sich verschmelzen und in die nicht zuletzt deshalb der Arianismus der Germanenvölker aufgehen sollte. Im Osten ein Christentum, dessen geistige Grundlagen in Jahrhunderten durchdiskutiert sind, das aber darüber fast die Fähigkeit verloren hat, die Realitäten dieser Welt zu meistern; im Westen ein Christentum, das solche Tiefe der Durcharbeitung erst in der Scholastik erreicht hat, dafür aber in der Mission sich bewährt. H.D.

Q: A. Heilmann-H. Kraft, Texte der Kirchenväter. Eine Auswahl nach Themen geordnet, 5 Bände bis 1965 – *Lit:* A. J. Festugière, L'idéal religieux des Grecs et l'évangile, 1932, 220–263 (Aristotelismus bis Theodoret) – P. Courcelle, Les lettres grecques en Occident (1943), 1948² – C. Schneider, G. des Chr.s, 1954 (dazu: E. Stommel, JAC 1, 1958, 119–127) – J. N. D. Kelly, Early Christian doctrines, 1958 – H. A. Wolfson, The Philosophy of the Church Fathers, 1958 – J. Daniélou, Message évangélique et culture hellénistique, 1961 (dazu: H. Dörrie, Erasmus 15, 1963, 713–719) – A. Momigliano (Hg.), The Conflict between Paganism and Christianity in the 4th Century, 1963 (Sammelband) – A. Dempf, Geistesgesch. d. altchristl. Kultur, 1964 – J. Pépin, Théologie cosmique et Théologie chrétien, 1964.

VI. Christliche Sekten

A. Begriff – B. Judenchristentum – C. Gnostische Gruppen.

A. Begriff. In den Anfängen des Chr.s ist zwischen Kirche und Sekte nicht unterschieden worden, da der glaubende Anschluß an die Person Jesu genügte. Die frühe antiochenische Bezeichnung (Apg. 11,26) der Christen als ‹Christusanhänger› (χριστιανοί) drückt diesen Tatbestand aus. Als Mitte der christl. Traditionsbildung war die Feier der → Eucharistie lange Zeit hindurch einheitlich. Die → Liturgie gehörte freilich zur → Arkandisziplin (daher ist Did. 9f. nur die Liturgie der → Agapenfeier enthalten), wurde aber sorgsam weitergegeben. Leiter der eucharistischen Feier war der Bischof, der auch über die Aufnahme der Taufbewerber zu entscheiden hatte. Die Predigt gewann in der Geschichte Jesu (Evangelientradition) prägende Einheitlichkeit. Auf dieser Grundlage bildete sich eine gleichartige Grundstruktur des kirchlichen Aufbaues heraus, die über der Verschiedenheit der vorhandenen Gruppen stand und von der aus über die Einheit der Glaubensanschauungen gewacht werden konnte. Erst auf zweiter Stufe werden Gruppen, die sich dieser Einheit nicht einfügen, als ‹Sekten› sichtbar. – Innerhalb des damaligen Sektenbegriffes ist zwischen ‹Schisma› und ‹Häresie› zu unterscheiden. ‹Schismatisch› ist eine Sondergemeinde, die – ohne wesentliche Lehrabweichungen – außerhalb der kirchlichen Einheit steht und mit ihr keine Gemeinsamkeit des Amtes besitzt; ‹häretisch› dagegen ist Verschiedenheit oder Widerspruch zur christl. Tradition in entscheidenden Lehren.

B. Das → Judenchristentum hat sich als erste Gruppe eigener Gestaltung abgehoben. Für den Blick des rückschauenden Betrachters sind drei Richtungen zu unterscheiden. Zu der großkirchlichen Gruppe zählt die jerusalemische Traditionsgemeinde, die mit dem J. 135 n. Chr. als judenchristl. Gemeinschaft aus der Stadt vertrieben und durch eine völlig neue heidenchristl. Gemeinde ersetzt worden ist. Ihr letztes Zeugnis ist wohl der Judasbrief, den einer ihrer Bischöfe zwischen 100 und 135 n. Chr. geschrieben haben dürfte. Er richtet sich gegen Abweichungen, die in den hellenist. Gemeinden aufgetaucht waren, ist selbst dem Gesetzesrigorismus verpflichtet und scheint einige Anordnungen der → Didachē zu bekämpfen. Die Didachē ihrerseits wurzelt voll in judenchristl. Tradition; der Blick ihrer Verfasser ist jedoch auf das Missionsgebiet in der östlichen Diaspora-Judenschaft gerichtet. Aus dieser Grundlage hat sich die syr. → Didaskalia entwickelt, ebenso die in Kleinasien beheimatete Epistula Apostolorum (um 160 n. Chr.). – Zur schismatischen Gruppe gehörten die → Quartadezimaner, die eine Geltung des alttestamentl. Gesetzes auch für die christl. Gemeinden bejahten und das im Gesetz festgelegte Datum des Passahfestes (14. Nisan) auch für das christl. Ostern (→ Feste C2) als Termin festhielten. – Der Sammelname für die späteren Reste des häretischen Judenchristentums scheint → ‹Ebioniten› gewesen zu sein. Nach der Beschreibung des Epiphanius gehört zu ihrem → Synkretismus ein enkratitisch (→ Askese) bestimmter Legalismus, eine adoptianische (→ Adoptianismus) Christologie und eine im → Chiliasmus wurzelnde Naherwartung. Im pseudoklementinischen Schrifttum liegt ihre spätere Gestalt vor; sie trägt die Züge eines ausgeprägten Gegensatzes zum Paulinismus.

C. Gnostische Gruppen. [1] Die → Gnosis hat am Chr. ihre Form erlangt und ihr System ausgearbeitet; der Ursprung liegt früher. Zu den Kontroversen der Forschung hierüber und über die weitere Entwicklung s. → Gnosis. Für diesen Überblick begnügen wir uns mit den folgenden Vermutungen: Ausgangspunkt ist die Tatsache, daß entscheidende Grundbegriffe aramäisch sind; jaldabāōt dürfte ‹generatio paternitatis› und achamōt ‹sapientia› bedeuten, und beide Begriffe werden aram. Umgebung, vielleicht einer Weisheitsschule in Babylonien entstammen (vgl. → Judentum B 1). Mit dieser Schule wird eine Gruppe des → Diasporajudentums eng verbunden zu denken sein, und von ihr werden um 100 n. Chr. einige Splitter zum Chr. gekommen sein. Die Stadien dieser Entwicklung spiegeln sich z. B. in den Thomaspsalmen des manichäischen Psalmenbuchs. Das Wesen der Gnosis ist deutlich erkennbar. Die treibende Kraft in allen gnostischen Sekten ist der Modalismus der Gottesanschauung, dem die Abwandlungsfähigkeit der Systeme entspricht. Die Rettermächte haben Emanations-Charakter, daher der durchgängige Doketismus der Christologie; die Persönlichkeit des Retters tritt hinter seinem Wesen als Ruf und Erweckung meist völlig zurück. Im nichtchristl. ‹Perlenlied› ist dieser Zug meisterhaft geschildert. Die Substanzgleichheit der erwählten Seele mit dem Göttlichen und des Körpers mit dem Widergöttlichen (→ Dualismus) schließt das System ab und läßt die → Askese als grundlegenden Zug erkennen. Insgesamt ist die Gnosis erlösendes Wissen und Kraft zur Selbsterlösung in einem. Auf das Christentum übertragen, mußte das alles zu einer völligen Umdeutung führen; alle gnostischen Sekten gehören zur Häresie.

[2] Bereits Paulus hat in *Korinth* mit Anhängern einer voll ausgeprägten christl. Gnosis zu kämpfen, die aus vorchristl. gnostischen Gruppen hervorgegangen sein mochte. Wie Thomasevangelium und die ältere Schicht der Thomaspsalmen haben sie weltverneinende Askese als göttlichen Reichtum verstanden und sich über die Botschaft vom Kreuz erhaben gedünkt. – Mit → *Simon Magus*, den der Beiname als Angehörigen der hellenisierten Magier kennzeichnet, hat eine gnostisch-makrokosmische Spekulation Ansprüche auf die Lebensgestaltung eines Jüngerkreises erhoben und aus der mythologischen Begründung ein abbildliches Lebensverhalten hergeleitet; auf ihn beriefen sich die Dositheaner, und auch die Kirchenväter leiteten (irrtümlicherweise) alle gnostischen Sekten von ihm ab. – Die große Zeit der gnostischen Systeme war das zweite nachchristl. Jh.; als → Irenäus seine ‹Widerlegung aller Häresien› schrieb (um 180), waren ihre Anschauungen voll entfaltet. Der Höhepunkt der Spekulation war erreicht, als die Gestalt Christi mit dem Erretterprinzip der gnostischen Gesamtanschauung gleichgesetzt war. Bei den *Naassenern (→ Ophiten)*, die den Drachen (ὁ ὄφις, hebr. nāḥāš) aus Gen. 2 als den großen Rufer zur Gnosis verehrten, ist die synkretistische Form des Mythos deutlich: phrygische Naturreligion, Magierglaube, jüd. Traditionen und christl. Gedanken lassen sich als besondere Schichten in dem Bericht → Hippolyts (Ref. V) unterscheiden. – Die *Sethianer* haben sich an die Gestalt des ägypt. → Seth angeschlossen, der, ursprünglich ägypt. Gott der Fremden, später den Beinamen ‹der Meder› bekommen hatte, so daß vielleicht (?) auf iranische Tradition zu schließen ist. – Die bedeutendste Gestalt der christl.-häretischen Gnosis war → *Valentinus* (aus Arsinoë in Ägypten), dessen System in dem ersten Teil des ‹Apokryphon Johannis› vorzuliegen scheint und damit die Mitte des gnostischen Schriftenfundes von Nag Ḥammādī ausmacht. Von ihm scheinen Verbindungslinien zu den judenchristl. klingenden ‹Oden Salomos› (wohl kurz vor 140 n. Chr.) zu gehen, so daß auch das nah verwandte ‹Evangelium der Wahrheit› zumindest seiner Schule angehören kann, wenn es nicht sogar von ihm selbst verfaßt ist. – Als gnostische Sekte sind auch die → *Markioniten* zu beurteilen; ihre Anschauung hat manche Ähnlichkeit mit den Salomo-Oden, wird sich aber erst dann genauer erkennen lassen, wenn die in Harnacks großem Werke nicht berücksichtigten Zeugnisse der syr. Literatur ausgewertet sind. – Der → *Manichäismus* fußt vielfach auf den Anschauungen Markions, zeichnet sich jedoch durch strenge Konsequenz und größere Weite aus, so daß er als der entschlossenste häretische Gegenentwurf zum Chr. zu beurteilen ist. Er ist ein nach und nach zusammengewachsenes Gebilde, bei dem die seelenrettenden Riten den Kern und die synkretistisch-gnostischen Lehren die Umrahmung bilden.

[3] Die *übrigen christl. Sekten* gehen auf andere Ursprungskräfte zurück. → Der Montanismus ist eine Radikalisierung und isolierte Hervorhebung frühchristlicher Überlieferungen. Bei den → Novatianern und auch den → Donatisten handelt es sich um die rigoristische Wendung der Kirchenauffassung. Der → Priscillianismus dürfte als asketische Kirchlichkeit mit einem starken manichäischen Einschlag aufzufassen sein. A. A.

Q: Hennecke³ passim – Völker – C. R. C. Auberry, A Manichaean Psalmbook II, 1938, 203–228 (Thomaspsalmen) – *Lit:* W. Bauer, Rechtgläubigkeit und Ketzerei im ältesten Christentum, BHTh 10, 1934 – W. Foerster, Das Wesen der Gnosis, WG 15, 1955, 100–114 – A. Adam, Die Psalmen des Thomas und das Perlenlied als Zeugnisse vorchristl. Gnosis, BZNW 24, 1959 – H. Simon, Recherches d'Histoire Judéo-Chrétienne, 1962.

Christenverfolgung (V. = Verfolgung). [1] Die Chr. sind der deutlichste Ausdruck für den Widerstand, den die nichtchristl. Umwelt der christl. Mission entgegensetzte. Indem sie diesen Widerstand überwand, erstarkte die Kirche geistig und politisch. Die V.en, die auf dem Boden des Reiches stattgefunden haben, gliedern sich folgendermaßen: 1. Bald nach Aufnahme der Heidenmission durch die ‹Hellenisten› werden die neugegründeten heidenchristl. Gemeinden in Jerusalem und Palästina durch die jüd. Behörden verfolgt (Apg. 6, 8 ff.; 8, 1 ff.). – 2. Im 1. Jh. sind einzelne Gemeinden von lokal begrenzten und ungeregelten V.en betroffen: möglicherweise bereits die Judenaustreibung aus Rom durch → *Claudius* (Apg. 18, 2), sicher aber die V. unter → *Nero* (vgl. Tac. Ann. 15, 44) und die V.en unter → Domitian in Rom und Kleinasien (Apk. 13). – 3. Im 2. Jh. gilt die durch → *Trajan* (Plin. epist. 10, 97) getroffene Regelung des Verfahrens: einzelne werden verfolgt, jedoch nur auf Anzeige (‹inquirendi non sunt›) und, wenn sie nicht abschwören, hingerichtet. In der 2. H. des 2. Jh.s entstehen die ersten → Märtyrerakten. – 4. Seit Beginn des 3. Jh.s wird regelmäßig das ganze Reichsgebiet von systematischen V.en betroffen; sie richten sich gegen die Kirche als Ganze und nehmen an Heftigkeit zu. → *Septimius Severus* verbietet 202/203 den Übertritt zum Christentum: eine auf Katechumenen und Katecheten beschränkte V. Der aus einem Opferbefehl für die ganze Bevölkerung hervorgehende Komplex der V. unter → *Decius* und → *Valerian* (249/50–258/9) sucht zunächst die Exklusivität der Kirche zu beseitigen, sodann aber auch ihre Organisation (hohe Blutopfer des Klerus). In der V. unter → *Diokletian* (seit 303) kommt die Zerstörung der Kirchengebäude und die Einziehung des christl. Schrifttums zu den früheren Maßnahmen hinzu. Ziel ist die völlige Vernichtung der Kirche. – 5. Unter → *Julian* (361–363) wird die Kirche noch einmal verschiedenen Schikanen ausgesetzt. – Neben der skizzierten Entwicklung bleiben bis zur konstantin. Wende Pogrome möglich, die dann in lokale V.en übergehen.

[2] Ob es als *juristische Grundlage* der V.en ein das Christentum als solches verbietendes Gesetz gegeben habe, ist

bis heute umstritten. Nach dem Zeugnis der → Märtyrerakten und → Apologetik straft der Christenprozeß nicht die Übertretung eines konkreten Gesetzes, sondern das allgemein bekannte, im Verfahren als Gehorsamsverweigerung bes. gegenüber dem Kaiserkult sichtbar werdende Heraustreten aus der staatlichen Ordnung. Die Pogrome entzünden sich dagegen an volkstümlichen Gerüchten, die im christl. Kult schwere, den Zorn der Götter nach sich ziehende Verbrechen (Kindermord und Inzest) vermuteten. – Von V.en außerhalb der Reichsgrenzen sind vor allem die schweren im Perserreich und gelegentliche durch heidnische Germanen zu nennen. Katholikenv.en durch arianische Germanen stellen dagegen nicht mehr Christenv.en im eigentlichen Sinn dar. H. Kr.

Lit: A. Wlosok, Die Rechtsgrundlagen der Christenv.en der ersten zwei Jh.e, Gymnasium 66, 1959, 14–32 (Lit) – RAC II 1159–1228 (Lit) – J. Moreau, Die Christenv. im röm. Reich, 1961.

Christodoros von Koptos (bei Theben in Ägypten), spätgriech. Dichter aus der Nachfolge des → Nonnos zur Zeit des byzantin. Kaisers Anastasios I. (491–518), Verfasser einer Reihe sagen- und zeitgeschichtlicher Epen sowie anderer (vielleicht auch christlicher) Dichtungen (u. a. Epigramme). Neben zwei Epigrammen (AP 7, 697 f.) ist lediglich die (unvollständig erhaltene?) Ekphrasis (Beschreibung) von 80 Statuen in den Zeuxippos-Thermen (vgl. AP 9, 614. 650) in Konstantinopel erhalten (AP 2). E. V.

Christusbild

[1] Allgemeines; Voraussetzungen – [2] Anfänge; das volkstümliche Chr. – [3] Das Chr. der Reichskirche. – Vgl. → Kunst II; → Malerei E; → Mosaik C. Abb. zitiert nach Gerke (= G.) und Volbach (= V.): s. *Lit.*

[1] Der Schaffung eines Chr.es durch das frühe → Christentum stand schon das alttestamentliche Bilderverbot entgegen; literarische Porträts waren durch so entgegengesetzte Aussagen, wie Ps. 45, 3 uns Jes. 53, 2 sie machten, erschwert. Erst um 400 n. Chr. schildert die syr. ‹Doctrina Addaei› ein Porträt Jesu, das zu Lebzeiten gemalt sei. Die sog. ‹authentischen› Jesusbilder gehören der byzantin. Spätzeit an. Von der gnostischen Sekte des → Karpokrates abgesehen, kannte das antike Christentum kein reales Chr.; erst allmählich schuf seine Kunst ein Idealbild, das spätantiken Vorstellungen entsprach und zugleich den Wandel der altchristl. Frömmigkeit durch die Jh.e widerspiegelt.

[2] Die *Anfangszeit* (3./4. Jh.) benutzt Idealgestalten profaner Kunst wie den → Hirten oder den Philosophen als Vorwurf und deutet den christl. Gehalt dieser → Symbole entweder durch Zentrierung im Dekorationssystem der → Katakomben oder Schaffung einer Bildmitte in der Einzelszene nur an (V. Abb. 7. 10); zusätzliche Symbole (z. B. → Fisch) betonen die christologische Deutung. Während die Provinz bereits Mitte 3. Jh. das Chr. im Zusammenhang mit Wunderszenen (→ Dura-Europos) kennt, beginnt Rom erst um 300 durch Zusatzszenen (Auferweckung des Lazarus; Jonas; Taufszene) der Chiffre des Philosophen lehrhafte Eindeutigkeit zu geben (G. Abb. 5 f.); der Realismus neutestamentlicher Bildszenen überträgt sich gelegentlich auf ihn und verleiht ihm die Gestalt des → Kynikers mit ungepflegtem Haar und Bart (sog. ‹Polychrome Fragmente›, G. Abb. 1–4). In der konstantin. Epoche allerdings erfreut sich der jugendliche Idealtypus mit sorgfältig gelegtem Haar und fast knabenhaften Zügen monopolartiger Beliebtheit (G. Abb. 8–42). Nicht zufällig ist er den Halbgöttern und Eroten zum Verwechseln ähnlich; auch apokryphe Apostelgeschichten schildern Jesus als schönen Jüngling. In seinen Wundertaten, die sich auf den → Sarkophagen dicht zusammendrängen, kann er es mit → Herakles aufnehmen, während seine weichen Gesichtszüge das Sentiment der Volksfrömmigkeit entfachten. Selbst wo röm. Klassizismus Meisterwerke höheren Ranges schafft und neben der Passionsthematik die Transzendenz des über dem Uranos thronenden Kosmokrators mit Hilfe derselben Bildformen gestaltet, die auch der Verherrlichung des kaiserlichen Herrschers dienten (Bassussarkophag ca. 350; V. Abb. 41 und 42), ist spätant. Volksfrömmigkeit nicht überwunden.

[3] Erst die 2. Hälfte des 4. Jh.s bringt dazu einen markanten Neuansatz. Während der jugendliche Typus des Chr.es weiterhin die sich ausweitenden Bildzyklen beherrscht und z. B. das Motiv der Herrscherhuldigung durch Barbaren das Epiphaniebild (Anbetung der Magier) beeinflußt (V. Abb. 37–39), entsteht andererseits das eschatologische Bild des auf dem Paradies- bzw. Weltenberg mit seinen 4 Strömen stehenden, bärtigen Christus. Er ist nicht vom Zeus- oder Asklepiosbild abzuleiten; der negative Vergleich mit dem Serapis des → Bryaxis macht vielmehr den Abstand zur gelenkten Kunst hellenist. Religionspolitik deutlich. Dieser 2. Typus beherrscht die repräsentative → Apsis-Malerei und bekundet so die Selbstbewußtheit der orthodoxen Staatskirche in der theodosianischen Epoche. Deshalb kann sein frühster Beleg (S. Costanza: V. Abb. 33) mit der Bestallungsszene des Petrus (‹traditio legis› bzw. ‹tr. clavium›) zugleich höfisches Zeremoniell ins Jenseits verlegen. Die ‹maiestas Domini› umfaßt Himmel und Erde; wie ein Kaiser nimmt Christus, umgeben von den Aposteln, in der aula caelestis die Huldigung durch heiden- und judenchristl. Kirche entgegen (S. Pudenziana, Anf. 5. Jh.; V. Abb. 130). – Trotz der Förderung des bärtigen Typus durch bischöflich beeinflußte Kunst hat sich das jugendliche Chr. daneben behaupten können, nicht nur in Wunderszenen (G. Abb. 60–74. 78 f.), sondern auch im Bild des transzendentalen Hofstaats des Kosmokrators (beide Typen: Mailänder Sarkophag, V. Abb. 46 f., und ravennatische Sarkophage, Abb. 174–78; Typ I: S. Aquilino, Abb. 138, und S. Vitale, Abb. 158), selbst dort, wo es mit der Ezechiel- bzw. Jesajavision verbunden wird (Hosios David, V. Abb. 134 f.). Die theologische Herkunft des bärtigen Chr.es (syr. Ursprungs?) bekundet sich jedoch darin, daß es in das apokalyptische, wieder zum abstrakten Christussymbol wie → Lamm oder Epiphaniekreuz drängende Epiphaniebild aufgenommen wird (S. Vitale, V. Abb. 161; Sant'Apollinare in Classe, V. Abb. 173), für den Christus der Passion angewandt werden kann (Sant'Apollinare Nuovo, christologischer Zyklus) und allgemein die Buchmalerei beherrscht (cod. Rossanensis, V. Abb. 238–41). Als Bild des Pantokrators wird es zur Dominante der byzantin. Kunst und später durch Handschriften dem Westen vermittelt, während der jugendliche Typus in der karolingischen Renaissance unmittelbar zu neuem Leben erweckt wird. C. A.

Lit: E. v. Dobschütz, Chr., TU 18, 1899 – F. v. d. Meer, Maiestas Domini, 1938 – Fr. Gerke, Christus in der spätantiken Plastik (1940), 1948³ – J. Kollwitz, Das Chr. des 3. Jh.s, 1953 – W. F. Volbach-M. Hirmer, Frühchristl. Kunst, 1958 – Ferner: RAC III 1–24.

Christusmonogramm. Das durch die konstantin. Vision auf Soldatenschilden (Lact. mort. pers. 44) und der Kaiserfahne (Eus. vita Const. 1, 28) publizierte Zeichen Christi (→ Abb. 58, b) war vorher selten (in Katakomben auch in

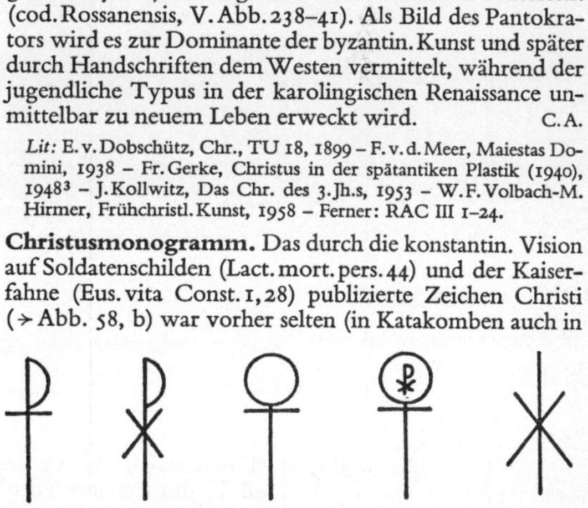

a b c d e

Abb. 58 Christogramme

Verbindung mit dem Sonnenrad) benutzt. Vorchristl. begegnet es als Münzmeisterzeichen im griech. Raum, ferner in der Form a (z. B. Münzen Herodes d. Gr.). In Ägypten wurde das Lebenszeichen (c) von den Kopten übernommen und durch das *XP* erweitert (d). In konstantinischer und nachkonstantinischer Zeit kommen die Zeichen a, b und e nebeneinander vor, z. T. mit *A* und *Ω* und anderen

→ Symbolen (→ Nimbus) verbunden, und zwar in allen Sparten der christlichen Kunst. Vgl. auch → Münzen. U.F.

Lit: RGG IV 1104ff. (Lit) – R. Egger, Das Labarum, SB Wien 234, 1, 1960.

Chronik. [1] In der *griech.* → *Geschichtsschreibung* spielt schlichte Chronistik als fortlaufende, alljährliche Aufzeichnung von Ereignissen kaum eine Rolle. Es gab seit Erfindung der Schrift Sieger-, Priester-, Beamtenlisten, doch von Erweiterung zu einer *vorliterarischen* Ch. gibt es in alter Zeit nur geringe, umstrittene Spuren; vereinzelte inschriftliche Belege setzen im 4. Jh. ein (Asklepios-Tempelchronik IG II/III² 4960). *Literarische* Lokalchronik (Horographie) entwickelt sich im 5. Jh. (→ Geschichtsschreibung I A 2). Später werden mannigfache Materialien am Leitfaden der Chronographie zur Universal-Ch. verbunden, faßbar zuerst im → Marmor Parium (FGrHist 239; 264/3 v. Chr.). W. Bk.

Lit: R. Laqueur, RE 13 (1926), 1083–1110, s. v. Lokalchronik – F. Jacoby, Atthis, 1949.

[2] *In Rom.* Die ältesten chronologisch-historischen Aufzeichnungen enthielt in Rom die Tafel, die der → pontifex maximus alljährlich vor der Regia aufstellte. Daneben gab es die → Kalendertafel und Verzeichnisse der → Magistrate und Triumphatoren (→ Fasti consulares). Die amtliche Chr. Roms – eine ‹Lokalchronik› wie die zahlreichen griechisch-hellenistischen Chr.en – wurde gegen Ende des 2. Jh.s v. Chr. unter dem Oberpontifikat des P. → Mucius (2) Scaevola als → annales maximi veröffentlicht und damit literarisch. Das starke Bedürfnis nach bequemen Nachschlagewerken führte am Ende der republik. Zeit zur Publikation der ‹Chronica› des → Nepos (1), des ‹liber annalis› des → Atticus sowie der gleichnamigen Zeittafel des → Scribonius (7) Libo. Die Forschungen dieser Zeit zur → Chronologie – bes. die → Varros (1; De gente populi Romani; Annalium libri) – sind auf dem Wege über → Sueton in die Chr.en der Kaiserzeit eingegangen: → Hieronymus' (1) Weltchronik (bis 378 n. Chr.), fortgesetzt von → Prosper Tiro Aquitanus (bis 455), → Hydatius (bis 468), → Marcellinus (3) Comes (bis 534). Diese spätkaiserzeitl. Chr.en des 5. und 6. Jh.s, welche die biblische Überlieferung mit den Konsulverzeichnissen verbinden, konkurrieren teilweise mit der → Geschichtsschreibung, indem sie auch Zeitgeschichte bieten. Hieronymus' Weltchronik wurde Grundlage und Vorbild für die mittelalterl. Chr.en. R.T.

Lit: Mommsen, Chronica minora, MG AA 9, 11, 13, 1892ff. – Wattenbach-Levison, Deutschlands Geschichtsquellen im MA I, 1952, 50ff. – L. Köpp, RAC III, 1957, 52ff. – v. d. Brincken, Studien z. lat. Weltchronistik bis in das Zeitalter Ottos v. Freising, 1957.

Chronos (‹Zeit›), in der Dichtung personifiziert als Macht, die alles sieht, aufdeckt, ausgleicht (Sol. Frg. 24, 3 D.; Pind. Ol. 10, 53ff.; Soph. Frg. 301 P.; Eur. Frg. 441 N.), als Vater (Pind. Ol. 2, 17) und Baumeister des All (Kritias Frg. 25, 34 D.), daher bes. in kosmogonischen Spekulationen, z. B. bei → Pherekydes (B 1; A 8, = → Kronos?) und in der Orphik: sicher nachweisbar in hellenistischer Zeit (östlicher Einfluß?). In der Fassung des Hieronymos und Hellanikos ist Ch. aus Wasser und Materie (Erde) als Schlange mit Köpfen eines Stieres, Löwen usw. entstanden, in der rhapsodischen Fassung ist er erste Ursache, Vater von Aither und Chaos und formt das Weltei (VS 1 B 13 und 12). Ch. wird in verschiedener Weise von → Aion geschieden. C.J.C.

Lit: J. F. Callahan, Four Views of Time in Ancient Philosophy, 1948.

Chrysargyron, von → Konstantin I. d. Gr. spätestens 314 n. Chr. eingeführte, fünfjährlich fällige Handels- und Gewerbesteuer (lustralis auri argentive collatio). Die Steuer war eine Repartitionssteuer, die von den Kurialen jeder civitas auf die einzelnen Steuerpflichtigen umgelegt wurde. Alle Handeltreibenden wurden zu diesem Zwecke in die matricula negotiatorum eingetragen. Noch vor 399 wurden an Stelle der Kurialen bes. mancipes mit der Eintreibung der Steuer betraut. Die Steuer wurde 498 aufgehoben. → Rom III. R.Kn.

Chryses, Apollonpriester in Chryse, Vater der Chryseïs, die von Achilleus erbeutet und Agamemnon gegeben wird. Da dieser sie dem Vater nicht zurückgibt, sendet Apollon die Pest (Il. 1, 9ff. 430ff.), worauf Chryseïs freigegeben wird. Vgl. → Trojan. Krieg. K.Schb.

Chrysippos, Sohn des → Pelops und der Nymphe Axioche, von → Laios geraubt und verführt (daher Fluch des Pelops über die → Labdakiden), gibt sich deshalb den Tod. Nach anderer Version von seinen Stiefbrüdern → Atreus und Thyestes auf Anstiften der Hippodameia getötet (daher Fluch des Pelops über seine Söhne).

Lit: Séchan 311ff. – *Darstellungen:* Raub des Ch. durch Laios Thema mehrerer apul. Vasen (Séchan 315ff.). K.Schb.

2. **Ch. von Soloi,** → Stoiker, ca. 281–208, Schulhaupt nach → Kleanthes (2), Vollender des Systems, bes. als Dialektiker hervorragend. – Nach Diogenes Laertios (7, 180) hat Ch. über 705 Bücher geschrieben. Das Schriftenverzeichnis ebd. enthält nur die logischen und einen Teil der ethischen Werke. Rekonstruierbar sind seine Schriften ‹Über die Seele› und ‹Über die Affekte›. – *Logik:* In der Einführungsschrift ‹Über die Syllogismen› entwickelte Ch. seine Lehre von den fünf unbeweisbaren Schlußformen, die auf zusammengesetzten Urteilen aufgebaut sind (z. B. ‹Wenn es Tag ist, ist Licht, nun ist aber Tag, also ist Licht›). → Zenons (3) Definition der Vorstellung als ‹Einprägung in der Seele› deutete er gegen Kleanthes als ‹Veränderung des leitenden Seelenteils›. Es ist umstritten, ob die ‹naturgegebenen Einsichten› (*ἔμφυτοι προλήψεις*), auf die Ch. sich als Kriterien beruft, apriorisch zu deuten sind. – *Naturlehre:* Ch. lehrte, z. T. mit neuen Argumenten, daß *alles*, was geschieht, durch die → Heimarmene geschieht. Die Willensfreiheit versuchte er trotz seiner Lehre von der durchgängigen kausalen Verknüpfung aller Ereignisse durch Unterscheidung von Haupt- und Hilfsursachen zu retten. In der Auseinandersetzung mit → Diodoros (1) Kronos bestritt Ch. abweichend von Kleanthes den Satz: ‹aus Möglichem folgt nichts Unmögliches› (vgl. Cic. fat.). Die zenonische Deutung der Natur als Feuer ersetzte er durch die Auffassung der Natur als Pneuma (feuriger Hauch), das sich in ‹ganzheitlicher Mischung› mit dem zugehörigen Körper verbinde. – *Ethik:* Ch. erklärte die Affekte als Veränderungen des leitenden Seelenteiles *im ganzen*. Im Unterschied zu Zenon sah er sie selbst als Urteile (nicht als Folge von Urteilen) an. Die stoische Formel des Lebenszieles: ‹gemäß der Natur leben› bezog Ch. nicht nur, wie Kleanthes, auf die allgemeine Natur, sondern auch auf die besondere Natur des Menschen. M.S.

Frg: SVF II; III 1–193 – *Lit:* E. Bréhier, Chrysippe, 1910 (Nachdr. 1951) – *Bildnisse* → Anhang I.

Chrysogonos, L. Cornelius, Freigelassener → Sullas, bekannt aus → Ciceros Rede für S. → Roscius (1). Bereicherte sich durch Sullas → Proskriptionen und führte das Leben des reichen und übermütigen Emporkömmlings (Cic. S. Rosc. 133–135). G.G.

Chrysolaras → Manuel Chr., → Demetrios Chr., → Astronomie.

Chrysostomos, Johannes, 334/54–407, aus Antiochia, Patriarch von Konstantinopel, seit dem 6. Jh. Ch. zubenannt, Schüler des → Libanios, später des → Diodor (5) v. Tarsos. Als Erwachsener getauft (372), begab sich J. in die Einöde bei Antiochia, kehrte aber vor 381 in die Stadt zurück; 381 zum Diakon, 386 zum Priester geweiht, 386–397 Prediger an der Hauptkirche zu Antiochia; die hier gehaltenen Homilien begründeten seinen Ruhm als Prediger. 397 wurde Ch. mit List nach Konstantinopel gebracht und 398 trotz seines Widerstrebens zum Bischof geweiht. Hiernach verwaltete er sein Amt mit Strenge und Eifer, was ihm bald mehrere Mit-Bischöfe und hernach die Kaiserin Eudoxia zu Feinden machte. Theophilos v. Alexandria fiel es deshalb leicht, Ch. in den eben ausbrechenden origenistischen Streit hereinzuziehen, so daß er 404 in die Verbannung gehen mußte – erst nach Kukusus (Armenien), dann (407) in das noch entferntere Pityus am Schwarzen Meer. – Seine *Predigten* gelten oft den hohen Kirchenfesten, dienen aber vor allem der Exegese sowohl zum AT (bes. zwei Serien zur Gen., ferner zu den Ps. und zu Jes.) wie zum NT: allein 90 Homilien zu Mt. sind erhalten, 16 zu Lk., 88 zu Ioh. und drei Serien, insgesamt 63, zur Apg. Jedem paulinischen Brief sind mehrere Homilien gewidmet; stets sind die zum Römerbrief besonders bewundert worden. Besondere Beachtung verdienen daneben die zu verschiedenen Anlässen gehaltenen Ansprachen, klassische Dokumente spätantiker → Rhetorik, bes. der zweiten Sophistik: so 21 Reden, als das Volk von Antiochia die Bilder des Kaisers bei einer Revolte umgeworfen hatte; 8 Homilien gegen die Teilnahme an jüd. Festen; 2 Katechesen an Taufkandidaten u.a.m. – Auch die *Abhandlungen* des Ch. tragen homiletisch-paränetischen Charakter – so die Warnung vor Hochmut, die mehrfachen Empfehlungen der Jungfräulichkeit und des Nicht-Wieder-Heiratens für Verwitwete, die Mißbilligung des Syneisaktentums. Unter ihnen ragt die Frühschrift *περὶ ἱερωσύνης* (6 Bücher) hervor, in der sich Ch. noch für die Weltflucht entscheidet. – Dem letzten Lebensabschnitt gehören die 236 *Briefe* zu, die Ch. aus dem armen. Exil schrieb. Die sog. *Chr.-Liturgie* der griech.-orthodoxen Kirche hält die Erinnerung an einen Theologen fest, der ihr das Ideal der Mönchskirche vermittelte. H.D.

Ed: PG 47–64 – F. Cavallera-J. Daniélou-R. Flacelière, SC 28, 1951 (Unbegreifl. Gottes) – A. Wenger, SC 50, 1957 (8 Taufkatechesen) – A. M. Malingrey, SC 13, 1947 (Briefe an Olympias) – A. M. Malingrey, SC 79, 1961 (provid. Dei) – *Lit:* E. Norden, Antike Kunstprosa, 1904, 570ff. – Lietzmann, KG IV, 102ff. – D. Attwater, St. Joh. Chr., 1959 (frz. 1961) – C. Baur, Der hl. Joh. Chr. und seine Zeit, 2 Bde, 1929/30 (engl. 1961) – S. Verosta, Joh. Chr., Staatsphilosoph und Geschichtstheologe, 1961 – J. Korbacher, Außerhalb der Kirche kein Heil? Kirche u. Kirchenzugehörigkeit bei Joh. Chr., 1963 (Lit).

Chrysostomos, vgl. auch → Dion (2).

Chrysūs (*χρυσοῦς*), Epithet des → Staters, Goldmünze einer bestimmten Sorte, z.B. in Athen (407–406 und im 4. Jh. v. Chr.), ferner der → Philippeios, der → Alexandreios und die Statere des → Lysimachos von Thrakien, sämtlich als → Didrachmen attischen Fußes (ca. 8,6 g) sowie auch in vielfacher Stückelung geprägt; ferner auch in Kyrene, in Ägypten, in Tarent und, weniger häufig, auch anderwärts, teilweise in reicher Stückelung ausgegeben. Inschriftlich z.B. in CIG 2855 und 2858 genannt. W. Schw.

Lit: Babelon, 388 – W. Kubitschek, RE 1 (1894), 1398 – K. Regling, RE 4 A (1929), 2172f. – Ders., in: v. Schrötter, 106.

Churriter. [1] *Geschichte.* Die Ch. sind eines der Bergvölker des nördl. Mesopotamien, die von Zeit zu Zeit in die fruchtbaren Niederungen herabstießen, um dort ihre meist kurzen Herrschaften zu errichten. Das Kerngebiet der Ch. lag südl. des Van-Sees, doch waren sie schon früh in die Gebiete des oberen Chabur eingedrungen und drückten auch tigrisabwärts in südöstl. Richtung. Mit der → Hammurapizeit (Ende 18. Jh. v. Chr.) können wir ein Vorrücken nach Südwesten feststellen: in Mari fanden sich ch. Ritualtexte aus dieser Zeit; in Alalach am Orontes treten jetzt ch. Namen auf. Kurz nach → Hammurapi ist die große Ausbreitung der Ch. über ganz Syrien, Palästina und Ägypten (→ Hyksos) anzusetzen, die dadurch hervorgerufen wurde, daß Gruppen mit indo-arischer Sprache, die von Norden her zuwanderten, sich an die Spitze der Ch. stellten und dank ihrer überlegenen Bewaffnung mit dem von Pferden gezogenen leichten Streitwagen schnell nach Süden vorstoßen konnten. Da der Mittelpunkt des damaligen ch. Reiches noch nicht gefunden ist, wissen wir über seine Geschichte nichts. Der Hethiter → Ḫattusilis I. (ca. 1550) stand in schweren Kämpfen mit der ch. Macht in Syrien, die → Mursilis I. durch seinen Vorstoß bis Babylon für kurze Zeit schwächte. Dadurch gelang den Ägyptern die Vertreibung der Hyksos (etwa 1542). Dagegen konsolidierte sich im oberen Mesopotamien das → Mitannireich, das nun Kern des neuen ch. Staates wurde. Die Fürsten Syriens und Palästinas, ihren Namen nach zum größten Teil Nachkommen der indisch-ch. Eroberer, versuchten bald, von Ägypten abzufallen und sich Mitanni anzuschließen; daraus resultierten die jahrzehntelangen Kämpfe zwischen Ägypten und Mitanni, bei denen Mitanni besonders unter Saušsatar Vorteile errang. Sein Nachfolger Artatama schloß mit → Thutmosis IV. (1412–03) Frieden, da die hethitische Bedrohung akut wurde. Suttarna II. und Tusratta hielten den Frieden mit Ägypten, doch konnte Mitanni nicht der Macht des Hethiters → Suppiluliuma I. (1370–30) widerstehen, der den Fall des Reiches herbeiführte. Nach einem kurzen Schattendasein als hethit. Vasallenkönigtum ging Mitanni dann in assyr. Hände über. Das politische Ende bedeutete jedoch nicht das Verschwinden des Volkes: besonders das Orontestal und Teile Syriens, aber auch Südpalästina haben noch längere Zeit ch. sprechende Bevölkerung besessen. Im Kernland selbst schufen die Ch. 500 Jahre später ein neues Reich, → Urartu.

[2] Sprache und Kultur. Die *Sprache* der Ch. ist weder semitisch noch indogermanisch, im Aufbau dem Sumerischen ähnlich, jedoch nicht verwandt. Die wichtigste kulturelle Wirkung der Ch. liegt (1) auf dem soziologischen Gebiet: durch sie wird zum erstenmal im Vorderen Orient eine auf dem Kriegeradel *(marjannu)* aufgebaute *Staatsform* möglich, die starken Einfluß auf das Ägypten der 18. Dyn. gehabt hat; (2) auf dem Gebiet der *Religion:* die Nachbarvölker, die Bewohner von Mari wie die von Ugarit und sogar die → Hethiter benutzen ch. Rituale, verehren ch. Götter und tradieren ch. Mythen. Der ch. → Weltschöpfungsmythos ist über die Phönizier bis zu den Griechen gedrungen und findet sich bei → Hesiod. Der Göttervater ‹Kronos› heißt bei den Ch. → Kumarbi, der Hauptgott aber ist der Wettergott → Tešup mit seiner Gemahlin Hepat. Die Sonnengöttin heißt → Šauška; ihr wurde damals auch die assyr. → Ištar angeglichen. Daneben wurden bei den Ch. die indischen Götter Indra, Varuna, Mitra und die Nasatyas verehrt, ferner auch die meisten der babylon. Gottheiten. – Von der *Kultur* der Ch. wissen wir wegen des Fehlens von Ausgrabungen in ihrem Kerngebiet recht wenig; von ihnen stammt wohl das später sehr beliebte *ḫilani*-Haus: Hauptraum als Längsraum mit Tür an einer Schmalseite, davor eine Eingangshalle. Auch in der → Glyptik (1) glaubt man einen eigenen ch. Stil feststellen zu können. Wahrscheinlich ist die hethit. Kunst stark von der ch. beeinflußt worden, von der jedoch bisher sichere Exemplare fehlen. – Das *Aussehen* der Ch. überliefern uns die Ägypter: sie haben auffallend europäische Gesichtszüge, tragen das Haar kurz geschoren und einen gestutzten Spitzbart. Die *Kleidung* bestand vielleicht aus einem Schurz mit Troddeln, doch kleideten sie sich häufiger in syr. Gewänder (langes Hemd bzw. Wickelrock). Sie haben wohl neben dem Streitwagen auch den Panzer und den Helm eingeführt; der Form nach zu urteilen wurde letzterer später von den Assyrern übernommen. Für die frühen → Hethiter waren die Ch. dadurch von Wichtigkeit, daß sie ihnen die babylon. Keilschrift und damit auch die babylon. Literatur, die ihnen gut bekannt war, weitergaben. Vgl. → Mesopot. Reiche. W. Hk.

Lit: J. Gelb, Hurrians and Subarians, 1944 – E. Speiser, Introduction to Hurrian, 1941.

Chytra, bauchiger Kochtopf ohne Fuß, mit zwei kleinen Henkeln dicht unter dem Rand; in Ton und Bronze erhalten. Die Ch. wurde aufgehängt oder in einem Ständer über das Feuer gestellt. I. Sch.

Lit: D. A. Amyx, Attic Stelai, Hesperia 27, 1958, 211–212.

Ciborium (*κιβώριον*, nur in christl. Lit., Ableitung ungeklärt), kreisförmiges, von Säulen getragenes Schutzdach für freistehende Altäre, Götterstatuen (→ Tholos), Brunnen etc. Schon der hellenist. Orient (iran. Einflüsse), hernach auch der spätröm. Westen verwandten es als Prunkelement und Throntabernakel im → Palatium (auch durch beweglichen Baldachin ersetzbar) und legten ihm gloriose Symbolik bei (Kuppel als Abbild des Himmels, unter dem der Kosmokrator thront). Das Christentum übernahm das C. für → Altar und Bischofskathedra, später auch für → Ambon und Taufbecken (→ Baptisterium). C. A.

Lit: Th. Klauser (A. Alföldi, A. M. Schneider) RAC III 68–86 (Lit) – Ferner: E. Baldwin Smith, Architectural Symbolism of imperial Rome, 1956, 107–129 – Th. Klauser, Das C. in der älteren christl. Buchmalerei, Nachr. Göttingen 1961, 7.

Cicero, M. Tullius, der Meister der klassischen röm. Prosakunst (Tac. dial. 25, 3; Quint. inst. 10, 1, 109–112), geb. 3. 1. 106 in Arpinum, ermordet 7. 12. 43 bei Caieta. Die in Lehrjahren in Rom (bis 82) und einem Studienaufenthalt in Griechenland und Kleinasien (79–77) zu umfassender (auch philosophischer und juristischer) Bildung gesteigerte rednerische Begabung führte den dem Ritterstand angehörigen erfolgreichen Prozeßpatron in die senatorische Laufbahn, in der er (Quästor 75, Ädil 69, Prätor 66) trotz Widerstrebens der Nobilität 63 das Konsulat erreichte. Seit 70 (→ Verres-Prozeß) galt er als Roms erster → Redner (II B 2). Mit dem Aufstieg in den Kreis der im Senat führenden Konsulare (principes civitatis) geriet sein Leben in die Strudel der untergehenden Optimatenrepublik, deren Blütezeit er in dem der griech. Bildung aufgeschlossenen Freundeskreis um P. → Cornelius (29) Scipio Aemilianus verwirklicht glaubte. Da ihm als Konsul die Abwehr fortgesetzter Angriffe auf das erschütterte System der sullanischen Restauration, vor allem bei dem sozialrevolutionären Putschversuch → Catilinas gelang, meinte er in Verkennung der entscheidenden Machtfaktoren zu politischer Führung berufen zu sein. Dabei war es in der Senatssitzung am 5. 12. 63 nicht er, sondern → Cato (2), der → Caesars Warnung vor der Hinrichtung der verhafteten Catilinarier aus dem Felde schlug. Dann war es Caesar, der nach Stiftung des ‹Dreibunds› (1) als Konsul 59 die Schwierigkeiten wegräumte, die dem siegreichen → Pompeius (2) bei seiner Rückkehr im Senat bereitet wurden, und sich dafür das langjährige Kommando in Gallien sicherte. Da C. die Teilnahme an seinen Gewaltakten verweigerte, wurde 58 sein persönlicher Feind, der Volkstribun → Clodius (1), gegen ihn losgelassen, so daß er ins Exil nach Thessalonike und Dyrrhachion gehen mußte.

[2] Als er 57 zurückkehren durfte, sah er im Geist eine Front aller Gutgesinnten hinter sich, bekam aber im Mai 56 den Wink, sich der Politik des in Luca erneuerten Dreibunds einzuordnen. Persönlich ungefährdet und nicht unempfänglich für die ihm aus Gallien zuteil werdende freundschaftliche Hochschätzung Caesars, fühlte er sich unbehaglich, wenn er im Senat und vor Gericht entgegen früheren Meinungsäußerungen sprechen mußte, vermochte sich aber über solche Niedergeschlagenheit zu erheben durch die Arbeit an den literarischen Meisterdialogen über den vollendeten Redner (De oratore, 55; → Rhetorik C 2), über die beste Staatsform und den in ihr wirkenden Staatsmann (De re publica, 52; → Staatstheorie) und über die dazu erforderlichen Gesetze (De legibus, unvollendet). Als seit 53 Straßenkämpfe in Rom die überkommene Staatsordnung bedrohten, billigte er die Aktion des Pompeius zu ihrer Wiederherstellung, obwohl er den wegen Ermordung des Clodius angeklagten T. → Annius (2) Milo vor Verurteilung nicht retten konnte (52). Gegen seine Neigung mußte er 51 als Prokonsul in die Provinz → Kilikien gehen, fand zwar in der Bemühung um wohlwollende Verwaltung Befriedigung, konnte aber nur mit Sorge verfolgen, wie die zunehmende Spannung zwischen Caesar und den entschiedenen Optimaten in den Bürgerkrieg führte. Als er Ende 50 vor Rom eintraf, fand er Pompeius und die Senatsmehrheit bereit, Caesars Friedensangebot zurückzuweisen. Vergeblich suchte er zu vermitteln. Am 7. 1. 49 erteilte der Senat Pompeius und den andern Magistraten die Vollmacht zur Kriegführung. C. hielt den Sieg Caesars für das größere Übel. Aber da dieser weiter Friedensbereitschaft bekundete und C. Neutralität zubilligte, verließ er Italien erst am 7. 6., nachdem Pompeius schon am 17. 3. nach dem Balkan gefahren war. Im Hauptquartier in Thessalonike und vor Dyrrhachion war er ein mißmutiger Zuschauer; er blieb zurück, als Pompeius nach Thessalien zog.

[3] Nach der Niederlage bei Pharsalos (9. 8. 48) gelangte er im Oktober nach Brundisium, wo er bis Sept. 47 auf die persönliche Begegnung mit Caesar warten mußte. Die Begnadigung geschah in vornehmster Weise. Doch mußte er nun wieder bis April 46 auf die Entscheidung in Afrika warten, besaß aber jetzt die produktive Spannkraft, im Dialog ‹Brutus› die Geschichte der röm. Beredsamkeit, dargestellt an ihren Vertretern, zu schreiben, noch vor der Nachricht von Catos Tod zu dessen Ehren die ‹Paradoxa Stoicorum›, bald darauf den Nachruf auf Cato (Gegenschrift Caesars: 2 Bücher ‹Anticatones› [45], beides nicht erhalten). Caesars Versöhnungspolitik hob seine Stimmung, die Begnadigung des M. → Claudius (13) Marcellus ermutigte ihn, Caesar zur Wiederherstellung der alten Verfassung (res publica) aufzurufen; er erkannte das aber bald als Illusion. Dazu stürzte ihn Anf. 45 der Tod seiner einzigen Tochter Tullia in tiefe Depression. Nachdem er sich in der ‹Consolatio› (nicht erhalten) die Trostgründe der Philosophie vergegenwärtigt hatte (→ Trostliteratur), ging er mit dem Dialog ‹Hortensius› (nicht erhalten), dem Aufruf zur Philosophie, dazu über, den Römern in einer Folge von Dialogen die ganze hellenist. Philosophie in ihren Hauptrichtungen darzustellen. Diese Produktion endete im Herbst 44 mit den 3 (nichtdialogischen) Büchern ‹Über das richtige Handeln› (De officiis). Obwohl er von Caesar stets mit Hochachtung und Nachsicht behandelt wurde, steigerte sich sein Haß gegen das diktatorische Regiment so, daß er die Ermordung des Tyrannen (15. 3. 44) mit Jubel begrüßte; er erkannte aber bald das Heraufkommen des neuen Bürgerkriegs. Während die Parteihäupter sich um die Sammlung der militärischen Machtmittel bemühten, konnte er seit Dez. 44 im Senat die ersehnte Führerstellung im Kampf für die res publica übernehmen, allerdings um den Preis, daß er zum Kampf gegen → Antonius (2), den er mit seinen Philippischen Reden aufs äußerste herausgefordert hatte, den jungen Caesar heranzog, was ihm nach der Verständigung der Rivalen Ende 43 den Lohn eintrug, als eines der ersten Opfer der → Proskriptionen (2) zu fallen.

[4] Über seinen *Werdegang als → Redner* berichtet C. im ‹Brutus› (304–324) stets im Hinblick auf Q. → Hortensius (2) Hortalus (229, 301–305) und mit Andeutung, daß er diesen mit der Veröffentlichung des Verrinenwerks (von dessen 7 Reden die 5 der 2. Verhandlung in Wirklichkeit nicht gehalten wurden) überholt habe. Nach der im damaligen Richtungsstreit der hellenist. Rhetoren gebräuchlichen Ausdrucksweise bedeutete dies die Abkehr vom → Asianismus, der Manier, sei es mit einer Folge kurzer Sätze, sei es mit überladenen Perioden zu wirken, zu den attischen Vorbildern des 5. und 4. Jh.s, also griechisch betrachtet zum Klassizismus. Innerhalb der röm. Entwicklung wurde C. damit zum ‹Klassiker›. Im Besitz der ‹vollkommenen Beredsamkeit› durfte er sich betrachten, weil er über die Lehren der → Rhetorik hinaus auch Philosophie, Jurisprudenz und die Kenntnis der Geschichte, wie sie ein Senator für die politische Praxis brauchte, beherrschte (de orat. 1, 159. 165. 201). Die Philosophie war griechisch und setzte die entsprechende Gesamtbildung voraus. Für C. wurde entscheidend, daß er seit 88 in Rom beim Vorsteher der Akademie → Philon (6) v. Larissa studieren konnte, der in der Nachfolge des → Karneades die Möglichkeit adäquater Wahrheitserkenntnis bestritt, aber durch Erörterung von Für und Wider dazu anleitete, das Höchstmaß von Wahrscheinlichkeit zu erreichen und diese Kunst des Disputierens auch in rhetorischen Übungen lehrte (de orat. 3,

110; Brut. 306; Tusc. 2, 9). So war der allseitig gebildete Redner befähigt, über jeden Gegenstand sachkundig zu sprechen, und durfte sich den 10 Klassikern der attischen Beredsamkeit anreihen, für deren vorzüglichsten er → Demosthenes (1) hielt (Brut. 35, 289). Schon im Brut. 284ff. verwahrt er sich gegen eine jüngere Gruppe röm. Redner, die sich ihm gegenüber mit Berufung auf → Lysias oder gar → Thukydides (1) als spezifisch ‹attisch› vorkamen. Zur Widerlegung dieser Verirrung widmete er noch 46 dem Brutus seinen ‹Orator›, worin er wiederum Demosthenes als sein Vorbild bezeichnete (23, 26, 56, 110f., 133). Dessen Überlegenheit sah er darin, daß er sich nach Bedarf der 3 Stilarten (schlichte, mittlere, leidenschaftlich-erhabene) zu bedienen verstand (Brut. 35). Ungeachtet der Bescheidenheitsbeteuerung konnte C. jetzt auch bei den Römern auf seine Reden als Muster verweisen (orat. 100–109). Von den vielen Reden, die C. in Prozessen, im Senat oder vor Volksversammlungen hielt, hat er nachträglich einen beträchtlichen Teil veröffentlicht, 58 Reden sind erhalten (einige davon unvollständig). In der Frühzeit, als es darauf ankam, sich als erfolgreichen Patron auszuweisen, sprach er auch in Zivilprozessen (4 Reden, die letzte 69), später nur noch in Strafprozessen. Da solche ein Hauptmittel zur Beseitigung politischer Gegner waren, setzte der Konsular C. als Verteidiger jeweils auch seine politische Autorität ein. Abgesehen vom Wert als Literaturdenkmäler haben solche Reden ebenso große Bedeutung als Geschichtsquellen. Bei der Interpretation ist zu beachten, daß sie keine Stenogramme sind und daß die Kunst des Advokaten darauf abzielt, in der jeweiligen Situation der Sache des Vertretenen die bestmöglichen Seiten abzugewinnen. Als C. i. J. 66 den A. → Cluentius gegen angeblichen Giftmord verteidigte, verwahrte er sich dagegen, daß dem Patron Aussagen, die er im Interesse des Klienten macht, als eigene Überzeugung zugeschrieben werden (139). So ist lehrreich, die Anklage des Verres zu vergleichen mit den Repetundenfällen, wo C. verteidigt (69 M. Fonteius, 59 L. → Valerius Flaccus (9), 54 M. → Aemilius (15) Scaurus, 53 C. → Rabirius (3) Postumus). Catilina, den er 63 angriff, gedachte er 65 zu verteidigen und zeigte ihn 56 zur Entlastung des M. → Caelius in günstigerem Licht (Cael. 10–14).

[5] Die *erste politische Rede* hielt er 66 als Prätor vor dem Volk, um die Erteilung einer außerordentlichen Befehlsgewalt an Pompeius im Mithridat. Krieg zu empfehlen. 12 Reden, die er 63 als Konsul an den Senat oder an die Volksversammlung gerichtet hatte, darunter die 4 Catilinarischen, gab er i. J. 60 heraus (Att. 2, 1, 3). Sie dienten alle der siegreichen Abwehr gefährlicher demagogischer Angriffe auf die Optimatenrepublik und begründeten die Haltung, die er seitdem in den krisenhaft verwilderten politischen Kämpfen einnahm. Die Rückkehr aus dem Exil erfüllte ihn mit überschwenglichem Hochgefühl, das er 57 in den Dankreden vor Senat und Volk ausströmte. Bald darauf rechnete er in der Rede vor den Pontifices über die Rückgabe seines Hauses mit Clodius ab. Noch als er im März 56 dessen Gegner P. → Sestius verteidigte, traute er sich zu, die gesamte ordnungsliebende Bürgerschaft als die wahren Optimaten zur Verteidigung der res publica aufzurufen, mußte aber schon im Mai erkennen, daß seine persönliche Sicherheit nur vom erneuerten Dreibund (Pompeius, → Crassus, Caesar) abhänge, und sah sich nun in der schwierigen Lage, mit seiner Beredsamkeit für die Politik einzutreten, die er bisher bekämpft hatte. Im Juni 56 sprach er im Senat mit großem Geschick dafür, Caesar weiter in Gallien zu belassen (De provinciis consularibus). Ebenso versuchte er in der Senatsrede ‹Über das Gutachten der Haruspices›, die 3 Machthaber im Sinne der Sestiana zu den Optimaten zu stellen, brachte es aber nicht über sich, außer Clodius auch wichtige Gefolgsleute des Dreibunds als Urheber seines Exils zu beschimpfen. Am schlimmsten war die grobschlächtige Invektive, die er 55 gegen Caesars Schwiegervater L. → Calpurnius (10) Piso herausgab, einen Konsular, der solche Schmähungen keineswegs verdiente und von dem er 44 anerkennen mußte, daß er als erster mutig dem Antonius entgegentrat. Nachdem er 52 im Prozeß gegen Milo aus Aufregung über die Anordnungen des Pompeius zur Abwehr von Tumulten schlecht gesprochen hatte, verfaßte er nachträglich die uns überlieferte Rede, die den antiken Kennern als seine beste galt und darum auch uns die zutreffende Vorstellung von der Verwirklichung seines Rednerideals hinsichtlich Gliederung des Stoffs (inventio) und sprachlicher Gestaltung (elocutio) vermitteln kann. Nach dem Bürgerkrieg sprach er im Sept. 46 zuerst wieder im Senat, als ihn die Begnadigung des M. Claudius Marcellus zu der Dankrede hinriß, in der er Caesar zugleich seine Gedanken zur Wiederherstellung des Freistaats darlegte. Darauf folgten noch 2 durch ihren Freimut bemerkenswerte Reden, die er 46 und 45 vor dem Diktator für → Ligarius und den Galaterkönig → Deiotaros hielt. Schließlich gipfelte seine Beredsamkeit in den 14 Philippischen Reden der Jahre 44 und 43 gegen M. → Antonius (2). Wenn C. sich mit dieser Benennung hochgemut seinem attischen Vorbild gleichstellte, so gilt das – ungewollt – auch für das Scheitern der Überredungskunst gegenüber den harten Tatsachen der Politik, doch bleiben die Reden großartig als letzte Manifestation röm.-republikan. Denkweise im politischen Tageskampf. M. G.

[6] *Philosophische Schriften:* C. pflegte nicht nur rhetorische, sondern auch philosophische Studien. In nat. deor. 1, 6 nennt er in chronologischer Folge seine frühesten Lehrer: den → Stoiker Diodotos, mit dem er bis zu dessen Tod i. J. 59 in dauernder Verbindung blieb, dessen philosophischer Einfluß auf C. uns allerdings nicht mehr faßbar ist; dann den → Akademiker → Philon (6) v. Larissa, den er um 86 in Rom kennengelernt haben wird und den er bis ans Ende seines Lebens als seinen eigentlichen Lehrer betrachtet: er hat sich immer der von diesem vertretenen Schule zugezählt, also einer Akademie, deren weltmännische Aporetik und überlegene Freiheit ihm allem Dogmatismus gegenüber bes. sympathisch war (vgl. bes. ac. 2, 7–9); zugleich war ihm die von Philon eifrig betriebene Disputierkunst auch für seine Ausbildung zum Redner wertvoll. Als dritten nennt er → Antiochos (9) v. Askalon, der die alte Akademie Platons zu erneuern und die Lehrsysteme der Akademie, des Peripatos und der Stoa zu versöhnen strebte und dessen schulmäßig klar aufgebaute Schriften C. selbst für seine eigene philosophische Schriftstellerei reiches Material geliefert haben. Er hat ihn 78 während 6 Monaten in Athen gehört (Brut. 315). Der vierte und geistig bedeutendste war → Poseidonios, den er 78/77 in Rhodos gehört hat; er wird in C. das Interesse an theologischen, kosmologischen und astronomischen Problemen geweckt haben (C.s → Übersetzungen des → Aratos und des platonischen Timaios werden letzten Endes auf seine Anregung zurückgehen); auch C.s Abneigung gegen den trockenen Handbuchstil der meisten hellenistischen Philosophen wird er kräftig unterstützt haben. Zu diesen Lehrern kommt hinzu der → Epikureer → Zenon (5) v. Sidon, den er in Athen auf Philons Rat hörte, natürlich um dessen Dogmatik widerlegen zu können (fin. 1, 16; nat. deor. 1, 59). Philosophisch blieb C. immer ein Gegner der Epikureer, obschon sie ihm ihrer Urbanität wegen menschlich lieber waren als die zu Pedanterie und Fanatismus neigenden Stoiker. – So hat sich C. schon früh eine gründliche und vielseitige Kenntnis der hellenistischen Philosophie angeeignet. Auch eine Reihe klassischer Texte hat er durchgearbeitet, bes. einige Dialoge → Platons (sicher Apologie, Phaidon, Kriton, Protagoras, Gorgias, Timaios, wohl auch Phaidros und Staat, alle diese zweifellos mit Kommentaren, wie sie damals üblich wurden), einiges von → Xenophon (1), von → Aristoteles sicher den Protreptikos, wahrscheinlich auch mehrere Schriften des Theophrast. Gekannt hat er auch doxographische

Werke und Apophthegmatasammlungen. Dies alles verschaffte ihm einen Überblick über die Gesamtgeschichte der griech. Philosophie, der ihm schon zu Beginn seiner Laufbahn als Redner zur Verfügung stand und der ihm bei seiner eigenen philosophischen Schriftstellerei als ein Substrat diente, auf das er nach Belieben zurückgreifen konnte. Dazu kamen Spezialwerke, die er für seine Arbeiten eigens beschaffte, wobei ihm nicht nur die Bibliotheken seiner Freunde (vgl. etwa fin. 3,7ff.), sondern auch in Pomponius Dionysius ein trefflicher Assistent (Att. 6,2.3.13; 32,2) behilflich waren. Seine Leistung ist weder die eines schöpferischen Philosophen noch die eines bloßen Übersetzers. Sie ist einerseits die Einbürgerung der griech. Philosophie in Rom derart, daß C.s philosophisches Œuvre eines der grundlegenden Elemente für die gesamte geistige Entwicklung des lat. Westens geworden ist: die Werke eines → Laktanz, → Hieronymus, → Augustinus, → Boethius u.a. sind ohne ihn überhaupt nicht denkbar. Seine Leistung ist aber auch den Griechen selbst gegenüber die Rückverwandlung ihrer im Schulbetrieb erstarrenden Philosophie in eine lebengestaltende Macht. Seine gepflegte Dialogkunst, seine souveräne Vernachlässigung aller Subtilitäten und Distinktionen, die er für überflüssig hält, und sein Bemühen, den Stoff aufzulockern und jede Schematik zu vermeiden, zeigen nicht nur die Kunst des erfolgreichen Redners, der weiß, wie er sein Publikum fesselt: sie sind auch ein sehr bewußter Versuch, mit den ihm zu Gebote stehenden Mitteln jene Wirkung auf den Leser zu erzielen, die Platon mit seinen Dialogen erreicht hatte. Die Geschichte seines Œuvres zeigt, daß dieser Versuch zur Hauptsache geglückt ist. Dieser Intention entspricht auch, daß er schon seit früher Zeit philosophische Gedanken in seine Reden einflicht (Mur.; Arch. u.a.). – C.s philosophisches Werk ist sehr umfangreich gewesen, und thematische Überschneidungen haben nicht gefehlt. So scheint schon bald nach seinem Tode eine Auswahl des Wichtigsten (auch mit Rücksicht auf den Gebrauch als Schullektüre) vorgenommen worden zu sein, wobei einzelne Werke (De gloria, De virtutibus, De auguriis, Admiranda u.a.) rasch fast völlig untergingen. Andere wie De republica, Hortensius, der Hauptteil der Academica gingen erst im 6. Jh. n. Chr. verloren, einige haben sich seltsamerweise gegen den Willen des Autors aus dem Nachlaß erhalten (De legibus, Lucullus). – Begonnen hat C. seine philosophische Schriftstellerei nach der Rückkehr aus der Verbannung mit den gewissermaßen als Trilogie konzipierten 3 Büchern De oratore, den 6 Büchern De republica und De legibus, die allerdings unvollendet liegen blieben. De republica, von dem wir außer einem längeren, 1822 auf einem Palimpsest wiederentdeckten Stück nur Fragmente besitzen, hat C. selbst wohl als sein Meisterwerk betrachtet. Elemente platonischer, aristotelischer, hellenistischer Staatslehre sind mit röm. politischer Tradition zu einem imponierenden Ganzen verbunden; der Schlußmythos, das Somnium Scipionis, gehört zu den berühmtesten Stücken lat. Prosa überhaupt. De legibus beanspruchte grundsätzlich, sich an Platons gleichnamigem Werke (das C. schwerlich ganz gelesen hat) zu orientieren, bringt aber in Wirklichkeit hellenistische Naturrechtslehre und einen hochinteressanten Versuch einer von der Philosophie wie vom röm. Recht des → Zwölftafelgesetzes inspirierten Gesetzgebung. – Die Jahre 52–48 haben C. politisch völlig in Anspruch genommen. Zur Philosophie kehrte er Ende 48 zurück mit einer Gelegenheitsschrift Paradoxa Stoicorum, die sich als rhetorisches Exercitium gibt, aber philosophisch durchaus ernst gemeint ist, zumal da sie (als erste von vielen Schriften) dem jüngern Freunde M. Iunius → Brutus (2) und indirekt dessen Onkel, dem Stoiker → Cato (2), gewidmet ist. Es folgt die Hauptreihe der Schriften, die C. selbst div. 2, 1–4 aufzählt: als Einführung in die Philosophie der Hortensius, ein Vergleich zwischen Dichtkunst, Geschichtsschreibung, Redekunst und Philosophie, mündend in einen leidenschaftlichen Lobpreis der Philosophie; das Buch hat stark gewirkt (Augustin), ist aber bis auf etwa 100 Fragmente verloren. Die Probleme philosophischer Erkenntnislehre behandelten ursprünglich die zwei Dialoge Catulus (verloren) und Lucullus (erhalten). C. hat sie selbst umgearbeitet zu vier Büchern Academica, von denen die Hälfte des 1. Buchs und zahlreiche Fragmente erhalten sind. Die Fundamentalfragen der Ethik behandeln die 5 Bücher De finibus (1/2 Epikur, 3/4 Stoa, 5 Peripatos). Ergänzend treten hinzu die 5 Bücher Tusculanae disputationes (1. Buch über die rechte Einstellung zum Tode, sachlich bes. wichtig; 2. Buch über den Schmerz, 3/4 über die Einstellung zu den Affekten, für uns die wichtigste Quelle über die stoische Affektenlehre, 5 über das Wesen der Glückseligkeit). Zur Theologie geht C. über mit den 3 Büchern De natura deorum, nacheinander die Lehren Epikurs und der Stoa und die Polemik der Akademiker gegen beide darstellend, umfangreiches und verschiedenartiges Material verarbeitend (starker Einfluß des Poseidonios) und von bedeutender Wirkung auf die Diskussionen der Spätantike. Eine Ergänzung bilden die zwei Bücher De divinatione (für und gegen die stoische Divinationsgläubigkeit argumentierend) und die schwierige, nur z.T. erhaltene Schrift De fato. Für sich steht die nichtdialogische letzte Schrift C.s, die 3 Bücher De officiis, zur Hauptsache auf einer Spezialschrift des → Panaitios beruhend, aber auch mit einer nicht zu unterschätzenden Berücksichtigung der röm. Tradition von → Cato (1) Censorius an. Als Parerga hat schließlich C. selbst drei kurze Schriften bezeichnet: Die Consolatio ad se ipsum, geschrieben im Frühj. 45 unmittelbar nach dem Tode seiner Tochter Tullia; erhalten sind nur (sehr interessante) Fragmente, und außerdem hat sie C. teilweise ins 1. Buch der Tusculanae disputationes eingearbeitet. Es folgt Cato sive De senectute u. Laelius sive De amicitia, beide stofflich von altperipatetischen Spezialschriften angeregt, aber mit unverkennbar starker persönlicher Anteilnahme geschrieben, darum auch als philosophische Erbauungsschriften in späteren Jahrhunderten viel gelesen. Diesen in den letzten Jahren C.s entstandenen Gelegenheitsschriften ist wohl auch die partielle und nur z.T. erhaltene Übersetzung des platonischen Timaios zuzurechnen. O.G.

[7] *Briefe:* Ein Glücksfall sondergleichen ist, daß von den im Altertum gesammelten Briefen C.s ein großer Teil erhalten blieb, 16 Bücher privaten und amtlichen Charakters (ad familiares), 16 an seinen Freund → Atticus, 3 an den Bruder Quintus → Tullius (1) C., 2 aus der Korrespondenz mit M. → Brutus (2). Sie machen C. zum bestbekannten Menschen des Altertums; besonders die an Atticus eröffnen uns tiefe Einblicke in sein Seelenleben, die ihn oft anders zeigen, als er in der Öffentlichkeit erscheinen wollte; aber sie lassen auch uns das Auf und Ab der politisch ungeheuer erregten Zeit miterleben, stellen uns die röm. Gesellschaft in allen ihren Schichten, mit ihren großen Gestalten und genialischen Abenteurern, den hervorragenden Vertretern von Literatur und Bildung in voller Lebendigkeit vor Augen. Dazu kommt als wertvolle Ergänzung, daß auch gegen 100 Briefe von Korrespondenten mitaufgenommen wurden, darunter solche von Caesar und Pompeius, Brutus und → Cassius (8), Antonius und Lepidus. Die ganze Kultur des Zeitalters spiegelt sich in diesen Selbstzeugnissen. Mit den Reden zusammen besitzen wir in ihnen Geschichtsquellen erster Hand, wie sie uns sonst für das Altertum nicht zu Gebote stehen. – Vgl. → Brief. M.G.

Ed: Die drei modernen Gesamtausgaben sind noch nicht vollständig: Oxf. Class. Texts, seit 1900 – Coll. Budé: Reden, 20 Bde, mit Übersetzung, vollständig (1918–1959) – Briefe, 4 Bde, chronologisch, übersetzt bis zum J. 50, Bibl. Teubn. seit 1915 – *Lit:* RE 7 A (1939), 827–1274 (M. Gelzer: C. als Politiker; W. Kroll: Rhet. Schriften; R. Philippson: Philos. Schr.; K. Büchner: Briefe, Fragmente) – Schanz-Hosius, I 400–510 – Teuffel-Kroll, 357–434 – C. Becker, RAC 3

(1957), 86–127 (bes. über das Fortleben) – A. Michel, Rhéthorique et philos. chez C., 1960 (mit Bibliogr.) – Ed. Norden, Röm. Lit., 1960⁶, 48–56, mit Bibliogr. von H. Fuchs – Ders., Kunstprosa, 216 bis 243 – Drumann-Groebe, mit dem berüchtigten Zerrbild C.s – In seiner Nachfolge: J. Carcopino, Les secrets de la corresp. de C., 1947 (geistvoller, aber ihn durch zügellose Phantastik überbietend) – Ed. Schwartz, Charakterköpfe aus d. Antike (1903), hg. v. J. Stroux, 1943⁶, 95–115 – O. Seel, Cicero, 1953 (apologetisch) – H. Fuchs, C.s Hingabe an d. Philos., MH 16, 1958, 1–28 – O. Gigon, C. u. Aristoteles, Hermes 87, 1959, 143–162 – R. Harder, Aufsätze in: Kleine Schriften, 1960, 330ff. – F. Klingner, Cicero (1952), in: Röm. Geisteswelt, 1961⁴, 110–159 – Ders., C.s Rede für d. Schausp. Roscius (1953), in: Studien, 1964, 547–570 – V. Pöschl, Röm. Staat u. griech. Staatsdenken bei C. (1936), 1962² – K. Büchner, Stud. z. röm. Lit. II, Cicero, 1962. 1–24 – *Bildnisse* → Anhang I.

Cicero, vgl. auch → Tullius.

Cichorie, im Mittelmeergebiet mit mehreren Arten vertreten (κιχόριον), als Gemüse und als mannigfaches Heilmittel, vor allem gegen Vergiftungen verwendet. Eine besondere religiöse oder mythische Bedeutung ist nicht bezeugt. J.W.

Lit: Olck, RE 3,2 (1899), 2537–41 – Murr, Pflanzenwelt, 183.

Cincinnatus, L. Quinctius (cos. suff. 460, dict. 458, 439 vor Chr.). Angeblich 458 vom Pfluge geholt, zum Diktator ernannt, um das auf dem Algidus von den → Äquern eingeschlossene Heer des Konsuls L. Minucius (1) Esquilinus zu befreien. C. zwang die Äquer zur Kapitulation, die ihr Lager und die Stadt Corbio ausliefern mußten, triumphierte und legte am 16. Tag nach der Ernennung die Diktatur nieder. 439 wurde C. zum zweiten Male Diktator zur Unterdrückung der von Sp. → Maelius verursachten Unruhen. R.W.

Cincius Alimentus, L., gehörte, wie sein Zeitgenosse Q. → Fabius (11) Pictor, zu den in griech. Sprache röm. Geschichte schreibenden Senatoren. Als Prätor (210 v. Chr.) hatte er die Aufgabe, Sizilien zu verteidigen; dabei geriet er in karthag. Gefangenschaft (Fr. 7). Sein Geschichtswerk reichte von Italiens Urgeschichte (die Gründung Roms verlegte er ins Jahr 729/728: Fr. 4) bis zum 2. Pun. Krieg und hatte die Tendenz, den karthagerfreundlichen Darstellungen (→ Silenos) entgegenzutreten. – Nicht von ihm, sondern von einem jüngeren Namensvetter stammen Schriften antiquarischen und staatsrechtlichen Inhalts. R.T.

Frg: HRR I 40–43 – *Lit:* Schanz-Hosius I 174ff.

2. **C. Alimentus,** M., Volkstribun 204 v. Chr., setzte die lex Cincia de donis et muneribus durch.

Cinna, L. Cornelius (cos. 87 v. Chr., 86, 85, 84). Legat im → Bundesgenossenkrieg (3). 88 gegen → Sullas Willen zum Konsul gewählt; er mußte schwören, Sullas Einrichtungen zu respektieren. Nach dessen Fortgang in den Osten veranlaßte er eine Anklage gegen ihn und versuchte, die sullanische Ordnung umzuwerfen: er beantragte, die Neubürger auf alle → Tribus zu verteilen (→ Sulpicius (11) Rufus) und die Geächteten von 88 (→ Sulla) wieder in ihre Rechte einzusetzen. C. unterlag seinem Kollegen → Octavius (3) und wurde, nachdem er Rom verlassen hatte, vom Senat abgesetzt. Er sammelte darauf ein Heer und führte es gegen Rom; nach kurzer Belagerung fiel die Stadt ihm und → Marius (2), der aus Afrika zurückgekehrt war, in die Hand. Viele politische Gegner wurden ermordet, bes. auf Marius' Anstiften. Sulla wurde zum Staatsfeind erklärt, seine Gesetze annulliert. Nach Marius' Tod (Anf. 86) gewann C. die ausschlaggebende Stellung in Rom, wobei er sich auf größere Teile des → Ritterstandes und der Neubürger stützte und den Einfluß der Nobilität einschränkte (keineswegs Einführung einer Demokratie). Cicero nennt diese Zeit eine Zeit «ohne Recht und ohne jede Würde» (Brut. 227). Im übrigen war C.s Herrschaft gemäßigt. Er sorgte für geordnete wirtschaftliche Zustände (soweit das möglich war, da sich die reichen Ostprovinzen in Sullas Hand befanden) und ließ dem Senat (der größtenteils in Rom blieb) einigen Spielraum. Daß er das Konsulat jahrelang bekleidete, entsprach wohl ebensosehr seinem eigenen Machtstreben wie dem Wunsch der von ihm vertretenen Schichten. Wie er sich die Zukunft vorstellte, ist unklar. Anfangs scheint er einen friedlichen Ausgleich mit Sulla erhofft zu haben; erst 85 begann er mit neuen Rüstungen. Auf dem Marsch in den Osten wurde er von meuternden Soldaten erschlagen. Seine Politik wurde fortgeführt von Cn. → Papirius (2) Carbo, der, als der Bürgerkrieg wieder aufzuleben drohte, das Regime verschärfte – was dazu beitrug, daß Sulla weithin als Befreier begrüßt wurde. – C.s Tochter heiratete ca. 85 → Caesar. Chr.M.

Lit: H. Bennett, C. and his Times (dazu M. Gelzer (1924), in: Kl. Schr. II, 1963, 98–102) – E. Badian, Waiting for Sulla, JRS 52, 1962, 47–61.

Cinna, vgl. auch → Helvius, → Cornelius.

Cippus, etrusk. Grabaufsatz. Schon die → Villanovakultur hatte ihre Grabstätten durch mehr oder weniger zurechtgehauene Steinblöcke, durch Steinhaufen, aufgerichtete Steintafeln oder Pfähle zu kennzeichnen begonnen. Ob diesen eine magische Bedeutung zukam, ist ungewiß, eine sinnverdeutlichende Gestaltung scheint nicht angestrebt worden zu sein. Man darf sie als Vorläufer der Grabcippi und -stelen der → Etrusker betrachten. Diese kommen in zahllosen Varianten vor. Man stellte sie einzeln oder zu mehreren in der → Grabkammer, bes. aber im → Dromos und beim Eingang auf, nur selten (Orvieto, Crocefisso del Tufo) auch auf dem Hügel. Ihre in vielen Rekonstruktionen angenommene Verwendung als architektonische Tumulusbekrönung ist nirgends nachgewiesen und schon nach ihrem kleinen Maßstab (H. 0,30–0,50 m) unwahrscheinlich. Sie sind vielmehr ein eigenes, persönlich bezogenes Element der → Bestattung (B). Der Formenreichtum weist darauf hin, daß sie nicht nur dem Belegungsnachweis (Orvieto, Caere) und vielleicht noch einer Markierung des Grabbezirkes dienten, sondern daß magisch religiöse Vorstellungen mit ihnen verbunden werden konnten (vgl. die Beziehung Steinhaufen-Phallus-Herme in Griechenland). Ob die dem Mittelmeergebiet vertraute Vorstellung vom Phallos auf dem Grab als Zeichen der gegenwärtig wirkenden Kraft des Verstorbenen den Etruskern bewußt geblieben ist, läßt sich nur in Einzelfällen in etwa abklären. Neben steinernen Grabaufsätzen von Zwiebel-, Kugel- oder Eiform mit und ohne Sockel gibt es pfahl- und pfeilerförmige mit geradem, rundlichem oder knospenförmigem Abschluß. Ein formaler Zusammenhang mit kleinasiat. Phallossteinen (Alyattes-Grab bei Sardes; Pergamon; Bayrakli, Yamanlar Dag; Magnesia a. S.) ist nicht nachweisbar. Aber wenn in Caere zwischen weiblichen und männlichen Beisetzungen in der Weise unterschieden wurde, daß von den beim Grabeingang in den Tuff eingelassenen Cippi die für die Frauen als kleine Häuschen (Tempelchen?) gebildet waren, die für die Männer aber als Säulchen, so ist hier die Identifikation von Säulenform und männlichem Geschlecht eindeutig. Perugia hat schlanke, kannelierte Grabsäulen mit großen Akanthusblattknospen. Aber gerade solche Formen erscheinen erst seit dem 4. Jh. v. Chr. – Viele der C.bildungen erklären sich zwanglos aus dem Bestreben der Vergegenwärtigung der Gestalt (stellvertreten durch Haupt oder Büste); vgl. bes. die beiden orvietanischen Kriegerkopf-Cippi (letztes Viertel 6. Jh.) und das auf geradem Hals aus der Plinthe ragende Haupt des Arnth Paipnas in Tarquinii (4. Jh.). Seit dem 4. Jh. weisen nicht selten auch Namensinschriften auf den personhaften Charakter. – Der Vergleich zwischen den → Kanopen von Clusium und den Keulenkopfurnen aus Saturnia lehrt zudem, daß auch der Rund-C. als Kopfbild verstanden werden konnte. Auf eigentümliche Weise zeigen sich Bestattungsbehältnis und C. in für das Gebiet um Clusium charakteristischen Pietrafetida-Denkmälern der archaischen Zeit (6./5. Jh. v. Chr.) verschmolzen. Die Asche des Verstorbenen wurde in einem altarartigen, quadratisch oder rund gebildeten Sockel mit zentraler Höhlung geborgen, darüber auf nach oben leicht verjüngtem, reliefverziertem Kubus eine mächtige Steinkugel oder -knospe gestellt (Gesamthöhe bis ca. 1,70 m). Die daneben in hellenisierter Form sporadisch weiter verwendeten → Kanopen wurden aufs ganze gesehen hierdurch abgelöst. O.W.v.V.

Lit: R. Mengarelli, Cerveteri, Nuove esplorazioni, NSc 1915, 353 bis 386 (Formen u. Inschriften der Cippi) – Ders., Iscrizioni su cippi sepulcrali, ebd. 1937, 355–376 – R. Herbig, Die ital. Wurzel d. röm. Bildniskunst, Neues Bild d. Antike, II, 1942, 85–99 – G. v. Kaschnitz-Weinberg, Die mittelmeerischen Grundlagen der Antiken Kunst, 1944 – A. Minto, I clipei funerari etruschi ed il problema sulle origini del'‹imago clipeata› funeraria, StE 21, 1950/51, 25–27 – O.W.v. Vacano, Die Etrusker, Werden u. geistige Welt, 1955, bes. 159–171 – R. Bizzarri, La necropoli di Crocefisso del Tufo in Orvieto, StE 30, 1962, 117–123 (‹i cippi›).

Cipus (Genucius C.), Prätor, dessen gehörntes Bild die Porta Raudusculana zierte (ätiologische Sagen: Ov. met. 15, 565 ff.; Val. Max. 5, 6, 3). C.J.C.

Circei, Stadt auf dem isolierten Kalksteinrücken des Monte Circeo im S der pontinischen Ebene in Latium (Kt. 1420 E6; heute San Felice Circeo). 393 latin. Kolonie, 385/384 gemeinsamer Aufstand mit den Volskern gegen Rom. 340 auf seiten des Latinerbundes. Im 2. Pun. Krieg 209 abtrünnig und danach hart bestraft (Liv. 27, 9, 7; 29, 15, 5). Nach dem Bundesgenossenkrieg Municipium, in der Kaiserzeit Villenort. Überreste der polygonalen Stadtmauer und zahlreicher Villen. B.A.

Lit: G. Lugli, La tecnica edilizia romana, 1957, 148 ff.

Circumcellionen, ein radikaler Flügel der → Donatisten im Afrika des 4. und 5. Jh.s (zuerst erwähnt 340), vorwiegend der ländlichen Gebiete Numidiens und Mauretaniens. Ihr Name rührt daher, daß sie ‹rund um die (Altar-) Schreine› (circum cellas) wohnten, weil sie ihre Vorräte häufig in den Kirchen aufbewahrten. Sie scheuten auch vor gewaltsamen Methoden nicht zurück und suchten oft freiwillig den Märtyrertod. Auf strengste Durchführung der Riten bedacht, waren sie ursprünglich eine religiöse Bewegung, drückten aber auch die soziale Feindschaft der armen Bauern gegen die reichen orthodoxen Grundbesitzer in Afrika aus. E.A.Th.

Lit: W.H.C. Frend, The Donatist Church, 1952 – H.J. Diesner Methodisches u. Sachliches z. C.tum, in: Kirche u. Staat im spätröm. Reich, 1964 – E. Tengström, Donatisten u. Katholiken, 1964.

Circus. Der C., eine langgestreckte Arena (ca. 600 × 100 m), hatte auf beiden Längsseiten parallele, auf der einen Schmalseite halbkreisförmige, übereinander gestufte Zuschauerreihen (fori), auf der anderen das einer Stadtmauer ähnliche *Oppidum*, bestehend aus dem großen Eingangstor, den Sitzen für die Veranstalter und, nahe der Ziellinie (creta, calx), für die Preisrichter (tribunal iudicum) und den *Carceres:* für die bereitstehenden Rennwagen durch Wände getrennte Torbogen mit Gittertüren und durch ein Tau verbundenen, gleichzeitig lösbaren Riegeln (repagula). Die Arena wurde in der Längsachse geteilt durch die zu umfahrende, ca. 1,5 m hohe, ca. 6 m breite, mit Obelisken, Statuen u. a. geschmückte *Spina* (‹Rückgrat›); an deren beiden Enden standen zu äußerst die *Metae*, drei vergoldete Säulchen, die die Kurve markierten, dahinter auf der einen Seite die Ova, 7 große hölzerne Eier, Symbole der Dioskuren, der göttl. Beschützer der Rennfahrer; davon nahm man nach jeder Umfahrt eines weg, um den Stand des Rennens anzuzeigen; am anderen Ende waren zum gleichen Zweck 7 drehbare, Neptun, dem Gott der Pferde, geheiligte steinerne Delphine aufgestellt. Von den 2 bis 3 Stockwerken der Sitze (erst Holzgerüste, später teilweise oder vollständig steinerne Prunkbauten) wurde das untere für die Behörden durch Schranken (cancelli) und Umgang (praecinctio) von den oberen getrennt, oft mit bes. Loge (cubiculum, pulvinar, suggestus) für den Kaiser. Die Plätze (loca) waren abgeteilt durch eingekerbte Linien (lineae) und durch ein System von → Treppen (scalaria), von Gängen und Toren (vomitoria) von den Arkaden aus erreichbar; diese beherbergten hinter der architektonisch gegliederten Außenfassade die verschiedenen Verpflegungsstätten. Der bereits von → Tarquinius (2) Priscus angelegte, später mehrmals um- und neugebaute Circus Maximus in Rom soll z. Zt. Caesars 150000, im 4. Jh. 385000 Zuschauer gefaßt haben. Weitere Circusanlagen: in Rom u. a. C. Flaminius, C. des Caligula; C. des Maxentius; ferner im ganzen Imperium; der später berühmteste in Byzanz. K.G.K.

Abb. u. *Lit:* → Theater.

Circusspiele (Ludi circenses) gehörten in Rom zu den Riten, die zu Ehren vieler Gottheiten, wie → Consus, → Jupiter, → Ceres, → Flora, → Apollon, → Kybele, → Magna Mater usw. gefeiert wurden; sie konnten auch ausnahmsweise in Erfüllung eines Gelübdes veranstaltet werden. Meistens fanden sie im Circus Maximus (→ Rom IV D 7), manchmal auch im Circus Flaminius (→ Ludi Plebeii) statt. Im Circus gab man auch die → Gladiatorenkämpfe und die venationes vor der Erbauung der Amphitheater (→ Amphitheatralische Spiele); die gymnastischen Spiele vor der Erbauung von bes. Stadien (→ Agon; → Kapitolinischer, → Neronischer Agon); die → Ludi Sevirales und wahrscheinlich auch das → Trojaspiel. Die Hauptsache waren die Wagenrennen, für die die Römer bekanntlich eine Leidenschaft hatten; daneben umfaßten die C. auch Pferderennen, in denen die Reiter verschiedene Kunststücke ausführten: die desultores z. B. führten zwei Pferde auf einmal und sprangen vom einen auf das andere. H. Le B.

Cirta (Kt. 61 D1; heute Constantine, arab. Ksantina) in Algerien. Unter Augustus zur *Colonia Julia Juvenalis Honoris et Virtutis C.* erhoben. Hauptort eines Bundes von vier Kolonien (Chullu, Rusicade, Mila, C.): gemeinsamer Stadtrat in C., jährlich wechselnde Präfekten in den anderen drei Kolonien. 311 n. Chr. durch Maxentius zerstört, Restauration durch Konstantin, Annahme des Namens *Constantina.* Bauten sind nicht erhalten. R.F.

Cista (*κίστη;* lat. cista): im archäologischen Sprachgebrauch ein zylinderförmiger Behälter meist aus Bronze, aber auch aus anderen Materialien, zur Aufbewahrung von Kleidern, Büchern, Geld, Schmuck. Erhalten sind zahlreiche etrusk. C.n, deren berühmteste die ‹cista Ficoroni› (Rom, Villa Giulia) ist. Der moderne Begriff deckt sich nicht mit dem antiken: → *Cista mystica.* U.J.

Lit: A. Mau, RE 3 (1899), 2591–2609 – G. Matthies, Die praenestin. Spiegel, 1912 – W. Lamb, Greek and roman bronzes, 1929, 188–191 – Kunst und Leben der Etrusker (Ausstellungskatalog Köln), 1956, 147 f.; Nr. 385–388; Abb. 53 f. – Kähler, 49–51, Taf. 22–23.

2. **C. mystica,** ‹Korb›, in dem die geheimgehaltenen heiligen Symbole (*ἱερά*) mancher → Mysterien-Kulte aufbewahrt wurden, bezeugt vor allem für die des → Dionysos und der → Demeter (Münzen! Vgl. → Cistophoren).

Lit: → Mysterien. K.-H. R.

Cistophor, Tetradrachmon zu 12,6 g, benannt nach der → ‹Cista mystica› der Vorderseite: Flechtkorb, aus dem sich eine Schlange windet, in Efeukranz, ein Hinweis auf die Dionysosmysterien in Pergamon. Die C.enprägung, unter → Eumenes II. in Pergamon um 188 v. Chr. begonnen, ersetzte die Königsmünzen mit dem Bildnis des Philetairos. Viele Münzstätten Kleinasiens gaben C.en heraus; die röm. Provinzverwaltung übernahm die Prägung (es gibt z. B. C.en mit dem Namen Ciceros); der C. war auch in der frühen Kaiserzeit die gängige Großsilbermünze Kleinasiens. H.A.C.

Lit: D. Kienast, C. (Bibliographie), JbNG 11, 1961, 158–188 – H. Seyrig, Monnaies hellénistiques, Revue numismatique 1963, 22.

Civilis, C. Iulius, vornehmer Bataver aus königlichem Geschlecht, Kohortenpräfekt. Wegen ehrenrühriger Behandlung unter → Nero (1) und → Vitellius (1) erbittert, sympathisierte er scheinbar mit → Vespasian und erhielt von → Antonius (15) Primus die Anordnung, die Legionen von Germanien unter dem Vorwand von Unruhen zurückzuhalten. Aus diesen Anfängen entstand ein gefährlicher Aufstand, der 69/70 die wichtigsten germanischen und gallischen Stämme und sogar einen Teil des röm. Heeres ergriff. Ein von Rom unabhängiges ‹Imperium Galliarum› wurde von den Treverern und Lingonen ausgerufen. Nach einer siegreichen Schlacht des Q. → Petillius (2) Cerialis in der Nähe von Trier (Rigodulum) allmähliches Zurückdrängen des C. und Wiederherstellung der röm. Herrschaft im Herbst 70. U.Wm.

Lit: R. Syme, Tacitus, 1958, Ind. S. 838.

Civitates foederatae, Gemeinden von → peregrini, die mit Rom durch → foedus aequum bzw. iniquum verbündet waren. Je nach ihrem Vertrag hatten sie eigene Verwaltung, Gerichtsbarkeit, Münzhoheit, Exilrecht und Abgabenfreiheit, mußten aber – meist bei Verzicht auf auswärtige Politik – Truppen oder Schiffe stellen, Korn gegen Bezahlung liefern und röm. Beamte oder Soldaten beherbergen. Neben den C. foederatae gab es civitates stipendiariae, die Abgaben leisteten, und civitates liberae, die durch einseitige Erklärung Roms ohne Vertrag widerruflich ‹frei› waren. Mit der Anwendung dieser Angliederungsformen wechselte die röm. Politik. Der → Latinische und der → Italische Städtebund bestanden aus C. foederatae. Außerhalb Italiens erhielten im 2. und 1. Jh. v. Chr. wenige Gemeinden den Status der C. foederatae; Rom vergab lieber die Stellung der civitates liberae, die leichter zum röm. Vorteil geändert werden konnte als der Vertrag einer civitas foederata. In der Kaiserzeit schwand der Unterschied zwischen den C. foederatae und den civitates liberae immer mehr, da die Selbstverwaltung der C. foederatae durch die Kontrolle kaiserl. Beamter illusorisch wurde. H. V.

Lit: Mommsen, Staatsrecht III 653–663 – J. Marquardt, Röm. Staatsverwaltung I, 1957, 73–86 – H. Horn, Foederati, 1930, 70–81 (Liste der inschr. überlieferten Bündnisse) – A. N. Sherwin-White, The Roman citizenship, 1939, 157–163. 159, 1 (Liste der inschr. überlieferten Bündnisse) – E. Meyer, Röm. Staat u. Staatsgedanke (1948), 1961², 228–232.

Claqueurs, von → Schauspielern (vgl. → Virtuosen) gedungene Klatscher, die während einer Aufführung den Beifall des Publikums für die betreffenden Schauspieler (oder Musiker) zu organisieren hatten. Schon im Rom der republikanischen Zeit waren die C. eine bekannte Erscheinung, entscheidenden Einfluß auf das → Theaterleben gewannen sie jedoch erst in der Kaiserzeit (jetzt ‹plausores› genannt): ihr Wirken führte zu Parteiungen des Publikums und hatte nicht selten tumultartige Theaterkämpfe zur Folge. E.-R. Sch.

Clarissimus, senatorischer Rangtitel (abgekürzt: v. c. für vir c.), der sich seit Ende 1. Jh. n. Chr. durchsetzte und auch mit Frauen und Kindern senatorischen Standes verbunden wurde. Nach der Mitte des 4. Jh.s kam es zu einer weiteren Differenzierung durch die Schaffung von zwei neuen ranghöheren Titeln, des vir (c. et) spectabilis (nachweisbar zuerst 365, Cod. Theod. 7, 6, 1) und des vir (c. et) illustris. Die oberste senatorische Rangklasse der illustres, der höchsten Reichsbeamten und Heerführer, erhielt besondere Privilegien. Kurz vor der Mitte des 5. Jh.s wurde den clarissimi und den spectabiles der dauernde Aufenthalt außerhalb der Hauptstadt in den Provinzen gesetzlich erlaubt (Cod. Iust. 12, 1, 15), die Anwesenheit im → Senat selbst beschränkte sich später auf die illustres. K. F. Str.

Classici, Bezeichnung der Angehörigen der ersten 5 Klassen der sog. ‹Servianischen Centurienordnung›; die anderen waren infra classem. Zur übertragenen Anwendung des Begriffs auf Autoren → Klassisch. J. S.

Classicianus, C. Iulius Alpinus, 61 Prokurator von Britannien als Nachfolger des Catus, wahrscheinlich Treverer. Als Gegner des → Suetonius Paulinus riet er zu dessen Abberufung. Starb vermutlich in Britannien. Die Grabinschrift nennt seine Frau Iulia Indi f. Pacata, vielleicht die Tochter des Iulius Indus, der 21 die Revolte der Treverer unterdrückte. U.Wm.

Lit: R. Syme, Tacitus, 1958, Ind. S. 838.

Classicus, C. Iulius, Treverer aus königlichem Hause, Präfekt einer ala Treverorum. C. schloß sich 70 dem Aufstand des → Civilis an und rief mit seinem Stammesgenossen Iulius Tutor und dem Lingonen Iulius Sabinus das von Rom unabhängige ‹Imperium Galliarum› aus. Den röm. Truppen im Lager von Neuß nahm er den Eid auf das gallische Reich ab. C. kämpfte mit Civilis gegen die röm. Armee und deren Legaten und blieb der Sache der Bataver bis zum Ende treu. Vielleicht mit C. Iulius Alpinus → Classicianus verwandt. U.Wm.

Claudia Antonia, um 27–kurz nach 65, Tochter des → Claudius (1) und der → Aelia Paetina, um 47 zweite Ehe mit F. Cornelius Sulla Felix; von → Nero (1) getötet. Stammbaum → Jul.-claud. Haus. H. T.

Claudia → Acte.

Claudian (Claudius Claudianus), der letzte bedeutende Repräsentant der lat. panegyrischen und mythologischen Epik, seiner Herkunft nach ägyptischer Halbgrieche. Seine Jugend verbrachte er in Alexandria; vor 395 dichtete er nur in griech. Sprache (carm. min. 41, 13–14). Zu diesem Zeitpunkt kam er nach Italien, wo er am Hof des → Honorius (1) lebte und sich der besonderen Gunst des → Stilicho erfreute, dessen politische Ziele er in seinen zeitgeschichtlichen Epen propagierte. Stilichos Konsulat i. J. 400 feierte er in Rom vor dem Senat durch den Vortrag einer umfangreichen Dichtung (De consulatu Stilichonis, 3 Bücher), wofür er schon bald nach der Rezitation durch Errichtung einer Statue auf dem Trajansforum ausgezeichnet wurde, deren Inschrift erhalten ist (CIL VI 1710 = Dessau 2949); der lat. Teil der Inschrift charakterisiert C. als tribunus et notarius, was auf eine Vertrauensstellung bei Stilicho schließen läßt. Stilichos Gattin Serena führte ihm eine reiche Afrikanerin als Frau zu (carm. min. 31, 53 f.). C.s Spuren verlieren sich nach 404, also mehrere Jahre vor Stilichos Sturz (408); verschiedene Hypothesen, die über seine letzten Lebensschicksale aufgestellt worden sind (dazu Demougeot, a. O.), haben als fragwürdig zu gelten.

[2] *Die Werke: Griech. Gedichte.* Von den unter C.s Namen überlieferten griech. Gedichten sind die Reste einer Gigantomachie mit Sicherheit als echt zu betrachten. Daß diese keine Gemeinsamkeiten mit der Verstechnik und dem Stil des → Nonnos aufweisen, wird von Wifstrand mit Recht betont; aus diesem Grunde empfiehlt es sich übrigens, die mit C. überschriebenen und zumeist in nonnischer Manier gehaltenen Epigramme der → Anthologia Palatina (so das ausdrücklich durch eine Scholiennotiz einem anderen C. zugeschriebene Gedicht 1, 19 sowie die Epigramme 1, 20 und 9, 139) für einen anderen Träger dieses Namens in Anspruch zu nehmen (Wifstrand; anders zuletzt Martinelli, a. O.). In Alexandria mag C. auch die ersten Anregungen zur poetischen → Panegyrik empfangen haben, ist doch für Ägypten die Existenz einer zeitgenössischen politischen Epik in griech. Form durch Papyrusbruchstücke bezeugt. Der von Wilamowitz erbrachte Nachweis darf freilich nicht darüber hinwegtäuschen, daß C. in seinen lat. Dichtungen ein weit höheres Niveau erreicht hat als seine stofflich vergleichbaren, griech. schreibenden Kunstgenossen.

[3] *Lat. Gedichte.* Entscheidend für C.s weitere Entwicklung war vor allem das Erlebnis Roms und seiner Geschichte, das ihn in seinen zeitgeschichtlichen Epen lat. Sprache zu einem begeisterten Herold der spätantiken Romideologie werden ließ (bes. charakteristisch: consul. Stil. 3, 130/173). Dem nationalröm. Gehalt dieser Zeitepen entspricht im künstlerischen Bereich C.s Anschluß an die besten Traditionen der lat. Poesie von den Augusteern bis zu → Statius (1) und → Juvenal. Gerade weil C. vor seiner Übersiedlung nach Italien dem zeitgenössischen Literaturbetrieb der lat. Welt ferngestanden hatte, sah er sich wie von selbst an die großen Muster gewiesen. In der mit Präzision und Bewußtheit vollzogenen Aneignung und originellen Weiterbildung des röm. literarischen Erbes entfaltet sich sein emi-

nentes Formtalent. Seine Epen haben teilweise panegyrischen Inhalt, so die Lobgedichte auf das Konsulat des Probinus und Olybrius von 395, des Honorius von 396, 398, 404, des Philosophen Mallius Theodorus von 399, des Stilicho von 400 und die Verherrlichung von Stilichos Sieg über → Alarich 402 in De bello Pollentino (sive Gothico); zum Teil sind sie temperamentvolle, auch Elemente der pathetischen Satire Juvenals einbeziehende Invektiven gegen oström. Gegenspieler Stilichos (In Rufinum, In Eutropium); auch die Niederringung des Rebellen Gildo (398) hat C. in einem unvollendet gebliebenen Werk behandelt und die Vermählung des Honorius mit Stilichos Tochter Maria (398) durch → Fescenninen und ein Epithalamium gefeiert (zur Chronologie der Werke C.s: Birt LXVIII/IX). Im Gegensatz zu → Lukan überhöht C. das zeitpolitische Geschehen durch mythologische oder quasimythologische Szenen, die in ihrer Bildhaftigkeit und Anschauungsfülle auch da, wo der Götterapparat zum Symbol wird, kaum je blaß und abstrakt wirken: die dea Roma, Mars pater, die Furien und allegorische Gestalten wie Justitia geben den repräsentativen Rahmen zur Verherrlichung der Gefeierten und Verdammung der Angegriffenen ab. Für C.s Erzählungsstil ist in diesen Werken ebenso wie in dem rein mythologischen Epos De raptu Proserpinae (3 Bücher, unvollendet) das Prinzip der Auflösung in isolierte Einzelteile charakteristisch (Mehmel, a. O. 106–113): das rein Handlungsmäßige wird auf ein Minimum reduziert; es dominieren Reden und die jeweilige Einzelsituation ausmalende Bilder, die durch kurze, oft nur andeutungsweise skizzierte Verbindungsstücke zusammengehalten werden. Damit gelangen Tendenzen zu ihrer vollen Entfaltung, deren Anfänge sich bis in die Epik der frühen Kaiserzeit zurückverfolgen lassen (Schmid, a. O. 158). Die mit ihrem festlich mythologischen Gepränge als ein einziger Triumph des Paganismus sich darstellenden Dichtungen C.s weisen mehrfach konkrete Bezüge zur neuplatonischen Philosophie und zur synkretistischen Religiosität der Zeit auf (Schmid, a. O. 164f.). Auch die Integration orphischer Motive im Proserpina-Epos (Bernert) entspricht ganz dem im Neuplatonismus beliebten Rekurs auf (tatsächlich oder auch nur angeblich) alte Offenbarungs- und Weisheitsliteratur. Ganz im Bann des philosophischen Symbolismus steht das in der Sammlung der Carmina minora vermischten Inhalts überlieferte Gedicht über den Vogel Phoenix (27), der von C. als Symbol des sich in regelmäßigen Zeitabständen verjüngenden → Aion gedeutet wird; Aionspekulation liegt auch der Ekphrasis der spelunca Aevi (cons. Stil. 2, 424–440) zugrunde. Der herrschenden Staatsreligion hat C. nur einmal, in dem verhältnismäßig kurzen Gedicht De Salvatore (carm. min. 32), gehuldigt, dessen Echtheit wohl zu Unrecht in Zweifel gezogen worden ist (richtig demgegenüber Birt LXIII/LXVII; vgl. dazu Schmid, a. O. 159–164). Der von Orosius (7, 35, 21; vgl. Aug. civ. 5, 26) als paganus pervicacissimus bezeichnete C. mag nach Bildungsgang und innerer Überzeugung durchaus Heide gewesen sein; aber seine exponierte Stellung als poeta laureatus am Hof des Honorius mag ihm gelegentlich eine Anpassung an die dort herrschende christliche Strömung nahegelegt haben (vgl. den höfischen Schnörkel am Schluß des Gedichts). Eine kurze Würdigung des Epigrammatikers C. gibt F. Munari, Philologus 102, 1958, 137ff. W. Schm.

Ed: Th. Birt, MGAA 10, 1892 – J. Koch, 1893 – M. Platnauer, 2 Bde, 1922 (mit Übers.) – *Kommentierte Sonderausgaben:* In Rufinum: H. Levy, 1935 – In Eutropium: P. Fargues, 1933 – Paneg. de IV. cons. Honorii: P. Fargues, 1936 – Paneg. de VI. cons. Honorii: K. A. Müller, 1938 – De bello Pollentino (sive Gothico): H. Schroff, 1927 (= Klass.-phil. Stud. 8) – *Lit:* F. Vollmer, RE 3 (1899), 2652–60 – J. C. Rolfe, Claudian, TAPhA 50, 1919, 135–149 – L. B. Struthers, The rhetorical structure of the encomia of C., HStClPh 30, 1919, 49–87 – P. Fargues, Claudien, 1933 – A. Wifstrand, Von Kallimachos zu Nonnos, 1933, 159f. – H. Steinbeiß, Das Geschichtsbild C.s, 1936 – E. Bernert, Die Quellen C.s in De raptu Proserpinae, Philol. 93, 1939, 352–376 – F. Mehmel, Virgil u. Apoll. Rhod., 1940, 106 bis 129 – Th. Nissen, Hist. Epos u. Panegyrikos in d. Spätantike, Hermes 75, 1940, 298–325 – E. Demougeot, De l'unité à la division de l'empire romain, 1951, 288–293 – N. Martinelli, Saggio sui carmi greci di C., Miscellanea Galbiati II, 1951, 47–76 – W. Schmid, RAC III, 1957, 152–167 – H. Levy, Themes of Encomium and Invective in C., TAPhA 89, 1958, 336–347 – D. Romano, C., 1958 – F. Klingner, in: Röm. Geisteswelt, 1961⁴, 533ff. – U. Knoche, Ein Sinnbild röm. Selbstauffassung, in: Vom Selbstverständnis des Römertums, 1962, 125–143 – M. Fuhrmann, KP I, 1964, 1202–04.

Claudius (Tiberius Claudius Caesar Augustus Germanicus), röm. Kaiser 41–54, geb. am 1. 8. 10 v. Chr. als Sohn des → Drusus (1) und der → Antonia (3) in Lugdunum (Stammbaum → Jul.-claud. Haus). Das kranke und häßliche Kind vernachlässigt, mit Studien (→ Livius) beschäftigt, vom öffentlichen Leben ferngehalten. 37 consul suffectus. Nach der Ermordung des → Caligula von den → Prätorianern gegen ein Donativ von 15000 Sesterzen pro Kopf auf den Thron erhoben, vom unschlüssigen Senat anerkannt (25. 1. 41). – *Innenpolitisch* bedeutsam der intensive zentralistische Ausbau der kaiserlichen *Verwaltung*. Freigelassene als einflußreiche Ressortchefs: → Narcissus Kabinettschef (→ ab epistulis), → Pallas Finanzsekretär (→ a rationibus), Polybius Archivsekretär (→ a studiis), Kallistos Sekretär der Bittgesuche (→ a libellis). Endgültige Organisation der kaiserlichen Kasse (fiscus). 53 Errichtung besonderer Finanzgerichte. Konservativ-ständische Kontrolle von Senat und Ritterschaft, bes. in Censur 47/8, doch 48 Eintreten für die Aufnahme gallischer Adliger in den Senat (Dessau, 212; Tac. ann. 11, 24). Fortschrittliche Bürgerrechtsverleihung, Gründung von → Kolonien: Camulodunum (Colchester), Colonia Claudia Ara Agrippinensium (Köln), Tingi, Tipasa u. a. – Rege *Bautätigkeit:* Ausbau des Hafens von → Ostia, → Aquädukte in Rom, Tiberregulierung, teilweise Entwässerung des Fucinersees, → Straßen: Adria–Etsch–Donau, Gr. St. Bernhard, Rom–Adria. C. selbst bes. an Rechtsprechung interessiert. 47 Saekularspiele. – Auch auf *religiösem Gebiet* starke Aktivität: Erneuerung alter → Priesterkollegien und Riten, 41 und 50 (?) Vorgehen gegen die Juden in Rom nach anfangs günstiger Einstellung unter dem Einfluß des → Herodes Agrippa. Schlichtungsversuch zwischen Juden und Griechen in Alexandria (Brief an die Alexandriner 41). Verfolgung der → Druiden in Gallien, 52 Verbannung der Astrologen aus Italien, Reorganisation des → Attiskultes, Versuch, die Eleusinischen → Mysterien in Rom einzuführen. – Erhebung des Camillus Scribonianus in Dalmatien 42 niedergeschlagen, 46 Verschwörung des → Asinius (1) Gallus und Taurus Statilius Corvinus entdeckt.

[2] *Grenzpolitik:* 43 Besetzung des SO-Teils von *Britannien* unter A. → Plautius (1). Einnahme von Camulodunum (Colchester) in Gegenwart des Kaisers. Provinz → Britannia mit 4 Legionen Besatzung. – 47 Rückberufung des Domitius → Corbulo nach Erfolgen über Chauken und Friesen; Italicus zu den → Cheruskern entsandt, im Gebiet der Mattiaker Legionen zum Silberbergbau eingesetzt; Kastelllinie an der oberen Donau. – Im → Bosporanischen Königreich 46 Kotys inthronisiert, Fortdauer der Auseinandersetzung um Armenien. – In *Mauretanien* 42 Unterdrückung eines Aufstandes durch → Suetonius Paulinus, Einrichtung der Provinzen → Mauretania Tingitana (Westen) und Caesariensis (Osten). – In Provinzialstatus überführt: → Lykien (43), → Judäa (44), → Thrakien (46).

[3] Abhängig von seinen Frauen (1. → Plautia Urgulanilla, 2. → Aelia Paetina, 3. Valeria → Messalina, 4. → Agrippina, 3) und den Freigelassenen, konnte der kenntnisreiche Antiquar und der gemäßigte Reformer trotz guten Willens und der Berufung auf die Tradition und die Leistungen seines Hauses nie echte Autorität erringen. Die positiven Züge und Resultate der Regierung halfen nicht darüber hinweg, daß der Kaiser haltlos, fahrig und skurril blieb. Am 13. 10. 54 durch Giftmord gest., wurde er zum Gott er-

hoben; zugleich in → Senecas Apocolocyntosis geschmäht. – *Schriften* (nicht erhalten): 1. Autobiographie. – 2. Gesch. der augusteischen Zeit (27 v. Chr.–14 n. Chr., 41 Bücher?). – 3. Etrusk. Geschichte (20 Bücher). – 4. Karthag. Geschichte (8 Bücher). – 5. Essay über das Würfelspiel. K. Chr.

Q: Tac. ann. 11–12 – Suet. Claud. – Dio 60 – M. P. Charlesworth, Documents illustrating the reigns of Claudius and Nero, 1939 – *Lit:* V. M. Scramuzza, The Emperor C., 1940 – F. Staehelin, Kaiser C., (1932), in: Reden u. Vorträge, 1956, 147–171 – A. Momigliano, Claudius (1934) 1961².

2. **C.** *Gothicus* (M. Aurelius C.), röm. Kaiser 268–270; geb. 219 in Dalmatien; gest. Mitte 270 an der Pest in Sirmium; hoher Offizier unter → Gallienus, von diesem mit dem Oberkommando gegen den Usurpator → Aureolus betraut. C. war Führer einer Verschwörung hoher Offiziere (→ Aurelian) gegen Gallienus und wurde nach dessen Ermordung Kaiser (Aug. 268). Er zwang → Aureolus zur Kapitulation und besiegte die nach Oberitalien vorgedrungenen → Alamannen (268). C. berief sich auf eine Designation durch Gallienus und bemühte sich erfolgreich um ein gutes Verhältnis zum Senat. In der Absicht, das gallische Teilreich zurückzugewinnen, nahm er Verbindung mit Spanien auf, hatte aber keinen Erfolg. Darauf wandte er sich den Donauprovinzen zu, um die Goten zu vertreiben, und errang bedeutende Siege. C. starb während der Neuordnung der Donauprovinzen, die er von Sirmium aus leitete; sein Bruder M. Aurelius Quintillus wurde vom Senat als sein Nachfolger bestellt und bis zur Ausrufung → Aurelians Anf. 270 auch von den Heeren anerkannt. H. D. M.

Lit: P. Dameran, Kaiser Claudius Gothicus, Klio Beih. 33, 1934.

3. **C.**, App. (C. Crassus Inregillensis Sabinus, App.; cos. 471 v. Chr., 451, decemvir 451, 450). Führer der → Patrizier im Kampf gegen die Plebejer, bes. gegen die in 471 verlegte Lex Publilia (Wahl der plebejischen Beamten in den nach Tribus geordneten Versammlungen der Plebs) und das angebliche Ackergesetz von 470. Als 451 Dezemvirn zur Aufzeichnung der Gesetze bestellt wurden, trat der Konsul C. durch die inzwischen errungene Gunst der Plebs an die Spitze des Kollegiums und behielt diese Stellung im 2. Dezemvirat von 450 bei. In diesem wurde er zum plebejerfeindlichen Tyrannen, ließ L. Siccius töten und stellte der → Verginia nach. Der Sturz der zweiten Dezemvirn erscheint als Folge dieses Verbrechens; C. wurde angeklagt und tötete sich im Gefängnis. R.W.

4. **C.**, Q. (tr. pl. 218 v. Chr.), brachte ein Gesetz ein, das den Senatoren und ihren Söhnen den Besitz größerer Schiffe untersagte (Liv. 21, 63); vielleicht identisch mit dem bei Liv. 27, 21 f. u. ö. genannten Prätor C. vom J. 208. A.L.

Lit: A. Lippold, Consules, 1963, 93–95.

5. **C.**, Tib., Freigelassener des → Tiberius (1) aus Smyrna, Vater des → C. (8) Etruscus. Von Tiberius bis → Domitian im Hofdienst. Unter Nero a rationibus. Erhielt unter → Vespasian equestrischen Rang. Von Domitian aus unbekannten Gründen verbannt, Rückkehr durch seinen Sohn vermittelt. Anläßlich seines Todes in hohem Alter (92 nach Chr.) widmete → Statius (1) dem Sohne silv. 3, 3. U.Wm.

6. **C. Caecus,** App. (cens. 312 v. Chr., cos. 307, 296, interrex 299, praet. 295, dict. 292/285). Das ursprüngliche Cognomen lautete Crassus (Frontin. aq. 1, 5), den Beinamen Caecus erhielt er wegen Erblindung im Alter, angeblich als Strafe für ein Vergehen gegen den Herkuleskult. Als erstes Amt bekleidete er 312 die Censur, während der er Neuerungen auf dem Gebiete des Bauwesens, der Religion und im Bereich des Politischen traf. Im einzelnen waren dies: (1) Errichtung der Aqua Appia und der → Via Appia; (2) Übertragung des Herkuleskultes an der Ara maxima von der Familie der Potitier auf die Staatssklaven, Verbot an das Collegium der tibicines, ihr Festmahl im Jupitertempel abzuhalten; (3) Aufnahme von Bürgern ohne Grundbesitz in die Tribus, erste durchgreifende Ergänzung des → Senats mit Söhnen von → Freigelassenen. Im ersten Konsulat 307 blieb C. in Rom, im zweiten von 296 kämpfte er zusammen mit seinem Kollegen L. Volumnius in Samnium und Etrurien. Hier befehligte er 295 als Prätor das Heer bis zum Eintreffen des Konsuls Q. → Fabius (8) Maximus Rullianus. Nach dem Kriege errichtete er der → Bellona einen Tempel beim Circus Flaminius und trat 280 nach der Schlacht bei Herakleia im Senat gegen das Friedensangebot des → Pyrrhos (1) auf (erste in Rom schriftlich überlieferte Rede). Literarisch ist C. mit einer Sentenzensammlung im saturnischen Versmaß, vielleicht auch mit einer jur. Schrift über die legis actiones hervorgetreten. R.W.

7. **C. Caudex,** App. (cos. 264) wurde 264 mit der Unterstützung der → Mamertiner gegen → Hieron II. und → Karthago beauftragt. C. setzte von Rhegion nach Messana über und bildete einen Brückenkopf auf Sizilien. Dies Eingreifen Roms führte zum 1. Pun. Krieg mit → Karthago. A.L.

Lit: H. Berve, König Hieron II., 1959, 21ff. – A. Lippold, Consules, 1963, 248f.

8. **C. Etruscus,** wohlhabender Sohn des Tib. → C. (5) aus Smyrna und der (Tettia?) Etrusca. Bereits vor seinem Vater Ritter. C. begleitete den Vater in die Verbannung und erwirkte dessen Rückkehr. Patron und Freund des → Statius (1) und des → Martial. U.Wm.

9. **C. Mamertinus,** 361 von → Julianus (2) Apostata zum Finanzminister (comes sacrarum largitionum) und Präfekten von Italien und Illyrien ernannt. Er dankte am 1. 1. 362 in Konstantinopel dem Kaiser für die Ernennung zum Konsul in einem → Panegyrikos (Paneg. 3), der die militärischen Erfolge Julians und seine Tugenden pries. R.T.

Ed: W. Baehrens, Panegyrici Latini, BT (1874), 1911² – E. Galletier, Panégyriques Latins, 3 Bde, 1949–55 – *Kommentar:* H. Gutzwiller, Basler Beitr. zur Geschichtswissenschaft 10, 1942.

10. **C. Marcellus,** M. (aed. cur. ca. 226 v. Chr., praet. ca. 224, 216, cos. 222, 214, 210, 208; augur ca. 226–208). C. war bereits im 1. Pun. Krieg Soldat. Seinen Ruhm als Feldherr begründete er durch den Sieg über die Gallier bei Clastidium (222), wo er den gallischen Feldherrn Virdomarus mit eigener Hand tötete (Polyb. 2, 34 f.; Plut. Marc. 6 f.). Von 216 bis zu seinem Tod i. J. 208 maßgeblich an der Führung des 2. Pun. Krieges (→ Karthago) beteiligt. Sein größter Erfolg war die Eroberung von Syrakus i. J. 211 (Liv. 25, 23 ff., → Archimedes). Die griech. Kunstschätze, die C. aus Syrakus nach Rom brachte, verstärkten in Rom das Interesse an griech. Kunst und Lebensart (Polyb. 9, 10; Liv. 25, 40; Plut. Marc. 21; Cic. Verr. 5, 120 f.). Zu Ehren des M., der selbst der griech. Kultur aufgeschlossen war, dichtete → Naevius seine Tragödie Clastidium. A.L.

Q: Plut., Marcellus – *Lit:* H. Jucker, Vom Verhältnis d. Römer zur bildenden Kunst d. Griechen, 1950, 46ff.

11. **C. Marcellus,** M. (tr. pl. 204 v. Chr., aed. cur. 200, praet. 198, cos. 196, cens. 189, pontifex 196–177), Sohn des vorigen, nahm 208 am letzten Feldzug seines Vaters teil, kämpfte 196 gegen Insubrer und Bojer in Oberitalien. A.L.

12. **C. Marcellus,** M. (tr. pl. 171 v. Chr., praet. 169, cos. 166, 155, 152, pontifex 177–148), erhielt 166 und 155 für Siege über Ligurer und Apuaner zweimal einen Triumph. 152 konnte er in Spanien, das er schon als Prätor verwaltet hatte, durch Verhandlungen den Frieden mit den keltiberischen Stämmen wiederherstellen. Seine Politik fand jedoch nicht die Billigung des Senats. A.L.

Q: Polyb. 35, 2; App. Ib. 48 ff. (zu Ungunsten des C. entstellt); Liv. perioch. 48; Eutr. 4, 9.

13. **C. Marcellus,** M., cos. 51 v. Chr., setzte sich als Konsul zur Aufgabe, → Caesars Abberufung von seiner gallischen Statthalterschaft zu erreichen. Die Senatsmehrheit setzte schließlich am 29. 9. auf → Pompeius' (2) Vorschlag die Beratung darüber auf den 1. 3. 50 fest. Das röm. Bürgerrecht, das Caesar den Kolonisten von Novum Comum verliehen hatte, ließ C. durch den Senat für ungültig erklären. 49 war er gegen die Eröffnung des Bürgerkriegs, da der Senat sich dabei ganz in die Hand des → Pompeius (dessen Kriegsplan C. mißtraute) geben mußte. Nach Phar-

salus zog er sich nach Mytilene zurück. 46 von Caesar begnadigt (Ciceros Rede Pro Marcello), auf der Rückfahrt in Athen ermordet. Chr.M.

14. **C. Marcellus,** C., cos. 50 v. Chr., setzte als Konsul die Politik seines Vetters M. → C. (13) Marcellus fort. Als der Senat im Dez. 50 mit großer Mehrheit beschloß, → Pompeius (2) und → Caesar sollten gleichzeitig ihre Heere entlassen, forderte er auf eigene Faust Pompeius auf, dem Staat zu Hilfe zu kommen (Übergabe des Kommandos über 2 Legionen, Auftrag zu Aushebungen). 49 blieb er in Italien und wurde von Caesar begnadigt. Nach 44 Unterstützung Octavians (→ Augustus), mit dessen Schwester → Octavia (1) er seit ca. 55 verheiratet war. 40 gestorben.

15. **C. Marcellus,** C., cos. 49 v. Chr., leitete 49 mit seinem Kollegen L. → Cornelius (19) Lentulus Crus die Senatsverhandlungen über die Eröffnung des Bürgerkriegs. Anschließend Aushebungen, Übergang nach Griechenland. 48 Flottenkommando unter → Pompeius (2). Chr.M.

16. **C. Marcellus,** M., Ädil 23 v. Chr., → Marcellus (1).

17. **C. Nero,** C. (praet. 212 v. Chr., cos. 207, cens. 204), nahm im 2. Pun. Krieg 212–211 an der Belagerung Capuas teil. 211–210 gelang ihm als Befehlshaber in Spanien die Stabilisierung der nach dem Tod der Brüder Cn. und P. → Cornelius (33; 26) Scipio prekären Lage. Beim Sieg am Metaurus über → Hasdrubal (2) i. J. 207 gebührt C. der Hauptanteil (Liv. 27, 42 ff.; 28, 9; Hor. carm. 4, 9). Während der Censur kam die alte, i. J. 207 nur zurückgestellte Feindschaft mit seinem Kollegen M. → Livius (5) Salinator wieder zum Ausbruch. 200 war C. Mitglied der röm. Gesandtschaft nach dem Osten (Polyb. 16, 27. 34; Liv. 31, 1 f.). A.L.

Lit: W. Winkler, Rom u. Ägypten im 2. Jh. v. Chr., 1933, 14 ff.

18. **C. Nero,** Tib., Prätor 42 v. Chr., im alexandrinischen Feldzug 48/47 Quästor und Flottenbefehlshaber → Caesars. 46/45 zur Veteranenansiedlung nach Gallien geschickt. C. sympathisierte nach dem Tode Caesars mit den Republikanern, im perusinischen Krieg (40–41) stand er auf seiten des L. → Antonius (3). Er floh mit seiner Frau → Livia Drusilla und dem zweijährigen → Tiberius (1; dem späteren Princeps) zu Sex. → Pompeius (4) nach Sizilien, dann zu M. → Antonius (2) nach Achaia. 39 nach dem Frieden von Misenum kehrte er zurück und wurde amnestiert. C. ließ sich 38 auf Wunsch Octavians (→ Augustus) scheiden, noch vor der Geburt des zweiten Sohnes → Drusus (1; Stammbaum → Jul.-claud. Haus). Starb ca. 33 v. Chr. Pontifex ca. 46–33. U.Wm.

Lit: Broughton, Ind. S. 547.

19. **C. Pollio,** Tib., röm. Ritter, verwaltete in domitianischer Zeit mehrere Prokuraturen (CIL VI 31032). Nach Plinius (epist. 7, 31, 5) verfaßte er eine → Biographie des L. Annius Bassus, der 68 n. Chr. Unterbefehlshaber Vespasians im jüd. Krieg war. R.Hl.

Lit: H. G. Pflaum, Carrières procurator. équ., 1960, 124 f.

20. **C. Pompeianus,** Tib., gest. ca. 194 n. Chr., Sohn eines Ritters aus Antiochia, 167 Statthalter von Pannonia inferior, zeichnete sich in den Germanenkriegen 166/169 aus, wurde Konsul und 169 Gemahl von → Mark Aurels Tochter → Lucilla, der Witwe des Kaisers → Verus (1). Cos. II ord. 173, war C. fortan engster Vertrauter seines kaiserlichen Schwiegervaters und an dessen Markomannenkriegen (171–175 und 178–180) in höchster Stellung beteiligt. Nach dem Tode Mark Aurels zog sich C. auf das Land zurück, als → Commodus 182 Lucilla und seinen Sohn aus erster Ehe, Claudius Pompeianus Quintianus, als Verschwörer hinrichten ließ. Die Regierungszeit des → Pertinax verbrachte C. in Rom. Angeblich von → Didius (3) Iulianus zur Mitherrschaft aufgefordert (Hist. Aug. Did. Iul. 8, 3), starb er hochbetagt in Tarracina. K.H.Sch.

21. **C. Pulcher,** P. (aed. cur. 253? v. Chr.; cos. 249), stolzer Aristokrat (Diod. 24, 3; Naev. Pun. frg. 47), verlor im 1. Pun. Krieg 249 die Seeschlacht bei Drepana gegen die Karthager (Polyb. 1, 49 ff.; Diod. 24, 1, 5). Nach der Niederlage wurde C. angeklagt, nach Polyb. 1, 52, 1 wegen seiner Unfähigkeit, nach röm. Tradition (Cic. nat. deor. 2, 7; Val. Max. 8, 1), weil er die Katastrophe durch Religionsfrevel verschuldet habe. A.L.

22. **C. Pulcher,** C. (praet. 180 v. Chr., cos. 177, cens. 149, augur 195–167), kämpfte 177/176 erfolgreich gegen Istrier und Ligurer (Liv. 41, 8 ff.). Als Censor geriet er gemeinsam mit seinem Kollegen Tib. Sempronius → Gracchus (1) in Konflikt mit den Steuerpächtern. Auf ihr Betreiben wurden die Censoren durch den Volkstribunen Rutilius verklagt, jedoch, vor allem durch die Gunst der principes civitatis, freigesprochen (Liv. 43, 16). A.L.

Lit: J. Bleicken, Das Volkstribunat d. Klass. Rep., 1955, 62; 102; 121.

23. **C. Pulcher,** App. (cos. 143 v. Chr., cens. 137), Gegner des P. → Cornelius (29) Scipio Aemilianus (Plut. Aem. 28; Cic. rep. 1, 31), i. J. 133 von seinem Schwiegersohn Tib. Sempronius → Gracchus (1) zum triumvir agris dividendis colonisque deducendis ernannt (Plut. Tib. Gracch. 4. 9. 13; CIL X 3861). A.L.

Lit: J. Carcopino, Autour des Gracches, 1928, 200.

24. **C. Pulcher,** App. (praet. 89, cos. 79 v. Chr.), führender Politiker der sullanischen Zeit. 87 Befehlshaber vor Nola, wo seine Soldaten zu → Cinna überliefen. 78–76 Statthalter von Macedonia; dort ist er nach einigen Erfolgen gestorben. Chr.M.

25. **C. Pulcher,** App. (praet. 57 v. Chr., cos. 54, cens. 50). Legat seines Schwagers → Lucullus im Osten. 57 unterstützte er die Politik seines Bruders P. → Clodius (1), 56 war er am Zustandekommen des Abkommens von Lucca beteiligt. 54 mit seinem Kollegen L. → Domitius (4) Ahenobarbus in eine skandalöse Bestechungsaffäre verwickelt. 53–51 Verwaltung Cilicias; 50 entging er trotz offensichtlicher Schuld einer Verurteilung wegen Vergehen gegen Provinziale. Anschließend eine strenge, in → Pompeius' (2) Sinne gehandhabte Censur. C. gehörte zu den führenden Senatoren. 49 auf Pompeius' Seite, 48 gest. Verfasser einer gelehrten Abhandlung über die Auguraldisziplin. Chr.M.

26. **C. Quadrigarius,** Q., einer der ‹jüngeren Annalisten› aus der Zeit → Sullas. Seine Annalen umfaßten mindestens 23 Bücher. Ob die Darstellung erst mit dem Kelteneinfall begann, was den Gepflogenheiten der → Annalistik widerspräche, ist nicht sicher zu erweisen; ein Überblick über die röm. Frühzeit könnte vorausgegangen sein. Das Werk reichte bis in Sullas Zeit (Frg. 84: Schlacht bei Sacriportus). Vom 2. Pun. Krieg an wurde die Darstellung ausführlicher und schilderte die jüngste Vergangenheit in aller Breite. C. schrieb röm. ‹Weltgeschichte› vom optimatischen Standpunkt (gegen → Marius (2): Frg. 76, 83, 85; Verherrlichung Sullas: Frg. 84), war aber bemüht, äußerlich objektiv zu berichten (Frg. 25, 89). Gegenüber der starren annalistischen Ordnung des Stoffes bei → Valerius (2) Antias sorgte C. durch Einlage von Reden, Briefen, → Anekdoten für abwechslungsreiche Unterhaltung. Das 18. Buch (Frg. 79) und vielleicht auch noch weitere Buchgruppen waren durch ein eigenes Proömium eingeleitet. C. hat auf die folgende Annalistik und bes. auf → Livius (1), der ihn mehrfach (allerdings ohne das Cognomen) zitiert, stark gewirkt (bei Livius ab 187 v. Chr. die Hauptquelle). Die Archaisten → Fronto und → Gellius (2) schätzten ihn aus sprachlichen und stilistischen Gründen. Lehrreich ein Vergleich von Paralleldarstellungen: Frg. 41 ~ Valerius Antias Frg. 21; Frg. 10b ~ Liv. 7, 9, 8 ff. C.' Sprache war kunstlos und ohne rhetorischen Putz (Fronto bei Gell. 13, 29, 2). – Die Gleichsetzung mit dem C., der → Acilius ins Lateinische übersetzte, bleibt fraglich. Mit dem Chronographen (HRR I 178) ist er sicher nicht identisch. R.T.

Frg: HRR I 205–237 – *Lit:* M. Zimmerer, Der Annalist Q. Cl. Quadrigarius, Diss. München, 1937 – A. Klotz, Der Annalist Q. Cl. Qu., RhM 91, 1942, 268–285 – P. G. Walsh, Livy, 1961, 110 ff.

Claudius, vgl. auch → Britannicus, → Drusus, → Namatian.

Clavus, Purpur- oder Goldstreifen verschiedener Breite auf der röm. → Tunika. Standesbezeichnung, die nur dem senatorischen Adel *(latus c.)* und den Rittern *(angustus c.)* ursprünglich zustand, sich dann aber in der Kaiserzeit auf die wohlhabenden Kreise ausbreitete. In griech. Mysterientracht bekannt (Inschrift aus Andania). Auch Tisch- und Mundtücher können C. haben. Der C. war eingewebt. F.E.

Cledonius, lat. Grammatiker, ca. 5. Jh., lehrte in Konstantinopel. Sein Kommentar zu den beiden Artes des Donatus (1) ist in schlechtem Zustand erhalten. D.F.

Frg: GrLat V 10–79 – *Lit:* Schanz-Hosius IV 2, 207–208.

Clemens, einer der → Apostolischen Väter, Presbyter in Rom, Verfasser des etwa 95 n. Chr. geschriebenen ‹1. C.-briefes› (1. Clem. 65,2 subscr.; Dionysius v. Korinth nach Eus. hist. eccl. 423, 11). Bischofslisten des 2. Jh.s machten ihn zum dritten Nachfolger des Petrus (Iren. adv. haer. 3, 3, 3), Legenden des 3. Jh.s zum Verwandten des Kaisers, wie es der von → Domitian hingerichtete Konsul → Flavius (2) Clemens war (Ps. Clem. epist. ad Jac. 2, 2; hom. 4, 7, 2). Konstantin ließ zu Ehren dieses angeblichen Petrusjüngers die Unterkirche von San Clemente bauen. Über den 1. Clem. und C. später zugeschriebene Schriften → Apostolische Väter. B.R.

Ed: → Apostolische Väter – *Lit:* R. Stuiber, RAC III (1957), 188 bis 197 – O. Andrén, Rättfärdighet och frid, 1960 – H. Opitz, Der Heilige Geist nach den Auffassungen der röm. Gemeinde bis ca. 150, 1960, 9–53. 124–136.

2. **C. Alexandrinus,** T. Flavius, gest. vor 215, christl. Gelehrter vielleicht aus Athen, ließ sich nach ausgedehnten Reisen in Alexandria nieder, wo er sich an Pantainos anschloß, nach dessen Tod (vor 200 n. Chr.) sein Lehramt als Vorsteher einer Katechetenschule fortführte. C. verließ aber Alexandria bereits 202 oder 203, bedroht von der Verfolgung unter → Septimius Severus. Als erster hat C. den Versuch gemacht, christl.-jüd. Offenbarung mit der griech. Philosophie in fruchtbare Beziehung zu setzen. In allen erhaltenen (verloren ging exegetisches Schrifttum) *Werken* des C. ist dies das Leitmotiv: (1) *Προτρεπτικὸς εἰς τοὺς Ἕλληνας*, eine Mahn- und Bekehrungsrede; (2) *Παιδαγωγός*, eine Einweisung in christl. Lebensführung, für bekehrte Heiden bestimmt; (3) *Τίς ὁ σωζόμενος πλούσιος* (= quis dives salvetur), eine Homilie über Mk. 10, 17–31; (4) *Στρωματεῖς* (davon 7 Bücher ausgeführt, ein 8. Buch und die Exzerpte aus den gnostischen Schriften des Theodotos enthalten Vorarbeiten). Dies Hauptwerk des C. stellt die Priorität, damit zugleich die höhere Wahrheit der mosaischen Offenbarung vor hellenischer Philosophie fest. Hellenisches Wissen ist mit dem des Moses vereinbar (aber auch nur insoweit gültig), als Vorstufe zur vollendeten Erkenntnis wertvoll und steht dem Heil nicht entgegen (ein wichtiges Zugeständnis!), heilsnotwendig ist es nicht. Die Vollendung wird nur vom Christentum gewährleistet, das den an Belehrung und sittliche Bewährung gewiesenen Pistiker (‹Gläubigen›) zur spekulativen Einsicht der ‹Gnosis› zu führen vermag. Diese Anerkennung des hellenischen Bildungserbes, an klar formulierte Bedingungen geknüpft (Kol. 2, 8 begründet z. B. die Ablehnung → Epikurs, gilt aber nicht für Platons Philosophie!), war ein entscheidender Beitrag, um das → Christentum (V C 3) unter den Gebildeten heimisch zu machen. Der reichen, gelehrten Begründung wegen sind die *Στρωματεῖς* neben Eus. praep. ev. die reichste Fundgrube für sonst verlorene Texte der griech. Literatur. H.D.

Ed: O. Stählin, 4 Bde, CGS 12. 15. 17. 39, 1905–1936 (Bd. 2 nachgedr. 1960) – Neuausgabe in den SC noch unvollendet; bisher: C. Mondésert-A. Plassart, SC 2 (1942), 1949² (protr.) – F. Sagnard, SC 23, 1948 (exc. ex. Theod.) – M. Caster, SC 30, 1951; P. Th. Camelot-C. Mondésert, SC 38, 1954 (strom. I u. II) – H. I. Marrou-M. Harl, SC 70, 1960 (paed. I) – *Übers:* O. Stählin, BKV II, 7. 8. 17. 19, 1934–38 – Fr. Overbeck, Die Teppiche, ed. C. A. Bernoulli u. L. Früchtel, 1936 – *Lit:* M. Pohlenz, K. v. Alex. und sein hellen. Chr., Nachr. Göttingen 1943, 3 – Altaner, 169–175.

Cliens. In früher Zeit hatten die röm. Adelsgeschlechter zahlreiche Clienten (im 5. Jh. v. Chr. angeblich z. T. 5000). Ihr Status ist im einzelnen nicht sicher bekannt. Vermutlich waren sie persönlich frei, aber in hohem Maß von ihren Patronen abhängig und gehörten den Gentilverbänden an (und nur mittelbar dem ‹Staat›). Dem Patron gegenüber waren sie verpflichtet zu Gefolgschaft (auch in Adelsfehden) und wirtschaftlichen Leistungen; dafür genossen sie Schutz vor Gericht und sonst. Die Clienten waren damals vor allem abhängige Bauern, Fremde, → Freigelassene. – Diese Verhältnisse lockerten sich im 5. Jh. Die Clienten wurden meist zu Bürgern, die Intensität der Abhängigkeit schwand. Das Gefälle zwischen Patron und C. blieb jedoch bestehen, ebenso die Förmlichkeit, mit der Clientelbindungen geknüpft wurden und sich auswirkten (Berücksichtigung auch im → Zwölftafelgesetz und im späteren → Prozeßrecht). Das Gros der Gesellschaft blieb durch Clientelverhältnisse gebunden. – Höchst eigentümlich für Rom sind die formlosen Dankbarkeitsverhältnisse, die später neben den eigentlichen Clientelbindungen in den Vordergrund traten. Da alle nennenswerten beneficia in alter Weise als verpflichtend empfunden wurden, durchwalteten unzählige vielfach sich überschneidende erbliche Bindungen die Gesellschaft (einschließlich des → Ritterstandes) und zugleich den weiten Herrschaftsbereich. Diese Bindungen wurden das Instrument, mit dem die röm. Aristokratie die Verwaltung des rasch wachsenden Reichs meisterte. Ihre wichtigste Form war das Gemeinde- und Gerichtspatronat, bes. kennzeichnend die Zuständigkeit des Feldherrn für die von ihm gewonnenen Gebiete. Die Magistratswahlen und das gesamte politische Leben Roms wurden entscheidend durch die Clientelbindungen bestimmt. In der späten Republik gewann die Heeresclientel Bedeutung. – In der *Kaiserzeit* bestanden Clientelverhältnisse nur noch in geringem Maße. In der Spätantike bildeten sie sich neu, z. T. in den alten Formen. Chr. M.

Lit: Mommsen, Röm. Staatsrecht III – A. v. Premerstein, RE 4, 1 (1900), 23–55 – Ders., Vom Werden u. Wesen d. Prinzipats, 1937 – Friedländer, Sittengeschichte I 223 ff. II 230 ff. – E. Badian, Foreign Clientelae, 1958 (Rez.: Ch. Meier, BJbb 161, 1961, 503 ff.) – M. Gelzer, Die Nobilität (1912), in: Kl. Schr. I, 1962, 17–135; vgl. das Register a. O. III, 1964, 371, s. v. Clientelwesen – Ch. Meier, Res Publica Amissa, 1965, Kap. II.

Clitumnus (Kt. 1420 E 5; heute Clitunno), Nebenflüßchen des Tinea in Umbrien mit klarem Quellsee in bezaubernder, von → Plinius (epist. 8, 8) u. a. gefeierter Lage. In einem Hain bei den Quellen Tempel des Quellgottes C. mit Losorakel und weitere Sacella geringerer Gottheiten. Auf den Wiesen am Fluß wurden weiße Rinder gehalten (Verg. georg. 2, 146), die als Opfertiere im röm. Triumph dienten. Der sog. Tempio di Clitunno zwischen Campello und Trevi wahrscheinlich ein nach antikem Vorbild errichteter Grabbau lombardischer Zeit. B.A.

Lit: C. Pietrangeli, Spoletium, 1939, 100 ff. – F. W. Deichmann, RM 58, 1943, 106 ff. – M. Salmi, ASAA 34/36, 1946/48, 361 ff. – Ders., La basilica di S. Salvatore in Spoleto, 1951, 40 ff.

Clodia, zweite Tochter des App. → Claudius (24), cos. 79 v. Chr., Schwester des P. → Clodius (1), Frau des Q. → Caecilius (8) Metellus Celer. Eine geistig bedeutende, hochinteressante, bezaubernde Frau, die, wie ihr Bruder, mit dem sie eng verbunden war (angeblich auch intime Beziehungen unterhielt), keine Konvention achtete und keinen Skandal scheute. Offenbar mit der Lesbia → Catulls identisch, auch gleichzeitig Geliebte des M. → Caelius (2) Rufus und vieler anderer. Von boshaften Zungen wegen ihrer großzügigen Lebensart als ‹Viergroschendirne› (quadrantaria) bezeichnet. Sie stand im Verdacht, ihren Mann vergiftet zu haben. Als Caelius sich von ihr trennte, ließ sie ihn vor Gericht stellen (vgl. Cic. Cael.). Chr. M.

Lit: P. Maaß, The Chronol. of the poems of Catullus, ClQ 36, 1942, 79–82.

Clodianus → Cornelius.

Clodius Pulcher, P. (tr. pl. 58, aed. 56 v. Chr.). Um 92 geb., begabt, anspruchsvoll und wie viele seiner Generation ohne Respekt vor den stolzen, doch häufig unfähigen Senatshäuptern und den Idealen der Republik. 68 zettelte C. im Heer seines Schwagers → Lucullus eine Meuterei an, 65 klagte er → Catilina an, 62 verursachte er einen großen Skandal, als er sich verkleidet bei dem nur Frauen zugänglichen Fest der → Bona Dea einschlich. Das von → Crassus bestochene Gericht sprach ihn frei. Um Rache an dem Hauptbelastungszeugen → Cicero zu nehmen, ging er mit Caesars Hilfe zur Plebs über und wurde Volkstribun. Unter Caesars Schutz gewann er das Volk durch ein Getreidegesetz, organisierte auf Grund eines Vereinsgesetzes bewaffnete Banden und beschränkte die Möglichkeiten zur Obstruktion gegen Gesetzgebung (leges Aelia et Fufia). Die Konsuln gewann er durch Zuteilung vorteilhafter Provinzen. Dann brachte er ein gegen Cicero gerichtetes Gesetz gegen die Tötung von Bürgern ohne vorausgehendes Gerichtsurteil ein. Cicero mußte darauf Rom verlassen. Danach entfernte C. → Cato (2). Nachdem er anfangs Caesar gedeckt hatte, ließ er sich bald zu Affronts gegen → Pompeius (2) hinreißen, endlich sogar zur Bekämpfung der Gesetze Caesars von 59. Seine positiven Pläne scheiterten. Mit seinen Banden beherrschte er die Straße, bis T. → Annius (2) Milo und P. → Sestius ihrerseits Banden aufstellten. 57/56 war C. mehrfach in heftige Kämpfe verwickelt, erst um Ciceros Rückberufung, dann teils in Crassus' Sinn gegen Pompeius, teils aus Rivalitäten unter den Führern. 56 Versöhnung mit Pompeius. Die Bandenkämpfe dauerten an; 52 wurde C. von Milos Leuten erschlagen. Der empörte Mob verbrannte ihn in der Curia. Eine besondere politische Zielsetzung hatte C. nicht. Seinem enormen Ehrgeiz entsprach keinerlei Ethos, er ließ sich treiben von Haß, Wut und kurzsichtigem Eigennutz. Die Tyrannei seiner Banden trug stark zum Niedergang der Republik bei. Chr. M.

Lit: E. Manni, L'utopia di Clodio, RFIC N. S. 18, 1940, 161–178 (Lit) – Ch. Meier, RE Suppl. 10 (1965), s. v. populares.

2. **C.**, Ser., lat. Grammatiker, Schwiegersohn des → Aelius (8) Stilo.

Lit: Schanz-Hosius, I 585.

3. **C.**, Sex., aus Sizilien, Rhetor aus der Mitte des 1. Jh.s v. Chr., Lehrer des M. → Antonius (2), wohl dem → Asianismus zuneigend, vielleicht identisch mit einem der frühesten, noch zweisprachigen Vertreter der → Deklamationen (Sen. contr. 9, 3, 13). H. H.

Lit: J. Brzoska, RE 4, 1 (1900), 66 f.

4. **C. Albinus** (D. Clodius Septimius Albinus), röm. Gegenkaiser Ende 195–19. 2. 197. – Um 140 in Hadrumetum geb., nach erfolgreicher militärischer Laufbahn 193 Legat in Britannien. Als potentieller Gegner und Favorit der röm. Aristokratie von → Septimius (3) Severus 193 mit Caesartitel und Nachfolgeversprechen hingehalten, nach dessen Sieg über → Pescennius Niger zum Staatsfeind erklärt. Ende 195 von den britannischen Truppen zum Kaiser ausgerufen, 196 Invasion in Gallien, am 19. 2. 197 bei Lugdunum besiegt, gibt sich den Tod. – Literarische Werke: Georgica. K. Chr.

Q: Dio 73 – Hdn. 2 f. – Hist. Aug. Capitol. Alb. – *Bildnis* → Anhang I.

5. **C. Macer**, L., Heereslegat von Africa 68 n. Chr., fiel von → Nero (1) ab, erklärte sich jedoch nicht für → Galba, sondern für den Senat. C. nannte sich auf Münzen pro prae(tore) und bildete eine neue Legion I Macriana liberatrix. Er versuchte die Kornversorgung Roms zu unterbinden. Auf Befehl Galbas wurde er vom Prokurator Trebonius Garutianus getötet. (Bildnis → Anhang I.) U. Wm.

6. **C. Sabinus**, Rhetor der augusteischen Zeit; er vermochte am gleichen Tag griechisch und lateinisch zu deklamieren (Sen. contr. 9, 3, 13). R. T.

Clodius → Aesopus, → Eprius, → Pupienus, → Thrasea.

Cloelius. Die patrizische gens Cloelia leitete ihre Abkunft von einem Gefährten des → Aeneas her und zählte zu den albanischen Geschlechtern. Ihr gehörten der Konsul von 498 v. Chr., Q. Cl. Siculus, der Censor gleichen Namens von 378, die Konsulartribunen von 444 T. Cl. und 378 P. Cl. und anscheinend auch die Cloelia an, die in der → Porsenna-Sage eine Rolle spielt. R. W.

Cluentius Habitus, A., führte 74 v. Chr. einige Prozesse gegen Oppianicus, dem er vorwarf, er habe ihn vergiften lassen wollen. Das Gericht wurde bestochen, und es kam zu einem berühmten Justizskandal (Agitation des Volkstribunen L. Quinctius gegen die Senatorengerichte). 66 richtete der Sohn des (72 verstorbenen) Oppianicus Anklage wegen Mordes gegen C., der – von → Cicero (in der erhaltenen Rede Pro Cluentio) verteidigt – vermutlich freigesprochen wurde. Chr. M.

Clunia (Colonia Sulpicia; Kt. 2849 C 1), Stadt und Gerichtsbezirk in der Provinz Tarraconensis. Vermutlich unter Nero gegründet durch S. Sulpicius Galba auf der Stelle einer früheren Stadt. Unter Augustus Bronzemünzen mit Schriftzeichen in einheimischer Sprache und der kelt. Umschrift CLOUNIOQ (um), unter Tiberius zahlreiche Münzen mit den Namen der Magistrate. Am Ende des 3. Jh.s durch die Einfälle der Franken und Alamannen zerstört. Wiederaufgebaut, wurde sie erneut niedergebrannt und im 5. Jh. mit dem Eindringen der german. Völker verlassen. – Die *Ausgrabungen* brachten bedeutende Ruinen eines Theaters, eines Forums, verschiedener Tempel, reicher Stadtvillen zutage, außerdem mehr als 100 Inschriften und Statuen etc. J. M. d. M.

Lit: P. de Palol, C. Sulpicia, 1959 – A. Vives, La moneda Hisp., 1926.

Clusium (etrusk. Clevsin [?], auch Camars; heute Chiusu), etrusk. Stadt südwestl. des Trasimenischen Sees (Kt. 1420 D 4). Die der → Villanovakultur eigene Tendenz zur Anthropomorphisierung der Urnen führt hier zu Urnenmasken und den meist auf Throne gestellten ‹Kanopen› (7./6. Jh. v. Chr.), die sich in Steinstatuen und -statuengruppen griech. Formgebung fortsetzen (5./4. Jh. v. Chr.). Zur archaischen Grabplastik aus Tuff treten die reliefverzierten Grabcippi und -urnen aus Pietra fetida (6./5. Jh. v. Chr.). Weite Verbreitung fand das oft plastisch verzierte schwarze Geschirr aus Bucchero pesante (6. Jh. v. Chr.). Von den bemalten Gräbern sind nur wenige aus der 1. H. 5. Jh. v. Chr. erhalten (Tomba ‹della Scimmia›, ‹del Colle›). In der Zeit des Hellenismus ist C. ein Hauptort für die Bestattung in reliefverzierten Ton- und Kalksteinkisten, deren Deckelfiguren oft porträthafte Züge zeigen. – Seit 4. Jh. mit Rom befreundet. Sulla siedelte in C. Veteranen an, die Clusini novi (Plin. nat. 3, 52). O. W. v. V.

Lit: R. Bianchi Bandinelli, Cl., Mon. Ant. 30, 1925, 209–578 – D. Levi, Mus. Civ. di Ch., 1935 – J. Thimme, Chiusiner Aschenkisten, StE 23, 1954, 25–147 u. 25, 1957, 87–160.

Cluvius Rufus, cos. suff. 39/40 n. Chr., persönlicher Freund → Neros (1), unter → Galba Statthalter von Hispania Tarraconensis (Tac. hist. 1, 8, 1). Beim Abschluß des Abkommens zwischen → Vitellius (1) und → Flavius (5) Sabinus i. J. 69 waren er und → Silius (2) Italicus als einzige Zeugen zugegen (Tac. hist. 3, 65, 2). In seinem Geschichtswerk behandelte er die Regierungen von → Caligula, → Claudius (1) und Nero; → Josephus, → Tacitus (2), dessen ‹Historien› nach Mommsens Vermutung das Werk des C. fortsetzen sollten, → Plutarch und → Dio Cassius haben es benutzt. Gegenüber → Verginius (2) Rufus bekannte er sich zur historischen Objektivität (Plin. epist. 9, 19, 5). R. T.

Frg: HRR II 114 f. – *Lit:* PIR II² 287 – R. Syme, Tacitus I, 1958, 178, 289 – G. B. Townend, Traces in Dio Cassius of Cluvius, Aufidius and Pliny, Hermes 89, 1961, 227–248.

Cocceius Nerva, M., für 24–33 n. Chr. als curator aquarum erwähnt; Konsul vor 24; Vertrauter des Tiberius; beging 33 n. Chr. aus Protest gegen die Mißstände im Staat Selbstmord (Tac. ann. 6, 26). C. war Haupt der auf M. → Antistius (1) Labeo zurückgehenden Schule; er stand in hohem Ansehen (*omnis divini humanique iuris sciens*, Tac.

a. O.). Die Titel seiner Schriften sind nicht erhalten, jedoch überliefern → Celsus (2), → Gaius (2), → Paulus (2), → Ulpian u. a. seine Lehrmeinungen. – Sein Sohn war gleichfalls angesehener Jurist; Dig. 41, 2, 47 werden seine ‹Libri de usucapionibus› erwähnt. Dessen Sohn war (vermutlich) der spätere Kaiser → Nerva. H. Hb.

Lit: P. Krüger, Gesch. d. Quellen u. Lit. d. röm. Rechts (1888), 1912², 166f. – W. Kunkel, Herkunft u. soz. Stellung d. röm. Juristen, 1952, 120.

Cocles → Horatius.

Codex, → Buch (2) in der Form mehrerer gefalteter und gehefteter Blätter; seit dem Beginn der christl. Zeitrechnung im Vordringen gegenüber der antiken Buchrolle, seit dem 4. Jh. überlegen. – Zu den nach den Aufbewahrungsorten benannten Codices → Anhang II. H. Hg.

Codex Gregorianus, Hermogenianus, Theodosianus → Recht III.

Codex Iustinianus → Corpus iuris.

Coelius Antipater, L., → Geschichtsschreiber, Redner und Jurist (trotz seines griech. Cognomens wohl kein Freigelassener), Lehrer des L. → Licinius (3) Crassus (Cic. Brut. 102), wurde durch seine Darstellung des 2. Pun. Krieges in 7 Büchern zum Begründer der historischen Monographie in Rom. Vorbild für die monographische Form war die hellenist. Historiographie. C. widmete das nach 121 v. Chr. (Frg. 50) publizierte Werk dem L. → Aelius (8) Stilo (Frg. 1, 24 B). Er schrieb Geschichte nicht mehr zur Belehrung, sondern um der künstlerischen Gestaltung des Stoffes willen (Cic. de orat. 2, 54f.; leg. 1, 6): keine nüchterne Tatsachendarstellung, sondern dramatische Schilderung mit Reden, Träumen usw., maßlose Übertreibungen (Frg. 39), teilweise auch tendenziöse Entstellungen. In seiner Sprache imitierte er den modernen asianischen Stil: zerhackte Kola lassen keine Perioden zustande kommen, der natürlichen Wortfolge wird um des rhythmischen Tonfalls willen Gewalt angetan (Frg. 24 B, 41). Als Quellen benutzte er, außer seinen röm. Vorgängern wie → Fabius (11) Pictor und → Cato (1) (Frg. 25), auch → Polybios und die Darstellung des → Silenos aus → Hannibals Umgebung (Frg. 11, 34). Um seine ‹Objektivität› zu betonen, überließ er in Zweifelsfällen dem Leser bei verschiedenen Versionen die Entscheidung (Frg. 29) und betonte, daß er sich auf die wahre Überlieferung stütze (Frg. 2). C. wurde in der Folgezeit viel gelesen: M. → Brutus (2) (Cic. Att. 13, 8) und → Varro (1) exzerpierten ihn, → Livius (1) benutzte ihn in der 3. Dekade; eine Renaissance erlebte er bei den röm. Archaisten: → Hadrian stellte ihn über → Sallust (hist. Aug. Hadr. 16, 6). → Gellius (2) exzerpierte ihn, und ein Julius Paulus (Identität mit dem Juristen Julius → Paulus ungeklärt) schrieb einen sprachlichen Kommentar (Frg. 10, 24). R. T.

Frg: HRR I 158–177 – *Lit:* F. Leo, Gesch. d. röm. Lit. I, 1913, 336ff. – A. Klotz, Livius u. seine Vorgänger 1940/41 – W. Hoffmann, Livius u. d. 2. Pun. Krieg, 1942 – P. G. Walsh, Livy, 1961, 110ff.

2. **C. Caldus,** C. (tr. pl. 107 v. Chr., praet. 99, cos. 94), war homo novus und gelangte als solcher nur gegen Neid und Widerstand der Nobilität in die höchsten Ämter. C. brachte als Tribun die → lex tabellaria ein. 94 gegen zwei Mitbewerber der Nobilität zum Konsul gewählt. G. G.

Coemeterien. [1] C. (*κοιμητήριον*, ‹Schlafraum›) heißen die oberirdisch (sub divo) wie unterirdisch (→ Katakomben) angelegten Friedhöfe der christl. Gemeinde, für Großstadtgemeinden wie → Rom schon Ende des 2. Jh.s nachweisbar (S. Callisto; Anordnungen für fossores = Totengräber in der → Kirchenordnung Hippolyts) und werden mit dem 3. Jh. allgemein üblich (Verbot des Betretens von C. in der Christenverfolgung → Valerians). Überall belegt, wurden bes. in Nordafrika (Ain Zára), Dalmatien (Salona, Marusinac) und Gallien (Arles, Trier) ausgedehnte C. sub divo ausgegraben: man bestattete in Bodengräbern wie oberirdischen → Sarkophagen (Haustektonik mit Dachform). Grabädikulen und → Mausoleen reicher Familien, ferner den Totenmahlen dienende Portikusanlagen um einen Peristyl (Marusinac) gehören der nachkonstantinischen Zeit an.

[2] Der → Märtyrerkult mit seinen jährlichen Gedächtnisfeiern schuf in Rom (S. Lorenzo fuori le mura; SS. Marcellino e Pietro; S. Agnese; S. Sebastiano) daraus die durch ihre oblonge Form mit um die → Apsis herumführenden Seitenschiffen charakteristische *C.-Halle* (coemeteria cooperta), die nicht unmittelbaren Zugang zum Märtyrer-

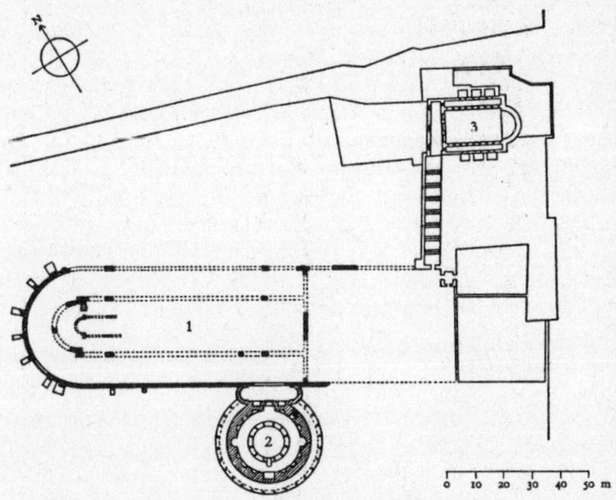

Abb. 59 Lageplan der konstantinischen Basilika St. Agnese und Sta Costanza in Rom: 1 Coemeterialkirche St. Agnes mit Vorhof, 2 Constantinamausoleum (St. Costanza), 3 St. Agnese (byzantinisch)

grab hatte (Anfang 4. Jh.). Dies charakterisiert hingegen die ab Ende 4. Jh.–6. Jh. entstehenden *C.-Kirchen* (basilicae ad corpus, scil. martyris), die neben Rom in der ganzen altchristl. Welt belegt sind. Ihr Baukörper berücksichtigt nicht mehr die Sitte der Mahle (refrigeria) an den Märtyrergedächtnistagen; für die jetzt kirchliche Feier der Märtyrerliturgie bestimmt, orientiert er sich, von Varianten abgesehen, an der normalen → Basilica intra moenia (Stadtkirchen). Nur die Sitte der Beisetzung ad sanctos, d. h. in nächster Nähe der C.-Kirchen wurde beibehalten, auch trotz synodaler Verbote, als ab 6. Jh. die ursprünglich extra moenia gelegenen C.Kirchen in den Stadtkern verlegt werden mußten; sie blieb auch im MA Sitte. C. A.

Q: Forschungen in Salona II, 1926 (Friedhof Manastirine); III, 1939 (Marusinac) – S. Aurigemma, L'‹area› cimeteriale cristiana di 'Ain Zára, 1932 – F. Benoît, Les cimetières suburbains d'Arles, 1935 – A. F. Leynaud, Les catacombes africaines Sousse-Hadrumète, 1937 – G. A. Sotiriou, Christianika koimeteria (griech.), 1942 (Nachdr. 1962) – A. Grabar, Martyrium, 1946 – F. Benoît, Cimetières paléochrétiens de Provence, CArch 2, 1947, 7–15 – E. Dyggve, History of Salonitan christianity, 1951 – H. Fakhry, The Necropolis of el Bagawat, 1951 – G. Tschalenko, Villages antiques de la Syrie I, 1953, 34–40 – B. Bagatti-J. T. Milik, Gli scavi del ‹Dominus flevit› I, 1958 – P. Testini, Archeologia cristiana I, 1958, 75–316 (auch für Beerdigungsriten usw.) – *Lit:* Zu [1]: Th. Klauser, Die Cathedra im Totenkult, 1927 – E. Freistedt, Altchristl. Totengedächtnistage, 1928 – A. Stuiber, Refrigerium interim, 1957 – Joh. Kollwitz, RAC III, 1957, 231–235 (weitere Lit) – A. Ferrua, Antichità cristiana. I cimeteri dei nostri morti, La civiltà catt. 1958, 273–285 – *Zu* [2]: F. W. Deichmann, Die Lage der konstantin. Basilika der hl. Agnes, Riv. Arch. crist. 22, 1946, 214–234 – Ders.-A. Tschira, Das Mausoleum der Kaiserin Helena u. die Basilika der Hll. Marcellinus u. Petrus, JdI 72, 1957, 44–110 – R. Krautheimer, mensa-coemeterium-martyrium, CArch 11, 1960, 15–40.

Cohorte, Abteilung der röm. → Legion (= 10 cohortes), der 3 → Manipel zu je 2 → Centurien angehörten. Als taktische Einheit zuerst von P. → Cornelius (30) Scipio Africanus eingesetzt, seit → Marius (1) Grundlage der Legionstaktik. In der Kaiserzeit waren C.n der → Auxilia selbständige taktische Einheiten, geführt von praefecti oder tribuni. G. G.

Cohortes praetoriae, seit → Augustus die Schutztruppe des röm. Kaisers und der Regierung, die sich vor allem aus der Bevölkerung Latiums und Mittelitaliens rekrutierte. Vorbild waren die republ. ‹cohors praetoria› (eine – seit Ende des 2. Jh.s v. Chr. – nach Ermessen des Feldherrn aus den tapfersten Soldaten und Freunden erwählte Schar, die sich in dessen nächster Umgebung aufhielt), vor allem aber die Schutztruppen der Bürgerkriege, die sich z. B. → Antonius (2) und Octavian (→ Augustus) eingerichtet hatten. Augustus ließ dann 9 Cohorten aufstellen, die zunächst in und um Rom verteilt lagen, aber dann unter → Tiberius durch den Prätorianerpräfekten → Sejan in den castra praetoria auf dem Viminal konzentriert wurden. Von Augustus bis → Septimius (3) Severus (193–211 n. Chr.) gehörten jeder Cohorte 500, seit Severus 1000 Prätorianer an. Die unterste Verwaltungseinheit war wie beim Heer die → Centurie. Tribunen (Befehlshaber der Cohorten) und Centurionen konnten über die prätorische Laufbahn in wichtige Legionsstellen aufsteigen, so daß die C. praetoriae zugleich eine Ausbildungsstätte für höhere Posten in Armee und Verwaltung waren. – Das Verhältnis zwischen Kaiser und Prätorianern war unter den einzelnen Principes verschieden. Tiberius bevorzugte nach dem Aufstand der Legionen (14 n. Chr.) die Prätorianer, mißtraute ihnen aber nach der Verschwörung des Sejan. Seit dieser Zeit griffen die C. praetoriae immer wieder in die Politik ein: sie ermordeten → Caligula, waren an der Verschwörung des C. Calpurnius → Piso (2) gegen Nero beteiligt, riefen → Otho zum Kaiser aus, forderten von → Nerva die Bestrafung der Mörder → Domitians, ermordeten → Pupienus und → Balbinus. Nach den Wirren von 69 n. Chr., die zugleich die Prätorianer in eine Krise gestürzt hatten, ordnete → Vespasian die Garde neu. Septimius Severus entließ sämtliche Prätorianer und richtete frische Cohorten ein, in die er Soldaten aus den illyr. Legionen aufnahm. – Während langer Perioden blieben die Prätorianer dem Eid treu, den sie dem Kaiser geleistet hatten. Sie nahmen häufig an Kriegen teil. 312 n. Chr. löste → Konstantin I. nach dem Sieg über → Maxentius die C. praetoriae auf. G. G.

Lit: M. Durry, RE 22,2 (1954), 1607–34, s. v. Praetoriae C. (Lit).

2. **C. urbanae.** Die C. urbanae wurden unter → Augustus eingerichtet (27 v. Chr.). Ihre Aufgabe war es, die Ordnung in der Stadt zu gewährleisten. Z. Z. des Tiberius gab es 3, z. Z. des Claudius u. Nero 7 (?) C. urbanae. Vespasian beschränkte die Zahl endgültig auf 4. Je eine cohors urbana lag außerdem in Lugdunum und in Karthago. Die Stärke einer Cohorte betrug 1000 Mann. Die C. urbanae wurden von Tribunen kommandiert; die ganze Truppe unterstand seit 17 n. Chr. dem mit weitgehenden richterlichen Vollmachten ausgestatteten → praefectus urbi. Seit Vespasian erstreckte sich die Befehlsgewalt des → praefectus praetorio auch auf die C. urbanae, die im ganzen politisch weniger unabhängig waren als die → C. (3) vigilum. G. G.

3. **C. vigilum,** hervorgegangen aus der den → Ädilen unterstehenden Löschmannschaft republ. Zeit. Im Zusammenhang mit der Neueinteilung der Stadt durch → Augustus (6 n. Chr.) wurden die C. vigilum aufgestellt, eine militärisch organisierte Wachmannschaft (7 Cohorten zu je 1000–1200 Mann), und auf 7 Hauptstationen verteilt. Sie unterstanden dem → praefectus vigilum (eines der höchsten Ritterämter). Mit dem Löschdienst war auch der nächtliche Sicherheitsdienst verbunden; dem praefectus vigilum oblag damit zugleich die Rechtsprechung gegen Brandstifter, Diebe und Räuber. In politischen Angelegenheiten waren die C. vigilum nur selten beteiligt, so z. B. 31 n. Chr., als der Verschwörer → Sejan mit Unterstützung des praefectus vigilum verhaftet wurde. G. G.

Lit: P. K. B. Reynolds, The Vigiles of Imperial Rome, 1926.

Collatinus → Tarquinius.

Collatio equorum, im 4. Jh. n. Chr. eingeführte ursprünglich in natura zu leistende Lieferung von Pferden für das Heer, seit 367, endgültig seit 401 in Geld zu zahlende Vermögenssteuer; bis 6. Jh. in Kraft (→ Rom III C). R. Kn.

2. **C. glebalis,** von → Konstantin I. d. Gr. vermutlich 312/313 n. Chr. eingeführte, nur die Senatoren (follis senatorius) belastende Grundstückssteuer. Sie wurde spätestens 455 wieder abgeschafft (→ Rom III C). R. Kn.

3. **C. legum Romanarum et Mosaicarum,** in den Handschriften ‹Lex Dei quam praecepit dominus ad Moysen› überschrieben; Sammlung eines unbekannten Verfassers, im 16. Jh. wieder aufgefunden; Hincmar v. Reims erwähnt sie noch um 860 in einem Traktat. Sie ist um die Wende des 4./5., vielleicht schon Anfang des 4. Jh.s zu datieren (so Schulz, a. O. 397). Von einem späteren Bearbeiter (Theologen?) sind dem juristischen Grundstock Parallelstellen aus der Bibel oberflächlich hinzugefügt; offensichtlich sollte gezeigt werden, daß Rechtssätze des röm. Rechts dem mosaischen Recht entsprechen. Der erhaltene Teil befaßt sich hauptsächlich mit Strafrecht und überliefert Stellen von → Gaius (2), → Papinian, → Ulpian, → Paulus (2) und Modestinus. Die Schrift findet sich meist als Anhang zur Novellensammlung des → Julian (2). H. Hb.

Ed: P. Krüger-Th. Mommsen-G. Studemund, in: Collectio librorum iuris anteiustiniani III, 1890, 107ff. – M. Hyamson, 1913 – E. Seckel-B. Kübler, in: Iurisprud. anteiust. rel. II 2, 1927, 325 – E. Volterra, 1930 – P. F. Girard-F. Senn, Textes, 1937, 572–608 – Riccobono, II 541 – *Lit:* P. Krüger, Gesch. d. Quellen u. Lit. d. röm. Rechts (1888), 1912², 342–348 – L. Wenger, Die Quellen d. röm. Rechtes, 1953, 545 bis 548 – F. Schulz, Gesch. d. röm. Rechtswissenschaft, 1961, 394–398.

4. **C. lustralis** → Chrysargyron.

Collega. 1. In Rom der Amtsgenosse in einem Staatsamt, das nach dem Kollegialitätsprinzip der röm. Verfassung (→ Rom II) mit mehreren (oft zwei) gleichberechtigten Trägern besetzt wurde, von denen jeder die volle Amtsgewalt auch ohne Abstimmung mit seinem C. ausüben konnte, solange dieser von seinem Vetorecht keinen Gebrauch machte. – 2. Mitglied eines collegium (→ Vereine).

Collegium → Priester.

Collegium scribarum histrionumque. Eine über → Verrius Flaccus und → Varro (De poetis?) letztlich auf die Stiftungsurkunde des Vereins zurückgehende Notiz bei Festus (333 M. = 446 L.) ist die wichtigste Quelle für das C. Danach soll als Anerkennung für das erfolgreiche Sühnelied des → Livius (2) Andronicus (207 v. Chr.; vgl. Liv. 27, 37, 7) den Dichtern und Schauspielern von Staats wegen das Korporationsrecht gewährt und der Minervatempel auf dem Aventin – dem Kultzentrum auch anderer röm. Handwerkergilden – als Niederlassung angewiesen worden sein: ... *publice attributa est in Aventino aedis Minervae, in qua liceret scribis histrionibusque consistere ac dona ponere* ... – Das C. war eine kultische Vereinigung mit bestimmten juristischen Befugnissen (‹consistere›: vgl. Kornemann a. O. 413 und 922 s. v. consistere). Vorbild der Gründung waren wohl allgemein die hellenistischen → Technitenvereine, im besonderen das → Museion von Alexandria (Strab. 17, 749). Aus der Analogie zu derartigen Vereinigungen läßt sich einiges über die Tätigkeit des C.s erschließen: Kult (Priester; Jahresfest), gemeinsame Beratung, vielleicht auch schon → Rezitationen u. ä. Das C. bestand, wenn es mit dem ‹conlegium poetarum› identisch ist, dem → Accius angehörte (Val. Max. 3, 7, 11), noch im 1. Jh. v. Chr., hatte jedoch anscheinend seinen Sitz in der von M. → Fulvius (4) Nobilior errichteten Aedis Musarum (Porphyrio zu Horaz sat. 1, 10, 38; Hor. epist. 2, 2, 92ff. und der Kommentar Bentleys z. St.; Plin. nat. 34, 19). Die Nachrichten aus dem 1. Jh. n. Chr. sind ganz unsicher. – Vgl. → Scriba; → Dichterkreise. H. Cc.

Lit: O. Jahn, SB Leipzig 8, 1856, 293–301 – F. Leo, Gesch. d. röm. Lit. I, 1913, 56f. – E. Kornemann, RE 4, 1 (1900), 380–480, bes. 387 – E. G. Sihler, The c. poetarum at Rome, AJPh 26, 1905, 1–21 – E. Fraenkel, RE Suppl. 5 (1931), 599ff., s. v. Livius Andronicus.

Colonia Agrippinensis (Kt. 1057 B 5; heute Köln), das i. J. 50 n. Chr. von der hier geborenen → Agrippina (3) d. J. zur Kolonie erhobene oppidum Ubiorum (→ Ubier), in augusteischer Zeit Standort der 1. und 20. Legion und des

Zentralheiligtums der Ubier (ara Ubiorum), später Sitz des Statthalters der Germania inferior. Unter → Postumus Hauptstadt des gallischen Sonderreiches mit Regierung, Senat, Prätorianergarde nach Vorbild Roms. 353 nach neuen Unruhen von → Franken und → Alamannen erobert und fast völlig zerstört; seit 456 fränkisch. Die Stadt war seit dem 1. Jh. n. Chr. ummauert; das Straßennetz war rechtwinklig. Aus röm. Zeit erhalten sind u. a. die Fundamente des Statthalterpalastes und der Regia (‹Kaiserpalast›), der ‹Römerturm› mit Steinmosaik, Dionysosmosaik, Begräbnisstätte und ältester Bau von St. Severin. Vgl. → Germanen C [2]. L.B.-H.

Lit: P. La Baume, C. A. (1958), 1960².

Colonna, bedeutende, im röm. Familienpalast der C. (erbaut im 15. Jh., umgebaut 1730) bei Ss. Apostoli im 17. und 18. Jh. untergebrachte Antiken- und Gemäldeslg. Die Antiken, bes. die Reliefs, stammen z. T. aus dem über dem antiken Bovillae südl. Rom gelegenen Besitz der C. Nur wenige Stücke der Slg. wanderten in andere Museen (‹*Artemis C.*› z. B. i. J. 1822 von den Berliner Museen erworben), im allgemeinen wurde die Aufstellung von Cav. D. Filippo C. seit dem 18. Jh. beibehalten. U.R.

Lit: F. Matz-F. v. Duhn, Antike Bildwerke in Rom III, 1882, 307ff. – EA, Nr. 1127–66.

Columella (L. Junius Moderatus C.), landwirtschaftlicher Schriftsteller (→ Landwirtschaft B 2), als röm. Bürger Anf. 1. Jh. n. Chr. in Südspanien (Gades?) geb., wo ihn sein Onkel in die moderne Landwirtschaft einführte. 36 war C. Militärtribun in Kleinasien und Syrien (CIL IX 235; Colum. 2, 10, 18), später lebte er in Italien (Caere?) und hatte Grundbesitz in verschiedenen Gegenden. Sein Hauptwerk ‹De re rustica› (12 Bücher, wahrscheinlich nach 64 entstanden) ist ganz erhalten. Auf literarische Quellen (Aufzählung 1, 1, 7–14) und persönliche Erfahrung gestützt, führt C. den Leser systematisch in das gesamte Fachgebiet ein: Buch 1: Struktur des Gutshofes; Buch 2: Ackerbau; Buch 3–5: Fruchtbäume einschließlich Weinrebe (5 Anfang: Vermessungskunde); Buch 6–8: Haustiere; Buch 9: Bienen; Buch 10: Gartenbau (in Hexametern, angeregt durch Verg. georg. 4, 147f.); Buch 11–12: Pflichten des Gutsverwalters und seiner Frau. Ein zeitkritisches Vorwort rechtfertigt das Unternehmen und verrät den rhetorisch geschulten Stilisten und Literaturkenner, der die Trockenheit des Stoffes durch sprachliche Eleganz zu überwinden sucht. – Aus einer kürzeren Landwirtschaftslehre ist das zweite Buch (über Baumzucht) erhalten. Autorschaft und Verhältnis zu Buch 4 und 5 des größeren Werkes sind ungeklärt. – Ein Werk über astronomische Fragen (Colum. 11, 1, 31) ist verloren, ein anderes über ländliche Feste und Kulte (2, 21, 5) wohl nicht ausgeführt worden. W.Ri.

Ed: V. Lundström-A. Josephson, 1897–1955 (Buch 1–2; 6–11) – Ash-Forster-Heffner, LCL, 1940–55 (mit engl. Übers.) – W. Richter, in Vorber. (mit Übers.).

Columna caelata, oberhalb der Basis mit figürlichem Relief geschmückte ion. Säule. Erhalten bei den Artemisia von → Ephesos, (6. u. 4. Jh.) beim archaischen → Didymaion, geplant beim Artemis-Tempel von → Sardis (3. Jh.). G.Gb.

Comes. Der C.-Titel, der ursprünglich ein besonderes Nahverhältnis zum Kaiser ausdrücken sollte, erhielt seit → Konstantin I. d. Gr. eine weite Verbreitung und wurde mit zahlreichen höheren militärischen und zivilen Ämtern verbunden. K.F.Str.

2. **C. rerum privatarum,** von → Konstantin (1) d. Gr. geschaffenes zentrales Hofamt, dessen Hauptaufgabe die Verwaltung der kaiserlichen → res privata war. Der C. rerum privatarum gehörte zu den ständigen Mitgliedern des → Consistoriums; anfangs noch ritterlicher → perfectissimus, war er bis Ende des 4. Jh.s bereits zum illustris (→ clarissimus) aufgestiegen. K.F.Str.

3. **C. sacrarum largitionum.** Auch dieses zentrale Hofamt entstand unter → Konstantin (1) d. Gr., seinen Namen führte es nach den kaiserlichen Spenden (sacrae largitiones). In seinen Aufgabenbereich fielen vor allem die Finanzverwaltung und die Münzprägung. Auch der C. s. l. war ständiges Mitglied des → Consistoriums und besaß, anfänglich ritterlicher → perfectissimus, am Ende des 4. Jh.s den Rang eines illustris (→ clarissimus). K.F.Str.

Cominianus, Verfasser eines Abrisses der lat. Grammatik; nur aus → Charisius bekannt, der ihn in erheblichem Maße benutzte. D.F.

Lit: J. Tolkiehn, Cominianus, 1910 – Schanz-Hosius IV 1, 1291.

Comitien. Die röm. Volksversammlung war, sofern sie abstimmte, nach *Curien, Centurien* oder *Tribus* gegliedert. Ihre Beschlüsse ergaben sich nicht aus der Mehrheit der Individualstimmen, sondern aus der der Gruppenvoten (nur innerhalb der Gruppe zählt eine Stimme wie die andere, die Größe der Gruppen kann stark variieren: Korporatives Prinzip der Abstimmung):

[1] *Versammlung der 30 Curien* (ursprünglich gentilizische Abteilungen der Bürgerschaft), bis in die Königszeit zurückgehend. Von ihren Kompetenzen erhielt sich die Bestätigung der → Magistrate und die Entscheidung in familienrechtlichen Angelegenheiten, die über das einzelne Geschlecht hinausgingen (→ Adoption). Die Curien traten regelmäßig auf dem Comitium (angrenzend an das Forum Romanum) zusammen. In Ciceros Zeit wurden sie durch 30 Liktoren vertreten.

[2] *Comitia centuriata.* Nach der Tradition vom König → Servius (2) Tullius, jedenfalls vor 450 v. Chr. geschaffen; seitdem die wichtigsten C. Sie waren in Anlehnung an die Gliederung des Heeres timokratisch geordnet. In der ausgebildeten Form bestanden sie aus 193 Centurien, davon 18 Rittercenturien, 80 (seit der 2. H. des 3. Jh.s 70) Centurien der 1. Klasse, je 20 oder 30 der 2. bis 5. Klasse, dazu einige Spezialcenturien. Die ‹Centurienreform› nach 241 muß vor allem in der Koordination der Centurien mit den → Tribus bestanden haben. Die Wohlhabenden hatten immer starkes Übergewicht. Die Abstimmungen wurden klassenweise durchgeführt und begannen in früher Zeit mit den → Rittern, seit vor 215 v. Chr. mit der aus der 1. Klasse erlosten centuria praerogativa, wobei das Votum der Ritter und der 1. Klasse beispielgebend war. Die Versammlung wurde abgebrochen, sobald die Mehrheit erreicht war. Kompetenzen: Wahl der kurulischen → Magistrate, Beschluß über Krieg und Frieden, Gesetze (hauptsächlich in früher Zeit). Die Comitia centuriata waren ferner Appellationsinstanz gegen Mißbrauch des magistratischen → Coercitions-Rechts (→ Provocatio) und Gerichtshof in politischen Kapitalverbrechen. Sie wurden nur durch Konsuln, Prätoren und gewisse außerordentliche Magistrate einberufen und traten unter Bewahrung zahlreicher Züge der alten Heeresversammlung, aber ohne Waffen, regelmäßig auf dem Marsfeld vor der Stadt zusammen.

[3] *Comitia Tributa.* Seit dem frühen 5. Jh. v. Chr. gibt es eine Sonderversammlung der Plebs (concilium plebis) nach → Tribus zur Wahl der → Volkstribunen und plebejischen → Ädile und zur Fassung von Resolutionen. Die Beschlüsse der Plebs wurden 287 für die Gesamtgemeinde verbindlich. Daneben diente die Versammlung der Plebs als Gerichtsversammlung für tribunizische Verfahren. Sie wurde nur durch die Tribunen einberufen. – Entsprechend wurden, wohl im 4. Jh., tribusweise geordnete comitia populi eingerichtet, die die niederen → Magistrate wählten und in einem im Vergleich zu den Centuriat-C. einfachen Verfahren über Gesetze (→ lex) beschlossen. Die Tribut-C. versammelten sich in Rom an verschiedenen Plätzen, häufig auf dem Kapitol. Die Tribus stimmten bei Gesetzen immer nacheinander (wobei das Los über die Reihenfolge entschied), bei Wahlen später gleichzeitig. Sonderform: C. der 17 Tribus zur ‹Wahl› (eigentlich wohl nur zur bindenden Empfehlung) der Priester (seit ca. 250 v. Chr. des → Pontifex maximus, seit 104 der übrigen).

[4] Den C. ging regelmäßig eine → *Contio* voraus. Nur dort fand eine Diskussion statt. Antragstellung und Zulassung zur Kandidatur lagen im freien Ermessen des Magistrats. Die C. wurden durch → Auspizien und Gebete eingeleitet (außer im concilium plebis). Seit der 2. H. des 2. Jh.s schriftliche Abstimmung. Caesar nahm den C. fast alle Entscheidungsfreiheit und baute ihnen dafür ein marmorverziertes Abstimmungsgebäude. Volksgesetze sind noch am Ende des 1. Jh.s n. Chr. bezeugt. Die Wahlen wurden von → Tiberius an den → Senat übertragen; nur die feierliche Ausrufung der Gewählten fand in den C. statt, wo sie durch Akklamation bestätigt wurden. Chr. M.

Lit: G.W. Botsford, Roman Assemblies, 1909 – Weiteres bei E. Meyer, Röm. Staat u. Staatsgedanke (1948), 1964[3] – Ursula Hall, Voting Procedure in Roman Assemblies, Historia 13, 1964, 267–306.

Commentarius, private Aufzeichnung als Gedächtnisstütze (das Wort C. ist Lehnübersetzung zu griech. → Hypomnema), Amtsjournal eines Beamten (commentarii consulares usw.), schließlich Bezeichnung für Memoiren und Geschichtsdarstellungen: → Sullas Hypomnemata (Plut. Luc. 1, 4), → Ciceros c. consulatus (Att. 1, 19, 10; 2, 1), vor allem → Caesars commentarii rerum gestarum. Von Sulla und Cicero wird die Fiktion aufrechterhalten, als handle es sich nur um Rohmaterial für die → Geschichtsschreibung, das noch der künstlerischen Durchformung bedürfe (Lukian, de hist. conscr. 48 ff.), in Wahrheit aber stellen diese commentarii, sowie die Caesars auch nach antikem Urteil (Cic. Brut. 262; Hirtius, Gall. 8 praef. 5), eine neue Form der objektiv-sachlichen, stilistisch schlichten Geschichtsschreibung dar. R. T.

Lit: F. Bömer, Der Commentarius, Hermes 81, 1953, 210–250 – H. Oppermann in Meusels Kommentar zu Caesars Bell. Gall. I, 1960, 470–474 – M. Gelzer, Caesar als Historiker, in: Kl. Schr. II, 1963, 308–335.

Commercium, Conubium. Das Recht des commercium, des Güterumsatzes, dessen Geschäfte (z. B. die mancipatio) und Verträge vom röm. Recht (ius civile) anerkannt wurden, besaßen röm. Bürger, Angehörige der Gemeinden latinischen Rechts (→ Ius Latii) und der Gemeinden der → Peregrini, denen es durch → foedus gewährt worden war (Ulp. 19, 4). Das conubium war wie die epigamia der Griechen die rechtlich anerkannte Ehegemeinschaft zwischen Bürgern verschiedener Stände (zwischen → Patriziern und Plebejern seit 445 v. Chr.; → Lex [6], Nr. 10) oder Gemeinden. Sie stand meist dem gleichen Personenkreis zu wie das commercium, in der Kaiserzeit auch den Veteranen der Auxiliartruppen. Aus politischen Gründen verbot Rom 167 v. Chr. commercium und conubium den 4 maked. Teilstaaten (Liv. 45, 29, 10). H. V.

Lit: E. Volterra, La nozione giuridica del conubium, in: Studi in mem. di E. Albertario II, 1953, 347–384.

Commius, Atrebate, nach Unterwerfung des Stammes von → Caesar als König eingesetzt (57 v. Chr.); diplomatische Tätigkeit bei Caesars Britannien-Feldzügen. Beteiligte sich jedoch 52 am Aufstand der Gallier und war den Römern ein gefährlicher Gegner; nach einem Stillhalteabkommen mit Caesar zog er nach Britannien und gründete dort ein neues Reich der Atrebaten. G. G.

Commodianus, christl. Laiendichter syr. Herkunft, schrieb Ende 3./Anf. 4. Jh. in schlechtem Latein und nach dem Wortakzent betonten → Hexametern (1) Instructiones gegen Heiden und Juden, (2) Instructiones an Christen, (3) 1060 Hexameter an die Heiden gegen jüdische Propaganda. (1) und (3) schließen mit einer Schilderung der Endzeit (→ Nero als einer der beiden Antichriste, auffallend die Erwartung des tausendjährigen Reiches). Mit der christlichen, aber auch der profanen Literatur ist C. vertraut. Daß die Verfolgungszeit andauert, wird deutlich. In der Christologie wird ein gemäßigter → Monarchianismus vertreten. J. M.

Ed: J. Martin, CChrL, CXXVIII, 1960 – *Lit:* J. Martin, Traditio 13, 1957, 1–71 – Altaner, 373 f.

Commodus (M. Aurelius C. Antoninus), röm. Kaiser 180–192, Sohn des → Mark Aurel und der → Faustina (2), geb. 161 in Rom. Der erste ‹im Purpur geborene› Thronfolger wurde 166, gemeinsam mit seinem Bruder Annius → Verus, zum Caesar, 177 zum Augustus ernannt. Nach dem Tod des Vaters übernahm er am 17. März 180 im Lager bei Wien die Herrschaft, schloß sofort Frieden mit den → Markomannen und kehrte zum Triumph nach Rom zurück, das er bis zu seinem Tode nicht mehr verließ. C. entzog sich dem Einfluß der alten Freunde seines Vaters und führte, gestützt auf tüchtige, ihm blind ergebene Prätorianerpräfekten, ein absolutistisches Regiment in den theatralischen Formen eines mit orientalischen Ideen erfüllten Monarchen. Rom galt ihm als neugegründete Colonia Commodiana, Hercules Romanus war sein besonderer Schutzgott (Comes), als dessen Inkarnation er göttliche Verehrung forderte; er trat sogar in dessen Gestalt im Amphitheater auf. Als Garant eines ‹Goldenen Zeitalters› (Saeculum Commodianum) förderte er den Kult aller einheimischen und fremden Götter und war auch den Christen gegenüber tolerant. In Iuppiter Summus Exsuperantissimus, dessen Namen er sich zulegte (Exsuperantissimus, Exsuperatorius), sah er im Sinne des henotheistischen Synkretismus den höchsten, allumfassenden Gott. – Im Reich herrschte der ungestörte Friede; der Schutz der Grenzen war bewährten Statthaltern und schlagkräftigen, wohlversorgten Truppen anvertraut. Aber die Günstlingswirtschaft der Hofkamarilla und sein ausschweifendes Leben forderten, wie unter → Caligula und → Nero, die senatorische Opposition gegen den ‹Cäsarenwahnsinn› heraus: mit der Hilfe des Prätorianerpräfekten Laetus, des Kämmerers Eclectus und der (christlichen) Konkubine Marcia, die am Hofe fast alle einer Kaiserin zustehenden Ehren genoß, gelang die entscheidende Verschwörung: C. wurde, als er nach Ermordung beider designierter Konsuln am 1. Jan. 193 in Gladiatorenrüstung seinen eigenen Konsulatsantritt feiern wollte, in der Nacht zuvor von seinem Sklaven Narcissus im Bad erwürgt. J. Str.

Lit: J. M. Heer, Der histor. Wert der Vita C. in der Hist. Aug., Philol. Suppl. 9, 1, 1901 – W. Weber, Roms Herrschertum und Reich, 1937, (dazu M. Hammond: ClPh 34, 1939, 172 f.) – F. Altheim, Niedergang der Alten Welt II, 1952 – PIR I, 1933, 301–303, Nr. 1482 – E. Hohl, Kaiser C. u. Herodian, SB Berlin 1954, 1.

[2] Die *Büste des C.* (Rom, Kons. Pal.; gefunden 1874 in Villa Palombara auf dem Esquilin. Marmor mit Farbspuren, H. mit Sockel 1,18 m. Um 190 n. Chr.) zeigt C. als ‹pacator orbis felix invictus Hercules›. → Plastik C 5. H. v. H.

Lit: M. Wegner, Herrscherbildn. antonin. Zeit, 1939, 265, Taf. 53; 54a.

Compendiariae (etwa = ‹sparsame› oder ‹abgekürzte› Malweise). Mit *celeritas* (‹Schnelligkeit›) und *breviores c.* charakterisiert Plin. nat. 35, 110 die Malweise des → Philoxenos (2). Petron 2, 9 klagt, unter Verwendung desselben Begriffes, über den Verfall der Malerei in Ägypten, ohne allerdings auf die *facilitas* (‹Leichtigkeit›) des Ägypters Antiphilos direkt hinzuweisen (= Quint. inst. 12, 10, 6). Wie es scheint, ergänzen sich die Begriffe zur Kennzeichnung einer abgekürzten, zum Optischen tendierenden Malweise wie beim → Alexandermosaik (→ Malerei C 5). C. K.

Lit: Pfuhl, 968, s. v. Malverfahren – H. Fuhrmann, Philoxenos von Eretria, 1938, 47 – Rumpf, 149 – Lippold, GK, 105 – W. Binsfeld, Grylloi, Diss. Köln 1956, 30. 71, Anm. 15 – G. Gullini, I mosaici di Palestrina, 1956, 45 ff. – Beyen II 331.

Compitalia, röm. → Fest der → Laren, der Beschützer der Feldmark; es wurde an den Kreuzwegen (compita) gefeiert, wo die Grundstücke zusammenstießen; die Laren hatten dort Kapellen, in denen man ihnen (an einem Tage Ende Dez. oder Anfang Jan.) nach Beendigung der Feldarbeit Opfer darbrachte (Pers. 4, 28 u. Schol.). Es war vor allem das Fest der Bauernsklaven. In der vorhergehenden Nacht wurden an den Kreuzwegen Wollbälle und -puppen aufgehängt (Fest. 108 u. 273 L.; zur Bedeutung → Laren. H. Le B.

Lit: Latte, 91.

Comprecationes, offizielle → Gebete des öffentlichen Kults. Die Gebetsformeln befanden sich in den Ritualen der → pontifices und der andern → Priester (Gell. 13, 23, 1). Der Priester las sie dem Beamten, der eine Kulthandlung vornahm, vor, und dieser mußte sie wiederholen, ohne ein Wort daran zu verändern. H. Le B.

Lit: → Gebet.

Concilium → consilium; kirchliches c. → Synode.

Concordia, die göttlich verehrte ‹Eintracht› (→ Personifikation); sie entspricht der griech. Göttin → Homonoia, muß aber nicht unbedingt eine Entlehnung sein. Ihr Haupttempel war, nach der Überlieferung (Plut. Cam. 42, Ov. fast. 1, 637–650), i. J. 367 nach Annahme der → leges Liciniae Sextiae, die dem Kampf zwischen Patriziern und Plebejern ein Ende machten (→ Rom I), von → Camillus erbaut worden; er wurde i. J. 121, nach dem Tode von C. Gracchus, vom Konsul L. → Opimius restauriert. Ein anderer Tempel, der während einer Truppenmeuterei von L. Manlius gelobt worden war, wurde der C. i. J. 216 auf dem Kapitol errichtet (Liv. 22, 33, 7; 23, 21, 7). Der Tempel des Camillus wurde 10 n. Chr. von Tiberius wiederaufgebaut und der *C. Augusta* geweiht. Münzen und Inschriften preisen oft die C. der kaiserlichen Familie. H. Le B.

Lit: H. Strasburger, C. ordinum, Diss. Frankfurt 1931 – E. Skard, Zwei religiös-politische Begriffe, Euergetes-Concordia, Avhandl. Norsk. Videnkaps. Akad. Oslo, 1932.

Confessio. Als Wiedergabe des griech. ὁμολογία, ‹Bekenntnis›, bezeichnet C. das aktuelle Lehrbekenntnis des Einzelnen oder einer Synode (kontinuierlich bis ins MA). Daran knüpfte das martyriologische Verständnis an, zunächst im Sinne des aktualen Bekennens (confessores: mit dem Leben davongekommene Märtyrer als bes. Stand), ab 4./5. Jh. im Sinne des Märtyrergrabes unter dem → Altar, vom 7.–9. Jh. als Bezeichnung des unter dem Hochaltar liegenden, für die Umgehung des Märtyrergrabes bestimmten Raumes, dessen fenestellae confessionis den Gläubigen den Zugang zur Reliquie sicherten (berühmtes Beispiel: C. von St. Peter, Rom). Die C. wollte der Anhäufung von Gräbern um den Altar (depositio ad sanctos; vgl. → Coemeterien) entgegenwirken. C. A.

Lit: A. Rheinfelder, Die Sprache I, 1949, 56–67 – J. Toynbee-J. Ward Perkins, The Shrine of St. Peter (1956), 1958, 211–229 – Vgl. → Memoria, Memorialkirche.

Congiarium, ursprünglich das von siegreichen Feldherren, Magistraten, auch Kandidaten, in der Kaiserzeit vom Princeps an die röm. Bürger verteilte Maß Wein oder Öl (1 congius = 3,28 Liter), später das Geldäquivalent (→ Adaeratio) dafür. Das C. bedeutete für den → Fiscus Caesaris, seit der Mitte des 2. Jh.s auch für das → Patrimonium Caesaris eine fühlbare Belastung. Vgl. → Rom III. R. Kn.

Consentes (Di) wurden zwölf etrusk. Götter genannt, die den Rat des Tinia, des etrusk. Jupiter, bildeten; später gaben die Römer, bei denen die Vorstellung eines Götterrats keinen Eingang fand, diesen Namen den zwölf olympischen Göttern, deren vergoldete Statuen auf dem Forum standen (Varro rust. 1, 1, 4). H. Le B.

Lit: Latte, 159; 253, 2.

Consentius aus Narbonne, ca. 380–462, Schwiegersohn des Usurpators Jovinus, von → Apollinaris (1) Sidonius (carm. 23, 97 ff.) als erfolgreicher Rhetorik- und Philosophieprofessor und als vielseitiger Dichter erwähnt; vielleicht mit dem Grammatiker → C. (3) identisch. W. Schm.

2. **C.,** Sohn des Vorigen (ca. 410–480), bekleidete hohe Staatsämter unter → Valentian III. und → Avitus (1), mit → Apollinaris (1) Sidonius befreundet, der ihn (carm. 23, 20 ff.; epist. 9, 15, 1 v. 21 ff.) als Verfasser lat. und griech. Gedichte rühmt. W. Sch.

Lit: A. Loyen, Sidoine Apollinaire, 1943, 78–83 – K. F. Stroheker, Der senat. Adel im spätant. Gallien, 1948 161 f.

3. **C.,** ca. 5. Jh. n. Chr., Verfasser eines ausführlichen grammatischen Lehrbuchs, von dem nur zwei größere Partien erhalten sind. Kritisiert mit einer für seine Zeit ungewöhnlichen Selbständigkeit im Urteil seine Gegner in der Bestimmung und Beurteilung der Begriffe Barbarismus und Metaplasmus. Seine Beispiele belehren uns über Besonderheiten der Aussprache des Lateinischen in seiner Zeit (GrLat V, p. 391, 25 ff.). D. F.

Frg: GrLat V 329–404 – *Lit:* Schanz-Hosius IV 2, 210–213.

Consilium principis, ‹Beirat des Kaisers›, im 1. Jh. n. Chr. jeweils aus → amici Augusti zusammengesetzt, von → Hadrian (Hist. Aug. Hadr. 18, 1) durch regelmäßig bei der Rechtsprechung zugezogene Juristen, in der 2. H. des 2. Jh.s (Dessau 1455) durch besoldete consiliarii erweitert. Wandelt sich seit → Diokletian (Cod. Iust. 9, 47, 12) zum → consistorium. H. B.

Lit: J. Crook, Consilium principis, 1955 – J. Bleicken, Senatsgericht u. Kaisergericht, 1962, 85–93.

Consistorium (sacrum), ‹Kronrat›, seit → Constantius II. sicher bezeugt (Dessau 1243), aus dem → consilium principis hervorgegangen, diesem gegenüber durch feste Besetzung für alle Beratungen (comites consistorii) ausgezeichnet. H. B.

Lit: J. Crook, Consilium principis, 1955, 101–103 – E. Stein, Histoire du Bas-Empire I (1928), 1959², 111–112 – A. H. M. Jones, The Later Roman Empire I, 1964, 333–341.

Consolatio → Trostliteratur.

Consolatio ad Liviam, ein in engem Anschluß an die Topik der → Trostliteratur geschriebenes Trostgedicht in 237 Distichen an → Livia, die Gattin des → Augustus, nach dem Tode ihres Sohnes → Drusus (1) in Germanien (9 vor Chr.). Die Schilderung seiner Bestattung in Rom ist mit der Klage der Mutter, dem Lob des Drusus und Tröstungen verbunden. In den Handschriften fälschlich → Ovid zugeschrieben. Autorschaft und Datierung umstritten: nach der Bestattung (Schanz-Hosius) oder z. Zt. des Tiberius (Witlox) oder des Claudius (Bickel); doch weisen Anlehnungen an → Seneca in noch spätere Zeiten; nach Axelson Schulprodukt aus domitianischer Zeit. – Humanistenfälschung (Haupt) ist auszuschließen. E. Bk.

Ed: PLM II 2 – *Komm:* A. Witlox, Diss. Groningen 1934 – *Lit:* B. Axelson, De aetate consolationis ad Liviam et elegiarum in Maecenatem, Eranos 28, 1930, 1–33.

Constans (Flavius Iulius C.), röm. Kaiser 337–350, geb. 323 als Sohn → Konstantins d. Gr. und der Fausta, ermordet 350 in Südgallien. 333 Caesar, 337 mit seinen Brüdern zum Augustus ausgerufen; er erhielt unter → Konstantins II. Vormundschaft Italien, nach dessen Tod auch den gallischen Reichsteil. Anfang 350 fiel C. dem Usurpator → Magnentius zum Opfer. H.-J. D.

Constantius I. Chlorus (C. Flavius Valerius C.), röm. Kaiser 305–306; geb. 264 in Illyrien; gest. 25. 7. 306 in Eburacum (York); einfacher Herkunft (Abstammung von → Claudius (2) Gothicus ist spätere konstantinische Propaganda); Anfänge seiner Laufbahn unsicher, später Prätorianerpräfekt. C. wurde von → Maximian zum Caesar angenommen (1. 3. 293) und damit Mitglied der Tetrarchie → Diokletians. Als Gatte der Theodora war er bereits Schwiegersohn des Maximian; als Caesar wurde er von ihm adoptiert. Bei der Kompetenzverteilung erhielt er Gallien zugewiesen (Residenz → Augusta Treverorum, Trier), dazu Britannien, das er 293–297 den Usurpatoren → Carausius und → Allectus entriß. Danach Kämpfe an der Rheinfront gegen Germanen (Ansiedlung von Franken 297; Alamannensieg 298). Als einziger der Tetrarchen ließ er die Edikte gegen die Christen wenig beachtet, mit Ausnahme des einen, das ihre Entlassung aus dem Heer anordnete. Nach dem Rücktritt der Augusti rückte C. mit → Galerius (1) zum Augustus auf (1. 5. 305) und übernahm den ganzen Westen mit Pannonien. Er duldete, daß Galerius beide Caesarstellen mit eigenen Anhängern besetzte, nahm → Severus (1 a) als Caesar hin und adoptierte ihn, obwohl er Söhne hatte; von diesen förderte er → Konstantin deutlich. Er starb 306 bald nach seinem Antritt bei der Rückkehr von einem Feldzug in Britannien. H.D.M.

Lit: R. Andreotti, Didaskaleion 9, 1930, Heft 1, 157–201; 2, 1–50 – W. Seston, Dioclétien et la Tétrarchie I, 1946 – E. Stein, Histoire du Bas-Empire (1928) I, 1959² – J. Morceau, Constantius I. ..., JAC 2, 1959, 158–160 – *Bildnisse* → Anhang I.

2. **C. II.** (Flavius Iulius C.), röm. Kaiser 337–361, geb. 7.8.317 als Sohn → Konstantins d. Gr. und der Fausta, gest. 3.11.361 in Kilikien. C. wurde 324 zum Caesar erhoben und erhielt bei der Reichsteilung von 337 als Augustus den Osten (Thrakien, Vorderasien, Ägypten). An der Ostgrenze behauptete C. in heftigen Auseinandersetzungen mit den Persern unter → Šapur II. den röm. Besitzstand. An die Stelle der Samtherrschaft mit Constans trat 350 die Alleinherrschaft des C., der 353 auch den Usurpator → Magnentius beseitigen konnte. Er betrieb jetzt im gesamten Reichsgebiet eine aktive Kirchenpolitik auf der Grundlage eines gemäßigten → Arianismus (Synoden von Arles 353, Mailand 355, Sirmium 357, Ariminum 359), um die kirchlich-religiöse Einheit gleichzeitig mit der politischen zu fördern. Nach Beseitigung des Usurpators Silvanus setzte C. 355 seinen Vetter → Julian (2) als Caesar für die Westgebiete ein. Nach erfolgreichen Kämpfen gegen → Franken und → Alamannen wurde Julian jedoch 360 durch die gallischen Truppen in Paris zum Augustus ausgerufen. C. schloß mit Šapur II. Frieden, um den unvermeidlich gewordenen Bürgerkrieg zu bestehen, starb jedoch auf dem Marsch nach dem Westen in Kilikien. – Auffallend ist die Hervorhebung der Regentenpflichten und der Herrscherstellung durch C. Mit dem Ausbau des Hofzeremoniells und gewissen theokratischen Tendenzen weist C. bereits auf das byzantinische Kaisertum hin. H.-J.D.

Lit: O. Seeck, RE 4,1 (1900), 1044–94 – Ders., Gesch. d. Unterg. d. ant. Welt IV, 1922 – E. Stein, Histoire du Bas-Empire I (1928), 1959², 132–158 – E. Kornemann, Röm. Gesch. II (1939), 1963⁵.

3. **C. III.** (Flavius C.), (west-)röm. Kaiser 421, geb. in Naissos (Nisch), gest. 2.9.421 in Ravenna. C. hatte sich seit → Theodosius I. emporgedient und gewann als Heermeister großen Einfluß auf → Honorius, der seine Erfolge über Usurpatoren und Westgoten durch die Vermählung mit seiner Schwester → Galla Placidia (417) und durch die vom Osten freilich nicht anerkannte Erhebung zum Augustus (8.2.421) belohnte. H.-J.D.

Constitutio Antoniniana. → Caracalla (eigtl. Name: M. Aurelius *Antoninus*) verlieh 212 n. Chr. allen freien Bewohnern des imperium Romanum das röm. → Bürgerrecht. Ausgenommen waren die → dediticii, deren Bedeutung umstritten ist (Pap. Giss. 40 I). J.S.

Consualia, röm. → Fest des → Consus; es wurde am 21. Aug. nach dem Ausdreschen des Korns und am 15. Dez. nach der Herbstaussaat gefeiert. Für das Augustfest veranstaltete man Spiele und Wettrennen im Circus Maximus; die Pferde und Maultiere trugen Blumenkränze (Fest. 135 L.; Varro ling. 6, 20; Plut. qu. Rom. 48). Der → Rex sacrorum nahm am Dezemberfest teil. Diese Agrarriten hatten zum Zweck, die Speicherung des Getreides in den Korngruben zu sichern. H. Le B.

Lit: Latte, 72.

Consularis, ursprünglich Bezeichnung für den gewesenen Konsul bzw. dann auch für den ihm durch kaiserliche adlectio an Rang Gleichgestellten. In der spätröm. Zeit ranghöchster Titel der Provinzstatthalter (vgl. → corrector, → praeses). K.F.Str.

Consultatio veteris cuiusdam Iurisconsulti, eine Zusammenstellung von juristischen Gutachten, in der 2. H. des 5. oder Anf. des 6. Jh.s in Gallien entstanden; sie geht offensichtlich auf Arbeiten, die dem sog. Vulgarrecht gemeinsam sind, zurück. Als Quellen sind die drei Codices sowie die Paulus-Sentenzen benutzt. H.Hb.

Ed: P. Krüger-Th. Mommsen-G. Studemund, in: Collectio librorum iuris anteiust. III, 1890, 203ff. – E. Seckel-B. Kübler, Iurisprud. anteiust. rel. II 2, 1927, 485 – P. F. Girard-F. Senn, Textes, 1937, 621 – Riccobono, II 591 – *Lit:* P. Krüger, Gesch. d. Quellen u. Lit. d. röm. Rechts (1888), 1912², 346–348 – H. U. Kantorowicz, SZ 34, 1913, 46–56 – L. Wenger, Die Quellen d. röm. Rechts, 1953, 548f. – F. Schulz, Gesch. d. röm. Rechtswissenschaft, 1961, 408f.

Consus, röm. Gott, dessen Name gewöhnlich mit *condere* ‹vergraben› in Zusammenhang gebracht wird; Schutzgott des in den Korngruben aufbewahrten Getreides. Im Tal des Circus Maximus hatte er einen unterirdischen Altar, der nur bei den → Consualia aufgedeckt wurde, sowie seit 272 v. Chr. einen Tempel auf dem Aventin. C. war ein Agrargott (was freilich den antiken Gelehrten nicht mehr bewußt war: sie verstanden ihn bald wegen der Pferderennen an seinem Feste als → Poseidon-Neptun, bald wegen consilium als ‹Urheber des guten Rates›), doch hatte er auch einen unterweltlichen Aspekt. H. Le B.

Lit: A. Piganiol, Recherches sur les jeux romains, 1923, 1–14 – A. Ernout, Consus-Ianus-Sancus, in: Philologica II, 1957, 173–178.

Contio, ungegliederte, nicht beschließende Volksversammlung in Rom (→ Comitien). Die C. diente dazu, Mitteilungen an das Volk zu machen und Gesetzesanträge u. ä. zu diskutieren. Sie stand unter Leitung eines Magistrats, der allein das Wort erteilen konnte. Chr.M.

Lit: Mommsen, Röm. Staatsrecht, III 1282 – E. Meyer, Röm. Staat u. Staatsgedanke (1948), 1964³, 190f.

Controversiae, zum Zweck rhetorischer Übungen ausgeführte Rechtsfälle in Redeform (ὑποθέσεις), im Schulbetrieb gepflegt, aber auch zur Unterhaltung und Sensation öffentlich dargeboten und schriftlich verbreitet, gelegentlich auch in novellistischer Form (auch episch-hexametrisch, wie etwa Anth. Lat. 21), unserem Kriminalroman von fern vergleichbar. Die Themen gingen von Erbauseinandersetzungen bis zu Kindsentführung, Raub, Einbruch, Giftmord u. ä. → Deklamationen, → Seneca (1) d. Ä. → Rhetorik C 3 f. E 2. H.H.

Conventus. 1. Versammlung zu Gerichtszwecken in der Provinz an einem vom Statthalter bestimmten Ort. Übertragen auch für den Ort, die Zeit des Gerichts und den Gerichtssprengel verwandt. – 2. *C. civium Romanorum,* Bezeichnung der an einem Ort zusammengekommenen Bürger; dauernder, lokal beschränkter C. J.S.

Coponius, C., aus Tibur, praet. 49 v. Chr., Anhänger und Flottenbefehlshaber des → Pompeius (2). Im J. 43 (auf Betreiben des L. → Munatius (1) Plancus?) proskribiert und begnadigt. Heftiger Angriff gegen Munatius Plancus im Senat als späteres Zeugnis der Feindschaft (Vell. 2, 83, 3).

Lit: Broughton, Ind. S. 550. U.Wm.

2. **C.,** röm. Ritter, 6 n. Chr. erster Statthalter von Iudaea cum iure gladii. Dem P. → Sulpicius (10) Quirinius, Legaten von Syrien, unterstellt. U.Wm.

Corbulo, Cn. Domitius, cos. suff. 39? n. Chr., bedeutendster Feldherr der neronischen Zeit. Sohn des Cn. Domitius Corbulo, Prätorier unter → Tiberius (1), und der Vistilia; u. a. Halbbruder der Milonia Caesonia, der letzten Gattin des → Caligula. Vermutlich mit einer Cassia Longina verheiratet; seine Tochter → Domitia Longina später die Gattin → Domitians, eine andere Tochter mit Annius → Vinicianus (2), nach dem eine Verschwörung i. J. 66 benannt ist, verheiratet. Spätestens 46 Legat von Germania inferior. Kämpfte gegen die Chauken und Friesen, erhielt jedoch von → Claudius (1) Befehl, die Offensive rechts des Rheins einzustellen. C. ließ die Truppen einen Kanal zwischen Maas und Rhein bauen, um die Disziplin zu erhalten. 47 Rückkehr und Triumphalornamente. Ca. 53/54 Prokonsul von Asia. Dann als Legat von Cappadocia-Galatia gegen die Parther entsandt. Im ersten Feldzug (58–60) Einnahme von Artaxata und Tigranokerta, Vertreibung des → Tiridates (4) und Einsetzung des → Tigranes V. als König von Armenien. Nach dem Tode des C. Ummidius Quadratus (60) auch Statthalter von Syrien. Wiederbeginn des Krieges 62 wegen Vertreibung des Tigranes. Auf Antrag C.s Entsendung des Caesennius → Paetus nach Armenien (61), wo dieser nicht ohne Verschulden C.s geschlagen wurde. 63 wurde C. alleiniger Befehlshaber in Armenien mit maius imperium, C. → Cestius (2) Gallus Legat von Syrien. 64 Kompromiß mit den Parthern: Tiridates nimmt 66 in Rom die Herrschaftsinsignien von Nero entgegen. 66/67 Verleumdung C.s bei Nero durch → Arrius Varus. C. wurde unter einem Vorwand von Nero nach Griechenland gerufen und zum Selbstmord gezwungen. Charakteristiken bei Tacitus (u.a. ann. 13, 8; 15, 6) und Dio Cass. 62, 19, 2. Seine Memoiren wurden von Plinius, Tacitus und Dio Cassius benützt. U.Wm.

Lit: R. Syme, Tacitus, 1958, Ind. S. 834; App. 83. 84.

Corduba (Kt. 2849 B 3; Colonia Patricia, heute Córdoba), Hauptstadt der Provinz Baetica in → Spanien. Vermutlich durch S. Pompejus vor 45 v. Chr. über einer älteren Stadt gegründet. Nach der Schlacht von → Munda bestätigte Caesar die Sonderrechte der Stadt, und Augustus siedelte in ihr Veteranen der Legionen V Alauda und X Gemina aus den kantabr. Kriegen an. Im Tal am Mittellauf des Guadalquivir (→ Baetis), der damals schiffbar war, gelegen, war das röm. C. die kulturell am höchsten stehende Stadt in Hispanien. Bedeutende Funde. J.M.d.M.

Lit: A. Vives, La moneda Hispanica, 1926 – A. G. Bellido, La Península Iberica, 1953 – Historia de España (hg. v. R. Menéndez Pidal) II, 1935.

Cordus → Aelius, → Cremutius.

Corellius Rufus, Q. (cos. suff. ca. 78 n. Chr.). 82 Statthalter von Germania superior, unter Nerva in der Kommission für Landverteilungen in Italien. 97 oder 98 nahm er sich das Leben. Chr.M.

Corfinium, Stadt der → Päligner im Alternustal (Kt. 1420 F 5; heute Corfinio), die von den Bundesgenossen 90 v. Chr. zu einer romfreien Bundeshauptstadt Italia ausgebaut werden sollte. In der Kaiserzeit als Municipium an der Via Valeria nicht ohne Bedeutung, doch sind nur geringe Reste erhalten. B.A.

Lit: L. Lissi, EAA II, 1959, 831.

Corinna → Ovid.

Coriolanus (Cn. Marcius C.), legendärer Held der von Rom in der 1. H. des 5. Jh.s v. Chr. verlustreich geführten → Volsker-Kriege. Von der Überlieferung – obwohl dem Gentilnamen nach Plebejer – als entschiedener Patrizier charakterisiert, muß C. wegen seiner unnachgiebigen Haltung gegenüber der Plebs während der Hungersnot von 491 Rom verlassen, begibt sich zu den Volskern, führt diese gegen Rom und nimmt nur auf Bitten seiner Mutter Veturia und seiner Gattin Volumnia von der Eroberung Abstand. Er wurde deswegen von den Volskern getötet. R.W.

Corippus → Cresconius.

Cornelia, Mutter der Gracchen, Tochter des P. → Cornelius (30) Scipio Africanus maior, war mit Tib. → Sempronius (3) Gracchus (cos. 177 v. Chr., 163) verheiratet. Nach dessen frühem Tod blieb sie unverheiratet. C. stand in hohem Ansehen und widmete sich mit Sorgfalt der Erziehung ihrer Kinder. Die Haltung gegenüber der Politik ihrer Söhne wird aus den Quellen nicht recht deutlich; offenbar riet C. zur Mäßigung (M. → Octavius (2), tr. pl. 133). Viele Zeugnisse bekunden den Stolz, den sie für Tiberius und Gaius empfand (Sen. dial. 6, 16, 3; 11, 16, 6). G.G.

2. **C.,** Tochter des Q. → Caecilius (15) Metellus Scipio (cos. 52 v. Chr.), heiratete 53 den → Pompeius (2), den sie in den Bürgerkrieg begleitete. Nach seiner Ermordung kehrte sie 48 nach Italien zurück. Chr.M.

Cornelius, C., tr. pl. 67 v. Chr., Freund des → Pompeius (2). C. stellte 67 mehrere populare Anträge, u.a.: 1. Der Prätor muß sich an sein Edikt halten; 2. Ausnahmen vom Gesetz sollen nur die → Comitien beschließen dürfen (gemildert: auch der Senat ist dazu berechtigt, wenn wenigstens 200 der 600 Mitglieder anwesend sind); 3. Verbot, auswärtigen Gesandten in Rom Geld zu leihen (abgelehnt); 4. Harte Bestrafung bei Wahlbestechung (durch einen milderen Antrag des Konsuls Piso ersetzt). 66 wurde C. wegen Unregelmäßigkeiten bei der Einbringung der Anträge angeklagt, 65 nach Verteidigung durch → Cicero (Rede Pro Cornelio) freigesprochen. Durch seinen Wahlverein verfügte er über großen Einfluß in den Comitien. Chr.M.

2. **C. Balbus,** L. (cos. suff. 40 v. Chr.). C. stammte aus reicher Familie aus Gades und wurde 72 für wertvolle Dienste im → Sertorius-Krieg, vermutlich auf Empfehlung des L. → Cornelius Lentulus (19) Crus, von → Pompeius (2) mit dem Bürgerrecht belohnt. 61 wurde er von → Caesar zum praefectus fabrum ernannt und zählte seitdem zu dessen engsten Vertrauten. Seit 60 in Rom, am Abschluß des → Triumvirats [1] beteiligt. Nach 50 nahm er dort zusammen mit C. → Oppius (2) Caesars Interessen wahr, sozusagen als dessen diplomatische Vertreter. Caesar ließ ihnen weiten Spielraum, sie traten selbständig auf und gaben sich auch gegen Caesar distanziert und kritisch. Liebenswürdig, geschickt und großzügig verhandelten sie nach allen Seiten. 56 wurde C. wegen Anmaßung des Bürgerrechts angeklagt als Prügelknabe für Caesar und Pompeius. Pompeius, Crassus und Cicero (Rede Pro Balbo) verteidigten ihn mit Erfolg. Eine bedeutende Rolle spielte er in den Verhandlungen vor Ausbruch des Bürgerkriegs. Am Kampf nahm er nicht teil, sondern blieb in Rom, wo er nun mit Oppius als Ritter (vgl. Tac. ann. 12, 60, 4) eine Schlüsselstellung erlangte: sie vermittelten durch ihre Kanzlei den Verkehr mit Caesar und waren an der Ausarbeitung der Gesetze beteiligt. C. verhalf Cicero und vielen anderen zur Begnadigung. 44 Anschluß an Octavian (→ Augustus). 40 vielleicht Statthalter in Spanien, danach Suffektkonsul (als erster gebürtiger Nichtbürger). C. war literarisch interessiert. Ca. 60 adoptierte ihn Pompeius' Vertrauter → Theophanes von Mytilene. Er starb nach 32. Chr.M.

3. **C. Balbus,** L. (quaest. 43 v. Chr.), Neffe des vorigen. Seit 72 röm. Bürger. Im Bürgerkrieg auf → Caesars Seite, verschiedene Vermittlungsversuche bei L. → Cornelius (19) Lentulus Crus (über die er ein Drama schrieb). 43 Quästor des → Asinius (2) Pollio in Spanien. Bald darauf Anschluß an Octavian (→ Augustus). 21/20 Statthalter in Africa, 19 Triumph. C. scheint von Augustus konsularischen Rang erhalten zu haben. Er baute einen Hafen in Gades und ein steinernes Theater in Rom. Chr.M.

4. **C. Bocchus** wird von → Plinius (1) d. Ä. für Kuriositäten *(admiranda)* der iberischen Halbinsel zitiert; wahrscheinlich identisch mit dem auf lusitanischen Inschriften mehrfach bezeugten Bocchus, aber nicht mit dem Chronographen bei → Solinus. R.T.

Ed: HRR II 94f. – *Lit:* PIR II² 312.

5. **C. Cethegus,** C., Senator, radikaler Anhänger → Catilinas. Sein Haus diente der Catilinarischen Verschwörung als Waffenplatz. Seit Catilinas Abreise war er einer der Führer der Verschwörung in Rom; am 5. 12. 63 nach Senatsbeschluß auf → Ciceros Befehl hingerichtet. Chr.M.

6. **C. Cinna,** L. (praet. 44 v. Chr.). Sohn des L. Cornelius → Cinna. C. überlebte → Sullas Sieg. Er schloß sich 78 dem Aufstand des M. → Aemilius (3) Lepidus an und floh nach dessen Scheitern zu → Sertorius. 70 nach Rom zurückgekehrt, konnte er sich wohl erst nach 49 (bei Aufhebung der Diffamierung der Proskribierten, → Proskriptionen, 1) um Ämter bewerben. 44 bekannte er sich zu den Caesarmördern und zog damit den Haß des Volkes auf sich (→ Helvius Cinna, C.). Chr.M.

7. **C. Cinna Magnus,** Cn., cos. 5 n. Chr., Sohn des vorigen und der Tochter des → Pompeius (2) Magnus. C. kämpfte im Bürgerkrieg gegen Octavian, der ihn jedoch verschonte. 16–13 (?) Verschwörung gegen → Augustus während dessen Abwesenheit in Gallien. Auf Veranlassung der → Livia wiederum begnadigt. Setzte Augustus zum Alleinerben ein. U.Wm.

Lit: R. Syme, Roman Revolution (1939), 1952², Ind. S. 543.

8. **C. Cossus,** A. (tr. mil. 437 v. Chr., cos. 428, Konsulartribun 426, mag. equ. 426), tötete im Zweikampf den König von → Veji Lars Tolumnius und weihte dessen Rüstung als spolia opima dem Iupiter Feretrius. Die Überlieferung verlegt diesen Vorgang entweder in das Jahr 437, 428 oder 426. Da C. aber nur als Feldherr wirkliche spolia opima darbringen konnte und er anschließend triumphiert haben soll (vgl. Plut. Rom. 16, 33 ff.) und die Inschrift auf dem erbeuteten Panzer noch z. Z. des Augustus erhalten war, scheint es, daß C. als Konsul i. J. 428 die spolia opima gewann. Als magister equitum soll C. 426 unter dem Diktator Mam. Aemilius gegen die Fidenaten gekämpft haben. R.W.

Lit: Mommsen, Röm. Forschungen II 236.

9. **C. Dolabella,** Cn., cos. 81 v. Chr., auf Grund seiner Verwaltung Makedoniens (80–79) von → Caesar angeklagt, aber freigesprochen. Chr. M.

10. **C. Dolabella,** Cn. (praet. 81 v. Chr.). Statthalter Kilikiens 80–79, wegen Ausbeutung der Provinz angeklagt und verurteilt. Chr. M.

11. **C. Dolabella,** P. (ca. 70–43, tr. pl. 47, cos. 44). C. klagte 50 App. → Claudius (25) an und verlobte sich gleichzeitig mit Ciceros Tochter → Tullia zum Leidwesen Ciceros, der es mit Claudius nicht verderben wollte. Tief verschuldet, zugleich gelangweilt und abgestoßen vom Senatsregime, verband sich C. mit Caesar, auf dessen Seite er auch am Bürgerkrieg teilnahm. 47 nach Übertritt zur Plebs Volkstribun. Er beantragte Schuldentilgung und Erlaß der Mieten (wie 48 M. → Caelius (2) Rufus, jedoch in günstigerer Lage). Es kam zu Straßenkämpfen, Caesars Vertreter → Antonius (2) griff erst im letzten Moment ein, um die Ratifikation zu vereiteln. Danach mußte Dolabella Caesar nach Africa und Spanien begleiten. 45 Scheidung von Tullia. Am 15. 3. 44 schlug er sich zu den Caesarmördern und erhielt mit deren Hilfe das noch von Caesar ihm zugesprochene Konsulat. Im April verbot er den Caesarkult in Rom, ließ sich dann aber durch Verleihung der Provinz Syrien wieder auf Antonius' Seite ziehen. C. nahm Asia, ließ den Statthalter C. → Trebonius töten und wurde deswegen Anfang 43 vom Senat zum Staatsfeind erklärt. Nach umfangreichen Rüstungen versuchte er, dem Caesarmörder C. → Cassius (8) Syrien zu entreißen. C. wurde in Laodikeia belagert und nahm sich das Leben. Chr. M.

12. **C. Dolabella,** P., cos. 10 n. Chr., Enkel des vorigen. Als Legat von Dalmatien (14–20) sorgte er beim Tode des → Augustus für Ruhe in der Provinz. Anlage eines ausgedehnten Straßennetzes durch die Legionen VII und XI. Als Prokonsul von Africa 23/24 beendete er den Krieg gegen → Tacfarinas, erhielt aber nicht die Triumphalornamente. Von Velleius als *vir simplicitatis generosissimae* (2, 125, 5) bezeichnet. U.Wm.

13. **C. Fuscus,** Prätorianerpräfekt unter → Domitian. Aus vornehmer Familie, zog er die equestrische der senatorischen Laufbahn vor. Von → Galba zum Prokurator von Pannonien ernannt, ergriff er die Partei → Vespasians gegen → Vitellius (1) und veranlaßte den Statthalter von Pannonien, L. Tampius Flavianus, zum Kampf gegen die Vitellianer. C. übernahm die ravennatische Flotte nach deren Desertion und gewann Umbrien und Picenum für Vespasian. Er erhielt die prätorischen Insignien nach dem Tode des Vitellius. Unter → Domitian als Prätorianerpräfekt ca. 86/87 Befehlshaber im 2. Dakerkriege, erlitt jedoch eine Niederlage und fiel. Grabepigramm bei Mart. 6, 76. Charakteristik bei Tac. hist. 2, 86. U.Wm.

Lit: R. Syme, Tacitus, 1958, Ind. S. 832; App. 33 – H. G. Pflaum, Carrières procuratoriennes équestres, 1960, Nr. 34.

14. **C. Labeo** versuchte im 3. Jh. n. Chr. – vor → Arnobius, der gegen ihn zu polemisieren scheint – durch rationale Deutung der heidnischen Götter die alte Religion gegenüber dem Christentum zu beleben. Dabei hat er den christlichen Apologeten und überhaupt späteren Autoren (darunter → Macrobius) wichtige religionsgeschichtliche und antiquarische Fakten vermittelt. Seine Schriften sind verloren, aber die Titel von zweien sind bekannt: De oraculo Apollinis Clarii (‹Vom Orakel des Apollon von Klaros›) und De dis animalibus, d. h. ‹Über Götter, die aus menschlichen Seelen stammen›. G.B.

Lit: G. Wissowa, RE 4, 1 (1900), 1351–55 – Schanz-Hosius, III 181 f.

15. **C. Lentulus,** L. (aed. cur. 205 v. Chr., cos. 199), führte im 2. Pun. Krieg nach Abberufung des P. → Cornelius (30) Scipio Africanus 206–200 als Privatmann mit prokonsularischem Imperium den Oberbefehl in Spanien (Liv. 28, 38; 29, 2 f.; 31, 20). Vielleicht nahm er 196 an der röm. Gesandtschaft teil, die zugunsten der → Ptolemäer bei → Antiochos III. intervenierte (Polyb. 18, 49 ff.; Liv. 33, 39 ff.). A.L.

16. **C. Lentulus,** P. (aed. cur. 169 v. Chr., praet. 165, cos. suff. 162), machte als Prätor den ager Campanus wieder ganz zum Staatsland (Cic. leg. agr. 2, 82); später war er Gegner der Gracchen (Cic. Catil. 3, 10; 4, 13; Val. Max. 5, 3, 2 f.). C. war ein bedeutender Redner (Cic. div. in Caec. 69; Brut. 108). A.L.

17. **C. Lentulus,** Cn. Im frühen Prinzipat zwei fast gleichaltrige Senatoren dieses Namens, die nicht mit Sicherheit zu identifizieren sind: (1) L. f., cos. 18 v. Chr.; (2) Cn. f. Cn. n. augur, cos. 14 v. Chr. Zu (2): Quästor des Princeps vor 27 v. Chr., Prokonsul von Asia 2/1 v. Chr, Dakersieger unter Augustus, mit Triumphalornamenten ausgezeichnet. Trotz seiner Freundschaft mit → Tiberius wurde er 24 wegen Verrats angeklagt; die Anklage wurde jedoch von Tiberius niedergeschlagen. Starb 25 hochbetagt. U.Wm.

Lit: R. Syme, Tacitus, 1958, Ind. S. 832; App. 63.

18. **C. Lentulus Clodianus,** Cn. (cos. 72 v. Chr., cens. 70). C. legalisierte 72 die Bürgerrechtsverleihungen des → Pompeius (2) in Spanien. Als Freund des Pompeius trotz mehrerer Niederlagen gegen → Spartacus zum Censor für 70 gewählt: strenge Amtsführung angesichts der Auswüchse der sullanischen Restauration: 64 Senatoren wurden aus der Liste gestrichen. 67 Legat des Pompeius im → Seeräuberkrieg, 66 unter den Befürwortern der lex Manilia (C. → Manilius, 2). Chr. M.

19. **C. Lentulus Crus,** L. (praet. 58, cos. 49 v. Chr.). C. war in den 70er Jahren vermutlich als Offizier des → Pompeius (2) in Spanien (→ Cornelius (2) Balbus). 61 Ankläger des P. → Clodius (1). 49 trat er entschieden dafür ein, Caesar als Statthalter abzusetzen und notfalls mit Waffengewalt zum Gehorsam zu zwingen. Später Aushebungen in Asien, Teilnahme an der Schlacht bei Pharsalus, nach der Flucht in Ägypten ermordet. Chr. M.

20. **C. Lentulus Gaetulicus,** Cn., cos. 26 n. Chr., praetor peregrinus 23, Legat von Germania superior 30–39. Sohn des Cossus Cornelius Lentulus, cos. 1 v. Chr., nach dessen Sieg über die Gaetuler er das Cognomen Gaetulicus erhielt. Sein Bruder Cossus Cornelius Lentulus, cos. 25, sein Schwiegervater L. Apronius, cos. suff. 8, seine Gattin Apronia Caesia (Caesiana), eine Tochter mit dem Sohne → Sejans verlobt. Dank seines Ansehens bei → Tiberius 34 von einer Anklage wegen verwandtschaftlicher Beziehungen zu Sejan freigesprochen. Wegen seiner Beliebtheit bei den Rheinlegionen dem → Caligula verdächtig und als Mitverschwörer des M. Aemilius Lepidus hingerichtet (Spätherbst 39). Als Dichter erotischer Epigramme bei Plin. epist. 5, 3 und Mart. 1 praef. genannt. U.Wm.

Lit: Z. Stewart, Sejanus, Gaetulicus, and Seneca, AJPh 47, 1953, 70–85 – R. Syme, Tacitus, 1958, Ind. S. 832.

21. **C. Lentulus Marcellinus,** Cn. (praet. 60, cos. 56 v. Chr.), verheiratet mit → Scribonia, der späteren Frau des → Augustus. C. unterstützte 70 Ciceros Anklage gegen → Verres als Patron der Sizilier. Nach 67 → Pompeius' (2) Legat im Osten, 61 Ankläger des P. → Clodius (1). Als Konsul energischer Verfechter des Senatsregimes, auch gegen seinen Förderer Pompeius. C. bemühte sich, Caesars Statthalterschaft in Gallia Cisalpina ein Ende zu setzen. Nach

einigen Erfolgen schlossen sich die Gegner neu zusammen (→ Triumvirat, 1), und C. konnte nur noch gegen ihre Übermacht protestieren. Chr. M.

22. **C. Lentulus Spinther,** P. (praet. 60, cos. 57 v. Chr.). Setzte sich 57 im Sinne → Pompeius' (2) und des Senats energisch für die Rückberufung → Ciceros aus dem Exil ein. 56/54 sehr korrekt geführte Statthalterschaft in Kilikien. Den 57 erteilten einträglichen Auftrag, König → Ptolemaios XII. Auletes nach Ägypten zurückzuführen, nahmen ihm Pompeius' Gegner 56 wieder fort. 51 Triumph. 49 von Caesar bei Corfinium gefangen und freigelassen, begab er sich zu Pompeius. Nach Pharsalus Flucht nach Rhodos; 47/46 wohl auf Caesars Befehl getötet. Chr. M.

23. **C. Lentulus Sura,** P. (praet. 74 v. Chr., 63, cos. 71). In der Censur des Cn. → C. (18) Lentulus Clodianus i. J. 70 aus der Senatsliste gestrichen, schloß sich 65/64 → Catilina an. Nach dessen Fortgang aus der Stadt (Okt. 63) Führer der Verschwörung, versuchte er, eine Gesandtschaft der Allobroger zu gewinnen. Als diese dem Konsul → Cicero geheime Briefe zuspielte, wurde er verhaftet und überführt (3. Dez.). C. mußte die Prätur niederlegen und wurde am 5. Dez. mit vier anderen Verschwörern nach einem Senatsbeschluß auf Ciceros Befehl hingerichtet. Chr. M.

24. **C. Merula,** L. (cos. suff. 87 v. Chr., flamen Dialis), nach → Cinnas Vertreibung zum Konsul ernannt, legte aber das Amt bei der Rückkehr der Marianer nieder. Aus Abneigung gegen → Marius (1) und um einer Verurteilung zu entgehen, entsagte er freiwillig der Priesterwürde und beging Selbstmord. G. G.

Die Scipionen (Stammbaum → Scipionen)

25. **C. Scipio,** L. (aed. cur. vor 259 v. Chr., cos. 259, cens. 258), eroberte 259 Aleria (Korsika), belagerte vergeblich Olbia (Sardinien; vgl. Zon. 8, 11). Wichtigste Quelle ist die um 220 entstandene Grabinschrift in Saturniern (eine der sog. → Scipioneninschriften). A. L.

Q: CIL I² 8 f. = A. Degrassi, Inscript. lib. reipubl. I, 1957, 310.

26. **C. Scipio,** P., cos. 218 v. Chr., zu Beginn des 2. Pun. Krieges nach Spanien entsandt. Als er auf dem Weg von → Hannibals Anmarsch auf Italien erfuhr, schickte er das Gros seiner Armee (unter seinem Bruder Cn. → C. (33) Scipio) nach Spanien und kehrte selbst nach Italien zurück (Polyb. 3, 49, 4). Im Herbst 218 wurde er von → Hannibal am Ticinus geschlagen und verwundet. Seinen Kollegen Sempronius warnte er vergeblich vor einer weiteren Schlacht (Pol. 3, 64 ff.; Liv. 21, 45 ff.). Von 217 an kämpfte er zusammen mit seinem Bruder als Prokonsul in Spanien, wo er 211 fiel. A. L.

27. **C. Scipio,** P., Sohn des P. → C. (30) Scipio Africanus maior, wurde 180 v. Chr. Augur (Liv. 40, 42). Vor 168 adoptierte er den späteren P. → C. (29) Scipio Aemilianus Africanus minor; er verfaßte ein Geschichtswerk in griech. Sprache (Cic. Brut. 77; Vell. 1, 10). A. L.

28. **C. Scipio,** L., Sohn des P. → C. (30) Scipio Africanus maior, geriet im Krieg gegen → Antiochos III. in Gefangenschaft, wurde aber noch vor der Schlacht bei Magnesia (190 v. Chr.) wieder ausgeliefert; 174 praetor peregrinus (Liv. 37, 34. 36. 37; 41, 27). A. L.

29. **C. Scipio Aemilianus Africanus Numantinus,** P. (185/184–129 v. Chr., tr. mil. 151, 149/148, cos. 147, cens. 142, cos. 134 v. Chr., augur), nahm 168 an der Schlacht bei Pydna teil; seit etwa 167 war er mit → Polybios (1) befreundet und von ihm stark beeinflußt (Polyb. 31, 23 f.). 151 zeichnete sich C. unter dem Konsul L. → Licinius (9) Lucullus in Spanien aus (Polyb. 35, 4 f.). Seit 149 nahm er am 3. Pun. Krieg teil. Als Militärtribun gelang es ihm, so bedeutsame Erfolge zu erzielen (auf Polybios zurückgehender Bericht: App. Lib. 98 ff.), daß er für 147 zum Konsul gewählt wurde, obwohl er sich zunächst nur um die Ädilität beworben hatte (Rhet. Her. 3, 2; Cic. Phil. 11, 17; Liv. perioch. 50). Als Konsul erhielt er den Oberbefehl in Africa (in seinem Stab Polybios). Scipio stellte zunächst die zerrüttete Disziplin wieder her. Noch 147 konnte er einige Stadtteile Karthagos nehmen und den Stadtkern einschließen; im Frühj. 146 wurde die Stadt nach verzweifeltem Widerstand genommen und völlig zerstört (App. Lib. 115 ff.; Polyb. 38 f.; Diod. 32, 22 ff., Oros. 4, 23). C. erhielt den Beinamen Africanus (Cic. rep. 6, 11). Als Censor (142) war er sehr streng (Dio Cass. Fr. 75, 1; Gell. 4, 20, 10). 134 erhielt er den Oberbefehl in dem bis dahin schlecht geführten Krieg gegen → Numantia. Durch starke Befestigungsanlagen (ausgegraben durch A. Schulten) schloß er die Stadt ein, nahm sie 133 und ließ sie vernichten (App. Ib. 392–424). Seine scharfen Angriffe gegen die Reformpläne seines Schwagers Tib. Sempronius → Gracchus (1) minderten die Popularität des bei Römern und Griechen als der bedeutendste Zeitgenosse angesehenen Mannes (Vell. Pat. 1, 12, 3; 2, 4; Liv. perioch. 59; App. civ. 1, 19 f.; Dio Cass. Fr. 69). – Vgl. → Scipionenkreis. A. L.

Lit: F. Münzer, RE 4, 1 (1900), 1439–62 – K. Bilz, Die Politik des P. Corn. Scipio Aem., 1936 – H. Simon, Roms Kriege in Spanien 154 bis 133 v. Chr., 1962.

30. **C. Scipio Africanus maior,** P. (ca. 235–183, trib. mil. 216, aed. cur. 213, cos. 205, 194, cens. 199, Salius vor 211–183), nahm im 2. Pun. Krieg an den Schlachten gegen → Hannibal am Ticinus (218) und bei Cannae (216) teil. Nach dem Tod des Cn. und seines Vaters P. → C. (33; 26) Scipio (211) wurde er 210 trotz seiner Jugend mit prokonsularischem Imperium nach Spanien entsandt. Von seinen Erfolgen, die 206 zur Räumung Spaniens durch die → Karthager führten, seien hervorgehoben die Eroberung von Karthago Nova (Cartagena) i. J. 209 (Polyb. 10, 6 ff.; Liv. 26, 41 ff.; App. Ib. 18 ff.) und sein Sieg i. J. 206 (wahrsch. bei Ilipa; vgl. Polyb. 11, 20 ff.) über Hasdrubal (3). Ab 205 bereitete C. in Sizilien die Invasion in Afrika vor. 204/203 landete er bei Utica und hatte, bes. durch die Hilfe des Numiderfürsten → Massinissa, Erfolge. Nach dem Scheitern der Friedensverhandlungen i. J. 203 (Pap. Rylands Nr. 491) kam es 202, nach Rückkehr Hannibals aus Italien, zur Entscheidungsschlacht bei Zama, in der sich C., gestützt auf seine gut geschulte Armee, durch den Sieg über den stärksten Gegner des republikanischen Rom als genialer Feldherr erwies (Polyb. 15, 9 ff.; Liv. 30, 32 ff.; App. Lib. 40 ff.). Der Friedensvertrag mit Karthago (201) ist im wesentlichen C.' Werk (Polyb. 15, 18; Liv. 30, 43). Politisch und militärisch trat C. nach 201 als Berater seines Bruders L. → C. (31) Scipio im Feldzug gegen → Antiochos III. im J. 190 hervor (Polyb. 21, 13 ff.; Liv. 37, 1. 3. 33 ff.). Sein selbstbewußtes Auftreten nach hellenistischem Stil (vgl. z. B. Polyb. 10, 2; 23, 14; Liv. 26, 19. 41) und der Argwohn der röm. Aristokratie gegenüber dem mächtigen Einzelnen führten seit 206 zu Intrigen gegen C., deren Höhepunkt die Scipionenprozesse (seit 187) gegen ihn und seinen Bruder waren. Nach der Verurteilung seines Bruders zog er sich 184 auf sein Landgut zurück. C. war zweifellos der größte Feldherr Roms vor → Caesar. A. L.

Lit: W. Schur, Scipio, 1927 – R. M. Haywood, Studies on Scipio Africanus, 1933 – H. Bengtson, Scipio Africanus, HZ 168, 1943, 487–508 – A. Lippold, Consules, 1963.

31. **C. Scipio Asiagenus,** L. (aed. 195 v. Chr., praet. 193, cos. 190), nahm im 2. Pun. Krieg 207–202 an den Feldzügen seines Bruders P. → C. (30) Scipio teil. 190 erhielt C. den Oberbefehl gegen → Antiochos III.; sein Bruder wurde ihm als Berater mitgegeben (Cic. Mur. 32; App. Syr. 21). C. schloß zunächst in Griechenland Waffenstillstand mit den Ätolern (Polyb. 21, 4; Liv. 37, 6 f.). Im Herbst 190 überschritt er den Hellespont. Ende 190 schlug er Antiochos bei Magnesia am Sipylos entscheidend (Liv. 37, 33 ff.; App. Syr. 39 ff.). Am Abschluß des Waffenstillstandes in Sardes war sein Bruder maßgeblich beteiligt. Ein Jahr nach dem 188 glanzvoll gefeierten Triumph (Liv. 37, 58 f.) begannen die Anklagen gegen ihn und seinen Bruder zunächst wegen der Abrechnung über die von Antiochos geleisteten Zah-

lungen (Liv. 38, 54ff.). 184 wurde C. verurteilt. Nach verschiedenen Berichten war er persönlich unfähig und verdankte seine Erfolge nur dem Bruder (z.B. Cic. Phil. 11, 17; Val. Max. 5, 5). A.L.

Lit: Zu den Scipionenprozessen: H. H. Scullard, Roman Politics, 1951, 290ff. – D. Kienast, Cato, 1954, 57ff.

32. **C. Scipio Barbatus,** L. (cos. 298 v. Chr). Konsul zu Beginn des letzten → Samniten-Krieges, kämpfte gegen die → Etrusker und eroberte in Samnium die Orte Taurasia und Cisauna. C. ist als erster Scipione im Erbbegräbnis der Familie beigesetzt und galt als deren eigentlicher Stammvater. Sein Sarkophag mit Grabschrift (→ Scipionenelogien) ist erhalten (im Vat. Museum). R.W.

Q: CIL I² 2, 6f. = VI 1284f.

33. **C. Scipio Calvus,** Cn., cos. 222 v. Chr., eroberte 222 Acerrae und Mailand (Polyb. 2, 34), ging im 2. Pun. Krieg 218 als Legat mit seinem Bruder P. → Cornelius (26) Scipio (cos. 218) nach Spanien, wo er 218–217 allein, seit Sommer 217 gemeinsam mit seinem Bruder das Kommando führte. Obwohl sie von Rom aus nur schwach unterstützt wurden, gelang es den Brüdern, eine starke Machtbasis zu schaffen. Beide fielen Anfang 211 kurze Zeit nacheinander. Ihr Kommando übernahm der Sohn des P. Scipio, P. → Cornelius (30) Scipio Africanus. A.L.

Q: Polyb. 3, 76. 95ff.; Liv. 21, 60; 22, 49ff.; 24, 41f.; 25, 34ff.; App. Ib. 15f. – *Lit:* C. H. V. Sutherland, The Romans in Spain 217 B.C.–117 A.D., 1939.

34. **C. Scipio Nasica,** P. (aed. 197 v. Chr.; praet. 194, cos. 191), wurde 204 erwählt, die aus Kleinasien nach Rom geholte → Magna Mater zu empfangen (Liv. 29, 14; Plin. epist. 7, 120), kämpfte 191 siegreich gegen die Bojer in Oberitalien (Liv. 36, 37ff.) und war 181 als triumvir coloniae deducendae an der Gründung → Aquileias beteiligt (Liv. 39, 55; 40, 34). A.L.

Lit: Th. Köves, Zum Empfang d. Magna Mater i n Rom, Historia 12, 1963, 321–347.

35. **C. Scipio Nasica Corculum,** P. (aed. 169, cos. 162, cens. 159, cos. 155, pont. max. 150; gest. nach 142 v. Chr.), bewährte sich 168/167 im 3. Maked. Krieg (Liv. 44, 36. 38; Plut. Aem. 15ff.), besiegte 155 die Dalmater (Liv. perioch. 47), verhinderte um 154 den Bau eines Steintheaters als verderbliche Neuerung (Liv. perioch. 48; Oros. 4, 21). Wohl weil er in der seit 201 geübten indirekten Beherrschung → Karthagos eine hinreichende Sicherung Roms sah, trat er (seit 152) im Widerspruch zu → Cato (1) für eine Erhaltung der Stadt ein (Liv. a. O.; Diod. 34, 33). A.L.

Lit: M. Gelzer, Vom röm. Staat I, 1943, 78ff. – W. Hoffmann, Die röm. Politik des 2. Jh.s und das Ende Karthagos, Historia 9, 1960, 309–344.

36. **C. Scipio Nasica Serapio,** P. (cos. 138; pont. max. 133; gest. 132 v. Chr.), geriet als Konsul in Konflikt mit den Volkstribunen und wurde wegen Mißachtung tribunizischer Interzession mit seinem Kollegen D. → Iunius (3) Brutus ins Gefängnis geworfen (Liv. perioch. 55; perioch. Oxyrh. 55; Cic. Brut. 85f.). 133 stand er an der Spitze der Gegner des Tib. Sempronius → Gracchus (1). Unter Nasicas Führung ging man am Tag der Tribunenwahlen des Jahres 133 gegen Gracchus vor und erschlug ihn (Rhet. Her. 4, 68; Vell. 2, 3; Plut. Tib. Gracch. 13. 19f.). A.L.

37. **C. Severus,** → Epiker, mit → Ovid befreundet, der Pont. 4, 2 an ihn richtete und ein sonst unbekanntes *carmen regale* erwähnt. Das wichtigste der 13 Fragmente, 25 Hexameter (Sen. suas. 6, 25), wohl aus dem ‹Bellum Siculum›, das vielleicht Teil der ‹Res Romanae› war, beschreibt rhetorisch Ciceros auf den Rostra aufgestecktes Haupt und bestätigt Quintilians Urteil *versificator quam poeta melior* (10, 1, 89). B.K.

38. **C. Sulla,** P. (cos. design. 65 v. Chr.). Während der Diktatur seines Onkels → Sulla leitete er als Triumvir die Ansiedlung von Veteranen in Pompeji und erzielte große Gewinne bei den → Proskriptionen. Für 65 war er zum Konsul gewählt, wurde jedoch wegen Wählerbestechung angeklagt und verurteilt, so daß die Wahl annulliert wurde. Darauf nahm er an den Umtrieben → Catilinas teil, wohl auch an der Verschwörung von 63. Im J. 62 deswegen angeklagt, wurde er von Cicero verteidigt (Rede Pro Sulla) und freigesprochen. Im Bürgerkrieg war er als Legat auf der Seite → Caesars; er erzielte erneut große Gewinne bei der Versteigerung der Beute. 46 gestorben, vielleicht ermordet. Er war verheiratet mit einer Schwester des Pompeius. Chr.M.

39. **C. Sulla,** Faustus (quaest. 54 v. Chr.), Sohn des Dictators → Sulla, Schwiegersohn und Gefolgsmann des → Pompeius (2), unter dem er auch im Osten als Kriegstribun diente. 52 Prozeßbeistand für T. → Annius (2) Milo, bald darauf mit dem Wiederaufbau der verbrannten → Curia Hostilia betraut. Im Bürgerkrieg auf seiten des Pompeius, 46 nach der Schlacht bei Thapsus gefangen und getötet. Chr.M.

Cornelius → Celsus, → Chrysogonus, → Cinna, → Fronto, → Gallus, → Nepos, → Palma, → Sulla.

Corneto, mittelalterliche Nachfolgestadt von → Tarquinii, dessen Namen es seit 1872 zusätzlich (C.-Tarquinia), seit 1922 als einzigen führt. O.W.v.V.

Cornicularius, im Heer der röm. Kaiserzeit der ranghöchste Unteroffizier selbständiger Truppenkörper und höherer Stäbe, Schreibstuben- oder (in den Kanzleien der Statthalter) Abteilungsleiter, mit Anwartschaft auf das → Centuriat. Das gegenseitige Rangverhältnis der cornicularii ist wie bei allen → officiales vom Rang des Offiziers bestimmt, in dessen Stab sie dienen. E.Bay.

Cornificius, Q., Offizier in → Caesars Diensten, auch politisch tätig. → Neoteriker, Freund → Catulls (Adressat von carm. 38). C. verfaßte galante Verse, mindestens ein gelehrtes Epyllion und war anscheinend mit dem jungen → Vergil befreundet. G.L.

2. **C.,** L., cos. 35 v. Chr., homo novus und Anhänger Octavians (→ Augustus). Unter der lex Pedia 43 Ankläger des M. → Brutus (2). 38–36 Legat Octavians im Seekrieg gegen Sex. → Pompeius (4). 34/33 Prokonsul von Africa, 33 Triumph ex Africa. C. gehörte zu den principes viri, die auf Anordnung des Augustus öffentliche Bauten errichteten (vgl. Suet. Aug. 29; zum Tempel der Diana Cornificia: Dessau 1732). U.Wm.

Lit: R. Syme, Roman Revolution (1939), 1952², Ind. S. 544.

Cornutus (L. Annaeus Cornutus) aus Leptis (Africa), → Stoiker, von Nero wohl 65 n. Chr. mit → Musonius in die Verbannung getrieben. Lehrer des → Persius (sat. 5), zählt zu dessen Erben, ordnet den Nachlaß und sorgt für Herausgabe durch → Caesius Bassus. Widmet dem → Silius (2) Italicus eine Schrift über Vergil. Schreibt griechisch (‹Über die Kategorien des Aristoteles›, ‹Redekünste›; erhalten ist nur die ‹Kurzgefaßte griechische Theologie› nach stoischen Quellen mit reichlicher Verwendung der → Allegorese) und lateinisch (‹Über Aussprache und Orthographie›, ‹Über Sinnfiguren› sowie zwei Schriften zu Vergil). Die anon. ‹Redekunst› (Spengel-Hammer I 352) gehört nicht unserem C. zu. Scholien zu Persius und → Juvenal sowie Distichen sind wohl unecht. M.v.A.

Ed: C. Lang, 1881 – *Lit:* A. D. Nock, RE Suppl. 5 (1931), 995–1005 – Schanz-Hosius, II 676–679 – J. Tate, C. and the poets, ClQ 23, 1929, 41–45 – W. Schmid, Archiv für das Studium der neueren Sprachen 200, 1963/64, 457.

2. **C. Tertullus,** C. Julius, ca. 46– nach 117, quaest. urbanus, aedilis cerialis, von → Vespasian und → Titus 73/74 unter die Prätorier aufgenommen, legatus Cretae et Cyrenarum, Prokonsul der Gallia Narbonensis, zurückhaltende Opposition unter → Domitian, mit → Plinius (2) d. J. 98–100 praefectus aerarii Saturni, ernannt von → Nerva und bestätigt von → Trajan, der beide zu cos. suff. für Okt.–Nov. 100 erhob. 105/106 wurde C. curator viae Aemiliae (CIL XIV 2925; Plin. epist. 5, 14), 111/112 Statthalter von Aquitanien,

ca. 113, wohl als Nachfolger des Plinius, von Pontus-Bithynien, 118/119 procos. Asiae. Die enge Freundschaft des Plinius zu C. zeigt sich bes. Plin. epist. 4,17,9; 5,14; 7,21.31; paneg. 90,3ff. K.H.Sch.

Lit: E. Groag, RE 10,1 (1917), 570–576.

Corona, Kranz als Schmuck des Siegers oder Kriegsauszeichnung. Die Verleihung der C. war bei den Römern streng geregelt und z.T. mit Sonderrechten verbunden. Feldherren konnten den Lorbeerkranz des → Triumphators und den Graskranz für die Rettung des Volkes oder Heeres (C. obsidionalis) erhalten, jeder Soldat den Eichenkranz (C. civica, Bürgerkrone) für Lebensrettung in der Schlacht. Jünger sind die goldenen Kränze für Erstürmung eines Schiffes, einer Stadt, eines Lagers (C. classica oder navalis, muralis, vallaris) oder der Goldkranz schlechthin (C. aurea). Die vier letzteren wurden in der Kaiserzeit in Ordensklassen verliehen, so daß der → Centurio eine C., der ritterliche Offizier zwei, der Prätorier drei, der Konsular vier erhielt, in den drei höheren Stufen stets in Verbindung mit einer gleichen Anzahl → Hastae purae und → Vexilla. E.Bay.

Lit: → Auszeichnungen.

Corpus Gromaticorum, eine Reihe von Schriften röm. Gromatiker (→ Agrimensoren, ‹Feldmesser›) wurden im 5. Jh. n. Chr. zu einem C. vereinigt, das wegen der verworrenen Gestalt, in der es auf uns gekommen ist, sehr schwierige Probleme bietet. Zeitlich wie sprachlich sind die Texte sehr verschiedenartig. Das C. ist in mehreren Hss. überliefert, von denen die wichtigste der Arcerianus in Wolfenbüttel (6. Jh.) ist. G.B.

Ed: F. Blume-K. Lachmann-Th. Mommsen-A. Rudorff, Die Schriften der röm. Feldmesser, 2 Bde, 1848. 1852 – C. Thulin, 1913 – *Lit:* Åke Josephson, Casae litterarum, Stud. zum C. agrim. Rom., 1950.

2. **C. Hermeticum.** [1] Eine im 1. Jh. v. Chr.–1. Jh. n. Chr. vermutlich in mehreren Etappen und Fassungen entstandene, ursprünglich wohl sehr umfangreiche Sammlung theologisch-philosophischer Erbauungsschriften, die weitgehend entweder Verkündigungen des einem Erzähler sich in einer Epiphanie offenbarenden ägypt. → Hermes Trismegistos oder Dialoge des Hermes mit seinem Sohne Tat oder Asklepios enthalten haben und von daher ihren Namen besitzen. Erhalten sind uns (1) eine stark verkürzte und textlich oft unheilbar zerstörte Sammlung von 18 Texten; (2) eine lat. Übersetzung eines der wichtigsten Traktate, einer Rede des Hermes an Asklepios, darum als ‹Asclepius› zitiert, die im Frühmittelalter unter die Werke des → Apuleius gestellt wurde; (3) im Sammelwerk des → Stobaios 26 größere Bruchstücke aus verschiedenen Schriften; (4) einige weitere Fragmente, bezeichnenderweise großenteils aus christl. Autoren (von → Tertullian an), die sich für diese merkwürdige Konkurrenzliteratur zu ihren Heiligen Schriften interessierten. – Die Hauptsammlung wird zuweilen nach einem Beinamen, den im ersten Stück Hermes sich selbst beilegt, Poimandres genannt. – Alle Traktate haben ein gemeinsames Thema: Gott, Kosmos, Mensch; ihr Wesen, ihre Kräfte, ihre gegenseitigen Beziehungen. Der Akzent liegt ganz auf → Theologie, → Kosmologie und → Anthropologie, die Atmosphäre ist die weihevoller Erbaulichkeit, die Szenerie mythisch-phantastisch, aber immer nur flüchtig skizziert; der Dialog erhält zuweilen eine gewisse Lebendigkeit. Das gesamte C. Hermeticum gibt sich seinem Titel gemäß als ägypt. Weisheit. Faktisch jedoch beschränkt sich das genuin Ägyptische auf die Reihe der oberflächlich angeklebten Götternamen (neben Hermes und Tat auch Isis und Horos) und auf einzelne Hinweise auf ägypt. Religion und Zauberpraktiken (bes. in ‹Asclepius›). Gelegentlich wird orientalische Astrologie berücksichtigt: stärker sind in bestimmten Traktaten die Beziehungen zur Septuaginta (so im dritten). Frühere Forschung hat in der reichlichen Verwendung der Symbolik von Licht-Finsternis, Höhe-Tiefe, Geburt-Tod iranische Einflüsse erkennen wollen, doch stellt sich heraus, daß das allermeiste aus griech. Voraussetzungen erklärbar ist. Das C. Hermeticum ist abgesunkene, zerfaserte philosophische Literatur, ‹Proletarierplatonismus›. Grundlage ist ein aus den Dialogen Timaios, Phaidon u.a. entwickelter weltflüchtiger Platonismus, in den sich ziemlich viel Aristoteles und späte Stoa mischt; einzelne Traktate (etwa 8,9) stehen letztlich vielleicht → Poseidonios nahe. Von einem einheitlichen System ist freilich keine Rede, tiefsinnig sein wollende Erbaulichkeit überschwemmt immer wieder die philosophischen Gedanken. Es wimmelt, genau besehen, von Widersprüchen nicht nur unter den Traktaten, sondern auch innerhalb eines einzelnen Textes. – Auch das (sehr ungleich stark dosierte) mythische Element läßt sich im Grunde aus der von Platon ausgehenden philosophischen Mythopoiie verstehen; vgl. etwa die Jenseitsmythen → Plutarchs. Mit der → Gnosis der frühen Kaiserzeit sind diese Dinge nur als eine wesentlich anspruchslosere Vorstufe zu verbinden.

[2] *Einzelnes:* Traktat 1 beginnt mit der Epiphanie des Hermes-Poimandres. Dieser belehrt den Erzähler zuerst über die Kosmogonie: Entstehen von Licht-Finsternis, Feuchtem und Feurigem, Hervortreten eines Logos aus dem weltbildenden Nūs, Bildung der Himmelskörper (7 Planeten) und der unteren Lebewesen durch einen zweiten Nūs (den → Demiurgen); dann folgt die Anthropologie: der erste Nūs bildet den Urmenschen, der sogleich selber demiurgisch tätig zu sein begehrt und ermächtigt wird. Er steigt aber durch die Planetenzone zur Erde, die ihn nun umschlingt und festhält. Aus ihm entspringt die Menschheit: wer sich selbst erkennt, wird zurückfinden zum ‹überwesenhaften Guten›, wer in der Liebe zur Körperlichkeit verharrt, bleibt im Dunkeln. Der Schluß des Lehrvortrages beschreibt, wie der Mensch nach Verlassen des Körpers durch die 7 Planetenzonen zurück bis zur 8. Region (Ogdoas) aufsteigt und zu Gott eingeht. Dies alles zu verkünden und die Menschen zur Unsterblichkeit aufzurufen, wird der Hörer der Offenbarung durch Hermes beauftragt. Ein litaneiartiges Gebet endet den Traktat. – Nr. 2 ist fast ohne mythisches Element, auch 4, stark platonisierend, ähnlich 6; 10 gibt sich als Auszug aus einem größeren Vortrag, dem Inhalt nach vergröberte Doktrin Platons, des Aristoteles u.a. – Die Gesamtsammlung ist zweifellos den geistigen Bedürfnissen der Halbgebildeten des 1.–3. Jh.s n. Chr. entgegengekommen, hat auch vom 15. Jh. an in theosophisch interessierten Zirkeln immer wieder Beachtung gefunden. O.G.

Ed: A. D. Nock-A. J. Festugière, 4 Bde (1945–54), 1962² (mit Übers. von A. J. Festugière) – *Lit:* W. Theiler, Die Vorbereitung des Neuplatonismus (1930), Nachdr. 1964 – A. J. Festugière, La révélation d'Hermès Trismégiste, 4 Bde, 1950–54.

3. **C. Hippocraticum** → Hippokratische Schriften.

4. **C. iuris civilis.** Zu den rechtspolitischen Tendenzen vgl. → Recht III A [8]. – Die schon in der Glossatorenzeit auftretende Bezeichnung ‹C. iuris civilis› wird zuerst von Gothofredus d. Ä. für die Gesamtausgabe (1583) der Gesetzgebung Justinians verwendet.

[1] *Codex.* Justinian, der von seinem Regierungsantritt an die Gesetzgebungsarbeit mit Energie verfolgte, ging zunächst daran, die Konstitutionen zusammenzufassen. Im J. 528 beauftragte er eine Kommission, an Stelle der drei vorhandenen Codices einen neuen Codex auszuarbeiten. Unter den 10 Mitgliedern der Kommission befanden sich → Tribonianus und → Theophilos (1). Schon ein Jahr später wurde der Codex veröffentlicht; die älteren Codices durften nicht mehr benutzt werden. Erhalten ist uns der Codex nicht; er wurde durch den ‹Codex repetitae praelectionis› (s. u. 4) ersetzt.

[2] *Digesten bzw. Pandekten.* Anschließend nahm Justinian die Juristenschriften in Angriff. 530 setzte er eine Kommission unter Leitung von Tribonian ein mit der Aufgabe, aus dem vielfältigen Material das für die gegenwärtige Praxis

Brauchbare als nunmehr allein verbindlich zusammenzufassen. Neben Tribonian gehörten der → comes sacrarum largitionum, 4 Professoren (darunter Theophilos und → Dorotheos, 1) und 11 Vertreter des Anwaltsstandes zur Kommission. Bereits am 16. 12. 533 folgte die Publikation (Konstitutionen ‹Tanta› und ‹Δέδωκεν›). Die Namen Digesten oder Pandekten weisen auf die Ordnung des Bestandes und die Vollständigkeit bzw. Ausschließlichkeit der Sammlung hin. Die Stoffanordnung entspricht dem prätorischen Edikt bzw. dem Codex. Die Sammlung ist in 50 Bücher, diese wiederum in Titel, die Titel in Fragmente oder leges eingeteilt; längere Fragmente wurden später in Paragraphen untergliedert. Am Anfang jedes Exzerpts werden Autor und Werk angegeben (Inscriptio). – Das Werk ist in lat. Sprache verfaßt, obwohl die griechische z. Zt. Justinians vorherrschte; man führt dies auf den konservativ-traditionalistischen Grundzug Justinians zurück. Ein Index der benutzten Werke ist der Sammlung vorangestellt. – Die Kommission konnte ihre Arbeit wohl nur dadurch so rasch bewältigen, daß sie auf Vorarbeiten zurückgreifen konnte, die die alten Schriften bereits auf den neuesten Stand gebracht hatten (sog. Predigesto). – Innerhalb der Titel sind die Auszüge in einer festen Reihenfolge zusammengestellt, woraus zu schließen ist, daß die Kommission ihre Arbeit in Gruppen erledigte, die die einzelnen Stoffmassen (sog. Sabinus-, Edikts- und Papiniansmasse) getrennt behandelten. – Überliefert sind die Digesten insbes. durch die Florentiner Handschrift aus dem 6. oder 7. Jh. – *Interpolationen:* Die historisch orientierte Forschung seit Cujacius zeigt das Bestreben, aus den Exzerpten möglichst die von der Kommission im Interesse der Aktualisierung und Harmonisierung vorgenommenen Änderungen zu beseitigen und den klassischen Text wiederherzustellen. Anhaltspunkte hierzu liefern Vergleiche mit anderen Textwiedergaben, aber auch Veränderungen des Rechtszustandes (z.B. Verschwinden des Formularprozesses, Verschwinden bzw. Vereinheitlichung von Rechtsinstituten) und schließlich Veränderungen der politischen, sozialen und religiösen Verhältnisse und Vorstellungen. Manche Vermutung greift offensichtlich zu weit (vgl. E. Levy-E. Rabel, a. O.; F. Wieacker, a. O.).

[3] *Institutionen.* Tribonian, Theophilos und Dorotheos wurden nach Abfassung der Digesten beauftragt, eine einführende Darstellung des Rechtsstoffes zu konzipieren. Sie gingen dabei von den Institutionen des → Gaius (2) aus, die offensichtlich für den Rechtsunterricht grundlegend waren, und brachten sie auf den Stand des geltenden Rechts; benutzt wurden auch die Institutionen anderer Juristen, bes. die Ulpians. Diese Arbeit ging gleichfalls rasch vonstatten; die ‹Institutiones› oder ‹Elementa› wurden – noch vor den Digesten – am 21. 11. 533 mit Gesetzeskraft publiziert.

[4] *Codex (repetitae praelectionis).* Da im Zuge der Gesetzgebungsarbeit manche Regelung die Kompetenz der Kommission überstieg und der Kaiser durch Konstitutionen gesetzgeberisch eingriff, ergab sich eine neue Materie (die sog. quinquaginta decisiones). Um diese Konstitutionen in den Codex einzuarbeiten, wurde eine Kommission – bestehend aus Tribonian, Dorotheos und 3 Advokaten – gebildet. Am 16. 11. 534 wurde die Neufassung publiziert und der bisherige Codex außer Kraft gesetzt.

[5] *Novellen.* Zwar hatte Justinian für die nach dem neugefaßten Codex einsetzende Gesetzgebung eine Sammlung ‹Novellae constitutiones› beabsichtigt, jedoch ist eine amtliche Sammlung nicht erschienen. Die meisten dieser Nachtragsgesetze haben griech. Text. Bekannt sind einige private Sammlungen, darunter ein Auszug des Julian, eines Professors aus Konstantinopel (Epitome Iuliani, in lat. Sprache für das eroberte Westreich), und das sog. ‹Authenticum›, ebenfalls lat.; z. T. fehlerhaft übersetzt. Am vollständigsten eine Sammlung vom Ende des 6. Jh.s mit 168 Novellen, die in Handschriften des 13. u. 14. Jh.s erhalten ist. Als Anhang einer der Handschriften finden sich die sog. 13 Edicta Iustiniani. H. Hb.

Ed: P. Krüger-Th. Mommsen-R. Schoell-G. Kroll, C. iuris civilis, I: Inst. u. Dig. (1868), 1954^{16}; II: Cod. (1877), 1959^{12}; III: Nov. (1895), 1959^{6} – Th. Mommsen, Dig. Iust. Aug., 2 Bde, 1870 – P. Bonfante, C. Fadda-C. Ferrini-S. Riccobono-V. Scialoja, Dig. Iust. Aug., 2 Bde 1908–31 – P. Krüger, Cod. Iust., 1877 – *Lit:* O. Karlowa, Röm. Rechtsgesch. I, 1885, 1003–22 – Th. Kipp, Gesch. d. Quellen d. röm. Rechts (1896), 1909^{3}, 156–170 – P. Krüger, Gesch. d. Quellen u. Lit. d. röm. Rechts (1888), 1912^{2}, 365–405 – H. Krüger, Die Herstellung d. Dig. Justinians, 1922 – M. Kaser, Röm. Rechtsgesch., 1950, 214–233 – H. F. Jolowicz, Historical Introd. to the Study of Roman Law, 1952, 488–516 – L. Wenger, Die Quellen d. röm. Rechts, 1953, 562–679 – V. Arangio-Ruiz, Storia del diritto romano (1937), 1957^{7}, 376–397 – F. Wieacker, Vom röm. Recht (1945), 1961^{2}, 244–287 – E. Seidl, Röm. Rechtsgesch., 1962, 257–273 – W. Kunkel, Röm. Rechtsgesch. (1952), 1964^{4}, 143–154 – *Zu [2]:* E. Levy-E. Rabel, Index Interpolationum, 3 Bde, 1 Suppl., 1929–35 – F. Wieacker, Textstufen klass. Juristen, 1960.

5. **C. Priapeorum** → Carmina Priapea.

6. **C. Vergilianum** → Appendix Vergiliana.

Correctio (*ἐπανόρθωσις*), rhetor. → Sinnfigur; nachträgliche Selbstkorrektur gegenüber einer vorangegangenen Äußerung (etwa ‹... was sag' ich? nein, vielmehr ...› o. ä.). *Bsp.:* Cic. Catil. 1, 2: «Er lebt, nein, er kam sogar in den Senat.» H. H.

Lit: Volkmann, 495f. – Lausberg, I 386–389.

Corrector. Seit → Trajan traten legati Augusti ad corrigendum statum in solchen Gebieten, die der kaiserlichen Verwaltung nicht direkt unterstanden, als Sonderkommissare häufiger auf. Seit Ende des 3. Jh.s wurden die italischen Provinzen von C.es verwaltet, deren Titel dann seit Mitte 4. Jh. fast durchweg in den ranghöheren eines → consularis umgewandelt wurde. K. F. Str.

Cortona (etrusk. Curtun), etrusk. Stadt nördl. des Trasimenischen Sees (Kt. 1420 E 4), mit Resten der Stadtmauer des 6./5. Jh.s v. Chr. Das Museum birgt die ‹Bronzelampe von C.› (Ende 5. Jh. v. Chr.). Am Fuße des Stadtberges liegen die ‹Meloni› di Camucia und del Sodo I und II (Grabbauten 7./6. Jh. v. Chr.), an seinem Hang die ‹Tanella di Pitagora› (4./3. Jh. v. Chr.), zu der es Parallelen in → Hierapolis gibt. O. W. v. V.

Lit: A. Neppi Modona, C. Etrusca e Romana, 1925.

Coruncanius, Name eines plebejischen Geschlechts aus Tusculum. Tib. C. gelangte als erster der Familie 280 v. Chr. zum Konsulat und kämpfte im ersten Jahr des → Pyrrhos-Krieges in Etrurien. Um 254 wurde er als erster Plebejer → Pontifex maximus. Er war ein bedeutender Jurist (Liv. perioch. 18; Cic. domo 139; Pompon. Dig. 1, 2, 2, 35). – Seine Söhne C. und L. Coruncanius kamen 230 auf einer Gesandtschaftsreise zur Illyrerkönigin → Teuta ums Leben (Polyb. 2, 8). R. W. – A. L.

Corvinus → Messalla.

Corvus → Valerius.

Cosa, 273 v. Chr. gegründete latinische Kolonie an der Küste Etruriens (Kt. 1420 D 5; beim heutigen Ansedonia) mit einer mächtigen wohlerhaltenen Polygonalmauer, mit regelmäßigem Stadtplan und Resten des Kapitols, mehrerer Tempel, des Forums mit einer Basilika und Thermenanlagen. Die meisten Bauten aus dem 3. und 2. Jh. v. Chr. Im 1. Jh. v. Chr. verlassen. B. A.

Lit: G. Dennis, Cities and Cemeteries of Etruria II, 245–354 – M. Pallottino, in: Scritti in onore di B. Nogara 1937, 341–358 – F. Brown, Mem. Am. Ac. 20, 1951, 7ff. – F. Castagnoli, ebd. 24, 1956, 147ff. – D. Mac Taylor, ebd. 25, 1957, 65ff. – A. v. Gerkan, Miscellanea Libertini, 1958, 149ff. – EAA II, 1959, 869.

Cosconia Gallitta, Tochter eines Cornelius Lentulus Maluginensis, mit L. Seius Strabo, Präfekt von Ägypten, verheiratet, Mutter des L. Aelius → Seianus. Mit den ältesten, bedeutendsten und angesehensten Familien Roms verwandt. U. Wm.

Q: Dessau 8996 – Vell. 2, 127, 3 – *Lit:* F. Adams, The Consular Brothers of Seianus, AJPh 76, 1955, 70–76.

Cosconius, Q., Grammatiker und Jurist, von → Sueton für die Vita des → Terenz benutzt. U.Wm.

Lit: Schanz-Hosius, I 584f.

Cossus → Cornelius.

Cossutius, Baumeister des gegen 175 v. Chr. als korinth. Dipteros über den archaischen Fundamenten begonnenen Olympieion von → Athen (A 11). C. stand in guter hellenist. Schulung, doch bleibt es für den Abstieg Athens bezeichnend, daß ein röm. Bürger für dieses größte Bauwerk der Stadt berufen wurde. Die Basis einer Ehrenstatue des C. wurde beim Olympieion gefunden. G. Gb.

2. **C. Cerdo,** M., römischer Bildhauer vom Anfang der Kaiserzeit. Zwei signierte polykletische Panstatuen wurden 1775 in Lanuvium gefunden, heute im BM (Anc. Marbles II 33.43). H. v. H.

Lit: Lippold, GrPl, 166, 8 – EAA II, 1959, 871 (Red.).

3. **C. Menelaos,** M., vielleicht identisch mit Menelaos, Schüler des → Stephanos. Röm. Bildhauer, 1. H. 1. Jh. nach Chr., der sich so auf der sog. Orest-Elektra-Gruppe im Mus. Naz. Rom nennt. H. v. H.

Lit: Brunn-Bruckmann 309 – Lippold, GrPl, 386, Taf. 135, 4 – G. Cressedi, EAA II, 1959, 871, Abb. 1135.

Cottius, M. Iulius, Sohn des Königs Donnus, romfreundlich, herrschte als praefectus civitatium im Gebiet der nach ihm benannten Alpes Cottiae (seit → Nero Provinz). Errichtete in Segusio (Susa) Ehrenbogen für Augustus (9/8 v. Chr.), baute Alpenstraßen. H.-G. K.

Q: Dessau 94; Amm. 15, 10, 2. 7.

Crassicius Pasicles (später Pansa), L., lat. Grammatiker der augusteischen Zeit; kommentierte die ‹Smyrna› des C. Helvius → Cinna.

Q: Suet. gramm. 18 – *Frg:* Funaioli, GrRF 523f. – *Lit:* Schanz-Hosius, IV 379.

Crassus (M. Licinius Crassus Dives, ca. 115–53, cos. 70, 55, cens. 65). Versteckte sich während → Cinnas Regime in Spanien, von wo er 82 zu → Sulla stieß. Bewährung im Bürgerkrieg, u. a. als Kommandeur des siegreichen rechten Flügels in der Schlacht vor Rom am 1. 11. 82. Im J. 81 fiel C. in Ungnade, da er sich bei den → Proskriptionen maßlos bereicherte und viele Eigenmächtigkeiten beging. Danach rege wirtschaftliche und politische Tätigkeit: C. wurde der reichste Mann Roms, einer der mächtigsten Patrone (u. a. durch Darlehen, Tätigkeit vor Gericht, den Besitz einer Unzahl von Mietshäusern). 72 als Prokonsul gegen → Spartacus eingesetzt, dessen Aufstand er im ganzen niederschlug. 71 schloß C. sich an → Pompeius (2) an, beide stellten 70 als Konsuln das Volkstribunat wieder her, gerieten dann jedoch in heftigen Konflikt. Trotz anschließender Versöhnung blieben sie Rivalen: Jeder wollte Erster sein im Staat. Daher verfolgte C. 67/63, z. T. zusammen mit Caesar, verschiedene Pläne, um sich ebenfalls eine Ausnahmestellung aufzubauen. Alles schlug fehl: 65 Begünstigung eines geplanten Anschlags auf die Konsuln (→ Catilina). Als Censor versuchte er, die Transpadaner in die Bürgerliste aufzunehmen und Ägypten tributpflichtig zu machen (Q. → Lutatius (3) Catulus). 64 Teilnahme am Wahlbündnis → Catilinas mit → Antonius (2). 63 stand C. hinter dem Ackerantrag des P. → Servilius (7) Rullus, förderte insgeheim die catilinarische Verschwörung (zuletzt wohl, um mit ihrer Niederwerfung betraut zu werden). 61/60 war er Vorkämpfer des Senats gegen Pompeius, fand sich aber, da er dessen Mehrheit nicht für die eigenen Pläne gewann, Ende 60 bereit, mit → Caesar und Pompeius einen Dreibund zu schließen (→ Triumvirat, 1). Die Rivalität zu Pompeius wurde dabei aber nur zurückgestellt. 59 wurde C. Mitglied der Ackerkommission. 58/56 enge Verbindung mit P. → Clodius (1). C. suchte → Ciceros Rückkehr aus dem Exil zu hintertreiben, stand Anfang 56 hinter den heftigen Angriffen auf Pompeius. Nach neuer Versöhnung in Lucca (April 56) 55 wieder gemeinsames Konsulat der beiden. C. erhielt ein außerordentliches Imperium in Syrien. Dort eröffnete er einen Krieg gegen die → Parther, in dem er 53 bei Carrhae eine schwere Niederlage erlitt; er selbst kam in einem Handgemenge um. – C. glaubte, indem er Unsummen von Gefälligkeiten und Geld anhäufte, hoch genug zu kommen, um ein Principat begründen zu können. Kennzeichnend ist sein Wort: Wer der Erste im Staat sein wolle, müsse so viel Geld haben, daß er eine Armee aufstellen könne (Cic. off. 1, 25). Sein Ehrgeiz überstieg aber so sehr seine ‹Wolfsnatur› (Gelzer), daß er ihn nicht mit Spannung lud, sondern zu diffuser Betriebsamkeit aufputschte. Chr. M.

Lit: M. Gelzer, RE 13, 1 (1926), 295–331 – A. Garzetti, M. Licinius Crassus, Athenaeum 19–23, 1941–45.

Crassus → Canidius, → Licinius, → Ninnius, → Otacilius.

Cremona, 268 als latinische Kolonie in der Gallia Cisalpina gegründet (Kt. 1420 D 2). Im 2. Pun. Krieg 218 Winterlager des röm. Heeres. 191 durch weitere Kolonisten verstärkt, 90 Municipium. Octavian (→ Augustus) verteilte 40 v. Chr. das Gebiet von C. unter seine Veteranen. 69 n. Chr. als Zentrum der Vitellianer zerstört, aber von Vespasian wiederaufgebaut, da es von großer Bedeutung für die Poschiffahrt und den Übergang der → Via Postumia über den Fluß war. Der regelmäßige röm. Stadtplan zeichnet sich in der heutigen Stadt ab, in der zahlreiche röm. Mosaikfußböden des 2. Jh.s n. Chr. gefunden wurden. B. A.

Lit: N. Degrassi, EAA II, 1959, 926f.

Cremutius Cordus, A., röm. Senator und → Geschichtsschreiber; 25 auf Veranlassung → Sejans angeklagt, weil er → Cassius (8) den ‹letzten Römer› genannt hatte, beendete er durch Nahrungsverzicht sein Leben (Tac. ann. 4, 34f.; Suet. Tib. 61, 3). Sein Geschichtswerk, das mit der Darstellung der Bürgerkriege einsetzte (zwei Zitate aus dem Nachruf auf → Cicero bei Sen. suas. 6, 19; 23) und sich durch großen Freimut auszeichnete, wurde auf Senatsbeschluß verbrannt. Einige Exemplare konnten aber, bes. durch seine Tochter Marcia (Sen. dial 6, 1, 2ff.), gerettet werden; unter → Caligula erschien eine neue ‹gereinigte› Ausgabe (Quint. inst. 10, 1, 104; Suet. Cal. 16, 1). R. T.

Frg: HRR II 87–90 – *Lit:* PIR II² 384 – W. Richter, Röm. Zeitgesch. u. innere Emigration, Gymn. 68, 1961, 298–310.

Cresconius Corippus (Flavius C. Corippus), trat ca. 549 n. Chr. in Karthago mit der Johannis, einem → Epos auf den Maurenfeldzug des Oströmers → Johannes (1) i. J. 548, hervor, erhielt ein Hofamt in Byzanz, dichtete 566/567 einen Panegyricus in 4 Büchern auf den Kaiser → Justinus (3). C. integriert die reiche Tradition der röm. Epik, und zwar schließt er sich vor allem an → Lucan und → Claudian an.

Ed: J. Partsch, 1879 – M. Petschenig, 1886. W. Sch.

Creticus → Antonius.

Crispina, Bruttia, ca. 164–188, seit 178 Gattin des → Commodus. Angeklagt wegen Ehebruchs, nach Capri verbannt und bald nach 187 hingerichtet. C. besaß Münzrecht und Augustatitel. H. T.

Crispus, ältester Sohn → Konstantins I. und der Konkubine Minervina, meist Flavius Julius C. genannt. Er wurde 317 n. Chr. zum Caesar erhoben, residierte in Trier, erhielt → Laktanz als Erzieher, führte das Kommando bei Kämpfen gegen → Franken und → Alamannen. Vermählt mit einer sonst nicht bekannten Helena; Teil der Hofhaltung ist wohl der in Trier (→ Augusta Treverorum) wiedergefundene deckengeschmückte Palastraum. Im Krieg seines Vaters gegen → Licinius (1) i. J. 324 befehligte er die Flotte. 326 wurde er einer unerlaubten Beziehung zu seiner Stiefmutter → Fausta beschuldigt und auf Veranlassung Konstantins in Pola mit Gift getötet. J. V.

Lit: → Konstantin I.

Crispus, vgl. auch → Sallustius.

Crus → Cornelius.

Crustae. Seit dem 1. Jh. v. Chr. werden in Weiterführung orientalischer Traditionen Wände von Innenräumen mit farbigen Marmor- oder Steinplatten verkleidet, von Vitruv u. a. ‹C.› genannt (sog. → Inkrustationsverfahren). In zweiter Linie werden mit ‹C.› die um die → Metallgefäße gelegten ziselierten oder reliefierten Schmuckbänder bezeichnet (vgl. auch → Torentik). U.J.

Q: Plin.nat.33,157 – Cic.Verr.4,52 – *Lit:* Blümner, Privataltertümer, 91–92; 408 Anm.7 – O.Deubner, Expolitio, Inkrustation und Wandmalerei, RM 54, 1939, 14–41, Taf.3–10.

Crux (als t.t.), unheilbare Verderbnis eines Textes, die in kritischen Ausgaben durch ein Kreuz bezeichnet (nach Möglichkeit in Kreuze eingeschlossen) zu werden pflegt (→ Textkritik B 3). Die Bezeichnung geht vermutlich darauf zurück, daß die römische Komödie eine unheilvolle Person oder Sache C. nannte. Das textkritische Zeichen des Kreuzes ist nachträglich zur Versinnbildlichung eines unerfreulichen Befundes entstanden. H.E.

Cubicularii. Schon die röm.Großen der ausgehenden Republik besaßen C. als Kammerdiener. Vom Kaiserhof wurde dann diese Einrichtung übernommen und ausgebaut. Bei den C. handelte es sich zunächst um Sklaven und vor allem um Freigelassene mit einem ‹a cubiculo› an der Spitze. In der spätröm.Zeit rekrutierten sie sich nach orientalischer Sitte aus Eunuchen. → Konstantin (1) d.Gr. schuf das Amt des praepositus sacri cubiculi, dessen Inhaber oft zu mächtigem politischem Einfluß aufstiegen (→ Eutropius, 2). K.F.Str.

Culleo → Terentius.

Cumae (*Κύμη*; Kt.1420 F6; heute Cuma), älteste und nördlichste griech.Kolonie auf dem italien.Festland, gegründet um die Mitte des 8.Jh.s von Siedlern aus → Chalkis und → Eretria und aus dem äol.-kleinasiat.Kyme von Ischia aus. Tochterkolonien: Parthenope, → Neapolis. 524 v.Chr. von Etruskern und anderen ital. Stämmen vergeblich angegriffen. Die Etrusker wurden in der Seeschlacht von C. 474 vernichtend geschlagen, doch führte der Niedergang der etrusk. Macht zum Erstarken der → Samniten, die C. 424 bis 421 eroberten. Nach 338 unter röm. Einfluß, 334 civitas sine suffragio, 180 Lateinisch als Amtssprache eingeführt, im Bürgerkrieg Festung Octavians (→ Augustus), der 37 durch → Agrippa (1) das ganze Gebiet von C. zu einer gewaltigen Flottenbasis ausbauen ließ. 568 n.Chr. letztes Bollwerk der Goten. Zufallsfunde seit dem 17.Jh., systematische Ausgrabungen seit dem Beginn des 20.Jh.s. – Das Stadtgebiet umfaßte die Ebene am Fuß der Akropolis vom jetzt trockengelegten See von Licola im N bis zum Mons Gaurus im O und bis zu den Höhen von Baiae im S. Im W zog sich zwischen Stadtgebiet und Strand die unwegsame silva Gallinaria entlang. Auf dem Gipfel der Akropolis liegen die Reste eines archaischen Tempels, ohne ausreichenden Grund als Jupitertempel bezeichnet, in samnitischer und augusteischer Zeit umgebaut und schließlich in eine christl. Basilika verwandelt. Auf einer etwas unterhalb des Gipfels gelegenen, nach O gewandten Terrasse liegt der Stylobat des archaischen, in röm. Zeit umgebauten und später ebenfalls in eine christl. Kirche verwandelten Apollontempels. Mit diesem war durch einen absteigenden, in röm. Zeit unterbrochenen Tunnel ein 131,50 m langer, nordsüdl. dem Westrand des Hügels parallel laufender Gang verbunden, der mit trapezförmigem Durchschnitt aus dem Felsen herausgearbeitet und in regelmäßigen Abständen durch drei seitliche, zum Meer hin offene Galerien erhellt wird, während sich auf der O-Seite drei Kammern mit Zisternen finden. Am Ende des Ganges liegt ein rechteckiges Gemach mit gewölbter Decke, an die sich eine Cella mit drei Nischen anschließt. Die mehrfach veränderte Anlage, die zu den großartigsten antiken Bauwerken zählt, wird als die Grotte der cumäischen Sibylle angesehen (Verg.Aen.3, 443 f.; 6,42–44; 98 f.; Ps.-Iust., Cohortatio ad Gentiles). Im Zusammenhang mit dem Flottenstützpunkt von Misenum wurde von L.Cocceius Auctus ein gewaltiger Tunnel durch die Akropolis von C. angelegt. In der Ebene am Fuß der Akropolis befindet sich das Forum der Stadt mit Ruinen röm. Bauten. Im S des Stadtgebietes liegen die Reste des sullanischen Amphitheaters. Die Via Domitiana, die das Forum durchquert, führt durch einen vom sog. Arco Felice überspannten Einschnitt in den Monte Grillo, eine hervorragende Leistung röm. Straßenbaus, nach Puteoli. B.A.

Lit: E.Gabrici, MAL 22, 1913, 1 ff. – A.Maiuri, I campi flegrei, 1958 – W.Johannowski, EAA II, 1959, 970 ff.

Cuneus, keilförmige, durch Treppen begrenzte Abteilung des Zuschauerraums im röm. → Theater (B 5). K.G.K.

Cura annonae. Die Versorgung Roms mit billigem Getreide gehörte schon früh zu den Aufgaben der → Ädilen. Trotz des bedeutenden Bevölkerungszuwachses im 2.Jh. v.Chr. und des gleichzeitigen Rückganges des Getreideanbaus in Italien reichte die Zufuhr aus den Provinzen (bes. Sizilien, Sardinien, Afrika) im Rahmen des Zehnten vorläufig aus; erst seit den → Gracchen, als das Proletariat, infolge der zahlreichen leges frumentariae, aus ganz Italien nach Rom strömte, wurde die Versorgung der Stadt mit Getreide zu einem schwer zu lösenden Problem. Denn schon die bloße Zufuhr genügender Getreidemengen war außerordentlich schwierig, und darüber hinaus bedeutete die seit 56 v.Chr. unentgeltliche Verteilung von Getreide eine hohe finanzielle Belastung (über 40 Mill. HS jährlich). Die von → Caesar dem Staat 46 überwiesenen Kriegssteuern sowie die Einsetzung der Aediles ceriales brachten nur vorübergehend Erleichterung. Erst die von → Augustus 22 v.Chr. übernommene C. annonae und bes. die Einsetzung des ständigen Praefectus annonae (6 n.Chr.) lösten das Problem. Aus Ägypten kamen unter Augustus jährlich 20 Mill. modii nach Rom, aus den übrigen Provinzen, bes. Africa, 40 Mill. Von diesen 60 Mill. modii wurden 12 Mill. für die Getreideverteilungen verwendet, die ständig 200 000 Personen zugute kamen, was auf eine Bevölkerung von rund 1 Mill. Einwohner Roms schließen läßt (→ Bevölkerungsstatistik). Die Kosten der C.annonae trug in der Hauptsache der Kaiser, zu einem geringeren Teil das → Aerarium. Das Amt des Praefectus annonae, der stets dem Ritterstande angehörte und über zahlreiches Personal in Rom, in Ostia und anderen Häfen Italiens und in den Provinzen verfügte, erhielt sich in Rom, später in Konstantinopel bis ins 6.Jh. R.Kn.

Curator, außerordentliche Hilfsmagistratur, durch Volkswahl in den Tributcomitien geschaffen, z.T. auf längere Zeit, meist jedoch nach dem Prinzip der Annuität und Kollegialität. 57 v.Chr. war → Pompeius (2) allein zuständig für die → cura annonae. Beispiele aus der Republik: → duoviri aedi dedicandae; die 3-, 5-, 7-, 10-, 20-viri agris dandis adsignandis und coloniae deducendae; III viri aere argento auro flando feriundo. – Die neue, ständige Institution der C.es bildete sich an der cura annonae aus, die 22 v.Chr. von Augustus übernommen wurde. Zunächst Hilfsmagistrate des Senats (ex senatus consulto), seit Claudius aber ex auctoritate. Alle C.es zusammen bildeten ein collegium; Bezahlung aus dem → Aerarium, seit Claudius auch aus dem → Fiscus. Dadurch nahm die Zahl der Hilfsmagistraturen des Kaisers ständig zu, an die Stelle des kollegialen Systems traten Einzelbeamte. Die einzelnen C.es: 1. *C.frumenti ex s.c.*, 22 v.Chr. eingesetzt, zuerst 2, seit 18 v.Chr. 4 Prätorier. 2. *C.viarum*, seit 20 v.Chr. aus Prätoriern. Daneben gab es C.es für die größeren Staatsstraßen (etwa 10). Seit Nerva oder Trajan Oberaufsicht über das Alimentarwesen, seit Mark Aurel Aufsicht über die Eintreibung der vectigalia. – 3. *C.aquarum*, seit 11 v.Chr. aus Consularen, die vornehmste curatio. – 4. *C.aedium sacrarum et operum locorum publicorum*, seit 11 v.Chr. bald 2 Prätorier, bald 2 Consulare, Leitung des gesamten hauptstädtischen Bauwesens. – 5. *C.riparum et alvei Tiberis* (seit Trajan: c.alvei et riparum Tiberis et cloacarum urbis), wahrscheinlich 15 n.Chr. eingesetzt, Fünfmännerkollegium mit Consular an der Spitze; außerdem gab es C.es in der Ärar-, Heeres- und Munizipalverwaltung; im 3.Jh. n.Chr. Aufkommen der *c. rei publicae*, kaiserlicher Regierungsbevollmächtigter zur Beaufsichtigung der munizipalen Finanzverwaltung, in der späten Kaiserzeit ständiger munizipaler Beamter. J.S.

Lit: E. Kornemann, RE 4,2 (1901), 1761–70, s.v. cura – Ders., RE 4,2 (1901), 1774–1813.

Cures, Stadt der → Sabiner an der Grenze von Latium (bei Corese Terra), in der → Romsage häufig erwähnt. Die Stadt war später wenig bedeutend. In der Kaiserzeit Municipium. B.A.

Curia, Sitzungslokal des → Senats, z.B. die C. Julia auf dem Forum Romanum (→ Rom IV D 3). In republ. Zeit wurden mehrere Curien erbaut. Daneben dienten größere Tempel als C. Gültige Beschlüsse konnten nur in geschlossenen Räumen, auf einem der Gemeinde oder einem ihrer Götter gehörigen und zur Einholung von → Auspicien eingerichteten Platz innerhalb der Bannmeile Roms gefaßt werden. Bei einigen Gegenständen waren bestimmte Tagungsorte üblich. Meist wurde der Ort von Fall zu Fall bestimmt (etwa um des besonderen Schutzes einer Gottheit willen, um die Bedeutung einer Sitzung zu betonen oder zur Sicherheit vor Demonstrationen). Chr.M.

Lit: Mommsen, Röm. Staatsrecht III 926ff. – L. Lange, Röm. Altertümer II (1862), 1879³, 397ff. – H. Nesselhauf, Die neue Germanicus-Inschrift von Magliano, Historia 1, 1950, 105ff.

Curiatcomitien, die nach Curien geordnete Volksversammlung in Rom, → Comitien.

Curiatier → Horatier.

Curiatius Maternus, → Redner und Dichter z.Z. Neros und der Flavier; schrieb → Tragödien (Medea, Thyest) und → Praetexten (Cato, Domitius). Seine Tragödien wurden wahrscheinlich nur rezitiert (Tac. dial. 11,2). Unter seinen Vorgängern bewundert er bes. → Ovid und → Varius. Tacitus ließ ihn im ‹Dialogus› auftreten. K.A.

Lit: J. Stroux, M., Redner u. Dichter, Philol. 86, 1931, 338–349.

Curio → Scribonius.

Curionen, Priester der → Curien (Varro ling. 5,83; Dion. Hal. 2,64,1); sie zelebrierten die besonderen Kulte jeder → Curie und nahmen an den öffentlichen Festen der → Fornacalia und der → Fordicidia teil; die 30 C. hatten einen Präsidenten, den Curio Maximus. H. Le B.

Lit: Latte, 399f.

Curiosi, höhere Dienstgrade (ducenarii oder centenarii) der → agentes in rebus mit einjähriger Amtsdauer in den Provinzen, die dort an der Spitze der militärisch organisierten politischen Geheim → Polizei standen (Lib. or. 2 p. 294f. F.). Im Jahre 395 wurden sie auf den Postdienst beschränkt (Cod. Theod. 6,29,8 = Cod. Iust. 12,22,4). W.K.

Curius Dentatus, M.' (cos. 290 v. Chr., 275, 274, cens. 272), entstammte einem bis dahin unbekannten, angeblich in einer Landstadt ansässigen Geschlecht. Im 1. Konsulat schlug er die → Samniten und → Sabiner und triumphierte über sie: Erteilung des Halbbürgerrechtes an die Sabiner. 283 siegte er in Nachfolge des 284 gefallenen Konsuls L. Caecilius Metellus über die → Senonen, worauf die Kolonie → Sena Gallica angelegt wurde. 275 Sieg des C. über den aus Sizilien zurückgekehrten → Pyrrhos (1) in Lukanien oder bei Beneventum. Als Censor baute er 272 das zweitälteste → Aquaedukt des Anio vetus. Seine militärische Tüchtigkeit und selbstgewählte Armut wurden frühzeitig verherrlicht und vom älteren → Cato (1) zum Vorbild genommen. R.W.

Cursus, Bezeichnung für die rhythmische (d.i. akzentuierende) Form der Klausel im lat. → Prosarhythmus (B 2); *c. planus* die ciceronische Klausel Kretikus + Trochäus: ∼́ ∼ ∼ ∼́ ∼: scrípta mandántes; *c. tardus:* die → dikretische Klausel Ciceros: ∼́ ∼ ∼ ∼́ ∼ ∼: virtúte infírmitas; *c. velox:* die ciceronische Klausel Kretikus + Ditrochäus: ∼ ∼ ∼ ∼ ∼ ∼́ ∼: fírmiter observári. J.W.H.

Cursus honorum, Reihenfolge der → Magistraturen in Rom, entwickelte sich gewohnheitsrechtlich. Abgesehen davon, daß schon bald 10 Militärdienstjahre zur Erwerbung eines Staatsamtes vorgeschrieben waren (Polyb. 6, 19,4), gab es erst spät genauere Bestimmungen. So wurde ca. 200 die → Prätur Voraussetzung für den → Konsulat, wurde 180 durch die lex Villia annalis (Liv. 40,44; → Villius, 1) das Mindestalter für die Führung eines Amtes und 81 durch → Sulla die Folge der Magistraturen gesetzlich verankert. In der Kaiserzeit hatte der Kaiser zwar die Freiheit, Titel zu verleihen, doch hielt man bei Beförderungen meist bestimmte Regeln ein. A.L.

Lit: A.E. Astin, The Lex Villia Annalis, Latomus 16, 1957, 588–613; 17, 1958, 49–64 – G. Rögler, Die Lex Villia Ann., Klio 40, 1962, 76 bis 123.

Cursus publicus ist der Name der von → Augustus organisierten röm. Staatspost. Der Leiter des cursus publicus hatte den Titel a vehiculis, ab Hadrian praefectus vehiculorum. In bestimmten Entfernungen waren an den großen Straßen Stationen eingerichtet, an denen Wagen und Zugtiere bereitstanden. Die Kosten dafür fielen der Provinzialbevölkerung zur Last (→ Angareia). Die staatlichen Postboten (→ tabellarii) wiesen sich durch ein Diplom aus. Der cursus publicus beförderte nur amtliche Sendungen; Eilsendungen (cursus velox) und schwere Sendungen (cursus clabularis) wurden getrennt befördert. Vgl. → Post, → Nachrichtenwesen, → Verkehr. Th.P.

Lit: E.J. Holmberg, Zur Gesch. des c. publicus, 1933.

Curtius, M., legendäre Gestalt Roms. Als sich auf dem Forum in Rom i.J. 362 ein tiefer Spalt geöffnet hatte, der sich laut einem Orakel erst nach dem Opfer von Roms höchstem Gut wieder schließen sollte, deutete C. das auf die kriegerische Tapferkeit und sprang bewaffnet zu Pferde in den Spalt, der sich darauf wieder schloß (Varro ling. lat. 5,148ff.; Liv. 7,6,1ff.).

2. **C.** Philo (Chilo), C. oder Agrippa (cos. 445 v. Chr.) soll mit M. Genucius Augurinus Konsul gewesen sein und mit diesem die Gesetzesanträge des Volkstribunen C. → Canuleius bekämpft haben. Die späteren Curtii sind Plebejer, und C. wäre, da er das Konsulat vor 366 bekleidete, der einzige patrizische Konsul der Familie. R.W.

3. **C. Mettius,** Sabiner, der im Krieg des → Romulus (1) gegen den König der → Sabiner T. Tatius in den Sumpf auf dem späteren Forum Romanum geriet; von ihm soll nach einer wohl von dem Annalisten L. → Calpurnius (11) Piso Frugi rationalistisch ausgestalteten Erzählung (HRR Fr. 6) der Lacus Curtius auf dem Forum den Namen erhalten haben. R.W.

4. **C. Montanus,** 66 n. Chr. als junger Mann wegen seiner Gedichte (Satiren?) angeklagt, jedoch seinem Vater, Curtius Montanus, zuliebe und unter Verzicht auf die öffentliche Laufbahn begnadigt. Heftiger Angriff des Vaters i.J. 70 gegen den berüchtigten Delator Aquilius → Regulus. Weder Vater noch Sohn personengleich mit dem bei Iuv. 4,107. 131ff. erwähnten Schlemmer Montanus. U.Wm.

5. **C. Nicias,** aus Kos, von → Cicero erwähnter (fam. 9, 10,1 u.ö.) und ihm gut bekannter Grammatiker (Suet. gramm. 14).

Lit: Schanz-Hosius, I 581f.

6. **C. Rufus,** cos. suff. ca. 43/45, nach Tac. ann. 11, 21 homo novus niederer Herkunft. C. befand sich im Gefolge des Quästors von Africa, als ihm eine übernatürliche Erscheinung seine Laufbahn voraussagte. Er erlangte die Quästur durch einflußreiche Gönner, die Prätur auf Vorschlag des → Tiberius. Als Legat von Germania superior ließ er Silberbergwerke anlegen (47) und erhielt die Triumphalornamente. In fortgeschrittenem Alter Prokonsul von Africa (ca. 55/56). Starb im Amt. Wahrscheinlich nicht mit dem Schriftsteller Q. → C. (7) Rufus identisch. U.Wm.

Lit: R. Syme, Tacitus, 1958, Ind. S. 833 – H. Instinsky, Zur Kontroverse um d. Datierung des C. Rufus, Hermes 90, 1962, 379–383.

7. **C. Rufus,** Q., röm. → Geschichtsschreiber, Verfasser von ‹Historiae Alexandri Magni Macedonis› in 10 Büchern, von denen die beiden ersten sowie Teile von Buch 5, 6 und

10 verlorengegangen sind. Da die Einleitung des Werkes mit der Widmung nicht erhalten ist, sind wir für die Datierung auf Indizien angewiesen: die Vorschläge reichen von der Frühzeit des → Augustus bis → Septimius (3) Severus (Altheim) und → Theodosius (1) d. Gr. Die Bemühungen konzentrieren sich auf das Rätsel von 10, 9, 3 ff., wo C. in einem Exkurs die Wirren nach dem Tode → Alexanders (5) d. Gr. mit einer ähnlichen Lage des röm. Reiches vergleicht. Zweifellos liegt dort den rhetorischen Metaphern eine konkrete historische Situation zugrunde: wohl nicht der Regierungsantritt des → Claudius (1), wofür die Mehrzahl der Forscher eintritt, sondern die Begründung der flavischen Dynastie (Stroux, Instinsky). Da Sprache und Stil des Werkes einerseits den Einfluß → Senecas (2) zeigen, andererseits von Archaismen frei sind, wird man jede Datierung in die Zeit nach dem 1. Jh. ablehnen. In der Charakterisierung Alexanders als eines hemmungslosen Despoten scheint sich Opposition gegen das absolute röm. Kaisertum zu äußern. – C. wollte seinen Lesern nicht als Historiker Belehrung, sondern als Rhetor spannende Unterhaltung bieten. Er übernahm den in der Alexander-Vulgata (→ Kleitarchos) vorliegenden Stoff und formte ihn mit eigenwilliger Akzentuierung. Neben aktenähnlichen Mitteilungen, die bereits in seinen Quellen dazu dienten, seriöse Geschichtsschreibung vorzutäuschen, finden sich zahlreiche Flüchtigkeiten und Fehler. Seine Darstellung ist ein Musterbeispiel für jene späthellenist. Kombination von tragischer und rhetorischer Geschichtsschreibung, die Leben und Taten eines bedeutenden Mannes dramatisierend mit → Peripetien bis zu seinem denkwürdigen Ende behandelt: Psychagogie, dramatische Höhepunkte (Verschwörung des → Philotas 6, 7 ff.: nach dem Muster selbsterlebter → Majestätsprozesse?), Schlachtengemälde mit Aristien (Alexander und Darius bei Gaugamela: 4, 15, 23 ff.), aber weitgehender Verzicht auf nüchterne Sachmitteilung, dafür Hang zu übertriebenen Zahlangaben; rührselige Szenen; direkte Reden nach dem Schema der Rhetorenschule (8, 5 ff. Rede des → Kallisthenes), Orakel und Vorzeichen, Freude an Beschreibungen und Curiosa (Indien!), effektvolle Buchschlüsse. Das Bild Alexanders ist zwar nicht einheitlich, aber im ganzen negativ; es entspricht der Tradition der Rhetorenschulen, die immer wieder das Thema erörterten, ob bei Alexander die Tüchtigkeit (*ἀρετή*) oder das Glück (*τύχη*) überwiege. C. skizziert die Entwicklung Alexanders unter diesem Aspekt (3, 12, 18 ff.) und markiert den Wendepunkt zum Schlechten (6, 6, 1 ff.: nach dem Tod des Dareios). Im Ergebnis entspricht sein Alexander-Bild dem Senecas: «anstelle der Tüchtigkeit erfolgreicher Leichtsinn» *(pro virtute felix temeritas,* benef. 1, 13, 3). – C.' Werk gehörte zur Unterhaltungsliteratur und hat in der Antike keine erkennbare Fortwirkung hinterlassen. Von seiner Beliebtheit im Mittelalter zeugen dagegen zahlreiche Handschriften. Vgl. → Alexanderroman. R.T.

Ed: E. Hedicke (1867), 1908² – K. Müller, 1954/55 (mit Übers. von H. Schönfeld) – *Lit:* F. Altheim, Röm. Religionsgesch. II, 1953, 302 ff. – D. Korzeniewski, Die Zeit des Q. Curt Ruf., Diss. Köln 1959 – U. Instinsky, Zur Kontroverse um die Datierung des C. Rufus, Hermes 90, 1962, 379–383.

Cynthia → Properz.

Cypern (griech. *Κύπρος*, lat. Cyprus), die drittgrößte Insel des Mittelmeeres, 9284 km². 2 große Gebirgsketten (höchste Erhebung der Troodos, 1952 m) trennen die schmalen Küstenebenen von der zentralen Tiefebene (sogenannte ‹Messaria›). Infolge der Nähe zum umgebenden Festland (65 km südl. Kilikien, 96 km westl. Syrien), ist das Klima mehr kontinental als maritim.

A. Geschichte. [1] Die frühesten Funde reichen bisher in den Ausgang der jüngeren Steinzeit (Mitte des 6. Jt.s) zurück. Nach einer längeren, vorwiegend mit der festländischen Geschichte im östl. Mittelmeerraum gleich gehenden kulturellen Entwicklung, deren große Phasen an der Keramik ablesbar sind (geritzte Ware der sog. Sotira-Kultur 2. H. des 4. Jt.s; bemalte Keramik vom frühen 3. Jt. an; rot-schwarze Ware um 2500; schließlich im 23. Jh. Vasenformen westanatol. Typs), brachte die erste Entdekkung und zunehmende Verwendung von Kupfer von der frühen Bronzezeit an ein neues Stadium. Nicht zuletzt um dieses gesuchten → Metalls willen wurde C. in der jüngeren Bronzezeit (1600–1050 v. Chr.) ein Haupthandels- und Umschlagsplatz des östl. Mittelmeeres. Von größter Bedeutung wurde das Auftreten von myk. Handelsleuten um 1400 v. Chr.; in verschiedenen Wellen wanderten → ‹Achäer› ein, die die Insel kolonisierten, griech. Kultur und Sprache einführten und ihr in der Königsherrschaft in den einzelnen Städten eine politische Form gaben, die sich hier noch lange halten sollte, als die Poleis des griech. Festlands sich bereits in Demokratien umwandelten. Ungeachtet dessen, daß die Bevölkerung nun überwiegend griechisch war (wenn auch mit cypr. und syr.-anatol. Elementen durchsetzt) und über Rhodos stets einen regen Handel mit Griechenland unterhielt, nahmen vom Ausgang der frühen Eisenzeit (ca. 900) an auch die Handelsbeziehungen mit dem Osten immer mehr zu; die wichtigsten Häfen, durch die der cypr. Export in das Innere des Festlandes gelangte, waren → Sidon, → Tyros und → Tarsos.

[2] Als Folge dieser Handelsbeziehungen wie überhaupt der expansiven phön. Kolonisation gewann von ca. 800 an der phön. Einfluß in C., ausgehend von der tyr. Kolonie Kition, erheblich an Bedeutung. Die Unterwerfung der cypr. Könige unter den assyr. König → Sargon II. band C. auf ca. 40 Jahre noch enger an den Osten (bis 669/667). Danach brachten fast hundert Jahre faktischer Unabhängigkeit eine der Blütezeiten der cypr. Kultur, die sich in monumentaler Architektur (bes. Königsgräber, Paläste), feiner Keramik (s. u.) und schließlich auch in der Dichtung (Stasinos' ‹Kypria›) manifestierte. Durch das Erstarken → Ägyptens nach dem Zerfall Assyriens war diese cypr. Unabhängigkeit von neuem bedroht; nach einem vergeblichen Versuch unter → Apries (588–569) gelang dem Pharao Ahmose (569–526) die Unterwerfung der Insel; die Königtümer blieben bestehen, wurden aber zu Tributzahlungen verpflichtet; im Handel spielte nun die Verbindung mit Ägypten, vor allem durch → Naukratis, die Hauptrolle. Noch vor der Unterwerfung Ägyptens durch → Kambyses unterstellte sich C. freiwillig der pers. Herrschaft und wurde Teil der 5. Satrapie. Am ion. Aufstand nahmen die griech. Städte (bes. Chytroi, Kurion, Kyrenia, Marion, Paphos und Salamis) teil, während die phön. Kolonien Kition und Amathus zu Persien hielten, wurden aber bald überwunden; beim Xerxeszug steuerte C. 150 Schiffe zur pers. Flotte bei. Nach 100 Jahren lockerer Abhängigkeit brachte der König von Salamis, → Euagoras, einen neuen ‹Salaminischen Bund› zusammen und betrieb zunächst mit Persien gegen Sparta, dann, nach dem → Antalkidasfrieden, auch gegen Persien eine selbständige Politik, die 386 in einen offenen, von Athen unterstützten Aufstand mündete; er wurde 380, wiederum mit phön. Hilfe, niedergeschlagen. Im Laufe der Kämpfe nach Alexanders Tod kam C. schließlich unter ptolemäische Herrschaft und wurde, von kurzen Perioden der Unabhängigkeit (107–89; 58 v. Chr.) abgesehen, von einem Vizekönig aus dem königlichen Hause verwaltet. Erst jetzt verlor es seine bis dahin nicht unterdrückte eigene Münzprägung.

[3] 58 v. Chr. sicherte sich *Rom* als Pfand für seine großen Darlehen an → Ptolemaios Auletes den Besitz C.s. Es wurde zur Provinz Cilicia geschlagen, nach Actium eine selbständige Provinz, die zunächst durch einen Legaten des Augustus, später (von 22 v. Chr. an) senatorisch verwaltet wurde. Hauptstadt Salamis (später nach einem Erdbeben durch → Constantius wiederaufgebaut: Constantia); die 15 Stadtgemeinden bildeten ein → Koinon. Die in der ptolem. Zeit zum erstenmal bezeugten jüd. Niederlassungen wuchsen rasch und zogen bald, bes. nach dem ‹Hellenistenstreit› in

der Urgemeinde (→ Christentum I D2), auch die christl. Mission an (Barnabas und Paulus 46 n. Chr.). Wegen der Verwüstungen und Massenmorde, die im auch Ägypten und die Kyrenaika umfassenden jüd. Aufstand von 115/116 in Salamis angerichtet wurden, vertrieb der nachmalige Kaiser Hadrian alle Juden aus C.

B. KULTUR UND KUNST. [1] Die Funde und Reste der cypr. *Kunst* spiegeln getreulich sowohl die gleichbleibende Konstellation zwischen West und Ost wie die besonderen Entwicklungen in Zeiten der Abhängigkeit von der einen oder andern Seite. Die Keramik, die nach einer glänzenden Entwicklung im Neolithikum in der frühen Bronzezeit anatol. Einflüsse gezeigt hatte, ist danach beherrscht von Elementen der → kret.-myk. Kultur, wenn sich auch von 900 an charakteristisch cypr. Eigenart ausbildet. Aus spätmyk. Zeit sind hervorragende Elfenbeinreliefs, ja eine Bronzestatue erhalten. → Kammergräber mit langen Dromoi repräsentieren weiterhin den kret.-myk. Einfluß, während in Kition, das ursprünglich myken. und achäische Kolonisten aufgenommen hatte, eine große Zahl phön. Inschriften aus dieser Zeit zutage kam. Die Blütezeit der politischen Unabhängigkeit machte sich auf allen Gebieten der Kunst (Palast von → Vuni, → Haus A 1; Silberschalen) wie auch der Technik (Schiffbau, Bergbau) bemerkbar; hohe Leistungen erbrachte auch die Keramik mit feinen, reich ornamentierten Vasen des sog. → Orientalisierenden Stils (Lotos, Vögel, Jagdszenen). Die in erstaunlicher Fülle erhaltene Plastik, meist aus einheimischem Kalkstein, verbindet eigenartig ion. und oriental., auch ägypt. Elemente und ist, bes. im 7. Jh., auch nach Ionien exportiert worden. Neben viel Massenware gibt es Stücke hoher Qualität bis in den Hellenismus. Als der → Kalliasfrieden C. von Griechenland isolierte, erstarrte die Keramik und wurde durch att. schwarz- und rotfigurige Ware ersetzt. Die Herrschaft des Euagoras war zu kurz, um daran etwas zu ändern; immerhin wurde zu dieser Zeit das griech. Alphabet auf den lokalen Münzen eingeführt, während C. vorher seine eigene, der kret. nahestehende Schrift (s. u.) und das phön. Alphabet gehabt hatte. Die ptolemäische Zeit brachte große, aber wenig originelle Bauten in den Heiligtümern von Paphos und Idalion und in Salamis. Mit der röm. Herrschaft verlor die cypr. Kunst vollends ihre Eigenart, nicht aber ihre Fruchtbarkeit; die Funde an hellenist.-röm. Kunst, bes. auch an Plastik (z. B. Bronzestatue des → Septimius Severus) sind außergewöhnlich reich.

[2] Die *religionsgeschichtliche* Bedeutung Cyperns ist erheblich, aber im einzelnen schwer abzugrenzen. Im griech. Mythos spielen cypr. Gestalten (z. B. Kinyras) eine wichtige Rolle, bes. im Zusammenhang mit → Aphrodite, die in der Tradition die Kypria heißt und in Paphos ihr Hauptheiligtum hatte. Für die Vermittlung ihres ursprünglich semit. Kultes ist C., mit seinen engen Verbindungen sowohl zu Phönizien wie zu Griechenland, sicherlich, für andere verwandte Kulte wahrscheinlich ein wichtiges Bindeglied gewesen. P.D.

Lit: M. Ohnefalsch-Richter, Kypros, die Bibel und Homer, 1893 – E. Oberhummer, RE 12, 1924, 59–117, s. v. Kypros – S. Casson, Ancient C., 1937 – E. Gjerstad u. a., Swedish C. Expedition, 4 Bde, 1934–62 – U. F. A. Schaeffer, Missions en Chyprie, 1936 – E. Sjöqvist, Problems of the Late Cypriote Bronze Age, 1940 – G. F. Hill, A History of C., 4 Bde, 1940ff. – P. Dikaios, A Guide to the C. Museum (1947), 1961³ – Ders., Sotira, 1962 – B. Bocci, Cipro, EAA II, 1959, 628–643 (Lit) – V. Karageorghi, Ten Years of Archaeology in C. 1953–62, AA 1963, 498–601 – H. Catling, Cypriot Bronze Work in the Mycenaean World, 1964.

[3] *Eteocyprische Sprache*. Reste einer auf C. noch im 4. Jh. v. Chr. lebendigen vorgriech., der sog. eteocypr. Sprache liegen in mehreren Inschriften aus Amathus vor, die in → cypr. Silbenschrift abgefaßt sind. Trotz einer griech.-eteocypr. Bilingue sind sie undeutbar. Vgl. → Kleinasiat. Sprachen. A.H.

Lit: O. Masson, Les inscriptions chypriotes syllabiques, 1961, bes. 85–87, 203–210, 362.

Cyprian, Thascius Caecilius, geb. etwa 205, wohl in Karthago, von reichen heidnischen Eltern; um 246 trat der Rhetor zum Christentum über; bereits 248/249 wurde er *Bischof von Karthago*. Während der Verfolgung des → Decius 250/1 hielt er sich versteckt, ohne die Gemeindeleitung aufzugeben. Ein Konflikt mit den ‹Bekennern›, die die sofortige Wiederaufnahme der Abgefallenen forderten, führte nach seiner Rückkehr zu einem Schisma. Aber C. erwies sich als energischer und geschickter Kirchenführer und gewann bald weit über seinen Amtsbereich hinaus geistliche Autorität. 255/256 leitete er 3 afrikanische Synoden, die in betontem Gegensatz zum römischen Bischof die Gültigkeit der Ketzertaufe (→ Taufe) verwarfen. 258 starb er würdevoll als Märtyrer in der Verfolgung unter → Valerian (zuverlässigster Bericht: *Acta proconsularia Cypriani*). Ausgezeichnete Quelle für die innerkirchlichen Schwierigkeiten und ihre Probleme (Kirche als Heilsinstitution; Geltung des römischen → Primats) ist ein Corpus von 81 Briefen, von und an C., daneben C.s Schriften De lapsis und De ecclesiae unitate. Erhalten sind ferner die frühe, sehr konventionelle Bekehrungsschrift Ad Donatum, ein apologetischer Traktat Ad Demetrianum, eine Sammlung von Bibelstellen (Testimonia) zu bestimmten Themen und eine Reihe erbaulicher Schriften. – Vgl. → Papsttum [2]. A.W.

Ed: CSEL 3, 1868–71 – *Übers:* BKV 34.60, 1918–28 – *Lit:* H. Koch, Cathedra Petri, 1930 – J. Ludwig, Der Hl. Märtyrerbischof C. v. K., 1951 – M. Reveilland, S. Cyprien, L'Oraison dominicale, 1964.

Cyprische Silbenschrift, aus rund 60 Zeichen bestehende Schrift, überliefert auf Inschriften und Münzen von Cypern

Abb. 60 Das cyprische Syllabar

(7.–3. Jh. v. Chr.), seit Mitte des 19. Jh.s bekannt. Die zum großen Teil griech. Texte gestatteten die Entzifferung der C. S., die jedoch für eine vorgriech. Sprache geschaffen worden war. Die C. S. geht vermutlich auf die Cyprisch-minoische Silbenschrift zurück. Vgl. → Kretische Schrift.

Ed: O. Masson, Les inscript. chypr. syllabiques, 1961. H. Hg.

Dachs. Der D. (τρόχος, taxus) war Griechen und Römern bekannt, doch zeigen die Quellen geringe Vertrautheit mit ihm. Die Bezeichnung taxus weist auf keltischen Ursprung, wahrscheinlich auch die Verwendung von D.-Fett als Heilmittel. Vgl. → Fauna. J.W.

Lit: M.Wellmann, RE 4,2 (1901), 1948 – Hehn, Kulturpflanzen, 470.621 – Keller, Tierwelt II 173–175.

Daduchos (‹Fackelträger›), Name des höchsten Kultbeamten in Eleusis nächst dem → Hierophanten. Das Amt war erblich im Geschlecht der → Keryken und bestand, wie eben dieser Name zeigt, u. a. darin, den Teilnehmern an den → Mysterien die Festgebote zu verkündigen. Wie prächtig das Kultgewand des D. gewesen sein muß, lassen Plut. Arist. 5,7 und Ath. 21 E erraten. Dem Geschlecht der Keryken gehörten im 5. Jh. v. Chr. die Träger der Namen → Kallias und Hipponikos an. O.G.

Dädalisch, von → Daidalos abgeleiteter archäologischer Terminus für eine uns bes. durch pelopones. Funde faßbare allgemein-griechische Denkmälergruppe antiker Plastik, die etwa die 2. H. des 7. Jh.s v. Chr. einnimmt; überhaupt wird auch die griech. → Kunst dieser Zeit als d. bezeichnet. Ein Zusammenhang dieser Denkmäler mit den literarisch überlieferten → Daidalos-Namen vorklassischer Zeit ist nicht zu erweisen. Vgl. → Plastik B 2 ff. D.Sch.

Lit: R. J. H. Jenkins, Daedalica, 1936 – E.Wedeking, Die Anfänge der griech. Großplastik, 1950.

Dämonen. Im älteren Griechisch (Homer) wird für ‹Gott› außer Theos (*θεός*) auch das Wort Daimon (*δαίμων*) gebraucht. In eingehenden Untersuchungen (u. a. von Wilamowitz und Nilsson) sind die Unterschiede im Gebrauch beider Wörter zutage getreten. 1. Während mit Theos meist ein bestimmter, in Mythos und Kult faßbarer Gott gemeint ist, bezeichnet Daimon mehr die bei einer bestimmten Gelegenheit sich äußernde göttliche Kraft (vgl. → numen) und verzichtet auf Individualisierung des Kraftträgers. Die einzige annehmbare, wenn auch sehr unsichere Etymologie erklärt Daimon als unpersönlichen ‹Zuteiler› (von *δαίεσθαι*, ‹teilen›) von Gutem und Bösem (vgl. → Moira). – 2. Für das Irrationale, Unerwartete und vor allem für das Verhängnisvolle macht man gern einen Daimon verantwortlich. Wird diese Wortbedeutung verallgemeinert, kommt sie der von ‹Schicksal› nahe. – 3. Andrerseits kann der Daimon aber auch zum persönlichen Schutzgeist (oder Quälgeist) des Menschen werden, so das Daimonion (vom adj. *δαιμόνιος*) des → Sokrates (vgl. den röm. → Genius). – 4. Da bei Daimon nicht an einen Kultgott gedacht ist, können überhaupt göttliche Wesen, die keinen Kult haben, und große Verstorbene ‹Dämonen› genannt werden (z. B. die verstorbenen Helden des Goldenen Zeitalters, Hes. erg. 122 ff.; der verstorbene Darius, Aisch. Pers. 642; vgl. die röm. → Manes). – 5. Damit ist der Weg bereitet für die später verbreitete Auffassung, die D. seien göttliche – gute oder böse – Wesen niederen Ranges, Zwischenwesen zwischen den großen Göttern und den Menschen (so schon bei Platon). Im allgemeinen ergab sich folgende absteigende Rangfolge: Götter, D., → Heroen, Menschen. So bekamen die D. in der Geisteswelt des spätantiken → Synkretismus (→ Gnosis; vgl. → Aberglaube) eine außerordentliche Bedeutung, die sich mit der der → Engel vermischte. Im Christentum wurden, nicht ohne den Einfluß bestimmter Theoreme des späten Platonismus, alle Götter des heidnischen Kultus und Mythos für böse D. erklärt. K.-H.R.

Lit: U. v. Wilamowitz, Der Glaube der Hellenen I, 1931, 362 ff. – Nilsson I 216 ff.; II, Reg. – K. Schefold, Das Dämonische i. d. griech. Kunst, Festschr. O. Regenbogen, 1952, 28–39.

Dāgōn (Dagān), vorderasiatischer Gott, dessen Kult seit dem 3. Jt. am oberen Euphrat nachweisbar ist und sich wohl von hier nach Assyrien (als → Enlil), Babylonien, → Mari (vgl. → Mesopot. Reiche D 1), → Kappadokien, Syrien-Palästina (→ Ugarit, Vater des → Baal) ausgebreitet hat. Die Bedeutung des Namens D. ist unklar, sein Träger wurde im westsemitischen Bereich als Wettergott (→ Baal), später auch als Gott des Getreides (hebr.-phön. dagān = Korn, Symbol Ähre) verehrt. In Palästina war sein Kult durch Nachrichten der Assyrer und Ägypter bekannt (vgl. auch Jos. 15,41; 19,27). Im AT ist D. Hauptgott der → Philister mit einem Tempel in → Gaza (Jud. 16,23) und einem in → Asdod (1. Sam. 5 f.), der 147 v. Chr. durch den → Makkabäer Jonathan zerstört wird (1. Makk. 10,83). G.Wn.

Lit: F. J. Montalbini, Canaanite Dagon: Origin, Nature, CBQ 13, 1951, 381–397 – WbMythol I 49 f., 276–278.

Daidala, ein böot. → Fest, bei dem 14 hölzerne, mit den Hochzeitsgewändern der Frauen bekleidete Bilder (*δαίδαλα*) in feierlichem Zug von Platää zum Gipfel des Kithairon getragen und dort auf einem großen, hölzernen Altar zusammen mit Tieropfern für Zeus und Hera verbrannt wurden. Wenn in dem Ritus auch einige Spuren eines → Hieros Gamos (vgl. → Heraia) zu finden sind, handelt es sich ursprünglich wohl doch um ein ‹Jahresfeuer›. F.R.W.

Q: Paus. 9,3; Plutarch bei Eus. praep. ev. 3,1,6 – *Lit:* Nilsson, Griech. Feste, 1906, 50 ff.

Daidalos, Sohn des Metion oder Eupalamos und der Iphinoe oder anderer, aus Athen. Nach Ermordung seines Neffen und Lehrlings Talos (oder Perdix), der durch Erfindung des Zirkels, der Säge und der Töpferscheibe seinen Neid erregt, Flucht zu → Minos nach Kreta. Fertigt für → Pasiphaë die künstliche Kuh, in der sie der Stier begattet (Apollod. 3,9–10, Diod. 4,77), baut das → Labyrinth für den → Minotauros, gibt der → Ariadne das Garnknäuel, mit dessen Hilfe → Theseus aus dem Labyrinth herausfindet. Vor Minos, der ihn seiner Kunst wegen gefangenhält oder sich an ihm rächen will, flieht D. mit seinem Sohn Ikaros mittels künstlicher Flügel aus Federn und Wachs. Ikaros kommt der Sonne zu nahe, so daß seine Flügel schmelzen und er ins Meer stürzt, das nach ihm benannt wird (Ov. met. 8,244 ff.). D. wird von König Kokalos in Sizilien aufgenommen (vgl. → Minos). – D. war nicht nur der Inbegriff des erfindungsreichen Handwerkers, sondern galt auch als bedeutender Bildhauer, der die steife Haltung der Figuren überwand (Diod. 4,76) oder sie gar mit selbständiger Bewegung begabte wie → Hephaistos (Eur. Hek. 838; Plat. Men. 97 D).

Lit: Preller-Robert II 1, 361 ff. 364 ff. – *Darstellungen:* meist zusammen mit Ikaros. Einige Vasen zeigen Ikaros (Beazley, JHS 47, 1927, 222–233), ebenso eine Statue des 5. Jhs (Picard, Manuel II² 703, Abb. 283) und eine hellenistische aus Amman (Möbius, JdI 68, 1953, 96 bis 101). Dazu kommen Statuetten aus Bronze. Vgl. auch Thomas, AAnt Hung. 6, 1955, Taf. 26 d und die Basis einer Gruppe aus Ephesos (Keil, ÖJh 39, 1952, 45). Reliefs (Eckstein, Gnomon 31, 1959, 644) und Wandgemälde geben D. und Ikaros bei der Vorbereitung des Flugs oder nach dem Sturz des Ikaros wieder (Schefold, WP, passim; für Etrurien vgl. Hanfmann, AJA 39, 1935, 193–194). Herstellung des Stiers für → Pasiphaë auf Wandgemälden (Schefold, a. O., passim) und Reliefs (Robert, SR III 1, 47–52). K.Schb.

2. **D.,** Gemmenschneider um 200 v. Chr. → Glyptik.

3. **D. von Sikyon,** Bildhauer, Sohn und Schüler des → Patrokles (Bruder des jüng. → Polyklet, 2). Nach lit. Quellen ein Hauptmeister des frühen 4. Jh.s, wohin auch die zeitlichen Anhaltspunkte der überlieferten zahlreichen Werke (vor allem in Delphi und Olympia) und die allgemeinen genealogischen Hinweise (→ Polyklet) weisen. Ist er mit dem Gemmenschneider D. (s. o.) identisch, darf der Beginn seiner Tätigkeit als Künstler schon fürs letzte V. d. 5. Jh.s angenommen werden, eine Vermutung, die auch das wahrscheinlich frühe Datum des Tropaions der Eleer in Olympia (Paus. 6,2,8 u. 5,27,11) zu stützen vermag. Das späteste sichere Datum ergibt sich aus seiner Mitarbeit am Weihgeschenk der Arkader in Delphi für den i. J. 369 erlangten Sieg über Sparta. Hypothetisch bleibt die Zuweisung der ehernen Athletenstatue aus Ephesos in Wien. E.Bg.

Lit: F. Hauser, Eine Vermutung über die Bronzestatue aus Ephesos, ÖJh 5, 1902, 214–216 – E. Preuner, D. v. Sikyon-Phleius, JdI 35, 1920, 65 – J. Jonkees, Zur Chronologie der Münzen von Olympia, JdI 54, 1939, 219–229 – Lippold, GrPl, 217 – G. Gressedi, EAA II, 1959, 989 f.

Daimachos. Ein D. wird als Quelle des → Ephoros genannt, kommt daher als Autor der → Hellenika von Oxyrhynchos in Betracht; vermutungsweise lassen sich ihm einige mythographische Fragmente und ein Werk über Belagerungstechnik zuweisen. W. Bk.

Frg: FGrHist 65 – *Lit:* F. Jacoby, NGG 1924, 13 ff.

2. **D. von Platää** kam als Gesandter → Antiochos' I. nach Indien, veröffentlichte ein Werk Indika. W. Bk.

Frg: FGrHist 716.

Daimon (*δαίμων*), griech. Bezeichnung für ein göttliches Wesen, → Dämonen.

Dakien (Dacia), röm. Provinz auf dem Gebiet des heutigen Siebenbürgen (Kt. 2209 D 3). D. ist im O und S vom Karpatenbogen umschlossen, reicht im W bis an die Theiß und steht im S. z. T. über das Banat (im O bis zur Aluta reichend) mit Moesia sup. in Verbindung. Das siebenbürgische Erzgebirge ist, wie der Name besagt, reich an Naturschätzen (Gold, Salz usw.). – Die Daker, ein den → Geten verwandtes thrakisches Volk, werden um 60 v. Chr. unter → Burebista geeinigt, der sein Reich über die Grenzen der späteren röm. Provinz hinaus ausdehnt. Nach seinem Tode bricht das Reich wieder auseinander. → Caesar und Oktavian (→ Augustus) dachten bereits an eine Unterwerfung D.s. Als sich die dakischen Stämme unter → Decebalus neuerlich vereinigten, kommt es unter → Domitian (86–89 n. Chr.) zu ernsten, für Rom nicht günstigen Kämpfen. → Trajan unterwirft das Land in 2 Feldzügen, 101–102 und 105–106 n. Chr., die mit der Einnahme der dakischen Hauptstadt → Sarmizegetusa und dem Tode des Decebalus enden. Schilderung der Feldzüge auf der → Trajanssäule in Rom. D. wird als Provinz organisiert. Zunächst von prätorischen Statthaltern verwaltet, wird D. geteilt: Dacia superior im Norden, Dacia inferior im Süden. Unter → Mark Aurel neuerliche Teilung: Dacia Porolissensis mit Porolissum, Dacia Apulensis mit Apulum und Dacia Maluensis mit Maluesa als Hauptstädten. Die drei Teile haben einen gemeinsamen Landtag (concilium Daciarum trium). Ansiedlung von Kolonisten aus allen Teilen des Imperiums, die Städte nach italischem Muster organisiert, intensive Romanisierung. Die exponierte Provinz ist jedoch insbes. durch das Vordringen der → Gepiden stark gefährdet. Vermutlich schon unter → Gallienus militärische Räumung, unter → Aurelian, der südl. der Donau aus Teilen der Provinz Moesia eine neue Provinz Dacia errichtet, endgültige Aufgabe der Provinz. Teile der romanischen Bevölkerung dürften vor allem auf dem Lande verblieben sein und bildeten das Substrat des rumänischen Volkes. B. S.

Lit: C. Patsch, Der Kampf um d. Donauraum unter Domitian und Trajan, 1937 – V. Christescu, Istoria Militaru a Daciei Romane, 1937 – C. Daicoviciu, Siebenbürgen im Altertum, 1943 – A. Kerényi, Die Personennamen in Dakien, 1941 – W. D. von Barloewen, Abriß der Gesch. der antiken Randkulturen, 1961, bes. 103–128 (Lit).

Daktyl(o)epitriten nannte Rudolf Westphal ein von → Pindar und → Bakchylides viel gebrauchtes, aber auch in der Tragödie vorkommendes Versmaß. Wie P. Maas gesehen hat, besteht es aus den Gliedern –∪– (bezeichnet: e) und –∪∪–∪∪– (bez. D), zwischen die gewöhnlich ein → anceps tritt, das meistens lang ist. Seltener sind die Glieder –∪∪– (d^1) und ∪∪– (d^2). Es ist wohl zurückzuführen auf den → Enkomiologikus. → Maassche Brücke. B. Sn.

Lit: P. Maas, Greek Metre, 1962, § 55 – B. Snell, Griech. Metrik (1955), 1962³, 41 ff.

Daktylus, Metron der Form –∪∪, wofür auch –– (→ Spondeus) eintreten kann (→ Biceps), so daß es 2silbige und 3silbige D.en gibt. Dabei ist die erste Hälfte des D. kürzer als die zweite (Dion. Hal. comp. 17 p. 71, 10 U.-R.). D.en kommen in → Hexametern als → Sprechverse vor, aber auch als → Singverse, vor allem in feierlicher Chorlyrik seit → Alkman, → Stesichoros und → Ibykos; hier können die D.en auch ‹steigend› beginnen, d. h. vor das 1. longum kann noch ein Element oder ein Doppelbreve treten (∪∪/× –∪∪ ..). Daktylische Reihen brauchen nicht wie im Hexameter mit ...–∪∪––|| (... 2*da*‸) zu enden, sondern können auch ‹stumpf› (...–∪∪– = ... 2*da*‸‸) oder, in der Chorlyrik, mit 3silbigem D. (...–∪∪–∪∪| oder ...–∪∪–∪–|| = 2*da*∪–) ausgehen; ja es kommt auch der Schluß ...–∪∪–∪×–|| (... 3*da*∪×–||) vor, z. B. am Strophenende von Alkman Fr. 1. Vielleicht ist er auf Strophenende beschränkt. B. Sn.

Lit: P. Maas, Greek Metre, 1962, § 51 – B. Snell. Griech. Metrik (1955), 1962³, 7 ff.; 18 ff.

Dalmatien. [1] Die nach dem illyrischen Stamm der Delmatae benannte röm. Provinz Dalmatia reichte von der Arsia im N bis zum Drilon im S. Sie grenzte im N an Italien und Pannonien, im O an Moesien, im S an Makedonien (Kt. 2209 BC 3/4). D. ist ausgesprochenes Karstgebiet, daher nur wenig fruchtbar. Im Innern ist das Bosnische Erzgebirge reich an Eisen- und sonstigen Erzen. Die reichgegliederte Adriaküste mit ihren zahlreichen vorgelagerten Inseln hat ausgezeichnete Häfen, ist jedoch durch einen mächtigen Gebirgswall vom Innern, das gegen N gut aufgeschlossen ist, abgeriegelt. Hauptstadt Salonae. Von diesem ursprünglichen D. wurde unter Diokletian ein kleines Gebiet im S als Provinz Praevalitana abgetrennt. Die Grenze verlief östlich des Sinus Rhizonicus.

[2] Über die ältere *Geschichte* D.s → Illyricum. Das unter Augustus von der Savelinie aus unterworfene Illyricum wird nach dem großen dalmatisch-pannonischen Aufstand 9–6 v. Chr. geteilt. Für den südl. Teil, die superior provincia Illyricum, bürgert sich allmählich der Name D. ein. Nach dem Aufstand herrscht in D. Ruhe. Die erfolglose Revolte des Statthalters Furius Camillus → Scribonianus (1) unter Claudius fand in der einheimischen Bevölkerung keinen Rückhalt. Die beiden dalmatischen Legionen (VII und XI) wurden zwischen 60 und 70 n. Chr. nach Moesien bzw. Germanien verlegt, die Provinz blieb fortan ohne Heer. Die Nähe Italiens brachte eine intensive Romanisierung des Küstengebietes mit sich, während das Innere davon nur wenig berührt ist. → Diokletian, der aus D. stammt, erbaute in der Nähe der Hauptstadt seinen großartigen Palast, in den sich im Mittelalter die Altstadt von Split (Spalato) einnistet. Nach seiner Abdankung zieht er sich hierher zurück. Die Barbareneinfälle der beginnenden Völkerwanderung machen sich in D. zunächst nur im nördl. Teil bemerkbar. 395 gelangen Gotenscharen bis Salonae. Die isolierte Lage D.s brachte im 5. Jh. separatistische Bestrebungen mit sich (Marcellinus und Julius Nepos). Ende des 5. Jh.s kommt D. unter gotische Herrschaft. Danach gebietet Ostrom über D., doch leidet das Land unter Einfällen der Awaren und Slawen. Anfang des 7. Jh.s fällt Salonae in die Hände der Slawen (letzte Inschrift vom 7. 612). Die christl. Missionstätigkeit in D. schon im NT bezeugt. In der diokletianischen Verfolgung erleidet Bischof Domnio den Märtyrertod. Über das dalmatische Christentum besitzen wir ausführliche Nachrichten, dazu zahlreiche Denkmäler, insbes. in Salonae. B. S.

Lit: C. Jireček, Die Romanen in den Städten D.s im MA, 1901/03 – Forschungen in Salona, 3 Bde, 1913–39 – Recherches à Salone, 2 Bde, 1928/33 – A. Betz, Unters. z. Militärgesch. der röm. Provinz D., 1934 – E. Dyggve, History of Salonitan Christianity, 1951.

Damasippus → Iunius.

Damaskios, aus Damaskos, ca. 458 geb., Rhetor, dann → neuplatonischer Philosoph, letztes Schulhaupt der Platonischen Akademie; geht nach deren Schließung (529) nach Persien (ca. 531), nach zwei Jahren zurück ins röm. Reich. Schüler von Isidoros, → Ammonios (1) Hermeiou und Marinos. Ihm ist nicht nur das Plotinische Eine, sondern auch das Hervorgehen des Vielen aus ihm sowie deren gegenseitiges Verhältnis rational überhaupt nicht faßbar (weder sind sie verschieden noch geeinigt; das Eine ist nicht eigentlich Ursache; wir tun am besten, wenn wir alle möglichen Begriffe darüber aufstellen und deren Unwert zeigen). Somit vollendet sich in ihm der vielleicht schon bei → Platon und dann seit → Plotin im Platonismus vorhandene Zug zum philosophischen Agnostizismus, der aber scharfsinnige Unterscheidungen sozusagen provisorischer Natur nicht ausschließt. Unterscheidet bewegte und unbewegte Zeit. Ph.M.

Ed: Komm. zum Philebos (früher Olympiodor d.J. zugeschrieben): L.G.Westerink, 1959 (mit engl. Übers.) – Komm. zum Phaid.: W.Norvin, Olympiodor-Ausg., 1913 – Komm. zum Parmenides: Ch.E.Ruelle, 2 Bde, 1889 (franz.Übers. v. A.E.Chaignet, 3 Bde, 1900–03) – ‹Zweifel und Lösungen, die Ersten Prinzipien betreffend›: Ruelle, a.O. (franz.Übers. von Chaignet, a.O., engl.Übers. des Anfangs v. Th.M.Johnson, Bibl.Platonica I, 1889) – Leben Isidors (die bei Phot.Bibl.cod.181. 242 u. in d. Suda [→ Suidas] s.v. vorliegenden Stücke): Übers. v. Chaignet, a.O.; Rekonstr. in deutscher Übers.: R.Asmus, 1911 – Ein paradoxographisches Werk: Inhalt bei Photios, Bibl.cod.130.166 – *Lit:* R.Beutler, RE 18,1 (1942), 207 bis 227, s.v. Olympiodoros – Zeller-Martano, 210–217.

Damaskos (heute arab. dimašq aš-šām, Kt.2196 B4), seit dem 4.Jt. bestehende, ursprünglich nicht-semitische Oasen-Siedlung südöstl. des Antilibanon, zuerst in der Städteliste → Thutmosis' III., 1470 v.Chr., dann in den → Amarna Briefen erwähnt. Seit dem 12.Jh. → Aramäer-Staat, gelangte D. im 10.Jh. durch → David unter die Hoheit Israels. Zur Zeit → Salomos durch Rezōn erneut selbständig, dehnte D. im 9.Jh. seine Herrschaft über andere Stadtstaaten aus und griff nach Israel über (→ Ben-Hadad, → Hazael). Durch die Assyrer (→ Mesopot.Reiche B3) bald zurückgedrängt, wurde D. um 800 v.Chr. durch → Adadnirari III. entscheidend geschlagen; → Tiglatpileser III. gliederte D. 732 v.Chr. Assyrien ein. In röm.Zeit zu großer Blüte gediehen (63 v.Chr. Residenz des Pompejus), zur Zeit des Paulus unter einem Statthalter → Aretas' IV. (2. Kor.11,32); um 325 n.Chr. Bischofssitz. 636 von den Arabern erobert. – Aus der röm. Zeit sehr bedeutende Reste und Funde (E.Will a.O.), u.a. ein einzigartiger Mosaikzyklus um den Hof der Moschee. H.Dn. – G.Wn.

Lit: RGG II 22–24 – J.Sauveget, Esquisse d'une histoire de la ville de Damas, REI 8, 1934, 421–480 – S.Munajjed, Bibliographie damasquaine, Oriens 5, 1952, 168–173 – E.Will, EAA II, 1959, 994f. – *Zum Mosaik:* Syria 12, 1931, 326ff.

Damastes von Sigeion, jüngerer Zeitgenosse des → Hellanikos und → Thukydides, schrieb eine griech. Geschichte (der zweite Perserkrieg FGrHist 5F4); ein ethnographisch-geographisches Werk, das unter verschiedenen Titeln zitiert wird; ein Werk über Dichter, in welchem die Herkunft Homers diskutiert wurde, sowie ein Werk über die Väter und Vorfahren der Helden des Trojanischen Krieges, das von anderen dem Gorgiasschüler → Polos zugeschrieben wurde. K.v.F.

Frg.u.Komm: FGrHist 5.

Damasus I., röm.Bischof (366–384), beauftragte → Hieronymus mit der Revision des lat.Bibeltextes und machte sich um die röm.Märtyrer verdient, indem er «viele Gebeine von Heiligen auffand», ihre Gräber in den → Katakomben restaurierte und mit eigenen Epigrammen auf die Märtyrer schmückte. Die kunstvoll in Marmor gemeißelten Inschriften sind eine wichtige Quelle für die aufblühende → Heiligenverehrung des 4.Jh.s (nach Ferrua sind 59 erhalten). E.Sch.

Ed: A.Ferrua, Epigrammata Damasiana 1942 – *Lit:* Altaner, 318f. (Lit).

Damia (Damoia, Mnia u.ä.), ungeklärter Name einer griech.Fruchtbarkeitsgöttin, meist mit → Auxesia verehrt. Allein z.B. auf Thera (IG 12,3,361); Fest in Tarent unsicher (Hesych. s.v. Dameia); die Bedeutung ihrer Gleichsetzung mit der → Bona Dea (Fest.p.178L.), deren Fest damium hieß, ist umstritten. C.J.C.

Lit: F.Altheim, Terra Mater, 1930 – Latte, 229f.

Damianus von Ephesos, T.Flavius, berühmter, sehr reicher, durch die Ausgrabungen gut bekannter Sophist, der → Ephesos verschönerte; geb. vor Mitte 2.Jh.n.Chr., gest. 70jährig. Mit → Philostrat II bekannt. Schüler des Aelius → Aristeides (2) und des → Hadrianus v.Tyros. Unter D.' Nachkommen sind mehrere röm. Würdenträger. W.Sp.

Lit: W. Schmid, RE 4 (1901), 2054 – PIR III 146f. – G. Barbieri, L'albo senatorio, 1952, 703 – J.Keil, ÖJh 40, 1953, 18–20.

2. **D. von Larissa,** Verfasser einer kleinen Schrift über die grundlegenden Hypothesen der → Optik nach → Euklid, → Heron (2) und → Ptolemaios (17); das Werk ist ohne Originalität, erlaubt aber die Rekonstruktion von Versuchen des Ptolemaios über die Geradlinigkeit des Sehstrahles und die Ausdehnung des Gesichtsfeldes. A.Lj.

Ed: R.Schöne, 1897.

Damokles, lebte 1.H.4.Jh. am Hofe → Dionysios' I. von Syrakus (nach Timaios, FGrHist 566F32, am Hofe → Dionysios' II.). D. lobte Reichtum und Macht Dionysios' I. und pries ihn als den glücklichsten Menschen; da bot Dionysios ihm ein prunkvolles Mahl, ließ aber über seinem Kopf ein Schwert an einem Faden aufhängen (‹Damoklesschwert›). D. zog darauf ein zurückgezogenes Leben vor. R.V.C.

Damon, Pythagoreer aus Syrakus (1.H.4.Jh.v.Chr.), leistete für seinen Freund Phintias Bürgschaft, von → Dionysios I. (oder II.?) zum Tode verurteilt (vgl. Schillers ‹Bürgschaft›). R.V.C.

Q: Aristox. FHG II 273 Fr.9; Cic.fin.2,24,79; Tusc.5,22,63; off.3, 10,45; Diod.10,4,3–6; Val.Max.4.7, ext.1; Plut.am.mult.2,93E; Porph. vit. Pyth. 60f.; Iambl. vit. Pyth. 233; vgl. Polyain. 5,2,21; Hyg.fab.257,3–8.

2. **D.,** geb. um die Mitte des 5.Jh.s v.Chr. in Athen, angeblich Lehrer des Perikles und Sokrates. Politische Hauptschrift ist eine Rede an die Areopagiten (Ἀρεοπαγιτικός, wohl vor 462). Von seinem die Metrik, Rhythmik und Musik behandelnden Werk sind nur spärliche Fragmente erhalten. – D. gibt eine Lehre vom Ausdruck des Seelischen in der Musik und verdichtet sie angesichts des Wechselverhältnisses von Ausdruck und Eindruck zu einer musikalischen Ethik und Pädagogik, nach der Harmonien und Rhythmen Tugenden, aber auch Untugenden einpflanzen und entfalten (bis ins einzelne ausgeführt). Wegen der politischen Auswirkungen ist daher gegenüber musikalischen Neuerungen Vorsicht geboten. D. wirkte damit vor allem auf → Platon (rep.400A und 424C) und auf → Aristeides (3) Quintilianus; von röm. Autoren dem → Aristoxenos vorgezogen. G.W.

Frg: VS I 381ff. – F.Lasserre, Plutarque de la musique, 1954, 74ff. – *Lit:* M.Wegner, MGG II, 1952, 1880f. – H.Koller, Die Mimesis in der Antike, 1954, 21ff.

Damophon, von Messene, führender Bildhauer in der Peloponnes des mittleren und späteren 2.Jh.s v.Chr. Die meisten Nachrichten über seine Werke vermittelt Pausanias (4,31,6f.; 7,23,5 u.7, 8,31,1f.; 8,37,3f.) der zahlreiche Götterbilder, vor allem in Messene, von ihm erwähnt. Er arbeitete vor allem in Marmor und Holz. Die kolossale Kultgruppe aus Marmor im Heiligtum der Despoina von Lykosura ist teilweise erhalten (Köpfe der Demeter, der Artemis und des Anytos sowie Fragmente des Körpers der beiden Göttinnen und ein Fragment des Mantels der Despoina: z.T. in Athen, z.T. an Ort und Stelle aufbewahrt). Die für die Kunstgeschichte höchst bedeutsame Gruppe ist nach dem Stil, vor allem nach den bereits deutlich spürbaren klassizistischen Tendenzen, in das 3.V.d.2.Jh.s v.Chr. zu datieren. – Auf Inschriften des ausgehenden 2.Jh.s v.Chr. (IG V 2, 1443; V 2, 539/540) werden zwei Söhne eines Damophon genannt. Vielleicht ist dieser mit dem Bildhauer identisch, was den oben angegebenen Zeitansatz beglaubigen würde. E.Bg.

Lit: Lippold, GrPl, 350f. – M.Bieber, The Sculpture of the hellenistic Age, 1961, 158 – D.Mustilli, EAA II, 1959, 999.

Danaë, Tochter des → Akrisios, Geliebte des → Zeus, Mutter des → Perseus (s.d. auch Darstellungen).

Danaer, im homerischen Epos Bezeichnung griech. Helden. Zur Unterscheidung von → ‹Achäer› ist wohl mit D. nur eine bestimmte Gruppe der Achäer gemeint:

ein Stamm oder allgemein der Kriegeradel. Die Verbindung mit den *Danuna*, die auf Siegesstelen → Ramses' III. (1188–1157) in Medinet Habu unter den ‹Seevölkern› erscheinen, ist ähnlich umstritten wie die Gleichsetzung der → Achäer mit den Aqaiwaša oder die Frage, ob die Dnnjm (= Danuna?) des Königs → Azitawadda im Kilikien des 8. Jh.s mit den D.n zu verbinden sind. In der Sage führt freilich mit → Mopsos ein Weg von Theben über Klaros nach Kilikien. W. Schg.

Lit: H. Th. Bossert, Altkreta, 1937³, 51f. – W. F. Albright, Some oriental Glosses on the Homeric Problem, AJA 54, 1950, 162–176 – R. D. Barnett, Mopsos, JHS 73, 1953, 140–143 – F. Schachermeyr, Griech. Gesch., 1960, 59f.

Danaiden, die 50 Töchter des Danaos. Fliehen mit ihm vor den 50 Söhnen des Aigyptos, ihren Vettern, die sie zur Ehe zwingen wollen, nach Argos, wo König Pelasgos sie aufnimmt (Aischyl. Hik.). Die ihnen folgenden Söhne des Aigyptos erzwingen die Hochzeit. In der Hochzeitsnacht töten die D. mit Dolchen, die sie von Danaos erhalten, ihre Männer. Nur Hypermestra schont ihren Gatten Lynkeus, den Stammvater des späteren argiv. Königshauses. Des Ungehorsams angeklagt, wird sie durch das Eingreifen Aphrodites freigesprochen (behandelt in dem kyklischen Epos *Δαναΐς*; vgl. Aischyl. Hik. sowie Pind. Nem. 10, 6f.; Schmid-Stählin I 1, 222). Nach der Mordnacht veranstaltet Danaos einen Wettlauf für Freier, die nach der Reihenfolge ihrer Ankunft unter seinen Töchtern wählen dürfen. Im → Hades müssen die D. nach einer erstmals in hellenist. Zeit (Ps. Plat. Ax. 371 E) bezeugten Sage ständig Wasser in ein durchlöchertes Faß schöpfen. Diese Strafe galt ursprünglich den Verächtern der eleusinischen Riten (Plat. Gorg. 493 B; Nekyia → Polygnots in Delphi).

Lit: A. B. Cook, Zeus III, 1940, 355ff. – *Darstellungen:* Die Landung des Danaos und seiner Töchter in der Argolis wahrscheinlich auf 2 Hydrien aus der Mitte des 5. Jh.s (CVA München 5, Taf. 229, 4 bis 230, 4; Berlin 30928; Schauenburg, Kunst in Hessen ... 3, 1963, 10ff.). Die Tötung der Freier durch die D. auf unterital. Vasenscherben in Privatbesitz (Curtius, ÖJh 39, 1952, 17–21). Die Bestrafung der D. auf kaiserzeitl. Denkmälern sicher nachgewiesen, wohl auch auf einigen unterital. zu erkennen (K. Schauenburg, JdI 73, 1958, 50 Anm. 15; 65–66). Vgl. auch Bronzestatuen in Neapel (Rumpf, in: Miscellanea Acad. Berolinensia II² 2, 1950, 31–43), die auf die D. gedeutet wurden. Vgl. F. Brommer, Danao EAA III, 1960, 3. K. Schb.

Danaos, Sohn des Belos, Enkel Poseidons, Bruder des Aigyptos, Vater der 50 → Danaiden. Erfinder des 50-Ruderers (Apollod. 2, 11). Verdrängte den Argiverkönig Gelanor (Paus. 2, 19, 3f.); seine Untertanen heißen nach ihm ‹Danaer› (früher Pelasgioten).

Lit: Preller-Robert II 1, 266ff. – Kretschmer, in: Miscellanea Academica Berolinensia II 1, 1950, 173ff. – *Darstellungen:* s. zu → Danaiden. K. Schb.

Dankopfer. [1] Nach militärischen, politischen und privaten Erfolgen oder Errettungen aus schwerer Gefahr konnten D. dargebracht werden, nicht selten in Erfüllung eines vor der Entscheidung abgegebenen Gelübdes; so schon bei Homer (Il. 4, 119ff.; Od. 3, 273ff.), dann bes. bezeichnend das D. der Athener nach der Schlacht bei Marathon für Artemis (Xen. anab. 3, 2, 12). In gewissem Sinne ein D. ist auch das vom Sieger auf dem Schlachtfeld errichtete → Tropaion. Da geht das D. in die → Weihgabe über, was auch im privaten Bereich sehr häufig der Fall gewesen sein wird.

[2] Auch in *Rom* dürften D. sowohl von den Magistraten für den Staat (nach errungenem Siege oder überstandener sonstiger Not) wie auch von Einzelnen bei persönlichem Anlaß den jeweils als zuständig erkannten Göttern dargebracht worden sein. Eigentümlich ist, daß von einer nicht sicher zu bestimmenden Zeit an die *Supplicationes*, ursprünglich die ‹Bittgänge› der erwachsenen Männer und Frauen zu allen Tempeln Roms in Augenblicken höchster Bedrängnis des Staates, auch den Sinn von Dankfesten und D.n für den Sieg eines Feldherrn erhalten konnten. Nach offizieller Meldung großer Erfolge konnte der Senat auf Antrag der → Quindecimviri, der → Pontifices oder → Haruspices eine Supplicatio mit D. beschließen. Dies konnte mehrere Tage dauern, und im 1. Jh. v. Chr. setzten die Feldherren ihren Ehrgeiz darein, möglichst lange dauernde Supplicationes bewilligt zu erhalten (Caes. Gall. 2, 35; 4, 38 u. a.). Als Dankfeste dienten in der Republik vielfach auch die → Ludi. In der Kaiserzeit werden D. bei allen möglichen freudigen Ereignissen im offiziellen wie im privaten Leben der Kaiser dargebracht. O. G.

Lit: Latte, 245f.

Danuvius, ursprünglich nur die (keltische) Bezeichnung für den Ober- und Mittellauf der Donau oberhalb des Kasan-Passes, während der Unterlauf Ister oder Hister hieß. Die Identität von D. und Ister war lange unbekannt. Man nahm auch lange an, daß der Ister eine zweite Mündung in den Golf von Triest habe. Tiberius drang 1 6 v. Chr. erstmals bis zu den Quellen des D. vor. Der D. bildete ab Abusina (Eining) die stark befestigte Reichsgrenze, entlang der die Limesstraße (Tabula Traiana im Kasan-Paß) führte. Sie wurde erst unter Trajan durch die Eroberung von Dakien überschritten. Auf dem Strom → Flußflottillen, classis Pannonica und classis Moesica. B. S.

Lit: E. Swoboda, Forschungen am obermös. Limes, 1939 – L. Tončić-Sorinj, Südost-Forschungen XVIII, 1959.

Daochos, Dynast von Pharsalos, stellte nach 337 v. Chr. in einem älteren Gebäude des delphischen Heiligtums ein vielfiguriges Anathem auf: mit der Darstellung seiner Person, der Familienangehörigen und Ahnen, vielleicht auch Apollons. – Agias (Lippold, GrPl, Taf. 102, 3), Urgroßvater des D., ist als Athlet dargestellt, vielleicht in Anlehnung an die Statue des → Lysipp in Pharsalos. Agelaos, der Bruder des D.s, ebenfalls nackt (nur mit einem Mäntelchen auf der linken Schulter); D. I. und Aknonios tragen den thessal. Mantel, Sisyphos I. den kurzen → Chiton. E. Bg.

Lit: Fouilles de Delphes IV, 1909, Taf. 63–68 – E. Will, A propos de la base des Thessaliens à Delphes, BCH 62, 1938, 289–304, Taf. 30 bis 32 – P. de la Coste-Messelière, Delphes, 1943, Abb. 183–191 – Lippold, GrPl 286f.

Daphne, Tochter des Flusses Ladon oder Peneios und der Ge oder des Lakedaimon und der Sparte, Gefährtin der Artemis, Geliebte des Apoll, dessen Eifersucht zunächst veranlaßte, daß ihr Liebhaber Leukippos, Sohn des → Oinomaos, der ihr als Mädchen verkleidet folgte, bei einem Bade entdeckt und getötet wurde. Als Apoll sie dann selbst verfolgte, bat sie Zeus oder Ge um Rettung und wurde in den Lorbeerbaum (*δάφνη*), → Apolls heiligen Baum, verwandelt (Ov. met. 1, 452ff.). L. H.

Lit: Picard, Mon. Piot 39, 1943, 76 – *Darstellungen:* Apollon bei Verfolgung von Frauen schon im 5. Jh. auf Vasen nachweisbar, sicher gedeutete Darstellungen der D. aber erst hellenist.-römisch. Sehr oft auf Wandgemälden, wobei der Gott und D. auch im Gespräch, nicht in Streit oder Verfolgung, erscheinen. Die Verwandlung in den Lorbeer oft nur schwach angedeutet. – *Lit. dazu:* V. Müller, RM 44, 1929, 59ff. – P. Biagio, Bd'A 27, 1933, 487ff. – NSc 1951, 307 – D. Levi, Antioch Mosaic Pavements, 1947, 211ff. K. Schb.

Daphne, ‹Vorstadt› von → Antiochia am Orontes (heute Bêt-el-mâ), 10 km südl. an der Straße nach Laodikeia. R. F.

Daphnephoria, ein Apollonfest in Theben, bei dem alle acht Jahre ein kunstvoller ‹Maizweig›, ein mit Lorbeer, Kugeln, Bändern und einem safrangelben Rock geschmückter Olivenstab, in feierlichem Zug dem Apollon Ismenios und Chalazios (‹Beschützer vor dem Hagel›) überbracht wurde. Von anderswo gefeierten D. ist wenig mehr als der Name bekannt. F. R. W.

Q: Proklos bei Phot. bibl. 321 B: Schol. Clem. Alex. protr. 10, 10 St. – *Lit:* Nilsson, Griech. Feste, 1906, 164f.

Daphnephorikon, Chorlied, zur Prozession der → Daphnephorien von einem Mädchenchor gesungen (→ Partheneion). Überliefert sind D. nur von Pindar (Fr. 94 b. 104 b), ein verlorenes galt seinem Sohn Daïphantos als Daphnephoros. E.-M. V.

Lit: M. Nilsson, Griech. Feste, 1906, 164.

Daphnis, Sohn des Hermes und einer Nymphe, in Sizilien geboren, Hirt. Spielt die Syrinx und singt bukolische Lieder, Liebling der Nymphen und Musen. Jagt mit Artemis. Freund und Schüler seines Halbbruders Pan. Schwört einer Nymphe Treue, die er aber bricht. Wird deshalb von der Betrogenen geblendet. Oder D. war jeder Liebe abhold und wurde dafür von Aphrodite mit unstillbarer Liebe erfüllt, woran er starb (Diod. 4, 84; Aelian, var. hist. 10, 18; Theokrit, eid. 1 mit Schol.). K. Schb.

2. **D. von Milet** und → *Paionios* von Ephesos, Baumeister des gegen 300 v. Chr. begonnenen → Didymaion, der großartigsten Schöpfung des Frühhellenismus. → Architektur I G 2. G. Gb.

Dardanos, Sohn des Zeus (Il. 20, 215) und der Elektra, stammt aus Triphylien, Pheneos, Troja, Kreta oder Samothrake, später italische Abkunft behauptet. Gründer von Dardania, heiratet Bateia, Tochter des Teukros, Stammvater der troischen Könige. H. S.

Dareikos (δαρεικός, δαρεικὸς στατήρ; Hdt. 4, 166; 7, 28 bis 29; Thuk. 8, 28 usw.) war die Goldmünze des pers. Großkönigs mit dessen Symbolfigur als Bogenschütze im sog. Knielauf auf der Vorderseite, einem oblongen vertieften bildlosen Einschlag auf der Rückseite. – Der D. wird zuerst um 515 v. Chr. von → Dareios I. (521–485 v. Chr.) geprägt, von dem die Griechen den Namen dieser Goldmünze ableiteten. Zunächst zeigt die Prägung lediglich den knienden, den Bogen abschießenden König (bis jetzt nur in 4 Exemplaren erhalten). Später trägt die Knielauf-Figur noch eine Lanze in der Rechten, schließlich noch einen kurzen Dolch. – Die früheste Ausgabe gleicht sich im Gewichtssystem noch dem des → Kroiseios an (ca. 8,05 g; bisher nur ein Expl. von 7,87 g bekannt), den sie also erst ca. 30 Jahre nach dem Untergang des Lyderreiches ersetzte. Kurz darauf trat indessen eine Gewichtserhöhung des D. auf ca. 8,35 g ein, die ihn zum Silbergehalt des pers. → Siglos in ein Verhältnis von 13 : 1 brachte. 20 Sigloi gingen nun auf einen D. In dieser Form blieb der D. die dominierende Goldmünze des Mittelmeergebietes bis zum Einsatz der Massenprägung des → Philippeios um die Mitte des 4. Jh.s v. Chr. unter Philipp II. von Makedonien. – Von Teilstücken des D. sind nur wenige Exemplare bekannt: $^1/_{12}$ D., der Goldobolos, sowie ein noch kleineres unbestimmtes Nominal von $^1/_{54}$ (oder $^1/_{60}$?) des Ganzstückes. – Doppelte D.n sind erst unter Alexander (5) d. Gr., wahrscheinlich in Babylon, geprägt worden. W. Schw.

Lit: Babelon, I 469–472; II 37 ff. – F. Hultsch, RE 4 (1901), 2181–83 – Head, 825–827 – G. F. Hill, BMC (Arabia usw.) CXX und 148 – Ders., JHS 39, 1919, 116 ff. – K. Regling, Klio 14, 1914, 91 – Ders., in: v. Schrötter, 120–121 – J. H. Jongkees, Kroiseios en Dareikos, Vooraziat.-Egypt. geselschap. Jaarber. 9, 1944, 163 ff. – D. Schlumberger, Mém. de la délég. archéol. franç. en Afghanistan XIV, 1953, 3 ff. – E. S. G. Robinson, Num. Chron. VI 18, 1958, 187–193.

Dareios I. (Darajavaus), Sohn des Hystaspes (Vištaspa), aus einer Nebenlinie des achämenid. Hauses, pers. König von 522–486. Er beseitigte im Bunde mit 6 Adligen den Usurpator Gaumata (griech. Σμέρδις), der sich für den von → Kambyses ermordeten Kyrossohn Bardya (der ‹falsche Bardya›) ausgab. D. sicherte seine Herrschaft durch Heirat mit Atossa, Tochter des → Kyros, vorher Gemahlin des Kambyses und des Gaumata. Durch die Ermordung des Gaumata, der sich durch Erlaß von Steuern beliebt gemacht hatte, entstand eine gefährliche Erschütterung des Reiches (Aufstand des Atrina in Susiana, des Ninintu-Bel in Babylon. Abfall der Kernlande im O und NO des Reiches. Gefährlicher Aufstand des Fravartiš in Medien, ebenso in Armenien. Dann erhob sich in Persien ein neuer ‹falscher Smerdis›, der auch Arachosien zum Abfall brachte. Nochmaliger Aufstand in Babylon). Zur Erinnerung an die Aufstände und seinen endgültigen Sieg ließ D. in Behistun (→ Bīsūtun) die Erzählung seiner Taten in drei Sprachen einmeißeln. Reichsorganisation: in den nächsten Jahren bis zum Skythenzug durchgeführt; die Verwaltungseinrichtungen hielten sich z. T. bis zum Hellenismus. Einführung einer regelmäßigen, festgesetzten Jahressteuer, Einteilung des Landes in 20 Satrapien, ausgenommen Persis (Hdt. 3, 90 ff.). Die Gewohnheiten der einzelnen Landschaften wurden berücksichtigt (→ Persien). Einführung einer Reichswährung auf der Grundlage des Gold → Dareikos. Einführung eines kgl. Kurierdienstes (→ Post), damit auch Bau von Königsstraßen, die den Mittelpunkt des Reiches mit den Provinzen verbanden (→ Straßen). Wohl auch Heeresreform. Daneben beginnt mit großartigen Palastbauten in → Susa, → Ekbatana und → Persepolis die Blütezeit der pers. Kunst auf allen Gebieten. – Mit der Einbeziehung der kleinasiat. Griechenstädte in das Perserreich war eine Auseinandersetzung mit den Inselgriechen unvermeidlich geworden. Vor dem Skythenzug wurde bereits Samos in das pers. Herrschaftsgebiet eingegliedert. Zum Schutz der offenen Nordgrenze des pers. Reiches unternahm D. den Skythenzug um 513/512 über den Bosporus durch Thrakien zur Donau. In dem wasserlosen Steppenland Bessarabiens scheiterte der Kriegszug. Daraufhin erfolgten Aufstände in Perinth, Byzanz und Kalchedon. D. kehrte nach Asien zurück. Megabazos wurde mit der Unterwerfung des Aufstandes beauftragt. Thrakien wurde neue Satrapie, Makedonien anerkannte die Oberhoheit des pers. Großkönigs. Der → Ion. Aufstand (500–494) wurde durch die Seeschlacht bei → Lade und die Eroberung und Zerstörung von → Milet niedergeschlagen. Die pers. Autorität in Thrakien und Makedonien sollte durch den Zug des → Mardonios i. J. 492 wiederhergestellt werden, das Landheer erlitt aber in Thrakien durch Überfälle der Bryger und die Flotte durch einen Sturm am Athosgebirge empfindliche Verluste. Doch wurde die pers. Herrschaft wiederhergestellt. Gegen Athen und Eretria führten wegen ihrer Teilnahme am Ion. Aufstand Datis und Artaphernes 490 eine Strafexpedition aus, die jedoch in der Schlacht bei Marathon scheiterte. D. ließ weiter rüsten, wurde dabei jedoch durch einen Aufstand in Ägypten unterbrochen. 486 starb er.

Lit: O. Leuze, Die Satrapieneinteilung in Syrien u. im Zweistromlande, 1935 – P. J. Junge, D. I., 1944 – A. T. Olmstead, History of the Persian Empire, 1948, S. 107 ff.

2. **D. II.** Ochos, 424–404, einer der 17 natürlichen Söhne des → Artaxerxes I. von der Babylonierin Kosmartidene, Satrap von Hyrkanien, beseitigte den Sogdianos und nahm nach Thronbesteigung den Namen D. an; vermählt mit seiner Schwester Parysatis. Unter D.' Regierung Verfall des Reiches, viele Aufstände, dazu Streitigkeiten innerhalb der Königsfamilie (z. B. Aufstand seines Bruders Arsites; vor 413 Abfall des Satrapen Pissuthnes von Sardes, den Tissaphernes besiegte und dessen Satrapie er zum Lohn dafür erhielt). 412–411 Abschluß von 3 Verträgen mit Sparta; finanzielle Unterstützung (→ Pelop. Krieg); seit 408 → Kyros d. J. Karanos (Vizekönig) von Kleinasien, damit Oberbefehlshaber sämtlicher Truppen in Kleinasien. In derselben Zeit innere Aufstände, 410/409 Empörung Mediens, bald wieder niedergeschlagen. Doch konnte D. den Verlust Ägyptens nicht verhindern (seit 410 Aufstand des → Amyrtaios). 404 starb D. in Babylon.

3. **D. III.** (nach Iust. 10, 3, 3 D. Codomannus), → Satrap von Armenien. Als Bagoas → Artaxerxes III. Ochos, dann dessen Sohn und Nachfolger → Arses ermordet hatte, erhob er 336 den D. auf den Thron., der seinerseits den Königsmörder durch Gift beseitigen ließ. D. wird von → Alexander d. Gr. bei Issos (333 v. Chr.) und Gaugamela (1. Okt. 331) geschlagen. Wegen seiner Mißerfolge und seiner persönlichen Feigheit wurde er auf der Flucht vor Alexander von dem Chiliarchen Nabarzanes und den Satrapen Bessos und Barsaëntes gefangengenommen und getötet (Juli 330). Alexander ließ seinen Leichnam königlich bestatten.

Dares, angeblicher Verfasser eines mythologischen → Romans, der die trojanische Sage von Laomedons Tod bis zur Einnahme Trojas bringt und für die Trojaner Partei nimmt; er ist in lat. Fassung aus dem 5. oder 6. Jh. erhalten. Ein vorangestellter Brief stellt die lat. Version als Übersetzung des Cornelius → Nepos hin, der sie an Sallust geschickt hätte. Vgl. – Trojaroman. R. Hl.

Ed: F. Meister, BT, 1873 – *Lit:* C. Schissel v. Fleschenberg, Daresstudien, 1908.

Datis (*Δᾶτις*), Meder, Oberbefehlshaber des Feldzuges, der nach Marathon führte; Artaphernes d. J. stand ihm zur Seite; auf seinem Zuge unterwarf er Naxos und verschonte Delos. G. R.

Daunier, aus Illyrien um die Wende vom 2. zum 1. Jt. eingewanderter Volksstamm im nördl. Apulien (Kt. 1420 G6; Polyb. 3, 88, 4; 5, 108, 9; Mela 2, 65). Von röm. Dichtern (→ Horaz, → Vergil, → Ovid, → Silius (2) Italicus) als Name für die Bewohner Apuliens oder ganz Unteritaliens gebraucht. B. A.

Lit: Nissen, I 541. 2, 845.

David, König von Juda und Israel, 1. H. 10. Jh. v. Chr., → Judentum A [5].

Dea Dia, röm. Agrargöttin, die von den → Fratres Arvales in einem heiligen Hain am fünften Meilenstein der via Campana verehrt wurde; ihr Name bedeutet nichts anderes als ‹die Göttin›, vielleicht weil es verboten war, ihren wirklichen Namen auszusprechen. H. Le B.

Decebalus, König der → Daker, bedeutender Feldherr und Organisator. Krieg gegen → Domitian 85–89. Handelt von den durch Markomannen und Sarmaten bedrängten Römern günstigen Frieden ein (u. a. Überlassung röm. Facharbeiter). → Trajan erneuert den Krieg, um die dakische Gefahr zu bannen (101/102). Sarmizegetusa besetzt, D. muß röm. Oberhoheit anerkennen. Da er die Friedensbedingungen nicht einhält, neuer Krieg 105/106. Nach verzweifelter Gegenwehr Selbstmord. Dakien wird röm. Provinz. – Vgl. → Trajanssäule. H.-G. K.

Q: Dio Cass. 67, 6 f.; 68, 6–14; Trajanssäule in Rom – *Lit:* A. Stein, PIR² D 19.

Decemprimi (auch d. curiales), die ersten 10 im Album des Senats verzeichneten munizipalen Ratsmitglieder, Repräsentanten der Kurie mit höherem Rang, im Besitz gewisser Privilegien, befreit von Körperstrafen. Für den Senat in Rom nicht belegt. J. S.

Decemviri consulari imperio legibus scribundis. Zur Kodifizierung des → Rechts wurden 451 v. Chr. 10 Patrizier (angeblich: App. → Claudius (3), T. Genucius, P. Sestius, L. Veturius, C. Julius, A. Manlius, P. Sulpicius, P. Curiatius, T. Romilius, Sp. Postumius) vom Volk auf ein Jahr gewählt mit konsularischer Machtbefugnis, Oberbefehl im Krieg, Rechtsprechung, Einberufung des → Senats. Während ihrer Amtszeit waren alle Magistrate suspendiert, die Provokation aufgehoben. Für 450 soll nach der Überlieferung ein zweites Decemvirat gewählt worden sein, das allgemein als gefälscht angesehen wird. Im ersten Decemvirat sind sicher T. Genucius, P. Sestius und P. Curiatius als Plebejer gefälscht. – Vgl. → Zwölftafelgesetze. J. S.

Lit: R. Werner, Der Beginn der röm. Republik, 1963, 280–283.

2. **D. (st)litibus iudicandis,** seit Ende des 2. Jh.s v. Chr., zunächst vom praetor urbanus beim Amtsantritt ernannt, dann in den Tributcomitien gewählt, gehörten zu den magistratus minores (→ Vigintisexviri). Zuständig für Freiheitsprozesse, in der Kaiserzeit von den Rekuperatoren abgelöst. Seit Augustus Vorsitz im Centumviralgerichtshof (→ centumviri), der bis ins 3. Jh. n. Chr. belegt ist. J. S.

3. **D. sacris faciundis** → Quindecimviri; vgl. → Priester.

Decennalien, Fest der 10jährigen Regierungsdauer des Kaisers, mit dessen Feier ein zu Beginn der Periode dargebrachtes Gelübde für das Wohl des Kaisers und seiner Familie (decennalia) eingelöst wurde, erstmals von → Augustus 17 v. Chr. begangen. Die gleichzeitige Erneuerung des Gelübdes auf eine 2. und 3. Zehnjahresperiode mit Feier des 20- bzw. 30jährigen Regierungsjubiläums nach deren Vollendung hießen decennalia altera und d. tertia, seit dem 3. Jh. aber ‹vicennalia› und ‹tricennalia›. H. Kal.

[2] *Decennalienbasis,* Teil (Marmor, Br. 1, 80 m) des ‹Monumentum Tetrarchum›, des Denkmals für Vizennalien → Diokletians 303 n. Chr. auf dem Forum Romanum (→ Rom, Kt. 2659). Darstellungen: Sühneopfer (Suovetaurilien) der vier Kaiser. H. v. H.

Abb u. Lit: Kähler 361–363, Taf. 250 – Nash I 198–201, Abb. 223 bis 228.

Decentius (Magnus D.), röm. Kaiser (Usurpator) 350–353, Vetter des → Magnentius, der ihn wohl Ende 350 in Mailand zum Caesar erhob (352 cos.). Als Feldherr an der Rheingrenze erlitt er eine schwere Niederlage gegen die → Alamannen. Nach dem Tod des Magnentius verübte er 353 in Sens Selbstmord. H.-J. D.

Decidius Saxa, L. (tr. pl. 44 v. Chr.). Aus Spanien gebürtig, wahrscheinlich aus italischer Familie, wurde durch Caesars Gunst Volkstribun. Bei Philippi auf → Antonius' (2) Seite, danach Teilnahme am Partherkrieg, in dem er gefangengenommen und getötet wurde. Chr. M.

Lit: R. Syme, Who was D. S., JRS 27, 1937, 127 ff.

Decius (C. Messius Quintus Traianus D.), röm. Kaiser 249 bis 251; geb. ca. 195 in Budalia (Unterpannonien); Senator; seit 234 Legat von Moesia; 249 praefectus urbi, dux Moesiae et Pannoniae; gefallen Juni 251 bei Abrittus. D. wurde gegen seinen Willen zum Kaiser ausgerufen (Juni 249), besiegte → Philippus (4) Arabs bei Verona und fiel selbst im Kampf gegen die Goten. Sein Sohn und Mitherrscher Hostilianus regierte noch kurze Zeit. Als erster Kaiser pannonisch-illyrischer Abstammung kündigt D. den Aufstieg der Illyrier an. Er war überzeugter Vertreter und Erneuerer altröm. Tradition, in der er die Grundlage für das Wohl des Imperiums sah; im religiösen Bereich führte diese Einstellung zu einem heftigen Vorgehen gegen die Christen (→ Christenverfolgungen). H. D. M.

Lit: K. Wittig, RE 15, 1 (1931), 1244–84 – K. Groß, RAC III 611 bis 629 – *Bildnisse* → Anhang I.

2. **D. filius** → Decius (1).

3. **D. Mus,** P. (trib. mil. 343 v. Chr., cos. 340), soll im ersten Jahre des in seiner Historizität umstrittenen ersten → Samniten-Krieges 343–341 als Militärtribun das in Samnium eingedrungene und von den Samniten umzingelte Heer des Konsuls A. Cornelius Cossus Arvina gerettet haben. Meist gilt die Erzählung als Dublette der → Devotion des Militärtribunen M. Calpurnius Flamma bei Kamarina 258 v. Chr. Konsul wurde D. 340 als erster seiner Familie; daß er als Konsul im Latinerkrieg (340–338) bei Capua den Opfertod fand, gilt gewöhnlich als Übertragung der Devotion seines Sohnes auf den Vater. R. W.

4. **D. Mus,** P. (cos. 312 v. Chr., 308, 297, 295, mag. equ. 306, cens. 304), Sohn des vorigen, kämpfte 308 gegen die → Etrusker, trat 300 für die Annahme der Lex Ogulnia ein, siegte 297 bei Maluentum über die Apuler, verheerte 296 mit verlängertem Kommando Samnium und fand im Jahre 295 v. Chr. in der Schlacht bei Sentinum durch → Devotion den Opfertod. R. W.

5. **D. Mus,** P. (cos. 279, cos. suff. 265?), Sohn des vorigen, 279 mit seinem Kollegen im Konsulat P. Sulpicius Saverrio gegen → Pyrrhos (1) geschickt. Beide Konsuln wurden in der Schlacht bei Ausculum in Apulien geschlagen. Ob er sich hier nach dem Vorbild des Vaters ebenfalls dem Opfertod weihte, ist unsicher, da er nach einem anderen Traditionszweig 265 in die inneren Wirren von Volsinii eingegriffen haben soll. R. W.

Deckenmalerei. Von seltener Universalität ist die Vorstellung von der Decke als Himmelszelt, auf griech. Boden erstmals am Sternenschmuck myk. → Kuppelgräber nachweisbar, literarisch z. B. noch für den Thronsaal der Domus Aurea in Rom überliefert (vgl. Suet. Nero 31). Seit dem 5. Jh. ist in Griechenland die Kassettendecke mit pflanzlichem und figürlichem Schmuck üblich (Nereidenmonument in → Xanthos, Tholoi in → Delphi und → Epidauros). Solche Kassetten und ‹Gewölbe› soll → Pausias ausgemalt haben. Von hellenist. D. können Gräber aus Alexandria und Makedonien eine Vorstellung geben. Die Entdeckung der D. in der Domus Aurea mit z. T. damals bizarr anmutender Vermengung pflanzlich-ornamentaler und figürlicher Motive (‹le grotte›, daher ‹Grotesken›) erregte in der Renaissance größtes Aufsehen. C.K.

Lit: F. Weege, Das Goldene Haus des Nero, JdI 27, 1913, 127–244 – Pfuhl, 617f. 905 – F. Wirth, Röm. Wandmalerei vom Untergang Pompejis bis ans Ende des 3. Jh.s, 1934, 39 u. passim – A. von Salis, Antike und Renaissance, 1946, 35–46 – Schefold, O. H. R., 178 (Himmelssymbolik) – R. Bianchi-Bandinelli, EAA III 566f., s. v. Fabullus – Ebd. (Red.) III 1064, s. v. grottesche.

Decurio, Titel des Gemeinderatsmitgliedes in den Städten röm. und latinischen Rechts. Normalzahl 100, Aufnahme alle 5 Jahre bei Aufstellung des Census (→ quinquennales), aber auch durch Volk oder Rat (ordo decurionum). Die Liste der d.es wurde im Album veröffentlicht (z. B. erhalten aus Canusium 223 n. Chr.). Unbescholtenheit zur Aufnahme erforderlich. Schauspieler, Kuppler, Gladiatoren ausgeschlossen. Gemeindeangehörigkeit in früherer Zeit erforderlich, später gab es Räte in mehreren Städten gleichzeitig. Census (in Comum z. B. 100000 Sesterzen) und Altersgrenze (30 J.) vorgeschrieben. Bei Eintritt in den ordo mußte Einstandsgeld bezahlt werden, Verleihung auf Lebenszeit, Verlust nur durch gerichtliches Verfahren. – Kompetenzen: Bestätigungsrecht gegenüber Beschlüssen der Bürgerschaft, Beratung der Oberbeamten, Appellationsgerichtshof bei Strafen gegen Beamte, in republikan. Zeit Kriminalgerichtshof. Oberste Verwaltungsbehörde in inneren Angelegenheiten, Vergabe von Arbeiten, Getreideversorgung, Verleihung des Bürgerrechts. Im Besitz gewisser Privilegien, Befreiung von der Todesstrafe, außer bei Elternmord, besonderes Abzeichen an den Kleidern, Ehrensitze im Theater. Niedergang des Standes seit Einmischung der kaiserlichen Verwaltung in die Selbstverwaltung der Städte (→ curatores rei publicae). In der spätröm. Zeit wurde das Amt als schwere Last angesehen (es wurde durch Geburt erworben; die d.es hafteten für die Entrichtung der Steuerquote mit eigenem Vermögen). J.S.

Lit: B. Kübler, RE 4,2 (1901), 2319–52 – A. H. M. Jones, The later Roman Empire II, 1964, 737–757.

Dedicatio, ‹Weihung›, durch die eine heilige Stätte einer Gottheit zugeeignet wird, d. h. in deren Eigentum übergeht. Vermittler ist der → Pontifex, der die Stätte weiht. Der Magistrat wiederholte nach ihm die rituellen Worte der Weihung, während beide die Hand an den Türpfosten des neuen Tempels legten (postem tenere). H. Le B.

Lit: Latte, 200f.

Dediticii, Nachkommen von dediti, die durch freiwillige deditio in Abhängigkeit von Rom geraten sind, ohne foedus. Die D. verloren ihr staatliches und privates Eigentum und waren der Gnade Roms völlig ausgeliefert; allerdings tolerierte man von Rom aus innere Autonomie. In der Kaiserzeit Ausdehnung des Begriffs auf angesiedelte Barbaren. D. waren auch bestrafte Freigelassene, die nach der → Lex Aelia Sentia keine röm. Bürger mehr werden konnten; gegen sie bestand ein Verbot, in Rom und innerhalb des 100. Meilensteines zu wohnen. In der → constitutio Antoniniana Ausschluß vom → Bürgerrecht. J.S.

Defensor civitatis, von → Valentinian I. i. J. 364 (Cod. Theod. 1, 29, 1) geschaffenes Amt, das die niedere Bevölkerung der Städte vor Übergriffen der Mächtigen und der Verwaltungsorgane schützen sollte. Mit ihm sollten Männer von hohem Ansehen betraut werden. Nach einer Zeit des Verfalls versuchte → Justinian I. das Amt in seiner alten Bedeutung wiederherzustellen. K.F.Str.

Definition. Die Frage nach der präzisen Umgrenzung eines Begriffs und der mit ihm gemeinten Sache ergibt sich, wo durch Unklarheiten der Sprachgebrauch, die Ordnung im Wortschatz, aber auch die Verständigung über eine bestimmte Sache gestört sind. Wortbestimmungen begegnen in größerem Umfang zuerst in den grammatischen Untersuchungen der → Sophisten (→ Protagoras, → Prodikos), dann von anderm Ansatz her als Sachdefinition bei → Sokrates im Felde der Ethik. Grundlegend sind zwei Motive: daß die ethischen Begriffe der Präzision bes. stark ermangeln und daß das ethische Handeln nur dann über sich selbst Rechenschaft ablegen kann, wenn es sein Ziel kennt. So bemüht sich die → Sokratik um D. bes. der Tugenden (vgl. Xen. mem. 1, 1, 16). Bei → Platon entsteht in der → Dihärese eine feste Methode der D. Daraus wird bei → Aristoteles die klassische Form der D. der Species (εἶδος) durch Genus (γένος) und Differentia specifica (διαφορά; vgl. → Logik). Reihen von D.en wichtiger Begriffe haben alle großen Philosophenschulen angelegt. O.G.

Deianeira, Tochter des → Oineus v. Kalydon, Gemahlin des → Herakles.

Deinarchos, → Redner, ca. 360–ca. 290, Metöke aus Korinth, also wie → Lysias und → Isaios kein Attiker, aber in Athen als → Logograph tätig. Er gehörte zur Richtung des → Demetrios (17) v. Phaleron, mußte mit dessen Sturz 307 Athen für 15 Jahre verlassen und konnte erst als Greis 292 zurückkehren. Von seinen zahlreichen (ab 336 verfaßten) Reden betrachtete → Dionysios (16) v. Halikarnaß (‹De Dinarcho›) 60 als echt, von denen allerdings drei als 39., 40. und 58. Rede im Corpus Demosthenicum stehen. Erhalten sind nur drei Reden des D., die alle die Bestechungsaffäre des Harpalos zum Gegenstand haben: ‹Gegen Demosthenes› (or. 1), ‹Gegen Aristogeiton› (or. 2) und ‹Gegen Philokles› (or. 3). Mit der Rede gegen Demosthenes, deren Echtheit im Altertum zu Unrecht angezweifelt worden ist, setzte er dessen Verurteilung durch. – Die antiken Kritiker sahen in D. den Epigonen der großen attischen Beredsamkeit – sicher mit Recht; denn sein wenig charakteristischer Stil ist ein deutliches Zeichen des bereits beginnenden Verfalls. J.H.K.

Ed: F. Blaß, BT (1871), 1888² – Minor Attic Orators II, ed. J. O. Burtt, LCL, 1954 – *Lit:* Blaß III 2, 289–333 – Zur Überlieferung: → Andokides.

Deinokrates, aus Makedonien, Architekt → Alexanders d. Gr., dessen Aufmerksamkeit er durch das phantastische Projekt gewann, den Berg → Athos in eine Riesenstatue des Herrschers zu verwandeln. Eine ähnlich megalomane, den Hellenismus bezeichnende Originalität zeigt der D. zugeschriebene, für Alexanders Freund Hephaistion in Babylon errichtete ‹Scheiterhaufen›, ein sechsstöckiger, mit Schmuck überladener, vergoldeter Riesenbau von 180 × 180 m und ca. 60 m Höhe, während im von D. entworfenen, streng orthogonalen Stadtplan → Alexandrias, einem Muster klarer Disposition, seine rationalen Fähigkeiten zur Geltung kommen. G.Gb.

Deinomenes, Bildhauer unsicherer Herkunft und Zeit, nach Plin. nat. 34, 50 → Akme (wie Patrokles und → Naukydes) 400–397. Überlieferte Werke: Heros Protesilaos; Ringer Pythodemos, Io und Kallisto auf der Akropolis von Athen; Paionier-Königin ‹Besantis› (von jüngerem Homonymen?). Falls die Pliniusdatierung wie oft nicht stichhaltig ist, wären folgende Werke zu vergleichen: zum Protesilaos der großartige Statuentypus London–New York (Kopf wohl nicht zugehörig); zur Io der sog. Iakchoskopf vom Vatikan, zur Kallisto der sog. Perseuskopf der Athena Albani oder der Statuentypus Budapest–Basel. E.Bg.

Lit: Lippold, GrPl, 203 – L. Guerrini, EAA III, 1960, 22–23 – *Protesilaos:* Lippold, GrPl, 208 Anm. 8 – *Io:* ebd. 182 Anm. 6; vielleicht auch Statuentypus Torlonia-Hierapetra-Korinth: Ed. Schmidt, Zwei Vorläuferinnen der Sappho Albani, in: Antike Plastik, Festschr. W. Amelung, 1928, 222–227 – *Kallisto:* E. Langlotz, Der triumphierende Perseus, 1960, Taf. 1–4 und 11; ferner Statuentypus Brunn-Bruckmann 761/762.

Deinon → Dinon.

Deinostratos, → Mathematiker um 350 v. Chr., Bruder des → Menaichmos, im → Mathematikerverzeichnis genannt; → Quadratrix. H. G.

Q: Pappos, Collectio 4.

Deinotes (lat. etwa: vis dicendi), Macht der Rede, Redegewalt, ‹Vehemenz› des Ausdrucks (Lausberg), ein Hauptstück der Lehre von den Stilarten, bes. der Erregung des Affektes (*πάθος*) dienend. Die Lehre von dieser Stilqualität ist aus → Demosthenes' Reden gewonnen und im Anschluß an den älteren Peripatos im Hellenismus ausgebildet. → Rhetorik B 6. H. H.

Lit: Volkmann, 537f. 543f. – Lausberg, I 524 – L. Voit, *Δεινότης*, 1934 (Diss. München 1933).

Deiokes. 1. Medischer Prinz (Dajaukku), der laut den Annalen des → Sargon von diesem deportiert wurde (715 v. Chr.). – 2. D. (II.?), Sohn des → Phraortes, Mederkönig, der nach Herodot (1,96ff.) die Stämme der → Meder einigte, → Ekbatana gründete und über 50 Jahre (700–647) regierte. G. R.

Deiotarus, Tetrarch der galatischen Tolistobogier und König von → Galatien, entging 87 v. Chr. dem Massaker → Mithridates' VI. gegen die Tetrarchen und half in den folgenden Jahren den Römern gegen Mithridates; 73 vertrieb er den pontischen General Eumachos (App. Mithr. 178; 326). Zum Lohn machte ihn → Pompeius (2) zum König über die Tolistobogier und einige pontische Gebiete (Strab. 12, 547). Mit Hilfe eines starken Heeres dehnte er seine Herrschaft über das übrige Galatien und Kleinarmenien aus, pflegte aber die Beziehungen zu seinen röm. Patronen (er half → Cicero und M. → Calpurnius (2) Bibulus bei drohendem Partherkrieg 51). Im Bürgerkrieg unterstützte er Pompeius, nach Pharsalus ging er zu → Caesar über (Cic. Deiot. 9ff.), dem er im Kampf gegen → Pharnakes II. half. Die Klagen seiner Feinde, bes. der vertriebenen Tetrarchen, führten 45 zum Prozeß, der nach Caesars Tod nicht mehr entschieden wurde. → Ciceros Verteidigungsrede ist erhalten. D. eignete sich das strittige Kleinarmenien wieder an, war noch Bundesgenosse der Republikaner und, nach rechtzeitigem Übertritt (→ Amyntas, 2), des → Antonius (2). Er starb ca. 40 in hohem Alter (Dio 48, 33, 5). – D., aus Ciceros Rede zufällig besonders gut bekannt, war ein halbhellenisierter Barbarenkönig, hervorragend durch seine energische und skrupellose Machtkonzentration, im übrigen typisch für die Erscheinung der asiatischen Klientelfürsten dieser Zeit. D. T.

Lit: D. Magie, Rom. Rule in Asia Minor, 1950.

Deïphobos, Sohn des → Priamos, einer der tapfersten Troer, nach dem Tod des → Paris Gatte der → Helena, bei der Eroberung Trojas von → Menelaos grausam verstümmelt. Sein Schatten erscheint → Aeneas in der Unterwelt und berichtet ihm davon (Verg. Aen. 6, 494–547). L. H.

Darstellungen: Auf Vasenbildern der Iliupersis und bei Paris' Ankunft in Troia, auch auf etrusk. Urnen. Vgl. S. Meschini, EAA III, 1960, 20–21. K. Schf.

Deïphontes, Sohn des → Herakliden Antimachos, Schwiegersohn des Herakliden Temenos und dessen Erbe. Von dessen Söhnen jedoch vertrieben, wird er Herrscher von Epidauros.

Deïpylos, nach später Version der Sage von → Polydoros (Hyg. fab. 109) Sohn des Polymestor und von diesem irrtümlich an Stelle des Polydoros getötet.

Deir el-Bahari, ‹Nordkloster›, (Kt. 3037), Totentempel der → Hatschepsut auf dem Westufer von Theben (Ägypten), der von den → Kopten zu einem Kloster umgebaut war. Daneben liegt der Totentempel König Menthuhoteps II. (11. Dyn.). W. Hk.

Deir el-Medineh (Kt. 3037), kleiner von → Ptolemaios IV. Philopator gegründeter Tempel auf der Westseite von Theben (Ägypten), → Hathor und → Maat geweiht. Daneben lag im Neuen Reich die Arbeitersiedlung für die kgl. Nekropole. W. Hk.

Deisidaimonia, Ehrfurcht vor dem Numinosen (Xen. Ages. 11, 8, auch später), bes. soweit es ins menschliche Leben eingreift (*δαίμων*); aus Torheit (Aristot. pol. 1314 b 38ff.) artet sie oft in Angst aus, d. h. in übertriebene Beachtung ritueller Vorschriften und Vornahme reinigender oder übelabwehrender Handlungen bei geringstem Anlaß (→ Aberglaube); schon im 4. Jh. in Griechenland nicht selten, wie Theophrasts Charakteristik (16) und eine Komödie Menanders (verloren) zeigt. Später im Hinblick auf die zunehmende Verbreitung von → Zauber und → Magie scharf angegriffen von → Plutarch (mor. 164 E) als *Furcht* vor den Göttern, von Kirchenvätern als Furcht vor *Dämonen*. C. J. C.

Lit: P. J. Koets, D., Diss. Utrecht 1929 – P. Steinmetz, Theophrasts Charaktere, 1962, 2. 179ff.

Dekadrachmon (*δεκάδραχμον*), Zehndrachmenstück. Silbermünze von ca. 43 g in attischem Münzfuß, ausgegeben in Athen (480–479 v. Chr.), auf Sizilien in Syrakus (480–479, vgl. → Demareteion, und nach 413) und in Akragas (nach 413). Ferner kennt man ein D. Alexanders d. Gr. aus der Münzstätte Babylon sowie das schwere D. der makedon. Stämme (Derronen usw.) aus archaischer Zeit. – In Ägypten wurde das D. mit dem Namen und dem Bildnis der Berenike und der Arsinoë im Gewichte von ca. 35 g ausgegeben (die genauere Verteilung auf die Königinnen mit diesen Namen ist noch umstritten). – Karthago prägte auf Sizilien ein D. von ca. 35–38 g in Silber, dem auch solche aus Elektron entsprachen (ca. 280–270). W. Schw.

Lit: Babelon, 412 – F. Hultsch, RE 4 (1901), 2413 – K. Regling, in: v. Schrötter, 124 – Ch. Seltman, Greek coins (1933), 1955², 93f., 127f., 213, 243 – M. N. Tod, Num. Chron. VI 20, 1960, 17 – W. B. Kaiser, JdI 77, 1962, 227ff. – G. K. Jenkins-R. B. Lewis, Carthaginian Gold and Electrum Coins, 1963, 35–36. 107. 130.

Dekane. Die Ägypter bestimmten die 12 Nachtstunden durch Sternaufgänge. Da die Sterne aber alle 10 Tage eine Stunde früher aufgehen, muß nach diesem Zeitpunkt ein neuer Stern gewählt werden. Listen dieser *Dekansterne* sind erhalten. W. Hk.

Dekaprotoi (*δεκάπρωτοι*), städtische Beamte im Osten des röm. Reiches, aus der gesamten Bürgerschaft ausgewählt, Amtsdauer gewöhnlich 1 Jahr, beauftragt mit der Eintreibung und Einnahme der Steuern. J. S.

Dekarchien, außerordentliche (dem Vorwand nach wohl verfassunggebende) Zehnerkommissionen, deren sich → Lysander zu Ende des → Pelop. Krieges in den Städten des früheren athen. Machtbereichs zur Sicherung der Herrschaft Spartas und seines persönlichen Einflusses mit Vorliebe bediente. (Das athen. Gegenstück sind die → Dreißig, 1) Als sich 403 eine dem Lysander feindliche Mehrheit im → Ephoren-Kollegium fand, brachen die D. überall zusammen. F. G.

Dekeleia, Ort im N → Attikas beim heutigen Tatoi (Kt. 1152a C1), 413 von den Spartanern auf Rat des → Alkibiades im → Pelop. Krieg besetzt, danach → ‹Dekeleischer Krieg› (413–404). E. M.

Lit: Th. Arvanitopulu, *Δεκέλεια*, 1958.

Deklamationen heißen bei den Römern die von den Griechen (*ζητήματα*, häufiger *μελέται*) zuerst entwickelten, den rhetor. Schulbetrieb der Kaiserzeit beherrschenden Übungsreden mit fingierten Beispielen konkreter Fälle oder Situationen, zerfallend in 2 Kategorien: (1) → Suasorien, auf das genus deliberativum (→ Rhetorik, Tabelle, 3 b) eingestellt mit Vorliebe für historische Stoffe; (2) → Controversien, das genus iudiciale (ebd. 3 a) betreffend, mit Zugrundelegung von Rechtsfällen. Die Wurzeln solcher Übungen gehen auf die Zeit des → Demetrios (17) v. Phaleron zurück, wo auch die Dichtung (→ Menander) Typen schuf, wie sie hier gerne verwendet wurden (der Soldat, der Reiche, der Arme, der Geizige usw.). Blendende und rein auf Wirkung bedachte Ausschmückung ließ sie vielfach zu Darbietungen für Unterhaltung und Sensationslust ausarten. Vgl. → Rhetorik C 3 f. E 2, Sex. → Clodius (3), → Seneca (1) d. Ä., → Quintilian, → Blandus, → Calpurnius (5) Flaccus, → Apsines. H. H.

Lit: W. Kroll, RE Suppl. 7 (1940), 1119–24, s. v. Rhetorik – J. W. Duff, OCD, 258f., vgl. 233, 864 – J. F. Bonner, Roman declamation in the late Republic and in the early Empire, 1949 – M. L. Clarke, Rhetoric at Rome (1953), 1962², 85–99 – G. François, Declamatio et disputatio, AC 32, 1963, 513–540.

Dekonkion (δεκώγκιον), lat. → Dextans, Bronzemünze von 10 → Unciae im Gewichte von 4,47 g, in Katana auf Sizilien mit Wertbezeichnung X, in Kenturipae im Gewichte von 11 g mit der Initiale Δ geprägt. W. Schw.

Lit: E. Babelon, I 457 – Head, 134–135. 181 – K. Regling, in: von Schrötter, 124.

Dekorative Kunst. Eine ‹bloß› d. K. ist der Antike unbekannt; selbst die d. K. der Kaiserzeit, bei der man von einem gewissen ‹Ausstattungsluxus› sprechen kann, bewahrt sich doch andererseits ihren Ursprung. Das antike → Ornament ist immer auf das Ganze eines Kunstwerks bzw. dessen mehr formalen oder mehr thematischen Aspekt bezogen und in diesem Sinne daher niemals abstrakt. Vor allem ist die anfängliche → geometrische Musterwelt Gehalt als Ausdruck uns schwer faßbarer Lebensdichte in existentiellen Grundformen und Grundrhythmen; die Hauptbegriffe der antiken → Kunsttheorie, → ‹Symmetrie› und ‹Rhythmus›, haben hier ihre frühe und eigentliche Begründung. Selten sind ‹Form und Inhalt› in der Weltgeschichte der Kunst so vereint gewesen wie in dieser mythischen Formensprache; erst mit der sehr langsamen Auseinandersetzung von ‹Form und Inhalt› wird die Möglichkeit von d. K. sichtbar. – «Die Bedeutung des Ornaments bei den Griechen wurzelt in ihrem Sinn für das Gesetz, in der Kraft, Individuelles auf Mythisches zurückzuführen» (K. Schefold). – Vgl. → Horror Vacui. D. Sch.

Lit: P. Meyer, Zur Formenlehre und Syntax des griech. Ornaments, o. J. (1945?), Diss. Zürich 1943 – K. Schefold, Gnomon 25, 1953, 200–201 – H. Marwitz, JdI 74, 1959, 60 – Ders., Antike und Abendland 10, 1961, 14–15.

Delia, das Hauptfest des Apollon auf Delos, im ‹Heiligen Monat› (= att. Anthesterion) abgehalten und am Ort einfach die *Apollonia* genannt. Die Ionier hatten seit undenklichen Zeiten am Geburtsort des Gottes einen → Panegyris abgehalten und ihn mit Boxen, Tanz und Gesang geehrt (hymn. Hom. Ap. 146–150). Athen sandte regelmäßig jedes Jahr eine → Theoria und stellte 426 v. Chr. die Spiele, die in Verfall gekommen waren, in einem vierjährigen Zyklus wieder her. F. R. W.

Q: Thuk. 3, 104 – *Lit:* Nilsson, Griech. Feste, 1906, 144ff.

Delia → Tibull.

Delion, Ort im östl. Böotien, nahe Tanagra, bekannt durch die schwere Niederlage der Athener gegen die Böoter im → Pelop. Krieg (424 v. Chr.). F. Kch.

Delisches Problem → Verdoppelung des Würfels.

Delmaticus → Metellus.

Delos, die kleine, nur etwas über 5 km messende, heilige Insel der → Kykladen (Kt. 1152 F 5); höchste Erhebung der Kynthos mit 112 m, von dem das kurze, fast immer trokkene Bachbett des Inopos nach NW hinabzieht. Nach der Sage (→ Leto) wurde → Apollon auf D. geboren und die schwimmende Insel dadurch fest (Hom. hymn. Apoll.). Siedlung des 3. Jt.s v. Chr. auf dem Kynthos, in myken. Zeit (2. Jt. v. Chr.) im Gebiet des späteren Heiligtums. Kulte und Mythen von D. schließen z. T. an diese Siedlungen und an Gräber myken. Zeit an. Auch auf D. ist dem Kult des Apollon der Kult vorgriech. weiblicher Gottheiten (sog. → Artemis) vorangegangen. Aber schon Anf. des 1. Jt.s v. Chr. war das Apollonheiligtum religiöser Mittelpunkt der ion. Griechen einschließlich Athens, zunächst unter Führung von → Naxos. In der 2. H. des 6. Jh.s Reinigung der Insel durch → Peisistratos, Verlegung aller Gräber aus dem vom Tempel aus sichtbaren Teil der Insel. Die Vorstandschaft Athens war nur von kurzer Dauer, dann geriet D. in Abhängigkeit von → Polykrates v. Samos, der dem Gott die Insel Rheneia weihte. 490 wurde D. von den Persern verschont. Seit 478/477 Mittelpunkt und Sitz des Bundesrates und der Bundeskasse des → Att. Seebundes, bis zur Verlegung der Bundeskasse nach Athen i. J. 454. 426 Reinigung der Insel von allen Gräbern, 422 Vertreibung der einheimischen Delier durch Athen, 420 ihre Rückkehr. Auch weiterhin blieb D. zumeist unter athen. Verwaltung, erlangte aber um 315 v. Chr. seine Unabhängigkeit und wurde Mittelpunkt des Bundes der Inselgriechen (Nesioten) unter Führung Ägyptens oder Makedoniens. 166 v. Chr. gab Rom die Verwaltung an Athen zurück; die Delier wurden wiederum vertrieben und durch att. Kleruchen ersetzt. – Die von Rom verliehenen Privilegien eines Freihafens machten D. zu einem wichtigen Handels- und Umschlagplatz des östl. Mittelmeeres; bes. der Sklavenmarkt war bedeutend. Im Kriege → Mithradates' VI. gegen Rom wurden 88 v. Chr. auf D. angeblich 20000 Menschen getötet und die Insel schwer verwüstet; noch gründlicher wurde sie 69 v. Chr. durch → Seeräuber zerstört. Damals ließ zwar der röm. Legat C. Triarius eine Mauer um das Heiligtum und einen Teil der Stadt bauen, doch war die Blüte der Insel endgültig vernichtet, und die veränderten Verhältnisse der Kaiserzeit entzogen ihr die Existenzgrundlage als Hafen. Sie verödete völlig und war schon im 2. Jh. n. Chr. ebenso unbewohnt wie in MA und Neuzeit. Im 2. Jh. n. Chr. machte Athen den Versuch, die Insel zu verkaufen, doch fand sich kein Abnehmer. Jährlich feierte man in D. das Fest der Apollonia mit musischen und gymnischen Agonen. Seit 426 auch das Fest der Delia, von Athen gestiftet, im Februar jedes vierten Jahres.

[2] *Die Bauten.* Mit seiner Fülle von ausgegrabenen Gebäuden und Denkmälern gehört D. zu den wichtigsten Ausgrabungsstätten Griechenlands. Kern der antiken Stadt an der NW-Seite war das → Apollonheiligtum, dem ein heiliger Bezirk der Artemis angegliedert war (bes. zahlreiche alte Funde). Apollon besaß auf D. nie einen Monumentaltempel, wohl aber drei kleinere Tempel des 6. und 5. Jh.s v. Chr. nebeneinander; ferner gehörten mehrere hochaltertümliche Kultmale, Altäre, eine Reihe von Schatzhäusern, große Hallenbauten verschiedener Zeit und Bestimmung, Weihgeschenke u. a. zum Heiligtum. Nördl. davon liegen weitere Tempel, u. a. der der Leto aus dem 6. Jh. und der heilige See mit der Palme, unter der Apollon geboren sein soll. Westl. davon die ‹Löwenterrasse›, eine Reihe hochaltertümlicher, halb sitzender Löwenstatuen, die die alte heilige Straße flankierten. Nach N schloß sich an den heiligen Bezirk in hellenist. Zeit die Kaufmannsstadt an mit großen Plätzen, Säulenhallen, den Vereinshäusern der Kaufmannsvereinigungen und zahlreichen sonstigen Bauten und Denkmälern. Südl. folgte zunächst der ursprüngliche Hauptplatz mit umgebenden Gebäuden und die von zwei großen Säulenhallen eingefaßte südl. Zugangsstraße zum Heiligtum, dann am Hafen ein Quartier mit Magazinen u. a. und gegen den Kynthos hinauf die Wohnstadt, neben → Priene das wichtigste Beispiel einer griech. → Stadt (I D 1) aus hellenist. Zeit. Am Ende der Hauptstraße ein großes Theater. Über dem Inopostal liegt in halber Höhe am Kynthos die Terrasse mit den Heiligtümern der fremden syr. und ägypt. Götter und ein Heratempel, etwas höher eine ausgebaute heilige Grotte, deren Namen und Bestimmung unbekannt sind, und auf dem Gipfel des Kynthos ein altes Heiligtum des Zeus und der Athena. Für sich liegen im NO der Insel das Stadion und ein Gymnasion. Weitere Heiligtümer an verschiedenen Stellen der Insel zerstreut. E. M.

Lit: Exploration archéol. de D., 25 (30) Bde, seit 1909, unvollendet, dazu E. Ardaillon-H. Couvert, Carte archéologique de l'île de D., 1902 – P. Roussel, Delos, 1925 – M. Rostovtzeff, CAH VIII, 1930, 642 bis 650; 792 (Lit) – W. Laidlaw, A history of D., 1933 – R. Vallois, Les constructions antiques de D., 1953 – H. Gallet de Santerre, D. primitive et archaïque, 1958 – A. Champdor, D., l'île d'Apollon, 1960 – Berve-Gruben, 47–50.

Delphi

A. Bauten und Geschichte – B. Das Orakel – C. Delphische Theologie – Vgl. Kt. 1152 C4.

A. Bauten und Geschichte. [1] *Die Bauten.* An der Südflanke des Parnaß vermittelt eine Senke zwischen diesem und dem unwegsamen südphok. Bergland, die sich nach W im Tal des Pleistos fortsetzt, die einzige gute Verbindung aus dem inneren Phokis an den korinth. Golf, und zwar die Bucht von Itea (Golf von Krisa). Hier liegt D. auf einer steilen, zwischen Kalkschichten anstehenden Schieferterrasse an den Südabstürzen des Parnaß über dem tief eingeschnittenen Pleistostal, amphitheatralisch um eine durch einen Trockenbach gebildete steile Erosionsmulde herum. Am Eingang der Stadt liegt für die aus Phokis Kommenden innerhalb der Stadtmauer der gesondert ummauerte, heute Marmaria genannte *heilige Bezirk der* → *Athena Pronaia* (‹Athena vor dem Tempel›): ein im 4. Jh. v. Chr. durch Erdbeben zerstörter Tempel des 6. Jh.s v. Chr. über Resten eines noch älteren Vorgängers aus dem 7. Jh., ein jüngerer Tempel des 4. Jh.s und verschiedene weitere Gebäude, deren Bestimmung umstritten ist. Das eine von ihnen aus der Zeit um 530/525 v. Chr. scheint ein Schatzhaus von Massilia zu sein, daneben steht, heute z. T. wiederaufgebaut, der um 380 v. Chr. entstandene Rundbau (‹Tholos›). In der Nähe und etwas höher liegt die ausgedehnte Anlage des Gymnasion mit seinen Nebenbauten und wieder etwas weiter westl. und höher am Ausgang der genannten Felsschlucht die heilige Quelle Kastalia. Im obersten NW-Teil der Stadt lag das große *Heiligtum des* → *Apollon.* Es trug den Sondernamen ‹Pytho›, danach der Beiname ‹pythisch› für Apollon, ‹Pythia› für seine Priesterin, ‹pythische› Spiele usw. Dieser von 539bis 602 m Höhe steil ansteigende ummauerte heilige Bezirk (vgl. Abb. 61) bildet ein Trapez mit geraden O- und W-Mauern, die mehrere einfache Durchgänge besaßen. Haupteingang in der SO-Ecke, davor Marktplatz röm. Zeit. Von hier steigt die ‹heilige Straße› in mehreren Windungen zum Tempel hinauf. An ihr und um den Tempel herum standen eine große Anzahl von meist staatlichen *Weihgeschenken* aller Art und Größe, vielfach in eigens dafür errichteten Bauten. Es sind großenteils Siegesdenkmäler; fast alle großen Ereignisse der griech. Geschichte sind in dieser Ruhmeshalle Griechenlands vertreten. Daneben sind für D. die zahlreichen *Schatzhäuser* charakteristisch, die teils an der heiligen Straße, teils sonst im Heiligtum standen. 13 Schatzhäuser (Sikyon, Siphnos, Theben, Athen, Knidos, Poteideia, Syrakus, Korinth, Akanthos, Klazomenai, Massilia, Caere und Spina) sind literarisch bezeugt, aber 23 im Apollonheiligtum und 2 im Athena-Pronaia-Bezirk ausgegraben. Das älteste Schatzhaus ist das von Korinth, das unter → Kypselos (wahrscheinlich 614–585 v. Chr.) gestiftet wurde. Weitere dor. Schatzhäuser: Sikyon, Ende 5. Jh.; Athen, Ende 6. Jh.; ion. Schatzhäuser: um 530 Klazomenai; etwas später Massilia (530/525); Knidos mit dem frühesten ion. Schatzhaus um 550 mit den ‹Karyatiden› anstelle gewöhnlicher Säulen zwischen den Anten; ebenso das Schatzhaus der Siphnier, vor 525. – Der *Apollontempel* liegt ziemlich genau auf halber Höhe des Bezirks und nimmt mehr als die Hälfte seiner Breite ein. Er steht auf einer hohen Terrasse, der eine Zwischenterrasse vorgelagert ist, die von der berühmten, ganz mit Inschriften bedeckten Polygonalmauer gehalten wird. Zwischen dieser und der heiligen Straße liegen einige der ältesten, stets in ihrem einfachen Naturzustand belassenen Kultstätten und Denkmäler, der Felsen der Sibylle, das Heiligtum der Ge mit der heiligen Quelle Kassotis, die Sphinx der Naxier auf hoher Säule. Der heute erhaltene Tempel, von dem einzelne Säulen wiederaufgerichtet sind, stammt aus dem 4. Jh. v. Chr. und ersetzt den 373/372 v. Chr. verbrannten Tempel des 6. Jh.s, der seinerseits an der Stelle eines kleineren, 548/547 zerstörten Tempels des 7. Jh.s erbaut worden war. Es ist ein dor. Tempel von 60 × 24 m mit 6 × 15 Säulen. Er war zugleich die Stätte des Orakels; dieses wurde von der Pythia in einem den Besuchern im allgemeinen nicht zugänglichen Raum im Tempel gegeben, doch ist das Tempelinnere so zerstört, daß Genaueres nicht mehr zu erkennen ist. Im delphischen Heiligtum gab es im Gegensatz zu den meisten sonstigen Heiligtümern keinen weiteren Tempel. In den höchsten Teilen des heiligen Bezirks lag an der NW-Ecke das große, gut erhaltene *Theater* aus dem 4. Jh. v. Chr., das mehrfach erneuert wurde, und an der Mitte der N-Mauer die stark zerstörte ‹*Halle* (λέσχη) *der Knidier*›, ein geschlossener Hallenbau, der mit den berühmten Gemälden des → Polygnot ausgeschmückt war. Sie stellten die Eroberung Trojas und die Unterwelt dar (Paus. 10, 25–32, 1). Noch höher, außerhalb des Bezirks, liegt das *Stadion,* während wir uns den Hippodrom in der Ebene von Krisa (Itea) zu denken haben. E. M.

[2] Unter den *Funden* ist bes. hervorzuheben die lebensgroße Bronzestatue (eines der wenigen erhaltenen Originale) des sog. *Wagenlenkers von Delphi,* die 1896 im Apollon-Heiligtum in Delphi gefunden wurde (H. 1,80 m). Sie gehörte zu einem Viergespann, das nach Ausweis der Basis als Weihgeschenk des Tyrannen Polyzalos von Gela für einen Sieg im Wagenrennen (478 oder 474) oberhalb der Tempelterrasse aufgestellt worden ist. Außer dem Lenker sind noch Reste des Wagens, der Deichsel und des Joches, Fragmente der Pferdehinterbeine und des Schweifes erhalten. Fraglich bleibt, ob auch eine Bildhauerinschrift des Sotades aus Thespiai (Böotien) zur Basis gehört. E. Bg.

[3] *Geschichte.* Der Kult in D. geht ins 2. Jt. v. Chr. zurück. Damals und bis ins 8. Jh. lag in dem höheren NO-Teil des späteren Heiligtums ein einfaches Dorf mit durch zahlreiche Funde belegten Kultstätten genau an der Stelle der späteren Hauptkulte, am Apollonaltar und im Bezirk der Athena Pronaia (s. o. 1). Der kleine Tempel des 7. Jh.s oder ein uns sonst unbekannter noch älterer Tempel ist bereits bei Homer (Il. 9, 404 f.; Od. 8, 80) erwähnt. Dazu gehörte bereits ein ummauerter heiliger Bezirk mit mehreren, später abgebrochenen Nebengebäuden. Beim Neubau des Tempels im späteren 6. Jh. wurde der heilige Bezirk auf seine spätere Größe gebracht und durchgreifend umgestaltet. – Die Verwaltung des delphischen Heiligtums lag bei einem altertümlichen Bunde nord- und mittelgriech. Stämme, der ‹*pyläisch-delphischen* → *Amphiktyonie*›, deren Abgeordnete sich zweimal jährlich in D. versammelten. Zum Kult des Apollon gehörten die alle vier Jahre gefeierten → Pythien. – Gute Beziehungen unterhielt D. zu → Kroisos und zu → Amasis, der zum Wiederaufbau des 548/547 abgebrannten Tempels beitrug. Die Haltung des Orakels in den → Perserkriegen war pessimistisch. Das Heiligtum wurde von den Persern verschont. Stiftung der ‹Schlangensäule› von den gegen die Perser kämpfenden Griechen; war D. im 1. → Heiligen Krieg (um 590) von Krisa, im 2. → Heiligen Krieg (448) von den Phokern unabhängig geworden, so wurde es im 3. Heiligen Krieg (356 bis 346 v. Chr.) von den Phokern besetzt, die alle Weihgeschenke in Edelmetall zur Bezahlung ihrer Söldner einschmolzen. 340 v. Chr. Streit mit den Lokrern von Amphissa, dadurch kam → Philipp II. v. Makedonien in den Besitz D.s. 279 führte der nach der Überzeugung der Zeit von Apollon selbst abgewehrte Angriff der Gallier zur Vorherrschaft des → Ätolischen Bundes im 3. und 2. Jh. Im 1. Jh. allmählicher Verfall D.s; → Sulla beraubte es der Weihgeschenke, durch Nero, Trajan und Hadrian wurde es nochmals stark gefördert. Die seit 381 n. Chr. mehrfach wiederholten Verbote jedes heidnischen Kultes durch → Theodosius I. bedeuteten das Ende für D. In der Neuzeit stand über den Ruinen das Dorf Kastri, das mit dem Beginn der Grabungen an die Stelle des heutigen Ortes verlegt wurde. Diese französische Ausgrabungen dauerten von

1892 bis 1903 und wurden 1920 in kleinerem Maße wiederaufgenommen. E.M.

Q: Paus. 10, 5,5–32,1 – *Lit:* Fouilles de D., 5 Bde (in zahlreiche Unterbände geteilt), seit 1902, unvollendet – A. Philippson-F. Hiller von Gärtringen-H. Pontow-F. Schober, RE 4,2 (1901), 2517–2700; Suppl. 4 (1924), 1189–1432; Suppl. 5 (1931), 61–152 – E. Bourguet, Les ruines de D. (1914), 1951² – P. de la Coste Messelière, D., photographies de G. de Miré (1943), 1957², deutsch von G. u. V. Daux – Berve-Gruben, 21–33; 128–142 – G. Daux, Pausanias à D., 1936 – Ders., D. au 2e et 1er siècle, 1936 – Ders., Chronologie delphique, 1943 – P. de la Coste Messelière, Au musée de D., 1936 – R. Flacelière, Les Aitoliens à D., 1937 – P. Amandry, Le portique des Athéniens à D., BCH 70, 1946, 1–8 – W. B. Dinsmoor, The Athenian treasury as dated by its ornament, AJA 50, 1946, 86–121 – J. Defradas, Les thèmes de la propagande delphique, 1954 – Fr. Willemsen, Der delphische Dreifuß, JdI 70, 1955, 85–104 – J. Fontenrose, Python, a study of Delphic myth and its origins, 1959 – *Zum Wagenlenker:* R. Hampe zu Brunn-Bruckmann, 786–790 – Lippold, GrPl 113, Taf. 37,4 – K. Schefold, OHR 117 – F. Chamoux, L'Aurige, Fouilles de Delphes IV 5, 1955 – Lullies-Hirmer, 54f., Taf. 102–104.

B. Das Orakel. [1] Es war das bedeutendste der Griechen. Seit myk. Zeit ist D. heilige Stätte (Ausgrabungen), an der zuerst → Gaia verehrt wird. Die Nachrichten über ihr Orakel (Los- oder Traum-O.?) sind unsicher: Aischyl. Eum. 1ff.; Pind. Pyth. 4,73ff.; Eur. Iph. Taur. 1247; Paus. 10,5, 5ff.: Gaia mit Poseidon, vgl. 10,24,4; ein späteres Heiligtum kennt Plutarch (mor. 402 Cf.); Themisverehrung ist vielleicht nur Konstruktion (Aischyl. Eum. 2f. u. ö.). Später wird (neben Athena Pronoia oder Pronaia) → Apollon Herr in Delphi (Hom. Od. 8,79ff., vgl. Il. 9,404f.), durch friedliche Übernahme (Aeschyl. Eum. 7ff.) oder Sieg über → Python (Hom. hymn. Ap. 300ff., Eur. Iph. Taur. 1244ff.; rationalisiert: Ephor. FGrHist 70F5). Sein Spruchorakel ist in vielen Einzelheiten ungeklärt. Umstritten sind das Wesen der Inspiration (Plat. Phaidr. 244), die Funktion von Dreifuß, Quelle, Lorbeer (Hom. hymn. Ap. 395f., Aristoph. Plut. 212f.), das Vorhandensein von Erdspalt und betäubenden Dämpfen (Diod. 16,26; Strab. 9,3,5; Cic. div. 1,38;

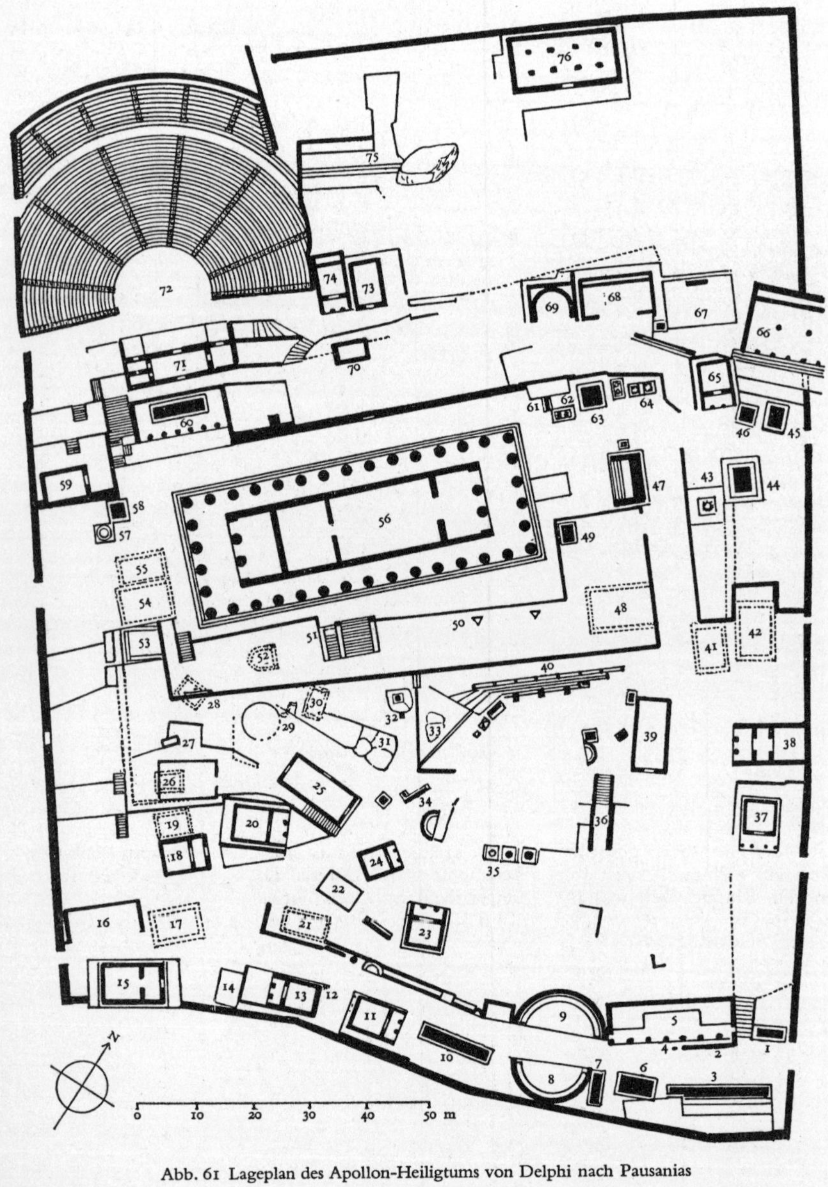

1 W. von Kerkyra
2 W. von Arkadien
3 W. von Athen
4 W. des Philopoimen
5 W. des Lysander
6 W. von Argos
7 W. von Argos
8 W. von Argos
9 W. von Argos
10 W. von Tarent
11 Sch. von Sikyon
12 W. von Knidos
13 Sch. von Siphnos
14 Ungedeutetes W.
15 Sch. von Theben
16 Ungedeutetes W.
18 Sch. von Poteidaia
20 Sch. von Athen
22 Sch. v. Syrakus
23 sog. äol. Sch.
24 Sch. von Knidos
25 Rathaus
27 H. der Musen
29 H. der Ge
31 H. der Sibylle
32 Sphinx der Naxier
33 W. für Leto
34 W. von Böotien
35 W. der Ätoler
36 Treppe
37 Sch. von Kyrene
38 Prytaneion
39 Sch. von Korinth
40 Halle der Athener
43 Schlangensäule
44 St. von Rhodos
45 St. des Eumenes
46 St. des Attalos
47 Altar von Chios
49 Denkmal des Aem. Paullus
50 Denkmäler von Messene
51 Brunnen
56 Apollon-T.
57 St. des Eumenes
58 St. von Kerkyra
60 Alexander-Jagd
61 St. des Prusias
62 St. der Aristaineta
63 St. von Phokis
64 St. von Syrakus
65 Sch. von Akanthos
66 Attalos-Halle
67 Neoptolemos-H.
68 Daochos-W.
69 Exedra
70 Poseidon-H.
71 Skene
72 Theater
73 H. des Dionysos
74 H. des Dionysos
75 Halle des Theaters
76 Lesche von Knidos

17, 19, 21, 26 28, 30, 41, 42, 48, 52–55, 59 nicht gedeutet

Abkürzungen:
W. = Weihgeschenk, Weihung
St. = Stiftung
Sch. = Schatzhaus
T. = Tempel
H. = Heiligtum.

Abb. 61 Lageplan des Apollon-Heiligtums von Delphi nach Pausanias

oft ausgemalt, auch polemisch), bes. die Herkunft vieler Details (Erbe eines chthonischen Orakels, Abhängigkeit vom kleinasiatischen Apollonkult, Einfluß des Dionysos oder der → Sibyllenvorstellung). Auch die Einzelheiten der Befragung sind ungewiß: am 7. des Bysios, später einmal im Monat (nicht im Winter) orakelt die → Pythia (Plut. mor. 292 E ff.; sonst vielleicht Losorakel: Amandry Nr. 16, für Auswahlen: Aristot. Ath. Pol. 21, 6; Plut. mor. 492 A f.), die sich verschiedenen Vorbereitungen unterzieht (Plut. mor. 397 A): sie kaut Lorbeer, badet in der Kastalia (Schol. Eur. Phoen. 222) oder trinkt aus ihr (Lukian. Bis acc. 1; aus der Kassiotis: Paus. 10, 24, 7), ebenso die Fragenden, die nach allgemeinem Opfer (Eur. Ion. 418 ff., Plut. mor. 435/438) u. Abgabe eines Opferkuchens bzw. -geldes (Eur. Ion 226 ff.) vorgelassen werden (→ Promantie), einzeln im Beisein eines Proxenos ein Tier opfern (SIG 548) und das Tempelinnere betreten (Hdt. 1, 47). Im → Adyton sitzt die Pythia, eine Schale in der Hand, auf dem Dreifuß (oft Sitz des Apollon genannt: Eur. Or. 955 f., doch Ion 91 f., Diod. 16, 26, Vasen) und gibt, vom Gott besessen, aber nicht in rasender → Ekstase, auf schriftliche (Schol. Aristoph. Plut. 213; 39) oder mündliche Fragen (→ Orakel) oder spontan im Beisein von Priestern (bzw. → Propheten) und fünf Hosioi (Plut. mor. 438 B) Orakel, die wohl von den Priestern zu Versen (Hexametern, selten Jamben Hdt. 1, 174; Schol. Aristoph. Nub. 144) oder Prosa (Demosth. 43, 66; Plut. mor. 397 C ff.) geformt, auch bearbeitet (ebd. 407 B f.), für Einzelheiten ergänzt (Dem. 21, 52) und schriftlich fixiert werden (Zenob. 6, 11). Die Orakel haben eine Sondersprache (Plut. mor. 406 E ff.), sind oft bildreich, zweideutig, rätselhaft und daher erklärungsbedürftig (Hdt. 1, 62, 4; 1, 53; dazu Aristot. rhet. 1407 a 38 u. oft).

[2] Durch seine oft über den Einzelfall hinausweisenden Mahnungen und Lehren erhebt D. im Gegensatz zu anderen Orakeln Anspruch auf Allgemeingültigkeit seiner Sprüche und vermag im religiösen, moralischen und politischen Bereich Einfluß auszuüben. Es fordert Sühne für jede Befleckung durch Unrecht (meist durch bestimmte Opfer oder Kulte), hebt auch das allgemeine ethische Bewußtsein (Hdt. 6, 86: Strafe für den bloßen Vorsatz eines Vergehens), fördert die Kulte einiger Götter (→ Dionysos, → Asklepios) und → Heroen, gibt bzw. bestätigt Sakral- und Ritualgesetze, ordnet den Kalender neu, sanktioniert alte Gesetze, auch Verträge und gibt Rat und Weisung bei der Aussendung von Kolonien (→ Kolonisation).

[3] Das Orakel in D. übt seit dem 8. Jh. unter dem Schutz der Amphiktyonen, von Griechen und Barbaren befragt, wie die zahllosen Weihgaben (Schatzhäuser: Paus. 10, 9, 2 ff.) und die Sammlung zum Aufbau des 548 zerstörten Tempels (→ Alkmeoniden) zeigen. Trotz seiner Perserfreundlichkeit blüht es auch im 5. Jh. (Hdt. 7, 132; 9, 81, 1; Thuk. 1, 132) und tritt erst im 4. Jh. etwas zurück. Nach weiterem Niedergang (s. o. 2) erlebt es unter den ersten röm. Kaisern, dann unter → Trajan (vgl. → Plutarch) und → Hadrian (→ Antinoos) eine neue Blüte, dann abermals unter den Severern; im 3. Jh. wieder verfallen, wird es von Konstantin geplündert, von Theodosius geschlossen. Spezialschriften verdanken wir → Plutarch, der selbst Priester in D. war (erhalten: De E apud Delphos; De Pythiae oraculis; De defectu oraculorum); verloren sind die Werke über die (geraubten) Schätze Delphis von → Theopomp, Anaxandridas u. a. (FGrHist 115 F 247–249; 404 F 1) und andere Spezialwerke (FGrHist 273 F 83–84; 402–407). C. J. C.

Lit: P. Amandry, La mantique apollinienne à Delphes, 1950 – M. Delcourt, L'oracle de Delphes, 1955 – H. W. Parke-D. E. W. Wormell, The Delphic Oracle, 2 Bde (Bd. II: Orakelsammlung), 1956.

C. Delphische Theologie. Die Tätigkeit des Apollonorakels in Delphi, uns vom 7.–4. Jh. v. Chr., sporadisch noch bis ins 3. Jh. n. Chr. faßbar, ist so weit von einheitlichen Anschauungen beherrscht, daß man mit Vorbehalt (vgl. grundsätzlich → Religion I B 1) von einer D. Th. sprechen kann. Ausgangspunkt sind die Orakelantworten: auf die verschiedenen Fragen (vgl. oben B 1), kann so geantwortet werden, daß jenseits der besonderen Anweisung eine allgemeine Regel sichtbar wird. Diese hält sich freilich meist im religiösen und sakralen Bereich: Mahnung zur Frömmigkeit in ordnungsgemäßen Kultformen, Warnung vor Übergriff über die dem menschlichen Wollen gesetzten Schranken hinaus. Vor allem hat Delphi in seiner klassischen Zeit das Bemühen des Staates unterstützt, die Verfolgung von Blutschuld in geordnete Bahnen zu lenken und die Strafen nach der Art der Schuld zu differenzieren. Die Wirksamkeit Delphis in der sakralen Leitung und Autorisierung von Koloniegründungen und in der Sanktion von Gesetzgebungen (Sparta, Athen, Kyrene usw.) beschränkt sich auf die Organisation des Gottesdienstes im besonderen und auf die Ausstattung der gegebenen Ordnung mit göttlichem Schutz im allgemeinen. Daß es die Beachtung bestimmter Normen des Rechts und der Moral dogmatisch gefordert hätte, ist nirgends zu erkennen. Neben den Orakeln stehen die Hieroi Logoi, deren Kern als eine Art D. Th. bezeichnet werden kann. Auf die Frage, wer unter den Menschen der glücklichste, der weiseste und der frömmste sei, antwortet Apollon mit dem Paradoxon, daß es gerade nicht der sei, der gemeinhin dafür gelte oder sich selbst dafür halte, sondern irgendein anderer, der besitze und wisse, worauf es ankomme, und der nicht massenhaft opfere, sondern von wenigem in frommer Gesinnung darbringe (Val. Max. 7, 1; Hdt. 1, 29 ff.; Porph. abst. 2, 15 ff. u. a.). Darin steckt eine bezeichnende Warnung vor Anmaßung und Hybris. Verflochten sind diese Erzählungen mit der Geschichte von den Sieben Weisen, die in der einflußreichsten ihrer Varianten auf Delphi konzentriert ist; an diese wiederum sind die Weisheitssprüche angehängt, die in klass. Zeit am Apollontempel zu lesen gewesen sein sollen: «Erkenne dich selbst» (*γνῶθι σαυτόν*, d. h. wohl: «Erkenne, daß du nur ein Mensch bist»), «Nichts zuviel» (*μηδὲν ἄγαν*), «Maßhalten ist das beste» (*μέτρον ἄριστον*) u. a. An sich ist die Mahnung, sich nicht zu überheben und in den Grenzen des Menschlichen zu bleiben, alt und keineswegs an Delphi gebunden. Doch Delphi hat sie mit bes. Nachdruck vertreten, und als D. Th. in diesem Sinne hat sie auch auf die att. → Tragödie, → Herodot und die Sokratik eingewirkt. – Völlig davon zu trennen sind die wohl in der alten Akademie einsetzenden Versuche, theologische und metaphysische Spekulationen mit dem delphischen Apollon zu verknüpfen, wofür Plut., De E apud Delphos, ein Hauptzeugnis ist. Immerhin zeigt Hdt. 1, 91, wovon schon in etwas früherer Zeit diese Dinge ausgehen konnten. O. G.

Lit: F. Wehrli, Lathe Biosas, 1931, 30–60 – R. Pfeiffer, The Image of the Delian Apollo and Apolline Ethics, in: Ausgewählte Schriften, 1960, 55–71 – J. Defradas, Les thèmes de la propagande Delphique, 1954 – Nilsson I 592–619.

Delphin. Der im Mittelmeerraum verbreitete D., neben dem im Schwarzen Meer der Tümmler (*φώκαινα*, tursio) begegnet, war seit der Frühzeit bekannt. Während der D. in der kret.-myk. Kunst mit dem → Polypus konkurriert, behauptet er auf späteren Darstellungen der Meereswelt den ersten Rang. Dazu fügt sich die Vorstellung vom D. als König der Meeresbewohner. Die Überlieferungen zeugen von treffender Beobachtung, in die sich fabelhafte Züge gemischt haben. Letztere wurden begünstigt durch die geringe Menschenscheu des D., sein geselliges Verhalten gegenüber Schiffen, sein lebhaftes Spielvermögen. Wegen seiner Wetterfühligkeit galt der D. den Seefahrern als weisendes Tier, dessen Kopf oft die Bugform der Schiffe bestimmte. Neben Einsicht und Klugheit schrieb man ihm Musikliebe zu. Diese Eigenschaften ließen den D. früh zum heiligen Tier des → Apollon werden, der den Beinamen Delphinios führte und auch die Gestalt des D.s annehmen konnte. So wies der Gott als D. kret. Seefahrern den Weg nach Krisa.

In D.e verwandelte → Dionysos tyrrhen. Seeräuber, die den jungen Gott entführt hatten. Ein D. trug → Aphrodite nach ihrer Geburt bei Paphos ans Land. Die Göttin kann ebenfalls D.-Gestalt annehmen. Eng ist der D. mit dem Bereich des → Poseidon und der Amphitrite verbunden. Auf dem Rücken eines D.s werden → Arion und Taras-Phalanthos gerettet. Ein D. brachte den Leichnam des → Melikertes Palaimon nach Korinth. Der D.-Reiter als Sinnbild der Todesüberwindung wird im 4. Jh. auf → Eros übertragen. Die Vorstellung vom D. als Liebessymbol wurde durch die Bindung an Aphrodite begünstigt. Der Witterungsbeobachtung diente das Sternbild des D.s am nördlichen Himmel, das mit Apollon, Dionysos, Poseidon und Arion verbunden wurde. Vgl. → Fauna. J.W.

Lit: Keller, Tiere, 211–235; Tierwelt I 408f. – M. Wellmann, RE 4, 2 (1901), 2504–09 – A. Lesky, Thalatta, 1947 – M. Rabinovitch, Der D. in Sage u. Mythos d. Griechen, 1947 – J. Wiesner, Die Hochzeit des Polypus, JdI 74, 1959, 50f.

Delphische Amphiktyonie. Obwohl das Orakel von → Delphi wahrscheinlich schon seit dem 7. (nach einigen Historikern 8.) Jh. v. Chr. panhellenische Bedeutung hatte, wurde es erst mit dem 1. → Heiligen Krieg (Anf. 6. Jh.) zum Mittelpunkt der → Amphiktyonie, die nun seinen Namen annahm, sich aber schon lange vorher um das Heiligtum von Demeter und Amphiktyon in Anthela bei den Thermopylen gebildet hatte. Dieser weit zurückliegende Ursprung erklärt den archaischen Charakter der D. A., die zwölf Stämme (ἔθνη) verband: Thessaler, Perrhäber, Magneten, Phthioten, Malier, Dolopier, Ötäer und Änianen, Lokrer, Dorer, Phoker, Böoter, Ionier. Die Bundesstaaten übernahmen die Gewähr für die Autonomie des delphischen Gebietes, einer Enklave zwischen Phokis und Lokris Ozolis, und sicherten allen Griechen den freien Zugang zum Heiligtum des Apollon zu. Gleichzeitig wurde die A. reorganisiert: neben die → Pylagoren, welche die Bundesstaaten in Anthela vertraten (Pyläen), traten nun die → Hieromnemonen, die Abgesandten an die Versammlungen von Delphi, wo jeder Stamm über zwei Stimmen verfügte. Zeit und Ort der Zusammenkünfte des Rates der Amphiktyonen sind viel umstritten; wahrscheinlich versammelten sie sich zweimal jährlich in jedem der beiden Orte, im Frühling und im Herbst. In Anthela scheint die Zuständigkeit der Pylagoren sich auch auf religiöse Angelegenheiten erstreckt zu haben. Der Rat der Amphiktyonen in Delphi besorgte nur profane Geschäfte: er verwaltete und beschützte die Güter des Gottes (Land, Heiligtum und Tempelschatz). Eine seiner Hauptaufgaben war ohne Zweifel die Neuordnung (und später die Organisation und Durchführung) der pythischen Spiele, die zum Andenken an den Sieg Apollons alle 4 Jahre im Spätsommer, im dritten Jahr jeder Olympiade, gefeiert wurden (1. Pythiade: 582/581). Der Rat der Amphiktyonen schien auch dazu berufen, in der griech. Welt die wichtige Rolle eines Schiedsrichters in Streitfällen zu spielen, doch fehlte ihm die dazu nötige Unparteilichkeit wegen der Bestechlichkeit des Gottes. Mit Recht wurde die D. A., in der die nord- und mittelgriech. Länder die Mehrheit besaßen, am Kongreß von Korinth, im Herbst 481 (→ Perserkriege) des → Medismos verdächtigt. Der 2. → Heilige Krieg (448 v. Chr.), in dem Athen und Sparta durch Ausnützung delphischer Zwistigkeiten beide die → Promantie erhielten, und bes. der 3. → Heilige Krieg (356–346 v. Chr.), der den Rat der Amphiktyonen zum politischen Werkzeug → Philipps' II. machte, nahmen der D. A. alles, was ihr noch an geistiger und politischer Autorität in der griech. Welt geblieben war. R.V.C.

Lit: H. Bürgel, Die pyläisch-delph. Amphiktyonie, 1877 – Busolt-Swoboda, II 1292–1310 – H.W. Parke, A History of the Delphic Oracle, 1939 – Weiteres → Delphi.

Demades, Athener niedriger Herkunft, wurde durch Rednergabe, Witz, Geschick und Skrupellosigkeit einflußreicher Politiker. Ursprünglich wohl Anhänger des → Demosthenes (1), vermittelte er, nach seiner Gefangennahme bei Chaironeia (338 v. Chr.) freigelassen, den Frieden zwischen Athen und Makedonien. Das gleiche tat er 336 und 335. Mit → Phokion stand er auch weiterhin an der Spitze der pro-maked. Partei, vereitelte 330 die Unterstützung → Agis' III. und beantragte 324 für → Alexander (5) d. Gr. göttliche Ehren. 322, nach der Schlacht von Krannon, vermittelte er den Frieden mit → Antipater (1) und erwirkte das Todesurteil gegen Demosthenes und → Hypereides. 319 ließ ihn → Kassandros hinrichten. Von seinen Reden, Produkten eines Naturtalents, sind keine erhalten, wohl aber einige seiner geistreichen Aussprüche, der sog. ‹Demadeia›. E.Bn.

Lit: Berve II 131–133 – Lesky, 659.

Demagogen, bes. im späteren 5. und 4. Jh. v. Chr. inoffizielle und unverantwortliche Leiter des athen. Staates, deren Macht unabhängig von etwa bekleideten Ämtern auf ihrem Einfluß auf das Volk beruhte. Schon → Kimon sah sich angesichts der steigenden Bedeutung der Volksversammlung bei seiner Staatsführung auf demagogische Mittel angewiesen; auch → Perikles' politische Stellung beruhte weniger auf seinem Strategenamt als auf seinen Fähigkeiten als Führer des Demos; nach seinem Tod entwickelten sich dann die Strategen immer mehr zu militärischen Fachleuten, während die politische Willensbildung weitgehend zur Domäne der D. wurde. F.Kch.

Lit: W. R. Connor, Theopompos' Treatment of Cimon. Greek, Roman and Byzantine Studies 4, 1963, 107–114.

Demaratos, König von Sparta (→ Eurypontiden), brachte durch Uneinigkeit mit seinem Mitkönig → Kleomenes I. 506 v. Chr. den Feldzug der Peloponnesier gegen Athen bei Eleusis zum Scheitern; seither mit Kleomenes verfeindet, der schließlich 491 mit Hilfe der Ephoren und durch Bestechung der Pythia seine Absetzung erreichte (Hdt. 6, 61 ff.). D. floh zu → Dareios I., der ihm in Mysien Pergamon, Theutrania, Halisarna und Gambreion als Herrschaft übergab, die seine Nachkommen bis in die Zeit der Diadochen innehatten. Unter → Xerxes nahm D. am Feldzug gegen Hellas 480/479 teil (Hdt. 7, 3. 100–104. 209. 234 ff.); → Perserkriege. F.Kch.

Demareteion, Dekadrachmon von Syrakus, so genannt nach Demarete, der Gattin des → Gelon. Nach der Schlacht von Himera i. J. 480 soll Demarete für die Schonung der besiegten Karthager eingetreten sein und zum Dank einen goldenen Kranz im Werte von 100 Talenten erhalten haben. Aus dem Erlös seien die D. im Werte von 10 att. → Drachmen oder 50 → Litren geprägt worden. Heute in 17 Exemplaren bekannt, ist das D. durch sein festes Datum und die hohe künstlerische Qualität ein bedeutendes Denkmal des strengen Stiles im griech. Westen (Vorderseite: Sieger im Viergespann, unten Löwe; Rückseite: Arethusahaupt mit Ölkranz zwischen vier Delphinen). H.A.C.

Q: Diod. 11, 26, 3; Poll. 9, 85; Hesych. s. v. – *Lit:* W. Schwabacher Das D., Opus Nobile 7, 1958.

Demeter. [1] *Herkunft, Name.* D. wird allgemein als eine urhellenische, d. h. von den einwandernden Indogermanen nach Griechenland mitgebrachte Göttin angesehen. Welche Bedeutung sie bei diesen als mütterliche Erdgöttin besessen haben mag, können wir freilich nur vermuten (→ Gaia). Der *Name* D. enthält im zweiten Bestandteil offenbar μήτηρ (‹Mutter›), während für die erste Silbe bereits aus dem Altertum zwei Erklärungen vorliegen: De bzw. Da alter Lallname für die Erdgöttin (die sonst Ge heißt, vgl. zu → Poseidon) oder verwandt mit einem kret. Wort für ‹Gerste›.

[2] *Wesenszüge.* D. gehört zu den volkstümlichsten Gottheiten der Griechen. Ihre Wesenszüge sind im allgemeinen klar ausgeprägt: sie ist eine Erdgöttin, die den Feldern Fruchtbarkeit schenkt und das Getreide wachsen und reifen läßt (ihr gelegentlicher Beiname *Chloe* erklärt sich wohl aus dem Aufsprießen der frischen Getreidehalme). Der

Ackerbau steht unter ihrem Schutz, und die Brotfrucht ist ihre Gabe (deshalb ist auch der metonymische Gebrauch ihres Namens beliebt). D. trägt meist mütterliche Züge und wird daher bes. von den Frauen verehrt. Bei Homer wird sie – ähnlich wie → Dionysos – nur selten erwähnt, da eine solche volkstümliche Bauerngöttin für die ritterliche Gesellschaft nur untergeordnete Bedeutung hatte. Auch steht D. bei Homer allein, nie wird eine Tochter von ihr erwähnt. Im Kult tritt sie vom 7. Jh. v. Chr. an als die ‹Kornmutter› eng verbunden mit ihrer Tochter, dem ‹Kornmädchen›, auf; sie werden zusammen kurz ‹die beiden Gottheiten› (τὼ θεώ), die Tochter *Kore* (‹das Mädchen›) genannt. – Die großen D.-Feste (z. B. die → Thesmophorien, die Haloen, die → Thalysien) stehen im Zusammenhang mit Wachstum und Ernte des Getreides. Die Thesmophorien, das Fest der Aussaat, werden nur von Frauen begangen: D. erscheint dabei als reine Frauengöttin, von der man nicht nur die Fruchtbarkeit der Äcker, sondern auch die der Menschen zu erwirken sucht. Schließlich wird die Göttin der Fruchtbarkeit und des Ackerbaus auch als Spenderin höherer Kultur, Gesittung und Ordnung gefeiert.

[3] Eine Sonderstellung – nicht nur im Kult der D., sondern in der griech. Religion überhaupt – nehmen die → *Mysterien von* → *Eleusis* ein, die offenbar an alte vorgriechische Anschauungen und Kultbräuche anknüpfen. In ihnen haben sich agrarische Riten (Fruchtbarkeitsriten) mit einem Kult der Erd- und Unterweltsgottheiten verbunden: D. und Kore senden dem, dem sie gewogen sind, nicht nur → Plutos, den Gott des ‹Reichtums›, ins Haus (d. h. Erntesegen und damit reichen Getreidevorrat), sondern dem in Eleusis Eingeweihten ist auch ein glückliches Leben im → Jenseits gewiß (so schon der homerische D.-Hymnus, vermutlich 7. Jh. v. Chr.). Tiefe Einsicht in den periodischen Wechsel des Wachsens, Blühens und Absterbens in der Natur gestaltet sich zu einer → Vegetationsgottheit, die zu gewissen Jahreszeiten von der Erde abwesend ist, und führt zum Mythos von der Entführung der Kore durch Pluton (wohl ursprünglich mit → Plutos identisch) und der Abmachung, daß Kore immer ein Drittel des Jahres drunten verharren muß. Aus Elementen vorgriech. Religiosität stammt wahrscheinlich die Vorstellung, daß die Erdgottheiten (chthonische Götter) nicht nur die Ackerfrüchte wachsen, sondern überhaupt alles Lebendige aus ihrem Schoße hervorgehen lassen und es nach seinem Tode wieder bei sich aufnehmen, dem Menschen also auch über seinen Tod hinaus Segen zu spenden vermögen. In den Mysterien von Eleusis trat im Laufe der Zeit dieser Bereich immer mehr in den Vordergrund. Im ‹Schauen› (ἐπόπτεια), der geheimsten Einweihungsstufe der Mysterien, kam der Myste zu der Gewißheit, daß ihm zweierlei geschenkt war: Erntesegen und Reichtum auf dieser Welt (das machte ihm eine symbolisch gezeigte Getreideähre, die Gabe der D., deutlich) sowie ein glückseliges Fortleben im Jenseits. – So besitzt die D.-Religion von Eleusis eine große emotionale Tiefe; daraus erklärt sich ihre starke Wirkung und ihre bedeutsame Stellung in der griech. Religion. Allerdings darf ihre Geltung auch nicht überschätzt werden; denn in vielen Gegenden Griechenlands, z. B. in Arkadien, gab es D.-Kulte, die sich erheblich von dem eleusinischen D.-Kult unterschieden. – In Rom wurde D. mit → Ceres gleichgesetzt. K.-H. R.

Lit: O. Kern, RE 4,2 (1901), 2713–64 – A. Dieterich, Mutter Erde (1905), 1925³ – L. Deubner, Att. Feste, 1932 (Nachdr. 1962) – K. Deichgräber, Eleusinische Frömmigkeit u. homerische Vorstellungswelt, 1950 – Nilsson I 456–481, 653 ff.

[3] Im *Mythos* ist D. die Tochter des → Kronos und der Rheia. Die wichtigste Sage von ihr, zugleich die Kultlegende von Eleusis, ist der Raub ihrer Tochter von Zeus, Kore/Persephone, durch → Hades/Pluton: dieser begehrte und erhielt von Zeus Persephone als Braut, aber nicht die Einwilligung der Mutter dazu, und entführte sie daher mit Gewalt, jählings mit einem Pferdegespann aus der Erde aufsteigend, als Persephone eine von ihm hervorgetriebene, bes. schöne Blume pflückte. D. suchte die Tochter vergeblich mit Fackeln in der ganzen Welt, während die Erde verödete und das Wachstum aufhörte, bis → Helios ihr den Räuber verrät. Ohnmächtig trauernd geht sie in der Gestalt einer alten Frau auf Wanderschaft (daran knüpfen viele Lokalsagen an) und wird schließlich in Eleusis im Palast des Keleos aufgenommen, mit Kykeōn (einer dünnen Mehlsuppe) gestärkt und von der Magd → Jambe zum erstenmal wieder aufgeheitert. Als Wärterin des → Demophon sucht sie diesen im Feuer unsterblich zu machen; dabei wird sie entdeckt, mißverstanden und verläßt das Haus, nachdem sie in ihrer wahren Gestalt die Errichtung eines Tempels und Einsetzung von Feiern gefordert hat, was sie durch Einweihung in geheime Riten belohnen will. Sie läßt sich mit → Hades versöhnen und gibt sich, als sie (von → Askalaphos) erfahren hat, daß Persephone schon Nahrung der Unterwelt zu sich genommen hat, damit zufrieden, daß Persephone nur zwei Drittel des Jahres bei ihr auf der Erde weilen soll. Darauf bringt die Erde wieder Korn hervor, und → Triptolemos verbreitet im Auftrag Demeters den Kornbau überall. L. H.

Q: Hom. hymn. Dem. (2); Ov. fast. 4,417–618; Apollod. 1,29 ff. *Darstellungen:* Die D. des Onatas vielleicht in Statue in Venedig kopiert (Lippold, GrPl 175,2); hochklassisch die von Cherchel (Lippold, GrPl, Taf. 63,4); original die in Eleusis (Lippold, GrPl, Taf. 70,1) und von Knidos (Lippold, GrPl, Taf. 93,4). – *Eleusinische Gottheiten und Riten* sind auf mehreren Pinakes, Reliefs und Vasen dargestellt (Kuruniotis, Ephem. 1937, 223–253; Nilsson I 653–667; K. Schauenburg, JdI 68, 1953, 38–72). Bes. berühmt das große eleusin. Weihrelief, das gegen 430 entstand (zuletzt: Fuchs, Gnomon 33, 1961, 239 f.). Weitaus am häufigsten begegnet in der Kunst *Triptolemos*, bes. seine Aussendung. Die im 3. Viertel des 6. Jh.s einsetzenden Vasenbilder zeigen ihn zunächst bärtig, die rotfigurigen meist bartlos. Sein Thron ist mit Rädern versehen, später auch mit Flügeln und Schlangen ausgestattet. Oft opfert er vor der Abreise und hat Ähren in der Hand (Recueil Ch. Dugas, 1960, 123–139). – Berühmt ein → *Eubuleus* des → Praxiteles (Lippold, GrPl 241; Hesperia 29, 1960, Taf. 85 c. d). – *Lit. dazu:* H. Metzger, Les représentations dans la céramique Attique du 4me Siècle, 1951, 231–265 – P. E. Arias, EAA III, 1960, 62–66. K. Schb.

Demetrias, Stadt gegenüber dem heutigen Volo in → Thessalien (Kt. 1152 D4), von → Demetrios I. nach 294 durch Synoikismos von → Iolkos, → Pagasai und anderen Orten gegründet, Vorort des Bundes der → Magneten, zeitweilig Residenz der makedon. Könige, starke Festung (eine der ‹3 Fesseln Griechenlands›). Gut erhaltener Mauerring. Eine große Zahl bemalter Grabsteine (fälschlich sog. Stelen von → Pagasai), die 192/191 v. Chr. in die Stadtmauer verbaut worden waren, wichtig als Originalzeugnisse griech. Malerei aus hellenist. Zeit, heute im Museum von Volo. E. M.

Lit: F. Stählin-E. Meyer, Pagasai u. D., 1934 – E. Meyer, RE Suppl. 9 (1962), 24–26.

Demetrios I., gen. Poliorketes (‹Städtebelagerer›), geb. etwa 336, kämpfte seit 314 als Feldherr seines Vaters → Antigonos I. Monophthalmos gegen → Ptolemaios (I.) in Syrien (312 schwere Niederlage bei Gaza) und Kleinasien. 306, nach seinem Seesieg über Ptolemaios bei Salamis (Cypern), nahmen Antigonos und D. den Königstitel an. 307 und 304–302 drängte D. unter der Parole der ‹Befreiung der Hellenen› den Einfluß Ptolemaios' und → Kassanders in der Peloponnes und Mittelgriechenland zurück (307 Einnahme Athens, dort kultische Ehren für Antigonos und D.) und erneuerte 302 den ‹Korinth. Bund› der Hellenen, zu dessen Hegemonen D. und Antigonos gewählt wurden. 301 trug D. durch unbedachte Verfolgung zur Niederlage bei Ipsos bei; aus dem Zusammenbruch des väterlichen Reichs rettete er die Flotte und zahlreiche Küstenstädte in Kleinasien und Hellas. Nach Kämpfen in Kilikien und der Levante nahm er 294 wieder Athen, griff in die makedon. Thronstreitigkeiten zwischen Kassanders Söhnen ein und wurde als Gemahl von Kassanders Schwester Phila König von Makedonien. 293–291 sicherte er sich die Herrschaft über Thessalien und Böotien und gewann 290 durch Heirat mit → Pyrrhos' früherer Frau Lanassa die Insel Korkyra. Er gab indessen den Plan, das väterliche Reich wiederzuerobern, nicht auf; als 287 bei einem gemeinsamen Einfall des Pyrrhos und des → Lysimachos die Makedonen von ihm abfielen, übergab er die zerbröckelnde Herrschaft in Hellas seinem Sohn → Antigonos II. Gonatas und landete mit geringen Streitkräften in Kleinasien, wo er nach anfänglichen Erfolgen 285 von seinem Schwiegersohn → Seleukos I. in Kilikien zur Übergabe gezwungen wurde. 283 starb er in ehrenvoller Haft in Apameia (Syrien). In der Politik und Kriegführung wie im Privatleben unstet und unbeherrscht, wußte er besser zu erobern als zu regieren und machte durch seine Leidenschaftlichkeit viele seiner großen Erfolge wieder zunichte. (Stammbaum → Antigoniden.) H. H. Sch

Lit: G. Elkeles, D. der Städtebelagerer, Diss. Breslau, 1941 – E. Manni, D. Poliorcete, 1952 – C. Wehrli, Phila, Historia 13, 1964, 140–146 – Bengtson, 359–380 (Lit) – Weiteres → Antigoniden – *Bildnisse* → Anhang I.

1a. **D.**, *ὁ καλός* (‹der Schöne›), Sohn → Demetrios' I. Poliorketes, um 250 im Rahmen der antiptolemäischen Politik seines Stiefbruders → Antigonos II. Gonatas mit der kyrenäischen Prinzessin → Berenike (II.) verlobt, die ihn aber bald darauf wegen seiner Liaison mit ihrer Mutter Apame töten ließ. (Stammbaum → Antigoniden.) H. H. Sch.

2. **D. II.**, König von Makedonien 239–229, Sohn des → Antigonos II. Gonatas. Bei seiner Thronbesteigung verbündeten sich Ätoler und Achäer, um den bereits angeschlagenen Einfluß Makedoniens auf Hellas weiter zurückzudrängen. Im ‹Demetrios-Krieg› (seit 239) konnte D. zwar Epirus (Heimat seiner 3. Gattin Phthia) und Akarnanien schützen, Böotien, Phokis und Lokris aus dem Ätolerbund loslösen und 233 das achäische Heer unter → Aratos (1) in Arkadien besiegen, vermochte aber den Übertritt makedon. Vasallenstädte in der Peloponnes zum Achäerbund nicht zu verhindern. Erfolgreiche Einfälle der Dardaner im Norden und der Abfall von Epirus nach dem Sturz der dortigen Monarchie (um 231) brachten weitere schwere Rückschläge; bei D.' Tod 229 hatten Macht und Prestige Makedoniens einen neuen Tiefstand erreicht. An Stelle des unmündigen Thronerben → Philipp (V.) übernahm D.' Vetter → Antigonos III. Doson die Regierung. (Stammbaum → Antigoniden.) H. H. Sch.

Lit: V. Costanzi, *Δημητριακὸς πόλεμος*, in: Saggi di storia antica ... offerti a G. Beloch, 1910, 59–79 – P. Treves, La tradizione politica degli Antigonidi e l'opera di D. II., Rend. Acc. Linc. 1932, 167–205 – Bengtson, 407 (Lit) – Weiteres → Antigoniden.

3. **D. I.** Soter v. Syrien, Sohn → Seleukos' IV. (Stammbaum → Seleukiden). D. kam 175 v. Chr. als Geisel nach Rom, entkam 162 nach Syrien und beseitigte seinen Vetter → Antiochos V., 160 den durch Rom begünstigten Usurpator Timarchos (in Babylonien). 162–157 erfolgreiche Kämpfe gegen die Juden. D. griff 158 in die kappadokischen Thronwirren ein, worauf → Attalos II. v. Pergamon und Rom den → Alexander (7) I. Balas gegen ihn unterstützten. 153–150 Kämpfe gegen diesen Prätendenten, gegen den D. 150 in einer Schlacht fiel. H. H. Sch.

Lit: H. Volkmann, D. I. und Alex. I. v. Syrien, Klio 19, 1925, 373 bis 412 – Weiteres → Seleukiden – *Bildnisse:* → Anhang I.

4. **D. II.** Nikator v. Syrien, älterer Sohn des vorigen, kämpfte seit 147 v. Chr. gegen → Alexander (7) I. Balas, dessen Schwiegervater → Ptolemaios VI. sich bald von Alexander lossagte und seine Tochter Kleopatra Thea dem D. zur Frau gab, sich aber zum König von Syrien krönen ließ. Nach seinem Sieg am Oinoparas (146; Beiname ‹Nikator›) und dem Tod des Alexander und des Ptolemaios regierte D. als König 145–140. In Kämpfen gegen → Diodotos (2) Tryphon und dessen Kandidaten → Antiochos VI. sowie gegen die Juden geschlagen, verlor D. Südsyrien und wurde im Partherkrieg nach anfänglichen Erfolgen 140 von → Mithridates (1) I. gefangengenommen; er heiratete dessen Tochter Rhodogune. Im Partherkrieg seines Bruders → Antiochos VII. entlassen, regierte D. wieder 129–125, unterlag 125 dem von → Ptolemaios VIII. aufgestellten Prätendenten → Alexander (7a) II. Zabinas und wurde auf Geheiß der Kleopatra Thea ermordet. H. H. Sch.

5. **D. III.** Theos Philopator Soter ‹Eukairos›, 4. Sohn → Antiochos' VIII. (Stammbaum → Seleukiden), von → Ptolemaios IX. 96/95 gekrönt, herrschte neben seinem Bruder → Philipp (3a) I. (Hauptstadt Damaskos), bekämpfte → Antiochos X. und den Judenstaat, 88 von Arabern und Parthern gefangengenommen, starb in parthischer Gefangenschaft. H. H. Sch.

Lit: Zu D. II. und III.: → Seleukiden – *Bildnisse* des D. II. und III.: → Anhang I.

6. **D.**, sonst unbekannter Peripatetiker wohl des 3. Jh.s v. Chr.; Verfasser einer grundlegenden Schrift über den Stil (*Περὶ ἑρμηνείας*, De elocutione), als deren Autor lange Zeit zu Unrecht → Demetrios (17) v. Phaleron galt, der seinerseits in Theorie und Praxis als Rhetor hervorgetreten war. → Rhetorik B [6]. H. H.

Ed: L. Radermacher, 1901 – W. Rhys Roberts, LCL, 1902. 1927 – *Übers:* E. Orth, 1923 – *Lit:* B. V. Wall, A medieval latin version of Dem. ‹De elocutione›, 1937 – G. M. A. Grube, A Greek critic: Dem. on style, 1961 – Kennedy, Persuasion, 285 ff. – D. M. Schenkeveld, Studies in D. On Style, 1964.

7. **D.**, → Kyniker des 1. Jh.s n. Chr., anscheinend eine Art Erneuerer der kynischen Tradition in der mondänen Gesellschaft Roms; → Caligula hat (erfolglos) seine Bekanntschaft gesucht (Sen. benef. 7, 11), gespannt waren seine Beziehungen zu → Nero (1) wie zu → Vespasian, der ihn verbannte (Dio Cass. 66, 13; Suet. Vesp. 13), doch wurde er dann von → Apollonios (16) von Tyana an Kaiser → Titus empfohlen (Philostr. 6, 31). Am wichtigsten ist seine Freundschaft mit → Seneca (vgl. bes. epist. 20, 9; 62, 3) und → Thrasea Paetus, bei dessen Tode (67 n. Chr.) er zugegen war (Tac. ann. 16, 34 f.). Schriften nicht bezeugt. O. G.

8. **D. Ixion**, aus Mysien stammender Schüler → Aristarchs (2), der zu → Krates (4) überging; 2. Jh. v. Chr. Erklärte Homer (gegen die Athetesen und Exegesen Aristarchs), Hesiod und Aristophanes; beschäftigte sich mit Etymologie, mit attischen Glossen, mit dem Dialekt der Stadt Alexandria und mit grammatischen Problemen (→ Lexikographie B 2, → Etymologika B 2). H. E.

Frg. u. Lit: T. Staesche, De D. I. grammatico, Diss. Halle 1883.

9. **D. Lakon**, → Epikureer (2. Jh. v. Chr.), Schüler des Protarchos v. Bargylia, Freund des → Zenon (5) v. Sidon. Wir besitzen von ihm u. a. Fragmente eines ethischen Traktats Über die Flatterhaftigkeit (*Περὶ μετεωρισμοῦ*; Pap. Herc. 831). Bemerkenswert sind seine mathematischen Interessen und seine textkritische Behandlung des Katechismus → Epikurs. W. L.

Ed: W. Crönert, Kolotes und Menedemos, 1906, 100–125 – V. de Falco, 1923 – Pap. Herc. 831 ed. A. Körte, JKlPh Suppl. 17, 1890, 571–591; vgl. R. Philippson, AJPh 64, 1943, 148–162; W. Schmid, in: Epicurea in mem. H. Bignone, 1959, 179–195.

10. **D. Triklinios** → Triklinios.

11. **D. von Alopeke**, Bildhauer, dessen Datierung einstweilen noch große Schwierigkeiten bereitet (4. Jh. v. Chr.?). Nach den Schriftquellen war D. vor allem als Porträtist berühmt, weil er «die Wahrheit übertrieb und Ähnlichkeit mehr als Schönheit liebte». Sein Verismus wird von → Quintilian (12, 10, 9) im besonderen von der künstlerischen Wahrheit der Werke des → Lysipp und → Praxiteles abgehoben. – Die überlieferten Porträts weisen in die 2. H. d. 5. Jh.s v. Chr.: Der Ritter Simon, der als erster über die Reitkunst schrieb und auch von → Aristophanes als Zeitgenosse erwähnt wird, war im Jahre 424/423 Hipparch. Der korinthische Stratege Pellichos scheint noch früher gelebt zu haben. Diesem Ansatz scheinen aber die Signaturen einiger Inschriften zu widersprechen, die von den Epigraphikern

in das 4. Jh. v. Chr. datiert werden. Handelt es sich hierbei nicht um einen jüngeren Eponymen, ist die Identifizierung des bekannten Londoner Greisinnenkopfes mit der Priesterin Lysimache des D. schwerlich möglich. Denn dieser Kopf gehört nach einer Vermutung von Berger zu einer noch unveröffentlichten Greisinnenstatue von Basel, die eher um 440 als um 400 v. Chr. zu datieren ist. E. Bg.

Lit: B. D. Meritt, Greek Inscriptions, Hesperia 17, 1948, 38, Nr. 24 – A. E. Raubitschek, Dedications from the Athenian Akropolis, 1949, 159 (Nr. 143) – K. Majewkki, Demetrios z Alopeke, Poczatki portetu Greckiego, Rocznik Zakladu Narodovego Ossolonskich, III, 1948, 361–377 – G. Cressedi, EAA III, 1960, 68 f., Nr. 1 u. 4 – E. Homann-Wedeking, Anonymi am Parthenon, AM 76, 1961, 110–112.

12. **D. von Baktrien,** Sohn des → Euthydemos (2), vielleicht mit einer Tochter → Antiochos' III. verheiratet, folgte 200/190 v. Chr. seinem Vater in der Regierung und eroberte wahrscheinlich Teile Ferghanas, Drangianes und Arachosiens. Bald nach 184 scheint D. das Kabultal, Teile des Fünfstromlandes und die Region zwischen Indusmündung, Nerbuda und mittlerem Ganges besetzt zu haben; dabei mag er sich die Feindschaft der Buddhisten gegen den Usurpator Puşyamitra zunutze gemacht haben, der den letzten Maurya-Herrscher Indiens beseitigt hatte. D. soll bis Palibothra (Patna) vorgedrungen sein, mußte aber nach Baktrien zurückkehren, wo er anscheinend im Kampf gegen den Empörer Eukratidas gefallen ist. Diese Rekonstruktion, die D. zum Begründer des gräko-indischen Reiches macht, beruht allerdings auf unsicheren Quellen; manche der indischen Eroberungen mögen einem (aus den Münzen bekannten) Demetrios II. oder erst → Menander (2) zuzuschreiben sein. Wie so vieles in der Geschichte der Griechen in Baktrien und Indien ist D.' Todesdatum unbekannt; moderne Ansichten über D.' Verschmelzungspolitik und die seleukid. Herkunft des Eukratidas sind Hypothesen. H. H. Sch.

Lit: W. W. Tarn, The Greeks in Bactria and India (1938), 1951², bes. 129–200 – F. Altheim, Weltgesch. Asiens im griech. Zeitalter I, 1947, 323–353 – A. K. Narain, The Indo-Greeks, 1957, 21–45 (Lit) – *Bildnisse:* → Anhang I.

13. **D. von Byzanz,** griech. → Geschichtsschreiber, 3. (?) Jh. n. Chr.; verfaßte 13 Bücher über den Keltenzug nach Asien (278), 8 Bücher über die Kämpfe zwischen Antiochos I. Soter und Ptolemaios II. Philadelphos (Magas, Libyen). W. Sp.

Frg: FGrHist 162 – *Lit:* Ed. Schwartz, RE 4 (1901), 2806.

14. **D. von Chalkedon,** Musiklehrer in Rom, Gegner des Horaz (sat. 1, 10, 79), → Musik C [5].

15. **D. von Kallatis,** Historiker und → Geograph, um 200 v. Chr. D. verfaßte 20 Bücher ‹Über Asien und Europa› (6 Fragmente erhalten); die Auffassung der Darstellung als einer allgemeinen Geschichte in geographischer Anordnung deutet auf archaisierende Absicht. F. L.

Frg: FGrHist 85.

16. **D. von Magnesia** (*ὁ Μάγνης*), gelehrter Kompilator des 1. Jh.s v. Chr., verfaßte zwei vielbenutzte Nachschlagewerke über gleichnamige Städte (*Περὶ ὁμωνύμων πόλεων*) und über gleichnamige Schriftsteller (*Περὶ ὁμωνύμων ποιητῶν τε καὶ συγγραφέων*). In den formlos angeordneten Perikopen der letztgenannten Schrift (ein größeres wörtliches Frg. bei Dion. Hal. Dein. 1) bestimmte er Eigenart und Stil des jeweiligen Autors. Umfang und Wert des biographischen Details (und damit D.' Bedeutung für die biographische Tradition) sind kaum kenntlich. In den Beiträgen zur Xenophonvita (bei Diog. Laert. 2, 48–59) fußt D. auf unzuverlässigem Material (auf einer Privatrede Deinarchs). – Ein drittes, in Ciceros Briefen erwähntes Werk *Περὶ ὁμονοίας* (Cic.: De concordia) enthielt vielleicht historische Beispiele. H. E.

Frg.e: Noch nicht ediert. Fundstellen: FHG IV 382 Anm. – *Lit:* Ed. Schwartz, RE 4,2 (1901), 2814–17 (Lit).

17. **D. von Phaleron,** ca. 350–280, athen. Politiker und Philosoph, → Peripatetiker, Schüler des → Aristoteles. D. sympathisierte mit Makedonien, wurde 318/317 von → Kassandros mit der Regierung Athens betraut und reorganisierte Gesetzgebung, Verwaltung und Wirtschaft Athens. 309/308 Archon, 307 bei der Kapitulation Athens vor → Demetrios I. zur Flucht gezwungen; danach lebte D. als Privatmann im ptolemäischen Ägypten. Für → Cicero ist er derjenige Grieche, der → Platons Synthese von Philosoph und Staatsmann am ausgewogensten verwirklicht hat. – *Schriften:* 45 Titel bezeugt; die wichtigsten: (1) Darstellungen und Verteidigung seiner Gesetzgebung, Vergleich mit den älteren Verfassungen, Porträts des vollkommenen Volks- und Heerführers; (2) Reden; (3) sokratische Dialoge (‹Sokrates›, ‹Aristeides› u. a.), auch eine ‹Apologie des Sokrates›; (4) ethische Traktate: Erotikos, Protreptikos, Über die Ehe, Über das Greisenalter, Über den Zufall u. a.; (5) Aussprüche des → Äsop, der → Sieben Weisen, vielleicht auch eigene Bonmots; (6) Literaturhistorische Studien über Ilias und Odyssee. – Spätere Erzählungen haben D. mit der Entstehung der → Septuaginta und dem ägypt. Serapiskult in Verbindung gebracht. O. G.

Frg: F. Wehrli, 1949 (mit Kommentar) – *Bildnisse* → Anhang I.

18. **D. von Pharos,** Vasall der illyr. Königin → Teuta, übergab 229 den Römern Korkyra und wurde zum Dynasten in Nordillyrien gemacht; er schlug sich später auf die Seite → Antigonos' III., kämpfte bei Sellasia 222 mit, plünderte 220 die Kykladen und kämpfte im → Bundesgenossenkrieg (2) gegen die Ätoler. 219 von den Römern verjagt, schloß er sich → Philipp V. an; laut → Polybios war er der böse Geist Philipps, den er zu Treubrüchen, Abenteuern und vor allem zur antiröm. Westpolitik veranlaßt haben soll. Um 214 wurde D. bei einem Angriff auf Messene getötet. H. H. Sch.

Lit: F. W. Walbank, Philipp V of Macedon, 1940.

19. **D. von Rhodos,** Bildhauer im 2. Jh. n. Chr., signierte die in Emerita Augusta gefundene, kopflose Statue des Mithras.

20. **D. von Skepsis** (Troas), ca. 200–130 v. Chr. Seine ‹Troische Schlachtordnung› (30 Bücher), ein Kommentar zum Troerkatalog der Ilias (2, 816–877), bot eine an literarischen, antiquarischen und polemischen Exkursen erstaunlich reiche → Perihegese der Troas. Ilion war für ihn der heutige Ort Bunarbaschi. F. L.

Frg: R. Gaede, Demetrii Scepsii quae supersunt, 1880.

21. **D. von Tarsos,** → Sophist, Consularis Phoenices. Von → Libanios als bedeutendster Redner der Zeit gerühmt. W. Sp.

Lit: O. Seeck, Die Briefe des Libanius, 1906, 117–119.

Deminutiva (Diminutiva), von einem andern Substantiv abgeleitete Substantive, welche dieses verkleinern oder verniedlichen. Während die D. im Griechischen ähnlich wie im Deutschen meistens Neutra sind, z. B. *παιδίον, παιδάριον*, ‹Kind(chen)›, zu *παῖς*, ‹Knabe, Mädchen›, behalten sie im Latein das Geschlecht des Grundwortes, z. B. *fīliolus* zu *fīlius*, *auricula* zu *auris*, und sind auch bei Adjektiven möglich, z. B. *parvulus* zu *parvus*. Ihrem Wesen nach stark gefühlsbetont (Hypokoristika, zu *ὑποκορίζεσθαι*, eigentlich ‹wie zu einem Kind sprechen›), sind die D. in der Umgangssprache sehr beliebt und verdrängen oft das Grundwort (z. B. franz. *oreille* < *auricula*). Anderseits werden sie von Homer gemieden. → Wortbildung. E. R.

Demiurg

[1] Historisch – [2] Philosophisch.

[1] D. (dor.: Damiurg) ist dem ursprünglichen Wortsinn nach ‹einer, dessen Arbeit der Allgemeinheit gehört›. Das Wort bezeichnet in vielen griech. Staaten hohe → Magistrate (meist Kollegien), auch etwa die Vorsteher eines Dorfes oder einer → Phratrie. Auf der anderen Seite bezeichnet der Ausdruck schon bei Homer (Od. 17, 383; 19, 135) die Fachleute (Zimmerleute, Ärzte, Seher, Sänger, Herolde usw.; vgl. → Techne), die nicht für den Eigenbedarf, sondern für jeden arbeiten, der ihren Dienst in Anspruch nimmt. In diesem Sinn ist das Wort vor allem in

Athen üblich geblieben, aber mehr und mehr auf die Handwerker eingeengt worden. Die attische Überlieferung betrachtet die D.en neben dem Adel (den → Eupatriden) und den Bauern (→ Geomoren) als einen der drei alten Stände.

Lit: K. Murakawa, Demiurgos, Historia 6, 1957, 385–415. F. G.

[2] *In der Philosophie* ist D. der von → Platon im Timaios in die → Kosmologie eingeführte ‹Handwerker›, der unsere Welt, sie einem unvergänglichen Vorbild nachbildend, schafft; → Kosmologie [7], → Theologie. D. J. F.

Demo, gelehrtes Frauenzimmer aus dem 5. Jh. n. Chr., verfaßte allegorisch deutende Kommentare zu Ilias und Odyssee. Sie fußte auf → Krates (4) v. Mallos und benutzte die Allegorien des Ps. → Herakleitos (2). Exzerpte ihres Werkes bei den Byzantinern, vor allem im Homerkommentar des → Eustathios. H. E.

Ed. u. *Lit:* A. Ludwich, Die Homerdeuterin Demo, Festschrift L. Friedländer, 1895, 296 – K. Reinhardt, De Graecorum Theologia, 1910.

Demochares, patriotischer athen. Politiker und Verfasser einer Zeitgeschichte, in der er die Politik des → Demetrios (17) v. Phaleron heftig kritisierte. Nach dessen Sturz (307 v. Chr.) in der Regierung mitwirkend, veranlaßte er die Verstärkung der Befestigungen Athens gegen → Kassandros. Um oder nach 303 wurde D. von → Demetrios (1) Poliorketes verbannt. Wohl nach der Befreiung Athens durch → Olympiodoros (1) i. J. 287 zurückgekehrt, gewann er Eleusis für Athen zurück und beantragte 280/279 postume Ehrungen für → Demosthenes (1). D. starb vor 270. F. Kch.

Frg: FGrHist 75 – *Lit:* A. Wilhelm, Zu der Urkunde..., Abh. Berlin 1941, 4 – A. Momigliano, Atene nel III secolo a. C., RSI 71, 1959 529–556 – Vgl. B. D. Meritt, Greek Inscriptions, Hesperia 9, 1940, 53–96.

Demodokos, (1) Sänger der Phäaken (Od. 8, 63 f.); (2) in später Sage Sänger, der während → Agamemnons Abwesenheit → Klytaimestra bewachen sollte, aber von → Aigisthos daran gehindert (bzw. umgebracht) wurde (vgl. Od. 3, 267–271). K. Schb.

Demokedes von Kroton, berühmter Arzt im 6. Jh. vor Chr., wahrscheinlich → Pythagoreer. Herodot berichtet (3, 125. 129–138), daß D. zunächst in Aigina und Athen, dann beim Tyrannen → Polykrates (1) und am Hofe des → Dareios tätig gewesen sei; vgl. auch Jambl. vit. Pyth. 257 ff. (vielleicht authentisch). D.' sicher wichtige Rolle in der sog. westgriech. Heilkunde ist heute nur noch undeutlich zu fassen. F. K.

Demokratie, die ‹Herrschaft des Volkes› (des → Demos: des Gesamtvolkes oder der Volksmasse), → Griechenland III B 2, → Staatstheorie, → Isonomie. F. G.

Demokrit, ca. 460–ca. 370 v. Chr. aus Abdera, einer der → Vorsokratiker, hat die von → Leukippos begründete Atomistik nach allen Seiten hin ausgebaut. Grundeigenschaften der Atome waren ihm Gestalt (*ῥυσμός*), Lage im Raum (*τροπή*) und relative Lage zueinander (*διαθιγή* = Einfügung) sowie Größe und anscheinend Schwere, die er als Funktion der Größe und dieser proportional betrachtete. Daß härtere Gegenstände leichter sein können als schwerere, führte er darauf zurück, daß bei den ersteren die Atome ineinander verhakt sind, aber wie bei einem Sieb größere Zwischenräume haben, bei den letzteren dagegen die Atome dichter gedrängt, aber leichter gegeneinander verschiebbar sind, womit schon ein Einblick in ihre innere Struktur gewonnen schien. Die Sinnesempfindungen sind subjektiv, doch erlauben sie Schlüsse auf die Gestalt der sie verursachenden Atome: der saure Geschmack wird durch spitzige, der süße durch glatte und runde Atome hervorgerufen. Die Farbempfindungen entstehen aus einer Kombination der Gestalt und des Bewegungszustandes der von den Dingen ausstrahlenden und ins Auge gelangenden Emanationen (*ἀπορροαί*), woraus wiederum in komplizierten Überlegungen Rückschlüsse auf die innere Struktur der diese Emanationen aussendenden Gegenstände gezogen werden. Doch war D. der Meinung, daß man zwar im allgemeinen mit Sicherheit die Struktur der von uns als rot wahrgenommenen Gegenstände erschließen, im einzelnen Fall aber nie ganz sicher sein könne, daß eine Rotempfindung durch Emanationen von einem außer uns befindlichen Gegenstand hervorgerufen sei, da sich eine entsprechende Atomgruppe auch zufällig, ja sogar in unserem Körper selbst, zusammengefunden haben könne, wie dies im Traum der Fall zu sein scheine. So konnte später der → Skeptizismus an Demokrit anknüpfen, obwohl D. selbst gewiß kein Skeptiker war. Überaus groß und vielfältig ist D.s Wirkung auf den → Peripatos, noch unmittelbarer diejenige auf → Epikur. – D.s *Ethik* knüpfte teilweise offenbar an seinen Atomismus an, so, wenn er die Bildung (*διδαχή*) als Umgestaltung (*μεταρυσμός*) faßte, die Leidenschaften als Bewegungen aus großen Entfernungen (*ἐκ μεγάλων διαστημάτων*) für schädlich und als Ideal die *εὐεστώ* (Wohlstruktur) des Menschen ansah. Kultur und Gesittung sind im Kampf gegen Mangel und Not (*χρεία*) entstanden und werden nach deren Überwindung aus Einsicht in das, was ‹not ist› (*τὸ χρὴ ἐόν*) aufrecht erhalten. Daraus und wohl auch aus seiner heiteren und aktiven Natur folgte seine ganz positive Definition von Recht und Unrecht: «Recht ist zu tun, was not ist, unrecht ist, nicht zu tun, was not ist» (Frg. B 256 D.). K. v. F.

Frg: VS 68 – *Lit:* K. v. Fritz, Philosophie u. Sprachl. Ausdruck bei D., Plato und Aristoteles, 1940 – G. Vlastos, Ethics and Physics in D., PhRev 54, 1945, 578–592; 55, 1946, 53–64 – Vgl. Vorsokratiker.

Demon, von Athen (?), mit Demosthenes verwandt (?). Schrieb eine → Atthis, die vor → Philochoros, etwa 300 (?) erschienen sein muß, mit ausführlicher Archäologie; ferner ‹Über Opfer›, ‹Über Sprichwörter› (öfters von den → Parömiographen zitiert). W. Sp.

Frg: FGrHist 327 – *Lit:* F. Jacoby, Atthis, 1949.

Demonax aus Cypern, → Kyniker des 2. Jh.s n. Chr., uns bekannt durch eine unter → Lukians Schriften erhaltene reizvolle Biographie, die an die alten Sokratikerbiographien sich anlehnend zuerst ein geschlossenes Porträt (1–11), dann eine reiche Sammlung von → Apophthegmata (12–62), schließlich einen Bericht über sein Ende (63–67) umfaßt. Er vertrat einen milden, erzieherischen Kynismus; kennzeichnend der Ausspruch, er verehre → Sokrates, bewundere → Diogenes (5) und liebe → Aristippos. Kynisch ist vorzugsweise sein Streben nach innerer Unabhängigkeit, seine Verachtung des herkömmlichen Kultes, sein Spott über die Gelehrsamkeit der → Peripatetiker, schließlich sein Selbstmord und seine von Diogenes übernommene Gleichgültigkeit gegen eine Bestattung. Sein Leben hat er offenbar ganz in Athen verbracht; geschrieben hat er nichts. O. G.

2. **D. von Mantinea,** von den Mantineern (→ Battos III.) nach → Kyrene geschickt, um der Stadt eine neue Verfassung zu geben: die Dreiteilung der Bürgerschaft behielt er bei, doch bildete er neue Gruppen auf Grund der Stammeszugehörigkeit (Theräer und Periöken; Peloponnesier und Kreter; Nesioten); die patriarchalische Monarchie ersetzte er durch eine oligarchische Republik mit formeller Fortdauer der Dynastie der → Battiaden (ca. Mitte 6. Jh. v. Chr.).

Lit: → Battiaden. R. V. C.

Demophanes und Ekdelos (nach anderer Überlieferung Megalophanes bzw. Ekdemos) aus Megalopolis (Arkadien), Schüler des Akademikers → Arkesilaos (5), beseitigten um 250 mit → Aratos (1) die Tyrannen von Megalopolis und Sikyon und entwarfen (wenig später?) auf Bitten der Kyrenäer eine Verfassung (das Verfassungsdiagramm von Kyrene, Suppl. EG IX 1, ist damit irrtümlich in Verbindung gebracht worden). Zu ihren Jüngern gehörte der junge → Philopoimen. H. H. Sch.

Demophilos, Dichter, wohl der neuen → Komödie (I D); nur sein ‹Onagos› (‹Eselstreiber›, wohl 287) als Vorbild von → Plautus' ‹Asinaria› (ca. 206–184) bekannt. Th. G.

Dēmos (so ionisch-attisch; in den anderen Dialekten Damos), ursprünglich vielleicht ‹Abteilung›, entspricht im Griechischen etwa unserem Wort ‹Gemeinde› und hat wie dieses sehr verschiedene Bedeutungen. – 1. In den Linear-B-Texten (→ Kret. Schrift) begegnet da-mo (damos) als Bezeichnung einer Körperschaft (einer Gemeinde?), die u. a. Land zu eigen hat und an Einzelpersonen zur Nutzung vergibt. – 2. Seit Homer etwa sind die verschiedenen Bedeutungen des Wortes genauer zu fassen. D. ist (a) das ‹(Staats) volk› im ganzen, die ‹Bürgerschaft› (lat. populus); (b) das (gemeine) ‹Volk› (lat. plebs) im Gegensatz zu den Vornehmen; (c) das ‹(Staats) gebiet›, das ‹Land› (bes. bei Homer); schließlich (d) eine kleine Abteilung des Staatsgebietes (und Staatsvolkes), also eine ‹Dorfgemeinde› bzw. ein ‹Stadtbezirk›. – 3. Demen in dem letztgenannten Sinn gab es in nicht wenigen griech. Staaten, vor allem in *Athen* seit → Kleisthenes (1). Hier gehörte jeder Bürger, wie einer → Phyle und einer → Phratrie, so auch einem D. an, und zwar ursprünglich dem D., in dessen Gebiet er seinen Wohnsitz hatte; da aber die Demenzugehörigkeit sich vererbte, finden wir später die Angehörigen der einzelnen Demen über das ganze Land zerstreut, insbes. viele Angehörige ländlicher Demen in den Städten Athen und Peiraieus wohnhaft. Das sog. Demotikon, d. h. die Angabe des Heimatdemos, gehörte offiziell zum Namen des Bürgers (z. B. *Δημοσθένης Παιανιεύς*: aus dem D. Paiania). Kleisthenes mag ursprünglich 100 Demen (je 10 auf die Phyle) geschaffen haben, doch wuchs ihre Zahl durch Unterteilung und Aussonderung neuer Demen fortwährend: im 4. Jh. sind etwa 150 Demen nachweisbar, zur Zeit des Augustus waren es 174. Aufgabe der Demen war einerseits eine gewisse lokale Selbstverwaltung, insbes. die Pflege der örtlichen Kulte und die Feier der damit verbundenen Feste; andererseits bildete der D. die unterste Instanz der staatlichen Verwaltung, er hatte insbes. die Liste der über 18 Jahre alten Bürger zu führen, bei der Einziehung zum Militärdienst mitzuwirken, Gelder einzutreiben usw. Die Demen hatten eigenes Vermögen und eigene Steuern sowie eigene → Magistrate, an ihrer Spitze den Demarchos (‹Demenvorsteher›); doch blieben die wichtigsten Entscheidungen der Versammlung (Agora) aller Demenangehörigen vorbehalten. F. G.

Lit: Zu den att. Demen: B. Haussoullier, La vie municipale en Attique, 1884 – Philippson-Kirsten I 3, 1952, 983 ff.; 1001 ff. – E. Kirsten, Der gegenwärt. Stand der att. Demenforschung, Atti d. 3° Congr. Internaz. di Epigrafia greca e latina, 1959, 155 ff.

Demosthenes, athen. Redner und Politiker, 384–322.

[1] *Leben und Politik:* D. verlor mit sieben Jahren seinen – sehr wohlhabenden – Vater. Die drei Vormünder erwiesen sich als schamlose Betrüger. D.' einziges Mittel, zu seinem Vermögen zu kommen, war die Redekunst, in der er sich mit zielstrebiger Energie übte, wobei → Isaios, der Spezialist für Erbschaftsprozesse, sein Lehrer war. Sobald D. volljährig war, klagte er gegen seine Vormünder und erreichte die Verurteilung des einen (Aphobos); mit den beiden anderen kam wohl ein Vergleich zustande. In den folgenden Jahren war D. ein – bald sehr angesehener – Verfasser von Gerichtsreden. Politisch war D. zunächst wohl Anhänger des vorsichtigen → Eubulos (1). Als solcher schrieb er 354/353 seine erste Staatsrede ‹Über die Symmorien› (14), in der er sich für Erhöhung der Zahl der → Trierarchie-Pflichtigen und gegen Krieg mit den Persern aussprach. 353 setzte er sich, was wohl zum Bruch mit Eubulos führte, ‹Für die Megalopoliten› (16) gegen Sparta, 352 (?) ‹Für die Freiheit der Rhodier› (15) ein. Von da ab galt sein leidenschaftlicher und unversöhnlicher Kampf der neuen Macht im Norden Griechenlands, Makedonien, wobei er sich um Aktivierung der attischen Politik, Stärkung der militärischen Kraft, so bes. durch Verwendung der Theatergelder für Kriegszwecke, und Gewinnung von Bundesgenossen (Griechen und später auch Perser) bemühte: 351 (349?) richtete er die 1. Philippika (4) gegen → Philipp II.; 350 forderte er finanzielle Reformen (‹Über die Neuordnung›, or. 13), 349/348 in drei ‹Olynthischen Reden› (1–3) die Unterstützung → Olynths gegen Philipp. 346 gehörte er der Friedensgesandtschaft an Philipp an, neben → Philokrates und → Aischines (2). Die beiden letzteren waren bzw. wurden Anhänger Philipps, während D. nur eine Atempause wollte. Deshalb lehnte er auch im gleichen Jahr in der Rede ‹Über den Frieden› (5) einen Krieg wegen Aufnahme Philipps in die delphische → Amphiktyonie ab. 344/3 machte D. eine Agitationsreise in die Peloponnes, verhandelte mit den Persern und hielt die 2. Philippika (6). 343 klagte er gegen seine Mitgesandten von 346, Philokrates und Aischines (or. 19, ‹Über die Truggesandtschaft›), und erreichte die Verurteilung des ersteren. Dokumente der von D. bewußt gesteigerten Kriegspsychose sind die Chersonesrede (8), eine Verteidigung des Philipp provozierenden → Diopeithes (4) vom März 341, die 3. Philippika (9) vom Mai 341 sowie die wohl echte 4. Philippika (10). Philipps Angriff auf Perinth ermöglichte D. die Gründung eines Defensivbundes, sein Erscheinen in Mittelgriechenland (339) ein Bündnis mit Böotien. Doch unterlagen die Verbündeten 338 bei Chaironeia. Athen wurde von Philipp glimpflich behandelt. D. hielt die Grabrede auf die Gefallenen (60). 336 beantragte → Ktesiphon die Ehrung des D. durch einen goldenen Kranz. Durch eine Verfassungsklage seitens der Gegner verzögert, kam sie 330 doch zustande und gab D. in seiner Kranzrede (18) Gelegenheit zur Rechtfertigung seiner Politik (s. u.). 325/324 wurde D. als einer von denen, die zu Unrecht Gelder des → Harpalos angenommen hatten, verurteilt und gefangengesetzt, konnte aber ins Exil entfliehen. Nach Alexanders Tod (323) beteiligte er sich am Aufstand gegen Makedonien. Dieser wurde niedergeschlagen, D. auf Antrag des → Demades zum Tod verurteilt; er nahm im von Häschern umstellten Poseidontempel der Insel Kalaureia Gift (322). – D. war, vor allem durch die Gewalt seiner Rede, ein höchst wirkungsvoller Politiker. Die Frage ist aber, ob seine Politik nicht bereits überholt und damit wirklichkeitsfremd war: D. kämpfte leidenschaftlich für die Polis, für Ansehen und Macht vor allem seiner eigenen, für die Freiheit auch der anderen Poleis. Er verkannte dabei, daß die Polis seit einem Jahrhundert zur Selbstzerfleischung der Griechen geführt hatte, und verteidigte sie gegen den Makedonenkönig, den Tyrannen und Barbaren nach seiner Meinung, von dem sich Männer wie → Isokrates gerade die Rettung für sie erhofften. Diese Befürworter einer Verständigung mit Philipp hatten zweifellos ein besseres Gespür für das, was kommen würde und auch not tat. Doch nimmt das dem Ringen des D. für die Polis und ihre Werte nicht die Größe, auch wenn sein einziger Erfolg der war, daß die Polis nicht unheroisch unterging. E. Bn.

Lit: W. Jaeger, D., 1938 (deutsch 1939, Nachdr. 1963) – Bengtson 292 f. 305–316. 325. 346. 361 f. – Lesky 643–655 (alle mit Lit).

[2] *Reden.* Aus der Kette von langwierigen Prozessen gegen seine Vormünder sind 5 Vormundschaftsreden (*λόγοι ἐπιτροπικοί*, or. 27–31) erhalten, die erste Frucht seiner rhetorischen Ausbildung bei → Isaios und eines jahrelangen zielstrebigen Studiums (vgl. die antiken Anekdoten bei Plut. Dem.). Wie die anderen Privatprozeßreden geben sie interessante Einblicke in das Wirtschaftsleben Athens im 4. Jh. und in die geschäftlichen Transaktionen seiner Bürger. Nur einen Teil seines Vermögens gewann der junge D. zurück, unschätzbar aber war die juristische, prozessuale und rhetorische Erfahrung, die er dabei erwerben konnte und die ihm eine günstige Ausgangsbasis für die nachfolgende Tätigkeit als → Logograph (Verfasser von Prozeßreden in bezahltem Auftrag für klagende oder angeklagte Mandanten) verschafften. Zahlreiche echte (neben mehreren unechten) Reden sind erhalten, bezeichnenderweise

meist aus vermögensrechtlichen und bankgeschäftlichen Auseinandersetzungen, wenige strafrechtlichen (Tätlichkeit) und bürgerrechtlichen Inhalts (Verwaltungsklage über Aberkennung des politischen Status als Bürger). Diese Logographentätigkeit hat er nachweislich bis in sein letztes Lebensjahrzehnt beibehalten; die ersten zehn Jahre seines Wirkens waren ihr ausschließlich gewidmet und machten ihn zum angesehenen und wieder wohlhabenden Anwalt. Auf dem Weg über den politischen Prozeß öffnete sich ihm der Zugang zur Politik. Als Logograph von Staatsprozeßreden (Verfassungsklagen = *γραφαὶ παρανόμων*) für politische Ankläger beteiligte sich D. am Kampf seiner Gesellschaftsschicht, des von → Eubulos geführten Besitzbürgertums; seine eingehende Kenntnis des att. Rechts und Prozeßverfahrens kamen ihm dabei zugute. Sein scharfer Intellekt, der die schwachen Punkte der gegnerischen Position schnell erfaßte und die eigene Argumentation mit zwingender Logik vorzubringen verstand, dazu seine Fähigkeit zu beißender Ironie waren gefährliche Waffen. Die Reden aus dieser Zeit: gegen Androtion (or. 22), gegen Timokrates (or. 24), gegen Leptines (or. 20). In den außenpolitischen Bereich mit dem Krisenherd der makedonischen Expansion nach den Dardanellen spielt bereits die Prozeßrede gegen Aristokrates (or. 23) hinein. Parallel zu diesen seit 355 geschriebenen politischen Prozessreden (im Auftrag von Mandanten) beginnt der nunmehr fast dreißigjährige D. seine Tätigkeit in der Volksversammlung als politischer Redner (in seiner ersten Staatsrede ‹Über die Steuerklassen›; s. o.). Die ersten Staatsreden sind durch sachlich-kühle, leicht ironisch gefärbte Argumentationsform ausgezeichnet, die den politischen Kalkül souverän handhabt und die Resultate der intellektuellen, zu meisterhafter Beherrschung und Anordnung des Stoffes führenden rhetorischen Bildung der Antike erkennen läßt. Von den dem Kampf gegen Makedonien nach innen und außen gewidmeten Reden (or. 13; 1–3; 5; 19; 6–11) gehört die 7. (*Περὶ Ἁλοννήσου*) einem Parteigenossen des D., dem → Hegesippos (3); die 11., als Antwort auf einen Brief Philipps (*Πρὸς τὴν ἐπιστολὴν τὴν Φιλίππου*) überschrieben, stammt aus einem historischen Werk, den ‹Philippika› des → Anaximenes (1) von Lampsakos, wie das Zitat in dem auf Papyrus gefundenen D.-Kommentar des Didymos beweist. Unter den echten Reden bildet die 3. philippische Rede (or. 9) den Höhepunkt, ein Meisterwerk politischer Redekunst, in der die ganze Leidenschaftlichkeit des Redners, gepaart mit dem durchdringenden Scharfsinn seines Geistes, sich äußert. – Die Kranzrede (or. 18) ist die große Schlußabrechnung des D. mit seinem innenpolitischen Gegner Aischines, der, moralisch geschlagen, Athen verlassen mußte; sie ist auch die leidenschaftliche Selbstrechtfertigung seiner Widerstandspolitik gegen Philipp im Kampf für Athens Ehre und Freiheit. – Im Gegensatz zur politischen Beurteilung hat das künstlerische Urteil über seine Redekunst nie geschwankt. Sie hebt sich von der Ausgewogenheit und Ebenmäßigkeit des Stils bei → Isokrates und von Witz und Eleganz des → Hypereides vor allem durch ihre wuchtige Leidenschaftlichkeit ab. Der Stil kann sich in außergewöhnlicher Breite der Variation einfachster Worte oder auch kühner Metaphern bedienen. Er nutzt die Freiheit der griech. Wortstellung bewußt aus, dabei immer bestimmt von dem Streben nach sorgfältigster rhythmischer Gestaltung (Abfolge von mehr als zwei kurzen Silben gemieden; Klauseltechnik. Vgl. → Prosarhythmus). Der klare Aufbau bezieht Dokumente in reichem Maße ein. Seitdem die Literarkritiker der späthellenist. und der Kaiserzeit D. den ersten Rang unter den attischen Rednern zuerkannten (vgl. → Rhetorik E 1) und in ihm mit dem Titel *ὁ ῥήτωρ* die Verkörperung der Beredsamkeit sahen (wie in Homer mit der Bezeichnung *ὁ ποιητής* den Gipfel der Dichtkunst), hat er daher immer, wo politische Rede in einem freien Staatswesen sich auswirken durfte, als das unerreichbare Vorbild des politischen Redners gegolten. Vgl. → Redner. Bildnis: → Anhang I. J.H.K.

Ed: C. Fuhr-J. Sykutris, BT I, 1914 und II 1, 1937 (ed. maior) – Dies., BT I, II, 1928–33, III, 1923 (ed. minor) – S.H. Butcher-W. Rennie, OCT, 1903–31 – M. Croiset, Harangues, CB, 1924–55 – Plaidoyers politiques, CB: O. Navarre-P. Orsini I, 1954; J. Humbert-L. Gernet II, 1945; G. Matthieu III (1945), 1954²; IV (1947), 1958² – Plaidoyers civils, CB: L. Gernet I–IV, 1954–60 – *Index:* S. Preuß, 1892 – *Lit:* A. Schäfer, D. und seine Zeit (1856–58), 1885–87² – F. Blaß, Die Attische Beredsamkeit III 1 (1877), 1893² (Neudr. 1962) – A.W. Pickard-Cambridge, D. and the last days of Greek freedom, 1914 – W. Jäger (s. o.) – P. Cloché, D. et la fin de la démocratie athénienne, 1957 – Die Echtheit des früher bisweilen athetierten Epitaphios (or. 60) wiesen J. Sykutris und P. Maas nach: Hermes, 63, 1928, 240–259.

2. **D.,** athen. Feldherr während des → Pelop. Krieges. Er hielt sich bereits bewußt aus dem politischen Getriebe heraus. 427/426 v. Chr. erstmalig Stratege, rettete er Naupaktos vor den Peloponnesiern (Thuk. 3, 96–102). 425 setzte er sich am Vorgebirge Pylos-Koryphasion an der messen. Küste fest (Thuk. 4, 3 ff.) und begann damit Kampfhandlungen, die zur Einschließung und Gefangennahme einer z. T. vornehmen Familien Spartas (Plut. Nik. 10) entstammenden spartan. Abteilung auf Sphakteria führten. Doch 424 vereitelte → Brasidas einen Handstreich des D. auf Megara, und bei der Offensive der Athener gegen Böotien trug D.' Mißgeschick zu ihrer Niederlage bei Delion bei. Er trat deshalb erst wieder 413 hervor, als er → Nikias (1) erhebliche Verstärkungen gegen Syrakus zuführte. Der sogleich unternommene Sturm auf Epipolai führte jedoch zur Niederlage der Athener (Thuk. 7, 42 ff.). D. forderte darauf den Rückzug aus Sizilien, den Nikias jedoch verzögerte, bis er durch den Verlust der athen. Flotte unmöglich wurde. Auf dem folgenden Rückzug ins Landesinnere kommandierte D. die Nachhut. Nach der Kapitulation wurde er wie Nikias in Syrakus hingerichtet (Thuk. 7, 86). F.Kch.

Lit: M. Treu, Der Stratege D., Historia 5, 1956, 420–447.

3. **D. von Bithynien,** Epiker (→ Hellenist. Dichtung C 1), Verfasser von ‹Bithyniaka›. P.H.

Frg: Coll. Alex. 25.

Demotisch, gegenüber dem → Hieratischen kursivere Form der ägypt. Schrift mit vielen Kürzungen und Ligaturen, vor allem auf Papyri und Ostraka vom späten 8. Jh. v. Chr. bis in die röm. Zeit verwendet (daneben auch in polyglotten Inschriften der ptolemäischen Zeit). H.Hg.

Denar (denarius), die aller Wahrscheinlichkeit nach im 2. Pun. Krieg, ca. 212–211 v. Chr., eingeführte Hauptsilbermünze Roms im Gewicht von $^1/_{72}$ des Pfundes (zu 327,45 g), d. h. von ca. 4,55 g. Der D. entsprach ursprünglich 4 → Scripula oder 10 Bronze → Assen des Sextantarfußes von 54,6 g per → As. Er trägt daher das Wertzeichen X oder ein durchstrichenes X̶. Da das Gewicht des D.s und des Sextantarasses bald nach der Einführung des D.s stark herabsank, betrug das spätere Normalgewicht des D.s schließlich 3,89 g, das des → Asses nur noch das der früheren → Unze, 27,3 g, wobei dann 16 solcher Asse auf einen D. gingen (Plin. nat. 33, 45). Statt des früheren X erscheinen daher nun auch XVI als Wertbezeichnung auf dem D. Schließlich wird, nach einer weiteren Herabsetzung, der As mit 13,6 g im Semunziarfuß als reine Kreditmünze geprägt und der D. der damals im Gewicht stark verminderten → Drachme gleichgesetzt, was aus der Wertbezeichnung SI (= 16, nämlich → Sesterzen oder vier D.e) auf den makedon. → Tetradrachmen des Aesillas (Quästor 93–88) hervorgeht. In der *Kaiserzeit* wird der D. unter Nero auf $^1/_{96}$ des Pfundes festgesetzt und daher zunächst im Gewichte von 3,4 g ausgeprägt, was 3 → Scripula oder einer damaligen Drachme gleichkam. Da in jener Zeit jedoch der → Aureus mehr und mehr zur eigentlichen Währungsmünze der röm. Kaiserzeit wurde, sank der Silbergehalt des D. immer stärker herab, was schließlich nach der Mitte des 3. Jh.s n. Chr. zur Währungskatastrophe der Silberprägung (damals in Form des → Antoninianus) führte. Der D. taucht hiernach nur noch selten (unter Philippus und Gallienus) auf. Erst im Preisedikt des

Diokletian kommt er, rein nominell, im Werte von 1/50000 Pfund wieder vor. – Späterhin wird der D., z.B. im Jahre 538, von Cassiodor (var. 12) als 1/6000 des → Solidus bezeichnet; er tritt dann, bes. in Ägypten, noch vielfach als Rechnungseinheit und Bezeichnung für Kupfermünze in den Papyri auf. W. Schw.

Lit: Babelon, I 543–549. 610–612 – K. Regling, in: v. Schrötter, 126 bis 128 – R. Thomsen, Early Roman Coinage, bes. II, 1961, vgl. III, Index (Lit) – L. Breglia, Numismatica antica, Milano 1964, 269.

Denderah (alter Name *Iwn.t*), Ort in Oberägypten auf dem westl. Nilufer gegenüber dem jetz. Qeneh (Kt. 29 D 7), einst Hauptstadt des 6. oberägypt. Gaues, wo → Hathor verehrt wurde. Der von den letzten Ptolemäern neu errichtete Tempel ist noch sehr gut erhalten. W. Hk.

Dendra, im Osten der Argolis gelegene mykenische Nekropole der 1 km entfernten Burg von → Midea; nach dem nahen Dorf D. benannt. 13 → Kammergräber (SH II bis III) mit → Dromos und aus dem weichen Fels geschnittener Grabkammer (reiche Grabbeigaben), interessantes Kenotaph und ein → Kuppelgrab des 14. Jh.s. Älteste Spuren: frühhellad. Hausreste. W. Schg.

Lit: A.W. Persson, The Royal Tombs at D. near Midea, 1931 – Ders., New Tombs at D. near Midea, 1942 – BCH 87, 1963, 746–749.

Dentatus → Curius, → Siccius (Sicinius).

Derkylides, Platoniker, 1. Jh. n. Chr., vielleicht Urheber der sog. thrasyllischen tetralogischen Anordnung von → Platons Werken; nur einige mathematisch-astronomische Erläuterungen zu → Platon und ein Zitat aus → Hermodoros erhalten. Ph. M.

Lit: W. Kroll, RE 5,1 (1905), 242.

Dertosa (Kt. 2849 D 2; heute Tortosa), Stadt in der → Tarraconensis an der Mündung des Hiberus auf dem Gebiet der Ilercavones. Auf Münzen aus dem 1. Jh. v. Chr. Municipium Hibera Iulia Ilercavonia D., aber wahrscheinlich Kolonie (Plin. nat. 3,23), seit den letzten Jahren der Regierungszeit Augustus' mit dem Namen Colonia Iulia Augusta Dertosa. Ausgrabungen wurden noch nicht durchgeführt, es wurden aber zahlreiche Inschriften und Münzen gefunden. J. M. d. M.

Lit: A. Vives, La moneda Hispanica, 1926.

Despoina (‹Herrin›), kann an sich Beiname jeder griech. Göttin sein; vor allem wird eine alte arkadische Fruchtbarkeitsgöttin so benannt, die als Tochter der → Demeter häufig mit Kore (→ Persephone) identifiziert wird. K.-H. R.

Deukalion, Sohn des → Prometheus, Stammvater der Griechen, entkommt mit seiner Gemahlin Pyrrha (Tochter des → Epimetheus und der → Pandora) allein der großen Flut, die Zeus den Menschen aus Zorn über ihre Untaten sendet. D. baut auf Rat des Vaters eine Lade, in der er 9 Tage über das Wasser fährt. Am Parnaß oder Othrys gelandet, erzeugt er ein neues Geschlecht, indem er mit Pyrrha auf Geheiß des Zeus die ‹Gebeine der Mutter›, d.h. Steine (*λᾶας-λαός*), hinter sich wirft; die seinen werden Männer, die der Pyrrha Frauen. In Thessalien wird er Vater des Hellen (Apollod. 1,47–48; Ov. met. 1,260ff.). Vgl. → Sintflutsagen. K. Schb.

Lit: J. Frazer, Folk-Lore in the Old Testament I, 1919, 104ff.

Deus ex machina heißt der Gott, den der Dichter am Ende einer Tragödie von außen zu den handelnden Personen hinzutreten läßt, wenn das Geschehen nicht mehr aus sich selbst heraus zu dem durch den Mythos vorgeschriebenen Ende geführt werden kann. Er hat, bes. dann bei Euripides, die Aufgabe, den Geschehensknoten so zu lösen, daß dieses Ende erreicht wird. Oft legt er dabei bereits auch den Verlauf des über das Dramenende hinausreichenden zukünftigen Geschehens fest. E.-R. Sch.

Lit: A. Spira, Unters. z. D. ex mach. bei Soph. u. Eur., 1960 (Lit).

Deuteragonist, in der Bedeutung ‹2. Schauspieler› eindeutig erst bei → Pollux 4,124 (2. Jh. n. Chr.) und Schol. Demosth. 5,6 belegt. → Schauspieler. E.-R. Sch.

Lit: K. Schneider, RE Suppl. 8 (1956), 190, s.v. Ὑποκριτής.

Devotio, stellvertretendes Opfer eines röm. Feldherrn, der sich den Göttern der Unterwelt weihte, um seine Armee zu retten: nur mit der → Toga praetexta bekleidet, mit verhülltem Haupt, die Hand am Kinn, auf einem Speere stehend, wiederholte er die Weiheformel, die ihm ein Priester vorsagte. Nach einer feierlichen Anrufung der Götter weihte er sich selbst und damit gleichzeitig auch die feindliche Armee den → Manen und → Tellus. Dann warf er sich mitten unter die Feinde, um sich töten zu lassen, während seine fluchbringende Berührung panischen Schrecken verbreitete. H. Le B.

Q: Liv. 8,6–11 (Devotio des P. Decius Mus, i.J. 340 v. Chr., allem Anscheine nach der einzige historische Fall einer D.).

Dexamenos, griech. → Gemmenschneider, von dem vier signierte Skarabäoide erhalten sind, an die sich eine Reihe von Zuschreibungen anschließen. Die Signatur auf dem → Kalzedon in der Ermitage Leningrad mit dem Bild eines fliegenden Reihers nennt D. als aus Chios stammend. Sein bedeutendstes Werk ist der Porträtkopf eines Griechen auf dem rot und gelb gesprenkelten Jaspis in Boston. Der ebenfalls rotgelbe Jaspis in Ermit. Leningrad – mit einem stehenden Reiher und einer Heuschrecke – und der Kalzedon im Fitzwilliam Museum Cambridge – mit sitzender Frau und Dienerin – scheinen etwas älter zu sein. P. Z.

Abb: Furtwängler, Gemmen I, Taf. 14, 1. 3. 4; III 137, Abb. 94.

Dexippos, P. Herennios, von Athen, Politiker und → Geschichtsschreiber, geb. ca. 210 n. Chr. Im öffentlichen Leben Athens in verschiedenen Ämtern tätig (vgl. Inschriften!), erlebte er den Herulerzug (267); er lebte mindestens bis auf → Aurelian (270–275). – *Werke* (nur fragmentarisch erhalten): (1) 4 Bücher ‹Diadochengeschichte› in Anlehnung an → Arrian; – (2) mindestens 12 Bücher ‹Chronik› (Olympiaden, Archonten, Konsuln) von der Urzeit bis Claudius Gothicus (268–270); – (3) ‹Skythika›: Goteneinfälle usw., bis mindestens 270. Im Stil Imitator des Thukydides. Benutzt in der → Historia Augusta. Der Einfluß des D. auf → Zosimos (2), Iordanes, Synkellos, → Zonaras ist umstritten. → Eunapios. W. Sp.

Frg: FGrHist 100 – *Lit:* E. Schwartz, RE 5 (1905), 288–293 – A. Momigliano, EI 12, 1931, 686 – Vgl. → Geschichtsschreibung I B (Lit).

Dextans (→ *δεκώγκιον*), Bronzemünze von 10 → Unciae, in röm.-republikan. Zeit in Luceria (Apulien) und einer unbekannten italischen Münzstätte mit Initiale *π* mit der Wertbezeichnung S auf der Rückseite sowie Cereskopf und Quadriga als Bildtypen nach 217 v. Chr. geprägt. W. Schw.

Lit: Babelon, I 593–594 – H. A. Grueber, BMC (Rom. rep) II 184. 203 – F. Hultsch, RE 5 (1905), 296 – K. Regling, in: v. Schrötter, 137 – R. Thomsen, Early Roman Coinage I, 1957, 98.

Dextrarum iunctio, Handschlag, Ritus im → Hochzeitszeremoniell, die äußere Form des rechtsverbindlichen Ehegelöbnisses. Hat sich erst in der Kaiserzeit herausgebildet; löst die Riten der früheren Ehezeremonien ab und ist uns von Darstellungen auf Hochzeitssarkophagen bekannt. Hat sich als fester Bildtyp bis zur Spätantike hin gehalten. F. E.

Lit: B. Kötting, RAC III, 1957, 881–888 – L. Reekmans, EAA III, 1960, 82–85, Abb. 109–113.

Di patrii, die von den ‹Vätern›, d.h. von den ‹Altvordern› der Römer verehrten Götter, ihre ‹angestammten› oder ‹vaterländischen› Götter also (vgl. *θεοὶ πατρῷοι*). Vergil (georg. 1, 498) nennt als Di patrii die → Indigetes, den göttlich verehrten und mit → Quirinus gleichgesetzten → Romulus und → Vesta mater. Vor allem werden die → Penates ‹patrii› genannt: Aeneas und Anchises nehmen auf der Flucht aus Troja die ‹patrios penates›, d.h. die Schutzgötter Trojas mit, die später die Penaten der Stadt Rom werden (Verg. Aen. 2,717); Cicero spricht auch von den *patrii penatesque di* (har. resp. 37); Hor. carm. 2,18, 26–27, bezeichnet der gleichbedeutende Ausdruck *paternos deos* die Penaten eines Privathauses. H. Le B.

Diabaterion, Name des Opfers, das die spartan. Könige auf dem Feldzug beim Überschreiten der Staatsgrenze darzubringen pflegten (Thuk. 5, 55. 116; Xen. hell. 4, 7, 2; 5, 1, 33); auch beim Überschreiten eines Flusses. O.G.

Diadem (*διάδημα, diadema)* ist in seiner Grundbedeutung ein Synonym zu → Taenia, → Vitta, → Fascia, Stemma, Strophium, Mitra, die alle ein um den Kopf zu legendes Band bezeichnen. Frauen und Männer benutzen es zum Zusammenhalten der Haare. Darüber hinaus war das D. ein Zeichen der Würde in verschiedenen Bereichen, bes. im Kult (→ Kopfbinden). Immer liegt dem D. ein religiöser Charakter zugrunde, so auch, wenn die Toten mit einem D. geschmückt bestattet werden. (Die zahlreichen geometrischen D.e aus feinstem Goldblech sind viel zu zart, um von Lebenden getragen zu werden, und wurden daher wohl eigens für den Totenkult hergestellt.) R. Tl.

2. **D.** als Insignie der souveränen Herrscherwürde. Das von den → Achämeniden um die Tiara getragene D. gehört seit → Alexander (5) d. Gr. zum hellenist. Königsornat als weißes, um den bloßen Kopf geschlungenes, auch mit der makedon. Kausia getragenes Band mit fransengeschmückten, in den Nacken hängenden Enden; getragen von den meisten hellenist. Königen (nicht in Sparta und Epirus, bei den → Antigoniden erst seit → Philipp V.), gelegentlich auch von deren Frauen; übernommen von Herrschern in den hellenist. Randgebieten, z. B. Thrakern, Skythen, Indern. Seit → Ptolemaios IV. wird das D. auf Münzen öfter mit Strahlenkranz (= göttlicher Lichtglanz) umgeben dargestellt, aber so wohl nie wirklich getragen. In Rom als Symbol des absoluten Herrschertums verhaßt, setzte sich das D. erst spät durch (Darstellungen → Augustus' und → Agrippas (1) mit D. im Osten waren nicht offiziell). Das Strahlen-D. erscheint auf Münzbildern des verewigten Kaisers seit Augustus, des lebenden seit → Nero bis zur Bekehrung → Konstantins (1) d. Gr.; das eigentliche D. wurde erst von → Aurelian offiziell, ständig erst seit Konstantin (Purpurband, meist juwelengeschmückt) getragen, Abzeichen des regierenden Augustus bzw. der Augusta. H. H. Sch.

Lit: D. Ohly, Griech. Goldbleche des 8. Jh.s v. Chr., 1953 – S. Grenz, Beitr. zur Gesch. des D.s in den hellenist. Reichen, Diss. Greifswald, 1921 – R. Delbrück, Antike 8, 1932, 1–21 – A. Alföldi, RM 50, 1935, 139–149 (Lit) – H.W. Ritter, D. und Königsherrschaft, Vestigia 7, 1965.

Diadochē (*διαδοχή*, Nachfolge). Die seit der Mitte des 4. Jh.s v. Chr. als feste Organisation faßbaren Philosophenschulen wurden von Vorstehern (Scholarchen) geleitet, die ihre Nachfolger (Diadochoi) entweder selbst bestimmten oder wählen ließen. Die Schulgeschichte als eine Abfolge der Scholarchen zu beschreiben lag nahe, allerdings auch die Verführung, schon für die ältere Philosophiegeschichte Diadochai zu konstruieren (z. B. eine milesische D. mit Thales, Anaximander usw.). Die Darstellung der gesamten Philosophiegeschichte als D. wird schon bei Aristoteles und Theophrast angebahnt, dann im Hellenismus durchgeführt (→ Sotion v. Alexandria). Ansätze zu D.-Konstruktionen gibt es auch in anderen Gebieten (Geschichte des Dramas, der Rhetorik, der Historiographie). O.G.

Diadochen, die unmittelbaren Nachfolger → Alexanders (5) d. Gr. Die Zeit der D. wird gewöhnlich bis zum Tod → Seleukos' I. (280) gerechnet. Sie ist beherrscht von Versuchen, gegenüber den zentrifugalen Kräften das maked. Weltreich der alten Dynastie (→ Alexander IV., → Philipp III.) als Ganzes zu erhalten oder unter der Regierung eines der großen Nachfolger (→ Antigonos I., → Lysimachos, → Seleukos I.) wieder zu vereinigen. Vgl. → Antipater (1), → Demetrios I., → Eumenes (3) v. Kardia, → Kassandros, → Perdikkas (4), → Ptolemaios I., → Karte 1238. E. Bd.

Diadumenos, Bezeichnung der Kunstschriftstellerei (vgl. Plin. nat. 34, 55) für eine berühmte, in zahlreichen Kopien wieder nachgewiesene → Polyklet-Statue eines Jünglings, der sich die Siegerbinde um den Kopf legt: wegen der Stützenattribute zweier Kopien und des überlebensgroßen Formates wahrscheinlich Apollon. → Anadumenos. E. Bg.

Lit: E. Homann-Wedeking, EAA III, 1960, 89–90.

Diagoras, von Melos, lebte im 5. Jh. v. Chr. in Athen, galt als sprichwörtlicher Gottesleugner (Aristoph. nub. 830; Lys. 6, 17) und Verfasser einer verlorenen atheistischen Schrift; um 414 wurde ein Preis auf seinen Kopf ausgesetzt (Aristoph. av. 1073), weil er die Mysterien verspottet hätte. Dagegen führt → Philodemos Anfänge von zwei Gedichten (→ Skolien) zum Beweis seiner Frömmigkeit an. Seine → Dithyramben und → Päane sind nicht erhalten. E.-M. V.

Frg: PMelGr 382f.

Diagramma, Prostagma und Epistole, die gebräuchlichsten Formen von Verordnungen und Erlassen hellenist. Zentralbehörden an untergeordnete Behörden und Vasallen; im einzelnen schwer zu definieren, da schon in der Antike keine einheitliche Nomenklatur gegolten zu haben scheint. H. H. Sch.

Lit: V. Ehrenberg, Der Staat der Griechen (1958), 1964[2] (Index).

Diaios, von Megalopolis, nach 150 v. Chr. der prominenteste anti-röm. Politiker des → Achäischen Bundes. Durch scharfe Maßnahmen gegen Sparta beschwor er 149/148 eine röm. Intervention herauf, die zum offenen Krieg zwischen Sparta und dem Achäischen Bund führte. Als der Senat 147 eine einschneidende Verkleinerung des Bunds verfügte, um seine Selbständigkeitstendenzen zu brechen, hetzten D. und sein Gesinnungsgenosse → Kritolaos (1) die Bevölkerung zum Bruch mit Rom auf. Nach dem Tod des Kritolaos hintertrieb D., der auf Schonung nicht hoffen konnte, alle Vermittlungsversuche des Q. → Caecilius (11) Metellus und versuchte, die Peloponnes zu verteidigen. 146 wurde er von L. → Mummius bei Korinth geschlagen und beging schließlich Selbstmord. F. Kch.

Diaiteten. Das Wort bezeichnet sowohl die privaten Schiedsrichter (→ Schiedsgerichtsbarkeit, 1) wie die Einzelrichter, denen in Athen die zur Kompetenz der → Vierzig gehörenden Privatprozesse zur Vorprüfung und (nicht bindenden) Entscheidung zugewiesen werden mußten. Das 403/2 v. Chr. geschaffene Amt, zu dessen Übernahme über 60 Jahre alte Bürger verpflichtet waren, diente der Entlastung der Volksgerichte (→ Recht I B 5 b). H. J. W.

Dialekte, → Griechisch, → Italien (B 2), → Lateinisch.

Dialektik. Gemeint ist zunächst die Kunst des Diskussionsgesprächs, des richtigen Fragens und Antwortens, wobei das Ziel ebenso in der gemeinsamen Klärung eines Sachverhaltes wie im Sieg über den Gesprächspartner bestehen kann. Bei → Platon wandelt sich der Begriff der D. auf eigentümliche Weise von der Bezeichnung einer Methode zum Namen der durch die Methode erarbeiteten Sache. D. wird die höchste aller philosophischen Wissenschaften, zur Philosophie im strengsten Sinne: die Wissenschaft, die noch jenseits aller partikularen (bes. auch der mathematischen) Wissenschaften zum reinen Seienden und zum Guten an sich selbst vordringt und von der Idee des Guten wiederum zurückschreitet durch den Gesamtbereich der dihäretisch gegliederten Ideen. → Aristoteles hat diesen Begriff der D. vollständig fallengelassen. Er knüpft an → Sophistik und Frühsokratik an, wenn er unter D. die philosophische Diskussionskunst versteht, die sich an jedem beliebigen Gegenstand bewähren kann. Von der syllogistischen Logik unterscheidet sie sich dadurch, daß diese zwingend beweist, während die D. auf dem Boden der allgemein anerkannten Erfahrungswahrheiten verbleibt. Der stoische Begriff D. ist im wesentlichen der aristotelische. Vom Späthellenismus an bildet die D. mit Grammatik und Rhetorik den nicht mathematischenTeil der sieben ‹freien Künste› (→ Trivium). O.G.

Dialog

A. Prosa – B. Drama.

A. Prosa. [1] Schon Epos, Lyrik und Drama (s. u.) weisen dialogische Elemente auf, und die Komödie gab direkte Anregungen. Die *Ursprünge* der Gattung liegen aber in der Prosa, zunächst wohl in den Volksbüchern über Dichter und die → Sieben Weisen. Diese wurden zu Vorläufern sowohl der Aufzeichnungen eines → Ion von Chios über Begegnungen mit berühmten Zeitgenossen als auch des in der Fiktion noch freieren Schrifttums zur Erinnerung an → Sokrates. Dialogisches gehörte zum Formgut dieser ganzen Literatur, sofern die erzählerische Einkleidung von → Apophthegmen zum Gespräch führte. Zur vollen Entfaltung wird dieses erst → *Platon* gebracht haben, dessen Sokrates sich in der erzieherischen Unterhaltung als der Philosoph schlechthin verwirklicht. Durch Platon wurde der D. auch zur Gattung, mit der sich Akademiker und Peripatetiker an ein weiteres Publikum wandten, während für die eigentlichen Schüler der Lehrvortrag bestimmt war.

[2] In Platons Altersd.en wich die lebhafte Auseinandersetzung der Frühwerke einem geruhsameren Lehrgespräch, und aus diesem wurde bei → *Aristoteles* und anscheinend seinen Mitschülern der zusammenhängende Vortrag oder das Redepaar mit abgetrenntem Vorwort; an Stelle des Sokrates konnten nun beliebige D.personen treten, sogar die Verfasser selbst. Durch den Abbau der Wechselrede näherte sich der D. den literarischen Formen der → Sophistik, den antithetischen Deklamationen und später der sog. → Diatribe. Gleichzeitig wurde außerplatonisches Gedankengut verschiedenster Art, auch Kultur- und Literaturwissenschaft, aufgenommen; repräsentativ blieben aber religiöse Themen im Sinne von Platons Mythen. Wohl darum verlor der D. nach dem 3. Jh. v. Chr. gleichzeitig mit dem frühen Platonismus seine Lebenskraft: von da an versickern Zeugnisse für Neuschöpfungen.

[3] Eine Neubelebung brachte der Klassizismus der *Kaiserzeit*. → Plutarch (2. H. 1. Jh.), der D.e schrieb, war Platoniker, aber für die Form hielt er sich auch an Aristoteles. Hybride Gebilde schuf nach hellenist. Vorbildern sein Zeitgenosse → Dion (2) von Prusa, Lehrvorträge, die sich in Scheingespräche mit einem schattenhaften Mitunterredner auflösen; → Lukian (2. Jh.) bezog in seine D.e Motive der Komödie und der → Menippeischen Satire ein. Jüngeren Datums ist ein Gespräch über das Alter von einem unbekannten Verfasser namens Iuncus sowie der ‹Heroikos› und ‹Nero› des → Philostratos; die alte Gelageunterhaltung (Symposion, vgl. Platon, → Xenophon) dient in den Deipnosophisten des → Athenaios (3. Jh.) als Rahmen für eine Fülle gelehrten Stoffs.

[4] *In Rom* wurde die D.-Form vermutlich nach hellenist. Tradition zunächst für → Fachschriftstellerei gewählt (Recht: M. Iunius Brutus, 2. Jh. v. Chr.; Landwirtschaft: → Varro (1), 1. Jh. v. Chr.; Rhetorik: → Cicero). Seiner ursprünglichen Bestimmung brachte Cicero den D. in seinen Philosophica wieder näher. Die nachplatonische Form der Redepaare ist hier im Stile der Schuldisputationen rhetorisch gestrafft. In ciceronischer Tradition steht → Tacitus' ‹Dialogus de oratoribus›, während → Senecas (2) sog. D.e in Wahrheit → Diatriben mit einzelnen dialogischen Formelementen sind, ähnlich den erwähnten Reden Dions. → Macrobius' Saturnalien (ca. 400 n. Chr.) sind als dialogisch zusammengefaßte Stoffsammlung das Gegenstück von Athenaios' ‹Deipnosophisten›. Die *christl.* D.literatur beginnt im Griech mit dem ‹Tryphon› → Iustins (1), im Lat. mit dem ‹Octavius› des → Minucius (3) Felix und erreicht ihren Höhepunkt mit → Augustins Dialogen von Cassiciacum. F.W.

Lit: R. Hirzel, Der D., 2 Bde, 1895 – O. Gigon, Sokrates, 1947.

B. Dramen: In der → Tragödie heißt D. ein Gespräch zwischen → Schauspielern, bzw. Schauspielern und Chorführer. Der reine Schauspielerdialog ist zunächst, gemäß der Zahl der Schauspieler, auf zwei Partner beschränkt (→ Aischylos). Auch nach Einführung des dritten Schauspielers fand man erst allmählich zum Dreigespräch hin (Soph. OT 634ff., 1117ff.). Danach existierten beide Formen nebeneinander. Der inneren Form nach gibt es drei Grundtypen des D.s: (1) Frage-Antwort-D., (2) Überredungs-D., (3) Streit-D. Die dramatischste D.-Form ist in allen Fällen die → Stichomythie. E.-R. Sch.

Diana, italische Göttin, früh → Artemis gleichgesetzt. Ihr Name bedeutet ‹die Leuchtende›, so daß antike und moderne Gelehrte sie oft als Mondgöttin angesehen haben. Sie besaß ein berühmtes Heiligtum auf dem Berg Tifata bei Capua, ein anderes in Aricia, wo der geheimnisvolle → Virbius ihr Gefährte war und wo ihr Kult von einem Sklaven, dem → Rex Nemorensis, versehen wurde. Der Kult der D. von Aricia war den Städten des Latinerbundes gemeinsam; das Heiligtum der D. auf dem Aventin, das älteste der Göttin in Rom, dessen Gründung → Servius Tullius zugeschrieben wurde, war auch ein Bundesheiligtum (Varro ling. 5, 43). Sein Jahrestag fiel wie das Fest der D. von Aricia auf den 13. Aug.: dadurch wollte man das Heiligtum auf dem Aventin entweder als Filiale oder als Nachfolger desjenigen der Latiner bezeichnen. Der Kult der D. hatte offenbar keine politische Färbung; sie war vor allem eine Beschützerin der Frauen; am 13. Aug. zogen Frauen in einem Fackelzug von Rom nach Nemi; Opfergaben, die im Heiligtum aufgefunden wurden, zeigen, daß D. wie Artemis für die Geburt und für die Gesundheit der Säuglinge angerufen wurde. In Rom war eines ihrer Heiligtümer den Männern verschlossen (Plut. Qu. Rom. 3). D. war auch die Beschützerin der Sklaven, für die der 13. Aug. ein Festtag war. – D. war wie Artemis eine Göttin der Wälder und der Wildnis, aber nicht ursprünglich eine Jägerin: diesen Zug verdankt sie der griech. Göttin. Die Gleichsetzung fand vor dem ersten → Göttermahl (399 v. Chr.) statt, an dem Diana-Artemis die Gefährtin des → Herkules ist. H. Le B.

Lit: Fr. Altheim, Griech. Götter im alten Rom, 1930, 93–172 – A. E. Gordon, On the origin of D., TAPhA 63, 1932, 177–192 – J. Heurgon, Rech. sur l'histoire, la religion et la civilisation de Capoue préromaine, 1942, passim – *Darstellungen:* → Artemis.

Diaphragma, ‹Scheidewand›. Die ältere griech. → Kartographie (2) nahm an, daß ein Wassergraben (moderne Bezeichnung: Diaphragma) die flach vorgestellte Erdscheibe diametral durchtrenne. → Dikaiarchos ersetzte das D. durch die nur mehr ideale Halbierungslinie → Säulen des Herakles – Imaosgebirge (Himalaja). – Vgl. → Ozeanographie. F. L.

Diasia, ein wenig bekanntes, aber wichtiges att. → Fest des → Zeus Meilichios, vom gesamten Volk am 23. Anthesterion (Jan.–Febr.) etwas außerhalb der Stadt gefeiert. Das Fest spiegelte die doppelte Bedeutung dieses einerseits gütigen, andererseits gefürchteten chthonischen Gottes: zwar werden die Riten als düster geschildert, aber es war doch auch eine Gelegenheit zu herzlicher Gastfreundschaft im Familienkreis. F. R. W.

Lit: Ch. Picard, Sanctuaires, représentations et symboles de Zeus Meilichios, RHR 126, 1943, 97–127 – Ders., Sur les Diasia d'Athènes, CRAI 1943, 158–175 – Nilsson, I 411–414 – L. Deubner, Att. Feste, 1932, 155ff.

Diaspora (*διασπείρω*; ‹Zerstreuung›). Die jüd. D. (freiwillige Niederlassung im Auslande) wurzelt bereits in vorexilischer Zeit (Handelsniederlassungen, Söldnerkolonien wie z. B. Elephantine). Als historisch bedeutsam begegnet sie seit dem 6. Jh. v. Chr. (→ Judentum B 1); nachdem Nabonid von Babylon (555–538 v. Chr.) durch Ansiedlung von Söldnern eine nordarab. D. geschaffen hatte, blieben auch unter den → Achämeniden die Nachkommen der Exilierten größtenteils in Babylonien, Medien usw. wohnen. Seit → Alexander (5) d. Gr. entstand eine große ägyptische D., und um 140 v. Chr. begegnen D.-Gemeinden – oft wohl durch freigelassene Kriegsgefangene gegründet – in der gesamten Oikumene (Sib. 3, 271). Abgesehen von der D. des Partherreiches, lebten im römischen Imperium ca. 4 Mill. Juden (Syrien: 1,25 Mill.; Ägypten: 1 Mill.). Die D. wirkte religiös und sozial einerseits anziehend auf die Umwelt (→ Proselyten; vgl. das jüdische Königshaus von → Adiabene), andererseits als Fremdkörper (→ Antisemitismus). Die D. besaß im Osten und im Westen (hier bis Theodosius II.; → Judentum B 8) relative Autonomie. Bedeutsam war der Einfluß der ägyptischen (bis ca. 100 nach Chr.; vgl. → Philon, 1) und der babylonischen (→ Judentum B 9) D. auf das Mutterland, erstere bes. als Mittlerin hellenistischer Geistesart. Seit 70 bzw. 135 n. Chr. trat für jüd. Denken zunehmend anstelle der D. die ‹Galut› als die unfreiwillige Verbannung aus dem Heiligen Lande. R.M.

Diathese (*διάθεσις*, lat. genus verbi). Zu den beiden D.n des Lateins und moderner Sprachen, Aktiv und Passiv, kommt im → Griechischen noch das Medium, welches ausdrückt, daß einer die Handlung für sich oder an sich selbst vollzieht, z. B. *νίζομαι τοὺς πόδας*, ‹ich wasche mir die Füße›, *νίζομαι*, ‹ich wasche mich› gegenüber dem Aktiv *νίζω τοὺς πόδας*, ‹ich wasche (dem Gast) die Füße›. Ferner bezeichnet das Medium ein intransitives Geschehen, z. B. *φθείρομαι*, ‹ich gehe zugrunde› (Aktiv *φθείρω*, ‹ich richte zugrunde›). Das Passiv wird zunächst ebenfalls durch das Medium ausgedrückt (daher der Name Mediopassiv), doch entwickelte sich beim Aorist aus aktiven Formen mit intransitiver Bedeutung ein besonderes Passiv (*ἐφθάρην*, ‹ich ging zugrunde› und ‹ich wurde zugrunde gerichtet›). Vgl. auch → Lateinisch B [2]. E.R.

Diatretglas → Glas.

Diatribe. D. bedeutet ursprünglich Zeitvertreib, Unterhaltung und wird ähnlich wie *σχολή* im 4. Jh. v. Chr. zu einer Bezeichnung für Philosophenschule (z. B. Diog. Laert. 6, 24), und von da her zum Namen eines Typs philosophischer Schriftstellerei, der vom 3. Jh. v. Chr. an den → Dialog weitgehend verdrängte. D. ist die in lebhaftem und lockerem Vortragston gegebene Behandlung eines Gedankens praktischer → Ethik und Lebensweisheit (Gefahren des Reichtums, der Geschwätzigkeit, der Neugierde, des Jähzorns; rechte Einstellung zur Ehe, zur Freundschaft, zum Leben überhaupt, in Unglücksfällen usw.). Sie wendet sich bewußt nicht an den Fachphilosophen, sondern an den Laien, meidet Fachsprache und Systematik, belebt die Darstellung durch historische Beispiele, Dichterzitate, Erzählungen und Anekdoten, zuweilen durch Einwürfe eines fiktiven Gegners und scheut nicht kräftige Ausdrücke. Ihr Ziel ist Erbauung, Ermahnung, Erziehung. – Die ältere Forschung hat ihren Ursprung in kynisch-stoischer Popularphilosophie gesucht, was nur z. T. richtig ist. Stark beteiligt ist auch die praktisch-deskriptive Ethik und ethische Essayistik der → Peripatetiker. Die Natur der D. und die Tatsache, daß die Antike selbst den Ausdruck D. nicht häufig verwendet, bewirkt, daß die Grenzen der Gattung fließend bleiben. Unzweifelhafte Vertreter sind → Teles, → Philon (1) v. Alexandria, → Musonius, → Dion (2) v. Prusa, z. T. → Plutarch, → Maximus (6) Tyros, z. T. → Lukian, in Rom z. T. → Seneca (2). Zuweilen gibt es D. in Versform, selten in Griechenland (→ Kerkidas, → Phoinix (4) v. Kolophon), bedeutend in Rom: → Horaz (sat.), → Persius, → Juvenal. O.G.

Diaulos → Sport.

Dichalkon (*δίχαλκον*), Bezeichnung für den doppelten → Chalkus. In Athen kam das D. auf ein Viertel des → Obolos und hatte den Wert eines → Tetartemorions (Poll. Onom. 9, 65). – *Δ* steht auf Bronzemünzen des 3. Jh.s vor Chr. von Apollonia am Pontos, auf frühkaiserzeitlichen Bronzen von Chios, und *χβ* (in Monogrammform) auf solchen des Alexander Balas v. Syrien. W. Schw.

Lit: Babelon, 465 – Head, 391 – F. Hultsch, RE 5 (1905), 356f. – K. Regling, in: v. Schrötter, 138 – M. N. Tod, Num. Chron. VI 6, 1946, 49–50 (Lit).

Dichterpatronage *in Rom.* Charakteristisch für die soziale Stellung des Dichters, Gelehrten, Literaten in Rom ist seine Einbeziehung in die allgemein röm. Form des Patronats; in früherer Zeit scheinen daneben zunftmäßige Bindungen (→ Collegium scribarum et histrionum am Tempel der aventinischen Minerva) bestanden zu haben.

[1] *In früher Zeit* bleibt eine politisch und literarisch bahnbrechende Gestalt wie Appius → Claudius (6) Caecus vereinzelt; indem er sich für größere Rechte der (kulturtragenden) Ausländer in Rom einsetzt, ist er vielleicht der erste röm. Mäzen. Seit dem 1. Pun. Krieg breitet sich in Rom griech. Bildung weiter aus: der Rede und Geschichtsschreibung widmen sich Adlige, der Poesie vorwiegend Ausländer (z. B. → Ennius, → Pacuvius) und Freigelassene (→ Caecilius (1), → Terenz). Diese bedürfen infolge ihrer sozialen Stellung des Schutzes und der rechtlichen Vertretung durch die Vornehmen (Ausnahmen sind die selbständigen Plebejer → Plautus und → Naevius, die freilich mit großen Schwierigkeiten zu kämpfen haben: Gell. 3, 3). Der erste röm. Dichter, → Livius (2) Andronicus, vielleicht Kriegsgefangener aus Tarent, ist – ebenso wie später Ennius (Suet. gramm. 1) – eine Zeitlang Hauslehrer (grammaticus). In zunehmendem Maße werden Dichter und Gelehrte zu Vertrauten ihres Gönners (wichtig Enn. ann. 234ff. bei Gell. 12, 4) und begleiten ihn (nach griech. Sitte) auch auf Feldzügen (Cic. Arch. 19–27): so folgt Ennius dem M. → Fulvius (4) Nobilior nach Ätolien (entrüstet hierüber Cato bei Cic. Tusc. 1, 3) und verherrlicht den Feldherrn (vgl. Ps. Aur. Vict. vir. ill. 52); dafür erhält er von diesem angeblich zwar nur eine Chlamys (Symm. epist. 1, 21), von dessen Sohn aber das Bürgerrecht (Cic. Brut. 79, vgl. Arch. 22). Ebenso bleibt der Name des älteren P. → Cornelius (30) Scipio Africanus mit Ennius, dem Verkünder seines Ruhms, verbunden (Claud. 23, Hor. carm. 4, 8, vgl. Cic. Arch. 22), auch hier ohne großen materiellen Gewinn für den Dichter (vgl. Cic. Cato 14). Über D. → Iunius (3) Brutus (cos. 138) und die gleichnamige Praetexta des Dichters → Accius vgl. Val. Max. 8, 14 rom. 2.

[2] *Gegen Ende des 2. Jh.s v. Chr.* umgeben sich C. → Laelius (2), L. → Furius (6; vgl. Cic. de or. 2, 154) und vor allem der jüngere P. → Cornelius (29) Scipio Aemilianus Africanus mit Dichtern (Terenz) und griech. Gelehrten. Scipios Freundschaft mit → Polybios (Polyb. 32, 9) ermöglicht diesem, obwohl er Geisel ist, den Aufenthalt in der Hauptstadt und Studienreisen nach Gallien und Spanien (Polyb. 3, 48 und 59). Der Stoiker → Diogenes (4) v. Seleukeia (Cic. fin. 2, 23), Mitglied der sog. Philosophengesandtschaft (Cic. de or. 2, 155), stiftet vielleicht die Bekanntschaft zwischen Scipio und → Panaitios (Cic. acad. 2, 5. Mur. 66). Mit Recht sieht → Velleius (1, 13) in Scipio das Musterbild des Mannes, der otium und negotium, die Künste des Krieges und des Friedens gleichermaßen pflegt (Gegenbeispiel: der barbarische → Mummius). Der Dichter → Lucilius kennt Scipio als militärischen Vorgesetzten und als Freund (vgl. Hor. sat. 2, 1, 71 mit Komm.) und hält den Gönner auch nach dessen Tode hoch in Ehren (Hor. sat. 2, 1, 16). Q. → Lutatius (2) Catulus, der Überwinder der Kimbern, fördert den Epiker → Furius (2) von Antium (Cic. Brut. 132), → Marius (1) einen Dichter namens Plotius (Cic. Arch. 20), → Pompeius (2) verleiht seinem Historiker, → Theophanes von Mytilene, das Bürgerrecht (Val. Max. 8, 14, rom. 3). In negativem Sinne schildert Cicero die D. des L. → Calpurnius (10) Piso Caesoninus (Cic. Pis. 68ff.) und des → Antonius (2), der seinen Zechkumpan, den Rhetor Clodius, von Staats wegen mit Ländereien beschenkt (Cic. Phil. 2, 42f.). Wichtige Kulturzentren sind Häuser wie das des → Lucullus (Plut. Lucull. 42, Suet. gramm. 12, Cic. Arch. 10) und das des → Atticus (Nep. Att. 13f.). Cicero selbst setzt sich für den Dichter → Archias ein und kümmert sich um Lukrezens Nachlaß (vgl. im übrigen Plin. epist. 3, 15). C. → Memmius (2) läßt sich von Catull und → Helvius (2) Cinna nach Bithynien begleiten (vgl. jedoch Catulls Klagen: carm. 10. 28); Memmius ist auch der Adressat von → Lukrezens philosophischem Lehrgedicht, welches das etwas vordergründige Epikureertum des Memmius (der unbedenklich einen Grammatiker als Liebesboten gebraucht: Suet. gramm. 14) in ernsthaftere Bahnen zu len-

ken sucht. Dichterberuf und Senatorenstand sind jetzt nicht mehr unvereinbar: die Poeten sind nicht mehr Sklaven oder Freigelassene, sondern Freunde ihres Geldgebers.

[3] *In augusteischer Zeit* verbindet sich in bes. fruchtbarer Weise die Erscheinung der Dichterkreise (wie sie sich schon früher bei den →‹Neoterikern› beobachten läßt: reger Austausch unter Gleichgesinnten in wechselseitiger Ermunterung und Kritik) mit der der D.: so im →Messalla-Kreis, der dem Princeps etwas ferner steht (hierher gehören →Tibull, →Ovid, →Sulpicia, C.→Valgius Rufus, →Aemilius (8a) Macer, weitere Namen bei Ov. Pont. 4, 16), in den Häusern des →Asinius (2) Pollio, der →Octavia (2) minor, des →Agrippa (1), des L.→Calpurnius (12) Piso Frugi (cos. 15 v. Chr.) und vor allem des →Maecenas. Dieser zieht mit Vorliebe bereits bekannt gewordene Dichter in seinen Kreis (bezeichnenderweise nennt Properz ihn erst im 2. Buche, Vergil erst in den Georgica) und regt sie zum Lobpreis des Augustus an (vgl. Verg. georg. 3, 41; Hor. epod. 14, 5; Prop. 3, 9, 52). Vergil und Varius führen Horaz (sat. 1, 6, 54) ein, dem Maecenas ein Landgut schenkt; Horaz und Maecenas bleiben in aufrichtiger Freundschaft miteinander verbunden. Kennzeichnend für die Dichter um Maecenas ist die Scheu vor allzu übertriebenem Herrscherlob: am meisten ehrt den Princeps die klare, aber relativ maßvolle Anerkennung aus dem Munde der Besten. Ovids prunkvollere Huldigungen prägen dagegen die Sprache der heraufkommenden Kaiserzeit. Augustus und Maecenas bleiben das Vorbild für eine ebenso geschickte wie in den Forderungen an die Dichter nicht allzu harte Literaturpolitik.

[4] *Die späteren Kaiser,* fast durchweg ebenso hochgebildet wie Augustus, suchen seinem Beispiel zu folgen. →Tiberius begünstigt einen Dichter Julius Montanus (Sen. epist. 122) und legt einem Stab von Grammatikern knifflige Fragen vor (Suet. Tib. 70. 56). →Claudius, selbst kein unbedeutender Gelehrter, liebt Rezitationen (Plin. epist. 1, 13) und gründet in Alexandria eine neue Hochschule (Suet. Claud. 42). Dichterwettkämpfe stiften →Caligula, →Nero und vor allem →Domitian (kapitolinische und albanische Agone mit Dichterkrönungen), →Hadrian begründet das →Athenaeum in Rom, →Severus (2) Alexander und viele andere bis hin zu den Gönnern des →Ausonius (→Gratian) und →Claudians (→Stilicho) fördern die Dichtung bzw. – bes. vom 2. Jh. an – die Sophistik (bedeutende Rhetoren, die ihrerseits andere protegierten, waren z. B. die Lehrer Mark Aurels: →Herodes (2) Atticus und →Fronto) und die Philosophie (bes. M. Aurel und Julian Apostata). Privatleute wetteifern mit den Kaisern: trotz den übertriebenen Klagen Juvenals (sat. 7) und Martials (8, 55 [56] 5) über die Sparsamkeit der Gönner gibt es zu ihrer Zeit in allen Ständen (von den kaiserlichen Freigelassenen bis zu den Senatoren) Mäzenaten wie L.→Arruntius (4) Stella (Stat. silv. 1 praef. und 1, 2), Atedius Melior (Stat. silv. 2 praef. und 2, 1; 2, 3; 2, 4) und vor allem den jüngeren →Plinius (2). Seine Korrespondenz spiegelt alle Formen des Mäzenatentums: Aufmunterung zum Schreiben, Organisation von Rezitationsabenden, Werbung für Unterricht und Vorträge, Lob bei und nach solchen Darbietungen, Bezahlung von Landaufenthalten und Reisekosten, Vermittlung von Vergünstigungen und Privilegien, ja Gründung von Bibliotheken und Schulen. Die Dichter bedanken sich durch Lob des Spenders (Plinius erhofft sich durch Martials Verse Unsterblichkeit: epist. 3, 21), poetische Beschreibungen von Villen usw., Festgedichte zu Geburt, Hochzeit, Konsulat, Tod (vgl. Statius silv. passim, Claudian passim).

[5] Die D. bleibt trotz den Wandlungen der sozialen Stellung der Schreibenden in der röm. Literaturgeschichte eine durchweg konstante Erscheinung. Ihre Schattenseiten sind: bei schwächeren Dichtern Schablonenhaftigkeit und Unaufrichtigkeit des bezahlten Lobes, bei tyrannischen Mäzenaten Grausamkeit (Tiberius: Suet. Tib. 56; Neros Verhalten gegenüber →Lukan). Durch rücksichtslose Enthüllung der Eitelkeit des Geldgebers und der Habgier des Poeten macht eine innerlich so stolze und freie Natur wie Martial aus der Lage das Beste, indem der ‹Bettelpoet› seine Rolle virtuos zu Ende spielt und schließlich wegwirft. Seine edelste Ausprägung findet das Mäzenatentum dort, wo eine fruchtbare Wechselwirkung bedeutender Geister (Scipio-Polybios; Augustus-Vergil) oder eine echte menschliche Bindung (Maecenas-Horaz) vorliegt. M. v. A.

Lit: C. O. Reure, Les gens de lettres et leurs protecteurs à Rome, 1891 – O. Thiele, Die Poesie unter Domitian, Hermes 51, 1916, 233–260 – A. M. Guillemin, Pline et la vie litt. de son temps, 1929.

Dickbauchtänzer, männliche Figuren, mit ausgestopftem Bauch und Hintern (Trikotkostüm; vgl. →Komödie I A 2), ausgelassen tanzend (→Kordax), wohl aus dem Zechgefolge des →Dionysos; auf korinth. Vasen seit Ende 7. Jh., später in Sparta, Athen, Süditalien. Th. G.

Lit: H. Payne, Necrocorinthia, 1931, 118 ff. 194 ff. – L. Breitholz, Die dor. Farce..., 1960.

Didachē (‹Lehre›; *Διδαχὴ Κυρίου διὰ τῶν δώδεκα ἀποστόλων τοῖς ἔθνεσιν*), die früheste katechetische, kirchenrechtliche und liturgische →Kirchenordnung. Die kleine Schrift, 1873 in einer Hs. des 11. Jh.s entdeckt, ist von unvergleichlichem Wert für unsere Kenntnis der Übergangszeit von der nachapostolischen zur institutionalisierten Kirche. Abfassungszeit: 1. H. 2. Jh. in Syrien. J. N. B. v. d. B.

Ed: Hennecke² – H. Lietzmann, KlT 6, 1936 – Th. Klauser, Florilegium patristicum I, 1940 – F. X. Funk-K. Bihlmeyer, Die Apostolischen Väter, SQS II 1 (1924), 1956² – *Lit:* Altaner, 43 ff. – Ferner: J. P. Audet, La D., Instructions des Apôtres, 1958 (Text, Kommentar, Bibliographie, neue, aber umstrittene Thesen zur älteren Entstehungszeit).

Didaskalia, in ihren eigenen Worten: ‹die katholische Lehre der Zwölf Apostel und heiligen Schüler unseres Erlösers›, eine Art →Kirchenordnung, für die antijudaistischer Geist und die Zusage der Bußmöglichkeit für alle Sünden bis auf die wider den Hl. Geist charakteristisch sind. Abfassungszeit: vor Mitte des 3. Jh.s, in Syrien; der verlorene griech. Urtext ist vollständig in syr. Übersetzung erhalten. J. N. B. v. d. B.

Ed: H. Achelis-J. Fleming, TU 25, 2, 1904 (dt. Übers. des syr. Textes) – F. X. Funk, Didascalia Apostolorum I (lat.), 1905 – Weitere Ausgaben u. *Lit:* Altaner, 46 – Ferner: Campenhausen, 263–272.

Didaskalien (*διδασκαλίαι*, ursprünglich der ‹Unterricht› sc. des Chores), in erster Linie chronologisch geordnete Listen rein chorischer oder dramatischer Aufführungen (→Tragödie, →Komödie). Berühmtester Verfasser derartiger D. war →Aristoteles. Auf seine D. stützten sich die alexandrinischen Gelehrten bei der Abfassung der →Hypothesis eines Stückes. Aus nacharistotelischer Zeit sind Reste von D. inschriftlich erhalten. E.-R. Sch.

Lit: H. Reisch, RE 5, 1 (1903), 394–401.

Didius, T. (tr. pl. 103 v. Chr., cos. 98) war als Proprätor in Makedonien (100). Er siegte über die Skordisker und konnte damit die dauernde Unsicherheit an dieser Grenze für einige Zeit beenden. 98 brachte er mit seinem Kollegen die lex Caecilia Didia ein, durch die die Zusammenfassung sachlich nicht zusammengehöriger Gegenstände in *einem* Antrag (per saturam) verboten wurde. Erfolgreiche Kämpfe in Hispania citerior schloß D. 93 mit dem 2. Triumph ab. D. fiel im →Bundesgenossenkrieg (89). G. G.

2. **D. Gallus,** A., cos. suff. 36 n. Chr., homo novus aus Histonium (?), Prokonsul von Sizilien. Als Legat von Moesia (ca. 44/45) besiegte er den König des bosporan. Reiches Mithridates und setzte dessen Bruder Cotys als König ein. Er wurde mit den Triumphalornamenten ausgezeichnet. Statthalter von Asia (?) 49/52. In fortgeschrittenem Alter Legat von Britannien (52–58). A. D. Gallus →Fabricius (2) Veiento war sein Enkel oder sein Adoptivsohn. U. Wm.

3. **D. Julianus** (M. Didius Severus Iulianus), röm. Kaiser 28. 3.–1. 6. 193 n. Chr. – Geb. 133 oder 137 in Mailand, bewährter Legat und Statthalter, 175 (?) consul suffectus.

189/190 Proconsul von Africa. Nach Ermordung des → Pertinax von der Garde zum Kaiser ausgerufen, vom Senat anerkannt, kann sich jedoch gegen den rasch anrückenden → Septimius (3) Severus nicht halten. Nach dem Scheitern von Verhandlungen am 1.6.193 erschlagen. K. Chr.

Q: Hist. Aug. Spart. Did. – A. M. Woodward, The Coinage of D. I. and his family, Num. Chron. 1961, 71–90 – *Bildnis:* → Anhang I.

Dido (anderer, semit. Name Elissa), Prinzessin von Tyros. Ihr Gemahl Sychaeus (Sicharbas, *zcharba'al*) wird von ihrem jungen Bruder Pygmalion getötet, aber die Schätze, auf die er es abgesehen hatte, rettet Dido in heimlicher Flucht. Nach manchen Abenteuern nach Afrika gelangt, erreicht sie von den Einwohnern das Versprechen von so viel Land, als eine Stierhaut umspannen könne. Indem man eine Stierhaut in möglichst dünne Streifen schneidet, gewinnt sie Platz genug für eine Burg, die ‹Byrsa› von → Karthago. Die heftigen Werbungen des Königs Jarbas hält sie eine Weile hin, dann gibt sie sich selbst den Tod. Weit berühmter als diese älteste Version bei → Timaios (FGrHist 566 F 82) ist die des → Vergil geworden, nach der sie den → Aeneas liebt, ihn eine Zeitlang bei sich in Karthago festhält und sich schließlich, als dieser auf Befehl → Jupiters flieht, das Leben nimmt.

Didrachmon (*δίδραχμον*) oder → Stater ist das in allen griech. Münzsystemen vorkommende Zweidrachmenstück, die Einheit des äginetischen, persischen, korinthischen und italisch-sizil. Münzfußes. Im euböisch-att. System wurde das D. von normal 8,4–8,6 g später durch das → Tetradrachmon als Einheit ersetzt. In Athen ist es nur einmal um 480 v. Chr., zusammen mit dem → Dekadrachmon, in einer kleinen Ausgabe geprägt worden. An verschiedenen Orten Siziliens wurde das D. dagegen, zumal in archaischer Zeit, häufiger als das Tetradrachmon gemünzt, z. B. in Himera, Selinus, Segeste usw.; in Syrakus, Leontinoi und an anderen Orten ist die Ausgabe des D. hingegen geringer, ebenso wie später in der Silberprägung → Philipps II. und → Alexanders (5) d. Gr. – Der letzteren Goldstater ist als goldenes D. gleichen Gewichtes deren Einheitsgoldmünze attischen Fußes. – Auf Bronzeprägungen von Rhodos aus dem 1. Jh. n. Chr. sowie auf syrischen Provinzialmünzen Neros kommt D. als Wertaufschrift vor. W. Schw.

Lit: Babelon, 419–421 – F. Hultsch, RE 5 (1905), 433 – K. Regling, in: v. Schrötter, 139 – M. N. Tod, Num. Chron. VI 20, 1960, 10–12.

Didyma, Heiligtum 20 km südl. → Milet (Kt. 1152 H 5), mit dem es durch eine besondere Straße verbunden war, an der sich zahlreiche Statuen und Gräber befanden, das letzte Stück war von Säulenhallen eingefaßt (Kult schon vorgriech.). Der Tempel aus archaischer Zeit wurde beim → Ion. Aufstand 494 v. Chr. durch die Perser zerstört (die Priesterfamilie der → Branchidai, nach der der Ort auch benannt wird, nach Persien verschleppt), ein riesiger Neubau vor 300 v. Chr. begonnen und auch fortgesetzt, aber bis in die röm. Kaiserzeit nie vollendet. 263 n. Chr. gegen die Gotengefahr zur Festung umgewandelt, später Einbau einer christl. Kirche. Die großartige Anlage, 118 × 60 m groß, besaß eine doppelte Ringhalle von 10 × 21 Säulen von fast 20 m Höhe, an Stelle der geschlossenen Cella einen tiefliegenden, offenen Hof, zu dem als dem Allerheiligsten nur Priester Zutritt hatten; darin befanden sich ein kleinerer Tempel mit dem Kultbild, der heilige Lorbeerstrauch und die heilige Quelle. Vgl. → Tempel B [1]. E. M.

Lit: Th. Wiegand, D., I: Die Baubeschreibung, von H. Knackfuß, 3 Bde, 1941 – A. Rehm, Die großen Bauberichte von Didyma, Abh. München 22, 1944 – Berve-Gruben, 51 f.; 249–256.

[2] Das wohl vorgriech. *Orakel* (Paus. 7, 2, 6) gehört später → Apollon. Bes. im 6. Jh. bei Griechen und Barbaren hoch angesehen (Hdt.); von Dareios zerstört (Hdt. 6, 19, wohl nicht von Xerxes: → Branchos); es lebt z. Z. Alexanders neu auf (Kallisth. FGrHist 124 F 14); von den Seleukiden gefördert (→ Asylrecht u. a.) und blüht trotz Plünderung durch → Kelten und Seeräuber und häufiger politischer Wechsel bis zum Ende der Antike, von den Christen heftig bekämpft, von den Heiden eifrig gefördert (→ Diokletian; → Julian Apostata). C. J. C.

Lit: Th. Wiegand, Didyma I, 1941; II, 1958 (Lit) – L. Robert, Inscriptions de D. et de Milet I, Hellenica 11/12, 1960, 440–504.

Didymos, weitaus bedeutendster Grammatiker und Lexikograph der augusteischen Zeit. Lehrte zu Alexandria und verfaßte umfangreiche, mit erlesenen Zitaten ausgestattete Kommentare zu Homer, Hesiod, Bakchylides, Pindar, zu den drei Tragikern und zu Ion, zu Aristophanes, Phrynichos, Menander, vielleicht auch zu Werken des Kratinos und des Eupolis, ferner zu den attischen Rednern. Aristarchs textkritische Bemerkungen zu Ilias und Odyssee stellte er in einem eigenen Buch zusammen (→ Scholien C 2), Besonderheiten der tragischen und komischen Sprache behandelte er in zwei offenbar umfangreichen Lexika (*Λέξις τραγική* und *Λέξις κωμική*), die Pathologie (d. h. Erklärung eines schwierigen Ausdruckes durch Abwandlung verwandter Wörter) in dem Werk *Περὶ παθῶν*, literaturgeschichtliche und antiquarische Fragen in besonderen Monographien. Die Zahl seiner Schriften schätzte man auf 3500–4000. Spottnamen: *Bibliolathas* (‹Büchervergesser›, weil er den Überblick über seine Werke bisweilen verlor) und *Chalkenteros* (‹der Mann mit dem ehernen Gedärm›, zur Kennzeichnung seines Fleißes). D. scheint erkannt zu haben, daß die hervorragenden Spezialwerke der hellenistischen Philologen der Vergessenheit anheimzufallen drohten. Er hat sich bemüht, das Zerstreute zusammenzuordnen und so das Wichtigste zu retten. Seine Bedeutung für die Folgezeit ist außerordentlich; denn seine Werke bildeten die Grundlage jeder späteren philologischen Tätigkeit, in einzelnen Fällen noch im byzantinischen MA. D.' Formulierungen gingen in die Scholien ein, seine Worterklärungen wurden von der → Lexikographie übernommen, seine Sprichwortsammlung war Grundlage aller → Paroemiographie, seine grammatischen Erörterungen beeinflußten → Apollonios Dyskolos und → Herodian, die Monographien wurden von Schriftstellern aller Art benutzt. So ist das didymeische Œuvre ganz in den Schriften der Späteren aufgegangen. Nur ein zufälliger Papyrusfund (aus dem Kommentar zu Demosthenes) läßt erkennen, wie umfangreich und interessant seine Bücher gewesen sein müssen. H. E.

Frg: M. Schmidt, Didymi Chalcenteri Fragmenta, 1854 – Ed. des erhaltenen Pap.: H. Diels-W. Schubart, Berliner Klassikertexte I (1904) kleine Ausgabe 1904 – *Lit:* L. Cohn, RE 5 (1903), 445–472.

2. **D.,** Claudius D., griech. Grammatiker, 1. Jh. v. Chr., lebte zu Rom. Er schrieb über die Verstöße gegen die → Analogie bei → Thukydides. In einem zweiten Werk über die Analogie bei den Römern versuchte er nachzuweisen, daß sich in Formenlehre und Syntax alle Erscheinungen der lat. Sprache als Nachahmungen des Griechischen auffassen lassen. Vgl. → Philoxenos (1). H. E.

Lit: L. Cohn, RE 5 (1903), 473 f.

3. **D.,** gen. ‹der Blinde›, ca. 313–396, als Kind erblindet, in einem Kloster erzogen, dann → Anachoret in Nähe von → Antonius (Legende), nach → Origenes gelehrtester Vertreter → alexandrin. Theologie, nachdem → Athanasios ihm die Katechetenschule anvertraut hatte (ca. 371). Postume Verdammung als Origenist (553; → Konzile) überschattet den Nachlaß des von seiner Zeit (z. B. von Hieronymos) hochverehrten Lehrers. – Von 14 dogmatischen *Werken* ist das meiste verloren; die Auffindung des Hauptwerkes ‹De trinitate› im 18. Jh. sowie Identifizierungsversuche unter den Athanasiana und anderen Autoren sind fraglich; am besten gesichert ist die Zuweisung des Ps. → Basilius, adv. Eunomium IV., V. Von 24 Exegetika (→ Exegese) zu fast allen Schriften des AT und NT (bisher weithin nur durch → Catenen bekannt und nicht ediert) brachte der Papyrusfund von Tura bei Kairo (1941) bisher unbekannte Texte (Kommentare zu Genesis, Psalmen, Kohelet, Hiob, Sa-

charja), aber auch neue Probleme der Zuweisung. Ihre Klärung wie Texteditionen (bisher nur Kommentar zu Sach.) sind noch wichtige Forschungsaufgaben. C.A.

Ed: PG 39 – PG 29, 671–774 (Ps. Basilius) – F. Zoepfl, D. i in epist. canonicas enarratio, 1914 – K. Staab, Pauluskommentare, 1933, 1–45 – L. Doutreleau, SC 83/5, 1962 (Sach.-Komm.) – *Lit:* Altaner, 250 – Ferner: L. Doutreleau, Vie et survie de D., Les mardis de Dar-El-Salam, 1959, 35–92 – A. Gesché, RHE 54, 1959, 387–425 (zum Psalmen-Komm. v. Tura) – L. Bérenger, Etudes sur la christologie du ‹De trinitate›, attribué à D., Diss. Lyon 1960 – E. Staimer, Die Schrift ‹De spiritu sancto› von D., Diss. München 1960 – A. Kehl, Psalmenkommentar von Tura, 1964.

Diekplus, ein häufig angewandtes Manöver der griech. Seetaktik (zuerst im ion. Aufstand, vgl. Hdt. 6, 12, 1. 15, 2; → Seekrieg): es kam darauf an, ein Schiff mit voller Stoßkraft zwischen zwei feindlichen Schiffen hindurchzusteuern, so daß deren Ruderriemen abgestreift wurden. Gelang der Durchbruch (*διέκπλους*), wurde der Gegner von der Seite oder von rückwärts angegriffen. G.G.

Djemdet Naṣr, kleiner Ruinenhügel (850 × 180 m) nordwestl. → Kiš im nördl. Babylonien. Unter Schichten aus neubabylon. und frühdynastischer Zeit hier erstmalig archaische piktographische Tontafeln und eine spezifische Keramik entdeckt. Danach erhielt die 2. Periode der mesopot. Frühgeschichte die Bezeichnung ‹*Djemdet-Naṣr-Zeit*›. Inzwischen bedeutendere Funde im Diyālā-Gebiet, in → Uruk, Tell Uqair und Tell Brak. Charakteristika: Buntkeramik, vorherrschend scharlachrote Töne, Verzierung vor allem auf der Schulter des Gefäßes; → Rollsiegel mit naturalistischen Darstellungen (Hirt und Herde); Tempel, teilweise bemalt, auf Hochterrassen von geringen Ausmaßen. W.R.

Dienerfigur. Während beim Begräbnis hoher Beamter der 1. ägypt. Dyn. ihre Diener mit beigesetzt wurden, ersetzte man sie später durch Figürchen, die Diener bei den für die Ernährung des Toten wichtigsten Tätigkeiten darstellten (Kornreiberinnen, Bäcker usw.). Nach dem Ende des Alten Reiches gab man ganze Modelle der Bäckerei, Schlachterei, Weberei u. a. mit, die die Reliefdarstellungen dieser Tätigkeiten in den oberen Grabräumen ersetzten. Reliefs wie Modelle sollten ja, magisch belebt, die Ernährung und das Wohlergehen des Toten sichern. W. Hk.

Lit: J. H. Breasted Jr., Egyptian Servant Statues, 1948.

Dies Fasti. Die röm. → Religion (II D 4) bezeichnet einen Tag als *fastus* (F im → Kalender; vgl. → Feste B 1), wenn das göttliche Gesetz (fas) die profanen Beschäftigungen zuläßt; als *nefastus* (N), wenn es sie verbietet. Im besonderen sind nefasti jene Tage, an denen der Prätor nicht Gericht halten kann, an denen er die drei Worte: do, dico, addico nicht aussprechen darf (Varro ling. 6, 29–30; Macr. Sat. 1, 16, 14). Aber auch von den D. F. sind nicht alle Tage für Volksversammlungen günstig: *comitiales* (C) wurden jene Tage genannt, an denen sowohl die Einberufung von Volksversammlungen als auch das Gerichthalten möglich waren. *Atri* (schwarz) sind die Tage nach den Kalenden, den Nonen und den Iden (→ Kalender D 1); an diesen Tagen durfte nichts Neues unternommen werden, weder im privaten noch im öffentlichen Leben: sie galten als Jahrestage unheilvoller Ereignisse; die schwere Niederlage an der → Allia (390 v. Chr.) war auch auf ein Opfer am Tage nach den Iden des Juli gefolgt. Die dies atri gehören zur weiteren Kategorie der dies *religiosi;* an diesen untersagte die Religion eine gewisse Anzahl von Tätigkeiten; so waren während der Totenfeste im Februar (→ Parentalia) und im Mai (→ Lemuria) die Tempel geschlossen, ebenso wenn der → Mundus offenstand; man konnte weder den Göttern opfern, noch sich verheiraten, noch überhaupt irgendeiner wichtigen Tätigkeit nachgehen. H. Le B.

Differentia specifica, wesentliches Zeichen, durch das die verschiedenen Arten einer gleichen Gattung voneinander unterschieden werden; es bestimmt die Gattung und bildet mit ihm die Art. Beispiel (Aristot. top. 5, 3. 132a 19–21): Vernünftig als die D. der Art ‹Mensch› von der Art ‹Tier› innerhalb der Gattung ‹Lebewesen›. S.M.

Digamma, 6. Buchstabe des griech. Alphabets (*Ϝ*), Lautwert w, in klassischer Zeit nicht mehr geschrieben; die Entdeckung von Bentley (18. Jh.), daß der Laut im ursprünglichen Homertext noch vielfach vorausgesetzt war, erklärte die metrischen ‹Mängel› zahlreicher Verse. Vgl. → Homerische Sprache. H.Hg.

Digesten → Corpus iuris.

Dihärese. [1] *Philosophisch.* Aufgliederung von Sachen und Begriffen ist philosophisch dort notwendig, wo unübersichtliche Tatbestände und vieldeutiger Sprachgebrauch vorliegen. Im bes. bezeichnet D. die von → Platon bes. in den Dialogen ‹Sophistes› und ‹Politikos› entwikkelte Methode, aus einem obersten, allgemeinsten, seinshaltigsten Begriff (der allgemeinsten Gattung) durch fortgesetzte sachgerechte Zweiteilung (Dichotomie) schließlich zum untersten und konkretesten Begriff zu gelangen, der sich nicht mehr aufteilen läßt (die unaufteilbare Art, *ἄτομον εἶδος*). Für Platon ist damit zugleich die ontologische und kosmologische Ordnung der Dinge aufgezeigt. Bei → Aristoteles hat die D. als Weg zur Definition zur Hauptsache nur mehr logische Bedeutung und reduziert sich schließlich auf die bloße Feststellung der verschiedenen Bedeutungen der philosophischen Begriffe (vgl. metaph. 4, und als peripatetischen Bericht über akademische Distinktionen Diog. Laert. 3, 80–109). O.G.

[2] *Metrik.* Gefordertes oder erstrebtes Wortende (→ Prosodie) zwischen 2 Metren innerhalb einer → Periode (→ Zäsur), wie z. B. Mitteldihärese im trochäischen → Tetrameter, das geforderte Wortende nach einem → Anapäst oder die ‹*bukolische*› *D.* nach dem 4. Daktylus im → Hexameter. B. Sn.

Dihegesis (narratio), die Erzählung des Hergangs bzw. die Darstellung des Sachverhalts in der kunstmäßigen → Rhetorik (B 1; Tabelle, 7b). H.H.

Lit: K. Barwick, Die Gliederung der narratio in der rhetor. Theorie..., Hermes 63, 1928, 261–287 – D. Matthes, Lustrum 3, 1959, 196–201 – Lausberg, I 163–190 – Kennedy, Persuasion, 11. 314f u. ö.

Dihorismos (*διορισμός;* lat. determinatio), Angabe der Bedingungen, unter denen eine mathematische Aufgabe lösbar ist. Soll z. B. ein Dreieck mit drei gegebenen Seiten konstruiert werden, so müssen diese so gegeben sein, daß die Summe je zweier größer als die dritte ist. Auf derartige Bedingungen haben die griech. Mathematiker sorgfältig geachtet. – Vgl. → Mathematik. H.G.

Diisoteria, ein att. → Fest des Zeus Soter und der Athena Soteira als Schützer und Retter sowohl des Individuums wie des Staates, im Peiraieus im Monat Skirophorion (Mai bis Juni) gefeiert (vor dem 20.). In Athen selbst wurde auf der Agora den rettenden Göttern am 30. Skirophorion, dem letzten Tag des Jahres, ein Opfer dargebracht. F.R.W.

Lit: L. Deubner, Att. Feste, 1932, 174ff.

Dikaiarchos, von Messene (Sizilien), bedeutender → Aristotelesschüler, wohl vor 340 geb. Aufenthalt in der Peloponnes und Nordgriechenland bezeugt. – *Werke:* ‹Korinthische› und ‹Lesbische Gespräche›, zusammen wohl ‹Über die Seele› (Dialoge in je 3 Büchern: Preisgabe des Unsterblichkeitsglaubens); ‹Abstieg in die → Trophonioshöhle› (wohl Dialog) und vielleicht noch andere Schriften über Mantik; über Lebensformen und → Biographien (Platon, Sokrates, Pythagoras, die Sieben Weisen); Kulturgeschichte Griechenlands (‹Bios Hellados›) in 3 Büchern (stufenweiser Abfall: idealisierte Frühzeit, Nomadentum, Ackerbau; vgl. → Varro vit. pop. Rom.; Jason); eine in Sparta alljährlich öffentlich vorgelesene spartanische Politeia (= ‹Tripolitikos›? Dialog? Darin war wohl die Verbindung der 3 klassischen Staatsformen als Idealverfassung vorgetragen; vgl. → Polybios, → Panaitios, → Cicero, → Staatstheorie) und vielleicht andere Politien (Pellene, Athen, Korinth); Brief an → Aristoxenos; ‹Über die musischen Agone›;

Über Homerfragen (D. forderte eine äolische Umschrift Homers); ‹Über → Alkaios›; ‹Über das Opfer in Ilion› (Dialog? Tadelte → Alexander d. Gr.?); ‹Über den Untergang von Menschen›; eine parömiographische Sammlung (?); eine ‹Περίοδος τῆς γῆς› (vgl. → Eratosthenes, → Polybios, → Poseidonios; → Plinius d. Ä., → Geographie), in der die Kugelgestalt der Erde vertreten wurde; ‹Höhenmessungen› (Sonderwerk?) u. a. Die Alten rühmten an D. Gelehrsamkeit und den reichen Stil. → Panaitios bewunderte D.; die Römer (→ Cicero) schätzten ihn als Verfechter des Bios Praktikos (Polemik gegen → Theophrast). Bes. wichtig waren D.'s kulturhistorische und geographische Werke. Nicht D. gehören die Reisebilder des → Herakleides und eine erhaltene Beschreibung Griechenlands in jamb. Trimetern (Verf.: ein Dionysios, Sohn Kalliphons). W. Sp.

Frg: F. Wehrli, 1944 (Lit) – *Lit:* E. Bolaffi, I proemi di Sallustio, Athenaeum 16, 1938, 128–157 – M. v. den Bruwaene, Traces de Poseidonius dans le Ier livre des Tusculanes, AC 11, 1942, 55–66 – S. E. Smethurst, Cicero and D., TAPhA 83, 1952, 224–232 – H. Hommel, Cicero und der Peripatos, Gymnasium 62, 1955, 319–334 – D. M. Leahy, Chilon and Aeschines, Bull. J. Ryl. Libr. 38, 1955/56, 406 bis 435 – J. S. Morrison, Pythagoras, ClQ 50, 1956, 135–156 – F. W. Walbank, A Commentary on Polybius I, 1957, 639–641 – W. Spoerri, Gnomon 30, 1958, 190–191 (zu Frg. 31).

Dikaiosynē (δικαιοσύνη, ‹Gerechtigkeit›), verehrt in Athen (5. Jh.: IG² 2/3, 7404; vgl. Eur. Frg. 486 N.; sonst selten personifiziert: Okell. Frg. 2; AP 9, 164) und Epidauros, auch als → Isis D.: Athen, Delos (IG 3, 203; SIG 1131; vgl. Plut. Mor. 352 B), wohl ebenso in Pergamon und Alexandrias (Einfluß der → Maat?; D. auch Kultname Kleopatra III.). Auf kaiserzeitl. Münzen häufig (= → Aequitas). C. J. C.

Dikasterion ist das mehrköpfige staatliche Gericht, das über die Berechtigung einer Dike (→ Recht I A 4) entscheidet. In Athen bezeichnete das Wort die jeweils mit dem Fall befaßte Unterabteilung der → Heliaia. Auch wo es keine Volksgerichtsbarkeit der att. Art gab, scheint die Besetzung des D. immer durchs Los bestimmt worden zu sein. H. J. W.

Dike (δίκη), → Personifikation der rechten Ordnung in Kosmos und Staat und des gehörigen Ausgleichs zwischen Schuld und Sühne. Zuerst und maßgebend gestaltet durch Hes. theog. 901–903 (neben Eunomie und Eirene eine der drei Horen, Töchter des Zeus und der Themis), erg. 219 bis 224 (Dike folgt weinend dem Unrecht ungerechter Richter), 256–260 (wo Unrecht geschieht, setzt sich D. neben Zeus und meldet es ihm). Von da aus erscheint sie vielfach bei → Pindar, den Vorsokratikern, → Heraklit (VS 22 B 94: die → Erinyen als Helferinnen der D.) und → Parmenides (VS 28 B 1, 14: D. hat die Schlüssel zum Tor zwischen Tag und Nacht, wacht also darüber, daß Tag und Nacht einander ordnungsgemäß ablösen), den Tragikern, → Aratos (phain. 100–136) u. a. – Kult der D. ist schwach bezeugt, allgemein bei Ath. 546 B, in Korinth nach Pind. Ol. 13, 6, in Athen wohl durch Philoch. FGrHist 328 F 173, in Olympia möglicherweise durch Paus. 5, 17, 1. – Vgl. → Recht I. O. G.

Dikeration (δικέρατον, δικεράτιον), Bezeichnung für die röm. Doppel → Siliqua oder das → Miliarense nach 379 nach Chr., im Gewichte von ca. 6,82 g. W. Schw.

Lit: Babelon, I 581 – F. Hultsch, RE 5 (1905), 580 – K. Regling, RE 3 A (1929), 63 – Ders., in: v. Schrötter, 139.

Dikolon, aus 2 → Kola bestehende metrische Einheit.

Dikretikus, eine der ciceronischen Klauseln (→ Prosarhythmus B 2): –⏑–––⏑–||: iactābĭt aūdăcĭă|| Sie erscheint auch mit Auflösung des zweiten longum: –⏑⏑⏑–⏑–||: esse patiemini || und in katalektischer Form (Kretikus + Trochäus): –⏑–––||: tela vitamus ||; dies ist die häufigste Klausel überhaupt. J. W. H.

Diktamnon, der Lippenblütler Diptam, bes. auf Kreta wildwachsend, namensgleich mit dem kret. Heiligtum der Artemis Diktynna, schon in vorgriech. Zeit von großer Bedeutung als Heilpflanze. Auf dem Dictamnin beruht die uteruserregende Wirkung des D., das bes. im Kultbereich der → Eileithyia und der ihr nahestehenden Geburtshelferin → Artemis-Diktynna eine wichtige Rolle spielte. Daher hieß das D. auch ἀρτεμιδέσιον. Die vor- und frühgriech. Bedeutung des D. hatte nach der Darstellung in der kret.-myk. Kultur ihre Entsprechung. Man schrieb dem D. auch Heilkraft bei Pfeilverwundungen zu und betrachtete es als Zauberkraut, das sich auch im Garten der → Hekate befand. Vgl. → Flora. J. W.

Lit: M. Schmidt, RE 3, 1 (1897) 582 f. – Murr, Pflanzenwelt, 189 f. – O. Geßner, Gift- und Arzneipflanzen, 1931, 90 – S. Marinatos, Kreta u. das myk. Hellas, 1959, 60.

Diktator, in italischen Staaten als ständiger Höchstmagistrat, in Rom nur im Ausnahmezustand, als dictator rei gerundae causa. Der von 24 → Liktoren begleitete D. besaß ungeteilte oberste Autorität und war bis 300 auch nicht der → provocatio unterworfen; er war nicht vom Volk gewählt, sondern auf Vorschlag des Senates durch einen → Konsul ernannt. Der D. (ursprünglich vielleicht magister populi) ernannte als einen ihm unterstellten Gehilfen einen magister equitum. Die anderen Magistrate bleiben im Amt, jedoch dem D. untergeordnet. Die Amtszeit des D.s war seit frührepubl. Zeit auf höchstens 6 Monate beschränkt (anders Janssen, a. O. 113 ff.), doch meist dankten die D.en nach Erfüllung ihrer Aufgaben vorher ab. Die Befristung des Amtes wurde bei der Ausdehnung des Staates hinderlich. Außerdem führte Mißtrauen gegen die Macht des Einzelnen (→ Fabius, 9) dazu, daß 216 v. Chr. der letzte dictator rei gerundae causa ernannt wurde. Es gab auch noch D.en für Spezialaufgaben wie Abhaltung von Wahlen, Feier des Latinerfestes oder die apotropäische Nagelschlagung, den letzten 202 v. Chr. Im Wesen grundverschieden sind die späteren Diktaturen (vgl. → Sulla, → Caesar). A. L.

Lit: L. F. Janssen, Abdicatio, 1960 – U. Wilcken, Zur Entwicklung der röm. Dictatur, Abh. Berlin 1940 – Weiteres → Konsul.

Diktynna, westkret. Göttin (ihr bekanntester Tempel auf dem Vorgebirge Diktynnaion westl. von Kydonia); → Britomartis. K.-H. R.

Diktys, Bruder des Polydektes, fischt auf Seriphos Danaë und → Perseus auf, der ihn später zum König von Seriphos einsetzt (vgl. Aischyl. ‹Diktyulk.›: Fr. 463–474 Mette).

2. **D.** Aus dem 4. Jh. n. Chr. ist eine Darstellung des Trojan. Krieges in Form eines mythologischen → Romans in lat. Version, betitelt ‹Ephemeris belli Troiani› erhalten. Ein vorangestellter Brief teilt mit, der Kreter D. sei von Idomeneus und Meriones aufgefordert worden, mitzuziehen und die Taten aufzuzeichnen; das habe er in phönizischer Sprache getan, unter Nero sei sein Buch gefunden und ins Griechische übersetzt worden, die lat. Übertragung stamme von L. → Septimius (1). Reste des griech., schon bei → Suidas p. 486 A. zitierten Originals, das aus neronischer Zeit stammt, sind in einem Papyrusfragment vom Jahre 206 n. Chr. gefunden worden (FGrHist I 273–284). Das Werk enthält die Ereignisse von Helenas Entführung bis zum Tod des Odysseus. Aus → Dares und D. schöpften die französischen und deutschen Dichter des MA, die Homer nicht kannten. Vgl. → Trojaroman. R. Hl.

Ed: W. Eisenhut, BT, 1958.

Dill (ἄνηθον), in Griechenland und Italien wie in Kleinasien verbreitet, als aromatische Gewürzpflanze geschätzt und gepflegt, in Küche und Heilkunde mannigfach verwandt, z. B. auch im D.-Wein (D.-Samen in Wein). Die Überlieferung weist ihn in den Bereich des → Dionysos und der → Persephone. Im → Adoniskult wurden Lauben von D. für das Lager des toten Adonis verwendet. J. W.

Lit: Olck, RE 3, 1 (1897), 639–643 – Murr, Pflanzenwelt, 187 f.

Dimensuratio provinciarum, ein etwa im 4. Jh. n. Chr. entstandenes, summarisches Verzeichnis der Grenzen und der Ausdehnung der röm. Provinzen. Es wurde als Text zur Weltkarte → Agrippas (1) geschaffen, vielleicht für den Schulgebrauch. – Vgl. → Kartographie. G. B.

Ed: GLM, 9–14 – *Lit:* G. Wissowa, RE 5, 1 (1903), 647 – Schanz-Hosius, IV 2, 127 f.

Dimeter, ein aus 2 Metren zusammengesetztes Kolon, wie jambischer D. ×–∪–×–∪–, anapästischer D. ∪∪–∪∪–∪∪–∪∪– (katalektisch: ∪∪–∪∪–∪∪–– = → Parömiakus) usw. Vgl. → Metrik A [3]. – Über den von Wilamowitz eingeführten ‹*choriambischen*› D. → Wilamowitzianus. B. Sn.

Dimini, der für eine subneolithische Kulturstufe der 1. Hälfte des 3. Jahrtausends namengebende thessalische Fundplatz beim Golf von Volos, → Sesklo benachbart. Befestigte Burg auf einer → Magula (∅ ca. 65 m) mit Terrassierungen und mehreren Mauergürteln aus Steinplatten. Im innersten Bezirk benutzte das zum Tor orientierte → Megaron (ca. 12 m lang) die kurvig verlaufende Mauer als Rückwand. Rechteckige Hausgrundrisse mit Unterteilung. Ein mykenisches → Kuppelgrab gehörte wohl zur Burg von Iolkos. W. Schg.

Lit: Ch. Tsountas, Dimini u. Sesklo, 1908 (neugriech.) – Ch. Zervos, Naissance de la civil. en Grèce I, 1962, Taf. 14–15 u. S. 84–85.

Dinarchos → Deinarchos.

Dindymon, Name mehrerer Bergzüge. 1. Der nördlichere von zwei Gebirgszügen, die die Halbinsel von Kyzikos durchziehen (Kt. 1152 H2). Auf dem D. ein wichtiges → Kybele-Heiligtum; daher wurden auch andere Gebirge mit K.-Heiligtümern als Dindymon bezeichnet. – 2. Gebirge an der Grenze von Phrygien und Galatien oberhalb von Pessinus (Kt. 1167 C2; heute Günyüzü dağhi). R. F.

Dinomon (*δίνομον*), doppelter → Nomos (→ Nummus), erscheint in delischen Inventaren um 180 v. Chr., neben → Tetranoma und Nomoi. Da unter → Nomos hier → Sestertius zu verstehen ist, muß der D. der → Quinarius sein. D. ist aber möglicherweise auch eine Bezeichnung für die in Metapont und Thurioi im 4. Jh. v. Chr. geprägten Doppel-Nomoi von 15,5–16,0 g Gewicht gewesen. W. Schw.

Lit: K. Regling, Klio 6, 1906, 504 – Ders., in: v. Schrötter, 143 – L. Robert, Hellenica 8, 1950, 88 – Ders., Etudes de numismatique grecque, 1951, 159.

Dinon (Deinon) von Kolophon, Historiker, Vater des → Kleitarchos, schrieb um 340 v. Chr. eine vielbändige pers. Geschichte von Semiramis bis Artaxerxes III. W. Bk.

Frg: FGrHist 690.

Dio Cassius, genannt Cocceianus, von Nicaea (Bithynien); griech. → Geschichtsschreiber (I C1), geb. unter Antoninus Pius oder Mark Aurel, Sohn des röm. Senators Cassius Apronianus, Statthalters von Kilikien und Dalmatien; mit → Dion Chrysostomos verwandt. Bereits unter Commodus Senator; von Pertinax zum Prätor designiert (193); stand Caracalla nahe; wurde unter Macrinus curator (legatus) ad corrigendum statum über Pergamon und Smyrna; unter Severus Alexander, der ihm sehr zugetan war, wohl Legat in Afrika; cons. suff. etwa 223/4; Statthalter von Dalmatien und Oberpannonien; 229 Consul ordinarius und Collega des Kaisers; dann zog er sich aus dem öffentlichen Leben in die Heimat zurück. – *Werke:* (1) *Leben Arrians* (verloren); (2) im Dienst des Septimius Severus, der später jedoch die Senatoren enttäuschte, schrieb D., zeichengläubig, über die Träume und Zeichen, auf Grund deren der Kaiser den Thron erhofft hatte, und über die Ereignisse nach Commodus' Tod; beides ist in das Hauptwerk eingeflossen, das D., durch Träume bestärkt, in Angriff nahm; er sammelte 10 Jahre Material, schrieb an der Geschichte bis zum J. 211 zwölf Jahre. Diese 80 Bücher umfassende, in Dekaden und Pentaden geteilte *röm. Geschichte* reichte von Aeneas bis Severus Alexander (222) und – summarisch → bis zu D.s 2. Konsulat (229). Erhalten sind: Buch 36–60 (69 v. bis 46 n. Chr.), mit Verlust am Anfang und Ende und mit Lücken; Reste aus 79/80 (ältere Zählung: 78/79) im cod. Vat. gr. 1288 (5./6. Jh.); Fetzen, wohl aus Buch 17/18, im Pariser Strabocodex A. Für den Rest ist man auf spätere Benützung und Brechung angewiesen: auf die konstant. Exzerpte; für Buch 36–80 auf die Epitome des Xiphilinos (11. Jh.; Lücke: Antoninus Pius, Anfänge Mark Aurels); auf → Zonaras (12. Jh., in B. 7–12 seiner Weltchronik) – neben anderen Autoren – für B. 1–21. 44–80, ferner auf andere byzantin. Chronisten, Exzerpte und Lexika (die → Planudesexzerpte stammen aus Ioannes Antiocheus, Xiphilinos u. a.). – In D.s Werk ist annalistischer Aufbau mit sachlicher Einteilung verquickt. Häufige, lange Reden, Vorliebe für These und Gegenthese; berühmt ist die Maecenasrede für die Monarchie, Buch 52 (Zeit der Problematik des schwachen Severus Alexander). Man vermißt bes. für die ältere Zeit Anschaulichkeit und Präzision der Erzählung; die Kampfschilderungen sind rhetorisch. Stil klassizistisch (Vorbilder Thukydides, Demosthenes). D.s Standpunkt ist senatorisch, betont monarchisch. – Die Quellenfrage ist schwierig: als Quellen, z. T. mittelbar, kommen Annalistik, → Polybios, → Livius (→ Asinius (2) Pollio), → Arrian (2) in Frage. Beziehungen zu den Werken der röm. Historiker (vor allem denen → Caesars, → Suetons, → Tacitus') sind nicht eindeutig geklärt. Für die Byzantiner ist D.s Werk die kanonische Darstellung der röm. Geschichte. W. Sp.

Ed: Ed. princ: R. Stephanus, 1548 – Ital. Übers. v. N. Leoniceno, 1526. 1533 – H. S. Reimarus, 2 Bde, 1750. 1752 (Noten) – J. Melber, BT 1890/1928 (nur bis Buch 60) – U. P. Boissevain, 5 Bde 1895 bis 1931 (grundlegend: Band 4: Index historicus von H. Smilda; Bd. 5: Index Graecitatis von W. Nawijn) – E. Cary, LCL 1914–26 – *Buch 53:* H. W. Duckworth, 1916 (Noten) – *Buch 54:* F. B. Bender, 1961 (Noten) – *Lit:* E. Schwartz, RE 3 (1899), 1684–1722 – Schmid-Stählin II 2, 795–799 – E. Gabba, Sulla storia romana di Cassio Dione, Riv. Storica. Ital. 67, 1955, 289–333 (Biographie!) – F. Millar, Some Speeches in Cassius Dio MH 18, 1961, 11–22 – G. B. Townend, Traces in D. C. of Cluvius, Aufidius and Plinius, Hermes 89, 1961, 227–48 – J. Bleicken, Der politische Standpunkt Dios gegenüber der Monarchie, Hermes, 90, 1962, 444–467 – Lesky, 904–906 – G. Wirth, *Ἀρριανὸς ὁ φιλόσοφος* Klio 41, 1963, 221–33 (D. und Arrian) – F. Millar, A Study of C. D., 1964 – Vgl. ferner → Geschichtsschreibung I B (Lit).

Diobelie, regelmäßige Zahlung von 2 Obolen täglich an die armen (beschäftigungslosen) Bürger Athens durch den Staat. Sie wurde wahrscheinlich nach 413 v. Chr. eingeführt und war vielleicht Vorläuferin der → Theorika. H. Br.

Diobolon (*διώβολον*), Doppel → Obol oder Drittel → Drachme, von normal 1,4 g Silber. In Athen die Rückseite gekennzeichnet durch zwei Eulen mit gemeinsamem Kopf. Der D. war der Ersatz, den der Staat dem Bürger für Teilnahme an der Volksversammlung auszahlte, sowie für die Bezahlung eines Sitzes bei gewissen Theateraufführungen (vgl. Aristoph. ran. 140–141). – In Korinth und in Leukas waren diese kleinen Silbermünzen mitunter durch *Διω*, *Διο* oder *Δ* bezeichnet. W. Schw.

Lit: Babelon, 424 – F. Hultsch, RE 5 (1905), 655 – K. Regling, in: v. Schrötter, 143–144 – M. N. Tod, Num. Chron. VI 7, 1947, 9–12.

Diocaesarea, Stadt im rauhen Kilikien, 25 km von → Seleukeia-Silifke entfernt (heute Uzunça Burç). Die Siedlung D. hat in engstem Zusammenhang mit dem benachbarten Olba (heute Ura) gestanden, das von einer Priesterdynastie regiert wurde. In D. befand sich das große Heiligtum des Zeus Olbios, dessen Reste ausgegraben sind. Münzen von D. tragen die Umschrift *Ἁδριανῶν Διοκαισαρέων* und müssen auf eine Förderung D.s durch Hadrian zurückgehen. Ein mächtiger hellenist. Turm hat der Siedlung ihren heutigen Namen gegeben. R. F.

Lit: W. Ruge, RE 17 (1937), 2399–2403.

Diodoros Kronos, aus Iasos, ca. 350 bis vermutlich Anf. 3. Jh. v. Chr., → Megariker, der sich vor allem mit logischen Fragen beschäftigte und vielleicht noch Aristoteles' letzte logische Schriften (bes. De interpretatione) beeinflußt hat. Er versuchte die Argumente des → Zenon (2) v. Elea gegen die Bewegung zu ergänzen und zu verbessern (vgl. Sext. Emp. adv. math. 10, 85 ff.), untersuchte die Bedingungen der Wahrheit von Bedingungssätzen und behauptete (im äußersten Gegensatz zu → Antisthenes), kein Wort könne bedeutungslos oder mehrdeutig sein, da jeder, der es gebrauche, etwas ganz Bestimmtes damit bezeichnen wolle, auch wenn ein anderer etwas anderes darunter verstehe. Noch bis in die Gegenwart immer von neuem diskutiert wird seine unter dem Namen κυριεύων bekannte Behauptung, nichts sei möglich, das nicht wirklich eintrete. Denn die Behauptung z.B. ‹morgen wird eine Seeschlacht stattfinden› muß schon heute entweder wahr oder falsch sein. Ist sie wahr, so ist es unmöglich, daß die Schlacht nicht stattfindet, ist sie unwahr, daß sie stattfindet. K.v.F.

Lit: P.-M.Schuhl, Le dominateur et les possibles, 1960 (vgl. dazu K.v.Fritz, Gnomon 34, 1962, 138–148).

2. **D. Siculus** von Agyrion (Sizilien). Sein Leben ist kaum bekannt: längere Zeit weilte D. in Rom; 60/56 in Ägypten. D. arbeitete 30 Jahre an der ‹*Bibliotheke*›: einer Universalgeschichte in 40 Büchern vom Uranfang bis zum 1.Konsulat und Beginn des Gallienkriegs → Caesars (nach D.s Rechnung i.J.60/59). So laut 1,4,7; 5,1; andernorts aber spielt D. auf eine Behandlung der Taten Caesars in Britannien an; spätestes datierbares Ereignis ist die röm. Kolonisation von Tauromenion durch Octavian (16,7,1), wohl eher ca. 36 als 21 v. Chr. Buch 1–6 behandelte die vortroische Zeit mit Geographie, Ethnographie, Theologie und Mythologie; Buch 1–3 die Barbaren (über die troische Zeit hinab); Buch 4–6 die Griechen (auch Nichthellenisches in 5). – So gut wie *vollständig erhalten* sind: *Buch 1:* Einleitung (Geschichte nützt: belehrt; spornt zum Guten an, indem sie unsterblichen Ruhm gibt; tadelt die Bösen usw.); Anfang von Welt, Leben, Kultur; Ägypten (Theologie, Chorographie, Geschichte, Gebräuche, Ägypter als Lehrmeister der Griechen usw.). *Buch 2:* Assyrer (Ninos, Semiramis, Sardanapal usw.), ‹Chaldäer›, Meder, Indien, Skythen, Amazonen, Hyperboreer, Arabien, → Iambuls ‹Südseeinseln›. *Buch 3:* Aithiopen, Ichthyophagen, Trogodyten u.a.; Libyer, Amazonen Libyens, Atlantiertheologie, griech. und libysche Dionysosmythen. *Buch 4:* griech. Mythologie: Dionysos, Herakles (hellenist., pragmat. Auffassung der Mythologie); Argonauten, Theseus, Thebanisches usw. (mythograph. Einführung in die Troika). *Buch 5:* Inselbuch: Inseln des Westens (Sizilien, Britannien usw.); Gallier, Iberer, Ligurer, Tyrrhener; Inseln im Indischen Ozean (Panchaia usw.); Inseln des östl. Mittelmeeres (Samothrake, Naxos, Rhodos, Kreta usw.). *Buch 11–16:* Geschichte der griech. Staaten (auch Siziliens) vom Xerxeszug bis Philipp II. und Timoleon. *Buch 17:* Alexander d.Gr. (mit großer Lücke). *Buch 18–20:* Nachfolgekämpfe und Geschichte der Diadochen bis vor den Entscheidungskampf gegen Antigonos; Agathokles; 2. Samnitenkrieg, Zensur des Appius Claudius. – *Fragmentarisch erhalten sind:* B.6–10 und 21–40, und zwar durch die konstantinischen und die Hoeschelschen Exzerpte (diese für 21–26, 1603 ediert), bei Photios (ab Buch 31), Eusebios und Byzantinern. In *Buch 6–10* ist die Verteilung der Frg. meist hypothetisch; sie enthielten Euhemeros-, Dichtertheologie (Buch 6); röm. Königszeit, Lykurg, Messenierkriege, Westen, Solon, 7 Weise, Kyros, Kroisos, Pythagoras u.a.; Könige von Alba, Sparta, Korinth, Makedonien, Thalassokraten. – In *Buch 21–40* ist die Ökonomie weniger unsicher dank erhaltener Buchangaben (Hoeschelsche Exzerpte, Photios). – *B. 21/22:* u.a. Diadochen (Ipsos u.a.); Kelteneinbruch in Makedonien, Hellas; Agathokles, Pyrrhos; 3. Samnitenkrieg; bis 1. Pun. Krieg. – *Buch 23/24:* 1. Pun. Krieg, in antiröm. Tendenz dargestellt. – *Buch 25:* Söldnerkrieg, karthag. Eroberung Spaniens, Niederwerfung der Gallier in Italien durch die Römer; bis zum 2. Pun. Krieg. – *Buch 26:* 2. Pun. Krieg, 1. Teil. – *Buch 26–31:* 2. Pun. Krieg, Philipp V., Flamininus, Antiochos III., Perseus u.a. – *Buch 31:* u.a. Ereignisse nach Pydna (168). – *Buch 32:* u.a. Ereignisse aus 149–145 (Massinissa, Alexander Balas; wohl auch Karthagos und Korinths Fall). – *Buch 34:* u.a. Antiochos Sidetes erobert Jerusalem, mit Judenkapitel; 1. Sklavenkrieg, Marius' 5. Konsulat. – *Buch 37:* u.a. Marserkrieg. – *Buch 38:* u.a. Tod des Q. Lutatius Catulus. – *Buch 40* (Mitte): Pompeius' Judenzug, mit Judenexkurs aus Hekataios v. Abdera.

[2] *Charakteristik.* Die Haupterzählung ist für die historische Zeit (griech., sizil., röm. Geschichte) mehr oder weniger zutreffend in ein annalistisches Schema (Olympiaden, att. Archonten, Konsuln) eingetragen; umstritten, ob D.' griech. und röm. Chronologie (zusammen mit anderen Notaten: Herrscher, Ereignisse, Literarisches u.a.) aus derselben Quelle (→ Kastor v. Soloi?) stammen oder ob erst D. die griech. Chronologie (Beispiel: FGrHist 255) mit den Konsularfasten (oft als älteste, beste Überlieferungsstufe angesehen; nicht unbestritten) synchronisiert hat. D.' Chronologie hat viele Besonderheiten und Fehler: Verschiebungen, falsche Verteilungen auf mehrere Jahre, falsche Zusammenfassungen unter einem Jahr, falsche Einordnung von Ereignissen usw. D.' Kompilation, die nur wenige Reden enthält, will die unbequeme Lektüre der großen, zerstreuten Werke ersparen; sie ist bes. interessant wegen der benutzten Quellen, unter denen sich alle seine bedeutenden Vorgänger in der → Geschichtsschreibung (I A) finden. D. selbst ist unbedeutend, jedoch überall dort grundlegend für unsere Kenntnis der Alten Geschichte, wo nur er zusammenhängende, einigermaßen ausführliche Berichte oder Ergänzungen zu anderen erhaltenen Darstellungen gibt. Er ist bes. wichtig für → Philipp II. von Makedonien, → Diadochen, → Sizilien, die → Archontenliste auch die Pentekontaetie (?), die 1.H. des 4.Jh.s, → Alexander d.Gr., Rom, wofür er nach gängiger Meinung auf vorsullan. Annalistik (Fabius (11) Pictor?; C. Acilius? usw.) zurückgeht. Die Sprache ist typisch hellenistisch (Literarkoine), vorattizistisch; glatter, farbloser als die der Originale (ähnlich wie → Agatharchides). W.Sp.

Ed: Ed.princ.: V.Opsopoeus, 1539 (Buch 16–20) – H.Stephanus, 1559 (Buch 1–5; 11–20; Frg.) – Lat.Übers.v.Poggio, 1472 (Buch 1–5) – F.Vogel-C.T.Fischer, BT, 1888–1906 (nur Buch 1–20) – C.H.Oldfather-C.L.Sherman-C.Bradford Welles-R.M.Geer-F.R. Walton, LCL, 1933ff. (neuere Bde m.Lit.) – P.Wesseling, 1746 (Noten, Indices) – Für Buch 21ff. die 3 Ausgaben von L.Dindorf-C.Müller, 1828–68, jetzt z.T. auch in LCL; für die Frg.e allgemein s.auch die Ausg. der Konstant. Exzerpte – Röm. Annalen bis 302: A.B.Drachmann, 1912 – Buch 37: F.Krebs, 1862 (Noten) – Weiteres: LCL 11, XXIf. – *Auszüge:* FGrHist 32 F 7ff.; 63 F 2/3; 86 F 19; 87 F 108ff.; 264 F 6.7.25; 468 F 1; 501 F 5; 523 F 1; 533 F 11; 548 F 1; 551 F 1; 566 F 164; 577 F 11; 665; 673; 677; 688; 715 F 4 u.a. – *Lit:* Schwartz, RE 5 (1905), 663–704 – A.Momigliano, EI 12, 1931, 924f. – PIR III 23 – J.Scharf, Historia 3, 1955, 308–325 – G.Perl, Krit. Unters. z. D.' röm. Jahrzählung, 1957 – W.Spoerri, Späthellenist. Berichte, 1959 – Bengtson, 302.586 – E.Manni, Recenti studi sulla Sicilia antica, Kokalos 7, 1961, 237–239 – L.C.Smith, The Chronology of Books XVIII–XX of D. Siculus AJPh 82, 1961, 283–290 – *Zur Sprache:* A.Debrunner, Gnomon 28, 1956, 586 – *Zur Textüberlieferung:* R.Laqueur, Ephoros, Hermes 46, 1911, 164f.

3. **D. von Alexandria,** → Mathematiker, 1.Jh.v.Chr. In seiner von → Pappos und → Proklos erwähnten Schrift ‹Analemma› werden Anweisungen und wissenschaftliche Erläuterungen für astronomische Messungen gegeben, bes. für die Höhenbestimmung von Gestirnen. Hierzu dienen drei feste Kreise (Horizont, Meridian und Scheitelkreis) und drei bewegliche Kreise, nach deren Bögen die Stellung der Gestirne bestimmt wurde. D. hat wahrscheinlich auch Regeln zur Konstruktion von Sonnenuhren (→ Uhren) angegeben. S.S.

Lit: F.Hultsch, RE 5,1 (1903), 710–712.

4. **D. von Athen,** Perieget, tätig ca. 310–280 (?). Schrieb über die Demen, war maßgebend in der Erklärung der → Redner und sammelte in der später viel bemühten Schrift ‹Über (att. Grab-)Denkmäler› die Tradition über die att. Gräber. Gilt als erster ‹historischer› Perieget Athens. Vgl. → Geschichtsschreibung I B [4]. W.Sp.

Frg: FGrHist 372.

5. **D. v. Tarsos,** 2.H.4.Jh., nach Studien in Athen Presbyter und Klosterabt in seiner Heimatstadt Antiochia, wo er einflußreich wirkte (Schüler: Johannes → Chrysostomus; → Theodor (10) v. Mopsuestia). Wegen seiner antiarianischen Haltung verbannte ihn → Valens; erst nach dessen Tod wurde er 378 Bischof von Tarsos (gest. ca. 394).

Der Ruf, Haupt der → antiochenischen Schule zu sein (Gegenschrift → Kyrills (1) v. Alexandria), trug ihm 499 postume Verdammung als → Nestorianer, seinen ca. 60 Werken fast völlige Vernichtung ein. Ein syr. Schriftenkatalog läßt aber noch erkennen, wie der philosophisch und naturwissenschaftlich gebildete Theologe sich mit Platon, Aristoteles (Kritik an der Lehre vom 5. Element) und zeitgenössischen Philosophen auseinandersetzte, astronomisches Wissen gegen die Astrologie ausspielte (De fato, Exzerpte bei Photius bibl. cod. 223) und den christl. Glauben sowohl gegen → Manichäismus, Juden und → Porphyrius, aber auch → Arianer, Origenisten und Anhänger des → Apollinaris v. Laodikeia verfocht. Gegenüber der → alexandrin. Theologie verteidigte er in einem Traktat die Prinzipien seiner → Exegese, die nach indirektem Zeugnis bei → Suidas (ed. Adler 2, 103) das ganze AT, ferner die Evangelien, Röm. und 1. Joh. erläuterte (nur Fragmente in → Catenen; Psalmenkomm. umstritten). Darnach wollte die von ihm gegen die → Allegorese empfohlene ‹Theoria› die biblische Metaphorie auf den didaktischen oder heilsgeschichtlichen Wortsinn zurückführen, umgekehrt aber historischen Partien den typologischen Bezug zum Dogma oder Ethos unterlegen. C. A.

Frg: PG 33, 1561–1628 – Weiteres und *Lit:* Altaner, 284f. – Ferner: L. Abramowski, Dict. d'Hist. et Géogr. eccl. 14, 1958, 495–504 – A. J. Festugière, Antioche païenne et chrétienne, 1959.

6. **D. von Tyros,** → Peripatetiker, 2. H. 2. Jh. v. Chr., Schüler des → Kritolaos (2), dessen philosophische Anschauungen u. a. in der Teloslehre er geteilt zu haben scheint. Ablehnung der Rhetorik, außer der Gerichtsberedsamkeit. Rhetorik hat keinen wissenschaftlichen Charakter; von der Leitung des Staates ist sie auszuschließen. P. M.

Diodotos, gelehrter Stoiker, Lehrer → Ciceros (Tusc. 5, 39, 113; Att. 2, 20, 6 u. ö.), in dessen Haus er lebte und dem er sein Vermögen vererbte. Gest. 59 v. Chr.

2. **D. Tryphon,** General des → Alexander (7) I. Balas, stellte 145 v. Chr. dessen Söhnchen → Antiochos VI. gegen → Demetrios (4) II. als König auf, ließ ihn 142/141 oder 139/138 ermorden und usurpierte die Herrschaft, wurde aber 136/135 (?) von → Antiochos VII. beseitigt (Chronologie unsicher). Vgl. → Seleukiden (Lit.). H. H. Sch.

3. **D. I.** Soter von Baktrien. Unter → Antiochos II. Satrap von Baktrien (und Sogdiane?), löste sich D. nach dem Zeugnis der Münzen allmählich vom Seleukidenreich los, erklärte 239/238 seine völlige Unabhängigkeit und nahm den Königstitel an. Eine Verschwägerung mit dem Seleukidenhaus läßt sich nicht erweisen. Nach seinem Tod (vor 230?) folgte ihm sein Sohn D. II., der sich mit den Parthern gegen Seleukos II. verbündete, aber bald (nach 230?) von → Euthydemos (2) gestürzt und getötet wurde. H. H. Sch.

Lit: W. W. Tarn, The Greeks in Bactria and India (1938), 1951², bes. 72–74 – F. Altheim, Weltgesch. Asiens im griech. Zeitalter I, 1947, 286–289 – J. Wolski, Les Iraniens et le royaume gréco-bactrien, Klio 38, 1960, 110–121 (Lit) – *Bildnisse:* → Anhang I.

Diözese. In seiner ursprünglichen griech. Bedeutung (*διοίκησις*) bezieht sich das Wort speziell auf die Staats- und bes. die Finanzverwaltung (→ Dioiketes). Bei seiner Verwaltungsreform teilte → Diokletian das röm. Reich in 12 D.n von unterschiedlicher Größe, an deren Spitze jeweils ein → vicarius stand. In der Westkirche bezeichnete D. seit dem frühen 5. Jh. den bischöflichen Sprengel, der in der Regel eine Stadt mit ihrem Territorium umfaßte. K. F. Str.

Lit: A. Scheuermann, RAC III, 1957, 1053–62.

Diogeneion, → Gymnasion in Athen, nach 229 v. Chr. eine der Ausbildungsstätten der → Epheben. Dort stattfindende Schulagone bezeugt Plutarch (quaest. conv. 9, 736D). Seit dem 2. Jh. n. Chr. bes. der Ausbildung von jüngeren Epheben vorbehalten. U. Sch.

Lit: O. W. Reinmuth, A Diogenes' College in Athens? TAPhA 90, 1959, 209–223 – S. Dow, The Athenian ἔφηβοι, other staffs and the staff of D., TAPhA 91, 1960, 381–409.

Diogenes Laertios, Verfasser eines Werks über ‹Leben und Meinungen der großen Philosophen› in 10 Büchern, für uns überragend wichtig nicht nur als einziges ganz erhaltenes Werk seiner Art, sondern auch wegen seiner ausgebreiteten Zitatengelehrsamkeit (über 1000 Zitate aus rund 250 Autoren). Von D. L. selbst wissen wir nur aus seinem Werk; sein zweiter Name wird (mit Recht?) als homerisierende Spielerei gedeutet. Verfaßt hat er noch eine Epigrammsammlung, aus der er selbst gern zitiert; Lebenszeit: Ende 2. Jh. n. Chr., da er noch die Skeptiker des 2. Jh.s, aber noch nicht die Neuplatoniker kennt. Er bemüht sich, allen Schulen als Historiker gerecht zu werden, ein eigener philosophischer Standpunkt ist kaum zu erkennen. Oft verhandelt ist die Frage, wieviel er faktisch selbst gelesen und wieviel er aus 2. und 3. Hand bezogen hat, wichtiger freilich die Frage, welches die ältesten Autoren sind, die jeweils durch ihn hindurch erreicht werden können. Bes. charakteristisch etwa: bei den Sieben Weisen und den Sokratikern die Einschaltung großer Auszüge aus einem dem Gnomol. Vaticanum verwandten Gnomologium (vgl. → Apophthegma), bei Platon die Beigabe der ‹Dihaireseis›, eines durch den Peripatos tradierten altakademischen Handbuches, im 8. Buch die Benutzung einer mit → Porphyrios und → Iamblichos zu vergleichenden umfangreichen Pythagorasvita, im 10. Buch die unschätzbare Einschaltung der drei Lehrbriefe sowie des Katechismus (Kyriai doxai) Epikurs. Im übrigen wird in Biographien wie Doxographien vielfach mit bestimmten gleichbleibenden Kategorien operiert, die letztlich auf den (frühen) Hellenismus zurückgehen. O. G.

Ed: R. D. Hicks, LCL, 1925 – H. S. Long, OCT, 1964 – *Übers:* O. Apelt, 1921 – *Lit:* Ed. Schwartz, RE 50 (1905), 738–763 – R. Hope, The book of D. L., 1930, 37ff. – E. Mensching, Favorin von Arelate, 1963, 8–10.

2. **D. von Apollonia** auf Kreta, ionischer Naturphilosoph, ca. 460–390 (→ Vorsokratiker). Seine Bücher haben das Interesse des → Aristoteles (singulär ausführliches Zitat über das Adersystem des Menschen, hist. an. 511 b30ff.) und → Theophrast (Diog. Laert. 5, 43) auf sich gezogen; das Buch ‹Über die Natur› hat noch Simplikios gelesen. Eingehend scheint D. die Physiologie des Menschen behandelt zu haben. In der Kosmologie ist er Spätling, der Anregungen von den verschiedensten Seiten aufgenommen hat: die Luft als Urgrund der Dinge und das Prinzip der Verdichtung und Verdünnung von → Anaximenes (2) v. Milet; von → Anaxagoras den Geist (*νοῦς*), der sowohl den Kosmos verwaltet wie auch im Menschen vorhanden ist, doch setzt D. ihn der Luft gleich und nennt ihn, anders als Anaxagoras, geradezu Gott; auf Einfluß der Sophistik gehen Ansätze zu teleologischer Reflexion (durch den Geist ist alles «so geordnet, wie es am schönsten ist» VS 64 B 3) zurück. Einwirkung der Atomistik → Leukipps (unbegrenzt viele Welten u. a.) hat schon Theophrast konstatiert. – Daß die von Aristophanes in den ‹Wolken› karikierte Naturphilosophie die des D. ist, ist möglich, aber unbeweisbar. O. G.

Frg: VS II 51–69.

3. **D. von Oinoanda** in Lykien, vornehmer und wohlhabender → Epikureer des 2. Jh.s n. Chr., ließ in hohem Alter als sein Vermächtnis auf den Wänden einer Säulenhalle eine große griech. Inschrift anbringen, durch die er seinen Mitbürgern und den die Stadt besuchenden Fremden die epikureische Heilslehre mit missionarischem Eifer verkündete. Der Text enthält Abrisse der epikureischen Naturphilosophie und Ethik, ausgewählte Lehrsätze → Epikurs und einige Privatdokumente, darunter den Brief an die Mutter, dessen Autorschaft (→ Epikur oder D.?) noch diskutiert wird. Die Inschrift ist das wichtigste Zeugnis für die kanonische Tradition und die seelsorgerische Wirksamkeit der Lehre Epikurs in der Kaiserzeit. W. L.

Ed: A. William, 1907 – A. Grilli, 1960 – *Übers:* A. Grilli, in: Studi di filosofia greca, 1950, 345–435 – *Lit:* W. Schmid, RAC 5, (1961), 708; 712f.; 770, s. v. Epikur.

4. **D. von Seleukeia** (der ‹Babylonier›), → Stoiker, Schüler des → Chrysipp (2) und Nachfolger des → Zenon (6) v. Tarsos als Schulleiter, 156/155 v. Chr. Teilnehmer an der Philosophengesandtschaft nach Rom. Hauptsächlich durch sein Werk ‹Über die Sprachkunst› hat die stoische Sprachtheorie die Grammatik beeinflußt. Seine entscheidend neue Formulierung des Lebenszieles: «Vernünftig verfahren in der Wahl des Naturgemäßen» wurde von → Karneades heftig angegriffen. Das ethische System bei → Cicero fin. 3 geht im wesentlichen auf ihn und → Antipatros (4) v. Tarsos zurück. M.S.

Frg: SVF III 210–243.

5. **D. von Sinope,** 400/390–328/323, der Begründer der kynischen Philosophie. Sein Vater Hiketas hatte als oberster Finanzbeamter von Sinope das zahlreiche im Umlauf befindliche minderwertige Geld durch einen Stempel als solches bezeichnen lassen, wurde darauf auf Betreiben der Geschädigten aus Sinope verbannt und begab sich mit seinem jungen Sohn D. nach Athen. Dieser soll nun das delphische Orakel gefragt haben, was er tun solle, und die Antwort empfangen haben: das *νόμισμα* (die Münze oder die Konvention) entwerten. Er faßte dies als Aufforderung auf, allen Konventionen, die sich nicht als naturgegebene Notwendigkeiten erweisen ließen, den Kampf anzusagen. Zu gleicher Zeit kam er unter den Einfluß des Sokratesschülers → Antisthenes, der ein Leben der Bedürfnislosigkeit predigte. D. trieb nun beides auf die Spitze, schlief in einer Tonne, aß nur das Billigste, verschmähte alle Eß- und Trinkgeräte (man könne auch aus der hohlen Hand trinken), trug Sommer und Winter dasselbe eine Kleidungsstück und soll alle seine Bedürfnisse in voller Öffentlichkeit befriedigt haben. Seine Schamlosigkeit trug ihm den Namen *κύων*, ‹Hund›, ein, den er stolz annahm und von welchem die Bezeichnung Kynismus abgeleitet ist. Als er für diese rigorose Lebensweise zu alt wurde, soll er sich durch Anhalten des Atems das Leben genommen haben. Er wurde schon bei Lebzeiten zur legendären Figur. Viele von den zahllosen Anekdoten über ihn (bei → Diog. Laert. gesammelt) sind zweifellos erfunden, wahrscheinlich auch die berühmte Alexanderanekdote: ‹Geh mir ein wenig aus der Sonne.› Ob die ihm im Altertum zugeschriebenen ‹Tragödien› von ihm stammen, ist ungewiß. Seine wichtigsten Schüler waren → Krates (5) v. Theben und → Metrokles. Bald nach seinem Tode wurde er zum Gegenstand eines Romanes gemacht, der damit begann, daß D. als Sklave verkauft werden soll und, nach seinem Métier befragt, dem Verkäufer sagt, er solle ausrufen lassen, wer einen Herrn brauche. Ein gewisser Xeniades von Korinth kauft ihn und macht ihn tatsächlich zum Leiter seiner eigenen Lebensführung und seines Haushalts, wobei denn die Weisheit des D. sich auf das beste bewährt. K.v.F.

Q: bes. Diog. Laert. 6, 20–81 – *Lit:* K.v. Fritz, Quellenunters. zu Leben und Philosophie des D., 1926.

Diogenianos, → Epikureer, bekämpfte den die Lebensfreude mindernden Fatalismus der → Stoiker. Fragmente seiner gegen → Chrysipp (2) gerichteten Polemik sind durch → Eusebios erhalten. Wahrscheinlich lebte er im 2. Jh. n. Chr., als von den verschiedensten philosophischen Richtungen besonders heftig gegen Chrysipp polemisiert wurde. W.L.

Ed: A. Gercke, JKlPh Suppl. 14, 1885, 748–755.

2. **D. von Herakleia** (Pontos), Lexikograph, 1. H. 2. Jh. n. Chr. Nach → Suidas (*δ* 1140) Verfasser einer alphabetisch geordneten *Λέξις παντοδαπή* in 5 Büchern, Auszug aus dem Lexikon des L. → Iulius (20a) Vestinus, der seinerseits das Glossenwerk des → Pamphilos exzerpiert hatte. → Hesych behauptet im Vorwort seines Werkes, er habe ein Lexikon des D. benutzt, das den Titel *Περιεργοπένητες* (etwa: ‹Handbuch für Unbemittelte›) trug. Er bezeichnet es als Kompilation aus Speziallexika, darunter Glossenverzeichnissen zu einzelnen Autoren. Die Frage, ob *Λέξις παντοδαπή* und *Περιεργοπένητες* identisch sind, wird verschieden beantwortet. Für eine Bejahung spricht die Beobachtung, daß der Inhalt der D.-Glossen bei Hesych von dem des Pamphiloslexikons nicht wesentlich verschieden gewesen sein kann. – D.' Lexikon erfreute sich großer Beliebtheit; Zitate lassen sich noch im 12. Jh. nachweisen. Von weiteren Werken D.' sind nur die Titel bekannt (über Flüsse, ein geographisches Verzeichnis, über die Diktion des Aischylos). Eine Rezension des Corpus → Paroemiographorum trägt den Namen des Diogenianos zu Unrecht. H.E.

Lit: L. Cohn, RE 5 (1903), 778–783 – K. Latte, Hesychii Lexicon I, 1953, X; XLII – H. Erbse, ByzZ. 48, 1955, 133.

Diognetos, Empfänger eines unter den Schriften → Justins überlieferten christl. *Lehrbriefes* (Verf. unbekannt), vielleicht Tib. Claudius D., 197 n. Chr. Archiereus Aegypti und röm. Beamter für das Religionswesen. Der Brief, geschrieben zwischen ca. 150 und 225 n. Chr., antwortet auf drei kritische Fragen des D.: (1) Wie begründen die Christen den Ausschließlichkeitsanspruch? – (2) In welchem Sinne üben sie ‹Nächstenliebe› (als geheimbundartiges Zusammenhalten?)? – (3) Warum hat sich Gott so spät offenbart? Die Antwort, von einem philosophisch gebildeten Verf. in gutem Stil spätantiker → Protreptik formuliert, hebt (zu 1) die Einmaligkeit der Sendung des Gottessohnes hervor und begründet von da (zu 2) die Vorherrschaft (*ἡγεμονία*) der Christen unter den Menschen: ihr Wirken gleiche dem der Seele im Körper; und verweist (zu 3) auf den göttlichen Willen, menschliche Schuld und Unvermögen der Selbsterlösung sichtbar zu machen. Stil- und Sachkritik weisen die heutigen Schlußkapitel einem anderen, gleichfalls vielgesuchten Autor zu. H.D.

Ed: J. Geffcken, 1928 – H.I. Marrou, SC 33, 1951 – F.X. Funk-K. Bihlmeyer, in: Die apostol. Väter, SQS II 1 (1924), 1956^2 – *Lit:* bei Altaner, 108 f.

Dioiketes, Amt im hellenist. Ägypten, das nach dem Vorbild zentraler Finanzbehörden in den griech. Städten des 4. Jh.s v. Chr. eingerichtet wurde (→ Steuern). Ihm war die gesamte Reichsverwaltung unterstellt. H.Br.

Lit: R. Seider, Beiträge zur ptolem. Verwaltungsgesch., Diss. Heidelberg 1938.

Diokles, von Athen, nach → Suidas Dichter der alten → Komödie (B 1), von dem fünf oder sechs Titel genannt werden; wohl Ende 5. Jh. v. Chr. Th.G.

Frg: FAttCom I 896–901.

2. **D.,** → Mathematiker um 100 v. Chr. Aus einem Buch über Brennspiegel (→ Optik) überliefert → Eutokios eine Lösung der Aufgabe, eine Kugel durch eine Ebene in gegebenem Verhältnis zu teilen, und die Einschaltung zweier mittlerer Proportionalen (→ Verdoppelung des Würfels) mittels der → Kissoide. H.G.

Frg: J.L. Heiberg, Archimedesausgabe III (1881), 1915^2, 161. 66.

3. **D. von Karystos.** Durch eine Monographie W. Jaegers ist der griech. Arzt D., von dem uns nur wenige Bruchstücke überliefert sind, recht eigentlich berühmt geworden. Problematisch und gegenüber Jaegers Thesen korrekturbedürftig scheinen heute wiederum seine Lebenszeit, sein medizinischer Standpunkt und seine Bedeutung zu sein: 1. Jaeger hat D. aus der Zeit um 380 v. Chr. (so Wellmann) herabholen, seine Lebenszeit auf etwa 340–260 festlegen und ihn zum → Peripatetiker und Schüler des Aristoteles machen wollen. – 2. D. habe Anschauungen der sikelischen Ärzte (Empedokles, Alkmeon usw.) sozusagen durch den Filter des Peripatos sich einverleibt, sei Anhänger der hippokratischen Humoralpathologie und ein bedeutender Anatom gewesen. – 3. Seine geistesgeschichtlich überragende Bedeutung liege darin, daß er die Medizin in das System der peripatetischen Philosophie integriert und sikelische, koische, knidische Medizin mit aristotelischer Philosophie zu einer großartigen Synthese verschmolzen habe. – Dem steht folgendes entgegen: 1. Es gibt kein auch nur an-

nähernd stichhaltiges Argument für eine Zugehörigkeit des D. zum Peripatos; die in der Tat erheblichen sprachlichen und gedanklichen Berührungen der Fragmente mit → Platon, und insbes. mit dessen Alterswerken, lassen vielmehr den Schluß zu, daß die Blütezeit des D. um etwa 360 lag und er in engeren Beziehungen zur Akademie stand. – 2. Zweifellos ist D. durch die Lehren der sikelischen Ärzte, bes. durch → Philistion (1), der um 365 Athen und die Akademie besucht hat, beeinflußt; Anhänger einer schematischen Viersäftelehre hippokratischer Prägung kann er nach seinem im ‹Methodenfragment› faßbaren ausgeprägten Individualismus (jede Krankheit, jeder Kranke haben Eigengesetzlichkeit) dagegen nicht gewesen sein. Er hat offenbar die erste ‹Anatomie› geschrieben, verfügte aber gegenüber → Herophilos nur über geringe Kenntnisse. – 3. Seine Bedeutung wird etwas einzuschränken sein; sie hat wohl vor allem in der Verknüpfung attischer Philosophie mit der Medizin, in der Systematik (ein Hauptwerk hieß ‹Pathos Aitia Therapeia›) und in der (ja auch von Platon geschätzten) Diätetik gelegen (→ Medizin B 4 und D). – Schließlich sind einige Zitate, bes. das vieldiskutierte bei Theophrast (lap. 28), kaum auf den Arzt, sondern eher auf einen – vielleicht peripatetischen – gleichnamigen Naturwissenschaftler zu beziehen. F.K.

Lit: W. Jaeger, D. v. Karystos, 1938 – Ders., Vergessene Fragmente des Peripatetikers D. v. Karystos, SB Berlin 1938, 3 – F. Kudlien, Probleme um D. v. Karystos, Sudh. Arch. 47, 1963, 456–464 – F. Heinimann, D. v. Karystos und der prophylaktische Brief an König Antigonos, MH 12, 1955, 158–172.

4. **D. von Magnesia,** Verfasser einer zum Handgebrauch der Gebildeten bestimmten Übersicht über Philosophenbiographien, ca. 80–20 v. Chr., uns nur durch → Diogenes Laertios bekannt. Seine Vorliebe gilt → Kynismus und → Stoa, wozu passen könnte, daß ihm der kynische Literat → Meleagros v. Gadara seinen Epigrammkranz widmete (AP 4, 1, 3); doch ist die Identität mit dem dort genannten D. nicht sicher. O.G.

5. **D. von Syrakus,** syrakusan. Politiker auf Seite der Demokraten, berühmter Gesetzgeber, als Feldherr unbedeutend; verfuhr hart gegen die 413/412 bei der Sizilischen Expedition (→ Pelop. Krieg) gefangengenommenen Athener; leitete 412/411 die Reform der syrakusan. Verfassung und Gesetzgebung; konnte Himera 409/408 nicht retten (→ Hannibal, 1); als Gegner des → Hermokrates 408/407 verbannt. R.V.C.

Q: Diod. 12, 19; 13, 19, 4; 13, 33 ff.; 13, 59 ff.; 13, 75; 16, 82, 6.

Diokletian (C. Valerius Diocles, als Kaiser: C. Aurelius Valerius Diocletianus), röm. Kaiser 17.9. (20.11.?) 284 bis 1.5.305; geb. um 240 in Dalmatien; gest. in Salona (316?). D. stammte aus sozial niedrigen Verhältnissen und ist als Soldat emporgekommen; in ihm gipfelt der Aufstieg des illyrischen Römertums. Seine frühe Laufbahn ist unsicher; unter → Numerian war er Kommandant der kaiserlichen Leibwache und wurde nach dessen Ermordung vom Heer zum Kaiser ausgerufen. Er unterlag dem Westkaiser → Carinus (285), wurde aber durch dessen Ermordung dennoch Alleinherrscher. D. führte während seiner langen Regierung eine umfassende Reform des Imperiums durch. – Der Gefahr lokaler Revolten und der Erhebung von Generalen zu Gegenkaisern versuchte er durch ein neues System der Herrschaft – zwei Augusti mit je einem Caesar – entgegenzuwirken, dessen Ausbau ca. 10 Jahre dauerte. Durch diese sog. Tetrarchie konnte die oberste Gewalt in mehreren Teilen des Imperiums gleichzeitig gegenwärtig sein. D. erhob zuerst seinen Kriegsgefährten → Maximian zum Caesar (285) und dann zum Augustus (1.4.286); durch die Bezeichnung Iovius für D. und Herculius für Maximian wurde eine Unterordnung festgestellt und zugleich ein herrscherliches Charisma begründet, in dessen Dienst auch das jetzt stark ausgebildete Zeremoniell stand. Caesares wurden dann → Galerius (1) und → Constantius (1) Chlorus (1.3.293); durch Heiraten mit weiblichen Verwandten der Augusti und Adoption wurde das tetrarchische System dynastisch unterbaut. Augusti wie Caesares erhielten regionale, nicht streng gegeneinander abgegrenzte Aufgaben; da D. der entscheidende Mann blieb, bedeutete das keine Reichsteilung. Für die Zukunft war an gleichzeitiges Abtreten der Augusti und Nachrücken der Caesares gedacht. – Der wirtschaftlichen Misere versuchte D. durch konsequenten Ausbau des staatlichen Zwangsapparates zu steuern. Produktion und Arbeitskraft wurden auf Grund eines rigorosen Bewertungssystems einheitlich besteuert (→ capitatio-iugatio, → indictio). Das Steueraufkommen sollte durch zwangsweise Übertragung von steuerpflichtigem Landbesitz und Einweisung in bestimmte Berufsgenossenschaften gesichert werden. Die Funktionäre hafteten persönlich, kommunale Organe kollektiv; auch Italien war jetzt Abgabengebiet. Eine Garantie für die Versorgung der Heere und der in Geld besoldeten Beamten suchte man in der Naturalberechnung der Abgaben (→ Annona). Dem diente auch die Höchstpreisverordnung für Waren und Dienstleistungen (301), deren Übertretung hart bestraft wurde. – Die gesamte hergebrachte Gliederung und Verwaltung des Imperiums dezentralisierte D., indem er die Provinzen verkleinerte, deren Zahl dadurch auf ca. 100 stieg, und die Zivil- und Militärverwaltung streng trennte; mehrere neue Provinzen wurden jeweils so zusammengefaßt, daß 12 → Diözesen unter je einem → vicarius entstanden. Der notwendige ungeheure Beamtenapparat, dessen Korruptheit vorausgesetzt wurde, sollte durch Bespitzelung und Kompetenzüberschneidungen kontrolliert werden. – Eine erhebliche Verstärkung der Armee auf ca. 70 – allerdings kleinere – → Legionen (früher ca. 35) erlaubte es, in die neuen Grenzprovinzen je zwei Legionen unter einem → dux zu legen; eine mobile Armee aus Elitetruppen (→ comitatenses), die für Notfälle bereit stand, war das Rückgrat der Reichsverteidigung. – Die Reform D.s wertete die Erfahrungen des 3. Jh.s aus. Sie ist im wesentlichen Ausbau, Institutionalisierung und Systematisierung dessen, was vorher experimentelle Neuerung und Augenblicksmaßnahme gewesen war. Mit ihr ist der spätantike Zwangsstaat geschaffen, der den Einzelnen mit seinem gesamten Leistungsvermögen für sich beansprucht. Mit diesem Instrument konnte D. den inneren wie äußeren Gefahren begegnen. 298 waren die militärischen Aufgaben gelöst (287–292 Krieg mit Franken und Alamannen; 292/293 Sicherung Ägyptens; 297 Rückgewinnung Britanniens; 298 Anerkennung der röm. Oberhoheit in Armenien durch die Perser). Als Anhänger altröm. Tradition versuchte D. die geistige Einheit des Imperiums durch Beseitigung des → Manichäismus und des Christentums herzustellen. 299 wurden die Christen aus der Armee entfernt, seit 303 folgten Edikte, die die Ausübung des christl. Glaubens verboten, das heidnische Opfer erzwangen, die Verhaftung des Klerus und Zerstörung der Kirchen anordneten (→ Christenverfolgungen). Die Maßnahmen hatten keinen Erfolg. Am 1.5.305 trat D. mit → Maximian zurück, um sich als senior Augustus in dem von ihm erbauten Palast zu → Salonae (Split) niederzulassen, und ließ die Caesares zu Augusti aufrücken. Die Auswahl der neuen Caesares führte das tetrarchische System in eine Krise, die D. noch einmal zum Eingreifen veranlaßte (Carnuntum 308). Als er nicht durchdrang, zog er sich zurück und ließ den Zusammenbruch der Tetrarchie geschehen. H.D.M.

Lit: W. Seston, D. et la Tétrarchie I, 1946 – W. Enßlin, RE 7 A 2 (1948), 2419–2495, s. v. Valerius – W. Seston, RAC III, 1957, 1036–53 – E. Stein, Hist. du Bas-Empire I (1928), 1959² – *Bildnisse* → Anhang I.

Diomedes, Sohn des → Tydeus und der Deipyle, Gemahl der → Aigialeia, mit Argos und Kalydon verknüpfter Held des Zuges der → Epigonen gegen Theben und des → Trojan. Krieges. Vor beidem liegt die Rückeroberung (gemeinsam mit → Alkmeon) des Reiches von Kalydon von Agrios und seinen Söhnen für den rechtmäßigen König → Oineus, dem

D. später prächtige Leichenspiele veranstaltet. Im → Trojan. Krieg eng verbunden mit → Odysseus (Skyros, Dolonie, Tötung des → Palamedes, Palladionraub, Entführung des → Philoktet), berühmt durch seine Tapferkeit (D. kämpft gegen → Hektor, tötet → Pandaros, verwundet → Aeneas und sogar die Götter Ares und Aphrodite: Il. 5) und guten Rat. Tauscht seine bronzene Rüstung gegen die goldene des → Glaukos. Nach späterer Sage raubt oder vergewaltigt er → Kassandra. Die Rückfahrt zunächst glücklich; vom Zorn der Aphrodite bedroht, muß D. vor seiner untreuen Frau fliehen, durch Libyen und Iberien nach Italien, aufgenommen von → Daunus (Verg. Aen. 11, 269 ff.). Gründet Arpi, Canusium und Sipontum u.a.; Kulte z.B. in Tarent, Metapont, Thurii. Sein Ende unbestimmt: nach Pind. Nem. 10, 7 von Athene unsterblich gemacht. L.H.

Q: Il. passim., bes. 5 – *Lit:* H. Erbse, Betr. über d. 5. Buch der Ilias, RhM 104, 1961, 156–189 – *Darstellungen:* Seit dem frühen 6. Jh. Ausfahrt mit Athene (Schefold, FS, Tafel 76a); oft Kampf mit → Aeneas (a. O., Abb. 37), auch mit → Hektor (Brommer 287). Statue des Palladionraubs → Kresilas zugeschrieben (Lippold, GrPl 184). Gemälde: vgl. → Odysseus und → Dolon. – *Lit. dazu:* L. Rochetti, EAA III, 1960, 108–110. K. Schf.

2. **D.,** Sohn des Ares, König von Thrakien und Besitzer der menschenfressenden Rosse, die → Herakles für Eurystheus holen muß.

3. **D.,** lat. Grammatiker, 4. Jh. n. Chr. Sein ausführliches Lehrbuch der lat. Grammatik in 3 Büchern hat er aus mehreren Quellen kompiliert (sicher Terentius Scaurus und Varro; ob auch → Cominian, → Remmius, Palaemon und → Sueton, ist umstritten).

Ed: GrLat I 297–592 – *Lit:* Schanz-Hosius IV 1, 152–155.

Diomedes-Gedicht, → Epyllion eines anonymen Verfassers, nach Sprache und Stil in die → Hellenist. Dichtung (B 2) gehörig. P.H.

Frg: Coll. Alex. 72.

Dion, Syrakusaner, Schwager → Dionysios' I., geb. ca. 409 v. Chr. Bei → Platons erstem Aufenthalt in Syrakus (388) dessen Schüler; er scheint aber an der Tyrannis Dionysios' I. loyal teilgenommen zu haben. Nach dessen Tod (367) bemühte er sich vergebens, seinen Neffen Hipparinos an der Regierungsnachfolge teilhaben zu lassen. Als → Dionysios II. Herr über Syrakus geworden war, beteiligte er D. an der Regierung. D., dem das ausschweifende Leben am Hof zuwider war, rief Platon zurück, der mit der Hoffnung nach Syrakus kam, sein politisches Ideal verwirklichen zu können (366). Das mißlang: D. mußte in die Verbannung gehen (Spätsommer 366), und Platon verließ kurz darauf die Insel. Während seiner neunjährigen Verbannung besuchte D. Athen, Sparta und viele andere Städte. Als D. 360 in Olympia nach einem Gespräch mit Platon, der von seinem 3. Aufenthalt in Syrakus zurückgekehrt war (Frühj. 361 bis Sommer 360), begriff, daß er von Dionysios II. nichts mehr zu erwarten habe, beschloß er, mit Gewalt nach Syrakus zurückzukehren. Er rüstete einige Schiffe und ein kleines Söldnerheer aus und besetzte Syrakus, wo das Volk ihn wie einen Retter aufnahm (Herbst 357). Dionysios II. leistete bis Ende 355 in Ortygia Widerstand, dann zog er sich nach Lokroi zurück. Aber D. konnte das unternommene Restaurationswerk nicht zu Ende führen: er stieß auf Intrigen und wurde 354 niederträchtig auf Befehl des Kallippos umgebracht. R.V.C.

Lit: H. Berve, Dion, Abh. Mainz, 1956, 741–881.

2. **D. Cocceianus von Prusa** (Bithynien), genannt *Chrysostomos,* geb. ca. 40, gest. nach 112, Sohn des Pasikrates, aus reicher Notablenfamilie. D. war zunächst Sophist und Gegner der Philosophie (Reden ‹Gegen die Philosophen› und ‹An Musonius›) und hatte wohl Beziehungen zu Vespasian und Titus. Von Domitian wurde er aus Italien und Bithynien ausgewiesen und durchzog in vagabundierender Lebensweise als kynischer Wander- und Bettelphilosoph und Gegner Domitians Teile des röm. Reichs; er gelangte so bis nach Borysthenes und wohl auch nach Mösien (Rede an die Legionen nach Domitians Tod) und ins Dakerland. Unter Nerva restituiert, wurde D. auch Trajans Freund, der für D. das kynisch-stoische Königsideal verkörperte, und lebte zeitweilig in seiner Umgebung. Nunmehr reiste D. auch als popularphilosophischer Epideiktiker umher und erzog im Auftrag der trajanischen Republik die Bevölkerung zu privater, sozialer und politischer Sittlichkeit und Hellenentum. D. war auch im Gemeindeleben von Prusa und anderen bithyn. Städten tätig; er bemühte sich um Hebung und Verschönerung Prusas, was ihm auch Gegnerschaft eintrug (so i.J. 111/112 Prozeß vor → Plinius d.J., vgl. Plin. ep. 10, 81 f.).

[2] Die erhaltenen *Werke* wurden wohl aus D.s Nachlaß publiziert (Dubletten, Verstümmelungen); von den 80 Titeln (fast alles Dialexeis) gehören 2 wohl → Favorinus. 1 bis 4, ‹Königsreden und -gespräche›, Denkmäler des Verkehrs D.s mit Trajan (Debatte um das Herrscherideal); 5, ‹Libykos Mythos›; 6, 8 bis 10, ‹Diogenesreden›, wohl aus der Exilszeit; 7, ‹Euboikos›, wird für die Kenntnis der inneren Zustände Griechenlands verwertet (Idyll der euböischen Jägerfamilien; Armut und Reichtum in der Daseinsgestaltung; Stadt und Land: auf dem Land vollkommenes Glück und Sittlichkeit möglich; vgl. → Longus); 11, ‹Troikos›, wohl sophistische Epideixis der Frühzeit (Homerwiderlegung); 12, ‹Olympikos› (Quellen der Gotteserkenntnis; Kunst und Gottesvorstellung, Rechtfertigung des Bilderdienstes durch Phidias; wichtig für die Ästhetik); 13, ‹Über die Verbannung›, in Athen gehalten; 31–35, Mahnreden an Rhodos, Alexandria, Tarsos, Kelainai; 36, ‹Borysthenitikos›, in Prusa gehalten (wichtig für Geschichte Olbias; mit kosmologischem Magiermythos); 38–51, Bithynische Reden (D. als Verwalter, Politiker, Stifter von Homonoia); 14–30, 52–63, 65–80, kürzere Schriften über ethische, politische, literarische und andere Themen (Dialexeis, Diatriben, Dialoge, Prolaliai usw.), so: 52, Synkrisis der ‹Philoktete› der 3 att. Tragiker; 58, ‹Achilleus›, wohl auch eine Paraphrase; 59, Paraphrase des Prologs des euripideischen ‹Philoktet›; 18, *Περὶ λόγου ἀσκήσεως,* Brief an einen Notablen über die Auswahl griech. Lektüre (bes. Xenophon; vgl. Dion. Hal. ‹Über Nachahmung› und Quintilian); 28–30, Trauerschriften (28–9 auf den Boxer ‹Melankomas›; 30 auf ‹Charidemos›); ferner Schriften über das Königsamt, Tyche, Ruhm, Tugend, Vertrauen, Neid, Reichtum, Gesetz, Sitte, Krieg und Frieden, Schmerz, Glückseligkeit, Freiheit und Knechtschaft usw. Ferner verfaßte D. (1) Schönrednerisches (sophist. Periode): → Paignia (Lob der Mücke; des Papageis; des Haupthaars, bei → Synesios erhalten); eine → Ekphrasis des Tempetals; ‹Memnon› (Ekphrasis?); (2) ‹Ob der Kosmos vergänglich ist›; ‹Enkomion Herakles'›; ‹Verteidigung Homers gegen Platon› in 4 Büchern; einen Oikonomikos; Weiteres s.o.; (3) Historisches: ‹Über Alexanders Tugenden›, in 8 Büchern (Alexanderideal → Trajans); ‹Getika› (Fragmente bei Iordanes); (4) Briefe (die erhaltenen sind wohl unecht) u.a.

[3] *Würdigung.* Für die Späteren wurde D. Klassiker der Dialexis und der schlichten Rede (neben → Xenophon und → Philostrat). Lockerheit und improvisatorischer Ton zeichnen vielfach D.s Stil aus, bes. der späteren Reden mit ihrem auf große Massen berechneten *διαλέγεσθαι;* dort auch verbinden sich Theologie und Kosmologie mit D.s ethisch-politischem Gedankenkreis. Erkennbar in D.s Schrifttum sind Einflüsse von Sokratik, Platon, Stoa (auch Kleanthes, Poseidonios), Kynismus (Antisthenes, Diogenes; Diatribe). Philanthropie ist für D. Leitwort. – D.s Reden sind eine wichtige Quelle für die Kulturgeschichte und Spezialgeschichte des griech. Ostens um 100 n. Chr. Die Sprache ist gemäßigt attizistisch; Stilvorbilder: Platon, Xenophon. D. wurde wichtig für Aelian, Maximus v. Tyrus, Sopatros, Themistios, Basilius, Julian, Synesios u.a.; s. auch Favorin, Polemon. – D. ist ein höchst subjektiver

Autor, dessen Ethos überall durch die Darstellung hindurchleuchtet. W. Sp.

Ed: Ed. princ.: Dionys. Paravisinus, 1476 – F. Turrisanus, vor 1551 (vgl. lat. Übers. von or. 11 von F. Filelfo, 1428) – H. v. Arnim, 1893/96 (grundlegend, mit Sachindices) – G. de Budé, BT, 1916–19 – J.W. Cohoon-H. L. Crosby, LCL 1932/51 – Papyri: H. J. M. Milne, JEA 16, 1930, 187–192 – Getika: FGrHist 707 – *Übers.:* H. Hommel, 1959 (or. 7) – G. de Budé, 1927. 1948. 1955 (or. 40. 18. 35, franz.) – *Lit:* H. v. Arnim, Leben und Werke des D., 1898 – W. Schmid, RE 5 (1905), 848–877 – Christ-Schmid, II 361–367 – Überweg-Prächter, I 222* – A. Setti, EI XII, 1931, 932f. – K. Gerth, RE Suppl. 8 (1956), 744–747 s. v. 2. Sophistik (Lit) – M. Cytowska, De D.is rhythmo oratorio, 1952 – J. Moling, D. u. die klass. Dichter, Diss. Innsbruck 1959 – F. K. Dörner, RE 23, 1 (1957), 1079f. s. v. Prusa – *Zu einzelnen Reden:* Or. 7: J. Day, in: Studies A. C. Johnson, 1951, 209–235 – Or. 12: J. Fink, AM 71, 1956, 90–97 – Or. 14: A. Garzya, Maia 12, 1960, 43–47 – Or. 32: F. Zucker, Philol. 101, 1957, 164–166 – Or. 36: A. Alföldi, Germania 30, 1952, 362–368 – G. Modemann, Diss. Bonn 1957 – Or. 38–51: C. Vielmetti, StIt 18, 1941, 89–108 – Or. 52. 59: J. S. Kieffer, ClPh 37, 1942, 38–50 – Or. 79/80: A. Garzya, StIt 33, 1961, 246–248.

Dione (fem. von *Ζεύς, Διός*), Tochter des Okeanos und der → Tethys (Hes. theog. 353) oder des Uranos und der Gaia (Orphiker). Bei Homer (Il. 5, 370ff.), nicht jedoch bei Hesiod, Gattin des Zeus und von ihm Mutter der Aphrodite. In Dodona (mit Zeus) sowie vor dem Erechtheion in Athen(?) verehrt. K. Schb.

Dionysia, ein Name, der ganz allgemein auf jedes Fest des Dionysos angewandt wird. In *Athen* gab es vier größere Feste, die so bezeichnet wurden: die → *Anthesteria* (‹die ältesten D.› bei Thuk. 2, 15), die → *Lenaia*, die D. *κατ' ἀγρούς* (die ‹ländlichen› D.) und die D. *ἐν ἄστει* (die ‹städtischen› D.). Die *ländlichen D.* wurden jeweils von den einzelnen Demoi oder von Gruppen benachbarter Demoi während des Monats Poseidon (Nov.–Dez.) gefeiert, wenn auch nicht notwendigerweise am gleichen Tag. Der größte Aufwand wurde bei den D. im Peiraieus, zuweilen einfach Peiraia genannt, getrieben, die vom athen. Staat finanziert wurden. Auch die Feier in Eleusis war berühmt. Eine Szene bei Aristophanes (Ach. 237–279) zeigt, daß der wesentliche Teil des Kults in einer phallischen Prozession bestand: zuerst kommen die Kanephoroi, deren Körbe die unblutigen Opfergaben enthalten, dann ein großer Phallos, der von einem oder mehreren Männern aufrecht gehalten wird, und zuletzt ein Chor, der die phallische Hymne singt. Es handelt sich um einen ursprünglich ländlichen Fruchtbarkeitsritus, dessen sympathetische Magie die schlafende Natur zur Mittwinterszeit neu beleben soll, und die Verbindung zu Dionysos ist, wenn auch nicht überraschend, so doch möglicherweise zufällig. Dionysos wird selbst niemals als ithyphallisch dargestellt, und die Landwirtschaft ist nur in geringem Umfang sein Bereich. Außer der Prozession schlossen die ländlichen D. auch dionysiastische → Komoi ein, deren Wettspiel die Entwicklung der att. → Komödie (I A) beeinflußte. Mit der Zeit wurden dramatische Aufführungen zu einem Bestandteil des Festes, und in den ländlichen Demoi Attikas wurden zu diesem Zweck Theater gebaut. – Die *städtischen* (oder Großen) D. entwickelten sich relativ spät, durch Peisistratos angeregt und vielleicht sogar eingeführt. Der Kult wurde von Eleutherai übernommen (daher der Beiname Eleuthereus für den Gott), und bei den Riten dienten die ländlichen D. zum Vorbild, obwohl die Feier mehrere Monate später, im Elaphebolion (Febr.–März), stattfand. Die Prozession mit dem Phallos wurde beibehalten, und dem Gott wurden vor der Akademie und bei seinem Kultbild bei dem Theater am Südhang der Akropolis Opfer dargebracht, aber die religiöse Seite des Festes wurde von der Bedeutung der dramatischen Darbietungen weit in den Schatten gestellt. Das Fest dauerte normalerweise fünf Tage, vom 9. bis zum 13., ohne gewisse Vorfeiern, die am 8. stattfanden, und der Gott selbst wohnte dem dithyrambischen Wettbewerb und den Tragödien, Satyrspielen und Komödien bei, die zu seiner Ehre gegeben wurden. So wie die → Panathenaia Stärke und Majestät Athens repräsentierten, so brachten die städtischen D. seine kulturelle Vorherrschaft am sinnfälligsten zum Ausdruck. Vgl. → Feste, → Theater A. F.R.W.

Lit: A. Pickard-Cambridge, The Dramatic Festivals of Athens, 1953, 40–126 – L. Deubner, Att. Feste, 1932, 134ff.

Dionysiades, Tragiker, 3. Jh. v. Chr., auch als Mitglied der Pleias (→ Hellenist. Dichtung D) genannt. P.H.

Dionysiodoros von Amisos, → Mathematiker, 2. Jh. v. Chr., gab eine Lösung der Aufgabe, eine Kugel durch eine Ebene in gegebenem Verhältnis zu teilen; schrieb über die → Speira (Torus). – W. Schmidt möchte die erste Leistung dem Dionysodoros v. Kaunos zuschreiben. H.G.

Lit: Sarton I 182 – W. Schmidt, Bibl. Math. (3), 4, 1903, 321–324.

Dionysios I., Syrakusaner, Sohn des Hermokritos, geb. ca. 430 v. Chr., Gegner des Demokraten → Diokles (5; verbannt 408/407) und Anhänger des Oligarchen → Hermokrates (gest. 408/407), dessen Tochter er 406/405 heiratete. Da die syrakus. Feldherren Akragas (das → Himilko (2) Ende 406 eingenommen hatte) nicht hatten retten können, bezichtigte sie D., der damals Sekretär des Strategenkollegiums war, vor der Volksversammlung des Verrats; der spätere Historiker → Philistos stand ihm mit Geld bei; er sicherte sich die Unterstützung der Masse, indem er die Reichen der Korruption anklagte: die Versammlung setzte die Strategen ab und wählte neue, unter ihnen D. selbst. Aber er bezichtigte auch seine Kollegen des Verrats und der Korruption, schmeichelte dem Volk durch wiederholte Angriffe auf die Reichen und erreichte so die Ernennung zum *στρατηγὸς αὐτοκράτωρ* (Frühj. 405). Dann fingierte er ein Attentat auf sich selbst und ließ sich eine Leibwache bewilligen; damit hatte er faktisch die Tyrannenmacht in Händen (Frühsommer 405); er beseitigte seine wichtigsten Gegner, konnte aber Gela und Kamarina nicht halten, die er Himilko überlassen mußte. Die Folge dieser Niederlage war ein Aufstand der Oligarchen, der sofort blutig unterdrückt wurde; unterdessen zwang eine Pestepidemie Himilko zum Vergleich: der für D. sehr ungünstige Friedensvertrag beraubte Syrakus der Vorherrschaft in Sizilien, bestätigte → Karthagos Herrschaft über die Insel, wobei Himera, Selinus, Akragas, Gela und Kamarina tributpflichtig wurden, und gewährleistete die Autonomie der andern Sikelioterstädte und der Sikuler (Ende 405). Sofort unternahm es D., Syrakus' Macht wiederherzustellen: er gab der Stadt ein starkes Heer (Söldner), befestigte Ortygia und baute die gewaltigen Verteidigungsanlagen des Euryalos; in Ostsizilien führte er mit wechselndem Glück Krieg (Gründung von → Tauromenion). 397 hielt er den Moment zum Überfall für gekommen: ein überwältigender Angriff führte ihn bis Motye; aber der von Himilko geführte ebenso überwältigende Gegenangriff zwang ihn zum Rückzug nach Syrakus; ihn rettete nur eine Epidemie, die das Belagerungsheer dezimierte. Himilko schloß darauf Frieden: Karthago sollte nur Motye, Panormos, Soloeis, Eryx, Egesta und Halikyai behalten; doch bestätigte der karthag. Senat den Vertrag nicht (396). D. machte sich bald zum Herrn der Insel (mit Ausnahme der karthag. Epikratie), indem er militärische Kolonien gründete (Söldner und Veteranen), Bündnisse schloß, Städte unterwarf oder zerstörte, ganze Bevölkerungen umsiedelte. 392 kam es dann zum Friedensschluß mit Karthago. Auf Beistand von Lokroi rechnend, eroberte D. in Unteritalien Rhegion (387) und Kroton (ca. 379), doch konnte er, trotz guter Beziehungen zu Tarent, Thurioi nicht einnehmen. Eine Strafexpedition gegen die tyrrhenischen Seeräuber führte ihn bis Pyrgoi in Etrurien und bis Korsika (384). Er kolonisierte Adria und Ankon an der italienischen Küste der Adria, Lissos und Issa in Illyrien. So schuf sich D. ein wirkliches Reich, was die Beziehungen zu Sparta von Grund auf änderte, so daß nun Syrakus Hilfe leistete, statt sie zu erhalten. In Sizilien führte unterdessen D. den Krieg gegen Karthago mit wechselndem Erfolg weiter: ein neuer Friedensvertrag (374?) legte die Grenzen der karthag. Epikratie auf die Flüsse Halykos und Himeras fest. Der Friede muß bald gebrochen worden sein, denn D. starb 367 während eines Feldzugs gegen die Karthager. Die literarische Überlieferung (→ Timaios, 3) hat D. gewiß zu düster dargestellt; man muß sich aber hüten, aus diesem skrupellosen Emporkömmling einen Helden zu machen. Wohl hat er die Sikeliotenstädte Ostsiziliens vielleicht vor der Besetzung durch Karthago bewahrt, vor allem hat er aber zur Selbstvernichtung der Griechen im Westen beigetragen. Sein Hof war ein Treffpunkt von Philosophen, Historikern und Dichtern (→ Platon; → Eudoxos (1) v. Knidos; → Philistos). Er selbst tat sich darauf etwas zugute, ein Dichter zu sein: an den Lenäen von 367 ließ er sich für seine Tragödie ‹Hektors Lösung› mit dem ersten Preis auszeichnen. Sein Sohn → D. II. wurde sein Nachfolger. R. V. C.

Lit: K. F. Stroheker, Dionysios I., 1958.

2. **D. II.,** Tyrann von Syrakus, Sohn → Dionysios' I. von dessen lokrischer Gattin Doris; geb. ca. 397 v. Chr. Seine Erziehung hatte ihn kaum auf die Regierung vorbereitet; doch gelang es ihm beim Tode seines Vaters (367), sich mit Einverständnis der Volksversammlung die alleinige Nachfolge zu sichern. Sobald er absoluter Herrscher des syrakus. Reiches geworden war, schloß er mit Karthago einen Frieden, der den bisherigen Zustand bestätigte (→ D. I.). Um sich ungehindert dem Vergnügen hingeben zu können, überließ er die Regierung dem → Dion. Dieser rief → Platon zurück (366), und der Einfluß der platonischen Ideen wurde in Syrakus bald fühlbar. Die Gegner Dions, angeführt von → Philistos, der von seinem Verbannungsort Adria zurückgekehrt war, erreichten bei D. Dions Verbannung (Spätsommer 366); Platon verließ Syrakus kurz darauf. Während der folgenden Jahre errang die Partei des Philistos die Oberhand. Ein neuer Aufenthalt Platons in Syrakus konnte die Politik des D. nicht ändern. Nachdem Dion 357–355 Syrakus erobert hatte, zog sich D. nach Lokroi, in die italienischen Gebiete seines Reichs zurück. Nach Dions Tod (354) herrschte in Syrakus zehn Jahre lang Anarchie: nacheinander waren Kallippos (354), Hipparinos, der Halbbruder des D. (353), und Nyseus, ein anderer Halbbruder des D. (351), an der Macht. 347 gelang es D., die Stadt zurückzuerobern, aber er konnte sich nur drei Jahre halten; → Timoleon befreite 344 Syrakus und Sizilien von der Tyrannis. D. beschloß sein Leben im Exil in Korinth. Er war willensschwach und ein Schlemmer; seine Politik hat viel zum Zusammenbruch der griech. Stellung im Westen beigetragen. R. V. C.

Lit: N. di Fede, Dionigi il Giovane, 1949.

3. **D.,** der Sohn des Kalliph(r)on, Herkunft und Zeit unbekannt (frühe Kaiserzeit?); Verfasser einer → Periegese Griechenlands in Jamben, von der 150 Verse, eine farblose Aufzählung von Küstenortschaften und Inseln zwischen Ambrakia und Korinth, Kreta und den Kykladen erhalten sind. F. L.

Ed: GGM I 238–243.

3a. **D.** der Bassariker, nicht genau datierbarer griech. Epiker der Kaiserzeit, Verfasser eines nur in wenigen Fragmenten faßbaren Gigantenepos (Gigantias) und der durch indirekte Überlieferung und einen Papyrusfund bruchstückhaft bekannten ‹Bassarika›, die wie die ‹Dionysiaka› des → Nonnos, in denen sie benutzt sind, den Zug des Dionysos nach Indien behandelten. E. V.

Frg: Heitsch 60–77 (Lit).

4. **D.,** Aelius, → Aelius (3).

5. **D. Areiopagites,** vom Apostel Paulus nach der Rede auf dem Areopag bekehrt (Apg. 17, 34); nach Eus. hist. eccl. 3, 4 und 4, 23 erster Bischof von Athen. Als Werk dieses D. gibt sich eine Reihe von Schriften mystischen Inhalts aus, die in der Lehre vom Bösen die Philosophie des Neuplatonikers → Proklos (gest. 485) voraussetzen, kaum vor der Mitte des 5. Jh.s entstanden sein können. Die Schriften des Ps.-D., den mit einem bekannten Theologen des ausgehenden 5. Jh.s zu identifizieren intensiver Forschung bisher nicht gelungen ist, sind: (1) De divinis nominibus; (2) De mystica theologia; (3) De ecclesiastica hierarchia; (4) De caelesti hierarchia; (5) elf Briefe. Von neuplatonischer Ontologie und ihrem triadischen System bestimmt, die kosmische Emanations- bzw. Retroversionslehre mit einem christl. Gottesbegriff verbindend, wird die Soteriologie zu einem metaphysischen Vergottungsprozeß, in dem die Sakramente der Kirche eine wesentliche Rolle spielen. Die stark von gnostischen Elementen durchsetzte Mystik hat auf das Abendland tiefen Eindruck gemacht, vor allem nachdem 827 Kaiser Michael II. König Ludwig dem Frommen eine (erhaltene) Hs. der Schriften des Ps.-D. schenkte; seither verschmilzt in der Abtei St. Denis bei Paris der Kult des Märtyrers D. von Paris mit dem des Ps.-D. Nachmals hat Scotus Eriugena den Ps.-D. übersetzt. Erst L. Valla († 1457) äußerte Zweifel an der Echtheit. H. D.

Ed: PG 3 u. 4 – G. Heil, L'hiérarchie céleste, SC 58, 1958 – *Lit:* J. Stiglmayr, Der Neuplatoniker Proclus als Vorlage des sog. D., HJ 16, 1895, 253 ff. und 721 ff. – H. Koch, Pseudo-D. in seinen Beziehungen zum Neuplatonismus und Mysterienwesen, Forsch. z. christl. Lit.- u. Dogmengesch. I 2/3, 1900 – P. G. Théry, Etudes D.-ennes, 1–3 (mit Ausg. der lat. Übersetzung des Hilduin) 1932. 1937. 1938 – R. Roques, L'univers D.-en, Etudes publ..... Fac. théol. S. J. de Lyon-Fouvière 29, 1954 (Bibliogr.) – E. Turolla, D., 1956 (mit ital. Übers.) – Ders., RAC 1957, 1075–1121.

6. **D. Chalkūs,** Politiker und Elegiker aus Athen, 5. Jh. v. Chr., bei der Gründung von → Thurioi (444) beteiligt; den Beinamen Chalkūs bekam er von einem Antrag auf Einführung von Kupfermünzen. Seine → Elegien haben sympotischen Inhalt (u. a. über das → Kottabos-Spiel); als Kuriosität wird erwähnt, daß einige mit dem Pentameter begannen. E.-M. V.

Frg: Anth. Lyr.³ 1, 88 ff.

7. **D. Exiguus,** aus der Scythia minor, ca. 500–545 Mönch in Rom, übersetzte griech. Väterschriften, veranstaltete die in der Folge am weitesten verbreitete Sammlung von Kirchenrechtsquellen (→ Konzilsakten; → Kanones) und verfaßte chronolog. Schriften; auf ihn geht die christl. → Zeitrechnung (erstmals 532 angewandt) zurück. H. Kr.

Q: PL 67 – *Lit:* Altaner, 443 f. (Lit) – W. M. Peitz, Dionysius-Exiguus-Studien, 1960.

8. **D. Perihegetes,** griech. Dichter zur Zeit Hadrians (117–138 n. Chr.; vgl. das Akrostichon V. 513–532), Verfasser von Lehrgedichten, u. a. einer uns erhaltenen Beschreibung der Oikumene (sog. → Perihegese) in 1187 nach Art des Kallimachos gebauten Hexametern, die bis in byzantinische Zeit viel gelesen, kommentiert (→ Eustathios), paraphrasiert und (frei) übersetzt wurde (→ Avienus (3) → Priscianus) und auch als Schulbuch gedient hat. E. V.

Ed: GGM 2, 103–176.

9. **D. Skytobrachion** (‹Lederarm›), alexandrin. → Mythograph, 2. Jh. v. Chr.; behandelte in romantisch-euhemeristischer Manier u. a. die Dionysos-, Amazonen-, Argonauten- und Troja-Sage. Ethischer Tendenz entspringt seine Vorliebe für die ‹Kulturträger› unter Göttern und Heroen, wie Dionysos, Athene und Herakles. Die Überlieferung hat er öfters gefälscht. Benutzt von → Diodor. – D. bearbeitete vielleicht die lydische Geschichte des → Xanthos (FGrHist 32 T. 6, vgl. aber D. v. Samos). M. v. d. V.

Frg. u. Lit: FGrHist 32.

10. **D. Thrax,** alexandrin. Philologe und Grammatiker, 2. H. 2. Jh. v. Chr., Schüler des → Aristarch (2), Lehrer des → Tyrannion d. Ä. Setzte auf dem Gebiet der Homerphilologie das Werk seines Lehrers fort. Aus dieser Tätigkeit entstand seine *Τέχνη γραμματική*, die älteste bekannte Darstellung der alexandrin. → Grammatik, die er als Sprach- und Literaturwissenschaft zu systematisieren versucht (bes. die Unterteilung der Redeteile). Er versteht sie als Erfahrungswissenschaft (*γραμματική ἐστιν ἐμπειρία τῶν παρὰ ποιηταῖς τε καὶ συγγραφεῦσιν ὡς ἐπὶ τὸ πολὺ λεγομένων*).

Das knappe, von manchen Forschern für unecht gehaltene Werk erschöpft sich gänzlich in prägnanten Definitionen (Philologie, Gliederung, Redeteile) unter Ausschluß der Flexionslehre. Es hat eine umfangreiche Scholienliteratur hervorgerufen. Noch in der Antike entstand eine Bearbeitung für die armenische Sprache. M. Gl.

Ed: GrGr I 1 (Text, ed. Uhlig); I 3 (Scholien, ed. Hilgard) – *Lit:* V. di Benedetto, Dionisio Trace e la tecne a lui attribuita, Ann. Pisa 2,27, 1958, Fasc. 3–4 – M. Fuhrmann, Das systemat. Lehrbuch, 1960, 29–34 (Lit); 145f.

11. **D. d. Gr. v. Alexandria,** seit 231/2 Leiter der Katechetenschule dort, dann 247/8 Bischof, überstand die Verfolgung unter → Decius durch Flucht, unter → Valerian dank Verbannung; starb geraume Zeit nach seiner Rückkehr nach Alexandria (264/5). Aktiver Kirchenpolitiker, der zuerst die Osterfestbriefe (Angabe des Ostertermins) für Kundgebungen zu Streitfragen nutzte und literarisch sehr rege war, wie Exzerpte bei → Eusebius beweisen. Der Traktat ‹Über die Natur› wollte die Epikureer widerlegen, die 2 Bücher ‹Über die Verheißungen› den → Chiliasmus bekämpfen, während die 4 Bücher ‹Widerlegung und Verteidigung› seine trinitarischen, von → Origenes beeinflußten Anschauungen gegenüber seinem bischöflichen Namensvetter in Rom verteidigen sollten. Fragmente eines Koheletkommentars bei → Prokop (2) v. Gaza. C. A.

Q: Eus. hist. eccl. 6,45; 7,24, 4–26,3; praep. ev. 7,19; 14,23–27 – *Ed:* Ch. L. Feltoe, 1904 – *Lit:* Altaner, 187 – Dazu: P. Nautin, Lettres et écrivains chrétiens des 2e et 3e siècles, 1961.

12. **D. von Argos,** Bildhauer. Um 460 v. Chr. tätig. (Paus. 5, 26, 2–3) überliefert von ihm eine umfangreiche Statuengruppe, die Mikythos nach Olympia geweiht hat: Götter (Kore, Demeter, Aphrodite, Ganymed, Artemis, Asklepios, Hygieia, Agon, Dionysos, unbärtiger Zeus) und Dichter (Homer, Hesiod, Orpheus). Fragmente der Basis sind an Ort und Stelle wiedergefunden worden. Nach den Standspuren war bei der etwas unterlebensgroßen Gruppe das Zurücksetzen des Spielbeines in der Weise des → Polyklet bereits verwendet. Von dem Orpheus glaubt man Kopien nachweisen zu können. Ein Homertypus der Zeit ist im sog. Epimenides erhalten. Ebenfalls in Olympia stand von Dionysios ein Pferd mit danebenstehendem Lenker (Paus. 5, 27, 1). E. Bg.

Lit: J. Sieveking, in: Brunn-Bruckmann, zu Taf. 698 – Lippold, GrPl, 103 – C. Anti-G. Cressedi, EAA III, 1960, 117, Nr. 1.

13. **D. von Byzanz,** 1. oder 2. Jh. n. Chr. Verfasser des ‹Anaplūs Bospori Thracii›: minutiöse → Perihegese des Bosporus in attizistisch-rhetorischem ‹Schriftsteller›-Stil, pedantisch Mythologie und Geschichte betonend. F. L.

Ed: R. Güngerich, D. Byzantinus, Anaplus Bospori, 1927.

14. **D. von Milet,** angeblich Zeitgenosse des → Hekataios (3) von Milet, der Troika in 3 Büchern, eine Beschreibung der gesamten bewohnten Erde (*Περιήγησις οἰκουμένης*), Persika, eine Geschichte der Zeit nach Dareios in 5 Büchern und einen *ἱστορικὸς κύκλος* in 7 Büchern geschrieben haben soll. Es ist kaum glaublich, daß es diese Werke in so früher Zeit gegeben haben sollte, von denen bei → Herodot keinerlei Spuren zu finden sind und aus denen auch sonst nichts von Bedeutung zitiert wird (anders Jacoby). K. v. F.

Frg. u. Komm: FGrHist 687.

15. **D. von Milet,** → Rhetor, 2. Jh. n. Chr., Schüler des Syrers → Isaios (2); viel auf Reisen, wirkte zuletzt in Ephesos. Von Hadrian ausgezeichnet. Lehrer des → Alexandros (11 a) Peloplaton und des → Antiochos (8a) von Aigai. W. Sp.

Lit: W. Schmid, RE 5 (1905), 975 – J. Keil, Vertreter der zweiten Sophistik in Ephesos, ÖJh 40, 1953, 5–7 (Lit).

16. **D. von Halikarnaß,** griech. → Geschichtsschreiber und Lehrer der → Rhetorik, der den völligen Sieg des → Attizismus über den → Asianismus verkündete. D. kam ca. 30 v. Chr. nach Rom. Er hinterließ ein umfangreiches, vielseitiges Schrifttum:

[1] *Rhetorisch-kritische Schriften: Über Wortfügung* (De compositione verborum), Geburtstagsgabe für einen Schüler, wichtig für unsere Kenntnis des antiken Sprachgefühls (Synthesis in Wörtern, Kola, Perioden; Sprachmelodie, Rhythmos, Metabolē, Prepon; Kunstprosa, Prosa und Poesie; Lehre der 3 ‹Harmonien›. In den Beispielen aus Prosa und Poesie sind u. a. Sapph., Fr. 1 D.; Simon. Fr. 38 P. überliefert); auch eine *Epitome* ist erhalten. – *Über Nachahmung*, an Demetrios, 3 Bücher (Mimesis, Musterautoren; für Schulzwecke), fragmentarisch erhalten (vgl. Quint. inst. 10; Dion Chrys. 18; Cic. Hortensius). – *Über die alten Redner*, an Ammaios, wohl unvollendet (Hypereides und Aischines fehlen). Das erste Buch bespricht → Lysias (als besten Kanon für att. Sprache), → Isokrates, → Isaios u. a.; das zweite ‹Demosthenes›: Demosthenes gilt als Ideal schlechthin; nur der Stil ist behandelt, auch hier ist der Mimesisgedanke maßgebend. – *Über Deinarchos* (mit Echtheitsfragen). – *1. Brief an Ammaios:* Demosthenes konnte noch nicht → Aristoteles' Rhetorik benutzen. – *2. Brief an Ammaios:* Stilcharakteristik des Thukydides (wozu D. Kommentare benutzte). – *Brief an Cn. Pompeius Geminus:* Rechtfertigung für D.' Tadel an Plato, Charakteristik der Haupthistoriker. – *Über Thukydides*, an Q. Aelius Tubero: gegen die Thukydides-Begeisterung; auch hier ist der Mimesisgedanke Ausgangspunkt für Analysen des Stils und des Inhalts. Die Schrift ist wichtig auch für vorherodoteische Geschichtsschreibung. – Verloren ist eine Figurenlehre, eine Streitschrift gegen die Epikureer (?): ‹Über die polit. Philosophie› (→ Rhetorik). – Unecht eine ‹Techne›, die ein Aggregat von Schriften über die rhetorische Theorie darstellt. – D. zeigt sich in den genannten Schriften nicht als bedeutende Persönlichkeit, fällt aber durchaus aufrichtige, nicht immer erschöpfende, aber oft treffende Urteile, die er in einer nach isokrateischem Vorbild periodisierten Sprache niedergelegt hat. Für das spätere Altertum galt er als Stilkritiker schlechthin. Bei Beurteilung des klassischen Prosastils ist seine Stellungnahme auch heute noch unentbehrlich.

[2] *Das Geschichtswerk*, 20 Bücher ‹Röm. Archäologie› (Antiquitates Romanae), in Rom in 22 Jahren erarbeitet (Vorrede 7 v. Chr. verfaßt), umfaßt die der von → Polybios dargestellten Epoche vorangehende Geschichte. Erhalten sind Buch 1–10 (bis Mitte 5. Jh. v. Chr.) und Buch 11 lückenhaft; das übrige in den Konstantin. Exzerpten der Mailänder Epitome (A. Mai) und bei Stephanos (3) von Byzanz. Das Werk soll D.' Stilideal exemplifizieren und Politiker und Philosophen belehren, Leser unterhalten (‹schöner, nützlicher Gegenstand›); es preist röm. virtus (für die Römer wird griech. Ursprung behauptet). Es wendet sich bes. an Griechen, aber auch an Römer. Die Ereignisse der Königszeit sind nach Sachgruppen (Krieg, Frieden), die der Folgezeit annalistisch angeordnet. Die zumal anfangs viel breitere Darstellung läßt im Vergleich mit dem Künstler Livius Schönheit und Romantik vermissen; jedoch ist D. ein guter Stilist und verschmäht nicht Dramatisch-Pathetisches (hellenist. Tradition) und viele, lange Reden. – *Quellen:* Annalistik u. a.; oft Berührungen mit Livius. Benutzt von Plutarch; vgl. auch → Juba, → Appian, → Dio Cassius. – Sprache: früherer Attizismus (Dual, Optativ, *οὐ* usw.); Klassikerreminiszenzen (Herodot, Thukydides, Isokrates, Xenophon, Demosthenes); viel Hellenistisches in der Wortwahl; Fremdwörtern gegenüber spröd. – Phot. bibl. cod. 84 kannte auch einen Auszug der Archäologie in 5 Büchern. – Verloren ist eine Vorarbeit über chronologische Fragen (*Περὶ χρόνων*), bes. über zeitliche Zusammenhänge zwischen griech. und röm. Fakten. W. Sp.

Ed: Ed. princ. (opera omnia): F. Sylburg, 1586 – *Rhetorica:* Teilausgaben ab 1493 – H. Usener-L. Radermacher, BT 1899–1929 – *Anm. 1:* H. Weil, 1878 – *Anm. 1/2; Pomp.:* W. Rhys Roberts, 1901 – *Comp. verb.:* Ders., 1910 – *Thuk:* G. Pavano, 1958f. Ed. princ.: R. Stephanus, 1546 (lat. Übers. v. Lapus Biragus, 1480) – *Ant. Rom.:* C. Jacoby, BT 1885–1925 (Indices; s. auch Ausg. v. J. J. Reiske, 1777) – E. Cary,

LCL 1937–1950 (Lit.) – *Frg:* FGrHist 251 – *Lit:* E. Schwartz-L. Radermacher, RE 5 (1905) 934–971 – M. Valgimigli-P. Fraccaro, EI 12, 1931, 939–941 – S. F. Bonner, The Lit. Treatises of D. H., 1939 (Lit) – G. Lehnert, Bursian 285, 1944/55, 132–135 – Lesky 886f.; 901f. – K. Pohl, Die Lehre von den 3 Wortfügungsarten, Diss. Tübingen 1965.

17. **D. von Herakleia** am Pontos, → Stoiker, Schüler des → Zenon (3) v. Kition; der ‹Überläufer› genannt, weil er sich nach einer schmerzhaften Krankheit zum Hedonismus bekannte. M. S.

Frg: SVF I 93–96.

18. **D. von Samos,** → Mythograph, wohl frühe hellenist. Zeit. Schrieb einen ‹Kyklos Historikos› in 7 Büchern (Nacherzählung mythischer Geschichte in Prosa). Oft wunderliche Begebenheiten, aber keine romantische Darstellung. Gelegentlich gelehrte Anmerkungen. Ob D. über pers. Geschichte gehandelt hat, ist fraglich (FGrHist 15 T. 2, → D. (9) Skytobrachion). M. v. d. V.

Frg: FGrHist 15 – *Lit:* Ed. Schwartz, RE 5 (1905), 932–934.

19. **D. von Sidon,** Schüler Aristarchs, 2. H. 2. Jh. v. Chr., befaßte sich mit textkritischen Fragen bei Homer und Pindar. Er war, besonders in Fragen der Flexion und der Prosodie, strenger Analogetiker (→ Analogie). H. E.

Lit: L. Cohn, RE 5 (1903), 983f.

Dionysios, vgl. auch → Aelius, → Cassius.

Dionysos (auch Bakchos; lat. → Bacchus), in der abendländischen Literatur und Kunst unendlich oft als Weingott verherrlicht, eine der eigenartigsten griech. Göttergestalten. In seinem ursprünglichen Wesen schwer faßbar; seine Herkunft sowie Zeit und Weg der Ausbreitung seines Kultes in Griechenland sind auf Grund des bisher vorliegenden Materials noch nicht eindeutig bestimmbar; weitere Klärung darf man aber vielleicht aus dem Fortgang der Entzifferung von Dokumenten in → kret. Schrift (Linear B) erhoffen.

[1] *Name und Herkunft.* Im ersten Glied des Namens D. hat man den Genitiv von Zeus (*Διός*) erkennen wollen; das zweite Glied erinnert an das legendäre Nysa, wo D. aufgewachsen sein soll, auch hat man nysos als ‹Sohn, Kind› gedeutet, D. also als ‹Sohn des Zeus›. Der Name seiner Mutter im Mythos, Semele, entspricht offenbar dem phryg. Wort für ‹Erde›: damit wäre sie als eine alte thrak.-phryg. Erdgöttin gekennzeichnet. Bakchos, der andere in Griechenland übliche Name des Gottes, ist ein lyd. Wort. – D. und sein Kult sind von außen nach Griechenland eingedrungen. Im Altertum wurden sowohl → Thrakien als auch → Phrygien bzw. → Lydien als Ursprungsland angesehen (die Phryger sind ein thrak. Volk, das in Kleinasien Nachbar der Lyder wurde); von dort hat der D.-Kult in der Tat mindestens starke Impulse erhalten. Homer kennt D. bereits (vor allem Il. 6, 130ff.), doch spielt in der Religion der Adelsgesellschaft seiner Zeit D. neben den großen olympischen Göttern – ähnlich wie Demeter – eine ganz unbedeutende Rolle. Auf welche Widerstände die Ausbreitung des D.-Kultes stieß, wird aus Mythen deutlich (→ Pentheus; s. u.). – Die Lesung des Genitivs von D. auf einem kleinen Tontafelbruchstück von Pylos (aus dem 2. Jt. v. Chr.) vor einigen Jahren hat schnell zu weitreichenden Hypothesen geführt, ist aber noch nicht zuverlässig ausgewertet. – Jedenfalls gehört D. nicht in den Kreis der eigentlich griech., d. h. indogermanischen Götter, vielmehr kommen in ihm offenbar Elemente einer andersgearteten Religiosität zum Ausdruck: diese mögen z. T. von den Ureinwohnern Griechenlands stammen (Beziehungen zu Kreta; vgl. den Mythos von D. und → Ariadne) und zeitweilig zurückgedrängt gewesen sein. Zunächst aber ist die D.-Religion nach allem, was wir darüber wissen, aus dem Raum von Thrakien bzw. von Nordwest-Kleinasien ausgegangen, ist von dort aufs stärkste beeinflußt und fand dann Unterstützung in alten religiösen Neigungen bei der Bevölkerung im griech. Mutterland.

[2] *Wesenszüge.* In der griech. Literatur sind für D. zwei Wesensarten charakteristisch: 1. ist er ein Vegetationsgott, Spender der Fruchtbarkeit und Beschützer der Baumzucht, und von daher bes. Gott des Weinbaus und des Weines. Als → Vegetationsgott steht er dem in Asien verbreiteten Typ von Göttern nahe, die als Abbild des Naturlebens im Winter sterben bzw. in Schlaf sinken, um im Frühjahr neu geboren zu werden bzw. zu erwachen. Hierher gehört der Mythos von der Geburt des D. und der Pflege des göttlichen Kindes durch Naturwesen. Die → Anthesterien sind ein solches Fest der → Epiphanie des D. im Frühling, in Athen verbunden mit der Öffnung der Fässer und der Einsegnung des neuen Weines; gleichzeitig wird wohl dabei nach den Winterstürmen die Schiffahrt feierlich wieder eröffnet (vgl. andere Beziehungen des D. zum Meer, z. B. die Sage von den tyrrhen. Seeräubern im homerischen D.-Hymnos; Prozessionen, in denen D. im Schiffskarren einherfährt). Der → Phallos gehört als Fruchtbarkeitssymbol zu allen D.-Festen, der Gott selbst wird allerdings niemals phallisch dargestellt. – 2. Während die olympischen Götter mit vornehmem Abstand über die Menschen regieren, kommt D. selbst auf die Erde und zwingt alle Menschen, bes. die Frauen, in seinen Dienst. Er erscheint mit einem lärmenden Gefolge von halbgöttlichen und halbtierischen Wesen (→ Nymphen, → Satyrn und Silenen u. a.) – er selbst oft in Tiergestalt, am liebsten als Stier (→ Tierkult). Im Winter finden seine meist nächtlichen → orgiastischen Kultfeiern statt, bei denen Frauen, den → Thyrsos schwingend und Fackeln tragend (→ Mänaden, → Bacchen, → Thyiaden), sich ihm als → Thiasos anschließen. Dabei geraten sie – wie der Mythos erzählt – in → Ekstase (aber ursprünglich keineswegs durch Weinrausch) und werden ‹des Gottes voll› (→ Enthusiasmos); sie drehen sich im wirbelnden Tanz und sind der → Epiphanie des Gottes gewiß, wenn sie Milch, Honig und Wein aus dem Boden hervorquellen sehen. In höchster Verzückung ergreifen sie Tiere, die ihnen begegnen, und zerreißen und verschlingen sie roh (Omophagie: vermutlich als ein primitiver sakramentaler Akt zu deuten, bei dem der Mensch sich den Gott und seine Kraft einverleiben will). – Die überlieferten Schilderungen dieses Orgiasmus sind alle dichterisch-literarisch (z. B. in → Euripides' ‹Bacchen›); es läßt sich daher im einzelnen schwer feststellen, wieweit Orgiasmus und Omophagie in den offiziellen D.-Kult griech. Staaten Eingang gefunden haben. Jedenfalls sind Verkleidung und Maskierung (als tierische und halbtierische Gestalten) immer eng mit allen festlichen Aufzügen im Gefolge und zu Ehren des D. verbunden, der Gott selbst wird oft durch eine → Maske dargestellt. Bei solchen D.-Festen werden alle schöpferischen Seelenkräfte des Menschen gesteigert, und in diesem Zusammenhang hat man auch die Entstehung des Dramas zu sehen (→ Dithyrambos, → Tragödie, → Komödie). – Der Kult des ‹schwärmenden›, alle Bande sprengenden Gottes, der seinem Wesen nach ursprünglich ganz ungriechisch, ja fast barbarisch anmutet, wurde dem griechischen Wesen angepaßt und in geordnete Bahnen gelenkt; es hat geradezu symbolische Bedeutung, daß z. B. in Delphi D. *neben* Apollon in den heiligen Bezirk aufgenommen wurde. – Vgl. → Dionysien, → Lenäen, → Mysterien. K.-H. R.

Lit: O. Kern, RE 5,1 (1903), 1010–46 – W. F. Otto, D., 1933 – Nilsson I 564–601 – H. Jeanmaire, D., 1951 – K. Kerényi, Die Herkunft der D.-Religion, 1956.

[3] Im *Mythos* ist D. Sohn des → Zeus und der → Semele, durch den Blitzschlag, der Semele verzehrt, vergöttlicht, von Zeus aus der Asche der Mutter gerettet, in seiner Lende ausgetragen, von einer Amme, → Ino, danach von den Nymphen von Nysa aufgezogen. Grausam verfolgt er alle, die seine Macht nicht anerkennen oder seinen Kult nicht zulassen oder teilen wollen: → Lykurgos, König von Thrakien, wird blind, → Pentheus von Theben (Böotien war ein altes Zentrum des D.-Kultes) von seiner Mutter, → Agaue, und anderen Verehrerinnen des D. in Raserei zerrissen; die

Töchter des → Minyas in Orchomenos von Spukgestalten und Geschichten irrsinnig gemacht, bis sie den Sohn einer der ihren, der Leukippe, als Opfer zerreißen; die Töchter des → Proitos in Argos oder alle Argiverinnen vom Wahnsinn umgetrieben; die tyrrhen. Seeräuber, die ihn an einer Küste erblickten und als vermeintlichen Königssohn fesselten, springen aus Angst von Bord, als die Fesseln von D. abfallen, das Schiff Wein verströmt, der Mast zum Weinstock und der Gott selbst zum Löwen wird, sie werden in Delphine verwandelt (Hom. hymn. Dion.). Daneben stehen die Mythen von der friedlichen Ausbreitung des D.-Kultes: dem → Ikarios, König von Attika, der ihn freundlich aufnimmt, dem → Oineus von Kalydon u. a. schenkt er den → Wein. Einen Siegeszug des D. ins Innere Asiens kennt Euripides (Bakch. 13 ff.), aber erst die Propaganda → Alexanders d. Gr. und der Diadochen hat ihn zum Zug nach Indien (mit von Panthern gezogenem Triumphwagen) ausgeweitet, den → Nonnos (‹Dionysiaka›) beschreibt. In der Unterwelt bittet D. seine Mutter, → Semele, frei, die dann eine Göttin wird. Auf Naxos verbindet er sich mit der von Theseus verlassenen → Ariadne; ihre Kinder sind → Staphylos, → Thoas, → Oionopion und Peparethos. L.H.

Q: Eur. Bakch. passim.; Apollod. 3, 26 ff.; 38; Cat. c. 64, 116 ff.
Darstellungen: D. erscheint verhältnismäßig spät in der Kunst. Älteste erhaltene Statue des D. aus Ikaria (Lippold, GrPl 76), Sitzbild. Vielleicht ist auch eine weitere, um 530 zu datierende Sitzstatue auf D. zu beziehen (N. Kyparissis, Deltion 1930/31, 119–136; Lippold, GrPl 76). Früher ist D. in der Vasenmalerei, bes. bei → Gigantomachien (F. Vian, La guerre des géants, 1952, passim). Hierbei trägt D. mehrfach einen Panzer und ist meist von wilden Tieren begleitet, wie er sie auch sonst oft als Gespann führt (Schauenburg, Gymn. 64, 1957, 217–230). Die älteste Wiedergabe auf einer Vase bietet eine Sianaschale (Beazley, ABV 60): Büste des D. neben Büste der Ariadne. – Bis ins spätere 5. Jh. ist der Gott meist bärtig, dann vorwiegend jugendlich. Berühmtes Standbild des bärtigen D. aus dem 4. Jh. der sog. Sardanapal (G. Lippold, Vatikankatalog III 2, 61–65). Wichtigste *Attribute* des D.: Efeukranz, Thyrsosstab, Weinranke, Mitra (Picard, in: Mél. Glotz II, 1932, 707–721). – Unter den großen Gottheiten wurde D. am häufigsten dargestellt, bes. in der unterital. Vasenmalerei. Mehrfach, bes. im 6. und 5. Jh., auch als bärtige Maske wiedergegeben (Nilsson, I 208. 572). Einige Vasenbilder zeigen die Reise des D. über das Meer (Beazley, ABV 146, 21; 639, 100; Neutsch, MarbJbKw 15, 1949/50, 46 f.). Sepulkrale Bezüge werden u. a. durch ein von dem Gott gehaltenes Ei angedeutet, bes. in Böotien (Schauenburg, in: Charites, Festschr. E. Langlotz, 1957, 170–174; JdI 68, 1953, 63–72). Zahlreiche röm. Statuen gehen auf Vorbilder des 4. Jh.s oder des Hellenismus zurück oder bilden diese um (vgl. unter anderem Lippold, GrPl 261. 264). Berühmt war ein D. des Alkamenes, der ins spätere 5. Jh. gehörte (Langlotz, 108. BWPr. 1952, 1–17; vgl. auch die Statuen BCH 83, 1959, 315–335: 5. und 4. Jh.). Bes. oft wurde D. zusammen mit Ariadne wiedergegeben, bes. auf Vasen und Wandgemälden (Schefold, WP, passim; G. Lippold, GK 47–52). In der Kaiserzeit waren die dionysischen Sarkophage ungemein verbreitet (K. Lehmann-Hartleben-Olsen, Dionysiac Sarcophagi in Baltimore, 1942; A. Bruhl, Liber Pater, 1953). – *Lit. dazu:* E. Homann-Wedeking, Dioniso, EAA III, 1960, 112–114. K. Schb.

Diopeithes, athen. → Chresmologe, bringt um 430 v. Chr. (Plut. Per. 32, 2) ein → Psephisma ein, um Eisangelien wegen → Asebie zu ermöglichen (Rechtsgrundlage der Prozesse gegen → Anaxagoras und → Sokrates), oft in der Komödie verspottet als einflußreich und habgierig (Aristoph. equ. 1085; vesp. 380; av. 988; Ameips. Fr. 10 K.), vielleicht identisch mit dem Chresmologen, der in den Nachfolgestreit zwischen Bruder und Sohn des Agis von Sparta eingreift (Xen. Hell. 3, 3, 3; Plut. Ages. 3, 6; Lys. 22, 10). C.J.C.

Lit: W. R. Connor, Two notes on D. the seer, ClPh 58, 1963, 115 bis 118.

2. **D.,** nur inschriftlich bekannter Dichter der alten → Komödie (I B); siegte erstmals an den Dionysien zwischen → Kratinos und → Krates. Th.G.

3. **D. von Sunion,** wohl 343/342 mit Kleruchie in die thrak. Chersones gesandt, ging auch gegen das mit → Philipp II. v. Makedonien verbündete Kardia vor, was zum Bruch des → Philokratesfriedens führte, zumal die attische Kriegspartei, bes. → Demosthenes (1) in seiner 8. Rede, sich hinter D. stellte. E.Bn.

Diophantos von Alexandria, Mathematiker um 250 n. Chr. Seine Arithmetik (13 Bücher, davon 6 erhalten) behandelt zahlentheoretische und algebraische Probleme ohne die sonst vielfach übliche geometrische Einkleidung. Stellenweise sind babylon. Einflüsse bemerkbar (Näheres → Arithmetik, 4). – Erhalten ist ferner eine Schrift über → Polygonalzahlen (→ Figurierte Zahlen). Von einem Werk → Porismata ist einiges in der Arithmetik zitiert. H.G.

Ed: C. G. Bachet, 1621 (ed. princeps), erneuert von S. Fermat (mit Anm. von P. Fermat), 1670 – P. Tannery, 1893–95 – *Übers:* T. L. Heath (1885), 1910² (engl. Bearb.) – P. VerEecke (1926), 1959 (franz.) – A. Czwalina, 1952 (deutsch).

Dioptra, astronomisches Instrument, ein einfaches Sehrohr, bestehend aus einem etwa 2 m langen hölzernen Richtscheit, an dem in einer Rinne eine kleine senkrechte

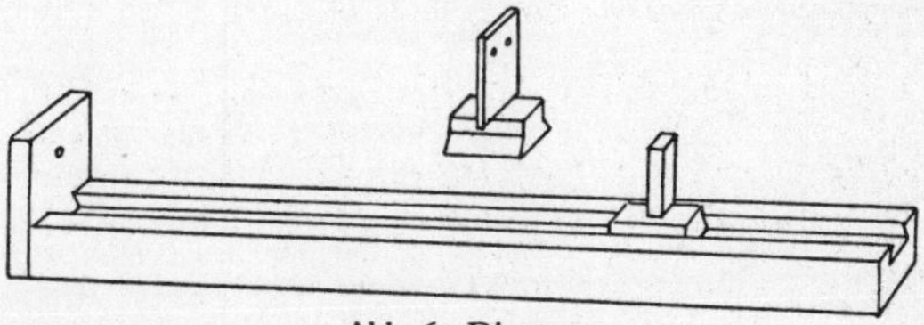

Abb. 62 Dioptra

Metallplatte hin und her geschoben werden konnte. Vom einen Ende der Scheibe wurde die Sonne oder der Mond anvisiert und das Plättchen so weit verschoben, bis es die Sonnen- oder Mondscheibe bedeckte. Aus der Stellung des Plättchens auf dem Richtscheit konnte der scheinbare Winkel der Scheibe berechnet werden. S.S.

Lit: F. Hultsch, RE 5, 1 (1903), 1073–79 – D. Price, in: C. Singer A History of Technology III, 1957.

Dioptrik, nicht Refraktionstheorie, sondern Bau und Verwendung der → Dioptra, des Visiergerätes der → Feldmesser. Musterbeispiel: → Herons Vermessungslehre und Dioptra (ed. Schöne, 1903). A.Lj.

Diorit, hartes, graugrünes Tiefengestein. Der bes. zu plastischen Bildwerken verarbeitete Stein kommt in Ägypten, aber auch im Schwarzwald und den Vogesen vor. C.K.

Lit: Blümner, Technologie III 25, 5.

Djoser, ägypt. König der 3. Dynastie, etwa 2635–2615. Er erbaute die erste Pyramide aus Stein (Stufenpyramide bei → Saqqara); sein Baumeister war der später als Gott verehrte Imhotep. W. Hk.

Dioskuren, die ‹Söhne des Zeus› bzw. des → Tyndareos und der Leda, Kastor (= K.) und Polydeukes (Pollux; = P.). K. ein berühmter Rossebändiger, P. großer Faustkämpfer. Beide galten als Helfer in Not, bes. in Seenot (erscheinen im St. Elmsfeuer), aber auch in Schlachten (bes. am Sagra, 560 v. Chr, auf seiten von Lokroi; am See Regillus auf seiten der Römer: Cic. nat. deor. 2, 6; 3, 1; Justin. 20, 3; Dion. Hal. 6, 13). Die D. führen die von → Theseus geraubte Schwester → Helena zurück, als jener im Hades weilt. Teilnehmer an der → Kalydon. Jagd und am → Argonautenzug, wo P. den Bebryker Amykos im Boxkampf besiegt (Apoll. Rhod. 2, 1 ff.). Weil sie die Bräute der Aphareussöhne → Idas und → Lynkeus, die Töchter des Leukippos (Hilaeira und Phoibe) rauben (Ov. fast. 5, 699 ff.) oder wegen der Verteilung einer geraubten Rinderherde (Pind. Nem. 10, 55 ff.; Apollod. 3, 136), geraten sie mit diesen in Streit: K. und Lynkeus fallen, → Idas wird von Zeus getötet. P. bittet, seine Unsterblichkeit mit K. teilen zu dürfen, und beide leben nun einen Tag im Himmel, einen im Hades (nach Pind. Nem. 10, 55 ff. zusammen, nach Verg. Aen. 6, 121 mit Serv. z. St. abwechselnd). Kulte bes. in Lakonien, Messenien, Attika, Unteritalien, Tusculum und früh auch in Rom. In der kaiserzeitl. Unsterblichkeitssymbolik spielten die D. eine besondere Rolle.

Lit: F. Chapouthier, Les D. au Service d'une déesse, 1935 – F. Cumont, Rech. sur le symbolisme funéraire des Romains, 1942 – F.

Schachermeyr, Poseidon, 1950, 77ff. – Castagnoli, SteMat. 30, 1959, 109ff. – *Darstellungen:* Auf schwarzfigurigen Vasen sind die D. relativ selten (Exekiasamphora im Vatikan, Furtwängler-Reichhold, Taf. 131f., dabei Tyndareos und Leda). Älter die Gravierung eines Panzers aus Olympia und ein Pariser protokorinth. Aryballos des frühen 7. Jh.s: Theseus-Peirithoos, D. und Helena (Schefold, FS, Abb. 9. 10, Taf. 26). Schon hier erscheinen die D. reitend. In der Architekturplastik treten die D. bereits am sikyonischen Monopteros in Delphi (6. Jh.) zweimal auf, mit → Idas und Lynkeus beim Rinderraub und unter den Argonauten (Lippold, GrPl 24f.) Der Faustkampf mit Amykos bes. auf ital. Monumenten (Williams, AJA 49, 1945, 330 bis 347, vgl. aber auch die att. Frg.e: Brommer 346). Häufig auf att. Vasen der Leukippidenraub und die D. allein, bei → Theoxenie (Brommer 360f.) oder mit → Leda. In Rom bes. berühmt die D. vom Monte Cavallo (G. Bendinelli, in: Hommages à A. Grenier, 1962, 257–273). Auch sonst zahlreiche Statuen (Tempel von Lokroi; auf dem Forum in Rom; vgl. auch Picard, BCH 82, 1958 435–465). Dazu kommen Weihreliefs (Le Roy, BCH 85, 1961, 206–215; Enc. Phot. III 253) und Sarkophagreliefs. – *Symbole der D.:* die Dokana, zwei durch einen Querbalken verbundene aufrechte Balken (Nilsson I, 408), zwei Amphoren (K. Schauenburg, JdI 73, 1958, 60) und Piloi, die später mit Sternen versehen sein können (zu Sternen bei D.: Johannowsky, Bd'A 45, 1960, 204–206). – *Lit. dazu:* V. Bianco, Dioscuri, EAA III, 1960, 122–127. K. Schb.

[2] Der Kult der D. *Castor und Pollux* wurde früh von *Rom* übernommen. Nach der Überlieferung gelobte im Verlaufe der Schlacht am See Regillus i. J. 499 v. Chr. der Diktator A. Postumius den D. einen Tempel, falls sie ihn über die Latiner siegen ließen. Sie kämpften auf der Seite der Römer, schlugen den Gegner in die Flucht und ritten am Abend zum Juturnabrunnen, wo sie ihre Pferde tränkten und dem Volk den Sieg verkündeten. Der Tempel wurde 484 auf dem Forum geweiht (Liv. 2, 42, 5; Cic. nat. deor. 2, 6). Diese Erzählung gilt allgemein als eine dichterische Umschreibung der Einführung des D.-Kultes in Rom. Durch eine Art von → Evocatio hätte der Diktator den Schutz, den die Zwillinge vorher den Latinern angedeihen ließen, auf die Römer übertragen; doch sind die D. möglicherweise schon früher in Rom verehrt worden. Jedenfalls war ihr Kult in Latium verbreitet, vor allem in Tusculum und Lavinium, wo man vor kurzem eine Weihung an Castor und Pollux von ca. 500 v. Chr. entdeckt hat. Darum errichtete man ihnen auch, obwohl sie hellenischer Herkunft waren, einen Tempel mitten auf dem Forum und nicht außerhalb des pomerium: da sie in Latium verehrt wurden, galten sie nicht mehr als Fremde. Pollux stand zu allen Zeiten hinter seinem Bruder zurück; dieser vor allem war der Schutzherr der Reiter, deren jährliche Parade (transvectio equitum) am 15. Juli, dem Jahrestag der Schlacht und der Tempelweihung, stattfand. Zuweilen werden beide Brüder als Castores zusammengefaßt (Serv. georg. 3, 89 u. a.). Auf manchen Münzen werden die D. als lanzenbewehrte Reiter dargestellt; auf andern erinnert ein Stern über ihrem Haupt daran, daß sie den Schiffern in der Not beistanden; zur Kaiserzeit feierte man am 27. Januar in Ostia ein Fest zu Ehren der D., die man um eine ruhige See bat. Zwischen den D. und der nahe bei ihrem Tempel gelegenen Juturnaquelle scheint eine Kultverbindung bestanden zu haben; die Quelle besaß Heilkraft, und Schol. Pers. 2, 56 bezeugt, daß die Zwillinge, wie → Aesculapius, den Kranken, die in ihrem Tempel die → Inkubation ausübten, manchmal die Heilmittel bekanntgaben. – Nach einem unerklärt gebliebenen Brauch war es den Frauen vorbehalten, ‹bei Castor› zu schwören, während der Schwur ‹bei Pollux› für Männer und Frauen galt. H. LeB.

Lit: W. Helbig, Die Castores als Schutzgötter des röm. Equitatus, Hermes 40, 1905, 101–115 – Fr. Altheim, Juturna und die D., in: Griech. Götter im alten Rom, 1930, 4–39 – R. Bloch, L'origine du culte des D. à Rome, RPh 34, 1960, 182–193 – R. Schilling, Les Castores romains à la lumière des traditions indo-européennes, in: Hommages à G. Dumézil, Latomus 45, 1960, 177–192.

Dioskurides, griech. → Gemmen- und Kameenschneider, der nach Plinius d. J. (nat. 37, 8) das Porträt des Augustus sehr naturnah schnitt. Es sind 7 signierte → Gemmen und 2 → Kameen erhalten, klassizistische Arbeiten nach griech. Vorbildern. Besonders bekannt sind der Karneol in der Slg. Devonshire mit dem Palladionraub des Diomedes und der Amethyst in Privatbesitz mit dem Kopf des Demosthenes, in Tiefschnitt gearbeitet. Eine Fülle von Steinen trägt die gefälschte Signatur des D., eine Reihe guter Arbeiten wird ihm dem Stil nach zugeschrieben, so auch die → Gemma Augustea. Drei Steinschneider signierten als Söhne des D.: → Hyllos, Herophilos und Eutyches, der sich zudem als aus Aigeai gebürtig nennt. P. Z.

Abb: Furtwängler, Gemmen I, Taf. 49, 1. 6. 7. 9. 10; 52, 5; 57, 8.

2. **D.,** Pedanius, aus Anazarba, Arzt z. Z. Neros, berühmtester Pharmakologe des Altertums. Seine Ὕλη ἰατρική (Materia medica) umfaßt, in 5 Büchern, Pflanzen und Bäume, Wurzeln und Kräuter (mit guter botanischer Beschreibung), Getreide- und Gemüsearten, animalische Stoffe, Aromata, Öle und Salben, Weine und Mineralien; magische Mittel (z. B. Amulette) fehlen, dem Zeitgeschmack entsprechend, nicht völlig. Das Werk hat eine reiche (älteste griech. Hss. 2 kostbare illustrierte Codices der Wiener Hofbibliothek, 5. und 7. Jh.) und verwickelte, naturgemäß auch mit vielen Interpolationen belastete Überlieferung (zahlreiche lateinische, syrische, arabische, hebräische und türkische Übersetzungen und Paraphrasen) und wirkte weit über das MA (salernitanische Schule) hinaus auf die europäische Medizin. Von anderen, unter dem Namen des D. erhaltenen Schriften ist jedenfalls *Περὶ ἁπλῶν φαρμάκων* echt; mehrere andere (mitabgedruckt in der zweibändigen Ausgabe von K. Sprengel, Leipzig 1829/1830) müßten insgesamt neu untersucht werden. F. K.

Ed: M. Wellmann, 3 Bde, 1906–14 – *Lit:* Ders., Die Schrift des D. *Περὶ ἁπλῶν φαρμάκων*, 1914.

3. **D. von Alexandria,** der letzte der großen alexandrin. Epigrammatiker, um 230 v. Chr. (→ Hellenist. Dichtung B 6). Seine Liebesgedichte z. T. sehr realistisch, mit trefflichen Pointen. D. liebte bes. fiktive Epigramme auf berühmte Gestalten der Vergangenheit, etwa der Literaturgeschichte (Thespis AP 7, 410; Sophokles AP 7, 37). Er ist (zusammen mit anderen Epigrammatikern der Zeit, → Alkaios (3) v. Messene) ein Verehrer des alten Sparta, das er in seinen Epigrammen verklärt. P. H.

Ed: AP.

4. **D. von Samos,** durch → Namensbeischrift auf den Schauspielermosaiken aus Pompeji (‹Villa des Cicero›) bekannter Mosaizist. Er ist der Kopist der bes. farbtechnisch sehr unterschiedlichen frühhellenist. Vorbilder (→ Malerei C 4). Wohl Ende des 2. Jh.s v. Chr. C. K.

Lit: E. Pernice, Pavimente, 1938, 169 – E. Simon, Comicae tabellae, Diss. Köln 1938, 14, 20 – M. Bieber-G. Rodenwaldt, Die Mosaiken des D. von Samos, JdI 26, 1911, 1–22 – R. Bianchi-Bandinelli, EAA III 132f., s. v. D. (3).

Diospolis Magna → Theben.

Diotimos von Andramyttion (Mysien), epischer und epigrammatischer Dichter, 1. H. 3. Jh. v. Chr. Einige Epigramme erhalten (AP); ein Epos über Herakles bezeugt. Vgl. → Hellenist. Dichtung B [6]; C [1]. P. H.

Diphilos, Dions Sohn, von Sinope, Dichter der neuen → Komödie (I D); starb in Smyrna, wurde aber in Athen, wohin er wohl um 340 gekommen war, vor 275/270 begraben (Grabstein erhalten). Frühestens 318, nach → Menander, → Philemon (1) und → Apollodor (6), errang er den ersten Lenäensieg. Die Komödie ‹Synoris› wohl kurz vor 320 (der Flötenspieler Timotheos erwähnt), übrige Datierungen sehr unsicher, für das 3. Jh. keine Stücke nachweisbar. D. soll 100 Stücke geschrieben haben, etwa 60 Titel sind nachweisbar. Nach historischen Personen heißen ‹Sappho›, ‹Amastris›, ‹Tithraustes›. Die ‹Danaiden›, ‹Peliaden› waren wohl mythologisch, ‹Herakles› und ‹Theseus› vielleicht nach einer Prologfigur (vgl. Pan in → Menanders ‹Dyskolos›) benannt, so jedenfalls ‹Anagyros›, ‹Hekate› und ‹Heros›. Essen und Völlerei spielen nach der Art der mittleren → Komödie (I C) in ‹Peliaden› und ‹Herakles› eine Rolle. Die mythischen Heroen treten in

Szenen des täglichen Lebens auf. Anspielungen auf Zeitgenossen sind nicht politisch. Immerhin finden sich versteckte antimakedonische Äußerungen und Kritik an den Luxusgesetzen des → Demetrios (17) v. Phaleron (gültig etwa 317–307). – D. scheint, wie die röm. Bearbeitungen seiner Stücke beweisen, eine effektvolle dramatische Technik im Nebeneinanderstellen kontrastierender Szenen entwickelt zu haben: → Plautus' ‹Casina› (nach ‹Klerumenoi›), ‹Rudens› (nach einem unbekannten Titel), ‹Vidularia› (wohl nach ‹Schedia›), ‹Commorientes› (verloren, nach ‹Synapothneskontes›; diese auch in → Terenz' ‹Adelphoe› benutzt) scheinen alle auf Wiedererkennungsstücke zurückzugehen. Dabei werden verschiedenartige Liebesverhältnisse behandelt. Typen wie Soldaten, Parasiten, Hetären, Bordellwirte, Köche sind in Titeln und Frg.en häufig belegt und mit drastischem Realismus dargestellt. – Dialog und Sprache sind lebhaft und phantasievoll, belebt durch treffende Bilder und Vergleiche, und reichen im Ausdruck von literarischer Parodie bis zum Alltagsgebrauch. D. moralisiert weniger ausführlich als Philemon. Nirgends zeigt sich auch die Tiefe und Originalität der Gnomen → Menanders und dessen Verbindung zur zeitgenössischen Philosophie. D.' dramatische Kunst ist mehr auf die Effekte lebhafter Handlung und prägnanter Formulierung abgestellt und arbeitet noch mit den Szenen- und Personentypen der mittleren Komödie, die wirksam in zwei Hauptpersonen gegenübergestellt werden (vgl. → Plautus' ‹Rudens› und ‹Casina›). Plautus' ‹Amphitruo› und ‹Miles gloriosus› gehen auf unbekannte Komödien ähnlicher Art zurück. Th. G.

Frg: FAttCom III 96–155 – *Lit:* W. H. Friedrich, Euripides und D., Zetem. 5, 1953 – T. B. L. Webster, Studies in Later Greek Comedy, 1953, 153–183 – *Bildnisse:* → Anhang I.

Diplē (>—), textkritisches Zeichen → Aristarchs (2) für eine Besonderheit des bezeichneten Verses, die er im Kommentar erläuterte. Die *D. periestigmene* (>÷) gab zu erkennen, daß → Zenodot einen (meist unpassenden) Eingriff in den Text vorgenommen hatte. H. E.

Diplomatie. Die friedliche Regelung zwischenstaatlicher Beziehungen geht bis ins 2. Jt. v. Chr. zurück (vgl. die → Archive von → Mari, → Ugarit, → Alalach und → Amarna). Sie führt überall bald zur Anerkennung völkerrechtlicher Grundsätze (Unverletzlichkeit des Herolds, des Gesandten; schriftliche Fixierung und Austausch von Verträgen; Vertragskautelen: Eid, Geiseln), doch kennt die Antike weder den Berufsdiplomaten (vereinzelte Ansätze zur Spezialisierung: → Antalkidas, → Megasthenes) noch die ständige Auslandsvertretung (vgl. jedoch den griech. → Proxenos und die entsprechende Funktion röm. Senatoren) oder einen verantwortlichen Ressortleiter für die Außenpolitik. Die Verhandlungen wurden in den *vorderasiatischen* und *hellenist. Monarchien* vom König (bes. erfolgreich z. B. → Philipp II. v. Makedonien, → Eumenes II. von Pergamon) oder seinem Vertrauten geführt. Die *Polis* beauftragte angesehene Bürger (griech. πρέσβεις, ‹Gesandte› = ‹die Alten›): Honoratioren (→ Kallias, 1), Olympioniken, später, seit dem 4. Jh. v. Chr., unter dem zunehmenden Einfluß der Rhetorik Redner, Philosophen (→ Karneades) u. a. Die Entwicklung in *Rom* ist eigenständig. Während der Republik praktizierte der → Senat, teils in der → Curia, teils durch Senatsboten (→ Legatus) eine ‹harte D.›; vgl. den umstrittenen Grundsatz des *divide et impera* (Formulierung nicht antik), der jedoch höchstens einen Teilaspekt der röm. Politik kennzeichnet. – In der *Kaiserzeit* geht die diplomatische Tätigkeit in die Verantwortlichkeit der Kaiser über, die durch eine Vielzahl von Mitteln, personelle und kulturelle Einflußnahme (vgl. die Fürstenschule des → Augustus), rechtliche und finanzielle Vorteile, die Defensive des Reiches zu stärken suchten. Die oströmisch-byzantinischen Ansätze zu stärkerer Systematisierung (‹Excerpta de legationibus›) und Formalisierung diplomatischer Tätigkeit sind nicht ohne Einfluß auf die bes. durch Venedig eingeleitete neuzeitl. Entwicklung. E. Bay.

Lit: H. Nicolson, The Evolution of the Diplomatic Method, 1954.

Dipolieia, ein merkwürdiges archaisches Fest, am 14. Skirophorion (Mai–Juni) begangen, das hauptsächlich aus den *Buphonia* bestand: nachdem er einen Zugochsen vor dem Altar des Zeus Polieus auf der Akropolis erschlagen hatte, warf der ‹Ochsenmörder› (βουφόνος) seine Axt hin und lief fort. Die Axt wurde dann vor Gericht gestellt und in einem Prozeß schuldig gesprochen. Ursprung und Bedeutung des Ritus sind umstritten. F. R. W.

Q: Paus. 1, 24, 4; 1, 28, 10; Porphyr. abst. 2, 10; 2, 29 – *Lit:* Nilsson, I 152–155 – L. Deubner, Att. Feste, 1932, 158 ff.

Dipteros → Tempel (B 1) mit doppelter Ringhalle, vgl. → Architektur I D [3]; G.

Diptychon (‹δια-πτύσσω, das doppelt Gefaltete), aufeinander geklappte (Schreib-)Tafeln aus Metall, Holz oder Bein. Seit Ende 4. Jh. wurden an der Oberfläche reich verzierte D. aus → Elfenbein zu Geschenkzwecken hergestellt, was ein Edikt von 384 (cod. Theod. 15, 9, 1) nur Konsuln von Amts wegen gestattete. Nach den Geschenkgebern unterscheidet man: *Codicillar-D.* (Ernennung hoher Beamter durch den Kaiser), *Amts-D.* (Geschenke der Beamten bei Amtsantritt, am meisten erhalten, darunter vor allem → *Konsular-D.*), *Priester-D.* (bei gleichem Anlaß) und reine *Privat-D.* Im christl. Kult wurden, z. T. unter Verwertung profaner D., auf der Innenseite Namen der in der Liturgie erwähnten Heiligen, Verstorbenen oder Stifter genannt (Aug., epist. 78, 4). In späterer Zeit dienten Diptychen gelegentlich als Teile von Bucheinbänden (→ Buch, 4). C. A.

Lit: RAC III 1138–49.

Dipylon, Doppeltor (→ Stadt F), durch das die Heilige Straße nach Eleusis und die Straße zum Piräus → Athen (I C 13) verließen. Vor dem Tor der große Friedhof ‹Kerameikos›, berühmt durch bedeutende Grabmäler (→ Grab C 1) und wichtige Funde (s. u.).

[2] *Dipylonvasen,* die von A. Conze 1870 erstmalig berücksichtigte Gattung att.-geometrischer Vasen, die in den Gräbern unter dem späteren Dipylon, dem Doppeltor der themistokleischen Stadtmauer Athens, zutage kamen. Der Name ‹Dipylonstil› hat sich für die großen att. Grabgefäße der 1. H. des 8. Jh.s gehalten. Bezeichnend für sie ist die Vielfalt an Mäandervarianten, die, meist durch jeweils drei Horizontallinien voneinander getrennt, verschieden hohe Zonen füllen und zusammen mit den Figurenfriesen ein reiches Dekorationssystem bilden. (→ Vasen E 1). I. Sch.

Lit: F. Poulsen, Die D.-Gräber und die D.vasen, 1905 – Arias-Hirmer, Abb. 4.

[3] Beim sog. *Dipylonkuros* handelt es sich um die Fragmente (Kopf und Hand) eines um 600 v. Chr. geschaffenen → Kuros, der bei Ausgrabungen am D. gefunden worden ist. Heute Nat. Mus. Athen Nr. 3372. E. Bg.

Lit: E. Buschor, Ein Kopf vom D., AM 52, 1927, 205–212 – K. A. Pfeiff, Apollon, 1943, Taf. 3 f. – Lippold, GrPl 38, Taf. 8, 2 – K. Schefold, Das Frühwerk des Dipylonmeisters, AntK 4, 1961, 76–78.

Dirke, Gattin des → Lykos (1) von Theben, grausame Herrin der Antiope, von → Amphion und Zethos getötet, Anhängerin des → Dionysos und von ihm in die gleichnamige Quelle verwandelt.

Dis Pater, < Dives P., der ‹Reiche›, Unterweltsgott, der mit seiner Gemahlin → Proserpina über die Toten herrschte. Sein Name übersetzt nur den des griech. Gottes → Plutos/Pluton; während Proserpina niemand anders ist als → Persephone. Dieses griech. Paar wurde erst i. J. 249 v. Chr., als die → Ludi Terentini begangen wurden, in den röm. Kult eingeführt (s. auch → Säkularspiele). Der Kult hatte den Charakter einer Sühnehandlung: Opferung eines schwarzen Stieres an D. P., einer Kuh an Proserpina an einem unterirdischen Altar während drei Nächten (Varro bei Cens. 17, 8 ff.). Nach Macr. Sat. 1, 16, 17 war der → Mundus diesen Unterweltsgöttern geweiht. H. Le B.

Diskobol. Verschiedene Phasen des Diskuswurfes (→ Sport B 2) sind durch Flächenkunst und Kleinplastik bekannt. Von den literarisch überlieferten zahlreichen D.enstatuen konnten einige auch in Kopien nachgewiesen werden: vgl. u.a. → Pythagoras, → Myron, → Naukydes. – Fraglich bleibt, ob der sog. *Diskophor* des → Polyklet wirklich mit einem Diskus ergänzt werden darf. E. Bg.

Lit: DS II, 1892, 277–279 (E. Saglio) – Büchner, RE V 1 (1903), 1187f. – E. Buschor, Zwei griech. Erzbilder, in: Von griech. Kunst, 1956, 106–110.

Dispondeus, eine der ciceronischen Klauseln: – – – –||: nos eludet ||. Ob dies allein eine Klausel bilden kann, ist umstritten. J.W.H.

Dispositio (τάξις), ‹Stoffgliederung›, wichtiger Teil im rhetor. System der officia oratoris (→ Rhetorik, Tabelle, 4b). Ihr Produkt sind die Redeteile (partes orationis, ebd. 7). Die Theorie der D. wurde von → Theodektes und → Aristoteles entwickelt, in der → ‹Rhetorik an Alexander› lebendig dargestellt und von → Hermogenes v. Tarsos weiter gefördert. → Rhetorik B [1,4]f. [8]. H.H.

Q: Rhet. Her. 3,16–18 – *Lit:* Volkmann, 362–368 – Lausberg, I 241 bis 247 – D. Matthes, Lustrum 3, 1959, 189ff.

Dissoi Logoi, ethischer Traktat in dorischem Dialekt, ohne Verfassernamen und Titel, aus der Zeit um 400 v. Chr., z.T. Exzerpt aus einem größeren Text. Thesen der → Sophistik und frühen → Sokratik: alle Dinge sind gleichzeitig gut-schlecht, edel-schändlich, gerecht-ungerecht, wahr-falsch usw.; Beweise für und gegen Lehrbarkeit von Weisheit und Tugend; alle Disziplinen entspringen aus einer Universalwissenschaft. O.G.

Frg: VS II 405–416.

Distel. Die unter zahlreichen Namen überlieferten D.-Gewächse (ἄκανθα) können nicht sicher mit den vielen im Mittelmeerraum verbreiteten Arten identifiziert werden, da den Alten die pflanzenphysiologische Bedeutung von Stacheln und Dornen nicht bekannt war. Vgl. → Akanthos. Das üppige Wachstum der D. in der mittelländischen Sommerflora gab Anlaß zur Sage, daß Herakles in Elis zur Übung seiner Kraft beauftragt wurde, alle D. im Gymnasion auszujäten (Paus. 6,23,1). Eine besondere mythische oder kultische Beziehung ist nicht sicher verbürgt. Vgl. → Flora. J.W.

Lit: M. Schmidt, RE 5,1 (1903), 1200–02 – Murr, Pflanzenwelt, 272–274.

Disticha Catonis, in hexametrischen Zweizeilern abgefaßte Spruchsammlung ethischen Inhalts, in der volkstümliche Spruchweisheiten ebenso wie Maximen stoischer Moral enthalten sind; die Formulierungen weisen mehrfach Klassikeranklänge auf. Der Grundstock muß, wie Reminiszenzen in Inschriften zeigen, bereits im 3. Jh. n. Chr. existiert haben. Umstritten ist das Prioritätsverhältnis zwischen der D.-Sammlung und den ihr in den meisten Handschriften voraufgehenden 57 kurzen Sprüchen in Prosa. Neben den D. hat es eine Sammlung hexametrischer ‹Monosticha Catonis› gegeben, die sich nur in verstreuten Bruchstücken erhalten hat. Die D. waren vom 6. Jh. n. Chr. bis in die Renaissance eines der meistgelesenen Bücher und im MA Schullektüre. W. Sch.

Ed: Baehrens, PLM III 205–242 – J.W. u. A.M. Duff, Minor Latin Poets, 1935, 583–639 (mit engl. Übers.) – M. Boas, 1952 – *Lit:* F. Skutsch, RE 5 (1905), 358–370 – Über die wichtigen Abhandlungen von Boas unterrichtet das Literaturverzeichnis seiner Ausgabe, p. LXXX/LXXXIII.

Distichon, daktylischer → Hexameter mit nachfolgendem, durch → Pause getrennten → Pentameter. Versmaß vor allem für → Epigramme und → Elegien. Für uns sind Verse des → Kallinos die ältesten Beispiele. B. Sn.

Dithyrambos, → Chorlied im Dionysoskult. Der Name wie Iambos, Thriambos nicht griechisch. → Archilochos (Fr. 77 D.) bezeichnet sich als Vorsänger beim D., das führt auf eine vorliterarische Form mit Wechselgesang, bei welchem dem Chor vermutlich nur der → Refrain zufiel. Anders als beim → Päan ist ein refrainartiger Anruf des Gottes in historischer Zeit nicht mehr nachweisbar. Bei der Ausbildung des kunstmäßigen D. sollen → Arion und → Lasos eine Rolle gespielt haben (beiden wird die ‹Erfindung› des kyklischen, d.h. im Kreis um den Altar stehenden Chores zugeschrieben). Über die Art ihrer Reformen sowie den Zusammenhang von D. und den Anfängen der → Tragödie (I A) und des → Satyrspiels lassen sich nur Vermutungen anstellen. D.-Agone müssen schon in der 2. H. des 6. Jh.s bestanden haben (→ Simonides, 1). Greifbar wird der literarische D. erst bei → Bakchylides (c. 15–28; Fr. 7–9 Sn.), von dem auf Papyri einige vollständige D.en und größere Fragmente erhalten sind, und bei → Pindar (Fr. 70a–89a, darunter nur zwei etwas umfänglichere Bruchstücke). Ihre D.en sind lyrische Erzählungen aus der Heldensage (in Triaden oder monostrophisch), teils mit Bezug auf Dionysos (Bakchyl. c. 19, Pind. Fr. 70b. 75), meist aber nicht. Zwei der D.en des Bakchylides (c. 16. 17) sind für Apollonfeste bestimmt, also eigentlich → Päane. Da für die antike Kunsttheorie jedes einen Heldenmythos erzählende Chorlied ein D. war (Plat. rep. 3,7,394), können sie von den alexandrin. Gelehrten falsch eingeordnet sein. – Im 5./4. Jh. erfolgte eine tiefgreifende Umgestaltung zum sog. ‹*jüngeren D.*›: die strophische Gliederung wich freien, der Kunstprosa ähnlichen Rhythmen, die Musik bekam das Übergewicht über die Dichtung. Chromatik, Virtuosentum, sprachlicher Schwulst breiteten sich aus; derlei tadeln → Aristophanes (z.B. nub. 331) und Platon (Krat. 409 C). Die Produktion muß, wie wir aus Siegerinschriften und literarischen Notizen wissen, bis in hellenist. Zeit reichlich gewesen sein; erhalten ist kaum etwas. Einen Eindruck geben die ‹Perser› des → Timotheos (5). Für → Aristoteles ist der D. die einzige lebendige Gattung der Lyrik, die er daher in der Poetik eingehend behandelt. – In den alexandrin. Ausgaben führten die D.en Titel, wie auch die Heroenmythen erzählenden Gedichte des → Stesichoros, die jedoch nicht als D.en bezeichnet wurden. E.-M.V.

Ditrochäus, eine der ciceronischen Klauseln: –∪––||: quemque nostrum ||. Ob dies allein eine Klausel bilden kann, ist umstritten. J.W.H.

Dius Fidius (vgl. Semo), alte röm. Gottheit, die den Eid verbürgt (vgl. die Gesprächsformel: medius Fidius, die unserem ‹auf mein Wort› entspricht). Die beiden Bestandteile ihres Namens setzen sie in Beziehung zu zwei andern Schutzgottheiten des Eides: Dius ist vom Namen → Jupiters, des Himmelsgottes, nicht zu trennen; Fidius ist ein von → Fides abgeleitetes Epitheton. D.F. teilte mit → Semo Sancus einen Tempel auf dem Quirinal, der i.J. 466 v. Chr. geweiht worden war. Er war so angelegt, daß der Himmel durch Öffnungen im Dach sichtbar blieb, denn man durfte nur unter freiem Himmel auf D.F. schwören (Varro ling. 5,66); diese Vorschrift läßt die enge Verbindung zwischen D.F. und dem Himmelsgott klar erkennen; manche Forscher nehmen denn auch an, D.F. sei nur eine besondere zum Gott erhobene Funktion Jupiters. H. Le B.

Diverbium (deverbium), Wechselrede; bereits antike Bezeichnung für die ohne Musikbegleitung gesprochenen, stichischen jambischen Senare der röm. → Komödie; ihre anderen Teile gehören nach antiker Terminologie alle zu den → Cantica. H.M.

Dives → Licinius.

Diviciacus, Fürst der → Haeduer und Führer der romfreundlichen Gruppe; erbat 60 v. Chr. (ohne Erfolg) in Rom Hilfe gegen die germ. Invasion. D. war mit → Cicero bekannt und berichtete ihm über Religion und Kultus der Gallier (div. 1,90). D.' Ansehen wurde von Caesar wiederhergestellt, dem er dafür im Krieg gegen → Ariovist große Dienste leistete. G.G.

Divisio orbis terrarum, ein um 400 n. Chr. entstandenes Verzeichnis derselben Art wie die → Dimensuratio provinciarum. G.B.

Ed: GLM, 15–20 – *Lit:* G. Wissowa, RE 5,1 (1903), 1236f.

Diyllos, von Athen, wohl Sohn des → Phanodemos, 4./3. Jh. v. Chr., Verfasser eines universalen Geschichtswerkes in 26 (27?) Büchern für die Zeit von 356 bis ca. 297 v. Chr., das das des → Ephoros (Kallisthenes) ergänzte und fortsetzte. Nachwirkung (→ Diodor?) unsicher; seinerseits fortgesetzt durch Psaon v. Plataä und Menodotos v. Perinth (vielleicht identisch mit M. v. Samos?). W. Sp.

Frg: Diyllos FGrHist 73 und 257 a F 3. – Psaon: FGrHist 78 – Monodotos: FGrHist 82, vgl. FGrHist 541 – *Lit:* Schwartz, RE 5 (1905), 1247 – Ziegler, RE 23,2 (1959), 1310/11 s. v. Psaon – Kroll, RE 5 (1932), 900 f. s. v. Menodotos – Manni 123.

Dochmius (bezeichnet *δ*), ein wohl erst für die Tragödie anzunehmender Vers, dessen Grundform (etwa ×––⏒–) stark variabel ist (häufige Form: ×⏑⏑–⏑–). Die longa oft geteilt. Die Form –⏑–⏑– heißt auch *Hypodochmius*. B. Sn.

Lit: P. Maas, Greek Metre, 1962, § 56c – B. Snell, Griech. Metrik (1955), 1962^3, 52.

Dodekadrachmon (*δωδεκάδραχμος*, adjektiv.), Zwölfdrachmenstück, Silbermünze att. Münzfußes in Nordgriechenland, im ptolem. Ägypten (Ptolemaios III.?) und in Karthago (geprägt auf Sizilien ca. 280–270 v. Chr.) im Gewichte von ca. 44–45,5 g. W. Schw.

Lit: Babelon, 412 – K. Regling, in: v. Schrötter, 1950 – Schefold, Mw 280 Nr. 409 – M. N. Tod, Num. Chron. VI 20, 1960, 17f. – G. K. Jenkins und R. B. Lewis, Carthaginian Gold and Electrum Coins, 1963, 36. 130.

Dodona, berühmtes altes griech. Orakelheiligtum des → Zeus im späteren Epirus (Kt. 1152 B 3), schon bei Homer (Il. 16, 233 ff. u. ö.) genannt, 22 km südl. von Jannina. Besiedlung der Stätte seit dem 3. Jt. v. Chr. Aus dem 2. Jt. stammt die Verwendung der Doppelaxt im Kultgebrauch. Der Priester hieß Tomuros oder Tomaruros nach dem Gebirge → Tomaros, wo auch der älteste Kultplatz des Zeus als Wettergott lag. Im Tal wurde die Quellgöttin Naia verehrt. Verschmelzung beider und Verehrung des Zeus Naios und der Dione Naia. Die Frage, ob D. eine griech. Enklave sei, ist umstritten. Offener, ummauerter Bezirk (Mauer aus der Zeit um 200) mit mehreren Tempeln (Tempel der Dione aus der Zeit des → Pyrrhos, nach 217 durch Neubau ersetzt) und anderen Bauten, meist aus hellenist.-röm. Zeit, großes Theater aus hellenist.-röm. Zeit (von → Pyrrhos begonnen), neuerdings restauriert. 219 v. Chr. Zerstörung des Heiligtums durch die → Ätoler, damit allmählicher Niedergang. E. M.

[2] Das uralte (‹pelasgische›), angesehene *Orakel* war dem Himmelsgott Zeus Naios und der Erdgöttin Dione heilig (Demosth. 21, 53; SIG 1163), mit ungriech. Zügen. Das Rauschen der heiligen Eiche wird von → Propheten gedeutet (Hom. Il. 16, 233 ff.; Od. 14, 327, dazu Strab. 7, 7, 10), später der Klang von Erzbecken (Demon FGrHist 327 F 20; Kallim. Fr. 483 Pf., Hymn. Del. 4, 284 ff.; Strab. 7, Fr. 3); unklar ist die Funktion der Priesterinnen (Plat. Phaidr. 244 B; Aristeid. or. 45, 11 Ddf.), aus deren Namen *πέλειαι* wohl das Vorhandensein von Tauben erschlossen ist (Hdt. 2, 55 ff.; Soph. Trach. 169 ff. u. später). Erhalten sind Bleitafeln mit Fragen und Antworten (GDI 1557 ff.), doch sind die Einzelheiten der Befragung ungewiß, ebenso die Bedeutung der Quelle (Plin. nat. 2, 228); ein Losorakel gab es wohl nie (trotz Cic. div. 1, 76). Trotz mehrfacher Plünderung durch die Ätoler und später (Polyb. 4, 67, 3; Dio Cass. Frg. 101, 2) lebt das Orakel bis in christliche Zeit. Die Ruinen sind ausgegraben. C. J. C.

Lit: R. Kekule v. Stradonitz-H. Winnefeld, Bronzen aus Dodona, 1909 – J. Friederich, Dodoniaca, Diss. Freiburg/Schweiz 1934 – Zu den neuen Ausgrabungen und Inschriften: D. E. Euangelidis *'Ηπειρωτικαὶ ἔρευναι* I, 1935, und in den ‹Praktika tes en Ath. arch. het.› für die Jahre 1929–32 (dazu A. Wilhelm, APF 15, 1953, 75–78) und seit 1952; ferner jährlich in den Chroniques des fouilles (BCH) – H. P. Drögemüller, Ber. über die neueren Ausgr. in Griechenland, Gymn. 68, 1961, 222–226 – E. Kirsten-W. Kraiker, Griechenlandkunde (1954), 1962^4, 739 ff., 853 (Lit) – S. I. Dakaris, *Τὸ ἱερὸν τῆς Δωδώνης*, Deltion 16 (1960), 1962, 4–40 – Ders., Das Taubenorakel von D., AntK, Beih. 1, 1963.

Doidalses, Bildhauer von Bithynien, wahrscheinlich im mittleren 3. Jh. v. Chr. tätig. Er hat das Kultbild des Zeus Stratios für den Tempel des 264 gegründeten Nikomedeia geschaffen. Münzbilder und verkleinerte, freie Marmornachbildungen können davon noch eine ungefähre Vorstellung geben. Die Aphrodite ‹sese lavans› (Plin. nat. 36, 35), die ebenfalls in Nikomedeia stand und später (wohl eine Kopie davon) auch in der Porticus Octavia zu sehen war, ist uns in Kopien überliefert (vor allem durch die hervorragende, leider nicht ganz vollständige Replik aus der Villa Hadriana im Thermenmuseum). Die kühne Darstellung der im Bade kauernden Göttin hat zwar in der erzählenden Flächenkunst schon Vorläufer, als rundplastischer Vorwurf für ein isoliertes Kultbild (?) ist sie aber revolutionär und für die hellenistische Götterauffassung bezeichnend. Das Werk, das stilistisch ins 3. Viertel d. 2. Jh.s gehört, hat schon in hellenist. Zeit großen Eindruck gemacht, wie Zitate und Weiterbildungen erweisen. E. Bg.

Lit: Lippold, GrPl, 319 – R. Lullies, Die kauernde Aphrodite, 1954 – L. Laurenzi, EAA III, 1960, 155–157.

Dokimasie heißen verschiedene ‹Prüfungs› verfahren im athen. Staats- und Kriegswesen, insbesondere die Überprüfung (durch Rat oder Volksgericht) der Amtsfähigkeit und -würdigkeit der gewählten oder erlosten → Magistrate (1) und Ratsherren vor dem Amtsantritt. Gegenstand der Prüfung war die gesetzliche Qualifikation und die Erfüllung der bürgerlichen und sakralen Pflichten. F. G.

Dolabella → Cornelius.

Dolon, Sohn des trojanischen Heroldes Eumedes. Will mit einem Wolfsfell verkleidet als Späher nachts ins Griechenlager eindringen, wird aber von → Diomedes und → Odysseus gefangen und getötet (Il. 10).

Darstellungen: Odysseus und Diomedes mit D. schon auf einer mittelkorinth. Schale (H. Payne, Necrocorinthia, Nr. 996), dann auf einigen att. u. ital. Vasen (Brommer 305). Bekannt auch ein Wiener Relief (Brunn-Bruckmann, Taf. 627 b). Vgl. Schauenburg, Perseus, 111. Ders., BJbb, 161, 1961, 215 f. K. Schb.

Domäne. Die D. als souveräner oder suzeräner Grundbesitz war im klass. Griechenland nur in sehr bescheidenem Umfang aus ehemaligem Königsbesitz vorhanden. Erst seit den Eroberungen Alexanders d. Gr. wurden umfangreiche Landgebiete zu D.n erst der hellenist. Könige und dann des röm. Staates und seines Kaisers. Durch Konfiskationen vermehrte sich in der Kaiserzeit der kaiserliche D.besitz erheblich und wurde seit dem 2. Jh. n. Chr. zunehmend als eigener Wirtschaftskörper behandelt. Die ursprünglich freien Pächter auf Zeit wurden stärker durch Vertrag gesichert, dafür aber langfristig und schließlich dauernd (einschließlich ihrer Erben) an das Land gebunden (→ Kolonat). In der Spätantike wurden die D.n, die den Hof direkt versorgten oder auf denen sich staatliche → Fabriken für den Bedarf des Heeres und der Beamtenschaft befanden, meist durch Staatsbeamte verwaltet. H. Br.

Lit: F. M. Heichelheim, RAC IV, 1959, 49–91 (Lit).

Domitia Longina, um 57 – kurz vor 140, Tochter des Cn. → Corbulo; erste Ehe mit L. Aelius Lamia Aelianus; kurz nach 70 Ehe mit → Domitian. Um 84 verbannt und bald zurückgerufen; beteiligt an Domitians Ermordung. H. T.

Domitian (Titus Flavius Domitianus), röm. Kaiser 81–96. Geb. 51 als jüngster Sohn des → Vespasian in Rom, vermutlich nachlässig erzogen, gerät im Dez. 69 zusammen mit → Flavius (5) Sabinus in Rom in den Untergang der Anhänger seines Vaters. Bei der Einnahme des Kapitols entkommen, repräsentiert D. nach dem Einzug des → Antonius (15) Primus als praetor urbanus das regierende Haus, während bes. → Mucianus die Macht ausübt. D.s Versuch, in den Aufstand des → Civilis einzugreifen, scheitert. Nach der Ankunft Vespasians im Sommer 70 wird D. im Gegensatz zu → Titus zurückgesetzt, Gelegenheit zu praktischer Bewährung erhält er nicht. – Als Nachfolger des Titus verfolgt der durch eigene Leistungen nicht Ausgewiesene eine prinzipiell *autokratische Politik*. Durch Ämterkumulation (seit 85 censor perpetuus, häufig Konsul), Forderung oder Duldung gesteigerter Ehren (Triumphaltracht im Senat, 24 → Liktoren, Statuenerlaß, Monatsumbenennungen, Formel ‹dominus et deus› im engeren kaiserlichen Amtsbereich) und Hofpoesie (→ Martial, → Statius) wird die Stellung des Kaisers bewußt in einer Weise erhöht, die von hellenistischen Vorstellungen mitbestimmt ist. Selbstvergottung nicht ausgesprochen, jedoch → Kaiserkult belebt. Das Pathos dieses Anspruchs provoziert eine starke Opposition (Anschläge 87, Aufstand des → Antonius (16) Saturninus 88/89), bes. in der Senatsaristokratie, aber auch bei → Stoa und → Kynikern, die indessen zunächst nur den Terror verschärft, bes. ab 93 n. Chr. Am 18.9.96 fällt D. in Rom einem Anschlag seiner engsten Umgebung zum Opfer, der Senat spricht die → damnatio memoriae aus.

[2] *Grenzpolitik, Kriege:* In *Germanien* greift D. sogleich ein, auch um seine Herrscherqualifikation zu beweisen (Siegerbeiname Germanicus). 83 werden die Chatten besiegt, anschließend die röm. Stellungen in der Wetterau und von der Schwäbischen Alb zur Neckarlinie vorgeschoben, vor 90 die ober- und niedergerman. Heeresbezirke in den Provinzialstatus überführt. Seit 85 ist die untere *Donau* Brennpunkt der Verteidigung. Nach mehreren Niederlagen gegen die → Daker (→ Decebalus), → Sarmaten u. a. und verlustreichen Kämpfen werden 89 und 92 überschwenglich gefeierte Friedensschlüsse erreicht (Spezialistenhilfe), die den röm. Einfluß wahren. In *Britannien* muß die röm. Offensive deshalb eingestellt werden, → Agricola (1) wird 84 abberufen. – Insgesamt stehen die erzielten Erfolge in starkem Gegensatz zum Tenor der Propaganda und der Herrscherauffassung. Dennoch erwiesen sich die getroffenen Maßnahmen als realistisch, die Ökonomie der Expansion als begründet. – In der *Innenpolitik* Einfluß des Senats systematisch zurückgedrängt, das Kaisergericht stärker zur Geltung gebracht. D. stützt sich bes. auf das Heer, dessen Sold von 300 auf 400 Denare jährlich erhöht wird, und auf das Volk, dem er → congiaria von 225 Denaren pro Kopf gewährt. Die streng kontrollierte Reichsverwaltung galt auch später als vorbildlich. Weinbau in den Provinzen durch Edikt (92) zugunsten Italiens beschränkt. Atmosphäre durch → Majestätsprozesse und Delatorenunwesen zunehmend vergiftet. Vorgehen gegen Sittenverfall (Kastration); religiöse Restauration (→ Vestalinnen-Prozesse). D. bekennt sich bes. zu Minerva und Jupiter. Philosophenvertreibungen (89, 95) aus politischen Gründen. Für eine → Christenverfolgung sprechen lediglich Indizien, eine allgemeine nicht anzunehmen. Wenn D. dennoch nach Nero als zweiter Verfolger gilt, so mag das auf den bedingungslosen Anspruch seines autoritären Kaisertums in der Überhöhung der Person wie in der Intensivierung des → Kaiserkultes (Kolossalbildnis in Ephesos) zurückgehen, der D. zum Beispiel des Hochmuts (superbia) machte. K. Chr.

Q: Suet. Dom. – Dio 67 – Plin. paneg. – *Lit:* St. Gsell, Essai sur le règne de l'empereur D., 1894 – Weynand, RE 6 (1909), 2541–96 – K. Scott, The Imperial Cult under the Flavians, 1936 – C. Patsch, Der Kampf um d. Donauraum unter D. u. Traian, 1937 – S. Grosso, Aspects de la politique orientale de D., Epigraphica 17, 1955, 33–78 – K. Christ, Zur Herrscherauffass. und Politik D.s, SZG 12, 1962, 187–213 (Lit) – *Bildnisse:* → Anhang I.

Domitianus → Flavius.

Domitilla → Flavia.

Domitius Afer, Cn., Prätor 25 n. Chr., cos. suff. 39, von 49 bis zu seinem Tode 59 curator aquarum. Aus Nemausus in Gallia Narbonensis, Lehrer → Quintilians, berühmter Redner. Trat in zahlreichen Majestätsprozessen auf (so 26 gegen Claudia Pulchra, Kusine der älteren → Agrippina, 2). Im J. 39 selbst in einen Prozeß verwickelt, doch dank seiner Geschicklichkeit mit → Caligula versöhnt. Durch seine Tätigkeit als Ankläger erwarb er ein großes Vermögen. U. Wm.

Lit: R. Syme, Tacitus, 1958, Ind. S. 834.

2. **D. Ahenobarbus,** Cn. (aed. pl. 196, praet. 194, cos. 192 v. Chr.), erbaute den Faunustempel auf der Tiberinsel (Liv. 33,42; 34,42f.), kämpfte 192 gegen die Bojer und hatte 190 maßgeblichen Anteil am Sieg des L. → Cornelius (31) Scipio über → Antiochos III. bei Magnesia (App. Syr. 30f.; 35f.). A. L.

3. **D. Ahenobarbus,** Cn. (cos. 122 v. Chr., cens. 115), siegte 121 als Proconsul zusammen mit Q. → Fabius (7) Maximus über die Allobroger und Averner (an der Mündung der Isère in die Rhone) und nahm ihren König Bituitus gefangen. Unter Leitung des D. wurde die große Küstenstraße in Südgallien ausgebaut (→ Via Domitia). Das Censorenamt verwaltete er mit L. → Caecilius (10) Metellus Delmaticus. G. G.

4. **D. Ahenobarbus,** L. (praet. 58, cos. 54 v. Chr.), einer der kräftigsten Verfechter des Senatsregimes. Von Hause aus mächtig und reich (z. T. aus Proskriptionsgewinnen). Eng verbunden mit → Cato (2) Uticensis, dessen Schwester er geheiratet hatte. D. war ein unversöhnlicher Gegner → Caesars; versuchte 58 beim Senat seine Verurteilung zu erreichen, 56 ihm die gallische Statthalterschaft zu nehmen. Als Konsul (54) war er fast machtlos; er wurde in einen großen Wahlskandal verwickelt. Seit dem 52 geschlossenen Bündnis des Senats mit → Pompeius (2) gehörte er zu den führenden Politikern in Rom. 49 bei Corfinium von Caesar gefangengenommen und freigelassen, organisierte er die Verteidigung Massilias gegen Caesar und begab sich, auch dort gescheitert, zu Pompeius. Er fiel bei Pharsalus. D. scheint eine starke, wenn auch einseitige, höchst selbstbewußte Persönlichkeit gewesen zu sein. Chr. M.

5. **D. Ahenobarbus,** Cn., cos. 32 v. Chr., Sohn des vorigen und der Porcia, der Schwester → Catos (2). D. nahm auf der Seite des → Pompeius (2) am Bürgerkrieg teil, unterstützte später die Caesarmörder. Mit → Brutus (2) war er in Makedonien, 43 wurde er unter der lex Pedia verurteilt. Nach Philippi führte er als selbständiger Flottenkommandant in der Adria den Kampf gegen die Triumvirn; 40 durch → Asinius (2) Pollio mit → Antonius (2) ausgesöhnt. Gegen den Willen Octavians (→ Augustus) wurde er in den Vertrag von Brundisium einbezogen. 40–34 Statthalter von Pontus-Bithynien, 36 nahm er an den Partherfeldzügen, 35 an den Kämpfen gegen Sex. → Pompeius (4) in Kleinasien teil. Während des Konsulates (32) floh er zu Antonius nach Ephesos, lehnte → Kleopatra (4) ab. Kurz vor Actium ging er zu Octavian über; er starb noch vor der Schlacht. Sein Sohn war L. → D. (6) Ahenobarbus. Sueton (Nero 3) gibt ihm den Vorzug vor allen anderen Domitii. U. Wm.

Lit: R. Syme, Roman Revolution (1939), 1952², Ind. S. 546.

6. **D. Ahenobarbus,** L., cos. 16 v. Chr., Sohn des vorigen. Seit 30 mit Antonia (2) maior, Nichte des → Augustus, verheiratet (Stammbaum → Jul.-claud. Haus). 22 Ädil, ca. 19 Prätor, 12 Prokonsul von Africa. Als Statthalter von Illyricum (6/1 v. Chr.) stieß er bis über die Elbe vor. Er wurde mit den Triumphalornamenten ausgezeichnet. 1 v. Chr./1 n. Chr., vielleicht als Vorgänger des M. → Vinicius (1), am Rhein. Baute die pontes longi durch das Sumpfland zwischen Rhein und Ems. Von Augustus als Testamentsvollstrecker eingesetzt. Starb 25 n. Chr. Unter der lex Saenia Patrizier. Nach Suet. Nero 4 geschickter Wagenlenker, anmaßend, verschwenderisch und grausam; nach Vell. 2, 72, 3 ein *eminentissimae ac nobilissimae simplicitatis vir.* U. Wm.

Lit: R. Syme, Roman Revolution (1939), 1952², Ind. S. 546.

7. **D. Ahenobarbus,** Cn., cos. 32 n. Chr., Sohn des vorigen, Vater des Kaisers → Nero (Suet. Nero 5). Seit 28 n. Chr. mit → Agrippina (2), Tochter des Germanicus, verheiratet, 36 Mitglied einer Schätzungskommission nach einem Großfeuer auf dem Aventin, 37 erfolglos wegen verschiedener Delikte angeklagt. Starb 39/40. Nach Sueton (Nero 5) *omni parte vitae detestabilis;* anders Vell. 2, 10, 2. U. Wm.

8. **D. Alexander,** L., Usurpator ca. 308–311; pannonischer Abstammung; vicarius in Africa unter → Maxentius; erhob sich gegen ihn, als er seinen Sohn als Geisel stellen sollte; 311 besiegt und getötet. H. D. M.

9. **D. Calvinus,** Cn. (tr. pl. 59, praet. 56, cos. 53, 40 vor Chr.). Als Konsulatsbewerber 54 in einen grotesken Wahlskandal verwickelt, gleichwohl nach langen Auseinandersetzungen gewählt. Im Bürgerkrieg (entgegen seiner ursprünglichen Haltung) auf seiten → Caesars, kämpfte in Kleinasien gegen → Pharnakes II., dem er bei Nikopolis unterlag. Nach 44 schlug er sich zu den Triumvirn und wurde 39 Statthalter Spaniens; dort erfolgreiche, 36 durch Triumph gekrönte Kriegführung. Chr. M.

10. **D. Domitianus,** L., ägypt. Usurpator ca. 294–297; er ist wahrscheinlich gleichzusetzen mit dem Usurpator Achilleus und hätte den Namen dann erst als Prätendent angenommen. D. erwartete vergeblich, in die Tetrarchie aufgenommen zu werden; von → Diokletian in Alexandria belagert, besiegt und hingerichtet. H. D. M.

Lit: W. Seston, Achilleus et la révolte de l'Egypte sous Dioclétien..., MEFR 54, 1938, 184–200 – A. C. Johnson, L. D. Domitianus Augustus, ClPh 45, 1950, 13–21; 46, 1951, 38.

11. **D. Marsus,** jüngerer Zeitgenosse → Ovids. Seine Epigrammsammlung ‹Cicuta› (Schierlingstrank) enthielt außer Spottversen (FPL 110) wohl auch das Epigramm auf → Tibulls Tod (ebd. 111) und die zwei Distichen auf → Atia (1), die Mutter des späteren → Augustus. Verloren sind ein Epos Amazonis, kleinere poetische Erzählungen und ein von Quintilian (6, 3, 102 ff.) benutzter Traktat über sprachliche Treffsicherheit (De urbanitate). E. Bk.

Lit: H. Bardon, La litt. lat. inconnue II, 1956, 152–157 – H. Dahlmann, Rez. Munari, Gymn. 63, 1956, 561 f.

Domninos von Larissa in Syrien, Mathematiker, Philosoph, für kurze Zeit Haupt der Akademie zwischen Syrianos und Proklos (etwa 445–450 n. Chr.). In seinem zahlentheoretischen Handbuch der Arithmetik knüpft er mehr an Euklid als an Nikomachos an. Erhalten ist noch ein Fragment über das Rechnen mit Zahlenverhältnissen. K. V.

Ed: J. F. Boissonade, Δομνίνου... ἐγχειρίδιον ἀριθμητικῆς εἰσαγωγῆς, Anecd. Gr. IV, 1832, 413–439 – *Übers:* P. Tannery, Mém. scient. 3, 1915, 255–281 (franz.) – *Frg:* C. E. Ruelle-J. Dumontier, RPh 7, 1883, 82–94 (m. franz. Übers.) – *Lit:* P. Tannery, D. de Larissa, Mém. scient. 2, 1912, 105–117 – F. Hultsch, RE 5, 1 (1903), 1521–25 – Sarton I 408.

Domitius, vgl. auch → Corbulo, → Nero, → Ulpian.

Donatismus, schismatische Bewegung in Nordafrika, die am Ideal der Heiligkeit der Kirche unvermindert festhalten wollte und diese Heiligkeit an die Personen band (strengste sittliche Forderungen an die Kleriker!); Ketzer und aus der Großkirche Übertretende wurden daher abermals getauft. Als Merkmal der wahren Kirche wurde das Martyrium angesehen, jede Verbindung mit dem Staat abgelehnt. – Der Ursprung des Schismas waren Auseinandersetzungen, die sich aus der diokletianischen Verfolgung ergaben: einer gemäßigten Gruppe (Bischof Mensurius von Karthago, sein Nachfolger Caecilian; unterstützt von Rom und den außerafrikanischen Kirchen) trat eine rigoristische Partei gegenüber: die überwiegende Mehrheit der numidischen Bischöfe, geführt von Donatus von Casae nigrae, dem von ihm eingesetzten Maiorinus von Karthago, dessen Nachfolger Donatus d. Gr. (daher der Name D.) Die Synoden von Rom (313) und Arelate (314) entschieden gegen den D., doch wurde er nicht überwunden und verband sich gegen unter → Constans (343) einsetzende Unterdrückung mit politischer und sozialer Unzufriedenheit (punischer Aufstand) und den ekstatischen Banden der Circumcellionen (vielleicht mit den Sarakōtoi der manichäischen ψαλμοὶ Σαρακώτων identisch; hielten ihre → Agapen an den Märtyrergräbern ab). Es folgten lange Unsicherheit und intensive literarische Auseinandersetzungen: Parmenian auf Seiten des D., auf der Gegenseite Optatus v. Mileve mit ‹De schismate Donatistarum› (als Anhang wichtige Aktensammlung zur Geschichte des D.), → Augustin von den antimanichäischen Schriften an (Zurückweisung des donatist. Vorwurfs, er sei Manichäer) mit zahlreichen Streitschriften. Nach der theologischen Überwindung des D. in seinem prädestinatianischen Kirchenbegriff fordert Augustin die Anwendung von staatlichen Zwangsmitteln (Compellite intrare!) und erhielt auf der Disputation von Karthago (411) den Sieg. Endgültig wurde der D. durch Verfolgung von seiten der → Vandalen gebrochen; Reste hielten sich bis in die Zeit des Islams. A. A.

Q: H. v. Soden, Urkunden zur Entstehungsgesch. des D., Lietzmann KlT 122 (1913), 1950² – *Lit:* W. H. C. Frend, The Donatist Church, 1952.

Donativum, das seit Anfang des 3. Jh.s v. Chr. vom Feldherrn an den Soldaten aus der Beute (→ Manubiae) verteilte Geldgeschenk. Die Beträge (295 v. Chr. 82 Pfund-As) stiegen in → Caesars Zeit bis auf 24000 Sesterzen pro Kopf und erreichten auch in der Kaiserzeit oft eine beträchtliche Höhe (für die Prätorianer bis 21000 Sesterzen). Vgl. → Rom III. R. Kn.

Donatus, Aelius, lat. Grammatiker, der im 4. Jh. n. Chr. in Rom lehrte. Lehrer des → Hieronymus. Er verfaßte einen Abriß der lat. Grammatik (Ars maior), daneben einen kürzeren Auszug für den Anfangsunterricht (Ars minor). Für die nächsten beiden Jh.e bezeugen die Kommentare des → Cledonius, → Pompeius (5) und → Servius deren Verbreitung. Im MA und länger waren seine Artes die meistgebrauchten Schulgrammatiken. D. schrieb ferner einen Terenzkommentar, der zum größten Teil (5 Stücke) erhalten ist, wenn auch nicht in der ursprünglichen Form, und einen Vergilkommentar, von dem nur Widmung, Vita und Einleitung zu den Bucolica erhalten sind. → Servius hat ihn benutzt. D. F.

Ed: GrLat IV 353–402 (artes) – H. T. Karsten, 2 Bde, 1911–12 (Commentum Terenti) – *Lit:* Schanz-Hosius IV 1, 145–149.

2. **D.,** Tiberius Claudius, ca. 400 n. Chr., Verfasser eines erhaltenen Kommentars zur Aeneis in 12 Büchern, der nicht gelehrte Erklärung bietet, sondern den Gedankengang interpretiert. Er führt oft Triviales aus; wo nicht, ist er oft willkürlich, aber frei von Allegorese. Die Kategorien literarischen Urteils werden von denen der Rhetorik vertreten. D. F.

Ed: H. Georgii, 2 Bde, 1905–06 – *Lit:* Schanz-Hosius II 105–107.

Doppelaxt (λάβρυς), → Waffe, die auch als Attribut von kleinasiatischen Gottheiten begegnet und sich – neben den heiligen → Hörnern – sehr häufig auf bildlichen Darstellungen von minoischen Kultszenen findet. Bedeutung ungewiß: Symbol des Wetter- oder Kriegsgottes? Symbol des Gerätes, mit dem das Opfertier getötet wird? Vgl. → Religion I E 2. K.-H. R.

Lit: Nilsson I 275 ff.

Dorfschulze, mißverständliche Bezeichnung der Holzstatue des Vorlesepriesters *Kꜣ-ʿpr* aus der 5. Dyn. im Museum zu Kairo. W. Hk.

Abb: K. Lange-M. Hirmer, Ägypten, 1955, Taf. 54/5 (Füße und Stock ergänzt!).

Dorier. Die D. (Δωριεῖς wohl Kurzform für δορίμαχοι, ‹Speerkämpfer›), im Gefolge der großen Völkerbewegungen des späten 13. und 12. Jh.s v. Chr. (→ Dorische Wanderung; → Griechenland III A 1) aus dem dalmatinisch-albanischen Raum über Mittelgriechenland auf die Peloponnes und nach Kreta gekommene Hirten- und Bauernkrieger, stellten ethnisch ein Konglomerat dar: die Phyle der → Hylleer verkörperte das illyrische Element (vgl. Timaios, FGr Hist 566 F 77), die der → Dymanen (‹Geschlechtsgenossen›) das eigentlich griechische, die der → Pamphyler umfaßte hinzugetretene Splittergruppen. Vor allem diese für sie charakteristische Phyleneinteilung – und ein ausgeprägtes Gefühl für staatliche Ordnung – unterschied die D. von den im wesentlichen dialektgleichen Nordwestgriechen. Wahrscheinlich über den Golf von Korinth auf die Peloponnes gekommen – der mythische Niederschlag dieses Vorganges war die Sage von der Rückkehr der Herakliden –, machten sie sich dann von der Argolis aus – freilich schon dort gezwungen, die Reste der myken. Bevölkerung als 4. Phyle gleichberechtigt aufzunehmen – seit dem 11. Jh. schrittweise zu Herren großer Teile dieser Halbinsel. Die Gewinnung der Megaris erscheint in der Überlieferung als das bleibende Ergebnis eines gescheiterten Angriffs auf Athen (vgl. K. Hanell, a. O. 69 ff.); die frühesten Siedlungsspuren in Sparta stammen aus dem 10. Jh., aber erst in der 1. H. des 8. Jh.s scheinen dessen D. das achäische Königtum von Amyklai und Südlakonien in ihre Hand bekommen zu haben (F. Kiechle, a. O. 55 ff.); und ein etwaiges Eindringen von D.n nach Messenien schon vor dem 1. Messen. Krieg hatte jedenfalls keine Auswirkungen. Spannungen zwischen der dor. Herrenschicht und der vordor. Bevölkerung sind dann in archaischer Zeit vielerorts erkennbar. Auch Thera dürften die D. erst im 9. Jh. von der Argolis aus besetzt haben. Über die südl. Sporaden drangen sie an die Südwestecke Kleinasien und bis nach Pamphylien vor. Im Rahmen der großen → Kolonisation gründeten Korinther Korkyra und Syrakus, Spartaner Tarent, Theräer Kyrene und Rhodier Gela und dann Akragas, wie überhaupt der Süden → Siziliens eine Domäne der D. wurde. Ihre politische Bedeutung ist eng mit dem Aufstieg → Spartas im 6. Jh. verbunden, das den größten Teil der Peloponnes – auch nichtdor. Stämme – im → Pelop. Bund unter seiner Führung zusammenfaßte, wie im 5. und beginnenden 4. Jh. → Syrakus den größten Teil Siziliens, wodurch beide Gebiete zu Bollwerken des D.tums gegen Athen und das von ihm geführte Ioniertum wurden. Mit Sparta und Korinth als Vorkämpfern entwickelten sich die D. – mit Ausnahme von Argos – im 5. Jh. zu Repräsentanten der oligarchisch-konservativen, als ‹Eunomia› gefeierten überkommenen Ordnung gegenüber der von Athen propagierten ‹Isonomia›, der neuartigen wirklichen Gleichheit aller Bürger, weshalb schließlich im → Pelop. Krieg Machtkampf und weltanschauliche Auseinandersetzung eng miteinander verbunden waren. F. Kch.

Lit: K. O. Müller, Die D., 2 Bde (1824), 1844² – O. Lagercrantz, Die 3 dor. Phylennamen, in: Streitberg-Festgabe, 1924, 213–223 (dazu: P. Kretschmer, Glotta 15, 1927, 194) – G. Vitalis, Die Entwickl. d. Sage von d. Rückkehr d. Herakliden, Diss. Greifswald 1930 – F. Miltner, Die dor. Wanderung, Klio 27, 1934, 54–68 – K. Hanell, Megarische Studien, 1934 – R. Herbig, Philister u. D., JdI 55, 1940, 58–59 – P. Kretschmer, Die D., Glotta 30, 1943, 154–161 – M. A. Levi, D. ed Eraclidi, RIL 96, 1962, 479–499 – F. Kiechle, Lakonien u. Sparta, 1963.

Dorieus, Sohn des spartan. Königs → Anaxandridas; Bruder des → Leonidas (1); ging nach dem Regierungsantritt seines Halbbruders → Kleomenes' I. ins Exil; gründete nach einem gescheiterten Versuch in Libyen (Kinyps) 510/500 in Sizilien die Kolonie → Herakleia (das spätere Drepanon); kam Anf. 5. Jh. bei der Vertreibung der griech. Siedler durch Phönizier und → Segestäer um. R. V. C.

Q: Hdt. 5, 42 ff.; 7, 158. 205; Diod. 4, 23, 3; Paus. 3, 3, 10; 16, 4; Iust. 19, 1, 9 – *Lit:* R. Van Compernolle, Ségeste et l'Hellénisme, Phoibos 5, 1950/51, 183–228, bes. 226 ff.

Dorion, 1. Jh. n. Chr., Kompilator eines Buchs über Fische; von → Athenaios oft zitiert; benutzte offensichtlich Auszüge aus älteren Schriftstellern, vor allem über Gastronomie. D. M. B.

Doris, kleine Landschaft Mittelgriechenlands am Nordabhang des → Parnaß (Kt. 1152 D 4); nur drei kleine Orte Boion, Erineos, Kytinion, dazu seit dem 4. Jh. v. Chr. noch Pindos; galt zu Unrecht als Heimat der pelop. Dorier. E. M.

2. **D.,** Bezeichnung für die dorischen Städte an der karischen Südwestküste Kleinasiens und auf den vorgelagerten Inseln. In älterer Zeit religiös und z. T. politisch zusammengeschlossen zur dorischen Hexapolis (‹Sechsstadt›) um das Heiligtum des triopischen Apollon am Kap Triopion bei Knidos. Die 6 Städte waren die drei alten Städte der Insel Rhodos: → Ialysos, → Kameiros und → Lindos, dazu → Knidos, → Kos und → Halikarnassos. Sie hatten sehr strenge Bundesgesetze; keine benachbarte dorische Stadt wurde aufgenommen und sogar Halikarnaß ausgeschlossen, als einer seiner Bürger gegen die Gesetze des Bundes verstieß. Der Bund gewann nie bedeutenden Einfluß. In den → Perserkriegen wurden Schiffe gegen die Griechen gestellt; im → Pelop. Krieg Bundesgenosse der Athener. E. M.

Dorisch. Dorisches Tongeschlecht → Musik A 13; dorische Ordnung → Tempel B 3; dorischer Dialekt → Griechisch.

Dorische Wanderung, alte Bezeichnung für den Griechenland betreffenden Teil des jetzt meist als ‹Ägäische› oder → ‹Seevölker›-Wanderung bezeichneten Völkersturmes, der im späten 13. und im 12. Jh. v. Chr. die myken. Residenzen (→ Kretisch-myken. Kultur) und das → Hethiterreich vernichtete und bis an die Tore Ägyptens brandete. Die Einwanderung der → Dorier nach Griechenland wahrscheinlich erst im 11. Jh. stellte hierzu lediglich ein Nachspiel dar. F. Kch.

Dornauszieher. Das ‹Genre› motiv eines sitzenden Knaben, der sich einen Dorn aus der eigenen Fußballe zieht, war im Hellenismus sehr beliebt; am ursprünglichsten überliefert in einer Marmorkopie in London, Brit. Mus. Nr. 1755 (aus der Slg. Castellani), nach einer Statue aus dem 3. Viertel des 3. Jh.s v. Chr. – Beim berühmten kapitolin. Dornauszieher (Konservatorenpalast) ist in klassizist. Weise des 1. Jh.s v. Chr. (?) mit dem D.typus ein auch sonst überlieferter Kopftypus des strengen Stiles verbunden. – In *altchristl. Kunst* Symbol antiker Idololatrie. E. Bg.

Lit: Lippold, GrPl 331. 387 – W. Fuchs, Der D., in: Opus Nobile 8, 1958, 3–12, Abb. 1–7.

Dorotheos, Jurist, Professor in Berytos z. Z. Justinians und an der Abfassung der Digesten, der Institutionen und des Codex repetitae praelectionis beteiligt (→ Corpus (4) iuris). Von ihm stammt auch ein in Bruchstücken erhaltener Index zu den Digesten, der frühestens 542 entstanden sein kann; er enthielt zudem exegetische Kommentierungen. H. Hb.

Lit: P. Krüger, Gesch. d. Quellen u. Lit. des röm. Rechts (1888), 1912², 408.

2. **D. von Sidon,** wohl 1. oder Anf. 2. Jh., Verfasser eines astrolog. Lehrgedichts in 5 Büchern; einzelne Hexameter und Auszüge aus einer Prosafassung bei → Hephaistion (2) u. a.; von den Arabern, deren D.-Text auf einer älteren Pehlevi-Übersetzung beruht, stark erweitert und viel benutzt. E. V.

Ed: W. Kroll, Catal. cod. astrol. Graec. 6, 1903, 89–113 – V. Stegemann, Die Fragmente des D. v. S., 1939–43 (nicht abgeschlossen).

Doryphoros (Speerträger), Bezeichnung der Kunstschriftstellerei (vgl. Plin. nat. 34, 55) für die berühmteste Statue des → Polyklet, die wohl Achilleus darstellte; an ihr erläuterte Polyklet vermutlich seinen → ‹Kanon›. Um 440 v. Chr. – Plin. nat. 34, 75 überliefert ferner einen D. des ‹Ctesilaos›, was man – mit Recht (?) – in → Kresilas konjiziert hat; doch sind von dieser Statue bis jetzt noch keine sicheren Kopien nachgewiesen worden. E. Bg.

Lit: Lippold, GrPl 163, Taf. 59, 1 – W. H. Schuchhardt, Kresilas, in: Ber. VI. Kongr. für Archäol., 1940, 339–341.

Dosiadas, hellenist. Dichter, Verfasser von → Technopaignia (eines, der ‹Bomos›, in AP 15, 26 erhalten). Wohl mit dem Verfasser der ältesten erhaltenen ‹Kretika› (mindestens 4 Bücher) identisch, die neben → ‹Epimenides›, Sosikrates (= → S., dem Verfasser der Philosophen-Diadoche?) und Laosthenidas dem → Diodor für 5, 64–80 vorgelegen haben. Zeit unbestimmt. P. H. und W. Sp.

Frg: Coll. Alex. 175 – FGrHist 458; 468 F 1 – Vgl. 457 (Epimenides), 461 (Sosikrates), 462 (Laosthenidas).

Dositheus, 3./4. Jh. n. Chr., Verfassung einer zweisprachigen Grammatik für die Lateinunterweisung von Griechen. Dem Werk wurden Übungsstücke zum Übersetzen beigegeben, die nicht dem D. gehören und als *Pseudo-Dositheana Hermeneumata* bekannt sind. Einige von ihnen sind kulturgeschichtlich wichtig. D. F.

Ed: J. Tolkiehn, 1913 – CGL III (Ps.-Dos. Hermen.) – *Lit:* Schanz-Hosius IV 1, 177–179.

2. **D. von Pelusion,** → Astronom, Ende 3. Jh. v. Chr. in Alexandria tätig, Schüler des → Konon (2). → Archimedes, der ihn in Alexandria kennengelernt hatte, widmete ihm mehrere seiner Schriften. D.' Beobachtungen über das Erscheinen der Fixsterne werden im Anhang zu → Geminos' ‹Einführung in die Astronomie› sowie von → Ptolemaios (17) und → Plinius (2) zitiert. S.S.

Lit: F. Hultsch, RE 5,2 (1905), 1607–08.

Doxographie. → Demokrit, dann einzelne → Sophisten, dann bes. → Platon haben teils polemisch, teils historisch rückblickend von ihren philosophischen Vorläufern gesprochen. Von D. als der systematischen Aufarbeitung der gesamten älteren Philosophiegeschichte kann erst seit → Aristoteles und dessen Schülern die Rede sein. Die Texte werden gesammelt und unter festen Gesichtspunkten exzerpiert: es soll gezeigt werden, daß die älteren Lehren sich stetig auf die Philosophie der Gegenwart hin entwickelt haben, so daß diese durch jene eine historische Bestätigung erfährt; zugleich lehren die Irrwege der Früheren, wo Probleme stecken und welche Wege zu meiden sind; hervorgehoben wird auch, worin die individuelle Leistung jedes Einzelnen besteht und welche Begriffe er neu eingeführt hat; schließlich wird auch versucht, die Gründe zu rekonstruieren, die zu dieser oder jener These geführt haben können. – Das Grundwerk antiker D. sind die 18 Bücher ‹Lehren der Naturphilosophen› von → Theophrast, dazu Monographien von Theophrast und → Eudemos (3) v. Rhodos. Die gesamte spätere D. geht davon aus, teils umwertend (→ Epikureer und Neue → Akademie benutzen die D. zum Beweis, daß in vielen Fragen Gewißheit nicht zu erlangen sei), teils ergänzend (bes. → Poseidonios und seine Zeit), teils die großen Werke zu Handbüchern reduzierend. Von Theophrast und Eudemos sind Fragmente erhalten, sonst nur knappe Handbücher (am wichtigsten → Aëtios) und Auszüge aus solchen. O.G.

Ed: H. Diels, Doxographi Graeci, 1879.

Doxologia, (trinitarische) Lobpreisformel, meist als Abschluß von Gebeten. Man unterscheidet D. maior (Gloria in excelsis) von D. minor (Gloria patri ...); sie erhielt im → Arianischen Streit endgültige Form. → Leiturgia. B.L.

Lit: DACL IV 2, 1525–36 – RAC IV 210–226.

Drachme (*δραχμή*), Gewichts- und Rechnungseinheit sowie Silbermünze, seit dem Beginn der europäischen Münzprägung auf der Peloponnes. Die Herleitung des Wortes von *δράττεσθαι* (greifen) aus den auf der Peloponnes als Gerätegeld (→ Geld) umlaufenden → Obeliskoi, von denen 6 von einer Hand umspannt werden konnten (daher 2 D. – gehalten von beiden Händen – die gewöhnlichste Münzfußeinheit, genannt → Stater oder → Didrachmon), hat große Wahrscheinlichkeit für sich, da dies für die aus Argos und Sparta erhaltenen eisernen Obeliskoi zutrifft. – 100 D. machten 1 → Mine aus, 6000 D. also ein → Talent von 60 Minen. Die D. wird, wie erwähnt, in 6 → Obolen unterteilt (die 10 Obolen bei Poll. Onom. 9, 86 beziehen sich auf 10000 leichtere attische O., die auf 1 äginetisches Talent gingen). Das Gewicht der D. war nämlich in allen Münzfüßen verschieden, weswegen z. B. Hesych (s. v. *λεπτός*) *δραχμαὶ παχεῖαι* von *δραχμαὶ λεπταί* unterscheidet. Das Normalgewicht der attischen D. (*δραχμὴ Ἀττική* als Einheit bei Poll. Onom. 9, 76 und z. B. in den Inschriften CIG Att. IV, 697 und 813 B erwähnt) war 4,36 g, sank jedoch in hellenist. Zeit bis zu 4,04 g herab. – Nach der D. werden auch ihre Multipla benannt (→ Dodeka-D., → Deka-D., → Okta-D., → Penta-D., → Tetra-D., → Tri-D. und → Di-D.), von den stets nach Obolenanzahl genannten Teilstükken dagegen nur das → Hemidrachmon. In Korinth zerfällt die Einheit (→ Didrachmon oder der → Stater) nicht wie gewöhnlich in 2, sondern in 3 D.n. In Ägypten werden in ptolemäischer Zeit auch Kupfer-D.n geprägt. Dort verschlechtern sich in der röm. Kaiserzeit die silbernen → Tetra-D.n so stark, daß sie nur noch Silber im Werte von einem → Denar enthalten, wodurch die D. hier auf ein Viertel ihres ursprünglichen Wertes sank, während im übrigen röm. Reich der Denar ungefähr 1 D. gleichgesetzt wurde. – Gold-D.n sind einmal in den delischen Inventaren als Münzen aus Karystos (Euboia) erwähnt (BCH 6, 1882, 132) und sind dort zu Beginn des 2. Jh.s v. Chr. auch ausgegeben worden, kommen jedoch häufig auch sonst als Hälften der verbreitetsten Goldstatere (→ Philippeios, → Alexandreios usw.) vor. W. Schw.

Lit: Babelon, 492–504 – F. Hultsch, RE 5 (1905), 1613–33 – K. Regling, in: v. Schrötter, 159f. – M. N. Tod, Num. Chron. VI 20, 1960, 1ff. – L. Breglia, Numismatica antica, 1964, 120f.

Dracontius, Blossius Aemilius (Ende des 5. Jh.s n. Chr.), Anwalt in Karthago, zeitweilig aus politischen Gründen von dem Vandalenkönig Guthamund eingekerkert; dichtete in der Haft außer der an den König gerichteten ‹Satisfactio› sein Hauptwerk ‹De laudibus Dei› vom Zorn und dem Erbarmen Gottes. Seine profanen Dichtungen (mythol. Epyllien, Epithalamien und Deklamationen) stellte er unter dem Titel ‹Romulea› zusammen. Mit Sicherheit gehört ihm auch das anonym überlieferte Epyllion ‹Orestis Tragoedia›. Er erstrebt Neuheit durch die epische Gestaltung von bis dahin dem Drama vorbehaltenen Stoffen (Orestes, Medea) und die Verwendung entlegener Mythenversionen. W. Sch.

Ed: F. Vollmer, MGAA 1905 (Neudr. 1961) – PLM V 2, 1914 – *Lit:* RAC IV 250–269.

Draht, hergestellt aus Blechstreifen (2. Mos. 39, 2) oder in Spiralform gegossen, bisweilen wohl auch gezogen. Verwendung als Zierat und in der Zahnheilkunde (Cels. 7, 12 E). W.K.

Drainage kannte man im antiken Ackerbau als einfache Ableitung des Wassers aus Feldern durch Gräben. Cato (agr. 43) gibt Anweisung, Kies und kleine Steine oder Zweige auf den Grund eines Grabens zu füllen (vgl. Colum. 2, 2, 9). – Die Römer führten auch große Entwässerungsprojekte durch; am berühmtesten die Entwässerung des Fucinersees unter → Claudius, die viel Ackerboden schaffen sollte und 11 Jahre dauerte; unter Nero stark vernachlässigt. J.E.Sk.

Drakon, Athener aus dem Geschlecht der → Eupatriden (?); Thesmothet unter dem Archonten Aristaichmos (ca. 621 v. Chr.). D. erhielt mit außerordentlichen Vollmachten die Aufgabe, die bereits seit langem geltenden ‹Satzungen› (*θεσμοί*) zu veröffentlichen; er hat also Athen nicht eine neue Verfassung gegeben, sondern lediglich das Gewohnheitsrecht kodifiziert. Er veränderte das alte Familienrecht nicht und ließ den Geschlechtern das Recht, über ihre eigenen Mitglieder zu richten; doch bemühte er sich, die → Blutrache durch ein staatliches Schiedsgericht zu ersetzen; diese Anordnung war ein harter Schlag gegen die Macht der Geschlechter. Überdies beschränkte D. die gesetzliche Verwandtschaft auf die Vettern zweiten Grades. Sollten die Geschlechter auf die Blutrache verzichten, so mußten sie Gewißheit haben, daß die Gesellschaft den Schuldigen erbarmungslos bestrafen wird: das erklärt die harten, ‹drakonischen› Strafen, die D. festsetzte. Das Gerichtswesen wurde neu geordnet. Der mit der Untersuchung beauftragte Archon Basileus weist den Fall an das zuständige Gericht. Der Rat des → Areopag verhandelt vorsätzlichen Mord an Bürgern, Verletzung mit Tötungsabsicht, Brandstiftung und Vergiftung; das Gericht der → Epheten die übrigen Blutfälle: am Palladion unfreiwillige Tötung, Mordversuch, Mord an Fremden oder Sklaven; am Delphinion die nicht strafbare Tötung (Notwehr; Mord des auf frischer Tat ertappten Ehebrechers; tödliche Unfälle); am Phreattys die von einem Verbannten im Ausland begangene Mordtat. Das archaische Gericht am → Prytaneion verhandelt über Tiere und Dinge, die den Tod eines Menschen verursacht haben. Die Originalität der Kriminalgesetzgebung des D. liegt in dem Unterschied, der bei der Strafzumessung zwischen vorsätzlichem Mord, Totschlag und nichtstrafbarer Tötung gemacht wird (vgl. → Recht I). R.V.C.

Lit: Eb. Ruschenbusch, ΦΟΝΟΣ. Zum Recht Drakons..., Historia 9 1960, 129–154.

Drama. Ursprünglich nicht ‹Handlung› oder ‹Tat›, sondern die von Satyrn tänzerisch dargestellte Nachahmung eines bestimmten Geschehens (‹orchestischer Mummenschanz›), später allgemein Bezeichnung des Bühnenspiels, bes. der Tragödie. E.-R.Sch.

Lit: H. Schreckenberg, ΔΡΑΜΑ. Vom Werden der griech. Tragödie aus dem Tanz (Diss. Münster 1959), 1960 – H. Patzer, Die Anfänge der griech. Tragödie, 1962, 127 A.4.

Dravus, Fluß durch Noricum und Pannonien (Kt. 2209 AC 2/3; heute Drau), entspringt am Toblacher Feld in Osttirol und mündet unterhalb Mursa (Osjek-Essegg) in die Donau. Die auf dem D. operierende classis Flavia Pannonica erwähnt CIL III 4025. Weihungen an den Flußgott Dravus Aug. aus Poetovio Ant. Inschr. aus Jugoslawien Inr. 266/268, Darstellung des Flußgottes aus Mursa XVI. Ber. Röm. Germ. Komm. 112. B.S.

Dreifigurenreliefs. In der Gattung der Votivreliefs (→ Relief) des späteren 5. Jh.s v. Chr. wird die Darstellung eines Themas (wie in der Tragödie) mit Vorliebe auf drei ausgewählte Handlungsträger beschränkt. Die Bezeichnung ‹D.› wird in der archäologischen Fachliteratur aber bes. auf eine nur in Kopien bekannte Serie von vier gleich großen und aufeinander auch in der Komposition bis ins Letzte abgestimmten Reliefs angewandt: 1. Relief mit Orpheus, Eurydike, Hermes; 2. Herakles, Theseus, Peirithoos; 3. Medea und Peliaden; 4. Herakles und Hesperiden. Sie veranschaulichen vier verschiedene Verhaltensweisen zu Tod und Unsterblichkeit. Ein einheitlicher Entwurf ist vorauszusetzen, ein architektonischer Zusammenhang anzunehmen, und zwar einer, der höchstens zwei Reliefs gleichzeitig überblicken ließ. Der Ort der ursprünglichen Aufstellung ist umstritten. Um 420 v. Chr. E.Bg.

Lit: H. Götze, Die att. D., RhM 53, 1938, 189–280, Taf. 32–38 – H. A. Thompson, Hesperia 21, 1952, 60–93 – E. B. Harrison, Hesperides and Heroes, Hesperia 33, 1964, 76–82, Taf. 11–14.

Dreifuß (τρίπους). Der D. gehört zu den Urerfindungen der Menschheit neben Rad und Hebel, zur Aufstellung von Geräten in allen Epochen und Kulturen zu finden. Kultische Bedeutung hat er in Delphi bei der Orakelerteilung, in Athen als Votiv für choregische Siege im Dionysoskult. – *Formen: 1. Cypr. D.:* In cypr. Werkstätten des frühen 1. Jt.s hergestellte eigenständige Sondergattung orientalischer Stabdreifüße. Gegossene Bronze mit meist unfigürlicher Ornamentik, in wenigen Fällen mit Tierfries im oberen Kranz. Verwendet als Kessel- oder Gefäßuntersätze. Erscheinen seit submyken.-protogeometrischer Zeit auch als Import auf griech. Fundplätzen (Kreta, Athen, Tiryns). – 2. *Geometrisch-griech. D.:* In Weiterführung myk. D.kesseltypen werden von der protogeometrischen Zeit bis in das 7. Jh. hinein flache, schalenartige Kessel mit zwei hochgestellten Ringhenkeln und drei langgestreckten Beinen versehen. Die Kessel aus Bronze getrieben. Henkel, Beine und figürlicher Schmuck häufiger gegossen als getrieben. Einfache geometrische Ornamentik (Strickmuster, Tangentenspiralen, Zickzack, M-Muster). Auf die Ringhenkel werden häufig Pferde und Krieger, seltener Löwen, Stiere oder Vögel als plastische Figuren aufgesetzt. Die Verbindung von Kesselrand zu Ringhenkel kann durch langgestreckte menschliche Figuren hergestellt werden. Hauptfundorte sind die Heiligtümer, vor allem Olympia, Werkstätten in Argos, Korinth, auf Ithaka und Kreta, wohl auch in Athen. – 3. *Griech. Stab-D.e:* In griech.-archaischen Werkstätten werden als Untersätze gesondert gefertigter Kessel aus stabartigem Gestänge zusammengefügte D.e vom 7. Jh. an bis gegen Ende des 6. Jh.s hergestellt. Anfangs wird das Eisengestänge durch Bronzefittings zusammengehalten, später der ganze D. samt seinem figürlichen Schmuck aus Bronze gegossen. Funde von Samos, Chios, Olympia, Athener Akropolis, Trebenischte. Das am reichsten verzierte und am besten erhaltene Exemplar ist der D. von Metapont (in Berlin). – 4. *Etrusk. Stab-D.e:* In Anlehnung an die griech. Stab-D.e bilden die → Etrusker eine eigene Gattung bronzener D.e mit reichem figürlichem Schmuck aus, die weite Verbreitung gefunden haben. Ein Fragment auch von der Athener Akropolis. Werkstatt in Vulci im 6. und 5. Jh. v. Chr. U.J.

Lit: Reisch, RE 5 (1905), 1669–96 – K. Schwendemann, Der D., JdI 36, 1921, 98–185 – P. J. Riis, Rod-Tripods, Acta Arch. 10, 1939, 1–30, Taf. 1–2 – S. Benton, The evolution of the tripodlebes, BSA 35, 1934/35, 74–130, Taf. 18–26 – P. Guillon, Les trépieds du Ptoion, 1943 – K. A. Neugebauer, Arch. Vulcenter Bronzen, JdI 58, 1943, 210–233 – F. Willemsen, Der delph. D., JdI 70, 1955, 85–104 – Ders., D.kessel v. Olympia, in: Olymp. Forsch. III, 1957 – Ders., Ein früharch. D.bein, 7. Olympia-Ber. 1956/58 (1961), 181–195 – E. Kunze, Kleinplastik aus Bronze, ebd., 145–155 – H.W. Catling, Cypriot bronzework in the mycenaean world, 1964, 190–223.

Dreißig Tyrannen (οἱ τριάκοντα, ‹die Dreißig›), offizielle Bezeichnung der oligarchischen Gruppe, die im Frühj. 404 v. Chr. auf Antrag des Drakontides von der athen. Volksversammlung zur Ausarbeitung einer neuen Verfassung eingesetzt wurde. Die D. rissen jedoch sogleich die Staatsführung an sich, präsidierten im Rat der 500, vollendeten die Entwaffnung Athens und beseitigten das Unwesen der → Sykophanten. Mittels dieser Behörde wollte → Theramenes, ihr geistiger Urheber, die ‹Verfassung der Väter› wiederherstellen, doch bald wurde → Kritias, der Führer der Ultras, der maßgebliche Mann unter den D., und ihr Regiment artete in eine Schreckensherrschaft aus. Als dann im Winter 404/403 Kritias beim Kampf um den Piräus gefallen war und die D. hierdurch entmutigt diesen den Demokraten überlassen hatten, wurden sie von der von ihnen konstituierten Bürgerschaft der 3000 abgesetzt und gingen nach Eleusis. → Lysandros kam ihnen hierauf zwar zu Hilfe, doch König → Pausanias (2) d.J. ignorierte sie geradezu, weshalb sie im Sommer 403 beim Friedensschluß der Parteien von der allgemeinen Amnestie ausgenommen wurden, sofern sie sich nicht durch Rechenschaftsablage in Athen entlasten konnten. Der Rest der D. behielt zunächst Eleusis als eigenen Staat, bis die athen. Demokraten sie 401 durch Vertragsbruch in ihre Hand bekamen und hinrichten ließen. F.Kch.

Q: Xen. Hell. 2,2,21–4,43 (Xenophon stand als ‹Ritter› auf seiten der D. und war zumeist Augenzeuge); Aristot. Ath. pol. 34,3–41,1; Diod. 16,3–6; 32–33; Iust. 5,8,1–10,11 – *Lit:* O. Blank, Die Einsetzung der D. zu Athen i.J. 404 v.Chr., 1911 – O. Armbruster, Über die Herrschaft der D., Diss. Freiburg 1911 – Th. Lenschau, RE 6 A2 (1937), 2355–77 – D. Lotze, Lysandros, 1964, 87–98 (zur Chronologie).

[2] Der Verfasser der → Historia Augusta bezeichnet mit dem Ausdruck eine Reihe von Usurpatoren zur Zeit des → Valerian und → Gallienus (Mitte 3. Jh. n. Chr.); dazu gehören die Teilherrscher v. Gallien und → Palmyra. H.D.M.

Dreiteilung des Winkels, eine der drei klassischen, mit Lineal und Zirkel nicht lösbaren Aufgaben (→ Geometrie 2). Über Lösungen mit anderen Hilfsmitteln → Neusis, → Quadratrix. H.G.

Drepanius → Latin(i)us.

Dreros, kleine Stadt im NO → Kretas beim heutigen Neapolis (Kt. 1152 G8) mit vielen Resten der alten Stadt, bes. einem hocharchaischen Tempel (1. H. 7. Jh., wohl des Apollon), nur aus einem Raum von ca. 7 × 11 m mit Vorhalle, Altären, Bank für Weihgaben bestehend, ohne Kultbild, der in seiner ungriech. Art altkret. Traditionen fortsetzt. Vgl. Architektur I C. E.M.

Lit: Sp. Marinatos, Le temple géométrique de D., BCH 60, 1936, 214–285 – P. Demargne-H. van Effenterre, Recherches à D., ebd., 61, 1937, 5–32.

Dreschen. Das abgemähte Korn wird entweder in einer Scheune zum späteren D. gesammelt oder wird gleich auf die Tenne gebracht, einen runden, eingezäunten, zuweilen auch überdeckten Platz mit leicht gewölbtem, gestampftem Lehmboden, so daß Regenwasser leicht abgeleitet werden kann. Das Korn wird hier ausgebreitet und durch Ochsen, Esel oder Pferde, die die Kerne austreten, oder mit einem Stock ausgedroschen (Colum. 2,20,4). Dieser ist noch kaum der sog. (Dresch-)Flegel mit Schlagleisten, der von Hieronymos zum erstenmal besprochen worden zu sein scheint. Außerdem werden folgende Geräte erwähnt: tribulum oder trahea, ein Schlitten, mit Eisen und Steinen beschwert, der von Zugtieren über die Ähren geschleift wird; plostellum Poenicum, niedriger Wagen auf Walzen mit Eisenzähnen, der rundherum fährt, wenn der Wagen gezogen wird. – Die ausgetretenen Kerne werden von Spreu gereinigt, entweder, indem sie mit einer besonderen Worfelschaufel gegen den Wind geworfen werden oder, bei ruhigem Wetter, durch mehrmaliges Aufwerfen in die Luft und Wiederaufgreifen in einer Getreideschwinge (→vallus). Für den Fall, daß Korn längere Zeit gelagert werden soll, empfiehlt Columella (2,20,6), es zweimal zu dreschen, um es dadurch besser zu reinigen. J.E.Sk.

Dromos, Bezeichnung für den Eingangsweg zum myk. →Kammer- und →Kuppelgrab. Im Gegensatz zum kurzen D. des kret. Kuppelgrabes (→Tholosgräber) ist der myk. D. in den Fels oder Hügel eingeschnitten. Beim entwickelten Kuppelgrab (‹Schatzhaus des →Atreus›) sind die Wände des D. mit bearbeiteten Steinquadern gefüttert. W.Schg.

Druiden (kelt. druides, ‹die sehr Gelehrten›; ohne Zusammenhang mit griech. *δρῦς*, ‹die Eiche›), kelt. Priester, die zu Caesars Zeit eine bevorzugte Klasse bildeten: sie waren von Kriegsdienst und Steuer befreit. Als Erzieher unterrichteten sie die Jugend; als Richter schlichteten sie die Streitigkeiten zwischen Staaten oder Privatleuten; als Priester weissagten sie und leiteten die Opfer. Sie verkündeten die Unsterblichkeit der Seele und die Seelenwanderung. Wichtigster Text über die D.: Caes. Gall. 6,13–14 (teilweise nach Poseidon. FGrHist 87 F 116). Sie verkörperten den nationalen Widerstand gegen die Romanisierung Galliens und wurden von Rom bekämpft; der Druidismus wurde von →Claudius abgeschafft; es gab trotzdem noch lange D., doch verloren sie ihren Einfluß und waren schließlich nur noch Zauberer und Wahrsager. →Kelten D. H. Le B.

Lit: Fr. Le Roux, Les druides, 1961.

Drusilla, Julia, 16–38, Tochter des →Germanicus (1) und der →Agrippina (2) maior, 33 Ehe mit L. Cassius Longinus (Stammbaum →Jul.-claud. Haus). Nach ihrem Tod von ihrem Bruder →Caligula, mit dem sie im Inzest gelebt haben soll, als Panthea vergöttlicht. H.T.

Drusus maior (Nero Claudius Drusus Germanicus), 38 bis 9 v.Chr., jüngerer Bruder des →Tiberius, zweites Kind der →Livia aus ihrer Ehe mit Tib. →Claudius (18) Nero (Stammbaum →Jul.-claud. Haus). Nach dessen Tod wächst D. im Hause des Stiefvaters →Augustus auf, dessen dauernde Sympathie er gewinnt. Im Feldzug des Jahres 15 kommandiert er die östliche Heeresgruppe, die über den Brenner bis ins Alpenvorland vorstößt, während Tiberius den westlichen Keil führt. Seit 13 Statthalter der gallischen Provinzen und Oberbefehlshaber an der Rheinfront, bereitet Drusus umfassend eine Offensive vor, für die er in D.kanal (Vecht-Ijssel), D.damm (bei Herwen), Flottenbau, Anlage von Verbindungsstraßen und Kastellen (z.B. Neuß, Urmitz, Basel, Zürich) eine breite Basis schafft. →Castra Vetera bei Xanten und →Mogontiacum (Mainz) sind Hauptstützpunkte. 12 stößt D. mit der Flotte längs der Nordseeküste wohl bis zur Wesermündung vor, 11 erreicht er diesen Fluß auch im Landmarsch, ungefähr dem Lauf der Lippe folgend. Kastelle wie →Aliso und Friedberg sichern den Gewinn. 10 Kämpfe gegen Chatten und Sugambrer, 9 Zug zur Elbe. Während des Rückmarsches stürzt D. vom Pferd und stirbt westlich der Saale in Gegenwart des Tiberius. Außergewöhnliche Ehrungen (erblicher Siegerbeiname Germanicus, Kenotaph in Mainz-Eigelstein, Triumphbogen) zeichneten ihn aus, die →Consolatio ad Liviam beklagte seinen Tod. →Plinius d.Ä. beschrieb seine Feldzüge. K.Chr.

Q: PIR C857 – *Lit:* L. Curtius, Ikonograph. Beiträge zum Porträt d. röm. Rep. u. d. jul.-claud. Familie RM 50, 1935, 260–285 – K. Christ, Nero Claudius D., Diss. Tübingen 1953.

2. **D.** minor (D. Iulius Caesar), ca. 13 v.Chr.–23 n.Chr., Sohn des →Tiberius aus dessen Ehe mit Vipsania →Agrippina (1, Stammbaum →Jul.-claud. Haus). D. tritt zuerst bei der Niederwerfung der Meuterei 14 hervor und bewährt sich dann 17–20 in Illyricum. Nach dem Tode des →Germanicus (1), mit dessen Schwester →Livilla er verheiratet war, bekleidet D. 21 sein 2. Konsulat, übt seit 22 tribunizische Gewalt aus und ist damit zum Nachfolger des Tiberius designiert. 23 vermutlich von Livilla auf Anstiften →Sejans vergiftet. K.Chr.

Lit: W. Eisenhut, Der Tod des Tiberius-Sohnes D., MH 7, 1950, 123–128.

3. **D.** (D. Iulius Caesar), 7/8–33 n.Chr., jüngerer Bruder des →Nero (2) Iulius Caesar (Stammbaum →Jul.-claud. Haus), nach dessen Verbannung dem →Sejan als aussichtsreichster Thronfolger im Wege. 30 wird D. zu Kerkerhaft verurteilt und im Palatium gefangengehalten, wo er 33 verhungert. K.Chr.

Drusus, vgl. auch →Libo.

Dryope, Tochter des Dryops, am Oita lokalisiert. Von Apollon, der sich ihr als Schildkröte und Schlange naht, Mutter des Amphissos. Von ihren Freundinnen, den Hamadryaden, entführt und in eine Nymphe verwandelt (Ant. Lib. 32; Ov. met. 9, 330ff.). K.Schb.

Dualismus. Primär ergibt sich D. aus der Erfahrung des Widerspruchs in der Struktur des Menschen selbst und aus der Beobachtung des Kampfes zwischen Aufbauendem und Zerstörendem im Kosmos, sekundär aus der ontologischen These, daß erst der Gegensatz diesseits des in sich ruhenden Einen das Werden in Gang bringt. So wird man von D. sprechen, wo im Menschen das Gute und Böse, bzw. Seele und Leib, bzw. Vernunft und Affekt als unversöhnliche Feinde einander gegenübertreten. Dieser *anthropologische D.* wird vor allem von →Platon (Phaid. u.a.) und dem Platonismus vertreten, beruft sich aber da zuweilen auch auf →pythagoreische und →orphische Traditionen. Die Vorstellung, daß Leib und Seele entgegengesetzter Herkunft sind und nach dem Tode entgegengesetzte Schicksale erfahren, ist darüber hinaus vielfach verbreitet, wohl auch in manchen Mysterienkulten heimisch. – Der *kosmologische D.* als dauernder Gegensatz zwischen zwei Elementarkräften gehört ganz der Philosophie an: Krieg und Friede bei →Heraklit, Liebe und Streit bei →Empedokles, Andeutungen einer guten und bösen Weltseele bei →Platon, die gesamte Gegensatzontologie des →Aristoteles (Schrift *Περὶ ἐναντίων*), aktiver Geist (Gottheit) und passive Materie in der →Stoa. – Auf bestimmte religiöse und mythologische Vorstellungen sich stützend, aber doch auch ganz philosophisch ist der räumliche D. von einem vollkommenen, göttlichen, supralunaren Bereich in der Höhe und einem vergänglichen, von Verwirrung und Leid erfüllten sublunaren Bereich, in dem die Menschen leben; so vor allem bei →Aristoteles und in sog. →pythagoreischen Traditionen. – Vollständig fehlt bei den Griechen der eigentlich *theologische D.*: die Vorstellung der pers. Religion, wonach ein guter (Ahuramazda) und ein böser (Ahriman) Gott einander gegenüberstehen (→Iranier C4), ist den Griechen zwar früh bekannt und hat die philosophische Spekulation mehrfach beschäftigt (Aristot. De philos. Fr. 6 Ross), ist jedoch im Raum der griech. Religion unvollziehbar. Soweit das Böse nicht dem Menschen oder der Natur zur Last fällt, ist es von den großen Göttern genauso gewirkt wie das Gute, zur Warnung, zur Strafe oder auch nur als Machterweis (vgl.

→Theologie). Schadenstiftende göttliche Wesen gibt es, doch nur als untergeordnete Geister (→Dämonen). – Im klassischen D. des spätantiken →Manichäismus verbinden sich Elemente der pers. Religion mit solchen des Platonismus. O.G.

Ducenarius. 1. Richter der 4. Decurie, von Augustus neu geschaffen, mit Census von 200000 Sesterzen. – 2. Rangstufe der →Procuratores, nach Gehaltshöhe ausgedrückt, seit →Mark Aurel in der offiziellen Titulatur geführt, seit Aurelian als reine Titulatur verliehen. J.S.

Dübel, rechteckige oder runde Zapfen aus Holz oder Metall zur Verbindung übereinanderliegender Werkstücke.

Duilius, C. (cos. 260, cens. 258, dict. 231 v. Chr.), errang bes. durch Einsatz von Enterbrücken im 1. Pun. Krieg 260 bei Mylae den ersten großen Seesieg für Rom (Polyb. 1, 20, 7ff.; anekdotenreich Florus 1, 18; Zon. 8, 7 u.a.). Aus der Beute erbaute D. einen Janustempel (Tac. ann. 2, 49); zum Andenken an den Sieg errichtete man auf dem Forum eine Säule, geschmückt mit den Schnäbeln der eroberten Schiffe (Plin. nat. 34, 20). Vgl. →Seekrieg. A.L.

Q: Elogium: Inscript. lib. rei publ. cur. A. Degrassi, 1957, 319 – *Lit:* J.H. Thiel, A history of Roman seapower before the second Punic war, 1954.

Duketios, Führer der →Sikuler. D. machte sich Streitigkeiten der Griechen (461/460) zunutze: er gründete Menainon und nahm Morgantine ein (459/458); vereinigte die sikulischen Städte außer Hybla in einem unabhängigen Staat; gründete Palike (453/452), eine bald mächtige Stadt, die er zu seiner Hauptstadt machte; besetzte darauf trotz des Eingreifens von Syrakus (Ende 451) Aitna im Norden und Motyon im Westen. Im Frühjahr 450 wurde er von den Syrakusanern entscheidend geschlagen. Nach kurzem Exil in Korinth gründete er mit der stillschweigenden Zustimmung von Syrakus (446–445) eine gemischte Kolonie in Kale Akte und nahm seine früheren Pläne eines sikulischen Staates wieder auf, starb jedoch 440/439. Syrakus setzte darauf endgültig der Unabhängigkeit der Sikuler ein Ende. R.V.C.

Q: Diod. 11, 76, 2; 78, 5; 88, 6; 90f.; 12, 8; 29 – *Lit:* J.H. Croon, D., dux Siculorum, Tijdschr. v. Geschied. 65, 1952, 301–317.

Dumnorix, Bruder des →Diviciacus, angesehen und beim Volk beliebt; erstrebte die Alleinherrschaft bei den Haeduern, lehnte die röm. Ansprüche auf Gallien ab. Nur auf Diviciacus' Bitten von Caesar begnadigt (Caes. Gall. 1, 17ff.). Als Caesar ihn nach Britannien mitnehmen wollte, floh er, wurde aber auf der Flucht getötet. G.G.

Dumuzi (‹rechter Sohn›; hebr. und aram. *Tammuz*), sumer. Gott, nach dem Mythos von →‹Ištars Gang zur Unterwelt› in die Unterwelt verbannt. Sein Verschwinden und das Verdorren der Steppe beklagen zahlreiche sumer. Klagelieder. Es gab keine Auferstehung des D., er blieb in der Unterwelt. Vgl. →Adonis. W.R.

Lit: A. Falkenstein, Compte rendu troisième rencontre assyriologique, 1954, 41–65.

Duoviri aedi dedicandae, außerordentliche Beamte, jeweils auf Grund eines Gesetzes gewählt zur Weihung eines Heiligtums auf Staatsboden; gewöhnlich wurden der Dedizierende oder sein Sohn, auch ohne das entsprechende Alter, zu dem Amt bestimmt. – *D. aedi locandae:* ebenso zur Verdingung des Tempels; oft beide D. identisch. Im 1. Jh. v. Chr. von den verschiedenen curae des Bauwesens ausgeführt. J.S.

2. **D. censoriae potestatis quinquennales,** Bezeichnung der →D. (3) iure dicundo, die alle 5 Jahre die Liste der Bürger und Ratsherren aufstellten. J.S.

3. **D. iure dicundo,** die zwei höchsten Beamten in den Kolonien (in den Munizipien: quattuorviri iure dicundo, die in d. iure dicundo und d. aediles zerfallen), Ausnahmen vorhanden, Amtsdauer 1 Jahr. Vorherige Bekleidung der Quästur und der Ädilität, Alter von 30 Jahren, Unbescholtenheit, aber kein Census erforderlich. Beide d. hatten die gleichen Rechte, jedoch der ältere hatte Vortritt. Interzessionsrecht der d., Einberufung der Wahlkomitien. Ehrenrechte: →Liktoren mit fasces ohne Beile, sella curulis, Eponymität. Bei Übertragung des Amtes auf den Kaiser durfte kein Kollege gewählt werden. Kompetenzen: Verwaltung der städt. Angelegenheiten, Berufung und Leitung des Rates, censorische Befugnisse (→d. (2) quinquennales), beschränkte Gerichtsbarkeit im städt. Territorium. Die kriminale Jurisdiktion wurde den d. in früher Kaiserzeit entzogen, Zivilprozesse bis zu einem gewissen Streitwert. In der späten Kaiserzeit nur noch Wahl aus dem ordo decurionum möglich. J.S.

Lit: W. Liebenam, RE 5, 2 (1905), 1804–40 – J. Marquardt, Röm. Staatsverwaltung I, (1873), 1881², 154–165.

4. **D. navales,** außerordentliche Magistratur, nur in Kriegszeiten, zur Instandhaltung der Flotte mit Befehl zur See, 311 v. Chr. zum erstenmal erwähnt. Nur wenige d. navales sind bekannt; sie verschwinden im 2. Jh. v. Chr. J.S.

5. **D. perduellionis iudicandae,** eigener Gerichtshof für Hochverrat, selten bestellt und deshalb wenig bekannt, z.B. 384 v. Chr. Prozeß des C. Manlius, 63 v. Chr. des C. →Rabirius (1); Entscheidung der Volksversammlung über ein solches Verfahren, nach deren Vorschlag ernannten die Konsuln die d. (anders bei Rabirius). J.S.

5a. **D. sacris faciundis** →Quindecimviri.

6. **D. viis purgandis** (volle Amtsbezeichnung: d. viis extra propiusve Romam passus mille purgandis), zuerst in der lex Iulia municipalis 45 v. Chr. neben den →quattuorviri viis in urbe purgandis erwähnt. Aufsicht über die Straßenreinigung außerhalb der Stadt bis zum 1. Meilenstein; 12 v. Chr. wurden die D. viis purgandis von Augustus durch die curatores viarum ersetzt. J.S.

Dupondius, Bezeichnung für 2 →Asse. Als gegossene →Aes-grave-Münze erscheint der D. in Rom bei der ersten Reduktion des →Asses, geprägt erst in der Zeit des Unzialfußes, im übrigen Italien beim kampanischen →Aes grave (Rad-Serie) und bei drei etrusk. Serien, stets gekennzeichnet durch das Wertzeichen II. Später erhält der D. bei den Prägungen der Flottenpräfekten das Wertzeichen B. Unter Augustus wird der D. im Gegensatz zum Kupfer-As aus Messing (→Aurichalcum) geprägt und wog normal ca. 13,64 g, also eine halbe →Unze. Unter Nero erhält der D. wieder das Wertzeichen II und wird im weiteren Verlauf zur visuellen Unterscheidung vom kupfernen →As durch die Strahlenkrone des Kaiserkopfes gekennzeichnet, die beim As nie vorkommt. Unter Valerian (253–260) hört die D.-Prägung auf und erscheint erst wieder unter Aurelian (270–275). W. Schw.

Lit: Babelon, I 600ff. – F. Hultsch, RE 5 (1905), 1843–46 – K. Regling, RE 2 A (1923), 1880 – Ders., in: v. Schrötter, 168 – H. Mattingly, Roman coins (1928), 1960², 121, 126.

Dura-Europos, Stadt auf dem rechten Ufer des Euphrat halbwegs zwischen Aleppo und Bagdad (Kt. 1925 A3; heute Eṣ-Ṣaleḥīye, etwa 40 km nördl. Abū-Kemāl).

[1] *Geschichte.* Der Name *Dura* ist babylonisch. Die makedon. Kolonie *Europos* wurde an Stelle einer alten semitischen Siedlung errichtet. Die Gründung erfolgte um 300 v. Chr. durch Nikanor, einen der Gouverneure →Seleukos' I., den die Bewohner von D. als ihren eigentlichen Gründer betrachteten. Der Name E. ist nach Europos in Makedonien, der Vaterstadt des Seleukos, gewählt. Dura gehört mit den gleichzeitig gegründeten Städten Edessa und Nisibis zu einem System befestigter Straßenkontrollposten des Seleukidenreiches. Der Bau der Stadtmauer und der langgezogenen Zitadelle über dem Steilabfall zum Euphrat geht auf die Gründungszeit zurück. Über die Geschichte von D. in den nächsten Jahrhunderten ist wenig bekannt. Die Stadt fiel in der 2. H. des 2. Jh.s v. Chr. in parthische Hände. An die Stelle der makedon.-griech. Garnison trat eine parthische. Trotz der durchaus philhellenischen Haltung der parthischen Könige beschleunigte sich

der Prozeß der Orientalisierung der bisher griech.-hellenistischen Stadt. Die Baugeschichte des Artemistempels läßt dies erkennen (der Peripteraltempel griech. Form wird durch einen Tempel orientalischen Typs ersetzt, der um 33 v. Chr. im Bau war). – Zu Beginn der *Kaiserzeit* war D. mit → Palmyra in einer Art neutralen Zone, die die Handelsstraße durch die syrische Wüste geschützt zu haben scheint. Die enge Verbindung zwischen Palmyra und D. ergibt sich auch aus der Dedikation eines Tempels für die palmyren. Götter in D. im Jahre 32 v. Chr. → Trajans Versuch, diese Situation zu ändern, führte zur vorübergehenden Eroberung von D. durch die Römer (Triumphbogen der Legio III Cyrenaica), die jedoch mit dem Regierungsantritt → Hadrians (117) wieder auf die Stadt verzichteten. Dafür nahm der Einfluß Palmyras zu, dessen Wüstenpolizei (Bogenschützen) auch in D. stationiert war. Die definitive Eroberung durch Rom erfolgte unter L. → Verus (1) und → Avidius (1) Cassius, also um die Mitte des 2. Jh.s. Die einschneidendste Änderung im baulichen Gefüge von D. geschah unter → Septimius (3) Severus. Der ganze Nordteil der Stadt wurde in ein → Castrum verwandelt, was die Errichtung der typischen Militärbauten (Principia, Kommandantenpalast, Amphitheater, Thermen) und die Erbauung oder Restaurierung von Tempeln für → Mithras und Jupiter Dolichenus nach sich zog. In D. lagen Vexillationen der Legio IV Scythica, XVI Flavia, III Cyrenaica und der III Gallica. Der Niedergang von D. beginnt mit der Thronbesteigung der → Sassaniden. Einer ersten Attacke i. J. 238 n. Chr. entging D. knapp. Verstärkung der Stadtmauer. Im Rahmen des großen Feldzuges von → Šapur I. gegen Syrien (256) zu nicht genau bekanntem Datum erobert; darauf rascher Zerfall der Stadt. Kaiser → Julian (2) schreibt in einem seiner Briefe, daß er während seiner Expedition gegen die Perser (363 n. Chr.) in den Ruinen von D. Löwen jagte.

[2] *Bauten.* Die Stadt wird durch rechtwinklig sich schneidende Straßen in rechteckige Insulae aufgeteilt. Ein Haupttor steht in der Verlängerung der breiter ausgestalteten Mittelachse des Straßensystems. Aus den Tortürmen stammen interessante Holzfunde (Scuta der röm. Soldaten). Neben den (s. o. 1) genannten Militärbauten sind die wichtigsten ausgegrabenen Bauten die Tempel. Sie sind alle im orientalischen Typus errichtet und bestehen vor allem aus einem Hof mit kleinem Kultraum gegenüber dem Eingang. Die bekanntesten sind: der Bêl-Tempel (Tempel der palmyrenischen Götter), der Atargatis-Tempel, der Gaddé-Tempel und der Tempel für Artemis-Nanaia. Bedeutende Fresken schmücken einzelne dieser Tempel, bes. den der palmyren. Götter (Opfer des Tribunen Terentius). Die Synagoge (jetzt im Museum von Damaskus rekonstruiert) ist bes. gut erhalten, weil sie anläßlich der Verstärkungsarbeiten an der Stadtmauer in der auf der Innenseite angebrachten Dammschüttung verschwand. Ihre Malereien sind erstaunlich frisch, da die 244/245 errichtete Synagoge (Neubau an Stelle einer kleineren, älteren Synagoge) nur wenige Jahre benutzt war. Der Bau besteht aus Vorderhaus mit Schul- und Speiseräumen und Hinterbau mit Hof und eigentlichem Kultraum. Der Kultsaal ist völlig ausgemalt. Selbst die bemalten Tonplatten der Decke sind erhalten (sie waren beim Bau des Dammes verwendet worden). R. F.

Lit: Die Grabungskampagnen der Yale University sind in 9 ‹Preliminary Reports› niedergelegt. Seither sind verschiedene ‹Final Reports› erschienen. Die beste Zusammenfassung mit Verweisen auf die Einzelliteratur ist: M. Rostovtzeff, Dura-Europos and its Art, 1938.

[3] *Frühchristl. Bauten.* Nicht nur die bisher älteste, vorkonstantin. Hauskirche (ca. 232 n. Chr.), sondern auch die gleichfalls an der Stadtmauer gelegene → Synagoge (Erweiterung eines älteren Baus Ende 2. Jh. um 245 n. Chr.) sind für die Geschichte der altchristl. → Architektur (III B 1) und → Kunst (II C 2) aufschlußreich. Die Fresken des christl. Kultraumes (Baptisterium oder Martyrion?) bringen teils bekannte Motive (Guter Hirt inmitten der Herde; Adam und Eva; Samaritisches Weib; zweiszenige Heilung des Gichtbrüchigen), teils unbekannte (Jesu Meerwandel und Petri Rettung; David und Goliath, nur inschriftlich gesichert), unter denen der Gang von 3 weißgekleideten und verschleierten Frauen mit Fackeln und Gerät in den Händen zu einem Sarkophag umstritten ist (3 Marien am Grabe Jesu? Kluge Jungfrauen nach Mt. 25? Osterprozession von Neophyten unter Nachahmung des Grabesbesuches der Marien?). Die angewandte ‹narrative Erzählweise› beherrscht auch die Wände der Synagoge (nur im Torazentrum typologisches Programm), so daß dies Nebeneinander zugleich Angelpunkt der doppelten Fragestellung geworden ist: Wie weit weist die synagogale Kunst von D. auf jüd., ihrerseits wieder von alexandrin. Illustrationsmethoden abhängige Bildtraditionen hin? Wie weit ist die frühchristl. Malerei von der spätjüd. Bildtradition abhängig, bzw. mit welchen Elementen entwickelt sie ihre Selbständigkeit? Vgl. → Malerei E 1. C. A.

Q: Preliminary Report on the Exc. at D.-E. V[th] Season, 1934 – Final Report VIII, 1: C. Kraeling, The Synagogue, 1956 (VIII 2, Die Hauskirche steht noch aus) – R. A. Goodenough, Jewish Symbols in Roman Period 9–11, 1964 (Synagoge v. Dura) – *Lit:* A. v. Gerkan, RQ 42, 1934, 219–232 (Hauskirche) – G. Millet, CArch. 8, 1956, 1–9 (Dura u. El Bagawat) – A. Grabar, ebd. 10–26 (Die heiligen Frauen) – K. Weitzmann, AJA 61, 1957, 83–91 (Erzählungsstil im frühen Christentum) – H. Stern, Die Synagoge von D.-E., ThLZ 83, 1958, 249–254 – RAC IV 358–370 (Lit).

Duris, att. Schalenmaler des streng- → rotfigurigen Stils, tätig ca. 500–465, signiert zweimal als Töpfer, sonst als Maler für den Töpfer Python. Feierte in → Lieblingsnamen u. a. die Knaben Chairestratos (Frühzeit), Hippodamas (Reifezeit) und Polyphrasmon (Spätzeit). – Exakte Linienführung und ausgewogene Komposition zeichnen sein Werk aus. Seine lange, schwankungslose Schaffenszeit zeigt eine konsequente Stilentwicklung, die sich von spätarchaischer Kalligraphik über die dramatischen Bilder der Reifezeit zu einem abgeklärten, teilweise manierierten Altersstil verfolgen läßt. Vg. → Vasen E [5]. – *Werke:* Schale mit Waffenstreit, Wien 325 (Pfuhl, Abb. 459 f. 463); weitere Schalen; andere von D. bemalte Gefäßformen: → Kantharoi, → Skyphoi, → Rhyta, ein → Psykter. I. Sch.

Lit: P. Hartwig, Die griech. Meisterschalen, 1893, 200–230; 583 bis 627 – E. Pottier, Douris, 1904 – E. Buschor, Neue Durisgefäße, JdI 31, 1916, 74–95 – S. Papaspyridi-N. Kyparissi, Nea Lekythos tou Douridos, Deltion 1927–28, 91–110 – Beazley, ARV² 425–428.

2. **D.,** ‹Tyrann› in Samos, ca. 340–270, Schüler des → Theophrast, Peripatetiker, vielseitiger Schriftsteller. Als Historiker machte er Mimesis und Ergötzung (ἡδονή), zum Programm einer ‹tragisierten› Historie. Er schrieb mindestens 23 Bücher ‹Historien› (Makedonische Geschichte 370/369 – mindestens 281 v. Chr.); wenigstens 4 Bücher über Agathokles, die meist als Grundquelle für Diod. 19–21 gelten (→ Timaios, 3), ferner samische, jedoch nicht rein lokale ‹Horoi› und außerdem Traktate über Homerfragen, Tragödie, Tragiker, Agone, Malerei, Toreutik und Musikgeschichte. W. Sp.

Frg und *Lit:* FGrHist 76.

Durius (Kt. 2849 AB 2; Duero), Fluß in Spanien, mündet in den Atlantik. In seinem mittleren und unteren Verlauf bildete der D. die Grenze zwischen den Provinzen → Lusitania und → Gallaecia. J. M. d. M.

Lit: A. Schulten, Iber. Landeskunde, 1955, 346–349.

Durocortorum Remorum, Vorort der → Remer, von denen sich der heutige Name Reims herleitet, Hauptstadt der → Belgica (Kt. 1019 D 2). Hat dreitorigen Ehrenbogen, die ‹Porte de Mars›, wohl aus der Zeit des → Caracalla, die seit der Spätantike als Stadttor diente. L. B.-H.

Dūr-Šarrukīn (Ruine, heute Chorsabad; Kt. 1925 C 1), assyr. Stadt nordöstl. Mossul, Gründung → Sargons II.

Planmäßige Anlage. Mauergürtel von 1760 × 1685 m mit 7 Toren. Im NW, durch eine weitere Mauer abgeschirmt, auf einer 14 m hohen künstlichen Terrasse der Palast (nur 2 Zugänge) mit zahlreichen Räumen und Höfen. Im S ein Komplex mit 6 eng verbundenen Tempeln, daneben eine → Ziqqurrat. Der mit Reliefs und Malerei reich ausgestattete Palast wurde nicht vollendet, die Stadt nach Sargons Tod verlassen. W.R.

Lit: M. Pillet, Khorsabad, 1918 – G. Loud u. a., Khorsabad, Part 1.2, 1936/38.

Dux, vor Diokletian allgemein Bezeichnung für den Inhaber eines militärischen Amtes, der die Truppen im Krieg führt (ohne die rechtliche Stellung oder den Rang zu bezeichnen). Seit der Zeit Diokletians ist D. der Amtstitel für den Kommandanten der Militärbesatzung in einer → Provinz. G.G.

Dynamis (*ἡ δύναμις*), ‹Fähigsein, Anlage, Kraft (die das Wesen einer Sache ausmacht)› in allen Bereichen des Seins (anorganisch, organisch, seelisch). Während der Kraftglaube (Mana) in der griech. Religion nur an einzelnen dem Zauberwesen und Gespensterglauben nahestehenden Erscheinungen spürbar wird, sehen Ärzte und Philosophen im Geschehen der Natur das Wirken verschiedener Kräfte (Parm. B9, Meliss. B7) und versuchen sie aufeinander zu beziehen und ihren Grund zu erfassen (Pythagoreer, Platon, Aristoteles, Stoa), bis Poseidonios die Lebenskraft (*ζωτικὴ δύναμις*) zum Weltprinzip erhebt, von der ausgehend ein System der Kräfte Makro- und Mikrokosmos durchwaltet und gestaltet. Die alten Götter, in ihrer Persönlichkeit verblaßt und nur als Wirkung erfaßt (Apollodor FGrHist 244 F 352f.), werden als Kräfte der Allgottheit, die sich unter östlichem Einfluß immer stärker ausbreitet, verstanden (SVF II p. 305ff.), eine Konzeption, die → Philon (1) ebenso benutzt wie die Neuplatoniker (→ Porphyrios, → Iamblichos, → Proklos). Ähnlich erfaßt der Volksglaube die Götter, wo sie sich als wirkende Kräfte zeigen, und wird daher durch den Wunsch bestimmt, diese Kräfte zu beeinflussen, ihrer Wirkung teilhaftig oder ihrer selbst habhaft zu werden oder eigene Kräfte der Seele zu entwickeln, um sich mit den höheren in mystischer Vereinigung zu verbinden; diese Anschauungen bestimmen das → Corpus Hermeticum (1. 13; vgl. → Hermes Trismegistos) in gleicher Weise wie die Zauberpapyri. C.J.C.

Lit: J. Röhr, Der okkulte Kraftbegriff im Altertum, Philol. Suppl. 17, 1, 1923 – W. Grundmann, ThW II, 1935, 286–318, s. v. *δύναμις*.

Dynasteiai (*δυναστεῖαι*). Schon die Perser schufen bes. in Kleinasien durch Anerkennung bestehender Verhältnisse oder Belehnung zahlreiche kleinere reichsunmittelbare Vasallenfürstentümer (z. B. → Themistokles, → Maussolos). In den Wirren der Diadochenzeit vermehrten sich die D. unter griechischen und orientalischen Herren rasch. Das → Seleukidenreich übernahm die persische Übung. Als Vasallen des Königs, dem sie zu Tributzahlung und Truppengestellung verpflichtet waren, unterstanden die D. nicht dem Provinzstatthalter, sondern hatten in ihren Städten und Landschaften nahezu unbeschränkte Zivil- und Militärgewalt. Eine ähnliche Stellung nahmen die Priesterfürsten kleinasiatischer und syrischer Tempelstaaten ein. In Schwächeperioden des Reichs konnten sich manche D. ganz selbständig machen, z. B. Pergamon (→ Attaliden), → Kappadokien, die Priesterfürsten der Persis. In der Zeit der Auflösung des Seleukidenreichs (2. Jh. v. Chr.) machten sich zahlreiche Söldnerführer zu D. in Syrien; noch in röm. Zeit bestanden in Kleinasien und Syrien viele D. H.H.Sch.

Lit: E. Bikerman, Institutions des Séleucides, 1938, 166–169 – H. Bengtson, Die Strategie in der hellenist. Zeit II, 1944, 3–8, 60–63 – M. Rostovtzeff, Hellenist. Welt, Index (Lit).

Dynastie. Mit D. bezeichnet man, Manetho folgend, Gruppen von ägypt. Königen, die oft auch genealogisch zusammenhängen. 1.–2. Dyn.: → Thinitenzeit, 3.–8. Dyn.: Altes Reich, 9.–11. Dyn.: → Herakleopolitenzeit, 12.–13. Dyn.: Mittleres Reich, 15.–17. Dyn.: → Hyksoszeit, 18. bis 20. Dyn.: Neues Reich, 21.–30. Dyn.: Spätzeit, davon 25. Dyn.: ‹Äthiopen›-Zeit, 26. Dyn.: → Saïtenzeit. Vgl. → Ägypten IB. W. Hk.

Dyophysitismus, innerhalb der → antiochenischen Theologie seit → Nestorios, dann vom exkommunizierten Nestorianismus vertretene Christologie; nicht mit dem im Sinne der chalkedonensischen Zweinaturenlehre orthodoxen D. von → Theodor (10) v. Mopsuestia und → Theodoret v. Kyrrhus identisch. C.A.

Dyrrhachium → Epidamnos.

Ea → Enki.

Eannatum, König von → Lagaš, ca. 2430 v. Chr., beschreibt auf der Geierstele seinen Sieg über Umma. Sein Reich erstreckt sich zeitweise bis → Mari. Vgl. → Mesopot. Reiche B.[1]. W.R.

Ebenholz (*ἔβενος*, hebenus), aus Indien und Afrika eingeführt; im Kern schwarz, sehr dicht und fest; diente seit früher Zeit zur Herstellung von → Xoana (Paus. 1,42,5; 8, 53,11), später auch zum Furnieren von Möbeln sowie zu kostbarer Ausstattung von Innenräumen (Plin. nat. 16,213; Lucan. 10,117). – Vgl. → Flora; → Holz. C.K.

Q: Plin. nat. 6,197; 12,17; 16,213; 24,89 – Theophr. hist. plant. 4, 4,6; 5,3,1 – *Lit:* Blümner, Technologie II 258f. – EAA IV, 1961, 530–537, s. v. legno.

Eberraute (Eberreis), ein gelbblühender Halbstrauch von erfrischendem Geruch wurde ‹*ἀβρότονον*› oder Artemisia genannt. Die Namensbeziehung zur Göttin teilt er mit anderen Pflanzen wie → Beifuß und → Wermut, von dem er in der Überlieferung nicht abgegrenzt wird. Wild in Kleinasien und Syrien verbreitet, diente die E. als Heil- und Zierpflanze. Vgl. → Flora. J.W.

Lit: M. Schmidt, RE 5,2 (1905), 1894f. – Murr, Pflanzenwelt, 200f. – O. Geßner, Gift- und Arzneipflanzen, 1931, 205f.

Eberzahnhelm, eine lederne, innen mit Filz verstärkte, außen mit Eberzähnen verzierte Sturmhaube (Hom. Il. 10, 261–265) gehörte zu den homerischen Verteidigungs-→Waffen. → Homerische Altertümer. W.K.

Lit: E. Kukahn, Der griech. Helm, Diss. Marburg 1936.

Ebioniten, → Sekte, die im palästinensischen → Judenchristentum wurzelte und mit ihm zusammen unterging. Sie wählte den Ehrennamen der jerusalem. Urgemeinde ‹Die Armen› (hebr. ebjōnīm) zur Selbstbezeichnung. Die E. hatten ein eigenes Evangelium (→ Apokryphen). A.A.

Lit: H.-J. Schoeps, Theologie und Gesch. des Judenchr.s, 1949 – L. Goppelt, Christentum und Judentum im 1. u. 2. Jh., 1954.

Eburacum (Kt. 502 B2; heute York), auf dem Ostufer des Ouse befestigtes Lager der Legio IX Hispana, während der Feldzüge des → Petilius Cerialis (71–74) gegründet und von → Agricola (ca. 79) und Trajan (108) wiederhergestellt. 122 wurde die Legio IX durch die Legio VI Victrix ersetzt. Zerstörung durch schott. Stämme, die Maeaten 197 und die Pikten 100 Jahre später, machten jeweils einen neuen Aufbau nötig. Hauptstadt der Britannia Inferior; Severus und → Constantius I., der hier zum Kaiser ausgerufen worden war, starben hier. Die Canabae auf dem Westufer wurden im 3. Jh. eine Kolonie mit weitreichenden Handelsverbindungen und Bischofssitz vor 314.

Lit: I. A. Richmond, Roman Britain (1955), 1963[2] (s. Index).

Echekrates, Angehöriger der anscheinend um 400 v. Chr. blühenden → Pythagoreergemeinde von Phleius. An ihn richtet sich der Bericht des platonischen Phaidon über den Tod des Sokrates. → Aristoxenos (Fr. 19 W.) nennt ihn unter den «letzten Pythagoreern» und zugleich als einen Gewährsmann für seine Auffassung des Pythagoreertums. Daß der von → Cicero (fin. 5,87; aus → Theophrast?) als Lehrer Platons angeführte E. von Lokroi derselbe ist, ist zu vermuten. O.G.

Echekratiden, thessalisches, mit den → Skopaden verwandtes Adelsgeschlecht in Pharsalos, das die Phthiotis beherrschte, nach den Perserkriegen die politische Führung → Thessaliens übernahm, sich 462 v. Chr. an Athen anschloß und deshalb 457 gestürzt wurde. Die Athener versuchten 454 vergeblich, den zu ihnen geflüchteten E. Orestes zurückzuführen. Ein Echekratide (der Vater dieses Orestes?) ist um 464 als Sieger in Olympia bezeugt. P.R.F.

Lit: M. Sordi, La lega tessala, 1958, 59ff.

Echidna, Ungeheuer, halb Weib, halb Schlange. Als Eltern werden Phorkys, Tartaros, Chrysaor bzw. Keto, Gaia, Styx u. a. genannt. Beraubt in Kilikien oder der Peloponnes Vorbeikommende, bis → Argos Panoptes sie tötet. Von → Typhon Mutter anderer Ungeheuer wie des → Kerberos, der Hydra, des Orthos, des nemeischen Löwen (→ Herakles), der theban. → Sphinx oder Phix (→ Ödipus), der Chimaira (→ Bellerophon): Hes. theog. 306–332. K.Schb.

Echion, Genosse des → Kadmos, Gatte der Kadmostochter Agaue, Vater des → Pentheus (Ov. met. 3, 126ff. 513).

Echnaton → Amenophis IV.

Echo, Nymphe, die nach zwei völlig verschiedenen Sagen ihr Leben so verliert, daß nur ihre Stimme weiterlebt: entweder Geliebte des → Pan, der sie von wahnsinnigen Hirten zerreißen läßt, als sie ihn nicht hört (Theokr. Syrinx 5). Oder Hera nimmt ihr die Artikulationsfähigkeit so weit, daß sie nur die letzten Worte eines Redenden wiederholen kann (zur Strafe dafür, daß E. Hera durch ihr Geschwätz in der Verfolgung des Zeus wegen seines Umgangs mit Nymphen aufhielt). Bis auf ihre Stimme und diese Fähigkeit schwindet E. dahin, als sie ihrerseits von → Narkissos zurückgewiesen wird (Ov. met. 3,339ff.). L.H.

Ecus October, das ‹Oktoberroß›, war das rechte Pferd des siegreichen Wagens in einem Wagenrennen, das am 15. Okt. auf dem Marsfeld stattfand. Es wurde auf dem Altar des Mars geopfert, wobei man ihm Kopf und Schwanz abhieb; den Schwanz trug man eilig zur Regia, denn das Blut mußte noch auf deren Herd fließen. Um den Kopf kämpften die Bewohner der Via Sacra und der Suburra. Falls sie siegten, hefteten ihn die ersten an die Mauer der Regia, die letzteren hängten ihn am Mamilia-Turm auf (Plut. qu. Rom. 97; Fest. 190 L.; Polyb. 12,4b). «Der Ritus, der das Kriegsjahr abschloß, bezweckt eindeutig, durch das Opfer die Siegeskräfte für den nächsten Feldzug zu bewahren und zu vermehren» (J. Bayet). Der folgende Ritus sollte wohl «den Erfolg der Getreideernte» gewährleisten: bevor man das Pferd opferte, hängte man ihm eine Kette von Broten um den Hals (Fest. 246 L.). H. Le B.

Lit: G. Dumézil, Rituels indo-européens à Rome, 1954, 76–80; 88f. – J. Bayet, Histoire politique et psychologique de la religion romaine, 1957, 82.

Edelsteine. [1] Neben *λίθος πολυτελής* oder *σφραγίς* (Ringstein) fehlt im Griech. eine entsprechende Bezeichnung; lat. gemma, das jeden edlen, auch ungeschliffenen E. meint, ist erst später auf den Ringstein übertragen worden (→ Gemmen). Eine Trennung zwischen E. und Halb-E. war in der Antike nicht üblich, auch deckt sich die antike Nomenklatur nicht immer mit der modernen; Varietäten desselben Steines tragen nicht selten verschiedene Namen. Häufig sind Nachrichten über Fälschung und Nachahmung von E.n. Wir dürfen annehmen, daß die Kenntnis und Wertschätzung der E. über den Alten Orient durch Handel nach dem edelsteinarmen Griechenland kam; die reiche schriftliche Überlieferung ist nicht zuletzt auf ihre ebenfalls von dort herstammende magische Bedeutung zurückzuführen. Für die Herkunft werden denn auch überwiegend östl. Länder genannt. Aus Indien kam der schon im Altertum geschnittene und als wertvollster und härtester E. bekannte *Diamant* (*ἀδάμας*). Beim *Saphir* (Korund) unterschied man die blaue Art (*κύανος*) vom roten Rubin (*ἄνθραξ*, carbunculus; *σάπφειρος*, vgl. → Lapis Lazuli); er kam aus Indien, Innerafrika, Karien. Beim weicheren *Topas* (*τοπάζιον*, von der Insel Topazion, wohl = Ceylon, und aus Ägypten) wird Gravierung häufiger. Von den *Beryllen* waren bes. der edle, meergrüne und der goldgelbe (Chrysoberyll, wohl nicht identisch mit dem heutigen Chrysopal) aus Indien und vom Pontus, dann der *Smaragd* beliebt, den Plin. nat. 37.62 an dritter Stelle nach Diamant und Perle nennt; er galt als skythisch (Ural, Altai, auch Baktrien und Ägypten). Der edelste *Opal* mit mannigfaltigster Farbwirkung stammt aus Ungarn. Unser *Türkis* entspricht vermutlich dem *persischen* → *Jaspis* (Plin. 37,110: callaina). Unter die bes. in der → Glyptik gebräuchlichen Halb-E. fallen die kristallisierten Quarze: → *Bergkristall*, → *Amethyst*, der etwas schwächer violette *Hyacinthus*, → *Jaspis* u.a.; die Quarzvarietät der → *Kalzedone* und ihrer Verbindungen

(→*Achat*); die *Feldspate:* der seltene *Mondstein*, astrios, →*Obsidian* und *Lasurit* (→Lapis Lazuli). C.K.

Q: Plin. nat. 37, 1 ff. – *Lit:* Blümner, Technologie III 227 ff. – P. Schmidt, E. bei den Kulturvölkern, 1948.

[2] *Handel.* E. und Halb-E. waren bei ihrer reichen Verwendung als Schmuckstücke und Amulette ein bevorzugtes Handelsgut der Antike. Schon im Alten Ägypten beschaffte man sich E. durch eigene Expeditionen und durch Tausch von der Sinaihalbinsel, aus Babylonien und Nubien. Die ägypt. Juwelierkunst blieb bis in die Spätantike ebenso bedeutend wie die Kunst, Glasimitationen herzustellen. Seit dem Hellenismus waren Asien und Afrika die Hauptausfuhrgebiete für E., Perlen wurden vornehmlich über die Bahrein-Inseln vermittelt. H. Br.

Lit: A. Hermann, RAC V, 1962, 505–552 (Lit).

Edfu (alt: *Ḏbꜣ*), Ort in Oberägypten (Kt. 29 D 8), von den Griechen Apollonospolis genannt, weil hier der mit Apollon gleichgesetzte Falkengott →Horus verehrt wurde; einst Hauptstadt des 2. oberägypt. Gaues. Der in ptolemäischer Zeit neu errichtete große Tempel ist ausgezeichnet erhalten. W. Hk.

Edictum perpetuum, von →Hadrian veranlaßte Kodifizierung des Prätorischen Edikts, →Recht III A [5].

2. **E. Theoderici,** ein →Theoderich I. d. Großen zugeschriebenes Gesetzeswerk (neuerdings wird es als unter dem Westgotenkönig →Theoderich II. (453–466) erlassen betrachtet, so Vismara, a. O., zustimmend Kunkel, a. O. 189; als dritte Möglichkeit vertritt jetzt Rasi, Annali a. O., die These, das Edikt sei von Gundobad als magister militum in Rom erlassen). Es unterscheidet sich insofern von der übrigen german. Gesetzgebung, als es für →Goten und Römer gemeinsam galt. Seine 155 Artikel fußen auf den Sammlungen der Kaiserkonstitutionen sowie den Sententiae des →Paulus (2); diese Quellen sind meist in einer selbständigen Umschreibung wiedergegeben. H. Hb.

Ed: F. Bluhme, in: Monumenta Germaniae, Leges V, 1875, 149 bis 170 – Riccobono, II 683–710 – *Lit:* P. Krüger, Gesch. d. Quellen u. Lit. d. röm. Rechts (1888), 1912², 359 – L. Wenger, Die Quellen d. röm. Rechts, 1953, 560 f. – P. Rasi, Archivio giuridico 145, 1953, 105 ff. – G. Vismara, Settimane di studio del Centro Italiano di Studi sull'Alto Medioevo, III, I, 1956, 408–463 – P. Rasi, Annali di storia del diritto V–VI, 1961–62, 113–136 – W. Kunkel, Röm. Rechtsgesch. (1952), 1964⁴, 140 f.

Edikt. Die röm. Magistrate hatten das Recht, im Rahmen ihrer Kompetenzen durch E. gesetzliche Maßnahmen zu verkünden (ius edicendi). Diese Mitteilungen, ursprünglich mündlich (daher edicta), wurden später in der Regel schriftlich bekanntgemacht. Sie waren gültig nur für die Amtszeit des verkündenden Magistrates, wurden aber meist durch die Nachfolger erneuert. Von bes. Bedeutung für die Entwicklung des bürgerlichen Rechtes waren die E.e des →praetor urbanus und der kurulischen →Ädilen. Unter Kaiser Hadrian ist das ius edicendi der Magistrate faktisch erloschen. – Vgl. →Edictum perpetuum. A. L.

Edomiter, Stamm der (Nord-) West→Semiten, seit dem 13. Jh. östl. des Wādi el-ʿaraba ansässig (wādi el-ḥesa nördl. Grenze gegen die →Moabiter) und schon vor Israel (→Judentum A 4) zur Herrschaftsform des Königtums übergegangen. Kämpfe mit Juda um den Besitz der ʿAraba und damit um die Kontrolle des Karawanenweges zum Roten Meer führen unter →David (2. Sam. 8, 13; 1. Kön. 11, 15[ff.]) zur Beseitigung des Königshauses und zur Abhängigkeit der E. von Israel (→Salomo, 1. Kön. 11, 14–22). Um 840 erneut selbständig und nur noch kurzfristig abhängig von Juda, jedoch unter assyr. (701 Tributzahlung an →Sanherib) und neubabylon. Oberhoheit, beteiligen sich die E. 587 an der Zerstörung Jerusalems und besetzen in der Folgezeit, wahrscheinlich durch die →Nabatäer abgedrängt, das Westjordanland (→Idumäa). G. Wn.

Lit: Noth, passim – N. Gleck, The Civilisation of the E., The Bibl. Arch. 1, 1947, 77–84 – B. Moritz, Die Könige von E., Muséon 50, 1937, 101–122 – W. Maag, Jakob-Esau-Edom, ThZ 13, 1957, 418 ff.

Effatum, Wort der Augurensprache; bezeichnet einen Ort, den die →Auguren auf rituelle Weise als für die Beobachtung des Vogelfluges geeignet abgrenzten (Varro ling. 6, 53; Cic. Leg. 2, 21; Fest. 146 L.). H. Le B.

Efeu (*κισσός, ἕλιξ*, hedera), im Mittelmeerraum mit mehreren Arten vertreten, durch zahlreiche Überlieferungen und Darstellungen dem →Dionysos und seinem Kreis zugeordnet. Dazu mag das üppige Wachstum zusammen mit der zähen Lebenskraft des E.s und seiner immergrünen Blätter ebenso beigetragen haben wie der der Rebe verwandte Schlingpflanzencharakter. Auch hatte man beobachtet, daß sich alte Weinstöcke und die dem Dionysos heilige Silber→Pappel oft mit E. überziehen. Zahlreiche Beinamen des Dionysos beziehen sich auf den E., durch den der Gott im Mutterleib vor den verzehrenden Flammen des Blitzes verschont blieb. Die →Thyrsoi tragen E.-Büschel. Mit E. und Reben umgab das Wunder des Gottes den Mastbaum des Schiffes, auf dem ihn tyrrhenische Seeräuber entführt hatten, in E. verwandelte er den Webstuhl der →Minyaden. Auf dem Indienzuge Alexanders wurde der weitverbreitete E. als Zeugnis für die Anwesenheit des Gottes begrüßt (Plin. nat. 16, 34, 62). E.-Beinamen für Apollon und Athena stammen aus dem Bereich des Dionysos (Kisseus, Kissaia), wahrscheinlich begünstigt durch die Nachbarschaft von Kultstätten dieser Gottheiten, wenn man nicht an eine ursprünglich weiterreichende Zuordnung des E.s in der vorgriech. Welt denken will. Vgl. →Lorbeer. Mythisch personifiziert ist der E. in der Gestalt des Jünglings Kissos, der dem Gefolge des Gottes angehörte, wegen seiner hohen Sprünge starb und in E. verwandelt wurde. Wie Dionysos selbst, so schmückten sich auch die Teilnehmer an seinen Festen und an Gelagen mit Kränzen von E. Bedeutsam ist die Überlieferung, daß der E. Hera verhaßt war und in ihren Tempeln fehlte. Auch im Tempel der Aphrodite zu Theben sah man ihn nicht. Der Flamen Dialis durfte keinen E. berühren (Plut. quaest. Rom. 112). Der Befund weist auf eine klare Abgrenzung gegenüber dem Bereich des Dionysos. Das E.-Motiv begegnet bereits häufig in der kret.-myk. Kunst, bes. auf Gefäßen, eine Verbindung mit dem Gott ist nicht ausgeschlossen; außer Frage steht sie bei den Bildzeugnissen seit dem 6. Jh. – E.-Holz konnte zu geschnitzten Schalen verarbeitet werden. Geschätzt war es für Reibfeuerzeuge. Blätter, Beeren und Wurzeln dienten als Heilmittel, bes. in der Frauenheilkunde. Vgl. →Flora. J. W.

Lit: Olck, RE 5, 2 (1905), 2826–47 – Murr, Pflanzenwelt, 141–148.

Egdocheus, in hellenist. Zeit Aufkäufer, der auf dem Wege der →Leiturgia von Griechenstädten verpflichtet wurde, für die →Lebensmittelversorgung tätig zu sein. H. Br.

Egeria, Quellnymphe, auch Geburtsgottheit, verehrt in Aricia u. Rom (Porta Capena); →Numa Pompilius. C. J. C.

Egesta →Segesta.

Egnatius, Gellius (Gellius ist praenomen). E. wird von Livius dux (10, 19, 14 und 16; 10, 21, 2) und imperator (10, 29, 16) der →Samniten genannt, brachte 296 v. Chr. eine Koalition der Samniten, Etrusker, Umbrer und Kelten gegen Rom zustande und führte das samnit. Heer nach Etrurien, um von dort aus mit den vereinigten Kräften der Verbündeten Rom zu unterwerfen. Unter dem Befehl des E. wurden die Alliierten 295 von einem röm. Heer bei Sentinum geschlagen; E. fand den Tod auf dem Schlachtfeld. Die Ansicht, E. sei eine aus der Geschichte der samnit. Heerführer Gellius Statius (gefangen 305) und Marius Egnatius (→Bundesgenossenkrieg, 3) von der Überlieferung erfundene Person, ist nicht durchgedrungen. R. W.

2. **E.,** Verfasser eines →Lehrgedichts (B 2) ‹De rerum natura›, aus dem Macrobius (6, 5, 2. 12) zwei Fragmente zitiert; seine im Anschluß an Bährens (Comm. Catull. 219) auch von Schanz-Hosius (I 314) erwogene Identifizierung mit dem E. des Catull (37. 39) bleibt reine Vermutung. Gewisse formale Kriterien beweisen nicht unbedingt den von Skutsch a. O. behaupteten lukrezischen Einfluß (vgl. Bi-

gnone und Traglia a.O.), wenngleich dieser als sehr wohl möglich, ja als wahrscheinlich zu gelten hat. Erwägungen zur Charakteristik bei Bignone, a.O. W.Schm.

Ed: Bährens, FPR 298 – Morel, FPL 65–66 – A.Traglia, Poetae novi, 1962, 60 – *Lit:* F.Skutsch, RE 5 2 (1905), 1993 f. – E.Bignone, Storia della Lett.lat. II, 1945, 169 – A.Traglia, a.O. 128 f.

3. **E. Rufus,** M., Ädil 21 v.Chr. (?; vgl. Cass.Dio 53,24, 4 ff. z.J.26). Er organisierte Löschmannschaften, gewann dadurch Popularität und wurde schon im darauffolgenden Jahre (20?) Prätor. Bewarb sich widerrechtlich für d.J.19 um den Konsulat. Die Ablehnung der Bewerbung durch den wahlleitenden Konsul, C. → Sentius Saturninus, hatte blutige Unruhen zur Folge. E. wurde noch im gleichen Jahr des geplanten Attentates gegen Augustus bezichtigt und im Kerker hingerichtet. U.Wm.

Lit: P.Sattler, Augustus u. der Senat, 1960, 85 ff.

Egregius, seit → Mark Aurel als niederer Titel der ritterlichen Ranggruppe nachweisbar (vgl. → perfectissimus, → eminentissimus); seit dem 4.Jh. verschwindet er im Gebrauch. K.F.Str.

Ehren, öffentliche. [1] *In Griechenland.* Die griech. Staaten pflegten den Ehrgeiz ihrer Bürger und mehr noch hilfsbereiter Nichtbürger durch immer neue Auszeichnungen anzuspornen, von denen viele auf → Inschriften verewigt wurden. An die öffentliche Belobigung, Bekränzung (→ Demosthenes, 1), Aufstellung einer Statue schließen sich Ehrenrechte wie die Prohedrie (Ehrenplatz bei den Staatsfesten) und die Speisung im Stadthaus (Prytaneion), die einmalig, auf Lebenszeit oder sogar erblich verliehen werden konnte, dann vor allem Privilegien wie Enktesis (Recht zum Grundbesitz in der Gemeinde), Epigamie (Recht zur Einheirat in die Gemeinde), → Atelie und → Isotelie, freie Ein- und Ausfuhr, → Asylie, Prodikie (Vortritt bei Gericht), freier Zugang zu Rat und Volk. Dazu tritt in der Regel die Ernennung zum → Proxenos und Euergetes (Wohltäter), oft die Verleihung des → Bürgerrechts. F.G.

Lit: G.Klaffenbach, Griech. Epigraphik, 1957, 76 ff.

[2] *In Rom.* ‹Honores› bedeuten die Würden und Privilegien des röm. → Magistrats, oft synonym gebraucht mit magistratus; öffentliche Ehrungen wie in griech. Städten gab es in Rom nicht. J.S.

Ehrensäule. Statuentragende Säulen wurden in Griechenland seit spätarchaischer Zeit in Heiligtümern (z.B. noch die Säule mit Standbildern Ptolemaios' II. und Arsinoës in Olympia) oder am → Grab geweiht. Hellenistisch ist die Form der statuentragenden Doppelsäule (z.B. Aristaeneta-Monument in Delphi, um 270 v.Chr.). Die älteste röm. E. ist die für das J.439 v.Chr. überlieferte Columna Minucia auf dem Forum Romanum. Nachfolger dieser und aller späteren E.n (Columna C.Maenii, 388; Columnae rostratae C.Duilii, 260; M.Aemilii Pauli, 225 v.Chr. usw.) ist der → Triumphbogen (Plin.nat. 24,27: novicio invento), der sie jedoch nicht völlig verdrängt (vgl. sog. → Dezennalien-Monument auf dem Forum Romanum, 303 n.Chr., und die zahlreichen Votiv-E.n am Rhein, bes. bei Mainz). Auch die berühmten Bildsäulen des → Trajan und → Mark Aurel in Rom sind, ähnlich den Triumphbögen, Monumente der Apotheose. C.K.

Lit: E.Welin, Studien zur Topogr. des Forum Romanum, AIRRS 8, VI, 1953, 155 und passim – K.Lehmann-Hartleben, Die Trajanssäule, 1926 – E.Petersen u.a., Die Marcussäule, 1869 – G.Becatti, Colonna di Marco Aurelio, 1957 – Crema, 504 ff. und passim.

Eibe (σμῖλαξ, taxus), in Gebirgsgegenden der Mittelmeerländer verbreitet und wegen der Giftigkeit ihrer Blätter als Todesbaum gefürchtet; man mied längeren Aufenthalt in ihrer Nähe. In der Überlieferung ist sie den Unterirdischen heilig. Das Holz wurde wegen seiner Härte geschätzt. J.W.

Lit: Murr, Pflanzenwelt, 129 – Hehn, 531 f. – A.Steier, RE 3 A 1 (1927), 719–721.

Eiche. Die in Griechenland und Italien mit mehreren Arten verbreitete E. (δρῦς, φηγός, quercus) behauptet in der Überlieferung den ersten Rang unter den Bäumen. Sie galt als erste Pflanze, auf die auch der Ursprung der Menschen zurückgeführt wurde. Bes. Bedeutung erhielt die E. durch die enge Beziehung zum Himmelsgott, die bei Griechen und Italikern bereits in der Zeit vor der Landnahme ausgeprägt war. Das Zeusheiligtum von → Dodona, dessen E.n rauschend die Zukunft kündeten, war das älteste → Orakel des Gottes. In den vorgriech. Bereich weist die Verbindung mit Rhea-Kybele. In alter Überlieferung wurzelt auch der Glaube, daß die E. von → Nymphen bewohnt ist, die ihren Namen führen (→ Dryaden, → Hamadryaden). Ihr Leben ist an das des Baumes gebunden. In den Bereich der → Hera führt das platäische Fest der Daidala, wobei aus einer bestimmten E. ein Schnitzbild der von Zeus geliebten Daidale oder der Plataia gefertigt wurde. Auch Demeter-Kultstätten sind in E.n-Hainen bezeugt. Hier mag die Bedeutung der nährenden Frucht ebenso mitgewirkt haben wie bei der arkad. Zuordnung der E. an Pan. Ares hat ebenfalls eine alte Beziehung zur E., ebenso Dionysos (Beiname Φηγαλεύς). Die immergrüne Stein-E. (πρῖνος) war den → Erinyen heilig und konkurrierte mit der → Zypresse als Symbol der Unvergänglichkeit. Bei der Zuordnung der E. zu den verschiedenen Gottheiten und Kulten (Kränze aus E.nlaub) sowie bei namensverwandten Gestalten der Mythologie (→ Dryas, Dryops, → Phegeus) muß berücksichtigt werden, daß die für die E. üblichen Bezeichnungen auch für andere Bäume (→ Buche) verwendet worden sind. Wichtig ist, daß die E. in zahlreichen Götterkulten fehlt. Den überlieferten Zuordnungen liegt also eine feste Bindung zugrunde. – Die E. galt als Symbol der Hoheit, der Beständigkeit, der Kraft und der trotzenden Stärke. So erklärt sich die Verbindung mit → Herakles. Mannigfach ist die *Verwendung* von E.-Holz, vor allem für Bauten, weniger im → Schiffsbau. Auch die berühmte Argo (→ Argonauten) besaß nur im Kiel ein Stück von der redenden E. aus Dodona, das dem Schiff weisende Fähigkeit verlieh. E.-Holz ist für die ältesten Kultbilder bezeugt. Breit ist die Nutzung für → Möbel und → Geräte (Wagen, Werkzeuge). Die *Eichel* (βάλανος, glans) war als Futter für → Schweine und Nahrungsmittel für das Wild geschätzt. Die Überlieferung erwähnt auch eßbare E.n als Speise verschiedener Stämme; E.-Nahrung galt als Erbe der Urzeit. Wichtig waren die *Galläpfel* (κηκίς, galla) zum Gerben des Leders, zum Färben der Wolle und zum Beizen. Die Rinde der *Kork-E.* (φελλός) wurde zu Flossen für Fischnetze, auch für Schuhwerk verarbeitet. Vgl. → Flora. J.W.

Lit: Olck, RE 5,2 (1905), 2013–76 – Murr, Pflanzenwelt, 3–12 – D.B.Thompson, Garden Lore of Ancient Athens, 1963, Abb. 35.

Eid. [1] *Bei den Griechen.* Der E. (ὅρκος) bedeutet eine Selbstverfluchung, der der Schwörende anheimfällt, wenn der E. falsch war bzw. nicht gehalten wurde. Der höchste Rächer des E.s ist Zeus Horkios, daneben auch Horkos, den Hesiod den Sohn der Eris nennt (theog. 804). Mit der Eidesleistung war häufig ein Opfer (ὅρκια) verbunden. Die Götter schworen beim Styx (Hom.Il. 2,755; Od. 5,184). – Viele Magistrate hatten zu Beginn ihrer Amtszeit oder auch bei Übergabe des Amtes an den Nachfolger einen Amtseid zu leisten, so in Sparta die Könige und Ephoren, in Athen die Ratsherren. Auch die Richter wurden vereidigt; in den Prozessen wurde von Kläger und Beklagtem, oft auch von den Zeugen ein E. gefordert. Die Heliasten (→ Heliaia) schworen bei Apollon, Demeter und Zeus, die Richter des → Areopag bei den Erinyen.

[2] *Bei den Römern* schworen die Magistrate zu Anfang und Ende des Amtsjahres einen Amtseid. Gelegentlich wurden die Magistrate und die Senatoren auf die Durchführung eines bestimmten Gesetzes vereidigt. Nach Caesars Tod wurde es üblich, daß die Senatoren nach dem Tod des Princeps einen E. auf die acta principis ablegten. Für die Eide vor Gericht → Recht I B, III B. – Der *Soldateneid* hieß sacramentum.

Eid des Hippokrates, im hippokratischen Corpus überliefert, gültig für eine familienartig enge Berufsgemeinschaft; von klassischer Prägnanz und hohem Ethos; oft, z.B. christlich und islamisch, abgewandelt; noch heute in allgemeiner Form als medizinischer Doktoreid. F.K.

Lit: K.Deichgräber, Der hipp. E., 1955.

Eidechse. Die im Mittelmeerraum und in den Nachbargebieten mit mehreren Arten verbreitete E. (σαῦρος, lacerta) ist von den Alten gut beobachtet, wie außer Beschreibungen und Darstellungen auch Fabeln und Sprichwörter bezeugen. Die Verbindung mit Apollon Sauroktonos (vgl. Statue des Praxiteles) beruhte ursprünglich auf der Vorstellung von der Mauer-E. als Symbol der schädlichen Sommerhitze, ebenso die Zuordnung an Helios und den syr. Herakles. Die Überlieferung von der Regenerationskraft der E. bezieht sich vorwiegend auf die grüne E., die sich im Sommer verkriecht. Darauf beruht die Zuordnung der E. an die Gräberwelt, begünstigt durch das häufige Vorkommen von E. in Nekropolen, aber auch durch die Beobachtung des Winterschlafes. Von der E. geschieden wurde der Mauer-Gecko (ἀσκαλαβώτης, γαλεώτης), dessen charakteristische Figur der Amphiaraoskrater zeigt. Die Darstellung weist auf dunkle Vorbedeutung des Gecko, der im Haus Fliegen und Spinnen jagte. Wie die E. spielt er in Aberglauben und Zauber eine Rolle. → Fauna. J.W.

Lit: J.J.Bachofen, Unsterblichkeitslehre (1867), in: Ges.Werke VII, 1958, 88–90.150.165.320 – Keller, Tierwelt II 270–284 – H.Gossen-A.Steier, RE 11,2 (1922), 1957–70 (Quellen!).

Eidos (εἶδος), von der Wurzel ϝιδ-, ‹sehen›, abgeleitetes Wort, das ursprüngl. ‹sichtbare Gestalt› bedeutet, gleichbedeutend mit ἰδέα (→Idee). Schon zu Platons Zeit haben beide Ausdrücke im gewöhnl. Sprachgebrauch den Sinn ‹Eigenschaft›, ‹Charakter›, auch ‹Gattung›, ‹Art›; → Platon verwendet sie auch, um die Wesenheiten zu bezeichnen, welche die sinnliche Welt transzendieren und das wahrhaft Wirkliche sind. Bei → Aristoteles gibt es zwei Hauptbedeutungen, die später klassisch werden: 1. In der *Ontologie* (→ Metaphysik B 3) steht E. als ‹Form› der Materie gegenüber, wie das Bestimmende dem Bestimmten. ‹Form› nennt Aristoteles ebenso das Prinzip, das einem Seienden sein So-Sein verleiht (Form-Ursache) als diese Bestimmtheit selbst. Mit E. bezeichnet er sowohl die sekundären oder akzidentiellen Formen, die ein Seiendes oberflächlich bestimmen, und die Wesensform, die es als Substanz bestimmt. Dieser letzten Form entspricht eine völlig formlose Materie (‹erste Materie› der Scholastik). – 2. In der *logischen* Bedeutung (→ Logik 1.2) bezeichnet E. die Art, d.h. den vollständigen Begriff des Wesens einer Sache. E. bestimmt also die gemeinsame Klasse aller Einzelwesen, welche die gleiche Wesensbestimmung besitzen. Die Art unterscheidet sich von der Gattung, die nicht alle wesentlichen Züge eines Gegenstandes erfaßt, und also weiter gefaßt ist. Der Artbegriff wird gebildet, indem man der (nächsten) Gattung den spezifischen Unterschied (→ Differentia specifica) hinzufügt. S.M.

Lit: R.Eisler, Wörterbuch der philos. Begriffe (1901), 1927⁴, I 100 – W.D.Ross, Plato's Theory of Ideas (1951), 1953 – N. Hartmann, Zur Lehre vom Eidos bei Platon und Aristoteles, 1941 – E.Frank, Wissen, Wollen, Glauben, in: Gesammelte Aufsätze, 1955.

Eidyllion, in den antiken Scholien zu → Theokrit Name für dessen Gedichte. Gleichbedeutend mit ‹kleine Gedichte›. Unsere Vorstellung des ‹Idyllischen›, ursprünglich nicht mit dieser Form verbunden, kommt durch die Hauptinhalte hinzu. P.H.

Eierstab → Kymation, → Ornament A [3].

Eikos (so auch lat.: Quint.inst.5,10,15–17), das psychologische Moment der ‹Wahrscheinlichkeit› in der rhetor. Beweisführung (→ Argumentatio). Als wirksames Mittel der Überzeugung schon von den Begründern der rhetor. Kunstlehre (→ Rhetorik B 1) entdeckt, von → Antiphon und → Thukydides angewandt, von → Aristoteles weiter entwickelt. Bes. raffiniert ist die Unterscheidung (1) eines absoluten, einfachen E. (ἁπλῶς) und (2) eines relativen E. (κατά oder πρός τι): Aristot. rhet. 2,1402a17ff.; vgl. Plat. Phaidr. 273 B 3ff. (1) der Schwache verteidigt sich: wie hätte ich den Starken wohl verprügeln sollen, da er mir ja überlegen ist?; (2) der Starke: wieso denn ich den Schwächeren, da ich ja damit den Verdacht der absoluten Wahrscheinlichkeit gegen mich in Bewegung gesetzt hätte? (Antiph. tetral. 1,2,3). → Rhetorik B [1–3]. H.H.

Lit: Lausberg, I 158 – W. Kroll, RE Suppl. 7 (1940), 1041f., s.v. Rhetorik – Kennedy, Persuasion, 30f. – J.Gommel, Rhetor. Argumentieren bei Thukydides, Diss. Tübingen 1962 (masch.; demnächst im Druck).

Eileithyia (auch andere Namensformen sowie die Mehrzahl kommen vor), alte vorgriech. Geburtsgöttin, von den Griechen meist der → Artemis, bisweilen auch der → Hera gleichgesetzt (im Mythos deren Tochter). K.-H.R.

Eine, das → Hen.

Einhorn. Das E. (μονοκέρως) als Fabeltier geht auf Berichte des → Ktesias und → Megasthenes zurück, die sich auf das ind. → Rhinozeros beziehen. Vgl. → Fauna. J.W.

Lit: Keller, Tierwelt I 415–420 – M.Wellmann, RE 5,2 (1905), 2114–15.

Eintrittsgeld. Für die dramatischen Aufführungen im Athen des 5.Jh.s v.Chr. betrug das E. für eine Person mindestens 2 → Obolen. Etwa seit 450 wurde es den Armen der Bevölkerung auf Veranlassung des Perikles als sogenanntes Schaugeld (θεωρικόν) vom Staat bezahlt, in demosthenischer Zeit wurde diese Spende auch auf die wohlhabenderen Bürger ausgedehnt. – In Rom entfiel das E. bei Aufführungen und Spielen, mit deren Veranstaltung teils im Rahmen der amtlichen → ludi, teils außer der Reihe der → Ädil Stimmen für sich werben wollte. – Sowohl im griech. wie im röm. Theaterbetrieb wurden *Eintrittskarten (tesserae)* verwandt. Sie waren aus Bronze, Blei, Knochen oder Elfenbein und zeigten neben bildlichen Darstellungen den Sitzplatz an. E.-R.Sch.

Eirenarchen, Polizeioffiziere, die seit spätestens 116 nach Chr. (vgl. BCH 9, 1885, 347) in Ägypten und Kleinasien für Ruhe, Ordnung und Moral (Dig. 50,4,18,7) teils eines Dorfes (Cod. Iust. 10,77), teils eines Gaues (Pap. Oxyr. 1, 80,7) verantwortlich waren. Sie wurden aus den angesehensten Bürgern gewählt, konnten abberufen werden (vgl. Liban. epist. 101.446), waren bes. für die Fahndung von Verbrechern zuständig, deren Anklage vor dem Richter sie übernehmen mußten. Sie wurden von Gendarmen, διωγμῖται (Ammian. 27,9,6), unterstützt. → Antoninus (2) Pius ordnete um 130 ihre Kompetenzen neu; → Theodosius übertrug, weil die E. selbst das Recht untergruben (vgl. Dig. 48,3,6), durch den Praefectus praetorio orientis ihre Funktionen auf reichere Bürger (Cod. Theod. 12,14,1). Vgl. → Polizei. W.K.

Q: Dig. 48,3,6 – *Lit:* O.Hirschfeld, Die Sicherheitspolizei im röm. Kaiserreich, in: Kl.Schriften, 1913, 576–612 (bes. 602–609) – Schultheß, RE Suppl. 3 (1918), 419–423.

Eirene (‹Friede›), seit Hesiod mit → Dike und Eunomia gepriesen (→ Horen), auch einzeln verehrt (Aristoph. pax). Seit 374 v.Chr. in Athen Altar (Isokr. 15,109f.; Philoch. FGrHist 328F151), Opfer an den → Synoikia (SIG 1029, 30; 60) und Statue des Kephisodot mit Plutosknaben (Paus. 1,8,2, Nachbildungen erhalten), auch sonst dargestellt, bes. auf Münzen, und verehrt (SIG 1014, 140). C.J.C.

Darstellungen: Lippold, GrPl, Taf. 83,1.

[2] Die bekannteste *Darstellung* der E. ist die von Paus. 1,8,2 erwähnte Gruppe der E. mit dem Plutosknaben, ein Werk → Kephisodots ‹d. Ä.›, nach 375 v.Chr. auf dem Markt von Athen aufgestellt, wohl im Zusammenhang mit der Einführung des E.-Kultes. E.Bg.

Lit: Lippold, GrPl 224, Taf. 83,1 – D.Mustilli, EAA III, 1960, 283.

Eisagogeis, eine ursprünglich mit 10, später mit 5 durchs Los bestimmten Männern besetzte attische Behörde, der die

Entgegennahme und Einführung der ‹Monatsklagen› (mit Ausnahme der ‹Hafenklagen›, → Recht I B 4) oblag; nicht zu verwechseln mit dem gleichnamigen ptolemäischen Beamten (→ Recht II 2). H. J. W.

Eisangelia. Das Wort bedeutet allgemein Anzeige. Im attischen Recht wurde es technisch gebraucht: 1. für die seit → Solon jedem Bürger erlaubte, beim → Areopag zu erhebende Beamtenschelte, 2. für die an → Bulē oder → Ekklesia gerichtete förmliche Strafanzeige (→ Recht I B 6), 3. für die an das Kollegium der amtlichen → Diaiteten zu richtende Beschwerde gegen einen von ihnen. H. J. W.

Eisen (σίδηρος, ferrum), bald nach Mitte des 2. Jt.s in Kleinasien (Hethiter) erstmals gewonnen (den Ägyptern war früh meteorischer E.rohstoff bekannt). In Europa seit dem 9./8. Jh. vor allem dank dem phön. Handel allgemein verbreitet. Antike Fundorte sind sehr zahlreich (Meroë/Nubien, Sinai-Halbinsel, Palästina, Phönizien), ind. Stahl war bei den Griechen begehrter Importartikel. Am berühmtesten waren die E.vorkommen im Land der Chalyber am Pontus (vgl. ‹χάλυψ›). Die Römer schätzten das serische E. Innerasiens am meisten; ferner wurde E. in Kleinasien, Griechenland (Peloponnes, Euböa, Skyros, Andros u. a.), Italien (Elba, Populonia, Sardinien) und fast allen nördl. Provinzen abgebaut. Verarbeitung in glühendem Zustand durch Hämmern, in erkaltetem durch Ziselieren. Lötung seit archaischer Zeit (Paus. 10, 16, 1). Für statuarische Zwecke selten verwendet, im Gußverfahren kaum vor hellenist. Zeit. C. K.

Q: Plin. nat. 34, 138 ff. – *Lit:* Blümner, Technologie IV 67 ff. – Ders., RE 5, 2 (1905), 2142–49 – H. Rommel, RE 3 A 2 (1929), 2126–33, s. v. Stahl – C. Panseri, EAA IV, 1961, 1087–94, s. v. metallurgia.

Eisodos, ‹Einzugslied› des → Chores, gesungen beim Eintritt in die → Orchestra. In der entwickelten → Tagödie als → Parodos bezeichnet. E.-R. Sch.

Eisphora, eine außerordentliche → Steuer auf das Vermögen zur Abhilfe einer bestimmten staatlichen Notlage. Sie wurde allgemein von den griech. Städten angewandt, erhielt eine besondere Bedeutung jedoch nur im 4. Jh. vor Chr. in Athen, wo sie auf Grund eines jeweiligen Volksbeschlusses – auch von den → Metöken – schon im Pelop. Krieg erhoben worden war (Thuk. 3, 19; ihre Einführung durch → Solon nach Poll. 8, 130 ist unwahrscheinlich). 378/377 wurde für die E. eine Neuregelung getroffen, die mit einer Einschätzung des Vermögens verbunden war. Ob dabei das Gesamtvermögen zur E. veranlagt oder durch eine Staffelung des steuerbaren Vermögens (τίμημα) eine progressive Besteuerung erreicht wurde, ist strittig. Zur Erleichterung der Steuerveranlagung und -erhebung wurden die Steuerzahler in → Symmoriai eingeteilt, die jedoch den pünktlichen Eingang der E. nicht gewährleisteten. Deshalb wurde bald darauf die Proeisphora eingeführt mit der Verpflichtung für die 300 reichsten Bürger, das gesamte Steueraufkommen vorzuschießen und es sich von den anderen Steuerzahlern zurückerstatten zu lassen. H. Br.

Lit: A. Andreades, Gesch. der griech. Staatswirtschaft I, 1931 – W. Schwahn, Die att. E., RhM 82, 1933, 247–284 – G. E. M. de Ste. Croix, Demosthenes' τίμημα and the Athenian E. in the fourth century B. C., CeM 14, 1953. 30–67 – H. Schaefer, RE Suppl. 9 (1962), 1230–35, s. v. προεισφορά – R. Thomsen, E., A study of direct taxation in ancient Athens, 1964.

Eisvogel. Der schon in der ägypt. Kunst des Alten Reiches vertraute E. (ἀλκυών, alcedo) wurde von den Alten wegen seines blauglänzenden Gefieders bewundert. Als Symbol einer glücklichen Ehe galt er nach dem Mythos von → Keyx und Halkyone, die von Zeus in E. verwandelt wurden. Nach der zum E. gewordenen Pleiade Halkyone nannte man die Schönwetterperiode vor der Wintersonnenwende E.-Tage, in die man die Brutzeit verlegte. → Fauna. J. W.

Lit: Keller, Tierwelt II 55–60 – K. Wernicke, RE 1, 2 (1894), 1579–81.

Ekbatana (Ἀγ-, Ἐκβάτανα, altpers. *Hagmatāna*, heute Hamadān), medische Hauptstadt (Kt. 1920b D2), deren Gründung Herodot (1, 96 ff.) dem → Deiokes (II.) zuschreibt, dann Sommeraufenthalt der → achämenidischen und später der → parthischen Könige. Sie war von 7 verschiedenfarbigen, konzentrischen Ringmauern umgeben und beschützte das Schatzhaus → Xerxes' I.; → Alexander d. Gr., der 330 und 324 dort weilte, ließ den Schatz von Persepolis nach E. bringen. G. R.

Lit: M. T. Mostafavī, Hagmatāne. Asār tārīḫī Hamadān, Teheran 1332 = A. D. 1953 (Die antiken Denkmäler H.) – L. Vanden Berghe, Archéologie de l'Irān ancien, 1959, 108–110.

Ekdelos (Ekdemos) → Demophanes u. E.

Ekklesia. [1] *Allgemeines.* E. heißt die Volksversammlung in → Athen, → Sparta (hier auch → Apellai) und vielen anderen griech. Staaten. Andere Bezeichnungen sind Agora (so u. a. bei Homer), Helia, → Heliaia ‹Versammlung›, → Polis, → Demos, → Koinon ‹Gemeinde›. – 1. Die Vollversammlung aller erwachsenen männlichen Bürger (oder wenigstens aller Wehrfähigen oder etwa aller mindestens Dreißigjährigen) findet sich in den meisten griech. Staaten seit den ältesten Zeiten. Nur oligarchische Verfassungen (→ Griechenland III B 3) schränkten den Teilnehmerkreis weiter ein oder verzichteten überhaupt auf die E.; so auch manche Stammstaaten (→ Ethnos), deren Gebiet so ausgedehnt war, daß eine Versammlung aller Bürger auch nicht annähernd erreichbar schien.

[2] *Verfahrensweise.* Die Versammelten saßen, meist unter freiem Himmel. Ordentliche Tagungen sahen die einzelnen Verfassungen in sehr verschiedener Zahl vor, die ätolische z. B. 2, die athenische 40 im Jahr; dazu kamen bei besonderem Anlaß außerordentliche Versammlungen. Einberufung und Vorsitz lagen z. T. bei den höchsten → Magistraten, z. T. (so im demokratischen Athen) bei den jeweiligen Ratsvorsitzenden (→ Bulē). Auch die Tagesordnung war von den Magistraten oder vom Rat schon festgelegt, und wichtiger noch: auch in der Demokratie konnte das Volk im allgemeinen nur über Gegenstände beraten, zu denen eine Empfehlung oder wenigstens ein Bericht des Rates (ein Probuleuma) vorlag; allenfalls konnte es den Rat auffordern, demnächst ein Probuleuma über einen bestimmten Gegenstand vorzulegen. Auch die Anträge wurden meist vom Rat oder (über diesen) von den Magistraten gestellt; doch hatten wenigstens in der Demokratie auch einfache Versammlungsteilnehmer das Recht, Abänderungsvorschläge oder neue Anträge zu derselben Sache einzubringen. In der demokratischen E. konnte jeder das Wort ergreifen; in der Oligarchie lag es wohl meist beim Vorsitzenden, das Wort zu erteilen oder zu verweigern, und in Sparta pflegten nur Ratsmitglieder und Magistrate (oder fremde Gesandte) in der E. zu sprechen. Abgestimmt wurde in der Regel nach Köpfen, nicht (wie in Rom, → Comitien) nach Abteilungen der Bürgerschaft. Die Mehrheit fand man in alter Zeit, und noch später in Sparta, durch Zurufe (in Zweifelsfällen durch Auseinandertreten), sonst allgemein durch Handaufheben (χειροτονία) oder – in bestimmten Fällen – durch Abstimmung mit dem Stimmstein (ψῆφος). Der Beschluß des Volkes mochte in oligarchischen Verfassungen, wie in Sparta, der Genehmigung durch den Rat, seine Gesetzmäßigkeit auch in der Demokratie der Prüfung durch die Gerichte (→ Nomos) unterliegen.

[3] *Zuständig* war die E. im allgemeinen für die Wahlen zu den Ämtern und zum Rat (soweit nicht das Los eintrat), ferner etwa für die Entscheidung über Krieg und Frieden, die Ratifikation der Staatsverträge, die Verleihung des → Bürgerrechts und, soweit nicht ein besonderes Gesetzgebungsverfahren eintrat (→ Nomos), für die Gesetzgebung. Viel weiter gingen ihre Befugnisse in der entwickelten Demokratie: im klass. Athen konnte sie nach Belieben so gut wie alle Angelegenheiten an sich ziehen. F. G.

Lit: H. Swoboda, Die griech. Volksbeschlüsse, 1890 – J. A. O. Larsen, Representative Government in Greek and Roman History, 1955.

[4] Im *Urchristentum* bezeichnet E. ohne terminologischen Unterschied sowohl die Gesamtkirche wie die Einzelge-

meinde (daher auch im Plural verwandt). Das Bewußtsein der ersten Christen, der einen Gemeinde der Heilszeit – einer eschatologischen Größe – anzugehören, verhinderte lange, daß sich Ortsgemeinden als geschlossene Gemeinschaften verstanden. Daß es dann doch dazu kam, wurde u.a. veranlaßt durch die Entstehung von Missionszentren und -stützpunkten, frühe Spaltungen, den Untergang der Urgemeinde und das Aufkommen des monarchischen Episkopates. Den Abschluß der Entwicklung stellt die episkopalistische Theorie des → Cyprian dar (prinzipiell vorbereitet bei → Ignatius): die bischöflich verfaßte Gemeinde repräsentiert den Kirchenbegriff in seiner Fülle. – Der Aufbau, wie er sich in den ersten Jh.en entwickelt, ist dreistufig (→ Amt, kirchl.): (1) Klerus; (2) die zum Abendmahl zugelassenen ‹Gläubigen›; (3) die ungetauften Katechumenen samt den vom Abendmahl ausgeschlossenen Energumenen (Besessenen) und Büßern. H.Kr.

Lit: ThW III 502–539 – R.Bultmann, Theol. des NT (1948–53), 1961⁴.

Eklampsis (ἔκλαμψις), ‹Erleuchtung› oder ‹Ausstrahlung›. → Plotin verwendet das Bild, um die Wirkung des Einen auf die Welt anschaulich zu machen. Das Eine ist der Sonne vergleichbar, welche die Gegenstände, auf die ihre Strahlen fallen, beleuchtet, ohne daß dadurch ihr eigener Glanz vermindert würde. Durch die Vermittlung der Vernunft (→ Nus) und der Seele dringt die Ausstrahlung des Einen bis zu den Grenzen des Weltalls durch. Vgl. → Emanation, → Metaphysik C [2]. S.M.

Eklektizismus. Das Wort ist letztlich griechisch, die Sache nur z.T. antik, da als Korrelat meist ein sehr moderner Begriff der Originalität verstanden wird. Daß der Laie aus bewährten Autoren ethische Maximen auswählt und daß solche Maximen zu Blütenlesen (ἐκλογαί) zusammengestellt werden, ist schon für das 4.Jh.v.Chr. bezeugt (Xen.mem.1,6,14). Daß die Philosophen bewußt auf den Leistungen ihrer Vorgänger aufbauen und ihr eigenes System als Krönung der gesamten bisherigen Problementwicklung auffassen, findet sich ebenfalls, bes. bei → Aristoteles und → Poseidonios. Schließlich hat bes. das 2./1.Jh. v.Chr. Philosophen, die sich zum Ziel setzen, das Gemeinsame der älteren Systeme herauszuarbeiten und in diesem Gemeinsamen die richtige Lösung der entscheidenden Probleme zu erkennen; repräsentativ ist → Antiochos (9) v. Askalon, einer von → Ciceros Lehrern. Dies wird man jedoch kaum E. nennen dürfen. E. im strengen Sinne ist nur ein Verfahren, das aus der philosophischen Tradition beliebig das Zusagende auswählt und ohne Rücksicht auf innere Kohärenz oder Folgerichtigkeit zusammenschiebt. In der Antike ist dies sehr selten geschehen. Eine ‹eklektische Schule› ist bezeichnenderweise erst am Ausgang des Hellenismus gegründet worden von → Potamon v. Alexandria (spätes 1.Jh.v.Chr.). Es ist auch charakteristisch, daß sie praktisch ohne Erfolg geblieben und bald wieder eingegangen ist (Diog.Laert.1,21, Suid. s.v.Potamon). O.G.

Ekliptik, die scheinbare Bahn, die die Sonne im Laufe des Jahres am Himmel von Westen nach Osten beschreibt. Der Erdäquator und seine Projektion auf den Himmel, der Himmelsäquator, bilden mit der Ekliptik einen Winkel von etwa 23½° (‹Schiefe der Ekliptik› genannt). S.S.

Ekloge → Bukolik.

Ekphantides, Dichter der alten → Komödie (I B); siegte viermal vor 454 (vor → Kratinos) an den Dionysien; spottete als erster (Fr.2) über die → megarische Komödie. Vielleicht sind seine ‹Satyroi› das älteste einst schriftlich überlieferte Stück. Th.G.

Frg: FAttCom I 12–15.

Ekphantos von Syrakus, → Pythagoreer des 5.Jh.s v.Chr. Ihm wird in der auf → Theophrast zurückgehenden Tradition eine Kosmologie zugeschrieben, in der u.a. die Erde nicht feststand, sondern sich um ihren eigenen Mittelpunkt drehte. Aet.3,13,3 erweckt freilich den Verdacht, als habe E. diese Lehren nicht in einem eigenen Buch, sondern als eine Dialogfigur des → Herakleides (3) Pontikos vorgetragen. Das 2.Jh.v.Chr. hat auf den Namen des E. einen Traktat ‹Über das Königtum› gefälscht, aus dem → Stobaios Exzerpte bewahrt hat. O.G.

Q: VS 51 – *Lit:* L.Delatte, Les traités de la Royauté d'Ecphante, Diotogène et Sthénidas, 1942.

Ekphora (ἐκφορά), → Bestattung, feierliche Überführung des Toten vom Trauerhaus zum Grab. Fester Begriff, der in Komödie und Tragödie belegt ist und mit dem heute vornehmlich die großen Wagen- und Reiterzüge der spätgeometrischen Grabgefäße (→ Vasen E 1) bezeichnet werden. Die reine E. ist dabei selten, die Darstellung der → Prothesis überwiegt, gelegentlich sind beide Vorgänge ineinander geflossen (Krater, Athen Nat.Mus.990). F.E.

Lit: E.Hinrichs, Totenkultbilder der att. Frühzeit, Annales Univ. Saraviensis 4, 1955, 133–143.

Ekphrasis (descriptio), Lehrgegenstand des höheren Schulunterrichts innerhalb der rhetor. → Progymnasmata: die kunstgerechte ‹Beschreibung› von Personen, Sachen, Gegenden und Zeiten (Theon prog.118,7ff.), bes. dann auch von Kunstwerken (Nikol.prog.69,4), wie sie außer in den Reden bes. in der Dichtung und in der Geschichtsschreibung Verwendung fand (vgl. z.B. Aphth.prog.12: Beschr. der Akropolis von Alexandria). → Rhetorik E. H.H.

Lit: P.Friedländer, Joh. v. Gaza und Paulus Silentiarius, 1912 – W.Geißler, Ad descriptionum historiam symbola, Diss. Leipzig 1916 – W.Stegemann, RE 17,1 (1936), 438f., s.v.Nikolaos – W. Kroll, RE Suppl.7 (1940), 1119, s.v.Rhetorik – Lausberg, I 544.

Ekpyrosis, ‹Weltbrand›, in dem, nach der Lehre der → Stoiker, die Welt in regelmäßigen Abständen vergeht, um dann wieder, in derselben Form wie vorher, neu zu entstehen. Die Stoiker beriefen sich (wohl zu Unrecht) für diese Lehre auf Heraklit. D.J.F.

Ekstasis. Das Wort bezeichnet in der Alltagssprache das Heraustreten aus einer physischen oder psychischen Normallage, gehört also zur Medizin bzw. Affektlehre. In der Religion meint es (in seltenen Belegen) das ‹Heraustreten› des eigentlichen Menschen aus seiner Körperlichkeit, damit die Fähigkeit, ungebunden über die Erde hin oder in die göttlichen Regionen über und unter der Erde zu schweifen. Wieweit die Schau des Göttlichen in den Mysterien von Eleusis so aufgefaßt wurde, wissen wir nicht: daß spätantike orientalische und vom Orient beeinflußte Mysterien zuweilen auf eine E. hinausliefen, läßt Apul.met.11, 23 erkennen (s. auch → Attis). Daneben mag man für die griech. Frühzeit vereinzelt mit Wundermännern rechnen, die solcher E. fähig waren; am bekanntesten Hermotimos v. Klazomenai (Plut.mor. 592CD u.a.). – Wichtiger ist jedoch die Nähe von E.-Vorstellungen zu theologischen Spekulationen über die göttliche Natur der Seele, die, in der Welt der Götter beheimatet, im irdischen Dasein sich so weit als möglich vom Körper lösen soll und im Schlaf auch zuweilen zur Freiheit der E. gelangt (vgl. etwa Plat.Theait.173C; Ael. VH 3.11). Die moderne Verwendung von E. geht vom Wortgebrauch → Plotins aus. – Erst spät vermengt sich der Begriff E. mit dem andersartigen Begriff des → Enthusiasmos. O.G.

El, westsemit. Gottesbezeichnung unsicherer Etymologie (proto-sem. ʾil [u]), seit dem 3.Jt. sowohl appellativisch als auch als Eigenname gebraucht. Ob dem im gesamten Vorderasien, wenn auch z.T. nur durch Personennamen (→ Arabien, Südarabien) belegbaren E.-Kult ein gemeinsemitischer nomadischer Himmelsgott zugrunde liegt, bleibt fraglich. Im Pantheon von → Ugarit war El das Oberhaupt und Vater der Götter, Gatte der → Aširtu. Er galt als Schöpfer der Menschen und der Erde; als solcher auch z.B. in Palästina (vgl. Gen.14,19.22: qōnēh šāmayim wā-ʿāreṣ, «Schöpfer Himmels und der Erde»), in einer Inschrift von → Karatepe (8.Jh.v.Chr.) und in Inschriften aus → Leptis Magna und → Palmyra genannt. Eine in Ugarit gefundene

Stele zeigt El auf einem ägypt. Throne sitzend. Im AT ist (der kanaanäische) El nach der israel. Landnahme mit Jahwe verschmolzen und hat diesem vielleicht die Eigenschaft des Weltschöpfers übertragen. Dabei werden verschiedene, vielleicht ursprünglich in der Art der → Baale lokal- bzw. gruppengebundene Ele oder El-Erscheinungen wie El Eljon (Gen. 14, 18–22), El Olam (21, 33), El von Bethel (31, 13), El Elohé Yisrael (33, 20) als Manifestationen des einen El-Jahwe neu verstanden. G.Wn.

Lit: WbMythol I 279–283 – RGG II 413f. – O. Eißfeldt, El im ugarit. Pantheon, 1951 – A. Murtonen, A Philological and Literary Treatise..., 1952 – M. Pope, El in the Ugarit Texts, 1955.

Elagabal (ursprünglich: Varius Avitus, als Kaiser: M. Aurelius Antoninus), röm. Kaiser 218–222; geb. 204, getötet 11.3.222 in Rom. E. gehört mütterlicherseits zur Familie der Severer als Enkel der → Julia (8) Maesa, der Schwägerin des → Septimius (3) Severus. 217 durch → Macrinus aus Rom vertrieben, darauf Priester des Elagabal von Emesa (= Gott des Berges, weit über Emesa hinaus als Sonnengott verehrt, daher volksetymologisch auch: Heliogabal; → Baal). Julia Maesa gab ihn für einen Sohn → Caracallas aus und bestach die syrischen Legionen, ihn zum Kaiser auszurufen (16.5.218). E. blieb auch als Kaiser Priester des Elagabal und versuchte, seinen Gott zum universalen Reichsgott zu machen und alle hergebrachten Gottheiten ihm unterzuordnen. Die Kultriten des Gottes wurden in Rom eingeführt, offiziell propagiert und von E. selbst geleitet. Damit war der Kult des Sonnengottes östlicher Herkunft erstmals als einheitlicher Reichskult eingeführt, schwerlich schon im Bewußtsein seiner politischen Bedeutung. Was bei E. aus persönlicher religiöser Überzeugung entsprang, ist später in universaler Gestalt politisch durchdacht und genutzt worden. Als E.s Religionspolitik seine Popularität und die Herrschaft des Severerhauses gefährdete, sicherte Julia Maesa die Nachfolge für seinen Vetter → Severus (2) Alexander und opferte E., der erschlagen wurde. H.D.M.

Lit: M. Lambertz, RE 8 A 1 (1955), 391–404, s.v. Varius Avitus – K. Groß, RAC IV 987–1000.

Elam, Reich und Volk (Elamiter) im südwestl. Iran mit der Hauptstadt Susa (Schusch). Die Elamiter sind unbekannter Herkunft mit eigener Sprache, Schrift und Kultur. In enger kultureller und politischer Verbindung zu den → Mesopot. Reichen haben sie einige Male nachdrücklich in die Geschicke des Zweistromlandes eingegriffen. Sie brachten die III. Dyn. von Ur zu Fall (um 1950 v. Chr.), übten im 18. Jh. die Vorherrschaft aus und brachten von einem großen Plünderungszug unter Šutruk-Nahhunte I. (ca. 1170 v. Chr.) Meisterwerke mesopot. Kunst in ihre Hauptstadt → Susa (ausgegraben). Die Erstarkung des Assyrerreiches wurde E. zum Verhängnis. Seine Geschichte endet mit der Eroberung Susas durch → Assurbanipal (639 v. Chr.). L. Schn.

Lit: F.W. König, Gesch. E.s, 1931 – G. G. Cameron, History of early Iran, 1936 – C. Huart-L. Delaporte, L'Iran antique (1943), 1952² – R. Mayer, E. als polit. u. kultureller Faktor, 1955 – Ders., Die Bedeutung E.s i.d. Gesch. des AO, Saeculum 7, 1956, 198ff. – W. Hinz-R. Labat, in: CAH I 23; II 7; 32 5 W. Hinz, Das Reich E., 1964 5 Ferner: → Iran, → Perser.

Elaphebolia, ein → Fest der → Artemis, nach dem der att. Monat Elaphebolion (Febr.–März) benannt wurde und das deshalb einst wichtig gewesen sein muß. Kuchen aus Dinkelmehl, Honig und Sesam in der Form eines Hirschs (ἔλαφος) wurden dargebracht, vermutlich als Ersatz für den echten Hirsch, der der ‹Herrin der Tiere› früher geopfert worden war. Vgl. auch → Laphria. F.R.W.

Lit: Nilsson, I 483f. – L. Deubner, Att. Feste, 1932, 209f.

Elateia, Stadt in → Phokis beim heutigen Drachmani (Kt. 1152 D4), in strategisch wichtiger Lage an der Ausmündung der → Thermopylenstraße in die phokische Ebene, 339 von → Philipp II. v. Makedonien besetzt. E.M.

Lit: P. Paris, Elatée, 1891.

Elch. Der im Gebiet der Kelten, Germanen und Skythen weit verbreitete E. war den Alten spätestens seit dem 4. Jh. bekannt, doch sind die Nachrichten mit Fabelberichten durchsetzt. Ausgeprägten Darstellungen begegnen wir im skyth. Bereich, wo der E. mit dem Rentier konkurriert, vereinzelt in der hellenist. und parth. Kunst. Bei den ostgerman. Naharvalen wurden die → Dioskuren unter dem Namen ‹Alces› verehrt, der auf E. deutet. Vgl. → Fauna, → Hirsch, → Rentier. J.W.

Lit: Keller, Tierwelt I 281–283 – J. Wiesner, Zur orientalisierenden Periode der Mittelmeerkulturen, AA 1942, 421–429 – Ders., Die Kunst des Alten Orients, 1963, 137 – Ders., Eurasische Kunst, 1964, 99f. 139ff. – K. Meuli, Scythia Vergiliana, Schweiz. Anh. f. Volkskunde 56, 1960, 88–200.

Eleaten, die Vorläufer und Anhänger der vor allem von → Parmenides ausgebildeten Seinsphilosophie, vornehmlich → Xenophanes v. Kolophon, Parmenides v. Elea, → Zenon (2) v. Elea und → Melissos v. Samos. K.v.F.

Elefant. [1] Der E., in Ägypten schon früh bekannt und in der Kunst der Induskultur des 3. Jt.s dargestellt, ist in der Kunst des Alten Orients durch den Obelisken Salmanassars III. für das 9. Jh. bezeugt. Ind. E.en lernte → Ktesias am Hof des → Artaxerxes Mnemon kennen. Die Griechen begegneten ihnen zuerst auf dem Feldzug Alexanders bei Arbela und in Indien, wo Könige große E.-Herden hielten. In der Diadochenzeit wurden auch afrikan. E.en gezähmt. Den Römern wurden ind. E.en zuerst durch → Pyrrhos, afrikan. durch die Karthager bekannt. Kultische Bedeutung erhielt der E. durch die Verbindung mit dem ind. → Dionysos und dem Triumphzug des Gottes. Vgl. → Elfenbein, → Fauna. J.W.

Lit: Keller, Tierwelt I 372–383 – M. Wellmann, RE 5,2 (1905), 2248–2257 – M. Wheeler, The Indus Civilization, 1953, 79 – F. Matz, Der Gott auf dem Elefantenwagen, 1952 – Zu den häufigen *Darstellungen* (hellenist. Münzen, röm. Wandmalerei und Sarkophage mit dem Triumph des → Dionysos) vgl. Schefold, VP, 202.

[2] Im *Krieg* verwendet wurden E.en zuerst in indischen Heeren, dann im persischen und im hellenist. Heerwesen seit → Alexander (5) d. Gr.; bes. wichtig waren sie für das karthag. Heer. Die Römer haben E.en im Krieg nicht eingesetzt. G.G.

Lit: I. Opelt, RAC IV, 1001–26.

Eleer-Eretrier, die von dem Sokratiker → Phaidon v. Elis begründete Philosophenschule, die später von → Menedemos (2) nach Eretria verpflanzt wurde. K.v.F.

Elegantia, Stilqualität in der röm. Rhetorik, zugeordnet sowohl der Lehre von den → Virtutes dicendi (als Oberbegriff für Sprachrichtigkeit und Deutlichkeit: Rhet. Her. 4, 17; → Rhetorik, Tabelle, 8a.b) wie der von den genera elocutionis (genus medium: → Rhetorik, Tabelle, 9b; vgl. Quint. inst. 6, 3, 20). H.H.

Lit: Lausberg, I 250. 520.

Elegiambus, Umkehrung des → Iambelegus, meist → Enkomiologikus genannt.

Elegie

A. Begriff – B. Griech. E. – C. Röm. E.

A. Begriff. Die E., ein Gedicht in → Distichen, in der ältesten Zeit zu Flötenbegleitung gesungen, später rezitiert, tritt zuerst im ionischen Kleinasien auf. Da das Versmaß (Hexameter und Pentameter) dem Epischen nah verwandt ist, konnten die Wortformen und -folgen der epischen Sprache ohne Schwierigkeit in die E. übernommen werden; der ionisch-epische Dialekt blieb für die E. traditionell. – Bedeutung und Herkunft des Namens sind unklar; erst seit dem 5. Jh. v. Chr. tritt ἐλεγεῖον (-εῖα, sc. ἔπος, ἔπη) für das Distichon auf, während die älteren E.-Dichter ihre Werke selbst als ἔπη bezeichnen (Sol. 2, 2; Theogn. 20. 22), sie also vom Epos nicht unterscheiden; ἐλεγεῖα (= E.) für das ganze Gedicht erst bei → Aristoteles. Beide Bezeichnungen sind abgeleitet von ἔλεγος, ‹Klagegesang›, das ebenfalls erst im 5. Jh. bezeugt ist; die Etymologie ist unbekannt.

B. Griechische E. [1] Die *ältesten bekannten E.en* sind jedoch keine Klagegesänge. Zum Ausdruck von Gefühlen,

Erlebnissen, Stimmungen oder Erinnerungen dient die E. bei → Archilochos und → Mimnermos, bei → Solon können solche persönlichen Äußerungen den Charakter der Improvisation (Brief) annehmen (Fr. 7D.), wie in späteren → Epigrammen. Lebensweisheit, Sinnsprüche, Gnomik findet sich schon seit → Archilochos häufig, bes. bei Solon, → Phokylides und in der → Theognissammlung. Der kriegerischen Paränese diente sie, oft verbunden mit sonstigen politischen Themen, auch Gründungssagen, bei → Kallinos und → Tyrtaios fast ausschließlich, politische E. auch bei → Mimnermos und Solon, in der Theognissammlung, bei → Simonides (1). Trink- und (bes. päderastische) Liebeslieder stehen in der Theognissammlung, ähnlich dürfte ein älteres, verschollenes Elegienbuch aus Chalkidike gewesen sein. Rein erzählende E. gab es schon bei Archilochos, mythologische Erzählung bei → Mimnermos. Die E. war in der archaischen Zeit ein geradezu universales Ausdrucksmittel, für fast alle Gebiete geeignet: Persönliches und Reflexion, Erzählung und Sage, Politisches und Sympotisches; nur die aufkommende Philosophie bediente sich ihrer nicht. Eine zur Zeit des Simonides entwickelte Spielart der E. ist das → Epigramm.

[2] In *klassischer Zeit* tritt die E. zurück, nur wenige Dichter benutzen sie gelegentlich neben anderen Formen. Sehr wenig ist auf uns gekommen. Die politische E. wird nur noch von → Kritias gepflegt, der in diesem Versmaß mehrere ‹Verfassungen› schuf; von den wenigen erhaltenen Fragmenten gehört keins mit Sicherheit hierher. Verschiedene Dichter sollen Lobelegien auf bedeutende Persönlichkeiten wie Kimon, Lysandros u. a. geschrieben haben; von dieser Produktion ist nichts erhalten. Von den überkommenen Fragmenten ist das meiste Gelagepoesie (→ Ion (2) v. Chios, → Euenos, → Dionysios (6) Chalkūs – dieser stellte den Pentameter vor den Hexameter –, auch von den Frg.en des Kritias gehört einiges hierher). Parodien bei → Krates (5) v. Theben. Eine E. in mindestens zwei Büchern auf den Tod seiner Geliebten Lyde schrieb → Antimachos (1), in der offenbar mythische Exempel unter einem Thema (Liebesleid) aufgereiht waren; diese Art wurde in der folgenden Zeit erfolgreich. Ansätze zu dem bei den hell. Dichtern beliebten katalogartigen Aufzählen schon bei Kritias (Erfindungen, Gelagegebräuche).

[3] *Hellenismus.* In der den großen Formen abgeneigten Zeit des Hellenismus wird die E. wieder beliebt, neben den inhaltlich und formal verwandten Formen des → Epigramms und des hexametrischen → Epyllions. Erhalten ist von den E. dieser Zeit außer größeren Teilen der ‹Aitia› des → Kallimachos fast nichts. Die hellenist. E.n sind, soweit erkennbar, überwiegend erzählend, den Stoff bilden Lokalmythen, Nebenepisoden der großen Sagen, Legenden und Märchen, oft ätiologisch. Größere Formen entstehen nur durch manchmal katalogartiges Aneinanderreihen einzelner kurzer Erzählungen unter einem gemeinsamen Thema (gelegentlich Rahmenerzählung). Auch → Lehrgedichte, sogar ein Epinikion (Kallim. Fr. 384 Pf.) gab es in Distichen. Vgl. → Hellenist. Dichtung B 1. E.-M. V.

Lit: E. Römisch, Studien zur älteren griech. E., Diss. Heidelbg. 1935 (Frankf. Studien 7).

C. RÖM. ELEGIE. Die Ursprünge der röm. E. in ihrer spezifischen Form als Zeugnis der Dichter von ihrer eigenen Liebe (= subjektiv erotische E.) waren lange umstritten, da man sie wie bei anderen Literaturgattungen im Griechischen suchte. Aber neuere Untersuchungen haben gezeigt, daß kein hellenistischer Dichter das Vorbild abgegeben hat und daß sich aus der Verwandtschaft einzelner Motive der röm. Elegiker mit ähnlichen Motiven der griech.-röm. Komödie oder der griech. erotischen → Briefliteratur nicht die Existenz einer subjektiv erotischen E. des Hellenismus beweisen läßt. Im intensiven Erlebnis und Aussprechen individueller Gefühle, bes. der Liebe, sind neben der Auflockerung der röm. Gesellschaft am Ende der Republik die Keimzellen der röm. E. zu erblicken. In ihrer Ausgestaltung haben die Römer eine eigenständige dichterische Leistung vollbracht, die freilich bei keinem von ihnen die Übernahme einzelner griech. Anregungen ausschließt. – Nach tastenden Versuchen erotischer Dichtung in epigrammatischer Form durch → Valerius (1) Aedituus u. a. finden wir die ersten elegischen Ansätze bei den → Neoterikern. → Calvus' Verse auf seine tote Gattin sind nicht erhalten. → Catulls carm. 68 enthält neben anderen Motiven die Klage über den Tod des Bruders und das Bekenntnis zu Lesbia. Tod und Liebe, die Ausgangspositionen der röm. E., sind auch in Catulls Gebet an die Götter um Befreiung von seinem Liebesleid (carm. 76) gekoppelt. Seit → Gallus (3) bildet das Liebeserleben des Dichters, bes. der Liebeskummer, die Hauptthematik der E. Dies hat oft zu romanhaften Verknüpfungen der Gedichte verführt, deren biographische Ausdeutung sehr schwierig ist. Der Niederschlag des realen Lebens ist nämlich nur schwer von der dichterischen Aussage zu sondern. Je länger ein Dichter der Liebesthematik treu blieb, um so mehr dürfte das persönliche Erleben zugunsten der literarischen Gestaltung oder der Freude am dichterischen Spiel zurückgetreten sein, wie sich auch in der Entwicklung der röm. E. eine Abnahme der inneren Betroffenheit und Unmittelbarkeit und ein Anwachsen des Intellekts feststellen läßt. Aber dieser Wandel bedeutet weder eine Einbuße an Wahrheitsgehalt noch eine Minderung der künstlerischen Qualitäten, sondern stellt lediglich einen Wechsel der Aspekte in der Bewältigung des umfassenden Phänomens des menschlichen Liebeserlebens dar.

[3] *Die röm. Elegiker.* In welcher Weise C. Cornelius → *Gallus* (3), der Schöpfer der röm. E., das substantielle Fundament für die Gattung gelegt hat, ist nur im Umriß zu erkennen. Doch weisen die Anspielungen auf seine Gedichte in → Vergils 10. Ekloge und die Konstanz der Motive bei den späteren Elegikern darauf hin, daß er im Gedanklichen und Sprachlichen eine starke prägende Kraft hatte. Die Vorstellung von der Liebe als Leid und Krankheit, die bis zum Tode führt, die Ohnmacht gegenüber Amor, das Ausweichen ins irreale Wunschland und die sklavische Unterwürfigkeit unter die Willkür der Geliebten lassen sich als Leitmotive erkennen.

[4] Nach ihm hat → *Tibull* mit dem Wechsel der Geliebten (Delia, Marathus, Nemesis) neue Aussageebenen und die Möglichkeit einer reicheren Differenzierung der seelischen Haltung des Liebhabers gewonnen. Er substituiert seinem Liebesideal die sittlichen Werte der röm. Ehe und verteidigt als erster ein von öffentlicher Tätigkeit freies und nur der Liebe und Dichtung geweihtes Leben gegenüber dem unruhigen, gefahrvollen, wenn auch gewinnbringenden Kriegsdienst und Kaufmannsleben. Wie vermutlich bereits Gallus hat er auch einzelne nicht-erotische Themen behandelt. – Die Gedichtbücher des → *Properz* entfalten in planmäßiger Komposition ein Liebeserleben von der blitzhaften Erweckung über seine Erfüllung bis zur Gefährdung und Trennung mit vielen Variationen der äußeren und inneren Situationen. Die Gestalt der Geliebten und das Erleben mit ihr werden durch mythologische Vergleiche idealisiert. Die Leiden des Liebhabers überwiegen das Glück, werden aber durch den Stolz auf die dichterische Leistung aufgewogen. Dabei wird das hohe Pathos bisweilen ironisch unterkühlt oder scherzhaft pointiert aufgelöst. In der Bindung an → Kallimachos (3) und → Philetas, die keine thematische, sondern eine stilistische Nachfolge bekundet, fühlt sich Properz als Stifter einer neuen literarischen Gattung. Sie findet ihren gemäßen Stoff in den ätiologischen Gedichten des 4. Buchs. Dies bedeutet eine wichtige Wendung in der Entwicklung der E., die in → Ovids Fasten eine fast übermäßige Ausweitung durch die Fülle mythologischer und kultischer Legenden in elegischer Haltung und Diktion gefunden hat.

[5] Die ‹Amores› → *Ovids* bilden den Abschluß der persönlichen Liebesdichtung, der – wie auch in anderen literarischen Gattungen – weniger durch die Erfindung neuer Situationen oder Motive als vielmehr durch ihre souveräne Abwandlung in kunstvollem Spiel, ja in Scherz, Parodie und Ironie, und durch die Eleganz der Sprache und Form gekennzeichnet ist. Als Gegenstück zu den bisher vorwiegend die Gefühle des Mannes spiegelnden E.n erweitern Ovids ‹Heroides› die erotische Welt nach der Seite der Frau – jedoch in noch stärkerer Beschränkung auf die Empfindungen der durch die Trennung ausgelösten Sehnsucht, Eifersucht und Trauer. In der Bewußtheit der Affekte und im Kampf der widerstrebenden Gefühle liegt die neu gewonnene seelische Dimension dieser Briefe. Wie bereits Tibull und Properz in einzelnen Gedichten, so hat Ovid als Liebeslehrer in seiner ‹Ars amatoria› und den ‹Remedia amoris› eine abschließende ‹systematische› Darstellung der Liebesthematik entwickelt, die in der Virtuosität der poetischen Durchdringung des Stoffs eine typische Spätreifeform darstellt. Eine Sonderstellung nehmen schließlich die ‹Tristia› und ‹Epistulae ex Ponto› ein, die mit der quälerischen Selbstanalyse des Dichters, mit den schmerzlichen Rückblicken auf Rom und mit den Klagen über das Los des Exils viel zur neuzeitlichen Vorstellung vom Wesen des Elegischen beigetragen haben. – Eine späte Wiederaufnahme der erotischen augusteischen Elegie finden wir bei dem heidnischen Dichter → *Maximian* (2; um 550 n. Chr.), der in sechs Gedichten neben den Klagen über sein Alter erotische Erlebnisse oder Phantasien wiederaufleben läßt. Durch Maximian, der länger als ein halbes Jahrtausend ein vielgelesener Schulautor war, hat die römische E. direkt auf das Mittelalter gewirkt. E. Bk.

Lit: A. A. Day, The origin of the Latin Love-Elegy, 1938 – A. Guillemin, L'élément humain dans l'élégie lat., REL 18, 1940, 95–111 – M. Platnauer, Latin Elegiac Verse, 1951 – E. Burck, Röm. Wesenszüge d. augusteischen Liebeselegie, Hermes 80, 1952, 163–200 – A. Rostagni, L'influenza greca sulle origini dell'elegia erot. lat., Fond. Hardt 2, 1956, 59–90 – L. Alfonsi-W. Schmid, Elegie, RAC IV, 1959, 1026–61 – G. Luck, Die röm. Liebeselegie, 1961 – *Zum Fortleben:* F. Beißner, Gesch. d. deutschen E., 1941 – M. Kommerell, Goethes Große Gedichtkreise, in: Gedanken über Gedichte, 1943, 216–224 – W. Killy, Mythologie u. Lakonismus i. d. 1., 3. u. 4. Röm. Elegie, Gymn. 71, 1964, 134–150.

Elektra, Tochter des → Agamemnon und der → Klytaimestra. Homer unbekannt, bedeutsam in der Tragödie. → Anagnorisis von E. und ihrem Bruder Orestes in Aischyl. choeph., wo E. an der Tötung der Klytaimestra und des → Aigisthos keinen Anteil hat. Dagegen ist sie in Soph. El., in der sie bis zur Ankunft des Bruders ein gequältes Dasein führt, beim Muttermord anfeuernd dabei. In Eur. El. ist E. mit einem Landmann verheiratet worden, damit sie keinen edlen Rächer gebären kann, und lockt Klytaimestra mit List ins Haus, wo sie getötet wird. Später heiratet E. den → Pylades. K. Schb.

Darstellungen: Begegnung mit Orest auf melischen Reliefs, späteren Vasen und Gemmen; wird auf klassischen Vasenbildern mehrfach bei der Ermordung des Aigisthos mit dargestellt. – *Lit:* A. Camotti, Elettra, EAA 3, 1960, 229–301. K. Schf.

2. **E.,** eine der → Pleiaden, Mutter des → Dardanos, des → Iasion und des Emathion (oder der → Harmonia) entweder von Zeus (Apollod. 3, 111) oder, nach italischer Version, vom etrusk. König Korythos (Verg. 3, 163 ff.; Diod. 3, 48 ff.), weshalb Zeus, von ihr zurückgewiesen, aus Zorn das Palladion, bei dem sie Zuflucht suchte, vom Himmel herabwarf. L. H.

Elektron (ὁ ἤλεκτρος, electrum), natürliche oder künstliche Mischung (im allgemeinen 4:1) von → Gold und → Silber; auch Bezeichnung für → Bernstein (τὸ ἤλεκτρον). Härter als reines Gold. Hauptsächlich für Münzprägung, Schmuck, Gefäße. C. K.

Q: Plin. nat. 33, 80 f. – *Lit:* Blümner, Technologie IV 160 ff. – Ders., RE 5, 2 (1905), 2315–17.

Elektryon, Sohn des → Perseus und der Andromeda, Vater der Alkmene, des Likymnios u. a.; → Amphitryon.

Element, ein von P. Maas geprägter Begriff, um die im metrischen Schema regelmäßig wiederkehrenden Stellen zu bezeichnen: elementum longum (–) die Stelle für eine lange Silbe, e. breve (◡) für eine kurze Silbe, und e. anceps (×) für eine Stelle, an der entweder eine kurze oder eine lange Silbe stehen kann. Man rechnete schon im Altertum damit, daß ein longum doppelt soviel Zeit zur Verfügung stelle wie ein breve. Daher ist z. B. ◡– τρίχρονος oder τρίσημος, hat drei ‹Moren›, wie man heute sagt (lat. mŏra = Zeitraum). In Wahrheit waren die Verhältnisse komplizierter, z. B. hatte im → Daktylus das longum kürzeren Zeitwert als die beiden brevia, und vollends ein anceps muß in einem irrationalen Verhältnis zu den longa und brevia gestanden haben (→ Takt). B. Sn.

Lit: P. Maas, Greek Metre, 1962, §33 ff.

Elemente. Der Begriff der E., nicht weiter zerlegbarer natürlicher Substanzen, die durch Mischung in verschiedenen Verhältnissen die zusammengesetzten Substanzen bilden, wird in der griech. → Kosmologie nach → Parmenides wichtig. → *Empedokles* stellt die Lehre von den vier E.n auf: Erde, Wasser, Luft, Feuer. Diese Vierzahl der E. wurde von den meisten späteren griech. Philosophen beibehalten. Den → Pythagoreern folgend, schrieb *Platon* den kleinsten Teilen jedes Elementes eine charakteristische Gestalt zu, indem er ihnen je einen der fünf regelmäßigen → Polyeder zuordnete: der Erde den Hexaeder (Würfel), dem Feuer den Tetraeder, der Luft den Oktaeder, dem Wasser den Ikosaeder (der fünfte, das Dodekaeder, wird dem Universum als Ganzem zugeordnet). In Platons Timaios können Luft, Wasser und Feuer ineinander übergehen, da sie aus gleichartigen Dreiecken zusammengesetzt sind, während die aus andersartigen Dreiecken aufgebaute Erde nicht in ein anderes Element verwandelt werden kann. – *Aristoteles* legte die vier E. des Empedokles seinem System zugrunde, fügte aber den → Äther als fünftes hinzu. Das unterscheidende Charakteristikum jedes Elements war für ihn nicht die Gestalt, sondern seine natürliche Bewegung (→ Bewegungslehre), und die vier sublunaren E. waren außerdem durch je zwei der vier Primärqualitäten (warm, kalt, trocken, feucht) bestimmt. Diese vier konnten durch den Ersatz einer Qualität durch die entgegengesetzte Qualität ineinander übergehen, nur der Äther blieb unveränderlich. D. J. F.

Eleos (ὁ ἔλεος), die → Personifikation des ‹Mitleides›. Altar in Athen (der erste in Griechenland: Diod. 13, 22, 7, aber nicht der einzige, trotz Paus. 1, 17, 1), unbestimmten Alters, aber sicher vor 413 v. Chr. errichtet; ausgezeichnet durch Asylrecht, daher sprichwörtlich, oft Thema in den Rhetorenschulen. Altäre und Basen auch in Epidauros gefunden (SIG 1149). C. J. C.

Lit: H. Thompson, the Altar of Pity, Hesperia 21, 1952, 47–82 – G. Zuntz, The Altar of Mercy, CeM 14, 1953, 71–85.

Eleos und Phobos. Als E. und Ph. bezeichnet → Aristoteles in seiner Definition der Tragödie (poet. 6. 1449 b 27) die Empfindungen, die die Tragödie in den Zuschauern hervorruft. Eher als mit ‹Furcht› und ‹Mitleid› (so Lessing) sind diese Begriffe mit ‹Schrecken, Schauder› (φόβος) und ‹Jammer, Ergriffenheit, Rührung› (ἔλεος) zu übersetzen. So verstanden sind sie rein naturhafte, auf Leib und Seele wirkende Elementaraffekte. Sie befallen den Zuschauer beim Anblick des tragischen Geschehens, der Schauder, wenn er sieht, wie ein ihm ähnlicher Mensch (ὅμοιος), mit dem er sich identifizieren kann, von einem furchtbaren Übel getroffen und vernichtet wird, der Jammer, wenn er erkennt, daß dieser Mensch sein Schicksal unverdient erleidet (ἀνάξιος, vgl. → Hamartia). Was E. und Ph. bewirken, ist die → Katharsis. E.-R. Sch.

Lit: W. Schadewaldt, Furcht und Mitleid? (1955), in: Hellas und Hesperien, 1960, 346–388 – M. Pohlenz, Furcht und Mitleid? Ein

Nachwort, Hermes 84, 1956, 49–74 – H. Flashar, Die medizin. Grundlagen der Lehre von der Wirkung der Dichtung in der griech. Poetik, ebd., 12–48.

Elephantine (Kt. 29 D 9), Ort auf einer Insel beim heutigen Assuan, ägypt. Grenzfeste gegen Nubien, Hauptstadt des 1. oberägypt. Gaues; Stadtgott war der Widdergott Chnum, gleichzeitig Herr der Nilquelle, die man im Katarakt vermutete. Daneben wurden die Göttinnen Anukis und Satis verehrt, bes. von den Leitern der Steinbruchsexpeditionen, die Granit holten. Zahlreiche aramäische Papyri berichten von einer jüd. Militärkolonie (vgl. → Diaspora) in E. zur persischen Zeit. W. Hk.

Elephenor, (1) König von Böotien, → Akamas; (2) Gefährte des → Odysseus, → Elpenor.

Eleusinia, ein att. → Fest mit Wettspielen zu Ehren von → Demeter und Kore, in Eleusis (wahrscheinlich im Monat Metageitnion, Juli–Aug.) in einem vierjährigen wie auch in einem zweijährigen Zyklus gehalten, also in jeweils drei Jahren von vieren. Die Preise bestanden aus Gerste vom heiligen rarischen Feld (*Ῥάριον πεδίον* in der Ebene von Eleusis; Paus. 1, 38, 6). Einleitende Opfer wurden einer Reihe von Göttern dargebracht, sowie einer Anzahl Heroen, wobei anscheinend alle eleusin. Adligen eingeschlossen waren, die im hymn. Hom. Dem. genannt werden. F.R.W.

Q: IG I² 5 (ca. 500 v. Chr.); LSCG 10, A col. 3 (ca. 400 v. Chr.) – *Lit:* L. Deubner, Att. Feste, 1932, 91 f.

Eleusis, Ort und berühmtes Mysterienheiligtum 20 km westl. von Athen auf und an einem 63 m hohen Kalkhügel unmittelbar an der Bucht von E. (Kt. 1152a B 2); schon im 3. Jt. v. Chr. besiedelt, im 2. Jt. und in klass. Zeit befestigt. In vorhistorischer Zeit selbständiger Staat, seit dem 7. Jh. Vereinigung mit Athen, 403 Sonderrepublik E., 401/400 Vereinigung wieder mit Athen. Nach der Sage soll → Demeter die → Mysterien gestiftet haben, als sie bei ihrer Wanderung auf Erden aus Groll über den Raub ihrer Tochter → Persephone durch → Hades bei König Keleos v. E. gastliche Aufnahme fand. Priester aus der Sippe der → Eumolpiden. Zunahme an Bedeutung als att. Staatskult; jeder Grieche, auch Sklave, war teilnahmeberechtigt. Feier von Wettkämpfen zu Ehren des Demophon, Sohn des Keleos (‹Eleusinia›, alle 2 Jahre), und kleine und große Mysterien. Bei letzteren Überführung der Kultgegenstände auf der ‹Heiligen Straße› von E. nach Athen und zurück. Innerhalb des Mauerrings lag am SO-Fuß des Hügels der gesondert ummauerte heilige Bezirk, den nur der Geweihte (Myste) betreten durfte. Hauptgebäude das Telesterion, in dem die nächtliche Mysterienfeier stattfand, eine Pfeilerhalle von 52 × 54 m, über einem Bau bereits myken. Zeit und einem kleinen Telesterion des 6. Jh.s, im 5. Jh. unter → Perikles von → Iktinos erbaut und im 4. Jh. durch die Vorhalle des Philon erweitert, nach der Zerstörung durch die in Griechenland eingefallenen → Kostoboken (170 n. Chr.) erneuert. Kaiserzeitlich sind in jetzigem Zustand die äußeren Großen und die inneren Kleinen Propyläen, die in den heiligen Bezirk führen. 396 n. Chr. wurde das Heiligtum durch → Alarich zerstört. Berühmte Mysten aus röm. Zeit: → Sulla, → Cicero, → Atticus, → Antonius (2), → Augustus, → Hadrian (seine Gemahlin → Sabina wurde als ‹Neue Demeter› verehrt) und Mark → Aurel. E.M.

Lit: F. Noack, Eleusis, 2 Bde, 1927 – H. Hörmann, Die inneren Propyläen v. E., 2 Bde, 1932 – J. Travlos, The topography of E., Hesperia 18, 1949, 138–147 – O. Rubensohn, Das Weihehaus v. E. u. sein Allerheiligstes, JdI 70, 1955, 1–49 – G. E. Mylonas, E. and the Eleusinian mysteries, 1961 – Berve-Gruben, 36–41.

[2] Das *Große Eleusinische Weihrelief*, 1859 in E. gefunden (Athen Nat. Mus. Nr. 126. H. 2,40 m, um 440 v. Chr.), ist ein schon im Altertum hochgeschätztes Werk mit der Darstellung der Aussendung des → Triptolemos, der zwischen → Demeter (links mit Szepter) und Kore (rechts mit Fakkeln) steht: vgl. Marmorkopie ‹aus Rom› in New York und die Fragmente von Terrakotta-Wiederholungen aus der Villa des Q. Voconius Pollio im Thermenmuseum in Rom. – Von der etwa gleichzeitigen Parthenonkunst unterscheidet sich das Relief durch seinen bewußt hieratischen Stil (→ Plastik B 7). E. Bg.

Lit: Lippold, GrPl 160, Taf. 58, 3 – E. Paribeni, Ancora delle Menadi di Kallimachos, Bd'A 37, 1952, 97–101.

Elfenbein

A. Griech.-röm. Elfenbeinkunst: [1] Material – [2] Minoische Zeit – [3] Frühe und archaische Zeit – [4] Klassik, Hellenismus, Kaiserzeit – B. Christl. Elfenbeinkunst: [1] Verwendungsform – [2] Thematik – [3] Chronologie – Abb. dazu zitiert nach Nr. bei Volbach (s. Lit.).

A. Griech.-röm. Elfenbeinkunst. [1] E. gehört als → *Material* zu den wertvollsten, die in der Antike verwendet wurden. Es tritt daher häufig in Verbindung mit → Gold und anderen edlen Stoffen auf. Schon durch die langen Importwege aus Afrika bzw. Indien steigerte sich naturgemäß sein Preis. Sein eigentlicher Wert liegt aber darin, daß es durch seine Härte und Dichtigkeit bei gleichzeitiger Bildsamkeit, eine Prägnanz der künstlerischen Formgebung wie kein anderes Material erlaubt; farbige Bemalung erhöhte noch den Reiz der Kunstwerke.

[2] Die Verwendung des E. beginnt in der *minoischen Zeit* mit kostbaren Geräten: Siegeln, Szeptern, Spiegelgriffen, Schmuckstücken. Das berühmteste figürliche Werk ist der kühn bewegte Stierspringer aus Knossos (Iraklion, Museum). Die Statuettengruppe zweier sitzender Frauen mit einem Kind aus Mykene (Athen, Nat. Mus.) ist das Hauptwerk der auf dem Festlande gefundenen E.e dieses Zeitraums, daneben gibt es silbergefütterte Pyxiden u. a. Geräte als typische Beigaben in den myken. Fürstengrüften.

[3] In der *griech. Frühzeit* wird E. offenbar wegen der allgemeinen Verarmung und des Rückgangs der auswärtigen Beziehungen kaum verarbeitet, doch ist es Homer bekannt. Die ersten griech. E.werke sind fünf nackte weibliche Figuren aus einem spätgeometrischen Grab im Athener Kerameikos (Athen, Nat. Mus.), deren eine orientalischer Import sein könnte. – Vor dem ungeheuer reichen Hintergrund der oriental. E.kunst, die unmittelbaren Einfluß auf die griech. Werkstätten ausübte (zahlreiche Importstücke!), entstand dann vom *7. Jh. v. Chr.* an eine (nicht allzu umfangreiche) E.schnitzerei: Funde aus Ephesos (weibliche Figuren, Löwen), Samos (kniender Jüngling, Perseusrelief), Sparta (Siegel, Schmuck, Fibeln, Kämme), dem argiv. Heraion, Perachora (hockende Sphinx); ferner eine bedeutende Gruppe des 7. Jh.s v. Chr. (MMA New York) von zwei Frauen, als → Aphrodite-Peitho, bzw. Arge-Opis (→ Artemis) gedeutet, ohne Fundortangabe. Fast alle diese E. sind nicht Freistatuetten, sondern Teile von Geräten, Möbeln, Musikinstrumenten, Kästen. So auch die zahllosen à jour gearbeiteten Reliefs, deren Fragmente in einem Depot in Delphi gefunden wurden (noch kaum publiziert).

[4] In der *Hochklassik* wurde E. und Gold bei den großen Kultbildern verwendet, Gold für die Gewänder, E. für Gesicht, Arme, Füße. Weltruhm erreichten die E.-Kolossalstatuen des → Phidias: Athena Parthenos auf der Akropolis und der Zeus in Olympia. – Von der *Alexanderzeit* an wurden auch Fürstenporträts in dieser ursprünglich den Kultbildern vorbehaltenen Technik ausgeführt. Für den *Hellenismus* und die *Kaiserzeit* sind uns Nachrichten vor allem über E.-verzierte Möbel und Geräte der luxuriösen Fürstenhöfe überliefert. Nur wenig ist erhalten geblieben. In der → *Spätantike*, vom 4. Jh. an, erreicht die bildliche E.Kunst einen neuen Höhepunkt in den → Diptychen, die bei Übernahme höherer Staatsämter verschenkt wurden. → Farbsymbolik. U.J.

Lit: H. Blümner, RE 5 (1905), 2356–66 S. Casson, Technique, 1933, 12 ff.; 46 – H. Graeven, Antike Schnitzereien aus E. und Knochen, 103 – *Zu* [2]: Chr. Zervos, L'art de la Crète néolithique et minoenne, 1956 (Index S. 520, s. v. Ivoire) – R. Pittioni, Die E.plastik aus dem Palast von Mykenai, ÖJh 39, 1952, 80–83 – A. J. B. Wace, Mycenae 1939–1952, BSA 48, 1953, 8, Taf. 5 – Ders., Mycenae 1939–1953

BSA 49, 1954, 240–243, Taf. 38c – *Zu* [3]: Kerameikos: E. Kunze, Anfänge der griech. Plastik, AM 55, 1930, 147–162 – D. Ohly Griech. Goldbleche des 8. Jh.s v. Chr, 1953, 108ff. – Ephesos: D. G. Hogarth, Excavations at Ephesus, 1908 – Samos: D. Ohly, Zur Rekonstruktion des sam. Geräts mit dem E.jüngling, AM 74, 1959 48–56 – R. Hampe, Korfugiebel und frühe Perseusbilder, AM 60/61 1935/36, 288, Nr. 5, Taf. 99, 2 – B. Freyer, E. aus dem sam. Heraion, Diss. Hamburg 1964 – Sparta: R. M. Dawkins, The sanctuary of Artemis Orthia at Sparta, 1929 – Perachora: H. Payne, Perachora II, ed. by T. J. Dunbabin, 1962 – Gruppe New York: G. Richter, An ivory relief in the MMA, AJA 49, 1945, 261–269 – F. Matz, Arge u. Opis, MWPr 1948, 3 – Schefold, FS, Taf. 10. 14. 17, 24^b. 39. 64^b.

B. Christl. Elfenbeinkunst. [1] *Verwendungsformen.* Das antike Christentum bediente sich der E. zu verschiedenen Zwecken. An der Spitze des zahlreich erhaltenen Materials stehen die → *Diptychen*, die in der Liturgie, aber auch für feierliche Proklamation (Mitteilung des Ostertermins) verwandt wurden, was dem Gebrauch von E.-Tafeln als Briefhüllen (Aug. epist. 15, 1) entspricht. Wurde hierfür vorwiegend die einfache Form benutzt, so bevorzugte man den fünfteiligen, repräsentativen und den Kaiserdiptychen (Volbach a. O. Nr. 48) angeglichenen Typus wohl für Anzeige von Bischofswahlen beim Hof, nachweislich jedoch als Buchdeckel (→ Buch, 4) für Evangeliare (Nr. 119). – Aus der profanen Kunstindustrie übernommen, fanden *E.-Kästchen* im christl. Kult Verwendung, z. B. als Reliquiar, wie das von Samagher bei Pola (Nr. 120) durch seine Fundgeschichte beweist. Ob das bedeutendste Stück dieser Art, die sog. Lipsanothek von Brescia (Nr. 107), dem gleichen Zweck diente, ist ungewiß. – Ursprünglicher Gebrauchstyp (viele profane Belege) sind die → *Pyxiden* (Rundgefäße), die → Eucharistie-Elemente aufnahmen, was literarisch belegt ist und durch die bevorzugte Darstellung des Abrahamsopfers (z. B. Nr. 161) bestätigt wird; erst spät gebraucht man sie als Weihrauchbehälter. – Einzigartig in der Gestaltung ist die *Bischofskathedra* des Maximian von Ravenna (Nr. 140). Den Holzkern verzierten eine Fülle, z. T. verlorener E.-Tafeln, an denen verschiedene Künstler arbeiteten; dargestellt: der Täufer inmitten der 4 Evangelisten auf der Sitzfront, der Bildzyklus der Josefslegende an den Seiten und der christologische Bildkreis auf Innen- und Außenwandung der Rückenlehne. Ähnliche E.-Tafeln anderer Provenienz stammen wohl auch von Bischofsthronen. Literarische Quellen bezeugen E. auf Verkleidungsplatten an *Kirchenportalen;* für *Altäre* ist es nach Analogie von mittelalterlichen Belegen wahrscheinlich. – *E.-Kämme*, ein spätantiker Luxusartikel, wurden bei Bischofsweihen geschenkt und im Meßdienst bes. im Osten verwandt.

[2] *Thematik.* Während auf den Gebrauchsstücken des Kultes ein christl. Bildprogramm herrscht, lebt auf den Kaiser- und Beamtendiptychen auch der christlichen Epoche der imperiale Repräsentationsstil fort, der nur gelegentlich das konstantinische Labarum (Nr. 1) oder das Kreuz (Nr. 14f.) zuläßt. Er gewinnt auf dem vielbehandelten ‹Apotheosendiptychon› (Nr. 56) den Akzent einer heidnischen Propaganda, die von der senatorischen Opposition des 4./5. Jh.s betrieben wurde (→ Symmachus, 2; → Christentum II B); dank ihrem Einfluß auf die Werkstätten zeigen manche Stücke spätantiker E.kunst betont heidnische Darstellungen (z. B. Diptychon der Symmachi und Nicomachi Nr. 55). Auf manchen profanen Gebrauchsstücken (vor allem Pyxiden) leben mythologische Szenen fort, z. T. aus handwerklichem Traditionalismus (Nr. 89ff.), z. T., so innerhalb der provinziellen, vor allem → koptischen E.-kunst, aus dem Untergrund paganer Volksfrömmigkeit (Nr. 72ff.). Innerhalb der byzantin. E.kunst hingegen läßt die Hochschätzung literarischer Bildung die antiken Mythen und ihre Gestalten zum Sujet eines Ästhetizismus werden, der sie ihrer religiösen Bedeutung vollkommen entkleidet hat (Nr. 66). Hier wird das ungestörte Nebeneinander antiker und christl. Bildelemente in der byzantin. Handschriftenmalerei vorbereitet. Gerade die E.kunst, in der sich röm. Antike zur formvollendeten Spätblüte erneuert (vgl. das ‹Dichter-Muse-Diptychon›, Nr. 68), erweist sich hier als bedeutsamer Traditionsmittler antikmythologischer Bildstoffe an das Mittelalter.

[3] *Chronologie.* Die Unsicherheit der Herkunftsbestimmung bei einem Material, das ein vielfältiges Wanderschicksal hinter sich hat, erschwert die kunstgeschichtliche Einordnung. Wohl vermag Stilanalyse mit Hilfe datierter → Konsulardiptychen die Entstehungszeit zu fixieren, aber auch hier ist die Chronologie zunächst an den engen Umkreis der Werkstattproduktionen gebunden. Ein Zentrum der E.kunst war von jeher Alexandria, von dessen Arbeiten sich der Stil einer koptischen Schnitzschule abhebt. Ebenso eignet den Werkstätten Konstantinopels ein eigener Stil, der mit dem des Westens (Rom, Mailand, Ravenna) nicht zu verwechseln ist. Doch schwankt das Urteil über die werkstattliche Zuordnung mancher Stücke, wie auch die Rolle Galliens und Syriens ungeklärt ist. – Aus dem breiten Strom altchristl. Bildtradition (→ Christusbild; → Malerei E 1) schöpfend, ist die Ikonographie der E.kunst mit der Handschriftenmalerei verbunden; mit ihr teilt sie nicht nur die Verwertung apokrypher, sondern auch die rabbinischer Quellen, wie Delbrück z. B. für die Lipsanothek von Brescia gezeigt hat. Auf die karolingische Renaissance und ihre E.kunst hat sie ihrerseits stark eingewirkt. C. A.

Lit: W. F. Volbach, E.arbeiten der Spätantike und des frühen MA.s (1916), 1952² (Lit. und Katalog, nach dem zitiert wird) – R. Delbrück, Probleme der Lipsanothek von Brescia, 1952 – P. Metz-M. Hirmer, E. der Spätantike, 1962 – Ferner: RAC IV 1106–41.

Elfmänner. Zu den ältesten Magistratskollegien Athens gehören ‹die Elf› (οἱ ἕνδεκα). Sie waren für die Verwahrung und Hinrichtung der zum Tode Verurteilten verantwortlich und hatten die Aufsicht über das Gefängnis. Auf frischer Tat ertappte gemeine Verbrecher hatten sie ursprünglich ohne weiteres hinzurichten, später mußten sie den Angeklagten, wenn er seine Tat leugnete oder zu rechtfertigen suchte, vor ein Geschworenengericht bringen, dessen Vorsitz sie dann übernahmen. Diese Gerichtsvorstandschaft wurde dann auch auf andere Prozesse, insbes., da mit der Hinrichtung regelmäßig Vermögensverfall verbunden war, auf alle um die Konfiskation von Liegenschaften geführten Prozesse ausgedehnt. – Vgl. dazu auch → Heliaia. F. G.

Elis (einheimisch Valis), nordwestlichste Landschaft der → Peloponnes (Kt. 1152 BC 5), zur Hauptsache Küstenebene, Hauptfluß der → Peneios. Bei Homer bewohnt von den Epeiern; die nordwestgriech. Eleer der historischen Zeit sind erst mit den Dorern eingewandert. Ursprünglich nur die Ebene ‹Koilē E.› (‹hohles E.›), dazu früh unterworfen das Bergland dahinter (Akroreia). Ebenfalls schon um 570 v. Chr. Eroberung der Landschaft → Pisatis am → Alpheios mit → Olympia. → Triphylien südl. des Alpheios gehörte erst in röm. Zeit dauernd zu E. Eine Stadt → E. (2) erst seit 471 v. Chr., sonst nur unbedeutende Orte. Mit E. sind die Sagen von → Oinomaos, → Hippodameia und → Pelops verbunden. E. M.

Lit: Philippson-Kirsten III 319–570.

2. **E.**, Hauptstadt der Landschaft → Elis in der Ebene am Austritt des → Peneios aus dem Bergland gelegen (Kt. 1152 B 5), erst 471 v. Chr. durch Synoikismos gegründet, dorfartige Anlage ohne Mauern, 312 Burg von Telesphoros, Admiral → Antigonos' I., ummauert. Nur unbedeutende Reste. E. M.

Q: Paus. 6, 123–126 – *Lit:* O. Walter, Ausgrab. in E., Ber. über den VI. Intern. Kongr. f. Archäol., 1940, 341–344.

Ellil → Enlil.

Ellipse (ἔλλειψις, ellipsis: Quint. inst. 8, 6, 21, vgl. 9, 3, 58), ‹Auslassung›, *rhetorische* → *Wortfigur*, der → Sinnfigur der → Aposiopese verwandt: eine Einsparung normalerweise nötiger Satzbestandteile (detractio), durch Auslassung eines leicht zu ergänzenden Verbums erklärt. *Bsp.:* Verg.

Aen. 1, 37: *haec secum* (scil. *loquitur*). → Rhetorik D [2]. H. H.

Lit: Lausberg, I 346f.

[2] E. als *mathematische Figur* → Kegelschnitte.

El-Obēd, kleiner Ruinenhügel 6 km westl. → Ur. Wohnviertel, Begräbnisstätte und Heiligtum. Letzteres lag in einer ovalen Umfriedung auf einer Terrasse. Architekturschmuck (Melkerfries; Imdugud-Relief) aus der Zeit der 1. Dynastie von Ur (ca. 2500 v. Chr.). – Im Wohnviertel und in frühen Gräbern Keramik, die den letzten prähistorischen Perioden Mesopotamiens den Namen gab (Obēd I und II). Auf der langsam drehenden Scheibe hergestellt, im regulierbaren Ofen gut gebrannt, der Ton oft von grünlicher Farbe, die Bemalung zuweilen flüchtig. Terrakotten von Muttergöttinnen. W. R.

Elocutio (*λέξις, ἑρμηνεία*), Stil, Darstellung, einer der Hauptgegenstände der rhetor. Ausbildung und Kunstausübung. → Rhetorik B. C, Tabelle, 4c. H. H.

Lit: Lausberg, I 248–524 – D. Matthes, Lustrum 3, 1959, 209–211.

2. **E. novella,** eine von dem Afrikaner → Fronto Mitte des 2. Jh.s n. Chr. geschaffene moderne lat. Stilrichtung, die sich jedoch vorciceronianischer Vorbilder bedient und auch aus der Alltagssprache der Zeit schöpft. → Gellius und → Apuleius sind ihr ebenfalls zuzurechnen. → Rhetorik C [4]. H. H.

Elpenor, Gefährte des → Odysseus, stürzt bei der Abfahrt von der Insel der Kirke, noch im Schlaf, vom Dach des Palastes. Odysseus trifft ihn in der Unterwelt und erfüllt seine Bitte um ordentliche Bestattung (Od. 11, 51 ff.). Das Grab in Latium gezeigt.

Darstellungen: Odysseus u. E. in der Unterwelt auf einer att. Pelike in Boston (Caskey-Beazley, Vases Boston II, Nr. 111). K. Schb.

Elymisch → Italien B [2].

Elysion. Während die Vorstellung vom unterirdischen Haus des → Hades, in welchem die Toten als Schatten weiterexistieren, als gemeingriech. Volksglaube gelten darf, scheint die Vorstellung von einem seligen Orte, an den die Lieblinge der Götter entrückt werden, im wesentlichen von 2 klassischen Texten auszugehen: Hom. Od. 4, 561–569 wird Menelaos geweissagt, er werde dereinst von den Göttern an die Grenzen der Erde, zum Elysischen Felde (*Ἠλύσιον πεδίον*) gesandt werden, einen Ort, wo → Rhadamanthys wohnt und die Menschen leicht, unter ewigem Zephyr, leben. Wo immer der Name E. später vorkommt, beruht er letztlich auf dieser Stelle; er ist unerklärbar, wohl ungriechisch, und da er in Verbindung mit Rhadamanthys erscheint, der dem vorgriech. kret. Mythos angehört, hat man für E. denselben Ursprung vermutet. Nach Hes. erg. 167–173 wurden die Heroen, soweit sie nicht fielen, von Zeus an die Grenzen der Erde, zu den Inseln der Seligen (*μακάρων νῆσοι*), nahe dem → Okeanos entrückt, wo sie kummerlos in ewigem Frühling lebten; eine alte, einflußreiche Interpolation gibt ihnen → Kronos zum König. Wesentlich ist, daß das E. wie die Inseln der Seligen auf der Menschenerde liegen, wenn auch im äußersten Westen jenseits des Sonnenuntergangs, unterschieden also vom Totenland unter der Erde wie vom Götterland über der Erde. Sie gehören wohl mehr dem → Mythos als dem Glauben an; sowohl der Jenseitsmythos der Philosophen (→ Platon, → Aristoteles, → Plutarch) wie auch die Geographie hat gerne mit ihnen gespielt; vor allem die Inseln der Seligen hat man irgendwo im Atlantischen Ozean, im äußersten NW oder SW der bekannten Welt zu lokalisieren unternommen und schließlich mit den Kanarischen Inseln identifiziert. Vgl. → Jenseitsvorstellungen. O. G.

Lit: Nilsson I 302ff.

Email, vielleicht nur zweimal erwähnt (Philostr. im. 1, 28: Kelten; Hld. 3, 4); die pulverisierte Glasfritte (50% Sand, 35% Mennige [Blei], 15% Soda) konnte in den Zellen geschmolzen werden, welche durch feine, auf einen metallenen Untergrund aufgelötete Drähte gebildet wurden, die beim Schmelzen ein Zusammenfließen der farbigen Glasschmelze verhinderten: Zellen-E., Cloisonné. Wurden in der Metallunterlage Vertiefungen für das E. angebracht, entstand Gruben-E., Champlevé. Bisweilen ließ man die Schmelzen absichtlich ineinanderlaufen, legte Scheiben von Millefiori-Stäbchen oder Mosaikglas, Perlen oder Ringe ein. Die Glasflüsse konnten nur haften, wenn die Ausdehnungskoeffizienten der Schmelzen, Metallunterlagen und Drähte annähernd gleich waren, sonst gab es Risse und Sprünge (heute Ausgleich durch eine besondere E.-Schicht: Konteremail). Die ältesten Funde stammen aus Ägypten und Mykene. Vgl. → Glas [2]. W. K.

Emanation, philosophischer Begriff für den Vorgang, durch den aus einem einzigen Prinzip auf stetige und natürliche Weise die Vielfalt der Lebewesen, aus denen die Welt besteht, hervorgeht. Als emanatistisch wird im allgemeinen die → neuplatonische → Metaphysik (C 2) bezeichnet; doch gilt das nicht ohne weiteres für das System → Plotins, der deutlich die Unveränderlichkeit und Transzendenz des Einen verglichen mit allem, was aus ihm hervorgeht, betont. S. M.

Emblema, (1) zentral in den Fußboden eingelassenes (*ἔμβλητος*) → *Mosaik*, das sich durch künstlerisch wie technisch seiner Umgebung überlegene Qualität auszeichnet; (2) *Reliefeinsatz* aus Edelmetall bzw. edlen Steinen an Prunkgefäßen u. ä. (→ Gemmen). C. K.

Q: Plin. nat. 36, 185 u. a. – *Lit:* O. Roßbach, RE 5, 2 (1905), 2487–90 – D. Levi, Antioch Mosaic Pavements, 1947, 2ff. u. passim – J. Gullini, Mosaici di Palestrina, 1956, 20ff. – O. Elia, EAA III 324–326.

Embolimon (*ἐμβόλιμον*, embolium, ‹Einschub›), Zwischenspiel zur Ausfüllung der Pausen szenischer Aufführungen, ohne Zusammenhang mit dem Inhalt des Stücks; setzt die Verkümmerung der Funktion des → Chors voraus. In der → Tragödie von → Agathon eingeführt (Aristot. poet. 18, 1456 a 27ff.), in der → Komödie (I C) zuerst im ‹Plutos› des → Aristophanes belegt, wo in den Hss. nur die Notiz *χοροῦ* (‹Chorstück›) erscheint, wie später bei → Menander. Th. G.

Lit: W. Kranz, Stasimon, 1933, 251–266 – A. Körte, RE 11, 1 (1921), 1267–69, s. v. Komödie.

Emerita Augusta (heute Mérida), röm. Siedlung am → Anas (Kt. 2849 B 3), Hauptstadt der Provinz → Lusitania, 25 v. Chr. durch P. Carisius gegründet, um dort Veteranen der Legionen V Alaudae und X Gemina anzusiedeln. 69 machte Kaiser Otho mehrere adlige Familien ansässig, um dadurch die Siedlung zu stärken. Erhalten sind prachtvolle Monumente: Theater (mit Inschrift des Stifters → Agrippa), Amphitheater, zahlreiche Tempel und Aquädukte; die große Brücke über den Fluß Guadiana, die längste Spaniens, wird heute noch benützt. J. M. d. M.

Q: Cass. Dio 53, 25, 2 (zur Gründung) – *Lit:* B. Taracena, Arte Romano, 1947 – M. Almagro, Guia de Merida, 1961.

Eminentissimus, höchster ritterlicher Rangtitel, nachweisbar seit → Mark Aurel und speziell mit dem → praefectus praetorio verbunden; verschwindet Ende 4. Jh. K. F. Str.

Emmeleia, die Form des Tanzes, die für die Tragödie am charakteristischsten war, ‹geordneter, gemäßigter → Tanz›. E.-R. Sch.

Emona, röm. Kolonie in Pannonia sup. (Kt. 2209 A 2; heute Ljubljana, Laibach). Unter Augustus Garnison der Legia XV Apollinaris, die unter Tiberius nach Carnuntum verlegt wird. Röm. Stadtmauer der Spätzeit erhalten. B. S.

Lit: W. Schmid, E., Jahrbuch f. Altertumskunde 8, 1913, 61–188 – B. Saria, E. als Standlager der legio XV Apollinaris in: Laureae Aquincenses I, 1938 – J. Klemenc, in: Zgodovina Ljubljana (Gesch. v. Laibach) I.

Empästik, die getriebene und gravierte Verzierung (Ath. 11, 488 B; 12, 543 F), bes. auch das Einlegen von Fäden (→ Tauschierung) oder Stiften (Metallmosaik) edleren Metalls in weniger wertvolles. Vgl. → Metalle C. W. K.

Empedokles von Akragas, Naturphilosoph, ca. 500–430, an Kraft und Pracht der Formulierung der eindrucksvollste der → Vorsokratiker, wenn auch an philosophischer Tiefe → Parmenides und → Anaxagoras unterlegen; als Dichter mit Platon vergleichbar, der ihm in seinen philosophischen Mythen vieles verdankt. Erstaunlich muß E. auch als Persönlichkeit gewesen sein; schon im 4. Jh. gibt es legendenartige Erzählungen über sein Leben. Wenn er bald mit → Anaximander, bald mit → Parmenides, bald mit → Pythagoras (1) und dessen Seelentheologie und Medizin in Verbindung gebracht wird, so liegt dies daran, daß er von allen drei Seiten Anregungen empfangen und verarbeitet hat. – In reichen Fragmenten faßbar sind 2 Dichtungen: 1. ‹*Über die Natur*›, eine Synthese ionischer Kosmologie und parmenideischer Ontologie; bemerkenswert das Interesse an der Physiologie des Menschen. – 2. ‹*Reinigungen*› (*Καθαρμοί*), Mahnrede der aus der Region der Götter über verschiedene Einkörperungen auf die Erde verschlagenen Seele; die Menschen sollen sich durch ein reines Leben, bes. durch Enthaltung vom Fleischgenuß, den Weg zu edleren Einkörperungen und schließlich zur Gemeinschaft mit den Göttern sichern; wichtigstes Dokument einer bestimmten Richtung des Pythagoreertums. Das Verhältnis der ‹Reinigungen› zu dem Gedicht ‹Über die Natur› bleibt unklar. – Die Naturlehre geht davon aus, daß es kein Werden und Vergehen gibt, sondern nur Mischung und Trennung. Feuer, Luft, Wasser, Erde sind ‹die vier Wurzelkräfte aller Dinge› (E. ist Schöpfer der klassischen Lehre von den vier → Elementen), dazu treten als bewegende Kräfte Liebe und Streit. Periodisch gewinnt im Kosmos bald die verbindende Liebe, bald der trennende Streit die Oberhand. Der Sieg des Streits ist die Reduktion der Dinge auf die 4 Elemente, der Sieg der Liebe die Vereinigung von allem zum *einen* glückseligen Sphairos. Am Leben unserer Welt sind Liebe wie Streit beteiligt. Ausführlich wurde behandelt die Entstehung von Mensch, Tier und Pflanze (Mischung der Elemente in verschiedenen festen Proportionen), der Bau des menschlichen Körpers (Wirbelsäule, Sinnesorgane), Denken und Wahrnehmung (Sitz des Denkens ist das um das Herz wallende Blut; Wahrnehmung vollzieht sich durch den Kontakt der Elemente in uns mit den Elementen in den Gegenständen). Der Einfluß des E. ist überaus groß gewesen: auf → Platon, → Aristoteles, den Stoiker → Zenon (3), die → Epikureer, → Poseidonios, schließlich bes. auf → Lukrez. Seine Gedichte scheinen erst gegen Ende der Antike verlorengegangen zu sein. O. G.

Frg: VS I 276–375.

Empeiria, ‹Erfahrung›, durch den Gebrauch oder durch unmittelbaren Umgang mit dem Gegenstand erworbene Kenntnis, nach → Platon im Unterschied zu Kunst (→ Techne) und Vernunft (*φρόνησις*) eine gewöhnliche Kenntnis der Tatsachen, ohne Wissen um deren Gründe und Ursachen. Entsprechend hat die E. bei → Aristoteles ihren Platz zwischen dem sinnlichen Gedächtnis und der Kunst oder der Wissenschaft: aus einer Vielheit von Empfindungen, deren sich das Bewußtsein erinnert, entsteht die eine Erfahrung, welche die Klärung zur allgemeinen und abstrakten Erkenntnis vorbereitet. Die Erfahrung betrifft immer das Konkrete und Individuelle; obwohl sie uns befähigt, ähnliche Fälle zu erkennen und als solche zu behandeln (in der praktischen Medizin z. B.), erhebt sie sich doch nie bis zur Erfassung der abstrakten Einheit, die sie alle zusammenfaßt. Die Stoiker scheinen die Erfahrung an ihrem Platz als Zwischenglied zwischen der sinnlichen Erkenntnis mit dem Gedächtnis als Fortsetzung und den Allgemeinbegriffen belassen zu haben (vgl. Aet. plac. 4, 11). → Erkenntnistheorie. S. M.

Lit: R. Schaerer. 'Ἐπιστήμη et τέχνη, étude sur les notions de connaissance et d'art d'Homère à Platon, 1930 – L. Bourgey, Observation et expérience chez Aristote, 1955 – L. Pelloux, Il concetto di esperienza in Aristotele, Actes du XIe congrès intern. de Philosophie, XII, 1953, 96–100.

Emphase (*ἔμφασις:* Quint. inst. 8, 2, 11. 3, 83. 86), den → Tropen zugehörig, eine Art → Synekdochē; Gebrauch eines Wortes in tieferem Sinn, als ihm ursprünglich zukommt, z. B. ‹ein Mann› für ‹ein ganzer Mann›, ‹nur ein Mensch› für ‹nur ein schwacher Mensch›. → Rhetorik D [1]. → Prolepsis. H. H.

Lit: Volkmann, 445 f.; Lausberg, I 298 f. 450–453 – N. Wecklein, Studien zur Ilias, 1905, 3–14.

Empiriker, Ärzteschule, gegründet im 3. Jh. v. Chr. von → Philinos (2) v. Kos und → Serapion (1); gegen → Herophilos; allmählich Anschluß an die Skeptiker (→ Sextus (2) Empiricus). Grundbegriffe: empirischer ‹Dreifuß› (*πεῖρα* = eigene Beobachtung; *ἱστορία* = Benutzung fremder Beobachtungen; *ἡ τοῦ ὁμοίου μετάβασις* = Analogieverfahren); Anatomie geringgeschätzt, Pharmakologie und Hippokratesexegese bevorzugt. → Medizin. F. K.

Lit: K. Deichgräber. Die griech. E. schule, 1930.

Emplekton, zweischaliges, innen mit Feldsteinen und Erde gefülltes Mauerwerk, → Stadt I F.

Emporiae (Ampurias), Stadt in Spanien, gegründet in der 1. H. des 6. Jh.s durch Phokäer (oder durch Massalioten) in der Bucht von Rosas (Kt. 2849 E 1). Ursprünglich ließen sich die neuen Siedler auf einer kleinen Insel nieder (Palaiapolis) später an der Küste (Neapolis) und errichteten eine große Mauer aus riesenhaften Felsblöcken mit nur einem Tor (Liv. 34, 9). Bald entstand neben E. eine Stadt der Einheimischen (oft feindlichen) Indiketen, die mit den Griechen nicht immer freundschaftliche Beziehungen pflegten. E. war im 6. Jh. von Massilia abhängig, im 5. Jh. trieb es selbständig direkten Handel mit Athen, Ebussus und Karthago und beherrschte wirtschaftlich die anderen griech. Städte in Hispanien; im 2. → Pun. Krieg war es mit Rom verbündet. Im 2. Jh. verlor die Stadt ihre Bedeutung. Caesar gründete (Jahr unbekannt) auf den Resten des alten Indika eine Siedlung, die 265 (?) von den → Franken zerstört wurde. Seit 50 Jahren werden bedeutende Ausgrabungen durchgeführt, und über den Ruinen erhebt sich ein großes Museum. J. M. d. M.

Lit: Ausgrabungsberichte: Anuari Inst. Estudis Catalans, 1909–31 – M. Almagro, Las necropolis de Ampurias, 2 Bde, 1954/55 – Zeitschrift: Ampurias, seit 1939 – A. Frickenhaus, Griech. Vasen aus E., Annuari Est. Cat. 1908, 195–240.

Emporion, abgeschlossener Stapelplatz für fremde Waren, der mitunter auch für den Freihandel bestimmt war (→ Zölle). – Jeder bedeutende Handelsplatz hieß E., so insbes. ein Teil des ‹Großen Hafens› im Peiraieus. H. Br.

[2] Älteste *Warenhalle in Rom*, von den Ädilen → Aemilius (2) Lepidus und → Aemilius (10) Paullus 192 v. Chr. am Tiberhafen erbaut (‹Porticus Aemilia›). Der sullanische Umbau ist eine 487 m lange, 60 m breite mit je 3 Doppeljochen ins Gelände gestaffelte Arkadenhalle. Ähnliche Bauten wurden in Tivoli und Ferentino aufgedeckt. C. K.

Q: Liv. 35, 10, 12; 41, 27, 8 – *Lit:* Crema, 61.

Emporios, lat. Rhetor aus der Zeit des 5./6. Jh.s, Verfasser von 4 rhetor. Traktaten. → Rhetorik C [4]. H. H.

Ed: RhLat min. 561–574 – *Lit:* J. Brzoska, RE 5, 2 (1905), 2535 f.

Emporos, seit dem 5. Jh. v. Chr. Bezeichnung für den Fernhändler, bes. zur See, der auf fremdem Schiff seine Waren beförderte, ursprünglich sowohl Groß- wie Detailhändler; später entsprachen spezialisierte E. mehr den → Kapeloi der klass. Zeit. E. allein (oder Megalemporos) kennzeichnete den Großkaufmann. → Kaufmann. H. Br.

Empusa, im griech. Volksglauben der klass. Zeit ein Schreckgespenst, das meist im Gefolge der Göttin → Hekate auftaucht, bisweilen auch mit dieser identifiziert wird (vgl. Aristoph. ran. 293, eccl. 1056 u. a.). K.-H. R.

Enallage (*ἐναλλαγή*), (1) = immutatio, eine der Änderungskategorien in der Lehre von den → Wortfiguren (Lausberg, I 250. 253 f.; → Rhetorik D); (2) E. des Adjektivs, moderner Ausdruck für Hypallage (Serv. Aen. 9, 453), den → Tropen zugehörig, Spezialfall der → Metonymie, bes. bei Dichtern; häufigste Form ist die sog. Attributvertauschung mit verfremdender Wirkung, in der röm. Literatur seit Ennius von den Griechen übernommen. *Bsp.:* Q. Cic. pet. 12: *tam genere insignes quam vitiis nobiles*, «ebenso berüchtigt von Herkunft wie ausgezeichnet durch Laster»; Verg., Aen. 9, 455 f.: *tepidaque recentem caede locum*, ‹den von warmem Mord noch frischen Ort›; auch auf andere Satzteile angewandt: Goethe: «Da erklingt es wie von Flügeln, da bewegt sich's wie Gesang.» → Zeugma. H. H.

Lit: U. v. Wilamowitz, Eur. Herakl. II², 1895, zu V. 468 – Fr. Leo, GGN (1898), in: Ausgew. kl. Schr. II, 1960, 175–178 – Ed. Norden zu Verg., Aen. 6, 268 f. – V. Pöschl, Hermes 84, 1956, 79 f. – Alles Weitere bei Stolz-Schmalz-Hofmann, Lat. Grammat., 1928, 459 f.; Lausberg, I 344; II 717; Elemente², 52. 103.

Enargeia (*ἐνάργεια*, evidentia, illustratio: Quint. inst. 4, 2, 123), auffällige Schilderung in der → Rhetorik (D 2), den → Sinnfiguren zugerechnet. H. H.

Lit: W. Kroll, RE Suppl. 7 (1940), 1111 f., s. v. Rhetorik – Lausberg, I 399–407.

Endelechius, Severus Sanctus, aus Südgallien gebürtig, 395 Professor für Rhetorik in Rom, Freund des → Paulinus (1) v. Nola, verfaßte um 400 als christl. Gegenstück zur paganen → Bukolik (3) das unter dem irreführenden Titel ‹De mortibus boum› überlieferte Gedicht. W. Sch.

Ed: F. Piper, 1835 (mit Komm.) – Anth. Lat. I 2, 893 – *Lit:* RAC V 1–3.

Endoios, nach Paus. 1, 26, 4 Athener, in der 2. H. d. 6. Jh.s tätiger Bildhauer. Wieviel er im Altertum gegolten hat, zeigt außer den zahlreich genannten und weitverbreiteten Werken auch die sagenhafte Überlieferung, er sei Schüler des → Daidalos (1) gewesen. Er wird vor allem als Athenabildner genannt. Zwei Athenastatuen standen auf der Akropolis, von denen vielleicht das sitzende (und von Kallias, dem Sohne des Phainippos (?) geweihte) Bild aus Marmor noch im Original erhalten ist: eine der genialsten Schöpfungen der 30er Jahre des 6. Jh.s v. Chr. In Tegea war das Kultbild der Athena aus Elfenbein von seiner Hand. In Erythrai ein hölzernes Sitzbild der Athena im Tempel, vor dem Tempel Marmorgruppen der Chariten und Horen. Für seine umfangreiche Tätigkeit im Athen der → Peisistratidenzeit zeugen ferner verschiedene Signaturen (auf zwei Basen von Grabmälern und einem gemeinsam mit Philer[mos] gearbeiteten Anathem der Akropolis). E. Bg.

Lit: K. Schefold, Die großen Bildhauer des archaischen Athen, 1949, 46–48 – A. E. Raubitschek, Dedications from the Athenian Akropolis, 1949, Nr. 7; 70 u. S. 491 ff. – Lippold, GrPl, 74 f. – S. Stucchi, Una recente terracotta siciliana ed una proposta interno all'Atena detta di Endoios, RM 63, 1956, 122–128, Taf. 57/58 – P. Orlandini, EAA III, 1960, 337–339.

Endymion, Sohn des Aethlios und der Kalyke. Bringt die Äoler aus Thessalien nach Elis. Liebling der → Selene, von der er 50 Töchter hat (Paus. 5, 2, 2). Zeus schenkt ihm ewige Jugend und ewigen Schlaf, in dem er von Selene besucht wird (Apollod. 1, 56–57). Sein Grab in Olympia, aber auch bei Herakleia am Latmos (bei Milet).

Lit: F. Cumont, Recherches sur le Symbolisme Funéraire des Romains, 1942, 199. 246 ff. – *Darstellungen:* Selene und E. auf 2 att.-rotfigurigen Vasen (J. Jucker, Der Gestus des Aposkopein, 1956, 39); der schlafende E. aber nur auf etrusk. sowie ital. Denkmälern (K. Schauenburg, AuA 10, 1961, 100 Anm. 230). Außerordentlich häufig auf röm. Sarkophagen (Robert, SR III 1, 53–111, Taf. 12–25; Turcan, RA 1962, I 199 ff.) und Wandgemälden (Schefold, WP, passim), seltener auf Mosaiken. Meist erscheint E. hier liegend, selten sitzend (so aber auf einem Relief im Capitol: Brunn-Bruckmann, Taf. 440). – *Lit. dazu:* H. Sichtermann, Endimione, EAA III, 1960, 336–337. K. Schb.

Energeia und Dynamis, Potentialität und Aktualität, Begriffe des → Aristoteles für die beiden Zustände, in denen sich ein Seiendes in bezug auf das Besitzen einer Eigenschaft befinden kann; sie können nur in ihrer Wechselbeziehung erfaßt und definiert werden (metaph. 8, 5, 1048 a 37): die Aktualität verhält sich zur Potentialität wie die Statue zum noch nicht behauenen Marmorblock; wie derjenige, der sein Sehvermögen benützt, zu dem, der es bloß besitzt; wie der Architekt, der etwas baut, zu dem, der diese Kunst wohl erlernt hat, sie aber nicht ausübt. Die Aktualität ist also der Zustand des ‹Wirklichen›, Gegebenen, der tatsächliche Besitz einer Bestimmung oder die wirkliche Ausübung einer Fähigkeit; die Potentialität als die Möglichkeit alles dessen kann nur in ihrem Verhältnis zur Aktualität verstanden werden: sie ist sie nicht, aber sie strebt danach. Aristoteles unterscheidet zwei Arten oder besser Grade von Potentialität: die passive und die aktive. Die erste ist die Fähigkeit, eine Bestimmung von außen zu empfangen; sie ist die Eigenschaft der Materie, die sich den Formen gegenüber, die sie erhält, passiv verhält. Die zweite, die Fähigkeit, einem anderen Wesen eine Form zu geben, setzt den Besitz dieser Form voraus. Sie steht der Aktualität also viel näher als die passive Potentialität, aber sie unterscheidet sich von ihr, wie der Besitz einer Fähigkeit sich von deren Gebrauch unterscheidet. Z. B. ist beim Hausbau das Baumaterial das ‹potentielle Haus›, im Sinne von passiver Potentialität, die Kunst des Architekten die aktive Potentialität, die, indem sie ausgeübt wird (Aktualität), den Materialien jene Form aufprägt, die aus ihnen ein ‹aktuelles Haus› macht. – Die Aktualität hat vor der Potentialität einen dreifachen Vorrang: (1) logisch oder gnoseologisch: die Potentialität kann nur in ihrer Beziehung zur Aktualität erkannt oder definiert werden, während das Umgekehrte nicht zutrifft (metaph. 1049 b 12 ff.) (2) chronologisch, wenigstens soweit es die Art betrifft; denn um ein Einzelwesen vom Zustand der Potentialität in den der Aktualität überzuführen, bedarf es eines vorher aktuell vorhandenen Einzelwesens, obschon für dieses Einzelwesen selbst die Potentialität der Aktualität vorangeht (ebd. 1048 b 18 ff.); (3) ontologisch: die Aktualität ist vollkommener, seiender als die Potentialität; denn diese strebt nach der Aktualität als nach ihrem Ziel und Zweck und hängt von ihr ab, während das Umgekehrte nicht zutrifft (ebd. 1050 a 4 ff.). → Metaphysik B [2]. S. M.

Lit: J. Stallmach, Dynamis und Energeia, 1959 – A. Smeets, Act en Potentie in de Metaphysica van Aristoteles, 1952 – G. Reale, La dottrina aristotelica della potenza, dell'atto e dell'entelechia nella Metafisica, in: Studi di filos. e storia della filos. in onore di F. Olgiati, 1962, 172–207.

Engel, jüd. Vorstellung himmlischer (guter und böser) Mächte, die im *Urchristentum* zum selbstverständlichen Erbe gehört: sie erscheinen als Gottesboten (bes. Mk. 16, 5 ff.; Lk. 1 f.; Mt. 2, 13 ff.) und werden die Umgebung Christi bei seiner Parusie sein (Mk. 13, 27 Parr.; Mk. 8, 38 Parr.; vielfach in Apk.), während sie gegenwärtig als vom erhöhten Christus beherrschte Mächte (bes. in Hymnen wie Kol. 1, 16; 1. Petr. 3, 22; 1. Tim. 3, 16) vorgestellt werden, weshalb ‹Engeldienst› (Kol. 2, 18) abgelehnt wird. Der Begriff *ἄγγελος* taucht zur Bezeichnung böser Engel nur selten auf (Mt. 25, 41; 2. Kor. 12, 7; vgl. auch 2. Kor. 11, 14). U. W.

Lit: M. Dibelius, Die Geisterwelt im Glauben des Paulus, 1909.

[2] Die *Griechen* kennen Götterboten als Wesen, die zwischen Göttern und Menschen stehen (*ἄγγελοι:* → Iris, → Hermes bes. in Beziehung zur Unterwelt neben → Hekate, s. → Fluchtafeln), und → Dämonen (in Dichtung und Philosophie: Platon, Xenokrates), weiter Spukgestalten im Volksglauben (auch → Hekate), die alle beim Verblassen der alten Götter und der Sublimierung des einen Allgottes an Bedeutung gewinnen, bes. als östl. Vorstellungen eindringen (Hochgott, von einem Hofstaat von E.n umgeben) und durch hellenist. Juden und Christen (s. auch → Gnosis) verbreitet werden. Die E. werden entweder mit den Dämonen gleichgesetzt (Plutarch, Maximos Tyrios) oder erhalten einen eigenen Platz in den philosophischen Systemen: z. B. bei → Philon (E. als Kräfte, durch die Gott auf die Welt wirkt, Helfer bei der Schöpfung, auch Boten der Menschen zu Gott) und bes. im Neuplatonismus bei → Porphyrios (E. sind gute Dämonen, über den bösen stehend, unter Erzengeln in Gruppen geordnet, Diener und Boten des Göttlichen, über die Schöpfung wachend; sie geleiten die Seelen zur Erde, schützen sie und führen sie zurück), mit weiteren Differenzierungen bei → Iamblichos und → Pro-

klos. Die E. dringen auch in andere Bereiche: sie finden sich in der → Orphik (um den Thron Gottes: Frg. 248), als Mittler in den → Zauberpapyri angerufen, als Geleiter der Menschen in der Hermetik (→ Hermes Trismegistos), der Verstorbenen auf Grabinschriften (Thera: IG 12, 3, 933 ff.; vielleicht christl., doch s. die Vibia-Inschrift CIL 6, 142). C.J.C.

Lit: J. Michl, RAC V, 1962, 53–258 (Lit).

Enjambement, die Erscheinung, daß ein Satzteil, der zum vorigen Vers gehört, in den folgenden Vers gezogen wird. Dadurch erhält er ursprünglich besonderes Gewicht, vgl. Il. 1, 1 f. *Μῆνιν .... Ἀχιλῆος* || *οὐλομένην*. Spätere Dichter verwenden das E. freier. B.Sn.

Enkaustik, bes. widerstandsfähige Maltechnik, die mit Wachs verbundene → Farben in heißem Verfahren mit dem Malgrund (→ Holz, → Marmor, → Elfenbein und Leinwand) verbindet. Erhalten sind besonders Marmorbilder und → Mumienporträts; berühmt war → Nikias' (2) enkaustische Fassung der Statuen des Praxiteles. C.K.

Q: Plin. nat. 35, 122 – *Lit:* O. Roßbach, RE 5, 2 (1905), 2570–78 – H. Schmid, Enkaustik u. Fresko auf antiker Grundlage, 1926 – E. Aletti, La tecnica della pittura greca e romana e l'encausto, 1951 – M. Cagiano de Azevedo, EAA III 331–335, s. v. encausto.

Enki (‹Herr der Erde›, akkad. Name *Ea*), sumer. Gott der Weisheit und der Beschwörung. Er wohnt im → Apsû; verwaltet die ‹göttlichen Kräfte› (→ Mesopot. Reiche D 1). Hilft den Menschen durch Rat und List, z.B. Utanapišti, → Adapa, → Atrachasīs. Hauptkultort → Eridu. W.R.

Enklitika (*ἐγκλιτικά* < *κλίνειν*, ‹lehnen›). Außer den normalen Wörtern mit selbständigem → Akzent kennt das → Griechische auch solche, die eines eigenen Akzentes entbehren. Diese stehen als tonlose Proklitika (z.B. Formen des Artikels, einige Präpositionen und Konjunktionen) vor oder als E. (Partikeln, unbetonte Pronomina, einige Verbalformen) hinter einem normalen Wort. Zum angestammten Akzent des Normalwortes tritt dann in der Regel noch ein zweiter Akzent dazu, z.B. *δῆμος*, aber *δῆμός ἐστιν*, *ἄνθρωπος*, aber *ἄνθρωπός τις*. Im Satz selbst stehen die E. seit alters vorzugsweise an der zweiten Stelle, d.h. hinter dem ersten betonten Wort. Auch im → Latein haben verschiedene schwachbetonte Wörter diese sog. Enklisenstellung, z.B. *quisque*, *enim*, *-ne*. E.R.

Enkomiologikus, ein zuerst bei → Alkman (Fr. 3 P.) und → Alkaios (Fr. 40 D.) belegter Vers der Form –◡◡–◡◡–| ×–◡––||, der nach den Prinzipien von Archilochos' → Asynarteten (→ Metrik B 3) zusammengesetzt zu sein scheint aus → Hemiepes und dem Anfang eines jambischen → Trimeters bis zur Zäsur nach 2. anceps. Der E. ist wohl der Ausgangsvers für die → Daktyloepitriten, die bei Pindar und Bakchylides das Hauptmaß sind für das → Enkomion, das Preislied für Menschen. B.Sn.

Lit: B. Snell, Griech. Metrik (1955), 1962^{3}, 33.

Enkōmion (*ἐγκώμιον*), das beim Festzug (Komos) gesungene Lied. Pindar verwendet das Wort ‹enkomisch› (Lied, Hymnos) von seinen → Epinikien (auch Komos im Sinn von ‹Siegeslied›), Platon das Wort E. für ‹Preis, Lob›. Als literaturwissenschaftlicher Terminus bezeichnet E. ein Lied zum Preis eines Menschen, die Epinikien (die manchmal auch als Enkomien zitiert werden) bilden demnach eine Untergruppe. Schwieriger ist das Verhältnis zum literarischen → Skolion. Die in der Vita Ambrosiana (Schol. Pind. 1, 3, 6 Dr.) überlieferte Liste der Buchtitel der Gedichte Pindars führt ein Buch E.a, unter das alle ‹Lieder auf Menschen› außer den Epinikien und den → Threnoi gefallen sein müssen. Pindar selbst nennt jedoch ein solches Lied (Fr. 122, 14) Skolion, so wird es auch zitiert und von dem E. (= Epinikion) auf die gleiche Person (Ol. 13) unterschieden; auch Fr. 128 (sympotisch-erotisch) wird als Skolion angeführt, aber ein offenbar nicht sympotisches Lied an Theron (Fr. 118/119) heißt E. Man muß also annehmen, daß in der antiken Pindarausgabe unter E. die Skolien (die Gelagepoesie, die auch das Lob schöner Knaben enthalten konnte) und sonstige an bestimmte Personen gerichtete (nicht notwendig preisende) Lieder zusammengefaßt waren. Anders liegt es jedoch bei → Bakchylides; von ihm gab es ein gesondertes Buch → Erotika. Der Titel E. für die Papyrusbruchstücke Bakchyl. Fr. 20–20 E, die teils pindarischen E.n ähnliche Gedichte, teils aber auch Mythenerzählung enthalten, bleibt also fraglich. Vermutlich hat auch → Simonides (1) E.n geschrieben; keins seiner Fragmente läßt sich jedoch mit Sicherheit einem E. zuweisen (Diodor meint bei dem Zitat von Simon. Fr. 26 P. mit *ἐγκώμιον* ‹Lob›, nicht die literarische Gattung). Der Sache nach kann das Gedicht des → Ibykos an Polykrates (Fr. 1 P.) hierher gehören; negative E.en sind die Schimpflieder des → Timokreon auf Themistokles. E.-M.V.

Enkratiten (von *ἐγκράτεια* = Enthaltsamkeit), eine asketische Bewegung in der alten Kirche, welche den Genuß von Wein und Fleisch sowie die Ehe ablehnte. Beim Abendmahl verwendeten sie Wasser statt Wein. Entstanden in Syrien im 2. Jh.; bedeutendster Vertreter → Tatian. B.L.

Lit: RGG II 494 – LThK III 892 f. – RAC V 343–365.

Enkyklia, Bezeichnung indirekter → Steuern, die in den griech. Städten auf den Warentransport gelegt und vor allem als Hafengebühren (Ellimenion), Wege- (Dihodion) und Fährzölle (Porthmeion) erhoben wurden. Dazu rechnete man ferner Gebühren für die Benutzung öffentlicher Anlagen wie der Gemeindeweide (Ennomion) oder der Waage (Talanton) sowie Fischereigebühren (bes. Porphyra). Die E. wurden in ihrer Höhe nach der jeweiligen Ware festgelegt. In den hellenist. Staaten waren E. Abgaben auf jede Art von Besitzwechsel; sie erreichten im 2. Jh. v. Chr. eine Höhe von 10%. H.Br.

Lit: A. Andreades, Gesch. der griech. Staatswirtschaft I, 1931 – F.M. Heichelheim, Wirtschaftsgesch. des Altertums, 2 Bde, 1938.

Enlil (‹Herr Windeshauch›, akkad. auch *Ellil*), Hauptgott des sumer. Pantheons. Sein Tempel Ekur, ‹Haus (, das ein) Berg (ist)›, in → Nippur war das Zentralheiligtum Sumers. E. ist als ‹Herr der Schicksalsbestimmung› Oberster der Götterversammlung, Inhaber der Schicksalstafeln. Vgl. → Mesopot. Reiche D [1]. W.R.

Lit: F. Nötscher, Ellil in Sumer u. Akkad, 1927.

Enneakaidekaëteris, 19jähriger neubabylon. Schaltzyklus mit 12 Gemeinjahren zu 12 und 7 Schaltjahren (3., 6., 8., 11., 14., 17. und 19. Jahr) zu 13 Monaten, insgesamt 235 synodischen Mondmonaten. Stimmt fast genau zum Sonnen- und Mondlauf, da sein mittleres Jahr dem wahren nur 0,00463 Tag vorauseilt. Vgl. → Meton v. Athen, → Kalender C [4] a. H.Kal.

Enneasyllabus, ‹sapphischer Neunsilbler›, nach Heph. p. 32, 18 C. Bezeichnung des → Hipponakteus. B.Sn.

Ennius, nach → Naevius der genialste Dichter der röm. Frühzeit (239–169 v. Chr.); mit ihm geschah der erste große Einbruch der hellenistischen Geisteswelt in die röm. Kultur. Seine Wirkung hat bis zu Ciceros Zeit gedauert; sein Hauptwerk, das Epos ‹Annales›, wurde erst von → Vergils Aeneis abgelöst. E. stammte aus Rudiae (Kalabrien); er sprach oskisch, griechisch und lateinisch. → Cato (1) nahm ihn 204 mit nach Rom, wohl weil er sich im Kriegsdienst ausgezeichnet hatte. In Rom trat E. in enge Verbindung zu den griech. Kultur offenen Kreisen der röm. Nobilität, zu Scipio Africanus, Scipio Nasica, den Fulvii. M. → Fulvius (4) Nobilior nahm ihn 189 nach hellenistischer Sitte auf den Feldzug nach Ätolien mit, und sein Sohn verlieh ihm 184 anläßlich einer Koloniegründung das röm. Bürgerrecht (Liv. 39, 44, 10; Cic. Brut. 79). Er war schon zu Lebzeiten hoch angesehen; er starb während den Vorbereitungen zur Aufführung des Thyest 169; es ist möglich, daß er im Scipionengrab beigesetzt wurde.

[2] Von seinen *Werken* läßt sich wenig sicher datieren. In der dramatischen Dichtung überwiegen die *Tragödien*. Von den 20 faßbaren Stücken haben 9 Euripides zum Vorbild. Mit seinen Vorlagen ist E. sehr frei verfahren. Berühmt ist

die Ersetzung des Jungfrauenchors durch den Soldatenchor in der Iphigenia. E. schrieb eine → *Praetexta* über den Raub der Sabinerinnen; in der Ambracia hat er wohl bald nach 189 seinen Gönner Fulvius Nobilior gefeiert. Die Schwere des E. ist nicht, wie bei → Naevius, erleichtert durch den Blick für die Komik des Alltäglichen. Nur zwei Komödientitel sind überliefert: ‹Cupuncula› (Schankwirtin) und ‹Pancratiastes› (Freistilringer). – In den ‹*Saturae*› schafft E., im Titel anknüpfend an das alte Improvisationsspiel der Satura, die neue Form der röm. → Satire. – Daneben stehen → *Epigramme* in Distichen. Nicht unter die Satiren zu fassen ist der ‹Scipio›, ein Enkomion auf P. → Cornelius (30) Scipio Africanus, in verschiedenen Metren. – Im ‹Sota› hat E. den noch fast zeitgenössischen → Sotades (3) nachgeahmt. – Seine ‹Heduphagetica›, in denen er → Archestratos v. Gela nachahmt, sind das erste röm. → Lehrgedicht. Ungewiß ist, ob die Titel ‹Praecepta› und ‹Protrepticus› sich auf dasselbe Werk beziehen. In Prosa geschrieben war die ‹Heilige Geschichte› in der Nachfolge des hellenistischen Rationalisten → Euhemeros. – Das Hauptwerk sind die ‹*Annales*›. Der Titel knüpft an die alten Priesterannalen an. Der Held des Epos ist die röm. Geschichte in ihren großen Männern. Römisches Wesen hat hier eine Deutung gefunden, die bis Cicero (rep. 5 praef.) und darüber hinaus gültig blieb. E. hat mit den Annalen den Hexameter in Rom eingeführt. Er ist Homeride; homerisch sind die epischen Formen, die Situationen und Bilder. Die Verbindung zwischen Geschichte und epischer Form ist, wie bei Naevius, nicht ohne Zwang; es mußte überraschen, den Römern der eigenen Zeit als homerischen Helden zu begegnen. Den Naevius hat E. zu Anfang des 7. Buchs scharf kritisiert: er, E., habe als erster bewußt die Sprache künstlerisch geformt. – Die Annalen sind ein Alterswerk. Das 12. Buch hat E. mit 57 Jahren geschrieben (Gell. 17,21,43). Die Bücher 13–18 muß er dann von 172–169 geschrieben haben, also jedes Jahr zwei Bücher. Kunstwert und Wirkung der Annalen lagen in Wort und Vers, in der Dynamik der Handlung, dem Sinn für seelische Größe. K. Bch.

Frg: J. Vahlen (1854), 1903² – *Lit:* F. Skutsch, RE 5 (1905), 2589ff. – E. Bignone, Storia d. lett. lat. I (1942), 1945², 278–350 – O. Skutsch, The Annales of Q. E., 1951 – H. Fuchs, Zu den Annalen des E., MH 12, 1955, 201ff. – U. Knoche, Die röm. Satire (1949), 1957² – L. Bieler, Gesch. der röm. Lit., Göschen, 1961, 45–53.

Ennodius, Magnus Felix, ca. 473–17. 7. 521, Bischof von Pavia seit ca. 513. Der von seiner Zeit hochgeschätzte, noch ganz der antiken rhetorischen Bildung verhaftete Literat hinterließ u. a. 297 → Briefe (E.), einen Panegyricus auf → Theoderich, eine Vita des Bischofs Epiphanius von Pavia – seine besten Werke sind eine (retuschierende) Autobiographie (Confessio), mehrere Reden, Hymnen und Epigramme. M. R.

Ed: PL 63 – G. Hartel, CSEL 6, 1883 – F. Vogel, MGAA 7, 1885 – *Lit:* J. Fontaine, RAC V 398–421 – Altaner, 442f.

Enodia, ‹Göttin der Wege›, bes. der Dreiwege (→ Trivia), häufiger Beiname der → Hekate. K.-H. R.

Enoplius, wird im Altertum öfter mit dem → Prosodiakus zusammengefaßt. Heute setzt man meist als E. die Versform ×–◡◡–◡◡–×, als Prosodiakus ×–◡◡–◡◡– an. Beide Stücke erscheinen in → Daktyloepitriten, der E. als erster Teil des → Erasmonideus in Archilochos' → Asynarteten. Vgl. auch → Parömiakus. B. Sn.

Lit: U. v. Wilamowitz, Griech. Verskunst, 1921, 376ff.

Entasis, leicht konvexe Schwellung von Säulen → Tempel B [7].

Entdeckerfahrten. Die Entdeckung der Seerouten im Mittelmeer und im → Pontos Euxeinos durch die Griechen ist nur im Mythos faßbar (→ Odysseus, → Argonautensage). Um 660(?) v. Chr. erreicht Kolaios v. Samos die → Säulen des Herakles, sicher erst nach den → Phöniziern (ca. 800). Die von → Necho (609–595) befohlene erste Umsegelung Afrikas und die Entdeckung der Mündung des Senegal oder des Niger durch → Euthymenes (um 560?) sowie die späteren Versuche des → Sataspes und des → Eudoxos (2) v. Kyzikos scheinen vorwiegend geographische Zwecke verfolgt zu haben. Euthymenes' Wirkung auf die ionische → Kartographie und die Untersuchung der → Nilschwelle, Eudoxos' Einfluß auf die → Ozeanographie des → Poseidonios waren grundlegend. Ähnlich wurden 519/516 Arabien durch → Skylax, ca. 325 Britannien und Nordsee durch → Pytheas, um 100 v. Chr. Indien durch → Hippalos bekannt. Auch die von → Alexander (5) d. Gr. befohlenen Forschungsfahrten des → Patrokles auf dem Kaspischen Meer und des → Nearchos im Persischen Meerbusen wirkten unmittelbar auf die Geographen nach, bes. auf → Eratosthenes. Dagegen blieben die mehr auf Handel und Koloniegründungen zielenden Fahrten der Karthager → Himilko nach Britannien und → Hanno nach Westafrika (5./4. Jh.), obwohl den Griechen bekannt, für die Geographie so gut wie ohne Bedeutung. Von Forschungsreisen in entferntere Gebiete (Mittel- und Nordeuropa, → China) ist nichts bekannt. F. L.

Lit: M. Cary and H. Warmington, The Ancient Explorers 1929 – M. Ninck, Die Entdeckung v. Europa durch d. Griechen, 1945.

Entelechie (ἐντελέχεια, wohl von τέλος, ‹Ende, Ziel›, und ἔχειν, ‹haben›), Begriff des → Aristoteles, meistens als Synonym von → Energeia, Aktualität gebraucht. In genauerem Sinn verwandt, bedeutet E. den Zustand, der das Ergebnis der Aktualisierung ist, eher als die Aktualisierung oder die Aktualität selbst; es deutet an, daß das durch diesen Vorgang angestrebte Ziel erreicht worden ist. → Metaphysik B [2]. S. M.

Enteuxis, im ptolem. → Ägypten (II A) Rechtsschutzgesuch in Form einer Immediateingabe an den König, zu der jeder Untertan berechtigt war; die E. wurde vom König bzw. seinem Kabinettschef persönlich bearbeitet und durch Anweisung an die Gerichte oder lokalen Verwaltungsbehörden erledigt. H. H. Sch.

Ed: Große Samml. von E.: O. Guéraud, *ENTEYΞEIΣ* 1931–32 (Lit)

Enthusiasmus. [1] Das Wort bezeichnet einen Zustand, in dem die Gottheit in einem Menschen darinnen ist (ἔν-θεος), dieser also nicht mehr selbst spricht und handelt, sondern die Gottheit in ihm; der Bildung nach hat das Wort E. den Charakter eines t. t., und ist zunächst eindeutig der aus Thrakien stammenden → Dionysosreligion eigen (vgl. Aischyl. Fr. 58 N.), wird aber schon bei → Demokrit (VS 68 B 18), dann häufig bei → Platon uneigentlich verwendet (bes. Ion 533C–536D). Der Sache nach wird man zwei Ansatzpunkte des E. in der *griech.* → *Religion* (I B 1) unterscheiden: einmal *in der Apollon zugeordneten* → *Mantik*, sofern der die Zukunft verkündende Seher nicht aus eigenem spricht, sondern der wissende Gott aus ihm (vgl. Plat. apol. 22BC). Seherinnen wie die mythische → Kassandra, die halbmythische → Sibylle, die → Pythia in → Delphi in geschichtlicher Zeit reden im E. Ganz anders gerichtet und ein zentrales Moment ist der E. *in der Dionysosreligion:* hier bildet das rasende Schwärmen der vom Gotte besessenen Frauen durch Wälder und Berge den Höhepunkt des Kultes überhaupt, vom gebildeten Griechentum freilich stets als fremdartig empfunden und den niedrigen Volksschichten überlassen. Doch im Hellenismus behauptet sich der E. in den weit verbreiteten Dionysosmysterien wie in manchen von diesen nachgezogenen oriental. → Mysterienkulten. – Die *uneigentliche Verwendung des Begriffs* knüpft sowohl an das eigentümliche Verhältnis des Dichters zu der ihn belehrenden → Muse an wie auch an die Beziehung des Dramas zum Dionysoskult. So wird mit E. der Zustand des gottbegeisterten Dichters beschrieben, und die Vorstellung, daß das Dichten nur gerät, wo eine göttliche Gewalt über den Dichter kommt, verbreitet sich weithin, auch wo man sich über die Unentbehrlichkeit des handwerklichen Könnens im klaren ist. – Teilweise bedeutungsverwandt ist *Orgiasmos*, obschon dieser Begriff von Haus aus zu den Orgia, den Begehungen der Demetermysterien zu Eleusis gehört (Hymn. Hom. Dem. 273, 476), die ihrerseits wohl eine Schau des Göttlichen, nicht aber ein überwältigendes Eingehen der Gottheit in den Menschen in sich schließen. – Gewissermaßen ein Gegenbegriff zu E. ist die → Ekstasis, das Heraustreten des Menschen aus seiner Körperlichkeit. – Der röm. Religion sind alle diese Formen der unkontrollierbaren Berührung zwischen göttlichem und menschlichem Bereiche fremd. O.G.

[2] *Im Christentum* bedeutet E. ein unmittelbares Getriebensein oder Geleitetwerden durch den Hl. Geist. Obwohl der E. mit Phänomenen wie Ekstase, Spiritualismus und → Mystik manches gemeinsam hat, ist er doch von ihnen zu unterscheiden, insofern er stets die Unmittelbarkeit der Leitung durch den Hl. Geist voraussetzt. Wo der E. in der Kirchengeschichte als eine größere Bewegung auftritt, ist meist eine Krise der institutionellen Kirche die Ursache. Im Sinne einer besonderen Innerlichkeit des religiösen Lebens ist der E. jedoch auch zu anderen Zeiten lebendig gewesen. – Bei Jesus begegnet ein eigentlicher E. nicht. Paulus sind zwar ekstatische Erlebnisse nicht fremd (2. Kor. 12, 1–9). Aber er hat sie nicht im Sinne des E. zur Grundlage seiner Verkündigung gemacht, sondern diese streng an das Faktum von Kreuz und Auferstehung Christi gebunden und diese Bindung gegenüber Erscheinungen eines E., wie es sie in manchen frühchristl. Gemeinden, bes. in Korinth, gegeben hat, gefordert. Erst im 2. Jh. kam es, teilweise veranlaßt durch das Zurücktreten der Gabe der Prophetie, zu einer großen enthusiastischen Bewegung, dem → Montanismus. Er berief sich auf neue Offenbarungen, verkündigte das Zeitalter des Parakleten, das baldige Weltende und forderte strengste Askese und Reinheit der Gemeinde (→ Buße). Nach anfänglicher Unsicherheit haben Synoden in allen Teilen der Kirche den E. des Montanismus verworfen, der sich jedoch in Kleinasien noch lange gehalten hat. B.L.

Lit: ThW VI 330–450 – RGG I 1651–53; II 495f.

Enthymema (commentum, commentatio: Quint. inst. 5, 10, 1; imperfectus syllogismus: Iul. Victor 10; vgl. Quint. inst. 5, 14, 24), frei gehandhabte Form des rednerischen Beweises (→ Argumentatio), Gegenstand einer verlorenen Schrift des Theophrast, aus der Logik des Aristoteles entwickelt. → Epicheirema, → Rhetorik B [4] f. H.H.

Lit: Lausberg, I 199ff. – Kennedy, Persuasion, 85. 97ff. 273.

Enūma eliš, «Als droben (der Himmel noch nicht genannt war)», das um 1400 v. Chr. (?) entstandene babylon. Lehrgedicht (7 Tafeln) von der Schöpfung. Zweck: Verherrlichung → Marduks als ‹Herr der Länder›. Die Schöpfungsberichte bei → Damaskios (*περὶ τῶν πρώτων ἀρχῶν*, ed. Kopp, Kap. 125) und → Berossos (Eusebii Chron. libri duo, ed. Schoene I col. 14–18) beruhen auf dieser Dichtung. W.R.

Lit: ANET 60–72.

Enylon eidos (*ἔνυλον εἶδος*), die in die Materie eingegangene Form. Der Ausdruck, den man bei → Aristoteles selbst nicht findet, ist seinen Kommentatoren geläufig und bezeichnet die Form einer körperlichen Substanz, die unfähig ist, ohne Materie zu existieren, im Gegensatz zur von der Materie getrennten Form, die der unkörperlichen Substanz identisch ist. S.M.

Enzyklopädie. [1] *Der Begriff.* Das griech. Wort E. kommt in der Antike weder in griech. noch in latinisierter Form vor, wohl aber *ἐγκύκλιος παιδεία* (bei Strabon, Plutarch, Athenaios), womit eine allseitige Erziehung und allgemeine Bildung gemeint war. Der Begriff geht auf den Sophisten → Hippias (2) zurück, der als dessen Inhalt die späteren sog. sieben → Artes liberales (Grammatik, Dialektik, Rhetorik, Arithmetik, Geometrie, Astronomie und Musik) bezeichnete (vgl. Plat. Hipp. mai. 285 D; Cic. de or. 3, 127; Quintil. inst. 12, 11, 21). Das erzieherische Moment wurde also bei den Griechen, der Bedeutung des Terminus gemäß, sehr stark ins Auge gefaßt. Von E. im späteren Sinne als einem alles relevante Wissen umfassenden Handbuch ist bei ihnen noch nicht die Rede, obgleich natürlich etwa die gesamte Schriftstellerei des Aristoteles tatsächlich eine solche E. ausmachte. Der ursprüngliche Sinn von umfassender, allgemeiner Erziehung liegt auch bei Quint. inst. 1, 10, 1 vor, wenn er von *orbis ille doctrinae quem Graeci ἐγκύκλιον παιδείαν vocant* spricht und dabei den griech. Terminus mit einem lat. übersetzt, der jedoch den griech. nie verdrängt hat (schon Vitr. 6, praef. 4, hatte die halbe Übersetzung *encyclios doctrinarum omnium disciplina* versucht). Wohl hauptsächlich dasselbe, aber zugleich schon mehr von dem, was wir unter E. verstehen, meint auch Plinius d. Ä., wenn er in seiner Vorrede (§ 14) sagt: *ante omnia attingenda quae Graeci τῆς ἐγκυκλίου παιδείας vocant.* In der Tat haben jedenfalls erst die praktisch veranlagten Römer, freilich ganz im Bann der griech. Wissenschaft und aus ihren Leistungen, enzyklopädische Werke zusammengestellt, von Anfang an als Lehrbücher für ihre Söhne (→ Cato (1), → Varro (1) und → Celsus (1) wenden sich direkt an die ihrigen), allmählich auch als allgemeine Nachschlagebücher.

[2] *Die Enzyklopädien.* Die erste lat. E. ist die des älteren → Cato (1), die außer dem erhaltenen Teil über Ackerbau auch noch Rhetorik, Medizin und Kriegskunst, vielleicht auch Jurisprudenz, behandelte. Noch umfangreicher und von weit größerer Wirkung sind die enzyklopädischen Werke → Varros (1) gewesen, ‹Über menschliche und göttliche Dinge› und bes. ‹Die Wissenschaften› *(Disciplinae)*, nämlich Grammatik, Dialektik, Rhetorik, Arithmetik, Geometrie, Astronomie, Musik, Medizin und Architektur. Hier sind also zu den schon bekannten sieben Artes liberales noch Medizin und Architektur hinzugefügt. Aus Varro wurden die sieben im MA übernommen und auf Trivium (die drei ersten) und Quadrivium (die vier letzten) verteilt. Ihm verdanken wir auch, daß darunter die humanae artes einen so hervorragenden Platz erhielten, was noch bis auf unsere Zeit nachgewirkt hat. In der Tat ist Varro «ein Mittler zwischen griech. Kultur und abendländischer Bildung geworden» (Dahlmann). Wenige Jahrzehnte nach Varro verfaßte → Celsus (1) eine E., ‹*Artes*›. Ihm folgte → Plinius (1) d. Ä. mit seiner großen Naturgeschichte (die auch sehr viel Anthropologisches enthält). Erwecken die E.n der Republik und der ersten Kaiserzeit den Eindruck einer Manifestation der beginnenden und sich entfaltenden Kulturblüte der Römer, so kann man in den späteren Werken ähnlicher Art die Neigung einer dürftigeren Epoche spüren, das Wissen früherer Zeiten vor dem Verlust durch die Barbaren zu bewahren und zugleich zu deren Belehrung zu verwerten. So liegt die Sache vielleicht noch nicht bei → Martianus Capella im 5. Jh., wahrscheinlich aber bei → Cassiodor (Institutiones, ‹Unterricht›) im 5. Jh. und → Isidor v. Sevilla (‹Etymologiae›) im 6. Jh., die das enzyklopädische Wissen des Altertums und den enzyklopädischen Gedanken ins MA hinüberführten. G.B.

Lit: M. Guggenheim, Die Stellung der liberalen Künste oder encyclischen Wissenschaften im Altertum, 1893 – E. Norden, Die antike Kunstprosa II (1898), 1918³ (Nachdr. 1958⁵), 670–687 – H. Dahlmann, RE Suppl. 6 (1935), 1255–58.

Eos, die Göttin der Morgenröte (lat. Aurora), Tochter des Hyperion und der Theia, also Schwester des → Helios und der → Selene. Sie liebt den Tithonos, Sohn des Laomedon, und erbittet von Zeus die Unsterblichkeit für ihn, vergißt aber, um ewige Jugend zu bitten; den immer mehr zusammenschrumpfenden Alten verschließt sie in einem Zimmer (Hom. hymn. Aphrod. 218ff.). Ihr gemeinsamer Sohn ist → Memnon. Den ebenfalls von Eos geliebten → Orion tötet Artemis auf Befehl der eifersüchtigen Götter (Hom. Od. 5, 121f.; Apollod. 1, 27). Schließlich liebt Eos den → Kephalos (vgl. → Prokris) und gebiert ihm einen Phaethon, den Aphrodite raubt und zu ihrem Tempeldiener macht (Hes. theog. 986; Eur. Hipp. 454ff.).

Darstellungen: Eos ist meist geflügelt (zu Ausnahmen K. Schauenburg, AntK 5, 1962, 59 Anm. 89) und – abgesehen von ihrer Verbindung mit Tithonos – fast stets als Wagenlenkerin wiedergegeben. Häufig erscheint sie mit anderen Lichtgottheiten (Furtwängler-Reichhold III 33, Abb. 14 u. Taf. 126. Dazu die bei K. Schauenburg, Helios 59 Anm. 173 genannten att. Pyxiden). Von spätarchaischer Zeit an werden Bilder mit der Verfolgung oder dem Raub des Kephalos und Tithonos häufig (Caskey-Beazley, Vases Boston II, 1954, zu Nr. 83; AuA 10, 1961, 81; Délos XII 237–239: Akroterfiguren des späten 5. Jh.s). Kephalos ist meist als Jäger (Speere), Tithonos als Schulknabe (Leier) gekennzeichnet. Eos kann auch am Gigantenkampf teilnehmen (Pergamonaltar). K. Schb.

Epagoge, Induktion. Jedes Denkverfahren, durch das man vom Besonderen zum Allgemeinen aufsteigt, gleichgültig ob es sich um die Bildung eines allgemeinen Begriffs, ausgehend von der sinnlichen Erfahrung, oder um den Übergang von einer partikulären Aussage zu einem allgemeinen Gesetz handle. Die Strenge des Verfahrens geht von der einfachen Beifügung von Beispielen bis zum Schluß, der sich auf die erschöpfende Untersuchung aller Einzelfälle gründet. → Erkenntnistheorie. S. M.

Epagomenen. Da der Ägypter das Jahr in 12 Monate zu 30 Tagen einteilte, blieben ihm 5 Tage übrig, die er als ‹auf dem Jahr befindlich› bezeichnete und am Ende des Jahres hinzufügte. Sie waren den 5 Kindern der Nut (Osiris, Horus, Seth, Isis, Nephthys) geweiht. Vgl. Plutarch, De Iside et Osiride 12. W. Hk.

Epameinondas, bedeutendster Heerführer und Politiker → Thebens. Über seine Tätigkeit bis 371 v. Chr. fehlen brauchbare Nachrichten. Doch war E. sicher schon 379–371 an der Schaffung des Böotischen Bundes und an Reform und Schulung des Heeres maßgebend beteiligt. 371 war er einer der Delegierten Thebens auf dem Friedenskongreß in Sparta, wo es zum offenen Konflikt mit Sparta kam. Sparta ließ → Kleombrotos (2) sofort von Phokis aus gegen Theben rücken. Ihn besiegte E. bei Leuktra durch eine taktische Neuerung, die → ‹Schiefe Schlachtordnung› mit der → ‹Heiligen Schar› an der Spitze des verstärkten linken Flügels. Spartas militärische Überlegenheit war für immer verloren. 370–369 unternahm E. den ersten seiner vier Feldzüge in die Peloponnes, zog in das Eurotastal und umgab Lakonien mit Gegnern, indem er den Arkadern → Megalopolis, den von ihm befreiten Messeniern → Messene gründen half. Der zweite Feldzug (369) brachte den Anschluß von Sikyon, der dritte (367) den von Achaia. 364 fuhr E., um Athen die Seeherrschaft zu entreißen, mit 100 Trieren bis Byzanz, das ebenso wie Chios und Rhodos in engere Beziehungen zu Theben trat. Da große Teile der Peloponnes sich wieder an Sparta angeschlossen hatten, zog E. zum vierten Mal dorthin. Nach mißglückten Überfällen auf Sparta und Mantineia kam es bei → Mantineia zur Schlacht (362), in der E. im Augenblick des Sieges fiel. Sein Tod bedeutete das Ende der Hegemonie Thebens. E. war als Heerführer in Strategie und Taktik ein genialer Neuerer, ein Lehrmeister → Philipps II. und → Alexanders (5) d. Gr. Als Staatsmann verfolgte er eine rein thebanische Politik: Er wollte für Theben die Hegemonie in Griechenland, die sogar über Athens und Spartas Kräfte gegangen war. E. Bn.

Q: Nep. Epam. – *Lit:* H. Swoboda, RE 5,2 (1905), 2674–2707 – M. Fortina, Epaminonda, 1958.

Epanalepse (*ἐπανάληψις*, geminatio: Quint. inst. 9, 3, 29, oder repetitio), ‹Wiederaufnahme›, rhetor. → Wortfigur; Wiederholung des gleichen Wortes (auch *παλιλλογία*, iteratio) oder der gleichen Wortgruppe an einer Stelle im Satz, meist am Anfang, also der → Anadiplose verwandt. *Bsp.:* Schiller, M. St. 1, 5: «Geh! Geh! Tu, was er sagt!»; 3, 3: «Daraus kann nimmer, nimmer Gutes kommen.» H. H.

Lit: N. Wecklein, Studien zur Ilias, 1905, 27f. – Lausberg, I 312–314.

Epaphos, Sohn von Zeus und → Io, König in Ägypten, Gatte der Niltochter Memphis oder der → Kassiopeia, Vater der → Libye.

Epaphroditus, Freigelassener und Sekretär → Neros, dem er 68 n. Chr. beim Selbstmord hilft. Von → Domitian deshalb getötet (95). Sehr reich, einer seiner Sklaven war → Epiktet. Ermuntert → Josephus zu seinen Werken über jüdische Geschichte. H.-G. K.

Q: Ios. ant. 1, 8f.; Suet. Nero 49, 3; Dom. 14, 4 – *Lit:* A. Stein, PIR² E 69.

2. **E.** wird, zusammen mit einem Vitruvius Rufus, handschriftlich als Verfasser eines Teils der dem → Corpus (1) gromaticorum zugehörenden Texte angegeben. Das Werk handelt zuerst von Ackervermessungen und enthält dann eine Sammlung von geometrischen und arithmetischen Aufgaben mit Lösungen. Für den letzteren Teil ist → Heron (2) v. Alexandria Quelle gewesen. G. B.

Lit: Schanz-Hosius, IV 2, 305f.

3. **E. von Chaironeia,** M. Mettius E., griech. Grammatiker aus Chaironeia, 1. Jh. n. Chr., Freigelassener des M. Mettius Modestus, Lehrer in Rom. Er schrieb Kommentare zu Homer (ausgiebig von → Stephanos (3) von Byzanz, vielleicht auch im Et. Gen. benutzt; vgl. → Etymologica B 4) zu Hesiods *'Ασπίς* und zu Kallimachos' *Αἴτια*, außerdem ein lexikalisches Werk unbestimmbaren Inhalts. H. E.

Frg: E. Luenzner, Diss. Bonn 1866 – *Lit:* L. Cohn, RE 5 (1905), 2711–14.

Eparchos (‹Kommandant›) und *Eparchie*, griech. Wiedergabe von lat. → praefectus (aller Arten) bzw. → provincia; von antiken Autoren häufig für zivile und militärische Funktionäre verschiedener Ränge bzw. für ihre Bezirke gebraucht, jedoch nicht als term. techn. E. als Unterteilungen hellenist. Reiche sind urkundlich nicht nachweisbar; der nicht-technische Sprachgebrauch ist wohl unter dem Einfluß von *ἐπαρχία* = provincia entstanden. H. H. Sch.

Lit: H. Bengtson, Die Strategie in der hellenist. Zeit II, 1944, 30–38, 150–153, 264f., 275f., 396–398.

Epeios, Sohn des Panopeus, in den Leichenspielen für Patroklos (Il. 23) Sieger im Boxkampf. Erbauer des hölzernen Pferdes (→ Trojan. Krieg). In später Sage Gründer von Pisae (Ital.) oder Metapont. bzw. Lagaria (Iust. 20, 2). K. Schb.

Epeisodion, Teil der → Tragödie, der eingerahmt ist durch zwei → Stasima (bzw. Parodos und Stasimon) und innerhalb dessen die Schauspieler miteinander oder mit dem Chorführer einen → Dialog führen (Aristot. poet. 12. 1452 b 20f.). E.-R. Sch.

Epenthese (*ἐπένθεσις*, ‹Hineinsetzung›). Mit E. bezeichnet die ältere Grammatik Erscheinungen wie *μέλαινα* (aus **μέλανjα*) zu *μέλαν*. E. R.

Epeunakten, Bezeichnung für die Heloten, die während der Abwesenheit der Spartaner im 1. Messen. Krieg aufgefordert wurden, sich mit den spartan. Frauen zu verbinden, um die Geburt legitimer Kinder zu gewährleisten. Die E. erhielten wie ihre Kinder das Bürgerrecht. Die Identität der E. mit den → Partheniern ist umstritten. R. v. C.

Ephebe, allgemein der Knabe, der die Pubertät erreicht hat, d. i. das 15. Jahr. Mit Erreichung dieser → Altersstufe (*ἥβη*) findet eine kultische Haarschur statt. Der E. trägt von da an kurzes Haar. Die Ephebenzeit scheint 3 Jahre gedauert zu haben. Mit dem 18. Jahr erreichte der E. das volle → Bürgerrecht. Eine engere Bedeutung hat E. in Athen: hier bezeichnet es den Jungbürger vom 18. bis zum 20. Jahr, der den 2jährigen Wehrdienst ableistet (→ Ephebie). U. Sch.

Ephebie, attische Wehrpflichteinrichtung, um 335 vor Chr. von → Epikrates straff organisiert. Ältere Vorstufen sind wahrscheinlich (Aischin. 2, 167). Nach Aristot. Ath. pol. 42 begann für den Athener, sobald er 18 Jahre alt und seine Eintragung in die Bürgerliste vollzogen war, der Ephebendienst. Nach Ablegung eines Waffeneides (Poll. 8, 105) lebten die Epheben unter Aufsicht des → Kosmetes während des ersten Jahres in Kasernen im Piräus zur militärischen und sportlichen (→ Paidotribes) Ausbildung. Das zweite Jahr verbrachten sie mit Wachdienst in den attischen Grenzorten. Sie waren uniformiert mit einem großen Hut und schwarzem Mantel. Während der Dienstzeit waren sie frei von allen Lasten, aber auch in ihrer Rechtsfähigkeit beschränkt. Mit Athens Entmachtung (322) verfiel die E.:

die Teilnahme wurde freigestellt, ihre Dauer auf ein Jahr verkürzt, die militärische Ausbildung trat zurück. Für die Zeit zwischen 244 und 127 v. Chr. gibt es keine Nachricht über die E. Dann erscheint sie als humanistische Bildungsanstalt wieder: offen für Söhne reicher Eltern von überallher, vermittelt sie neben der sportlichen Übung die sprachlich-literarische Bildung; die militär. Ausbildung ist minimal. Die einzige Verbindung zum Staatsleben ist die Teilnahme am öffentlichen Kult. Die Beziehungen zwischen der Spätform der att. E. und der hellenist. → Schule (A 2) sind ungeklärt. U. Sch.

Lit: L. Grasberger, Erziehung u. Unterricht im Klass. Altertum III, 1881 – M. P. Nilsson, Die hellenist. Schule, 1955, 17–29 (Lit).

Ephedrismos, Kinderspiel des antiken Griechenland (vgl. Poll. 9, 119. 122), mit dem man gewisse Darstellungen der Flächenkunst in Verbindung bringen kann, auf das man (allerdings ohne Sicherheit) auch einige statuarische Gruppen bezogen hat: z. B. die Gruppen im Konservatorenpalast und von der Agora in Athen. E. Bg.

Lit: H. Thompson, The Pedimental Sculpture of the Hephaisteion, Hesperia 18, 1949, 241–243 – Ders., AJA 66, 1962, 339–347 – Lippold, GrPl 158, Anm. 9, 363 Anm. 12 – S. Stucchi, EAA III, 1960, 356 – P. Zazoff, E., ein altgriech. Spiel, AuA 11, 1963, 35–42.

Ephemeriden, königliche Tagebücher, offizielle Aufzeichnungen zur Orientierung des Königs, seiner Feldherrn und Beamten im Heerlager → Alexanders (5) d. Gr. und bei einigen → Diadochen. Die E. Alexanders führte → Eumenes (3) v. Kardia. Ähnliche Tagebücher scheint es bereits bei den → Achämeniden gegeben zu haben. Die als Alexanders Tagebücher überlieferten E. sind in ihrer Echtheit umstritten; weitere Fragmente sind aus dem 3. Jh. nach Chr. erhalten (FGrHist. Nr. 117). Th. P.

Lit: J. Kaerst, RE 5,2 (1905), 2749–53.

Ephesos, eine der wichtigsten Städte → Ioniens in der Kaystrosebene, im Altertum unmittelbar am Meer, heute ca. 7 km landeinwärts gelegen (Kt. 1152 H 5). Name der Stadt vorgriechisch. E. hat seine Lage mehrfach verändert. Das altion. E., von dem nur ganz spärliche Reste festgestellt sind, lag am Nordrand der späteren Großstadt. 678 oder 669 Einäscherung des Artemision durch die → Kimmerier, im 7. Jh. Tyrannen: Pythagoras, Melas, der Schwiegersohn des → Alyattes v. Lydien, Pindaros. Um 560 von → Kroisos erobert; die Bewohner mußten die befestigte Stadt aufgeben und sich in der offenen Ebene beim Artemision etwa 2 km nordöstl. ansiedeln. Von diesem ‹griech.› E. nur noch ein kleines, außerhalb der Stadt gelegenes Felsheiligtum der Magna Mater erhalten. 546 von → Harpagos erobert. Tyrannen Komas, Athenagoras, Bupalos, die alle von den Persern unterstützt wurden, 470 Einführung der Demokratie mit Ostrakismos, im → Att. Seebund, 412 Abfall zu → Sparta, 407 Sieg der Epheser über Antiochos, den Unterfeldherrn des → Alkibiades, bei Notion, 401 Sammelplatz für den Zug der 10000 unter → Kyros (2), bis 394 unter einem spartan. Harmosten, 356 Brand des Artemision, im 4. Jh. bedeutende Handelsstadt. Um 296 verlegte König → Lysimachos von Thrakien die Stadt an die Stelle, an der sie während des Altertums blieb, und benannte sie nach seiner Gemahlin Arsinoeia. Das neue E. wurde als Großstadt größten Ausmaßes mit einem Mauerring von etwa 9 km Länge und einem Flächeninhalt von ca. 345 ha angelegt. Die Stadt war überragt von zwei Bergen, im Altertum Pion und Koressos, heute Bülbül- und Panajir-dagh (Zuordnung der antiken Namen unsicher), und besaß einen großen Hafen; 189–133 pergamenisch, 133 römisch, Beginn der ‹Ära von E.›, 88 v. Chr. Blutbad von E. (→ Mithradates VI., 84 Brandschatzung durch → Sulla), eine der Hauptstädte der Provinz → Asia, glanzvolle Zeit; eine der ersten großen Christengemeinden in E., wohl von Paulus gegründet (Briefe an die Epheser).

[2] *Baureste aus hellenist. Zeit* gibt es außer der Stadtmauer nur wenige, dagegen sind *Bauten aus röm. Zeit* in großer Zahl erhalten (vor allem vom Österr. Archäol. Institut ausgegraben). Das gewaltige Ruinenfeld des röm. E. gehört nach Ausdehnung und Mächtigkeit seiner Bauten zu den imposantesten Stätten Kleinasiens und gibt einen Begriff von Größe und Pracht einer Großstadt der röm. Zeit. Die Stadt besaß mehrere riesige Marktanlagen, Thermen, Gymnasien, teils größten Ausmaßes, ein großes Stadion und eines der größten Theater der griech. Welt (Ort des Apg. 19, 23–40 geschilderten Volksaufstandes gegen das Wirken des Apostels Paulus). In der Nähe erhob sich die von dem reichen Epheser C. Iūlius Celsus Polemaeanus gestiftete → Bibliothek, die bes. gut erhalten ist. Vom Theater zum Hafen führte die um 400 n. Chr. gebaute Prachtstraße Arkadiane. Über einem 260 m langen Gebäude unklarer Bestimmung wurde die mehrfach umgebaute Marienkirche erbaut. Die Grabungen der letzten Jahre haben vor allem die Kuretenstraße auf eine lange Strecke freigelegt, die aus der Gegend des Theaters zum Magnesischen Tor führte. An ihr lagen das Verwaltungszentrum der hellenist. Zeit und zahlreiche andere öffentliche Gebäude, Tempel und Privathäuser. Durch die allgemeinen politischen und wirtschaftlichen Verhältnisse und die zunehmende Verlandung des Hafens verschlechterte sich die Lage der Stadt in der Spätantike immer mehr. Mehrere Eroberungen und Plünderungen durch arab. Flotten führten wahrscheinlich im 8. Jh. zur Aufgabe des größten Teils der Stadt und zum Bau einer neuen Stadtmauer, die nur noch einen kleinen Teil des alten Stadtgebietes einschloß. Auch dieser Teil wurde etwa i. J. 1000 verlassen.

[3] *Außerhalb der Mauer* lag am Ostfuß des Panajir-dagh um die Grotte der legendären ‹Siebenschläfer› herum ein christl. Coemeterium und früh berühmte Wallfahrtskirche. Etwa 2 km nordöstl. der lysimacheischen Stadt lag frei in der Ebene das weltberühmte *Artemision, das Heiligtum der Ephesischen Artemis,* von dem heute fast nichts mehr erhalten ist. Über den Resten eines einfachen vorgriech. Heiligtums wurde um die Mitte des 6. Jh. s. v. Chr. der riesige Marmortempel gebaut, zu dem auch der lydische König → Kroisos Säulen stiftete. Der Tempel wurde 356 v. Chr. durch einen → Herostratos, der sich dadurch einen Namen machen wollte, in Brand gesetzt, aber bald darauf in den gleichen Ausmaßen wieder aufgebaut. 263 n. Chr. wurde der Tempel durch eine Schar plündernder Goten zerstört. Seit dem 2. Jh. n. Chr. war die vom Magnesischen Tor zum Artemision führende Straße in ganzer Länge von einer Säulenhalle überdeckt. Etwa 300 m nördl. des Artemision erhebt sich der Hügel Ayasoluk (= Hagios Theologos = Johannes), auf den sich die Stadt später zurückzog. Seit dem 7. Jh. n. Chr. erhielt er einen Mauerring, später eine gesonderte Zitadelle. Am Fuße des Hügels der türkische Ort Ayasoluk (heute Seltschuk). E. M.

Lit: D. G. Hogarth, Excavations at E., 2 Bde, 1908 – Forschungen in E., seit 1906, unvollendet, bisher 7 Bde – Ch. Picard, E. et Claros, 1922 – V. Schultze, Altchristl. Städte u. Landschaften II, Kleinasien, 2. Hälfte, 1926, 86–120 – F. Krischen, Das Artemision v. E., in: Festschrift W. Dörpfeld, 1933, 71–77 – B. L. Trell, The temple of Artemis at E., 1945 – F. Krischen, Weltwunder der Baukunst in Babylonien u. Ionien, 1956, 62–68; 93–95 – J. Keil, Führer durch E. (1915), 1957[4] – F. Miltner, E. Stadt der Artemis u. des Johannes, 1958.

[4] An *christlichen* Denkmälern ist aus den ersten 3 Jh. en kaum etwas erhalten. Die älteste Kirche (vor 313?) war ein apsidenloser Kultsaal am Magnesischen Tor. Im 4. Jh. entstand im Stadtzentrum auf den Mauern eines langgestreckten antiken Gebäudes (Museion?) die Marienkirche, eine dreischiffige → Basilika mit → Baptisterium, in der 431 das 3. Ökumenische → Konzil tagte; an ihre Stelle trat um 500 eine kürzere byzantin. Kuppelbasilika. Der bedeutendste christl. Bau ist die justinianische Johanneskirche. Sie erhob sich über dem Grab des Heiligen auf dem Ayasolukhügel, das wohl schon in vorkonstantin. Zeit von einem quadratischen Mnemeion umschlossen war, hatte wie ihre Vorgängerin aus theodosianischer Zeit einen kreuzförmigen

Grundriß und wetteiferte in Gestalt und Ausschmückung mit der Apostelkirche in → Konstantinopel; sie war zweistöckig, durch Marmorpfeiler und Säulen in 3 Schiffe gegliedert und von 6 Kuppeln überwölbt. E. Sch.

Lit: V. Schultze, Altchristl. Städte und Landschaften, II 2, 1926, 86 bis 120 – Forschungen in E., hg. vom Österr. Archäol. Inst., IV 1–3, 1932, 1937, 1951 – Fr. Miltner, E., 1958 – LThK III, 1959, 920f.

Ephetai, ein Kollegium von 51 über 50 Jahre alten Männern, dem in Athen seit → Drakon die Urteilsfindung (→ Recht I B 3) in Fällen unbeabsichtigter Tötung von Bürgern und des Mordes an → Metöken oder → Sklaven zugewiesen war; Gerichtsstätte war hierfür das Palladion, wo sie unter dem Vorsitz des → Archon Basileus und der Phylobasileis zusammentraten. Gleichfalls fiel in ihre Zuständigkeit die Urteilsfällung bei gerechtfertigter Tötung und in Mordprozessen gegen Verbannte; im ersteren Fall hielten sie Gericht im → Delphinion, im letzteren in Phreatto an der Küste (der Angeklagte, der attischen Boden nicht betreten durfte, mußte sich von einem Schiff aus verteidigen). Da das archaische Blutrecht, in dessen Zusammenhang sie zweifellos gehörten, Adelsrecht war, dürften sie Repräsentanten von Adelsgeschlechtern gewesen sein. Ihr Ursprung ist aber noch nicht aufgeklärt, desgleichen ist ihr Verhältnis zum → Areopag, der jedenfalls seit → Solon für Prozesse wegen absichtlicher Tötung von Bürgern kompetent war, sehr umstritten. H. J. W.

Ephialtes, im griechischen Volksglauben ein Spukgeist, → Dämon des Alpdrucks.

2. **E.,** mythischer Riese, einer der → Aloaden. Vgl. → Giganten.

3. **E.,** aus Trachis. Führte 480 v. Chr. an den Thermopylen eine pers. Abteilung auf einem auch früher schon benutzten Umgehungspfad über den Kallidromos in den Rücken des → Leonidas (1; vgl. Hdt. 7, 213 ff.). Nach der Schlacht bei Platää wurde auf seinen Kopf ein Preis gesetzt. Zunächst flüchtig, wurde er später getötet. F. Kch.

4. **E.,** athen. Staatsmann, Nachfolger des → Themistokles als Führer der Demokraten und Vorkämpfer einer wirklichen Selbstregierung der Bürger. Nachdem er den → Areopag, der aus gewesenen → Archonten, also Angehörigen der besitzenden Schichten, bestand, als korrupt diskreditiert hatte, nützte er → Kimons (1) Abwesenheit in Messenien 462/461 v. Chr. aus, die Kontrolle der Staatsverwaltung und die meisten Jurisdiktionsbefugnisse des Areopags auf den Rat der 500, die Volksversammlung und das Volksgericht übertragen zu lassen. Kimons Versuch, dies 461 rückgängig zu machen, endete mit seiner Ostrakisierung. Doch wenig später erlag E. einem im Solde der verbitterten Konservativen stehenden Mörder. Sein Werk führte sein Parteifreund → Perikles weiter. F. Kch.

Q: Aristot. Ath. Pol. 25, 2 – Plut. Kim. 15 – *Lit:* Busolt-Swoboda II 894 ff.

Ephippos, Dichter der mittleren → Komödie (I C); sein erster Lenäensieg lag vor dem ersten des → Antiphanes (nach ca. 377). Eine ‹Artemis› ca. 368 v. Chr.; im ‹Nauagos› (‹Der Schiffbrüchige›) verspottete er → Platon und seine Schule, anderwärts die Tragödien des → Dionysios und → Chairemon. E. schrieb auch eine ‹Sappho›; weitere Stücke sind mythenparodisch, die ‹Philyra› wohl Hetärenstück. Th. G.

Frg: FAttCom II 146–163.

2. **E. von Olynth,** griech. → Geschichtsschreiber (I B 3), kann im Dienst → Alexanders d. Gr. gestanden haben. Die Fragmente von ‹Über Alexanders und Hephaistions Tod und Bestattung› schildern Exzesse Alexanders und der Hofleute. W. Sp.

Frg: FGrHist 126 – *Lit:* F. Jacoby, RE 5 (1905), 2858 – Berve I Nr. 331 → Geschichtsschreibung I B (Lit).

Ephoren (*Ἔφοροι*, ‹Aufseher›) hießen die Ober → Magistrate in → Sparta und den mit Sparta nächstverwandten Städten → Herakleia (4) am Siris, → Thera und → Kyrene. In Sparta wurden die 5 E. jährlich aus allen Spartiaten gewählt, und zwar so, daß nicht nur reiche und angesehene Männer zu diesem Amt kommen konnten; näheres wissen wir nicht. Einer unter ihnen, der den Vorsitz geführt zu haben scheint, sonst aber nicht weiter hervortritt, gab dem Jahr den Namen. Die Liste dieser → Eponymen reichte bis 754/753 zurück; das Ephorat ist also mindestens so alt, vielleicht älter; sein Ursprung liegt im übrigen völlig im Dunkel. In klass. Zeit waren die E. in engem Zusammenwirken mit Rat und Volk die unbestrittenen Leiter des Staatswesens. In ihrer Hand lagen die auswärtigen Beziehungen, im Kriegsfall die Mobilmachung und die oberste Leitung der militärischen Operationen. Den Befehl im Felde freilich führte einer der → Könige oder ein anderer Feldherr; die zwei E., die den König ins Feld begleiteten, waren dort nur Beobachter oder bestenfalls Berater. Die Gerichtsbarkeit teilten die E. mit den Königen und der → Gerusia. Umfassend und einschneidend war ihre Polizeigewalt. Sie waren es auch, denen alle Magistrate Rechenschaft abzulegen hatten; sie konnten auch alle Magistrate, bis zu den Königen hinauf, suspendieren und vor Gericht stellen. Monat für Monat nahmen sie den Königen den Eid ab, nach den Gesetzen zu regieren, und schworen ihrerseits im Namen der Gemeinde, das Königtum nicht zu verkürzen (Xen. rep. Lac. 15, 7). Alle acht Jahre einmal konnten sie die Sterne beobachten und auf ein unheilkündendes Zeichen hin ein Verfahren einleiten, das zur Absetzung eines Königs führen konnte (Plut. Agis 11). Man versteht, daß diese umfassenden Gewalten, in deren Ausübung dem Ermessen ein weiter Spielraum eingeräumt war, den Griechen als nahezu tyrannisch galten, doch wurden sie durch die kurze Befristung, durch die persönliche Bedeutungslosigkeit vieler E. und bes. dadurch, daß die wichtigsten Entscheidungen Mehrheitsbeschlüssen des Kollegiums vorbehalten waren, wieder gemildert. Alles in allem hat die umfassende Amtsgewalt der E. viel zur Stabilisierung, später aber auch zur Versteinerung des Gemeinwesens beigetragen. F. G.

Lit: F. Kiechle, Lakonien u. Sparta, 1963, 220 ff. (Lit).

Ephoros von Kyme, nach antiker Tradition Schüler des → Isokrates, Verfasser der ersten griech. → Universalgeschichte. Das Werk (*Ἱστορίαι*) erschien in Abschnitten ca. 350/330 v. Chr.; es umfaßte die innere und äußere Geschichte der Griechen und der Barbaren, soweit sie mit Griechen in Berührung gekommen waren, von der Rückkehr der Herakliden – also unter Ausschluß der eigentlich mythischen Zeit – bis zur Gegenwart. Buch 1–3 handelten von der Verteilung der griech. Stämme, Buch 4 u. 5 von Geographie und Topographie; die weitere Darstellung war nicht annalistisch, sondern nach Sachzusammenhängen gegliedert; das Einzelbuch war Kompositionseinheit. Der Schwerpunkt lag auf der jüngstvergangenen Geschichte, etwa die Hälfte des Werks galt dem 4. Jh.; mit Buch 29 brach die bis zum Jahr 341/340 geführte Darstellung unvollendet ab; der Sohn Demophilos fügte ein 30. Buch hinzu. – E. schrieb ohne politisches Engagement als Literat und Moralist – Universalgeschichte als Gegenstand bürgerlich-universaler Bildung. Er sieht die Aufgabe des Historikers darin, als Sachwalter der literarischen Unsterblichkeit Lob und Tadel für alle Zeit zu verteilen. Das Material stammt zumeist aus zweiter Hand; E. benützt u. a. → Herodot, → Thukydides, die → Hellenika von Oxyrhynchos, → Kallisthenes. Das Werk wurde zum Standardwerk für die Geschichte der klass. Zeit; für uns ist es vor allem in Exzerpten bei → Strabon und → Diodoros (2) Siculus (Buch 11–16) faßbar. E. schrieb auch ‹Über Stil› (*Περὶ λέξεως*), ‹Über Erfindungen› (*Περὶ εὑρημάτων*) und eine lokalpatriotische Chronik von Kyme (*Ἐπιχώριος λόγος*). W. Bk.

Frg: FGrHist 70 – *Lit:* E. Schwartz, RE 6 (1907), 1–16 – G. L. Barber, The historian E., 1935.

Ephraïm, ‹der Syrer› (geb. ca. 306 in Nisibis, vor 338 Diakon, nach 363 in Edessa, gest. 373). Bedeutender syr. Theologe, Prediger und Dichter, von griech. Philosophie und Theologie kaum beeinflußt. B.L.

Lit: E. Beck, Die Theologie des hl. E. in seinen Hymnen über den Glauben, 1949 – Altaner 308–311 – RGG II 522.

Epibaterion, Name eines spät bezeugten (Liban.decl. 6, 37), aber vermutlich althergebrachten Opfers, das man bei einer Seereise vor Besteigen des Schiffes darbrachte. O.G.

Epicharmos. Herkunft umstritten; dichtete unter → Gelon (485–478) und → Hieron (478–467) in → Syrakus, vielleicht früher in → Megara Hyblaia, Dramen, die zur dorischen → Komödie (I A2) gehören. → Aristoteles (poet. 3, 1448 a 33 f.) hält ihn für älter als → Chionides und → Magnes. Lebensdaten ungewiß; Anspielungen auf Anaxilaos, den Tyrannen von Rhegion (ca. 478–476, Fr. 121), und → Aischylos (nicht vor 470, Fr. 194). Schon im 4. Jh. v. Chr. scheint so wenig sicher belegbar gewesen zu sein, daß sich viele legendäre Züge an die Gestalt des E. hefteten (ähnlich wie bei → Pythagoras oder → Ennius). Später waren 40 Stücke erhalten, davon vier als unecht verdächtigte. Die Stücke enthielten zusammenhängende Handlungen, waren kurz (ca. 400 Verse); umstritten ist, ob Titel wie ‹Tänzer›, ‹Sirenen›, ‹Mänaden›, ‹Komasten›, ‹Dionysoi›, ‹Musen›, ‹Perser›, ‹Trojaner› einen Chor hatten. Lyrische Verse fehlen, dagegen sind Anspielungen auf Bühnenmusik vorhanden. Feste Formen nach Art der att. → Komödie (I B4) lassen sich also nicht feststellen. Mythologische Personen und Szenen in burlesken → Parodien sind häufig belegt, z. B.: Odysseus in ‹O. als Überläufer› (wohl nach der → Dolonie), ‹O. als Schiffbrüchiger›, ‹Sirenen›, ‹Philoktet›, ‹Kyklops›; Herakles in ‹Alkyoneus›, ‹Busiris› (in Ägypten), ‹Hochzeit der Hebe oder Musen›, ‹H. mit dem Gürtel›, ‹H. bei Pholos›; Prometheus in ‹P. oder Pyrrha›. Harmlose Scherze werden mit Völlerei, Trunkenheit, Kraftmeierei getrieben. Alltagsszenen erscheinen in den ‹Tempelbesuchern›, ‹Frauen aus Megara›; Typen wie → Parasiten, → Athleten u.a. treten auf. Anspielungen auf Aktuelles, aber nicht als politischer Spott, scheinen häufig; rhetorische Kämpfe wohl in ‹Logos und Logina›, ‹Erde und Meer›. Die Authentizität der Fragmente 152–154, in denen Philosophisches diskutiert wird, ist umstritten. Die Sprache ist sizilisches → Dorisch, lebhaft, komisch, parodistisch und alltagsnahe. Als Metren sind neben jambischen Trimetern anapästische und trochäische Tetrameter belegt. Ein Einfluß Epicharms auf die Formen der att. alten → Komödie (I B) ist nicht nachweisbar. Spätere Fälschungen unter E.s Namen sind ein medizinisches Buch ‹Chiron›, ‹Gnomen›, evtl. ‹Über die Natur› in Versen. Th.G.

Q: CGF I 88–90 – *Frg:* CGF I 91–133 (Fälschungen, ebd., 133–147) – D. L. Page, Greek Literary Papyri I, 1942, 194 f. – A. Olivieri, Frammenti della commedia ... nella Sicilia ... I (1930), 1946², 11–107 (Fälschungen, ebd., 108–137) – *Lit:* E. Wüst, E. u. die alte att. Komödie, RhM 93, 1950, 337–364 – W. B. Stanford, On the 'Ὀδυσσεὺς αὐτόμολος of E., ClPh 45, 1950, 167–169 – A. Barigazzi, E. e la figura di Ulisse ἥσυχος, RhM 98, 1955, 121–135.

Epicheirema, dem → Enthymema nah verwandte Form des rednerischen Beweises (Quint. inst. 5, 10, 1; 5, 14, 14), kunstvoll ausgebaut zu einem ‹rhetor. Schluß›. H.H.

Lit: W. Kroll, Das Epicheirema, SB Wien, 216, 2, 1936 – D. Matthes, Lustrum 3, 1959, 203 ff. – Lausberg, I 200 f.

Epicheirotonie, ‹Abstimmung durch Handaufheben›. Insbes. entschied im 4. Jh. die athen. → Ekklesia in dieser Weise jährlich zehnmal darüber, ob die Magistrate ihr Amt gut zu verwalten, jährlich einmal darüber, ob die geltenden Gesetze (→ Nomos) zu genügen schienen. Die Verneinung der Frage (Apocheirotonie) führte zur Suspendierung der betreffenden Magistrate und zur Einleitung eines Gerichts- bzw. Gesetzgebungsverfahrens. F.G.

Epidamnos, korinth.-korkyr. Kolonie (ca. 625 gegründet), in → Illyrien, in röm. Zeit Dyrrhachium, danach heute Durazzo (Kt. 1152 A1). 435 führen Verfassungskämpfe zum Krieg zwischen → Korinth und → Korkyra (→ Pelop. Krieg). Als Hafen bes. wichtig in röm. Zeit für den Verkehr nach Italien wegen seiner günstigen Lage zu → Brundisium, neben Apollonia einer der Ausgangspunkte der → Via Egnatia nach → Thessalonike. 48 v. Chr. Stützpunkt des → Pompeius (2), von → Caesar vergeblich belagert. 314 n. Chr. durch Erdbeben zerstört. Nur unbedeutende antike Reste. E.M.

Epidauros, kleine Stadt der argolischen → Akte am saron. Golf (Kt. 1152 D5). Ca. 10 km landeinwärts in einem Tal ein berühmtes Heiligtum, zunächst des Apollon Maleatas (heiliger Bezirk mit Tempel und weiteren Gebäuden am Abhang des Kynortion; Kult ab 7. Jh. v. Chr. nachgewiesen), seit 6. Jh. Kult des → Asklepios im späteren Heiligtum am Fuß des Berges, großartiger Ausbau des Heiligtums im 4. Jh. v. Chr.; Erweiterungen bis in die Kaiserzeit. Der sehr ausgedehnte heilige Bezirk enthält außer dem Haupttempel mehrere weitere Tempel (z. B. der → Artemis) und eine große Anzahl großer Gebäude für die Unterbringung der Kranken und Festbesucher, Verwaltungsgebäude und zahlreiche Weihgeschenke. Bes. berühmt neben dem Haupttempel die Tholos, ein Rundbau mit reichstem architektonischem Schmuck, aber unklarer Bestimmung (zwischen 360 und 320 v. Chr. von → Polyklet (2) d. J. erbaut) und das große, besterhaltene Theater Griechenlands aus dem 3. Jh. Den alle 4 Jahre abgehaltenen gymnischen und musischen Festspielen für Asklepios dienten außer dem Theater noch eine Palästra, ein großes Gymnasion und das guterhaltene Stadion. Die Heilungsuchenden schliefen in besonderen Gebäuden und erhielten im Traum ihre Anweisungen (→ Inkubation). Mehrere erhaltene Inschriften berichten von Wunderheilungen. E.M.

Q: Paus. 2, 26, 1–28, 2 – *Lit:* R. Herzog, Die Wunderheilungen v. E., 1931 – F. Robert, Epidaure, 1935 – J. Papadimitriou, Le sanctuaire d'Apollon Maléatas à E., BCH 73, 1949, 361–383 – J. Fr. Crome, Die Skulpturen des Asklepiostempels v. E., 1951 – A. v. Gerkan-W. Müller-Wiener, Das Theater v. E., 1961 – Vgl. → Timotheos.

Epideixis (demonstratio, das ‹Aufzeigen›, ‹Hindeuten›), Hinweis, Hervorhebung in Lob und Tadel, Grundelement des rednerischen *γένος ἐπιδεικτικόν*, der Prunk- oder → Gelegenheitsrede (→ Rhetorik, Tabelle, 3c). → Lalia; → Epitaphios logos, → Protreptikos logos. H.H.

Lit: Kennedy, Persuasion, 152 – K. Gaiser, Protreptik und Paränese bei Platon, 1959, 33 ff. – V. Buchheit, Unters. zur Theorie des Genos epideiktikon..., 1960.

Epidemie. Das Wort, gängig geworden in der Medizin seit den unter den → Hippokratischen Schriften überlieferten ‹Epidemien›, bezeichnet mindestens in älterer Zeit noch ‹epidemische› – also an Örtlichkeiten und Jahreszeiten gebundene – *und* endemische – also lediglich ortsgebundene – Infektionskrankheiten (angesprochen vor allem als Fieber aller Art). Bei Beschreibungen (außer an → Hippokrates (1) ist an die berühmte Schilderung der Pest bei Thukydides, II 49–54 zu erinnern) spielen also Wetter, Jahreszeit, Ort eine erhebliche Rolle; man versuchte dabei, anhand von ‹Zeichen› eine fundierte Prognostik zu entwickeln. F.K.

Epidius, M. (C.?), röm. Rhetor gegen Mitte des 1. Jh.s v. Chr., Lehrer des M. → Antonius (2), des → Octavian und des → Vergil. H.H.

Lit: J. Brzoska, RE 6, 1 (1907), 59.

Epidosis, freiwillige Vermögensabgabe der Bürger, die von den griech. Städten zur Deckung außerordentlicher Bedürfnisse des Staates angefordert wurde. Die Zahlungen erfolgten in Geld oder in Sachwerten und dienten neben militärischen Zwecken der Getreideversorgung, der Ausrichtung von Opfern und der Errichtung öffentlicher Bauten. Die E. war in Athen bes. im 4. Jh. v. Chr. ausgebildet, lebte aber in anderen griech. Städten noch bis in die Kaiserzeit fort. H.Br.

Lit: A. Kuenzi, Epidosis. Sammlung freiwilliger Beiträge zur Zeit der Not in Athen, 1923.

Epigenes von Byzanz, wahrscheinlich 2.Jh.v.Chr. E. war von den → Chaldäern in die → Astrologie eingeführt worden (Sen.nat.7,4), er hat über die Geburtsmöglichkeit in verschiedenen Monaten (Cens.7,5,6), über die Lebensdauer (ebd.17,4; Plin.nat.7,160) und über die → Kometen (Sen.nat.7,4–10) gearbeitet. → Poseidonios scheint ihn benutzt und weiter vermittelt zu haben (DoxGr 367,5). E.B.

Lit: P.Schnabel, Berossos, 1923, 109–118.

2. **E. von Sikyon,** gelegentlich als erster Tragiker bezeichnet. Denkbar, daß E. ‹tragische Chöre› geschrieben hat, wie sie für Sikyon erwähnt werden, und zu → Kleisthenes (2) in Beziehung stand, der in Sikyon diese tragischen Chöre auf Dionysos übertrug (Hdt.5,67). E.-R.Sch.

Q: Suidas, s.v. Θέσπις.

Epigonen (*Ἐπίγονοι*) heißen die Söhne der → Sieben gegen Theben, die 10 Jahre nach deren Untergang zusammen mit → Adrast die Stadt noch einmal, und diesmal erfolgreich (Zerstörung Thebens), bestürmen: Thersandros, Sohn des Polyneikes, später König von Theben; → Alkmeon; → Diomedes, Sohn des Tydeus; Promachos (oder Tlesimenes), Sohn des → Parthenopaios; Sthenelos, Sohn des → Kapaneus; Polydoros, Sohn des → Hippomedon (oder Euryalos als Sohn des Mekisteus: die Listen variieren wie die der Sieben selbst). Nach Überfällen Entscheidung bei Glisas: Aigialeus fällt durch Laodamas (Sohn des → Eteokles), dieser wiederum durch Alkmeon. Flucht der Thebaner. L.H.

2. **E.** nennt man die auf die → Diadochen folgende Generation, in der die Auflösung des maked. Reiches in ein Staatensystem (bes. die Reiche der → Antigoniden, → Ptolemäer [→ Lagiden] und → Seleukiden) allgemein anerkannt wurde. E.Bd.

Epigonoi, Epos des theban. Sagenkreises aus dem 6. oder 7.Jh., das die Eroberung Thebens durch die → Epigonen behandelt. Als Verfasser werden Homer (anders schon Hdt.4,32) und → Antimachos (2) v.Teos (schol.Aristoph. pax.1270) genannt. Von den 7000 Versen (cert.Hom. et Hes.235 Allen) ist nur der erste in einer Parodie des Aristophanes (Pax 1270) erhalten. Die E. gaben möglicherweise eine andere Version, als sie den Angaben der Ilias (Il.4, 405ff.; 2,505) zugrunde liegt. – Vgl. auch → Kyklos; → Thebais. G.K.

Q: EGF 13–14 – Th.W.Allen, Homeri Opera V, OCT, 1912, 115 bis 116 – *Lit:* E.Bethe, Theban.Heldenlieder, 1891, 76–140; vgl. 35–42.

Epigonos, Bildhauer, in der 2.H.d.3.Jh.s v.Chr. vor allem in Pergamon, wohl seiner Heimat, tätig. Er muß ein Hauptmeister der ersten Blütezeit → Pergamons gewesen sein, wie die erhaltenen Signaturen verschiedener Anatheme vor und aus der Zeit des → Attalos I. (241–197) beweisen. In der literarischen Überlieferung werden zwei Werke von ihm genannt: ein Trompetenbläser und ein Kind, das seine getötete Mutter liebkost, wahrscheinlich Figuren aus den z.T. erhaltenen → Galliermonumenten. E.Bg.

Lit: Lippold, GrPl, 341f. – G.Cressedi, EAA III, 1960, 368f.

Epigramm

A. Griechisch – B. Römisch – C. Christlich.

A. Griechisch. E. ist eigentlich ‹Aufschrift›, ‹Inschrift›, zumal in der Form von → Distichen, wofür das älteste Beispiel aus der Zeit des → Archilochos zu stammen scheint. Ursprünglich wurden für die meist kunstlosen Grab- und Weihinschriften neben Distichen auch andere Versmaße (Hexameter, Jamben) verwandt. Schon früh finden sich daneben, fast nur in Distichen, literarisch anspruchsvollere E.e, die z.T. auch sprachlich Anklänge an die (metrisch gleiche) → Elegie enthalten (Friedländer, a.a.O., S.66). Einige davon wurden bekannten Dichtern, attische bes. dem → Simonides (1) zugeschrieben (Fr.67–166D.), darunter das berühmte auf die bei den Thermopylen gefallenen Spartaner (Fr.92D.). Echt ist mit Sicherheit nur eines (Fr. 83D., von Hdt. zitiert), vermutlich aber mehrere, wie auch unter den → Anakreon zugeschriebenen E.en einige echte sein könnten. Um diese Zeit löste sich das literarische E. von seinem eigentlichen Zweck, indem der Aufschriftcharakter entweder, wie in dem bekannten Spott-E. (fingiertes Grab-E.) auf → Timokreon (Simonid.Fr.99D.), zum Vorwand genommen oder ganz fallengelassen wurde. Damit war das E. als literarisches Genus etabliert, das nun als Kurzelegie (die Gattungen sind nicht immer klar zu scheiden), als ‹Sinnspruch›, z.T. die Funktion der Elegie übernahm (nicht freilich deren politischen und didaktischen Aspekt), vor allem aber in hellenist.Zeit zum bevorzugten Ausdrucksmittel persönlicher Stimmungen und Erlebnisse wurde. – Über das spätere griech. E. vgl. ausführlich → Hellenist.Dichtung B 6; → Kaiserzeitliche Dichtung B 4. B.Sn. und E.-M.V.

Lit: Schmid-Stählin, I 1,224ff.; 384ff. – P.Friedländer, Epigrammata, 1948.

B. Römisch. E. und leichte Lyrik können gegen verwandte Gattungen, bes. → Elegie und → Satire, nicht in allen Fällen scharf abgegrenzt werden. Das Aufschrifts-E. (→ Inschriften) wich auch in Rom bald dem literarischen, das in vielen Versmaßen und mit verschiedenem Inhalt erschien; desgleichen wurde das ‹elegische› Versmaß nicht nur für die Totenklage und die erotische Dichtung, sondern für vielerlei andere Zwecke benutzt. Für beide Gattungen, E. und leichte Lyrik, wurden alle gebräuchlichen Versmaße verwendet: Saturnier, Elfsilbler, Choliambus etc.; → Catull gebraucht sogar einmal (11) das feierlich-gehobene sapphische Metrum für ein Schmähgedicht. Eine Definition wird sich darauf beschränken müssen, als E. ein kurzes, scharf pointiertes Gedicht zu bezeichnen; als leichte Lyrik ein kürzeres, sofern erotisch, konventionell-spielerisches, scherzhaftes Gedicht, oft ein Gelegenheitsgedicht. Auch → Priapeen gehören zur leichten Lyrik. → Plinius (2) d.J. beschreibt seine (nicht erhaltenen) Elfsilbler als nugae (‹Bagatellen›, epist.4,14, 8 u.9,4,19), in denen er Scherz, Frivolität, Verliebtheit, Klage, Trauer und Zorn ausdrücke, und fügt hinzu: «Du magst sie nennen, wie du willst – Epigramme, Idylle, Eklogen oder, wie es viele tun, kleine Gedichte *(poematia)*.» – Das E. als Weih- und Grabaufschrift gab es schon in älterer Zeit (→ Naevius' Spottvers gegen die Meteller und sein Epitaph im saturnischen Maß; ebenso die selbstverfaßte Grabschrift des Ennius und sein E. auf P. → Cornelius (30) Scipio Africanus in Distichen). → Lucilius (1) verfaßte E.e auf einige seiner Sklaven bzw. Freigelassenen (Buch 22–25, nur in Fragmenten erhalten). Das röm. E. war vom hellenistischen aufs stärkste beeinflußt; doch gaben die Römer der vorklass. und klass. Epoche dem kurzprägnanten E. den Vorzug vor dem in der → Anthologia (3) Palatina häufig geübten (und von späteren Dichtern, wie → Ausonius, nachgeahmten) Brauch, zahlreiche Variationen über dasselbe Thema zu schreiben (Fliege im Bernstein u.dgl.). Viele Kurzgedichte Catulls sind als E. zu betrachten, doch fehlt ihnen meistens die scharfe Pointiertheit, die eben das Wesen des E.s ist; andere, nicht von persönlicher Leidenschaft erfüllte, gehören zur leichten Lyrik. Die Werke seiner Vorgänger und Zeitgenossen, die sich in beiden Gattungen betätigten und z.T. seine Vorbilder waren (Q. → Lutatius (2) Catulus, T. → Quinctius (1) Atta, M.Terentius → Varro (1) und bes. die ‹Erotopaegnia› des → Laevius) sind bis auf spärliche Bruchstücke verlorengegangen. Das E. wie die leichte Lyrik wurde von allen Gebildeten geübt, da solche Übungen zur rhetorischen Erziehung gehörten, so von Caesar, Cicero, Augustus (Suet.Aug.85) und gebildeten Kaisern von Nero bis Hadrian. Der größte aller Epigrammatiker war → Martial; die Werke der Vorgänger, wie des → Domitius (10) Marsus, → Albinovanus Pedo und Cn. → Cornelius (20) Lentulus Gaetulicus sind auch hier fast ganz verloren. – Dem E. inhaltlich gleichzusetzen wären die ‹Sententiae› aus → Publilius (2) Syrus und die sog. → Dicta Catonis (Disticha und Monosticha), die jedoch z.T. aus sehr später Zeit stammen. – Leichte Lyrik findet man z.B. in der ‹Appendix Vergiliana› (Verfasserschaft z.T. umstritten) und den ‹Silvae› des Statius. – Sowohl E.e wie auch leichte Lyrik und verwandte Gattungen findet man in der → Anthologia (2) Latina, die im Gegensatz zur → Anthologia (3) Palatina erst in der Neuzeit zusammengestellt wurde: zuerst in J.J. Scaligers Catalecta Veterum Poetarum (Leiden 1573); danach in P. Pithous erweiterter Sammlung (Paris 1590) und, wiederum vermehrt, in der Sammlung von V.P. Burmann d.J. (1759 und 1773). Dem kritischen Text von Riese (1869/70) mit 942 Stücken folgte Baehrens' Poetae Latini Minores (1883), welches, seitdem vielfach revidiert, die definitive Sammlung von E.en und leichter Lyrik aus weniger bedeutenden oder nur in Fragmenten erhaltenen Werken darstellt; diese Sammlung enthält viele Dichtungen, die anderen als den hier besprochenen Gattungen angehören. H.C.S.

C. Das christliche Epigramm. Die ältesten Zeugnisse (→ Aberkiosinschrift; Pektoriosinschrift von Autun: DACL 13, 2884ff.) sind Epitaphien, ebenso die Masse des lat. Materials, aus dem die E. von → Damasus herausragen. Auch → Ambrosius verfaßte E. für die Märtyrerreliquien seiner Kirchenbauten (Theklakirche in Mailand, Baptisterium). In der Tat erweist sich devotionale Frömmigkeit als tragendes Element christl. E.e, die auch in der Spätphase als Epitaphien gestaltet wurden (Martin v. Bracara, gest. 580: MGAA 6, 2, p. 194ff.; vgl. → Venantius Fortunatus). Auch als Dedikationsinschriften für christl. Kultbauten fanden E. Verwendung (Berühmtes Beispiel vom Triumphbogen Alt-St. Peter: Quod duce te mundus surrexit ad astra triumphans / Hanc Constantinus victor tibi condidi aulam; Portalinschrift CIC 4, 8627). Der schon hier bekundete, im Westen vor allem an → Vergil orientierte Klassizismus wurde in der christl. E.-Dichtung bewußt gepflegt. → Ausonius mit den ‹Versus paschales› unter seinen E.en ist hierfür vielleicht weniger typisch als → Prudentius, der zwar seinem περὶ στεφάνων (‹Über Siegeskränze›, sc. der Märtyrer) das E. lyrisch-episch erweiterte, im ‹Dittochaeon› (‹Doppelte Speise›) für die Beschreibung von Bildwerken (→ Ekphrasis) hingegen die klassische Form beibehielt (49 Tetrastichen); an sie schloß sich der Gallier Rusticus Helpidius (gest. 501) in seinen E.en (Tristichen) an. Spätere E.-Dichter sind → Ennodius (151 E.e) und → Venantius Fortunatus, während die epigrammatische Form von → Prosper Tiros Liber epigrammatum ex sententiis s. Augustini (ein Sentenzenflorilegium) gekünstelt wirkt. Die griech. E.e eines → Gregor (4) v. Nazianz knüpften an das Epitaphion an. Vgl. → Grabinschriften. C.A.

Lit: R.P. Hoogma, Der Einfluß Vergils auf die Carmina latina epigraphica, 1958 – RAC V 539–577.

Epigrammata Bobiensia, Sammlung hauptsächlich spätantiker, aus der Zeit um 400 n. Chr. stammender Gedichte (eine Ausnahme bilden zwei Epigramme des → Domitius (11) Marsus). Die Sylloge stand ursprünglich in einer verlorenen Hs. des Klosters Bobbio, von der 1950 eine humanistische Kopie in der Vatikanischen Bibliothek gefunden wurde. Anfang und Ende der Sammlung waren schon in der Bobbienser Hs. verstümmelt; der erhaltene Rest umfaßt 71 Gedichte (70 Epigramme und die sogenannte Satire der → Sulpicia, eine spätantike Fälschung), von denen bislang 27 durch Abdruck in den Appendices humanistischer Ausgaben des → Ausonius bekannt waren. 2–9 gehören dem → Naucellius; 65 stammt von Anicius Probinus (cos. 395). Mehrere Epigramme gelten den sonst unbekannten Aquae Maternae (1.58), die wohl bei dem auf der Tabula Peutingeriana verzeichneten Maternum zu lokalisieren sind (Speyer, a.O. 13); doch ist das 38. Gedicht, das gleichfalls die Überschrift *in Aquas Maternas* trägt, wohl auf die Aquae Tauri bei Centumcellae zu beziehen (Schmid, Zwei Gedichte). Ein großer Teil der übrigen Epigramme ist griech. Vorlagen nachgebildet (dazu Weinreich, a.O. 244ff.; Mariotti, a.O. 53–61). Mehrere Gedichte (so 49. 62. 66–69) stellen sich als epigrammatische Wiedergabe griech. Dichter- und Prosaikerstellen dar. Die Redaktion der Sammlung scheint erst mehrere Jahrzehnte nach dem Tode des Naucellius (400/405) erfolgt zu sein (zum Problem: Schmid, Gnomon). W.Sch.

Ed: F. Munari, 1955 (dazu O. Weinreich, Gnomon 31, 1959, 239 bis 250) – W. Speyer, 1963 (mit Reproduktion der Vatikan. Kopie) – *Lit:* W. Speyer, Naucellius und sein Kreis, 1959 (dazu W. Schmid, Gnomon 32, 1960, 340–360) – W. Schmid, Zwei Gedichte auf die Thermae Taurinae, BJbb 161, 1961, 236–243 – Sc. Mariotti, RE Suppl. 9 (1962), 37–64.

Epigraphik → Inschriften.

Epikedeion (< ἐπικήδεσθαι). [1] Gesang bei einer Trauerfeier oder Bestattung, in diesem Sinn in *klass. Zeit* (Plat., Eur. u.a.) gebraucht; Unterschied gegenüber → Threnos nicht erkennbar. In *hellenist. Zeit* Terminus für Trauer- und Trostgedichte in Distichen oder Hexametern und Grabepigramme. E.a werden von → Aratos (2), → Euphorion, → Parthenios erwähnt. E.-M.V.

[2] In *Rom* entwickelten sich aus der alten rituellen → Nenia, einer eintönigen, zu Flötenbegleitung gesungenen Weise, die noch lange ihren urtümlichen Charakter behielt, unter griech. Einfluß die literarischen Totenklagen, die, meist in elegischem Versmaß (doch → Horaz carm. 1, 24 auf Quinctilius Varus ist eine Ode), den Verstorbenen preisen und die Hinterbliebenen trösten. Berühmte Beispiele: → Properz 3, 18 auf Augustus' Neffen → Marcellus (1); 4, 11 (die ‹Königin der Elegien›) auf eine Cornelia; → Ovid, Amores 3, 9 auf → Tibull (scherzhaft ist 2, 6 auf einen Papagei); Ovid zugeschrieben wurde eine Elegie auf den Tod des → Drusus (1); vgl. auch → Stat. silv. 2, 1 und 5, 1. G.L.

Ed: J. Cholodniak, Carmina sepulcralia latina, 1897 – PLM I 97ff. – *Lit:* E. Galletier, Etude sur la poésie funéraire romaine d'après les inscriptions, 1923 – B. Lier, Topica Carminum Sepulcralium Latinorum, Philol. 61, 1903, 445–477. 563–603; 63, 1904, 54–65.

Epikrates, aus Ambrakia, Dichter der mittleren → Komödie (I C), wohl Anfang 4. Jh. v. Chr. Die ‹Antilaïs› geht wohl auf → Laïs (422–ca. 392). Fünf oder sechs Titel bekannt. Im Frg. 11 wird → Platon mit seinen Schülern → Speusippos und → Menedemos in botanischer Diskussion um einen Kürbis geschildert. Th.G.

Frg: FAttCom II 348–357.

Epiktet, att., neben → Oltos der älteste signierende Schalenmaler des → rotfigurigen Stils, tätig ca. 530–505; Frühwerk noch schwarzfigurig (→ Vasen E 4); arbeitet mit den Töpfern Hischylos, Nikosthenes, Andokides u.a.; seine reifen Werke tragen den → Lieblingsnamen Hipparchos. (Zwei Malersignaturen desselben Namens auf zwei jüngeren Peliken betreffen den → Kleophradesmaler.) – Auf Tellern und in Schaleninnenbildern schafft E. neue Rundkompositionen, die lange vorbildlich bleiben. Seine mühelos bewegten Gestalten sind subtil-linear, knapp und grazil geformt. – *Werke:* Schale mit Herakles und Busiris, innen tanzende Hetäre und flötespielender Komast, BM, E 38 (Furtwängler-Reichhold, Taf. 73, 2); Teller mit zwei Komasten, BM, E 137 (Kraiker a.O. 169, Abb. 13). I.Sch.

Lit: Beazley, ARV in Am. Mus., 14–18 – W. Kraiker, E., JdI 44, 1929, 141–197 – D.K. Hill, E. and his circular designs, Journ. of Walters Art Gallery I, 1938, 25–32 – Beazley, ARV² 70–79.

2. **E.,** aus Hierapolis (Phrygien), einer der letzten bedeutenden → Stoiker (ca. 50–120 n. Chr.), ursprünglich Sklave, dann in Rom Freigelassener eines Epaphroditos, Hörer des → Musonius, 92/93 mit den übrigen Philosophen von → Domitian aus Rom verbannt, von da an bis zu seinem Ende in Nikopolis bei Actium wirkend. Um 110 mag → Arrian (2) sein Schüler gewesen sein, der um 130 seine Aufzeichnungen der Lehrgespräche des E. in zwei umfangreichen Sammlungen (8 Bücher Diatriben, 12 Bücher Homilien) sowie ein Handbüchlein (Encheiridion) der wichtigsten Gedanken des E. publiziert hat. Erhalten sind 4 Bücher

Diatriben und das Encheiridion, das in der Spätantike und dann wieder im 16.–18. Jh. ein vielgelesenes philosophisches Trost- und Erbauungsbuch war. Aber schon im 2. Jh. n. Chr. war die Wirkung der Bücher stark (→ Favorinus (1), A. → Gellius (2), → Mark Aurel). Es scheint auch Parallelsammlungen gegeben zu haben, von denen Reste erhalten sind. – Die Lehre des E. ruht grundsätzlich auf dem Boden der Alten Stoa, allerdings nicht ohne Einfluß des → Poseidonios sowie → Platons und Aristoteles', die jener für die Stoa fruchtbar gemacht hatte. Entscheidend ist jedoch, daß das Interesse am systematischen Zusammenhang der Dinge, am methodischen Verfolgen einer Frage um der Sache willen völlig untergegangen ist. Naturphilosophie und Logik sind gleichgültig geworden; was bleibt, ist eine Ethik, die ausschließlich der Erziehung des Einzelnen zur inneren Freiheit und zu vertrauensvollem Umgang mit dem Unabänderlichen dient. Sie ist hingebend fromm und wird nicht müde, zur Dankbarkeit gegen Gott aufzufordern; doch von theologischer Bemühung um das Wesen Gottes ist kaum die Rede. Sie appelliert an die verantwortliche Vernunft als an das Göttliche in uns; doch systematische → Erkenntnislehre und → Anthropologie interessieren E. nicht. Vielerlei Doktrinen und Schlagworte werden beiläufig berührt, doch bilden sie nur einen diffusen Hintergrund zur ethischen Mahnung, die zu beherzigen kein kompliziertes Bücherwissen, sondern schlichte Rechtschaffenheit befähigt. Kein anderer antiker Philosoph ist so unmittelbar verständlich und ergreifend, keiner steht auch in seiner geistigen Haltung bestimmten Aspekten des Christentums so nahe wie E. Andererseits repräsentiert er eine charakteristische Phase im inneren Zerfallsprozeß der griech. Philosophie. O. G.

Ed: H. Schenkl, BT, 1916 – *Lit:* A. Bonhoeffer, E. u. d. Stoa, 1890 – Ders., Die Ethik d. Stoikers E., 1894 – Ders., E. u. d. Neue Testament, 1911 – B. L. Hijmans jr., Askesis, notes on E.s educational system, 1959.

Epikur, Gründer der Schule der → Epikureer, geb. am 10. Gamelion 341 v. Chr. in Samos als Sohn des athenischen Kolonisten Neokles. Bereits 14jährig hörte er den Platoniker Pamphilos. Entscheidend für seine philosophische Entwicklung wurde das Studium (327/324) in Teos bei dem Demokriteer → Nausiphanes, der ihm die Kenntnis der Atomistik und Lustlehre → Demokrits vermittelte. 323/321 Militärdienst als Ephebe in Athen; E.s Mitephebe der spätere Komödiendichter → Menander (1). Nach der Dienstzeit Aufenthalt in Kolophon und Ausbildung der eigenen Philosophie. Dann Lehrtätigkeit in Mytilene (311/310) und Lampsakos (310–307/306). An beiden Orten gewann E. Freunde und Schüler, von denen ihm viele folgten, als er 307/306 seine Schule nach Athen verlegte und dort in Wettbewerb mit → Akademikern und → Peripatetikern trat. Er lehrte in dem von ihm erworbenen Gartengrundstück (κῆπος), nach dem die Epikureer ‹Philosophen des Gartens› genannt wurden. 270 starb er an einem Unterleibsleiden. Ein bedeutendes Zeugnis philosophischer Haltung in den Schmerzen des Todeskampfes ist sein vom Sterbelager an → Idomeneus (2) gerichteter Brief (Diog. Laert. 10, 22).

[2] *Werke:* E.s Schriften füllten angeblich etwa 300 Buchrollen. Alle Hauptwerke sind verloren. → Diogenes (1) Laertios hat neben dem Katechismus (κύριαι δόξαι) 3 Lehrbriefe überliefert: (1) An Herodot (Naturphilosophie), (2) An Pythokles (→ Meteorologie), wahrscheinlich von einem Schüler aus echtem Gedankengut E.s zusammengestellt, (3) An Menoikeus (→ Ethik). Der Katechismus der 40 Lehrsätze ist wohl von E. selbst autorisiert, während die in einer vatikanischen Handschrift erhaltene Spruchsammlung (Gnomologium Vaticanum Epicureum; 81 Sprüche) stärkere nachträgliche Erweiterungen zeigt. Die herculanensischen Papyri brachten Fragmente von E.s Hauptwerk Über die Natur (Περὶ φύσεως; ursprünglich 37 Bücher) und von Schriften späterer → Epikureer, die ihrerseits wertvolle E.zitate, besonders aus dem Briefwechsel mit seinen Schülern, enthalten. Wichtige Quellen für die Rekonstruktion der Philosophie E.s sind außerdem das Lehrgedicht des → Lukrez, die philosophischen Dialoge → Ciceros und die antiepikureischen Schriften → Plutarchs, ferner die Inschrift des → Diogenes (3) von Oinoanda. Die Sprache E.s spiegelt in ihren Neubildungen und mit ihren volkssprachlichen Elementen die Ausbildung der hellenist. Gemeinsprache (κοινή). Der Stil ist auf den jeweiligen Leser abgestellt, schmucklos terminologisch in den für Fortgeschrittene bestimmten Schriften, kunstvoll pointiert in dem protreptischen Menoikeusbrief, warmherzig und einfühlsam in den der seelischen Betreuung dienenden Privatbriefen.

[3] *Philosophie:* E. empfing für seine empirische Erkenntnistheorie (Kanonik) Anregungen von der empirischen → Medizin, von Demokrit, Nausiphanes und → Aristoteles, übernahm im wesentlichen die Naturphilosophie Demokrits und machte beide philosophischen Disziplinen einer ethischen Heilslehre dienstbar, die in ihren Gedankengängen neben Demokrit vor allem der → Sophistik und der → Sokratik (→ Aristippos) verpflichtet ist. Die Umbildung der überkommenen Lehren und die Ausbildung des eigenen Systems geschah unter eingehender Berücksichtigung der durch die platonische und aristotelische Philosophie geschaffenen Problemlage. E. will den Menschen von der durch Begierden und Leidenschaften verursachten körperlichen und seelischen Not, von der Angst vor dem Schmerz und dem Tode und von der abergläubischen Furcht vor strafenden Göttern und Hadesqualen befreien. Ziel seiner Philosophie ist das Glück seelischer Ausgeglichenheit (γαληνισμός, ἀταραξία) und Freude (ἡδονή). – Jede *Erkenntnis* beruht nach E. auf der Wahrnehmung. Er nimmt wie Demokrit an, daß von der Oberfläche der Atomkompositionen stetig materielle Bilder abgestoßen werden, die durch die Augen und die Poren des Körpers in die menschliche Seele eindringen. Alle Wahrnehmungen sind wahr. Irrtum entsteht erst durch falsche Schlüsse und Urteile. Wahrheitskriterien sind die verifizierende Sinneswahrnehmung, Vorstellungen (προλήψεις), die sich durch wiederholte Sinneswahrnehmung gebildet haben, und im ethischen Bereich Lust- und Unlustgefühle (πάθη). – In der *Naturphilosophie* führt E. wie Demokrit alle Erscheinungen auf die Atome und den leeren Raum als ontologische Prinzipien zurück. Er ändert die demokriteische Lehre in zwei Punkten: 1. Die Zahl der Atomgestalten ist begrenzt, da die Erfahrung Atome, die die Grenze der Sichtbarkeit überschreiten, nicht kennt. 2. Die ursprüngliche Atombewegung verläuft nicht ungeordnet nach allen Seiten, sondern von oben nach unten. Durch eine willkürliche Abweichung (παρέγκλισις, declinatio) von dieser Fallrichtung wird die Weltbildung eingeleitet. Dieser auch gegen die Ursachen- und Bewegungslehre des Aristoteles gerichtete Gedanke erklärt zugleich die Möglichkeit des freien Willens: Die Seele besteht ebenfalls aus Atomen und ist spontan beweglich. Sie zerstreut sich im Tode, der seinen Schrecken verliert, weil er nicht empfunden wird. Es gibt eine unbegrenzte Zahl vergänglicher Welten. In den Räumen zwischen ihnen (μετακόσμια, intermundia) leben die *Götter*, menschengestaltige, aber unvergängliche Atomkompositionen, die sich um die kosmischen und menschlichen Angelegenheiten nicht kümmern. Ihr glückseliges Sein ist Inbegriff der Freude, die der Weise mit seiner philosophischen Lebensform gewinnen kann. – Die *Lustethik* E.s unterscheidet sich von der verwandten kyrenaischen Lehre dadurch, daß sie nicht die auf einem inneren Bewegtsein beruhende Lust, sondern das aus dem Freisein von Schmerz und Furcht resultierende statische Wohlgefühl als höchstes Gut ansetzt. Die notwendigen Bedürfnisse sind leicht zu erfüllen, die Befriedigung der nicht notwendigen bringt kein gesteiger-

tes Glücksgefühl. So begegnet E. dem platonisch-akademischen Argument, daß das Luststreben keine Grenzen kenne. Um Beunruhigungen zu meiden, lebt der Weise zurückgezogen (*λάθε βιώσας*). E. vertritt ferner die sophistischen Anschauungen, daß die Gesetze aus Furcht vor Strafe geachtet und Freundschaften um der Sicherheit willen geschlossen würden, nimmt ihnen aber ihre ursprünglich radikale Intention durch sein Bekenntnis zur Gerechtigkeit und einen Freundschaftskult, der das Glücklichsein mit den Freunden letztlich zum Selbstzweck werden läßt. W.L.

Ed: H. Usener, 1887 – C. Bailey, 1926 – G. Arrighetti, 1960 – P. Von der Mühll, E.i Epistulae tres et Ratae sententiae, 1922 – A. Vogliano, E.i et Epicureorum Scripta in Herculanensibus papyris servata, 1928 – C. Diano, E.i Ethica, 1946 – *Übers:* E. Bignone, 1920 – J. Mewaldt, 1949 – O. Gigon, BAW, 1949 – *Lit:* E. Schwartz, Charakterköpfe aus d. Antike (2. R., 1910), 1956⁴, 142–160 – J. Mewaldt, Die geistige Einheit E.s, 1927 – C. Bailey, The Greek Atomists and E., 1928 – E. Bignone, L'Aristotele perduto e la formazione filosofica di E., 1936 – A. J. Festugière, E. et ses dieux, 1946 (engl. 1955) – N. W. De Witt, E. and his philosophy, 1954 (kritisch zu lesen) – W. Schmid, RAC 5 (1961), 681–819 – W. F. Otto, Epikur (1962), in: Die Wirklichkeit der Götter, 1963, 10–43 – K. Kleve, Gnosis Theon, 1963 – Bildnisse → Anhang I.

Epikureer

[1] Zu Lebzeiten Epikurs – [2] Hellenist. Zeit – [3] Kaiserzeit.

[1] *Zu Lebzeiten Epikurs.* Die Schule der E. wurde wie die der → Akademiker und → Peripatetiker als *Kultverein* gegründet. Am 20. jeden Monats fand ein gemeinsames Kultmahl statt, das → Epikur in seinem Testament (Diog. Laert. 10, 18) zugleich als Gedächtnisfeier für sich und → Metrodor (4) bestimmte. Weitere Gedenkfeiern der Schule galten → Polyainos (1) und den Brüdern Epikurs, der Geburtstag des Stifters wurde schon zu seinen Lebzeiten festlich begangen. Der Unterhalt der Gemeinde war durch Spenden und feste Beiträge (*συντάξεις*) der Mitglieder gesichert. Außerdem unterhielten die E. der ersten Generation, obgleich sie grundsätzlich ein unpolitisches Leben empfahlen, weitreichende politische Beziehungen, um ihre philosophische Lebensform gegen äußere Störungen abzuschirmen. So gehörte z. B. Mithres, der Finanzminister des → Lysimachos, und der einflußreiche Politiker → Idomeneus (2) zum engsten Freundeskreis Epikurs. Die Schule war eine Lebensgemeinschaft aller, die im Sinne des Meisters die göttliche Glückseligkeit erlangen wollten. Sie stand auch Frauen (Themista, Leontion) und Sklaven (z. B. Mys) offen und bot ihren Mitgliedern die geistige Hilfe, die sie in einer Zeit benötigten, in der sich die politische Ordnung auflöste und alles von der Macht des Zufalls (Tyche) beherrscht schien. – Epikur sah noch ausschließlicher als vor ihm → Demokrit und die → Sokratiker die Aufgabe der Philosophie in der Heilung der Seele (Epikur. Fr. 220f. U.); seinen Anhängern ließ er eine individuelle *Seelsorge* zuteil werden. Einblicke in die Methodik epikureischer Seelenführung vermittelt uns vor allem → Philodems (1) Schrift ‹Über das offene Wort› (des Seelsorgers). Der Meister veranlaßt den Jünger im mündlichen Gespräch zu gründlicher Selbstprüfung und zur Beichte, steht ihm in seinen Seelennöten bei, richtet ihn auf und weist den Weg zu sittlicher Besserung. Auswärtige Gemeindemitglieder wurden brieflich betreut. Ferner dienten leicht faßliche Abrisse und brevierartige Spruchsammlungen zum Memorieren der Hauptlehren. Sie gaben dem Schüler feste Richtlinien für die Lebensführung an die Hand. Er sollte stets so handeln, als ob Epikur selbst dabei zuschaute (Epikur. Fr. 211 U., 198 A.). U. a. war es dieser Appell, der zu einem bei den E. besonders ausgeprägten Kult mit dem Bilde des Stifters führte. Schon zu seinen Lebzeiten wurde Epikur in religiösen Formen verehrt (→ Kolotes, 2). Dieser Tradition folgte → Lukrez mit seinem enthusiastischen Preis des Meisters (1, 62ff.; 3, 1ff.; 5, 1ff.). Aus der besonderen Stellung des Gründers erklärt sich die Orthodoxie der späteren E. Zwar machte die Auseinandersetzung mit den anderen Schulen Modifikationen und Ausgestaltungen bereits von Epikur gebrauchter Argumente nötig, die Grundpositionen aber blieben unverändert.

[2] *Hellenistische Zeit.* Die bekanntesten *Schüler* Epikurs stammten mit Ausnahme von → Karneiskos aus den Städten Mytilene (→ Hermarchos) und Lampsakos (→ Metrodoros (4), → Idomeneus (2), Leonteus und dessen Gattin Themista, → Kolotes (2) und → Polyainos, 1). Von ihnen galten Metrodor, Hermarchos und Polyainos als Mitbegründer und zusammen mit Epikur als geistige Väter (*καθηγεμόνες*) der Schule. Im späteren Epikureismus erlangten ihre Schriften kanonische Geltung und die Lebensform des Gründerkreises, die sich in ihrem Briefwechsel spiegelte, exemplarische Bedeutung. Von den drei Mitbegründern überlebte nur Hermarchos den Meister und wurde von ihm zum Nachfolger in der Schulleitung bestimmt. Auch → Polystratos, das nächste Schulhaupt, hatte Epikur noch selbst gehört. Unter den E.n des 2. Jh.s zeichneten sich besonders → Apollodoros (1) Kepotyrannos, → Demetrios (9) Lakon und → Zenon (5) v. Sidon als fruchtbare Schriftsteller aus. Bemerkenswert für den Epikureismus dieser Zeit ist die Beschäftigung mit mathematischen und logischen Problemen (Demetrios, Zenon) und die Bemühung um das literarische Erbe der Schule. So behandelte Demetrios den Text des Katechismus Epikurs, und Philonides v. Laodikeia gab eine Anthologie des Briefwechsels der vier Gründer heraus. Sie enthielt zwei Abteilungen, die eine nach Adressaten, die andere nach inhaltlichen Gesichtspunkten geordnet. In der 1. H. des 1. Jh.s v. Chr. gewann der Epikureismus wachsenden Einfluß auf das röm. Geistesleben. Nachdem schon → Phaidros (2) einige Jahre in Rom gelehrt hatte, leisteten → Siron und → Philodemos (1) v. Gadara Entscheidendes für die Verbreitung der epikureischen Philosophie in Italien. → Rabirius und → Amafinius waren die ersten epikureischen Schriftsteller in lat. Sprache. Ihre Werke ließen offenbar an stilistischer Eleganz und gedanklicher Subtilität manches zu wünschen übrig. → Lukrez stellte dann in seinem Lehrgedicht die epikureische Gedankenwelt klar und anschaulich dar und brachte zugleich ihre erlösende Mission überzeugend zum Ausdruck. In den Wirren der republ. Zeit fühlten sich viele Römer zu dem epikureischen Ideal des unpolitischen Lebens hingezogen, andere (z. B. → Cassius, 8) leiteten sogar die geistige Legitimation ihres aktiven Widerstandes gegen → Caesar und → Antonius (2) aus der epikureischen Ablehnung jeglicher Art der Tyrannis her.

[3] *Kaiserzeit.* Da der Epikureismus mit seiner quietistischen Ethik und seiner Ablehnung des Volksglaubens keinen Anteil an der augusteischen Erneuerung des röm. Staates und seiner Religion nehmen konnte, verlor er in der frühen Kaiserzeit wesentlich an Einfluß, während die Stoa zur vorherrschenden Weltanschauung wurde. Bezeichnend ist, daß → Vergil, in seiner Jugend Schüler des Epikureers → Siron, sich allmählich stoischen Anschauungen zuwandte. Ein Beispiel dafür, daß die Stoa im 1. Jh. n. Chr. nicht nur in unbedingter Gegnerschaft zum Epikureismus verharrte, gibt uns → Seneca (2), der bereits von seinem Lehrer → Attalos (5) auf gewisse Übereinstimmungen stoischer und epikureischer Lehrstücke hingewiesen worden war. Mit den Epistulae morales verfolgte er ein der brieflichen Seelsorge Epikurs verwandtes Anliegen. Er verglich (epist. 21, 5) das Verhältnis Epikur-Idomeneus mit seinem eigenen zu → Lucilius (2) und assimilierte zugleich seinem stoischen Philosophieren zahlreiche epikureische Sentenzen und Motive. Im 2. Jh. gewann der Epikureismus noch einmal an Einfluß und Verbreitung. Diese Spätblüte erklärt sich als Reaktion auf den Zeitgeist mit seinem wachsenden Hang zu Offenbarungsglauben und Mystik. So betrachtete → Lukian (1) in seiner dem Epikureer Kelsos gewidmeten Schrift ‹Über den Schwindelpropheten → Alexander (13) v. Abonuteichos› den Epikureismus als Bundes-

genossen im Kampf gegen den Aberglauben. Einflußreiche Persönlichkeiten förderten die athenische Schule. → Plotina, selbst Epikureerin, erwirkte von ihrem Sohn → Hadrian günstigere Bestimmungen für die Wahl des Schulhauptes. → Mark Aurel richtete für die E. einen besoldeten Lehrstuhl in Athen ein. Die wichtigsten Zeugnisse für den ungebrochenen missionarischen und polemischen Eifer und die orthodoxe Tradition der epikureischen Lehre dieser Zeit sind die Inschrift des → Diogenes (3) v. Oinoanda und die Fragmente des → Diogenianos (1). In der 1. H. des 3. Jh.s fügte → Diogenes (1) Laertios die nur durch ihn erhaltenen ‹Lehrbriefe› und ‹Lehrsätze› Epikurs in seine Philosophiegeschichte ein. Im Laufe des 3. Jh.s aber wurde der Epikureismus durch den wachsenden Einfluß des → Neuplatonismus und des Christentums immer mehr zurückgedrängt. Kaiser → Julian (Fr. 89b [1,2,169,15 Bid. = 301 C Spanh.]) und → Augustin (epist. 118,12.21) bezeugen sein allmähliches Aussterben in der 2. H. des 4. bzw. am Anfang des 5. Jh.s. Der Epigrammatiker → Palladas (um 400), der einen eklektischen Epikureismus vertrat, ist ein Nachzügler. In der letzten Phase der Spätantike lebte der Epikureismus nur noch als Objekt der Polemik bei den Kirchenvätern weiter, die ihn zum Inbegriff des unmoralischen und gottlosen Lebens stempelte. Dieses verzerrte Epikurbild beherrschte das ganze Mittelalter, teilweise auch noch die Renaissance. Erst im 15. Jh. setzte die Wiederentdeckung des echten Epikureismus durch Laurentius Valla u. a. ein. Im 17. Jh. erneuerte Pierre Gassendi die epikureische Naturphilosophie und wurde damit richtungweisend für den modernen Atomismus. W. L.

Q: H. Usener, Epicurea, 1887 – C. Diano, Epicuri Ethica, 1946 – G. Arrighetti, Epicuro, opere, 1960 – *Lit:* Zeller, III 1, 373–494 – Überweg-Prächter, 435–461; 578–581; 133–140; 183 – W. Schmid, RAC 5 (1961), 681–819 – W. Crönert, Kolotes u. Menedemos, 1906 – Ders., Die E. in Syrien, JÖAI 10, 1907, 145–152 – B. Rochot, Les travaux de Gassendi sur Epicure et sur l'atomisme, 1944 – E. Garin, Ricerche sull'epicureismo del quattrocento, in: Epicurea in mem. H. Bignone, 1959, 217–237 – P. Boyancé, L'épicurisme dans la société et la littérature romaines, BAGB 4, 1960, 499–516 – E. Paratore, L'epicureismo nel mondo latino, 1960.

Epilogos (conclusio, peroratio), Schlußteil der kunstmäßig gestalteten Rede. → Rhetorik B [1. 4], Tabelle, 7f., Zum E. in der → Tragödie → Exodos. H. H.

Lit: Lausberg, I 236ff. – D. Matthes, Lustrum 3, 1959, 209.

Epilykos, Dichter der alten oder mittleren → Komödie (I B. C); Zeit unbekannt. Th. G.

Frg: FAttCom I 944–947.

Epimeleten (etwa ‹Pfleger›), meist mit Angabe des räumlichen oder sachlichen Zuständigkeitsbereiches (im Genitiv), hießen viele verschiedene → Magistrate (1) und kleinere Beamte im griech. Bereich. F. G.

Epimenides von Kreta, Sühnepriester und Wundermann vom Ende des 7. Jh.s v. Chr., in manchen Zügen mit Pherekydes (2) v. Syros und Pythagoras vergleichbar, wie diese dem Kreise der Sieben Weisen nahestehend (Diog. Laert. 1, 109–115). Daß er eine historische Gestalt war, ist wahrscheinlich (Aristot. Ath. pol. 1; Plut. Sol. 12), doch ist sie fast völlig überdeckt teils durch Wundererzählungen, an denen unter dem Einfluß der Mythen Platons bes. das 4. Jh. v. Chr. Interesse nahm, teils durch Zuschreibungen verschiedener Bücher: eine Theogonie und ein Buch über Geschichte und Einrichtungen Kretas, beide weitgehend verantwortlich für das eigentümliche Ansehen, das bes. im 4. Jh. v. Chr. die Götterlehre und die politischen Institutionen der (realpolitisch völlig bedeutungslosen) Insel Kreta genossen. Dazu kamen eine Orakelsammlung, aus der uns einiges mitgeteilt wird, und ein Sühnegedicht. Dem histor. E., wenn es ihn gab, gehört nichts von alledem. – Unter den Legenden ist die berühmteste die von seinem 57 Jahre dauernden Schlafe in einer Grotte (Diog. Laert. 1, 109). O. G.

Q und Lit: VS 3 und bes. FGrHist 457 (mit Komm.).

Epimetheus (‹nachbedacht›), Bruder des → Prometheus, nimmt → Pandora auf.

Epimetrum, in spätröm. Zeit ein den Kurialen als Steuereinnehmern zu zahlender Zuschlag zur Deckung des beim Transport von Sachsteuern zu erwartenden Verlustes. Das E. betrug 369 für trockene Früchte 1%, für Wein und Öl 5%, später mehr. Mit den weiteren Zuschlägen für den Transport zu Wasser und zu Lande konnte die Belastung über 30% der Steuer ausmachen (→ Rom III C). R. Kn.

Epinetron, Gerät zum Bearbeiten von Wolle, auch ‹Onos› genannt. Die Form ist halbzylindrisch Knie und Oberschenkel angepaßt und wurde im Sitzen verwendet. Wahrscheinlich wurde auf dem E. die Wolle vorgesponnen, d. h. ein erster, lockerer Faden gedreht. Erhalten sind E.a aus Ton, deren Oberseite geschuppt ist, während die Seitenwände figürlich bemalt sind (E. des Eretria-Malers, Athen, um 430 v. Chr.). Im Gebrauch werden eher E.a aus Holz gewesen sein. I. Sch.

Lit: D. M. Robinson, AJA 49, 1945, 480–487 – B. Schweitzer, SB Heidelb. 1961, 6 – G. Bakalakis, Zur Verwendung des E., ÖJh 45, 1960, Beiblatt 200–208.

Epinikion oder *Epinikos* (scil. Hymnos), Siegeslied nach der Schlacht (Aischyl. Ag. 134), als literarische Gattung das Siegeslied, das dem Sieger eines gymnischen → Agons von einem Chor gesungen wurde. Als Terminus erst hellenist., das Adjektiv jedoch schon Pind. Nem. 4, 78 (*ἐπίνικοι ἀοιδαί*). – Das älteste bezeugte E. ist das des → Simonides (1) für den Olympioniken Glaukos aus dem Jahr 520 (Fr. 4 P.); die Gattung wurde wahrscheinlich von ihm geschaffen. Von seinen E.en sind nur Bruchstücke erhalten (Fr. 1–14 P.), vollständige in größerer Zahl haben wir von → Bakchylides und → Pindar. Bald nach ihnen kam der Brauch anscheinend ab, wir haben nur noch ein E. des Euripides auf einen Wagensieg des Alkibiades 416 v. Chr. (Fr. 1 P.) und eins in Distichen (!) von → Kallimachos (Fr. 384 Pf.). – Die *Aufführung* der E.en fand selten am Ort des Agons, meist bei der Siegesfeier in der Heimat des Siegers statt, gelegentlich unter Leitung des Dichters selbst. – Durch reichliche Überlieferung sind die E.en die uns am besten kenntliche Gattung der Chorlyrik. Meist in Triaden (→ Perikope) gehalten, seltener monostrophisch (vgl. → Chor, 4), die Länge schwankt zwischen 20 und 300 Versen; metrisch überwiegen die → Daktyloepitriten. – Drei *Themen* sind unerläßlich: Personalien des Siegers und Art des Sieges, Mythos (kann in sehr kurzen Gedichten fehlen) und Gnomik. Der Verlauf des Agons wird nie geschildert, dagegen das Lob des Siegers nach Möglichkeit mit dem seiner Familie verbunden. Der Mythos (gew. im Mittelteil) ist meist mit Bezug auf den Festort oder -gott oder auf die Person, Familie, Stadt des Siegers gewählt. Die Gnomik durchzieht das ganze Gedicht, oft dient sie zur Verbindung der Teile. – Charakteristisch für das E. (bes. Pindars) ist der lockere, wie improvisiert wirkende *Aufbau*, die Vermischung der drei Grundelemente, der rasche Themawechsel. Bes. gegen Schluß trägt der Dichter auch eigene Angelegenheiten (Entschuldigung, Rechtfertigung usw.) vor, die mit dem Anlaß des E.s nichts zu tun haben. Da der Chor immer im Namen des Dichters spricht, konnte sich Pindar gelegentlich der Form des E.s für persönliche Episteln bedienen (Pyth. 2. 3). – Von den E.en des Simonides ist nur so viel kenntlich, daß der Ton leichter war als bei Pindar und Bakchylides, die den feierlichen Ton der Götterhymnen in das E. übernahmen. E.-M. V.

Epiphanes, ‹erscheinend›, als Götterepitheton gebraucht bei einzelnen Manifestationen oder für sichtbare Träger göttlicher Macht, im Hellenismus für die als Retter erscheinenden Herrscher (nicht als Kultname, sondern als Teil der offiziellen Titulatur: → Ptolemaios V.; → Kleopatra; → Antiochos IV. und spätere). Auch für Römer: Caesar als theos e.: SIG 760. C. J. C.

Epiphanes, christl. Gnostiker, Sohn des → Karpokrates.

Epiphanie (‹Erscheinung›). Die Begegnung des Menschen mit dem → Heiligen ist die Voraussetzung aller Religion. Da das Heilige seinem Wesen nach einer nicht-menschlichen Dimension angehört, muß es in irgendeiner Form in der Erfahrungswelt des Menschen in Erscheinung treten: das gilt sowohl in Religionen mit einer ausgeprägten → Gottesvorstellung als auch bei solchen, in denen der Begriff des Heiligen an unpersönliche, geheimnisvolle und nicht näher bestimmbare Mächte (→ Mana) geknüpft ist. Nur Gottheiten, die ihrem Wesen nach Naturobjekte sind (z. B. Wasser, Feuer, Baum, Sonne, Mond), sind ständig gegenwärtig und brauchen keine besondere Gestalt anzunehmen. – *Die Griechen* haben immer daran geglaubt, daß ihre Götter persönlich erscheinen können, wenn auch Formen und Umstände solcher E.en sehr verschieden sind. In der ganzen griech. und weithin auch der röm. Literatur ist das Vorbild → Homers entscheidend wirksam *(epische E.)*. Bei ihm erscheinen die Götter nicht nur in Menschen-, sondern auch in Tiergestalt (vgl. → Tierkult, meist als Vögel, wie schon auf bildlichen Darstellungen der minoischen Zeit: → Vogelkult). – Die Sagen mancher Götter kreisen um ihre Erlebnisse in Menschengestalt (→ Demeter, → Dionysos: *mythische E.)*. Häufig werden bestehende Kulte auf solche mythischen E.en zurückgeführt. Aber auch aus historischer Zeit berichten Legenden und Wundergeschichten davon, wie Götter – meist helfend oder mahnend – erschienen sind (→ Asklepios, → Pan, → Dioskuren). Im Glauben an die alljährliche persönliche Wiederkehr bestimmter Gottheiten (die sog. *Epidemia)* liegt die Wurzel für viele periodisch gefeierte Feste. Die Zahl der in der griech. Literatur berichteten E. ist so groß, daß sich kaum im einzelnen feststellen läßt, wo wirkliche persönliche Erlebnisse oder nur Äußerungen dichterischer Phantasie vorliegen. – Über die im Hellenismus verbreitete Auffassung, daß ein Mensch persönliche Inkarnation eines Gottes sein kann, siehe → Herrscherkult, → Apotheose, → Epiphanes. – Der *altrömischen Religion* ist ihrem ganzen Wesen nach der Glaube an sichtbare E.en von Götterpersönlichkeiten zunächst fremd (→ Religion II B 2). Die spürbare Nähe einer göttlichen Macht verursacht Angst und Schrecken. Erst von den → Etruskern übernehmen die Römer den Glauben an anthropomorphe Göttererscheinungen; sogar Menschen (z. B. Priester oder der Feldherr als Triumphator) können stellvertretend für den Gott erscheinen: dadurch werden die Götter nicht nur in ihrem Wirken, sondern auch leibhaftig faßbar. – Die Götter-E.en bei den röm. Dichtern sind im allgemeinen ganz nach dem Vorbild Homers gestaltet. K.-H. R.

Lit: RGG II 606–608 – F. Pfister, RE Suppl. 4 (1924), 277–323 – M. Eliade, Das Heilige und das Profane, 1957 – W. F. Otto, Theophania, 1956.

Epiphaniegestus wird ein Gestus mit erhobenen Armen genannt, den in der → Kret.-myk. Kunst zunächst (MM I–II) → Siegelbilder, dann vor allem vollplastische Darstellungen einer Göttin zeigen. Das Motiv, das – durch die Schlangen bereichert – auch von der ‹Schlangengöttin› (MM III) veranschaulicht wird und mit spät- und submin. → Idolen, die als Kultbilder verwendet wurden, ein besonderes Gewicht bekam (bis zu 62 cm hohe Tonfiguren aus → Knossos, Ghazi, Karphi usw.), wurde auch, von Kreta unabhängig, im Typus der myk. Idole des Ψ-Typus wiedergegeben. Im ägäischen Bereich läßt sich das Schema sogar bis ins 3. Jt. zurückverfolgen; für die besondere kret. Entwicklung, die ohne Verbindung zu den ägäischen Frühformen zu sein scheint, wurden Einwirkungen aus dem mesopot. Bereich angenommen. In frühgriech. Zeit hat der E. bei weibl. und männl. Darstellungen noch ein Nachleben gehabt. – Auf kret.-myk. Ringen und Siegeln erscheint ein Adorationsgestus, der formal dem E. entspricht. Für eine bestimmte Art einer tänzerischen Adoration und für die Erscheinung der Gottheit selbst wurde der E. offenbar auch dem Sinne nach gleichartig benutzt. W. Schg.

Lit: S. Alexiou, Ἡ μιν. θεὰ μεθ' ὑψωμένων χειρῶν, Κρητ. Χρον. 12, 1958, 179–299 – F. Matz, Götterersch. u. Kultbild im min. Kreta, Abh. Mainz, 7, 1958, 385–448 – V. Müller, RE Suppl. 5 (1931), 487, s. v. Kultbild – H. V. Herrmann, Zur ältesten Gesch. von Olympia, Am 77, 1962, 30 mit Anm. 119.

Epiphanios, geb. um 315 in Judäa, 367–403 Bischof von Salamis (= Konstantia) auf Cypern, eifriger Verfechter der Orthodoxie; 392 löste er in Jerusalem mit einer Predigt gegen → Origenes den ersten → origenistischen Streit aus, in dem er sich mit → Hieronymus gegen Joh. v. Jerusalem und → Rufin und mit Theophilos von Alexandria gegen Joh. → Chrysostomos stellte. Doch nahm er an der Synode, die diesen verurteilen sollte (403), nicht mehr teil. – *Schriften* des bildungs- und bilderfeindlichen Autors: (1) Der ‹Festverankerte› (Ancoratus), ein Handbuch orthodoxer Dogmatik; (2) Der ‹Arzneikasten› (Panarion), Widerlegung (‹Gegengift›!) der bisher vorgetragenen Häresien; (3) ‹Über Maße und Gewichte›, Sacherklärungen zum AT, vollständig nur syrisch erhalten; (4) zwei Briefe, auf lateinisch erhalten. H. D.

Ed: PG 41–43 – K. Holl, GCS 25. 31. 37. 1915–33 (Ancor.; Panar.) – De pond. et mens., ed. J. E. Dean, 1935 (syr.) – *Lit:* Altaner, 281–284.

Epipher (ἐπιφορά, conversio: Rhet. Her. 4, 19), rhetor. → Wortfigur; Wiederholung eines Satzteils am Ende aufeinanderfolgender Wortgruppen. (Verwandtschaft mit dem → Homoioteleuton, Gegenstück die → Anapher. E. und Anapher verbunden heißt complexio, συμπλοκή.) *Bsp.:* Schiller, M. St. 1, 6: «Ihr überrascht mich nicht, erschreckt mich nicht». → Traductio. H. H.

Lit: Lausberg, I 320f., Elemente², 89f.

Epirrhema, Sprechverse eines Schauspielers in der → Tragödie, die einer Gesangspartie des → Chores folgen; oft als Antwort zwischen die einzelnen Strophen eines Chorliedes eingeschoben, z. B. Aischyl. Pers. 256ff., Hik. 348ff., 736ff. Vgl. → Komödie. E.-R. Sch.

Lit: W. Kranz, Stasimon, 1933, 14ff. – A. Peretti, Epirrema e tragedia, 1939.

Epirus (Ἤπειρος, ‹Festland›), nordwestl. an Griechenland anstoßende Landschaft am → Ion. Meer (Kt. 1152 AB 2/3), im S vom Golf von → Ambrakia (heute Arta) und → Ätolien, im O von → Thessalien und → Makedonien (Abgrenzung schwankend), im N von → Illyrien begrenzt. Der Verkehrswert der Häfen durch dahinterliegende Gebirge (Keraunia) eingeschränkt; im Innern die Gebirgskette des Tomaros. Hauptflüsse der Aoos, der das Land von SO nach NW durchzieht und der in den Golf von Ambrakia mündende Arachthos. Hauptorte Phoinike, Buthroton und Ilion. Hauptwirtschaftszweig des Landes der Ackerbau. Die Epiroten galten nicht als Griechen, standen ihnen aber nahe wie die benachbarten Makedonen. Zumindest die seit der dor. Wanderung eingewanderten Griechenstämme (Dorer, Nordwestgriechen) siedelten vorher in E. Die Epiroten zerfielen in eine größere Anzahl von Stämmen, von denen die Molosser, Thesproten, Chaonen, Atintanen, Athamanen und Parauäer die wichtigsten waren. An Städten gab es ursprünglich nur die korinth. Kolonien an der Küste, bes. → Ambrakia. Im Innern liegt das altgriech. Zeusheiligtum und Orakel von → Dodona. An der Geschichte Griechenlands hatte E. lange keinen Anteil; das Königtum hielt sich noch in historischer Zeit; führend die Könige der Molosser, aus deren Dynastie auch → Olympias, die Mutter → Alexanders (5) d. Gr. stammte; damals war E. mit → Makedonien verbunden. Größere geschichtliche Bedeutung nur unter → Pyrrhos (307–272). Sturz des Königtums ca. 231, danach Bundesverfassung. Seit 148 v. Chr. mit Makedonien zu einer röm. Provinz vereint (s. u. 2). E. M.

Lit: Ἠπειρωτικὰ Χρονικά, 8 Bde, 1926–33 – N. G. L. Hammond, Prehistoric E. and the Dorian invasion, BSA 32, 1931/32, 131–179 – P. R. Franke, Alt-E. und das Königtum der Molosser, 1955 – Philippson-Kirsten II 11–130; 202–290 – P. R. Franke, Die antiken Münzen von E., 2 Bde, 1961.

[2] Die *röm. Provinz*. Seit Hadrian oder Antoninus Pius bildete E., vorher zu → Achaia [2] gehörend, zusammen mit → Akarnanien und den Ion. Inseln, eine eigene Provinz, begrenzt im S vom Acheloos-Fluß, im N vom Vorgebirge Akrokeraunia. Die Provinz wurde von einem kaiserlichen Procurator verwaltet. Allgemein ist über die Verwaltung der Provinz wenig bekannt. J.S.

Episkenion (griech. auch Distegia), Stockwerk des Bühnenaufbaus, → Theater B [1]. K.G.K.

Episkopos → Amt.

Epistaten, in klass. und hellenist. Zeit ‹Vorsteher› von privaten und öffentlichen Institutionen und Gremien verschiedener Art in zahlreichen Gemeinden und Staaten, z.B. in Athen der täglich wechselnde Epistates der → Prytanen, der im 4. Jh. den Vorsitz in Rat und Ekklesie an den Epistates der 9 Prohedroi verlor. Hellenist. und Parther-Könige überwachten abhängige Städte durch E. (Zivilgouverneure und Garnisonskommandanten); des öfteren tragen diese auch den Titel *ἐπὶ τῆς πόλεως* oder Stadt → Stratege. In mehreren Staaten (z.B. Makedonien, Peraia von Rhodos) fungierten E. als Distriktsvorsteher. Im ptolemäischen → Ägypten (II A) leiteten E. das Polizeiwesen in Gau, Stadt und Dorf, unter ihnen die *ἐπιστάται τῶν φυλακιτῶν* als Gendarmeriekommandanten in den gleichen Bereichen. E. hießen auch die vom König bestellten Vorsteher des Museions in Alexandria und der Tempel. H.H.Sch.

Lit: H. Bengtson, Die Strategie in der hellenist. Zeit II, 1944, bes. 243f., 299–307, 324–330, 390; III, 1952, 63f., 115 – E. Lavigne, De E. van het dorp in Ptolemaeisch Egypte, 1945 – V. Ehrenberg, Der Staat der Griechen (1958), 1964², 235.242.245.

Epistula Alexandri Macedonis *ad Aristotelem de itinere suo et de situ Indiae*, eine ursprünglich griech. Schrift unbestimmten Alters über die Wunder Indiens, nur in lat. Übersetzung aus der Spätantike erhalten. Vgl. → Alexanderroman. R.Mk.

Ed: W.W. Boer, 1953.

Epistyl, Architrav, Steinbalken über Säulen, → Tempel B [3]; [12].

Epitadeus (-das), Spartaner, hat angeblich im 4. Jh. v. Chr. als Ephor den Inhabern eines Landloses die Befugnis eingeräumt, darüber frei zu verfügen (Plut. Agis 5), wodurch Mitte des 4. Jh.s der größte Teil des Bürgerlandes in den Besitz weniger gekommen war und zwei Fünftel Frauen gehörten. E.Bn.

Lit: Busolt-Swoboda, 635f. 722f. – H. Michell Sparta, 1952, 215ff.

Epitaphion → Epigramm.

Epitaphios logos (lat. → laudatio funebris: Quint. inst. 3, 7, 2), öffentliche Leichenrede (meist auf Kriegsgefallene) als wichtiger Sonderfall des genus demonstrativum in der → Rhetorik (B. Tabelle, 3c). *Bsp.:* die berühmte Leichenrede des Perikles (Thuk. 2, 35–46), der E.l. des Gorgias (VS 82 B 5a ff.), des Lysias (or. 2), des Demosthenes (or. 60), des Hypereides (or. 6) und der E.l. in Platons Menexenos (236D ff.); vgl. ferner den Extrakt eines E.l. bei Lykurg (39f.). Das traditionelle Schema enthält den Preis der Toten, den Trost für die Angehörigen und die Mahnung an die Überlebenden. H.H.

Lit: J. Sykutris, Der demosthen. E., Hermes 63, 1928, 241–258 – J. Walz, Der lysian. E., 1936 – J. Klowski, Zur Echtheitsfrage des lysian. Epitaphios, Diss. Hamburg 1959 (masch.) – H. Heß, Textkrit. u. erkl. Beiträge zum E. des Hypereides, 1938 – W. Vollgraff, L'oraison funèbre de Gorgias, 1952 – M. Pohlenz, Zu den att. Reden auf die Gefallenen, SO 26, 1948, 46–74 – J. Th. Kakridis, Der thukydid. E., 1961 – Kennedy, Persuasion, 154–166.

Epithalamium → Hymenaios.

Epitheton ornans, ‹schmückendes Beiwort›, ein das Aussehen bzw. eine typische Funktion einer Person oder Sache charakterisierendes Attribut, das sich mit bestimmten Begriffen zu einer ‹stehenden Verbindung› als einer einheitlichen, typische Wesenszüge in festgelegter Form darstellenden Bezeichnung zusammenschließt. – Dieses Stilmittel entstammt offenbar der epischen Formeltechnik, seine Verwendung ist nicht auf Situationen beschränkt, in denen das E.o. prägnant gebraucht wird; so heißt z.B. Achill, auch wenn er im Zelt sitzt, ‹schnellfüßig› (Il. 16, 5), und Schiffe werden, auch wenn sie auf dem Land sind, ‹schnellfahrend› genannt (Il. 1, 421). G.K.

Lit: M. Parry, L'épithète traditionnelle dans Homère, 1928.

Epizykeltheorie, die auf → Apollonios (15) v. Perge zurückgehende Theorie, die den scheinbaren Stillstand und die rückläufigen Bewegungen (‹Schleifen›) der Planeten durch die Kombination zweier gleichförmiger Kreisbewegungen erklärt, die des Planeten auf einem Nebenkreis (‹Epizykel›) und die des Epizykelzentrums auf einem Hauptkreis (Deferens), der zentrisch oder exzentrisch (→ Exzentertheorie) um die Erde verläuft (→ Astronomie B 3; dort auch die Abb.). S.S.

Epode (*ὁ ἐπῳδός* scil. *στίχος*). [1] In *griech.* → *Lyrik* 1. der zweite, kürzere Vers eines Zweizeilers (mit Ausnahme des Pentameters), dann Gedicht aus solchen Zweizeilern. Der erste Vers ist oft ein jambischer Trimeter oder ein Asynarteton, der zweite daktylisch oder jambisch. E.n sind bekannt seit → Archilochos (Fr. 79–106. 112–117 D.), sie werden zur Gattung des → Iambus gezählt; 2. in der Chorlyrik der dritte, meist kürzere Teil der Triade (→ Perikope). Die E. ist fast immer im gleichen metrischen Geschlecht gehalten wie → Strophe und Antistrophe (Ausnahmen z.B. Pind. Ol. 13; Bakchyl. 3); 3. im Chorlied des Dramas kann nach einem oder mehreren Strophenpaaren eine nicht respondierende E. den Schluß bilden. E.M.V.

[2] *In röm. Lyrik:* → Horaz rühmt sich (epist. 1, 19, 23 ff.), die → Jamben des → Archilochos in die röm. Dichtung eingeführt zu haben; er bezieht sich dabei auf das Buch, das die antiken Erklärer ‹Epodenbuch› nennen. Die E. ist ein Gedicht in Verspaaren, wobei die Verse jeden Paares verschieden lang sind; der zweite, meist kürzere, heißt *στίχος ἐπῳδός:* ‹nachklingender Vers›. Im gebräuchlichsten Typus (Horaz epod. 1–10) folgt jeweils auf einen jambischen Trimeter ein jambischer Dimeter: *beatus ille, qui procul negotiis / ut prisca gens mortalium* (2, 1–2). Daneben finden sich rein daktylische Gedichte (epod. 12) sowie Verspaare, die sich aus je einer jambischen und daktylischen Zeile zusammensetzen (16) und andere Mischformen (→ Elegiambus: 11; → Iambelegus: 13). Bei Archilochos und → Hipponax war der → Iambus die geschliffene Angriffswaffe des zürnenden Dichters. Auch Horazens Epoden sind → Invektivenpoesie wie seine → Satiren, schlagen aber wesentlich schärfere Töne an. – Unter → Vergils Jugenddichtungen (→ Appendix Vergiliana) ist eine vermutlich unechte, sehr obszöne E. (Catal. 13), die von Horaz abhängig ist. In der Medea verwendet → Seneca (2) die Epodenform in einer bewegten Arie der Heldin (771–842). Fünf jambische E.n stehen bei → Martial (1. Jh. n. Chr.), zwei unter den Epigrammen des → Ausonius (4. Jh. n. Chr.). G.L.

Epona, kelt. Schutzgöttin der Pferde, Maultiere und Esel; Schirmherrin der Reiter und Pferdeknechte; ihr Kult war besonders in Ostfrankreich und Westdeutschland, dem → Limes entlang, verbreitet. «Kein griech.-röm. Gott ist mit den Pferden so eng verbunden: weder die → Dioskuren noch → Mars selbst. Das erklärt, warum E. so beliebt war, namentlich beim Heer, das ihren Kult weithin verbreitet hat: entlang der Donau und bis nach Italien, wo ihr Fest, nach einem Kalender aus dem 1. Jh. n. Chr. am 18. Dez., stattfand; sie ist die einzige gall. Gottheit, die in der Reichshauptstadt selbst Verehrung fand» (P.M. Duval). Dargestellt wird sie oft auf einer Stute reitend oder umgeben von Pferden und Maultieren, die sie füttert. Gewisse Attribute (Füllhorn, Fruchtkorb) lassen vermuten, daß sie auch für eine Fruchtbarkeitsgöttin gehalten wurde. Man findet sie oft vereint mit den → Campestres und → Suleviae. H. Le B.

Lit: R. Magnen-E. Thévenot, E., 1953 (neuere Lit. mit Erg. von 1956) – P.M. Duval, Les dieux de la Gaule, 1957, 47.

Eponia, Bezeichnung indirekter → Steuern, die in den griech. Städten nach unterschiedlichem Tarif auf den Verkaufspreis der Waren erhoben und als Torzölle (Diapylia) wie als Marktgebühren (Agorastika) eingezogen wurden. Auch Immobilien waren bei Verkauf und Versteigerungen den E. als Kerykeia unterworfen. In der hellenist. Zeit entsprachen ihnen die → Enkyklia. H. Br.

Lit: A. Andreades, Gesch. der griech. Staatswirtschaft I, 1931 – F. M. Heichelheim, Wirtschaftsgesch. des Altertums, 2 Bde, 1938.

Eponyme (ἐπώνυμος, ‹Namen gebend›), der Gott oder → Heros, nach dem eine griech. Stadt oder ein Geschlechterverband (z. B. die → Phylen in Athen) benannt ist und dem daher ein bes. Lokalkult zuteil wird; vgl. → Archegetes, → Ktistes, → Staatsreligion. K.-H. R.

[2] *Eponymie,* in der Zeitrechnung der antiken Staaten der Brauch, die einzelnen Jahre nach den jeweiligen obersten, ‹eponymen› Jahresbeamten zu bezeichnen. H. Kal.

Eporedia, Stadt der Salasser in der Gallia Transpadana an der Dora Baltea (Kt. 1420 B2; heute Ivrea), in der 100 v. Chr. eine röm. Kolonie angelegt wurde. In der Kaiserzeit Municipium. An antiken Bauten sind das Theater des 2. Jh.s n. Chr. und die erst kürzlich freigelegten Reste des Amphitheaters und der Stadtmauer zu nennen. B. A.

Lit: P. Barocelli, Ed. archeol. della carta d'Italia, Foglio 42, Ivreae, 1959 – G. Corradi, EAA IV, 1961, 280f.

Epos

I. Griechisches E. – II. Römisches E.

I. Griechisches Epos

A. Ursprünge, Vorformen, Charakteristik – B. Homerisches E. – C. Hesiod – D. Kyklos – E. Hymnen – F. Weitere Geschichte des E. – Hellenist. E. → Hellenist. Dichtung C.

A. Ursprünge, Vorformen, Charakteristik. Das E. ist eine breitere, erzählende Darstellung von Stoffen der (Helden-) Sage (seltener der Geschichte) in Versform, im Griechischen vorwiegend an das Maß des daktylischen Hexameters gebunden. – In den ältesten erhaltenen griech. Epen, in der → Ilias wie in der → Odyssee, finden sich mancherlei Hinweise auf Vorformen. Neben Kult-, Arbeits- und Festliedern wird vor allen Dingen der Heldengesang erwähnt. In der Ilias besingt Achill Ruhmestaten der Menschen (9, 189, vgl. 6, 357f.), in der Odyssee tragen → Aoiden Lieder vom Trojazug vor (1, 326 Heimkehrgedicht; 8, 489f. Leiden der Achaier; 8, 76 Zwist des Achill und Odysseus; 8, 500 das hölzerne Pferd und Trojas Zerstörung). Zahlreiche Anspielungen auf andere Sagenkreise lassen einen lebendigen Sagenzusammenhang erkennen, und einige Episoden (z. B. die Meleagergeschichte, Il. 9, 524) waren offensichtlich schon als Lieder gestaltet. Auch die Mischung äol. und ion. Elemente in der Sprache → Homers deuten eine frühere äol. Stufe des Heldengesangs an, und die häufige Verwendung von Formeln sind Zeichen eines alten, lang geübten Handwerks. Der Vergleich mit anderer Epik, bes. mit der zeitgenössischen slawischen, die H. Murko untersuchte, brachte zuerst M. Parry zur Annahme einer epischen Tradition schon vor Homer in der Form der ‹oral composition›. Danach konnte der → Aoide, dem ein fester Sagenschatz zur Verfügung stand, jederzeit mit Hilfe formelhafter Elemente (s. u.) improvisierend einen Liedgang (οἴμη, vgl. z. B. Od. 8, 74) von einem bestimmten Punkt aus (Od. 8, 499f.) durch einen bestimmten Stoff finden. Ob schon das eine oder andere kürzere Lied schriftlich fixiert war, bleibt unklar. (Das einzige durch Zufall gefundene Heldenlied im westgermanischen Bereich, das Hildebrandslied, unterscheidet sich erheblich vom späteren Epos, vgl. A. Heusler.) – Nach Nilsson gehen die Sagen bis in die myk. Epoche zurück. Von da an sind sie offenbar immer reicher ausgestaltet und ständig erweitert worden, bis sich Göttergeschichte, Kultaitiologie, Märchenmotive und Erfindungen mit ihnen zu einer bunten Deutung der Welt entfalteten. Sie bilden als die Fiktion einer großen Vergangenheit, als die Kunde vom Heroenzeitalter den Hintergrund des Epos. – Der epische Dichter berichtet ‹Wahres› (magische Elemente finden sich kaum im Heldenepos). Im Mittelpunkt seiner Darstellung steht in der Regel der Held, der im Sinne des Ehrenkodex einer aristokratischen Schicht Mut und Kraft beweist.

B. Homerisches Epos. [1] *Homer, Ilias und Odyssee:* Die Ilias behandelt aus der Fülle des trojan. Sagenstoffes eine Episode des letzten Kriegsjahres, den Zorn Achills. Die Odyssee beschreibt die Heimkehr des Odysseus, seine vielen leidvollen Abenteuer bis zur Wiederherstellung seiner Herrschaft. Während für die Ilias das Kampfgeschehen um Troja eine reichbewegte Kulisse darstellt, ist der Hintergrund der Odyssee durch das höfisch übermütige Treiben der aristokratischen Gesellschaft der Freier gekennzeichnet. In beiden Epen ist die Handlung durch die Taten und das Verhalten eines Helden bestimmt, der in der Ilias als der physisch starke, in der Odyssee als der listige, verschlagene, zugleich aber geduldig ertragende gekennzeichnet wird. Beide handeln nach den Vorstellungen der Herrenschicht, der sie angehören. Sie versuchen, Ehre, Prestige und andere persönliche Interessen zu wahren, können aber (trotz gewissen großzügigen Zugeständnissen an Gäste und Freunde) heftige Kollisionen mit ihren Standesgenossen nicht vermeiden. Den Inhalt ihres Lebens bildet eine glänzende, spannungsreiche Welt des Kampfes. Dagegen erscheint der Tod, dem schließlich keiner entkommen kann (Il. 21, 565) und dem man um des Ruhmes (κλέος) willen nicht aus dem Weg geht (Il. 9, 412ff.; 18, 121), furchtbarer als das Dasein eines Tagelöhners (Od. 11, 488ff.). – Naive Freude an der Bestätigung der eigenen Kraft, an Wettspiel und Kampf, an Besitz, Tafelfreuden und Gesang, gelegentlich aber auch Empfindsamkeit und Einfühlungsvermögen bestimmen den Menschen.

[2] *Formen und Elemente.* Die natürlichen Elemente des Epos sind die darstellende Erzählung und die persönliche Rede. – Der durchgehende Vers ist der katalektische daktylische Hexameter (im → Margites mit Jamben vermischt). Rhythmische Vielfalt wird durch die verschiedene Gliederung des Verses erreicht (→ Hexameter) und durch die Möglichkeit, Daktylen durch Spondeen zu ersetzen. – Ausdruckseinheit ist nicht so sehr das einzelne Wort, sondern vielmehr dem Vers angepaßte, vorgeformte Junkturen vom Kurzausdruck des → Epitheton ornans bis zu Formeln größeren Umfangs, die z. T. ganze (typische) Szenen umfassen können (Opfer, Gebet, Rüstung usw.). Die Verwendung von → Gleichnissen, Rückblicken, Erinnerungen, Voraussagen, Vorschau, Abschweifungen und Ausdeutungen ermöglicht es dem Dichter, innerhalb der engeren Grenzen des Handlungsablaufes die ganze Fülle der Welt abzubilden (vgl. auch → Homer C).

[3] *Überlieferung, Wirkungsgeschichte:* die moderne Forschung vermutet wohl mit Recht, daß beide Epen gleich bei ihrer Entstehung schriftlich fixiert worden sind. Dennoch wurden sie zunächst nicht gelesen, sondern von Rhapsoden, bes. von den → Homeriden von Chios, die Pindar erwähnt, auf Festen vorgetragen. – Solon oder Hipparch führte für die Panathenäen den vollständigen Vortrag der homerischen Epen durch sich abwechselnde Rhapsoden ein. In welchem Maß der Text durch solche Vorträge verändert wurde, ist schwer zu sagen, auf jeden Fall enthält die → Sprache Homers Attizismen. – Daß es schriftliche Exemplare gab, zeigt ihre Benutzung durch die Lyriker, aber sie mögen zunächst selten gewesen sein. Eine → Peisistratische Redaktion ist als unhistorisch erwiesen. Kritische Ausgaben auf Grund von Textvergleich haben zuerst die Alexandriner → Zenodot (1), → Aristophanes (2) und → Aristarch (2) gemacht. Von ihnen stammt auch die Einteilung der Epen in je 24 Gesänge. Der Erfolg ihrer krit. Arbeit dokumentiert sich am klarsten darin, daß die Homerpapyri seit Mitte des 1. Jh. s. v. Chr. einen einheitlichen Textbefund aufwei-

sen. Vermutlich haben die Grammatiker der besten Tradition (diese ist in den Zitaten der att. Klassiker teilweise noch greifbar) zur Geltung verholfen. Indessen sind ihre erlesenen Konjekturen, den späteren Generationen vor allem aus → Aristarchs Kommentar bekannt, in die Vulgata kaum eingedrungen. – Der Homertext ist dann wohl in einigen Exemplaren mit alten Varianten durch die ‹dunklen Jahrhunderte› bis ins Mittelalter erhalten geblieben. Die älteste Ausgabe besorgte 1488 in Florenz Demetrios Chalkondyles. Vgl. → Überlieferung, → Homer E.

C. Hesiod. → Hesiods Epen schließen sich in Vers und Sprache an Homer an, unterscheiden sich aber sonst grundsätzlich. Ihren Rahmen bildet nicht die glänzende Adelswelt mit Kampf und Abenteuer, sondern das harte, mühselige Leben des Bauern. Der auf persönlichen Interessen beruhenden Adelsmoral tritt der Ruf nach absolutem Recht entgegen in der Glorifizierung der Zeusherrschaft, von deren Konstitution die ‹Theogonie› berichtet, der erste Versuch, die Götterwelt in einer systematisch-moralischen Ordnung darzustellen; die gleiche Forderung stellt H. in den ‹Erga›, die Regeln für den Landbau geben und Hesiods Bruder zu Pflichtbewußtsein und Rechtlichkeit führen sollen.

D. Kyklos. In der Zeit nach Homer haben verschiedene epische Dichter Ereignisse aus dem trojan. Sagenstoff behandelt, die das in der Ilias und Odyssee dargestellte Geschehen ergänzten und abschlossen im sog. epischen → Kyklos. Daß diese Epen älter sind als die homerischen, ist trotz den Ausführungen Kullmanns kaum wahrscheinlich. (Die wenigen erhaltenen Fragmente zeigen einen an Homer angelehnten Stil und eine Sprache, die Wackernagel als jünger erwiesen hat.) Hinsichtlich der Komposition überwiegt in ihnen das Interesse am Stoff (→ Geschichtsschreibung I A 1), oft vermischt mit der Freude an romantischen Zügen auf Kosten einer straffen Darstellung. Zum Kyklos zählt man auch die Sagen des thebanischen Sagenkreises.

E. Hymnen. Die sog. → homerischen Hymnen enthalten neben dem Anruf des betreffenden Gottes einen mit ihm zusammenhängenden Mythos (z.T. Kultaitiologie) und dienten offenbar ursprünglich dem Kult bei Götterfesten (vgl. z.B. Hymnos auf Apoll). Ihre Zuweisung an Homer, dessen Sprache sie weitgehend verwenden, zeigt ihre Zugehörigkeit zur epischen Tradition.

F. Weitere Geschichte des E. Mit dem Verschwinden der Gesellschaft, die das homerische Epos hervorbrachte, war auch dem Epos selbst der Boden entzogen. Dennoch griffen auch später Dichter wie → Peisander, → Panyassis, → Choirilos (für zeitgeschichtl. Darstellung) und → Antimachos v. Kolophon (schon als ‹gelehrter Dichter›) die alte Form noch einmal auf. – Die alexandrin. Zeit brachte eine zweite Blüte des Epos, allerdings unter völlig veränderten Voraussetzungen: Der Vorwurf mußte kurz sein, in den Stoffen spiegelte sich gelehrtes Interesse an Mythologie, Geographie, Astronomie, Jagd, Küchenkunst, Landleben (→ Lehrgedicht). Die Darstellung mußte originell sein. Der kurze, gewählte Ausdruck ersetzte die hergebrachte Form. → Hellenist. Dichtung C. – In der dritten Blütezeit des Epos, in der → Kaiserzeitlichen Dichtung (B 1), war die Anlehnung an Homer wieder stärker; → Quintus Smyrnaeus, → Kolluthos, → Triphiodor behandelten homerische Stoffe. Origineller sind → Musaios (2) mit Hero und Leander und → Nonnos mit seinen Dionysiaka. G.K.

Lit: Schmid-Stählin I 1, 74–324 – Lesky 29–127 – *Zu A:* M.P. Nilsson, Homer and Mycenae, 1933 – A. Heusler, Lied und Epos in germanischer Sagendichtung, 1905 (Nachdr. 1956) – *Zu B:* → Homer – *Zu B[2]:* S.E. Bassett, The Poetry of Homer, 1938 – A.B. Lord, Homer and other Epic Poetry, in: A.B. Wace-F.H. Stubbings, A Companion to Homer, 1962, 179–214 (Lit) – *Zu B[3]:* → Überlieferung. Ferner (bes. zur Peisistratischen Redaktion): J.A. Davison, The Transmission of the Text, in: A Companion to Homer, 1962, 215–233 (Lit) – *Zu C:* → Hesiod – *Zu D:* → Kyklos – *Zu E:* → Hymnen.

II. Römisches Epos

A. Grundsätzliches – B. Chronologisch geordneter Überblick: [1] Epos der Republik – [2] Augusteisches Epos – [3] Frühe Kaiserzeit – [4] Späte Kaiserzeit – C. Eigenart des röm. Epos: [1] Nähe zum Geschichtlichen – [2] Begegnung mit Vorbildern – [3] Gestaltungstendenzen – [4] Gehalt – [5] Haltung des Epikers.

Vorbemerkung: Im Folgenden wird nur die narrative Epik behandelt; die in der Antike nicht streng abgetrennten Nachbargebiete (→ Lehrgedicht, → Bukolik, → Elegie) werden nur herangezogen, soweit sie für die Entwicklung des E. im engeren Sinne von Bedeutung sind.

A. Grundsätzliches. Das E. ist für den Römer (vgl. Sil. 13, 788 über Homer) als die vornehmste Gattung der Poesie in besonderem Maße berufen, ein umfassendes Bild der Welt zu vermitteln. Durch diesen Anspruch auf Allgemeingültigkeit erhält das große E. überpersönliche Bedeutung. Der junge Grieche wuchs mit Ilias und Odyssee, der Römer mit den Epen des → Livius (2) Andronicus (Hor. epist. 2, 1, 70), des → Ennius und später → Vergils heran. Ist bedeutende Epik ein nationales (vgl. später Camões) und religiöses Phänomen (vgl. Dante, Milton, Klopstock), so kann sie nicht zu allen Zeiten entstehen, sondern nur unter bestimmten historischen Bedingungen. Ein knapper geschichtlicher Überblick soll dies verdeutlichen (s.u. B); im zweiten Teil wird die Eigenart des röm. Epos systematisch herausgearbeitet (s.u. C).

B. Chronologisch geordneter Überblick. Hauptstufen der Entwicklung sind: (1) das E. der Republik, (2) das augusteische E., (3) das E. des 1. Jh.s n. Chr., (4) das E. der Spätantike.

[1] *Epos der Republik.* Am Anfang des röm. E. steht – die vorliterarischen Ursprünge sind nicht mehr greifbar – eine bahnbrechende Leistung geistiger Aneignung, die Odusia des → Livius (2) Andronicus (s.u. C 2). – Die drei größten röm. Epen der Zeit vor Christi Geburt verdanken ihre Entstehung jeweils einem Erlebnis der Ordnung nach bestandenem großem Kampf: nach dem 1. Pun. Krieg schreibt → Naevius das Bellum Poenicum, nach dem 2. Pun. Krieg → Ennius die Annalen, nach den Bürgerkriegen → Vergil die Aeneis. – Der Wandel von Ennius zu Vergil hat zur Voraussetzung das Wirken des → Lukrez, → Ciceros und der → Neoteriker. Lukrez verkündet eine mit Inbrunst ergriffene philosophische Lehre in empedokleischer Feierlichkeit, Cicero macht in dem Werk über sein Konsulat sich selbst zum Gegenstand episch-panegyrischer Darstellung. Neu ist in beiden Fällen das starke persönliche Engagement; solches Lebensgefühl gelangt – einmal von staatlicher und philosophischer Ideologie gelöst – zur religiösen Erhöhung des Persönlichen in der → Elegie (→ Gallus, 3). Diese Durchseelung strahlt auf Vergils Bukolik und dann auf sein E. zurück (s.u. C 4). Eine weitere wichtige Voraussetzung für die Entstehung des klassischen E. ist die Schärfung des künstlerischen Gewissens, wie sie in der röm. Kleinepik hellenistischen Stils (→ Catull, → Helvius (2) Cinna, vgl. auch die Kleinepen der → Appendix Vergiliana) sichtbar wird: hier gelangt das Ganze und die organische Einheit des Kunstwerks in den Blick (vgl. später Hor. ars passim und epist. 2, 1) und wird in harter Kleinarbeit erkämpft. – Immer weniger kann sich die Ennius-Nachfolge den strengeren formalen Anforderungen der Neoteriker entziehen, wie ein Blick auf die Fragmente (ed. Morel, 1927) zeigt: → Hostius (Bellum Histricum, nach 129 v. Chr.), A. → Furius (2) v. Antium (vgl. Cic. Brut. 132), M. → Furius (3) Bibaculus (Caesars Gallischer Krieg), P. Terentius → Varro (2) v. Atax (Bellum Sequanicum); dieser pflegte auch das mythologische E. (Argonautica nach Apollonios Rhodios), ebenso wie die Ilias-Dichter Cn. → Matius (1; frühneoterisch) und → Ninnius Crassus.

[2] *Augusteisches Epos.* Geistesgeschichtlich (über die Homerbegegnung der röm. Epiker s.u. C 2) und politisch steht → Vergils Aeneis an einem Scheitelpunkt: die gereifte poetische Technik erlaubt das Wagnis der Großform ohne Preisgabe der inneren Einheit; die Eroberung des Mythos

ermöglicht die Einheit der Handlung ohne Vernachlässigung des Geschichtlichen (s.u.C1); die Wirklichkeit des Prinzipats weist den Weg zur Einheit der Person ohne Verzicht auf die republikanischen Ideale: Es entsteht das klassische ‹Sakralgedicht› (R.A.Schröder) eines Weltreiches mit dem Mittelpunkt Rom (s.u. C passim). Aus augusteischer Zeit sind neben Vergil und Ovid (s.u.C2 und 4) als Epiker zu nennen: L. → Varius Rufus, → Cornelius (37) Severus, → Albinovanus Pedo, im übrigen vgl. den Katalog bei Ovid Pont. 4, 16. In seinem astronomischen Werk gibt → Manilius (3) ein umfassendes Welt- und Menschenbild.

[3] *Frühe Kaiserzeit.* Das 1. Jahrhundert n. Chr., die nächste Blütezeit des röm. E., steht formal im Zeichen Vergils; inhaltlich führen politische Enttäuschung und stoische Opposition zu einer Verinnerlichung des virtus-Begriffs (virtus als Widerstand): dies bedeutet ein Zerbrechen des vergilischen Geschichtskosmos (→ Lukan). Nicht mehr die positiv erlebte Gegenwart gibt den Anstoß zum Schaffen, wie noch bei Vergil, sondern eine – immer weiter entfernte – Vergangenheit: Lukan hat den Bürgerkrieg nicht mehr selbst miterlebt, → Silius (2) Italicus greift noch weiter zurück auf den hannibalischen Krieg, → Valerius (10) Flaccus und → Statius (1) wenden sich dem griech. Mythos zu. Mit Vergils Aeneis (und dem bedeutsamen Lob des jungen Nero in Lukans erstem Buch) sind die Möglichkeiten eines gegenwartsnahen politischen E. vorläufig erschöpft, dominierend werden moralphilosophische Aspekte (Silius) und rein menschliche Probleme (Statius, in Fortführung ovidischer Ansätze). Die domitianische Zeit zeigt nicht mehr die ausgewogenen Beziehungen von Individuum und Gemeinschaft wie die augusteische: das E. zieht sich aus dem staatlichen Bereich in die Innenwelt zurück.

[4] Erst die *späte Kaiserzeit* erweckt das E. zu neuem Leben: unmittelbarer zeitgeschichtlicher Bezug zeichnet die Hochblüte der – zu allen Zeiten gepflegten, aber nicht immer des Überlieferns für wert befundenen – panegyrischen Epik aus (Claudius → Claudianus, vgl. auch → Apollinaris (1) Sidonius und Flavius → Cresconius Corippus). Neue Religiosität erzeugt die christl. Epen des → Prudentius.

C. Eigenart des röm. Epos. [1] *Nähe zum Geschichtlichen.* Geschichtsdichtung ist zwar keine ausschließlich röm. Schöpfung (über griech. Geschichtsepen s.o. I F), doch ist das röm. E. schon seit seinen Anfängen dem Historischen in besonderer Weise zugewandt, sei es, weil den Römern ein übergeschichtlicher Mythos zunächst fehlte, oder vielmehr, weil röm. Sendungsbewußtsein im Raum der Geschichte von jeher seine Aufgabe und Erfüllung sah. Die Odusia des Livius Andronicus (3. Jh. v. Chr.) ist als ein Stück italischer Urgeschichte auch in dieser Beziehung bereits symptomatisch. Bei Naevius und Ennius (3.–2. Jh.) ist die Vielfalt des Historischen nicht in einem ausgewählten, einheitlichen Geschehen paradigmatisch dargestellt und ‹aufgehoben› (Ilias), sondern in aller Mannigfaltigkeit real gegenwärtig. Einheit liegt nicht in Person und Handlung, nicht in organischem, plastisch-architektonischem Aufbau, sondern lediglich im gedanklichen Hintergrund: der res publica und der abstrakten Wertewelt der Römertugenden (s.u.C4). Es bedurfte eines Vergil, um dieses Verhältnis umzukehren und den ideellen Hintergrund des ennianischen E., die Werte der röm. Staatsordnung mythisch in einer einzigen Person (Aeneas, vgl. Augustus!) und einer einheitlichen Handlung sichtbar zu machen. Hier wird der Mythos – ein dem Römer zunächst ferner liegender Vorstellungsbereich – von innen her neu geformt und durch allegorische Gestaltung (die ihrerseits allegorische Deutung voraussetzt) zu symbolischer Wirkungskraft erhoben (E. Zinn). Die Vielfalt des Historischen erscheint in der Aeneis nicht mehr unmittelbar, sondern wird in die Aeneas-Handlung hineingespiegelt (1, 254–296; 6, 752–892; 8, 626 bis 731), und zwar als Zukunft: in solcher ‹Potentialität› erschließen sich dem Blick Vergils ‹Urformen›. – Diesen vergilischen Konzentrationsprozeß kehrt Silius Italicus um: die ‹Punica› schildern wieder die geschichtliche Mannigfaltigkeit, lassen sie aber bewußt transparent werden auf die Aeneis hin, die als innere Norm und als ‹Urbild› dauernd vorausgesetzt wird und so die Einheit in der Vielfalt verbürgt. – Lukan verzichtet in seiner Geschichtsdichtung auf den → ‹Götterapparat›; bei ihm zerfällt der vergilische Geschichtskosmos. – Die ursprüngliche Verbindung des Historischen mit dem Panegyrischen im röm. E. wird in der Spätantike noch einmal zur Gestaltung vollendeter Kunstwerke führen (→ Claudian). Maßgebend bleibt die augusteische Konzeption von der Wiederkehr des Goldenen Zeitalters. Die religiöse Stimmung erfüllter Heilserwartung und das zielgerichtete Zeitgefühl, das der geschichtlichen Stunde besondere Bedeutung beimißt, lebt als vergilisches Erbe in der Spätantike in heidnischer und in christlicher Form (→ Prudentius) fort.

[2] *Begegnung mit Vorbildern.* Durch die Übersetzertat des Livius Andronicus steht das röm. E. von Anfang an im Zeichen der geistigen Aneignung (→ Imitation). Dies bedeutet nichts Negatives: von nun an ist es Schicksal des röm. E., sich als ‹Wiedergeburt› des homerischen zu verstehen (Ennius; zur Bedeutung Homers vgl. auch Manil. 2, 8ff.). Dieser ‹Renaissance›-Charakter bedeutet einen wesentlichen Unterschied gegenüber dem griech. E., das seine Form aus sich selbst entwickeln konnte. – Die Auseinandersetzung mit Homer vollzieht sich im wesentlichen in drei Stadien: (1) Frühzeit (Gipfel: Ennius), (2) Vergil, (3) Ovid und Statius. 1. Nach den bahnbrechenden Leistungen des Livius Andronicus (s.u.C3) und Naevius (s.u.C3 und 4) vollendet Ennius durch die Einführung des Hexameters die äußere Anlehnung an Homer. Er nennt sich den wiederverkörperten Homer und bekennt dadurch, wie tief er sich dem Vorbilde verpflichtet fühlt. Vieles ist gewonnen: die Dichtersprache und die Behandlung des Metrums (s.u. C3) sind ein für allemal geprägt, der → ‹Götterapparat›, die → Gleichnisse, alle Farben homerischen Erzählens sind für das röm. E. gewonnen. Es entsteht ein Werk von ausdrucksvoller Spannung der Oberfläche, preziösem oder geheimnisvoll feierlichem Ausdruck, ein E. von hohem malerischem Reiz, doch ohne Sinn für Plastik und architektonische Struktur im großen. Die fehlende künstlerische Einheit wird durch die ideelle ersetzt. – 2. Den Gesamtaufbau, die epische Architektonik der Ilias kann erst Vergil ins Römische übertragen. Darin bestärkt ihn neoterische Praxis und hellenistische Theorie (s.o.B1). Über Homer hinaus geht Vergil in der dramatischen Straffung der Handlung, in der Ausschaltung des für den Fortgang oder die Deutung des Geschehens Unwesentlichen, sowie in der an Apollonios Rhodios erinnernden individuellen Ausgestaltung stereotyper Situationen (z.B. Sonnenaufgänge). Vermittelt durch Apollonios ist wohl auch die Einbeziehung der psychologischen Thematik (vgl. aber auch oben B1) euripideischer Prägung ins Epos (s.u.C4). Anders als bei Apollonios ist jedoch Gegenständlichkeit nicht um ihrer selbst willen gesucht (ebensowenig wie Gelehrsamkeit), vielmehr alles von einer großen, leitenden Idee bestimmt (s.u.C3). – 3. Hat bei Vergil die innere Struktur den Vorrang vor der Farbigkeit, so suchen Ovid und Statius – wiederum in neuer Weise an Homer und an hellenistischer ‹Kleinmalerei› orientiert, aber auch (wie Lukan) von der Rhetorik beeinflußt – dem Epos visuelle Suggestivkraft zu geben. Diese Tendenz bezeichnet eine neue, dritte Stufe der Homerbegegnung nach Ennius und Vergil. – Was Homer und Ennius für die Epiker bis zu Vergil bedeuteten, wird Vergil selbst für die Späteren. Unter ihnen ist Silius der orthodoxe Vergilianer, Lukan der ‹Antivergil›, Valerius Flaccus der vergilnahe Apollonianer, Statius der Vergilianer und Homeride.

[3] *Gestaltungstendenzen.* Röm. Sinn für Repräsentation zielt weniger auf Lebenswahrheit als auf Würde. Ganz be-

sonders gilt dies vom E., der zugleich universalen und im höchsten Sinne ‹repräsentativen› Literaturgattung. Daher wird in der Gestaltung das Bedeutende und Bedeutsame hervorgehoben, unwesentliche Zwischenglieder werden übersprungen. 1. *Erzählstruktur.* Dies führt in der Erzählung vielfach zu einer ‹Technik der isolierten Bilder›. Kausale Verknüpfungen sind oft für die Komposition wichtiger als zeitliche Kontinuität (Mehmel). Dasselbe gilt von der Herausarbeitung schicksalhafter Zusammenhänge. Der Verzicht auf unwesentliche Einzelheiten führt zu jener ‹Blässe› und ‹Schemenhaftigkeit›, die man dem röm. E. vorzuwerfen pflegt. Freilich darf man in diesem Zusammenhang an die formale Überlegenheit der ‹absoluten› Musik über die ‹Programm-Musik› erinnern (Büchner). – 2. *Sprache.* Besondere Feierlichkeit der epischen Sprache im Gegensatz zum Alltag – aber auch im Gegensatz zu anderen Literaturgattungen, sogar der Tragödie – erstrebt schon Livius Andronicus. Hierin geht er bisweilen über sein Original hinaus (genealogische Umschreibung von Eigennamen Fr. 21.23 M., kühne Sperrungen und Archaismen); das Vorrecht archaisierenden Schmucks bleibt dem E. auch später erhalten (Vergil darf Formen wie *olli* und *aulai* verwenden, Horaz nicht). – Die Sprache des Naevius hat die Verhaltenheit, Würde und Kargheit röm. Triumphalinschriften (Fr. 39 M.). Feierlich werden die mythischen Elemente gestaltet (Fr. 19.30 M.). Im Saturnier ist neben dem Rhythmus die Alliteration ein wichtiges Stilmittel. Cicero (Brut. 75) fühlt sich durch die Kunst des Naevius an Myron erinnert. Später wird Vergil auf neuer Stufe diese architektonische, würdevolle Art des Sprechens wiedergewinnen. – Sprache und Metrik des röm. E. sind entscheidend geprägt von Ennius, der den → Hexameter einführt und in seiner röm. Eigenart (Vorherrschen der Penthemimeres) ein für allemal festlegt. Reichtum des Ausdrucks (Archaismen und Neologismen) und eine etwas wahllose und buntscheckige Farbigkeit, rhetorischer Schwung und erlesener Schmuck kennzeichnen die Sprache dieses großen Bahnbrechers, der bei bedeutender eigener Sprachgewalt im einzelnen nicht allein Homer und dem Hellenismus, sondern auch bereits den röm. Vorgängern verpflichtet ist. Sprachschöpferisch wirken späterhin vor allem Lukrez und Ovid, stilbildend Cicero und Vergil. Vergils Sprache, die sich von allen Einseitigkeiten frei hält, bleibt für das röm. E. bestimmend. Seine Metrik wird durch Ovid und Lukan zum Eleganten – und Schematischen – hin fortentwickelt. Unübersehbar stark ist der Einfluß der Rhetorik auf die Sprache des E. von Ennius über Cornelius Severus (Sen. suas. 6, 26), Ovid (Sen. contr. 2, 2, 8) und Lukan – um nur diese zu nennen – bis in die Spätantike. Zur Begründung darf man daran erinnern, daß das röm. E. bes. am Anfang und am Ende seiner Entwicklung dem → Panegyrikus nahestand und auch daran, daß der Schöpfer der klassischen lat. Literatursprache ein Redner gewesen ist (s. u. C 4). – 3. ‹*Ornatus*›. Der sog. epische ‹Ornatus› gewinnt im röm. E. neue Bedeutung. (a) Zum → ‹Götterapparat› s. u. C 4. – (b) Beschreibungen von Kunstwerken tragen in griech. Dichtung ihren Sinn in sich (Schild des Achilleus, Hom. Il. 18), im röm. E. stehen sie in gedanklichem Zusammenhang mit der Erzählung (Schild des Aeneas, Verg. Aen. 8): die innere Beziehung zwischen Handlung und beschriebenem Kunstwerk ist der Zielpunkt ‹transzendierenden› Gestaltens. – (c) Ebenso stehen die Episoden und Einlagen (z. B. Aen. 2: der Untergang Trojas als Folie zum Aufstieg Roms) in enger Verbindung mit ihrer Umgebung. Das Band ist kausal (z. B. Aition, häufig in Ovids Metamorphosen) oder final (Exemplum, z. B. die Regulus-Erzählung Sil. Pun. 6), vergleichbar der thematischen Korrespondenz der Wandbilder in pompejanischen Räumen (Schefold). – (d) → Gleichnisse erhalten neben der – immer noch wichtigen – Funktion der Intensivierung in zunehmendem Maße die der Erhöhung des Geschehens: an die Stelle des Allgemeinverständlich-Alltäglichen tritt vielfach die erhabene – aber manchmal dunkle – Mythologie, so daß statt des ursprünglichen ‹Nahebringens› eine Distanzierung erreicht wird. Im Dienste der Verstärkung gedanklicher und struktureller Verbindungslinien lösen sich die Elemente des ornatus manchmal vom momentanen Anlaß und erhalten in ordnender und deutender Funktion neuartige Relevanz: der hinweisende Charakter dieser Kunstmittel gibt der Darstellung jene Transparenz, in der das Eigentliche nicht immanent gegenwärtig, sondern transzendierend angedeutet ist. – (e) Das Streben nach Feierlichkeit und Beseeltheit führt zur Pathetisierung und Rhetorisierung (s. u. C 5; dort auch über die Allegorien).

[4] *Gehalt.* 1. → *Menschenbild.* Ebensowenig wie die röm. Philosophie hat es das röm. E. primär mit dem physikalischen Makrokosmos, sondern wesenhaft mit dem moralischen Inneren des Menschen (Mikrokosmos) zu tun (auch und gerade bei Lukrez ist das Ethos das Eigenste). (a) Ursprünglich ist im röm. E. allein das Schicksal der *Gemeinschaft* darstellenswert (vgl. Naev. Fr. 42 f. M.). Während bei Homer die Heldentaten des Einzelnen ihn selbst und sein Geschlecht ehren, wird die Leistung des Individuums in Rom stets exemplarisch auf das ganze röm. Volk bezogen (Cic. Arch. 9, 22). Iustitia und religio sind Grundlagen des Staates (Enn. Fr. 77–96 V.). So wird der äußerlich an Homer anknüpfende Schicksalsgedanke bei Vergil identifiziert mit der Sendung der Nation. In ihrer positiven Schicksalsbezogenheit wird die Aeneis zur Anti-Ilias: die ‹fata› werden im Hoffen und Vertrauen ergriffen. Bei Lukan und auch bei Statius ist umgekehrt nicht mehr Friede und Aufbau, sondern zunächst Krieg und Verderben Ziel des Schicksals. – (b) Parallel mit dem Verblassen der Staatsmission wird *individuelles* Schicksal relevant (Ovid, Statius). Solche Aufwertung des Bereichs des otium wurzelt in der humanitas der Scipionenzeit: zum Sprecher dieser neuen Welt – *seiner* Welt – macht sich schon Ennius (234 V.: Freundschaft zwischen dem Feldherrn und seinem Vertrauten, dem Gelehrten). Dann macht Vergil aus der typisierenden apollonianischen Darstellung der Liebeserfahrung im E. (Medea) ein großes individuelles Schicksal (Dido). Das Private, rein Menschliche – bei Vergil großartig gebändigt durch das Bewußtsein der nationalen Bestimmung – wird von Ovid (Kephalos und Prokris, Keyx und Alkyone) im E. um seiner selbst willen, als individuelles Schicksal, dargestellt (vgl. auch die Epik des Statius). Für das Seelische werden zunächst verhaltene (Naev. Fr. 5.24 M.; Enn. ann. 110 V.), später immer lebhaftere Töne gefunden (Stat. Theb. 4, 16). Oft scheint nicht Erzählung, sondern leidenschaftliche Erregung des Lesers das Hauptziel (Lukan). Mit der Lockerung der metaphysischen und sozialen Bindung schärft sich der Blick für das Dämonische im Menschen, seine Freude am Bösen (Ovid, Lukan) und sein persönliches Schuldigwerden (Ovid). Diese Gesichtspunkte bewahren die epische Darstellung rein menschlichen Schicksals vor dem Absinken in novellistische Unverbindlichkeit; es ist eine neue Form großer Aussage über den Menschen gefunden. Von dieser verinnerlichten Endform des E. führt kein Weg weiter. Erst mit dem Zunehmen der metaphysischen und politisch-religiösen Bindung in der Spätantike kann Epik aufs neue entstehen. – 2. *Weltbild.* Himmel, Erde und Schattenreich sind von Göttern bewohnt. Dieses ‹dreigeschossige› Weltmodell haben die Römer letztlich von Homer geerbt. Man darf jedoch nicht vergessen, daß der Mythos und sein Weltbild (das man gerne irrigerweise für gemein-antik hält) für die Römer von vornherein relativiert war. (a) *Mythisches und philosophisches Weltbild.* Während für Homer das mythische Weltbild (*theologia fabulosa*, Varro bei Aug. civ. 6, 5) das einzig vorhandene und einzig mögliche war, übernahmen die Römer zugleich mit der griech. Dichtung auch die griech. Philosophie mit ihrem ganz andersartigen wissenschaftlichen (geozentrischen) Weltbild (*theologia na-*

turalis) und vor allem auch die allegorischen Deutungen des Mythos, durch welche die Philosophen beide ‹Theologien› zu verbinden suchten. Die Verwendung mythischer Elemente im E. hat in Rom also andersartige Voraussetzungen als im frühen Griechenland. Vorgegeben ist für den röm. Epiker die erklärende ‹Entmythologisierung› des homerischen E. durch die Philosophen. Aufgabe wird für den röm. Epiker die Umkehrung dieses Prozesses: die verklärende ‹Re-Mythologisierung› der eigenen Weltanschauung und vor allem des eigenen Geschichtsbildes. Dieses erhöhende Transzendieren und verinnerlichende Transfigurieren des geschichtlich Gegenwärtigen hat erst Vergil vollendet. Homer hatte von einem einheitlichen Weltbild ausgehen können, Vergil erreicht es auf neuer Stufe unter Einschmelzung des Geschichtlichen (vgl. unten). – Das Nebeneinanderbestehen der verschiedenen ‹Theologien› *(theologia fabulosa, naturalis, civilis:* Varro a.O.) führt bei den einzelnen Epikern zu unterschiedlichen Lösungen: mit heidnischer Toleranz und untrüglichem Sinn für das jeweils Angemessene wechselt Ovid unbekümmert das Weltbild je nach dem Zusammenhang: theologia naturalis in Buch 1 und 15, civilis in Buch 15, fabulosa im übrigen Werk. Lukrez bekämpft das mythische Weltbild leidenschaftlich und ersetzt es durch das epikureische. Lukan verzichtet auf den sog. ‹Götterapparat› – stilwidrige Kühnheit! (vgl. Petron 118) – und gründet sein Epos auf stoische Lehre. Manilius versucht eine Synthese in der Sternkunde. Die bedeutende Rolle philosophischer Didaktik in der röm. hexametrischen Poesie (Lukrez, Vergils Georgica, Manilius, auch Teile der Aeneis und der Metamorphosen; → Lehrgedicht) ist Symptom des universalistischen Charakters röm. Epik und ihrer nach-philosophischen geistigen Situation. – (b) *Mythos und Geschichte.* Für Homer *ist* der Mythos Geschichte; in Rom dagegen bedingt die Ausrichtung des E. auf das Historische im engern Sinne eine neuartige Spannung zwischen historischer und mythischer Realität. Sachliche Darlegung des Tatsächlichen (Naev. Fr. 32.39 M.) und feierliche Stilisierung des Mythischen (19.30 M.) stehen bei Naevius nebeneinander. Während das Geschichtliche mit herbem, nüchternem Realismus gesehen wird, lassen sich die höheren Werte des Lebens bildhaft nur in griech. Weise ausdrücken (Schefold). Die künstlerische Ausnützung dieser Spannung (Mythos als ‹Goldgrund›, Erhöhung der Gegenwart) beginnt schon bei Naevius (Büchner); Vergil ‹hebt› die Spannung ‹auf› zur Transzendenz durch das Hineinspiegeln des Geschichtlichen in eine sinnbildliche, mythische Handlung; Lukan entzieht sich der Schwierigkeit durch Verzicht auf den Mythos. – (c) *Mythos und römische Gottesvorstellung.* Die röm. Gottesvorstellung war ursprünglich abstrakt, ebenso der Staatsgedanke (*res* publica) und die ihn tragende Moral (Römertugenden): eine bildlose Grundhaltung und eine übernommene (griechische) Bilderwelt (Schefold) stehen sich gegenüber. Der Bedeutung abstrakter Lebensmächte für das röm. Denken (Römertugenden seit Naevius; Affekte seit Ennius und bes. bei Ovid; Fatum bei Vergil; Fortuna, Roma und Libertas bei Lukan) entsprechend wird auf die stoisch-kynische Ethik (Lukan, Silius) und die in der Rhetorik entwickelten Mittel zur bildhaften Darstellung abstrakter Gedanken (Personifikation, → Allegorie, Prosopopoiie) zurückgegriffen, um röm. Wissen um unsichtbare ethische Lebensmächte in die gestalthafte Welt des Mythos hineinzuformen. – Bei der reflektierten und keineswegs unproblematischen Übernahme des ‹mythischen› Weltbildes ins röm. E. waren die genannten Widerstände zu überwinden; Vergil hat sie mit der Stiftung eines neuartigen, röm. Mythos beantwortet.

[5] *Haltung des Epikers.* An der traditionellen ‹Objektivität› des Epikers ändert sich in Rom äußerlich nur wenig, wenn auch Ausrufe und Musenanrufungen eine bedeutsamere Rolle spielen. Innerlich freilich ist die Verlagerung von gegenständlicher zu seelisch getönter Darstellung, von Gestik zu abstrakter Formulierung, von temporaler zu kausaler Verknüpfung entscheidend: Der Dichter greift frei auswählend und wertend ein, motiviert und gruppiert nach inneren Zusammenhängen und bezeichnet die im Geschehen wirkenden Lebensmächte ausdrücklich durch psychologische Abstrakta. Das Subjekt nimmt den Gegenstand in Besitz und verfügt über ihn, durchdringt ihn mit seelischer ‹Bedeutung› («Empfindungseinheit» der Aeneis: Pöschl) und baut ihn von innen her neu auf. Zentrum ist also nicht mehr die ‹Sonne› Homers, sondern das Herz des Dichters (E. Zinn), der als Deuter Transzendenz an die Stelle der Immanenz setzt. Weit entfernt, die Dinge in ihrem Sein zu belassen, formt der Wille die Realität um; die Welt wird nicht beschaulich gespiegelt, sondern tätig unterworfen. M.v.A.

Lit: Die grundlegenden Arbeiten s. unter den einzelnen Dichtern, bes. Vergil (Bowra, Heinze, Mehmel, Pöschl) – E. Zinn, Die Dichter des alten Rom und die Anfänge des Weltgedichts (1956), in: Römertum, hg. von H. Oppermann, 1962, 155–187 – E. Burck, Das Menschenbild im röm. Epos (1958), in: Wege zu Vergil, hg. von H. Oppermann, 1963, 233–269.

Epos und Bildkunst. Die Gedichte vom Zorn des Achill und von der Rache des Odysseus greifen aus dem Kampf um Troja und der Heimkehr der Helden nur so viel heraus, als notwendig ist, um das Innere der Helden sichtbar zu machen. So monumentales Sehen findet sich in der Kunst zuerst im späteren 8. Jh. und bestätigt die Datierung jener Gedichte, also Homers, in diese Zeit. Gegen 700 beginnt die Fülle der Darstellungen aus dem epischen → Kyklos (→ Helena, → Achill, → Troilos, → Iliupersis, → Odysseus, → Klytaimestra, → Orestes). Das genealogisch-historische Verbinden aller Sagen von der Weltschöpfung bis zur dor. Wanderung, das Homer vorausgegangen sein muß, läßt sich mit dem älteren → geometrischen Stil (vgl. → Vasen E 1) vergleichen. Die feierlichen Götterzüge der auf Homer folgenden früharchaischen Kunst entsprechen den ältesten homerischen Hymnen. Ein episches Erzählen in der Art der uns erhaltenen Reste kyklischer Epen und der Erweiterungen von Ilias und Odyssee mit Verknüpfungen durch Motive von Schuld und Sühne usw. findet sich in der Kunst erst um 600–560; in dieser Zeit tritt der Sagenkreis → Kalydonische Jagd – → Argonauten – → Sieben gegen Theben auf. Dieser Zyklus wird von den uns erhaltenen erweiterten Fassungen von Ilias und Odyssee vorausgesetzt. Häufig werden Bilder zur Ilias erst in den Jahrzehnten um 500 – aus einem neuen Verstehen des Gehaltes heraus, das dem der Tragödie unmittelbar vorangeht. Im 5. und 4. Jh. stehen die Bilder epischer Themen den neuen Fassungen der Tragödie näher als dem Epos selbst, aber die klassische Malerei der Alexanderzeit begegnet dem Epos neu (→ Athenion, → Theon, → Theoros' Bellum Iliacum). Bilderbuchrollen (→ Illustration) dieser und der Folgezeit sind uns in Kopien an röm., bes. pompejan. Wänden (→ Odysseelandschaften), im Kunstgewerbe (Silberschatz von → Augst) und auf röm. Weihreliefs erhalten (→ Tabula Iliaca). Solcher Schmuck feierte die Vorgeschichte Roms, stoische und Glücksideale. Die Auswahl der Themen auf röm. Sarkophagen ist durch Unsterblichkeitsvorstellungen bestimmt (Vgl. → Mythendeutung). K. Schf.

Lit: H. Luckenbach, Das Verhältnis der griech. Sagenbilder z. d. Gedichten des ep. Kyklos, 11. Suppl. zu Fleckeisens Jahrbüchern f. class. Philol., 1880, 491 ff. – F. Müller, Die antiken Odyssee-Illustrationen, 1913 – K. Bulas, Les illustrations antiques de l'Iliade, 1929 – F. Friis Johansen, Iliaden i tidlig graesk kunst, 1934 – R. Hampe, Frühe griech. Sagenbilder, 1936 – E. Kunze, Archaische Schildbänder, 1950 – K. Schefold, Die Troiasage in Pompeji, Nederl. Kunsth. Jaarboek 5, 1954, 211–224 – Ders., Frühgriech. Sagenbilder 1964, passim.

Eppich (Sellerie, *σέλινον*, apium), wildwachsend und angebaut, als Gemüse und Heilmittel geschätzt, in Kult und Mythos bedeutsam. Nach ihm ist → Selinus benannt (E. auf Münzbildern der Stadt). Das aromatische Gewächs verdankte danach seinen Ursprung dem Blute des Kadmilos oder eines am Parnaß getöteten → Korybanten oder des Archemoros, der (vgl. → Sieben gegen Theben) in Nemea von einer Schlange gebissen worden war. Darauf bezieht sich der bei den → Nemeischen Spielen übliche Siegerkranz aus frischem E. Noch nach der Zerstörung von Korinth (146) wurden die Sieger bei den → Isthmischen Spielen mit E. bekränzt, der später durch den → Pinien- oder → Kiefernkranz verdrängt wurde. Das Brauchtum knüpfte an die zu Ehren des Melikertes eingesetzten Totenspiele an. Auch Linos dachte man mit E. und Blumen bekränzt. Entsprechend wurde E. zum Bekränzen der Verstorbenen und der Gräber verwendet. E.-Gemüse diente beim Totenmahl. Angesichts der heilkräftigen Bedeutung des E.s und seiner Anwendung als belebendes Aphrodisiacum ist dieses Brauchtum nicht nur aus düsteren Todesvorstellungen zu erklären, vielmehr wirkten auch Jenseitshoffnungen mit. Vgl. → Flora. J.W.

Lit: Murr, Pflanzenwelt, 171–174 – Olck, RE 6,1 (1907), 252–259 – H. Schrader, Die archaischen Marmorbildwerke der Akropolis, 1939, 216 (Reiterstatue mit E.kranz) – Schefold, Mw, 289 Nr. 435 – R. Franke-M. Hirmer, Die griech. Münze, 1964, Taf. 66–68.

Eprius Marcellus, T. Clodius, cos. suff. 62, II 74 n. Chr. Von niederer Herkunft aus Capua, gelangte durch rhetorische Begabung zu Reichtum und Ansehen. 48 für einen Tag praetor peregrinus, 57 als gewesener Legat von Lycia-Pamphylia wegen Erpressung angeklagt und freigesprochen. 58/59 Prokonsul von Cypern. Als berüchtigter Ankläger unternahm er 66 im Auftrage → Neros (1) die erfolgreiche Anklage gegen → Thrasea Paetus. 69/70 wurde er vergeblich von → Helvidius Priscus und Licinius Caecina angegriffen. 70–73 Prokonsul von Asia. Unter → Vespasian einflußreich und Mitglied dreier Priesterkollegien. Wegen angeblicher Verschwörung mit → Caecina (1) Alienus ca. 78/79 angeklagt, endete er durch Selbstmord. Charakteristiken bei Tac. dial. 8; ann. 16, 22. 29; hist. 4, 7. U.Wm.

Lit: R. Syme, Tacitus, 1958, Ind. S. 834f.

Epyllion, das ‹Kleine Epos›, eine bevorzugte Form der → Hellenist. erzählenden Dichtung (B 1). Versmaß ist stets der epische Hexameter; der Umfang schwankt, erreicht aber im Höchstfall kaum die größeren homerischen Gesänge. Für → Kallimachos (3) ist die kleine Form sogar eine Sache theoretisch begründeter Überzeugung, wenn man sein ausdrückliches Bekenntnis für die kleine (elegische) Erzählform und gegen das große Epos angemessen erweitert. Seine ‹Hekale›, fragmentarisch erhalten, ist das schönste Beispiel eines griech. E.s. → Theokrit hat eine Reihe von Gedichten in dieser Form geschrieben. Als Meister des E.s galt im Altertum bes. → Euphorion von Chalkis. Von → Moschos besitzen wir die ‹Europa›. – Eine Eigentümlichkeit des E. scheint es zu sein, daß jeweils eine kleinere, in sich abgeschlossene Form (längere Rede, Bildbeschreibung u.ä.) darin enthalten ist. So umfaßt das Gedicht des Moschos (über 165 Verse) eine Beschreibung von Europas Blumenkorb mit 26 Versen. Gleiches Zeugnis scheint das auf griech. Vorbilder zurückgehende 64. Gedicht des ‹cantor Euphorionis› (‹Nachsängers des E.›, Cic. Tusc. 3, 45) → Catull abzulegen. Jedoch steht der Formulierung einer einfachen Regel, daß das E. über eine Einlage verfüge, u.a. die ‹Hekale› entgegen. P.H.

Lit: M. M. Crump, Epyllion from Theocritus to Ovid, 1931.

Eques, Equester ordo → Ritterstand.

Equirria, röm. Pferderennen, die am 27. Febr. und 14. März auf dem Marsfeld stattfanden (Varro ling. 6, 13; Ov. fast. 2, 859; 3, 519). Vor dem Beginn des Sommerfeldzuges wurden die Pferde rituell gereinigt und geweiht; wir wissen nicht, warum die E. zweimal begangen wurden. Vgl. → Tubilustrium. H. Le B.

Eranos, → Mahlzeiten oder → Symposia auf gemeinschaftliche Kosten, die als «reicher an Freude und geringer an Kosten» (Hes. op. 722) galten; doch wurde jeder Zusammenschluß mit zinsloser Teilhaberschaft zu einem bestimmten Zweck (Loskauf aus Gefangenschaft usw.) E. genannt. W.K.

Erasistratos von Keos, einer der bedeutendsten antiken Ärzte, 3. Jh. v. Chr. (geb. kurz vor 300). E. hat in Anatomie – man darf ihn wohl als den Begründer der pathologischen Anatomie bezeichnen – und in Physiologie gleichermaßen Hervorragendes geleistet: In seinen physiologischen Lehren verband er die Solidarpathologie (kleinste, unverbundene, durch ein Vakuum getrennte Teilchen als Grundlage) mit der Pneumalehre auf der Basis der physikalischen Anschauungen des Peripatetikers → Straton (2) v. Lampsakos (Gesetz vom horror vacui). Wenn E. die Pneumalehre nicht allzusehr betont hätte (nur die Venen sollen nach ihm Blut enthalten, die Arterien dagegen Pneuma – was ja durch *Leichen*sektionen scheinbar gestützt wird!), dann wäre ihm wohl sogar bereits die Entdeckung des Blutkreislaufs geglückt, für die ihm eine Menge Einzelelemente aus durchaus richtigen Beobachtungen zur Verfügung gestanden haben müssen. In der Anatomie machte er – wie → Herophilos bes. begünstigt durch die unbegrenzte Möglichkeit zum Sezieren in Alexandria – wichtigste Entdekkungen vor allem für die Kenntnis des Nervensystems (Gehirn als Ausgangspunkt der sensiblen Nerven) und des Herzens (Klappenapparat) und nahm manche pathologischen Veränderungen als erster wahr (z.B. steinharte Leber bei Wassersüchtigen). In der Pathologie scheint er die Humorallehren im wesentlichen beiseite geschoben zu haben. Eine der wichtigsten Ursachen für Krankheiten ist nach ihm die ‹Plethora›, d.h. die Anfüllung mit Nahrung, mit Blut oder mit Pneuma; naturgemäß spielten also Hygiene und Diätetik bei ihm eine sehr große Rolle. Den Aderlaß lehnte er im Gegensatz zu anderen Ärzten fast völlig ab, empfahl dagegen vor allem Purgantien (bes. Vomitive). Der Verlust seiner sämtlichen Schriften ist eine der beklagenswertesten Lücken für unsere Kenntnis der antiken → Medizin. F.K.

Lit: R. Fuchs, Erasistratea, Diss. Berlin 1892.

Erasmonideus, ein in Archilochos' → Asynarteten vorkommendes Versmaß: ×–◡◡–◡◡–× |–◡–◡––||, benannt nach Archilochos Fr. 107 D. *'Ερασμονίδη Χαρίλαε, χρῆμά τοι γελοῖον.* B. Sn.

Erato → Musen.

Eratosthenes

[1] Leben – [2] Werke – [3] Erdmessung – [4] E. als Philologe – [5] Würdigung.

[1] *Leben.* E., der vielseitigste Schriftsteller und Gelehrte des Hellenismus, ist geb. ca. 295/280 v. Chr. in Kyrene, wo er als Schüler → Kallimachos (3) und den Literarhistoriker Lysanias gehört haben soll. E. studierte in Athen bei → Zenon (3) v. Kition und → Ariston (2) v. Chios, dann beim Akademiker → Arkesilaos (5). Im J. 246 wurde er von → Ptolemaios III. als Vorsteher der Bibliothek und Erzieher des Kronprinzen nach Alexandria berufen. Er starb gegen Ende des 3. Jh.s.

[2] *Werke:* 1. Unter stoischem Einfluß verfaßte E. in Athen und noch in Alexandria Abhandlungen zur Ethik; genannt werden: Über Güter und Übel, Über Reichtum und Armut, Über Schmerzlosigkeit (als höchstes Gut), Ariston. An die Lehre der → Akademiker schließen sich die um 246 erschienenen mathematischen Schriften an (s.u.), ferner zwei Dichtungen, die in platonisierender mythologischer Einkleidung die Rückkehr der Seele in die Himmelssphäre darstellen: ‹Erigone› (Verstirnung des Bauern Ikarios, seiner Tochter und seines Hundes) und ‹Hermes› (Hermes' Aufsteigen zu den Planeten, Sphärenharmonie; → Sternsagen). Andere Verstirnungen erzählten die in Prosa verfaßten ‹Katasterismoi›, von denen mehrere apokryphe Nachahmungen erhalten sind. – 2. Aus seiner Tätigkeit als Bibliothekar sind die literaturgeschichtlichen und grammatischen Schriften hervorgegangen (s.u.). – 3. Von

der ‹Arsinoe›, dem Epithalamion und den Episteln gibt die Überlieferung kein deutliches Bild. – 4. Neben diesen je nur in wenigen Fragmenten faßbaren Schriften ragen die grundlegenden historischen und geographischen Werke hervor. Sie sind geprägt von dem Bestreben, die Vielfalt der Erscheinungen in die Einheit mathematischer Gesetze einzufangen. In seinen ‹Chronographien›, von denen alle späteren → Zeitrechnungen, bes. die des → Apollodor (4) v. Athen, abhängen, legte E. das feste Gerüst der Olympiadenfolge zugrunde und schlug als sicherstes Maß des Abstands zwischen zwei nicht genauer bestimmbaren epochemachenden Daten die Generation ($33\,^1/_3$ Jahre) vor. Dazu kam die Datierung nach der ‹Blütezeit› (→ Akme) und nach Zeitgenossen. Auch die Dreiteilung der Vergangenheit in ‹unbekannte› (bis zur ersten Sintflut), ‹mythische› (bis zur 1. Olympiade) und ‹geschichtliche› Zeit dürfte auf E. zurückgehen. Der Darstellung des Systems war eine Zeittafel beigegeben, die an Hand guter Dokumente hauptsächlich politische und literarische Ereignisse registrierte; ihr verdanken wir die → Chronologie der archaischen und klassischen Geschichte Griechenlands. Als Nebenwerk veröffentlichte E. ein Verzeichnis der Olympiasieger. – 5. Die ‹Geographika› oder ‹Geographumena› in 3 Büchern bieten zunächst eine Grundlegung der mathematischen und physischen → Geographie, die auf die Verwerfung der mythischen, letztlich auf Homer zurückgehenden Erdbilder zielte. Nach → Strabon (Buch 1 und 2) behandelte das Werk eingehend Veränderungen der Erdoberfläche (im Anschluß an → Straton (2) v. Lampsakos; → Ozeanographie), die Inselnatur der → Oikumene, ihre Länge und Breite sowie ihre Einteilung in → Zonen; schließlich führte E. ein Koordinatennetz aus astronomisch und klimatologisch bestimmten Parallelkreisen und Meridianen ein, die zur Aufstellung einer Weltkarte dienten. Danach sah E. die → Kartographie als die eigentliche Aufgabe des Geographen an. Neben der Bestimmung der wichtigsten Koordinaten ist das System der sog. Sphragiden oder Plinthia (wörtlich: ‹abmarkiertes Grundstück›, ‹Rechteck›), seine bedeutendste Leistung: aus vorhandenen Straßen- und Küstenvermessungen (→ Bematisten, → Periplūs, → Reiseführer) errechnete er die Länge und Breite jedes Landes oder Länderkomplexes (z. B. Persien, Medien und Mesopotamien zusammen) und schrieb die auf einfache geometrische Figuren wie Parallelogramme, Trapeze, Rhomboide reduzierten Formen in das Koordinatennetz ein. Dadurch wurde für den Entwurf der Karte und die Lokalisierung jedes Ortes eine feste, wenn auch im einzelnen unzureichende Grundlage geschaffen, die bes. für die von → Alexander (5) d. Gr. der Geographie neu erworbenen Gebiete unentbehrlich war. In der Tat behauptete sich diese Weltkarte trotz des scharfen Tadels des → Hipparchos (3) bis → Marinos (3). F.L.

[3] E. berechnete den *Erdumfang* mit verhältnismäßig großer Genauigkeit auf Grund der Beobachtung: Wenn

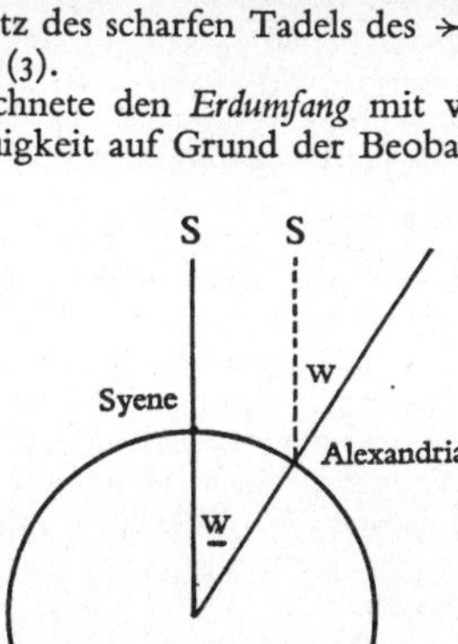

Abb. 63 Erdmessung des Eratosthenes

die Sonne in Syene im Zenith steht, bilden ihre Strahlen in Alexandria, das ungefähr auf dem gleichen Meridian liegt, mit der Senkrechten einen Winkel w von $^1/_{50}$ Kreisumfang (→ Abb. 63). Also ist der Erdumfang 50 mal so groß wie der Abstand Alexandria–Syene (5000 Stadien), also 250000 Stadien. E. scheint diesen Wert noch auf 252000 Stadien korrigiert zu haben. Nimmt man an (1) 40 Stadien = 1 σχοῖνος (nach Plinius) und (2) 1 σχοῖνος = 12000 kgl. Ellen zu je 0,525 m, so erhält man für den Erdumfang den recht guten Wert 39690 km. Jedoch ist die Beurteilung der Genauigkeit von der Zuverlässigkeit der Werte von Stadion, σχοῖνος und Elle abhängig. – In der *Mathematik* fand E. ein einfaches Verfahren zur Auffindung von Primzahlen, das sog. Sieb des E., und ein mechanisches Verfahren zur Bestimmung zweier mittlerer Proportionalen (→ Mesolab). In einem Dialog ‹Platonikos› behandelte er die Grundzüge der Mathematik im Sinne → Platons. H.G.

[4] Als *Philologe* und Literaturhistoriker verfaßte er wenigstens 12 Bücher mit sprachlichen und sachlichen Bemerkungen zu Problemen der attischen Komödie (→ Euphronios); ferner eine Art Reallexikon (genannt Skeuographikos, zu dem der ‹Architektonikos› gehört zu haben scheint) und ein grammatisches Werk in 2 Büchern. Die antike Homerexegese beeinflußte er weniger durch diese grammatischen Schriften als durch sein geographisches Hauptwerk: er vertrat den Grundsatz, daß der Dichter nicht zur Belehrung, sondern zur Unterhaltung geschrieben habe. Homers Worte dürfen also bei der Beantwortung wissenschaftlicher (vor allem geographischer) Fragen nur in gewissen Zusammenhängen als glaubwürdiges Zeugnis gelten. Diese von stoischen Prinzipien abweichende Auffassung hat → Aristarch (2) übernommen. Vor allem auf dem Weg über dessen Kommentare drang sie in unsere Scholiencorpora ein. H.E.

[5] Als vielseitiger Schriftsteller erwarb E. sich den Beinamen ‹Pentathlonkämpfer›; als Wissenschaftler zweiten Ranges trug er den Spitznamen ‹Beta›. Er selbst nannte sich als erster ‹Philologe›, im Sinn von ‹Liebhaber jeder Wissenschaft›. Seine Vielseitigkeit machte ihn zum Muster alexandrinischer Gelehrsamkeit. In seiner weittreffenden, vorurteilslosen Denkart ist er ein typischer Repräsentant der griech. Wissenschaft. F.L.

Frg: G. Bernhardy, Eratosthenica, 1822 – E. Hiller, Eratosthenis carminum reliquiae, 1872 – C. Robert, Eratosthenis Catasterismorum reliquiae, 1882 (Neudr. 1962) – FGrHist 241 – H. Berger, Die geograph. Fragm. des E., 1880 (Neudr. 1964) – Frg. des Werkes über die att. Komödie: → Euphronios – *Lit:* E. Schwartz, Charakterköpfe aus der Antike: Eratosthenes (1909), 1943^4 – G. A. Keller, E. und die alexandrin. Sterndichtung, 1946 (mit Lit) – F. Solmsen, E. as Platonist and Poet, TAPhA 72, 1942, 192–213 – E. P. Wolfer, E. v. Kyrene als Mathematiker u. Philosoph, 1954. Weiteres → Geographie.

Eravisker (Aravisker), illyrische Völkerschaft in Pannonien im Gebiet um das Donauknie bei Waitzen bis südl. Aquincum (Kt. 2209 C2). Sie bilden in röm. Zeit eine exemte civitas. B.S.

Lit: A. Graf, Übersicht der antiken Geogr. Pannoniens, 1936 – A. Alföldi, in: Budapest története I, 1943.

Erbschleicherei. In der Hoffnung, im Testament (→ Familienrecht; Mart. 11, 67; 5, 39) berücksichtigt zu werden, buhlten (Mart. 4, 56) Verwandte (Plaut. mil. 705 ff.) und Freunde (Hor. sat. 2, 5; Petron. 116 f.) um die Gunst des Erblassers, der seinerseits daraus Vorteile (Sen. dial. 6, 19, 2) zu ziehen sich bemühte (Petron. 140; Mart. 11, 83; Iuv. 3, 221; Tac. ann. 13, 52; Lukian. de mort. 6, 4. 8). W.K.

Erbse (πίσος, pisum), den Alten seit der Frühzeit bekannt. Vorgriechisch ist der Name der Kicher-E. (ἐρέβινθος, ervum, cicer), die episch bezeugt ist (Hom. Il. 13, 589). Auf die volkstümliche Kultur der E. in Rom weist der Name Cicero. Kultur von verschiedenen Arten. Als Nahrungsmittel der → Bohne vorgezogen; man aß sie auch geröstet (Aristoph. Pax 1136). Wie die Bohne wurde die E. symbolisch für die Hoden gesetzt (Aristoph. Ach. 801; ran. 545, in diesem Zusammenhang ist der Ausdruck ἐρεβίνθιος Διόνυσος zur Bezeichnung von Unbedeutendem, Wertlosem bemerkenswert). In Rom führte eine Art der Kicher-E. den Namen Venerium nach der Verwendung bei der Nachfeier zu Ehren der Göttin (Plin. nat. 18, 12, 32). Als Opfer im Kult der Rhea verwandt. Wie die → Hirse ist die Kicher-E. mit Poseidon als Gott des feuchten Elements verbunden. Vgl. → Flora. J.W.

Lit: Murr, Pflanzenwelt, 163–168 – Olck, RE 6, 1 (1907), 393–397 – Hehn, 215–223.

Erdbeerbaum (κόμαρος, arbutus), in Südeuropa heimischer Strauch, der → Andrachle verwandt. Wahrscheinlich mit dem mythischen Geryonbaum identisch, in den Gaia ihren dreileibigen Sohn → Geryon nach dem Tod durch → Herakles verwandelte. Man dachte sich den E. ebenso wie die → Eiche als reichen Fruchtspender im Goldenen → Weltalter. Die herben Früchte waren nicht bes. geschätzt und dienten als Futter. Das dichte Holz lieferte die besten → Kohlen und wurde auch zu Geräten verarbeitet. Vgl. → Flora. J.W.

Lit: Olck, RE 6, 1 (1907), 399–401 – Murr, Pflanzenwelt, 70.

Erdbeere (fragum), wuchs im nördl. Italien wild, wurde aber nicht kultiviert. Die Überlieferung kennt kein griech. Wort und zeigt oft Verwechslungen mit den Früchten des → Erdbeerbaumes. Entsprechend fehlt jede mythologische Bedeutung. J.W.

Lit: M. Schmidt, RE 6, 1 (1907), 401 f.

Erde. Während die ionischen Naturphilosophen sich die E. noch als scheibenförmig (→ Thales) oder zylindrisch (→ Anaximander) vorstellten, wurde die wichtige Erkenntnis der Kugelgestalt der E. bei den → Pythagoreern gewonnen. Die Pythagoreer nahmen allgemein für alle Himmelskörper die Kugelform und für ihre Bahnen die Kreisform an, da Kugel und Kreis ihnen als die vollkommensten geometrischen Bildungen galten. Im Gegensatz zu den früheren und den nachfolgenden kosmologischen Spekulationen (mit Ausnahme der → heliozentrischen Theorie des → Aristarch, 1) sahen die Pythagoreer die Erde nicht als ruhend im Mittelpunkt des Kosmos an, sondern ließen sie zusammen mit einer von ihnen postulierten ‹Gegenerde› um ein → Zentralfeuer kreisen. Dadurch war die heliozentrische Theorie psychologisch vorbereitet. Die Vorstellung, daß die Erde frei im Weltraum schwebt, hatte schon Anaximander, der ihre Ruhelage aus dem Prinzip des mangelnden Grundes folgert, da wegen der gleichen Entfernung der Erde von allen Punkten der Himmelskugel kein Antrieb nach irgendeiner Richtung wirke. – Die ersten annähernd richtigen Berechnungen des *Erdumfanges* wurden im 3. Jh. v. Chr. von → Eratosthenes und 100 Jahre später nach einer andern Methode von → Poseidonios gemacht; sie ergaben Werte, die nur um rund 10% von dem richtigen abweichen. Daß die Größe der Erde gegenüber interplanetaren Abständen verschwindend klein ist, zeigte → Aristarchos (1), dessen Methoden allerdings zu ungenau waren, um den Abstand Sonne–Erde auch nur in der Größenordnung richtig zu bestimmen. S.S.

Lit: Th. L. Heath, Greek Astronomy, 1932.

Erebos, ‹Finsternis›, Sohn von Chaos. Aus ihm und Nyx, ‹Nacht›, wurden Aither (‹Himmel›) und Hemera (‹Tag›) geboren (Hes. theog. 116ff.). Auch Finsternis der Unterwelt oder diese selbst bedeutend (Hom. Il. 8, 368 holt Herakles den Kerberos aus dem E.). K. Schb.

Erechtheus, erdgeborener König Athens, Sohn des → Erichthonios oder mit diesem identisch (Pind. Fr. 253; Eur. Ion 267) oder des → Pandion (Apollod. 3, 193), von Athene aufgezogen. Gab den Athenern, früher ‹Kekropiden›, ihren Namen (Hdt. 8, 44). Besiegte die Eleusinier samt ihren Bundesgenossen, den Thrakern unter Eumolpos. Um des Sieges willen opferte er, mit Zustimmung seiner Gattin, Praxithea, seine Tochter, wofür ihn später Poseidon mit seinen Kindern vernichtete. → Att. Sagen.

Darstellungen: Von rundplastischen Wiedergaben berichtet mehrfach Pausanias (1, 5, 1; 1, 27, 4; 9, 30, 1; 10, 10, 1); vielleicht auf Südmetopen des Parthenon und im Fries des Erechtheion zu erkennen. Vereinzelt auf Vasen nachweisbar, meist mit → Erichthonios oder Oreithyia. Alles Werke klass. Zeit. – *Lit. dazu:* Brommer 199 – G. Becatti, Eretteo, EAA III, 1960, 411 f. K. Schb.

Eremiten (von ἔρημος, ‹Wüste›), Allgemeinbegriff für Einsiedler; die ersten christl. E. heißen → Anachoreten. B.L.

Lit: LThK III 767–769.

Ereškigal, ‹Herrin (?) der großen Erde›, babylon. Unterweltsgöttin, Schwester und Rivalin der → Ištar, Gattin des Nergal (Mythos ‹Nergal und E.›). W.R.

Ed: O. R. Gurney, The Myth of Nergal and Ereshkigal, Anatolian Studies 10, 1960, 105–131.

Eretria, zweitgrößte Stadt der Insel → Euböa, 23 km östl. → Chalkis (Kt. 1152 D4), dessen Hauptrivalin; im 7. Jh. Niederlage E.s im → Lelantischen Krieg, abnehmende Bedeutung, mehrere → Kolonien ausgesandt. 490 von den Persern als Strafe für die Teilnahme am → Ion. Aufstand zerstört. Theater, mehrere Tempel, Stadtmauer erhalten. Ausgrabungen sind im Gange. F.M.

Lit: F. Fiechter, Das Theater in E., 1937 – J. Boardman, Pottery from E., BSA 47, 1952, 1–48 – K. Schefold, AntK 1964.

Ergasterion, griech. Bezeichnung für die ‹Werkstatt› ohne Rücksicht auf die Zahl der Beschäftigten und die Betriebsform, in der modernen Literatur vornehmlich für einen größeren handwerklichen Betrieb, dessen Eigentümer mit Hilfe abhängiger → Arbeit (bes. → Sklaven) gewerbliche Produkte für den lokalen Markt und den Fernexport herstellte und auch Aufträge an Einzelhandwerker vergab. Diese Betriebsform ist im klass. Griechenland für fast alle → Gewerbe nachweisbar, bes. in der Ton-, → Metall-, → Leder-, → Holz- und → Steinbearbeitung. Ihre Entstehung ist wahrscheinlich in → Töpfereien zu suchen; sie hat mitunter wohl auch vom Import wertvoller Rohstoffe ihren Ausgang genommen. Die Größe der E.en schwankte; die Beschäftigung von ca. 50 Sklaven ist bezeugt. Trotzdem war es keine hochentwickelte Produktionsweise (→ Fabrik); betriebliche Arbeitsteilung (→ Arbeit) war nur in Ansätzen vorhanden, der Eigentümer stellte wohl häufig lediglich den Arbeitsraum und die Rohstoffe zur Verfügung und bezog dafür vom Erlös aus Produktion und Verkauf, die in Händen der Arbeiter (Sklaven) lagen, eine feste Quote (→ Apophora). Die Betriebsform blieb bis in die Spätantike für Massenproduktion maßgeblich; lediglich die Größe der Betriebe erreichte in den E.en der hellenist. Könige und den Staatsmanufakturen der röm. Kaiserzeit *(fabricae)* größere Ausmaße. H.Br.

Lit: F. Oertel, in: R. v. Pöhlmann, Gesch. der soz. Frage und des Sozialismus in der antiken Welt II (1901), 1925³, 525–542 – F. M. Heichelheim, Wirtschaftsgesch. des Altertums (1938), engl. 2 Bde, 1958/64² (Lit).

Erginos, Sohn des Klymenos von Orchomenos, Vater des Agamedes (→ Trophonios). Fordert nach einem Sieg über die Thebaner für 20 Jahre Tribut. → Herakles befreit die Thebaner von der Abgabe und tötet E. im Kampf oder schließt erfolgreich Frieden mit ihm (Paus. 9, 37, 2; 38, 4; Apollod. 2, 67–69; Diod. 4, 10; Eur. Herakl. 49 f. 220 f.). K. Schb.

Ergotimos, att. Töpfer, schuf um 570 v. Chr. zusammen mit → Klitias die → Françoisvase. Weitere Signaturen auf Schalenfragmenten, einem → Skyphos und einem Ständer erhalten. I. Sch.

Lit: Beazley, ABV 79.

Erichthonios, Sohn des → Hephaistos (dessen Same bei der Verfolgung der → Athene auf die Erde fällt), und der Erde, Ge (Apollod. 3, 188–190; selten der Atthis oder der Athene selbst). Nach der Geburt der Athene und von ihr in einer Truhe den Kekropstöchtern Agraulos, Herse und Pandrosos mit dem Befehl übergeben, die Lade nicht zu öffnen. Als diese den Befehl übertreten, sehen sie das Kind von Schlangen umwickelt oder E. als Schlange. Die Schlange beißt sie tot oder sie stürzen, von Wahnsinn ergriffen, von der Akropolis. E. wächst im Tempel der Athene auf und wird nach →Kekrops König in Athen. Wird neben Theseus als Stifter der Panathenäen genannt.

Lit: Preller-Robert II 1, 137f. – *Darstellungen:* Vorwiegend auf Vasen, meist die Übergabe des E. an Athena zeigend. Einmal auf einer kyzikenischen Münze, mit Gaia, und auf einem in röm. Kopie erhaltenen Relief (nach Kultbildbasis im Hephaisteion?). Stets als Knabe gebildet. – *Lit. dazu:* Brommer 199f. – S. Karusu, Alkamenes und das Hephaisteion, AM 69/70, 1954/5, 67–94 – G. Becatti, Erittonio, EAA III, 1960, 419f. K. Schb.

Eridu (Ruine Abū Šahrein; 1925 D 6), 11 km südwestl. →Ur in der Wüste (früher am Meer?) gelegen, Kultstadt des →Enki/Ea. Von Bedeutung in prähistorischer und sumer. Zeit (→Mesopot. Reiche, B 1; D 1). Frühest nachweisbarer Tempel in Schicht XVII (neben sog. Eridu-Keramik; um 4000 v. Chr.?), Gebäude mit Stampflehmmauern von 3 m Seitenlänge. Dann Entwicklung bis Schicht XI, wo erstmals eine Hochterrasse (→Ziqqurrat) nachweisbar ist. W. R.

Erigone, Tochter des Eponymos des att. Demos Ikaria Ikarios. Dieser erhielt unter Pandion von →Dionysos die Gabe des Weines und verbreitete ihn im Land. Die berauschten Bauern glaubten sich vergiftet und töteten Ikarios. E. fand nach langem Suchen mit ihrem Hund Maira die Leiche und erhängte sich an der Stätte. Zeus oder Dionysos verstirnte alle drei, letzterer ließ alle att. Mädchen wahnsinnig werden und sich erhängen. Darauf, zur Sühne für E., Stiftung des Schaukelfestes (*Αἰώρα*), wobei man Bildwerke und Masken schaukelte. Auf Ikarios wurde auch der Tanz auf dem mit Öl bestrichenen Weinschlauch zurückgeführt (Apollod. 3, 191–192).

Lit: F. Deubner, Att. Feste, 1932 – Nilsson 585 – Solmsen, TAPhA 78, 1947, 252–275. K. Schb.

Erinna, von Telos (bei Rhodos), Dichterin, lebte nicht (wie →Suidas behauptet) zur Zeit Sapphos, sondern wohl gegen Endes des 4. Jh.s. →Asklepiades (1) könnte ihr Werk herausgegeben haben; AP 7, 11 steht jedenfalls ein für eine E.-Ausgabe bestimmtes Epigramm von ihm. Nach diesem Zeugnis war E. 19 Jahre, als sie ihr Werk schrieb. Wir besitzen neben einigen Zitaten bei Schriftstellern ein sehr verstümmeltes Papyrusfragment aus dem 1. Jh. v. Chr. Das Gedicht ist der Erinnerung an die Freundin Baukis gewidmet. Der Titel ‹Spindel› dürfte auf die gemeinsame Mädchenzeit anspielen. Dialekt: dorisch (mit Äolismen), Metrum: Hexameter (also nicht eine Elegie, wie man vom Inhalt her vermuten könnte). E. berichtet, wie sich aus den Fragmenten erkennen läßt, von gemeinsamen Spielen, Arbeiten und Erlebnissen. Sowohl in ihrem Interesse an einer (selbsterlebten) Kindheit wie auch in ihrer Neigung, kleine, genrehafte Züge in der Erzählung vorwalten zu lassen, ist E. Vorläuferin der →Hellenist. Dichtung (A), zu der sie bei strenger Rechnung wohl noch nicht gehört. – Von E. besitzen wir ferner drei Epigramme: AP 6, 352 auf ein wohlgelungenes Mädchenbildnis; AP 7, 710. 712 Grabepigramme auf Baukis. – Plin. nat. 34, 57 läßt ein Gedicht E.s vermuten, in welchem eine Zikade und eine Heuschrecke als tot beklagt wurden. – Ein ‹Propemptikon für Baukis›, von dem ein Fragment existiert, ist wohl eine Fälschung (vgl. Ath. 7, 283 D). P. H.

Ed: Anth. Lyr.² I 4, 207 – *Lit:* K. Latte, E., Nachr. Gött. 1953 – F. Scheidweiler, Erinnas Klage um Baukis, Philol. 100, 1956, 40–51.

Erinyen (*Ἐρινύες*, Furiae, *Furien*), in der griech. Literatur Rachegöttinnen, die ohne Mitleid und ohne Berücksichtigung mildernder Umstände gegen jeden Frevel einschreiten, bes. dort, wo die Untat menschliches Maß überschreitet oder unter den Menschen kein Rächer vorhanden ist, z. B. bei Verwandtenmord oder Meineid. Am bekanntesten ist die Sage von dem Muttermörder →Orestes, den die E. zum Wahnsinn treiben (vgl. die ‹Orestie› des →Aischylos). Die E. verkörpern eine primitive, aber klare Vorstellung von Recht und Strafe, oft gelten sie geradezu als Wahrerinnen der natürlichen Weltordnung. Bisweilen treten sie in der Dreizahl auf, in nachklassischer Zeit mit Namen: *Alekto* (‹die nie Aufhörende›), *Megaira* (‹die Neiderin›) und *Tisiphone* (‹die Rächerin des Mordes›). Stets werden die E. als schreckenerregende Wesen dargestellt, mit grimmigen Gesichtszügen, Fackeln und Geißeln schwingend, meist mit Schlangen im Haar. Ihre Behausung liegt in der →Unterwelt. In nachklassischer Zeit verlieren die E. ihre religiöse Bedeutung, sie leben aber als beliebtes Motiv in der Literatur und Kunst fort. – Schwierig ist es, das ursprüngliche Wesen der E. zu bestimmen, zumal sich in ihnen offenbar verschiedenartige Vorstellungen verschmolzen haben und unsere vor allem aus der Literatur gewonnenen Kenntnisse nicht immer klare Schlüsse auf den zugrunde liegenden Glauben zulassen. Bereits auf einem minoischen Schrifttäfelchen (→Kret. Schrift) ist Erinys (in der Einzahl) zu lesen und vielleicht als Rachegöttin zu deuten. Teilweise hat man in den E. verkörperte Flüche sehen wollen (Farnell, Rose). Rohde, Nilsson u.a. nehmen an, daß die Erinys eines Verstorbenen ursprünglich seine eigene sich selbst Rache holende Seele ist und daß sich daraus erst allmählich die Vorstellung von selbständigen unterirdischen Rachegeistern entwickelt hat. Andrerseits ist darauf verwiesen worden (Wilamowitz), daß die E. in historischer Zeit als chthonische Gottheiten charakterisiert sind. Wenn sie oft *Eumeniden* (die ‹Wohlgesinnten›) oder *Semnai* (die ‹Ehrwürdigen›) genannt werden, ist nicht klar, ob hier nur ein Euphemismus gewählt ist, um diese schrecklichen Göttinnen gnädig zu stimmen, oder ob nicht vielmehr die E. – wie andere chthonische Gottheiten (vgl. den Mythos von →Demeter und →Persephone) – bereits in ihrem ursprünglichen Wesen neben den finsteren und grausigen auch freundliche Züge trugen, so daß sie dem Menschen auch Segen und Fruchtbarkeit schenken können (in arkadischen Kulten trägt Demeter selbst den Beinamen Erinys, Paus. 8, 25, 4). K.-H. R.

Lit: U. v. Wilamowitz, Griech. Tragödien (Übers.) II (1900), 1901², 209–241 – L. R. Farnell, The Cults of the Greek States V, 1904, 437ff. – Nilsson I 100f. – E. Wüst, RE Suppl. 8 (1956), 82–166 – H. J. Rose, 80ff. – B. C. Dietrich, Demeter, Erinys, Artemis, Hermes 90, 1962, 129–148.

Eriphos, Dichter der mittleren →Komödie (I C); zwei oder drei Titel bekannt; soll in seiner ‹Meliboia› einige Verse des →Antiphanes (1) wiederholt haben. Th. G.

Frg: FAttCom II 588–593.

Eriphyle, Tochter des Talaos von Argos und der Lysimache, von ihrem Bruder →Adrast nach der Versöhnung mit →Amphiaraos diesem zur Frau gegeben, wobei ihr für alle Streitfälle die Entscheidung zuerkannt wurde. Daher von Polyneikes mit dem Halsband, von Thersandros mit dem Peplos der Harmonia bestochen (→Sieben gegen Theben; →Epigonen). Von ihrem Sohn →Alkmeon ermordet.

Darstellungen: E. bei Amphiaraos' Ausfahrt: Hampe-Simon 19–21 – E. und Polyneikes auf att. Vasen des 5. Jh.s und einem italiot. Krater (Brommer 344). Vgl. G. B. Montanari, EAA III, 1960, 415. K. Schb.

Eris, Tochter der →Nyx, Mutter von Dämonen des Elends (Hes. theog. 225ff.), Dämon des Streits, Gefährtin des →Ares. Wirft auf der Hochzeit des →Peleus und der Thetis einen Apfel mit der Aufschrift ‹Der Schönsten› unter die Göttinnen Hera, Athena und Aphrodite (Hyg. fab. 92) und löst so den Zwist zwischen den drei Göttinnen aus (→Paris; →Trojan. Krieg). K. Schb.

Darstellungen: Mit Inschrift auf att. schwarzfiguriger Schale, auf der Kypseloslade. Weiteres bei A. Comotti, EAA III, 1960, 418f.; Hampe-Simon 8. K. Schf.

Erkenntnistheorie. [1] *Die Vorsokratiker.* Die E. entsprang dem Nachdenken der Philosophen über die Schwierigkeit ihrer Aufgabe. Angesichts der vielfältigen Meinungen der Leute über die Dinge sind sie sehr bald zum Schluß gekommen, der Mensch sei nicht imstande, wirkliche

Weisheit zu erlangen. Die Wahrheit enthüllt sich nicht den zerstreuten Blicken der Menge; nur der geduldig Forschende kann hoffen, schließlich etwas davon zu erblicken. Es ist also nicht alle Erkenntnis gleichwertig. Diejenige, die uns die → Wahrnehmung vermittelt, ist oberflächlich und trügerisch; die Überlegung muß über sie hinausgehen. Diese Gedanken, die schon bei → Heraklit zutage treten, werden von → Parmenides nachdrücklich ausgesprochen: es gibt zwei Wege zur Erkenntnis, den der Wahrheit (*ἀλήθεια*) und den des Meinens (*δόξα*). Die Wahrheit steht auf der Seite der ‹Vernunft› (*λόγος*), das Meinen auf der Seite der Wahrnehmung. Die Wahrheit ist, daß einzig das Sein gedacht werden kann. Dafür also muß man sich entscheiden und das Nichtsein entschlossen ablehnen. Wer jedoch annimmt, daß das, was ist, zugleich ist und nicht ist, hat sich vom sinnlichen Schein irreführen lassen. Im Namen einer Forderung des Denkens stellt Parmenides jene These auf, aus der er auf absolute Einheit und Unbeweglichkeit des Seins schließt, und da hiermit die Wahrnehmungsdaten nicht vereinbar scheinen, opfert er diese ohne Zögern. Obwohl unter dem Einfluß der eleatischen Schule, folgen die späteren Philosophen nicht dem Radikalismus des Parmenides. Zwar lehren Denker wie → Empedokles, → Anaxagoras und → Demokrit theoretisch die Beständigkeit des Seins und die Unzuverlässigkeit der Sinne, aber gleichzeitig versuchen sie, den Vorgang der → Wahrnehmung zu erklären; trotz der Unmöglichkeit einer sinnlichen Wahrnehmung der letzten Elemente (VS 68 B 11) erkennt → Demokrit eine gewisse Abhängigkeit des Denkens von der Sinnlichkeit an (B 125), und er scheint geahnt zu haben, daß es notwendig ist, diese beiden Erkenntniswege zu vereinigen, wenngleich ihm das nicht ganz gelungen ist. – Von den → *Sophisten* haben → Protagoras und → Gorgias zweifellos die befremdlichen und vom gesunden Menschenverstand abweichenden Weltbilder, die frühere Philosophen im Namen eines absoluten Wissens vorgeschlagen hatten, als falsch erklären wollen. Mit seinem Satz, der Mensch sei das Maß aller Dinge, beabsichtigte Protagoras zur alltäglichen Erfahrung zurückzukehren; diese ist zwar individuell verschieden, jedoch nützlich für die Lebensführung und eine Quelle vernünftiger Ansichten. Er bemerkte nicht, daß seine Einstellung logisch zu dem später von Platon bekämpften Relativismus führte. Gorgias seinerseits bekämpfte die → Eleaten mit ihren eigenen Waffen, bewies er doch, daß man mit ihrer rein rationalen Argumentierkunst Grundsätze verteidigen könne, die den ihrigen genau entgegengesetzt waren.

[2] *Sokrates* bekämpfte das Scheinwissen der Sophisten und den daraus entspringenden Skeptizismus, indem er durch seine Fragen seine Gesprächspartner zum Eingeständnis ihrer Unwissenheit zwang. Aus der Überzeugung der Nutzlosigkeit des Redens über Dinge, von denen man nicht zu sagen weiß, was sie sind, stellt er die sehr bestimmte Frage nach dem *Was* (der Definition) der Dinge. Diese Frage ist keineswegs durch die Angabe irgendwelcher dem Ding zukommender Attribute beantwortet und behält ihr Recht, auch wenn es eine befriedigende Antwort nicht gibt.

[3] *Platon* führt den Sokratismus weiter und gibt, über ihn hinausgehend, eine vollständige E. Er unterscheidet aufs bestimmteste das Wissen vom Meinen auf Grund der Verschiedenheit ihrer Gegenstände. Das Meinen fußt auf der Empfindung und ist deshalb wandelbar, während das Wissen, Leistung des reinen Denkens, seinem Wesen nach unerschütterlich ist. Diesem Unterschied zwischen den beiden Erkenntnisweisen muß ein unterschiedlicher Seinsrang der je erkannten Dinge entsprechen. Einzig was *ist* und in der Identität seines Wesens verharrt, die → Idee, kann vom Wissen erfaßt werden. Der Meinung, als einem Mittelding zwischen Wissen und Nichtwissen, ist als Gegenstand jene Art von Wirklichkeit vorbehalten, die sich zwischen Sein und Nichtsein befindet, nämlich die sinnlich wahrnehmbaren Dinge. Da sie die Eigenschaften, die sie aufweisen, weder vollkommen noch beständig noch ganz besitzen, können sie nur durch ein Wissen erkannt werden, das ebenso wenig beständig ist wie sie selbst (rep. 5, 477–478; Tim. 27D–28A; 51D–E). So erkennt Platon die Forderungen der Eleaten an, was die Unbedingtheit der Vernunfterkenntnis anbelangt, ohne aber Wahrnehmungserkenntnis und Meinung ganz zu verurteilen. Das geschieht um den Preis einer Aufspaltung der Wirklichkeit, aus der später andere Probleme für die E. entstehen. Denn wie kann der dem Sinnlichen verhaftete Mensch zu wahrer Erkenntnis gelangen? Auf diese Frage antwortet der ‹Phaidon› mit der Lehre von Wiedererinnerung (→ Anamnesis): Die Seele ist, bevor sie in den Körper eingeht, im Besitze des vollen Wissens. Sobald sie sich aber mit der Materie vereinigt, vergißt sie die früher geschauten Wesenheiten. Doch die Erinnerung kommt ihr wieder bei der Berührung mit jenen schwachen Nachbildern der Wesenheiten, welche die sinnlich wahrnehmbaren Dinge sind. Das Thema der Wiedererinnerung erscheint in verschiedenartiger Gestalt in mehreren anderen platonischen Dialogen der Reifezeit. Der Aufstieg zum Wissen erscheint dort als ein Übergang von der Sinnenwelt zur geistigen Welt, aber er ist ein Zurückgehen; ist doch das Ziel gewissermaßen im Ausgangspunkt vorgegeben. Er besteht darin, daß um den Preis einer sowohl ethischen als intellektuellen Anstrengung, eben des Philosophierens, eine Welt absoluter Wirklichkeit wiederentdeckt wird, deren Existenz wir ahnen, sobald die Entdeckung der Mangelhaftigkeit der Sinnenwelt das dunkle Verlangen danach in uns erweckt. So ist das Intelligible nicht allein anders als das Sinnliche und ihm überlegen, sondern erklärt und begründet dieses. Das sieht man deutlich, wenn man von den wandelbaren Einzelwesen zu ihrer einen Wesenheit aufsteigt und weiter, in der Welt der Wesenheiten selbst, bis zur alle beherrschenden Idee des Guten (vgl. den erotischen Aufstieg im ‹Symposion›, den Mythos des ‹Phaidros›, das Höhlengleichnis im ‹Staat›, die → Mäeutik, ‹Hebammenkunst›, des ‹Theaitetos›). Um die Stufen der Erkenntnis darzustellen, benützt der ‹Staat› (6, Ende) das Bild einer in ungleiche Teile geteilten Linie. Zwei dieser Teile stellen die Kenntnis des Sichtbaren, die andern zwei die Erkenntnis des nur dem Geiste Zugänglichen dar, wobei jeweils die niedrigere Stufe das Bild der oberen ist. Diese Stufen sind, in aufsteigender Ordnung, das Vermuten (*εἰκασία*), das Glauben (*πίστις*), das diskursive Denken (*διάνοια*) und die rein geistige Einsicht (*νοῦς*, *νόησις*). Auf der ersten Stufe der Erkenntnis des Geistigen, dem diskursiven Denken, bedarf das Denken noch der Hilfe von Bildern, und die Überlegung stützt sich noch auf Voraussetzungen, über die nicht Rechenschaft abgelegt wird. Die Geometrie und verwandte Disziplinen gehen so vor. Auf der zweiten Stufe, derjenigen der Dialektik, bewegt sich das Denken einzig auf der Ebene der Ideen. In einer aufsteigenden Bewegung schreitet sie von den Voraussetzungen auf ein absolut erstes, sich selbst genügendes Prinzip geistiger Erkenntnis zurück, um dann in einer Gegenbewegung an ihren Ausgangspunkt zurückzukehren, wobei sie auf jeder Stufe das Abhängigkeitsverhältnis jedes Begriffs zum ersten Prinzip bestimmt. Das so entworfene Programm zu verwirklichen ist natürlich Sache des Philosophen. Die Frage, wie die Aufgabe der → Dialektik abzugrenzen und wie ihre Methode zu bestimmen sei, nimmt in den Dialogen der letzten Periode einen großen Raum ein. Nach der ‹Krise› des ‹Parmenides› und der gründlichen Untersuchung der Bedingungen des Wissens im ‹Theaitetos› nimmt Platon im ‹Sophistes› die Frage nach den Beziehungen zwischen den Ideen in Angriff. Dadurch erkennt er an, daß die Antinomie des Einen und des Vielen durch die These der einen Idee, welche die Vielheit der Einzelwesen zusammenfaßt, nicht endgültig gelöst war: vielmehr muß jetzt er-

klärt werden, warum jede Form, wiewohl sie in der Einheit ihres Wesens eingeschlossen ist, doch ihren im Sein bestimmten Ort einnimmt, warum also innerhalb des Seins selbst eine unüberwindliche Verschiedenheit besteht. Hierzu muß Platon einerseits durch eine Idee des *Anderen* das von Parmenides aus dem Denken verbannte Nichtsein wieder zu Ehren kommen lassen und andererseits eine wirkliche Gemeinschaft zwischen den verschiedenen Gattungen anerkennen, ohne welche ein und demselben Subjekt nicht verschiedene Prädikate zugeschrieben werden können. Diese Beziehungen der Teilnahme und Ausschließung mit Genauigkeit zu bestimmen ist Sache der Dialektik (Soph. 253D). Deren Prinzipien stellt Platon dadurch auf, daß er fünf oberste und nicht mehr aufeinander zurückführbare Gattungen unterscheidet, nämlich das Sein, die Ruhe, die Bewegung, das Selbe und das Andere. Zu ihrer Methode bestimmt er die Einteilung in Arten, mit dem Ziel, einen Gegenstand dadurch einzukreisen, daß man alle seine Unterschiede zu den andern aufzählt. Dieses Verfahren ist keine mechanische Dichotomie, denn es verlangt eine sinnvolle Auseinanderlegung der Teile des analysierten Ganzen, die dessen natürlicher Gliederung gerecht wird. Nur so wird es gelingen, die letzten, unteilbaren Arten zu bestimmen. Im ‹Philebos› wird stärker als anderswo der Akzent auf den fast mathematischen Aspekt der Definition gelegt, die fast als eine Art Differenzenrechnung dargestellt wird. Die Verwandtschaft solcher Spekulationen mit der ‹ungeschriebenen Lehre›, die Aristoteles erwähnt, ist offensichtlich, obwohl wir die genaue Bedeutung dieser Lehre nicht mit Bestimmtheit kennen.

[4] *Aristoteles.* Die Unterscheidung zwischen Wissen und Meinen wird von Aristoteles entschieden festgehalten, doch entspricht ihr nicht mehr eine Trennung der zugrunde liegenden Wirklichkeiten. Die Sinnenwelt ist Gegenstand von Wissenschaft und Meinung zugleich. Sie ist es jedoch von verschiedenen Gesichtspunkten aus. Das Meinen betrifft individuelle oder seltene Fälle. Das Gebiet der Wissenschaft ist das Allgemeine, das unwandelbar oder zumindest regelmäßig ist (an. post. 87b38; de an. 417b23; metaph. 3, 6. 1003a15 u.o.). Wenn die vereinzelten und seltenen Fälle nach Aristoteles keine wissenschaftliche Erkenntnis ermöglichen, so grundsätzlich deshalb, weil sie nicht in notwendigen Sätzen ausgedrückt werden können, d.h. in Sätzen, in denen Prädikat und Subjekt auf Grund ihres Inhalts notwendig miteinander verbunden sind. Die wahren und gültigen Urteile, die man in bezug auf solche Fakten aussprechen kann, sind immer mit Zufälligkeit behaftet, denn die Verbindung zwischen Prädikat und Subjekt wird wohl festgestellt, nicht jedoch in ihrer Notwendigkeit begriffen. Dazu müßte das in Betracht gezogene Urteil allgemein formuliert werden können; damit aber befände man sich nicht mehr auf dem Gebiet des Individuellen als solchen. Die Wissenschaft ist also deshalb allgemein, weil sie das Einzelne und Vorübergehende übersteigt. Aristoteles hat also nichts vom platonischen Wissensideal preisgegeben. Auch für ihn bedeutet Wissen: Verstehen warum, die Ursache kennen, warum etwas so ist, wie es ist, bis zum Wesen der Dinge vordringen (vgl. die Definition an. post. 71b9–12; metaph. 1, 1. 981a24–b13). Die ‹Ursache›, von der hier die Rede ist, verschmilzt fast mit der Begründung, da ja ihre erkenntnisvermittelnde Kraft daher stammt, daß sie den untersuchten Gegenstand für den Geist faßbar werden läßt. Aristoteles nähert die beiden Begriffe einander noch an, indem er sagt, daß die Ursache der mittlere Begriff im beweisenden Syllogismus ist, weil sie das Zwischenglied ist, das erlaubt, die Eigenschaften eines Gegenstandes abzuleiten oder dessen Vorhandensein zu beweisen. Und gewiß gibt es auch Fälle (in der Mathematik z.B.), in denen das, was er Ursache nennt, nichts anderes ist als ein Grund, der einzig auf der logischen Ebene verschieden ist von dem, was daraus abgeleitet wird. Um wirklich wissenschaftlich zu sein, muß er indessen dem, was er erklärt, logisch vorangehen; nichts hindert, daß er manchmal auch eine wirkliche Ursache ist. Weil es nicht das Ziel des Wissens ist, Tatsachen zu registrieren, sondern sie zu verstehen, kann die Wissenschaft ebenfalls beschrieben werden als Erkenntnis des Wesens und durch das Wesen (metaph. 7, 6. 1031b6; an. post. 90a31). Seit Sokrates weiß man, daß das Wesen von allem geistig Erfaßbaren das Erste ist; auf ihm beruht notwendig die Deduktion, und jeder Beweis kann als die Ableitung der notwendigen Eigenschaften eines Subjektes aus seinem Wesen dargestellt werden, vorausgesetzt, daß dieser letzte Begriff weit genug gefaßt wird. Bei Aristoteles wird alles, was auf die Frage τί ἐστι in bezug auf irgendwelche Wirklichkeit, sei sie substantiell oder nicht (Tatsachen, Phänomene, Eigenschaften, mathematische Objekte usw.) antwortet, dessen Wesen (οὐσία) genannt. So ist es möglich, die Unterscheidung von Wesen und Eigenschaften als eine nur begriffliche Vorgängigkeit des Wesens zu verstehen. In dieser weiteren Bedeutung des Wortes ‹Wesen› nennt Aristoteles Erkenntnis des Wesens einer Tatsache das tiefere Verständnis, das man davon besitzt, wenn man deren Ursachen entdeckt hat, und Definition dieser Tatsache den Ausdruck dieses Verhältnisses zu ihrer Ursache (an. post. 2, 8–10). Daraus ersieht man, daß die Beziehung Wesen-Eigenschaften und die Beziehung Ursache-Wirkung, insofern sie das formale Objekt der aristotelischen Wissenschaft abgrenzen, in einem logischen Sinn verstanden werden müssen, der den realen Sinn einschließt, jedoch weiter ist als dieser. Entsprechend betrifft nach Aristoteles die der Wissenschaft eigentümliche Notwendigkeit die wissenschaftlichen Vernunftschlüsse. Sie muß herrschen in der Kette der Folgerungen, die zum Schlusse führen, und in den Prämissen selbst. Eine solche Notwendigkeit ist logisch, obwohl der realen Notwendigkeit nicht fremd. Aristoteles hat das Wesentliche dieser Unterscheidung gesehen, erkennt er doch im Gegensatz zu Platon an, daß wandelbare und vergängliche Wesen Gegenstand eines unumstößlichen Wissens sein können. Aber er bleibt dem Platonismus, den er verworfen hat, doch verpflichtet, insofern er annimmt, daß die sublunare Welt unmöglich Gegenstand der Wissenschaft sein könnte, wenn nicht die Vergänglichkeit der Einzelwesen durch die Ewigkeit und Notwendigkeit der Arten kompensiert würde. So enthält die Behauptung, daß es nur Wissen gebe von dem, was immer und notwendig oder wenigstens zumeist ist, eine Zweideutigkeit, die auch den Begriff eines allgemeinen wissenschaftlichen Wissens belastet, da das Allgemeine mit dem Notwendigen verbunden ist. Tatsächlich scheint Aristoteles manchmal zu fordern, die von der Wissenschaft untersuchten Wesen und Tatbestände sollten immer sein und sich immer aufs neue herausstellen (an. post. 1, 8; metaph. 7, 15. 1039b30ff.). Die Wichtigkeit, die er der Kategorie der Wiederholung in seiner Wissenschaftstheorie beimißt, stammt übrigens noch aus einer anderen Quelle. Die wissenschaftlichen Urteile bringen Beziehungen zwischen Begriffen zum Ausdruck; nun ist aber der Begriff an sich allgemein. Er wird aus dem sinnlich Wahrnehmbaren durch Abstraktion gebildet, und Aristoteles glaubt, daß einzig die wiederholte Beobachtung der gleichen Tatbestände ihn erzeugen kann (Induktion). Das Fundament des rationellen Wissens ist also immer eine sinnliche Erfahrung des Partikulären, welches gewissermaßen der Stoff unserer Begriffe ist (an. post. 2, 19; metaph. 1, 1). Die enge Abhängigkeit des Denkens von der Wahrnehmung bei Aristoteles bedeutet jedoch nicht, daß seine E. Empirismus sei; denn für ihn besteht immer ein deutlicher Unterschied zwischen dem uns am besten Bekannten (dem, was der sinnlichen Erfahrung am nächsten ist) und dem an sich am besten Erkennbaren (dem Rationalsten). Die Erfahrungsdaten sind an sich leichter erreichbar, aber nur Ausgangspunkt der Wissenschaft. Das

Ziel des Wissens auf der Suche nach dem Intelligiblen ist der Besitz der Wesenheiten. Daraus folgt logisch, daß diese gleichzeitig das Ziel des Suchens und der Ausgangspunkt der Deduktion sind. Aristoteles hat das eingesehen, hat er doch schließlich auf den Gedanken verzichtet, daß das Wesen bewiesen werden könne, und dem wissenschaftlichen Syllogismus die Definition (den Ausdruck des wirklichen Wesens) zugrunde gelegt. Vgl. → Logik.

[5] *Nach Aristoteles.* Mit Ausnahme der Philosophie → Plotins, in welcher das kontemplative Ideal Platons weiterlebt, ist das nacharistotelische Denken zumal über die E. durch Pragmatismus, der mit einem mehr oder weniger eingestandenen Materialismus einhergeht, gekennzeichnet. Da es das Ziel der Philosophie ist, der Seele Ruhe zu verschaffen, versucht man nicht, die letzten, übrigens undurchdringlichen Geheimnisse zu durchdringen, sondern gültige Urteile als Handlungsnormen zu entwickeln. Um diese zu begründen, wendet man sich vor allem der sinnlichen Wahrnehmung als der einzigen unanfechtbaren Erkenntnisquelle zu. Nach → *Epikur* ist es unmöglich, im Denken ein Kriterium für die Unterscheidung des Wahren vom Falschen zu finden, denn all sein Inhalt stammt aus der Empfindung und ist infolgedessen von ihr abhängig. Die Empfindung jedoch hat für uns einen Charakter unabweisbarer Evidenz. Sie kann weder durch den Vernunftschluß (der aus ihr abgeleitet wird) noch durch die Gegensätzlichkeit, die man etwa unter verschiedenen Empfindungen entdecken könnte, erschüttert werden; denn die Erscheinung als solche ist immer wahr, und ihr muß in der der Wirklichkeit etwas entsprechen. In der Empfindung – und in den Gefühlseindrücken, die die gleiche Unmittelbarkeit besitzen – hat man also das Wahrheitskriterium bzw. den gesuchten Kanon. Auf der Grundlage vielfacher ähnlicher Empfindungen, die das Gedächtnis festhält, bilden sich in uns gemeinsame Begriffe und Anschauungen (*προλήψεις*, ‹Vorwegnahmen›), mit denen wir den Dingen entgegentreten (das Wort Mensch z. B. erzeugt sofort in uns das Bild eines Geschöpfes bestimmter Gestalt, das wir also bereit sind wiederzuerkennen, wenn es vor uns tritt) und die uns in allen unseren Forschungen leiten, indem sie uns intuitive Prinzipien liefern (z. B.: Nichts kommt aus dem Nichts, noch kehrt es dahin zurück). Auch die Prolepsis wird von Epikur ein Wahrheitskriterium genannt (Diog. Laert. 10, 31), aber anscheinend hat sie, da sie sich auf Empfindung stützt, keinen von ihr unabhängigen Wert. Die ganze Weisheit besteht darin, daß wir zu den so definierten Evidenzkriterien unsere Zuflucht nehmen, um eine Bestätigung oder Entkräftung unserer Urteile zu finden oder, im ungünstigsten Falle, in Ansichten über verborgene Dinge, uns zu vergewissern, daß nichts sie widerlegt. – Die → *Stoiker* sind nicht so reine Sensualisten wie Epikur, da sie der Vernunft in der Erkenntnis eine aktive Rolle zuerkennen, suchen jedoch die Grundlage des Wissens auch in der Empfindung, d. h. im passiv empfangenen Eindruck eines Dinges. Nach → Zenon (3) ist die in der Seele erzeugte Vorstellung (Phantasia), wenn sie genügend klar und deutlich ist, von seiten des Hegemonikon, d. h. des führenden Prinzips der Seele, Gegenstand eines freiwilligen Annahmeaktes, der Zustimmung (*συγκατάθεσις*), die sich im Begreifen (*κατάληψις*) vollendet. Aber während für Zenon die Katalepsis das Wahrheitskriterium ist, behauptet → Chrysippos (2), daß dieses Kriterium die kataleptische Vorstellung selbst sei, insofern sie von einem wirklichen Gegenstand ausgeht (*φαντασία καταληπτική*, Vorstellung, die Zustimmung und Begreifen erzeugen kann). Einen besonderen Platz räumen die Stoiker denjenigen unter unsern Ideen ein, die aus einer natürlichen Erfahrung herrühren und die sie, wie die Epikureer, Prolepseis nennen, nicht weil sie angeboren wären, sondern weil sie bei der Berührung mit der Wirklichkeit spontan in uns entstehen und bei allen Menschen die gleichen sind. Für Chrysippos wären diese Prolepseis ein Wahrheitskriterium neben der Empfindung (Diog. Laert. 7, 54), es sei denn, diese Verdoppelung des Kriteriums müsse als die Zerlegung der kataleptischen Vorstellung in ihre sinnlichen und rationellen Faktoren verstanden werden (Pohlenz). Da sie der Ansicht sind, sie besäßen ein Mittel zur Unterscheidung des Wahren vom Falschen, glauben die Stoiker an die Möglichkeit der Wissenschaft, die sie als das sichere und unerschütterliche Begreifen des Wirklichen definieren. Im Gegensatz dazu streiten die → *Skeptiker* dem menschlichen Geist die Fähigkeit ab, zu einem sicheren Wissen zu gelangen. Für die ersten unter ihnen jedoch (z. B. → Pyrrhon) ist der Zweifel eher eine praktische Haltung als eine theoretische Position, denn sie empfehlen die Enthaltung vom Urteil (*ἐποχή*), um das Ideal der Ataraxie zu erreichen. Da sie aber zu beweisen wünschten, daß man jedem Urteil ein anderes, ebenso überzeugendes entgegensetzen könne, sind sie in der Folge dazu gelangt, ihre Argumente in der berühmt gewordenen Lehre von den Tropen zusammenzufassen. Die Darstellung des → Sextus (2) Empiricus erlaubt uns, die dialektische Gewandtheit der Skeptiker zu bewundern. Ihre Angriffe betreffen vor allem die Relativität der Empfindung und der menschlichen Ansichten; die Unerkennbarkeit der Wahrheit, die weder sinnlich noch geistig wahrnehmbar, noch beides zusammen sein kann; das Nichtvorhandensein der Kausalitätsbeziehungen; die Unmöglichkeit des Beweisens (→ Ainesidemos). → Agrippa (2) gibt dem Skeptizismus eine radikalere Orientierung: indem er die Argumente seiner Vorgänger auf die Spitze treibt, will er die theoretische Unmöglichkeit der Gewißheit darstellen durch die Unfähigkeit, in der man sich notwendig befindet, ein Wahrheitskriterium zu finden, das von dem, was zu beweisen ist, unabhängig wäre. S. M.

Lit: V. Brochard, Les Sceptiques grecs, 1887 (Neudr. 1955) – A. Diès, Autour de Platon, 1927 – S. Mansion, Le jugement d'existence chez Aristote, 1946 – L. Robin, La pensée grecque (1923), 1948 – M. Pohlenz, Die Stoa (1947), 1959² – A. Virieux-Reymond, La logique et l'épistémologie des Stoïciens, 1950 – F. M. Cornford, Plato's Theory of Knowledge (1935), 1960 – N. Gulley, Platonic Theory of Knowledge, 1962.

Erle (*κλήθρα*, alnus), an Flüssen und in Sumpfgebieten verbreitet, begegnet in der epischen Überlieferung an der Grotte der Kalypso (Od. 5, 64). Die ihr zugeschriebene düstere Bedeutung ist in den antiken Quellen nicht verbürgt. Man schätzte das Holz wegen seiner Festigkeit gegen Feuchtigkeit und verwendete es im → Schiffsbau sowie zu Wasserröhren. Vgl. → Flora. J. W.

Lit: Stadier, RE 6, 1 (1907), 470–472 – Murr, Pflanzenwelt, 17.

Erlösungsglaube. Der griech. Glaube kennt Situationen der Bedrängtheit, aus der der Mensch durch die zuständige Gottheit gerettet wird, wenn er sie geziemend anruft; er kennt auch Zustände der Besudelung, die durch die → Reinigung getilgt werden müssen; endlich kennen Mysterienkulte Zustände der Verbanntheit der Seele aus ihrer göttlichen Heimat, die nur durch einen Prozeß der Läuterung aufgehoben werden können. Der E. im christl. Sinne ist davon zu trennen, da dieser einerseits den Begriff der Sünde als des Mißbrauchs des göttlichen Vertrauens, der zur Gottverlassenheit führt, anderseits denjenigen eines göttlichen Eingreifens, nicht im Sinne des partikularen Beistands oder Machterweises, sondern im Sinne einer umfassenden Wiederherstellung des ursprünglichen Vertrauensverhältnisses, impliziert. Eigen ist der E. allerdings nicht nur der christl. Großkirche, sondern auch der christl. → Gnosis. O. G.

Lit: C. Andresen, RAC VI, 545219 (Lit).

Ermanarich (Ermenrich), König der → Ostgoten, Mitte des 4. Jh. s. Sein Reich, dem german., sarmat.-iran., slaw., finn.-ugrische und balt. Völkerschaften angehörten, erstreckte sich nach → Jordanes vom Schwarzen Meer bis zur Ostsee und über die Wolga. Angesichts des → Hunnenansturms (370) beging der schon in hohem Alter stehende König Selbstmord (Amm. 31, 3). In der german. Heldensage wird E., dessen Regiment den Höhepunkt der ostgot. Macht am Schwarzen Meer darstellte, als grausamer und treuloser Tyrann gezeichnet. K.F.Str.

Lit: L.Schmidt, Die Ostgermanen (1910), 1941² – H.Schneider, Germ. Heldensage I, 1928 – G.Zink, Les légendes héroïques de Dietrich et d'Ermenrich dans les littératures germaniques, 1950.

Ernährung. [1] Die *Griechen* verwendeten zu den gewöhnlich drei täglichen → Mahlzeiten vorwiegend pflanzliche Nahrung. Das gedroschene und geworfelte (Hom.Il.5, 499) und von Hülsen befreite (Plin.nat.18,61.72) Korn wurde in Mühlen gemahlen (Hom.Od.7,104; AP 9,418). Weizenmehl wurde zu → Brot (Aristoph. ran. 505) und Kuchen, Gerstenmehl zur → Polenta verarbeitet. Hülsenfrüchte als Suppe oder Brei (Gal.6,782) oder geröstet (Aristoph.Pax 1136) ergänzten mit Gemüse die vegetabilische Nahrung. Fleisch wurde als Zukost selten (Hdt.1,133) und oft nur als Begleiterscheinung eines Opfers gegessen (Iuv. 11,85). Das Fleisch von Ochsen, Schafen, Ziegen, Schweinen wurde (Hom.Od.14,72) gebraten, gekocht, gepökelt, geräuchert und zu Wurst verarbeitet (Hom.Od.18,44; Aristoph. nub.409). Hasen, Drosseln, Finken (Aristoph. Pax 1149) und Hühner (Plin.nat.10,139) waren beliebt.

[2] Die *Römer* lebten in ältester Zeit von Dinkel (far, Plin. nat.18,62) und besonders von Weizen, der als *Brei* zubereitet (puls, Plin.nat.18,83) oder zu Hause zu *Brot* verbacken wurde, da Bäcker und damit feineres Backwerk in Rom erst um 171 v.Chr. aufkamen (Plin.nat.18,107). Neben Bäckereien, die mit der den → Ädilen unterstehenden staatlichen Getreideversorgung (Dig.16,2,17) zusammenarbeiteten und wohlfeiles Brot herstellten (Schol.Pers.3,111; Petron.44,3), gab es solche für die unterschiedlichsten Backwaren, von zahlreichen Brotsorten (Ath.3,109B) bis zum feinsten Gebäck (Vespa, 46ff.). Die Masse der Bevölkerung lebte von *Brot*, hauptsächlich aber (Cels.2,18) von Mehlbrei (Iuv.14,171) und Öl, von Kohl (Cato agr.156; Hor. epist.1,17,13), Erbsbrei und Bohnen (1 Portion kostete 1 As: Mart.1,103,10), Rüben (Pers.3,114; Mart. 13,13), Lauch und Zwiebeln (Varro, Men.63), Obst (Ath. 6,275A), Oliven (Cato agr.23,1; Mart.1,103,7), Käse (Cato agr.75), Quark (edict.Diocl.6,96) und Eiern (Hor. sat.2,2,45; Porph.Hor.sat.1,3,6). *Fleisch* war teuer und taucht in der Verpflegung der Sklaven nicht auf (Cato agr. 56–8). Am beliebtesten war Schweinefleisch (Plin.nat.8, 209; Hist.Aug. 17,22,7), das einen geringeren Nährwert besaß als Rindfleisch (Cels.2,18,7); dann Lamm (Hor. epist.1,15,35; Apic.8, 359ff.), Hammel (Plaut. Capt. 820), Ziege (Mart.10,48,14), ferner Hühner (Hor.sat.2, 2,24), Tauben, die es auf den Gütern zu Tausenden gab (Varro rust.3,7,2) und Wurst (Petron.49,10; Mart.1,41, 9). – Eingesalzene → *Fische* waren billig, so die maena, Makrele (Schol.Pers.3,76) – der Hering der Römer (Catull.95,8; Mart.4,86,8) –, lacertus (Iuv.14,131) und der gerres (Mart.3,77,7), und wurden von der ärmeren Bevölkerung gegessen (Cato agr.23,1). – Zu den teuren *Delikatessen* gehörten die Streifenbarbe (Suet.Tib.34,1), der Steinbutt (Hor.sat.1,2,116), Trüffeln (Plin.nat.19,33), Champignons (Hor.sat.2,4,20; Mart.1,20) und Austern (Iuv.4,140), ferner Vögel (Suet.Vit.13,2) wie Perlhühner (Varro rust.3,9,18), Fasanen (Mart.3,67,4), Pfauen (Apic. 2,49; Hist. Aug. 17,20,5: Zungen): Einigen Römern wurde der Gaumen alleiniger Zweck ihres Daseins (Iuv. 11,11) und «sie erbrachen, um zu essen, und sie aßen, um zu erbrechen» (Sen. dial. 12,10,3; vgl. → Vomitiv). Vgl. → Landwirtschaft, → Fischfang, → Jagd, → Mahlzeiten.

Lit: J.André, L'alimentation et la cuisine à Rome, 1961. W.K.

Eros, griech. Liebesgott, in der Literatur und Kunst meist eng mit → Aphrodite als deren Sohn und Begleiter verbunden; diese Verbindung ist aber nicht ursprünglich. Homer kennt E. als Gott noch nicht; bei → Hesiod (theog. 120ff.) folgt er mit Gaia (und Tartaros) auf das Chaos: er ist also eine kosmische Urmacht, die – offenbar als Zeugungskraft verstanden – zu den Elementen der Weltentstehung gehört. Auch in den kosmogonischen Spekulationen der → Orphiker ist E. ein schaffendes und zeugendes Weltprinzip. In → Platons ‹Symposion› erscheint er vergeistigt als Personifikation des menschlichen Strebens nach dem göttlichen Ur-Schönen und nach Erkenntnis der Idee des Guten. Seit dem 5.Jh.v.Chr. (z.B. schon bei Pindar und Euripides) begegnet bisweilen eine Mehrzahl von *Eroten.* – Im Kult spielt E. kaum eine Rolle; am bedeutendsten ist sein Heiligtum in Thespiai in Böotien. Es stammt wohl aus ältesten Zeiten; denn das Kultbild des Gottes war ein unbehauener Stein (vgl. → Steinkult; später stand dort eine berühmte E.-Statue von → Praxiteles). E. scheint hier ein alter Gott der Zeugungskraft und Fruchtbarkeit zu sein. – E. lebt vor allem in der Literatur und Kunst, er begegnet dort in den verschiedensten Gestalten: als wilder, den Menschen bezwingender → Dämon, als schöner Jüngling und schließlich als neckisch-verspielter oder auch listiger Knabe (nackt und meist geflügelt dargestellt), dem es Freude macht, seine unsichtbaren Zauberpfeile auf Götter und Menschen abzuschießen. So wurde E. in hellenist. Zeit sehr populär, verlor aber seine göttliche Würde. – Die in späterer Zeit bei Griechen und Römern begegnenden kleinen geflügelten Eroten (lat. *Amores)* gehören nicht mehr in die Religion, sondern nur noch in die Kunst; in deren Bereich werden sie seit der Renaissance als Putti zu neuem Leben erweckt. K.-H.R.

Lit: O.Waser, RE 6,1 (1907), 484–542 – C.Schneider-A.Rumpf, RAC VI, 1964, 306–342.

[2] Im *Mythos* ist E. nach Hes. theog. 116ff. zugleich mit Erde, Finsternis und Nacht aus dem Chaos geboren, nach Od.8,267ff. Sohn des → Ares und der Aphrodite wie → Anteros; im übrigen sind kaum Sagen bekannt. L.H.

Darstellungen: um 580 erstmals mit Sicherheit auf dem Frg. eines att.Skyphos nachweisbar (B.Graef, Die antiken Vasen von der Akropolis I, 1925, Taf.29,603e: Aphrodite mit E.; vgl.ebd. Taf. 104, 2526: Aphrodite mit E. und Himeros; um 570). E. ist zunächst ein ungeflügelter Knabe, doch sind außerattische Flügelfiguren des 6.Jh.s vielleicht schon auf E. zu deuten. Geflügelte Figuren an Standspiegeln können von etwa 530 an auf E. gedeutet werden (H.Payne, Perachora I, 1940, Taf.34,3–5). Im späten 6.Jh. ist E. auch in Attika geflügelt (Greifenhagen, a.O. 71). Schon früh tritt er in der Mehrzahl auf (vgl. z.B. ebd., Abb.1.25.51). Verhältnismäßig alt ist auch seine Verbindung mit einem weiblichen Flügelwesen, das in Attika → Nike zu benennen, in Großgriechenland vielleicht aus Mysterienvorstellungen zu verstehen ist (ebd. 38; G.M.Richter, AJA 50, 1946, 361–367). Später, bes. in der Kaiserzeit, die Gruppe von → Amor und Psyche in Plastik, Relief- und Gemmenkunst ungewöhnlich verbreitet. E. und weibliches Wesen ziehen in der großgriech.Kunst schon in spätarchaischer Zeit, zwei Eroten auf att. und ital.Vasen vom späten 5.Jh. an, das Gespann Aphrodites (K.Schauenburg, Gymn.64, 1957, 218; BMC Vases III, Taf.20; v.Matt-Zanotti-Bianco, Großgriechenland, 1961, Farbtaf.2. Frühapulischer Kelchkrater Tarent 107936. Auch auf Gemmen; mitunter auch Erotengespann für E. selbst, so auf einer Gemme der Slg.Arndt, München). – Auf frühen rotfigurigen Vasen ist E. selten im Bereich der Frau zu finden (Greifenhagen 76). Auf einem Duris-Aryballos verfolgt er mit einer Peitsche einen Jüngling (Greifenhagen 57–63. Vgl. für Unteritalien K.Schauenburg, AuA 10, 1961, 80ff.). Er ist auch Delphinreiter (Greifenhagen, 33; K.Schefold, Meisterwerke griech.Kunst, 1960, Abb.222) und bes. oft mit Reh, Hirsch und Hasen verbunden. – Bei zahllosen Liebesabenteuern von Göttern und Heroen ist E. zugegen und so, bes. vom 4.Jh. an, der am weitaus häufigsten dargestellte antike Gott. – E. ist meist unbekleidet oder trägt ein kurzes Mäntelchen. Die Zahl seiner Attribute ist sehr groß (Greifenhagen 69f.). Im frühen Hellenismus wird aus dem Knaben das puttenhafte Kind (G.Kleiner, Tanagrafiguren, 1942, 170–176). In dieser Gestalt üben die ‹Amoretten› auf röm.Wandbildern, Sarkophagen, Gemmen verschiedenartige Tätigkeiten von Erwachsenen aus, bes. bekannt von den Fresken aus dem Vettierhaus (Herrmann-Bruckmann, Taf.22–26; 35–37; vgl. 64–65). Vorläufer der Motive reichen ins 5.Jh. zurück. Sehr verbreitet in Hellenismus und Kaiserzeit bes. Eroten als Wagenlenker, oft auf Zirkusspiele bezogen (Cumont, Recherches sur le symbolisme funéraire des Romains, 1942, 461ff.; Himmelmann-Wildschütz, MWPr, 1959, 25–40). Die Motive führen nach Pergamon, bes. aber nach Großgriechenland zurück (Schauenburg, BJbb 155/56, 1955/56, 84). Dort auch Vorläufer des Puttentypus (Schauenburg, ebd.: Gnathiavasen). – *Großplastik:* Der sog. E.Soranzo ist wohl ursprünglich kein E. (Lippold, GrPl 130

Langlotz, JdI 61/62, 1946/47, 95–111). Phidias deutet ihn im Ostfries des Parthenon als erster als Sohn Aphrodites. Sehr beliebt im Altertum der bogenspannende E. Lysipps (Lippold, GrPl 281). Aus dem 4. Jh. auch der E. von Centumcellae (Lippold, GrPl 264; Ozols in: Festschr. M. Wegner, 1961, 21–24). Nicht alle Flügelknaben dürfen auf E., Himeros oder Pothos gedeutet werden. In der Kaiserzeit wurde der Typus des auf eine umgekehrte Fackel gestützten geflügelten Knaben für einen Totendämon, meist Thanatos genannt, sehr oft benutzt (H. Riemann, Kerameikos II, 1940, 93–94). Von trajanischer Zeit an erscheinen puttenhafte, vom 3. Jh. ab etwas erwachsener gebildete Knaben – mit und ohne Flügel – als Darstellungen der Jahreszeiten. Einige Vorläufer sind späthellenistisch-frühkaiserzeitlich (G. Hanfmann, The Season Sarcophagus at Dumbarton Oaks II, 1951, 171f.; 215–216). Die Jahreszeitensarkophage waren neben den bes. verbreiteten Erotensarkophagen in der Kaiserzeit sehr zahlreich. – *Lit. dazu:* A. Greifenhagen, Griech. Eroten, 1957 – F. Matz, Ein röm. Meisterwerk. Der Jahreszeitensarkophag Badminton-New York, 1958 – E. Speier, EAA III, 1960, 426–433 – A. Rumpf, RAC VI, 1964, s. v. Eroten. K. Schb.

Erotianos, griech. Grammatiker im 1. Jh. n. Chr., Verfasser eines Hippokratesglossars; wichtig für die Textgeschichte der →Hippokratischen Schriften; aufschlußreich E.' eigenes Verzeichnis von diesen in seiner Vorrede.
Ed: E. Nachmanson, 1917. F. K.

Erotik

[1] Wort und Begriff – [2] Forschungslage – [3] Religion – [4] Anthropologie und Soziologie – [5] Theorie – [6] Darstellung in Literatur und Kunst – [7] Christianisierung – [8] Wirkungsgeschichte.

[1] *Wort und Begriff.* Unter E. seien hier verstanden alle Erscheinungen, auf die die Griechen die Bezeichnung ἔρως, ἐρωτικός angewandt haben, in ihrer gesamten Skala von den leiblichen bis zu den geistigsten. Wohl keine andere Sprache besitzt eine ähnlich umfassende Bezeichnung, am ehesten entspricht ihr noch das deutsche ‹Liebe›, ‹lieben› in seiner Bedeutungsvielfalt. Das Gesamtphänomen ist überhaupt erst von den Griechen als solches erfaßt und sowohl mythisch vergegenwärtigt wie künstlerisch dargestellt und gedanklich durchdrungen worden. Es ist kein Zufall, daß andre moderne Bezeichnungen wie vor allem ‹Sexualität› oder ‹Libido› (im Sinne der Psychoanalyse S. Freuds) der lat. Sprache entnommen und jeweils enger oder einseitiger sind. Die klassische literarische Erörterung des →Eros und seines vielfältigen Wirkungsbereichs ist →Platons Symposion (vgl. Ed. Spranger a. O.).

[2] *Forschungslage.* Paradoxerweise handelt es sich bei der antiken E. um ein noch ganz ungenügend erforschtes, geschweige dargestelltes Gebiet, während man doch erwarten sollte, daß die in neuerer Zeit gewandelte Grundeinstellung zu diesem Lebensbereich auch der Altertumswissenschaft die antiken Verhältnisse in neuem Lichte erscheinen ließe. Es existiert kein Versuch einer Charakterisierung des Phänomens im Sinne dieses Artikels. Soziale Wandlungen und eine Neuorientierung der medizinischen Wissenschaft vom Menschen (Sexualwissenschaft!) haben in der Gegenwart jene moderne ‹sexual revolution› heraufgeführt, die sich vor allem in Amerika als eine umwälzende Lebensreform versteht, in deren Horizont auch der entsprechende Aspekt vergangener Kulturen in seiner eigentlichen Bedeutung neu erfaßt werden kann. Freilich geht diese Umwälzung und mit ihr die sog. ‹zweite Aufklärung› heute bereits so weit, daß man wieder Grund hat zu besonderer Behutsamkeit in der Aufdeckung der antiken Verhältnisse, deren Eigenart durch falsche Aktualisierung heutzutage manchmal ebenso verzerrt zu werden droht wie früher umgekehrt durch Prüderie. – Die Erscheinungen, die man vormals unter Titeln wie ‹Sittengeschichte›, ‹Privataltertümer› oder ‹Kulturgeschichte› abhandelte, hätte man heute im Rahmen einer Anthropologie oder Soziologie der Alten Welt darzustellen. Der große Ansatz zur Aufarbeitung, den Th. Hopfner gemacht hat, ist leider ein Torso geblieben. So ist das Wertvollste bisher in den Beiträgen solcher Forscher zu finden, die wie H. von Prott, E. Bethe, E. Buschor, O. Weinreich, H. Herter und Chr. Karusos in Einzeluntersuchungen eine adäquate Betrachtungsweise erarbeitet haben.

[3] *Religion.* Die E. gehört für die Griechen und Römer ursprünglich ganz in den Bereich des Religiösen. Sie wird darum in Göttergestalten versinnbildlicht, in Mythen dargestellt, in Kulten gefeiert und in Mysterien geheimnisvoll offenbart. Bei den Griechen repräsentiert →Aphrodite, bei den Römern →Venus die Liebe als Naturgewalt. Schon durch ihr Erscheinen weckt Aphrodite die Lebenskräfte der Natur; sie ist auch selbst der Gewalt des Eros unterworfen (Hom. hymn. Aphr.; Lucr. Buch 1, prooem.). Ihr Gefolge an Eroten (→Eros) und verwandten Dämonen (wie Himeros, Pothos, Peitho usw.) verkörpert die einzelnen Kräfte und Strebungen der Liebe. Andere dem Bereich der E. zugehörige Gottheiten sind bei den Griechen →Priapos und, mit einem Teil ihres Wesens, →Hermes, Kotys/Kotyt(t)o, Kybele und Dionysos mit den →Satyrn und Silenen; bei den Römern in alter Zeit eine ganze Gruppe von Sondergöttern, die für die einzelnen Situationen und Vollzüge zuständig sind (Aug. civ. 4, 8; 4, 11; 6, 9). – Die erotischen *Mythen* sind aber nicht auf diese Liebesgötter beschränkt, sondern beziehen die gesamte Götter- und Heroenwelt ein. So weiß der Zeusmythos nicht nur von der heiligen Hochzeit mit Hera (Hom. Il. 14), sondern auch von zahlreichen Verbindungen mit sterblichen Frauen, denen Zeus in verwandelter Gestalt erscheint; ähnliches wird auch von anderen Göttern berichtet. Im *Kult* leben uralte Fruchtbarkeitsriten in vielen Festen, nicht nur in den Aphroditefesten, fort. Für sich stehen die →*Mysterien,* in deren Mittelpunkt offenbar symbolische Veranschaulichungen und Begehungen der geschlechtlichen Vereinigung gestanden haben, an denen das Geheimnis der Wiedergeburt und Unsterblichkeit offenbart wurde (H. von Prott, a. O.).

[4] *Anthropologie und Soziologie.* Eine systematische Rubrizierung aller hierher gehörigen Erscheinungen (begonnen von Th. Hopfner) würde vor allem die Stellung der Geschlechter und Altersgruppen in der Gesellschaft, der Bereich von Hochzeit und Ehe, das Hetärenwesen (→Prostitution), ferner die Knabenliebe und die sog. lesbische Liebe einzubeziehen haben. Aber bereits die Rolle der Nacktheit im Sport, für moderne Vorstellungen anstößig, ist dazu geeignet, sich an ihr die besonderen Bedingungen klarzumachen, unter denen der ganze Bereich der Körperlichkeit in seiner eigenartigen Verknüpfung des Althergebracht-Kultischen mit sublimer Vergeistigung bei den Griechen gestanden hat: «Denn auch der Leib ist leibhaft erst im Geiste.» Für die gesamte kulturelle Ordnung ist die strenge Scheidung der Bereiche in jeweils ihrer besonderen Stellung zur Körperlichkeit kennzeichnend; uneingeschränkte Lizenz hatte ebenso ihren festumrissenen Ort wie die strenge Dezenz (εὐσχημοσύνη) des gesellschaftlichen Lebens. Charakteristisch für die Antike ist die Strenge, mit der in allen Familien, die auf sich hielten, die Heranwachsenden beaufsichtigt wurden, so daß Mädchen wie Knaben als unantastbar galten, Verstöße keinesfalls läßlich hingenommen wurden. – Historisch gesehen erbte die antike Mittelmeerwelt in allen diesen Beziehungen vieles von den älteren Kulturen des Vorderen Orients; doch setzt sich das Griechische gerade in diesem Bereich von der Weise der ‹Barbaren› ab. Wenn daher die moderne Forschung zunächst dazu neigte, die antike E. im Rahmen der allgemeinen Religionsgeschichte und Ethnologie zu deuten, so bestand bei dieser gewiß fortschrittlichen Art der Versachlichung doch die Gefahr der Einebnung des Besonderen. Verfehlt Prüderie einerseits und eine auf Sensation und Effekt ausgehende ‹Sittengeschichte› andererseits ihren Gegenstand, so wird ihm auch eine rein ethnologische oder allgemein religionsgeschichtliche Betrachtungsweise nicht eigentlich gerecht. Daß der Weg von den hellenischen und italischen Anfängen über die antiken Hochkulturen bis zur Christianisierung eine reiche Skala historisch bedingter Formen aufweist, schließt nicht aus, daß sich im ganzen einheitliche, für die ‹Antike› charakteristische Züge finden.

[5] *Theorie.* Enthält schon der Mythos in seiner chiffrierten Darstellungsweise eine Deutung der Phänomene, so setzten ausdrückliche Spekulationen über den Eros schon in der älteren epischen Dichtung ein. Im Mittelpunkt stehen Erörterungen über Eros als kosmische Macht, die von →Hesiod zu den →Vorsokratikern (bes. →Empedokles; →Philia) reichen und in Platons Symposion und Aristoteles' Lehre vom unbewegten Beweger (*κινεῖ δὲ ὡς ἐρώμενον*, metaph. 11, 7. 1072 b 3) gipfeln. Mit dem Heraufkommen der Philosophie entwickelt sich das Problem der Lust (*ἡδονή*, voluptas) zu einem zentralen Thema, das von →Sokrates an in allen großen Philosophenschulen behandelt wird (→Lustlehre, →Ethik). Das Problem ist mit der Lehre von den →Affekten eng verbunden. In der Frage derBewertung ergibt sich eine breite Skala, in der ganz entgegengesetzte Einstellungen, von unbefangener Sinnlichkeit bis zur Forderung strenger Askese, vertreten wurden. Insbes. bei den Epikureern hat sich in der Frage des Umgangs mit den Trieben eine schon in der Antike weithin mißverstandene hochdifferenzierte Vergeistigung herausgebildet, die von unbekümmertem oder gar ausschweifendem Lebensgenuß weit entfernt war. – Innerhalb der →Zoologie wurde eine spezielle Lehre von den Geschlechtern, von Zeugung und Vererbung (Geschlechtsbestimmung) entwickelt; dabei galt im allg. das männliche Geschlecht als das ‹vornehmere› und dem weiblichen überlegene (Aristot. gen. anim. 2, 1; vgl. hierzu →Zeugungslehre); vgl. aber →Anthropologie! – In der →Medizin gab es eine hochentwickelte Gynäkologie (→Medizin B 8) und Embryologie; kasuistische Beispiele aus der Physiologie der Zeugungsvorgänge werden in den Problemata des Aristoteles erörtert. Zur Diagnose und Therapie der Geschlechtskrankheiten vgl. Th. Hopfner, a. O. 164 ff., und Herter, a. O. 322.

[6] *Darstellung in Literatur und bildender Kunst.* Schon im homerischen Epos wird das erotische Element thematisch (Heilige Hochzeit, Helena, Briseïs, Ares und Aphrodite, Kalypso, Nausikaa, Odysseus und Penelope). Als die eigentliche Entdeckerin des Eros als seelenbeherrschender Macht galt bereits in der Antike →Sappho, deren Auffassung von der Liebe freilich schon seit dem 5. Jh. v. Chr. oft mißdeutet und legendär verzerrt wurde. Vollends seit →Archilochos, bei dem Erotisches sowohl in sinnlicher wie aggressiver Sprache vorkommt, sind Themen aus dem Bereich der E. in vielen Gattungen der griech. Dichtung anzutreffen, wobei die Art der Behandlung streng durch den Charakter der Gattung bedingt ist. Huldigende, werbende Liebesdichtung (→Anakreon, →Mimnermos) steht neben drastischem Spott und der Verunglimpfung in →Iambus u. →Epigramm. – Die →Tragödie, zunächst zurückhaltend (Aischylos' Danaiden-Trilogie, das Lied auf Eros in Sophokles' Antigone), wendet sich erst bei →Euripides voll der Darstellung der Liebe zu, die als verzehrende und verderbliche Leidenschaft vor allem an großen Frauengestalten der Heroenzeit (Medea, Phaidra), aber auch als Kraft der Aufopferung (Alkestis) dargestellt wird. Satyrspiel und Komödie (z. B. Aristophanes' Lysistrate) sind schon durch ihre kultischen Voraussetzungen ein Tummelplatz derber E., was sich sowohl in den Stoffen wie in der Sprache (→Aischrologie) zeigt. Im Hellenismus setzt mit dem Aufkommen neuer, gelockerter Formen auch eine neue Art der realistischen Behandlung des Erotischen ein (→Epigramm; →Mimiambus: →Herondas). Dazu gehört auch das Aufkommen des →Romans, der im Anschluß an das hellenistische Epos (→Apollonios v. Rhodos) mit Vorliebe die Schicksale Liebender beschreibt und sich später sogar bis in die Apokryphen christlicher Apostelakten fortsetzt. – *In Rom* bleibt die Beschränkung des erotischen Elements auf bestimmte Literaturgattungen erhalten: →Komödie, →Satire, →Iambus, →Elegie, →Epigramm, →Roman. Entgegen weitverbreiteten Vorstellungen hält sich die röm. Literatur in diesen Dingen eher noch strenger als die griechische an die mit den Gattungen gegebenen Grenzen; die gemessen an Aristophanes auffallende Dezenz (*decens Venus*, Hor. carm. 1, 18, 6) der röm. Komödie ist zwar schon durch das Vorbild der neuen att. Komödie bedingt, entspricht aber vor allem dem heiklen Geschmack des röm. Publikums (ganz verkannt in der Plautus-Übersetzung von L. Gurlitt). – ‹Obszön› ist ein typisch röm. Begriff, der im Griechischen keine Entsprechung hat (A. Thierfelder a. O.). Wird das Obszöne unter gewissen Bedingungen einmal freigegeben (→Catull, →Horaz epod. 8 und 12, Satire 1, 2, →Martial, →Carmina Priapea, →Petron, →Apuleius), so ist es desto strenger überall sonst ausgeschlossen. →Vergils scheue Zurückhaltung vor dem Erotischen war sprichwörtlich (bewußt widersinnig also der →Cento nuptialis des →Ausonius). →Martial tut sich auf seine *Romana simplicitas* (‹Unverblümtheit›) viel zugute. – Im Roman des →Petron gewinnt das Erotische durch das Grundmotiv des Priaposzorns vorherrschende Bedeutung. Der eigentliche Klassiker der E. unter den röm. Dichtern ist →Ovid, vor allem durch seine Lehrgedichte ‹De arte amatoria› und ‹Remedia amoris›, die den Stoffen und der pädagogischen Tendenz nach von ferne an das indische ‹Kamasutram› erinnern, sich aber durch ihre heitere Unbefangenheit wie durch ihre hohe Kunst von dessen nüchterner Sachlichkeit unterscheiden. Gänzlich fern liegt der Antike das Pathos, das in der modernen Dichtung und Romankunst sich der erotischen Didaktik bemächtigt hat. In der röm. →Elegie (→Tibull, →Properz, →Ovid) und Lyrik (→Catull, →Horaz) verbindet sich auf eine in der Antike ganz neue Weise die Verherrlichung des Leiblichen mit der Differenzierung der seelischen Regungen und einer bis zur Vergöttlichung der Geliebten (G. Lieberg, a. O.) sich steigernden Sublimierung des Liebesbezugs. Hier wird schon für die Verherrlichung der Frau in der Liebespoesie des MAs (Dante, Petrarca, Minnesänger) der Grund gelegt. – *Bildende Kunst:* Aus der Fülle der hier in Betracht kommenden Erscheinungen seien hier nur zwei herausgehoben: die Darstellung des Nackten und die der geschlechtlichen Vereinigung (‹Symplegmata›) selbst. Die Darstellung des Nackten setzt sich zuerst, gewiß in Zusammenhang mit der kultischen und gymnischen Nacktheit (s. o. 4), in den archaischen Jünglingsstatuen (Kuroi) durch, wobei die Steigerung des Formats ins Kolossale schon auf früher Stufe erreicht wird. Im Gegensatz dazu wird der weibliche Körper anfänglich nur im Bereich der Kleinkunst (Elfenbein, Bronze) entblößt dargestellt; erst seit Ende des 5. Jh.s finden sich solche Darstellungen auch in der Großplastik. Die Fülle der nackten Aphroditestatuen setzt erst mit →Praxiteles ein. Besonders auffallend ist die Nacktheit der Krieger (E. Buschor, a. O.). – Die Darstellung des Sexuellen im engeren Sinn geht bereits auf die vorgriech. Zeit zurück; im weiteren Sinne gehört hierzu die Abbildung ithyphallischer Dämonen (→Kykladenidole, →Satyrn und Silene) und die der Aidoia, die auch im Kult eine bedeutende Rolle spielte (→Phallos). Die griech. Vasenmalerei stellt seit archaischer Zeit die Liebesvereinigung selbst in immer wieder abgewandelter Gestalt dar (*σχήματα συνουσίας*, klassifiziert durch Philainis in einer verlorenen Schrift und durch die sog. ‹Anaischyntographoi›). Auch die große Malerei hat solche Szenen dargeboten. Diese Darstellungen, die von Griechenland aus in die etrusk. Wandmalerei übergingen und in der röm. Welt weiterlebten, galten bei den Griechen zunächst als natürlich, doch fehlte es in späterer Zeit nicht an Stimmen, die daran Anstoß nahmen (Prop. 2, 6, 27–40; zum Ganzen vgl. Chr. Karusos, a. O.). Für das Auge der Nachwelt waren solche Bilder um so befremdender, als die spätere europäische Kunst (im Unterschied auch zu der indischen und ostasiatischen) die Paarung ja fast ausschließlich in mythologischer Verhüllung abzubilden gewagt hat, und zwar mit Vorliebe als Darstellung der Liebschaften des Zeus (Danae

des Tizian und Correggio, Leda des Michelangelo). Dieser Scheu entspricht es, daß diese antiken Bildwerke auch heute dem Auge des Museumsbesuchers meist entzogen sind und dadurch wieder in ein verfälschendes Zwielicht rücken.

[7] *Christianisierung*. Es liegt in der Natur der Sache, daß die Christianisierung dieses Lebensgebietes, in den Jahrhunderten nach Christi Geburt, verhältnismäßig gründlich erforscht ist: handelt es sich doch um einen zentralen Punkt der Auseinandersetzung des Christentums mit dem Heidentum und spielt dementsprechend das ganze Thema der E. in der Bibel selbst wie in der frühchristl. Literatur, bei den Kirchenvätern und auch bei antichristl. Autoren eine große Rolle. Insofern die christl. Ethik dieses Bereichs von Anfang an in ständigem Ringen mit der vor- und außerchristl. Antike entwickelt wurde, ist diese Bezugnahme in die christl. Ethik für alle Dauer eingegangen. In der wissenschaftlichen Moral- und Pastoraltheologie wie in andern theologischen Disziplinen (Kirchengeschichte, theologische Anthropologie usw.) gibt es darum eine umfängliche Literatur zu diesem speziellen Thema. Trotzdem fehlt es noch an Untersuchungen, die sich mit der Situation der Spätantike um ihrer selbst willen, also nicht allein aus christlich-theologischer Sicht, befassen würden. – Versucht man auf summarische Weise die Grundmotive der Christianisierung anzugeben, so ist entscheidend der neue religiöse Bezugspunkt. Die E. rückt in die Konstellationen der biblischen Grundauffassung des Menschen und seiner Natur als Gottesgeschöpf. Ohne daß sich eine durchgehende ‹christl.› Grundeinstellung auf eine einfache Formel bringen ließe, sind doch in der Spätantike die Lehren von der Erbsünde, von der Verwerflichkeit des Leibes und vom Wesen der Affekte als verführerischer Triebe ausschlaggebend für die Prägung der christl. Lebenshaltung geworden. Insofern erblickte diese Religion in der menschlichen E. das Widergöttliche, von Gott Wegführende, während der heile Zustand nur beim ersten Menschenpaar vor dem Sündenfall im Paradies bestand (Aug. civ. 14, 21–26) und andererseits erst durch die Verklärung des Leibes in der Auferstehung wieder hergestellt werden kann, wobei aber, wie die Theologie oft betont, die irdische Liebe in der himmlischen erlischt: «Und jene himmlischen Gestalten, sie fragen nicht nach Mann und Weib» (Goethe, im Sinne des NT). – In dem bezeichneten Sinn (s. o. 3) ist natürlich auch die Auffassung der E. im frühen Christentum als Ausdruck der neuen *Religion* zu verstehen, und die Christen selbst haben die Durchsetzung ihrer neuen Anthropologie und Ethik als einen Kampf gegen die *Religion* der Heiden, nicht etwa als bloße Reform der heidnischen Lebenshaltung aufgefaßt. Die Auswirkung dieses Kampfes kann wohl mit Recht ihrerseits als eine spätantike ‹sexual revolution› charakterisiert werden – damals mit umgekehrter Tendenz wie im 19./20. Jh., also von der Freizügigkeit und Läßlichkeit zur Strenge, zur Einschränkung, Ordnung, → Askese. Quelle dafür sind insbes. die einschlägigen moraltheologischen Schriften der Kirchenväter, zumal derjenigen, die, wie etwa → Tertullian, → Origenes, → Hieronymus, → Augustinus, diesen Kampf in der eigenen Person durchgekämpft hatten.

[8] *Wirkungsgeschichte*. Aus dem Angedeuteten (s. o. 7) ergibt sich, daß für die Christenheit des MAs und der Neuzeit bis in die Gegenwart hinein gerade die E. als das spezifisch ‹Heidnische› am Heidentum, d. h. an der Antike und an der heidnischen Religion gilt. In dieser allgemeinen Vorstellung lag etwas stark Vergröberndes, zumal sich gerade die Spiritualisierung des biblischen Christentums in den ersten Jahrhunderten ganz wesentlich, ja entscheidend, aus heidnischen Quellen, nämlich dem Platonismus, speiste; sie war aber deswegen nicht weniger wirksam. Vom Ausgang der Antike an läßt sich verfolgen, wie immer wieder die antike E. in ihren literarischen, mythologischen und künstlerischen Manifestationen als Bundesgenosse für Tendenzen der Auflehnung gegen christl. Zucht, Verdammung des Leibes und der Triebe, Askese und Moral aufgeboten wird. An Sagen und Legenden des MAs (z. B. Tannhäuser) ebenso wie an den wirkungsgeschichtlichen Zeugnissen über die Rolle der einschlägigen antiken Literatur- und Kunstwerke ist diese sich ständig erneuernde Auseinandersetzung leicht zu fassen. Es ließe sich zeigen, daß das nie ganz fehlende und immer stärker werdende Aufbegehren gegen das, was man heute christliche Sexualethik zu nennen pflegt, sich im Laufe der Jahrhunderte ganz maßgeblich an antiken Zeugnissen und Vorbildern orientiert und sie als Kronzeugen ins Feld geführt hat. So schon im lat. MA, dann in der Renaissance, späterhin bei W. Heinse (Ardinghello und Tagebücher), bei Goethe (Röm. Elegien und Venezian. Epigramme) und vollends im 19. Jh., wo die geistige Vorbereitung der modernen ‹sexual revolution› nicht nur bei Dichtern und Künstlern (Baudelaire, Rodin), sondern auch bei Philosophen, Medizinern, Naturwissenschaftlern (Nietzsche, Freud) weitgehend unmittelbar an die Antike anknüpft. In merkwürdigem Mißverhältnis zu der Ausdrücklichkeit solcher Anknüpfungen (bis in die Gegenwart hinein, etwa bei Stefan George, Ludwig Klages, Alfred Schuler, Hans Blüher, Rudolf Pannwitz u. a.) auf seiten derjenigen, die selbst von reformatorischem Pathos getragen sind, steht die eingangs (s. o. 2) erwähnte Befangenheit der Altertumswissenschaft, die aber teilweise zu verstehen sein mag als bewußte Zurückhaltung der Kenner und als ihre Scheu, die ihnen wohlbekannten antiken Verhältnisse durch Popularisierung Mißverständnissen auszusetzen. E. Z.

Lit: Zu Wort und Begriff: E. Spranger, Eros, in: Kultur und Erziehung, 1928⁴, 256–267 – *Zu Anthropologie und Soziologie:* Blümner, Privataltertümer – H. Paldamus, Röm. E., 1838 – E. Bethe, Die dorische Knabenliebe, RhM NF 62, 1907, 438–475 – J. Bloch, Die Prostitution, in: Hb. der ges. Sozialwiss. I, 1912 (Rez.: H. Blümner, PhW 1913, 1935–99) – H. Blüher, Die Rolle der E. in der männl. Gesellschaft, 2 Bde, 1921 – H. Licht, Sittengeschichte Griechenlands, 2 Bde, 1 Erg. band, 1927/1928 – Th. Hopfner, Das Sexualleben der Griechen und Römer, I 1, 1938 (Rest nicht erschienen; vgl. die Rez. von H. Herter, Gnomon 17, 1941, 320–330) – A. Schuler, Fragmente und Vorträge, 1940 – H. Schelsky, Soziologie der Sexualität, 1955, 102–107 – W.-E. Peuckert, Ehe, 1955 – A. Hermann u. H. Herter, RAC III, 1957, 1149–1213, s. v. Dirne – H. Herter, Die Soziologie der antiken Prostitution, JAC 3, 1960, 70–111 – R. Harder, Eigenart der Griechen, zus. mit: Einführung in die griech. Kultur, 1962 (Herderbücherei) – L. Friedländer-G. Wissowa, Darstellungen aus der Sittengeschichte Roms in der Zeit von Augustus bis zum Ausgang der Antonine, 4 Bde, 1921–23¹⁰ – W. Kroll, Die Kultur der ciceron. Zeit (1933), 1963² – Ders., RE 11 (1922), 459–462, s. v. Kinaidos; 11 (1922), 897–906, s. v. Knabenliebe; Suppl. 5 (1931), 511–520, s. v. Kuß; 12 (1925), 2100–02, s. v. Lesbische Liebe – W. Kroll, Röm. E., Ztschr. f. Sexualwiss. 17, 1930/31, 159–163 – *Zur antiken Theorie:* P. Kalthoff, Das Gesundheitswesen bei Aristoteles, 1934 – Vgl. ferner unter → Zeugungslehre – *Zur E. in der Literatur:* P. Pierrugues, Glossarium Eroticum Linguae Latinae, 1908 – G. Vorberg, Glossarium Eroticum, 1932 – G. Jachmann, Sappho und Catull, RhM 107, 1964, 1–33 – R. Reitzenstein, Zur Sprache der lat. E., SB Heidelberg, 1912 – R. Söder, Die apokryphen Apostelgeschichten und die romanhafte Lit. der Antike, Würzb. Stud., 1932 – P. Maas, Philainis, RE 19, 2 (1938), 2122 – A. Thierfelder, Obscaenus, in: Navicula Chiloniensis, Festschrift für F. Jacoby, 1956, 98–106 – H. Erbse, Sokrates und die Frauen, in: Gymnasium, 1965 – *Zur E. in der bildenden Kunst:* H. von Prott, Zur Erklärung der Marmorgruppe aus Sparta, AM 29, 1904, 16–20 – Ders., MHTHP, Arch. für Rel. wiss. 9, 1906 (vgl. dazu auch den Nachruf: Bursian, Biograph. Jb. 1905, 1–15) – W. Schöne, Die Leda von Michelangelo und Rubens, Kunst 1, 1948, 30–35 – E. Buschor, in: Furtwängler-Reichhold, Textbände III 252 f. – Ders., Kriegertum der Parthenonzeit, 1943 – Ders., Eine griech. Bronze in Oxford, in: Festschrift Hensel, 1923 – K. Clark, The Nude, A Study in ideal Form, 1953 (dtsch.: Das Nackte in der Kunst, 1958) – N. Himmelmann-Wildschütz, Zur knid. Aphrodite, Marburger Winckelmannprogr. 1957, 11–16 – Ders., Eine röm. Bronze in Oxford, Marburger Winckelmannprogr. 1958, 1–8 – A. Greifenhagen, Griech. Eroten, 1957 – Ders., Beiträge zur antiken Reliefkeramik, JdI, 21. Erg. heft, 1963, 66 ff. – Ders., Hermae Pentelici cum capitibus alveis, AA 1964, 628–638 – J. Marcadé, Roma-amor, Essai sur les représentations érotiques dans l'art étrusque et romain, 1961 – Ders., Eros kalos, Stud. über die erot. Darstellungen in der griech. Kunst, 1962 – Chr. Karusos, AM 77, 1962, 121–129 – *Zur Christianisierung und Fortwirkung*: A. Niedermeyer, Hb. der speziellen Pastoralmedizin, bes. Band I (Das menschl. Sexualleben) und II, 1949 – M. Müller, Die Lehre des heiligen Augustinus von der Paradieses-Ehe und ihre Auswirkung in der Sexualethik des 12. und 13. Jh.s bis Thomas v. Aquin, 1951 – H. Thielicke, in: Theolog. Ethik, III. Band, 3. Teil: Ethik der Gesellschaft, des Rechts, der Sexualität und der Kunst, 1964.

Erotikon, Liebeslied, der Sache nach viele Lieder der monodischen → Lyrik. Als Literaturgattung (Untergruppe der Chorlyrik) nur greifbar bei → Bakchylides, dessen Fr. 17 aus einem Buch ‹Erotika› (dem man noch Fr. 18 f. zuschreibt) zitiert wird. Die erotischen Lieder Pindars fielen dagegen unter die → Enkomia. Den Alten galt → Alkman als erster Vertreter dieser Gattung (Ath. 13, 600 f.), Fragmente erotischen Inhalts sind von ihm kaum erhalten, sie könnten zudem aus monodischen Liedern stammen. Chorische Liebeslieder gab es bei → Ibykos (bes. Fr. 5–7 P.); ob sie in einem besonderen Buch gesammelt waren, wissen wir nicht. E.-M. V.

Erra-Mythe, babylon. Epos. Der Pestgott E. schreitet, von den Siebengöttern angeregt, zur Vernichtung der Menschen, die seinen Kult vernachlässigten. → Marduk muß E. die Weltherrschaft überlassen; Seuchen und Bürgerkrieg entstehen in Babylonien. Erst dem Vezier E.s, Išum, gelingt es, ihn zu besänftigen. W. R.

Lit: F. Gößmann, Das E.-Epos, 1956 – W. G. Lambert, Rez. F. Gößmann, AOF 18, 1957/58, 395–401.

Ersatzdehnung, Dehnung eines Vokals, wenn von der nachfolgenden Konsonantengruppe einer oder mehrere Konsonanten schwinden, z. B. lat. **sex-decem* > *sēdecim*, gr. **esmi*, ‹ich bin› > *ēmi* (geschrieben *εἰμί* mit unechtem *ει*). Die positionslange, geschlossene Silbe wird also zu einer naturlangen, offenen, ihre Quantität bleibt aber erhalten. E. R.

Ersatzkopf. In den großen Grabanlagen der 4. ägypt. Dyn. war der Kopf des Toten, in Kalkstein gearbeitet, in die Mauer zwischen Grabschacht und Sargkammer eingelassen: Ersatz für sonst übliche, damals vermutlich Privatleuten nicht erlaubte Statuen im → Serdab. W. Hk.

Abb: K. Lange-M. Hirmer, Ägypten, 1955, Taf. 40–42.

Erykios (Erucius), von Kyzikos, Epigrammatiker, um 40 v. Chr. Die meisten seiner Gedichte Weihungen oder anekdotischer Art. Einmal (AP 7, 377) wird → Parthenios angegriffen. AP 6, 96 (*Ἀρκάδες ἀμφότεροι*) ist als Nachahmung von Verg. ecl. 7, 4 (Arcades ambo) angesehen worden; fraglich. P. H.

Ed: AP.

Erymanthos, (a) Gebirge im nördl. → Arkadien, heute Olonos (Kt. 1152 C 5), 2224 m, Schauplatz des → Heraklesabenteuers mit dem Erymanthischen Eber; (b) Nebenfluß des → Alpheios, heute Doana. E. M.

Erysichthon, Sohn des *Myrmidon* in Thessalien, Verächter der Götter. Da er trotz der Warnung → Demeters Bäume eines ihr heiligen Waldes fällen läßt, wird er von ihr mit kaum stillbarem Hunger geschlagen (Kallim. hymn. 6, 24 ff.). Nur die Verwandlungskünste seiner Tochter Mestra – sie verkauft sich immer von neuem als Sklavin, um verwandelt zurückzukehren – schaffen ihm den nötigen Unterhalt, bis er schließlich sich selbst verschlingt. – Gleichnamig ein *Kekropssohn*, der das Bild Eileithyias aus Delos nach Athen brachte. K. Schb.

Lit: Crusius, ML I 1373–83.

Eryx (Kt. 1420 G 10, heute M. Erice), isolierter Berg (751 m und gleichnamige Stadt an der NW-Spitze Siziliens bei Trapani, mit uraltem, bis in die röm. Kaiserzeit bestehendem Heiligtum einer sikan. Fruchtbarkeitsgöttin, die später mit → Aphrodite, → Astarte und → Venus verschmolzen wurde. Bis zum 5. Jh. elymisch, dann punisch und Stützpunkt im Kampf gegen Rom. Reste der Befestigung und des von Tiberius und Claudius restaurierten Tempels erhalten. B. A.

Lit: G. Cultrera, Il temenos di Afrodite Ericina, NSc, 1934, 264 ff. – B. Pace, Arte e civiltà della Sicilia antica 1–4, 1935–49, passim.

Erziehung

A. Begriff – B. Epochen: [1] Homerische Zeit – [2] Poliszeit – [3] Hellenist. Zeit – [4] Rom – C. Geschichte der Erziehung: [1] ‹Alte E.› in Sparta – [2] ‹Alte E.› in Athen – [3] Sophisten – [4] Hellenist. E. – [5] Philosophenschulen – D. Kennzeichen der antiken Erziehung – E. Christliche Erziehung. – Vgl. → Bildung, → Schule, → Sport; → Pädagogik.

A. Begriff. E. ist hier verstanden als die Summe aller Verhaltensweisen, Techniken, Lehren und Vorschriften, die jeweils die jüngere Generation befähigen soll, den Stand der älteren zu erreichen oder zu übertreffen.

B. Epochen. [1] *Homerische Zeit.* Die einzelnen Epochen lassen sich verhältnismäßig klar voneinander abgrenzen. In den vorgriech. Reichen gab es die sog. Schreiber-Kultur, die für die Kaste der Schreiber (und Gelehrten) auch eine ihr angemessene E.s-Form gebildet hat. Ähnliches darf man für die → kretisch-myken. Kultur vermuten. Hinreichende Quellen haben wir erst für die E. in der Adelsgesellschaft der homer. Epen. Das E.s-Ideal tritt klar hervor: «Immer der Beste zu sein und hervorzuragen vor andern» (z. B. Il. 6, 208). Das wirksamste Mittel der E. ist das Vorbild, das Motiv des Wohlverhaltens die Scham, hinter den Normen zurückzubleiben, das Ziel der Anstrengung der Ruhm, den sich der Einzelne durch besondere Leistung verdient. Das ganze E.s-System ordnet sich der Lebensform einer ständisch gebundenen Gesellschaft ein, die ihre Familientraditionen sorgfältig pflegt. Wer der Beste ist, bestimmen Herkunft und Leistung.

[2] *Poliszeit.* Als zweite Epoche kann man die sog. ‹alte E.› ansehen; sie ist uns greifbar vor allem in den lokalen Ausprägungen von Sparta und Athen. Im Unterschied zur homerischen E., die nicht lokal begrenzt war, ist die alte E. schon Institution einer Gemeinde: in Sparta die des Kriegerstaates, in Athen die eines Bauern-, dann Kaufmannsstaates. Wir erkennen die E.s-Ideale für Sparta aus den Gedichten des → Tyrtaios und → Alkman, für Athen aus den Elegien → Solons. Als bezeichnende Züge treten hervor: die hohe Wertschätzung körperlicher Kultur; die Pflege der musisch-musikalischen Begabung; die Anschauung, daß Adel erblich sei, Leistung der guten Anlage bedürfe; die Bindung der Lebensziele an die Gemeinschaft (den Stand bzw. die Polis). Das die Epoche kennzeichnende E.s-Ideal ist die sog. Kalokagathia (→ Bildung, 3).

[3] *Hellenist. Zeit.* Mit der → *Sophistik* beginnt die erste ausdrückliche Reflexion auf das Problem der E. (→ Pädagogik, 5). Die ersten großen Erzieher treten als historische Personen vor den Blick: → Sokrates, → Platon, → Isokrates. Im 4. Jh. v. Chr. entwickelt sich ein Katalog von Gegenständen, Methoden, Zielen und Techniken, die teils ausdrücklich für die E. gedacht sind, teils in sie einbezogen werden; es entstehen die ersten → ‹Schulen› (→ Platons → Akademie; → Isokrates; → Aristoteles' Lykeion). Mit der Erweiterung des geograph. und des geistigen Raumes vermehrt sich die Zahl der Lehrfächer und Lehrmethoden. Auf der einen Seite entwickelt sich die Philosophenschule, auf der anderen die sog. ‹hellenistische› E. mit dem Ideal einer ‹universalen Bildung› (*ἐγκύκλιος παιδεία*).

[4] Auch die E.s-Geschichte *Roms* kann man in diesen Ablauf eingliedern; auch hier gibt es eine erste Epoche der ‹altröm.› E. und eine zweite, die der ‹hellenistischen› E. entspricht. Aus der Polemik des älteren → Cato (1) gegen die Neigungen seiner Zeit können wir gerade noch das idealisierte Bild der älteren E. erkennen; eine strenge, auf die Forderungen bäuerlicher Gemeinschaft ausgerichtete Familien-E., die sich am Vorbild der Ahnen und ihrer schlichten Lebensweise orientierte. Offenbar ist aber im Gegensatz zur griech. E. der Einfluß der Mutter spürbarer gewesen (vgl. dazu Liv. 2, 40, 5 ff.; Tac. dial. 28, 4). Erklärtes Ideal sind die ‹mores maiorum›, das Mittel der E. das persönliche (oder aus der Familientradition genommene) Vorbild, die praktizierte Methode offenbar das Vormachen und Nachahmen. Die hohe Wertschätzung des → Sports –

wie in Griechenland – fehlt; Reiten, Schwimmen, Fechten werden als vormilitärisches Training gepflegt. Von ca. 200 v. Chr. an gerät diese altröm. E.s-Form unter den Einfluß der griech.-hellenist. Kultur.

C. Geschichte der Erziehung. Wenn man davon absieht, daß wir von der vollen Realität des erzieherischen Lebens kaum eine Vorstellung haben, dann läßt sich für die ‹alte› E. wie für die hellenistische E. ein allgemeines Schema des üblichen E.s-Ganges geben.

[1] *‹Alte E.› in Sparta.* Vor der Einführung der strengen ‹spartan.› Lebensordnung in Sparta (um 550 v. Chr.) ist das E.s-Ziel noch nicht ausschließlich militärisch bestimmt: Zur E. gehört die sportliche Ausbildung in den olympischen Disziplinen, aber auch eine musikalische Ausbildung in Instrumentenspiel (Lyra, Flöte), Gesang und Tanz. Die klassische E. in Sparta (ab 550 v. Chr.) ist ganz auf Kriegstüchtigkeit gerichtet. Mit dem 7. Jahr beginnt die staatliche E. in Altersgruppen (*ἀγωγή*), die bis zum 20. Lebensjahr dauert: 1. Klasse: 8–11 Jahre; 2. Klasse: 12–15 Jahre; 3. Klasse: 16–20 Jahre. Die 8–11jährigen werden zu Spielen und Übungen vereinigt, die 12–15jährigen zur Internats-E. Gegenstände des Unterrichts sind Athletik, Waffenübungen, Exerzieren in Formationen. Höchste Tugenden sind Gehorsam und Selbstzucht, Widerstandsfähigkeit und Kollektivbewußtsein. – Sowohl in der frühen wie in der klass. Epoche erstreckt sich die spartan. E. auch auf die *Mädchen*. Auch hier tritt in klass. Zeit die E. zur Härte an die Stelle einer musischen E. (Xen. rep. Lac.; Plut. Lyk.; Plat. leg. 1).

[2] *‹Alte E.› in Athen.* Im Unterschied zu Sparta ist die alte E. in Athen weitgehend privat; das heißt zugleich, daß sie zunächst Privileg der reicheren Schicht war. Doch gewannen auch andere Volksgruppen allmählich Zugang zu den Bildungsstätten, der → Palästra und dem → Gymnasion. Gegenstände der Ausbildung beim → Paidotriben waren: Laufen, Diskos- und Speerwurf, Weitsprung, Boxen und Ringen; die reicheren Schichten pflegten den Reitsport. Gegenstände der Ausbildung beim Musiklehrer sind Vokal- und Instrumentalmusik (Kithara), zugleich aber auch Einführung in die Dichtung und Einübung der lyrischen Techniken, deren Beherrschung den Gebildeten kennzeichnet (→ Skolion); hinzu kommt der Unterricht beim Schreiblehrer. Begleitet wurde der junge Athener von einem Sklaven, dem sog. → Paidagogos. – Vgl. → Knabenliebe.

[3] Die *Sophisten* haben das überlieferte System der E. grundlegend verändert. Sie waren Wanderlehrer; so entfiel die Bindung an die Polis; sie forderten Honorar für ihren Unterricht; sie bezogen neue Fächer, die Naturwissenschaften und die Dichtererklärung, in ihren Unterricht ein; dieses umfassende Wissen, und vor allem die überlegene Redekunst, vermittelten sie erklärtermaßen als ein Werkzeug für den Machtkampf in der Politik. Die vielleicht folgenreichste Änderung ist aber, daß die Sophisten als Schüler nicht mehr nur Jugendliche haben, sondern Heranwachsende und Erwachsene. Das heißt, daß das Fachwissen der bisher spezialisierten Philosophen und Redner, das bis dahin nur im engsten Schülerkreis weitergegeben wurde, nun in das allgemeine E.sprogramm übernommen wird. Damit ist ein Wandel in den Vorstellungen über die Grundlagen der E. verbunden: War man bis dahin überzeugt von der Erblichkeit der adeligen Anlagen und verstand man E. als Entwicklung der Gaben, Entfaltung der Physis (z.B. Pind. Nem. 3, 57ff.; Ol. 8, 59f.), so rückt mit der Reflexion auf die Sprache als des wichtigsten Mittels der Belehrung und Wirkung auch ihr konventioneller Charakter in den Mittelpunkt der Theorien: Vorbild und Muster, Nachahmung und Übung, Erfindung und Überwindung werden zu neuen Kategorien des Lehrens und Lernens. Das Schema der traditionellen Normen wird außer Kraft gesetzt zugunsten eigenwilliger und eigenständiger Wertsetzungen. Bezeichnet man die Sophistik auch als erste pädagog. Bewegung, so kann man als ihr Hauptziel die Emanzipation des Intellekts von den Fesseln einer primär auf die körperliche Ausbildung angelegten E.s-Form ansehen; zugleich als Bewegung, die dem Individuum größere Rechte zuspricht als der Gemeinschaft. Ihre Wirkungen zeigen sich in zwei Richtungen: einmal in den den Menschen immer länger und immer stärker beanspruchenden E.s-Formen der Philosophenschulen, zum andern in der nach dem Muster des → Isokrates fortan um einen intellektuellen Teil verlängerten Form der ‹hellenistischen E.›

[4] *Hellenist. E.* Die bis zum Ausgang der Antike zunächst im Osten, dann nach der Übernahme des Systems durch die Römer auch im Westen verbreitete Normalform der hellenistischen E. umfaßte etwa das 7. bis 20. Lebensjahr; am Schluß der Ausbildung steht die (ein- oder zweijährige) → Ephebie. Während diese fast immer von der Gemeinde gesetzlich vorgeschrieben und im Ablauf und Anforderungen normiert war, blieb der Schulbesuch (wenn auch nicht ausnahmslos) Privatsache; die Kosten für die Gymnasien und die Lehrer wurden häufig von privaten Stiftern bestritten. Es laufen bes. in den unteren Stufen und zu Beginn der geschichtlichen Entwicklung des Systems die drei Ausbildungsformen: Gymnastik, Musik, Literatur, nebeneinander her; in den späteren Jahrhunderten tritt im ganzen die sportliche E. zugunsten der literarischen zurück. Die sportliche Ausbildung umfaßt, abgesehen von den zahlreichen → Spielen, die klassischen Disziplinen (→ Sport), doch offenbar in nunmehr systematisiertem Lehrbetrieb. Die künstlerische E. umfaßt die Ausbildung im Lyra- und Aulos-Spiel, Gesang und Tanz; zusätzliches Fach ist Zeichnen. – Immer stärker tritt im Lauf der Zeit der literarische Unterricht hervor; er gliedert sich in 3 Stufen: 1. Die *Elementarschule* (ludus litterarius) mit Unterricht in Buchstabenkunde, Zahlenkunde, Lesen, Schreiben und Rechnen; – 2. Die *Grammatikschule* mit der Lektüre der Klassiker; – 3. Die *Rhetorenschule* mit Studium und Einübung der → Rhetorik, ihres Systems und der klassischen Redner. – Nicht immer sind die Grenzen zwischen den drei Schulstufen klar erkennbar; deutlicher ist die Tendenz des ganzen Systems, zu einer in sich geschlossenen, genormten, kritiklos tradierten Institution zu erstarren. Unterrichtsgegenstände der höheren Stufen (meist wohl erst der 3. Stufe) waren die (spätestens ab 100 v. Chr. sog.) → Artes liberales: Grammatik, Rhetorik, Dialektik, Geometrie, Arithmetik, Astronomie, Musiktheorie. Im ganzen sind wir auch hier wieder über die Gegenstände des Unterrichts besser informiert als über den tatsächlichen Ablauf des Studienganges.

[5] Außerhalb des allgemeinen E.s-Systems stehen die *Philosophenschulen* und die Gelehrtenschulen (→ Museion); sie unterscheiden sich in folgenden Punkten: Soweit die Philosophen einer der großen Schulen angehören, bilden sie eine feste Gruppe; der Zögling hat in der Regel den normalen Studiengang schon durchlaufen (oder er ‹hört› nur als Gasthörer); die bindende Kraft ist hier nicht System und Institution, sondern Achtung und Verehrung des Lehrers.

D. Kennzeichen der antiken E. Trotz der mannigfachen Unterschiede im einzelnen gibt es einige kennzeichnende Merkmale der antiken E., die sie z. B. von der gegenwärtigen klar abheben. Sie ist (a) auf eine Auswahl begrenzt: auf die Schicht der Begüterten, die sich Zeit für ihre Bildung gönnen kann; sie kennt (b) nicht den allgemeinen Schulzwang: Bildung ist Sache freier Willensentscheidung; sie setzt (c) stets einiges voraus; so gibt es keine ‹religiöse Unterweisung› und keinen ‹staatsbürgerlichen Unterricht›; sie ist (d) in ihren Anfängen in viel stärkerem Maß körperliche E., als es heute denkbar wäre, und (e) in der Kaiserzeit in viel stärkerem Maße sprachliche E., als es heute möglich ist. Kennzeichnend für das antike E.s-System ist das für lange Zeit einheitliche Niveau der Bildung, eine Erscheinung, die sich erklärt aus der vielleicht entscheidenden Eigenheit des Systems: daß E. immer E. in der Sprache und an der Sprache war. Die Dichtung repräsentiert den Kosmos, angefangen bei Homer bis hin zum kosmologischen Lehrgedicht. Die spätere antike E. ist darüber hinaus zweisprachig; Griechisch und Latein ergänzen einander in eigentümlicher Weise; nicht zuletzt der Konservierung in sprachlichen Mustern und Monumenten verdankt die antike Kultur ihren lebendigen Fortbestand. Auch diese Muster erhielten sich nur, weil die Sprache der E. als Inbegriff des geistigen Gutes galt; dadurch, daß die Römer dem ihnen zunächst wesensfremden Vorbild der Griechen folgten, haben sie zugleich eine Grundform humanistischer E. gestiftet. G.P.

E. Christliche Erziehung. Das spätantike Christentum zeigte sich an den Problemen der allgemeinen und erst recht der ‹politischen› E. (d.h. der Zurüstung zu verantwortlicher Teilnahme an Leben und Aufgaben des Staates) wenig interessiert. Sein Denken kreiste vielmehr ausschließlich um die Aufgaben einer ‹christlichen E.› (so bereits 1. Clem. 21, 8), die ihre Legitimation wie ihr Maß an der ‹Paideia Kyriou› gewinnt. Zu diesem Begriff vgl. bes. Eph. 6, 4; vgl. aber auch bereits Dtn. 11, 2; Hos. 5, 2 (LXX!) sowie Tit. 2, 11 ff.; Hebr. 12, 5 ff. und Apk. 3, 19; bei → Clemens (1) v. Rom, dem Verfasser der apokryphen Philippusakten (→ Apostelgeschichte), → Clemens (2) Alexandrinus (bes. in dessen ‹Paidagogos›) wie vor allem im Denken des → Origenes (Zentralprobleme: ‹Pronoia› und ‹Paideusis›) ist dieser Begriff – z.T. in Anlehnung an den platonischen Gedanken, wonach der Gott mit seiner Paideia den Kosmos durchwaltet (vgl. Plat. leg. 10, 897 B u.ö.) – im Sinne einer überbietenden Erfüllung der Ideale griech. Paideia verstanden. Dieser im Leben der zur Gotteskindschaft Berufenen sich verwirklichenden, ja über dessen Stationen noch hinausgreifenden (Eph. 4, 13; Phil. 1, 6; 1. Thess. 5, 23) und auf einen persönlichen Heilsglauben abzielenden ‹Paideia› Gottes bzw. Christi war alles christlich-kirchliche Erziehungswerk teleologisch zugeordnet. Ihr den Boden bereiten zu helfen, galt speziell als Aufgabe der Eltern (so – unter synagogalem Einfluß, vgl. bereits Dtn. 6, 2; 7; 20 – bes. die nt.lichen Haustafeln, z.B. Eph. 6, 4; Kol. 3, 21), der Mutter nicht minder als des Vaters, denen damit noch etwas mehr abverlangt war, als die röm. E. forderte. Eine wesentliche Rolle spielte hierbei das Bekannt- und Vertrautmachen mit der Bibel, die «von Kind auf zu wissen» neben dem Gehorsam gegenüber den Eltern als der rechte Weg zur Gewinnung eines persönlichen Christenstandes betrachtet wurde (s. einerseits 2. Tim. 3, 15 f.; andererseits u.a. Dtn. 5, 16 u. Eph. 6, 1 ff. und dazu neben den ‹Bekenntnissen› Augustins vor allem die Ratschläge für eine christl. Kindererziehung in dem bedeutsamen Traktat des Johannes → Chrysostomus ‹Über die Hoffart und wie die Eltern ihre Kinder zu erziehen haben›). Ergänzt und vertieft wurde diese häusliche ‹Einübung ins Christentum› vor allem durch den Taufkatechumenat der Erwachsenen (→ Katechetik), dessen erzieherisches Moment schon in seinen nt.-lichen Ansätzen deutlich erkennbar ist (z.B. Hebr. 5, 1 ff.; vgl. auch etwa 1. Kor. 3, 1–3). Dabei kam der Unterweisung in der christl. Überlieferung, die sich, wie etwa die Katechesen Kyrills v. Jerusalem, des → Theodoros (10) v. Mopsuestia und des Johannes → Chrysostomos zeigen, z.T. auf bedeutendem Niveau bewegte und für die → Augustin in seiner Schrift ‹Über die Unterweisung der Anfänger im Glauben› eine Theorie von hohem pädagogischem Wert geschaffen hat, um so größere Bedeutung zu, je mehr diese Überlieferung zum Dogma wurde. Gleichwohl blieb eine enge Verbindung von sittlicher Bildung und liturgischer Einübung stets Hauptmerkmal wie wesentliche Funktion des altkirchlichen Katechumenats. Sosehr jedoch alles Gewicht auf die christliche E. gelegt wurde, die selbstverständlich nicht aufhörte, sobald man einmal getauft war, sondern in gewissem Sinne lebenslang währte (→ Predigt, → Buße), so sehr machte sich auch in der Spätantike geltend, daß das Chr. «nicht in Verbindung mit Barbarei gedacht werden» kann, sondern «um sich ausbreiten und erhalten zu können», ja um selbst «die einfache Ausübung des Gottesdienstes möglich zu machen, dringend wenigstens ein Mindestmaß von literarischer Bildung» verlangt (Marrou). Um sie zu gewährleisten, rekurrierte das griech. und lat. Christentum in der Regel auf die herkömmlichen Schulformen, die dafür wegen des vorwiegend literarischen Charakters der in ihnen vermittelten Bildung auch bes. geeignet waren, unbeschadet dessen, daß hier bereits der Elementarunterricht traditionsgemäß mit dem ‹Gift› der heidnischen Mythologie durchsetzt war. Doch zählte man darauf, daß der Einfluß des Elternhauses und der Kirche ein genügendes ‹Gegengift› darstellen werde (vgl. bes. Tert. idol. 10; → Basil. hom. 22). Zur Pflicht gemacht wurde der Schulbesuch freilich nur für den Priester- und Mönchsnachwuchs, für dessen Ausbildung auch die → Kloster-, Bischofs- und Presbyterialschulen in erster Linie bestimmt waren, die im Abendland in Anknüpfung an Traditionen des syr. Christentums (Schulen von Nisibis und Edessa) sowie des pachomianischen Mönchtums Ägyptens (→ Pädagogik, 9) eingerichtet wurden, nachdem dort infolge der Germaneneinfälle mit dem staatlichen und gesellschaftlichen Gesamtbau der romanitas auch die klassische Schule weitgehend verschwunden war. Der Gedanke an einen allgemeinen Schulzwang lag der christl. Antike um so ferner, als Bildung für den Glauben – grundsätzlich – ohne Bedeutung ist und es ‹für die Ohren Gottes keine andere Stimme gibt als die liebende Hingabe des Herzens› (Aug. catech. rud. 9). – Vgl. → Bildung, → Pädagogik, → Schule. M.R.

Lit: Zu A.–D.: L. Grasberger, E. u. Unterricht im klass. Altertum, 3 Bde, 1864–81 – J.L. Ussing, Darstellung d. E.s- u. Unterrichtswesens bei d. Griechen u. Römern, 1870 – M. Lechner, E. u. Bildung in der griech.-röm. Antike, 1933 – F. Eby-Ch. F. Arrowood, The History and Philosophy of Education Ancient and Medieval (1940), 1949[5] (Lit) – H.I. Marrou, Hist. de l'éducation dans l'antiquité (1948), 1958[4] (Lit); deutsch: Gesch. der E. im klass. Altertum, 1957 – P. Wolf, Vom Schulwesen der Spätantike, 1952 – W. Jaeger, Paideia I (1934) 1959[4]; II (1944) 1954[2]; III (1947) 1955[2] – P. Rabbow, Paidagogia, 1960 – F. Kühnert, Allgemeinbildung u. Fachbildung in d. Antike, 1961 (Lit) – *Zu E.:* H. v. Campenhausen, Glaube u. Bildung im NT, Stud. Gen. 2, 1949, 182–194 – H. Fuchs, RAC II, 1954, 346 bis 362, s.v. Bildung (Lit) – W. Jaeger, Paedeia Christi, ZNW 50, 1959, 1–14 – Ders., Das frühe Christentum u. die griech. Bildung, 1963 – H.I. Marrou, St. Augustin et la fin de la culture antique (1938), 1958[4].

Eschatologie, zusammenfassende Bezeichnung des israelitisch-jüd. Vorstellungskomplexes um die Endereignisse, auf die Gott die Weltgeschichte von ihrem Anfang her als auf ihr Ziel zuführen werde und in denen aller Frevel getilgt und die im Gericht als Frevler Erfundenen der Wirklichkeit ihres Frevels, ewigem Tod und Verderben, die als gerecht Erfundenen dagegen der von Gott in ihrer uranfänglichen Erwählung zugesagten Wirklichkeit der Gerechtigkeit, ewigem Leben und Heil, anheimgegeben werden sollen. Die frühjüd. Tradition ist durch und durch eschatologisch geprägt, und darin die geschichtliche Heimat der urchristlichen Überlieferung geworden, die in Jesu Geschick die Entscheidung endzeitlichen Heils als im voraus ereignet und die Gemeinde der an Jesus glaubenden Christen als die dem nahen Heil zugehörige und entgegengehende Kirche Gottes wußte. (Vgl. → Christentum I D 3; → Apokalyptik.) U.W.

Lit: D. Rössler, Gesetz u. Geschichte (1960), 1962[2] – R. Bultmann, Geschichte und Eschatologie (1958), 1964[2].

Esche (μελία, fraxinus, ornus), in der antiken Überlieferung vertreten durch die hohe E. (fraxinus) und die Manna-E., auf die sich die mythischen Vorstellungen beziehen. Man dachte sich das dritte, eherne Geschlecht (z.B. → Talos; vgl. → Weltalter) aus E. entstanden, wahrscheinlich, weil E.-Holz für Lanzenschäfte geschätzt war. Aus dem Blut des Uranos nach seiner Entmannung durch Kronos entstanden die nach der E. benannten → Nymphen (Meliai). Eine gleiche Namensbildung zeigt die Okeanide Melia, die Gemahlin des → Inachos und Mutter des → Phoroneus, des ersten Menschen in der Überlieferung von Argos. Sie galt auch als Mutter des Pholos, des Ismenos und Amykos. Der Befund spricht für eine sehr alte Bedeutung der E. Ein E.n-Hain war → Apollon zu Klaros heilig. Die Darstellung der Nemesis mit einem E.n-Blatt, der → Erinyen mit E.-Stöcken verbindet die Vorstellung von der vergeltenden Gottheit und der E. als Waffe, die in der mythischen Überlieferung häufig ist (E.-Stöcke der → Erinyen; E.-Lanze des → Achilleus, der → Lapithen). Das zähe, feste Holz diente auch dem Schiffsbau. Keile aus E. verwendete man im Tempelbau. Der Palast des Odysseus hatte eine Schwelle aus E.-Holz. Vgl. → Flora. J.W.

Lit: Olck, RE 6,1 (1907), 617–624 – Murr, Pflanzenwelt, 27–31.

Ešnunna (Ruine Tell Asmar, Kt. 1925 D4), nordöstl. Bagdad, Sitz eines Statthalters zur Zeit der 3. Dynastie von Ur (Tempel für König → Šu-Sîn, erbaut von Ituria), später einer eigenen Dynastie. Große Palastanlage altbabylon. Zeit (König Bilalama, Mitte 19. Jh. v. Chr.). Gesetze von E. (älter als der Kodex → Hammurapi) in Tell Harmal gefunden. Vgl. → Mesopot. Reiche B[1]; C[2]. W.R.

Esoterik und Exoterik. In engem Kreise weitergegebene Geheimlehren gibt es bei den Griechen ursprünglich (a) in bestimmten Berufsverbänden, die ihre Berufs- und Fabrikationsgeheimnisse hatten, (b) in religiösen Genossenschaften mit geheimen Lehren und Begehungen, die nicht durch Mitteilung an Außenstehende profaniert werden durften (→ Mysterien). – In der Philosophie sind Geheimlehren zuerst bei → Pythagoras und seiner Gemeinde bezeugt; die Tatsache wird zutreffen, einzelnes wissen wir nicht. Später berührt → Platon mehrfach den Gedanken, daß bestimmte höchste Einsichten der Philosophie nur wenigen Berufenen zugänglich seien und zugänglich gemacht werden dürfen; die Menge brauchte von ihnen nichts zu wissen, weil sie sie entweder überhaupt nicht oder dann nur falsch versteht. Wenn → Platon nach dem Zeugnis seiner Schüler bestimmte Lehren nie publizierte, sondern nur mündlich vortrug (*ἄγραφοι λόγοι*), so wird dies mindestens z. T. so gemeint gewesen sein. Der Gedanke bleibt im Platonismus bis zum Ende der Antike heimisch. Über diese Schule hinaus hat er immer wieder eine besondere Aktualität im Bereich der philosophischen Theologie. Die Menge soll nicht mit Theoremen über das Wesen der Gottheit behelligt werden, denen sie doch nicht gerecht zu werden vermag. – Wie weit in solchen Gedanken das Begriffspaar E. und Exoterik sich entwickelt hat, übersehen wir nicht. Völlig abzutrennen ist jedenfalls die Verwendung von Exoterik bei → Aristoteles für Publikationen, die für einen weiteren Kreis bestimmt sind, im Gegensatz zu den spezialistischen Fachstudien, die nicht geheim sind, aber doch nur den Fachmann interessieren können. – Geheimlehren im strengen Sinn dürften viele der vom 3. Jh. v. Chr. an einströmenden oriental. Religionen besessen haben. Auch dem Frühchristentum sind sie nicht ganz fremd. Das Begriffspaar E. und Exoterik taucht seltsamerweise erst in der Kaiserzeit auf. O.G.

Lit: K. Gaiser, Platons ungeschriebene Lehre, 1963.

Esra, jüd. Priester und amtlicher Vertreter (sofer, ‹Sekretär›, später in ‹Schriftgelehrter› umgedeutet) des Jahwekultes am pers. Hof, reorganisierte im Auftrage → Artaxerxes' II. 398 v. Chr. (traditionell: A.' I., i. J. 458) Jerusalem und schuf durch sein ‹Gesetz› (→ Judentum B2) die ideelle Basis für das Gesamtjudentum (vgl. dazu bes. Esr. 7–10 und Neh. 8–9). R.M.

Essener → Qumran.

Este, Name zweier Antikenslg.en: [1] Die große, in Schloß Catajo bei E. aufgestellte Slg. antiker Skulpturen waren den Herzögen von Modena (später: von Österreich-E.) i. J. 1805 von Tommaso Obizzi vererbt worden. Nach dem Tode des letzten Herzogs von Österreich-E. (1875) übernahm Franz Ferdinand, Erzherzog von Österreich, die Slg. und ließ sie 1896 nach Wien überführen.

[2] Von Kardinal Ippolito II. d'E. (1509–72) in der von ihm erbauten Villa in Tivoli eingerichtete Privatslg., seit der Mitte des 18. Jh.s aufgelöst und zerstreut. U.R.

Lit: *Zu* [1]: Documenti inediti... Mus. d'Italia III, 1880, p. X, 28 ff. – H. Dütschke, Antike Bildwerke in Oberitalien V, 1882, 160 ff. – EA, Nr. 32–68 – *Zu* [2]: Th. Ashby, Archaeologia 61, 1908, 219–256.

Esther (Hadassa), Heldin des unter → Xerxes (485–465) spielenden *E.-Buches;* historischer Roman (in der Ost-Diaspora nach 300 v. Chr. entstanden; vgl. → Antisemitismus), zugleich Kultlegende für das Purim-Fest; Anfang 1. Jh. v. Chr. durch Zusätze (teils originalgriech., teils ursprünglich hebr.-aram.) späterem religiösen Empfinden angeglichen. R.M.

Lit: RGG II 703–708.

Etana-Mythe, babylon. Epos. E., mythischer König von → Kiš, ist kinderlos und wird auf der Suche nach der Geburtspflanze von → Šamaš zu einer Grube geführt, in der ein Adler liegt. Vorgeschichte: Freundschaft zwischen Adler und Schlange, die daran zerbricht, daß der Adler die Jungen der Schlange frißt. Sie überlistet den Adler und wirft ihn in die Grube, aus der ihn E. errettet und mit ihm zum Himmel fliegt. Als die Erde entschwindet, gibt E. aus Furcht sein Vorhaben auf; er fällt mit dem Adler zur Erde zurück. Das Ende des auch auf Siegelzylindern oft dargestellten Mythos ist nicht erhalten. W.R.

Lit: ANET 114–118.

Eteokles, Sohn des → Ödipus und der Jokaste oder der Euryganeia. Durch den Fluch des → Ödipus Todfeind seines Bruders → Polyneikes; töten sich gegenseitig. Vgl. → Sieben gegen Theben und (zur Bestattung des E.) → Antigone.

Lit: Preller-Robert II 3, 902 ff. – *Darstellungen:* Der gegenseitige Mord der Brüder auf einer Schale des Kleophradesmalers, auf etrusk. Spiegeln und etrusk. Urnen, auch auf etrusk. und röm. Sarkophagen, sonst selten (Messerschmidt, RM 44, 1929, 26–30; R. Herbig, Die jüngeretrusk. Steinsarkophage, 1952, Nr. 63 und 79; Della Corte, RivJGI 1, 1917, 74–78: Wandgemälde, Tonform in Ostia). Vgl. Hampe-Simon 23; M. Napoli, EAA III, 1960, 463 f. K.Schb.

Etesien, jährlich wiederkehrende Winde, zuerst in der → Ägäis, dann auf der ganzen → Oikumene nachgewiesen. Die E. werden in → Kalendern als Merkmal des Sommers genannt; in medizinischen (Bestimmung der Lebensverhältnisse) und meteorologisch-geographischen Theorien (→ Nilschwelle) treten sie als wirkende Ursachen auf. F.L.

Ethik

A. Vorphilosophische E.: [1] Formale Kennzeichen – [2] Sachliche Eigenart – [3] Destruktion – B. Aufbau der philosophischen E.: [1] Basis – [2]–[4] Systematisierung – [5] Anspruch der Praxis – C. Hauptprobleme: [1] Eudaimonia – [2] Das Gute und Schlechte – [3] System der Tugenden – [4] Verantwortlichkeit – [5] Zugänge zur Tugend – [6] Lebensformen – [7] Gestalt des Weisen.

A. Vorphilosophische Ethik. [1] Sie ist bei den Griechen *formal gekennzeichnet* durch: 1. lockere Reihung der Vorschriften darüber, wie man sich in Kampf und Symposion, gegenüber Freund und Feind, Älteren und Jüngeren u. dgl. zu verhalten habe. Die Regeln konvergieren zu einem Idealtypus, der indessen nicht systematisch aufgebaut wird. – 2. Begründung der Regeln durch Herkommen und allgemeine Übereinstimmung und durch mahnende und warnende Beispiele aus der Geschichte, nicht aber durch Nachweis ihrer Richtigkeit. – 3. Vermischung sittlicher und gesellschaftlicher Gesichtspunkte. Verpflichtungen gegenüber dem Ideal und Anstandsvorschriften werden kaum getrennt. – Faßbar ist diese E. der frühen Zeit (a) direkt in Lehrschriften, die es bis zum 5. Jh. v. Chr. in großer Zahl gegeben haben muß. Wir besitzen ganz oder in Fragmenten, in Versen: → Hesiod, → Phokylides, → Theognis; in Prosa: → Demokrit, → Antiphon (2), Ps. → Isokrates or. 1 (schon mit Ansätzen zu philosophischer E.) –;

(b) indirekt in der Dichtung (Lyrik, Epos, Drama) und für die Zeit der Entstehung der philosophischen E. in den Historikern und Rednern des späten 5. Jh.s v. Chr.

[2] *Sachliche Eigenart* der vorphilosophischen E.: 1. Die Verbindung zur Religion ist locker. Wohl kennt auch die E. die geziemende Verehrung der Götter als erste Vorschrift und weiß von Vergehen, die wegen ihrer Schwere nicht menschlicher, sondern primär der göttlichen Gerechtigkeit anheimfallen. Doch dies sind Sonderfälle. Die Götter sind zunächst die Mächtigeren (*κρείττονες*), nicht die sittlich Besseren. Die E. im ganzen als Gehorsam gegen Gott und die Verfehlung als Sünde vor Gott zu verstehen ist ungriechisch. Die Priester haben ausschließlich über den korrekten Vollzug des Kultes zu wachen. Ausnahmen machen nur Orakelstätten (→Delphi) und Mysterien (→Eleusis), sofern ihre Verkündigungen in die E. mindestens übergreifen. Doch auch da gibt es keine eigentliche Priesterethik oder ein geistliches Lebensideal im Sinne des orientalischen und christlichen Mönchtums. – 2. Die E. differenziert sich unter zwei Aspekten: (a) Für Mann und Frau, Erwachsene und Jugendliche gelten verschiedene Tugenden. Selbstzucht und Bescheidenheit (*σωφροσύνη*) wird vom jungen Menschen und in anderm Sinne von der Frau verlangt, Tapferkeit (*ἀνδρεία*) vom Manne, Klugheit (*φρόνησις*) vom Alter. – (b) Obschon es einen exklusiven und privilegierten Blutadel in historischer Zeit praktisch nicht gibt, werden doch an die Regierenden und Reichen andere Forderungen gestellt als an den Mann aus dem Volk. Man erwartet von ihnen kriegerische und politische Einsatzbereitschaft, Großzügigkeit im Geben (*ἐλευθερία*, liberalitas), und daß sie sich jeder handgreiflich entlohnten, abhängig machenden Arbeit enthalten. Der Vorwurf, niedrigen Gewinn zu suchen (*αἰσχροκέρδεια*), wiegt in griech. E. schwerer als der der Verschwendung. Der Edle (*ἐσθλός, καλὸς κἀγαθός*) soll sich frei halten für politische Aufgaben, aber auch für vornehme Muße (*σχολή*, otium), die er beim Symposion, mit Gymnastik und in musischen Künsten zubringt. Mord, Versklavung eines Freien, Verrat am Freunde gehören zu den schwersten Vergehen, ebenso Ehebruch mit Freien. – Einzelne, bes. ehrwürdige Berufsstände entwickeln ihre eigene Standesethik; für uns greifbar ist nur die der Ärzte (→Medizin B 2). – 3. Bezeichnend ist die Schätzung der praktischen Klugheit, die sich im rechten Wort zur rechten Zeit, in der gewandten Anpassung an die gegebene Lage und im nüchternen Abwägen des eigenen Nutzens zeigt. Bei Homer repräsentiert →Odysseus diese Eigenschaft; in →Sisyphos schlägt sie in Gaunerei um. Das Wort des Achilleus, er wolle lieber auf Erden ein Tagelöhner als im Hades König über die Toten sein (Od. 11, 489ff.), oder das sorglose Bekenntnis des →Archilochos, er habe im Kampf seinen Schild verloren, «macht nichts, ich kaufe mir eben einen neuen» (Frg. 6D), sind Grenzfälle einer Haltung, die zu rechnen weiß und mit der heroischen Geste sparsam umgeht. Gewiß fehlt Aufopferung bis zum Tode ebensowenig wie die Ruhmbegierde, die nach Übermenschlichem greift (→Hybris), doch Anerkennung findet auch, wer in kriegerischer und politischer Auseinandersetzung seinen Gegner elegant zu täuschen und zu überspielen weiß. Die attischen Redner von →Lysias bis →Demosthenes (1) liefern eine Fülle von Beispielen, und die Historiker verweilen gerne bei schlauen Strategemen.

[3] Die philosophische E. wird vorbereitet durch die im 5. Jh. v. Chr. wahrnehmbare *Destruktion der vorphilosophischen Ethik*: 1. Die alte Gesellschaftsordnung lockert sich schon mit den Koloniegründungen des 8.–6. Jh.s und löst sich vollends auf durch die Parteikämpfe, die sich gerade in den kulturell bedeutendsten Staaten generationenlang hinzogen. Die Überlieferungen werden dünn; Macht, Ansehen und Reichtum wechseln immer schneller ihre Träger. Das Ergebnis wird eine Flucht in die Innerlichkeit, ein Rückzug auf diejenigen Werte, denen Revolutionen nichts anhaben können. Repräsentativ ist etwa die Äußerung des weisen Mannes nach Zerstörung seiner Vaterstadt, er habe nichts verloren, da er alles, was er wirklich besitze, in sich habe. (Diog. Laert. 2, 115; Cic. parad. 1, 8; Sen. dial. 2, 5, 6 u. a.) Diese Haltung kann sich radikalisieren in einen Fanatismus der Leugnung aller traditionellen Werte und eine demonstrativ kulturfeindliche Rüpelhaftigkeit (bekanntestes Beispiel aus dem 4. Jh.: →Diogenes (5) v. Sinope; Diog. Laert. 6, 20–81). – 2. Das 5. Jh. hat die Wissenschaft der →Ethnographie geschaffen. Diese zeigt den Griechen mit steigender Eindringlichkeit, daß ihre E. keineswegs die allein mögliche ist und daß anderswo viele Dinge streng verpönt sind, die den Griechen als schicklich gelten und umgekehrt (Paradebeispiel in der einen Richtung: die Entkleidung in der Palaistra, in der anderen: die orientalische Geschwisterehe; vgl. bes. auch Hdt. 3, 38). Gefolgert wird, daß alle E. auf bloßer Konvention (Nomos) beruht und naturgemäße Richtigkeit nicht zu beanspruchen vermag. Die Frage entsteht, ob es überhaupt eine allgemeingültige E. gibt. – 3. Endlich führt die Entwicklung des Rechtsempfindens, bes. die Qualifizierung der Tat durch die Absicht des Täters, zu einer immer breiteren Kasuistik. Jede Verhaltensregel scheint Ausnahmen zu dulden, die ihre Gültigkeit einschränken, ja ganz in Frage stellen. In höherem Interesse können Lüge, Betrug, Diebstahl und Mord ethische Pflicht werden. Die Handlungen werden unterschieden, je nachdem sie aus Vorsatz, unter dem Zwang eines Affekts, aus Irrtum und Nachlässigkeit oder aus Zufall zustande kommen. Das richtige Handeln kann, so scheint es, nur mehr von Fall zu Fall und aus der Erwägung aller Umstände gefunden werden.

B. Aufbau der philosophischen E. [1] Eine *Basis* für eine allgemeingültige E. liefern die ethnolog. →*Anthropologie* und die →*Medizin*. Wie es am Körper jenseits der durch Krankheiten und Lebensgewohnheiten hervorgerufenen Deformationen eine Normalverfassung gibt, die die Natur schlechthin darstellt, so muß es dies auch im Felde der E. geben. Hier gilt als Normalverfassung die des Kindes, die deformierenden Umwelteinflüssen noch nicht ausgesetzt ist, zuweilen auch die des Tieres. Von den elementarsten Reaktionen des Kindes wird zunächst eine um Lust und Schmerz kreisende E. abgeleitet, vom Verhalten des Tieres zuweilen eine E. des Willens zur Macht (Pleonexia). Diese ältesten Formen bewußt aufklärerischer philosophischer E. entstehen am Ende des 5. Jh.s v. Chr. Doch hat auch die andersartige E. der großen Philosophenschulen späterer Zeit auf den Hinweis auf die Verfassung des Kindes nicht ganz verzichtet.

[2] Zur *Systematisierung der E.* drängt die im 5. Jh. sich entwickelnde wissenschaftliche Konstruktivität. Von der E. wird die Fixierung eines einheitlichen Zieles (*τέλος*, finis) gefordert, auf das alle Einzelvorschriften als Mittel zu seiner Erreichung bezogen sind und von dem sie ihre Begründung erhalten. Als solches Ziel nennt →Damon (1) die Wohlgeordnetheit (*εὐκοσμία*), →Protagoras die Wohlberatenheit (*εὐβουλία*), →Demokrit die Wohlgemutheit (*εὐθυμία*), die →Sokratik schließlich die Gottgesegnetheit (*εὐδαιμονία*). In diesem Begriff tritt freilich die religiöse Komponente bald völlig zurück. Er bezeichnet dann die Erfülltheit aller dem eigentlichen Wesen des Menschen gemäßen Wünsche. Als solcher darf er Evidenz beanspruchen und hat sich vom 4. Jh. an als Zielbestimmung aller philosophischen E. der Antike durchgesetzt.

[3] Gefördert wird die Systematisierung durch den schon erwähnten Vergleich der E. mit der →Medizin. Das ethisch Gute kann als Gesundheit, das Schlechte als Krankheit der Seele bestimmt werden. Die medizinische Theorie, daß Übermaß und Mangel an Nahrung oder Gymnastik den Körper schädigen, ergibt, auf die E. übertragen, daß die *Tugend die richtige Mitte* zwischen zwei Schlechtigkeiten ist, die durch Übermaß oder Mangel entstehen (Paradefälle:

Tapferkeit als Mitte zwischen Tollheit und Feigheit, Zucht als Mitte zwischen Zuchtlosigkeit und Stumpfheit, Freigebigkeit als Mitte zwischen Verschwendung und Geiz). In anderer Auswertung des Vergleichs wird das Schlechte differenziert, je nach dem es als akute oder chronische Erkrankung, als bloßer Schwächezustand oder als Anfälligkeit für bestimmte Krankheiten auftritt (so bes. die Stoa bei Cic. Tusc. 3 und 4). Bes. der Begriff des → Affektes (πάθος) legt die Übertragung medizinischer Pathologie nahe. Dazu treten Methoden, die kranke Seele zur Gesundheit zurückzuführen (Seelentherapie; bedeutend war → Chrysipps (2) Therapeutikos, SVF III 457ff.). Der Philosoph wird zum Seelenarzt, seine Belehrung zur Arznei (so schon in der Sokratik).

[4] Andere Systematisierungen knüpfen die E. an die → Metaphysik. → Platon (und schon → Eukleides (?) Diog. Laert. 2, 106) identifiziert in seiner Vorlesung über das Gute das wahre Gute mit dem Einen, von dem alles Sein ausgeht; denn nach Staat 6, 509B steht es «noch jenseits des Seins». Aber schon die Frühdialoge zielen auf die Wissenschaft vom Guten als vom Einen, Dauernden, unwandelbar mit sich selbst Identischen, an dem gemessen alles andere sowohl gut wie auch nicht gut ist. Diese Gedanken haben noch auf die → Neuplatoniker mächtig eingewirkt. Z. T. vergleichbare Systematisierungen finden sich bei den → Kyrenaikern und → Epikur (Bewegtheit und Ruhe ergeben zwei Typen der Lust), in anderer Weise in der Stoa, die das richtige Handeln als freie Zustimmung zum kosmischen Schicksalsablauf, später (→ Poseidonios) als Mitwirken an der Bewahrung der kosmischen Ordnung definiert.

[5] Eine rückläufige Bewegung setzt mit → Aristoteles ein. Als Wissenschaft strebt die E. zur Systematik, doch die *Praxis* fordert das Eingehen auf die wechselnden konkreten Situationen: «Auch der Arzt hat nicht die Gesundheit überhaupt und den Menschen überhaupt im Auge, sondern die Gesundung des einzelnen Kranken» (NE A 4. 1097a 11–13). Die philosophische E. beginnt zweispurig zu werden, sofern sie zwar ihren Anspruch, ein gültiges System der Werte zu entwickeln, nicht preisgibt, daneben aber Regeln für die Praxis des Lebens aufstellt. Diese sind nur z. T. systematisch ableitbar und kehren vielfach zu den vorphilosophischen Traditionen zurück. Gepflegt wird diese praktische Lebensweisheit bes. von den → Peripatetikern (vgl. Plutarchs Moralia) und den spätern → Stoikern (→ Panaitios, → Musonios, → Hierokles (2), → Epiktet (2) u. a.).

C. Hauptprobleme. [1] Die Hauptprobleme der philosophischen E. bilden sich im 4. Jh. v. Chr., nicht selten im Anschluß an ältere Reflexion. Daß die *Eudaimonia* die vollkommene Verwirklichung der Möglichkeiten und Werte darstellt, auf die die menschliche Natur hin angelegt ist, ist unbestritten. Doch wie weit gespannt sind diese Möglichkeiten? Es unterscheiden sich eine maximalistische und eine minimalistische These. Minimalistische E. reduziert die Natur des Menschen auf die Innerlichkeit von Einsicht und Tugend, die ihn vom Tiere trennt, mit der Gottheit verbindet. Wer diese Tugend besitzt, hat die Eudaimonie, mag er arm, krank oder auf der Folter sein (so einige Sokratiker, dann die klassische Stoa). Maximalistische E. faßt die Natur des Menschen als die Totalität seiner geschichtlichen Erscheinung und die Eudaimonie als die Erfüllung dieser Totalität. Sie wird nach einem bei Platon angedeuteten, bei → Xenokrates (3) und Aristoteles entwickelten Schema gegliedert in seelische Güter (die Kardinaltugenden), leibliche (Gesundheit, Kraft, Sinnesschärfe, Schönheit) und äußere Güter (Reichtum, Macht, Erfolg, Freundschaft). Der Mensch ist jedoch Herr nur über die seelischen Güter, nicht über die übrigen. Es entsteht eine zweistufige Eudaimonie: die begrenzte in der Verwirklichung der seelischen Güter, die vollkommene in allen drei Gruppen. Die Diskussion um die minimalistische und die maximalistische E. dauert bis zum Ende der antiken Philosophie an: Stoa (und z. T. Platonismus) gegen die Drei-Güter-Lehre des Peripatos. Parallel läuft die Alternative zwischen rein qualitativer und quantitierender Auffassung der Eudaimonie. Daß sie kategorial grundsätzlich eine Qualität ist, wird zwar nirgends bestritten. Doch nur die Stoa führt den Gedanken zu Ende: Die in den Tugenden sich entfaltende Eudaimonie bildet ein unteilbares Ganzes. Wer eine Tugend besitzt, besitzt auch alle übrigen; wer eine einzige nicht besitzt, besitzt auch keine der übrigen (Antakoluthie der Tugenden). Darum ist auch ein quantitierendes Fortschreiten zur Eudaimonie unmöglich. Der Mensch erwirbt sie auf ein Mal und ganz und nicht stückweise. Demgegenüber hält der Peripatos an dem quantitierenden Prinzip fest: man könne die Eudaimonie und die Tugenden auch teilweise besitzen.

[2] Das an sich *Edle*, dessen Betrachtung Bewunderung erregt, ist καλόν. Das *Gute*, das zugleich förderlich ist und das man erwerben oder leisten will, ist ἀγαθόν. Schon vorphilosophisch wird dieser Begriff universal gefaßt in dem Gedanken, daß man die Götter nur um das Gute überhaupt bitten solle; denn was im besondern für den Menschen gut sei, wüßten sie allein (zugeschrieben den Spartanern in Ps.-Plat. Alc. 2, 148C, dem → Pythagoras in Diod. 10, 10, dem Sokrates bei Xen. Mem. 1, 3, 2, dem → Diogenes (5) bei Diog. Laert. 6, 42). Durch die Sokratik wird das ἀγαθόν nächst der Eudaimonie zum Zentralbegriff der E. Da kein Wesen seinen eigenen Schaden will, so gilt, daß alle Wesen nach dem Guten streben (Arist. NE 1, 1, 1094 a 2f., später sehr oft zitiert). Die Materialbestimmung des Guten führt zu einer Alternative. Entweder ist es das in der jeweiligen Situation Förderliche und immer wieder neu zu Findende (Aristippos bei Xen. Mem. 3, 8), oder es wird als ein einziges unbedingt Gutes gesetzt. Sein Wesen ist freilich nur in Umrissen faßbar. Platon setzt es als das Eine noch jenseits des Seins (s. o.), sodann als vollkommen und selbstgenügsam (Phil. 20D und 67A, vgl. Arist. NE 1, 5, 1097 b 6ff.), die ursprünglichste der Ideen. Dagegen bezeichnet Aristoteles das Gute als Ziel allen Handelns, ohne sich endgültig darüber zu äußern, wie weit er ein oberstes Ziel aller Ziele in Rechnung stellt. Die Stoa entwickelt eine Fülle von Distinktionen des Guten (SVF III 95ff.). – Dem Guten steht das *Schlechte* (κακόν) gegenüber. Im Bereich der E. ist sein Vorhandensein evident, zumal da die philosophische E. überwiegend an der alten Lebensweisheit festhält, daß «die meisten Menschen schlecht sind» (Diog. Laert. 1, 88). Soweit man nicht äußere Einwirkungen (→ Dämonologie der Spätantike) ansetzt, sitzt das Schlechte entweder in den → Affekten oder in der Vernunft selbst. Im einen Falle ist es Überwältigung der Vernunft durch die Affekte, im anderen Fehlleistung der Vernunft selbst. In der von der Stoa aufgenommenen Sokratik strengster Observanz ist alle Schlechtigkeit Unwissenheit, Verwechslung des wahren Guten mit einem scheinbaren; ähnlich, von anderen Voraussetzungen her, Epikur. Die praktische E. hält sich freilich meist an die Anschauung, daß die Affekte (bes. die klassische Vierzahl: Lust, Schmerz, Begierde, Angst) an der Entstehung des Schlechten entscheidend beteiligt sind. Andere Dimensionen erhält das Problem erst angesichts der die E. überschreitenden Doppelfrage: Wie kann das Böse in die ursprünglich gottnahe Seele überhaupt eintreten? Und wie kann es in einer von einer guten Gottheit verwalteten Welt das Böse, Verderbliche und Unvollkommene geben? (→ Theodizee).

[3] Als *System der Einzeltugenden* hat sich die von Platon (‹Staat›) repräsentativ dargestellte Reihe der *vier Kardinaltugenden*, die wohl schon älter ist, fast völlig durchgesetzt. Zu Epikur vgl. Cic. fin. 1, 42–54, zur Stoa SVF III 262ff.; bemerkenswert unschematisch ist die Bestandsaufnahme bei Aristot. NE 3, 9–6, 13. Vielverzweigt ist die Diskussion, in welcher Rangordnung die Tugenden stehen. Alte Tradition, an die sich auch Platon im ‹Staat› anlehnt, macht

die Gerechtigkeit zur umfassenden Tugend, anderswo wird die Klugheit an die Spitze gestellt. Aristoteles unterscheidet ethische und dianoetische Tugenden und nennt unter jenen bes. Tapferkeit und Zucht, unter diesen Weisheit, Klugheit, Kunstfertigkeit. – Das Christentum hat die platon. Kardinaltugenden übernommen und sie durch die christl. Tugenden Glaube, Hoffnung, Liebe ergänzt.

[4] Es versteht sich, daß Tugend immer *verantwortlich* sein muß, da sonst Lob und Tadel, Lohn und Strafe ihren Sinn verlieren. Gefährdet wird diese Verantwortlichkeit (a), wo die Affekte als Mächte behandelt werden, über die der Wille nichts vermag, (b), wo das Schlechte nicht als schlechter Wille, sondern lediglich als Resultat der durch Belehrung zu behebenden Unwissenheit (s. o.) verstanden wird; doch die Grenzen dieser Thesen ergeben sich schon an den Notwendigkeiten der Gesellschaftsordnung, die mit der Verantwortlichkeit steht und fällt. Das weitere Problem, wie es kommt, daß gerade die Tugend als der unbestritten höchste Besitz des Menschen ihm nicht von Gott geschenkt, sondern von ihm selbst erworben wird, wird in der Antike gelegentlich gestreift (Aristot. NE 1099 b 11 ff.; SVF III 32), dann von der christl. Theologie aufgenommen. Wie schließlich die Verantwortlichkeit zu behaupten ist, wenn die Macht der Gottheit zu einer alles umgreifenden Schicksalsbestimmtheit radikalisiert wird (vgl. → Heimarmene, → Fatum; auch → Astrologie), löst das Problem der → Willensfreiheit im ontologischen Sinne aus, wobei sich Stoa und Epikur gegenüberstehen: Jene reduziert die Verantwortung des Menschen auf die innere Zustimmung (Synkatathesis) zu dem, was durch sein Handeln schicksalsnotwendig ohnehin geschehen muß (s. bes. → Kleanthes, SVF I 527), dieser geht bis zur Annahme einer willkürlichen Abweichung in der ursprünglichen Atombewegung (ἔκκλισις, declinatio), um die freie Verantwortung des Menschen zu retten. Eminent wichtig wird das Problem für die christl. Theologie, bes. → Augustins (De libero arbitrio u. ö.).

[5] Als *Zugänge zur Tugend* werden schon in der Pädagogik des 5. Jh.s v. Chr. drei genannt: Natur, Übung, Belehrung. Der Natur gehört die Begabung zur Tugend an, die aber nur die unentbehrliche Voraussetzung ist; natürliche Tugenden gibt es ebensowenig wie Tugenden der Tiere. Die Natur liefert am Menschen nur die Anlage, beim Tiere nur Abschattungen. Die Entfaltung der Tugend muß berücksichtigen, daß das Kind der Belehrung noch nicht, die Mehrheit der Menschen ihr überhaupt nie zugänglich ist. Da muß die Übung (ἄσκησις, ‹Askese›) einspringen. Durch ein zunächst äußerliches Nachahmen tugendgemäßer Handlungen eignet sich der Mensch allmählich eine Verfassung (ἕξις, Hexis) an, die ihm ermöglicht, selbständig tugendgemäß zu handeln. Kommt dann noch Belehrung und Wissen über das Warum und Wozu des tugendgemäßen Handelns dazu, so vermag der Mensch ein im vollen Sinne tugendhaft Handelnder zu werden. Eine tugendgemäße Tat ist also an sich zunächst noch ambivalent. Sie qualifiziert erst dann den Handelnden als tugendhaft, wenn sie einer entsprechenden konsolidierten Verfassung entspringt. Umgekehrt mag die tugendgemäße Hexis allein ausreichen, wiewohl das Wissen von Warum und Wozu wünschbar bleibt. Unzureichend ist hingegen eine Hexis, die sich nicht in der Tätigkeit (Praxis, Energeia) manifestiert. So weit die aristotelische E. in denjenigen Hauptzügen, die man für die griech. E. überhaupt repräsentativ nennen darf. Der von Aristoteles geschaffene und von den Spätern übernommene Begriff der E. und ethischen Tugend zielt direkt auf die These, daß Tugend primär gerade nicht aus wissenschaftlicher Belehrung, sondern aus einem Prozeß der Gewöhnung entsteht (vgl. NE 2 u. 3 mit den Komm.).

[6] Schon die vorphilosophische Zeit kennt das Bemühen, verschiedene *Lebensformen* (*βίοι*) zu unterscheiden. Das Leben wird als ein Ganzes gesehen, das von diesem oder jenem zentralen Wert her gestaltet wird. Der Einzelne hat unter mehreren Bioi zu wählen. → Bakchylides (10, 35 ff. Sn.) nennt nacheinander Wissen, Liebesfreuden, Reichtum und Ruhm, → Prodikos (bei Xen. mem. 2, 1) hier ruhmreiche Mühsal, dort gemeinen Genuß. Platon (rep. 580 C bis 583 A): Streben nach Gewinn (Philochrematia), nach Ehre (Philotimia) und nach Weisheit (Philosophia), Aristoteles (NE 1, 3; 10, 6–10) den Bios apolaustikos (Gewinnstreben ist ihm nur Mittel dazu) schwelgerischer Fürsten, den Bios philotimos des Politikers, den Bios theoretikos eines Pythagoras und Anaxagoras; die Stoa, unter Ausscheidung der Lebensform des Genusses, den Bios praktikos und Bios theoretikos: beiden übergeordnet den Bios logikos (Diog. Laert. 7, 130). Diese Schematik hat sich als überaus brauchbar erwiesen, wie die vielen hellenist. Bücher *περὶ βίων* zeigen. Die Haupttypen konnten differenziert und nach Belieben mit historischem Material aus → Ethnographie und → Biographie angereichert werden.

[7] Die E. hellenist. Zeit gipfelt in den Beschreibungen des *Weisen* (sophos), vor allem bei Epikur und Stoa. Vorbereitet sind sie in archaischer E. durch die Hinweise auf den edlen und tüchtigen Mann (*ἀγαθὸς ἀνήρ, καλὸς κἀγαθός*), der Tapferkeit mit Klugheit vereint, seines Wertes bewußt, als Freund verläßlich, als Feind furchtbar ist, zurückhaltend im Glück und aufrecht im Unglück. Anzuschließen ist die Gruppe der Sieben Weisen, die mit vorausschauendem Wissen begabt in jeder Lage das Richtige zu raten verstehen; es folgt die Sokratesgestalt der → Sokratiker, in der die historische Realität und die Stilisierung zum vollkommenen Menschen sich unauflöslich durchdringen; beiden Traditionen sind die Erzählungen von → Pythagoras verpflichtet. Die aristotelische E. ist stark auf den Begriff des rechten Mannes (*σπουδαῖος ἀνήρ*) ausgerichtet (vgl. bes. den → Megalopsychos, den ‹Großgesinnten›). Im Hellenismus scheiden sich an der Stellung des als vollkommen beschriebenen Weisen zu bestimmten Fragen die Schulen: Wird er Politik treiben? Einem Fürsten dienen? Gelderwerb nachgehen? Heiraten und Kinder zeugen? Sich mit Dichtern befassen? Unwandelbare Überzeugungen hegen? Schmerz empfinden? usw. Für den epikureischen Weisen ist das Leben im Verborgenen charakteristisch, für den stoischen die Reihe der Paradoxa: der Weise allein schadet niemandem und erfährt keinen Schaden, macht von allem den rechten Gebrauch und ist allein nicht bloß tugendhaft, sondern auch schön, frei, reich, wahrer Bürger im wahren Staate (Hauptstellen für Epikur: Diog. Laert. 10, 117–121; für die Stoa: ebd. 7, 117–125, ferner Stob. 2, p. 65, 12–68, 23; 93, 14–116, 10 W.; Cic. parad.; Sen. dial.). Einzelne Züge dieses Weisen-Porträts sind noch in der Spätantike wichtig gewesen und vom Christentum rezipiert worden. O. G.

Lit: W. Jaeger, Paideia, 3 Bde, 1930 ff. (Neudr. 1959) – E. Howald, Antike E., 1928 – E. Schwartz, Griechische Ethik – F. Wehrli, *Λάθε βιώσας* 1931, dazu zahlreiche Einzeldarstellungen; s. zu → Platon, → Aristoteles, → Epikur, → Stoa usw. Wichtig bes. die Kommentare zu den Ethiken des → Aristoteles (bes. von F. Dirlmeier und von R. A. Gauthier-J. Y. Jolif) und zu Platons Gorgias, Staat und Gesetzen. Die hellenist. E. ist noch nichtg genügend aufgearbeitet, die Textsammlungen für → Epikur (H. Usener) wie bes. für die → Stoa (H. v. Arnim) dringend erneuerungsbedürftig.

Ethnographie

[1] Anfänge – [2] Hekataios und Herodot – [3] Die Sophisten – [4] E. und die Medizin – [5] Hellenist. Zeit – [6] Poseidonios – Vgl. auch → Geographie, → Ozeanographie, → Kartographie.

[1] *Anfänge.* Das Gebiet der E. wurde erst spät von der → Geographie und der → Geschichtsschreibung abgegrenzt. Aber die Fähigkeit, die unterscheidenden Merkmale der Völker zu beobachten und zu beschreiben, war bei den Griechen schon früh ausgebildet. Sie wird schon in homerischer Zeit bezeugt durch Formeln wie «die Achäer mit den schönen Beinschienen», die an den Namen eines Vol-

kes die Erwähnung der Kleidung, der Waffe oder Haartracht knüpfen, die ihm eigentümlich ist. Zahlreiche solche Formeln mögen aus dem mykenischen Epos stammen; sie erinnern an den Sinn für das Typische, den gewisse Inventare in den Archiven von → Pylos aus dem 13. Jh. v. Chr. durch Formeln wie «Dreifuß kretischer Machart» oder «Wagenräder vom zakynthischen Typ» zeigen. In der Odyssee beginnt die Vergleichung der Sitten anderer Völker mit denen der Griechen. Am Ufer der Phäaken gestrandet, fragt Odysseus zuerst, ob dieses Volk die Gerechtigkeit hochhält, die Regeln der Gastfreundschaft beachtet und die Götter fürchtet (Od. 6, 120); die Zyklopen sind in seinen Augen dadurch charakterisiert, daß sie weder Rechtssprüche noch öffentliche Verhandlungen kennen und daß bei ihnen in patriarchalischer Art das Familienoberhaupt Recht spricht (Od. 9, 112ff.). In diesen zwei Aspekten der homerischen Völkerbeschreibung – objektiv durch spezifische Epitheta, subjektiv durch Vergleich mit griech. Art – wurzelt bereits die Völkerkunde der klass. Zeit. In kriegerischen Auseinandersetzungen wie im friedlichen Wettstreit auf den panhellenischen Festen zeigt jeder Stamm typische Leistungen. Das führt im 7. und 6. Jh. zu kurzen Charakterisierungen, die in einem einzigen Urteil die ganze Wesensart eines Volkes erfassen wollen: die Dorier sind als mutig bekannt, die Ionier haben lose Sitten, die Lyder sind weichlich, die Kreter gerecht, die Thraker wild usw. Der Einfluß dieser Urteile auf die Politik war nachhaltig; er ist noch fühlbar bei Platon und Aristoteles. In der → Musik (A 13) benannte man die Tonarten als dorisch, ionisch, phrygisch oder lydisch, in denen man die Eigenart dieser Völker wiedererkannte.

[2] *Hekataios und Herodot.* Die eigentliche E. beginnt mit den ersten geograph. Beschreibungen der Welt und erweist sich dadurch zunächst eher als ein Zweig der → Geographie als der → Geschichtsschreibung. Obwohl die Gattung keinen eigenen Namen hat, setzt sie sich bei → Hekataios (3) v. Milet mühelos durch als ein für sich bestehender Forschungszweig mit festem Darstellungsschema. Hekataios ist der älteste erreichbare Zeuge; das beträchtlich ältere Arimaspenepos (→ Aristeas, 1) beschreibt dagegen nur phantastische Völker. In seiner → Periodos tēs gēs beschreibt Hekataios regelmäßig bei jedem Volk die Lebensweise (δίαιτα: Kleidung, Haartracht, Wohnung, Nahrung usw.), die Gebräuche (νόμοι: politisches System, Hochzeitsbräuche, Kindererziehung, Begräbnisriten usw.), die Merkwürdigkeiten (vgl. auch → Buntschriftstellerei), schließlich die natürliche Beschaffenheit (φύσις) des Landes. Er beschäftigt sich weder mit der Eigenart des Volkes, insbes. nicht mit dessen geistigen Fähigkeiten, noch mit dem Verhältnis zwischen der Art einer Landschaft und der ihrer Bewohner. Die einheitlichen ethnischen Gruppen, wie die Libyer und die Skythen, werden nach dem gleichen Schema behandelt, wobei eine Darstellung ihrer religiösen Gebräuche hinzutritt. Das griech. Volk dagegen ist kennzeichnenderweise nicht Gegenstand einer ethnograph. Untersuchung; die Lebensweise und die Gebräuche der Griechen, welche die Norm, die Vergleichsgrundlage darstellen, werden als bekannt vorausgesetzt. In dieser stillschweigenden Unterscheidung des Normalen und Anormalen findet sich das der Odyssee eigene Vergleichsschema wieder (s. o. 2). – Das beschreibende Schema des Hekataios wiederholt sich bei → Herodot, dessen ethnograph. Kapitel außer Griechenland die ganze Oikumene, bes. ausführlich Lydien, Assyrien, Ägypten, Skythien und Persien behandeln. Herodot bringt eine Menge von Tatsachen jeder Art, die der Spannweite der ionischen ‹Kunde› (ἱστορίη) entsprechen, worin aber unverbunden berichtete Einzelheiten weniger Platz einnehmen als bei Hekataios. Daneben bringt er seinen persönlichen Standpunkt zur Geltung, indem er die geistigen Fähigkeiten jedes Volkes kennzeichnet, seine Erfindungen nennt und häufig die Wertvorstellungen der verschiedenen Völker einander gegenüberstellt. Im Bericht über Ägypten und Skythien ersetzt Herodot oft die griechische durch eine internationale Norm, die die beschriebenen Gebräuche als Ausnahme von der ganzen übrigen Menschheit erscheinen läßt. So über die Ägypter: «In allen Ländern tragen die Priester ihre Haare, aber in Ägypten scheren sie sie... Alle Völker nehmen ihre Mahlzeiten in einem von den Tieren getrennten Raum ein, aber Ägypter essen mit ihnen zusammen...» (2, 36). Dieses Verfahren, das einzig auf Ägypten und Skythien angewandt wird, geht auf eine Theorie zurück, nach welcher die Völker des äußersten Nordens und des tiefsten Südens durch das extreme Klima, in dem sie leben, von den andern verschieden geworden sind. Er führt so in die E. ein objektives Kriterium ein, das der Vergleich lediglich zwischen den Sitten der Griechen und denen der → Barbaren noch nicht enthielt.

[3] *Die Sophisten.* Die Vergleiche, zu denen die ungeheure Menge des von Herodot und Hekataios gesammelten ethnograph. Tatsachenmaterials aufforderte, wurden von den → Sophisten, bes. → Protagoras, und nach ihnen von den → Skeptikern zum Beweis der Relativität der moralischen Begriffe und der Unmöglichkeit, eine natürliche Norm zu finden, ausgenutzt. So heißt es in den → Dissoi Logoi: «Ich glaube, wenn jemand alle Menschen auffordern würde, das Unschickliche an einem Punkt zusammenzutragen und wiederum aus dieser Gesamtmasse das Schickliche herauszunehmen – was wieder die Einzelnen so ansehen –, dann würde auch nicht *ein* Stück übrigbleiben, sondern alle würden alles unter sich aufteilen» (2, 18). Auf der Grundlage des gleichen Tatsachenmaterials hat die Sophistik die erste → Kulturgeschichte entwickelt: indem man die Lebensweise der primitiven mit derjenigen der fortgeschritteneren Völker verglich, wurde es möglich, das Fortschreiten der Zivilisation zu schildern.

[4] *E. und Medizin.* Eindringlicher als Hekataios fragt Herodot nach den Ursachen der festgestellten Unterschiede. Da er an beträchtliche physische Unterschiede zwischen den Menschenrassen nicht glaubt, erklärt er die Verschiedenheit der Lebensformen hauptsächlich durch die Verschiedenheit der Ernährung, die ihrerseits auf die Beschaffenheit des Bodens und das Klima zurückgeht. So erzeugen die Schnee- und Regenfälle Skythiens große Ströme, die die Weidegründe fruchtbar machen und so die Viehzucht begünstigen; diese Umstände haben aus den Skythen ein Nomadenvolk gemacht, einerseits weil ihre Flüsse ihnen besseren Schutz als befestigte Städte bieten, andererseits weil die Fruchtbarkeit des Graslandes sie vom Ackerbau befreit (4, 46f.). Die Charakterunterschiede dagegen sind einzig von der Tradition abhängig: die Griechen sind arm, weil ihr Boden unfruchtbar ist; aber ihre Tapferkeit ist in ihrer Tradition begründet (7, 102). – Herodot streift kaum die Theorie, nach der körperliche Verschiedenheiten zwischen den Völkern auf geograph. Ursachen zurückgehen; diese ist auf die → Medizin beschränkt. Sie erscheint zum erstenmal, in naiver Form, in der ps.-hippokratischen Schrift ‹Von der Siebenzahl›, deren Autor mit stillschweigendem Beruf auf eine Weltkarte die dorische Megalopsychia auf die Kopfform der Peloponnes, die kriegerischen Eigenschaften der Thraker auf die Fußform des Bosporus zurückführt usw. Die Lehre von den klimatischen Ursachen, die Herodot kannte, wird durch die ps.-hippokratische Schrift ‹Über Lüfte, Gewässer, Ortslagen› weiterentwickelt, die eine meteorologisch-physische Erklärung vorschlägt. Der Autor nennt das Klima Europas kalt, das Asiens temperiert; in den gleichmäßigeren Jahreszeiten Asiens sieht er die Ursache einer gegenüber Europa reicheren Vegetation, besserer Gewässer und folglich einer zivilisierteren Bevölkerung. Somit erweist sich die Lebensweise (δίαιτα) als die Vermittlerin zwischen Klima und körperlicher oder geistiger Art der Völker. Aber es besteht auch

ein unmittelbarer Zusammenhang: die Feuchtigkeit der Wohnstätten macht die Bewohner des Phasis groß, dick, gelbhäutig (15); die Kälte und die Feuchtigkeit des nördlichen Klimas machen die Skythen fett und fleischig, aber wenig muskelstark und von feuchter Konstitution, außerdem wenig fruchtbar (19), während die bekannte Fruchtbarkeit der Ägypter und Libyer auf die Hitze ihres Klimas zurückgeführt wird. Schließlich nimmt der Autor auch einen Einfluß der Gebräuche (νόμοι) an: die Skythen sind bucklig und haben einen schwammigen Körper, weil sie als Kinder nicht in Windeln gewickelt werden (20).

[5] *Hellenist. Zeit.* Nach dem 5. Jh. ändern sich die Bewertungskriterien und die Untersuchungsmethoden nicht mehr. Es werden einfach die vom Epos ererbten Methoden fortgesetzt. Die Untersuchung der Eigentümlichkeiten entwickelt sich in der Paradoxographie (→ Buntschriftstellerei), sei es der Geographen (→ Ktesias, → Eudoxos (1) v. Knidos im 4. Jh.; → Agatharchides und → Timaios (3) v. Tauromenion im 3. Jh.), sei es der eigentlichen Paradoxographen wie → Eudoxos (3) v. Rhodos. Sie entwickelt sich meistens ohne ätiologische Absicht, einfach aus Interesse an den Seltsamkeiten. Die Entdeckung Indiens durch Alexander und seine Feldherren gibt der Art ethnograph. Schilderungen Aufschwung, in denen das Phantastische um seiner selbst willen gesucht wird, wie bes. in den Indika des → Megasthenes. Diese Tendenz erscheint später erneut auch bei ernsthaften Geographen, wie → Poseidonios, → Diodoros (2) Siculus, → Strabon; wissenschaftlich wird dieses Interesse als Suche nach der Eigenart (ἴδιον) eines Volkes gerechtfertigt; darüber hinaus sollen die phantastischen Erzählungen den Leser angenehm unterhalten. Man kann dieses Interesse bis zu → Ammianus Marcellinus verfolgen. Die vergleichende Untersuchung der Sitten findet seit → Xenophon (1) und mehr noch seit Aristoteles einen günstigen Boden in der Beschreibung der Staatsverfassungen, der natürlichen Ausweitung der Beschreibung der Gebräuche. Durch Analyse der Geschichte und der geograph. Verhältnisse versuchte man, das ‹Leben› eines Staates zu erfassen und seine Besonderheiten in politischen Begriffen zu skizzieren. Unter dem Einfluß der → Ethik richtete sich das Interesse auf Völker, die als exemplarisch betrachtet werden, bes. auf ihre Vergangenheit, die sich leicht idealisieren ließ. Xenophon stellt in seinem ‹Staat der Lakedämonier› die Institutionen des → Lykurgos (2) in den Mittelpunkt, → Platon und → Ephoros beschreiben die Frömmigkeit und Gerechtigkeit der alten Kreter, → Aristoxenos lobt in seinen ‹Sitten der Mantineer› die Einfachheit der Sitten der Arkader und ihren Kult der Musik und begründet so eine Tradition, die schließlich zum idyllischen Arkadien Vergils wird (→ Bukolik). Unter den barbarischen Völkern wird den Persern exemplarischer Wert zugesprochen auf den Gebieten der Religion, der Erziehung und der Politik in der Kyrupädie Xenophons; den alten Ägyptern in den Aigyptiaka des → Hekataios (2) v. Abdera, der auf ihre Frömmigkeit mit großem Nachdruck hinweist, den Indern in den Indika des → Megasthenes und des → Onesikritos, die bes. unter dem Einfluß der → Kyniker die moralische Weisheit der → Brahmanen betonen. Im Rahmen dieser moralisierenden und idealisierenden E. wurde eine Menge von Büchern geschrieben, die zwischen Geographie und Geschichte stehen: die Aithiopika, Libyka, Kretika des → Charon (2) v. Lampsakos, die Aigyptiaka des → Manetho, die Babyloniaka des → Berossos, → Theophrasts Werk Über die Etrusker, die Lykiaka des → Menekrates (2) v. Xanthos, die Skythika des Mnesichoros v. Phaselis, des Timonax u.a. und daneben → Aristoteles' Sammlung der ‹Verfassungen› und der ‹Fremden Gebräuche› (Βαρβαρικὰ νόμιμα). Am Ende dieser Reihe, die die Geschichtsschreibung der hellenist. Zeit mit Stoff versorgt, steht die Germania des → Tacitus (2). Die Geographika → Strabons, welche über verschiedene Vermittler einen großen Teil dieser historisch-ethnograph. Literatur aufgenommen haben, sind das letzte große geograph. Werk, das ihr noch Bedeutung zumißt; → Eratosthenes, → Hipparchos (3) v. Nikaia, → Marinos (3) und → Ptolemaios (17) nehmen sie in ihre wissenschaftlichen Geographien nicht mehr auf.

[6] *Poseidonios.* Die Theorie vom Zusammenhang zwischen Klima und Volkscharakter, in der paradoxographischen E. vergessen und auch in der idealisierenden E. wenig verwendet, wird erneut wichtig mit der Entdeckung, daß Indien, das unter dem gleichen Klima wie Äthiopien liegt, ungleich fruchtbarer ist als Äthiopien und einen ganz anderen Menschenschlag hervorbringt. Diese Überlegenheit schreibt Onesikritos der besseren Qualität der indischen Flüsse zu, die der Sonne länger ausgesetzt seien; → Poseidonios weist darauf hin, daß die Sonne den Orient in kürzerer Zeit überstreiche als den Okzident, was Indien fruchtbarer mache, ohne es, wie Äthiopien, zu verbrennen. Poseidonios hat andererseits eine vergleichende E. entwickelt, um nachzuweisen, daß das menschliche Leben in den verschiedensten Gegenden und unter dem Wirken der verschiedensten natürlichen Kräfte immer unter dem Lebensgesetz des Kosmos stehe. Entlehnungen bei Strabon und → Diodor (2), z. B. in ihrer Beschreibung der iberischen Völker, und Spuren bei → Sallust und → Pompeius (11) Trogus zeigen, daß Poseidonios über fast alle Völker der Oikumene unterrichtet war und daß seine Untersuchung der natürlichen Ursachen geophysische, oro- und hydrographische, klimatologische, ja sogar astrologische Gesichtspunkte in Betracht zog. Die E. nimmt so in seinem Werk – es handelt sich hauptsächlich um die ‹Historien› und die Schrift Über den Ozean – eine neue Richtung und einen Aufschwung vergleichbar dem, den sie in der ionischen ‹Kunde› (ἱστορίη) im 5. Jh. erlebt hatte. Aber sie trägt nicht mehr ihre Bestimmung in sich selbst: sie ist ein Beweismittel geworden. Und was mehr ist, selbst dort, wo die durch Wissenschaften wie Geschichte, Religionsgeschichte, Volkswirtschaft usw. gestützten ethnograph. Gesichtspunkte das größte Gewicht in der Beweisführung erhalten – in der Theorie der Einteilung der Erde in → Zonen z. B. führen sie ihn dazu, zwischen die fünf astronomischen zwei symmetrische Zonen einzuschieben, die einzig durch den sie bewohnenden Menschenschlag bestimmt sind (Strab. 2, 2, 3 Silphionzone, → Ichthyophagen) –, selbst dann nennt er menschliche und nicht ethnograph. Gesichtspunkte, weil er damit an eine → Anthropologie anknüpft und nicht an eine eigentliche Völkerkunde. Diesen Standpunkt hat die moderne Forschung, die die E. mit der Biologie im Zusammenhang sieht, wieder vertreten. – Poseidonios verwendet in einem nicht mehr klar erkennbaren Umfang eine astrologische E., die sich im 3. Jh. v. Chr. unter dem Einfluß östlicher Lehren in Griechenland entwikkelt hatte. Diese Lehre, in der jedes Land einem Tierkreiszeichen zugeteilt und die Merkmale seiner Bewohner durch die besondere Ausstrahlung des Zeichens erklärt werden, ist vor allem durch die Astronomica des → Manilius (5, 744 ff.) und das zweite Buch der Tetrabiblos des → Ptolemaios (17) bekannt. Durch eine falsche Interpretation des Wortes οἴκησις (wörtlich: ‹Wohnstätte›, Titel eines Werkes des → Theodosios (4) v. Bithynien) hat sie in der modernen Astrologie die Theorie der zwölf Himmelshäuser hervorgebracht (vgl. → Astrologie). F. L.

Q: FGrHist III (Horographie und Ethnographie), 1940–58 (unvollendet) – *Lit:* K. Trüdinger, Studien z. Gesch. der griech.-röm. E., 1918 – E. Honigmann, Die sieben Klimata und die Πόλεις ἐπίσημοι, 1929 – F. Heinimann, Nomos und Physis, 1945.

Ethnos (ἔθνος, ‹Schar, Schwarm, Gruppe, Volk›). Der Ausdruck wird seit dem 5. Jh. zuerst gelegentlich, später regelmäßig als Bezeichnung des Stammstaates der → Polis, dem Stadtstaat, entgegengestellt. – Nach Stämmen waren die Griechen wohl schon in der Zeit der Wanderungen

(→ Griechenland II A) organisiert, und die Namen der meisten historischen Stämme dürften in diese Zeit zurückreichen: gleichnamige Stämme, ursprünglich wohl Teile desselben Stammes, finden sich an verschiedenen Stellen der griech. Welt, und die Namen der Landschaften sind in der Regel von den Stammesnamen erst abgeleitet. Doch erhielt sich nur ein Teil dieser Stämme als politische Verbände bis in historische Zeit; einige Stämme mögen stärkeren Nachbarn erlegen sein, und gerade die beiden größten, → Dorier und → Ionier, konnten ihre Einheit nicht behaupten, da sie sich über allzu weite Gebiete ausgedehnt hatten: abgesehen von dem kleinen dor. Stamm Mittelgriechenlands und dem Rudiment einer ion. Stammesordnung um das → Panionion finden wir auf dor. und ion. Gebiet, soweit wir zurückschauen können, nur zahlreiche selbständige Stadtstaaten. Ähnlich liegen die Dinge wohl auch bei den → Äolern Kleinasiens und in manchen Teilen der Peloponnes. Im Großteil des griech. Mutterlandes aber ist die stammstaatliche Ordnung noch in klass. Zeit gut bewahrt. Die → Böoter, → Phoker, → Ätoler, → Akarnanen, → Thessaler usw. bilden je einen Staat (mit dem offiziellen Namen ‹die Böoter› usw.), ebenso die pelop. und die phthiotischen → Achäer; die Dreiteilung des Stammes der → Lokrer entspricht der geographischen Zerrissenheit ihres Gebietes. In den meisten dieser Stammesgebiete freilich haben sich kleine Stadt- und Gaugemeinden ausgebildet, die die lokalen Angelegenheiten sehr selbständig regeln und auch in der großen Politik oft ihre eigenen Wege gehen, in ihrer rechtlichen und politischen Stellung zum größeren Ganzen etwa den alten deutschen Reichsständen vergleichbar. Aber wie diese Reichsstände bei aller Selbstherrlichkeit grundsätzlich unbestritten dem Reich unterstanden, ebenso band auch bei den Griechen die in den rechten Formen getroffene Entscheidung des Stammes grundsätzlich alle seine Angehörigen; der Stamm konnte also als solcher Kriege führen und Verträge schließen, er konnte auch seine inneren Verhältnisse durch Gesetze und Ordnungen aller Art regeln. An Organen des E., die zu solchen Entscheidungen – und zu ihrer Durchführung – berufen waren, hat es nie gefehlt, sowenig wir im einzelnen darüber wissen: Magistrate des Stammes hat es wohl immer gegeben, und auch hier hatten ein Rat oder eine Stammesversammlung das letzte Wort. Ob die Beschlüsse des Stammes dann tatsächlich durchdrangen, war freilich eine andere Frage; einzelne Städte haben sich nicht selten widersetzt, doch blieb im ganzen nicht nur die staatsrechtliche, sondern auch die politische Einheit der Stämme gewahrt. Von allen diesen Stammstaaten ist nur der der → Böoter wiederholt aufgelöst, aber auch regelmäßig erneuert worden.

[2] Natürlich fehlte es, soweit wir zurückschauen können, nicht an *Verfassungsreformen* mit dem Ziel, die Stammeseinheit zu festigen. Hierher gehört etwa die alte thessal. Aufgebotsordnung mit der Einteilung des Landes in → Tetrarchien oder die 447 ins Leben gerufene bötische Verfassung (Hell. Oxyrh. 16 [11], 2 ff); im 4. Jh., und in hellenist. Zeit häufen sich diese Reformen. Sie haben ihr Ziel zuletzt im allgemeinen erreicht; der reformierte Stammstaat (den die Neueren gern als → Koinon bezeichnen) darf als die reifste Schöpfung griech. Staatskunst angesehen werden. Das Hauptproblem war, die Selbstverwaltung der einzelnen Städte zu gewährleisten und doch zugleich ihre Unterordnung unter das Ganze bei möglichst gleichmäßiger Vertretung in der Regierung des Stammes sicherzustellen. So erhielten die erneuerten Stammesverfassungen weitgehend ‹bundesstaatliches› Gepräge, aus den Stämmen wurden dem äußeren Anschein nach Städtebünde (→ Bünde). Dieser Anschein wird noch dadurch verstärkt, daß sich die Ethne wenigstens seit dem 5. Jh. immer wieder bemühten, Gebiete jenseits der alten Stammesgrenzen zum Anschluß zu bringen, und daß namentlich den → Ätolern und den pelop. → Achäern in dieser Richtung großartige Erfolge beschieden waren: sie konnten ihr Gebiet in hellenist. Zeit um ein Vielfaches erweitern und große Teile Griechenlands in ihren Bund und damit, was bisher nie gelungen war, in *einen* Staat einbeziehen. Erst die röm. Eroberung hat auch hier die politische Entwicklung des Griechentums abgeschnitten. F. G.

Lit: M. Sordi, Le origini del koinon etolico, Acme 6, 1953, 419–445 – Dies., La simpolitia presso i Galli, PP 8, 1953, 111–125 – J. A. O. Larsen, Representative Government in Greek and Roman History, 1955 – F. Gschnitzer, Stammes- u. Ortsgemeinden im alten Griechenl., WSt 68, 1955, 120–144.

Ethopoiia (ἠθοποιία), Kunstmittel der → Rhetorik: 1. Die Kunst, eine Rede so zu gestalten, daß der Redner als ein braver, billig denkender, maßvoller Charakter erscheint, von Lysias bes. trefflich gehandhabt (Dion. Hal. Lys. 8. 19). Die Verwechslung des Begriffs mit dem rhetor. → Prepon (2) = aptum, der Anpassung der Rede an die Art der redenden Personen, ist nicht auszurotten und schleppt sich bis in die neuesten Handbücher fort. Vgl. → Ethos und Pathos. – 2. Die rhetor. Sinnfigur der *sermocinatio* oder *moralis confictio* (Aquila rhet. 4), Erdichtung von Aussprüchen oder Gesprächen und Reflexionen historischer oder erfundener Personen. → Prosopopiie. – 3. Daraus entwickelte Aufsatzübung, *allocutio moralis* (→ Progymnasmata), wie sie noch in byzantin. Zeit betrieben wurde. *Bsp.:* Joh. Cinnamus (*Κίνναμος*). 12. Jh. H. H.

Lit: *Zu 1:* C. M. Francken, Commentationes Lysiacae, 1865, 1 ff. – W. Süß, Ethos, 1910, 217 ff. – Fr. Zucker, *Ἀνηθοποίητος* (1953), jetzt in: Semantica, Rhetorica, Ethica, 1963, 40–42 – *Zu 2:* Lausberg I 407 f. – *Zu 3:* ebd. I 543 – W. Stegemann, RE 17, 1 (1936), 437 f., s. v. Nikolaos – Joh. Cinnami Ethopoiia, ed. atque interpr. est G. Bánhegyi, Diss. Budapest 1943.

Ethos und Pathos, nur graduell, nicht qualitativ unterschiedene Elemente der → Rhetorik, ἦθος die sympathetische Haltung des Redenden, der weiß und beachtet, was der Hörer als schicklich (→ Prepon, 1) oder unpassend empfindet; πάθος die von → Gorgias zuerst entschieden geübte Erregung der Leidenschaften des Hörers im Sinne des Redenden. Für das E. hat sich eine sehr differenzierte Lehre herausgebildet, wonach 3 Arten zu unterscheiden sind: (1) ein auf die Psychologie der Hörer abgestimmtes, analysierendes, objektives (besser: differenzierendes oder rationales) E. (wohl auf die sizilianischen Anfänge der Rhetorik zurückgehend), (2) ein subjektiv-dynamisches E., das der Rede selber als einem lebendigen Organismus eine gewisse ethische Dynamik verleiht und sich vielfach mit dem P. berührt (vgl. → Deinotes); (3) ein ἦθος τοῦ λέγοντος (Aristot. rhet. 2, 12 ff.; Quint. inst. 6, 2, 13 und 17), das auf das moralische Prestige des Sprechenden abzielt und sich in der Rolle des Biedermanns gefällt (bes. von Lysias gehandhabt, → Ethopoiia, 1). → Psychagogia, → Rhetorik B. H. H.

Lit: W. Süß, E., 1910 – Johanna Schmidt, E., 1941 (nur teilweise einschlägig) – L. Voit, *Δεινότης*, 1934, 122 ff. – W. M. Sattler, Conceptions of e. in ancient rhetoric, Speech Monographs 14, 1957, 55 ff. – Kennedy, Persuasion, 85, 91 ff. – Lausberg, I 141.

Etrusker

A. Herkunftsproblematik – B. Geschichte: [1] Geschichtsbewußtsein der E. – [2] Gesellschaftliche Struktur, Zwölfstädtebund – [3] Nord- und Südetrusk. Städtebund – [4] Die E. und der Orient – [5] Die E. und Hellas – [6] Die E. und die Kelten – [7] Die E. und Rom – [8] Unterwerfung durch Rom – [9] Niedergang – [10] Nachleben in der Kaiserzeit – C. Kunst: [1] Anfänge – [2] Verhältnis zu den Griechen – [3] Malerei und Zeichnung – [4] Plastik und Porträt – [5] Architektur – e. = etruskisch.

A. Herkunftsproblematik. Die E. (griech. *Τυῤῥηνοί* oder → *Τυρσηνοί*, lat. Tusci und Etrusci, in eigener Sprache *Ῥασέννα* oder Rasna) sind vom Beginn des 7. bis ins 1. Jh. v. Chr. im westmittelital. Raum zwischen Arno und Tiber die Träger einer Kultur, die uns in geringerem Maße durch die Erwähnungen griech. und röm. Autoren sowie eigene Schriftzeugnisse, hauptsächlich durch → Grabbauten und -beigaben bekannt ist. Ob zwischen ihnen und den in ägypt. Inschriften des 13./12. Jh.s v. Chr. unter den feindlichen

‹Seevölkern› genannten Trš.w ein ethnischer Zusammenhang besteht, ist ungewiß; wo diese Trš.w beheimatet waren, nicht überliefert. Die Griechen, ihnen folgend die Römer, und offenbar auch die E. selbst stellten über die e. Herkunft verschiedene Theorien auf: Hesiod, der unmittelbar zuvor von Aeneas gesprochen hat, läßt über die *ἀγακλειτοὶ Τυρσηνοί* das von Odysseus mit Kirke gezeugte Brüderpaar Agrios und Latinos herrschen (theog. 1008 bis 1016). Aber schon Ende des 6. Jh.s v. Chr. scheint in Etrurien selbst die Sage von der Einwanderung des aus Troja entkommenen →Aeneas, die spätere röm. Gründungslegende, aufgenommen worden zu sein. Nach einem märchenhaften Bericht Herodots (1, 94) sind die E. Lyder, die unter ihrem Königssohn Tyrrhenos (dem Heros Eponymos) in der 2. H. des 13. Jh.s in das Gebiet der *Ὀμβρικοί*, Umbrer, einwanderten. Gegen Ende des 5. Jh.s wird eine Sagenspekulation greifbar, nach der die e. Gründerhelden Tyrrhenos und Tarchon ebenso wie ihre dem Aeneas vermählte Schwester Rhome als Kinder des mysischen Heraklessohnes Telephos aufgefaßt werden. →Dionysios (16) v. Halikarnassos behauptet dagegen (1, 25–31) die Uransässigkeit und Eigenständigkeit der E. in Mittelitalien. – Nachdem die Theorie einer e. Einwanderung von den Alpen her (O. Niebuhr, unter Gleichsetzung von Rätern und Rhasenna) als erledigt betrachtet werden darf, stehen sich auch heute im wesentlichen zwei Auffassungen gegenüber. Die eine, hier vertretene, geht davon aus, daß die Einwanderung einer vom Orient kommenden Bevölkerung oder Herrenschicht in das westl. Mittelitalien weder um 700 v. Chr. (Beginn der e. Kultur) noch zu der von Herodot genannten Zeit (um 1200 v. Chr.) archäologisch faßbar ist, sich dagegen mit zunehmender Deutlichkeit kontinuierliche Zusammenhänge zwischen der frühen e. und der →Villanovakultur haben aufzeigen lassen. Orientbeziehungen werden dabei nicht als Erbe, sondern als Kontaktergebnisse gewertet. Das Problem stellt sich damit primär als eines der internen, im Übergang zwischen Vorgeschichte und Geschichte sich vollziehenden Formierung (M. Pallottino). Von den Vertretern der Einwanderungstheorie wird dagegen geltend gemacht, daß sich keineswegs jede geschichtlich bedeutsame Einwanderung zugleich auch als im Sachgut faßbare Kulturübertragung oder -fortsetzung dokumentiert habe, wie das Beispiel der Wikinger in Kiew (G. M. A. Hanfmann) und der Normannen in Sizilien und Unteritalien (J. B. Ward Perkins) beweise, und daß die Prüfung der Eigenart e. Lebensweise, Religion, Gesellschaft, Sprache und Kunst für die Herkunft aufschlußreicher sei als die der materiellen Hinterlassenschaft auf formaler oder typologischer Grundlage (G. M. A. Hanfmann). Auch das Studium der Sprache hat die Frage nicht zu klären vermocht. Die dem Etruskischen nahe verwandte, doch nicht gleiche →‹Tyrsenische Sprache› auf Lemnos (6. Jh. v. Chr.) gilt den einen als Beweis für die Herkunft der E. von dieser Insel und ihrem kleinasiat. Hinterland, den anderen als der Rest eines vorindogerman., gesamtmittelmeerländischen Substrates, dem auch die Sprache entstammen soll. Von keiner Lösung aus kann jedenfalls die Kultur der E. als die einfache Weiterführung einer wo auch immer beheimateten früheren Kultur verstanden werden. Sie stellt in der Geschichte ein neues Element dar.

B. Geschichte. [1] Das *Geschichtsbewußtsein* der E. war durch das Wissen um die Endlichkeit und den jeweiligen Stand im Ablauf der Geschichte bestimmt: die Geschichte war ihnen die Summe von durch göttliche Fügung inhaltlich wie zeitlich bestimmten Saecula. Als ein Saeculum galt der Zeitraum vom Ende des vorausgegangenen bis zum Tode des letzten von denen, die am Beginn geboren wurden. 119 und 123 Jahre sind als Dauer überliefert. Laut jener in der ‹Disciplina Etrusca› enthaltenen Zeitlehre waren den Römern 12, den E.n 8, nach anderer Zählung 10 Saecula zugeteilt. Wie weit Vorstellungen von Weltenwochen und einem Weltenjahr entwickelt waren, bleibt unklar. Die gesetzten Termine konnten der Lehre nach nicht aufgehoben, allenfalls durch Opfer und Gebete um ein geringes hinausgeschoben werden. Alter und Entwicklung dieser Lehren ist ungewiß, doch erinnert im Grundschema manches an die Weltalterlehre des →Hesiod. – Unsicherheitsfaktoren einbezogen, läge nach dieser Rechnung das Anfangsdatum der e. Geschichte in der 1. H. des 10. Jh.s und damit in der Anfangszeit der Villanovakultur; das muß aber nicht mehr besagen, als daß die e. Spekulation ihren Anfang vor den von Rom setzte.

[2] Über die *gesellschaftliche Struktur* der E. und ihre Entwicklung ist wenig überliefert. Eine Erinnerung an interne Kämpfe der Frühzeit hält das Vipinas-Bild der Tomba François in Vulci fest. Wie alt der Zusammenschluß zu einem um das Voltumnaheiligtum im Gebiet von Volsinii geeinten *Bund von 12 Städten* ist, weiß man nicht. Gegen das Ende der e. Selbständigkeit scheint er von folgenden Stadtstaaten gebildet worden zu sein: Arretium, Caere, Clusium, Cortona, Perusia, Populonia, Rusellae, Tarquinii, Vetulonia, Volaterrae, Volsini, Vulci. Vor seiner Zerstörung war Veii eines der bedeutendsten Mitglieder. Zusammenschlüsse dieser Art gehören zu den altertümlichen Ordnungen des Mittelmeerbereiches, ohne daß sie immer voneinander abgeleitet werden könnten. Die Einheit ist die einer →Amphiktyonie, nicht die eines Bundesstaates oder einer politisch-militärischen Liga. Die Stadt handelt politisch, wirtschaftlich wie militärisch durchweg als einzelne und hat inner- und außerhalb des Bundes ihre speziellen Verbündeten. Die wenigen Beispiele für gemeinsame Aktionen (Vadimonischer See, →Rusellae) scheinen auf ad hoc zustande kommenden sakralen Sondergesetzen zu beruhen. – Man geht kaum fehl, wenn man die *Geschichte der Verfassungen* in den Städten der E. als ähnlich bewegt und im Grunde von den gleichen Problemen bestimmt annimmt wie die von Rom. Ursprünglich scheint jede der Städte ihren eigenen Priesterkönig, lucumo, gehabt zu haben. Starke patrizische Familien müssen, den frühen Grabbauten nach zu schließen, neben ihnen gestanden haben. Um die gleiche Zeit wie in Rom beginnt das Königtum zu schwinden (Tarquinia, Caere), wenn auch für Veii noch 438/428 und noch einmal ein knappes Menschenalter später ein König bezeugt ist. Die Städte wurden dann von gewählten Jahresbeamten regiert. Soziale Spannungen bezeugt u. a. die Überlieferung vom Aufstand des Volkes gegen die führenden Familien in Arretium am Ende des 4. Jh.s v. Chr., der zu deren Vertreibung und schließlicher Wiedereinsetzung durch die zu Hilfe gerufenen Römer führte. Auch in Volsinii riefen die Herren gegen die Hörigen, die die Macht an sich gerissen hatten, die Römer herbei, die dann nach harter Belagerung die Stadt einnahmen, zerstörten und zur Auflage machten, eine neue, weniger befestigte Stadt zu erbauen (264 v. Chr.).

[3] Außer dem e. Zwölferbund zwischen Arno und Tiber gab es zeitweise einen entsprechenden Zusammenschluß von Städten in der Po-Ebene, ‹*Etruria Padana*›, mit der Hauptstadt →Mantua, und einen *kampanischen* mit der Hauptstadt →Capua. Zu dem nord-e. Bund gehörten Städte wie →Felsina (Bologna), →Ravenna, →Ariminum, Spina, Parma, Placentia und Modena; zu dem kampanischen →Nola, Acerrae, Nocera, Sorrentum, →Herculaneum und →Pompeji. (Wie groß der Anteil an e. Bewohnern in den einzelnen Städten war, ist schwer abzuschätzen.) Ihr e. Charakter beruhte auf der Zuwanderung von Siedlergruppen aus zentral-e. Plätzen, welche ihre Sprache (Tonziegel von Capua), ihre religiösen Lehren (Bronzeleber von Placentia) und vor allem die Stadtstaat- und Bundesordnung e. Art mit sich brachten. Der gegen Ende des 6. Jh.s v. Chr. entstandene nord-e. Bund erlag schon knappe 100 Jahre später den (vordringenden) →Galliern, Capua als das Haupt des kampanischen Bundes 424 v. Chr. den

→ Samniten. Die beiden Städtebünde im N und S bedeuteten nicht die Erweiterung eines imaginären zentralen Imperiums von der Adria und den südl. Alpenrändern bis zum → Siris. Sie waren vielmehr dem älteren zentralen Bund nachgebildete autonome Strukturen aus der Kraft von Einwanderern und Einheimischen. Ihr Zusammenbruch am Ende des 5. Jh.s v. Chr. bedeutete dementsprechend für das ursprüngliche E. keine eigentliche Niederlage, wohl aber eine tiefgreifende und, wie sich zeigen sollte, gefährliche Kräfteveränderung in wichtigen Nachbargebieten.

[4] Als das auslösende Ereignis der e. Geschichte erscheint der seit dem ausgehenden 8. Jh. v. Chr. zunehmend feststellbare und auf die Entdeckung des Erzreichtums von Etrurien zurückführende *Kontakt mit der ostmittelmeerländischen Welt*. Nach Menge und Mannigfaltigkeit des Imports (s. u. C 1) aus verschiedenen Zentren Kleinasiens zu schließen, wären an ihm bes. die → *Phönizier* beteiligt, doch gelang es den Hellenen schon in wenigen Jahrzehnten, die Rivalen zu verdrängen und die einzigen Überseepartner der E. zu werden. → *Karthago* hat sich bei den E.n weder Absatzmärkte noch Niederlassungen von Bedeutung zu schaffen vermocht. Wohl aber gab es zwischen e. Städten und Karthago Verträge, offenbar ähnlicher Art, wie sie Karthago gegen Ende des 6. und im 5. Jh. mit Rom zur Abgrenzung und gegebenenfalls gemeinsamen Verteidigung der Interessensphären schloß (Aristot. pol. 3, 9, 1280a). Um 537 standen 60 karth. Schiffe ebensovielen e., die wahrscheinlich → Caere gehörten, in jener bei Sardinien ausgefochtenen Seeschlacht bei, durch welche die ion. Phokäer zur Aufgabe ihrer eben auf Korsika gegründeten Stadt Alalia gezwungen wurden.

[5] Die *Verbundenheit mit Hellas* war ein konstituierendes Element der e. Kultur. Als erster Nichtgrieche soll der e. König Arimnestos ein Weihgeschenk nach Olympia gestiftet haben (Paus. 5, 12, 5); Caere und Spina hatten Schatzhäuser in Delphi. Man befragte den delphischen Apollo (Hdt. 1, 167), nahm griech. Kulte auf (Caere, Pyrgoi, Orvieto) und offenbar auch griech. Auswanderer (Maler des → Aristonothos-Kraters, der → Caeretaner Hydrien, aber auch Demaratos aus Korinth, den Vorfahren der röm. Tarquinier-Dynastie, mit seinem Anhang). – Unter den griech. Zentren, mit denen die E. wirtschaftliche und künstlerische Kontakte hatten, wichen Korinth, Rhodos und Kreta seit ca. 550 Ionien und Athen, bis dieses mit dem 5. Jh. eine Art Monopolstellung errang. Seit dem 4. Jh. werden zunehmend Beziehungen zum südital. Griechentum (Apulien, Kampanien) faßbar. – So verbunden mit dem mutterländischen Griechentum die E. sich zeigten, so heftig waren sie in Kämpfe mit dem die Seewege vor der Westküste Süditaliens blockierenden, auf Expansion gerichteten Kolonialgriechentum verwickelt: 1. Die von den Persern vertriebenen Phokäer werden mit karthagischer Hilfe um 537 von Korsika und aus den tyrrhenischen Küstengewässern vertrieben (Hdt. 1, 163 ff.) – 2. Im J. 524 bedrängt gemeinsam mit Umbrern und Dauniern ein e. Heer vergeblich Kyme (→ Cumae), die nördlichste Kolonialstadt der Griechen an der westital. Küste. Um 504 soll ein von Kyme nach Aricia entsandtes Hilfsheer unter dem späteren Tyrannen Aristodemos Malakos dem E.-König → Porsenna eine schwere Niederlage beigebracht haben (Dion. Hal. 7, 2 ff.; Plut. mul. virt. 26). – 3. Seit → Hieron I. von Syrakus 474 vor Kyme eine e. Flotte vernichtet hat (Pind. Pyth. 1, 72–75), erscheint Syrakus, das die Seeverbindungen zum griech. Mutterland kontrolliert (Raubfahrten an die tyrrhenische Küste und nach Elba), als der eigentliche Feind. E. Städte unterstützten darum Athens → Sizilische Expedition (414/13) mit drei Kriegsschiffen (Thuk. 6, 88; 7, 53. 57). 384 überfällt → Dionysios II. von Syrakus die Hafenstadt von Caere, Pyrgoi, und plündert das Heiligtum der Leukothea.

[6] *Die E. und die Kelten*. Durch Funde sind frühe Handelsbeziehungen zwischen den E. und dem südl. Westeuropa bezeugt. U. a. wirken sie auf die Entwicklung der kelt. Kunst ein. Seit dem Ende des 5. Jh.s drangen jedoch kelt. Stämme auf der Suche nach Land und Gold südwärts vor, unterwarfen die E. Padana und drängten über den Apennin in die Toscana. Von ihnen und den zäh von Süden her ihre Macht ausbreitenden Römern gleichermaßen bedroht, verhielten sich die E. zwiespältig: Als Brennus → Clusium bedrohte, suchte dieses die Friedensvermittlung der Römer, und deren Gesandte sollen sich, da ihre Mission scheiterte, am Kampf gegen den Eindringling beteiligt und diesen dadurch auf Rom gezogen haben (387/86); 283 baten ebenso die Arretiner Rom um Hilfe gegen die gallischen Belagerer. Daneben stehen die Nachrichten von e. Versuchen, die Gallier durch Gold von E. abzulenken und gegen die Römer zu wenden, steht das Murren des e. Volkes gegen ihre Führer, weil sie das nicht erreicht hätten, und die Nachricht von gemeinsamen Kämpfen von E. und Galliern gegen die Römer (2. Schlacht am Vadimonischen See, 283). Die E. vermochten wohl eine dauernde Niederlassung der Gallier, wie in der Po-Ebene, in Zentral-E., zu verhindern (vor allem offenbar, weil die gallische Kriegführung nicht geeignet war, die hochgelegenen, festen Städte zu nehmen), aber erst die Römer haben die Galliergefahr von Italien abgewandt (→ Rom I B 4).

[7] *Die E. und Rom*. Funde, Eigennamen und Schriftzeugnisse beweisen Roms lange Zugehörigkeit zum e. Kulturbereich. Die *Sagenerzählungen* von einem korinth.-e. Ursprung der letzten röm. Könige und von der Überwältigung Roms gegen Ende des 6. Jh.s durch einen Laris → Porsen(n)a genannten e. König gewinnen vor diesem Hintergrund historische Bedeutung. (Das fast völlige Fehlen e. Geschichtsüberlieferung bedeutet insofern einen schweren Verlust auch für die Klärung der frühen röm. Geschichte.) Die Gebrüder Avle und Caile Vipinas, Aules und Caelius Vibenna, welche Romulus oder einem der späteren röm. Könige Hilfe geleistet haben sollen, sind durch bildliche Darstellungen (Tomba François, zusammen mit Mastarna, s. u.; Spiegel; Urnenreliefs) als legendäre Helden der E. nachweisbar, ja die im Portonaccio-Heiligtum von Veii auf dem Fußfragment eines Buccherogefäßes (Mitte 6. Jh.) gefundene Weihinschrift eines Avile Vipiennas weist auf die Möglichkeit einer tatsächlichen geschichtlichen Beziehung zu Rom in dessen Königszeit (StE 13, 1939, 455–457). Die Ableitung des Namens des Mons Caelius in Rom und die Zurückführung des Vicus Tuscus ebendort auf Caelius Vibenna braucht trotzdem nicht mehr zu sein als Spekulation. Avles Vpinas steht auch auf einer 460/50 bemalten rotfigurigen Schale des Musée Rodin zu Paris, wahrscheinlich aus Vulci, der Name war also auch später noch in E. geläufig (Beazley, EVP 25–27). Zu den Gebrüdern Vipinas gehörte als treuer Gefährte nach e. wie röm. Überlieferung ein als Macstrna, Mastarna, bezeichneter Krieger, dessen Identität mit dem röm. König → Servius Tullius von Kaiser Claudius unter Berufung auf e. Tradition behauptet wurde. Aber das Wort bedeutet wahrscheinlich entsprechend dem lat. magister einen militärischen Titel und keinen Eigennamen, so daß es einer historischen Substanz entbehrt. Ebenso bleibt unklar, welche geschichtlichen Persönlichkeiten und Ereignisse der Name Porsen(n)a deckt, der möglicherweise gleichfalls nicht als Eigenname, sondern als den e. Heer-König bezeichnende Titulatur verstanden werden muß (Fr. Messerschmidt, Nekropolen von Vulci, 1930, 144–152). – *Geschichtlich deutlicher* sind die seit Beginn des 5. Jh.s parallel zu den Samnitenkämpfen stattfindenden, durch Waffenstillstands- und Stillhalteabkommen unterbrochenen Auseinandersetzungen des aufstrebenden Rom mit einzelnen e. Städten oder Städtegruppen. Dessen ungeachtet rief man e. → Haruspices nach Rom und kaufte e. Getreide; eigentlichen E.-Haß gab es offenbar in

Rom nicht. Mit Caere stand man eher freundschaftlich: Patrizier schickten ihre Söhne dorthin, damit sie die Kunst der Zeichendeutung und der Riten, als deren Meister die E. galten, erlernten, und als Brennus Rom überfiel, bot die e. Nachbarstadt Vestalinnen, Priestern und ihren Heiligtümern Asyl.

[8] *Unterwerfung der E. durch Rom.* Durch Ungeschick in die Kämpfe zwischen Rom und Tarquinia verstrickt (353 v.Chr.), wurde das rasch besiegte *Caere* die erste Gemeinde mit röm. → Bürgerrecht [2] ‹sine suffragio› (ohne Stimmrecht in den Komitien) und damit zum Modellfall für die Aufnahme der Italiker in den röm. Staat. Die Generationen währende, auf Sein oder Nichtsein gerichtete Rivalität gegenüber dem benachbarten → *Veii* endete nach schwerer Belagerung 396 mit der Zerstörung und Entvölkerung der e. Stadt durch M. Furius → Camillus. Mit der anschließenden Niederwerfung von *Nepete* (386) und *Sutrium* (383) öffnete sich Rom die Wege nordwärts ins binnenländische E. und ins Hinterland von Tarquinia. Die folgenden Ereignisse sind nicht eindeutig überliefert. So bleibt es offen, ob der mit sagenhaften Zügen überlieferte Vorstoß des Konsuls Quintus Fabius durch das Ciminische Waldgebirge, der nach Überrumpelung und Vernichtung eines großen e. Heeres zu einem dreißigjährigen Waffenstillstand mit Perugia, Cortona und Arretium geführt haben soll, die für das gleiche Jahr 310 v. Chr gemeldete blutige Niederlage einer durch ‹lex sacrata› aufgebotenen gesamt-e. Heeresmacht am Vadimonischen See unweit des heutigen Orte und die für 283 v. Chr. genannte Vernichtung eines aus E.n und kelt. Bojern bestehenden Heeres ebenfalls beim Tiberdurchbruch oberhalb Orte (2. Schlacht am Vadimonischen See) nicht eigentlich identisch sind. Entscheidend bleibt jedenfalls, daß dank diesem Durchbruch die Römer politisch wie militärisch unmittelbare Partner der einzelnen e. Städte wurden. – Nicht weniger erbittert waren die Auseinandersetzungen zwischen → *Tarquinia* und Rom, deren Wurzeln mindestens bis in die Zeit der röm. Königsvertreibung zurückreichten. Nach Massenhinrichtungen von Gefangenen auf beiden Seiten (358 und 357 v. Chr.) zwangen die systematisch betriebenen Verwüstungen des tarquinischen Hinterlandes durch Rom Tarquinia schließlich (351 v. Chr.), einen 40jährigen Waffenstillstand einzugehen, der 308 v. Chr. auf die gleiche Dauer erneuert wurde. Damit war für die Römer auch der Küstenweg in den Norden E.s frei. Der Versuch eines Gesamtaufgebotes der E., Rom noch einmal zurückzuwerfen, scheiterte 303 v. Chr. in der blutigen Niederlage bei Rusellae. Danach ist von einem gemeinsamen Unternehmen der E. gegen Rom nicht mehr die Rede. Der Sieg des Konsuls Tib. → Coruncanius 280 v. Chr. scheint zu erheblichen Gebietsabtretungen *Vulcis* im Küstenbereich geführt zu haben, als deren Ergebnis u. a. die 273 v. Chr. erfolgte Gründung der röm. Kolonie → Cosa zu verstehen ist. In der folgenden Zeit werden in E. und bes. im e. Küstengebiet planmäßig röm. Kolonien angelegt; ebenso systematisch wird die militärische Kraft des Landes durch Umsiedlung ganzer Stadtbevölkerungen auf von Natur weniger gesicherte Plätze geschwächt (*Volsinii* 264, *Falerii* 241 v. Chr.). – Selbst als → Hannibal in E. operierte, kam es entgegen röm. Befürchtungen nicht mehr zu einer e. Erhebung; im Gegenteil wurde P. → Cornelius (30) Scipio bei der Vorbereitung der Ausfahrt nach Afrika von den e. Hauptstädten mit großen Mengen Getreide, Segeltuch, Waffen und Gerät unterstützt (Liv. 28, 45).

[9] *Niedergang.* Die jahrzehntelang verlustreich geführten Römerkriege, denen die Verheerungen durch gallische Scharen (225 v. Chr. Schlacht bei Telamon) und durch die Punier folgten, und die Anziehungskraft des sich großstädtisch enfaltenden Rom bewirkten in E. namentlich auf dem Lande Entvölkerung, Verarmung und Verfall. An die Stelle eines durch Jahrhunderte blühenden Bauerntums traten die von Sklaven bewirtschafteten Latifundien röm. Spekulanten. Von den Nöten gerade der e. Landbevölkerung war Tib. → Gracchus (1) beeindruckt, und → Marius (1) konnte Ende 87 v. Chr. in diesen verelendeten Bezirken massenweise Freiwillige gewinnen. Sullas Rache traf Etrurien schwer, allerdings weniger die E. als vielmehr röm. Bürger der gegnerischen Partei (der → Bundesgenossenkrieg hatte auch den E.n das röm. Bürgerrecht gebracht). Der vollen Eingliederung in die römische Ordnung gab dann Augustus sinnfälligen Ausdruck, indem er Etrurien als der Regio VII den Charakter eines römischen Wahlbezirkes verlieh. O.W.v.V.

[10] *Fortleben in der Kaiserzeit.* Die Erinnerung an Geschichte und Religion der E. blieb in der Kaiserzeit wach. In Tarquinii wurde mit einem inschriftl. erhaltenen Elogium der ‹erste Etrusker, der mit bewaffneter Mannschaft das Meer befuhr›, geehrt (U. Kahrstedt, SO 30, 1953, 68 ff.). 26 n. Chr. beriefen sich die Einwohner von Sardes auf ihre Blutsverwandtschaft mit den E.n, um die Erlaubnis zum Bau eines Kaisertempels zu erhalten (Tac. ann. 4, 55, 3). Der Kaiser → Claudius schrieb 20 Bücher *Τυρρηνικά* und ließ sie im Museion zu Alexandria jährlich an bestimmten Tagen vorlesen (Suet. Claud. 42, 2). Ferner veranlaßte Claudius durch Senatsbeschluß 47 n. Chr. die weitere Pflege der e. Disziplin der → Haruspices (Tac. ann. 11, 15). Gegen private Haruspizien wandte sich noch Konstantin 319–321 in mehreren Gesetzen. 363 warnten die Haruspices beim Erscheinen eines Meteors den Kaiser Julian vergeblich vor dem Beginn einer Schlacht (Amm. Marc. 25, 2, 7). 408 befragte der damalige praefectus urbi angeblich im Einverständnis mit Papst Innocenz I. beim Herannahen des Goten Alarich gegen Rom e. Haruspices; da diese aber die Teilnahme des Senats an öffentlichen heidnischen Opfern verlangten, hörte man nicht auf sie (Zos. hist. 5, 41, 1 ff.). H.V.

C. Kunst. [1] *Anfänge.* Der Wechsel von der → *Villanovakultur* zu einem orientalisierenden Kunststil erscheint so elementar, daß sich die Frage nach der Kontinuität stellt. Je nach ihrer Beantwortung beginnt die e. Kunstgeschichte um 1000 v. Chr. oder erst 300 Jahre später. Sofern die Offenheit gegenüber der griech. Kunst als Merkmal verstanden wird, rechtfertigt sich der jüngere Ansatz. Seit ca. 700 vor Chr. geht die Entwicklung bruchlos bis zum Einmünden in die röm. Kunstgeschichte im 1. Jh. v. Chr. – Die *Einflüsse von Osten*, denen die Villanovakultur erliegt, sind keineswegs einheitlich. Dies beweisen die Funde aus den reichen Gräbern des 7. Jh.s v. Chr. in → Caere (Regolini-Galassi), → Praeneste (Barberini und Bernardini), → Tarquinia (del Guerriero und Bocchoris), → Faesulae (La Montagnola). Babylon., assyr., phönik., kypr. und ägypt. Bronzearbeiten und Fayencen, Gold- und Silbersachen und Elfenbeinschnitzereien gelangen über See nach dem westl. Mittelitalien. Der kurz zuvor aus gleichen Berührungen erblühte orientalisierende Kunststil der Griechen erscheint als dieser neuen Welt zugehörig. Aber schon nach kurzer Zeit wird als Vorbild in Etrurien endgültig nur noch das *Hellenische* angenommen. – Die *Autonomie* der e. Stadt (s. o. B 2) zeigt sich im künstlerischen Bereich von Anfang an nicht nur durch stilistische Eigenheiten. Ganze Kunstzweige sind örtlich begrenzt (Silhouettengranulation: → Vetulonia; Kanopen, Pietra fetida-Reliefs: → Clusium; Treppensteine: Tarquinia; hellenist. Urnenreliefs: Clusium, → Perusia, → Volaterrae). Auch ist es von weittragender Bedeutung, daß die fremden Vorbilder von Anfang an im wesentlichen als Kleinkunst bekannt werden (Schmuck, Amulette, Vasen, Behältnisse). Vieles in der e. Plastik erscheint als Vergrößerung; die in der Kleinkunst selbst entfaltete subtile Sorgfalt und Geschicklichkeit findet ihren besonderen Niederschlag in der → Glyptik (Skarabäen) und bes. in den meisterlichen Werken der Goldschmiede (Granulation, Filigran, Schleifenbandverzierung; vgl. → Schmuck).

[2] *Verhältnis zu den Griechen.* Seit den ersten, noch geometrischen Vasenimporten (Bisentium, Vulci, Tarquinia)

gelangt unablässig griech. Keramik nach E. Die meisten der griech. Vasen in unseren Museen und Privatsammlungen stammen von dort. Werke der hellenischen Großplastik hingegen werden nur selten gefunden (‹Venus› aus der Canicella-Nekropole, Orvieto; Archaische Marmorköpfe aus → Marzabotto und Bologna). Griechen wandern ein (→ Aristonothos-Maler; Maler der → Caeretaner Hydrien), und auch E. kommen nach Hellas (Hdt. 1, 167, 2; Paus. 5, 12, 5). Aber die eigentliche Begegnung mit der Bildwelt der Hellenen erfolgt durch das unerschöpflich mannigfaltige Angebot der Vasen. Das Verhältnis der E. zur Kunst der Griechen kann weder idealistisch noch klassizistisch genannt werden. Sie nehmen die Sonderheiten der Werkstätten und die stammesmäßig verschiedene Einstellung zu Struktur und Oberfläche wahr und ziehen auch Früheres in Betracht. Das Mit- und Nebeneinander von oberflächig zu einem Ganzen modellierten Elementen verschiedener griech. Herkunft und verschiedener Zeitstellung kann e. Werken einen eigenen Reiz verleihen. Die griech. Entwicklung wird hier nicht als ein notwendiger Weg begriffen, sondern mehr als ein Prozeß der Anreicherung und Differenzierung. Es fehlt in Etrurien bezeichnenderweise fast völlig an Künstlernamen und -signaturen. Das Griechisch-Organische wird ins Voluminöse und ausdrucksvoll Gezeichnete und Gestreckte verändert, um den numinosen Gehalt auszudrücken. Vieles auch dient mehr der bild- und farbfreudigen Schmückung des Daseins als einer schöpferischen Selbstfindung.

[3] *Malerei und Zeichnung.* Neben dem griech. Import vermag sich eine eigene *Vasenmalerei* von kunstgeschichtlicher Bedeutung nur in Ansätzen zu entwickeln (‹Pontische› und Faliskische Vasen; Micali-Maler). Ihre Bedeutung liegt mehr im Gegenstand. Von hoher keramischer Qualität ist hingegen das tiefschwarz glänzende → Bucchero-Geschirr (‹Bucchero fine›, 7./6. Jh., Südetrurien) und, von früh an mit Geschick gepflegt, die gleichfalls an Metallarbeiten anschließende Stempelkeramik bis hin zu den arretinischen Sigillaten (Pithoi, 7./6. Jh., Caere; ‹Bucchero pesante›, 6./5. Jh., Clusium; versilberte Reliefkeramik, 4./3. Jh., Bolsena, Orvieto). In der stetigen Begegnung mit griech. Bildern erwächst die große *Wandmalerei* in den Grabkammern, von der orientalisierenden Zeit (Leoni Dipinti und Animali Dipinti, Caere; Grotta Campana, Veii) bis zur vollen Entfaltung in den von Farben und Bewegungen leuchtenden Gräbern von Tarquinii und den vereinzelten Grabmalereien von Clusium, Orvieto und Vulci (2. H. 6. Jh. bis 1. Jh.). Aus den gleichen Voraussetzungen entsteht gegen Ende des 6. Jh.s als ein eigentümlich e. Kunstzweig die Bronzespiegelziselierung, der bald die bildliche Ziselierung von Bronze-Cisten zur Seite tritt. Neben noch nicht lokalisierten Manufakturen wirkt Präneste als Herstellungszentrum. Höhepunkte sind feingestimmte Schöpfungen des 4. Jh.s, in denen die griech. Klassik wirksam ist (Kalchas-Spiegel, Vatikan; Athrpa-Spiegel, Berlin; Ficoronische Ciste, Villa Giulia). Nach dem Niedergang der Vasenmalerei setzt mit dem 3. Jh. v. Chr. konventionelle Erstarrung und bald auch Verwahrlosung im Technischen ein.

[4] *Plastik und Porträt.* Die Andersartigkeit im Vergleich zu dem bewunderten Griechischen spricht sich anschaulich darin aus, daß die E. für ihre plastischen Werke weder Marmor noch sonst widerständiges Gestein verwenden. Sie schneiden und modellieren aus den von Ort zu Ort verschiedenen Tuffen und Sandsteinen, aus weichen Kalken oder Alabaster; eine Bildhauerei im eigentlichen Sinne entsteht nicht. Ihr Material ist neben dem vergänglichen Holz vor allem der schmiegsame, spontanem Einfall nachgiebige Lehm, der erst als Terrakotta seine unveränderliche Form gewinnt (archaischer Tonsarkophag aus Caere; Apollo von Veii, Villa Giulia). Nicht so sehr aus Struktur und Proportion empfängt diese Plastik ihr Leben als aus den Reizen von Oberfläche und Umriß; nicht selten ist ein scharfer Blick für Natur und individuelle Erscheinung mit am Werk. – Auch die Kunst der *Statuette* wie die Herstellung der berühmten Großbronzen (→ Kapitolinische Wölfin; Chimäre von Arretium; Arringatore, Florenz) gründet im Modellieren mit Ton und Wachs. Daneben stehen Treibarbeiten von hohem Rang (Dreifüße Loeb; Bronzebleche von Perugia). Gesichte, Blüten und Rankenwerk, Tierleiber, einzeln und in Gruppen, und menschliche Gestalten zieren bald spielerisch, bald hintergründigen Sinn verdeutlichend die auch in Griechenland gepriesenen und eingeführten Räuchergefäße und Kottabosständer, Kandelaber und goldenen Trinkschalen (Ath. 1, 28 B und 15, 700 C). Die Bedeutung der seit dem 4. Jh. v. Chr. sporadisch auftretenden überlängten Bronzestatuetten uneinheitlichen Stiles ist ungeklärt, aber jedenfalls eher im religionsgeschichtlichen als im eigentlich künstlerischen Bereich zu suchen. – Das e. *Porträt* geht auf die Helmurnen und verwandte Schöpfungen der Villanovazeit zurück. Der Tote bedarf zu seiner Existenz der Gestalt, als welche sich das Bestattungsgefäß anbietet. Nicht nur in den bronzenen Urnenmasken und den sog. Kanopen von Clusium (7. und 6. Jh.) finden solche Vorstellungen sinnfälligen Niederschlag, sondern ebenso in den von der griech. Kunst beeinflußten plastischen Darstellungen der Verstorbenen auf den Deckeln der Urnen und Sarkophage. Im übrigen kann der Kopf hier von alters her die Gestalt vertreten (Kopfporträt, Porträtbüste), und auch wo diese ganz gezeigt wird, bleibt der Körper vielfach im Vergleich zu dem lebensvollen Haupt und den sprechenden Händen unstrukturiert und in den Proportionen vernachlässigt. In den letzten Jahrhunderten übt die hellenist. → Porträtkunst eine mächtige Wirkung aus. Das Problem der Abgrenzung zwischen individuelle Ähnlichkeit anstrebendem Porträt und aus Beobachtung und Einfall zu Scheinindividualität entfaltetem Vorstellungsbild besteht von Anfang an.

[5] In der *Architektur* äußert sich das mit dem 7. Jh. aufbrechende Lebensgefühl deutlich in den weithin sichtbaren → *Grabbauten.* Die an die Stelle des Urnengrabes tretende Familienbestattung, verbunden mit der Vorstellung vom Grab als Totenhaus, läßt das Bedürfnis nach zugänglich bleibenden Grüften entstehen; das erwachte Selbstgefühl verlangt Monumentalität und Dauer in Stein. Die Lösungen sind örtlich verschieden und nicht aus einer Wurzel zu erklären. Wird in Südetrurien bald auch die geologisch gebotene Möglichkeit ergriffen, den Wohnstätten nachgebildete Räume in den anstehenden Tuff zu höhlen (Caere, Tarquinia) und auch Grabfassaden auszuschneiden (Felsgräbernekropolen von Bieda, Castel d'Asso, S. Giuliano, Norchia), so bleiben im Norden die Rechteck- und Rundkammern in der Technik des ‹falschen› Gewölbes (Pietrera bei Vetulonia; Populonia; Camucia und Sodo-Gräber bei Cortona; Grabbau von Castellina in Chianti) für die archaische Zeit bezeichnend. Der Zusammenhang mit den entsprechenden bronzezeitlichen Lösungen in der Ägäis (myk. → Tholosgräber) und auf Sardinien (Nuraghen) ist im einzelnen nicht faßbar. Seit dem 5. Jh. verwendet man einfachere Lösungen. Die Keilschnittechnik (→ Gewölbe) wird nicht vor der 2. H. des 4. Jh.s, wohl erst im 3. Jh. eingeführt und im Grabbau nur selten angewandt (Tanella di Pitagora, sog. Grab des Pythagoras, Cortona; Tomba del Granduca, Clusium). – Auch der e. *Tempelbau* beginnt schon in der orientalisierenden Zeit (Ende 7. Jh. v. Chr.). Von Hellas wird außer der Säulenhalle, der Eindeckung mit Ziegeln und der Verkleidung des Gebälks mit farbigem Terrakottaschmuck vielleicht auch die Idee des Gotteshauses selbst übernommen. Neben dem dor. Kapitell der unkannelierten ‹tuskischen› Säule auf der Rundbasis (Vitr. 4, 7, 2 f.) scheinen vor allem ‹äolische› Kapitellformen eine Rolle gespielt zu haben. Charakteristisch ist die tiefe Vorhalle und das Festhalten an Holzsäulen und -gebälk bis in die Spätzeit. – Im Gegensatz zum griech. ist der etrusk.

Tempel ein Fassadenbau. Insofern ist seine Entwicklung zum Podientempel mit repräsentativ vorgelegter Treppe folgerichtig. Im allgemeinen ist er nordsüdlich orientiert. Das schwer und breit lastende Dach kann auf dem First und auf den Giebelschrägen figürlichen Schmuck tragen (Veii; Kapitolinischer Jupitertempel; Tempelmodelle und Hausurnen). Auch die Köpfe der im offenen Giebel sichtbaren Tragbalken des Daches werden mit Terrakottareliefs verkleidet; Giebelskulpturen bleiben Ausnahmen (Pyrgoi, Telamon). Der von e. Bauleuten errichtete Kapitolinische Jupitertempel zu Rom stellt jedoch mit seinen drei Zellen einen röm. Sonderfall dar, wie die von Vitruv (4,7) gegebene Beschreibung des ‹tuskischen› Tempels eine im wesentlichen an ihm orientierte kanonisierende Vereinfachung ist. O.W.v.V.

Lit: Zu A: D.Randall-McIver, E.Hall Dohan, G.M.A.Hanfmann, Pr.Duel u. H.M.Hoenigswald, Symposium: «Who were the Etruscans», AJA 47, 1943, 91–101 – Fr.Altheim, Der Ursprung der E., 1950 – J.Ward Perkins, The Problem of E. Origins, HStClPh 64, 1959, 1–26 – M.Pallottino, Nuovi studi sul problema delle origini e.-bilancio critico, StE 29, 1961, 3–30 – *Zu B [1]:* C.Clemen, Die e. Säkularrechnung, St.eMat. 4, 1928, 235–242 – St.Weinstock, Ludi Tarentini u. ludi saeculares, Glotta 21, 1932, 40–52 – E.Diel, Das Saeculum, seine Riten und Gebete, I u. II, RhM 83, 1934, 255 bis 272 u. 348–372 – O.W.v.Vacano, Die E., Werden und geistige Welt, 1955, 45–49 – *Zu B[2]:* J.Heurgon, L'Etat é., Historia 4, 1957, 63–97 – S.Mazzarino, Sociologia del mondo e. e problemi della tarda etruscità, ebd., 98–122 – M.Pallottino, Etruscologia, (1942), 1963⁵, 203–233 – *Zu B[3]–[9]:* Außer den Standardwerken der röm. Geschichte (s. zu → Rom I): R. S. Conway, Italy in the E. Age, CAH IV, 1926, ch. 12 – P. Ducati, L'Italia antica, Storia d'Italia I, 1936 – O.W.v.Vacano, Die E. in der Welt der Antike, 1957 – D.A.Bullough, Population Movements in E. since the beginning of the Roman Republic, An Ciba Foundation Symposium on Medical Biology and E. Origins, 1959, 93–109 – M.Lopes-Pegna, Storia del popolo etrusco, 1959 – *Zu C:* G.Q.Giglioli, L'arte etrusca, 1935 – P.J. Riis, An Introduction to E. Art, 1953 – M.Pallottino und H.u.J.Jucker, E. Kunst, 1955 – T.Dohrn, Grundzüge e.Kunst, 1958 – L.Banti, Die Welt der E., 1960 – *Zu C[1]:* Furtwängler, Gemmen, bes.III 170–211 – G.Hanfmann, Altetr. Plastik I, Diss. Berlin 1936 – G. Becatti, Oreficerie antiche, 1955, 67ff. 96ff. – G.Caputo, La Montagnola di Quinto Fiorentino, Bd'A 47, 1962, 115–152 – *Zu C[2]:* R.Bianchi-Bandinelli, Storicità dell'arte classica (1943), 1950², 115–132 – K.Schefold, Zum Begriff ‹etr. Kunst›, Festschr. Libertini, 1958, 129–136 – B.Schweitzer, Rezension zu G.v.Kaschnitz-Weinberg, Die Grundlagen der antiken Kunst (Bd. 1 u. 2), Gnomon 34, 1962, 810–820 – *Zu C[3]:* G.A. Mansuelli, Studi sugli specchi etruschi, StE 19, 1946/47, 9–137 u. 20, 1948/49, 59–98 – J.D.Beazley, Etruscan Vase Painting, 1947 – Ders., The World of the Etruscan Mirror, JHS 69, 1949, 1–17 – G.Bovini, La pintura etrusca del periodo orientalizzante, Ampurias 11, 1949, 63–90 – M.Pallottino, La peinture étrusque, 1952 – A. Rumpf, Malerei und Zeichnung, HbArch IV, 1953, passim – *Zu C[4]:* G.v.Kaschnitz-Weinberg, Studien zur e. und frühröm. Porträtkunst, RM 41, 1926, 133–211 – R.Bianchi Bandinelli, Ritratto etrusco in età ellenistica, StE 11, 1937, 489–494 – P.J.Riis, Tyrrhenica, 1941 – R.Herbig, Die italische Wurzel der röm. Bildniskunst, in: H.Berve, Das neue Bild der Antike 2, 1942, 85–99 – Ders., Die jüngeretr. Steinsarkophage, 1952 – A. Hus, Recherches sur la statuaire en pierre étrusque archaïque, 1961 – J.Thimme, Chiusiner Aschenkisten und Sarkophage der hellenist. Zeit, StE 23, 1954, 25 bis 147 u. 25, 1957, 87–160 – Ders., Der Porträtwert e. Bildnisse, Festschr. Knittel, 1959, 147–163 – W. Llewellyn Brown, The Etruscan Lion, 1960 – O.Terrosi Zanco, Exvoto allungati dell'Italia centrale, StE 29, 1961, 423–459 – *Zu C[5]:* Å. Åkerström, Studien über die e. Gräber, 1934 – A.Kirsopp Lake, The Archeological Evidence for the ‹Tuscan Temple›, Mem. Am. Ac. 12, 1935, 89–150 – A. Andrén, Architectural Terracottas from Etrusco-Italic Temples, 1939/40 – G.Lugli, Considerazioni sull'origine dell'arco a conci radiali, Palladio N.S.2, 1952, 9–31 – A.Boethius, Vitruvio ed il ‹tempio tuscanico›, StE 24, 1955/56, 137–142 – G.Maetzke, Il nuovo tempio tuscanico di Fiesole, ebd., 227–253 – M.Demus-Quatember, E. Grabarchitektur, 1958 – A. Alföldi, Early Rome and the Latins, 1965.

Etruskisch. Vom E. sind heute ca. 9000 Sprachdenkmäler (7. Jh. v. Chr. bis augusteische Zeit) bekannt, die weitaus meisten aus Etrurien selbst, je ca. 60 aus Kampanien und der Poebene, vereinzelte aus Umbrien und Latium (2 aus Rom), 1 aus Karthago. Dazu kommen als indirekte Überlieferung ca. 50 → Glossen. Von den e. Texten steht der längste, ein Ritual von ca. 1500 Wörtern, auf einer Leinwandrolle (gefunden in Ägypten als Mumienbinde, heute in Agram); die übrigen sind Inschriften (am wichtigsten die Tontafel von Capua und der Vertrag auf dem Cippus von Perugia); 90% enthalten als Grab- oder Weihinschriften nur oder fast nur Eigennamen. Da der Lautwert der Buchstabenzeichen längst bekannt, die e. → Schrift also ‹entziffert› ist, sind die Texte klar lesbar (freilich fehlt öfters die Worttrennung). Ihrem Verständnis steht jedoch entgegen, daß man allen Versuchen zum Trotz unter den bekannten Sprachen noch keine mit dem E. verwandte ermitteln konnte; der ‹etymologischen›, sprachvergleichenden Methode bleibt nur die Feststellung von Eigennamen und Lehnwörtern. Die ‹kombinatorische› Methode schließt von der Art des Denkmals auf den Inhalt des Textes und kombiniert die Belegstellen einzelner Wörter und Formeln, bis sich ein befriedigender Sinn ergibt; sie hat vor allem bei kurzen Inschriften gesicherte Ergebnisse erzielt. Bei der ‹bilinguistischen› Methode werden Texte mutmaßlich gleichen Inhalts aus dem E. und aus bekannten Sprachen verglichen; an eigentlichen Bilinguen gibt es freilich nur ca. 25 kurze e.-lat. Grabschriften. – Infolge der trümmerhaften Überlieferung und wegen dieser Deutungsprobleme weist unsere Kenntnis des E. erhebliche Lücken auf. Eine ‹unbekannte› Sprache ist das E. aber nicht mehr. So steht für über 100 Wörter die Bedeutung (*clan*, ‹Sohn›) oder wenigstens die Bedeutungssphäre fest (*Θu zal ci huΘ maχ śa* auf einem Würfel müssen die Zahlen von 1–6 sein; die einzelnen Werte sind z. T. umstritten). Ebenso kennt man viele Flexionsendungen, darunter so charakteristische Erscheinungen wie die Suffixhäufung: Von den ‹Genitiven› *uni-al* (*uni* ‹Juno›), *vel-us* (Vorname *vel*) aus können mittels weiterer Endungen die Lokative *uni-al-Θi*, ‹im (Tempel) der Juno›, *vel-us-i*, ‹im (Amtsjahr) des Vel›, gebildet werden. Die reichsten Aussagen sind über Aufbau und Geschichte der Personennamen, die den römischen sehr ähnlich sind, möglich. Auf diesem Gebiet fand auch, anders als beim übrigen Wortschatz, ein lebhafter Austausch mit den anderen Sprachen Mittelitaliens statt (→ Italien B). H.R.

Q: CIE – M.Pallottino, Testimonia linguae etruscae, 1954 – *Lit:* F.Skutsch, RE 6 (1907), 770–802, s.v. Etrusker – M.Pallottino, Etruscologia (1942), 1963⁵, 341–419.

Etymologika

A. Begriff – B. Geschichte: [1] Klassische Zeit – [2] Hellenismus – [3] Spätantike – [4] Mittelalter.

A. Begriff. Unter E. versteht man Schriften, in denen die ‹Etymologie›, nach antiker Auffassung die Lehre von den wahren Bedeutungen der Wörter, auf ausgewählte Bestandteile der Sprache angewendet wird. Wir besitzen E. in lexikalischer Form aus spätantiker und byzantin. Zeit (vgl. → Lexikographie B 3 f). Die Gattung ist aber viel älter (schon der Platonschüler → Herakleides (3) Pontikos verfaßte eine Schrift über etymologische Probleme), und sie blickt auf eine interessante Vorgeschichte zurück.

B. Geschichte. [1] *Klassische Zeit.* Seit Homer versuchten die Dichter, etymologische Deutungen durchzuführen (man denke vor allem an → Hesiod, → Aischylos und → Euripides). Außerhalb der Poesie fanden derartige Erklärungen im Rahmen der älteren Homerexegese Verwendung. Die wissenschaftliche Frage nach der Richtigkeit der Namen hat schon die Philosophen des 5. Jh.s v. Chr. beschäftigt. Die → Herakliteer setzten voraus, daß die Sprache naturgeschaffen (φύσει) sei, jedes Ding also seinen richtigen und einzig möglichen Namen habe, den man durch Rückführung der üblichen Bezeichnung auf seine ursprüngliche Gestalt kennenlernen könne. Die → Sophisten indessen bezeichneten die Sprache als Produkt der Konvention (θέσει); die Untersuchung eines Wortes konnte ihnen also nur diejenige unverfälschte Benennung bieten, die auf Empfehlung des Namengebers von einer sprachlichen Gemeinschaft anerkannt worden war. Einen Vergleich mit anderen Sprachen (oder wenigstens griech. Dialekten) hielten sie für nützlich, da dort ein ‹richtigerer› Name gefunden worden sein konnte. Im ‹Kratylos› hat → Platon dargestellt, daß beide Ansichten zur Wesenserkenntnis untauglich sind. Trotzdem sind die Versuche, mit Hilfe der Sprache zum wahren Sein der Dinge vorzudringen, nie aufgegeben worden: die von Platon verspotteten Etymologien wurden ernst genommen und bis in die späten E. weitergeleitet (vgl. → Sprachphilosophie).

[2] Die *hellenist. Grammatiker* haben das Auffinden von Etymologien als Teil ihrer Technē bezeichnet. Die Philosophen aber versprachen sich von etymologischen Erkenntnissen immer wieder tiefe Einsichten in die objektive Beschaffenheit der Welt. Der moderne Standpunkt, daß die Sprache nicht Aufschluß über das Wesen der Dinge liefern kann, sondern nur über das Verhältnis des sprechenden Menschen zu den Dingen, blieb ihnen, von bedeutsamen Ansätzen abgesehen, verschlossen. – An der Ausgestaltung eines Systems im Aufbau der Sprache und damit einer Möglichkeit, Etymologien zu erkennen, haben vor allem die → *Stoiker* gearbeitet (ihre Lehre liegt im Referat → Augustins (bes. De Dialectica, ed. Barwick, p. 8–28) vor, der → Varro (1) exzerpiert hat). Sie meinten, der Sprachschöpfer habe die ‹ersten Bezeichnungen› (*πρῶται φωναί*) nur auf solche Begriffe angewandt, die zu ihnen im Verhältnis der Ähnlichkeit, Nachbarschaft oder Gegensätzlichkeit stehen. Die Ermittlung eines Grundwortes (*ἔτυμον*) muß auf diese Entstehungslehre Rücksicht nehmen. Deshalb wandten die Stoiker in ihren Etymologien sehr kühne Wortzusammenrückungen an und versuchten mit ihrer Hilfe die heutigen Benennungen zu erklären. Auch die alexandrin. Grammatiker haben die in Platons Etymologien kenntlichen Kategorien beibehalten (→ Apollodor (4) von Athen). – Eine neue Grundlage der etymologischen Forschung schuf erst → *Philoxenos* (1) im 1. Jh. v. Chr. Er erschloß, unter strenger Durchführung der → Analogie in der Wortableitung, alte (grundsätzlich einsilbige) Verbalstämme, die dem größten Teil der gesamten Sprache zugrunde liegen und eine zuverlässige Deutung der vorhandenen Wörter ermöglichen sollen. Wer nach seiner Theorie vorging, mußte über die Umgestaltungen (*πάθη*), die ein aus dem Verbalstamm hervorwachsendes Wort durchmacht, orientiert sein (vgl. → Grammatik A 3). Entsprechende Lehrschriften sind, sicher nicht zufällig, in und nach jener Zeit entstanden (→ Herodian, 1).

[3] *Spätantike.* Obwohl die stoische Methode, längere Wörter durch Zusammensetzen kürzerer entstehen zu lassen, immer noch Vertreter fand (→ Seleukos (5), auch → Soranos), hat das System des Philoxenos die Gestalt der im ausgehenden Altertum und im frühen MA abgefaßten eigentlichen E. nachdrücklich bestimmt. Deren ältester Vertreter ist das Werk des → Orion (5. Jh. n. Chr.): zu seinen mechanisch kompilierten Vorlagen gehören auch die vier etymologischen Hauptwerke des Philoxenos, die Orion in jedem Buchstaben reihenweise exzerpierte. Sein Zeitgenosse Oros verarbeitete dasselbe Material in seiner Schrift über die ‹Worte mit vielen Bedeutungen› ein wenig verständiger. Sie ist jedoch verlorengegangen (wie auch das größere Werk, die ‹Orthographie›). Etymologische Erklärungen spielten auch in anderen spätantiken Lexika eine Rolle, vor allem in dem ebenfalls verschollenen, aber noch für die Byzantiner der Photioszeit höchst bedeutsamen Werk des → Methodios (2) und im erhaltenen Lexikon des → Hesych.

[4] Erst im *Mittelalter* sind die großen, ‹E.› genannten Sammelwerke entstanden. Sie befassen sich nur zum Teil mit Etymologien, sind vielmehr regelrechte grammatische Enzyklopädien. Schon frühzeitig (etwa im 6. Jh. n. Chr.) schuf man, nach dem Vorbild → Herodians (1), die sog. ‹Epimerismen› zu Homer (zunächst in der Abfolge der Gesänge, dann alphabetisch), nach denen man auch Epimerismen zum Psalter bildete. Sie alle enthalten die grammatische Bestimmung der jeweiligen Vokabel, wollen also bei Einübung der Redeteile und der Grammatik behilflich sein. Die Epimerismen sind eine Hauptvorlage der byzantin. E. Von diesen besitzen wir: 1. Das ‹*Etymologicum Genuinum*›, entstanden in der 2. H. des 9. Jh.s zu Konstantinopel, noch unediert. Es liegt in zwei aus derselben Vorlage ableitbaren Hss. vor. Um Rekonstruktion der besten erreichbaren Fassung, und zwar unter Zuhilfnahme der gesamten Nebenüberlieferung, bemühte sich Reitzenstein in seinem Hauptwerk zur Erforschung der Lexikographie. – 2. Das ‹*Etymologicum Gudianum*› (so benannt nach einem späten Wolfenbütteler Codex) ist in der Urhandschrift (d = Vat. Barb. I 70, 11. Jh.) erhalten: ein kurzer Grundtext wurde aus zahlreichen Vorlagen (zu denen auch das Et. Gen. gehörte) erweitert. Durch verschieden auswählende Abschriften des ganzen Konglomerates entstanden drei Rezensionen. – 3. Das ‹*Etymologicum Magnum*›, entstanden in der 1. H. des 12. Jh.s, verwertet neben Et. Gen. und Et. Gud. zusätzliche Texte. Mit deren Formulierung und Anordnung verfährt der Verfasser sehr selbständig. Der Reichhaltigkeit des Materials entsprechen die Schwierigkeiten bei der Quellenanalyse. – 4. Das ‹*Etymologicum Symeonis*› (unediert) liegt in einer echten (kürzeren) Fassung und in einer jüngeren Überarbeitung (zwei Hss. des 13. Jh.s) vor. Bereits das echte Werk hat alle drei eben genannten E. zur Hand gehabt. – 5. Das sog. ‹*Zonaraslexikon*› besitzt etymologische Teile, die mit einer der beiden Symeonrezensionen verwandt sind. – Die beschriebene lexikographische Tätigkeit endet mit dem 13. Jh. Über die Lexika der Renaissance s. → Lexikographie (B 4). – Zur lat. Etymologie vgl. → Grammatik C 3, → Varro. H. E.

Ed: Epimerismi Homerici, ed. J. A. Cramer, in: Anecdota Parisiana III, 1841, 294–370; Anecdota Oxoniensia I, 1835, 1–472 – Epimerismen zum Psalter (Choer.), in: Georgii Choerobosci in Theodosii canones et epimerismi in psalmos, ed. Th. Gaisford III, 1842, 1–192 – Etymologicum Genuinum, in: E. Miller, Mélanges de littérature grecque, 1868, 1–318 (Kollation der Hs. B); R. Reitzenstein, Gesch. d. griech. E., 1897, 11–44 (vollständige Ed. der Art. *ἅμα – ἄμωμος*) – Etymologicum Gudianum: Ed. princ. J. D. Reuß und L. Kulenkamp 1764 – F. W. Sturz, 1818 – A. D. Stefani, 1909–1920 (Neuausgabe *α – ζειαί*) – Etymologicum Magnum: Ed. princ. M. Musurus, 1499 – Th. Gaisford, 1848 (Nachdr. 1962) – Zonarae lexicon ed. J. A. H. Tittmann, 2 Bde, 1808 – *Lit:* R. Reitzenstein, Gesch. d. griech. E., 1897 – Ders., RE 6 (1907), 807–817 – L. Cohn, Griech. Lexikographie, im Anhang zu: Brugmann, Griech. Grammatik, HbAW II 1, 1913, 583; 591; 596 – Zur Lehre Platons und der Stoiker: K. Barwick, Probleme der stoischen Sprachlehre und Rhetorik, Abh. Leipzig 49, 3, 1957, bes. 70 – D. Fehling, Rez. Barwick, GGA 212, 1958, 161–173.

Euadne, Tochter des Poseidon und der Pitane, von Apollon Stammutter des Sehergeschlechts der Iamiden in Olympia (Pind. Ol. 6, 30 ff.). K. Schb.

Euagon (so inschriftlich; in den Hss. des Dion. Hal., De Thuc. 5: Eugeon und Eugaion) von Samos, Verfasser einer Lokalgeschichte von Samos, wahrscheinlich (etwas älterer?) Zeitgenosse → Herodots, interessant als der älteste Lokalhistoriker; in den Fragmenten seines Werkes kommen nicht nur mythische Geschichten vor, sondern es wird auch von einer zweifellos historischen Grenzstreitigkeit zwischen ion. Städten im 6. Jh. berichtet. K. v. F.

Frg. u. Komm: FGrHist 535.

Euagoras I., König von Salamis auf → Cypern, geb. ca. 435 v. Chr., entstammte dem alteingesessenen Königsgeschlecht der Teukriden, das damals die Herrschaft an Usurpatoren verloren hatte. E. eroberte diese 411 zurück. Er unterstützte von da ab Athen, nahm 405 → Konon (1) auf und hielt mit ihm an der anti-spart. Politik fest, für die sie ab 399 auch den Perserkönig gewannen. Mit dessen Hilfe besiegten sie 394 bei Knidos die spart. Flotte und ermöglichten die Wiederherstellung Athens, das ihnen große Ehren erwies. Athens Erstarken führte den Perserkönig wieder auf Spartas Seite, schließlich zum → Antalkidasfrieden (386). E., der bereits 392 begonnen hatte, ganz

Cypern zu erobern, kämpfte zehn Jahre (390/389–380/379) gegen den Großkönig, unterstützt vom aufständischen König von Ägypten und – bis zum Antalkidasfrieden, der Cypern den Persern preisgab – von Athen. E. eroberte dabei zeitweise Kilikien und Phönizien mit Tyros, unterlag aber schließlich 381 in der Seeschlacht von Kition. Doch konnte er das Stadtkönigtum von Salamis behalten, das auch nach seiner Ermordung 374/373 seinem Sohn → Nikokles erhalten blieb. Er förderte die griech. Kultur auf Cypern. Er war eine bedeutende Herrschernatur. → Isokrates schildert ihn in seinem ‹Euagoras› als idealen König. E. Bn.

Lit: K. Spyridakis, E. I. v. Salamis, 1935 – The Swedish Cyprus Exped. IV 2, 1948, 489 ff.

Euagrios Pontikos, 346–399/400, aus Pontos, Diakon und Prediger in Konstantinopel, ca. 383 Mönch in der nitrischen Wüste (Ägypten); trat für die Lehren des → Origenes ein, mit dem zusammen er 553 anathematisiert wurde; von großem Einfluß auf das gesamte → Mönchtum, u. a. bes. auf → Cassianus. B. L.

Lit: RGG II 746 – Altaner 236–238.

Euainetos, Stempelschneider (→ Münze) in Syrakus, Katane und Kamarina, ca. 420–400 v. Chr. Wie → Kimon (2) hat E. viele seiner Werke signiert, was für das hohe Ansehen der sizil. Stempelschneider spricht. Zeichnerische Eleganz verbindet sich bei E. mit einer auf Münzen seltenen Intensität des Ausdrucks; der schilfbekränzte Göttinnenkopf seiner syrakusischen Dekadrachmen hatte eine große Wirkung auf seine Zeit und wurde auf späteren Münzen oft nachgebildet. H. A. C.

Lit: G. E. Rizzo, Monete greche della Sicilia, 1945, Taf. 53–57 – J. Liegle, E., 101. BWPr 1941.

Euander, arkad. Held, Sohn der → Carmenta, kam als Verbannter nach Rom, nach manchen weil er seinen Vater getötet hatte. Errichtete ein Dorf auf dem Palatin und zivilisierte die Urbevölkerung. Nahm → Herakles auf, als er nach Latium kam. Bundesgenosse des → Aeneas, für den sein Sohn Pallas fällt. P. Gr.

Lit: J. Bayet, Les origines de l'arcadisme romain, in: MEFR 37 1920, 63–143.

Euböa (*Εὔβοια*, ‹gut an Rindern›; in der Neuzeit Negroponte, aus Euripos entstellt), zweitgrößte griech. Insel an der O-Küste Mittelgriechenlands (Kt. 1152 DE 4), 175 km lang, 6–50 km breit, vom Festland durch die schmale Meerenge von E. (an der engsten Stelle, dem → Euripos, nur 30 m breit) getrennt, größtenteils gebirgig. Höchste Erhebungen im N das Telethrion, 991 m, in der Mitte die Dirphys, 1743 m, im S die Ocha, 1398 m. Große Wälder, gut angebaute Täler und Küstenebenen. Viehzucht (Rinder und Schafe), ebenso Ackerbau bedeutend, bekannte Vasenfabrikation. Hauptorte, alle an der Westküste: im S Karystos und Styra, in der Mitte → Eretria und → Chalkis, an der Nordküste Histiaia (Oreos), die O-Küste hafenlos und wegen der Stürme gefürchtet. Die Bewohner der historischen Zeit waren ion. Stammes ohne Stammesorganisation. – Zur Geschichte vgl. → Eretria und → Chalkis. E. M.

Lit: Fr. Geyer, Topogr. u. Gesch. d. Insel E., 1903 – Philippson-Kirsten, I 561–643.

Eubuleus, Beiname des → Hades, → Dionysos und anderer Götter. In Eleusis selbständige Gestalt. Nach Lukian, dial. mar. 2, 1 Schweinehirt, der beim Raub Kores mit seiner Herde im Boden versank. K. Schb.

Lit: L. Deubner, Att. Feste, 1932, 41 f. – M. P. Nilsson, ARW 32, 1935, 88 – *Darstellungen:* → Demeter.

Eubulides von Milet, Schüler des → Eukleides (2) v. Megara, Urheber der bekannten Paradoxien des Lügners (wenn jemand sagt ‹ich lüge›, sagt er die Wahrheit, wenn er lügt, und lügt er, wenn er die Wahrheit sagt, tut also beides zugleich), des ‹Verhüllten› (wenn jemand einen Verhüllten kennt, aber nicht weiß, daß er der Verhüllte ist, kennt er ihn zugleich und kennt ihn nicht), des ‹Kahlkopfs› (wieviel Haare muß man haben, um kein Kahlkopf zu sein?) und des ‹Gehörnten› (was du nicht verloren hast, hast du noch. Hörner hast du nicht verloren. Also hast du Hörner). K. v. F.

Q: Diog. Laert. 2, 108–109.

Eubulos, ca. 405–330, athen. Staatsmann, 354–350 und wohl auch später Vorsteher der für die ‹Schaugelder› (→ Theorika) zuständigen Behörde, der auf seine Veranlassung die gesamte Finanzverwaltung unterstellt wurde, mehrte geschickt die Staatsfinanzen und betrieb eine vorsichtige, den Staat und seine Mittel schonende Politik: er setzte 355 den Frieden nach dem Bundesgenossenkrieg und 346 den → Philokratesfrieden durch und trat wie → Aischines (2), im Gegensatz zu → Demosthenes (1), für Verständigung mit den Makedonen ein. E. Bn.

Lit: A. Andreades, Gesch. d. griech. Staatswirtsch. I, 1931.

2. **E.,** Dichter der mittleren → Komödie (I C); schrieb 104 Stücke (einige Titel umstritten); sechs Lenäensiege bezeugt; soll zuerst nach 376 aufgeführt haben. Wenige politische Anspielungen; 28 Stücke sind Mythen- oder Tragödienparodien, acht heißen nach Hetären, drei weitere spielen in deren Milieu, etwa zehn Stück waren nach Charakter- und Berufstypen benannt, einige Titel wie ‹Pamphilos›, ‹Parmeniskos› u. a. weisen schon auf die neue Komödie voraus. Th. G.

Frg: FAttCom II 82–145.

Eucharistie, an sich das Dankgebet, bezeichnet auch die Abendmahlselemente (Brot und Wein) und schließlich die gesamte Abendmahlsfeier. Die Urgemeinde feierte die von Jesus gestiftete E. (Mk. 14, 22–25 Parr.; 1. Kor. 11, 23–25) wohl in der Regel abends zusammen mit der → Agape, darüber hinaus aber auch am Herrentag (Sonntag, → Feste C 1) und beim Osterfest. Eine wichtige Veränderung bedeutete es, als die E. nur noch zusammen mit dem Wortgottesdienst gefeiert wurde (bei → Justin (1), ca. 150, vorausgesetzt). – Eine Theologie der E. liegt bereits in den Abendmahlsberichten der Evangelisten vor und wird bei den → apostolischen Vätern weiter entfaltet. Für die → Didache (ca. 100, Ostsyrien) ist die E. geistliche Speise und geistlicher Trank; die eschatologische Erwartung steht im Mittelpunkt (10, 6); bildlich kann die E. auch als Opfer bezeichnet werden (14, 1; → Opfer, C). Nur Getaufte sind zur E. zugelassen. Für → Ignatius von Antiochien (gest. ca. 110) ist die E. «Heilmittel zur Unsterblichkeit» (Eph. 20, 2). Die Verwaltung der E. liegt ausschließlich in den Händen des monarchischen Episkopats (Smyrn. 8). Justin (s. o) teilt als erster Näheres über den sonntäglichen Gottesdienst mit und führt die Einsetzungsworte an (apol. 1, 65–67). Für → Irenäus von Lyon (gest. ca. 202) besteht die E. aus zwei «Elementen», einem irdischen und einem himmlischen (adv. haer. 4, 18, 5). Der Opfergedanke, der bei Irenäus ebenfalls, wenn auch noch nicht in begrifflicher Schärfe, begegnet, rückt später im Abendland immer mehr in den Mittelpunkt. Nach → Cyprian (gest. 258) brachte Christus sich dem Vater als Opfer dar und ordnete an, daß dieses Opfer zu seinem Gedächtnis wiederholt werde (ep. 63, 14). Die spätere abendländische Theologie, vor allem → Ambrosius (gest. 397), zeichnet sich durch einen sakramentalen Realismus aus, wenn auch etwa → Augustin (gest. 430) daneben an einem spiritualistischen Verständnis festhält. Der Osten hat dagegen wohl den Opfergedanken im Zusammenhang der E. vertreten, jedoch die Wandlung stärker symbolisch verstanden. Nach → Origenes (gest. 254) ist die wahre Speise und der wahre Trank das Wort, das die Seelen nährt (Mt.-Kommentar 85). Bei → Athanasios (gest. 373) und der späteren griech. Theologie kommt, ähnlich wie im Westen, der sakramentale Realismus mehr zu seinem Recht, bleibt jedoch dem Gedanken an die heilschaffenden Gaben der E., Sündenvergebung und ewiges Leben, untergeordnet. B. L.

Lit: ThW III 726–743 – RGG I 10–34 – Harnack DG I; II – Seeberg, DG I; II – W. Elert, Abendmahl u. Kirchengemeinschaft in der alten Kirche hauptsächlich des Ostens, 1954 – J. Betz, Die E. in der Zeit der griech. Väter I 1, 1955; II 1, 1961 – H. Lietzmann, Messe und Herrenmahl (1926), 1955³ – J. Jeremias, Die Abendmahlsworte Jesu (1935), 1960³.

Eudaimonia (εὐδαιμονία), ursprünglich *religiöse Vorstellung:* Zustand des Menschen, in dem ihm ‹die Gottheit (Daimon) wohlgesinnt ist›; abzugrenzen von μακαριότης, der Seligkeit der Gottheit selbst, und von εὐτυχία, dem ‹guten Gelingen›. Der E. steht die Kakodaimonia gegenüber. Im 5. Jh. v. Chr. sind diese Vorstellungen schon stark verblaßt. *Philosophische t.t.* werden sie in der → Sokratik, wo E. die umfassende Erfülltheit aller menschlichen Wünsche bezeichnet und damit den evidenten und unbestreitbaren Zielpunkt jeglichen Handelns. →Platon (Euthyd. 278 E) und → Cicero im ‹Hortensius› (Fr. 36 M.) beginnen ihre Hinführung zur Philosophie mit der axiomatischen Feststellung, daß alle Menschen nach E. streben (vgl. Aristot. NE 1, 2. 1095 a 16ff.), und fragen dann nach dem materialen Gehalt der E. O.G.

Eudemos, Bildhauer aus dem westl. Kleinasien (aus Milet?), von dem die Signatur erhalten blieb auf einer bekleideten männlichen Sitzfigur, einem der → ‹Branchiden›, die einst die heilige Straße nach → Didyma flankierten. Die heute im BM London aufbewahrte Statue läßt sich um die Mitte d. 6. Jh.s datieren, noch vor der des → Chares. E.Bg.

Lit: Lippold, GrPl, 53, Taf. 13, 2 – G. Fogolari, EAA III, 1960, 517 (mit Abb.).

2. **E.,** alexandrinischer Arzt der ersten Ptolemäerzeit, bedeutender Anatom (jünger als → Herophilos und → Erasistratos); hat vor allem zur Anatomie der weiblichen Genitalien sowie zur Drüsen-, Nerven- und Knochenlehre Beiträge geleistet; nichts erhalten. F.K.

3. **E. von Rhodos,** → Peripatetiker, neben → Theophrast der bedeutendste Schüler des → Aristoteles und wie jener bemüht, die Lehre des Meisters fortzubilden und durch Glättung und Systematisierung zu erläutern. Für die Aristoteleskommentatoren sind seine Umformungen der Analytik und der Physik wichtig geworden. In der Sache weicht E. nur unwesentlich von Aristoteles ab; am originellsten ist er in seiner Wissenschaftsgeschichte, die → Theophrasts Geschichte der Naturphilosophie ergänzte, der Geschichte der → Geometrie, der → Arithmetik, der → Astronomie, für die er, wie die Reste zeigen, sehr wertvolles Material benutzt hat. Ob die ‹Eudemische Ethik› des Aristoteles nach diesem oder einem anderen E. heißt, ist ungeklärt. O.G.

Q: F. Wehrli, Schule des Aristoteles 8, 1955.

Eudokia (Athenais), Tochter des Rhetors und Philosophen Leontios v. Athen, vor der Heirat mit → Theodosius II. als E. getauft (421), zur Augusta erhoben (423), dann aber vom Hof vertrieben (441) und fortan in Jerusalem lebend (gest. 460). Ihr dichterisches Werk umfaßte sowohl ein Epos in Hexametern auf den Perserkrieg ihres Gatten, Homer → Centonen und → Enkomien, wie dichterische Metaphrasen zum AT (verloren) und die Bearbeitung der Legende des Märtyrers Kyprianos v. Antiochien (801 Hexameter), eine der Quellen der Faustsage im MA. C.A.

Ed: PG 85, 831–864 – A. Ludwich, Eudociae... carmina, BT, 1897 – *Lit:* LThK III 1170.

2. **E.,** Gemahlin des Kaisers Konstantinos X. Dukas und später des Kaisers Romanos IV. Diogenes; ihren Namen trägt ein umfangreiches lexikalisches ‹Violarium› (Sammelwerk). Es ist eine Fälschung (die von Pulch entlarvt wurde) aus der 2. Hälfte des 16. Jh.s, die der Schreiber Konstantin Palaiokappa in Fontainebleau aus erhaltenen Schriften kompiliert hat. H.E.

Ed: H. Flach, 1880 – *Lit:* P. Pulch, Diss. Straßburg 1880 – L. Cohn, RE 6 (1907), 912f.

Eudoros von Alexandria, 1. Jh. n. Chr. Der erste uns seit dem Ende der Alten → Akademie faßbare Platoniker, der sich für die Pythagoreisch-Platonische Lehre von der Eins (→ Hen) und der Unbestimmten Zweiheit (→ Aoristos Dyas) als den Urprinzipien interessiert. Er deutet sie monistisch: über diesen beiden gäbe es eine höhere Eins, auch leite → Platon die Materie aus dem Einen ab. Er ist wohl auch der erste uns faßbare Autor, der → Platon auf die Lehre festlegt, Ziel ethischen Handelns sei Gottverähnlichung. Sein Abriß der Ethik bedient sich stoischer Begriffe; die aristotelische Kategorienlehre kritisiert er. Ph.M.

Lit: H. Dörrie, Eudoros v. Alexandria, Hermes 79, 1944, 25–39.

Eudoxia, Aelia, Tochter → Bautos, 395 vermählt mit → Arcadius, Mutter des späteren Kaisers → Theodosius II. Unter dem schwachen Regiment des Arcadius gelangte die machtbewußte E. zu beherrschendem Einfluß; Absetzung und Verbannung (404) des Hofbischofs → Johannes (3) Chrysostomos erfolgten unter maßgeblichem Zutun der Okt. 404 verstorbenen Kaiserin. K.H.Sch.

2. **E.,** Licinia, geb. 422, Tochter → Theodosius' II., 424 verlobt und 437 vermählt mit → Valentinian III., nach dessen Ermordung sie März 455 von → Petronius (2) Maximus zur Heirat gezwungen wurde. Zwei Monate später wurde Maximus ermordet; E. wurde von dem nach Rom eingefallenen → Geiserich gefangen und bis 462 in Afrika festgehalten. K.H.Sch.

Eudoxos von Knidos, einer der bedeutendsten → Mathematiker aller Zeiten, → Astronom und → Geograph, ca. 400–ca. 347. E. kam 22jährig nach Athen, wo er mit → Platon bekannt wurde. Von dort unternahm er, von König → Agesilaos II. an König Nektanebis empfohlen, eine 16monatige Reise nach Ägypten, wo er an einem Observatorium in der Nähe von Heliopolis astronomische Beobachtungen anstellte. Danach leitete er mit großem Erfolg in Kyzikos eine Schule. Um 368 ging E. nach Athen zurück und scheint dort während Platons 2. sizilischer Reise (367–365) und bei Aristoteles' Eintritt in die Akademie stellvertretender Vorsteher der Akademie gewesen zu sein. Später kehrte er in seine Heimatstadt zurück, wo er in hohen Ehren starb.

[2] Eine seiner bedeutendsten und zweifellos frühesten mathematischen Leistungen ist die neue *Definition des Verhältnisses* (das sog. → ‹Archimedische Axiom›) *und der Proportion* (Eukl., elem. 5 def. 4f.), die es gestattete, eine neue, auch für inkommensurable Größen (→ Irrationalität) gültige → Proportionenlehre aufzubauen. – Höchstwahrscheinlich geht auch der aus Eukl. elem. 5, def. 4 bewiesene Satz Eukl. elem. 10, 1 auf E. zurück. Auf dieser Grundlage entwickelte E. die sog. → Exhaustionsmethode, mit deren Hilfe er für eine Reihe von Sätzen einen exakten Beweis führt: (1) für den dem → Hippokrates (2) v. Chios bekannten Satz, daß die Flächen zweier Kreise sich verhalten wie die Quadrate ihrer Radien, (2) für die Mehrzahl der stereometrischen Sätze in Eukl. elem. 12, insbes. den Satz, daß die Inhalte zweier Kugeln sich verhalten wie die Kuben ihrer Radien und daß der Inhalt einer Pyramide ein Drittel des Inhalts des Prismas mit gleicher Basis und Höhe und daß der Inhalt eines Kegels ein Drittel des Zylinders von gleicher Basis und Höhe ist. Das Infinitesimale ist in diesen Beweisen mit einer Strenge behandelt, die seither nicht übertroffen worden, hinter der die neuere Mathematik bei der Bearbeitung neuer Gebiete aber oft lange zurückgeblieben ist. E. soll auch eine Lösung des Problems der Verdoppelung des Würfels mit Hilfe von Kurven gefunden haben, die jedoch nicht erhalten ist.

[3] In der → *Astronomie* hat E. eine Beschreibung des Fixsternhimmels gegeben, die der Dichter → Arat (2) dem ersten Teil seiner Phaenomena zugrunde gelegt hat, und ein Parapegma, einen Steckkalender mit Angabe der Aufgänge und Untergänge der Fixsterne und darauf basierenden Wetterprognosen, konstruiert. Bedeutend ist sein Versuch, auf Grund genauer Beobachtungen zunächst die scheinbaren Bewegungen der Planeten (einschließlich Mond und Sonne) so genau als möglich mathematisch zu fassen und

sie dann mit Hilfe eines sehr komplizierten Systems von 27 um die Erde als Mittelpunkt rotierenden → homozentrischen Sphären zu erklären. Er soll ein astronomisches Instrument mit dem Namen → Arachne (die Spinne) erfunden haben, das wahrscheinlich ein → Astrolab gewesen ist. Eine auf einem Papyrus erhaltene astronomische Schrift mit dem Titel *Εὐδόξου τέχνη* stammt nicht von ihm, enthält aber zweifellos vieles, was auf ihn zurückgeht.

[4] Das große, nur in Fragmenten erhaltene *geographische Werk* trug den Titel *Περίοδος γῆς*.

[5] Wahrscheinlich während seiner stellvertretenden Vorsteherschaft in der platonischen Akademie hat E. eine Erklärung der platonischen Ideenlehre zu geben versucht, die jedoch eine ganz andere Art des Denkens als diejenige Platons verrät. Weit größere Wirkung hatte seine Lehre, daß die Lust das höchste Gut sei, mit der Platon sich offenbar im Philebos teilweise auseinandergesetzt hat und die Aristoteles im 10. Buch seiner Nikomachischen Ethik ausführlich erörtert. K. v. F.

[6] In engem Zusammenhang mit → Ideen- und Proportionenlehre stand vermutlich eine ausgeprägte → Farbenlehre: er verglich die → Methexis zwischen Idee und Erscheinung mit der Mischung, die das ‹reine› Weiß mit dem unreinen Weiß eingeht, das wir sehen (Aristot. metaph. 1, 9. 991 a 13–19). Jeder Farberscheinung liegt der ‹Logos›, das Verhältnis der in den Mischfarben enthaltenen reinen Grundfarben, zugrunde. Die reinsten Farben erwecken die höchste Lust und sind den einfachsten Zahlenverhältnissen zugeordnet.

Frg: F. Gisinger, Die Erdbeschreibung des E. v. K., 1921 (mit Komm.) – *Lit:* O. Becker, E.studien I–IV, QuSt 2, 1933/34, 311–333. 369–387; 3, 1936, 236–244. 370–388 – W. Schadewaldt, E. u. die Lehre vom unbewegten Beweger (1952), jetzt in: Hellas und Hesperien, 1960, 451–471 – K. Gaiser, Platons Farbenlehre, in: Synusia, 1965, 173–222, bes. 197 ff.

2. **E. von Kyzikos,** griech. Seefahrer, um 100 v. Chr. Nach zwei erfolgreichen Indienfahrten durch das Rote Meer (ca. 118 und 114) versuchte E., durch den Fund vermeintlich gaditanischer Schiffsreste an der Somaliküste ermutigt, Indien auf dem Weg um Afrika zu erreichen. Die Fahrt wurde bereits in Mauretanien abgebrochen, wo E. König → Bogud vergeblich um Unterstützung bat. Vom Erfolg eines zweiten Versuches, den E. nach seiner Rückkehr unternahm, hat der einzige Berichterstatter, → Poseidonios, nichts mehr erfahren. Vgl. → Entdeckerfahrten, → Ozeanographie. F. L.

Q: Poseidonios, FGrHist 87 F 28.

3. **E. von Rhodos,** geb. nach 278/277, da FGrHist 79 F 4 wohl diesem E. gehört, gest. vor 200(?). Schrieb (mindestens) 9 Bücher Historien; Zeitumfang unbekannt. Wohl derselbe E. unter Periplen-Autoren genannt. Thaumasiographische Elemente (Reiseroman). Früher gab man ihm die Periodos des E. v. Knidos (s. o. 1). W. Sp.

Frg: FGrHist 79 – *Lit:* Jacoby, RE 6 (1909), 930.

Euenos von Paros, Literat, 2. H. des 5. Jh.s v. Chr. Bezeugt sind Elegien, Hexameter, Jamben, nach Sprache und Inhalt (ethische Reflexionen) der → Sophistik nahestehend; ferner Reste rhetorischer Anweisungen (Disputationslehre). Platon nennt ihn als Erzieher (Apol. 20 B; vgl. auch Phaid. 60 D–61 C). O. G.

Q. und *Frg:* L. Radermacher, Artium Scriptores, 1951, 127 f. – Anth. Lyr.³ I 1, 92 ff.

Euergetes (‹Wohltäter›), Ehrenname, den die griech. Städte für bes. Verdienste verliehen (z. B. Hdt. 1, 136), daher auch → Heroen (Herakles), seltener Göttern beigelegt, später oft den durch Kult geehrten Rettern (→ Soter), seit → Ptolemaios III. auch offizieller Beiname mehrerer Herrscher. C. J. C.

Lit: E. Skard, Zwei religiös-politische Begriffe E.–Concordia, Avh. Norske Vidensk. Ak. Oslo hist. fil. Kl. 1931, 2, 1932.

Euergides, att. Töpfer früh → rotfiguriger Schalen, tätig im späten 6. Jh. v. Chr., nach ihm der E.-Maler benannt, der die meisten Schalen des E. bemalte. I. Sch.

Lit: H. J. Bloesch, Formen att. Schalen, 1940, 51–53.

Eugam(m)on von Kyrene, epischer Dichter. Akme 568/565 (Eus. chron. 188 Karst). Wohl Verfasser der ‹Telegonie› im → Kyklos (Prokl.; Eust. ad Od. p. 1796, 47). G. K.

Q: EGF 57–59.

Eugenius (Flavius E.), röm. Kaiser (Usurpator) 392–394. E. war Rhetorikprofessor in Rom und wurde von seinem Freund → Symmachus (2) dem Heermeister → Arbogast empfohlen, der ihn als Kanzleichef (magister scrinii) an den Hof → Valentinians II. holte und nach dessen Tod zum Kaiser ausrufen ließ (22. Aug. 392). → Theodosius I. verweigerte dem christl. Exponenten der heidnischen Reaktion, der bald im ganzen Westen anerkannt war, die Mitregentschaft; in der Schlacht am Frigidus (Wippach), auf beiden Seiten als Gottesgericht angesehen, wurde E. besiegt, gefangen und von Soldaten ermordet (6. Sept. 394). J. Str.

Lit: O. Seeck, Gesch. des Untergangs der antiken Welt V, 1913, 243–259 – E. Stein-J. R. Palanque, Histoire du Bas-Empire I (1928, dt.), 1959², 211–218.

Eugraphius, 6. Jh. n. Chr., Verfasser eines Terenzkommentars, der in zwei Fassungen erhalten ist. D. F.

Ed: P. Wessner in: Donati Comm. Terenti III 1, 1908 – *Lit:* Schanz-Hosius IV 2, 240–242.

Euhemeros, von Messene (ca. 340/260 v. Chr.), schildert, beeinflußt durch ältere Reiseromane und utopische Staatstheorien, in einer ‹Heiligen Schrift› eine Fahrt zur Insel Panchaia (vgl. Platons Atlantis), von der er mit ihren Einrichtungen eine erfundene, aber einleuchtende Darstellung ohne märchenhafte Züge gibt (Kastensystem, Kollektivwirtschaft); im Zeustempel der Hauptstadt findet er auf einer Stele die Taten von Uranos, Kronos, Zeus und anderen Göttern des Volksglaubens und Mythos aufgezeichnet, die sie als Könige der Vorzeit erweisen, die wegen ihrer Stellung, Verdienste, bes. Neuerungen (d. h. als Kulturbringer) nach dem Tode als Götter verehrt wurden, bzw. (Zeus) sich als solche verehren ließen, während als echte Götter nur die Himmelskörper gelten. Sicher ist darin der Einfluß älterer Vorstellungen (→ Herakles, → Dioskuren, → theios anēr) und → Mythenkritik und der politischen Entwicklung der Zeit (Taten und Stellung Alexanders) auf E., umstritten die Abhängigkeit von bestimmten Philosophen (→ Prodikos, → Kritias, → Aristoteles, → Stoa) und ägypt. Anschauungen (vermittelt durch → Leon v. Pella und Hekataios, 2). Die Wirkung dieser Lehre auf die Griechen (Diod. 5, 41–46; 6, 1) ist geringer als die auf die Römer durch → Ennius' Übersetzung, die von → Varro und Kirchenvätern, bes. → Laktanz, benutzt ist. Moderne Erklärungen einzelner Götter als Heroen der Vorzeit haben mit E.' Vorgehen nur den Namen gemein (Euhemerismus). C. J. C.

Frg: FGrHist 63 – G. Vallauri, E. di Messene, 1956 – *Lit:* H. F. van der Meer, E. van Messene, Diss. Amsterdam 1949.

Euhesperidae, Stadt an der Westküste der Kyrenaika (Kt. 2640 E6; heute Benghasi). Lage auf der Landzunge zwischen dem Mittelmeer und der Palus Tritonia (heute Sebḫa 'Ain-es-Selmānī). Name nach den von der Sage in dieser Gegend fixierten Gärten der Hesperiden. E. war Mitglied der Pentapolis Kyrenaika. Unter → Ptolemaios III. Euergetes nach der Gemahlin des Königs Berenike genannt. Der Ortsname lebt in der heutigen Bezeichnung Bernich weiter, die die Nomaden der Kyrenaika für Benghasi verwenden. Monumente sind nicht erhalten. Strabon (17, 834) erwähnt einen Venustempel auf einer Insel der Palus Tritonia. R. F.

Eukleides, athen. Archon 403/402 v. Chr., während dessen Amtszeit in Athen auf Antrag des → Archinos das ionische Alphabet eingeführt wurde (→ Schrift B 1). F. Kch.

2. **E. von Megara,** ca. 450–ca. 370 v. Chr., einer der ältesten Schüler des → Sokrates, der bald nach dessen Tod in

Megara eine eigene Schule gründete (Diog. Laert. 2, 106 bis 108). Die antike und moderne Meinung, E. habe sokratische und eleatische Elemente miteinander vermischt, ist nur insofern richtig, als er ähnlich wie → Platon von rein sokratischen Ausgangspunkten aus zu dem → Eleatismus angenäherten Lehren gekommen ist. Ausgangspunkt war ihm die Einheit des ἀγαθόν, des Guten, nicht wie den → Eleaten die Einheit des Seienden. Aber wie bei dem späteren Platon alles Sein aus der Idee des Guten hervorgeht, die selbst noch jenseits des Seins (ἐπέκεινα τῆς οὐσίας) ist, so daß das Schlechte und Böse eigentlich kein eigenes Sein hat, und noch über Platon hinaus wurde ihm das Schlechte zu einem logischen und ontologischen Nichts (μὴ ὄν). Er scheint sich vor allem mit logisch-ontologischen Problemen beschäftigt zu haben (Einzelheiten erst bei seinen Schülern, den → Megarikern, erhalten). K. v. F.

Euklid, griech. → Mathematiker, Verfasser der ‹Elemente›. Nach → Proklos war er jünger als die ersten Schüler → Platons, älter als → Archimedes und wirkte z. Z. → Ptolemaios' I. (306–283) in Alexandria. Zwei Anekdoten kennzeichnen die Auffassung E.s (und seiner Zeit) von der Mathematik: Dem Ptolemaios sagte Euklid, es gebe zur Geometrie keinen besonderen Weg für Könige; einem Schüler, der nach dem Erlernen des ersten Satzes fragte, was für einen Gewinn er davon habe, ließ er durch einen Sklaven drei Obolen überreichen. → Pappos rühmt sein Wohlwollen gegenüber anderen Mathematikern und seine Bescheidenheit, die die eigenen Leistungen nicht betonte.

[2] Seine ‹*Elemente*› (*Στοιχεῖα*) sind mustergültig in Anlage und Aufbau, sowohl des ganzen Werkes wie jedes einzelnen Satzes und Beweises. Die vorangegangenen ‹Elemente› von Hippokrates (2) v. Chios, → Leon (1) und → Theudios haben sich gegenüber denen von E. nicht halten können; nach E. sind nicht wieder ‹Elemente› geschrieben worden. – E.s Elemente beginnen so, wie nach → Aristoteles eine beweisende Wissenschaft beginnen muß: mit Definitionen (ὅροι), → Postulaten (αἰτήματα) und → Axiomen (κοιναὶ ἔννοιαι). Die ersten Definitionen knüpfen an Aristoteles' Definition des Quantitativen (metaphys. 4, 13. 1020 a 7 ff.) an, z. B. die der Linie als breitenlose Länge. Die Postulate sichern die Existenz einer Geraden durch zwei Punkte, eines Kreises mit gegebenem Mittelpunkt und Radius, und des Schnittpunkts zweier Geraden, wenn die Innenwinkel beim Schnitt mit einer dritten kleiner als zwei Rechte sind. (Das ist E.s Formulierung des → Parallelenpostulats.) Die Axiome sind allgemeingültige Sätze über Größen überhaupt, nicht nur über geometrische Größen (mit Ausnahme von 7). – Es folgen im 1. Buch Sätze über Geraden und Dreiecke, darunter Kongruenzsätze, Sätze über den Flächeninhalt, darunter die Grundaufgabe der → Flächenanlegung (I 44), schließlich der Satz des → Pythagoras. – Buch 2 bringt ‹geometrische Algebra›, d. h. Sätze der Art $a(b+c+..)=ab+ac+..$, $\left(\frac{a+b}{2}\right)^2 = \left(\frac{a-b}{2}\right)^2 + ab$ in geometrischer Fassung. Buch 3 enthält die elementare Kreisgeometrie, Buch 4 handelt von regelmäßigen Polygonen. Buch 5 begründet und entwickelt die → Proportionenlehre, auch für inkommensurable Größen. Der Inhalt stammt im wesentlichen von → Eudoxos (1) von Knidos. In Buch 6 wird die Theorie auf ähnliche Figuren angewandt. In den Sätzen 27–29 ist die geometrische Lösung quadratischer Gleichungen enthalten (→ Arithmetik und Algebra). Die Bücher 7–9 enthalten zahlentheoretische und algebraische Sätze (→ Arithmetik). Buch 10 bringt eine wichtige Klassifikation der → Irrationalitäten; es dürfte auf → Theaitetos (1) zurückgehen. Die Bücher 11–13 bringen die Stereometrie (→ Geometrie). Das Werk endet mit den regelmäßigen Körpern (→ Polyeder) und dem Satz, daß es nicht mehr als die fünf beschriebenen gibt. Das sog. Buch 14 der Elemente ist von → Hypsikles, Buch 15 vielleicht von einem Schüler des → Isidoros, beide handeln von regelmäßigen Körpern.

[3] *Weitere Schriften:* Die ‹Data› ergänzen die Elemente. Sie enthalten Sätze folgender Art: Sind bei einer geometrischen Figur gewisse Stücke gegeben, so sind damit auch andere Stücke der Figur gegeben. – Eine Schrift ‹*Über die Teilung von Figuren*› ist auf arabisch erhalten (etwa: Ein Dreieck soll durch eine Gerade gegebener Richtung in zwei Flächenstücke von gegebenem Verhältnis geteilt werden). – Verloren sind E.s Schriften über Fehlschlüsse, Örter auf Flächen, → Porismen und → Kegelschnitte. Pappos macht einige Angaben darüber. – Von Schriften aus der angewandten Mathematik sind erhalten: Phainomena (mathematische → Astronomie), → Optik (scheinbare Größe und Form von Figuren bei verschiedener Lage und Entfernung), Sectio canonis (→ Musiktheorie auf der Grundlage der Lehre von den Verhältnissen). Die Zuschreibung einer → Katoptrik (Lehre von den Spiegelungen) an E. ist fraglich; vielleicht stammt sie von → Theon (3) v. Alexandria. Fraglich ist auch, ob E. Verfasser einer Schrift über → Mechanik (De levi et ponderoso) ist, die in einer lat. Übersetzung aus dem Arabischen erhalten ist. – Vgl. → Geometrie, → Mathematik. H. G.

Ed: S. Grynaeus, Basel 1533 (Elem., ed. princeps) – J. L. Heiberg-H. Menge, 8 Bde, 1883–1916 (mod. Gesamtausgabe) – *Übers:* T. L. Heath (1908), 1926² (Elem.; engl.) – C. Thaer, 1933–37, Nachdr. 1962 (Elem.; deutsch) – E. Stamatis, 1952–57 (Elem.; neugriech., mit Text) – C. Thaer, 1962 (Data; deutsch) – *Lit:* → Mathematik.

Euktemon, att. Meteorologe, Astronom, Geograph; Gehilfe → Metons bei dessen Kalenderreformversuch 432 v. Chr. Auf seinen Beobachtungen in Athen, im Kykladengebiet, in Makedonien und Thrakien beruhen die Angaben über Sternphasen und Witterungswechsel (ἐπισημασίαι) in Metons → Parapegma. Vermutlich Verfasser eines → Periplūs des Inneren Meeres (wichtig bes. für → Geographie des Westens). H. Kal.

Eulen. E. waren im alten Mittelmeerraum und in den Nachbargebieten mit mehreren Arten verbreitet. Am bekanntesten war der Steinkauz (γλαύξ, noctua), als dessen Wesensmerkmal der unheimlich funkelnde Glanz seiner Augen galt. γλαυκῶπις heißt vornehmlich Athena, wozu sich die Vorstellung vom klügsten aller Vögel fügt. Auf frühzeitliche Bedeutung weisen kret.-myk. Darstellungen und die Überlieferung von der Verwandlung von Minyastöchtern in E.n. Die Verbindung mit Athena ist in der Bildkunst durch att. Münzen seit Solon gesichert. Begünstigt wurde die Zuordnung durch das reiche Vorkommen des Steinkauzes auf der Burg von Athen, auf das sich das sprichwörtliche γλαῦκ' Ἀθήναζε bezieht. Der Steinkauz galt, ausgenommen während der winterlichen Brutzeit, als Wetterprophet und weisender Vogel, dessen Flug Glück verhieß, während sein Sitzen und Klagen Unheil kündete. Zahme Käuzchen hielt man im Haus und beim Vogelfang. – Das bereits epische Wort σκώψ (strix) bezieht sich auf die Zwergohr-E. und ihren scharfen Blick. Sie galt als unheilbringend und diente dem Hexenzauber. Ähnlich dachte man von der auf dem jährlichen Herbstzug beobachteten Waldohr-E. (ὦτος), deren Nachahmungstrieb ebenso treffend beobachtet wurde wie der der Zwergohr-E. – Von großer Bedeutung im Aberglauben war der Uhu (βύας, bubo), der größte unter den Nachtraubvögeln, dessen menschenähnlicher Ruf ebenso wie der Flug wegen der Verbindung mit der Totenwelt als unheilbringend gedeutet wurde (avis funebris). – Die Bezeichnungen ἐλεός und αἰτωλιός beziehen sich wahrscheinlich auf die Schleier-E. und den Waldkauz. Der erste lebt in Feindschaft mit dem Steinkauz; der zweite wird mit der Verwandlung eines Kreters verbunden, der in die heilige Bienenhöhle auf Kreta eindrang. Vgl. → Münze B [2]. J. W.

Lit: → Fauna – Ferner: M. Wellmann, RE 6, 1 (1907), 1068–71 – O. Jessen, RE 7, 1 (1910), 1404–07 – Keller, Tierwelt II 36–45 – J. H.

Jongkees, Notes on the coinage of Athens, Mnemosyne N.S. 5, 1952, 28 – S. Marinatos, Kreta und das mykenische Hellas, 1959, 121, Nr. 203 – K. Schefold, Mw, 278, Nr. 421 ff. – B. H. Stricker, De Heilige Leil, Oudh. Meded. NS 38, 1957, 1–14.

Eulogius → Favonius.

Eumaios, Schweinehirt des → Odysseus, eigentlich Königssohn von der Insel Syria, aber als Kind (durch phön. Piraten) in die Sklaverei verkauft. Wahrte → Odysseus die Treue. Die Schilderung, wie er den Bettler aufnimmt, ist das erste Idyll der Literatur (Hom. Od. 14–16). L.H.

Darstellung: auf einem Skyphos des Penelopemalers bei der Wiedererkennung des Odysseus durch Eurykleia (Furtwängler-Reichhold, Taf. 142). Vgl. A. Comotti, EAA III, 1960, 538 f. K. Schf.

Eumares, von Athen, Maler. Vermutlich identisch mit dem Vater des Bildhauers → Antenor; wirkte also in der Mitte des 6. Jh.s v. Chr. Die Überlieferung schreibt ihm die ‹Erfindung› der seit dem 7. Jh. gebräuchlichen Farbgebung der Haut bei Mann (Braunrot) und Frau (Weiß) zu (vgl. → Farbsymbolik). Sein Name erscheint in vier Inschriften der Akropolis; steht an der Spitze einer bedeutenden attischen Schule (→ Antenor (2); → Kritios). C.K.

Q: Overbeck, SQ, 377 – *Lit:* C. Robert, RE 6,1 (1907), 1074 – Brunn II 8 – Rumpf, 32,9 – A. E. Raubitschek, Dedications, 1949, 498 ff.

Eumelos von Korinth, epischer Dichter, 8. (?) Jh. (Clem. Alex. strom. 1,21,131,8); erwähnt als Verfasser der → Titanomachie und anderer, nicht mehr rekonstruierbarer Dichtungen: der Korinthiaka (Schol. Apoll. Rhod. 1,146; Paus. 2,1,1), die nach einer Prosaepitome (Clem. Alex. strom. 1,24,164,3) einen Stoff aus der Argonautensage behandelten, einer Bugonia, einer Europia (Hieron. Eus. Chron. ad Ol. V,2 u.a.), eines Nostos (Schol. Pind. Ol. 13, 31) und eines → Prosodion (Paus. 4,33,2 u.a.). Vgl. → Kyklos.

Lit: Schmid-Stählin I 1, 291–292. G.K.

Eumenes I., Sohn des Eumenes, Bruders des → Philetairos (1), seines Adoptivvaters und Vorgängers (→ Attaliden), 263–241 Dynast von → Pergamon. E. besiegte zu Beginn seiner Herrschaft den bisherigen Oberherrn der Pergamener, → Antiochos I., bei Sardes (Strab. 13,624), schützte sich vor den → Galatern durch Tributzahlungen und hatte sich eines Söldneraufstandes zu erwehren (Inscr. Perg. 13). Nach dem Sieg über Antiochos dehnte er seinen Herrschaftsbereich bis zur Küste aus und beanspruchte Selbständigkeit (Bild des Philetairos statt Seleukos' I. auf den Münzen geprägt). D.T.

2. **E. II.** Soter, ältester Sohn → Attalos' II. und der Apollonis aus Kyzikos (→ Attaliden), geb. vor 221 v. Chr., 197 bis 159 König von → Pergamon. E. kämpfte mit den Römern gegen → Antiochos III. und erhielt dafür 188 Kleinasien bis zum Tauros außer den altfreien Städten, Lykien und Karien (Polyb. 21,45); Pergamon war damit Vormacht Anatoliens von Roms Gnaden. Siegreiche Kriege führte er mit röm. Unterstützung gegen die → Galater (mit → Manlius (5) Vulso) und → Prusias I.; einen großen Koalitionskrieg (mit Bithynien und Kappadokien) gegen → Pharnakes I. und die Galater (183–179). E.' Klagen gegen → Perseus (2) v. Makedonien (172) gaben den Anstoß zum 3. Maked. Krieg. Seither führte das röm. Mißtrauen gegen E. persönlich (nicht den Staat als solchen) zu wachsender Entfremdung, obwohl E. immer loyal blieb, zur Begünstigung seiner Gegner (Galater, → Prusias II., Städte) und brutalen röm. Eingriffen (Polyb. 31,9 f.), was E. wiederum die Sympathien der Griechen verschaffte (Polyb. 31,10,6). E. hat das seit 188 um ein Vielfaches vergrößerte pergam. Reich durch organisatorische Leistungen und kulturelle Prägung entscheidend geformt, die Stadt Pergamon prächtig ausgestaltet (→ Pergamonaltar) und war einer der großen fürstlichen Mäzene der hellenist. Welt. Gesamturteil: Polyb. 32,22; Strab. 13,624. D.T.

Lit: H. Willrich, RE 6,1 (1907), 1091–1104 – M. Rostovtzeff, Hellen. Welt, 505–523.

3. **E. von Kardia,** ca. 360–316, schon unter → Philipp II. am maked. Hof, einflußreicher Kanzleisekretär → Alexanders (5) d. Gr.; scheint in den Parteiintrigen am Hof geschickt mitgespielt zu haben. Bei den Hochzeiten von Susa bekam E. Artonis aus hohem persischem Adel zur Frau; nach dem Tod → Hephaistions (1) wurde er Hipparch. Nach Alexanders Tod erhielt er → Kappadokien als Satrapie, schloß sich an → Perdikkas (4) an und besiegte und tötete → Krateros (1). Von seinem Gegner → Antigonos I. ein Jahr lang belagert, entkam er 318 und wurde von → Polyperchon zum Strategen Asiens ernannt. Die maked. Truppen, denen er als Grieche verhaßt war, suchte er durch das ‹Alexanderzelt› (Kriegsrat unter Alexanders Geist) und Verfechtung der Interessen → Alexanders IV. an sich zu fesseln, wurde aber nach langem Kampf in Iran an Antigonos verraten und 316 hingerichtet. – Die Echtheit der sog. Ephemeriden (FGrHist 117), eines angeblich von E. geführten Tagebuchs Alexanders, ist umstritten.

Q: Diod. 18 – Nep. Eum. – Plut. Eum. – *Lit:* Berve II 156 f. – L. Pearson, The diary and letters of A. the Great, Historia 3, 1955, 429 bis 455 – M. J. Fontana, Le lotte per la successione di A. Magno, 1960.

Eumeniden → Erinyen.

Eumenius, Lehrer der → Rhetorik aus Augustodunum (Autun). Verfasser einer Rede ‹Für den Wiederaufbau der Schulen› (Pro instaurandis scholis; Pan. lat. 9; → Panegyrikos, 2). Danach stammte E. aus einer alten Rhetorenfamilie und hatte es in Rom bis zum Leiter des kaiserlichen Sekretariats (sacrae memoriae magister: 11,2) gebracht. → Constantius (3) Chlorus übertrug ihm 297 die Stelle des Rhetors in seiner Heimatstadt (Kap. 14 das Ernennungsdekret). Da die Schulen der Stadt bei der Zerstörung Autuns während der Germaneneinfälle schwer gelitten hatten, stellte E. sein Gehalt (600000 Sesterzen: 11,2) zum Wiederaufbau seiner Lehrstätte zur Verfügung und bat den Praeses der Provinz, die Schenkung bei den Kaisern genehmigen zu lassen. R.T.

Ed: W. Baehrens, Panegyrici Latini, BT (1874), 1911² – E. Galletier, Panégyriques Latins, 3 Bde, 1949–55 – *Lit:* O. Seeck, RE 6,1 (1907), 2097–99 – K. Ziegler, RE 18,3 (1949), 571–581.

Eumolpiden, vornehmstes eleusin. Priestergeschlecht, bekleidete erblich das Amt des eleusin. → Hierophanten, das höchste → Priesteramt im att. Staat. Ihre Hauptaufgabe ist im Begriff angedeutet: (Verwahren und) Herzeigen der heiligen Dinge bei der Mysterienfeier. In Ciceros Zeit gab es ein eigenes Buch, das die traditionellen Obliegenheiten der E. beschrieb (FGrHist 355). Die E. leiteten sich von einem Heros Eumolpos her (schon Hom. hymn. Dem. 475), der schon sehr früh als Repräsentant des Amts des ‹Vorsängers› an den Mysterien gegolten haben muß. Sein Vater heißt Poseidon, zugleich aber wird er seit dem 5. Jh. v. Chr. als Thraker bezeichnet, wohl um ihn in die Nähe des → Orpheus zu rücken. Von einem Kampf zwischen Eumolpos und dem athen. König → Erechtheus erzählte der ‹Erechtheus› des → Euripides (vgl. Paus. 1,27,4). Die mythen- und kultgeschichtlichen Bedenklichkeiten der Herleitung der E. von Thrakien haben u.a. → Andron (FGrHist 10 F 13) und → Istros (334 F 22) diskutiert. O.G.

Eunapios von Sardes, Sophist, ca. 345 bis nach 414, Schüler des Neuplatonikers Chrysanthios in Sardes und des → Prohairesios in Athen; Christenfeind, vergötterte → Julian Apostata (dessen Freund → Oreibasios stellte E. eine Aufzeichnung von Taten Julians als Rohstoff zur Verfügung: FGrHist 221). – *Schriften:* 1. das *Geschichtswerk* (verloren), 14 Bücher in der ‹neuen Fassung› (Phot. bibl. cod. 77), setzte → Dexippos bis 404 fort. Benutzt von → Ammianus Marcellinus (auch das umgekehrte Verhältnis wird angesetzt), → Zosimos (2), Kirchenhistorikern u.a. – 2. *Sophistenviten* (Plotin, Porphyrios, Jamblich, Aidesios, Maximos, Himerios, Libanios, Oreibasios, Chrysanthios, Prohairesios u.a.). Sie geben Einblick in das Geistesleben des 4. Jh.s n. Chr. und setzen das Geschichtswerk bis ca. 395 voraus. Das Modell ist → Philostrat II., der Stil gekünstelt und unausgeglichen (Neubildungen, Hapaxlegomena, Vulgarismen, Periphrasen, Formen aus Herodot, Epos, Drama, Herodian). W. Sp.

Ed: Ed. princ.: Hadr. Iunius, 1568 – J. F. Boissonade-D. Wyttenbach, 1822 (Noten) – Vitae Sophistarum: W. C. Wright, LCL, 1922 (rhet. Glossar) – G. Giangrande, 1956 (Lit) – *Frg:* FHG IV 7ff. – Exempla Constant. de legat., ed. C. de Boor, 1903, 591–599 – Excerpta de sententiis, ed. U. Ph. Boissevain, 1906, 71–103 – *Lit:* K. Gerth, 2. Sophistik, Bursian 272, 1941, 145 – Ders., RE Suppl. 8 (1956), 748, s. v. Zweite Sophistik – W. R. Chalmers, E., Ammianus Marcellinus, and Zosimus on Julian's Persian Expedition, ClQ 54, 1960, 156–159 – Lesky, 907f.

Eunomia, ursprünglich etwa die ‹gute Ordnung› und das ihr entsprechende Verhalten der Einzelnen, später (nach dem Bedeutungswandel von → Nomos) als ‹Wohlgesetzlichkeit› verstanden, war seit der archaischen Zeit ein vielberufenes, schon von → Hesiod (theog. 902) als eine der → Horen vergöttlichtes Ideal griech. Lebens- und Staatsordnung. Man dachte dabei an eine festgefügte, gerechte Ordnung, die die Bürger in strenger Zucht hielt und Frieden, Wohlstand und Stärke des Gemeinwesens verbürgte. Am ehesten schien sie in der durch Jahrhunderte unerschütterten strengen Staatsordnung → Spartas verwirklicht; und wie Sparta das Vorbild, so war die E. das Ideal und das Schlagwort vor allem oligarchischer Kreise (→ Griechenland III B 3). F. G.

Lit: G. Großmann, Politische Schlagwörter aus der Zeit des Pelop. Krieges, Diss. Basel 1950, 30ff. (Lit).

Eunuchen. Sklaven (Kriegsgefangene: Hdt. 6, 32) zeugungsunfähig zu machen, soll Semiramis (Amm. 14, 6, 17) eingeführt haben; die Sitte stammte jedenfalls aus dem Vorderen Orient. Die E. wurden verspottet (Hor. epod. 9, 13; Ter. Eun. 357), sie galten als tückisch (Hist. Aug. 20, 24, 3) und wollüstig (Iuv. 6, 366; Mart. 6, 67), bekleideten aber bisweilen hohe Vertrauensstellungen (Hdt. 8, 104; Suet. Claud. 28). In der spätröm. Zeit spielten E. am Kaiserhofe als Inhaber einflußreicher Ämter eine wichtige politische Rolle (→ Eutropius, → Narses). W. K.

Lit: M. K. Hopkins, Eunuchs in Politics in the Later Roman Empire, Proc. of the Cambridge Philolog. Soc., No. 189 (N. S., No. 9), 1963, 62ff.

Eunus von Apameia ***(in Syrien)***, Anführer der aufständischen → Sklaven im 1. Siz. Sklavenkrieg gegen die Römer ca. 136–132 v. Chr., unter dem Königsnamen Antiochos Gründer eines Sklavenstaates in Sizilien mit der Hauptstadt Enna, eigener Münzprägung und Heeresbildung. E. schlug mehrere Prätoren und Konsuln, bis er nach dem Fall von Tauromenion und Enna durch P. → Rupilius 132 v. Chr. gestürzt wurde; er starb als Gefangener in Morgantia. In seiner Freiheitsbewegung mischten sich soziale, religiöse und nationale Elemente (Diod. 34, 2, 5ff.). S. L.

Eupalinos, von Megara, Ingenieur, trieb unter → Polykrates (538–522) für die Wasserleitung der Stadt → Samos einen ca. 1000 m langen Tunnel von 2 Seiten her durch einen Berg, was exakte Vermessungsmethoden voraussetzt. Ein gegen 500 in seiner Heimatstadt erbautes prächtiges Brunnenhaus ist des verwandten Leitungssystems wegen wohl E. zuzuweisen (→ Wasserversorgung). G. Gb.

Eupatriden (etwa ‹Nachkommen der Wohlgeborenen›) heißen die Angehörigen des alten Adels in Athen. Ursprünglich mögen sie allein in die Ämter und in den Rat gekommen sein, später waren ihnen wenigstens das Amt des Phylenkönigs (→ Phylen, 3) sowie einige von den → Exegeten-Stellen vorbehalten. F. G.

Euphantos von Olynt, vor 348 v. Chr. geb., Schüler des Megarikers Eubulides, Zeitgenosse Stilpons; Lehrer des → Antigonos Gonatas, dem er eine Schrift über die Königsherrschaft widmete. Schrieb (mindestens) 4 Bücher Zeitgeschichte (Diadochen), Tragödien, auch philosophische Schriften. W. Sp.

Frg: FGrHist 74 – *Lit:* Natorp, RE 6 (1909), 1166 – F. Jacoby, Die Schmeichelei des Kallikrates, Hermes 69, 1934, 214–217.

Euphemismus (*εὐφημισμός*), Beschönigung durch entsprechende Veränderung des Ausdrucks, den → Tropen zugerechnet, mit der → Litotes verwandt. *Bsp.:* ‹Eumeniden› für → Erinyen (Hermog. prog. 7, 36); ‹bei einer Frau schlafen›; christl.: ‹Heimgang› für ‹Tod› (vgl. aber Hom. Od. 11, 488). H. H.

Lit: Volkmann, 434 – Lausberg, I 304; II 909.

Euphemos, Sohn Poseidons, so schnell, daß er über Wellen läuft, ohne die Füße zu benetzen, bekommt, mit den → Argonauten auf der Heimfahrt, in Libyen von Triton eine Erdscholle zum Zeichen künftiger Herrschaft; als er sie ins Meer fallen läßt, entsteht daraus die Insel Thera, die später von seinen Nachkommen besiedelt wird. Medea weissagt, daß jene im 17. Glied von dort aus die Stadt → Kyrene gründen werden (Hdt. 4, 150; Pind. Pyth. 4, 35ff.; Apoll. Rhod. 4, 1730ff.). K. Schb.

Lit: N. Strosetzki, Antike Rechtssymbole, Hermes 86, 1958, 1–17.

Euphonie, ‹Wohlklang›, eine Stilqualität des Ornatus (*κόσμος*) in der Rhetorik, maßgebend für die Auswahl des am schönsten klingenden Wortes, Quint. inst. 1, 5, 4. 8, 3, 17.

Lit: Lausberg, I 279. H. H.

Euphorbos, Sohn des Troers Panthoos. Verwundet als erster den → Patroklos, wird durch Menelaos getötet (Il. 16, 808; 17, 1ff.).

Darstellungen: Kampf um die Leiche des E. auf einem rhodischen Teller (Pfuhl, MuZ, Abb. 117) des 7. Jh.s. K. Schb.

Euphorion, Gelehrter und Dichter, geb. 276/275 v. Chr. in Chalkis auf Euboia. Studienjahre in Athen. Lehrer in der Dichtkunst: Archebulos v. Thera. Böse Zungen behaupteten, er habe sich zum reichen Manne gemacht, da er sich mit der Witwe des Alexander, Herrschers v. Euboia, verband. In späteren Jahren durch → Antiochos III. d. Gr. zum Bibliothekar der Bibliothek in Antiochia am Orontes bestellt; dort (nach → Suidas in Apameia) wohl gestorben und begraben. – Die *gelehrten Werke* des E. kann man mit Wahrscheinlichkeit in die Zeit am Institut von Antiochia setzen. Eine Berührung mit der alexandrinischen Bibliothek durch einen Aufenthalt in Alexandria ist nicht wahrscheinlich. Bezeugt sind die Titel: ‹Über die Aleuaden›; ‹Über die Isthmischen Spiele›; außerdem ein Lexikon zu Hippokrates. – Durch seine *Dichtung* wurde E. zum führenden Vertreter der Gattung des → Epyllions (vgl. → Hellenist. Dichtung B 2). → Suidas nennt drei Werke: ‹Hesiod›; ‹Mopsopia oder Vermischtes›; ‹Chiliaden›. Diese Titel bereits haben Rätsel aufgegeben: so wurde für ‹Vermischtes› (*Ἄτακτα*) ‹Attisches› (*Ἀττικά*) vermutet, da der Inhalt dieses Gedichtes zweifellos Attika betraf (Mopsopia: alter Name für Attika). Die ‹Chiliaden› lassen sich als ein Drohgedicht erkennen, gegen Leute gerichtet, welche den E. um Geld gebracht haben. Er hält ihnen Orakel vor, welche sich erst nach tausend Jahren erfüllten (nach Suidas 5 Bücher!). Von diesen drei Werken kümmerliche Fragmente durch Zitate. Beträchtlichere Fragmente durch verschiedene Papyrusfunde, die schwierige philologische Probleme stellen. Aus dem Gedicht ‹Flüche oder Der Becherdieb› liegt (Nr. 9 Powell) ein Stück vor, in welchem dem Dieb eine ganze Reihe schärfster Strafen gewünscht wird, für die jeweils ein Beispiel aus dem Mythos steht. Nur zum Teil sind die Sagen entlegen. Die Entfaltung des (nicht durchweg raren) Wissens aus solchem Anlaß wird, soweit wir sehen, nicht durch Ironie oder Humor erträglich gemacht (vgl. ein ähnliches Problem bei → Hermesianax). Aus Geschmacksgründen wird somit ein Vergleich mit dem ‹Ibis› des → Kallimachos (3) nur eingeschränkt gelten dürfen. Aus dem gleichen Papyrusfund wie dieses Gedicht des E. das Fragment Nr. 51 Powell, enthaltend eine ausdrucksstarke Schilderung, wie Herakles den Kerberos nach Tiryns bringt. Eine Gruppe weiterer Papyrusfunde betrifft hauptsächlich den ‹Thrax› (hierin entlegene Sagen, wie die Geschichte von Apriate und dem um sie werbenden Trambelos, den deswegen Achill tötet. Anderwärts das Walten der

Dike beschworen und ein Mörder verwünscht. Wiederum ein Verfluchungsgedicht?). Darunter weiter ein Gedicht ‹Hippomedon›, Inhalt dunkel. Aus anderen Quellen noch einige Titel offenbar mythologischer Gedichte: ‹Inachos›, ‹Hyakinthos›, ‹Philoktetes›. Erhalten sind einige Epigramme. – In der *Würdigung* des E. gehen wir etwa mit den von ihm abhängigen Neoterikern (‹cantores Euphorionis› nach Cic. Tusc. III 45) nicht einig. Latte (s. u.) setzt dementsprechend seine Erzählweise dem ‹liebenswürdigen Humor› des Kallimachos entgegen. E. hat den ‹unantastbaren› (so Frg. 118) Homer als Sprachmuster, doch ist seine Sprache dunkel und glossenreich. P.H.

Frg: Coll. Alex. 28 – V. Bartoletti, Papiri Greci e Latini 14, 1957, Nr. 1390 – *Lit:* F. Scheidweiler, Euphorionis fragmenta, Diss. Bonn 1908 – K. Latte, Der Thrax des E., Philol. 90, 1935, 129–155.

Euphranor, vom Isthmos (Korinth?), Maler, Bildhauer und Toreut. Schüler des → Aristeides (6). Plinius nat. 35, 128 datiert ihn um 360; vermutlich sah man seine Blütezeit im Zusammenhang mit dem Auftrag für die Stoa Eleutherios an der Agora in → Athen (I C 8): Hauptbild das Reitergefecht bei Mantineia (362), zu beiden Seiten die zwölf Götter, bzw. Theseus, Demokratia und Demos; vgl. das Thema ‹Demos› bei → Parrhasios; von dessen Theseus meint E., daß er mit Rosen, der seine mit Fleisch genährt sei, womit er den Stilwandel seiner Epoche als Reaktion auf den reichen Stil kennzeichnet (Plin. nat. 35, 129). Ferner ein Wahnsinn heuchelnder Odysseus. Als Verfasser theoretischer Schriften über Symmetrie (Proportionen) und Farben steht er seinem sikyonischen Zeitgenossen → Pamphilos (1) nahe. Vgl. → Malerei C [3]. C.K.

Q: Overbeck, SQ, 1786ff. – *Lit:* Brunn II 181ff. – Pfuhl, 749ff. – C. Robert, RE 6,1 (1907), 1191–94 – Lippold, GK, 115 – Rumpf, 132,3 – G. Bendinelli-M. Floriani Squarciapino, EAA III 531–533.

[2] *Skulpturen.* Das von Paus. 1, 3, 3 dem E. zugeschriebene Kultbild des Apollon Patroos glaubt man in einem in jener Gegend ausgegrabenen originalen Torso wiedererkennen zu können (Hesperia 6, 1937, 107; zweifelnd A. Rumpf, JdI 53, 1938, 116). Trotz der umfangreichen Liste der ihm von den Schriftquellen noch zugeschriebenen Werke und der zahlreichen antiken Kunsturteile ist es noch nicht gelungen, zu den in Kopien erhaltenen Werken eine sichere Brücke zu schlagen. Der sog. Alexander Rondanini (Lippold, GrPl 268 Anm. 7) könnte einen wagenbesteigenden Alexander darstellen und trotz der vorgebrachten Bedenken auf das von Plinius (nat. 34, 78) überlieferte Werk bezogen werden. Für den berühmten Paris sind sehr verschiedene Identifizierungsvorschläge, für die übrigen Werke nicht mehr als vage Vermutungen ausgesprochen worden. – Die Kunstschriftsteller rühmen seine Vielseitigkeit, sein Anpassungsvermögen, seinen Fleiß, seine sich stets gleichbleibende Vortrefflichkeit in allen Kunstzweigen. Er habe als erster die ‹dignitas› der Heroen wiedergegeben. Sein Proportionssystem muß zwischen dem des → Polyklet und → Lysipp vermittelt haben. E.Bg.

Lit: W. Amelung, L'Artémis de Versailles et l'Apollon du Belvédère, RA 1904 II, 325–347 – J. Six, E., JdI 24, 1909, 7–27 – M. Bieber, Der Paris d. E..., JdI 25, 1910, 159–173 – Lippold, GrPl, 260f. – N. Dakos, Le Paris d'E., BCH 85, 1961, 371–399.

Euphrat (akkad. Purattu), der westliche der beiden großen Ströme Mesopotamiens (Kt. 1925); Quellen im armenischen Bergland, ca. 2850 km lang. Zur Zeit des Frühjahrshochwassers Bewässerung der Felder im babylonischen Schwemmland. Doch verlegte der E. sein Bett oft; dadurch Verödung mancher Siedlungsgebiete. W.R.

Euphron, Politiker in Sikyon, bis zur Einnahme der Stadt durch → Epameinondas (369 v. Chr.) Oligarch und Anhänger Spartas, später Begründer der Demokratie, Tyrann, Söldnerführer, abwechselnd Parteigänger verschiedener Städte, bes. Thebens, ca. 365 ermordet, in Sikyon zum Heros erklärt. E.Bn.

Lit: Ch. H. Skalet, Ancient Sikyon, 1928, 73ff.

Euphronios, als Vasenmaler des früh → rotfigurigen Stils in Athen ca. 515–500 tätig, durch den → Lieblingsnamen Leagros datiert (→ Vasen E4). Im frühen 5. Jh. signiert E. nur noch als Schalentöpfer, seine Zeichenkunst ist nicht weiter zu verfolgen. Weihinschrift des E. auf der Akropolis (Nat. Mus. Athen 6278) um 480. – Prägnanter Linienreichtum von vielseitigem Ausdruck; plastisch-monumentale Gestalten; an Erfindungs- und Beobachtungsgabe übertrifft er noch den Rivalen → Euthymides. – *Werke:* Kelchkrater mit Herakles und Antaios, Louvre G 103 (Arias-Hirmer, Abb. 108–111); Schale mit Reiterknabe, München 2620 (Lullies, GV Abb. 12–16). – Kratere, Schalen, Stamnos, Pelike, Hydria, Psykter u. a. m. I.Sch.

Lit: Furtwängler-Reichhold I 102–104; II 1–13; 172–178 – H. J. Bloesch, Formen att. Schalen, 1940, 70 80 – Beazley, ARV in Am. Mus., 27; 30–32 – F. Villard, Mon. Piot 45, 1951, 1–13 – Ders., Mon. Piot 47, 1953, 35–46 – A. Raubitschek, Dedications from the Athen. Acrop., 1949, 255, Nr. 225 – Beazley, ARV² 13–19.

2. **E.,** Dichter der alten → Komödie (I B); Name auf der Siegerliste für Dionysien 458 ergänzt. Th.G.

Frg: FAttCom I 12.

3. **E.,** Tragiker, 3. Jh. v. Chr., auch zur Pleias (→ Hellenistische Dichtung D) gezählt. P.H.

4. **E.,** Lehrer des → Aristophanes (2) v. Byzanz, Zeitgenosse des → Kallimachos und → Eratosthenes. Dichter (u. a. von *Πριάπεια*) und Scholiast zu einzelnen Stellen und Ausdrücken der att. Komödie. Vgl. → Eratosthenes. H.E.

Frg: Coll. Alex. 176 (*Πριάπεια*) – *Lit:* K. Strecker, De Lycophrone, Euphronio, Eratosthene comicorum interpretibus, Diss. Greifswald 1884.

Eupolemos, wohl Palästinenser, verfaßte um 159 v. Chr. eine ‹Judäische Königsgeschichte› (*Περὶ τῶν ἐν τῇ Ἰουδαίᾳ βασιλέων;* Fragmente bei Clem. Al. und Eusebios), legendarisch und propagandistisch (vgl. → Aristobulos, 2); z. B. erscheint Mose als Erfinder der Schrift und, durch Israel und Phöniker, mittelbar als Lehrer der Griechen. R.M.

Frg: FGrHist 723.

2. **E. von Argos,** nach Paus. 2, 17, 3 Baumeister des kurz nach 423 erbauten Heratempels im Heraion von → Argos. Klare Proportionierung, attisch beeinflußtes Detail. G.Gb.

Eupolidēus, nach dem Komödiendichter → Eupolis benannter Vers, für den Heph. p. 58, 1 C. als Beispiel, doch wohl aus Eupolis (Fr. com. ad. 53 K.), zitiert: *εὐφράνας ἡμᾶς ἀπέπεμπ' οἴκαδ' ἄλλον ἄλλοσε* = *wil* | *lec* ||. Aristoph. Nub. 518–562 stehen E. der Form oo–×–uu–¦oo–×–u–||, die eher als *wil* ¦ *wil*‸ || zu fassen sind. Vgl. → Kratineus. B.Sn.

Eupolis, Sosipolis' Sohn, Athener, neben → Kratinos und → Aristophanes (1) berühmtester Dichter der alten → Komödie (I B; vgl. Hor. sat. 1, 4, 6); sehr erfolgreich, errang mit im ganzen wenigen Stücken viele Siege. Lebensdaten ungewiß: erste Aufführung (vor der ersten des → Aristophanes, 427) 429 oder schon 430 (wohl ‹Prospaltioi›; angeblich 17jährig), letzte Bezeugung die Aufführung der ‹Demen› 412, also geb. vor 446, gest. nach 412. Wahrscheinlich 3 Lenäen- (erster wohl 426) und 4 Dionysiensiege (erster wohl 424 mit *Χρυσοῦν Γένος*). 14 oder 17 Stücke sind nach Alexandria gekommen, von 17 Fragmente erhalten. Davon: ‹Heilotes› schon im Altertum bezweifelt; ‹Diaiton› einem Späteren gehörig; ‹Dias› und ‹Hybristodikai› Grammatikerirrtum; ‹Autolykos› in 2 Bearbeitungen. Urkundlich sind datiert 425 ‹Numeniai›, 421 ‹Marikas› und ‹Kolakes›, 420 ‹Autolykos›; wahrscheinlich 427 ‹Taxiarchoi›, vor 423 ‹Aiges›, 422 ‹Poleis›, 416/5 ‹Baptai›, 412 ‹Demoi›. Gelegentlich wurden seine Stücke durch andere einstudiert und aufgeführt (so ‹Autolykos› durch Demostratos). Als Dichter Rivale des Aristophanes, mit dem er zunächst befreundet war und dem er bei den ‹Rittern› (422) geholfen haben soll, später aber gegenseitige Vorwürfe des Plagiats (Aristoph. nub. 540. 553ff. Fr. 54 A.; Eupol. Fr. 78). Das Grammatikerurteil der Antike (Platonios: CGF I p. 6) über E.: im Vergleich zu Aristophanes und Kratinos überaus erfindungsreich und zusammenhängender als K. in der Handlung; hat großartigen Eingang der Stücke; bringt Einfälle im Stück, die andere nur in →Parabasen kennen, so wenn er (in den ‹Demen›) Gesetzgeber aus dem Hades heraufsteigen und über Gesetze verhandeln läßt; sein Stil erhaben und anmutig; sein Witz äußerst treffend, anmutiger als A.; weniger bitter als K. (tatsächlich zeigen die Fragmente weniger scharfe persönliche Verunglimpfung). Die einzige erhaltene Szenenfolge aus den ‹Demen› (Pap. = Fr. 110a.b, 122b.c, 128a.b) mit Teil einer Parabase und kleinen Szenen des zweiten Teils entspricht dem Typ der alten →Komödie (I B 4): im ersten Teil im Hades (wie Aristoph. ‹Gerytades›, ‹Frösche›) Auswahl einer Kommission von bewährten Alten, die nach der Katastrophe der →Sizil. Expedition durch →Myronides in die hungernde Stadt heraufgeführt werden; im zweiten fertigen die Retter-Heroen Solon, Miltiades, Aristeides, Perikles und Myronides einzelne Figuren ab, einen Probulen (vgl. Aristoph. Lys. 387ff.), Aristeides einen Sykophanten usw.; Chor: Demen von Athen. Von Anfang an viel Tragödienparodie; E.' moralische →Rüge, verbunden mit Lob des Alten als Folie zur verspotteten Gegenwart, gilt oft gleichen Personen wie bei Kratinos und Aristoph.: in ‹Prospaltioi› Perikles und Aspasia als Helena (vgl. Kratinos, Aristoph. Ach. 426ff.), Kleon im *Χρυσοῦν Γένος*, Bundesgenossenstädten in ‹Poleis›, Hyperbolos mit seiner Mutter im ‹Marikas›, der Unfähigkeit militärischer Führer in ‹Taxiarchoi› (Dionysos als Soldat) und ‹Astrateutoi›, →Kallias (1) und seinem Kreis von Sophisten unter Protagoras zusammen mit Sokrates, Chairephon und Alkibiades, in ‹Kolakes› (nach Kratinos' ‹Panopten›, Aristoph.' ‹Wolken›), Kallias als Lebemann beim Siegesmahl für seinen Liebling im ‹Autolykos› (= Situation des Symposion des →Xenophon), Alkibiades als Wüstling mit orgiastischen orientalischen Kulten in den ‹Bapten›. Die ‹Demen›, E.' letztes und ernstestes Stück, wurden im 1./2. Jh. n. Chr. noch gelesen und zitiert (→Anonymus De sublimitate, Plutarch, Galen, Aristides), Papyri bis 4./5. Jh. n. Chr. Th. G.

Frg: FAttCom I 310–347 – D. L. Page, Greek Literary Papyri I, 1942, 202–221 – *Lit:* G. Kaibel, RE 6, 1 (1909), 1230–35 – Schmid-Stählin I 4, 111–137.

Eupompos, Maler aus Sikyon, Lehrer des →Pamphilos (1). Blühte um 400 v. Chr. Sein Athlet mit Siegerpalme maßgebend für die →Sikyon. Malerei, von deren streng zeichnerisch plastischem Stil die Spätklassik ausging. C. K.

Q: Overbeck, SQ, 1745 – *Lit:* Brunn II 130f. – O. Roßbach, RE 6, 1 (1907), 1236 – Pfuhl, 695ff. – Rumpf, 120, 14 – G. E. Rizzo, La pittura ellenistica-romana, 1929, Taf. 149 – G. Cressedi, EAA III 538.

Eurich, König der →Westgoten 466–484, Sohn →Theoderichs I. 466 kam E. durch den Sturz seines älteren Bruders →Theoderich (II.) auf den Thron, löste vollends jeden staatsrechtlichen Zusammenhang der Westgoten mit dem Imperium und griff 468 den röm. Restbesitz in Gallien und Spanien an. Trotz Widerstandes der Auvergne konnte E. das übrige Aquitanien und die gall. Mittelmeerküste bis zur Rhone rasch erobern; der Westkaiser →Julius Nepos mußte 475 die volle Souveränität des mächtig vergrößerten Westgotenreiches anerkennen. Nach der Erhebung →Odoakers in Italien nahm E. dann auch noch die Provence in Besitz (477). Die diplomatischen Beziehungen seines Großreiches reichten bis zu den persischen →Sassaniden. Im Innern blieben für den Arianer E. die Beziehungen zur roman.-kathol. Mehrheit der Bevölkerung und zum röm. gesonnenen kathol. Episkopat das Hauptproblem. Die hervorragendste innenpolitische Leistung des Königs war die Kodifikation des Westgotenrechts im sog. Codex Euricianus um 475, die mit Hilfe gallisch-röm. Juristen zustande kam, die früheste Aufzeichnung eines german. Rechts, aber in lat. Sprache abgefaßt und aufs stärkste vom spätröm. Vulgarrecht beeinflußt. K. F. Str.

Lit: K. F. Stroheker, E., König der Westgoten, 1937 – L. Schmidt, Die Ostgermanen (1910), 1941² – A. d'Ors, El Código de E., 1960.

Euripides, athen. Tragiker.

A. Leben – B. Werk: Überblick – C. Die Tragödien.

A. Leben. E., ca. 485/4–407/6, wurde auf einem Gut seiner Eltern, des Vaters Mnesarchos (oder Mnesarchides), der Mutter Kleito, auf Salamis geboren. Beide Eltern stammten aus dem Demos Phlya, mindestens die Mutter war vornehmer Abstammung. Dem Vater soll ein Orakel agonale Siege des Sohnes prophezeit haben, so wurde E. früh im →Pankration und Faustkampf geübt. Das Orakel aber hatte Siege im tragischen Agon gemeint: E. wandte sich vom Sport ab und ausschließlich geistigem Tun zu. In erster Linie widmete er sich der Tragödiendichtung. Daneben soll er als Maler tätig gewesen sein und sich, noch jung, am Kultdienst des →Apollon als Tänzer und Fackelträger beteiligt haben. Verheiratet war E. zweimal, zunächst mit Melito, dann mit Choirile. Von letzterer stammte neben zwei anderen Söhnen Euripides d. J., der einige Dramen des Vaters auf die Bühne gebracht haben soll. E. selbst soll Schüler des →Anaxagoras, →Prodikos und →Protagoras und Freund des →Sokrates gewesen sein. Daß er sich den mit diesen Namen bezeichneten geistigen Strömungen seiner Zeit nicht verschlossen hat, zeigt sein Werk. Vermutlich hat er die Genannten persönlich gekannt. Ebenso mag er Beziehungen zu →Alkibiades gehabt haben: es ist möglich, daß das →Epinikion auf dessen Wagensieg im J. 416 von E. stammt (Fr. 3 Diehl). Auf jeden Fall war E. so ausschließlich dem geistigen Leben zugewandt, daß er, abseits von seiner Umwelt lebend, allgemein als mürrisch, stets in Gedanken vertieft und verschlossen galt. Zu dieser für den Intellektuellen typischen Einsamkeit paßt es, daß E. offenbar nie direkt für Athen politisch tätig war, also auch darin ganz im Gegensatz zu Aischylos und Sophokles stand. Daß er jedoch trotz den genannten Eigenschaften von seiner Umwelt geachtet wurde, zeigt das Grabgedicht, das E., sicher auf einen Auftrag hin, für die vor Syrakus gefallenen Athener verfaßt hat (Plut. Nik. 17). Bezeichnend allerdings ist wieder, daß er nach 408, kurz vor seinem Tode, Athen verließ und nach Pella an den Hof des →Archelaos von Makedonien ging. Dort schrieb er neben seiner letzten Trilogie ein Drama zu Ehren seines Gönners mit dessen Namen als Titel. Bald darauf, Anfang 406, ist er in Pella gestorben: wie Aischylos fand E. seinen Tod in der Fremde. Aus Anlaß seines Todes trat Sophokles in Trauerkleidern auf und brachte Schauspieler und Chor unbekränzt auf die Bühne. Die Athener setzten ihm in seiner Heimatstadt ein Kenotaph.

B. Werk: E. soll 92 Stücke verfaßt haben, 3 jedoch stammen nicht von ihm: Tennes, Radamanthys und Perithoos werden heute zusammen mit dem unechten Satyrspiel Sisyphos dem →Kritias zugeschrieben, zu ihnen fügt sich der unechte Rhesos. Damit scheint sich die Notiz bei →Suidas zu bestätigen, die von 22maligem Aufführen (= 88 Stücke) spricht (doch vgl. U. v. Wilamowitz, Einl. in d. griech. Trag., 39f.). Nach Alexandrien kamen 67 Tragödien und 8 →Satyrspiele, den unechten Sisyphos mitgerechnet. Von diesen 75 Stücken sind 18 (bzw., mit Rhesos, 19) erhalten. 10 von ihnen standen in einer kommentierten antiken Auswahl (die heute unkommentierten Bakchen mitgerechnet), 9, durch Zufall aufbewahrt, stammen aus einer antiken, alphabetisch geordneten, scholienlosen Gesamtausgabe (vgl. →Tragödie A 6). Daß schon in Alexandrien nur eine verhältnismäßig geringe Zahl von Satyrspielen bekannt war, kann nur damit zusammenhängen, daß E., der ja ohnehin die Grenzen zwischen den Gattungen verwischte, das Satyreske offenbar nicht lag: Wie im Fall der Alkestis (s. u.) wird er öfter eine Tragödie anstelle des obligaten Satyrspiels aufgeführt haben. Erstmalig trat E. 455 mit den ‹Peliaden› auf, bereits dieser Auftritt endete mit einer Niederlage. Im ganzen siegte er nur viermal, das erste Mal 441. Ein 5. Sieg wurde ihm postum zuteil: Sein gleichnamiger Sohn (oder Neffe?) führte in Athen die in

Makedonien entstandene Trilogie Iphigenie in Aulis, Alkmeon in Korinth, Bakchen auf und gewann den Preis. Das Frühwerk bleibt uns, wie bei → Aischylos und → Sophokles, auch bei E. unbekannt.

C. Die Tragödien. [1] *Alkestis* (= Alk.). 438 errang E. mit der Trilogie Kreterinnen, Alkmeon in Psophis, Telephos und der anstelle eines Satyrspiels aufgeführten Alk. den zweiten Sieg (Hypoth. II). Trotz der vierten Stelle in der Tetralogie ist die Alk. eine Tragödie: 1–475 Alk. hatte in der Vergangenheit ihrem Gatten Admet gelobt, für ihn zu sterben. Das Drama beginnt, als sie ihren Entschluß in die Tat umsetzen muß (zum Abschiedsmonolog 158ff. vgl. Soph. Tr. 900ff.; → Sophokles C 2). Indem E. Augenblick des Gelöbnisses und Zeitpunkt der Erfüllung im Gegensatz zum Mythos voneinander trennt, kann er zeigen, wie jetzt, im Moment der Erfüllung, Gatte und Gattin einander innerlich völlig entfremdet sind. Während der König jammert und damit, gänzlich versagend, an dem eigentlichen Geschehen ‹vorbeilebt›, ist Alk. fest entschlossen und sicher und erwirbt sich, die herkömmliche Ordnung als brüchig erweisend, als ‹beste der Frauen› durch ihr Opfer eben den Ruhm, der dem Manne zukäme. 476–1163 Nach dem Tode der Alk. wird das Versagen des Admet vollends deutlich. Am Anfang gelobte er, nur Trauer gelten zu lassen und nie eine andere Frau zur Gattin zu nehmen (328ff.). Das erste bricht er, indem er, stets um sein Ansehen bei der Umwelt besorgt, Herakles in sein Haus aufnimmt (509ff.), das zweite – inzwischen sogar zur Erkenntnis gekommen (940ff.), aber in keiner Weise gewandelt –, indem er auf Herakles' Bitten die fremde Frau aufnimmt (1008ff.). Erst nach dem Versagen erkennt er, daß die Frau seine Gattin ist (1126ff.), die Herakles für ihn dem Tode wieder entrissen hat. Diese Lösung aber ist eine Scheinlösung; sie «zeigt, wie es sein sollte – und nicht ist» (K. Reinhardt).

[2] *Medea* (= Med.) 431 unterlag E. mit der Trilogie Med., Philoktet (vgl. Dio Chr. or. 52), Diktys und dem Satyrspiel Theristai (Hypoth. II). Wie Alkestis ist auch Medea, von ihrem Mann Jason schmählich verlassen, einsam und völlig auf sich gestellt. Das Stück zeigt die aus dieser Situation entspringende Reaktion der Frau auf das Versagen des Mannes. Im Zentrum stehen drei Reden, in denen sich Medea innerlich zur Rache durchkämpft. Ihre Entscheidung fällt nicht im Gegenüber mit einem Partner, sondern allein im Gegenüber mit sich selbst. Das bedingt die dem Drama bisher unbekannte Form des → Monologs. Monolog I (214ff., 364ff.): Allgemeine Entscheidung zur Rache durch List. Indem Aigeus Medea in Athen Asyl verspricht, ermöglicht er ihr, diese Entscheidung völlig frei zu treffen: Die Tochter König Kreons und neue Frau Jasons soll durch vergiftete Geschenke getötet, Jason am tiefsten getroffen werden, indem Medea ihre gemeinsamen Kinder umbringt (764ff.). Das erste wird sofort leicht durchgeführt, das zweite wird zum Problem. Monolog II (1019ff.): Zwischen Wunsch zur Rache und mütterlichen Gefühlen hin und her schwankend, ringt sich Med. zum eigentlichen Akt der Rache durch. Dabei erkennt sie ihr Wesen (1078f.): sie weiß das Furchtbare ihres Tuns und tut es trotzdem (vgl. dazu B. Snell, Philol. 97, 1948, 125–34). Ihre Leidenschaft (θυμός) triumphiert. Monolog III (1236ff.): kurz vor der Tat schwankt sie noch einmal, bleibt aber fest: in freier Entscheidung tötet sie ihre Kinder und vollendet damit die Rache. Der Charakter der Med. ist einheitlich; daß die Einheit in einer inneren Uneinheitlichkeit besteht, ist die Tragik Medeas. Trotz der Angabe der Hypoth. I wird E. in der Med. nicht von → Neophron abhängig sein, das Verhältnis war umgekehrt: Der willentliche Kindermord als Mittel der Rache ist als E.' Neuerung gegenüber dem Mythos anzusehen.

[3] *Hippolytos* (= Hipp.). 428 siegte E. mit dem Hipp. Stephanephoros (oder Stephanias), der zweiten Fassung des Hipp. Kalyptomenos. Wie in der Med. ist auch im ersten Teil des Hipp. (1–731) die Leidenschaft der Frau, hier der Phädra, der Angelpunkt des Geschehens. Hatte sich Phädra im Hipp. Kalypt., von leidenschaftlicher Liebe zu ihrem Stiefsohn hingerissen, Hipp. selbst angetragen, so verbirgt sie in der Neufassung ihre Liebe und versucht, sie zu unterdrücken. In einem großen Monolog (373ff.) erkennt sie: wir wissen das Gute, aber wir führen es nicht aus (darin Polemik gegen → Sokrates?). Als dann die Amme in gutem Willen Hipp. Phädras Liebe entdeckt, bleibt Phädra als Ausweg nur der Tod. Auch jetzt aber wirkt neben ihrem aus Sorge um ihren guten Ruf gefaßten, durchaus ehrenhaften Entschluß ihre Leidenschaft weiter: sie bereitet Hipp. den Tod, indem sie ihn in einem Brief an ihren in der Ferne weilenden Gatten Theseus des versuchten Ehebruchs beschuldigt (Potipharmotiv). Theseus schickt Hipp. in den Tod. Die Enthüllung durch Artemis am Ende, mit dem Aphroditeprolog am Anfang korrespondierend, zeigt, daß es letztlich ein Streit der beiden Göttinnen war, der die Menschen in Verlassenheit, Tragik und Leid führte: Die Götter erweisen sich als Exponenten einer Ordnung, die auf den menschlichen Bereich nicht anwendbar ist, ohne Leiden zu erzeugen.

[4]–[7] Vor dem Hipp., wahrscheinlich 430, wurden die *Herakliden* (= Heraklid.) aufgeführt. Zusammen mit *Hekabe* (= Hek.), *Andromache* (= Andr.) und *Hiketiden* (= Hik.; ‹Bittflehende›) bilden sie eine Gruppe, in der einmal die Leidenschaftsproblematik aus Med. und Hipp. weitergeführt ist, so bes. in der bestimmt noch in die 20er Jahre zu datierenden Hek. (Opferung der Hekabetochter Polyxena als Ehrung für den toten Achill, Rache Hekabes an Polymestor für dessen Mord an Hekabes letztem Sohn Polydoros), zum andern aber, als Neues, die politischen Strömungen der Zeit, dichterisch verwandelt, widergespiegelt sind. Zeigen die beiden Hikesiedramen Heraklid. (Aufnahme der Heraklesnachkommen in Marathon durch den Landeskönig Demophon) und die wohl 424 aufgeführten Hik., von der Hypothesis als → Enkomion auf die Athener bezeichnet (Rückgewinnung der Leichen der sieben vor Theben Gefallenen durch Theseus, ihre Verbrennung in Eleusis), ein preisendes Bekenntnis zur Größe Athens, so die wohl um 425 außerhalb Athens aufgeführte (Schol. Andr. 445) und schon in der Antike zu den zweitrangigen Stücken gezählte (vgl. Hypoth. II) Andr. als Kehrseite eine gegen Sparta gerichtete Tendenz.

[8] Zeitlich anzuschließen sind *Elektra* (= El.) und *Herakles* (= Herakl.). In der wohl nach der El. des → Sophokles, jedoch wahrscheinlich vor dem Herakl., sicher vor 415 aufgeführten El. ist die von → Aischylos (C4) in den Ch. behandelte und dann von Sophokles eliminierte Problematik des Muttermordes wieder ins Zentrum getreten. Sie ist äußerlich dadurch hervorgehoben, daß die Handlung aufs Land verlegt ist, wo El. mit einem Bauern verheiratet ist, der Mord also in einer unheroischen Umgebung erfolgt. Nach Wiedererkennung und Planung der Intrige wird die Rache, wie bei Aischylos, zunächst an Aigisth, dann an Klytaimestra vollzogen. Erschien der Mord den Tätern aber bei Aischylos nachher, in echter Polarität, als gerecht und furchtbar zugleich, so ist er bei E. für die Geschwister vor der Tat wenigstens annähernd gerecht, nach ihr jedoch nur noch grauenvoll und furchterregend. Der Gott in Delphi hatte einen unweisen Spruch gefällt, als er den Mord befahl (971ff.; 1246; 1302). Nach der Vollstreckung läßt er die Täter mit ihrer Tat allein. Die als *dei ex machina* auftretenden Dioskuren geben keine Lösung, sie regeln lediglich das Geschehen dem Mythos gemäß.

[9] Der nach Wilamowitz zwischen 421 und 415 aufgeführte *Herakl.* zeigt in seinem ersten Teil eine ähnliche Struktur, wie sie bis zum Vollzug des Mordes auch die El. bestimmt: (1) 1–814 Erwartung des Retters auf seiten der vom Usurpator Lykos bedrängten Familie des Herakles, dessen Ankunft in äußerster Not, Planung und Durch-

führung der Rache an Lykos, freudige Befreiung der Bedrängten durch den lang Ersehnten. (2) 815–1428 Erschien die Rache in der El. nach dem Vollzug umgewertet, so wird im Herakl. die erste Tat durch eine zweite entwertet. Die Wirkung auf den Helden ist dieselbe. Herakl. tötet, mit Wahnsinn geschlagen, die er eben gerettet hatte: seine Kinder und seine Gattin. Das Furchtbare hat E. noch verschärft, indem er die Untat, gegen den Mythos, nicht vor, sondern nach den 12 Arbeiten geschehen läßt: sie begründet also nicht mehr etwas Zukünftiges, sondern steht gleichsam bloß da. Nach dem Erwachen ist Herakl. ohne Halt. Allein gelassen mit seiner Tat wie Elektra und Orest, will er den Tod. Doch in dem Augenblick, in dem die Götter sich nur noch als Mörder zeigen, sich im übrigen aber aus der Welt zurückziehen (1341 ff.) – das Leiden ist, im Gegensatz zum Ödipus des → Sophokles (C4), für den Helden ohne Sinn –, tritt als Hilfe das Menschliche auf, das Humane: Theseus, wie in den Hik. und dann später in Soph. OK die Urgestalt der Humanität, verhilft Herakles zu der Einsicht, daß Selbstmord Feigheit wäre (1347ff.), und läßt ihn so zu seinem wahren Wesen zurückfinden. Er ermöglicht ihm äußerlich ein neues Leben, indem er ihm eine Zufluchtsstätte in Athen verspricht. In der entgötterten Welt wird damit, wie in den Herakl. und Hik., der Mensch dem Menschen zum einzigen Halt.

[10] Im J. 415 trat E. mit der stofflich verbundenen Trilogie Alexandros, Palamedes und *Troerinnen* (= Tr.) auf, das Satyrspiel hieß Sisyphos. In den Tr. demonstriert er seiner Stadt am gegenwärtigen Leiden der nach der Eroberung Trojas gefangenen Troerfrauen, bes. der Hekabe, und an der Voraussage des zukünftigen Leidens der Griechen die Besiegte *und* Sieger treffende Grausamkeit des Krieges zu einem Zeitpunkt, in dem Athen die sizilische Expedition beginnt.

[11]–[13] Die zeitlich folgende Dramengruppe – die 412 mit der Andromeda aufgeführte *Helena* (= Hel.; vgl. Schol. Aristoph. Thesm. 1012, 1060), die sicher vor ihr, vielleicht 414 gespielte *Iphigenie bei den Taurern* (= Iph. Taur.) und der in enger zeitlicher Nähe zu beiden stehende *Ion* – ist dadurch charakterisiert, daß sich das göttliche Wirken dem handelnden Menschen ausschließlich als Spiel des Zufalls (τύχη) darstellt. Der göttliche Hintergrund, mit dem verknüpft auch die Aktionen der → Tyche gesehen werden können, ist bedeutungslos geworden: er wird nur noch vom eigentlichen Geschehen getrennt, in Prolog und Epilog, sichtbar. Das dramatische Geschehen selbst wird für die agierenden Personen vom blinden Zufall regiert. Diese hellenistischem Denken präludierende Sicht menschlichen Handelns ließ sich am ehesten an Fabeln verdeutlichen, die bereits von sich aus dem Dramatiker die Möglichkeit boten, das Geschehen in mannigfachen unerwarteten Wendungen ablaufen zu lassen. So wählte E., damit zugleich ganz folgerichtig der Tragödie den Schauspielcharakter der hellenistischen Komödie verleihend, Mythen, die er, wie bereits bei der El., in *seiner* dramatischen Gestaltung mühelos von breit angelegter → Anagnorisis und darauf folgendem → Mechanema bestimmt sein lassen konnte: Wiedererkennung der Iphigenie und des Orest im Taurerland, der wahren Helena und des Menelaos in Ägypten (in Troja war nur Helenas Scheinbild, vgl. die Palinodie des → Stesichoros), darauf durch die List der Frau erzwungene Rettung der neu Vereinten aus dem Barbarenland. Gibt das Nacheinander dieser beiden Elemente der Iph. Taur. und Hel. ihre spezifische Struktur, so bestimmt im *Ion* die Wiedererkennung zwischen Kreüsa und ihrem von Apoll gezeugten Sohn in Delphi das ganze Drama. Das Mechanema ist hier Teil und Mittel der Anagnorisis: es droht sie zunächst zu verhindern, führt sie dann aber endgültig herbei. Nach der Wiedererkennung interpretiert Ion das Geschehen als Spiel der Tyche (1512ff.), die als *dea ex machina* auftretende Athene als weise Lenkung Apolls (1595). Einmal mehr verweist E. damit am Ende auf die Diskrepanz zwischen Mythos und Realität. Daß die Götter eine Lösung geben – sogar sie kommt hier nur mit Hilfe einer Lüge zustande (1601 f.) –, entspricht der Sagentradition, an der Wirklichkeit gemessen jedoch ist es Schein. In Wahrheit fühlt sich der Mensch den Launen der Tyche preisgegeben und ist so ständigem Irren, der ἄγνοια, verfallen und mit seinen Nöten allein.

[14] Daß die am Ende das wirre Geschehen ordnenden Befehle des → *deus ex machina* bei E. als Scheinlösungen aufzufassen sind, durch die, als am Gegenteil, das Grausame des Vorgegangenen nur noch schärfer hervorgehoben wird, zeigt kein Stück so deutlich wie der 408 aufgeführte *Orest* (= Or., dazu Reinhardt, Sinneskrise). Das Thema der El. neu aufgreifend und so die dort begonnene Auseinandersetzung mit Aischylos zu Ende führend, demonstriert E. in ihm abermals statt der Rechtfertigung seine These der Verurteilung des Muttermordes. Nachdem die in diesem Stück noch vielfältigeren Wendungen des Geschehens zuletzt zu einem unentwirrbaren Knäuel geführt haben, erscheint, als *deus ex machina*, der an Orests Tat eigentlich Schuldige, Apoll. Mit leichter Hand verschafft er den grausigen Ereignissen ein ‹happy end›. Die Absurdität des Schlusses aber zeigt es deutlich: der Mythos lügt, ihn auf die Wirklichkeit anzuwenden ist unmöglich.

[15] Vor dem Or., wahrscheinlich zwischen 411 und 408 (Schol. Aristoph. ran. 53), sind, wohl in einer Trilogie mit Oinomaos und Chrysippos (Hypoth. Aristoph. v. Byz.), die *Phoinissen* (= Phoin.) aufgeführt worden. Der zugrunde liegende Mythos ist derselbe wie in → Aischylos' Sept. Seine innere und äußere Gestaltung freilich differiert völlig. Die große Stoff- und Motivanhäufung bei E., derentwegen die Phoin. schon in der Antike kritisiert wurden (Hypoth. I; Schol. Phoin. 1692), ist so zu verstehen, daß hier der auch sonst für die letzten Athener Jahre des E. charakteristischen Tendenz zur Ausgestaltung möglichst vieler in sich gerundeter Einzelszenen in solchem Maße nachgegeben ist, daß darüber der organische Bau des Ganzen vernachlässigt erscheint.

[16]–[17] Einen postumen Sieg (s. o.) erlangte E. mit der Trilogie *Iphigenie in Aulis* (= Iph. Aul.), Alkmeon in Korinth (dazu Apollod. 3, 94), Bakchen (= Bakch.); daß mindestens das Ende der Iph. Aul., genau wie der Schluß der Bakch., nicht mehr in der ursprünglichen Fassung kenntlich sind, hängt mit der postumen Aufführung dieser Stücke zusammen. Wie die Dramatik der letzten Athener Jahre ist auch die Iph. Aul. in ihrem Ablauf von vielen unerwarteten Wendungen des Geschehens charakterisiert. Waren Umschwung und Wechsel jedoch in den Tyche-Dramen primär in äußeren Anlässen begründet, so entspringen sie hier aus dem Inneren der handelnden Figuren. Der Grund dafür ist das neue Interesse des E. für die Labilität der menschlichen Seele. In der Iph. Aul. demonstriert er sie an der Reaktion der Menschen auf ein göttliches Gebot (Iphigenies Opferung), das ihrer Welt nicht mehr kommensurabel ist. Nach einem langen, wirren Geschehen kommt die Lösung dadurch zustande, daß sich Iphigenie selbst in plötzlicher Wendung – von Aristoteles (poet. 15. 1454 a 31 ff.) als Anomalie kritisiert – frei für ihr Opfer entscheidet. Wo die Könige, Agamemnon und Menelaos, ihres alten heroischen Ethos beraubt, wie gewöhnliche Menschen schwanken, erfüllt ein Mädchen durch ihr Opfer die Werte in der Welt. Dieses Opfer erhält, inmitten einer Alltagswelt vollzogen, durch seine Größe idealen Charakter. – Bevor die tragische Dichtung mit E. stirbt, tritt in den *Bakchen* noch einmal der Gott der Tragödie, Dionysos selbst, auf die Bühne: Pentheus, der König von Theben, weigert sich, dem an den Ort seiner Geburt zurückkehrenden Dionysos Raum zu geben im Leben seiner Stadt, er verleugnet ihn und will ihn verfolgen. Der Gott aber besiegt Pentheus, indem er ihn aus dessen eigenem

Inneren heraus überwindet: er veranlaßt, daß Pentheus sich selbst immer mehr in den eben noch abgelehnten Wahnsinn hineinsteigert. Damit aber wird der nun bakchantisch taumelnde König – in für das Spätwerk typischem Umschwung – vom Verfolger zum Verfolgten: Agaue, seine ebenfalls nach anfänglichem Leugnen bakchantisch rasende Mutter, hält ihn für ein Raubtier, reißt ihn in Stücke und kehrt triumphierend von der ‹Jagd› zurück. Doch wie Pentheus vorher von der Klarheit in den Wahn überging, so wechselt jetzt umgekehrt Agaue vom Wahn zum Wissen: Sie erkennt in ihrer Tat die Rache des Dionysos (1296) und bricht zusammen. Unübersehbar hat der Gott seine Macht demonstriert, doch einmal mehr mit einer Grausamkeit, die mit der Anerkennung die Verzweiflung des Menschen hervorruft. Nicht Bekehrung des E. zu aischyleischem Glauben an das irrationale, aber gerechte Wirken der Götter, noch einseitig rationalistische Kritik an ihrer Unmenschlichkeit zeigen die Bakch., sondern, genau wie das übrige Werk, die unlösbaren Antinomien, in denen E. das Dasein sah. Hinter einem Stück, dessen Rätselhaftigkeit die der Welt widerspiegelt, zog sich der alternde Dichter aus eben dieser Welt zurück.

[18] Das einzige vollständig erhaltene Satyrspiel des E., der *Kyklops* (=Kykl.), wurde wahrscheinlich zwischen 415 und 410 aufgeführt. Weit entfernt von der Leichtigkeit der sophokleischen Ichneutai zeigt auch er, daß E. das satyreske Genos offenbar nicht lag (s. o. 2). Wer Fragen stellt, aber keine Antworten weiß, hat die gelassene Heiterkeit verloren, der Tragödie und Satyrspiel in gleicher Weise möglich war. E.-R. Sch.

Ed: G. Murray, 3 Bde, OCT (1902ff.), 1954ff – *Frg:* H. v. Arnim, Suppl. Euripideum, 1913 – D. L. Page, Select Papyri III (1941), 1950², 54–135 – B. Snell, TGF³ 1023–68 – Neue Funde: Ox. Pap. 27, 1962, Nr. 2455–61 – *Übers:* J. J. Donner (bearb. von R. Kannicht, Einleitung von W. Jens), 2 Bde, Kröner, 1958 – *Lit:* W. Zürcher, Die Darstellung des Menschen im Drama des E., Schweizer. Beitr. z. Altertumswiss., 2, 1947 – W.-H. Friedrich, E. und Diphilos, Zetem. 5, 1953 – W. Ludwig, Sapheneia. Ein Beitrag z. Form im Spätwerk des E., Diss. Tübingen 1954 – G. Zuntz, The Political Plays of E., 1955 – G. Murray, E. und seine Zeit, 1913 (Übers. 1957) – H. Strohm, E., Interpretationen zur dramat. Form, Zetem. 15, 1957 – Euripide, Fond. Hardt VI, 1958 – K. Reinhardt, Die Sinneskrise bei E. (1957), in: Tradition und Geist, 1960, 227–256 – W. Schmidt, Der Deus ex machina bei E., Diss. Tübingen 1963 – *Zur Chronologie:* K. Mathießen, Elektra, Taur. Iphigenie u. Helena, Hypomn. 4, 1964 – *Zum Einzelnen: Zu Alk.:* A. M. Dale, Alc. 1954 (Komm.) – K. v. Fritz (1956) in: Antike u. mod. Tragödie, 1962, 256–321 – *Zu Med.:* D. L. Page, Med., 1938 (Komm.) – W. H. Friedrich, Medeas Rache, Nachr. Gött., 1960, 4 – K. v. Fritz (1959), in: Antike u. mod. Trag., 1962, 322–429 – *Zu Hipp.* (den zwei Fassungen): C. Zintzen, Analyt. Hypomnema zu Senecas Phaedra, Beitr. z. klass. Philol., 1, 1960 – W. Fauth, Abh. Mainz 1958, 9 und 1959, 8 – W. H. Friedrich, a. O. – W. S. Barrett, Hipp., 1964 (Text u. Komm.) – *Zu El.:* J. D. Denniston, E., 1939, Neudr. 1954 (Komm.) – K. v. Fritz, Die Orestsage bei den drei großen griech. Tragikern, in: Antike u. mod. Tragödie, 1962, 113–159 – *Zu Herakl.:* U. v. Wilamowitz, Eur. Herakles (1889), 1895² (Neudr. 1959) – H. Drexler, Zum Herakl. d. Eur., Nachr. Gött. 1943, 9 – *Zu Iph. Taur.:* M. Platnauer, 1938 (Komm.) – H. Strohm, 1949 (Komm.) – *Zu Ion.:* U. v. Wilamowitz, 1926 (Komm.) – A. S. Owen, 1939, Neudr. 1957 (Komm.) – *Zu Phoen.:* E. Fraenkel, Zu den Phoen. d. Eur., SB München 1963, 1 – *Zu Iph. Aul.:* B. Snell, Philol. Suppl. 20, 1, 1929, 148–160 – H. Vretska, WSt 74, 1961, 18–39 – *Zu Bakch.:* E. R. Dodds (1944), 1960² (Ed.) – H. Diller, Die Bakch. u. ihre Stellung im Spätwerk des E., Abh. Mainz 1958, 5 – *Zum Rhesos:* Ed. Fraenkel, Gnomon 37, 1965, 228–241 (Lit) – *Zur Überlieferung:* G. Zunk, An Inquiry into the Transmission of the Plays of E., 1965 (Lit) – *Bildnisse* → Anhang I.

2. **E. d. J.**, jüngster Sohn des → E. (1). Nach dem Tod des Vaters hat er dessen Iph. Aul., Alkm. in Korinth, Bakch. in Athen postum aufgeführt. Inwieweit er für die kaum einwandfrei überlieferten Partien am Anfang und Ende der Iph. Aul. verantwortlich ist, bleibt nach wie vor unsicher. E.-R. Sch.

Q: Schol. Aristoph. ran. 67.

Euripidēus, → asynartetisches Versmaß der Form 2 *ia* | *ith* ||, das Kallim. Fr. 929 aus Euripides entnimmt und stichisch verwendet, Heph. p. 38, 13 C. – Heph. p. 18, 7 nennt auch das → Lekythion E. B. Sn.

Euripos (*Εὔριπος*), nur etwa 30 m breite Meeresenge zwischen → Böotien und → Euböa mit täglich mehrmals wechselnder Strömung; schon 411 v. Chr. Bau einer Brücke. E. M.

Europa, Tochter des Phoinix und der Perimede oder Telephassa, auch Tochter des → Agenor genannt. Beim Spiel am Strand von Zeus in Gestalt eines Stieres entführt und nach Kreta gebracht. Dort gebiert sie ihm → Rhadamanthys, → Minos und – nach manchen – → Sarpedon. Später Gattin des Asterios. Nach ihrem Tod als Hellotis (Hellotia) und in Sidon als E.-Astarte (→ Ištar) verehrt (Lukian, Syria dea 4). Zur religions- und kulturgesch. Deutung → Orient und Antike D [2].

Lit: A. B. Cook, Zeus III, 1940, 615ff. – W. Bühler, Die E. des Moschos, Hermes Einzelschr. 13, 1960 (Lit.). – *Darstellungen:* Schon auf Reliefvase um 650, auf Metopen von Delphi und Selinunt (Schefold, FS, Taf. 11 b, 55 b), vom späteren 6. Jh. an als Stierreiterin beliebter Schmuck att. Vasen. Hinter ihr verbirgt sich aber oft eine Nereide, Mänade oder eine nicht genauer faßbare Göttin (Technau, JdI 52, 1937, 76–103; A. B. Cook, a. a. O. Zu umstrittenen myk. ‹Vorläufern› zuletzt F. Matz, Göttererscheinung und Kultbild im min. Kreta, 1958, 416; Sacconi, PP 72, 1960, 182 f.). Im 4. Jh. wurde, vor allem in Unteritalien, bes. die Begegnung von Stier und E. am Meer oft wiedergegeben (Schauenburg, AuA 10, 1961, 88ff.). In der Kaiserzeit war die sich am Stier festklammernde E. ein sehr verbreitetes Motiv (Gemmen, Mosaiken, Reliefs, Lampen, Wandgemälde). Die im Baum sitzende Heroine Münzstempel in → Gortyn (Head, 465 f.). Vgl. R. Pincelli, EAA III, 1960, 542–545. K. Schb.

Europa (der Erdteil) → Kontinente, → Entdeckerfahrten.

Euros, der Südostwind, Sohn des Astraios und der Eos.

Eurybiades, 480 v. Chr. spartan. Nauarch (Hdt. 8, 2ff. 42) und Oberbefehlshaber der Flotte der verbündeten Hellenen in den Seeschlachten beim Artemision und bei Salamis. Entsprechend seinem zunächst guten Einvernehmen mit → Themistokles ließ er sich von diesem dazu bewegen, den schon gefaßten Plan eines Rückzugs an den Isthmos fallen zu lassen und den Feind bei Salamis zu erwarten. Nach dem dortigen Seesieg lehnte er freilich Themistokles' Vorschlag einer nachhaltigen Verfolgung des geschlagenen Gegners und eines Handstreichs auf die Schiffsbrücken über den Hellespont ab (Hdt. 8, 108). F. Kch.

Lit: C. Hignett, Xerxes' Invasion of Greece, 1963.

Eurydike, (1) Gemahlin des → Orpheus. Vgl. → Aristaios. (2) Gemahlin des Königs → Lykurg von Tegea, Mutter des → Opheltes (→ Hypsipyle).

2. **E. I.,** zweite Gemahlin → Amyntas' III. (König von → Makedonien 393/392–370 v. Chr.), Mutter dreier makedonischer Könige: → Alexanders (4) II. (370–368 v. Chr.), → Perdikkas' III. (365–359 v. Chr.) und Philipps II. (359 bis 336 v. Chr.). (Stammbaum → Makedonien).

3. **E. II.** (ursprünglicher Name: Hadea), Tochter des Amyntas (365–336 v. Chr., Sohn → Alexanders (4) II. v. Makedonien) und der Kynnane, durch diese Enkelin → Philipps II. v. Makedonien (Stammbaum → Makedonien). E. heiratete nach → Alexanders (5) d. Gr. Tod (323) im J. 322 v. Chr. 15 Jahre alt → Philipp III. Arrhidaios, mit dem sie schon früh verlobt gewesen war. Nach dem Tod des → Antipatros (319) versuchte sie sich in Makedonien gegen → Olympias durchzusetzen. Sie übertrug daher → Kassandros die Reichsverweserschaft, wurde aber zusammen mit Philipp III. im J. 317 von Olympias gefangengenommen. Nach der Ermordung ihres Mannes verübte sie Selbstmord, v. Kassandros in Aigai bestattet. E. Bd.-P. R. F.

Lit: H. Berve, Alexander I., 1926, 12 f. – G. H. Macurdy, Hellenistic Queens, 1932, 48ff.

Eurykleia, die alte Amme des → Odysseus. Wahrte ihm die Treue und war die erste, die den Bettler bei der Fußwaschung an einer Narbe erkannte.

Darstellung: → Eumaios.

Eurykles, C. Iulius, Hegemon von Sparta und Kythera in augusteischer Zeit. Aus vornehmer Familie, die ihren Ursprung auf die Dioskuren zurückführte. Sein Vater Lachares von → Antonius (2) getötet. E. kämpfte bei Actium auf der Seite Octavians (→ Augustus), von dem er vermutlich das Bürgerrecht erhielt. Ca. 7 v. Chr. bei → Herodes (1) von Judaea und → Archelaos (3) v. Kappadokien. Trug zur Verschärfung der Gegensätze zwischen Herodes und seinen Söhnen bei. Bei → Augustus wiederholt als Unruhestifter angeklagt, dann verbannt. Sein Sohn C. Iulius Laco vermutlich als Nachfolger eingesetzt. Gest. ca. 2 v. Chr. E. war sehr begütert und einflußreich und ließ öffentliche Bauten in Sparta und Korinth errichten. Ihm zu Ehren wurden die Eurykleischen Spiele eingerichtet. U. Wm.

Lit: A. B. West, Corinth VIII 2, 1931, 46ff. – G. W. Bowersock, Eurycles of Sparta, JRS 51, 1961, 112–118.

Eurylochos, Gefährte des → Odysseus. Meldet ihm die Verwandlung der Gefährten durch → Kirke, rät zum Halt in Sizilien und dem verderblichen Angriff auf die Heliosrinder (Od. 10, 205 ff.; 12, 278. 339 ff.). K. Schb.

Eurymachos, einer der Freier der → Penelope, bes. unverschämt gegen Odysseus.

Eurynome, Tochter des Okeanos, von Zeus Mutter der drei Chariten und des Asopos. Bei ihr und Thetis findet → Hephaistos Zuflucht, als er aus dem Olymp gestürzt worden ist. In orphischer Tradition an Ophions Seite Herrscherin im Olymp, dann mit ihr von Kronos und Rhea verdrängt und in den Okeanos oder Tartaros gestürzt. K. Schb.

Euryphon von Knidos, Arzt, Zeitgenosse des → Hippokrates (1), Haupt der mit Kos konkurrierenden Schule von Knidos (→ Medizin B 2), soll deren kanonisches Buch, die *Κνίδιαι γνῶμαι*, verfaßt haben. Sah alle Krankheiten als Verdauungsstörungen an (vgl. Anon. Lond. IV 31 ff.); auch bedeutender Anatom und Gynäkologe (Einfluß auf die gynäkologischen → Hippokratischen Schriften). F. K.

Eurypontiden, eines der beiden Königshäuser von → Sparta; benannt nach Eurypon, dessen Vater Prokles, Sohn des Aristodemos und Bruder des Eurysthenes, von → Herakles abstammte (→ Agiaden). R. V. C.

Eurypylos, Name mehrerer Heroen, darunter bes. eines Heros in Patrai. Nahm aus Troja eine Lade mit einem Dionysosbild mit, bei deren Öffnung er wahnsinnig wurde. Ihm war Heilung verheißen, wenn er eine *ξένη θυσία* träfe. In Patrai, wo man Artemis Menschen opferte, traf er sie. Den Paträern war Befreiung von dem Opfer zugesichert, wenn ein fremder König ihnen einen fremden Kult brächte (Paus. 7, 19, 6 f. 21, 7). K. Schb.

Eurystheus, Sohn des Sthenelos, Enkel des → Perseus, durch Heras List und den Schwur des Zeus kurz vor Geburt des → Herakles Herrscher von Tiryns, Mykene und Mideia und Dienstherr des Herakles. Hindert jenen ebenso wie später die → Herakliden, die Herrschaft von Tiryns zu übernehmen.

Eurytion, → Kentaur, der sich auf der → Lapithenhochzeit an der Braut vergreift (Od. 21, 295 ff.; Ov. met. 12, 219 ff., wo er Eurytus heißt). – Ein anderer Kentaur E. versucht die Tochter des Dexamenos zu vergewaltigen und wird von → Herakles, der gerade zu Gast ist, erschlagen. K. Schb.

Eurytos, König von Oichalia, Enkel des Apoll, berühmt als Bogenschütze (als solcher nach manchen Lehrer des → Herakles und erster Besitzer des Bogens des → Odysseus), Vater der Iole und des Iphitos: → Herakles.

2. **E. von Kroton** (?), → Pythagoreer der Wende des 5. zum 4. Jh. v. Chr., welcher die pythagoreische Zahl z. B. des Menschen oder des Pferdes dadurch zu bestimmen suchte, daß er ausprobierte, wie viele Steinchen man brauche, um ein erkennbares Mosaikbild derselben herzustellen.

Frg: VS 45. K. v. F.

Eusebios, von Caesarea (Palästina), der ‹Vater der Kirchengeschichtsschreibung›, ca. 260–340, wurde durch seinen Lehrer Pamphilos zu gelehrter Tätigkeit im Sinne des → Origenes angeregt. Seit ca. 315 Bischof von Caesarea, suchte er im → arianischen Streit zugunsten des → Arius zu vermitteln und wurde deshalb 324 auf der Synode zu Antiochia exkommuniziert, 325 in → Nicaea aber rehabilitiert. Seitdem genoß er das Wohlwollen Kaiser → Konstantins, den er bewunderte. Seine zahlreichen Schriften dienen teils der Textkritik und Erklärung der Bibel, teils sind sie apologetisch wie die ‹Vorbereitung auf das Evangelium› und die ‹Darlegung des Evangeliums› (→ Apologetik), beide an Auszügen aus antiken, oft verlorenen Werken reich. E.s dogmatische Schriften, Reden und Briefe sind weniger bedeutend. In der Tat gewinnt er nur als Geschichtstheologe theologisches Profil und wird so zu einem repräsentativen Sprecher der konstantin. Ära, bzw. ihrer Bischöfe, denen letztlich das heilsgeschichtliche Denken des AT zum Schlüssel für die Deutung der ‹Wende› wurde. Seine wesentlich in Tabellenform abgefaßte Weltchronik ist in armenischer Übersetzung ganz erhalten, der Hauptteil auch in der lateinischen des → Hieronymus. Am meisten hat E. auf die Folgezeit gewirkt durch die ‹Kirchengeschichte›, die ebenfalls den chronologischen Rahmen betont und wertvolle Auszüge aus früherer Literatur enthält. Bereits in Erstfassung 303 gearbeitet, erhielt sie bis zur Schlußfassung 324 mehrfach Erweiterungen durch ihn; sie ist unsere wichtigste Quelle für die Geschichte der alten Kirche. Auch ihre lateinische Übersetzung durch → Rufinus fand weite Verbreitung. E.s Biographie Kaiser Konstantins (trotz neuerer Kritik als echt erwiesen), eine bewußt einseitige Lobschrift, wie es deren Gattung verlangte, hat nicht minder starkes Echo gefunden, ist in der Neuzeit jedoch von vielen, u. a. von J. Burckhardt, als unwahr scharf verurteilt worden. Vgl. → Geschichtsschreibung III. K. St.

Ed: PG 19–24 – GCS (noch nicht ganz vollständig) 7. 9, 1–3. 11, 1–2. 14. 20. 23. 24 + 34 (= 47²). 43, 1–2, 1902 ff. – *Übers:* A. Bigelmair, BKV 9, 1913 u. P. Haeuser, ebd., II 1, 1932 (ausgew. Schr.) – *Lit:* Ed. Schwartz, RE 6, 1 (1907), 1370–1439 – K. Heussi, Zum Geschichtsverständnis des E. von Caesarea, WZ Jena 7, 1957/58, 89–92 – Fr. W. Winkelmann, Die vita Constantini des E., Diss. Halle 1959 – D. S. Wallace-Hadrill, E. of Caesarea, 1960 (Lit) – J. Sirinelli, Les vues historiques d'E. de Césarée durant la période prénicéenne, 1961 – G. Ruhbach, Apologetik und Geschichte, Untersuchungen zur Theologie E. v. C., Diss. Heidelberg 1962.

Eustathios, 12. Jh. n. Chr., zunächst Diakon und Redelehrer in Konstantinopel, später Erzbischof von Thessaloniki. Ungewöhnliche Persönlichkeit von imponierender Gelehrsamkeit. Verfaßte rhetorische, historische und kirchliche Schriften. Noch in der Zeit vor dem Episkopat schrieb er umfangreiche Kommentare zu Pindar (hiervon nur die Einleitung erhalten), Dionysios Perihegetes und zu Ilias und Odyssee. Besonders die Homerkommentare sind durch die Fülle der eingearbeiteten Zitate aus allen Gebieten der griech. Literatur bedeutsam (→ Scholien C 2). E.' philologische Versuche sind geistvoll, seine Konjekturen oft bestechend. Er kannte jedoch keine Methode, verschmähte vor allem jegliche Konsequenz. H. E.

Ed: Kommentare (1) zu Pindar: A. B. Drachmann, 1927 (im 3. Bd. der Scholienausgabe, 285) – (2) zu Dionysios Perihegetes: G. Bernhardy, 1828, und GGM II, 1862 – (3) zu Homer: Ed. pr. 1542–50 – G. Stallbaum 1825–30 – *Lit:* L. Cohn, RE 6, 1 (1907), 1452–89 – P. Maas, E. als Konjekturalkritiker, ByzZ 35, 1935, 299; 36, 1936, 27.

Eustochios, Arzt, Schüler → Plotins, als einziger bei dessen Tode anwesend. Seine Ausgabe von Plotins Schriften ist verschollen; Spuren wohl bei Euseb. praep. ev. Ph. M.

Lit: H.-R. Schwyzer, RE 21, 1 (1951), 488–490 s. v. Plotinos.

2. **E.,** v. Kappadokien, Sophist (identisch mit Kaiser Julians Jugendfreund und dem Konkurrenten des → Stageirios?). Schrieb eine Geschichte des Kaisers → Constans und eine Archäologie Kappadokiens und anderer Länder. W. Sp.

Frg: FGrHist 738 – *Lit:* F. Jacoby, RE 6, 2 (1909), 1489.

Euterpe → Musen.

Euthydemos, aus Chios, Sophist, älterer Zeitgenosse des Sokrates, im gleichnamigen Dialog → Platons wohl über seine historische Bedeutung hinaus als Exponent sophistischer Denkweise verspottet.

2. **E. von Baktrien,** aus Magnesia gebürtig, stürzte nach 230 (?) Diodotos II. (→ Diodotos I.) und bemächtigte sich

des baktrischen Reichs, das er in der Folge durch Annexion von Nachbargebieten (Areia?) vergrößert zu haben scheint. 208–206 von → Antiochos III. angegriffen und belagert, mußte er die Oberhoheit des Seleukiden anerkennen. Möglicherweise setzte E. seine Söhne als Unterkönige ein. Sein Todesdatum ist unbekannt (zwischen 200 und 190?); ihm folgte sein Sohn → Demetrios (12). H.H.Sch.

Lit: W.W. Tarn, The Greeks in Bactria and India (1938), 1951², bes. 71–128 – F. Altheim, Weltgesch. Asiens im griech. Zeitalter I, 1947, 290–294 – J. Wolski, Les Iraniens et le royaume gréco-bactrien, Klio 38, 1960, 110–121 (Lit) – *Bildnisse:* → Anhang I.

Euthymenes von Massilia, Seefahrer, 2. H. 6. Jh. v. Chr., fuhr vor der gegen Ende des 6. Jh.s durch die Karthager vorgenommenen Sperre der Straße von Gibraltar an der afrikanischen Westküste nach Süden und gelangte an einen großen Fluß (Senegal oder Niger), den er nach der alten Theorie, nach welcher der Nil aus dem Ozean komme, mit diesem identifizierte. Aus seinen Beobachtungen folgerte er, daß die → Etesien die Ursache der Nilschwellen seien. E. scheint einen Bericht über seine Fahrt geschrieben zu haben; ob aber → Periploi des inneren und äußeren Meeres (Marcianus von Herakleia: GGM I 565), ist dagegen sehr zweifelhaft. Vgl. → Entdeckerfahrten. K.v.F.

Lit: F. Jacoby, RE 6, 2 (1909), 1509–11.

Euthymides, att. bedeutender Vasenmaler des früh- → rotfigurigen Stils, tätig ca. 510–500, Zeitgenosse und Freund (oder Rivale) des → Euphronios (1), mit dem er sich in einer Vaseninschrift mißt. Lehrer des → Kleophradesmalers und des → Berliner Malers (→ Vasen E 4f.). E. signierte als Sohn des Polias, möglicherweise des durch Statuenbasen von der Akropolis bekannten Bildhauers. An → Lieblingsnamen erwähnt er Leagros, Megakles I. und (ohne kalos-Zusatz) Phaullos (v. Kroton?). – Seine neuen Bildfeldkompositionen beschränken sich auf wenige, groß angelegte Figuren. In kräftiger, sicherer Strichführung strebt E. eine Läuterung der überladenen, spätarchaischen Formenwelt an, ohne aber deren Grazie aufzugeben. – *Werke:* Bauchamphora mit Theseus' Koroneraub. München 2309 (Lullies GV 17–23); Bauchamphora mit Hektors Rüstung, München 2307 (ebd., Abb. 24–31). Amphoren, Hydrien, Schalen, Pelike, Psykter. I.Sch.

Lit: J.C. Hoppin, E. and his Fellows, 1917 – E. Buschor, Griech. Vasenmalerei (1913), 1925³, 153–155 – L. Talcott, A Stand signed by E., Hesperia 5, 1936, 59–69 – Beazley, ARV² 26–29.

Euthyna heißt die Rechenschaftsablage der → Magistrate in Athen nach Ablauf ihres Amtsjahres. Sie ist zweiteilig: (1) Der *Logos*, die ‹Abrechnung›, wird von den Logistai (den ‹Rechnern›) überprüft und einem Geschworenengericht (→ Dikasterion) vorgelegt. Dabei werden etwaige Klagen von Privaten oder, im Namen des Staates, von den den Logistai beigegebenen Synegoroi (‹Anwälten›) vorgebracht. Daran schließt sich (2) die eigentliche E. an: die vom Rat bestimmten Euthynoi haben die Beschwerden von Privatpersonen über die Amtsführung der abgetretenen Magistrate zu prüfen und gegebenenfalls an die Gerichte weiterzuleiten. F.G.

Euthynterie, oberste Ausgleichsschicht des Fundaments, → Tempel B [3].

Euthytonon, ‹Gradspanner›, Pfeil → Geschütz, das zu den → Katapulten gehörte. Zwei senkrecht neben der Schußrinne stehende Spannsehnenbündel nahmen je einen Holzhebel auf, die durch eine Sehne verbunden waren, welche beim Zurückschnellen der Hebel den Pfeil abschossen. Das E. war leichter gebaut als das → Palintonon. W.K.

Lit: E. Schramm, Die antiken Geschütze der Saalburg, 1918 – E. Th. Barker, *Παλίντονον* and *Εὐθύτονον*, ClQ 14, 1920, 82–87.

Eutokios von Askalon, byzantin. → Mathematiker um 500 n. Chr. Seine Kommentare zu → Apollonios' (15) von Perge → Kegelschnitten und zu → Archimedes' Kugel und Zylinder, Kreismessung, Gleichgewicht ebener Flächen sind wichtige Quellen für die Mathematikgeschichte; u.a. enthält der Kommentar zu ‹Kugel und Zylinder› 12 Lösungsmethoden für die → Verdoppelung des Würfels mit Angabe ihrer Erfinder. H.G.

Ed: J.L. Heiberg, Apolloniosausgabe II, 1893; Archimedesausgabe III (1881), 1915².

Eutresis, ca. 30 m über die Ebene ragender, langgestreckter Hügel (mit 2 Quellen) in Böotien, südl. des Helikon (Kt. 1152 D 4). Von spätneolithischer bis in röm. Zeit besiedelt. Im FH (Rechteckhäuser) von bes. Bedeutung; am Ende von FH III eine Zerstörungsschicht (vgl. 2379). Darüber eine ausgedehnte MH-Siedlung (megaronförmige Rechteck- und → Apsidenhäuser). Weiter Mauergürtel gegen Ende SH. Erwähnung in der Ilias (2, 505). Zerstörung Ende SH III. Wiederbesiedlung erst im 6. Jh. v. Chr. W.Schg.

Lit: H. Goldman, Excav. at E. in Boeotia, 1930; zuletzt J.L. und E.G. Caskey, The earliest Settlements at E., in: Hesperia 29, 1960, 126–176.

Eutropius, verfaßte als magister memoriae des Kaisers → Valens (364–378 n. Chr.) in dessen Auftrag ein Kompendium der röm. Geschichte (Breviarium ab urbe condita) in 10 Büchern von der Gründung Roms bis zur Thronbesteigung des Valens; das gegenwärtige, bes. glückliche Zeitalter wollte E. später und in erhabenerem Stil behandeln. Die kleine Schrift, in knappem, bündigem Stil gehalten, war wegen ihrer bequemen Kürze sogleich wie auch im Mittelalter sehr erfolgreich: Übertragung ins Griechische von Paianios, einem Zeitgenossen des E.; jüngere griech. Übersetzung durch → Capito, 5./6. Jh.; nur Bruchstücke; Quelle für die Historia Romana des → Paulus Diaconus (bis zu → Justinian, 553 n. Chr., nachgeführt). Quellen des E. waren anscheinend: → Livius, → Sueton, eine verlorene Kaiserchronik, eine Familiengeschichte des Kaisers → Konstantin und die eigenen Erlebnisse (z. B. → Julians Partherfeldzug). Seine Darstellung ist trocken und beschränkt sich außer im letzten Teil auf Kriege. E.P.

Ed: 1471 (princ.) – H. Droysen, MG II, 1879 – F. Rühl, BT, 1887 – *Lit:* Gensel, RE 6, 2 (1909), 1521–27 – E. Malcovati, I breviari del IV. sec., Ann. Fac. Lettere e Filos. Univ. Cagliari 1, 1942, 23–65.

2. **E.,** Eunuch, Minister des Kaisers → Arcadius, Nachfolger des → Rufinus (395) und der einflußreichste Mann in Ostrom. Nach Zurückwerfung eines Hunnenangriffs auf Kleinasien (398) wurde er zum Konsul für 399 als erster Eunuch in diesem Amt ernannt; im selben Jahr wurde er aber von seinen Rivalen gestürzt und nach Cypern verbannt. Der Dichter → Claudian griff ihn mehrfach heftig an. E.A.Th.

Lit: E. Stein, Gesch. des spätröm. Reiches I, 1928 (= Hist. du Bas-Empire I, 1959).

Eutyches, spätlat. Grammatiker, Schüler des → Priscian, 6. Jh. n. Chr. Eine Abhandlung über die Konjugation des Verbs (‹Ars de Verbo›) und ein Kapitel ‹De aspiratione› (durch Cassiodors ‹De orthographia›) sind erhalten.

Ed: GrLat V 442–489; VII 199–202 – *Lit:* Schanz-Hosius, IV 2, 238f.

Eutychianischer Streit. Als der Archimandrit Eutyches von Konstantinopel wegen seines → Monophysitismus von einer örtlichen Synode 448 abgesetzt wurde, nahm sich der Nachfolger → Kyrills (1) v. Alexandria, Dioskur, seiner an und setzte die Rehabilitierung auf dem → Konzil von Ephesos 449 durch. Weil auf dieser ‹Räubersynode› die röm. Legaten nicht seine Epistula dogmatica verlesen durften, griff → Leo d. Gr. in den Streit ein und betrieb die Einberufung des → Konzils von Chalkedon, auf dem E. endgültig verurteilt wurde. – Der e. S., in dem die Gegensätze zwischen → alexandrin. und → antiochen. Theologie ausgetragen wurden, ist wie der Streit um → Nestorios eine wichtige Etappe zur Klärung des christologischen Dogmas; in ihm zerbricht zum erstenmal das traditionelle Bündnis zwischen Rom und Alexandrien. H.D.

Lit: Ed. Schwartz, Der Prozeß des Eutyches, SB München 1929, 5 – Ders., Über die Reichskonzilien von Theodosius bis Justinian (1921), Ges. Schriften IV, 1960, 111–158.

Eutychides, Bildhauer (und auch Maler) von Sikyon. Hauptschüler des → Lysipp. Sein bedeutendstes Werk war die → Tyche von Antiochia, der i.J. 300 gegründeten Stadt am Orontes. Von diesem wohl zur oder bald nach der Stadtgründung geschaffenen Werk gibt es zahlreiche freie Nachbildungen in Marmor (wichtig vor allem die in Budapest) und Bronze sowie auf Münzen und Gemmen: mit übergeschlagenen Beinen und aufgestütztem linkem Arm sitzt die Göttin auf dem Felsen, vor dem der Flußgott Orontes schwimmt, eine in ihrer neuen Achsenverstrebung typisch frühhellenist. Komposition. Bekannt waren ferner: Eurotas ‹flüssiger als der Strom› (für Sparta) und eine Siegerstatue (für Olympia). – Ob der Dionysos im Besitz des → Asinius (2) Pollio von diesem E. oder einem jüngeren Eponymen ist, von dem wir zahlreiche Signaturen auf Delos kennen (um 100 v. Chr.), läßt sich nicht entscheiden. E. Bg.

Lit: Lippold, GrPl, 296 – T. Dohrn, Die Tyche von Antiochia, 1960 – K. Parlasca, Die Tyche von Antiochia und das sitzende Mädchen im Konservatorenpalast, JbRGZ Mainz 8, 1961, 84–95.

Evocatio, Ritus, durch den die Römer die Schutzgottheiten der Feinde dazu einluden, ihre Schützlinge zu verlassen und nach Rom zu kommen; um sie ‹anzuziehen› (evocare), brachten sie ihnen → Opfer und machten ihnen feierliche Versprechungen. Der einzige (im Kern) historische Fall ist allerdings derjenige von 396 v. Chr., als → Juno Regina, Schutzherrin von → Veii, ‹evoziert› wurde (Liv. 5, 22; Macr. Sat. 3, 9, 7–9). H. Le B.

Lit: V. Basanoff, Evocatio, in: Bibl. Ecole Htes Etudes, 1947 – G Rohde, Studien und Interpretationen, 1963, 189–205.

Evocatus, ursprünglich der vom röm. Feldherrn zu freiwilliger Dienstleistung ‹aufgerufene› Veteran, in der Regel im Kommandostab dienend. In der Kaiserzeit stand die evocatio dem Princeps zu, daher gehörten seine evocati als Sonderformation einer → Prätorianerkohorte an, wurden aber, im Rang zwischen → Principales und → Centurionen stehend, im persönlichen Dienst und im Gerichts- und Verwaltungsdienst des Kaisers vielfältig verwendet, bes. auch – um die Einheitlichkeit des Heeres zu wahren – als Exerziermeister zu den Legionen kommandiert. E. Bay.

Exedra, (1) nach einer Seite offener Raum mit Sitzbänken, z.B. im → Gymnasion; (2) M- oder N-förmiges Statuenpostament mit vorgelegter Sitzbank.

Exegese

A. In der antiken Philologie → Scholien, → Überlieferung – B. In der frühchristl. Theologie: [1] Allgemeines – [2] Kerygmatische E. – [3] Dogmatische E. – [4] Schulen – [5] Theorien der E. – [6] Fortwirken – Vgl. grundsätzlich → Christentum V; → Literatur III.

[1] *Allgemeines.* Auf Offenbarungsbücher sich berufend, mußte das Christentum für → Homilie, → Katechese, → Apologetik und Dogmatik der E. eine Schlüsselfunktion zuweisen. Ungeachtet fortschreitender Ausweitung des Gegenstandes (AT, NT, → Apokryphen) und der Unterschiede im → Kanon der biblischen Schriften (bis zum 4. Jh.) wird sie einheitlich vom spätjüd. Inspirationsdogma bestimmt (→ Septuaginta), wonach die hl. Schriften vom Geist Gottes eingegeben sind (2. Tim. 3, 16; 2. Petr. 1, 21; Orig. c. Cels. 5, 60; Basil. hom. in Ps. 1, 1; Hier. in Is. 29, 9 ff.; als Ekstase beschrieben: Athenag. supp. 7.9; ähnlich: Tert. c. Marc. 4, 22; 5, 8; Joh. Chrys. hom. in Joh. 1, 1 f.). Demgemäß war altchristl. E. nie voraussetzungslos: sie wollte entweder das Selbstverständnis begründen oder vor anderen erweisen. Daraus erklärt sich das Nebeneinander unterschiedlicher Methoden, wie der Typologie (τύπος; lat. figura; zyklisches Weltbild, Gedanke der Wiederholung) neben dem prophetischen Weissagungsbeweis (linear-futurisches Geschichtsdenken, Telos der Vollendung) oder der spiritualistischen → Allegorese neben dem Testimonienbeweis (Pluralität von Schriftbelegen, synagogales Zeugenprinzip). Ferner ergab sich aus der Entwicklung das Nebeneinander verschiedener Typen von E., die deshalb nur mit ihrem Einsatzpunkt historisch markiert werden können.

[2] Die *kerygmatische E.* (NT, → Apostolische Väter) diente der Predigt und Unterweisung. Am AT orientiert, übte sie nach dem Schema: Verheißung-Erfüllung den prophetischen Schriftbeweis (typisch: Mt.-Ev.), vor allem unter christologischem Skopus, aber auch ekklesiologisch (z.B. Röm. 9, 25 ff.; Apg. 2, 16 ff.). Zitationsformeln und spezielle Auslegungsbräuche (Schluß a minori ad maius, etymologische Auswertung von Wörtern und Namen; Zahlenspekulation) kamen aus rabbinischer Tradition. Dagegen war die Typologie aus der hellenist. Synagoge übernommen, sie diente dazu, das Christusdogma (Adam-Christus: Röm. 5, 14; 1. Kor. 15, 20 ff.) und christl. Heilsexistenz (1. Kor. 10, 1 ff.; 1. Petr. 3, 21) zu begründen, aber auch dem Judentum das AT abzusprechen (Hebr.; 1. Clem.); dafür wurde auch die → Allegorese aufgeboten (Barn.). Doch haben nicht nur die spätjüd. Elemente der Erstphase nachhaltig gewirkt (z.B. in Testimonienflorilegien; vgl. → Irenaeus' ‹Erweis des apostolischen Kerygma›), sondern auch deren kerygmatische E. selbst, die als kanonisiertes NT ihrerseits wieder Gegenstand der Auslegung wurde.

[3] Die *dogmatische E.* (Ende 2. Jh.) resultierte daraus, daß die → Gnosis den bisherigen Utilitarismus der Methoden aufgab, die → Allegorese zum Prinzip erhob und mit ihr einseitig anthropologisch interpretierte. Sie hob damit sowohl den Buchstabensinn wie auch die Exklusivität christl. Offenbarung auf. Sie war zudem bei spätantiker Religionsphilosophie und alexandrin. Philologie in die Schule gegangen, von der sie als erste die Kommentarform übernahm (→ Herakleon; → Alexandrin. Theologie). Auch die literarische → Apologetik der Großkirche hatte dort gelernt, die christl. Wahrheit allegorisch aus jedwedem Text zu erweisen (→ Clemens (2) Alexandrinus), darüber hinaus auch den profanen Topos der → Prosopopoiie (Auflösung des Textes in Rede und Gegenrede) für eine binitarische E. zu verwerten. Doch erst → Origenes gelang es, mit der Lehre vom dreifachen Schriftsinn (princ. IV: 1. somatisch, d.h. buchstäblich; 2. psychisch, d.h. moralisch; 3. pneumatisch bzw. anagogisch, d.h. allegorisch-spekulativ) exegetische Methode und dogmatische Deutung zu einen, so daß er in vielen Kommentaren und Homilien sowohl den metaphysischen Problemen der Theologie wie dem heilsgeschichtl. Aspekt der kerygmatischen E. gerecht wurde. Gerade durch seine E. hat er vorbildlich gewirkt (so für Genesis und Hohelied z.B. auf → Gregor (5) v. Nyssa). Der Vorstoß zu einer trinitarischen E. gelang zuerst → Tertullian und seinem Verbalrealismus (carn. 13). Die Art, wie er die ‹regula fidei› (→ Bekenntnisse) als ‹gubernaculum interpretationis› zum Auslegungsprinzip erhob (praescr. 9–16), war für abendländische E. charakteristisch, deren Biblizismus stärker mit den dogmatisch unergiebigen Schriftpartien zu ringen hatte. Erst → Hilarius und vor allem → Ambrosius sollten sie mit der allegorisch-spekulativen Methode des Ostens bekannt machen.

[4] Mit den → arianischen Streitigkeiten (4. Jh.) trat eine *kontroverstheologische E.* auf den Plan. Im Streitgespräch immer wieder auf Schriftstellen zurückgeworfen, mußten die Gegner auch über die hermeneutischen Prinzipien Rechenschaft ablegen, bzw. innerhalb der Schulen sich auf gemeinsame Grundsätze festlegen. Nicht zufällig wirkten jetzt Faktoren der Geistesgeschichte des Christentums (V) stärker ein. So wird die Kritik der → Antiochenischen Theologie an der Allegorese der → Alexandrinischen von aristotelischer Wissenschaftlichkeit getragen; auch die Vorliebe der Antiochener für Typologie (Fachbegriff: θεωρία) bei der Auslegung des AT ist hier verankert. Als erste haben sie in grundsätzlichen, aber polemischen Schriften ihre exegetische Methode begründet (verlorene Werke von → Diodor (5) v. Tarsos, ‹Was unterscheidet die Theorie von der

Allegoria?› u. → Theodor (10) v. Mopsuestia, ‹Gegen die Allegoriker›) und in zahlreichen Kommentarwerken eindrucksvoll angewandt (Theodor v. Mopsuestia; Johannes → Chrysostomus; → Theodoret v. Kyrrhos). Nur die Alexandriner → Didymos (3) und → Kyrill (1) brauchen, was Leistung und Umfang ihrer Arbeiten angeht, einen Vergleich mit ihnen nicht zu scheuen.

[5] *Theoretische Besinnung* (ab 5. Jh.) faßte den Ertrag der Kontroversen zusammen. Östliche Werke verleugnen dabei die Schulherkunft nicht, wie die ‹Einleitung in die hl. Schriften› des antiochenischen Theologen Hadrianus zeigt (1. H. 5. Jh.; ältester Titelbeleg). Schon vorher hatte der Nordafrikaner Tyconius im Liber regularum (ca. 380) sieben Gesichtspunkte heilsgeschichtl. E. festgelegt, die trotz seines → Donatismus → Augustin in die Hermeneutik von ‹De doctrina christiana› (1–3) aufnahm. Augustin hatte ausschließlich Allegorese geübt, um dann fortschreitend sich um den ‹Literalsinn› zu mühen, hierin → Hieronymus ähnelnd. Den metaphysischen Gegensatz von Ding (res) und Zeichen (signum) wollte er durch seine Sprachtheorie (Wort als Mittlerin zwischen beiden) überwinden und für die E. fruchtbar machen. Auch Augustins Gegensatz zu → Pelagius und dessen Schüler Julian von Aeclanum brach nicht etwa an der exegetischen Methode dieser von Theodor v. Mopsuestia stark beeinflußten Exegeten auf.

[6] *Fortwirken.* Antiochenische E. wurde dem Westen vor allem durch die ‹Instituta regularia divinae legis› des Junilius Africanus (ca. 542) und dem MA dadurch bekannt, daß (neben Hadrian, s. o.) → Cassiodor in ‹De institutione divinarum literarum› ihre Lektüre empfahl. In der Lehre von dem vierfachen Schriftsinn (zuerst bei Johannes → Cassianus, coll. 14, 8: sensus literalis bzw. historicus und sensus spiritualis, seinerseits untergliedert in Allegoria = dogmatische E., Anagogē = metaphysische und eschatologische E., Tropologia = moralische Anwendung auf den Gläubigen), der noch den alexandrin. Gegensatz von Buchstaben und Geist erkennen läßt, sollte das Abendland sowohl den theoretischen Ertrag altchristl. E. wie auch in dem reichen Vätererbe ihren literar. Niederschlag übernehmen. C. A.

Ed: → Stichworte. – Bes.: Origenes, GCS 22, 1913, 292 ff. – Irenäus, SC 62, 1959, Hieronymus, CSEL 54, 1910, 503 ff. (epist. 83 Pammach.) – Tyconius, ed. F. C. Burkitt, 1894 – Augustin, CChrL 32, 1962, 1 ff. – Hadrianus, ed. F. Gößling, 1887 – Cassianus, SC 54, 1958, 189 ff. – Junilius Africanus, PL 68, 15 ff. – Cassiodor, PL 70, 1105 ff. – *Lit:* RGG III 258 f. (ausf. Lit.); V 1526 f. – Wichtig: W. Bousset, Jüd. christl. Schulbetrieb in Alexandria u. Rom, 1915 – I. Heinemann, Altjüd. Allegoristik, 1936 – M. L. W. Laistner, HThR 40, 1947, 19–35 (Antiochenische E. im MA) – R. Bultmann, ThLZ 75, 1950, 205–212 (Ursprung der Typologie) – J. Daniélou, Sacramentum futuri, 1950 – H. de Lubac, Histoire et ésprit. L'intelligence de l'écriture d'après Origène, 1950 – P. Ternant, Biblica 34, 1953, 135–158; 354–383; 456–86 (Theoria-Begriff der Antiochener) – G. H. W. Lampe-K. J. Wollcombe, Essays on Typology, 1957. – T. E. Pollard, Bull. J. Ryl. Libr. 41, 1958/59, 414–439 (E. und arianischer Streit) – G. Strauß, Schriftgebrauch, Schriftauslegung u. Schriftbeweis bei Augustin, 1959 – P. Prigent, Les Testimonia dans le christianisme primitif, 1961 – C. Andresen, ZNW 52, 1961, 1–39 (zur trinitar. E.).

Exegese → Scholien, → Überlieferung.

Exegeten, ‹Ausleger› (Hdt. 1, 78, 2: → Telmessos), bedeutsam bes. in Athen, wo aus den → Eupatriden je ein E. von der → Pythia und dem Volk bestimmt wird (SIG³ 773; 711; 728; IG² 1, 77 unsicher; Einzelheiten heiß umstritten); sie haben keine politischen Funktionen, müssen nur dem Staat und Einzelnen über Fragen von Kult und Ritus Auskunft geben (Opfer, Totenehrung, neue Kulte, Hauskulte: Isaios 8, 39; Plat. rep. 427 B f. u. ö.; für die eleusinischen → Mysterien: E. der Eumolpiden: IG² 2, 140; 1672, 41), Totschlag sühnen (Plat. Euthyphr. 4 C f., Ps. Dem. 47, 68 ff.) und bei der Aufnahme der → Epheben helfen (IG² 2, 1006), entsprechend beschrieben in Platons Nomoi (759 D u. ö.). Seit dem 4. Jh. wird das mündlich tradierte Sakralrecht (Ps. Lys. 6, 10) von → Kleidemos, dann von Autokleides, Timosthenes u. a., die wohl E. waren, aufgezeichnet: Exegetika (FGrHist 323 F 14; 352–356), an die andere Kultschriftsteller anknüpfen. Später gibt es E. in Olympia als Sakralbeamte (SIG³ 1021, auch auf Kos), in Ägypten sind E. Munizipalbeamte. C. J. C.

Lit: A. Tresp, die Fragmente der Kultschriftsteller, 1914 – F. Jacoby, Atthis, 1949 – J. H. Oliver, The Athenian Expounders..., 1950. – Ders., Jacoby's treatment of the Exegetes, AJPh 75, 1954, 160–174.

Exekias, att. Töpfer und Vasenmaler, führender Meister des → schwarzfigurigen Stils (→ Vasen E 3), tätig im 3. Viertel des 6. Jh.s v. Chr., Schüler des → Nearchos (?), Lehrer des → Andokidesmalers. Zweimal signiert er als Töpfer *und* Maler, sonst nur als Töpfer. Auf Vasen des E. sind die frühesten → Lieblingsnamen erhalten (Stesias, Onetorides). – Vertiefung des Heroenmythos, Ernst und Größe zeichnen sein Werk aus; Aias' Schicksal hat ihn besonders ergriffen. Er vollendet den dramatischen Stil, der den epischen der → Klitiaszeit ablöst. – *Werke:* Bauchamphora mit Brettspielern und Dioskuren, Vatikan 344 (Arias-Hirmer, Abb. 62, 63, Taf. XVII); Augen-Schale mit Dionysos auf dem Meer, München 2044 (ebd., Taf. XVI, Abb. 59). Ferner Halsamphoren, Kratere, Pinakes. I. Sch.

Lit: J. D. Beazley, Attic Black-Figure, a Sketch, Proc. of the Brit. Acad. 14, 1928, 18–31 – W. Technau, E., 1936 – E. Buschor, GV, 115–125 – Beazley, Development, 63–72; 112–113 – H. Cahn, E.-fragmente, AntK 5, 1962, 77–80.

Exhaustionsmethode. Die E. beruht auf dem Satz (Euklid, elem. 10, 1): Nimmt man von einer Größe mehr als die Hälfte weg, vom Rest wieder mehr als die Hälfte usw., so ist der Rest nach endlich vielen Schritten kleiner als eine (beliebig klein) vorgegebene gleichartige Größe. – Nimmt man z. B. vom Kreis das einbeschriebene Quadrat fort, so ist das mehr als die Hälfte. Die über den Seiten gezeichneten gleichschenkligen Dreiecke sind mehr als die Hälfte des Restes (→ Abb. 64). Über den Seiten des Achtecks kann

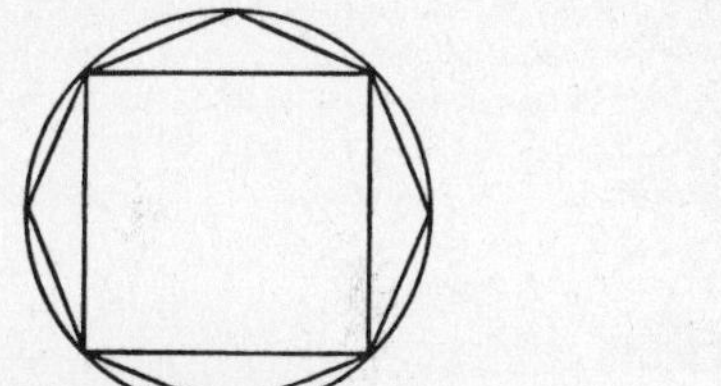

Abb. 64 Exhaustion des Kreises

man wieder gleichschenklige Dreiecke zeichnen usw. So erhält man ein regelmäßiges Polygon, dessen Inhalt sich von dem des Kreises um weniger als eine (beliebig klein) vorgegebene Größe unterscheidet.

[2] → Euklid (vielleicht schon → Eudoxos, 1) benutzt das Verfahren u. a. um zu beweisen: Die Flächen zweier Kreise (K_1, K_2) verhalten sich wie die Quadrate der Durchmesser (d_1^2, d_2^2; elem. 12, 2). Zuvor ist ohne infinitesimale Methoden bewiesen worden: Ähnliche Vielecke in Kreisen verhalten sich wie die Quadrate der Durchmesser. Nun sagt Euklid *nicht:* ‹Da sich Kreise durch Polygone beliebig gut approximieren lassen, muß der Satz auch für Kreise gelten›, sondern er macht einen sorgfältigen indirekten Schluß: Wäre $K_1 : K_2 = d_1^2 : d_2^2$ falsch, so gäbe es eine Fläche $S \neq K_2$, für die (1) $K_1 : S = d_1^2 : d_2^2$ gelten würde. Sei zunächst angenommen, es sei $S < K_2$. Dann wird in K_2 ein Polygon einbeschrieben, dessen Fläche P_2 sich von K_2 um weniger als $K_2 - S$ unterscheidet, so daß also $S < P_2 < K_2$ ist, und in K_1 ein ähnliches Polygon P_1. Dann ist (2) $P_1 : P_2 = d_1^2 : d_2^2$. Aus (1) und (2) folgt $P_1 : P_2 = K_1 : S$ und daraus $K_1 : P_1 = S : P_2$. Das ist aber falsch, da $K_1 > P_1$ und $S < P_2$. – Es läßt sich zeigen, daß auch die Annahme $S > K_2$ zu einem Widerspruch führt. Also muß $S = K_2$ sein. – Die Methode

läßt sich in Einzelheiten variieren und ist von Eudoxos, Euklid, und bes. → Archimedes zu zahlreichen Flächen- und Volumenbestimmungen benutzt worden. H.G.

Exkommunikation, kirchenrechtlich fortgebildeter Ausschluß aus der Glaubens-, resp. Kirchengemeinschaft, im NT vorgebildet Mt. 18, 17; 1. Kor. 5, 13; Tit. 3, 10 u. ö., ein Sonderfall der → Kirchenzucht, ähnlich dem jüd. Bann: daher Fluchformel des Anathema. Erstes Beispiel: Viktor v. Rom (Ende 2. Jh.), der im beginnenden Streit über das Osterdatum einer ganzen Provinz die communio aufkündigte (Eus. hist. eccl. 5, 24, 9). J.N.B.v.d.B.

Lit: W. Doskocil, Der Bann in der Urkirche, 1958.

Exodos, Teil der → Tragödie, nach dem der Chor keine lyrische Partie (Stasimon) mehr singt, also Schlußabschnitt des Dramas (Aristot. poet. 12. 1452 b 21 f.). E.-R.Sch.

Exorzisten (von *ἐξορκίζειν*, ‹herausschwören›) treiben durch magische Formeln Dämonen aus; begegnen in vielen Religionen, sind dem AT und NT fast ganz fremd. Zwar trieb Jesus Dämonen aus, aber ohne die sonst üblichen Beschwörungsformeln. Im 2. Jh. gewinnen exorzistische Vorstellungen größeren Einfluß (bes. in den Apostelakten: → Apokryphen). Im 3. Jh. wurden die E. ein fester Stand in den Gemeinden (Dämonenaustreibung bei bestimmten Kranken und bei Katechumenen). Die katholische Kirche kennt bei der Taufe bis heute den Exorzismus. B.L.

Lit: ThW V 465f. – RGG II 832–834.

Expositio totius mundi et gentium (‹Beschreibung der ganzen Welt und der Völker›), ein sachlich und sprachlich interessantes Schriftstück aus der späten Kaiserzeit, wahrscheinlich Übersetzung eines griech. Originals aus dem 4. Jh. n. Chr. Die Beschreibung ist weniger topographisch als kulturgeographisch und ethnographisch. Einiges der überlieferten Schrift gehört einer zweiten Rezension. Der Anfang fehlt. G.B.

Ed: GLM, 104–126 – *Lit:* H. Berger, RE 6, 2 (1909), 1693 f. – Schanz-Hosius, IV 2, 125–127.

Exsuperantius, Julius, verfaßte ein im Parisinus 6085 (11. Jh.) enthaltenes Opusculum, wo der Bürgerkrieg des → Marius bis zum Ende des → Sertorius erzählt wird. Der Sprache nach scheint er im 4./5. Jh. geschrieben zu haben (vielleicht Rutil. Nam. 1, 213 erwähnt). Der Verfasser hat → Sallusts Bellum → Jugurthinum und das 1. Buch der Historiae so stark benutzt und nachgeahmt, daß er für die Herausgabe der Fragmente des 1. Buches der Historiae Sallusts grundlegend ist. G.C.

Lit: Wissowa, RE 6, 2 (1909), 1695–96 – Funaioli, RE 1 A 2 (1920), 1930 – Schanz-Hosius-Krüger, IV 2, 82–83.

Exzentertheorie. Zur Erklärung der ungleichförmigen Geschwindigkeit von Sonne und Mond bei ihrem Umlauf um die Erde nahm → Hipparchos (3) eine exzentrische Stellung der Erde innerhalb der – kreisförmig gedachten – Bahnen der Sonne und des Mondes an. → Ptolemaios (17) dehnte die Annahme exzentrischer Kreise auch auf die Planetenbahnen aus. Die Punkte des Kreises, die den kleinsten bzw. größten Abstand von der Erde haben, heißen Perigäum und Apogäum. Vgl. → Astronomie B 3, → Epizykeltheorie, → Ausgleichspunkt. S.S.

Ezechiel, Dichter jüdischer Tragödien (2. Jh. v. Chr.; Alexandria? Samaria?), von denen 269 Trimeter aus verschiedenen Teilen eines Mosedramas bei → Eus. praep. ev. 9 erhalten sind. – Das Stück, ein historisches Drama, behandelt, dem Text von 2. Mos. 1 ff. oft wörtlich folgend, die Taten Mose zur Befreiung Israels aus Ägypten: Moses bei Jethro; Gespräch mit Jahwe am brennenden Dornbusch; Botenbericht über den Untergang der Ägypter; Nachrichten über Kanaan. Die Verteilung der Verspartien auf die vorauszusetzenden 5 Akte ist dadurch erschwert, daß E. dem Bibeltext Szenen wie den Traum Mose und die Erzählung vom Phönix hinzugefügt hat. Aus umfassender Euripideskenntnis in Metrik, Sprache und dramatischer Technik gewann ein für das Selbstverständnis des Judentums von jeher wichtiger Text dramatische Form. Aufführbarkeit ist nicht zu bezweifeln; Vorhandensein des Chores unsicher. – E.s Drama ist eine der für unsere Kenntnis des hellenist. Theaters wichtigsten Quellen, zudem ein hervorragendes Zeugnis für die Leistungsfähigkeit eines jüd. Hellenismus, dessen Entwicklung die kurzsichtige Hellenisierungspolitik → Antiochos' IV. endgültig zerstörte. H.Cc.

Lit: K. Kuiper, Mnemosyne 28, 1900, 237–280 (Text und lat. Kommentar) – J. Wieneke, Diss. Münster 1931 (dass.) – A. Kappelmacher, WSt 44, 1924/25, 69 ff. (zur Rekonstruktion).

Fabel. [1] *Charakteristik.* Die F. (αἶνος, fabula) ist eine kurze Erzählung einer in die Vergangenheit verlegten Handlung, welche die Einprägung einer allgemeingültigen Wahrheit oder Lebensregel erzielt. In Ursprung und Charakter mit sprichwörtlichen Redensarten eng verbunden, wirken die F.n metaphorisch. Der Inhalt der Erzählung wird in keiner Weise beschränkt, doch sind die Charaktere gewöhnlich Tiere, die in ihrem Sprechen, Denken und Handeln als durchaus menschlich vorgestellt werden. Um ihre Pointe einzuschärfen, haben sie zumeist eine witzige, noch häufiger spöttische Tendenz. – Im allgemeinen werden zuerst die Charaktere genannt, und dann wird eine Situation skizziert. Darauf folgt die Erzählung, die dramatische, dialoghafte Form annehmen kann. Oftmals spricht der zuletzt Redende eine allgemeine, aus der Handlung abgeleitete Moral aus. In den späteren Sammlungen zeigen die einzelnen F.n als Anhängsel die sog. Epimythien, in denen die Moral vom Erzähler ausgesprochen wird. Daneben finden wir auch Promythien, in denen der Sammler die mögliche Anwendung der F.n andeutet. – Obwohl die F. als Selbstzweck und unabhängig, wie etwa in den Sammlungen, und sogar als Kunstwerk, wie etwa bei → Phaedrus, verfaßt werden kann, wirkt sie doch wesentlich als Mittel der Überredung (→ Aristot. rhet. 2, 20. 1393 b 8).

[2] *Geschichte.* Eine solche F. taucht in der griech. Literatur zuerst bei → Hesiod (erg. 202–212) auf. Vom 8. Jh. ab kann man drei Perioden in der Geschichte der antiken F. unterscheiden. In der *ersten Periode* findet man F.n vereinzelt von Dichtern und Schriftstellern (→ Archilochos, → Sophokles, → Aristophanes, → Platon u. a.) als *exempla* verwendet. Im großen und ganzen wurden die F.n zu dieser Zeit durch mündliche Überlieferung fortgepflanzt. – In der *zweiten Periode*, die mit Alexandria einsetzt, kommen *Sammlungen von Prosafabeln* vor. Wahrscheinlich hat als erster → Demetrios (17) v. Phaleron eine solche Sammlung in seinen *Αἰσώπεια* (Diog. Laert. 5, 80 = Fr. 74 Wehrli) veranstaltet. Der hervorragendste Vertreter dieser Linie ist die sog. Recensio Augustana (entstanden im 2. oder 1. Jh. n. Chr.), die etwa 230 Prosa-F.n enthält und als die größte erhaltene Sammlung äsopischer F.n aus der Antike gelten muß. – Die *dritte Periode* wird durch die Erscheinung *literarisch ausgestalteter* Versionen von F.n gekennzeichnet. Hier erhebt sich die F. über ihre frühere Anonymität und wird als selbständige Literaturgattung bearbeitet und aufgefaßt. Die selbstbewußten dichterischen Erzeugnisse des → Babrius und des → Phaedrus (1. Jh. n. Chr.) gehören hierher. → Avianus (um 400 n. Chr.) setzt diese Richtung fort.

[3] Die F. im ganzen wird gewöhnlich als ‹äsopisch› beschrieben, weil → *Äsop* als Vater und geschicktester Erzähler der F. gilt. Bezeichnungen wie ‹libystisch› oder ‹sybaritisch› sind daneben nur von geringer Bedeutung. – Über den *Ursprung* der F. sind wir durch die Forschung der jüngsten Jahre bedeutend besser unterrichtet als früher. Weit davon entfernt, Erzeugnisse griech. Geistes zu sein, sind sie vielmehr, als sumerisches Gut, bereits in Keilschrifttexten des 18. Jh.s v. Chr. wohl bezeugt. Auf welchem Wege sie den Griechen bekannt geworden sind, ist noch nicht geklärt, aber im wesentlichen dürfte → Babrius auf das Richtige hingewiesen haben, als er die Erfindung der Gattung den alten Syrern der Zeit von Ninos und Belos zuschrieb (2, Prolog). L.W.D.

Ed: B. E. Perry, Aesopica I, Urbana (Ill.), 1952 (maßgebende Ed. der Prosa-F.n) – *Übers:* A. Hausrath, Tusc. 1944 – L. W. Daly, Aesop without Morals, 1961 (engl.) – *Lit:* B. E. Perry, Fable, Studium Generale 12, 1959, 2–37 – Ders., Babrius and Phaedrus, LCL, 1964, xi–xxxiv.

Fabius Ambustus, Q. (Konsulartribun 390 v. Chr.), wurde 391 auf eine Bitte Clusiums um röm. Hilfe gegen die → Kelten als Gesandter nach Etrurien geschickt. Dort griff er entgegen dem Völkerrecht auf seiten der Clusiner in den Kampf ein und löste damit den Zug der Kelten gegen Rom (390) aus, der mit der Niederlage der Römer an der Allia und der 7monatigen Besetzung Roms endete. Im Jahre der Gallierkatastrophe war F. zusammen mit seinen angeblichen Brüdern K. und N. Fabius Ambustus, die an der Gesandtschaft und dem Kampf von 391 teilgenommen haben sollen, und Q. Sulpicius Longus, Q. Servilius Fidenas und P. Cornelius Maluginensis Konsulartribun. Die späte annalistische Erzählung gibt den Fabiern die Schuld am Gallierbrand. R.W.

2. **F. Ambustus,** M. (cos. 360 v. Chr., 356, 354, mag. equ. 322), siegte 360 über die → Herniker und feierte die ovatio, soll 356 die Falisker und Tarquinienser geschlagen haben, zwang 354 die Tiburter zum Frieden und unterwarf → Tarquinii, worauf 358 tarquiniensische Adlige auf dem Forum Romanum gegeißelt und hingerichtet wurden. Im 3. Konsulat des F. (354) Abschluß eines foedus aequum mit den → Samniten. F. wird als entschiedener Patrizier dargestellt, der als interrex 355 und 351 die Wahl plebejischer Konsuln verhindert haben soll. R.W.

3. **F. Buteo,** M. (cos. 245, cens. 241, dict. 216 v. Chr.), führte 218 die röm. Gesandtschaft nach → Karthago (Zon. 8, 22), vollzog 216 als Diktator die Ergänzung des Senates nach Cannae (Liv. 23, 22 f.). A.L.

4. **F. Iustus,** L., ca. 65– nach 109, geb. in Spanien oder der Gallia Narbonensis, Legionslegat 97, danach Prätor einer Provinz, 102 cos. suff. (CIL VI 2191. 10244), 106/107 mit einem Truppenkommando betraut, 109 legatus provinciae Syriae (AE 52, 1940, 66 f. Nr. 210), wohl bald darauf verstorben. Tacitus widmete ihm (zum Konsulatsantritt?) den Dialogus de oratoribus. Wie sein engster Freund Tacitus gehörte auch F. zum Kreise des jüngeren → Plinius (2; epist. 1, 11; 7, 2). K.H.Sch.

Lit: R. Syme, The Friend of Tacitus, JRS 47, 1957, 131–135 – Ders., Tacitus, 1958, I 74. 104. 112; II 476. 615.

5. **F. Maximus,** Paullus, cos. 11 v. Chr., geb. ca. 46 als Sohn des Q. F. Maximus, cos. suff. 45. Bruder des Africanus F. Maximus, cos. 10 v. Chr., verheiratet mit Marcia, einer Kusine des Augustus. Als Prokonsul von Asia (ca. 10/9) veranlaßte er das *κοινὸν τῆς Ἀσίας* zu einer Kalenderreform; er wurde in der Provinz vielfach geehrt. Legat von Hispania Tarraconensis 3/2 v. Chr. Naher Freund des → Augustus, den er auf seiner Fahrt nach Planasia zu → Agrippa (3) Postumus begleitet haben soll. Starb 14 n. Chr. F. war Gönner des → Horaz und des → Ovid, die ihn als vielseitig begabten Redner darstellen (Hor. carm. 4, 1; Ov. Pont. 1, 2; 3, 3). Ein negatives Urteil des → Cassius (11) Severus bei Sen. contr. 2, 4, 11. Sein Sohn war Paullus F. Persicus, cos. 34 n. Chr.; seine Tochter Fabia Numantina war mit einem Großneffen des Augustus, Sex. Appuleius, cos. 14 n. Chr., verheiratet. U.Wm.

Lit: R. Syme, Roman Revolution (1939), 1952^2, Ind. S. 547.

6. **F. Maximus Aemilianus,** Q. (ca. 186 bis ca. 130, praet. 149, cos. 145 v. Chr.) in das Haus der Fabii gegebener Sohn des L. Aemilius Paullus, nahm 168/167 am 3. Maked. Krieg teil (Polyb. 29, 14; Liv. 45, 1 f. 27), kämpfte 145/144 in Spanien (App. Ib. 65) und nahm 133 als Legat an der Belagerung → Numantias teil (App. Ib. 90). A.L.

7. **F. Maximus Allobrogicus,** Q. (quaest. 134 v. Chr., cos. 121), Konsul in Gallia Transalpina, wo er mit → Domitius (3) Ahenobarbus Allobroger und Averner besiegte. Er ließ auf dem Schlachtfeld ein Siegesdenkmal errichten, ebenso in Rom (fornix Fabianus). F.' Ansehen war bis zu seinem Tode groß (Val. Max. 6, 9, 4). G.G.

8. **F. Maximus Rullianus,** Q. (aed. cur. 331 v. Chr., mag. equ. 325, cos. 322, 310, 308, 297, 295, dict. 315, 313, cens. 304), Sohn des M. → F. (2) Ambustus, führte als erster Fabier das cognomen Maximus, erfocht 325 als magister equitum entgegen dem Befehl des Diktators L. → Papirius (3) Cursor einen großen Sieg über die → Samniten bei Imbrinium (die Erzählung über die Strafmaßnahmen des Diktators Liv. 8, 30, 8–36, 1 scheint zur Erklärung des Staatsrechts erfunden), trat 315 als Diktator den nach Latium vorsto-

ßenden Samniten am Paß von Lautulae entgegen und soll in seiner (nur von Diod. 19, 101, 37 überlieferten) 2. Diktatur 313 Fregellae und die Burg von Nola genommen haben. 310 entsetzte er Sutrium gegen die mit den Samniten verbündeten → Etrusker in der Schlacht bei Perusia (Liv. 9, 32 ff.). In der Censur von 304, die F. mit P. → Decius (2) Mus bekleidete, änderte er die volksfreundlichen Einrichtungen des App. → Claudius (6) Caecus von 312 in der Weise ab, daß er die nichtgrundbesitzenden Bürger und Freigelassenen auf die vier städtischen Tribus beschränkte. In seinem letzten Konsulat 295 errang F. mit seinem Kollegen P. Decius Mus, der mit ihm Censor gewesen war und sich 295 devotierte, den entscheidenden Sieg über die verbündeten Samniten, Etrusker, Umbrer und Kelten bei Sentinum. Die Gestalt des F. wurde von der Annalistik in manchen Zügen mit denen des Q. → F. (9) Maximus Cunctator ausgestattet. R.W.

9. **F. Maximus Verrucosus,** Q. (ca. 280–203, aed. 235?, cos. 233, 228, 215, 214, 209, cens. 230, dict. 221, 217, augur 265/203, pont. 216/203), der sog. Cunctator (vgl. Enn. ann. frg. 370 f. V.), ermöglichte im 2. Pun. Krieg gegen → Hannibal (2) durch seine seit 217 von ihm angewandte Hinhaltetaktik, die sich nach Cannae (216) allgemein durchsetzte, weitere schwere Niederlagen Roms zu verhindern, den stärksten Gegner zu binden und so die Voraussetzung zu Erfolgen auf anderen Kriegsschauplätzen zu schaffen. 209 eroberte F. Tarent zurück (Liv. 27, 15 f.). Energisch nutzte er die durch seine Ämter, aber auch durch sein Augurat (Cic. Cato 11 f.) gebotenen Möglichkeiten (z.B. als Leiter der Wahlen für 214 und 213), um seine militärischen und politischen Prinzipien durchzusetzen. Politisch war F. u.a. Gegner des C. → Flaminius (Cic. a. O.) und des P. → Cornelius (30) Scipio Africanus (Liv. 28, 40 ff.). F. gelobte 233 einen Tempel für → Honos (Cic. nat. deor. 2, 76) und 217 einen Tempel für → Venus Erycina (Liv. 22, 9 f.). Der zur Macht drängende, hellenistisch gebildete (Cic. Cato 12; Plut. Fab. 1), vermutlich die Abkunft seines Geschlechtes von Herkules propagierende (Plut. a. O. 1; 22, 8; Plin. nat. 34, 40) F. darf nicht etwa als Symbolgestalt altröm. Art mit M. → Claudius (10) Marcellus oder C. → Cornelius (30) Scipio Africanus als Menschen einer geistig völlig neuen Welt konfrontiert werden. A.L.

Lit: F. Münzer, RE 6, 2 (1909), 1814–30 – W. Hoffmann, Livius, 1942 – A. Lippold, Consules, 1963.

10. **F. Pictor,** C., erster bekannter Maler röm. Herkunft und ältester Träger dieses in der gens Fabia häufigen cognomens, das er sich durch die Ausmalung des Tempels der Salus auf dem Quirinal erwarb. Der Tempel wurde nach Beendigung des 2. → Samniterkrieges von C. Iunius Bubulcus geweiht, das Gemälde mit → Namensbeischrift und Datum (450 a.u.c. = 304 v. Chr.) soll bis in die Zeit des Kaisers Claudius sichtbar gewesen sein. C.K.

Q: Overbeck, SQ, 2372–74 – *Lit:* Brunn II 302 – F. Münzer, RE 6, 2 (1909), 1835 f. – Pfuhl, 781 – M. B. Marzani, EAA III 565 f.

11. **F. Pictor,** Q., ein angesehener Senator, im 2. Pun. Krieg nach der Katastrophe von Cannae (216) zur Befragung des Orakels nach Delphi gesandt. Nach Beendigung des Krieges schrieb er als erster Römer ein Geschichtswerk in griech. Sprache, um den romfeindlichen Darstellungen griech. Historiker (→ Philinos (1) v. Akragas) entgegenzuwirken. Von diesem Werk ist kein einziges wörtliches Fragment erhalten, sein Inhalt und die Grundhaltung jedoch aus → Polybios (1, 14, 1. 3, 9) und → Dionysios (16) v. Halikarnaß (1, 6; 7, 71, 1) zu erschließen. F. behandelte ausführlich die Gründung Roms (nach griech. Quellen) und die Königszeit, bot dann die Ereignisse bis zum 1. Pun. Krieg summarisch (κεφαλαιωδῶς), um dann die selbsterlebte Zeit wieder ausführlich darzustellen. Dieses Werk, das die röm. → Geschichtsauffassung begründete und in der Verknüpfung der Anfänge Roms mit der Zeitgeschichte für Jahrhunderte röm. Geschichtsschreibung gültig werden sollte, stand zwar stark in der hellenist. Tradition, vertrat aber nachdrücklich den röm. Standpunkt (Defensivpolitik, ‹gerechte› Kriege zum Schutz der Bundesgenossen, moralische Überlegenheit Roms). – Ob die lat. Annalen eines F. Pictor eine Übersetzung aus der Mitte des 2. Jh.s v. Chr. oder ein Werk des Servius F. Pictor sind, der auch über Pontifikalrecht schrieb, ist nicht mit Sicherheit zu entscheiden. R.T.

Frg: HRR I 5–39; 112 f. – *Lit:* M. Gelzer, Nochmals über d. Anf. d. röm. Geschichtsschreibung (1954), in: Kl. Schr. III, 1964, 104–110 – P. Bung, Q. F. I. Pictor, Der erste röm. Annalist, Diss. Köln, 1950 – K. Hanell, Zur Problematik d. ält. röm. Geschichtsschreibung, Fond. Hardt 4, 1956, 147–184 – A. Alföldi, Emotion und Haß bei F. Pictor, in: Antidoron Edgar Salin, 1962, 117–136.

12. **F. Rusticus,** wegen seiner Darstellungsgabe mit → Livius (1) verglichener Historiker aus dem 1. Jh. n. Chr. (Tac. Agr. 10, 3). Wie sein Freund → Seneca (2; Tac. ann. 13, 20, 2) könnte er aus Spanien stammen. → Tacitus (2) zitiert ihn in den Annalen mehrfach als kritischen Beurteiler → Neros (1); möglich, daß auf ihn die Schilderung vom Ende Senecas zurückgeht (ann. 15, 60 ff.). Nach O. Seeck schlossen die Historien des Tacitus unmittelbar an das Werk des F. an. Ob es außer der Zeit Neros auch die des → Claudius (1) behandelte, läßt sich auf Grund von Tac. Agr. 10, 3 schwerlich entscheiden. R.T.

Frg: HRR II 112 f. – *Lit:* D. Timpe, Röm. Gesch. bei Flavius Josephus, Historia 9, 1960, 474–502 – W. Richter, Röm. Zeitgesch. u. innere Emigration, Gymn. 68, 1961, 298–310.

13. **F. Valens,** cos. suff. 69 n. Chr., aus ritterlicher Familie, hatte als Legat der niedergerman. 1. Legion entscheidenden Anteil an der Erhebung des → Vitellius (1) in Köln und als Oberbefehlshaber der durch Gallien vorrückenden Heeresgruppe am Sieg über → Otho bei Bedriacum. Das verschaffte ihm eine einflußreiche Stellung am Hof des Vitellius und das Konsulat. Neben → Caecina (1) zur Führung des Krieges gegen die Vespasianer berufen, aber durch Krankheit zunächst in Rom zurückgehalten, wurde F. nach dem Verrat des Caecina und der Niederlage von Cremona bei dem Versuch, zu Schiff nach Gallien zu gelangen, gefangengenommen und getötet. R.Wg.

Q: Tac. hist. 1–3 – *Lit:* Goldfinger, RE 6, 2 (1909), 1869 ff. – PIR III² Nr. 68 – R. Syme, Tacitus I, 1958, 157 ff. – R. Hanslik, RE Suppl. 9 (1962), 1709 ff.

Fabricius Luscinus, C. (cos. 282 v. Chr., 278, cens. 275), Plebejer aus Aletrium, wurde 284 auf die Nachricht von tarentinischen Rüstungen als Gesandter zu den röm. Verbündeten geschickt, um Abfallsbewegungen vorzubeugen. 282 befreite er als Konsul (mit Q. Aemilius Papus) das von Bruttiern und Lukanern bedrängte Thurioi. Im 2. Konsulat des F. verließ → Pyrrhos (1) Italien, ein Erfolg, der weniger der Kriegführung des F. als seinem diplomatischen Geschick zugeschrieben wurde. Ob er nach dem Abzug des Pyrrhos die abgefallene kampanische Besatzung von Rhegion unterwarf und mit Herakleia am Siris ein Bündnis schloß, ist unsicher. Die Lebensgeschichte des F. wurde frühzeitig mit Legenden ausgestattet. R.W.

2. **F. Veiento,** A. (A. Didius Gallus F. Veiento), cos. suff. II 80, III ca. 83. Adoptivsohn oder Enkel des A. → Didius (2) Gallus, cos. suff. 36. Prätor unter → Nero. Im J. 62 wegen Abfassung satirischer Codicilli gegen Senatoren und Priester und wegen Käuflichkeit angeklagt, von Nero verbannt. F. gelangte unter den Flaviern zu außerordentlichen Ehren, wurde Mitglied mehrerer Priesterkollegien und dreimal Konsul. Mitglied von → Domitians Consilium, noch unter → Nerva angesehen. F. erlebte → Trajans Regierungsantritt und starb ca. 100. Von → Juvenal (4, 113) als *prudens* bezeichnet. U.Wm.

Lit: R. Syme, Tacitus, 1958, Ind. S. 835; App. 5.

Fabrik. F.en im heutigen Sinne, d.h. kapitalist. Großbetriebe mit innerbetriebl. Arbeitsteilung, fortschreitender Rationalisierung, systematischer Reklame und unpersönlicher Finanzierung, hat es in der Antike nicht gegeben, sondern nur Großmanufakturen (→ Ergasteria) mit Arbeitszerlegung, aber einfacher Technik. Die gleiche Betriebsform hatten auch die staatl. Manufakturen mit großen Arbeiterzahlen in der Prinzipatszeit und bes. in der Spätantike (*fabricae*). Die wichtige Frage, warum es zu Beginn der hellenist. Zeit trotz theoretischer Studien auf den Gebieten der → Mechanik und des Dampfdrucks nicht zur Technisierung und damit zur F. gekommen ist, wird unterschiedlich beantwortet. Wichtig ist, daß die → Arbeitskräfte billig und – begünstigt durch das Klima – bedürfnislos blieben und daß der Traditionalismus, die Rentnergesinnung nur in der Generation der Pioniere und Kolonisatoren der hellenist. Staaten im 3. Jh. v. Chr. durchstoßen worden ist. → Gewerbe und Industrie. H. Br.

Lit: F. Oertel, in: R. v. Pöhlmann, Gesch. der soz. Frage und des Sozialismus in der antiken Welt II (1901), 1925^3, 525–553 – A. Rehm, Zur Rolle der Technik in der griech.-röm. Antike, Arch. f. Kulturgesch. 27, 1938, 135–162 – H. Braunert, Die Binnenwanderung, 1964, 108–110.

Fabullus (Famulus?, Amulius?), Maler. Lebte zur Zeit Neros, dessen Goldenes Haus nach Plin. nat. 35, 120 ‹der Kerker seiner Kunst war, weshalb sich› – außer einer Minerva – ‹sonst nicht viele Stücke von ihm finden›. Als ‹würdevoll und dennoch lebhaft› (Plin. ebd.) darf man die erhaltenen Fragmente von Wand- und → Deckenmalerei der Domus Aurea bezeichnen, die vielleicht von der Hand oder der Werkstatt dieses angeblich stets in Toga malenden Künstlers stammen. C. K.

Q: Overbeck, SQ, 2388 – *Lit:* Brunn II 307 – O. Roßbach, RE 6, 2 (1909), 1985 – R. Bianchi Bandinelli, EAA III 566f.

Fachschriftstellerei

A. Griechisch – B. Römisch.

A. Griechische F. [1] *Geschichtlicher Überblick.* Die Wurzeln der griech. F. liegen in archaischer Zeit. Bereits die frühe ion. Prosa kannte Spezialwerke, bes. Erd- und Küstenbeschreibungen (→ Anaximander, → Perihegese). Spätestens im 5. Jh. kamen Schriften über Probleme der → Medizin, bald auch der → Mathematik hinzu. In Westgriechenland entstand das erste Lehrbuch der → Rhetorik (→ Teisias, → Korax), in Athen, neben den allgemeinen systematischen Versuchen der Sophisten, Abhandlungen über Probleme der künstlerischen Technik (→ Sophokles, → Damon, → Polyklet, ferner → Agatharchos, → Melanthios (3), → Apelles, → Architektur). Als universaler Geist des ausgehenden 5. Jh.s verdient → Demokrit hervorgehoben zu werden, nicht zuletzt wegen seiner zahlreichen naturwissenschaftlichen Schriften. → Xenophon, → Aristoteles und → Theophrast erschlossen im 4. Jh. der F. neue Gebiete; → Aineias (2) Taktikos verfaßte die ältesten kriegswissenschaftlichen Schriften. – Im Hellenismus eroberte sich die Fachschriftstellerei alle Gebiete des Lebens, wobei sie in Philologie (→ Überlieferung, → Lexikographie, → Grammatik), in den → Naturwissenschaften (bes. → Medizin, → Astronomie, → Arithmetik, → Geometrie, → Mechanik, → Optik, → Biologie, → Zoologie, → Botanik, → Geographie), → Strategie/Taktik, → Kunst, → Musik bes. ansehnliche Erfolge erzielte. Diese umfangreiche Tätigkeit wurde in der Kaiserzeit auf der bisherigen Grundlage fortgeführt, freilich in wechselnder und auf den einzelnen Gebieten verschiedener Originalität. Schon bald drangen Sterilität und Erstarrung ein, so daß man sich auf Exzerpte aus dem überkommenen Bestand beschränken mußte (→ Literatur I A 4. B 3).

[2] Der älteste *Typus* eines griech. Handbuches ist für uns in der dem → Anaximenes zugeschriebenen rhetorischen Techne greifbar; Sophistik und Philosophie (vor allem → Platon) haben an der Ausprägung der fortan verbindlichen Form mitgewirkt. Wie die noch ältere F. angelegt war, läßt sich nur selten erschließen (→ Hekataios).

[3] *Charakteristik.* Die griech. F. ist weniger durch praktische Bedürfnisse gekennzeichnet als durch das Bemühen, die Vielfalt der Phänomene zu ordnen und allgemeinen Begriffen (Kategorien) zuzuweisen; wichtigster Antrieb ist das Verlangen, die Gründe der Erscheinungen aufzufinden. Schon die Philosophen der archaischen Zeit erkannten, daß die sichtbaren Phänomene den Schluß auf die sie bewegenden verborgenen Kräfte gestatten (vgl. Anaxagoras Fr. B 21a D.: *ὄψις γὰρ τῶν ἀδήλων τὰ φαινόμενα*). Bes. → Aristoteles darf als Sinnbild dieser echt wissenschaftlichen F. angesehen werden. Seine Werke (bes. naturwissenschaftliche) demonstrierten der Nachwelt gleichzeitig, daß umfangreiche Materialsammlungen (empirische Kenntnisse) der Spekulation vorangehen müssen. In ihren Blütezeiten hat es die griech. F. stets verstanden, beide Aspekte zu verbinden (vgl. die lehrreichen Diskussionen über logische und empirische Prinzipien in den hippokratischen Schriften). Erst im Laufe der Kaiserzeit begnügte man sich auf vielen Gebieten mehr und mehr mit bloßer Stoffanhäufung. H. E.

Lit: H. Diller, Ὄψις ἀδήλων τὰ φαινόμενα, Hermes 67, 1932, 14–42 (Lit) – M. Fuhrmann, Das systematische Lehrbuch, 1960 – W. Kullmann, Zur wissenschaftlichen Methode des Aristoteles, in: Synusia, 1965, 247–274.

B. Römische F. [1] *Zielsetzung.* Die röm. F. ist mehr praktisch-technisch als wissenschaftlich ausgerichtet; Rom hat keinen bedeutenden Wissenschaftler hervorgebracht, es wäre denn den hochgelehrten → Varro, aber auch er ist weniger Denker als Sammler. Die griech. Wissenschaft wurde von den Römern in Athen und Alexandria studiert sowie in Rom selbst, nachdem die Hauptstadt des Weltreichs angefangen hatte, hervorragende Griechen an sich zu ziehen. Bei dem Sammeln ging es meistens um pädagogische Ziele: daher die zahlreichen → Enzyklopädien, von → Cato (1) d. Ä. über → Celsus und → Plinius d. Ä. bis → Isidor v. Sevilla, die, wie andere fachliche Werke auch, oft den Söhnen der Verfasser gewidmet wurden. Die Ansprüche auf Inhalt und Umfang der Sammelwerke nehmen freilich im Laufe der Zeit erheblich ab (vgl. → Verrius Flaccus, → Festus, Paulus Diaconus [8. Jh. n. Chr.]).

[2] *Die Fächer.* Die Philologie wurde in Rom vorwiegend als Glossensammlung und Worterklärung betrieben (→ Verrius Flaccus, → Festus, → Nigidius Figulus, → Remmius Palaemon, → Nonius, → Charisius, → Donatus, → Servius, → Priscianus). – Am selbständigsten war die röm. F. auf dem praktisch-technischen Gebiet (Architektur: → Vitruv, → Frontinus) und in der Jurisprudenz (→ Recht). Die Rechtsschriftstellerei (vgl. → Antistius (1) Labeo, → Ateius (2) Capito; → Salvius Julianus, → Pomponius (1); → Gaius, → Papinianus, → Ulpianus und → Paulus (2) geht als eine Hauptader durch das röm. Schrifttum bis zu ihrer Zusammenfassung und Krönung durch → Tribonianus im Corpus juris des Kaisers → Justinian. – In Mathematik und Geometrie betrieben die Römer vor allem die angewandte Form der Feldmesskunst (→ Agrimensoren), die auch bei Städte- und Koloniengründungen sowie beim Lagerabstecken von Belang war. Die medizinischen Schriftsteller Roms sind bezeichnenderweise entweder Griechen (→ Soranus; der Leibarzt des Kaisers Commodus, → Galenus) oder von den griech. Vorgängern sehr oder völlig abhängige Römer. Selbst → Celsus (1) wird das meiste aus griech. Quellen geschöpft haben. Sonst begnügte man sich, bes. in der späteren Kaiserzeit, entweder mit bestenfalls leicht bearbeiteten Übersetzungen (z. B. des Soran durch → Caelius (1) Aurelianus) oder mit dürftigen Kompilaten (→ Cassius (3) Felix). Die praktischen Zwecke stehen im Vordergrunde, Rezeptsammlungen sind sehr beliebt. Auch ganz Unwissenschaftliches wie Magie hat in der röm. Medizin, bes. bei → Marcellus (2) Empiricus, breiten Raum einnehmen können. In der Astrologie (→ Firmicus Maternus) ist das naturgemäß noch stärker der Fall. – Auch ein römisches Kochbuch ist uns erhalten, → Apicius. – Für Reisen und Reisebeschreibungen hatte man in der Kaiserzeit ein nicht unbedeutendes Interesse, aber literarisch und

inhaltlich können sich → Pomponius (5) Mela und → Solinus mit den griech. Vorbildern → Strabon und → Pausanias bei weitem nicht messen; sie erheben sich nur wenig über das Niveau der nüchternen → Itinerarien. – Am eifrigsten wurde die Landschriftstellerei (→ Landwirtschaft B) gepflegt, schon von → Cato d. Ä., der mit seiner strengen Sachlichkeit, seinem moralischen Ernst, seiner unermüdlichen Lern- und Lehrbegier und seiner ungeheuren Arbeitskraft Begründer und charakteristischer Repräsentant der röm. F. ist. Wie von ihm nur De agricultura vollständig erhalten ist, so ist auch von dem großen Enzyklopädisten → Varro neben seiner Abhandlung über die lat. Sprache nur noch sein Werk über Landwirtschaft auf uns gekommen. Vgl. ferner → Vergil, → Columella, → Palladius. – Daß überhaupt so viel von der röm. F. gerettet worden ist, verdanken wir in erster Linie ihrer praktischen Verwendbarkeit auch für die Mönche des Mittelalters.

[3] Die *literarischen Ansprüche* der F. waren mehrfach recht hoch; zumal Schriften über Literatur (→ Rhetorik, → Philologie, Literaturgeschichte) verlieh man gern einen literarischen Charakter (vgl. etwa → Quintilianus, → Gellius, → Macrobius). In anderen Fächern, wie Geographie, Landwirtschaft, Architektur, ist die literarische Färbung weniger stark. Sie bekundet sich noch am deutlichsten in den rhetorischen Figuren und im → Prosarhythmus (→ Vitruv, sogar → Pomponius Mela und → Frontinus). Bezeichnend für den literarischen Anspruch ist die F. in metrischer Form, das → Lehrgedicht, das in Rom reich vertreten war (→ Lukrez, → Vergil, → Cicero, → Germanicus, → Manilius, → Serenus). In scharfem Gegensatz dazu gibt es literarisch so niedrig stehende F., daß die betreffenden Werke in unseren Tagen hauptsächlich als Dokumente der lat. Vulgärsprache verwertet werden (z. B. die → Mulomedicina Chironis und die lat. → Oribasius-Übersetzungen). G. B.

Lit: Schanz-Hosius, I 26–38, 230–243, 552–606; II 329–335, 361 bis 396, 654–656, 722–803; III 154–244; IV 1, 112–116, 141–204; IV 2, 120–130, 166–308 – W. Kroll, Gesch. d. klass. Philologie (1908), 1919², 58–64 – J. Svennung, Unters. zu Palladius und zur lat. Fach- und Volkssprache, 1935 – E. Bickel, Gesch. d. röm. Lit. (1937), 1961³, 392–402

Fackeln (*λάμπας, δαΐς*) dienten für religiöse und profane Zwecke. Mit F.n ließ man sich nachts auf den Straßen leuchten (nicht in Sparta: Plut. Lyk. 12). Wettläufe mit F.n (*λαμπαδηδρομίαι*) gab es in Athen zu Ehren von → Prometheus, → Hephaistos und an den → Panathenäen. F.n wurden auch bei der → Hochzeit (New York, Hochzeits-Lebes O 7.286, 35) verwendet. F. E.

[2] Im griech. *Kult* (→ Religion I F–I) wurden F. von homerischer Zeit an vielfach verwendet und erst im 3. Jh. v. Chr. teilweise durch → Lampen abgelöst. Kennzeichnend sind sie für die Eleusin. → Mysterien (Hom. hymn. Dem. 48; vgl. → Daduchos, daher Attribut der → Persephone), für den böot. → Dionysoskult (die Mänaden stürmen F.n tragend durch die Wälder; daher der delph. Monatsname Dadaphorios), für die Kulte der Hekate und der Artemis (vielleicht erst nach ihrer Gleichsetzung mit Hekate). Darüber hinaus vielfach F.prozessionen und bes. F.läufe (*λαμπαδηδρομία, λαμπαδηφορία*) zu Fuß oder zu Pferde (Feier der → Bendis in Athen: Plat. rep. 328 A) unter der Leitung eines Lampadarches bezeugt. – Im *röm. Kulte* sind F.n vor allem in den → Hochzeits- und → Bestattungsriten üblich: dem Festzuge der Braut werden F.n aus segenbringendem Weißdornholz vorangetragen (Fest. 282. 364 L.; Serv. ecl. 8, 29; Varro bei Non. 112 M.). Ob beim Totengeleite immer F.n vorangetragen wurden oder nur in dem ausdrücklich hervorgehobenen Falle, daß ein filius familias außerhalb Roms starb und in nächtlicher Prozession bei F.schein heimgebracht wurde, ist unklar (Serv. Aen. 6, 224. 11, 143). – Für sich steht der vermutlich ausgedehnte Gebrauch von F.n in den oriental. Kulten der → Isis (Apul. met. 11, 9), → Magna Mater, des → Mithras (Kultbilder!). – Wesentlich dem Mythos und der bildenden Kunst angehörend sind die drohenden F.n, die die Rachegötter (Erinyen) schwingen, und die aufrechten oder umgedrehten F.n in der Hand des Daimon, die Leben und Tod symbolisieren. O. G.

Lit: M. Vassits, Die F. in Kult und Kunst der Griechen, 1900 – Vgl. zu → Beleuchtung.

Fackelschrift. Polybios (10, 45–47) beschreibt eine von zwei Griechen namens Kleoxenos und Demokleitos erfundene und von ihm selber verbesserte F. Eine Fackel wird mit der linken und mit der rechten Hand je ein- bis fünfmal gehoben; die Zahl der Hebungen bezeichnet die einzelnen Buchstaben. Der spätantike Schriftsteller → Julius (2) Africanus beschreibt ein entwickeltes System. Verwendet wurde die F. wegen ihrer Schwerfälligkeit nur selten. – Vgl. → Nachrichtenwesen. Th. P.

Fächer (*ῥιπίς*, flabellum), ursprünglich nur als Feuerfächer, dann ab 5. Jh. v. Chr. auch als Schmuckgerät verwendet. Erste Erwähnung Eur. Or. 1428, wo deutlich auf die fremde Herkunft hingewiesen ist (so auch bei Furtwängler-Reichhold, Taf. 78, 2). Der F. zählt zur Frauentracht (*γυναικὴ σκευή*; Poll. 10. 127) und tritt auch nur bei Darstellungen von Frauen (Vasenbilder, Terrakotten und Grabreliefs) auf. Rom kennt auch die Form der Stangen-F. mit Pfauenfedern. F. E.

Fälschung. Es ist zu unterscheiden zwischen den zahlreichen Schöpfungen, bes. Porträts, die seit der Renaissance – oft für dekorative Zyklen geschaffen – als Antiken wirken sollen (so der Londoner Caesar), und den betrügerischen F., die in Zeiten starker Sammeltätigkeit häufig werden. Beide Arten sind zeitgebunden, so daß F. gewöhnlich nach einigen Jahrzehnten leichter zu erkennen sind. Berühmt wurden die ‹Tiara des Saitaphernes› und die Tonstatuen Dossenas; zuletzt die ‹etrusk.› Tonkrieger des Metropolitan Museum, New York. K. Schf.

Lit: A. Furtwängler, Neuere F. von Antiken, 1899 – D. v. Bothmer – J. V. Nable, The Etruscan Terracotta Warriors, 1961 – E. Paul, Die falsche Göttin, 1962 (vgl. dazu A. Greifenhagen, Gnomon 36, 1964, 713–716).

Färben. Die Kunst des F.s (*βάπτειν*, tinguere) ist beinahe so alt wie das Weben. Während die Ägypter die fertigen Stoffe an bestimmten Stellen beizten, das Gewebe in heiße Farbbrühe (Krapp) tauchten, wobei die gebeizten Stellen stärker gefärbt wurden als die ungebeizten (Plin. nat. 35, 150), färbten Griechen und Römer die Wolle nach dem Krempeln und vor dem → Spinnen (Non. 339, 25 L.), wie das auch für die Seide und die (selten gefärbte) Leinwand (Plin. nat. 19, 22) vor dem Weben gilt. Damit die Faser die Farbe gut aufsaugte (*πίνειν*, bibere), wurde sie mit Beizen (medicamenta) wie Alaun, Seifenwurzel, *στρουθίον*, Weinsteinsalz, faecula behandelt (Marcell. med. 1, 57). Als Farbstoffe dienten Purpur, Kermes (Scharlach), Krapp (Rubia tinctorum L.), Galläpfel, Eichenrinde, Lackmusflechte (Lichen Roccella L.), Heidelbeeren, Ginster, Walnußschalen (Ov. ars 3, 169–188). → Leder färbte man u. a. mit Krapp, Rinde des Lotosbaumes (Plin. nat. 19, 47, 24, 94; 16, 124), Scharlach (Mart. 2, 29, 8), bes. aber mit Kupfervitriol (Plin. nat. 34, 123), das sich mit dem Gerbstoff verband und Schwärze lieferte. W. K.

Abb: Singer, Technology II, Abb. 329 (Färber in Pompeji).

Faesulae (Fiesole; Kt. 1420 D 4), etrusk. Stadt über Florenz mit vorwiegend röm. Bauresten. Sulla legte in F. die Veteranenkolonie *Florentia* an. Wichtig ist der unter dem sullanischen Umbau freigelegte Unterbau eines etrusk. Tempels (Anf. 3. Jh. v. Chr.). Vgl. → Etrusker. O. W. v. V.

Lit: G. Caputo-G. Maetzke, Presentazione del rilievo di F. antica, StE 27, 1959, 41–63.

Faijum, Oase am Westrand des Niltals, etwa 70 km südl. Kairo (Kt. 29 B 3/4), durch einen Nilarm (Bahr Jussuf) bewässert, der in den Karunsee fließt. Dieser ist Rest des Sees, der im Altertum fast die ganze Depression ausfüllte. Große Entwässerungsanlagen errichtete zuerst Amenemhet III. (1839–1791), doch blieb das F. (: *Pꜣ-jm*, ‹das Meer›) beliebt für Vogeljagd und Fischfang. Bes. die Ptolemäer haben die Trockenlegung fortgesetzt und am Ufer des Restsees Soldatensiedlungen angelegt (Dime, Karanis, Arsinoë-Krokodilopolis, Tebtynis u.a.), die zahlreiche Papyrusurkunden geliefert haben. Als Hauptgott wurde das Krokodil (Suchos) verehrt, daneben König → Amenemhet III. (‹Lamares›). W. Hk.

Falacer, alter, einzig durch → Varro (ling. 5,84 und 7,45) bekannter röm. Gott; Varro gibt ihm den Titel Pater; er hatte einen Flamen, der ebenfalls Falacer hieß, muß also in frühgeschichtlicher Zeit eine bedeutende Rolle gespielt haben. Doch wußten schon die Gelehrten des 1. Jh.s v. Chr. nicht mehr, welcher Art diese seit Varros Zeit in Vergessenheit geratene Gottheit war. H. Le B.

Falerii (Veteres; Cività Castellana), Hauptstadt des Faliskerlandes beim Monte Soracte, 54 km nördl. Rom an der Via Flaminia (Kt. 1420 E 5). Angeblich durch Pelasger von Argos aus gegründet (Plin. nat. 3,51), der Sprache nach aber dem Lateinischen nahe (→ Falisker), gehörte es in geschichtlicher Zeit politisch wie kulturell zu Etrurien. Nach einem rasch niedergeschlagenen Aufruhr im letzten Jahr des 2. Punischen Krieges gegen Rom, dem sie sich nach der Zerstörung des befreundeten → Veii hatten fügen müssen, wurden die Bewohner zur Umsiedlung in die Ebene gezwungen (240 v. Chr.). Von dem 5 km westwärts angelegten F. Novum (Sta. Maria di Falleri), das im 11. Jh. zugunsten der natürlich gesicherten alten Stadt aufgegeben wurde, ist vor allem der mit 50 Türmen und 9 Toren ausgestattete römische Mauerring als eindrucksvolle Ruine erhalten geblieben. Neben Terrakottaskulpturen in der Villa Giulia zu Rom von wenigstens 5 in F. aufgedeckten Tempeln (6.–3. Jh. v. Chr.) sind vor allem die Zeugnisse einer bedeutenden rotfigurigen Vasenmalerei im 4. Jh. vor Chr. bemerkenswert (Aurora-Krater der Villa Giulia), die vielleicht auf nach dem Peloponnesischen Krieg ausgewanderte att. Töpfer zurückgeht. Vgl. → Etrusker. O.W.v.V.

Lit: Fr. Altheim, Der Ursprung der Etrusker, 1950, 29. 32 u. 54 – A. Andrén, Architectural Terracottas, 1940, 80–148 – Beazley, EVP 70–112.

Falisker, in den Einflußbereich der → Etrusker geratener ital. Volksstamm, Rest der ersten indogerman. Einwanderungswelle der frühen Eisenzeit, mit Sitz zwischen Lacus Ciminus und dem Tibertal. Im Krieg um → Veji mit diesem gegen Rom verbündet. Hauptorte → Falerii und Fescennium. Aus dem Faliskerland stammen die sog. Falisk. → Vasen, eine Sondergattung der rotfigurigen etruskoital. Vasenmalerei des 4. Jh.s. – Faliskisch → Italien B 2. B. A.

Lit: Nissen, I 513,2,362 – Devoto, 16, 20, 88, 99ff. – S. Puglisi, EAA III, 1960, 572f. – P. Mingazzini, EAA III, 1960, 573f.

Falken. F.-Vögel waren im alten Mittelmeerraum und in den Nachbargebieten mit zahlreichen Arten vertreten (Habicht, ἱέραξ, κίρκος, accipiter; Turm-F., κεγχρηΐς, fulco; Mäusebussard, τριόρχης, buteo; Sperber, ἱέραξ; Weihe ἰκτῖνος, milvus). Man unterschied ihre verschiedenen Flugbewegungen und sah im F. ein Symbol der Schnelligkeit. Der Höhenflug der F. im Sonnenlicht begünstigte die Vorstellung von sonnennaher Sehkraft. Stark ausgeprägt ist diese Lichtbeziehung in der ägypt. Religion mit den falkenköpfigen Gottheiten Horus, Re und Chons. Als Lichtvogel gehört der F. ebenso wie der Habicht zum Bereich des → Apollon, indem er als glückverheißender Götterbote erscheint. Der Gott kann F.-Gestalt annehmen und Menschen in F. verwandeln, doch ist der F. meist Begleiter. Das F.-Symbol ist bereits mykenisch (‹Becher des Nestor›, Goldkette mit Doppel-F. aus den Schachtgräbern von Mykene). Bei den Römern galt der F. als Auguralvogel. Die F.-Beize war im Alten Orient bekannt, aber der antiken Kultur fremd. Vgl. → Fauna; → Jagd. J.W.

Lit: Keller, Tierwelt II 13–26 – A. Steier, RE 3 A 2 (1929), 1613–25 (Quellen!) – H. B. Jessen, Kirkos u. Rabe, AA 1955, 281–301 – S. Marinatos, Kreta und das myk. Hellas, 1959, 118f. 121.

Familie → Hausgemeinschaft; → Recht I D. III D. G.

Familiengötter. Außerhalb des offiziellen röm. Kultes bestand in manchen großen Familien ein Privatkult für Gottheiten, welche diese als ihre besonderen Beschützerinnen ansahen. Am bekanntesten: die gens Aurelia, die sabin. Ursprungs war, verehrte die Sonne, von der sie ihren Namen herleitete (*ausel*, sabin. Wort = *sol*). Die gens Claudia brachte bestimmte, nur ihr eigentümliche Sühnopfer. Die gens Fabia vollzog auf dem Quirinal Riten, die für so wichtig gehalten wurden, daß, um sie durchzuführen, eines ihrer Glieder nach der Überlieferung gewagt hatte, das von den Galliern belagerte → Kapitol zu verlassen und die feindlichen Linien zu durchqueren (Liv. 5,46). In der gens Horatia wurden die Sühnopfer, die Horatius vom Mord an seiner Schwester Camilla reinigen sollten, jedes Jahr wiederholt. Die gens Julia hatte eine besondere Verehrung für Veiovis und Apollo, lange bevor Caesar es wagte, die Julii zu Nachfahren der Venus zu erklären. Minerva wurde von der gens Nautia bes. in Ehren gehalten. Der Kult des Herkules am Großen Altar war, bevor er Staatskult wurde, von den Potitii und den Pinarii gefeiert worden. Ein Privatkult der gens Valeria stand am Ursprung der → Ludi Terentini, aus denen die → Säkularspiele entstanden. H. Le B.

Fannius, C., röm. → Annalist aus dem 2. Jh. v. Chr., dessen Annalen bis in seine Zeit reichten. → Sallust rühmte seine Wahrheitsliebe, M. → Brutus (2) exzerpierte das Werk, das lange Zeit als eine Hauptquelle für die Gracchenzeit angesehen wurde. Fraglich bleibt, ob sein Verfasser mit dem Konsul von 122 oder mit dessen Sohn identisch ist (Cic. Att. 12,5,3). R.T.

Frg: HRR I 139–141 – *Lit:* Broughton I 519.

2. **F.,** C., Freund des jüngeren → Plinius (epist. 5,5), vielbeschäftigter Anwalt, Verfasser einer Monographie über die Opfer → Neros (1); bei seinem Tod lagen 3 Bücher publiziert vor. Vielleicht verwandt mit Fannia, der Tochter des unter Nero verurteilten → Thrasea Paetus. R.T.

Lit: Schanz-Hosius II 691.

3. **F. Caepio,** 22 v. Chr. an einer Verschwörung gegen → Augustus beteiligt. Von → Tiberius angeklagt, versuchte er nach Neapel zu fliehen, wurde jedoch von einem Sklaven verraten und getötet. U.Wm.

Lit: R. Syme, Roman Revolution (1939), 1952², Ind. S. 547.

Farben. [1] F. für *Stoffe* und *Leder*. Am ausführlichsten berichten die Quellen über den *Purpur*, der von der Trompetenschnecke (κήρυξ, bucinum, murex) und der Purpurschnecke (πορφύρα, purpura, pelagia) gewonnen wurde. Man fing sie zwischen Herbst und Frühjahr (Aristot. hist. an. 5,15. 546a 18) mit Miesmuscheln als Köder in Reusen; die murices hingegen wurden durch Taucher vom Felsen gelöst. Die lebenden Tiere wurden geöffnet, das farbhaltige Gefäß am Hals herausgeschnitten und in Salz gelegt; nach drei Tagen reinigte man die Masse von anhaftendem Fleisch und dickte den Saft durch Kochen ein. Die Purpurschnecke lieferte einen rötlichen, die Trompetenschnecke einen scharlachfarbenen Saft. Wolle wurde zunächst in ersterem, dann in bucinum getränkt, was die eigentliche (tyrische) Purpurfarbe lieferte (δίβαφα). Daneben gab es verschiedene andere Mischungen. Das zweite animalische Farbmaterial lieferte der *Kermeswurm* (Scharlachbeere, Coccus ilicis L.), dessen Farbe man dem Purpur zusetzte (so bei der trabea) oder mit dem auch allein gefärbt wurde. Beide F. waren wichtige Handelsartikel (vgl. Plin. nat. 37, 204). Wie vom Kermeswurm ist auch vom Krapp, Safran, Wau usw. Technisches nicht überliefert. *Krapp* (Rubia tinctorum L.: ἐρυθρόδανον, rubia) lieferte für Wolle und Leder eine kräftige rote F. (Plin. nat. 19,47; 24,94); gelb färbte *Safran* (Crocus sativa L.), von Plinius als Farbstoff nicht erwähnt (vgl. Verg. Aen. 9,614), der bes. für Frauengewänder benutzt wurde, während der rot-gelbe Schleier der röm. Braut (flammeum) mit *Wau* (Reseda Luteola L.: lutum) gefärbt wurde. Blau lieferte der *Waid* (Isatis tinctoria L.: ἰσάτις, vitrum: Plin. nat. 22,46: Malerei). Zum Färben des → Glases nahm man Metalloxyde. W.K.

Q: Plin. nat. 9,125ff. 21,46 u.ö.; Vitr. 7,13; Isid. orig. 19,28.

[2] In der → *Malerei* weicht die leuchtend bunte Farbigkeit der kret. Kunst der strengen geometrischen. Die klare archaische → Vierfarbenmalerei (Akropolisgiebel und Koren) wirkt als Grundlage noch in späterer Zeit nach (→ Weißgrundige Vasen und → Alexandersarkophag geben die beste Vorstellung). Wird in der Klassik die Palette auch wesentlich bereichert, so bleibt die griech. Malerei in der Buntheit für moderne Begriffe doch bewußt zurückhaltend, auch dort, wo sie in der Technik der F.setzung längst mit der Licht- und → Schattenmalerei vertraut ist. Die F.-theorie wurde den Griechen als ersten zum philosophischen Problem (→ Vierfarbenmalerei; → Farbsymbolik). In der röm. → Malerei (D 1) wird die autonome Farbigkeit der einzelnen Objekte der der architektonischen Systeme untergeordnet. – Die primitiven *Farbstoffe* sind: für Weiß (λευκόν) ‹melische› Erde, für Schwarz (μέλαν) gebrannter Tonschlicker, sog. → ‹Firnis›, für Rot (ἐρυθρόν) gebrannte Erde, für das spätere Gelb (ὠχρόν) att. gebrannter Ocker. → Polygnot verwendet das sog. Rebschwarz (τρύγινον), → Apelles das Elfenbeinschwarz. Lapislazuli, später Armenium und Indigo, wird für Blau (κυανοῦν), letzteres auch für Rot verwendet, Grün (χλωρόν usw.) hauptsächlich aus Grünspan (χρυσοκόλλα) hergestellt. C.K.

Q: Plin. nat. 35,29 – *Lit:* Pfuhl, 940 – G. Lippold, RE 14,1 (1928), 892–894, s.v. Malerei – P. Zancani Montuoro, EAA II 770–773, s.v. colore.

Farbenlehre. Die Antike hat verschiedene Theorien entwickelt, welche die Mannigfaltigkeit der Farben durch Zusammensetzung der Grundfarben in wechselndem Verhältnis erklären. → Empedokles, → Demokrit, → Platon, die → Stoiker z.B. nahmen vier Grundfarben an. → Aristoteles, → Theophrast und → Ptolemaios (17) lassen die Farbenreihe des Spektrums aus der Mischung zweier Grundfarben, nämlich Weiß und Schwarz, entstehen. Aristoteles versucht bereits eine geometrische Theorie des Regenbogens als eines Bildes der Sonne, das von den Sehstrahlen aufgenommen wird, die durch Reflexion auf einer Wolke verschieden verändert wurden. Obwohl die Streuung der Farben durch einen Wasserstrahl oder ein geschliffenes Glas beobachtet wurde, haben die alten Forscher nie klar gesehen, daß Licht und Farben nur Erscheinungsformen der gleichen Wirklichkeit sind. Die einen (→ Demokrit, → Epikureer, → Skeptiker) erkennen den Farben nur eine subjektive Existenz zu. Die andern (→ Peripatetiker, → Stoiker, → Ptolemaios) halten sie für objektiv vorhanden, ohne sich jedoch von der gewöhnlichen Vorstellung lösen zu können, sie seien Eigenschaften, die an den Körpern selbst haften. Die → Pythagoreer setzen sogar Farbe und Oberfläche einander gleich. Für Ptolemaios sind der Sehstrom, das Licht und die Farben drei Gattungen einer gleichen Art, die ihre spezifischen Unterschiede miteinander austauschen. Die Farbtäuschungen stammen entweder aus einem schon farbigen umgebenden Licht oder aus der Unvollkommenheit des Gesichtssinnes, der wegen der Entfernung, der Geschwindigkeit der Bewegung oder eines vorgeschobenen reflektierenden oder strahlenbrechenden Stoffes unfähig ist, mehrere gleichzeitige oder aufeinanderfolgende Farbempfindungen zu unterscheiden. → Farbsymbolik. A.Lj.

Lit: W. Kranz, Die ältesten F.n der Griechen, Hermes 47, 1912, 126–140 – K. Gaiser, Platons F., in: Synusia, Festschr. W. Schadewaldt, 1965, 173–222.

Farbsymbolik. Die griech. Farbgebung ist wie die ganze griech. Kunst Deutung der Wirklichkeit. Deren Buntheit wird archaisch auf Schwarz oder das als gleichwertig empfundene Blau, ferner Weiß, Gelb und Rot zurückgeführt, das Platon die schönste Farbe nennt (→ Vierfarbenmalerei). Frauen werden mit hellen, Männer mit dunkleren Farben gemalt (→ Vasen). Erst in zweiter Linie haben die Farben symbolischen Wert, wie er bei andern Völkern primär ist. Rot bedeutet dem Ägypter zunächst die Wüste, das Böse; für den Griechen ist Rot die Farbe des Lebens, Rot und Gelb (Gold) ferner Symbol göttlicher und königlicher Würde. Im 4. Jh. v. Chr. schminkten sich ein Tyrann und ein Arzt, der sich als Zeus ausgab, rot; rot wurde der kapitolinische Jupiter und der Triumphator bemalt; Gold wurde geradezu als Erscheinungsform des Göttlichen empfunden. In der röm. Kunst herrscht das Symbolische mehr und mehr. Schon in der pompejan. Wanddekoration überwiegen in den mannigfaltigsten Abwandlungen Rot und Gold, denen die Farben der griech. Bildmotive ähnlich untergeordnet werden, wie man alle griech. Elemente in architektonische Zusammenhänge einfügt: eine höhere ideale Welt, die sich griechisch gebärdet, steht dem Bewohner gegenüber. In der Spätantike wird die lichte Fläche des Goldes zum Symbol höchster Kostbarkeit und unstofflichen Glanzes, zum reinsten Ausdruck der Transzendenz. – Vgl. auch → Farben, → Farbenlehre K.Schf.

Lit: E. Wunderlich, Die Bedeutung der roten Farbe im Kult der Griechen und Römer, 1925 – J. Bodonyi, Entstehung und Bedeutung des Goldgrundes, Arch. Ert. 46, 1932, 5ff. 197ff. – H. L. Lorimer, Gold and Ivory in Greek Mythology, Essays pres. to G. Murray, 1936, 14ff. – K. K. Fixson, Das goldene Geschlecht des Hesiod, Diss. Königsberg 1943 – P. Reuterswärd, Studien zur Polychromie der Plastik II, 1960, 145ff. 198ff. – S. Morenz, Von der Rolle der Farbe im alten Ägypten, Palette 11, 1962, 3–8 – K. Schefold, Von der Wahl der Farbe in der antiken Kunst, Palette 13, 1963, 3–19 – Ders., VP, s.v. Farbenwahl.

Farnese, von Alessandro F., seit 1534 Papst Paul III., angelegte Slg. im Palazzo F. und in den ‹Horti Farnesiani› zu Rom. Grabungen der F. in den Caracallathermen förderten dort u.a. den ‹Stier F.› (s.u.) zutage. Nach dem Tod der Elisabeth F. trat Karl von Bourbon 1731 das Erbe an. Dadurch gelangte die Slg. nahezu vollständig nach Neapel, wo sie den Grundstock des Nationalmuseums bildete. Die wenigen in Rom verbliebenen Antiken wurden z.T. 1863 vom Brit. Mus. erworben. U.R.

Lit: E. Gerhard, 1. Brit. Mus., AZ 1864, Anz. 287 – R. Lanciani Storia degli scavi di Roma usw. II, 1903, 149ff.

[2] Die *Tazza Farnese*, eine flache, in der Technik der → Kameen gearbeitete Sardonyx-Schale, 20 cm ∅, im Mus. Naz. Neap., 1471 von L. Medici erworben; ein hervorragendes Werk der antiken → Glyptik. Das ganze Rund der Außenseite füllt ein Gorgoneion mit gelösten lockigen Haaren. Auf der Innenseite, wie die ältere Forschung glaubte, ein allegorisches Bild der Fruchtbarkeit des Nillandes: auf dem Rücken einer ägyptischen Sphinx lagert Euthenia, die Göttin des Überflusses, mit Ähren in der Hand. Links thront unter einem Baum die große Gestalt des Nil mit dem Füllhorn. In der Mitte schreitet Horus-Triptolemos mit Pflug und Sämannsbeutel, über ihm die Personifikationen zweier Winde; rechts zwei Horen mit Schale und Füllhorn. Der Zusammenhang der T. Farnese mit alexandrin. Kunst ist offensichtlich. Die neueren Deutungen auf historische Personen (z.B. → Ptolemaios IV. u. → Kleopatra I.) sind gut möglich, aber umstritten, wie auch die Datierung, die zwischen dem 3. Jh. und 40/30 v. Chr. schwankt. P.Z.

Lit: F. L. Bastet, BAntBeschav. 1962, 1–24 (Lit).

[3] Farnesischer Stier → Apollonios (3), → Tauriskos. Zur sog. kleinen Farnesina vgl. → Barraca.

Fasan. Der ursprünglich im Süden des Kaspischen Meeres beheimatete und nach dem kolchischen Phasisfluß benannte F. (φασιανός) war in Athen im 5. Jh. als Luxusvogel bekannt. In Ägypten, zur Ptolemäerzeit eingeführt, hieß er τέταρος. Bei den Römern wurde seine Zucht bes. in der Kaiserzeit gepflegt. In Religion und Mythos ohne Bedeutung. Vgl. → Fauna. J.W.

Lit: Keller, Tierwelt II 145f. – M. Wellmann, RE 6,2 (1909), 2001–02 – F. Orth, RE 7,1 (1910), 926f. (Quellen!) – Hehn, Kulturpflanzen, 367–369.

Fassade → Architektur II A [5].

Fassadenmalerei. Auf Haus- und öffentlichen Gebäudefassaden (Läden, Märkte u. ä.) angebrachte volkstümliche Bilder mythologischen Inhalts, auf den göttlichen Schutz des Gewerbes anspielend. Daneben Alltagsszenen aus Forum und Theater. C.K.

Q: Petron. c. 29 – *Lit:* Schefold, PM, 40ff. 66ff.

Fasti → Dies Fasti.

Fasti consulares, Liste der eponymen röm. Magistrate (→ Eponymie), deren Namen an der Spitze der Jahresbeamten alljährlich aufgezeichnet wurden. Zu Beginn des 3. Jh.s v. Chr. von den Pontifices wohl aus älteren Aufzeichnungen, Magistratslisten, den tituli imaginum und → laudationes funebres zusammengestellt, nach oben bis zum Republikbeginn (510/507, → Zeitrechnung C 1.2a) unter Aufnahme unechter Konsulnpaare ergänzt und fortan Jahr für Jahr fortlaufend geführt. Daher sind F. cons. – auch die in den F. Capitolini (s. u.) mitenthaltenen acta triumphalia – von ca. 280 v. Chr. an im ganzen, für das 4. Jh. in den Hauptzügen, für das 5. Jh. in einem Überlieferungskern zuverlässig. F. cons. liegen in augusteischer Zeit verarbeitet vor (1) bei → Livius (nicht erhaltene bei Cassiodor, aus annalistischen Quellen) und → Dionysios (16) von Halikarnaß (erhalten für die Zeit bis 443 v. Chr., wohl auf Grund der Eponymenliste des → Licinius (11) Macer); (2) bei → Diodor (2), für 486–302 (Quelle wohl ein von sonstiger literarischer Überlieferung nicht benütztes Eponymenverzeichnis mit z. T. älteren, in der jüngeren Annalistik verschwundenen Kollegien); (3) in den *F. Capitolini* (Quelle vermutlich der *Liber annalis* des → Atticus, bearbeitet wahrscheinlich von → Verrius Flaccus; gleiche Zählweise, mit Differenz um 1 Jahr, auch bei → Varro, 1). Die F. Capitolini stellen das Endprodukt der gesamten verbürgten und konstruierten F.überlieferung dar, wurden im 2. Jahrzehnt v. Chr. am Augustusbogen auf dem Forum Romanum angebracht, ihre Publikation veranlaßt durch → Augustus; sie verzeichnen die Triumphatoren bis 19 v. Chr., die Konsuln bis 13 n. Chr. (über die Varianten in der F.tradition und ihre Geschichtlichkeit → Zeitrechnung C 1). Die Aufzeichnung von Fasti consulares setzt sich infolge des Fortbestandes des Konsulnamts bzw. -titels in der Kaiserzeit fort. H. Kal.

Ed: Republik: CIL I² 1; IIt XIII 1 – *Kaiserzeit:* A. Degrassi, I fasti consolari dell'impero romano (30 av.–631 d. Cr.), 1952 – *Lit:* T. R. S. Broughton, The Magistrates of the Roman Republic, 2 Bde, 1951/53 u. Suppl., 1960 – R. Werner, Der Beginn d. röm. Republik, 1963, bes. 38ff. 219ff. (Lit).

Fatalismus. Zu unterscheiden sind (1) die undogmatische Überzeugung, daß die Götter ‹die Mächtigeren› (*κρείττονες*) sind und mit dem Menschen tun können, was ihnen gut dünkt, während der Mensch nie wissen kann, wie das herauskommt, was er geplant hat; (2) die spekulative These, daß jedes Geschehen und Handeln mit Notwendigkeit vorausbestimmt ist, entweder durch den Kausalnexus oder durch das Vorauswissen Gottes oder durch Gestirnsbestimmtheit (→ Astrologie); (3) der F. im engsten Sinne, wie ihn die Aufklärung am Islam zu erkennen glaubte, der sich in einem passiven Hinnehmen des gottgewollten Geschehens erschöpft. – 1. Das Bewußtsein der Übermacht der Götter, später mehr der Unberechenbarkeit der Zukunft ist bei den Griechen überaus weit verbreitet: Hes. erg. 5–8; Semon. Fr. 1 D., Theogn. 133–142 u. a. Von diesem Bewußtsein nährt sich der Begriff der → Peripetie in der att. → Tragödie, und in dem Maße, als der Glaube an die Übermacht der Götter schwindet, schafft sich dies Bewußtsein die Gestalt der → Tyche als der hypostasierten Unberechenbarkeit. – 2. Die Determination des Geschehens durch den lückenlosen Kausalnexus ist Lehre der → Stoa, durch die → Heimarmene, → Fatum zu philosophischen Begriffen geworden sind; die Determination durch das Vorauswissen Gottes scheint erst im Neuplatonismus zum Problem zu werden (Haupttext: Boeth. cons. 4,6–5,6); die Astrologie dringt im Hellenismus aus dem Osten ein, doch erst die Stoa des → Poseidonios verschafft ihr bis zum Ende der Antike auch unter den Gebildeten weite Verbreitung (eindrucksvollster Text: Lehrgedicht des L. → Manilius, 4). – 3. Der passive F. ‹orientalischen› Typs ist dem stets zur Aktivität drängenden griech. wie röm. Charakter fremd gewesen. Gerade die Griechen haben sich die Entschlossenheit des Handelns durch den Blick auf die Fraglichkeit des Gelingens niemals lähmen lassen. O. G.

Fatum, das personifizierte Schicksal, wie → Moira und Moiren. Fatum ist, ‹was gesagt worden ist› und sich erfüllen muß; nach Varro ling. 6, 52, der F. richtig von *fari* ableitet, ist das F. die Dauer, welche die → Parzen dem Leben des Kindes bei dessen Geburt anweisen. Ungeachtet der großen philosophischen oder literarischen Bedeutung des F.s kann man es nicht, wie Wissowa getan hat, überhaupt von der röm. Religion ausschließen: eine kürzlich nahe bei Lavinium entdeckte Inschrift zeigt, daß spätestens seit der 1. H. des 3. Jh.s der Kult einer Göttin *Neuna* (= *Nona*) *Fata* bestand, d. h. der Parze des 9. Monats. Tertullian (anim. 39, 2) erwähnt *Fata scribunda*, deren Name bedeutet, daß sie sich nicht damit begnügten, zu ‹sagen›, was geschehen würde, sondern daß sie es ‹schrieben›. Man rief sie am letzten Tage der Woche nach der Geburt des Kindes an. Die drei Parzen, den drei → Moiren der Griechen gleichgesetzt, wurden schließlich die ‹drei Schicksale› (tria Fata). Die Volkssprache machte aus dem F. einen männlichen Fatus (Petron. 42, 5) oder eine weibliche Fata, aus der schließlich ‹Fee› entstand. Auf die Fatae gehen die Feen zurück, die in den keltischen und germanischen Provinzen besonders beliebt waren. H. LeB.

Lit: G. Wissowa, Religion u. Kultus der Römer, 1912, 264 – Tertullian De anima ed. J. Waszink, 1947, 445 – Latte, 53 – P. Boyancé, La religion de Virgile, 1963, 39–57.

Fauna. [1] Die der antiken Kultur bekannte F. bietet ein reiches und vom heutigen sehr verschiedenes Bild, da bis in das späte Altertum noch Raubtiere, Wild und Wildformen von → Haustieren (z. T. inzwischen veränderter Rassen) zum *Bestand der mittelländischen F.* gehörten und die Beziehungen zu Afrika, Vorderasien, Eurasien die Begegnung mit fremder F. oder wenigstens die Kunde von ihr brachten. Der Jagd boten sich Möglichkeiten, die heute fehlen. In der komplexen Überlieferung wirkt sich nachhaltig das Vermächtnis der Vor- und Frühzeit aus neben den Anregungen aus den Bereichen fremder F. Auf altem Erbe beruhten nach Ausweis der Schriftquellen und Bildzeugnisse viele, auf treffender Beobachtung gegründete Erfahrungen mit Gestalt und Lebensweise der Tiere. Sie bildeten wichtige Voraussetzungen für differenzierte Methoden der → Jagd und → Fischerei, die bereits im 2. Jt. mit intimen Lebensvorgängen der Meereswelt vertraut war (→ Tintenfische, → Delphin, → Schnecken, → Fische). Beobachtung und Erfahrung wirkten auch entscheidend bei der Entwicklung der *Domestikation* mit, die wir seit dem frühen 3. Jt. deutlich verfolgen können, während die bis in die Mittelsteinzeit zurückreichenden Anfänge noch sehr im Dunkeln liegen. Der vielstämmige Befund weist auf verschiedene Züchtungszentren, in denen durch Auslese und Zuchtwahl neue, von den Wildformen oft beträchtlich abweichende Rassen entstanden.

[2] Die Überlieferung legt nahe, daß bei diesem wichtigen Prozeß der *Kult* ursprünglich von großer Bedeutung war, in dessen Bereich den Göttern geweihte Tiere gehalten und beobachtet wurden. Trotz zahlreicher Erfahrungen blieb viel Unbegreifliches im Wesen und jahreszeitlichen Verhalten der Tiere. Damit verband sich, vor allem im Volksglauben lange lebendig, die Vorstellung von Tieren als *Kraftträgern*, die oft dämonenähnlich ihre besonderen Fähigkeiten zum Nutzen und Schaden der Menschen entfalten konnten. Den vielfach übersteigert gedachten

Wesenskräften suchte man häufig mit magisch bestimmtem Brauchtum zu begegnen, um ihnen zu wehren oder sie dienstbar zu machen. Der dazu erforderlichen Kraftübereignung diente der Besitz charakteristischer Tierwahrzeichen (Fell, Haar, Horn, Geweih, Zähne, Federn). Wesenskräfte der F. konnten durch Tiermasken und Tänze vermittelt werden, die Tierbewegungen nachahmten, ebenso durch den Genuß bestimmter Tierteile und -produkte. Auch durch den magischen Bann von Tierbildern, bei denen die Darstellung charakteristischer Einzelteile an Stelle des Ganzen treten konnte, suchte man beschwörend auf die Kraftträger der F. Einfluß zu nehmen. Aus der Scheu vor ihnen und der Furcht vor dämonischen Rückwirkungen erwuchsen Tötungsverbote und Sühnerituale für getötete Tiere. Die magisch bestimmte Auffassung behauptete sich bis in den späten Volksaberglauben vorwiegend gegenüber den Bereichen der F., die außerhalb der Domestikation lagen.

[3] Die Vorstellung vom Tier als Kraftträger eignet besonders dem *Tierkult*. Seine reine Form trat jedoch in der antiken Religion ganz zurück vor der Verehrung von Gottheiten, denen bestimmte Tiere zugeordnet waren. Dieser *mythischen Sicht* erscheint die F. als dem Wirken der Magie entrückt und göttlicher Macht untergeordnet; charakteristisch ist die Vorstellung, daß Götter Tiergestalt annehmen und die Kraftträger der F. zum Schaden oder Nutzen des Menschen wirken lassen können. Die Wandlungsmöglichkeit ist bezeichnend für den Übergang von der theriomorphen zur anthropomorphen Gottesidee. Der *Theriomorphismus* ist in der antiken Religion nicht so ausgeprägt wie in Ägypten, wo zahlreiche Gottheiten in Menschengestalt mit Tierkopf als Wesensträger dargestellt wurden. Am stärksten behauptete sich der theriomorphe Bildgedanke in der Dämonenauffassung (Gorgo, Harpyien, Kentauren, Meeresdämonen, Satyrn, Silene, Sirenen), während im Kult nur wenige Götter als Tier dargestellt oder angerufen werden konnten (Pan, Faunus, Flußgötter, Dionysos). Diese Zurückhaltung in der antiken Religion hat ihre Entsprechung in der mythischen Überlieferung. Die Zahl der Tiere, in die sich die großen Götter vorübergehend verwandeln können, ist, gemessen am Reichtum der den Alten bekannten F., beschränkt (Adler, Bär, Delphin, Hindin, Pferd, Stier, Schwan, Wolf). Im Gegensatz dazu stehen die Mythen, in denen Götter Menschen zu Tieren werden lassen; hier ist die F. reich vertreten. Der Befund spricht gegen eine ausgeprägte, tiefverwurzelte theriomorphe Gottesvorstellung im mittelländischen Bereich, aber für den Glauben an das Tier als Seelenträger, der auch in den Überlieferungen von der Seelenwanderung weiterlebt. Auch Epitheta von Göttern, die auf Tiere hinweisen, sind nicht unbedingt im Sinne ursprünglicher Tiergestalt zu werten. Die für Göttinnen und menschliche Frauen verwendeten Bezeichnungen βοῶπις und γλαυκῶπις (Hera, Athena) stehen als Vergleich und zeigen, daß dem Tierauge als Wesensmerkmal und Sehkraftträger besondere Bedeutung zukam. Mit theriomorpher Gottesvorstellung nichts zu tun hat die Auffassung, daß Götter ihre Nähe durch Tiere bekunden und über die F. wirken können, deren Vertreter wiederum als Kraftträger erscheinen. Die Zahl der Tiere, die in dieser Weise der Götterwelt zugeordnet sind, ist groß. Auffallend häufig sind die Vögel vertreten. Hier wirkt sich das Erbe der kretisch-mykenischen Religion aus, in der die Vogelepiphanie oft bezeugt ist. Ein gleiches gilt für die Vorstellung von der göttlichen → Herrin der Tiere (πότνια θηρῶν), die in Artemis weiterlebt. Das Verhältnis zu der von ihr beschützten und beherrschten Kreatur ist zugleich bestimmt durch Nähe und Abstand – bezeichnend für die *antike Zuordnung von Tieren an die Götterwelt* überhaupt: sie schließt jede wesensgleiche Verschmelzung des Göttlichen mit der F. aus und grenzt Göttertiere gegenüber den Tierdämonen ab, deren Bildung bereits in kret.-myk. Zeit deutlich ist. In diesem Zusammenhang ist wichtig, daß nach der mythischen Überlieferung die Selbstverwandlung von Göttern in Tiere eine vorübergehende Erscheinung bleibt, im Gegensatz zur Tierverwandlung irdischer Menschen durch Gottheiten. Das Nebeneinander von Nähe und Abstand bei der Verbindung von Tieren und Göttern schränkt den Begriff des Heiligen ein, da das Tier seine volle irdische Natur behält und dadurch vom Göttlichen getrennt bleibt. Ein gleiches gilt auch für Tiere, die zu Dienstleistungen im Kult, für Opferhandlungen und Orakelzwecke gehalten wurden.

[4] Die Zuordnung von Tieren und Göttern läßt verschiedene Aspekte erkennen. Neben der *Tiersymbolik* war die Vorstellung vom Wesen der Gottheit und ihrer Funktion für die Verbindung entscheidend. Der Sinngehalt der Tiersymbolik ergab sich meist aus treffenden Beobachtungen der F., die Eigenschaften, Fähigkeiten und Verhaltensweise der Tiere offenbarten. Das Tier wurde zum Zeichen für die ihm eigenen Wesenskräfte. Zum Götterzeichen konnte das Tiersymbol werden, wenn bestimmte Wesenskräfte der Vorstellung von den Wesenszügen der Gottheit entsprachen und nicht unvereinbare Eigenarten des Tieres der Verbindung mit dem Göttlichen entgegenstanden. Die anthropomorphe Göttervorstellung trug wesentlich dazu bei, daß Eigenarten und Verhalten der Tiere vom menschlichen Wesen her gedeutet und umschrieben wurden, um das Unbegreifliche in der F. zu fassen. So verband man Sehkraft, Spürsinn und Witterungsvermögen von Tieren mit weisender, prophetischer Begabung. Man schrieb ihnen menschliche Charakterzüge und Geistesfähigkeiten zu. Man übertrug gesellschaftliche Rangordnungen auf den Bereich der F. Dieser in der mythischen Überlieferung bereits ausgeprägte Prozeß erreichte in der *Tierfabel* seinen Höhepunkt.

[5] Von großer Bedeutung war das magische und mythische Verhältnis zur F. für die *bildende Kunst*. Seit der Frühzeit begegnen wir im mittelländischen Bereich, in Ägypten und im Alten Orient Bildzeugnissen, die treffsichere Beobachtung und hervorragendes Einfühlungsvermögen in das Wesen der F. offenbaren. Die Vorstellung vom Tier als Kraftträger tritt besonders in den Tiersymbolen zutage, die das Dämonische oder Göttliche veranschaulichen. Bei der Symbolprägung können charakteristische Teile für das Ganze stehen. Kraftsteigernde Bedeutung haben die in der Kunst Eurasiens beliebten Verbindungen verschiedener Tiere oder ihrer Einzelglieder zu einem Ganzen (zoomorphe Junktur). Für den Eigenweg der griechischen Tierdarstellung gegenüber Anregungen aus Ägypten und dem Alten Orient war vor allem die Überwindung des magischen Weltbildes neben der selbständigen Umformung des Mythischen entscheidend, die im griechischen Verhältnis zur Natur begründet sind. Die Tierdarstellungen zeichnen sich durch ein starkes Empfinden für das Organische und Funktionelle aus. Sie sind nicht Abbilder der Natur, sondern Wesensbilder, die charakteristische Merkmale des Tierkörpers zusammen mit dem ihm eigenen Kräftespiel in künstlerischer Form umfassen. Diese Auffassung des Tierbildes wurde seit dem 4. Jh. durch Darstellungen zurückgedrängt, die dem Naturvorbild unmittelbarer folgten. Der im Hellenismus stark nachwirkende Wandel war durch ein neues Verhältnis zur F. bestimmt, das sich in der zoologischen Betrachtung der F. seit Aristoteles offenbart, dem Begründer wissenschaftlich-systematischer Tierbeschreibung. J.W.

Im einzelnen und bes. zur Verbreitung vgl. die Stichworte: Adler, Affen, Antilopen, Bär, Dachs, Delphin, Eidechse, Einhorn, Eisvogel, Elch, Elefant, Eulen, Falken, Fische, Flamingo, Fledermäuse, Fliege, Frösche, Fuchs, Geflügel, Geier, Gepard, Giraffe, Haliaetos, Hase, Haustiere, Hirsch, Hyäne, Ibis, Ichneumon, Igel, Insekten, Käfer, Kamel, Kaninchen, Kranich, Krebse, Krokodil, Kuckuck, Leoparden, Löwen, Luchse, Marder, Maulwürfe, Maus, Nilpferd, Panther, Papagei, Pelikan, Rabe, Reiher, Rhinozeros, Rentier, Schakal, Schildkröte, Schlangen, Schmetterlinge, Schnecken, Schwan, Singvögel, Skorpion, Spinne, Storch, Strauß, Tiger, Tintenfische, Wendehals, Wolf, Zikade, Wachtel.

Lit: O. Keller, Tiere des class. Altertums in culturgesch. Beziehung, 1887 – W. Altmann, Die röm. Grabaltäre der Kaiserzeit, 1905, 263 bis 266 – O. Keller, Die antike Tierwelt, 2 Bde, 1909/1913 – V. Hehn, Kulturpflanzen und Haustiere in ihrem Übergang aus Asien nach Griechenland und Italien sowie in das übrige Europa (1870), 1911⁹ (Nachdr. 1963) – G. M. A. Richter, Animals in Greek Sculpture 1931 – U. v. Wilamowitz-Möllendorff, Der Glaube der Hellenen I, 1931, 154f. – F. Heichelheim, Tierdämonen, RE 6A 1 (1937), 862 bis 931 – F. Altheim, Röm. Religionsgesch. I, 1951, 18–41. 131–147 – H. J. Rose, 175–177 – Nilsson I 212–244 – H. B. Jessen, Kirkos und Rabe, AA 1955, 281–309 (mit reicher Lit.) – E. R. Goodenough, Jewish Symbols, 1956/58 – K. Schefold, Griech. Kunst als religiöses Phänomen, 1959 – Ders., Mw, passim.

Faunus, ital. Gottheit, die früh → Pan gleichgesetzt wurde; seine Gefährtin *Fauna*, die bald als seine Gattin, bald als seine Tochter betrachtet wurde, identifizierte man mit → Bona Dea. – Die röm. Gelehrten bezogen seinen Namen auf *favere* und machten aus ihm einen ‹günstigen› Gott (Serv. georg. 1, 10; Macr. Sat. 1, 12, 22: Volksetymologie?); neuerdings hat man F. als einen ‹Wolfgott› (‹Würger›) erklärt. Dies bleibt unsicher. – Wie → Silvanus, dem er sehr ähnlich ist, bewohnt F. die Wälder und die Berge; gelegentlich läßt seine geheimnisvolle Stimme sich prophetisch warnend und drohend vernehmen. Der Volksglaube sieht ihn manchmal als bedrohlichen Dämon an (→ Incubus). – Vor allem wird F. aber als Beschützer der Herden angerufen; sein Tempel auf der Tiberinsel, 194 v. Chr. geweiht, ist aus Strafgeldern von Viehzüchtern bezahlt worden (Liv. 33, 42, 10; 34, 53, 3). Horaz beschreibt (carm. 3, 18, 10) ein bäuerliches F.-Fest, das am 5. Dez. stattfand. Im Staatskult fiel der Jahrestag seines Tempels auf den 13. Febr., was die (unsichere) Hypothese veranlaßt hat, im Gott Lupercus, der am 15. Febr. an den → Lupercalia gefeiert wurde, die Verkörperung der drohenden Seite des F. zu sehen. Mit *Inuus*, einem Fruchtbarkeitsgott, identifiziert, wird F. für die Fruchtbarkeit der Herden angerufen. H. Le B.

Lit: Latte, 83f.

Fausta (Flavia Maxima Fausta), Tochter des → Maximian (1) und der Eutropia, wurde als Kind um 300 n. Chr. mit → Konstantin I. verlobt. Die Hochzeit wurde 307 in Gallien gefeiert (Festrede: Paneg. 7 [6]). F. soll 310 den Hochverrat des Vaters aufgedeckt und dessen Untergang herbeigeführt haben. Ihre Söhne sind → Konstantin II., geb. 316, → Constantius II., geb. 317, und → Constans, geb. 320 oder 323. F. wurde auf Münzen als *spes rei publicae* gefeiert und erhielt 325/326 den Namen Augusta. Dann wurde sie in die Familientragödie des Hauses verstrickt und 326, wenige Monate nach → Crispus, auf Befehl des Gatten wegen Untreue getötet. J. V.

Lit: → Konstantin I.

Faustina, Annia Galeria d. Ä., um 100–141, Gattin des → Antoninus (2) Pius, Tochter des M. Annius → Verus (2) und der Rupilia Faustina, Tante → Mark Aurels; ihre Familie stammte aus Spanien. Von ihren vier Kindern war bei der Thronbesteigung des Antoninus nur → F. (2) am Leben. F. hat angeblich einen zu leichten Lebenswandel geführt; doch wurde sie von ihrem Gatten mit großen Ehren bedacht: u. a. Augustatitel nach seiner Thronbesteigung, Münzrecht; 141 nach ihrem Tod Konsekration, Bau eines Tempels am Forum Romanum (→ Rom IV C2); → Alimentarstiftung für Mädchen: ‹puellae Faustinianae›. H. T.

2. **F.,** Annia Galeria d. J., um 130–176, Tochter der → F. (1) d. Ä., Gattin und Cousine → Mark Aurels, mit dem sie 139 aus dynastischen Gründen verlobt und 145 verheiratet wurde. Ihm gebar sie mindestens zwölf Kinder: u. a. → Lucilla und → Commodus. Ihr Lebenswandel ist umstritten. Sie begleitete ihren Gatten ins Feldlager, weshalb sie nach seinem Sieg über die Quaden als erste Kaiserin den Titel ‹mater castrorum› erhielt. Ihre Verbindungen mit dem Usurpator → Avidius (1) Cassius bleiben unklar. F. erhielt Münzrecht und Augustatitel noch zu Lebzeiten ihres Vaters (147); nach ihrem Tod Konsekration und Beiname ‹Pia›; erneute Stiftung der ‹puellae Faustinianae›. H. T.

Lit: M. Wegner, Die Herrscherbildnisse in antonin. Zeit, 1939 (vgl. → Anhang I) – J. P. V. D. Balsdon, Roman Women, 1962.

Faustulus → Romulus und Remus.

Favonius, M. (aed. 52, praet. 49 v. Chr.). Als glühender Verehrer des → Cato (2) Uticensis verfolgte er eine kompromißlose senatorische Politik, eckte jedoch, da er kein so überzeugender Charakter war und nicht aus der Nobilität, wohl nicht einmal aus dem Senatsadel stammte, auch innerhalb des Senats stark an. F. hatte wenige Freunde, fiel mehrfach bei Wahlen durch, bewährte sich aber, zumal während Catos Abwesenheit und Krankheiten, als eine treibende Kraft der Senatspolitik. 49/48 gehörte er zu denen, die eine Verständigung mit Caesar am entschiedensten ablehnten, übte jedoch zugleich heftige Kritik an → Pompeius (2). Nach der Niederlage von Caesar begnadigt; 44 wollte er der Verschwörung nicht beitreten, da ein Bürgerkrieg schlimmer als die Tyrannis sei; er schlug sich dann auf Brutus' Seite und wurde nach Philippi getötet. Chr. M.

2. **F. Eulogius,** ca. 400 n. Chr., Verfasser einer Schrift über das ‹Somnium Scipionis› → Ciceros in 2 Teilen: ‹Über die symbolische Bedeutung der Zahlen 1–9› und die Lehre von der Sphärenharmonie. D. F.

Ed: R. E. van Weddingen, 1957 – *Lit:* M. Sicherl, Beitr. z. Kritik und Erklärung des F. E., Abh. Mainz 1959, 10.

Favorinus, von Arelate, geb. wohl ca. 80/85 als Eunuch, gest. 143/76, → Redner (I D 1 f.) und auch ‹Philosoph› (akademisch-skeptisch-eklektizistisch); trat in Rom, Athen, Ionien, Korinth usw. auf und entzückte durch seine Beredsamkeit. Mit den führenden Persönlichkeiten bekannt, war er mit → Plutarch befreundet und kannte wohl auch → Epiktet persönlich. Er gelangte in Hadrians Umgebung, fiel aber in Ungnade zugunsten → Polemons (3). Exil auf Chios. Unter Antoninus Pius wieder in Rom. F. will Schüler → Dions (2) v. Prusa gewesen sein. F.s Schüler → Herodes (2) Atticus, → Gellius (der ein anschauliches Bild gibt von F.' Treiben und Leben mit sokratischem Anflug), Alexandros Peloplaton. Von F.' Reden sind wohl erhalten der ‹Korinthiakos› und ‹Über die Tyche› (=Ps. Dio or. 37. 64). Ein Papyrus gibt ein wichtiges Frg., wohl aus einer Diatribe ‹Über das Exil› (→ Trostliteratur). Zur → Buntschriftstellerei gehörten die ‹Apomnemoneumata› (Lesefrüchte: Philosophika usw.; Frg.e bei Diog. Laert.) und die ‹Pantodapé Historia› (Sammelwerk in 24 Büchern, von → Sopatros exzerpiert; Frg.e bei Diog. Laert. u. Steph. Byz.). Paraphrasen von ‹Gegen die Chaldäer› und ‹Über Kinderernährung› sind bei Gell. 14, 1; 12, 1 erhalten. Weiteres (nur Fragmente): 1. Philosophische Schriften: 10 Bücher ‹Pyrrhonische Tropen›; Werke über Homer, Sokrates, Platon, die Akademie, die stoische Erkenntnislehre, gegen Epiktet u. a. (vgl. die Polemik → Galens gegen F.); Moralphilosophisches. – 2. → Paignia: Lob des Thersites, des Quartanfiebers. – 3. → Pamphila-Epitome (?); Gnomologika (?). – Stil: künstlich, überladen, mit Neigung zur Polyhistorie. F. stand dem Attizismus nahe; war zweisprachig (Griechisch Hauptgebiet). W. Sp.

Frg: J. L. Mares, 1853 – FGH 577–585 – E. Mensching, 2 Bde, 1963ff. (Noten, Lit.) – *Ed:* Reden: → Dion (2) v. Prusa – Pap. Vat. Gr. 11: M. Norsa-G. Vitelli, 1931 – *Lit:* Mensching, a. O. – W. Spoerri, MH 21, 1964, 245f.

2. **F.** (Phavorinus), ital. Humanist des 16. Jh.s, mit vollem Namen Varinus F. Camers, verfaßte ein Wörterbuch der griech. Sprache (aus byzantin. Lexika kompiliert) und eine Exzerptensammlung, vor allem aus → Eustathios. Hauptquelle für → Eudokia (2) und → Philemon (3). H. E.

Ed: Rom 1523 und Basel 1538 (Wörterbuch) – Aldus, Venedig 1496 u. W. Dindorf, in: Gramm. Gr. min. I 71, 1823 (Exzerptenslg.).

Fayence. Die mit ‹F.› bezeichneten ägypt. Gefäße (1550 bis 50 v. Chr.) wurden aus Sandstein gefertigt; ihre Festigkeit beruhte auf der im → Brennofen erzeugten Glasur aus Alkalisilikaten und Kalk, denen als Farbstoff Kupferoxyd beigemischt war: statt ‹F.› wurde für diese Gefäße die Bezeichnung ‹ägypt. Kieselgeschirr› vorgeschlagen. Unter den Römern brachte man auf Tongefäßen eine stark kieselsäurehaltige Farb-(Engobe-)schicht an, auf der Glasuren glatt flossen. Türkisblaue Glasuren wurden aus Marmor, Soda, Sand, Kupferoxyd hergestellt; andere Farben lieferten Kobalt-, Mangan- oder Chromoxyd. Der moderne Name F. nach der ital. Stadt Faenza. W.K.

Febris, röm. Göttin des Fiebers (Malaria), deren Kult, wie der der → Mefitis, unheilabwehrend war; sie besaß einen Altar auf dem Palatin (Cic. leg. 2, 28; nat. deor. 3, 63. Plin. nat. 2, 16). Valerius Maximus erwähnt (2, 5, 6) noch zwei andere Heiligtümer; das beweist die Wichtigkeit dieses Kults in einer Stadt mit morastigen Niederungen. H. Le B.

Februum bezeichnet jedes Mittel zur rituellen → Reinigung (Ov. fast. 2, 19–34); bes. die Riemen aus Ziegenhaut, mit denen die → Luperci während der Lupercalien die Frauen schlugen (Fest. 75 f. L.). H. Le B.

Feigenbaum. Von dem im Mittelmeergebiet weit verbreiteten wilden F. (*ἐρινεός*, caprificus) ist der zahme F. (*συκῆ*, ficus) zu unterscheiden, dessen Kultur durch Linear-B-Tafeln schon für die kret.-myk. Zeit bezeugt ist. Dazu fügt sich die dichte mythische Überlieferung: in einen F. verwandelte Gaia den Titanen Sykeus, als dieser von Zeus verfolgt wurde. Nach anderer Version zeugte Oxylos, der Sohn des Oreios, den F. zusammen mit seiner Schwester Hamadryas ebenso wie die Rebe, so daß diese als Schwester des F. erscheint. Auf der Straße nach → Eleusis nahm Phytalos den F. als Geschenk der → Demeter für gastliche Aufnahme entgegen. Die danach benannte Stätte *Ἱερᾶ συκῆ* wurde bei den Festzügen nach Eleusis bes. geehrt. Sehr eng ist die Beziehung des F.s zum Bereich des Dionysos (Beiname *συκίτης*). Die Maske im naxischen Kult des Gottes war aus F.-Holz, ebenso der bei seinen Festen herumgetragene Phallos. Auch das Bild des Priapos aus F.-Holz ist bezeugt. – Das Trocknen der Früchte lehrte zuerst → Kybele durch die phryg. Heroine Syke. Die Überlieferung weist darauf, daß Kleinasien, Syrien und Palästina in der Kultur des F.s, der die wirtschaftliche Bedeutung der Frucht begründete, einen alten Vorrang hatten. Kleinasiatischer Herkunft ist Tantalos, dem in der Unterwelt ein F. zusammen mit anderen Obstbäumen Qualen bereitet. An den wilden F. knüpfte der Name des eleusin. Ortes Erineos an, wo Hades Persephone entführte. Unter einem mächtigen, wilden F. schlürft Charybdis die Meeresflut ein (Od. 12, 103 f.). Eine andere Bezeichnung für den wilden F. liegt dem Namen der Stadt Olynthos und ihrem Heros, dem gleichnamigen Heraklessohn, zugrunde. Die mythisch-kultische Bedeutung des F.s in Rom offenbart sich in der Überlieferung vom *ficus ruminalis*, wo die in einem Behälter ausgesetzten Zwillinge → Romulus und Remus auf trokkenes Land gelangten. Ein anderer heiliger F. stand auf dem Comitium (zusammen mit → Ölbaum und Weinstock) und verbürgte die Unabhängigkeit des Staates. Der wilde F. war bei den zu Ehren der → Juno begangenen Festen Nonae Caprotinae und Poplifugia als Opferstätte bedeutsam. Die Früchte des F.s spielten bei den Opfern an alle Götter eine Rolle, bes. an den Festen, die mit Wachstum und Ernte zusammenhingen. Die Erstlingsfrüchte des F.s gebührten vor allem dem → Hermes. Von den Findern mitgenommen, bezeichneten sie sprichwörtlich einen glücklichen Fund (*σῦκον ἐφ' Ἑρμῇ*). Die volkstümliche Bedeutung des F.s spiegelt sich in anderen Sprichwörtern, in Anekdoten und Fabeln. Ausgeprägt ist die laszive Bedeutung des F.s (*Συκῶ* Hetärenname). Vgl. → Flora. J.W.

Lit: Murr, Pflanzenwelt, 31–35 – Olck, RE 6, 2 (1909), 2100–51 – Hehn, 95–103 – M. Ventris-J. Chadwick, Documents in Mycenaean Greek, 1956, 31. 52. 129f. 218. 220. 308 – Nash I 397 – D. B. Thompson, Garden Lore of Ancient Athens, 1963, Abb. 19.

Feldkulte. [1] Alter, Traditionsstärke und Unentbehrlichkeit des Ackerbaus führen dazu, daß bei den *Griechen* wie anderswo die F. teils in einfachen sympathetischen Riten (die unscharf als Zauber bezeichnet werden) bestehen, teils an bestimmte große Götter angeschlossen werden. Über Riten des ersten Typs in reiner Form (Herbeilocken des Regens durch Wässerung, Fortscheuchen der Sonnenglut durch Feuerbegehungen, Übertragen der Fruchtbarkeit vom Menschen auf den Acker und umgekehrt) erfahren wir nur wenig (vgl. immerhin die → Eiresione). Ebensowenig sind selbständige Begehungen, die den Bestand der Feldmark im ganzen schützen sollen, näher faßbar. Fast alles konzentriert sich auf Kulte jener großen Götter, die für die Wettergestaltung und das Gedeihen von Vieh und Feldfrucht zuständig sind: → Zeus als Hyetios, Ombrios, Ikmaios, Maimaktes, ferner als Georgos und Chthonios, dann → Ge-Gaia in einigen ihrer nicht sehr zahlreichen Kulte, vor allem → Demeter, deren im Monat der Aussaat gefeiertes Hauptfest, die → Thesmophorien, das verbreitetste Fest der Griechen überhaupt war; das Erntefest der → Thalysien gehörte ganz ihr, das Vorerntefest der → Thargelien möglicherweise auch. Verwandten Charakter haben einige Feste der → Artemis sowie des → Apollon (die Eiresione ist an ihn angeschlossen worden), der im dor. Bereich den alten Vegetationsgott → Hyakinthos verdrängt hat; endlich gehört mit manchen Begehungen hierher → Dionysos, bes. mit einzelnen Teilen der → Anthesterien und den im ganzen auffallend seltenen Weinbau- und Weinlesefesten. Für sich stehen die Eleusinischen → Mysterien, bei denen die Spendung des Korns durch Demeter (sowie → Pluton und → Triptolemos) eine große, aber nicht ganz klare Rolle spielte. Vgl. → Fruchtbarkeitsriten. O.G.

[2] In der alten *röm.* → *Religion* (C 1) nahmen die F.e und ihre Riten einen sehr wichtigen Platz ein (vgl. → Fruchtbarkeitsriten). Die Grenzen der Besitzungen waren heilig (→ Grenzstein, → Terminus, → Terminalien). Die → Laren wachten über den Landgütern (vgl. → Compitalien). Die → Ambarvalien-Prozession zog um die Felder einen schützenden Kreis. Die Brüderschaft der → Fratres Arvales war im Namen des Staates für alle Feldkulte des öffentlichen Kults verantwortlich. H. Le B.

Feldmesser → Agrimensoren.

Feldzeichen als unentbehrliches Mittel der Befehlsgebung und zur Orientierung der Soldaten im Aufmarsch und in der Schlacht werden in den Quellen der griech.-hellenist. Zeit nur vereinzelt erwähnt (Thuk. 1, 63; Arr. 7, 14, 10) und sind «vielleicht nicht allgemein üblich gewesen» (J. Kromayer). Dagegen haben die Römer ihre Verwendung systematisch entwickelt, sowohl zur Befehlsübermittlung (in der ältesten Form Hand auf der Stange) als auch im Kultsymbol der → Legion (→ Adler, Wolf, Minotaurus, Pferd, Eber) und im → Vexillum der Reiter. Seit → Marius (1) haben die F. (der Adler der Legion, die → Signa der → Manipel oder → Centurien, die Vexilla der Reiterei, der Stäbe und der Sondereinheiten) ihren festen Platz auf dem Marsch und im Gefecht, und zwar in unmittelbarer Nähe des taktischen Führers. Im Lager war ihnen ein eigenes Fahnenheiligtum (Tac. ann. 1, 39) vorbehalten, da die kultische Bedeutung bes. des Legionsadlers als Inbegriff des Korpsgeistes gepflegt wurde. Seit dem 4. Jh. n. Chr. wurden die alten F. des röm. Heeres allmählich von den Drachenfahnen verdrängt, die von den draconarii getragen wurden. E. Bay.

Lit: A. v. Domaszewski, Die Fahnen d. röm. Heeres, 1885 – Ders., Die Rangordnung d. röm. Heeres, BJbb 117, 1908, 1–275 – A. Kubitschek, RE 2 A 2 (1923). 2325–47; 2349–58, s. v. Signa, Signifer – J. Kromayer-G. Veith, Heerwesen u. Kriegführung d. Griechen u. Römer, 1928.

Felicitas, das göttlich verehrte Glück (→ Personifikation), hatte am Velabrum westl. des Palatin einen ersten Tempel, der um 150 v. Chr. von C. → Licinius (9) Lucullus nach einem glücklichen Feldzug in Spanien geweiht worden war; ein anderer Tempel wurde auf dem Platz der Curia Hostilia von → Caesar begonnen und nach dessen Tod von M. Aemilius → Lepidus vollendet (Dio Cass. 44, 5, 2). Die ältere röm. Religion kennt F. als Gottheit überhaupt nicht, wie Aug. civ. 4, 23 hervorhebt; ein Einfluß der griech. → Tyche ist sicherlich anzunehmen. Man opferte ihr auf dem Kapitol am 9. Okt., gleichzeitig wie dem → Genius publicus und der → Venus victrix; bisweilen ist sie auch mit → Honos und → Virtus verbunden. Die → Fratres Arvales riefen sie an und brachten ihr Kühe zum Opfer. Auf den Münzen der Kaiserzeit erscheint F. oft mit mannigfaltigen Epitheta: F. Augusta, perpetua, publica, F. populi Romani, F. Saeculi, Temporum usw. Im → Kaiserkult hatte sie eine große Bedeutung. H. Le B.

Felix, M. Antonius, Freigelassener der → Antonia (3) minor, Bruder des → Pallas (3), 52–60 Prokurator von Iudaea; wegen seiner Amtsführung berüchtigt. A. ließ 58 den Apostel → Paulus (1) gefangennehmen. Von Sueton (Claud. 28) als Gatte dreier Königstöchter bezeichnet (Drusilla, Tochter des Ptolemaios v. Mauretanien; Drusilla, Tochter des → Herodes (1) Agrippa; dritte Frau unbekannt). U. Wm.

2. **F.,** Verfasser von fünf Epigrammen auf die von dem Vandalenkönig Thrasamund (496–523) in Alianae bei Karthago erbauten Thermen; vielleicht identisch mit Flavius F., von dem eine poetische Bittschrift an den primiscriniarius Victorianus erhalten ist. W. Sch.

Ed: Anth. Lat. I 1, Nr. 210–214. 254 – *Lit:* L. Müller, Sammelsurien, Jahrb. f. class. Philol. (Fleckeisen) 95, 1867, 796–798 – Ders., Zur lat. Anthologie, RhM 23, 1868, 94–102.

Felix, vgl. auch → Cassius.

Felsina → Bononia.

Fenchel (*μάραθ(ρ)ον*, feniculum), im Mittelmeergebiet heimisch, wegen seines aromatischen Geschmackes bereits von den frühen Griechen geschätzt und kultiviert. Schon im Altertum brachte man den Namen des Ortes Marathon und seines gleichnamigen Heros mit dem des F.s in Verbindung. Kraut und Saft des F.s dienten vorwiegend als Gewürz. Auch als Heilmittel wurde F. benutzt, bes. in der Frauenheilkunde. Man schrieb dem F. aphrodisische Wirkung zu und betrachtete ihn als Zauberkraut. Der geheimnisvolle Charakter begünstigte die Aufnahme in bakchische Mysterien, wobei F.-Kränze getragen wurden. Man verwendete die zarte, schnell keimende Pflanze auch für die → Adonisgärtchen als Sinnbild des raschen Wachstums und der schnellen Vergänglichkeit. Vgl. → Flora. J. W.

Lit: Olck, RE 6,2 (1909), 2172–77 – Murr, Pflanzenwelt, 187 – M. Ventris-J. Chadwick, Documents in Mycenaean Greek, 1956, 131. 227. 309.

Fenestella, 35 v. Chr.–35 n. Chr. (?), schrieb z. Z. des → Tiberius Annalen. Da im 22. Buch das Jahr 57 v. Chr. behandelt war (Frg. 21), hat F. vielleicht wie die alten → Annalisten mit der Gründung Roms begonnen. Die Fragmente beziehen sich auf das 2. und 1. Jh. v. Chr. und bieten auffallend viel Kultur- und Literargeschichtliches, weshalb ihn Seneca (epist. 108, 31) unter die Philologen zählte. Offensichtlich wurden die Forschungen → Varros (1) durch ihn erstmalig in die Geschichtsdarstellung einbezogen. F. galt als seriöser Historiker (Frg. 19 aus → Asconius); Lactanz rühmte ihn als sorgfältig (Frg. 18). Von seinem umfangreichen Werk gab es später auch Auszüge, aus denen → Diomedes (3; I 365, 6) ein 2. Buch zitiert. Daß F. daneben auch dichtete, bezeugt → Hieronymus (1). R. T.

Frg: HRR II 79–87.

Feriae Latinae, Fest der Latinergemeinden, das jedes Jahr auf dem Gipfel des Mons Albanus (Monte Cavo) für → Iuppiter Latiaris gefeiert wurde. In früher Zeit stand der unter griech.-etrusk. Einfluß entstandene Bund (nach Dion. Hal. 4, 49, 2 aus 47 Mitgliedern) wie das Fest unter der Führung von → Alba Longa. Für die Dauer des Festes wurde ein Waffenstillstand für ganz Latium ausgerufen (Macr. Sat. 1, 16, 17). Nachdem Rom Alba besiegt und zerstört hatte, übernahm es die F. L. Jedes Jahr opfern die Konsuln möglichst bald nach ihrem Amtsantritt dem Iuppiter Latiaris einen weißen Stier (Arnob. 2, 68); da auch alle anderen hohen Magistrate Roms anwesend sein müssen, wird für diese Tage zur Verwaltung der Stadt ein eigener Praefectus feriarum Latinarum causa bestellt. Die Vertreter aller Latinergemeinden teilen das Opferfleisch untereinander (spätantike Autoren sprechen, wenig glaubwürdig, von einem Menschenopfer). Auch sonst ist das Ritual altertümlich: Ausschluß des Weines beim Opfer, rituelles Schaukeln (Fest. 212 L.). Nach Plin. nat. 27, 45 fanden gleichzeitig in Rom Quadrigarennen auf dem Kapitol statt, wobei der Sieger mit einem Becher Absinth belohnt wurde, doch kann die Nachricht mindestens in dieser Form nicht richtig sein. Die F. L. wurden noch bis zur Zeit → Theodosius' d. Gr. gefeiert. H. Le B.

Lit: Latte, 144–146.

Feriale Duranum, auf Papyrus erhaltener Festkalender der röm. Garnison in → Dura Europos (mittlerer Euphrat) aus der Zeit Severus Alexanders (222–235 n. Chr.), verzeichnet überwiegend Feste zu Ehren der Kaiser und militärische Feste. H. Kal.

Ed: Excav. at Dura-Europos, Final Report V 1, 1959, 191 ff. Nr. 54 (Lit) – *Lit:* H. W. Benario, The Date of the F. D., Historia 11, 1962, 192–196.

Feronia, röm. Gottheit wahrscheinlich sabin. Ursprungs (Varro, ling. 5, 74), obschon ihr Name oft als etruskisch betrachtet wird. Ihr Kult war in Mittelitalien, bes. in Etrurien und bei den Sabinern, sehr verbreitet; ihre bekanntesten Heiligtümer waren ein Heiliger Hain auf dem Gebiet von Capena, ein Tempel in → Terracina und ein anderer in Trebula Mutuesca. Sie war die Göttin der Getreideernte und erhielt die Erstlinge der Ernte; außerdem wachte sie über Gewässer und Quellen. Kürzlich im capenischen Heiligtum entdeckte Inschriften und Votivgaben zeigen, daß F. auch eine Heilgöttin war. Sie beschützte vor allem die Freigelassenen: im Tempel von Terracina wurde nach gewissen Riten den Sklaven die Freiheit geschenkt (Serv. Aen. 8, 564, aus Varro). In Rom hatte F. ein Heiligtum auf dem Marsfeld (CIL I² p. 335). H. Le B.

Lit: R. Bloch-G. Foti, Nouvelles dédicaces archaïques à déesse F., RPh 27, 1953, 65–77 – Latte, 189 f.

Fescenninen, volkstümliche Lieder voll derben Humors, ursprünglich wohl an ländlichen Festen nach Einbringen der Ernte, später bei Hochzeiten gesungen (Catull 61; → Hymenaios, → Epithalamium). – Auch die Verse, mit denen die Soldaten beim → Triumphzug den Feldherrn verhöhnen, heißen F. Der Name wird in der Antike teils von der faliskischen Stadt Fescennium, teils von ‹fascinum› (1. ‹böser Blick›, 2. männliches Glied) abgeleitet. Dem Brauch liegt wohl der Gedanke zugrunde, auf Höhepunkten des Lebens, wie Hochzeit und Triumph es sind, den Gefeierten absichtlich herabzuziehen, um die bösen Geister zu täuschen. Daß die F. eine Vorstufe des röm. Volksdramas gewesen seien (so Liv. 7, 2, 7 und Hor. epist. 2, 1, 45 ff.), ist eine gelehrte Fiktion in Analogie zur aristotelischen Theorie (Aristot. poet. 4. 1449a 9 ff.). G. L.

Feste

A. Griechisch – B. Römisch – C. Christlich

A. Griechische Feste. [1] *Gründungsgeschichten* griech F. kennen wir in großem Umfange (vgl. → Aitiologische Sagen), aus dem Verlauf mancher F. einzelne markante Momente, weniges dagegen über die allgemeinen Grundlagen: inwiefern sich F.tage von Werktagen unterschieden (die → Apophrades stellen einen seltenen Sonderfall dar), welches der Teilnehmerkreis bei den einzelnen F.n war und wie sich die verschiedenen Festakte organisierten. Allgemein stehen Familien-F., Sonder-F. der Geschlechter, der Altersklassen und der sozialen Gruppen, dann F. privater

Kultvereine, schließlich Staats-F. und panhellenische F. nebeneinander, ohne daß sich die Grenzen immer scharf ziehen lassen. Weiterhin können F. lediglich aus einem oder mehreren Opfern bestehen oder auch darüber hinaus aus Ritualtänzen, Prozessionen verschiedener Art oder aus Wettspielen musischen oder sportlichen Charakters. Die Prozessionen pflegen wohl seit früher Zeit eine bestimmte Ordnung einzuhalten, heilige Gegenstände mitzuführen und auf vorgeschriebenem Wege zum Tempel des jeweils gefeierten Gottes zu bringen. Einzelne F. finden in der freien Natur, an einem Gewässer oder am Meere statt, einzelne bei Nacht (→Pannychis). Der zuständige Priester wacht über die dem Herkommen entsprechenden korrekten Formen der Begehung, hat auch einen Ehrenplatz, tritt aber darüber hinaus kaum hervor. – Am besten kennen wir natürlich die attischen F., von denen allerdings viele auch in anderen (besonders den stammverwandten ionischen) Staaten belegt sind.

[2] In Athen läßt sich für die einzelnen Monate auch einigermaßen ein *Festkalender* aufstellen:

Hekatombaion (Juni/Juli):
- 12. →*Kronia*, Feier des Ernteabschlusses. Sichere Parallelen außerhalb Athens fehlen, obschon ein verwandtes Fest die röm. →Saturnalien beeinflußt haben muß.
- 16. →*Synoikia*, Erinnerung an den Synoikismos Athens durch Theseus.
- 28. →*Panathenaia*, bedeutendstes Staatsfest der Stadtherrin Athena, alle vier Jahre mit bes. Aufwand als die Großen P. gefeiert.

Metageitnion (Juli/Aug.):
- ? →*Eleusinia* für die Götter von Eleusis mit Opfer, Prozession und Wettspielen.

Boedromion (Aug./Sept.):
- 3. Schlachtfeier von *Plataä*.
- 5. *Genesia*, staatliche wie private Totenfeier, auch außerhalb Athens verbreitet.
- 6. Schlachtfeier von *Marathon*.
- 19.–22. Prozession nach *Eleusis* und Mysterienfeier.

Pyanopsion (Sept./Okt.):
- 5. *Proerosia*, Fest vor Beginn des Pflügens für Demeter und Kore, in Athen und bes. Eleusis gefeiert.
- 7. →*Pyanopsia*, Fest für Apollon, mit Kochen eines Bohnengerichts (daher der Name) und Prozession mit der →Eiresione.
- 8. →*Theseia*, Fest des Theseus.
- 9. *Stenia*, Frauenfest für Demeter und Kore.
- 10.–13. →*Thesmophoria*, Frauenfest für Demeter, bes. um dem Boden vor der neuen Aussaat Fruchtbarkeit zu verschaffen.
- 30. →*Chalkeia*, in klass. Zeit Fest der Handwerker.
- ? *Apaturia*, allgemein ion. Familienfest.
- ? *Arretophoria*, Fest der Frauen für Athena mit Geheimbegehungen.
- ? *Oschophoria*, mit der Theseussage verknüpft, mit Prozession, Tänzen und Traubenweihe.

Maimakterion (Okt./Nov.):
- ? *Pompaia* für Zeus, mit Prozession.
- ? *Maimakteria* für Zeus Maimaktes.

Poseideon (Nov./Dez.):
- 5. (?) Opferfest zu Ehren des *Zeus*.
- 8. (?) *Poseidea*, Fest des Poseidon.
- 26. →*Haloa*, volkstümliches Fruchtbarkeitsfest für Demeter und Kore.
- ? Ländliche *Dionysien*.

Gamelion (Dez./Jan.):
- 12.–14. →*Lenaia*, Hauptfest des Dionysos mit Prozession und Festspielen.
- 24. (?) *Theogamia*, Fest des Hieros Gamos von Zeus und Hera.

Anthesterion (Jan./Febr.):
- 11.–13. →*Anthesterien*, ein von den meisten Ioniern gefeiertes Fest teils des Dionysos, teils der Toten.
- 23. Die *Diasia*, das Hauptfest des Zeus.

Elaphebolion (Febr./März):
- 8. *Asklepieia* für Asklepios und Vorspiel (Proagon) der Dionysia.
- 9.–13. Die städtischen →*Dionysia* für Dionysos Eleuthereus mit Prozessionen und Festspielen.
- ? →*Elaphebolia* für Artemis.

Munichion (März/Apr.):
- 4. Fest für *Eros*.
- 6./7. →*Thargelia*, das Hauptfest für Apollon, zugleich Reinigungs- und Bittfest für die bevorstehende Ernte.
- 16. *Munichia* für Artemis Munichia und zugleich Schlachtfeier von *Salamis*.
- 19. *Olympieia* für den olympischen Zeus.

Thargelion (Apr./Mai):
- 19. *Bendideia* für Bendis.
- 24. →*Kallynteria*, Reinigungsfest für Athena.
- 25. →*Plynteria*, Fest der Waschung des hölzernen Kultbildes der Athena Polias mit Prozession zum Meere bei Phaleron.

Skirophorion (Mai/Juni):
- 12. Die →*Skira*, ein Frauenfest für Demeter und Kore in enger Verbindung mit den Thesmophoria.
- 14. →*Dipolieia*, Fest für Zeus Polieus.
- 30. Opfer für *Zeus Soter* und *Athena Soteira*.
- ? →*Arretophoria* für Athena wie im Pyanopsion.
- ? →*Diisoteria* für Zeus Soter mit Prozession und Wettrudern der Epheben im Piräus.

Ende des Winters zu unbekanntem Datum werden die →*Procharisteria* gefeiert, ein Opfer für Athena mit Bitte um Segen für das sprießende Getreide; zu unbekannter Zeit die →*Daphnephoria* für Apollon und schließlich die →*Pythias* als das Opferfest der Athener für den delphischen Apollon nur dann, wenn Zeus dafür ein besonderes Blitzzeichen gegeben hatte.

[3] Unsere Kenntnis der Feste anderer griech. Poleis ist wesentlich dürftiger, meist auf einige wenige bes. verbreitete oder auffallende Feste beschränkt. Zu den am weitesten verbreiteten Festen gehören die →*Thesmophoria*, die außer in Athen für Mittelgriechenland (Potniai, Theben, Drymaia, Alponos, Aegina, Megara), dann Sparta, Gytheion, Delos, Paros, Knidos, Milet, Ephesos, Smyrna, Euböa, Thasos, Kyrene, Katane, Syrakus, Akragas bezeugt sind. Vielfach bezeugt sind auch einzelne Feste großer Götter: →*Aphrodisia* (Korinth, Aegina, Delos), *Asklepieia* (Epidauros, Kos, Ephesos, Lampsakos und bes. im hellenist. Kleinasien), *Dioskureia* (Sparta, Delphi, Kyrene und generell im dor. Bereiche), →*Heraia* (Argos, Samos, Olympia, Korinth, Aegina, Delphi, Theben), *Herakleia* (Delphi, Sikyon, Eretria, Mitylene, Iasos, Teos u.a.), *Hermaia* (Tanagra, Samos, Kydonia, mehrfach in Arkadien), *Poseidea* (weit verbreitet in der Peloponnes und auf den Inseln des Ägäischen Meeres). Sonst sind hervorzuheben: den Apaturia des ion. Bereichs entsprechen die →*Apellai* im dor.-äol. Gebiet (bes. Delphi), für Böotien sind die →*Daidala* (in Plataä) und die *Erotidia* (in Thespiai) bezeichnend, für

Sparta und Lakonien die → *Gymnopaidia*, → *Hyakinthia*, → *Karneia* (auch in Argos, Thera, Kos, Kyrene), die → *Laphria* für Artemis Laphria in Achaia, Aetolien und dem übrigen Mittelgriechenland, die → *Lykaia* für Arkadien, das in hellenist. Zeit von Kulten und Festen teils archaischer, teils künstlich archaisierender Herkunft wimmelt; politischen Einschlag haben vielfach die → *Soteria* und *Eleutheria*, dann die → *Panionia* und die auch in Ionien zeitweilig gefeierten → *Panathenaia*. Auf Rhodos und in der Aiolis sind die altertümlichen → *Sminthia* bezeugt, die → *Stepteria* in Delphi, die → *Thalysia* in Kos, die → *Tithenidia* in Sparta, und vielfach endlich die → *Theoxenia*.

[4] Grundsätzlich sind wohl alle Staats-F. auch ausländischen Besuchern zugänglich, und zu vielen wird vom festgebenden Staate ausdrücklich zur Beteiligung an Opfern und, je nachdem, Wettspielen geladen, worauf denn auch die eingeladenen Staaten sich durch offizielle Gesandtschaften (→ Theoriai) vertreten ließen. Darüber hinaus gehen die großen panhellenischen F., an die von vornherein alle Griechen geladen sind. Als solche F. haben sich vom 8. bis 6. Jh. v. Chr. durchgesetzt die → Olympien, → Pythien, → Isthmien und → Nemeen, nicht ohne Rivalitäten und innere Schwierigkeiten, da mehrfach verschiedene Staaten das Recht der F.leitung beanspruchten. Im 6./5. Jh. findet an diesen Spielen das Zusammengehörigkeitsbewußtsein der Griechen seinen repräsentativen Ausdruck. Mit dem 4. Jh. beginnt der Niedergang. Kriege und innere Desorganisation der griech. Welt taten das ihrige, so daß gegen Ende des 1. Jh.s v. Chr. die großen Spiele im wesentlichen erloschen waren, wenn sie auch in der Kaiserzeit vorübergehend wiederbelebt wurden. O. G.

Lit: M. P. Nilsson, Griech. F., 1906 – L. Deubner, Att. F., 1932.

B. Römische Feste. [1] Die röm. F., *feriae*, gehörten den Göttern, nicht den Menschen: es waren Tage, an denen die Arbeit zu Ehren der Götter ruhte. Man kann, mutatis mutandis, die röm. feriae dem Sabbat oder dem christl. Sonntag vergleichen; die Arbeit ist untersagt. Gewisse rituelle Vorschriften lassen erkennen, daß man sich für die Dauer des Festes ganz den Göttern widmen mußte: wer nur den Namen gewisser Gottheiten aussprach (→ Seia), mußte ‹Festtage einhalten› (ferias observare, Macr. Sat. 1, 16, 8), d. h. jede profane Tätigkeit einstellen; wenn die Gattin des → Flamen Dialis den Donner hörte, durfte sie nichts mehr tun, bevor sie die Götter besänftigt hatte: ihr Leben war ‹feiertäglich› geworden; dasjenige des F. Dialis war es täglich: *quotidie feriatus est* (Gell. 10, 15, 16), sein ganzes Dasein gehörte Jupiter. Bei Erdbeben waren Sühn-F. vorgeschrieben, die das öffentliche Leben unterbrachen; das ging so weit, daß man 193 v. Chr. deren Anzahl einschränken mußte (Liv. 34, 55); im folgenden Jahre gab es nochmals 38 Tage, die Rom wegen fortgesetzter seismischer Erschütterungen in beständiger Furcht verbrachte (Liv. 35, 40). Diese Beispiele sowie F. wie die → Feralien und die → Lemurien zeigen, daß der F.tag zwar meist, aber nicht immer ein Tag der Festfreude ist. Die F.tage waren so zahlreich, daß die Kasuistik der → Pontifices gewisse landwirtschaftliche Arbeiten hatte zulassen müssen, im Prinzip diejenigen, deren Unterlassung schädlich gewesen wäre, z. B. eine dringende Reparatur (Cato agr. 2, 4; Macr. Sat. 1, 16, 8 ff.). Doch war es untersagt, eine neue Arbeit zu beginnen. Über die Folgen der an F.tagen vorgeschriebenen Arbeitsruhe für das öffentliche Leben, vgl. → Dies Fasti.

[2] *Private F.* Sie betrafen nur gewisse Kategorien von Bürgern, während die öffentlichen F. durch die ganze Gemeinde oder deren Vertreter gefeiert wurden. a) Die patrizischen *gentes* hatten ihre eigenen Feste: die Potitii und die Pinarii z. B. das Fest des Herkules, die Aurelii das Fest der Sonne. Einige dieser Kulte wurden vom Staat übernommen (→ Herkules). – b) Jede *familia* ehrte ihre Toten vom 13.–21. Februar (→ Parentalien) und hielt ein F.mahl am 22., dem Tag der Caristia. Am 9., 11. und 13. Mai vertrieb der pater familias die Geister (→ Lemurien). Nach einem Todesfall reinigten die feriae denicales die Familie (→ Reinheit); an gewissen Tagen brachte man den Toten Rosen oder Veilchen (→ Rosalien). Man beging die Jahrestage der Geburt (→ Genius; → Geburtstag) oder des Todes, die Verlobungen (Sponsalia) und die Hochzeiten (→ Hochzeitsriten), den Tag nach der Hochzeit (Repotia, Fest. 350 L.), den Tag, an dem das Kind seinen Namen erhielt (Nominalia), den Tag, an dem der Sohn die Männertoga anzog (meistens an den → Liberalien). – c) Die Vereinigungen, → sodalitates oder collegia (→ Kultvereine), feierten das F. ihres Schutzgottes: so am 15. Mai das Kollegium der Kaufleute → Merkur, am 19. März die Handwerkergilden → Minerva usw.

[3] *Öffentliche Feste.* Die Rechtsterminologie unterschied: die *sacra pro populo*, die von den Magistraten und Priestern für das Volk, doch im allgemeinen ohne dessen Mitwirkung gefeiert wurden, und die *sacra popularia*, die das Volk feierte; die unbeweglichen Feste, *feriae stativae*, die als einzige im Kalender vermerkt waren, die beweglichen Feste, *feriae conceptivae*, die jährlich stattfanden, aber deren innerhalb gewisser Grenzen bewegliches Datum von den Pontifices festgesetzt wurde, und schließlich die außerordentlichen Feste, *f. imperativae*, die zu besonderen Anlässen von den höheren Beamten angeordnet wurden. a) Für die *sacra pro populo* (unbewegliche Feste) vgl. unten den → Festkalender der 45 alten öffentlichen Feste, deren Begründung die Tradition → Numa zuschrieb. Die feriae bestimmter großer Götter wurden durch ludi circenses (→ Circusspiele) oder → *ludi scaenici* ergänzt. Seit → Augustus begann der Kalender mit neuen öffentlichen Festen überladen zu werden, die politischer Art waren und wichtiger Ereignisse im Leben der Kaiser gedachten (→ Gedenktage, → Kaiserkult). b) *Sacra popularia:* (1) Septimontium, altes Fest, das am 11. Dez. durch die Bewohner der ‹Sieben Hügel› des ursprünglichen → Rom gefeiert wurde: Palatium, Germalus, Velia, Fagutal, Oppius, Cispius und Subura; (2) → Argei; (3) → Fornacalia, die im Febr. in jeder → Curie gefeiert wurden und am 17. mit den ‹Stultorum feriae› endeten; (4) → Fordicidia, die am 15. Apr. gleichzeitig von den → Curionen in den Curien und von den → Pontifices auf dem Kapitol begangen wurden; (5) → Sementivae, bewegliches F. im Jan.; (6) → Paganalien, bewegliches F. der Landbezirke (pagi); (7) → Ambarvalien, ebenfalls ein F. der pagi; (8) → Terminalien; (9) → Compitalien. Gesondert sind noch die alten → Feriae Latinae, das bewegliche F. des → Latinerbundes, zu erwähnen.

Lit: K. Kerényi, Die antike Religion, 1957, cap. 2.

[4] Der röm. *Festkalender* ist uns aus folgenden Inschriften bekannt: (1) ein 1921 in Anzio gefundener Kalender, der einzige aus der Zeit vor der Reform Caesars i. J. 46 v. Chr. (A. Degrassi, Inscr. Lat. liberae rei publ., 1957, Nr. 9); (2) etwa zwanzig mehr oder weniger beschädigte Kalender aus dem Beginn der Kaiserzeit; von diesen enthalten die Fasti Maffeiani fast das ganze Jahr, die F. Praenestini detaillierte Anmerkungen des Gelehrten Verrius Flaccus (CIL I² 205; VI 32481–32502; XVI suppl. 4547); (3) für die Bauern bestimmte Kalender, die Menologia rustica, aus der Mitte d. 1. Jh.s n. Chr. (CIL I² 254. 280). Dazu kommen zwei handschriftliche Kalender, der eine von Philocalus (354 n. Chr.), der andere von Polemius Silvius (448 n. Chr.); sie zeigen, welche Feste in später Zeit noch gefeiert wurden (CIL I² 254). Eine wichtige Ergänzung für die klass. Zeit bieten Ovids Fasti, die die Feste von Januar bis Juni beschreiben. – Die F. sehen folgendermaßen aus: 1. Kolumne: die kontinuierlich wiederholte Buchstabenreihe A–H teilt das Jahr in Wochen zu acht Tagen ein: es sind die Nundinalbuchstaben, die nach Ablauf von acht Tagen die Wiederkehr des Marktes anzeigen. 2. Kolumne: Angabe der Kalenden (K.), der Nonen (NON.) und der Iden

(EID.); dazwischen werden die Tage rückwärts gezählt; gegebenenfalls werden in Großbuchstaben und abgekürzt die alten Staatsfeste erwähnt, z.B. LUPER (calia) am 15. Febr. Diese 45 Feste bilden den ältesten Kern des Kalenders, der anerkanntermaßen bis auf das 6. Jh. v. Chr. zurückgeht: nicht erwähnt ist die Trias Jupiter-Juno-Minerva, die nach der Überlieferung von der etrusk. Dynastie auf dem Kapitol eingeführt wurde. Mit Ausnahme des Regifugium vom 24. Februar und der Equirria vom 14. März fallen alle diese Feste auf einen ungeraden Tag, wie auch die Kalenden, die Nonen und die Iden, was wohl auf einen alten Zahlen→Aberglauben zurückgeht: «Die Gottheit liebt die ungeraden Zahlen» (Verg. ecl. 8, 75). Es folgt die Liste dieser Feste, die den festen Bestand der klassischen Zeit bilden, mit Angabe der Gottheiten, denen sie zugehören; zu beginnen ist mit dem Monat März, dem ersten des alten Jahres (→Kalender):

14. März (u. 27. Febr.)	Equirria	Mars
17. März	Agonium Martis	Mars
17. März	Liberalia	Liber
19. März	Quinquatrus	Mars
23. März (u. 23. Mai)	Tubilustrium	Mars
15. Apr.	Fordicidia	Tellus
19. Apr.	Cerialia	Ceres
21. Apr.	Parilia	Pales
23. Apr.	Vinalia (priora)	Jupiter
25. Apr.	Robigalia	Robigus
9., 11. u. 13. Mai	Lemuria	Lemures
21. Mai	Agonium	Vediovis
23. Mai	Tubilustrium	Mars
1. Juni	Carnaria	Carna
9. Juni	Vestalia	Vesta
11. Juni	Matralia	Mater Matuta
5. Juli	Poplifugia	?
7. Juli	Nonae Caprotinae	Juno
19. u. 21. Juli	Lucaria	?
23. Juli	Neptunalia	Neptun
25. Juli	Furrinalia	Furrina
17. Aug.	Portunalia	Portunus
19. Aug.	Vinalia (rustica)	Jupiter
21. Aug. (u. 15. Dez.)	Consualia	Consus
23. Aug.	Volcanalia	Vulcanus
25. Aug.	Opiconsivia	Ops
27. Aug.	Volturnalia	Volturnus
11. Okt.	Meditrinalia	Meditrina? Jupiter?
13. Okt.	Fontinalia	Fons
15. Okt.	Equus October	Mars
19. Okt.	Armilustrium	Mars
11. Dez.	Agonium	Sol Indiges
15. Dez.	Consualia	Consus
17. Dez.	Saturnalia	Saturn
19. Dez.	Opalia	Ops
21. Dez.	Divalia	Diva Angerona
23. Dez.	Larentalia	Acca Larentia
9. Jan.	Agonium	Janus
11. u. 15. Jan.	Carmentalia	Carmenta
15. Febr.	Lupercalia	Lupercus (Faunus)
17. Febr.	Quirinalia	Quirinus
21. Febr.	Feralia	Di Manes
23. Febr.	Terminalia	Terminus
24. Febr.	Regifugium	?
27. Febr.	Equirria	Mars

Die dritte Kolumne der röm. Festkalender zeigt den Charakter eines jeden Tages an, →Dies Fasti, Nefasti, Comitiales. Die Bedeutung des Zeichens NP, das fast allen alten Festen beigefügt ist, kennen wir nicht. Die Kalender tragen schließlich in Kleinbuchstaben mehr oder weniger ausführliche neuere Angaben: Erklärung des Namens des Festes, Grund der Einführung, Erwähnung der Spiele, der Tempelstiftungen, der von Caesar und den Kaisern hinzugefügten neuen Feste usw. H. LeB.

C. CHRISTLICHE FESTE. Die Haltung der ersten Christen gegenüber F.n ist durch zwei Faktoren bestimmt. Der Form nach lag eine Übernahme jüdischer F. nahe, der Inhalt aber mußte christlich neu bestimmt werden.

[1] Das älteste christliche F. ist der *Sonntag*, der 2. Tag der spätantiken Planetenwoche (→Kalender) und der 1. Tag der jüdischen Woche (vgl. 1. Kor. 16, 2), auch ‹Tag des Herrn› genannt (Apk. 1, 10), weil an ihm die Auferstehung Jesu Christi gefeiert wird. Seit dem 2. Jh. ist der Sonntag der Versammlungstag der christl. Gemeinde schlechthin, an dem Gottesdienst und →Eucharistie gefeiert werden. →Konstantin d. Gr. machte den Sonntag 321 zum gesetzlichen Ruhetag.

[2] Das älteste christliche Jahresfest ist Passah bzw. *Ostern*. Gerade hier zeigt sich deutlich der allmähliche Übergang zu einem rein christlichen F. Zwar liegen die Anfänge des Osterf.es im Dunkel. Aber es darf vermutet werden, daß die Urgemeinde, wie es für die →Quartadecimaner im kleinasiatisch-syrischen Raum im 2. und 3. Jh. sicher bezeugt ist, ein verchristlichtes jüdisches Passah (gleichfalls am 14. Nisan) beging, wobei man statt des F.mahls stellvertretend für die Juden fastete und betete und das F. durch eine Feier der →Agape und der →Eucharistie beendete; intensive eschatologische Erwartung beherrschte dieses christliche Passah. Das Osterf., das nicht mehr dem lunaren, sondern dem solaren Kalender folgt und daher stets auf einen Sonntag fällt, läßt sich seit ca. 115 in Rom nachweisen, wo es wahrscheinlich von Sixtus I. eingeführt worden ist. Es hat wesentliche Momente des frühchristlichen Passah übernommen (Opfer- und Sühnegedanke), teilweise freilich unter Umgestaltung oder neuer Sinngebung: es galt dem Gedächtnis an Christi Kreuzigung und Auferstehung, das jeweils durch →Fasten vorbereitet wurde. Auf die Dauer setzte sich das heidenchristliche Osterf. gegenüber dem judenchristlichen Passahf. immer mehr durch, bis auf dem Konzil zu Nicaea 325 unter Verwerfung des quartadecimanischen Passah ein einheitliches Osterf. hergestellt wurde; freilich blieb die Datumsberechnung noch auf lange hinaus strittig, so daß es bei der Osterfeier immer wieder zu Datumsverschiebungen zwischen Ost und West kam.

[3] Im Anschluß nicht an jüdische, sondern an heidnische Bräuche ist das zweitälteste Jahresf. der Kirche, das Epiphanien- bzw. Weihnachtsfest entstanden. Anfang des 4. Jh.s von der Großkirche im Osten geschaffen, reicht das *Epiphanienf.* doch in weit ältere Zeit zurück. Bereits im 2. Jh. haben die Basilidianer, eine gnostische Sekte, in Ägypten an die Stelle des F.es der Geburt des Gottes Aion durch Kore eine Tauffeier Christi gesetzt. F.inhalt ist die Erscheinung der Herrlichkeit Gottes, daneben auch das Gedächtnis an die Geburt Christi, an die Anbetung der Magier und an das Wunder zu Kana. – Zwischen der Ansetzung von Christi Geburt auf den 25. Dez., wie sie schon um 200 begegnet, und der Feier des *Weihnachtsf.es* ist zu unterscheiden. Auch seine Anfänge sind nicht restlos geklärt, doch ist es vor 336 in Rom gefeiert worden. Durch die Verlegung auf den Geburtstag des →Sol Invictus wollte man Christus (nach der Verheißung Mal. 3, 20 über den Aufgang der ‹Sonne der Gerechtigkeit›) als den Sieger über den unüberwindlichen Sonnengott bezeugen. Das Epiphanienf. feierte man in Rom bald nur noch als die ‹Offenbarung› der vorher erfolgten Geburt bzw. als Gedächtnis der Huldigung der Magier. Später setzte sich diese Begrenzung des F.inhalts auch im Osten durch.

[4] *Pfingsten* (πεντηκοστή) bezeichnet zunächst die 50 Tage währende Freudenzeit nach Ostern. Als selbständiges christliches F. wird es zuerst auf der Synode zu Elvira 305

(can. 43) erwähnt. Es wurde als F. des Heiligen Geistes gefeiert. Im 4. Jh. entstand auch das *Himmelfahrtsfest*, dessen Anfänge ebenfalls dunkel sind. B. L.

Lit: ThW III 1095f.; V 895–903; VI 44–53 – RGG II 530f.; 917–921; III 337f.; IV 1735f.; V 311f.; VI 140–142 – Th. Zahn, Gesch. des Sonntags, 1878 – H. Lietzmann, Der christl. Kalender, 1935 – B. Lohse, Das Passaf. der Quartadecimaner, 1953 – L. Fendt, ThLZ 78, 1953, 1–10 (Forschungsber.) – G. Kretschmar, Himmelfahrt und Pfingsten, ZKG 66, 1954/5, 209–253 – B. Fischer-J. Wagner (Hg.), Paschatis Sollemnia, 1959 – J. Boeckh, Die Entwicklung der altkirchl. Pentekoste, Jb. für Liturgik und Hymnologie 5, 1960, 1–45 – Chr. Mohrmann, Epiphania (1953), in: Études sur le latin des chrétiens I, 1961^2, 245–275 – A. Strobel, ThLZ 87, 1962, 183–194 – W. Rordorf, Der Sonntag, 1962 – Zum Passahstreit: M. Richard, L'Orient syrien 6, 1961, 179–212 – Chr. Mohrmann, VChr 16, 1962, 154–171 – P. Nautin, Lettres et écrivains chrét., 1961, 65–91.

Festungsbau und Belagerungstechnik

[1] Alter Orient und Griechenland bis zum frühen 4. Jahrhundert v. Chr. – [2] Hellenismus – [3] Rom – Vgl. → Stadt I F; II F; → Strategie und Taktik. – F. = Festungsbau – B. = Belagerungstechnik – Bef. = Befestigung.

[1] *Alter Orient und Griechenland bis zum frühen 4. Jh. v. Chr.* Mittel und Methoden von F. und B. bedingen sich eng in ihrer Entfaltung und sind gleichzeitig vom jeweiligen Stand der technischen Entwicklung abhängig. Schon die Geschichte von F. und B. in Ägypten und in den Reichen des Alten Orients zeigt diese Zusammenhänge sehr deutlich. Einerseits beginnt hier mindestens seit dem 3. Jt. v. Chr. der Bau von in Anlage und Technik den einfachen prähistorischen Ringwällen überlegenen Stadt-Bef.en; daraus entwickeln sich bald sehr fortgeschrittene Bef.s-Anlagen mit doppeltem Mauerring, zahlreichen Türmen, Gräben, Glacis und ausgeklügeltem Flankierungssystem. Andererseits entsteht neben den Mitteln des Sturm- oder Überraschungsangriffs und der Zernierung (Aushungerung) eine differenzierte B., die bereits den Angriff auf Festungen mit Minengängen, Angriffsrampen, Wandeltürmen, Widdern und Mauerbohrern betreibt. Ihren Höhepunkt erreichen altorientalischer F. und B. unter den Assyrern; deren Methoden werden weitgehend von der pers. Armee übernommen und damit im Laufe des 6. Jh.s v. Chr. auch den ion. Griechen bekannt. Dennoch bleiben F. und B. in Griechenland jahrhundertelang auf einer sehr elementaren Stufe. Der F. der myk. Zeit beschränkte sich im wesentlichen auf die starken, burgartigen Zitadellen der großen Herrensitze (→ Mykene, → Tiryns, Gla), die B. auf eine nicht sehr wirkungsvolle Zernierung (vgl. die Ilias). Mit dem Entstehen der Polis tritt anstelle einer Akropolen-Bef. immer mehr die städtische Ringmauer; allerdings wird die Ummauerung der Städte erst im 6./5. Jh. v. Chr. allgemein (danach nur in Ausnahmefällen wie bei Sparta Verzicht auf eine Stadtmauer). Die Stadt-Bef. der archaischen und klass. Zeit sind in der Regel noch einfach trassiert und von mäßiger Stärke; in Technik und Anlage fortgeschrittenere Bef.en (wie Athen-Piräus oder Korinth) sind Ausnahmen. Vielfach werden neben Quadermauern noch die (billigeren) Luftziegelmauern auf Bruchsteinsockel verwandt; die Wehrgänge sind meist noch Holzkonstruktionen. Dennoch waren diese Bef.en der zeitgenössischen B. durchaus gewachsen. Unterminierung der Mauer, Sturmrampen und Widder wurden zwar in Einzelfällen seit der Mitte des 5. Jh.s eingesetzt, aber offenbar in technisch so rückständiger Form, daß die – oft jahrelange – Zernierung nach wie vor die einzige wirksame B. blieb (z. B. → Platää, → Poteidaia, → Mytilene im → Pelop. Krieg).

[2] Eine grundlegende Weiterentwicklung der B. brachte erst der *Hellenismus* mit seiner Professionalisierung des griech. Militärwesens überhaupt. Entscheidend wurden für F. und B. die Übernahme technisch fortgeschrittener orientalischer Belagerungsgeräte und -methoden (vermittelt zunächst durch die Karthager in Sizilien) und die Erfindung des Torsions → Geschützes (erstmals verwandt in der Belagerung von Motye 398 v. Chr.). Nach diesem Prinzip konstruierte Pfeilgeschütze und Steinwerfer haben auf die Entwicklung des F.s eine ähnliche Wirkung ausgeübt wie die Artillerie am Beginn der Neuzeit. Die nun fast regelmäßig aus bossierten Quadern erbauten Festungsmauern wurden in ihrer Konstruktion verstärkt und mit Geschützen armiert. Die Führung der Kurtinen, die Anlage von Türmen und Toren wie die Formen der Wehrgänge wurden weiterentwickelt, um gegen Beschuß und Belagerungsgerät möglichst widerstandsfähig zu sein und gleichzeitig den eigenen Geschützen bestes Schußfeld (auch für Flankenfeuer) zu bieten. Die Trassierung nützt die Gegebenheiten des Geländes sehr weitgehend aus. Das Vorfeld wird durch Gräben, Palisaden und detachierte Forts weiter gesichert. Festungen wie → Syrakus (Euryalos), → Selinus, → Messene oder → Ephesos bieten noch heute eindrucksvolle Beispiele hochentwickelten hellenist. F.s. Freilich erleichtert der Feuerschutz der Torsionsgeschütze auch das Heranbringen von Belagerungsgerät. Hauptmittel der B. bleiben, technisch sehr vervollkommnet, Minierarbeiten, Rampen mit schwerbestückten, beweglichen Angriffstürmen (‹Helepolen›) und Widder oder Mauerbohrer unter fahrbaren Schutzdächern. Als → Philipp II., → Alexander d. Gr. und → Demetrios (1) Poliorketes ihre großen Belagerungen durchführten (Perinth, Tyros, Rhodos), war anfänglich die Angriffstechnik sogar der Verteidigung überlegen; bald stellte freilich die Entwicklung von Abwehrmaßnahmen wieder ein Gleichgewicht her. Der spätere Hellenismus hat in F. und B. keine grundlegenden technischen Neuerungen mehr gebracht, Festungen und Belagerungsoperationen spielen weiterhin eine Rolle, doch hat der Festungskrieg trotz seines hohen, erst seit dem 16. Jh. wieder überholten technischen Standes nie jenes Gewicht erhalten wie etwa im 17. und 18. Jh. – Der Hellenismus hat zahlreiche literarische Theoretiker des Festungskrieges (‹*Poliorketiker*›) hervorgebracht: → Aineias (2) Taktikos, → Athenaios (1), → Philon (4) v. Byzanz, → Biton (2), → Heron (2).

[3] *Rom.* Die Bef. von Städten war offenbar im ital. Raum schon sehr früh allgemein üblich. In Anlagen und Technik stehen neben den alten ital.-etrusk. Bergfestungen die häufig der regelmäßigen Rechteckform des Lagers angenäherten Aggerbefestigungen (ursprünglich Erdwälle, bald mit Steinschalen versehen). Im Lauf des späten 2. und 1. Jh.s vor Chr. setzt sich dann von Süditalien her der Einfluß des hellenist. F.s (Quadermauern, Türme, Geschützstände) immer mehr durch (z. B. → Ostia, → Minturnae). Daneben wird aber in den Grenzprovinzen bes. des N die direkt dem röm. Lagerbau entlehnte Technik holzverstärkter Erdwälle bis weit ins 1. Jh. n. Chr. beibehalten. Die röm. B. beschränkte sich jahrhundertelang fast ausschließlich auf die Zernierung (so in den großen Belagerungsoperationen der Pun. Kriege wie → Capua, → Karthago und → Numantia); freilich hier mit zum Teil sehr wirksamen Circum- und Contravallationslinien, die der hohe Ausbildungsstand der Legionen im Feldbefestigungswesen ermöglichte. Hellenistische B. wurden zum ersten Mal versuchsweise bei → Ambrakia (189 v. Chr.) angewandt; die Generale der ausgehenden Republik, bes. → Caesar, übernahmen dann systematisch und umfassend das griech.-hellenist. Angriffsgerät: Geschütze (catapultae, ballistae), Minen (cuniculi), Widder und Mauerbohrer (aries, terebra), Breschhütten (testudines) und Wandeltürme (turres ambulatoriae). Eine echte technische Neuerung ist bei den röm. Belagerungen allein die Planierung des Angriffsterrains durch den ‹agger› (Holzterrasse, mit Faschinen und Rasenziegeln verkleidet) statt der einfachen, aufgeschütteten Erdrampe. Die gleichzeitige Zernierung durch Feldbefestigungslinien bleibt jedoch immer ein Bestandteil jeder röm. Belagerung (z. B. → Alesia und → Massilia unter Caesar). Die frühe Kaiserzeit bringt für den F. einen entscheidenden Einschnitt. Der bisher beherrschende Festungstypus, die befestigte Stadt, tritt

völlig zurück; statt dessen entsteht das System der Grenz-B.en an Rhein und Donau, in England, Syrien und Nordafrika (→Limes). Diese ‹limites›, bestehend aus durchlaufenden Wällen, Mauern oder Palisadenlinien, durch Wachttürme überwacht und durch rückwärtige Kastelle oder Legionslager gedeckt, sind eine bedeutende und originale röm. Leistung. Mit den ersten Einbrüchen fremder Völker in das Imperium im 3. Jh. n. Chr. beginnt dann erneut wieder die Ummauerung der Städte (‹Aurelian. Mauer› in →Rom). Dabei wurden die Prinzipien des hellenist. F.s im wesentlichen unverändert weiter angewandt und nur in Einzelheiten verfeinert; in der Konstruktion (auch der Legionslager) tritt immer mehr an Stelle der Quadertechnik der gemörtelte Ziegelbau. Einen Höhepunkt hellenist.-spätröm. F.s bildet die bis ins 15. Jh. in Gebrauch bleibende doppelte Landmauer von →Konstantinopel. Die kaiserzeitl. und spätröm. B. (z.B. von →Jerusalem durch →Titus oder von →Sarmizegetusa durch →Trajan) bringt keine entscheidenden Neuerungen, wenn man von der Einführung des ‹griech. Feuers› am Ende des 7. Jh.s n. Chr. absieht; weiterhin werden in jeweils der taktischen Lage angepaßter Kombination Einschließung und Angriff mit Belagerungsmaschinen verwandt. – Zur Technik der Befestigungsbauten im einzelnen vgl. →Stadt I F. II F.; vgl. ferner →Strategie und Taktik. F. G. M.

Q: H. Rüstow-G. Köchly, Griech. Kriegsschriftsteller, 2 Bde, 1853 bis 1855 – Ch. Wescher, Poliorcétique des Grecs, 1867 – Zu neueren Einzelausgaben vgl. F. Lammert, RE 21,2 (1952, 1381–90, s. v. Poliorketiker – *Lit:* A. Billerbeck, Der F. im Alten Orient, AO 4, 1903 – R. Schneider, Die Kriegsmaschinen der Griechen und Römer, 1908 – E. Schramm, Poliorketik, in: J. Kromayer-G. Veith, Heerwesen u. Kriegführung d. Griechen u. Römer, 1928, 209–245 – I. A. Richmond, The Citywall of Imperial Rome, 1930 – W. W. Tarn, Hellenistic Naval and Military Developments, 1930 – E. Clausetti, Fortificazioni e macchine belliche, Civiltà Romana II, 1939 – R. L. Scranton, Greek Walls, 1941 – F. Krischen, Die Stadtmauer von Pompeji u. die griech. Festungsbaukunst in Unteritalien u. Sizilien, 1941 – S. Toy, A History of Fortification from 3000 B. C. to A. D. 1700, 1955 – J. R. Partington, A History of Greek Fire and Gunpowder, 1960 – Y. Yadin, The Art of Warfare in Biblical Lands, 1963 – G. Gruben, AA 1964, 416f.; vgl. AntK 1964, 103.

Festus, Sex. Pompeius, ca. 2. H. 2. Jh. n. Chr., epitomierte das Werk ‹De significatu verborum› des →Verrius Flaccus. F. seinerseits wurde von Paulus Diaconus (8 Jh.) epitomiert. Diese Fassung ist ganz erhalten, von der des F. selbst nur die zweite Hälfte. D. F.

Ed: W. M. Lindsay, 1913 (mit Paulus) – CGL IV 93–467 (Frg. aus Glossarien) – *Lit:* Schanz-Hosius II 362–366.

2. **F.,** Rufius (im Codex Escorialensis: Rufius Festus), schrieb ein Breviarium rerum gestarum populi Romani, kleiner und dürftiger als das des →Eutrop, auf Veranlassung des Kaisers →Valens und der neuen, über die alte Geschichte Roms nicht gut unterrichteten Elite des Reiches. Die Identifikation mit dem Dichter Rufius Festus →Avienus, dem Übersetzer des →Aratus, oder mit dessen Sohn, dem Verfasser einer Dichtung an die Göttin Nortia (Dessau 2944), wird heute nicht mehr vertreten. Gliederung des Werks: chronologische Übersicht, dann eine Darstellung der Kämpfe, durch die das röm. Reich seine Macht erreicht hat, und der Taten des Kaisers Valens gegen die →Perser. Nach dem abschließenden an Valens gerichteten Wunsch für Dauer des Glücks auch gegen ‹Babylon› zu schließen, wurde die Schrift wahrscheinlich nach dem J. 369 beendet. Quellen: F. eine Kaisergeschichte, ein Auszug des →Livius und →Florus. Die Darstellung des F. wurde benutzt von →Ammian, →Isidor und →Jordanes. G. C.

Ed: C. Wagener, BT, 1886 – *Lit:* Seeck RE 6,2 (1909), 2257–58 – Schanz-Hosius IV 1, 82–84 – A. Momigliano, Pagan and Christian Historiography in the Fourth Century A.D., in: The Conflict between Paganism and Christianity, Oxford 1963, 86, 98.

Fetiales. Die 20 Mitglieder dieses röm. →Priesterkollegiums hatten vor der Kriegserklärung und vor dem Friedensschluß gewisse Riten zu erfüllen. Der annalistischen Überlieferung nach ist das Institut der F. nicht römisch, sondern von den →Äquern übernommen (Liv. 1, 32, 5–14). Von einem Träger heiliger Kräuter (→Verbena) begleitet, begab sich eine Abordnung der F. zum Gegner und forderte ihn auf, Genugtuung zu geben. Wurde diese nicht innert 33 Tagen geleistet, so schleuderte der Führer der Abordnung von der Grenze aus eine Lanze in das Gebiet der Feinde, wobei er die rituelle Kriegserklärung aussprach. Beim Friedensschluß opferte der pater patratus (der das röm. Volk vertrat) ein Schwein mit Hilfe eines Feuersteins; er forderte dabei Jupiter auf, jedweden mit seinem Blitzstrahl zu erschlagen, der die Friedensbedingungen brechen sollte. In der Spätzeit der Republik verloren die F. jede Bedeutung, wurden aber für kurze Zeit von Augustus restauriert. Vgl. →Kriegsrecht. H. Le B.

Lit: J. Bayet, Le rite du fécial et le cornouiller magique, MEFR 52, 1935, 29–76 – Latte, 121–124.

Feuersignal. Bei Homer (Il. 18, 211) lesen wir von F.en, die die Bewohner einer belagerten Stadt nachts aussenden; Herodot (9, 3) erzählt, →Mardonios wollte die Einnahme von Athen durch Feuerpost über die griech. Inseln dem →Xerxes melden. Die ausführlichste Beschreibung des F.s bei →Aischylos (Ag. 280ff.). Einige hellenistische Herrscher besaßen ein gut ausgebautes F.-System mit Stationen auf erhöhten Punkten. Vgl. →Nachrichtenwesen. Th. P.

Lit: G. Reincke, RE 16,2 (1935), 1501f., s. v. Nachrichtenwesen.

Feuerstein (πυρίτης λίθος, pyrites). Plinius kennt zwei Arten, die sich durch silber- bzw. goldfarbenes Aussehen unterscheiden. Liefert bei Verbrennung Zinkoxyd (Kadmia). Auch in der Pharmazie verwendet. Wichtigster Fundort: Cypern. C. K.

Q: Plin. nat. 36, 137; Diosk. V 84 – *Lit:* Blümner, Technologie IV 94.

Feuerwehr →Vigiles.

Feuerzeuge waren →Feuerstein (πυρίτης oder Αἰθιοπικὸς λίθος) und Feuerschwamm (ἀγαρικόν). Das Anzünden wird wohl oft erwähnt (Hom. Od. 7, 13), aber nie näher beschrieben. Am Herdaltar im Hause und im Heiligtum brannte oder glimmte stets Feuer, das nur neu entfacht werden mußte (vgl. →Hestia- und →Vestakult). F. E.

Fibel (gr. περόνη, lat. fibula). Als F. bezeichnet man Gewandnadeln in der Art unserer Sicherheitsnadeln. Im allg. ist die F. aus Bronze, seltener aus Gold, Silber oder Eisen. Sie diente zum Zusammenhalten und znm Schmuck ungenähter Kleidung und ist daher eng mit der Geschichte der Gewänder verbunden. Die F. tritt zum ersten Male nicht im Mittelmeergebiet, sondern im nordeuropäischen Kulturkreis zu Beginn der Bronzezeit auf. Das ist die sog. Urfibel (Montelius), bei der Nadel und Bügel getrennt gearbeitet und dann zusammengesetzt sind. Daneben gibt es einteilige F.n, bestehend aus der Nadel mit Spirale, die die Federung bewirkt, und dem Bügel mit dem umgebogenen Nadelhalter. Diese Form überwiegt in Griechenland, wo sie zu Ende der myk. Epoche, wohl von Norden kommend, eindringt, während die F. dem kret.-myk. Kulturkreis sonst fremd war, zumal dieser genähte Kleidung kannte. Die geometrische Epoche behält die Form der Bogen-F. der spätmyk. Zeit bei, gestaltet diese aber immer mehr vom reinen Gebrauchsgegenstand zu dekorativem Schmuck um. So finden sich in geometrischer Zeit große F.n mit reich verzierten, gravierten Fußplatten oder Bügeln, so wie Homer die F. des Odysseus schildert (Od. 19, 226ff.). Im 7./6. Jh. werden diese F.n durch Spiral-F.n ersetzt. In klassischer Zeit sind F.n seltener, bestehen häufig aus Silber und werden in die Haupttypen kleinasiatische und ionische F.n unterteilt, In Italien sind F.n schon aus prähistorischer Zeit in großer Zahl gefunden worden. Diese machen eine typenreiche Entwicklung durch und bieten daher einen guten Anhaltspunkt bei Datierungsfragen. Unter den römischen F.n lassen sich ebenfalls zahlreiche Typen je nach Form des Bügels, der Führung der Spirale, der Form des Nadelhalters u. a. unterscheiden. Die späteren röm. F.n haben statt einer

Spirale ein Scharnier (sog. Scharnier-F.). F.n werden für die röm. Tracht häufig erwähnt, darunter solche aus Gold und Silber, mit Edelsteinen besetzt. R.Tl.

Lit: Eine zusammenfassende Abhandlung über die F.typen der klassischen Länder fehlt noch. – R. Hampe, Frühe griech. Sagenbilder in Boiotien, 1936 – C. Blinkenberg, Fibules grecques et orientales, 1926 – J. Sundwall, Die älteren ital. Fibeln, 1943 – R. S. Young, Gordion of the Royal Road, Proc. Am. Philos. Soc. 107, 1963, 358–360.

Fichte. Die F. (Rottanne) erreichte auch im Altertum nur die nördlichsten Randgebirge der Mittelmeerwelt. Sie fehlt daher in der griech. Überlieferung, in der sich *πίτυς* als allgemeine Bezeichnung für alle baumartigen Nadelhölzer auf die → Pinie und die → Weißtanne bezieht, und in der römischen, wo picea auf einen Nadelbaum in Gegenden angewandt wird, in denen die F. überhaupt nicht vorkommt. J.W.

Lit: Olck, RE 6,2 (1909), 2265–69 – Murr, Pflanzenwelt, 110f – Hehn, Kulturpflanzen, 301f.

Fidenae, Stadt in Latium (Kt. 1420 E 6; heute verlassen), als Brückenkopf von Veji auf dem linken Tiberufer in der Frühzeit Roms umkämpft und gegen Ende des 5. Jh.s von diesem eingenommen (Liv. 6, 17–20. 22. 30–33). Nach der Gallierinvasion Aufstand und Zerstörung der Stadt, die als unbedeutender Ort bis in die Kaiserzeit fortbestand. B.A.

Fides, die ‹gelobte Treue›, Gottheit des Eides. Die Überlieferung schrieb → Numa (vgl. Varro ling. 5, 74) die Einführung ihres Kultes zu, der sehr archaisch war: die drei → Flamines maiores begaben sich in einem gedeckten Wagen zu ihrer Kapelle und verhüllten, um ihr zu opfern, ihre rechte Hand bis zu den Fingern (Liv. 1, 21, 4, Serv. Aen. 1, 292 u. 8, 636). Um die Mitte des 3. Jh.s erbaute man der F. einen Tempel neben dem des → Iuppiter Capitolinus (erneuert im 1. Jh. v. Chr., vgl. Cic. nat. deor. 2, 61). Die Göttin ist oft auf Münzen dargestellt. Als Bürgin von Eid und Vertrag hat F. im öffentlichen und privaten Leben der Römer und auch in deren Beziehungen zu anderen Völkern eine höchst wichtige Rolle gespielt, zumal da gerade die Römer ihre Politik ausdrücklich den Gesichtspunkten der F. unterstellten und für sich selbst ein bes. Verhältnis zu ihr beanspruchten. H. Le B.

Lit: P. Boyancé, F. et le serment, in: Hommages à A. Grenier (Collect. Latomus 58), 1962, 329–341 – Ders., Fides Romana et la vie internationale, Séance publique annuelle des cinq Académies, 25 oct. 1962, 1–16.

Figürliche Gefäße. [1] *Kret.* und *myk.* → Rhyta konnten in Tier-, vor allem Tierkopfform gestaltet werden. Schönste Beispiele: Stierkopf aus Steatit mit Zusätzen aus anderem Material; Löwen- und Stierkopf (Gold bzw. Bronze aus dem 4. → Schachtgrab von Mykene). In der Keramik gab es figürliche Gefäße – Tiere (Stier, Vogel), Kopf oder ganze Gestalt des Menschen während der gesamten Dauer der → kret.-myk. Kultur (G 3). W. Schg.

Abb: Vgl. → Rhyton – S. Marinatos-M. Hirmer, Kreta u. das myk. Hellas, 1959, Abb. 9. 10 – C. Zervos, L'art de la Crète, 1956, Abb. 116, 184, 186–187. 222. 255–256. 260. 279. 280. 282–287. 487. 488. 750 – *Lit:* M. I. Maximova, Les vases plastiques, 1927, 58–82 – K. Tuchelt, Tiergefäße in Kopf- und Protomengestalt, 1962.

[2] Schon die *frühgriech.* Kunst übernimmt die im Orient geübte Sitte, Gefäßen, meist kleinen Salbgefäßen, fig. Form zu geben (→ Vasen, Tabelle, C 6, D 2). Ionische fig. Vasen des 7. und 6. Jh.s zeigen weibliche Statuetten, hockende Knaben, Affen u. ä.; Korinth bietet den größeren Reichtum an Tieren und Kopfgefäßen. Zu attischen spätarchaischen Kopfgefäßen vgl. → Charinos; zu Gruppenbildungen an klassischen fig. Vasen → Sotades. I. Sch.

Lit: M. I. Maximova, Les vases plastiques dans l'Antiquité, 1927 – R. A. Higgins, BM, Cat. of Terracottas II, 1959 – G. Lippold, Der Plaste Sotades, MüJb 3/4, 1952/53, 85–95 – Zur Bedeutung: K. Schefold, Basler Antiken, 1958, 16.

Figura etymologica, moderner Ausdruck nach *σχῆμα ἐτυμολογικόν* für eine in der Antike zum *παρηγμένον* (derivatio) gerechnete rhetor. → Wortfigur; eine Art Wortspiel mit der Wiederholung des gleichen Stammes. *Bsp.:* Cic. Verr. 2, 48: *statuam statuerunt;* Verg. Aen. 6, 247: *voce vocam;* georg. 4, 108: *ire iter.* ‹Sein Leben leben› u. ä. → Paronomasie, → Alliteration. H.H.

Lit: Volkmann, 479f. – Lausberg, I 328f.; Elemente², 92.

Figurierte Zahlen, Zahlen, welche durch die Anordnung von Punkten in der Form einfacher geometrischer Figuren dargestellt werden können, arithmetisch betrachtet aber Reihen bilden. Die einfachsten Figurierten Zahlen sind die Polygonalzahlen, d. h. Dreieckszahlen, Quadratzahlen, Pentagonalzahlen, Hexagonalzahlen usw., von welchen die einfachsten, die Dreieckzahlen, die Reihe 1, 3, 6, 10, 15... bilden, wobei jede Dreieckszahl, wie leicht zu sehen, den Wert $1/2\,n\,(n+1)$ hat. Die Quadratzahlen haben den Wert n^2, die Pentagonalzahlen den Wert $1/2\,n\,(3n-1)$ usw. Daneben kannte man heteromeke Zahlen, d. h. Zahlen, die Rechtecke mit ungleichen Seiten bilden, also $n\,(n+1)$, $n\,(n+2)$ usw., ferner stereometrische Zahlen, wie die Pyramidalzahlen von Pyramiden mit dreieckiger Basis, welche die Summen der Dreieckszahlen darstellen, also 1, 4, 10, 20, 35..., Pyramidalzahlen von Pyramiden mit quadratischer Basis, die Summen der Quadratzahlen, Ziegelzahlen, die den heteromeken Zahlen entsprechen, Kubikzahlen, Altarzahlen und ähnliches. Der Beginn der Beschäftigung mit den Figurierten Zahlen geht auf die frühen → Pythagoreer zurück, weshalb sie auch gelegentlich ‹Pythagoreische Zahlen› genannt werden. Die Lehre von den Figurierten Zahlen wird ausführlich behandelt von → Nikomachos (2) v. Gerasa in seiner ‹Introductio arithmetica›, Buch 2, und von → Theon (4) v. Smyrna in seiner ‹Expositio rerum mathematicarum ad legendum Platonem utilium›, p. 31 ff. H. K. v. F.

Fikelluravasen, Gattung ostgriech. Keramik, 2. H. 6. Jh. v. Chr., benannt nach dem Fundort F. auf → Rhodos. Führend sind eine gedrungene Halsamphorenform und die Rotellen- → Kanne. Der sparsam angebrachte Schmuck erscheint in Ausspartechnik (→ Rhodische Vasen). Sicheres dekoratives Empfinden vereinigt sich auf den F. mit frisch-subtiler Formgebung. Der figürliche Themenkreis beschränkt sich auf Tiere und → Dickbauchtänzer; reicher Ornamentschatz: Flechtband oder → Mäander am Hals, in den unteren Zonen Sichelband, → Lotosknospen-, → Palmetten- oder → Volutenfries; ferner erscheinen zarte Rosetten und textilhafte Flächenmuster. I. Sch.

Lit: R. M. Cook, Fikellura Pottery, BSA 34, 1933/34, 1–98 – E. Homann-Wedeking, Zur Beurteilung ostgriech. Vasenstile, AM 65, 1940, 28–35.

Fimbria → Fulvius.

Finanzwesen → Bankwesen; vgl. → Griechenland IV D, → Rom III.

Finsternisse. Schon seit dem 8. Jh. v. Chr. waren die babylonischen Astronomen im Besitz von empirischen Daten über das periodische Eintreten von Mond- und Sonnen-F.n. Es war damals schon seit längerer Zeit bekannt, daß Mond-F. nur bei Vollmond, Sonnen-F. nur bei Neumond eintreten können. Die Babylonier müssen schon frühzeitig den etwa 18jährigen Zyklus gekannt haben, während dessen sich Mond-F. (die überall sichtbar sind, wo der Mond über dem Horizont steht) in gleicher Weise wiederholen. Doch erst vom 3. Jh. v. Chr. an ermöglichten sorgfältige systematische Beobachtungen zur Abweichung der Position des → Mondes von der → Ekliptik eine genaue Voraussage der F. Bei den Griechen hat als erster → Anaxagoras die richtige Erklärung der Mondphasen und -F. gegeben, indem er lehrte, daß der Mond sein Licht von der Sonne empfängt und daß der Erdschatten ihn verdunkelt (VS 59 A 77 II 24, 35). Von den griech. → Astronomen hat → Hipparchos (3) Finsternistafeln aufgestellt, und → Ptolemaios (17), auf dessen Ergebnissen fußend, im 6. Buch des Almagest Sonnen- und Mond-F. ausführlich behandelt. Da Mond- und Erdbahn (d. h. die scheinbare Sonnenbahn der Ekliptik) um 5° gegeneinander geneigt sind, kann eine Mondfinsternis nur eintreten, wenn der Vollmond weniger als 13° vom Schnittpunkt der Mondbahn und Ekliptik (dem Knoten) entfernt ist. Ptolemaios gibt den zu großen Wert von 15,5° an; seine entsprechende Angabe für Sonnenfinsternisse ist 20,7° gegenüber dem richtigen Wert von 17°. Da der Knoten sich um die Ekliptik bewegt und in 18,6 Jahren einen vollen Umlauf vollendet, ist die periodische Wiederholung der Finsternisse gegeben. – Vgl. → Astronomie. S. S.

Lit: F. Boll, RE 6,2 (1909), 2329–64 – O. Neugebauer, The exact sciences in antiquity, 1957.

Firmicus Maternus, Julius, Sizilianer aus dem Senatorenstande, verfaßte 335/337 n. Chr. ein astrologisches Werk (Matheseos libri VIII), das er seinem Freund Lollius Mavortius, Statthalter von Kampanien, widmete. Das 1. Buch enthält eine Verteidigung der → Astrologie, die übrigen geben eine Einführung in die Grundbegriffe, die Lehre von den 12 Orten, die Himmelsachsen, die Planetenstellungen, Horoskope für einzelne Menschentypen und die Sphaera barbarica. Nach seinem Übertritt zum Christentum schrieb F. um 347 das Werk ‹De errore profanarum religionum›, in dem er die Kaiser → Constantius und → Constans zur Ausrottung der heidnischen Religionen, bes. der Mysterienkulte (mit zahlreichen wertvollen Mitteilungen über den Mysterienbetrieb der Kaiserzeit), auffordert. E. B.

Ed: G. Kroll-F. Skutsch, I 1897; II 1913 (Matheseos l.) – K. Ziegler, (1907), 1953 (err. prof. rel.) – *Lit:* F. Boll, Sphaera, 1903, 394 ff. – Ders., RE 6,2 (1909), 2365–79 – A. Dietrich, Mithrasliturgie, 1910, 122.

Firmus, Maure, Bruder → Gildos; dux Mauretaniae unter → Valentinian I., ließ sich um 372 n. Chr. zum Kaiser ausrufen, gewann die maurischen Stämme und setzte seine Herrschaft in Mauretanien, Numidien und z. T. in Africa proconsularis durch; nach mehrjährigem Kampf gegen Valentinians Heermeister → Theodosius (1) unterlegen, tötete er sich selbst 374/375. K. H. Sch.

Firnis, der dunkle, matt glänzende Überzug griech. Vasen; ein fein geschlämmter, braun-schwarz gebrannter Tonschlicker (Glanzton); Bezeichnungen F. und ‹Glasur› insofern falsch, als er weder Ölzusätze noch Schmelzstoffe enthält. Vgl. → Vasen C. I. Sch.

Fiscellus mons (Kt. 1420 EF 5; heute M. Corno), Gebirgsstock im umbrischen Apennin an der Grenze des Wohngebietes der Pikener, Vestiner und Sabiner mit dem *höchsten Berg Italiens*, dem 2921 m hohen Gran Sasso (Varr. rust. 2, 1, 5; Plin. nat. 3, 109; Sil. 8, 519). B. A.

Lit: Nissen, I 237.

Fische

A. Überblick – B. Arten – C. In Religion und Kunst – D. Fischfang und -handel – E. Fischzucht.

A. Überblick. Die Völker um das Mittelmeer, den Pontos Euxeinos und das Rote Meer waren seit der Vorzeit mit der für die Küstengewässer, Binnenseen und Flußgebilde charakteristischen F.fauna vertraut. Archäologische Funde bezeugen wie in Ägypten und im Nahen Osten eine sehr alte Bedeutung der Fischerei. Bezeichnend ist die durch ägypt. Quellen des Alten Reiches gesicherte Kenntnis von Wander-F.n, deren jahreszeitliches Verhalten genau beobachtet wurde (Edel, a. O.; vgl. Hdt. 2, 93). Die durch kret.-myk. Vasenbilder bezeugte Vertrautheit mit der Laichzeit der → Polypen erlaubt entsprechende Rückschlüsse auf die vor- und frühgriech. Kenntnis jahreszeitlicher Laichzüge von wirtschaftlich bedeutenden F.-Arten. Daß sich dabei das Erbe der Vorbevölkerung auswirkte, wird auch durch das Fehlen einer gemeinindogerman. Bezeichnung für F. (*θύννος* für Thun-F. ist wahrscheinlich vorgriech., Steier), die auffällige Dürftigkeit gemeinsamer Ausdrücke für F.fanggeräte nahegelegt. Ebenso bezeichnend ist das Fehlen des F.opfers an die großen Gottheiten der Griechen und Römer. Mit Ausnahme des → Delphins sind die F. im Mythos ohne Bedeutung, abgesehen von der syr. Überlieferung, die mit den → Sternmythen vom südl. F. und dem Sternbild der beiden F. verbunden wurde. Die frühgriech. Ablehnung von F.n als Speise zeigt deutlich Hom. Od. 12, 330 ff.; in den myk. Linear B-Texten werden F. nicht genannt. Die Beigabe von Angelhaken in myk. Gräbern zeigt andererseits, daß der F.fang den Frühgriechen immerhin bekannt war. Für die vorgriech. Kykladenbevölkerung wird er durch die melische Darstellung eines Mannes bezeugt, der zwei große, schwere F. in den Händen trägt. F.motive sind der kret. Kunst bis in charakteristische Einzelheiten vertraut und im Mythos von Bedeutung: → Britomartis-Diktynna vertritt die vorgriech. Netzgöttin, deren Erbe in den F.motiven der → *Πότνια θηρῶν* (→ Artemis) nachwirkt. Brauchtum der Frühzeit dürfen wir auch im F.fang der auf Pfahlbauten am Prasiassee wohnenden Päoner erkennen, die ihre Pferde und das Zugvieh mit F.n fütterten (Hdt. 5, 16). Bezeichnenderweise war Artemis Hauptgöttin der Päonen (Hdt. 4, 33). Auf Erfahrungen der Frühzeit beruhte die Hochseefischerei der → Phönizier, die von Gades aus im Atlantischen Ozean fischten und sich dabei vier Tage von der Küste entfernten (Aristot. mir. 844 a 31, vgl. u. D 1). Die Griechen nutzten spätestens zur Zeit der Kolonisation die Erfahrungen der Vorbevölkerung auf dem Gebiet des F.fanges in vollem Maße aus und verbreiterten sie. Die Begegnung mit phön. und ägypt. Fischern (Hdt. 2. 93) begünstigte die Entwicklung ebenso wie die Bekanntschaft mit thrak. und skyth. Stämmen im Schwarzmeerbereich.

B. Arten. [1] Wahrscheinlich dürfen wir bes. im Fang des *Thunfisches* (*θύννος, πηλαμύς*) eine Triebfeder für die rege Kolonisation an den Küsten des Pontos Euxeinos erkennen. Übereinstimmend berichten die antiken Autoren, daß die *θύννοι* im Schwarzen Meer laichen und zu diesem Zweck durch den Hellespont und Bosporus dahin wandern (Steier). Die antike Angabe, daß die Maiotis ein Hauptlaichplatz sei, wird durch die sowjetische Forschung bestätigt. Damit sind jedoch andere Laichgebiete im Mittelmeer und im Atlantischen Ozean nicht ausgeschlossen. Fraglich bleibt, ob die im Schwarzen Meer und in der Maiotis laichenden Thun-F. nicht Teile eines vom Mittelmeer kommenden Schwarmes sind, der teilweise oder ganz im Pontusgebiet überwintert. Widersprüche über die Laichzeit – sie fällt nach modernen Beobachtungen, die antike Angaben bestätigen, in die Zeit nach Mitte Juni – erklären sich in der antiken Überlieferung wahrscheinlich auf Beobachtung von Thunf.-Wanderungen, die mit dem Laichtrieb nichts zu tun haben, sondern auf andere Reize zurückgehen (Steier). Sicher ist, daß die Wanderungen sehr genau beobachtet und von den Fischern sehnlich erwartet wurden. Den Laichzeitverhältnissen entsprechend ergaben die Küstenplätze am Schwarzen Meer und den Meerengen reiche Fänge. Bes. günstige Bedingungen bot Byzanz, die ‹Mutter des Thunf.s› (Archestratos bei Ath. 7, 303 E), wo sich am ‹Goldenen Horn› die einjährigen Thun-F. (*πηλαμύδες*) infolge günstiger Strömungen dicht drängten – im Gegensatz zu Chalkedon, das geringere Fangergebnisse brachte (Plin. nat. 9, 50; Strab. 7, 320 C). Bezeichnend ist die Häufigkeit des Thunf.-Motivs als Stadtwappen der Kolonien im Meerengen- und Schwarzmeergebiet. In Odessos (Warna) bestand eine Innung der *θυννεῖται*, der Thunfischer. Der großen Zahl von Fangplätzen im NO steht eine verhältnismäßig geringe in Griechenland und auf den Kykladen gegenüber (Halai Aixonides in Attika, Megara, Karysthos und Eretria auf Euboia, Samos, Naxos, Korkyra). Dagegen sind zahlreiche ergiebige Fangplätze für das westl. Mittelmeer überliefert (Populonium, Cosa, Cumae, Velia, Vibo, Thurii, Tarentum, Sizilien, Sardinien, die Rhonemündung und die iber. Küste). Berühmte Fangstellen hatten die Phönizier, bes. in Gades. Auch in der Großen und Kleinen Syrte sowie im ägypt. Mendes (Delta) sind ergiebige Plätze bezeugt.

[2] Mit dem Thun-F. konkurriert in der wirtschaftlichen Bedeutung die *Makrele* (σκόμβρος, scomber, κολιάς). Die wichtigsten Fanggebiete: Pontos; im W Epidamnos, Straße von Messina und bes. die W-Küste der iberischen Halbinsel, wo bei Carthago Nova die kleine Insel Skombraria (‹Makreleninsel›) lag (Strab. 3, 4, 6); Meerenge von Gibraltar (vor allem bei Carteia), nordmauretan. Küste. Die Makrelen aus diesen Fanggebieten und bes. aus dem Pontos wurden in Form von Pökelfisch (τάριχος, ein Wort wahrscheinl. armenisch-pontischer Herkunft) gehandelt und scheinen bes. im 4. Jh. v. Chr. und dann in der Kaiserzeit bes. beliebt gewesen zu sein (vgl. die F.importeure Chairephilos und Zenon, die wegen ihrer Verdienste um die Versorgung Athens mit hauptsächlich pontischem Pökelfisch zur Zeit der Hungersnot 330–327 v. Chr. das att. Bürgerrecht erhielten; ebenso die drei Söhne des Chairephilos, die den Hohn der Komiker auf sich zogen: sie wurden als Makrelen inmitten einer Satyrschar auf die Bühne gebracht: Alexis CAF II 322 K.). – Der Name der kleineren M. κολιάς (Koliasmakrele?) hat sich bis heute an der türk. und bulgar. Küste gehalten.

[3] Neben den Skombriden hatte im F.fang des Pontos und bes. in den Limanen der großen südruss. Flüsse, im Donaudelta und am Kimmerischen Bosporus der *Stör* (ἀντακαῖος) große Bedeutung. Herodot (4, 53) nennt *κήτεά τε μεγάλα ἀνάκανθα, τὰ ἀντακαίους καλέουσιν*, die heute gewöhnlich mit dem acipenser Sturio und acipenser Sturio stellatus Güldenstädti (Brand), d. h. mit dem Stör identifiziert werden. Bereits Herodot (ebd.) meldet ausdrücklich, daß sie gepökelt werden. In diesen Zusammenhang gehören die F.motive der skyth. Kunst, darunter das berühmte Goldblech von Vettersfelde. Sie weisen auf eine religiöse (lebengebende?) Bedeutung des Störs bei den → Skythen, die damit wahrscheinlich Erbe der Vorbevölkerung weiterführten. Die auffallende Verehrung des Poseidon (Thamimasadas) bei den Skythen (Hdt. 4, 59) dürfte darauf zurückgehen.

[4] Ziemlich verbreitet im Mittelmeer und im Pontos war der Korakinos, der ‹Schattenfisch› (κορακῖνος, von der Schwärze des F.s während der Laichperiode; σαπέρδης; wahrscheinlich = Abramus vimba L.). In großen Mengen wurde der K. im Nil und im Tyrrhen. Meer erbeutet, die beste Sorte kam allerdings aus der Maiotis und dem Istrosdelta. Der K. scheint im Altertum verbreiteter gewesen zu sein; er galt allerdings nicht als fein und diente den breiten Volksschichten als Nahrung. Nach Timokles (CAF II 485 K) erhielten die Importeure den Spitznamen *σαπέρδαι*.

[5] Von gewisser Bedeutung für den Fischfang im Mittelmeer war die *Rotbarbe* (τρίγλη, mullus). Sie wurde hauptsächlich bei Aixone, Thasos, im Lagunengebiet von Milet, Theos, Tauromenion, Korsika u. a. gefangen. Sie galt als ein Gericht der Reichen und war bes. in der Kaiserzeit als Delikatesse gesucht (Suet. Tib. 34; Plin. nat. 9, 67; Iuv. 4, 15).

[6] In großen Mengen wurde der *Ährenfisch* (ἀθερίνη, atherina casp. pontica und atherina hepsetus) gefangen; er wird seit hellenist. Zeit zusammen mit dem ἐγκρασίχολος (anchovis engraulis encrasicholus L., neugriech. χαψί) und der ἀφύη sehr oft genannt; diese F. waren im allgemeinen die Kost der breiten und bes. der armen Volksschichten (πτωχικὸν ὄψον; letzteres, eigentlich ‹Braten› und ‹gekocht›, bedeutet seit der klass. Zeit fast ausschließlich ‹F.speise›).

[7] Im Schwarzmeergebiet und auch im Mittelmeer scheint ebenso der *Maifisch* oder *Meergrundel* (κωβιός, gobius; caspialosa Pontica Kessleri; vgl. Aristot. hist. anim. 8, 598 a 16; Theophr. Fr. 171) eine gewisse Rolle im F.fang gespielt zu haben. Er galt als Delikatesse (vgl. Machon bei Ath. 6, 244. b ff.)

[8] Auch der *Kephalus* (κεστρεύς, mugil) war bekannt und geschätzt; bes. häufig war er in Ambrakia, Kalydon, Ägina, Skiathos, dem thrak. Bolbesee u. a.

[9] Der *Schwertfisch* (ξιφίας, gladius), der von Bedeutung im Pontos selbst und bes. um das Istrosdelta herum war, wurde nach Aelian (nat. anim. 14, 23) sowohl im Meer als auch in der Donau erbeutet, da er sich sowohl der bitteren, als auch der süßen Gewässer ‹erfreue›. Er war wegen seiner Angriffe auf die vollen Fischernetze gefürchtet; seiner Abwehr galt der Kult des Poseidon Alexikakos.

[10] Der *Aal* (ἔγχελυς, anguilla) war das non plus ultra der antiken und bes. der griech. Schlemmer, zumal die Aale aus dem Kopaissee, aus dem Mündungsgebiet des Strymon in Thrakien, ferner von Skamander (Hom. Il. 21, 203. 353), Maiandros, Sizilien, Sybaris u. a.

[11] Die Jagd auf den → Delphin galt bei den Griechen als Frevel, wurde aber von Barbaren, so von Thrakern von Byzanz und den pontischen Mossynoiken gepflegt, bei denen die Griechen Xenophons gepökeltes Delphinfleisch vorfanden (Xen. anab. 5, 4, 28).

[12] Der *Hai* war im Mittelmeer mit mehreren Arten vertreten (Hund-, Katzen-, Stern- und Dornhai). Nach der gefleckten Färbung nannte man den H. *γαλεός*, wegen der Gefräßigkeit sprach man von *κύνες* (canes marini). Ihre Gefährlichkeit für Taucher wird mehrfach bezeugt (Paus. 2, 34, 2; 4, 4, 1; Plin. nat. 9, 110. 151–153). Die charakteristische Darstellung des Katzenhais begegnet erstmalig auf dem Mosaik in der Vorhalle des olymp. Zeustempels, später auf dem hellenist. Mosaik in Pompeji (Antike 13, 1937, 54 Abb. 11). Unsicher ist, ob die ‹Hunde der Skylla› (Hom. Od. 12, 95 ff.) Haie waren.

Lit: Keller, RE 7 (1912), 594–597.

C. In Religion und Kunst. [1] Das Erbe der Vor- und Frühzeit offenbart sich in den Überlieferungen von der *religiösen Bedeutung der F.* Den *ägypt.* Deltagau Mendes vertrat eine Fischgöttin, ‹die erste der Fische›, die noch in der Ptolemäerzeit auf ihrem Kopf die Gaustandarte mit dem Bild eines langschwänzigen F.s trug, Hat-mehit, die Starke (Kees, a. O. 10; Roeder, a. O. 174. 178). Aus dem Mittleren Reich stammen die Statuengruppen der sog. F.opferer, die F., Geflügel und Lotosblüten tragen, Inbilder des lebengebenden Nils (Roeder, 160, Abb. 25; Wolf, a. O. 331 f.). Als F. mit Menschenkopf unter dem F.kopf und Menschenfüßen unter dem Schwanz wurde in *Babylonien* das dem Meer entstiegene, vernunftbegabte Wesen Oannes gedacht, das die Menschen alle Gesittung lehrte (Berossos bei Eus. hist. eccl. 1, 13 ff. Schoene). Der F. erscheint hier als Träger aller geistigen Lebenskräfte. Auf babylon. Darstellungen begleiten F. den Strom des Lebenswassers als lebengebende Zeichen. Babylonisch ist die kosmische Figur des Ziegenf.s (→ Steinbock, → Sternbilder), verbunden mit der Urmutter Tiamat (Jeremias, a. O. 122. 212. 224 f.). F.opfer sind im sumerischen Eridu für den Gott Enki bezeugt (Falkenstein 34 f.). In der iranischen Luristankunst begegnet die Figur eines F.gottes auf einer Kultaxt (Ghirsman Abb. 82). Nach *syr.* Überlieferung verdankte die Göttin → Atargatis ihre Rettung den F.n, die als Sternbilder der F. und des südl. F.s verstirnt wurden. Die Überlieferung weist auf lebengebende Bedeutung der F. Nach → Xen. anab. 1, 4, durften die zahlreichen F. im syr. Fluß Chalos nicht gestört werden, weil die Syrer sie für göttliche Wesen ansahen. Unentschieden muß bleiben, ob die religiöse Bedeutung der F. in der *skyth.* Kunst auf die Vorbevölkerung allein zurückgeht oder ob auch Einflüsse aus der Zeit des skyth. Aufenthaltes in Syrien mitgewirkt haben (vgl. Hdt. 1, 105. 4, 67). F.-Esser waren die nordiran. Massageten (Hdt. 1, 216). Für die vorgriech. Bevölkerung der → *Kykladen* ist die Beziehung zwischen dem F.motiv und einer lebengebenden Göttin durch die sog. → Kykladenpfannen nahegelegt, auf denen F.darstellungen neben dem Schoß der Gottheit begegnen. Für *Cypern* machen Kultgefäße in F.form eine Verbindung mit → Aphrodite wahrscheinlich. Aphrodite nahe stand die *kret.* → Britomartis, deren Beiname Diktynna auf eine Netzgöttin weist. In der → kret.-

myk. Kunst treten jedoch F.darstellungen gegenüber dem → Delphinmotiv zurück, dem auch in der mythischen Überlieferung eine besondere Bedeutung zukommt. In den nördl. Balkanländern und anscheinend bes. in den thrak. besiedelten Gebieten sind zahlreiche Bleitäfelchen und steinerne Votivgaben zum Vorschein gekommen, die gewöhnlich den sog. thrak. bzw. danub. Reitern zugeschrieben werden, aber noch nicht befriedigend gedeutet sind. Mögen hier Einflüsse aus dem Orient oder vom → Kabirenheiligtum in Samothrake einwirken: jedenfalls ist in der Mitte dieser Täfelchen des öfteren ein dreifüßiger Tisch dargestellt, auf dem ein F. liegt; in einzelnen Fällen wird er als heilige Speise des Mysten vorgelegt. Aus Schriftquellen der Kaiserzeit erfährt man, daß der erwähnte *πομπίλος* (wahrscheinlich eine Abart des Thun-F.s) bei den Göttern in Samothrake als Speise sehr beliebt war (Ael. nat. anim. 23; vgl. Plin. nat. 9, 11. 29 ff. über die Gleichung *πομπίλος* = *θύννος*). Auch in Griechenland war an einigen Orten diese oder jene F.art verboten. Im allgemeinen aber und im Gegensatz zu den Syrern, die den Fisch opferten, aber nicht aßen, ist zu betonen, daß die Griechen den F. durchgehend aßen, aber nicht opferten. – Entsprechend Alter und Bedeutung des Thunfischfangs, der mit dem Dreizack betrieben wurde, erhielt Poseidon den Dreizack (→ Götterattribute); der F., den er auf den ältesten Gemälden trug, war der Thun-F. (Gemälde des → Kleanthes im Tempel der Artemis Alpheiusa; Poseidon ist mit dem Thun-F. in der Hand dargestellt, den er nach der Deutung eines späteren Exegeten dem Zeus reichte; in Wirklichkeit war hier der F. natürlich nur als Sinnbild der Herrschaft über das feuchte Element gedacht). – Ein Gleiches gilt für die F.darstellungen im Zusammenhang mit Meeresdämonen (→ Triton).

[2] Die ältesten *künstlerischen Darstellungen* von F.n begegnen in der ägypt. Kunst des Alten Reiches (Grab des Ti: Wolf, 226). Charakteristische Beobachtungen von F.n im Roten Meer finden wir auf den Reliefs der Puntexpedition im Totentempel der Königin Hatschepsut von Deir el-Bahari (Wolf, 475 I). Auch in der Wandmalerei der Gräberkunst des Neuen Reiches ist das F.fangmotiv berücksichtigt (Wolf, 496). Ägyptisch bestimmt ist die Darstellung von F.n in einem von Papyrus umwachsenen Flußlauf auf einer Dolchklinge aus Schachtgrab V von Mykene (Marinatos-Hirmer, Taf. 35–37). In der kret.-myk. → Kunst finden sich naturnahe F.darstellungen neben schematischen Bildungen von eigener Art (Karo, a. O. 66; Marinatos-Hirmer, Taf. 38, 126). Wichtig ist die kret.-mel. Malerei eines Mannes, der zwei schwere F. trägt, die bisher älteste bekannte Darstellung eines Fischers im ägäischen Raum (Th. Bossert, Alt-Kreta, 1937³). Die wachsende Bedeutung des Fischfanges spiegelt sich in den Darstellungen seit spätgeometrischer Zeit, bes. in den archaischen Motiven der orientalisch beeinflußten F.männer (Buschor; Lesky, a. O. 110). Einer genaueren Differenzierung von F.bildern begegnen wir auf den sog. F.tellern aus Attika und Kampanien, die zur Zeit entstanden sind, als auf das F.essen auch in der Mittleren Komödie angespielt wurde (Rumpf, a. O. 124 f.). Feinschmecker rühmten die liebevollen F.darstellungen auf dem Skyllabild des Androkydes von Kyzikos aus dem frühen 4. Jh. v. Chr. Besonders schöne F.darstellungen finden wir auf den Münzen der durch Thunf.-Fang berühmten Städte (Steier, 729). In dieser Zeit beginnt auch die Vorliebe für F.motive auf bunten Mosaiken, die sich in hellenist.-röm. → F.mosaiken fortsetzt (F.mosaik Pompeji: Rumpf, 166). Vom Griechischen mitbestimmt, aber in eigenem Stil geprägt sind die goldenen F.motive der skyth. Kunst, die oft am Pferdegeschirr verwendet worden sind (Ebert, 73 f.). Chr. M. D.-J. W.

[3] *In der ersten Christenheit* das häufigste Arkanzeichen, entweder als → Akrostichon *ΙΧΘΥΣ* oder bildlich in der altchristl. Kunst: (1) als Dekoration innerhalb von Decken- und Fußbodenornamentik, bzw. inmitten biblischer Szenerie; (2) einzelner F. an den Wänden der → Katakomben als Ausdruck der Zugehörigkeit zum Glauben; (3) als → apotropäisches Zeichen über Haustüren, auf Epitaphien, Amuletten und Ringen; (4) in Verbindung mit anderen → Symbolen (Anker, Brot, Tauben usw.) als symbolisch zusammengefaßte Glaubensaussage; (5) infolge Bedeutungswandel durch Mt. 4, 19 (daher auch literarisch belegt): mehrere F.e (pisciculi) = Gläubige. Typ (4) und (5) enthalten auch Hinweise auf Taufe und Eucharistie, wobei Angler- und Mahlszenen (F. hier als himmlische Speise, refrigerium, symbolisiert) in Katakomben und auf Sarkophagen hinzugerechnet werden müssen. – Nachweise für die sehr verbreitete F. → Symbolik der antiken Kulte bei Dölger; der F. war schon in vorchristlicher Zeit Symbol für Heil und Leben (a. O. II 420), so daß die Frage, ob im christlichen Bereich das Akrostichon oder das Bild das Primäre darstellte, offenbleiben muß. U. F.

Lit: F. J. Dölger *ΙΧΘΥΣ*, 5 Bde, 1910–43; I, 1928² – E. R. Goodenough, Jewish Symbols V, 1956, 3–61.

D. Fischfang und -handel. [1] In seinem berühmten Modell einer → Dihärese gliedert Platon (Soph. 200; 220 B ff.) die Fischerei (*ἁλιευτική* < *ὁ ἁλιεύς*; piscatio, piscator) in verschiedene Arten: *(Angel)fischerei* (*ἀγκιστρευτική*) bei Tag mit Angel (*ἄγκιστρον*) und Gabel (Dreizack; *τρίαινα, θρίναξ*) im Unterschied von der Gabelfischerei bei Nacht (*πυρευτική*). Die Angeln, Gabeln und Speere waren bei den einzelnen Völkern von sehr verschiedener Form. Die Angelrute (*κάθετος*) war meistens aus Rohr. In den ‹Geoponika› (20, 28 f.) werden verschiedene Köder aufgezählt. In einigen Gebieten Griechenlands und Makedoniens fertigten die Fischer eine Art künstliche Fliege aus farbigen Wollfäden an, die sich beim Fischen im Meer (Aelian. nat. anim. 15, 10) und beim Forellenfang in den makedon. Flüssen (ebd. 15, 1; 12, 43) gut bewährte. – Das wichtigste Werkzeug beim F.en war aber das *Netz* (*δίκτυον*), von dem es in den verschiedenen Gegenden verschiedene Arten gab. Neben dem gewöhnlichen Fischernetz arbeitete man auch mit der geflochtenen, siebartigen Reuse (Fangkorb, *κύρτος*), deren ältere Form an die sog. *κυψέλαι* (‹Bienenkörbe›) erinnerte, die beim Fang von Weichtieren gebraucht wurden. – Die griech. Kolonisten an den Küsten des Pontos Euxeinos und des Mittelmeeres brachten selbstverständlich Kenntnisse und Methoden des F.fangs aus ihren Metropolen mit, haben aber in ihrer neuen Heimat auch vieles von der einheimischen Bevölkerung übernommen; z. B. waren sie (wie später die Römer) von den F.fanggeräten und -methoden der *Thraker* im Pontos Euxeinos in der Deltaregion des Istros und an seinem Unterlauf sowie an der ägäischen Küste Thrakiens oder denen der Einwohner der Krim und der Mündungsregionen der großen südruss. Flüsse stark beeindruckt. Herodot (5, 15–17) berichtet über den F.fang der *Päonier*. Aristoteles (hist. an. 600 a 3 ff.) schildert den F.fang am *kimmerischen Bosporus* während der Zeit des sog. ‹Umwendens› des Meeres, wenn der Sirius aufgeht, d. h. zur Zeit der größten Sommerhitze. Die F., die sich in den Schlamm einwühlen, kommen zusammen mit dem Schlamm vom Meeresgrund infolge des ‹Umdrehens› des Meeres empor, und so fällt der Netzfischfang zu dieser Zeit bes. reich aus. Ebenso aufschlußreich ist die Beschreibung des winterlichen Störfangs an der Mündung des *Borysthenes* bei Strabon (7, 18). Das Eis wurde aufgeschlagen und die Störe mit besonderen Geräten, darunter der Gangame (einem Beutelnetz), gefangen; nach Aristot. meteor. 348 b 35 schlugen die Anwohner des Pontos zur Zeit des winterlichen F.fanges ihre Zelte auf dem Eis selbst auf. Ähnliche Fangmethoden am Unterlauf und Mündungsgebiet des *Istros* schildert Aelian (nat. anim. 14, 26). Von anderen Kunstgriffen bei der Erbeutung der F., die sich selbst in die Erde in den Küstengebieten einwühlten und auf diese Weise ‹konservierten›, meldet äußerst anschaulich Theophrast (Fr. 171, 7 f.). – Zum System des Thunfischfangs gehörte die Thunfischwarte (σκοπιὰ ὑψηλὴ θυννοσκοπεῖα: Strab. 5 p. 225 C; 17 p. 834 C), ein Gerüst oder Wachtturm, von dem aus der θυννοσκόπος Ausschau nach den heranziehenden Schwärmen hielt, um dann die mit Netzen ausgestatteten Boote zu lenken. – Daneben gab es noch *kompliziertere F.fangmethoden*, die nicht nur viel größere und schwerere Schleppnetze (‹Trawlnetze›), sondern auch mehrere Boote und zahlreichere und bes. geschulte Mannschaft erforderten (bes. typisch dafür die Schilderung des Thunfischfanges an der S-Küste des Pontos Euxeinos bei Aelian. nat. anim. 14, 5). Die Thraker am Pontos und am Ägäischen Meer übten beim F.- und Delphinfang das ‹F.stechen› mittels großer, dreigezackter, gabelförmiger Speere (ἀκτίδες; vgl. Opp. hal. 4, 531 ff.; f., 519 ff.).

[2] Bes. *Fischmärkte* waren in allen größeren Städten Griechenlands vorhanden. Rom besaß ein forum piscarium in der Nähe des Tibers. Bes. berühmt waren der F.markt von Athen, von Byzantion, Gades u. a. mehr. Viel wichtiger und ausgedehnter als der Handel mit F.n im frischen Zustand war der Handel mit Pökel-F.en. Bes. gut erforscht wurden in den letzten 2 Jahrzehnten die Fischeinsalzungsbassins bei Myrmekion und Tyritake an der Krim. Chr. M. D. - J. W.

Lit: H. Lesètre, Dict. de la Bible V, 1912, 4 ff. s. v. pêche; 16 ff. s. v. pêcheur, 493 ff. s. v. poisson – R. Eisler, Der F. als Sexualsymbol, 1914 – Stöckle, RE Suppl. 4 (1924), 456–462 s. v. Fischergewerbe – Fr. Cumont, RE 9, 1 (1914), 844–850 s. v. Ichthys – Keller, Tierwelt II, 323–393 – Steier, RE 14 (1928), 810–813 s. v. Makrele; RE 6 A 1 (1936), 720–734 s. v. Thynnos – H. Höppener, Halieutica, 1931 (holländ. mit engl. Zus.fassung; grundlegend) – Ebert, RV 13, 1929, 74 f. – L. Bohlen, Die Bedeutung der F.erei im Altertum, Diss. Hamburg 1936 – E. Buschor, Meermänner, SB München, 1941 – Hb. d. altoriental. Geisteskultur, 1929 – A. Lesky, Thalatta, 1947 – A. Rumpf, Hb. Arch. IV, 1951 – H. Kees, Das alte Ägypten, 1955 – W. Wolf, Die Kunst Ägyptens, 1957 – G. Karo, Greifen am Thron, 1959 – G. Roeder, Die ägypt. Götterwelt, 1959 – Fr. Heichelheim, Wirtschaftsgesch. d. Alt., 1938 (vgl. Index unter F.erei) – E. Edel, Zu den Inschriften auf den Jahreszeitenreliefs der ‹Weltkammer› aus dem Sonnenheiligtum des Niuserre, Nachr. Göttingen 1961, 8 und 1963, 4. 5 – Chr. M. Danoff, RE Suppl. 9 (1962), 855–985, s. v. Pontos Euxeinos (Lit) – R. Ghirsman, Iran, 1964 – A. Falkenstein, Fischer-Weltgeschichte II, 1965.

E. Fischzucht (= F.). Während die Fischerei ein natürlicher Erwerb überall in der Mittelmeerwelt ist, blieb die künstliche F. ein exklusives Hobby. Von → Gelon von Agrigent wird erzählt (Diod. 11, 25, 4), daß er ein großes Bassin errichten ließ, welches die Tafel mit Fisch versorgte. Aristophanes erwähnt häufig Fische aus dem böot. Kopaissee (Acharn. 880; Pax 1005 u. ä.), aber diese brauchen nicht künstliche gezogen zu sein. Aalzüchter werden von Aristoteles genannt (hist. an. 8. 592 a). Im 1. Jh. v. Chr, wurde die F. in der röm. Oberklasse Mode; für die Anlage von Fischteichen sowohl in Süßwasser wie auch in Salzwasser geben Varro (rust. 3, 17) und Columella (8, 16 ff.) sorgfältige Anweisungen: Zirkulation des Wassers ist notwendig, weshalb Süßwasserteiche in Verbindung mit Wasserläufen; die, weit kostbareren, Salzwasserteiche in die Nähe der Küste angelegt werden, so daß frisches Meerwasser bei Hochwasser, evtl. durch ein Gitter, hineinspülen kann. Reste von röm. Küstenvillen mit solchen Teichen sind ausgegraben worden. Mit Verachtung redet Cicero von den Senatoren, die um 60 v. Chr. den Kampf gegen die Triumvirn aufgegeben haben und Teichwirtschaft betreiben (Att. 1, 19, 6; 1, 20, 3; 2, 9, 1). Der Vergleich mit Varro (rust. 3, 17, 3 ff.) zeigt, daß Männer wie Q. Hortensius, M. und L. Lucullus u. a. gemeint sind. Auch der Triumvir M. Crassus beschäftigte sich damit (vgl. Macrob. Sat. 3, 15). – Die F. in Teichen brauchte jedoch nicht nur der Liebhaberei zu dienen, sondern konnte auch erhebliche Verkaufserlöse abwerfen. J. E. Sk.

Lit: Schneider, RE 20, 2 (1950), 1783–85 s. v. piscina – C. Gatti, Le ville marittime italiche e africane, Rendeconti d'Istituto Lombardo 91, 1957, 285–305.

Fischmosaiken. Das bedeutendste F. befindet sich im Grottenheiligtum von Praeneste. Die sullanische Stiftung steht noch in der großen Tradition der Fußbodenmosaiken 1. Stils (→ Mosaik B 3) und scheint das alexandrin.-hellenist. Vorbild, im Vergleich zu den in Form von → Emblemata erhaltenen Nachbildungen aus Pompeji, am getreuesten wiederzugeben. Vgl. ähnlich → Meermotive, → Nillandschaft. C. K.

Q: Plin. nat. 36, 184 – *Lit:* E. Pernice, Pompejan. Mosaiken, Antike 13, 1937, 43–60 – Ders., Pavimente, 1938, 149 ff. – G. Gullini, I mosaici di Palestrina, 1956 (vgl. AA 29, 1914, 363, Fig. 43) – AA 56, 1941, 582, Abb. 102.

Fiscus Caesaris, die aus den Separatrechnungen der Feldherrn in republ. Zeit hervorgegangene Separatkasse der röm. Kaiser, seit → Claudius (1) von der Staatskasse (dem → Aerarium Saturni) völlig getrennt (→ Rom III A 2, B). Die Bezeichnung F. Caesaris erst seit → Nero (1). Im 4. Jh. wurde der F., in dem mit der Zeit Aerarium und → Patrimonium Caesaris aufgegangen sind, in → Largitiones sacrae umbenannt. Verwaltet wurde er zunächst vom → A rationibus, seit → Hadrian vom Procurator a rationibus, seit Anfang des 3. Jh.s vom → Rationalis. R. Kn.

Fixsterne. Die unveränderliche relative Position der Fixsterne sowie die Konstanz ihrer Helligkeit hat zusammen mit den periodischen Bewegungen von Sonne, Mond und Planeten seit frühen Zeiten dazu beigetragen, den Glauben an eine Göttlichkeit der Gestirne zu befestigen, und hat schließlich seit → Aristoteles zur Abgrenzung des himmlischen und des ‹sublunaren› Bereichs voneinander geführt (→ Bewegungslehre). Unter den Vorsokratikern erklärten → Anaxagoras und → Demokrit als erste die Sterne für Gesteinsmassen und Felsen, die durch die Schnelligkeit des Umschwungs um die Erde zum Glühen gebracht werden. Die meisten Vorsokratiker, wie → Xenophanes, → Anaximander, → Heraklit, sehen die F. als himmlische Feuer an, deren Natur dem der irdischen verwandt ist. Damit hängt auch die später von den → Stoikern fortgebildete Vorstellung zusammen, daß die Gestirne durch irdische, aus dem Meere aufsteigende Dünste genährt werden. Dagegen trennt → Aristoteles das himmlische Feuer streng von dem irdischen und behandelt es als eine ewige, unveränderliche Substanz, Äther oder fünfte Substanz (‹Quinta essentia›) genannt. Diese aristotelische Anschauung setzte sich allgemein durch und wurde in der Spätantike von dem christlichen Alexandriner Johannes → Philoponos scharf angegriffen, der die verschiedenen Farben der Sterne mit denen irdischer Feuer verglich und die Unterschiede auf Verschiedenheit des Brennstoffs zurückführte. – Die Entfernung aller F. von der Erde wurde in der Antike als gleich angesehen; man nahm an, daß sie alle an der höchsten, den Kosmos abschließenden Sphäre befestigt waren. Das erste wissenschaftliche Verzeichnis der F. mit Angaben der Positionen und relativen Helligkeiten hat → Hipparchos (3) zusammengestellt; es ist verloren. Sein Material ist eingegangen in den erhaltenen größeren Katalog des → Ptolemaios (17) mit über 1000 Sternen in 6 Helligkeitsklassen (Buch 7 und 8 des Almagest). Daß die Milchstraße eine Anhäufung von F.n sei, die durch ihre Fülle zu einem kontinuierlichen Band verschmelzen, haben Anaxagoras und Demokrit klar ausgesprochen. Nach Aristoteles (meteor. A, 8. 345 a 10 ff.) besteht sie aus einer Anhäufung trockener Dämpfe, die sich bei der Bewegung der Sphären bilden, während → Poseidonios sie für eine Substanz hält, die dichter als das Licht, aber feiner als das Feuer der F. ist. – Vgl. auch → Astronomie. S. S.

Lit: F. Boll, RE 6, 2 (1909), 2407–31 – W. Gundel, RE 7, 1 (1910), 560–571, s. v. γαλαξίας.

Flaccus, vgl. auch → Avillius, → Calpurnius, → Fulvius, → Hordeonius, → Siculus, → Valerius, → Verrius.

Flachs (λίνον, linum, ‹Lein›), wegen seiner Fasern in Ägypten und im Alten Orient seit der Frühzeit kultiviert, den Griechen und Italikern wahrscheinlich schon vor der Landnahme bekannt. Die Kultur wurde durch die frühgriech. Begegnung der ägäischen Vorbevölkerung mit Ägypten und dem Orient im 2. Jt. v. Chr. ebenso verfeinert wie die Verwendung der Fasern, die zu groben und feinen Geweben verarbeitet wurden. Das Epos bezeugt Gewänder, Decken, Netze, Segel, Taue, Schnüre und Panzer aus F. Leinenkleider und -panzer (Hdt. 3, 47; 2, 182) wurden in Griechenland, Etrurien, Ägypten und im Orient auch noch später hergestellt. Seine große wirtschaftliche Bedeutung behielt der F. bis in die Spätantike, konkurrierend mit → Wolle, → Baumwolle und → Hanf. Wie in Ägypten und im Orient ist auch im antiken Kult das Priestergewand aus F. ein Erbe der Frühzeit. Der Name der libri lintei, auf die sich die röm. Annalisten berufen, deutet auf F. Im mythischen Bild erscheint der Faden aus F. als Attribut der Schicksalsgöttin (Hom. Il. 20, 128). Unsicher ist die Verbindung der F.-Blüte mit dem Sänger → Linos. Auf altes Brauchtum geht die z. T. kultische Verwendung von F.-Samen als Gebäckwürze zurück. Vgl. → Sesam. F.-Samen war auch Heilmittel. Vgl. → Flora. J.W.

Lit: Murr, Pflanzenwelt, 266–268 – Olck, RE 6, 2 (1909), 2435–84 – Hehn, 164–190 – M Ventris-J. Chadwick, Documents in Mycenaean Greek, 1956, 131. 159. 295.

Flächenanlegung. → Euklid beweist (elem. 1, 43), daß in einem Parallelogramm (wir haben Rechtecke gezeichnet und geben auch im Folgenden einfache Spezialfälle, statt der bei Euklid behandelten allgemeineren) die beiden in → Abb. 65a schraffierten Parallelogramme flächengleich

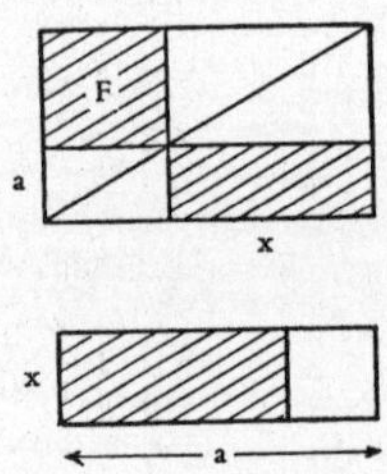

Abb. 65 Flächenanlegung

sind. Damit läßt sich die Aufgabe lösen, an eine Strecke a ein zu einem gegebenen Quadrat flächengleiches Rechteck ‹anzulegen›. Algebraisch bedeutet das: x so zu finden, daß (1) $F = ax$ wird, also die Division F:a auszuführen. Diese Aufgabe wird verallgemeinert (elem. 6, 28): an eine gegebene Strecke a ein einem gegebenen Quadrat F flächengleiches Rechteck (in Abb. 65b schraffiert) so anzulegen, daß ein Quadrat fehlt, d. h. x so zu finden, daß (2) $F = ax - x^2$ wird. Elem. 6, 29 behandelt die Aufgabe (3) $F = ax + x^2$. – (2), (3) sind quadratische Gleichungen, die bei Euklid in dieser geometrischen Form formuliert und gelöst werden (→ Geometrische Algebra). Nach → Proklos (Komm. zu Euklid 1, 44) sind die F.en alte Entdeckungen der → Pythagoreer. Man nennt die einfache F. (1) parabolisch, die F. nach (2) elliptisch, d. h. F. mit Fehlen, die nach (3) hyperbolisch, d. h. F. mit Überschuß. Denkt man das Quadrat $F = y^2$ variabel, so hat man die Gleichung der → Kegelschnitte, deren Namen diesen Ursprung haben. H.G.

Flächenmaße → Anhang V.

Flaggensignal. Die Flaggen der griech. Schiffe dienten gelegentlich zur Übermittlung von Meldungen, indem man sie in verschiedene Positionen stellte oder bewegte oder mehrere in Farben aufzog. → Theseus wollte bei seiner Rückkehr aus Kreta je nach Ausgang seines Unternehmens eine weiße oder schwarze Flagge setzen. – Alle röm. Truppeneinheiten hatten eigene Flaggen, die man ebenfalls zum Zeichengeben benützen konnte. Th.P.

Lit: F. Lammert, RE 2A 2 (1923), 1331–39, s. v. Σημεῖα.

Flamines, röm. → Priester, die dem Dienst einzelner Gottheiten zugeteilt waren. Sie waren 15: die 3 F. maiores, Priester des → Jupiter (F. Dialis), des → Mars (F. Martialis), des → Quirinus (F. Quirinalis) und die 12 F. minores, Priester der Götter → Vulcanus, → Volturnus, → Palatua, → Furrina, → Flora, → Carmenta, → Ceres, → Falacer, → Portunus, → Pomona und zweier anderer Gottheiten, von denen wir nichts wissen (bes. Varro ling. 5, 84; 7, 45; Fest. 144 L.). Das Wort *flamen* scheint dem Sanskritwort → *brahman* zu entsprechen; aber die F. bilden nicht eine Kaste wie die Brahmanen. Die F. waren strengen Geboten und Verboten unterworfen, bes. der F. Dialis (bes. Gellius 10, 15). Er muß Patrizier sein und durch confarreatio (→ Hochzeitsriten) verheiratet; stirbt seine Gattin, muß er sein Priesteramt aufgeben. Ganz dem Dienste → Jupiters geweiht, muß er ununterbrochen den → apex tragen, an seiner Kleidung darf kein Knoten sein, er muß immer für das Opfer bereit, d. h. rein sein. Er darf keine vergorenen Speisen oder Getränke zu sich nehmen, auch seine Kleider nicht im Freien wechseln; seine Haare und Nägel dürfen nur von einem Freien geschnitten und müssen unter einem glückbringenden Baume vergraben werden. Er darf keine Leiche berühren noch an einer Bestattung teilnehmen. Er darf auf keinem Pferde reiten noch Waffen oder ein bewaffnetes Heer sehen. Gewisse Pflanzen darf er weder sehen noch nennen: Efeu, Bohnen, Reben. Wir können alle diese → Tabus nicht aufzählen noch vor allem deren Bedeutung besprechen, aber es ist ihr hochaltertümlicher Charakter hervorzuheben. Die Bedeutung der F. zu sehr früher Zeit ist auch an den Gentilnamen Flaminius, Flamininus abzulesen. H. Le B.

Lit: G. Dumézil, Flamen-Brahman, 1935 – Latte, 36f.

Flamingo. Der vorwiegend in Nordafrika und Ägypten verbreitete F., nach seinen purpurnen Flügeln φοινικόπτεϱος genannt, war den Alten zwar bekannt, doch wegen seines nur seltenen Auftretens ohne mythische und religiöse Bedeutung. In der Kaiserzeit als Prunkvogel gehalten und bes. wegen seiner Zunge auf der Tafel geschätzt. Vgl. → Fauna. J.W.

Lit: Keller, Tierwelt II 209–213 – H. Gossen, RE Suppl. 8 (1956), 172f. (Quellen!).

Flaminius, C. (tr. pl. 232, praet. 227, cos. 223 und 217, mag. equ. 221, cens. 220 v. Chr.), setzte als Volkstribun gegen den Senat ein Gesetz zur Aufteilung des ager Gallicus und Picenus an röm. Bürger durch (Polyb. 2, 21, 7f.; Cic. inv. 2, 52; Cic. Cato 11; Val. Max. 5, 4, 5). 223 kämpfte er siegreich gegen die Gallier (Polyb. 2, 32f.). Als Censor entfaltete er eine umfassende Tätigkeit (Liv. perioch. 20; Versuche, die zwischen 241 und 219 anzusetzende Centurienreform dem F. zuzuweisen, sind nicht geglückt). 218 unterstützte er als einziger Senator die lex Claudia, welche den Senatoren den Besitz größerer Schiffe untersagte (Liv. 21, 63). 217 fiel er in der Schlacht am Trasimenischen See, in der seine Armee von → Hannibal (2) vernichtend geschlagen wurde (Liv. 22, 3ff.). Die Wahl des Augurs Q. → Fabius (9) Maximus zum Dictator nach der Katastrophe deutet an, daß es nicht erst späte Tradition ist, wenn Flaminius 223 und 217 auch Verachtung religiösen Zeremoniells vorgeworfen wurde (Liv. 21, 63; 22, 9, 7; Zon. 8, 20). A.L.

Lit: K. Jacobs, C. Flam., 1937 – J. Bleicken, Das Volkstribunat der klass. Republ., 1955.

Flaminius, vgl. auch → Quinctius.

Flaschenzug. Während eine feste Rolle nur die Richtung der Kraft ändert, wird bei der losen Rolle, auf welcher der F. beruht, Kraft auf Kosten des Weges gespart; bei dem Trispastos, Dreirollenzug, muß die Kraft einen dreimal längeren Weg zurücklegen als die Last, beim Pentaspastos, Fünfrollenzug den fünffachen. Der F. wurde um 700 v. Chr. entwickelt. Vgl. → Hebemaschinen.

Q: Vitr. 10, 2, 1–14. W.K.

Flavia Domitilla, gest. vor 1. 7. 69 n. Chr., Gattin → Vespasians, Mutter des → Titus und des → Domitian. H.T.

2. **F. Domitilla,** vor 69–nach 95, Enkelin → Vespasians und der vorigen, Nichte von → Titus und → Domitian;

verheiratet mit → Flavius (2) Clemens, einem Neffen Vespasians. Hatte wenigstens sieben Kinder, die → Quintilian unterrichtete. Ende 95 von Domitian verbannt, vermutlich als Christin; ihr Gatte hingerichtet (Dio 67, 14, 1). Für Eusebius (hist. eccl. 3, 18) und die gesamte christliche Überlieferung ist sie Märtyrerin. H.T.

Flavianus, vgl. auch → Nicomachus, → Virius.

Flaviopolis → Kadirli.

Flavier. Das 69–96 regierende Haus, «von dunkler Abstammung und ohne bedeutende Ahnen» (Suet. Vesp. 1), stellte die Kaiser → Vespasian, → Titus, → Domitian. K.Chr.

Flavius, Cn., Sohn eines Freigelassenen und Schreiber des App. → Claudius (6), veröffentlichte nach dem Zeugnis des → Pomponius (1) eine Sammlung von Legis actiones in Anlehnung an die vom Priesterkollegium bewahrten; der eigentliche Redaktor sei aber Appius Claudius gewesen, dem er das Buch gestohlen habe (Dig. 1, 2, 2, 7; ‹Ius Flavianum›). Zum Dank für die Publikation soll er Volkstribun, Senator und 304 kurulischer Ädil geworden sein. Nähere Aufschlüsse fehlen, da das Werk schon z. Z. Ciceros nur mehr aus Angaben Dritter bekannt war (P. Krüger, a. O. 33). F. hat als Ädil erstmals den Gerichtskalender auf dem Forum aufgestellt. H.Hb.

Lit: P. Krüger, Gesch. d. Quellen u. Lit. d. röm. Rechts (1888), 1912², 32f. – L. Wenger, Die Quellen d. röm. Rechts, 1953, 337. 479.

2. **F. Clemens,** T. (?), gest. 95 n. Chr., Sohn von Vespasians Bruder → Flavius (5) Sabinus, verheiratet mit → Domitians Nichte → Flavia (8) Domitilla. 95 zusammen mit Domitian Konsul, im gleichen Jahr mit seiner Frau der Gottlosigkeit (ἀθεότης) bezichtigt (Dio 67, 14, 2) und getötet. Daß er Christ war, ist nicht sicher bezeugt. K.Chr.

3. **F. Domitianus,** T. Sohn des → Flavius (2) Clemens. Zusammen mit seinem Bruder T. Flavius Vespasianus vor 95 n. Chr. von → Domitian adoptiert und vielleicht für die Thronfolge in Aussicht genommen. → Quintilian war Erzieher der beiden Knaben. Über ihr Leben nach Domitians Ermordung ist nichts bekannt. K.Chr.

4. **F. Fimbria,** C., Sohn eines homo novus, Anhänger des → Marius (1) und → Cinna. 86 v. Chr begleitete er als Legat → Valerius (8) Flaccus in den Krieg gegen → Mithridates VI. Nach einer Meuterei übernahm F. den Oberbefehl. Er führte einen erfolgreichen, aber grausamen Krieg, berüchtigt wegen der barbarischen Zerstörung Ilions (Diod. 38, 8, 2–4; Liv. perioch. 83). F.' Verhalten trug zur raschen Einigung zwischen → Sulla und Mithridates bei (Friede von Dardanos, 85). Sulla konnte bald das Heer seines politischen Gegners F. einschließen; F. beging darauf Selbstmord. G.G.

4a. **F. Manlius Theodorus,** cos. 399 n. Chr. (vgl. den Panegyricus des → Claudian), lat. Grammatiker (De metris, erhalten) und vielseitig interessierter Philosoph.

Ed: GrLat VI 585–601 – *Lit:* Schanz-Hosius, IV 2, 171f.; vgl. ebd. IV 2, 15f.

5. **F. Sabinus,** ca. 8–69, älterer Bruder → Vespasians. Ca. 49–56 Statthalter in Mösien, dann mit Unterbrechungen zwölf Jahre Stadtpräfekt von Rom (Tac. hist. 3, 75), auch unter Otho und Vitellius. Nach Vespasians Erhebung verhandelt er mit → Vitellius (1), der jedoch selbst nicht mehr Herr der Lage ist. Vom Anhang, bes. den germanischen Kohorten, des Vitellius bedrängt, verschanzt F. sich mit seiner Partei auf dem Kapitol. Beim Sturm auf das Kapitol am 20. 12. 69 wird F. getötet. K.Chr.

6. **F. Sabinus,** T., Sohn des → Flavius (5) Sabinus. Entkommt zusammen mit seinem Bruder → Flavius (2) Clemens und → Domitian bei der Erstürmung des Kapitols 69 n. Chr. Verheiratet mit → Iulia (5), der Tochter des → Titus. 82 Konsul, vor 84 hingerichtet. Sein Sturz zog vielleicht die Verbannung des → Dion (2) v. Prusa (13, 1) nach sich. K.Chr.

Flavius, vgl. auch → Caper.

Flechtband, → Ornament, das seit dem ersten Auftreten im 3. Jt. v. Chr. im Orient in mannigfachen Formen erscheint, in der griech.-röm. Antike jedoch nur in einer, die im archäologischen Sprachgebrauch als F. bezeichnet wird: ein regelmäßiges Wellenband ist mit einem zweiten gleichen, aber um eine halbe Wellenlänge verschobenen, verflochten. Zwischen Wellenrücken und Tal kann ein kreisförmiger Kern eingefügt sein. Das F. tritt auch mehrreihig und mit zwickelfüllenden → Palmetten auf. Anwendung bes. als Bauschmuck, aber auch in der archaischen orientalisierenden Vasenornamentik. → Ornament (Abb.). F.H.

Fledermaus. Die im Mittelmeerraum und in den Nachbargebieten mit mehreren Arten vertretene F. (νυκτερίς, vespertilio) galt den Alten als dämonisches Wesen, das dem Totenbereich nahestand. Der Mythos erzählte von der Verwandlung der → Minyastöchter in F., die mit dünnen Piepslauten ihr Schicksal beklagten. Die Sicherheit des nächtlichen Fluges ließ sie in der Fabel als klug erscheinen. Im Volksglauben kam der F. besondere Abwehrkraft zu. Vgl. → Fauna. J.W.

Lit: Keller, Tierwelt I 11–14 – M. Wellmann, RE 6,2 (1909), 2740–42.

Fliege. Unter den im Mittelmeerraum und in den Nachbarbereichen verbreiteten F.n-Arten unterschieden die Alten deutlich zwischen Haus-, Stech- und Schmeiß-F. (μυῖα, μῦα, musca). Sie galten als unverschämt, zudringlich und gierig naschhaft. Der Abwehr dieser lästigen Plage dienten zahlreiche, z. T. magische Mittel. Neben abwehrenden Dämonen, Myiagros und Myiodes, galten Zeus Apomyios und Apollon als Vertreiber der F.n. Die Verbindung der F.n mit der Unterwelt wird bes. in dem als Aas-F. gedachten Dämon der Verwesung, Eurynomos, deutlich. Spät ist der Mythos von der sangesfrohen Geliebten des → Endymion, die von → Selene in eine F. verwandelt wurde. Im Volksglauben deutete bes. ungestümes Verhalten der Stech-F. auf Sturm. Treffend ist die Beobachtung der Seuchenverbreitung durch F.n, denen Apollon als Heilgott wehrt. Vgl. → Fauna. J.W.

Lit: Keller, Tierwelt II 447–454 – M. Wellmann, RE 6,2 (1909), 2744–47.

Fliegender Galopp, bei dem alle vier Beine gestreckt sich vom Boden entfernt haben, ist eine für die → kret.-myk. Kunst und verwandte Kunstkreise charakteristische Stilisierung. K.Schf.

Lit: Schefold, O. H. R., 36. 57.

Flora, italische Göttin der Pflanzenblüte. Ihr Kult war in Mittelitalien verbreitet: bei den Sabinern trug ein Monat ihren Namen (CIL IX, 3513). In Rom hatte sie, wie → Pomona, einen Flamen und erhielt Opfer von den → Fratres Arvales. Sie war bes. die Göttin der Getreideblüte (Varro bei Aug. civ. 4, 8), und die ‹Florifertum› genannte Gabe blühender Ähren wurde wahrscheinlich in ihrem Heiligtum auf dem Quirinal dargebracht; doch war sie, nach Verrius Flaccus (Fast. Praen. 28. April), für alle Arten von Gewächsen zuständig. Für die Hellenisierung ihres Kultes vgl. → *Ludi Florales*. F. war sehr nahe mit → Ceres verwandt; ein beiden gemeinsamer Kult ist in Samnium, in Agnone, bezeugt (E. Vetter, Handb. Ital. Dialekte, 1953, 147). H. Le B.

Lit: H. Le Bonniec, Le culte de Cérès à Rome, 1958, 195–202.

Flora. [1] Die der antiken Kultur bekannte F. bietet wegen der Fülle der im Mittelmeergebiet verbreiteten Arten naturgemäß ein reicheres Bild als die → Fauna. Trotz der hervorragenden wissenschaftlichen Darstellung durch Theophrast und die Beschreibungen bei Nikander, Dioskorides und Plinius bleibt im Gegensatz zur Fauna eine sichere *Bestimmung* zahlreicher Bezeichnungen offen, zumal sich oft gleiche Namen auf ganz verschiedene Arten der F. beziehen. Erschwert wird die botanische Auswertung der Quellen dadurch, daß das Gesamtbild der heutigen F. mit dem der antiken nicht mehr voll übereinstimmt: Die Überlieferung bezeugt eine ausgedehnte Bewaldung in Landschaften, die heute infolge Verkarstung, Raubbau und Ziegenfraß fast baumlos sind, so daß wir uns nur schwer eine Vorstellung von den vielen heiligen Hainen der Antike machen können. Völlig verändert wurde das Bild der mittelländischen F. durch die Verbreitung der Zitrusfrüchte in weiten Gartenkulturen, durch die Einführung der Bananenkultur, bes. aber durch die schnelle Ausdehnung der wilden Agaven und Opuntien, die aus Amerika stammen. Ebenso haben zahlreiche Blumengattungen aus der Neuen Welt und aus Fernost im Mittelmeerraum Eingang gefunden und bestimmen heute das artenreiche Bild der blühenden F. mit. Der Bereicherungsprozeß beginnt bereits im Altertum durch die Kultivierung ursprünglich im Orient und in Nordafrika beheimateter Pflanzen und wird bes. in röm. Zeit beträchtlich gesteigert. In der Terminologie fällt die Häufigkeit vorgriech.-ägäischer Wortbildungen auf, die durch -nth- und -ss- gekennzeichnet sind. – Der Befund spricht für einen bedeutsamen Anteil der vorgriech. Bevölkerung an der Kultur der mittelländischen F., deren Erbe die Frühgriechen übernahmen, weiterentwickelten und nach Ausweis zahlreicher Lehnwörter an die Italiker weitergaben. So erklärt sich auch die bemerkenswerte antike Eigenständigkeit gegenüber Anregungen aus dem Orient und Ägypten, die wir im Anbau von Gewürz- und Gemüsepflanzen, in der Veredelung von Obstbäumen, in der Kultur von Zierpflanzen beobachten. Begünstigt wurde diese Entwicklung, deren Anfänge in die Mittelsteinzeit zurückreichen, durch die Verbreitung einer vielfältigen, für Kultivierung geeigneten F. im Mittelmeerraum. Zweifellos verfügten Griechen und Italiker vor der Landnahme über eine reiche Kenntnis nördlicher F., die im mittelländischen F.-Bereich an Bedeutung verlor und deren ursprüngliche Bezeichnungen daher auf andere F.-Arten übertragen wurden.

[2] Die tief verwurzelte und vielschichtige Überlieferung verrät sehr alte, auf treffender Beobachtung gegründete *Erfahrungen* mit den Eigenarten und Eigenschaften der F. im Wechsel der Jahreszeiten. So war man bereits im 2. Jt. mit der spezifischen Wirkung von Giftpflanzen und ihrer Verwendung in der Heilkunde vertraut (→ Diktamnon, → Akonitum, → Hyoskyamos, → Mohn). Richtige Beobachtungen verbanden sich jedoch oft mit falschen Vorstellungen, mit denen man das Unbegreifliche im Bereich der F. zu fassen suchte. Sie erklären den zäh bis in die Spätantike weiterlebenden, magisch bestimmten → Aberglauben an die besonderen Lebens- und Wesenskräfte der F., die dem Menschen nicht zugänglich sind. Am stärksten offenbart sich die magische Grundhaltung gegenüber der F. in der Überlieferung von Wunder- und Zauberpflanzen, denen märchenhafte Wirkungen zugeschrieben werden (→ Mandragoras, → Moly, → Hippomanes). In diesen Zusammenhang gehört der Glaube an die aphrodisische, liebeshemmende und lebengebende Kraft zahlreicher Pflanzen, an die abwehrende Wirkung vor allem der Dorn- und Stachelgewächse, der aromatischen und giftigen F., an die Bedeutung von Bäumen, Sträuchern und Blumen (→ Eiche, → Lorbeer, → Mohn, → Tamariske) für die → Mantik. Magisch bestimmt sind oft auch die zahlreichen Fruchtbarkeitsriten, die die der F. innewohnenden Kräfte zur rechten Zeit wecken und mehren sollen. Neben reinem Zauber zeichnen sich dabei sehr sinnvolle, kultisch gebundene Bräuche ab, deren Mittel dem Wachstum förderlich waren.

[3] Auch für die F. ist die *mythische Überlieferung* stark ausgeprägt, aber die Unterschiede zur → Fauna sind bemerkenswert: eine Vorstellung wie die von → Nymphen, die mit Pflanzen auf Gedeih und Verderb verbunden sein können (vgl. → Dryaden, → Hamadryaden), ist bei der Fauna fremd. Die enge Beziehung zur F. äußert sich oft in den Namen der Nymphen. Als Schutzwesen der F. kommen ihnen Opfer zu, wiewohl sie von der Welt der Götter geschieden werden müssen. Alles deutet auf eine sehr alte Vorstellung, durch die der Bereich der F. anthropomorphisiert wurde. In diesen Zusammenhang gehören zahlreiche Verwandlungsmythen, die teilweise noch das vorgriech.-ägäische Erbe erkennen lassen (→ Hyakinthos, → Narkissos, → Zypresse). Die Mythen veranschaulichen oft sinnfällig am jähen Tod einer jugendlichen Gestalt das rasche Aufblühen und Welken der mittelländischen F., wie vor allem die → Adonisüberlieferung zeigt (→ Anemone, → Dill, → Fenchel, → Lattich, → Rose). Ihr nahe steht der phrygisch bestimmte Mythenkreis um → Kybele, → Attis und → Agdistis (vgl. → Granatapfel-, → Mandelbaum, → Zypresse). Die im Zusammenhang mit diesen Mythen üblichen Jahresfeste sind von Trauer und Freude erfüllt, wodurch der Symbolgehalt der dabei verwendeten Pflanzen mitbestimmt wurde. Anders als der Fauna sind dem Bereich der F. Dämonisierungen fremd, auch für die Giftpflanzen.

[4] Auch die Pflanzen können Gottheiten zugeordnet werden, aber im Gegensatz zur Fauna verwandeln sich diese niemals selbst in Pflanzen. In der Überlieferung von heiligen Bäumen und Sträuchern, durch die die Gottheit wirken kann, fassen wir wahrscheinlich Reste eines vorgriech.-ägäischen → Baumkultes, den wohl auch Darstellungen der kret. Kunst bezeugen. Auf vorgriech. Erbe weist auch, daß die Zuordnung der F. zu Göttinnen dominiert, bes. an → Artemis, → Hekate, → Hera und → Aphrodite. Charakteristisch für Hekate sind Giftpflanzen und Zauberkräuter. Eine enge Beziehung zur F. haben auch → Demeter und → Persephone, wie überhaupt zahlreiche Pflanzen mit dem Wirken der Unterirdischen verbunden werden, so daß wir sie im → Totenkult bevorzugt finden. Charakteristisch für → Athene ist der → Ölbaum, für → Hera der → Birnbaum, aus dem das älteste Kultbild der Göttin geschnitzt wurde (→ Keuschlamm, → Lilie). Der → Lorbeerbaum war hervorragend mit → Apollon, der → Efeu mit → Dionysos verbunden, dem Schöpfer des → Weinstocks. Sehr alt ist die Zuordnung der → Eiche an → Zeus, dessen Hain in Dodona die älteste Orakelstätte des Himmelsgottes war. Die Überlieferung läßt aber deutlich erkennen, daß diese Verbindungen nicht fest und Übertragungen auf andere Kultbereiche möglich waren. Wichtig sind die Zeugnisse, daß bestimmte Pflanzen einzelnen Gottheiten verhaßt waren und daher im Kult gemieden wurden (Artemis: → Myrte; Aphrodite: → Buchsbaum, Lilie; Hera: → Efeu, Myrte; Demeter: → Granatapfelbaum; Boreas: → Pinie). Der Befund spricht dafür, daß bei der Zuordnung von F. und Kult ursprünglich strenge Grenzen galten, die sich teilweise noch lange behaupteten. Ein Durchbrechen dieser mythisch verwurzelten Ordnung war nur möglich, wenn der in der Kulttradition begründeten Auffassung vom Wesen der Gottheit der durch die Verbindung mit anderen Gottheiten stark beeinflußte und zum Symbol ihres Wesens gewordene Sinngehalt einer Pflanze ihr nicht widersprach. Der symbolischen Bedeutung entsprechend wird die F. im kultischen Brauchtum verwendet (Zweige, vor allem → Kränze). Die den Unterirdischen geweihte F. finden wir im Toten- und Gräberkult, die mit Aphrodite verbundene im Hochzeitsritual, die Dionysos zugeordnete bei bakchischen Festen und Gelagen. Große Bedeutung hat die F. bei den aus alten Vegetationsriten erwachsenen Opferbräuchen, bei denen die Erstlinge der Ernte den Gottheiten als Schützern der wachsenden F. geweiht wurden. Das unblutige Opfer ist eng mit dem Friedenszweig verbunden (→ Eiresione). Allgemein sind Kranzblumen und Zweige Zeichen der Festfreude, der Lebenshoffnung, der Siegerehrung, wobei vor allem die immergrüne F. als Symbol der Beständigkeit göttlicher Ordnung gewählt wird. Die im Mythos und kultischen Brauchtum verwurzelte Bedeutung der F. offenbart ein früh geprägtes Verhältnis zur Welt der Pflanzen, dessen Naturverbundenheit wir in der Dichtung ebenso wie in der bildenden Kunst verfolgen können. Die reiche mittelländische F. gehört seit dem Epos zum festen Bestand dichterischer Bilder, die von Nymphen und Götternähe künden. Ein gleiches gilt für die Darstellungen der F. in der kretischen Kunst als Symbol bewegten

Lebens, dessen Grundformen in der griechischen Kunst wie Urbilder weiterentwickelt werden. Dabei zeichnen sich bemerkenswerte Unterschiede zwischen Darstellungen auf att. und unterital. Vasen ab. Auffallend ist das enge Verhältnis der röm. Kunst zur F. (vgl. → Ornamentik). J.W.

Im einzelnen und bes. zur Verbreitung vgl. die Stichworte: Akanthos, Ahorn, Akazie, Aconitum, Andrachle, Anemone, Apfelbaum, Aronstab, Artischocke, Aspalathos, Asparagos, Asphodelos, Asterion, Balsamstrauch, Beifuß, Betonie, Bibernell, Binse, Birke, Birnbaum, Bohne, Brombeerstrauch, Buchsbaum, Cichorie, Diktamnon, Dill, Distel, Ebenholzbaum, Eberraute, Eibe, Eiche, Efeu, Eppich, Erbse, Erdbeerbaum, Erdbeere, Erle, Esche, Feigenbaum, Fenchel, Fichte, Frauenhaar, Gerste, Granatapfelbaum, Gurke, Hafer, Hanf, Haselnußstrauch, Heidekraut, Hellenion, Hippomanes, Hirse, Holunder, Hyakinthos, Hyoskyamos, Immortelle, Johannesbrotbaum, Kapernstrauch, Kastanie, Keuschlammstrauch, Kirschbaum, Klee, Koriander, Kresse, Kümmel, Kürbis, Lärche, Lattich, Lauch, Lilie, Linde, Linse, Lorbeerbaum, Lotos, Lotosbaum, Lupine Maioran, Malve, Mandelbaum, Mandragoras, Mastixbaum, Maulbeerbaum, Meerstransmelde, Minze, Mistel, Mohn, Mohrrübe, Moly, Myrrhenbaum, Myrte, Narkissos, Narthex, Nelke, Nieswurz, Ölbaum, Päonie, Palme, Pappel, Pfirsichbaum, Pilze, Pistazienbaum, Pinie, Pflaumenbaum, Platane, Quittenbaum, Raute, Reis, Rettich, Rhabarber, Rhamnos, Rittersporn, Rose, Rosmarin, Safran, Schierlingskraut, Senf, Sesam, Silphion, Skilla, Sykomore, Tamariske, Tanne, Terebinthenbaum, Thymian, Ulme, Veilchen, Wacholder, Walnußbaum, Weide, Weinstock, Weißdorn, Weizen, Wermut, Winde, Zeder, Zitronenbaum, Zitrusbaum, Zypresse.

Lit: K.Woermann, Die Landschaft i.d. Kunst der alten Völker, 1876 – J.Murr, Die Pflanzenwelt in der griech. Mythologie, 1890 – O.Kern, RE 3,1 (1897), 155–167, s.v. Baumkultus – W.Altmann, Die röm. Grabaltäre der Kaiserzeit, 1905, 261ff. – V.Hehn, Kulturpflanzen und Haustiere (1870), 1911⁹ – J.G.Frazer, The Golden Bough I–VII (1890), 1911³ (Nachdr. 1963) – F.Pfister, RE 19,2 (1938), 1446–56, s.v. Pflanzenaberglaube – J.Wilde, Kulturgesch. der Sträucher und Stauden, 1947 – H.Rahner, Griech. Mythen in christl. Deutung, 1957 – K.Schefold, Griech. Kunst als religiöses Phänomen, 1959 – W.Grandjot, Reiseführer durch das Pflanzenreich der Mittelmeerländer, 1960 – H.Jucker, Das Bildnis im Blätterkelch, 1961 – D.Burr Thompson, Garden Lore of Ancient Athens, 1963 (gute Farbbilder) – Vgl. zu → Garten.

Florentinus, Verfasser eines Preisgedichtes auf den Vandalenkönig Thrasamund (496–523), das in einem begeisterten Lob Karthagos gipfelt. Die diesem Gedicht in der → Anthologia [2] Latina folgenden versus balnearum dürften auch von F. stammen. W.Sch.

Ed: Anth.Lat. I 1, Nr. 376f. – *Lit:* J.Ziehen, Gesch.-textkrit. Studien zur Salmasianusanthologie, Philol. 63, 1904, 362–366.

Florianus, M. Annius, Bruder des Kaisers → Tacitus (1), kämpfte als dessen praefectus praetorio 276 n. Chr. in Kleinasien gegen die → Goten, verlieh sich selbst nach dem Tode des Tacitus, ohne Mitwirkung des Heeres oder des Senates, die Kaiserwürde *quasi hereditarium* (Hist. Aug. Tac. 14,1 u. ö.). Zu gleicher Zeit wurde vom Ostheer → Probus (1) zum Kaiser ausgerufen und in Syrien und Ägypten anerkannt, während F. Kilikien, Asien, Africa und den Westen beherrschte. Bei den Vorbereitungen zum Krieg gegen Probus wurde F. ca. Juni 276 in Tarsos von seinen Soldaten getötet, nach einer Herrschaft von kaum 90 Tagen. K.H.Sch.

Florianus, vgl. auch → Tacitus.

Florilegium → Anthologie, → Sentenz.

Florus, lat. Umschrift von Flusos, dem Namen eines osk. Gottes (E. Vetter, Handb. Ital. Dialekte, 1953, 183), männliches Äquivalent von → Flora. H. Le B.

2. **F.,** L. Anneus (Ms. Nazarianus) oder Iulius F. (Ms. Bambergensis), Verfasser einer Epitoma de Tito Livio (oder vielleicht: Bella Romana, vgl. Aug. civ. 3,19) in 2 Büchern, wohl unter → Hadrian lebend. Die Schrift ist nicht wirklich ein Auszug aus → Livius, sondern ein Bericht über die Kriege der Römer von der Gründung Roms an bis zu → Augustus, und schöpft auch aus andern Quellen, bes. aus → Sallust und → Seneca (1) d. Ä., von dem sie zum Teil die Einteilung der röm. Geschichte in Lebensalter hat, wobei die senectus der Kaiserzeit entspricht; mit → Trajan beginne das röm. Volk, sich zu verjüngen (prooem. 5–8). Weniger Geschichte als Verherrlichung der kriegerischen Erfolge und Eroberungen des röm. Volkes und nicht ohne Fehler und Ungenauigkeiten, wo die Begeisterung das Urteil des Verfassers hemmt, hat die Darstellung durch den Preis der guten, alten republikan. Zeit doch eine gewisse Lebendigkeit. Der Stil des F. ist auf Effekt, Witz und Wortspiel bedacht, wirkt aber im ganzen doch eintönig, u.a. auch weil gewisse Wörter im Übermaß verwendet werden. F. ist oft auf Grund seines rhetorischen oder dichterischen Stils mit dem Rhetor oder dem Dichter oder beiden identifiziert worden (→ Florus 3). E.P.

Ed: Paris, ca. 1470 (ed. princ.) – Gruterius-Salmasius, 1609 – O. Roßbach, BT, 1896 – E. Malcovati, 1938 – *Lit:* E. Wölfflin, Die ersten Spuren des afrikan. Lateins, Arch. f. lat. Lex. gr. 6, 1889, 1–7 – O. Roßbach, RE 6,2 (1909), 2671–80 – E. Malcovati, Studi su F., Athenäum 15, 1937, 69–94; 16, 1938, 46–64 – A. Garzetti, Athenäum 42, 1964, 136–156 – V. Alba, La concepción historiográfica de Lucio Anneo F., 1953.

3. **F.,** P. Annius, aus Afrika gebürtig, unterlag als junger Mann in dem von Domitian gestifteten → Kapitolinischen Dichteragon, machte sich als Poet einen Namen, verfaßte den nur fragmentarisch erhaltenen Dialog ‹Vergilus orator an poeta›. Er ist wohl identisch mit dem durch mehrere kleinere, volkstümlich anmutende Gedichte in der → Anthologia Latina des Codex Salmasianus vertretenen und mit Hadrian befreundeten (Hist. Aug. Hadr. 16) Dichter F. Vielfach pflegt man ihm auch den unter dem Namen des L. Annaeus bzw. Julius → F (2) überlieferten, in poetisierender Prosa abgefaßten Abriß der röm. Geschichte zuzuweisen; doch läßt sich in dieser Frage wirkliche Sicherheit nicht erreichen. W.Sch.

Ed: E. Malcovati, Rom, 1938 (Prosa) – E.S. Forster, 1929 (Röm. Gesch.; mit Übers.) – Anth. Lat., 87. 245–252 (unsicher 84–86. 88) – FPL ed. Morel, 136 – J.W. u. A.M. Duff, Minor Latin Poets, 1935, 423–435 (mit Übers.) – *Lit:* F. Marx, RE 1 (1894), 2266–68 – O. Roßbach, RE 6,2 (1909), 2761–70 – S. Lilliedahl, Florusstudien, 1928 – A. Nordh, Virtus and Fortuna in F., Eranos 50, 1952, 111–128.

Fluch. [1] Ursprünglich ist der F. *bei den Griechen* die Kehrseite des → Gebetes. Für sich selbst Gutes erbitten und für den Feind Schlimmes kann bei Homer mit demselben Begriff ἀρά, ἀρᾶσθαι bezeichnet werden (Il. 15,378; Od. 22,322). Zu unterscheiden ist bes. (1) der F. als Drohung für den Fall der Verletzung eines Gesetzes, Rechtsanspruchs (Besitzrechte u. dgl.) und Versprechens und (2) der F. als Strafe des Übeltäters und Gegners. Dieser kann von einem Staate wie von Einzelnen ausgesprochen werden. Die Verfluchung des Verräters am Staate (auch des Tempelschänders u. dgl.) vollzieht sich in feierlichen Formen; berühmt die Verfluchung des → Alkibiades durch die → Eumolpiden im Namen Athens im Jahre 415 v. Chr. und die Zurücknahme des F.s 408 v. Chr. (Diod. 13,69; Plut. Alk. 22.33). Viel wichtiger und häufiger ist der F. als Waffe des Einzelnen gegen seinen politischen und privaten Feind. Durch den F. wird dieser entweder ‹gebunden› (καταδέω, κατάδεσις, Plat. leg. 933 A), so daß er nichts mehr ausrichten kann, oder geradezu den unterirdischen Göttern (meist Hermes Chthonios, Hekate Chthonia, Persephone, den Erinyen, mehrfach auch Demeter) überantwortet, also ihm der Tod angewünscht. Der Text des F.s wird auf Täfelchen (Ostraka, Blei) eingeritzt, das Täfelchen nahe der Wohnung des Verfluchten, im Heiligtum eines der Unterirdischen und bes. in Gräbern eingegraben. Derartige *Fluchtäfelchen* sind in sehr großer Zahl gefunden worden, einige wenige schon aus dem 5. Jh. v. Chr., dann viele aus dem 4. Jh. v. Chr. und von da an in dauernd steigender Zahl bis zum Ende der Antike. Dabei werden die Anlässe des F.s immer mehr rein private (Diebstahl, Untreue, Verleumdung), und es dringen immer reichlicher komplizierte und sich als geheimnisvoll gebende Zauberformeln ein. O.G.

Lit: A. Audollent, Defixionum tabellae 1904 – W. Rabehl, De sermone defixionum Atticarum, 1906 – E. Kagarow, Griech. F.tafeln, 1929 – Nilsson, I 800–804.

[2] *Bei den Römern* drücken ‹imprecatio, deprecatio, exsecratio, detestatio, dirae› den Gedanken eines gegen den

Feind geschleuderten F.es aus; das Übel, das man ihm wünscht, kann magisch durch die schadenbringende Kraft der Formel selbst bewirkt werden; man kann auch die Gottheiten der Unterwelt anrufen, den F. zu erfüllen: das ist der Fall, wenn man sie, durch die Riten der → devotio, dazu einlädt, von einem oder mehreren Menschenleben Besitz zu ergreifen. Ein gutes Beispiel von nur verbaler, aber wirksamer Verwünschung ist der Fluch, den der Tribun C. → Ateius (1) Capito gegen → Crassus aussprach, im Moment, in dem dieser im J. 55 v. Chr. Rom zum Krieg gegen die → Parther verließ (Cic. div. 1, 29f.; Plut. Crass. 16 u. a.). Oft wurden die Verwünschungen auf Bleitäfelchen (defixionum tabellae) geschrieben, die man in die Gräber steckte, um sie den Mächten der Unterwelt zukommen zu lassen. Vgl. → Zauber. H.LeB.

Lit: J. Bayet, Les malédictions du tribun C. Ateius Capito, in: Hommages à G. Dumézil, Latomus 45, 1960, 31–45.

Flußflottillen werden häufig erwähnt; auf Euphrat, Tigris und Nil griffen sie in verschiedenen Kriegen ein. Eine Flottille unterstützte den Übergang der Perser über die Donau gegen die Skythen 514 v. Chr. → Alexander (5) d. Gr. zog 335 eine Flottille von Byzantion auf die Donau für den Zug gegen die Geten. Das röm. Kaiserreich unterhielt ständig Flottillen auf Nil, Donau, Rhein, Seine, Rhone, Themse, Bodensee, Comersee und Neuenburgersee. Die ‹Classis Germanica›, gegründet vom älteren → Drusus (1), bestand aus Triremen, die auch bedingt seetüchtig waren, und kleineren, schnellen Ruderbooten. 12 v. Chr. ging sie durch den Drususgraben und die Zuidersee zur Ems, wo sie eine Flotte der Brukterer schlug. 4 und 5 n. Chr. sowie 15 und 16 n. Chr. unterstützte sie die Operationen des Heeres im Bereich der Ems, Weser und Elbe, 28 n. Chr. kämpfte sie im Rheindelta mit friesischen Schiffen, 47 n. Chr. schlug sie dort die Bataver. Beim Aufstand des → Civilis 70 n. Chr. gingen 24 Schiffe der Flottille zu ihm über. Das röm. Flaggschiff wurde als Opfer die Lippe hinaufgebracht. 280 n. Chr. ging ein Teil der Schiffe bei einem Germanenangriff in Flammen auf. Im 4. Jh. n. Chr. wurde sie mehrfach reorganisiert. Zuletzt war sie in den Feldzügen des → Julianus (2) Apostata tätig. Die Donauflottille (Classis Histrica) operierte zur Zeit des Augustus gegen Volksstämme an der mittleren Donau. Unter Trajan zählte sie 125 große und 100 kleinere Fahrzeuge und 100 auf den Nebenflüssen. → Mark Aurel gab den → Sarmaten einen billigen Frieden unter der Bedingung, daß sie keine Schiffe hielten. Im 4. Jh. wurden die Sarmaten mit Schiffen in ihre Schlupfwinkel verfolgt. F.R.

Flußgötter. [1] Die kult. Verehrung der Flüsse war bei Griechen und Römern allgemein verbreitet. Hierbei zeigt sich eine enge Verbindung zwischen der Gottheit und dem Naturelement (→ Epiphanie). Man stellte sich die stets männlichen F. bald in der Gestalt von Tieren vor (vor allem als Stier oder Schlange; → Tierkult), bald in der von Menschen oder auch in einer Mischbildung von Tier und Mensch (z. B. als Stier mit einem gehörnten Menschenkopf). Ähnlich wie die → Meergottheiten besitzen die F. die Fähigkeit, ihre Gestalt zu verwandeln. Wegen der fruchtbaren Kraft des Wassers galten sie oft als Ernährer der Jugend (daher Haaropfer der Epheben und zahlreiche von Flüssen abgeleitete Personennamen), als Spender der Kultur und als Stammväter von Adelsgeschlechtern.

[2] Die wichtigsten F. der *Griechen* (nach Hes. theog. 337ff. gelten die Flüsse als Söhne des Okeanos und der Tethys): *Acheloos* (in Akarnanien), der größte Fluß in Griechenland, wurde in ganz Griechenland verehrt (sein Name oft → Personifikation des fließenden Wassers überhaupt); → *Alpheios* (Hauptstrom der Peloponnes); → *Asopos* (Böotien); → *Eridanos* (att. Fluß; myth. Strom im Westen, später = Po); → *Maiandros* (Kleinasien); → *Nil* (Neilos); → *Okeanos* (eigentlich der Strom, der den Rand der Erdscheibe umfließt); → *Skamandros* (in der Troas; er greift in der Ilias persönlich in die Handlung ein); → *Spercheios* (Thessalien); → *Strymon* (Thrakien). K.-H.R.

Lit: F. Matz, Naturpersonifikationen der griech. Kunst, Diss. Göttingen 1913 – O. Waser, RE 6,2 (1909), 2774–2815.

[3] Man darf annehmen, daß auch in *Italien* viele Flüsse seit alter Zeit kultische Verehrung genossen, wenn wir auch wegen der lokalen Beschränkung dieser Kulte nur wenig davon wissen. Von den *F.n der Römer* sind in der Literatur und auf Inschriften mehrfach belegt und daher vor anderen erwähnenswert: *Clitumnus* (in Umbrien; vgl. Verg. georg. 2, 146 mit Schol.; Plin. epist. 8, 8; auch als *Jupiter Clitumnus* verehrt, Vib. Sequ. p. 148 Riese); *Numic(i)us* (bei Lavinium; Beziehungen zur → Aeneas-Sage, z. B. Liv. 1, 2, 6; Ov. met. 14, 608; Serv. Aen. 7, 150); *Tiberis*, sakrale Benennung (schon in alten Gebetsformeln) *Tiberinus* (vgl. Serv. Aen. 8, 31. 72. 330; Cic. nat. deor. 3, 52) mit Tempel auf der Tiberinsel; *Volturnus*, meist als F. des gleichnamigen kampanischen Flusses gedeutet, besitzt einen eigenen Flamen (vgl. Varro ling. 7, 45; Paul. p. 379) und ein Fest Volturnalia (27. Aug.; vgl. CIL I² p. 327; Varro ling. 6, 21). K.-H.R.

Darstellungen: Flußgötter wurden in verschiedener Weise dargestellt. Am häufigsten wurde wohl → Acheloos wiedergegeben, der im allgemeinen als menschliche Maske mit Stierhörnern (z. B. Riis, From the Coll. of the Ny Carlsberg Glyptotek 2, 1938, 149–151; C. Blümel, Kat. d. griech. Skulpturen III, Taf. 71 K 82, vgl. K 2) bzw. Stier mit gehörntem Menschenkopf erscheint (z. B. AA 55, 1940, 135, Abb. 10). Vor allem im Zusammenhang mit → Herakles (Brommer 1 f.; NSc 1917, 120) und Nymphen, sehr oft als kleine Weihegabe, meist aus Ton. Sehr häufig auf ital. Münzen (E. Gabrici, Problemi di Numismatica Greca, 1959, 75–90). Köpfe des A. als plastische Gefäße (M. Maximowa, Les vases plastiques dans l'Antiquité, 1927, 161–163). Einmal mit ‹Seedrachenleib› (A. Lane, Greek Pottery, 1953, Taf. 62). Diese Form des Flußgottes schon protokorinthisch (AJA 62, 1958, Taf. 60, 13a). Daneben auch rein menschliche Bildung. – Nicht sicher können dafür die Eckfiguren des olymp. Ostgiebels oder der ‹Ilissos› im Parthenonwestgiebel als Zeugen beansprucht werden. Berühmt dagegen der unter der → Tyche von Antiochia schwimmende → Orontes in der kurz nach 300 von Eutychides geschaffenen Gruppe (T. Dohrn, Die Tyche von Antiochia, 1960). Menschengestaltig schon Flußgötter auf sizil. Münzen (z. B. P. Williams Lehmann, Statues on Coins, 1946, 15 f., 5. Jh.). Später berühmt bes. Statuen des Nil (Du Jardin. Mem. Pont. Acc. 3, 1933, 35–80, M. Rostovtzeff, REA 42, 1940, 508ff.; A. Adriani, Repertorio d'Arte dell'Egitto Greco-Romano II, 1961, Taf. 89 f.) und des Tiber (J. Legall, Le Tibre, Fleuve de Rome dans l'Antiquité, 11 3; ders., Recherches sur le culte du T.), beide in Gestalt liegender Bärtiger. Seltsam der naturalistische Nil auf dem Mosaik Ostia IV, 1961, Taf. 184. K.Schb.

Flugblätter. → Cicero ließ über die Verhandlungen des Senates in der Zeit der Verschwörung des → Catilina F. in großer Zahl herstellen und im ganzen Römerreich verteilen. Vereinzelt gab es F. schon bei den Griechen; oft waren sie anonym. Th.P.

Lit: W. Riepl, Das Nachrichtenwesen d. Altertums, 1913, 367ff.

Foederati → Civitates foederatae.

Foedus aequum, iniquum. F. (nach Varro ling. 5, 86 auch fidus) bezeichnet den Bündnis-, Freundschafts- oder Friedensvertrag. Der Bundesvertrag konnte wie das foedus Cassianum 493 v. Chr. zwischen Rom und den Städten des → Latinischen Bundes als f. aequum zu gleichem Recht geschlossen werden (Liv. 34, 57, 8; Dig. 49, 15, 7, 1). Der ungleiche Vertrag, das sog. f. iniquum (der Ausdruck in den antiken Quellen nicht gebraucht) war die einseitige Verpflichtung des Bundesgenossen, der mit der Hoheitsklausel den Vorrang des röm. Partners anerkannte, wie das F. mit Gades 206 und das mit den Ätolern 189 v. Chr. zeigen (Cic. Balb. 35; Liv. 38, 11, 2). Die unterschiedlichen Bedingungen verpflichteten vor allem zur Stellung von Truppen, verlangten aber keine Tribute und gewährten mitunter Rechtsschutz bei Handelsverkehr (commercium) und Ehegemeinschaft (conubium). Der Abschluß der Verträge erfolgte nach Genehmigung durch Senat und Volk in ritueller Form durch die → Fetialen mit einer exsecratio (Selbstverwünschung) für den Fall des Vertragsbruches (Liv. 1, 24, 4ff.). Die Zeremonie wurde noch von Kaiser → Claudius (1) angewandt (Suet. Claud. 25, 5). Die Verträge wurden im

Tempel der fides populi Romani bei dem kapitolinischen Jupitertempel aufbewahrt. Mit diesem abgestuften Bündnissystem vereinigten die Römer ihre Bundesgenossen (socii) zu dem → Italischen Bund und verpflichteten sodann außeritalische Städte, Königreiche und Länder. H. V.

Lit: Mommsen, Staatsrecht I 246–257 – E. Badian, Foreign clientelae, 1958 – H. Bengtson, Die Staatsverträge d. Altert. II, 1962.

Follis, ursprünglich Bezeichnung für ‹Beutel›, später für einen Beutel Geldes, dessen Inhalt durch das Siegel des letzten Inhabers garantiert war und stets die gleiche Summe enthielt. Der Gebrauch eines solchen F. deutet immer Knappheit an grober Münze und überwiegenden Umlauf von Kleingeld an. Der F. tritt daher in Rom erst gegen Ende des 3. Jh.s n. Chr. in Erscheinung und ist 310–338 auch literarisch nachgewiesen. F. ist auch Bezeichnung für die im Beutel verpackte kleine Münze selbst. Man versteht heute jedoch unter dem F. vor allem eine von Diokletian eingeführte größere Kupfermünze, die zunächst wie ihr Vorgänger, der → Antoninianus, die Wertbezeichnung XXI trug und durch Silbersud noch ein grauweißes Aussehen an der Oberfläche hatte. Zuerst war ihr Gewicht ca. 9–13 g, es sank jedoch schon ca. 307 auf 7,5–8 g und nach 311 n. Chr. auf 4–5 g herab. – Umstritten ist der Wert des F. im Verhältnis zum Golde oder zur damaligen Rechnungsmünze (→ Sesterz, → Denar). – Erst Anastasius (491–518) gibt dem F. den Charakter einer reinen Kupfermünze, mit dem Wertzeichen M (= 40 → nummi) versehen. Noch im 10. Jh. ist der F. unter Leo VI. (886–912) als $^1/_{12}$ der → Siliqua oder $^1/_{24}$ des → Miliarense bekannt. W. Schw.

Lit: Babelon, I 761–772 – E. A. Sydenham, Num. Chron., 1919, 156–167 – O. Seek, RE 6,2 (1909), 2832–38 – H. Mattingly, Roman Coins (1928), 1960², 212–213. 217ff. – K. Regling, in: v. Schrötter, 199f. – J. Schwartz, Schweizer Münzbl. 13, 1964, 98f.

Fonteius Agrippa, Senator der tiberianischen Zeit, 16 n. Chr. unter den Anklägern des M. → Scribonius (8) Drusus Libo, bot 19 erfolglos seine Tochter als Vestalin an. U. Wm.

2. **F. Agrippa,** C., cos. suff. 58 n. Chr, curator aquarum 66–68, Prokonsul von Asia 68/69, fiel 70 als Statthalter von Moesien im Kampf gegen die Sarmaten. U. Wm.

3. **F. Capito,** C., cos. suff. 33 v. Chr., Anhänger des → Antonius (2). Als dessen Vertreter 37 bei Octavian (→ Augustus) und bei → Kleopatra (4). Vater des C. → F. (4) Capito. U. Wm.

4. **F. Capito,** C., cos. 12 n. Chr., Prokonsul von Asia ca. 22/23. Im J. 25 von einer Anklage des Vibius Serenus freigesprochen. Vater des C. F. Capito, cos. 59, und vielleicht des C. → F. Capito (6). U. Wm.

5. **F. Capito,** cos. 59 n. Chr., Sohn des C. → F. (4) Capito, vielleicht Bruder des → F. (6) Capito. U. Wm.

6. **F. Capito,** cos. 67 n. Chr., Legat von Germania inferior 68. Ließ den aufrührerischen Iulius Paulus töten und Iulius → Civilis gefangennehmen. Trotz seiner Habsucht bei den Soldaten beliebt. Fiel einer Anklage des germanischen Flottenpräfekten Iulius Burdo zum Opfer. U. Wm.

Fordicidia, uraltes röm. → Fest, das am 15. April zu Ehren der → Tellus gefeiert wurde; die dreißig → Curien opferten je eine trächtige Kuh, während die → Pontifices das gleiche Opfer auf dem Kapitol darbrachten; von diesem Ritus hat das Fest seinen Namen (fordae boves; caedere). Man opfert ein *trächtiges* Tier der Erde, die *trächtig* ist mit dem ausgesäten Samen: durch diese sympathetische Magie soll ihre eigene Fruchtbarkeit angeregt werden. Die aus dem Leib ihrer Mütter gerissenen Kälber werden von den → Vestalinnen verbrannt, die deren Asche für die → Parilia aufbewahren (Varro ling. 6, 15; Ov. fast. 4, 629–672). H. Le B.

Lit: J. Bayet, RHR 137, 1950, 199–200 – G. Dumézil, Rituels indoeuropéens à Rome, 1954, 11–26.

Forma urbis, Beschreibung der Stadt Rom; vgl. → Stadt II D [2].

Formula, Formularprozeß, → Prozeßformel und die durch deren Verwendung gekennzeichnete Verfahrensart (→ Recht III B). In der Gestaltung der verschiedenen formulae werden die Arten prozessualer Rechtsbehelfe und die Anspruchstypen des materiellen Rechts (→ actio) deutlich sichtbar; Prüfung des Anwendungsbereichs einer f., gegebenenfalls Änderung der Fassung und Ausgestaltung neuer formulae gehören daher zu den wichtigsten Gegenständen juristischer Bemühung. G. J.

Fornacalia, altes röm. → Fest der *Fornax*, die die röstende Kraft (vgl. Ov. fast. 2, 526) des Ofens repräsentiert; die Stiftung der F. wurde → Numa zugeschrieben; auf jeden Fall stammen sie aus einer Zeit, da der far (→ Spelt) die einzige den Römern bekannte Getreideart war; auf archaische Art wurden die Körner im Ofen geröstet, was das Zerquetschen erleichterte; am Ofen (fornax) selbst brachte man ein Opfer (Plin. nat. 18, 8; Fest. 82 L.). Die F. fanden in den → Curien im Febr. statt; das genaue Datum wurde vom → Curio Maximus angesagt. Wer daran nicht in seiner eigenen Curie teilgenommen hatte, sei es aus Nachlässigkeit oder weil er ‹törichterweise› nicht wußte, welches seine Curie war, mußte das Fest am 17. Februar feiern: das war das ‹Fest der Toren› (Stultorum feriae), wie das Volk sagte (Ov. fast. 2, 517–532; Plut. qu. Rom. 89). H. Le B.

Lit: A. Brelich, Tre variazioni romane sul tema delle origini, 1955, 95–125.

Fortuna oder *Fors Fortuna*, das ‹Glück› oder der ‹Zufall›, ital. Göttin, die in der klassischen Zeit der griech. Göttin → Tyche gleichgesetzt wurde. Die schon antike etymologische Ableitung von fero, ‹tragen›, ist nicht sicher. F. besaß in Latium zwei berühmte Kult- und Orakelstätten: → Antium und → Praeneste. In Rom hat sie weder einen Flamen noch ein Fest im ältesten Kalender. Doch ihr Kult scheint alt zu sein (angeblich von → Servius Tullius eingeführt), bes. der Tempel auf dem Forum Boarium, wo eine archaische, mit einer Toga verhüllte Kultstatue zu sehen war (Ov. fast. 6, 569–636 u. a.). Als Fors Fortuna besaß die Göttin zwei andere Heiligtümer auf dem rechten Ufer des Tiber: das ältere war nach der Sage ebenfalls von Servius Tullius geweiht worden, das andere stammte aus dem J. 293 v. Chr. Meist wird der Göttin ein Beiwort gegeben, das ihr – einem Grundzug der röm. → Religion (II B 2) entsprechend – eine bes. Funktion anweist. So verehrte man auf dem Quirinal eine *F. Populi Romani* und eine *F. publica*, die über dem Wohl des Staates wachten, während die einfachen Bürger das ihre der *F. privata* des Palatin anvertrauen konnten; auf dem Esquilin befand sich der Altar einer *Mala F.*, die man abzuwenden versuchte, während Inschriften einer *Bona F.* geweiht sind; der *F. Equestris* war 180 v. Chr. durch Q. Fulvius Flaccus während einer Reiterschlacht ein Tempel gelobt worden; die *F. huiusce diei* (des heutigen Tages) besaß zwei Tempel zum Gedächtnis an zwei Siege, die man ihr verdankte (Cic. leg. 2, 28; Plut. Mar. 26; Plin. nat. 34, 54. 60). Die Frauen hatten ihre eigene Beschützerin: die *F. Muliebris*, deren Heiligtum an der Via Latina angeblich an die Intervention der Frauen bei Coriolan erinnerte. Man könnte vermuten, *F. Virilis* habe sich bes. der Männer angenommen, aber unsere Quellen widersprechen dem: es waren die Frauen, die am 1. April die Göttin baten, ihnen bei den Männern Glück zu bringen. Die *F. Redux* verdient, unter all diesen F. bes. hervorgehoben zu werden: mit dem Altar, der ihr i. J. 19 v. Chr. bei der Porta Capena errichtet wurde, bezeugte das Volk seine Freude über die Rückkehr des Augustus nach langer Abwesenheit; es war eine charakteristische Kundgebung der Loyalitätsreligion. Aus Inschriften der Kaiserzeit wissen wir, daß Kollegien, Truppenkörper, Familien und sogar manche Orte, wie z. B. Speicher, zu ihrem Schutze eigene F. besaßen. Nach einer berühmten Stelle bei Plinius d. Ä. (nat. 2, 22) war in seiner Zeit F. für viele die einzige wahre Gottheit. H. Le B.

Darstellungen: → Tyche.

Fortunatianus → Chirius.

Fortunatus → Venantius.

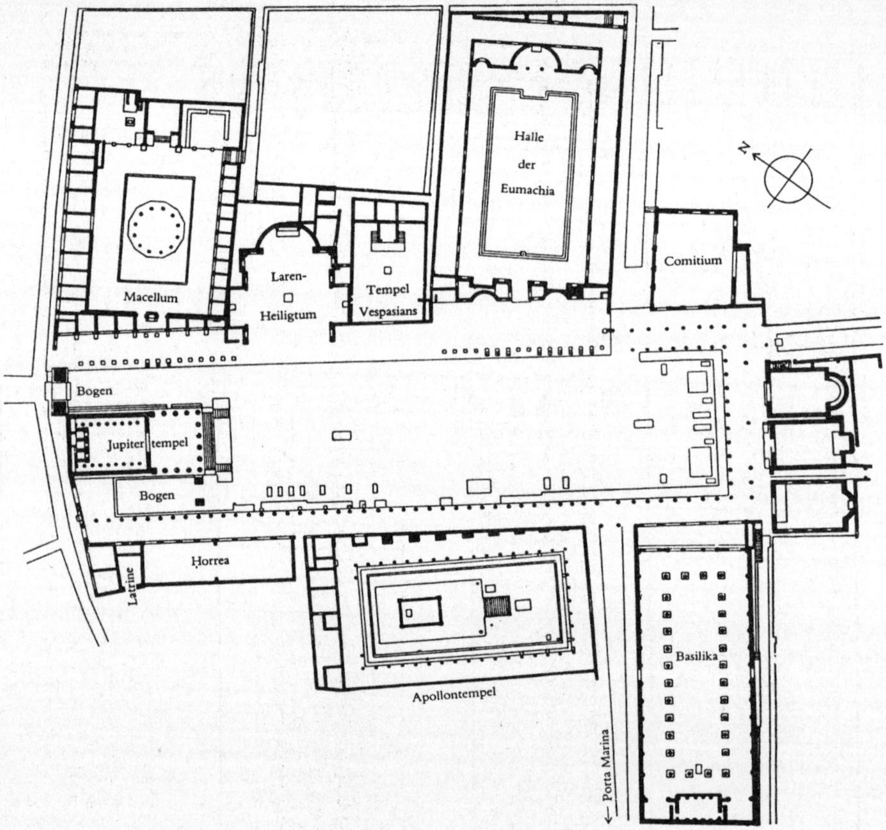

Abb. 66 Plan des Forums von Pompeji

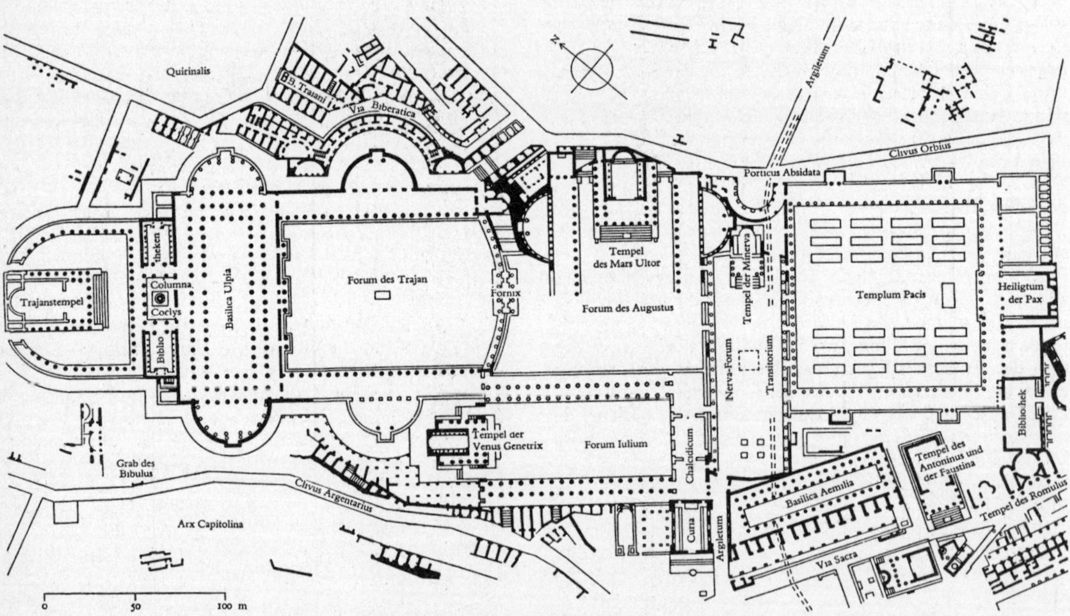

Abb. 67 Lageplan der Kaiserfora in Rom

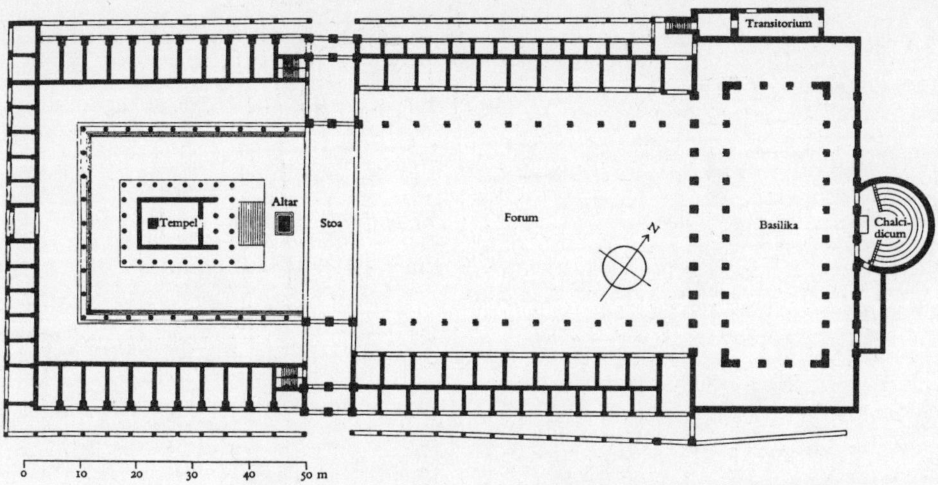

Abb. 68 Lageplan des Forums von Augusta Raurica (Augst)

Forum (‹Markt›), das Herz der röm. → Stadt. Seine Lage an einem der Kreuzungswinkel von Cardo und Decumanus entspricht seiner Funktion, das Zentrum für alle städtischen Organe zu bilden. Das F. in *Rom* an der Kreuzung von Via Sacra und Vicus Tuscus ist seit der frühen Republik einem steten Wachstum und Wandel unterworfen; Tempel, Staatsherd (Vestatempel), Regia, Comitium, Curia, Rednertribüne (rostra), Tabernen, Basiliken, Triumphbögen und Siegessäulen umgeben scheinbar planlos einen offenen Platz, dessen Länge und Breite ständig variieren. Mit diesem fruchtbaren Wechsel ist das F. Romanum im selben Maß Keimzelle forensischer, wie Rom neuer städtischer Bautypen geworden; der Gefahr der Überbauung begegnete Caesar durch eine Regulierung des Platzes und dessen Entlastung durch die Erbauung des vorbildlich gewordenen Forum Julium. In der *Provinz* verläuft die Entwicklung weniger stürmisch. Die Form des Platzes ist fast immer ein gestrecktes Rechteck (Vitr. 5, 1 fordert die Proportion 3:2), das eine oder mehrere insulae in Anspruch nimmt. Der Platz soll von einer vor Regen und Sonne schützenden Halle (→ Porticus) mit weiten Säulenabständen umgeben sein und eine Loggia (maenianum) tragen, von der aus man den Gladiatorenspielen beiwohnen kann. Denkmäler, meist auf hohem Sockel, ehren hier das Andenken verdienter Bürger. Eine Schmalseite des F.s ist vom Tempel beherrscht, der, als Abbild des stadtröm. Kapitols gedacht, die religiöse Bindung an das Reich wachhält. Am Forum von Pompeji (Abb. 66) liegen ihm gegenüber die administrativen Gebäude (Curia, flankiert von den Gebäuden der Ädilen und Duumvirn). An beiden Längsseiten Comitium und Basilika; im SO schließen an: das Heiligtum der Priesterin Eumachia, Beschützerin der örtlichen Zunft der Tuchwalker (später der Concordia Augusta und Pietas geweiht), ein Heiligtum zu Ehren Vespasians, das städt. Heiligtum der Hausgötter (lararium), eine städt. Markthalle (macellum), jenseits des Jupitertempels das Schatzhaus (aerarium), öffentliche Latrinen, Speicher mit Verkaufshalle (horreum) und der Tisch mit den Normalmaßen (mensa ponderaria). Wenn das F. durch Cardo und Decumanus geschnitten wird, ist das meistens das Resultat späterer Erweiterung (Pompeji, Ostia). In der späten Republik führte die Tendenz zur Vereinheitlichung des Platzes dazu, die einzelnen schon bestehenden Gebäude hinter einer → Porticus zu verbergen (Pompeji); bei nicht traditionsgebundenen Neuplanungen konnten schließlich ganz in sich geschlossene Anlagen nach dem Vorbild griech. → Temenoi und profaner Peristylhöfe verwirklicht werden. – Den Auftakt hierzu bildet das F. Novum (Julium) des Caesar in Rom mit Vorhalle (chalcidicum), nördl. und südl. Porticus mit Tabernen und dem beherrschenden Tempel. Ihm folgen in der Kaiserzeit das F. des Augustus, des Vespasian und Nerva; die Entwicklung gipfelt im F. des Trajan, mit der einheitlichen Abfolge von Propylon (fornix), Peristylhof mit seitlichen Apsiden, quergelagerter Basilika (Ulpia), Grabsäule, Bibliotheken und Tempel. Diese Anlagen wirken vorbildlich auf die Mehrzahl der Fora in den Provinzen (Abb. 67f.). Das Cäsareum von Kyrene nimmt das Prinzip der quergelagerten Basilika voraus; frühkaiserzeitliche und trajanische Elemente vereinigen sich in den Fora der Provinzstädte, wobei folgende Grundformen variiert werden: 1. *Peristyl-F.*, rings von Hallen umgebener Platz (Märkte des Augustus und Hadrian in Athen; vgl. Korinth, Milet, Ephesos), mit Tabernen (Thamugadi), zentral gelegenem Tempel (Damaskus, Kyrene) oder umlaufender Hallenstraße (Ephesos); nur auf drei Seiten von Hallen umgeben: Aosta, Arles, Narbonne. – 2. *Tempel-F.*, auf drei Seiten von Hallen umschlossener Platz mit Tempel auf der vierten Schmalseite (Vienna, Nemausus, Tuburbo Maius, Sabratha u. a.); in Tabernenform aufgereihte Kommunalgebäude tragen zur Einheitlichkeit bei (Sufetula, mit Tempeltrias). – 3. *Basilika-F.*: hier befindet sich die Basilika an der Stelle des Tempels auf der Schmalseite (Velleia, Alesia, Martigny u. a.) bzw. Längsseite (Kremna, Doclea). – 4. *Verbindung* der beiden letzten Formen (→ Aug. (2) Raurica, → Lugdunum, → Lutetia, → Leptis Magna u. a.). – 5. *Sonderformen*, bes. nach dem 2. Jh. n. Chr. beliebt (vgl. apsidiale Formen in Thugga, Oval-F. in Gerasa). – Größere Städte haben meist mehrere Fora (Augst, Leptis Magna, Petra, Palmyra, Side, Konstantinopel u. a.) sowie Sonderfora (→ Macellum). Auch bei gewachsenen S.n wird die Lage an der Hauptstraße, in östl. Seestädten (Side, Soloi) am Hafen, in syr. Handelsstädten (Gerasa, Heliopolis, Palmyra, Damaskus) nahe der Haupttore bevorzugt. – Vgl. → Agora; für Forum Romanum und Kaiserfora → Rom IV C [2]. D. C.K.

Q: Vitr. 1, 7 – *Lit:* J. E. Wymer, Marktplatzanlagen der Griechen und Römer, 1916 – G. Carettoni, EAA III, 1960, 723–726 – Vgl. zu → Stadt II.

Forum Iulii (Kt. 1019 E6; heute Fréjus), von → Caesar gegründete Marktstadt, seit Augustus bedeutender Mittelmeer- und Flottenhafen und Kolonie (Octavanorum Colonia Pacensis classica). Hat röm. Reste wie Amphitheater, Stadtmauerteile, Hafendamm u.a. L.B.-H.

Lit: A. Grenier, Manuel d'archéologie gallo-romaine III, 1958, 99–114.

Fragment. [1] *Der moderne Begriff* des F.s bezieht sich in erster Linie auf *literarische* ‹Bruchstücke›, erst in zweiter Linie auf Bruchstücke im Bereich der bildenden Künste; im übertragenen Sinn wird er auf alles, was den Charakter des ‹Stückwerks› hat, angewendet, so auf das menschliche Wissen und Leben. Unter ‹F.en› versteht man (a) unvollständig (etwa ohne Anfang und Schluß) erhaltene Werke; (b) Teilstücke kleineren oder größeren Umfanges aus verlorenen Werken; (c) Exzerpte, d.h. absichtlich herausgelöste Stellen aus Werken, die entweder verloren oder auch erhalten geblieben sind; (d) unvollendet gebliebene und in ihrem unfertigen Zustand erhaltene Werke.

[2] *Antiker Sprachgebrauch.* In der Antike ist das lat. Wort ‹fragmentum› *nie* auf literarische Gegenstände bezogen. Es gehört zu lat. frangere, ‹brechen›, und bedeutet ‹Bruchstück› ausschließlich in konkretem Sinne. Von allen ‹zerbrechlichen und zum Brechen bestimmten Gegenständen› (Holz, Ziegel, Brot) kann es fragmenta (fragmina) geben. Insofern steht die Anwendung des Wortes auf Bruchstücke von Werken der *bildenden Künste* dem antiken Sprachgebrauch sachlich nahe, während die *literarische* Bedeutung nicht aus ihm ableitbar ist. – Der *christliche*, d.h. der *biblische Sprachgebrauch* unterscheidet sich von Hause aus noch nicht von dem antiken, sondern wächst erst durch allegorische Interpretation in andere Bereiche hinein. Im AT und NT bezeichnet fragmentum (fragmen) mit Vorliebe die Brokken des gebrochenen Brotes.

[3] *Die Allegorese des Speisungswunders.* Die Vergeistigung und späterhin die Literarisierung des F.-Begriffes ist ausgegangen von der johanneischen Fassung des Speisungswunders, der Geschichte von der Speisung der Fünftausend. Die Aufforderung Christi Joh. 6, 12: «Sammelt die übriggebliebenen Brocken (fragmenta), auf daß nichts umkomme!» wurde infolge der Gleichsetzung des ausgespendeten Brotes mit dem göttlichen Wort so verstanden, als mahne der Herr zur Einsammlung und Aufbewahrung verstreuter ‹Brocken› oder ‹Brosamen› seiner Predigt und Lehre. Diese allegorische Ausdeutung wird zwar zuerst im griech. Bereich begründet, entfaltet sich aber im lateinischen Westen zu ungeahnter Blüte. Im MA wird das allegorische Bild der weit verstreuten Brocken des nährenden Himmelsbrotes aus dem rein geistigen Bereich allmählich neu konkretisiert und auf schriftlich fixierte Einzelstellen aus dem Gesamtzusammenhang der Bibel bezogen. Aus dieser Anwendung auf biblische Gedanken und Bibelstellen ist dann offenbar die rein literarische Anwendung auf zerstreute Überreste oder bloß Proben aus größeren Zusammenhängen erwachsen. – Dieser Strang der Wortgeschichte scheint sich spätestens im frühen Humanismus (14./15. Jh.) mit der Anwendung des antiken Sprachgebrauches auf Trümmer und Überbleibsel alter Kunst- und Bauwerke, Inschriften und dergleichen, vereinigt zu haben. Seitdem werden in der Altertumswissenschaft die nun eifrig gesammelten Reste verlorener antiker Literaturwerke als fragmenta bezeichnet, und der moderne Wortgebrauch wird terminologisch in seinen eingangs aufgezählten Schattierungen. Für die neue im 18. Jh. bei J.G. Hamann und J.G. Herder und den Romantikern aufkommende Verwendung des Begriffs vgl. E. Zinn, a.O.

[4] *Das F. in der griech. und röm. Literatur.* Zwischen dem, was in den modernen Literaturen in dem einen oder anderen Sinne als ‹F.› bezeichnet wird oder sich erklärtermaßen als F. gibt, und dem, was die Antike an Hierhergehörigem aufzuweisen hat, muß klar geschieden werden. Sowohl die griech. wie die röm. Literatur weist zwar unvollendete Gedicht- und Prosawerke in großer Anzahl auf, ja es ist für antikes Editionswesen und für die in der Überlieferungsgeschichte waltenden Prinzipien charakteristisch, daß unvollendete Werke aus dem Nachlaß von Autoren sorgfältig bewahrt und in ihrem unfertigen Zustand, nur mit der unerläßlichsten Zurichtung, veröffentlicht und weiter tradiert werden (F. Leo, a.O.). Jedoch für das absichtlich fragmentarische Gestalten, das in der Geschichte der europ. Literaturen eine so bedeutende Rolle spielt, dürften sich in der Antike weder in der Literatur noch in der bildenden Kunst eindeutig beweisbare Beispiele finden. Einzelne berühmte Fälle von Unfertigkeit oder Unvollendung sind in ihrer Deutung umstritten, so etwa die sogenannten Halbverse in → Vergils Aeneis, angesichts deren sich möglicherweise schon früh die Vermutung hervorgewagt hat, Vergil könne diese Bruchstellen beabsichtigt haben. Jedenfalls haben schon die spätantiken → Centonen solche Halbverse als echte vergilische Formelemente nachgebildet, wie es dann seit der Hochrenaissance einzelne Dichter in der Nachfolge Vergils aus gestalterischer Absicht getan haben. – Unproblematisch bleibt die unübersehbare Fülle dessen, was die klass. Philologie seit Jahrhunderten als Fragmente im Bereich der antiken Literaturen registriert und gesammelt hat; so wurden einerseits aus Zitaten, andererseits aus Teilen oder Fetzen von Handschriften und sonstigen Schriftdenkmälern alle irgend faßbaren Überbleibsel antiker Texte gesammelt, entziffert, geordnet. Viele antike Autoren oder Werke sind uns nur in solchen Brechungen überliefert, mit deren Hilfe sich günstigenfalls ‹Verlorenes› mehr oder weniger genau rekonstruieren läßt. In diesem Zusammenhang berührt sich der Begriff ‹F.› mit dem des → Zitats und des Exzerptes (→ Corpusturis).

[5] *Zur Wirkungsgeschichte antiker F.e.* Wirkungsgeschichtlich sind sowohl die unvollendeten wie die nachträglich verstümmelten und trümmerhaften Werke antiker Literatur und Kunst dadurch von unabsehbarer Bedeutung geworden, daß ihre ‹fragmentarische› Erscheinung eine entsprechende Art der Nachbildung hervorrief. Sie wirkte noch in ihrer Zerstörung und Bruchstückhaftigkeit als Muster, und von der Renaissance an setzte sich, erst zögernd, dann immer entschiedener, die Tendenz durch, Kunstwerke und Dichtwerke von analoger Erscheinungsweise zu schaffen. So haben die antiken F.e ganze Gruppen und Typen neuzeitlicher Formungen hervorgerufen. Im Bereich der neueren Kunstgeschichte sind diese Zusammenhänge neuerdings wenigstens im Umriß aufgehellt worden. In der Literaturgeschichte steht die Erforschung noch in den ersten Anfängen. Wenn auch im großen und ganzen das bewußt fragmentarische und fragmentierende Gestalten in der europ. Literatur und Kunst etwas ausgesprochen Modernes wurde. d.h. eine erst seit der Renaissance langsam durchdringende Gestaltungsweise ist, so verspricht eine vergleichende Betrachtung der Antike und die Aufhellung ihrer wirkungsgeschichtlichen Rolle beim Entstehen jener modernen Schöpfungen noch wesentliche Aufschlüsse. Das klassische Beispiel dafür ist die Formgeschichte des *Torso* in der Geschichte der neueren Skulptur, wo sich an ein einziges antikes Musterwerk, den sog. Torso vom Belvedere im Vatikan, alle Grundmotive der weiteren Entwicklung angeschlossen haben. Die allmählich immer stärkere Anerkennung der ‹*Torso*haftigkeit› antiker Funde setzt sich schließlich gegen die ursprünglich viel stärkere, auf Ergänzung, Komplettierung, Restaurierung dringende Tendenz durch. Daher unterscheiden sich auch moderne Museen, Fundstätten, Ausgrabungsstätten, Herrichtungen antiker Baudenkmäler usw. so stark von der Gestalt, die sie bis zum Ausgang des europäischen Klassizismus, also bis vor rund 100 Jahren, überall gehabt haben. Wenn auch die sog. Ruinenromantik in einem gewissen Sinne als Vorläufer der heutigen Sehweise gelten darf, so

läßt doch erst die neueste Zeit die Antike in ihrer ‹fragmentarischen› Erscheinungsweise bestehen, ja sie läßt dieses Fragmentarische als etwas Visionäres auf ihre Einbildungskraft, auf ihr eigenes bildnerisches Vermögen wirken. E.Z.

Lit: Das Unvollendete als künstlerische Form, 1959, bes.: E. Zinn, F. über F.e, 161–171. 176f. – F. Leo, Plautin. Forschungen, 1912^2, 36 bis 48.

Françoisvase, der älteste attische Volutenkrater, um 570 v. Chr. vom Töpfer → Ergotimos geschaffen, von → Klitias schwarzfigurig bemalt; gefunden 1844 von Aless. François (Florenz, Museo Archeol. 4209, aus Chiusi; Höhe 66 cm); Meisterwerk hocharchaischer Vasenkunst, außergewöhnlich durch seinen Reichtum an Sagenbildern. Vorderseite: Achillzyklus; Rückseite: Theseuszyklus. Hauptfries: Hochzeit des Peleus, zu der die Götter in langem Zug erscheinen; darunter die Verfolgung des Troilos durch Achill (Hauptseite) und die Rückkehr des Hephaist in den Olymp (Rückseite). Auf Hals und Lippe: Wagenrennen bei den Leichenspielen des Patroklos und kalydonische Eberjagd (Hauptseite); Schlacht der Lapithen und Kentauren und Reigen der von Theseus aus dem Labyrinth befreiten attischen Jünglinge und Mädchen auf Delos (Rückseite); in den Henkelbildern: Potnia Theron, Aias mit der Leiche Achills; am Fuß umlaufend: Kampf der Pygmäen und Kraniche. I. Sch.

Abb. u. Lit: Furtwängler-Reichhold I, Taf. 1–3; 11–13 – A. Minto, Il Vaso François, 1960 – Arias-Hirmer, Abb. 40–46 – Schefold, FS Taf. 46–52.

Franken, westgerman. Volksstamm, im 3. Jh. erwähnt als eine locker geknüpfte Konföderation von Stämmen unmittelbar östl. des Niederrheins. Ihr Name ist → Tacitus noch nicht bekannt, aber wenigstens einer der von ihm erwähnten Stämme, die Chamaven, gehörte zu jener Konföderation. Trotz häufiger Angriffe auf Gallien sind Einzelheiten über sie vor 355 nicht berichtet, bis → Julian nach Gallien kam. Zu dieser Zeit hatten die F. den Rhein überschritten und das heutige Brabant besetzt, ebenso Köln, das Julian mit dem Niederrheingebiet zurückeroberte (358). Anfang des 5. Jh.s lebten die Salier und die Ripuarier, die beiden wichtigsten Stämme, im Nordosten des heutigen Belgiens bzw. jenseits des mittleren Rheins. Der erste König von Bedeutung war Chlodio, der 428 bei Helesmes (Dép. du Nord) von → Aetius geschlagen wurde, aber später Cambrai nehmen konnte. Ein anderer, Merowech, gab der merowingischen Dynastie den Namen. Er griff die Germania I und die Belgica II an, starb aber 456; sein Nachfolger war Childerich, dem seinerseits sein Sohn Chlodwig folgte (481). Erst von hier ab kann die Geschichte der F. kontinuierlich verfolgt werden. Über ihre staatliche Organisation im Inneren ist bis dahin wenig bekannt, ebensowenig von ihrer heidnischen Religion. Ihre Kriegsführung beruhte im wesentlichen auf ihrem Fußvolk, obwohl ihre Führer beritten waren. Ihre charakteristischste Waffe war eine eiserne Axt an hölzernem Stiel, die sie auf den Feind warfen, selbst auf Kavallerie, um die Schilde zu zerbrechen. Vgl. → Chlodwig, → Theudebert I., → Chilperich I. E. A. Th.

Lit: L. Schmidt, Die Westgermanen, 1918 – J. Dhondt-S. J. de Laet-P. Hombert, La fin de la domination romaine et les débuts de la colonisation franque en Belgique, Handelingen der Matschappij voor Geschiedenis en Oudheidkunde te Gent III 2, 1948 – F. Steinbach, Das Frankenreich, in: O. Brandt-A. O. Meyer, Hb. d. dt. Gesch. (1936), 1957^2, I 2 A – H. Dannenbauer, Die Entstehung Europas, 1959/62 – H. Löwe, in: Gebhardt, Hb. d. dt. Gesch. I, 1960^8.

Fratres Arvales. Die röm. Brüderschaft der F. A., d. h. der ‹Ackerbrüder›, wurde nach einer erst spät faßbaren Tradition auf → Romulus zurückgeführt; sie waren angeblich die zwölf Söhne von dessen Amme → Acca Larentia; als einer von ihnen gestorben war, hatte Romulus seine Stelle eingenommen (Gellius 7, 7, 8). In republikan. Zeit ganz schwach bezeugt, ist das Kollegium durch Augustus wiederhergestellt worden und hat von da an bis ins 3. Jh. n. Chr. geblüht. In einem heiligen Hain an der Via Campana, fünf Meilen vor Rom, feierten die F. A. als einzige den Kult der Göttin → Dea Dia. Beträchtliche Bruchstücke ihrer Protokolle, die im Heiligtum gefunden wurden, haben uns mit ihrem komplizierten und archaischen Ritual, wie es Augustus erneuert hatte, bekanntgemacht. Das jährliche Fest, das im öffentlichen Kult den privaten → Ambarvalien entsprach, dauerte drei Tage, abwechslungsweise am 27., 29., 30. und 17., 19., 20. Mai; es sollte die Fruchtbarkeit der Äcker erhöhen (→ Fruchtbarkeitsriten). Am ersten Tage brachten die F. A. im Haus ihres Vorsitzenden in Rom (‹magister›, für ein Jahr) der Dea Dia Weihrauch und Wein dar, berührten dürre Ähren des Vorjahres und frische Ähren, um sie zu weihen, und kosteten dann an einem Festmahl die Erstlinge der Ernte. Die Feier des zweiten Tages fand im heiligen Hain der Göttin statt; dort opferten die F. A. zwei Sauen und eine weiße Kuh. Nachdem sie von den Sauen gegessen hatten, begaben sie sich verschleiert und mit Ähren gekrönt zum Tempel, wo der Magister ein Lamm opferte; eine (unbekannte) Spende wurde in irdene Töpfe (ollae) gelegt; vor dem Tempel gaben sie sich Ähren von Hand zu Hand, wahrscheinlich die am Vortage geweihten; sie richteten ein Gebet an die ollae und warfen sie aus dem Tempel, um sie zu zerbrechen. Nach einer fleischlosen Mahlzeit tanzten sie, im Tempel eingeschlossen, einen heiligen Tanz im Dreischritt zum Rhythmus eines uralten carmen, das sie in der Kaiserzeit selbst nicht mehr verstanden und das wir heute nur teilweise übersetzen können. Zu dreien Malen wurden die → Laren, → Mars, die Semones (→ Semo) und Marmor (ein anderer Mars) angerufen. Wagenrennen im heiligen Hain beschlossen das Fest. Am dritten Tag vereinigten sie sich wieder beim Magister zu einem festlichen Mahl; nachher wurden Fackeln entzündet, und die Priester gingen nach Hause mit rituellen Geschenken. Den F. A. oblag auch die Sühnung aller Arbeiten, die im heiligen Hain vorgenommen werden mußten. Außerdem nahmen sie am Kaiserkult tätigen Anteil: für den Kaiser und dessen Familie legten sie zahlreiche regelmäßige und außerordentliche Gelübde ab. H. Le B.

Ed: G. Henzen, Acta Fratrum Arvalium, 1874 – M. Nacinovich, Carmen Arvale, Text u. Komm., 2 Bde, 1933–1934 – *Lit:* E. Norden, Aus altrömischen Priesterbüchern, 1939, 109–280.

Frau. [1] *In Griechenland. Homerische Zeit:* In Ilias und Odyssee erscheint die vornehme F. als Herrin des Hauses, die selbständig wirtschaftet, aber sonst ihrem Mann völlig untertan ist, hohe Achtung genießt und einen nicht geringen Einfluß auf die Umwelt hat. – In der *klass. Zeit* ist die Stellung der F. von einem Stadtstaat zum anderen verschieden, je nach Ausprägung der Familienverfassung. Kennzeichnend für *Athen* ist, daß die Bürger-F. in völliger Abgeschlossenheit im Hause gehalten wird, ohne jeden Anteil am gesellschaftlichen Leben, wo ihre Stelle die → Hetäre einnimmt, und am kulturellen Aufblühen Athens, da sie keinerlei Unterricht erhält. Politische Rechte standen den F.en in keinem der griech. Stadtstaaten zu. Sie besaßen zwar ein potentielles → Bürgerrecht, das sie in legitimer Ehe ihren Söhnen weiterreichten; seine Ausübung blieb aber immer an die Wehrfähigkeit geknüpft. Zivilrechtlich unterstand die F. lebenslang der Kyrieia (→ Recht I D 2 a, E 2, II 4), d. h. der von einem *κύριος* im Rahmen der Familienverfassung über die zu einem Oikos gehörenden Gegenstände und Personen ausgeübten Verfügungsmacht, soweit letztere wegen Alters, Unfreiheit oder Geschlecht nicht frei über sich selbst verfügen konnten. *Κύριος* war jeweils der Hausvater, bzw. der durch Engye und Ekdosis (→ Recht I D 2 b) verheiratete Mann, sodann seine Söhne, bzw. weitere männliche Verwandte. Die Kyrieia schloß die Verfügung über Hand und Vermögen der F. ein, entsprach also ihrem Wesen nach der Hausgewalt – anders als die röm. Geschlechtstutel –, war aber nicht zwingend mit ihr identisch. Die F. als Rechtsobjekt konnte daher nicht Geschäfte abschließen, testieren, im Prozeß auftreten; sie besaß kein

Vermögen, erbte nicht und hatte keinen rechtlichen Anspruch auf eine Mitgift. Als Erbtochter (→Recht I D 3b) fiel sie zusammen mit dem Nachlaß, sozusagen als Teil desselben, an den nächsten männlichen Verwandten. Zu ihrem Schutz gab es allein eine von jedem beliebigen zu erhebende Klage wegen Schlechtbehandlung, γραφὴ κακώσεως. In den *dor. Staaten*, bes. in *Sparta* und *Gortyn*, erscheint die Frau immerhin als Rechtssubjekt. Ob in Gortyn das Institut der Kyrieia existierte, ist noch offen; die erste Verheiratung erfolgte jedenfalls durch Vater oder Bruder. Vermögens-, prozeß- und eidesfähig verwaltete sie von der Mündigkeit an ihr Vermögen selbst. Neben einem gelockerten Erbtochterrecht besteht ein beschränktes Frauenerbrecht am beweglichen Vermögen. – Das Inschriftenmaterial aus gesamtgriech. Bereich zeigt die Kyrieia jedoch nicht als gemeingriech. Institut. In Delphi, Thessalien, Böotien, Megara, Tenos, Amorgos z.B. haben Frauen Eigentum und nehmen Rechtsgeschäfte selbständig vor, teils mit, teils ohne κύριος. – Die *hellenist. Zeit* ist gekennzeichnet durch einen Individualisierungsprozeß des gesamten gesellschaftlichen Lebens, der sich auf familienrechtlicher Ebene in der Auflösung des alten Familienverbandes, des Oikos, äußert. Frauen genießen daher größere Bewegungsfreiheit und bessere Erziehung; in Literatur und Philosophie stößt man auf Frauennamen; es bildet sich ein Selbstbewußtsein der Frau aus. Aber politische Rechte erhalten sie nach wie vor nicht, auch nicht in Ägypten. Die Stellung ptolemäischer Herrscherinnen beruht auf dynastischer Macht, hat aber keine Parallele in der Rechtssphäre. Im Rechtsleben ist die griech. Frau auch in Ägypten Subjekt (→Recht II 4). Sie nimmt alle Rechtsgeschäfte selbst vor: Traditionell griech. Geschäfte mit ihrem κύριος, der aber nur Geschlechtsvormund ist, also bloß mitwirkende Funktion hat; bei in Demotisch abgefaßten Rechtsgeschäften handelt sie dagegen allein. Nur Vertragszeugin und Besitzerin von Kleruchenland kann sie nicht sein. Sie erbt – das Erbtochterrecht ist in Ägypten verschwunden – und vererbt; sogar als testamentarische Vormünderin, als Partnerin eines Ehekontrakts, im Prozeß trifft man sie an. Gegenüber Athen in der klass. Zeit hat die Frau auf sozialem und rechtlichem Gebiet eine große Selbständigkeit erlangt, die teils auch auf ägypt. Einfluß beruhen mag. B.Rö.

Lit: L. Beauchet, Histoire du droit privé de la républ. ath., 1897 – J.H. Lipsius, Das att. Recht u. Rechtsverfahren, 1908 – Kohler-Ziebarth, Stadtrecht v. Gortyn, 1912 – L. Mitteis, Grundzüge u. Chrestomathie der Papyruskunde, II 1, 1912 – W.G. Becker, Platons Gesetze u. das griech. Familienrecht, 1932 – W. Erdmann, Die Ehe im alten Griechenland, 1934 – U.E. Paoli, La donna greca nell'antichità, 1953 – E. Kornemann, Große Frauen d. Altertums (1947), 1954⁴ – R. Taubenschlag, The Law of Graeco-Roman Egypt (1944), 1955² – H.J. Wolff, Beitr. z. Rechtsgesch. Altgriechenlands u. des hellenist. Ägypten, 1961.

[2] *In Rom. Republik:* Die röm. Gesellschaft ist auf rein vaterrechtlicher Grundlage aufgebaut, und die F. steht zeitlebens privatrechtlich unter der Vormundschaft eines Mannes (Liv. 34, 2); entweder der →patria potestas des Vaters, der →manus des Gatten oder der →tutela eines Vormundes. Von jeder politischen Tätigkeit ist sie ausgeschlossen (Ulp. dig. 40, 17, 2), und ihre Aufgabe liegt immer in erster Linie in der Wartung des Hauses (domiseda, lanifica) und der Erziehung ihrer Kinder (Tac. dial. 28). Als mater familias hat die Römerin jedoch eine geachtetere und freiere Stellung inne als die Athenerin (Nep. praef. 6f.). Sie kann mit dem Manne gesellschaftlich auftreten (Theater, Gastmähler) und als Zeugin vor Gericht aussagen. Dazu befähigt sie eine je nach Vermögen öffentliche oder private Schulbildung. Einer Erwerbsarbeit gehen nur die niederen Schichten und Freigelassene nach (Korbflechterin, Flickerin usw.). Durch erzwungene Selbständigkeit während der punischen und makedonischen Kriege und durch den schwer abwägbaren Einfluß des hellenistischen Ostens wird auch der rechtliche Status der F. zunehmend freier. Neben die Eheformen mit manus (coemptio, confarreatio, usus; vgl. Recht III D 4–6), bei denen die F. filiae loco unter der potestas ihres Gatten steht, überwiegen jetzt die Ehen ohne manus. Hier bleibt sie mit ihrem Vermögen unter der Gewalt des Vaters oder Tutors. Außerdem kann die F. durch →emancipatio aus der väterlichen Gewalt und seit dem 1. Jh. v. Chr. durch coemptio fiduciaria aus der Agnatentutel befreit und mit eigenem Verfügungsrecht (sui iuris) ausgestattet werden. Sie kann ihren Besitz selbst verwalten, testieren, auch die Ehe von sich aus lösen und wird so in vieler Hinsicht dem Manne ebenbürtiger. – Die aristokratische Verfassung Roms begünstigt politische Ehen, wodurch auch F.en indirekt Einfluß auf das Staatsleben erhalten (z.B. →Cornelia (1), die Mutter der Gracchen, →Julia (1), die Tochter →Caesars u.a.). Im Staatskult spielen F.en von jeher eine wesentliche Rolle: flaminica, die Gattin des flamen dialis; →Vestalinnen, mit besonderen Ehrenrechten vor allen Bürgern. Zu erwähnen ist schließlich noch die Rolle der Frau in der Dichtung, bes. der Liebes→Elegie (vgl. →Menschenbild B 4). – Außer diesem historisch Feststellbaren gibt es über die Frühzeit Sagenberichte mit heroisierender Tendenz. Berühmte Namen sind →Tanaquil, →Lucretia, Verginia, →Cloelia, →Volumnia u.a. Mit echter Überlieferung aus einer Zeit, die vielleicht noch matriarchalische Einflüsse erfuhr (→Etrusker?), mögen sich hier zu legendarischer Ausgestaltung Rückprojektionen aus der jüngeren Vergangenheit, Züge eines Wunschbildes der Gegenwart und fremde Sagenmotive verbinden. – *Kaiserzeit:* Die Bürgerkriege gegen Ende der Republik brachten neben der ständig wachsenden Emanzipation der F. auch eine zunehmende Lockerung der Sitten in den oberen Schichten mit sich, deren Folge Ehescheidungen, Geburtenrückgang und Ehefeindlichkeit waren. Diese Entwicklung suchte →Augustus durch seine Sittengesetzgebung aufzuhalten. Ein Teil der Bestimmungen verleiht F.en mit wenigstens 3 Kindern neben anderen Prärogativen (ius liberorum) auch die Freiheit von jeder Tutel. Die Agnatentutel wird allgemein – außer für Freigelassene – durch →Claudius beseitigt. Codex Theodosianus und Justinianus kennen keine Form der Frauentutel mehr. Die Manus-Ehen sind ohnehin schon früher ganz abgekommen, so daß in der frühen Kaiserzeit faktisch die privatrechtliche Mündigkeit der F. vollendet ist. Trotz des weiter als vorbildlich hingestellten Ideals der altrömischen matrona fallen auch die gesellschaftlichen Schranken immer mehr. Die Bildung der F.en gleicht sich der ihrer Männer an: Was früher eine Singularität war, Studium der Geschichte und (griechischen) Philosophie, ist jetzt in der Oberschicht verbreitet. Ein gesteigertes Eigenleben entfalten die F.en daneben auf religiösem Gebiet; sie haben ihre bevorzugten, meist orientalischen Kulte: Isis-, Kybeledienst, Judentum u.a. An der Ausbreitung des →Christentums haben F. aller Stände wesentlichen Anteil. Politische Bedeutung erhält die Römerin auch jetzt nur durch politische Heirat: Eine hervorragende Stellung fällt dabei in der Monarchie den F.en der Kaiser zu, die teilweise aktiven Einfluß auf die Geschicke des Staates nehmen. Meist erhalten sie auch Ehrenrechte, die im übrigen dem Kaiser selbst vorbehalten sind (Augustatitel, Bildnis- und Münzrecht, Konsekration usw.). H.T.

Lit: J. Teufer, Zur Gesch. der Frauenemanzipation im alten Rom, 1913 – Friedländer, I 265–315 – F. Zagelmeier, Die rechtl. Stellung der F. im röm. Familienrecht, 1928 – B. Förtsch, Die politische Rolle der F. in der röm. Republik, 1935 – E. Kornemann, Große Frauen des Altertums (1947), 1954⁴ – F. Schulz, Classical Roman Law, 1951 – J.P.V.D. Balsdon, Roman Women, 1962 – C. Herrmann, Le rôle judiciaire et politique des femmes sous la République Romaine, 1964.

Frauenhaar (ἀδίαντον, τριχομανές), ein im Mittelmeergebiet häufiger Farn mit schwarzen Stielen und zierlichen Fiederblättchen. Man schätzte F. als Schutz gegen Trockenheit an Ställen, als Zierpflanze und als Heilmittel, bes. gegen Frauenleiden. Namensverwandt ist Adiante, eine

Tochter des →Danaos. Eine mythologische Verbindung mit dem Bereich der Aphrodite, wie sie der spätere Name ‹Venushaar› nahelegt, ist in den antiken Quellen nicht verbürgt. Vgl. →Pteris; →Flora. J.W.

Lit: Olck, RE 7, 1 (1910), 87–91 – Murr, Pflanzenwelt, 244f.

Frauenrollen, im antiken Drama immer von männlichen →Schauspielern übernommen, von Frauen selbst erstmalig im →Mimus, ebenso dann in der →Pantomime der nachchristl. Zeit. E.-R.Sch.

Freigelassene. [1] *In Griechenland.* Der Akt der Freilassung eines →Sklaven hatte den Zweck, diesen in den Stand der persönlichen Freiheit zu setzen, also sein Sklavenverhältnis zu beenden. Schon vor dem Aufkommen der Kaufsklaverei konnten Unfreie, die durch Krieg, Seeraub, Schuldknechtschaft oder von Geburt in fremder Verfügungsgewalt waren, losgekauft werden. Die Freilassung einzelner Sklaven durch ihren Herrn, der die geleisteten Dienste dadurch belohnte, erfolgte ursprünglich formlos oder durch Letzten Willen. Im 5. Jh. v. Chr. setzte sich das Bestreben durch, die Freilassung als Rechtsakt vor der Öffentlichkeit zu legitimieren, vor allem im Interesse des F. (ἀπελεύθερος) selbst, um dessen Stellung zu sichern. Meist genügte die öffentliche Ausrufung durch Herold vor der Bürgerschaft, im Theater oder vor einem dafür zuständigen Gremium, jedenfalls vor Zeugen. Wenn der Freilasser den Verkaufswert des Sklaven als Lösegeld oder der Staat eine Gebühr verlangte, war der Betrag vom Sklaven oder von Dritten für ihn zu bezahlen. In Athen wurde dieses Verfahren durch Weihung von Silberschalen durch F. (φιάλαι ἐξελευθερικαί) im 4. Jh. v. Chr. inschriftlich beurkundet. Weiter entwickelt erscheint die Beurkundung des Freilassungsakts in hellenist. Zeit, so in den ptolemäischen Papyrustexten und in den thessalischen Freilassungsinschriften. Ein anderer, weit verbreiteter Rechtsgedanke liegt der sog. kultischen Freilassung zugrunde, durch die der Sklave an eine Gottheit geweiht oder verkauft wurde und damit praktisch die Freiheit erhielt. Bes. aus Delphi sind zahlreiche derartige Inschriften vom 2. Jh. v. Chr. bis zum 2. Jh. n. Chr. erhalten, in denen die Freilassung durch Abgabe des Preises und Nennung der garantierenden Zeugen (βεβαιωτῆρες) öffentlich bekanntgegeben wird. Im Kriege wurden nicht selten Freilassungen durch den Staat als Belohnung für Beteiligung am Kampf verfügt, so von den Athenern in der Schlacht bei Marathon, den Arginusen, Chaironeia. Oft hatte der F. seinem früheren Herrn nach Vereinbarung weiterzudienen, etwa durch Verbleiben (παραμονή) in dessen Hause auf bestimmte Dauer oder durch Leistungen für die Familie des Freilassers. Bei Nichterfüllung dieser Auflagen konnte in Athen die Freilassung auf dem Prozeßwege widerrufen werden (δίκη ἀποστασίου). Im sog. Freiheitsprozeß wurde festgestellt, ob eine umstrittene Person entweder als Sklave beansprucht werden könne oder rechtmäßig freigelassen sei. In die Bürgerschaft wurde der F. nach griech. Recht in der Regel nicht aufgenommen. Er erhielt mit seiner Familie eine Stellung, die etwa den ansässigen Fremden, in Athen den →Metöken, entsprach; er mußte daher eine besondere Abgabe zahlen und sich für bestimmte Fälle einen Bürger als Rechtsvertreter (προστάτης) wählen. Einzelnen F. wurde das →Bürgerrecht verliehen, so im 4. Jh. dem reichen Bankhalter →Pasion in Athen, der damit auch den vollen gesellschaftlichen Aufstieg erreichte; anderen gelang es, in die Familie ihres Freilassers einzuheiraten und dadurch bürgerlich zu werden. Wirtschaftlich bildeten die F., die meist ihr erlerntes Gewerbe weiter betrieben, eine zahlenmäßig kleine, aber nicht unbedeutende Schicht der Bevölkerung.

[2] *In Rom.* Bei den Römern erfolgte die Freilassung (manumissio) eines Sklaven in älterer Zeit formlos in Anwesenheit von Zeugen (inter amicos) oder durch Testament; durch die Zustimmung des Prätors wurde der Akt öffentlich anerkannt. Der F. (libertus) stand unter dem Patronat und Rechtsschutz seines früheren Herrn, hatte ihm gegenüber entsprechende Pflichten und erhielt auch den Gentilnamen (→Name) des Freilassers. In Zweifelsfällen wurde der Rechtsstand des F. durch den Vindikationsprozeß festgestellt (vindicare in servitutem, in libertatem). In bemerkenswertem Unterschied zum griech. Recht hatten die röm. F. als Stand (libertini) Anteil am Bürgerrecht; ihre Nachkommen, spätestens Enkel, waren den freigeborenen Bürgern (ingenui) gleichberechtigt. Da die F. als frühere Sklaven und Kriegsgefangene meist nichtröm. Herkunft waren, suchte man der Überfremdung der Bürgerschaft jedoch durch verschiedene Einschränkungen vorzubeugen. So war das Wahlrecht, der Militärdienst, das bürgerliche Eherecht der F.n in der Zeit der Republik umstritten; im 2. Jh. v. Chr. beschränkte man ihre Zulassung auf die 4 städtischen Tribus. Als am Ende der Republik die Freilassungen immer zahlreicher geworden waren, versuchten Augustus und Tiberius nochmals, die gesellschaftliche Emanzipation der F.n einzudämmen. Durch die lex Iulia de maritandis ordinibus (18 v. Chr.) wurde den Senatoren die Ehe mit einer F.n verboten, durch die lex Iunia (19 n. Chr.) den F.n anstelle des Bürgerrechts eine Art latinischen Rechts gegeben (Latini Iuniani). Die zunehmende Bedeutung der F.n in der Kaiserzeit ließ sich dadurch aber nicht aufhalten. Nach Ausweis der Grabinschriften waren mehr als die Hälfte der Gewerbetreibenden Roms in manchen Geschäftszweigen F. Für die Manieren reich gewordener Emporkömmlinge dieser Art ist die Gestalt des Trimalchio bei →Petron aufschlußreich. Doch auch in Kunst und Wissenschaft waren zahlreiche F. tätig, als Architekten, Ärzte, Rhetoren, Advokaten, Schriftsteller; wie →Horaz, der Sohn eines F.n, von sich bezeugt, galt freilich eine solche Abkunft in gewissen Kreisen noch immer als gesellschaftlicher Makel. Eine wichtige Stellung erlangten die F.n in der kaiserlichen Verwaltung und im Hofdienst. Da es den Senatoren aus Standesgründen nicht zumutbar war, in den persönlichen Dienst des Kaisers zu treten, wurden die Hofämter und die Verwaltungsstellen der kaiserlichen Provinzen ähnlich wie die Munizipalämter großenteils mit F.n und →Rittern besetzt, die damit die Nachfolge der republikan. Nobilitätsfamilien antraten. Zeitweilig übten mächtige F. praktisch die Regierungsgewalt aus, wie →Callistus (1), →Pallas (3) und →Narcissus unter Kaiser Claudius, Cleander unter Commodus. Auch die besten Kaiser trugen kein Bedenken, F. ihrer Umgebung in den Ritterstand zu erheben oder in ihre Familie aufzunehmen. Durch die →Constitutio Antoniniana des Caracalla 212 n. Chr. erhielten ebenso wie die Provinzialen auch alle F.n im Reich, mit Ausnahme der sog. →Dediticii, zu denen wohl die als Sklaven Vorbestraften gehörten, das volle röm. Bürgerrecht. Das Patronatsrecht des Freilassers blieb jedoch bestehen; als letzte Bindung des F.n wurde es noch von Justinian anerkannt. S.L.

Lit: A. Calderini, La manomissione e la condizione dei liberti in Grecia, 1908 – Friedlaender, 235ff. – A. Steinwenter, RE 13 (1926), 104–110, s. v. Libertini.

Fremde (ξένοι) hießen die (freien) Nichtbürger im griech. Bereich. Sie waren durchwegs auswärtiger Herkunft, konnten aber im Gastland für die Dauer wohnhaft werden und wurden dann vielfach (etwa unter der Bezeichnung →Metöken) von der Masse der nur vorübergehend anwesenden Fremden auch rechtlich geschieden. Von den Bürgern schied sie alle nicht nur das Fehlen der politischen Rechte (→Bürgerrecht), sondern auch die schlechtere private Rechtsstellung. Völlig rechtlos sind sie wohl nie gewesen; doch blieben sie länger als die Bürger auf den alten Rechtsweg der Selbsthilfe (→Recht I B 1) und auf den Schutz ihres →Gastfreundes bzw. →Proxenos oder ihres Heimatstaates angewiesen, und auch später, als ihnen die Gerichte nach und nach geöffnet wurden, blieb die prozeßrechtliche Gleichstellung mit den Bürgern ein besonderes

Privileg. Besonderer Privilegien, der Enktesis und Epigamie, bedurften sie in der Regel auch, um Grundbesitz zu erwerben und mit Bürgern gültige Ehen abzuschließen. – Vgl. auch → Peregrini. F. G.

Lit: A. Aymard, Les étrangers dans les cités grecques aux temps classiques, in: L'étranger (Rec. de la Soc. Jean Bodin IX), I, 1958, 119ff. – Cl. Préaux, Les étrangers à l'époque hellénist., ebd., 141ff. (Lit).

Fremdsprachen. [1] Bei den *Griechen* hat die Notwendigkeit, von Anfang an, oft unter schwierigsten Verhältnissen, die eigene Sprache schützen zu müssen, früh zur grundsätzlichen Überzeugung von der Überlegenheit des Griechischen über andere Sprachen geführt. Das erklärt, warum sich ihre Autoren – von einzelnen Beobachtungen bei Dichtern (Aischyl. Ag. 1047ff.; bes. Aristoph. Thesm. 1001ff. u. ö.) abgesehen – nie mit fremden Idiomen um ihrer selbst willen befaßt haben. Die Bezeichnungen für Sprache und Sprechen des Ausländers unterstreichen das Fremdklingende und Unverständliche (vgl. βάρβαρος, ‹Nichtgrieche›). In den Schilderungen der → Ethnographen und Historiker bildet die Sprache eines fremden Volkes stets nur ein Merkmal unter anderen. Was Herodot (1, 57. 139; 2, 2 u. ö.), Thukydides (4, 109; 8, 85), Strabon u. a. über Zweisprachigkeit, Sprachmischung und -degeneration berichten, gehört zur Tradition der Gründungssagen oder ist Kuriosum. Die wissenschaftliche Sprachlehre beschränkte sich unter dem Einfluß des Hellenismus, der alles Nicht-Griechische ausschloß, auf Verurteilung von Barbarismen und auf Erklärung von Fremdwörtern in → Glossarien und Onomastica. Dagegen waren seit dem 3. Jh. v. Chr. italische Glossensammlungen, griech.-lat. Wörterverzeichnisse und interpretamenta im Umlauf. Aus dem ausschließlichen Gebrauch des Griechischen als Amtssprache im Mutterland und aus seiner unbestrittenen Vorherrschaft als Kultur- und Verkehrssprache im Mittelmeerraum darf aber nicht geschlossen werden, daß die Griechen, bes. im Ausland, F. in der Praxis nicht gekannt hätten. Die Zeugnisse dafür beginnen im 6. Jh. v. Chr. in Persien und Ägypten; sie mehren sich vom 1. Jh. v. Chr. an, führen im Osten bis nach Indien und im Westen, in der Kaiserzeit, in alle vom Lateinischen beherrschten Gebiete.

[2] Die Einstellung der *Römer* zu fremden Sprachen ist nur von ihrer politischen Entwicklung her zu begreifen. Der ausschließliche Gebrauch des Lateinischen im öffentlichen Leben und eine Kolonialpolitik, die der fremden Bevölkerung in eroberten Provinzen den Gebrauch der eigenen Sprache bis zur politischen Eingliederung erlaubte, enthob die Römer der Notwendigkeit, sich mit fremden Sprachen zu befassen. Die sog. Mischinschriften, die auf Zweisprachigkeit schließen lassen, stammen von Privaten aus noch nicht völlig latinisierten Provinzen. Wie weit das Etruskische seit dem 6. Jh. v. Chr. als Bildungssprache beim Adel Eingang fand, ist umstritten. Eine Sonderstellung nahm nur das Griechische ein, dessen Kenntnis bei den Römern jedenfalls seit dem 3. Jh. v. Chr. weit verbreitet und in gebildeten Kreisen seit dem 2. Jh. unerläßlich war. Vom 3. Jh. v. Chr. an diente es den Römern im diplomatischen Verkehr im Osten und in Ägypten; auch deuten die um diese Zeit beginnenden griech. Beinamen und zweisprachigen griech.-lat. → Inschriften auf die wachsende Verbundenheit der Römer mit allem Griechischen. Die Wandinschriften und → Sgraffiti aus Pompeji zeigen, daß Mehrsprachigkeit auch im Volk verbreitet war. In ihren Beobachtungen folgten die röm. Grammatiker und Historiker dem Schema der Griechen. Doch zog → Varro (1), historischer orientiert als die Ausländer, die sich zuerst mit dem Lateinischen befaßt hatten (Hypsikrates, → Philoxenos, → Tyrannion, → Didymos (2), → Juba, (3), in seinen Etymologien neben dem Punischen, Iberischen usw. die italischen Idiome stärker heran. An ihren einseitig auf das Lateinische ausgerichteten, national betonten Sprachtheorien hielten die Römer auch noch fest, als die Mehrsprachigkeit durch das Einströmen fremder Elemente ins → Heer und die Ausweitung des → Bürgerrechts auf das ganze Reich (212 n. Chr.) weiter zugenommen hatte. H. Hm.

Lit: L. Hahn, Rom und Romanismus im griech.-röm. Osten, 1906 – Ders., Zum Sprachenkampf im röm. Reich.., Philologus Suppl. 10, 1907 – W. Hoffmann, Rom u. d. griech. Welt im 4. Jh., Philol. Suppl. 27, 1, 1934 – H. Zilliacus, Zum Kampf der Weltsprachen im oströmischen Reich, 1935 – G. Bardy, La question des langues dans l'église ancienne, 1948.

Fremdvölker, Bezeichnung nichtägypt. Völker in ägypt. Darstellungen, die gern gefesselt ‹unter den Füßen› des Königs gezeigt wurden, entweder an der Thronbasis oder als Konsole stehender Königsstatuen. W. Hk.

[2] F. in Griechenland und Rom: → Barbaren; zu Darstellungen → Ikonographie; → Orient und Antike.

Frentaner, samnit. Volksstamm an der Adriaküste zwischen Ortona und Buca an der Mündung des Tifernus (Kt. 1420). 304 v. Chr. Bundesgenossen Roms. Nach dem → Bundesgenossenkrieg (3) erhalten sie röm. → Bürgerrecht. Hauptort Anxanum, weitere Orte Iuvanum, Larinum, Uscosium und die Insulae Diomedeae mit der Hauptinsel Tremitus. Mit den übrigen → Samnitenstämmen der 4. Region des Augustus zugewiesen. B. A.

Lit: Nissen, I 527; II 778ff. – Devoto, passim.

Fresko. [1] F. ist eine *Technik* der Wandmalerei, die auf eine feuchte Bewurfschicht aufgetragene → Farben beim Trockenprozeß wetterfest abbindet. Vitruv fordert 7 einzeln aufzutragende Schichten: auf grober Berappung 3 Schichten *feinen* Kalkmörtels und (im Verhältnis 7:1) 3 Schichten *groben* bis feinen Marmorstucks, die durch Schlagen verdichtet, dann geglättet wurden. Die pompejanischen Farben – mit Ausnahme von Schwarz nicht immer mit Leim gebunden – enthalten häufig Beimengung von Marmormehl. Durch Politur der Oberfläche mit dem sog. Marmorweiß (mit Leim gefestigtes Marmormehl) erhalten sie den für antike Wandmalerei typischen Glanz. Die im Vergleich zu aller späteren F.technik umgekehrte Schichtenfolge (unten fein, oben grob) hatte den Vorteil langsamen Austrocknens, erübrigte folglich die Arbeit in Tagschichten sowie die Benutzung des Kartons. Bis ins 16. Jh. wurde in kombinierter F.-Secco-Technik gemalt, aber auch die spätere reine F.technik hat die Widerstandsfähigkeit antiker Fresken nicht erreicht. Vgl. → Malerei. C. K.

Q: Vitr. 7, 3, 5 – Plin. nat. 36, 176 – *Lit:* O. Breitschedel, Zur Technik der röm. pompejan. Wandmalerei, 1911 – A. Eibner, Entwicklung und Werkstoffe der Wandmalerei vom Altertum bis zur Neuzeit, 1926 – S. Augusti, La tecnica della pittura parietale pompeiana, in: Pompeiana, 1950, 313–354 – W. Klinkert, Bemerkungen zur Technik der pompejan. Wanddekoration, RM 64, 1957, 111–148 – M. Cagiano de Azevedo, EAA I 100–102, s. v. affresco.

[2] In → *Kreta* dient das F. seit der jüngeren mittelmin. Periode (17. Jh.) zur Verzierung der Innenwände (Fußböden) und Decken. Funde in → Knossos (Palast, Haus d. Fresken, SO-Haus, ‹Schatzhaus›, Karawanserei), → Amnisos, → Hag. Triada, → Tylissos, Niru Chani, Turtula, Katsamba. Aus Streifendekorationen und Nachahmungen steinerner Wandverkleidungen erwuchs das mit Tieren, Felsen, Sträuchern, Brunnen und auch Menschen gefüllte Szenarium der (→ Greifen-F.). Darstellungen des Menschen: Tänzerinnen, → Miniatur-F., Prozession, Stierspringer usw. Ornamentale F.en (etwa die Schild-F.en). Verteilung auf den Wänden in der Regel friesartig. Für Wand (Decke) und Boden wurde die F.malerei, meist mit abgewandelten oder neuen Motiven, von der *myk. Kultur* übernommen: → Mykene, → Tiryns, → Pylos, Theben, → Orchomenos. W. Schg.

Abb: H. Th. Bossert, Altkreta, 1937³, Abb. 26–46 (myk.); Abb. 222 bis 247 (kret.) – Knossos: A. Evans, The Pal. of Minos, s. Index-Bd., 1936, 51–56 – Tylissos: Ephem. 1912, Taf. 18–20 – Nirou Chani: Ephem. 1922, 11, Abb. 9 – Katsamba: Praktika 1955 (1959), 314ff. – *Lit:* F. Matz, HbArch II 250f. 292f. – G. Rodenwaldt, Tiryns II, 1912 – Ders., Der Fries des Megaron von Mykenai, 1921 – H. Reusch, Die zeichn. Rekonstr. d. Frauenfrieses im böot. Theben, Abh. Berlin, 1955 – Pylos: M. Lang, Archaeology 13, 1960, 55–60 – N. Platon, Κρητ. χρον. 13, 1959, 319ff.

Friesen, german. Stamm an der Nordseeküste zwischen Rheins und Ems (Kt. 1057 B2), um 12 v. Chr. den Römern tributpflichtig gemacht. Tac. (Germ. 34) unterscheidet Großfriesen im O, Kleinfriesen im W. L.B.-H.

Lit: s. zu → Germanen.

Frithigern, Teilfürst der → Westgoten, unter dessen Führung ein Teil der Westgoten vor den → Hunnen Zuflucht im röm. Reich fand (376), arianischer Christ. Wegen schlechter Versorgung erhob er sich jedoch schon 377, drang plündernd bis vor Konstantinopel und schlug die Römer 378 bei Adrianopel vernichtend (Tod Kaiser → Valens'); die befestigten röm. Städte hielten sich jedoch, und → Theodosius I. stellte die Lage wieder her. Herbst 382 Friedensvertrag, der den Westgoten als Föderaten Land in Niedermösien anwies. F. scheint bald nach dem Vertragsschluß gestorben zu sein. K.F.Str.

Lit: L. Schmidt, Die Ostgermanen (1910), 1941² – E. A. Thompson, The Visigoths from Fritigern to Euric, Historia 12, 1963, 105–126.

Fron. Zwangsarbeit für den Staat war im Alten Orient und bes. in → Ägypten (C4) häufig, hier gemeß der Vorstellung vom Weltgottkönig, dem alles zu dienen hatte. Besonders im Alten Reich wurden die Bewohner Ägyptens zu Kanalbauten, Felderbestellungen, Pyramidenbauten, Steinbruchsexpeditionen und Feldzügen ausgehoben. Nur Angehörige der Pyramidenstädte und einiger Tempel wurden davon befreit. Aus erhaltenen Dekreten erkennt man, daß auch noch andere Auflagen, wie Beköstigung königlicher Boten und bestimmte Besteuerungen, als ‹Fron› angesehen wurden. Auch in späterer Zeit sind Aushebungen für staatliche Unternehmungen häufig, wenn dann auch mehr das ‹Heer› dafür eingesetzt wurde. → Arbeit. W. Hk.

[2] Zur F. in Griechenland und Rom vgl. → Arbeit; → Sklaven.

Frontalität. Der archäologische, zuerst von J. Lange 1892 (allerdings zunächst im Hinblick auf vorgriech. bzw. allgemein primitive Kunst) präzis definierte und vor allem zur Interpretation vorklassischer, rundplastischer Menschendarstellungen angewendete Begriff meint die spiegel-‹symmetrische› Ordnung einer Figur um die Mittelsenkrechte ihrer Vorderseite (nicht unbedingt der ‹Ansichtsseite›); unter welcher Voraussetzung der Figur nur eine beschränkte Beweglichkeit möglich bleibt. Dieses ‹Gesetz› hat wohl geholfen, frühe Kunst zu deuten und bes. deren Typisierung und Überzeitlichkeit zu erklären, doch ist es wie manche andere Regel (vgl. → Isokephalie, → Perspektive, → Asymmetrie, → Symmetrie, → Realismus, → Kunsttheorie) von der antiken → Kunst (im Vergleich etwa mit der ägypt. Kunst) nie in prinzipieller Starrheit angewandt worden; viele Beispiele sprechen schon in früher Zeit für seine bewußte Durchbrechung. Man wird heute zur treffenderen Beschreibung und Beurteilung des angesprochenen Sachverhalts eines gewissen ‹unorganischen› Formfaktors überhaupt lieber den umfassenderen und fruchtbareren Begriff eines (dreidimensionalen) Achsensystems verwenden; Plastik stellt sich dann als Spannung zwischen diesem Koordinatenkreuz eines Raumkubus und der Bildoberfläche dar. D. Sch.

Lit: J. Lange, Darstellung des Menschen in der älteren griech. Kunst, 1899 – R. Bianchi Bandinelli, EAA III 1960, s. v. Frontalità (mit Bibliogr.).

Frontonianus → Palma.

Frontinus (S. Iulius F.), ca. 40–ca. 103 n. Chr., praet. 70, cos. 73, 98 und 100 (98 und 100 mit Trajan), 74–77 Statthalter Britanniens (als solcher von → Agricola (1), dem Schwiegervater des Tacitus, abgelöst), 97 curator aquarum. Tüchtig als Beamter (Tac. Agr. 17,2 *vir magnus quantum licebat*), war er auch ein tüchtiger Schriftsteller auf seinen sachlich-technischen Gebieten. Seine Werke sind: 1. Ein Traktat über Feldmesserkunst, von dem im → Corpus (1) agrimensorum Teile erhalten sind. – 2. Ein systematisches Werk über Kriegskunst, ‹De re militari›, das verloren ist. – 3. ‹Strategemata›, als Exempla erzählte Kriegslisten, in 4 Büchern, von denen nur die drei ersten eigentliche Kriegslisten enthalten, während die vierte Feldherrentaten allgemeiner, vorwiegend moralischer Art gibt. Die Echtheit des vierten Buches wurde früher auch aus anderen Gründen angezweifelt, dürfte nun aber anzuerkennen sein. Wahrscheinlich handelt es sich um Restmaterial, das F. selbst nachträglich hinzugefügt hat. – 4. Ein sehr sachkundiges und ergiebiges Werk über die Wasserleitungen und die Wasserversorgung Roms, ‹De aquaeductu (oder De aquis) urbis Romae›. Die Schrift ist uns nur mit einigen Lücken überliefert, aber von einzigartiger Bedeutung. Die Sprache F.s ist, wie seine Persönlichkeit, nüchtern und sachlich. Er widmet dem Stoff größeres Interesse als der Form, verschmäht aber rhetorische Stilmittel nicht ganz. G.B.

Ed: Feldmeßkunst: K. Lachmann, Die Schriften der röm. Feldmesser I, 1848, 1–58 – G. Thulin, Corp. agrim. Rom. I 1, 1913, 1–19 – *Strategemata:* E. Silber, 1487 (ed. princ.) – G. Gundermann, 1888 – G. Bendz, 1963 (mit Übers. u. Komm.) – *De aquis:* F. Krohn, 1922 – P. Grimal, 1944 (mit franz. Übers. u. Komm.) – Ch. Bennett u. M. McElwain, 1925 (Strat., De aquis; mit engl. Übers.) – *Ind. verborum* zu den Strat.: G. Bendz, 1939 – *Lit:* A. Kappelmacher, RE 10, 1 (1917), 591–606 – Schanz-Hosius, II 795–799 – G. Bendz, Die Echtheitsfrage des 4. Buches der frontinschen Strategemata, 1938 – Ders., Einf. zur Ausgabe, 1–14.

Fronto, M. Cornelius, aus Cirta, seit → Hadrian in Rom Rhetoriklehrer und Anwalt. → Antoninus (2) Pius betraute ihn mit der Erziehung der Prinzen M. Aurelius (→ Mark Aurel) und L. → Verus (1). Nach der üblichen Staatslaufbahn (CIL 8, 5350) war er 143 cos. suff. Geburts- und Todesjahr sind unbekannt (PIR II² 322f.). – Von F.s literarischem Werk entdeckte Angelo Mai von 1815 an Teile in einem Palimpsest-Kodex aus dem Kloster Bobbio (2. H. 5. Jh.): den Briefwechsel mit M. Aurel, L. Verus, → Antoninus (2) Pius und seinen Freunden. Für F.s geistige Welt ist bes. charakteristisch die Korrespondenz über den Wert der → Rhetorik im Vergleich zur → Philosophie (p. 131ff. v. d. H.): die Hinwendung des 25jährigen M. Aurel zur Philosophie bedeutete für ihn das Scheitern seiner Erziehungsaufgabe. – Als Beilagen zu den Briefen finden sich rhetorische Übungen: ein ‹Lob des Rauches und Staubes› (Laudes fumi et pulveris) und eines der ‹Nachlässigkeit›. Rhetorisch-historische Abhandlungen: Principia historiae (über Verus' Partherkrieg); an M. Aurel eine Trostschrift De bello Parthico; eine Abhandlung über die rechte Art, die Ferien zu verbringen (De feriis Alsiensibus; darin die Fabel von der Erschaffung des Schlafes). – Von den Reden, auf denen F.s Ruhm beruhte, sind lediglich einige Titel bekannt: → Panegyrici auf Hadrian und Antoninus Pius; Gerichtsreden; eine Anklage gegen → Herodes (2) Atticus; Rede gegen die Christen (Min. Fel. 9, 6). – F. war, wie die Gebildeten seiner Zeit, zweisprachig; davon zeugen seine griech. Briefe, in denen er sich als reiner Attizist erweist, und ein Erotikos (nach → Platons Phaidros). – In seiner Selbstcharakteristik (De nepote amisso 8f.) kann F. mit Stolz auf seine integre Haltung hinweisen: er sei ein treuer Freund (→ Appian, → Gellius, 2), nicht geldgierig oder verschwendungssüchtig, frei von Servilität und Schmeichelei, ein Diener der Wahrheit gewesen. Seine Beziehungen zum Kaiserhause hat er nicht ausgenutzt. – F. war der Wortführer der röm. Archaisten, die unter dem Einfluß der gleichzeitigen ‹Zweiten Sophistik› (→ Redner I D 1) und ihrer attizistischen Bestrebungen sich von der röm. Klassik abwandten und die frühen Autoren hochschätzten: → Plautus, → Ennius, → Cato (1), C. → Gracchus (2), → Sallust; aus ihnen legten F. und seine Schüler Phraseologien an und exzerpierten das rhetorisch Verwertbare (Bilder, Vergleiche, Sentenzen). Erstrebt wurde ein altertümliches Kolorit (p. 144, 20ff. v. d. H.); die klassische Sprache Ciceros verfiel der Ablehnung (p. 57 v. d. H.), aber auch der moderne Stil → Senecas (2). So entstand ein unnatürlich aufgeputzter Flitterstil, z. T. barock überladen, der noch lange Zeit, nicht nur bei Gellius, kultiviert wurde. Als das ausschließliche Lebensideal galt das des Rhetors, unter völliger Ablehnung des Lebensideals der Philosophie. R.T.

Ed: S.Naber, 1867 – C.R.Haines (1919/20), 1955/57² (mit engl. Übers.) – M.P.J. van den Hout, 1954 (Vorarbeiten von Ed.Hauler; mit ausführl. Lit.verz.) – *Lit:* F.Portalupi, M.Corn.Frontone, 1961.

2. **F. von Emesa,** → Redner (I D 2), Oheim des Cassius → Longinus. In Rom unter Septimius Severus; dann in Athen (Rivale des Apsines v. Gadara und → Philostrat II). Schrieb «viele Logoi» (→ Suidas s.v.). W.Sp.

Lit: K.Gerth, RE Suppl. 8, 1956, 752 s.v. 2. Sophistik.

Frosch. Im alten Mittelmeerraum waren mehrere Arten von F.en (*βάτραχος*, rana) bekannt (Grüner Wasser-F., brauner Land-F., Laub-F., Unke und Kröten), die deutlich unterschieden wurden. Der Paarungsruf der F.e, bes. der Unke (*φρύνη*), kündete das Erwachen des Frühlings zur Freude der Quellnymphen und des Pan. Doch konnte das Geschrei auch Göttern und Helden lästig werden. Athena verweigerte daher den F.en ihre Hilfe im Kampf gegen die Mäuse. Auf Bitten des Perseus ließ Zeus die F.e auf Seriphos verstummen. Als Wetterprophet stand der F. dem Bereich des Apollon nahe. Von Leto wurden lykische Bauern in F. verwandelt, weil sie der dürstenden Göttin Wasser verweigert hatten. Von der volkstümlichen Beliebtheit der F. zeugen die → Batrachomyomachia, die nach den F. benannte Komödie des Aristophanes, Fabel und Sprichwort. Als Fruchtbarkeitssymbol ist der F. häufiges Votiv (Heraion auf Samos, Tempel der Orthia in Sparta). Noch größer war in Aberglaube und Magie die Bedeutung der Kröte (*φρύνη*, bufo), der auch zauberabwehrende Wirkung zugeschrieben wurde, wobei man die Sommerkröte von der stummen, grünen Kröte unterschied. Ihre charakteristische Darstellung begegnet bereits in myk. Zeit. Man wußte vom Gift der Kröte, die daher als bes. unheimlich galt. J.W.

Lit: J.J.Bachofen, Unsterblichkeit, Ges.Werke VII, 1958, 543 – Keller, Tierwelt II 305–318 – M.Wellmann, RE 7, 1 (1910), 113–119 – S.Marinatos, Kreta und das myk. Hellas, 1959, 121, Nr. 203 – Schefold, Mw, 19, Nr. 119.

Fruchtbarer Halbmond. Unter diesem Begriff werden die fruchtbaren Landstriche der Mittelmeerküste von Palästina bis Syrien, Nordsyriens, M.s und Irans zusammengefaßt unter dem Gesichtspunkt, daß hier der Übergang zum Ackerbau stattgefunden habe. Neuere Forschungen verlegen diesen Vorgang in die nach N und O angrenzenden Hügelketten. H.J.N.

Fruchtbarkeitsriten. [1] Die Fruchtbarkeit der Natur ist für den primitiven Menschen das größte Wunder. Da Ackerbau und Viehzucht seine unentbehrliche Existenzgrundlage sind, muß er bestrebt sein, die Fruchtbarkeit zu erhalten bzw. zu fördern. Dies geschieht in ältester Zeit durch magische Handlungen, die sich oft zu einer perfektionierten Zauberpraxis entwickeln (→ Aberglaube). Doch bleiben solche Bräuche weithin auch später erhalten und werden zu Riten oder auch zu größeren Festen im Rahmen der offiziellen Götterverehrung. So sind auch *bei den Griechen* der historischen Zeit alle F. mit dem Kult für die großen Götter verbunden (bes. für → Demeter, → Apollon, → Artemis, → Zeus, → Dionysos). Aber die außerordentliche Mannigfaltigkeit der griech. F. einerseits, andererseits ihre Ähnlichkeit mit Bräuchen bei anderen Völkern macht deutlich, daß sich in ihnen Vorstellungen und Praktiken im Umgang mit den höheren Mächten ausdrücken, die zum Gemeinbesitz der ganzen Menschheit gehören. – Der *Ackerbau* ist in allen seinen Stadien vom Pflügen bis zur Ernte mit Riten verbunden, die den Segen der höheren Mächte für dieses Erntejahr herbeiführen, darüber hinaus aber auch für die Zukunft sichern sollen. Bei der Knappheit der Niederschläge in Griechenland kommt dem *Regenzauber* besondere Bedeutung zu (in historischer Zeit meist in den Kult des Wettergottes → Zeus übergegangen). Nicht ganz klar ist der Sinn des sog. *Jahresfeuers* (Sonnenzauber oder Reinigungsritus?), bei dem auf einem großen Scheiterhaufen allerlei Früchte, lebende Tiere, bisweilen auch menschengestaltige Puppen verbrannt wurden (z.B. im Kult der → Artemis → Laphria). Die ersten grünen Zweige, die die Natur hervorbringt, gelten als besonders ‹kraftgeladen› (→ Mana; → Baumkult) und damit segenbringend. Die Landleute – oder auch Kinder, die sich dabei gern etwas erbetteln – tragen ‹*Maizweige*› unter Gesang herum, um Kraft und Segen auch in die Häuser zu bringen. Die *Eiresione* (oder Korythale) ist ein solcher Zweig, der, mit allerlei Früchten behängt, nach einem feierlichen Umzug vor dem Haus oder einem Tempel aufgepflanzt wird. *Bukolische Aufzüge* in Sizilien (mit Früchten und Wein) haben ohne Zweifel auf die Dichtung → Theokrits eingewirkt. Bei *Erntefesten* wird u.a. die sog. *Panspermie* (‹Gemisch aus allerlei Samen›; auch Pankarpie, Thalysion, Thargelos genannt) verspeist bzw. herumgetragen; in ihr sind allerlei Erstlingsfrüchte zusammengekocht oder -gebacken. Bei den Erntefesten geht es ursprünglich vor allem darum, die geheimnisvollen Kräfte, die man in der neuen Frucht für wirksam hält, sich selbst einzuverleiben bzw. sie für die neue Aussaat zu sichern; erst später tritt der Dank an die Götter in den Vordergrund. – Eine besondere Rolle spielen altertümliche Riten, bei denen die Fruchtbarkeit, die im menschlichen – oder mythisch auch im göttlichen – Zeugungsakt wirksam ist, mit der Fruchtbarkeit der Äcker und dem Gedeihen der menschlichen Verhältnisse überhaupt zusammengeordnet wird (der sog. *Hieros Gamos*, die ‹Heilige Hochzeit›; vgl. die Mythen von → Hera und → Demeter und den Ritus der → Anthesterien in Athen). Dichterisch wird diese Vorstellung ausgeweitet zum Bild von der ‹Mutter Erde› (→ Gaia), die durch den vom Himmel strömenden Regen befruchtet wird (z.B. Aischyl. Fr. 44 N.). Hierher gehört auch der → *Phallos*-Kult. – Bisweilen werden die Toten, die im Schoß der Erde ruhen, als Förderer der Fruchtbarkeit angesehen (vgl. → Demeter, → Persephone). K.-H.R.

Lit: RGG II 1166–68 – W.Mannhardt, Wald- und Feldkulte (1874/1876), 1904/05² – Vgl. zu → Religion I E–I.

[2] Auch in der *röm.* → *Religion* (II C 1) war das landwirtschaftliche Jahr von einer Reihe von Riten begleitet, die oft magisch waren, meistens aber mit dem Kult einer Gottheit zusammenhingen. Der Zyklus der F. kann so umrissen werden: im Januar unterstützten die → Sementivae die Keimung des Korns; im Frühling brachte der Bauer dem Jupiter Dapalis ein Mahl (daps), das aus Braten und einer Schale Wein bestand, um günstiges Wetter für das sprießende Getreide zu erlangen; die → Liberalia vom 17. März, über die wir schlecht unterrichtet sind, sollten wohl die Äcker fruchtbar machen, desgleichen der phallische Kult, den → Liber Pater in Lavinium erhielt; das große Fest der → Tellus, die → Fordicidia vom 15. April, sollte die Fruchtbarkeit sowohl des Viehs als auch der Felder steigern; die Cerialia vom 19. April (→ Ceres, → Ludi Ceriales) sollten die Bildung der Ähren gewährleisten. An den → Parilia des 21. April erbat man von → Pales Gesundheit und Fruchtbarkeit für die Herden; für die Ochsen wurde jedes Jahr (zu unbekanntem Datum) Mars und → Silvanus ein Opfer dargebracht. Die → Robigalia vom 25. hielten den ‹Rost› vom Getreide fern, desgleichen das bewegliche Fest des Augurium canarium, an dem man rötliche (‹rostrote›) Hunde opferte, ohne eine bes. Gottheit anzurufen. Die Riten des Florifertum (→ Flora) und der → Ludi Florales beschworen anfangs Mai die Gefahren, die dem Getreide zur Zeit der Blüte drohten. Die → Ambarvalien unterstützten im Mai das Reifwerden der Ernten; über das der Früchte waltete die uns freilich kaum faßbare → Pomona; die Reben beschützten die → Vinalia rustica des 19. August vor schlechtem Wetter in der heiklen Zeit, da sie ausreifen sollten. – Es war die Hauptaufgabe der → Fratres Arvales, gewisse F. im Namen der Gemeinschaft zu vollziehen. H.LeB.

Frühminuskel, lat. Buchschrift, von Ligaturen fast freie Schrift, Vorstufe der → Karolingischen Minuskel seit Mitte 8. Jh. (St. Martin in Tours, St. Gallen, Reichenau u. a.). Vgl. → Schrift D [6]. H.Hg.

Frumentarii. Ursprünglich irgendwie mit Heereslieferungen betraut, traten sie an die Stelle der → speculatores und besorgten – wohl seit → Trajan (Aur. Vict. Caes. 13, 5 f.) – den kaiserlichen Kurier- (Hist. Aug. 21, 10, 3; CIL 3, 14191; 3, 3524) und politischen Nachrichtendienst (Hist. Aug. 1, 11, 4.6; 15, 12, 4; 18, 23, 2; 25, 17, 1). Die in Rom selbst stationierten, meist aus den Provinzen stammenden F. bezogen unter → Septimius (3) Severus die castra peregrina (CIL 6, 230 f.; 14, 7) auf dem Mons Caelius (Amm. 16, 12, 66) und unterstanden dem → princeps (castrorum) peregrinorum. Die F. wurden um 320 durch die → agentes in rebus abgelöst. W.K.

Fuchs. Der im Mittelmeergebiet mit Ausnahme Kretas und der meisten Inseln verbreitete F. galt als Inbild der Verschlagenheit (Fabel, Sprichwort). Bes. Bedeutung hatte er bei den Thrakern, deren Nationaltracht die Fuchspelzmütze (Alopekis) war. Thrakisch ist auch die Bekleidung mit Fuchsfellen, *βάσσαραι* (nach dem thrak. Wort für F.); sie wurde von Bacchantinnen im Dionysoskult getragen. Auf alter Überlieferung beruht der Mythos vom teumesischen F., der von → Kephalos und seinem Hund gejagt wird, bis Zeus F. und Hund verstirnt. → Sternmythen. Am römischen Cerealienfest wurden zum Schutz des Kornes F. mit angebundenen Fackeln gehetzt. Zum griech. Mythos vgl. → Amphitryon; im römischen erscheint der F. neben → Wolf und → Adler in der Gründungssage von Lanuvium. Vgl. → Fauna. J.W.

Lit: Keller, Tiere, 178–184; Tierwelt I 88 – M. Wellmann, RE 7, 1 (1910), 189–192 – J. Wiesner, Die Thraker, 1963, 39.

Fucinus lacus (Kt. 1420 F 5; heute Fucino), flacher Karstsee im Land der → Äquer und → Marser. Wegen ständig drohender Überschwemmungsgefahr unter Claudius mittels eines Stollens durch den Monte Salviano mit dem → Liris verbunden, so daß man den Wasserspiegel auf gleichmäßiger Höhe halten konnte. Restaurierungsarbeiten unter Trajan und Hadrian. Heute trockengelegt und fruchtbar gemacht. B.A.

Lit: Nissen, I 298, 510; II 450 ff.

Fufetius → Mettius.

Fufius Calenus, Q. (tr. pl. 61, praet. 59, cos. 47 v. Chr.). Trug 61 entscheidend zur Niederlage des Senats bei der Behandlung des → Bona-Dea-Frevels des P. → Clodius (1) bei. 59 Unterstützung → Caesars, auf dessen Seite er auch am Bürgerkrieg teilnahm. 47 mit dem Konsulat belohnt. 43 trat er für die Verständigung des Senats mit → Antonius (2) ein. Beim Abschluß des → Triumvirats [2] erhielt er ein Kommando in Italien; später als Antonius' Vertrauter mit großem Heer in Gallien. Ca. 40 gestorben. Chr.M.

Fulgentius, Fabius Planciades. Unter diesem Namen sind 5 Schriften des 5. Jh.s n. Chr. erhalten, deren Verfasserschaft umstritten ist: eine allegorische Mythendeutung in 3 Büchern; je eine allegorisch-moralisierende Erklärung zu Vergils Aeneis und Statius' Thebais; De aetatibus mundi in 14 Büchern; eine Glossensammlung (Expositio sermonum antiquorum). In der Mythendeutung stützt F. sich vielfach auf wilde Etymologien, gibt auch viele schwindelhafte Zitate. Die von Skutsch versuchte Identifizierung dieses Autors mit → Fulgentius (2) v. Ruspe ist sehr unsicher. F.Pf.

Ed: R. Helm 1898 – *Lit:* Schanz-Hosius IV 2, 196 ff. – F. Skutsch, RE 7 (1910), 215–227.

2. **F. von Ruspe,** 467–533, zunächst Steuerpächter in seinem Geburtsort Telepte, dann Bischof von Ruspe (Afrika), als solcher mit andern Amtskollegen zweimal von den Vandalen nach Sardinien verbannt. Er schrieb zahlreiche Schriften gegen die → Arianer, darunter auch einen → Psalmus abecedarius (vgl. → Akrostichon) und wandte sich in 3 Werken gegen die Verfälschung der Gnadenlehre → Augustins (vgl. → Prosper Tiro). Aus sonstigen Schriften ist ‹De fide ad Petrum› hervorzuheben, da als Dogmatik im MA beliebt und für die scholastische Methode bedeutsam. – Nicht mit F. (1) zu verwechseln! C.A.

Ed: PL 65, 117–156; 67, 887–962 – *Lit:* Altaner, 453–455.

Fulvia, Tochter des M. Fulvius Bambalio und einer Sempronia Tuditana; in erster Ehe verheiratet mit P. → Clodius (1) Pulcher (ca. 58–52), in zweiter mit C. → Scribonius (4) Curio (ca. 50/49), in dritter mit M. → Antonius (2; ca. 45–40). Aus diesen Ehen entstammten P. Clodius Pulcher, Claudia (erste Gattin Octavians), (C.) Scribonius Curio, M. → Antonius (5) Antyllos und Iullus → Antonius (12). Das Bild der F. ist nachhaltig durch die Propaganda Octavians bestimmt worden, die ihr die Hauptschuld an den Differenzen der Triumvirn vor Brundisium (40) zuschrieb: u. a. wurden ihr Habgier, Grausamkeit und Herrschsucht zur Last gelegt. Nach Philippi (42) versuchte sie, die Interessen des M. Antonius in Italien wahrzunehmen, und verbündete sich deshalb mit L. → Antonius (3) und Manius gegen Octavian. Nahm führend am ‹Perusinischen Krieg› (Winter 41/40) teil, nach dessen Ende sie Antonius in Athen traf. Sie starb Mitte 40 in Sikyon. U.Wm.

Q: Cic. Phil.; Plut. Ant.; App. civ. 3–5; Dio Cass. 45–48 – *Lit:* R. Syme, Roman Revolution (1939), 1952², Ind. S. 548 – H. Buchheim, Die Orientpolitik des Triumvirn M. Antonius, 1960, 30–38.

Fulvius Flaccus, Q. (cos. 237, 224, 212, 209, cens. 231, praet. 215, 214, mag. equ. 213, dict. 210, pont. 216–?), kämpfte 237 und 224 gegen die Kelten in Oberitalien (Zon. 8, 18; Polyb. 2, 31; Oros. 4, 13). 211 nahm er Capua nach einer langwierigen, von ihm 212 begonnenen Belagerung und setzte eine harte Bestrafung der Stadt durch (Polyb. 9, 3 f. 7; Liv. 25, 13 ff. 18 ff.; 26, 3 ff., 33 f.). 209–207 war F. mit Kommandos in Italien betraut. 205 opponierte er gegen P. → Cornelius (30) Scipio Africanus (Liv. 28, 45). A.L.

2. **F. Flaccus,** Q. (aed. 184, praet. 182, cos. 179, cens. 174, pont. 180–171 v. Chr.), kämpfte 182–180 erfolgreich gegen die Keltiberer und gelobte dabei einen Tempel für → Fortuna Equestris (App. Ib. 42; Liv. 40, 16. 30 ff.; vgl. 42, 2. 28 zum Skandal beim Tempelbau); 179 triumphierte er über die → Ligurer (Liv. 40, 53. 59). Als Censor (mit A. Postumius Albinus) entfernte er 9 Senatoren, darunter seinen Bruder, aus dem Senat; er entfaltete eine reiche Bautätigkeit (bes. Straßen und Brücken). Erstmals verpachteten die Censoren des Jahres 174 v. Chr. einzelne Arbeiten in Kolonien und Municipien (Liv. 41, 27). A.L.

3. **F. Flaccus,** M. (cos. 125 v. Chr., tr. pl. 122), war Anhänger der → Gracchen und ihrer Agrarpolitik. Er haßte die herrschende Nobilität und griff den Reformgegner P. → Cornelius (29) Scipio Aemilianus heftig an. Während des Konsulats trat er (als der erste, der dies tat) entschieden für die Verleihung des → Bürgerrechts an italische Bundesgenossen ein, so daß ein Hilfegesuch Massilias im Senat gern als Vorwand benutzt wurde, F. aus Rom abzuschieben (App. civ. 152). Er besiegte die Ligurer. 122 half er C. → Gracchus (2) beim Kolonisationsvorhaben in → Karthago. In den entscheidenden Auseinandersetzungen um Gracchus (121) organisierte F. den bewaffneten Widerstand gegen die Optimaten. Er kam auf der Flucht um. G.G.

4. **F. Nobilior,** M. (tr. pl. 199?, aed. 196, praet. 193, cos. 189, cens. 179 v. Chr.), beendete 189 den Krieg mit den Ätolern, entführte zahlreiche Kunstschätze aus Ambrakia und stellte sie in dem von ihm erbauten Tempel des Hercules Musarum auf (Polyb. 21, 25 ff.; Liv. 37, 50; 38, 3 ff.; 34 f.; 39, 4 f.; Cic. Arch. 27). Der Feldzug wurde verherrlicht in dem Schauspiel ‹Ambracia› des Ennius, der F. begleitet hatte (Cic. Tusc. 1, 3; Enn. Fr. scaen. 366 ff. V.). Als Censor entfaltete F. eine rege Bautätigkeit (Tiberhafen, Marktumbau; Liv. 40, 51). A.L.

Fulvius, vgl. auch → Macrianus, → Plautianus.

Fundanus → Minucius.

Furien → Erinyen.

Furius (Alpinus?), röm. → Epiker, Zeitgenosse des Horaz, der ihn sat. 2, 5, 40 verspottet. Er hat zwei Epen geschrieben, eine ‹Aithiopis› und einen ‹Gallischen Krieg›. Er schrieb offenbar im hohen ennianischen Stil. Die Identifizierung mit F. (3) Bibaculus wird mit Recht abgelehnt. K. Bch.

Lit: A. Kießling-R. Heinze, Horaz II, 1959[7], zu sat. 1, 10, 36; 2, 5, 40 – C. Nipperdey, Opuscula, 1877, 499 – E. Fraenkel, Horace, 1957, 130 Anm. 1 – W. Morel, FPL, 83 – H. Bardon, La litt. lat. inconnue I, 1952, 349f.

2. **F. Antias,** röm. → Epiker. Q. → Lutatius (2) Catulus widmete ihm die Darstellung seines Konsulats (102 v. Chr.). Sein Werk umfaßte wenigstens 11 Bücher, Fragmente bei Gellius (18, 11) und Macrobius (Sat. 6, 1, 31). Der Titel ‹Annales› weist auf → Ennius. Es war ein Schlachtenepos; dargestellt war vermutlich die Zeitgeschichte (Kimbernkriege). K. Bch.

Frg: FPL 44 – *Lit:* Th. Hildebrand, Quaest. de Furiis poetis, Diss. Halle, 1892 – H. Lucas, Die Annalen des F. Antias, Philol. 92, 1937, 344f. – Schanz-Hosius, I 162 – L. Alfonsi, Poetae novi, 1945, 16 – H. Bardon, La litt. lat. inconnue I, 1952, 179–181.

3. **F. Bibaculus,** M., geb. Anf. 1. Jh. v. Chr. in Cremona. F. war → Neoteriker aus dem Kreis → Catulls; er verfaßte zwei Epigramme in Elfsilblern auf seinen Lehrer → Valerius (4) Cato, Spottverse auf → Caesar und Octavian (→ Augustus), wahrscheinlich auch zwei Epen, eines auf Caesars Gallischen Krieg und eine Aithiopis. G. L.

4. **F. Camillus,** L. (dict. 350 v. Chr., cos. 349), Sohn des M. F. → Camillus, soll an dem 389 von seinem Vater geführten, vermutlich erfundenen → Volsker-Krieg teilgenommen haben, wurde 350 Diktator zur Abhaltung der Wahlcomitien und setzte die Wahl zweier patrizischer Konsuln durch, von denen er selbst einer war. Das Konsulat soll F. 349 zum größten Teil allein geführt haben; die Überlieferung berichtet von Kämpfen gegen Gallier und griech. Seeräuber. R. W.

5. **F. Camillus,** L. (cos. 338 v. Chr., 325) beendigte mit C. → Maenius den Latinerkrieg 340–338 und triumphierte über Pedaner und Tiburter. Im 2. Konsulat 325 mußte er die Kriegführung gegen die → Samniten wegen einer Krankheit dem Diktator L. → Papirius (3) Cursor überlassen. R. W.

6. **F. Philus,** L., hatte 136 v. Chr. als Konsul die Auslieferung des C. → Hostilius Mancinus (cos. 137) an die Numantiner durchzuführen (Cic. rep. 3, 28; off. 3, 109; App. Ib. 83). F. gehörte zum → Scipionenkreis; Cicero läßt ihn die Staatsauffassung des → Karneades vertreten (rep. 3). A. L.

7. **F. Saturninus,** → Redner der augusteischen Zeit, bekannt durch seine Anklage gegen L. Valerius Messala Volesus; seine Deklamationen schätzte der ältere → Seneca (contr. 7, 6, 22). R. T.

Furius, vgl. auch → Camillus.

Fur(r)ina, alte röm. Gottheit, die einen Flamen besaß (Varro ling. 5, 84; 6, 19; 7, 45), jedoch zu Varros Zeit schon in Vergessenheit geraten war; von ihrem Wesen wußte bereits Varro ebensowenig wie wir. Cicero macht aus ihr eine Furia (nat. deor. 3, 46), und Plutarch (C. Gracch. 17) setzt sie den → Erinyen gleich; die Etymologie ihres Namens bleibt unklar. Auf dem Janiculus besaß sie einen heiligen Hain, wo am 25. Juli das Fest der *Furrinalia* begangen wurde. H. Le B.

Fuscus → Arellius.

Gabii, Latinerstadt zwischen Rom und Praeneste (Kt. 1420a; beim heutigen Castiglione), von Albanern gegründet, seit dem Bürgerkrieg röm. Municipium. Bedeutender Kult der Juno von G., von deren Tempel aus örtlichem Tuff noch beträchtliche Reste aufrecht stehen, umgeben von einer Säulenhalle mit einer gleichmäßigen Reihe von Kammern für die Priesterschaft. Zu der Tempelterrasse gab eine halbkreisförmige Stufenanlage, vielleicht für szenische Aufführungen, Zutritt. Fundort der jetzt im Louvre aufbewahrten Artemis von G., einer Kopie der Brauronia des → Praxiteles. B.A.

Lit: M. Almagro u. a., Cuadernos de Trabajos de la Escuela Española de Historia y Arqueologia in Roma 10, 1958, 7ff. – G. Cressedi, EAA III, 1960, 753f.

Gabinius, A., setzte 139 v. Chr. als Volkstribun die erste lex tabellaria durch, die für die Wahlen geheime Abstimmung einführte (Liv. perioch. Ox. 54; Cic. leg. 3, 35). A.L.

2. **G.,** A. (tr. pl. 67, cos. 58 v. Chr.), erließ als Tribun 67 wichtige Gesetze: 1. Übertragung der Provinzen Bithynia und Pontos und des Kommandos gegen → Mithridates VI. von → Lucullus an einen der Konsuln von 67; 2. Schaffung eines mit großen Vollmachten versehenen außerordentlichen Kommandos gegen die → Seeräuber für → Pompeius (2). Um das zweite Gesetz entbrannten heftige Kämpfe, bei denen G. einem Kollegen mit Absetzung drohte. Ein weiteres Gesetz, das verbot, auswärtigen Gesandtschaften Geld zu leihen, wurde vielleicht erst später erlassen. G. war dann treuer Gefolgsmann des Pompeius und dessen Legat im Osten. Als Konsul ließ er sich durch Zuteilung einer vorteilhaften Statthalterschaft von P. → Clodius (1) gegen → Cicero einnehmen und bezog erst nach Ausbruch des offenen Konflikts für Pompeius und gegen Clodius Stellung. 57–55 offenbar sehr korrekte Verwaltung seiner Provinz Syrien; daher Konflikt mit den Steuerpächtern. 55 führte er König → Ptolemaios XII. Auletes nach Ägypten zurück. 54 wurde er in verschiedenen Prozessen angeklagt und trotz kräftiger Unterstützung durch Pompeius und zuletzt auch durch Cicero verurteilt. Er ging ins Exil, aus dem ihn → Caesar 49 zurückholte. 48/47 dessen Legat in Illyrien, dort gestorben. Chr. M.

Lit: E. M. Sanford, The career of A. Gab., TAPhA 70, 1939, 64–92 – E. Badian, The early career of A. Gab., Philol. 103, 1959, 87–99 – M. Gelzer, Das erste Kons. des Pompeius (1943), in: Kl. Schr. II, 1963, 175ff.

Gades (Gadeira, Gadir, Cadiz), Stadt, um 1100 v. Chr. durch die Phönizier von Tyros (Strab. 3, 5, 5) auf einer Insel im S → Spaniens (Kt. 2849 B4) für den Handel mit → Tartessos gegründet. Mit der Ausbreitung der Herrschaft → Karthagos im W trat sie in dessen Machtbereich ein. Ab etwa 500 v. Chr. wurde sie durch blühenden Handel und Industrie die bedeutendste Stadt im äußersten Westen. Seit 237 der Ausgangspunkt für die Kriegszüge → Hamilkar Barkas auf der Iberischen Halbinsel; durch einen Vertrag mit P. → Cornelius (26) Scipio trat sie in den röm. Machtbereich ein, behielt aber ihre städtische Autonomie. G. besaß einen berühmten Tempel des → Melqart/Herkules (Münzen von G. mit seinem Abbild wurden durch viele andere Städte nachgeahmt) und ein Orakel höchsten Ansehens. Caesar verlieh den Bewohnern der Stadt das röm. Bürgerrecht. Aus G. stammt die Familie der Balbi und der Schriftsteller → Columella. J. M. d. M.

Lit: A. G. Bellido, La Peninsula Iberica, 1953, 467–489.

Gätuler, Volksstamm südlich der Mauretanier und Numidier in Nordafrika; die Vorfahren der heutigen Tuareg. Zahlreiche literarische Belege (z. B. Mela 1, 4, 4) zeigen, daß die G. Nomaden waren. Sie tauchen als Hilfsvölker in den Heeren → Jugurthas und → Jubas II. auf. Später lebte ein Teil der G. in der Provinz → Numidien unter röm. Herrschaft (Dessau 2721). Im 2. und 3. Jh. n. Chr. machten sich die G. in Aufständen um Cirta bemerkbar. R.F.

Gaetulicus → Cornelius.

Gaia (griech.; auch *Gē*), wörtl. ‹Erde›. Die ‹Mutter Erde› als Spenderin und Trägerin von Leben und Vegetation ist eine der urtümlichsten Personifikationen der Religion überhaupt. Man nimmt an, daß G. auch bei den Griechen zu den ältesten Gottheiten gehört; urgriech. und vorgriech. Elemente haben sich in dieser Göttin untrennbar verbunden. Bei Homer erscheint G. nur als Schwurzeugin (neben → Helios): sie ist hier mehr das Element, das sie vertritt, als eine persönlich gefaßte Gottheit. Auch in der Folgezeit ist G. nur sehr blaß personifiziert worden, obwohl sie in → Hesiods Theogonie als Gattin des → Uranos und Mutter der → Titanen und → Giganten zu den göttl. Urmächten gehört. Da in geschichtl. Zeit allenthalben → Demeter als die große Göttin der Erdfruchtbarkeit verehrt wurde, spielte G. im Kult offenbar nur eine geringe Rolle (vereinzelte G.-Kulte sind u. a. bezeugt in Delphi, Mykonos, Sparta, Olympia, Aigai, Tegea und vor allem Athen). Doch in philosophischer und kosmologischer Literatur sowie in der Dichtung hat das Bild von der ‹Allmutter Erde› oft eine großartige Ausprägung erhalten (z. B. Aischyl. Hik. 890f., Ch. 127f., Prom. 90, Fr. 44N; Pind. Nem. 6, 1ff.; Eur. Phoin. 686, Fr. 195. 839N; hymn. Hom. 30). – Ob G. in alter Zeit als Orakelgöttin größere Bedeutung hatte, ist umstritten (vgl. → Orakel, → Delphi, → Themis). – → Muttergottheiten, → Kybele, → Magna Mater, → Tellus. K.-H.R.

Lit: A. Dieterich, Mutter Erde (1905), 1925³ – Nilsson I 456–461 – *Darstellungen:* regelmäßig in der → Gigantomachie und bei der Geburt des → Erichthonios.

Gaius, Platoniker, 2. Jh. n. Chr. Von seiner Lehre ist vielleicht einiges aus seinem Schüler → Albinus, aus → Apuleius' Schrift über → Platon und aus einem anonymen Theaitetkommentar, insofern die drei übereinstimmen, erschließbar: so die Ablehnung der stoischen Begründung der Individual-, aber auch der Sozialethik aus dem Selbsterhaltungstrieb zugunsten der → Platon zugeschriebenen Lehre von der Gottverähnlichung als letztem Ziel ethischen Handelns. Ph.M.

Lit: K. Praechter, RE Suppl. 3 (1918), 535–537.

2. **G.,** röm. Jurist, geb. unter Hadrian (möglicherweise schon früher); gest. nicht vor 178 (wegen des Kommentars zu dem aus diesem Jahr stammenden Senatsbeschluß Orphitianum, Dig. 38, 17, 9). Über Herkunft und Persönlichkeit herrscht weitgehend Unklarheit; z. T. ist seine Existenz überhaupt geleugnet und sein Werk → Cassius (9) Longinus zugeschrieben worden. Im Hinblick auf seine Kommentierung des Provinzialedikts ist behauptet worden, er habe in der Provinz gelebt; dem steht entgegen, daß das Provinzialedikt wohl zentral redigiert war; G. bezeichnet sich zudem selbst als Römer (Gai. 1, 55. 193; Dig. 50, 16, 233, 2); auch sein Sprachstil ist trotz gewisser Gräzismen keineswegs provinziell. Zur Frage der Persönlichkeit vgl. zuletzt W. Kunkel, a. O. 186–213. Fest steht, daß G. vorwiegend als Lehrer und Schriftsteller tätig war. Zu Lebzeiten kann er, da Zeitgenossen und Spätere ihn nicht zitieren, kaum in hohem Ansehen gestanden haben, insbes. dürfte er, wie aus dem Fehlen jeglicher Hinweise in seinen Schriften zu schließen ist, das ius respondendi nicht besessen haben. Andererseits war sein Lehrbuch, die ‹Institutiones›, im ganzen Reich verbreitet; es hat schließlich den Institutionen Justinians (der ihn *Gaius noster* nennt: Dig. 45, 3, 39) zur Grundlage gedient (→ Corpus (4) iuris). – Die Bedeutung der Institutionen liegt darin, daß sie die kasuistische Betrachtungsweise durch ein System (personae, res, actiones) ersetzen; auch werden ius civile und ius honorarium in der Darstellung nicht getrennt. Ob diese dogmatische Leistung G. zuzuschreiben ist oder ob er hiermit nur den Stand der Lehre wiedergibt, bleibt ungewiß; insbes. ist auf die Anlehnung an → Pomponius (1) hingewiesen worden (P. Krüger, a. O. 203f.). Störend wirken die oft simplen Verknüpfungen und Übergänge; tiefergreifende Begründungen und Quellenangaben fehlen weitgehend.

Entstanden sind die Institutionen um 161 (vgl. P. Krüger, a. O. 205). Sie wurden von Ägypten bis Gallien im Rechtsunterricht benutzt und durch Umarbeitungen z. T. verdrängt; ein Auszug ist in die → Lex (2) Romana Visigothorum eingegangen (sog. Epitome). Unsere Kenntnis der Institutionen stammt von einem Palimpsest (nach Flume, a. O., ebenfalls die Wiedergabe einer Epitome), der 1816 in Verona entdeckt wurde. Die an ihn gesetzte Interpolationenkritik ist durch spätere Funde (1898 Autun; 1927 Pap. Ox. 2103; 1933 PSI 1182, sog. Florent. Gaius) nicht bestätigt worden. – *Weitere Werke:* Die ‹Libri ad Q. Mucium›, aus denen sich Teile in den Digesten finden, sowie die Kommentare Ad edictum praetoris und Ad edictum provinciale sind vermutlich vor den Institutionen abgefaßt. An letztere schließen sich ein Kommentar Ad edictum aedilium curulium, ferner Libri de fideicommissis, De manumissionibus, De verborum obligationibus, 15 Bücher Ad legem Juliam et Papiam und Einzelschriften an. Zugeschrieben werden G. ferner die sog. Res cottidianae oder Aurea und Regulae. H. Hb.

Ed: P. Krüger-G. Studemund, in: Collectio librorum iuris anteiustiniani I (1877), 1923⁷ – E. Seckel-B. Kübler, in: Iurisprud. anteiust. rel. I, 1908 – E. Seckel-B. Kübler (1903), 1935⁷ – I. Reinach, 1950 – F. De Zulueta, 2 Bde, 1946/53 – M. David-H. L. W. Nelson, seit 1954 – M. David, Ed. minor, 1964 – *Lit: Institutionen:* F. Kniep, Gai institutionum commentarius, 5 Bde, 1911–17 – M. Kaser, SZ 70, 1953, 127–178 – W. Flume, SZ 79, 1962, 1–27 – *Zu den Fragmenten:* E. Levy, SZ 54, 1934, 258–311 – Ders., SZ 48, 1928, 532–555 – *Allgemein:* O. Karlowa, Röm. Rechtsgesch. I, 1885, 720–728; 759–762 – Th. Kipp, Gesch. d. Quellen d. röm. Rechts (1896), 1909³, 128–132 – P. Krüger, Gesch. d. Quellen u. Lit. d. röm. Rechts (1888), 1912², 201–212 – H. Kroll, Zur Gaiusfrage, Diss. Münster 1917 – P. C. Bizoukides, Gaius, 5 Bde, 1937–41 – M. Kaser, Röm. Rechtsgesch., 1950, 172f. – H. F. Jolowicz, Historical Introd. to the Study of Rom. Law, 1952, 396–399 – W. Kunkel, Herkunft u. soz. Stellung der röm. Juristen, 1952, 186–213 – L. Wenger, Die Quellen d. röm. Rechts, 1953, 506–510 – G. Dulckeit-F. Schwarz, Röm. Rechtsgesch. (1952), 1963³, 217f. – F. Schulz, Gesch. d. röm. Rechtswissenschaft, 1961, 191–203 – E. Seidl, Röm. Rechtsgesch. u. röm. Zivilprozeßrecht, 1962, 190–193.

3. **G.** → Caligula.

Galatea, → Nereide (Hes. theog. 250). In späterer Sage verliebt sich → Polyphem in G., die die Anträge des P. meist zurückweist (Philox. Fr. 2–12 = PMelGr 815–825; Theokr., eid. 11; Prop. 3, 2, 5f.; Ov. met. 13, 750ff.). Nach einigen Autoren hat das Paar einen Sohn, Galates.

Darstellungen: auf einigen röm. Denkmälern mit Polyphem, bes. auf mehreren Wandgemälden (Schefold, WP, passim; G. Rizzo, Le pitture della casa di Livia, 1936, 35–40) und Reliefs. – *Lit. dazu:* C. Caprino, EAA III, 1960, 754–756 – A. Adriani, Divagazioni intorno ad una coppa paesistica del Museo di Alessandria, 1959, 35. 54. K. Schb.

Galatien, Landschaft im zentralen Hochlande Kleinasiens (Kt. 1567 CD 2). Baumlose Hochebenen. Die beiden großen Flüsse Sangarios und Halys fließen in den Pontos Euxeinos. Großer Salzsee, der antike Lacus Tatta (heute Tuz gölü). Ursprünglich zu Phrygien und Kappadokien gehörig, heißt das Gebiet G. nach den hier im 3. Jh. v. Chr. eingewanderten kelt. Galatern (→ Kelten). Wichtigste Städte sind Ankyra (heute Ankara), Pessinus, Gordion und Tavium.

[2] Im J. 279 v. Chr. waren die Kelten bis Makedonien vorgestoßen, überschritten dann den Bosporos, von → Nikomedes I. v. Bithynien eingeladen, der sie als Hilfskräfte gegen seinen Bruder Zipoites einsetzte. Die weiteren Bewegungen der Galater sind nicht ganz klar. Da die Landschaft, in der sie schließlich siedelten, nicht sonderlich einladend ist, liegt der Verdacht nahe, daß die umliegenden Reiche den Galatern diese Gebiete als Siedlungsraum zuwiesen. Die Galater waren in drei Stämme geteilt: die Tolistobogier siedelten um Gordion und Pessinus, die Trokmer um Tavium und die Tektosagen um Ankyra. Bald bildeten die Galater einen Herd ständiger Unruhe im Innern Kleinasiens. → Attalos I. v. Pergamon besiegte die Tolistobogier um 230 v. Chr. am Oberlauf des Kaïkos und 228 v. Chr. die Tolistobogier und die Tektosagen bei Pergamon selbst (→ Pergamonaltar). In der Schlacht von Magnesia 189 v. Chr. fochten sie, von den Attaliden abgefallen, auf der Seite → Antiochos' III. Das führte zu einer röm. Strafexpedition unter Cn. → Manlius (5) Vulso, der unter den Galatern ein großes Blutbad anrichtete. Damit hörte die galatische Gefahr im Herzen von Kleinasien endgültig auf. Galatien wurde zum pergamenischen Klientelstaat, doch hatte sich Pergamon wiederholt mit Aufständen auseinanderzusetzen. Die Galater suchten Hilfe bei den Königen von Pontos, und als 133 v. Chr. das pergamenische Reich an Rom fiel, scheint G. in pontischem Besitz gewesen zu sein. Nach der Niederlage → Mithridates' VI. v. Pontos durch → Pompeius (2) wurde G. als Vasallenstaat neu organisiert. An die Spitze der noch existierenden drei Stämme wurden sog. Tetrarchen gestellt (Brogitarius bei den Trokmern, → Deiotarus bei den Tolistobogiern, Castor Tarcondarius bei den Tektosagen). Bald schwang sich Deiotarus zum alleinigen König auf, wurde aber ermordet. → Antonius (2) übergab das galatische Reich an dessen Enkel Castor und nach dessen Tod zusammen mit Lykaonien, Pisidien und Teilen Pamphyliens an → Amyntas (4) v. Galatien. Nach dessen Ermordung wurde G. durch → Augustus als röm. Provinz eingerichtet und als kaiserliche Provinz durch einen legatus pro praetore verwaltet. 5/6 v. Chr. wurden auch die östlichen Teile G.s, die noch der Enkel des Deiotarus, Deiotarus Philadelphus, bis zu seinem Tode regiert hatte, zur Provinz G. gezogen. Bei der Neuordnung der Provinzen unter → Diokletian wurde G. in seinem Umfang stark reduziert und weite Gebiete zu den Provinzen Cappadocia I und II geschlagen. Vgl. → Kleinasien. R. F.

Lit: D. Magie, Roman rule in Asia minor, 1950, 453ff. – A. H. M. Jones, Cities of the eastern Rom. prov., 1937, 111ff. – F. Staehelin, Gesch. der kleinasiat. Galater, 1907.

Galba (Servius Sulpicius Galba), röm. Kaiser 8. 6. 68–15. 1. 69, geb. um 3 v. Chr. bei Terracina, Günstling der → Livia und der Kaiser bis → Claudius, 31/32 Statthalter von Aquitanien, 33 Konsul, 39–41 Legat des obergermanischen Heeres, begleitet Claudius nach Britannien, um 45 Proconsul in Afrika, dort strenger und gerechter Verwalter, seit 60 Statthalter der Tarraconensis. – Der Patrizier läßt sich 68 mit Iulius → Vindex ein; Anfang April in Carthago nova offener Abfall von → Nero als ‹Legat des Senates und des römischen Volkes›. Unter dem Druck des Prätorianerpräfekten → Nymphidius Sabinus in Rom vom Senat gleichzeitig mit Neros Ächtung am 8. 6. 68 zum Kaiser ernannt. G. zieht mit → Otho nach Rom, wirft eine Erhebung des Nymphidius in Rom nieder, dezimiert die aufständische Flotte. Trotz Versuchs zur Zusammenarbeit mit dem Senat findet die Regierung des geizigen und strengen Greises keine Resonanz. 2. 1. 69 Abfall der Rheinarmee (→ Vitellius, 1). Die am 10. 1. 69 vollzogene Adoption des L. Calpurnius → Piso (3) Frugi Licinianus stärkt Galbas Position nicht, ist aber wichtig für das → Adoptivkaisertum. Am 15. 1. 69 durch meuternde Prätorianer nach Erhebung des → Otho erschlagen. K. Chr.

Q: Tac. hist. 1, 1–49 – Suet. Galba – Plut. Galba – Dio 63–64 – C. M. Kraay, The aes Coinage of G., NNM 133, 1956 – *Lit:* E. Koestermann, Das Charakterbild G.s bei Tacitus, in: Navicula Chiloniensis, 1956, 191–206.

Galba → Sulpicius.

Galen. [1] *Leben.* Der letzte überragende Arzt des Altertums hat uns über sein Leben in autobiographischen Schriften und sonst reichlichst Auskunft gegeben. Er ist 129 nach Chr. in Pergamon als Sohn eines Mathematikers und Architekten geboren, bekam früh eine ausgezeichnete philosophische Bildung (in breitester eklektischer Weise) und studierte vom 16. Lebensjahr an Medizin, erst in seiner Heimatstadt, dann in Smyrna und Alexandria. Als junger Gladiatorenarzt wirkte er in Pergamon, dann in Rom, wo er bald sehr berühmt wurde – heftige Streitereien mit Kollegen und ausgeprägtes Geltungsbedürfnis entsprachen von

Anfang an seinem Charakter – und, mit wenigen Intervallen, bis zu seinem Tode (199 n. Chr.) blieb.

[2] *Lehre.* G. ist als Mediziner und Philosoph wohl der umfassendste Eklektiker der Antike. Doch ruht sein Eklektizismus, im Gegensatz zu anderen, auf einem festen Grunde: Er verband auf der Basis reichster ärztlicher Erfahrung und exakten, mathematisch geschulten Denkens konsequenten Platonismus (philosophiegeschichtlich wichtige Auseinandersetzungen mit der Stoa des Poseidonios) mit ebenso konsequentem Hippokratismus. Dies bewahrte ihn vor skeptischer Resignation (wie sie etwa bei den zeitgenössischen → Empirikern herrschte) und ließ ihn, in grandioser Synthese und niedergelegt in einem Riesenwerk, die ‹Summa› der antiken Medizin geben. Seine Autorität (noch gefördert durch eine zwar oft weitschweifige, aber im ganzen sehr klare Darstellung) wirkte dementsprechend fast 1½ Jahrtausende unbestritten; bekanntlich fanden erst Ärzte der Renaissance, vor allem der Anatom Vesal (1514 bis 1564), Kraft und Möglichkeit, sich von G. zu lösen. – Auch nur die wichtigsten seiner medizinischen, philosophischen, grammatischen und rhetorischen Schriften hier aufzuzählen, ist unmöglich. Allgemein muß gesagt werden, daß G. die hippokratische → Säftelehre in ihre kanonische Form gebracht und Anatomie, Pathologie, Physiologie, Pharmakologie und Diätetik in zusammenfassenden und abschließenden Werken dargestellt hat (wobei übrigens durchaus auch manches früher richtig Erkannte beiseite blieb, Rückschritte also bei G. nicht ausgeschlossen bzw. durch ihn zuweilen erst autorisiert worden sind). Chirurgie, Gynäkologie, Augenheilkunde treten demgegenüber bei ihm etwas zurück. – In das Corpus Galenicum haben sich, teilweise schon zu Lebzeiten des Autors, auch Pseudepigrapha eingeschlichen (vgl. G.s Bemerkungen im Anfang von ‹Über die eigenen Bücher›). Die Forschung ist in dieser wie in Hinsicht der Aufarbeitung der reichen Überlieferung (u.a. arabische und mittellat. Übersetzungen) und der detaillierten Wirkungsgeschichte noch in vollem Fluß. – Vgl. → Medizin. F.K.

Ed: C. G. Kühn, 22 Bde, 1821–1833 (einzige, aber unzureichende Gesamtausgabe; im CMG V sind bisher nur einige Schriften textkritisch ediert; manche bei Kühn nicht abgedruckte Schrift hat z. B. K. Kalbfleisch herausgegeben) – *Lit:* K. Deichgräber, G. als Erforscher des menschlichen Pulses (mit einem Abschnitt ‹Zu neueren G.biographien›), SB Berlin 1956, 3.

Galerius (C. G. Valerius Maximianus), röm. Kaiser 305 bis 311; geb. ca. 250 in Illyrien; gest. Mai 311 in Nikomedia; niedriger Herkunft, als Soldat aufgestiegen; von → Diokletian zum Caesar erhoben und adoptiert (1.3.293); zugleich Schwiegersohn Diokletians. Als Mitglied der Tetrarchie verwaltete G. Illyricum (den ganzen Donauraum vom Inn bis zum Schwarzen Meer) mit der Residenz Sirmium; dort führte er 293–296 Abwehrkämpfe gegen Germanen (Goten, Bastarnen, Alamannen). G. war seit 296 am Perserkrieg beteiligt und konnte den Einfall des Narses nach Syrien abwehren; nach einer anfänglichen Niederlage eroberte er dann mit Unterstützung Diokletians Armenien und Mesopotamien bis Ktesiphon. Seinen Wunsch nach weiteren Eroberungen konnte G. nicht durchsetzen (Friede mit Persien 298). Für → Lactantius war er der eigentliche Urheber der mit den Edikten Diokletians seit 303 einsetzenden → Christenverfolgungen. Mit der Erhebung zum Augustus (1.5.305) errang er noch stärkeren politischen Einfluß, weil er seinen Neffen → Maximinus (1) Daia und seinen Anhänger → Severus (1a) als Caesaren lancieren konnte; einigte sich 306 mit → Konstantin, den er als neuen Caesar anerkannte. Nach einem vergeblichen Versuch, → Maxentius zu beseitigen (307), rief er Diokletian als Vermittler an (Carnuntum 308). Die neue Gestaltung der Tetrarchie brachte ihm zwar die Stellung des älteren Augustus, zugleich aber Konflikte mit Konstantin und Maximinus Daia, die 309 die Anerkennung als Augusti durchsetzten. Unmittelbar vor seinem Tode brach G. den von ihm bes. energisch betriebenen Kampf gegen das Christentum durch sein Toleranzedikt ab. – Bogen und Palast des G. in Thessalonike. H.D.M.

Lit: W. Seston, Dioclétien et la Tétrarchie I, 1946 – E. Stein, Histoire du Bas-Empire (frz. Ausg. v. J. R. Palanque) I, 1959.

2. **G. Trachalus,** P., cos. 68 n. Chr., unter → Vespasian Prokonsul von Africa, geschätzt als Redner und Anwalt (Erbschaftsprozeß gegen Spatale). → Quintilian rühmt seine Erscheinung und mächtige Stimme (inst. 12, 5, 5; 10, 1, 119). R.T.

Frg: ORFr (Meyer) 592–594 – *Lit:* Schanz-Hosius II 676.

Galerus, Pelzmütze der röm. → Priester; sie hatte die Form einer Mitra und war aus der Haut eines geopferten Tieres hergestellt (Serv. Aen. 2, 683); Sonderform der → Albogalerus. H. Le B.

Galinthias (Galanthis), Tochter des Proitos, Freundin der Alkmene, → Herakles, → Argonauten.

Galla Placidia, (west-)röm. Kaiserin 421–450, geb. um 390 als Tochter → Theodosius' I., gest. 27.11.450 in Rom. Zuerst verlobt mit dem Sohn → Stilichos, wurde sie 410 von den Westgoten vergeiselt; König Athaulf heiratete sie 414 in Narbonne. Von → Honorius durch Vertrag zurückgewonnen, mußte G. 417 den Heermeister → Constantius III. heiraten, dem sie → Valentinian III. und Honoria gebar. 421 zur Augusta erhoben, floh sie bald nach Constantius' III. Tod ins Ostreich. 425–437 Regentin an Stelle Valentinians III. (Auseinandersetzungen mit den Heermeistern → Aëtius und → Bonifatius). P. förderte die kirchliche Kunst durch rege Bautätigkeit (Mausoleum der G. mit Mosaiken in → Ravenna). H.-J.D.

Lit: E. Kornemann, Große Frauen des Altertums (1942), 1952[4] – V. A. Sirago, G. Placidia e la trasformazione politica dell' Occidente, 1961.

Gallaecia, röm. Provinz im NW → Spaniens, 214 unter Caracalla gebildet. Umfaßte das ursprüngliche Gebiet der → Kallaiker. Gehörte zuerst zur Hispania Citerior (195 v. Chr.), später, unter Augustus, zur Tarraconensis. J.M.d.M.

Lit: E. Albertini, Les divisions administratives dans l'Espagne romaine, 1923.

Gallia Cisalpina, im engeren Sinn die von 81–42 bestehende röm. Kolonie nördl. des Rubico, im weiteren Sinn das in der 8. u. 9. augusteischen Region zusammengefaßte Oberitalien, hervorgegangen aus dem ager gallicus, dem den seit Anf. 4. Jh. hier eingewanderten Galliern nach ihrer endgültigen Unterwerfung durch die Römer in den ersten Jahrzehnten des 2. Jh.s abgenommenen Land. B.A.

Lit: Nissen, I 474 ff.

Galliambus, oder *μητρῳακόν* (Heph. p. 38, 13 C.), ein → Asynarteton aus einem anaklastischen und einem katalektischen ionischen → Dimeter (mit oder ohne → Anaklasis) mit → Dihärese zwischen den beiden Dimetern. Im zweiten Dimeter ist das letzte longum des ersten Metrums fast immer aufgelöst. Schema: ⏖⏖–⏑⏗⏑––|⏖⏖–⏖⏑⏑–|| anacl |2io‸||. Berühmtestes Beispiel: Cat. 63. Benannt nach den → Galloi. J.W.H.

Lit: J. Halporn-M. Ostwald, Lat. Metrik, 1962, 34.

Gallien

A. Land – B. Die Römer in G. [1] Die Provinz Gallia – [2] Die römische Zivilisation. – Vgl. → Kelten; → Germanen; → Völkerwanderung.

A. Land. G. umfaßt als geographischer Begriff seit → Caesar das Land zwischen Rhein, Ozean, Pyrenäen, Mittelmeer und → Alpen, d. i. die alte → Gallia Transalpina. Vgl. → Gallia Cisalpina, → Gallia bracata, → Gallia comata. G. teilte sich in eine bergigere Zone im Südosten und eine flachere im Nordwesten. Die großen, streckenweise nahe beieinander liegenden, vielverästelten und großenteils schiffbaren Flußsysteme, die drei verschiedenen Gebirgen entspringen und in drei verschiedene Meere münden, sowie das Fehlen wesentlicher Verkehrshindernisse – die Hochgebirge liegen am Rande von G. – bilden den Hintergrund

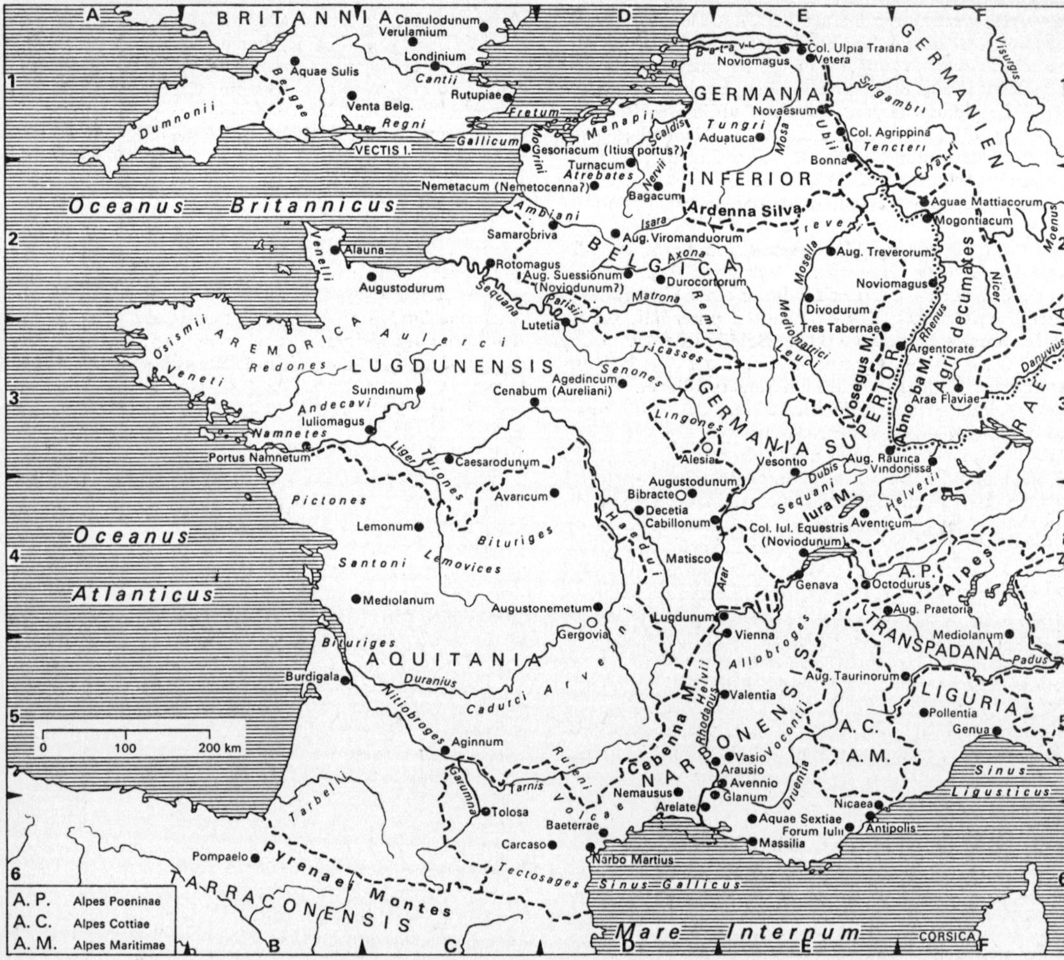

Abb. 69 Gallien in der Römerzeit (○ = bis zur Zeit Caesars besiedelte Orte, später verödet)

der Blüte G.s im Altertum. Nord-Süd-gerichtet sind → Rhenus (Rhein) mit Mosella (Mosel), Mosa (Maas) und → Rhodanus (Rhone) mit Arar (Saône). Schon im Altertum dachte man an eine direkte Wasserverbindung vom Rhodanus zum Rhenus durch das – nicht ausgeführte – Projekt eines Kanals zwischen Arar und Mosella (Tac. ann. 13, 53). → Sequana (Seine) und Liger (Loire) sind die wichtigsten Ost-West-Verbindungen vom Zentralmassiv zum Ozean. Hauptflüsse des SW sind die in den Pyrenäen entspringende Garumna (Garonne) und ihr im Zentralmassiv entspringender Nebenfluß Duranius (Dordogne), beide in den Ozean mündend. Die drei von Caesar angetroffenen Völkergruppen, → Belgen, → Kelten und Aquitanier, die «nach Sprache, Einrichtungen und Gesetzen verschieden» sind (Caes. Gall. 1, 1), gaben die Namen für seine Einteilung von G. in → Belgica, → Aquitania, → Celtica (vgl. auch → Lugdunensis). L.B.-H.

Lit: E. Desjardins, Géographie historique et administrative de la Gaule romaine, 4 Bde, 1876–93.

B. Die Römer in Gallien. [1] *Die Provinz Gallia.* Als 154 v. Chr. wohl das erste Mal ein röm. Heer unter dem Konsul L. → Opimius in Gallien erschien (Kampf gegen die Liguren bei Nice), verkehrten bereits seit einigen Jh.en griech. Kaufleute zwischen den Alpen und dem Atlantik. Vom 2. Jh. an werden röm. Handelsinteressen vorherrschend. 125 v. Chr. (unter Fulvius Flaccus) und 124 v. Chr. (unter Sextius Calvinus) besiegen die Römer östlich der Rhone die Vocontier, Aix → Aquae Sextiae wird als Festung gegründet. 122 erscheint → Domitius (3) Ahenobarbus, der bis 117 in der von ihm eingerichteten Provinz *Narbonensis* bleibt. Er kämpft mit Hilfe von Q. → Fabius (7) Maximus (121) und im Bündnis mit den → Haeduern gegen → Arverner und → Allobrogen. 118 gründet er Narbo und erbaut die via Domitia. Der neuen Provinz steht ein Proconsul oder ein Proprätor vor. Durch die Völkerbewegung der → Kimbern und → Teutonen kam sie in Gefahr, die Römer wurden 105 v. Chr. bei Orange → Arausio geschlagen, doch besiegte → Marius 102 die Teutonen bei Aquae Sextiae. 80 v. Chr. brechen, gleichzeitig mit der Bewegung des → Sertorius (1), Unruhen aus: sie werden von → Pompeius niedergeschlagen, der Sieger gründet Lugdunum Convenarum (Saint-Bertrand de Comminges). Um 61 v. Chr. beginnt der Germanenfürst → Ariovist die gall. Stämme zu bedrohen, im selben Jahr erscheint bereits eine Gesandtschaft der Haeduer in Rom. 58 Auszug der Helvetier aus der Westschweiz, → Caesar, seit 58 Proconsul in G., weist sie zurück und besiegt auch Ariovist. Bis 50 kämpft nun Caesar mit kürzeren Unterbrüchen (54 in Britannien) in G. Die größten und für die röm. Truppen gefährlichsten Kämpfe brachte die Erhebung von 51, als sich unter der Führung des → Vercingetorix fast sämtliche Stämme, selbst die mit Rom immer verbündeten Haeduer, gegen Rom vereinigen. Nach wechselvollen

Kämpfen, in denen sich bes. der Legat Caesars, → Labienus, hervortut, werden die Gallier bei Alesia besiegt. Nachkämpfe bis 50, inzwischen Einrichtung der Provinz Gallia (transalpina, wie sie zunächst im Unterschied zur oberital. G. cisalpina heißt). Städtegründungen, bes. wichtig 43 vor Chr. → Lugdunum (Lyon), das ab 12 v. Chr. ein Zentrum des Augustuskultes (→ Romkult) wird. Neuordnung der gall. Provinzen unter Augustus: 27–22 v. Chr. die *Narbonensis* vorübergehend kaiserlich (sonst immer senatorisch); die übrigen drei, mit je einem legatus Augusti pro praetore an der Spitze, sind: *Aquitania* (Hauptstadt seit dem 2. Jh. → Burdigala/Bordeaux), *Lugdunensis* (Hauptstadt Lugdunum) und *Belgica* (Hauptstadt → Augusta Treverorum/ Trier). Die beiden → Germanien, die als bloße Verwaltungsbezirke militärischen Kommandanten unterstellt waren, wurden unter → Domitian von der Belgica losgelöst und zu selbständigen Provinzen gemacht. Die in der Zeit des Tiberius offenbar stark anwachsenden Steuern führten 21 nach Chr. zu einem Aufstand (unter Leitung des Iulius Florus und des Iulius → Sacrovir); die Unruhen des Vierkaiserjahres beginnen 68 ebenfalls in G. (C. → Vindex), das sich z. T. auch dem Bataveraufstand unter J. → Civilis anschloß. Nach fast zwei Jh.en relativer Ruhe gründete 259 oder 260 → Postumus das gall. Sonderreich, das bis etwa 273 (unter → Victorinus und → Tetricus) bestand und erst von → Aurelian wieder dem röm. Reich einverleibt wurde. Von etwa der Mitte des 3. Jh.s n. Chr. an wird Gallien von feindlichen Einfällen (→ Alamannen u. a.) oft heimgesucht. Unter → Diokletian werden auch die gall. Provinzen in neue Verwaltungseinheiten eingeteilt (Lugdunensis prima und secunda, Belgica prima und secunda, Aquitania prima und secunda, Novempopulonia usw.; → Nebenkarte G.). → Konstantin d. Gr. baut Trier zu einer glänzenden Residenzstadt aus und führt von hier aus seine Kämpfe sowohl gegen seine Mitherrscher als auch gegen die Völker außerhalb der Rheingrenze. Trotz den Siegen, die er und seine Nachfolger (so etwa → Julian 357 bei Argentorate/Straßburg) erfechten, wiederholen sich die Einfälle der Alamannen, → Franken, → Vandalen, → Burgunder, → Visigoten usw. fast ununterbrochen. Teile von diesen Völkern lassen sich nieder, ein → westgot. Königreich entsteht 418 in Südgallien, ein burgundisches 443 an der Rhone. 451 besiegt → Aëtius mit Hilfe dieser Völker die Hunnen bei Troyes. 476 wird der letzte röm. Kaiser von → Odoaker entthront. Th. P.

Lit: C. Jullian, Histoire de la Gaule I–VIII, 1908–1926 – J. J. Hatt, Histoire de la Gaule Romaine, 1959.

[2] *Die röm. Zivilisation.* Die archäologische Hinterlassenschaft der Römer aus vorcäsarischer Zeit in Gallia → Narbonensis ist gering. Nur wenige einheimische Plätze wie → Glanum nehmen direkt teil an hellenist.-röm. Stadtarchitektur, doch ist die stadtähnliche Struktur mancher auch außerhalb der Narbonensis gelegenen Oppida (→ Avaricum, → Bibracte, → Gergovia u. a.) ohne Einflüsse von Hellas und Rom nicht erklärlich (→ Kelten). Seit → Augustus wird die planmäßige Urbanisierung aktiv betrieben als kulturpolitisches Programm zum Zwecke der Bindung Galliens an das Imperium. Der Ausbau der älteren und die Gründung von neuen Kolonien, die Errichtung von öffentlichen Bauten, von Gedenkbauten zur Verehrung des Kaiserhauses und von Heiligtümern ließen G. zu einem blühenden, im heutigen Denkmälerbestand fortwirkenden Träger röm. Zivilisation und Kunst werden. Als wesentlichste bautechnische Neuerung führten die Römer den Mörtel in G. ein, das zuvor nur Holz- und Lehmbauweise und Trockenmauern kannte. Zahlreiche Amphitheater (→ Arelate/Arles, Burdigala/Bordeaux, → Forum Julii/ Fréjus, → Nemausus/Nîmes u. a.), szenische Theater (→ Arausio/Orange, Arelate, Forum Julii, Vienna/Vienne, Augustodunum/Autun, → Lugdunum/Lyon u. a.), die Tempel der offiziellen Kulte (Maison carrée in Nemausus, Tempel des Augustus und der Livia in → Vienna, → Arausio, Arelate u. a.), Stadttore (Porte d'Arroux und Porte St. André in Augustodunum, Porte Noire in Vesontio/Besançon, Porta Nigra in → Augusta Treverorum/Trier u. a.), Ehrenbögen (Arausio, → Glanum, Carpentorate/Carpentras, Mediolanum/Saintes u. a.) sind als monumentale Reste röm. Stadtarchitektur erhalten geblieben. Kaiserliche Residenzbauten der Spätantike finden sich in Trier. Das Gesicht der Landschaft wurde von einzelnen, vielfach auf vorröm. Höfe zurückgehende Villen bestimmt, die sich im 3. und 4. Jh. mit dem wachsenden Reichtum der Großgrundbesitzer zu riesigen Landpalästen auswuchsen (ausgegrabene z. B. bei Chiragan, Montmaurin, Nennig, Anthée u. a.). Brücken (Pont Flavien, Pont Julien, Trier u. a.) und Aquädukte (→ Pont du Gard, Barbegal mit Resten einer zugehörigen hydraulischen Mühle, Forum Julii, Lugdunum u. a.) sind bleibende Zeugen röm. Ingenieurskunst. Der → Straßenbau begann mit der im Zuge der Gründung der → Narbonensis angelegten, vom Rhonetal über das Languedoc nach Spanien führenden via Domitia. Das gesamtgallische Straßennetz konzipierte und begann → Agrippa (Strab. 4, 6, 11). Nach der Unterwerfung der Alpenvölker (25–14 v. Chr.) setzte → Augustus die von der Narbonensis nach Italien führende, nach ihm via Julia Augusta benannte Küstenstraße endgültig instand. Über ihr erheben sich heute noch am südlichsten Punkt der Seealpen bei Monaco die Ruinen der Tropaea Augusti, des Siegesmales mit den Namen der unterworfenen Alpenstämme. Die → Meilensteine zählen in → Aquitania bis etwa Trajan, im übrigen G. und in → Germanien bis etwa 200 n. Chr. in röm. Meilen (1 Meile = 1,5 km), hernach in gall. Leugen (1 Leuge = 2,22 km). Neben der großen Reichskunst (Götterbilder der offiziellen Kulte, Skulpturenschmuck öffentlicher Bauten) und der ebenso eingeführten, bes. auf gall. Grabdenkmälern des 1. Jh.s n. Chr. manifesten italischen Volkskunst, findet mit fortschreitender Romanisierung bes. seit dem 2. Jh. auch die einheimische Religiosität vermehrten künstlerischen Ausdruck. Der einheimische Anteil an der Provinzialkunst äußert sich in einer unorganischen, vielfach stark vereinfachenden Stilisierung, in der manche der symbolhaften Züge der spätröm. Reichskunst vorweggenommen sind. Diese Grundhaltung findet sich in Plastik und Grabrelief, bes. aber in der → Kleinkunst mit → Terrakotten, Kleinbronzen, Reliefappliken (→ Reliefkeramik; → Keramik, 2) usw., die über eine Unzahl einheimischer Lokalkulte Kenntnis vermitteln (→ Kelten D). Die Heiligtümer der einheimischen Kulte sind einfache, oft in Gruppen zu heiligen Bezirken zusammengefaßte Umgangstempel mit duadratischer Cella, sog. fana (z. B. in Trier-Altbachtal, St-Ouen-de-Thouberville, Champigny-le-Langres und zahlreiche andere), mächtig der sog. Janustempel bei Augustodunum, seltener runde Bauten (→ Augustodunum, Vesuna Petrucoriorum/Vésone). Ein dem röm. Klassizismus verpflichtetes Zentrum der Bildhauerei muß in Arelate, ein führendes der Provinzialkunst in Augusta Treverorum (vgl. auch → Noviomagus, → Igel) bestanden haben. Mosaikwerkstätten sind nach Nemausus (berühmt das Bellerophonmosaik), Vienna (Trunkener Herakles u. a.), Lugdunum (Zirkusmosaik u. a.), Trier (Kornmarktmosaik u. a.) zu lokalisieren. Von bes. Bedeutung war der in weite Teile des Imperiums und z. T. über dessen Grenzen hinausgehende Export gall. → Terra sigillata, deren Produktion sich am Ende des 1. Jh.s n. Chr. von den südgall. Zentren, bes. La Graufesenque und Montans, nach Mittelgallien mit Zentrum in Lezoux und bald auch nach Ostgallien mit Trier u. a. (s. auch → Germanien) verlagerte. Glasmanufakturen sind allenthalben in G., besonders in Nordgallien anzunehmen, eine durch eine Grabinschrift belegte befindet sich in Lyon. L. B.-H.

Lit: Gallia, Fouilles et monuments archéologiques en France métropolitaine, seit 1943 – A. Grenier, Manuel d'archéologie gallo-romaine, bisher 7 Bde, 1931–1960 – H. Schoppa, Die Kunst der Römerzeit in Gallien, Germanien und Britannien, 1957 – E. Espérandieu, Receuil général des bas-reliefs, statues et bustes de la Gaule romaine, 14 Bde, 1907–1955 – H. P. Eydoux, La France antique, 1962 – P. M. Duval, L'originalité de l'architecture galloromaine, VIIIe Congr. Intern. d'Archéol. Class. Paris 1963, Rapports et Communications. 1963, 33–54.

Gallienus (P. Licinius Egnatius G.), röm. Kaiser 253–268; geb. ca. 218; gest. Frühj. 268 bei Mailand. Von seinem Vater → Valerian zum Mitherrscher bestellt (Sept. 253) und mit der Verwaltung und Verteidigung der westlichen Reichsteile und der Donaugrenze betraut. G. übernahm selbst den Schutz Galliens und der Rheingrenze; 254–259 Kriege gegen die Germanen, die nach Gallien oder sogar Italien durchbrachen. 256 erhob G. seinen älteren Sohn P. Licinius Cornelius Valerianus zum Caesar, nach dessen Tod den jüngeren P. Licinius Cornelius Saloninus (258). G. distanzierte sich früh von Valerian, endgültig dann nach dessen Gefangennahme durch die Perser. Seit 260 war seine Herrschaft belastet durch Usurpationen, die nur z. T. unterdrückt werden konnten (Ingenuus und Regalianus in Pannonien; Macrianus, Callistus und Aemilianus im Osten). Faktisch selbständig war die Herrschaft des Septimius → Odaenathus und der → Zenobia in Syrien, die aber formal loyal blieben. Der Usurpator → Postumus in Gallien wurde besiegt, aber nicht beseitigt; mit ihm war auch Gallien selbständig. Trotz allem muß gegen 263 die Sicherheit wiederhergestellt gewesen sein. G. ordnete das röm. Heer grundlegend neu, indem er neben die stark vermehrte Legionsreiterei selbständige Reiterverbände als Eingreifreserve stellte, die hauptsächlich aus Mauren und Illyriern (Dalmatern) bestanden. Diese Formationen und das Kommando über sie gestatteten den Illyriern den Aufstieg in die führende Schicht (→ Diokletian). Senatoren wurden von den militärischen Posten grundsätzlich ausgeschlossen. Als Philhellene und Anhänger → Plotins förderte G. den → Neuplatonismus und die Mysterienreligion von Eleusis. Weitere → Christenverfolgungen hielt er für entbehrlich (Toleranzedikte ca. 260). G. wurde im Kampf gegen den Usurpator → Aureolus 268 durch eine Verschwörung seiner Generäle beseitigt. H. D. M.

Lit: G. Pugliese Caratelli, L'età di Valeriano e di Gallieno, 1951 – E. Manni, Note Valeriane, Epigraphica 2, 1949, 3–32.

Gallio → Iunius.

Gallitta → Cosconia.

Galloi (lat. Galli), Diener (Verschnittene) der aus Phrygien stammenden Göttin → Kybele und ihres Kultpartners → Attis. K.-H. R.

Gallus, C. Cornelius, geb. 69/68 in Forum Iulii. G., der im Gefolge Octavians (→ Augustus) rasch emporgestiegen war, trug im Krieg gegen → Antonius (2) durch den Schutz der Westgrenze Ägyptens zum Sieg Octavians bei und wurde dafür zum Präfekten Ägyptens ernannt. Dort errang er weitere Erfolge, die er selbstbewußt auf die Pyramiden schreiben ließ (dreisprachige Ehreninschrift aus Philai, CIL III 14147). Stiftung eines Forum Iulium inschriftlich auf dem Obelisken vor dem Petersdom bezeugt (F. Magi, Stud. Rom. 11, 1963). Seine Überheblichkeit und Denunziationen bei Augustus führten zur Rückberufung aus Ägypten (30) und Bestrafung mit Exil und Vermögenseinziehung. Darauf beging er i. J. 26 Selbstmord. – G. war ein Freund der Dichtung; vermutlich war er es, der bei der Landverteilung an die Veteranen (42) → Vergils Besitz schützte; er hatte → Parthenios bei sich, der ihm ein Büchlein über mythische Liebesabenteuer als Material für eigene Dichtungen zusammenstellte, und übersetzte → Euphorion ins Lateinische (vgl. Verg. ecl. 6). Als erster Römer schrieb er 4 Bücher → Elegien, die meisten wohl auf die Schauspielerin Cytheris (‹Lycoris›, Mart. 8, 73, 6). Nur 1 Pentameter erhalten (FPL 99). Die Thematik ist aus Vergils 10. Ekloge zu erschließen, der sich hier nach → Servius eng an G. angeschlossen hat. Im 4. Buch von Vergils Georgica waren ‹Laudes Galli› enthalten, die Vergil nach der Abberufung des G. gestrichen hat. Das Kurzepos → Ciris ist nicht von ihm. E. Bk.

Lit: E. Bréguet, Les élégies de G. d'après la 10e Bucolique de Virgile, REL 26, 1948, 204–214 – W. Richter, Vergil Georgica, 1957, 107–114 – W. Steidle, Zwei Vergilprobleme, in: Serta philol. Aenipontana, 1961, 320–334 – E. Hartmann-F. Bömer, Die G.-Inschrift auf dem Vatikan. Obelisken, Gymnasium 72, 1965, 1–8.

2. **G.,** M. (?) Aelius, Präfekt von Ägypten 26–24; unternahm 25/24 auf Befehl des → Augustus einen Feldzug nach Arabia Felix, der, angeblich durch Verrat, scheiterte. G. brachte Heilmittel gegen Schlangengift aus Arabien zurück und schrieb über medizinische Fragen. Er war mit → Strabon befreundet. Im Gegensatz zu verbreiteter Meinung wohl nicht der Adoptivvater → Sejans. U. Wm.

Lit: F. Adams, The Consular Brothers of Seianus, AJPh 76, 1955, 70–76.

3. **G.,** Appius Annius, cos. suff. 63/68 n. Chr. Im J. 69 Heerführer → Othos gegen die Truppen des → Vitellius (1). Im J. 70 von → Mucianus zum Legaten von Germania superior bestellt. U. Wm.

4. **G.** (C. Vibius Trebonianus G.), röm. Kaiser 251–253; geb. ca. 206 in Perusia; Senator; 250/251 Legat in Moesia; getötet Aug. 253. G. wurde nach dem Tode des → Decius (4) von den Donaulegionen zum Kaiser ausgerufen (Juni 251) und erhob nacheinander Hostilianus und Volusianus zu Mitherrschern. Während seiner Herrschaft wütete jahrelang eine Pestepidemie. Die Donaugrenze blieb weiterhin ständig bedroht; 253 fiel → Šapur I. in Syrien ein. G. hat als Kaiser die Provinzen nicht mehr betreten und verlor die Verbindung zum Heer. Mitte 253 erhoben die gegen die Goten in Moesia eingesetzten Legionen den → Aemilian zum Kaiser; G. wurde von seinen eigenen Truppen getötet.

Lit: R. Hanslik, RE 8 A 2 (1958), 1984–1994, s. v. Vibius. H. D. M.

5. **G.** (Flavius Claudius Constantius), röm. Kaiser (Caesar) 351–354, geb. 325/326 in Etrurien, 354 in Flanona (Istrien) hingerichtet. Als Halbbruder → Julians und Vetter → Constantius' II. sorgfältig erzogen. 351 zum Cäsar für den orientalischen Reichsteil ernannt, residierte G. in Antiochia, wo er sich durch seine Übergriffe verhaßt machte. Da Constantius II. eine Usurpation befürchtete, ließ er G. nach dem Westen locken und nach formalem Verfahren hinrichten. H.-J. D.

Gallus, vgl. auch → Aquilius, → Asinius, → Didius, → Plotius, → Roscius.

Gamedes, böotischer Töpfer des frühen 6. Jh.s v. Chr. I. Sch.

Lit: J. C. Hoppin, Handbook of Greek Black-Figured Vases, 1924, 17–19.

Gandhara, altind. Name für die Gegend um Pešawar (heute SO-Afghanistan und NW-Pakistan) an der Seidenstraße nach China, mit der Hauptstadt → Taxila, seit → Dareios als 19. Satrapie zum pers. Reich gehörig und mit diesem 327–325 von → Alexander d. Gr. erobert. Eine hochentwickelte, innerhalb der späteren Antike einzigartige Münzkunst beweist für G. (wie für → Baktrien und → Swat) kontinuierliche Tradition der griech. beeinflußten Kultur unter den indogriech. Königen (vgl. → Sandrokottos). Diese brach auch unter der Herrschaft der Kuṣaḥas (ursprünglich zentralasiat. Nomaden; 1.–5. Jh. n. Chr. → Surkh Kotal, → Mathura) nicht ab: hellenist.-röm. Einfluß bestimmt die Architekturglieder der buddhistischen Klöster und Stupas (att. Basen, Pilaster, Zahnschnitt und korinth. Kompositkapitelle), die Kleinkunst (Verwahrfund von → Begram) und die Bildhauerei: kontinuierliche Bildergeschichten an den Basen buddhistischer Stupas zeigen in Komposition und Proportion Übereinstimmungen mit dem kaiserzeitl.-röm. → Relief, und bei ihrem schon an sich höchst auffälligen Übergang zur Darstellung des Buddha in Menschengestalt dürften die Bildhauer in der griech.-röm. Kunst die geeigneten Vorlagen gefunden haben: die röm. Gewandstatue für den stehenden und lehrenden Buddha, den Typus des Apollon in hadrianischer Auffassung für seinen Kopf. Obwohl die G.-Kunst nicht mehr (wie bei ihrer Auffindung im 19. Jh.) als reine Äußerung des griech. Geistes betrachtet werden kann, ihre Leistungen zum großen Teil Massenware und die Träger in der Hauptsache wohl indische Handwerker waren, die an der ind. Proportionenlehre festhielten, sind doch auf diese Weise viele Elemente der Form (z. B. Gewanddarstellung) und inhaltliche Motive (Athena und Herakles unter den Begleitfiguren des Buddha; Szenen aus der Ilias in ind. Kultstätten; → Mischwesen; Girlanden) aus der griech.-röm. Kunst übernommen worden und über die G.-Kunst von weiter Wirkung auf die ind. Kunst, zahlreiche Bau- und Bildhauerschulen Asiens gewesen (Fondukistan, → Bamiyan, → Miran, → Turfan, → Mathura, → Kaśmir). Vgl. → Orient und Antike. K. F.

Lit: A. Foucher, L'art gréco-bouddhique du G., 1905–51 – G. N. Banerjee, Hellenism in ancient India (1919), 1961³ – D. Schlumberger, L'argent grec dans l'empire achéménide, 1953 – A. J. Bernet Kempers, Die Begegnung der griech.-röm. Kunst mit dem ind. Kulturkreis, HbAW VI 2, 1954 – M.-Th. Allouche-Le Page, L'art monétaire des royaumes bactriens, 1956 – P. Brown, Indian architecture (Buddhist and Hindu periods), (o. J.), 1956³, 39–44, 186–195 – R. Göbl, Die Münzprägung der Kushanas, in: F. Altheim, Finanzgeschichte der Spätantike, 1957 – A. K. Narain, The Indo-Greeks, 1957 – H. Goetz, Imperial Rome and the genesis of classic Indian art, East and West N. S. 10, 1959, 153–181, 261–268 – B. Rowland, G. sculpture from Pakistan museums, 1960 – J. Marshall, The Buddhist Art of G., 1960 – D. Schlumberger, Descendants non-méditerranéens de l'art grec, Syria 37, 1960, 131–166, 253–318 – K. Fischer, Schöpfungen ind. Kunst (1959), 1961², 127–145, 374–377 – M. Wheeler, G. art: The present position, Vortr. VIIIe Congrès intern. d'archéol. classique 1963.

Ganges, indischer Strom, von dem schon → Ktesias in Persien hörte. Erst → Megasthenes gab um 290 v. Chr. eine ausführliche Beschreibung des Flusses. Über sein bis dahin unbekanntes Delta berichteten in Rom im 1. Jh. n. Chr. Gesandte aus Ceylon (?). Fabeleien über seine Breite und Fruchtbarkeit machten ihn später zu einem der vier Flüsse des Paradieses. Vgl. → Indien. F. L.

Ganymedes, Sohn des Tros oder des → Laomedon, wird von den Göttern geraubt um als ‹Schönster der Sterblichen› dem Zeus als Mundschenk zu dienen (Il. 5, 265. 20, 232); der Vater erhält unsterbliche Rosse (vgl. → Herakles) oder einen goldenen Weinstock (vgl. → Astyoche). Bald wird nur Zeus als Räuber und Liebhaber genannt, seit dem 4. Jh. v. Chr. ist sein Adler der Entführer. H. S.

Darstellungen: Schwarz- und bes. rotfigurige Vasenbilder zeigen die Verfolgung, eine Terrakottagruppe in Olympia den Raub durch Zeus. → Leochares schuf die Gruppe des durch den Adler Entführten, davon eine Kopie im Vatikan, andere Nachbildungen vor allem in der Kleinkunst; dargestellt auch die Tränkung des Adlers durch Ganymed (Reliefs, auch Sarkophage) oder die bloße Gruppierung (Plastik, Reliefs, Mosaike). – *Lit:* H. Sichtermann, EAA III, 1960, 788–790 – Ph. Bruneau, BCH 86, 1962, 193–228.

Gargamis → Karkemisch.

Garganus mons (Kt. 1420 G6; heute Monte Gargano), 1056 m hoher, im nördl. Apulien in die Adria vorspringender Bergstock. In der Antike dicht bewaldet, noch heute reich an Laubwald (Forresta umbra). B. A.

Lit: Nissen, I 241 f., 539, 5; II 837 f.

Gargilius Martialis hat um die Mitte des 3. Jh.s n. Chr. über Landwirtschaft geschrieben (→ Landschriftstellerei), auch tierärztliche Rezepte verfaßt. Nur Auszüge sind erhalten, der umfangreichste unter dem Namen ‹Medicina ex oleribus et pomis› (‹Die medizinische Wirkung von Gemüsen und Früchten›). Dem → Palladius (1) hat er als Quelle gedient. Wahrscheinlich ist er mit einem Gargilius identisch, der laut CIL 8, 9047 i. J. 260 n. Chr. in einem Kampf gefallen ist. G. B.

Ed: V. Rose, 1875 (zusammen mit der Medicina Plinii) – *Lit:* H. Stadler, RE 7, 1 (1910), 760–762 – Schanz-Hosius, III 222–224.

Garten. [1] In *Ägypten* und dem *Vorderen Orient* war die G.baukunst zunächst eng verbunden mit der sakralen und privaten Architektur des jeweiligen Herrschers, in dessen Gefolge bald auch der hohen Beamten, schließlich jedes wohlhabenden Haus- oder Grabbesitzers. (Das Heiligtum von Theben war im Besitz von 433 km² G.- neben 2793 km² Ackerfläche; der königliche Kult- und Lust-G. in → Amarna – Maru-Aton – mißt 20000 m².) Innerhalb eines begrenzten Bezirkes reihen sich Bäume, Sträucher, Blumen, häufig in versenkten Behältern, vor oder zu Seiten eines Heiligtums, umgeben einen Teich oder säumen eine Allee oder einen künstlichen See (so bes. auf ägypt. Wandmalereien und -reliefs). – Aus Babylon zeugen antike Beschreibungen (Diod. 3, 10; Strab. 16, 1, 5) und Ergebnisse der Ausgrabungen von terrassenförmigen G.anlagen (‹hängende G.›) über gewölbten Substruktionen. Daneben besaßen die Fürsten von Mauern umhegte und künstlich angelegte Tierparks (pers.: pairadaëza), die der königlichen → Jagd offenstanden (Xen. anab. 1, 4, 10; oik. 4, 21; Kyrup. 1, 3, 4).

[2] In *Griechenland* erinnert Homer an die G. der Heroenzeit (des Alkinoos, Laertes, der Kalypso u. a., vgl. Od. 7, 112; 18, 359; 5, 63). Von späteren G. beim Wohnhaus der Griechen wissen wir kaum etwas. Der sakrale G. der Griechen ist der heilige Hain, ein Stück freier Natur, Baum, Bach, Fels oder Grotte, in deren Nähe das Walten eines Gottes, einer Nymphe oder eines Heroen erkannt und durch ein einfaches Mal (Pfeiler, Säule), Bild oder Tempelchen geehrt wurde. Die berühmtesten ‹Gärten› Athens gehörten der → Aphrodite, die seit klass. Zeit im Meisterwerk des → Alkamenes verehrt wurde (sog. ‹Aphrodite in den G.›) am N-Abhang der Akropolis; vgl. Plin. nat. 26, 16; Paus. 1, 19, 2; Lukian. im. 4, 6). → Platons Akademie lag beim heiligen Hain des Heros Akademos, den schon Kimon künstlich bewässern, bepflanzen und mit schattigen Wegen versehen ließ (auch die Bepflanzung der Agora soll auf ihn zurückgehen: Plut. Kim. 13); die Schule des → Aristoteles lag im Hain des Heros Lykeios. Die architektonische Form griech. Bildungsstätten waren das → Gymnasium und → Museion, von deren G.anlage wir freilich keine direkte Anschauung haben; immerhin fassen wir hier den Übergang vom natürlichen Hain zum künstlich gepflegten G. Bekannt waren beispielsweise die G. des → Theophrast, dessen philosophische Spaziergänge sprichwörtlich wurden (‹Peripatetiker›). – Im heiligen Bezirk (→ Temenos) eines größeren Tempels bleibt der künstliche G. in der Regel dem Bau untergeordnet (vgl. die Anlage am Hephaisteion in Athen). Der autonome G.- und Paradeisosgedanke, den die Griechen spätestens seit klass. Zeit im Orient kennenlernten (s. o.), wurde von den hellenist. Herrschern übernommen (vgl. Curt. 7, 2, 22; 8, 1, 11; Ath. 12, 537). Früher schon hatten die sizil. Fürsten Gelon in → Akragas (Diod. 11, 25; Ath. 12, 542 a) und → Dionysios I. in Rhegion (Plin. nat. 12, 7; Theophr. hist. plant. 4, 5, 6) ähnlich großzügige öffentliche und private G. anlegen lassen. Berühmt waren später die städtischen und privaten G. von → Alexandria (vgl. → Ath. 5, 196; auch Plin. nat. 25, 101; 26, 83, über G. in Rhodos und Knidos).

[3] *Rom.* Bis ins 2. Jh. v. Chr. öffnet sich das röm. → Haus vom Tablinum auf einen kleinen Wirtschafts-G. (hortus), der dann im Zuge der allgemeinen Erweiterung der Domus dem Peristyl-G. (plur.: horti) wich; solche G. sind bes. in den Vesuvstädten zahlreich, bis in Einzelheiten der pflanzlichen Gattungen und Komposition erhalten: das Zentrum bildet häufig ein Brunnen oder Becken, ein Kanal oder Weg die Hauptachse, zu deren Seiten sich symmetrisch Bäume, beschnittene Sträucher usw. reihen; Wegkreuzungen sind durch Statuen, Vasen und andere Votive meist dionysischen Charakters hervorgehoben. Alles nimmt Bezug auf die Lage des Hauses, in dessen Innenräumen der G. sehr oft durch Mittel der → Malerei (D 1 ff.) seine Fortsetzung findet. Größte Ausdehnungen erlangten die spätrepublikan. und frühkaiserzeitl. G. der stadtröm. Luxusvillen, etwa des → Lucullus auf dem Pincio, des → Maecenas auf dem Esquilin, des → Sallust auf dem Quirinal; sie bildeten die bedeutendsten Grünflächen innerhalb der Stadt, die

außerdem durch künstliche Bepflanzungen der zahlreichen Peristyle in → Theatern, öffentlichen → Portiken, → Thermen und → Palästen ergänzt wurden. Ein hervorragendes Beispiel der Verbindung geordneter Landschaft mit monumentaler Architektur ist die Villa Hadrians in Tivoli (→ Tibur). – Neben schattigen Alleen, künstlichen Seen, Kanälen (euripoi), Grotten, → Nymphäen und Wasserspielen gehören bepflanzte → Hippodrome und Wandelhallen für bemessene Spaziergänge (ambulationes), kleine Heiligtümer, heilige Haine mit Säulen, Pfeilern und plastischem Schmuck zu Funktion und Zier der G. – Sehr beliebt war das Tonsurieren der Bäume und Sträucher zu geometrischen, figürlichen und typographischen Formen; als Erfinder des opus topiarium galt C. Matius (1. Jh. v. Chr.; vgl. Plin. nat. 12, 13).

[4] *Bedeutung.* Während im Orient der G. in erster Linie kultischer Bezirk des Gottes und Jagdrevier des Königs bzw. der hohen Beamten blieb, stand in Griechenland der heilige Hain jedem Einzelnen offen. Paradeisos ist ursprünglich Abbild des außerirdischen G.s (in diesem Sinn greifen das AT und NT die Vorstellung vom verlorenen bzw. wieder erschlossenen Paradies bzw. bevorstehenden Jenseits auf). Gott und dem König als dem legitimen Herrn über die Natur fügte sich die Kreatur in Gebilde von strenger Ordnung und Hierarchie. Anders in Griechenland, wo die Gottheit sich in der Natur selbst offenbarte und kein Gottkönigtum sich als ihr Verwalter zu legitimieren hatte, der Mensch sich vielmehr individuell und undogmatisch in ihren Schutz begab. Der Römer, als Erbe hellenist.-oriental. Fürstentums und griech. Geisteswelt, vereint in den horti beide herkömmlichen Vorstellungen vom G. in vollem Bewußtsein ihrer ursprünglichen Bedeutung. – Vgl. → Landschaft, → Jagdbilder. C.K.

Lit: R. Wäntig, Haine und G. im griech. Altertum, 1893 – L. Gothein, Der griech. G., AM 24, 1909, 100–144 – H. Olck, RE 7,1 (1910) 768–841, s. v. G.bau – M. Launey, Le verger d'Héraclès à Thasos, BCH 61, 1937, 380–409 – D. B. Thompson, The Garden of Hephaistos, Hesperia 6, 1937, 396–425 – P. Grimal, Les jardins romains, 1943 – K. G. Galling, RE 18,3 (1949), 1131–34, s. v. Paradeisos – M. M. Gabriel, Livia's Garden-Room at Prima Porta, 1955 – D. B. Thompson u. a., Garden Lore of Ancient Athens, 1963.

Gastfreundschaft. In *Griechenland* genoß der Reisende außerhalb seiner Heimat keinen Rechtsschutz. Er stand unter dem Schutz des → Zeus Xenios, des Gottes der Fremden und Schutzflehenden. G.en konnten Generationen überdauern; Gast und Gastgeber tauschten Erkennungszeichen, → Symbola, miteinander aus. Einige griech. Staaten waren durch ihre Verfassung gebunden, G. zu gewähren. Mit der Entwicklung der Beziehungen schlossen viele Staaten → Proxenie-Verträge, die u. a. gegenseitigen Rechtsschutz der Reisenden vorsahen. – In *Rom* war der Ausländer ebenfalls rechtlos; → Jupiter hospitalis schützte den Fremden. Stand er in einem der → Clientel ähnlichen Verhältnis zu einem röm. Bürger, so übernahm dieser die Vertretung seiner Interessen. Mit der Ausdehnung der röm. Herrschaft verloren diese Rechtsprobleme an Bedeutung. Ab 242 v. Chr. wurden Streitigkeiten, in die Fremde verwickelt waren, vor dem → Praetor peregrinus verhandelt. Die private G. scheint bei den Römern, bes. aber bei den Griechen eine Selbstverständlichkeit gewesen zu sein. Nicht nur Freunden, auch Unbekannten bot man wenigstens ein Bett an. Geschenke an den Gast waren allgemein üblich. Th.P.

Lit: Blümner, Privataltertümer, 490–496 – R. Leonhard, RE 8,2 (1913), 2493–98, s. v. hospitium – Nilsson I 392.

Gasthäuser. In Griechenland gab es im 5. Jh. v. Chr. bereits zahlreiche G., teils als Herbergen, teils als Restaurants oder Schankwirtschaften in den Städten (vgl. Plat. leg. 11, 918D). Die G. hatten einen schlechten Ruf, und der athenische → Areopag schloß Bürger, die G. besuchten, von seiner Mitgliedschaft aus. Im röm. Reich gab es Herbergen zur Aufnahme der Reisenden (diversorium, → hospitium), mit oder ohne Verpflegung, dazu in den Städten Restaurants (popina) und → Schankwirtschaften (taberna). → Martial, → Petron, → Apuleius und andere beschreiben die G.: sie seien schmutzig und oft mit einem Bordell verbunden; die Wirte stehen im Ruf, Wein mit Wasser zu fälschen, die Wirtinnen werden als Dirnen angesehen. Einschränkende Verordnungen der Kaiser, besonders im 1. Jh. n. Chr., blieben erfolglos: die Ausgrabungen in Pompeji förderten eine übermäßig große Zahl von G.n zutage; sie sind klein, oft Teil eines Privathauses, gelegentlich mit Wandbildern geschmückt, auf denen Weingläser, verschiedene Gerichte, gelegentlich auch obszöne Szenen dargestellt sind. Th.P.

Lit: A. Hug, RE 18,3 (1949), 520–529 s. v. πανδοκεῖον – T. Kleberg, Hôtels, restaurants et cabarets dans l'antiquité romaine, 1957.

Gaudentius, spätantiker Verfasser eines griech. Traktats zur Theorie der → Musik (A 17), dessen zeitlicher Ansatz zwischen dem 2. und 5. Jh. n. Chr. schwankt. Als Kompilator berechnet er die Quart nach → Aristoxenos zu 5 Halbtönen, führt aber die Proportionen der Konsonanzen nach pythagoreischer Tradition an. G. schiebt zwischen die konsonanten und dissonanten Intervalle die große Terz und den Tritonus als paraphonische Intervalle ein. Er gibt ein vollständiges System der Oktavgattungen und nach Art des → Alypios eine Notentabelle. G.W.

Ed: C. v. Jan, Musici Scriptores Graeci, 1895 (Nachdr. 1962), 317 – *Lit:* G. Reaney, MGG IV, 1955, 1469–71.

2. **G.,** ‹Rhetor›, Araber; etwa Gehilfe des → Libanios und Zenobios (→ Ulpian). Auf diesen G. bezieht man ein in Arabien (Migdala) gefundenes Grabepigramm. W.Sp.

Lit: L. Robert, Rez. v. W. Peek, Griech. Versinschriften I, Gnomon 31, 1959, 23 f. (Lit) – J. u. L. Robert, Bulletin épigraphique, REG 74, 1961, 139.

Gaumāta, → Magier, der sich gegen → Kambyses II. empörte, indem er sich für dessen angeblich noch lebenden Bruder → Smerdis ausgab und den Thron usurpierte (März 521 v. Chr.); wurde, zusammen mit seinem Bruder, im Okt. desselben Jahres von den Sieben Verschwörern (unter → Dareios I.) erschlagen. G.R.

Lit: F. W. König, Der falsche Bardiya, 1938.

Gavius Silo, Anwalt in Tarraco, wo ihn → Augustus hörte (26/25) und ihm hohes Lob zollte (Sen. contr. 10 praef. 14). Einige Proben seiner Beredsamkeit beim älteren → Seneca (1) erhalten. R.T.

Gaza (arab. ġazze; 2196 A 6), mindestens seit der frühen Bronzezeit (3. Jt. v. Chr.) bis zur Gegenwart kontinuierlich besiedelte Handelsstadt an der südpalästin. Küste. Seit dem 16. Jh. v. Chr. unter ägypt. Einfluß, wurde G. im 13./12. Jh. v. Chr. Glied der Pentapolis der → Philister (1. Sam. 6, 17). Es hat sich unter wechselnden Herrschaftsverhältnissen selbständig behaupten können; Blütezeit in der pers. Epoche seit dem 5./4. Jh. v. Chr.; 61 v. Chr. durch → Pompeius (3) zur freien Stadt erhoben; um 400 n. Chr. christlich. Seit der arab. Eroberung 635 hat es mehr und mehr an Bedeutung verloren. H.Dn.

Lit: M. A. Meyer, History of the City of G., 1907 – P. Friedländer, Joh. v. G. und Paulus Silentiarius, 1912.

Ge (‹Erde›) → Gaia.

Ǧebel el-Araq, Gebirge über Hu (Diospolis parva) in Mittelägypten (Kt. 29 D 7), angeblich Fundort eines Messergriffs aus Nilpferdzahn aus spätvorgesch. Zeit. W.Hk.

Gebet. [1] Die schon im frühchristl. G. herrschende Polarität zwischen der ungeformten inneren Zwiesprache des Einzelnen mit Gott und den im Wortlaut festgelegten und in Ritualen publizierten liturgischen G.en scheint der *griech.* → *Religion* (I D 3) im wesentlichen fremd gewesen zu sein. Von G.en persönlichen Charakters wissen wir sehr wenig, und unsere Kenntnis liturgischer Texte beschränkt sich auf eine Anzahl inschriftlich erhaltener → Hymnen auf Apollon, Asklepios u. a. Für G.s-Texte sind wir auf die Dichter verwiesen (bes. Homer, die Lyriker, die G.s-Parodien der alten Komödie). Sie zeigen, daß für das kult. G. zwar nicht wie in Rom und im Christentum ein fixierter Wortlaut verbindlich ist, wohl aber ein bestimmter Rahmen vorliegt: 1. Anrede des Gottes. Der Betende muß zunächst wissen, an welchen Gott er sich wenden will; dies hängt ab von der Art seines Anliegens, da grundsätzlich jeder Gott seinen Zuständigkeitsbereich (τιμή, vgl. Hes. theog. 885) besitzt; da weiterhin auch jeder Gott seine bestimmte → Kultstätte hat, muß man ihn von diesem Sitz herbeirufen, es sei denn, der Betende befinde sich schon am Sitze seines Gottes oder er wende sich einfach an den Gott, in dessen Nähe er sich gerade befindet. – 2. Berufung auf die Macht des Gottes, konkret auf frühere, vergleichbare Machterweise, in deren Sinn man ‹auch jetzt› zu helfen bittet (vgl. u.a. Aristoph. Thesm. 1157ff., equ. 591ff.). Diese Berufungen stehen in unmittelbarer Wechselwirkung zu den → Aretalogien und → Hieroi Logoi und schließlich zum → Mythos: sie beziehen sich auf ihn und bilden ihn weiter. – 3. Berufung auf die eigene Frömmigkeit und die eigenen früheren Leistungen an Opfern (vgl. etwa Il. 1,39f.; 8,238ff., 15,372ff.; Od. 4,763f.; 17,240ff.). Dieses Prinzip des «do ut des» ist natürlich keiner Religion ganz fremd, bei den Griechen jedoch bemerkenswert stark ausgeprägt. Es bildet auch einen Hintergrund der klass. Definition der Frömmigkeit als des die Relation Götter-Menschen regelnden Teiles der Gerechtigkeit (→ Religion I C 3). – 4. Die Bitte selbst. Wo der Wortlaut als solcher Macht über den Adressaten verleiht, wird das G. zum → Zauberspruch; wo die Bitte gegenüber der Anrede und Aretalogie ganz zurücktritt, zum → Hymnos. – 5. Der Berufung auf frühere Leistung entspricht das Versprechen künftiger Leistung, falls das G. erfüllt wird, also das Gelübde (→ Weihung). – Vor feierlichen und dringenden G.en werden die Hände gewaschen, reine Kleider angelegt; zuweilen bekränzt man sich oder nimmt Zweige in die Hand, die mit Wolle umwunden sind, bes. wenn um Hilfe in der Not gebetet wird. Gebetet wird laut und in der Richtung, in der man den Gott vermutet. Wer zu den oberen Göttern betet, hebt Blick und Arme nach oben mit den Handflächen nach außen gekehrt, wer zu den Unterirdischen betet, beugt sich nieder, stemmt oder schlägt mit den Händen auf den Boden, um ihre Aufmerksamkeit zu erregen. Weder das Falten der Hände noch das Niederknien ist griechisch. – Jede wichtigere Handlung wird mit einem G. begonnen, Festfeiern, Volksversammlungen, Gerichtsverhandlungen, öffentliche Reden. – Die Philosophie beginnt im 5. Jh. v. Chr. zu fragen, wie und worum man beten soll; bezeichnend die in vielen verstreuten Texten faßbare Diskussion darüber, daß man nicht um einzelne Güter, sondern um das Gute schlechthin beten solle, da die Gottheit selbst am besten wüßte, was für den Betenden gut sei (Xen. mem. 1,3,2; Ps.-Plat. Alk. II 141 Aff.; Plut. mor. 239 A; Diod. 10,9,7f. u.a.). Allgemein ist von Interesse Max. Tyr. or. 5 Hob. O.G.

Lit: F. Schwenn, G. und Opfer, 1927 – H. Braune, Περὶ εὐχῆς, Veterum de precibus sententiae, 1935 – H. Kleinknecht, Die Gebetsparodie in der Antike, 1937.

[2] Im G. wandte sich der *Römer* an die Gottheit, um eine Gunst zu erhalten, eine Gefahr abzuwenden oder Dank abzustatten. Er mußte sich im Zustand ritueller → Reinheit befinden; während des G.es und des → Opfers mußten die Anwesenden Schweigen bewahren, damit jedes Wort, das ein übles → Omen sein konnte, vermieden würde. Die im öffentlichen Kult üblichen G.e waren im Ritual der → pontifices enthalten; sie mußten mit lauter und deutlicher Stimme, Wort für Wort und ohne den geringsten Irrtum gesprochen werden (→ comprecationes). Deshalb flüsterte ein Priester die G.sformeln dem Magistraten zu, der sie genau wiederholen mußte. Es gab auch Formelsammlungen für den Hauskult, wie die Texte zeigen, die Cato in seiner Schrift De agricultura zitiert, so z.B. das Gebet an Mars (141) bei der → Lustration des Gutes. Die Gottheit wurde zuerst mit ihrem genauen Namen angerufen; man versicherte sich so ihrer wohlwollenden Gegenwart; wenn nötig, präzisierte man durch ein rituelles Epitheton, in welcher besonderen Eigenschaft man ihrer bedurfte: so stand z.B. Juno Lucina den Geburten vor. War man über Namen oder Geschlecht der Gottheit nicht ganz im klaren, so drückte man sich vorsichtig aus: nach dem gewöhnlichen Namen sagte man noch: «...oder bei welchem anderen Namen Du genannt werden möchtest», oder: «...seist Du Gott oder Göttin» usw. (vgl. → Hymnus). Nachher beschrieb man mit größter Genauigkeit und ohne Wiederholungen zu scheuen das dargebotene Opfer (oder das versprochene Opfer im Falle eines → Votums), die erbetene Gunst, die Nutznießer: Menschen, Tiere, Ernten usw. Das röm. G. ist eindringlich und geht bis ins einzelne wie eine juristische Formel (→ Religion I B 1). Das G. wurde von Gebärden begleitet, über die wir schlecht unterrichtet sind, weil sie selten erwähnt werden; doch heißt es z.B. in einem G. an die → Laren (Hor. carm. 3,23,1–4) «mit erhobenen Händen, die Handflächen gegen den Himmel gerichtet». Vgl. → Fratres Arvales und → Salier für die archaischen carmina dieser Brüderschaften. H.LeB.

Ed: G. Appel, De Romanorum precationibus, RGVV 7,2, 1909 (sammelt die erhaltenen G.stexte) – *Lit:* F. Heiler, Das G.. Eine religionsgeschichtliche Untersuchung, 1923.

Gebet, vgl. auch → Gottesdienst.

Geburt. [1] *Griechenland.* G.s-Riten im engen Sinn wollen eine glückliche, durch böse Einflüsse unbehelligte G. herbeiführen, die Reinigung von Mutter und Kind von der durch den G.s-Vorgang eingetretenen kultischen Befleckung, die Aufnahme des Kindes in die Familiengemeinschaft. – Bei der G. ist das Leben der Mutter gefährdet und der neue Mensch mehr als irgendwann später unheilbringenden Mächten ausgesetzt, bes. im Volksglauben, der sich vor kinderraubenden Geistern (Gello, Lamia, Strinx) fürchtete. So muß der Beistand geburtshelfender Gottheiten gesucht (→ Eileithyia, → Artemis, → Hekate) und müssen Schutzmaßnahmen ergriffen werden: Waschungen, das Haus wird mit Pech bestrichen, die Wöchnerin erhält Kohle. Sodann müssen nach der G. die Mutter, das Kind und alle bei der G. beschäftigten Personen gereinigt werden. Am 5. oder 7. Tage nach der G. finden die → Amphidromien statt: die Helfer bei der G. reinigen ihre Hände und tragen das Kind im Laufschritt um den Herd des Hauses, womit das Kind sowohl gereinigt wie auch in die Hausgemeinschaft aufgenommen wird (Schol. Plat. Theait. 160 E). Außerdem wird ein zum Kranz gebogener Ölzweig an der Haustür befestigt, wenn ein Knabe, eine Wollbinde, wenn ein Mädchen geboren ist. Die Mutter selbst wird am 40. Tage gereinigt. Am 7. oder 10. Tage wird das Fest der → Namengebung mit Festmahl und Geschenken gefeiert. Im ganzen wird der kultische Aspekt der G. und Namengebung auffallend wenig betont. – Gesellschaftlich eine erhebliche Rolle spielen die Geburtstagsfeiern, die vielfach nicht bloß alljährlich, sondern allmonatlich begangen werden. Vom 4. Jh. v. Chr. an feiern Staaten die Geburtstage ihrer Wohltäter (Corn. Nepos, Timoleon 5, Diod. 16,90), später natürlich der Fürsten, Philosophenschulen diejenigen ihrer Stifter. – Einen Hintergrund zu alledem, nur mangelhaft faßbar, liefern die zahlreichen Erzählungen von → Göttergeburten: Zeus, Apollon, Artemis, Hermes, Aphrodite, Herakles u.a. Die Geburtstage dieser Götter wurden kultisch begangen, ohne daß wir Näheres über die Riten und deren Beziehung zu den Geburtstagen der Menschen erfahren. O.G.

Lit: P. Stengel, RE 1 (1894), 1901f. s.v. Amphidromia – Nilsson I 95.

[2] *Rom.* Unmittelbar nach der G. sorgten drei Männer dafür, daß → Silvanus nicht ins Haus der Wöchnerin gelangen konnte: sie schlugen die Schwelle zuerst mit einem Beil und dann mit einer Mörserkeule und fegten sie mit einem Besen. Drei Gottheiten hatten ihren Namen von diesen Gegenständen und standen dem Ritus vor (Varro bei Aug. civ. 6,9): Intercidona (Göttin des Beils), → Pilumnus (Gott

der Mörserkeule), Deverra (die ‹Fegerin›). Das Neugeborene wurde auf den Boden gelegt, d.h. mit der Mutter Erde in Berührung gebracht; sein Vater erkannte es an, indem er es aufnahm; andernfalls war das Kind verstoßen. Am 9. Tage für die Knaben, am 8. für die Mädchen wurde das Kind rituell gereinigt (→ Reinheit) und erhielt einen → Namen. Bis zu diesem Tage, während der von der G. eingeleiteten Zeit der Unreinheit, war für Picumnus und Pilumnus ein Bett im → Atrium aufgestellt (Varro bei Serv. Aen. 10, 76), später auch für → Juno Lucina; diese Gottheiten beschützten Mutter und Kind. Die → Parzen standen der G. vor. H. Le B.

Geburtshaus (‹Mammisi›). Vor den ägypt. Tempeln der Spätzeit liegt quer zur Achse ein kleiner Tempel mit Umgang, der die Hütte darstellt, in der die Gottesmutter das göttl. Kind gebiert, das mit dem König identisch ist. W. Hk.

Geburtstag → Geburt, → Natalis dies.

Geburtslegenden. → Hatschepsut im Tempel von Deir el-Bahari wie → Amenophis III. im Luxortempel haben die alte Legende darstellen lassen, daß der König von Amun-Re mit der Königin gezeugt worden sei. Damit wurde seine Gottessohnschaft gedeutet. W. Hk.

Lit: H. Brunner, Die göttliche Geburt des Königs, 1964.

Gedenktage, röm. Festtage, die zur Kaiserzeit den 45 altüberlieferten → Festen des sog. Numakalenders hinzugefügt wurden; sie gedachten aller glücklichen Ereignisse im Leben des Kaisers und der kaiserlichen Familie, z. B. Geburt des → Augustus, Sieg von Actium, glückliche Rückkehr Augustus' nach Rom nach einer langen Reise, dessen Übernahme des Oberpontifikates und des Titels ‹Vater des Vaterlandes›, die Adoption des Tiberius, die Apotheose Augustus'; zur Zeit → Neros: die Geburtstage des Kaisers und Agrippinas, der Jahrestag der Aufdeckung der Pisonischen Verschwörung usw. H. Le B.

Geflügelzucht diente im Altertum hauptsächlich zur Erzeugung von Eiern und Fleisch. Erst verhältnismäßig spät wurden Federn zum Stopfen von Kissen verwandt, und zwar häufig von den nördlicheren Ländern importiert (Plin. nat. 10, 53). Dazu kommt, daß eine Reihe von Vögeln, z. B. Fasan und Pfau, als Ziervögel gehalten wurden. Doch wurde deren Fleisch auch gegessen, allerdings als ausgeprägter Luxus. In hellenist. Zeit nahm das Interesse an G. sehr zu, die nun oft in großem Maßstab mit erheblichem wirtschaftlichem Ertrag betrieben wurde; die Ptolemäer besaßen große Gänseherden. Die Hauptquellen für die G. des Altertums bieten jedoch → Varro und → Columella. Danach waren die Methoden der röm. G. sehr nuanciert. Die Bedeutung von geeigneten Geflügelställen wird hervorgehoben: geräumige und luftige Häuser, eventuell mit Auslauf und fließendem Wasser für die Schwimmvögel. Tauben, Drosseln und Krammetsvögel werden in Volieren gehalten. Aus der Zeit der Republik wird von ausgeprägten Luxusanlagen berichtet, die hauptsächlich Liebhaberei waren (Varro rust. 3, 5, 8–18). Durch intensives Füttern konnte man die Hühner zum dauernden Eierlegen beinahe das ganze Jahr über bringen, abgesehen von ein paar Wintermonaten (Plin. nat. 10, 146). Außer Hühnereiern wurden gelegentlich auch andere Eier im Haushalt verwendet. Columella empfiehlt verschiedene Methoden zur Konservierung und Aufbewahrung von Eiern (8, 6), hebt aber doch hervor, daß frische Eier vorzuziehen seien, weshalb sie mit Daten versehen werden sollten (8, 5, 4). Die meisten zahmen Vögel brüten willig in Gefangenschaft, die Eier von schwierigen und kostbaren Arten können unter Umständen von gewöhnlichen Hühnern ausgebrütet werden. Normalerweise läßt man die Vögel zwischen der Frühjahrs-Tagundnachtgleiche und Mitsommer brüten, um ein schnelles Heranwachsen vor den Wintermonaten zu erreichen. Wo gute Absatzmöglichkeiten vorhanden waren, konnte das Ausbrüten jedoch bis weit in den Sommer hinein hingezogen werden. Künstliches Ausbrüten war bekannt, doch keineswegs allgemein (Plin. nat. 10, 154). Tauben brüten das ganze Jahr über und können 10–12 Gelege jährlich ausbrüten. Die → Mast von Schlachttieren war frühzeitig bekannt, und obwohl die lex Fannia sumptuaria (161 v. Chr.) diesen Luxus zu verbieten suchte, konnte sie ihm nicht Einhalt bieten (Plin. nat. 10, 139). Das Kapaunen von Hähnen wurde ebenso ausgeführt. – Namentlich aus Varros Beispielen geht hervor, daß die G. ein bes. lukratives Geschäft sein konnte (bes. rust. 3, 2, 12 ff.). J. E. Sk.

Lit: Orth, RE 7, 1 (1910), 903–927 – V. Hehn, Kulturpflanzen und Hausthiere (1870), 1911⁸.

Gegenerde, einer der zehn Himmelskörper, die nach der Lehre der → Pythagoreer das → Zentralfeuer umkreisen. Die Bewegung der G. relativ zur Erde ist dabei so angenommen, daß das Zentralfeuer dauernd von der Erde abgeschirmt bleibt. S. S.

Gegenstücke (Pendants) liebt schon die griech. Kunst, etwa auf beiden Seiten eines Tempels, einer Vase, aber erst in der röm. Kunst werden sie einem gedanklichen Programm (→ Bild, 2) untergeordnet, z. B. an der → Ara Pacis und im 3. Stil der Wanddekoration. Die mythologischen Szenen werden als Sinnbilder gegenübergestellt, in der Art, wie z. B. auch Horaz mythische Beispiele gebraucht. Die so ausgebildete → Symbolik erhält ihren eschatologisch ausgeprägtesten Sinn auf den → Sarkophagen der mittleren Kaiserzeit (vgl. → Allegorie; → Mythendeutung). C. K.

Q: vgl. Petron. 83, 94 – *Lit:* A. Trendelenburg, Die G. in der campan. Wandmalerei, AZ 34, 1876, 1 ff. – H. Brunn, Chryseïs Einschiffung? (1868), in: Kl. Schr. III, 1906, 89–92 – Schefold, PM, 87 ff. – Ders., VP, 73 ff.

Geheimschrift. Da jede G. auf einem Schlüssel beruht, den selbst zwei Privatpersonen nach Belieben vereinbaren können, gab es auch in der Antike zahlreiche Systeme und Möglichkeiten, die Buchstaben durch andere Buchstaben des Alphabets oder beliebige Zeichen zu ersetzen. Auf dem Prinzip, die Buchstaben nur in anderer Weise als üblich anzuordnen, beruht u. a. die spartanische → Skytale. → Caesar bediente sich eines Alphabets, in dem jeder Buchstabe durch den 3. darauffolgenden (A durch D, B durch E usw.) vertreten wurde. Diese Buchstabenvertauschung weisen auch griech. Hss. auf, die gelegentlich Namen des Schreibers und Ort der Niederschrift kryptographisch wiedergeben. Daneben finden sich die Unterdrückung der Vokale oder ihr Ersatz durch Punkte und ziemlich oft die Zahlenkryptographie, in der die als griech. Buchstaben geschriebenen Zahlen nach einem bestimmten System untereinander ausgetauscht wurden. Vgl. → Buchstabenmystik. H. Hg.

Q: Suet. Iul. 56 (G. Caesars); Aug. 88; vir. ill. 117; Isid. orig. 1, 24, 2 (G. des Augustus); Aen. Tact. 31.

Geier. Der im Mittelmeerraum und in den Nachbarbereichen mit mehreren Arten vertretene G. (Lämmer-, Gänse-, Grau-G., ägypt. und nub. G.) ist der griech. Überlieferung seit Homer bekannt, doch ohne die große religiöse Bedeutung, die er in Ägypten und dem Alten Orient als Gottestier besitzt. Der Mythos von den beiden G.n, die in der Unterwelt an der Leber des Letofrevlers Tityos fressen (Od. 11, 578 f.), ist charakteristisch für den Aasfresser; als solcher galt der G. als anrüchig und unheilvoll. Sein starkes Witterungsvermögen ließ ihn zum weisen prophetischen Künder werden. Auf den Flug einer G.-Schar wurde die Gründung Roms zurückgeführt (Plut. Rom. 9). In der → Melampusüberlieferung weiß der Geier mehr als die Götter. J. W.

Lit: O. Keller, RE 7, 1 (1910), 931–935 – Ders., Tierwelt II 27–36.

Geiserich, König der → Vandalen 428–477, Gründer des afrikan. Vandalenreiches. Die unter seinem Halbbruder Gunderich (407–428) bis Südspanien vorgedrungenen Vandalen führte G. 429 über die Meerenge von Gibraltar nach Nordmarokko, angeblich vom comes Africae → Bonifatius gerufen, in Wirklichkeit wohl durch die günstig gelegenen und reichen nordafrikan. Provinzen angezogen. Mauretanien und Numidien wurden rasch durchzogen; Sieg über

Bonifatius bei → Hippo Regius. Da die befestigten Hauptplätze, bes. → Karthago, kaum zu nehmen waren, schloß G. 435 mit dem röm. Reich einen Vertrag, den er schon 439 brach, um Karthago zu überrumpeln und als erster german. Herrscher auf röm. Reichsboden die volle Souveränität für sich zu beanspruchen. Im Frieden von 442 mußte das Imperium G. die Africa Proconsularis abtreten, während Numidien wieder unter röm. Verwaltung kam. Nach dem Sturz → Valentinians III. plünderte G. 455 Rom und eroberte die noch röm. Teile Nordafrikas. Beim Gegenfeldzug des Kaisers → Maiorianus gelang es G., die weström. Flotte schon in Spanien durch Verrat wegzunehmen (460). Um der vor allem wegen der Raubfahrten ihrer Flotte gefürchteten Vandalen Herr zu werden, eröffneten 468 beide röm. Reichsteile eine konzentrische Offensive gegen das vandalische Nordafrika, die aber an der Verschlagenheit G.s scheiterte. Im Frieden von 474 wurde sein voller Besitzstand (mit den Inseln des westl. Mittelmeers) von → Zeno anerkannt. Durch die Eroberung Nordafrikas und den Aufbau der vandal. Seemacht trug G. wesentlich zum Zerfall des weström. Reiches bei. Die Errichtung des afrikan. Vandalenreiches war ganz seine Leistung. K.F.Str.

Lit: F. Martroye, Genséric, 1907 – E.F. Gautier, Genséric, roi des Vandales, 1932 (deutsch 1934) – L. Schmidt, Gesch. der Wandalen (1901), 1942² – Chr. Courtois, Les Vandales et l'Afrique, 1955 – F. Miltner, RE 8 A 1 (1955), 311–335 – H.J. Diesner, Der Unterg. d. röm. Herrsch. in N.afrika, 1964 – Ders., RE Suppl. 10 (1965), 957ff.

Geison → Tempel B [4]. [12].

Gela, rhodisch-kretische Kolonie an der S-Küste → Siziliens (Kt. 1420 F 10), genannt nach dem gleichnamigen Fluß (heute wieder G., bis 1927 Terranova), gegründet um 690 v. Chr.; G. gründete selbst weiter westl. → Akragas. Von der Bedeutung G.s zeugt vor allem das Schatzhaus in → Olympia. 505–498 Tyrannis des → Kleandros, Glanzzeit unter dem Tyrannen → Hippokrates (3), der 498–491 über große Teile Ostsiziliens herrschte. Sein Nachfolger → Gelon verlegte seine Residenz nach → Syrakus und verpflanzte die Hälfte der Geloer dorthin. → Aischylos starb 456 in G. und ist dort begraben. Die erste athen. Expedition nach Sizilien (seit 427) und innere Wirren werden 424 durch den ‹Friedenskongreß von G.› beendet (→ Hermokrates). 413 Bundesgenosse von Syrakus gegen Athen. 405 Zerstörung durch den Karthager → Himilko. Um 338 Neubefestigung und Zuzug von Neubürgern durch → Timoleon; um 280 durch Phintias v. Akragas endgültig zerstört; die Bewohner wurden in der neugegründeten Stadt Phintias beim heutigen Licata angesiedelt. An Erhaltenem finden sich Reste der Stadtmauer und mehrere Tempel; Ausgrabungen haben einen mehrfach erneuerten Athenatempel mit archaischen Dachterrakotten und ein Demeterheiligtum außerhalb der Stadt freigelegt; reiche Funde, bes. an Vasen, sind in den Nekropolen gemacht worden. E.M.

Lit: L. Pareti, Per la storia e la topografia di G., RhM 25, 1910, 1–26 – K. Ziegler, RE 7,1 (1910), 946–962 – L. Bernabò Brea, L'Athenaion di G. e le sue terracotte architettoniche, ASAA 27/29, 1949/51, 7–102 – Neue Grabungen: NSc 85, 1960, 67–246 – W. Fuchs, AA 1964, 674. 703 f. 712 f.

Gelasius I., Papst 492–496, vertritt im akakianischen Schisma (484–519) zwischen Rom und Konstantinopel energisch die Idee des päpstlichen Primates: der Papst ist oberster geistlicher Richter, kann selber nicht gerichtet werden, ist oberste Appellationsinstanz, er bestätigt und überwacht selbst die Synoden. Über das Verhältnis zur weltlichen Gewalt hat er die berühmte Theorie von den beiden Mächten, bzw. zwei Schwertern (Mt. 26, 51 ff.; Lk. 22, 35 ff.), der Trennung ihrer Bereiche und dem Vorrang der geistlichen vor der weltlichen formuliert (ep. 12). Das sog. *Decretum Gelasianum* (Feststellung der von der römischen Kirche anerkannten oder verworfenen Bücher der Hl. Schrift, mit kirchenrechtlichen Abhandlungen verbunden) stammt nicht von ihm, steht ihm aber zeitlich und sachlich nahe. Im Gegensatz zu den Beschlüssen von Konstantinopel und Chalkedon (→ Christentum III B 2) ist der Rang einer Gemeinde ausschließlich durch das Verhältnis zum apostolischen Ursprung, aber nicht durch ihre Beziehung zur weltlichen Gewalt bestimmt. Nur der röm. Stuhl verleiht synodalen Beschlüssen Rechtskraft (Rezeptionstheorie). Das sog. *Sacramentarium Gelasianum* ist ein ursprünglich wohl im 6. Jh. entstandenes röm. Meßbuch, dessen weitere Entwicklung in Gallien vor sich ging. H.Kr.

Lit: Altaner, 426f.

Geld. [1] *Definition.* «Es gibt unzählige Definitionen des Begriffes Geld, aber keine ist allgemein anerkannt worden» (G. Mickwitz). Im wesentlichen stehen sich in der heutigen Forschung indessen zwei Lehrmeinungen gegenüber: Die eine, ältere, positivistische Richtung suchte und sucht G., wie schon Aristoteles (pol. 1, 9 f. 1257 a f.), als Hilfsmittel des Tausches, also als ein rein utilitaristisches Phänomen des Wirtschaftsbereiches rationalistisch zu erklären. Eine große Zahl röm. Juristen, mittelalterlicher Theologen und neuzeitlicher Wirtschaftstheoretiker und Geldforscher aller Kategorien haben diese klassische, schon im 4. Jh. v. Chr. eindeutig formulierte Definition bis in die jüngste Zeit zu begründen und in ihren vielen Verzweigungen zu verfolgen versucht (Tauschmittel, Zahlungsmittel, Wertmaßstab für Waren und Dienste, Wertübertragungs- und Wertbewahrungsmittel usw.). – Der rationalistischen Definition, die indessen mehr oder weniger von der gesellschaftlichen Situation der seit dem Ende des 7. Jh.s v. Chr. wirksamen Münzgeldwirtschaft her bestimmt oder stark von ihr beeinflußt ist, stehen neuerdings kultursoziologische Begriffsbestimmungen gegenüber, welche sich jedoch ebenfalls schon auf aristotelische Auffassungen – oder zumindest Andeutungen – über die dem kommerziellen Bereich vorausliegenden sozialen und ethischen Aspekte und Phasen des G.es berufen können (NE 5, 5–8). Hiernach müßte G. – in einem griech. Denkweise übrigens verwandteren Sinne – als eine «soziale Kategorie» (W. Gerloff), als ein Produkt sozialen Handelns, ein aus den Bedürfnissen gesellschaftlichen Lebens entstandenes, soziales Ansehen verleihendes Phänomen nicht rein wirtschaftlichen Charakters definiert werden, wobei vor allem sein Ursprung – dem religiösen Bereich und den magisch-mythisch bedingten Kräften der Substanz verhaftet – einem breiteren, irrational bestimmten Lebenszusammenhang einzuordnen wäre. Vielfach beziehen diese Definitionen ihre Argumente aus der Völkerkunde, die stellenweise den mythisch-magischen Charakter von Geldgütern noch in der Gegenwart belegen kann. Im Bereiche der Antike fallen möglicherweise sprachliche Relikte, wie z.B. → Nomos, Nomisma, für eine sozial und irrational gerichtete Definition von G. als beachtliche Argumente ins Gewicht. – Am ehesten wird man, wie schon Aristoteles, mit dem Nebeneinander der hier nur in groben Zügen referierten, divergierenden Lehrmeinungen und mit ihrer in verschiedenen Stufen mitunter synthetisch verschmolzenen, über Jahrtausende sich erstreckenden Entwicklung als Definition des G.es sich begnügen müssen.

[2] Was allein mit Denkmälern verfolgt werden kann, sind die stoffwertbedingten Geldsubstanzen und unter ihnen am ehesten die vom rein sozial oder mythisch-magisch bestimmten Geldbegriff vielfach schon zur Stufe rationalökonomischer Verwendung gewandelten, in den verschiedensten G.-Formen erhaltenen Metallarten. Bei der Rationalisierung des G.-Metalles treten auf dieser Stufe dessen ursprünglich mythisch-bedeutsame Ausformungen, z.B. beim Ring und in Form von verschiedenartigstem anderem Schmuck, immer mehr in den Dienst rational-wirtschaftlicher Zwecke, wobei der Stoffwert mehr und mehr den Vorrang über die mythisch-magisch bedeutsame Form erringt sowie Gewicht und Maß als Wertmesser an Bedeutung gewinnen. Die stark zentralisierten frühen oriental. Staatengebilde in → Mesopotamien und → Ägypten rationalisieren auf diese Weise, nicht zuletzt mit Rücksicht auf ihre hochentwickelten Steuersysteme, mit Maß und Ge-

wicht auch das Gelddenken und damit das Geldwesen. Eine Haupteigenschaft des G.es, seine Wertmaßfunktion, tritt mit nach Gewichtseinheiten geregelten Wertmaßen in den Dienst des Staates, der abgewogene Metallstücke allmählich, in ähnlicher Weise wie früher Naturalien, vor allem Getreide, ‹in Zahlung› nimmt. Für die Gewichtseinheit des → Schekels waren z.B. 180 Getreidekörner à 0,04675 g = 8,4 g Silber maßgebend, das auf diese Weise langsam in rein rationaler Verwendung als Zahlungsmittel Anerkennung gewann. Auf einer noch späteren Stufe wurden die einzelnen Metallstücke hier und da bereits mit diversen Einstempelungen als Garantiezeichen für Gewicht und Reinheit der Legierung versehen – womit sie als Vorläufer des erst in der 2.H. des 7.Jh.s v.Chr. erstmalig in Kleinasien auftretenden eigentlichen Münzgeldes gelten können. – Formlose Metallmengen, die aus zahlreichen Hortfunden des gesamten vorderasiatischen Bereiches erhalten sind, dürfen daher – neben nicht mehr erhaltenen vielgestaltigen Materialien aus vergänglich-organischen Stoffen – als die wesentlichste Vorform des Münzgeldes angesehen werden. – Aber auch vielgestaltig ausgeformtes Metall, und gewiß auch andere vergänglichere Stoffe, können in dieser und vielleicht schon auf einer noch früheren Stufe als G. Bedeutung gewinnen. Es ist dies das schon berührte Schmuck- und vor allem das Gerätgeld. Während die rationalistischen Definitionen des G.es vom geformten Schmuck- und Gerät-G. als einem Phänomen des Tauschverkehrs ausgehen, das späterhin nur noch in Miniatur- oder sog. Kümmerformen seine einstige Geldbedeutung bewahrt hätte (G.Thilenius, K. Regling), will die irrationale Erklärungsweise in diesen Kümmerformen umgekehrt eine Fortentwicklung und Vervollkommnung des einstigen Sachgeldes (Tauschgeldes) – z.B. Äxte, Tierhäute usw. – in der Richtung des Stoffwertes (in Schein- oder Traditionsform) erkennen, der nun die Nutzform des ehemaligen echten Schmuck- und Gerätgeldes ersetzt. Das ‹echte› Gerätgeld in der Form der kultisch betonten Dreifüße (τρίποδες), Becken und Kessel (λέβητες), vor allem aber das Axtgeld in der Form der → Pelekys und des → Hemipelekon (doppel- und einschneidige Beile) ist, neben Naturalgeld (Vieh), noch die Geldform des homerischen Zeitalters. Noch vor diesem liegen vielleicht die von einigen (Ch. Seltman) als ochsenhaut- von anderen als doppelbeilförmig angesehenen, in größeren Schätzen, aber auch einzeln in Gräbern auf Cypern und Kreta, in Kilikien, Euboia, Mykene und auf Sardinien angetroffenen flachen Rohkupferplatten, die trotz ihres ziemlich unregelmäßigen Gewichtes für eine Form von Rohmetallgeld gehalten worden sind. Man neigt indessen jetzt mehr dazu, diese manchmal auch mit Fabrikmarken (?) versehenen Barren, u.a. auf Grund ihrer Darstellung auf kret.-min. Tontäfelchen und ägypt. Wandgemälden aus der 2.H. des 2.Jt.s v.Chr., als vermutlich auf Cypern gegossene ‹Kissen› aus immer wieder neu verwendeten Gußformen und als eine Art von Hort- und Schatzgeld zu betrachten. Anker, Sicheln und Bratspieße (→ Obeliskoi) sind weitere Gerätgeldformen, von denen zumal die letztgenannte im späteren Verlaufe noch lange, vor allem in der Peloponnes, sogar neben dem geprägten Münzgeld als traditionelle Gerätgeldform weiterlebte. – Eigentliche Vorformen «della moneta vera e propria» (wie die italienische Gelehrte L. Breglia das frühe Münzgeld zu bezeichnen pflegt) sind vielfach im westkleinasiatischen, griechischen und italischen Bereiche nachgewiesen worden. Man hat sowohl in Troja Goldbarren von recht einheitlichem Gewichtstyp wie auf Kreta und Cypern Gold- und Silberkügelchen, teilweise mit Schriftzeichen in Linear-B-Schrift, gefunden, die ihrem regelmäßigen Gewichtssystem nach doch kaum anders als als Vorformen des späteren Münzgeldes gedeutet werden können. Dieses tritt in durchaus ähnlicher Form erst in der 2.H. des 7.Jh.s v.Chr. an der Westküste Kleinasiens nach bestimmtem Gewichtssystem, bald auch mit immer mehr vervollkommneten Garantiezeichen auf (→ Münze). – Aber auch reines Gerät-G. scheint, mitunter ohne die Weiterbildungsphase der symbolischen Kümmerformen zu durchlaufen – Hauptbeispiel: das argivische Spießgeld –, wie aus etymologischen Fakten zu schließen (→ Obolos, → Drachme), und nach mehreren Umbildungsphasen seines Maßes und Gewichtes, in eine stoffwertbestimmte direkte Relation zum eindringenden frühesten Münzgeld getreten zu sein (P. Courbin). – Mit der ‹Erfindung› der Münze entfaltet sich dann die Geldwirtschaft zu ihrer höchstentwickelten Form durch die kombinierten Funktionen des geprägten Münzgeldes als staatlich garantierten Wertmessers und handlichen Umlaufs- und Zahlungsmittels. Seine Ureigenschaft als stoffwertbedingtes Metallgeld behält aber auch das hochentwickelte Münzgeld in gewissen Teilen des Mittelmeergebietes noch bei, als es in anderen längst als zählbares Tausch- und Umlaufsmittel des Handels sich bewährt hatte: Aus dem bis zur Alexanderzeit münzgeldlosen Ägypten und aus Mesopotamien und Syrien, das bis in das 5.Jh. v.Chr. keine eigenen Münzprägungen kannte, sind zahlreiche Schatzfunde griech. Münzen des 6.–4.Jh.s v.Chr. bekannt geworden, in denen dieses geprägte Münzgeld zweifellos noch als Rohmetall-G. behandelt, nicht gezählt und vor dem Wiegen – trotz des garantierenden Prägebildes – durch rohe Einhiebe auf seine ‹Konsistenz› hin geprüft worden ist. Das Münzgeld ist also in diesen mit der Münzgeldwirtschaft noch wenig vertrauten Gebieten in die dort noch jahrhundertelang weiterlebende Rohmetallgeld-Stufe zurückverwandelt worden. – Andererseits hat das dem Konkreten und Augenfälligen stets stärker zugeneigte Lebensgefühl der Griechen, wie es scheint, Sach- und Metallgeld in geringerem Umfang in die abstrakten Funktionsformen des → Bank- und Kreditwesens weiterentwickelt als die altoriental. Kulturen und späterhin die Römer.

[3] Auf der *italischen Halbinsel*, nicht minder wie in *Spanien*, war – neben Naturalwirtschaft (→ pecunia) und nach den auch dort auftretenden Gerätgeld-Formen (Bronzeäxte usw.) und ihren Symbol- oder Kümmerformen – das Rohmetall-G., vor allem als Rohkupfer ohne bestimmte Form, in oft pfundschweren Metallbrocken (sog. → Aes rude) die primitivste prämonetäre Geldform. Dieses vorgewogene Rohmetall-G. tritt dann erst im 5./4.Jh. in Mittelitalien in mehr oder weniger regelmäßig geformten, teilweise gemusterten Barren oder dicken Kupferplatten auf, die schließlich bei den gegossenen römisch-kampanischen Bronzebarren des 4./3.Jh.s v. Chr. beiderseits mit Bildtypen und sogar vereinzelt mit Staatsaufschrift (ROMANOM) versehen und als sog. → Aes signatum – noch immer ohne bestimmtes Gewichtssystem – bezeichnet werden. – Aus diesem Barren-G. entwickelt sich schließlich das auf Grund verschiedener Pfundnormen gegossene, nach Wertstufen ausgebrachte Schwerkupfer- oder Schwererzmünz-G., das von Plinius (nat. 33,43) als das Kupfer-G. der Vorzeit, von Livius (4,60,6) erstmals als → Aes grave bezeichnet wird und zwei Jahrhunderte nach dem ersten griech. Münz-G. in Latium, Kampanien, Apulien, Picenum, Umbrien und Etrurien in Umlauf kommt. Einheit dieses Münzgeldes war das in 12 Uncien unterteilte → As, das im Gewichtswesen auch die Einheit des Pfundes, im Längenmaß die Bezeichnung für einen Fuß war (siehe unter → Münze). Die Entwicklung der italischen prämonetären Kupfer- und Bronzegeldformen unterscheidet sich daher beträchtlich von der des Edelmetallgeldes des Vorderen Orients und Griechenlands, wo die Phase des stoffwertbedingten, formal durchgebildeten Münzgeldes mit dem ersten geprägten Elektrum-G. Lydiens und der ionischen Küstenstädte mehr als 200 Jahre früher erreicht wurde. Erst in der Berührung mit der hochentwickelten griech. Münzgeldwirtschaft Süditaliens und Siziliens schmilzt in hellenist. Zeit,

nach der Eroberung der ganzen italischen Halbinsel durch Rom, das schwerfällige, traditionell gebundene, gegossene Bronzemünzgeld mit der höheren Stufe der griech. Edelmetall-Münzgeldwirtschaft in schnellem Anpassungsprozeß zusammen. Gegen Ende des 3. Jh.s v. Chr. entsteht dann im 2. Pun. Krieg im röm. → Denar samt seiner Untergliederung (→ Münze) eine eigentümlich röm. Silber-Münzgeldform, die das griech. Edelmetallgeld fast überall verdrängen sollte. Diesem bald über die gesamte Mittelmeerwelt einheitlich entwickelten, den Römern ursprünglich selbst fremdartigen System stoffbedingten Edelmetallgeldes hat Rom nicht zuletzt seinen schließlichen Aufstieg zur Weltmacht zu danken. W. Schw.

Lit: W. Ridgeway, The Origin of Metallic Currency and Weight Standards, 1892 – C. Menger, Hwb. d. Staatswissenschaften (1900), 1909³ s. v. G. – K. Helfferich, Das G. (1906), 1910² – G. Knapp, Staatl. Theorie d. G.es (1905), 1918² – M. Mauss, Essai sur le don, forme et raison de l'échange dans les sociétés archaïques, L'Année sociologique, 1923–24 – B. Laum, Heiliges G., 1924 – Ders., Das Eisengeld der Spartaner, 1925 – Ders., Über das Wesen des Münzgeldes, 1929 – K. Regling, RV IV, 1926, 204ff. (Lit) – Ders., RE 7 (1910), 907–984 (Lit) – Ders., in: v. Schrötter, 726–727 – A. Dopsch, Naturalwirtschaft u. G. wirtsch. in d. Weltgesch., 1930 – E. F. Heckscher, Natural- u. G. wirtschaft in der Gesch., Vierteljahrsschr. f. Sozial- u. Wirtschaftsgesch. 28, 1930, 454ff. – G. Mickwitz, G. und Wirtschaft im röm. Reich des 4. Jh.s n. Chr., 1932 – W. Gerloff, Die Entstehung des G.es u. die Anfänge d. G.wesens (1940), 1947³ (Lit) – Ders., G. und Gesellschaft, 1952 – A. W. Persson, Contributions à la question de l'origine de la monnaie, BCH 70, 1946, 444–454 – H. Gebhardt, Numismatik u. G.geschichte, 1949 (Lit) – P. Einzig, Primitive money, 1949 (Lit) – W. Schwabacher, G.umlauf u. Münzprägung in Syrien im 6. u. 5. Jh. v. Chr., Opusc. Arch. 6, 1950, 139–149 – E. Will, De l'aspect éthique des origines grecques de la monnaie, RH 212, 1954, 209–231 – Ders., Korinthiaka, 1955, 495–502 – Ders., Réflexions et hypothèses sur les origines du monnayage, RN V 17, 1955, 5–23 – P. Courbin, Le monnayage dans la Grèce archaïque, Annales 14, 1959, 209–233 – H. G. Buchholz, Keftiubarren und Erzhandel im 2. vorchristl. Jahrtausend, Prähist. Zeitschr. 37, 1959, 1–40 – L. Breglia, Precedenti della moneta vera e propria nel bacino del Mediterraneo, in: Congr. Internaz. di Num. Roma 1961, Vol. I: Relazioni, 5–17 (Lit) – Dies., Le fasi preparatorie della moneta, in: Numismatica antica, Storia e Metodologia, 1964, 173–193 – A. H. Quiggin, Primitive money (1949), 1963² (Lit) – F. M. Heichelheim, G. und Münzgeschichte, Anfänge u. Antike, in: Hb. d. Sozialwiss., 1963 – Ders., An ancient Economic History I–II (dt. 1938), 1958–64² (Lit) – C. M. Kraay, Hoards, small change and the origin of coinage, JHS 84, 1964, 76–91.

[4] *Geldverkehr.* Die Erfindung des Münzgeldes kurz vor 600 v. Chr. und vor allem die Ausprägung von Kleinsilber wenige Jahrzehnte danach wurde für die Entwicklung des G.es von größter Bedeutung. Der Marktverkehr war damit nicht mehr auf den umständlichen Tauschhandel angewiesen, und im Fernhandel wurden auch billige Verbrauchsgüter (z. B. Lebensmittel, Vasen) lohnend. Dadurch wurde die handwerkliche Produktion angeregt und Handwerkern und Kleinbauern durch die Ansammlung auch kleiner Gewinne die Möglichkeit zu sozialem Aufstieg eröffnet. Das private → Bankwesen nahm seinen Anfang, der → Bergbau und die Schiffsbaukunst erlebten in Griechenland einen starken Aufschwung und verschafften der griech. Münzgeldwirtschaft im ganzen Mittelmeergebiet das Übergewicht. Während im Osten seit → Dareios I. die pers. Reichswährung in Gold und Silber erhöhte Bedeutung gewann, wurde seit dem Ende des 5. Jh.s die attische Währung im Westen durch karthag., korinth. und einheimische (vor allem aus → Massilia), das griech. Kleinsilber auch im Osten vielfach durch Bronze ersetzt. Nachdem schon unter → Philipp II. die makedon. Währung in Gold und Silber den Welthandel zu erobern begonnen hatte, herrschte die neue Alexanderwährung, die attischem Münzfuß folgte, zunächst vor. An ihre Seite trat die ptolemäische Münzprägung, die sich mit Pergamon und seit 269 v. Chr. mit der jetzt vollwertigen *röm. Währung* verband. Lokale Währungen hielten sich in Griechenland und im Westen bis zur Ablösung durch die röm. Münzen. Die Intensität des G.es zeigt sich darin, daß seit der 2. H. des 3. Jh.s v. Chr. im ptolemäischen Ägypten, seit dem frühen 2. Jh. auch in Rom Schreibgeld nachzuweisen ist. Auf diesen Inhaberpapieren wurde entweder der Name des Gläubigers frei gelassen oder angegeben, daß die Rückzahlung an jeden Inhaber des Schuldscheins zu erfolgen habe. – In der *röm. Kaiserzeit* wurde die Silberbasis der Währung beibehalten. Bei der passiven Handelsbilanz des Reiches konnte der ständige Abfluß von Edelmetallen durch den → Bergbau nicht ersetzt werden. Der Wert des Silberdenars mußte daher reduziert werden; seit Nero wurde er nicht mehr voll in Silber ausgeprägt, und sein Kurs außerhalb des Reiches sank. Eine Überflutung mit Silbergeld i. J. 193 n. Chr. führte zur → Inflation und schweren Wirtschaftsstörungen, denen nach vorübergehendem Stillstand seit 267 n. Chr. eine Währungskatastrophe folgte. Trotz Umstellung der Währung auf Gold durch → Diokletian wurde eine Stabilisierung erst etwa 345 n. Chr. erreicht. Vgl. → Bankwesen, → Preise und Löhne. H. Br.

Lit: Th. Pekáry, Stud. z. röm. Währungs- u. Finanzgesch. 161–235 n. Chr., Historia 8, 1959, 443–489 – F. M. Heichelheim, Handwörterbuch d. Sozialwiss., 46. Lfg., 1963, 273–282 – Ders., An ancient Economic History I–II (dt. 1938), 1958–64² (Lit).

Gelegenheitsgedicht. Da dem Altertum ein aus sich selbst begründeter und verstandener Begriff der Dichtung fehlt, diese vielmehr, vor allem in archaischer Zeit, fast stets eine feste Funktion im Leben der Gemeinschaft hat, so ist der größte Teil der älteren (nicht nur die sog. Symposienliteratur, sondern auch ein großer Teil der monodischen sowie die gesamte chorische Lyrik, ja selbst Tragödie und Komödie) und ein großer Teil aller späteren antiken Literatur (im römischen Bereich etwa zahlreiche Gedichte → Catulls und einzelne des → Horaz wie carm. 1,27; 2,7; 4,8 und das Carmen saeculare) Gelegenheitsdichtung im weiteren Sinne, freilich ohne den Nebensinn des Abschätzigen, der für uns dem Worte innewohnt. Geht man von dem modernen Begriff des Gelegenheitsgedichts aus, für den der zufällige Anlaß sowie die gleichsam spielerische Behandlung konstitutiv sind, so engt sich das Material stark ein. Um Chr. Geb. sucht → Krinagoras von Mytilene dem Epigramm den Bereich des Alltagslebens zu erschließen und damit der erstarrten Gattung neue Frische zu gewinnen. Freilich ist schon bei ihm eine gewisse Typik unverkennbar, so daß oft schwer zwischen echtem und fingiertem Gelegenheitsgedicht zu unterscheiden ist. Die skoptischen Epigramme des → Lukillios (neronische Zeit) sind von starkem Einfluß auf → Martial, dessen Werk vor allem im 13. (Xenia: Gastgeschenke) und 14. Buch (Apophoreta: Tafelgeschenke) zahlreiche Beispiele von Gelegenheitsdichtung in höchster künstlerischer Vollendung bietet. Aus späterer Zeit besitzen wir in der Sammlung der → Anakreonteen Proben antiker Gelegenheitsdichtung. Eine zusammenfassende Untersuchung, deren Aufgabe es vor allem wäre, die Problematik des Begriffs herauszuarbeiten, fehlt. E. V.

Gelimer, letzter Vandalenkönig in Afrika 530–534, der seinen proromischen Onkel Hilderich abgesetzt hatte und an seiner Stelle regierte. 533 von Belisar mit einem oström. Heer nach Eroberung Karthagos in der Schlacht von Tricamarum (ca. 30 km westl. Karthago) vollständig geschlagen. 534 als Gefangener nach Konstantinopel geschickt und mit einem Landgut versehen. Er weigerte sich, seinem Arianismus abzuschwören. E. A. Th.

Lit: L. Schmidt, Gesch. der Wandalen (1901), 1942² – Chr. Courtois, Les Vandales et l'Afrique, 1955.

Gellius, Cn., → Annalist aus dem 2. Jh. v. Chr., der in 97(?) Büchern Annalen die röm. Geschichte von der italischen Frühzeit an weitschweifig darstellte. Quelle für C. → Licinius (11) Macer. R. T.

Frg: HRR I 148–157.

2. **G.,** Aulus, Verfasser eines Miszellaneenwerkes in 20 Büchern, ca. 130 n. Chr. geb., lebte in Rom, wo er mit

→ Fronto bekannt war, und verbrachte etwa ein Jahr in Athen; sein Todesjahr ist unbekannt. Der Titel seines Werkes, Noctes Atticae, soll andeuten, daß es seine Entstehung den mit fleißiger Lektüre verbrachten Abenden auf einem Landsitz bei Athen verdankte (praef. 4). Anfang, Schluß und das 8. Buch (mit Ausnahme der Kapitelüberschriften) sind verloren. Die etwa 400 abgeschlossenen Kapitel des Werkes sind ohne sachliche Ordnung in bunter Folge sehr verschiedenen Themen gewidmet. Etwa ein Drittel nehmen grammatische, lexikalische und etymologische Themen ein. Ausführlich werden auch philosophische und moralische Probleme, Literaturkritik und Geschichtsschreibung behandelt, seltener Recht, Rhetorik u. a. Der häufige Themenwechsel und die Belesenheit des Autors sollen den Leser anziehen. Deshalb läßt G. den Umfang seiner Lektüre größer erscheinen als er ist. Von den 275 genannten Autoren kennt er viele nur aus Zitaten in seinen Quellen, unter denen → Varro (1) den ersten Platz einnimmt. Oft erfindet er kleine Szenen, in denen er seine Lesefrüchte als das Ergebnis eines Gesprächs mit Freunden darstellt. Der Zeitmode entsprechend ist G. Archaist und zieht die republikanischen Autoren denen der Kaiserzeit vor. Seneca lehnt er ab. – Gelegentlich zitiert von Augustin, Laktanz, Priscian, von Macrobius benutzt, auch im MA und bei Petrarca und noch heute wegen des Stoffreichtums wichtige Quelle. D. F.

Ed: C. Hosius, 1913 (Nachdr. 1959) – J. C. Rolfe, LCL, 1927 – *Lit:* Schanz-Hosius III 175–180 – H. Berthold, A. G., Diss. Leipzig 1959.

3. **G. Poplicola,** L. (praet. 94, cos. 72, cens. 70 v. Chr.). Blamierte sich ca. 92, als er die athenischen Philosophen zusammenrief und ermahnte, ihre Kontroversen einzustellen. Wohl mit Unterstützung des → Pompeius (2) relativ spät zum Konsul und trotz Niederlage gegen → Spartacus dann zum Censor gewählt. Er verfuhr streng, 64 Senatoren wurden aus dem Senat gestoßen. 67–63 Legat des Pompeius, 59 in Opposition gegen → Caesar, 52 gestorben. Chr. M.

Gello, ein Schreckgespenst wie → Lamia, → Gorgo, → Ephialtes; im griech. Volksglauben ein kinderraubender → Dämon (Sappho Fr. 104 D.). K.-H. R.

Gelon, aus Gela, aus der Familie der Deinomeniden. G. gehörte zuerst der Leibwache des Tyrannen → Hippokrates (3) v. Gela an, wurde aber bald Reiterhauptmann; beim Tode des Tyrannen (491 v. Chr.) verteidigte er zunächst dessen Söhne Eukleides und Kleandros gegen die Oligarchen, riß dann aber die Macht an sich (Sommer 491). Er unterwarf Kamarina, das der Partei des Hippokrates treu geblieben war, und vertraute es Glaukos v. Karystos an (491/490); 488/487 war er Sieger im Wagenrennen in Olympia. Zu der Zeit begannen wohl auch bereits die Kämpfe mit Karthago. G. vermählte sich mit Damarete, der Tochter des → Theron. Er kam den Gamoren (Großgrundbesitzern) von Syrakus zu Hilfe, die sich, vom Volk und den hörigen Kyllyrioi vertrieben, nach Kasmenai geflüchtet hatten, und brachte sie nach Syrakus zurück. G. errichtete nun in Syrakus eine Tyrannis und vertraute Gela seinem Bruder → Hieron I. an (Sommer/Herbst 485); er nahm Megara Hyblaia ein und siedelte dessen Bewohner nach Syrakus um (483/482). G. lehnte es ab, dem im Herbst 481 gegen die Perser geschlossenen Panhellenischen Bund beizutreten, nicht, weil ihm der Oberbefehl des Bundes verweigert worden wäre, sondern weil er die Verteidigung Siziliens gegen die mit den Persern verbündeten Karthager vorbereiten mußte. Der Hilferuf des → Terillos war für die Karthager nur ein Vorwand zum Angriff. 480 errang G. bei Himera, wo Theron eingeschlossen war, einen überwältigenden Sieg über die karthag. Armee unter → Hamilkar (1) und machte reiche Beute. Der Sieg beseitigte die karthag. Gefahr für etwa 70 Jahre. G. starb an einer Krankheit im Herbst 478 (→ Hieron I.). R. V. C.

Lit: R. Van Compernolle, Etude de chronol. et d'histor. siciliotes, 1960, 293–351; 383–403.

Gemeinde → Ekklesia B.

Geminos, → Stoiker, um 70 v. Chr., Schüler des → Poseidonios. Werke: 1. Eine Art Enzyklopädie der → Mathematik (*Τῶν μαθημάτων θεωρία?*), nicht erhalten, jedoch viel zitiert und ausgeschrieben, insbes. von → Proklos und → Anaritius in ihren Euklid-Kommentaren. – 2. Kommentar zur → Meteorologie des Poseidonios. – 3. Eine Einführung in die → Astronomie und astronomische → Geographie (*Εἰσαγωγὴ εἰς τὰ φαινόμενα*) auf der Grundlage des Weltbildes von → Hipparch (3). Das Verhältnis von (2) und (3) ist nicht geklärt. Möglicherweise ist (3) ein Auszug aus (2), der überdies nur in einer späteren Überarbeitung überliefert ist. H. G.

Ed: K. Manitius, 1898 – *Lit:* Sarton I 212 – K. Tittel, RE 7, 1 (1910), 1026–51.

Geminus → Tanusius.

Gemma Augustea, der berühmte Kameo aus Sardonyx im Kunsthist. Mus. Wien. Im Hell-Dunkel-Kontrast der zwei Lagen sind zwei Bildfriese gearbeitet. Oben thront neben der Roma Augustus, wie Jupiter mit Szepter und Adler zu seinen Füßen dargestellt. Über ihm sein Nativitätszeichen, der Capricornus. Die Oikumene hinter ihm hält über seinem Haupt einen Kranz, vor ihr der bärtige Okeanos und die matronale Tellus mit zwei Kindern. Links, von Victoria gelenkt, ein Triumphwagen, aus dem Tiberius als Triumphator heraussteigt. Der Togatus neben dem Wagen läßt sich nicht ohne weiteres benennen. Der untere Fries zeigt, wie zwei römische Soldaten, von zwei Gehilfen unterstützt, ein Tropaion aufrichten. Auf dem Boden sitzen zwei gefangene Dalmater oder Pannonier, ein Mann und eine Frau. Ein anderes Gefangenenpaar, vielleicht Daker, wird von einem Makedonen und seiner Frau an den Haaren zum Tropaion gezerrt. Die G. A. wird neuerdings mit dem pannonischen Krieg um 12 *v. Chr.* in Zusammenhang gebracht und wohl mit Recht kurz danach datiert. Sie wurde oft dem → Gemmenschneider → Dioskurides zugeschrieben, was jedoch nur auf vagen Vermutungen beruht. P. Z.

Lit: F. Eichler-E. Kris, Die Kameen im Kunsthist. Museum Wien, 1927, 52 ff. Nr. 7, Taf. 4 – Küthmann, AA 65/66, 1950/51, 89–103 – E. Will, Sur quelques figures de la Gemma Augustea, Latomus 13, 1954, 597–603, Taf. I.

Gemmen (*λίθος*, Gemma), bei den Römern die Edelsteine schlechthin, in unserem Sprachgebrauch die gravierten, bildverzierten Steine und neuerdings nur die vertieft gearbeiteten, zum Abdruck in Wachs oder Ton gedachten Steine (*σφραγῖδες*, intagli) im Gegensatz zu den → Kameen. Beide Termini bezeichnen somit die zwei Hauptgattungen von Werken der → Glyptik. P. Z.

Gemmenschneider, die Meister von Werken der → Glyptik – hauptsächlich → Gemmen und → Kameen –, die in Griechenland für gleichrangig mit den Meistern der großen Kunst galten, so z. B. die uns durch literarische Nachrichten bekannten → Theodoros (11) von Samos, Mnesarchos und bes. → Pyrgoteles. Durch Meistersignaturen lassen sich hingegen an die 70 Namen von G.n zusammenstellen, von denen → Agathangelos, → Aspasios (2), → Athenion, → Dexamenos, → Dioskurides (1), → Gnaios, → Hyllos (2), → Onesas, → Skopas (2) in der Wissenschaft bes. oft genannt werden. P. Z.

Lit: A. Furtwängler, JdI 3, 1888, 105–139; 193–224; 297–325; 4, 1889, 46–87 – G. M. A. Richter, Catal. of Engraved Gems, MM New York, 1956, S. XXXI ff.

Genealogiai. ‹Die Abkunft zu erzählen› (*γενεαλογεῖν*) ist in einer urtümlichen, von Familienclans beherrschten Gesellschaft ein notwendiges, mit Stolz geübtes Wissen. So hat auch im Mythos jeder Held, jeder Gott seine Genealogie. In → Hesiods Theogonie und den anschließenden Katalogen wird die Genealogie zum chronologischen Gerüst und umfassenden, gleichsam begrifflichen Ordnungssystem der Welt, Ausdruck für die Struktur der Wirklichkeit. Ihr muß sie darum immer neu angepaßt werden. Die beginnende → Geschichtsschreibung steht daher einer Masse widersprüchlicher Traditionen gegenüber, die sie nun als historische Faktizität versteht und mit gewaltsamem Rationalismus auszugleichen sucht: → Hekataios (3), → Akusilaos, → Pherekydes (1) von Athen, → Simonides (2). Das Bild der griech. Frühgeschichte blieb dabei trotz aller Kritik von der Denkform der G. geprägt. W. Bk.

Lit: P. Philippson, Genealogie als mythische Form, SO, Suppl. 7, 1936.

Geneleos, Bildhauer auf Samos. Bekannt durch die Signatur einer um die Mitte d. 6. Jh.s v. Chr. entstandenen, beim Heraion von Samos gefundenen 6figurigen Marmorgruppe, von der größere Fragmente wieder ausgegraben worden sind: u. a. die gelagerte Philippe in der Mitte und die Herapriesterin (?) als Weihende rechts. E. Bg.

Lit: E. Buschor, Altsamische Standbilder, 1934, 26–29, Abb. 90–101 – Ders., Neue Deutsche Ausgrabungen, 1959, 223–226 – EAA III, 1960, 861–863, s. v. Gheneleos (Red.).

Genethliakon. Aus Glückwunschgedichten zur Feier der Geburt (Kall. Fr. 202 Pf.; Stat. silv. 4, 7) oder zur Jahresfeier des Geburtstages (Epigramme der Anthologia Palatina, Lateinisches von → Tibull bis → Ausonius), wie sie seit dem frühen Hellenismus bezeugt (Hedylos bei Athenaios 4, 176 D: ἤειδεν δ' αὐτοῦ τὰ γενέθλια) oder überliefert sind (Kallimachos), entwickelte sich die (inhaltlich bedingte, an keine bestimmte Versform gebundene) Gattung des ‹Geburtstagsgedichtes›, die bei den Griechen zwar nicht, wie oft behauptet, ganz fehlt (Nachweise bei Pfeiffer, Dihegeseis, 34 f.), aber vor allem durch die Römer weiterentwickelt und ausgestaltet wurde. Dem sakralen Charakter der Geburts- und Geburtstagsfeier entspricht in der poetischen Gattung das religiöse Element und die Rolle des Mythos (→ Genius, → Geburtstag). Feste Elemente (‹Topoi›) kehren in allen Gedichten wieder, doch werden sie frei behandelt und jedesmal neu in den Dienst des Adressaten und des besonderen Anlasses gestellt; so von → Tibull im Preis des Messalla (1, 7) und im Lob der Ehe (2, 2), von → Properz zum Geburtstag des Mädchens (3, 10), ähnlich im → Sulpicia-Zyklus 5–6, von Horaz auf → Maecenas (carm. 4, 11), von → Ovid an seinem eigenen Geburtstag (trist. 3, 13) und dem seiner Frau (trist. 5, 5), von → Statius (silv. 2, 7) und → Martial (7, 21–23) auf → Lukan und andere. Ein festes (gar ein ‹rhetorisches›) Schema wird also nicht befolgt, und nur mittelbare Beziehungen bestehen zum Schema der Festreden, die bei solchen Gelegenheiten gehalten wurden (Pfeiffer). In weiterem Sinne gehört in diesen Zusammenhang auch Vergils 4. Ekloge, ein prophetischer Glückwunsch zur erst erwarteten Geburt eines Kindes, gerichtet an den Konsul des Jahres, das diese Geburt bringen soll, zur Feier seines Amtsantritts. Die röm. carmina natalicia sind zu Vorbildern der Geburtstagsgedichte aller europäischen Literaturen geworden. V. B.-E. Z.

Lit: Chr. Petersen, Jbb f. Phil., Suppl. 2, 1856/57, 324 ff. – W. Schmidt, Geburtstag im Altertum, RGVV VII 1, 1908 – E. Norden, Die Geburt des Kindes, 1924 – E. Cesareo, Il carme natalizio nella poesia latina, 1929 – R. Pfeiffer, Die neuen Dihegeseis zu Kallimachosgedichten, Sitz.ber. München 1934, 10, 34 f. – Ders., Callimachus I, 1949, Fr. 202; mit Nachtr.: II, 1953, 118 f. – H. Herter, Gnomon, 1954, 79 – V. Buchheit, Statius' Geburtstagsgedicht zu Ehren Lucans, Hermes 88, 1960, 231–249 – Ders., Martials Beitrag zum Geburtstag Lucans als Zyklus, Philologus 105, 1961, 90–96.

Genius, die vergöttlichte Zeugungskraft des Mannes (vgl. gignere, ‹zeugen›; genialis als Attribut für das Brautbett). Jeder Mann hat seinen G., so wie jede Frau ihre → Juno. ‹Als genetisches Fruchtbarkeitsprinzip gewährleistet der G. durch das Individuum, zu dem er gehört, die Fortdauer der Geschlechter› (J. Bayet). Vom G. eines Toten ist nie die Rede: der G. entsteht und verschwindet mit dem lebendigen Menschen. Im weiteren Sinne bezeichnet das Wort die Lebenskraft, die jedem Manne innewohnt, alle seine Wirkungskräfte; der G. vertritt oft die Person (vgl. genio indulgere: ‹es sich wohl gehen lassen›; genium defraudare: ‹sich einschränken›). Er ist jedoch oft auch unter griech.-philosophischem Einfluß (Platon, Xenokrates) der Schutzgott, der den Menschen begleitende Daimon, den man sich von seinem Schützling getrennt vorstellt. Dem G. des pater familias ist ein Kult am häuslichen Herd gewidmet; er wird dort oft als Schlange dargestellt. Sein großes Fest ist der Geburtstag des Hausherrn. Durch den Kult des G. Augusti, der für die röm. Sinnesart nichts Anstößiges an sich hatte, waren die Gemüter darauf vorbereitet, die Vergöttlichung des Kaisers eben als des pater familias aller Römer anzunehmen (→ Herrscherkult). – Die vom Individuum abgelöste Vorstellung des G. wurde schließlich auf Gemeinschaften angewendet: es gab einen G. des röm. Volkes (seit dem Ende der Republik), dann, zur Kaiserzeit, Genii, die Legionen, Kohorten, Zenturien, Kollegien, Städte, Kolonien, Provinzen usw. beschützten. Wir besitzen auch Weihungen an den G. eines Ortes: eines Lagers, Theaters, Speichers, Hauses, Marktes usw. ‹G.› bedeutet da nur noch unbestimmt ‹Schutzgottheit›. H. Le B.

Lit: J. Bayet, Histoire politique et psychologique de la religion romaine, 1957, 65–67.

Genos. Organisierte ‹Geschlechter› (γένη, πατριαί, πάτραι) gab es wohl überall in Griechenland, z. T. als Abteilungen der Bürgerschaft (unter den → Phylen und → Phratrien), denen jeder Bürger angehören mußte. Über ihre Funktion ist wenig bekannt. – In *Athen* umschlossen die Gene nur vornehme Familien. In der Zeit der Adelsherrschaft mögen sie eine große Rolle gespielt haben; später waren sie im wesentlichen auf die Pflege von Kult und Geselligkeit beschränkt. F. G.

Lit: A. Andrewes, Philochoros on Phratries, JHS 81, 1961, 1–15 (Lit).

Gens → Rom II [2].

Genthios, um 180–168 illyrischer König, unterstützte im röm.-makedon. Krieg 171–168 anfangs Rom, ging aber 169 zu → Perseus (2) über. 168 bei Skodra geschlagen, wurde er 167 in Rom im Triumph aufgeführt. Illyrien wurde danach in drei Republiken aufgeteilt. P. R. F.

Lit: R. Werner, Abriß der Gesch. antiker Randkulturen, 1961, 92 f.

Genua, Hauptstadt der Ligures Genuates (Kt. 1420 C 3), Handels- und Schiffahrtszentrum in Ligurien seit dem 5. Jh.; Funde griech. Vasen in den Nekropolen zeugen von weitreichenden Handelsbeziehungen. Seit 218 unter röm. Einfluß, später Municipium, doch sind von der röm. Stadt außer einigen wiederverwendeten Säulen und Skulpturen keine Reste festgestellt. B. A.

Lit: G. Poggi, Genova preromana, romana e medioevole, 1914 – M. M. Martini, Storia di Genova, 2 Bde, 1941 – T. Cocco, Ed. archeol. della carta d'Italia, Foglio 82, Genova, 1955 – N. Lamboglia, EAA III, 1960, 816.

Genucius, L. (tr. pl. 342 v. Chr.), Angehöriger des alten und frühzeitig in die Fasten als patrizisch eingeschwärzten Plebejergeschlechtes der Genucii, brachte neben anderen Plebisziten die jegliche Zinsnahme verbietende Lex Genucia ne fenerare liceret ein (Liv. 7, 42, 1; Tac. ann. 6, 16; App. civ. 1, 232), die ohne größere Wirkung blieb. R. W.

Geographie

A. Geschichte der Geographie: [1] Anfänge – [2] Begriff – [3] Entwicklung – [4] Verfall – [5] Schriftengattungen – B. Problematik: [1] Geschichtsschreibung – [2] Mathematik und Astronomie – [3] Spezialprobleme – C. Fortwirkung und Überlieferung – Vgl. auch → Ethnographie, → Ozeanographie, → Kartographie.

A. Geschichte der Geographie. [1] *Anfänge.* Die antike G. beginnt zu dem Zeitpunkt, da sich der Wunsch regt, die Erde kennenzulernen. Wenn die Orientfahrten der ägypt. Handelsschiffe im 2. Jt. als solche noch nicht dazugehören, so bezeugt doch der ägypt. Name des Euphrats ‹das umgekehrte Wasser› eine erste eigentlich geograph. Überlegung, indem er voraussetzt, daß man dessen Verlauf (Nord-Süd) mit dem des Nils (Süd-Nord) verglichen hatte. Ebenso, aber in anderer Weise, haben der mesopotamische

Sintflutmythos in seinen sumerisch-babylonischen (→ Gilgameschepos) und alttestamentlichen Fassungen, gewisse Erzählungen der Genesis – Schöpfung, Noahs Nachkommenschaft, Turmbau zu Babel – und die ägypt., babylon., arischen, phön. und griech. auf die Scheidung von Festland und Wasser bezüglichen Mythen eine geograph. Bedeutung. Sie wollen ein Bild der Erde geben und einige von ihnen die Verteilung der Bevölkerung auf deren Oberfläche erklären. Die älteste bekannte ‹Karte› ist ein ägypt. Papyrusbruchstück, das halb durch einen Plan, halb durch eine Panoramaskizze die zu einer Goldmine führenden Wege zeigen will (um 1200 v. Chr.; → Kartographie). Eine auf Ton geritzte babylon. Karte, die auf ein wahrscheinlich aus dem 9. Jh. stammendes Vorbild zurückgeht, stellt die Erde schon in Gestalt einer Scheibe dar, umrahmt vom ‹bittern Fluß› und durch den Euphrat von Norden nach Süden geteilt. – In Griechenland erscheint die geographische Wissensbegierde gleichzeitig mit den großen epischen Dichtungen; für die Ethnographie, die einen Zweig der Erdkunde bildet, zeigen sich die ersten Zeichen des Interesses bereits in der myk. Epoche. Auch die G. könnte älter sein. Die Odyssee bezeugt eine ungefähre und entfernte Kenntnis der südl. Küsten Italiens und ein System von Erkennungszeichen – Sizilien heißt die Insel ‹mit den drei Felsvorsprüngen› (Trinakria), → Charybdis und → Skylla – das einen beginnenden geograph. Überblick über diese Gegend voraussetzt. Die → Argonautensage bezeugt ähnliches für den Pontos Euxeinos. Doch werden in diesen Dichtungen die geograph. Kenntnisse nicht von ihrer mythologischen Umkleidung gelöst. Auf der anderen Seite enthält die Beschreibung des Schildes des Achilleus (Hom. Il. 18, 483 ff.) ein Weltbild, das dem der oben erwähnten babylon. Weltkarte ziemlich ähnlich ist, insbes. was die Kreisform der Erde und den Fluß → Okeanos betrifft. Aber auch abgesehen von den mythologischen Elementen steht die Tatsache, daß die topographischen Kenntnisse nicht auf ein Weltbild bezogen werden und daß dieses Weltbild ohne Bezug auf wirkliche Örtlichkeiten für sich besteht, dem entgegen, hier schon von Geographie im eigentlichen Sinn zu sprechen. Von der Theogonie des → Hesiod bis zu den Genealogiai des → Akusilaos bleibt dieses Weltbild weiterhin Gegenstand der Spekulation ohne geograph. Rahmen. Vom 8. Jh. an führt die fortschreitende Erkundung des westl. Mittelmeeres und des Pontos Euxeinos zur Entdeckung des Atlantiks und der Flüsse der russischen Ebene und erlaubt eine erste Gegenüberstellung der Fahrtrouten auf dem Meer mit der mythologischen → Ozeanographie. Von nun an besteht eine im eigentlichen Sinn geograph. Welterfassung, deren Wirkungen sich seit der 2. H. des 7. Jh.s in der → Heraklessage erkennen lassen, wie sie die Herakleia des → Peisandros (2) v. Kameiros, die Geryonëis des → Stesichoros und die → Kypseloslade erzählen. Die Erzählungen von den Reisen zum Garten der → Hesperiden und zu der Insel Erytheia rücken nun den Mythos bis über die → Säulen des Herakles hinaus und entsprechen einer ‹Entmythologisierung› des Mittelmeeres. Wenig später bezeugt das Arimaspenepos des → Aristeas (1) v. Prokonnesos eine ähnliche Grenzsetzung zwischen G. und Mythos für die nördl. und östl. des Pontos Euxeinos gelegenen Gegenden.

[2] *Begriff.* Als Verfasser der ältesten bekannten Weltkarte wird → Anaximander von → Eratosthenes gemäß dem von ihm vertretenen Begriff der G. als der ‹erste Geograph› bezeichnet. Indessen zeigt der Titel → *Περίοδος τῆς γῆς* (→ Periodos), der den ionischen Erdbeschreibungen sowohl wie den seit → Hekataios (3) v. Milet ihnen beigegebenen Erdkarten zugelegt wird, daß die Schüler des Anaximander die → Kartographie nur als Ergänzung der beschreibenden G. empfanden. Bis zu → Dikaiarch bezieht sich dieser Titel tatsächlich auf die gesamte geograph. Wissenschaft: auf Weltbild und Weltkarte seit Anaximander, auf Länderbeschreibung und → Ethnographie seit Hekataios, auf Geschichte (Lokalgeschichte, bes. Gründungsgeschichte (→ Ktiseis), berühmte Männer usw.) und Naturkunde (Klima, Bodenbeschaffenheit, Pflanzen- und Tierwelt, über- und unterirdische Hydrographie, Mineralien, Vulkanismus usw.) seit → Ephoros und → Eudoxos (1) v. Knidos. Die geograph. Paradoxographie (→ Buntschriftstellerei) ist das Extrem dieser enzyklopädischen Tendenz. Seit Eudoxos kamen zu dieser Ausweitung der Thematik noch mathematische Untersuchungen hinzu, die durch die Entdekkung der Kugelgestalt der Erde (2. H. 5. Jh.) notwendig geworden waren und Auswirkungen auf die Erdmessung und die Einteilung der Erde in → Zonen hatten. Diese Konzeption der G. wird von → Eratosthenes aufgegeben; er lenkt die G. in die Richtung der → Kartographie. Die methodische Erforschung des Mittleren Ostens durch → Alexander (5) d. Gr. und seine Nachfolger und die Berichte des → Pytheas über den Norden und den Westen mußten notgedrungen zu einer völligen Erneuerung der Weltkarte führen. Sie stellten insbes. das neue Problem, wie die geograph. Breite von Punkten zu bestimmen sei, die von Bezugspunkten am Mittelmeer sehr weit entfernt waren. Die Erfindung des Wortes Geographie – wörtlich ‹Zeichnung der Erde› – und die Verwendung der Ableitung Geographumena oder Geographika (etwa ‹Geograph. Lehre›) im Titel des geograph. Werkes des Eratosthenes zeigen klar an, daß die Schaffung einer Karte ihm als die vordringlichste Aufgabe der G. galt. Diese enge Auffassung wird durch → Hipparchos (3) v. Nicaea noch weiter eingeschränkt. In seinen drei Büchern ‹Gegen die Geographie des Eratosthenes› verlangt er, daß ausschließlich astronomische Messungen – und nicht die Distanzmessung auf der Erdoberfläche – zur Ortsbestimmung angewendet werden. Nach ihm wurde diese Richtung durch → Serapion (2) v. Antiochia, → Marinos (3) v. Tyros und → Ptolemaios (17) fortgeführt. Erst → Polybios wendet sich wieder der beschreibenden G. zu, gegen Eratosthenes und Hipparchos, doch ohne deren fördernden Einfluß zu verleugnen; dieser beschreibenden G. gibt er den – wahrscheinlich von ihm neu gebildeten – Namen ‹Chorographia› (*χωρογραφία, χωρο* – bezeichnet die Landschaft, im Gegensatz zu *γεω* – für die Erde als Erdkugel; – *γραφία* wie in *ἱστοριογραφία*, ‹Beschreibung›). Unter dem Titel ‹Chorographia› verfaßte Cicero eine beschreibende G., nachdem er es zu schwierig gefunden hatte, eine populäre Fassung des Eratosthenes herzustellen (ad Att. 2, 4. 6). → Varro (2) schrieb ein ‹Chorographia› überschriebenes Lehrgedicht, das der Absicht nach dem vor ihm von → Apollodor (4) v. Athen unter dem archaisierenden Titel *Περίοδος τῆς γῆς* veröffentlichten Gedicht entspricht. Aber → Strabon, der wirklich eine Chorographie enzyklopädischer Art schreibt und es auch sagt (1, 1, 1 und 16), greift auf den Titel Geographika zurück und gibt so dem Wort Geographie den umfassenden Sinn zurück, den der alte Begriff der Periodos hatte und den es bis heute behalten hat. Neben Chorographia erscheint seit der Zeit des Polybios auch das Wort ‹Topographia›, das den gleichen Sinn hat, sich aber auf kleinere Gebiete bezieht. Man findet es im 6. Jh. im Titel eines Werkes des → Kosmas (2) wieder, der Topographia Christiana, hier pedantisch-archaisierend mit der Bedeutung Geographie. – Eine weitere Form der G. wurde seit dem 4. Jh. n. Chr. in der byzantin. Kirche entwickelt: eine ‹G. der Verwaltung›. Sie entstand aus dem praktischen Bedürfnis nach einer Übersicht über die Herrschaftsgebiete jedes Patriarchats; das Mittel dazu sind Listen mit den Namen der Hauptkirchen und der bischöflichen Sitze, die gemäß ihrer hierarchischen Subordination angeordnet sind. Solche Listen sind bis ins 14. Jh. vorhanden. Ähnliche Listen haben der kaiserlichen Verwaltung von Byzanz gedient; die bekannteste ist der Synekdemos des Hierokles (um 535), der noch im 10. Jh. durch → Konstantinus (4) Porphyrogennetos in seiner

Schrift Über die Präfektenbezirke überarbeitet wurde. Die → Notitia (1) Dignitatum gehört zu dieser Gruppe an einen praktischen Zweck gebundener und geographisch anspruchsloser Werke. Die → Itinerarien und die Segelbücher, Vorläufer der griech., italien. und portugies. Portolane des Mittelalters, stehen auf gleicher Stufe. Nicht mehr zur G. im eigentlichen Sinne gehören dagegen die am Ende der Antike beliebten rhetorischen Beschreibungen berühmter Landschaften (→ Ekphrasis), Erzählungen von phantastischen Reisen (z. B. von → Iambulos), über die sich → Lukian in den ‹Wahren Geschichten› lustig macht, und die geograph. Allegorien in der Art der ‹Heiligen Schrift› des → Euhemeros.

[3] *Entwicklung*. Wie oben gesagt, umfassen zur Zeit Homers die geograph. Kenntnisse der Griechen die Zufahrtswege zum Ägäischen Meer und die südl. Küsten Italiens, welche die griech. Handelsschiffahrt damals erreicht hatte. Die phön. Fahrten bis Gibraltar im Westen und bis zum Roten Meer im Süden haben gleichfalls Spuren hinterlassen, wahrscheinliche in der Genesis (Völkertafel: Gen. 10) und ungewisse in den homerischen Gedichten (Erwähnung des Atlas und der ‹Säulen› der Welt: Od. 1, 52ff.). Das östl. Mittelmeer, die atlantischen Küsten in der Nähe von Gibraltar und der Pontos Euxeinos waren vor Anaximander erforscht,und aus Auskünften der Küstenbewohner bildete sich eine ungefähre Vorstellung auch von den Völkern im Landesinnern, außer für die Gebiete westl. von Ägypten. Die Entstehung des pers. Reiches, das vor den Perserkriegen mit Ionien in engem Austausch stand, weitete die griech. Weltkenntnis im Osten bis Susa, im Norden bis zum Kaukasus aus. → Hekataios (3) und → Herodot fügen diesen Neuerwerbungen aus eigenen Reisen den Süden Skythiens, Ägypten bis Theben und die Küsten Libyens bis zur Großen Syrte hinzu. Arabien, das Rote Meer, der Persische Golf und das Indusbecken, die diese Forscher kaum erst ahnten, verlassen das Gebiet der Fabel nach Ephoros oder Eudoxos. Noch für Ephoros bezeichnen die Kelten, die Skythen, die Inder und die Äthiopier die Grenzen der Welt im Westen, Norden, Osten und Süden. Der Osten und der Süden werden durch → Alexander (5) d. Gr. und seine Nachfolger, namentlich die ersten → Ptolemäer, erforscht. So konnte Eratosthenes – wenn auch mit einigen Irrtümern – ganz Indien und die Insel Taprobane (Ceylon), ganz Arabien und endlich die Küste Ostafrikas bis zur Zimtküste (Somaliland) in seine Karte einbeziehen. Im Westen und Norden läßt er dann zum erstenmal die aus den Fahrten des Pytheas bekannt gewordenen Länder, die Bretagne, Großbritannien, Irland und die problematische → Thule erscheinen. Gallien, der Norden Germaniens und Skandinavien, das übrigens für eine Insel gehalten wird, werden durch die ‹Geographumena› des → Artemidoros (3) berührt, der auch die erste zuverlässige Beschreibung Iberiens lieferte; doch wurde die Kenntnis der Länder nördl. des Rhonebeckens erst nach der Eroberung Galliens durch Caesar und die Erweiterung des röm. Reiches in Richtung Rhein, Elbe und Donau präziser. → Strabon kennt diese beiden Ströme noch schlecht; → Plinius d. Ä. kennt sich mehr oder weniger bis zur Südküste der Ostsee aus. Die Lage der chinesischen Küsten endlich wird nach der Ankunft einer indischen Gesandtschaft in Rom z. Z. des Claudius auf den Karten des → Marinos (3) ungefähr bestimmt. Ein wenig später, nämlich gegen das Ende des 1. Jh.s n. Chr., erreicht der röm. Forschungsreisende Julius Maternus die Stadt Agisymba nahe beim Tschadsee. Nach dieser ununterbrochenen Folge von Fortschritten sind Marinos und → Ptolemaios (17) in der Lage, auf ihren Karten mit relativer Genauigkeit das Gebiet zwischen der Mündung des Nigers, Sansibar, Singapore und Südchina einerseits, sowie den Küsten Europas ohne Skandinavien und dem Süden Rußlands bis zum Kaspischen Meer andererseits einzuzeichnen. Vollständig unbekannt bleiben im Innern und an den Rändern dieses Ländergürtels einzig die russische Ebene, Sibirien, Zentralasien und große Teile des tropischen Afrikas. – Vgl. auch → Entdeckerfahrten.

[4] *Verfall*. Der Verfall der antiken G. beginnt, als die Theorie von der Kugelgestalt der Erde und ihre Einteilung in Zonen aufgegeben werden, die beide durch die Kirchenväter seit dem Ende des 3. Jh.s, namentlich durch → Laktanz (inst. 3, 24), bekämpft werden. Diese Kenntnisse erhalten sich in Griechenland bei → Gregor (5) v. Nyssa (4. Jh.) und Johannes → Philoponos (1. H. 6. Jh.), in Rom bei → Macrobius und → Martianus Capella (5. Jh.), also bei noch klassisch gebildeten Autoren. Aber sie werden schon nicht mehr erwähnt in einem populären Werk wie dem des → Dionysios (8) Perihegetes (um 100?). Die meisten Kirchenväter kehren zur Vorstellung einer flachen Erde zurück; diese ist entweder kreisförmig (→ Cassiodor, → Isidor (4) v. Sevilla) oder rechteckig (→ Kosmas nach Ephoros). Über sie spannt sich das Paradiesgewölbe, wo die vier größten Ströme entspringen, wie es z. B. mit dem größten Ernst in der anonymen Schrift Über die Ströme des Paradieses (3./4. Jh.) beschrieben wird. Parallel mit diesem Rückschritt der theoretischen Kenntnisse breitet sich der Glaube an Ungeheuer aus, die das Meer und die fernen Länder bevölkern; dieser Glaube, entstanden aus den Beschreibungen des → Megasthenes, die Plinius d. Ä. überlieferte und → Solinus verbreitete, lähmt die Schiffahrt auf dem Meer. Wenn auch die → Kartographie bis zum Cosmographus Ravennas und der → Peutingerschen Tafel in Gestalt von Karten mit Reiserouten durch die ganze Oikumene weiterbesteht, so ermöglichen diese Karten doch kein Weltbild mehr.

[5] *Schriftengattungen*. In der Gattung der Werke, die die ganze Erdkunde umfassen (s. o. [2]; vgl. → Periodos, → Perihegese) nehmen die Geographumena des → Artemidoros (3) eine zweideutige Stellung ein, indem sie sich wegen der Wichtigkeit, die der Autor den Vermessungen gibt, mit ihrem Titel auf Eratosthenes beziehen, daneben aber die Länderbeschreibung entwickeln, wie es danach später Strabon getan hat. Hierher gehören auch die kurzgefaßten Handbücher (→ Agathemeros, → Nikephoros (2) Blemmydes). – Eine zweite Gattung umfaßt die systematischen Beschreibungen bestimmter Länder, wie die Indika des → Ktesias, des → Megasthenes und des → Arrianus (2) v. Nikomedeia, die Beschreibungen eines Landes in Form einer Reise und die Reiseberichte, die oft → Perihegese, oft → Periplus genannt werden. Die praktischen → Reiseführer, die Karten und die von Karten abhängigen röm. → Itinerarien (→ Feldmesser, → Laterculus Veronensis) bilden eine dritte Gattung, die jedes literarischen Charakters entbehrt. Die Ethnika des → Stephanos (3) v. Byzanz und deren Vorbilder sowie Spezialschriften wie Über die Nilschwelle des Aristoteles, Über die Winde des → Theophrast, Über die Erdmessung des Eratosthenes, die Oikeseis des → Theodosios gehören vom antiken Standpunkt aus gesehen eher der Grammatik, der Physik, der Astronomie oder der Astrologie an als der G.

B. Problematik. [1] *Geschichtsschreibung*. Während → Hekataios (3) die G. für sich behandelt, bezieht → Herodot sie in die → Geschichtsschreibung ein. Die ionische ‹Kunde› (ἱστορίη) wird aufgefaßt als eine Darstellung alles dessen, was in einem Land interessant ist; in den Vordergrund gerückt wird die Länderkunde, in welcher die G. – im heutigen Sinn – mehr Platz einnimmt als die eigentliche Geschichte des Landes. So bilden bei Herodot Länderkunde und Völkerkunde nicht lediglich den geograph. Rahmen für den Bericht über die Perserkriege, sondern werden in Exkursen behandelt, die der Autor selbst sorgfältig von der Erzählung trennt. Nichtsdestoweniger galt nach Herodot eine allgemeine Geschichte als unvollständig, wenn sie nicht auch eine allgemeine G. umfaßte. Das Werk des → Thukydides dagegen (bis auf den Thrakienexkurs 2,

95–101) und die Hellenika → Xenophons (1) enthalten wegen ihres besonderen Charakters gar keine G. Am Ende des 5. Jh.s schließlich schafft die neue Gattung der Geschichte einzelner Städte und Völker (→ Lokalgeschichte) einen Rahmen, in dem sich die G. organisch mit der Geschichtsschreibung verbindet, indem sie die geograph. Lebensbedingungen der dargestellten Völker erklärt. Diese Darstellungsart wird dann von der monographischen Geschichtsschreibung übernommen (z. B. Xenophons und → Arrians (2) Anabasis, → Sallusts De bello Iugurthino usw.) und behauptet sich dort bis zu → Ammianus Marcellinus und → Prokop (1) v. Caesarea. In der → Universalgeschichte, deren Gattung → Ephoros im 4. Jh. festlegt, kommt der G. eine andere Funktion zu, in der von Herodot eingeschlagenen Richtung: für sich in gesonderten Büchern dargestellt, die die ganze Oikumene beschreiben, dient sie im Prinzip als Hintergrund. Bei Ephoros folgt dieser Hintergrund als Einleitung auf die Prolegomena; bei → Polybios (1) steht er am Ende des Werkes als Anhang; bei → Strabon wird die G. in einem besonderen Werke dargestellt, das ausdrücklich als Ergänzung des großen Geschichtswerkes bezeichnet wird (1, 1, 23). Strabon ist der letzte bekannte Vertreter dieser Richtung. Die Einbeziehung der G. in die Naturkunde bei → Plinius d. Ä. erfolgt aus einer andern Zielsetzung und ist vereinzelt geblieben.

[2] *Mathematik und Astronomie.* Die G. stellte drei Probleme, die die Hilfe dieser Wissenschaften erforderten: Erdmessung, Einteilung der Erde in → Zonen, stereometrische Projektion. Die Erdmessung beginnt mit der Entdeckung der Kugelgestalt der Erde, etwa in der 2. H. des 5. Jh.s; Aristophanes erwähnt sie i. J. 423 als Aufgabe der Geometrie (nub. 201 f.). → Aristoteles zitiert das erste bekannte Ergebnis von 400000 Stadien (cael. 2, 298a15; von → Eudoxos (1) v. Knidos gefunden?). In der Folge werden angegeben: 300000 Stadien (Archim. aren. 1, 8: auf → Dikaiarch zurückgehend?), 252000 (Eratosthenes), 277000 (→ Hipparchos (3) v. Nicaea), 180000 (Poseidonios). → Eratosthenes' Methode ist die erste faßbare (vgl. Abb. 63): er nahm Parallelität der Sonnenstrahlen in Alexandria und in Syene (Assuan) an und maß (1) den Winkel α identisch mit α_1, als die Sonne in Syene im Zenith stand (Ergebnis: $^1/_{50}$ des Meridiankreises) und (2) die Bogenstrecke Alexandria-Syene (ca. 5000 Stadien). Warum er 2000 Stadien dazu zählte, ist unklar. Bei all diesen Zahlen bleibt leider ungewiß, welches → Stadion gemeint ist. – Die Einteilung in Zonen bezog sich zuerst auf die Himmelskugel, auf der die von der Sonne an den Tagen der Sommersonnenwende, der Wintersonnenwende und der Tagundnachtgleiche (Wendekreise, Himmelsäquator) durchlaufenen Kreise unterschieden wurden. Durch Projektion dieser Kreise auf die Erdkugel – wahrscheinlich gleichzeitig mit der Entdeckung der Kugelgestalt der Erde – wurde entsprechend auch die Erde in Zonen oder Gürtel geteilt. Die erste astronomische Bestimmung der Grenze eines Gürtels ist wahrscheinlich das Werk des Eudoxos, der die ‹Klimata› (→ Klima) in die → Kartographie eingeführt (Strab. 9, 1, 12) und die erste Karte gezeichnet hat, auf der die ganze Oikumene im Norden des Äquators ihren Platz findet. Eudoxos hat auch zuerst die mit der Theorie von der Kugelgestalt zusammenhängende Tatsache beobachtet, daß der Horizont – Himmelsbild – und die Tagesdauer beim Höchststand der Sonne je nach dem Breitengrad verschieden sind. Eratosthenes ergänzte diese Beobachtung durch die Messung des Neigungswinkels der Sonne und fand, daß der nördl. Wendekreis durch Syene (Assuan) in 11800 Stadien Entfernung vom Äquator hindurchgeht. Was den Polarkreis betrifft, so ist gewiß, daß Pytheas ihn in die Gegend von → Thule verlegte, da er dort die Mitternachtssonne beobachtet hatte. Schließlich schlagen Eratosthenes oder Hipparchos eine Einteilung in 360° vor, was für 1° 252000 : 360 = 700 Stadien ergibt. Die Lage des Erdpols ist in der Antike anscheinend nicht gesucht worden, nicht einmal mathematisch. – Über die Projektion → vgl. Kartographie.

[3] *Spezialprobleme.* Die unter → Ozeanographie, → Oikumene, → Antipoden, → Kontinente, → Zonen, → Klima, → Nilschwelle erwähnten Probleme haben allgemeinen Charakter, da sie von einem umfassenden Weltbild abhängig sind. Als eigentliche Spezialprobleme, abgesehen von den Sonderfällen der Ortsbestimmung (Topothesie), sind nur diejenigen zu nennen, die Veränderungen der Erdoberfläche und Klimaschwankungen betreffen. Als Ursachen der Veränderungen der Erdoberfläche erwähnt Herodot die Anschwemmungen des Nils (2, 5: Ägypten ein Geschenk des Nils), Platon die Erosion durch Wasser (Krit. 111 A f.), → Straton (2) v. Lampsakos und nach ihm Poseidonios Erdbeben und Vulkanausbrüche (die von ihnen als zusammenhängend betrachtet und beide der Expansion des Zentralfeuers zugeschrieben werden; → Ozeanographie). Die Klimaschwankungen untersucht vor allem Aristoteles in den Meteorologika. Aristoteles nimmt eine die Erde umhüllende Dunstkugel oder ‹Atmosphäre› an, die von dampfartigen Ausdünstungen der Erde und des Wassers gebildet wird: die Sonne und die jahreszeitlich bedingten Temperaturschwankungen wirken auf diese Hülle ein und verursachen so Schnee und Regen, Wolken und Nebel, warme und kalte Winde usw. (vgl. → Meteorologie).

C. Fortwirkung und Überlieferung. Die Fortwirkung der antiken G. ist eng mit der Überlieferung Strabons und des Ptolemaios verbunden. Durch die Übersetzung des → Almagest war die Theorie von der Kugelgestalt der Erde den Arabern bekannt geworden. Diese gaben sie direkt oder indirekt an Johannes de Sacrobosco (= John Holywood) weiter, der sie gegen 1250 zu seinem Werk *De sphaera* verwendet. In der 2. H. des 9. Jh.s werden, vielleicht unter dem Einfluß des → Photios, die Geographika des Ptolemaios und Strabon neu abgeschrieben; gleichzeitig wird ein Corpus kleinerer geographischer Werke gebildet, die unter der Bezeichnung Geographi Graeci Minores bekannt sind. Ein Codex aus dem 14. Jh., auf dem Athos aufbewahrt, vereinigt diese drei Werke. Aus Strabon stellt gegen 1150 → Michael Psellos die Schrift ‹Über die geograph. Karte› zusammen. Nach ihm erneuert im 13. Jh. → Nikephoros (2) Blemmydes die Lehre von der Kugelgestalt der Erde. Die Veröffentlichung einer lat. Übersetzung zuerst der Geographika des Ptolemaios 1462 in Bologna (eine mit zum Teil apokryphen Karten geschmückte griech. Handschrift erreichte Italien zu Beginn des 15. Jh.s), dann der des Strabon 1469 in Rom (die Handschriften kamen kurz vor 1450 nach Italien) leitete eine Renaissance der wissenschaftlichen G. ein. Die Verbindung des topograph. Materials, das seit dem Beginn des 14. Jh.s von genuesischen und portugiesischen Forschungsreisenden gesammelt worden war, mit dem kartograph. System des Ptolemaios ließ um 1500 zuerst in Italien und dann im übrigen Europa eine mathematische → Kartographie entstehen, von der die moderne Kartographie in gerader Linie abstammt. F. L.

Q: *Sammlungen:* C. Müller, Geographi Graeci Minores (GGM) I–II, 1855/61 – A. Riese, Geographi Latini Minores (GLM), 1878 (Neudr. 1964) – *Einzelausgaben* unter den Autoren – *Lit:* H. Berger, Gesch. d. wissensch. Erdkunde d. Griechen (1887/93), 1903^2 – J. O. Thomson, History of Ancient G., 1948 – A. Diller, The Tradition of the Minor Greek Geographers, 1952 (Lit) – C. van Paassen, The Classical Tradition of G., 1957 – E. Polaschek, RE Suppl. 10 (1965), 680–833 (Ptolemaios als Geograph).

Geologie → Mineralogie und Geologie.

Geometrie und Stereometrie. [1] *Anfänge.* Während die Ägypter und Babylonier schon imstande waren, verhältnismäßig komplizierte geom. Größen (Strecken, Flächen, Volumina) zu berechnen, haben die Griechen ein systematisches Lehrgebäude der G. aus ‹Elementen› aufgebaut. → Thales wußte u. a., daß die Basiswinkel eines gleichschenkligen Dreiecks gleich sind, daß der Durchmesser den Kreis halbiert, und er kannte vielleicht einen Kongruenzsatz. Die → Pythagoreer entwickelten im 5. Jh. v. Chr. die Lehre von der → Flächenanlegung und der Flächengleichheit. Damit wird die Berechnung einer Fläche zu der rein geom. Aufgabe der Konstruktion einer Fläche (meist eines Rechtecks) gleichen Inhalts. Sie behandelten die regelmäßigen → Polyeder und erkannten, daß sie in die Kugel einbeschrieben werden können. Die wichtige Entdeckung, daß es inkommensurable Strecken gibt (→ Irrationalität), bewirkte für lange Zeit einen Vorrang der G. vor der Arithmetik.

[2] *Die klass. Probleme.* Im 5. Jh. treten die drei klass., mit Zirkel und Lineal nicht lösbaren Probleme auf: → Dreiteilung des Winkels, → Verdoppelung des Würfels, → Quadratur des Kreises. → Hippias v. Elis gelang die Dreiteilung des Winkels mit der → Quadratrix. → Hippokrates (2) von Chios führte die Quadratur des Kreises auf die Quadratur gewisser Möndchen (‹Lunulae Hippocratis›) zurück – was für die Lösung des Problems nicht fruchtbar geworden ist – und die Verdoppelung des Würfels auf das Einschalten zweier geom. → Mittel. Als neue Konstruktionsmittel treten auf: Einschiebung (→ Neusis) und ‹mechanisch› hergestellte Kurven, wie die durch den Schnitt zweier bewegter Geraden erzeugte Quadratrix oder die → Konchoide.

[3] Gegen Ende des 5. Jh.s wurden *infinitesimale Methoden* zur Bestimmung von Flächen- und Rauminhalten benutzt: von → Antiphon und → Bryson für die Kreisfläche, von → Demokrit für den Kegel. → Eudoxos (1) v. Knidos schuf dafür die strenge Methode, die sog. → Exhaustionsmethode. Mit ihr hat → Archimedes großartige Ergebnisse erzielt. An diese schließt sich → Zenodoros (1) an.

[4] Um 300 hat → *Euklid* die G. von Gerade und Kreis in seinen ‹Elementen› in einem System zusammengestellt, das bis heute die Grundlage für alle G. geblieben ist. Daneben bestand jedoch schon damals eine – wenn man so sagen darf – *höhere Geometrie.* Als einer ihrer Grundbegriffe kann der Begriff des → geom. Orts angesehen werden, die Gesamtheit derjenigen Punkte, die durch eine bestimmte Eigenschaft gekennzeichnet sind. In dieser Form scheint → Menaichmos zuerst die → Kegelschnitte gefunden zu haben. – Der Kennzeichnung einer Kurve oder Fläche durch derartige Eigenschaften steht ihre Erzeugung gegenüber, sei es durch Bewegung (wie z. B. bei der → Quadratrix oder der Spirale oder auch dem Kegel durch Drehung eines rechtwinkligen Dreiecks um eine Kathete) oder durch Schnitt (z. B. des Kegels oder des Torus durch Ebenen; → Speira). Die Kegelschnitte wurden von → Aristaios (2), Euklid und abschließend von → Apollonios (15) v. Perge untersucht. Auch *Raumkurven* kommen vor, z. B. bei → Archytas der Schnitt eines Torus und eines Zylinders. Die Schraubenlinie auf dem Zylinder (Kochlias) war Archimedes und Apollonios, die Schraubenlinie auf dem Kegel und auf der Kugel spätestens → Geminos bekannt. – Geminos hat sich um eine Klassifikation der Kurven bemüht.

[5] Die → *Astronomie* gab Anlaß zur Untersuchung von Kreisen und Kugeln. Die Schrift des → Autolykos (2) von Pitane über die bewegte Kugel ist etwas älter als Euklids Elemente und damit die älteste original erhaltene mathematische Schrift der Griechen. Geom. Kenntnisse erforderte die Erklärung der Planetenbewegung durch → homozentrische Sphären (→ Eudoxos, 1) und → Epizykel und → Exzenter (→ Apollonios, 15). Zu numerischen Rechnungen wurde seit → Hipparch (3; um 140 v. Chr.) die → Trigonometrie benutzt. → Menelaos (4) v. Alexandria (um 100 nach Chr.) entwickelte die Grundlagen der sphärischen Trigonometrie. – In der → *Optik* wußte man, daß das Reflexionsgesetz (Einfallswinkel = Ausfallswinkel) aus dem Prinzip des kürzesten Lichtwegs abgeleitet werden kann (→ Heron, 2). Die Untersuchung von Brennspiegeln führte auf die Brennpunktseigenschaften der Kegelschnitte (Apollonios, → Diokles, 2). Euklid behandelte die Frage der scheinbaren Gestalt und Größe von Figuren, die in verschiedener Lage und Entfernung gesehen werden. – Die *Mechanik* führte u. a. auf Schwerpunktbestimmungen (Archimedes).

[6] *Zusammenfassungen* schrieben → Heron (2; um 62 nach Chr.), darin u. a. Flächen- und Volumenberechnungen, z. T. auch Näherungen, ferner insbes. → Pappos. – Die *Kommentare* von → Proklos und → Eutokios u. a. enthalten wichtiges historisches Material. – Vgl. → Mathematik, → Arithmetik und Algebra, → Proportionenlehre. H. G.

Lit: → Mathematik.

Geometrisch, archäologische Bezeichnung für die Frühzeit der griech. → Kunst (I 1) von etwa 1100–700 v. Chr. nach den Dreiecken, Rauten, Kreismustern, Strichgruppen, Mäandern u. ä. ‹geometrischen› Motiven auf (bes. attischen) Gefäßen; der Stilbegriff wird jedoch auch für alle anderen Denkmälerarten dieser Zeit angewendet. → Vasen E [1]. D. Sch.

Lit: F. Matz, Gesch. d. griech. Kunst I, 1950, 37–102 – E. Homann-Wedeking, EAA III, 1960, 817–832 (Lit) – J. M. Davison, Attic Geometric Workshops, YClSt 16, 1961 – N. Himmelmann-Wildschütz, Benerkungen zur geometr. Plastik, 1964 – H. Drerup, Griech. Architektur zur Zeit Homers, AA 1964, 180–219.

Geometrische Algebra → Arithmetik und Algebra.

Geometrischer Ort, Menge der Punkte, die durch eine bestimmte Eigenschaft (das ‹Symptom›) gekennzeichnet sind. Beispiel: Wenn von zwei gegebenen Punkten ausgehende Geraden sich unter gleichen Winkeln schneiden, liegt der Schnittpunkt auf einem Kreis (Pappos, Collectio 7, Hultsch p. 664). – Ebene Örter sind Geraden und Kreise, körperliche Örter sind die → Kegelschnitte (zu deren Erzeugung ein Körper benötigt wird); die übrigen heißen lineare Örter (γραμμικοὶ τόποι; heute wird ‹linear› mathematisch in einem anderen Sinne gebraucht). H. G.

Geomoren (dor. Gamoren; ‹Grundbesitzer›) heißen insbes., etwa in Syrakus oder Samos, die vornehmsten Bürger, in deren Händen der Großteil des Grundbesitzes und ursprünglich auch die Regierung lag. In Athen galten die G. (auch ‹Bauern›, γεωργοί, oder ‹Landleute›, ἄγροικοι, genannt) neben den → Eupatriden und → Demiurgen der Überlieferung als einer der drei alten Stände. F. G.

Geoponica. Unter diesem Namen geht eine umfassende byzantin. Sammlung landwirtschaftlicher Exzerpte von sehr ungleichmäßigem, meist sehr dürftigem Wert. Sie entstand im 10. Jh. n. Chr., fußt aber auf früheren Werken, vor allem dem des Cassianus Bassus (6. Jh. n. Chr.). Eine syr. Übersetzung ist erhalten. G. B.

Ed: Brassicanus, 1539 (ed. princ.) – H. Beckh, 1895 – *Lit:* E. Oder, RE 7, 1 (1910), 1221–25.

Georg von Pisidien, Diakon in Konstantinopel (Anf. 7. Jh.), dichtete vornehmlich in jambischen Trimetern zeithistorische Epen und → Epigramme; selbst biblische und theologische Stoffe wurden dichterisch gestaltet. C. A.

Ed: PG 92, 1197–1754 – *Lit:* Altaner, 495.

Geozentrisches System. Die antiken Astronomen machten fast ausnahmslos die Annahme, daß die Erde den Mittelpunkt der Welt und insbes. des Planetensystems (zu dem sie auch Mond und Sonne zählten) bilde. Ein → heliozentrisches System nahmen nur → Aristarch (1) und → Seleukos (6) an. – Vgl. → Astronomie, → Kosmologie. S. S.

Gepard. Der in Nordafrika und Indien vertretene G. wurde zuerst in Ägypten (18./19. Dyn.) zur Antilopenjagd abgerichtet. Den Griechen wurde die Zähmung durch die Libyer in Kyrene bekannt. Als fürstliches Begleittier zeigt ihn die → Arkesilasschale. Die vornehme Sitte war auch in Athen bekannt. Vgl. → Fauna; → Panther. J. W.

Lit: Keller, Tiere, 154f.; Tierwelt I 86f. – Arias-Hirmer, Taf. 24.

Gephyrismoi, Spottreden, mit denen die Mysten einflußreiche Bürger auf einer Brücke der ‹heiligen Straße› von Athen nach → Eleusis neckten, vielleicht einmal in einer besonderen Form der → Rüge (→ Komödie I B 4) nachgebildet (Aristoph. ran. 416ff.). Unsere Kenntnis des Vorganges beruht allein auf Hesych s. v. – Vgl. → Aischrologie. Th. G.

Gepiden, ostgerman. Stamm, aus einem Teil der → Goten hervorgegangen, der bei der Abwanderung des übrigen Volkes im 2. Jh. zunächst noch an der unteren Weichsel verblieb. In der röm. Überlieferung zuerst nach der Mitte des 3. Jh.s anläßlich ihrer Einfälle in das Reichsgebiet an der unteren Donau erwähnt; sie waren also inzwischen gleichfalls in südl. Richtung abgezogen. Im nördl. Dakien wurden sie Anf. 5. Jh. von den → Hunnen unterworfen. Nach → Attilas Tod erhob sich der G.-König Ardarich an der Spitze einer donaugerman. Koalition und schlug die Attilasöhne in der Schlacht am Flusse Nedao (um 455), die zum Zerfall des Hunnenreiches führte. Die G. besetzten nun die ungarische Tiefebene; ein Vertrag mit Konstantinopel sicherte ihnen auf lange Zeit jährliche Hilfsgelder. Feindliche Auseinandersetzungen mit den stammesverwandten → Ostgoten; → Theoderich entriß den G. die wichtige Grenzfestung Sirmium (504). 567 erlag das G.reich einer Allianz der → Langobarden und Awaren. Die G. kamen unter awarische Herrschaft, ihre Nachkommen werden noch im 9. Jh. erwähnt und gingen in der ungarischen Bevölkerung auf. K. F. Str.

Lit: L. Schmidt, Ostgerm. (1910), 1941² – H. Sevin, Die G., 1955 – D. Csallány, Archäol. Denkmäler der G. im Mitteldonaubecken, 1964.

Gerät. [1] *Begriff.* Zum G. sind sämtliche bewegliche Gebrauchsgegenstände zu rechnen, die einerseits nicht in die Architektur oder sonstige Anlagen fest eingebaut sind und die andererseits nicht unter den Begriff der selbständigen Kunstwerke (Groß- oder Kleinplastik, → Statuetten, → Reliefs usw.) fallen. Eine systematische *Einteilung* liegt bisher nicht vor, doch lassen sich versuchsweise folgende Sachgruppen bilden:

Kultgerät: Perirrhanterion, → Thymiaterion, → Altar, Arula, Devotionalien (vgl. → Weihgeschenke); → Sarkophag, Aschenurne, Aschenkiste.

Kerykeion: als offizieller Diplomatenausweis (vgl. → Hermes).

Münzen: → Münzen (und Münzstempel), → Medaillen.

Meßgerät: Waage, Gewicht, → Uhren (Sonnen-, Wasseruhr), Hohl- und Längenmaße.

→ *Waffen:* Angriffs- und Verteidigungswaffen, → Feldzeichen, → Belagerungsmaschinen, Orden; → Jagdwaffen: Speer, Messer, Fischgerät, Angel.

→ *Sportgerät:* Diskus, Haltēr, Stein.

→ *Musikinstrumente:* Lyra, Kithara, Flöte, Glocke, Sistrum usw.

Werkzeug: für Bearbeitung des Bodens, von Stein, Metall, Holz usw.; Schreibgerät: Schreibtafeln, Griffel, Tintenfaß, Siegel, Petschaft (vgl. → Schrift); ärztliches Besteck; Baugerät: Flaschenzug, Hebel, Rollen (vgl. → Technik).

→ *Verkehr:* Wagen, Pferdegeschirr; Schiffsgerät: Anker, Kette, Tau, Ruder.

→ *Haushalt:* Küchengerät (vgl. → Geschirr), → Besteck, Schlüssel.

→ *Möbel:* Tisch, Stuhl, Kline, Bett, Schemel, Sänfte.

Beleuchtung: → Lampe, → Kandelaber, Fackel- und Kerzenhalter.

→ *Kleidung:* Nadel, Fibel, Schnalle, Knopf, Band, Schuh; Weberei: Spinnwirtel, Webegewicht.

→ *Schmuck:* Diadem, Ohrring, Spange, Fibel, Kette, Amulett.

Toilettengerät: → Spiegel, → Kamm, Rasiermesser, Schere, Strigilis, Salb- und Schminktöpfchen, Badewanne.

→ *Spielzeug* für Kinder und Erwachsene: Würfel, → Astragal, → Brettspiel, Puppen.

Gefäße: sämtliche Formen für alle Zwecke: → Vasen, → Metallgefäße (vgl. → Geschirr).

Behälter: Truhe, Larnax, → Pyxis, Schrank, → Ciste, → Kypseloslade.

[2] Zur *Herstellung* der G.e haben alle in der Antike bekannten → Materialien gedient: Metalle und ihre Legierungen, Ton, Marmor, Steine aller Arten, Glas, Holz, Elfenbein, Leder, Spinnstoffe u. v. a. Zur Herstellung s. die Stichworte und → Technik; Handarbeit steht im Vordergrund; daneben serienmäßige Fabrikation der Massengebrauchsgüter (Gefäße, Waffen, Münzen usw.). Breite Kenntnis vieler, z. T. komplizierter Materialgewinnungs- und Verarbeitungstechniken garantierte außerordentlich hohe, z. T. bis heute nicht wieder erreichte Qualität. – Eine *Eigenheit* der antiken G.hersteller von der vorgeschichtlichen Zeit an ist die Tendenz, einzelne Teile, gelegentlich das ganze G., zu verlebendigen. Die gegebene Zweckform wird entweder durch Ornamente oder durch Figürliches verziert (→ Attaschen, → Crustae, → Spiegel, → Protome) oder überhaupt in lebendige Wesen (Pflanzen, Tiere, Menschen) um- und abgewandelt oder mit deren Teilen versehen (Köpfe, → Protomen, Füße, Blüten). Auf Deckel, Ränder, Schultern, Henkel können auch vollständige Figuren oder Figurenszenen freiplastisch aufgesetzt werden, z. T. als Griffe, z. T. auch als reiner Schmuck. Die Auffassung des G.s als eines lebendigen Körpers ist bes. deutlich in der Tektonik griech. → Vasen, auch in den Stützfiguren der → Standspiegel, in den als Stier- oder Löwenfuß gebildeten Füßen der Möbel, Dreifüße usw. U. J.

Lit: Blümner, Privataltertümer – A. de Ridder, Les bronzes antiques du Louvre II, Les instruments, 1915 – W. Lamb, Greek and Roman Bronzes, 1929 – W. Deonna, Le mobilier délien. Explor. archéol. de Délos XVIII, 1938 – P. La Baume, Röm. Kunstgewerbe, 1964.

Gerasa (arab. ğeraš; Kt. 2196 B 5), im ostjordanischen ʿağlūn-Gebirge, nach bescheidenen Anfängen wahrscheinlich durch → Antiochos IV. Epiphanes (176/5–164 v. Chr.) neu gegründete hellenist. Stadt (*Antiochia Chrysorrhoas*). G. erlebte seine Hochblüte in röm. Zeit als Glied der Dekapolis unter Hadrian und den Antoninen (2. Jh. n. Chr.). Unter röm.-byzantin. Herrschaft von Konstantin d. Gr. (4. Jh.) bis Justinian (6. Jh.) war G. bedeutende Bischofsstadt. Nach der Zerstörung durch die Perser 614 und der arab. Eroberung 635 ohne weitere Bedeutung. H. Dn.

Lit: G. C. H. Kraeling, G., City of the Decapolis, 1938.

[2] *Bauten:* Das Straßensystem von G. ist aufgebaut auf einer Hauptachse (Kolonnadenstraße mit ion. Säulen, die von einem ovalen ‹Forum› (Sammelplatz für die Karawanen) ausgeht und durch zwei Querachsen geschnitten wird. An den beiden Schnittpunkten je ein Tetrapylon. Zentrum der Artemistempel über großer Treppenanlage, gegenüber ein großes Nymphäeum. Südlich des Artemistempels vier Kirchen: Die Kathedrale (alter Dionysostempel) ebenfalls mit Monumentaltreppe, die Theodoroskirche, eine Kirchengruppe St. Cosmas und Damian, St. Johannes und St. Georg geweiht und zuletzt die kleine Basilika des Bischofs Genesius. Zwei relativ gut erhaltene Theater und ein Stadion, zwei Thermenanlagen und der Zeustempel. R. F.

Lit: J. W. Crowfoot, Early churches in Palestine, 1941.

Gergovia, Vorort der → Arverner, von Caesar 52 v. Chr. vergeblich belagert (Gall. 7, 36ff.), Lokalisierung umstritten (Kt. 1019 D 4): in Frage kommen bes. die Côtes de Clermont bei Clermont-Ferrand, welches als das röm. *Augustonemetum* die Nachfolge von G. übernahm. L. B.-H.

Lit: P. Eychart, L'oppidum des Côtes, Augustonem., Gergovie, 1961.

Germanen

A. Name und Frühgeschichte: [1] Name – [2] Wanderungen – [3] Wirtschaft. Sozialstruktur – [4] Religion. Kultur – B. Geschichte: [1] Die G. im W – [2] Die G. im O – [3] Die Neugründungen der G. – C. Die Römer in Germanien: [1] Die Provinzen Germaniae und die Heeresverwaltung – [2] Die röm. Zivilisation.

A. Name und Frühgeschichte. [1] Die G. gehören zur Kentum-Gruppe der → Indogermanen. Die *Benennung* G. erfolgte durch die → Kelten, die den Namen eines in Gallien eingebrochenen nicht-germ. (veneto-illyrischen?) Einzelstammes auf alle Stämme östlich des Rheins übertrugen. Sprachliche Gemeinsamkeiten erweisen enge Berührung der Ur-G. mit Balto-Slaven, Illyriern, Venetern in der Jungsteinzeit und lange, bes. enge Nachbarschaft mit den Ur-Italikern (im mittleren Donauraum?) noch bei Beginn der Bronzezeit, da das Wort für Bronze (lat. aes, germ. *aiz) gegen alle anderen Indogermanen beiden gemeinsam ist. Die Träger der aus Vermischung der steinzeitl. Riesensteingräberkultur mit der eingewanderten Einzelgrabkultur entstandenen nordischen Bronzezeit dürfen schwerlich schon als G. bezeichnet werden. Die germ. Fachausdrücke für See und Seefahrt sind von einem vorgerm. Nordseevolk übernommen, die Schiffsbilder der bronzezeitlichen Felszeichnungen Skandinaviens sind im germ. Kerngebiet (Jütland, Norddeutschland) ohne jede Parallele.

[2] Der *Wechsel von Bronzezeit zu Eisenzeit* stellt eine kulturhistorische Grenze dar. Als gesichert germanisch gilt Jastorf-Kultur (7. Jh., um mittlere und untere Elbe, auf der jütischen Halbinsel); sie dringt nach Skandinavien vor. Dadurch Gliederung in Nordgermanen (Skandinavien) und Süd-(Binnen-)G., deren Kern die elb-germ. Kultur (Sueben) ist; dazwischen Nordsee-G. Südvorstöße der Elb-G. nach Harz und Saale (5. Jh.) führen erstmals zu enger Beeinflussung durch überlegene → kelt. Kultur (La-Tène-Kultur), die sich in Lehnwörtern aus der Rechtssphäre (Eid, Amt, Bann, frei, Erbe, Geisel, leihen, gebieten, reich; got. reiks, ‹König›, kust, ‹Wahl›) niederschlägt. Vorstöße der G. im 3. Jh. nach Hessen, Main (Sueben), Oberpfalz (→ Hermunduren) und im 1. Jh. nach Böhmen (→ Markomannen) lösen die West-, Süd- und Südost-Bewegung der Kelten aus (La Tène II). Der Zug der → Kimbern, → Ambronen, → Teutonen 120–101 von Nordjütland über Böhmen, Alpen, Gallien nach Italien blieb ohne Folgen, leitet aber die Südvorstöße der sich von den Nord-G. lösenden Ostgermanen ein, der → Vandalen nach Schlesien, der Langobarden zur Unterelbe, später Böhmen, der Rugier nach Hinterpommern, später Niederösterreich, der → Burgunden zur Weichsel, Niederlausitz, Schwarzes Meer, der → Goten, Gepiden zur Weichsel, später (180 n. Chr.) zum Schwarzen Meer. Südlich der Kimbern (Nordjütland) siedelten Warnen, die nach Mecklenburg vorstoßen, Angeln und ebenfalls zu den Nordseegermanen zählende → Chauken, Sachsen und die an der Westküste vorstoßenden Friesen. Der Raum zwischen Weser und Rhein (Nordwestblock) wurde ursprünglich von veneto-illyrischen Völkern bewohnt (illyr. Ortsnamen wie ‹Segeste›); zu ihnen gehörten die Germani (s. o.) und die meisten Stämme der Belgae (bei Cäsar als G.-Abkömmlinge bezeichnet). Die Völker des Nordwestblocks, zu denen auch die → Cherusker zu rechnen sind (vgl. deren ungerm. Namen Segestes, Arminius, Thusnelda, Thumelicus), hatten Burgen, die es auf germ. Gebiet nicht gab, bestanden aus adligen Großgrundbesitzern mit abhängigen Bauern. Sie wurden allmählich mit G. durchsetzt und seit der Zeitenwende völlig germanisiert. In ihrem Gebiet bildete sich später der Völkerbund der → Franken, der erstmals 258 in Erscheinung tritt und gegenüber den andern G. eine stärkere Beharrlichkeit aufweist.

[3] *Wirtschaft, Sozialstruktur.* Während im bronzezeitlichen Skandinavien keinerlei Wohn- und Stallbauten nachzuweisen sind (bewegliche Wirtschaftsstruktur im Übergang von der Jäger-Sammler-Stufe zur Getreide-Vieh-Wirtschaft), kennt die mitteleurop. Bronzezeit rechteckige Pfostenhäuser in Haufensiedlungen, Pflugkultur (Gerste, Weizen, Hafer, Roggen) und Viehzucht (Rind, Schaf, Ziege). Das kältere Klima am Beginn der Eisenzeit zwingt zu festen Häusern und Stallungen, zu Beschaffung von Winterfutter. Die starke Ausnützung führt z. T. zu Erschöpfung der Böden, Wirtschaftskrisen und Abwanderung, anderseits zu Bodenmeliorationen mit kalkhaltigem Ton, mineralischem Dünger und zuvor als Stallstreu benutzten Heideplaggen, zu intensivem Landausbau, zu Waldrodung zugunsten von Gersteanbau. Voraussetzung zur Rodung von Eichenmisch- und Buchen-Wald waren eiserne Äxte, für das Pflügen der Jungmoränenböden schwere Pflüge mit eiserner Pflugschar. Die Einzel-Äcker waren durch breite Raine getrennt, Beweis individueller Bewirtschaftung ohne Rücksicht auf Nachbarn bzw. ohne Flurzwang und Feldgemeinschaft. Das Durchschnittsalter (40 Jahre) war sehr niedrig, Kindersterblichkeit (65%) sehr groß. Die Siedlungen v. Chr. zeigen Kleinbauern mit Gleichheit des Besitzes; erst später bilden sich Besitzunterschiede aus. Grundlage der Gesellschaftsordnung ist die patriarchalische Großfamilie, Sippendenken und, damit verbunden, die Sitte der Blutrache. Die Häuptlinge (got. thiudans ‹Volkskönig›) sind zunächst wenig hervorgehoben; im Zusammenhang mit Süd- und Südost-Vorstößen entwickelt sich aus der Heerzug-Führung ein stärkeres Königtum mit Reitergefolgschaft und sakraler Heiligung, dokumentiert durch von den allgemeinen Friedhöfen gesonderte, reiche Fürstengräber vom Lübsow-Typ (teils in Baumsärgen Körperbestattung, teils Brandbestattung) mit Metall- und Glasgefäßen und anderen überregionalen Beigaben. Sie deuten auf erbliche Gaufürsten (germ. kuning, ‹Herrscher aus vornehmem Geschlecht›; fehlt den Goten) mit festem Wohnsitz, dem sich Handwerker-Werkstätten angliedern, und interregionalen verwandtschaftlichen Bindungen, eine soziale Neuerung, die sich seit dem 1. Jh. n. Chr. vom südeuropäischen Keltentum her zur westl. Ostsee ausbreitet und Skandinavien im 4. Jh. erreicht (hier durch reiche Schiffsgräber dokumentiert), jedoch im germanisierten Nordwestblock westlich der Weser völlig fehlt.

[4] *Religion, Kultur.* In der *Religion* zeigen sich Schichtungen. Über urtümlicher Waidmannsmagie und dem vorgerm. Glauben an Wachstums- und Erddämonen (Riesen, Zwerge) erhebt sich als Hochreligion der Asenkult (Ase, germ. *ansuz, ‹kultischer Pfosten, Gott›, erhalten in Namen wie Ansger, Anshelm und Oslo, ‹heiliger Hain der Asen›). Hauptgott ist der indogerm. Himmelsgott (vgl. → Juppiter; germ. *Teiwaz, ahd. Ziu, nord. Tyr), der zum Kriegsgott und als Thingsus (vgl. Dienstag, ‹Thingsustag›) zum Gott der rechtsetzenden Volksversammlung (Thing) verblaßt. Sein Symbol war die Irminsul (*columna sustinens omnia*, ‹Himmelsachse›). Im suebischen Semnonenhain wurden ihm noch Menschenopfer dargebracht (‹Erminionen› = Teiwaz-Verehrer). Neben ihm steht als jüngere Emanation der Gewittergott Donar (nord. Thor) und das Brüderpaar der Alces (‹Elche›, personifiziert aus einstigem Sonnengespann). Bei den meeranwohnenden (Nordsee-) Völkern dominiert der vorgerm. Mutterkult: Muttergöttin Nerthus mit (brüderlichem?) Begatter Ingwaz (daher ‹Ingwionen›); Wagenumfahrt im Frühling zur Erweckung der Felder. In Skandinavien (Edda) lebt das weiter im Geschwisterpaar (Ingunar-) Freyr/Freyja (‹Herr/Herrin›), Kindern des Njördr (=Nerthus), Göttern der Fruchtbarkeit bei Pflanze, Tier, Mensch. Diese ‹Wanenreligion› durchdringt sich mit der Asenreligion. Im ungerman. Nordwestblock (Istrionen) durchwegs lokale Mutterkulte (z. B. Matres Mahalinehae, Ortsbezeichnung mit illyr. Adjektivsuffix). Der Siegeszug der jüngeren Wodanreligion (Wodan als Toten-, Reiterkrieger-, Zauber-Gott, nord. Odin) hängt mit dem Aufkommen der Fürstengeschlechter mit Reitergefolgschaft zusammen. Er erbt später in Skandinavien von Tyr die Funktion als oberster Gott. Seine Gattin, die Liebes- und Frauengöttin Frîja, nord. Frigg, war vielleicht bei den Erminionen Gattin des Himmelsgottes und Reflex der Erdmutterreligion. – Die Edda schreibt Odin als Zaubergott die Erfindung der *Runen* zu, die im 2. Jh. n. Chr. vor Aufkommen des Wodankults aus einem nordital. Alphabet und alten Heilszeichen für rein magische Zwecke bei einem Stamm mit Asen- und Ingwazkult (Vandalen in Schlesien?) zusammengestellt wurden. Die lat. Schrift fand bei germ. Oberschicht schon seit Zeitwende Eingang. *Lehnwörter* aus röm. Lagerleben erreichten durch aus röm. Dienst heimkehrende germ. Söldner noch vor 180 n. Chr. die Goten an der Weichsel (z. B. kaupo, ‹Kaufmann›; kaisar, ‹Cäsar›, vinom, ‹Wein›; karkara, ‹Kerker›). Die Lehn-

wörter der Technik und des Pflanzenbaues und die Lehnübersetzung der im 1. Jh. n. Chr. aufgekommenen röm. Wochentagnamen mit Hilfe german. Götternamen (Zius-, Wodans-, Donars-, Frîja-Tag) im 3. Jh. erreichten die Goten nicht mehr. H. Rf.

Lit: Karl Helm, Altgerman. Religionsgeschichte, 2 Bde, 1913/53 – Ders., Wodan, Ausbreitung und Wanderung seines Kultes, 1946 – G. Schwantes, Die Jastorf-Zivilisation, in: Festschr. P. Reinecke, 1950, 119–130 – H. Jankuhn, Klima, Besiedlung und Wirtschaft der älteren Eisenzeit im westl. Ostseebecken, Archaeologia geographica 3, 1952, 23–35 – Ernst Schwarz, German. Stammeskunde, 1955 – R. Hachmann, Zur Gesellschaftsordnung der Germanen in der Zeit um Christi Geburt, Archaeologia geographica 5, 1956, 7–24 – Jan de Vries, Altgerman. Religionsgesch., 2 Bde (1936/37), 1956/57² – H. Rosenfeld, Name und Kult der Istrionen, Zeitschr. f. dt. Altert. 90, 1960, 161–181 – Ders., Kultur und Religion der Germanen, in: Abriß der Gesch. antiker Randkulturen, hg. W.-D. v. Barloewen, 1961, 17–38 – Ders., Germ. Zwillingskult und indogerm. Himmelsgottglaube, in: Märchen, Mythos, Dichtung, 1963, 269–286 – R. Hachmann-G. Kossack-H. Kuhn, Völker zwischen Germanen und Kelten, 1962.

B. Geschichte. [1] *Die Germanen im Westen.* Die südl. Spitzen der aus der Jastorfkultur hervorgegangenen →Sueben dringen 72 v. Chr. vom Main aus in Gallien ein, werden 58 von →Caesar geschlagen, der 55/51 den Rhein zur Grenze gegen die G. macht. Raubzüge der →Sugambrer, →Usipeter, →Tenkterer nach Gallien und ihr Sieg über den dortigen Statthalter M. Lollius (16 v. Chr.) veranlassen →Augustus zu den großen G.zügen unter Führung des →Drusus (1) i. J. 12–9 v. Chr. und →Tiberius i. J. 4–6 n. Chr. mit Ziel der Vorschiebung der Reichsgrenze bis zur Elbe (→Albis); →Drusus (1) erreichte diese 9 v. Chr. bei Magdeburg, stirbt aber auf dem Rückmarsch. Tiberius, seit 8 v. Chr. Oberbefehlshaber in Germanien, drang 4 nach Chr. bis über die Weser, 5 n. Chr. mit Heer und Flotte zugleich zur Elbemündung, i. J. 6 gegen →Marbod vor. Oberflächliche Provinzialisierung Germaniens durch Föderations- und Freundschaftsverträge des →Tiberius mit →Semnonen, →Cheruskern u. a. 9. n. Chr. Erhebung der Cherusker, →Chatten, →Usipeter u. a. unter →Arminius, der zuvor noch als röm. Ritter und Führer germ. Hilfstruppen in röm. Diensten gestanden hatte. Der Sieg der G. über →Varus im →Teutoburger Wald verhindert die Romanisierung des sog. freien Germanien, das auch →Germanicus (1) durch seine weitern Vorstöße ins Gebiet der Chatten (15 n. Chr.), zur Emsmündung und zur Weser (16; Schlacht bei →Idistaviso) nicht unterwerfen konnte. Die Romanisierung der germ. Ufergebiete zu beiden Seiten des Rheines läßt sich indessen nicht aufhalten und wird durch den Aufstand der →Bataver, →Brukterer, Usipeter unter Iulius →Civilis 69/70 n. Chr. nur vorübergehend unterbrochen. Von 83 bis 145 Ausbau des →Limes (s. u. C 1) als Grenze zum freien Germanien. Die Abwehr eines Durchbruchs der Chatten durch den Limes 162 n. Chr. und die Kriege →Mark Aurels gegen die aufständischen →Markomannen 166/180 gehören bereits zur Defensive Roms an Rhein und Donau gegen die sich ankündigenden germ. Völkerstürme. Ende 2. Jh. Bildung der →Alamannen, unter deren Druck die Limeslinie geräumt wird und um 260 (genaue Chronologie umstritten) das Dekumatenland (s. u. C 1) verlorengeht. Im 3. Jh. Bildung des Großstammes der →Franken, die 274 in Gallien eindringen. Kurzfristiger Verlust der Rheinlinie, die um 280 durch glänzende Feldzüge des →Probus (1) gegen Franken und Alamannen wieder erstellt wird. Als Folge der röm. Defensivsiege immer mehr germ. Hilfstruppen im röm. Heer und als ‹Laeten› (hörige Ackerbauern) auf gall.-röm. Staatsland. Die Neuorganisation des Grenzschutzes am Oberrhein durch →Diokletian, in Nordgallien durch →Constantius (1) Chlorus und am Niederrhein durch →Konstantin d. Gr. bewirkt längere Periode verhältnismäßiger Ruhe, aber damit auch intensiver Vermehrung und Erstarkung der Alamannen und Franken, die 352/353 das linke Rheinufer vom Bodensee bis zum Meer abermals verwüsten. Der große Sieg →Julians (2) gegen die →Alamannen bei Straßburg (357) sowie sein Feldzug gegen die salischen →Franken, die als Föderaten in ihren toxandrischen Sitzen bestätigt werden, festigen die röm. Autorität erneut. 361 das ganze linksrheinische Gebiet in röm. Hand. Neue Einfälle zur Zeit →Valentinians I. werden von diesem durch den letzten Ausbau des Grenzschutzes aufgefangen.

[2] *Die Germanen im Osten.* Um 150 n. Chr. brechen →Goten vom Unterlauf der Weichsel auf. Der sich fortpflanzende Druck bewirkt Erhebung der →Markomannen und Westwanderung der Burgunder; letztere führt zum Aufbruch der →Semnonen (s. auch Alamannen). Um 200 Goten am Dnjepr und am Schwarzen Meer. Um 240 erste Einfälle ins Reich an der unteren Donau. Rom erkauft Abzug durch Zahlung von Jahrgeldern. Zwei Gotenkriege des →Decius 248 und 250/1 vermögen den endgültigen Verlust der Provinz →Dakien an die um 270 erstmals erwähnten →Westgoten nicht aufzuhalten. →Ostgoten dehnen sich nach O aus und entwickeln unter Einfluß pontischer →Sarmaten eine Steppenkultur. Die Sicherung der Donaugrenze unter →Valerian und bes. der Sieg →Claudius' II. bei Naïssus 270 n. Chr. bewirken für ein Jahrhundert Nachlassen des gotischen Druckes. Im J. 332 werden die Westgoten zum Föderatenverhältnis gezwungen und Dakien politisch als wieder zum Reich gehörig betrachtet. Im J. 376 Übertritt der Westgoten unter hunnischem Druck nach →Thrakien und vernichtender Sieg gegen die Römer unter →Valens, der selber fällt (378 bei →Adrianopolis).

[3] Die *Neugründungen der G.* auf röm. Reichsboden und die sich anbahnende Symbiose von germ. und röm. Wesen sind konstituierend für die frühmittelalterliche Geschichte Europas. Im J. 418 Westgoten unter König Wallia von →Honorius in Südwestgallien angesiedelt (Hauptstadt →Tolosa). Ebenso die Burgunder i. J. 443 von →Aëtius in Savoyen und in der Westschweiz, nachdem er das seit 413 bestehende Burgunderreich von Worms mit einer gedungenen Hunnenschar besiegt hatte. Nach 400 setzten G., seit ca. 450 als Angeln und Sachsen (→Chauken) identifizierbar, nach dem von →Honorius geräumten →Britannien über. Die seit Chr. Geb. in Schlesien siedelnden →Vandalen werden i. J. 401 von →Stilicho als Föderaten in →Noricum aufgenommen, von wo sie sogleich nach →Gallien und →Spanien, und unter Geiserich i. J. 429 nach Nordafrika (→Africa) weiterziehen. Nach dem Tode des Aëtius i. J. 454 entgleitet den Römern im Westen jegliche aktive G.politik. Im Jahr 455 plündern die Vandalen Rom, und bald darauf dringen die →Franken in Nordgallien ein; 486 siegt König →Chlodwig über den letzten röm. Statthalter Galliens, →Syagrius, 496 über die Alamannen und 507 über die W.goten, womit fast ganz Gallien in fränkische Hand fällt. Chlodwig läßt sich als erster G.könig katholisch (und nicht →arianisch; s. u. D) taufen, was die Verschmelzung von Romanen und G. fördert. 489 fällt →Theoderich im Auftrag Ostroms in Italien ein und gründet das bis 553 bestehende Reich der Ostgoten mit Hauptstadt →Ravenna.

C. Die Römer in Germanien. [1] Die *Provinzen Germaniae* und die *Heeresverwaltung*. Nachdem unter →Tiberius i. J. 5 n. Chr. die Reichsgrenze bis zur Elbe vorgeschoben worden war, scheint eine Provinz Germania eingerichtet worden zu sein, die auch die früher unterworfenen linksrhein. G.-Stämme einbezog. Ein gesamtgerm. religiös-politischer Mittelpunkt der Provinz ähnlich dem gallischen in Lyon (→Lugdunum) wird in Köln (→Colonia Agrippinensis) vermutet. Nach dem Verlust der rechtsrhein. Gebiete 9 n. Chr. (→Varus, →Teutoburger Wald) wurden die verbliebenen linksrheinischen mit der →Belgica vereinigt. Faktisch dürfte die Verbindung nur in der Finanzverwaltung bestanden haben. Die politisch-jurisdiktionelle Gewalt lag in den Händen der beiden Legaten des

Abb. 70 Germanien in der Römerzeit

obergermanischen und des niedergermanischen Heeres, welche beide Heeresgruppen zu je vier Legionen nach der Varusschlacht an die Stelle der zuvor einheitlich geführten Rheinarmee von sechs, zeitweilig sieben Legionen getreten waren. Die Schaffung der Provinzen *Germania inferior* und *Germania superior* unter → Domitian zwischen 82 und 90 n. Chr. bedeutete die juristische Fixierung eines bereits vorhandenen Zustandes. In der Finanzverwaltung gehörten die beiden Germaniae weiterhin zur Belgica und unterstanden dem in Trier (→ Augusta Treverorum) residierenden procurator provinciae Belgicae et duarum Germaniarum. Die Germania inferior umfaßte Teile der heutigen Niederlande, Belgiens und das linksrheinische deutsche Niederrheingebiet. Der gegenüber Rheinbrohl in den Rhein mündende Vinxtbach (Herleitung von lat. finis nicht gesichert) bildete die Grenze zur Germania superior. Zu dieser gehörte linksrheinisch unterhalb von Basel ein schmaler Streifen von etwa 40 km Breite und rechtsrheinisch nach ihrer Eroberung die ‹Agri decumates› (→ Kt. 1057) zwischen Rhein, obergermanischem → Limes und Rauher Alb. Ob die Gebiete der → Helvetier und → Sequaner zur Germania superior gehörten oder zur Belgica, steht nicht fest, doch wird meist das erste angenommen. Unter → Trajan wurden die Legionen Germaniens auf vier reduziert, sicheres Zeichen für den endgültigen Verzicht auf größere Expansionspläne, aber auch Hinweis dafür, daß aus dem Inneren Germaniens keine Gefahr erwartet wurde. Den Heeresreformen → Hadrians, welche in einer eher defensiven Konzeption die Verdichtung des Grenzschutzes zum Ziele hatten, verdankt die auch am obergerman. Limes in Erscheinung tretende militärische Einheit des → numerus ihre Entstehung; sie war stark von einheimischen, wenig romanisierten Elementen bestimmt. Nach dem Verlust der ‹agri decumates› wurde unter → Diokletian die Germania inferior zur Germania secunda, die verbliebenen linksrhein. Gebiete der Germania superior zur Germania prima (letztere nunmehr mit Sicherheit ohne die Gebiete der Helvetier und Sequaner, welche mit dem Raurikerland zur Maxima Sequanorum vereinigt wurden: → Sequaner). Beide Germaniae gehörten zur Diözese Galliae und unterstanden dem Praefectus praetorio Galliarum in Trier.

[2] *Die röm. Zivilisation.* Mit der Ankunft der Römer treten die german. Gebiete aus dem Dämmerlicht urgeschichtlicher Kulturen, und die mittelmeerische Zivilisation beginnt auf sie zu wirken. Zu Beginn der Okkupation entstanden auf dem linken Rheinufer die *Legionslager* Noviomagus Batavorum (Nimwegen), → Castra Vetera, → Colonia Agrippinensis (Köln), Novaesium (Neuß), Bonna (Bonn), → Mogontiacum (Mainz), → Argentorate (Straßburg), längs der Lippe (→ Lupia) Holsterhausen, Haltern, Oberaden (vgl. → Aliso), ferner Oberhausen/Augsburg (vgl. → Augusta Vindelicum) und Vindonissa bei Brugg. Die rechtsrheinische Grenzorganisation fand ihren Niederschlag im ‹Obergermanischen → *Limes*› (wörtl. Grenzweg). Unter Domitian 83 n. Chr. in der Wetterau als offene Bahn mit Holztürmen und rückwärtigen Kastellen begonnen, erreichte der Limes nach mehreren Vorverlegungen unter → Antoninus Pius als geschlossener Pfahlhag mit Steintürmen und -kastellen (Wall und Graben aus dem 3. Jh.) seinen endgültigen Verlauf von Lorch über Arnsburg bei Rheinbrohl an den Rhein (s. auch → Chatten, → Moenus, → Saalburg, → Osterburken). Den von Limes und Rhein eingeschlossenen ‹*agri decumates*› (Dekumatenland, Bedeutung ungeklärt) gaben die Kastelle und die daneben entstehenden Kleinstädte (z. B. Aquae Mattiacorum/Wiesbaden, Nida/Heddernheim, Lopodunum/Ladenburg u. a., welche im 2. Jh. Vororte einer einheimischen Civitas wurden, → Arae Flaviae) und Landgüter (z. B. Hagenschießwald bei Pforzheim, Heidenschlößlein bei Geißlingen, Hoheneck bei Ludwigsburg und viele andere) das Gepräge. Intensiver war die Romanisierung der linksrheinischen Provinzteile. Hier entstanden bei den zunächst in Holz, seit etwa 40 n. Chr. vermehrt in Stein gebauten Militärlagern blühende Zivilsiedlungen mit starken einheimischen Elementen, die sich im 2. und 3. Jh. bei günstiger Verkehrslage zu bedeutenden, vielfach die Römerzeit überdauernden Städten auswuchsen. Die Anlage der Städte, aber auch mancher sog. Dörfer (vici) folgte weitgehend den Prinzipien des mittelmeerischen Städtebaues in geschlossener Bauweise mit rechtwinkliger Quartiereinteilung in insulae, mit großen Plätzen und gelegentlich an sie anstoßenden öffentlichen Gebäuden, Forum, Thermen, Basilika, mit Wasserleitungen und Kanalisation. Die insulae bestanden aus mehreren kleineren, gereihten Häusern oder aus wenigen, z. T. einem einzigen großen Haus mit zentralem Innenhof (Peristyl), um den sich die Räumlichkeiten gruppierten. Große Häuser mit Peristylhof und dem bezeichnenden Komfort röm. Wohnkultur, → Hypokaust, Bad, Gartenbrunnen und einem mosaikgeschmückten Saal fanden sich in Köln (Haus mit dem Dionysosmosaik) und in → Augusta Raurica (Insula 30). Einheimische Tradition zeigt sich in Siedlungen mit zerstreuter Siedlungsweise, wie im Falle des vicus im Koblenzer Stadtwald. Wie in → Gallien so ist auch in Germanien die Bauweise mit Mörtel erst von den Römern eingeführt worden (‹Mauer› ist Lehnwort aus lat. murus!). Wichtig für Okkupation und Kolonisation war das röm. Straßennetz, dem die Erschließung ganzer neuer Landstriche im Dekumatenland zu danken ist. Bis etwa 200 n. Chr. zählen die → Meilensteine in röm. → Meilen von den Provinzhauptstädten Köln und Mainz, später in gallischen Leugen (1 Leuge = 2,22 km) von den nunmehr für den Unterhalt verantwortlichen Vororten der Civitates. Brücken sind nachgewiesen u. a. bei Köln, Mainz, Heidelberg, Höchst. Neben den in jeder größeren Siedlung anzunehmenden Gewerbebetrieben sind bes. zu nennen Bronzeindustrien bei Gressenich und Eisenberg, Militärlampen in Mainz, Glas und Terrakotten in Köln, die sog. ostgallischen → Terra-sigillata-Töpfereien in Rheinzabern und Heiligenberg-Ittenweiler, die in der 2. H. des 2. Jh.s den Import aus Süd- und Mittelgallien ablösen. Führende Mosaik- und Bildhauerwerkstätten werden in Köln vermutet; aus letzteren könnten manche der niederrheinischen Matronenaltäre und der Jupitersäulen (→ Vieröttersteine) stammen, in denen alteinheimische Religiosität bildhaften Ausdruck gefunden hat. Neben den bei den einzelnen Städten angeführten verdienen als bes. Zeugnisse röm. Baukunst folgende Anlagen Erwähnung: Basilika in Lopodunum/Ladenburg, Theater in Sumelocenna/Rottenburg, Amphitheater der Colonia Ulpia Trajana/Xanten, Heilthermen u. a. in Wiesbaden, in Badenweiler und mit Quellheiligtum in Aquae Aureliae/Baden-Baden, heiliger Bezirk des Matronenkultes in Neuß, Tempel des Mars und der Rosmerta in Koblenz. – Im Feldbau hat die einheimische Bevölkerung nach allgemeiner Auffassung von den Römern nicht viel übernommen; kein einziger deutscher Getreidename wurde aus dem Lat. entlehnt. Vielleicht aber gehen die Ackerterrassen des Mittelalters auf die Römerzeit zurück. Der feinere Garten- und → Obstbau sowie der → Weinbau sind mit Sicherheit erst von den Römern eingeführt worden. Aus diesen Bereichen leben zahlreiche Begriffe als Lehnwörter in der deutschen Sprache fort: caulis-Kohl, asparagus-Spargel, rosa-Rose, buxus-Buchsbaum, viola-Veilchen, pirum-Birne, prunum-Pflaume, cerasum-Kirsche, vinum-Wein, vinitor-Winzer, cellarium-Keller, cupa-Kufe u. v. a. Spätestens am Ende des 2. Jh.s – und nicht erst unter Kaiser → Probus, der ein großer Förderer des Weinbaus war – wurden im Rheinland Reben gepflanzt. L. B.-H.

Q: W. Capelle, Das alte Germanien, Die Nachrichten der griech. u. röm. Schriftsteller, 1929 – Bes. (Hauptabschnitte in Klammern): Poseidon. – Caes. Gall. (1. 4. 6.) – Vell. (2) – Plin. nat. (4) – Tac. ann. (1. 2. 4. 9.), hist. (2. 4), Germ. – Ptol. Geog. – Amm. – Iord. Get. –

Greg. Tur. Hist. Franc. – *Lit: Zu B:* L. Schmidt, Gesch. d. deutschen Stämme bis zum Ausgang der Völkerwanderung, 2 Bde, (1904/11), 1934/41² – R. v. Uslar, Westgerman. Bodenfunde des 1. bis 3. Jh.s aus Mittel- und Westdeutschland, 1938 – G. Walser, Caesar und die G., Studien zur polit. Tendenz röm. Feldzugsberichte, 1956 (dazu F. Hampl, Gnomon 29, 1957, 278–285) – W.-D. v. Barloewen, Gesch. der G. bis 376 n. Chr., in: W.-D. v. Barloewen (Hg.), Abriß der Gesch. antiker Randkulturen, 1961 – *Zu C[1]:* E. Ritterling, Fasti des röm. Deutschland unter dem Prinzipat, in: Beiträge zur Verwaltungs- und Heeresgeschichte von Gallien und Germanien II, 1932 – E. Stein, Die kaiserlichen Beamten und Truppenkörper im römischen Deutschland unter dem Prinzipat, ebd. I, 1932 – W. Schleiermacher, Zu Hadrians Heeresreform in Obergermanien, Germania 35, 1957, 117–120 – *Zu C[2]:* K. Schumacher, Siedelungs- und Kulturgesch. der Rheinlande, Bd. 2, 1923 – Germania Romana, Ein Bilderatlas hg. von der Röm.-German. Kommission des Deutschen Archäol. Instituts (1922), 1924/30² – F. Koepp, Die Römer in Deutschland (1905), 1926³ – H. v. Petrikovits, Das röm. Rheinland, Archäol. Forschungen seit 1945, 1960 – W. Schleiermacher, Der röm. Limes in Deutschland (1959), 1961² – H. Schönberger, Neuere Grabungen, Limesforschungen 2, 1962.

D. Christianisierung. Vage Angaben über die Existenz christl. Kirchen in Germanien Ende des 2. Jh.s bei → Irenäus und → Tertullian machen Ausgrabungen und literarische Belege für Bischofssitze wie → Augusta (4) Treverorum (Trier) und → Colonia Agrippina im 3. Jh. konkret; im 4./5. Jh. mehren sich die Nachrichten für viele Städte des gallisch-rheinischen Raumes, vor allem die Garnisonsorte und Verwaltungszentren. Trotz der Missionierung der Landbevölkerung in ihrer Sprache (vornehmlich durch germanistische Sprachforschung an Begriffen wie ‹Kirche› nachgewiesen) blieb die lateinische Fremdbevölkerung der Städte die tragende Kraft dieses ersten g. Christentums; es schloß sich deshalb auch dem Nicaenum an (→ Christentum II D 1). In Gallien wurde neben der Metropole Lyon Arles (→ Arelate) ein zweites Ausstrahlungszentrum, dessen Episkopat vor allem Südgallien zu einer lebendigen Kirchenprovinz machte. Die Kelten der Mitte hingegen, die → Martin v. Tours z. T. gewaltsam missionierte, und vor allem das nördl. Aquitanien verschlossen sich dem straffen Aufbau einer Episkopalkirche. Zentrum des altchristl. Rheinlandes war die Residenz Trier; ihr Bischof Maximin setzte sich für den in seine Stadt verbannten → Athanasios und damit das Nicaenum ebenso aktiv ein wie sein Nachfolger Paulinus, den deshalb → Constantius II. nach Kleinasien verbannte. Nimmt man hinzu, daß der Episkopat nicht nur Träger röm. Bildung, sondern auch lat. Theologie in ihrer Bindung an die Traditionen röm. Stoa war, darüber hinaus an der Gesamtentwicklung der Reichskirche (Ausbildung des → Märtyrerkultes; Förderung des → Mönchtums) regen Anteil nahm, so ergibt sich das Bild enger Verzahnung mit der christl. Spätantike bis ins 4./5. Jh. auch für das g. Christentum. – Die durch → Wulfila zum homöischen Bekenntnis bekehrten und andersgläubigen → Goten rotteten allerdings teilweise die römisch-kath. Anfänge aus, unterdrückten sie zumindest; nur wo wie im Falle von Burgund die Bekehrung des Stammesfürsten durch den kath. Bischof → Avitus v. Vienne (gest. 518) gelang oder der Ostgote → Theoderich aus Respekt vor spätantiker Kultur eine gewisse Toleranz übte, konnten sie sich halten. Ein Gleiches wiederholte sich für die rheinische Kirche bei der fränkischen Einwanderung im 4./5. Jh.: hier bannte die Taufe des Königs Chlodwig (498) die Gefahr völliger Ausrottung und sicherte dem Christentum Germaniens die Kontinuität nicht nur mit der alten Kirche, sondern auch mit ihren spätantiken Traditionen. – Vgl. → Christentum II D. C. A.

Q. u. Lit: G. Haendler, Gesch. des Frühmittelalters und der Germanenmission, 1961 (mit Forschungsbericht).

Germanicus, Iulius Caesar, 15 v. Chr. – 19 n. Chr., Sohn des → Drusus (1) maior und der → Antonia (3). Auf Anordnung des → Augustus 4 n. Chr. von → Tiberius adoptiert, seit 5 n. Chr. mit → Agrippina (2) maior verheiratet, 9 Kinder, darunter → Caligula (Stammbaum → Jul.-claud. Haus). Seit 7 n. Chr. Teilnahme an der Niederwerfung des pannonisch-dalmatischen Aufstandes unter Tiberius, 11 am Rhein, 12 als Konsul in Rom. Seit Anfang 13 Oberbefehlshaber am Rhein, zugleich Generalstatthalter in Gallien. 14 in der Meuterei nach dem Tode des Augustus gegenüber Tiberius loyal, doch sind die wechselseitigen Beziehungen durch die Popularität des G. belastet. Nach Ersticken der Meuterei Feldzug gegen die → Marser. 15 neue Offensive gegen *Germanien:* Vorstoß von Mainz gegen die Chatten, Zerstörung von Mattium, Befreiung des Segestes, des Schwiegervaters des → Arminius, Gefangennahme der → Thusnelda. Kombinierte See- und Landoperation zur Ems, Besuch des Feldes der → Varus-Schlacht. Erhebliche Verluste auf dem Rückmarsch. 16 Übergang über die Weser, Siege über → Arminius bei → Idistaviso und am Angrivarierwall. Vernichtung der röm. Transportflotte durch Herbststurm. Letzte Vorstöße gegen Chatten und Marser. Abberufung des G. und Einstellung der Offensiven gegen Germanien, 17 Triumph. – Umfassendes Oberkommando im *Osten:* In → Armenien Einsetzung des → Artaxias; → Kappadokien und → Kommagene durch Legaten in Provinzialstatus überführt. Ausbruch offener Feindschaft mit Cn. Calpurnius → Piso (1). 19 Reise nach Ägypten ohne Erlaubnis des Tiberius. Nach Antiochia zurückgekehrt, erkrankt G. und stirbt in dem Wahn, von Piso vergiftet zu sein. – *Werke:* 1. Phaenomena. (Übersetzung und Bearbeitung des astronomischen Lehrgedichts des → Arat), 2. Prognostica (?), zumeist verloren, 3. Griech. Komödien (?), 4. Epigramme. K. Chr.

Q: Vell. 2 – Tac. ann. 1–2, 71 – Suet. Cal. 1–7 – Dio 56, 25 ff. – Tabula Hebana: Aép. 1949, 215; 1951, 433 – *Lit:* K. Christ, Drusus und G., 1956 – E. Koestermann, Die Feldzüge des G. 14–16 n. Chr., Historia 6, 1957, 429–479 – Ders., Die Mission des G. im Orient, Historia 7, 1958, 331–375 – W. F. Akveld, Germanicus, 1962.

2. **G.** (G. Iulius Caesar Gemellus), 19–23, Zwillingsbruder des → Tiberius (2) Iulius Caesar Gemellus (Stammbaum → Jul.-claud. Haus). K. Chr.

Gerrha (Γέῤῥα), bedeutende Handelsstadt mit Hafen am Sinus Gerrhaicus (Plin. nat. 6, 32), in hellenist.-röm. Zeit Umschlagplatz des arab.-mesopot. Weihrauch- und Gewürzhandels (Strab. 16, 3, 3. 18 f.). Die Lage der Stadt ist noch unbekannt, doch nach den Angaben der Quellen im Bereich der Landschaft al-Baḥrain an der Ostküste der arab. Halbinsel zu suchen (Kt. 1569 E4), wo arab. Dichter und Geographen einen Ort *al-Ǧar'ā* kennen. M. W.

Lit: J. Tkač, RE 7, 1 (1910), 1270–72, Nr. 2 (Lit.; grundlegend) – F. Wüstenfeld, Bahrein und Jemâma, nach arab. Geographen beschrieben, Abh. Göttingen 19, 1874, 195 – A. Grohmann, Arabien, HbAW III, 1, 3, 3, 4, 1963, 257 mit Anm. 6.

Gerste. Die mit mehreren Arten vertretene G. (κριθή, hordeum), Griechen und Italikern schon vor der Landnahme bekannt, hatte im → Opferkult (dann mit bes. Namen ὀλαί, οὐλοχύται) den ersten Rang. Daß das ein Erbe der Frühzeit war, war den Alten bekannt (Plut. quaest. gr. 6). Zu Beginn des Opfers legte man G.n-Körner zwischen die Hörner des Tieres. Mit G.n-Mehl wurden die zu Ehren der Götter ausgewählten Fleischstücke und das Fett vor dem Verbrennen bestreut. Nach der Überlieferung empfing → Triptolemos von → Demeter die G., die zuerst auf den rharischen Gefilden bei → Eleusis gesät wurde. Die dort gewachsene G. wurde in Form von Opferkuchen den Göttern als Erntedank geweiht. Die Kultur der G. reicht weit in die Frühzeit zurück, konkurrierend mit dem → Weizen und → Roggen. Bereits im 3. Jt. ist in Ägypten die Herstellung von G.-Bier üblich. Nach Linear B war die G. neben → Weizen das wichtigste Brotgetreide, das auch zu Breispeisen verwendet wurde. Altertümlich ist die röm. Verwendung der G. für die → Polenta. Vgl. → Flora. J. W.

Lit: F. Orth, RE 7, 1 (1910), 1275–84 – Murr, Pflanzenwelt, 151 f. 157 – Hehn, 561 – M. Ventris-J. Chadwick, Documents in Mycenaean Greek, 1956, 129 f., 215–217, 308 – J. Chadwick, Linear B, 1958, 145.

Gerusia. Γέροντες, ‹die Alten›, heißen bei Homer die Mitglieder des um den König versammelten Rates (→ Bulē), d.h. die angesehensten (nicht notwendig an Jahren ältesten) Häupter des Adels. Diese Bezeichnung und das zugehörige Kollektivum γερουσία (‹Gerontenschaft›) hat sich in der griech.Welt vereinzelt bis in späte Zeit gehalten, vor allem in → Sparta. Hier mußten die Geronten wirklich mindestens 60 Jahre alt sein; sie wurden vom Volk, in der Hauptsache wohl aus dem Kreise der vornehmsten Spartiaten, auf Lebenszeit gewählt. Der Rat, den die 28 Geronten zusammen mit den zwei → Königen und (in bestimmten Fällen) den fünf → Ephoren bildeten, hatte vor allem die für die Volksversammlung bestimmten Anträge vorzuberaten und die wichtigsten Strafprozesse zu entscheiden. F.G.

Lit: F.Kiechle, Lakonien u. Sparta, 1963, 142ff.

Geryoneus, Sohn des Gorgo-Sohns Chrysaor und der Kallirhoe, dreileibig und dreiköpfig, von → Herakles seiner Herden beraubt und getötet. In der mythologischen Forschung oft als Parallelfigur zu → Hades gedeutet. L.H.

Q: Hes.theog. 287–294 – *Lit:* U.v.Wilamowitz, Glaube d. Hellenen II, 1932, 23f. – *Darstellungen:* A.Rumpf, EAA III, 1960, 845f.

Gēs Anadasmos (Neuaufteilung des Bodens) → Chreōn Apokopē.

Geschenke. Mit der → Geselligkeit pflegte das Altertum auch den Austausch von G.n. Nach der → Geburt wurden an den → Amphidromien Amulette (Plaut.Epid.639; Rud. 1154; Ter.Phorm.47) und tönerne Tiere als Spielzeug (Men.Epitr.167) geschenkt. Bei den Verlobungen (Plin. epist.1,9,1) wurde die Braut (Dig.16,3,25) beschenkt; vor der → Hochzeit wurden einst dem Brautvater Herden (Hom.Il.11,244), der Braut ‹ungezählte Geschenke› (Hom.Od.11,288), später durch den Neuvermählten (Poll.2,59) und die Verwandten (Plin.epist.6,32) eine Morgengabe (Iuv.6,204), Schmuck und Haushaltgegenstände (Eust. Il. 24,29) dargebracht. Bei Festen brachten G., die den Gästen verlost oder überreicht wurden (Suet. Vesp.19; Schol.Iuv.6,203) und aus Salbgefäßen, Decken (Suet.Aug.75), Delikatessen, Büchern, Sklaven, Tand (Mart.7,53) bestanden, noch mehr Abwechslung (Petron. 56,8; 60,4). Gastfreunde tauschten G. (Hom.Od.9,269; 24,275) wie Ringe oder Täfelchen, die man zerbrach (→ Symbolon). Gast und Gastgeber behielten je einen Teil, um durch das Zusammenfügen sich erkennen und auch bei den Nachkommen die Gastfreundschaft erneuern zu können (Plat. symp.16,191D). Aus besonderem Anlaß konnte ein Sklave die Freiheit (Pers.3,106), ein Dichter von seinem Gönner ein Gut (Hor.carm.2,18,11) erhalten. W.K.

Q: Martial, 14.Buch.

Geschichtsauffassung. [1] Die *Griechen*, von Neueren oft als Volk ohne Geschichtsphilosophie (W.Dilthey), ja als ahistorisch (O.Spengler) bezeichnet, haben verschiedene Möglichkeiten der G. gefunden. Neben dem Agnostizismus, Ausdruck der Angst und Ratlosigkeit angesichts des Waltens geschichtlicher Mächte, der bei ihnen bes. nach dem Alexanderzug in der Verehrung der → Tyche Gestalt gewinnt, stehen vier Grundkonzeptionen, die indes im einzelnen nicht immer scharf zu scheiden sind: 1. Die Philosophie suchte den Widerspruch zwischen der Erkenntnis der Unvergänglichkeit des Seins und der Erfahrungstatsache des geschichtlichen Wandels mit der *kyklischen* Vorstellung von der Abfolge unzähliger Kulturperioden zu lösen, die jeweils nach Ablauf eines ‹Großen Jahrs› (Plat. Tim.39C) von Flut- oder Brandkatastrophen teilweise (Aristot. met.1,14) oder total (so die → Stoiker, SVF 625) vernichtet und durch einen Neubeginn abgelöst werden (→ Katastrophentheorie). – 2. Die *pessimistische* G. verkörpert der alte, zuerst (unter persischem Einfluß?) bei Hesiod (Erga 118ff.) gestaltete Mythos von den fünf (oder vier) → Weltaltern, der den ethischen und sozialen Niedergang mit aller Schärfe betont. – 3. Ihr steht der *Optimismus* der materialistischen Philosophie seit → Demokrit (vgl.Diod. 1,8) und der → Sophistik (bes. → Protagoras, Plat.Gorg. 320C) gegenüber, der an den steten Fortschritt zumindest im Anfang der Menschheitsgeschichte glaubt, bei → Lukrez (2,1150) wieder in tiefen Pessimismus umschlägt und in der Kulturtheorie des → Poseidonios (Sen. epist.90) auf den technisch-zivilisatorischen Bereich beschränkt wird. – 4. Am bedeutungsvollsten wurde (unter dem Einfluß der Schule des → Hippokrates, 1) der → Physis-Begriff, der zuerst – nach → Herodots kindhaftem Vertrauen in die göttliche Weltordnung – bei → Thukydides zur Überzeugung von der gleichbleibenden Natur des Menschen und seiner Reaktionen und damit zu einer Typologie der Geschichte führt. Sie läßt, im Gegensatz zum Fatalismus der → Stoiker, der menschlichen Entscheidung ebenso Spielraum wie die Weiterführung bei → Polybios (1), der von der Pathologie des politischen Lebens (Historiker und Diagnose: Polyb. 3,75) zur eigentlichen biologischen Betrachtung durchdringt (6,9,13 u.ö.).

[2] Die *Römer*, denen Geschichte zunächst memoria, ‹Erinnerung›, war, begegneten im 2.Jh.v.Chr. der griech.G. gerade zu der Zeit, da sie sich des Höhepunktes ihrer Geschichte bewußt wurden; ihre Frage nach dem Sinn der Geschichte wird zur Frage nach dem Werden und Vergehen ihres Reiches (Sall.epist.1,5,2), gestaltet seit dem älteren → Seneca (Lact.inst.7,15,14) in dem Bild von den vier Lebensaltern Roms von der Knabenzeit des Königtums bis zum Greisenalter der Monarchie, das bes. durch → Florus (praef.4) stark in das Mittelalter fortwirkt.

[3] In der *christlichen* G. geht die Vorstellung vom alternden Organismus des röm.Reiches, des letzten der vier → Weltreiche Daniels, auf die gesamte Weltgeschichte über (→ Tertullian, → Cyprian, → Augustin u.a.), die sich jetzt in sechs (entsprechend der Zahl der Schöpfungstage) Altersstufen gliedert, von der Kindheit (bis Noah) bis zum Greisenalter (vom Erscheinen Christi bis zum Weltgericht). In ihnen vollzieht sich der Weg der Menschheit vom Anfang in Gott bis zur Rückkehr zu Gott, einmalig (so Augustin gegen → Origenes) und erfüllt von dem Kampf, den innerhalb der zerfallenden Gesellschaft dieser Welt (der *civitas terrena*) die ‹Gemeinschaft der Heiligen›, die (im letzten Zeitalter mit der Kirche gleichzusetzende) *civitas dei*, für den Sieg des Glaubens führt. E.Bay.

Lit: H.Eibl, Augustin u. d. Patristik, 1923 – H.Meyer, Gesch. d. abendländ. Weltanschauung, 1947ff. – S.Mazzarino, Das Ende d. antiken Welt, 1959, deutsch 1961.

Geschichtsschreibung

I. Griechisch – II. Römisch.

I. Griechische Geschichtsschreibung

A. Klassische G.: [1] Ursprünge und Vorformen – [2] Formen und Richtungen – [3] Bis Thukydides – [4] Nach Thukydides – B. Hellenistische G.: [1] Quellen – [2] Universalgeschichte und Hellenika – [3] Spezialliteratur, Monographien – [4] Autoren über griech.Städte, Länder, Barbarenländer – [5] Chronographie und Autobiographie – [6] Charakteristik – C. Kaiserzeitliche G.: [1] Im 1.–3.Jh. – [2] Im 4.–6.Jh. – [3] Chronographie – [4] Charakteristik.

A. Klassische G. [1] *Ursprünge und Vorformen.* Erfahrungen weiterzugeben und so die hergebrachten Lebensordnungen fortzupflanzen, ist Aufgabe jeder Kulturgemeinschaft; ihr dient das erzählende Wort, die menschliche Freude an erzählten Begebenheiten. Bei den Griechen ist die Bewahrung des Überlieferten zunächst in die Hand der Dichter, bes. der epischen ‹Sänger› gelegt: die → Musen sind Töchter der ‹Erinnerung›; der Dichter hat mit der epischen Technik zugleich die Fülle des Traditionsgutes sich angeeignet; er erhebt den Anspruch, Wahrheit zu verkünden, den Ruhm großer Taten künftigen Geschlechtern weiterzugeben. Das Aufkommen der Schrift im 8.Jh. hat diese Funktion der Dichter zunächst kaum berührt. Wohl legte man allmählich hier und da offizielle Listen der Sieger bei panhellenischen Spielen, der eponymen Beamten in den einzelnen Städten an, vereinzelt entwickelte sich daraus eine vorliterarische Lokalchronik, doch blieb das ohne Breitenwirkung; monumentale Aufzeichnungen von

Herrschertaten im Stil der Tatenberichte altorientalischer Könige sind im Bereich der aristokratischen Poliswelt undenkbar. Wohl aber kam es im Bereich der Dichtung mit dem Übergang zur Schriftlichkeit zu einer fortschreitenden ‹Historisierung des → Epos› (I D) (E. Schwartz): die epischen Stoffe verloren mehr und mehr den mythischen Charakter einer höheren, heroisch-göttlichen Welt, die der irdischen Welt korrelativ zugeordnet ist, sie wurden als ein Stück menschlicher Wirklichkeit gesehen; das Wunderbare trat zurück, man freute sich an realistischen Details, die Heroen wurden humanisiert. Im Großepos der Ilias sind die Kämpfe der Helden und Völker als verwickelter, mehrsträngiger, doch einheitlicher Geschehenszusammenhang erfaßt und gestaltet. Mehr vom Wunsch nach stofflicher Vollständigkeit als von Kunstwillen bestimmt ist die abschließende Fixierung des die Ilias umfassenden epischen → Kyklos. Mit ihm war eine Gesamtdarstellung einer Epoche der Vergangenheit, zentriert um den Trojanischen Krieg, entstanden, die für das historische Bewußtsein der Griechen bestimmend blieb; in ihr suchten sich die Lokalüberlieferungen einzelner Städte ebenso zu verankern wie das Nationalgefühl der Griechen im Ringen mit ‹Barbaren›. Weiter führte der Systemwille → Hesiods, der mit der Denkform der → Genealogie die Wirklichkeit zu ordnen suchte: wie in der ‹Theogonie› die göttlichen Mächte sinnvoll aufgegliedert werden, stellen die anschließenden ‹Kataloge› die Verteilung aller bekannten Stämme und Völker und ihre gegenseitigen Zusammenhänge in Gestalt eines verwickelten Stammbaumes dar; auch Ausblicke auf den ganzen Erdkreis mit seinen fabelhaften Randvölkern waren eingefügt. Ähnliche Epen schlossen sich an, Urgeschichten einzelner Städte wie Argos (Phoronis) oder Korinth (→ Eumelos), Schilderungen neuer geographischer Fernen wie → Aristeas' ‹Arimaspeia›. Den entscheidenden Anstoß, das Epos durch Prosa zu ersetzen, gab die ion. Naturphilosophie. → Anaximander suchte den Aufbau des Weltalls aus einheitlichen, natürlichen, weithin geometrischen Prinzipien zu erklären, er stellte die Oberfläche der zylinderförmig gedachten Erde in einer Weltkarte dar; bei ihm und seinen Nachfolgern verbindet sich mit kühnen Spekulationen und orientalischen Anregungen der Wirklichkeitssinn der ionischen Kolonisten, die Erfahrungen aus aller Welt zusammentrugen, auch schlichte Aufzeichnungen von Entdeckerfahrten, ohne literarischen Anspruch, hinterließen (→ Skylax von Karyanda, → Euthymenes von Massalia). Die ion. Wissenschaft schuf das Prosabuch, das mit neuem Wahrheitsanspruch die Dinge nennt, wie sie sind, ohne Zutat und Verbrämung; für ein Jh. wurde die ion. Literatursprache obligatorisch. Von Anaximanders Theorien ebenso wie von Reiseerfahrungen bestimmt, schrieb → Hekataios (3) die Werke, die den Anfang der griech. G. markieren: die ‹Erdumwandlung› (*Περίοδος γῆς*) erläutert die Erdkarte des Anaximander mit Einbeziehung aller erreichbaren Informationen auch historischen Charakters; die ‹Genealogien› ersetzen das genealogische Epos durch die Sprache der Wissenschaft, was rücksichtslose rationalistische Kritik der Überlieferung bedeutet: es gibt kein heroisches Zeitalter eigenen Gesetzes, die Vergangenheit ist so homogen wie der Kosmos der Naturphilosophen. Das Selbstbewußtsein des wissenschaftlichen Menschen bleibt bezeichnend für griech. G. im Gegensatz zu unpersönlich-anonymer Chronistik. G. im vollen Sinn freilich wurde erst möglich, als ein gewaltiges Geschehen die Besonderung der Stadtstaaten aufhob und selbst den Mythos in den Schatten stellte: nach den → Perserkriegen waren Marathon, Salamis, Platää, nicht mehr ferne Mythen die das Staatsbewußtsein bestimmenden Begriffe; damals hat → Herodot endgültig den Dichtern die Aufgabe abgenommen, die Erinnerung an große Taten lebendig zu halten (Hdt. Prooemium).

[2] *Formen und Richtungen.* 1. Von Hekataios geschaffen war die → *Genealogie*: sachlich-systematische Darstellung der mythischen Überlieferungen am Leitfaden der Ahnenreihe einzelner Geschlechter und Stämme, verbunden mit mehr oder weniger rationaler Mythenkritik. Sie erweiterte sich zur umfassenden → *Mythographie*, in der die verschiedensten Impulse wirkten, von radikaler Umdeutung bis zur gewissenhaften Verbuchung vorhandener Traditionen; ihre Ausläufer sind einerseits der mythologische Roman, andererseits das gelehrte hellenistische Handbuch. – 2. Von der → Periodos des Hekataios führt die Entwicklung einerseits zur → *Perihegese*, zur beschreibenden Geographie; andererseits entstand, indem die Einzelteile der Periodos selbständig wurden, die → *Ethnographie*: Monographien über einzelne nichtgriechische Völker; zu ihrem Inhalt gehören ebenso die Natur des Landes, die Sitten der Bewohner, wunderbare Einzelheiten wie historische Ereignisse. Im Vordergrund des Interesses standen zunächst Persika. Der Alexanderzug weitete den Blick und brachte die Hochblüte der griech. Ethnographie, in deren Rahmen sich auch Angehörige der Fremdvölker selbst zu Wort meldeten, → Manetho, → Berossos, → Fabius (11) Pictor. – 3. Angeregt durch Genealogie und Ethnographie entstand im 5. Jh. aus örtlicher, teilweise schon schriftlicher Überlieferung die Lokalgeschichte, *Horographie* (ὧροι = Annalen), literarisch faßbar seit → Charon v. Lampsakos. Ihr fehlt der wissenschaftliche Impuls; beherrschend bleiben lokalpatriotische und antiquarische Interessen. Selbst die Lokalgeschichte Athens, die → Atthis, gewann kaum überörtliche Bedeutung. – 4. Erst mit → *Herodot* beginnt die griech. G. im vollen Sinn: die literarisch anspruchsvolle, für die gesamtgriechische Öffentlichkeit bestimmte Darstellung einer Vielzahl von Völkern oder Machtgruppen in ihrem geschichtlichen Gegeneinander, zeitlich beschränkt auf das spatium historicum der jüngstvergangenen, in der Erinnerung noch lebendigen Zeit. → *Thukydides* begrenzt die G. darüber hinaus auf den griech. Raum, auf die selbsterlebte Gegenwart, auf den politisch-militärischen Bereich. Der maßgebende Typ griech. G. ist seither überlokale, politisch-militärische Zeitgeschichte. Auf die *Hellenika* (vgl. → Xenophon, 3) folgen im Wandel der Zeiten erst *Philippika*, dann *Alexandergeschichten*, Monographien über einzelne Kriege stehen daneben. – 5. Neben die zeitgenössische Spezialgeschichte tritt seit → Ephoros die → *Universalgeschichte* als Erweiterung der Hellenika nach rückwärts bis zum Trojanischen Krieg oder weiter, wobei später auch die altorientalische Geschichte mit einbezogen wird. – 6. Das Bedürfnis nach fester zeitlicher Ordnung der wachsenden Stoffmassen führt zu Spezialarbeiten der *Chronographie*, die mit der Priesterinnenliste des → Hellanikos, der Olympionikenliste des → Hippias (2) beginnt und in den Arbeiten von → Eratosthenes und → Apollodor (4) gipfelt. – 7. Die Parteikämpfe des 5. Jh.s finden ihren literarischen Niederschlag in Flugschriften (→ Stesimbrotos, Ps. → Xenophon); in aktueller politischer Diskussion wurzelt zunächst auch die Darstellung einzelner ‹Verfassungen› (→ Kritias, → Xenophon); darüber erhebt sich die Staatstheorie der Philosophen, die das historische Material gering veranschlagt; die Sammlung der 158 ‹Verfassungen› durch → Aristoteles (C 7) bleibt ein Einzelfall. Ähnlich trennen sich von der Geschichtsschreibung technische Spezialschriften über Kriegs- und Belagerungskunst, *Τακτικά*, *Πολιορκητικά*, (→ Aineias Taktikos). – 8. Als eigene, ans Persönliche gebundene Formen entstehen die Memoirenliteratur mit → Ion v. Chios, die → Biographie im Lauf des 4. Jh.s. Literaturgeschichte bleibt eine Sache der ‹Grammatiker›, verzettelt sich in Biographien und Kommentare. Ansätze zu zusammenhängender Philosophiegeschichte entstehen teils aus systematischem Interesse (→ Doxographie), teils aus der internen Tradition der großen Philosophenschulen (*Διαδοχαί*, → Diogenes (1) Laertios). Kultur- und religionsgeschichtliche Notizen werden mehr als Kuriositäten von gelehrten Antiquaren gesammelt.

[3] *Die G. bis Thukydides.* Die von Hekataios inaugurierte mythenkritische Genealogie wird fortgeführt und ergänzt von → Akusilaos v. Argos und → Pherekydes v. Athen. Daneben treten die ersten ethnographischen Monographien, → Dionysios (14) v. Milet mit Persika, → Xanthos (1) mit Lydiaka – ihr zeitliches Verhältnis zu Herodot ist nicht sicher bestimmt. Noch fehlt eigentlich historisches Bewußtsein; weltoffene Entdeckerfreude sucht die räumlichen und zeitlichen Fernen auszuleuchten. Anders → Herodot: sein Gegenstand ist die jüngstvergangene Geschichte der Griechen und Barbaren, formal geordnet am Leitfaden der lydisch-persischen Geschichte, inhaltlich geeint durch den Gedanken der Auseinandersetzung von Orient und Okzident. An die Stelle der kühnen Konstruktionen des Rationalismus setzt Herodot einen vorsichtigen Empirismus, die Ehrfurcht vor der Überlieferung; damit übernimmt er das Erbe des Epos, dem auch seine Erzählkunst verpflichtet ist. Unter dem Einfluß seines Werks und Hand in Hand mit der allgemeinen Ausbreitung literarischer Bildung wächst die historiographische Literatur rasch an Breite und Vielfalt: → Antiochos (11) von Syrakus schreibt die Geschichte Großgriechenlands; → Simonides d. J. (2), Anaximandros d. J., → Andron von Halikarnassos, → Herodoros von Herakleia führen Genealogie und Mythographie weiter, → Damastes von Sigeion schreibt daneben auch Zeitgeschichte und Ethnographie; Lokalchroniken erscheinen, umgesetzt in den neuen Erzählstil durch → Charon von Lampsakos und → Hellanikos; aus den lokalen Eponymen- und Siegerlisten schöpfen die ersten Arbeiten der Chronographie (s. o.); Hellanikos behandelt mit universalem Interesse die verschiedensten Griechenstädte und Barbarenvölker; Flugschriften wie die des Stesimbrotos suchen unmittelbare politische Wirkung. Gegen solche Vielfalt setzt → Thukydides unter dem Eindruck des Kriegserlebnisses eine entschiedene Konzentration: Gegenstand ist der Krieg, und zwar der eine → Peloponnesische Krieg. Thukydides sucht den Anschluß an Herodot, formuliert aber seine Methode in bewußtem Gegensatz zu diesem: nicht Weitergabe von zufällig Überliefertem, sondern Feststellung der Wahrheit kraft wissenschaftlicher Kritik. Er sieht das Geschehen einer strengen Kausalität unterworfen, die wissenschaftliche Voraussagen und damit praktischen Gebrauch der historischen Erkenntnisse ermöglicht; sie wurzelt in der unveränderlichen ‹menschlichen Natur› und den daraus folgenden Gesetzen der Machtpolitik.

[4] *Die G. nach Thukydides.* Das Werk des Thukydides, unvollendet abgebrochen, gewann sogleich maßgebenden Einfluß. Fortsetzer traten auf den Plan, ohne das Vorbild zu erreichen, → Xenophon, → Theopomp (2), → Kratippos, die → Hellenika von Oxyrhynchos. Entschiedenster Thukydideer in Stil und Geisteshaltung war → Philistos, der konsequent die Machtpolitik → Dionysios' I. unterstützte. Anders entwickelte sich die Geisteshaltung der kulturell führenden Kreise: das politische Engagement schwand angesichts der heillosen Zustände, individuelle Moral trat an die Stelle staatlicher Bindung, nicht zuletzt unter dem Einfluß der → Sokratiker; zugleich stiegen, bei rasch wachsender literarischer Produktion, die stilistischen Ansprüche des Lesepublikums; dem kam die Kunstprosa des → Isokrates entgegen. So bestimmt das moralisierende und das rhetorische Element in zunehmendem Maße die nachthukydideische G., die zeitgeschichtlichen Werke eines Theopomp, → Kallisthenes, → Anaximenes (1) wie die Universalgeschichte des → Ephoros; Theopomp und Anaximenes waren Berufsrhetoren, Kallisthenes peripatetischer Philosoph, Ephoros schrieb auch ‹Über Stil›. Beim erfolgreichsten Vertreter der Ethnographie, → Ktesias, wird die G. romanhaft; die Persika des → Dinon und → Herakleides (5) von Kyme kamen dagegen nicht auf. Geschichtlichen Sinn scheint am ehesten Theopomp besessen zu haben, doch wird er übertönt von der Sucht nach Effekt; neue Wege ging Theopomp mit dem Versuch einer vertieften, verborgene Motive entlarvenden Psychologie. Das Traditionsbewußtsein der konservativen Kreise Athens schuf die → Atthis, rückwärtsgewandte, doch äußerst gründliche Lokalgeschichtsschreibung, die vor allem durch Bewahrung und Deutung des mythisch-religiösen Gutes die Kräfte der Vergangenheit festzuhalten suchte. W. Bk.

Q: HGF und FGrHist – *Lit:* C. Wachsmuth, Einl. in das Studium der alten Gesch., 1895 – J. B. Bury, Ancient Greek historians, 1909 – U. v. Wilamowitz-Moellendorff, Hellenische G., Reden und Vorträge II, 1926⁴, 216–246 – E. Schwartz, G. u. Gesch. bei den Hellenen, Antike 4, 1928, 14–30 – L. Pearson, Early Ionian historians, 1939 – F. Jacoby, Griech. Historiker, 1956 – Ders., Abh. zur griech. G., 1956 – Histoire et historiens dans l'antiquité, Fond. Hardt IV, 1956 – W. Schadewaldt, Die Anfänge der G. bei den Griechen (1934), in: Hellas und Hesperien, 1960, 395–416.

B. Hellenistische G. [1] *Quellen.* Die überreiche historische Literatur dieser unruhigen Zeit – wir kennen kaum alle Namen – ist in der Hauptsache nur durch namentliche Frg.e, Testimonia, Exzerpte und Brechungen in zusammenhängenden Sekundärberichten (Nepos, Diodor, Livius, Trogus-Justin, Strabo, Josephus, Plutarch, Frontin, Appian, Arrian, Pausanias, Polyainos, Curtius Rufus, auch z. T. Polybios u. a.) bekannt; nur Polybios und Diodor sind zu größeren Teilen erhalten. Verändertes Stilgefühl der Kaiserzeit, Sammelwerke, ‹modernere› Darstellungen u. a. verursachten den Untergang eines großen Teils dieser Literatur. Grundlegend für ihr Studium sind die Arbeiten von Ed. Schwartz (1858–1940) und F. Jacoby (1876–1959). Man unterscheidet nach Jacoby (s. o. Lit. zu A.): (1) Universalgeschichte und Hellenika, (2) Spezialliteratur und Monographien, (3) Autoren über griech. Städte, Länder, Barbaren.

[2] → *Universalgeschichte und Hellenika* (griech. Zeitgeschichte, mit Bruchstückcharakter), deren Scheidung nicht immer möglich ist: allgemeine Geschichte der eigenen Zeit oder bis auf die eigene Zeit, überlokal, oft sich gegenseitig fortsetzend oder miteinander konkurrierend; vertreten u. a. durch → Anaximenes (1), → Kallisthenes, → Duris (2), → Phylarch, die Athener → Demochares und → Diyllos, → Agatharchides; bes. wichtig ist → Polybios, mit dem Rom ins Zentrum der großen Historie tritt. Ihn setzte der Universalgelehrte und – für viele – letzte Historiker großen Stils, → Poseidonios, ein Mann ganz anderer Sinnesart, bis in sullanische Zeit fort. → Timagenes bleibt schattenhaft. Der banalste unter den kompilierenden späthellenist. Universalhistorikern ist → Diodoros (2) Siculus, dessen auch Mythologie und Orient berücksichtigende ‹Bibliothek› einen Teil der verlorenen hellenist. G. bewahrt.

[3] *Spezialliteratur, Monographien,* zeitgeschichtlich: 1. *Alexanderautoren:* ihre nähere Bestimmung (Zeitfolge; Abhängigkeitsverhältnisse; Tendenz; Anteil an den zusammenhängenden, erst späten Berichten bei Arrian, Curtius, Diodor, Plutarch, Trogus-Justin) ist um so wichtiger, als die literarische Überlieferung Hauptquelle für die Geschichte → Alexanders d. Gr. bildet. Ein maßgebliches historisches Alexanderbild kam nicht zustande. Die anerkannt wertvollste Sekundärquelle, → Arrians Anabasis, berichtet zuverlässig über Alexanders Feldzüge, aber oft mangelhaft über seine Persönlichkeit und die Problematik seines Wirkens; sie muß durch die in sehr unterschiedlichem Maße glaubhaften Nachrichten der ‹Nebenüberlieferung› ergänzt werden. Manche Darstellungen scheinen sich durch ausgeprägte Tendenz, rhetorischen, romanhaften Charakter oder beides zugleich, ausgezeichnet zu haben (→ Kallisthenes; → Onesikritos; → Kleitarch, und die ‹Vulgate› der Alexandertradition); der ungewöhnliche Stoff verlockte dazu (auch viel Ethnographisches, Naturkundliches). Nüchterner schrieben offenbar → Ptolemaios (1) und → Aristobul, jedoch nicht ganz tendenzlos (‹offizielle› Versionen; Ptolemaios übte eine ‹Auswahl- und Verschleierungstechnik›; Aristobul schrieb naiv-verharmlosend, apologetisch, Alex-

ander verherrlichend); zusammen mit → Nearchos gelten sie als Vertreter der ‹guten› Tradition. Ohne greifbaren Einfluß auf die Tradition war → Anaximenes (1). – 2. Werke, in deren Mittelpunkt Philipp v. Makedonien (Anaximenes), Eumenes und die Antigoniden (→ Hieronymos (2) v. Kardia), Agathokles (Duris, → Timaios, → Kallias, 4), Pyrrhos (Timaios, Proxenos, Kineas (?), Zenon), die Ptolemäer, Seleukiden, Makedonerkönige, Attaliden, Hannibal (→ Silenos, → Sosylos), Mithridates, Pompejus (→ Theophanes, vielleicht → Poseidonios) stehen; Werke über den Heiligen Krieg (→ Kallisthenes), die Galater-, die Punischen Kriege (→ Demetrios 15, vgl. auch die Galatika des Eratosthenes d. J.; → Philinos), den Numantinischen Krieg (→ Polybios), den Bürgerkrieg usw. Die Literatur über die Königreiche ist spärlich. Auch Poetisches gab es (→ Archias u. a.).

[4] *Autoren über griechische Städte, Länder, Barbarenländer*, sehr zahlreich (FGrHist 262–856): → Lokalhistorie, Horographie usw. und → Ethnographie, deskriptiv-ethnographisch oder erzählend-historisch, beginnen beide mit der Urzeit. Ferner gehören hierzu → Ktiseis, Städtereden, Antiquarisches, Politien (→ Aristoteles, → Dikaiarch, → Demetrios (17) v. Phaleron, Proxenos, die Stoiker → Persaios und → Sphairos), Nomoi, Wunderbücher, Perihegesen usw.; auch poetische Bearbeitungen: → Apollonios Rhodios, → Nikandros, → Rhianos. Mit den früher genannten Gruppen berühren sich bes. die Sikelika, nicht Lokalliteratur im engen Sinn; vgl. auch die Literatur über Herakleia, Rhodos, Rom, Makedonien (→ Marsyas). → Timaios (3) gab die letzte westgriech., umfassende, berühmte Darstellung des Westens, bevor Sizilien röm. Provinz wurde. Bedeutendster, wohl letzter eigentlicher Atthidograph (→ Atthis) war → Philochoros; danach bestand, wie auch für andere Orte, die G. aus Sammelwerken (→ Istros), antiquarischer Lokalliteratur (Demen, Geschlechter, Hetären, Opfer, Feste, Monate, Kult, Religion, Gesetze, Gerichte usw.) und historischen Perihegesen (Altertümer, Denkmäler, Akropolis usw.; s. auch → Polemon v. Ilion). Auch die Atthidographen waren an Antiquitäten, Kult, Religion, Institutionen, Aitia usw. interessiert. Barbaren berichteten der griech. Kulturwelt über das eigene Volk: so → Berossos, → Manetho, auch → Fabius (11) Pictor und andere röm. Annalisten und Historiker in griech. Sprache (FGrHist 809 ff.) sowie die jüd. Historiker (FGrHist 722 ff.). Rückgrat der Darstellung waren die offiziellen *ἀναγραφαί*. Über Ägypten berichtete auch → Hekataios (2) v. Abdera, über Indien → Megasthenes. Großer späthellenist. Kompilator (Ethnographie) ist → Alexandros (12) Polyhistor.

[5] *Verschiedenes:* 1. Für die *Chronographie* sind Timaios, → Eratosthenes, → Apollodor (4) v. Athen (s. auch Demetrios v. Phaleron, Philochoros, Sosibios) bedeutsam, darauf baute → Kastors (2) Sammelwerk auf, das, für die Späteren wichtig, wieder die mythische Zeit einbezog und den Orient berücksichtigte. Weiteres FGrHist 239 ff.; vgl. auch die Olympionikenlisten (FGrHist III B XVIII). – 2. *Autobiographien*, Memoirenhaftes: → Demetrios (17) v. Phaleron, → Pyrrhos, → Aratos (1) v. Sikyon, → Ptolemaios VIII. Euergetes II., → Cicero (FGrHist 227–235). Auch Steinurkunden bezeugen histor. Interesse: → Marmor Parium, → Anagraphe v. Lindos. W. Sp.

[6] *Charakteristik*. Die G. der hellenist. Zeit verwirklichte die Grundsätze des → Isokrates und seiner Schüler (vgl. → Lukians Zusammenfassung *Πῶς δεῖ ἱστορίαν συγγράφειν*). Bei energischer Betonung des Wahrheitsgehaltes diente sie dem teils politischen, teils moralischen Nutzen (vgl. Polyb. 1, 1, 2) oder dem ästhetischen Genuß. Da die den Griechen vertraute Welt seit dem Zug Alexanders immer größer, der Gesichtskreis der Betrachter immer weiter, aber auch die Schicksale der Menschen immer vielfältiger wurden, standen dem Historiker abwechslungsreiche Stoffe vom Wunderbaren (*παράδοξον*, vgl. → Buntschriftstellerei) bis zum Erschütternden (*ἐκπληκτικόν*) in Fülle zu Gebote. Die jähen Wechsel des Schicksals glaubte er oft nur durch Eingreifen der unberechenbaren Göttin → Tyche oder durch Wirken des Zufalls (*αὐτόματον*) wenn nicht erklären, so doch umschreiben zu können. – In der Darstellung erstrebte man Einheit der Komposition, ohne indessen Abschweifungen zu vermeiden, soweit diese in einem ausgewogenen Verhältnis zum Ganzen standen. Beliebt waren Schlachtenschilderungen, Exkurse zur Kulturgeschichte (darunter Erotika, Chronique scandaleuse), ekphrastische Schilderungen, auch Wiedergabe von Briefen. Der Charakteristik der Handelnden dienten Reden und Werturteile. Mit der Periodisierung des Ausdruckes wurde oft Hiatvermeidung erstrebt. – Unter Einfluß des Peripatos (Theophrast?) entwickelte sich als Sonderrichtung die sog. ‹tragisierende› Geschichtsschreibung (Vertreter → Phylarchos, → Duris (2), → Hieronymos (3) v. Rhodos, → Nikolaos (2) v. Damaskos). Sie versuchte, durch lebendige und effektvolle Darstellung (*μίμησις*) die Leidenschaften des Lesers zu wecken. Ihr stellte → Polybios, Vertreter der pragmatischen Geschichtsschreibung, Sachlichkeit und Nüchternheit entgegen, Begriffe, mit denen er den eigentlichen Nutzen der Historie verband. Ohne rhetorische Verbrämung schrieben auch die Atthidographen (→ Atthis), sie allerdings mehr in chronikartiger Aufzählung, nicht ohne romantisches Lokalinteresse, also ohne den Weitblick der großen Historie. H. E.

Q: wie zu A. – *Lit:* F. Susemihl, Gesch. d. griech. Lit. in der Alexandrinerzeit, 1891/92 – C. Wachsmuth; s. o. zu A. – F. Reuß, Bursian 142, 1909, 1–225 (Forschungsber.) – Christ-Schmid, Gesch. d. griech. Lit., Hb AW, I, 1912; II, 1920/24 (sehr erneuerungsbedürftig) – G. T. Griffith, A. H. McDonald, in: M. Platnauer, Fifty Years of Classical Scholarship, 1954, 163 ff., 385 ff. (Lit) – Breebaart, a. O. (s. zu → Arrian), 165 ff. (Lit) – Die Abschnitte zur Quellenkunde in den Einteilungen und Darstellungen zur griech. u. röm. Geschichte – Ferner die Artikel der ET, vor allem E. Manni, Introduzione allo studio della storia greca e romana, 1959 – H. Bengtson, Einführung in die Alte Geschichte (1949), 1962^4 – Zu Einzelheiten: W. Burkert, Weisheit und Wissenschaft, 1962 – J. et L. Robert, Bulletin épigraphique, REG 51 ff., 1938 ff. – *Zu den Alexanderautoren:* Berve, Alexanderreich I, II – O. Regenbogen, RE Suppl. 7 (1940), 1459–66, s. v. Theophrastos – L. Pearson, The Lost Histories of Alexander the Great, 1960 (dazu APh 32, 1961, 7) – F. Pfister, Das Alexander-Archiv u. die hellenist.-röm. Wissenschaft, Historia 10, 1961, 30–67 – *Sikelika, Rom:* G. De Sanctis, E. Manni u. Schüler, in den Zeitschr.: Sikelika Kokalos – K. Hanell, Zur Problematik der älteren röm. G., Fond. Hardt 4, 1958, 147–184 – G. Walser u. Th. Pekáry, Die Krise des röm. Reiches, 1962 – C. J. Classen, Zur Herkunft der Sage von Romulus u. Remus, Historia 12, 1963, 447–457 – *Atthidographen:* F. Jacoby, Atthis, 1949 – *Allgem. Charakteristik:* P. Scheller, De hellenistica historiae conscribendae arte, Diss. Leipzig 1911 – C. O. Brink, Tragic History and Aristotle's School, Proc. Cambr. Phil. Soc. 6, 1960, 14–19 – F. W. Walbank, History and Tragedy, Historia 9, 1960, 216–234 – H. Homeyer, Zu den hellenist. Quellen der Plutarch-Viten, Klio 41, 1963, 153–156 – E. Burck, Die Erzählungskunst des T. Livius (1934), 1964^2. W. Sp.

C. Kaiserzeitliche G. [1] Im 1. Jh. v. Chr. erscheinen die großen Kompilationen: zu den oben unter B 2. 4 bereits erwähnten Werken tritt in der beginnenden Kaiserzeit die ‹Universalhistorie› des → Nikolaos (2) v. Damaskos, der für die spätesten Partien z. T. auch eigene Erfahrung nutzbar machen kann; an → Alexandros (12) Polyhistor erinnert → Juba II. → Strabon setzt → Polybios fort unter Rückgriff auf die frühere Zeit und mit reichlichen Zitaten späthellenist. Autoren; auch seine Geographie gibt Historisches. Dagegen ist die ‹Römische Archäologie› des → Dionysios (16) v. Halikarnaß ein rhetorischer Nebenschößling der großen G. Im *1. Jh. n. Chr.* schreiben monographische Zeitgeschichte der Juden → Josephus und Justus v. Tiberias (FGrHist 734). Sonst hören wir von samischen Horoi (→ Potamon), Aigyptiaka (→ Apion, → Chairemon, 2), Tyrrhenika und Karchedoniaka (Kaiser → Claudius: FGrHist 276), Getika (→ Dion (2) v. Prusa; Kriton, Trajans Leibarzt: FGrHist 200), Phoinikika (→ Philon (3) v. Byblos) und einem Werk ‹Über Smyrna› (Hermogenes, der Arzt, der auch ‹Ktiseis› schreibt: FGrHist 579) usw.; wichtig als einigermaßen kenntlicher Vertreter der Lokalliteratur ist → Memnon (2) v. Herakleia; auf epichorischen Quellen beruht → Ptolemaios (26) v. Mendes (Ägypten). Eine Renaissance erlebt die griech. G. unter Hadrian und den Antoninen; aber auch der ‹Praktiker› → Arrian schreibt hauptsächlich Monographien bzw. Ethnographien (Bithynika, Parthika, Indike, Alanike) und interessiert sich wie auch → Dexippos und → Kallinikos für die zurückliegende griech. Geschichte (Alexander, Diadochen). Überhaupt erleben Horo- und Ethnographie eine Nachblüte in der Kaiserzeit; es gibt auch Isaurika (Ethnographien bzw. Kriegsmonographien), Kappadokika (→ Eustochios), Karika (?Apollonios v. Aphrodisias: FGrHist 740), Arabika usw., und frühbyzantin. ‹Patria› setzen in Prosa oder Versen die hellenist. Stadtgeschichten fort, so Horapollon und Hermeias (FGrHist 630.638), Diogenes v. Kyzikos (FGrHist 474), Klaudianos (→ Claudian), → Christodor v. Koptos (der auch Isaurika und Lydiaka dichtet, wie überhaupt das spätere Altertum historische, vielfach enkomiastische Epen aufzuweisen hat: → Kaiserzeitl. Dichtung); vgl. auch → Kallinikos v. Petra, Pausanias v. Damaskos oder Antiocheia, Theagenes (Makedonika: FGrHist 774), → Hesychios (2) v. Milet. Monographien sind auch die von Lukian (hist. conscr.) wegen ihrer archaisierenden Manier verspotteten zeitgeschichtlichen Darstellungen von Verus' Partherkrieg (FGrHist 203–210). Tiefer als Arrian stellt man seinen Zeitgenossen → Appian, der die Geschichte der röm. Kriege schreibt und dafür u. a. jetzt verlorene hellenist. und kaiserzeitl. Autoren heranzieht; Historisches bietet auch → Pausanias (3). Eigentliche Reichs- und Zeitgeschichte setzt mit → Dio Cassius ein (2./3. Jh.). Seine ‹Römische Geschichte›, für weite Partien der frühen Kaiserzeit unsere einzige zusammenhängend erzählende Quelle, ist bedeutsam für Dios eigene Zeit wegen seines hohen senatorischen Ranges und macht Anspruch auf große G.; tiefer steht sein jüngerer Zeitgenosse → Herodian.

[2] Klassizistische Imitation herrscht nunmehr bis zum Ende des Reichs, und auch die *Byzantiner* in der G. höheren Stils wandeln in den Spuren der klass. Literatur. → Zosimos (5./6. Jh.), der letzte sichere heidnische Vertreter der Zeitgeschichte, ist erhalten, während die vorangehenden Autoren, die z. T. auch schon in die frühbyzantin. Zeit führen, und überhaupt die gesamte vorprokopische Historie verloren sind (3. Jh.: → Asinius (3) Quadratus und der angesehene Athener → Dexippos, beide mit Kriegsmonographien – Parthika, Skythika – neben dem allgemeinen Werk; 4./5. Jh.: → Eunapios; 5. Jh.: → Olympiodor, → Priskos und → Malchos, wichtig wegen ihrer Autopsie; → Kandidos usw.; christl. Weltchronik: Helikonios; auch Monographien über Konstantin, Julians Kriege und die Isaurerkriege). Sie sind indirekt bekannt, z. B. durch Auszüge, Lesefrüchte, Enzyklopädien (→ Stephanos v. Byzanz; → Photios; → Konstantinos VII. Porphyrogennetos; → Suidas) oder andere Historiker (→ Zosimos, Malalas, Petros Patrikios, Ioannes Antiochenus, Theophanes Confessor u. a.; Kirchenautoren: Philostorgios, → Sokrates (2), → Sozomenos, → Euagrios); dasselbe gilt auch für die verlorenen Werke und Partien bei Appian, Arrian, Dio Cassius, Dionysios v. Halikarnaß, Nikolaos v. Damaskos. Der syr. Grieche → Ammianus Marcellinus schreibt lat. Reichsgeschichte. Erhalten ist → Prokop (1), der bedeutendste Historiker der justinianischen Zeit (6. Jh.). In der byzantin. Literatur hat die G. eine überragende Stellung; es gibt ‹Historie› (Zeitgeschichte in konventioneller Kunstsprache) und Chronistik (kirchliche, populäre Weltgeschichte mit prädominierendem chronolog. Schema). Ins 6. Jh. gehören ferner: → Hesychios (2) v. Milet, Petros Patrikios, Nonnosos, → Agathias (Fortsetzer Prokops, erhalten), Theophanes Byzantios, Menandros Protektor (Fortsetzer des Agathias), Ioannes Epiphaneus, → Euagrios (erhalten), Malalas (erhalten); Endglied der auf die klassische Antike zurückreichenden Kette der Reichshistoriker ist – vor den ‹dunklen› Jahrhunderten – → Theophylaktos Simokattes (1. H. 7. Jh.), der Fortsetzer Menanders. Auch gewisse Sophisten (→ Redner I D 1) des 2./4. Jh.s betätigen sich historiographisch: → Antiochos (8a) v. Aigai, → Antipatros (2) v. Hierapolis, → Aspasios (3) v. Byblos, → Bemarchios (Konstantin), → Eustochios, → Kallinikos, → Polemon (3) usw.; auch → Athenaios. Autobiographie und Memoirenhaftes ist vertreten durch → Herodes I. (Hypomnemata), Nikolaos v. Damaskos, → Josephos und → Kaiser Julian; Kaiserenkomien und -bioi durch → Aspasios, → Eusebios (?), Nikolaos v. Damaskos, → Phlegon, → Praxagoras u. a. (auch Epen). → Theodoros (8) v. Gadara schreibt ‹Über Historia›. In der sophistischen Epideiktik findet man Städtereden. Antiquarische Literatur über Athen schreiben → Telephos (FGrHist 505), der auch Pergamon behandelt (Könige; Perihegesen), und → Seleukos (5) Homerikos, über Rom → Sueton, → Phlegon und → Palladios (3) v. Methone. Mit der Kirchengeschichte des Eusebios beginnt eine ganz neue Gattung der G. (s. u. III).

[3] In der *Chronographie* schaffen → Julius (4) Africanus (Synchronismen der biblischen und heidnischen Geschichte) und → Eusebios die für die Späteren maßgebenden Werke (Panodoros; Annianos; byzantin. Mönchschroniken: Synkellos u. a.; → Hieronymos usw.); vgl. auch → Clemens (2) Alexandrinus, → Hippolytos (2) u. a. Unter den Heiden ist → Porphyrios zu nennen, aus dessen ‹Chronik› (FGrHist 260; ab Trojas Fall bis 270 n. Chr.) Eusebios hellenist. Dynastenlisten übernommen hat; ferner Phlegon (er gibt auch Urkundliches); vgl. auch Dionysios v. Halikarnaß. → Thallos ist schattenhaft. Zu den ‹Taktikern› (→ Aelian, → Asklepiodot, → Onasandros, vgl. → Polyainos) gehört auch Arrian (s. auch Julius Africanus); in den erhaltenen Taktika (sie behandeln bes. hellenist. Taktik) steckt älteres Gut: → Aineias, → Polybios, → Poseidonios. W. Sp.

[4] Eine umfassende *Charakteristik* der gesamten Periode ist kaum möglich. Polybianische Zielsetzungen bekunden die großen Weltgeschichten der frühen Kaiserzeit sowie die Werke, die in glücklicher Weise Geographie und Historie verbinden. Nach kurzer Periode des Klassizismus, in der man sich bemüht, berühmte Vorbilder zu imitieren (vgl. bes. → Caecilius (17), → Dionysios (16) v. Halikarnaß, → Arrian), gerät die G. zur Zeit der 2. Sophistik (→ Redner I D) unter wachsenden Einfluß der Rhetorik. Mit Beginn des 3. Jh.s setzen sich in Stoffgestaltung und Stilisierung thukydideische Grundsätze durch. Die Gegenwart wird von jetzt an gern in die Darstellung einbezogen. Für die Zeit nach dem 3. Jh. sind Heimatgeschichten (*Πάτρια*) und Chroniken, vor allem solche vom Weltanfang bis zur Gegenwart, kennzeichnend. Diese Darstellung in Chronikform, welche die gesamte spätere griech. G. beherrscht, erlebt im 5. Jh. eine kurze Blütezeit. H. E.

Q: s. zu A. Für die byz. G. meist FHG IV/V – Vgl. auch L. Dindorf, Historici Graeci min., BT 1870/71 – Weiteres: Krumbacher, 221 ff. – *Konstantin. Exzerpte:* De legationibus: ed. princ.: F. Ursinus, 1582 – D. Hoeschel, 1603 (alle Hss.: Kopien aus i. J. 1671 verbranntem Scorialensis) – C. de Boor, 1903 – De virtutibus et vitiis: H. Valesius, 1634 (ed. princ. nach cod. Peirescianus) – Th. Büttner-Wobst-A. G. Roos, 1906–10 – De sententiis: A. Mai, 1827 (ed. princ. nach cod. Vat. Gr. rescr. 73) – U. P. Boissevain, 1906 – De insidiis: Erstausg. im 19. Jh. (excerpta Scorialensia) – C. de Boor, 1905 – De strategematis: C. Wescher, 1867 (Athos cod. Paris. Suppl. Gr. 607) – *Lit:* vgl. oben zu B. – Ferner: F. Lammert, Bursian 274, 1941, 33–53 (Taktiker und ihr Nachleben) – E. A. Thompson, A History of Attila and the Huns, 1948 – G. Ostrogorsky, Gesch. d. byz. Staates (1940), 1952^2, 19 ff. – G. Barbieri, L'albo senatorio da Settimio Severo a Carino (193–285), 1952 (zum 3. Jh.) – M. E. Colonna, Gli storici bizantini dal IV al XV secolo I, 1956 (Lit) – G. Moravcsik, Byzantinoturcica I (1942), 1958^2, 356–390 (zu den Konstantin. Exzerpten) – E. Gabba, RSI 71, 1959, 361–381 (G. bis Herodian) – B. Rubin, Das Zeitalter Iustinians, 1960 ff. – F. Altheim, Gesch. d. Hunnen II, 1960, 237 ff.; IV, 1962, 271 ff.; V, 1962, 269 ff. – Gesch. d. Textüberlieferung I, 1961, 426 ff. – C. D. Gordon, The Age of Attila, 1961 – G. Walser-Th. Pekary, Die Krise des röm. Reiches, 1962, 121 ff. (zum 3. Jh.) – Byz. Zeit: Krumbacher, 219 ff. W. Sp.

II. Römische Geschichtsschreibung

A. Allgemeines. Ursprünge und Formen: [1] Allgemeines – [2] Ursprünge und Vorformen – [3] Besondere Formen der röm. G. – B. Geschichte der Geschichtsschreibung: [1] Frühere Republik – [2] Spätere Republik – [3] Frühe Kaiserzeit – [4] Spätere Kaiserzeit – C. Überlieferung – Vgl. → Annalistik.

A. Allgemeines. Ursprünge und Formen. [1] *Allgemeines.* Die röm. G., nach griech. Vorbild geschaffen, bildet neben der eloquentia oratoria (→ Redner) und der philosophia eine der drei großen Gattungen der röm. Kunstprosa. Nach Cicero ist sie ein opus oratorium (leg. 1, 5), nach Quintilian steht sie der Dichtung am nächsten als ein carmen solutum (inst. 10, 1, 31). Die Ermittlung der historischen Wahrheit galt zwar als Grundpostulat (Cic. de or. 2, 62 ff.), aber nicht Forschung, sondern künstlerische Gestaltung des Stoffes ist ihr Anliegen. Sie will den Leser unterhalten, durch exempla belehren (*magistra vitae:* Cic. de or. 2, 36) und, da ihre Autoren hauptsächlich Staatsmänner waren, politisch wirken. Eine von Römern aufgezeichnete Geschichte ihrer Historiographie besitzen wir nicht; knappe (stilistische) Beurteilungen bei Cic. de or. 2, 51 ff.; leg. 1, 5 f.; Quint. inst. 10, 1, 101 ff.

[2] *Ursprünge und Vorformen.* In den Adelshäusern bewahrten titulus und elogium das Andenken an Ämter und Taten der Verstorbenen; in den Familienarchiven befanden sich Aufzeichnungen (Cic. Brut. 62), welche die Grundlage für die → Laudatio funebris bildeten. Umstritten ist die Existenz der ‹Tafellieder›. Im staatlichen Bereich zeichnete das Pontifikalkollegium alljährlich die wichtigsten Ereignisse auf (tabula pontificis) und publizierte sie in der Gracchenzeit als → Annales maximi. Ferner gab es Verzeichnisse der Magistrate, Triumphatoren etc. (→ Fasti).

[3] *Besondere Formen röm. G.* Die Priesterchronik hat die spätere G. formal und inhaltlich mitgeprägt, so daß die jahrweise Erzählung der Geschichte Roms vorherrschend blieb (→ Annalistik). Auch die in spätrepublikanischer Zeit geschaffenen → Chroniken gehen z. T. auf die amtlichen Aufzeichnungen zurück. Hingegen leitet sich der → commentarius aus den Amtsjournalen der Beamten und Kollegien her; später gehört er in Gestalt von Memoiren und Tätigkeitsberichten der G. im weiteren Sinne an.

B. Geschichte der Geschichtsschreibung. [1] *Frühere Republik.* Die G. tritt in Rom erst gegen Ende des 3. Jh.s gleichzeitig mit dem historischen → Epos (→ Naevius) auf den Plan: → Fabius (11) Pictor und → Cincius Alimentus stellten sich in die Tradition der hellenistischen G. und schrieben griechisch (wie → Berossos und → Manetho), um der kritischen Beurteilung Roms in der griech. Welt entgegenzuwirken. Im Gegensatz zu den hellenistischen Literaten (und den ältesten Dichtern in lat. Sprache) waren es führende Männer Roms, die der G. von Anfang an Würde verliehen. Da auch ihre Nachfolger, P. → Cornelius (27) Scipio, → Acilius (1), → Postumius (1) Albinus, röm. Geschichte in griech. Sprache schrieben, drohte die ganze Gattung dem Lateinischen verlorenzugehen. Nachdem → Ennius sein Geschichtsepos ‹Annales› publiziert hatte, wurde diese Gefahr von M. Porcius → Cato (1) (234–149), dem Schöpfer der lat. Prosa und der wertenden Geschichtsbetrachtung, endgültig gebannt. Er stellte in seinen 7 Büchern ‹Origines› das organische Wachsen der röm. Macht aus gesamtitalischen Ursprüngen dar, mit starker nationaler Tendenz belehrend (Preis der virtus und des mos maiorum). Die auf ihn folgenden ‹*Älteren Annalisten*› (2. H. 2. Jh.) → Cassius (4) Hemina, L. → Calpurnius (11) Piso Frugi, Cn. → Gellius (1), → Vennonius, C. → Fannius (1) wandten ihre Aufmerksamkeit der älteren Republik zu, die ihre Vorgänger nur im Überblick (capitulatim) behandelt hatten. Trotz romanhafter und anekdotischer Ausschmückung der Vergangenheit scheinen sie ihre eigene Zeit, unter Beachtung der innenpolitischen Vorgänge (Fannius), relativ gewissenhaft dargestellt zu haben und sind im ganzen wohl besser als ihr Ruf (‹politische Tendenzschriftsteller›). Nach griech. Vorbild tauchen in dieser Zeit auch Sonderformen der G. auf: die historische Monographie und die Zeitgeschichte. → Coelius (1) Antipater schrieb im modernen pathetischen Stil eine Geschichte des 2. Pun. Krieges (Bellum Punicum), mehr literarisches Kunstwerk als echte Geschichtsdarstellung. → Sempronius (1) Asellio verfaßte eine Geschichte seiner Zeit (Historiae) bis zum Bundesgenossenkrieg. Er lehnte die einfache Tatsachenmitteilung ab und wollte (unter dem Einfluß der pragmatischen G. des → Polybios) die Beweggründe für das Handeln aufzeigen und zur aktiven Beteiligung an der res publica aufrufen. In der gleichen Zeit entstanden auch die ersten röm. → Autobiographien.

[2] *Spätere Republik.* In sullanischer Zeit setzten die später von → Livius (1) benutzten ‹*Jüngeren Annalisten*› (Q. → Claudius (26) Quadrigarius, → Valerius (2) Antias, C. → Licinius (11) Macer, Q. → Aelius (10) Tubero) die alte Tradition, röm. Geschichte von den Anfängen an zu schreiben, in umfangreichen Werken fort. Sie schmückten die älteste Geschichte romanhaft aus (Aristien), schreckten vor Geschichtsklitterungen nicht zurück (Übertragung der innenpolitischen Kämpfe ihrer Zeit in die frühe Republik; Fälschungen zum Ruhm ihrer gentes; maßlos übertriebene Zahlangaben bei feindlichen Verlusten etc.) und gelten als die Verderber der röm. G. Zeitgeschichte in biographischer Form schrieb → Voltacilius Plotus, der erste Freigelassene unter den röm. Historikern. Cornelius → Sisenna (gest. 67) behandelte romanhaft den Bundesgenossen- und den Bürgerkrieg und setzte damit wahrscheinlich erstmals das Werk eines Vorgängers (→ Sempronius (1) Asellio) unmittelbar fort. Der Rechtfertigung seiner Politik dienten → *Caesars* Commentarii rerum gestarum (De bello Gallico; De bello civili). Sie geben sich äußerlich als objektive Berichte des Statthalters und Politikers, verleugnen aber trotz des bewußt einfachen Kommentarienstils ihre Nähe zur kunstgemäßen G. nicht. Die im Corpus Caesarianum zusammengefaßten Berichte von Caesars Offizieren (Bellum Alexandrinum, Africum, Hispaniense) können sich weder sprachlich noch darstellerisch mit der Eleganz des Meisters messen. (G. in biographischer Form → Nepos (2); Kulturgeschichte → Varro (1); chronologische Hilfsmittel → Chronik). Am Ende der republ. Zeit gab → *Sallust* (86 bis 35), der ‹röm. Thukydides›, in seinen wie Dramen aufgebauten Monographien (Coniuratio Catilinae; Bellum Iugurthinum) eine Analyse der Zeit. Mit den 5 Büchern Historiae, die die Zeit 78–67 behandeln, setzte er das Werk des Sisenna fort. Die annalistische Form wurde zwar äußerlich beibehalten, aber Erzählungseinheiten geschaffen, in deren Mittelpunkt bedeutende Persönlichkeiten dieser Zeit standen. Das Grundthema der resignierenden G. Sallusts ist der politische und moralische Verfall der res publica und das Absinken der virtus Romana. Mit seiner archaisierenden Kunstsprache und ihrer energiegeladenen Kürze, mit seinen zensorischen Urteilen ist Sallust der große Vorgänger des → Tacitus (2) geworden.

[3] *Frühe Kaiserzeit.* Verloren ist die Zeitgeschichte (Historiae, von 60–42) des → Asinius (2) Pollio (76/75–5 n. Chr.). Er begann mit dem 1. Triumvirat und distanzierte sich vom Prinzipat, was man nicht mit gleicher Sicherheit von den Commentarii de bello civili des M. Valerius → Messalla Corvinus behaupten kann. Die großartigste historische Leistung der augusteischen Zeit vollbrachte → *Livius* (59–17 n. Chr.?) mit 142 Büchern röm. Geschichte ab urbe condita (bis 9 v. Chr.). Livius, politisch nicht hervorgetreten, war philosophisch und rhetorisch gebildet und hat den riesigen, oft behandelten Stoff imponierend bewältigt und in individueller Sprache die Erzählungskunst in der G. zu glanzvoller Höhe geführt. Ein Forscher war auch er nicht: in den erhaltenen Teilen seines Werkes – die Darstellung der Zeitgeschichte ist verloren – gestaltete er den von seinen annalistischen Vorgängern und → Polybios geprägten Stoff im Geiste der augusteischen Romidee neu.

Redlich um Wahrheitsfindung bemüht, voll innerer Anteilnahme am gottgewollten Aufstieg Roms zur führenden Weltmacht, wollte er seinen Zeitgenossen das Gefühl für die Werte und die moralische Überlegenheit des Römertums wiedergewinnen. Während bei ihm Rom im Mittelpunkt der Darstellung stand, schuf der aus keltischer Familie stammende → Pompeius (11) Trogus in 44 Büchern Historiae Philippicae (nur im Auszug des → Justin (2) erhalten) die erste Universalgeschichte in lat. Sprache (vgl. → Diodor (2), → Nikolaos (2) v. Damaskos). Sein Werk ist beherrscht vom Gedanken der translatio imperii (→ Augustin); die röm. Geschichte bis 19 v. Chr. wurde erst in den beiden letzten Büchern behandelt. Der nur 2 Bücher umfassende Geschichtsabriß (Historiae Romanae?), den → Velleius Paterculus bis zum Jahre 30 n. Chr. rasch niederschrieb, besitzt nur in der Darstellung der selbsterlebten Zeit, trotz schmeichelnder Verherrlichung des Tiberius, einigen Wert. Ebenfalls in tiberianische Zeit gehören die nach Sachgruppen geordneten ‹Denkwürdigen Taten und Aussprüche› (Facta et dicta memorabilia), die → Valerius (12) Maximus für den praktischen Gebrauch und zur belehrenden Unterhaltung zusammenstellte. Erhalten ist aus dem 1. Jh. n. Chr. nur die Alexandergeschichte des → Curtius (7) Rufus in 10 Büchern (Historiae Alexandri Magni Macedonis), ein historischer Roman, der die Aktualität des Alexandermythos in der Kaiserzeit bezeugt. Alle übrigen Geschichtswerke, Memoiren und Autobiographien aus dem 1. Jh. sind verloren: die kulturgeschichtlich orientierten Annales des → Fenestella; die oppositionelle, mit den Bürgerkriegen als neuem Einsatzpunkt der kaiserzeitlichen G. beginnende Darstellung des → Cremutius Cordus; → Aufidius (2) Bassus, der Livius fortsetzte und außerdem die ‹Germanenkriege› der augusteischen Zeit behandelte; die Zeitgeschichten des Kaisers → Claudius (1), des älteren → Seneca (1), des älteren Plinius (1), der 20 Bücher Bella Germaniae und eine bis Vespasian reichende Geschichte A fine Aufidi Bassi schrieb, die er vorsichtshalber erst nach seinem Tode publizieren ließ. Der Verlust dieser Werke wie auch der des → Servilius Nonianus (6), des → Cluvius (1) Rufus und des → Fabius (12) Rusticus ist bes. schmerzlich, weil sie von → Tacitus (2) benutzt wurden und wir so den Grad seiner Eigenständigkeit nicht abschätzen können. → *Tacitus* (2), Höhepunkt und Abschluß der frühkaiserzeitlichen G., begann als Konsular 98 mit der Biographie seines Schwiegervaters → Agricola (1) und der ‹Germania›, um dann in den unter Trajan und Hadrian entstandenen Historien und Annalen, die zusammen die Zeit 14–96 n. Chr. behandeln, die prinzipielle Auseinandersetzung mit dem Prinzipat zu führen und sich programmatisch zur virtus Romana zu bekennen. Vom Stoff her bot sich ihm die Möglichkeit, den Gegensatz zwischen rombezogener und Universalgeschichte aufzuheben, aber auch der Meister wollte nicht Form und Thematik der röm. G. beiseite schieben; er blieb ‹Annalist›, wußte aber, wie Sallust, dramatisch aufgebaute Handlungskomplexe und eindrucksvolle Charakterbilder zu gestalten. Vom Willen beseelt, objektiver als seine Vorgänger zu schreiben (*sine ira et studio*, ann. 1, 1, 3), schuf er in pointiertem, archaisierendem Stil düstere Gemälde der Kaiserzeit, voll bewegender Trauer um den Verlust der libera res publica. Mit T. bricht die kritische Auseinandersetzung mit dem Prinzipat und auch die Produktivität in der G. ab. Über die histor. Gesamtdarstellungen siegt die → Biographie (vgl. bes. → Sueton).

[4] *Spätere Kaiserzeit.* In *hadrianischer Zeit* behandelte → Granius Licinianus annalistisch die ferne Vergangenheit (163–78 v. Chr.), aus Livius schöpfend, ebenso wie → Florus, der alle Kriege Roms bis auf Augustus (Bellorum omnium annorum DCC libri II) rhetorisch verherrlichend darstellte und dabei nach griech. Spekulation die Epochen der röm. Geschichte mit den menschlichen Lebensaltern verglich. Seine Epitome hatte die gleiche starke Nachwirkung wie die Geschichtstabellen im ‹Merkbuch› (Liber memorialis) des → Ampelius. Wahrscheinlich noch ins 3. Jh. gehört → Justins (2) Auszug aus Trogus' Weltgeschichte, das Zeitalter dürftiger Inhaltsexzerpte und der Chroniken einleitend, mit denen die röm. G. wieder zu ihrer ältesten Vorform zurückkehrt. – *Spätantike:* Auf Veranlassung von Kaiser Valens (364–378) verfaßten zwei seiner Hofbeamten vielgelesene Geschichtsabrisse: → Eutropius (1) ein Breviarium ab urbe condita in 10 Büchern (fortgesetzt von Paulus Diaconus) und Rufius → Festus ein Breviarium rerum gestarum populi Romani. Iulius → Exuperantius stellte aus Sallust eine Geschichte des Marius und Sertorius zusammen. Die Annales des Senators → Virius Nicomachus Flavianus zeigen, daß in den Kreisen des nichtchristlichen Hochadels auch die alten Formen der G. belebt wurden. Unmittelbar an die Historien des Tacitus knüpfte → Ammianus Marcellinus mit 31 Büchern Res gestae über die Zeit 96–378 an, von denen die Darstellung der selbsterlebten Zeit erhalten blieb. Wie bei dem Griechen → Claudian erwies sich bei A. die kulturelle Anziehungskraft Roms, wo der einstige griech. Offizier sein Werk in einer bizarren Kunstsprache verfaßte. Neben der eigentlichen Reichsgeschichte, die mit großer Anschaulichkeit und Dramatik erzählt wird, hielt der Epigone A. auch die kleinen Begebnisse, Biographisches und Romanhaftes der Erzählung für wert. Den Niedergang des Reiches deutlich vor Augen, fand er Trost in der ihm verklärt erscheinenden Vergangenheit. Eine kärgliche Ergänzung zu seinem Werk bieten die Excerpta Valesiana. (Zur geschichtsphilosophischen Betrachtung der Christen → Augustin, → Orosius.) – Verloren sind die 7 Bücher Historiae des Q. Aurelius Memmius → Symmachus (3), während wir von der 12 Bücher umfassenden ‹Geschichte der Goten› → Cassiodors durch den 551 verfaßten Auszug des → Jordanes (De origine actibusque Getarum) wenigstens einen schwachen Abglanz besitzen.

C. Überlieferung. Außer Caesars Commentarien ist kein größeres röm. Geschichtswerk vollständig auf uns gekommen. Größere Teile sind erhalten von Sallust, Livius, Tacitus und Ammian. Das 2. Jh. besaß die älteren Historiker noch alle. Die ersten Verluste traten im 4. Jh. ein, als bei der Umschrift der Papyrusrollen in Pergamentcodices nur die in den Schulen Gelesenen weitertradiert wurden (zuverlässige Ausgaben auf Veranlassung der Symmachi und Nicomachi). Aber schon vorher hatte die formvollendete Darstellung die Vorgänger verdrängt: so ging durch das monumentale Werk des Livius die gesamte alte Annalistik verloren, nachdem sie in der Zeit des Archaismus eine kurze Nachblüte erlebt hatte, der wir wenigstens einige Fragmente aus ihren Werken verdanken; Tacitus verdrängte alle Darstellungen der frühen Kaiserzeit. Daß auch die zusammenfassenden Geschichtswerke teilweise verlorengingen (Livius), lag an der wachsenden Abneigung gegen die Lektüre umfangreicher Werke. R.T.

Lit: Fragmentsammlung: H. Peter, Historicorum Romanorum Reliquiae (HRR) I (1870), 1914²; II, 1906 – Ders., Die geschichtl. Lit. über d. Kaiserzeit bis Theodosius I., 1897 – A. Rosenberg, Einleitung u. Quellenkunde zur röm. G., 1921 – E. Howald, Vom Geist antiker G., 1944 – M. L. W. Laistner, The Greater Roman Historians, 1947 – H. Bengtson, Einführung in die Alte Geschichte (1949), 1962⁴ – Sammelband: Histoire et historiens dans l'antiquité, Fondation Hardt, Entretiens 4, 1956 – M. Gelzer, Der Anfang röm. G. (1934), in: Kl. Schr. III, 1964, 93ff. – F. Klingner, Röm. G. (1937), in: Röm. Geisteswelt, 1961⁴, 66ff. – Ders., Tacitus u. die Geschichtsschreiber des 1. Jh.s, a. O. 469ff. – L. Ferrero, Rerum Scriptor. Saggi sulla storiografia Romana, 1962 – A. Momigliano, Pagan and Christian Historiography in the Fourth Century A. D., in: The Conflict between Paganism and Christianity, 1963, 79ff. – J. Lana, La storiografia del basso impero, 1963 – Fr. Vittinghoff, Zum geschichtl. Selbstverständnis der Spätantike, HZ 198, 1964, 529ff. – G. Perl, Der Anfang der röm. G., FuF 38, 1964, 185ff. – *Zu Sprache und Stil:* E. Norden, Die antike Kunstprosa I, 1958⁵ – A. D. Leeman, Orationis Ratio. The Stylistic Theories and Practice of the Roman Orators, Historians and Philosophers, 1963 – *Zur Überlieferung:* K. Büchner, in: Geschichte der Textüberlieferung I, 1961, 309ff.

III. Christliche Geschichtsschreibung

Die christl. G. ist aus dem Streben erwachsen, der eigenen Deutung der Geschichte gegen die heidnische und jüdische ihr Recht zu erweisen. Schon ihre Urform, das lukanische Geschichtswerk (Apg.), zeigt diese Tendenz, die in den Werken des → Eusebios von Caesarea selbständige Geltung gewinnt. Seiner Weltchronik gingen freilich Chroniken des → Julius (4) Africanus und → Hippolytos voraus; spätere Fortführungen (→ Hieronymus) sollten folgen. Sein Hauptwerk jedoch, die ‹Kirchengeschichte›, nimmt in der Vorrede lukanische Motive auf, um unter inkarnationstheologischer Begründung die Kirchen-G. als Teil der göttlichen Theophanien in der Menschheitsgeschichte zu sehen und so einen christl. Neuansatz zur → Universalgeschichte zu geben. Ausführlich schildert er die Entwicklung des Christentums bis 323 n. Chr. und wies mit der Anwendung theologischer Werturteile neue Wege des Geschichtsverständnisses. Unter den zahlreichen Fortsetzern und Nachfolgern sind zu nennen Gelasios von Caesarea und sein Namensvetter von Kyzikos, dann → Sokrates (2), → Sozomenos und → Theodoret (aus denen, wie Theodorus Lector im Osten, so im Westen → Cassiodor bzw. Epiphanius eine vielgelesene ‹Dreigeteilte Kirchengeschichte› zusammenzogen). Bei Philostorgios (5. Jh.), Johannes v. Ephesus (Ende 6. Jh.) und Euagrios Scholastikos (gest. ca. 600) allerdings treten in der Kirchen-G. mehr die heftigen innerkirchlichen Kämpfe der Zeit hervor; auch politische und Kirchen-G. sind jetzt nicht mehr zu trennen. Auch auf die lat. Reichshälfte wirkte Euseb durch die Übersetzungen des → Hieronymus (Chronik) und → Rufin (Kirchengeschichte). Hier wurde die Kirchen-G. neu belebt durch den Zusammenbruch des Westreichs und die Eroberung Roms durch Alarich (410 n. Chr.), die die Heiden mit dem Abfall der Christen von der röm. Tradition begründeten. Man berief sich gegen diese Vorwürfe auf die Katastrophen der vorchristlichen Zeit, so → Augustin, der im ‹Gottesstaat› den Rahmen einer christl., Eschatologie und Teleologie in sich einenden Geschichtstheologie entwickelte. Ihre Ausführung in einem förmlichen Geschichtswerk übernahm → Orosius, der dabei wie vor ihm → Hieronymus (im Daniel-Kommentar) und nach ihm → Cassiodor das Schema der vier Weltreiche (Dan. 7), als deren letztes jetzt Rom galt, aufgriff, damit ein über das MA hinaus geltendes Periodisierungsschema schuf und die antike → Universalgeschichte fortsetzte. → Salvianus von Marseille findet die Gründe für den Niedergang Roms in moralischer Entartung. Unter den im Westen entstandenen Chroniken ist die bekannteste die des → Sulpicius Severus, die noch einmal die gesamte Menschheitsgeschichte zusammenfaßt. Später lockert sich mit der politischen Verbindung zwischen den westlichen Provinzen auch das geistige Band: → Gregor von Tours beschränkt sich in seinem historischen Werk auf Gallien, Beda Venerabilis (8. Jh.) auf Britannien, wobei auch hier sich politische und Kirchengeschichte durchdringen. → Hagiographie. K. St.

Q: → Stichworte – Gelasius v. Kyzikos, GCS 28 – Philostorgius, GCS 21 – Johannes v. Ephesus, CSCO 105/106 (lat. Übers.); dt. Übers. J. M. Schönfelder, 1862 – Euagrius Scholasticus, edd. J. Bidez–L. Parmentier, 1898 (Nachdr. 1964) – *Lit:* J. Daniélou, The conception of history in the christian tradition, JR 30, 1950, 171–179 – J. Straub, Christl. Geschichtsapologetik in der Krisis des röm. Reiches, Historia 1, 1950, 52–81 – R. L. P. Milburn, Early christian interpretations of history, 1954 (dt. 1956) – H. Zimmermann, Ecclesia als Objekt der Historiographie, SB Wien 235, 1960, 4 (Lit).

Geschirr. Die irdene Ware (ἀγγεῖα), auf der Scheibe gedreht und im Ofen gebrannt, bildet einen wichtigen Teil des antiken → Hausrats (Xen. oik. 9, 2). Gliederung nach der Benutzung in Gebrauchs- und Vorrats-G. Das *Gebrauchs-G.* umfaßt: *Trinkgefäße* (→ Phiale, → Skyphos, → Kantharos, → Kyathos), *Mischgefäße* (→ Krater, → Hydria bzw., ursprünglich, Kalpis; Nebenform Oinochoë); *Spendegefäße* (→ Lutrophoros für das Brautbad auf dem Grabhügel, → Lebes gamikos als Hochzeitsgefäß, Omphalosschale für Spendenguß, → Amphora und Hydria für Deponierungsspenden in Gräbern). Als Kühlgefäß dient

Abb. 71 Kühlen des Weins: Ein Jüngling schöpft mit einer Kelle in einen fußlosen Becher; das Kühlgefäß schwimmt auf dem Kühlwasser in einem großen Mischgefäß.

der → Psykter, ebenso der poröse Tonkrug. Für Salben und Öle dienen → Lekythos, → Pyxiden und → Alabastron. Zum Kochen gehören der tönerne Bratrost, die Bratpfanne, der Kochtopf und die Ἐσχάρα, eine flache Siedepfanne. Gekocht wurde mit Hilfe eines Dreibeins auf Holzkohle, kleinere Tragöfchen dienten zum Wärmen. Zukost (→ Ernährung) wurde in niederen Tellern, Schalen oder Näpfchen serviert. Zum Waschen wurden große Becken, → Lekanis und Balaneion, benutzt. Kinder und Säuglinge hatten eigenes, klein dimensioniertes G., darunter Saugflaschen, Tellerchen und Näpfchen. Zum G. gehören auch die → Lampen, flache Steilwandlampen und größere Schalenbecken (→ Kothon); ferner Einfülltrichter, Schöpfer, Untersätze und Ständer für fußlose Gefäße, Webgewichte aus Ton. Das → Epinetron, ein hohlziegelartiges Gerät, diente zum Drehen des Vorgarns. Mit zwei Schüsseln, übereinander gestellt, maß man den langsamen Abfluß des Wassers und damit den Ablauf der Zeit (→ Klepsydra). – *Vorratsgefäße* waren die → Pithoi, einerlei ob als Faß, als Bottich oder als große, fußlose Amphora ausgebildet. Die untere Hälfte des Gefäßes wurde in die Erde gesteckt, wodurch der Inhalt kühlgehalten wurde. F. E.

Lit: G. Richter-M. Milne, Shapes and names of Athenian Vases, 1935, passim – G. Richter, The craft of Athenian pottery, 1923, passim – B. A. Sparks-L. Talcott, Pots and pans of classical Athens, 1958 – R. M. Cook, Greek painted pottery, 1960, 217–241.

Geschlechterkult. Zu unterscheiden ist: (1) der Kult, den überall die Geschlechterverbände und Familien begehen, um von den zuständigen Göttern Segen und Fortbestand zu erwirken, (2) der Kult, der traditionell nur von Angehörigen bestimmter Familien stellvertretend für die gesamte Bürgerschaft gefeiert wird. Kultfeste im ersten Sinne sind für Athen die → Apaturien, im dor. Bereich etwa die → Apella, Kultgötter sind → Zeus Patroos, → Poseidon Phratrios, → Apollon Patroos, auch → Zeus Herkeios (Plat. Euthyd. 302 C). Auch G. im zweiten Sinne wird es überall gegeben haben: näher kennen wir ihn nur in Attika: → Eumolpiden und → Keryken (→ Eleusin. Mysterien), → Eteobutaden (Kult des Poseidon im Erechtheion und der Athena Polias), → Buzygen (zwei Priestertümer des Zeus), Thauloniden (Feier der Buphonien), Kynniden (Kult des Apollon Kynneios), Semachiden (ein Dionysoskult) usw. Wie es kam, daß diese Kulte Staatskulte wurden und doch in der Hand eines Geschlechts verblieben, wissen wir nicht.

Über den Kult hinausgehende Privilegien sozialer oder politischer Art haben diese Geschlechter in historischer Zeit nie besessen. O.G.

Lit: J. Toepffer, Att. Genealogie, 1889 – Nilsson I 671 f.

Geschütze. Sie wurden seit dem frühen 4. Jh. v. Chr. in der Belagerungstechnik (→ Festungsbau), später auch als Feldartillerie verwendet. Wie sich der → Onager aus der Schleuder entwickelte, so die → Katapulte aus dem Bogen, vgl. → Chalkotona. Während jener zur schweren Artillerie gehörte, zerfielen diese in Katapulte im engeren Sinne, → Euthytona, catapultae, Flach- oder Pfeilgeschütze (vgl. auch → Polybolon), und im weiteren Sinne in → Palintona, → ballistae, Steil- und Steinkugelgeschütze. Diese Bezeichnungen gehen in den Quellen oft durcheinander. Die zweiarmigen Katapulte erhielten ihre Triebkraft durch zwei senkrecht stehende Spannsehnenbündel (Sehnen, Frauenhaar: Polyb. 4, 56, 3), die manuell stark zusammengedreht (torquere; tormentum = Geschütz: Caes. Gall. 7, 41, 3), durch Seilwinden oder → Flaschenzüge noch weiter gespannt wurden und zwei Hebelarme aufnahmen, welche der Sehne die Schnellkraft verliehen, die einen Anfangsdruck von 12000 kg (Onager: 60000 kg) erreichte und eine Steinkugel von 2 kg über 300 m schossen. Eine Sonderform der G. war das → Aerotonon. W.K.

Lit: E. Schramm, Die antiken G. der Saalburg, 1918 – H. Diels, Antike Technik (1914), 1924³ – A. Bruhn-Hoffmeyer, Antikens artilleri, 1958.

Geschwisterehe. In Griechenland war die G. verboten, auch für Stiefgeschwister von derselben Mutter (Plut. Them. 32), jedoch zwischen Stiefgeschwistern von demselben Vater erlaubt (Nep. Cim. 1; Sen. apocol. 8, 2); in Rom galt die G. als Inzest (Tac. ann. 12, 7; Suet. Claud. 26, 3). In Ägypten war G. üblich und wurde von den → Ptolemäern übernommen. Vgl. → Familienrecht. W.K.

Lit: H. Thierfelder, Die Geschwisterehe im hellenist. röm. Ägypten, 1960.

Geselligkeit, geselliges Leben. Nach einem geschäftigen → Tageslauf erholte sich der Grieche im Kreise der Familie und Gäste. Sänger (Hom. Od. 9, 5) und später Zither- und Flötenspielerinnen (Plut. Kleom. 13; Liv. 39, 6, 7), → Hetären, Gaukler (Plut. Lyk. 19), Tänzer (Xen. symp. 2, 1) sorgten bei den → Symposia ebenso für Abwechslung wie die → Parasiten (Plaut. Capt. 471) oder das Spielen des → Kottabos. Ein geistvolles Gespräch galt Griechen und Römern als beste Unterhaltung (Cic. Cato 14, 46), doch kam diese oft über bloßen Klatsch (Mart. 9, 35; 7, 10; Hier. epist. 43, 2) nicht hinaus; bisweilen ließ man sich Witze vortragen (Hor. sat. 1, 5, 51) oder erzählte sich Anekdoten (Petron. 61. 63) und Rätsel, *γρῖφοι* (Schol. Aristoph. Vesp. 20; Gell. 7, 13; 18, 2). Häufig, aber bei den Gästen wenig beliebt (Plin. epist. 9, 17, 3), waren in Rom Lesungen des Hausherrn (Mart. 3, 44. 45) oder durch einen → Anagnostes; → Klienten (Mart. 10, 10) mußten sich hierzu ebenso einfinden wie zur → Salutatio, wenn sie eine Einladung zur → Mahlzeit und dem anschließenden Trinkgelage mit seinen → Geschenken erhofften. W.K.

Lit: Friedländer, I⁹ 238–264 – Blümner, Privataltertümer, 385–419.

Gesellschaftstheorie. [1] Die griech. → Philosophie handelt Probleme der menschlichen Gesellschaft in der → Ethik ab. Diese gliedert sich in Individualethik und → Politik, nur → Aristoteles fügt, z. T. angeregt durch die Sokratik (→ Xenophon, 1), die Ökonomik (Führung des Haushalts) hinzu. So konzentrieren sich die G.n auf den Staat; ein wenig wird noch die Familie berücksichtigt (die Dorfgemeinschaft, die das Bindeglied bildet, wird bei Aristoteles, pol. 1, 2 nur gestreift). Alle übrigen Gruppenbildungen (→ Vereine) werden von der Individualethik her betrachtet: wie verhält sich der Einzelne dem oder den anderen gegenüber?

[2] Die *Ökonomik* (Schriften erhalten von → Xenophon (1), Ps. → Aristoteles [= → Theophrast?], z. T. von → Philodem) behandelt den Umgang mit den Menschen, die einer Hausgemeinschaft angehören, und mit dem Besitz. Für die G. ist zweierlei wichtig: 1. Die Familie ist durch die Relationen Mann-Frau, Eltern-Kinder, Herr-Sklave gegliedert (hier kommen Fragen der Individualethik hinein). Aristoteles (Pol. Buch 1, eine Art Oikonomikos) rechtfertigt die Existenz von → Sklaven. Er betont die qualitativen Unterschiede zwischen Staat (als Ganzes dem Teil übergeordnet) und Familie und tadelt Platons (Politikos 259 B) Gleichsetzung von Hausherr und König; andererseits vergleicht er aber die drei genannten Relationen mit Aristokratie, Königtum und Despotie. – 2. Die Ausführungen über Erhaltung und Mehrung des Besitzes (Voraussetzung: Der Besitz ist ein Gut) werten die Berufe. Unter den naturgemäßen steht die Landwirtschaft obenan (Ps. Aristot. oik. 1, 2 und bes. Xen. oik.); nicht naturgemäß sind die Beschäftigungen, die mit Geld umgehen.

[3] Die Gesellschaften, die für den *Staat* entscheidend sind, die Klassen, werden erst durch die (meist stillschweigend vorausgesetzte) Anwesenheit von Fremden (in Platons Nomoi stellen sie gar die Erzieher) und Sklaverei (abgelehnt u. a. von → Alkidamas und wohl der → Utopie) verständlich. – In den meisten Idealstaaten (→ Staatstheorie) gibt es teils gleichberechtigte, teils ungleiche Klassen. Nur aus Platons → Psyche-Lehre (jeder Stand repräsentiert eine Tugend) sind in der Politeia die drei Klassen – Regenten, ‹Wächter› (Militär, Beamte), Handwerker und Bauern – zu verstehen. Wegen der strengen Arbeitsteilung entscheidet die natürliche Veranlagung über die Klassenzugehörigkeit. Die Ausbildung der (besitzlosen) Regenten und die der Wächter ist dieselbe, ein Aufstieg ist also möglich (der dritte Stand wird vernachlässigt). In den Nomoi, wo bes. viele arbeitende Nichtbürger vorausgesetzt sind, haben die 5040 Bürger gleich große Landlose, gleiche (z. T. militärische) Ausbildung, doch ungleichen sonstigen Besitz aus der Zeit vor der Einwanderung und damit unterschiedliches Wahlrecht. Aristoteles' Idealstaat (pol. Buch 7 und 8) steht auch hier wieder dem späten Platon nahe: Handwerker, Bauern und Tagelöhner zählen nicht zur Bürgerschaft. Die Bürger übernehmen in jungen Jahren militärische, später Regierungs- und Rechtsprechungsaufgaben; von Klassen kann also kaum gesprochen werden. – Drei gleichberechtigte Stände finden sich bei → Hippodamos (Handwerker, Bauern, Soldaten) und wohl auch bei → Euhemeros (Priester, Künstler, Handwerker; Bauern; Soldaten, Hirten), während → Iambulos vollkommene Gleichheit beschreibt (jeder leistet einmal jede Arbeit). – → Polybios (1) und → Cicero (rep.) setzen die gesellschaftliche Struktur von Volk, Senat und Konsuln, deren staatsrechtliche Funktionen sie beschreiben, als bekannt voraus.

[4] → Aristoteles (pol., bes. Buch 4) bestimmt die Verfassungen nicht nach der Zahl der Regierenden, sondern nach der herrschenden Bevölkerungsgruppe. Er legt das Gewicht auf den Besitz (vgl. schon Plat. Politikos 291), so daß sich zwei Gruppen und zwei Hauptstaatsformen – Reiche-Arme, Oligarchie-Demokratie – ergeben. Die Reichen gliedert er nur unscharf; die Hierarchie der Armen beginnt bei den Bauern und endet – nach Kaufleuten, Seeleuten u. a. – bei Handwerkern und Tagelöhnern (Kritik an Platons [rep. 2, 369] Berufsgliederung: 1291 a). Zur Erhaltung der Macht setzen die Herrschenden für das → Bürgerrecht ein ihnen genehmes Mindeststeueraufkommen fest und stützen sich auf ein ihrem Vermögen entsprechendes Militär, die Reichen auf Reiterei und schweres Fußvolk, die Armen auf leichtes Fußvolk und Marine. – Hierauf gründet sich seine durch zahlreiche Beispiele gestützte Lehre vom relativ besten Staat und den Verfassungsänderungen: 1. Für Aristoteles liegt das Gute zwischen zwei Extremen. Bes. in extremer Demokratie und Oligarchie wird die Herrschaft des Gesetzes untergraben, von den wenigen Reichen durch ihr persönliches Regiment, von der Masse der Armen, die für Bezahlung laufend Volksversammlun-

gen abhält, durch ihre Beschlüsse. Eine Verfassung, die zwischen den Extremen Oligarchie und Demokratie liegt, d.h. Elemente beider mischt, ist also die relativ beste (dies ist möglich, weil Aristoteles auch die kollektive Tüchtigkeit anerkennt). Sie stützt sich auf einen breiten Mittelstand, für den bereits → Solon eintrat. – 2. Im Unterschied zu früheren und späteren Denkern sieht Aristoteles (pol. Buch 5) die Gründe für Verfassungsänderungen (sie werden scharf von den Anlässen geschieden) nicht allein in der → Psychologie der Herrschenden. Ein Staat, der die relative Gleichheit verwirklicht hatte, kann dadurch ungerecht werden, daß sich der Besitz in den Händen weniger sammelt (Plat. leg. 5, 744E) oder ein Sieg einem bis dahin nicht gleichberechtigten Bevölkerungsteil mitverdankt wird. Die wenigen übermäßig Reichen und andererseits die neu zu militärischer Macht Gelangten werden auf eine angemessene Rechtsstellung drängen; schwillt die Masse der Besitz- und Rechtlosen an, droht eine Revolution. Neben Machtmißbrauch werden noch Stammesverschiedenheiten und Verschiedenheit der geographischen Lage (Athen-Piräus) angeführt, die Differenzen zwischen den einzelnen Landesteilen fördert. E.Msch.

Lit: A.Menzel, Griech. Soziologie, SB Wien 216, 1, 1936 – Weiteres → Staatstheorie, → Utopie.

Gesetz → Nomos, → Lex.

Gesichtsmasken, aus Goldblech getriebene Masken (vgl. → kret.-myk. Kunst, G 6), die auf das Gesicht des Toten gelegt wurden. Ein runder, fetter und ein «nordischer» Typ aus den → Schachtgräbern von → Mykene sind auffallend verschieden. G. sind auch aus nachmykenischer Zeit bekannt. Eine ähnliche Rolle wie die G. haben Gesichtshelme gespielt. W. Schg.

Lit: O. Benndorf, Antike Gesichtshelme u. Sepulkralmasken, Wien 1878 – G. Karo, Die Schachtgräber von Mykenae, 1930–33 – H. Biesantz, Die min. Bildnisgemmen, MarbWPr, 1958, 15–16 – *Abb:* S. Marinatos-M. Hirmer, Kreta u. das myk. Hellas, 1959, Abb. 162 bis 167, Taf. XXXIV.

Gesko, Karthager, Sohn des → Hamilkar (1) und Vater des → Hannibal (1), wurde nach der Niederlage des Hamilkar bei Himera 480/479 (→ Gelon) verbannt und flüchtete sich nach → Selinus, das im Kriege gegen Gelon Karthagos Bundesgenosse gewesen war. R.V.C.

Q: Diod. 13, 43, 5 (*Γέσκων*); Iust. 19, 2, 1 (Gisgo).

Gestik. [1] *Im Drama:* Da die Schauspieler des 5. Jh.s vor Chr. wegen ihrer → Masken nicht durch Mienenspiel innere Bewegungen verdeutlichen konnten (→ Vultus), war die G. neben dem bloßen Wort das einzige Mittel, ihre Emotionen zum Ausdruck zu bringen. Während sie in der Komödie zuweilen heftige und lebendige Formen annahm, wird sie in der Tragödie wegen des langen und weiten Gewandes auf langsame und gemessene Bewegungen bes. der Arme und Hände beschränkt gewesen sein.

[2] *In der Rhetorik:* → Pronuntiatio. E.-R. Sch.

Lit: C. Sittl, Die Gebärden der Griechen und Römer, 1890 – H. Hommel, Vox und gestus, in: Studien zu Tacitus, Festschr. C. Hosius, 1936, 124–129 – I. Jucker, Der Gestus des Aposkopein, 1956 – G. Neumann, Die Gebärden der Griechen, 1965.

Gestirnglaube, -religion, → Sternglaube.

Geta (Lucius Septimius G.), röm. Kaiser 211–212, geb. 189, Sohn des → Septimius (3) Severus und der → Julia (6) Domna, 198 zum Caesar, 209 zum Augustus ernannt; übernahm nach dem Tod des Severus (4. Febr. 211) mit seinem Bruder → Caracalla zusammen die Herrschaft. Nach Herodian (4, 3, 5) soll er eine Reichsteilung vorgeschlagen haben: Asien und Ägypten mit Kyrene wären ihm zugefallen; als Residenz war Alexandria bzw. Antiochia vorgesehen, in Chalkedon und Byzanz sollten starke Garnisonen den Schutz der «gottgewollten» Grenzen übernehmen. Julia Domna habe sich diesen Plänen widersetzt. Caracalla lehnte überhaupt die Samtherrschaft ab und ließ G. ermorden (26. Febr. 212). J. Str.

Lit: → Caracalla.

Geten, große thrakische Stammesgruppe beiderseits der unteren Donau, nördl. des Balkans, zu der auch die → Daker in Siebenbürgen gehörten, Nachbarn der → Skythen. E.M.

Lit: A. Alföldi, The Getae and the Dacians, CAH XI, 1936, 77–89.

Getränke. Wichtigstes Getränk der Griechen und Römer war der → *Wein* (Ath. 1, 28D; Plin. nat. 1, 9–148). Die besten Sorten kamen von Chios, Lesbos, Rhodos; in Italien waren beliebt der Aminäische Wein, der Massiker, Surrentiner, Falerner (Colum. 3, 8, 5). Für das Trinken galt eine Mischung (Hes. op. 569) von 1 Teil Wein zu 3 T. Wasser; warmes war beliebt (Petron. 65, 7). Bei → Mahlzeiten und auf Reisen (Apic. 1, 2) wurde mit Honig vermischter (Petron. 34, 1) oder reiner Wein getrunken (Hor. sat. 2, 8, 15; Gal. 10, 833). Gewürzt wurde er mit Myrrhen (Plin. nat. 14, 92f.), Wermut (Diosk. 5, 49), Pfeffer (Apic. 1, 1). Landwein kostete in Pompeji 1 → As, Falerner 4 (CIL 4, 1679), importierte Modeweine in Rom 60 Asse pro halben Liter (Colum. 3, 3, 10; Plin. nat. 14, 95). Sklaven erhielten bis zu einem knappen Liter pro Tag (Cato agr. 57). Auf dem Lande trat zu Wein und Wasser (Ath. 2, 40F) noch die *Milch* (Cic. Cato 16, 56); Schaf- und Ziegenmilch wurden bevorzugt (Verg. georg. 3, 308; Plin. nat. 28, 123). W.K.

Lit: C. Seltman, Wine in the Ancient World, 1957.

Gewerbe und Industrie

[1] In den altoriental. Staaten – [2]–[3] Im archaischen und klass. Griechenland – [4] Im republikan. Rom – [5] Hellenismus – [6] Röm. Kaiserzeit – [7] Spätantike – Vgl. zu den einzelnen Gewerben, ferner: → Verkehr, → Wirtschaft und Handel, → Technik, → Arbeit. G. = Gewerbe; I. = Industrie; H. = Handwerk.

[1] Während sich in den *altorientalischen Staaten* die einzelnen Haushalte mit h.lichen Produkten noch weitgehend selbst versorgten, entwickelte sich in den Großhaushalten der Königs- und Tempelwirtschaft ein G., das selbst bei rechtlicher Selbständigkeit der H.er von diesen Wirtschaften als den wichtigsten Abnehmern ganz abhängig war. Dadurch bedingt, sind Preiswerk und freie Werkstätten kaum nachweisbar; der freie H.er war trotz der bereits vorhandenen Typisierung der Produkte und trotz beginnender Arbeitsteilung (→ Arbeit, 3) auf einen Nebenberuf oder auf Wanderung angewiesen, wodurch sich zugleich das G. zunehmend in den Städten konzentrierte.

[2] Auch im *archaischen Griechenland* wurde das H. erst allmählich selbständig; zuerst arbeitete wohl allein der Schmied (→ Metall B) in eigener Werkstatt. Hier hat die Einführung des → Geldes im 6. Jh. v. Chr. die entscheidende Wende herbeigeführt. Mit der Möglichkeit, den lokalen Markt geldwirtschaftlich zu erfassen und dank dem handlichen Tauschmittel auszuweiten, entstand der Anreiz zu h.licher Produktion auf Vorrat. Den Ansatzpunkt für die Entwicklung von G. und I. bildeten wahrscheinlich die → Töpferwerkstätten, die in → Korinth bereits in der 2. H. des 7. Jh.s v. Chr. Arbeiter beschäftigten und Ware für den Export herstellten. Ähnliche Werkstätten entstanden im 6. Jh. v. Chr. in Athen, Lakonien, Kleinasien und Unteritalien; nach Ausweis der Vasensignaturen bestanden sie über einen längeren Zeitraum und wurden in der Familie auch vererbt (Eigentümer neben → Metöken auch att. Bürger). In der 2. H. des 6. Jh.s v. Chr. erreichten diese Töpfereien, deren Produkte meist von ion. Händlern für den Fernexport übernommen wurden, die Betriebsform des → Ergasterion. Im Schmiede-H. und in der → Lederverarbeitung zeichnete sich eine ähnliche Entwicklung ab, während namentlich Kunst-H.er weiterhin ohne eigene Werkstatt auf Wanderung angewiesen waren.

[3] Parallel zum → Handel wurde die *klassische Zeit* in Griechenland auch im H. durch eine starke Berufsspezialisierung gekennzeichnet. Im Töpfer-H. wurden → Ziegel, → Vasen, → Lampen und Figuren (→ Terrakotten) von spezialisierten H.ern hergestellt, in der → Holzverarbeitung trat eine Differenzierung vor allem zwischen Stellmacher,

→ Schiffsbauer, → Möbeltischler und Holzbildhauer (→ Plastik A 2) ein, und die Bearbeitung von → Elfenbein, Horn und → Stein wurde selbständig. In der Lederverarbeitung traten neben den Schuster der Sattler, Halfter- und Schildmacher, im Schmiedehandwerk verselbständigten sich Silber-, Gold-, Kupfer-, Eisen- und Waffenschmiede (jeweils für einzelne Waffen), Reliefbildner und → Münzschneider und im Textil-G. (→ Weben) Walker und → Färber, aber etwa auch Spezial-H.er in der Stickerei und in der Herstellung von Kissen und Filzen. Dieser Spezialisierung entsprach zwar eine weitere Ausbreitung der → Ergasteria, die jetzt für fast alle G.zweige nachweisbar sind, daneben blieben aber auch primitive Betriebsformen weitgehend erhalten. Am stärksten dem Haus verhaftet waren das Nahrungsmittel- und das Textil-G. Im fremden Auftrag arbeitete noch die gleiche Person als Müller, Bäcker und Koch in einem → Oikos, eine stärkere Spezialisierung setzte sich hier wohl erst im 4. Jh. v. Chr. durch. Daneben gab es allerdings auch schon im 5. Jh. v. Chr. Handmühlenbetriebe (→ Mahlen) – meist mit Bäckerei (→ Brot) verbunden – als Ergasterien und ebensolche → Ölmühlen. Im Textil-G. fiel dem selbständigen H. im wesentlichen die Herstellung von Luxuswaren und die Massenproduktion von Sklavenkleidung zu, die etwa in Megara einen bedeutenden Erwerbszweig bildete. Diese H.s-Betriebe scheinen nicht selten aus der Hauswirtschaft hervorgegangen oder einem anderen Ergasterion angegliedert worden zu sein. Im Töpfer-G. eroberten sich die Ergasterien von Athen den Markt im Mittelmeerraum; erst im 4. Jh. v. Chr. wurden Unteritalien und das Pontosgebiet selbständig. – Trotz der Spezialisierung kam es im allgemeinen nicht zum Zusammenschluß verschiedener Handwerker in einem → Ergasterion. Das persönliche Element war für diese Betriebe ausschlaggebend. Wenn die Verzinsung in der Regel über dem normalen Kapitalzinsfuß (→ Zins) lag, so war das nur eine Folge der billigen Arbeitskräfte (→ Arbeit, 2); die Mühlenbetriebe zeigen, daß eine Mechanisierung noch ganz fehlte. Für die Beurteilung der Betriebsformen ist es auch aufschlußreich, daß etwa der Staat bei der Vergabe von Bauaufträgen dem Unternehmer im Normalfall das Material für die Ausführung stellte. Insgesamt herrschte bei aller Verfeinerung, die durch Spezialisierung erreicht wurde, der Kleinbetrieb vor, und die → Wirtschaft der Zeit wurde nicht durch einen industriellen Charakter bestimmt.

[4] Im *republikan. Rom* entwickelten sich G. und I. wesentlich langsamer. Die Berufe der Flötenspieler (→ Musik C 2), Gold- und Bronzeschmiede, Töpfer, Handwerker in Stein, Holz und Metall (fabri), Lederarbeiter, Färber und Walker sind seit dem 5. Jh. v. Chr. nachzuweisen und zeigen an, daß hier noch keine stärkere Spezialisierung eingetreten war. In → Technik und Betriebsformen war dieses H. dem der etrusk. und griech. Nachbarn deutlich unterlegen. Erst die Verbindung zur Welt des Hellenismus im 3. Jh. v. Chr., die Übernahme des Münzgeldes und die Notwendigkeit, im 1. und bes. 2. → Pun. Krieg eine intensive Kriegs-I. zu entwickeln, schufen die Voraussetzungen dafür, daß Rom seit Beginn des 2. Jh.s v. Chr. auch auf wirtschaftlichem Gebiet mit dem griech. Osten konkurrieren konnte.

[5] Hier hatten die Eroberungen Alexanders d. Gr. trotz der politischen Spaltung seines Reiches in Einzelstaaten ein einheitliches Wirtschaftsgebiet von bisher unbekanntem Ausmaß entstehen lassen. Aber diese Ausweitung des Marktes veränderte und intensivierte im *Hellenismus* in erster Linie den → Handel. G. und I. nahmen zwar an der allgemeinen Aufwärtsentwicklung teil, bes. durch die Übernahme technischer Erfindungen in einzelnen G.-zweigen, aber immer nur von ihrer früheren Basis aus. Im Fortgang der Berufsspezialisierung löste sich jetzt im Textil-G. auch die Verarbeitung der → Wolle nach der Schafschur und das → Spinnen von der Hauswirtschaft; die mannigfachen Berufsbezeichnungen weisen auf weitere Spezialisierung und die Errichtung eigener Werkstätten hierfür im griech. Osten und in Italien hin. An technischen Neuerungen wurden von Ägypten ein verbesserter Webstuhl zur Fertigung feiner Gewebe, eine Stoffpresse, die auf dem Prinzip der Archimedischen Schraube (→ Mechanik B 3) beruhte, und wahrscheinlich neue Färbverfahren eingeführt. Das G. stellte also weiterhin im wesentlichen Luxuswaren bzw. billige Imitationen davon her. Für den täglichen Bedarf der unteren Schichten wurde eine Massenfabrikation nicht gefordert, und deshalb entstand trotz technischer Kenntnisse auch keine → Fabrik. Bes. gut sind wir über Ägypten unterrichtet, wo ein staatliches → Monopol für die Erzeugung von Textilrohstoffen bestand. Die Hersteller der verschiedenen Textilspezialitäten waren kleine H.er, die im Besitz eigener Geräte wenigstens zum Teil für den König arbeiteten. Königl. → Ergasteria größeren Umfangs gab es in Alexandria (textrinum), andere arbeiteten im Dienst der Tempel und der großen Benefizialgüter (Dorea). Zur → Fabrik ist es auch hier nicht gekommen. Ähnliches gilt wahrscheinlich auch für Italien, wo die röm. Gutsbesitzer von ihren Sklaven über den Hausbedarf hinaus Textilien für den Markt herstellen ließen und dafür Ergasteria ihrem ländlichen oder städtischen Haushalt angliederten oder die Sklaven bzw. Freigelassenen unter Weiterbildung des → Apophorasystems auch in kleinen Werkstätten auf eigenes Risiko gegen Leistung einer Abgabe an den Herrn arbeiten ließen. Das Textil-G. kann dabei als Exempel für die Entwicklung der meisten G., vor allem der Keramik, Metall- und Lederverarbeitung und auch des jetzt stark spezialisierten Nahrungsmittel-G.s, dienen. – Auch für die Massenproduktion der ptolemäischen Großbetriebe in Papyrus, Glas und Leinwand (das Streben nach Absatzgebieten für diese Waren bestimmte mitunter die große Politik) gehörte die Abnehmerschicht dem gehobenen Bürgertum an, und mit seiner fortschreitenden Verarmung sank zugleich die Produktion. Die größten Fortschritte sind in der hellenist. Zeit in der Bau- und Kriegs-I. zu verzeichnen. Hier hat das Kapital der Könige zum erstenmal eine enge Verbindung von Wissenschaft und Technik ermöglicht. Zahlreiche Erfindungen dienten den Großbauten der Residenzen und der Anfertigung von → Belagerungs- und anderen Kriegsmaschinen. Die Ausführung erfolgte wahrscheinlich in staatlicher Regie und faßte große Arbeitermassen zusammen.

[6] Die Erfindungen des Hellenismus kamen in anderen G.zweigen erst in der *röm. Kaiserzeit* zur vollen Auswirkung. Hierzu gehören vor allem die Verwendung von Zement und Ziegeln und die Ausbildung der Bogen- und Kuppeltechnik im Bau-G. (→ Architektur II A), die Erfindung des → Glasblasens, die die Bereitstellung großer Mengen billigen Fensterglases und damit die Ausbreitung der Stadtkultur in den gemäßigten Zonen erst ermöglicht hat, und die Anwendung des Luftdrucks zu der aus der hellenist. Wasserorgel (→ Hydraulis) entwickelten Orgel (→ Musikinstrumente B 7). Erst im Laufe der Prinzipatszeit wurde das bereits altorientalische Prinzip des Blasebalgs so verbessert, daß man im 4. Jh. n. Chr. nicht nur Gußeisen, sondern auch → Stahl herstellen konnte (→ Metall B). Die Verbreitung dieser technischen Neuerungen wurde durch die Erweiterung und weitgehende Vereinheitlichung des Wirtschaftsgebietes im Imperium Romanum entscheidend gefördert. Die weitere Berufsspezialisierung ging zunächst einer landschaftlichen Spezialisierung parallel. Da jedoch die technischen Verfahren noch relativ einfach waren, wurden sie bald in anderen Reichsteilen übernommen. So produzierte im Töpferei-G. der ital. Raum zunächst die beste → Terra sigillata ohne Konkurrenz, fast ebenso Tonlampen und → Ziegel, wurde aber schon vom 1. Jh. n. Chr. an wechselnd von Spanien, Gallien, Ägypten, Syrien und Kleinasien überflügelt, z. T. sogar auf dem ital.

Markt. In der Glas-I. entstanden außerhalb Ägyptens etwa in Aquileia und Köln wichtige Zentren. Die Herstellung billiger Metallwaren wurde aus Italien vornehmlich von Gallien und Spanien übernommen. Da so auf die Dauer die Regionalbedürfnisse an Ort und Stelle befriedigt werden konnten, fehlte die Notwendigkeit zur Vergrößerung der Betriebe. Private Großfirmen entstanden deshalb bezeichnenderweise lediglich im 1. Jh. n. Chr. in Italien und Gallien im Zusammenhang mit der Produktion und dem Vertrieb der Terra sigillata. Massenerzeugnisse, vor allem im Textil-G., wurden zunehmend in H.s-Betrieben der privaten und staatlichen Großgüter hergestellt. Dadurch wurde der Dorf-H.er dem städt. Konkurrenten allmählich ebenbürtig. Der daraus resultierende Rückgang des freien städt. H.s, der bis in die Prinzipatszeit für die Entwicklung von G. und I. bestimmend war, brachte den Staat dazu, seit dem 2. Jh. n. Chr. Staatswerkstätten *(fabricae)* für die Befriedigung seiner eigenen Bedürfnisse im Heer, der Flotte, am Hof und in der Bürokratie zu schaffen. Dabei entstanden für fast alle G. Großbetriebe, mitunter mit mehreren hundert Arbeitern, die jedoch über die Betriebsform des → Ergasterion nicht hinauswuchsen, manchmal auch nur im Verlagssystem freie H.er in Heimarbeit beschäftigten. Diese fabricae führten zur weiteren Schrumpfung des privaten städt. H.s. Um den Verfall der antiken Stadtkultur, auf der die politische Herrschaft basierte, zu verhüten, griff deshalb auch hier der Staat am Ausgang der Prinzipatszeit ein, nahm die zunächst in freiwilligen → Zünften zusammengeschlossenen städt. H.er fast aller G.zweige für Staatslieferungen zwangsweise in Anspruch und band die H.er an ihre Zünfte und ihren Beruf.

[7] In der *Spätantike* wurden Staatsmanufakturen und Zwangskorporationen vom Staat planmäßig weiter ausgebaut. Die Zugehörigkeit zu ihnen kam zunehmend einer Privilegierung gleich, und die Neuaufnahme wurde durch Eintrittsgelder erkauft. Auch größere private G.betriebe existierten daneben weiter; sie konnten allerdings in der Regel weder mit den Staatsmanufakturen noch mit den Betrieben konkurrieren, die sich jetzt – namentlich in Ägypten – in Verbindung mit den Großklöstern (→ Mönchtum) entwickelten. Soweit aber das Imperium Romanum ungehindert herrschte, blieben die Strukturverhältnisse in Gewerbe und Industrie, wie sie im Hellenismus und in der Prinzipatszeit entwickelt worden waren, im wesentlichen unverändert. H. Br.

Lit: H. Francotte-H. Gummerus, RE 9,1 (1916), 1381–1535, s. v. Industrie u. Handel – A. W. Persson, Staat u. Manufaktur im röm. Reiche, 1923 – J. Hasebroek, Griech. Wirtschafts- und Gesellschaftsgesch., 1931 – M. Rostovtzeff, Gesellsch.- u. Wirtschaftsgesch. der hellenist. Welt, 3 Bde (engl. 1941), 1955 (Lit) – Ders. (ed. P. M. Fraser), The social and economic history of the Roman empire, 2 Bde (1926), 1957² – T. Frank (Hg.), An economic survey of ancient Rome, 5 Bde (1933–40), 1959 (Lit) – F. M. Heichelheim, An ancient Economic history I–II (dt. 1938), 1958–64² (Lit).

Gewichte → Anhang V.

Gewölbe. [1] Das *falsche G.* oder *Krag-G.* mit meist spitzbogigem Querschnitt, bestehend aus über die untere Lage vorkragenden Steinen mit horizontaler Lagerfläche, wurde seit kret.-myk. Zeit zur Überdeckung von Gängen (→ Stadt I F), → Brücken und → Kuppelgräbern (mit Spannweiten bis zu 14,5 m) verwendet. Spätestens seit 300 v. Chr. tritt im *griech. Bereich* das *echte G.* mit radial gelegten Fugen auf, das aber nur für untergeordnete technische Aufgaben (z. B. Tonnen-G. über Stadttoren, denen aber oft ein gerader Sturz vorgeblendet wurde; gewölbte Substruktionen der Eumenes-Halle in → Athen) angewendet wurde, soweit nicht die Wölbung als Träger eines bestimmten architektonischen Ausdrucks gebraucht wurde: so am → Didymaion (→ Architektur D 3), wo 2 enge, tunnelartige Gänge schräg abwärts in das ‹Adyton› führen, oder über den Grabkammern makedon. Tumuli (→ Grab C 3), wo das Geheimnisvolle, Unterirdische dieser Anlagen durch das G. betont wird. Daß das G. als Mittel zur Gestaltung monumentaler Räume fehlt, unterscheidet grundsätzlich die griech. von der röm. Architektur. G. Gb.

[2] Zum G. im *röm. Bereich* → Architektur II A 4; → Kuppel.

Gewürze → Aromata.

Gezer (arab. tell ǧezer bei abu šūše, nw. Emmaus), Ort im judäischen Hügelland, seit der frühen Bronzezeit (3. Jt. v. Chr.) besiedelt und seit dem 16./15. Jh. v. Chr. literarisch bezeugt (18. ägypt. Dynastie, → Amarna-Briefe). G. stand nacheinander unter ägypt., israelit. und philistäischem Einfluß (vgl. → Judentum A 2 ff.); seine Geschichte endet in hellenist. Zeit. H. Dn.

Lit: R. A. St. Macalister, The Excavation of G. I–III, 1912.

Gibeon (arab. el-ǧīb), nordwestl. von Jerusalem (Kt. 2196 A 6), ein Glied des Querriegels kanaan. Stadtstaaten zwischen dem Nord- und Südteil des israelit. Siedlungsgebietes (Jos. 9). Die umstrittene Frage der Lokalisation von G. ist durch die modernen amerikan. Grabungen zwar nicht gelöst, doch hat G. die Wahrscheinlichkeit für sich. H. Dn.

Lit: J. B. Pritchard, G., Where the Sun Stood Still, 1962.

Giebel (gr. ἀ(ι)ετός, ‹Adler›), dreieckiger Stirnteil des Satteldachs; das vom Horizontal- und Schräggeison gerahmte Giebelfeld *(Tympanon)* enthält bei Sakralbauten oft → Giebelskulpturen; → Tempel B [4]. G. Gb.

Giebelskulptur. Daß man gerade die Giebel figürlich dekorierte, obwohl die dreieckige Form dafür wenig geeignet ist, erklärt sich daraus, daß die tektonisch tragenden Teile beim dorischen Bau keine Bilder tragen können, während sich in Metopen, Giebeln und Akroteren das plastische Wesen des Bauwerks verdichten kann. Die ältesten figürlichen Giebel sind bald nach der Erfindung der kanonischen Dachform im Korinth des 7. Jh.s nachweisbar (→ Kerkyra; → Alkmeonidengiebel; → Olympia; → Gigantengiebel, → Parthenonskulpturen). K. Schf.

Lit: A. von Salis, Klass. Komposition, in: Concinnitas, 1944, 172–212 – E. Lapalus, Le fronton sculpté en Grèce, 1947.

Giganten, von Ge, der Erde, geboren (daher auch ‹Gegeneis›), als bei der Verstümmelung des → Uranos Blutstropfen auf die Erde fielen. Riesen mit Schlangen statt der Füße. Von ihrer Mutter um irgendeines Unrechts willen gegen die olympischen Götter aufgehetzt. Ein Kraut, das sie völlig unbesiegbar gemacht hätte, vermag Zeus wegzupflücken, aber da sie ohnehin nur durch mit einem Sterblichen verbündete Götter überwindbar waren, muß er sich auch noch der Hilfe des → Herakles versichern. Die *Gigantomachie* bei Phlegra (auf Chalkidike oder bei Neapel lokalisiert) endet durch Tapferkeit und List der Götter und des Herakles (der → Alkyoneus tötet) mit ihrem Sieg, die G. werden z. T. unter Inseln oder Vulkanen eingekerkert (Enkelados unter Sizilien, Polybotes unter Nisyros, → Typhon unter Arima). – Im Gegensatz zu den → Titanen, denen sie sonst in der Verbindung zu den Naturgewalten von Vulkanen und Erdbeben sehr gleichen, waren sie ohne Kult und nach den (z. T. sprechenden) Namen – Agrios, Phoitos, Thoon, Hippolytos, Ephialtes – griech. Ursprungs.

Darstellungen: Die Gigantomachie vom 2. Viertel des 6. Jh.s ab mit Sicherheit nachweisbar, vor allem auf Vasen und Tonpinakes. Bedeutendste Darstellungen in der Architekturplastik (Siphnierschatzhaus, Peisistratidentempel auf der Akropolis, Tempel *F* und *E* in Selinunt, Ostmetopen am → Parthenon, Metopen am Suniontempel und am Heraion in Argos, Fries von Priene, → Pergamonaltar). Wichtig zwei figurenreiche Kratere aus der Mitte des 5. Jh.s (Facenna, Arch. Cl. 6, 1954, 256 ff.; Ars Antiqua A. G., Auktion III, Luzern, 1961, Nr. 109). Bedeutsam wegen ihrer in der Vasenmalerei faßbaren Nachwirkung die Gigantomachie auf der Innenseite des Schildes der Athena Parthenos (zuletzt Schauenburg, AntK 5, 1962, 2, 51–64); hier erscheinen zum erstenmal die Götter oben, die Giganten unten. Schlangenbeinige G. erstmals um 400. Dieser Typus dann später kanonisch, berühmtestes Beispiel der → Pergamonaltar (1. H. d. 2. Jh.s v. Chr.). – Die G. werden als Hopliten wiedergegeben, nach 450 immer häufiger nackt. Felsen als Waffe und Fell als Gewand in der Frühzeit selten. Meist bärtig. Besondere Wildheit vorhellenistisch selten belegt. Häufig auch in der etr. und röm. Kunst. – *Lit.*

dazu: F. Vian, Répertoire des gigantomachies, 1951 – Ders., La guerre des géants, 1952 – Ders., EAA III, 1960, 888–894 – Vgl. Ars Antiqua A.G., Luzern, Auktion 3, 1961, Taf. 48, 109. K. Schb.

Gigantengiebel. Der alte Athenatempel der Akropolis wurde gegen 520 erneuert, wobei Dach, Akrotere und Giebelskulpturen nach Ausweis der zahlreichen Fragmente nicht mehr in Kalkstein, sondern (erstmals in der att. → Architekturgeschichte) in Marmor ausgeführt worden sind. Im O-Giebel der → Gigantenkampf. E. Bg.

Q: Akropolis Mus. 631, 4097/98, 4100, 3074,69 – *Lit:* Brunn-Bruckmann, 471 f. – E. Buschor, Burglöwen, AM 47, 1922, 101–103 – K. Schefold, Statuen auf Vasenbildern, JdI 52, 1937, 38 – Lippold, GrPl 75, Taf. 21, 1.

Gigantomachie, spät bezeugter Titel für eine epische Dichtung wohl des frühen 6. Jh.s, die aus um 550 plötzlich auftretenden detaillierten Bildern zu erschließen ist und wie diese mit der Ausgestaltung der Panathenäen 566 zusammenhängen dürfte; später mit der älteren → Titanomachie verbunden. K. Schf.

Lit: Schmid-Stählin I 1, 1929, 201, 3 (Zeugnisse) – Schefold, FS, 60 f.

Gildo, ca. 330–398 n. Chr., Maure, seit 385 comes Africae, brachte den → Donatismus in Nordafrika zu beherrschender Stellung, gründete auf sein brutal zusammengetragenes Vermögen eine despotische Herrschaft, zu deren Sicherung er sich 397 dem oström. Kaiser → Arcadius unterstellte. → Stilicho entsandte gegen den vom Senat zum Staatsfeind erklärten G. eine Truppe unter dessen Bruder Mascizel, der Frühjahr 398 bei Theveste das gildonische Truppenkonglomerat mühelos zerschlagen konnte. G. wurde gefangen und am 31. 7. 398 erdrosselt. K. H. Sch.

Lit: H. J. Diesner, Gildos Herrschaft und Niederlage bei Theveste (Tebessa), Klio 40, 1962, 178–186 (Lit).

Gilgameš-Epos. Die 11-(bzw. 12) Tafel-Rezension des G.-E. aus der Bibliothek → Assurbanipals faßt in einheitlicher dichterischer Konzeption verschiedene zunächst selbständige Dichtungen über den König G. von Uruk zusammen. *Episoden:* 1. G. hält seine Stadt in harter Fron. Die Göttin Aruru schafft als seinen Gegenspieler den Steppenmenschen Enkidu, der von einer Dirne in die Zivilisation eingeführt und in Uruk G.' Freund wird. – 2. Gemeinsam ziehen sie zum Zedernwald (Libanon); Enkidu erschlägt Chuwawa, den Wächter der Zeder des → Enlil. – 3. → Ištar trägt G. ihre Liebe an, die er unter Hinweis auf das Schicksal ihrer früheren Liebhaber (z. B. → Dumuzi) ausschlägt. Zornig sendet sie den Himmelsstier, der die Erde verwüstet. Enkidu erlegt ihn mit G. und wirft seine Keule Ištar vor. – 4. Als Strafe für diese Taten muß Enkidu qualvoll sterben, nachdem er im Traum eine Vision des Totenreiches hatte. – 5. Sein Tod veranlaßt G. zur Suche nach dem ewigen Leben. Er gelangt durch das Mašu-Gebirge und den Edelsteingarten zur Schenkin Siduri, die ihm zum Genuß irdischer Freuden anstelle seiner vergeblichen Suche rät. Uršanabi, Fährmann über das Wasser des Todes, bringt ihn zu Utanapišti, dem babylon. Sintfluthelden. Nach dem Bericht von der Flut erzählt er G. das Geheimnis des Lebenskrautes, das G. dann vom Meeresgrund heraufholt, das ihm auf dem Rückweg jedoch von einer Schlange gestohlen wird. Wie Siduri voraussagte, behalten sich die Götter das ewige Leben vor. – *Vorläufer* des G.–E. sind einzelne sumer. Dichtungen: G. und Chuwawa; G. und der Himmelsstier; G. in der Unterwelt. Allein die Erzählung ‹G., Enkidu und die Unterwelt› wurde in akkad. Übersetzung als 12. Tafel dem G.-E. angefügt. Die → Sintfluterzählung stand in altbabylon. Zeit im → Atrachasis-Mythos. Die hethit.-churrit. Überlieferung des G.-E. trägt eigene Züge (Ausgestaltung der Chuwawa-Episode). Die Vorlage für die Sage von der Geburt des G. bei Aelian (nat. anim. 12, 21) ist unbekannt. W. R.

Ed: R.-C. Thompson, The Epic of Gilgamish, 1930 – *Lit:* F. De Liagre-Böhl, Het Gilgamesj-Epos (1941), 1960⁴ – A. Schott-W. v. Soden, Das Gilgamesch Epos (1934), 1962³ (Übers.).

Gips. Der aus Cypern oder Thurii (Plin. nat. 36, 182) importierte G. wurde in Öfen gebrannt und pulverisiert, mit 2,5 Teilen Wasser vermischt; mit diesem Brei wurden von der eingeölten Vorlage Gipsabgüsse (Theophr. lap. 67) für billige Repliken genommen (vgl. dazu Lukian. Iup. trag. 33; Iuv. 2, 4). W. K.

Giraffe. Die in der ägypt. Kunst seit der Frühzeit oft dargestellte G. wurde den Alten erst spät bekannt, doch nicht vertraut, wie die merkwürdige Bezeichnung καμηλοπάρδαλις zusammen mit dem Quellenbefund zeigt. Die Zeugnisse reichen nicht über das 1. Jh. hinauf. Die erste G. in Rom 46 v. Chr. galt als erstrangige Sehenswürdigkeit. Vgl. → Fauna. J. W.

Lit: Keller, Tierwelt I 284 f. – Ders., RE 7, 1 (1910), 1367 f.

Giustiniani. Durch Orienthandel seit 1363 im Besitz von Phokis und einigen Inseln der Ägäis, brachten die G. zahlreiche griech. Originalwerke nach Italien. Die kleinere Slg, in Venedig allmählich aufgelöst; die ‹Stele G.› wurde erst 1897 von Berlin erworben. Im 17. Jh. richtete Vincenzo G. eine der schönsten Kollektionen in seinem Palazzo an den Nerothermen in Rom ein. Diese Antiken kamen seit dem 19. Jh. z. T. in den Palazzo → Torlonia (‹Hestia G.›), in den Vatikan (‹Athena G.›) und andere Museen. U. R.

Lit: V. Giustiniani, Galleria Giustiniana usw., 2 Bde, o. J. (um 1760) – F. A. Visconti, Indicazione delle sculture usw., 1811 – G. E. Rizzo, Sculture antiche del Palazzo Giustiniani, Bull. Com. 32, 1904, 3–66; 33, 1905, 3–61.

Giza (Kt. 29 C 3), Vorort von Kairo, nach dem die 8 km westl. gelegenen → Pyramiden der Könige Cheops, Chefren und Mykerinos benannt sind. Sie sind umgeben von den Grabanlagen ihrer Beamten. Dabei wurden die aus der Zeit des Cheops in sog. Mastaba-Gräbern beigesetzt, während die des Chefren Felsgräber benutzten (→ Grab, A). Der Friedhof wurde bis ins Ende des Alten Reiches benutzt, so daß jetzt ein Gewirr von Anlagen erkennbar ist. W. Hk.

Lit: H. Junker, Giza, 1933 ff.

Glabrio, M.' Acilius, cos. 91 n. Chr. mit → Trajan. Von → Domitian gezwungen, als Konsul in der Arena zu kämpfen; wegen angeblicher Umsturzpläne verbannt, 95 hingerichtet. Beziehungen zum Christentum wurden vermutet (Katakomben der Priscilla). U. Wm.

Lit: H. Leclercq, DACL VI 1259 – J. Moreau, Die Christenverfolgungen im röm. Reich, 1961, 38.

Glabrio, vgl. auch → Acilius.

Gladiatorenkämpfe. Die *munera,* d. h. die G. (die von den → Circusspielen und den → Ludi Scaenici zu unterscheiden sind), wurden ursprünglich dem Volk von Privatleuten anläßlich der Bestattung eines nahen Verwandten geboten; die Sitte war von den → Etruskern übernommen worden. Erstmals ließen in Rom i. J. 264 v. Chr. die Söhne des Decimus Pera an seinem Begräbnis drei Gladiatorenpaare auf dem Forum Boarium auftreten (Val. Max. 2, 4, 7). Im Laufe des 3. und 2. Jh.s v. Chr. gab man privat und in unregelmäßigen Abständen immer zahlreichere G., die ein steigendes Interesse hervorriefen. Im J. 105 erlaubte der Senat zum erstenmal den → Konsuln, offiziell G. zu veranstalten. Von da an war es eines der sichersten Mittel, die Gunst des Volkes zu erringen, ihm munera zu bieten, was Magistraten und Kandidaten denn auch zu tun nicht unterließen. So verloren die G. viel von ihrem sakralen Charakter; jedoch i. J. 65 ehrte noch → Caesar auf diese Weise das Gedächtnis seines Vaters und i. J. 45 dasjenige seiner Tochter Julia. Von 47 n. Chr. an gehörte die Veranstaltung von G. zu den ständigen Obliegenheiten der → Quästoren; sie blieben in dieser Weise bis zum Anfang des 5. Jh.s n. Chr. in Übung. – Die Gladiatoren waren Kriegsgefangene, Sklaven, Verurteilte oder Berufskämpfer, die in besonderen Kasernen eine harte Ausbildung erhielten. Manche von ihnen, die Netzkämpfer, waren nur mit Netz und Dreizack ausgerüstet; andere, die Samniten, mit langem Schild, Helm und Schwert schwer bewaffnet; wieder andere waren verschieden ausgestattet: Thraker, Murmillonen (mit gallischem Helm) usw. Zuerst traten sie auf dem Forum, später dann im Amphitheater des Statilius Taurus auf (29 v. Chr.), schließlich im Kolosseum (→ Amphitheatralische Spiele). Sie kämpften paarweise. Nach einem feierlichen Umzug, der Untersuchung der Waffen und einem einleitenden Gefecht mit stumpfen Waffen gab eine Trompete das Zeichen, und der wirkliche Kampf begann. Der besiegte und verwundete Kämpfer konnte den editor, d. h. den Veranstalter des Schauspiels, um Gnade bitten; dieser überließ die Entscheidung meist der Volksmenge. Der tote Kämpfer wurde von einem Mann, der Hammer und Kleid → Charuns, des etrusk. Totendämons, trug, fortgetragen. H. Le B.

Glanum (Kt. 1019 D 5) bei St-Rémy-de-Provence, hat bedeutende Reste der im 2. Jh. v. Chr. von hellenisierten → Kelten angelegten Stadtanlage mit Peristylhäusern hellenist. Typs, nach 100 v. Chr. unter röm. Einfluß Atriumhäuser mit Mosaiken, Thermen u. a. Aus augusteischer Zeit Ehrenbogen dreistöckiges Grabmal der → Julier. L. B.-H.

Lit: H. Rolland, G., 1960.

Glas (griech. ὕαλος, lat. vitrum). [1] *Überblick:* Die Erfindung der G.herstellung (s. u.) verliert sich in der mesopotam.-ägypt. Frühzeit. In vorröm. Zeit wurde G. vor allem als Halbedelsteinersatz für → Schmuck und G.pasten (→ Glyptik 5), daneben auch für Balsamarien (Ägypten, Phönizien) verwandt. Die in augusteisch-tiberischer Zeit aufkommende Herstellungsweise mit der G.macherpfeife ließ G.gefäße zu einem Massenprodukt werden. Von den syr. und ital. Zentren verbreitete sich die neue Technik (G.hütten) über das ganze Imperium. Syrien und das Rheingebiet (vor allem Köln) waren in der Spätantike Zentren der G.herstellung. Die Farbenskala des Materials reicht vom fast farblosen, leicht grünlichen, bläulichen oder gelblichen G. bis zu den kräftigsten Farbtönen, die bunten Mosaikgläser (s. u.) des 1. Jh.s sind von leuchtender Pracht. Der Formenschatz erstreckt sich über alle Gefäßtypen vom kleinsten Schälchen bis zur großen Amphora und zu figürlichen Gefäßen. Mit ihrer letzten Konsequenz der Entmaterialisierung eines Werkstoffes, die in der doppelten Transparenz von schwerelos schwebender G.glocke und umgebendem Netzwerk besteht, gehören die sog. → Diatretgläser (s. u.) zu den wichtigsten Dokumenten der spätantiken Kunst. Die röm. G.-Blastechnik geht bruchlos in die frühmittelalterliche über. U. J.

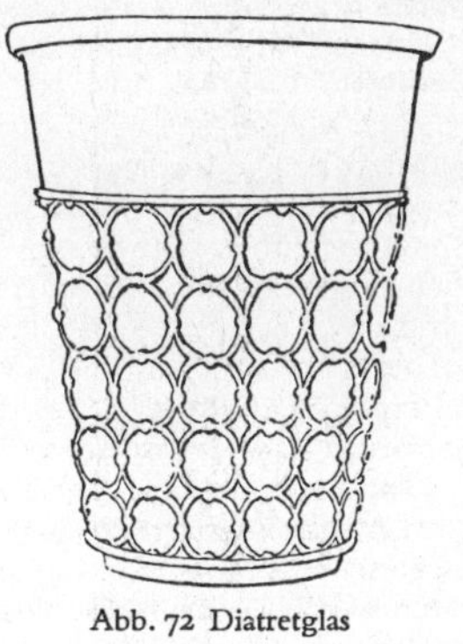

Abb. 72 Diatretglas

Lit: A. Kisa, Das Glas im Altertum, 3 Bde, 1908 – F. Fremersdorf, Die Denkmäler des röm. Köln, 1928ff. – P. Fossing, Glass vessels before glass-blowing, 1940 – W. Haberey, Spätantike Gläser aus Gräbern von Mayen, BJbb 147, 1942, 49–184, Taf. 28–40 – Journal of Glass Studies, The Corning Museum of Glass, Corning, N. Y., 1ff., 1959ff. (mit ausführlicher Bibliogr.) – L. Berger, Röm. Gläser aus Vindonissa, 1960 – Ch. W. Clairmont, The G. Vessels, Exc. Dura Europos IV 5, 1963 – P. La Baume, Röm. Kunstgewerbe, 1964 (Lit).

[2] *Herstellung.* Aus Sand (Siliziumdioxyd SiO_2), Pottasche (K_2CO_3) oder Soda (Na_2CO_3) und Kalk (z. T. als Kalziumsilikat $CaSiO_3$) wurde bei Temperaturen bis 1000° unter Zusatz von Metalloxyden als Färbemittel (Theophr. lap. 49) eine Schmelze hergestellt, die bei langsamem Abkühlen durchsichtig erstarrte. Ihre Blüte erreichte die G.-herstellung um Chr. Geb. in Alexandria (Ath. 11, 784 C), Kampanien und Rom, wo G. zu den billigen Konsumgütern wurde (Petron. 50f.). Zu dieser Zeit kam auch die G.bläserei auf (Sen. epist. 90, 31). Färbemittel: für grün: Eisenoxydul, Kupfer, Chrom; für blau: Kobalt, Kupfer; für braunrot: Eisenoxyd; für rot: Kupfer; für gelb: Antimon. So gewann man u. a. Edelsteinimitationen (vgl. → Glaspaste). Das Entfärben des (durch Spuren von Eisenoxyd im Sand) meist grünen G.es geschah durch Mangandioxyd MnO_2, den Braunstein. Neben dem Obsidianglas, dessen schwarze Masse sich beim zweiten Schmelzen blutrot färbte, waren die ‹*Millefiori-Gläser*› berühmt, die eine Art der Mosaikgläser bilden. Hier wurden verschiedenfarbige G.fäden zu Mustern (Blumen) geordnet, zu Stäben verschmolzen, diese quer in Scheiben zerschnitten, die auf eine Gefäßwandung aufgeschmolzen wurden. Bei *Petinet-Gläsern* wurden G.fäden auf den Gefäßen angebracht. Bei der Portlandvase ist über eine blaue eine zweite (weiße) Glasschicht gelegt (Überfangverfahren) und wie ein Cameo bearbeitet. Aus einem sehr dickwandigen Gefäß konnte durch Schleifen, Schneiden, Bohren ein innerer Kelch und ein äußerer Korb (durch stehengelassene Stege verbunden) als *Diatretglas* hergestellt werden (Mart. 12, 70, 9; Dig. 9, 2, 27, 29). W. K.

Q: Plin. nat. 36, 193ff.; 31. 106ff. – *Lit:* s. o. Ferner: W. B. Honey, Glass, 1946 – Forbes, Technology V – E. Simon, Die Portlandvase, 1957 – O. Doppelfeld, Das Kölner Diatretglas u. die anderen Netzdiatrete, Gymn. 68, 1961, 410–424.

Glaucia → Servilius.

Glasur → Fayence, → Vasen, → Töpferei.

Glaukes (γλαῦκες), Eulen, war die volkstümliche Benennung der attischen Silbermünzen mit Eulenbild auf der Rückseite. Bei Plut. Lys. 16 γλαῦκες λαυρεωτικαί Anspielung auf die Herkunft des Münzsilbers aus → Laurion. Aristoph. av. 1101 γλαυκ' Ἀθήναζε ist der Ursprung des Sprichwortes ‹Eulen nach Athen tragen›. W. Schw.

Lit: Babelon, 493. 505–506 – K. Regling, in: v. Schrötter, 226.

Glaukophoren (γλαυκοφόρα sc. τέτραχμα), Bezeichnung für die attischen Silbermünzen vorhellenist. Zeit in delischen Inventaren – im Gegensatz zu den → Stephanephoren, die auf der Rückseite um das Symbol der Eule einen Olivenkranz zeigen. W. Schw.

Lit: L. Robert, Etudes de num. grecque, 1951, 131. 177 – M. N. Tod, Num. Chron. VI 20, 1960, 15.

Glaukos, → Meergott in Anthedon, wo er früher Fischer gewesen sein soll, von Fischern und Schiffern verehrt. Wurde nach Genuß eines Wunderkrauts weissagender Dämon, halb Fisch, halb Mensch. Auch Liebhaber der → Skylla.

2. **G.,** Sohn des Hippolochos, mit → Sarpedon Führer der Lykier vor → Troja. Über seinen Großvater → Bellerophontes Gastfreund des → Diomedes, mit dem er nicht kämpft, sondern die Waffen tauscht (Il. 2, 876; 6, 119ff.). In später Sage durch Ajas getötet und von den Winden nach Lykien getragen. K. Schb.

3. **G. von Chios,** führender Kunstschmied aus der 2. H. 7. Jh., der einen von Alyattes II. nach Delphi gestifteten, mit Friesen geschmückten eisernen Dreifuß verfertigte. G. erfand das Löten oder Schweißen von Eisen (Hdt. 1, 25; Paus. 10, 16). G. Gb.

4. **G. von Rhegion,** um 400, Verfasser einer Schrift über die alten Dichter und Musiker (*Περὶ τῶν ἀρχαίων ποιητῶν τε καὶ μουσικῶν*). Ausgiebig von → Herakleides (3) Pontikos benutzt, aus welchem Ps.-Plutarch (De mus.) schöpft. G. W.

Frg: FHG II 23f. – *Lit:* F. Jacoby, RE 7, 1 (1910), 1417–20.

Gleichnis. [1] Im *homer. Epos* stellt das G. anders als die Metapher oder der Kurzvergleich in sich abgeschlossene

Szenen aus dem menschlichen Erfahrungsbereich (d. h. aus der Gegenwart) des Dichters neben die Erzählung des Handlungsablaufs. Es schöpft seinen Stoff im wesentlichen aus dem Leben der Hirten, Jäger und Landleute, beschreibt charakteristische Vorgänge aus der Tierwelt, Naturerscheinungen und allgemein menschliche Situationen. In der Ilias gibt es 182, in der Odyssee 39 ausgeführte G.se. Dem streng gebauten G. liegt ein dreiteiliges Schema zugrunde (Fränkel): (1) der Stichsatz, d. h. der Teil der Erzählung, der das Stichwort für das G. bringt; (2) das Wie-Stück, das in variierender Ausführlichkeit das G. enthält; (3) das So-Stück, das in die Erzählung zurückführt. Wie- und So-Stück sind einander meistens im Wortlaut und Bau ähnlich. – Die Anwendung von G.sen war sicherlich schon ein Hilfsmittel der improvisierenden → Aoiden. In der homerischen Dichtung haben die G.se offenbar die Funktion, Tätigkeiten, Eigenschaften, Verhaltensweisen oder Situationen in ihrer besonderen Art treffender zu charakterisieren, als es dem Dichter in ihrer unmittelbaren Darstellung möglich gewesen wäre. – Durch die Geschlossenheit und scheinbare Selbständigkeit mancher G.se mit ihren Ausmalungen im einzelnen drängt sich die Frage auf, wie weit G. und Erzählung einander berühren. Nach der ältern Auffassung dient das G. lediglich der ‹Klarstellung› eines ‹Vergleichspunktes›, des sog. ‹tertium comparationis› (Krupp, Finsler; abgelehnt von Wilamowitz); danach sind alle Angaben, die diesem Zweck nicht entsprechen, nur dichterischer Schmuck und ein Zeichen der Erzählfreude. H. Fränkel schreibt den erweiternden Ausführungen die Aufgabe zu, die Stimmungslage zu bestimmen, und spricht von einer ‹Vergleichsfläche›. Als Ganzes betrachtet auch W. Schadewaldt das Gleichnis. Er stellt aber den ‹definitorischen Charakter› der Naturdeutung in den homerischen Gleichnissen heraus. Die ‹ausmalenden› Züge sind nach ihm Angaben, die unentbehrlich sind, um die durch den ‹G.träger› gegebene, allgemeinere Vorstellung zu modifizieren. Darüber hinaus zeigt Schadewaldt die Mannigfaltigkeit der Beziehungen zwischen dem G. und der Erzählung auf: die Funktion des G.ses, Seelenlagen und Stimmungen ‹transparent› zu machen, Schicksalslagen aufzudecken und sonst unübersehbare Vorgänge in einem Abbild der Gesamtsituation zusammenzufassen. – Das G. unterbricht scheinbar die Darstellung des Handlungsablaufes. Bes. an Stellen, an denen der Dichter G.ketten aufführt, fällt die Verzögerung der Erzählung auf. Dennoch ist das G. in der Komposition der Dichtung verankert und in seiner Funktion unentbehrlich. Es steht an bedeutsamen Stellen, hebt hervor, faßt zusammen, schließt ab und leitet ein (vgl. H. Storch). Selbst wenn es also zu dem ältesten epischen Gut gehören sollte und aus dem Kret.-Myk. übernommen ist (zur dramatisch-dynamischen Naturauffassung der homerischen G.se im Gegensatz zur spielerischen Schwerelosigkeit in der kret.-myk. Bildkunst s. Schadewaldt), muß es in der vorliegenden Form von dem homer. Dichter selbst eingefügt sein. G. K.

Lit: H. Fränkel, Die homer. G.se, 1921 – K. Riezler, Das hom. G. und der Anfang der Philosophie, Antike 12, 1936, 253–271 – B. Snell, G., Vergleich, Analogie (1946), in: Entdeckung des Geistes, 1953^3, 267 bis 298 – W. Schadewaldt, Die hom. Gleichniswelt und die kret.-myk. Kunst (1952), in: Von Homers Welt und Werk, 1959^3, 144–154 (Zur hom. Naturanschauung) – H. Storch, Die Erzählfunktion der homer. G.se in der Ilias, 1960.

[2] *Im röm. Epos.* Vorbilder: Nach Stoff und Form von → Homer bestimmt (außerdem einzelne Berührungen mit → Apollonios (11) Rhodios, der Liebesdichtung und später der rhetorisch geprägten Tragödie → Senecas, 2). – Häufigkeit: Im Verhältnis zum Umfang der Epen sind G.se am zahlreichsten bei → Statius (1) und → Valerius (10) Flaccus, am seltensten bei → Lukan. Dazwischen liegen → Vergil und → Silius (2) Italicus. Über → Naevius und → Ennius (z. B. ann. 88 V: röm. Motiv) läßt sich statistisch nichts mehr aussagen. In → Ovids Metamorphosen zahlreiche kurze, oft gehäufte Vergleiche, aber auch breit ausgeführte epische G.se (z. B. 1, 533 ff.; 4, 362 ff.). – Struktur: (1) ‹Wie›-Teil; (2) Parenthese (mit Wechsel des Subjekts); (3) ‹So›-Teil. Teil (2) kann fehlen; die Reihenfolge ist nicht fest. – Funktion und röm. Eigenart: Im röm. epischen G. hat die Würde den Vorrang vor der Lebenswahrheit (ganz unrömisch: Hom. Il. 11, 559 Aias/Esel): Gegenstand und G. sollen dem Range nach nicht zu verschieden sein. Daher wird der Gefühlswert des G.-Motivs bes. wichtig und mit Hilfe der in Philosophie und → Rhetorik entwickelten psychologischen Abstrakta herausgearbeitet (z. B. Aen. 1, 148 *furor/pietas;* ähnlich sonst *timor, ira* usw.). Das G. wird dadurch oft zum Hinweis auf die treibenden Kräfte des Geschehens und dessen ethischen Hintergrund (Aen. 4, 69 ff. 301 ff.: Didos Liebesleidenschaft; demgegenüber die Unerschütterlichkeit des Aeneas 441). Neben solcher psychologischer Vertiefung (die bei Valerius Flaccus vorherrscht, bei Vergil und bes. bei Statius durch Dramatik und Anschaulichkeit aufgewogen wird, bei Silius vielfach zur Abstraktion und an die Grenze der → Allegorie führt) steht die ‹Erhöhung› wichtiger Augenblicke und Personen. Röm. Sinn fürs Bedeutende und Bedeutsame spricht auch aus ‹mythologischen› G.sen, in denen der Held oder das Geschehen vor dem Goldgrund des Überzeitlichen verklärt wird. Das G. – selten bloßer Schmuck, meist aus innerer Anschauung der Situation erwachsen – hat innerhalb der Werke oft eine Schlüsselstellung: zu Anfang wird das Grundthema visionär erfaßt (Lucan. 1, 100 → Caesar und → Pompeius (2): zwei Meere; dazwischen → Crassus als Isthmus. Stat. Theb. 1, 131 die feindlichen Brüder: zwei Pflugstiere, die nach verschiedenen Richtungen zerren). Gegen Ende des Buches kann ein G. die Summe ziehen (Aen. 2, 626 ff. Untergang Trojas: stürzende Eiche). Überhaupt haben G.se vielfach gliedernde Funktion; dazu gehört auch die Vorausdeutung (Didos Tod: schon Aen. 4, 69). Die Brennpunkte des Geschehens erhellend (und oft durch Wechselbeziehungen verbindend) sind die G.se im röm. Epos an interpretatorischer Bedeutung den persönlichen Äußerungen der Dichter (Ausrufen, Fragen, → Musenanrufungen) zumindest ebenbürtig. M. v. A.

Lit: O. Bussenius, De Valerii Flacci in adhibendis comparationibus usu, o. J. (1872), (auch für alle anderen Epiker aufschlußreich) – F. Streich, De exemplis atque comparationibus quae exstant apud Senecam, Lucanum, Valerium, Statium, Silium, 1913 (materialreich, im Statistischen durch Bussenius zu korrigieren) – V. Pöschl, Die Dichtkunst Virgils, 1950 – J. Aymard, Quelques séries de comparaisons chez Lucain, 1951 – M. v. Duhn, Die G.se in d. ersten 6 Büchern d. Aeneis, masch. Diss. Hamburg 1952 – B. Kytzler, Statius-Studien, masch. Diss. Berlin 1955, 30–52 – M. v. Albrecht, G. und Innenwelt in Silius' Punica, Hermes 91, 1963, 352–375.

Glitius Atilius Agricola, Q. (cos. suff. 97 n. Chr., II suff. 103), erfolgreicher homo novus und Feldherr → Trajans; nur durch epigraphische Zeugnisse bekannt. Seine Ämterlaufbahn ist auf Grund zahlreicher Ehreninschriften aus seiner Heimatstadt Augusta Taurinorum (CIL 5, 6974–6987) folgendermaßen zu rekonstruieren: *sevir turmae equitum Romanorum, Xvir stlitibus iudicandis, trib. mil. leg. I Italicae* (Moesien), *quaest. imp. Vespasiani* (ca. 78), *aed. cur., praet., legatus* (iuridicus) *citerioris Hispaniae, leg. leg. VI Ferratae* (Syrien), *leg. pro praet. imp. Nervae prov. Belgicae* (95?–96/97). Unter Nerva Suffektkonsul (97) und VII vir epulonum, unter Trajan Legat von Pannonien (100/101–103). Für seine Verdienste im 1. Dakerkriege Trajans mit den konsularischen dona militaria und einem zweiten Suffektkonsulat ausgezeichnet. Zwischen 103 und 114 unter die sodales Augustales Claudiales aufgenommen und zum praefectus urbi bestellt. Zeitpunkt seines Todes unbekannt. Patron verschiedener Städte in Spanien, Pannonien, Syrien (?). U. Wm.

Lit: R. Syme, Tacitus, 1958, Ind. S. 836; App. B. und C.

Glocke (*κώδων*, tintinnabulum), Griechen (Dodona) und Etruskern (vgl. Plin. nat. 36, 91; Grab des Porsenna) seit dem 7. Jh. v. Chr. in Form von kleinen Schellen bekannt.

Sie ist seit dem Auftreten von iran. Reitervölkern, bei denen Bronzeglöckchen mit Eisenklöppel als Abwehrgerät am Zaumzeug begegnen, verbreitet, auffallend häufig im Gräberkult; bezeugt ferner im Kult der → Kybele, des → Attis und der → Kabiren. Der Abwehrzauber behauptet sich im mittelasiat. Schamanismus und lange im frühchristl. Mittelalter, wo die Todesnähe deutlich zu erkennen ist. – Die Verwendung der G.n als Kirchenglocken geht auf → Paulinus v. Nola zurück. – Vgl. → Musikinstrumente C [7]. J.W.

Lit: J. Wiesner, Fahren und Reiten in Alteuropa und im Alten Orient (1939), 86 – Ders., Aus der Frühzeit der G., ARW 37, 1940, 47 – Ders., AA 1942, 408 ff. – Ders., Das G.symbol auf Dürers ‹Ritter, Tod und Teufel›, Jb. d. Albertus-Univ. zu Königsberg 9, 1959, 68–86 – H. Kirchner, Anthropos 47, 1952, 248 ff.

Glockenidol wird nach der schematisierten Form des Gewandes (Rock oder ganzes Gewand) ein Typus unterschiedlich großer, bemalter weiblicher → Idole aus Terrakotta genannt, der im ägäischen Bereich erstmals im frühmin. Kreta erscheint. Bei spät- und submin. Tonidolen, die als Kultbilder Verwendung fanden, erstarrte der Glockenrock zu einer mehr zylindrischen Form (→ Idol). Im nachmyk. Griechenland sind G.e in Böotien eher auf orientalische Anregungen als auf ein kret.-myk. Nachleben zurückzuführen. Hier verbirgt sich gleich vom Hals an der ganze, meist auch arm- und beinlose Körper unter einer kegel- oder helmförmigen Glocke. Vgl. auch primitive protogeometrische Tonidole aus Attika. W. Schg.

Abb und Lit: V. Müller, Frühe Plastik in Griech. und Vorderasien, 1929, 38 ff., Tafel 1, 10–11; 11, 219–220; 12, 228–230; S. 79–82 (böot.); Taf. 18, 264. 266 – Kerameikos IV Taf. 31 – E. L. Smithson, The protogeometric Cemetery at Nea Ionia, Hesperia 30, 1961, Taf. 30, 54.

Glossatoren. Die wissenschaftliche Behandlung des röm. → Rechts nach Wiederauffindung des vollständigen → Corpus (4) iuris ging an der Universität Bologna von Irnerius (genauer Name und Lebenslauf dunkel) aus. Sein Werk wird von seinen Schülern, den quattuor doctores, Martinus, Bulgarus, Hugo und Jacobus z. Z. Friedrichs I. fortgesetzt. Aus der Reihe der Köpfe, die nun auch an anderen oberitalienischen Universitäten zu finden sind, ragen Azo (gest. um 1230) und → Accursius hervor, ferner Placentinus (gest. um 1190), der die Fakultät zu Montpellier gründete. – Die Schule der G. leitet ihren Namen von den ‹Glossen› am Rand der Texte her; diese enthielten Wort- und Sacherklärungen sowie Hinweise auf gleiche oder abweichende Stellen, bei letzteren mit Erklärung der Widersprüche. Zugleich beginnt die monographische Literatur mit Summen, Distinktionen, Casus u. ä. Methodisch haben die G., parallel zur Scholastik, durch Interpretationen, Konzentration des Stoffes und Begriffsklärung der modernen Dogmatik vorgearbeitet. – Vgl. → Kommentatoren. H. Hb.

Ed: G. Hänel, Dissensiones dominorum, 1834 (Neudr. 1964) – G. B. Palmieri u. a., Scripta anecdota Glossatorum I (1888), 1914²; II 1901; III 1901 (Neudr. 1962) – Placentinus, Summa Codicis, Neudr. 1962 – *Lit:* Fr. C. v. Savigny, Gesch. d. röm. Rechts im MA, 7 Bde (1815–31), 1834–51² (Nachdr. 1956) – E. Genzmer, Die justinian. Kodifikation u. die G., Atti Congr. Intern. d. diritto rom. II, 1934, 347 ff. – P. Koschaker, Europa u. d. röm. Recht, 1947, 55–86 – F. Wieacker, Privatrechtsgesch. d. Neuzeit, 1952, 26–37 – Ders., Vom röm. Recht (1945), 1961², 292–296.

Glosse heißt seit Aristoteles (vgl. Poet. 1457 b 4; Rhet. 1410 b 12) ein fremdes oder ungebräuchliches (also ein ausländisches, archaisches oder dialektisches) Wort, das ohne Übersetzung (Erläuterung) nicht vollständig verständlich ist. An der erstgenannten Stelle unterscheidet Aristoteles *κύρια* (Wörter in eigentlicher Bedeutung), Metaphern und G.n. Infolge ihrer Besonderheit eigenen sich G.n, wenn sparsam verwendet (vgl. Aristot. Poet. 1458 a 31), abgegriffene Wendungen zu nuancieren und zu beleben. Vgl. → Lexikographie [A]. H. E.

Glycerius, (west-)röm. Kaiser 473–474. Als comes domesticorum unter → Olybrius wurde G. durch → Ricimers Neffen Gundobad veranlaßt, am 3. 3. 473 in Ravenna den Purpur zu nehmen. G. veranlaßte die in Italien einbrechenden Ostgoten, nach Gallien abzuziehen. Einer von → Leo I. gesandten Flotte unter → Nepos ergab er sich kampflos, um sich zum Bischof von Salona weihen zu lassen. H.-J. D.

Glykoneus (*Γλυκώνειος*), ein von dem wenig bekannten hellenistischen Dichter Glykon stichisch verwandter Vers der Form ꝏ–⏑⏑–⏑–. Gehört zu den Grundmaßen der → äolischen Metrik (vgl. → Metrik B 2). B. Sn.

Glyptik

[1] Orient, Ägypten – [2] Kreta-Mykene – [3] Griechische G. – [4] Etrusk. G. – [5] Röm. Republik und Kaiserzeit – [6] Technik.

[1] G. (*γλύφειν*, scalpere), die Steinschneidekunst, zu deren Erzeugnissen → Gemmen und → Kameen, auch Gefäße aus edlerem Stein wie die → Tazza Farnese oder sogar aus Glas wie die → Portlandvase zählen. – Ursprungsland der G. war das *Babylonien* des 5. Jt.s. Dort wurde zuerst die geniale Erfindung des Stempelsiegels, dann des für Mesopotamien höchst charakteristischen Siegelzylinders (→ Rollsiegel) gemacht, in dessen Rundung man vertiefte Bilder einarbeitete – zunächst in weiche Steine mit dem Stichel geritzt, dann in Halbedelsteine mit dem Rade unter Zuhilfenahme von Korundpulver geschnitten. Die Zylinder fanden, neben dem dort heimischen Petschaft, Verbreitung und Nachahmung im ganzen Orient. Der künstlerisch geringere, heilige → Skarabäus der Ägypter aus Stein sowie aus Fayence wurde im Mittelmeerraum gehandelt.

[2] Unter dem Einfluß der hethit. Stempelsiegel entstanden die *kretisch-mykenischen*, in verschiedenen Petschaftformen, die ebenfalls zunächst mit dem Stichel in Steatit oder Bein gearbeitet waren. Die mittel- und spätminoischen Lentoide (linsenförmig) und Amygdaloide (mandelförmig), die zum Aufziehen auf eine Schnur in der Regel durchbohrt waren, zeigen eine hohe Vollendung und zählen zu den Haupterzeugnissen der kretisch-mykenischen Kunst. In Karneol, Bergkristall, Achat und Jaspis wurden mit dem Rade Tier-, Dämonen-, Kampf-, Spiel- und Jagdbilder, sogar Porträtköpfe gearbeitet. Oftmals kombinierte man Meerestiere mit Pflanzen und Kultgegenständen zu Symbolen. Die myk. G. geriet in der Zeit der dorischen Wanderung in Vergessenheit.

[3] Die *geometr.* Zeit brachte einen neuen Anfang: mit dem Stichel gearbeitete, urtümliche, ungeschickt wirkende Figuren oder Ornamente auf Platten, Würfeln oder Petschaften aus Steatit, Serpentin u. a. Eine Reminiszenz an die myk. G. bergen die als Lentoide und Amygdaloide geformten sog. Inselsteine, meist aus grünlichem Steatit, hauptsächlich aus Melos, eine Leistung der Ionier des 7. Jh.s. In lebendiger Synthese orientalischer und griechischer Formen werden hier Dämonen- und Tierbilder dargestellt, die griechische Sage beginnt eine Rolle zu spielen. Durch ägypt.-phönikischen Einfluß findet im frühen 6. Jh. der Skarabäus seinen Einzug in Griechenland. Der Käfer wird summarisch ausgearbeitet, die Steinschneider legen ihr ganzes Können in das Gemmenbild, bei dem die Darstellung des Menschen, das Geschehen der Sage in den Vordergrund tritt. Signierte Gemmen der archaischen Zeit sind erhalten.

[4] Unter griech. Einfluß entstanden und stets aus dem griech. Sagengut schöpfend, erobern seit dem späteren 6. Jh. die in vollendeter Technik gearbeiteten *etruskischen* Skarabäen (→ Etrusker C 1) den westlichen Markt. Sie spielen Jahrhunderte lang eine bedeutende Rolle, bis sie in der röm. G. aufgehen. Neben den Skarabäen erfreuen sich im 5. Jh. in Griechenland die Skarabäoide, die an Stelle des Käfers eine glatte Wölbung des Rückens tragen, besonderer Beliebtheit. Sie sind die Hauptform sowohl der sog. graecopersischen wie auch der ostgriechischen Gemmen; der Lieblingsstein ist der bläuliche → Kalzedon. Die ersteren vereinen mit ihren Kampf-, Jagd- und Tierbildern orientalisch-persisches mit griech. Formengut; bei den ostgriechischen, die Tierbilder bevorzugten, erreicht die G. mit

1. Orientalische Siegelzylinder und Petschafte	2. Ägyptische Skarabäen	3. Frühminoische Knopfsiegel und Petschafte	4. Mittel- und spätminoische Lentoide und Amygdaloide	5. Geometrische Gemmen, Petschafte, flache Scheiben und Quader
ab 5. Jt. v. Chr.	ab 4. Jt. v. Chr.	2600 bis 1050 v. Chr.		900 bis 700 v. Chr.

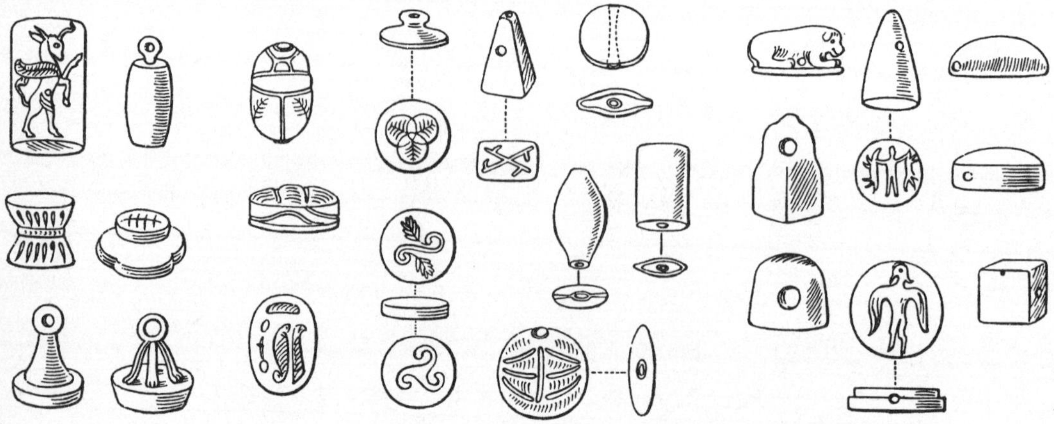

aus:	*aus:*	*aus:*	*aus:*
Hämatit Marmor Lapis Lazuli Jaspis Porphyr Serpentin	Fayence Stein	Steatit Bein Bergkristall Jaspis Karneol Amethyst Achat	Steatit Serpentin Glas

Fortsetzung:

6. Sog. Inselsteine Lentoid Amygdaloid	7. Persische Siegel Phönizische Skarabäen und Skarabäoide	8. Archaische griechische Gemmen Skarabäus Skarabäoid	9. Graecopersische Gemmen Skarabäoid mehrseitige facettierte Steine	10. Ostgriechische Gemmen der klassischen Zeit Skarabäen Skarabäoide u. a.	11. Etruskische Skarabäen
7. Jh. v. Chr.	ab 6. Jh. v. Chr.	ab 6. Jh. v. Chr.	ab 5. Jh. v. Chr.	ab 5. Jh. v. Chr.	6.–3. Jh. v. Chr.

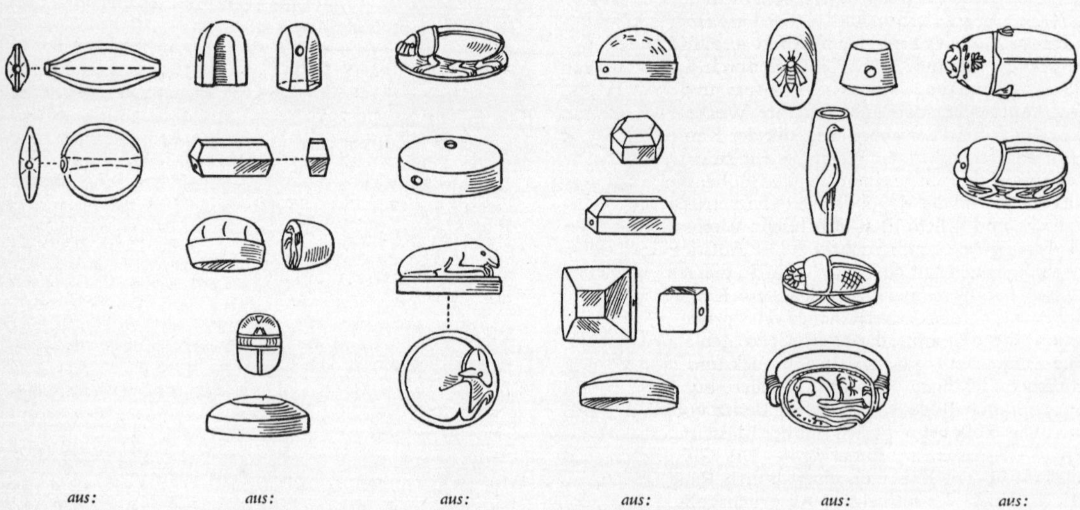

aus:	*aus:*	*aus:*	*aus:*	*aus:*	*aus:*
Steatit Chalcedon	Chalcedon Achat Jaspis Karneol bes. grüner Jaspis	Karneol Chalcedon Sardonyx Achat Glas	Bläulicher Chalcedon Bergkristall Glas	Karneol Jaspis Chalcedon Achat Glas	Karneol Sardonyx Chalcedon

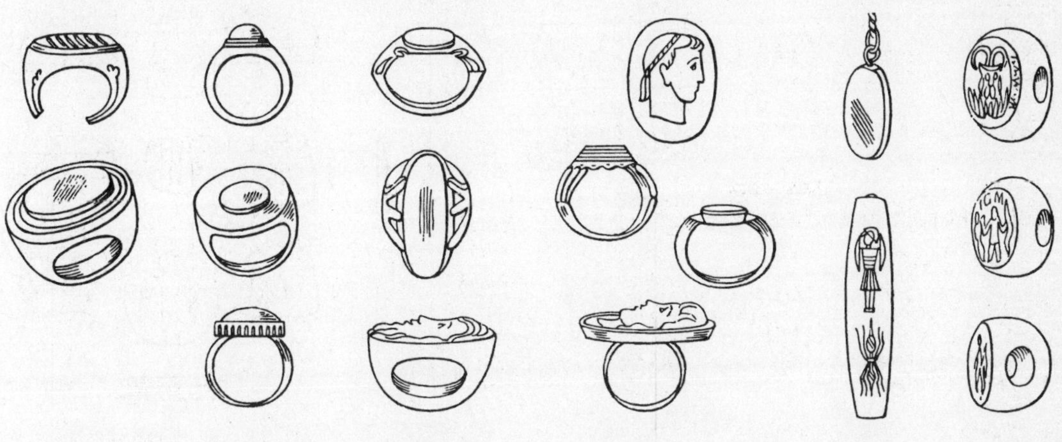

Abb. 73–75: Gemmen und Siegel: Chronologische Übersicht der gebräuchlichen Formen und Materialien

→ Dexamenos von Chios ihren Höhepunkt. Auch das Porträt kommt jetzt auf. Die G. erfährt zu Beginn des Hellenismus eine grundlegende Wandlung: → Amethyst, Almandin, Granat, Praser sind jetzt beliebte Steine neben dem → Karneol, → Kalzedon und → Sardonyx; der Ringstein wird zur Mode, er bleibt dann die fast ausschließliche Gemmenform. Alexander d. Gr. läßt sich durch → Pyrgoteles in Stein porträtieren, → Onesas, → Skopas und viele andere → Gemmenschneider signieren ihre Werke. → Athenion arbeitet auch in der neuen Technik der Kameen, die jetzt aufkommen und in der Ptolemäerzeit zu einem ersten, in der röm. Kaiserzeit zu einem zweiten Höhepunkt gelangen.

[5] Während der Republik wetteifern etruskische, unteritalische und hellenistisch-griechische Werkstätten um die Eroberung des Gemmenmarktes. Der Aufstieg Roms führt zu einem neuen Aufschwung für die G., die sich römischem Wesen und Geschmack anpaßt. Die → Kameen sind jetzt der Prunkschmuck zur staatlichen oder privaten Repräsentation; die → Gemme, das *Intaglio*, getragen auf Gold- oder Eisenringen, ist – gleichzeitig Schmuck und Siegel – zum täglichen Gebrauch bestimmt. Kostbare bunte Steine mit meisterhaften Bildern sind stolzer Besitz vornehmer Römer. Das Volk begnügt sich mit der Massenware der bunten → Glaspasten in Eisenringen. Die Glyptik erreicht in der früheren Kaiserzeit einen hohen Rang, indem sie griech. Vorbilder nachahmt. Anspruchsvolle Steine aller Größen werden mit klassizistischen Motiven, mit Wiederholungen berühmter klassischer oder späterer Plastiken oder Gemälde graviert. Berühmte → Gemmenschneider, ja Gemmenschneidergenerationen signieren jetzt wahre Meisterwerke: → Aspasios (2), → Dioskurides (1), → Gnaios, → Agathangelos, → Hyllos (2) u.a. Das Porträt spielt seit der Zeit der Republik eine primäre Rolle neben Bildern aus Sage, Kult und täglichem Leben; es erreicht einen hohen künstlerischen Rang in den sog. Staatskameen, die, mit in mehrschichtigem Sardonyx gearbeiteten symbolischen Figuren und Kaiserporträts geschmückt, von Augustus bis Konstantin vertreten sind. Prachtstücke wie die berühmte → Gemma Augustea in Wien oder der Pariser Cameo im Cab. des Méd. in Paris wurden zu besonderen Anlässen von namhaften Meistern für das Kaiserhaus hergestellt. Aus der späteren Kaiserzeit sind große Mengen von → Gemmen erhalten, ihr geringer Wert zeugt jedoch von einem Nachlassen des Interesses an der Gemmenkunst. Die gnost. und sassanid. Gemmen sind letzte Ausläufer der antiken G. P.Z.

Lit: Furtwängler, Gemmen – J. Beazley, The Lewes House Collection of Ancient Gems, 1920 – H. B. Walters, Catal. of the Engraved Gems... in the BM, 1926 – G. M. A. Richter, Catal. of Engraved Gems, MM New York, 1956 (Lit) – V. E. G. Kenna, Cretan Seals, 1960 (Lit) – J. Boardman, Island Gems, 1963 – D. Ohly, Griech. Gemmen (o. J.) – A. Delatte-Ph. Derchain, Les intailles magiques gréco-égyptiennes, 1964 – H. M. L. Vollenweider, Republikan. Gemmenporträts (im Druck).

[6] *Technik.* Man verwandte bes. Halbedelsteine (→ Edelsteine) wie Karneol, Achate, Onyx, die weniger hart und durch ihre Schichtungen sowohl für den Tiefschnitt (Intaglio) als auch bes. für den Hochschnitt (Cameo) geeignet waren. Der Rohstein wurde zunächst im Kittstock festgekittet, dann auf einem rotierenden Schleifrad (das nicht ausdrücklich belegt ist, aber aus den überlieferten Steinen und Plin. nat. 37,200 erschlossen werden kann), das mit öligem Diamantstaub (vgl. Plin. nat. 37,60) oder Schmirgel (harter Korund) von Naxos als Schleifmittel (cotes) bestrichen war, oder mit einem Schleifstein, sofern der Edelstein nicht härter war als Quarz (Bergkristall, Amethyst, Karneol, Opal), in die gewünschte Form geschliffen und po-

liert. Das eigentliche Schneiden wird auf einer Art → Drehbank erfolgt sein, in deren Spindel solche Scheiben und Bohrer (Zeiger) – eine Art vielleicht marculus; der feinste Bohrer: caelum (Fronto p. 59, 8 v. d. Hout) – eingesetzt werden konnten, wie sie jedem vom Zahnarzt bekannt sind. Ein Edelstein konnte auch durch einen härteren graviert werden (Theophr. lap. 41), wozu man u. a. Ostrakit benutzte (Plin. nat. 37, 177), unter dem man vielleicht Feuerstein zu verstehen hat, wahrscheinlich in Pulverform, da er mit dem Stein von Naxos zusammengestellt wird (Diosk. 5, 164; Gal. 12, 266). Der Stein wurde vorgezeichnet und geschnitten, wobei der Tiefschnitt wiederholte Abdrücke nötig machte. Daß dabei Lupen und andere Vergrößerungsgläser verwendet wurden (Sen. nat. 1, 6, 5), ist möglich. W.K.

Gnaios, → Gemmenschneider der augusteischen Epoche. Von fünf uns erhaltenen Werken ist der Aquamarin im BM mit dem Kopf des Herakles (nach einer Statue des 4. Jh.s) das bekannteste. Es hat mehrere moderne Repliken. P.Z.

Abb: Furtwängler, Gemmen I, Taf. 49, 2, 20, 28; 50, 9 – G. M. A. Richter, Catal. of Engraved Gems, MM New York, 1956, Taf. 56, 463.

Gnathiavasen, Sondergattung der → apulischen V., wohl ebenfalls in Tarent hergestellt, Blütezeit um 350–250; außer in Gnathia an anderen Orten Unteritaliens, in Sizilien und Etrurien gefunden. – Die schwarzgefirnißten Gefäße (→ Kannen, → Skyphoi, → Kantharoi, → Lekythen) sind häufig geriefelt und zeigen in den glatten Zonen zarte Malereien in weißer, gelber und roter Deckfarbe oder → Barbotine-Dekor: Efeu- und Weinranken, Halsketten, Volutenranken, Eroten, Masken, Tiere, Symbole. Mangelnde schöpferische Phantasie wird hier in echt frühhellenist. Weise durch geschmackvolle Dekoration ersetzt. I. Sch.

Lit: T. B. L. Webster, Mem. and Proc. of the Manchester Lit. and Phil. Society 83, 1939, 201–207 – A. Rocco, La ceramica di Gnathia Mem. Accad. di Archaeol. Napoli 6, 1942, 233–254 – T. B. L. Webster More dramatic masks on Gnathia Vases, AntK 3, 1960, 30–36 – M. Bernardini, Vasi dello stile di Gnathia (in Lecce), 1961.

Gnome (γνώμη, sententia), knapper Ausspruch eines weisen Mannes, allgemein verbindlichen ethischen Inhalts (Aristot. rhet. 1394 a 19–1395 b 20; Rhet. Her. 4, 17), abzugrenzen vom → *Apophthegma*, das aus bestimmter Situation erwächst, von *Hypothekai*, die Unterweisungen eines Älteren an einen Jüngeren sind, und vom → *Sprichwort*, für das zumeist eine konkrete Situation zum Gleichnis für eine nicht notwendig ethische Lebenserfahrung wird. Der seltenere Begriff → Chrie kann G. und Apophthegma meinen, legt aber den Akzent auf die praktische Nützlichkeit der Aussagen. – Die frühesten Belege technischer Bedeutung von G. bezeichnen ethisch bes. wertvolle Aussprüche von Dichtern, die ausgehoben und zu belehrenden Sammlungen vereinigt werden (Xen. mem. 4, 2, 9; vgl. 1, 6, 14; Isokr. or. 2, 44). Sammlungen solcher Art wird es von allen klassischen Dichtern gegeben haben, als solche erhalten sind sie uns aus → Euripides und → Menander. Im weitern Sinne können auch Werke wie Hesiods ‹Erga› Gnomologie heißen, wohl auch die Spruchdichtung des → Phokylides und → Theognis oder die Unterweisungen unter dem Namen des → Chiron oder → Pittheus, obschon diese exakter zu den Hypothekai gehören. Wenn VS 68 B 35 zu trauen ist, hat → Demokrit selbst seine Denksprüche in Prosa *Γνῶμαι* genannt. Die hippokratischen Aphorismen waren in den *Γνῶμαι Κνίδιαι* zusammengefaßt (Schulbuch der knidischen Ärzteschaft). Auch → Epicharms G.en sind gesammelt (und später von → Ennius übersetzt) worden. Die im Späthellenismus fixierten großen Sammlungen von Aussprüchen berühmter Männer führen ihrem Inhalt entsprechend sowohl den Titel ‹Gnomai› wie den ‹Apophthegmata›. Zu einem bedeutenden Teil hat das umfassende Florilegium des Johannes → Stobaios solche Sammlungen in sich aufgenommen. O. G.-K. R.

Ed: L. Sternbach-O. Luschnat, Gnomologium Vaticanum, 1963 – *Lit:* K. Horna, RE Suppl. 6 (1935), 74–90.

Gnomon, schattenwerfender Stift, der, vertikal gestellt, in ältester Zeit dazu diente, die Folge der Jahreszeiten (Sonnenwenden, Tagundnachtgleichen) zu bestimmen, die auf einer horizontalen Tafel markiert wurden. In der Ausführung als Sonnenuhr springt der Stift aus der Oberfläche einer Platte hervor, auf der eine Stundeneinteilung angegeben ist. Der G. wurde schon von den Ägyptern und Babyloniern benutzt und wurde in hellenist. Zeit in vielen Ausführungen hergestellt. S.S.

Lit: H. Spencer-Jones and D. Price, in: C. Singer, A History of Technology III, 1957.

Gnosis

[1] Historische Erscheinung und Quellen – [2] Ursprung und Wesen – [3] Gnostische Systeme – [4] Ethik.

[1] *Historische Erscheinung und Quellen.* Die G. (γνῶσις, Wissen, Erkenntnis) im engeren Sinne ist eine vor allem im Osten des röm. Reiches verbreitete religiöse Bewegung der frühchristl. Zeit. Die Erscheinungsformen sind selbst innerhalb der christl. G. sehr mannigfaltig, so daß eine genauere historische, geographische und religionssoziologische Abgrenzung vorerst eines der umstrittensten Probleme der spätantiken Religionsgeschichte bleiben wird. Auch außerchristl. Erscheinungen der hellenistisch-orientalischen Religionsgeschichte müssen berücksichtigt werden. Die jüd. G. hat in → Simon Magus ihren markantesten Vertreter. Für die heidnische G. ist vor allem auf die → hermetische Literatur zu verweisen. Zur späteren G. gehören der → Manichäismus und die → Mandäer. Als christl. ‹Gnostizismus› ist die G. von tiefgehender Wirkung auf die Entwicklung der Alten Kirche und ihrer Theologie gewesen. Das ist nicht nur in der Ausbildung der gnostischen Schulen des 2. Jh.s n. Chr. deutlich (→ Valentinus, → Basilides, → Karpokrates; oft nur Berichte der Kirchenväter), sondern auch darin, daß bereits in den neutestamentlichen Schriften Erscheinungen, die der G. zumindest verwandt sind, bekämpft werden (Paulus, Johannes-Evangelium, Pastoralbriefe, Judasbrief; vgl. → Christentum I E. H.). Bes. aber sind im 2. und noch im 3. Jh. n. Chr. große Teile des → Christentums (II; V; VI) gnostisch beherrscht (vor allem in → Ägypten und → Syrien); gnostische Sekten, als Mysterienvereine organisiert, sind weit verbreitet (Barbelo-Gnostiker, → Ophiten); bedeutende Kirchenlehrer vertreten gnostische Gedanken (→ Bardesanes, → Tatian, → Clemens (2) Alexandrinus), und vor allem durch → Origenes sind wesentliche Aspekte gnostischen Denkens bleibender Bestandteil der griech. Theologie geworden. Schließlich ist die nur z. T. erhaltene gnostische Schriftstellerei populären Charakters beträchtlich, wie die Johannesakten, Thomasakten (→ Roman C) und eine große Anzahl von gnostischen → Evangelien. Papyrusfunde aus Ägypten haben weitere Teile gnostischer Schriftstellerei zu Tage gebracht (z. B. Oxyrhynchos-Logien, ‹Pistis Sophia›), und die jüngste Entdeckung einer gnostischen Schriftensammlung in koptischer Sprache bei Nag-Hammadi (Oberägypten) legt weiteres Zeugnis für die literarische Fruchtbarkeit der G. ab (unter den bisher veröffentlichten Schriften: Evangelium Veritatis, Thomas-Evangelium, Philippus-Evangelium, De resurrectione, Apokalypsen des Jacobus, des Adam).

[2] *Ursprung und Wesen.* Die umstrittene Frage nach dem Ursprung der G. hängt eng mit dem Problem der Bestimmung des Begriffs Gnosis zusammen. Das deutlichste Merkmal ist sicher der religiöse Synkretismus, der es noch für die christl. G. möglich macht, Vorstellungen heidnisch-religiösen, jüdischen und philosophischen Ursprungs ohne Schwierigkeiten zu assimilieren. Daher das Problematische aller Versuche, den Ursprung der G. den jeweils in den gnostischen Systemen verwendeten religionsgeschichtlichen und philosophischen Elementen zuzuordnen. Das Auftauchen dualistischer Vorstellungen ließ so auf iranischen Ursprung schließen, astrologische Spekulationen auf baby-

lonische Herkunft (vgl. → Mandäer); Anklänge an allegorische Auslegungen von → Genesis und Sophiaspekulationen legten jüd. und der Erlösermythos christl. Ableitung nahe; schließlich ist die G. auch als pervertierte platonische Philosophie charakterisiert worden. Alle diese Elemente, in verschieden starkem Maße Bausteine gnostischer Systeme, reichen aber zur Begriffs- und Wesensbestimmung des religiösen Phänomens ‹Gnosis› nicht aus. Eher empfiehlt sich eine Orientierung an dem durchgehenden Thema der G., das in klassischer Formulierung bei Clem. Alex. (Exc. ex Theodoto 78) erhalten ist: «...die Erkenntnis dessen, wer wir waren, was wir geworden sind; wo wir waren, wohin wir geworfen wurden; wohin wir eilen, wovon wir erlöst werden; was Geburt ist, was Wiedergeburt.» In ihm ist die grundsätzliche Erfahrung der radikalen Fremdheit des Menschen in der Welt und seiner Zugehörigkeit zur konsequent unweltlich aufgefaßten Gottheit impliziert. In der Ausführung dieses Themas ist allen gnostischen Systemen die Notwendigkeit gemein, einmal den Ursprung des menschlichen Daseins in der Fremde zu erklären (oft sehr komplizierte kosmologische und anthropogonische Systeme), und zum andern, den Weg aus der Fremde zu weisen, wofür häufig ein Erlösermythos zu Hilfe genommen wird, der aber auch durchaus entbehrlich sein kann, sofern die ‹Gnosis› des eigenen unweltlichen Ursprungs im wesentlichen an das Wort, aber nicht an ein Geschehen gebunden ist. Die Frage des religionsgeschichtlichen Ursprungs der G. ist danach identisch mit der nach dem geschichtlichen Ort, an dem diese Welterfahrung der radikalen Fremde aufbrach. Wieweit dieselbe speziell im Spätjudentum und Christentum oder überhaupt im hellenistischen Seinsverständnis ihre Wurzeln hat, ist immer noch ein ungelöstes Problem (vgl. → Judentum B 7, → Religion I E 7).

[3] *Gnostische Systeme.* Da die Erkenntnis des eigenen Seins für die G. mit der Erkenntnis des Ursprungs zusammenfällt, steht im Zentrum der meisten gnostischen Systeme die *Kosmogonie*, die als solche die *Anthropogonie* als ihr tragisches Ergebnis impliziert. Immer ist dabei das weltschaffende Prinzip (sog. → Demiurg) von der höchsten Gottheit abgetrennt. Im einzelnen ist das sehr verschieden ausgeführt. Ein dualistischer und ein monistischer Typus sind zu unterscheiden, wobei der dualistische seine deutlichste Ausprägung im Osten gefunden hat (→ Manichäismus), der monistische hingegen im westlichsten Zentrum der G., in Alexandria (→ Valentinus). – 1. Im *dualistischen Typus* (vgl. außer dem Manichäismus u.a. das Baruchbuch des Gnostikers Justin, das Lied von der Perle, Poimandres) entsteht die Welt aus der Vermischung eines (männlichen) göttlichen Wesens mit einem (weiblichen) Weltprinzip, das entweder passiv als Materie oder Chaos die Schöpfung erleidet oder auch aktiv durch Bestrickung das göttliche Wesen in seine Gewalt bekommt. Entsprechend ist das göttliche Prinzip entweder ein rebellisches Himmelswesen (Demiurg) oder eine Lichtgestalt, die unschuldig in die Gewalt der Materie gerät (Urmensch). Durchweg aber sind die Menschen, ihrem Wesen nach jenseitigen Ursprungs, durch diese tragische Vermischung in die Welt geraten, und die Welt hat den einzigen Sinn, sie in der Gefangenschaft und Unwissenheit (ihres Ursprungs) festzuhalten. Die Welt in ihrer Gesamtheit steht dabei im Dienste dieser widergöttlichen Absicht, so daß etwa die Planetenmächte zu Wächtern der kosmischen Gefangenschaft werden (statt göttlicher → Pronoia herrscht die dämonische → Heimarmene; anders etwa → Basilides). – 2. Im *monistischen Typus* (→ Simon Magus; → Valentinus und die mit ihm verwandten Systeme) finden sich die oft komplizierten Spekulationen über die Äonen- und Syzygien (= Äonenpaare)-Struktur der göttlichen Seinsfülle (Pleroma). Aus einer Krise im Pleroma selbst entsteht der Kosmos, in dem die Menschen sich als aus dem Pleroma ausgeschlossene Produkte dieser Urstörung finden (vgl. den Sophia-Mythos des Valentinus). – Die im Mythos dargestellte *Erlösung* ist zunächst ein Geschehen jenseits von Welt und Geschichte, sei es als Abstieg des Erlösers, der mit dem in der Macht der Finsternis gefangenen Urmenschen im Grunde identisch ist (‹erlöster Erlöser›), sei es als Neuordnung des Pleroma, in das der gefallene Teil wieder einbezogen wird. Im Kosmos selbst, dem der Erlöser seinem Wesen nach niemals angehört, wirkt die Erlösung immer als Botschaft, die Erkenntnis weckt. Hier liegt das zentrale Problem aller christl. G.: würde der Erlöser wirklich Mensch, so wiederholte sich ja nur der tragische Urfall; daher ist der geschichtliche Jesus nur ein Scheinleib (‹Gefäß›), in dem sich der himmlische Erlöser verbergen kann und den er nach Ausrichtung seiner Botschaft wieder verläßt (Doketismus; vgl. → Christentum V). Die Frage der Christologie wurde daher ungeachtet der unterschiedlichen Ausprägung zum kritischen Prüfstein im Kampf der kirchlichen Orthodoxie gegen den Gnostizismus.

[4] Die *Ethik der G.* umspannt alle Möglichkeiten vom Libertinismus bis zur schroffen → Askese, intendiert aber immer die Entweltlichung. Diese Theorie war durch die Lehre, daß die ‹Pneumatiker› dank metaphysischer Qualität (göttlicher Pneumafunke) erlöst würden, wie umgekehrt die sog. ‹Hyliker› wegen des Fehlens der Pneumasubstanz verlorengingen, eingeengt; konsequent konnte sie sich nur auf die mit dem freien Willen ausgestatteten ‹Psychiker› erstrecken (vgl. → Valentin). In der Praxis der gnostischen Sekten finden sich dabei immer Züge, die bestimmten Grundelementen des jeweiligen Mythus entsprechen. Kritik an der gnostischen Ethik ist der zentrale Ansatzpunkt der philosophischen Polemik (→ Celsus, → Plotin). H.K.

Q: Die wichtigsten christl. Texte bei W. Völker, Quellen z. Gesch. der christl. G., 1932 – E. Hennecke, Neutestamentl. Apokryphen I (1904), 1959³; II (1904), 1964³ – Zu den bisher veröffentlichten kopt. Texten: G. Kretschmar, RGG II 1661 (Lit) – J. Doresse, Les livres secrets des Gnostiques d'Egypte, 1958 – *Lit:* W. Bousset, Hauptprobleme der G., 1907 – F. C. Burkitt, Church and G., 1932 – G. Quispel, Die G. als Weltreligion, 1951 – H. Leisegang, Die G. (1924), 1955⁴ – R. McL. Wilson, The Gnostic Problem, 1958 – R. M. Grant, Gnosticism and Early Christianity, 1959 – A. Wlosok, Laktanz u. die philosoph. G., 1960 – H. Jonas, The Gnostic Religion (1958), 1963² (Lit) – Ders., G. und spätantiker Geist I (1934), 1964³; II 1, 1954 – W. Bauer, Rechtgläubigkeit u. Ketzerei... (1934), 1964² – Vgl. → Hermetische Literatur, → Mandäer, → Manichäer.

Gobryas. 1. pers. Fürst, Schwiegervater des Dareios, auf dessen Grabmal er dargestellt ist (Naqš-i Rustam); einer der Sieben, die den falschen → Smerdis stürzten. – 2. Sohn des Dareios und der Artystone, der Tochter des → Kyros, Anführer im Heer des → Xerxes. G.R.

Götterapparat, philologische Bezeichnung für das dichterische Kunstmittel, die Götter eingreifen zu lassen, um Wendungen des Geschehens herbeizuführen bzw. verständlich zu machen, die sich nicht aus dem Ablauf der Handlung entwickeln lassen – zumal in der nachhomerischen Dichtung gern angewandt. Im Sinne eines bloßen Kunstmittels kennt → Homer (B 1.2) den G. nicht, dennoch beruht die moderne Konzeption dieses t.t. auf der Beobachtung dessen, wie die Götter in Ilias und Odyssee die Handlung auf weite Strecken bestimmen. G.K.

[2] Das *röm. Epos* behält den ‹Götterapparat› bei (Ausnahme: → Lukan): Götterversammlungen (z.B. Verg. Aen. 10, 1), -erscheinungen (Aen. 1, 314), Götter als Beschützer oder Verderber einzelner Helden (Aen. 12, 853. 895). Neu ist die Geisteshaltung der röm. Epiker: schon im nachhomerischen Griechenland sind die Götter durch ethische oder physikalische → Allegorese abstrakter, ‹geistiger›, weniger gestalthaft geworden. Andererseits wurden ‹Lebensmächte› (die wir durch abstrakte Begriffe bezeichnen) in allegorischen Gestalten (Aen. 4, 173. 7, 324, vorangegangen war Hesiod, gelegentlich auch Homer) oder Ortsbeschreibungen (Ovid) verkörpert (→ Alle-

gorie). Diese Tendenz zu sinnbildlicher Darstellung (allegorisches Erfinden) bestimmt im röm. Epos auch den sog. ‹G.›. Bestimmend ist dabei einerseits röm. Sendungsbewußtsein, das den Raum des Geschichtlichen in die theologische Konzeption mit einbezieht (Aen. 1,257–296; 6, 461), andererseits die (röm. Empfinden naheliegende) ethische Deutung der Welt, die (nicht primär ontologisch-kosmosophisch, sondern anthropologisch-historiozentrisch) von den im Menschen wirksamen moralischen Qualitäten (z.B. pietas) und Affekten (furor) ausgeht. Die (nicht mehr naiv geglaubten) Götter, die Himmel, Luft, Erde und Meer erfüllen, machen die Innenseite des Geschehens sichtbar und werden in einem bewußten Akt der Sinngebung zu ‹Bedeutungsträgern›, zu Gliedern einer hierarchischen Ordnung, deren (noch personales) Haupt Jupiter ist, während im letzten die fata (unpersönlich und unerbittlich) auch über die Götter ihr ehernes Regiment führen. – Bei → Naevius und → Ennius vorbereitet, wird die Götterdarstellung → Vergils in ihrer rombezogenen Weltkonzeption nur von → Silius Italicus weitergeführt. → Lukan hat den ‹G.› in großartig antiklassischer Gebärde verworfen; → Valerius(10) Flaccus und → Statius(1) können schon von den griech. Stoffen ihrer Epen her die politisch-theozentrische Stringenz vergilischer Geschichtsdeutung nicht erreichen – und wollen es auch nicht. Göttliche und menschliche Motivierung stehen bei Statius scheinbar nebeneinander. Losgelöst vom Kosmos des Politischen hat das *Menschliche* (im Sinne des Ethischen und auch im Sinne der Verknüpfung von Schuld und Sühne) seit Ovids Metamorphosen auch in der Epik einen Eigenwert gewonnen, dem Valerius und Statius gerecht werden, indem sie die Götter (in Fortführung vergilischer Tendenzen) weniger äußerlich, als vielmehr in und durch Menschen ins Geschehen eingreifen lassen. Der ‹Götterapparat› wird so bei Ovid, Valerius und Statius zum Ausdruck einer ‹humanistischen› Weltbewältigung, die erst in der Renaissance wieder verstanden worden ist. M.v.A.

Lit: R. Heinze, Virgils epische Technik (1902), 1914³ – E. Zinn, Nachwort zu: Vergil, Aeneis (übers. von R. A. Schröder), 1963.

Götterattribute. Im Begriff G. sammeln sich drei Gruppen von Erscheinungen, die sich wohl im ursprünglichen Ansatz, nicht aber im gegebenen Material voneinander trennen lassen: 1. *Erscheinungsformen* der Gottheit selbst. Daß die Götter als Tiere erscheinen können, sich in solche zu verwandeln lieben und darum in Tiergestalt Verehrung finden (Stier, Schlange, Eule, Taube u.a.), ist auch bei den Griechen ein zwar wohl niemals bes. verbreiteter, aber doch historisch in Spuren noch nachweisbarer Glaube gewesen. Allerdings haben die Griechen, soweit wir sie kennen, immer daran festgehalten, daß das Tier nur eine vorübergehende Verkörperung der Gottheit und nicht selbst Gott ist. Der Tierkult, wie die Griechen ihn in Ägypten wahrzunehmen meinten, ist ihnen immer fremd und unbegreiflich gewesen (vgl. → Fauna). – 2. → *Symbole*, in die sich die Gottheit nicht real einkörpert, sondern die stellvertretend auf sie hinweisen (Gorgohaupt für Athena, Getreideähre für Demeter u.a.). – 3. *Attribute im strengen Sinne:* Tiere, Pflanzen, Gegenstände, die den Wirkungsbereich der Gottheit charakterisieren und den Kultbildern beigegeben werden, damit der Beschauer weiß, welche Gottheit gemeint ist, und sein Verhalten danach richten kann. Daß die Symbole auch alle als Attribute verwendbar sind, liegt auf der Hand. Zu Attributen in einem weitern Sinne gehören auch die Differenzierungen der Göttergestalten nach Alter und Kleidung. In archaischer Zeit überwiegt die Darstellung in würdigem Alter (männliche Götter bärtig) und in reicher Gewandung, vom Beginn des 5. Jh.s v. Chr. an werden die Götter immer häufiger jugendlich und nackt gebildet (Apollon, Dionysos, Hermes u.a.); doch gibt es in der klassischen Zeit Gottheiten wie Zeus oder Poseidon, die zuweilen nackt, doch niemals jugendlich dargestellt werden. Freilich ist vom Beginn des 4. Jh.s v. Chr. an das wirkungsvolle Herausarbeiten der typischen Gestalt einer Gottheit mit ihren Attributen weit mehr die Aufgabe der Kunst als eine Angelegenheit der Religion gewesen. – Die röm. Religion kennt zwar heilige Tiere, die mehr oder minder mit bestimmten Göttern verknüpft sind, doch keine eigenständige Tradition der Götterbilder und G. Was wir vom 3. Jh. v. Chr. an besitzen, ist, von etrusk. Einsprengseln abgesehen, ausnahmslos vom zeitgenössischen oder klassischen Griechentum übernommen oder angeregt. – Herkunft und ursprünglicher Geltungsbereich sind für viele G. noch unerforscht.

[2] Die nachfolgende *Liste* gibt zur Übersicht die G. der wichtigsten Götter. 1. *Aphrodite:* am wichtigsten schon seit alter Zeit die Taube, weiterhin Hase, Schwan, dann wegen Hes. theog. 191 ff. Delphin und Muschel, von Pflanzen die Myrte. Erst von spätklassischer Zeit an werden ihr spielerisch die Requisiten für Bad und Schönheitspflege beigegeben, auch kommt der als Knabe gestaltete Eros dazu (mit Pfeil, Bogen oder Fackel), oder es wird ausgehend von Homer Od. 8,266–366 ihre Beziehung zu Ares angedeutet durch Beigabe von Waffen, mit denen sie spielt oder auf die sie den Fuß setzt. – 2. *Apollon:* seinen vielfachen Aspekten entsprechen zahlreiche G. Im Sinne von Homer Il. 1,43–49 führt er Pfeil und Bogen, als Führer der Musen ist er in das lange Gewand der Kitharoden gekleidet und führt die Kithara, der Schwan ist ihm geheiligt. Der Beiname Lykios zieht den Wolf, Delphinios den Delphin nach sich. Als dem Schützer der Herden sind ihm zuweilen Widder oder Lamm beigegeben. In umgekehrtem Sinne gehören zu ihm Maus und Heuschrecke, die er abwehrt, in wieder anderem, nicht näher faßbarem Sinn die Eidechse. Unter den Pflanzen gehört ihm der Lorbeer, zuweilen der Efeu: als Herrn des delphischen Heiligtums charakterisieren ihn Dreifuß und Omphalos. – 3. *Ares* hat nicht nur spärlichen Kult, sondern auch keine wirklich distinktiven A. Natürlich wird er immer mit Waffen dargestellt und von andern Kriegern durch seine Unruhe unterschieden, doch bleiben die Zuweisungen oft unsicher. – 4. *Artemis* ist zunächst Jägerin mit Pfeil und Bogen, mit geknotetem Haar, kurz geschürzt und Jagdschuhen, Hirschkuh und Bärin sind ihre Tiere, unter den Bäumen gehören ihr Nußbaum (Zeder, zuweilen Myrte und Zypresse). Als Tauropolos gehört ihr der Stier. Die Fackel trägt sie schon vor der Zeit, da sie mit Selene bzw. Hekate identifiziert wurde, also vielleicht als Hochzeitsgöttin. – 5. *Asklepios* wird von den andern bärtigen Göttern gewöhnlich dadurch unterschieden, daß er sich wie ein att. Bürger auf einen Stock stützt und sich dem Verehrer mitempfindend zuwendet; weil er ursprünglich ein Heros ist, hat er eine Schlange, gelegentlich einen Hund bei sich. – 6. *Athena* ist vor allem Schlachtjungfrau, also bewaffnet mit Helm, Schild, Speer, auf der Brust die Aigis (als Panzer dienendes Tierfell) mit dem schreckenerzeugenden Gorgonenhaupt. An Tieren gehört ihr in Athen die Eule, an Bäumen der Ölbaum. – 7. *Demeter.* Ihrer mütterlichen Natur gemäß wird sie immer als würdige Frau dargestellt. Als Geberin der Brotfrucht wird sie durch Ähre und Mohn bezeichnet, die Schlange weist auf ihren Sitz in der Erdtiefe, die Beziehung zu den Mysterien wird durch 1–2 Fackeln und durch den Kalathos (Körbchen mit Blumen und Früchten) hergestellt. Wenn sie mit Persephone zusammen erscheint, trägt diese die Fackel, Demeter das Szepter. – 8. *Dionysos*, in älterer Zeit überwiegend bärtig, vom Parthenonfries an meist jugendlich dargestellt. Attribut ist vor allem Rebe und Efeu, zuweilen der Lorbeer, öfters die Pinie: D. trägt den Thyrsosstab mit Efeu oder einen langen, in einen Pinienzapfen auslaufenden Stab. Er hat ein Hirschfell oder auch Pantherfell (Nebris). Ziegenbock und Stier sind ihm heilig. Schon seit den Perserkriegen dringen in seine Darstellung orientalisierende Elemente ein (Löwengreif als Begleiter), und im Hellenismus werden

ihm als Bezwinger Indiens Löwen, Tiger, Elefanten zugesellt. – 9. *Gaia*, im Kulte selten hervortretend, wird als halb aus dem Boden emporsteigende Frauengestalt oder als auf die Erde hingelagerte Frau dargestellt. – 10. *Hades*, praktisch fast ohne Kult. Da er Herr der Unterwelt ist, ist alles an ihm schwarz; durch die in die Stirn hängenden Haare wird er von andern bärtigen Göttern unterschieden. Hadeshund und Schlange gehören zu ihm. Als der ‹Unsichtbare› hat er eine Tarnkappe in der Form eines Hundsfelles (Kynee). Als Pluton trägt er Füllhorn oder Blumenstrauß. – 11. *Hekate* wird vielfach dreileibig dargestellt, mit Fackel und Hund. Wo sie Pförtnerin der Unterwelt ist, hat sie Schlüssel. – 12. *Helios* ist festgelegt als Wanderer auf der Himmelsbahn mit Flügeln an den Füßen oder als Lenker des Sonnennachens bzw. des Sonnenwagens mit den vier Rossen, die Haare als Strahlenkranz gebildet. – 13. *Hephaistos* als Schmied, nicht selten von barbarischem Typus, gestaltet, in Exomis, mit kegelförmiger Filzhaube und seinen Werkzeugen (Hammer, Zange). Wegen Homer Od. 8,332 wird er zuweilen verkrüppelt dargestellt. – 14. *Hera*, als Gemahlin des Götterkönigs durch monumentale Gewandung, Diadem, Szepter und Thron charakterisiert. An Tieren gehören ihr das Rind, der Pfau, der Reiher und gelegentlich andere Vögel, an Pflanzen Granatapfel und Lilie. – 15. *Herakles* hat als A. Keule und Löwenfell, die ihn als wehrhaften Urmenschen auszeichnen, vielfach auch den Bogen. – 16. *Hermes* ist nach Homer als Bote gestaltet mit Flügelschuhen, Reisehut, Heroldsstab und in leichter Kleidung. Der Mythos belehnt ihn mit Schwert und Syrinx, an den Hermen als Wegmarken ist er ithyphallisch. – 17. *Hestia* hat Kult im Herdfeuer und wird als stehende oder thronende Gestalt durch ihre Würde gekennzeichnet. – 18. *Persephone*, ähnlich gestaltet wie Demeter, nur jugendlicher. Fackel, Granatapfel und Hahn scheinen ihr zuzugehören. – 19. *Pluton* ist durch Füllhorn oder Blumenstrauß als Gott des Reichtums der Erde bezeichnet. – 20. *Poseidon* hat Szepter bzw. Dreizack. Sein Tier ist vor allem das Pferd, gelegentlich der Stier, dann manche Seetiere wie der Delphin, Thunfisch oder das Seepferd. – 21. *Zeus* ist als Götterkönig bezeichnet durch Szepter, Diadem, Thron und zuweilen durch reiche Gewandung. Der Blitz (Donnerkeil) ist ihm eigen, an Tieren der Adler, an Bäumen die Eiche. Dazu kommt zuweilen die Lilie. Auf seiner Hand hält er in hellenist. Zeit vielfach eine kleine, geflügelte Nike. – Vgl. →Fauna und →Flora und die dort zusammengestellten Einzelartikel über Tiere und Pflanzen. O. G.

Lit: S. zu den einzelnen Göttern – Vgl. ferner bes.: N. Himmelmann-Wildschütz, Zur Knidischen Aphrodite, Marb WPr 1957, 11–16 – Ders., Zur Eigenart des klass. Götterbildes, 1959.

Götterburleske. [1] G. und Mythenparodie sind die äußerste Konsequenz des griech. →Anthropomorphismus (vgl. →Religion C 5), der nicht nur die Gestalt, sondern auch das Wesen der Götter radikal vermenschlicht und sie bis zur Karikatur ins Komische herabzieht. Ansätze zur G. kennt schon →Homer. Sie findet dann ins →Satyrspiel und in die →Komödie Eingang und erreicht bei →Aristophanes ihren Höhepunkt. Vgl. →Mythentravestie. K.-H. R.

Lit: Schmid-Stählin I 110–113.

[2] *In der Kunst* sind, von der Darstellung an sich schon burlesker Göttergeschichten wie der Rückführung des →Hephaistos abgesehen, parodierende Wiedergaben von Gottheiten bes. in der böot. und unterital. Vasenmalerei nachweisbar. In der sog. →Kabirenkeramik (Wolters-Bruns, Das Kabirenheiligtum bei Theben, 1940), die von der 2. H. des 5. Jh.s ins 4. Jh. reicht, werden vor allem Heroen (vgl. W. Binsfeld, Grylloi, 1956, 15–17; Ars Antiqua-A. G. Luzern, Auktion IV, 1962, 34, 139), aber auch Götter in parodierender, oft grotesker Form dargestellt. Der Kabeiros selbst wird dabei ausgenommen, nicht aber seine nächste Umgebung (Wolters-Bruns, a. O., Taf. 5). Häufig begegnen wir auf diesen Bildern →Pan (Wolters-Bruns, Taf. 32), aber auch Poseidon, Athene oder den drei Göttinnen des Parisurteils (Wolters-Bruns, Taf. 37. Vgl. auch die noch in die Mitte des 5. Jh.s führenden Kantharoi mit weißen Figuren: Ure, JHS 71, 1951, Taf. 42). Der Sinn dieser Vasenbilder ist noch umstritten (s. zuletzt L. Breitholz, Die dorische Farce, 1960, 198–201). Freude der Böotier an drastischer Komik, Stileigenheiten und lokale Kulteigentümlichkeiten (Theateraufführungen) sind bei der Beurteilung der Bilder zu berücksichtigen. In Großgriechenland bietet die →Phlyakenposse Stoff für zahlreiche Götterparodien (A. D. Trendall, Phlyax Vases, 1959). Berühmt bes. ein pästanischer Glockenkrater mit Hermes und Zeus bei einem Liebesabenteuer (K. Schauenburg, AuA 10, 1961, 87), ein apulischer Krater mit Herakles, der die Opfergaben des Zeus verspeist (Trendall, a. O., Nr. 29) und ein apulischer Glockenkrater mit Ares-Hephaistos (oder Daidalos) im Kampf vor Hera (Trendall, a. O., 38, 75). Hellenist. Götterparodien wurden auf pompejan. Wandgemälden nachgebildet (K. Schefold, Gymn. 67, 1960, 90–102, bes. 100 f.). K. Schb.

Göttergeburten *in der Kunst*. Die älteste erhaltene G. auf einem Reliefpithos des 7. Jh.s aus Tinos (E. Vanderpool, AJA 58, 1954, 240 f.; Brommer, JbRGZMus Mainz 8, 1961, 72 f.; Schefold, FS, Taf. 13): vielleicht →*Athene* und eine unbärtige Flügelfigur. Die Geburt der Athene ist auch später bes. häufig dargestellt, bes. auf att. Vasen vom 2. Viertel des 6. Jh.s bis in die Mitte des 5. Jh.s (Brommer, a. O. 66–83). Die Göttin entspringt dem Haupt des Zeus oder steht auf dessen Schenkeln. Oft sind Hephaistos, Eileithyien und andere Gottheiten zugegen. Einmal erscheint Zeus (Brommer, a. O., Taf. 37), einmal Hera (Bauchamphora in Privatbesitz) frontal thronend. Außer auf Vasen kommt das Thema auf Schildbändern (Kunze II 1950, 77–82) und etrusk. Spiegeln (Brommer, a. O. 79 f.), bes. aber im Ostgiebel des Parthenon vor (Brommer, AM 73, 1958, 112 bis 116, mit richtiger Beurteilung des Madrider Puteals). – Die Geburts- und Kindheitsgeschichte des *Zeus* selbst ist verhältnismäßig selten (Ostgiebel des Heraions von Argos, Paus. 2, 17, 3 und auf späten Denkmälern) nachweisbar (A. C. Cook, Zeus I, 1914, 148 ff., bes. Münzen und →Campanareliefs; vgl. Stuart Jones, Museo Capitolino, 1912, Taf. 66, 3). – Für die Geburt *Apollons* gibt es einen Bildzeugen des 4. Jh.s, weitere erst aus der Kaiserzeit (Metzger, Les représentations dans la céramique attique du 4ᵉ siècle, 1951, 157 f.). Genaue Übereinstimmung mit dem Homerischen Apollonhymnus (89 ff.) liegt auch auf der Pyxis des 4. Jh.s nicht vor. – Einige Vasen des 5. Jh.s zeigen eine aus der Erde auftauchende Göttin, umgeben von verschiedenen Gottheiten, Silenen und Panfiguren. Wie auf der Basis der Athena Parthenos des Phidias (Paus. 1, 24, 7; Plin. nat. 36, 19) scheint auf einigen der Vasen →*Pandora* gemeint zu sein, doch ist auch an →*Kore* und →*Aphrodite* zu denken (Metzger, a. O. 72–99; O. Lendle, Die Pandorasage bei Hesiod, 1957, 65 ff.; Brommer, Satyrspiele, 1959², 72 f.). Die Meergeburt Aphrodites um 460 auf dem sog. →Ludovisischen Thron (Lippold, GrPl 118 f.; R. Lullies, Griech. Plastik, 1960, Taf. 134–137), att. Vasen und einem Silbermedaillon im Louvre (Metzger, a. O. 69 f.; Lippold, Gnomon 21, 1949, 244). Ab 4. Jh. erscheint eine Variante: Aphrodite in der Muschel, vor allem in der Koroplastik verbreitet (Metzger, a. O. 70 f.; Bratschkova, Bull. Inst. Bulg. 12, 1938), in der Kaiserzeit bes. auf Sarkophagen, Mosaiken und Gemmen (Rumpf, SR V 123). – Die erste Geburt des →*Dionysos* (beim Tod Semeles) zeigt eine att. Hydria des späten 5. Jh.s und röm. Monumente (Metzger, a. O. 102–106; vgl. Trendall, BSR 24, 1959, 23 Anm. 332 zu einem pästanischen Amphorenfrg.). Die Anodos des Gottes ist vielleicht auf einigen Kertscher Vasen dargestellt (Metzger, a. O. 103–107 und 253 f.). Die zweite Geburt des Dionysos aus dem Schenkel des Zeus ist Thema mehrerer Denkmäler griech. und römischer Zeit (A. B. Cook, Zeus

III, 1940, 80ff.; Fuhrmann, JdI 65/66, 1950/51, 103–134; Ch. Picard, RA, 1958 I 100; H. Chase, Cat. of Arretine Pottery, 1916, 35f., Taf. 23; Lippold, Vatikankatalog III, 1, 1936, Taf. 28, 493; Andren, Opusc. arch. 5, 1948, 95). Eigenartige, wohl orphisch beeinflußte Vermengung mit dem Typus der Athenageburt auf einem Relief aus Ostia (Becatti, Bd'A 36, 1951, 1–14). Vgl. auch → Götterliebe. K. Schb.

Götterkämpfe. Titanenkämpfe sind bisher in der Kunst nicht sicher nachgewiesen. Gigantomachien waren dagegen ein Lieblingsthema antiker Kunst. Der Kampf mit Typhon schon auf einem Schildbandrelief des frühen 6. Jh.s. Vgl. → Giganten.

Lit: J. Dörig und O. Gigon, Der Kampf der Götter und Titanen, 1961 – Schefold, FS, Taf. 4a. 41b. 42. 43 – R. Hampe, GGA 215, 1963, 125ff. – E. Kunze, Zum Giebel des Artemistempels von Korfu, AM 78, 1963, 74–89. K. Schb.

Götterliebe. Liebesgeschichten der Götter treten in der Kunst verhältnismäßig spät auf (für Zeus-Hera → Hera, für Ares-Aphrodite s. → Ares). Die → Io-Sage ist erstmals um 540 nachweisbar (K. Schauenburg, AuA 10, 1961, 90, Abb. 30), doch fehlt dabei Zeus. Vom späteren 6. Jh. an ist → Europa auf dem Stier ein beliebtes Motiv (K. Schauenburg, a. O. 88–90). Bald nach 500 setzt der Bildtypus der einen Geliebten oder eine Geliebte verfolgenden Gottheit ein. Besonders hervorzuheben sind Zeus und → Ganymed (H. Sichtermann, Ganymed, 1953; Ders., Antike Kunst 2, 1959, 10–15), Zeus und Ägina oder nicht sicher benennbare Frau (Beazley, ARV[1] 135, 63 u.ö.; Beazley-Caskey, Vases Boston II, 1954, 68f.), Poseidon-Amymone bzw. Aithra (Schauenburg, a. O. 84; Beazley-Caskey, a. O. 89–93), Boreas-Oreithyia, die ab 480 nachweisbar sind (Schauenburg, a. O 77f.), Hermes und nicht sicher bestimmbare Frau (Beazley, ARV[1] 346, 2; E. Tillyard, The Hope Vases 1923, 74), Hermes und Jüngling (Beazley, ARV[1] 584, 21), Hermes und Knabe (ebd. 318. 358), Apollon und Frau (Beazley, ARV[1] 136. 480. 517. 688. 754). Apollon-Daphne erst auf röm., auf Hellenistisches zurückgehenden Denkmälern, die die Verwandlung der Daphne in den Lorbeerbaum erkennen lassen (Müller, RM 44, 1929, 59–86; D. Levi, Antioch Mosaic Pavements, 1947, 211–214; NSc 1950 (1951), 307; Gymn. 61, 1954, 434). Überaus häufig in der att. Vasenmalerei des 5. Jh.s Eos und Kephalos bzw. Tithonos (Beazley, ARV[1], passim; Beazley-Caskey, a. O. II 37f.; für Unteritalien vgl. K. Schauenburg, AuA 10, 1961, 81). Am häufigsten wird während des ganzen Altertums mit einer Frau, die man meist Ariadne nennen darf, Dionysos verbunden, doch nicht in dem hier bisher genannten Verfolgungsschema (Beazley, ABV und ARV[1], passim; Lippold, GK 49–52; Adriani, Bull. Soc. Alex. 39, 1951, 5–29; H. Metzger, Les représentations dans la céramique attique du 4e siècle, 1951, 110–125; Hahland, ÖJh 44, 1959, 42–45; Schauenburg, AuA 10, 1961, 79f.). – Jünger als der Verfolgungstypus sind Darstellungen des eigentlichen Raubs, bes. bei → Boreas und → Zeus-Ganymed belegt (vgl. die genannten Autoren). Bei Poseidon-Amymone sowie in einigen anderen Mythen tritt im späten 5. Jh. an die Stelle von Verfolgung bzw. Raub die Überredung im Gespräch. Ganymeds Raub erfolgt nach 400 durch den Adler, der als Zeus oder Bote desselben zu verstehen ist (Sichtermann, a. O.; Dacos, BCH 85, 1961, 384 bis 391; Bruneau, BCH 86, 1962, 193–228). Verwandt im Typus die Entführung der Thalia durch Geier oder Adler, nur auf ital. Denkmälern (Schauenburg, a. O. 93). Danae und Zeus in Gestalt des Goldregens ab 490 auf Vasen, dann auf Gemmen, in der Kaiserzeit u. a. auf Wandbildern und Mosaiken (Schauenburg, Perseus, 3–12). Vereinzelt erscheint Zeus neben dem Goldregen in seiner menschlichen Gestalt.

Lit: zur Gesch. d. G. vgl. K. Schefold, Das Deuten von Sagenbildern, Gymn. 61, 1954, 286–288 K. Schb.

Götterversammlungen. [1] Im *Epos* als typische Szene: → Götterapparat.

[2] In der *bildenden Kunst* finden sich G. in archaischer Zeit in feierlichen Prozessionen (Schefold, FS, 28f. 57f.) und in Zusammenhang mit mehreren Mythen, so der Einführung des → Herakles in den Olymp. Am Siphnierschatzhaus umrahmen sitzende Götter die heute verlorene Darstellung eines mythischen Geschehens (Lippold, GrPl 71). Auch der Ostfries vom Parthenon kann hier genannt werden (A. H. Smith, The Sculptures of the Parthenon, 1910, Taf. 33–37), die großen Götter bei der Übergabe des Peplos an Athenes Schatzwalter zeigend. Weitere mythologische Anlässe für Versammlungen von Gottheiten sind u. a. die Geburt der → Athena (vgl. → Göttergeburten), die Rückkehr des → Hephaistos in den Olymp sowie die Hochzeiten von → Peleus und Thetis (Furtwängler-Reichhold, Taf. 1f.) oder → Kadmos und Harmonia (K. Schauenburg, Gymn. 64, 1957, 210–230). Erst spätarchaisch ist das Göttersymposion (Himmelmann-Wildschütz, MWPr, 1960, 41–48). Mit dem eleusin. Kult verbundene Gottheiten wurden auf Vasen und Reliefs, bes. im 4. Jh., häufig in größerer Zahl zusammen dargestellt (JdI 68, 1953, 48–51; Walter, ÖJh 30, 1937, 50–70; Metzger, Les représentations dans la céramique attique du 4e siècle, 1951, 231–265). Eine besondere Bedeutung erlangten die Götterreihen in der ital., bes. der apul. Vasenmalerei des 4. Jh.s. Über den verschiedenartigsten mythologischen Ereignissen werden zahlreiche Gottheiten wiedergegeben, die im allgemeinen den darunter befindlichen Vorgängen zusehen (vgl. z. B.: Reinach, RV I 161, 2.–463. 3: Niobidentötung – 140, 1 und 2: Lykurg- bzw. Pelops-Myrtilos; – 480: Amphiaraos; – 495, 1 und AC 4, 1935, Taf. 33, 1: Amazonomachie; – CVA Taranto 2 IV Dr, Taf. 19: Dionysosgeburt; – K. Schauenburg, Helios, 42f.: Raub der Kore).

Lit: L. Bloch, Die zuschauenden Gottheiten in den rotfigurigen Vasengemälden des malerischen Stils, 1888 – P. de La Coste-Messelière, Au Musée de Delphes, 1936, 349–359 – N. Himmelmann-Wildschütz, MbWPr 1960, 41–48. K. Schb.

Gold (χρυσός, aurum). Gewinnung in Reinzustand, daher erstverarbeitetes, von jeher wertvollstes Edelmetall (nur zeitweise lag der Wert des → Silbers höher; im 5. Jh. schwankte das Verhältnis Gold : Silber zwischen 1:13 und 1:17). Hauptfundorte in vorgriech. Zeit: Afrika (ägypt. ‹Nubien› = Goldland) und Arabien; später das Skythenland (Schwemm-G. aus Kolchis und vom Oxus) und Lydien (Paktolos und Hermos; auch Berg-G. am Tmolos). Griechenland selbst war goldarm (→ Laurion, → Siphnos), Makedonien reicher (→ Thasos). Für diese in der Römerzeit meist erschöpften Orte boten bes. Gallien, Spanien und die Donauländer Ersatz. Zur Verwendung vgl. → Toreutik, → Schmuck, → Goldelfenbein, → Elektron. C. K.

Q: Plin. nat. 33, 4ff. – *Lit:* Blümner, Technologie IV 10ff. – Ders., RE 7, 2 (1912), 1555–78 – F. Magi, EAA V, 1963, 765–769, s. v. oro.

Goldblättchen. In Süditalien (Petelia, Thurioi), Kreta und Rom sind aus dem 3./2. Jh. v. Chr. stammende G. gefunden worden, die in Hexametern teils Anweisungen für den Toten enthalten, wie er sich in der Unterwelt zurechtfinden solle, teils ‹Passierscheine› für den Toten, in denen er sich auf seine Reinheit und Gottverwandtschaft beruft und die Unterweltsgötter um freundliche Aufnahme ersucht. Eine historisch sichere Interpretation ist noch nicht gefunden. Die G. werden mit von Eleusis abgeleiteten → Mysterienkulten zusammenhängen, literarisch sind Anklänge an orphische Dichtungen (vgl. aber auch die Katharmoi des → Empedokles) zu erkennen, ohne daß sich daraus eine spezifische Zugehörigkeit zur → Orphik erweisen ließe.

Q: VS 1 B 17–20. O. G.

Goldene Kette (*Aurea Catena Homeri*). Der Ausdruck begegnet als Formel zuerst bei Macrobius (im Kommentar zu Ciceros Somnium Scipionis 1, 14, 15) und gewann in der Folge als Emblem für die damit gemeinte Allegorie weiteste

Verbreitung. Er spielt an auf berühmte Verse der Ilias (8, 18–27). Dort rühmt → Zeus seine überlegene Macht gegenüber den anderen Göttern und fordert sie heraus zu dem Versuch, ihn mit vereinter Kraft an einem goldenen Seil oder, wie die gewöhnliche Übersetzung lautet, an einer goldenen Kette (σειρὴ χρυσείη, catena aurea) vom Himmel herabzuziehen. Ihre Mühe würde vergeblich sein, Zeus hingegen vermöchte sämtliche Götter samt Erde und Meer emporzuziehen und die Kette um den Gipfel des Olymp zu schlingen, während das All freischwebend an ihr hinge. Verwandte Vorstellungen finden sich auch in außergriech. Religionen (Lévêque, a.O. 9). Dieses Bild in seiner Ungeheuerlichkeit forderte früh zu allegorischer Ausdeutung heraus (vgl. → Allegorie), wie Anspielungen aus dem 5. und 4. Jh. v. Chr. erkennen lassen (Orphica Fr. 116 K., vgl. H. Hunger, a.O.; Eur., Or. 982). Die erste ausdrückliche allegorische Gleichung findet sich bei Platon (Theait. 153 C), wo das goldene Seil als die Sonne gedeutet ist. Die kosmologische Interpretation des Bildes herrscht auch bei Aristoteles und in der Stoa vor: jener sieht in der Homerstelle seine Lehre vom ‹Unbewegten Beweger› in mythischer Verhüllung angedeutet (anim. mot. 4. 699 b 32; vgl. W. Jaeger, a.O.; W. Schadewaldt, a.O.), während die Stoiker die Drohung des Zeus auf ihre Weltbrandlehre (ἐκπύρωσις) hin allegorisieren (Eustath. zur Il. p. 695, 12 ff.; Cornut. 17). Bei ihnen bedeutet das Seil das Ineinandergreifen der 4 Elemente (ἐπιπλοκὴ τῶν στοιχείων) oder die Planeten- und Sonnenbahnen (Herakl. Hom. alleg. 36). Wird dieses ewige Gleichgewicht gestört, so wird der Erde die Feuchtigkeit entzogen, und es kommt schließlich zum Weltbrand. Daß das Bild der Goldenen Kette in der antiken Stoa (wie später in der Renaissance) auch als Allegorie der → ‹Heimarmene›, des Kausalnexus, aufgefaßt worden wäre, wie gelegentlich behauptet wurde, ist nicht erweislich und eher unwahrscheinlich. Eine größere Rolle spielt die Allegorie der Kette bei den → Neuplatonikern, wo sie dazu dient, die stete Emanation des Einen in die Einzeldinge zu versinnbildlichen: einen jeden Menschen verbindet eine Goldene Kette mit seinem Gott. Die griech. Kirchenväter übernahmen die philosophische Deutung der Neuplatoniker und wendeten sie ins Christliche; so erscheint etwa bei Johannes Chrysostomos die homerische Kette als das Band der Hoffnung, die den Christen zu Gott ins Jenseits hinaufzieht (adhort. ad Theod. lapsum, 2). Im MA und in der Renaissance gewinnen diese Spekulationen noch weit größere Bedeutung als in der Antike selbst (bes. im Bereich der englischen Philosophie und Dichtung). Bis an die Schwelle des 19. Jh.s wirkt die Goldene Kette in theosophischen und alchemistischen Schriften weiter als ein geheimnisumwittertes Symbol von magischer Anziehungskraft. V. Sch.

Lit: H. Kopp, Aurea Catena Homeri, 1880 – C. Reinhardt, De Graecorum theologia capita duo, 1910 – A. O. Lovejoy, The great chain of Being, 1936 – J. Martin, Ogmios, WüJbb 1, 1946, 359–399 – E. Wolff, Die Goldene Kette... in der engl. Lit. von Chaucer bis Wordsworth, 1947 – W. Schadewaldt, Eudoxos von Knidos (1952), in: Hellas u. Hesperien, 1960, 467 f. – W. Jaeger, Die Theologie der frühen griech. Denker, 1953, 59. 248 – H. Hunger, Allegor. Mythendeutung, Jb. für Österr. Byz. Ges. 3, 1954, 35 ff. – E. M. W. Tillyard, The Elizabethan World Picture, 1956, 23 ff. – P. Lévêque, Aurea Catena Homeri, 1959 (vgl. H. Wernle, Gnomon 33, 1961, 214–216).

Goldener Schnitt (= Stetige Teilung). Die Strecke a heißt nach dem Goldenen Schnitt oder stetig geteilt,

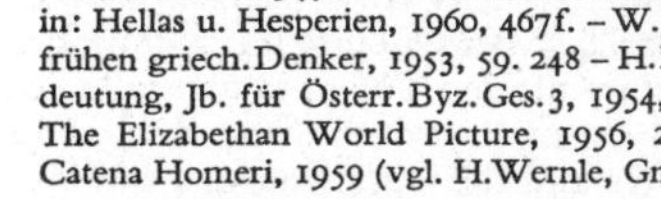

wenn a : x = x : (a − x) gilt. → Euklid gibt (elem. 2, 11) eine Konstruktion und zeigt (13, 8), daß beim regelmäßigen Fünfeck der größere Abschnitt der stetig geteilten Diagonale gleich der Seite ist. Damit kann das regelmäßige Fünfeck konstruiert werden. – Die Verhältnisse am regelmäßigen Fünfeck dürften schon den → Pythagoreern (vielleicht → Hippasos (2) v. Metapont, um 450 v. Chr.; → Irrationalität) bekannt gewesen sein. – Vgl. auch → Mittel. H. G.

Goldenes Gedicht (Χρυσᾶ ἔπη), 71 Hexameter mit Mahnungen zu Frömmigkeit, Mäßigkeit, Selbstprüfung und Andeutungen über Dämonen und Seelenerlösung, als Summe der Lehre des → Pythagoras gefeiert, von → Hierokles (3) kommentiert, ins Arabische und Indische übersetzt. Die Kompilation aus teilweise alten Versen ist als Ganzes nicht vor → Iamblichos nachweisbar. W. Bk.

Ed: D. Young, Theognis, BT, 1961 (Lit).

Goldwäscherei. Bei der G. wurde goldhaltiger Flußsand (Hdt. 3, 102; Plin. nat. 4, 115) oder Erde (Plat. rep. 3, 415 E) unter großem Wasseraufwand gewaschen und geschlämmt (Ath. 6, 233 D), wodurch sich der goldhaltige durch Absinken von dem leichteren Sand trennte und in Schwämmen oder Fellen (Goldenes Vlies: Strab. 11, 2, 19) aufgefangen wurde. Man fand Klumpen bis zu 10 Pfund. Vgl. → Metall B [1]. W. K.

Q: Plin. nat. 33, 67 ff. – *Lit:* → Metall B.

Gordian I. (M. Antonius Gordianus Sempronianus), röm. Kaiser 238; geb. ca. 159; vornehmer stadtröm. Herkunft, 238 Prokonsul von Afrika; dort gegen seinen Willen zum Gegenkaiser gegen → Maximinus (2) Thrax erhoben (19. 3.); machte → G. II. zum Mitherrscher und wurde vom Senat anerkannt (2. 4.); starb durch Selbstmord nach der Niederlage → G.s II. (ca. März 238). H. D. M.

2. **G. II.** (M. Antonius Gordianus Sempronianus), röm. Kaiser 238; geb. ca. 192, Sohn → G.s I.; von diesem in Afrika zum Mitherrscher erhoben und vom Senat anerkannt (2. 4.); fiel im Kampf gegen Capellianus, den Statthalter von Numidien, der → Maximinus (2) Thrax unterstützte (ca. März 238). H. D. M.

3. **G. III.** (M. Antonius Gordianus), röm. Kaiser 238 bis 244; geb. 225; ermordet Febr. 244 bei Dura-Europos; vornehmer Abstammung, mütterlicherseits mit → G. I. verwandt. Unter Pupienus und → Balbinus zum Caesar erhoben, nach deren Ermordung von den Prätorianern zum Kaiser gemacht (9. 7.). Wegen seiner Minderjährigkeit führten hohe Beamte die Regierung, seit 241 sein Schwiegervater, der Prätorianerpräfekt → Timesitheus. Erfolgreicher Krieg gegen → Šapur I. ab 242; auf diesem Feldzug von dem Nachfolger des Timesitheus, → Philippus (4) Arabs, ermordet. H. D. M.

Lit: P. W. Townsend, The Revolution of A. D. 238, The leaders and their aims, YClSt 14, 1955, 49–105.

Gordion (heute Yassıhüyük), Hauptstadt → Phrygiens am Sangarios (Kt. 1569 C 2). 2 Siedlungshügel (frühe Bronzezeit – hellenist. Zeit). Befestigte phryg. Stadt mit Megaron-Bauten und Kieselsteinmosaiken, durch die → Kimmerier zerstört (Anf. 7. Jh.). Befestigte Stadt der Perserzeit (Ende 6. Jh.). In der Nähe zahlreiche, z. T. riesige Tumuli mit reich ausgestatteten Grabkammern des 8.–6. Jh.s (vgl. → Orient und Antike F 3). E.-M. B.

Lit: G. u. A. Körte, G., 1904 – Grabungsberichte im AJA 58 ff., 1954 ff. – R. S. Young, G. on the Royal Road, Proc. Am. Philos. Soc. 107, 1963, 348–364.

[2] Bekannt ist → Alexanders (5) d. Gr. Aufenthalt 334 v. Chr. (‹Gordischer Knoten›). 189 v. Chr. Zerstörung durch die Galater. Der Teilstamm der Tolistobogier siedelt in der Umgebung von G., das rasch an Bedeutung verliert. Von der hellenist. Stadt ist wenig erhalten; die röm. Julia Cordus blieb ohne Bedeutung. R. F.

Lit: A. H. M. Jones, Cities of eastern Rom. prov., 1937, 118 f.

Gorgias von Leontinoi, bedeutendster Vertreter der → Sophistik nächst → Protagoras, ca. 485–380, vielleicht Schüler des → Empedokles, mit dem er das Pathos gemeinsam hat, Lehrer von → Isokrates, → Alkidamas, Polos v. Akragas; 427 v. Chr. als Haupt einer Gesandtschaft der Leontiner in Athen. Von einer Statue, die ihm sein Großneffe Eumolpos in Olympia errichtete, hat sich die Inschrift gefunden. G. war berühmt als Redner, Redelehrer und Stilkünstler (‹gorgianischer Stil›; vgl. Platons ‹Gorgias›). Erhalten sind zwei Essays: (1) *Lob der* → *Helena*, das in z.T. bemerkenswerter Argumentation nachweist, daß ihre Entführung in jedem Falle entschuldbar sei, mag sie durch Götterwillen, durch Gewalt, durch Überredung oder durch Liebesleidenschaft zustande gekommen sein; (2) fiktive Verteidigungsrede des → *Palamedes* gegen die Anklage des Odysseus; bezeugt sind (3) *Festreden* an den olympischen und pythischen Spielen, (4) *Lobrede* auf die Bürger von Elis, (5) *Grabrede* auf die im Pelop.Kriege gefallenen Athener. G. war Vorläufer und Vorbild bes. des Isokrates. Faßbar ist (6) ein *Lehrbuch der Redekunst*, das wohl bes. die Mittel der psychologischen Beeinflussung der Hörer darstellte. Für sich steht (7) ein von der Ontologie der → Eleaten herkommendes Werk über das *Nichtseiende*, das uns in zwei Auszügen gut kenntlich ist. Mit einer uns primitiv anmutenden, aber gewandt gehandhabten Logik beweist G. (a), daß nichts ist, (b), daß selbst, wenn etwas existierte, es für den Menschen unerkennbar wäre, (c), daß selbst, wenn es erkennbar wäre, es nicht mitgeteilt werden könnte. Die eleatische Lehre schlägt hier in experimentierende Paradoxologie um; ähnliches bei → Xeniades, → Kratylos, → Lykophron, in Karikatur später in Platons Dialog Euthydemos. → Rhetorik B [1]. O.G.

Frg: VS II 271–307 – O.Immisch, G. ‹Helena›, 1927 – L.Radermacher, Artium scriptores, 1951, 42ff. – *Lit:* O.Gigon, G. ‹Über das Nichtsein›, Hermes 71, 1936, 186–213 – Kennedy, Persuasion, 1963, 168ff. u.ö. – F. Zucker, Der Stil des G. nach seiner inneren Form (1956), in: Semantica, Rhetorica, Ethica, 1963, 85f. – V.Buchheit, Unters. zur Theorie des Genos epideiktikon von G. bis Aristot., 1960.

2. **G.d.J.** von Athen, 44 v.Chr., Rhetoriklehrer von Ciceros Sohn Marcus, später in Rom, einer der jüngsten Vertreter des → Asianismus. Seine Figurenlehre (*Περὶ σχημάτων*) ist in der lat.Bearbeitung des → Rutilius (2) Lupus erhalten. H.H.

Ed: RhLatmin 3–21 – *Lit:* K.Münscher, RE 7,2 (1912), 1604–19.

Gorgonen, die Töchter des Phorkys und der Keto: Sthenno, Euryale und Medusa (Hes. theog. 274–294), gräßliche Ungeheuer mit Schlangen im Haar oder als Gürtel, weitspringend oder (oft) geflügelt vorgestellt, im äußersten Westen wohnend, den Weg bewachen die → Graien. Bei ihrem Anblick mußte jedes Lebewesen zu Stein erstarren. Der Singular, Gorgo, bezeichnet meist *Medusa* (‹Herrscherin›), die sterbliche von ihnen. Diese war von Poseidon schwanger mit Chrysaor und → Pegasos, als → *Perseus*, der sie nur im Spiegel ins Auge faßt, ihr das Haupt abschlägt, das er später Athene übergibt, die das *Gorgoneion* im Schild trägt. Die Vorstellung dieses dämonischen Hauptes mit dem bösen Blick scheint der Ausgangspunkt füt den Mythos von den G. gewesen zu sein (vgl. dazu besonders Il. 5,741; Od. 11,633f.). L.H.

Lit: Nilsson, I 225ff. – H.J.Rose, 26ff.

Darstellungen: [1] *Medusa.* M. findet sich zuerst in Verbindung mit → Perseus. Ihre Schwestern haben hier schon im 7.Jh. das ihr bis in die Mitte des 5.Jh.s verbleibende maskenhafte Gesicht, wie später oft mit Schlangenhaar umrahmt. Die frühe Kunst bringt zahlreiche seltsame Sonderbildungen hervor, so das Gorgohaupt auf zwei einander zugekehrten Vogelrümpfen, die dadurch zu einem Wesen vereint werden (H.Payne, Necrocorinthia, 1931, 52 Abb.12: frühkorinth. Alabastron) oder ein Bronzerelief in Olympia (geflügeltes Wesen mit Helm, in Fischschwanz auslaufend, Hundeprotomen). Mehrfach erscheint M. als → Potnia Theron, so auch im Giebel von Korfu (Lippold, GrPl, Taf.6,1; JHS 6, 1885, Taf.59: rhod.Teller). Im allgemeinen aber erscheint M. mit ihren Schwestern zusammen mit Perseus. M. hat bis ins 5.Jh. fast stets Flügel, vom 4.Jh. ab fehlen sie häufig. In der archaischen Kunst ist M. bei der Enthauptung meist stehend oder stürzend gegeben, sitzend nur in der ital.Kunst. Im 5.Jh. kommt in Athen das Motiv der im Schlaf von Perseus überraschten M. auf. Gleichzeitig wird M. nicht mehr mit fratzenhaftem, sondern schönem Gesicht gebildet. – Die *Gorgonen* werden, bes. in der Vasenmalerei, auch ohne Perseus dargestellt (Brommer 211f.). Vereinzelt wurde das Gorgohaupt auch mit einem männlichen Körper verbunden (AZ, 1877, Taf.11,1: Bronzerelief aus Orvieto). – *Lit.dazu:* A.Furtwängler, ML I 2, 1695–1727, s.v.Gorgones – Schauenburg, Perseus, passim – E.Kunze, Zum Giebel des Artemistempels in Korfu, AM 78, 1963, 74–89.

[2] *Gorgoneion:* Das G. ist zunächst ein maskenhaftes, scheußliches Haupt mit breitem Mund, in dem die Zähne zu sehen sind und aus dem die Zunge heraushängt. Oft ist das G. auch bärtig. Die ersten Darstellungen bietet Korinth noch vor 650 (H.Payne, Necrocorinthia, 1931, 79–91). Das erste att.G. begegnet auf einer Lekane des → Nessosmalers in Athen (BCH 62, 1938, Taf.45a). Die Ableitung des Typus aus dem Orient, oft versucht (A.Giuliano, ASAA 37/38, 1960, 231–237), ist bisher nicht geglückt, doch gibt es dort verwandte Bildungen. Der → Andokidesmaler hat als letzter Vasenmaler bärtige Gorgoneia gemalt (JdI 76, 1961, 71). Um die Mitte des 5.Jh.s zeichnet sich ein Wechsel ab, das G. wird, als Haupt der → Medusa, jugendlich und schön. Bekanntestes Beispiel dieses Typus die in vielen Repliken erhaltene Medusa Rondanini, die aber wohl erst klassizistisch ist (nach Buschor auf Pheidias zurückgeht). Das G. diente als Apotropaion und wurde außer auf der Ägis → Athenes bes. oft als Schaleninnenbild und Schildzeichen verwandt, kommt aber auch sonst während des ganzen Altertums in den verschiedensten Bereichen vor. – *Lit.dazu:* H.Besig, Gorgo und Gorgonion, 1934 – E.Buschor, Medusa Rondanini, 1958 – G.Riccioni, RIA 9, 1960, 127–206 – A.Giuliano, EAA III, 1960, 982–985. K.Schb.

Gorgos, att.Töpfer, Signatur auf einer → rotfigurigen Schale (um 500, Athen, Agora) erhalten, in deren Darstellungen man ein Frühwerk des → Berliner Malers zu erkennen glaubte (Robertson). I.Sch.

Lit: M.Robertson, The Gorgos Cup, AJA 62, 1958, 55–66.

Gortyn, Stadt im südl. → Kreta in der Mitte der großen Ebene Messara (Kt.1152 F8), in röm. Zeit Hauptstadt der Provinz; bes. aus dieser Zeit ausgedehnte Reste. Wichtig die große Inschrift des ‹Rechts von G.› (Mitte 5.Jh. v.Chr.), die einzig erhaltene umfänglichere Quelle des griechischen Rechts, von unbekannter früherer Stelle in das röm. Theater (Odeion) verbaut; dabei Ruine der frühchristl. Kirche des hl.Titus aus dem 6.Jh., des ersten Bischofs der Insel, an den Paulus den Titus-Brief schrieb. Großartige archaische Funde (bes. Ton- und Steinplastik) in G. – Zum ‹Recht von G.› → Recht I. E.M.

Lit: J.Kohler-E.Ziebarth, Das Stadtrecht v. G., 1912 – D.Levi, Gli scavi del 1954 sull'acropol. di Gortina, ASAA 33/34, 1955/56, 207 bis 288; 297–302.

Gotarzes I., parthischer Satrap, der vermutlich im Westen das Königtum gegen → Mithridates II. usurpierte, → Partherkönig ca. 91–81/80. D.T.

Lit: E.Herzfeld, Am Tor v. Asien, 1920, 35–57 – N.C.Debevoise, Pol.Hist. of Parthia, 1938, 44–52.

2. **G. II.,** → Partherkönig nicht arsakidischen Geschlechts (38–51), Nachfolger → Artabanos' III., der in dauernden Bürgerkriegen um seine Herrschaft kämpfen mußte, zuerst gegen → Vardanes; 49 beriefen die Gegner Meherdates (= Mithridates; Sohn → Vonones' I.) aus Rom, den G. besiegte und durch Verstümmelung herrschaftsunfähig machte (Tac.ann.11,8–10; 12,10–14). D.T.

Goten, german. Stamm mit Ursprung im südl. Skandinavien, um Chr.Geb. an der Weichselmündung siedelnd. Sie zogen ca. 150–200 an die N- und NW-Küste des Schwarzen Meeres. Als der Kaiser → Aurelian die röm. Verwaltung und die Legionen aus Dakien zurückzog (ca. 273), ließ sich ein Teil der Goten, bekannt als *Westgoten* oder Tervingen, im Land nieder, während die *Ostgoten* oder Greutungen in der Ukraine zurückblieben. Diese letzteren hatten um die Mitte des 4.Jh.s ein gewaltiges Reich vom Dnjestr bis zum Don errichtet; 370 unter → Ermanarich wurde es von den Hunnen überrannt. Bis zum Zusammenbruch des Hunnenreiches (455) waren die meisten Ostgoten hart bedrängte Untertanen der Hunnen. 455–489 waren sie in die verwikkelten politischen Ereignisse im oström. Reich hineingezogen, zuerst unter der Führung des Theodemir, dann (471) unter der seines Sohnes → Theoderich d.Gr., unter dem sie Italien eroberten und dort ein neues Reich gründeten (Theoderich, → Amalaswintha, → Witigis, → Totila, → Teja). – Die *Westgoten* in Dakien wurden 376 von den Hunnen angegriffen, wichen aber über die Donau in das röm. Reich aus, wo sie unter → Fritigern den Kaiser → Valens in der

Schlacht von Adrianopel schlugen und töteten (378). 382 bis 395 saßen sie als Föderaten im unteren Moesien, das erste barbarische Volk, das in großen Massen in röm. Provinzen eingelassen wurde. 395–411 marschierten sie unter der Führung → Alarichs I. nach Griechenland und Italien, wo sie, obwohl zweimal von → Stilicho geschlagen, Rom am 24.8.410 eroberten. Nach Alarichs Tod im gleichen Jahr zogen sie 412 unter → Athaulf nach Gallien, später nach Spanien und ließen sich schließlich, wieder als Föderaten, 418 an der atlantischen Küste zwischen Garonne- und Loiremündung nieder (→ Theoderich I.). 475 erklärte → Eurich sein Königreich für unabhängig und erkannte die Oberhoheit der römischen Kaiser nicht mehr länger an; er eroberte große Teile des bis dahin noch röm. Südgallien und Spaniens. Den größten Teil des gallischen Gebiets verlor sein Sohn → Alarich II., der 507 bei Vouillé von → Chlodwig geschlagen wurde und fiel. Das westgot. Königreich in Spanien bestand fort, bis es 711 von den Arabern überrannt wurde. – Die *Ostgoten* scheinen nach der Mitte des 5.Jh.s in ihren Sitzen südlich der Donau zum Arianismus bekehrt worden zu sein, während dies bei den *Westgoten* dank dem Wirken des großen Bischofs Ulfila bereits gegen Ende des 4.Jh.s geschehen war; 589 bekehrten sie sich unter König Rekkared I. zum Katholizismus. – Vgl. auch → Germanen; → Völkerwanderung. E.A.Th.

Lit: L.Schmidt, Die Ostgermanen (1910), 1941² – K.F.Stroheker, Eurich, König der Westgoten, 1937 – Ders., Leowigild (1939), jetzt in: Germanentum und Spätantike, 1965 – W.Enßlin, Theoderich d.Gr. (1947), 1959² – H.Rosenfeld, Ost- und Westgoten, WG 17, 1957, 245–258 – E.A.Thompson, The Conversion of the Visigoths to Catholicism, Nottingham Mediaeval Studies 4, 1960, 4–35 – Ders., The Visigoths in the Time of Ulfila, ebd. 5, 1961, 3–32 – Ders., The Visigoths from Fritigern to Euric, Historia 12, 1963, 105–126 – R.Menéndez Pidal, Historia de España III: España visigoda (1940), 1963².

Gott aus dem Meer, gelegentliche Bezeichnung für die beim Kap Artemision im Meer gefundene überlebensgroße originale Bronzestatue: das Werk eines Meisters ersten Ranges (vgl. → Kalamis), das nach einer Reliefkopie des Kopfes in München eher Poseidon als Zeus darstellt. Um 460/450 v.Chr. – H.2,09 m. Athen Nat.Mus. Nr. 15161. E.Bg.

Lit: X.J.Karousou, Ὁ Ποσειδῶν τοῦ Ἀρτεμισίου, Deltion 13, 1930/1931, 41–104 – Schefold, OHR 114 – Lippold, GrPl 131, Taf.37,3 – Lullies-Hirmer, 58f., Taf.130–132.

Gottesdienst. [1] *Jesus* hat den jüdischen G. als solchen nicht abgelehnt. Aber neben Worten, die das Bestehen des jüdischen Kultus einfach voraussetzen (Mk.1,44; 11,17; Mt.5,17; 6,16ff.), finden sich kritische Urteile, die auf die bevorstehende Ablösung des G.es durch den neuen, vollkommenen G. «im Geist und in der Wahrheit» (Joh.4,23f.) hindeuten. Beide Seiten zeigen sich bes. klar in seinem letzten Mahl, das wahrscheinlich ein Passahmahl war, aber durch Jesu Deutung der Elemente Brot und Wein auf seinen bevorstehenden Tod einen ganz neuen Sinn erhielt.

[2] Über Einzelheiten des G.es in der Zeit der *Urgemeinde* und der ersten *heidenchristlichen Gemeinden* ist nur wenig bekannt. Trotz gewissen Verschiedenheiten in den einzelnen Gemeinden waren einige Grundformen von Anfang an allenthalben dieselben. 1. Die → *Taufe* ist der Initiationsritus, durch den man in die Gemeinde aufgenommen wird. Vielleicht schon Mitte des 2.Jh.s, sicher aber seit ca. 200, ist Ostern die vornehmste Taufzeit, wobei die Symbolik von Sterben und Auferstehen besonders deutlich hervortritt. – 2. Die → Eucharistie. Sie gilt dem Gedächtnis an Jesu Tod und Auferstehung, ist Zeichen seiner unsichtbaren Gegenwart und zugleich Ausdruck der eschatologischen Erwartung. – 3. Umstritten ist, ob anfangs neben der Eucharistie ein besonderer *Wortgottesdienst* gehalten wurde oder ob beide von vornherein zu einem einzigen G. verbunden waren. – Justin (gest. 165) setzt die Verbindung beider voraus. In apol.1,65–67 teilt er Näheres über den sonntäglichen G. mit: auf ein Dankgebet folgt der hl. Kuß, Schriftlesung aus den ‹Denkwürdigkeiten› (ἀπομνημονεύματα) der Apostel oder den Schriften der Propheten (nicht nach Perikopen, sondern offenbar in Form der lectio continua), Ansprache des ‹Vorstehers›, Gebet, Eucharistie, Kollekte. Vermutlich wird es daneben auch zu Justins Zeiten andere Formen der G.e gegeben haben. Für die jährlichen → Feste der Christenheit ist das sicher. Zudem kennt die ‹Apostolische Tradition› → Hippolyts (bald nach 200 in Rom) eine ganze Reihe verschiedener G.e, u.a. für die Weihe von Bischöfen, Presbytern (Priestern) und Diakonen (→ Amt, B 3), die Taufe, die Messe, → Agapen, die jährliche Passahfeier. Der zentrale G. ist selbstverständlich die Eucharistie. Ähnliche Ordnungen der G.e begegnen in Syrien (vgl. schon die → Didache ca. 100 in Ostsyrien; in späterer Zeit u.a. die → Didaskalia). – Für die liturgischen Gebetstexte griff man teilweise bis in den Wortlaut hinein auf jüdische Gebete zurück, die jedoch an den entscheidenden Stellen christlich umgeformt wurden. Die Gebetsrichtung ist nicht mehr wie bei den Juden Jerusalem, sondern der Osten. Auch bei den jährlich stattfindenden G.en läßt sich Anknüpfung an die jüdischen Sitten wie auch Neuformung beobachten. In den Eucharistiegebeten stehen die Einsetzungsworte im Mittelpunkt. Bei der Taufe ist der Vollzug im Namen Christi oder der Trinität entscheidend, während der Taufunterricht Material des Zweiwege-Schemas des jüdischen Proselytenkatechismus benutzt. Vgl. → Katechetik.

[3] Somit steht das Grundschema der christlichen G.e um 200 fest. Dabei sind manche Unterschiede zwischen den verschiedenen Kirchengebieten zu beobachten, die nicht nur die jährlichen Feste, sondern neben einzelnen Ordnungen auch das Verständnis der Taufe und der Eucharistie betreffen. Aus den verschiedenen G.ordnungen und Anschauungen haben sich später die verschiedenen Liturgien (→ Leiturgia B 3) entwickelt. Dabei haben sich jedoch sowohl in der Frühzeit als auch später die einzelnen Kirchengebiete wechselseitig beeinflußt. – Daneben gab es mancherlei Bräuche, die in geringerem oder stärkerem Maße dem Heidentum entlehnt waren. Das gilt einmal für die exorzistischen Riten (→ Exorzisten), sodann für manche Bräuche des Totenkults. Aus dem 3.Jh. sind Gedächtnismahlzeiten an den Gräbern der Toten belegt (refrigerium), auch hielt man die Eucharistie zu ihrem Gedächtnis. Ähnliche Formen hatte nicht selten der → Heiligenkult. Zum Zusammenhang von G. und Kirchenbau vgl. auch → Architektur III. B.L.

Lit: W.Bauer, Der Wortg. der ältesten Christenheit, 1930 – O.Cullmann, Urchristentum und G. (1944), 1962⁴ – G.Delling, Der G. im NT, 1952 – G.Dix, The Shape of the Liturgy (1945), 1952³ – J.A. Jungmann, Missarum Sollemnia, 2 Bde (1948), 1952³ – R.Stählin Die Gesch. des christl. G.es von der Urkirche bis zur Gegenwart, Leiturgia I, 1954, 1–81 – J.Beckmann, Quellen zur Gesch. des christl. G.es, 1956 – A.Stuiber, Refrigerium interim, 1957 – RGG II 1761–74.

Gottkönigtum. Als gottgesetzt angesehenes → Königtum, dessen Träger als Gott verehrt wird, z.B. bei den → Hethitern (nur nach dem Tod), bei den → Sumerern im Kult (heilige Hochzeit), bei den → Ägyptern (B 1) als Inkarnation des → Horus, später (von Geburt an) als Sohn des → Re; bei den Babyloniern (→ Mesopot. Reiche D 1) gilt der König als eingesetzt von den Göttern (Selbstvergottung nur in Akkad), den Griechen ist er Träger eines Charisma, der das Volk im Kult vertritt (nach dem Tod als → Heros verehrt), bis sich im Hellenismus der → Herrscherkult entwickelt. Viele Phänomene werden verschieden beurteilt: Frazer u.a. glauben, daß das G. weit verbreitetes ‹pattern› ist, das auf der Vertretung des sterbenden und wieder auferstehenden Gottes durch den König im Kult beruht. C.J.C.

Lit: J.G.Frazer, The Golden Bough (1890), 1911³ – H.Frankfort, Kingship and the Divine, 1948 – Myth, Ritual and Kingship, ed. by S.H.Hooke, 1958 – Numen Suppl.4: The Sacral Kingship, 1959.

Grab

A. Ägypten: [1] Typen – [2] Privat-G. – [3] Königs-G. – B. Ägäis. Kreta-Mykene: [1] Entwicklung, Typen – [2] Kuppel-G.er – C. Griechenland: [1] Archaisch – [2] Klassische Zeit – [3] Hellenismus – [4] Späthellenist. Mischformen – D. Etrurien: [1] Sepulkralarchitektur – [2] G.plastik – [3] Wandmalerei – E. Rom: [1] Republik – [2] Augusteische Zeit – [3] 2. Jh. n. Chr. – [4] 3. u. 4. Jh. n. Chr. – Christl. Grab: → Coemeterium, → Katakomben, → Memorialkirche und allgemein → Architektur III – Vgl. ferner → Architektur, → Mausoleum, → Stele, → Sarkophag; zur religionsgeschichtl. Bedeutung → Bestattung, → Totenkult.

A. Ägypten. [1] *Typen.* In vorgeschichtlicher Zeit begrub man die Toten meist als Hocker in ovalen, später rechteckigen Gruben. Zu Beginn der geschichtlichen Zeit stehen zwei Hauptgruppen von G.typen nebeneinander: das *Hügel-G.* mit einer Opferstelle zwischen zwei Stelen, und das *Haus-G.* Ersteres bleibt bald dem König allein vorbehalten, während die Beamten sich Haus-G.er errichten.

[2] Diese *Privat-G.er* ahmen im Oberbau ein Gehöft nach und enthalten unter der Erde die Zimmer und Vorratsräume, in denen der Tote leben sollte; selbst Bäder und Klosetts wurden eingebaut. An einem der modellartig angegebenen ‹Eingänge› legte man die Opfer nieder. Mit der 4. Dyn. vereinfachte man die Anlagen radikal: Der Oberbau erhält glatte, aus Kalksteinblöcken gebildete Wände; ein kleiner Vorbau an der Ostseite ist Opferstelle; die unterirdischen Anlagen bestehen nur noch aus einer G.kammer. Während in der Folgezeit die unterirdischen Anlagen immer bescheiden bleiben, wird der Oberbau durch immer neue Kammern ausgehöhlt. Kultisch wichtig sind dabei → Scheintür und → Serdab. Neben diese sog. → ‹Mastaben›-G.er treten in der Provinz Fels-G.er, deren Grundschema ein Querraum und ein darauf folgender Längsraum ist. Die Fels-G.er der Gaufürstengeschlechter des Mittleren Reiches sind allerdings im Plan vielfältig vergrößert und ausgeweitet. Die G.er des Neuen Reiches in Theben halten sich zunächst an das Schema, wobei der vordere Querraum Darstellungen aus dem Leben des G.inhabers zeigt, der Längsraum, an dessen Ende Statuen des Grabherrn stehen können, hingegen solche religiösen Inhalts. Am Ende der 18. Dyn. vergrößert sich die Zahl der Räume, und es treten Säulenhallen hinzu. Die Ramessidenzeit ersetzt die Darstellungen aus dem Leben durch religiöse Motive (Opfer, Unterweltsdarstellungen). Zu den thebanischen

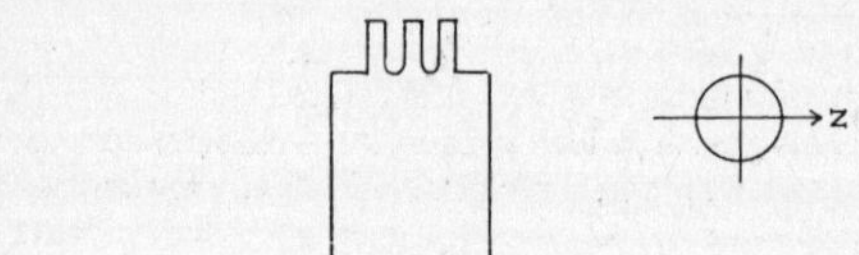

Abb. 76 Typ eines thebanischen Felsgrabes des Neuen Reiches

G.ern gehörte häufig noch ein kleiner Portikus vor dem Eingang und eine Pyramide über der Anlage. Die Fels-G.er in → Amarna aus der Zeit der Reformation Echnatons (→ Amenophis IV.) haben meist zwei gleichgeformte Räume; auffallend ist, daß die Darstellungen in ihnen den König in den Vordergrund schieben. Die Fels-G.er hoher Beamter der Spätzeit sind (in Theben) gekennzeichnet durch umfangreiche unterirdische Gangsysteme und große tempelartige Oberbauten.

[3] Bei den *Königs-G.ern* wurde aus dem frühgeschichtlichen Hügel-G. die → Pyramide entwickelt, die auch im Mittleren Reich die Form des Königs-G.es war, obwohl die 11. Dynastie ihre Könige in ‹Portikus›-G.ern (*saff*-G.ern) begrub: in die Erde getiefte Höfe, die ein an drei Seiten herumlaufender Portikus abschloß, durch den man in die Sargkammer kam. Auch die Anlage Menthuhoteps II. in Deir el-Bahari ist aus diesem Plan heraus entwickelt. Ganz anders waren die Königs-G.er des Neuen Reiches: man trennte G. vom Kulttempel und trieb tiefe Gänge in den Fels, an deren Ende die G.kammer lag. Der Unterschied zwischen einem Königs-G. der 18. und der 19./20. Dyn. beruht darin, daß die älteren eine gebogene Achse und eine ovale Sargkammer haben, während die ramessidischen Königs-G.er geradachsig angelegt sind und eine querrechteckige Sargkammer haben. Die späten Königs-G.er in Tanis waren in die Erde gesenkte Räume mit oberirdischen Kultbauten. W. Hk.

B. Ägäis. Kreta-Mykene. [1] G.er und G.bauten bilden, da Sakralbauten fast gänzlich fehlen, das wichtigste religiöse Zeugnis der ägäischen Kulturen. Seit dem 3. Jt. wurden die Toten meist am Rande der Siedlungen in rechteckigen Gruben, oft in aus rohen Platten gebildeten Steinkisten, auf Kreta auch in Holz- und Tonsärgen (‹*Larnax*›) und Stein → Sarkophagen bestattet. Seit dem 16. Jh. begegnen in Kreta auch rechteckige, *hausförmige G.bauten* (→ Mochlos, → Gurnia, → Palaiokastro), die, wie ihre reichsten Ausgestaltungen, das palastartige königliche Tempelgrab von → Knossos (Abb. 77 mit der unterirdischen

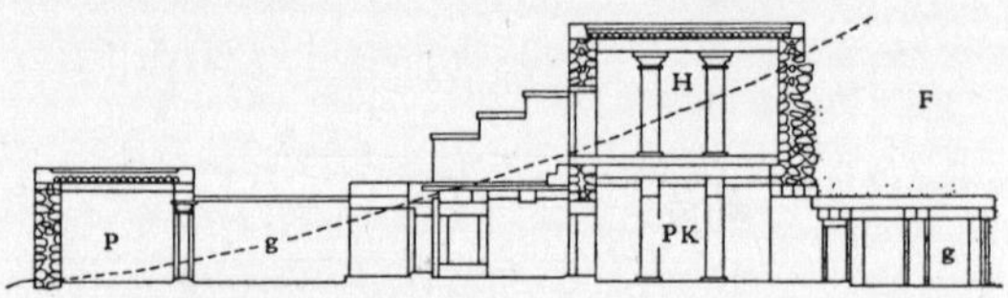

Abb. 77 Tempelgrab bei Knossos: P Pavillon g (links) vermutliche Bodenhöhe in min. Zeit PK Pfeilerkrypta H Heiligtum g (rechts) Grabkammer F Felsen

Grabkammer vorgelegten, z. T. zweigeschossigen Räumen und einem Hof), das verwandte sog. Königs-G. von → Isopata (15. Jh.) und der unterirdische *G.palast bei → Mallia*, dem chthonischen → Totenkult dienten, wie es ein bemalter Sarkophag aus → Hagia Triada darstellt. Den Beginn der → kret.-myk. Kultur (nach 1600) bezeichnen die an die einfachste G.form der Grube anknüpfenden → *Schachtgräber* (16. Jh., bis zu 6,5 × 4,1 m groß, 2 bis 4 m tief, der untere Teil ummauert und mit Steinplatten abgedeckt, gelegentlich mit seitlichen Grabkammern) in → Tiryns, → Korinth, Malthi, → Pylos und vor allem die *6 Königsgräber von Mykene:* 6 Schachtgräber, die im 14. Jh. von der Stadtmauer einbezogen und mit einem 26 m weiten Plattenring umgeben wurden. Reliefstelen bezeichneten die G., ein Rundaltar in der Mitte diente dem Kult der heroisierten Fürsten. Ein gleich großer Plattenring mit 14 Schacht-G.ern wurde außerhalb der Burg entdeckt. Kreisförmig ummauerte Grabbezirke auf Kreta (in Platanos, Hagia Triada u. a.; ∅ bis zu 13 m, vor 2000 v. Chr.) gehen den Plattenringen voraus. Seit dem 15. Jh. dienen in den Fels geschnittene *Kammergräber*, zu deren meist vermauertem Eingang ein schmaler, oben offener Gang (→ Dromos) führt, als unterirdisches Haus der Toten. Die bis zu 7 × 7 m großen Kammern ahmen zuweilen das Giebeldach oder sogar das Dachgebälk von Wohnhäusern nach (→ Dendra).

[2] Gleichzeitig setzen die myk. → *Kuppelgräber* ein, die als früheste monumentale Formung des Raums eine der größ-

ten schöpferischen Leistungen des Abendlandes darstellen. Diese G.dome, in denen die Naturform der Höhle architektonische Gestalt gewinnt, haben eine unheimliche und feierliche Ausdruckskraft. Die spitzbogigen, aus vorkragenden Quaderringen mit horizontalen Lagerfugen aufgeschichteten Kuppeln (‹falsches → Gewölbe›) erreichen bis zu 14,5 m Durchmesser bei 13,4 m Höhe. Ein bis zu 30 m langer, offener ‹Dromos› führt zu dem gewaltigen, von Halbsäulen flankierten Eingangstor. Bisweilen ist eine bes. G.kammer dem Kuppelraum seitlich angefügt. Die frühesten Kuppel-G.er (Myk. II, 1500–1425) in → Mykene, → Pylos und → Thorikos bestehen noch aus Bruchstein (gleichzeitig 3 Kuppel-G.er in Kreta bei → Knossos), die mittleren (1425–1350) z. T. aus Quadern, mit seitlich durch Quaderwände verkleidetem Dromos und Entlastungsdreieck über der nach jeder Beisetzung mit Bruchsteinen verschlossenen Türöffnung (Mykene, Argos); die jüngsten (1350–1275) sind in reiner Quadertechnik errichtet, die glatte Kuppelfläche ist mit Bronzerosetten geschmückt, die durch hölzerne Türen verschließbaren Eingänge zeigen reich ornamentierte Schmuckfassaden, hinter welchen die Konstruktion (bis zu 100 Tonnen schwerer Türsturz und Entlastungsdreieck) verborgen bleibt (→ Mykene: ‹Agamemnon›, → Abb. 78; ‹Klytaimestra›, → Orchomenos).

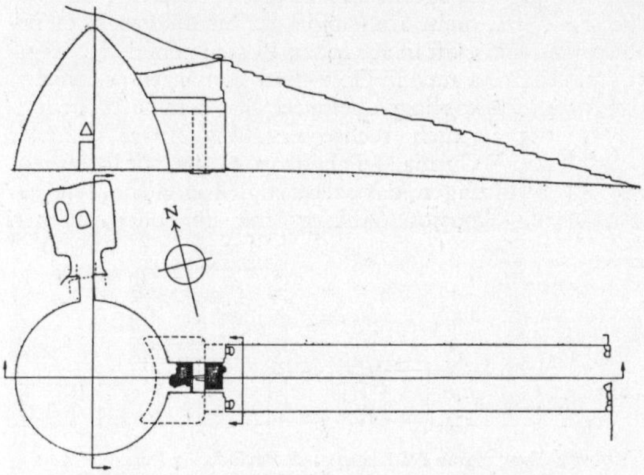

Abb. 78 Sog. Grab des Agamemnon in Mykene

Der obere, aus dem Hang hervorragende und mit Erde bedeckte Teil der Kuppel trat als G.hügel (Tumulus) in Erscheinung und wurde bisweilen noch von einer niedrigen Ringmauer eingefaßt. Diese G.form, in über 40 Exemplaren bekannt, breitete sich bis nach Kleinasien aus (→ Kolophon).

C. Griechenland. [1] *Archaisch.* In griech. Zeit erfährt der alte, chthonische Totenglaube (das G. als unheimliche Behausung des Toten, dem ein magisch beschwörender → Totenkult gewidmet wird) eine apollinische Wandlung. Älteres lebt zwar im → *Heroenkult* fort; die aus myk. Zeit stammenden G.er von mythischen Helden und Schützern *(Heroon)*, die sich als Tumulus oder Tholos auf der Agora oder im Zentrum eines Heiligtumes befanden, genossen jedoch eine nicht mehr beschwörende, sondern eher verherrlichende Verehrung durch Agone und Opfer. Die gewöhnlichen griech. G.er dienen nicht dem magischen Fortleben (weshalb höhlenartige Kammer- oder Haus-G.er fehlen), sondern sollen dem Toten ein rühmendes Andenken wahren und seinem Dasein in der Erinnerung der Lebenden Dauer verleihen. Die Toten wurden seit dem 11. Jh. einzeln in einfachen, lang-schmalen G.gruben beigesetzt oder in Brand-G.ern, flachen Gruben, in denen der Leichnam auf einem Holzstoß aufgebahrt wurde, eingeäschert. Darüber trägt eine Erdaufschüttung (*τύμβος, χῶμα*) ein künstlerisch gestaltetes Mahnmal (*σῆμα*). Die G.er gruppierten sich dicht, dem Wanderer möglichst sichtbar, um die begangensten Straßen außerhalb der Siedlungen (→ ‹Nekropolis›). In geometrischer Zeit (10.–8. Jh.) standen gewaltige Tongefäße auf den niedrigen G.hügeln, in Attika bis zu 1,8 m hohe, mit ‹geometrischen› Ornamentgeweben und zuweilen einer stilisierten Darstellung des Leichenzuges geschmückte → Kratere oder → Amphoren. Kastenförmig angeordnete, rohe Steinplatten bargen den Toten und keramische Beigaben, dazu gelegentlich auch Waffen und Schmuck. Seit dem 7. Jh. wurden → Stelen auf dem Grab errichtet, zunächst einfache Steinplatten, dann flache, sich verjüngende Steinpfeiler, die seit dem frühen 6. Jh. das Idealbild des Toten in flachem Relief und oft über einem von einer ausladenden Kehle gebildeten Kapitell eine Sphinx als dämonischen Totenwächter tragen. Ein → Epigramm nennt Namen, Vater und Heimatort des Toten. Daneben stehen seit 600 Marmorstandbilder (Dipylonkouros; ‹Apoll› von Tenea), die, den in Heiligtümern geweihten Kouroi gleichend, nicht die individuell begrenzte, sondern die vollkommene menschliche Gestalt darstellen. Im 6. Jh. breitete sich eine reiche Variabilität von G.formen und -monumenten aus: In Ionien ahmen mit Reliefsäulen und Giebel geschmückte Marmorsarkophage ältere hölzerne Totentruhen nach (→ Samos, vor 550; ähnlich ein Sarkophag aus → Cumae). Aus → Klazomenai stammen kunstvolle, mit Tier- und Sagenbildern bemalte, aus Gela innen mit Reliefsäulen verzierte Tonsarkophage. Die ion. Grabstelen werden von gegenständigen, zweistöckig oder leierförmig angeordneten Voluten, aus denen eine Palmette emporwächst, gekrönt (Abb. 79; Troas, Samos u.a.). Diese Anthemionstelen werden in Attika vielfältig ausgestaltet. Nach 550 gewinnt das Bildhafte an Bedeutung: in Attika begegnen gemalte oder Reliefstelen mit 2 Bildfeldern, Darstellungen des Verstorbenen in seiner Berufstracht (z.B. Krieger, Faustkämpfer), breitere metopenartige Reliefs von G.pfeilern o.ä., Reliefs auf den Basen von Standbildern, Reiterstandbilder, Löwen als Grabwächter, in Sparta und in Ionien Reliefplatten mit den heroisierten, Opfer empfangenden Verstorbenen. Daneben stehen G.säulen (Xenavares-Säule in → Kerkyra, äolische Säule mit Sphinx im Kerameikos). Auch die G.formen wurden vielfältiger: neben der einfachen Erdschüttung stehen Tumuli (der größte für die Gefallenen von → Marathon), ferner rechteckige, mit Lehmziegeln ummauerte Terrassen, z. T. Familienbezirke, deren verputzte Hauptseiten möglichst auf eine Straße gerichtet sind.

[2] In *klassischer Zeit* wurden die G.bezirke durch Quader- oder Polygonalmauern eingefaßt; → Akanthusranken und -blätter verdrängen die Voluten des Stelenanthemions. Die att. Relief- und Bildstelen, die deshalb breiteres Format annehmen und bisweilen von Giebelfeldern bekrönt werden,

Abb. 79 Grabbezirk des Agathon im Kerameikos, Athen

zeigen oft Gruppen von innig und verhalten Abschiednehmenden. Selten, vor allem auf großgriech. G.vasen, kommen Anspielungen auf das von den eleusin. → Mysterien verkündete selige Leben im Jenseits vor. Im 4.Jh. erhielten die G.reliefs durch seitliche Anten die Form einer → Naïskosfront. Wachende Hunde oder Löwen, marmorne Nachbildungen von Kultgefäßen (→ Lekythen, → Lutrophoren) schmücken die Ecken der Bezirke (Abb. 79). Um die Stadt verdiente Männer und Gefallene erhalten ehrenvolle Staatsbegräbnisse (in Athen am äußeren Kerameikos). Dem Wetteifer der att. Familien um immer prächtigere und originellere G.bezirke setzte ein 317 erlassenes Spargesetz ein Ende, das nur noch schmucklose G.säulchen (Kolumellen) und altarförmige G.tische (Trapesa) mit Namensinschrift gestattete, die bis in die Kaiserzeit gebräuchlich blieben. Außerhalb von Attika finden sich bis ins 3.Jh. provinzielle Ausläufer der klass. Stelen (→ Demetrias).

[3] Im *Hellenismus* macht sich die ganz anders geartete Sepulkralarchitektur Makedoniens und bes. Kleinasiens geltend. Im Osten verlangte seit alters das G. als magische Behausung des Toten nach entsprechender architektonischer Gestalt. Der Tumulus mit Dromos und Grabkammer herrschte im lyd. Gebiet von → Sardes (Nekropole der ‹tausend Hügel›; G. des Alyattes, 7.–6.Jh.) bis nach Ephesos, Smyrna und Larisa, neben Fels-G.ern mit in die Felswände getriebenen Dromoi und Steinbetten enthaltenden Kammern (woher wahrscheinlich auch die etrusk. G.er ihren Ursprung haben, s.u. D 1). Bei den Felsgräbern Phrygiens, Lykiens und des phön. Gebiets sind haus- oder tempelartige Fronten – bei den jüngeren oft unter Entlehnung ion. Architekturformen – aus dem Fels gearbeitet (in Midas, Myra, Phellus, Trysa u.a.). Daneben finden sich in Lykien große, hausförmige → Sarkophage, die frei auf einem hohen Podium stehen (→ Xanthos). Diese G.formen haben zunächst nur die griech. Randgebiete beeinflußt (z.B. archaische Fels-G.er in Kyrene) und erhielten ihrerseits seit dem 5.Jh. eine griech. Fassung (Nereiden-Monument von → Xanthos: ion. Peripteros von 4 × 6 Säulen auf friesgeschmücktem Podium). Sie fanden ihre monumentale Erfüllung in dem spätklass. Mausoleum von → Halikarnaß, wurden aber seit der Eroberung des Ostens zu einer verbreiteten G.form. In Makedonien, Thrakien und Thessalien, wo der ungriech. Glaube an ein Fortleben im G.e mit dem griech. Heroenkult zusammentraf, finden sich häufig Tumuli mit gewölbten, steinerne G.klinen und bisweilen sehr kostbare Beigaben enthaltenden G.kammern bis zu 5½ m Breite und 7 m Höhe, mit einem Dromos. Seit dem frühen 3.Jh. wurde einigen Fürstengräbern ein Vorraum vorgelegt und diesem eine tempelartige Fassade vorgeblendet. Mächtige, durch Fallriegel endgültig verschlossene Steintüren und die Verschüttung der ganzen Fassade unter den Tumulus entrückten die nach Art eines reichen Palastgemaches ausgemalten, pilastergeschmückten und mit Beigaben versehenen G.kammern ins Totenreich, woran, im Gegensatz zu griech., auf Sichtbarkeit gerichteten G.monumenten, das magische Verhältnis zum Tod bes. deutlich wird (G.er bei → Palatitsa mit viersäuliger ion. Fassade; bei → Levkadia mit zweigeschossiger Fassade, unten 4 dor. Halbsäulen zwischen Anten, in den Wandfeldern Fresken der Totenrichter, oben 6 ion. Halbsäulen, dazwischen Scheintüren, darüber ein Giebel; bei → Langaza, mit ion. Fassade). Der Tumulus und das verwandte Felskammer-G. verbreiteten sich im ganzen makedon. Herrschaftsbereich (vgl. bes. → Eretria, → Pergamon, → Belevi). Neben der Bestattung blieb auch die Verbrennung gebräuchlich, wie z.B. eine etwas jüngere, reich ausgemalte G.kammer bei Levkadia mit den vermauerten Aschennischen einer Familie zeigt. In → Sidon fand sich in unterirdischen Kammern eine Gruppe von tempelförmigen, z.T. mit Halbsäulen und Reliefdarstellungen geschmückten Sarkophagen (2.H.4.Jh.). Den hellenist. vergöttlichten (→ Apotheose) Herrschern war jedoch ein sichtbareres Tempel-G., wie es für → Lysimachos und → Seleukos überliefert ist, und bes. die oriental. Form des auf hohem Podium gegen den Himmel entrückten G.baus gemäßer. Der am Vorbild des Mausoleums orientierte Typus (vgl. ein ganz ähnliches, aber mit makedon. Felskammer und Klinensarkophag bei → *Belevi* nach 246 für → Antiochos II. errichtetes G.) hält sich bis ins 3.Jh.n.Chr. (→ Mylasa).

[4] Die verschiedensten *Vermischungen dieser Grundformen* (Tumulus und unterirdische Kammer, Fels-G. und Felsfassade, auf ein Podium erhobenes Totenhaus, griech. Heroen- und Totentempel, wozu auch noch aus Syrien und Phönizien das konische oder kubische, ursprünglich als Sitz der Seele gedachte Mal und aus Ägypten die → Pyramide sowie die wohl in Alexandria entstandene → Katakombe kommen) bilden das dem röm. Reich vererbte Repertoire der späthellenist. G.architektur; vgl. z.B. das ‹Grab der Christin› in Algier (Tumulus mit eingebundener Scheinperistasis), das Mausoleum von Suweida (6 × 6 dor. Halbsäulen, Stufenpyramide), die frühesten Felsgräber von → Petra, das ‹G. des Theron› in → Akragas (Podium mit kleinem Heroon), das eigenartige Familienheroon von → Kalydon (Abb. 80; für Totenspiele bestimmter, palästra-artiger Peristylhof mit Kultsaal und darunterliegender Grabkrypta), das Familienheroon des Charmylos in → Kos (mehrstöckig: Podium mit Grabkrypta, darunter 2 Kulträume und eine ionische Säulenhalle), tempelartige Gräber in → Kyrene, Zacharias- und Absolom-Grab in → Jerusalem (quadratischer Unterbau mit Scheinperistasis, darüber Zylinder mit konischem Aufsatz). Dazu bilden die gewöhnlichen G. dieser Zeit, meist nur aus Dachziegeln, Kanalrohren oder Steinplatten hergestellte Laden mit einfachen Aschenurnen und wenigen billigen Beigaben, in ihrer Armseligkeit den größten Gegensatz. G.Gb.

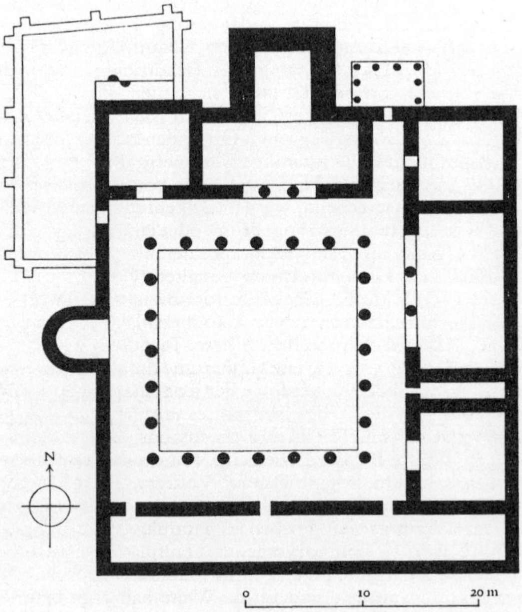

Abb. 80 Das Heroon von Kalydon

Lit: A.Brückner, Der Friedhof am Eridanos..., 1909 – F.Matz, Hellenist. u. röm. G.bauten, Antike 4, 1928, 266–292 – H.Möbius, RE 3 A 2 (1929), 2307–25, s.v. Stele – N.Valmin, Tholos, Tombs and Tumuli, Skrift Sven. Inst. II, 1932 – K.Kübler, Kerameikos, Bd. I ff., 1939 ff. – M.Andronikou, Ἑλληνικὰ ἐπιτάφια μνημεῖα, Deltion 17, 1961/62, 152–210 – L.H.Jeffery, The inscribed Gravestones of Archaic Attica, BSA 57, 1962, 115–153 – G.Kleiner, Diadochen-Gräber, 1963.

D. Etruskisch. [1] *Sepulkralarchitektur*. Die älteste Bestattungsform, die Verbrennung, hört zugunsten der Leichenbestattung Ende des 7.Jh.s auf (Ausnahme Clusium). Die etrusk. Friedhöfe liegen im allgemeinen als ein aus ursprünglich isolierten Bestattungsplätzen zusammengewachsener Gürtel rings um die Städte; viele schließen an Urnenfelder der → Villanovakultur an. Die Formen der G.er und G.denkmäler selbst zeigen sich von Stadtgebiet zu Stadtgebiet deutlich unterschieden. Mit der 2.H. des 7.Jh.s erscheint in Etrurien als neue G.form der Tumulus (erstes Beispiel: Tomba Regolini Galassi bei Caere, um 675). Wesentliche Voraussetzung war die Technik des ‹falschen → Gewölbes› (1), welche die Eindeckung auch größerer Räume mit trocken verlegten Steinblöcken ermöglichte. Im östl. Mittelmeergebiet (→ Tholoi, myk. → Kuppelgräber; s.o. B 2), aber auch auf Malta und Sardinien (Nuraghen) viel früher schon und gerade auch für den Bau von Grabkammern angewandt, war sie in Italien offenbar unbekannt geblieben. In dieser ‹orientalisierend› genannten Zeitstufe ist Ostbeeinflussung wahrscheinlich, unmittelbar nachweisbar ist sie aber bislang nicht. Die Unterschiedlichkeit und der Experimentcharakter gerade früher Beispiele und der typologische Zusammenhang mit den älteren, unscheinbareren G.anlagen im Lande (Akerström) zeigen diese G.baukunst als eigentümlich etrusk. Der etrusk. Tumulus besteht aus dem meist architektonisch gestalteten steinernen Sockel, den in Verlängerung des einwärts gerichteten → ‹Dromos› errichteten G.kammern und der kegel- oder halbkugelförmigen Aufschüttung aus Steinen und Erdreich. Schon früh bildet sich eine Lösung heraus, bei der vom Dromos aus symmetrisch nach beiden Seiten Nebenkammern angelegt sind. Oft finden sich im gleichen Tumulus mehrere selbständige Kammergrabanlagen. Der bereits früheisenzeitlichen Vorstellung vom Grab als dem Totenhaus entsprechend, werden Balkenfügungen, Pfeiler und Wandgliederungen angedeutet oder eingefügt, die G.-kammerdecke als Dach, Mehrkammeranlagen nach dem Vorbild von Hausgrundrissen gestaltet (Caere; Perusia, Tomba dei Volumni). Gegenüber der Bestattung von Ehepaaren in Einzelkammern bzw. Kammeranlagen setzen sich vom 4.Jh. an auch im südl. E. (Caere, Tarquinii, Vulci) zunehmend kellerartige, weite Grabräume durch, in welchen die Särge nach der Reihenfolge der Todesfälle zusammengeschoben werden. Daneben gibt es unterirdische Gänge mit Bestattungsnischen links und rechts und ringförmig angelegte Grüfte für die Beisetzung von dreißig und mehr Urnen (Clusium, Poggio Gaiella; Volterra, Tomba Inghirami). – Die Bauten des 7. und 6.Jh.s v.Chr. von Populonia stellen sich im ganzen gesehen als Tumulusgräber mit hohen, oben durch weit vorkragende Traufplatten abgedeckten Sockeln dar. Ihre im Grundriß quadratischen, vertikalwandigen Kammern sind in der Weise halbkugelförmig überwölbt, daß sich die ‹falsche› Kuppel von den vier Bodenecken herauf in allmählich breiter und rundlicher werdendem Anstieg pendentifförmig entwickelt. Daneben erscheinen Ende 6./Anf. 5.Jh. v.Chr. sauber gefügte, tempelartige Totenhäuser (Heroisierung der Verstorbenen). – Bei Florenz findet sich gegen Ende des 7.Jh.s v.Chr. ein monumentaler Bautypus mit großem, im Grundriß rundem Bestattungsraum, in dessen Mitte ein mächtiger, quadratischer Pfeiler bis unter die Decksteine des bienenkorbförmigen, hohen Gewölbes ragt (La Mula, La Montagnola). Der gleiche Typus kommt mit quadratischem Grundriß des Hauptraumes in Vetulonia (Pietrera, Tomba del Diavolino) und, in kleinerem Maßstab und verfeinerter Bauweise, aber ohne Nebenkammern, im 6.Jh. v.Chr. im Gebiet von Volterra vor (Casaglia, Casal Marittimo; daneben die Populonia-Form: Colombaie). – Dolmenartig wirken die Reste der aus großen Travertinplatten gefügten Rechteckkammern auf dem Pian di Palma bei Saturnia. Cortona zeigt Tumuli mit reicheren, doch ebenfalls in strenger Symmetrie angelegten Kammersystemen in sauber gefügter Steintechnik und in der Kragebauweise längs überwölbten Rechteckkammern, in der ‹Tanella di Pitagora› (4./3.Jh.) sogar eine Vorstufe zum echten Tonnengewölbe. Das echte Tonnengewölbe aus Steinbalken wird erst im 2.Jh. v.Chr. mit Grabkellern von der Art der Tomba del Granduca (Clusium) und von San Manno (Perusia) erreicht. Die spitzwölbig überdeckten Rechteckkammern des 6. bis 4.Jh.s in Crocefisso del Tufo (Orvieto) schließlich sind ihrer äußeren Gestalt nach große, aus sorgfältig geschnittenen Tuffquadern gefügte Würfel mit flachen Erdhügeln obenauf, die bereits mit den Lösungen im südl. Tuffgebiet zusammenhängen. Dort gehen die Städte teilweise andere Wege. Schon die Tomba Regolini Galassi ist in den anstehenden Tuff geschnitten und nur nach oben hin durch Steinquadern ergänzt. Neben den wenigen eigentlichen G.bauten (Formello, Cucumella von S. Giuliano) und diese, wo das Gestein es zuläßt, bald verdrängend, entsteht eine vielgestaltige Scheinarchitektur, bei welcher die G.kammern zimmerartig gestaltete Höhlen und die Dromoi Schächte sind. Die Illusion von freistehenden Bauten wird in Caere dadurch bewirkt, daß man den Tuff ringsum so tief abarbeitet, daß der Eindruck eines Sockels mit abschließenden Profilen entsteht. Tuffquaderwerk ergänzt, wo es sich als notwendig erweist. Der über den Kammern und dem Scheinsockel liegende Hügelteil wird auch hier durch Aufschüttung gewonnen. – Als eine Abart solcher Friedhöfe entstehen die ‹Felsgräbernekropolen›, in denen die zunächst vom Tumulus ausgehende Scheinarchitektur ihren Möglichkeiten entsprechend eine eigene Entwicklung durchmacht, die vom (Schein-) Würfelgrab mit seinem als Symbol zu verstehenden hohen Türrelief auf der Fassade über das ‹Scheinwürfelgrab mit Sottofacciata› und die Tempelfassaden-Gräber von Norchia und Sovana (vgl. die Aedicula-Gräber von Populonia) zum Portikus-Grab reicht (Barbarano Romano, Bieda, Castel d'Asso, Norchia, Sovana).

[2] *Plastik*. Einen wesentlichen Teil der etrusk. G.plastik bilden die anthropoiden Bestattungsbehältnisse (→ Kanopen) und → Cippi. Ob eine Statue primär magischen, kultischen, repräsentativen oder dekorativen Zwecken diente, ist meist kaum zu entscheiden. Die Anfänge liegen im frühen 7.Jh. v.Chr. Dem in der r. Nische der Tomba Regolini Galassi beigesetzten Krieger waren 34 langgewandete weibliche Buccherofigürchen mitgegeben, die stilistisch an oriental. Kleinplastiken anschließen (675–650 v.Chr.). Zu Überlebensgröße gesteigert standen, von ähnlichen Miniaturvorbildern her entwickelt, Frauen, aber auch Männer, aus Pietrafetida (Stinkkalkstein) in der Pietrera (Vetulonia) bei den Totenbetten (635–625 und 625–610). Weibliche Tonfigürchen wurden in Clusium gelegentlich rings um das große Haupt auf die Kanopen gesteckt. Reichste Ausbildung haben die zugrunde liegenden Vorstellungen dort in den Figurenvasen erfahren, hohen, eimerartigen Tongefäßen mit breiter Schulter, auf welche ringsum ebenso wie um den Rand des eine weitere Stufe bildenden flach gerundeten Deckels, über dem noch ein entsprechender zweiter zu stehen kann, weibliche oder männliche und weibliche Figuren gesteckt sind (2. Viertel 7.Jh.). Auf der Deckelmitte steht menhirhaft mit kultischem Gestus die Gestalt eines Mannes oder einer Frau. Den Ausdruck magischer Kraft verstärken die axial verteilten Pseudohenkel, die als Genitalien mit an Stelle des Phallos aufgesetzten langhalsigen Vogel-(Greifen-)köpfen gestaltet sind. Der gesamte Figurenschmuck ist beweglich und abnehmbar; Gürtel und Schmuck der Frauenfiguren waren zum Teil aus fremdem (kostbarem?) Material gefertigt und angeheftet. Die Mittelfigur kann den heroisierten Toten bedeuten, aber auch eine Totengottheit. – Die in einem Kammergrab bei Caere gefundenen 0,50 m hohen Terrakottastatuetten eines sitzenden Mannes (Rom, Konservatorenpalast) und zweier sit-

zender Frauen (London, Brit. Mus.) in fortgeschrittenem orientalisierendem Stil sind wohl als Dauer verbürgende Bilder der Verstorbenen zu verstehen (Ende 7. Jh.). – Die reichsten und auch künstlerisch wichtigsten Zentren der im gesamten etrusk. Tuffgebiet während des 6. Jh.s feststellbaren Grabplastik waren Vulci und Clusium. Aus Nenfro geschnittene Sphingen, Löwen und Flügellöwen wurden liegend, hockend oder stehend beim Grabeingang, um den Tumulus oder vielleicht auch auf seiner Spitze aufgestellt. Der nicht ganz 80 cm hohe Nenfro-Kentaur aus Vulci stellt einen Höhepunkt dieser zunächst dädalischen, bald aber zunehmend ionisierenden Bildkunst dar (um 600 v. Chr.). – Eine Besonderheit sind die chiusinischen Büstenstatuen aus Pietrafetida, auf säulenartigen Sockeln stehende, fast ausschließlich weibliche Büsten mit kultischem Gestus, die am Grabeingang aufgestellt waren (Anf. 6. Jh. bis ca. 525 v. Chr.). – Eine eigene Klasse der archaischen etrusk. G.-plastik bilden schließlich auch die sog. Treppensteine von Tarquinii, große, in senkrechten Bahnen getreppte Steinplatten, die nach Art von getriebenem griech. Bronzebeschlag durch Flechtbänder in quadratische und längliche Bildfelder geteilt sind und im Dromos vor oder über dem Eingang zu den Grabkammern als Schmuck angebracht gewesen zu sein scheinen (1. H. 6. Jh.). Die Felder sind mit voneinander unabhängigen Einzelbildern (Kentaur, eilende Flügelgestalt, Panther, Bock, Gefangene u. a.) oder mit heraldisch geordneten Gruppen (einander begegnende Sphingen, gefolgt von Reiter, Greif, Frau) in flachem Relief gefüllt.

[3] *Wandmalerei.* Die Vorstellung vom G. als dem heiligen Haus der Toten führte folgerichtig zu einer festlichen Ausstattung auch der G.kammerwände. Einzelne Fundbeobachtungen (Tomba Regolini Galassi) und gelegentlich im Tuff erhaltene Bronzenägel bestätigen, daß die späteren Relief- und Bilddarstellungen von Waffen, Tafelgeschirr und Kränzen als Wandzierat (Tomba degli Scudi e delle Sedie und Tomba dei Rilievi in Caere; Hauptkammer der Grotta Campana in Veii; Tomba degli Scudi und Tomba delle Armature in Tarquinii) einer bis in die Anfänge der Kammergräber zurückreichenden Wirklichkeit entsprechen. Ab 2. H. 7. Jh. brachte man im südl. Etrurien auf den Tuffwandungen Malereien an (Erdfarben und zerriebene Mineralien von leuchtender Buntheit, die man zunächst unmittelbar auf den feuchten, erdartigen Steingrund, bald über Tünche oder einer Stuckschicht auftrug). Die meisten bekannt gewordenen G.er mit Wandmalereien von vor der Mitte des 6. Jh.s sind seit ihrer Auffindung verlorengegangen oder fast bis zur Unkenntlichkeit verblaßt. Übernahm man dort zunächst Motive der orientalisierenden griech. Vasenmalerei, so wird doch offenbar bald auch eine Verbindung zum Totenkult gesucht. Tarquinii wird 2. H. 6. Jh. der Hauptort der etrusk. G.malerei, die sonst nur vereinzelt festgestellt ist. Die Blütezeit dauert von etwa 550 bis 450 (Tomba dei Tori; degli Auguri; degli Olimpiadi; del Pulcinella; delle Leonesse; delle Caccia e Pesca; dei Bacchanti, del Barone, delle Bighe, dei Leopardi, del Triclinio, del Letto Funebre, Francesca Giustiniani u. a. m.), doch reicht die Sitte als solche bis ins 1. Jh. v. Chr. hinunter. Die Kammern wurden so bemalt, daß sie als ein Haus mit flachem, nach unten offenem Giebeldach wirken, die Wände im ganzen als große, untereinander zusammenhängende Bildfelder über farbig abgegrenzten Sockeln behandelt. In den Giebeldreiecken hielten sich die Tiere und Tierkampfgruppen der orientalisierenden Zeit, oft in heraldischer Anordnung, oder wurde der Tote selbst beim festlichen Gelage dargestellt. Die Wand gegenüber dem Eingang trägt das Hauptbild. In bunter, sinnenfreudiger Fülle sind die Feiern und Spiele dargestellt, das sich zur Zeitlosigkeit steigernde Lebensglück im Zusammensein von Mann und Frau im festlichen Gelage, mit Freunden und Gesippen, auf der Jagd und beim Fischfang, im Tanz, beim Anhören von Musik und im Zuschauen bei sportlichen Wettkämpfen oder den Künsten der Gaukler und Artisten. Die Entscheidung, ob hier den Bestattungsfeierlichkeiten im Bilde Dauer, ewige Wiederholung gleichsam gegeben wird oder das erhöhte Leben selbst im Jenseits gemeint sei, ist oft schwer zu treffen. Die Natur, Pflanze und Vogel und der hohe Himmel werden gelegentlich als Elemente freudigen Seins in einer Weise dargestellt, wie sie in der erhaltenen griechischen Malerei nicht begegnet (Tomba della Caccia e Pesca). Mit dem 4. Jh. zeigt sich als ein neues Thema die Unterwelt selbst, in der die etruskisierten griech. Unterweltsgötter Aita (Hades) und Phersipnai (Persephone) königlich herrschen und die Toten bewirten (Tomba dell'Orco in Tarquinii; Tomba Golini I und II bei Orvieto). An griech. Bildern und Jenseitslehren orientiert und durchsetzt mit charakteristisch etrusk. Dämonenvorstellungen (Charun/ → Charon, Vanth, Tuchulcha), weisen sie auf zunehmende Beschäftigung mit den Fragen des Seins nach dem Tode. Die Tomba del Cardinale (2. Jh.) mit den aneinandergereihten Bildern der den Menschen in den verschiedensten Lebenssituationen jäh anfallenden oder sanft davonführenden Todesdämonen nimmt geradezu mittelalterliche Totentänze vorweg. O.W.v.V.

Lit: Zu [1]: G. Rosi, Sepulcral Architecture as Illustrated by the Rock Facades of Central Etruria, JRS 15, 1925, 1–59 u. 17, 1927, 59–96 – Å. Åkerström, Studien über die etrusk. Gräber, 1934 – L. Pareti, La Tomba Regolini Galassi, 1947 – M. Demus-Quatember, Etrusk. G.-architektur, 1958 – G. Caputo, La Montagnola di Quinto Fiorentino, l'‹orientalizzante› e le tholoi dell'Arno, Bd'A. 47, 1962, 115–152 – M. Bizzarri, La necropoli di Crocefisso del Tufo in Orvieto, StE 30, 1962, 1–154 – *Zu [2]:* R. Bianchi Bandinelli, I caratteri della scultura etrusca a Chiusi, Dedalo 6, 1925/26, 5–31 – E. Hall Dohan, A Ziro Burial from Chiusi, AJA 39, 1935, 198–209 – G. Hanfmann, Altetrusk. Plastik I, 1936 – M. Pallottino, Tarquinia, Mon. Ant. 36, 1937, 117–207 (‹Treppensteine›) – G. Q. Giglioli, Le tre statuine fittili del VII SC. A. C. trovate a Caere, StE 22, 1952/53, 319–328 – A. Hus, Recherches sur la statuaire en pierre étrusque archaïque, 1961 – *Zu [3]:* A. Rumpf, Die Wandmalereien in Veii, 1917 – Fr. Weege, Etrusk. Malerei, 1921 – Fr. Poulsen, Etruscan Tomb Paintings, 1922 – G. Bovini, La pintura etrusca del periodo orientalizzante, Ampurias 11, 1949, 63–90 – M. Pallottino, La peinture étrusque, 1952 (= Etruscan Painting, 1956) – R. Bartoccini u. M. Moretti, La tomba delle Olimpiadi, 1959 – M. Moretti, La tomba della Nave, 1961 – A. de Agostino, La tomba delle Anatre, ArchCl. 15, 1963, 219–222.

E. Rom. [1] *Republik.* Die Reihe monumentaler röm. G.-bauten beginnt erst in der Zeit der späten Republik. *Kammer-G.er*, die in den gewachsenen Fels getrieben sind, enthalten oft mehrere Sarkophage, etwa für die Mitglieder einer Gens. Die Fassaden des Oberbaues erinnern teils noch an etrusk. Fels-G.er (z. B. Rom, Via S. Croce) oder sind mit Elementen hellenist. Säulenordnung in sorgfältiger Quadertechnik ausgeführt (Rom, G. der Scipionen, G. der Sempronier). → *Mausoleen* in Form einer Cella, auf hohem Sockel, wurden durch östl. Einfluß in Italien heimisch (z. B. Agrigent, Heroon, tetrastyler Prostylos; ebd. sog. G. des Theron; Rom. G. des Bibulo), während die *Tumulus-G.er* seit dem 1. Jh. v. Chr. eine aus Etrurien bekannte G.-Form wiederaufnehmen (z. B. Rom, sog. Tumuli der Horatier und Curiatier). Der Erdhügel, unter dem sich die durch einen Dromos zugängliche G.-Kammer befindet, erhebt sich über einem kreisförmigen Sockel, der turmartig in die Höhe geführt werden kann (z. B. Tivoli, G. am Ponte Lucano, G. der Caecilia Metella, 67 v. Chr.).

[2] *Augusteische Zeit und 1. Jh. n. Chr.* Das größte Tumulus-G. ließ Augustus für sich und die Gens Julia 28 v. Chr. errichten (⌀ = 78 m. Vgl. Tusculum, sog. Torrione di Micara; Gaeta, G.er des L. Sempronius Atratinus und des L. Munatius Plancus; S. Maria Capua Vetere, sog. Carcere vecchie). Nicht selten steht der hochgeführte Zylinder auf einem quadratischen Unterbau (z. B. Via Appia, G.er der Caecilia Metella und des Valerius Messala Cotta). Häufig sind quadratische Sockelbauten von einer → *Tholos* bekrönt, in der das Standbild des Verstorbenen stehen kann (z. B. G.er in St-Rémy, Aquileia, Pompeji, Pozzuoli, S. Ma-

ria Capua Vetere, bei Nettuno; vgl. das augusteische Siegesdenkmal in La Turbie, 7/6 v. Chr.), oder tragen eine →*Aedicula* (z.B. bei Forlì, in Assar/Commagene) bzw. →*Cella* nach dem Vorbild des Mausoleum von Halikarnass (Kalat Fakra). Weiträumige *Kollektiv-G.er* für Urnenbestattung sind bes. aus der Umgebung von Rom und Neapel bekannt (sog. Columbarium; z.B. des Pomponius Hylas in Rom, sog. G. des Vergil bei Neapel). Zu den einfacheren G.-Formen gehört die *schola*, eine exedraförmige Bank (z.B. Pompeji, G. der Esquillia Polla) und die *G.-Säule* griech. Herkunft (z.B. Pompeji, G. der Septunia). Seltene Formen haben ein G. in Aricia, das vermutlich dem G. des Porsenna in Chiusi nachgebildet war (vgl. Plin. nat. 36, 86), das G. des Eurysaces, sowie die Pyramide des Cestius in Rom (18 v. Chr.).

[3] Im *2. Jh. n. Chr.* gehen seit Trajan die Vornehmen von der Brand- zur Leichenbestattung in Sarkophagen über; jedoch lassen sich die Kaiser noch bis ins 3. Jh. verbrennen. – Hadrian wählte für sich die herkömmliche Form des monumental architektonisierten Tumulus-G.s auf quadratischem Unterbau (sog. Engelsburg); seinen Vorgänger Trajan ließ er in dem zur G.-Kammer ausgebauten Sockel für die Säule auf dessen Forum beisetzen (Trajanssäule; vgl. die Säulen für Antoninus und Faustina und die sog. Markussäule auf dem Marsfeld, ferner die z.T. älteren Votiv- und →Ehrensäulen). Der bes. in der frühen Kaiserzeit beliebte G.-Typus mit quadratischem Sockel und zylindrischem oder polygonalem, turm- oder tholosartigem Aufbau ist im 2. Jh. ebenfalls vertreten (z.B. in Marano bei Neapel, Neumagen). Jedoch ist die in Rom und Umgebung gebräuchlichste Form das ein- bis zweigeschossige Kammer-G. (wobei das Obergeschoß im allgemeinen dem Bestattungsritus, dem Totenmahl usw. diente). Die Räume sind überwölbt, architektonisch reich gegliedert und mit Wandmalereien ausgestattet; die Fassaden tragen Pilaster- oder Halbsäulen, Fenster, Nischen und marmorne Reliefinkrustation. Die besterhaltene Nekropole, Isola Sacra bei Ostia, besteht seit trajanischer Zeit (andere: Vatikan, unter St. Peter, an der Via Appia und anderen Ausfahrtsstraßen Roms). Einige G.er haben die Gestalt prostyler Tempel (Rom, S. Urbano alla Cafarella, G. der Annia Regilla, sog. Sedia del Diavolo, ein kuppelüberwölbter Zentralbau). In Afrika und den östlichen Provinzen überwiegt das aediculaförmige G.mal (z.B. in Lambaesis, Zama, Termessos, Alfi, Hadra; vgl. auch das Mausoleum des Philopappos in Athen). Schlank proportionierte, zwei- bis dreigeschossige G.-Bauten mit pyramidalem Aufsatz erinnern an vorröm. Turmgräber (z.B. in Mactaris, Tarragona, Kasserine, Saint-Roman; im 3.–4. Jh. n. Chr. bes. in Tripolis; vgl. das libysch-pun. Mausoleum in Thugga). Doppelsäulen, nahe dem Eingang zu einer unterirdischen G.-Kammer, sind bes. aus Syrien bekannt.

[4] Während des *3. Jh.s n. Chr.* tritt der kuppelgewölbte Zentralraum immer stärker in den Vordergrund; die Mausoleen der ersten Jahrzehnte des *4. Jh.s n. Chr.* gehören zu den bedeutendsten baukünstlerischen Leistungen, die wir aus dieser Zeit kennen. Typologisch interessant ist die *Dreikonchenanlage* mit tetrastyler Vorhalle in Sardes (G. der Sabina, 191 n. Chr.). Der sog. ‹Tempio di Portuno› bei Ostia, ein *zentraler Kuppelbau* mit Säulenkranz aus severischer Zeit, zeigt bereits das Schema des Mausoleums Diokletians in Spalato. Das sog. G. des Gallienus an der Via Appia, eine zweigeschossige Rotunde, stammt aus der 2. H. des 3. Jh.s (vgl. Aurel. Vict. Caes. 69). – Maxentius gab dem Mausoleum für seinen früh verstorbenen Sohn Romulus die Form des Pantheon und ließ ihm zu Ehren das Heroon am Forum Romanum errichten; etwa gleichzeitig mit dem Mausoleum und ihm verwandt ist die sog. ‹Tor de'Schiavi› an der Via Prenestina. – Aus dem frühen *4. Jh.* stammen mehrere kreisförmige Kuppelbauten mit 8 Nischen im Erdgeschoß und entsprechender Fensterzone im Obergeschoß: das G. des Galerius in Saloniki (vor 311), der sog. ‹Tempio della Tosse› in Tivoli, das G. der hl. Helena (sog. ‹Tor Pignatara›, Rom, um 325). Die frühchristl. Mausoleen lagen häufig in der Nähe einer Kirche (G. des Konstantin in Konstantinopel, die kaiserlichen Mausoleen bei St. Peter, ein G.-Bau bei S. Vittorio in Mailand) und waren z.T. nur durch sie zugänglich (z.B. G. der hl. Helena). Das G. des Theoderich in Ravenna ist ein zweigeschossiger Bau, dessen monolith überwölbte Rotunde sich über einem oktogonalen Unterbau erhebt (Anfang 6. Jh. n. Chr.). C.K.

Lit: M. Borgatti, Castel Sant'Angelo in Roma, 1931 – W. v. Massow, Die G.mäler von Neumagen, 1932 – G. Calza, La necropoli del Porto di Roma nell'Isola Sacra, 1940 – F. W. Deichmann, A. Tschira, Das Mausoleum der Kaiserin Helena usw., JdI 72, 1957, 44–110 – E. Josi-E. Kirschbaum, Esplorazioni sotto la confessione di S. Pietro in Vaticano I, 1951 – J.-J. Hatt, La tombe gallo-romaine, 1951 – F. Castagnoli, Appia antica, 1956 – A. De Franciscis-R. Pane, Mausolei romani in Campania, 1957 – Crema, 125ff. 242ff. 325ff. 484ff. 563ff. 624ff.

Grabeskirche, in →Jerusalem, nach ‹Entdeckung› des Heiligen Grabes und des Kreuzes durch Helena (326) von →Konstantin d. Gr. erbaut und 335 feierlich eingeweiht (Bericht, Baubeschreibung: Eus. vita Const. 3, 25–40), gehörte zu den glänzendsten →Memorialkirchen des Kaisers. Die Rekonstruktion muß weithin literarischen Quellen (Pilgerberichten) folgen, ist daher in Einzelheiten umstritten. Fest steht, daß es sich um eine Vielheit von Bauten handelte, von denen die Anastasisrotunde (Stätte des Grabes, wohl →Tholos) im N, der Golgathahügel, sog. ‹Bema›, und die fünfschiffige →Basilika, deren Atrium die großzügige Komplexanlage zum Stadtzentrum der Agora im S abschloß, die wichtigsten sind. C.A.

Lit: K. J. Conant, The Original Buildings of the Holy Sepulcre, Speculum 31, 1956, 1–48 – RGG II 1816f. (Lit).

Grabinschriften. [1] *Griechische und römische G.* Der Brauch, Gräber nicht nur durch ein Denkmal (Hügel, Bildwerk, Altar), sondern auch durch eine →Inschrift (ursprünglich einfach zur Identifizierung des Toten) zu bezeichnen, hat im Alten Orient und in Ägypten eine lange Geschichte. In Griechenland begegnen G. seit dem 6., in Rom seit dem 3. Jh. v. Chr.; sie stellen die Hauptmasse aller erhaltenen griech. und lat. Inschriften dar. Grundsätzlich ist bei G. zu scheiden zwischen (1) Inschriften, die erklärende oder ergänzende Zutat von Grabmonumenten (Lekythen, Statuen, Reliefs, Sarkophage) sind, und (2) Inschriften auf eigentlichen Grabsteinen (schmucklosen →Stelen, →Cippi oder columellae, die schon früh Felsen oder unbehauene Steine als Schriftträger ablösen). Formen und Qualität der G. zeigen dieselbe Vielfalt und dieselben zeitbedingten Modeformen wie die Grabmäler selbst. Am ältesten und immer wiederkehrend ist der einfache Name des Toten; er kann ergänzt werden durch Herkunfts- und Verwandtschaftsbezeichnungen oder durch Gruß-, Wunsch- und Gebetsformeln. Dagegen bleiben Lebensdaten (Geburt, Tod, Alter) stets selten. Häufig begegnen zusätzliche Angaben, die sich auf die Grabstätte beziehen (Namen der Stifter oder Erbauer, Verwünschungen gegen Entweihung u. dgl.). Ursprünglich römisch ist die Sitte, Berufs- und Amtsbezeichnungen bis zum vollen →Cursus honorum auf den Grabstein zu setzen. Eine besondere Gruppe bilden die metrischen G. (Grabepigramme, →Epigramm), deren Thematik vom Preis der Leistungen des Toten bis zum Zwiegespräch zwischen Grab und Wanderer reicht; neben zahllosen Durchschnittsprodukten stehen Trauergedichte von hohem Rang und ergreifendem Zauber. † F.G.M.

[2] *Jüdische und christliche G.* Eignet jüdischen G. bes. der →Diaspora der textliche und durch Symbole (Menorah = siebenarmiger Leuchter etc.) betonte Bekenntnisstil, der für die Ableitung der christl. →Kunst (II C 2) überhaupt aus jüd. Wurzel angeführt wird (Übernahme der Formel ‹in pace›; jüd. Kreuz = Taw = Vorstufe des christl. Kreuzeszeichens?), so ordnen sich die christl. G. stärker der paganen

Umwelt ein. Sie stellen z.T. das D(iis) M(anibus) voran, bezeichnen das Grab als ‹domus aeterna› und verwenden pagane Symbole wie die Zimmeraxt (sub ascia d[edicavit], neupythagoreischer Herkunft?), ferner → Anker, → Taube, Palme, die wie das konfessionell interpretierte → Fischsymbol (→ Ichthysformel) als Kryptogramm dienten, was sie z.Z. schon auf jüd. G. getan hatten. Erst allmählich setzten sich Wendungen aus Liturgie und Credo durch, wobei der Klerus darin voranging: Umwandlung der Akklamationsformel ‹Vivas in pace› (auch auf Goldgläsern von Trinkbechern belegt) des Totenmahls zur Fürbitte ‹Christe, roga pro...›; Vorstellung vom ‹Schoß Abrahams, Isaaks und Jakobs›, mit dem Volksglauben an den Zwischenzustand (refrigerium interim) der gläubigen Seele verbunden, der aber auch weiterhin als lux aeterna, campi Elysii, paradisus etc. bezeichnet wird. So spiegeln die G. auf niederer Stufe religionsgeschichtlich wider, was auf höherer in den G. des → Damasus und ihrem → Epigrammstil als kulturgeschichtlicher Prozeß der Verschmelzung mit der Spätantike sich darstellt. Ferner sind diese ‹Denkmäler des Lebens› (Th. Mommsen) für die Geschichte der altchristl. → Verfassung, der Häresien, vor allem der → Gnosis und des → Montanismus, und die → Sgraffiti an Stätten der Märtyrerverehrung (St. Peter; S. Sebastiano, Rom) für die → Frömmigkeitsgeschichte sehr aufschlußreich. C.A.

Q: → Inschriften [4] – Ferner: C. Cechelli, Monumenti cristiano-eretici, 1944 (dazu: A. Ferrua, Riv. Arch. crist. 21, 1945, 165–221) – Sylloge Inscript. Christ. vet. Mus. Vaticani, cur. H. Zilliacus = Acta Inst. Romani Finlandiae I 1.2, 1962 – *Lit:* Erik Peterson, Heis Theos, Epigraphische Untersuchungen, 1926 – Fr. Cumont, Lux perpetua, 1942 – G. Delling, Speranda futura, ThLZ 78, 1951, 521 bis 526 – W. Calder, Early Christian Epitaphs from Phrygia, AS 5, 1955, 25–38 – A. Stuiber, Refrigerium interim, 1957 – J. Carcopino, Les symbolismes de l'ascia, Actes Ve Congr. intern. d'Archéol. chrét., 1957, 551–556 – P. Testini, Archeologia crist. I, 1958, 551–556 – E. Dinkler, Kreuzzeichen und Kreuz, JAC 5, 1962, 93–112.

Grabrelief → Stele.

Gracchus, Tib. Sempronius (quaest. 137 v. Chr., tr. pl. 133), Sohn des Tib. → Sempronius (3) Gracchus und der → Cornelia (1). G. wurde nach Abschluß des Mancinus-Vertrages (137, → Hostilius Mancinus, C.) angeklagt, da er wesentlich an dessen Zustandekommen beteiligt war. Cicero sagt, G. habe sich deshalb von der Nobilität abgewandt und sei ein *popularis* geworden (har. resp. 43). Die persönlichen Gegensätze (vor allem zu → Cornelius (29) Scipio Aemilianus) sind nicht zu leugnen; aber G. wurde durch greifbare Mißstände zu seiner Reformgesetzgebung angeregt: die verlassenen Bauernstellen auf italischem Boden, die wachsende Zahl besitzloser Bürger in Rom, Rückgang der Bevölkerung und der Wehrkraft. Er forderte daher, den Anteil am ager publicus über eine bestimmte Fläche hinaus (500 iugera und je 250 iugera für die beiden ältesten Söhne; leges Liciniae Sextiae) den bisherigen Besitzern zu entziehen, um Land für neue Bauernstellen zu gewinnen (→ Ackergesetze). Damit wurden die italischen Socii, deren Besitz am ager publicus bedroht war, in die inneren Angelegenheiten Roms hineingezogen. G. handelte im Einvernehmen mit angesehenen nobiles (P. → Licinius (7) Crassus Mucianus und P. → Mucius (2) Scaevola); das besitzlose Volk stimmte seinen Vorschlägen begeistert zu. Den Widerstand der Senatsmehrheit brach G. unter Mißachtung geltenden Rechtes (M. → Octavius, 2): eine neue Form des innenpolitischen Kampfes war damit zum erstenmal erprobt worden, die in der Folgezeit die Anwendung von Gewalt zum geläufigen Mittel machte. G. wollte durch die nochmalige Bewerbung ums Tribunat (für 132) die begonnene Arbeit sichern. Am Wahltag beschloß der Senat ein consultum ultimum, das → Cornelius (36) Scipio Nasica ausführte. G. und viele seiner Anhänger kamen um. Zum erstenmal erscheint in der Überlieferung über G. der Gegensatz Reiche–Arme (App. civ. 1, 38 ff.). Im Urteil Ciceros wurden durch G. das Volk und der Senat in zwei Teile gespalten und die Einheit der Stände aufgehoben (rep. 1, 31). aber der Umsturz der bestehenden Ordnung lag G. (und seinem Bruder) fern. G.G.

Q: App. civ. 1, 35–72 – Plut. Tib. Gracch. – A. H. J. Greenidge and A. M. Clay, Sources for Roman History 133–70 B.C. (1903), 1960², 1–10 – *Lit:* F. Münzer, RE 2 A 2 (1921), 1409–26 – Ed. Meyer, Untersuch. zur Gesch. der Gracchen (1894), Kl. Schr. I (1910), 1924², 363–421 – F. Taeger, Tib. G., 1928 (vgl. M. Gelzer, Kl. Schr. II 73 ff.) – J. Carcopino, Autour des Gracques 1928 – H. Last, CAH IX 19–39 – E. Badian, Foreign Clientelae, 1958 – A. Heuß, Römische Geschichte (1960), 1964².

2. **G.,** C. Sempronius (tr. pl. 123 v. Chr., 122), Bruder des Vorigen. Nach Cicero (har. resp. 43) trieben ihn der Mord an seinem Bruder, *pietas, dolor* und *magnitudo animi*, das Blut der Familie zu rächen. Im Grunde aber war G. von den gleichen Vorstellungen wie sein Bruder beeinflußt. Er wollte in einem umfassenden Programm die Probleme der respublica lösen. Die wichtigsten Anträge bezogen sich auf die Gerichte und die Siedlungspolitik. G. gab den Rittern die Besetzung der Geschworenenkollegien und damit u.a. die Kontrolle über die in der Provinzialverwaltung tätigen Senatoren (lex de repetundis). Diese an sich wohlgemeinte Maßnahme war der Anlaß zu verschiedenen Auseinandersetzungen zwischen Senat und Ritterschaft, die jetzt einen öffentlichen *politischen* Tätigkeitsbereich erhalten hatte. In G.' Agrarreform war neu vor allem, daß er für die Kolonisation außeritalisches Land vorsah und dadurch den Besitz der Socii unberührt ließ. Den Latinern wollte G. das → Bürgerrecht geben, den Socii das → Ius Latii: ein Ausgleich, der den Veränderungen auf italischem Boden entsprach. Den Kampf gegen G. führte die Senatsmehrheit mit gleicher Politik (→ Livius (3) Drusus). Das Gesetz über die Bürgerrechtsverleihung wurde abgelehnt und G. durch den Streit um die Kolonie Karthago zur Anwendung von Gewalt gezwungen. Die Ritter waren, obwohl er sie nur begünstigt hatte (ihnen war von G. auch die Steuerpacht der reichen Provinz Asia zugesichert worden) auf seiten des Senats – offenbar, um sich das Gewonnene zu erhalten. Bevor die Gegner ihn greifen konnten, ließ G. sich von einem Sklaven töten. G.G.

Q: App. civ. 1, 91–120 – Plut. C. Gracch. – HRR I CLXXIX f. u. 119 – A. H. J. Greenidge and A. M. Clay, Sources for Roman History 133–70 (1903), 1960², 19–36 – *Lit:* F. Münzer, RE 2 A 2 (1921), 1375 bis 1400 – H. Last, CAH IX 40 ff. – Weiteres → Gracchus (1), Tib.

Gracchus, vgl. auch → Sempronius.

Grächwil (bei Bern). In G. fand sich in einem Grabhügel der → Hallstattkultur eine importierte, um 600 v. Chr. vermutlich in Tarent gefertigte Bronzehydria mit geflügelter ‹Herrin der Tiere› (→ Potnia Theron) als Henkelaufsatz. L.B.-H.

Lit: H. Bloesch, Antike Kunst in der Schweiz, 1943, 22–37 – H. Jucker, Die Bronzehydria in Pesaro, AntK 7, 1964, 3–14.

Graecinus → Julius.

Graeco-ägyptischer Stil. Zu Beginn der Ptolemäerherrschaft wurde von ägypt. Seite der Versuch unternommen, griech. Kunstformen mit den traditionellen ägypt. zu verbinden. Musterbeispiel: das Grab des → Petosiris bei Gebel et-Tuna. Diese Versuche haben sich aber nicht durchsetzen können. W. Hk.

Graien (*Γραῖαι*), die schon grauhaarig geborenen Töchter des → Phorkys und der Keto, Pemphredo: Enyo und Deino. Die G. oder *Phorkyaden*, Wächterinnen ihrer Schwestern, der → Gorgonen, haben zusammen nur ein Auge und einen Zahn, dessen sie sich abwechselnd bedienen. → Perseus.

Q: Aischyl. Prom. 794 ff.; Apollod. 2, 36 ff.

Grammateus. Grammateis (Schreiber) hießen im griech. Bereich die (gewählten oder erlosten) Schriftführer, die den verschiedenen Behörden und Versammlungen zur Seite standen. Ihre Aufgabe war die Protokollierung und Archivierung, gegebenenfalls Veröffentlichung der Beschlüsse, auch etwa die Verlesung von Aktenstücken, die Führung von Listen usw. Bes. bedeutend waren im allgemeinen der Rats- und (soweit von ihm geschieden) der Gemeindeschreiber sowie der Schreiber des höchsten Magistratskollegiums. F.G.

Grammatik

A. Begriff, Quellen – B. Griech. G.: [1] Überblick – [2] Grammat. Schriften – [3] Lehre – C. Röm. G.: [1] Überblick – [2] Anlage der Artes – [3] Leistung der lat. G. – D. Charakteristik der antiken Grammatik.

A. Begriff, Quellen. [1] In klassischer Zeit gilt als *γραμματικός*, wer die Buchstaben (*γράμματα*) kennt (Plat. rep. 402 B; Theait. 207 B). Die Fertigkeit des Lesens heißt *γραμματικὴ τέχνη* (Plat. Krat. 431 E; soph. 253 A), der Lehrer des Lesens *γραμματιστής* (Plat. Prot. 312 B). In hellenistischer Zeit wird der Begriff *γραμματική* für Sprach- *und* Literaturwissenschaft gebraucht (Dion. Thr. § 1; → Philologie). Diese Verwendung des Wortes war auch bei den Römern üblich (Cic. de orat. 1, 187; Varro Fr. 234. 236 Fun.). Die lat. Lehnübersetzungen *litteratura, litteratus, litterator* (Suet. gramm. 4) setzten sich nicht durch. In der Spätantike verstand man unter G. nur noch Laut- und Formenlehre (über Syntax s. unten B 3), da diese Disziplinen die Hauptaufgabe des grammaticus wurden, während die Interpretation der Texte an Bedeutung verlor.

[2] Über die sprachphilosoph. Bemühungen in klass. Zeit gibt neben wenigen einschlägigen Nachrichten über die Sophisten Platons ‹Kratylos› (→ Etymologica B 1) Auskunft. Andere Stellen bei Platon und Aristoteles zeigen beginnende Versuche, die Sprache zu zergliedern. Die eigentliche Ausbildungszeit der griech. G. (3./2. Jh.) liegt in fast vollständigem Dunkel. Die wenigen Mitteilungen bei späteren Grammatikern liefern nur Schriftentitel und Details. Neben der G. des → Dionysios (10) Thrax sind die erhaltenen Teile von → Varros Werk De lingua Latina (um 45 v. Chr.) die ältesten überlieferten Originaltexte. Sonst kennen wir gramm. Schriften im griech. Bereich erst vom 2., im lat. vom 3. Jh. n. Chr. an. Sie sind zahlreich und in der Lehre verhältnismäßig einheitlich. In günstigen Fällen können ältere Quellen aus ihnen rekonstruiert werden (→ Remmius Palaemon). Doch führt das nicht über eine Zeit, in der die G. bereits fertig ausgebildet war, zurück.

B. Griechische G. [1] *Überblick.* In der Zeit der Sophisten (5. Jh. v. Chr.) beginnt die Erörterung verschiedener Fragen, die das Verhältnis von Wort und Ding, gramm. Kategorie und Wirklichkeit betreffen (Fragen nach der Sprachrichtigkeit, *ὀρθότης τῶν ὀνομάτων*, Untersuchung von Homonymen und Synonymen u. a., → Sprachphilosophie, → Demokrit, → Prodikos, → Etymologika). Bereits bei Platon und Aristoteles begegnen als erste Bezeichnungen für Teile des Satzes die Begriffe Nomen (*ὄνομα*) und Verb (*ῥῆμα*), etwa im Sinne von Subjekt und Prädikat gebraucht. Beide Philosophen interessieren sich jedoch mehr für die Struktur des Denkens als für gramm. Probleme. Deshalb hat Aristoteles diese Disziplin nicht weiter ausgebaut, obwohl er über weitere gramm. Kenntnisse verfügte (vgl. poet. 20, 1456 b 20–1457 a 30). Erst die Stoa begründet die G. als autonome Wissenschaft. → Zenon (3) z. B. unterscheidet 7 Vokale und 6 Mutae. Chrysipp untersucht u. a. die Vieldeutigkeit des sprachlichen Ausdrucks und das Verhältnis zwischen Sprachform und Begriff (→ Anomalie). Die aristotelischen Satzteile werden zu Redeteilen (nomen, verbum, auch coniunctio) umgedeutet. Aus diesen Ansätzen entwickelt sich eine feste Terminologie (z. B. *πτώσεις* = Fälle, und *μέρη τῆς λέξεως* = Redeteile). Die schöpferische Leistung der Stoa liegt in der Ausbildung der Flexions- und einer systematischen Tempuslehre. Diese Lehren übernimmt die hellenist. Philologie mit gewissen Abänderungen. → Aristophanes (2) v. Byzanz und → Aristarch (2) geben der Flexionslehre ihre gültige Form nach dem (später so benannten) Prinzip der → Analogie, das fortan verbindlich bleibt. Nach ihm stellt man die Muster der Deklination und Konjugation auf. Daneben registriert man die Unregelmäßigkeiten und die Dialektwörter. Aus der philologischen Praxis entsteht die *Τέχνη γραμματική* des → Dionysios (10) Thrax, ein erster meisterhafter Versuch, die neuen Erkenntnisse zu systematisieren (*ἐμπειρία*: Erfahrungswissenschaft). Seine bereits festgeprägten Termini sind von der antiken G. übernommen worden. → Tyrannion d. Ä. hat die G. in ein auf der Zahl vier beruhendes System gebracht, das vor allem Remmius → Palaemon für die lat. G. erschloß (Usener). Nach anderen Forschern (Fehling) ist dieses Einteilungsprinzip erst von Varro aufgebracht bzw. systematisch angewendet worden. Damit ist die schöpferische Phase der antiken G. abgeschlossen. In der Folgezeit beschränkt sich ihre Tätigkeit, von wenigen Ausnahmen abgesehen, auf das Sammeln und Systematisieren des vorgegebenen Sprachmaterials.

[2] Die griech. gramm. Schriften waren teils mehr wissenschaftlicher Natur (stärker an den Bedürfnissen der Philologie orientiert), teils dienten sie den Anforderungen des Unterrichtes, in welchem die Lehre von den Elementen der Sprache, bes. die von den Redeteilen, und die Formenlehre im Mittelpunkt standen. Die Werke der beiden bedeutendsten griech. Grammatiker, die des → Apollonios (8) Dyskolos und des → Herodian (1), bemühen sich um wissenschaftliche Ergebnisse. Sie sind jedoch, von der selbständigen Syntax des Apollonios abgesehen, keine Gesamtdarstellungen, sondern Monographien über Teilprobleme der Laut- und Formenlehre. Die leicht faßlichen und meist erschöpfenden Untersuchungen Herodians, bes. über Akzent- und Pathoslehre, wurden vorbildlich für die Folgezeit. Sie liegen auch den zahlreichen spätantiken, vor allem den byzantin. Schriften zugrunde, die nur noch Lehr- und Lernbücher für den Unterricht sein wollten (Theodosios v. Alexandria, Georgios Choiroboskos u. a.).

[3] Die meisten Lehrbücher, voran das des Dionysios Thrax, beginnen mit der Definition gramm. Grundbegriffe und steigen dann über Buchstaben und Silben zum Wort auf. Die Lehre vom *Buchstaben* (entsprechend unserer Lautlehre) behandelte Einteilung in Vokale, Halbvokale und Konsonanten. Da man vom Buchstaben, nicht vom Laut (Phonem) ausging, waren gewisse Mängel unvermeidlich. – Die Lehre von den *Silben* befaßte sich vor allem mit den Quantitäten und mit der für das Griechische wichtigen Akzentlehre (→ Akzent, → Interpunktionszeichen). – Die *Formenlehre* baute nicht auf den Begriffen Stamm und Endung auf, obwohl die Vorstellung von dem die Bedeutung tragenden Stamm nicht unbekannt war (→ Philoxenos, 1): man setzte eine Form (z. B. den Nom. sing.) als Grundgestalt an und ließ aus ihr die übrigen Formen durch Veränderung (*πάθος*) hervorgehen. Bei den Nomina führte das zu einer sehr großen Zahl von Deklinationsmustern (*κανόνες*). Wo die Richtigkeit einer Form umstritten war, galt der Grundsatz, Analogie, lebendigen Sprachgebrauch und Autorität der vorbildlichen Autoren gegeneinander abzuwägen. – In der Lehre von den *Redeteilen* unterschied man *ὄνομα* (nomen), *ῥῆμα* (verbum), *συνδεσμός* (coniunctio), *ἀντωνυμία* (pronomen), *ἄρθρον* (articulus), *πρόθεσις* (praepositio), *ἐπίρρημα* (adverbium), *μετοχή* (participium). Merkvers Hom. Il. 22, 59: *πρὸς δ' ἐμὲ τὸν δύστηνον ἔτι φρονέοντ' ἐλέησον.* Das Adjektiv ist also Unterart des Nomens, das Partizip eigene Wortklasse. Bei der Definition der Redeteile konkurrierten gramm. und logische Gesichtspunkte. Zu jedem Redeteil kamen die sog. Akzidentien (*παρεπόμενα* = accidentia) hinzu, die seine verschiedenen Erscheinungsformen teils nach morphologischen (Wortbildung), teils nach funktionalen (Numerus, Tempus, Casus, Genus usw.) Gesichtspunkten klassifizierten (s. u. C 2). – Die *Syntax* wurde nur selten bearbeitet. Da die Wortarten als Redeteile eingeführt waren, wurde eine Lehre von den Satzteilen nicht ausgebildet (daher fehlt

z. B. der Begriff des Prädikatsnomens völlig). Die Syntax galt also als Lehre von der Zusammenordnung passender Wörter zu einem Satz, sie enthielt jedoch denselben Stoff wie heute. – Eine besondere Aufgabe der griech. G. war die Beschreibung der Dialekte. Auch die Dialektform leitete man durch Veränderung (πάθος) aus der Normalsprache ab. Die Regeln der möglichen Veränderungen und Ableitungen (auch die attischer Wörter voneinander) waren in einer besonderen Lehre, der sog. Pathologie, zusammengefaßt.

C. Römische G. [1] *Überblick.* Die Anregung zur Beschäftigung mit der G. in Rom geht von → Krates (4) v. Mallos (169 v. Chr. in Rom; vgl. Suet. gramm. 2) aus, die Aelius Stilo aufgegriffen hat. Das älteste Werk der lat. Gramm. ist Varros Schrift De lingua Latina (um 45 v. Chr.), worin er Lehren des Tyrannio maior, seines Lehrers → Aelius (8) Stilo u. a. verwendet. Das erste Lehrbuch der lat. G. schreibt (ebenfalls unter Tyrannions Einfluß) Remmius → Palaemon, das sich aus der Ars des → Charisius weitgehend rekonstruieren läßt. Die Mehrzahl der Artes entsteht aus dem unmittelbaren praktischen Bedürfnis der spätantiken Schule, wo die Formenlehre und die Lehre von den Redeteilen im Mittelpunkt stehen; die einzelnen grammatici kompilieren daher für ihre eigenen Zwecke neue Lehrbücher (Artes), die nach ihrer äußeren Form in zwei Gattungen zerfallen. In den Katechismen, die in der griech. ἐρωτήματα-Literatur ihre Parallele haben (vgl. GrGr IV 2 XX f.), wird der Stoff ‹per interrogationem et responsionem› (GrLat VII 320 inscr.) dargeboten (Donati Ars minor, Marii Victorini Ars gramm.). Die andere Form ist durch Beschränkung auf eine Auswahl der wichtigsten Redeteile charakterisiert, so daß eine Regelsammlung entsteht (Prisciani Institutio de nomine et pronomine et verbo, Ars Phocae de nomine et verbo, Eutychi Ars de verbo). Dieser Schultradition entstammen auch Priscians Partitiones XII versuum Aeneidos principalium (vgl. auch Cled. GrLat V 14, 3–7). Einmalig sind die beiden Artes des Donat: die Ars maior baut systematisch auf der Ars minor auf (vgl. GrLat V 98, 6–8) und bietet den Lehrstoff in erweiterter Form dar; bis in die Humanistenzeit waren sie die führenden Schul-G.en. – Neben diesen Schulbüchern stehen einige wenige wissenschaftliche Darstellungen der lat. G. (Probus, Sacerdos, Prisciani Institutiones), die außer den Redeteilen auch die Laut-, Akzent- und Verslehre behandeln und strittige Lehrmeinungen gegeneinander abwägen.

[2] *Anlage der Artes.* Den lat. Artes liegt ein fester Plan zugrunde. Die größeren Darstellungen beginnen in der Regel ab arte (Maximus Victorinus, Diomedes, Audax, Probus), a grammatica (Dositheus, Charisius) oder a voce (Priscian, Don. ars maior); die Schulbücher setzen a partibus orationis ein (Prisc. inst. de nom., Don. ars minor, Consentius). Zunächst wird die ars (grammatica) als Wissenschaft definiert, worauf die litterae (Lautlehre), syllabae (Silbenlehre mit Berücksichtigung der Quantitäten), pedes (Abriß der Metrik), toni (Akzentlehre), positurae (Interpunktionen) behandelt werden. Der darauf folgende Hauptteil ist den 8 Redeteilen gewidmet (nomen, verbum, participium, pronomen, praepositio, adverbium, coniunctio, interiectio). An die Stelle des griech. Artikels tritt die Interjektion. Die Besprechung der Redeteile verläuft in der Weise, daß zuerst eine Definition gegeben wird, an die sich die Aufzählung und Behandlung der zugehörigen accidentia anschließt, die verschiedenen gramm. Kategorien angehören, so z. B. beim Nomen: species (Ableitung), genus (Geschlecht), numerus (Zahl), figura (Komposition), casus (Fall). An diese Erörterungen schließt sich bei manchen Grammatikern noch die Behandlung der Stilistik an, so z. B. Don. ars maior: de barbarismo (Fehler in Wortformen), de soloecismo (Verstoß gegen die Syntax), de ceteris vitiis (Zusammenstellung weiterer Stilfehler), de metaplasmo (Wortveränderungen unter metrischem Zwang), de schematibus (Redefiguren), de tropis (Tropen). Die Syntax (constructio) behandelt nur Priscian (inst. 17. 18) nach dem Vorbild des Apollonios Dyskolos (vgl. GrLat III 107, 1–108, 4); daran fügt er noch ein Attizistenlexikon an (a. O. 278, 7–377, 18), in welchem er den griech. Konstruktionen die lat. Entsprechungen zur Seite stellt.

[3] *Die Leistung der lat. G.* Bei der Übertragung der griech. G. auf die lat. Sprache sahen sich die Römer vor allem folgenden Problemen gegenüber: 1. Die Klassifikation der gramm. Phänomene mußte für die lat. Sprache umgestaltet werden, wobei der synthetische Bau beider Sprachen zustatten kam (Deklinations-, Konjugationsschemata); es waren jedoch auch Abweichungen zu beachten. – 2. Lat. Etymologien als Ersatz für die griech. Etymologien werden schon von den ältesten lat. Grammatikern nach griech. Prinzipien gebildet (vgl. Quint. inst. 1, 6, 28 ff.), allerdings ohne philosophischen Hintergrund. – 3. Der Ersatz der griech. Zitate durch Zitate aus lat. Schulautoren setzt früh ein (Vergil, Terenz); für seltene oder unregelmäßige Erscheinungen werden vorklass. Autoren (wertvolle Fragmente!) zitiert. Für dieselbe gramm. Regel verwenden die Grammatiker immer mehr auch dieselben Beispiele, so daß sie oft als Kriterien für die Quellen des einzelnen Autors dienen können. – 4. Die griech. Terminologie ist völlig einheitlich. Die lat. Gramm. muß sich, um Fremdwörter zu vermeiden, Bedeutungslehnwörter (πτῶσις: casus) oder Übersetzungslehnwörter (αἰτιατική: accusativus) schaffen. Eine einigermaßen feste Terminologie hat sich nur bei den wichtigsten gramm. Erscheinungen herausgebildet, während für spezielle Ausdrücke keine Tradition entstanden ist, so daß jeder Grammatiker nach anderen Möglichkeiten der lat. Wiedergabe gesucht hat, so z. B. für τομή: caesura, incisio (Mar. Vict., Diom.), sectio (Diom.).

D. Charakterisierung. Die antike G. hat sich nie zu einer völlig autonomen Wissenschaft entwickelt. In alexandrin. Zeit löst sie sich von der Philosophie; die sprachphilosophischen Ansätze Platons, der Stoa und der Epikureer werden vom 1. Jh. v. Chr. an nicht weiterverfolgt. Seit dieser Zeit ist sie die ganze Antike hindurch eine Hilfsdisziplin der Philologie und das Medium des praktischen Sprachunterrichts. – Die Sprache gilt den Fachgrammatikern nicht als etwas historisch Gewordenes, sondern als ein vorgegebenes festes Gebilde, das von der Analogie und dem allgemeingültigen Sprachgebrauch (usus) bestimmt ist. Daher ist ihre Sprachbetrachtung rein deskriptiv, d. h. der vorgefundene Sprachzustand wird in teils logisch (Analogie), teils empirisch (Flexionsklassen) gefundenen Kategorien registriert und systematisiert (κανόνες, regulae). Die Leitgedanken der Indogermanistik, Sprachentwicklung und Sprachvergleichung (-verwandtschaft), sind ihnen fremd; Fremdsprachen treten nie in ihr Blickfeld. Die Etymologien, die erkenntnistheoretischen Spekulationen entsprungen sind, dürfen nicht als historische Erklärungsversuche mißverstanden werden. Das auf diesem Teilgebiet angewendete Verfahren sollte unser Urteil über die sonstigen Leistungen der G. nicht beeinflussen. Die deskriptive Spracherfassung ist dieser weitgehend gelungen. Sie läßt sich deshalb mit modernen strukturalistischen Betrachtungsweisen vergleichen. Die Klassifikation und Terminologie sind so gut ausgebaut worden, daß sie auch heute noch Grundlage für gramm. Darstellungen sind. – In der Literaturwissenschaft haben die Grammatiker große Bedeutung als Fundgrube für sonst weitgehend verlorene vorklassische Literatur und Realien; ferner sind sie eine der Quellen für die Kenntnis des Spätlateins. – Viele Aufgaben aus dem Gebiet der antiken G. sind noch ungelöst. Zur *griech. G.:* der Übergang von den logischen Kategorien der Philosophie zu den gramm. Begriffen; die Prinzipien der Klassifizierung der Redeteile bei Dionysios Thrax und ihre Vermittlung an die spätere G.; die Darstellung der Lehre Dyskolos' und Herodians. Zur *lat. G.:* Varros (Vermittler-) Stellung, die

Rekonstruktion der republikanischen und frühkaiserzeitlichen G., die Entwicklung der Terminologie (bes. im Verhältnis zu griech. t.t.), die allmähliche Lösung der ars grammatica von der Philologie in der kaiserzeitlichen Schule, das Wesen der accidentia, das Verhältnis analogia-usus im allgemeinen Sprachsystem. M. Gl.

Ed: Grammatici Graeci I–IV, ed. R. Schneider et G. Uhlig, 1878–1910 (nicht abgeschlossen; Nachdr. 1965) – Gramm. Latini, ed. H. Keil, I bis VIII, 1855–80 (Nachdr. 1961) – *Frg:* Grammaticae Romanae Fragmenta I, coll. H. Funaioli, 1907 (bis zur augusteischen Zeit) – Grammaticae Romanae fragmenta aetatis Caesarea, coll. A. Mazzarino I, 1955 (Forts. von Funaioli) – *Lit:* H. Steinthal, Gesch. der Sprachwissenschaft bei den Griechen und Römern (1863), 1890/91² (Nachdr. 1961; veraltet, aber nicht ersetzt) – B. Delbrück, Einl. in d. Studium d. indogerm. Sprachen (1880), 1919⁶, 1–23 (kurze Einf.) – C. A. Lobeck, Pathologiae Graeci sermonis elem., 2 Bde, 1853/62 – H. Usener, Ein altes Lehrgebäude der Philologie (1892), in: Kl. Schr. II, 1913, 265–314 – M. Pohlenz, Die Stoa, 1948, 37–47 – K. Barwick, Remmius Palaemon und die röm. ars grammatica, Philol. Suppl. 15, 2, 1922 – H. Dahlmann, Varro und die hellenist. Sprachtheorie, Problemata 5, 1935 – D. Fehling, Varro und die gramm. Lehre von der Analogie und der Flexion, Glotta 35, 1956, 214–270; 36, 1957, 48–100 – H. Koller, Die Anfänge der griech. Grammatik, Glotta 37, 1958, 5–40 – Letzter *Forschungsbericht:* Fr. Lammert, JAW 252, 1936, 105–162 (Zeit: 1926–33).

Granatapfelbaum (*ῥοά, σίδη*), bereits den frühen Griechen bekannt, im Orient ursprünglich beheimatet. Galt wegen der zahlreichen Samen als Symbol der Fruchtbarkeit. Der schon im Orient ausgeprägte Sinngehalt fügt sich zu der engen Verbindung mit dem Bereich der → Aphrodite, die auf → Cypern den ersten G. gepflanzt haben soll. Phrygisch ist die Überlieferung, daß der G. aus dem Blut des von → Dionysos entmannten Agdistis wuchs. Von den Früchten dieses G. schwanger, gebar Nana, die Tochter des Sangarios, den → Attis. Side, die Gemahlin des Orion, die mit Hera in der Schönheit wetteifern wollte, wurde in den Hades verstoßen und dort in einen G. verwandelt. Durch den Genuß einer Frucht dieses G.s, seither der → Demeter verhaßt, verlor die von → Hades entführte → Persephone das Recht auf bleibende Rückkehr zur Oberwelt. Den eleusin. Mysten war daher die Frucht des G. verboten, die auch im arkad. Akakesion unter den der Göttin geopferten Obstarten fehlte. – Der tiefrote Fruchtsaft trug zu Sagen bei wie daß der G. aus dem Blut des von den Titanen zerrissenen → Dionysos Zagreus entstanden oder von Erinyen der G. am Grabe des Eteokles bei Theben gepflanzt worden oder aus dem Grab des Kreonsohnes → Menoikeus gesprossen sei. → Rhoio, die personifizierte Frucht des G.s, galt als Tochter des → Staphylos (des → Weinstocks) und Geliebte des → Apollon, wie Side als Tochter des Oinopion und Geliebte des → Orion: zugrunde liegt die enge jahreszeitliche Beziehung zwischen G. und Weinstock und dem Herbststand des Orion. – Zum reichen Mythenschatz um den G. fügen sich die seit der kret.-myk. Zeit häufigen *Darstellungen* im Götter- und Gräberkult als Zeichen lebengebender Kraft. Daher hielt auch die → Polyklet-Statue der Hera von Argos in der einen Hand die Frucht des G.s, in der anderen das Szepter mit dem → Kuckuck. Der Bezug zur befruchtenden Frühlingszeit und dem weiblichen Organ ist sinnfällig veranschaulicht (Paus. 2, 17). Eine entsprechende Symbolik finden wir in Italien, wo die Gattin des flamen Dialis, die Flaminica, den Zweig eines G.s auf dem Haupte trug. Die Bezeichnung malum granatum Punicum deutet darauf, daß bei der Verbreitung des G.s auch die nordafrikan. Phönizier mitgewirkt haben. Vgl. → Flora. J.W.

Lit: Murr, Pflanzenwelt, 50–55 – Hehn, 240–248 – A. Steier, RE 14, 1 (1928), 928–942 – Schefold, Mw, 8, Abb. 124, Nr. 41; 146 Nr. 124.

Granit. *Roter G.* (*πυρροποικίλος*, syenites, Rosengranit) wurde in Ägypten (seit dem Alten Reich) bei Syene gebrochen (‹Syenit›), *grauer G.* (psaranus) erst seit der Kaiserzeit, bes. am Mons Claudianus (Ägypten) und auf Elba (Trajansforum). Vgl. → Steine. C.K.

Q: Plin. nat. 26, 63; 157 – *Lit:* Blümner, Technologie III 11 ff. – K. Fiehn, RE 3 A 2 (1929), 2243–48, s. v. Steinbrüche.

Granius Licinianus, Verfasser einer röm. Geschichte, deren Fragmente in einer dreimal beschriebenen Hs. des BM gefunden wurden (1853); die Lesung Grani Liciniani von H. Pertz ist freilich nicht ganz sicher. Er wurde von den ersten Herausgebern mit Granius Flaccus (Zeit → Caesars; De indigitamentis), von Comparetti mit dem von Martial 1, 49, 3; 61, 11 erwähnten Licinianus identifiziert, heute jedoch aufs Ende der Regierungszeit Hadrians datiert, da er nach einer (leider ergänzten) Stelle (p. 6, 8 Fl.) den von Hadrian vollendeten Bau des → Olympischen Tempels in Athen kannte. Als Antiquar bei Macr. Sat. 1, 16, 30, Serv. Aen. 1, 737, Sol. 2, 12 erwähnt. Sein historisches Werk begann vielleicht mit der Gründung Roms; die wichtigsten Frg.e behandeln Antiochos Epiphanes, Besonderheiten des kimbr. Krieges und das Jahr 87 (Cinna, Marius, Sulla). G.C.

Ed: M. Flemisch, BT, 1904 – *Lit:* H. Funaioli, RE 7, 2 (1912), 1820–22 – Schanz-Hosius III 78–81.

Gratian (Flavius Gratianus), röm. Kaiser 367–383, geb. 359 als Sohn → Valentinians I., Aug. 383 in Lyon ermordet. Mit acht Jahren bereits zum Augustus ausgerufen, erhielt G. i.J. 375 die Herrschaft über den westlichen Reichsteil mit Residenz in Trier. Unter dem Einfluß seines Lehrers → Ausonius bemühte er sich anfangs um ein gutes Verhältnis zum Senat; etwa ab 379 traf er aber auf Betreiben des → Ambrosius heidenfeindliche Maßnahmen (Entfernung des Victoria-Altars aus der Senatskurie). G. mußte gegen → Alamannen und → Westgoten kämpfen und setzte nach dem Untergang des → Valens den Feldherrn → Theodosius I. zum Mitregenten für den Osten ein. 383 wollte G. dem Usurpator → Maximus (1) in Gallien entgegentreten; seine Truppen liefen jedoch über, und er selbst wurde auf der Flucht ermordet. H.-J.D.

Lit: E. Stein, Gesch. d spätröm. Reiches I, 1928 – E. Kornemann, Röm. Gesch. II (1939), 1963⁵.

Gratidianus → Marius.

Grattius (zur Schreibung ‹Gratius› vgl. F. Buecheler, Kl. Schriften II, 1927, 395), augusteische Zeit, Verfasser eines → Lehrgedichts über die Jagd (Cynegetica), von dem der größte Teil des 1. Buches (541 Verse über Jagdgeräte, Hunde und Pferde) erhalten ist. Die Entstehungszeit läßt sich durch Nachweis der Nachbildung von → Vergils Georgica in der Komposition wie an Einzelstellen sowie die Erwähnung des G. bei → Ovid in einem Katalog älterer zeitgenössischer Dichter (Pont. 4, 16, 34) vor Ovids Verbannung auf die Zeit zwischen 29 v. und 8. n. Chr. eingrenzen. G. ist ein zwar korrekter, aber uninspirierter Dichter. Daß er, wie man aus V. 40 gefolgert hat, als Falisker zu gelten hat, ist umstritten (zustimmend Vollmer, ablehnend J.W. Duff). Im Proömium wird die Erfindung der Jagd mit der traditionellen Topik der Kulturentstehung verknüpft (vgl. Herter und Verdière, a. O. 61 ff.). W.Schm.

Ed: Baehrens, PLM I, 29–53 – Vollmer, PLM II 1, 1911, 20–45 – P. J. Enk, 1918 (m. Komm.) – J.W. u. A. M. Duff, Minor Latin Poets, 1935, 143–205 – R. Verdière, o. J. (1963; m. Komm.) – *Lit:* F. Vollmer, RE 7, 2 (1912), 1841–46 – H. Herter, Grattianum, RhM 78, 1929, 361–370 – J.W. Duff, OCD, 1949, 395.

Graupen, billige Volksnahrung (Ath. 14, 648 B; Mart. 13, 9) neben dem → Brot. Echte G. wurden gewonnen, indem man die Speltkörner im Mörser zerstampfte (Plin. nat. 18, 109–116); unechte, indem man Dinkel mit Sand stampfte und dann siebte oder indem man grüne Gerste (oder Weizen) nur grob mahlte (Galen. 19, 115). W.K.

Grazien → Chariten.

Gregor d. Gr., Papst 590–604, Glied eines Senatorengeschlechtes, ca. 540 geb., vorzüglich gebildet, 572/573 praef. urbi. Etwa 575 (Tod des Vaters) wandelte G. die sizilianischen Erbgüter in Klöster, den Stammpalast zu Rom in das Andreaskloster (heute S. Gregorio) um und wurde dort Mönch. Von Pelagius II. als Botschafter (apocrisarius) nach Konstantinopel entsandt (579–585), qualifizierte er sich als dessen Nachfolger. Im neuen Amt das Mönchsleben fortsetzend, entfaltete er trotz seiner durch Askese verursachten Kränklichkeit und seines Glaubens an das baldige Weltende eine erstaunliche Aktivität. Bes. geschulte, ihm unmittelbar unterstellte niedere Kleriker organisierten die einheitliche und straffe Bewirtschaftung der großen Kirchenliegenschaften. Bei der militärpolitischen Bedeutung des Großgrundbesitzes, der in der Langobardennot die Truppen stellte und das byzantin. Militärgouvernement in Italien beherrschte, wuchs G. so politische Macht zu. Dank erheblicher Ertragssteigerungen konnte der ‹Konsul Gottes› in Hungersnöten die Getreideversorgung übernehmen und an die Langobarden zur Rettung Roms einen Tribut zahlen (592/593); zweimal vermittelte er zwischen ihnen und Ostrom einen Waffenstillstand (596.603), um das von ihm begründete Patrimonium Petri zu sichern. – Innerkirchliche Bemühungen um die Anerkennung der päpstlichen Suprematie hingegen waren weniger erfolgreich. Die Gefahr einer von den Langobarden betriebenen romfreien Landeskirche in Venetien/Istrien mit dem schismatischen → Aquileia als Zentrum wurde nur notdürftig gebannt. Im langen und heftigen Streit mit Konstantinopel um den Titel eines ‹ökumenischen Patriarchen› zog G. sich auf den eines ‹servus servorum Dei› zurück. Dafür errang er an fränkischen und westgotischen Höfen persönliche Erfolge, die in die Zukunft wiesen. Das gilt auch von der Missionierung der Angelsachsen durch Mönche des Andreasklosters, die 596 begann und schnelle Anfangserfolge brachte. – Als Theologe von Rang erweist sich G. in 854 Briefen (→ Papstbriefe), im ‹Liber regulae pastoralis› (vielgelesene Pastoraltheologie), im umfangreichen Hiobkommentar (Moralia in Job), weniger in den durch Wundersucht geprägten 4 Büchern De vita et miraculis patrum Italicorum (Buch 2: → Benedikt von Nursia). Der ‹doctor ecclesiae› ist wegen der vulgärkatholischen Färbung seines Augustinismus eine dogmengeschichtliche Schlüsselfigur, zugleich aber auch der Vater des sog. politischen Augustinismus. C.A.

Q: PL 75–79 – MGEpp 1–2 – Th. Mommsen, MG Gesta Pontificum Rom. I, 1898 – *Lit:* Altaner, 430–436.

2. **G. Thaumaturgos** (der ‹Wundertäter›), 213–270/275, aus Neocaesarea, fünf Jahre lang (233–238?) Schüler des → Origenes; nachmals Bischof seiner Heimatstadt; von hier aus breitete er das Christentum in Pontus aus, unterstützt durch angebliche Wundertaten, was ihm fast kultische Verehrung eintrug. → Gregor (5) v. Nyssa schrieb eine Vita des G. – *Schriften:* Dankrede an Origenes, gehalten bei G.s Ausscheiden aus dessen Schule (für diese eine gute Quelle); der sog. Kanonische Brief (der u.a. das kirchliche → Bußverfahren behandelt; um 255); Metaphrase zu Eccl.; eine umstrittene ἔκθεσις τῆς πίστεως (trinitar. Glaubenssymbol), bei G. v. Nyssa erhalten. H.D.

Ed: P. Koetschau, SQS 9, 1894 (Dankrede) – PG 10, 963–1232 – *Übers:* H. Bourier, BKV, 1911, 211–270 (Dankrede, Ekthesis, ep. canonica).

3. **G. von Korinth,** um 1200 n. Chr., Metropolit, verfaßte u.a. die einzige erhaltene Schrift über die griech. Dialekte sowie einen Kommentar zu einer Schrift des → Hermogenes (2). Das grammatische Werk war ungeachtet seiner Mängel in der Folgezeit sehr beliebt. H.E.

Ed: Ed. pr. 1496 – G. H. Schäfer, 1811 (Über die Dialekte) – RhGr 7, 1088 (Kommentar zu Hermog.) – *Lit:* Krumbacher, 588.

4. **G. von Nazianz,** 329/30–ca. 390, Sohn Bischof Gregors d. Ä., nach Rhetorikstudium in Athen 362 vom Vater zum Priester geweiht. Aus dem begrenzten Wirkungskreis führte ihn die Freundschaft der Athener Zeit mit → Basilius d. Gr., dessen Förderung er teils mit Ehrgeiz, teils mit Widerstreben annahm, heraus. Einsetzung zum Bischof in Konstantinopel (380) und Bestätigung durch das 2. Ökumenische → Konzil (381) waren die Höhepunkte seiner Laufbahn. Bald zog er sich jedoch verärgert auf das Landgut Arianz bei Nazianz zurück. Ruhm als Schriftsteller verdankte er vor allem seinen Reden (45 davon erhalten). Sie galten auf Jh.e hinaus als stilistische Muster und fanden viele Kommentatoren wie Übersetzer. Wichtige autobiographische und sozialpolitische Aufschlüsse vermitteln die über 240 Briefe, die er selbst (der erste griech. Autor, der dies tat; → Briefliteratur) als Sammlung herausgab. In den an Themen reichen Gedichten führte er viele klassische und bes. hellenistische Formen zu einer reizvollen, manchmal aber auch rhetorisch überladenen Spätblüte, die nach ihm nicht wieder erreicht wurde. Obwohl G. keine systematischen theol. Werke verfaßte, erhielt er den Beinamen ‹der Theologe›, da neben den vier ‹theologischen› Reden (28 bis 31) viele kürzere Abschnitte der übrigen überall gelesenen Reden und der Briefe zur Christologie und Trinität in nicänischem Sinn Stellung nehmen. E.G.

Ed: C. Clémencet, A. B. Caillau (Mauriner), 2 Bde, 1778–1842 (= PG 35–38) – M. Wehrhan, sygkrisis bion carmen, 1953 – *Übers:* BKV 59, 1928 – *Lit:* E. Fleury, Hellénisme et christianisme. St. Grég. d. Naz. et son temps, 1930 – S. Giet, Sasimes, une méprise de St. Basile, 1941 – P. Gallay, La vie de St. Grég. d. Naz., 1943 – J. Plagnieux, St. Grég. d. Naz. Théologien, 1952.

5. **G. von Nyssa,** (ca. 335–nach 394), aus reicher Patrizierfamilie stammend, zunächst Rhetor, dann Mönch, schließlich durch seinen Bruder → Basilius zum Priesterstand bewogen, wurde 371 *Bischof von Nyssa,* wo er sich nur schwer gegen die Arianer (→ arianischer Streit) behauptete. Auf dem Konzil von Konstantinopel (381) anwesend, letztmalig erwähnt als Teilnehmer der Synode zu Konstantinopel 394. Die *dogmatischen Schriften* (darunter auch einige Reden) befassen sich mit den Zentralproblemen der Christologie und Trinität. Sie haben in der Regel die Form von Streitschriften. So u.a. die 4 Schriften gegen den Arianer Eunomius, die Schriften gegen → Apollinaris (2) von Laodikeia und den Bestreitern der Homousie des Hl. Geistes. Hinzu kommt als systematische Schrift die ‹Große Katechese› (→ Katechese). In den *exegetischen Werken* führt G. die allegorische Methode (→ Allegorese, → Exegese) des → Origenes weiter, weniger ausgeprägt noch in den beiden frühesten Schriften ‹Über die Erschaffung des Menschen› und ‹Sechstagewerk›. Aber die 15 Homilien ‹Über das Hohe Lied›, die 8 ‹Über die Seligkeiten›, die 5 ‹Über das Gebet des Herrn› u.a. geben ihm Gelegenheit, die Schriftworte im Sinne platonischer und → neuplatonischer Philosophie zu deuten. (Die Nachahmung des → Platon geht bis in die äußere Form: Der Dialog ‹Macrinia› soll ein Gegenstück zu dessen Phaidon sein.) Er gelangt dabei zu einer harmonischen Synthese von Offenbarung und Philosophie und wurde darin zum Vorbild für viele Spätere. Weniger wirkten die asketischen Schriften und Reden nach. Zu Unrecht, denn weder an Reichtum der rhetorischen Figuren und Bilder noch an Gefühlstiefe stehen sie hinter den Werken der anderen Kappadoker zurück. G.s Rolle innerhalb der altchristl. Mystik findet erst in neuester Zeit ihre Würdigung. E.G.

Ed: C. Orelli, 3 Bde. (1615), 1638^2 (= PG 44–46) – W. Jaeger u.a. 1921 ff.[1]; 1952 ff.[1,2] – A. v. Heck, Gregorii N. de pauperibus amandis orat. duo, 1964 (mit Komm.) – *Übers:* BKV 56, 1927 – *Lit:* F. Diekamp, Die Gotteslehre des hl. G. v. N., 1896 – H. F. Cherniss, The Platonism of G. of N., 1930 – J. Daniélou, Platonisme et théologie mystique (1944), 1954^2 – W. Völker, G. v. N. als Mystiker, 1955 – Altaner, 271 ff. (Lit).

6. **G. von Tours,** ca. 540–594 n. Chr., aus Clermont-Ferrand, 573 Bischof. Er schrieb in vulgärem Latein neben Werken über → Martin von Tours und andere Heiligen (→ Hagiographie) eine Geschichte der Franken (10 Bücher), die vor allem für die selbsterlebte Zeit wichtig ist. Vgl. → Geschichtsschreibung C. K.St.

Ed: W. Arndt und B. Krusch, MGSS rer. Merov. I, 1884/85 – Frankengeschichte: ebd. I^2, 1937–1951 – Übers: R. Buchner, 1956 – *Lit:* M. Bonnet, Le latin de G. de Tours, 1890 – J. M. Wallace-Hadrill, Transactions of the Royal Hist. Soc., 1951, 25–45 – D. Bianchi, Da G. di Tours a Paolo Diacono, Aevum 35, 1961, 150–166.

Greif, → Mischwesen, in der griech. Sage am rhipäischen Gebirge hausend, wo sie die Goldschätze des Nordens gegen die → Arimaspen verteidigen; später als Goldwächter auch in Indien, Äthiopien usw. lokalisiert. Von den zwei Haupttypen des G.en, dem Adler- und dem Löwen-G., kennt die griech. Kunst zunächst nur den erstgenannten. Vom frühen 5. Jh. an begegnet auch der Löwen-G. (G. Lippold, Gemmen und Kameen, 1922, Taf. 81, 11: graecopersische Gemme, wo der G. noch Schwanz und Hinterbeine des Adlers hat; lyk. Münzen usw.). Der Adler-G., bei dem ein geflügelter Löwenkörper mit dem Kopf eines Adlers verbunden ist, ist bereits in der → kret.-myk. Kunst verbreitet (Frankfort, BSA 37, 1936/37, 106ff.) und war um 1500 aus dem Orient über Syrien gekommen (H. Jucker, Das Bildnis im Blätterkelch, 1961, 171ff.). Schon hier kann der G. als Gespanntier dienen (Schauenburg, Gymn. 64, 1957, 216), wie er dies in der griech. Kunst, bes. für → Dionysos, in der römischen für → Sol und Apollon (ebd. 219f.) tut. Zum zweitenmal gelangte der G. aus der späthethit. Kunst, wohl wiederum über Syrien (Jucker, a. O.; Barnett, JHS 68, 1948, 9ff.: über Phrygien), in der spätgeometrischen Zeit nach Griechenland. Kennzeichen des archaischen griech. G.en sind der offene Schnabel, das lange, spitze Ohr und der Stirnknauf. Die schönsten Gestaltungen bieten Protomen aus Bronze, die an Kesseln befestigt waren (zuletzt U. Jantzen, AM 73, 1958, 26ff.). Wichtig auch rhod. Vasen und Münzen, bes. Prägungen aus Teos und Abdera. In der att. Vasenmalerei findet sich der G. erst spät, auf dem Françoiskrater in Florenz (Furtwängler-Reichhold, Taf. 1f.). In spätarchaischer Zeit fällt der Stirnknauf weg, dafür erhält der G. einen Zackenkamm auf Kopf und Nacken. Eine Besonderheit stellt die Greifenmutter auf einem Bronzerelief des 7. Jh.s dar (E. Kunze, Neue Meisterwerke griech. Kunst aus Olympia, 1948, Taf. 34f.). Verhältnismäßig selten ist der bärtige G. (vgl. Beazley, AntK 4, 1961, 65). G.en, die an Stelle von Raubtieren Tiere reißen, sind in der griech. Kunst mehrfach nachweisbar (Jucker, a. O. 171 Anm. 5; Schauenburg, Gymn. 67, 1960, 379). Der Kampf der → Arimaspen mit den G.en ist ein Lieblingsthema der im 4. Jh. v. Chr. entstandenen Kertscher Vasen (Schefold, KV, passim). In der Kaiserzeit sind die G.en bes. auf Grabaren und Sarkophagen sehr verbreitet. K. Schb.

Lit: A. Furtwängler, ML I 2, 1742ff., s. v. Gryps – R. Barnett, A Catalogue of the Nimrud Ivories in the BM, 1957, 73ff. – B. Goldman, The Development of the Lion-Griffin, AJA 64, 1960, 319–328 – J. Benson, Unpublished Griffin Protoms, AntK 3, 1960, 58–70 – E. Simon, Zur Bedeutung des G.en in der Kunst der Kaiserzeit, Latomus 21, 1962, 749ff.

Greifenfresko, Fresko an zwei Wänden im Thronsaal von → Knossos. Den → Thron und eine Türe wappenartig flankierend, ist in undeutbarer ‹Landschaft› je ein liegender, flügelloser Greif mit hocherhobenem Kopf dargestellt. Jüngste, bereits verhärtete Stilstufe der kret. → Fresken: 15. Jh. – G.en sind jetzt auch in Pylos gefunden. W. Schg.

Abb: H. Th. Bossert, Altkreta, 1937³, Abb. 225 – C. Hopkins, A Review of the Throne Room at Cnossos, AJA 67, 1963, 416–419 – Pylos: C. W. Blegen-M. Rawson, A Guide to the Pal. of Nestor, 1962, Abb. 20 – *Lit:* Frankfort, Notes on the Cret. Griffin, BSA 37, 1936/37, 106–122.

Greifenkessel. Herodot (4, 152) beschreibt als einziger antiker Autor einen G. aus Bronze, die Weihung des Seefahrers Kolaios an die Hera von Samos nach einer geglückten Tartessos-Fahrt. Von derartigen G.n haben sich mehr oder weniger fragmentierte Exemplare in Griechenland (bes. Olympia, Samos, Delphi, Athen Akropolis), Italien (bes. etrusk. Fürstengräber in Praeneste, Broglio, Vetulonia, Tarquinia), vereinzelt selbst in Frankreich (kelt. Fürstengrab La Garenne) und Spanien gefunden, so daß der Typus durchaus rekonstruierbar ist: Der fußlose Kessel, aus einem Stück Bronzeblech getrieben, von tiefer, bauchiger Form mit eingezogenem und verstärktem Rand, wird auf der Schulter mit sechs Greifenprotomen (gelegentlich alternierend drei Greifen-, drei Löwenprotomen) bestückt. Bei den älteren G.n wird am Rand ein gegenständiges Paar geflügelter menschlicher → Attaschen als Halter für je einen beweglichen Ring angebracht, mit deren Hilfe der Kessel an durchgesteckten Stäben getragen werden kann. Da ohne eigene Standfläche, bedarf der G. eines beweglichen Untersatzes, der bei dem Kessel des Kolaios aus drei knienden Kolossen, wohl Gorgonen, bestand, üblicherweise aber ein Stab → Dreifuß ist. Herodot nennt den Typus des G.s ‹argivisch›, doch haben die Fundumstände hierfür keine Bestätigung ergeben. Der G., ursprünglich Gebrauchsgerät, dient in griech. Heiligtümern ausschließlich als Weihgeschenk, bei → Etruskern und → Kelten auch als Grabbeigabe. Als monumentales Votiv beherrscht er die griech. Heiligtümer durch das ganze 7. Jh. v. Chr. und kommt im früheren 6. Jh. allmählich außer Gebrauch. – Die aufgesetzten *Greifen → Protomen* haben ihre eigene Geschichte. Sie sind in Griechenland auf Grund orientalischer Anregungen (vgl. → Greifen) entstanden und den Kesseln als → Apotropaion angefügt worden. Die frühesten (um 700 v. Chr.) sind in dünnem Bronzeblech getrieben, doch entwickelt sich sehr schnell, wohl gerade an diesen Protomen, daneben der Hohlguß. Von der Mitte des 7. Jh.s an gibt es nur noch gegossene Protomen. Um die Mitte des 7. Jh.s werden die größten G. hergestellt, die Protomen wegen ihrer Größe bis gut 0,8 m in doppelter Technik mit gegossenen Köpfen und getriebenen Hälsen angefertigt. Von dieser Art muß nach den von Herodot gegebenen Maßen der G. des Kolaios gewesen sein. U. J.

Lit: A. Furtwängler, Olympia Ergebnisse IV, 1890, 119–122 – E. Kunze, 2. Olympiaber. 1937/38, 104–115 – U. Jantzen, Griech. G., 1955 – Ders., Greifenprotomen v. Samos, Ein Nachtrag, AM 73, 1958, 26–49, Beil. 28–52 – J. L. Benson, Unpublished Griffin Protomes, AntK 3, 1960, 58–70.

Grenzpässe. Die Paßhöhe einiger Römerstraßen fiel mit der Provinzgrenze zusammen, so der Große St. Bernhard und der Simplon (→ Pässe). Th. P.

Grenzstein (ὅρος, terminus). [1] Die Linie, die die eigene Siedlung gegen die Außenwelt abgrenzt, setzen die Menschen gern unter den Schutz höherer Mächte. G.e galten bei den Griechen zwar durchaus als unantastbar und standen unter göttlichem Schutz, heilig waren sie selbst aber nicht, auch wurden sie nicht kultisch verehrt. Vgl. den röm. Gott → Terminus; → Steinkult. K.-H. R.

[2] In der röm. → Religion (II C 3) galten die *termini*, welche die Grenzen der Landgüter bezeichneten, als heilig. Ein → Numa zugeschriebenes ‹königliches Gesetz› erklärte jeden, der beim Pflügen einen terminus ausgrub, samt seinen Ochsen als ‹sacer›, verflucht (Fest. 505 L.). Das Einsetzen der G.e erforderte eine Zeremonie, in deren Verlauf das Blut eines Opfertieres und andere Opfergaben in die Grube geworfen wurden, die den Stein aufnehmen sollte. Man ist sich nicht einig darüber, ob die → Terminalien das Fest der *termini* oder das des Gottes → Terminus waren. H. Le B.

Griechenland

I. Das Land – II. Vorgeschichtliche Kulturen – III. Geschichte Griechenlands – IV. Der griech. Staat – Vgl. → Griechisch; → Kunst; → Literatur, → Recht; → Religion.

I. Das Land

A. Allgemeine Beschreibung: [1] Größe und Einwohnerzahl – [2] Klima – [3] Geologische Zusammensetzung – [4] Wirtschaft – [5] Geopolitische Lage – [6] Der Name – B. Die einzelnen Landschaften: [1] Nord- und Mittelgriechenland – [2] Peloponnes – [3] Inseln.

A. Allgemeine Beschreibung. [1] *Größe und Einwohnerzahl.* G. im antiken Sinne umfaßt die eigentliche Halbinsel (also nicht mehr Makedonien und Thrakien) mit den zugehörigen Inseln und den Inseln der Ägäis einschließlich Kreta zwischen 40° und 35° nördl. Breite. Flächenraum: ca. 57000 qkm, mit den Inseln ca. 78500 qkm. – Die antike Einwohnerzahl kann mit 3–4 Millionen angenommen werden, war also etwa die gleiche wie heute, nur daß heute fast die Hälfte dieser Zahl sich im Raum um Athen zusammendrängt, während sie im Altertum viel gleichmäßiger verteilt war.

[2] Das *Klima* hat sich seit dem Altertum nicht wesentlich verändert, nur ist der Wasserhaushalt durch Entwaldung

noch ungünstiger geworden (jedoch sind selbst heute noch 13% der Oberfläche G.s bewaldet). G. liegt ganz in der Zone des Mittelmeerklimas, das in Teilen Ostg.s extreme Formen annimmt, mit regenlosen, heißen Sommern, wüstenhafter Lufttrockenheit, Wolkenlosigkeit und Niederschlägen nur im Winter und mit dem durch das Klima bedingten mediterranen Vegetationsbild. Der Frühling ist sehr kurz, ein Herbst fehlt ganz. Die Klimaunterschiede sind je nach geographischer Lage und Höhenlage erheblich, bes. zwischen der niederschlagsreichen Westseite und den östl. Gebieten. – Nur die größten *Flüsse* führen das ganze Jahr Wasser, so der → Peneios und → Spercheios in Nordg., der → Acheloos und der → Kephisos in Mittelg., der → Peneios, der → Alpheios mit seinen Hauptnebenflüssen, der → Eurotas und der → Pamisos auf der → Peloponnes. Schiffbar ist keiner von ihnen. Die meisten Wasserläufe trocknen im Sommer zu kümmerlichen Rinnsalen oder ganz aus. Eine bes. auffallende Erscheinung sind die unterirdischen Wasserläufe, die oft in starken Quellen wieder hervorbrechen, und die auf die gleichen Ursachen (Kalkformationen) zurückgehenden oberirdisch abflußlosen Seen mit stark wechselndem Wasserstand wie der → Kopaissee und die Seen von Pheneos und Stymphalos auf der Peloponnes.

[3] *Geologische Zusammensetzung*. Die zumeist vegetationsfeindliche *Bodenbeschaffenheit* (vorwiegend kristalline Gesteine, Kalke, Schiefer, Konglomerate) erlauben Fruchtanbau nur auf ca. 25% der Oberfläche. Neben alten paläozoischen kristallinen Rumpfflächen vor allem in Nordg. und den Kykladen besteht der Hauptteil G.s aus den in der Tertiärzeit aufgefalteten Gebirgszügen, im O aus paläozoischen und mesozoischen, im W vor allem aus mesozoischen Kalken und Schiefern, an die sich vielfach neogene und alluviale Hügellandschaften und Ebenen anlegen. Die Gebirge streichen im W hauptsächlich von NNW nach SSO, schwenken im O in ostwestl. Richtung um und setzen sich über die Inseln der Ägäis nach Westkleinasien fort. Diese Gebirgsmassen sind dann spättertiär durch äußerst komplizierte Hebungen und Senkungen aufs stärkste zertrümmert worden und z.T. unter den Meeresspiegel gesunken, wodurch das starke Relief G.s mit seiner außerordentlichen Vielfalt der Geländeformen entstanden ist, eine reiche Gliederung in kleine Landschaftsräume und ein Ineinander von Land und Meer, die beispiellos sind. Mehrere junge Bruchzonen machen G. zum erdbebenreichsten Land Europas. Eine von ihnen führt am Nordrand der Peloponnes über Korinth (das 1928 durch ein Erdbeben zerstört wurde) bogenförmig über Melos, Thera, Astypalaia zur kleinasiatischen Küste.

[4] *Wirtschaft*. → Ackerbau ist nur möglich in den größeren Ebenen und Hügellandschaften mit ihren neogenen Mergel- und Tonböden und alluvialen Bodenbildungen und den zumeist kleinen und kleinsten, mit dünner Verwitterungserde gefüllten Mulden im Gebirge. Getreide, Wein, Ölbäume und → Obstbau (Feigen) sind wichtig. Viele heute stark angebaute Pflanzen, wie Mais, Sorghum, Tabak, Melonen, Citrusfrüchte sind erst in der Neuzeit eingeführt, wie auch sonst das Vegetationsbild durch Neueinführung von Bäumen und anderen Pflanzen seit dem Altertum stark verändert ist (z.B. Eukalyptus, Agaven). Die weiten Ödlandhänge mit ihrer dürftigen Kümmervegetation liefern Brennholz und dienen den vielen Schafen und Ziegen zur Weide. Für Pferdezucht waren im Altertum vor allem Thessalien, Elis, Epidaurus, Epirus, Ätolien und Böotien, für Maultiere Arkadien und Euböa, für Wach- und Hirtenhunde Epirus und Lakonien bekannt, ausgedehnte → Geflügelzucht (Enten, Gänse und Hühner) gab es vor allem in Megara, Böotien und Thessalien, → Bienenzucht in Athen; bekannt war der att. Honig (vgl. → Haustiere, → Viehzucht). Auch der → Fischfang und die Schwammfischerei sind wichtig. – An *Bodenschätzen* wurden im Altertum außer den bekannten Marmorbrüchen Gold- und Silberbergwerke auf Siphnos, Thasos, Skapte Hyle, Pangaion, in Makedonien am Fuß des Bermiosgebirges, in Pierien und im Lauriongebirge in Attika ausgebeutet, Kupferbergwerke auf Delos und Chalkis, Eisenerze im Taygetos, in Chalkis, Laurion, Andros, Syros, Keos, Kythnos und Seriphos (vgl. → Bergbau).

[5] *Geopolitische Lage*. Geologische Zusammensetzung, Klima und Landesnatur verbinden G. mit der Ägäis und dem östl. Mittelmeer. G. ist nach O weit geöffnet, gegen W und N aber abgeschlossen und daher in seiner Geschichte ganz überwiegend mit dem östl. Mittelmeer verbunden und vom übrigen Europa getrennt.

[6] *Der Name*. Der antike und heute wieder aufgenommene Name G.s ist Hellas, der sich in frühgeschichtlicher Zeit von N ausgehend verbreitete. Der Ursprung des lat. Namens ‹Graeci› für die Griechen und ‹Graecia› für das Land ist unsicher. Als röm. Provinz hieß G. ‹Achaia› nach dem → Achäischen Bund, der Rom 146 v. Chr. erlag.

B. Die einzelnen Landschaften. [1] Zu *Nordgriechenland* gehören → Thessalien und das → Spercheiostal. Nicht zum eigentlichen Thessalien gehören die politisch angegliederten Landschaften Perrhäbien im N, Dolopien im S, die Halbinsel → Magnesia an der Küste und → Achaia Phthiotis im S am Westufer des pagasäischen Golfs (Golf von Volo). Das Spercheiostal zwischen → Othrys und → Oite war bewohnt von den kleinen Stämmen der → Malier, → Ainianen und → Oitaier. Die Bewohner von Nordg. werden zu den Äolern mit nordwestgriech. Einschlag gerechnet. – *Nordwestgriechenland* ist durch die fast unwegsamen Gebirgsketten des Pindos und seiner südl. Fortsetzungen von Nord- und Mittelg. getrennt. Es umfaßt die Landschaften → Akarnanien an der W-Küste und → Ätolien in den Gebirgstälern östl. davon. – Zu *Mittelgriechenland* gehört die kleine Landschaft → Doris im N, nach O schließt sich, bis an den korinth. Golf reichend, → Phokis an. Westl. von Phokis im Gebirgsland am Nordufer des korinth. Golfs bis Ätolien liegt das → westl. oder ozolische Lokris, nördl. von Phokis am Küstensaum der euböischen Meerenge das hypoknemidische oder epiknemidische Lokris (Ostlokris). Östl. von Phokis und Ostlokris folgt → Böotien, im N bis an die Meerenge von Euböa, im S bis an den korinth. Golf reichend. Ebenfalls zu Mittelg. gehört das an Böotien östl. angrenzende → Attika und noch die → Megaris, das Gebiet der Stadt Megara auf dem Isthmos von Korinth. Nach O ist Mittelg. die 175 km lange Insel → Euböa vorgelagert, getrennt vom Festland durch eine schmale Meerenge, die sich im → Euripos bei → Chalkis bis auf 30 m verengt und im Malischen Meerbusen fortsetzt. Nach den einzelnen Stämmen zählen Böotien zu den Äolern mit nordwestgriech. Einschlag, Attika und Euböa zu den Ionern, die Megaris zu den Dorern, das restl. Mittelg. zu den Nordwestgriechen.

[2] *Peloponnes*. Der von W her tief eingreifende korinth. Golf und der saronische Golf im O des nur 6 km breiten → Isthmos von → Korinth trennen Mittelg. von der Halbinsel → Peloponnes, die ihrerseits in vier Halbinseln ausläuft: nach O die breite argolische Akte mit dem Kap Skyllaion und nach S von O nach W die Parnonhalbinsel mit dem Kap Malea, die im Kap Tainaron endende Halbinsel des Taygetos und die messenische Halbinsel mit dem Kap Akritas. Wie Mittelg. ist auch die Peloponnes überwiegend gebirgig. Das Innere der Peloponnes bildet das Gebirgsland → Arkadien mit der ost- und westarkad. Hochebene, den Nordsaum nehmen die Gebiete von → Korinth, → Sikyon und → Achaia mit seiner Küstenebene ein, an der W-Küste liegen das größtenteils ebene → Elis und das südl. anstoßende → Triphylien. Im O liegt südl. von Korinth die → Argolis mit der Halbinsel → Akte, südl. anstoßend an der gebirgigen Westküste des argolischen Golfs die → Kynuria, den S bilden zwischen → Parnon und → Taygetos die Beckenlandschaft → Lakonien und westl. des Taygetos das bes. fruchtbare, im Zentrum gleichfalls ebene → Messenien. Die

ganze Peloponnes ist von Dorern bewohnt mit Ausnahme von → Arkadien, wo Achaier, Elis und Achaia, wo Nordwestgriechen wohnen, und Messenien, dessen Zugehörigkeit umstritten ist.

[3] *Inseln.* Vor der Nordwestküste der Peloponnes und der W-Küste Mittelg.s liegen die Ion. Inseln, von S nach N → Zakynthos (Zante), → Kephallenia, → Ithaka, → Leukas und weiter nördl. vor der Küste von Epirus → Kerkyra (Korfu) nebst kleineren Inseln. Auch sonst ist G. von Inseln umgeben, von denen → Kythera vor Kap Malea, Hydrea (Hydra) vor der argol. Akte und → Aigina im saron. Golf die bedeutendsten sind. – Zu G. im geographischen und historischen Sinn gehören auch die Inseln der Ägäis, der Inselschwarm der → Kykladen, der Mittelg. und Euböa nach SO fortsetzt, die große Insel → Kreta als südl. Abschluß der griech. Inselwelt, die nördl. → Sporaden nordöstl. von Euböa, die Inseln vor der thrak. Küste wie bes. → Thasos und → Lemnos und die großen und kleinen Inseln vor der Westküste Kleinasiens, von denen → Lesbos, → Chios, → Samos, → Kos und → Rhodos die größten und wichtigsten sind. E.M.

Q: Pausanias, Beschreibung G.s (übers. v. E. Meyer), BAW, 1954 – *Lit:* O. Maull, Griech. Mittelmeergebiet, 1922 – A. Philippson, Land u. See der Griechen, 1947 – Ders., Das Klima G.s, 1948 – A. Philippson-E. Kirsten, Die griech. Landschaften, 4 Bde, 1950–59 – *Karten:* Carte de la Grèce 1:200000, Paris 1852 – Neue griech. Generalstabskarte, verschiedene Maßstäbe von 1:25000–1:100000, unvollständig, nicht mehr im Handel – H. Blümner, Karte von G. zur Zeit des Pausanias, 1:500000, 1911.

II. Vorgeschichtliche Kulturen

A. Griechisches Festland: [1] Neolithikum – [2] Subneolithikum – [3] Frühe Bronzezeit – [4] Mittlere Bronzezeit – B. Kykladen: [1] Frühkykladikum – [2] Mittelkykladikum – [3] Spätkykladikum – Im übrigen vgl. → Kret.-myk. Kultur – C. Vorgriechische Sprache.

A. Griechisches Festland. [1] *Neolithikum* (ca. 5. bis Anf. 3. Jt.). Namengebend für die reife Phase dieser Periode (früher auch ‹A-Stufe› genannt) ist der thessalische Fundplatz → Sesklo. Neuere Grabungen ließen in der gleichen Landschaft vier noch frühere Neolith-Schichten erkennen, deren älteste, vorkeramische auf das noch kaum erforschte Paläolithikum folgt. Die *Sesklo-Kultur* (3 Unterstufen) hat sich aus den zwei letzten der voraufgehenden Stufen entwickelt. Zahlreiche thessal. noch unbefestigte Wohnhügel (→ Magulen), zu denen Sesklo selbst gehört, zeigen die Siedlungsweise und liefern die Funde. Gräber fehlen weitgehend (späte Brandgräber). Mit der Sesklo-Kultur Thessaliens lassen sich gleichartige Erscheinungen auch in Makedonien, Mittelgriechenland (→ Orchomenos, → Eutresis, → Chaironeia), Attika (Athen, Nea Makri) und auf der Peloponnes (→ Korinth, Prosymna, → Lerna, → Asea) verbinden. Die Siedlungen bestanden aus Rundhütten und Rechteck- bzw. Quadrathäusern, unter denen sich bereits ein → Megaron-Typus erkennen läßt. Die Funde zeigen weibliche, steatopyge → Idole, Werkzeuge und Waffen aus Stein und Bein, vor allem aber qualitätvolle handgemachte Keramik (Vorliebe für bauchige Formen), die sich nach ihrer unterschiedlichen Mache (rot, schwarz oder bunt poliert, geritzt und weiß inkrustiert, rot auf hellem Grund – ‹Chaironeia-Gattung› –, neolith. → Urfirnis) in mehrere zeitlich bzw. landschaftlich bedingte Gruppen gliedern läßt. Die aus Vorstufen entwickelte Ornamentik zeigt gelegentlich figürlichen Dekor, vor allem aber geometrische Muster, gelegentlich schon im Sinne von → Torsion verteilt. Ähnlichkeiten mit vorderasiatischer ‹Buntkeramik› lassen auf Verbindungen und Austausch schließen.

[2] *Subneolithikum* (ca. 2900–ca. 2500). Die jetzt befestigten Siedlungen (unter den Rechteckhäusern wieder der → Megaron-Typus) und gänzlich neuartige Motive einer dunkel auf hellen Grund gebrachten Keramikdekoration (Schachbrett, Mäander- und Spiralformen nach dem Prinzip der → Torsion und Flächenmusterung) zeigen in Thessalien, und auf diese Landschaft beschränkt, einen Bruch zwischen der Sesklo-Kultur und dieser auf zwei Zwischenphasen folgenden → *Dimini-* oder ‹B-Stufe› (2 Unterstufen). Der subneolithische Charakter der Periode wird aus vereinzelten Kupfer- und Goldfunden deutlich. Schematisierte, auch männliche → Idole. Woher die neue thessal. Bevölkerung gekommen ist, bleibt noch ungewiß. Die durch die Keramikdekoration gegebenen Beziehungen zum bandkeramischen Kreis reichen für eine Herkunftsbestimmung nicht aus. Sicher aber sind die Dimini-Leute in Griechenland nicht weiter südlich vorgedrungen; von Verbindungen dorthin zeugen exportierte Dimini-Keramik und Nachahmungen von solcher. Zwei bis zum Frühhelladikum folgende thessal. Stufen (Larissa und Rachmani) zeigen wieder schwarzpolierte Keramik (Politur- und Riefenmusterung).

[3] *Frühe Bronzezeit.* Das Frühhelladikum (FH, 3 Unterstufen; ca. 2500–ca. 1900) unterscheidet sich von der vorangegangenen Epoche auch kulturell durch eine neue Lebensweise, die sich des aus Westanatolien gekommenen Metalls bediente und durch die damit zusammenhängenden Handelsverbindungen bestimmt worden ist (→ Orient und Antike). Ethnische Verschiebungen lassen sich im griech. Raum nicht erkennen. Die Bevölkerung blieb vorindoeuropäisch. Das FH tritt uns als einheitliche, mit der älteren verquickte Kultur entgegen. Neben Kupfer und Bronze wurde auch noch Stein (vor allem melischer Obsidian) und Knochen verwendet. Höhe und Wohlstand dieser Kultur lassen zahlreich wiedergefundene, z. T. große, auch befestigte (→ Ägina, → Lerna) Siedlungen erkennen. Verschiedene Typen von Rechteckhäusern (darunter → Megaron) bestimmen allein (Hag. Kosmas in Attika; → Eutresis) oder mit → Kurven- bzw. → Apsidenbauten vermischt (→ Tiryns, → Asine, → Lerna) das Siedlungsbild. Das ausgedehnte Wohngebiet von → Tiryns war an der Stelle des späteren Megaron von einem mächtigen, runden Wohnturm (Herrensitz) gekrönt. In → Lerna gehört das repräsentative ‹Dachziegelhaus› in die gleiche Periode. Unter den einfachen Steinkistengräbern (Skelettbestattung, wenig Grabbeigaben) zeichnen sich die Gräber auf Leukas aus, die man durch kreisrunde Steinsetzungen für den Grabhügel erweitert hat. Kleine → Tholosgräber mit Miniaturdromos stehen in Attika (Hag. Kosmas) im Zusammenhang mit den Kykladen (s. u.), von denen auch Kykladenidole und Gefäße aus Ton und Stein (Marmor) aufs Festland gekommen sind. In den FH-Töpfereien, die sich der Drehscheibe noch nicht bedienten, herrschte überall die → Urfirnis-Keramik, daneben eine polierte, rote Ware. Für die Zeitbestimmung des FH liefern Anhaltspunkte Funde von Urfirnis-Keramik in Troja (I–V) sowie in Griechenland gefundene trojan. Gefäße.

[4] *Mittlere Bronzezeit.* Das Mittelhelladikum (MH) umfaßt nur etwa 300 Jahre (19.–17. Jh.). Die FH-Siedlungen wurden im Anfang des 2. Jt.s durch einwandernde Indoeuropäer zerstört: die Vorfahren der myk. Griechen. Diese haben fast das ganze griech. Festland in ihre Hand bekommen. Thessalien bietet (als Durchgangsland?) ein eigenes, ans FH anknüpfendes Bild mit bis jetzt nur wenigen bzw. innerhalb der Periode späten typischen MH-Zeugnissen. Ägina, das auch schon im FH kulturell zum Festland gehörte, war von Bedeutung (befestigte Siedlung auf dem Kolonna-Hügel; Export von mattbemalter Keramik). Andere Fundorte: → Orchomenos, → Eutresis, Thermon. → Kirrha, → Eleusis, → Brauron (Attika), → Mykene, → Tiryns, → Asine, → Lerna, → Pylos, Malthi, → Olympia. – Meist entstanden die einfacheren neuen, wenigstens zum Teil befestigten Siedlungen über den älteren. Vereinzelt wurden neue Plätze gewählt, während man andere FH-Orte veröden ließ bzw. erst im SH wieder besiedelt hat. Siedlungs- und Bauweise sowie die Hausformen (Rechteckhäuser, teils megaronartig, Oval- und → Apsidenbauten) unterscheiden sich unwesentlich vom FH, während eine

Kontinuität in der jetzt zum größeren Teil gedrehten Keramik nur ausnahmsweise sichtbar wird. Die Formen der beiden Hauptgattungen (s. u.) sind ebenso neuartig wie die streng gegliederten, tektonischen Dekorationen (der mattbemalten Gruppe). Herrenhäusern fehlt – soweit bekannt (→Asine) – der repräsentative Charakter der FH-Beispiele. – Hauptgrabtypus war das Steinkistengrab (→Schachtgrab) meist innerhalb der Siedlung. Auch Pithosbestattungen. In der Regel keine oder spärliche Beigaben. Mit Ausnahme der Keramik fiel das Kunsthandwerk gegenüber dem FH ab. In der Keramik herrschen die in sich einheitlichen Gruppen der →minyischen Gattungen und der →Mattmalerei, die beide in die folgende Periode der nun mit einem Male prächtig ausgestatteten →Schachtgräber von Mykene hineinreichen. Dort (bes. im Gräberrund A) gefundene kret. Importstücke datieren gemeinsam mit vereinzelten noch MMII – Scherbenhaufen und Nachahmungen der betreffenden Keramik den letzten Abschnitt des MH. Das MH läßt sich allenthalben ohne Bruch in das Späthelladikum (SH), d.h. die myk. Periode, verfolgen. Vgl. →Kret.-myk. Kultur.

B. Kykladen. [1] Bis weitere Ausgrabungen auf den →Kykladen Einblick in das dortige Neolithikum geben (außer einer neolith. Ansiedlung auf Skyros bisher nur geringe Reste), stehen wir in diesem geographisch so günstig zwischen Westanatolien (→Kleinasien, 2) und Griechenland gelegenen Gebiet erstmals zu Beginn der aus dem Neolithikum erwachsenen und von Westanatolien her bestimmten Metallzeit einer fest umrissenen, eigenen Kultur gegenüber: dem *Frühkykladikum* (FK, ca. 2600–ca. 1800, also FH und FM etwa entsprechend und auch vom gleichen mittelmeerischen Volk getragen). Durch ihre Obsidian-, Marmor- und Metallvorkommen waren die K. – in jener Zeit bes. dicht bewohnt – selbst exportfähig. Seetüchtige Schiffe (Darstellungen auf →Kykladenpfannen) ließen sie am Austausch zwischen Ost und West (bis in die Adria und ins Tyrrhen. Meer) teilnehmen. Leistungsfähige Fischerei. Das FK, das nach den Grabbeigaben (bes. der Keramik) in eine Pelos- und eine Syrosgruppe geteilt wird, ist durch Ausgrabungen gut bekannt. Die Unterschiede zwischen beiden Gruppen – Pelos ist ein Fundort auf Melos – scheinen bei grundsätzlicher Priorität der ersteren mehr lokal als zeitlich bedingt. Die gelegentlich befestigten kleinen und größeren Siedlungen – auch kleine Akropolen – mit vorwiegend rechteckigen Hausgrundrissen finden sich in der Regel an der Küste. Kleine →Tholosgräber (auf Syros) wurden schon beim FH erwähnt. Hockerbestattung in Steinkisten. Einzelne Gräber enthielten reiche Beigaben: Kykladenpfannen, -idole (bis zu 12 Stück in einem Grab), Marmorfiguren von Harfen- und Flötenspielern, Gefäße aus Marmor, buntem Stein oder Steatit (‹Kornspeicherpyxis› in München), Arbeiten aus Bein, Keramik usw. – Funde exportierter kyklad. Erzeugnisse (Kykladenidole, -pfannen, Marmorgefäße, Keramik, Kupfernadeln), kykladische Einwirkungen auf die kret. und festländische Kunst (Spiralverzierung) sowie kret. und trojan.-westkleinasiat. Einflüsse auf Gefäßformen und -verzierungen der K. geben Aufschluß über deren Beziehungen im FK und Anhaltspunkte für die Chronologie. – Die *Keramik* der Pelosgruppe (s. o.) begnügt sich entweder mit einem Auftrag von →Urfirnis, oder sie hat in diesen lineare Ornamente (Dreieck-, Fischgräten-, Gittermuster) eingeritzt und weiß oder rot ausgefüllt. Gefäßformen: bauchige Flaschen mit engem Hals, breite, bauchige Näpfe (Schnurösen) mit konisch sich verjüngendem Hals teils auf kleiner Standfläche, teils auf schlankem Fuß, zylindrische und bauchige Deckelpyxiden, Askoi und Ringgefäße. Die Gefäße der Syrosgruppe (s. o.) zeigen neben den gleichen, typologisch abhängigen, auch neue, teils aus Westkleinasien gekommene Formen: →Schnabelkannen und -tassen, glockenförmige Fußbecher, Kykladenpfannen. →Urfirnisüberzug ist je nach der Gefäßform mit oder ohne Verzierung. Diese wurde als Horizontal- oder Flächenmusterung geritzt, gekerbt, gestempelt (neben geometrischen Mustern vor allem Spiralen und konzentrische Kreise) und weiß inkrustiert. Motive und Gesamterscheinung dieser Gefäße erinnern an die reich mit Spiralornamenten verzierten Steatitgefäße. Daneben gab es eine weitere Gattung, die einfache geometrische Muster (Gitter, Winkel, Fischgräten) mit →Urfirnis auf hellem Tongrund zeigt (Schnabelkannen, Askoi, Tassen, Becher, schlanke Krüge, Kernoi). Die Töpferscheibe wurde im FK noch nicht verwendet.

[2] Zwischen dem FK und dem *Mittelkykladikum* (MK, ca. 1800–ca. 1600) lassen sich durch kriegerische Einfälle bedingte Zerstörungen nicht nachweisen. Aus dem MK sind bisher wenigstens 14 Siedlungen unterschiedlicher Größe bekannt, die anscheinend nicht alle auf älteren Anlagen gründen. Grabfunde fehlen für diese insgesamt noch zu wenig bekannte Periode weitgehend. – In der *Keramik* erscheinen neben den beibehaltenen Formen (vor allem →Schnabelkanne) und Dekorationen (Ritzmuster, Urfirnismalerei auf hellem Grund) einerseits →minyische (grauminyische) Beispiele vom griech. Festland bzw. von NW-Anatolien (auch Nachahmungen des Minyischen) und →Mattmalerei (in →Phylakopi), die in einem engen, vielleicht auch gebenden Verhältnis zur entsprechenden Gattung auf Ägina steht, andererseits Proben kretischer und mehr oder weniger frei nachgeahmter →Kamaresgefäße. Kret. Einfluß hat im MK vor allem →Melos (Phylakopi), →Thera und →Keos beherrscht und dem Kulturbild dieser Inseln ein neues Gepräge gegeben. Auch die Verbindungen nach Osten sind – wie etwa die Gefäßformen zeigen – ebenso wie solche zum griech. Festland durch das Einspannen der betr. Kykladen in den kret. Handelsprozeß eher intensiviert worden. Von einem bes. Zauber ist die jüngere minoisierende und doch eigene melische Keramik (pflanzliche Ornamente!), die auch exportiert worden ist. – Die anderen, nicht unter kret. Einfluß geratenen Inseln zeigen im MK einen deutlichen Rückgang.

[3] Im *Spätkykladikum* (SK, ca. 1600–ca. 1100) hielten zunächst die Verbindungen mit Kreta noch an, bis sich schließlich (in der 3. Phase dieser Periode) die schon vorher spürbaren Einwirkungen vom griech. Festland ganz durchgesetzt haben: zu beobachten in der Keramik, Glyptik, Idolbildnerei und im festländischen Megarontypus vor allem in →Phylakopi und auf →Naxos. Weiteres →Kret.-myk. Kultur.

W. Schg.

Lit: Allgemein: A. J. B. Wace-C. W. Blegen, The pre-mycen. Pottery of the Mainland, BSA 22, 1916–18, 175–189 – D. Fimmen, Die kret.-myk. Kultur (1921), 1924² – H. R. Hall, The Civilization of Greece in the Bronze Age, 1928 – N. Åberg, Bronzezeitl. und früheisenzeitl. Chronologie, IV Griechenland, 1933 – S. Fuchs, Die griech. Fundgruppen der frühen Bronzezeit, 1937 – A. Furumark, Mycen. Pottery, Analysis and Classif., 1941 (zur MH Keramik: 214–235) – S. S. Weinberg, Aegean Chronology, AJA 51, 1947, 165–182 – V. Milojcic, Chronol. d. Jüng. Steinzeit in Mittel- u. Südeuropa, 1949 – Ders., Zur Chronol. d. Jüng. Steinzeit in Griech., JdI 65/66, 1950/51, 1–90 – F. Matz, Die Ägäis, HbArch II 179ff. – F. Schachermeyr, RE 22 (1954), 1350ff., s. v. Prähist. Kulturen Griech. – Ders., Die ältesten Kulturen Griechenlands, 1955 – Ders., Forschungsbericht, AA 1962, 105–382 – Ders., Das ägäische Neolithikum, Stud. in Medit. Archaeology VI, 1964 – Ch. Zervos, L'Art des Cyclades, 1957 – Ders., Naissance de la civilisation en Grèce I, 1962; II, 1963 – E. L. Kohler-E. K. Ralph, C-14 Dates for Sites in the Mediterranean Area, AJA 65, 1961, 357–367 – R. W. Ehrich, Relative Chronologies in Old World Archaeology, 1954 – R. J. Rodden, A European Link with Chatal Huyuk, Illustr. London News 1964, 564–567. 604–607 – Für *Ausgrabungen* vgl. zu →Asea, →Asine, →Dendra, →Dimini, →Eutresis, →Keos, →Kykladen, →Lerna, →Mykene, →Orchomenos, →Phylakopi, →Pylos, →Sesklo, →Thermi, →Tiryns – *Andere für die griech. Vorgesch. wichtige Ausgrabungswerke: Olynth:* G. E. Mylonas, The prehist. Settlement, Exc. at O. I, 1929 – *Makedonien:* W. A. Heurtley, Prehist. M., 1939 – *Thessalien:* A. J. B. Wace-M. S. Thompson, Prehist. Th., 1912 – K. Grundmann, Aus neolith. Siedlungen bei Larisa, AM 57, 1932, 102–123 – Ders., Donauländ. Importe im steinzeitl. Thessalien, 59, 1934, 123–136 – Ders., Magula Hadzimissiotiki, 62, 1937, 56–69 – V. Milojcic, Ausgrabungen in Th., in: Neue deutsche Ausgr. im Mittelmeergebiet u. im Vord. Orient, 1959, 225–236 – Ders., Die deutsch. Ausgr. auf der Argissa-Magula in Thessalien, I, 1962 – *Ithaka:* W. Dörpfeld, Alt-Ithaka, 1927 – W. A. Heurtley, Excav. in Ithaca II, BSA, 35, 1934/35, 1–44 – S. Benton, BSA 39, 1938/39, 1–8 – *Elateia:* S. S. Weinberg, Exc. at prehist. E. 1959, Hesperia 31, 1962, 158–209 – *Kirrha:* Ec. Franc. d'Athènes, Et. d. Préhist. Phocidienne, 1960 – *Eleusis:* G. E. Mylonas, E. in the Bronze Age, AJA 36, 1932, 104–117 – Ders., E., 1961, 23–31 – *Hagios Kosmas:* G. E. Mylonas, Hagios K., An early Bronze Age Settlement and Cemetery in Attica, 1959 – *Nea Makri* (Attika): D. R. Theocharis, Nea Makri, AM 71, 1956, 1–29 – *Ägina:* G. Welter, Ä., 1938 – *Korinth:* S. S. Weinberg, Remains from prehist. Corinth, Hesperia 6, 1937, 487–524 – L. Walker, Kosmopoulos, The prehist. Inhab. of C., 1948 – H. S. Robinson-S. S. Weinberg, Exc. at C., 1959, Hesperia 29, 1960, 240–252 – *Korakou:* C. W. Blegen, K., 1921 – *Zygouries:* C. W. Blegen, Z., A prehist. Settlement in the Valley of Cleonae, 1928 – *Prosymna:* C. W. Blegen, P., The helladic Settlement preceeding the Argive Heraeum, *Lakonien:* H. Waterhouse, Prehist.–Laconia, BSA 51, 1956, 168–171; 55, 1960, 67–107; 56, 1961, 114–175 – *Amyklaion:* E. Buschor-W. Massow, Vom A., AM 52, 1927, 1–33 – SW-Peloponnes: W. A. McDonald-R. Hope Simpson, Prehist. Habitation in Sw Peloponnese, AJA 65, 1961, 221–260.

C. VORGRIECH. SPRACHE. Aus zahlreichen Namen und Appellativa, die aus dem Griech. nicht erklärbar sind und einheitliche Bildungsweisen zeigen (z. B. Wörter auf *-νθ-* und *-σσ-*: *Προβάλινθος, ἀσάμινθος; Παρνασσός, νάρκισσος*), ist für den Ägäisraum ein sprachlich-kulturelles Substrat nichtgriech. Charakters (oft willkürlich als → pelasgisch bezeichnet) zu erschließen, das Beziehungen zu Kleinasien (vgl. Bildungen wie *Καδύανδα, Τελμησσός*) hat. V. Georgiev u. a. halten diese vorgriech. Sprache für einen selbständigen Zweig des → Indogermanischen. Vermutlich ist das vorgriech. Substrat uneinheitlich: vielleicht liegt über einer älteren nichtindogerm. eine jüngere indogerm.-nichtgriech. Schicht, die zur heth.-luv. Sprachengruppe (→ kleinasiat. Sprachen) gehören mag. A.H.

Lit: P. Kretschmer, Die vorgriech. Sprachschichten, Glotta 28, 1940, 231–278; ebd. 30, 1943, 84–218, 244–246 – V. Georgiev, Vorgriech. Sprachwissenschaft, 1941–45 – M. Lejeune, Linguistique préhellénique, REA 49, 1947, 25–35 – A. J. Van Windekens, Le Pélasgique, 1952 – F. Schachermeyr, RE 22, 2 (1954), 1494–1585, s. v. prähist. Kulturen Griechenlands – A. Heubeck, Praegraeca, 1961 – E. Laroche, Études de toponymie anatolienne, RHA 19/f. 69, 1961, 57–94.

III. Geschichte

A. BIS ZUM 8. JH. – B. BIS ZUM 6. JH.: [1] Kolonisation – [2] Ablösung des Königtums – [3] Kunst – C. DAS 6. JAHRHUNDERT: [1] Innenpolitische Veränderungen, Tyrannis – [2] Sparta – [3] Athen – [4] Bildende Kunst, Wissenschaft – [5] Wirtschaft – [6] Das Perserreich, Karthago – D. DAS 5. JAHRHUNDERT: [1] Perserkriege, Mardonioszug – [2] Xerxeszug – [3] Attischer Seebund – [4] Die Pentekontaëtie – [5] Peloponnesischer Krieg – E. BIS ZU ALEXANDER D. GR.: [1] Hegemonie Spartas – [2] Hegemonie Thebens – [3] Polit. im Westen und Osten G.s – [4] Stammesbünde in G., Panhellen. Idee – [5] Vorherrschaft Makedoniens – F. HELLENISTISCHE ZEIT: [1] Alexander d. Gr. – [2] Zeit der Diadochen – [3] Das hellenist. Staatensystem – [4] Hellenisierung des Ostens – [5] Politische Geschichte des 3. Jh.s – [6] Bis zum Frieden von Apameia – [7] Bis zum Ende des 2. Jh.s – [8] Bis zur Kaiserzeit – G. KAISERZEIT. – Vgl. → Griechisch, → Religion I, → Literatur I, → Kunst I.

A. BIS ZUM 8. JH. [1] *Dorische Wanderung.* Die großen → Völkerbewegungen, die um die Mitte des 12. Jh.s (‹Große Wanderung›) die ganze Welt des östlichen Mittelmeeres stark erschütterten, brachten für G. den Zusammenbruch der myken. Staatenwelt mit ihrer glanzvollen, hochentwickelten Kultur (→ Kretisch-myken. Kultur) und damit einen tiefen Einschnitt in der Geschichte. Eine bes. wichtige Folge dieses Zusammenbruchs – nicht ihr Grund, wie man früher annahm – ist die Einwanderung neuer griech. Stämme und Stammesgruppen, die sog. → *Dorische Wanderung* (‹Rückkehr der Herakliden›). Ihren Verlauf kennen wir nicht, nur ihre Folgen, doch müssen wir sie uns als einen komplexen, langdauernden Vorgang vorstellen. Ausgangsgebiet der neu einwandernden Stämme waren die Landschaften nördl. und nordwestl. des eigentlichen G., das spätere → Epirus. Wir unterscheiden mindestens drei Gruppen (→ Kt. 1167): (a) die eigentlichen → Dorier, die sich im Osten und Süden der Peloponnes festsetzten (→ Argolis, → Lakonien, → Messenien), (b) die ‹Nordwestgriechen›, die → Ätolien, → Akarnanien und von da aus die nördl. und nordwestl. Küstenlandschaften der Peloponnes (→ Achaia, → Elis) besetzten, und (c) die nordwestgriech. Stämme, die in Nord- und Mittelgriechenl. einwanderten (→ Thessalien und Nachbarlandschaften, → Lokris, → Doris (1), → Phokis, → Böotien). Die griech. Vorbewohner wurden z. T. unterworfen, z. T. verdrängt, z. T. aber auch nur überlagert und verschmolzen mit den Einwanderern. Im Innern der Peloponnes (→ Arkadien) und in → Attika hielt sich die bisherige Bevölkerung. – Diese Vorgänge lösten weitere Bewegungen aus, in denen größere Bevölkerungsgruppen vor den eindringenden Doriern auswichen und die bereits in myken. Zeit begonnene Auswanderung an die kleinasiatische Küste und die vorgelagerten Inseln fortsetzten (sog. ‹erste Kolonisation›): ionische Griechen an die Inseln und Küsten des mittleren westl. Kleinasien (→ ‹Ionische Wanderung›), Teile der ‹südgriech.› (‹arkadischen›) Sprachgruppe der südl. Peloponnes nach → Pamphylien, hier vielleicht schon zusammen mit Doriern und → Cypern, ‹äolische› Griechen aus Thessalien und Mittelgriechenl. (‹nordgriech.›) an die nördl. Westküste Kleinasiens (→ Äolis). Auch die neueingewanderten Dorier wurden in diese Bewegung hineingezogen und eroberten die südl. Kykladen und Sporaden nebst Kreta und der Südwestküste Kleinasiens. Hier im fremden Lande bildeten die Griechen stammartige Verbände um ein Heiligtum, die Dorier, → Ioner und → Äoler.

[2] Auch *kulturgeschichtlich* bedeuteten der Sturz der myken. Staatenwelt und die Dorische Wanderung einen starken Bruch. Zwar blieb die Siedlungskontinuität an vielen Orten erhalten, aber an die Stelle der entwickelten Verwaltungsorganisation der myken. Staaten traten sehr viel primitivere Zustände, zumal die neu einwandernden nordwestgriech.-dorischen Stämme aus Gebieten stammten, die von der myken. Kultur nicht berührt waren; damit ging auch die Kenntnis der → Schrift wieder verloren. In Kultus und Religion blieb das Erbe der myken. Zeit besser erhalten, und die Hauptstätten und manches Kulturelle lebten in der Sage fort. Das Eisen verdrängte die Bronze als Gebrauchsmaterial; die Leichenverbrennung trat an die Stelle der Erdbestattung, die jedoch später wieder zunahm (→ Bestattung A). – In der Kunst folgten auf die erstarrte spätmyken. Ornamentik der → protogeometrische und der → geometrische Stil, der in der straffen Klarheit und Sicherheit der Gefäßformen und der Ornamentik erster Ausdruck griech. Wesensart ist. Nach ihm heißen die nächsten Jahrhunderte auch die ‹geometrische Zeit›. Die Verbindungen zur Außenwelt waren abgerissen; aber gerade so konnte die griech. Kultur ihre Eigenart ausbilden.

[3] Eigentlich historische Kunde haben wir von dieser Zeit noch nicht, doch geben uns die Epen → *Homers* (8. Jh.) ein klares Bild ihrer Zeit, wenn auch der Dichter ältere Traditionen fortführt und das Bild unvollständig und einseitig bleibt. Wir finden eine Wirtschaftsverfassung, die noch fast ganz auf Landwirtschaft beruht; ein selbständiges, auf Bestellung oder für den Verkauf arbeitendes Handwerk fehlt, ebenso ein Binnenhandel oder Markt; nur die fremden phön. Händler (→ Phönizien) bringen auf ihren Schiffen die begehrten Artikel des oriental. Kunstgewerbes. Was man benötigt, wird im eigenen Haushalt hergestellt. Die herrschende Schicht bildet ein ritterlicher Adel mit besonderer Standesauffassung, der allein sich die volle Bewaffnung der Zeit und den mit Pferden bespannten Wagen für Reise und Fahrt in den Kampf leisten kann. Er bildet den Rat des Königs, dessen Würde und Amt erblich ist und als von den Göttern gegeben gedacht wird. Es ist ein Stammeskönigtum mit geringer tatsächlicher Macht. Eine geordnete Staatsverwaltung gibt es nicht; was geschehen muß, bestimmen der König oder die führenden Adligen. Krieg und Raub zu Land und zu Wasser spielen eine große Rolle;

fahrende Sänger künden an den Höfen des Adels vom Ruhm der Vorfahren.

[4] Um etwa 800 trat G. wieder in nähere Beziehung zum *Orient*, teils durch die phön. Händler, mehr noch durch eigenen Handel und einzelne Ansiedlungen an den Küsten des östl. Mittelmeeres. Neben der Entlehnung oriental. religiöser Vorstellungen und Mythen ist bes. wichtig die Übernahme der phön. → *Schrift*. In kurzer Zeit trat eine schriftliche Literatur an die Stelle der bisher nur mündlich überlieferten Dichtung; das früheste Werk, das wir besitzen, sind die Epen Homers.

B. Bis zum 6. Jh. [1] Die zweite → *Kolonisation* (A; Kt. 1565), ca. 750–550, leitet einen neuen Abschnitt der griech. Geschichte ein. Die erweiterte Kenntnis der Welt aus Handels- und → Entdeckerfahrten schuf dafür die Voraussetzungen. Grund der langdauernden Auswanderung war vor allem die Überbevölkerung, daneben vielerorts die politischen und sozialen Verhältnisse. Die Auswandernden suchten vor allem neuen Lebensraum und eine neue Heimat; Handelsinteressen spielten anfangs nur eine Nebenrolle. Die Auswandererzüge wurden nicht vom Staat ausgesandt, sondern folgten der Initiative einzelner, wenn sie auch Kulte, Sitten und Einrichtungen der Mutterstadt beibehielten und ein gegenseitiges Pietätsverhältnis zu ihr bewahrten. Ausgangsgebiete in G. waren vor allem die ionischen Städte, die großen Inseln des Ägäischen Meeres und die Gebiete um den Isthmos von Korinth wie → Korinth selbst und → Megara; rein agrarische Gebiete waren mit Ausnahme → Achaias nicht beteiligt, merkwürdigerweise auch → Athen nicht, mit unbedeutenden Ausnahmen in späterer Zeit. Die Auswanderer gründeten in der neuen Heimat stets selbständige Städte, die immer an der Küste lagen; zu größeren Zusammenschlüssen wie noch bei der ersten Kolonisation an der Westküste Kleinasiens kam es nicht. Die Entwicklung der Kolonien hing ab von der Natur der Küste und des Hinterlandes, der Aufnahmebereitschaft der einheimischen Bevölkerung und den politischen Verhältnissen. – *Hauptgebiete der Kolonisation* (Kt. 1565) waren Süditalien mit dem Golf von Tarent und der Westküste bis hinauf nach Kampanien, wo Kyme (→ Cumae) die nördlichste und zugleich älteste Kolonie war, ferner die Ost- und Südküste Siziliens mit vereinzelten Siedlungen an der Nordküste, etwas später, von → Massilia aus, die Südküste Frankreichs und die Ostküste Spaniens. Hier im Westmittelmeer trafen die Griechen bald auf die → Phönizier bzw. → Karthager, die der weiteren Ausbreitung Schranken setzten. Im Mutterland entstanden korinth. Kolonien an der Küste und auf den Inseln des Ionischen Meeres, an der Ägäis ein dichter Kranz von Kolonien an der maked. und thrak. Küste. Dicht besiedelt waren die Ufer der Meerengen vom Hellespont bis zum Bosporos und weiter vor allem die West- und Nordküste des Schwarzen Meeres, bes. mit milesischen Kolonien, weniger dicht Süd- und Ostküste. Nur vereinzelte Kolonien siedelten sich an der Südküste Kleinasiens an sowie an der afrikanischen Nordküste die Städte der Kyrenaika und als einzige Kolonie im Landesinnern → Naukratis am westlichsten Nilarm des Deltas. Neuere Funde haben ergeben, daß auch an der syr. Küste kleinere griech. Niederlassungen lagen, wie auch sonst vereinzelt griech. Handwerker und andere Gruppen in fremden Städten saßen, die nicht griech. Kolonien wurden, wie etwa in Memphis in Ägypten oder in etrusk. Städten. Sicher gingen auch manche Züge zugrunde. In Vorderasien setzte das mächtige Assyrerreich der griech. Kolonisation eine Grenze. Wichtig ist, daß dieser reiche Kranz griech. Kolonien an fast allen Küsten des Mittelmeeres den Zusammenhang mit dem Mutterland bewahrte, daß sie sich als Teil der griech. Welt fühlten und als solcher angesehen wurden. Manche von ihnen, bes. die Städte in Sizilien, entwickelten sich zu den reichsten und bedeutendsten des Griechentums.

[2] *Ablösung des Königtums.* In G. kam es gleichzeitig zu bedeutenden innenpolitischen Umwälzungen. Vor allem kam es fast überall zur Beseitigung des Königtums, an dessen Stelle der Adel in den verschiedensten Formen die Macht übernahm. Auch dieses war ein langdauernder Vorgang, der sich in den verschiedenen Gebieten zu verschiedenen Zeiten, im ganzen etwa vom 8. bis zum 6. Jh., vollzog. Nur an einzelnen Stellen, wie bes. in → Sparta mit seinem eigenartigen Doppelkönigtum und an den Rändern der griech. Welt wie in → Kyrene und Cypern und in den nichtgriech. Nachbarländern wie → Makedonien und → Epirus, blieb das Königtum bis in klass. Zeit erhalten. Der Titel ‹König› erhielt sich vielfach in Beamtentiteln, wohl aus religiösen Gründen. Eine Folge der Ablösung des Königtums durch die selbständigen örtlichen Adelsgruppen war die starke staatliche Zersplitterung G.s. Für die nichtadligen Schichten der Bevölkerung bedeutete das Adelsregiment eher eine Verschlechterung. Die Literatur der Zeit bezeugt die rücksichtslose Machtausnutzung und Unterdrückung der Schwachen durch den Adel. Die Unfreiheit der bäuerlichen Bevölkerung nahm zu, viele gerieten in Schuldknechtschaft. Die Wirtschaft erlebte einen starken Aufschwung; mit wachsendem Wohlstand entfalteten sich ein selbständiges Handwerk und der Handel. In ihrem Gefolge bahnten sich soziale Umwälzungen an, die schließlich zum Sturz der Adelsherrschaft und zum Aufstieg breiterer Schichten, bes. der Bauernschaft, führten. Ein Hauptgrund lag wohl in den Veränderungen im → Heerwesen. Als das Eisen die Bronze zu ersetzen begann, konnten sich neben dem Adel auch die weniger Reichen die Vollbewaffnung leisten, da Eisen auch in Griechenland nicht selten ist und billiger war als Bronze. In der Mitte des 8. Jh.s wurde der Kriegswagen durch das Reitpferd ersetzt, in der 1. H. des 7. Jh.s trat an die Stelle des adligen Einzelkämpfers die geschlossene Phalanx schwerbewaffneter Hopliten, wo der Einzelne nicht mehr hervortrat. So gewannen auch die Bauern militärische Bedeutung und erhoben Anspruch auf politische Rechte.

[3] In der *bildenden Kunst* führte die Aufnahme von Motiven aus dem oriental. Kunstgewerbe zu einem Stilwandel in → Vasenmalerei und Kunstgewerbe. An die Stelle der strengen Zucht und Beschränkung des → geometrischen Stils trat die reiche und bunte Fülle der sog. → ‹orientalisierenden Stile›. Auch in → Architektur und → Plastik wirkten Anregungen aus Vorderasien und Ägypten. Für die Götterstatuen, die der gewandelten anthropomorphen Gottesvorstellung entsprachen, wurden die ersten Tempel gebaut. – Neben das Epos traten *Chorlied* und → *Lyrik*.

C. Das 6. Jahrhundert. [1] *Innenpolitische Veränderungen, Tyrannis.* Im 6. Jh. lösten demokratische Staatsformen die Adelsherrschaft ab. Neue Schichten eroberten politische Rechte und Mitbeteiligung am Staat, teils in friedlichem Ausgleich, teils in blutiger Revolution. Der Anfang war vielfach die Aufzeichnung des geltenden Rechts, die der Willkür der adligen Richter Schranken setzte. Eine bes. charakteristische Erscheinung dieses Ständekampfes war das Aufkommen der → *Tyrannis* im späteren 7. und im 6. Jh. Die Tyrannen waren Adlige, die sich eine persönliche Machtstellung geschaffen hatten und meist als Führer breiterer Schichten gegen den herrschenden Adel auftraten. Ihre Herrschaft war meist kurzlebig und konnte nur selten auf die Nachkommen übertragen werden. Die Tyrannis war beschränkt auf die führenden Städte in Ionien, den Inseln des Ägäischen Meeres, um den Isthmos von Korinth, Italien und Sizilien. Am bekanntesten sind → Kleisthenes (2) v. Sikyon, → Kypselos und → Periander v. Korinth, → Peisistratos (2) und seine Söhne in Athen, → Polykrates (1) v. Samos, → Phalaris v. Akragas und → Gelon und → Hieron I. v. Syrakus. Gemeinsam war ihnen neben einer kraftvollen Politik eine großzügige Bautätigkeit und die Förderung der bildenden Kunst und der Dichtung.

[2] *Sparta.* Ein ganz anderes Bild bietet → Sparta. In bewußtem Gegensatz zur Umwelt schloß Sparta sich nach außen ab und hielt an der eigenartigen, ganz auf die militärische Leistungsfähigkeit und die Einordnung in ein straffes Gemeinschaftsleben gerichteten Lebensform fest, die allein die Stellung der dünnen Herrenschicht in der Masse der unterworfenen → Heloten zu sichern vermochte. Das bedeutete, daß Sparta – anders als in der Zeit davor – auf Teilnahme am kulturellen Leben G.s von nun an fast völlig verzichten mußte. In zwei langen Kriegen zu Anfang und Ende des 7. Jh.s unterwarf Sparta die reiche Nachbarlandschaft → Messenien, deren Bewohner, soweit sie nicht auswanderten, zu Heloten herabgedrückt wurden. Weitere Eroberungen richteten sich gegen → Argos, das den südl. Teil seines Herrschaftsbereichs am Ostabhang der Parnonkette verlor und seine Stellung als führende Macht des Peloponnes einbüßte, die es bes. unter seinem König → Pheidon im 7. Jh. eingenommen hatte. Seit dem Ende des 6. Jh. schloß sich Sparta den größten Teil der pelop. Staaten in dem lose organisierten → Pelop. Bund an.

[3] In *Athen* vollzog sich der Übergang von der Adelsherrschaft zur Demokratie in mehreren Stufen und ruhig. Auf die Aufzeichnung des Rechts folgte um 594 die vorsichtig-konservative Reform → Solons, der die politischen Rechte nach einer neuen, auf dem Einkommen beruhenden Klasseneinteilung abstufte, wobei der Adel die Führung behielt, das Volk aber an Volksversammlung und Gericht teilnahm und seine persönlichen Rechte geschützt wurden. Zu den wirtschaftlichen Erleichterungen gehörte bes. das Verbot der Schuldknechtschaft. Diese erste Reform verhinderte nicht, daß es auch in Athen zur Tyrannis des → Peisistratos und seiner Söhne kam (560–510), die bes. durch die große Bautätigkeit auf der Burg, in der Stadt (→ Athen I B 2) und sonst in Attika und die Förderung der Künste gekennzeichnet ist. Auf den Sturz der Tyrannis mit spart. Hilfe folgte die Reform des → Kleisthenes (1), deren Kern die neue, für das ganze Staatsleben grundlegende Neueinteilung der Bürgerschaft und Attikas war. Die Rechte des Volks wurden erweitert. Diese Ordnung blieb die verfassungsmäßige Grundlage Athens für die Folgezeit. In den innenpolitischen Auseinandersetzungen dieser Jh.e bildete sich die klassisch griech. Form der Polis heraus, der sich selbst regierenden freien Bürgerschaft. – Der Adel *Thessaliens* spielte im 6. Jh. vorübergehend eine führende Rolle; es gelang ihm jedoch nicht, zu den nächsten Nachbarlandschaften hinzu auch ganz Mittelgriechenl. seinem Machtbereich einzuverleiben. Damit hängen der 1. → Heilige Krieg zur Verteidigung → Delphis gegen Krisa um 590 und der → Lelantische Krieg zwischen den euböischen Nachbarstädten → Chalkis und → Eretria um 580 zusammen. Über allen Zwistigkeiten und Kämpfen stand aber doch eine Art ideeller Einheit des Griechentums, die sich in Literatur und Kunst und in den großen Spielen ausdrückte, zu denen die Griechen aus der gesamten griech. Welt und auch aus den Kolonien zusammenkamen. Es gab größere religiöse Bünde um bestimmte Heiligtümer, von denen die → Delphische Amphiktyonie zur Verwaltung des delphischen Heiligtums der wichtigste war.

[4] In der *bildenden Kunst* bringt das 6. Jh. die volle Entfaltung des lebensvollen → archaischen Stils und den Bau der ionischen Riesentempel in den größten Städten Ioniens und Siziliens als besonderen Ausdruck des Kraftbewußtseins der Zeit. Geistesgeschichtlich entsteht die neben der Kunst welthistorisch größte Leistung der griech. Kultur, die griech. *Wissenschaft*, die es unternimmt, die Welt und den Menschen rational zu begreifen und zu erklären, einerseits in den philosophischen Systemen der allgemeinen Welterklärung bei den → Vorsokratikern, andererseits in den Einzelwissenschaften der → Mathematik und → Astronomie, der → Medizin, der → Geographie und Ethnologie und in der → Geschichtsschreibung. Wie auf anderen Gebieten ist auch hier in dieser Zeit Ionien führend. Griech. Kultur beginnt nun auch, ihren formenden Einfluß auf andere Völker und Länder auszuüben, bes. in Kleinasien, Südrußland und Italien, hier bes. auf die → Etrusker und über sie auf → Rom.

[5] *Wirtschaft.* Von größter Bedeutung war die Erfindung des *Münzgeldes* zu Ende des 7. Jh.s in Lydien oder Ionien. Bes. durch Prägung von Silbermünzen war das neue Geld bald auch für den kleinen Warenverkehr brauchbar. So entwickelte sich vom 6. Jh. an eine echte Münzgeldwirtschaft. Handwerk und Handel nahmen einen bedeutenden Aufschwung. An die Stelle der Selbstversorgung trat eine entwickelte Marktwirtschaft, die im Fernhandel, der überwiegend Seehandel war, nicht nur Luxusgüter, sondern zunehmend auch Massengüter des täglichen Bedarfs lieferte. Schon um 500 war G. großenteils auf Lebensmittelzufuhren angewiesen. Handel und Handwerk erweiterten die Lebensgrundlagen bedeutend.

[6] *Das Perserreich. Karthago.* In der 2. H. des 6. Jh.s wandelt sich die Umwelt G.s erheblich. Im Osten entsteht das → *Perserreich*, das bereits unter seinem Gründer → Kyros I. den gesamten Vorderen Orient beherrschte. 546 eroberte Kyros auch → Lydien, das mit G. in enger politischer und kultureller Beziehung gestanden und die Griechenstädte der Westküste Kleinasiens unterworfen hatte. Damit kamen die Griechen Kleinasiens unter pers. Herrschaft. → Kambyses eroberte 525 Ägypten und die Griechenstädte der Kyrenaika, → Dareios I. dehnte auf seinem Zug gegen die → Skythen i. J. 513 die pers. Oberherrschaft auf → Thrakien und → Makedonien und damit bis an die Nordgrenze G.s aus. Im Westen fanden sich die → *Phönizier* unter Führung ihrer neuen Vormacht → *Karthago* zum Widerstand gegen weiteres Vordringen der Griechen zusammen und verbündeten sich dazu mit den → *Etruskern*. In der Seeschlacht von Alalia um 540 wurde ein Versuch der Phokäer, sich auf Korsika anzusiedeln, abgewiesen. Etrusker und Karthager gingen bald darauf getrennt gegen die Griechen vor, die Karthager gegen die massiliotischen Kolonien im Süden Spaniens, wodurch sie die Handelsbeziehungen der Griechen durch die Meerenge von Gibraltar unterbanden, die Etrusker 524 durch einen allerdings abgeschlagenen Angriff auf Kyme. Etwa gleichzeitig schwächten sich die Griechen Unteritaliens selbst, indem sie in Nachbarkriegen ca. 530–510 die reichen Städte → Siris und → Sybaris zerstörten. So befand sich das Griechentum, nach dem weltweiten Vordringen und Ausgreifen der Kolonisationszeit, gegen Ende des 6. Jh.s in der Defensive.

D. Das 5. Jahrhundert. [1] *Perserkriege, Mardonioszug.* Der Beginn des 5. Jh.s sieht das Griechentum in schwerem Abwehrkampf nach zwei Seiten. Das → Perserreich befand sich noch in der Phase weiteren Vordringens. Ein Versuch der kleinasiatischen G., im → *Ionischen Aufstand* (499–494) die pers. Herrschaft abzuschütteln, endete mit der Niederlage bei der Insel Lade und der Einnahme → Milets. Nachspiel des Aufstandes war der Zug des → Mardonios (492) nach Thrakien und Makedonien, bei dem die pers. Flotte an der Athoshalbinsel durch einen Sturm verlorenging. – Die ionischen Griechen waren zu Beginn des Aufstands von → Athen und → Eretria unterstützt worden. So rüsteten die Perser 490 eine Flotte mit Landungsheer zu einer Strafexpedition aus (→ Perserkriege). Die Flotte landete bei Eretria auf Euböa, das nach kurzer Belagerung durch Verrat fiel. Darauf landeten die Perser auf Rat des → Hippias bei → Marathon. → Miltiades führte das athen. Heer dem Feind entgegen und wagte, als die erbetene spart. Hilfe nicht eintraf, den Angriff. Der Sieg war vollständig. Die Perser rüsteten nun zur Unterwerfung ganz G.s in einem zweiten Zug, der sich jedoch durch den Tod des Dareios und Aufstände beim Regierungsantritt des → Xerxes (1) i. J. 486 um mehrere Jahre verzögerte. Die pers. Rüstungen, darunter der Bau eines Kanals durch die Athos-Halbinsel, waren gewaltig. Auf griech. Seite erkannte → Themistokles rechtzeitig die Größe der Gefahr. Er erreichte, daß Athen aus den gerade zu der Zeit reicheren Erträgen der Silberminen von → Laurion die große Flotte bauen ließ, die G. 480 bei Salamis rettete. Athen und Sparta teilen das Verdienst, den scheinbar aussichtslosen Kampf gegen das Riesenreich gewagt zu haben. Es gelang, die Mehrzahl der übrigen Städte von der Notwendigkeit gemeinsamer Abwehr zu überzeugen, und man schloß sich zu einem gemeinsamen Bund zusammen; Nichtbeteiligung am Kampf wurde zum Landesverrat erklärt. Als anerkannte militärische Vormacht G.s übernahm Sparta das Oberkommando.

[2] Der *Xerxeszug* begann 480 ungünstig für die Griechen. Nach Aufgabe des Plans, den Persern schon in Thessalien entgegenzutreten, besetzte man den engen Strandpaß der → Thermopylen, durch den die einzige für ein größeres Heer gangbare Straße nach Mittelgriechenl. führte. Die Flotte bezog zur Flankendeckung eine etwas vorgeschobene Stellung am Nordkap von Euböa, Artemision. Die Perser griffen vergeblich an, bis ein Verräter, → Ephialtes, sie über das Gebirge in den Rücken der Verteidiger führte. Der Hauptteil des griech. Herres wurde zurückgezogen, nur die dreihundert Spartaner kämpften ‹ihren Gesetzen gehorchend› unter König → Leonidas (1) bis zum letzten Mann. G. lag dem Sieger offen. Athen fiel geräumt in die Hand der Perser. Die letzte Widerstandslinie, die 5 km breite Landenge des Isthmos von Korinth, wurde in aller Eile befestigt. Wieder bezog die Flotte zur Flankensicherung Stellung in der Meerenge von → Salamis. Die pers. Flotte fuhr in die Bucht ein, wo sie ihre zahlenmäßige Überlegenheit nicht ausnutzen konnte. Unter Führung des Themistokles errangen die Griechen einen vollen Sieg. Xerxes führte die Flotte nach Asien zurück. Das Landheer unter Mardonios wurde 479 bei Platää in Südböotien von → Pausanias (1) geschlagen; am Vorgebirge Mykalé an der Westküste Kleinasiens wurden die Reste des pers. Schiffslagers erstürmt. Der mit gewaltigem Aufwand durchgeführte Angriff war gescheitert. Der Sieg der G. sicherte die Freiheit G.s und ermöglichte so das Aufblühen der griech. Kultur. – Etwa gleichzeitig mit dem pers. Angriff auf das griech. Mutterland hatten auch die G. *Siziliens* sich eines großen karthag. Angriffs zu erwehren, der unter Führung des syrakusanischen Tyrannen → Gelon in der blutigen Schlacht bei Himera abgeschlagen werden konnte. Der Sieg machte Syrakus zur führenden Stadt des griech. Westens.

[3] *Attischer Seebund*. Nach dem Sieg über die Perser hofften die Griechen Kleinasiens auf Befreiung. → Athen übernahm diese Aufgabe, vor der Sparta zurückschreckte, mit der größten Energie und schloß mit den bereits abgefallenen ionischen Griechen und vielen anderen Städten den → Attischen Seebund. Es wurde eine Flotte geschaffen, zu der die Verbündeten meist durch Geldzahlungen an Athen, das die Schiffe baute, beitrugen. Die Einziehung dieser Tribute wurde fest geregelt. Sitz der Bundeskasse und der Bundesversammlung war die Insel → Delos, das allen Ioniern gemeinsame Heiligtum des Apollon. Dem Att. Seebund gehörten bald fast alle Inseln und Küstenstädte um die Ägäis, schließlich gegen 200, an. Die Befreiung der Griechen Kleinasiens gelang mit Ausnahme Cyperns, das mehrfach befreit, aber immer von den Persern zurückerobert wurde. Der neue Bund bedeutete zunächst keinen Bruch mit Sparta, sondern trat als neuer Bund für die neuen Aufgaben neben den Pelop. Bund, von dem er sich durch seine straffe und dauernde Organisation auch in Friedenszeiten unterschied. – Die nationale Selbstbehauptung gegen den Orient hatte bedeutende Folgen. Auch in der *Kunst* lehnte man nun ab, was als ungriech. empfunden wurde; an die Stelle des archaischen Stils mit seiner Lebensfreude und Üppigkeit trat die ernste Beschränkung des sog. → Strengen Stils, der die klass. Kunst vorbereitete. In der Baukunst wurde der schlichtere dorische Stil bevorzugt und das Übermaß der Riesenbauten des 6. Jh.s aufgegeben. In der Dichtkunst gab die → Tragödie den menschlichen und politischen Fragen der Zeit Ausdruck.

[4] *Die Pentekontaëtie*. Die Jahrzehnte nach den Perserkriegen bezeichnete man schon im Altertum als die → Pentekontaëtie, die ‹Zeit der 50 Jahre›, nämlich zwischen Perserkrieg und → Pelop. Krieg. Sie sind ausgefüllt mit den Unternehmungen → Kimons (1) zur weiteren Befreiung der Griechenstädte, die Ausweitung des Att. Seebundes und den Ausbau der Demokratie in *Athen*. Einen entscheidenden Umschwung in Athen brachte d. J. 462/461, in dem die Generation der Perserkriege, die Kimon führte, abgelöst wurde; die jüngere Generation unter Führung des → Perikles trieb reine Machtpolitik und wollte von einem Zusammengehen mit Sparta, das als Rivale angesehen wurde, nichts mehr wissen; im Innern strebte sie die volle Gleichberechtigung aller Bürger an. Aus einem äußeren Anlaß kam es zum Bruch. Ein heftiges Erdbeben in Sparta (464), das viele Opfer forderte, löste einen großen Helotenaufstand, bes. in Messenien, aus. Sparta schickte das athen. Hilfsheer, das auf Veranlassung Kimons entsandt war, aus Mißtrauen gegen die Entwicklung in Athen nach Haus, was dort helle Empörung hervorrief. Als die Kreise um Kimon versuchten, gewisse demokratische Neuerungen rückgängig zu machen, wurde Kimon durch → Ostrakismos verbannt. Die Führung Athens ging ganz auf die neue Richtung über. Im Innern wurde die Demokratie voll hergestellt; die Ärmeren wurden wirtschaftlich unterstützt. Außenpolitisch suchte Athen die Führung G.s an sich zu ziehen, indem es den Seebund, der immer mehr zu einem Herrschaftsgebiet wurde, durch gegen Sparta gerichtete Bündnisse mit den größeren griech. Landmächten ergänzte. Neben den energisch fortgeführten Perserkrieg traten kriegerische Auseinandersetzungen in G. selber (‹Hellenischer Krieg›). Aber auch Perikles mußte einsehen, daß diese Anstrengungen die Kräfte Athens überstiegen. Zwei Friedensschlüsse beendeten den Krieg: der ‹Kalliasfriede› (→ Kallias, 1) mit Persien 448, in dem Persien de facto auf seine Herrschaftsrechte über die Griechen Kleinasiens verzichtete, und der Friede mit Sparta 446. Die Friedenszeit gestattete Perikles eine ausgedehnte Bautätigkeit in Athen, bes. auf der Akropolis (→ Athen I C 1–5), die fortan nur noch dem Kult diente, und an anderen Orten Attikas. Geistesgeschichtlich ist das 5. Jh. bestimmt durch die → Sophistik, die, durch berufsmäßige Lehrer verbreitet, zum ersten Male auch weiteren Kreisen den Zugang zu höherer Bildung eröffnete. (Für die Geschichte der Westgriechen in dieser Zeit vgl. → Sizilien, → Syrakus.)

[5] *Peloponnesischer Krieg*. Die Machtpolitik Athens rief in anderen griech. Städten, bes. in Korinth, Beunruhigung hervor. So forderte Korinth wegen mehrerer an sich unbedeutender Zusammenstöße die spart. Bundeshilfe an; diese Zwischenfälle führten zu dem langen → Pelop. Krieg, den Perikles zwar nicht geradezu anstrebte, aber auch nicht durch Einlenken vermied. Er teilt sich in drei Abschnitte. Der erste sog. Archidamische Krieg (431–421), eine Reihe nur wenig zusammenhängender Unternehmungen, endete 421 mit dem Nikiasfrieden (→ Archidamos II., → Nikias). In Athen hatte die 430 aus Asien eingeschleppte Pest Unzählige dahingerafft, darunter auch Perikles, der unersetzbar war. Die Maßlosigkeit att. Großmachtpolitik (bes. von → Alkibiades betrieben) führte nach dem Nikiasfrieden zu dem sizilischen Unternehmen (415–413) mit dem Angriff auf Syrakus, das, mit riesigem Aufwand begonnen, in einer Katastrophe endete. Bereits vorher hatte Athen vergeblich eine antispart. Bewegung in der Peloponnes unterstützt und durch Angriffe den Frieden mit Sparta und Persien offen gebrochen. Die Spartaner fielen 413 auf Rat des zu ihnen geflüchteten, verbannten Alkibiades in Attika ein und besetzten die Festung Dekeleia im Norden Attikas, von wo aus sie Athen ständig bedrohen und das Land ver-

wüsten konnten (‹Dekeleischer Krieg›). Unter diesen Umständen mußte die sizilische Katastrophe zum Zusammenbruch Athens führen. Durch einen Umsturz wurde 411 anstelle der Demokratie eine Oligarchie eingeführt, die jedoch einige Monate später wieder gestürzt wurde. Inzwischen hatte Sparta mit Persien einen Vertrag geschlossen, der die pers. Herrschaft über die Griechen Kleinasiens gegen Zahlung von Subsidien an Sparta anerkannte: das Ideal der Befreiung aller Griechen war verraten. Das Erscheinen weniger Schiffe des Pelop. Bundes löste im Seebundsgebiet den Aufstand gegen die verhaßte Herrschaft Athens aus. Trotzdem konnte Athen sich noch behaupten und sogar mehrere Siege erringen, den bedeutendsten 406 in der Seeschlacht bei den → Arginusen zwischen Lesbos und der kleinasiatischen Küste. Durch den maßlosen Ehrgeiz und die Kurzsichtigkeit der Demagogen in Athen blieben Gelegenheiten, einen günstigen Frieden mit Sparta zu schließen, ungenutzt. So kam es zur Katastrophe, zumal Sparta in → Lysander eine überragende Persönlichkeit an leitender Stelle hatte. An den ‹Ziegenflüssen› (Aigospotamoi) auf der Halbinsel Gallipoli wurde 405 die letzte athen. Flotte vollständig vernichtet. Im Herbst begann die Belagerung Athens zu Wasser und zu Lande, die mit der Kapitulation endete. Zwar war Sparta nicht bereit, wie die Verbündeten es forderten, die Stadt völlig zu vernichten; aber Athen verlor fast alle auswärtigen Besitzungen und wurde zur Heeresfolge für Sparta verpflichtet; die Mauern Athens wurden geschleift. Ein Verfassungsumsturz mit der blutigen Schreckensherrschaft der → Dreißig (1) Tyrannen schloß sich an, doch gelang es einigen nach Theben geflüchteten Verbannten, nach längeren Kämpfen die Dreißig zu stürzen und eine Versöhnung der Parteien herbeizuführen. Die Demokratie wurde mit einigen Neuerungen in der alten Form wiederhergestellt (Herbst 403). – In die letzten Jahre des Pelop. Krieges fällt der große karthag. Eroberungszug gegen die Griechen → *Siziliens* (409–405), der nach dem Verlust aller übrigen wichtigen Städte erst vor Syrakus durch → Dionysios I. zum Stehen gebracht werden konnte.

E. Bis zu Alexander d. Gr. [1] *Hegemonie Spartas.* Die griech. Welt war um 400 gründlich verändert. Die Griechen Kleinasiens befanden sich wieder unter pers. Herrschaft; im Westen standen die Griechen Siziliens in schwerem Abwehrkampf gegen Karthago; in Italien drangen die einheimischen Stämme vor und hatten bereits mehrere griech. Städte erobert. In G. war das Ideal des 5. Jh.s, die volle Demokratie, nahezu völlig zusammengebrochen; Sparta führte vielerorts streng oligarchische Regierungen ein. Der Att. Seebund, der die Politik im 5. Jh. weitgehend bestimmt hatte, bestand nicht mehr. Bald zeigte sich, daß Sparta der Führung G.s innerlich nicht gewachsen war. Der Widerstand gegen die oft gewaltsame spart. Herrschaft wuchs; ein Versuch Spartas, nachträglich als Befreier der kleinasiatischen Griechen aufzutreten, blieb erfolglos und brachte nur Persien auf die Seite der Gegner. Beides entlud sich 395 in einem neuen Kriege gegen Sparta, zu dem sich unter Führung von → Theben und Korinth mehrere Städte, später auch Athen, zusammenschlossen (→ Korinthischer Krieg). Der Krieg wurde teils zu Lande mit Söldnerheeren in Böotien und bei Korinth, teils mit pers. Hilfe zur See geführt. Athen wurde neu befestigt, auch die langen Mauern zum Piräus wiederhergestellt (‹Kononische Mauer›). Ein spart. Unterhändler, → Antalkidas, erreichte schließlich die Verständigung mit Persien. Die pers. Herrschaft über Kleinasien wurde ausdrücklich anerkannt; Sparta sollte über die Autonomie der Städte in G. wachen; diese zweite Bestimmung sollte alle Zusammenschlüsse gegen Sparta verhindern. Auf dieser Grundlage wurde i. J. 386 der Antalkidasfriede oder Königsfriede abgeschlossen, der Persien geradezu zur Schutzmacht G.s machte und ein halbes Jahrhundert lang das Grundgesetz G.s blieb.

[2] *Hegemonie Thebens.* Spartas im Königsfrieden neu befestigte Vorherrschaft wirkte sich in gewaltsamen Übergriffen aus. Während eines Krieges gegen → Olynth auf der Chalkidike (382–379) hatte ein spart. Offizier im Einvernehmen mit einer Gruppe theb. Politiker die Burg von Theben besetzt. Damit war der Bogen überspannt. Eine Schar theb. Verbannter unter Führung des → Pelopidas überwältigte die spartafreundliche Regierung im Handstreich und rief die Bürger zur Freiheit auf; der spart. Kommandant räumte daraufhin die Burg (Winter 379/378). Sparta eröffnete den Krieg gegen Theben, hatte aber keine Erfolge. Im Frühj. 377 erließ Athen einen Aufruf an alle Griechen außerhalb des pers. Reiches, sich mit Athen zu einem Bund zusammenzuschließen, um gemeinsam die durch die spart. Übergriffe bedrohte Autonomie der griech. Städte zu schützen. Die Verträge enthielten alle Sicherungen gegen Mißbrauch der hegemonialen Stellung durch Athen. Zu den damals schon vorhandenen Verbündeten Athens traten eine große Anzahl weiterer hinzu oder wurden in den nächsten Jahren in ausgedehnten Flottenunternehmungen gewonnen (2. → Attischer Seebund). Athen wurde wieder zur führenden Seemacht G.s und unterhielt eine Flotte, wie sie G. bis dahin noch nicht gesehen hatte. Sparta versuchte vergeblich, die Entstehung des Seebundes zu verhindern; 375 mußte es ihn anerkennen. Eine neue Anstrengung Spartas, Theben niederzuringen, führte zu der vernichtenden Niederlage von Leuktra in Südböotien (Herbst 371), in der zum erstenmal ein spart. Heer in offener Feldschlacht besiegt wurde. → Epameinondas erfocht diesen Sieg mit seiner → ‹Schiefen Schlachtordnung›. Sparta hatte seinen Rang als führende Militärmacht G.s verloren, das pelop. Bündnissystem brach zusammen. In einer Welle demokratischer Revolutionen schüttelte G. die spart. Vorherrschaft ab. Epameinondas unterstützte die Bewegung sofort durch mehrere Züge in die Peloponnes. Die wichtigsten Folgen waren die Befreiung Messeniens nach jahrhundertelanger spart. Herrschaft und die Gründung eines Arkadischen Bundes mit der neugebauten Hauptstadt → Megalopolis im Südwesten Arkadiens. Gleichzeitig brachte → Pelopidas die theb. Macht in Thessalien und Makedonien zur Geltung. In Thessalien hatte der Tyrann → Jason (4) von Pherai mit einem großen Söldnerheer die Vorherrschaft gewonnen. Als er 370 ermordet wurde, konnten seine Nachfolger ihre Stellung nur mit Mühe behaupten. In Makedonien waren auf den Tod des Königs → Archelaos (1) i. J. 399, der eine kraftvolle Politik nach innen und außen mit wichtigen inneren Reformen betrieben hatte, Thronwirren und eine neue Schwächeperiode gefolgt. Das Jahrzehnt nach Leuktra ist das Jahrzehnt der theb. Hegemonie in G. Aber als das persönliche Werk des Epameinondas und Pelopidas hatte sie nur kurze Dauer. Pelopidas fiel 364 in Thessalien, Epameinondas 362 auf seinem vierten Zug in die Peloponnes in der Schlacht von Mantineia, der ein allgemeiner Frieden folgte. Im ganzen hatte die theb. Hegemonie nur die weitere Auflösung und den Kampf aller gegen alle gefördert.

[3] *Sizilien* stand in der 1. H. des 4. Jh.s unter der Vorherrschaft von → Syrakus, das → Dionysios I. zu einer der bedeutendsten Städte der griech. Welt machte. Seine Versuche, die Karthager mit Waffengewalt von der Insel zu verdrängen, hatten keinen dauernden Erfolg (→ Sizilien). In Italien fielen die letzten kleineren Griechenstädte in die Hand der Italiker. Nur die größten um den Golf von Tarent konnten sich halten, an der Küste des Tyrrhenischen Meeres nur noch Neapel. – Das *Perserreich* hatte in der Zwischenzeit große Krisen erlebt. Berühmt durch → Xenophons (1) ‹Anabasis› ist der Versuch des jüngeren → Kyros (2), mit einem griech. Söldnerheer seinen Bruder → Artaxerxes II. vom Thron zu stoßen, mit der Schlacht bei Kunaxa (401), in der Kyros fiel, und dem Zug der Zehntausend durch Armenien ans Schwarze Meer. Seit 404

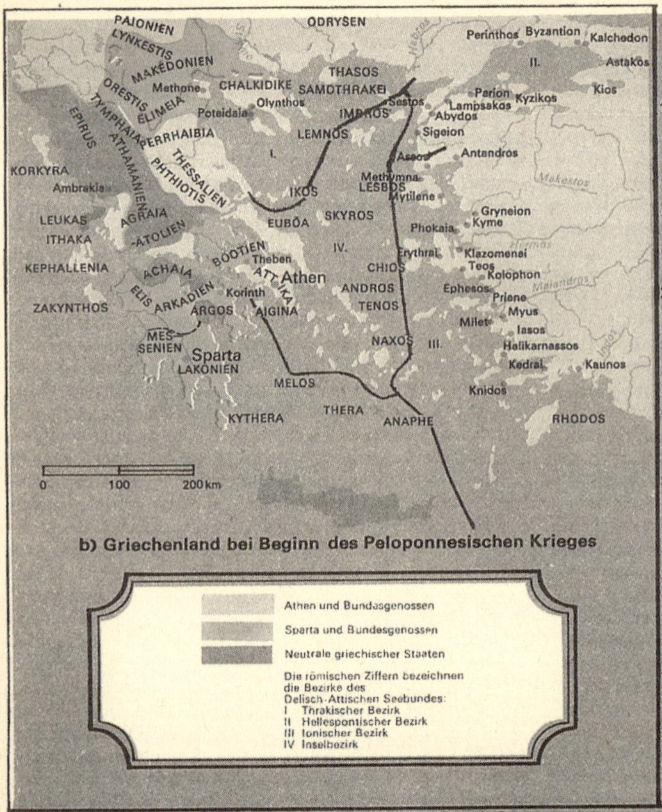

b) Griechenland bei Beginn des Peloponnesischen Krieges

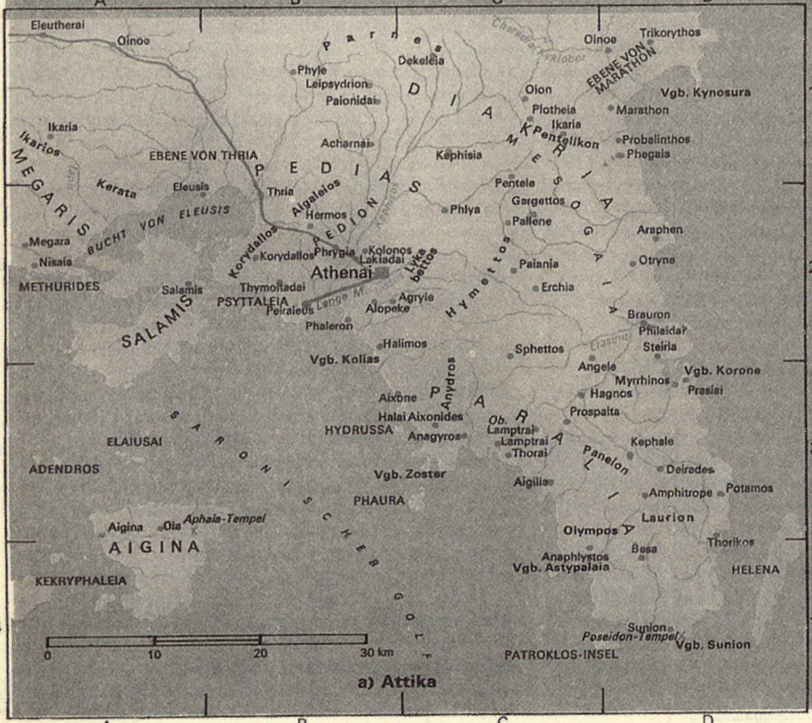

a) Attika

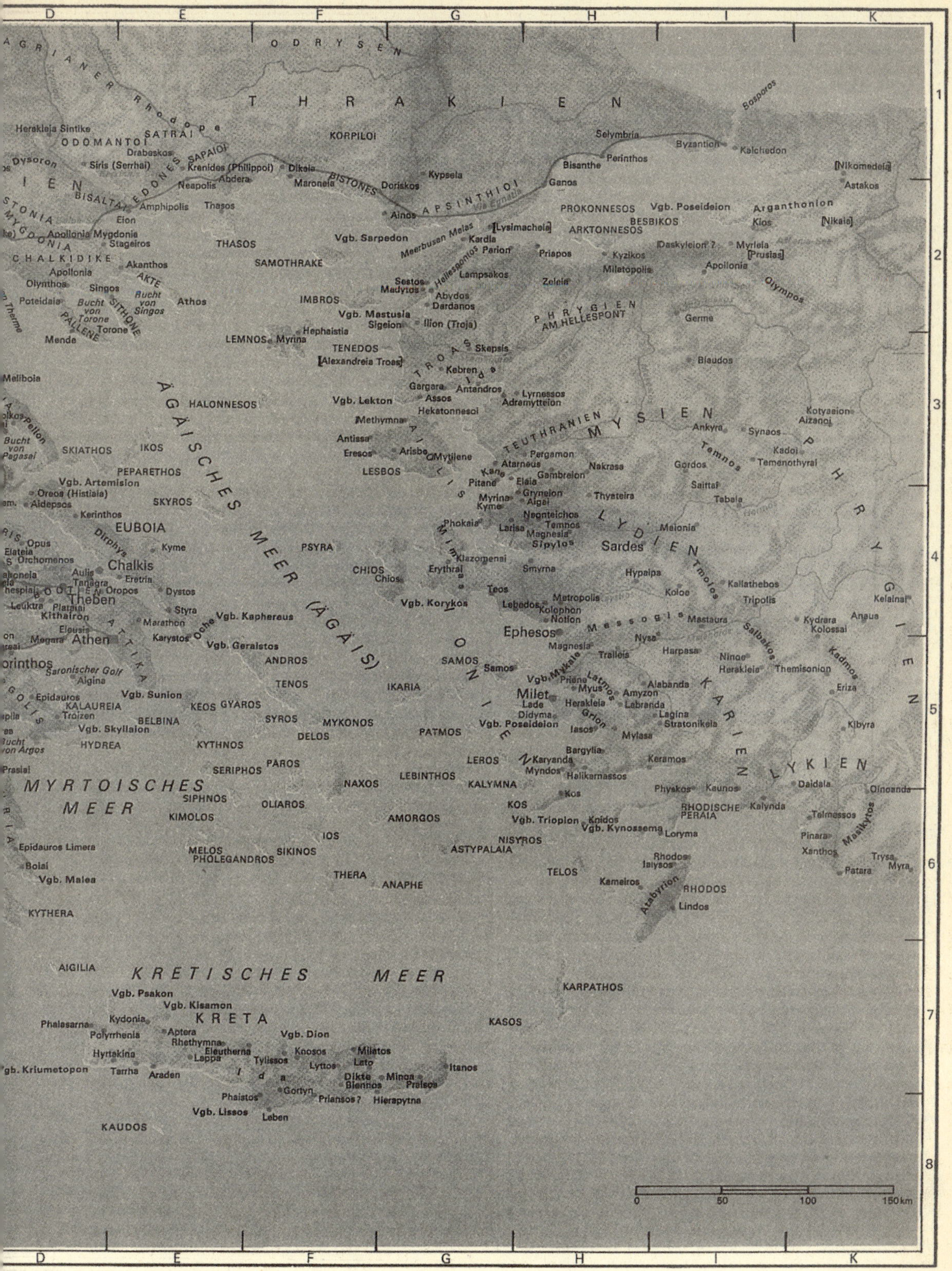

Abb. 81 GRIECHENLAND

war → Ägypten abgefallen und konnte trotz aller Anstrengungen nicht wieder unterworfen werden (28.–30. Dynastie). Satrapenaufstände, bes. in Kleinasien, erschütterten das Reich; einzelne Satrapen erlangten nahezu die Unabhängigkeit wie der griech. König → Euagoras von Salamis auf Cypern und der Dynast → Maussollos von Karien.

[4] Das 4. Jh. ist trotz des großen wirtschaftlichen Aufschwungs und stets zunehmender Bevölkerung gekennzeichnet durch große Unrast. Krieg folgt auf Krieg, dazu kamen viele, oft blutige, innere Unruhen. Versuche, der allgemeinen Unsicherheit zu begegnen und stetigere Verhältnisse herbeizuführen, hatten nur geringen Erfolg. Ein solcher Versuch war der Zusammenschluß zu größeren → *Stammesbünden*, von denen die bekanntesten neben dem andersgearteten 2. Att. Seebund der oft umgestaltete Böotische Bund, der Arkadische, Chalkidische, Akarnanische, → Ätolische und → Achäische sind. Ein zweiter Versuch war die seit dem Königsfrieden übliche Verkündung aller Friedensschlüsse als allgemeiner, d.h. nicht nur für die jeweils kriegführenden, sondern für alle griech. Staaten geltend, mit der Aufforderung und später auch Verpflichtung aller, Friedensstörer gemeinsam zu bekämpfen. Erfolg hatte das nicht. – Bemerkenswert ist die Rolle der heute sog. *panhellenischen Idee*, der Vorstellung eines einigen G.s. Ihr Hauptvertreter ist der athen. Rhetor → Isokrates in seinem ‹Panegyrikos›, der sich als Rede an die Griechen auf den Olympien 380 gibt. Leitende Gedanken sind die Enttäuschung über den Abstieg G.s seit dem 5. Jh., die Erkenntnis, daß die Vormacht Persiens großenteils auf der militärischen Tüchtigkeit griech. Söldner beruhe. Wenn G. einig sei, könnten die Stammesgenossen in Kleinasien befreit werden, wofür die Aussöhnung zwischen Athen und Sparta die Voraussetzung sei. Die erste Aufgabe des einigen G.s sei die Eroberung Kleinasiens mit der Befreiung der dortigen Griechen, aber auch der Gewinnung weiteren Lebensraums für das übervölkerte G. und der Ausdehnung griech. Kultur auf das Innere. Diese Gedankengänge fanden weite Verbreitung und waren auch bei der Gründung des 2. Att. Seebundes beteiligt. Isokrates wurde nicht müde, für seine Gedanken zu werben und, da die Demokratien versagten, die Mächtigen G.s, zuletzt vor allem → Philipp II. von Makedonien, aufzufordern, die Führung bei dieser Aufgabe zu übernehmen. – Eine wichtige Folge der politischen Zustände war die Lockerung der Bindung des einzelnen an die Polis. Unzählige waren verbannt, Zehntausende lebten als Söldner in fremden Diensten, viele wirkten als Kaufleute, Künstler, Lehrer außerhalb ihrer Heimat. Auch in der Staatsführung löste sich die alte Einheit auf. Die Kriegsführung geriet fast ganz in die Hände der Söldner und Söldnergeneräle, die Führung der Politik fiel wenigstens in Athen ganz der neuen Schicht der berufsmäßigen Gerichtsredner zu, die die auch in der Volksversammlung wirksamen Mittel der Rhetorik beherrschten; ebenso gab es nun Fachleute für die Staatsfinanzen. Alles das war im 5. Jh. in der Hand der führenden Persönlichkeiten vereint gewesen. Gegen Ende des 4. Jh.s konnte → Epikur das Ideal eines zurückgezogenen Lebens fern von den Staatsgeschäften aufstellen. Die Lösung des einzelnen vom Staat war Voraussetzung für die Massenauswanderungen der hellenist. Zeit. Wirtschaftlich brachte das 4. Jh. trotz der Kriege und Unruhen einen allgemeinen Aufschwung.

[5] *Vorherrschaft Makedoniens.* Kurz nach 360 folgten mehrere wichtige Ereignisse rasch aufeinander. 359 übernahm → Philipp II. in katastrophaler Lage zunächst als Vormund, bald als anerkannter König die Regierung von Makedonien und erhob es in wenigen Jahren zur stärksten Macht der griech. Welt mit dem bis dahin bestausgerüsteten Heer. 356 brach aus einem Zwist zwischen → Phokis und Theben der 3. → Heilige Krieg aus, in dem die Phoker, gestützt auf ein großes Söldnerheer, Delphi besetzten und für mehrere Jahre ganz Mittelgriechenl. beherrschten. Gleichzeitig wurde der Att. Seebund durch Austritt wichtiger Mitglieder und den anschließenden → Bundesgenossenkrieg (1) geschwächt. Der Sieg über die Nachfolger → Jasons (4) von Pherai machte Philipp zum Herrn über Thessalien, der Oberbefehl im Heiligen Kriege, der 346 durch den → Philokrates-Frieden rasch beendet wurde, öffnete ihm den Weg nach G., wo er von nun an die führende Rolle spielte. Auch Athen, das wegen des Verlustes seiner Kolonien und Verbündeten an der maked. Küste mit Philipp im Kriege lag, mußte sich dem Frieden anschließen. In der Folgezeit bemühte sich der athen. Redner → Demosthenes (1), der im Aufstieg Makedoniens eine tödliche Gefahr für die Freiheit G.s sah, eine wirkliche Verständigung mit Philipp zu verhindern und die griech. Staaten zum Widerstand gegen Makedonien aufzurufen. Ein kleiner Anlaß führte schließlich zum Krieg, für den Demosthenes wenigstens Theben als Verbündeten gewann. Bei Chaironeia in Böotien wurden Thebaner und Athener 338 entscheidend geschlagen. Philipp benutzte den Sieg, um ganz G. mit Ausnahme Spartas zu einem Bund mit bes. Organisation zusammenzuschließen (Korinthischer Bund), dessen Oberbefehl er selbst führte. Der Bund sollte dem Frieden im Innern und dem Schutz nach außen dienen. Als erste Aufgabe des neuen Bundes wurde der *Krieg gegen Persien* beschlossen, mit dem Philipp bereits Streitigkeiten gehabt hatte, unter geschickter Ausnutzung des populären panhellenischen Gedankens, der Philipp durchaus vertraut war. Als geschickter Politiker hatte er aus der bloß ideellen Einigkeit G.s, wie Isokrates sie gefordert hatte, die politische Einheit eines Staatenbundes gemacht. Der Perserkrieg wurde sofort mit einem Feldzug nach Kleinasien eröffnet. Er traf das Perserreich, das → Artaxerxes III. durch Niederwerfung der Aufstände und Rückeroberung Ägyptens wieder gefestigt hatte, nach dem Thronwechsel erneut in einem Zustand der Schwäche. Nach Philipps Ermordung (336) übernahm sein Sohn → Alexander III., später ‹der Große›, die Führung des Perserkrieges. – In → *Sizilien* waren diese Jahrzehnte ausgefüllt mit Kämpfen der Griechenstädte untereinander, die nach dem Sturz der Tyrannis von → Syrakus wieder aufflammten, und der erneuerten Karthagergefahr, bis beides durch den von Korinth herbeigeholten → Timoleon gebannt werden konnte.

F. Hellenistische Zeit. [1] *Alexander d. Gr.* Philipps Tod rief einen Aufstand in G. hervor, den Alexander mit größter Energie und Schnelligkeit niederwarf. Im Frühj. 334 begann der Feldzug gegen das pers. Reich, der zuerst als gemeingriech. Vergeltungskrieg bezeichnet wurde, danach offen der Eroberung des Riesenreiches galt (Kt. 1569). Dank der besseren Qualität und Führung des maked. Heeres und der ebenso kühnen wie überlegten Strategie Alexanders wurde das Werk in drei großen Siegen über das pers. Reichsheer am Granikos (334), bei Issos (333) und bei Gaugamela (331) und langen, schweren Wüsten- und Gebirgskämpfen im Osten Irans vollendet, bis sich das erschöpfte Heer am Hyphasis (Bias) in Indien weigerte, weiterzumarschieren. Alexander war Beherrscher fast der ganzen damals bekannten Welt geworden, eines übernationalen Weltreiches mit Griechenland, Makedonien und Perserreich als besonderen Teilen, in dem Griechen, Makedonen und Perser gemeinsam die herrschende Stellung einnehmen und sich auch durch Heirat verbinden sollten, wie es auf der Massenhochzeit von Susa (324) zwischen Makedonen und Perserinnen geschah, wie auch Alexander selbst die Prinzessinnen Stateira und Parysatis heiratete. Alexander plante offenbar, auch den Westen des Mittelmeers seinem Weltreich einzuverleiben, als eine Krankheit ihn in Babylon am 13. Juni 323 im Alter von 33 Jahren dahinraffte. Der Alexanderzug ist eine welthistorische Wende. Die ungestüme Energie und Kühnheit des jugendlichen, genialen Herrschers öffnete den Orient weit über die Grenzen des Alexanderzuges hinaus der griech. Kultur und großenteils auch der griech.-maked. Besiedlung. Die griech. Kultur wurde nun zur Weltkultur; das Zeitalter der griech. Weltherrschaft, des → ‹Hellenismus›, begann.

[2] *Zeit der Diadochen.* Alexander war gestorben, ehe sein Reich genügend gefestigt war. Zwar hielt man an der Einheit des Reiches zunächst fest, aber es fehlte der Erbe. Man einigte sich, den einzigen lebenden, aber schwachsinnigen männlichen Angehörigen des maked. Königshauses, → Philipp III. Arrhidaios, und den nach Alexanders Tod geborenen Sohn der Roxane, → Alexander IV., als König anzuerkennen, was eine Vormundschaftsregierung nötig machte. Es zeigte sich bald, daß die hohen Beamten und Offiziere Alexanders zuerst an die Stärkung der eigenen Stellung dachten. Einen Aufstand der Griechen warf der Statthalter Makedoniens und Stellvertreter der Reichsgewalt, → Antipater (1), im → Lamischen Krieg nieder. Der Korinthische Bund wurde aufgelöst. Athen verlor in der Seeschlacht bei Amorgos (322) seine Stellung als Seemacht für immer. Einer der → Diadochen, → Antigonos I., hatte die Herrschaft fast des ganzen Reiches an sich reißen können und bereits den Königstitel angenommen (306). Im nächsten Jahre folgten die übrigen Machthaber seinem Beispiel; die mühsam aufrechterhaltene Fiktion eines einheitlichen Alexanderreichs war damit aufgegeben. Alle Angehörigen des maked. Königshauses waren in diesen Kämpfen ohnehin bereits ermordet oder hingerichtet worden. Antigonos' Versuch, das Reich unter seiner Herrschaft zu vereinigen, scheiterte 301 in der Schlacht bei Ipsos im südl. Phrygien, in der er selbst fiel. Die asiatischen Reichsteile teilten sich zur Hauptsache → Seleukos I., der den ganzen Osten übernahm, und → Lysimachos von Thrakien, der Kleinasien erhielt; → Ptolemaios I. hatte bereits bei Alexanders d. Gr. Tod Ägypten als Satrapie erhalten. Zwistigkeiten im Haus des Lysimachos führten zu einem neuen Koalitionskrieg, in dem Lysimachos in der Schlacht von Kurupedion in Westkleinasien 281 Reich und Leben verlor. Seleukos, dem Kleinasien zufiel, wurde bei dem Versuch, auch noch Makedonien mit seinem Reich zu vereinigen, ermordet.

[3] *Das hellenist. Staatensystem.* Das Jahr 280 gilt als das Ende der Zeit der Diadochen, der ‹Nachfolger›, da nun keiner der Machthaber und Offiziere, die noch unter Alexander gedient hatten, mehr am Leben war; es folgte die Zeit der → Epigonen, der ‹Nachgeborenen›. Das Staatensystem der hellenist. Zeit hatte sich gefestigt. Die Hauptstaaten (Kt. 1238) waren das Kernland → Makedonien, in dem die → Antigoniden sich schließlich festsetzen konnten, das → Seleukidenreich, das nahezu den gesamten asiatischen Reichsteil umfaßte, mit den Hauptstädten Seleukeia in Babylonien und Antiochia am Orontes in Syrien, und → Ägypten unter den → Ptolemäern (Lagiden) mit der Hauptstadt Alexandria. Die Griechenstädte Kleinasiens, nominell frei, waren mit wenigen Ausnahmen, wie Rhodos, von den großen Mächten abhängig. In G. selbst beherrschte Makedonien Thessalien und zeitweise einen Teil der griech. Städte, darunter auch Athen. Einige Städte, wie Sparta, blieben unabhängig. Zwei Stammesbünde begannen sich über ihre alten Grenzen auszudehnen: der → Ätolische Bund, dem es bald gelang, sich fast ganz Mittelgriechenl. anzuschließen, und der → Achäische Bund in der Peloponnes, der zunächst räumlich beschränkt blieb, schließlich aber die ganze Peloponnes umfaßte. Beide Bünde waren echte Bundesstaaten; die Mitglieder selbst waren autonom; Außenpolitik, Heer, Bürgerrecht, Bundesversammlung, Bundesrat, die gewählten Beamten und der Bundespräsident mit dem Titel des → Strategen sowie die Münzprägung waren gemeinsam. – 279 unternahmen die → Kelten einen verheerenden Raubzug durch Makedonien und Griechenland und zogen darauf nach Kleinasien, wo sie erst nach schweren Kämpfen auf die Hochebenen Phrygiens zurückgedrängt werden konnten (→ Galater).

[4] *Hellenisierung des Ostens.* Das kulturgeschichtlich bedeutsamste Geschehen der neuen Zeit war die Massenauswanderung von Griechen in die weiten Räume des Orients. Überall gab es → Städtegründungen nach griech. Muster mit griech. Kultur und Selbstverwaltung, meist von den Herrschern gegründet und nach ihnen selbst oder ihren Frauen genannt: Alexandreia, Seleukeia, Antiocheia, Apameia, Ptolemais, Arsinoeia, Attaleia usw. Vor allem die Seleukiden waren große Städtegründer. Auch auf dem Lande, bes. in Ägypten, siedelten Griechen und Makedonen einzeln oder in Gruppen als Gutsbesitzer oder in Militärkolonien. Staatsrechtlich standen die neuentstandenen Territorialstaaten mit Ausnahme Makedoniens, das ein nationales Stammeskönigtum blieb, und der als frei geltenden griech. Städte unter der absoluten Herrschaft ihrer Könige. Persönlich frei und in bevorrechtigtem Rechtsstand waren die herrschende Schicht der Makedonen und die Griechen, während die Masse der einheimischen Bevölkerung rechtlich unselbständig war. Ein Bürgerrecht gab es in diesen Staaten nicht. Als Eigentümer und Herr seines Reiches war der König gebunden, für das Wohl seiner Untertanen zu sorgen. – Die *Wirtschaft*, deren Organisation uns aus den ägypt. Papyri genauestens bekannt ist, war staatlich gelenkt und beaufsichtigt, ließ aber der Privatinitiative Raum. Die griech. Geldwirtschaft löste die orientalische Naturalwirtschaft ab; die wirtschaftlichen Möglichkeiten der Länder wurden mit griech. Initiative entwikkelt. Ein umfangreicher Handelsverkehr umspannte die gesamte hellenist. Welt und weite Gebiete darüber hinaus, bes. im westl. Mittelmeer und von Ägypten und Syrien aus die Randländer des Indischen Ozeans von der ostafrikanischen Küste bis Indien und von da aus bis China. – *Kultur und Zivilisation* erreichten in der Zeit des Hellenismus ihr höchstes Niveau, vielfach gefördert durch die Herrscher, die Wissenschaftler und Künstler an ihren Hof zogen. Am berühmtesten wurde die Gelehrtengesellschaft des → Museion in → Alexandria mit ihrer → Bibliothek, der größten des Altertums, und später → Pergamon. Die *Wissenschaft* erlebte einen großen Aufschwung. → Eratosthenes entdeckte die Kugelgestalt der Erde und bestimmte den Erdumfang mit großer Genauigkeit; → Aristarch (1) lehrte das heliozentrische System. Manche zukunftsreiche Erfindung, wie die der Dampfmaschine, war im Prinzip gemacht, wurde aber wegen des meist nur spielerischen Interesses des Altertums an diesen Dingen und des genügenden Vorrats an menschlicher Arbeitskraft aus der Sklaverei nicht konsequent fortentwickelt. Doch konnte die allgemeine griech. Weltkultur die Massen der orient. Bevölkerung nicht wirklich durchdringen. Neben der griech. Weltsprache blieben die orient. Sprachen vielfach als Amts- und Literatursprachen erhalten, und die orient. Religionen eroberten ihrerseits die griech. Welt. Bes. seit dem 2. Jh. v. Chr. wuchs der Einfluß orient. Wesens auf die im Osten ansässigen Griechen stark.

[5] Die *politische Geschichte* der hellenist. Staaten im 3. Jh. bietet das Bild unaufhörlicher Kriege. Rivalitäten der Großmächte und Besitzstreitigkeiten bes. zwischen Ägypten und dem Seleukidenreich, aber auch mit Makedonien führten zu den → Syrischen Kriegen, die teils in Syrien, teils in der Ägäis geführt wurden (1. Syr. Krieg 274–271; 2. Syr. Krieg 260–253; 3. Syr. Krieg 246–241; 4. Syr. Krieg 221 bis 217; 5. Syr. Krieg 201–198). Das Seleukidenreich verfiel; immer neue Gebiete lösten sich ab und wurden selbständige Staaten: bald nach 280 das unter einer einheimischen Dynastie stehende → Bithynien im Nordwesten Kleinasiens, etwas später die beiden Königreiche unter iranischen Dynastien, → Kappadokien im östlichen Kleinasien und (Kappadokien am) → Pontos an der Nordküste, seit 263 auch → Pergamon im Westen Kleinasiens unter der griechischen Dynastie der → Attaliden. Die Parner, ein iranisches Reitervolk in den Steppen östl. des Kaspischen Meeres, er-

oberten Teile der seleukid. Provinz Parthien und gründeten einen neuen Staat, das → Partherreich, als dessen Gründungsjahr später 247 galt (Beginn der parthischen Ära). Darauf machte sich auch das noch weiter östl. gelegene Baktrien (Turkestan) mit seiner großen griech. Bevölkerung unter seinem Satrapen → Diodotos (3) selbständig. In G. selbst war das 3. Jh. erfüllt vom Kampf Makedoniens um die Vorherrschaft und von Kriegen der griech. Staaten untereinander.

[6] *Bis zum Frieden von Apameia.* Nach der Mitte d. 3. Jh.s verschlechterte sich die Lage der hellenist. Staaten zusehends. Ein Bruderkrieg schwächte das seleukid. Reich, in Ägypten begannen Erhebungen der einheimischen Bevölkerung, in G. brachte die revolutionäre Bewegung des Königs → Kleomenes III. von Sparta und ein Krieg des Achäischen und Ätolischen Bundes (220–217, → Bundesgenossenkrieg, 2) schwere Erschütterungen. → Philipp V. v. Makedonien, der sich durch röm. Eingreifen in Illyrien bedroht fühte, schloß 215, nach der Niederlage der Römer bei Cannae (216), mit → Hannibal einen Bündnisvertrag ab. Daraus entsprang der 1. Maked. Krieg, der 206/205 unentschieden durch Friedensverträge abgeschlossen wurde. Hilfegesuche von → Pergamon und → Rhodos an Rom gegen die gewalttätige Politik Philipps lösten den 2. Maked. Krieg aus (200–197). Philipp V. wurde 197 von T. → Quinctius (3) Flamininus bei Kynoskephalai in Thessalien besiegt und mußte alle griech. Besitzungen einschließlich Thessaliens abtreten. Flamininus erklärte die griech. Städte in der berühmten Proklamation auf den → Isthmien 196 für frei. Gleichzeitig hatte im Osten → Antiochos III. (223–187) verlorene Gebiete des Seleukidenreichs in mehreren Feldzügen zurückgewonnen. Seine Landung in G. zur Unterstützung des Ätolischen Bundes führte nach längeren diplomatischen Auseinandersetzungen zum Krieg mit Rom. Antiochos erlitt 190 gegen L. → Cornelius (31) Scipio Asiaticus bei Magnesia am Sipylos eine entscheidende Niederlage. Im Frieden von Apameia (188) mußte er ganz Kleinasien an Rom abtreten, das bes. Pergamon damit vergrößerte.

[7] *Bis zum Ende des 2. Jh.s.* → Rom (I C 2), nunmehr die entscheidende Macht auch im Osten, suchte durch eine oft brutale und perfide Politik jede Stärkung der hellenist. Staaten zu verhindern. Makedonien, das allein noch eine wirkliche Macht darstellte, wurde aus nichtigem Anlaß im 3. Makedon. Krieg (171–168) angegriffen und in der Schlacht bei Pydna von L. → Aemilius (10) Paullus vernichtend geschlagen. Der schwache König → Perseus (2) endete in röm. Gefangenschaft. Makedonien wurde für frei, d. h. republikanisch erklärt, aber in vier Teile zerrissen, zwischen denen jeder Verkehr verboten wurde; die Oberschicht des Landes wurde in Gefangenschaft abgeführt. – Gleichzeitig griff Rom im Osten ein. Hier hatte → Antiochos IV. das Seleukidenreich nach dem verlorenen Kriege mit Rom durch innere Reformen, bes. weitere Hellenisierung, wieder zu stärken versucht. Ein Thronwechsel in Ägypten öffnete die Aussicht, durch Übernahme der Vormundschaft über den unmündigen König das Ptolemäerreich mit dem der Seleukiden zu vereinigen. Antiochos rückte bis vor Alexandria (sog. 6. → Syr. Krieg, 170–168); doch zwang ihn eine röm. Gesandtschaft unmittelbar nach dem Sieg von Pydna durch ein schroffes Ultimatum, Ägypten zu räumen. Damit hatte Rom auch den noch unabhängigen Staaten des Ostens seinen Willen aufgezwungen. Makedonien wurde 148 nach einem Aufstand gegen Rom röm. Provinz. Daran schloß sich ein Krieg gegen den Achäischen Bund, in dem röm. Einmischung zu einer proletarischen Erhebung geführt hatte. Die Auflösung des Achäischen Bundes und die Zerstörung von Korinth 146 durch L. → Mummius Achaicus war das Ende. – 133 fiel auch das *Pergamenische Reich* durch das Testament des letzten Königs → Attalos III. an Rom, mußte aber erst in schweren Kämpfen erobert werden. – Der *Verfall des Seleukidenreichs* schritt fort. Die Hellenisierungsbestrebungen Antiochos' IV. gaben den Anstoß zum Aufstand der → Makkabäer in → Judäa, aus dem in langen Kämpfen ein neuer jüdischer Staat hervorging. Im Osten eroberte → Mithradates I. v. Parthien (171–138/137) den größten Teil Irans und bald darauf Mesopotamien (141 bis 129). Der Euphrat wurde zur Grenze zwischen Ost und West; das Seleukidenreich war auf das nördliche Syrien beschränkt und durch ständige Thronwirren und Prätendentenkämpfe zerrissen, in die → Ptolemaios VI. durch Verheiratung einer Tochter an zwei Prätendenten nacheinander und einen Feldzug nach Syrien eingriff (146/145). Weiter im Osten hatte der baktrische König → Demetrios (12) um 180 einen großen Teil Indiens erobert, das durch den Sturz der Mauryadynastie und Auseinandersetzungen zwischen Brahmanen und Buddhisten geschwächt war. Der Anschluß Indiens an die griech. Welt schien erreicht. Aber um 129 wurde das griech. Baktrien von den Tocharern und anderen innerasiatischen, ostiranischen Stämmen erobert, während in Indien griech. Teilfürsten sich noch ein knappes Jahrhundert hielten. Auch das ptolemäische Ägypten war in dieser Zeit durch Thronwirren und Aufstände der einheimischen Bevölkerung geschwächt.

[8] *Bis zur Kaiserzeit.* Neue Erschütterungen brachten die Kriege Roms mit → *Mithradates VI.* v. Pontos (121–63). Mithradates, der ganz Kleinasien erobert hatte, trat als Beschützer des Griechentums gegen Rom auf. Am 1. März 86 nahm → Sulla nach langer Belagerung das mit Mithradates verbündete Athen ein. Den Abschluß der Mithradat. Kriege führte → Pompeius (2) herbei, der 64 die Provinzen → Bithynien, → Pontos, → Kilikien und → Syrien einrichtete. Die hellenist. Welt hatte unter diesen Kriegen, den Inflationen, den Seeräubern, denen erst Pompeius 66 im → Seeräuberkrieg das Handwerk legte, wie unter der erpresserischen Amtsführung der röm. Provinzstatthalter und der Aussaugung durch röm. Kapitalisten schwer zu leiden. Auch die Bürgerkriege zwischen Pompeius und → Caesar und danach zwischen Octavian (→ Augustus) und → Antonius (2) und den Caesarmördern wurden zur Hauptsache auf griech. Boden geführt. Als Ende der hellenist. Zeit gilt das Jahr 30 v. Chr., in dem der letzte der hellenist. Großstaaten, Ägypten, von Octavian erobert und röm. Provinz wurde.

G. Kaiserzeit. [1] G. selbst, das bis dahin als frei gegolten hatte, wenn auch unter Oberaufsicht des Statthalters von Makedonien, aufgelöst in eine größere Anzahl kleiner Bünde und Stadtstaaten, wurde nach dem Aktischen Kriege i. J. 27 v. Chr durch → Augustus zur *Provinz* → *Achaia* mit einem eigenen Statthalter gemacht. Eine Freiheitserklärung → Neros (67 n. Chr.) machte → Vespasian wieder rückgängig. Athen war nach wie vor als kultureller Mittelpunkt anerkannt und bes. wegen seiner Philosophenschulen berühmt. Die Fürsorge des Augustus und der späteren Kaiser zeigte sich in großen Bauten. → Korinth, von → Caesar als röm. Kolonie neu gegründet, wurde Sitz des Provinzstatthalters. Der Italien nächstgelegene größere Hafen, Patrai, wurde durch Augustus röm. Kolonie; am Schauplatz des Sieges von Actium gründete Augustus die röm. Kolonie → Nikopolis. Sparta gelangte wieder zu Wohlstand und pflegte seine alten Traditionen. Aber das übrige G. war großenteils entvölkert, viele Orte ganz verlassen, viele Städte und Tempel waren zerstört. Der Philhellene → Hadrian (117–138) förderte die griech. Städte und errichtete bes. in Athen prächtige Bauten. In romantischer Schwärmerei für die alte Zeit wurden die Festspiele für den Sieg bei Platää über die Perser und die → Delphische Amphiktyonie neu belebt und Athen zum Mittelpunkt eines allgemeinen Bundes der Griechenstädte erklärt.

[2] Im Jahre 170 fielen die wahrscheinlich dakischen *Kostoboken* nach G. ein und verwüsteten Eleusis. Die germ. → Heruler plünderten und zerstörten Athen außer der Akropolis (267); auch in Olympia konnte nur der Kern des

Heiligtums durch eine Mauer geschützt werden. 395–400 drang → Alarich bis in die Peloponnes vor. Die städtische Selbstverwaltung war schon im 3. Jh. erloschen, die alte Religion und Kultur starben ab. → Theodosius I. (379–395) verbot jeden heidnischen Kult. 393 wurden die letzten Olympischen Spiele gefeiert. Das Verbot des Philosophieunterrichts durch → Justinian (529) bezeichnet das Ende des antiken geistigen Lebens in G. Gleichzeitig begannen die Einbrüche der Slawen, die in G. feste Wohnsitze suchten. Die Griechen mußten vielfach aus den alten Städten und Dörfern fliehen und neue Siedlungen in geschützter Lage gründen. Damit endet die Geschichte des antiken G. und beginnt das Mittelalter, das im Osten von Byzanz geprägt wurde (→ Konstantinopel). E. M.

Lit: Gesamtdarstellungen: K. J. Beloch, Griech. Gesch., 4 Bde (1893 bis 1904), 1912–27^2 – Ed. Meyer, Gesch. d. Altert., 5 Bde (1893–1902), d. versch. Bde in 2.–7. Aufl. 1913–58 (Neudruck 1953–58) – G. Busolt-H. Swoboda, Griech. Staatskunde, 2 Bde, 1920–26 – CAH 1–12, mit 5 Abb.bänden, zuerst 1923–39 – B. Knauß, Staat u. Mensch in Hellas (1940), 1949^2 – W. Kranz, Die Kultur d. Griechen (1943), 1949^2 – Ders., Griechentum, 1952 – V. Ehrenberg, Der Staat d. Griechen (1957–58), BAW, 1965^2 – H. Berve, Griech. Gesch., 2 Bde (1931 bis 1933), 1951-52^2, neu in 3 Bänden 1959–60 – H. Bengtson, Griech. Gesch. (1950), 1965^3 – F. Schachermeyr, Griech. Gesch. mit bes. Berücks. d. geistesgesch. u. kulturmorphol. Zusammenhänge, 1960 – A. Aymard, in: Histoire gén. des civilisations. I. L'Orient et la Grèce (1953), 1960^4 – G. de Sanctis, Storia dei Greci dalle origini alla fine del secolo V, 2 Bde (1939), 1961^6 – U. Wilcken, Griech. Gesch. (1924), 1962^9 – *Zu A und B:* Ch. G. Starr, The origins of Greek civilisation, 1961 – *Zu B und C:* J. Hasebroek, Griech. Wirtschafts- u. Gesellschaftsgesch. bis zur Perserzeit, 1931 – *Zu F:* B. Niese, Gesch. d. griech. u. maked. Staaten seit d. Schlacht b. Chaeronea, 3 Bde, 1893–1903 – J. Kaerst, Gesch. d. Hellenismus, 2 Bde (1901–09), I 1927^3, II 1926^2 – *Zu G:* G. F. Hertzberg, Die Gesch. G.s unter d. Herrsch. d. Römer, 3 Bde, 1866–75.

IV. Der griechische Staat

A. Grundformen. Staatsbegriff – B. Epochen. [1] Königtum. Adelsherrschaft – [2] Demokratie – [3] Oligarchie – C. Staatsautorität, Organisation. – Vgl. auch → Polis, → Bünde, → Ethnos – Für die hellenist. Zeit vgl. → Hellenistischer Staat; ferner → Antigonidenreich, → Ptolemäerreich, → Seleukidenreich.

A. Grundformen. Staatsbegriff. Die höchste politische Gewalt war bei den Griechen, wie bei anderen Völkern, entweder Einzelpersonen (→ Königtum, → Tyrannis) oder Personenverbänden (Bürgerschaften, Gemeinden) zu eigen; der vor- und nachklass. Zeit war beides geläufig, in der klass. Zeit (5. Jh. und 1. H. 4. Jh.) dieses die Regel, jenes eine seltene, gefürchtete, gern (aber nicht immer) als rechtswidrige Gewaltherrschaft hingestellte Ausnahme. Die Abstraktion, die hinter den Personen den unpersönlichen Staat sehen lehrt, ist von den Griechen wohl in der → Staatstheorie, nicht aber im öffentlichen Recht und auch nicht in der volkstümlichen Anschauung vollzogen worden. So nennen die Griechen (auch und gerade in offiziellen Texten wie etwa Staatsverträgen), wo wir den Staat nennen würden, einfach den Herrscher oder die Bürgerschaft, z. B. ‹Dionysios (und seine Nachkommen)›, ‹die Athener›. Nicht etwa die Untertanen, die der Herrscher hat, die Bürgerschaft haben kann: sie haben kein Recht an der Gewalt, sie sind ihr nur einseitig unterworfen. Auch nicht das Land: das Territorium ist nach griech. Auffassung Besitz des Staates (oder vielmehr des Herrschers bzw. der Bürgerschaft), nicht der Staat selbst und auch nicht seine räumliche Seite. Seine Grenzen freilich haben auch bei den Griechen große staats- und völkerrechtliche Bedeutung, sie wurden darum vertraglich gesichert und sorgfältig bezeichnet.

B. Epochen. [1] *Königtum. Adelsherrschaft.* Auf der Seite der Gemeinden (Bürgerschaften) unterscheidet man vor allem den Stadtstaat (die → Polis) und den oft wie ein Bund (→ Bünde) organisierten Stammstaat (das → Ethnos). Ihre innere Entwicklung geht vom alten (sog. homerischen) → Königtum (in dem der König eher als das Haupt der Gemeinde, gleichsam als der einzige → Magistrat, aufzufassen ist denn als Herrscher) zu Verfassungsformen, die auf die Freiheit und Selbstregierung des Volkes den Ton legen und sich insofern alle gleichen, als sie die Gewalt des Einzelnen, auch der gewählten und jährlich wechselnden → Magistrate, nach Möglichkeit beschränken und alle wichtigen Entscheidungen einer meist vielköpfigen Vertretung der Bürgerschaft, dem Rat (→ Bulē), oder dieser selbst, der Volksversammlung aller oder nur der politisch vollberechtigten Bürger (→ Ekklesia) vorbehalten. Dabei verstand es sich in der älteren Zeit von selbst, daß die öffentlichen Angelegenheiten in der Hauptsache von den adligen Großgrundbesitzern besorgt wurden; sie allein hatten einen Namen, sie allein Erfahrung, sie allein auch die Muße und die Mittel zur Bekleidung der Ehrenämter; auch dort, wo andere grundsätzlich mitreden durften, billigte man ihnen die Entscheidung zu. Man darf ruhig von Adelsherrschaft sprechen.

[2] *Demokratie.* Der Aufstieg der mittleren Grundbesitzer, Handwerker und Kaufleute, die jetzt auch im Krieg als → Hopliten große Bedeutung gewannen und an der Regierung beteiligt sein wollten, auf der einen, die Not der Ärmsten, die in dem von den eigennützigen Großgrundbesitzern beherrschten Staat nicht zu ihrem Recht kamen, auf der anderen Seite führten, im Verein mit den Faktionskämpfen des Adels, im 7. und 6. Jh. zu schweren, oft blutigen Auseinandersetzungen, in deren Verlauf im allgemeinen der Adel zurückgedrängt und immer weiteren Kreisen Anteil an der Regierung gewährt wurde. Zunächst wurden die Rechte und Pflichten der Bürger nach dem Vermögen abgestuft (→ Timokratie), dann, etwa seit der 2. H. des 6. Jh.s, die Gleichberechtigung (→ Isonomie) aller Bürger angestrebt und dort, wo diese Tendenzen durchdrangen, die politischen Vorrechte der Begüterten eins nach dem andern beseitigt. In dieser seit dem 5. Jh. → Demokratie, ‹Volksherrschaft›, genannten Verfassungsform, deren Vorkämpfer und Vorbild → Athen war, wurden die Magistrate weiter beschränkt, auch der Rat zurückgedrängt. Dagegen wurden die Volksversammlung (→ Ekklesia) und die Volksgerichte allmächtig; die Verlosung der Ämter und die Auszahlung von Tagegeldern an Magistrate, Ratsherren und Richter (ja z. T. sogar an die Teilnehmer an der Volksversammlung) sicherten auch dem kleinen Mann gleichen Anteil an der Regierung. An einer planvollen und festen Staatsleitung fehlte es mehr und mehr; sie kam noch am ehesten in die Hände derer, die als → ‹Redner› (auch Demagogen, ‹Volksführer›) die souveräne Volksversammlung zu lenken verstanden – bis die Stimmung umschlug.

[3] *Oligarchie.* Die Auswüchse der Demokratie bestärkten ihre Gegner in ihrem Widerstand und führten ihnen manchen Gemäßigten zu. Wo sie sich an der Macht behaupten oder diese wieder erringen konnten, schlossen sie die Masse von der Regierung aus und beschränkten die vollen politischen Rechte auf eine Minderheit; man sprach idealisierend von der ‹Herrschaft der Besten› (Aristokratie), meist aber (zutreffender) von der ‹Herrschaft der Wenigen› (Oligarchie). Diese herrschende Minderheit mochte alle, in den großen Staaten nach Tausenden zählenden *ὅπλα παρεχόμενοι* (alle, die sich die kostspielige Hoplitenrüstung leisten konnten) umfassen; sie mochte sich auf die Grundbesitzer, in anderen Fällen auf die Reichen beschränken; nicht selten gab es auch einen Numerus clausus der Vollbürger, der von Zeit zu Zeit durch Kooptation oder durch eine Zensusbehörde aufgefüllt wurde. Auch den Älteren und den Familienvätern räumte man gern Vorrechte ein. Auch sonst waren die einzelnen oligarchischen Verfassungen z. T. sehr verschieden voneinander. Allgemein läßt sich vielleicht noch sagen, daß die Oligarchie den Rat vor der Bürgerversammlung bevorzugte; nicht selten kam sie ganz ohne diese aus, oft entmachtete sie auch den Rat zugunsten engerer Ausschüsse (etwa → Probuloi genannt), was dann leicht zur Herrschaft ganz kleiner Zirkel führen konnte. – Der Gegensatz von Oligarchen und Demokraten, oft in blutigen Kämpfen ausgetragen und in der Regel mit außen-

politischen Gegensätzen verknüpft, beherrschte, von gelegentlichen Zwischenspielen der → Tyrannis abgesehen, die innere Geschichte der griech. Staaten vom 5. Jh. bis zum Ende der griech. Freiheit im 2. Jh.; doch näherten sich die Verfassungsideale beider Seiten einander an, und beide gaben ihre Verfassungen schließlich gern sowohl als altererbt wie als demokratisch aus.

C. STAATSAUTORITÄT. ORGANISATION. Wenn wir vom Staat des → mykenischen Zeitalters (den von der im engeren Sinne historischen Zeit eine breite, durch keine Zeugnisse überbrückte Kluft trennt) ganz absehen, sind die ältesten historisch (nicht vor dem 8. Jh.) faßbaren Staaten der Griechen ganz lose Gebilde gewesen, so lose, daß sich darüber streiten läßt, ob man hier überhaupt von Staaten sprechen kann. Es fehlte an einer durchgreifenden staatlichen Autorität, die Organisation war denkbar einfach, sie hatte auch nur ganz wenige Aufgaben zu bewältigen; selbst die Rechtspflege beruhte noch weitgehend auf der Selbsthilfe (→ Recht I B 1). Im Zuge der stürmischen Entwicklung vom 7. bis ins 5. Jh. hat sich das rasch geändert. Dem Staat wuchsen fortwährend neue Aufgaben zu; die fortgeschrittensten Demokratien der klass. Zeit, Athen voran, standen in dieser Hinsicht nicht allzu weit hinter unseren heutigen Staaten zurück, sie ordneten das Leben ihrer Bürger in allen Bereichen und verlangten von ihnen zugleich die größten Opfer an Gut und Blut. Hand in Hand mit diesem Umsichgreifen des Staates ging der Ausbau seiner Organisation voran: die → Magistraturen wurden vermehrt und differenziert, ihre Aufgaben durch eine Flut von Gesetzen (→ Nomos) und Volksbeschlüssen (→ Psephisma) genau geregelt, → Archive eingerichtet, Finanz- und → Heerwesen durchgebildet usw. Das alles blieb freilich, da nur ein sehr kleiner Raum und wenig Volk zu beherrschen waren, nach heutigen Maßstäben bescheiden genug; ein bürokratisches Ämterwesen kannte die Polis nicht, das gab es erst in hellenist. Zeit auf orientalischem Boden und vielfach in Weiterbildung orientalischer Institutionen. F. G.

Lit: H. Swoboda (K. F. Hermann), Lehrbuch d. griech. Staatsaltertümer III, 1913[6] – B. Keil, Griech. Staatsaltertümer (1912), 1914[2] (Gercke-Norden) – Busolt-Swoboda, Griech. Staatskunde (1887), 1920–26[3] (HbAW) – V. Ehrenberg, Der Staat der Griechen (1957/58), 1965[2] – *Zu* A: F. Gschnitzer, Gemeinde und Herrschaft, SB Wien 235, 3, 1960 – V. Ehrenberg, Von den Grundformen griech. Staatsordnung, SB Heidelb. 1961, 3.

D. FINANZWESEN. [1] *Allgemeines.* Der in Griechenland allgemein übliche Amtstitel → Tamias für Kassenführer und Schatzverwalter zeigt, daß das Amt aus der Hauswirtschaft (bes. des Königtums) übernommen worden ist, wenn es seine Bedeutung im Finanzwesen der griech. Städte auch erst nach Einführung des Münzgeldes (→ Geld) erhielt. Der damit einsetzenden wirtschaftlichen Entwicklung ging die politische parallel, in der in der Zeit → Solons für die Gesamtheit der Bürger Aufgaben vom Staat übernommen wurden, die bei ihrem Anwachsen notwendig die Bedürfnisse des Staates steigerten. Der Umfang des Staatshaushalts blieb trotzdem bis in die klass. Zeit sehr beschränkt, weil der griech. Polis – mit Ausnahme der Zeit der Tyrannis – eine eigentliche Finanzhoheit fehlte. Die Einnahmen des Staates wurden als Eigentum der Gesamtheit der Bürger betrachtet und dementsprechend bis ins 5. Jh. v. Chr. an die einzelnen Bürger verteilt. Umgekehrt bewaffneten sich dafür die Bürger selbst, und die Wohlhabenden übernahmen zahlreiche staatliche Aufgaben, darunter auch die Magistraturen, in freiwilliger Dienstleistung (→ Leiturgia).

[2] *Archaische Zeit.* Die Tyrannen wurden für die weitere Entwicklung des Finanzwesens richtungweisend. Zum Unterhalt ihrer Söldnertruppen und ihrer Hofhaltung reichten die Mittel aus Konfiskationen ihrer Gegner und gelegentlicher Kriegsbeute nicht aus. Sie erhoben daher Marktgebühren und Hafenabgaben und legten der Bevölkerung direkte und indirekte → Steuern auf, deren Verwendung für große Bauten und zur Förderung des Seehandels und der Bodenkultur (→ Peisistratos) mindestens den ärmeren Bevölkerungsschichten wieder zugute kam.

[3] *Klass. Zeit.* Während für die Polis in älterer Zeit fast allein Ausgaben für den Kult entstanden waren, machten in der klass. Zeit die Entwicklung des Heerwesens und bes. der Flotte in stärkerem Maße staatliche Leistungen notwendig. Bezeichnenderweise wurde mit Beginn der Flottenpolitik des → Themistokles in Athen von einer Verteilung der Einnahmen aus den Bergwerken von Laurion Abstand genommen. Für die Demokratie, bes. in Athen, wurde es dann entscheidend, daß der Staat in zunehmendem Maße für den Unterhalt (→ Trophe) seiner Bürger aufkam, die zum großen Teil nur dadurch in die Lage versetzt wurden, am politischen Leben teilzunehmen. Sold für die zum Heer- und Flottendienst aufgebotenen Bürger, Diäten für Geschworene und Ratsherren und schließlich für die Anwesenheit in der → Ekklesia und im Theater (→ Theorika) sowie Ausgaben für staatliche Bauten, die weitgehend der Arbeitsbeschaffung dienten, und für die → Lebensmittelversorgung der Bürger erhöhten ständig die Bedürfnisse des Staates. Trotzdem blieb es eine Ausnahme, daß → Perikles aus den → Phoroi der Bündner einen Reservefonds auf der Akropolis ansammelte, und blieb die Thesaurierung den Tempeln überlassen, deren Schätze allerdings unter staatliche Kontrolle kamen und für Anleihen durch den Staat zur Verfügung standen. Die laufenden Ausgaben wurden von den griech. Städten aus den laufenden Einnahmen bestritten. Dabei resultierten die ordentlichen Staatseinnahmen aus der Verpachtung des meist unbedeutenden Grundbesitzes, bes. der → Bergwerke, aus gelegentlich vorkommenden → Monopolen, aus → Zöllen, direkten und indirekten → Steuern und Gebühren verschiedener Art. Allerdings wurden entsprechend dem Selbstverständnis der Polis im allgemeinen die Bürger dadurch nicht direkt belastet; sie waren zur Deckung der außerordentlichen Ausgaben zu Umlagen (→ Eisphora) und zu freiwilligen Leistungen für den Staat (→ Leiturgia, → Epidosis) verpflichtet. Die Vielfalt der Einnahmen bedingte unterschiedliche Kassen und eine immer mehr wachsende Zahl von Beamten, was die Führung einer einheitlichen Staatsrechnung erschwerte; die Einnahmen vermochten trotzdem immer weniger, die staatlichen Ausgaben zu decken. Als im 4. Jh. v. Chr. die → Phoroi der Bündner wegfielen, wurde deshalb die → Eisphora zu einer fast regelmäßig erhobenen Vermögenssteuer, und bei der Bedeutung der → Theorika für den gesamten Haushalt des Staates erhielt ihr Kassenleiter die Kontrolle über das ganze Finanzwesen.

[4] *Hellenist. Zeit.* Damit war eine wichtige Voraussetzung für das Finanzwesen der hellenist. Zeit gegeben, in der, bes. in Ägypten, das gesamte Finanzwesen der Leitung eines Beamten (→ Dioiketes) unterstand. Für die hellenistischen Könige, die Heer, Flotte und einen großen Beamtenapparat besolden mußten und den freiwilligen und unbezahlten Dienst ihrer Bürger nicht kannten (vgl. allerdings → Trierarchie), war ein ausgebildetes Finanzwesen von ausschlaggebender Bedeutung; die neuen Formen wurden jetzt auch weitgehend von Städten und Städtebünden übernommen. Die staatlichen Einkünfte wurden thesauriert, und damit wurde erst eine Planung für die staatlichen Aufgaben (zumeist im Dienste politischer Expansion) ermöglicht. Die Einnahmen basierten auf dem großen königlichen Domänenbesitz, und daneben existierte ein bis ins letzte durchdachtes System differenzierter → Steuern, das jede nur mögliche Geldquelle für den Staat erschloß. – Vgl. auch → Wirtschaft und Handel B. H. Br.

Lit: H. Francotte, Les finances des cités gr., 1909 – G. Busolt-H. Swoboda, Griech. Staatskde., 2 Bde, HbAW IV 1, 1, 1920/26 – A. Andreades, Gesch. der griech. Staatswirtschaft I, 1931 – M. Rostovtzeff, Hellenist. Welt, 3 Bde (engl. 1941), 1955/56 – F. M. Heichelheim, Wirtschaftsgesch. d. Altertums (1938), engl. II, 1964[2] (Lit) – V. Ehrenberg, Der Staat der Griechen (1957/58), 1965[2] (Lit).

Griechisch

A.–C. Altgriechisch: A. Äussere Geschichte (bis zum Ende des Altertums) – B. Dialekte: [1] Einteilung – [2] Entstehung – [3] Attisch und Koine – C. Innere Form: [1] Lautliche Struktur – [2] System der Formen – [3] Syntax – [4] Wortbildung – [5] Wortschatz – D. Mittel- und Neugriechisch: [1] Äußere Geschichte – [2] Sprachformen und Dialekte – [3] Innere Entwicklung. – Sprache = S.

A. Altgriechisch: Äussere Geschichte. Das G.e ist ein eigener, auch von den nächsten Verwandten (etwa dem → Makedonischen?) deutlich geschiedener Zweig der → indogerman. Sprachfamilie, der sich seit etwa 2000 v. Chr. in Griechenland selbständig entwickelt hat. Da bereits seit der 2. H. des 2. Jt.s Texte bekannt sind, ist das G.e von allen heute noch lebenden indogerman. Sprachen am frühsten direkt bezeugt. Die erste Phase der Entwicklung ist im → *Mykenischen* faßbar (seit dem 15. Jh.). Damals wurde bereits in → Knossos (Kreta) Griechisch gesprochen, und etwa vom 13. Jh. an finden wir sogar in Cypern Griechen. Beim plötzlichen Untergang der → kret.–myk. Kultur ging aber selbst die Kenntnis der Schrift verloren. In den folgenden Jahrhunderten breitete sich das G.e bis zur Westküste Kleinasiens aus. In diese Zeit fällt auch die Übernahme des → Alphabets (9. Jh.?). Aber erst im 8. Jh. beginnt für uns das eigentliche *Altgriechisch* (historisches G.) mit dem homerischen Epos und Inschriften in griech. Alphabet (frühste Inschrift IG I^2 919, aus Attika). Die damals einsetzende → Kolonisation verbreitete das G.e über weite Gebiete des Mittelmeerraumes (vor allem Unteritalien und Sizilien) und die Küsten des Schwarzen Meeres. In der klassischen Zeit wurde Athen nicht nur zum kulturellen, sondern seit 400 auch zum sprachlichen Mittelpunkt. Eine noch viel weitere Verbreitung brachten dem G.en die Eroberungen → Alexanders d. Gr. und seine zahlreichen Städtegründungen. In der darauf folgenden Epoche des → Hellenismus wurde das G.e auch im Orient herrschend und blieb es selbst unter der Herrschaft der Römer. Nachhaltig hat es auch die Nachbarsprachen, z. B. das Latein, beeinflußt.

B. Dialekte. [1] *Einteilung.* Soweit wir zurückverfolgen können, sind innerhalb des G.en dialektische Unterschiede feststellbar. Dichtung und Prosa verwenden mehrere *literarische Dialekte*, wobei jeder Gattung auch ein bestimmter Dialekt zukommt. Bis weit in die hellenist. Zeit, z. T. noch länger, wurden lokale *(epichorische) Dialekte* für Inschriften verwendet. Die Griechen selbst unterschieden vor allem drei Hauptgruppen: *Ionisch* (mit *Attisch*), *Dorisch* und *Äolisch* (vgl. Hesiod Fr. 7). Diese Einteilung entspricht den *literarischen* Dialekten: die Hexameterdichtung ist seit → Homer (alt)ionisch mit äolischem Einschlag, ionisch ist die Lyrik von → Archilochos u. a. und die ältere Prosa (seit 6. Jh.; → Herodot, → Hippokrates), äolisch die lesbische → Lyrik (I A) und dorisch die Chor → Lyrik (I A) seit → Alkman. Doch ist überall der Einfluß der homerischen Dichtersprache deutlich. Wenn die antiken Grammatiker Angaben über Dialekte machen, so denken sie vor allem an die literarischen Dialekte (→ Grammatik B 3). – Ein wesentlich bunteres Bild bieten aber die *epichorischen* Dialekte. Hier unterscheiden wir für die historische Zeit folgende Gruppen (s. Abb. 1): (1) *Ionisch-Attisch*, (2) *Arkadisch-Kyprisch* (auch Achäisch oder Südachäisch genannt), (3) *Äolisch* (im weiteren Sinn) mit Lesbisch, Thessalisch und Böotisch, und (4) *Westgriechisch* oder *Dorisch* (im weiteren Sinn) mit dem eigentlichen (Süd-)Dorisch und den als Nordwestgriechisch zusammengefaßten Dialekten von Elis, Phokis, Lokri, Ätolien u. a. Trotz gewissen Ähnlichkeiten mit dem Arkadisch-Kyprischen ist auch das Pamphylische (Südküste v. Kleinasien) zum Dorischen zu rechnen. Die Gruppen (2) und (3) werden etwa auch als Achäisch, (1), (2) und (3) als Ostgriechisch zusammengefaßt, was aber weder den Übereinstimmungen zwischen (1) und (2) einerseits und zwischen (3) und (4) anderseits gerecht wird (→ Abb. 82).

[2] *Entstehung.* Sowohl die *arkadisch-kyprischen* als auch die *äolischen* Dialekte sind in historischer Zeit räumlich voneinander getrennt. Diese eigenartige Verteilung ist offensichtlich das Ergebnis größerer Umschichtungen, welche mit der → Dorischen Wanderung Ende des 2. Jt.s erfolgten. Die in Mittel- und Südgriechenland einwandernden Dorer haben also den Zusammenhang zwischen den einzelnen vordorischen Gruppen zerrissen. Für die weitere Beurteilung ist es wichtig, daß die verschiedenen Dialektmerkmale sich erst mit der Zeit herausgebildet haben. Der typisch ionisch-attische Wandel von *ᾱ* zu *η*, z. B. *μᾱτηρ* > *μήτηρ*, ist jung (Anfang 1. Jt.). Auch das bekannte Merkmal des Äolischen, nämlich daß der → Labiovelar vor *e* als Labial und nicht als Dental erscheint (z. B. *πετρο-* gegenüber *τετρα-*, ‹vier›, vgl. lat. *quattuor*), wird nicht sehr viel älter sein, da die Labiovelare im Mykenischen noch als eigene Reihe vorhanden waren (z. B. *qetro-pod-*, ‹Vierfüßler›). Alt sind dagegen die Gemeinsamkeiten zwischen dem Ionisch-Attischen und dem Arkadisch-Kyprischen, z. B. der Wandel *-τι* zu *-σι* (*δίδωτι* > *δίδωσι*, ‹er gibt›), da der Kontakt zwischen ihnen bald nach 1200 aufhörte. In der myk. Zeit gab es also im südl. Griechenland einen Dialekt, der z. B. bereits *-σι* statt *-τι* hatte und als gemeinsame Vorstufe des Arkadischen und Kyprischen und in einem gewissen Sinn auch des Ionisch-Attischen betrachtet werden kann (altes Süd- oder Ostgriechisch). Diese Annahme wird durch das → Mykenische weitgehend bestätigt, das tatsächlich dem Arkadisch-Kyprischen am nächsten steht und die gemeinsamen Merkmale des Ionisch-Attischen und des Arkadisch-Kyprischen zeigt, z. B. *-ti* > *-si*, *ote* 'ὅτε'. Mit dem Zusammenbruch der myk. Kultur und der Einwanderung der Dorer zerfiel diese Gruppe in mehrere Dialekte, die sich unabhängig voneinander entwickelten. Diese blieben in Arkadien und in Cypern im ganzen konservativ, während sich auf den ägäischen Inseln und an der kleinasiatischen Küste das Ionische ausbildete, das übrigens verschiedene Neuerungen mit dem Dorischen gemeinsam hat, z. B. Präp. *εἰς*, *ἐς* (aus *ἐνς*) statt *ἐν* mit Akk. In ähnlicher Weise wurde im nördl. Griechenland das äolische Gebiet zerrissen, und die drei Dialekte entwickelten sich selbständig und z. T. ausgesprochen eigenwillig, in Böotien und Westthessalien unter starkem dorischem, in Lesbos unter ionischem Einfluß (z. B. *-σι* statt *-τι*).

[3] Mit dem politischen und kulturellen Aufstieg Athens gewann auch dessen Dialekt, das *Attische*, an Bedeutung, der zunächst nur ein eher altertümlicher Zweig des Ionischen war, in einigen Punkten aber mit den festländischen Nachbarn ging (z. B. *ᾱ* nach *ι, ε, ρ; ττ* statt *σσ: πρᾱττω* = ion. *πρήσσω*). Ende des 5. Jh.s entstand im Kreise der → Sophisten eine eigentliche attische Prosa, welche bald weitherum Anerkennung fand. Wichtig wurde, daß die makedon. Könige und ihnen folgend die Diadochen das Attische als Hof- und Amtssprache übernahmen. So entwickelte sich dieser Dialekt zur allgemeinen Verkehrssprache des Hellenismus, wobei er allerdings einige typische Züge aufgab (z. B. *ττ* statt *σσ*) und manches von den anderen Dialekten, vor allem vom Ionischen, annahm. Diese *Koinē* (‹gemeinsame› scil. Sprache), deren lebendigste Quelle die zahlreichen → Papyri sind, fand auch in der Literatur Eingang (z. B. → Polybios); in ihr ist auch das NT verfaßt. Die Gegenbewegung des → Attizismus hatte zwar in der Literatur großen Einfluß, vermochte aber auf die Dauer die natürliche Sprachentwicklung in der Koinē nicht aufzuhalten, die als allgemeine Umgangssprache allmählich auch die alten Dialekte verdrängte. An den meisten Orten hören die Dialektinschriften im 2. oder 1. Jh. v. Chr. auf, nur in einigen Gegenden (vor allem in Sparta, aber auch sonst im Süden und in Lesbos) bleiben sie bis ins 2., vereinzelt sogar bis 3. Jh. n. Chr. Von allen diesen Dialekten lebt heute nur noch das Lakonische von Sparta im Tsakonischen (an der Ostküste) weiter.

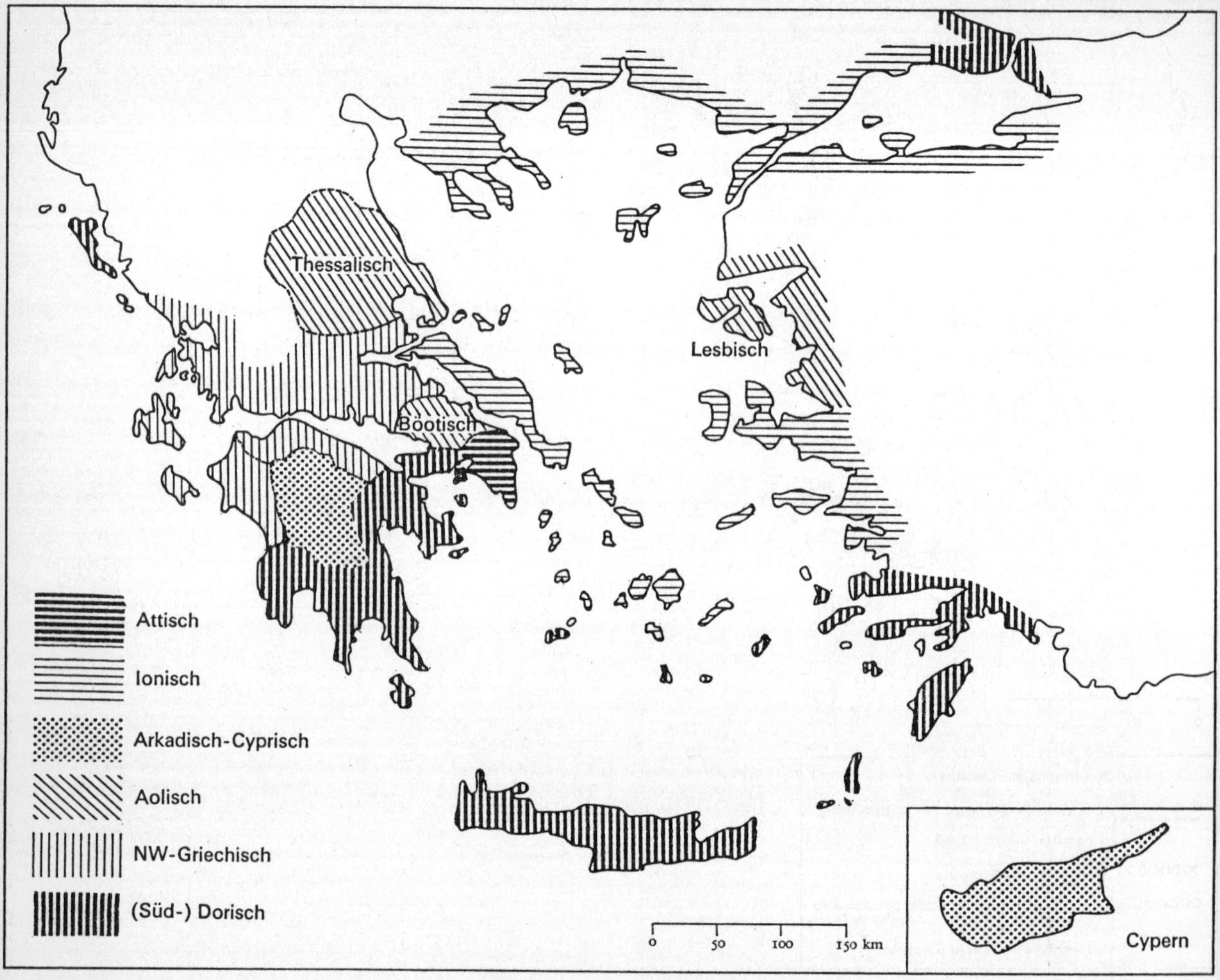

Abb. 82 Die griechischen Dialekte

C. Innere Form. [1] Wichtig für die *lautliche Struktur* des G.en ist bei den Vokalen der Gegensatz zwischen Längen und Kürzen, wozu noch die Besonderheiten des → Akzentes kommen, und bei den Verschlußlauten die Unterscheidung der drei Reihen Tenues, Mediae, Aspiratae, z.B. *τ, δ, ϑ;* letztere sind aber – anders als bei den nächstverwandten Sprachen – im Griechischen stimmlos: $\varphi = p^h$, $\vartheta = t^h$, $\chi = k^h$. Während aber die Verschlußlaute wie auch die Vokale samt den Diphthongen die grundsprachlichen Verhältnisse im übrigen ohne allzu große Änderungen bewahrt haben, ist das idg. *s* nur dann erhalten, wenn es durch andere Konsonanten gestützt war (z.B. *sk, ks* usw.) oder am Wortende stand. Sonst aber ist es bereits vorhistorisch zu *h* geschwächt worden oder ganz geschwunden. Beseitigt ist auch idg. *j* und – in den meisten Dialekten allerdings erst in historischer Zeit – idg. *w* (*Ϝ*, Digamma). Dieser Schwund zog weitgehende andere Veränderungen nach sich: Entstehung neuer Konsonanten (z.B. *ζ* aus *gj, dj; σσ,* att. *ττ,* aus *kj, tj*), → Ersatzdehnung und → Kontraktion von Vokalen im → Hiat, der durch Schwund von *s, j* oder *w* entstanden war. Die neuen Längen *ē* und *ō* wurden aber normalerweise geschlossener als die alten gesprochen und daher nicht *η* und *ω*, sondern als sog. unechte Diphthonge *ει* und *ου* geschrieben. Somit entstand das eigenartige System der 5 kurzen und 7 langen Vokale, wobei *υ* (= *u*) im Ionisch-Attischen schon früh zu *ü* geworden war:

Mitte 1. Jt. v. Chr.

Kürzen:

ι ← *υ*
\ /
ε *ο*
\ /
α

Längen:

ī ← *ῡ*
\ /
unechtes *ει* unechtes *ου*
\ /
η *ω*
\ /
ᾱ

Etwa seit dem Ende der klassischen Zeit setzt nun eine Entwicklung ein, welche allmählich zur völligen *Umgestaltung des Vokalsystems* führte. Beseitigt wurden die alten Diphthonge: zuerst wurden *ει* > *ē*, *ī*, *ου* > *ō*, *ū*, später *αι* > *ä*, *οι* > *ü*, *αυ* > *aw* (*af*), *ευ* > *ew* (*ef*), die Langdiphthonge *ᾱι, ηι, ωι* > *ᾱ, η, ω*, wobei das *ι* in der Schrift noch durch das Iota subscriptum angedeutet wird. Außerdem fielen die langen *ē*-Laute (*ει, η*) mit *ī* zusammen, und endlich wurde gegen Ende des Altertums vermutlich zusammen mit der Änderung des → Akzentes die Unterscheidung zwischen langen und kurzen Vokalen aufgegeben, so daß im Spätgriechischen folgendes Vokalsystem entstand:

Mitte 1. Jt. n. Chr.

i (*ι, ει, η, ῃ*) — *ü* (*υ, οι*) — *u* (*ου*)
\ /
e (*ε, αι*) *o* (*ο, ω, ῳ*)
\ /
a (*α, ᾳ*)

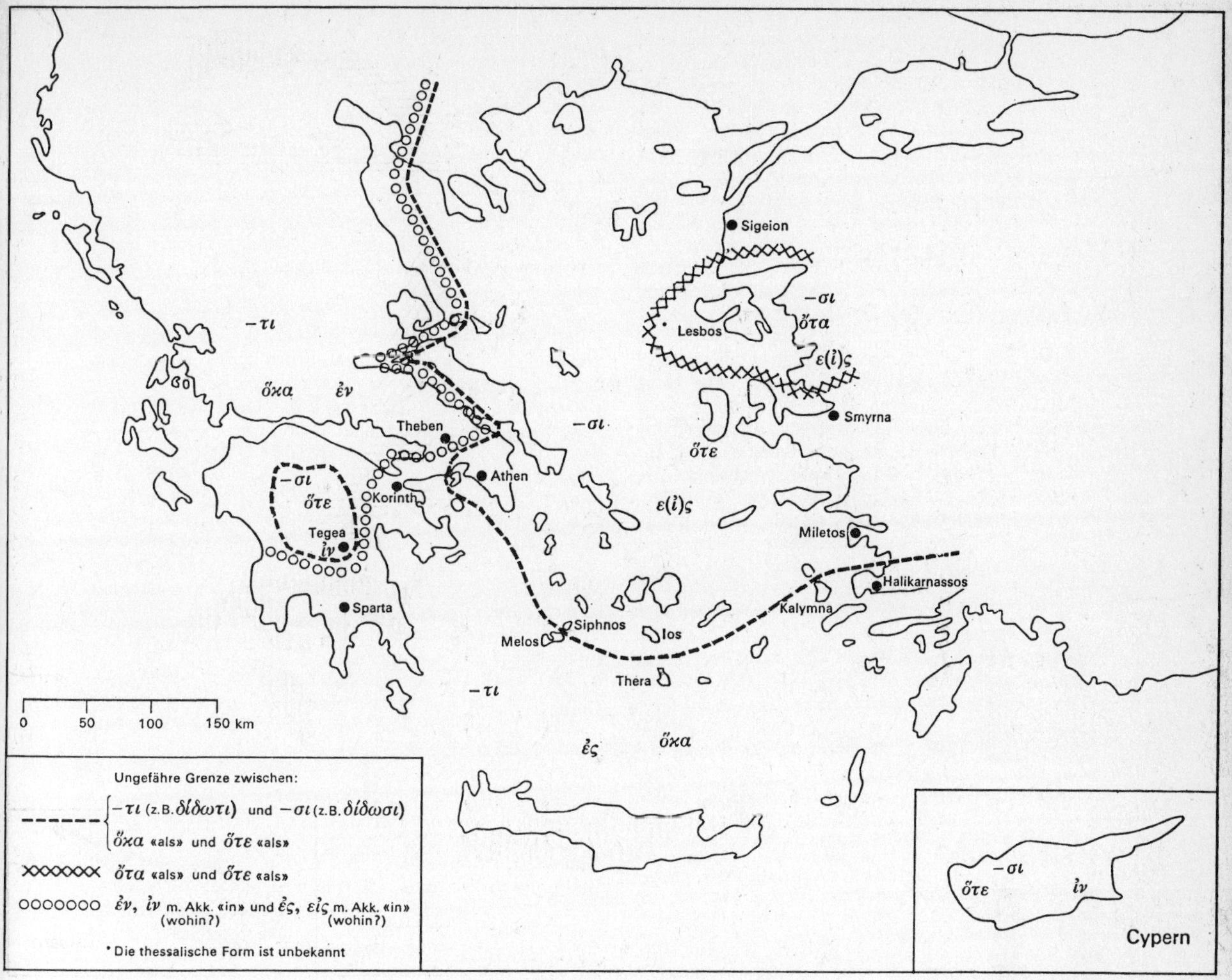

Abb. 83 Verteilung einiger Dialektmerkmale

Parallel mit der Umgestaltung des Vokalismus ging die *Veränderung der Verschlußlaute*, indem die Aspiraten zu stimmlosen und die Mediae zu stimmhaften Reibelauten wurden:

φ: p^h > f	β: *b* > *w*
ϑ: t^h > engl. *th* (stimmlos)	δ: *d* > engl. *th* (stimmhaft)
χ: k^h > dtsch. *ch*	γ: *g* > norddtsch. *g*

[2] *System der Formen.* Durch einen großen Formenreichtum zeichnet sich vor allem das *Verbum* aus, was eine sehr feine Nuancierung des Ausdrucks erlaubt. Wichtig ist dabei die Unterscheidung der sog. Aspekte, welche durch besondere ‹Tempusstämme› ausgedrückt werden: → Aorist φυγεῖν, ‹(ent)fliehen› – Präsens (durativ) φεύγειν, ‹auf der Flucht sein› – Perfekt (erreichter Zustand) πεφευγέναι, ‹entflohen sein›. Sowohl beim Präsens als auch beim Perfekt wird noch eine Vergangenheit gebildet (Imperfekt, bzw. Plusquamperfekt), die ganz allgemein durch das Augment (Vorsilbe ἐ-) und besondere, sog. sekundäre Endungen charakterisiert ist, z.B. Imperf. ἔ-φευγ-ον, ‹ich war auf der Flucht› – Präs. φεύγ-ω, ‹ich bin auf der Flucht›. Dazu kommt mit einem eigenen Tempusstamm das Futurum (z.B. φεύξομαι, ‹ich werde fliehen›). Außer dem Indikativ und dem Imperativ sind noch 2 weitere Modi vorhanden: Konjunktiv (Ausdruck einer Aufforderung oder einer gegebenenfalls realisierten Handlung) und Optativ (Ausdruck des Wunsches und der Möglichkeit). Ferner werden 3 → Diathesen unterschieden: Aktiv, Medium und Passiv, wobei das Passiv allerdings außer beim Aorist (und Futurum) mit dem Medium zusammenfällt (daher der Name Mediopassiv). Äußerst reich sind endlich die Partizipien und Infinitive ausgebaut. Viel weniger Formen hat das *Nomen:* hier werden 5 Kasus gebildet (Nominativ, Genitiv, Dativ, Akkusativ und Vokativ), welche die syntaktische Funktion eines Nomens ausdrücken. In formeller Hinsicht ist das Kasussystem viel klarer aufgebaut als etwa im Latein. Auch ist das Pronomen viel konsequenter dem Substantiv und Adjektiv angeglichen.

[3] Das ausgebaute Verbalsystem erlaubt eine weitgehende Differenzierung in der *Syntax*. Durch Partikeln und ähnliche Formwörter, deren reiche Verwendung für das G.e charakteristisch ist, wird die Ausdrucksmöglichkeit noch weiter gesteigert (z.B. ἄν, μέν - δέ, bestimmter Artikel). Den Höhepunkt im Gebrauch solcher Mittel sowie in der fein ausgewogenen Verwendung von Nebensätzen, Infinitiv- und Partizipialkonstruktionen erreicht das klassische Attisch. Dabei handelt es sich weniger um die Befolgung starrer Regeln als vielmehr um eine freie Wahl zwischen ähnlichen, aber in der Nuancierung doch unterschiedenen Ausdrucksweisen.

[4] *Wortbildung.* Als Charakteristikum des G.en muß aber auch die reiche Möglichkeit, neue Wörter teils durch *Ab-*

leitung, teils durch *Zusammensetzung* zu bilden (→Wortbildung), genannt werden: vgl. einerseits *ποιεῖν*, ‹machen, dichten› – *ποίησις*, ‹Dichtung› – *ποίημα*, ‹Gedicht› – *ποιητής*, ‹Dichter› – *ποιητικός*, ‹dichterisch› – *ποιητική*, ‹Dichtkunst› usw., andererseits *φιλό-σοφος*, ‹die Weisheit liebend›, *γεω-μέτρης*, ‹das Land vermessend› usw. Wenn die modernen Sprachen so viele, z.T. erst in neuerer Zeit gebildete griech. Fremdwörter aufgenommen haben, so drückt sich darin nicht nur der tiefgreifende Einfluß der Griechen auf die abendländische Kultur, sondern auch die reiche Ausdrucksfähigkeit der g. Sprache an sich aus.

[5] Im Vergleich zu andern idg. Sprachen zeichnet sich der griech. *Wortschatz* durch eine Reihe von Neuerungen aus, z.B. *θεός*, ‹Gott›, gegenüber idg. **deiwos* (lat. *deus*), *βασιλεύς*, ‹König›, gegenüber lat. *rēx*. Solche griech. Wörter werden gerne als Entlehnungen aus einer mediterranen, nicht-indogermanischen, z.T. allerdings auch aus einer zwar indogermanischen, aber →vorgriechischen Sprache erklärt. Evident ist der ursprünglich fremde Charakter bei den sog. Kulturwörtern und geographischen Namen auf *-ινθος*, *-ισσος*, *-ασσος*, z. B. *λαβύρινθος*, ‹Labyrinth›, *ὑάκινθος*, ‹Hyazinthe›, *κυπάρισσος*, ‹Kypresse›, *Korinthos*, *Parnassos*, die sich auch in Kleinasien finden, z.B. *Halikarnassos*. Andere Wörter stammen aus dem Orient, z.B. *χρυσός*, ‹Gold›, vgl. hebr. *ḥārūṣ*. Wie das →Mykenische zeigt, sind sie schon vor der Mitte des 2. Jt.s in das G.e aufgenommen worden. Der typisch griech. Wortschatz war damals im ganzen bereits vorhanden. Dagegen wurde in klass. und sogar noch in hellenist. Zeit verhältnismäßig wenig aus andern Sprachen entlehnt. Auch das Christentum brachte mehr Lehnübersetzungen als eigentliche Lehnwörter, z.B. *Χριστός*, ‹der Gesalbte› *(Messias)*, *διάβολος*, ‹der Verleumder›. Jedoch machte sich der röm. Einfluß mit der Zeit im Wortschatz geltend, was vor allem im Neugriechischen deutlich wird. E.R.

Lit: E. Schwyzer, Griech. Grammatik, HbAW, 3 Bde, 1939–53, bes. Bd. I (Allgemeiner Teil), 3–165 – H. Frisk, Griech. etymolog. Wörterbuch, 1960ff. – Viele an sich gute Darstellungen sind durch die Entzifferung des Mykenischen überholt. Eine knappe Charakterisierung bietet jetzt J. Chadwick, The prehistory of the Greek language, CAH II, 1963, ch. 39 – *Zu B[1] und [2]:* A. Thumb, Hb. der griech. Dialekte (1909), 2. Aufl.: 1. Teil von E. Kieckers, 1932, 2. Teil von A. Scherer, 1959 – W. Porzig, Sprachgeographische Untersuchungen zu den altgriech. Dialekten, IF 61, 1954, 147–169 – E. Risch, Die Gliederung der griech. Dialekte in neuer Sicht, MH 12, 1955, 61–76 – Mit abweichender Deutung: V. Pisani, Storia della lingua greca, in: Enciclopedia Classica V, 1959, 7–28, und L. R. Palmer, The Greek Dialects, in: A. J. B. Wace-F. H. Stubbings, A companion to Homer, 1962, 84–94 – *Zu B[3]:* A. Debrunner, Gesch. der griech. Sprache; II: Grundfragen u. Grundzüge des nachklass. Griech., Göschen, 1954 – E. Risch, Das Att. im Rahmen der griech. Dialekte, MH 21, 1964, 1–14 – *Zu C[1]:* M. Lejeune, Traité de phonétique grecque (1947), 1955² – *Zu C[2]:* P. Chantraine, Morphologie historique du grec (1945), 1961².

D. Mittel- und Neugriechisch. [1] *Äußere Geschichte.* Aus der Sprache des späten Altertums (Spätgriechisch) entwickelte sich im MA das *Mittelgriechisch* mit Byzanz als Zentrum (bis 1453). Während hier das alte Erbe gepflegt und gewahrt wurde, gingen im Osten weitere Gebiete mit den Weltstädten →Alexandria und →Antiochia an das Arabische verloren; zurückgedrängt wurde das G.e auch in Kleinasien, und im Westen verschwand es bis auf wenige Reste. Sogar in Griechenland ließen sich seit dem 6. Jh. slawische, seit dem 13./14. Jh. albanesische Stämme nieder. Das Erwachen des Nationalbewußtseins um 1800 und die Befreiungskriege des 19. Jh.s festigten die Stellung des G.en, das seit dem Fall von Konstantinopel eines politischen und kulturellen Mittelpunktes entbehrt hatte, und brachte ihm einen neuen Aufschwung, so daß man erst jetzt von einem eigentlichen *Neugriechisch* sprechen darf. In Griechenland selbst gingen die verschiedenen andern Bevölkerungsgruppen sehr zurück. Auf der andern Seite aber führte der unglückliche Ausgang des griech.-türk. Krieges zur Vertreibung der zahlreichen Griechen aus der Türkei (Frieden von Lausanne 1923) und besiegelte damit das Ende des jahrtausendealten Griechentums in Kleinasien.

[2] *Sprachformen.* Im ganzen betrachtet, setzt sich im Mittel- und Neu-G.en die Entwicklung fort, welche sich bereits im späten Altertum angebahnt hatte, als sich die Kluft zwischen der sich aus der Koinē weiterentwickelnden Volks- oder Umgangssprache und der mehr oder weniger dem att. Vorbild verpflichteten Hochsprache immer mehr vergrößerte. So ist das Nebeneinander zweier Sprachformen (Diglossie) für die mittelgriech. Epoche charakteristisch, da einerseits Werke in sklavischer Nachahmung antiker Vorbilder geschaffen werden, andererseits aber auch solche entstehen, die sich stärker an die Volkssprache anlehnen (z.B. Chroniken, Epen). Im Neugriechischen setzt sich dieser Zustand in der Bildung zweier in Wortschatz und Grammatik deutlich getrennter Schriftsprachen fort, nämlich in der sich an die alte Tradition anlehnenden Hoch- oder ‹Reinsprache› (*Καθαρεύουσα*, seit 1800) und der etwas jüngeren, heute in der schönen Literatur allein gebräuchlichen ‹Volkssprache› (*Δημοτική*), die beide um den Vorrang streiten (sog. griech. Sprachfrage). – Außer diesen beiden Sprachen gibt es zahlreiche *Dialekte*, die aber mit Ausnahme des Tsakonischen (s.o. B 3) nicht die altgriech. Dialekte fortsetzen, sondern sich neu aus der Koinē entwickelt haben. Immerhin zeigen sie vielfach Besonderheiten, welche letzten Endes aufs Altertum zurückgehen, so vor allem das Pontische (Kleinasien) und die griech. Sprachreste in Süditalien.

[3] *Innere Entwicklung:* 1. Das um die Mitte des 1. Jt.s n. Chr. erreichte *Lautsystem* des Spätgriech. (s.o. C 1) blieb in der Folge sowohl bei den Konsonanten als auch bei den Vokalen im wesentlichen unverändert. Bei den letztern ist das *ü* (*υ*, *οι*) etwa im 9. Jh. ebenfalls zu *i* geworden. Da die historische Orthographie über 2000 Jahre lang beibehalten wurde, gibt es heute 6 verschiedene Möglichkeiten, den Laut *i* zu schreiben: *ι*, *η*, *υ*, *ει*, *οι*, *ῃ* (→Itazismus). Eigenartig ist aber, daß in der ‹Volkssprache› nicht etwa *i*, sondern *a* der häufigste Vokal ist. – 2. Größer sind die Umgestaltungen im grammatischen *Formensystem*, von denen allerdings die meisten bereits in der spätgriech. Entwicklung vorgezeichnet sind. Dennoch ist der allgemeine Sprachtypus als solcher bewahrt geblieben. Beim Nomen wird der Dativ zugunsten des Genitivs und des Akkusativs aufgegeben, das übrige Kasussystem bleibt aber erhalten, wenn auch die Deklination im einzelnen vielfach umgestaltet ist. Beim Verbum ist der alte Reichtum an Partizipien stark reduziert. Aufgegeben ist der Optativ, der bereits im NT nur noch selten auftritt, ebenso das alte Perfekt und das alte Futurum, an deren Stelle später Neubildungen getreten sind: beim Futurum *θά* (< *θέλω ἵνα*) mit Konjunktiv, beim Perfekt (ähnlich wie in den roman. und german. Sprachen) Umschreibungen durch *ἔχω* mit Partizip (*ἔχω δεμένο*, *habeo ligatum, ich habe gebunden)* oder mit Infinitiv (*ἔχω δέσει*). Dennoch ist das, was erhalten ist, bemerkenswert genug: als einzige von den indogerman. Sprachen hat das G.e das Imperfekt, den Konjunktiv und das Mediopassiv aus der Grundsprache bis heute als lebendige Kategorien bewahrt. Auch ist die Unterscheidung von durativem und aoristischem Aspekt nicht nur durch die Jahrtausende erhalten geblieben, sondern sogar im Futurum durchgeführt worden (duratives *θὰ δένω* und aoristisches *θὰ δέσω*, ‹ich werde binden›). Die auffälligste Veränderung ist aber wohl die Beseitigung des Infinitivs, eine Erscheinung, welche das Neugriechische mit den andern Balkansprachen (Bulgarisch, Rumänisch, Albanesisch) teilt. Freilich gilt das nicht für die verschiedenen Außenposten: die griech. Dialekte in Süditalien kennen noch den Infinitiv, und im Pontischen ist er sogar sehr lebendig. Sonst ist er zwar im Perfekt vom Typus *ἔχω δέσει* und in substantivierten Formen wie *τὸ φιλί* (= *τὸ φιλεῖν*), ‹der Kuß› formell erhalten, in seiner eigentlichen Funktion aber durch

νά (= *ἵνα*) mit Konjunktiv ersetzt. – 3. Eine eigenartige Entwicklung zeigt der *Wortschatz:* die ‹Reinsprache› verwendet vorzugsweise den antiken Wortschatz, und zwar auch für die modernsten Begriffe (z. B. *δορυφόρος*, ‹Speerträger, Trabant›, auch für ‹Satellit›), während die ‹Volkssprache› viele neue Wörter hat, teils griech. Bildungen, z.B. *ἄλογο* (eigentlich ‹Unvernünftiges›) statt *ἵππος*, ‹Pferd›, teils Entlehnungen aus orientalischen oder europäischen Sprachen (bes. Latein, z. B. *τὸ σπίτι*, ‹Haus›, aus *hospitium*, und Italienisch), so daß heute für sehr viele Begriffe zwei Bezeichnungen vorhanden sind. E.R.

Lit: K. Dieterich, Unters. zur Gesch. der g. S. von der hellenist. Zeit bis zum 10. Jh. n. Chr., 1898 – A. Thumb, Hb. der neug. Volkssprache (1895), 1910² – A. Mirambel, Précis de grammaire élémentaire du grec moderne, 1939 – Ders., La langue grecque moderne: description et analyse, 1959.

Grillius, röm. Grammatiker, 5. Jh. n. Chr., von dem ein Kommentar zu Cic. inv. erhalten ist.

Ed: RhLatmin, 596–606 (nur Teile) – *Lit:* Schanz-Hosius, IV 2, 263 f.

Groma (das Wort ist dem griech. *γνώμων*, ‹Zeiger›, entlehnt, wahrscheinlich durch Vermittlung der Etrusker), das Visierinstrument der röm. Feldmesser für das Abstecken von zwei einander rechtwinklig kreuzenden Linien, des *decumanus* und des *cardo*, beide von Lager- und Stadtplänen wohlbekannt. – Vgl. → Agrimensoren. G.B.

Lit: A. Schulten, RE 7,2 (1912), 1881–86 (Rekonstruktion a. O. 1884) – Walde-Hofmann I, 622.

Großes Jahr, in der → Astronomie die Periode, nach der Sonne, Mond und Planeten wieder dieselbe Position am Himmel einnehmen. Die Zahl schwankte je nach den in die Berechnung einbezogenen Daten und nach dem Grade der geforderten Genauigkeit. – Daneben wurde der Begriff auch für Weltzyklen u. dgl. verwendet: etwa für die Periode zwischen aufeinanderfolgenden Einkörperungen der Seele oder zwischen kosmischen Welterneuerungen (→ Katastrophentheorie). D.J.F.

Grotten, heilige, und Höhlen dienten in Griechenland und Kreta seit frühester Zeit dem Kult. In geschichtlicher Zeit galten sie als Wohnstätten der → Nymphen, aber oft auch anderer Götter, z. B. die (Geburts-) Grotte des → Zeus auf Kreta. Mancherorts suchte man sie als → Orakelstätten auf. Vgl. → Bergkulte. K.-H.R.

Grüner Kopf, ein früher in Berlin befindlicher ägypt. Kopf aus Grauwacke, einen Priester darstellend: Musterbeispiel des späten porträtnahen Stils. Die Datierung schwankt von Perser- bis Ptolemäerzeit. W. Hk.

Abb: K. Lange-M. Hirmer, Ägypten, 1955, Taf. 238.

Gruppe *in der → Plastik.* Die archaischen Statuen-G.n haben mit den altorientalischen und der Elfenbein-G. von → Mykene die frontale, reliefmäßige Komposition gemeinsam; es zeichnet sie aber eine plastische Autonomie der Einzelfigur aus, die unsere, noch vom Barock stammende Vorstellung der G.nbildung befremdet. So stehen in der G. des → Polymedes in Delphi (um 590; vgl. Schefold, FS, Taf. 38) → Kleobis und Biton als zwei fast identische Statuen nebeneinander auf derselben Basis, und die künstlerische Einheit beruht nur auf der Abstimmung der Figuren ebenso wie beim → Reiterdenkmal der Akropolis und bei der G. des → Geneleos, die nebeneinander die thronende Mutter, vier stehende Kinder und eine gelagerte Ahnin zeigt (Buschor, a. O., Taf. 345–350). Dieselbe reliefmäßige Anordnung ist uns aus der Klassik durch Basen, durch unzählige Beschreibungen von so gruppierten Kultbildern und durch röm. Kopien reich bezeugt (→ Myrons Athena und Marsyas). Sie wird auch für die Gruppe der → Tyrannenmörder → Harmodios und Aristogeiton (Schefold, Griech. Kunst, 83, Abb. 2) gesichert durch die einzige Nachbildung auf einer Vase des reichen Stils, die das Paar reliefmäßig auf einer Basis zeigt, obwohl der reiche Stil sonst malerisch überschnittene Gruppen bevorzugt. Schon → Antenors Tyrannenmörder müssen so komponiert gewesen sein, nach Nachbildungen des Harmodios auf Vasen seit ca. 505 v. Chr.: als Kritios 476 beauftragt war, die durch die Perser geraubte G. zu ersetzen, hätte er sie vermutlich enger zusammengeschlossen, in der Art der G. des Zeus und Ganymeds aus Olympia (Kunze, 103–113), wäre er nicht durch Antenors Vorbild gebunden gewesen. Die dramatische Verbindung der Gestalten hat schon spätarchaische Vorläufer (Theseus-G. der Akropolis, Lippold, GrPl. Taf. 22, 2), gewinnt in der Klassik organische Einheit (→ Myron) und tritt im Hellenismus in heftige Spannung zum Raum (→ Boëthos' Ganswürger; große → Gallier-G.n), wobei die reliefmäßige Anordnung zum erstenmal gesprengt wird. In der klassizist. Römerzeit kehrt man zum reliefmäßigen Komponieren zurück, opfert aber in den zahlreichen ‹einansichtigen› Gruppen die plastische Autonomie einer malerisch-räumlichen Verschmelzung, mit deren unerhörten Möglichkeiten die Geschichte der abendländischen G. beginnt, begünstigt durch die illusionistisch-räumliche Architektur, in die solche G.n eingefügt wurden (→ Pantoffel-G. von Delos, Satyr und Hermaphrodit, → Pasquino, → Laokoon, → Achill-Penthesilea, Torso vom → Belvedere, → Sperlonga usw.). Die größte erhaltene Kolossalgruppe sind die Rossebändiger auf dem Quirinal in Rom. K. Schf.

Lit: W. Technau, Die statuarische Gruppe, Antike 15, 1939, 277 bis 306 – Schefold, O. H. R. 113, 187 – H. Thompson, The Odeion, Hesperia 19, 1950, 121 f. – E. Nash, Bildlexikon II, 1962, 442 – *Abb:* E. Buschor, Altsam. Standbilder V, 1961, Taf. 345 ff. – K. Schefold, Griech. Kunst als rel. Phänomen (1959), 1961², 83 – E. Kunze, 5. Olympiabericht, 1956, 103 f.

Gruß. Wie sich die Griechen im Leben mit einem Händedruck (Hom. Il. 10, 542 u. ö.; Xen. Kyr. 3, 2, 14; aber Plaut. Aul. 115; Hor. sat. 1, 9, 4) und mit *χαῖρε*, sei gegrüßt, begegneten (AP 5, 46; Lucil. 94) und sich diesen G. beim Essen und als Trinkspruch zuriefen, so grüßten sie auch ihre Toten (Hom. Il. 23, 19; Verg. Aen. 11, 97; Peek, GVI 1391). Ironisch war *ὠγαθέ*, mein Lieber. In Rom grüßte man mit ‹salve› und erwiderte das gleiche Wort (Ter. Phorm. 254) oder ‹di te bene ament, mögen dir die Götter recht hold sein› (Plaut. Capt. 138), und gab sich die Rechte (Serv. Aen. 1, 408). Leutselig war der Zusatz ‹noster› zum Namen (Ter. Ad. 883) und die Bemerkung ‹quid fit? quid agitur? Wie geht's, wie steht's?›, auf die mit ‹recte, gut›, geantwortet werden konnte, falls sie nicht nur Floskel war (Don. Ter. Eun. 271). Die Anrede domine, Herr, war verbreitet (Suet. Aug. 53; Sen. epist. 3, 1; Mart. 5, 57). Bei der → Salutatio grüßten die Klienten den Herrn wie die Gladiatoren den Kaiser (Suet. Claud. 21, 6) mit ‹ave› (Sen. benef. 6, 34, 3; Mart. 7, 39, 2), ‹domine› (Mart. 6, 88) oder ‹rex› (Hor. epist. 1, 7, 37; Mart. 2, 68), später mit Handkuß (Amm. 28, 4, 10). Ironisch war ‹o bone vir, salveto› (Plaut. Persa 789). Manche ließen einen Vogel (Mart. 14, 73) die Eintretenden (Petron. 28, 9) mit *χαῖρε* (Pers. prol. 8) begrüßen. Vor Staatsmännern und Dichtern (Tac. dial. 13, 2) erhob sich die Menge (Cic. Att. 1, 16, 11; Prop. 3, 18, 18), schwenkte Fahnen (Hist. Aug. 26, 48, 5), rief in Sprechchören (Tac. ann. 16, 4). In Briefen war der G. zu differenzieren (Iul. Vict. rhet. 27, p. 448, 23), erstarrte aber auch zu Abkürzungen: S(i) V(ales), B(ene) E(st); E(go) V(aleo), ‹wenn es dir gut geht, ist es gut; mir geht es gut›. ‹Vale› beschloß den Brief und den Abschied. W.K.

Lit: A. Hug, RE 1 A 2 (1920), 2060–66, s. v. salutatio – M. Bang bei Friedländer, IV⁹ 82–88.

Grylloi (*γρύλλοι*, ‹Ferkel›? ‹Tänzer›? Wortbedeutung umstritten). Während die ältere Forschung unter G. meist tiergestaltige Karikaturen verstand, wurde G. neuerdings als Bezeichnung für mißproportionierte Gestalten (→ Pygmäen u. a.) nachgewiesen, die an ägypt. Tänzer gleichen Namens erinnerten. Solche → Karikaturen gibt es schon auf Kabiren-Vasen; Antiphilos soll sie zur Kunstform erhoben haben. C.K.

Q: Plin. nat. 35, 114 – *Lit:* Brunn II 248 – Th. Schreiber, Alexandrin. Skulpturen in Athen, AM 10, 1885, 380–400 – Pfuhl, 805 f. – W. Binsfeld, G., Diss. Köln 1956 – G. Becatti, EAA III 1065 f.

Gryneia (auch Gryneion), Stadt in der südl. Äolis (Kt. 1152 H 4) mit altem Heiligtum des Apollon, heiligem Hain (Asyl) und Orakel (Hekat. FGrHist 1 F 225; Strab. 13, 3, 5), über das trotz des Spezialwerkes eines Hermeias (Ath. 149 D f.) Einzelheiten nicht bekannt sind; es hat sicher bis zum 1. Jh. v. Chr. existiert (Inschriften; Verg. Aen. 4, 345 und Varro bei Serv. ecl. 6, 72). Nach Verg. ecl. 6, 72 f. (und Serv. z. St.) hat → Cornelius (3) Gallus ein Gedicht des → Euphorion über den Hain von G. übersetzt. C. J. C.

Lit: G. E. Bean, Notes and Inscriptions from Caunus II, JHS 74, 1954, 85–87 – J. u. L. Robert, Bulletin épigraphique, REG 69, 1956, 163–164 – H. Hommel, Das Versorakel des gryn. Apollon, Philol. 102, 1958, 84–92 – L. Keene, Recent finds at G., Türk Arkeologi Dergis, 9, 2 (1959), 1961, 55–59.

Gudea, Stadtfürst von → Lagaš, um 2100 v. Chr. Durch zahlreiche Bildnisstatuen bekannt. Seine Hymne auf den Bau des Tempels ‹Haus der Fünfzig› (Eninnu) ist das umfangreichste und literarisch bedeutsamste Dokument in neusumer. Sprache. Vgl. → Mesopot. Reiche E [2]. W. R.

Lit: A. Falkenstein-W. von Soden, Sumer. und akkad. Hymnen und Gebete, 1951, 137–182 (Tempelbauhymne).

Gundobad, König der → Burgunder etwa 480–516, Sohn und Nachfolger Chilperichs I., Neffe → Rikimers und sein Nachfolger als weström. → Heermeister (472), jedoch 474 von Kaiser Julius → Nepos abgesetzt. 480 burgund. König mit seinen Brüdern Chilperich (II.), Godigisel und Godomar als Mitregenten. Unter seiner langen Regierung gestaltete sich die Lage des kleinen Burgunderreiches an der Rhone zwischen den mächtigen Nachbarstaaten der → Westgoten, der → Ostgoten und der → Franken zunehmend schwieriger. G. war selbst Arianer, pflegte aber ein gutes Verhältnis zum kathol. Episkopat seines Reiches und ließ den Thronfolger Sigismund katholisch erziehen. Nach dem Vorbild → Eurichs ließ er das burgundische Recht kodifizieren (Lex Burgundionum) und für die röm. Untertanen die → Lex Romana Burgundionum publizieren. Außenpolitisch wandte sich G. nach anfänglicher Anlehnung an das Ostgotenreich → Theoderichs den aufstrebenden Franken zu und stand 507 im Krieg → Chlodwigs gegen → Alarich II. auf ihrer Seite, mußte aber infolge der ostgot. Intervention (508) auf seine Eroberungen wieder verzichten. K. F. Str.

Lit: L. Schmidt, Die Ostgermanen (1910), 1941².

Gurke (σίκυος, cucumis), in Ägypten und Vorderasien früh kultiviert, im Mittelmeerraum wahrscheinlich erst im 6./5. Jh. v. Chr. verbreitet. Namensverwandt erscheint Sikyon, das in älterer Zeit nach dem → Mohn Mēkonē hieß. Der späte Anbau für vielfältig zubereitete Speise, die auch als Heilmittel diente, erklärt das Fehlen in Mythos und Kult. Vgl. → Kürbis, → Flora. J. W.

Lit: Murr, Pflanzenwelt, 175 f. – F. Orth, RE 7, 2 (1912), 1946–50 – Hehn, 314–317.

Gurnia (Kt. 1152 G 8), min. Kleinstadt am Golf von Mirabello (Ostkreta). Auf einem Höhenrücken (etwa 90 × 120 m) scharen sich die verhältnismäßig hoch erhaltenen Grundmauern (Lehmziegelaufbau) der durch 2 ringförmig verlaufende Hauptstraßen sowie gleichfalls gepflasterte Quergassen und Treppenwege getrennten, kleinen Häuser (gemeinsame Wände) um den Palast des Stadtoberhauptes und den daran nach S anschließenden öffentlichen Platz. Die Funde reichen von FM (Keramik) über die große Zerstörung der Paläste (gegen 1400) bis ans Ende der SM-Periode (Terrakotten einer kleinen, schon älteren Kapelle mit Altar; Megaron). Blütezeit der Stadt: SM I. Vgl. → Kret.-myk. Kultur; → Stadt I B [1]; Abb. ebd. W. Schg.

Lit: H. B. Hawes u. a., Gournia, 1908 – F. Matz, Kreta u. frühes Griechenland, 1962, 104 ff. – F. Oelmann, JdI 27, 1912, 38–51 (zum Megaron).

Guter Hirte. Aus der antiken → Plastik (Kriophoros, auf Sarkophagen: Symbol der Philanthropie) übernommen, wird das → Symbol des G. H. in der altchristlichen Kunst des 3. Jh. zum beherrschenden Thema. In den Katakomben erscheint, als Rettungsmotiv, der H. mit Schaf auf der Schulter. Heiliger H. als Lehrer (→ Aberkiosinschrift; auf Sarkophagen oft mit → Oranten). Göttlicher H. mit Herde unter Bäumen. Tertullian (pudic. 7, 1) spricht von H.-Bildern auf Bechern, Euseb (vita Const. 3, 49) von einer Brunnenstatue des G. H. Letztes H.-Bild im Mausoleum der Galla Placidia, Ravenna (Christus, der königliche H.). U. F.

Lit: Th. K. Kempf, Christus der H., 1942 – RAC III 5–7 – Th. Klauser, Entstehungsgesch. d. chr. Kunst, JA 1, 1958, 24–51.

Guti (Gutäer), wilde Gebirgsstämme im Zagros, unbekannter Herkunft, den → Elamitern, Lullubi und → Kassiten nahestehend. Zuerst in den akkad. Urkunden genannt. → Naram-Sin besiegt sie zusammen mit den Elamitern und Lullubi. Doch schon unter seinem Nachfolger werden sie eine schwere Gefahr für das Reich von → Akkad; sie bemächtigen sich bald Mesopotamiens; Schreckensherrschaft von ca. 2150–2050 v. Chr., vor allem im akkad. Landesteil. Urkunden akkadisch. Archäologisch sind sie noch nicht recht zu erfassen. → Utuchengal von → Uruk vermag die G. aus Mesopotamien zu vertreiben. L. Schn.

Lit: O. Schröder, RV IV 2, 1924–29, 580 ff. – C. Huart-L. Delaporte, L'Iran antique (1943), 1952² – A. Moortgat-A. Scharf, Ägypten und Vorderasien im Altertum, 1950 – C. J. Gadd, CAH I 19 – Ferner: → Iran, → Perser, → Mesopot. Reiche.

Guttae (lat. ‹Tropfen›), zylindrische Stifte an Mutulus und Regula des dor. Gebälks, → Tempel B [3].

Gutturale, an sich unkorrekte, aber eingebürgerte Bezeichnung für Gaumenlaute. Je nachdem, wo die Zunge den Gaumen ganz oder nahezu berührt, unterscheidet man *Palatale* (Vordergaumenlaute) und *Velare* (Hintergaumenlaute). Vgl. → Labiovelare, → Indogermanisch. E. R.

Guzana, vom 10.–8. Jh. v. Chr. Name der aram. Stadt an der Stelle des heutigen Tell-Ḥalaf.

Gyges, Sohn des Daskylos, König von → Lydien (nach von Herodot, 1, 7–15, abweichendem Zeitansatz) seit den achtziger Jahren des 7. Jh.s bis 652. G. begründet die Dynastie der → Mermnaden nach Beseitigung des letzten Königs aus dem Haus der → Herakliden, → Sadyattes I. (→ Kandaules). Seine Regierung ist wie die seines Nachfolgers → Ardys durch Expansion im westl. Kleinasien (Krieg mit den ion. Städten, vergebliche Belagerung Milets, Smyrnas, Magnesias, Eroberung von Kolophon, Eroberungszüge in die Troas, Gründung von Daskyleion, dem späteren pers. Satrapensitz in Mysien, Angriffe auf Karien) und Kämpfe mit den damals zuerst in Lydien einbrechenden → Kimmeriern bestimmt. Der erste Ansturm wird abgeschlagen (667–664). Bündnis mit dem gleichermaßen bedrohten Assyrerkönig → Assurbanipal. Beim zweiten Kimmeriereinfall 652 wird Sardes erobert. G., der zuletzt Verbindung mit → Psammetich von Ägypten aufgenommen hatte, stirbt, vielleicht im Verlauf der Kampfhandlungen. G. hat freundliche Beziehungen zum Orakel in → Delphi unterhalten, das er durch Weihgeschenke ehrt. Mit G. tritt Lydien in die Geschichte ein. Seiner Gestalt hat sich später die Sage bemächtigt: G. und sein Ring (Plat. rep. 359 D; 612 B); G. und Kandaules (Hdt. 4, 8–14). P. Hom.

Lit: C. F. Lehmann-Haupt, RE 7, 2 (1912), 1956–66 – Ed. Meyer III 131 ff. 424 ff., 566 ff., – K. Reinhardt, G. und sein Ring (1939), in: Vermächtnis der Antike, 1960, 175–183 – H. Kaletsch, Zur lyd. Chronologie, Historia 7, 1958, 25–34.

Gyges-Drama, Tragödie (4./3. Jh.), von der 16 Trimeter erhalten sind (→ Hellenist. Dichtung D). P. H.

Frg: Pap. Ox. 23, 1956, Nr. 2382 – *Lit:* K. Latte, Ein antikes Gygesdrama, Eranos 48, 1950, 136–141 – A. F. Raubitschek, ClW 46, 1954/55, 48–50 – Ders., Die schamlose Ehefrau, RhM 100, 1957, 139 f. – E. Bickel, Rekonstruktionsversuch ..., ebd., 141–152.

Gylippos, Sohn des → Kleandridas, aus Sparta; wurde im → Pelop. Krieg 414 als Stratege nach Sizilien gesandt (→ Nikias (1), → Lamachos), organisierte die Verteidigung von Syrakus und führte die entscheidende Niederlage der Athener (413) herbei; hat anscheinend nach Thukydides und

Plutarch die Rettung der athen. Feldherrn Nikias und → Demosthenes (2) versucht, nach Diodor deren Tod bewirkt; nahm nach seiner Rückkehr nach Griechenland (412/411) am Krieg gegen Athen teil; erhielt 405/404 von → Lysander den Auftrag, die nach dem Sieg von → Aigospotamoi gemachte Beute nach Sparta zu bringen; unterschlug einen Teil davon, wurde entdeckt und in die Verbannung geschickt. R.V.C.

Q: Thuk. 6, 93, 2–8, 13 (passim); Isokr. 6, 53; Poseidon. FGrHist 87 F 48; Diod. 13, 7–106, 10 (passim); Sen. nat. 1, 1, 14; Plut. Per. 22; Nik. 18 ff.; Lys. 16 f.; lib. educ. 14, 10 B–C; Lukian. hist. conscr. 38, 52; Polyain. 1, 42; Ath. 6, 234 A; Ail. var. hist. 12, 43.

Gymnasiarchie, in Athen Bezeichnung einer → Leiturgia, die in der Übernahme der Kosten für die Ausrichtung der Fackelwettkämpfe an den großen Festen und für Training und Verpflegung der Wettkampfteilnehmer bestand. – In der hellenist. Zeit ein freiwilliges Amt der griech. Bevölkerung, dem die Aufsicht über die Gymnasien unterstand und das bes. gut für die Metropolen und Dörfer Ägyptens bezeugt ist. H.Br.

Lit: M. P. Nilsson, Die hellenist. Schule, 1955.

Gymnasion und *Palästra,* öffentliche Anlagen für sportliche Übungen und musischen Unterricht, im 6. Jh. wohl offene, von Bäumen beschattete Sportplätze mit einer Laufbahn (*Δρόμος*), die in der Folge mit einer Peribolos-Mauer umgrenzt werden. Die *Palästra* (Ringschule) entwickelt

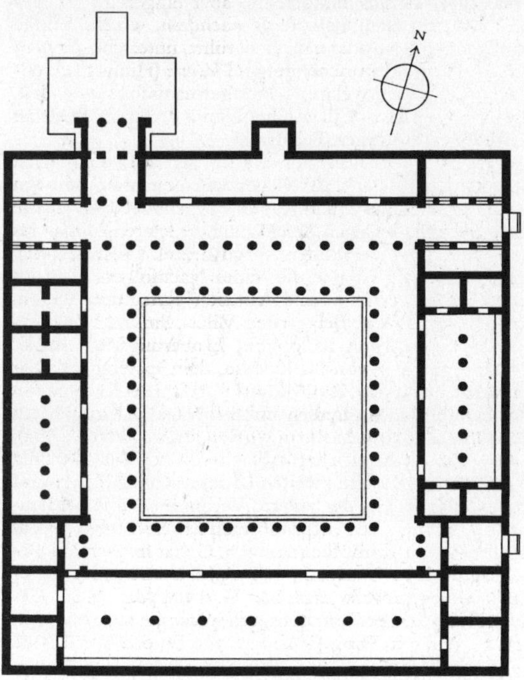

Abb. 84 Grundriß der Palästra von Epidauros

sich seit dem 5. Jh. zu einem großen, meist quadratischen Peristylhof mit angrenzenden Einzelräumen. Das *Gymnasion* (von *γυμνός*, weil man sich ‹nackt› übte) ist eine der Palaistra übergeordnete Anlage, zu der außer dem genannten Peristylhof eine Laufbahn *(Dromos)* gehört, welche, 1 Stadion (ca. 190 m) lang, seit dem 4. Jh. ebenfalls von langen Hallen eingefaßt wurde, die eine überdeckte Laufbahn *(Xystos)* enthielten; davor bisweilen eine weitere ungedeckte Laufbahn *(Paradromis)*; vgl. Abb. 84. An die Hallen des Peristylhofs fügen sich Übungs- und Unterrichtsräume: dem Eingang gegenüber das *Apodyterion* (Umkleideraum und Aufenthaltsraum, meist mit Bänken an den Wänden, zum Hof hin geöffnet, auch *Ephebeion* genannt), daneben das *Korykeion* (für das Boxtraining), das *Elaioterion* (wo man sich salbte), das *Konisterion* (Sandraum), das *Lutron* (Waschraum), das *Pyriaterion* (Herdraum) und *Exedren* (zum Hof hin offene Räume für Aufenthalt und Unterricht); weiter ist ein *Sphairisterion* (Ballspielplatz) z. B. für das G. von Delphi bezeugt. Seit dem 4. Jh. betont oft ein → Propylon als einziger äußerer Schmuck den Eingang. Bedeutende G.en oder P.en sind in → Athen (das ‹Pompeion› beim Haupttor, in dem der Festzug – ‹Pompē› – der → Panathenäen vorbereitet wurde, um 400 erbaut, das früheste erhaltene G. Peristylhof mit 6 × 13 ion. Säulen, 7 angrenzenden Räumen und Propylon; als ‹Dromos› diente die benachbarte Prozessionsstraße), → Delphi (Abb.), → Olympia, → Epidauros, → Priene und → Milet erhalten. Das luxuriöse, über drei Terrassen verteilte G. von → Pergamon (untere Terrasse für Knaben, mittlere für Jünglinge, obere, das ‹panegyrische G.› mit theaterförmigem Hörsaal, später auch Thermen, für Männer) zeigt die reichste und letzte Stufe dieses Typus, der in der Kaiserzeit in den → Thermenanlagen fortlebt. Die griech. G.en bildeten das eigentliche Zentrum körperlicher und geistiger Bildung für Knaben und Männer der Polis. In den drei berühmten G.en vor den Toren Athens, der → Akademie, dem → Lykeion und dem → Kynosarges, bildeten sich die philosophischen Schulen Platons, Aristoteles' und Antisthenes'. Die G.en waren zugleich – oft an älteren Heiligtümern entstanden und durch Altäre Hermes, Herakles oder den Musen zugeeignet – einbezogen in die Sphäre der Religion. – Vgl. → Thermen. G.Gb.

Lit: E. N. Gardiner, Athletics of the Ancient World, 1930 – J. Delorme, G., 1960.

Gymnasios von Sidon, Sophist; wirkte zu → Libanios' Zeit (Mitte 4. Jh. n. Chr.) in Konstantinopel und vorübergehend in Antiochia. G. verfaßte Meletai, einen Demostheneskommentar u. a. W.Sp.

Lit: Seeck, Die Briefe des Libanius, 1906, 166 – Ders., RE 7, 1912, 2026 – K. Gerth, RE Suppl. 8 (1956), 753 s. v. 2. Sophistik.

Gymnastikē, allgemein die Kunst der Trainer. Daneben Scheidung der G. (Gesunderhaltung nach vorwiegend diätetischen Methoden, Kenntnis der Wirkung von Bewegung aller Art auf den Körper) von der *Paidotribik* (Technik der sportlichen Übungen, bes. des Ringkampfs). Vgl. Plat. Gorg. 464 AB; Aristot. pol. 8, 3, 1338 b 6; Gal. 5, 888 ff.; 6, 153 ff.; Philostr. gymn.; Orib. coll. med. 6, 11 bis 36. → Sport. H.Bgt.

Gymnopaidia, ein spartan. Fest des Apollon Pythaios von hauptsächlich agonalem Charakter, bei dem aber auch zu Ehren der spartan. Helden von → Thyrea und → Thermopylai → Päane gesungen wurden. F.R.W.

Lit: P. Wolters, Eine spart. Apollostatue, JdI 1896, 1–10 – Nilsson, Griech. Feste, 1906, 140 ff.

Gymnosophisten → Brahmanen.

Gynaikonomen, griech. Behörde polizeilichen Charakters, erst für die hellenist. Zeit bezeugt. In Athen führt man sie auf → Demetrios (17) v. Phaleron und seine → Luxusgesetze zurück. Die G. hatten über die Einhaltung der Kleidervorschriften bei religiösen Festen zu wachen, weshalb bes. die → Frauen ihrer Aufsicht unterstanden, so z. B. in Andania, Gambreion. In Athen kontrollierten sie neben den Areopagiten die gesetzlich festgelegte Gästezahl bei Festgelagen. Sie konnten Geldstrafen auferlegen und die Namen der Bestraften bekanntmachen. B.Rö.

Lit: A. Boeckh, Ges. Kl. Schriften V, 1871, 422 f. – G. Busolt-H. Swoboda, Griech. Staatskunde, 2 Bde, 1920/26, 493. 929. 931 – J. H. Lipsius, Das att. Recht u. Rechtsverfahren I, 1905, 98 f. – C. Wehrli, Les gynéconomes, MH 19, 1962, 33–38.

INHALTSÜBERSICHT

Band 1

Band 2

Band 3

ANHANG

Lexikon der Alten Welt

Band 3

R–Z

Albatros

Titel der Originalausgabe: Lexikon der Alten Welt

Artemis & Winkler Verlag, Düsseldorf und Zürich

Die Deutsche Bibliothek – CIP-Einheitsaufnahme
Ein Titeldatensatz für diese Publikation ist bei
Der Deutschen Bibliothek erhältlich.

Albatros Verlag, Düsseldorf

Umschlagmotive: Band 1: »First and Second Pyramid of Gizah«,
Kupferstich nach Luigi Mayer; Band 2: »Akropolis bei Sonnenuntergang«,
Gemälde von Louis Gurlitt; Band 3: »Ansicht des Kolosseums in Rom
vom Maronitenkloster«, Gemälde von Jegor G. Solnzew; © AKG Berlin
ISBN 3-491-96036-3

Rabbi (‹mein Herr›, hebr.-aram.: *rab* ‹groß›), ursprünglich Anrede des Höhergestellten, z. B. des Schriftgelehrten bzw. ‹Weisen› (Chākām) durch Laien oder des Lehrers durch den Schüler; daneben steigerndes *Rabban* (‹Gebieter›) für hervorragende Personen (z. B. Patriarchen; →Judentum B 6). Der akademische Grad eines R. (in Babylonien *Rab*) für den autoritativ Lehr- und Rechtsentscheidungen Treffenden (→Mischna) entstand erst nach 70 n. Chr. Der Weg hierzu führte vom ‹Schüler› (talmīd) zu dem in der Schriftgelehrsamkeit voll ausgebildeten ‹Weisenschüler› (talmīd-chākām), der, mindestens 40jährig, von seinem Lehrer durch Handauflegung (Symbol für die von Moses hergeleitete Amtsgewalt) zum selbständigen R. ordiniert werden konnte. Dieser an Palästina gebundene Ritus ging 2. H. 2. Jh. vom einzelnen R. an →Synedrion und Patriarchat über und entfiel mit dessen Erlöschen (425; →Judentum B 8). Die Vertreter des seit 70 pharisäisch-hillelitischen, als Rabbinat herrschenden Standes gliedern sich in: *Tannaïten*, 1.–Anf. 3. Jh. (5–6 Generationen), Autoren von →Mischna und Tosefta, und *Amoräer*, als Kommentatoren der Mischna (in Palästina 5 Generationen, ca. 225 bis 425; in Babylonien 7 Generationen bis ca. 500) Autoren der palästinischen und babylonischen Gemara (→Talmud). In Babylonien folgten ihnen die *Saboräer* (6. Jh.; Abschluß des Talmuds) und die *Gaonen* (ca. 600–1040). R. M.

Rabe. Der R. (*κόραξ*, corvus) war wie andere Corvidae (Krähe, Dohle, Elster, Eichelhäher) im Mittelmeerraum und den Nachbarbereichen in mehreren Arten vertreten. Sprichwörtlich wie die Geschwätzigkeit, die er mit den anderen R.n-Vögeln teilt, war die Gefräßigkeit mit der Vorliebe für Aas. Der Hang zum Leichenfraß führte zur Verwünschung *ἐς κόρακας* und zur Wertung als böses Vorzeichen. Wie die anderen R.n-Vögel galt er als Dieb, der sich an Opfergaben vergriff. R., Krähe und Dohle wurden gezähmt gehalten, R. und Krähe zum Sprechen abgerichtet. Die besondere Fähigkeit der Regen- und Landwitterung begünstigte die Vorstellung vom R.n als weissagendem Vogel. So erklärt sich die Verbindung mit dem Bereich des →Apollon. In Gestalt eines R.n erschien →Aristeas (1) als Bote des hyperboreischen Gottes in Metapont. Der von Apollon zum Wasserholen ausgesandte und nicht zurückgekehrte R. wurde am südl. Himmel verstirnt (Sternbild R., Corvus). Ein bis dahin weißer R. trug Apollon die Kunde von der Untreue der →Koronis zu und erhielt für den Verrat sein schwarzes Gefieder. In den Mythos spielt die Feindschaft zwischen R. und Krähe (*κορωνίς*) hinein. Als Verräterin erscheint die Krähe in der Überlieferung von den Kekropstöchtern, die heimlich die Kiste des →Erichthonios geöffnet hatten. Athena ist sie auch zugeordnet im Mythos von Koronis, der Tochter des phokischen Königs Koroneus, die, verfolgt von Poseidon, von der Göttin in eine K. verwandelt wurde. Thessalisch wie die Koronis-Apollo-Überlieferung mit dem R.n ist das Motiv eines R.n-Paares auf einem ehernen Wagen, der in Krannon bei Dürre für Regenzauber verwendet wurde; das Brauchtum knüpft an die Regenwitterung des R.n an. Thessalisch ist auch die Verbindung des R.n mit Helios in Pagasai (Helios-Apollon?), die in der iran. Zuordnung des R.n zum Lichtgott →Mithras ihre Entsprechung hat. Die Krähe begegnet auch in enger Beziehung zu Asklepios, dem Sohn des Apollon und der Koronis. Zur Verbindung mit dem Heilgott fügt sich die Überlieferung vom langen Leben der Krähe: *τρικόρωνος* bezeichnet einen Alten mit hoher Lebenserwartung. Wegen ihres monogamen Verhaltens und der Nestpflege wurde die K. zum Symbol ehelicher Eintracht und galt daher in Athen als Hochzeitsvogel. Dazu fügt sich die Zuordnung zu →Juno im ital. Kult. Unter ihrem Schutz standen die Divae Corniscae. →Fauna, →Sternmythen. J. W.

Lit: Keller, Tierwelt II 91–114 – H. Gossen, RE 1 A 1 (1914), 19–23 – H. Gossen-A. Steier, RE 11,2 (1922), 1556–66, s. v. Krähe – H. B. Jessen, Kirkos u. R., AA 1955, 301–303.

Rabirius, C., Senator. War 100 v. Chr. unter denen, die L. Appuleius →Saturninus und dessen Gefolge erschlugen. 63 wegen Mord an Saturninus vom Volkstribun →Labienus (1) auf Anstiften →Caesars angeklagt. Eigentliches Ziel der Anklage war die Diskreditierung des senatus consultum ultimum (→Senat, 3), zu dessen mittelbaren Auswirkungen Saturninus' Tod gehörte. Wie man im einzelnen gegen ihn verfuhr, ist strittig. In einem Prozeß vor dem Comitialgericht verteidigte ihn Cicero (Rede Pro Rabirio perduellionis reo). Offenbar ist er nicht verurteilt worden. Chr. M.

Lit: M. Gelzer, RE 7 A 1 (1939), 870–872 – J. Bleicken, ZRG 76, 1959, 337ff. (Lit) – Chr. Meier, Pompeius' Rückkehr aus d. Mithr. Kriege u. d. catil. Verschw., Athenaeum 40, 1962, 114,41 (Lit).

1 a. **R.,** →Epikureer, gehörte wie →Amafinius zu den ersten epikureischen Schriftstellern, die sich der lat. Sprache bedienten. Er wurde von Cicero (ac. 1, 5) wegen seines formlosen Stils getadelt. W. L.

2. **R.,** C., →Epiker der augusteischen Zeit, von Velleius neben Vergil gestellt (2, 36, 3), von Ovid, Quintilian und Seneca erwähnt. Grammatiker zitieren Bruchstücke. Man hat ihn – ohne Sicherheit – als Autor eines in Herculaneum gefundenen Fragments (70 Hexameter) über das Ende des →Antonius (2) angesehen. B. K.

Ed: G. Garuti, Bellum Actiacum, 1958.

2 a. **R.,** röm. Architekt und Freund Martials, der ihm nach Vollendung des domitianischen Palastes auf dem Palatin (92 n. Chr.) 2 Epigramme widmete (7, 56; 10, 71). →Architektur II D [2]; →Haus B [7]. C. K.

Lit: E. Fabricius, RE 1 A 1 (1914), 23 f.

3. **R. Postumus,** C., gebürtiger C. Curtius, von C. Rabirius (1) adoptiert. Großbankier, der zumal König →Ptolemaios XII. Auletes große Kredite gab; 55 zur Eintreibung der Außenstände zum Finanzminister des Ptolemaios ernannt. Er stützte sich wohl auf zurückgelassene Soldaten des A. →Gabinius (2), dessen Interessen er ebenfalls wahrnahm. R. erregte dabei viel Unwillen und mußte endlich fliehen. 54 wegen Annahme unrechtmäßig erworbener Gelder angeklagt, von →Cicero verteidigt (Rede Pro Rab. Post.) und freigesprochen. R. wurde damals von →Caesar unterstützt, der die Schulden des Ptolemaios übernahm. 46 an Caesars Nachschub in Africa beteiligt. R. ist vielleicht mit Curtius Postumus identisch, der 48 Prätor war, 45 an eine Konsulatsbewerbung dachte und 44 Procurator Octavians wurde. Chr. M.

Rad →Wagen.

Radagaisus, Skythe (Krimgote?), Heerkönig einer gewaltigen, aus Goten und anderen Germanen gemischten Schar, fiel 405 n. Chr. nach Italien ein. →Stilicho entsetzte das von R. belagerte Florenz, dieser wurde bei einem Fluchtversuch August 406 gefangen und hingerichtet. K. H. Sch.

Radjedef *(Rʿ-ḏd.f)*, König der ägypt. 4. Dynastie, Sohn des Cheops (2530–21), errichtete seine Pyramide bei Abu Roāsch nördl. Kairo. W. Hk.

Rätien (Raetia), röm. Provinz in den Zentral- und Ostalpen und im nördl. Alpenvorland, im Gebiet der Vindeliker, grenzt im W an Germanien, im S an die Transpadana und an Venetien, im O an Noricum (Kt. 1057 DE 8/9). Hauptort →Augusta (5) Vindelicorum. Die Bevölkerung nicht einheitlich, das Volkstum der Räter nicht klar. – Nach einem ersten Vorstoß unter P. Silius Nerva (16 v. Chr.) rücken die beiden Stiefsöhne des →Augustus, →Drusus (1) unter erbitterten Kämpfen durch das Etschtal, über das Reschenscheideck und den Fernpaß, →Tiberius von Gallien her bis an die Donau vor und unterwerfen das Gebiet der Räter und Vindeliker. Zunächst blieb hier in Oberhausen bei Augsburg eine Legion. Nach dem pannonisch-dalmatischen Aufstand unter dem Statthalter von Gallien, der einen Präfekten (praefectus Raetis Vindelicis vallis Poeninae) delegierte, in rein militärischer Verwaltung, bildete R. noch vor 20 n. Chr. eine selbständige Provinz unter der Bezeichnung Raetia et Vindelicia (bis zur Abtrennung der vallis Poeninae auch noch ‹et vallis Poeninae›) unter einem ritterlichen Prokurator, dessen Amtsbereich anfangs vom Genfersee bis an den Inn bei Passau reichte. Als militärische Besatzung unterstanden ihm nur Auxiliarformationen. Nach den Markomannenkriegen wird die neuaufgestellte Legio III Italica Concors nach R. verlegt, wo sie ihr Lager in →Castra (2) Regina (Regensburg) erhält. Ihr Legat wird Statthalter, mit Sitz in Castra Regina. 213 nach Chr. überrennen die Alamannen den rätischen →Limes. Noch vor der Mitte des 4.Jh.s n.Chr. wird R. geteilt: das Ostschweizer Gebiet und das Land westl. des Arlbergs wird die Provinz Raetia prima, während das ehemalige Gebiet der Vindeliker zwischen Bodensee und Donau sowie Tirol bis zum Brenner Raetia secunda heißt. Beide Provinzen unter praesides als zivilen Statthaltern, von denen der von Raetia secunda in →Augusta (5) Vindelicorum, der von Raetia prima in Curia (Chur) seinen Sitz hatte, das seit 451 n.Chr. als Bischofssitz bezeugt ist. In militärischer Hinsicht bleiben beide Provinzen auch weiterhin vereinigt unter einem Dux Raetiae primae et secundae. Nach 389 n.Chr. mußte das nördl. Flachland aufgegeben werden, doch gelang es, die Alamannen um 430 vorübergehend wieder zu vertreiben. Erst nach dem Tode des →Aëtius konnten sie endgültig von dem Alpenvorland Besitz ergreifen, doch blieben die Gebiete selbst noch am Ende des 5.Jh.s lose mit Italien verbunden. – Rätische *Sprache:* →Italien B 2. B.S.

Lit: F.Wagner, Die Römer in Bayern (1924), 1928⁴ – F. Staehelin, Die Schweiz in röm.Zeit (1927), 1948³ – E. Ritterling-E. Stein, Die kaiserl. Beamten u. Truppenkörper im röm. Deutschland unter dem Prinzipat, 1932 – R. Heuberger, R. im Altertum u. Frühmittelalter, 1932.

Rätsel. Nach einer antiken Überlieferung starb →Homer aus Ärger darüber, daß er ein einfaches R. nicht lösen konnte, das Fischerjungen am Strand ihm stellten (Heraklit Fr. 56D.). →Hesiod berichtet von dem R.wettkampf zwischen den Sehern Mopsos und Kalchas; auch hier stirbt der unterlegene Kalchas vor Ärger (Fr. 160 Rz.). Ein Spiel auf Leben und Tod ist auch das R. der →Sphinx: «Was ist das: Es läuft auf vier, zwei und drei Beinen.» →Ödipus weiß die Antwort; die Sphinx nimmt sich darauf das Leben (Apollod. 3, 5, 8). Das R. der archaischen Zeit ist also keineswegs ein harmloser Zeitvertreib, wie später beim Gastmahl. Während beim Essen und Trinken die Gebildeten literarische Gespräche führen, unterhalten die Ungebildeten sich mit R.n, sagt Plutarch (quaest. conviv. 5 praef. 5). →Aristoteles gibt in seiner Poetik eine kurze Definition des R.s: es sage Tatsächliches aus und verknüpfe Unmögliches (poet. 22. 1458a 26ff.; vgl. auch rhet. 3, 11. 1412a, 24/26). Allgemein wird unterschieden zwischen *αἶνος, αἴνιγμα* und *γρῖφος*. *αἶνος* ist ursprünglich eine Geschichte, *αἴνιγμα* verhält sich dazu wie das mhd. ‹raetelin› (= R.) zu ‹rât› (Lehre, Spruch); auch Orakel und Spottreden werden so bezeichnet. *γρῖφος* ist das ‹Netz›, in dem der Gefragte sich verfängt. Der Anreiz zum Nachdenken, das Paradoxe, das Überraschende, das im R. liegt, hat den Griechen sehr zugesagt. Von Kleobulos v. Lindos (einem der →Sieben Weisen) und seiner Tochter Kleobuline gab es in der Antike R.sammlungen, die sicherlich auf die R.poesie der ältesten Zeit zurückgreifen, wie →Pythagoras und seine Schüler sie gesammelt haben. →Klearchos (3) v. Soloi sammelt, wohl auf Anregung seines Lehrers Aristoteles, neben Witzen und Sprichwörtern auch R. Von dem Alexandriner →Lykophron (2) besitzen wir eine konsequent durchgeführte R.-dichtung, die ‹Alexandra›. – Die Römer fanden am R. weniger Freude als die Griechen. In →Petrons ‹Satiricon› amüsiert sich Trimalchios Tafelrunde auch mit R.n; darunter ist eines (58), über das Philologen sich noch heute den Kopf zerbrechen. →Symphosius (4. oder 5.Jh. n.Chr.), ein Nachahmer des →Ausonius, schrieb hundert R.gedichte. G.L.

Ed: C.v. Holzinger, 1815 (Lykophron ‹Alexandra›) – PLM IV 364–385 (Symphosius).

Ramesseumspapyrus, ‹dramatischer›, ein in einem Grab des Mittleren Reiches unter dem Ramesseum gefundener Papyrus mit einem sehr alten Ritual, dessen Zweck allerdings noch unsicher ist (Krönung? Statuenbegräbnis?). Jede Szene des Rituals ist dabei aus der →Osiris-Mythe sekundär neu gedeutet worden. W. Hk.

Lit: K. Sethe, Dramatische Texte, 1928.

Ramnes, eine der drei ältesten →Tribus Roms (neben →Luceres, →Tities), von der antiken Überlieferung mit →Romulus (1) in Verbindung gebracht; noch in histor. Zeit Bezeichnung einer der drei Rittercenturien. D.R.

Ramose, Vezir unter Amenophis III. und IV. Sein *Grab* (Theben-West Nr. 55) ist berühmt, weil es den verfeinerten Reliefstil der Zeit Amenophis' III. ebenso zeigt wie den neuen Stil Echnatons (→Amenophis' IV.) in seiner anfänglichen, bes. krassen Form. W. Hk.

Lit: N. Davies, The Tomb of the Vizier R., 1941.

Rampin, ehemalige, jetzt im Louvre aufbewahrte Slg. Einen bärtigen Marmorkopf daraus (H. 0,29 m, Nr. 3104) konnte H. Payne mit einem 1886 auf der Akropolis gefundenen Torso verbinden: sog. ‹*Reiter R.*›. Reste einer zweiten, im Gegensinne entsprechenden Reiterstatue sind erhalten. Die beiden Statuen bildeten wohl einst eine Gruppe: eine Siegesehrung für ein adliges Brüderpaar Athens aus der Zeit um 560. E. Bg.

Lit: K. Schefold, Die großen Bildhauer des arch. Athen, 1949, 41–44, Abb. 33 – Lullies-Hirmer, 42f., Taf. 30f.

Ramses, Name ägypt. Könige der 19. und 20. Dynastie:

1. **R. I.** (*Mn-pḥ.tj-Rʿ*, 1306–05), war ursprünglich General unter →Haremheb, der ihn zu seinem Nachfolger einsetzte. Er stammte aus Tanis im Ostdelta aus einer Soldatenfamilie asiatischer Herkunft. Gründer der 19. Dynastie. Wegen seines hohen Alters machte er seinen Sohn →Sethos (I.) zum Mitregenten. W. Hk.

2. **R. II.** (*Wśr-mꜣʿ.t-Rʿ-śtp-n-Rʿ Rʿ-mś-św-mrj-Imn*, 1290–23), versuchte den Hethitern Syrien zu entreißen, wurde aber 1285 von →Muwatallis bei Qadeš geschlagen. Auch neue Vorstöße führten zu keinem Erfolg, so daß 1269 ein Friedensvertrag zwischen R. II. und →Ḫattusilis III. geschlossen wurde, der den Gegensatz Ägypten-Ḫatti beendete. Er wurde später durch die Verheiratung zweier Töchter des Ḫattusilis mit R. II. befestigt. R. II. hat in Ägypten und Nubien zahlreiche Tempel errichtet, aber auch durch seinen Sohn *Ḫʿ-m-wꜣś.t* Bauten der Vergangenheit restaurieren lassen. In seinem Totentempel in West-Theben (von Diod. 1, 47 als Grab des Osymandyas bezeichnet) ließ er eine der größten monolithen Statuen aufstellen. Ferner gründete er im Ostdelta bei →Tanis eine neue Residenz (‹Ramses-Stadt›), die er reich ausstattete. W. Hk.

3. **R. III.** (*Wśr-mꜣʿ.t-Rʿ-mrj-Imn Rʿ-mś-św-ḥḳꜣ-Iwnw*, 1181–50), nach Sethnacht 2. König der 20. Dynastie. Er hatte schwere Kämpfe sowohl gegen die Libyer wie gegen die sog. →‹Seevölker› zu bestehen, die durch den phrygischen Einbruch in Kleinasien aus ihren Sitzen an der West- und Südküste Anatoliens vertrieben worden und in Syrien eingebrochen waren. Die →Philister, die zu ihnen gehörten, wurden von R. III. nach seinem Sieg in Südpalästina angesiedelt. Ebenso verpflanzte er die in den libyschen Kämpfen gefangenen Gruppen (vom Stamm Mašwaš, *Μάξυες*) nach Nord- und Mittelägypten. Sein Totentempel bei →Medinet Habu (West-Theben) ist der noch am besten erhaltene; er bildete später den Kern von Theben. Unter seiner Regierung werden wirtschaftliche Schwierigkeiten offenbar, hervorgerufen durch die steigende Macht der Tempelpriesterschaft, in deren Händen sich durch die laufenden Schenkungen der Könige (vgl. →Papyrus Harris I) der Grundbesitz konzentrierte. W. Hk.

4. **R. IV.–XI.** Die Regierungszeit der folgenden Könige des Namens ist gekennzeichnet durch immer größere wirtschaftliche Schwierigkeiten, Verfall der königlichen Macht und Aufhören der Bautätigkeit: das beginnt unter R. IV.

(1150–44) und R. V. (wohl Sohn R.' IV., 1144–39); R. VI. (wohl Sohn R.' III., 1139–32) ist zwar noch im Besitz Palästinas, aber der letzte, der Arbeitstrupps auf den Sinai ausschicken konnte. Unter R. VII. (ca. 1132–25) ziehen die Getreidepreise gewaltig an, und unter R. IX. (1125–05; sein Vorgänger R. VIII. kann nur wenige Monate regiert haben) ist die wirtschaftliche Not so groß, daß sie zu ausgedehnten Grabräubereien selbst bei den Königsgräbern führt (zahlreiche Prozeßakten erhalten). Die Macht in Oberägypten geht an die Hohenpriester des Amun über, in Syrien löst sie sich auf. Versuche, R.' XI. (1096–69; über R. X., 1105–1096 liegen historische Angaben nicht vor), die Macht des thebanischen Hohenpriesters zu brechen, blieben auf die Dauer erfolglos; schließlich konnten im Norden und Süden Hohepriester regieren, ohne auf den letzten Ramses Rücksicht nehmen zu müssen. – Vgl. auch → Ägypten I B. W. Hk.

Ranke, ein von der Naturform inspiriertes, mehr oder minder abstrahiertes oder realistisches Pflanzenornament, das seine Form durch die Bewegung des fortlaufenden, geschwungenen Rankenstengels erhält. → Ornament (Abb. 174). F. H

Raphia, Stadt an der Küste Palästinas südwestl. von Gaza. Hier unterlag → Antiochos III. im 4. → Syr. Krieg i. J. 217 Ptolemaios IV. (Polyb. 5, 80; Strab. 16, 759; Liv. 35, 13).

Rapport, *unendlicher.* Ein in sich abgeschlossenes und endlos durch Aneinandersetzen wiederholbares Flächenmuster (Rapport) wird durch einen das Muster überschneidenden Ausschnitt, der dem Betrachter die weitere Ergänzung überläßt, zum *unendlichen* R., wobei die Grundeinheit des Musters als Anleitung zur Fortsetzung schon einmal vorhanden sein muß. F. H.

Rationalis, seit Ende des 2. bis Anf. des 4. Jh.s Titel des den → Fiscus Caesaris verwaltenden kaiserlichen Beamten (→ Rom III B, C). R. Kn.

Ratumena, etrusk. Wagenlenker, nach einem Sieg in Veji von seinen zum Kapitol in Rom stürmenden Pferden an der Porta Ratumena abgeworfen. C. J. C.

Rauchopfer. Ihr Alter bei den Griechen beweisen die Begriffe *θύω, θυμίαμα* (*ἄρωμα*). Ihr Material wird ursprünglich aus einheimischen Zweigen, Blättern und Körnern bestanden haben (in Delphi bis in die Spätzeit Lorbeer und Getreide: Plut. mor. 397 A), doch dringen früh oriental. Spezereien ein, die dann auch im bes. Sinne nicht nur reinigend wirken, sondern durch den Wohlgeruch erfreuen sollen. Zimt, → Weihrauch scheinen seit 600 v. Chr. eingebürgert zu sein (Hdt. 3, 97 und 107 ff.; Theophr. hist. plant. 9, 42; Strab. 16, 4, 4; 4, 22; 4, 25). Wie Cato (agr. 134) zeigt, ist von Griechenland her der Weihrauch schon zu Beginn des 2. Jh.s v. Chr. im röm. Kulte einheimisch geworden. Vgl. → Opfer. O. G.

Raum. [1] Das Nachdenken der *Vorsokratiker* über die Ausdehnung des Weltalls, die begrenzte oder unbegrenzte Teilbarkeit der Größen, die Möglichkeit der Bewegung und das Bestehen oder Nichtbestehen eines leeren R.es hat die philosophischen R.-Begriffe → Platons und → Aristoteles' vorbereitet. Früh schon begannen sie zu denken, daß die Urmaterie räumlich und zeitlich unbegrenzt ausgedehnt (→ Anaximenes, → Anaximander) oder daß der ‹Körper› der Welt von unendlicher Leere umgeben sei (Pythagoreer). Im Gegensatz zum Pythagoreismus leugneten die Eleaten, aus theoretischen Gründen, das Bestehen der Leere. Leere wäre Nichtsein. Innerhalb des Seins sind für → Parmenides räumliche Unterscheidungen unmöglich, weil es vollkommen homogen ist. → Melissos erklärt ausdrücklich, das Sein sei unendlich groß. → Zenons (2) Argumente gegen Bewegung und Vielheit machen die Antinomien des Begriffes der Ausdehnung sichtbar, gleichgültig, ob diese als unendlich teilbar oder als aus nicht mehr teilbaren kleinsten Größen zusammengesetzt angenommen wird. Unter dem Einfluß der Eleaten schließen → Empedokles und → Anaxagoras die Leere aus ihren Systemen aus; während auf der anderen Seite die Atomisten in diesem ‹Nichts› einen notwendigen Bestandteil ihres Systems sehen: die Atome, aus denen das Sein besteht, bewegen sich in der unendlichen Leere des Nichtseins. – Die Vorsokratiker befaßten sich also durchaus mit Fragen, die die Natur des R.es, seine Größe und seine Verschiedenheit von den Dingen, die ihn ausfüllen, betreffen; aber das Wort selbst (*χώρα*), mit der allgemeinen Bedeutung ‹Raum›, im Gegensatz zum «Platz, den ein bestimmter Körper einnimmt» (Ross, a. O. 125), wird anscheinend nicht vor Platon verwendet.

[2] *Platon* führt den R.-Begriff im ‹Timaios› ein, um zu erklären, wieso Abbilder der transzendenten Formen überhaupt in dieser Welt erscheinen und verschwinden können. Weil die sinnliche Gestalt wohl den Sachgehalt der Idee, nicht aber deren Beständigkeit besitzt, denkt Platon, sie sei ein Abbild der Idee, neben der es noch etwas anderes geben müsse, in dem sie sich abbilden könne, etwas selbst Formloses, das die Form empfängt und das er R. nennt. Dieser ist also der beständige Schauplatz der Ereignisse der Welt. Er wird verglichen mit dem Gold, das allerlei Gestalten annehmen kann und doch immer Gold bleibt (50 A–B); trotzdem muß man sich hüten, ihn als einen Stoff, aus dem die sinnlichen Körper gebildet wären, anzusehen (Taylor, a. O. 323). Er hat einzig den fließenden sinnlichen Gestalten einen Platz zu verschaffen, an dem sie in Erscheinung treten können. Es handelt sich also um den qualitätslosen geometrischen R. (Tim. 48 E–52 D).

[3] *Aristoteles.* Platon betrachtete den R. als Metaphysiker; Aristoteles hingegen erörtert die Probleme von Ort und leerem R. als ‹Physiker› (phys. 4, 1–9). Der Ort, so erklärt er, ist nicht die Materie eines Körpers, denn diese hat keine Umrisse; ebensowenig ist er die Form, die sich ihm aufprägt, denn die Form gehört – wie die Materie – zum Körper und bewegt sich mit ihm. Der Ort ist im Gegenteil in gewißem Maße vom Körper, der sich dort befindet, trennbar, da doch verschiedene Gegenstände nacheinander den gleichen Platz einnehmen können. Obwohl er Ausdehnung hat, ist der Ort nicht ein Körper, sonst könnten sich zwei Körper gleichzeitig am selben Ort befinden. So muß also der Ort die Begrenzung des Körpers sein, nicht diejenige, die durch seine eigene Gestalt gebildet wird, sondern die Begrenzung, die ihn von außen umgibt, wie ein Gefäß das Wasser (212 a 6, 20). Doch sieht man sofort, daß die stoffliche Umhüllung – das Gefäß – ein «beweglicher Ort» ist (212 a 14); im Gegensatz dazu muß die Begrenzung, die der Ort ist, unbeweglich genannt werden. Diese Unbeweglichkeit des Ortes macht aus ‹oben› und ‹unten› absolute Begriffe: unten (Zentrum der Welt) ist der natürliche Ort des Schweren, oben (äußerste Sphären) derjenige des Leichten. Aus der Definition des Ortes als umschließendes Gefäß ergeben sich für Aristoteles zwei Folgerungen: (1) Es gibt keinen leeren R.; dieser ist zur Erklärung der Bewegung keineswegs nötig (214 b 28 f.); (2) die äußerste Sphäre der Welt kann nicht lokalisiert werden, denn da sie nicht mehr *in* etwas anderem ist, ist sie nirgends (212 a 31 f.), (Antwort auf den Einwand Zenons, 209 a 23 f.). Die aristotelische Theorie enthält eine Antinomie: der Raum ist gewissermaßen absolut, denn er ist unbeweglich, und man kann feste Bezugspunkte darin festlegen; gleichzeitig ist er aber völlig von den umschlossenen Körpern bedingt. – Nach Aristoteles kehren die → Epikureer zur Atomistentheorie zurück. Die → Stoiker sehen die Welt als eine volle Kugel an, die von einem leeren, unendlichen und unkörperlichen Raum umgeben ist (Diog. Laert. 7, 140). S. M.

Lit: G. S. Kirk-J. E. Raven, The Presocratic Philosophers, 1957 – W. D. Ross, Plato's Theory of Ideas (1951), 1953 – A. E. Taylor, A commentary on Plato's Timaeus, 1928 – V. Goldschmidt, La théorie aristotélicienne du lieu, Mélanges Diès, 1956 – H. R. King, Aristotle's Theory of *τόπος*, ClQ 44, 1950, 76–96.

Raute (πήγανον, ῥυτή, ruta), ein im Mittelmeergebiet verbreiteter aromatischer Halbstrauch, als Gewürzpflanze und hervorragendes Heilmittel geschätzt. Vgl. → Flora. J.W.

Lit: Murr, 192. 210 – Stadler, RE 1 A 1 (1914), 296–300.

Ravenna, von den Sümpfen des Podeltas geschützte Stadt in der Gallia Cisalpina (Kt. 1420 E 3), etruskisch-umbrische Gründung, seit dem späten 3. Jh. mit Rom verbündet, seit 46 v. Chr. Municipium. Von entscheidender Bedeutung für die Stadt war die von Augustus verfügte Verlegung einer der beiden italischen Flotten nach Classis bei R., das fortan der Hauptkriegshafen Roms war und auch große Werften besaß, in denen das auf dem Po herangeflößte Holz aus Oberitalien verarbeitet wurde. → Honorius machte R. im Jahre 402 n. Chr. zur Residenz des Kaisers im Westen; die folgenden Kaiser des weströmischen Reiches bis → Romulus (2) Augustulus (475–476) behielten R. als Residenz bei: → Theoderich d. Gr. wählte die Stadt nach dem Sturz → Odoakers zur Hauptstadt seines neuen Reiches. B.A.

Lit: G. Bovini, Principale bibliografia su R. romana, paleocristiana e paleobizantina, 1958 – Ders., Studi storici topografici ed archeologici sul Portus Augusti di R. e sul territorio classicano, 1961.

[2] *Altchristl. Bauten.* Mit der Erhebung zur weström. Residenz (402) beginnt R.s intensive Baugeschichte; von ca. 50 Bauten dieser Zeit sind ungefähr 20 erhalten. Als erster entstand die Hagia Anastasis als Bischofskirche (fünfschiffig, nach Bischof Ursus auch Basilica Ursina, später völlig umgebaut, heute Duomo) mit ihrem sog. Baptisterium der Orthodoxen (Oktogon, ursprüngl. Wechsel von → Apsis und Tür rundherum), dessen Kernbau ein (heute verlorener) oktogonaler Umbau einschloß. Im 5. Jh. folgten dann: S. Joannis Evangelistae (dreischiffig, 2 Pastophorien, von → Galla Placidia gestiftet), S. Crucis als Palastkirche in Kreuzform (S. Croce, umgebauter Restbestand), deren → Narthex (2) ein dem Laurentius geweihtes Oratorium angegliedert war (sog. Mausoleum der Galla Placidia), Basilica Apostolorum (heute S. Francesco) und im Übergang zum 6. Jh. S. Agatha. – Nach der Einnahme von R. durch → Theoderich (493), der für sich ein zweistöckiges, bei seinem Tode 526 nicht vollendetes Mausoleum extra muros schuf, entstanden im Stadtkern: Anastasis Gothorum (heute S. Spirito) mit dem Baptisterium Arianorum, das in Gestalt und → Mosaik das der Orthodoxen nachahmte, als arianische Bischofskirche, S. Salvatoris aber als Palastkirche, was noch heute an den Mosaiken (damnatio memoriae an dem Bild vom Theoderichpalast) festzustellen ist; 566 kath. Gemeindekirche geworden, hieß sie S. Martini, ab 9. Jh. S. Apollinare Nuovo. Von den Kirchen der sog. arianischen Zone im Bereich des Mausoleums hingegen (Eusebii; Andreae Gothorum; Georgii) ist nichts erhalten. In der Gotenzeit erhielt endlich das Episcopium im 1. Stock das Oratorium S. Andreae, die Erzbischöfl. Kapelle von heute (kreuzförmige → Memoria mit Apsis und Narthex). – Die 3. Phase der Baugeschichte unter → Justinian begann schon vor der Eroberung durch Belisar (540), wobei der Bankier Julianus Argentarius durch reiche Geldspenden (im byzantin. Auftrag?) eine einflußreiche Rolle spielte. Er finanzierte den Bau von S. Vitalis, ein oktogonaler, als Palastkapelle konzipierter → Zentralbau mit Emporen, dessen Bauformen in R. neuartig sind und nach → Konstantinopel (Sergius und Bacchus) weisen (eingeweiht 547), ferner außerhalb R. S. Michaelis in Affricisco (zerstört; Mosaik von Apsis u. Triumphbogen in Berlin) und bes. die → Memorialkirche S. Apollinaris in Classe (549 geweiht), deren Überhöhung des Presbyteriums wegen einer Krypta vorbildlich werden sollte, während die Flankierung der Apsis durch 2 Pastophorien und die Verknüpfung eines Narthex mit einem (nicht mehr vorhandenen) Atrium schon vorher in R. bekannt waren. Wenige spätere Bauten des 6. Jh.s haben diese Blüte nicht überboten. – Sowohl für die Geschichte altchristl. → Architektur wie auch der → Malerei ist R. als Schnittpunkt westl. und östl. Traditionen bedeutsam, zumal seine (z. T. stark restaurierten) → Mosaiken noch heute einen starken Eindruck altchristl. → Kunst vermitteln. C.A.

Q: Agnellus, Liber pontificalis, ed. O. Holder-Egger, MGSS rer. Lang., 1878, 265–391; ed. A. Testi-Rasponi, 1924 – P. Lanzoni, Le Diocesi d'Italia, 1927, 723–787 – *Karte:* F. v. d. Meer-Chr. Mohrmann, Atlas der frühchristl. Welt, 1959, Nr. 38 – *Lit:* O. G. v. Simson, Sacred fortress, 1948 (vgl. F. W. Deichmann, Gnomon 23, 1951, 340–343) – G. Bovini, Il cosidetto mausoleo di Galla Placidia..., 1950 – C. O. Nordström, R.studien, 1953 (bes. f. S. Apollinare Nuovo) – M. Mazotti, La Basilica di S. Apollinare in Classe, 1954 – F. W. Deichmann, Frühchristl. Bauten u. Mosaiken von R. 1958 (Bildband, dem Textband folgen wird) – G. de Angelis d'Ossat, Studi Ravennati, 2 Bde, 1962 – E. Dinkler, Das Apsismosaik von S. Apollinare in Classe, 1964 – *Zeitschrift:* Felix Ravenna (seit 1911) – *Reihe:* Collana di Quaderni di Antichità Ravennati cristiane e bizantine, hg. G. Bovini (seit 1963, bisher 6 Hefte) – *Bibliographie:* G. Bovini, Principale Bibliografia su R. romana, paleocristiana e paleobizantina, 1962.

Rayetscher Kopf, spätarchaischer Marmor-Jünglingskopf, aus dem ehemaligen Besitz des franz. Archäologen Olivier Rayet; soll in Athen an der heiligen Straße nach Eleusis zwischen Dipylon und Kephissos gefunden worden sein. Von C. Jacobsen 1879 für Kopenhagen (Ny Carlsberg Glypt., Nr. 11) erworben. H. 31,5 cm. 530 v. Chr. E.Bg.

Lit: K. Schefold, Die großen Bildhauer des archaischen Athen, 1949, 48, Abb. 51 – Lullies-Hirmer, 45 f., Taf. 46 f. – G. M. A. Richter, Kouroi, 1960, Nr. 138, Abb. 409 f.

Re, ägypt. Sonnengott. In der Frühzeit sah man in der Sonne einen Falken, der über den Himmel flog, bzw. im Schiff darüber fuhr. Daher wird Re auch später noch falkenköpfig dargestellt. Seit der 3. Dynastie wurde die morgendliche Sonne (Re-Ḥarachte = ‹Re-Horus vom Horizont›) besonders verehrt, wobei der Kult in Heliopolis lokalisiert wurde. Seit der 5. Dynastie wurde Re zum Weltgott, als dessen Sohn sich der König bezeichnete. Damals errichtete man ihm besondere Sonnenheiligtümer, von denen 2 bei → Abusir ausgegraben sind: sie enthalten einen Obelisken, auf dessen Spitze sich am Morgen die Sonne niederließ, und einen offenen Altar davor. Später verband man Re mit dem neuen Allgott → Amun zu Amun-Re. – Re spielt in den Mythen eine große Rolle: Die Himmelsgöttin Nut gebiert ihn am Morgen, und er fährt in zwei Barken, der Morgen- und der Abendbarke, über den Himmel; am Abend verschluckt ihn Nut wieder. Nach anderer Vorstellung fährt er nachts durch die Unterwelt, um den Toten zu leuchten. Beim Eintritt in das Jenseits muß → Seth im Bug die Apophis-Schlange töten, die das Schiff aufhält. Bes. das ‹Auge des Re› spielt eine wichtige Rolle: es wird ausgesandt, um die Menschen zu töten, die sich empört hatten; oder es hat sich selbst im Zorn entfernt und muß wiedergeholt werden. Es wird gern mit dem feuerspeienden → Uräus gleichgesetzt. Da in Ägypten in ältester Zeit zahlreiche Vorstellungen über die ‹Geburt› der Sonne bestanden, treffen wir auch späterhin noch widersprechende Angaben: So wird Re in Hermupolis aus dem Ei des ‹großen Gackerers› geboren; oder eine im Urgewässer schwimmende Kuh (Methyer) hebt die Sonne hoch, oder sie taucht als Blume aus dem Urwasser auf. Aber auch Geb und Nut (Erde und Himmel) gelten als Eltern, in Saïs jedoch die Urmutter → Neith; da sie auch Mutter des Suchos ist, wird dieser Re gleichgesetzt. Identifikationen finden sich noch mit Schu, besonders aber mit Atum (als Re-Atum), wodurch er zum Urgott wird. Vgl. → Ägypten I D [1] u. [3]. W. Hk.

Rea Silvia → Romulus u. Remus.

Realismus. Der Begriff meint in seiner Anwendung auf die antike Kunst eine Naturnachahmung (→ Mimesis), die auf Erkenntnis von Wesen und Zweck, von Bildungsgesetz und organischer Struktur eines Naturvorbildes beruht und dabei doch mit einem Mindestmaß an formaler Abstraktion auszukommen sucht (→ Kanon, → Symmetrie, → Klassik). Auch in nachklassischer Zeit bleibt dieser R. wesentlich; trotz der zunehmenden Beeinflussung künstlerischer Konzeptionen durch das Moment der Erscheinung eines Naturvorbildes bewahrt sich antike Kunst vor Naturalismus in modernem, äußerlich-formalem Sinn. D. Sch.

Rebilius → Canisius.

Rechentechnik

[1] Fingerrechnen – [2] Instrumentales Rechnen – [3] Schriftliches Rechnen.

Bei der antiken Rechentechnik sind drei Entwicklungsstufen zu unterscheiden: (1) das Fingerrechnen, (2) das instrumentale Rechnen (auf dem Abacus), (3) das schriftliche Rechnen.

[1] *Fingerrechnen.* Die Verwendung der Finger zum Abzählen von Objekten geht wie der Zählstrich in älteste Zeiten zurück. Sogar die große Einheit 10000 war bei den Ägyptern ein Finger. Von dem Abzählen an den Fingern (πεμπάζεσθαι bei Homer) oder dem ‹Merken› einer Zahl an den Fingern ist ein künstliches System zu unterscheiden, mit dem die Zahlen bis zu 9999 durch Biegung und Einschlagen von Fingern dargestellt wurden (Einer und Zehner an der linken, Hunderter und Tausender an der rechten Hand). Um ein einfaches Herzählen an den Fingern handelt es sich wohl noch bei Aristophanes. Er sagt: «Rechne zuerst ganz einfach, nicht mit Steinen, sondern von der Hand weg.» Eine Beschreibung des künstlichen Systems findet sich im 8. Jh. bei Beda (De loquela per gestum digitorum) aus römischer und bei Nikolaos → Rhabdas aus griech. Tradition. Wie damit Rechnungen durchgeführt wurden, wird nicht erklärt; nur allgemein berichtet darüber Mesarites (um 1200) bei einer Beschreibung des Unterrichts an der Sophienkirche in Byzanz. Man wird wohl nur einfache Kopfrechnungen durchgeführt und dabei Ausgangszahl und Ergebnis aufgezeigt haben.

[2] *Instrumentales Rechnen.* Nimmt man statt der Finger Gegenstände, z. B. Steinchen (ψῆφος, calix, davon ψηφίζειν, calculare, → Psephoi-Arithmetik) als Stellvertreter für die Zahlen, dann kann man die Addition und Subtraktion durch Hinzulegen (προστιθέναι, addere, ponere) und Wegnehmen (αἴρειν, ἐκβάλλειν, deducere, subtrahere) in einer Psephos-Rechnung sofort ausführen. Dies wird erst übersichtlich, wenn man die Zählsteine in Kolumnen auf einer Tafel oder einem Rechenbrett, dem *Abacus*, niederlegt und dabei die Kolumnen mit dem Symbol für die entsprechende Einheit beschriftet. Daß die *Ägypter* mit Steinchen rechneten, berichtet Herodot, für die *Babylonier* ist ein Abacus nicht belegt. Bemerkungen zum Festhalten von Zwischenresultaten (außer: «Dies behalte Dein Kopf» auch: «Setze es hin») könnten auf seine Existenz hinweisen; auf jeden Fall wurde die Zahl irgendwo notiert. Aus *Griechenland* ist eine marmorne Rechentafel aus Salamis erhalten, die offenbar für kaufmännische Zwecke bestimmt war. In den Steinen sind Trennungsstriche eingeritzt, die Kolumnen sind bestimmt für das Aufnehmen von Steinchen für die Drachmen und deren Vielfache, was mit herodianischen Ziffern auf drei Seiten der Tafel notiert ist. Es steht dort 1 (statt | steht das Drachmenzeichen ⊢), 5, 10, 50, 100, 500, 1000, 5000; dann folgt noch für 6000 Drachmen ein T = 1 Talent. Daneben steht eine weitere Einteilung für den Obolus (= $1/6$ Drachme) und die Teile $1/2$, $1/4$ und $1/8$. Das *Addieren* war leicht durchzuführen, nur mußte man niedere Einheiten in eine höhere zusammenfassen und bei *Subtraktion* eine größere in kleinere einwechseln können. *Multiplikationen* waren fortgesetzte Additionen; rascher erhielt man das Produkt, wenn der eine Faktor in eine Summe (z. B. $17 = 10 + 5 + 2$) zerlegt wurde oder das Einmaleins zur Verfügung stand. Bei der *Division* mußte man den Divisor oder ein bekanntes Vielfaches von ihm von den Steinen wegnehmen, bis der Dividend ausgeschöpft ist. Wie oftmal man den Divisor abgezogen hatte, mußte gemerkt oder notiert werden. Auch für das Bruchrechnen mit den vorgesehenen Brüchen war der Abacus geeignet. – Die *Römer* hatten ihren Abacus, von dem außer Abbildungen nur zwei Exemplare bekannt sind (in Paris und Rom), auf andere Weise recht geschickt eingerichtet. Statt der Steine laufen hier Knöpfe (calculi, aera, abaculi) in ununterbrochenen Rillen, wobei in den Zwischenräumen die Wertbezeichnungen für 1 bis 1000000 stehen. Im unteren Teil der Rillen befinden sich jeweils 4 Knöpfe, im oberen je einer (im Wert von 5 Einheiten); sie sind im Ruhezustand auseinandergeschoben. Will man z. B. die Zahl 70 zur Darstellung bringen, so werden von oben her der eine und von unten zwei Knöpfe gegen die Mitte zusammengeschoben. Auch für die Unze und ihre Teile (also für $1/12$, $1/24$, $1/48$ und $1/72$ As) sind entsprechende Rillen vorgesehen. Die Rechnung vollzieht sich wie auf dem griech. Abacus; man mußte nur zwischen den bei der Rechnung verwendeten und den nicht in Tätigkeit getretenen Zahlen unterscheiden.

[3] *Schriftliches Rechnen.* Bequeme Methoden für die Durchführung der Grundoperationen werden erst beim schriftlichen Rechnen entwickelt. Überall da, wo die Individualzeichen innerhalb der einzelnen Zählstufen aneinandergereiht werden (bei Ägyptern, Römern und Griechen, solange sie die Herodianischen Zeichen verwenden), sowie in der Positionsschreibung der Babylonier vollziehen sich die Operationen auf dem Schreibmaterial (Papyrus, Ton-, Staub-, Wachstafel, Scherben) ähnlich wie auf dem Abacus. Das Rechnen mit den griech. *Buchstabenzahlen* dagegen ergab zwar kürzere Zahlenbilder, erforderte aber größere Übung. Hier mußte man wissen, daß $\vartheta + \zeta = \iota\varsigma$ ist. Dazu war die Kopfrechnung $9 + 7 = 16$ nötig. Zur Erleichterung dienten Einsundeinstabellen, von denen eine schon aus der 2. H. des 1. Jh.s v. Chr. vorliegt (im Pap. Gr. Vind. 19996). Auch Nikolaos → Rhabdas bringt eine solche, die auch zum Subtrahieren verwendet werden konnte. Bei den Babyloniern konnte man auch die Brüche als ganze Zahlen behandeln, während die Ägypter bei ihrer Stammbruchrechnung ein eigenes Hilfszahlenverfahren entwikkelten, das ungefähr dem Verwenden eines Hauptnenners entspricht. Allgemeine Brüche wurden in Stammbrüche zerlegt (z. B. $2/7 = 1/4 + 1/28$). Solche Zerlegungen sind in der $2/n$-Tabelle des Pap. Rhind festgelegt; sie haben sich in der alten Standardform bis in die byzantin. Zeit erhalten. In einem Scholion zu Platons Charimdes (165 E) ist davon die Rede, daß die «Additionen und Zerlegungen der Brüche» einen wichtigen Teil der ‹Logistik› bilden. Hier sind die ägypt. Methoden gemeint. Die Griechen hatten aber auch die vollkommene Bruchformulierung mit Zähler und Nenner entwickelt, wobei sie dann wie wir – mit Kürzen und Erweitern – rechneten. – Die *Römer* kamen bei ihrem Bruchrechnen mit den As- und Unzenminutien aus. – Operationssymbole – auch für Multiplikation und Division – gab es in der Antike nicht. Was zu tun war, ersah man aus dem Wortlaut, nur Diophant hat ein Zeichen für eine abzuziehende Zahl. – Für die *Multiplikationen* und *Divisionen* haben sich die verschiedenen Kulturkreise unterschiedliche Methoden ausgedacht. Die *Babylonier* verwendeten dazu Tabellen; auch die Divisionen wurden als Multiplikationen mit dem reziproken Wert des Divisors durchgeführt. Man entnahm diese Werte den Reziprokentabellen, wobei wieder der Unterschied zwischen Ganzen und Brüchen wegfiel. – Für die *Ägypter* war die Multiplikation noch eine Addition, wobei Verdoppelungen (und Verzehnfachungen) die Durchführung verkürzten. Bei einer Aufgabe wie $17 \cdot 63$ wurden die Teilprodukte $2 \cdot 63$, $4 \cdot 63$, $8 \cdot 63$ und $16 \cdot 63$ gebildet und das Resultat aus $1 \cdot 63 + 16 \cdot 63$ zusammengesetzt. Das gleiche Schema paßte auch für die Division $1071 : 63$; hier war das Ergebnis $1 + 16 = 17$. Auch auf das Rechnen mit Stammbrüchen konnte dieselbe Methode angewandt werden. – Die Multiplikations- und Divisionsmethoden der *Griechen* können, da Lehrbücher der Logistik nicht erhalten sind, nur aus Einzelbeispielen bei Archimedes, Heron, Pappos, Theon und Eutokios her-

ausgefunden werden; dazu kommen noch späte Rechenbücher: der Papyrus Achmīm, die Logistik von Barlaam sowie die Briefe von Nikolaos Rhabdas. Das genannte Charmidesscholion spricht davon, daß sowohl die ägypt. wie die griech. Multiplikations- und Divisionsmethoden Stoffe der Logistik sind. Über die ägypt. sind wir unterrichtet; die griech. Multiplikationsmethode wird man in einem dem unseren ähnlichen Verfahren sehen, nur mit dem Unterschied, daß die Bildung der Teilprodukte bei den höchsten Werten beginnt, so wie es Beispiele bei Heron, Pappos und Eutokios zeigen. Für den Fall, daß die Faktoren aus einer Summe von Ganzen und Brüchen bestehen, gab es ein zweites Multiplikationsverfahren, das Heron und Rhabdas als «wunderbare» Methode bezeichnen. Man stellte allgemeine Brüche her und multiplizierte Zähler mit Zähler und Nenner mit Nenner. Unentbehrlich war die Kenntnis des Einmaleins. Schon Aristoteles spricht davon, daß man in der Arithmetik «Kopfrechnungen bereit halten» und sich darin üben muß (top. 8, 14. 163 b 24–26). Der Kommentator Alexander erklärt diese Kopfrechnungen als die Multiplikationen im Einmaleins bis zehn; damit könne man dann auch die anderen ausführen. Bei $2\cdot 20$, $20\cdot 20$ oder $200\cdot 20$ komme man mit der Kenntnis von $2\cdot 2=4$ aus. Jetzt muß nur noch der Stellenwert des Produktes dieser ‹Wurzelzahlen› bestimmt werden; darüber handeln Archimedes und Pappos. Eine Einmaleinstabelle aus dem 2. Jh. n. Chr. ist erhalten, dazu eine bes. umfangreiche (bis $10^4\cdot 10^4$) bei Rhabdas. Auch eine Tabelle bei Nikomachos läßt sich als solche verwenden. Multiplikationstabellen waren auch bei der griech. Divisionsmethode nötig. Was unter dieser – im Gegensatz zur ägyptischen – zu verstehen ist, wird nirgends erklärt. Aus den Beispielen oder auch aus einer kurzen Beschreibung bei Domninos sieht man, daß drei Schritte durchzuführen sind: (1) ein Vergleich von Divisor und Dividend: dies gibt den ersten Teilquotienten, (2) Multiplikation von Divisor und Teilquotient, (3) Subtraktion des Teilproduktes usw. Nur bei Theon werden Beispiele der griech. Multiplikation und Division mit großen Zahlen sexagesimal durchgerechnet. – Über Multiplikationen und Divisionen bei den *Römern* ist wenig bekannt. Es ist fast nichts erhalten außer wenigen einfachen Beispielen bei Cicero und den Agrimensoren. Offenbar kam man mit dem Abacus unter Benützung von Tabellen aus; bes. ausführliche stehen im Calculus des Victorius aus Aquitanien (5. Jh.) für Ganze, Unzen und deren Teile (von 1000 bis zu $^1/_{144}$). – *Potenzen* (auch für sie hatten die Babylonier Tabellen) wurden immer als Produkte gleicher Faktoren behandelt (zahlreiche Beispiele bei Eutokios). Für *Quadratwurzeln* existierte schon bei den Babyloniern ein Näherungsverfahren (→ Approximationen), das – wie Eutokios sagt – Heron, Pappos und Theon verwendet haben, wohl auch Archimedes bei seinen Sehnenberechnungen. Ein einziges Beispiel für die Berechnung einer *Kubikwurzel* steht in Herons Metrika. Es handelt sich um $\sqrt[3]{100}$; gerade diese spielte eine wichtige Rolle bei der Kaliberberechnung im Geschützbau. K. V.

Lit: G. Friedlein, Die Zahlzeichen u. das elementare Rechnen der Griechen u. Römer, 1869 – F. Hultsch, RE 2,1 (1895), 1066–1116, s. v. Arithmetica – A. Heisenberg, Grabeskirche u. Apostelkirche II, 1908 – R. Schneider, RE 7,1 (1910), 1297–1322, bes. 1308, s. v. Geschütze – A. Nagl, Die Rechentafel der Alten, SB Wien 177,5, 1914 – T. Heath, A hist. of Greek Math. I, 1921 – D. E. Smith, Hist. of Math. II, 1925 – J. Tropfke, Gesch. d. Elementarmath. I (1902), 1930³ – K. Vogel, Beitr. z. griech. Logistik I, SB München 1936 – O. Becker, Das mathem. Denken d. Antike, 1957 – K. Menninger, Zahlwort u. Ziffer II, 1958 – K. Vogel, Vorgriech. Mathematik I/II, 1958/59.

Rechmire, Vezir unter Thutmosis' III. Sein *Grab* (Theben-West Nr. 100) ist wegen der gut erhaltenen Malerei im strengen Stil der beginnenden 18. Dynastie bekannt.

Lit: N. Davies, The Tomb of Rekh-mi-re at Thebes, 1943. W. Hk.

Recht

I. Griech. R. – II. Ptolemäisches R. – III. Röm. R.

I. Griechisches Recht

A. ALLGEMEINES: [1] Begriff – [2] Quellen – [3] Objektive Grundlagen – [4] Rechtsbegriff – B. PROZESSRECHT: [1] Selbsthilfeprinzip – [2] Ursprung und Funktion des Prozesses – [3] Justizorgane – [4] Arten der Prozesse – [5] Prozeßgang – [6] Besondere Verfahren – C. SICHERUNG DES RECHTSVERKEHRS – D.–G. PRIVATRECHT: D. DIE ORDNUNG DER GESELLSCHAFT: [1] Rechtsfähigkeit – [2] Familie – [3] Erbrecht – [4] Vormundschaft – E. SACHHERRSCHAFT: [1] Charakter – [2] Rechtsnatur – [3] Prozessuales – [4] Rechtserwerb – F. VERTRÄGE: [1] Haftungsgeschäft – [2] Homologie – [3] Typische Geschäfte – [4] Sicherungen – G. UNRECHTSTAT – H. STRAFRECHT: [1] Bedeutung – [2] Einzelnes – I. ZWISCHENSTAATLICHE BEZIEHUNGEN – K. NACHWIRKUNG.

A. ALLGEMEINES. [1] *Begriff.* Ein ‹griech. Recht› im Sinne einer einheitlichen und gemeinschaftlichen Rechtsordnung aller oder auch nur größerer Gruppen griech. Staaten hat es zu keiner Zeit gegeben. In seiner heutigen, zuerst von L. Mitteis formulierten Ausprägung meint der Begriff vielmehr die geistige Zusammengehörigkeit einer Anzahl von Rechtssystemen, die zum griech. Sprach- und Kulturbereich gehörten und deren Institutionen und prozessuale Methoden mitsamt den ihnen zugrunde liegenden organisatorischen und dogmatischen Grundvorstellungen gewisse typische Verwandtschaften aufwiesen. Der methodischen Zulässigkeit der Kategorie steht nicht entgegen, daß in der geschichtlichen Wirklichkeit jeder Staat seine eigene Rechtsordnung besaß. Denn bei aller Mannigfaltigkeit der positiven Regelungen sind diese doch vielfach nur verschieden gestaltete Konkretisierungen gleicher Rechtsgedanken.

[2] *Quellen.* Der Weg zur Erkenntnis des gemeingriech. juristischen Gedankenguts führt notwendig über die Erforschung der *Partikularrechte.* Dieser sind allerdings infolge der Lückenhaftigkeit und Zufälligkeit der Überlieferung Grenzen gezogen. Ein annähernd deutliches Gesamtbild vermögen wir nur von drei Rechtsordnungen zu formen, von denen freilich zwei den jeweils höchsten Stand griech. Rechtskultur zu spiegeln scheinen und daher jede als für ihre Zeit und ihren Typ repräsentativ gelten dürfen. Es sind dies das *attische R.* des 4. Jh.s v. Chr. – uns bekannt vor allem aus den Gerichtsreden – und das aus dem papyrologischen Material herausschälbare *hellenist. R. Ägyptens* (s. u. II). Als drittes der schärfer profilierten Lokalrechte tritt zu ihnen dank der berühmten Gesetzesinschrift dasjenige des kret. → *Gortyn* aus dem 5. Jh. v. Chr. Eine Reihe von Details dieser und anderer R.e vermitteln im übrigen Inschriften und literarische Zeugnisse.

[3] *Objektive Grundlagen.* Die epische Zeit kannte noch keine formulierten Rechtsnormen; man fand das Recht durch Ordal oder im Wege divinatorischer Ermittlung des im Einzelfall Angemessenen. Das allmählich aufkommende Bedürfnis nach rationaler Rechtsfindung traf mit der im 7. Jh. einsetzenden Kodifikationsbewegung in den Poleis und so mit dem Aufkommen der für das historische Griechentum charakteristischen Ehrfurcht vor dem → Nomos zusammen. In der Form der spezifisch formulierten Rechtsregel (im Gegensatz zu dem nicht der Rechtswelt, sondern der dichterisch-philosophischen Spekulation angehörigen νόμος ἄγραφος als dem allgemeinen Sittengesetz) wurde das *Gesetz* zur vornehmsten Quelle des positiven Rechts. Hingegen scheint die Vorstellung der Entstehung rechtsverbindlicher Normen aus bloßer langer *Gewohnheit* oder ständigem Gerichtsgebrauch den Griechen immer fremd geblieben zu sein. Faktisch gab es natürlich zu allen Zeiten auch unvordenkliche außergesetzliche Rechtsbildungen; man rechnete sie zu den ἔθη, d. i. der geheiligten unverbrüchlichen Vätersitte, oder schrieb sie mythischen Gesetzgebern zu. Manches mochte man auch auf Grund der in vielen Staaten als sekundäre Rechtsquelle zur Ausfüllung von Gesetzeslücken anerkannten ‹gerechtesten Erkenntnis› (δικαιοτάτη γνώμη) gelten lassen. Niemals aber ge-

nügte der einfache Umstand, daß sich etwas gewohnheitsrechtlich durchgesetzt hatte. – Überhaupt war eine etwas hölzerne Gesetzlichkeit ein Wesenszug der Rechtspflege in griech. Staaten. So waren noch im 4. Jh. att. Gerichte nicht befugt, zugunsten der *Billigkeit* vom Gesetz abzuweichen; daß ihre Entscheidungen tatsächlich manchmal eher emotional als vom Recht getragen waren, ändert nichts am Prinzip. Die *δικαιοτάτη γνώμη* hatte ihren Platz da, wo eine gesetzliche Regelung fehlte, diente aber nicht als Korrektiv des Gesetzesrechts. Selbst im ptolemäischen Ägypten sind bestenfalls nur schwache Ansätze zu einer Berücksichtigung von Billigkeitsgesichtspunkten wahrnehmbar. Zu erklären ist das nicht zuletzt aus dem Fehlen einer praktisch orientierten *Rechtswissenschaft*, die auf der Grundlage des geltenden Gesetzesrechts den Richtern tiefer fundierte Maßstäbe an die Hand gegeben hätte. Wissenschaftliches Interesse am positiven Recht – im Gegensatz zu dem philosophischen Problem der Gerechtigkeit – beschränkte sich auf vergleichende Beschreibung und allenfalls kritische Wertung von Institutionen, wie sie → Aristoteles und → Theophrast betrieben. Ein gewisser Mangel an feinerer juristischer Ausfeilung und begrifflicher Schärfe haftete infolgedessen dem griech. R. allezeit an. Freilich bildete diese dogmatische Rückständigkeit kein Hindernis für eine spätestens seit dem 4. Jh. aufblühende Kautelarjurisprudenz, ihm in hellenist. und röm. Zeit durch Erfindung und stete Vervollkommnung eines wachsenden Bestandes an Geschäftsformularen einen hohen Grad von praktischer Brauchbarkeit und Geschmeidigkeit zu verleihen. – Ob und wie weit das griech. R. *vorgriech. Elemente* in sich aufgenommen hat, entzieht sich der Feststellung, weil wir von den Institutionen der Urbevölkerung nichts wissen. Desgleichen ist keine endgültige Aussage möglich über das Ausmaß *fremdrechtlicher Einflüsse* in historischer Zeit. Im Bereich des Handelsrechts ist Rezeption gewisser Rechtsbräuche des Ostens wahrscheinlich; Beispiele sind das Angeld beim Kauf (*ἀρραβών*: semit. Lehnwort!) und die Doppelurkunde (→ Urkundenwesen A2). Mit einem gewissen Austausch griech. und einheimischer Rechtstraditionen ist natürlich in den hellenist. Staaten zu rechnen (s. u. II).

[4] *Rechtsbegriff.* Wie alles archaische juristische Denken, so ging auch das griech. von prozessualen Vorstellungen aus. Die griech. Rechtssprache besaß kein Wort für ‹Recht› im objektiven Sinn, für ‹Rechtsordnung› sagte man ‹die Gesetze› (*οἱ νόμοι*), allenfalls singularisch *ὁ νόμος*. → Dike erscheint bei Dichtern und Philosophen als Norm des gerechten Verhaltens, ist aber als juristisch-technischer Begriff seiner vermutlichen Urbedeutung nach jeder vollstreckende Zugriff und von daher mehr spezifisch Klage und Prozeß, weiter aber auch das im Zugriff verwirklichte subjektive Recht und schließlich in Wendungen wie *δίκην λαμβάνειν, ὀφείλειν, διδόναι* (Dike nehmen, schulden, geben) die Genugtuung, um deretwillen der Zugriff erfolgen kann oder erfolgt ist. Demgemäß ist Prozessieren (*δικάζεσθαι*): das Recht zum Zugriff beanspruchen oder abstreiten; Recht sprechen (*δικάζειν*) bedeutet: über die Zulässigkeit des begehrten Zugriffs befinden (dagegen beruht die Wiedergabe des Subst. Dike mit ‹Urteil› auf Mißverständnis). Die dem *δικάζειν* – d.i. dem formalen Zu- (*καταδικάζειν*) oder Aberkennen (*ἀποδικάζειν*) des Zugriffsrechts – logisch vorangehende Entscheidung über seine tatsächlichen und rechtlichen Grundlagen bezeichnete man mit Verben wie *κρίνειν* (entscheiden) oder *διαγιγνώσκειν, διαγνῶναι* (erkennen). Zur Verfügung stand eine Dike, wenn Gesetz oder Parteiabmachungen sie ausdrücklich vorsahen; entsprechend mochte das Gesetz natürlich auch gewisse Dikai ausschließen. In höher entwickelten Rechtssystemen, wie dem Athens in klass. Zeit, wo jede Klage bei der für sie zuständigen Behörde einzubringen war, bildete sich ein regelrechtes *Aktionensystem* heraus, wenngleich es nicht die Differenziertheit des röm. erreichte. Zumindest in Athen entsprachen ihm (als Folge rhetorischer Systematisierungsversuche?) feste Klagenamen, die teils nach dem Klagetatbestand (z. B. *δ. βλάβης*, ‹Klage wegen Schädigung›), teils nach dem Gegenstand des Prozesses (z. B. *δ. προικός*, ‹Mitgiftklage›), teils auch nach dem Klageziel (z. B. *δ. σίτου*, ‹Unterhaltsklage›) gebildet waren; manche der überlieferten Bezeichnungen sind freilich nur Erfindungen der → Lexikographie, hinter denen keine wirklich existierenden Aktionentypen des klass. Rechts standen.

B. Prozessrecht. [1] *Selbsthilfeprinzip.* Das Mittel zur Verwirklichung privater Rechte war noch in der klass. → Polis (nicht mehr im ptolemäischen Ägypten) die Selbsthilfe. Außer gegenüber dem eigenen Sklaven (s. u.), sowie für den Pfandgläubiger, den Hauserben betr. des Nachlasses und den Pächter oder Käufer eines Grundstücks vom Staat, deren Berechtigung offenkundig war, bedurfte sie allerdings in Athen der Zulassung durch magistratischen Bescheid oder gerichtliches Urteil, das dann zugleich Ziel und Umfang der Vollstreckung absteckte. Ähnliches wird man auch für andere Staaten voraussetzen dürfen; so stellte das gortynische Gesetz den vorprozessualen Zugriff auf Personen unter deliktische Buße. Doch ist auch mit dem Überleben primitiverer Methoden zu rechnen, wie sie für die Frühzeit wohl durch die bekannte Gerichtsszene auf dem Schild des Achill (Hom. Il. 18, 497–508) bezeugt sind: in ihr scheint die Rechtsverfolgung mit einem privaten Zugriffsakt begonnen und das ‹Gerichtsverfahren› erst auf das durch den Hilferuf des Verfolgten veranlaßte Eingreifen der Obrigkeit hin Platz gegriffen zu haben. Selbst das klass. Athen bewahrte Reste dieses Zustands, wie das Recht zur Festnahme eines entlaufenen Sklaven; erst wenn sich für ihn ein Verteidiger fand, kam es gegen diesen zu einer der *δίκη ἐξούλης* (s. u. 5g) nahestehenden Deliktsklage (*δίκη ἐξαιρέσεως*).

[2] *Ursprung und Funktion des Prozesses.* Von altersher gab es religiös verankerte Formen der Streiterledigung, wie den solennen Zweikampf oder den Reinigungseid (vgl. Hom. Il. 23, 553 f.; 570–585). Auch die noch im Athen der Rednerzeit viel geübte einverständliche Anrufung von Schiedsrichtern wird bereits früh vorgekommen sein. Schiedsgerichtliche Beilegung unter freiwilligem Verzicht auf Gewaltanwendung war aber keineswegs die Vorstufe des obligatorischen Prozesses vor staatlichen Gerichten; das zeigt schon das Fortleben der kontrollierten Selbsthilfe im klass. Stadtstaat. Das historische Prozeßrecht beruhte vielmehr auf dem allem organisierten Zusammenleben immanenten Prinzip, die private Rache bzw. Rechtsdurchsetzung des ‹Verfolgers› (*διώκων*; entsprechend heißt der Beklagte ‹Fliehender›, *φεύγων*) von amtlicher Billigung abhängig zu machen.

[3] *Justizorgane.* Hieraus ergab sich einerseits die gewissermaßen polizeiliche Aufgabe der Verhinderung unerlaubter und der Autorisierung erlaubter Selbsthilfeakte, andererseits die richterliche der Überprüfung der rechtlichen Voraussetzungen solcher Akte. Die erstere lag der für die Wahrung des inneren Friedens verantwortlichen Obrigkeit ob; auf sie, eher als auf ein etwaiges Richteramt, dürfte sich der im → Epos (Hom. Il. 1, 238; Od. 11, 186) auftretende Titel *δικασπόλος* beziehen. Die zweite Befugnis konnte – als Ausfluß herrscherlicher Macht über die niedere Bevölkerung – mit der ersten gekoppelt sein; so finden wir die Könige der epischen und hesiodischen Zeit (→ Basileus) und die → Archonten des vorsolonischen Athen als Richter tätig. In der freien Gemeinde jedoch war Trennung des Richteramts von der Aufsichtsfunktion durchaus die Regel. Schon das älteste Beispiel eines griech. Prozesses, die bereits erwähnte homerische Gerichtsszene, führt Geronten – also bloße Honoratioren – vor, die als Urteilsfinder Wahrsprüche fällen. Auch in Athen ging die Rechtsprechung des → Areopags und der → Epheten in Blutsache zumindest im Bereich des Adels auf sehr alte Zeit zurück

bereits das ursprünglich von →Drakon stammende Gesetz betr. unvorsätzliche Tötung (SIG I 111) scheidet zwischen dem Ausspruch der Rechtsfolge (δικάζειν) durch die ‹Könige› und dem ‹Erkennen› (διαγνῶναι) der Epheten (Z. 11–13). Gortyn kennt neben den mit Exekutivaufgaben betrauten →Kosmoi den Richter (δικαστής). Weitere Beispiele der Trennung bieten die Inschriften. Zu einer weitgehenden Zurückdrängung der Beamten zugunsten der Gerichte führte die *demokratische Entwicklung* in Athen. Schon seit →Solon durfte jeder Bürger den Machtspruch eines Beamten durch Ephesis, d.h. Anrufung des als Gerichtsversammlung (→Heliaia) konstituierten Volkes, beiseite schieben. Unter der vollen Demokratie, wie sie nach der Verfassungsreform von 403/2 bestand, war – abgesehen von Bagatellsachen und den Fällen der Einschaltung eines amtlichen →Diaiteten (s.u. 5b) – die Befassung der Heliaia oder ihrer Unterabteilungen (→Dikasterion) mit jedem nicht zur Kompetenz des Areopags gehörigen Rechtsstreit obligatorisch. Die Magistrate blieben in der Regel auf die Entgegennahme der in ihrem jeweiligen Amtsbereich (→Magistrate, →Polemarchos, →Thesmotheten, →Vierzig, →Eisagogeis) anfallenden Klagen, die Vorbereitung und Einführung (εἰσάγειν) der Prozesse beim Dikasterion und den Vorsitz in der Gerichtsverhandlung beschränkt.

[4] *Arten der Prozesse.* Je nachdem, ob eine Dike als privatrechtlich begründet nur dem unmittelbar Interessierten oder als strafrechtliche Popularklage jedem nicht aus besonderen Gründen, wie →Atimia, in seinen Rechten beschränkten Bürger zustand, unterschied man Privatklagen (ἴδιαι δίκαι) und öffentliche Klagen (δημόσιαι δίκαι, auch γραφαί: schriftliche Anträge, genannt); darüber hinaus kannte das griech. R. keinen prozessualen Unterschied zwischen Zivil- und Strafverfahren, soweit das letztere durch Dike eingeleitet wurde. Desgleichen waren es nur gewisse der beschleunigten Erledigung bzw. dem unbehinderten Fluß des Getreideimports dienende Straffungen des Verfahrens, aber keine prinzipielle Andersartigkeit gegenüber den übrigen Dikai, die die ‹Monatsklagen› (δίκαι ἔμμηνοι; aufgezählt bei Aristot. Ath. pol. 52,2) und ‹Hafenklagen› (δίκαι ἐμπορικαί) des att. R.s charakterisierten. Dagegen hob sich von der auf Zulassung der Vollstreckung wegen einer dem Beklagten aufzuerlegenden privatrechtlichen Buße oder öffentlichen Strafe gerichteten Dike im engeren Sinne die *Diadikasie* ab, mittels welcher prozessual gleichgestellte Prätendenten die Feststellung einer Rechtslage, etwa der Zuordnung einer Erbschaft oder der Verpflichtung zur Leistung einer →Leiturgia, betrieben.

[5] *Prozeßgang (vornehmlich in Athen).* a. *Eröffnung.* In der hochorganisierten klass. Polis, wie sie durch Athen exemplifiziert wird, hatte der Zwang zur förmlichen Klagerhebung das primitive Mittel des direkten, erst auf den Hilferuf des Angegriffenen der Nachprüfung unterliegenden Zugriffs verdrängt. Normalerweise begann der Prozeß mit einer dem Beklagten persönlich vor Ladungszeugen (κλητῆρες) mitzuteilenden Aufforderung (Prosklesis), nach angemessener Einlassungsfrist (gewöhnlich 5 Tage) vor dem zuständigen Magistrat zu erscheinen. Diesem war dann eine Grund und Ziel der Dike nennende Klageschrift (Enklema) einzureichen, woraufhin er durch Los einen Termin für das Vorverfahren bestimmte (daher δίκην λαγχάνειν, einen Prozeß ‹erlosen›). Ausnahmsweise, bes. bei Ergreifung gewisser Verbrecher auf handhafter Tat, war sofortige Vorführung (Apagogē) bei den →Elfmännern möglich; war der Täter geständig, so vollzogen diese die Hinrichtung, anderenfalls mußte der Vorführer einen Prozeß anstrengen, bis zu dessen Ende der Angeklagte in Haft blieb.

b. *Vorprüfung und Schlichtung.* Mißlang der Versuch einer gütlichen Einigung der Parteien (Dialysis), so unterzog der Jurisdiktionsbeamte ihr beiderseits beschworenes (Antomosie) Vorbringen einer summarischen Prüfung (Anakrisis) darauf, ob der Prozeß ‹einführbar› (εἰσαγώγιμος) war, d.h. eine zur Verhandlung vor dem Dikasterion bzw. (in Blutsachen) dem Areopag oder den Epheten geeignete Rechtssache betraf. Die Anakrisis stand also ihrer Konzeption nach dem röm. Verfahren ‹in iure› (s.u. III B 1) nahe, sank jedoch nach Einführung der Paragraphē (s.u. 5d) nahezu zu einer bloßen Kontrolle der Formalien herab, soweit sie nicht – in den zur Jurisdiktion der →Vierzig gehörigen vermögensrechtlichen Zivilsachen – überhaupt durch die obligatorische Diaita ersetzt war. Diese gegen Ende des 5. Jh.s geschaffene Institution diente wie ihr Vorbild, die gleichnamige private →Schiedsgerichtsbarkeit, der Schlichtung und gegebenenfalls Entscheidung des Streitfalls, wobei der Diaitet nicht an das strenge Recht gebunden war. Gegen den Spruch des amtlichen Diaiteten stand jeder Partei die Ephesis an das Dikasterion offen; bei unverschuldeter Versäumnis konnte binnen 10 Tagen Wiederholung der Verhandlung beantragt werden.

c. *Hauptverhandlung.* Vor dem Dikasterion, das unter dem Vorsitz des einführenden Magistrats zusammentrat, mußten die Parteien ihre Sache selbst führen, durften sich jedoch von Fürsprechern (συνήγοροι, σύνδικοι) unterstützen lassen. Jede Partei kam, der Kläger zuerst, zweimal zu Wort. *Beweise* legten die Parteien im Zuge ihrer Plädoyers vor; sie bestanden in erster Linie in Gesetzen (iura non novit curia!), Urkunden, Augenschein, Zeugen, unter Folter gemachten Sklavenaussagen, Eideszuschiebung. Neben diesen von der rhetorischen Theorie (Aristot. rhet. A 1.1355 b 22) als →‹untechnische› Beweismittel (ἄτεχνοι πίστεις) bezeichneten waren in der Rednerzeit auch →‹technische› (ἔντεχνοι), d.i. Indizien (τεκμήρια) und Argumente, verwendbar; denn damals war das archaische, noch das Prozeßrecht des gortynischen Gesetzes beherrschende System starrer Beweisregeln im großen und ganzen bereits dem Prinzip der freien Beweiswürdigung gewichen. Offenbar ein Überbleibsel aus der Zeit der strengen Beweisbindung war freilich die bei falscher Zeugenaussage (Pseudomartyrie) der benachteiligten Partei zustehende Bußklage gegen den Zeugen (δίκη ψευδομαρτυρίων). Des alten, angeblich von →Charondas erfundenen, gemeingriech. Rechtsbehelfs bedurfte es zur Ausräumung der Aussage als Beweismittel zwecks Wiederaufnahme des Prozesses.

d. *Einwendungen.* Noch dem klass. Prozeß haftete der archaische Zug an, daß er streng genommen auf die Euthydikia, das bloße Behaupten und Leugnen des Rechts zur Dike, beschränkt war. Prozeßhindernde Tatsachen bewirkten jedoch nach älterem Recht magistratische Zurückweisung der Dike, wenn der Beklagte sie in der Anakrisis im Wege der altertümlich-steifen Diamartyrie vorbrachte, d. h. durch einen Zeugen, dessen Beweiskraft nur durch Verurteilung wegen Pseudomartyrie erschüttert werden konnte. Seit dem 4. Jh. entschied auch über Einwände dieser Art (gesetzliches Klageverbot, Unzuständigkeit des angegangenen Beamten, Rechtshängigkeit vor dem Dikasterion oder Erledigung der Sache durch Urteil, Schiedsspruch, Vergleich, Erlaß, u.U. Verjährung) das Dikasterion. Doch blieben sie verfahrensmäßig von der Dike getrennt: Der Beklagte setzte der Klage einen Paragraphē genannten Schriftsatz entgegen, in dem er die ‹Uneinführbarkeit› (μὴ εἰσαγώγιμον εἶναι) der Dike behauptete; hierüber stritt man dann im Gericht in einem gesonderten, dem Hauptprozeß vorgeschalteten «Prozeß gegen den Prozeß» (U.E. Paoli) unter Umkehrung der Parteirollen.

e. *Urteil.* Unmittelbar nach den Plädoyers fällte das Dikasterion in geheimer Abstimmung durch Mehrheitsbeschluß das Urteil. In der Diadikasie lautete es auf einfache Feststellung der Rechtslage gemäß dem Antrag einer der Parteien. Betraf der Prozeß eine Dike im engeren Sinn, so sprach das stattgebende Urteil die Strafe (z.B. Tod) aus, bzw. gab unter Festlegung einer als Ablösung zahlbaren Geldbuße die Vollstreckung frei. Gesetzliche oder vertragliche Vorbestimmung von Strafe oder Buße machte den

Prozeß ‹unschätzbar› (ἀτίμητος) mit der bloßen Alternative Verurteilung oder Freispruch. Selbst ein ‹schätzbarer› Anspruch (δίκη τιμητή; z.B. privatrechtliche Deliktsklagen oder die Abrechnungsklage des Mündels gegen den Vormund) gab dem Gericht nur die Wahl zwischen den Schätzungen der Parteien; freie Schätzung durch das Gericht selbst erschien noch Aristoteles (pol. B 8. 1268b) als unerhört. Doch konnten die Richter zuweilen Zusatzbußen verhängen (προστιμᾶν). Nebenwirkungen des Prozeßverlusts waren im att. R., außer der vom Gesetz an gewisse Verurteilungen geknüpften → Atimia, Verfall der Parakatabolē, einer in einigen Fällen bei Streitbeginn zu hinterlegenden Wettsumme, und Kalumnienstrafen (bei öffentlichen Klagen 1000 Drachmen und Entzug des Rechts zur Erhebung solcher Klagen, bei Privatklagen die Epobelie, d.i. eine dem Beklagten zu zahlende Buße in Höhe eines Sechstels der geforderten Summe) für Kläger, die weniger als ein Fünftel der Richterstimmen gewonnen hatten. Allgemein verlor der Unterlegene die bei Prozeßbeginn von beiden Parteien einstweilen zu erlegende Prozeßgebühr (Prytaneia).

f. *Rechtskraft:* Das Urteil des Dikasterion war unanfechtbar. Nur unverschuldete Versäumnis und Verurteilung eines Zeugen wegen Pseudomartyrie ermöglichten eine Neuaufrollung des Prozesses (ἀναδικία).

g. *Vollstreckung.* Die Vollstreckung (πρᾶξις, εἴσπραξις) privatrechtlicher Urteile war noch in klass. Zeit durchweg dem Prozeßsieger selbst anheimgestellt. Urkundliche Klauseln, die dem Gläubiger den Zugriff auf Person und Vermögen des Schuldners einräumen, lassen weite Verbreitung der für die klass. Zeit mehrfach bezeugten Personalexekution – mit der Folge der Schuldhaft, der Verknechtung oder des Verkaufs in die Sklaverei – bis in die hellenist. Epoche vermuten. In Athen freilich war die private Vollstreckung seit Solon gegenüber Freien (mit Ausnahme in ‹Hafenprozessen› verurteilter Nichtbürger) auf das Vermögen beschränkt und erfolgte im Wege der Inbesitznahme (Embateusis) des in der Diadikasie zugesprochenen Gutes, sonst in dem der Pfändung (Enechyrasie). Widerstand gegen berechtigte Selbsthilfe gab Anlaß zu einer Bußklage, die in Athen δίκη ἐξούλης (Klage wegen Austreibung) hieß und nach einem solonischen Gesetz auf den zwischen dem Interessenten und dem Staat zu teilenden doppelten Wert des Objekts ging. Öffentliche Strafen (Tod, Verkauf in die Sklaverei, Vermögenseinziehung u.a.) wurden von Behörden vollstreckt (→ Elfmänner, → Poleten), eine vom Gericht verhängte Atimie wurde mit der Verkündung des Urteils wirksam.

[6] *Besondere Verfahren.* Ein att. Gesetz des 4. Jh.s gab jedem Bürger das Recht, Personen, die sich des Verrats oder anderer schwerer Verfehlungen gegen den Staat schuldig gemacht hatten, bei der → Bulē oder → Ekklesia förmlich anzuklagen (Eisangelia). Verzichteten diese Gremien auf sofortige Verhängung einer Strafe (zu der im 4. Jh. beschränkten Strafgewalt des Rats → Bulē), so konnte auf ihren Beschluß hin ein Dikasterion mit dem Fall befaßt werden, wobei der Initiator die Anklage zu vertreten hatte. Auf formlose Anzeige (Mēnysis), auch von Nichtbürgern, konnten darüber hinaus Rat und Volksversammlung von Amts wegen einschreiten. Eher politischen als prozessualen Charakter hatte die Probolē, mittels welcher ein rechtlich nicht bindendes Votum der Ekklesia über die Angebrachtheit eines Strafverfahrens herbeigeführt werden konnte. Letztlich entscheidende Instanz war das Dikasterion auch in Angelegenheiten, die durch → Apographē oder → Phasis in Gang gesetzt wurden, sowie in den Verfahren der → Dokimasie und → Euthyna.

C. Sicherung des Rechtsverkehrs. Zu den markantesten Zügen des griech. R.s gehörte die *Publizität* der Rechtsvorgänge. Rechtshandlungen geschahen grundsätzlich vor Zeugen. Rechtsverhältnisse legte man offen; Beispiele sind etwa die att. Hypothekensteine (Horoi) oder die Freilassungsakte an der Tempelmauer in → Delphi. Charakteristischer noch als solche private Bekanntmachungen waren vielerorts bestehende Gesetze über Kundmachung von und behördliche Mitwirkung bei Geschäften. In ihrem wichtigsten Anwendungsbereich, den Grundstücksveräußerungen, bezweckten sie, neben der Wahrung steuerlicher Interessen, die Verhinderung von Verfügungen Nichtberechtigter, bei anderen Geschäften, wie Mitgiftbestellungen oder Freilassungen, die Sicherung erworbener Rechte. Die von Ort zu Ort wechselnden Methoden – dank Theophrasts Beschreibung (bei Stob. 44, 22 M.) und urkundlichen Quellen überblickbar – betrafen bald beabsichtigte Geschäfte (Aufgebot der Drittinteressenten, z.B. durch Heroldsruf oder – in Athen – 60tägigen Aushang), bald den Abschluß selbst; u.a. finden sich der notwendige Marktkauf, Heranziehung der Nachbarn als Zeugen, Vornahme vor einem amtlichen ‹Gedächtnismann› (Mnēmon), Evidenthaltung getätigter Geschäfte in amtlichen Listen. In den letztgenannten Prozeduren lag die Wurzel des in hellenist. Zeit zur Blüte gelangenden Archiv-, Register- und Notariatswesens (→ Urkundenwesen A 2. 4).

D.–G. Privatrecht: D. Die Ordnung der Gesellschaft. [1] *Rechtsfähigkeit.* Inhaber privater Rechte war der Freie, in der Polis der Bürger. Ihm allein gebührten Mitgliedschaft und Erbrecht im gentilizischen Verband, nur er – von individueller Privilegierung abgesehen – hatte das Recht zum Grundbesitz in der Gemeinde (Enktēsis) und die Fähigkeit, vor Bürgergerichten als Partei oder Zeuge aufzutreten. Der Nichtbürger stand grundsätzlich außerhalb der Rechtsgemeinschaft. Er war ursprünglich wohl ganz auf die Protektion eines ihm durch Gastfreundschaft, eine mehr religiös-ethisch als rechtlich zu verstehende Beziehung, verbundenen Bürgers angewiesen, genoß jedoch in klassischer Zeit oft → Asylie und jedenfalls behördlichen Schutz (→ Polemarchos, ξένιος κόσμος); im ‹Hafenprozeß› gewährte ihm Athen Prozeßstandschaft. Als ansässiger Schutzgenosse (→ Metöken, → Periöken) hatte er eine echte, wenn auch geminderte Rechtsstellung. Völlig rechtlos waren im Prinzip Sklaven, nicht hingegen die außerhalb Attikas häufigen Halbfreien (greifbar vor allem in den gortynischen ‹Häuslern›: Ϝοικέες). Sie waren zwar erbuntertänig und an die Scholle gebunden, durften aber weder veräußert noch vom Land vertrieben werden, und ihre Fahrhabe und Ehe waren rechtlich garantiert. Freilassung verschaffte dem ehemaligen Sklaven eine prozessual geschützte persönliche Freiheit, aber kein Bürgerrecht; dem Freilasser und seiner Familie gegenüber traf ihn eine fortgesetzte Dienstpflicht (Paramonē); vgl. → Sklaven, → Freigelassene, → Frau.

[2] *Familie.* a. *Hausverband (Oikos).* Auf ihm als sakraler und wirtschaftlicher Einheit beruhte die religiöse und politische Ordnung der → Polis; Zugehörigkeit zu einem Oikos vermittelte den Zugang zu → Phratrien usw. und damit zum → Bürgerrecht. Der Ausdruck ‹Oikos› schillert freilich: neben dem ‹Haus› (bildlich) des Einzelbürgers bezeichnete er auch die größere Sippe oder gar das Vermögen. Ebenso variierte die Verfassung des Oikos von Ort zu Ort. Während etwa das demokratische Athen die ἀγχιστεία ἱερῶν καὶ ὁσίων, d.h. Mitgliedschaft im Sippenverband mit Teilnahme am Familienkult, Berufung zur Hausnachfolge und Verwandtschaftsrechten den Gnēsioi, d.i. ehelichen Abkömmlingen des Hausvorstands in der Manneslinie oder über Erbtöchter (s.u. 3b), vorbehielt, gewährten das vordemokratische Athen und manche nichtattische Staaten auch dem Sohn der Kebse (Nothos) eine zweitrangige Stellung in der Familie. Überall hatte der Hausvater die Macht zur Anerkennung bzw. Aussetzung Neugeborener und zur Verstoßung (Apokēryxis) von Hausangehörigen, sowie Recht und Pflicht zu ihrer prozessualen Verteidigung und zur Verfolgung ihrer Mörder und Schänder. Unein-

heitlich war dagegen das Familiengüterrecht. So scheinen gewisse Züge der delphischen Freilassungen auf Großgruppen genossenschaftlichen Charakters mit Beispruchs- und selbständigem Verfügungsrecht der Mitglieder zu deuten. In Athen hatte allein der Hausvater die Kyrieia (Verfügungsmacht) über das Hausgut, und der weitere Sippenkreis trat erst bei seiner Beerbung in Erscheinung; dafür waren erwachsene Söhne, die – verheiratet oder unverheiratet – außerhalb der Hausgemeinschaft lebten, gewaltfrei und Herren eigener Vermögen. Je nach der Straffheit der Sippenverfassung wechselte endlich die Rechtslage der weiblichen Mitglieder: Vermögensunfähigkeit und Unterwerfung unter die Kyrieia (Verfügungsmacht über Vermögen und Hand der Frau) des Hausvaters oder seines Erben in Athen, größere oder geringere vermögensrechtliche Selbständigkeit und Fehlen der Kyrieia in vielen, bes. dorischen Rechten. Vgl. → Frau.

b. *Ehe (Gamos)*. Ihre Rechtsform ergab sich aus ihrer Funktion, die Fortdauer des Oikos zu sichern. Rechtmäßige Gattin (*δάμαϱ*) war daher nur die Frau, die zu diesem Zweck dem Oikos des Mannes beigesellt worden war. In Athen geschah dies in der Regel (zum Sonderfall der Erbtochter s.u. 3b) mittels der sog. Ekdosis, eines Geschäfts des Gewalthabers des Mädchens mit dem Mann. Seinen Mittelpunkt bildete eine feierlich vor Zeugen vorzunehmende ‹Überhändigung› (Engyē, Engyēsis) der Braut, kraft welcher das u. U. erst nach geraumer Zeit beginnende Zusammenleben (*συνοικεῖν*) eine zur Hervorbringung von Gnesioi geeignete Ehe und der Mann für deren Dauer Kyrios der Frau wurde. Gültigkeitsbedingung war gegenseitige Ehefähigkeit (Epigamie) der Eheleute; außer zwischen Vorfahren und Abkömmlingen und zwischen Kindern derselben Mutter fehlte sie oft aus politischen Gründen, z.B. verlangte Athen seit → Perikles bürgerliche Abstammung beider Gatten. Monogamie war Grundsatz. Scheidung war beiden Gatten möglich, doch kannten manche Rechte Bußen für grundlose bzw. verschuldete Scheidung. Unter den mehrfachen Formen ehelicher Vermögensbeziehungen ragt das Dotalsystem hervor, das u.a. das att. R. beherrschte. Die Mitgift (Proix, Phernē) war eine gelegentlich der Engye bewirkte Vermögenszuwendung des Kyrios der Braut an den Mann, deren Geldwert nach Beendigung der Ehe zurückzugeben war (*δίκη πϱοικός*). Starb die Frau in der Ehe unter Hinterlassung von Söhnen, so fiel die Mitgift diesen zu.

c. *Adoption (Eispoiēsis)*. Auch sie, ein gemeingriech. Rechtsinstitut, diente der Perpetuierung des Oikos. In Athen war sie daher ausgeschlossen, wenn ein ehelicher Sohn lebte, blieb allerdings, einmal geschehen, auch bei nachträglicher Geburt eines Sohnes bestehen; Gortyn erlaubte Hinzuadoption, aber nur zu der erbrechtlichen Stellung einer Tochter (s.u. 3a). Ihrer rechtlichen Gestalt nach war die Adoption ein Gestaltungsakt des Adoptanten. Athen verlangte außerdem die Zustimmung der Phratrie; hierfür mußte der Adoptierende oder, wenn er sich mit der seit Solon möglichen Benennung eines Sohnes für den Fall seines erbenlosen Versterbens begnügt hatte (s.u. 3c), nach seinem Tode ein Anchisteus bei der Einführung des Adoptivsohns dessen eheliche und (seit Perikles) bürgerliche Abkunft beschwören. Der Adoptierte trat aus seinem angestammten Oikos in den des Adoptanten über, konnte ihn jedoch selbst nach dessen Tode wieder verlassen, wenn er einen ehelichen Sohn (weitere Adoption war ihm versagt) zurückließ. Eine Weiterführung des Gedankens bedeutete die im kultischen Interesse zugelassene Ernennung eines Hausnachfolgers aus eigener Initiative der Sippengenossen (sog. postume Adoption).

[3] *Erbrecht*. a. *Erbfolge*. Entsprechend seinem Zweck, die Fortdauer des Oikos und seiner Sacra zu gewährleisten, stand das Erbrecht überall in erster Linie den Gnesioi als geborenen bzw. einem adoptierten Sohn als künstlichem Hausnachfolger zu; als Zweitberechtigte waren mancherorts (u.a. im vordemokratischen Athen) die Nothoi anerkannt. Ermangelte es an derartigen Fortsetzern des Hauses, so kehrte wohl das Vermögen (Klēros; daher *κληϱονόμος* = Erbe) in den Oikos des Vaters des Erblassers zurück. Lebte auch dieser nicht mehr, so fiel es an die Seitenverwandten (Anchisteis) in gesetzlich abgestufter Reihenfolge und Begrenzung, beginnend mit den Geschwistern. Nähere Anwärter hatten den Vorzug vor ferneren, ebenso die Vaterlinie vor der Mutterlinie und häufig (so in Athen) die Männer vor den Frauen; Gortyn gewährte Töchtern neben Söhnen einen halben Sohnesanteil, aber nur am beweglichen Vermögen.

b. *Erbtochter*. Hinterließ ein Athener nur Töchter, so waren zwar nicht diese selbst, wohl aber ihre ehelichen Söhne erbfähig, so daß der Kleros u. U. einem fremden Familienverband anheimfiel. Wegen dieser Gefahr erlaubte das Gesetz dem nächsten Anchisteus (*ἐγγύτατα γένους*) des Erblassers, vom Archon zugleich mit der Zuweisung des Kleros auch die einer noch kinderlosen Tochter (Epikleros) als Ehefrau zu erwirken (selbst wenn sie bereits anderweitig verheiratet war). Über die Söhne aus der Erbtochterehe, für die der magistratische Spruch (s.u. 3d) die Engye ersetzte, verblieb dann das Vermögen in der Sippe. Die eigentümliche, vielleicht aus einer archaischen Großfamilienordnung herausgewachsene Institution scheint, wenn auch in unterschiedlicher Ausprägung, gemeingriech. Rechtsgut gewesen zu sein. Ausführliche Bestimmungen enthält das gortynische Gesetz.

c. *Testament*. Wo, wie anscheinend in Gortyn, der archaische Gentilverband noch eine gewisse Rolle spielte, schloß er jegliche letztwillige Regelung der Oikosnachfolge aus. Dies milderte sich in Athen mit der Verlagerung des Schwergewichts auf den Einzeloikos. Zwar blieb es dem Hausvater auch hier verwehrt, das gesetzliche Erbrecht der Gnesioi durch abweichende Bestimmung zu ändern oder zu beseitigen. Indessen konnte, wer keinen Sohn hatte, seit Solon einen Nachfolger designieren, dem als künftigem ‹Sohn› der Oikos und die Kyrieia über die Töchter (von denen er eine heiraten mußte) zufallen sollten (s.o. 2c). Weitere, hiervon unabhängige Formen der Vorsorge waren überall seit alters elterliche Teilung unter Lebenden und Einzelvergabungen auf den Todesfall. In der in klass. Zeit aufkommenden Sitte, die im Hinblick auf den eigenen Tod getroffenen Anordnungen in einseitig gefaßten Schriftsätzen niederzulegen, denen das Gesetz bindende Kraft beilegte (es sei denn, sie waren im Wahnsinn, unter Zwang oder unter weiblichem Einfluß aufgesetzt worden), lag der Ursprung des Testaments (Diathēkē), das daher sowohl der Einsetzung eines Hauserben dienen wie als bloßes Legatentestament auftreten konnte; in der letzteren Form gelangte es in die hellenist. Rechte.

d. *Rechtsstellung des Erben*. Gnesioi und bei Lebzeiten des Erblassers adoptierte Söhne erwarben in Athen den Nachlaß automatisch, so daß sie die sofortige Embateusis vollziehen konnten. Testamentarisch Adoptierte und Seitenerben bedurften einer mittels Epidikasie (Antrag auf Zuweisung) vom Archon zu erwirkenden magistratischen Anerkennung ihres Rechtes auf den Kleros und, gegebenenfalls, die zu ihm gehörige Erbtochter; das Dekret des Beamten, das durch Diamartyrie (s.o. B5d) verhindert werden konnte, sanktionierte den Zugriff, nahm aber anderen Prätendenten nicht die Möglichkeit, ihre Ansprüche im Wege der Diadikasie zu verfolgen. Mehrere zu gleichem Rang berufene Erben erwarben den Nachlaß gemeinschaftlich, doch konnte jeder von ihnen die Teilung durchsetzen (*δίκη εἰς δατητῶν αἵϱεσιν*). Private Schulden des Erblassers lasteten auf dem Nachlaß, für öffentliche haftete der Erbe persönlich.

[4] *Vormundschaft*. Die Obhut unmündiger Waisen (in Athen bis zur → Ephebie) lag, soweit nicht der Vater testa-

mentarisch einen Vormund bestellt hatte, bei den nächsten Anchisteis. Der Vormund (Epitropos) war für die Dauer seines Amtes Kyrios des Vermögens des Mündels und übte die Kyrieia über seine Mutter und Schwestern aus. Der ungetreue Vormund haftete nach Beendigung der Vormundschaft auf Grund der Rechenschaftsklage (*δίκη ἐπιτροπῆς*).

E. SACHHERRSCHAFT. [1] *Charakter.* Frei verfügbares Individualeigentum gab es von jeher an persönlicher Fahrhabe. Das gleiche galt da, wo der Einzeloikos voll ausgebildet war, für Liegenschaften und Sklaven, während bei anderer Familienverfassung kollektive Bindungen, wie Beispruchsrechte von Sippengenossen oder Unveräußerlichkeit und Unteilbarkeit (z. B. für das Stadthaus der gortynischen Familie), bestehen konnten. Desgleichen kamen öffentlich-rechtliche Verfügungsbeschränkungen vor, so im frühptolemäischen Recht für Soldatenlehen (s. u. II).

[2] *Rechtsnatur.* Die romanistische Idee des Eigentums als des absoluten und ausschließlichen, begrifflich sowohl vom bloßen Besitz wie von beschränkten Rechten abgehobenen Vollrechts am Gegenstand fehlte dem griech. R. Es kannte nur Auswirkungen der rechtlich gebilligten Beziehung zur Sache, nämlich die wirkliche oder potentielle (d. h. den Zugriff erlaubende) Sachgewalt (Kratesis), die Verfügungsmacht (Kyrieia) und das Befehlsrecht gegenüber Sklaven (Despoteia). Ihre Grundlage mochte die volle oder eine funktionell oder zeitlich begrenzte Berechtigung sein; so war der Ehemann Kyrios der Proikalsachen, der Vormund Kyrios des Mündelvermögens, hatte der Gläubiger Kratesis am Pfand, auch wenn er es im Besitz des Schuldners gelassen hatte, und genoß der Pächter Kratesis und, soweit das Pachtverhältnis ihm Einwirkungen gestattete, Kyrieia am Pachtland. Über die ziemlich verschwommene, eher faktisch als juristisch empfundene (man beachte die Ausdrucksweise: *τὸ ἐμόν, ὑπάρχει μοι* u. dgl.) allgemeine Vorstellung einer rechtlichen Zuordnung, die u. U. hinter Rechten anderer zurückstand, ohne doch wiederum durch sie ausgeschaltet zu werden, kam man nicht hinaus. In diesem Sinne wurde die Proix der Frau, das Mündelgut dem Mündel zugerechnet und galt sogar kreditiertes Geld als solches des Gläubigers, mit der Folge, daß sie bzw. ihr Wert bei Konfiskation des Vermögens des Ehemanns usw. herausverlangt werden konnten (Enepiskēpsis).

[3] *Prozessuales.* Die unvollkommene begriffliche Erfassung des dinglichen Rechts spiegelte sich in dem Mangel an einer echten petitorischen Klage. Es gab weder eine Vindikation des Eigentums noch eine prozessuale Verteidigung des Besitzes als solchen, sondern nur einen indirekten Schutz des relativ besseren Rechts. Außer dem als Diadikasie geführten Prätendentenstreit um Feststellung des besseren Rechtstitels bediente man sich der Diebstahlsverfolgung und anderer dem Deliktsrecht entnommener Methoden: der Klage wegen unerlaubter Anwendung von Zwang (*δίκη βιαίων*) gegen den unberechtigten gewaltsamen Besitzstörer, der *δίκαι ἐξαιρέσεως* (s. o. B 1) oder *ἐξούλης* (s. o. B 5 g) gegen den Behinderer rechtmäßiger Selbsthilfe, der Schädigungsklage (*δίκη βλάβης*, s. u. G) wegen Vorenthaltung dem Kläger zukommenden Geldes. Implicite brachten diese Prozesse natürlich auch die Klärung der dinglichen Rechtslage, und so kam man dazu, auf dem Wege über ein formalisiertes Eindringen mit anschließender Ausweisung (Exagogē) die *δίκη ἐξούλης* zur Durchsetzung des besseren Rechts an einem Grundstück zu verwenden. Der Vorbereitung des Zugriffs auf bewegliches Gut diente eine Vorlegungsklage (*δίκη εἰς ἐμφανῶν κατάστασιν*).

[4] *Rechtserwerb.* Abgesehen von den Fällen des Erbgangs und des originären Erwerbs (Kriegsbeute, Fruchtziehung), beruhte die Sachherrschaft auf der Verfügung des Vorberechtigten, der dabei Zweck und Inhalt der Rechtsbefugnis des Erwerbers bestimmte; Verfügungsmacht war unerläßliche Voraussetzung, weder gutgläubiger Erwerb vom Nichtberechtigten noch Ersitzung wurden, soweit ersichtlich, anerkannt. Im übrigen waren etwa bestehende Publizitätsformen (s. o. C) und fiskalische Vorschriften zu beachten, und der käufliche Erwerb hing von der Preiszahlung ab. Unwesentlich für den Rechtserwerb war dagegen die faktische Tradition des Gegenstands.

F. VERTRÄGE. [1] *Haftungsgeschäft.* Anders als das röm. R., hat das griech. R. niemals ein System mit spezifischen Klagen auf Erfüllung bzw. Schadenersatz wegen Nichterfüllung bewehrter obligatorischer Verträge entwickelt. Selbstverständlich spielte bei dem regen Geschäftsleben, das die griech. Welt von jeher erfüllte, die private Gestaltung von Rechtsverhältnissen durch Abmachung (Synthēke) zwischen den Beteiligten eine hervorragende Rolle. Aber die Bindung aus dem *ἑκούσιον συνάλλαγμα*, der gewillkürten rechtlichen Beziehung (im Gegensatz zu der ‹unfreiwilligen›, *ἀκούσιον συνάλλαγμα*, d. i. der aus Missetat entstehenden; Aristot. NE E 6. 1131a), beruhte – selbst wenn es eidlich bekräftigt war (denn der Eid hatte nur religiöse Bedeutung) – nicht auf dem Gedanken, daß das Leistungsversprechen als solches Grundlage einer Dike sein könne; die angebliche (Poll. 8, 31) *δίκη συνθηκῶν* oder *συμβολαίων παραβάσεως* (Klage wegen Übertretung von Verträgen) hat es nicht gegeben. Die Haftung des Schuldners ergab sich vielmehr indirekt aus dem Delikt der Schädigung (*βλάβη*) des Gläubigervermögens, die sein abredewidriges Verhalten – z. B. Vorenthaltung (der bezeichnende Ausdruck war *ἀποστερεῖν* = berauben!) des dem Gläubiger ‹gehörigen› (s. o. E 2) kreditierten Geldes – bewirken mochte. Dieses Fehlen eines unmittelbaren Bindungseffekts macht die *rechtliche Gestalt* des griech. Vertrages dogmatisch verständlich. Er bedurfte grundsätzlich einer ‹realen› Basis, d. h. er kam zustande durch eine Verfügung – normalerweise des Gläubigers – zu einem bestimmten Zweck, dessen Vereitelung durch den Schuldner, der sich zu ihm bekannt hatte, die Verfügung zu einer schädigenden machte und so die Haftung begründete. In der Gestaltung des Zwecks waren die Parteien frei, soweit sie nicht gegen gesetzliche Verbote verstießen. Desgleichen konnten sie nach Belieben Voraussetzungen und Modalitäten der Haftung, bes. die Höhe der zur Abwendung der Vollstreckung (Praxis) zu leistenden und daher praktisch als Konventionalstrafe wirkenden Zahlung festsetzen. Die – in hellenist. Zeit durchweg übliche – Praxisklausel diente dann als Klage- bzw. Vollstreckungsgrundlage anstelle der *δίκη βλάβης*. Das Gesagte erklärt, warum das griech. Haftungsgeschäft notwendig einseitig war und warum es weder einen formalen Verpflichtungsakt von der Art der röm. Stipulation noch den reinen Konsensualkontrakt noch einen geschlossenen Kreis zugelassener Vertragstypen geben konnte.

[2] *Homologie.* An dem Grundsatz der ‹Zweckverfügung› hat das griech. Rechtsbewußtsein, soweit ersichtlich, stets festgehalten. Eine Handhabe zu seiner praktischen Überwindung bot jedoch die Homologie. Nach einem att. Gesetz war das, was einer dem anderen ohne Zwang (*ἑκών*) ‹homologierte›, *κύριον*, d. h. maßgeblich. Das ursprünglich im Prozeß beheimatete Verb (wörtlich: ‹gleichsprechen›) besagt das Zugestehen einer Tatsachen- oder Rechtsbehauptung des Gegners. Schon in klass. Zeit auch für die Schuldnererklärung beim außerprozessualen Vertragsschluß gebräuchlich, wurde die überall geläufige Homologie von hellenist. Notaren zu einer technischen Form der Vertragsgestaltung fortgebildet. Eine Kyriaklausel (→ Urkundenwesen A 3) machte ihren Inhalt unwiderleglich, so daß selbst die fiktive Anerkennung in Wahrheit nicht bestehender Tatsachen und schließlich sogar das einfache Bekenntnis: *ὁμολογῶ ὀφείλειν* ohne Angabe einer Kausa und damit abstrakte Verpflichtungen möglich wurden.

[3] *Typische Geschäfte.* a. *Kauf und Arrha.* Der griech. Kauf, zu allen Zeiten reines Bargeschäft, erschöpfte sich im unmittelbaren Austausch von Ware und Geld, ohne klagbare Ansprüche auf Erfüllung der Kaufabrede zu schaffen;

allenfalls erreichte man Kreditierung des Preises indirekt durch eine Art fiktiven Darlehens des Verkäufers an den Käufer. Mittelbar sicherte man die Kaufabrede gern durch Zahlung eines Angeldes (ἀρραβών), das bei Nichtvollendung des Geschäfts dem Verkäufer verblieb bzw. von ihm – gewöhnlich mit einem Strafaufschlag – zu erstatten war. Ansprüche Dritter auf den verkauften Gegenstand mußte der Verkäufer bei Vermeidung einer Bußklage (*δίκη βεβαιώσεως*) abwehren. – b. *Pacht und Miete (Misthōsis)*. Ihr konstitutives Element war die Einräumung des Gegenstandes mit Zweckvereinbarung über Gebrauch und Zins. Sie verschafften dem Pächter bzw. Mieter die Krateia (s. o. E 2); nach Beendigung des Verhältnisses hatte der Überlassende den dinglichen Zugriff. Wegen des Zinses durfte der Verpächter auf die Früchte greifen (*δίκη καρποῦ*), während dem Vermieter eine spezifische Klage (*δίκη ἐνοικίου*) gewährt wurde. Beide Ansprüche, in Athen gesetzlich geordnet, bestanden aber gegen jeden rechtlosen Besitzer, beruhten also letztlich auf dem Gedanken der *βλάβη*. – c. *Kreditgeschäfte*. Darlehnstypen waren Kapitalhingabe (Daneion), Gebrauchsdarlehen (Chrēsis) und freundschaftliche Beihilfe, die eine Gruppe nahestehender Personen einem Bedürftigen leistete (Eranos). Sie scheinen sich eher durch ihren jeweiligen wirtschaftlichen oder sozialen Zweck als ihrer juristischen Natur nach unterschieden zu haben; Chresis und Eranos wurden vielleicht in der Regel zinslos gewährt, doch dürfte das so wenig wesensbestimmend gewesen sein wie umgekehrt die Verzinslichkeit (normal, aber kein absoluter Höchstsatz waren 12%) des Daneion. Eine Sonderform des letzteren war das Seedarlehen, das der Finanzierung des Seehandels diente (in Athen nur für den Getreideimport zugelassen). Wurden Kapital und Zinsen (naturgemäß hoch) nach erfolgreichem Abschluß der Reise nicht gezahlt, so konnte der Gläubiger auf Schiff und/oder Ladung greifen; Untergang beider befreite den Schuldner. Nahe stand dem Darlehen die Verwahrung (Parakatathēke), deren Gegenstand auch Geld sein konnte. Daß dem Hinterleger neben der sicher möglichen *δίκη βλάβης* auch eine gesetzlich normierte *δίκη παρακαταθήκης* zur Verfügung gestanden habe, ist zumindest für Athen nicht nachweisbar.

[4] *Sicherungen*. a. *Bürgschaft (Engyē)*. Aus frühester Zeit stammend und vielleicht den ältesten Fall freiwilliger Haftungsübernahme verkörpernd, war die Bürgschaft zu allen Zeiten von größter praktischer Bedeutung sowohl als Gestellungsbürgschaft im Prozeß zur Greifbarhaltung des Beklagten für Urteil und Vollstreckung als auch zur erhöhten Sicherung vertraglicher Ansprüche. Der Bürge haftete, wenn der garantierte Erfolg ausblieb; gegen ihn stand eine gesetzlich geregelte Klage (*δίκη ἐγγύης*) zur Verfügung, die in Athen nach Jahresfrist verjährte. – b. *Pfand*. Die einfachste und wohl auch erste Form der Verpfändung war die Überlassung eines Gegenstands als Faustpfand (Enechyron). Wichtiger war der in klass. Zeit vorherrschende, aber auch später noch vielfach gebräuchliche ‹Verkauf auf Lösung› (*πρᾶσις ἐπὶ λύσει*; in den Papyri: *ὠνὴ ἐν πίστει*: ‹Treuhandkauf›), bei dem der Schuldner dem Gläubiger ein Vermögensstück, vorzugsweise eine Liegenschaft, um die geliehene Summe unter Vorbehalt späterer Auslösung verkaufte, der Besitz aber gewöhnlich beim Schuldner verblieb (in Athen machte man dann das Recht des Gläubigers durch Aufstellung von Horoi kundbar, s. o. C). Daneben bürgerte sich ebenfalls schon in klass. Zeit – wahrscheinlich zuerst beim Seedarlehen – die bloße Einräumung des Rechts auf Zugriff nach Fälligkeit ein (Hypothek); auch hierbei erwarb der Gläubiger sofort ein dingliches, dritten Erwerbern gegenüber wirksames Recht. In beiden Fällen haftete das Pfand anstelle des Schuldners, indem es dem Gläubiger verfiel. Erst in hellenist. Zeit trat neben dem Verfallspfand auch ein auf Parteivereinbarung beruhendes Sicherungspfand auf, das dem Gläubiger lediglich ein Verkaufsrecht gab und ihn zur Herausgabe des etwaigen Überschusses (Hyperocha) verpflichtete, während der Schuldner für den Ausfall haftbar blieb.

G. UNRECHTSTAT *(Adikēma)*. Die vorangehenden Abschnitte haben gezeigt, in wie hohem Maße noch das att. R. der Rednerzeit Deliktsrecht war, wie man insbes. oft zu indirekten deliktischen Rechtsbehelfen greifen mußte, weil materielle Rechte noch nicht zu prozessualer Eigenexistenz gereift waren. Am schwersten zu präzisieren ist unter den Deliktsklagen wegen ihrer vielseitigen Verwendung die *δίκη βλάβης*; neben spezifisch bestimmten Tatbeständen scheint sie allgemein jede Schädigung des Vermögens erfaßt zu haben, von der Sachbeschädigung über die Vorenthaltung dem Kläger gehörigen Gutes bis zur Veranlassung schädlicher Verfügungen des Klägers; allein der Diebstahl (Klopē) unterlag besonderer Regelung. – Die *sonstigen Deliktstatbestände* des Privatrechts sind zahlreich; es genügt die Erwähnung einiger weniger von zentraler Bedeutung. a. *Tötung (Phonos)*. Das urzeitliche Recht der → Blutrache galt in klass. Zeit nicht mehr, und die Exekution der Mörder war staatlichen Behörden vorbehalten (→ Elfmänner). Noch immer aber stand die gerichtliche Verfolgung des Mörders den Sippengenossen des Ermordeten ausschließlich zu; sie gehörte in Athen zur Jurisdiktion des Basileus (→ Magistrate, 1), und der Prozeß spielte sich in altertümlichen Formen vor dem → Areopag oder den → Epheten ab, je nachdem, ob dem Täter absichtliche (*φόνος ἐκ προνοίας* oder *ἑκούσιος*) oder unabsichtliche Tötung (*φόνος ἀκούσιος*) vorgeworfen wurde, eine wahrscheinlich von → Drakon stammende Unterscheidung. Die Strafe für Mord war Tod, der aber durch freiwillige Verbannung vermieden werden konnte; für unabsichtliche Tötung war sie Verbannung, es sei denn, der Täter erlangte die Verzeihung (Aidesis) der Verwandten. Straffrei blieb die rechtmäßige Tötung, z.B. des nächtlichen Diebes, des Schänders (Moichos) von Frau, Tochter oder Konkubine oder dessen, der sich zum Tyrannen machen wollte. Giftmord und indirekte Herbeiführung (Buleusis) des Todes einer Person bildeten selbständige Delikte neben der gewalttätigen Tötung, desgleichen Tötung von Metöken und Sklaven. – b. *Tätliche (Aikeia) und wörtliche (Kakēgoria) Beleidigung*. Beide hat das att. R. aus dem allgemeineren, aber als solcher nur dem öffentlichen Strafrecht angehörigen Komplex der → Hybris (s. u. 2 b) heraus durch Bereitstellung schätzbarer (s. o. B 5 e) Bußklagen zu spezifischen Tatbeständen des privaten Deliktrechts gestaltet. Für die Aikeia war wesentlich, daß der Täter ohne rechtfertigenden Grund als erster geschlagen hatte (*ὅς ἂν ἄρξῃ χειρῶν ἀδίκων πρότερος*). Die wörtliche Beleidigung mußte durch den Ort, an dem sie gefallen war, oder durch Schwere qualifiziert sein; Wahrheitsbeweis führte zur Abweisung der Klage.

H. STRAFRECHT. [1] *Bedeutung*. In dem weit stärker als etwa in der früheren röm. Republik entwickelten öffentlichen Strafrecht des klass. Stadtstaats spiegelte sich die kollektivistische Konzeption der → Polis, kraft deren der Einzelne bloßes Glied der religiösen und politischen Gemeinschaft und sogar in seinem privaten Dasein deren ständiger Kontrolle unterworfen war. Zu einem wirklichen, an feste materielle und prozessuale Normen gebundenen Bestandteil der Rechtsordnung dürfte das Strafrecht freilich erst unter der Demokratie geworden sein. Beispielhaft ist auch hier wieder das Athen der Rednerzeit, wo gesetzlich geordnete Methoden der Strafverfolgung – mochten es Popularklagen (*δημόσιαι δίκαι*; s. o B 4) oder Spezialverfahren (s. o. B 6) sein – wegen gleichfalls vom Gesetz nach Tatbestand und Sanktion individualisierter Missetaten die noch im 5. Jh. vorkommende freie Bestrafung durch die → Ekklesia verdrängt hatten.

[2] *Einzelnes*. Von den zahlreichen Tatbeständen des att. Strafrechts können hier nur die wichtigsten aufgeführt

werden. a. *Religionsvergehen.* Ihre Haupterscheinungsformen waren die mit dem Tode bedrohte Aneignung von Tempelgut (Hierosylie) und die → Asebie. Letztere, der allgemeine Religionsfrevel, umfaßte jegliche Verletzung religiöser Güter durch Tat oder Wort; überliefert sind u. a. die Verstümmelung von Götterbildern (Hermenfrevel), das Abhauen heiliger Ölbäume, das Auftreten gebannter Personen an sakral geschützten Plätzen, Verbreitung antireligiöser oder atheistischer Lehren (→ Sokrates, → Anaxagoras). Als Strafen kamen Tod, Verbannung und Geldstrafen in Betracht; in manchen Fällen war die Strafe wohl gesetzlich vorgesehen, in anderen war sie schätzbar. – b. *Vergehen gegen den Staat und gegen Bürgerpflichten.* Tod mit Verweigerung des Begräbnisses, u. U. noch verbunden mit Wüstung des Besitzes, stand auf Hochverrat (*κατάλυσις τοῦ δήμου*) und Landesverrat (Prodosia). Gleichfalls als Vergehen gegen die staatliche Ordnung galt die Einbringung gesetzwidriger Anträge bei der Volksversammlung. Ihr trat man mit der eigenartigen, oft als politisches Kampfmittel gebrauchten *γραφὴ παρανόμων* auf schätzbare Geldstrafe (dreimalige Verurteilung führte außerdem zum Verlust des Rechts auf Antragstellung) entgegen. War der inkriminierte Beschluß bereits gefaßt, so wurde er während des Prozesses suspendiert und fiel bei Verurteilung hinweg. Mit schwerer Strafe (Verkauf in die Sklaverei) war ferner die mittels einer popularen *γραφὴ ξενίας* zu verfolgende Anmaßung des Bürgerrechts bedroht. Unter den Verletzungen der Bürgerpflicht ragen hervor die Nichtgestellung zum Heeres- oder Flottendienst (*ἀστρατεία, ἀναυμάχιον*) und die Desertion (*λιποτάξιον, λιποναύτιον*); die Strafe war → Atimia. – c. *Unbürgerliches Verhalten.* Unter diesem Gesichtspunkt unterlagen strafrechtlicher Ahndung mittels *γραφαί* (s. o. B 4) eine Reihe von Handlungen und Unterlassungen, die, obwohl unmittelbar gegen Individuen gerichtet, das Interesse des Staates am Bestand der Staats- und Familienordnung, der Erhaltung der Rechtsgleichheit der Bürger und der Sicherheit ihres Eigentums berührten. Unter ihnen seien erwähnt die Fälle der Kakōsis, der Hybris und des Diebstahls (Klopē). Der Kakosis (Schlechtbehandlung) machte sich schuldig, wer als Sohn, Vormund oder nächster Verwandter Eltern, Waisen oder Erbtöchter mißhandelte, sie darben ließ, die Fürsorge für ihr Vermögen vernachlässigte oder seine Begräbnispflicht versäumte. Hybris (Überheblichkeit) war die Überschreitung der jedem Menschen durch Rechte anderer oder durch die den Gesetzen und Beamten gebührende Ehrfurcht gezogenen Grenzen. Als Verletzung des Körpers oder der Ehre eines Mitbürgers (*αἰκεία, κακηγορία*) rechtfertigte sie eine Dike des Verletzten selbst (s. o. D). Darüber hinaus konnte sie in schweren und dann nicht an besondere Spezifikationen gebundenen Fällen, die eine dem Gemeinwohl abträgliche Selbstüberhebung an den Tag legten, von jedem Bürger mittels einer schätzbaren, u. U. sogar zur Todesstrafe führenden *γραφή* verfolgt werden.

I. Zwischenstaatliche Beziehungen. Die Idee des ‹Völkerrechts› als eines das Zusammenleben der Völker regelnden Systems rechtlicher Grundsätze ist dem Griechentum bis auf geringe Ansätze fremd geblieben, und auch diese – vor allem eine allgemeine Friedenspflicht zu Zeiten panhellenischer Feste und Spiele, die Unverletzlichkeit der Gesandten und eine verhältnismäßig späte und schwache Tendenz zur Humanisierung der Kriegführung – trugen eher religiösen Charakter und berührten überdies zumeist nur die innergriech. Beziehungen, aber kaum das Verhältnis zur Außenwelt. Praktisch füllte man die Lücke freilich durch Staatsverträge aus, deren Einhaltung man durch sakrale Mittel (Eide u. ä.), manchmal auch durch Bürgenstellung zu sichern suchte. Inhaltlich zeigen diese Abkommen, von denen viele inschriftlich erhalten sind, natürlich große Mannigfaltigkeit; bes. typisch sind Verträge über → Symmachie, Friedensschlüsse und Zusammenschlüsse von Poleis (→ Städtebünde). Unter den mehr vom Standpunkt der politischen als der Rechtsgeschichte interessanten Bemühungen um stabilere Friedensverhältnisse ragt die namentlich in hellenist. Zeit verbreitete Sitte schiedsgerichtlicher Erledigung ‹internationaler› Streitigkeiten hervor.

K. Nachwirkung. Wie die übrigen Volksrechte mußte auch das griech. R. in der Spätantike hinter dem röm. Reichsrecht zurücktreten und ist dadurch in der Hauptsache eine vorübergehende geschichtliche Erscheinung geblieben; im Gegensatz zu den Ergebnissen der griech. Gerechtigkeitsphilosophie haben die Denkformen des positiven griech. R.s auf die spätere Entwicklung der juristischen Dogmatik nicht eingewirkt. Wohl aber beeinflußten die von der hellenist. Kautelarjurisprudenz ausgearbeiteten Beurkundungsmethoden die spätröm. Notariatstechnik des Westens wie des Ostens, und manche institutionellen Einzelheiten, die sich in der griech. Welt zu erhalten vermochten, sind über die spätröm. Kaisergesetzgebung in die justinianischen Rechtsbücher gelangt und damit Teil der europäischen Rechtstradition geworden; so etwa das Erbrecht der Kinder an der Mitgift der Mutter oder das außerhalb Athens vielfach anerkannte zweitrangige Erbrecht der Konkubinenkinder. Der Umstand, daß viele ursprünglich aus griech. Rechtsdenken erflossene Elemente der Vertragsgestaltung mit röm. Grundsätzen vereinbar waren, erlaubte ihr Fortleben im byzant. R. des Mittelalters. H.J.W.

Lit: L. Beauchet, Hist. du droit privé de la Rép. Athén., 1897 – J.H. Lipsius, Das att. Recht und Rechtsverfahren, 1905–15 – J. Partsch, Griech. Bürgschaftsrecht, 1909 – E. Weiß, Griech. Privatrecht I: Allg. Lehren, 1923 – U. E. Paoli, Studi di dir. att., 1930 – Studi sul proc. att., 1933 – F. Pringsheim, The Greek Law of Sale, 1950 – L. Gernet Droit et société dans la Grèce ancienne, 1955 – J.W. Jones, The Law and Leg. Theory of the Greeks, 1956 – J. Imbert, Le droit grec, in R. Monier-G. Cardascia-J. Imbert, Hist. des Inst. et des Faits Sociaux 1956, 97–155 – A. Biscardi, Profilo stor. di dir. greco antico, 1961 – H. J. Wolff, Beitr. z. Rechtsgesch. Altgriech., 1961.

II. Ptolemäisches Recht

[1] Der Staat – [2] Justizwesen – [3] Rechtspluralismus – [4] Charakter des Rechts – [5] Fortwirkung.

[1] *Der Staat.* Das tragende Prinzip der von → Ptolemaios I. Soter (323–283) in Ägypten errichteten Staatsordnung war die absolute Macht des als Gott verehrten Königs, ihr vornehmstes Ziel die größtmögliche wirtschaftliche Nutzbarmachung des Landes. Der Verwirklichung beider diente ein vom König abhängiger, teils unter Verwendung vorgefundener pharaonischer Einrichtungen und teils in Anlehnung an persische und griech. Vorbilder organisierter Behördenapparat. Nur die Griechenstädte → Alexandria und → Ptolemais genossen ein gewisses Maß an Autonomie, während das alte → Naukratis möglicherweise eine Sonderstellung einnahm. Ein besonderer Zug des anfänglich wohl mehr zufällig nach Maßgabe der auftretenden Bedürfnisse gewachsenen, dann aber namentlich von → Ptolemaios II. Philadelphos (283–246) planmäßig ausgebauten Regierungssystems war seine gesetzliche Verankerung in einer Reihe von Grundordnungen für ganze Sachgebiete, wie das Steuer-, Monopol- oder Gerichtswesen. Neben ihnen, die als Diagrammata bezeichnet wurden und alle noch im 3. Jh., der Blütezeit der Monarchie, ergangen sein dürften, standen zahlreiche Spezialverordnungen, die sog. Prostagmata. Für die staatsrechtliche Wertung dieses zweiten Typs königlicher Gesetzgebung ist beachtlich, daß zwischen allgemeinen Anordnungen und bloßen Individualverfügungen des Monarchen weder begrifflich noch formal scharf geschieden werden kann.

[2] *Justizwesen.* Die wahrscheinlich von Ptolemaios II. kurz vor 270 ins Leben gerufene Gerichtsordnung beruhte auf dem Prinzip getrennter Gerichtsbarkeiten für Ägypter und Griechen (einschließlich der sonstigen Fremden). Das Gericht der ersteren waren die sog. Laokriten, dreiköpfige Priesterkollegien, die in ägypt. Sprache und nach ägypt. Gesetzen Recht sprachen. Ihnen standen gegenüber die Di-

kasterien der beiden Griechenstädte und der im Lande (Chora) seßhaften Militärsiedler (Katöken); ihre Richter (die Zahl schwankte; der übliche Ausdruck ‹Zehnmännergericht› ist irreführend) waren durchs Los bestimmte Angehörige der jeweiligen Gerichtsgemeinde. Für gemischtnationale Prozesse bestand ein ‹Gemeinschaftsgericht› (Koinodikion), über das Näheres nicht bekannt ist. Jedem dieser Gremien war ein königlicher Beamter, der auch bei den Laokriten ein Grieche zu sein pflegte, als Geschäftsführer (Eisagogeus) beigegeben. Obwohl Vertreter ihrer eigenen Volksgruppen, repräsentierten also auch sie die Gerichtshoheit des Königs, dessen eigener Gerichtsbarkeit gegenüber sie daher nur privilegierte, aber nicht ausschließliche Gerichtsstände waren. Seine eigene Jurisdiktion übte der König zumeist durch Delegierte, sog. → Chrematisten, aus. Dreiköpfige Chrematistenkommissionen, in Alexandria bereits im 3. Jh. ständig vorhanden, wurden seit Ptolemaios II. nach Bedarf auch in die Chora entsandt; im 2. Jh. waren sie dort ebenfalls als reguläre, mit einem Eisagogeus ausgestattete Gerichte für jeweils einen oder mehrere ‹Gaue› institutionalisiert. Ihre Zuständigkeit erstreckte sich sowohl auf Fiskal- wie auf Zivilsachen (ihre Befassung mit Strafsachen ist nicht erweisbar) und gleichermaßen auf alle Teile der Bevölkerung. Wenn i. J. 118 Ptolemaios VII. Euergetes II. die Kompetenzen von Chrematisten und Laokriten nach der Sprache der den Prozessen zugrunde liegenden Urkunden verteilte und jenen verbot, Prozesse zwischen Ägyptern an sich zu ziehen (Pap. Teb. I 5, 207–20), so entsprach das nicht etwa einer grundsätzlichen Zuordnung der Chrematisten zur griech. Bevölkerung, sondern sollte die Laokriten vor der Konkurrenz der Chrematisten schützen. Neben der Gerichtsjustiz gab es von Anfang an auch eine mit ihr konkurrierende, für gewisse wegen ihrer Einspannung in die Fiskalverwaltung der ordentlichen Gerichtsbarkeit entzogene Personengruppen sogar ausschließliche, koerzitive Beamtenjustiz. Sie ergab sich aus den umfassenden Möglichkeiten strafenden und ordnenden Eingreifens, die in der an die Funktionäre der Verwaltung delegierten Schutz- und Zwangsgewalt des Königs lagen und – in dem absolutistischen System, das keine Gewaltenteilung kannte – die Macht zur eigenen Entscheidung über Voraussetzungen und Art der zu ergreifenden Maßnahmen einschlossen. Im Laufe der Zeit traten die Chrematisten und Beamten gegenüber den griech. Dikasterien und den Laokriten mehr und mehr in den Vordergrund. Die Dikasterien scheinen um die Wende vom 3. zum 2. Jh., die Laokriten ein Jahrhundert später verschwunden zu sein.

[3] *Rechtspluralismus.* Das doppelte Gerichtssystem trug dem für das ptolemäische Ägypten kennzeichnenden Nebeneinander mehrerer Rechtsüberlieferungen Rechnung. Im Gericht der Laokriten galt einheimisches Recht, so wie es in den – möglicherweise von Ptolemaios II. ausdrücklich bestätigten – aus pharaonischer Zeit überkommenen Gesetzen enthalten war. Die Rechtsprechung der griech. Dikasterien beruhte in erster Linie auf diagrammatisch niedergelegtem königlichem Recht, das in griech. Traditionen wurzelte; als sekundäre Rechtsquellen ließ das Justizdiagramma den Parteien eines Prozesses gemeinsame Gesetze ihres Heimatstaates (*πολιτικοὶ νόμοι*), dahinter die *δικαιοτάτη γνώμη* (s. o. I A 3) gelten (Pap. Gur. 2). Der damit offiziell anerkannte Rechtspluralismus äußerte sich jedoch nur in unterschiedlichen leges fori der genannten Gerichte, nicht – entgegen einer verbreiteten Meinung – als ‹Personalitätsprinzip›, das jeden Menschen seinem angestammten Recht unterwarf. Weder die als Königsrichter auch ägypt. Parteien nach griech. Recht beurteilenden Chrematisten noch die große Ermessensfreiheit genießenden Beamten waren an ihn gebunden. Desgleichen konnten Private nach Belieben ägypt. oder griech. Kontrahierungsformen wählen und ihre Verhältnisse nach dem von ihnen bevorzugten Recht ordnen. Niemals freilich flossen die verschiedenen Rechtstraditionen zu einem einheitlichen ‹Ptolemäischen R.› zusammen.

[4] *Charakter des Rechts.* Die aus derart heterogenen Quellen gespeiste Rechtswirklichkeit des Ptolemäerstaats kann hier nicht im einzelnen geschildert werden. Die ererbten Rechtsvorstellungen lebten in den von der Regierung geschaffenen Institutionen (unter denen die im 3. Jh. als Notariat und Registerbehörde eingerichtete Agoranomie hervorragt; → Urkundenwesen A 2 b), im Prozeß und in den von der ägypt. und griech. Kautelarpraxis gepflegten und weitergebildeten Geschäftsformen im allgemeinen fort (s. o. I). Doch führten die Bedingungen des strikt fiskalisch ausgerichteten absolutistischen Flächenstaats mit seiner individualistischen, nicht mehr von den Erfordernissen einer Polis diktierten Lebensordnung auch zu mancherlei Neu- und Umbildungen. Der Fiskalismus brachte ein bis ins kleinste ausgearbeitetes Steuer- und Monopolwesen hervor und beeinflußte darüber hinaus die Gesamtgestaltung von Recht und Wirtschaft. Die Selbsthilfe wich der Vollstreckung durch staatliche Organe. Der obrigkeitliche Chrematistenprozeß ersetzte die private durch die amtliche Ladung. Das altgriech. Oikossystem verschwand und mit ihm die seinem Wesen gemäßen formalen Voraussetzungen der gültigen Ehe, das Erbtochterrecht und die Beschränkungen der Testierfreiheit; die Frauenkyrieia blieb, sank jedoch zu einer bloßen Geschlechtsvormundschaft herab. Neue Typen des Bodenrechts erwuchsen in Gestalt des frühptolemäischen, jederzeit entziehbaren Königslehens (*δωρεά;* bekannt vor allem aus der Zenonkorrespondenz) und des Landloses (Kleros) angesiedelter Wehrbauern (Katöken). Dieses war ursprünglich unveräußerlich und unvererblich; in der Zeit der Dekadenz des Staates verlor es diese Eigenschaften, ohne freilich dem freien Eigentum völlig angeglichen zu werden.

[5] *Fortwirkung.* Die z. Zt. der Eroberung (30 v. Chr.) noch bestehenden rechtlichen Einrichtungen und Bräuche der Ptolemäerzeit funktionierten unter der röm. Verwaltung weiter. Deren nur langsam eingeführte Neuerungen betrafen das Gerichtswesen und etwas später Vollstreckung, Register- und Urkundenwesen; auf den drei letzteren Gebieten bezweckten sie aber nur die Vervollkommnung ptolemäischer Institutionen. Materiellrechtliche Neubildungen der → Prinzipatszeit ergaben sich aus organischer Fortentwicklung. Erst in nachdiokletianischer Zeit führten stärkere Romanisierungstendenzen einschneidendere Änderungen herbei, ohne jedoch das ptolemäische Erbe völlig zu verdrängen. H. J. W.

Lit: Wilcken-Mitteis, Grundz. u. Chrestomathie d. Papyruskunde, 1912 – E. Seidl, Ptol. Rechtsgesch. (1947), 1962² – R. Taubenschlag, The Law of Greco-Rom. Eg. in the Light of the Papyri (1948), 1955² – H. J. Wolff, Das Justizwesen der Ptol., 1962 – M.-Th. Lenger, Corpus des Ordonnances des Ptolémées, 1964.

III. Römisches Recht

vergehen, Religionsdelikte – [4] Tötungsdelikte – [5] Gewaltdelikte – [6] Sittlichkeitsdelikte – [7] Persönlichkeitsverletzung – [8] Vermögensdelikte, Fälschungsdelikte – [9] Strafen – [10] Strafverfolgung.

A. Geschichte des röm. R.s und der röm. Rs.-Wissenschaft. [1] *Begriffe:* Unter röm. *Rechtsgeschichte* (hier: Entwicklung der Rechtsquellen des Privatrechts und der Rechtswissenschaft) werden im allgemeinen auch die Verfassungsgeschichte, die Grundzüge des Verwaltungsrechts sowie das Strafrecht (s. u. H) verstanden; z. T. wird auch die Entwicklung des Privatrechtssystems in materiellem Sinne (s. u. C ff.) sowie des Prozeßrechts (s. u. B) einbezogen. – Der Gedanke einer *antiken* Rechtsgeschichte im Sinne einer ‹Zusammenschau› der im Mittelmeerraum herrschenden Rechtsordnungen (insbes. unter Einbeziehung des vorderoriental., ägypt. und griech. R.s) geht davon aus, daß gleiche oder ähnliche Rechtseinrichtungen durch Rezeption, gemeinsame Quellen oder Gleichartigkeit der Bedürfnisse erwachsen sein können (so vertreten von Wenger, Seidl, z. T. auch Kreller). Die These kann hier angesichts der Vielfalt einer solchen Universalrechtsgeschichte nicht weiter verfolgt werden (vgl. → R. I). – *Privatrecht* und *öffentliches R.:* Während nach unserer Vorstellung die Einordnung des Individuums in die Rechtsbeziehungen des öffentlichen R.s von der Unterordnung unter die hoheitliche Gewalt ausgeht, bei Gleichstellung der Partner jedoch das Privatrecht herrscht, findet sich in der Denkweise des röm. R.s die sog. Interessentheorie (Ulp. dig. 1, 1, 1, 2).

[2] *Die Anfänge der Rechtsordnung.* R. und sittlich-religiöse Ordnung werden zwar als Dualität erfaßt – vgl. ‹fas› (Beachtung der göttlichen Ordnung; Verletzung: ‹nefas›) gegenüber ‹ius› (Beachtung der Rechtsstellung des Rechtsgenossen; Verletzung: ‹iniuria›). Beide Kreise bleiben aber miteinander verbunden. Das R. ergänzt sich ständig aus sittl. Vorstellungen. – Von daher fehlt dem älteren röm. R. ein klar abgrenzbarer Begriff der Rechtsquelle. Die spätere Zeit war bemüht, für die Anfänge des röm. Staates ‹leges› (→ Lex) als *Königsgesetze* anzunehmen; ebenso werden sakrale Ordnungen als Normen angesehen (vgl. ius Papirianum), aber der Begriff der ‹lex› im Sinne der ‹Gesetzgebung› tritt in der Entwicklung des Privatrechts bis zur späteren Kaiserzeit zurück. So ist lex (privata) auch das von den Parteien in Form eines Vertrags gestaltete Recht. – Im Rahmen der leges nimmt das → Zwölftafelgesetz (lex duodecim tabularum) eine Sonderstellung ein. Aus sozialen und politischen Spannungen zwischen → Patriziern und Plebejern und dem Bedürfnis nach Rechtssicherheit kam es zu einer Kodifizierung, die in der Überlieferung als *fons omnis publici privatique iuris* (Liv. 3, 34, 6) gilt. Die Entstehungsgeschichte ist umstritten: Man sah in dem Komplex z. T. eine spätere Sammlung überkommener Rechtssätze, so Pais (a. O. I 1, 558–604; I 2, 546–570) für die Zeit um 300 v. Chr. durch Cn. → Flavius (1; E. Lambert, a. O. 149 ff.), für 200 v. Chr. durch S. → Aelius (6). Mit der herrschenden Meinung ist an der Entstehung im 5. Jh. festzuhalten, wie sich aus Form und Inhalt ergibt. – *Zur Entstehung:* Nach wiederholten Anträgen der Volkstribunen sollen i. J. 451 → decemviri legibus scribundis eingesetzt worden sein, die zugleich mit dem Auftrag zur Abfassung des Gesetzes außerordentliche Amtsbefugnisse erhielten. Die Legende, die u. a. von der Ersetzung der ersten rein patrizischen Decemviri durch eine zweite Kommission spricht, weist auf die starken Spannungen hin; andererseits zeigt die Erwähnung einer Gesandtschaft, die in Athen das dortige Recht abschreiben sollte, den Einfluß der griech. Stadtrechte, der bes. in Unteritalien stark war. – Die Textüberlieferung stammt aus literarischen Quellen der spätrepublikan. und kaiserlichen Zeit; die Originale selbst sollen beim Gallierbrand (387) untergegangen sein. Wiederherstellung durch Dirksen-Schöll bei G. Bruns/O. Gradenwitz, a. O. 15 ff., und bei Riccobono, 21–75. – In ihrer archaischen Ausprägung war die Gesetzgebung der voranschreitenden wirtschaftlichen und sozialen Entwicklung nicht gewachsen; trotzdem kam es in der Folgezeit zu keiner umfassenden legislatorischen Änderung. Etwa 30 privatrechtliche Einzelgesetze sind bekannt, so die lex Poetelia (326) und die lex Aquilia (286). Interpretation und freie Rechtsfortbildung ließen die Bedeutung der Gesetzgebung stark zurücktreten. – Für die praktische Handhabung des R.s lag in den Anfängen der Republik das Schwergewicht bei der Priesterschaft. Bei dem starken Formzwang des frühen Privat- und Prozeßrechts (s. unten B. C) bedeutete die Kenntnis der Formalien, die der Priesterschaft vorbehalten war, eine starke Machtposition (vgl. Cic. de or. 1, 186). Diese Stellung ging um 300 verloren, wie die Überlieferung erkennen läßt: Cn. → Flavius (1), der Schreiber des Censors App. → Claudius (6), soll seinem Herrn die Sammlung der Prozeßformeln entwendet und veröffentlicht haben (304).

[3] *Zeit der Republik.* Mit der Ausweitung des röm. Staatswesens mußte die Rechtsordnung den veränderten wirtschaftlichen und sozialen Bedingungen Rechnung tragen. Dem *ius civile* oder ius quiritium, das röm. Bürgern vorbehalten war, trat das *ius gentium* für den Verkehr mit Nichtrömern an die Seite. Obwohl das röm. R. vom Personalitätsprinzip (Anwendung der nach der Herkunft des Rechtssuchenden maßgebenden Rechtsordnung) ausging, schuf es Normen, die für alle am internationalen Verkehr Teilnehmenden gleichermaßen wirksam sein sollten; auf der Grundlage der → fides suchte es der Sache angemessene Rechtsformen zu bilden; daher ist zumindest in spätrepublikanischer Zeit der Begriff des ius gentium mit dem des ius naturale (naturalis ratio) verwandt (Gedankengänge, die durch die griechische Philosophie gefördert wurden). Allerdings sind griech. Rechtsformen nur vereinzelt aufgenommen worden (vgl. die lex Rhodia oder das allgemeine Prinzip der Schriftlichkeit). Die Ausbildung des ius gentium, das der Struktur nach freilich röm. R. blieb, schuf dem röm. Staat die Vormachtsstellung; es wurde praktiziert in Rom durch den → Praetor peregrinus, der um 242 neben den Praetor urbanus trat, in den Provinzen durch die Statthalter und ihre Rechtsprechung. Zunehmend wurde das ius gentium auch für Rechtsstreitigkeiten zwischen röm. Bürgern angewendet (vgl. lex Aebutia). – Zur Entwicklung des materiellen R.s durch das ius gentium s. u. C. – Angesichts der Starrheit des Zwölftafelrechts und der Zurückhaltung der Zivilgesetzgebung erfuhr die Rechtsentwicklung ihre entscheidenden Impulse durch das *ius honorarium.* Die Jurisdiktionsmagistrate (praetor urbanus bzw. peregrinus und kurulische Ädilen, letztere für die Marktgerichtsbarkeit) besaßen außerhalb der Bindung an das ius civile im Rahmen des Formularprozesses (s. u. B) die Befugnis, einem nach ihrer Auffassung schutzwürdigen Klagebegehren die Prozeßdurchführung zu gewähren (iudicium dare). Auf diesem Wege bildete sich eine ergänzende materielle Rechtsordnung, das Amtsrecht (Beispiel die actio de dolo des Prätors von 66 v. Chr., C. → Aquilius (4) Gallus). Die sehr weitgehende Jurisdiktionsgewalt wurde durch das strenge Traditionsbewußtsein einerseits und das Annuitätsprinzip für die Amtsführung andererseits in Schranken gehalten. Dazu kam der Brauch, die Grundsätze der Jurisdiktion bei Amtsantritt in einem → *Edikt (album)* zu publizieren, um den Rechtsuchenden eine Grundlage für ihre Anträge zu geben. Zwar galt diese Ankündigung nur für das jeweilige Amtsjahr des Magistrats, jedoch erwuchs zunehmend ein fester Komplex an Rechtsregeln, der vom Amtsnachfolger freiwillig übernommen wurde (edictum tralaticium). Für die Kontinuität war wichtig, daß dem Amtsträger ein consilium zur Verfügung stand, das Zweckmäßigkeit und Richtigkeit der Grundsätze begutachtete. So wirkte die jährliche Publizierung des Edikts als Filter gegen allzu spontane Veränderungen. Sammlungen von Prozeßformeln wurden auch von priva-

ter Hand herausgegeben, so das sog. *ius Aelianum* des S. → Aelius (6) Paetus Catus (cos. 198 v. Chr.), ferner die Kaufformularsammlung des → Manilius (1; cos. 149 v. Chr.).

[4] In die spätere Republik fällt die Ausbildung einer *wissenschaftlichen Behandlung* des Rechtsstoffes. Sie beginnt zunächst nicht literarisch, sondern in der beratenden Tätigkeit der Respondierjuristen. Nachdem die Vormacht des Priesterstandes gebrochen war (s. o. 2), gehörte es zum Lebensstil der führenden Schicht, sich mit gutachtlicher Tätigkeit (respondere de iure) zugunsten von Bürgern und Magistraten zu beschäftigen; statt eines Entgelts gewann man Ehre und Ansehen, nicht zuletzt auch im politischen Bereich (vgl. Cic. de or. 1,200). Eine solche Tätigkeit diente nicht nur der Prozeßführung, sondern auch der Vorbereitung von Vertragsschlüssen durch Abfassung von Geschäfts- und Prozeßformularen (Cautelae; ‹Kautelarjurisprudenz›). – Die Respondiertätigkeit verfeinerte die juristische Denkweise; sie basierte auf Erörterungen im Kreise Interessierter (auditores), die z. T. in ein ‹Schüler›-Verhältnis im Hause des Meisters traten (vgl. Cic. orat. 142). – Die so entwickelte Jurisprudentia, die Impulse zur systematischen und abstrakten Denkweise aus der Berührung mit der griech. Wissenschaft, bes. der stoischen Philosophie (→ Scipionenkreis), erhielt, fand auch ihren literarischen Niederschlag; die Responsa wurden als Kommentierung der Rechtsordnung gesammelt (so der erste bekannte Kommentar zu den 12 Tafeln des Sex. → Aelius (6); s. o. 2); genannt werden weiterhin → Manilius (1) mit Monumenta über das ius civile; M. → Iunius (1) Brutus (Libri tres iuris civilis), ferner P. → Mucius (2) Scaevola (cos. 133); Q. → Mucius (3) Scaevola ‹augur› (cos. 117); Q. Aelius Tubero (trib. pleb. 129), P. → Rutilius (3) Rufus (cos. 105). – Insbes. im 1. Jh. v. Chr. hat der Einfluß griech. Denkens die Begriffsbildung des röm. R.s gefördert, ohne daß allerdings ein starres System ausgebildet worden wäre (entgegen → Ciceros – verlorener – Programmschrift ‹De iure civili in artem redigendo›, Gell. 1,22,7). Andererseits besaß die Jurisprudenz eine hinreichende «Immunisierung gegen das Gift der Rhetorik» (Kunkel), so daß die formale, begriffliche Gestaltung stets hinter der Sache zurücktrat. – Werke sind aus dieser Zeit nicht erhalten; ihr Charakter ist nur aus Bruchstücken und Zitaten zu erschließen. Jedenfalls beginnt hier die Erarbeitung von Rechtsgrundsätzen, die im ius gentium und im ius honorarium ihren Niederschlag fanden. Zu nennen sind hier die Juristen Q. → Mucius (4) Scaevola ‹pontifex› (cos. 95 v. Chr.), dessen 18 Bücher zum ius civile die Rechtsordnung *generatim*, d. h. nach Stoffgruppen behandeln (Pompon. Dig. 1,2,2,41); Serv. → Sulpicius (12) Rufus (cos. 51) u. a. mit einem ersten Kommentar zum prätorischen Edikt; ferner A. → Ofilius, P. → Alfenus Varus (cos. 39), C. → Trebatius Testa und Q. → Aelius (10) Tubero.

[5] *Zeit des Prinzipats.* Die Unterscheidung zwischen dem röm. Bürger und dem Fremden tritt durch zunehmende Verleihung des Bürgerrechts an Nichtrömer und Aufnahme ganzer Municipien zurück. Abgeschlossen wurde dieser Prozeß i. J. 212 durch die → Constitutio Antoniniana. Damit wird das röm. R. endgültig ‹Reichsrecht›, obwohl – bes. in den östlichen Provinzen – das einheimische (‹Volksrecht›) wirksam bleibt und z. T. das röm. R. beeinflußt (vgl. z. B. arrha). Auch nach 212 hat offensichtlich die lokale Gerichtsbarkeit einheimische Rechtsnormen angewandt. – *Rechtsquellen.* Augustus hat zunächst im Sinne der restaurativen Tendenzen die Volksgesetzgebung zu beleben versucht (vgl. Mon. Ancyr. 2,12). Später gestattet die Vermassung der stadtröm. Bevölkerung diesen Weg nicht mehr; der Senat tritt praktisch an die Stelle der Volksversammlung, und so beziehen sich Senatusconsulta auch auf das Zivilrecht. Im 2 Jh. n. Chr. beginnt man, den Beschluß schlechthin nach dem kaiserlichen Antrag (oratio Divi Augusti) zu bezeichnen. Schließlich nimmt die unmittelbare kaiserliche Rechtsschöpfung (legis vicem obtinere, Gai 1,5; theoretisch erfaßt im Sinne einer lex data, da die lex de imperio auch die Gesetzgebungsermächtigung enthalten sollte) den entscheidenden Platz ein. – Im Rahmen der *Kaiserkonstitutionen* sind neben den Edikten für das Privatrecht bes. die Rescripta und Decreta bedeutsam. – Die auf Anfrage in zweifelhaften Rechtsfällen ergehenden *Rescripta* treten an die Stelle der Gutachtertätigkeit; sie entscheiden nicht den Rechtsstreit, sondern lediglich die Rechtsfrage. An die Entscheidung ist der Richter gebunden, zugleich hat sie präjudizierende Wirkung. – Die *Decreta* waren hingegen echte richterliche Entscheidungen, die ergingen, wenn die Parteien die kaiserliche Gerichtsbarkeit anriefen (s. u. B). In beiden Bereichen bediente sich der Kaiser eines → Consilium, dessen Mitglieder später Beamte wurden. – Da der Kaiser die Gesetzgebungskompetenz (s. o.) innehatte, die Entscheidungen deshalb als allgemein verbindlich angesehen wurden, übernahmen die Kaiserkonstitutionen die Rechtsfortbildung, wobei wiederum die Rechtswissenschaft über das Consilium maßgeblichen Einfluß hatte. – Formal wurden am Ende des 2. Jh.s die Konstitutionen als leges bezeichnet und dem ius civile zugeordnet. Neben der kaiserlichen Gesetzgebungskompetenz und der Beschlußtätigkeit des Senats besteht in den Anfängen des Prinzipats das ius edicendi der Magistrate fort; allerdings erstarrt, da die Rechtsfortbildung in die Hände des Kaisers gelangt, das Edictum tralaticium und wird schließlich unter Hadrian (ca. 130 n. Chr.) von → Salvius Julianus redaktionell abgeschlossen und kodifiziert *(Edictum perpetuum)*. Nach dem Bericht Justinians in C. Tanta § 18 (vgl. auch C. *Δέδωκεν*, § 18) blieb dem Kaiser die Ergänzung vorbehalten. Das Edikt der kurulischen Ädilen wurde mit einbezogen. – Zur Frage, ob auch das Peregrinenedikt hinzugehörte, sowie zum Versuch einer Rekonstruktion vgl. O. Lenel, a. O. Kap. 1 ff.

[6] *Die Rechtswissenschaft im Prinzipat.* Neben dem Einfluß über das Consilium des Kaisers ist die Rechtswissenschaft in den ersten Jahrhunderten n. Chr. durch ihre Gutachtertätigkeit weiterhin praktisch wirksam geblieben. Seit Augustus wird das *ius respondendi* ex auctoritate principis verliehen (Pompon. Dig. 1,2,2,49), wobei umstritten ist, ob damit eine Konzessionierung der öffentlichen Gutachtertätigkeit (so Kunkel, a. O. 281 f. mit Anm. 596) oder nur ein Privileg, ‹mit kaiserlicher Autorität› zu respondieren verbunden war (bisher herrschende Meinung); jedenfalls waren auch die Nichtprivilegierten nicht gehindert, privat Gutachten zu erstatten und ausbildend tätig zu sein. Die Gutachten der ex auctoritate principis respondierenden Juristen führten dazu, daß der Richter zunehmend an sie gebunden war (zur auctoritas prudentium als Rechtsquelle vgl. Dig. 1,1,7, pr.); die *Responsa* erhielten in späterer Zeit – zumindest bei übereinstimmenden Ansichten – Gesetzeskraft (*legis vicem*, Gai 1,7); sie wurden dem ius civile zugerechnet. Sowohl die kaiserliche Gerichtsbarkeit als auch die Respondiertätigkeit – zumal sie anfangs überwiegend von Männern aus dem Senatorenstand ausgeübt wurde – blieben im Prinzipat konservativ und verhinderten so eine willkürliche Handhabung der Rechtspflege. Die Jurisprudenz geht dabei von der Vorstellung aus, daß die Rechtsordnung in sich besteht und es lediglich gilt, ihre Prinzipien und Regeln aufzudecken (vgl. Dig. 50,17,1). – Die Rechtswissenschaft der Epoche wird heute in Früh-, Hoch- und Spätklassik eingeteilt. Die *Frühklassik* (Beginn des Prinzipats bis Ende des 1. Jh.s) wird gekennzeichnet durch das Entstehen zweier *Rechtsschulen* (im Sinne einer akademischen Vereinigung, jedenfalls aber mit dem Rechtsunterricht verbunden), der → *Sabinianer* bzw. *Cassianer* und der → *Proculianer*. Der Gegensatz zwischen ihnen, der sich wohl erst allmählich herausgebildet hat, betrifft mehr Einzelprobleme, kaum wissenschaftliche Prinzipien oder Methoden (allerdings vermutet man z. T. in den Sabinia-

nern Anhänger der → Stoa, in den Proculianern solche des Peripatos). Bedeutende Juristen der Frühklassik sind: *Sabinianer:* → Antistius (1) Labeo, → Sabinus, → Cassius (9) Longinus; *Proculianer:* → Ateius (2) Capito, → Cocceius Nerva, → Proculus, → Pegasus (2). – In der *Hochklassik* (2.Jh.) begann der Kaiser, den Juristenstand nunmehr verstärkt zu Staatsämtern heranzuziehen, ohne damit die Rechtsauffassung der Amtsträger zu dirigieren. Durch die Konfrontation mit praktischen Aufgaben entfaltete sich die Jurisprudenz zu voller Höhe; die Argumentation erreichte die höchste Verfeinerung, wobei sie von einer Bewertung der Interessen und nicht von einem Begriffsschema ausging. Juristen dieser Epoche sind: → Iavolenus Priscus, → Celsus (2), → Salvius Julianus, Ulpius → Marcellus (3), → Cervidius Scaevola, → Pomponius (1), → Gaius (2). – Die *Spätklassik* (1. Drittel 3.Jh.) ist gekennzeichnet durch die fortschreitende Verbeamtung des Juristenstandes, dessen Exponenten die höchsten Ämter bekleideten. Die Persönlichkeiten entstammen weitgehend der Provinzialbevölkerung und dem Ritterstand. Die schöpferische Kraft tritt zurück; man widmet sich der Sammlung und Verarbeitung des Vorhandenen, wobei Darstellung und Gedankenführung jedoch ihre klassische Höhe behalten. Juristen der Spätklassik sind: → Papinian, → Paulus (2), → Aelius (5) Marcianus, → Ulpian, → Herennius (2) Modestinus. – Die *Rechtsliteratur der Klassik* ist mit Ausnahme der Gaius-Institutionen nur in Fragmenten erhalten; erschlossen insbes. aus den Digesten Justinians, in denen Textstellen, Autor und Werk zitiert waren (vgl. O. Lenel, a. O.). Zu unterscheiden sind (a) Geschlossene Erläuterungswerke wie Kommentare zum ius civile oder ad edictum, wobei von den älteren Kommentaren ausgegangen wird (‹Ad Q. Mucium› und ‹Ad Sabinum›); (b) Sammlungen der Gutachten und Stellungnahmen des Verfassers (‹Responsa›: Gutachten, ‹Quaestiones›: Rechtsfragen, ‹Disputationes›, ‹Digesta›: geordnete Entscheidungen) und ‹Epistulae›; (c) Einführungsliteratur: ‹Institutiones› und ‹Regulae› bzw. ‹Sententiae›. – *Juristische Ausbildung.* Während in den Anfängen des Prinzipats die private Unterweisung noch im Vordergrund stand, entwickelt sich zunehmend ein privater schulmäßiger Unterricht, für den zugleich auch als Lehrbücher angelegte Schriften erforderlich waren (vgl. → Gaius, 2).

[7] *Zeit des Dominats. Stellung der Juristen:* Der beamtete Juristenstand prägt jetzt das Berufsbild. Dabei sind aus den Mitgliedern des Consilium Assessores geworden, die die Rolle von Ratgebern mit der von Kanzleijuristen vertauscht haben. Daneben entwickelt sich ein Anwaltsstand mit festen Zulassungsbestimmungen. Eine freie juristische Tätigkeit hat aufgehört. Die Rechtsprechung wird von Konstantinopel beherrscht, da sich ein Instanzenzug zur Zentrale herausbildet; doch bilden die Praefecti praetorio an Stelle des Kaisers die oberste Instanz (s. u. B). – *Rechtsquellen:* Die Gesetzgebungsgewalt liegt ausschließlich beim Kaiser. Die Konstitutionen sind leges. Daneben besteht die Praxis der Reskripte für Einzelentscheidungen fort. Nach wie vor gehören zu den Rechtsquellen die alten Juristenschriften als ‹ius› (‹ius vetus› gegenüber dem Kaiserrecht). Zur Frage der Verbindlichkeit s. u. [8]. – *Rechtswissenschaft:* Die schöpferische Kraft kann sich mit der Eingliederung in die hierarchische Struktur des Behördenapparates nicht mehr als eigene Gestaltung, sondern nur mittelbar durch die kaiserliche Gesetzgebung äußern. Demgemäß treten einzelne Persönlichkeiten nicht hervor. – Die *Literatur* konzentriert sich nunmehr auf Sammlung und auszugsweise Wiedergabe des wichtigen Schrifttums im Hinblick auf praktische Bedürfnisse (Epitomae), zumal die Originalwerke der Praxis kaum mehr zugänglich waren. Im *weström. Bereich* sind uns durch Fragmente bekannt: 1. Die sog. Regulae Ulpiani, eine Zusammenstellung aus spät- und hochklassischen Werken, erhalten in einer Handschrift aus dem 4.Jh. – 2. Die Sententiae des → Paulus (2), entstanden Ende 3.Jh., aber wiederholt verändert; erhalten z. T. in den Digesten und der Lex Romana Visigothorum. – 3. Auszug aus den Gaius-Institutionen (epitome), insbes. erhalten in der → Lex (3) Romana Visigothorum, ferner eine andere Gaius-Bearbeitung (Gaius Augustodunensis). – 4. Breiteres Material erfassen die sog. *Fragmenta Vaticana* (4.Jh.; 1821 im Vatikan entdeckt); sie enthalten Auszüge aus → Papinian, → Paulus (2) und → Ulpian, sowie Kaiser-Konstitutionen. – Im *oström. Reich* sind überliefert die sog. Scholia Sinaitica, im Sinai-Kloster gefundene Bruchstücke eines griech. Kommentars zu Ulpians Libri ad Sabinum, und das sog. *syrisch-römische Rechtsbuch*, ein in der 2. H. des 5.Jh.s entstandenes griech. Sammelwerk, das aus mehreren späteren Bearbeitungen im Orient bekannt wurde (vgl. K. Bruns-E. Sachau, a. O.). Die Paraphrase wirkt laienhaft; E. Seidl führt sie auf die christliche episcopalis audientia zurück, die in ihr eine Rechtsquelle gegenüber der islamischen Umwelt erblickt haben mag. – *Rechtsschulen.* Der schulmäßige Unterricht ist nunmehr praktisch die einzige Ausbildungsmöglichkeit. Im Westen haben Rechtsschulen z. B. in Rom und Karthago nachweisbar bestanden. Das Schwergewicht in der schulmäßigen Ausbildung liegt jedoch im Osten; hier sind in zahlreichen Städten (Alexandria, Athen, Antiochia) Rechtsschulen bezeugt. Die führende Rolle übernahmen jedoch die Schulen in Beryt (gegründet im 3.Jh.) und Konstantinopel (gegründet 425). Grundlage des akademischen Unterrichts bildete die theoretische Behandlung der alten Juristenschriften (Scholia, Indices, Summae). Die Ausbildung basierte auf einem nach Studienjahren geordneten, festen Unterrichtsplan, den → Justinian an das → Corpus Iuris anpaßte. Zu einer strengeren systematischen Erfassung der Rechtsmaterie kommt es jedoch nicht; die wissenschaftliche Haltung bleibt trotz dogmatischer Bestrebungen konservativ und orientiert sich an den klassischen Formen.

[8] *Die Kodifikation des Rechts.* Aus der Fülle des Rechtsstoffes ergab sich für die Rechtspraxis eine zunehmende Unsicherheit. Dem sollte eine Sammlung des für den Handgebrauch Notwendigen entgegenwirken. So entstanden neben den Fragmenta Vaticana u. a. (s. o. 7) zunächst im Osten am Ende des 3.Jh.s n. Chr. zwei private Sammlungen, der *Codex Gregorianus* und der *Codex Hermogenianus*, beide nur aus Zitaten überliefert; auch die Verfasser sind nicht näher bekannt. Der Codex Gregorianus enthielt eine Zusammenstellung von Kaiserkonstitutionen von Hadrian bis Diokletian, der Codex Hermogenianus solche des Diokletian. – Die widersprüchlichen Stellungnahmen der klassischen Juristen machten zu selbständigen Entscheidungen nicht befähigten Richtern Schwierigkeiten. Daher griff die kaiserliche Gesetzgebung ordnend ein. Schon Konstantin d. Gr. erklärte i. J. 321 (Cod. Theod. 1, 4, 1) → Papinians Auffassung für verbindlich und beseitigte die kritischen Notae → Ulpians und → Paulus' (2) zu Papinian. Anschließend erklärte Konstantin die Schriften des Paulus für gerichtsverbindlich (Cod. Theod. 1, 4, 2). Eine grundsätzlichere Regelung stellt das *Zitiergesetz* → Theodosius' II. und → Valentinians III. von 426 (Cod. Theod. 1, 4, 3) dar; hier werden lediglich → Papinian, → Paulus (2), → Ulpian, → Herennius (2) Modestinus und → Gaius (2) für gerichtsverbindlich erklärt; bei Streitfällen entscheidet die Mehrheit, bei Stimmengleichheit die Ansicht Papinians. Über das Zitiergesetz hinaus schritt Theodosius II. zur ersten Kodifikation im engeren Sinne. Auf Grundlage von Kommissionsarbeit wurde 438 im Osten (439 im Westen übernommen durch Valentinian III.) eine Sammlung der Kaiserkonstitutionen publiziert, der *Codex Theodosianus*. – Auch für die später erschienenen Kaiserkonstitutionen wurden Sammlungen angelegt. – Eine besondere Aufgabe zur Sichtung und Sammlung des für ihre röm. Bürger geltenden R.s (Personalitätsprinzip) stellte sich in den durch

die → Völkerwanderung entstandenen Germanenreichen. Folgende Kodifikationen des weströmischen *Vulgarrechts* sind erhalten: Das → Edictum Theoderici, die → Lex (3) Romana Visigothorum, die → Lex (2) Romana Burgundionum. Rechtspolitisch setzt im Osten → Justinian I. im Rahmen seiner Gesamtpolitik den Schlußstein mit der Kodifikation des geltenden R.s, die durch die an der Spätklassik orientierte Lehre der Rechtsschulen wie durch die restaurative Tendenz des Kaisers eine betont konservative Gestalt erhält (→ Corpus (4) iuris).

[9] *Fortwirkung und Überlieferung. Byzantin. Recht.* Obwohl Justinian eine Kommentierung der Digesten für unnötig hielt und nur Übersetzungen ins Griechische und Hinweise auf Parallelstellen zuließ, entwickelten sich im Rahmen des Unterrichts bald zusammenfassende Inhaltsangaben, sog. indices oder ‹Summen› und Erläuterungswerke (*Paraphrasen;* darunter eine dem → Theophilos (1) zugeschriebene). Die kommentierende Literatur wurde am Anfang des 7. Jh.s von einem unbekannten Verfasser (dem sog. Anonymos) exzerpiert; in einer vom Autor verfaßten Digestenparaphrase wurden die Kommentarstellen aus der älteren Literatur in ‹Kette› an den jeweiligen Paraphrasentext angereiht (*Kettenkommentar*). Anfang des 8. Jh.s wurde unter Leo III. (Isaurus) ein griech. Auszug aus der justinianischen Kodifikation, die sog. Ekloge, verfaßt. Unter Leo VI., dem Weisen, (886–911) kam es zu einer erneuten griech. Zusammenfassung auf der Grundlage der Digestenparaphrase des Anonymos (im Aufbau dem Codex Iustinianus folgend), den *Basiliken*, an die zunächst die alten Kettenkommentare, dann weitere Kommentierungen angeschlossen wurden (die sog. *Scholien*). In späterer Zeit folgten weitere Bearbeitungen der Basiliken mit Hinblick auf die Praxis; von Bedeutung ist der im 12. Jh. entstandene sog. *Tipukeitos* (der Name verballhornt aus *τί ποῦ κεῖται:* ‹was steht wo?›) des Richters Patzes (Inhaltsverzeichnis der Basiliken mit Parallelstellen); schließlich entsteht 1345 ein Auszug von 6 Büchern (*Hexabiblos*) des Richters Harmenopulos mit praktischer Bedeutung für das neuere griech. R. (vgl. im einzelnen die Übersicht bei E. Seidl, a.O. 274ff.).

[10] *Fortwirkung und Überlieferung in Westeuropa.* Obwohl Justinian im zurückeroberten Italien auf Antrag des Papstes Vigilius seine Gesetzgebung mit der *Sanctio pragmatica pro petitione Vigilii* i.J. 554 einführte, waren die Digesten bald verschollen. Praxis und Lehre arbeiteten mit den Institutionen, dem Codex und den Novellen. In Gallien galt das von den Germanen kodifizierte Vulgarrecht (s.o. 8), wozu sich in Oberitalien später das Langobardenrecht gesellte. Es entwickelte sich auch eine bescheidene wissenschaftliche Arbeitsweise – abgesehen davon, daß Rechtsbegriffe im Rahmen der allgemeinen Ausbildung (im Sinne der → Artes) als Stoff dienten. Zur Problematik der Kontinuität vgl. H. Fitting, a.O., und M. Conrat, a.O.; allgemein zur Entwicklung im Mittelalter vgl. Fr. C. v. Savigny, a.O., ferner P. Koschaker, a.O. Mit Wiederentdekkung der Digesten (Lotharingische Legende, vgl. Savigny, a.O. III 92ff.) im 11. Jh. wurden der Rechtswissenschaft neue Impulse zuteil (Rechtsschulen in Pavia und vor allem Bologna). Der Text wurde sprachlich und zunehmend sachlich in der Form der Glosse erläutert; die wissenschaftliche Richtung wird daher durch den Begriff → Glossatoren bezeichnet. – Nachdem die theoretische Verarbeitung mit der Glossa ordinaria des → Accursius (gest. 1260) einen Abschluß gefunden hatte, versuchte die Schule der → Kommentatoren oder Postglossatoren die röm. Rechtsordnung zur Grundlage für die Rechtsanwendung der eigenen Zeit zu machen; sie erhielt so einen verstärkten Einfluß auf die praktische und theoretische Rechtsentwicklung in Europa (im Sinne des sog. gemeinen R.s). Bes. die Verarbeitung durch die Kommentatoren bildete den Ausgangspunkt für die *Rezeption* in Deutschland. – Im Humanismus erfolgte durch den Mos Gallicus eine Abwendung von der praktischen Handhabung des röm. Rechts (dem sog. Mos Italicus) und eine Hinwendung zu den röm. Quellen (insbes. Cujacius 1522–1590). Die historisierende Tendenz wurde jedoch in Deutschland durch den usus modernus zurückgedrängt, der, mit dem späten Naturrecht verbunden, zur modernen Pandektenwissenschaft des 19. Jh.s überleitete, die ihrerseits für die Gesetzgebung des bürgerlichen R.s die Grundlage abgab. Andererseits verbindet sich mit dem Namen v. Savigny (1779–1861) und der *historischen Rechtsschule* der Beginn einer erneuten Erforschung des antiken röm. R.s. H. Hb.

Lit: Allgemein: P. Krüger, Gesch. d. Quellen d. röm. Rechts (1888), 1912^2 – P. Bonfante, Storia del diritto rom., 2 Bde, 1934 – P. de Francisci, Storia del diritto rom. I (1926), 1941^2; II, 1 (1929), 1941^2; III, 1 (1936), 1943^2 – A. Guarino, Storia del diritto romano (1948), 1963^3 – M. Kaser, Röm. Rechtsgesch., 1950 – L. Wenger, Die Quellen d. röm. Rechts, 1953 – G. Dulckeit-F. Schwarz, Röm. Rechtsgesch. (1952), 1963^3 – V. Arangio-Ruiz, Storia del diritto romano (1937), 1957^7 – F. Schulz, Gesch. d. röm. Rechtswissenschaft, 1961 – E. Seidl, Röm. Rechtsgesch. u. röm. Zivilprozeßrecht, 1962 – W. Kunkel, Röm. Rechtsgesch. (1952), 1964^4 – *Ältere Darstellungen:* O. Karlowa, Röm. Rechtsgesch. I, 1885 – M. Voigt, Röm. Rechtsgesch., 3 Bde, 1892–1902 – *Lexikon:* H. G. Heumann-E. Seckel, Handlex. zu d. Quellen d. röm. R.s (1846), 1907^9 – *Zu [2]:* E. Pais, Storia di Roma, 1898/99 – E. Lambert, Nouvelle revue historique, 1902, 147ff. – G. Bruns-O. Gradenwitz, Fontes iuris Romani antiqui, I (1860), 1909^7 – *Zu [4]:* H. J. Mette, Jus civile in artem redactum, 1954 – *Zu [5]:* L. Mitteis, Reichsrecht u. Volksrecht, 1891 – O. Lenel, Das Edictum perpetuum, 1927 – W. Kunkel, Herkunft u. soz. Stellung d. röm. Juristen, 1952 – *Zu [6]:* O. Lenel, Palingenesis iuris civilis, 2 Bde, 1889 (Neudr. 1962) – *Zu [7]:* K. Bruns-E. Sachau, Syrisch-röm. Rechtsbuch aus dem 5. Jh., 1880 – *Zu [10]:* H. Fitting, Jurist. Schriften des frühen MA, 1876 – M. Conrat, Gesch. d. Quellen u. Lit. des röm. R.s im frühen MA I, 1891 – Fr. C. v. Savigny, Gesch. d. röm. R.s im MA (1815–31), $1834–51^2$ – Ius Rom. Medii Aevi (im Erscheinen; insbes. V, 6: H. Coing, Röm. Recht in Deutschland, 1964 – P. Koschaker, Europa und das röm. Recht, 1947.

B. PROZESSRECHT. [1] *Zivilprozeß.* Das antike röm. R. kennt drei verschiedene *Verfahrensarten* des Zivilprozesses, die aufeinanderfolgen, sich aber teilweise überlagern. Am Anfang steht das Legisaktionenverfahren (→ legis actio; bis zum Beginn des Prinzipats), es folgt (schon in der älteren Republik) der → Formularprozeß (bis zum Ende des Prinzipats), schließlich (seit Beginn des Prinzipats) der → Kognitionsprozeß. – 1. *Legisaktionenverfahren und Formularprozeß:* Kennzeichnend für diese Verfahrensarten ist, daß der Gerichtsmagistrat im normalen streitigen Verfahren von der Entscheidung des Rechtsstreits, dem Urteil (sententia), ausgeschlossen und auf prozeßleitende und urteilseinleitende Maßnahmen beschränkt ist; er kann allenfalls einen Prozeß hindern (denegare actionem) und bei Anerkenntnis, Nichterscheinen oder Nichtverhandeln Verfügungen treffen, die den Streit erledigen, aber nicht entscheiden. Die Sachentscheidung fällen Geschworene. Als solche fungieren im ältesten Prozeß wahrscheinlich größere Kollegien unter Leitung des Magistrats oder eines von ihm bestellten Vertreters. Solche Kollegien begegnen noch im 2. Jh. n. Chr. (centumviri). Regelmäßig entscheidet jedoch ein einziger Geschworener (unus iudex) oder Schiedsmann (arbiter), in Sonderfällen ein kleineres Kollegium von arbitri oder recuperatores. Entsprechend dieser Aufgabenteilung ist der normale streitige Prozeß in zwei Abschnitte geteilt: die Verhandlung vor dem Magistrat (Verfahren in iure) und die Verhandlung vor dem (oder den) Geschworenen (Verfahren apud iudicem). Diese Zweiteilung ist das Charakteristikum der älteren Verfahrensarten. Im Legisaktionenverfahren besteht die Verhandlung in iure im Formalakt der → legis actio. Es gibt sechs Typen dieses Akts verschiedenen Alters; zwei Typen dienen der Vollstreckung, vier dem Erkenntnisverfahren; diese können mit vielfachen Überschneidungen je für mehrere Gegenstände verwandt werden. In den jüngeren Typen enthält der Formalakt nur die beiderseitigen Rechtsbehauptungen und die Aufforderung, einen Geschworenen einzusetzen oder dabei mitzuwirken. Das Verfahren in iure endet regelmäßig mit der Einsetzung eines Richters (dare iudicem). Im Formularprozeß wird auf die förmlichen Reden verzichtet; an deren Stelle tritt eine freie Verhandlung, die weiterhin regelmäßig mit der Einsetzung eines Richters endet. Möglicherweise ist die spätere Verfahrensart bei Prozessen von oder mit Nichtrömern entstanden, denen die Legisaktionen verwehrt sind. Die Einsetzung eines Richters wird mit einer Festlegung seiner Aufgaben in der → Prozeßformel verbunden. Festlegung und Richtereinsetzung erfolgen durch magistratisches Dekret (dare iudicium), das jedoch nur ergeht, wenn beide Parteien (notfalls aus Furcht vor magistratischen streiterledigenden Verfügungen) ihr Einverständnis in der → litis contestatio (formal wohl nur ein Urkundsakt) bekunden. Für die Gestaltung des Inhalts des Dekrets, der → Prozeßformel, wird in der neuen Verfahrensart dem Magistrat größte Freiheit zuerkannt. So kommt es zu neuen Formelgestaltungen (dem überkommenen Recht unbekannt und nur auf dem imperium des Magistrats beruhend) und über diese Erweiterung des Klageschutzes zur Schaffung neuen materiellen Rechts (→ ius honorarium). Neues Recht schaffen auch andere prozeßrechtliche Maßnahmen der Magistrate, insbes. die → in integrum restitutio und das → interdictum. Im Verfahren apud iudicem, nach röm. Auffassung dem eigentlichen Prozeß, ist der Richter bei seiner Entscheidung an die → Prozeßformel gebunden. Das Urteil ist im Gegensatz zu den magistratischen Dekreten, die der → Interzession unterliegen, grundsätzlich unanfechtbar; erst im Prinzipat entwickelt sich eine appellatio an den Kaiser. Das Urteil ist rechtlich verbindlich und vollstreckbar, da es kraft magistratischer Ermächtigung ergeht (Gegensatz zum Schiedsspruch; → Schiedsgericht, 2). – 2. Der → *Kognitionsprozeß* übernimmt zunächst noch einige Besonderheiten der älteren Verfahrensarten wie die Zweiteilung und die Aufstellung einer Prozeßformel, doch wird der zweite Abschnitt nicht einem privaten Geschworenen, sondern einem Unterbeamten (iudex datus, delegatus, pedaneus) übertragen. Die neue Verfahrensart entwickelt sich zu einem reinen Beamtenprozeß mit Instanzenzug (appellatio). Dabei werden vielfach die Bezeichnungen für ältere Prozeßinstitute beibehalten, die Inhalte jedoch stark verändert (→ litis contestatio, → interdictum). Im ganzen ähnelt das Verfahren der Spätzeit weit mehr dem neuzeitlichen Zivilprozeß als den älteren Verfahrensarten.

[2] *Strafprozeß*. Die Frühzeit kennt wohl nur für wenige Tatbestände von Staats wegen durchgeführte Strafverfahren, insbes. für Hochverrat (perduellio, s. u. 2). Politische Anklagen auf Leben und Tod werden vor der Volksversammlung verhandelt. Im übrigen dürfte die Ahndung von Delikten dem Verletzten überlassen worden sein. Am Ende des 3. Jh.s v. Chr. werden für weitere Tatbestände öffentliche Strafverfahren eingeführt, die von Magistraten geleitet werden, während der Schuldspruch Sache des Beirats (consilium) ist. Allgemein zuständig ist der Stadtprätor; Verfahren gegen Sklaven und Angehörige der untersten Schichten werden den → tresviri capitales übertragen. Politische Straftaten werden im Auftrag des Senats einem Obermagistrat zur Untersuchung und Verhandlung vor seinem Consilium zugewiesen. Solche außerordentliche Gerichtshöfe (quaestiones extraordinariae) werden auch zur Ahndung von Massenverbrechen und zur Unterdrückung von staatsgefährdenden Bewegungen eingesetzt. An die Stelle dieser mehr improvisierten öffentlichen Strafgerichte treten gegen Ende der Republik ständige Gerichtshöfe (quaestiones perpetuae) mit festen Geschworenenlisten. Diese Schwurgerichtshöfe werden von → Sulla neu geordnet. Das Verfahren vor diesen Gerichten wird nicht von Amts wegen, sondern auf delatio eines Bügers eingeleitet. Wird die Anzeige angenommen, so muß der Anzeigende als Ankläger fungieren. Die delatio steht jedem unbescholtenen Bürger offen. Der Vollzug der Strafe ist Sache des Gerichtsmagistrats. Im Prinzipat wird neben diesen allmählich absterbenden Schwurgerichten eine außerordentliche Strafjustiz geschaffen, die vom Stadtpräfekten und anderen Polizeiorganen, den Provinzialstatthaltern und schließlich vom Kaiser selbst, der zunächst nur Appellationsinstanz war, gehandhabt wird. Das Verfahren vor den außerordentlichen Strafgerichten der Kaiserzeit konnte von Amts wegen oder auf private Anklage eingeleitet werden. Regelmäßig scheint der Kaiser oder Beamte jedoch nur die Verhandlung geleitet zu haben, während der Schuldspruch auch in dieser Zeit Sache des → Consiliums blieb. G.J.

Lit: Zu [1]: M. A. v. Bethmann-Hollweg, Der röm. Zivilprozeß, 3 Bde, 1864-1866 – L. Wenger, Institutionen d. röm. Zivilprozeßrechts, 1925 – G. I. Luzzatto, Procedura civile romana, 3 Bde, 1948–1950 – G. Pugliese, Il processo civile romano, bisher 2 Bde, 1961/63 – *Zu* [2]: Th. Mommsen, Röm. Strafrecht, 1899 – W. Kunkel, Unters. z. Entwicklung d. röm. Kriminalverfahrens in vorsullan. Zeit, Abh. München, NF 56, 1962 – W. Kunkel, RE 24, 1 (1963), 720–786, s. v. quaestio.

C.–G. PRIVATRECHT: C. IUS PRIVATUM. [1] *Begriff*. Als Privatrecht bezeichnet der Spätklassiker → Ulpian jenes *ius, quod ad singulorum utilitatem spectat* (Dig. 1, 1, 1, 2). Dieser Ansatz der modernen Interessentheorie gibt jedoch kaum das ursprüngliche Verständnis der Eigenart des ius privatum wieder, das wohl von der Macht des privatus, durch Verträge und Verfügungen selbst ius zu schaffen, ausging. Wichtigste Rechtsfolge der Unterscheidung gegenüber dem ius publicum ist die Maxime: *publicum ius privatorum pactis mutari non potest* (Dig. 2, 14, 38).

[2] *System*. Die Jurisprudenz unserer Tage gliedert den Stoff des Privatrechts in allgemeine Lehren, Personen- und Familienrecht, Sachenrecht, Schuldrecht und Erbrecht. Diese Gliederung blieb dem röm. Privatrecht der Antike fremd, sie entstand erst in der Neuzeit (vgl. A. B. Schwarz). Die röm. Juristen hielten sich zumeist an eine assoziative Stoffolge, die in den libri ad edictum am Aufbau der prätorischen Rechtsschutzverheißungen, in den libri ad Sabinum an der Darstellung des ius civile durch Masurius → Sabinus orientiert war. Nur die Elementarliteratur zeigt systematische Ambitionen; ihr entstammt das Institutionensystem des → Gaius (3), das über → Justinians amtliches Lehrbuch auf die Neuzeit (bes. auf Österreichs Allgemeines Bürgerliches Gesetzbuch von 1811) einwirkte. Seine drei Hauptteile gelten den Rechtsträgern (personae), den Gegenständen des Rechtsverkehrs (res, auch res incorporales wie z. B. Forderungen) und den Ansprüchen und ihrer Geltendmachung (actiones).

[3] *Schichtung*. Stärker als auf systematische Gliederung achteten die Römer auf die Schichtung ihres Privatrechts. So stellten sie das → ius civile als die gemein röm. Ordnung der leges und der mores maiorum dem → ius gentium gegenüber, das ihnen Ausdruck mit anderen Völkern gemeinsamer Rechtsgedanken war. Weiter unterschieden sie zwischen dem Bereich des ius strictum und dem der negotia bonae fidei. Schließlich trat dem ius civile das durch prätorische Rechtsfortbildung geprägte → ius honorarium entgegen. Der Charakter eines Rechtsinstituts kann nur erfaßt werden, wenn man auf die Schicht sieht, der es angehört. So entstammt das unverzinsliche Darlehen (mutuum) dem ius strictum, das depositum (Verwahrung) dem Herrschaftsbereich der bona fides. Die Blutsverwandtschaft (Kognation) wird im prätorischen Erbrecht viel stärker beachtet als im ius civile, dessen Verwandtschaftsmaße an der Hausgewalt orientiert sind (Agnation). Erst Justinians Kodifikation kommt einer Einebnung aller dieser Schichten-Unterschiede nahe.

[4] *Epochen*. Die historischen Abschnitte der Privatrechtsentwicklung weichen von den Epochen der Verfassungsgeschichte ab. Zwischen Königszeit und Republik fehlte jede Zäsur. Im 3. und 2. Jh. v. Chr. tritt an die Stelle der archaischen, vor allem durch die Überlieferung einiger

→ Zwölftafelsätze dokumentierten Ordnung, die mit dem älteren griechischen und dem älteren germanischen Recht manche Parallele (z.B. Spurfolge und quaestio lance licioque) aufweist, ein stark individualistisch konzipiertes, an den Bedürfnissen eines lebhaften Rechtsverkehrs orientiertes Kunstrecht einer hochkultivierten Rechtswissenschaft. Deren maßgeblicher Anteil sowohl an der Verfeinerung wie an der Weiterbildung des ius macht die Sonderstellung des röm. Privatrechts unter allen antiken Rechten aus und begründet seine massive Fortwirkung in Mittelalter und Neuzeit. Der Übergang von der Republik zum Prinzipat wirkt sich kaum aus. Dagegen verändert die Ablösung des Juristenstandes und der individuellen Autorität und Verantwortung für Rechtsmeinungen durch die Rechtspflege seitens der Kaiserkanzlei des Dominats den Charakter des Privatrechts. Seine ‹nachklassische› Entwicklung im 4. und 5. Jh. n. Chr. steht im Zeichen der Spannung zwischen den legislativpolitischen Zielen des Reichsrechts und der vergröbernden Vereinfachung eines nicht mehr beherrschten Kunstrechts im Vulgarrecht. Das Privatrecht Justinians verbindet einige Neuerungs- und Vereinheitlichungsanliegen mit einer klassizistisch-restaurativen Grundhaltung.

D. Personenrecht. [1] *Personbegriff und status libertatis.* Die Darstellung des röm. Privatrechts pflegt sich an die Systematik des modernen Zivilrechts zu halten. Sie geht daher vom Begriff der Person aus. Dieser war auch dem Römer nicht mit dem Begriff des Menschen identisch. Während im modernen Recht die Divergenz vor allem durch Rechtsfähigkeit ohne Menschennatur (juristische Personen, z.B. Aktiengesellschaften) begründet wird, hinderte in der Antike in erster Linie die Existenz nicht rechtsfähiger Menschen (Sklaven = servi, auch homines und ancillae) die Konvergenz von Mensch und Personqualität. Der Sklave war Sache, Objekt des Eigentumsrechts (dominium). Durch Freilassung (zivil als → manumissio per vindictam, beim → Census und im Testament, amtsrechtlich durch beliebige Willenserklärung) wurde der Sklave libertus (→ Freigelassener), dessen Stellung schlechter war als die des Freigeborenen (ingenuus). Der libertus schuldete seinem patronus, dem früheren Herrn, nach der Sitte obsequium, reverentia, honor, kraft besonderen Versprechens oft auch operae. Die Bevölkerungspolitik des → Augustus beschränkte durch die lex Fufia Caninia (2 v. Chr.) und die lex Aelia Sentia (4 n. Chr.) die Freilassungen. Über all dies vor allem Gaius inst. 1,9–47.

[2] *Status civitatis und status familiae.* Neben dem status libertatis bestimmen der status civitatis und der status familiae die Rechtsstellung des Menschen im röm. Reich. Nur der röm. Bürger lebt nach röm. Recht, nur ihm stehen die Geschäfte des ius Quiritium offen. Für den Ausländer (peregrinus) ist seine lex originis maßgeblich. → Caracallas Verleihung des röm. → Bürgerrechts an fast alle Reichseinwohner (vgl. Chr. Sasse) bewirkte daher eine erhebliche Steigerung der Zahl derer, für die röm. Recht galt (Ulpian Dig. 1,5,17). Was für den status civitatis die Unterscheidung von cives und peregrini, ist für den status familiae der Gegensatz zwischen personae sui und alieni iuris. Nur das Haupt des agnatischen Hausverbandes, der pater familias, ist eigenberechtigt. Alle anderen im Verband sind als seine liberi in seiner potestas oder als seine uxor in seiner manus. Nur wer sui iuris ist, kann Vermögen haben. Der Gewaltunterworfene erwirbt für seinen Gewalthaber. Das Gewaltverhältnis endet durch den Tod des Gewalthabers sowie durch emancipatio, es wird durch Geburt oder durch Adoptionsgeschäft (arrogatio eines bisher Gewaltfreien, adoptio eines Menschen aus einem anderen Hausverband) begründet.

[3] *Alter und Geschlecht, Vormundschaft und Pflegschaft.* Auch Alter und Geschlecht beeinflussen die Rechtsstellung. Infantes können weder delinquieren noch rechtswirksam Geschäfte eingehen. Impuberes infantia maiores (wohl über 5 Jahre) können mit der auctoritas ihres tutor Geschäfte schließen. Vormundschaft ist für alle Unmündigen (= impuberes) ohne pater obligatorisch, außerdem bis in die Prinzipatszeit für alle Frauen (tutela mulierum). Als tutela testamentaria wird sie letztwillig, als legitima nach Zwölftafelrecht, als magistratische Vormundschaft (seit einer lex Atilia, wohl 210 v. Chr.) durch prätorische Einsetzung begründet. Sie ist vis ac potestas über den pupillus (Servius Sulpicius nach Dig. 27,1,1 pr.), doch auch → munus: Nur ein Grund zur excusatio kann die prätorische Bestellung abwenden, vgl. Modestinus, Libri excusationum. Mit der Geschlechtsreife tritt Mündigkeit ein (zu typisierenden Altersstufen Gaius inst. 1,196); für minores unter 25 Jahren kann jedoch ein curator bestellt werden. Hat der Minderjährige zu einem Geschäft dessen consensus eingeholt, kann er später wegen Übervorteilung (circumscriptio) eine Wiedereinsetzung in den vorigen Stand (restitutio in integrum) erlangen.

[4] *Ehe.* Die Ehe ist dem Römer Lebensband, ist *consortium omnis vitae* (Dig. 23,2,1), nicht aber vertragliche Bindung. Ehewille und Lebensgemeinschaft, bekundet durch *deductio in domum mariti* (Dig. 23,2,5), begründen sie, formfreie Scheidungserklärung (repudium die Erklärung, divortium die Scheidung selbst) lösen sie auf. Der Staat greift lange Zeit weder in Heirat noch Scheidung ein: *libera matrimonia esse antiquitus placuit* (Cod. Iust. 8,38,2). → Augustus freilich verfolgte durch Heiratsverbote (nach sozialen Schichten: lex Iulia de maritandis ordinibus, 18 v. Chr.) und Heiratsgebote (für Männer von 25–60, für Frauen von 20–25 Jahren, lex Papia Poppaea, 9 n. Chr.) familienpolitische Ziele. Scheidungsbeschränkungen blieben dagegen noch vereinzelt; seit → Konstantin jedoch entwickeln die christl. Kaiser ein engmaschiges System von Scheidungsgründen (Totschlag, Grabschändung, Ehebruch, Kuppelei der Frau und dgl.); vgl. Cod. Theod. 3,16.

[5] *Manus und Güterstand.* Von der Ehe unterscheiden das frühröm. und das klass. Recht die Begründung der eheherrlichen Gewalt (in manum conventio). Sie erfolgt als coemptio durch imaginären Brautkauf in Manzipationsform, als confarreatio durch Sakralakt mit Opfer von panis farreus, als usus durch eine Art Ersitzung; darüber Gaius inst. 1,108–115b. Da der manus-Erwerb kraft Zeitablauf durch Abwesenheit während eines trinoctium unterbrochen wurde, gab es neben den Ehen mit manus schon früh gewaltfreie Ehen. Sie wirkten auf das Vermögen der Gatten überhaupt nicht ein. Die uxor in manu dagegen war vermögensunfähig; erbrechtlich hat sie die Stellung einer Tochter. Die Mitgift der Frau (dos) diente einem zweifachen Zweck: Während der Ehe trug sie als Eigentum des Mannes dazu bei, die onera matrimonii zu tragen; nach dem Tod des Mannes diente sie der Witwenversorgung. Wohl seit Augustus waren Schenkungen unter Ehegatten verboten. Erst Justinian stellte neben die bisher allein zulässige donatio ante nuptias eine donatio propter nuptias, Inst. Iust. 2,7,3. Sie wirkte oft als Widerlage der dos durch den Mann, so daß sich in der Spätantike Ansätze zu einer ehelichen Gütergemeinschaft ausbilden konnten.

[6] *Konkubinat.* Neben der Ehe gab es den concubinatus als rechtlich im allgemeinen nicht anerkannte Dauergemeinschaft von Mann und Frau. Die Eheverbote für Soldaten und Provinzialbeamte machten ihn häufig, er galt nicht als strafbares stuprum; die christl. Kaiser lassen den Konkubinat nur als monogames coniugium inaequale zu, wenn Standesunterschiede ein matrimonium hindern; Cod. Iust. 5,27,3,2.

[7] *Verbände.* Vom Menschen verschiedene Rechtsträger waren vor allem die Personenverbände. Das antike Rechtsdenken bringt sie alle, auch die gewöhnlichen Vereine (collegia), mit Staats- und Sakralrecht in Zusammenhang. Der Staat, populus Romanus, erscheint vor allem als Gesamtheit seiner Bürger; seine rechtliche Beurteilung richtet sich in allem, auch bei Kauf und Miete, nach ius publicum. Das

Amtsvermögen der Kaiser bildet den → fiscus. Bei den → municipia wird organschaftliches Handeln erstmals greifbar. Neben den collegia sind schließlich noch stiftungsartige Gebilde, bes. die piae causae der Spätantike, zu nennen.

E. Sachenrecht. [1] *Res und Rechtsgeschäft.* Das Handeln aller Rechtssubjekte zielt auf res. Von diesen steht aber nur ein Teil im Rechtsverkehr. Extra commercium sind die res divini iuris (res sacrae wie Tempel, res religiosae wie Gräber, res sanctae wie Stadttore), die res communes omnium wie das Meer, die res publicae. Der Rechtsverkehr vollzieht sich durch Rechtsgeschäfte (negotia). Bei den meisten von ihnen, vor allem den älteren, verbindet sich die Willenserklärung mit einer Form. Typische Rechtsformen sind der Gebrauch bestimmter, unter Anwesenden gesprochener Worte, die Errichtung einer → Urkunde und schließlich der Libralakt. Er wird mit Erz und Waage (per aes et libram) vollzogen und ist durch seinen abstrakten Charakter geeignet, einer Fülle von Geschäften (Testamentserrichtung, Darlehenszahlung mit nexum, Begründung der manus, Kauf und Übereignung) taugliche Rechtsform zu sein. Der rituelle Charakter der Form läßt Willensmängel nur schwer zur Wirkung kommen, sogar Verstöße gegen Gesetze vernichten das Geschäft nur, wenn es sich um eine lex perfecta handelt. Formfreie Geschäfte scheitern viel leichter an Irrtum (error), Zwang (metus) und List (dolus malus). Außer bei den actus legitimi (Dig. 50, 17, 77: emancipatio, acceptilatio, hereditatis aditio ...) können bei allen Rechtsgeschäften ihre Wirkungen vom Eintritt eines zukünftigen, ungewissen Ereignisses (Bedingung, condicio) abhängig gemacht werden. Auch ist zumeist Befristung (dies) zulässig. Dagegen ist Stellvertretung beim Rechtsgeschäft grundsätzlich ausgeschlossen. Anderes gilt für alle Befreiungsgeschäfte (Gaius dig. 46, 3, 53: *Solvere pro ignorante et invito cuique licet*), für viele Erwerbsgeschäfte und einige Verpflichtungsgeschäfte von Gewaltunterworfenen; formfreie Verfügungsgeschäfte können mit Zustimmung des Berechtigten auch von Nichtberechtigten vorgenommen werden.

[2] *Anspruch.* Alle Rechtsherrschaft ist eng mit dem Prozeß, mit der Möglichkeit einer actio verbunden. Während der moderne, kontinentale Jurist dann, wenn ein Sachverhalt an ihn herangetragen wird, nach einer generellen Norm sucht, aus der er Anspruch und Klagemöglichkeit ableiten kann, kommt es dem Römer oft (anders freilich in vielen Fragen des Familien- und Erbrechts, in dem Gesetze größere Bedeutung erlangten) darauf an, zunächst eine actio aufzuspüren, die Aussicht auf Erfolg hatte. Bei solch aktionenrechtlichem, mehr induktivem Denken lag es nahe, durch eine materiellrechtlich orientierte Definition der actio wie Dig. 44, 7, 51 *(Nihil aliud est actio quam ius quod sibi debeatur iudicio persequendi)* zum Anspruchsbegriff vorzustoßen. Die unterschiedliche Zielrichtung einerseits der actiones in rem (gegen jeden anderen Anspruchsprätendenten, also dinglich), andererseits der actiones in personam (gegen bestimmte Verpflichtete, also schuldrechtlich) gliedert daher alle vermögenswerten Rechte, wobei das Erbrecht dem Sachenrecht als der absoluten, beschränkten oder unbeschränkten Herrschaft über res näher steht als den Forderungsrechten; folgerichtig qualifizierte man im Usus modernus pandectarum des 17. Jh.s (H. Hahn, Diss. de iure rerum, 1643) das Erbrecht neben Besitz, Eigentum, Pfand und Dienstbarkeit als fünftes dingliches Recht; dies übernahm noch § 308 des österr. ABGB.

[3] *Besitz.* Die sachenrechtlichen Positionen geben entweder ein Vollrecht, das dominium (Eigentum), oder beschränkte Rechte an fremden Sachen (Pfand, Dienstbarkeit). Eine Sonderstellung nimmt die possessio, der Besitz, ein, bei der sich rechtliche und faktische Elemente verbinden. Rechtsfolgen der tatsächlichen Herrschaft über eine Sache ergeben sich für den Römer zum einen aus dem Besitzwillen (animus), zum andern aus dem Rechtsgrund des Habens, der causa possessionis. Der animus, die Sache für sich zu haben, begründet Eigenbesitz und damit die Anwendbarkeit des prätorischen Besitzesschutzes durch die Interdikte uti possidetis (Liegenschaften) und utrubi (Fahrnis). Diese Interdikte stehen neben dem Eigenbesitzer auch dem Pächter eines ager vectigalis, dem Pfandgläubiger, dem Streitverwahrer (sequester) und dem zu, der auf jederzeitigen Widerruf entliehen hat (precario accipiens). Die Interdikte dienen nicht nur dem Besitzesschutz, sondern auch der Vorbereitung der Rollenverteilung im Eigentumsstreit. Die possessio hat aber außer Schutzwirkungen auch Erwerbswirkungen. Für diese, die sich im Eigentumserwerb durch Ersitzung (usucapio) äußern, kommt es auf die causa possessionis an. Sie bestimmt sich nach der Art des Besitzerwerbes und ist eigenmächtiger Veränderung entzogen (Dig. 41, 3, 33, 1).

[4] *Eigentum.* Für das Eigentum als dingliches Vollrecht gewannen erst in der späten Republik die Ausdrücke dominium und proprietas technische Prägnanz. Ihnen verbindet sich die von der Bewährung im Prozeß stärker losgelöste Vorstellung der absoluten, gegen jedermann durchzusetzenden Position. Altröm. Rechtsdenken vermochte sich dagegen kaum von der Streitsituation in der legis actio zu lösen. Diese aber entschied über den Wert zweier Rechtsbehauptungen, der vindicatio und der contravindicatio, damit über das bessere Recht, über ein bloß relatives Eigentum (bestritten; dafür namentlich M. Kaser). Die klassische formula petitoria enthält dagegen nur die klägerische Eigentumsbehauptung; ihr Eigentumsbegriff gewinnt so absoluten Charakter. – Das *dominium* ist ein Institut des ius civile, des ius Quiritium. Nur der civis Romanus kann dominus sein, nur an italischem Boden ist dominium möglich. Die Rechte von Peregrinen und die Rechte an Provinzialboden sind dem röm. Eigentum nachgebildet. Der prätorische Rechtsschutz stellt nicht auf das dominium ab, sondern auf in bonis habere; Gaius spricht sogar von *dominium duplex* (inst. 2, 40f.). Typischer Schutz des prätorischen Eigentums ist die actio Publiciana, die traditio der Sache ex iusta causa voraussetzt. Ihre Hauptanwendungsfälle waren traditio von res mancipi und gutgläubiger Erwerb vom Nichteigentümer. Das dominium ex iure Quiritium dagegen wird mit rei vindicatio geltend gemacht. Nach ihrer Formel ‹*Si paret fundum Cornelianum, quo de agitur, ex iure Quiritium Auli Agerii* (d. h. des Klägers) *esse neque is fundus* (arbitrio iudicis?) *Aulo Agerio restituetur, quanti ea res erit, tantam pecuniam Numerium Negidium Aulo Agerio condemnato, si non paret, absolvito*› (Cic. Verr. 3, 12, 31; Gaius inst. 4, 51) kam es auf formgerechten Erwerb vom Eigentümer, Ersitzung oder völlig originären Rechtserwerb an. Rechter Beklagter (passivlegitimiert) war im klass. Recht nicht nur der durch contravindicatio selbst Eigentum behauptende Besitzer, sondern bis Ulpian jeder interdiktengeschützte Besitzer, dann sogar jeder, *qui rem tenet et facultatem habet restituendi* (Detentor): Dig. 6, 1, 9. – *Erworben* wird das dominium entweder originär oder derivativ. Aller originäre Erwerb beruht auf menschlicher Tätigkeit oder auf Veränderung der Beschaffenheit von Sachen, meist auf beidem. Zu nennen sind u. a. Aneignung (occupatio; bei res derelictae – aufgegebenen Sachen – fordern die Prokulianer usucapio), Schatzfund durch den Grundstückseigentümer (vgl. das Gleichnis vom Schatz im Acker, Matth. 13, 44), Fruchtziehung, Verarbeitung (sog. specificatio), Sachverbindung und -vermischung, Anschwemmung (alluvio). Gaius (inst. 2, 65–79) gründet alle diese Erwerbsarten auf die naturalis ratio und leitet sie aus dem ius gentium her. – *Abgeleiteter Eigentumserwerb* beruht entweder auf mancipatio oder in iure cessio oder traditio. Die mancipatio ist Libralakt und kommt vom Barkauf her. Der Erwerber ergreift vor fünf Zeugen die Sache und behauptet in bestimmter Wortform sein Eigentum; der Veräußerer duldet den Zugriff. Die Erwerbswirkung ist von der Gültigkeit

des Grundgeschäftes (z.B. des Kaufs) unabhängig, die mancipatio daher abstrakt. Diese Eigenschaft teilt sie mit der dem Eigentumsprozeß nachgeformten in iure cessio, bei der die Parteien vor dem Prätor erscheinen, der Veräußerer aber keine contravindicatio vornimmt. Res mancipi (Boden, Sklaven, Großvieh, Felddienstbarkeiten) werden nur durch mancipatio oder in iure cessio quiritisches Eigentum ihres Erwerbers. Die traditio dagegen war kausal: Wohl nur Julian (Dig. 41, 1, 36) begnügte sich mit der Einigung darüber, daß Eigentum übertragen werden solle; mit Ulpian (Dig. 12, 1, 18 pr.) wird die Mehrheit der Klassiker eine vollgültige causa traditionis (Schenkung, solutio, Legat usw.) gefordert haben (bestritten). Abhängigkeit der Traditionswirkung von der Preiszahlung war dem klass. Recht fremd, Inst. Iust. 2, 1, 41 meint wohl nur die Gewährschaftshaftung aus mancipatio. Durch Erklärung konnte die traditio ersetzt werden, wenn die Sache beim Veräußernden blieb (sog. constitutum possessorium) oder wenn sie schon beim Erwerber war (traditio brevi manu). – *Ersitzung:* Dem ius civile gehört die usucapio (Ersitzung) an. In kurzer Frist (Mobilien 1, Immobilien 2 Jahre) gleicht sie das prätorische in bonis esse an das dominium an und erspart so einen unmittelbaren bona-fide-Erwerb vom Nichtberechtigten. Ihre Voraussetzungen sind Sachbesitz, Zeitablauf, Ersitzungsfähigkeit der Sache (dadurch waren gestohlene Sachen ausgeschlossen), guter Glaube des Erwerbers und eine iusta causa usucapionis (als die einige Klassiker bloße Annahme einer Erwerbslage genügen ließen). Justinian verlängert die Fahrnisfrist auf 3 Jahre, für Liegenschaften fordert er 10–40 Jahre. Die Liegenschaftsersitzung nannte er nach dem Vorbild des Provinzialrechts der klass. Ära longi temporis praescriptio.

[5] *Servituten und andere dingliche Nutzungsrechte.* Die Zusammenfassung dinglicher Nutzungsrechte unter dem Oberbegriff servitutes hat sich nur sehr langsam vollzogen. Ihre juristische Rechtfertigung sucht man gerne in für alle Servituten gemeinsamen Prinzipien wie servitus in faciendo consistere nequit; doch es fehlt nie an Ausnahmen. Allzu bunt ist das Bild der hier zusammengefaßten Figuren: neben die alten Felddienstbarkeiten iter, via, actus (Viehtrieb), aquae ductus (Paul. sent. 1, 17, 1) traten jüngere (z.B. das ius pascendi); Gebäudedienstbarkeiten (z.B. Verbot des Höherbaus: servitus altius non tollendi) wurden ausgebildet. Während bei diesen allen ein dienendes Grundstück einem herrschenden gegenübergestellt wird, dessen jeweiliger Eigentümer dann Berechtigter ist, zielen die Personalservituten direkt auf Rechtssubjekte: Der ususfructus verschafft das *ius alienis rebus utendi fruendi salva rerum substantia* (Dig. 7, 1, 1), der usus den bloßen Gebrauch, die habitatio ein Wohnrecht. Zu dinglichen Nutzungsrechten entwickelten sich auch die superficies (Erbbaurecht) und das Recht am ager vectigalis (Erbpachtrecht); seine von Kaiser →Zeno (476–484 n. Chr.) vollzogene Verschmelzung mit der hellenistisch-provinzialen Emphyteuse (Cod. Iust. 4, 66, 1) bot mit einer rei vindicatio utilis Material für die juristische Konstruktion des Lehnwesens (dominium directum – dominium utile) durch die mittelalterliche Romanistik.

[6] *Pfand.* Realkredit galt dem Römer weniger als Personalkredit. Daher bietet das Pfandrecht ein verworrenes Bild, Publizitäts- und Spezialitätsprinzip werden nicht festgehalten, ein Grundbuch finden wir nur in Ägypten. Drei Pfandtypen standen zur Wahl: Die treuhänderische Sicherungsübereignung (fiducia cum creditore contracta), das Faustpfand (pignus datum) und das besitzlose Pfand (hypotheca); doch nicht einmal die Terminologie war klar (Dig. 20, 1, 5, 1). Bei Nichtzahlung der pfandgesicherten Schuld galt zunächst Pfandverfall, allmählich setzte sich obligatorische Pfandverwertung durch. Ein Überschuß (superfluum) fällt an den Verpfänder, der für ungedeckte Beträge (reliquum) aufzukommen hat. Ältere Pfandgläubiger gehen jüngeren vor, doch gefährden viele Pfandprivilegien (fiscus, Mitgift- und Mündelforderungen) die Kreditsicherheit. Nach herrschender Lehre machte das Pfandrecht – ähnlich dem Mietrecht in der Gegenwart – einen Prozeß der Verdinglichung durch, so daß sich der Gläubiger erst seit der Schaffung einer formula Serviana im 1. Jh. v. Chr. außer an seinen Pfandschuldner auch an jeden beliebigen Besitzer der verpfändeten Sache halten konnte.

F. Schuldrecht. [1] *Vertragsfreiheit und Typenzwang.* Wie der Kreis der dinglichen Rechte, so war auch der der schuldrechtlich voll wirksamen Verträge (contractus) geschlossen, es herrschte Typenzwang. Vertragsfreiheit gab es nur bei der Auswahl des Partners (freilich bei negotia iuris Quiritium durch das commercium auf cives und einige Latini beschränkt), bei der Frage, ob überhaupt kontrahiert werden solle, und bei der Vereinbarung der Höhe der Gegenleistung. In dieser letzteren Frage ging die Freiheit so weit, daß manche Klassiker behaupteten, bei Kauf und Miete sei es naturaliter concessum, sich gegenseitig zu übervorteilen *(invicem se circumscribere:* Dig. 4, 4, 16, 4; 19, 2, 22, 3). Erst die christl. Kaiser schufen mit der Anfechtungsmöglichkeit wegen laesio enormis einen Ansatz zur juristischen Durchsetzung der vulgarphilosophischen Forderung nach Preis- und Zinsgerechtigkeit. Der Typenzwang dauerte bis ins Mittelalter, doch ermöglichte es der abstrakte Charakter der stipulatio, beliebige Schuldinhalte klagbar zu machen.

[2] *Delikte.* Neben dem Kontrakt kann das Delikt eine obligatio, ein *iuris vinculum, quo necessitate adstringimur alicuius solvendae rei* (inst. Iust. 3, 13 pr.), erzeugen. Von den beiden Komponenten dieser *summa divisio obligationum* (Gaius inst. 3, 88) ist das Delikt und mit ihm (deutsch-rechtlich gesprochen) die ‹Haftung› (das Einstehen-Müssen) älter als der Vertrag, der wohl aus der Ablösung von Zugriffsrechten (Rechten zur manus iniectio) durch Sühnevergleiche (pactum, von pax) über Bußsummen (poenae) entstanden ist. Anders als das staatlicher Strafverfolgung ausgesetzte crimen löst ja das delictum nur den Anspruch auf eine Privatstrafe aus. Deliktsobligationen erwuchsen aus furtum (dem modernen Diebstahl ähnlich), Sachbeschädigung (geregelt durch eine lex Aquilia aus dem 3. Jh. v. Chr.) und Persönlichkeitsverletzung (membrum ruptum, os fractum, Ehrenkränkung). Der sich in passiver Unvererblichkeit äußernde Strafzweck der Deliktsklagen weicht allmählich dem Streben nach Wertausgleich, so daß die Grundlagen des modernen Schadenersatzrechts entstehen konnten (darüber E. Levy). Weitere Deliktstatbestände erlangten im Honorarrecht Bedeutung (Raub: rapina; Erpressung: metus; Arglist: dolus malus). Justinians Ordnungsversuch faßte Haftungsgründe, bei denen nicht Vorsatz, sondern Fahrlässigkeit (culpa) dominierte, als Quasidelikte zusammen; hier subsumierte man die Verantwortlichkeit des unfähigen Richters *(iudex qui litem suam fecerit:* ein Vorbild der modernen Amtshaftung) sowie die Haftung wegen von Gebäuden auf Straßen gefallenen Sachen und die Leute-Haftung von Gastwirten, beides Vorformen der modernen Gefährdungshaftung. Für Hauskinder und Sklaven haftete man noxal, d.h. die Auslieferung des Schädigers stand mit dem Einstehen für den Schaden zur Wahl.

[3] *Kontraktsarten.* Die eine Obligation begründenden Kontrakte teilt Gaius inst. 3, 89 in re (durch Sachhingabe), verbis, litteris und consensu abgeschlossene Verträge (dazu Grosso). Trotz einiger moderner, den Konsens von der Einigung lösender Gegenmeinungen (Wieacker) ist anzunehmen, daß die Einigung (conventio) so, wie Pedius-Ulpian Dig. 2, 14, 1, 3 es ausdrücken, Voraussetzung auch der Real-, Verbal- und Litteralkontrakte war.

[4] *Realkontrakte.* Durch Sachhingabe verpflichteten das Darlehen (mutuum), die Leihe (commodatum), die Verwahrung (depositum) und das Pfand (pignus) einschließlich der Treuhand (fiducia). Das mutuum war immer zins-

los; sollten Darlehenszinsen geschuldet werden, mußte man diese eigens stipulieren oder ein depositum irregulare abschließen. Bei diesem hatte der Verwahrer das Recht, Geld oder andere vertretbare Sachen mit Objekten gleicher Art und Güte auszutauschen; wie beim mutuum erwarb er Eigentum am hingegebenen Geld. Bei regulärer Verwahrung wurde er dagegen nur Detentor und hatte keinerlei Entgeltanspruch (sonst wäre Werkvertrag vorgelegen), sondern konnte bloß Ersatz seiner Aufwendungen fordern. Lag das depositum im Interesse des Hinterlegers, so nützte das commodatum, das auch nur Detention verschaffte, dem Entleiher, der ein Gebrauchsrecht erlangte. Dieser Unterschied der Interessenlage führte schon in der klass. Jurisprudenz zu einer entsprechenden Deutung der beim depositum zunächst nur den dolus umfassenden, beim commodatum aber auch culpa und Bewachungserfolg (custodia) einschließenden Regeln für die Haftung wegen Vertragsverletzung. Von den Klassikern noch nicht ins System einbezogene Hingabetypen wie Tausch (permutatio) und Trödelvertrag (aestimatum) werden im justinianischen Recht von der actio praescriptis verbis erfaßt und geben Anlaß zur Ausbildung der byzantin. Lehre von den unbenannten Kontrakten (Steph. Byz. schol. 2 zu Dig. 12, 1, 11 pr.; Basiliken 23, 1, 11).

[5] *Verbal- und Litteralkontrakte.* Unter den *Verbalkontrakten* dominiert die stipulatio, neben der die dotis dictio und die promissio operarum des libertus völlig verblassen. Sie geht wahrscheinlich auf die sponsio des Zwölftafelrechts zurück und besteht aus mündlichem Austausch von Frage und Antwort, wobei das Frageverbum in der Antwort wiederkehrt (Centum dari spondesne? spondeo). Neben dem Latein durfte zur Zeit des Gaius (inst. 3, 93) auch das Griechische gebraucht werden. Das Formgebot dient nicht der Beweissicherung, es ist Ritus, von dem die Anspruchsbegründung abhängt. Im hellenisierten Osten begnügte man sich, insbes. nach der constitutio Antoniniana, freilich oft mit der Beurkundung einer in Wahrheit gar nicht eingehaltenen Wortform. *Litteralkontrakte:* Die Römer räumen der Schriftform außer im Erbrecht (unten G) nur geringe Bedeutung ein. Unter dem Obergriff litteris obligari kann Gaius (inst. 3, 128 ff.) neben den hellenistischen Schuldscheinen (chirographum und syngrapha) nur die nomina transscripticia nennen, bei denen durch Eintragungen ins Hausbuch (codex accepti et expensi) schon bestehende Geldobligationen umgewandelt wurden.

[6] *Konsensualkontrakte.* Allein durch den Konsens entstehen die Verbindlichkeiten aus Kauf (emptio venditio), Sach-, Werk- oder Dienstmiete (locatio conductio), Gesellschaft (societas) und Auftrag (mandatum). Gemeinsam ist allen diesen Kontrakten, daß die bona fides die Verpflichtungsgrundlage bildet. Die Entstehung der klassischen Regeln über die emptio venditio (vgl. Arangio-Ruiz) mag vom ius gentium beeinflußt sein, ihr altröm. Gegenstück war der Barkauf mit mancipatio. Später trennte man Einigung und Leistung (von Ware und Preis); neben dem Barkauf waren damit auch Kredit- und Pränumerationskauf anerkannt. Damit stellte sich zwangsläufig die Frage nach dem Zeitpunkt des Gefahrenüberganges. Mit Recht nimmt die herrschende Lehre an, daß beim species-Kauf schon mit der Einigung und nicht erst mit der Übergabe das periculum überging; dieses selbst bestand in der Gefahr, die eigene Leistung, das pretium, erbringen zu müssen, ohne eine Gegenleistung zu erhalten. Die Haftung des Verkäufers für Rechts- und Sachmängel wurde nur langsam zum Inhalt der allgemeinen actio empti. Die nur auf störungsfreien Besitz und nicht auf Rechtsverschaffung gehende Rechtsmängelhaftung (Eviktionshaftung) wurde nach mancipatio mit Preiszahlung durch actio auctoritatis, sonst auf Grund von Garantiestipulationen geltend gemacht; die Sachmängelhaftung geht bei Immobilien von der actio de modo agri, bei Fahrnis von der Regelung des Marktkaufs durch das Edikt der kurulischen Ädile aus, das Wandelung (actio redhibitoria) und Minderung (actio quanti minoris) vorsah. Später kann auch die actio empti Rechts- und Sachmängel geltend machen. Besondere Rücktrittsvorbehalte waren Gegenstand typischer Nebenabreden beim Kauf: die ‹in diem addictio› ermöglichte die Suche nach einem besseren Käufer, das sogenannte pactum displicentiae den Kauf auf Probe, die lex commissoria den Rücktritt bei Säumnis in der Preiszahlung. – Bei der *locatio conductio* (zu ihr Mayer-Maly) ist umstritten, ob sie als einheitliches Geschäft (mit für alle Erscheinungsformen einheitlichen Regeln) oder als Oberbegriff für recht verschiedenartige Gebilde anzusehen ist. Die gemeinrechtliche Tradition unterscheidet locatio conductio rei (als entgeltl. Gebrauchsüberlassung – Miete – an einen conductor, als Überlassung der Nutzung, Verpachtung an einen colonus), locatio conductio operarum (ein locator operarum tritt in den Dienst eines conductor) und locatio conductio operis (ein conductor verspricht die Anfertigung eines Werkes, meist aus oder am Material des locator, z. B. aedem faciendam locare). Dienste höherer Art nahmen eine gewisse Sonderstellung ein. – Die *societas* (zu ihr Wieacker; Arangio-Ruiz) entstammt zum einen dem consortium als einer nachgebildeten Erbengemeinschaft, zum andern der Erwerbsgesellschaft des ius gentium. Sie erfaßt entweder alles Vermögen (societas omnium bonorum) oder eine Angelegenheit (societas unius negotiationis) oder gar nur eine Sache (societas unius rei). Von der Gemeinschaft (communio) unterscheidet sie sich durch den schuldrechtlichen Charakter; sie ist nicht Ausdruck gemeinsamer Berechtigung, sondern gegenseitiger Verpflichtung. – Das *mandatum* (dazu Watson) ist vertragliche Übernahme der unentgeltlichen Besorgung eines fremden Geschäftes. Es steht im Interesse des Auftraggebers oder Dritter; stünde es nur im Interesse des Beauftragten, wäre es unverbindlicher Rat; den Auftrag, einem Dritten Kredit zu gewähren, haben die Klassiker als bürgschaftsähnliche Verpflichtung behandelt.

[7] *Quasikontrakte:* Vertragsähnliche Verhältnisse mit obligierender Wirkung faßt Justinian als Quasikontrakte zusammen. In enger Relation zum mandatum steht die negotiorum gestio, die Führung fremder Geschäfte. Ansprüche auf Herausgabe des durch die Geschäftsführung Erlangten und auf Ersatz der Aufwendungen des gestor wurden auch bei freiwilliger, also unbeauftragter Geschäftsführung anerkannt. Neben der schon berührten communio wurden auch die condictio und die tutela sowie die donatio zu den Quasikontrakten gezogen. Das Unterbleiben einer Nennung der causa in der Klage machte die condictio dazu geeignet, bei Darlehen, irrtümlicher Zahlung, sonst rechtsgrundlosem Haben und bei verwerflichen Erwerbsvorgängen (Diebstahl, Bestechung) einzugreifen. Die nachröm. Entwicklung hat aus den verschiedenen condictiones Bereicherungsansprüche gestaltet. Auch die Schenkung (über sie Archi) hängt eng mit der causa zusammen: Sie ist nämlich für die Klassiker kein selbständiges Rechtsinstitut, sondern bloß causa traditionis oder causa usucapionis. Seit der republikan. Luxusbekämpfung dominiert das Streben nach Beschränkung der donationes. Den Anfang machte wohl eine lex Cincia von 204 v. Chr., die unter nicht Verwandten Schenkungen nur bis zu einem bestimmten Höchstbetrag zuließ; dann kam es wohl unter Augustus zum Verbot der Schenkung unter Ehegatten. Das Christentum dagegen war schenkungsfreundlich; Konstantin schuf die Registrierung von Schenkungen als verpflichtende Form.

[8] *Leistungsinhalt* aller Obligationen war entweder dare (Rechtsübertragung) oder facere oder praestare (für etwas einstehen). Leistungsstörungen lösten je nach dem Grad des zu vertretenden Verschuldens Verewigung der Haftung (perpetuatio obligationis) aus. Ebenso wirkte der Schuldnerverzug (mora debitoris), vgl. Dig. 45, 1, 91. Durch no-

vatio (definiert in Dig. 46, 2, 1 pr.; dargestellt von Bonifacio) kann eine obligatio neuen Inhalt oder neue Partner erhalten. Sie eignete sich daher zur Forderungsabtretung in Stipulationsform (delegatio nominis). Die Bindung des nomen an den Berechtigten hinderte ja lange ein eigenständiges Zessionsgeschäft ohne Schuldnermitwirkung. Über die Prozeßstellvertretung und über analoge Klagen konnte sich erst in der Hochklassik die cessio allgemeiner durchsetzen. Der Schuldübernahme standen, wenn sie nicht durch expromissio erfolgte, ähnliche Schwierigkeiten im Wege. Bei Gläubiger- oder Schuldnermehrheit ergab sich die Frage, welche Seite das Risiko des Wegfalls oder der Insolvenz eines Beteiligten zu tragen habe. Die Entwicklung führt von der Konsumptionskonkurrenz, bei der schon die Prozeßbegründung durch litis contestatio den Anspruch erschöpfte, zur Solutionskonkurrenz, bei der es auf materielle Befriedigung des Gläubigers mehrerer Gesamtschuldner (correi, davon: Korrealität) ankam.

[9] *Bürgschaftsformen*. Personenmehrheit im Schuldrecht konnte nicht nur durch Gleichordnung, sondern auch durch akzessorische Beiordnung entstehen. So konnte der Stipulationsgläubiger einen adstipulator als Nebengläubiger beiziehen. Auf der Schuldnerseite ist wichtigste Nebenfigur der Bürge. Die Römer kennen drei Bürgschaftstypen: sponsio, fidepromissio, fideiussio. Die sponsio war den Bürgern vorbehaltenes Stipulationsgeschäft, bei der fidepromissio waren auch Peregrine zugelassen; während diese beiden Formen Stipulationsschulden voraussetzten, konnte die um 100 v. Chr. entstandene fideiussio auch andere Obligationen sichern. Der Häufigkeit von Verbürgungen entsprach die Tendenz älterer und jüngerer Bürgenbenefizien; ein aus der Verbürgung selbst (und nicht etwa aus einem Mandat) abgeleitetes Regreßrecht bildete sich erst zu Ende der Klassik aus. Als bürgschaftsähnliche Geschäfte fungierten der Kreditauftrag (röm.: mandatum qualificatum), die Bankiersgarantie (receptum argentarii) und das constitutum debiti alieni. Frauen untersagte ein Senatsbeschluß aus dem 1. Jh. n. Chr. das Eintreten (intercedere) für fremde Schuld. Rechtsgeschäftliche Haftung für das Handeln Gewaltunterworfener wurde durch die adjektizischen Klagen begründet. Die Haftung beruht auf der Einräumung eines peculium oder auf Ermächtigung (iussum), auf Bereicherung (versio in rem) oder auf bedenklicher Konkursabwicklung (actio tributoria), auf der Anstellung als institor (eine Art Handlungsgehilfe) oder als Schiffskapitän (magister navis).

[10] *Erlöschen von Obligationen*. Hauptsächlicher *Erlöschungsgrund* von Obligationen ist die solutio. Nimmt der Gläubiger anderes als das Geschuldete an, liegt datio in solutum vor. Schuldtilgung ohne Befriedigung konnte insbes. durch Erlaßgeschäfte eintreten. Dem altröm. nexum (Selbstverpfändung aus Anlaß eines Darlehensempfangs) entsprach die nexi liberatio, der wortförmlichen stipulatio die acceptilatio (die im Zug einer stipulatio Aquiliana auch zu Kontokorrentzwecken dienen konnte), formfrei war das pactum de non petendo (in tempus als Stundung, in perpetuum als Erlaß), das freilich nicht immer ipso iure wirkte, sondern bei strengrechtlichen Klagen bloß eine exceptio erzeugte. Auch das Zusammentreffen einer Forderung mit einer Gegenforderung konnte Obligationen beseitigen. Solche Aufrechnung (compensatio, dazu Solazzi) war im klass. Recht für alle iudicia bonae fidei, dann für Klagen der Bankiers gegen Kunden (agere cum compensatione des argentarius) und für Klagen des Erstehers einer Konkursmasse gegen Masseschuldner (agere cum deductione des bonorum emptor) geboten.

G. Erbrecht. [1] *Intestaterbfolge*. Das röm. Erbrecht kennt drei Berufungsgründe: Testament, Intestaterbfolge, Noterbrecht. Der Erbvertrag erschien den Römern sittenwidrig. Ein Nebeneinander von Testaments- und Intestaterbfolge war grundsätzlich ausgeschlossen (*nemo pro parte testatus pro parte intestatus decedere potest*, nach Dig. 29, 1, 6 u. a.). Während Bonfante wegen der außervermögensrechtlichen, politisch-sakralen Bedeutung der Position eines heres lehrte, die Testamentserbfolge sei älter als die Intestaterbfolge, hält die herrschende Lehre die sog. gesetzliche Erbfolge mit Recht für älter. Die Erbfolgeordnung des ius civile baut auf der Agnation auf. Sie wird durch einen Zwölftafelsatz (tab. 5, 4–5 nach der → Collatio legum Romanarum et Mosaicarum 16, 4, 2 f. und den Tituli ex corp. Ulpiani 26, 1) geregelt: *Si intestato moritur, cui suus heres nec escit adgnatus proximus familiam habeto. Si adgnatus nec escit, gentiles familiam habento*. An erster Stelle stehen demnach die sui heredes; dies sind die durch den Tod gewaltfrei gewordenen Angehörigen (zunächst nur: des Hausverbandes). Bei dieser Hauserbfolge bedarf es keiner Antrittshandlung, der Erwerb erfolgt durch den Erbfall, mehrere Erben setzen die Hausgemeinschaft fort; sollte diese geteilt werden, ist eine besondere actio familiae erciscundae (mit Adjudikationsbefugnis des iudex) zuständig. Die agnatischen Seitenverwandten erwarben nur durch förmliche cretio oder formlose pro herede gestio. Als Relikt eines kollektiven Bodeneigentums besteht im Zwölftafelrecht ein Anspruch der gens auf die weder von einem suus heres noch einem adgnatus proximus erworbene familia; im klass. Recht war dieser natürlich völlig abgestorben. – Wie dem dominium das in bonis esse, so setzte der Prätor der hereditas die bonorum possessio an die Seite. Für freigeborene Erblasser sah das Edikt vier Klassen der Berufung zur bonorum possessio intestati vor: unde liberi, unde legitimi (alle Intestaterben des ius civile), unde cognati, unde vir et uxor. Hadrian (117–138) gab der Mutter mit → ius (11) liberorum (3 Kinder; wenn sie Freigelassene war: 4 Kinder) durch das SC. Tertullianum ein ziviles Erbrecht; das SC. Orfitianum (178 n. Chr.) gab den Kindern ein allen Agnaten vorgehendes Erbrecht nach der Mutter. Justinian vereinheitlichte (besonders durch Novelle 118 aus d. J. 543 und Novelle 127 aus d. J. 548) auch hier Honorar- und Zivilrecht. Nunmehr werden zunächst Deszendenten, dann Aszendenten und vollbürtige Geschwister, weiter die halbbürtigen Geschwister, viertens die Seitenverwandten und schließlich die Ehegatten berufen; die vidua inops et indotata erhält aber schon neben Kindern ein Viertel bzw. einen Kopfteil.

[2] Die *Testamentserbfolge* zerfällt gleichfalls in eine zivile und eine honorarrechtliche Ordnung. Zu testieren, war in der stadtröm. Oberschicht nahezu selbstverständlich; die soziale und wirtschaftliche Bedeutung des Erwerbs aus Testament oder Legat war daher größer als in der Gegenwart. Das ius civile kennt drei, allesamt altröm. Testamentsformen: *testamentum per aes et libram, testamentum calatis comitiis, testamentum in procinctu exercitu* (vgl. Gaius inst. 2, 101 f.). Das testamentum per aes et libram erfolgte in Manzipationsform; es enthielt zunächst wohl noch keine Erbeinsetzung, sondern nur Einzelverfügungen (legata; vgl. Lex XII. tab. 5, 3: *uti legassit super pecunia tutelave suae rei, ita ius esto;* dazu Wieacker). Die beiden anderen Formen enthielten dagegen wohl schon immer Erbeinsetzungstestamente. Sie sind Ausnahmeerscheinungen und werden aus sakralen oder politischen Gründen vor einer Repräsentation des Gesamtvolkes gesetzt; das Komitialtestament hat die Form der → lex und die Funktion einer Adoption (genauer: Arrogation) auf den Todesfall. – Die prätorische bonorum possessio secundum tabulas setzt ein ganz anderes Testament voraus. Es müssen tabulae von nicht weniger als sieben Zeugen signis signatae vorgewiesen werden. Seit → Antoninus (2) Pius (Gaius inst. 2, 120) dringt der so Berufene auch gegen den zivilen heres durch (bonorum possessio cum re). In der nachklass. Entwicklung treten einerseits Tendenzen zur amtlichen Protokollierung (sog. testamentum apud acta conditum), andererseits zur Anerkennung allein vom Erblasser geschriebener und unterschrie-

bener (holographer) Testamente auf (21. Novelle → Valentinians III., aus d. J. 446). Justinians Vereinheitlichung der Materie führte zum testamentum tripertitum (Inst. Iust. 2, 10, 3): Die Forderung nach Zeugen leitet er aus dem ius civile ab, die Siebenzahl der Zeugen und das Gebot der Siegelung aus dem Honorarrecht, das Erfordernis der Unterschrift des Erblassers und der Zeugen aus den Kaiserkonstitutionen. – Testamentserrichtung setzt testamenti factio als besondere Form der Geschäftsfähigkeit voraus. Ihr muß die gemeinrechtlich so genannte testamenti factio passiva der Erben und Legatare entsprechen. Jedes Testament muß, soll es gültig sein, eine heredis institutio enthalten, die auf die Erbschaft oder eine Quote, nicht auf einzelne Gegenstände geht. Aufschiebende Befristungen sowie auflösende Bedingungen oder Befristungen der Erbeinsetzung sind unzulässig und gelten als nicht geschrieben. Es gilt ja der Satz semel heres semper heres (unröm. nach Dig. 28, 5, 89). Daher ist nur die Bestellung von Ersatzerben, nicht die von Nacherben zulässig. Immerhin kann ein Erblasser, der einen unmündigen Deszendenten einsetzt, diesem für den Fall seines Versterbens als Unmündiger den heres einsetzen (substitutio pupillaris). – Seit der Zeit des Augustus entstand das *Kodizill* als erleichterte Form letztwilliger Verfügungen; doch konnte es keine heredis institutio enthalten. Von den verschiedenen Sonderformen der Testamente sei das alle Verfügungen stark erleichternde Soldatentestament hervorgehoben. Wegen der Erbschaftssteuern der lex Iulia vicesimaria wurde eine förmliche Testamentseröffnung geschaffen, dagegen fehlte eine regelrechte Testamentsvollstreckung. Der Widerruf von Testamenten erfolgt durch Errichtung jüngerer Testamente, der Prätor beachtet auch die absichtliche Zerstörung der Testamentsurkunde. Unwirksam wurde das Testament durch Wegfall von Gültigkeitsvoraussetzungen, insbes. durch Geburt eines nicht vorsorglich enterbten postumus (testamentum ruptum).

[3] *Noterbrecht.* Der Sicherung der Intestaterben gegen Benachteiligung durch Testamente dient das Noterbrecht. Als formelles Recht ist es alt, als materielles entstammt es dem 1. Jh. v. Chr. Das formelle Noterbrecht schützt freilich nur gegen Übergangenwerden. Söhne müssen demnach ausdrücklich enterbt oder aber zu Erben eingesetzt werden, Töchter können inter ceteros enterbt werden. Eine Verletzung des formellen Noterbrechts machte das Testament ungültig. Das materielle Noterbrecht, das mit der querela inofficiosi testamenti vor den → Centumvirn durchzusetzen war, geht vom Vorwurf der Pflichtwidrigkeit eines unbegründet die Deszendenten enterbenden Testaments aus; damit impliziert es die Figur des Enterbungsgrundes. Den Noterben sollte mindestens ein Viertel ihrer Intestatportion hinterlassen werden. Eine erfolgreiche Querel bewirkte die Aufhebung des ganzen Testaments (testamentum rescissum), Justinian (Cod. Iust. 3, 28, 30 aus d. J. 528) läßt jedoch eine Ergänzung des Pflichtteils (nach actio ad supplendam legitimam) zu, wenn dem Noterben wenigstens irgend etwas zugewandt worden war.

[4] *Erbschaftserwerb.* Sind Außererben (heredes extranei) berufen, so gilt die Erbschaft bis zur aditio hereditatis als ruhend (hereditas iacens), zunächst sogar als herrenlos (vgl. Gaius inst. 2, 9). Ohne daß es furtum wäre, kann sie jedermann pro herede ersitzen; erst → Mark Aurel (161–180) bedrohte den Eindringling mit Strafen für ein crimen expilatae hereditatis (Dig. 47, 19, 1). Mehrere Erben bilden im klass. Recht eine Bruchteilsgemeinschaft. Für Erbschafts- und Erblasserschulden haftete jeder heres unbeschränkt, erst Justinians beneficium inventarii (Cod. Iust. 6, 30, 25 aus d. J. 531) ermöglicht allgemein eine gegenständlich auf die res hereditariae beschränkte Haftung. Dem Schutz des zivilen Erbrechts diente die der rei vindicatio verwandte hereditatis petitio, bei der jeder rechter Beklagter (passivlegitimiert) war, der pro herede oder pro possessore (aber nicht mit einem Singulartitel wie Kauf) besaß (vgl. Talamanca). Die bonorum possessio wurde durch das restitutorische interdictum quorum bonorum durchgesetzt.

[5] *Vermächtnis.* Das legatum (vgl. jetzt Grosso) stellt die älteste Zuwendung einzelner Gegenstände von Todes wegen dar. Es erscheint in vier altzivilen Formen: per vindicationem (ein dingliches Recht verschaffend, mit rei vindicatio durchsetzbar), per damnationem (ein obligatorisches Recht verschaffend, mit actio ex testamento durchsetzbar), per praeceptionem (als Voraus unter Miterben) und sinendi modo (verpflichtet zur Duldung des Ergreifens durch den Legatar). Ausgehend von der Luxusbekämpfung kommt es ab 200 v. Chr. zu legislativen Legatsbeschränkungen (lex furia, lex Voconia), die bald auch den Schutz der Erben vor übermäßigen Belastungen anstreben. Bestand hatte die lex Falcidia (40 v. Chr.), nach der den Erben ein von Legaten freies Viertel der Erbschaft verbleiben sollte. – Als formlose, der fides des Erben überlassene Bitte an den Erben gewann das *fideicommissum* seit Ende der Republik immer mehr an Bedeutung; Rechtsschutz erhielt es in der cognitio extra ordinem. Es war formlos und konnte auch Nachlaßquoten, ja die ganze hereditas erfassen, so daß über das Universalfideikommiß der Weg zur Nacherbschaft frei wurde. Freilich galt der Fideikommissar zunächst nur als Singularsukzessor, was bei der Behandlung von Erbschaftsforderungen und Erbschaftsschulden Schwierigkeiten machte. Ein SC. Trebellianum (56/57 n. Chr.) stellte den Universalfideikommissar heredis loco, ein SC. Pegasianum aus → Vespasians Zeit (69–79) beließ dem heres die falzidische Quart. Justinian, auch hier vereinheitlichend, stellte 531 (Cod. Iust. 6, 43, 2) Legate und Fideikommisse ausdrücklich gleich. Th. M.-M.

Lit: Lehr- und Handbücher (Auswahl): P. Bonfante, Corso di diritto romano I, 1925; II, 1926–28; III, 1933; VI, 1930 – W. Kunkel, Röm. Privatrecht (1935), 1949³ – F. Schulz, Class. Roman Law, 1951 – M. Kaser, Das röm. Privatrecht I, 1955; II, 1959 – V. Arangio-Ruiz, Istituzioni di diritto romano (1927), 1960¹⁴ – E. Seidl, Röm. Privatrecht, 1963 – *Zu den einzelnen Abschnitten: Zu III C:* A. B. Schwarz, Rechtsgesch. und Gegenw., 1960, 1–25 – *Zu III D:* Chr. Sasse, Die Constitutio Antoniniana, 1958 – *Zu III E:* M. Kaser, Eigentum und Besitz im ält. röm. Recht (1943), 1956² – Ders., Der röm. Eigentumsbegriff, Deutsche Landesreferate zum 6. Int. Kongr. f. Rechtsvergleichung, 1962, 19–38 – *Zu III F:* E. Levy, Privatstrafe und Schadenersatz im klass. röm. Recht, 1915 – G. Grosso, Il sistema Romano dei contratti (1950), 1963² – F. Wieacker, Societas, 1936, 80ff. – V. Arangio-Ruiz, La comprovendita I, 1961 – Th. Mayer-Maly, Locatio-conductio, 1956 – V. Arangio-Ruiz, La società, 1950 – A. Watson, Contract of Mandate, 1961 – G. G. Archi, La donazione, 1960 – F. Bonifacio, La novazione, 1950 – S. Solazzi, La compensazione in diritto romano (1928), 1950² – *Zu III G:* F. Wieacker, Hausgenossenschaft und Erbeinsetzung, 1940 – M. Talamanca, Studi sulla legittimazione passiva alla hereditatis petitio, 1956 – G. Grosso, I legati (1953), 1963².

H. STRAFRECHT. [1] *Begriffe.* 1. *Strafrecht* ist der Inbegriff von Normen, die sich mit Strafe (poena, von griech. *ποινή*) als Folge deliktischen Verhaltens befassen. Anders als heute überlassen die Römer die Bestrafung neben dem öffentlichen R. (ius publicum) auch dem Privatrecht (ius privatum), wie bei Vermögensdelikten. So findet sich für ‹Strafrecht› (ius criminale oder poenale ist mittelalterl.) kein entsprechender technischer Begriff. Während delictum (von delinquere = fehlen, verfehlen) undifferenziert öffentliche wie private Vergehen (delicta publica, delicta privata) umfaßt, ist crimen (von cernere = sichten, entscheiden) in erster Linie das von Staates wegen verfolgte Verbrechen (crimen publicum). Die Grenzziehung zwischen öffentlichem und privatem Strafrecht ist für die frührepublikan. Zeit umstritten. Nach Mommsen (a. O. 60) wurden schon zur Zeit des → Zwölftafelgesetzes nicht nur politische, unmittelbar gegen das Gemeinwesen gerichtete Verbrechen, wie Hochverrat, Amtsvergehen und bestimmte Sakralvergehen, sondern auch schwere, mit Todesstrafe bedrohte Delikte gegen Privatpersonen, wie Mord (parricidium), von Staats wegen verfolgt, während für

Kunkel (a.O.131) auch hier noch das Prinzip der durch Gesetz begrenzten und Richterspruch sanktionierten Privatrache galt, d.h. der Prozeß mit einer Privatklage (legis actio) eingeleitet wurde, bis sich im 2.Jh. das iudicium publicum durchsetzte. Jedenfalls kam es auf allen Stufen röm.R.s bei unbefugter Sachberührung (furtum), Sachbeschädigung (damnum iniuria datum) und Persönlichkeitsverletzung (iniuria) zu Privatklage und Privatstrafe. – 2. *Verschulden* (culpa). Schuldhafte Begehung wird für die nach dem Zwölftafelgesetz strafbaren Delikte vorausgesetzt. Unabsichtliche Tötung ist kein Mord, sondern verpflichtet zur Sühnegabe eines Widders an die Agnaten des Getöteten (XII tab.8,24a). Neben der Tat mit Wissen und Willen (dolo sciens, dolo malo) wird angeblich schon vom Zwölftafelgesetz die Brandstiftung infolge Fahrlässigkeit (neglegentia, imprudentia) bestraft. Freilich kommt es (wohl mit Ausnahme der kaiserlichen cognitio extra ordinem) zu öffentlicher Strafe grundsätzlich nur bei Vorsatz, Absicht (animus), während Fahrlässigkeit bloß private Strafe auslöst. Culpa bedeutet in einem engeren Sinne Fahrlässigkeit (Dig.9,2,31), kann auch, den Vorsatz mitumfassend, schuldhafte Verursachung meinen. Casus ist vor allem Unglücksfall, zufälliger und unverschuldeter Schadenseintritt. Trotz den nicht immer eindeutigen Begriffen culpa und dolus haben die Römer alsbald klar dem Sinne nach geschieden zwischen Vorsatz, Fahrlässigkeit und Zufall. War ferner das Verschulden zunächst Voraussetzung der Zurechenbarkeit des deliktischen Erfolges, so erschien der verbrecherische Wille immer mehr als Kern der Tat und ließ Fälle versuchten, jedoch unvollendeten Verbrechens strafbar werden. Verletzung in Tötungsabsicht ist Mord, auch wenn der Verletzte nicht stirbt, reskribiert Hadrian (Dig.48,8,1,3). Bei Missetaten entscheidet der Wille (voluntas) und nicht der Erfolg (exitus), sagt der gleiche Kaiser (Dig.48,8,14). Wegen bloßer Gedanken freilich wird niemand bestraft (Dig.48,19,18). Ferner entfällt die Strafe, wenn die Tat der Abwehr eines Unrechts dient (Notwehr); denn Gewalt darf mit Gewalt beantwortet werden (Dig.43,16,1,27). – 3. *Zurechnungsfähigkeit.* Wenn auch mit der Profilierung des Verschuldensstrafrechtes für deliktische Verantwortlichkeit eine feste Altersstufe des Täters vorausgesetzt wurde, so kam es immer mehr auf die konkrete Zurechenbarkeit, auf die intellektuelle Fähigkeit im speziellen Fall an. Die Zurechnungsfähigkeit entfällt von vornherein bei Geisteskranken (furiosus, Dig.48,8,12). – 4. *Gesetzmäßigkeit der Strafe.* Mit dem Schuldspruch von Komitien und Quästionen verbindet sich automatisch die gesetzlich vorgesehene feste Strafe, ohne Möglichkeit ihrer Abstufung nach der Schwere des Verschuldens. Dies schloß freilich die Anpassung der überkommenen Strafgesetze an die veränderten Verhältnisse durch die Praxis nicht aus (Dig.50,16,131,1). Weit freier und dynamischer, weil an keine solche rechtlichen Schranken gebunden, konnte sich jedoch die kaiserliche Gerichtsbarkeit (cognitio extra ordinem iudiciorum publicorum) entwickeln und eröffnete dem literarischen Schaffen der Juristen neue Möglichkeiten. In der Zeit des Dominats erfolgte in Anlehnung an die Ergebnisse der cognitio eine minutiöse und die rechtsanwendenden Organe streng verpflichtende Detailregelung der strafbaren Tatbestände. – 5. *Strafzweck.* Die Erhaltung jeder Gemeinschaftsordnung fordert Bestrafung des Rechtsbrechers. Daß für die Römer Vergeltung und Sühne primärer Zweck der Strafe sind, zeigt deren Talionscharakter sowie das Vorherrschen kapitaler Maßnahmen (Dig.50,16,131,1). Zugleich offenbart der Strafvollzug in verschiedener Hinsicht die mit der Strafe bezweckte Abschreckung der Rechtsgenossen vor weiteren Verbrechen (Dig.48,19,6,1). Der Gedanke der Einwirkung auf den Täter, um ihn von künftigen Delikten abzuhalten, ja seiner Besserung, wurde von philosophischer Seite wohl aufgegriffen (Sen.dial.4,31,8), von den Juristen indessen nur zaghaft vorgebracht (Dig.48,19,6,20), ließ sich doch jenes Anliegen bei den damaligen Strafarten ohnehin nur beschränkt verwirklichen.

[2]–[8] *Einzelne Delikte:* [2] *Delikte gegen Staat und öffentliche Ordnung:* 1. *Perduellio* (von per und duellum, ‹arger Krieg›), als Delikt offensichtlich vom Zwölftafelgesetz aufgenommen (vgl.Dig.48,4,3 princ.), umfaßt alle staatsfeindlichen Handlungen im Sinne des Hoch- und Landesverrats, u.a. Verrat an den Feind (proditio), vor allem durch Auslieferung von röm.Territorium und röm.Bürgern, Desertion, Hetze zum Krieg gegen Rom oder zum Abfall von Rom (concitare hostem). Die im Vergleich zu anderen Delikten tatbestandsmäßig weitgefaßte perduellio überschneidet sich mit dem im Laufe der Republik anerkannten crimen (imminutae, laesae, violatae maiestatis) und geht in demselben allmählich (wohl mit dem Ende der Republik) vollends auf. Crimen laesae maiestatis ist jede Verletzung des Ansehens des röm.Volkes (maiestas populi Romani), somit auch jeder Ungehorsam gegenüber den Staatsorganen. Neben der überkommenen Staatsordnung wird im Laufe des Prinzipates die Person des Herrschers und seiner Familie vollkommen in den Schutz einbezogen. So wird das crimen maiestatis im Dominat zur entscheidenden strafrechtlichen Sicherung des absoluten Regimes. – 2. *Ambitus* ist unredliche Wahlbewerbung, ‹Wahlumtriebe›, vor allem Wahlbestechung (ambire = herumlaufen, hier zur Stimmenwerbung). Wenn auch schon die frührepublikanische Ordnung tollendae ambitionis causa dem ‹Kandidaten› das Tragen des weißen Gewandes sowie die Werbung durch Herumziehen (coitio) untersagte, so kam es in der späteren Republik zu eigentlichen Strafgesetzen gegen die Wahlkorruption. Danach werden verpönt der Stimmenkauf durch ‹Geschenke› an die Wähler, Veranstaltung von öffentlichen Gastereien und Gladiatorenspielen, gewisse Mißbräuche in Verwendung von Geleitpersonen zur Wahlempfehlung, Bildung von Verbänden zur unlauteren Stimmenbeeinflussung. Wenn auch unter Augustus nochmals ein Gesetz gegen die Wahlkorruption erging (18 vor Chr.), so wurde, mit der Verdrängung der Volkswahl, als ambitus vor allem das Erkaufen von Ämtern und Würden von den am Kaiserhof maßgebenden Personen bezeichnet. Seit Honorius ist ambitus die nochmalige Bewerbung um ein schon geführtes Amt (Cod.Iust.9,26). – 3. *Crimen repetundarum.* Repetundae pecuniae sind primär ‹wiederzuerstattende Gelder›, die ein röm.Magistrat durch Erpressung seiner Untergebenen, vor allem der Provinzialen, erlangt hat und nun zurückgeben muß. Die infolge verschiedener Mißbräuche notwendig gewordene und auf Anordnung des Senates 171 v.Chr. zugelassene Rückforderungsklage löste verschiedene gesetzgeberische Eingriffe aus und wurde dann Gegenstand eines eigentlichen Kriminalprozesses. Eine besondere quaestio repetundarum wurde durch eine lex Calpurnia (149 v. Chr.) eingeführt. Sichtlich seit der lex Acilia (123/122 v. Chr.) wurde der Anspruch des Klägers auf das Doppelte des erpreßten Betrages erhöht. Der primär auf Erpressung bezogene Tatbestand der Repetunden umfaßte schließlich jede Annahme von Geschenken und Bestechungsgeldern sowie die Aneignung fremden Gutes durch einen Beamten oder eine mit einer öffentlichen Aufgabe betraute Person. In diesem Sinn erscheint das Delikt auch bei Justinian (Dig.48,11,1ff.). – 4. *Calumnia* (von calvi, ‹Ränke schmieden›) begeht ein Bürger, wenn er im Quästionenprozeß die ihm mögliche Anklage (accusatio) wissentlich grundlos erhebt, um den Gegner zu schikanieren (vexare); sie wird seit einer lex Remmia (unter Sulla?) kriminell bestraft.

[3] *Sakralvergehen, Religionsdelikte:* 1. *Verfluchung und Verzauberung.* Verfluchung der Feldfrucht (fruges excantare), ‹Herüberzaubern› fremden Saatsegens auf das eigene Grundstück (segetem pellicere) und Besingen mit unheilvollen Zaubersprüchen (malum carmen incantare) werden

dank des ursprünglich starken Glaubens an magische Kräfte vom Zwölftafelgesetz schwer bestraft. – 2. *Sacrilegium* (von sacra und legere, ‹heilige Sachen nehmen›) als Verbrechen ist in seiner eigentlichen Bedeutung jedes sich Vergreifen an heiligen Sachen, namentlich der Diebstahl von Tempelgut, und wird von einer besonderen quaestio beurteilt. Erst die spätere Kaisergesetzgebung verwendet sacrilegium im Sinne jeder Verletzung der göttlichen Gebote (Cod. Iust. 9, 29, 1) und versteht darunter auch die Mißachtung der Kaisergewalt. In der großen Auseinandersetzung der überkommenen röm. Religion mit dem Christentum wurde das Bekenntnis zum Christenglauben unter gleichzeitiger Ablehnung des heidnischen Kultes und damit der Kaiserverehrung, als Majestätsverbrechen angesehen. Mit der Anerkennung des Christentums als Reichsreligion (379/380) kam es dann umgekehrt zu einer umfassenden Gesetzgebung gegen Häresie und Paganismus.

[4] *Tötungsdelikte:* 1. *Parricidium* (etym. höchst umstritten, nach antiker Erklärung von pater bzw. parens und caedere, d.h. ‹Vater-, Elternmord›) ist nach dem Tatbestand des Zwölftafelgesetzes Tötung und Mord, parricida der Mörder. Vorherrschend wird in späterer Zeit der Begriff homicidium (von homo und caedere). Der verbreiteten Meinung, daß parricidium bereits zur Zeit des Zwölftafelgesetzes als crimen publicum zum komitialen Verfahren mit öffentlicher Anklage durch die quaestores parricidii führte, stellt Kunkel seine These von der in dieser Zeit immer noch bestehenden privaten Vergeltung und Rechtsverfolgung gegenüber. Danach seien die quaestores parricidii keine Organe der staatlichen Rechtsverfolgung, sondern offensichtlich die für das Verbrechen zuständige Geschworenenbank oder deren Vorsitzende. Erst seit dem 2. Jh. sei es dann zu einem eigentlichen iudicium publicum gekommen. Die Verbrechensbekämpfung in der wachsenden Großstadt veranlaßte Sulla zu einer lex Cornelia de sicariis et veneficis (81 v. Chr.), welche für Meuchelmord (sicarius von sica, ‹Dolch›, also ‹Dolchmann›) und das Herumstreichen mit Waffen in mörderischer oder räuberischer Absicht sowie für Giftmord, Giftmischen, Gifthandel und bösen Zauber zu schlimmen Zwecken (Zaubermord) einen besonderen Gerichtshof einführte. Die lex Cornelia erscheint, wenn auch verändert, noch in der Justinianischen Kodifikation.

[5] *Gewaltdelikte:* 1. *Vis*, ‹Gewalttätigkeit›, die namentlich als unerlaubte Selbsthilfe verschiedene Reaktionen des Privatrechts auslöst, wird unter qualifizierten Voraussetzungen auch strafrechtlich als crimen vis verfolgt. Zunächst sieht eine lex Plautia de vi (78–63 v. Chr.) kriminelle Strafe vor, wenn jemand sich in öffentliche Belange gewaltsam einmischt (sog. vis publica), indem er u.a. mit einer bewaffneten Bande Aufruhr anzetteln, auf gewisse Staatsgeschäfte (Vornahme von Wahlen, Abhaltung von Gerichtssitzungen) einwirken, öffentliche Veranstaltungen stören oder öffentliche Gebäude stürmen will. Eine lex Julia de vi privata (von Caesar oder Augustus) unterstellt auch die vis privata als Gewalttätigkeit mit Waffengewalt oder anderen verwerflichen Mitteln gegenüber Privatpersonen der Kriminaljurisdiktion. – 2. *Notzucht.* Nötigung einer Frauens- oder Mannsperson zur Duldung des Geschlechtsverkehrs (Dig. 48, 6, 3, 4), eine bes. qualifizierte Form des stuprum, wird als vis (nach der lex Iulia als vis privata, später sogar als vis publica) bestraft. – 3. *Plagium* (wohl von griech. πλάγιος, ‹schief›, ‹von der Seite kommend›, gewissermaßen hinterhältig) ist nach einer lex Fabia ungewissen Datums listige oder gewaltsame Bemächtigung eines freien Menschen, namentlich um ihn zu verschachern (Menschenraub), oder die Verleitung von Sklaven zur Flucht, um ihrer habhaft zu werden, sowie jede Begünstigung (Verstecken) einer solchen Unternehmung.

[6] *Sittlichkeitsdelikte:* 1. *Adulterium*, Ehebruch (fraglich, ob von ad und alter, d.h. ad alterius uxorem), wird wohl erst im Zuge der augusteischen Ehegesetzgebung (lex Iulia de adulteriis coercendis, 18 v. Chr.) strafrechtlich erfaßt, mag auch die eheliche Treue seit je ein verpflichtendes Gebot der mores maiorum gebildet haben. Dem Ehebruch wurde jede geschlechtliche Verbindung einer nichtverheirateten, ehrbaren Römerin gleichgestellt (häufig *stuprum* genannt), und zwar machte sich der männliche Partner gleichermaßen strafbar. Die Strafbarkeit entfällt, wenn eine Frau (etwa als Dirne) zu keiner ehrbaren Lebenshaltung verpflichtet ist. Adulterium und stuprum, für die eine besondere quaestio de adulteriis eingeführt wurde, erfahren in christlicher Zeit eine erhebliche Strafverschärfung. – 2. *Incestus* (von in und castus, ‹unrein, unzüchtig›) in engerem Sinne der Geschlechtsverbindung zwischen Blutsverwandten (Blutschande) ist verabscheuungswürdige Tat gegen Sakral- und Sittenordnung und dürfte überhaupt dem Urbestand des Strafrechtes (Mommsen, a. O. 684) angehören. Während Heirat zwischen Aszendenten und Deszendenten wie auch zwischen Geschwistern seit je verpönt ist, wird der Kreis im Rahmen der weiteren Blutsverwandtschaft nicht immer gleich gezogen. Die Ehe von Geschwisterkindern, unter Theodosius verboten, wird von Justinian zugelassen (Inst. Iust. 1, 10, 4). – 3. *Lenocinium* (von lenire = sanfter machen, geneigt machen) im Sinne der Begünstigung von adulterium und stuprum, vor allem Kuppelei, sowie stuprum cum masculo, d.h. Mißbrauch eines Freigeborenen, vor allem eines Knaben (Päderastie), zu gleichgeschlechtlichen Beziehungen unterliegen einer besonderen Strafe, während Entführung einer Frauensperson (raptus virginum seu viduarum) primär eine private Iniurie und erst seit Konstantin ein öffentliches Verbrechen darstellt.

[7] *Persönlichkeitsverletzung: Iniuria* (eigentlich ‹Unrecht› überhaupt, erlangt jedoch engere technische Bedeutung) liegt nach dem → Zwölftafelgesetz vor bei Verstümmelung eines Körpergliedes, bei Knochenbruch sowie bei jeder Gewalttätigkeit, findet jedoch einen immer umfassenderen Schutz, so daß nicht nur die Ehrenkränkung, Angriff auf den sittlichen Ruf einer ehrbaren Frau oder eines Jugendlichen, sondern jede Mißachtung einer fremden Persönlichkeit erfaßt werden. In der Spätzeit wurde in bes. gravierenden Fällen der Iniurie (gegenüber Beamten, Hausfriedensbruch) ein Kriminalverfahren möglich.

[8] *Vermögensdelikte, Fälschungsdelikte:* Die Vermögensdelikte werden mit erfolgter Scheidung von öffentlichem und privatem Strafrecht dem letzteren weitgehend überlassen. So Diebstahl (furtum), Sachbeschädigung (damnum iniuria datum), Arglist (dolus), Betrug, Erpressung (metus) und sogar Raub (rapina), sofern nicht ‹Bandenraub› vorliegt. Im Falle eines Betruges mit besonderer Verschlagenheit (calliditas), im Falle des sog. stellionatus (von stellio, ‹Skorpion›), wurde zur Kaiserzeit ein Kriminalprozeß möglich. – *Falsum* (von fallere = irreführen) ist nach einer sullanischen lex Cornelia de falsis (81 v. Chr.) jede Fälschung, Verfälschung oder Unterdrückung eines Testamentes sowie die Fälschung oder Verfälschung von Geld und Edelmetall und wird durch eine besondere quaestio de falsis beurteilt. In der Kaiserzeit wurde der Anwendungsbereich des erwähnten Gesetzes derart erweitert, daß ihm jede Urkundenfälschung, falsches Zeugnis, Korruption von Richtern, Zeugen oder Anklägern in Kriminalsachen unterlagen.

[9] *Strafen:* 1. *Todesstrafe.* Mit der strafbaren Tat verfiel ursprünglich der Täter schlechthin der Rache des Verletzten. Im Zwölftafelgesetz sehen wir indessen bereits bestimmte Deliktstatbestände mit bestimmten Strafen und namentlich eine Begrenzung der Privatrache nach der Art der Verletzung. Abgesehen von den schweren Sakraldelikten und Delikten gegen das Gemeinwesen, die komitial beurteilt wurden und im Falle erkannter Schuld notwendig zu öffentlicher Hinrichtung führten (‹Lebendigbegraben› der Vestalin, die ihr Keuschheitsgelübde gebrochen hat; Auf-

knüpfen am arbor infelix [einem ‹verwünschten Baum›] im Falle einer perduellio usw.), oblag bei den Delikten gegen den Einzelnen – nach der herrschenden Lehre im Gegensatz zu Kunkel allerdings nur bei gewissen Delikten – dem Verletzten bzw. seiner Sippe die Bestrafung. Die Art der gesetzlich verankerten Strafe stand jedenfalls in einem gewissen Zusammenhang zum begangenen Delikt: bei Mord Tötung des Täters, wohl durch Enthauptung, bei vorsätzlicher Brandstiftung Vergeltung durch Feuertod, bei nächtlichem Erntediebstahl Aufhängen am Baum der Ceres, bei falschem Zeugnis Sturz vom tarpeischen Felsen. Eine Strafe eigener Art ist die Säckung (poena cullei) bei Vatermord, indem der Täter, mit Schlangen und anderem Getier (→ Affen) in einen Sack gesteckt, in den Tiber geworfen wurde. Nun lag aber ein grundlegender Schutz des Täters in dem für seine Verhaftung regelmäßig notwendigen Schuldspruch. Selbst wenn die Tat manifest war, mußte grundsätzlich der Schuldner dem Strafberechtigten durch den Gerichtsmagistraten zugesprochen werden (addicere). – 2. *Talion.* Eine weitere Abschwächung der Vergeltung brachte das Talionsprinzip im Falle des membrum ruptum, der Verstümmelung eines Körpergliedes, d.h. die Beschränkung der Vergeltung auf eine am Täter vollzogene entsprechende Gegenverletzung, sofern keine Einigung über eine allfällige Abfindung erfolgte (XII tab. 8, 2). – 3. *Buße.* In den übrigen Fällen von Körperverletzung und beim furtum nec manifestum, beim heimlichen Dieb, wurde nun aber wegen der minderen Schwere des Deliktes bloß noch eine Buße ausgesetzt, durch deren Bezahlung der Täter die Verhaftung von sich abwenden konnte. Hier liegen die Ansätze des späteren Privatstrafrechtes, das vorzüglich den Ersatz des verursachten Vermögensschadens bezweckt. – 4. *Verbannung.* Die Todesstrafe namentlich durch Enthauptung (poena capitis), die primär auch für ambitus, falsum, peculatus usw. vorgesehen war, verlor im Laufe der Republik an Bedeutung, ohne daß sie freilich förmlich beseitigt wurde. Namentlich konnte in der jüngeren Republik der zuständige Gerichtsmagistrat den Verurteilten ins Ausland entweichen lassen. Mit der Flucht ins Ausland entzog sich der Täter ohnehin der röm. Jurisdiktion und konnte, solange er in der Verbannung (exilium) verharrte, nicht bestraft werden. Das seit alters her übliche magistratische Verbot, einem flüchtigen Kapitalverbrecher Wasser und Feuer zu gewähren (interdictio aquae et ignis), bedeutete nunmehr Ausschluß vom röm. Territorium (ager Romanus) bei gleichzeitig gestatteter Flucht und wuchs sich in der Kaiserzeit zur Hauptstrafe der Verbannung aus. – 5. *Strafarten der Kaiserzeit.* Die Verbannung als Strafe mußte infolge des veränderten röm. Territorialsystems neue Formen annehmen. So wurde für schwere Fälle die deportatio, die Hinschaffung an einen bestimmten Ort, meist auf eine Insel, als Zwangsdomizil vorgesehen, während man sich in leichteren Fällen mit relegatio (relegare, ‹fortschicken›), mit Verweisung, namentlich aus Rom und Italien, begnügte. Selbst bei Mord kam diese Strafart gegenüber Personen gehobenen Standes (honestiores), d.h. vor allem Senatoren, Offizieren und Mitgliedern der Stadträte, zum Zuge, nachdem man infolge der ständischen Gliederung, der Oberschicht grundlegende Privilegien zuerkannte. Andererseits wurden gegenüber den ‹geringen Leuten› (humiliores, tenuiores, plebei) andere Formen, und zwar schwerere Strafen, üblich: Kreuzigung (figere in crucem, bisher nur gegenüber Sklaven angewandt, dagegen Mommsen, a.O. 918), Verurteilung zur Tierhetze (ad bestias), Einweisung in eine Fechtschule (ad gladios), Zwangsarbeit in Bergwerken (ad metalla) und in anderen öffentlichen Diensten (ad opus publicum). Wenn sich auch mit Zwangsarbeit Inhaftierung verband, so war dennoch den Römern das Gefängnis (carcer) nicht als besondere Freiheitsstrafe, sondern bloß als Untersuchungs- und Beugehaft bekannt.

[10] *Strafverfolgung:* 1. *Private und öffentliche Strafverfolgung.* Mit Strafverfolgung befassen sich seit alters her der Verletzte, die Magistratur und die Komitien (Volksversammlung). Nach Kunkel im Gegensatz zu Mommsen (s.o. 9) kam es selbst bei schweren Verbrechen gegen den einzelnen Rechtsgenossen (Mord usw.) zur privaten Deliktsverfolgung, wobei es bloß darum ging, das Racherecht des Verletzten unter die Kontrolle des Gerichtes zu bringen. So hätte auf private Klage beim Gerichtsmagistraten eine besondere Geschworenenbank (quaestio, consilium iudicum), allenfalls unter magistratischem Vorsitz, die Tat beurteilt und die Verfolgung freigegeben. – 2. *Coercitio, provocatio.* Neben Komitialprozeß und Privatstrafverfahren fand sich seit je die magistratische coercitio (von coercere, ‹in Schranken halten›), die Polizeigewalt des mit → imperium ausgestatteten Beamten, die zu unbedingtem Gehorsam verpflichtete und die neben kapitalen Maßnahmen (Todesstrafe) auch Haft, Fesselung (vincula), Auspeitschung (verberatio), Pfändung (pignoris capio) und Geldbuße (multa) ermöglichte. Nach herrschender Lehre wurde diese Koerzitionsgewalt eingeschränkt durch die provocatio ad populum, durch Anrufung der Volksversammlung zur endgültigen Entscheidung, was angeblich seit einer lex Valeria de provocatione 449 v. Chr., vielleicht jedoch erst im 4. Jh. möglich wurde. Kunkel nimmt indessen an, daß die coercitio grundsätzlich gar nicht die privater Verfolgung oder dem Komitialprozeß unterstehenden gemeinen Verbrechen umfaßte. So sei auch die provocatio kein Rechtsmittel zur Einleitung des komitialen Verfahrens gewesen, sondern Hilfe gegen exzessive Ausübung der Polizeigewalt, indem eine Interzession, vor allem durch einen Volkstribunen, veranlaßt wurde. – 3. *Quaestiones perpetuae.* Zu besonderen öffentlichen Strafgerichten, zu iudicia publica (sofern man den Komitialprozeß nicht einbezieht), kam es nach Kunkel schon im Laufe des 3. Jh.s und nicht erst im 2. Jh. Während die herrschende Lehre annimmt, die ständigen Gerichtshöfe (quaestiones perpetuae) seien nach dem vorbildlichen Repetundenverfahren (lex Calpurnia repetundarum, 149 v. Chr.) eingerichtet worden, knüpft Kunkel an das überkommene consilium des Gerichtsmagistraten an und versucht bereits für frühere Zeiten die senatorische Einsetzung außerordentlicher Gerichtshöfe (quaestiones extraordinariae) zur Aburteilung politischer Vergehen und anderer die öffentliche Sicherheit der Großstadt gefährdender Verbrechen nachzuweisen. Offenbar kam das Verfahren auch auf Anzeige durch einen Bürger (nominis delatio) in Gang. Gerade bei gemeinen Verbrechen wie Morddelikten, wo der Anzeiger regelmäßig dem Kreis des Betroffenen entstammt, wird er im Prozeß praktisch die Anklage übernommen haben. Erst bei den ständigen Schwurgerichtshöfen (quaestiones perpetuae) mit bestimmtem Zuständigkeitsbereich (maiestas, peculatus, repetundae usw.) und besonderen Geschworenenbänken, die zum Teil schon von C. → Gracchus (2) geschaffen sein mögen, deren grundlegende Ordnung sich jedoch mit Sulla verbindet, leiten die Behörden das Verfahren nicht mehr von sich aus ein, sondern werden erst nach erfolgter Anklage durch einen Privatmann (Popularanklage) tätig. – 4. *Cognitio extra ordinem.* In der Kaiserzeit wurden die überkommenen Schwurgerichte allmählich verdrängt von der außerordentlichen Strafjustiz kaiserlicher Beamter und vor allem des Kaisergerichts (cognitio extra ordinem, sc. iudiciorum publicorum). Das elastischere Verfahren vor dem Kaisergericht führte in der Prinzipatszeit jedoch nicht zu einer Kabinettsjustiz. J. G. F.

Lit: W. Rein, Das Kriminalrecht der Römer, 1844 – Th. Mommsen, Röm. Strafrecht, 1899 – P. Pugliese, Diritto criminale romano, in: Guida allo studio della civiltà romana antica I, 1959 – J. G. Fuchs, Röm. Recht u. mod. Strafrechtswissenschaft, in: Mélanges O. A. Germann, 1959, 21–34 – W. Kunkel, Unters. zur Entwickl. des röm. Kriminalverfahrens in vorsullanischer Zeit, Abh. München, 1962, Heft 56.

Recuperatores, Gerichtshof mit mindestens drei Mitgliedern anstelle des → unus iudex, mit wesentlich beschleunigtem Verfahren. Nur in Zivilsachen tätig, ursprünglich auf Streitfälle zwischen Peregrinen und Römern beschränkt, später auch für solche zwischen zwei röm. Parteien zuständig. Im justinianischen Recht nicht mehr erwähnt. D.R.

Rediculus, Gott, ‹der zum Rückzug zwingt›: auf der Via Appia, vor der Porta Capena, hatte man ihm ein Heiligtum geweiht zum Dank dafür, daß er Hannibal zur Umkehr gezwungen hatte (Etymologie: *redeo* zurückkommen), als dieser auf seinem Zug gegen Rom diesen Punkt erreicht hatte; vgl. das einmalige Auftreten des → Aius Locutius. Diese von Festus (354/355 L.) gegebene Erklärung wird von manchen Gelehrten nicht anerkannt: für sie ist R. der Gott der ‹Glücklichen Heimkehr›. Ein Grabbau an der Via Appia wird fälschlich auf R. bezogen. H. Le B.

Lit: Latte, 53.

Redner

I. Griechische R. – II. Römische R. – Vgl. bes. → Rhetorik.

I. Griechische Redner

A. Voraussetzungen – B. Anfänge der Redekunst – C. Klass. Zeit – D. Zweite Sophistik.

A. Voraussetzungen. Der Entwicklung einer ausgebildeten Redekunst waren bestimmte *Institutionen* im öffentlichen griech. Leben, in denen gewandte Rede unentbehrlich war, bes. günstig: Volks- und früher schon Heeresversammlungen, in mehr monarchischen Staatsformen beratende Gremien des Adels; daneben Verhandlungen vor Richter oder Schiedsgericht; schließlich städtische und panhellenische Festversammlungen mit Rede → Agonen berühmter Männer. Hinter diesen Feiern wollten Festlichkeiten des privaten Bereichs, gesellige Feiern, Symposien nicht zurückstehen. – Fördernde *psychologische Faktoren* des griech. Volkscharakters: der griech. Formwille und die Freude am geformten Wort sowie die agonale Tendenz zum Wettstreit auch auf diesem Gebiete.

B. Anfänge der Redekunst. Zu ihrer Höhe im 4. Jh. v. Chr. konnte die griech. Beredsamkeit nur gelangen, weil ihr eine lange Entwicklung voranging, deren Etappen im einzelnen festzustellen heute unmöglich ist. Nur im Reflex der Dichtung (Homer, Hesiod, Tyrtaios, Solon, Tragödie) und der Geschichtsschreibung gewinnen wir einige vage Bilder von diesem Entwicklungsprozeß. – Bei → Homer ist die Beredsamkeit hochgeschätzt (Il. 1,490; 9,441); die Erziehung der Helden erstrebt den Vollbringer von Taten und den Beherrscher des Wortes (Il. 9,443, vgl. Od. 8,168). An vielen Helden wird neben ihrer Tapferkeit ihre Beredsamkeit gerühmt, bes. an → Nestor und → Odysseus. → Hesiod wendet sich in den ‹Erga› im Prozeß mit seinem Bruder beschwörend an die Richter, fordert wie ein Gerichtsredner zur Gerechtigkeit auf, warnt vor den Folgen eines ungerechten Spruches. In den Elegien des → Tyrtaios und → Solon haben wir den Widerhall ihrer rhetorisch-politischen Einwirkungen auf ihre Gesellschaft; die Tragödie stellt beratende Gremien ebenso wie Gerichtsszenen dar; die Geschichtsschreibung bleibt mit direkten Reden nicht nur in der Tradition der Epik, sondern zeichnet ein komprimiertes Bild der politischen Wirklichkeit in den griech. Städten; darüber hinaus sind ihre Reden (wenigstens bei → Thukydides) exempla aller möglichen Situationen und ihrer Bewältigung durch das gesprochene Wort, im ganzen geradezu eine *τέχνη πολιτική*, ein Lehrbuch der rhetorisch-politischen Erziehung.

C. Klassische Zeit. [1] Bes. im Athen des 5. Jh.s waren die großen Staatsmänner auch gute Redner (→ Themistokles, → Perikles). *Anlässe* zum Reden boten Volksversammlungen, Gerichtsverhandlungen (Staats- und Privatprozesse, → Recht I 3–6) und die offizielle Bestattung der Gefallenen im Kerameikos (→ Epitaphios). Dementsprechend bildeten sich drei Gattungen: das *γένος δικανικόν, γ. συμβουλευτικόν, γ. ἐπιδεικτικόν*. Die Vervollkommnung der Redekunst in Athen wurde durch zwei Faktoren gefördert: durch die *sizilische Beredsamkeit* und durch die → *Sophistik:* 1. Die zahlreichen Eigentumsstreitigkeiten, die sich nach dem Sturz der Tyrannis in der Mitte des 5. Jh.s in Sizilien (bes. in Syrakus) ergaben, begünstigten die rasche Entwicklung einer rhetorischen Technik. → Korax schrieb das älteste Lehrbuch (Definition der Rhetorik als *πειθοῦς δημιουργός*, Einteilung der Rede in *προοίμιον, ἀγῶνες, ἐπίλογος*). Sein Schüler → Teisias erörterte die Verwendung des Wahrscheinlichkeitsschlusses (*εἰκός*). Durch seine Schüler → Gorgias, → Lysias, → Isokrates gewann er unmittelbaren Einfluß auf die Redekunst Athens. – 2. → Gorgias, der Archeget der griech. Kunstprosa (Reiz der Gleichklänge, Reime, Rhythmisierung) führte 427 seine Erfindungen als leontinischer Gesandter zum erstenmal in Athen vor. → Thrasymachos lehrte Abrundung der Periode und Wirksamkeit der pathoshaltigen Redeteile, → Prodikos bemühte sich um Verfeinerung des synonymen Wortgebrauches, während die Technik des Beweises, vor allem des Scheinbeweises, schon vom ältesten Sophisten (→ Protagoras) geübt und gelehrt wurde. – Die att. Einrichtungen (Volksversammlung, Gerichtshöfe, Gesandtschaften, staatliche Totenfeiern, schließlich das gesellige Privatleben) belebten unter den genannten Bedingungen das Aufblühen der Redekunst ungemein. Obwohl im demokratischen Staat jedermann das Recht freier Meinungsäußerung hatte, meldeten sich in den Volksversammlungen bald nur noch die geübten Techniker der Rede zu Wort. Im Gerichtshof wurde nur die Fiktion aufrechterhalten, daß die Prozeßparteien ihren Standpunkt persönlich zu vertreten haben. In Wirklichkeit aber wurde die nun erforderliche kunstvolle Rede von einem juristisch erfahrenen Redner (→ *λογογράφος*) verfaßt und von dem Mandanten nur vorgetragen. Als Sprecher einer epideiktischen Festrede kamen ohnehin nur geübte Könner in Frage.

[2] Die ältesten att. Redner waren Redelehrer und Logographen, sie nutzten also die fruchtbaren Wechselbeziehungen zwischen Theorie und Praxis ständig aus (→ Antiphon, → Lysias, später auch → Isaios; → Andokides hat nur in eigener Sache das Wort ergriffen). → Isokrates ging von dem gleichen Handwerk aus, versuchte dann aber die geschriebene Rede zu einem ganz neuen Instrument der Bildung zu machen. → Alkidamas dagegen wandte sich grundsätzlich vom vorbereiteten Sprechen ab und befürwortete die → Improvisation. Bei seiner Kritik an der Redepraxis des beginnenden 4. Jh.s rückt er nicht selten in die Nähe → Platons, der die Redekunst im ‹Gorgias› verwarf, sie jedoch im ‹Phaidros› in idealisierter Form anerkannte. Ihre philosophische Rehabilitierung erlangte die gängige Rhetorik erst durch → Aristoteles (‹Rhetorik›). – Die großen Redner des 4. Jh.s (→ Kallistratos (1), → Aischines, → Demosthenes, → Hypereides, → Lykurg (3), → Deinarchos) waren neben ihrer (nicht immer nachweisbaren) Anwaltstätigkeit vor allem Politiker (Volksredner). Unter Einfluß vor allem des Demosthenes erlangte die att. Redekunst ihre einzigartige Höhe, die freilich nach der Schlacht von Chaironeia ein rasches Ende fand. Alle spätere Rhetorik ist Imitation der beiden Jahrhunderte, deren oratorische Werke rasch klassisch wurden. Die Redekunst behauptete sich von nun an in der Erziehung und in der Einwirkung auf das gesamte literarische Leben Griechenlands.

[3] *Verbreitung und Erhaltung.* Nach Beendigung der Debatte oder des Prozesses zirkulierten Abschriften erfolgreicher Reden, meist wohl auf Wunsch des Autors. Sie warben für sein Können als Advokat oder für seine politischen Ideen. Ob bei nachträglicher Veröffentlichung Veränderung des ursprünglichen Wortlautes üblich war, ist umstritten. Die meisten der großen Redner (am deutlichsten → Isokrates) haben für Herausgabe und Verbreitung

ihrer sorgfältig ausgearbeiteten Werke gesorgt. Die alexandrin. Grammatiker edierten die bekanntesten Corpora, konnten jedoch nicht verhüten, daß sich unechte Produkte einschlichen. – Der *Kanon* der 10 Redner, den zuerst →Caecilius (20) von Kaleakte bietet, dürfte erst zu Beginn der Kaiserzeit aufgestellt worden sein. Zu ihm gehörten Antiphon, Andokides, Lysias, Isokrates, Isaios, Lykurgos, Aischines, Demosthenes, Hypereides und Deinarchos. – Zum Verständnis der griech. Redner ist die Kenntnis des att. → Rechts (I)- und Gerichtswesens, für den historischen Hintergrund die der griech. Geschichte (→ Griechenland II; → Athen I) und für ihre stilistisch-formale Gestaltung die Kenntnis der antiken → Rhetorik unerläßlich. J. H. K

Lit: F. Blaß, Die att. Beredsamkeit, 3 Bde (1868–80), 1887–98² (Neudr. 1962) – O. Navarre, Essai sur la rhétorique grecque avant Aristote, 1900 – J. H. Lipsius, Das att. Recht und Rechtsverfahren, 1905–15 – R. J. Bonner, Lawyer and litigants in ancient Athens, 1927 – R. J. Bonner and G. Smith, The administration of justice from Homer to Aristotle I, 1930 – F. Lämmli, Das att. Prozeßverfahren in seiner Wirkung auf die Gerichtsrede, 1938 – W. Jaeger, Paideia III, 1947 – L. Gernet, Droit et société dans la Grèce ancienne, 1955 – V. Buchheit, Unters. zur Theorie des Genos epideiktikon von Gorgias bis Aristoteles, 1960.

D. Zweite Sophistik. [1] *Begriff, Allgemeines.* Der Terminus ‹2. Sophistik› zur Bezeichnung kaiserzeitlicher Kunstredner geht auf → Philostrat vit. soph. 1 S. 2, 27 K. zurück (Gegensatz: die ‹ältere → Sophistik›, mit → Gorgias beginnend), der als ihren Urheber → Aischines und als ersten nennenswerten Vertreter in der Kaiserzeit → Niketes (2. H. 1. Jh. n. Chr.) ansieht; dazwischenliegende Gestalten, wie wir sie auch im ausgehenden Späthellenismus und der beginnenden Kaiserzeit z. B. aus Cicero, Strabo, Seneca d. Ä. und Dio v. Prusa kennen, wie Hybreas v. Mylasa (vgl. REG 72, 1959, 176), → Potamon v. Mytilene u. a., übergeht er. Die in Kleinasien (Smyrna, Ephesos, Pergamon, Mytilene u. a.) und Griechenland neu aufblühende Redekunst tritt in den Mittelpunkt des griech. Geisteslebens und bleibt bis ins 6. Jh. von zentraler Bedeutung. → Rhetorik ist Grundlage jeder edleren Bildung und bestimmt die Züge der Literatur dieser Zeit; früher poetische Gattungen werden fester Besitz der Rhetorik (z. B. → Epithalamios, → Enkomion, → Hymnos; vgl. dazu → Aristeides (2), → Prokopios (2), → Chorikios v. Gaza usw.), wie umgekehrt auch ausgebildete Gattungen der rednerischen Prosa in Poesie übertragen werden; der → Roman gilt jedoch heute nicht mehr als Erzeugnis der 2. Sophistik. W. Sp.

Voraussetzung der ganzen Bewegung ist das seit Vespasian bestehende Reichsschulwesen mit staatlich besoldeten Lehrstühlen. Vom 2. Jh. an steht sie im Dienst des besonders von → Trajan geförderten Philhellenismus. Sie ist gesellschaftlich völlig exklusiv und entsprechend ihrer Blickrichtung allein auf die klassische Literatur geradezu romantisch. Die Sophisten lehnen jedoch, im Gegensatz zu den großen Rednern der Vergangenheit, die Advokatentätigkeit ab, während sie einträgliche Staatsämter (bes. Gesandtschaftsposten) gern übernehmen. Mit Recht hat man sie mit den Humanisten der Renaissance verglichen. – Ihre Tätigkeit umfaßt neben Schulkursen (Übungsreden u. ä.) vor allem Wanderreden und Festvorträge (→ Epideixis). Die große Kunstrede (Melete, → declamatio, vgl. → suasoria, → controversia) behandelt fingierte Themen der gerichtlichen oder beratenden Beredsamkeit (Themen aus der altgriech. Geschichte oder Mythologie, Ethologien). Die zwanglosere und persönlicher gefärbte → Dialexis (Lalia, → Prolalia) belehrt oder unterhält mit allgemeinem Inhalt (philosophische und literarische Fragen, persönliche Anliegen). Formen sophistischer Vorträge sind auch → Paignia (→ Dion (2), → Favorinus, → Lukian), → Theseis, Rezitation eigener Dialoge, → Ekphraseis u. a. Alle diese Werke sind gekennzeichnet durch prunkvolle, ausgewogene Perioden und Armut des Inhaltes. Über die innere Hohlheit können auch die sprachliche Gestaltungskraft des Autors, sein oft glanzvoller Auftritt und der theatralische Charakter seines Vortrages nicht hinwegtäuschen. In formvollendeten Improvisationen über oft nichtige Themen feiert diese Kunst ihre höchsten Triumphe. Red.

[2] *Erste Glanzzeit* (2. Jh.–1. H. 3. Jh.), durch → Philostrat II. bekannt: mit → Trajan und → Hadrian, der selbst Meletai verfaßte, bricht für den griech. Osten ein neues, glücklicheres Zeitalter an; unter den Antoninen (138–80) erreicht das griech. Geistesleben der Kaiserzeit seinen Höhepunkt. Die Schule von Smyrna (→ Niketes, → Skopelian) liebt einen gorgianischen und poetischen Stil (→ Asianismus), strebt nach *μέγεθος, λαμπρότης* und *κάλλος* und legt das Hauptgewicht auf die Veranlagung; im Gegensatz dazu betont die Schule des → Isaios Lehre und Übung, pflegt Stegreifrede und Gedächtnisübung, erstrebt *ἀφέλεια, βραχύτης, σαφήνεια* und vernachlässigt äußere Dinge (Auftreten). Nach Skopelian wirkt in Smyrna → Polemon (3), glanzvollster Vertreter der 2. Sophistik. Am berühmtesten ist → Herodes (2) Atticus, dem → Attizismus verpflichtet; Philologie und Philosophie sind bei ihm mit der Rhetorik eng verbunden. Aber nur ihr Klassiker Aelius → Aristeides (2), vollkommenster praktischer Attizist, erreicht längeren Einfluß (bewundertes Vorbild des → Libanios), während sich von der übrigen, bes. für die lebendige Deklamation bestimmten Produktion kaum etwas erhalten hat (Polemon, Herodes Attikos, → Lesbonax, → Lukian, Papyrusfrg. e). Die Herodesschüler → Aristokles (3), → Chrestos, → Pausanias (5), → Hadrianos u. a. sind ihrerseits Lehrer der Sophisten des 2./3. Jh.s, (→ Antipatros (2), → Aspasios (4) v. Ravenna, → Damianos, → Herakleides (6), → Hippodromos u. a. → Dionysios- bzw. → Lollianschüler sind → Alexandros (11a) Pelopaton, → Antiochos (8a) v. Aigai bzw. Julius Theodotos und Philagros. Die → Buntschriftstellerei der Neusophistik vertritt → Aelian (vgl. → Favorinus, → Athenaios), der in raffiniert ‹einfachem Stil› schreibt wie → Philostratos und → Nikostratos. Auch → Lukian ist ursprünglich Sophist. Sophistik und Philosophie verbinden sich bei → Dion (2) v. Prusa (neben Plutarch hervorragendster Vertreter des Hellenismus seiner Zeit), → Favorinus (→ Quadration) und → Maximus (6) v. Tyrus.

[3] Die *zweite Glanzzeit* ist durch → Eunapios und die erhaltenen Werke der Sophisten (was die Byzantiner an Literatur übernehmen, setzt damals in breiter Massenhaftigkeit ein) bekannt. Vor dieser neuen Blüte, von ca. 235–284, erleidet das Griechentum schwere Rückschläge und Einbußen (nur wenige Namen sind aus dieser Zeit bekannt: → Philostrats Zeitgenosse → Nikagoras; aus der 2. H. 3. Jh.: → Kallinikos, Minucian d. J., → Genethlios). Im 4. Jh. blüht dann die große Rhetorik wieder auf (unter Konstantin, Constantius, Julian usw.). Neben dem mitten im Getriebe der Politik des Hofs von Konstantinopel stehenden → Themistios, der → Dions Einfluß verrät und wie Kaiser → Julian in sich Philosophie und Rhetorik verbindet, ragt → Libanios v. Antiochia hervor, der am strengsten klassizistische Rhetor der Zeit; in Athen vertritt → Himerios eine poetisierende Richtung. Die kappadokischen Theologen (4. Jh.: → Gregor (4) v. Nazianz, ‹der christl. Demosthenes›; → Gregor (5) v. Nyssa; → Basilius) stellten die Rhetorik ihrer Zeit in den Dienst der Kirche; namentlich bei ihnen ist ein Großteil der epideiktischen Gattungen vertreten. Mit Johannes → Chrysostomos ersteigt die christl. Beredsamkeit den höchsten Gipfel. → Synesios (4./5. Jh.) vereinigt wiederum rhetorische und philosophische Bildung. So werden die großen Klassiker der christl. Kirche des Orients zu Stilmustern. → Prokopios (2) v. Gaza ist der bedeutendste Vertreter der christl., in Schulbetrieb und Stilgrundsätzen völlig in den Spuren des Aristeides und Libanios wandelnden Sophistenschule von Gaza, in der die profane Sophistik endet (5./6. Jh.). Ohne theologische oder philosophische Neigungen ist sein Nachfolger → Chorikios im Gegensatz auch zu → Aineias (3) und → Zacharias. Diese Sophisten

verbergen ihr Christentum hinter den Formen des altgriech. Heidentums; sie sind grundsätzlich strenge Attizisten. – Auch die ‹Techniker› der → Rhetorik kommen als ausübende Redner in Frage: → Theodoros (8) v. Gadara, → Alexander (11) Numeniu, → Minucian d. Ä., → Hermogenes (2) v. Tarsos, → Apsines v. Gadara, → Genethlios, → Aphthonios, → Lachares und seine Schule in Athen, → Nikolaos (3) v. Myra usw. Technische Schriften sind bezeugt für Aristokles, Aspasios v. Byblos, → Dionysios (15) v. Milet, Hadrianos, → Kallinikos, Lollianos (der auch theoretische Kurse hielt), → Onasimos, → Troilos. Grammatiker und Sophist sind → Polydeukes (2) und → Phrynichos (vgl. auch Zenobios). Die Sophisten geben sich auch ab mit Dichtung (Aristeides, Hippodromos, Isagoras, Philostrat, Skopelian), Roman (Nikostratos) und → Geschichtsschreibung (Antiochos v. Aigai, Antipatros v. Hierapolis, Aspasios v. Byblos, → Bemarchios, Dion, Eunapios, Eustochios, Kallinikos v. Petra; Polemon; s. auch Potamon; Kaiser Julian); bes. gern pflegen sie das Genre des → Briefes (Aelian, Antipatros, Dion, Herodes Atticus, Kaiser Julian, Lesbonax, Libanios, Nikostratos, Philostratos, Polemon, → Melesermos, Schule von Gaza, → Themistios, → Troilos, usw.); Bioi schreiben Eunapios, Nikagoras und Philostratos. W. Sp.

Lit: Christ-Schmid II 1/2, 1920/24 – A. Boulanger, Aelius Aristide, 1923 – P. Graindor, Hérode Atticus, 1930 – K. Gerth, Bursian 272, 1941, 72–263 (Forschungsber.) – F. Solmsen, RE 20, 1 (1941), 170 s. v. Philostratos (Lit) – K. Gerth, RE Suppl. 8 (1956), 719–782 s. v. 2. Sophistik (nützlich, doch nicht immer zuverlässig) – Inschriften: Bulletin épigraphique der REG – O. Seeck, Die Briefe des Libanius, 1906 – P. Wolf, Vom Schulwesen der Spätantike, Diss. Basel 1951 – P. Petit, Les étudiants de Libanius, 1956 – A. J. Festugière, Antioche, 1959 – Zwei – dringend benötigte – Prosopographien des späten Altertums sind in Vorbereitung (s. Petit, a. O. 7 f.) – Zu den einzelnen Genera der epideikt. Beredsamkeit s. zu → Rhetorik.

II. Römische Redner

A. Allgemeines – B. Die Redner: [1] Frühere Republik – [2] Cicero und spätere Republik – [3] Kaiserzeit – C. Vortrag – D. Publikation und Überlieferung: [1] Veröffentlichung – [2] Überlieferung – Vgl. → Rhetorik, → Recht.

A. Allgemeines. Die Entwicklung der Redekunst in Rom begann in vorliterarischer Zeit: bereits das → Zwölftafelgesetz kennt das ‹mündliche Verhandeln› (orare) vor Gericht; orator bezeichnet ursprünglich den ‹Sprecher›, ‹Unterhändler, Gesandten›. In die gleiche Zeit gehören die Formen der politischen Beredsamkeit: im → Senat (sententiam dicere), in der → Volksversammlung (contionem habere), vor dem Heer (allocutio), als → Censor (zur Rechtfertigung der notae), die → laudatio funebris. Die ständige Verpflichtung (officium: ohne Entgelt!) des patronus, für seine Klienten als Sachwalter vor Gericht tätig zu sein, hat die Entwicklung der rednerischen Ausdrucksformen besonders gefördert. Auf dem zivilen Sektor wurde dem erfolgreichen R. in der Wertung der Öffentlichkeit der höchste Rang zuerkannt (*in toga dignitatis principatus*, Cic. off. 2, 66), und ebenso zählte die publizierte Rede (neben der Geschichtsschreibung) zur angesehensten Form der lat. Kunstprosa. Auch in der Kaiserzeit konnten die Rhetoren zu hohem Ansehen gelangen (Suet. rhet. 1, 7), aber an die Stelle der echten Rede trat die → Deklamation in der Rhetorenschule. Neue Formen entstanden mit dem → Panegyricus und der christlichen Predigt (sermo, → Homiletik). – Hauptquellen für die Geschichte der röm. Beredsamkeit: Ciceros Brutus, Seneca d. Ä., Quintilian (inst. 10, 1, 105 ff.; 12, 10, 10 ff.), Tacitus' Dialogus, Suetons De rhetoribus.

B. Die Redner. [1] *Frühere Republik.* Als älteste publizierte Rede galt in Ciceros Zeit die des App. → Claudius (6); auch → laudationes funebres scheinen im 3. Jh. bereits veröffentlicht worden zu sein. Bewußt literarisch (nach griech. Vorbild) wurde die röm. Rede erst durch → Cato (1), der im Alter die berühmtesten redigierte, um seine vorbildliche menschliche und politische Haltung vor der Nachwelt zu bezeugen; forderte er doch selbst, daß der R. ein vir bonus sein müsse (p. 80 J.). Ihr kraftvoll individueller Stil zeigt bereits das Italisch-Römische ebenso unverkennbar wie die Bekanntschaft mit griech. Theorie. Trotz Vertreibung der griech. Rhetoren (161 v. Chr.) breiteten sich ihre Lehren in Rom aus. Im persönlichen Umgang mit ihren griech. Freunden (→ Panaitios) lernten P. → Cornelius (29) Scipio Aemilianus, C. → Laelius (2) und ihre Gefährten die griech. Rhetorik kennen und wurden zu Kündern eines neuen Römertums (→ humanitas). Während Scipio mit der Autorität des echten Staatsmannes sprach und als Erzieher des röm. Volkes wirkte, wurde die Rede in der Gracchenzeit immer stärker zur politischen Waffe. Tib. → Gracchus (1) appellierte ergreifend an das soziale Gewissen Roms, C. → Gracchus (2) machte leidenschaftlich von allen Mitteln der modernen kleinasiatischen Rhetorik Gebrauch, die beiden Brüdern durch griech. Lehrer vermittelt worden war. Im Schatten der Redegewalt der Gracchen stehen ihre Anhänger und Gegner: Q. → Aelius (11) Tubero, C. → Papirius (1) Carbo usw. C. Scribonius Curio (Prätor 121) galt zu seiner Zeit als der gefeiertste Redner, die Verteidigungsrede des Ser. Fulvius in Ciceros Jugend als ein Musterstück, der Schluß der Verteidigung des C. → Sulpicius (5) Galba wurde auswendig gelernt. Den Höhepunkt in der Beredsamkeit der nächsten Generation stellen M. → Antonius (1) und L. → Licinius (3) Crassus dar, beide Dialogpartner in Ciceros De oratore (dort allerdings idealisiert als Wegbereiter zu Ciceros eigenem Rednerideal). Antonius, der beste Redner, den Cicero erlebte (Tusc. 5, 55), war ein Mann der Praxis und der modernsten Vortragsart; Crassus, nach Ciceros übertreibendem Urteil universal gebildet, sprach das für seine Zeit reinste Latein; aber seine Reden wirkten matter als die des Antonius: zu gebildet, zu gemessen im Vortrag – Zeichen einer reifer werdenden Kunst. Als Censor (92) erließ er ein Edikt gegen die rhetores Latini, die eine volkstümliche Redetechnik ohne Berücksichtigung der griech. Rhetorik lehrten, um die Popularen für den politischen Kampf zu rüsten. Von den übrigen Rednern dieser Epoche waren Q. → Lutatius (2) Catulus (cos. 102) und Q. → Mucius (4) Scaevola (cos. 95) Anhänger der stoischen Beredsamkeit; L. → Marcius (3) Philippus (cos. 91) wie Antonius aus der Praxis des Forums hervorgegangen; C. → Iulius (11) Caesar Strabo, Redner und Tragödiendichter (Cicero läßt ihn de or. 2, 216 ff. die Theorie des Witzes, iocus und facetiae – integrierender Bestandteil der röm. Rede – vortragen); P. → Sulpicius (11) Rufus (tr. pl. 88), der geistige Führer der Marianer, Typus des Volksredners.

[2] *Cicero und spätere Republik.* In sullanischer Zeit wurden die Grundlagen für die klass. röm. Beredsamkeit geschaffen (Bildungsfundament, rhetorische Technē, Vortragskunst). Q. → Hortensius (2) Hortalus (114–50) beherrschte als Sachwalter der Nobilität das Forum, bis ihm → Cicero im Verresprozeß den Rang ablief. Während seiner 44jährigen Rednertätigkeit blieb er unbeirrbar ein Anhänger des in sullanischer Zeit gewandelten, publikumswirksamen asianischen Stils, und deshalb gelang der Schritt zur klassischen Beredsamkeit nicht ihm, sondern Cicero, dessen Name zum Inbegriff der eloquentia wurde (Quint. inst. 10, 1, 112). Zwischen den Extremen (Asianismus und Attizismus) fand er in Theorie (De oratore, Orator) und Praxis seinen eigenen Weg zum vollendeten Redner. Begabung, Fleiß und Universalität seines Geistes, vor allem die Hinwendung zur Philosophie und den großen klassischen Vorbildern (Demosthenes) ließen ihn die bloße Routine überwinden und die Praxis des Forums mit der griech. rhetorischen Theorie und Philosophie zu einer neuen, harmonischen Einheit verbinden (Brut. 322 über den neuen Gehalt seiner Rede). Sprachlich-stilistisch wurde er der Meister der lat. Kunstprosa (Variationsfähigkeit, Periodisierung, Satzrhythmus). Diese Leistung Ciceros war nur möglich, weil die Entwicklung der Gattung zur Synthese drängte und die Zeit der späten Republik dem Redner letztmals die Möglichkeit zu voller Entfaltung bot. Auch die anderen Poli-

tiker dieser Zeit sind als Redner hervorgetreten: → Crassus, → Pompeius (für den Cicero Reden verfaßte – ein Brauch, der in Rom nicht die Bedeutung wie in Griechenland erlangte; → Logographen), → Cato (2) Uticensis, → Caesar (von dem die Kritiker behaupteten, er sei seiner Begabung nach mit Cicero auf eine Stufe zu stellen), der Triumvir M. → Antonius (2): Asianer. Zu den Attizisten zählen: Q. → Cornificius (1), C. Licinius Macer → Calvus (den manche sogar über Cicero stellten), M. → Calidius (2); den bedeutendsten unter ihnen, M. Iunius → Brutus (2), versuchte Cicero vergeblich im ‹Brutus› und ‹Orator› von der Richtigkeit seiner eigenen Stilrichtung zu überzeugen; bemerkenswert ist, daß Brutus auch fingierte Reden als ‹Stilübung› verfaßte.

[3] *Kaiserzeit.* In den Anfängen des Prinzipats war die Freiheit der Rede zunächst noch kaum behindert: M. Valerius → Messalla (Anhänger von Ciceros Stilrichtung); C. → Asinius (2) Pollio, Attizist, jedoch bereits ein Mann der Übergangszeit, der sich den Deklamationen zuwandte; das gleiche gilt von → Albucius (2) Silus, L. → Cestius (3) Pius und Q. → Haterius. Der Zwiespalt zwischen echter Rede und Übungsdeklamation zeigt sich deutlich bei → Cassius (11) Severus und seinem Urteil über die nicht ernstzunehmende declamatio. Er und T. → Labienus (3) erlebten erstmals die Gefährdung des freien Wortes: ihre Schriften wurden verbrannt. Die Redner zogen sich aus der Politik zurück, zumal die Entscheidungen nicht mehr auf dem Forum oder im Senat fielen. Die Rede verlor so die Beziehung zum Leben und flüchtete sich in die Scheinwelt der Rhetorenschule (vgl. die Kritik bei Petron 1ff.), wo fingierte Rechtsfälle (controversiae) oder beratende Reden (suasoriae) geübt wurden. Einblick in diesen Schulbetrieb vermittelt → Seneca (1) d. Ä., der in seinen ‹Controversiae› die älteren Rhetoriklehrer, die sich an Cicero anschlossen (→ Porcius (6) Latro, → Arellius Fuscus), und die jüngeren, die unter dem Einfluß der griech. Rhetorik standen (→ Papirius (4a) Fabianus, Alfius Flavus), charakterisiert und Proben aus ihren Deklamationen zitiert. Seit Tiberius waren erstmals Redner und Redelehrer aus Gallien in Rom tätig (→ Votienus Montanus, → Domitius (1) Afer, → Iulius (3) Africanus; unter den Flaviern: Iulius Gabinianus, M. → Aper, → Iulius (14) Secundus, → Curiatius Maternus). Intensiv wird der Streit um die Geltung Ciceros als Muster für alle Beredsamkeit geführt, in Abwehr gegen den Stil Senecas: → Celsus (1), → Quintilian (der erste staatlich besoldete Lehrer der Beredsamkeit) entschieden sich für Cicero. Ebenso lebhaft war die Diskussion über die ‹Ursachen des Verfalls der Beredsamkeit› (vgl. Quintilian, → Tacitus' Dialogus und von griech. Seite die Schrift ‹Vom Erhabenen›: → Anonymos (4) De sublimitate). Vor Gericht fanden die Redner auch in der Kaiserzeit ein Betätigungsfeld: → Passienus und sein Enkel → Sallustius (6) Crispus Passienus, P. → Vinicius (3), → Galerius (2) Trachalus, → Tacitus (2), → Plinius (2) d. J., → Herennius (3) Senecio, → Pompeius (8) Saturninus. Mit seiner Rede auf Trajan wurde Plinius zum Archegeten der Gattung des → Panegyricus, die in der Folgezeit besonders von den gallischen Rhetoren des 3. und 4. Jh.s gepflegt wurde. In der Zeit Hadrians wandten sich die Archaisten vornehmlich aus stilistischen Gründen gegen den Primat Ciceros, am schärfsten → Fronto. Vom 2. Jh. an tritt die afrikanische Rednerschule auf den Plan: → Apuleius (‹Apologia› und ‹Florida›); im 3. und 4. Jh. sind christliche Autoren ihre Hauptvertreter (→ Tertullian, → Arnobius, → Cyprian, → Laktanz, → Augustin). Das nichtchristliche Rom besitzt im 4. Jh. allein in → Symmachus (2), dem gefeiertsten Redner seiner Zeit, und → Ausonius, Professor der Rhetorik in Bordeaux, Redner von Bedeutung. Die Kunst der Rede blieb zwar durch die Jahrhunderte lebendig, aber unter dem Einfluß der inhaltsleeren und phrasenhaften Deklamation hatte sich die alte Forderung ‹rem tene, verba sequentur› (Cato p. 80 J.) in ihr Gegenteil verkehrt.

C. Vortrag. Die äußere Wirkung der gesprochenen Rede beruht auf der Kunst des Vortrags (actio, pronuntiatio; → Hypokrisis), für die es seit Theophrast Vorschriften gab, welche die Römer übernahmen (Rhet. Her. 3, 19ff.; Cic. de or. 3, 213ff.; or. 55ff.; Quint. inst. 11, 3). Danach unterlagen vox (Stimmlage, -stärke, -modulation, Aussprache, Atemtechnik) und gestus (Körperhaltung, Mienenspiel, Handbewegungen, Fußstellung; → Plotius Gallus und → Nigidius Figulus De gestu nicht erhalten) festen Regeln. Cicero hat, zumeist im ‹Brutus›, einige Abweichungen von diesen Normen notiert: etwa die leidenschaftliche Gestik des C. → Gracchus (2), der sich während der Rede von einem Flötenspieler die jeweilige Stimmlage angeben ließ; die Unterstützung der Stimme durch entsprechende Körperbewegungen bei → Antonius (Cic. Tusc. 2, 56f.); das ungehörige Hin- und Herschaukeln des C. Scribonius Curio (Brut. 216f.); daß Licinius → Calvus seinen Platz verließ und bis zur Seite der Gegenpartei vorstürmte (Sen. contr. 7, 4, 6f.). Ebenso gerügt wurde von den Gegnern der von den Asianern in Rom eingeführte (Cic. or. 27) ‹singende› Vortrag, der zudem noch von Gesten, wie in den Pantomimen üblich, begleitet wurde (Quint. inst. 11, 3, 57; Tac. dial. 26).

D. Publikation und Überlieferung. [1] *Veröffentlichung.* Grundsätzlich sprach der röm. R. frei (eine Ausnahme etwa Cicero beim Dank vor dem Senat, 57 v. Chr.), hatte die Rede jedoch genau einstudiert. Grundlage hierfür und für eine spätere Publikation waren Konzepte (tabulae Catos: orat. fr. 173; commentarii Ciceros: Quint. inst. 10, 7, 30f.). Vor der Veröffentlichung wurde die Rede aus- und umgearbeitet (Cic. Brut. 91; Tusc. 4, 55), von Freunden begutachtet (Cicero–Atticus) oder vor größerem Publikum rezitiert (Plinius d. J.). Die gehaltenen Reden waren meist erheblich kürzer als die publizierten (Quint. inst. 12, 10, 55ff.; Plin. epist. 1, 20), deren Text vom ursprünglichen stark abwich (L. → Licinius (3) Crassus; Ciceros Rede Pro Milone, von der auch die stenographische Nachschrift der Originalrede im Umlauf war; → Plinius' (2) Panegyricus). Publiziert wurden auch nicht gehaltene Reden (Cic. Verr. 2; Phil. 2; Brutus' ‹Stilübungen›). Veröffentlicht wurden die Reden, wie bei den Griechen, als sachliche Dokumentation oder politische Kampfschrift; von Cicero vor allem auch als literarisches Kunstwerk und Studienmuster für die lernende Jugend (Cic. Att. 2, 1, 3; Brut. 123).

[2] *Überlieferung:* Von dem einst so reichen Bestand der Gattung hat sich nur wenig erhalten. Die klassische Beredsamkeit Ciceros hat alle republikanischen Redner bereits zu seinen Lebzeiten in den Hindergrund gedrängt (Cic. Brut. 123); infolgedessen besitzen wir von ihnen nur Zitate bei Grammatikern und einige wenige Exzerpte aus der Zeit ihrer Renaissance bei den Archaisten (→ Gellius, → Fronto). Der endgültige Sieg der ciceronischen Stilrichtung ließ auch die kaiserzeitlichen Redner in Vergessenheit geraten, von denen Seneca d. Ä. in seinen ‹Controversiae› einige Proben bewahrt hat. Erhalten blieben → Panegyrici, einiges von Apuleius und Symmachus und von christlicher Seite die Predigten des Ambrosius und Augustin. R. T.

Ed: Fragmentsammlungen: Oratorum Romanorum Fragmenta rec. H. Malcovati (1930), 1955^2 (republ. Zeit) – Orat. Rom. Fragm. coll. H. Meyer (1832), 1842^2 – *Lit:* F. Leo, Gesch. d. röm. Lit. I, 1913 – S. Bonner, Roman declamation in the Late Republic and Early Empire, 1949 – M. L. Clarke, Rhetoric at Rome, 1953 – E. Norden, Die antike Kunstprosa (1898), 1958^5 – A. Michel, Rhétorique et philosophie chez Cicéron, 1960 – F. Sbordone, L'eloquenza in Roma durante l'età repubblicana, 1962 – G. Perl, Die Stellung der Latini Rhetores innerhalb der röm. Rhetorik, Bulgar. Akad. d. Wiss., 1963, 265–284 – K. Barwick, Das rednerische Bildungsideal Ciceros, Abh. Leipzig 54, 1963 – *Zum Stil:* E. Norden (s. o.) – A. D. Leeman, Orationis Ratio. The Stylistic Theories and Practice of the Roman Orators, Historians and Philosophers, 1963 – *Zum Vortrag:* R. Volkmann, Die Rhetorik der Griechen und Römer, 1885 – *Zu Publikation und Überlieferung:* J. Humbert, Les plaidoyers écrits et les plaidoiries réelles de Cicéron, 1925 – K. Büchner, in: Geschichte der Textüberlieferung I, 1961, 309ff.

Reflexio ([ἀντ]ανάκλασις: Quint. inst. 9, 3, 68, vgl. 6, 3, 84), rhetor. → Wortfigur; pointenartige Wiederaufnahme eines Wortes durch den Gesprächspartner in verändertem Sinn. *Bsp.*: Quint., a. O.: «Ich warte (exspecto) auf deinen Tod» – «ja, hoffentlich kannst du wirklich warten»; vgl. Cic., De orat. 2, 259f. → Traductio. H.H.

Lit: Volkmann, 480 – Lausberg, I 335f.

Refrain, gleichlautend wiederkehrender Vers (Versteil, Versgruppe), gebräuchlich vor allem in der Chorlyrik (→ Lyrik I B 2). → Hephaistion (p. 70ff. C.) unterscheidet das ‹*Ephymnion*›, das inhaltlich mit dem Vorhergehenden verbunden ist (Beispiel die Götteranrufe im → Päan) vom ‹*Epiphthegma*›, das ohne solche Verbindung ist (Beispiel die am Ende jeder Strophe wiederkehrenden zwei Verse in Bakchyl. 19); in der modernen Terminologie werden die Begriffe meist umgekehrt gebraucht. Ein außerhalb des Metrums stehendes eingeschobenes Kolon heißt ‹*Mesymnion*› (Beispiel der Ruf ‹Hymenaon›, Sappho Fr. 111 L.-P.). Eingeschobene Verse als R. *(versus intercalares)* finden sich in der → Bukolik (z.B. Theokr. eid. 2; Verg. ecl. 8); eine ganze Strophe als R.: Aischyl. Eum. 329ff. = 340f. E.-M.V.

Regillus, ein See im Gebiet der latinischen Stadt → Tusculum, heute der Krater Panatno Secco nördl. Frascati. Nach annalistischer Tradition haben dort die Römer über die Latiner gesiegt (490 v. Chr.). G.G.

Regio. 1. *In Rom:* Vier räumliche Bezirke unbestimmter Größe; Einteilung ursprünglich angeblich von → Servius Tullius; → Augustus vermehrte die Zahl der R.nen 7 v. Chr. auf 14 und unterteilte sie in → vici. Als Vorsteher der R.nen wurden → Prätoren und Ädilen sowie → Volkstribunen durchs Los bestimmt. – 2. → Konstantin I. übertrug die Einteilung in R.nen auch auf *Konstantinopel*. – 3. Augustus teilte *Italien* in elf R.nen ein. D.R.

Regula, Leistchen unterhalb der Triglyphen, → Tempel B [3].

Regulus, M. Aquilius, cos. suff. (?). Berüchtigter Ankläger unter → Nero und → Domitian. R. wurde 70 n. Chr. als Quästorier von → Curtius (4) Montanus angeklagt und von seinem Stiefbruder → Vipstanus Messalla verteidigt. Mit → Plinius (2) d. J. verfeindet, versuchte er nach dem Tode Domitians, sich mit ihm zu versöhnen. Unter → Trajan der Erbschleicherei verdächtigt. R. war Gönner → Martials. Um 93 veröffentlichte er Schmähschriften gegen → Herennius (3) Senecio und → Arulenus (2) Rusticus und eine Schrift über das Leben seines Sohnes, dessen Tod er unmäßig betrauerte. R. starb ca. 105. Charakteristiken bei Plin. epist. 1, 5; 2, 20; 4, 2; 4, 7; Mart. 1, 111. Über seine Beredsamkeit Plin. epist. 1, 5. 20; 4, 7; 6, 2; Mart. 4, 16, 6; 5, 28, 6; 6, 64, 11; Tac. dial. 15. U.Wm.

Lit: R. Syme, Tacitus, 1958, Ind. S. 827.

Regulus, vgl. auch → Atilius, → Memmius.

Rehabeam, König von Juda, ca. 926–910, → Judentum A [6].

Reiher. Der im Mittelmeerraum und in den Nachbargebieten mit mehreren Arten vertretene R. (ἐρωδιός, ardea, ardeola, Grau-, Weiß-, Löffel-R., Rohrdommel) war den Alten als räuberischer Jäger in Gewässern und Sümpfen bekannt. Als wetterkundig wurde er von den Schiffern geachtet und dem Bereich der Aphrodite als Schützerin der Seefahrt zugeordnet. An einem R.-Schrei erkennen Odysseus und Diomedes nachts die helfende Nähe Athenas (Il. 10, 274). Bes. der weiße R. war ein günstiges Vorzeichen. Zur Nahrung gehören Muscheln, die im Kropf durch Wärme geöffnet werden, so daß der R. die Schalen wieder ausspeien kann. Die *Rohrdommel*, ἀστερίας, wegen ihres weißgefleckten Dunkelgefieders, betrachtete man wegen ihrer Trägheit als verwandelten Sklaven und als Symbol der Faulheit (ὄκνος), Vgl. → Fauna. J.W.

Lit: Keller, Tierwelt II 203–207 – H. Gossen, RE 1 A 1 (1914), 515f.

Reim. Der R. hat in der griech. Dichtung keine konstituierende Bedeutung, obwohl er gelegentlich gesucht zu sein scheint. Dagegen kommt er seit → Gorgias oft in der Kunstprosa vor (→ Homoioteleuton). B.Sn.

Reinigung. [1] *Griechenland.* Bei jedem Umgang mit der Gottheit muß sich der Mensch in eine geziemende Verfassung bringen, unsichtbar und in alter Zeit gewissermaßen selbstverständlich durch fromme Gesinnung, sichtbar und ausdrücklich durch kultische R. Diese ist erfordert (1) vor Beginn jeder Kulthandlung, (2) nach dem Kontakt mit spezifisch verunreinigenden Phänomenen (→ Geburt, → Tod), in einzelnen Kulten auch verunreinigenden Tieren, Gegenständen, Worten, (3) nach individueller (absichtlicher oder unabsichtlicher) Verletzung der göttlichen Ordnung bes. durch Tötung, Profanierung heiliger Orte, Handlungen, Gegenstände usw. Endlich kann R. auch apotropäisch sein, vorauswirkend gegen Zauber und Einflüsse übelwollender Mächte (im Gegensatz zu 1–3 ist dieser Aspekt der klass. → Religion fast völlig fremd und gewinnt erst in der zauber- und dämonengläubigen Spätzeit seine Bedeutung). – R.en vom Typus (1) sind ἁγνεῖαι, bestehend teils im Anlegen reiner Kleidung, teils im Gebrauch von Feuer (πῦρ καθάρσιον), teils und bes. in Waschungen der Hände, des Körpers, der zum Kultgebrauch bestimmten Gegenstände. Grundsätzlich soll fließendes oder Meerwasser genommen werden, oft auch Wasser bestimmter Quellen und Flüsse. Umständlicher sind die R.en vom Typus (2) und (3), die καθαρμοί, das Austilgen spezifischer Befleckung eines Einzelnen oder eines ganzen Volkes. Zu Feuer und Wasser kommt das Blut von Opfertieren dazu. Auf das Befleckte wird feuchte Erde o. ä. aufgelegt, was die Unreinheit aufsaugt. Auch Pflanzen (→ Lorbeer, → Nieswurz, → Feige) spielen eine Rolle. Wesentlich ist, daß alles, war der R. diente und die Befleckung aufgenommen hat (καθάρματα, καθάρσια), beseitigt werden muß, die Opfertiere wie das verwendete Wasser. – Der berühmteste Fall der R. eines Volkes ist die angeblich durch → Epimenides vollzogene R. der Athener nach dem → Kylonidenmord; wie weit die bes. von Diog. Laert. 1, 110 berichteten Einzelheiten echt sind, wissen wir nicht. – Für sich stehen die sehr verschiedenen Reinheitsvorschriften für → Priester und Priesterinnen bestimmter Kulte (Speise- und Kleidergebote, Keuschheitsvorschrift u. ä.). Vgl. → Katharmoi, → Pharmakos. O.G.

Lit: Th. Wächter, Reinheitsvorschriften im griech. Kult, RGVV 9, 1910 – E. Fehrle, Die kultische Keuschheit im Altertum RGVV 6, 1910 – Nilsson, I 89–110.

[2] *Rom:* Voraussetzung des → Gebets wie des → Opfers war kultische Reinheit der Teilnehmer: ganz allgemein war Sauberkeit der Hände und der Kleidung vorgeschrieben: die → Priester mußten eine pura vestis tragen (Fest. 354 L.). Gewisse, mehr oder weniger außerordentliche Fälle erforderten besondere R.en: 1. Über die R. des Mörders sind wir schlecht unterrichtet (→ Blutsühne). Das Gemeinwesen verteidigte sich gegen die ansteckende Befleckung, die den unsühnbaren Verbrechen anhaftete, indem es die Schuldigen ausstieß: die consecratio capitis, eine Art Exkommunikation, weihte sie den Göttern der Unterwelt. – 2. Die Berührung einer *Leiche*, ja deren Anblick allein, machte unrein: die Familie des Toten war funesta, bis sie die R.s-Riten ausgeführt hatte: Opfer eines weiblichen Schweins durch den Erben des Verstorbenen, Auskehren des Hauses, Besprengen mit Wasser und Räucherung bei der Rückkehr von der Totenfeier, Totenmahl beim Grab, Opfer von Schafen an den Lar, Opfer und Festmahl am neunten Tag (→ Bestattung C). – 3. Eine Entbindung brachte ebenfalls Unreinheit mit sich; einer der → Geburtsriten ist das Kehren der Türschwelle, ähnlich wie nach dem Todesfall. Die Reinigung des Neugeborenen fand am achten oder neunten Tag statt (dies lustricus). – 4. Für gewisse rituelle Vergehen bestand die Reinigung in einer Art heiliger Arbeitsruhe (ferias observare): → Feste. Zur R. der Gemeinschaft und ihres Besitzes vgl. → Lustratio. Die am

häufigsten verwendeten Mittel zur R. waren Wasser, Feuer, Schwefel, Lorbeer und das Blut der Opfer. – Vgl. → Schuldvorstellung; → Sühne. H.LeB.

Reis (ὄρυζα) wurde den Griechen durch den Indienzug → Alexanders d. Gr. bekannt, nachdem ihnen vorher bereits eine dunkle Kunde zugekommen war. War doch die R.-Kultur schon während der → Achämenidenzeit nach Iran und Mesopotamien gedrungen. → Theophrast (hist. plant. 4, 4, 10) beschreibt den R. und seinen Gebrauch genau. Im 3. Jh. v. Chr. wußte man auch um die Zubereitung von R. an ind. Höfen, doch diente der R. trotz Einfuhr im Mittelmeergebiet noch nicht als allgemeines Nahrungsmittel, da er zu teuer war und seine Kultur nicht bodenständig wurde. Dagegen verwendete man R.-Schleim in der Heilkunde. Die späte Bekanntschaft mit dem R. erklärt das Fehlen in Mythos und Religion der Antike, während der R. in der mythisch-religiösen Tradition Indiens von großer Bedeutung ist. → Flora. J.W.

Lit: Hehn, 502–509. 510 – H. Zimmer, Maya, Der ind. Mythos, 1952, 196. 322. 325. 336.

Reiseführer. Die griech. R. sind fast alle verlorengegangen. Ganz oder fragmentarisch erhalten sind die Führer, ‹Periplus›, des Ps. → Skylax und des → Menippos (2) v. Pergamon, → Timosthenes' Hafenbuch, der anonyme → Periplus (2) maris Erythraei, ferner der Stadiasmus maris magni. Ein Karawanenführer nach → China ist bei → Marinos (3) v. Tyros zitiert (Ptolem. geogr. 1, 11, 7). Vgl. → Kartographie, → Geographie A [5], → Pausanias (3), → Perihegese. F.L.

Reiten, als Sport im Gymnasium (bzw. → Ephebie) und auf dem Marsfeld geübt. Beliebt war in Rom das Trojaspiel (lusus Troiae), ein Scheingefecht, das von 2–3 turmae vornehmer Knaben mit komplizierten Wendungen vorgeführt wurde (vgl. Verg. Aen. 5, 545–603). – *Rennen* wurden auf Pferden ohne Sattel und Steigbügel ausgetragen (κέλης), und zwar mit ausgewachsenen Pferden (τέλειοι; in Olympia seit 648) und auf Fohlen (πῶλοι; in Olympia seit 268). Daneben ein Stutenrennen (κάλπη, in Olympia nur 496–444), das mit einem Lauf des abgesprungenen Reiters schloß, und Rennen fackeltragender (z. B. Plat. rep. 1, 328 A) oder speerwerfender Reiter. – In Rom Rennen von desultores, die sich auf zwei laufenden Pferden hin und her schwangen. → Sport. H. Bgt.

Q: Xenoph. equ. rat.

Reiterdenkmal. Unter → Peisistratos wurde das erste erhaltene R., vielleicht für seine Söhne, geschaffen (→ Rampinmeister). Die Demokratie war solchen Weihungen, von denen mehrere archaische auf der Akropolis, frühklassische Knabensieger in Olympia überliefert sind (→ Kalamis), nicht günstig, wohl aber kleinasiat. (→ Maussolos) und hellenist. Dynastien, mit denen nach den Pun. Kriegen die röm. Aristokratie wetteiferte; dann nahm die Monarchie dies Vorrecht in Anspruch; jedoch konnte außerhalb der Hauptstadt auch Rittern diese Ehre zukommen. Das R. → Mark Aurels blieb, als Konstantin verstanden, immer über der Erde und wurde seit der Renaissance zum Vorbild für das abendländische R. K. Schf.

Lit: H. von Roques de Maumont, Antike Reiterstandbilder, 1958.

Reiterei. [1] Die Aufstellung berittener militärischer Verbände erfolgte im Raum der griech.-röm. Antike nicht sogleich mit dem Auftreten des Pferdes (→ Haustiere), einer Begleiterscheinung der indogerman. Einwanderung, sondern erst nach Überwindung der bronzezeitlichen Streitwagentaktik (→ Strategie und Taktik), die durch die Produktion leichterer Eisenwaffen und die Zucht schwererer Pferderassen möglich wurde. In der Ablösung der Streitwagengesittung wurde die R. Ausdruck aristokratisch-ritterlichen Lebensstils, da Pferdezucht, Pferdehaltung und Ausbildung der Reiter hohe finanzielle und charakterliche Anforderungen stellen. In der griech. Poliswelt ist der Einsatz der R., der erstmals in der Lelantischen Fehde auf Euböa (Anf. 7. Jh.) bezeugt ist, nie bedeutsam gewesen; so sind z. B. die Siege in den Perserkriegen 490–479 gegen die mit berittenen Eliteverbänden ausgestatteten Perser ohne griech. Kavallerie erfochten worden. Die schwere R. des 5./4. Jh.s, ihre Verwendung im Kleinkrieg und den frontalen Einsatz in der Schlacht schildert → Xenophon (1) in zwei Spezialschriften. Er beschreibt ausführlich das athen. Korps von 1000 Mann unter zwei Hipparchen, doch stärker und besser waren die Reitertruppen auf Sizilien, in Böotien und bes. in Thessalien. Das 4. Jh. brachte Verbesserungen in der Taktik, bes. die Verbindung mit den Operationen der Fußtruppen (→ Peltasten), doch erst durch → Alexander (5) d. Gr. und seine → Hetairen, dazu andere makedon. und griech. schwere und leichte Reiterabteilungen, wurde die R. zur schlachtenentscheidenden Waffe. In den hellenistischen Heeren steigerte sich die Buntheit der Reiterverbände durch Hereinnahme von Iraniern und anderen nationalen Kontingenten; erstmals werden Kamelreiter erwähnt.

[2] Die *Römer*, die Kriege mit den → Legionen entschieden, teilten der Kavallerie nur subsidiäre Funktionen (Kleinaktionen, Aufklärung, Flankenschutz, Verfolgung) zu. Die ständisch-aristokratische Bedeutung des Reitens hielt sich bei ihnen länger als die militärische: zwar hatten die Centuriats → Comitien unverändert ihre 18 Reitercenturien, aber die Bürgerreiterei (→ celeres, equites) verkümmerte nach dem 2. Pun. Krieg vollständig. An ihre Stelle trat bundesgenössische Kavallerie, bald verstärkt durch Zuzug von Verbündeten und Anwerbung in der Fremde, Afrikaner (→ Massinissa, → Jugurtha), Kleinasiaten (→ Eumenes II.), seit Caesar auch Germanen. Dementsprechend bestand auch die R. der Prinzipatszeit aus den → Auxiliarformationen der → Alae. Mit dem 3. Jh. setzte sich jedoch auch im röm. Heerwesen das parthisch-pers. Vorbild durch (→ Bogenschützen): neben maurischen, dalmatischen und german. Kontingenten wurden Abteilungen der Panzerreiter (Klibanarier, Kataphrakten) aufgestellt. Die R. (oft in Verbindung mit den → Bogenschützen) wurde wieder zur kampfentscheidenden Waffengattung, so daß nach Abschluß der Heeresreform im 4. Jh. – aus dem wir in Afrika auch röm. Abteilungen von Dromedarreitern kennen – die berittenen → Vexillationes des Feldheeres (→ Comitatenses), die ebenso wie die Fußtruppen dem Kommando eines eigenen Generals (→ Magister equitum) unterstanden, diese an Bedeutung übertrafen. Vgl. → Ritterstand. E. Bay.

Lit: R. Grosse, Röm. Militärgesch. von Gallienus bis zum Beginn der byz. Themenverfassung, 1920 – J. Kromayer-G. Veith, Heerwesen u. Kriegführung d. Griechen u. Römer, 1928 – J. Wiesner, Fahren u. Reiten in Alteuropa und im Alten Orient, AO 38, 1939, 1–92 – A. Alföldi, Der frühröm. Reiteradel u. seine Ehrenabzeichen, 1952 – F. Altheim, Die Krise der Alten Welt II, 1952 – W. D. Kleeberg, Pferd u. Reiter bei d. Westgriechen, masch. Diss. Tübingen 1958.

Reizianum. [1] Vers der Form ×–⏑⏑–– o. ä., von G. Hermann bei Plautus aufgewiesen und nach seinem Lehrer Reiz benannt. In der griech. Metrik heißt so der akephale → Pherekrateus. B. Sn.

[2] In *lat. Versen* erscheint das R. sowohl als Kolon wie als Teil eines Distichons (sog. versus Reizianus; vgl. Aristoph. nub. 1345–50 = 1391–96). Das Kolon R. muß wahrscheinlich von dem griechischen R., auf dem es beruht, unterschieden werden. Das Distichon besteht sehr häufig aus acht halben Versfüßen, die zusammen eine aus → Jamben und → Anapästen gebildete Tetrapodie ausmachen, und einem kürzeren, anapästischen Stück, dem Kolon R., das aus fünf halben Versfüßen besteht. Das Kolon R. läßt dieselben Veränderungen zu wie die anderen Anapäste bei Plautus (z. B. –– für –⏑– innerhalb eines Wortes, vorausgesetzt, daß das breve nicht die vorletzte Silbe des Kolons ist). Es kann im übrigen auch unabhängig und ohne Klauselfunktion erscheinen, zuweilen sogar gereiht. J. W. H.

Lit: G. Pasquali, Preistoria della poesia romana, 1936, 37–43 – L. Havet, Le distique (dit ‹vers›) de Reiz, REL 19, 1941, 202–216 – L. Nougaret, Traité de métrique latine classique (1948), 1956², 87f.

Reklame. Die einfachste und am meisten verbreitete R. war das Anpreisen der Waren durch Ausrufen, wie es im Nahen Osten noch heute üblich ist. Einige → Gasthäuser in → Pompeji werben mit Wandbildern und → Inschriften um Gäste, und in → Ostia treffen wir auf Vorläufer der Geschäftsschilder: auf dem ‹Platz der Vereine› sind vor den Büros der Handelsgesellschaften Mosaiken eingelassen, die den Namen (oder das Domizil) der Gesellschaft angaben und mit hübschen Darstellungen von Schiffen, Waren, Meerwesen usw. die Aufmerksamkeit der Kunden auf sich lenken sollten. Auch Ankündigungen von Gladiatorenspielen sind in Pompeji in großen Lettern auf die Mauern gemalt. Th. P.

Relief

[1] Allgemeines – [2] Heroen-R. – [3] Totenmahl-R. – [4] Urkunden-R. – [5] Weih-R.

[1] *Allgemeines.* Obwohl durch die Bindung an die Fläche vom Rundbild grundsätzlich unterschieden, teilt das R. in der griech.-röm. → Plastik mit ihm die sakrale Bedeutung (→ Bild): die großen Leistungen der R.kunst gelten dem Grabrelief (→ Stele) einerseits, mit dem die unten behandelten Formen des Heroen- und Totenmahlreliefs verwandt sind, dem → Weihrelief andererseits, aber ebenso betonen R.s den sakralen Charakter von → Urkunden (vgl. u. 4) und Statuen, deren Basis sie zieren (→ Statuenbasis); eine besondere Form in der röm. → Plastik (C 2) ist das Historische Relief (dazu → Ikonographie B). – Je nach dem Verhältnis zur Fläche unterscheidet man *Flachrelief* (leicht abgeflachte Formen), *Hochrelief* (stärkere Heraushebung der Formen, Annäherung an die Rundplastik) und *versenktes Relief* (vertiefte Einarbeitung der Darstellung in die Fläche), letzteres bes. häufig in der Kunst → Ägyptens (I F 3). Im übrigen vgl. zur bildhauerischen Technik → Plastik (A 2).

[2] *Heroenrelief.* Die Heroen-R.s nehmen eine Art Zwischenstellung zwischen → Grab- und → Weih-R. ein insofern, als es sich bei der Hauptfigur um einen → Heros handelt. Der Abstand zum menschlichen Bereich und der Welt des Grabes wird deutlich durch die wesentlich kleiner gebildeten Adoranten bzw. Stifter. Die Person des Heros läßt sich meistens (wenn die Inschriften fehlen) nicht mehr benennen, sie wurde von Ort zu Ort auch anders benannt (vgl. die Heiligenverehrung), sie gehörte dem Charakter der Darstellung nach nicht dem ‹homerischen›, sondern dem ‹kultischen› Bereich an. – Auf den lakonischen Heroen-R.s – den frühesten und bedeutendsten – sitzt der Heros neben seiner Gattin auf einem Thron und hält einen großen Kantharos. Sehr verwandt, setzt nur wenig später das sog. Totenmahl-R. (s. u. 3) ein.

Lit: A. Furtwängler, Altlakonisches R., AM 7, 1882, 160–173 – Ders., Slg. Saburoff I, 1883, 15, 23 – M. Bock, Bemerkungen zu den spartan. Heroen-R.s, ÖJh 35, 1943, Beibl. 6–14 – M. Andronikos, Λακωνικὰ ἀνάγλυφα, Πελοποννησιακά 1, 1956, 253–270 – N. Himmelmann-Wildschütz, Studien zum Ilissos-R., 1956, 31–42 – U. Hausmann, Griech. Weih-R.s, 1960, 24 f.

[3] *Totenmahlrelief,* Bezeichnung für eine Sondergattung der → Heroen-R.s mit der Darstellung des sog. Heroen- oder Totenmahls. Schwer zu entscheiden, ob der Ursprung des Bildtypus von der Vorstellung des im Elysium festlich schmausenden Heros oder von dem (zu Ehren und ‹unter Anwesenheit des Toten› stattfindenden) kultischen Mahle ausgegangen ist. Wahrscheinlich sind beide Vorstellungen mit dem Typus verknüpft. Die Grundzüge: Auf einer Kline liegt der ‹Heros› da, mit einem Trinkhorn oder einer Schale in der Hand. Vor ihm meist ein Tisch mit Speisen, ihm zugeordnet seine Gattin. Meist kommen ein Mundschenk und kleiner gebildete Adoranten und verschiedene Requisiten chthonischer und heroischer Art hinzu (Hund, Pferd bzw. Pferdeprotome, Waffen und Rüstungsstücke). Die Anwesenheit der Adoranten macht den Votivcharakter deutlich (s. o. 2), die ‹Anonymität› des Heros den sepulkralen Ursprung. Wenn der ‹Speisende› zuweilen inschriftlich oder durch die Attribute als Gott (Dionysos, Pluton-Hades, Asklepios usw.) bezeichnet ist, handelt es sich um eine naheliegende Übertragung. Als Vorläufer dieses zuerst in der nordion. Kunst des frühen 5. Jh.s zu fassenden R.typus (vgl. bes. das schöne R. von Thasos) können die lakonischen Heroen-R.s (s. o. 2) der spätarchaischen Zeit gelten. In Attika wird die Gattung erst am Ende des 5. Jh.s auch geläufig; die Hauptproduktion fällt wie bei den Weih- und Urkunden-R.s ins 4. Jh., doch sind Zeugnisse bis in die späte Römerzeit nachzuweisen. Der Typus wird in der Diadochenzeit, im Osten schon früher, auch als Grab-R. verwandt.

Lit: s. o. zu [2]; ferner: O. Walter, Ein Totenmahl-R. aus Samos, in: Studies repres. to D. M. Robinson I, 1951, 594–605 – U. Hausmann, Kunst und Heiltum, 1948, 111–124.

[4] *Urkundenrelief,* Bezeichnung einer vor allem in Attika üblichen R.gattung, deren Aufgabe es war, wichtige Urkunden in Stein (zuweilen in Bronze: vgl. Paus. 5,23,2; selten in Holz) zu bekrönen, um die sakrale Verbindlichkeit solcher Urkunden auch bildlich zu manifestieren. Nach dem Inhalt lassen sich folgende Gruppen unterscheiden: 1. Vertragsurkunden (über politische und wirtschaftliche Verträge); 2. Ehrenurkunden (Verleihung des Bürgerrechtes, der Proxenie, der Speisung im Prytaneion usw.); 3. Übergabeurkunden der Schatzmeister; 4. Baubeschlüsse. Form und Gehalt der Urkunden-R.s folgen im allgemeinen dem Typus der Weih-R.s (s. o.): oblonges Rechteckformat, im 5. Jh. noch oft ohne seitliche Rahmung, später meist als vertieftes, ringsum abgeschlossenes Bildfeld gegeben. Die Blütezeit der Urkunden-R.s fällt mit derjenigen der att. Grab-R.s zusammen. B. Schweitzer hat Anregung durch Ägypten beim att. Feldzug von 460/454 vermutet (→ Orient und Antike G 1). Seit dem Gräberluxusgesetz des Demetrios (17) v. Phaleron (317–307) werden sie selten, sie sind jedoch vereinzelt bis in röm. Zeit festzustellen. – Obwohl meist künstlerisch bescheiden, sind sie für die Kunstgeschichte von außerordentlicher Bedeutung, da sie – auf Grund des meist in den Anfangszeilen genannten Archons – im allgemeinen aufs Jahr datiert sind. – Die wichtigsten Zeugnisse sind in der Übersichtstabelle → Plastik (Sp. 2343 ff.) angegeben.

Lit: H. Speier, Zweifigurengruppen im 5. u. 4. Jh., RM 47, 1932, 1–94 – R. Binneboessel, Studien zu den att. Urkunden-R.s des 5. und 4. Jh.s, Diss. Leipzig 1935 – H. K. Süsserott, Griech. Plastik des 4. Jh.s v. Chr., 1938, 27–69.

[5] *Weihrelief* (oder Votivrelief). Während der vornehme Grieche sein Gelöbnis z. B. in einer Votivstatue verwirklichte, versuchte ihm der einfache Mann in bescheideneren Ausdrucksformen, eben z. B. durch ein R., Gegenwart und Dauer zu verleihen. – Inhalt, Form und Aufstellungsart der griech. Weih-R.s zeigen eine große Variationsbreite, den verschiedenen kultischen Funktionen und Bedürfnissen entsprechend. Bei den Weihreliefs wird den → Grabreliefs gegenüber im allgemeinen eine etwas breitere Form gewählt. Die hohe, schlanke Stelenform, die in archaischer Zeit bei Grabreliefs fast die Regel war, kommt bei Weihreliefs selten, fast nur in frühklass. Zeit bisweilen vor. Im Gegensatz zum rechteckigen Tafelbild verjüngt sich das Weihrelief nach oben. Während in der Frühzeit in der Regel nur der untere und obere Abschluß eine besondere Profilierung erhielten, wird das Weihrelief seit dem späteren 5. Jh. meist auch seitlich gerahmt, oft geradezu wie die Breit- oder Frontseite eines Tempels gegliedert. Die Entwicklung folgt im allgemeinen derjenigen der Grabreliefs, die auch inhaltlich letztlich auf die gleiche Wurzel zurückgehen. Die Weihreliefs waren meistens auf schlanken Pfeilern montiert, bisweilen sogar auf beiden Seiten mit Reliefs versehen (sog. Doppelreliefs). Zu den Sondergattungen vgl. die Stichworte → Heroenrelief, → Totenmahlrelief. – Weitgespannt ist der Themenkreis: Götter- und Heroenmythos stehen im Vordergrund, jeweils mit bes. Ausrichtung auf

die volkstümlichen Kulte. Heilgötter, Mysteriengottheiten, lokale Heroen stehen darum auch zahlenmäßig an der Spitze. Während sich noch im 5.Jh. das Anliegen des Weihenden meistens in einem in sich abgeschlossenen mythischen Daseinsbild manifestiert, wird dieses im 4.Jh. meist auch äußerlich mit dem Weihenden konfrontiert; seit dem späteren 5.Jh. wird der Stifter immer häufiger in die Darstellung mit einbezogen. In hellenist. Zeit treten die mythische Grundkomponente und auch der Stifter zugunsten einer immer stärker kultisch gebundenen Bildvorstellung zurück. E.Bg.

Lit: U.Hausmann, Griech.Weihreliefs, 1960 – E.Will, Le relief cultuel gréco-romain, 1955.

Reliefkeramik

A. Technik: [1] Stempel, Matrizen – [2] Formschüsseln – [3] Barbotine u.a. – B. Griech.R.: [1] spätgeometrisch-archaisch – [2] klassisch – [3] hellenist. – C. Röm.R.: [1] Vorarretin.R. – [2] Arretin. R. – [3] Übrige röm.R. – Vgl. → Keramik, bes. [2] (zur Einordnung der R.); → Vasen, bes. B (Gefäßformen); → Töpferei; → Toreutik (zur Technik). – Vgl. (bes. für röm.R.) → Keramik.

A. Technik. [1] Bereits in prähistorischer Zeit wurden Tongefäße nicht nur durch Bemalung, sondern auch durch Ritzung oder plastische Auflagen verziert. Dabei kam neben freihändiger Eintiefung sehr bald die Verwendung von *Stempeln* auf, die direkt in die Oberfläche des noch ungebrannten Gefäßes (Kykladenkeramik des 3.Jt.s) oder in aufgelegte erhabene Tonstreifen (minoische Pithoi) eingedrückt wurden. Aus *Reliefmatrizen* ließen sich einzelne plastische Bildelemente direkt auf die Gefäßoberfläche applizieren, deren Innenzeichnung man noch nachträglich durch lineare Einzelstempel oder durch freihändige Ritzung bereichern konnte. Negative *Flach-* oder *Rollstempel* wurden unmittelbar in die Gefäßoberfläche oder in eine zusätzlich aufgelegte Tonschicht (Bänder) eingedrückt bzw. auf ihr abgerollt. – Die Herleitung dieser *Stempeltechnik* aus dem Orient, wo Siegel (vgl. → Glyptik, → Rollsiegel) und Stempel eine lange Tradition hatten, ist evident. In Griechenland begegnet sie nach dem ersten Auftreten während der Bronzezeit (Asine, Zygouries, Tiryns, Cypern) zum erstenmal wieder in Kreta um 700 v.Chr. Importierte orientalische Matrizen aus weichem Steinmaterial für Goldreliefs mögen auch auf die R. eingewirkt haben. Bezeichnenderweise wurden alle genannten Verfahren vielfach gemischt angewendet, so auf den archaischen Reliefpithoi (Kreta, Rhodos, Kykladen, Böotien, Sparta). Farbig gefaßte R. begegnet während der archaischen Epoche in Kreta, vor allem aber in Kleinasien (Lydien). – Die *Matrizentechnik* für einzelne Bildelemente (z.T. mit dem Gefäß entsprechend gekrümmten Matrizen) erreicht ihren Höhepunkt in der klassischen Kunst (polychrome attische Relieflekythen des späten 5. und des 4.Jh.s; schwarzgefirniste Plakettenvasen des 4./3.Jh.s). Bes. reich verzierte kleine Gefäßformen stellte man wie → Terrakotten aus zwei oder mehreren Teilmatrizen für das gesamte Gefäß her. In der gleichen Technik wurden bereits die etrusk. → Buccherogefäße erstellt.

[2] Schon dort konnte, je nach Art des Gefäßes, die *Formschüssel* verwandt werden, deren Gebrauch dann für die hellenist. (z.B. megarische Becher) und die röm.R. (Popilius-Becher, → Arretin.R., → Terra Sigillata) charakteristisch ist: ein annähernd halbkugeliges, dickwandiges Gefäß, in dessen Innenseite die Dekoration mit erhabenen Einzelstempeln oder Teilpatrizen negativ eingetieft wurde. Daraus konnten ganze Serien von Bechern oder Schalen gewonnen werden. Nacharbeiten, freies Andrehen von Rand und evtl. Fuß und Henkeln ermöglichte auch die Herstellung komplizierterer Gefäße. – Umgekehrt formte man, wenn die Reliefverzierung nicht außen, sondern im Inneren gewünscht wurde, Schalen, z.B. die Omphalosschalen der → kampanischen R., über einer konvex gekrümmten Matrize, die auf ihrer Oberfläche die vertiefte Darstellung enthielt. Der hohle Omphalos wurde getrennt gedreht und danach innen befestigt. Die Rundbilder der kampanischen Medaillonschalen, der Askoi und Gutti ließen sich aus normalen Flachmatrizen abdrücken und in oder auf den Gefäßen befestigen.

[3] In der röm. Kaiserzeit erlebte die → *Barbotinetechnik* einen neuen Aufschwung. Die Verzierungen wurden mit Tonschlicker freihändig auf die Gefäße aufgetragen, dabei ergaben sich z.T. den Fadengläsern (→ Glas) ähnliche Effekte. An Glasschliffverzierungen erinnern Tongefäße Galliens und Germaniens mit *kerbschnittartigen* Vertiefungen. Schließlich findet sich neben Einzelstempeln (vorwiegend Palmetten) seit der spätklass. und bes. der hellenist. R. auch die *Roulettedekoration*, zunächst im Innern von flachen Schalen und Tellern, später, bes. in der röm.R., auch an der Außenwand von Terra Sigillata.

B. Griechische R. [1] *Spätgeometrisch-archaisch.* Von den verschiedenen Reliefverzierungen (freihändig geritzt, in Barbotine aufgetragen, gestempelt) des späten Neolithikums, der → Kykladenkultur, der frühhelladischen und minoischen Epoche (Vorratspithoi der Paläste) führt keine unmittelbare Tradition zu der in der 2.H. des 8.Jh.s allenthalben in Griechenland neu einsetzenden Herstellung reliefgeschmückter großer Vorratsgefäße. Nur die Monumentalität dieser Gefäße setzt sich bis in die frühgriech. Epoche hinein (und darüber hinaus bis heute) fort. Statt in Palästen standen die Pithoi nun in Heiligtümern (z.B. Dreros, Prinias, Demeterheiligtum auf Tenos), dort vor Wänden und deshalb im Gegensatz zu den minoischen nur auf einer Seite verziert. Außer Kreta sind Zentren dieser R. Rhodos und Korinth (dort nicht so sehr Pithoi wie flache Teller, Pinakes und bes. Becken auf hohem zylindrischem Fuß, die stark nach Sizilien und Etrurien gewirkt haben), ferner Sparta, Athen, Böotien, ein sehr bedeutendes kykladisches Zentrum wohl auf Tenos selbst, mit Filialen auf anderen Inseln, unter anderem auf Thera. – Während an den rhodischen Pithoi von 700–1.H.6.Jh. vorwiegend ornamentaler Dekor subgeometrischer Syntax (Spiralmotive) und gelegentlich kleinteilige Figurenszenen aus Rollstempeln erscheinen, sind die kret. und kykladischen (böot.) Gefäße mit relativ monumentalen Bilddarstellungen geschmückt. Auf Kreta (etwa 700–600; nur einige ornamentale Stücke sind noch spätgeometrisch) herrschen analog zur orientalisierenden Bilderwelt in der gleichzeitigen Toreutik und → Vasenmalerei (E2) Darstellungen von Tieren (Pferd, Stier, Löwe, Hahn, Hirsch) und Fabelwesen (Sphingen, Flügelpferd, Kentauren) vor; mythologische Bilder sind auffallend selten (nur → Potnia Theron; einmal → Herakles-Kerberos). Ähnlich ist das Bild in Korinth und Sizilien: Rollstempelfriese mit Gespannen, laufenden Flügelmännern, Kentauren; einmal die Gorgonen, Perseus verfolgend. An Rändern von breiten Becken (Perirrhanteria) auf hohem Fuß setzen sich diese Friese in die 1.H. des 6.Jh.s hinein fort, in Akragas sogar bis in klassische Zeit. Dagegen überliefert die kykladisch-böotische Gruppe, die noch in der spätgeometrischen Epoche einsetzt, eine Fülle mythischer Darstellungen: Trojanisches Pferd (Mykonos), Minotaurostötung (Basel, Antikenmuseum), Kopfgeburt einer Gottheit (Athena?) mit Helm, Schild und Lanze (Tenos), Perseus, die Medusa tötend, Peplosweihung troischer Frauen, Tanz der att. Mädchen und Jünglinge auf Delos, Iliupersis (?), Europa auf Stier. Die Bedeutung dieser Gruppe für die früheste mythische Bildüberlieferung der Griechen ist nicht hoch genug einzuschätzen. Die Tendenz, Metallreliefs nachzuahmen, wird bes. deutlich an den Reliefpithoi aus Sparta.

[2] *Klassisch.* 1. *Athen.R. des 7.u.6.Jh.s* ist zwar durch Reste auf der Akropolis (Rollstempelfries mit Wagen besteigenden Kriegern) belegt, aber offenbar unbedeutend gewesen. Auf gemalten Pinakes werden jedoch gelegentlich bes. betonte Teile im Relief hervorgehoben (Kopf einer Göttin im Epiphaniegestus von der Agora, 7.Jh.); so auch

noch in der klassischen Kunst (→Taloskrater, Ende 5.Jh.). Daneben sucht man, Gefäßmalereien durch reliefartige Erhöhung der Farbe (Tonschlicker) und durch freie Modellierung (gelegentlich wohl auch mittels Matrizen) unter Verwendung von Blattgold Edelmetallgefäßen anzugleichen (Frg. der Artemisschale, Akropolis, um 490). Diese Verbindung von Malerei, Relief und Vergoldung war in der attischen →Vasenmalerei (E 5 f.) des 4.Jh.s sehr beliebt (auch mit Rücksicht auf den Export nach Südrußland und Kleinasien). – *Relieflekythen* mit Hochzeitsszenen (Anakalypteria) geben att. Sitte wieder. Eine vergoldete und polychrome Hydria aus Lampsakos mit →Kalydonischer Eberjagd zeigt attische Überlieferung. Die Lekythos des Atheners Xenophantos aus →Kertsch (um 380/70) verrät dagegen schon im Thema (Großkönig auf Jagd) östl. Auftraggeber. Attisch sind auch Hydrien in Leningrad: (1) mit dem Reliefbild des Wettstreites von Athena und Poseidon (Westgiebel Parthenon); (2) aus Cumae, mit eleusin. Gottheiten und Heroen in freihändig aufmodelliertem Relief (um 330/20). – 2. Geriefelte, schwarzgefirniste Vasen ahmen in ihrer Oberflächengestaltung, oft mit aufgelegten Reliefverzierungen, die vielfach von toreutischen Arbeiten mechanisch abgeformt sind, Metallgefäße nach. Diese Gattung der sog. *Plakettenvasen* nimmt von Athen und Korinth um 350 ihren Ausgang und wirkt sowohl nach Unteritalien (Tarent, Apulien) wie (über Kreta) nach Alexandria. Abgeleitete Formen dringen über Kampanien auch nach Etrurien (z.B. Malacena-Gruppe). – 3. Eine Sonderstellung nehmen spätklass. *Pyxiden* ein, deren Deckel mit Reliefs geschmückt sind, die nachweislich aus den Ateliers der metallenen Klappspiegel stammen. Auch hier geht der Weg oftmals von Korinth nach Unteritalien.

[3] *Hellenistisch.* 1. Metallische Formen dringen in die att. Keramik während der 2.H. des 4.Jh.s immer stärker ein und verbinden sich nach dem Absterben der figürlichen Gefäßmalerei mit den übrigbleibenden, rein dekorativen Weiß- und Gelbmalereien, oftmals an demselben Gefäß, in der sog. ‹*Westabhangkeramik*›, die auch außerhalb Attikas, z.B. in Pergamon, im 3. u. 2.Jh. v. Chr. nachgeahmt wird; die Entwicklung ging von bewegten naturalistischen zu stärker geometrisch-konstruierten Formen (2.H. 2.Jh.). – Um 250 treten in Athen die fälschlich ‹*megarisch*› genannten *Reliefbecher* auf. Diese in zahlreichen Exemplaren jeweils mit Hilfe von Formschüsseln hergestellten offenen Becherformen sind gelegentlich auf der Scheibe zu Gefäßtypen der Westabhangkeramik (s.o.) erweitert worden (Kratere, Amphorisken, Kantharoi usw.), in der Masse jedoch als halbkugelige Becher auf den Markt gekommen. Die älteren Emissionen sind tiefschwarz, oft metallisch glänzend, später (2.Jh.) auch rot und grau überzogen. Oriental., bes. ägypt. Kelchgefäße aus Fayence und Metall haben den Typus und seine Dekoration – zu Beginn vorwiegend Blattkelche, erst im letzten Drittel des 3.Jh.s figürliche Stempel – mitbestimmt. Die Gattung, Leitform der hellenist. Keramik, tritt fast gleichzeitig an verschiedenen Stellen der östl. Mittelmeerwelt, schließlich auch ab Mitte 2.Jh. in Italien auf. Neben der böot. Gruppe, die noch eine Sondergattung hervorbringt (s.u.), steht bes. eine antiochenisch-syrische, die in letzten Ausläufern bis in die frühe Kaiserzeit andauert (sog. ‹Pergamene Moulded Bowls›). Andere Fundorte: die Inseln Ioniens (bes. Delos), südwestkleinasiat. Küste, Rhodos, Ägypten (bisher wenige publizierte Funde), Südrußland, Pontos. In Pergamon und Myrina gefundene megarische Ware bildet eine eigene Gruppe; diejenige in Priene vermittelt nach Süden und nach Delos. Im Mutterland haben auch u.a. Korinth (nicht ohne Verbindung zu Athen) und Sparta ihre Werkstätten besessen. Von den in Olympia gefundenen Bechern stammen einige aus Korinth, nicht wenige aus einheimischen elischen Werkstätten. Die genauere landschaftliche Zuweisung bleibt weiterhin ein Problem (bes. da die Töpfer wanderten und Formschüsseln und Stempel gehandelt wurden). Die Werkstätten megarischer Keramik reichen bis tief ins 1.Jh. v. Chr.; die Gattung wird erst durch die in gleicher Technik gewonnene →Arretin. R. in ihrer Geltung abgelöst. – 2. Die im 2.Jh. v. Chr. entstehende Sonderform der sog. *homerischen Becher* (bes. aus Böotien) gibt im Gegensatz zu den meist sinnlosen Zusammenstellungen auf der übrigen Ware (ausgenommen einige att. Becher mit Herakles- und Theseustaten) zusammenhängende Illustrationen aus Epos, Tragödie (bes. Euripides) und Volksposse. Direkte Abhängigkeit von toreutischen Vorbildern, wahrscheinlich in Alexandria, ist nachweisbar; durch zusammenhängende Abformungen dieser Figurenfriese erhielten die böot. Töpfer Patrizen und verbanden sie in Formschüsseln mit den üblichen Ornamentstempeln. Letztlich liegen wohl gleichfalls alexandrin. Buchillustrationen (→Buch, 3) zugrunde. – 3. Technisch von den vorigen ganz verschieden knüpft die gleichfalls hellenist., bes. in *Pergamon* gefundene *Applikenware* (kurz vor 150 bis 3. Viertel 1.Jh. v. Chr.) wieder stärker an die Plakettenvasen an; aus Matrizen gezogene Darstellungen wurden auf den Außenwänden von Gefäßen, meist sehr fein gedrehten zweihenkligen Tonbechern, aber auch an anderen Becherformen und Kannen, aufgelegt. Die beliebtesten Themen, Szenen mit erotischen Symplegmata, setzen sich auf röm. Lampen und der →Arretin. R. fort; weitere sind girlandenhaltende Eroten, bacchische Thiasoi, naturalistische Korymben und Blattmotive; Porträtmedaillons waren im Inneren von flachen Schalen angebracht. Neben schwarz und braun gefirnister gibt es auch rote Ware, die in Ton und Überzug der östl. →Terra Sigillata gleicht. – 4. In Süditalien mündet die großgriech. R. meist in die röm.-ital. Entwicklung ein (unten C 1). Die sizil. Gruppe der fast hybriden *Centuripe-Keramik* (vor allem 3.Jh.; bis Beginn der röm. Herrschaft), die neben reiner R. wiederum Malerei und Relief vielfach an demselben Gefäß verwendet, gehört noch zum großgriech. Hellenismus. – 5. Eine besondere Spielart der R. ist die glasierte oder *Fayenceware.* Aus Ägypten wie dem Vorderen Orient scheint während des sog. 2. orientalisierenden Stils (4.Jh. v. Chr.) diese Technik, die in der kret.-myken. und in der archaischen Kunst, bes. des griech. Ostens, bereits bekannt war, abermals in die griech. Werkstätten gedrungen zu sein. Vorformen megarischer Blattkelchbecher in ägypt. Fayence sind bezeugt. Wiederum werden metallische Effekte gesucht. Die ägypt. Fayence-*Ptolemäerkannen* zeigen Reliefbilder ptolemäischer Königinnen. Spätestens im frühen 1.Jh. v. Chr. läßt sich eine grün und auch braun glasierte Ware in Westkleinasien, bes. in Smyrna fassen. Die Technik wird auch in röm. Zeit an neuen Zentren fortgeführt (letzte Fortsetzung in der →sassanidischen und islamischen Lüsterkeramik). Vgl. die Tabelle bei →Plastik.

C. RÖMISCHE R. [1] *Vorarretinische R.:* 1. Als *Calenische R.* faßt man seit Pagenstecher verschiedene Typen reliefverzierter Ware zusammen, die nur z.T. von der kampanischen Stadt Cales ausgehen, wo Werkstätten mit Italikern als Leitern (Signaturen bes. der Canoleier, Gabinier und Atilier) schwarz gefirniste R. herstellen (seit 1.H. 3.Jh. vor Chr.; Blütezeit 2.H. 3.Jh. und 1.H. 2.Jh.). Hauptformen: Schalen mit flachen oder hohen Reliefmedaillons, Omphalosschalen (echte und sog. falsche mit Fuß) sowie Gutti mit Medaillons auf der Oberseite. Die Darstellungen lehnen sich an den mythologischen Typenschatz spätklass. Toreutik des Mutterlandes, daneben an hellenist. Vorbilder Kleinasiens und Alexandrias an; vielfach mechanischer Abdruck von toreutischen Originalen der klass. Kunst, auch von Münzen (Arethusaschalen). Diese schwarzgefirniste R. Kampaniens hat Vorläufer sowohl im griech. Mutterland selbst (att. Reliefaskoi), in Kleinasien wie auch in Italien (bes. Tarent und Apulien). Sie strahlt besonders nach Etrurien aus, wo auch einheimische Werkstätten die Vorbilder nachahmen und umwandeln (→Arretium; Orvieto; dort bes. die Sitte belegt, tönerne Reliefschalen zu vergolden oder zu versilbern.) – 2. Die hellenist. *Fayencegefäße* mit Reliefschmuck werden weiter in Kleinasien, aber im 1. Jh. v. Chr. und in der frühen Kaiserzeit auch in Italien selbst hergestellt; wiederum ist Kampanien Zentrum, dann Oberitalien, ferner, im 1. Jh. n. Chr., Mittelgallien. – 3. Im 2. Jh. gelangen Anregungen megarischer R. auch nach Mittelitalien (nach einigen mit delischen Bechern gemeinsamen Stempeln wohl über Delos). Diese sog. *Popiliusbecher* (Signaturstempel: C. Popilius, C. Lapius, L. Quintus, L. Atinius; ferner griech. Herakleides) erinnern in ihrem Dekorationsprogramm auffallend an die megarischen Becher (oben B 3), zeichnen sich jedoch meist durch bes. große Schärfe des Reliefs aus. Kräftige, auswärtsgebogene Randprofile weisen u. a. auf die Arretin. R. voraus. Zeitpunkt: Ende 2. Jh. (nach neuen Fundverhältnissen in Cosa möglicherweise auch früher; unsicher) bis etwa 30 v. Chr.; Zentrum: Mittelitalien (Otricoli, Bevagna, Tivoli). Eine weitere italische Gattung sind die nach der am häufigsten auftretenden Signatur des Töpfers C. Aco sog. ‹*Aco-Becher*›, die in Norditalien in augusteisch-tiberischer Zeit hergestellt wurden und eine sehr weite Verbreitung erfahren haben. Charakteristisch ist die mit einem regelmäßigen Netz von winzigen, plastischen Dreiecken überzogene Oberfläche und ein Abschlußstreifen pflanzlich-geometrischer Art. – Ferner vgl. → Terra Sigillata.

[2] Sicherlich nicht ohne den Einfluß der roten Ware (→ Terra Sigillata) stellt ab 40 v. Chr. ein Werkstättezentrum in *Arretium* in der megarischen Formschüsseltechnik Reliefgefäße mit leuchtend rotem Überzug (Vorstufen mit schwarzer Glasur) her, die sog. *Vasa Arretina*. Die in äußerster Schärfe und Feinheit ausgebildeten Reliefs zeigen neuattische Bildüberlieferung und unterscheiden sich sowohl in der Thematik als auch in der weit höheren Qualität deutlich von der megarischen Keramik. Griech. und orientalische Namen begegnen bei den Werkstattinhabern (z. B. Perennius Tigranes; Perennius Bargates) und Töpfersklaven (Nicephorus, Pharnaces, Panthagatus usw.). Die Wirkung dieser Arretin. R., deren Blüte am Ort nur bis in claudische Zeit anhält, war unermeßlich, sie reicht bis nach Asien. Mit dem Export in die Provinzen entstanden vielerorts, bes. aber in Süd- und Mittelgallien (La Graufesenque, Lezoux) neue Herstellungszentren.

[3] Unter den mannigfachen Spielarten der *übrigen röm. R.* sind bes. zu nennen: 1. die Erzeugnisse *Alexandrias*, wo die späthellenist. Tradition in den Werkstätten nie ganz abgerissen ist: kleine, schlauchartige Gefäße, aus Halbformen gepreßt, mit vegetabilischem und figürlichem Dekor, mit und ohne Fayenceüberzug, haben sich dort vor allem in Nekropolen (z. B. Kom-el-Schoukafa) gemeinsam mit der üblichen ziemlich groben und meist synkretistischen Produktion an Figurengefäßen, alexandrin. Terrakotten, Lampen und Bronzen gefunden. Daneben bildet R. aus *Nordafrika* (Kyrenaika) eine eigene Klasse: meist zylindrische, zweihenklige Flaschen, aus zweiteiliger Form, mit figürlichen Reliefs in Etagen übereinander angeordnet (wohl im 2. und 3. Jh. n. Chr. entstanden). – 2. Die letztgenannte Gefäßform leitet über zu den sog. *Oinophoren* (nach der Inschrift eines Stückes in Baltimore), deren Formenrepertoire indessen durch Lekythen, Oinochoen, Lagynoi u. a. noch vermehrt ist; Ursprungsort sicherlich Ägypten (Alexandria), Filialen vielleicht in Nordsyrien und Südwestkleinasien. Zeit: vom 3. Jh. bis in die Spätantike (4. Jh.). Die Gattung ist über den ganzen Mittelmeerbereich verbreitet, findet sich oft in Gräbern, für die der figürliche Schmuck z. T. eigens ausgewählt scheint. Auffällig ist die Verwandtschaft mit gepreßten Glasgefäßen. – 3. Steilwandige Becher aus *Korinth*, fast gleichzeitig mit der vorigen Gruppe, aber früher aufhörend (Mitte 3. Jh.), tragen Reliefriese, u. a. mit Heraklestaten, Gallierkämpfen und Darstellungen aus dem eleusin. Kult; offenbar vorwiegend Weihgeschenke; Fundort neben vielen anderen bes. Olympia. Der Zusammenhang mit Silbergefäßen der Kaiserzeit ist deutlich. – 4. Eine eigenartig grobschlächtige R. (Amphorisken, lekythenartige Flaschen) stammt aus *Pergamon*, wo die Herstellung mannigfacher R. in Formen- oder Applikentechnik die ganze Kaiserzeit hindurch niemals aufgehört hatte. Zwischen recht plumpen Ornamenten (Mäander, Zungen, Spiralwerk) sind Krieger, offenbar Gladiatoren, Silensmasken, Mänaden, auch ein Ganymed dargestellt. Diese in Rot, Braun, Gelb und auch Grau gebranntem Ton ohne Überzug vorliegende Ware erscheint wie eine barbarisierte Fortsetzung der Oinophorengattung (s. o.). Eine Entwicklung ist nicht zu erkennen. Datierung: 4./5. Jh. n. Chr. U. H.

Lit: Allgemein: A. Greifenhagen, Beiträge zur ant. R., 1963 – *Zu A:* D. Levi, I pithoi cretesi a rilievo, ASAA 10/12, 1927/29, 60–62 – G. M. A. Richter, The Technique of Bucchero Ware, StE 10, 1936, 61–65 – J. Schäfer, Studien z. d. griech. Reliefpithoi, 1957, 11.92–93. 127 – R. Hampe-A. Winter, Bei Töpfern u. Töpferinnen in Kreta u. Messenien, 1962, passim – *Zu B[1]:* J. Schäfer, a. O. (mit ält. Lit.), zur Datierung vgl. Rez. J. Boardman, AJA 64, 1960, 97 – N. Kontoleon, Atti VII. Congr. Int. Archeol. 1958, I, 1962, 267–272 – Ders., AM 73, 1958 (1962), 131–139 (Thera) – H. W. Catling-V. Karageorghis, BSA 55, 1960, 122, Nr. 35, Taf. 30 (spätminoisch-kyprisch) – J. Boardman, The Cretan Collection in Oxford, 1961 – Ders., BCH 85, 1961, 686, Abb. 3 (Sparta) – N. Kontoleon, BCH 86, 1962, 854, Taf. 29 (Troj. Pferd) – E. Berger, Kunstwerke der Antike (Ausstellungskat. Slg. Käppeli, Luzern) 1963, E 1 m. Abb. (Theseus/Minotauros) – *Zu B[2]:* A. Brückner, Anakalypteria, 64. BWPr 1904 – F. Courby, Les vases grecs à reliefs, 1922, 115–165. 193–219 – C. W. Scheurleer, Grieksche Ceramiek, 1936, 152–154 – Graef-Langlotz II, Taf. 14, 247 – K. Schefold, Kertscher Vasen, 131. 139–140 – A. Greifenhagen, Ein verlorenes Werk korinth. Toreutik, RM 54, 1939, 244 bis 251 – W. Züchner, Von Toreuten und Töpfern, JdI 65/66, 1950/51, 175–205 – Greifenhagen, R. (s. o.), 1–33; 34–51 – *Zu B[3]:* G. Libertini, Centuripe, 1926, 170–186 – H. A. Thompson, Two Centuries of Hellenistic Pottery, Hesperia 3, 1934, 451–459 – O. Deubner, Griech. R. in hellenist. Zeit, AA 1939, 340–350 – K. Parlasca, Das Verhältnis d. megar. Becher z. alexandr. Kunsthandwerk, JdI 70, 1955 (1957), 129–154 – F. F. Jones, Pergamene Moulded Bowls, in: Tarsus I, 1950, 177–78 m. Anm. 83 – G. Roger Edwards, Hesperia Suppl. X, 1956, 83–112 – U. Hausmann, Zur Antiope des Euripides, AM 73, 1958 (1962), 50–72 – Ders., Hellenist. Reliefbecher, 1959 – K. Weitzmann, Ancient Book Illumination, 1959 – Greifenhagen, R. (s. o.), 52–65 (Rhodos) – *Zu C[1]:* R. Pagenstecher, Calen. R., 1909 – Scheurleer, a. O. 168–172 – Th. Kraus, Zwei Reliefbecher in Florenz, RM 60/61, 1953/54, 77–81 – F. F. Jones, Bowls by Popilius and Lapius, Record Art Mus. Princeton Univ. 17, 1958, 21–40 – G. M. A. Richter, Calenian Pottery and Class. Greek Metalware, AJA 63, 1959, 241–249 – *Zu C[2]:* H. Dragendorff-C. Watzinger, Arretin. R., 1948 – H. Comfort, RE Suppl. 7 (1940), 1295–1352, s. v. Terra Sigillata – A. Stenico, La ceramica arretina I, 1960 – *Zu C[3]:* M. C. G. Edgar, Greek Vases (Cat. Gen. Caire), 1911 – Sieglin Exped. II 3, 1913, 53–129 – K. A. Neugebauer, Führer Antiquarium Berlin II: Vasen, 1932, Taf. 103, 2 – A. Conze, AvP I 2, 297–298, Beibl. 60–61 – Dorothy Spitzer, Roman Relief Bowls from Corinth, Hesperia 11, 1942, 162–92 – H. Walter, Olympia Ber. VI, 1958, 62–64 – U. Hausmann, Oinophoroi, AM 69/70, 1954/55, 125–146 – A. Greifenhagen, R. (s. o.), 66–74.

Religion

I. Griechische Religion – II. Römische Religion

I. Griechische Religion

A. Quellen: [1] Literar. Q. – [2] Inschriften – [3] Archäol. Q. – B. Grundhaltungen: [1] Charakteristik – [2] Gefährdung – [3] Sakralsprache – C. Gottesvorstellung: [1] Unsterblichkeit, Seligkeit – [2] Macht – [3] Ethik – [4] Unbestimmtheit der G. – [5] Anthropomorphismus – D. Seelen- und Jenseitsglaube – E. Geschichte der R. – [1] Zur Methode – [2] Vorhomerische Zeit – [3] Homerische Zeit – [4] Vorklassische Zeit – [5] Klassische Zeit – [6] Hellenismus u. Kaiserzeit – [7] Untergang – F.–I. Kultus: F. Ritus: [1] Opfer – [2] Gebet – [3] Weihung – [4] Reinigung – [5] Geburt, Hochzeit, Bestattung – G. Mantik: [1] Orakel – [2] Träume – [3] Zeichen – [4] Allgemeines – H. Zauber, Magie – I. Kultorganisation: [1] Priester – [2] Kultgeräte – [3] Feste – Vgl. → Feste, → Theologie.

A. Quellen. [1] *Literarische Quellen.* Es liegt in der Natur der Sache, daß, von bestimmten wissenschaftlich-technischen Disziplinen abgesehen, jedes Werk der Literatur etwas über die Religion seiner Zeit auszusagen vermag; auch das Fehlen der religiösen Komponente dort, wo sie erwartet werden könnte, kann bemerkenswert sein. Immerhin ist der Aussagewert der einzelnen Textgruppen sehr verschieden: 1. *Religiöse Literatur*. Texte, die als solche Bestandteile eines Kultaktes (liturgische Formulare) oder einen unmittelbaren Ausdruck des Glaubens bilden, sind nur in verschwindend geringer Anzahl überliefert. Wir wissen weder, was der Priester bei einer Opferhandlung sprach, noch, wie die Bitt- und Dankgebete lauteten, die der Einzelne an die Gottheit richtete. Nur inschriftlich sind da und dort Segens- oder Fluchformeln, öfters Vorschriften über die Organisation eines Kultes und aus nachklassischer Zeit sogar vereinzelte liturgische Texte (Hymnen aus Epidauros, Delphi, Erythrai und bes. die → Isisaretalogien) erhalten. Wesentlich besser steht es mit der dichterisch stilisierten religiösen Literatur, die in bedeutendem Umfang, aber nicht schlechthin, als Zeugnis religiösen Glaubens ausgewertet werden darf. Voran zu nennen sind die aus der ganzen Antike faßbaren, von vielen Dichtern in den verschiedensten Formen gestalteten Götterhymnen: eine in der Spätantike hergestellte Sammlung repräsentativster hexametrischer Hymnen (→ Homerische H., sog. → orphische H., H. des → Kallimachos (3) und des → Proklos) ist erhalten. Wichtig sind auch die Hymnen von Sappho, Alkaios u. a., dann vor allem die reiche, nicht nur als Dichtung zu würdigende, sondern auch oft kultischen Zwecken dienende Produktion der Chorlyriker (→ Lyrik I B 2) → Pindar, → Bakchylides, → Simonides u. a., die nicht nur Hymnen, sondern auch Prozessionslieder und Klagelieder für Totenfeiern gedichtet haben. Zu nennen sind endlich die Weihepigramme und Grabepigramme und in Prosa die Epitaphioi. Diese Texte lehren manches über Art und Intensität des Glaubens, sehr wenig dagegen über Kultvorgänge. – 2. *Kultschriftsteller*. Vom Ende des 4. Jh.s v. Chr. an beginnt sich bes. in Athen teils ein Verfall der alten Kultsitten, teils ein romantisch-folkloristisches Interesse an diesen Sitten bemerkbar zu machen. Es entsteht eine Literatur über die att. Feste, Opferstätten, Opfersitten und bes. über die Mysterien von Eleusis, sehr gelehrt und in der Spätantike von Klassikerkommentatoren, Religionsphilosophen und schließlich von den christl. Gegnern der griech. Religion wohl häufiger benutzt, als die wenigen sicheren Fragmente (gesammelt in FGrHist 352–368) ahnen lassen. Ähnliche Spezialwerke wird es im 3./2. Jh. v. Chr. auch für viele außerattische Kulte gegeben haben. Faßbar sind sie uns etwa in manchen gelehrten Traktaten → Plutarchs und vor allem bei → Pausanias (3), dessen Perihegese zu den wichtigsten Quellen für die griech. Kultreligion überhaupt gehört. – 3. Bei den *Historikern* (→ Geschichtsschreibung) sind wichtig die Mitteilungen über Kulttatsachen, die Berichte über den Einfluß der Religion auf das geschichtliche Geschehen, endlich die Haltung des Historikers selbst zur Religion. Wesentlich unergiebiger sind die *Philosophen*, bei denen, von beiläufigen Informationen abgesehen, immer mit spekulativer Denaturierung des religiösen Moments gerechnet werden muß. – 4. Am schwierigsten auszuwerten sind das *Epos* und das *Drama*. Bei → Homer und den Tragikern (→ Tragödie A 5) greifen die Götter nicht nur in das menschliche Handeln ein und fordern die Stellungnahme des Menschen zu ihrem Eingreifen, sondern stehen auch untereinander in Auseinandersetzungen verschiedenster Art. Wie weit diese Aktionen der Götter dem Glauben der Dichter und den Gegebenheiten des Kultes entsprachen oder auch nur mit ihnen vereinbar waren, ist eine Frage, die wir kaum beantworten können. Weder die Äußerungen der Gottesfürchtigen noch die der Gottesverächter im Drama dürfen unbesehen, wie es oft geschieht, für den Glauben des Dichters und seiner Zeit geltend gemacht werden. Die besonderen Ansprüche der Kunst dürfen nie unterschätzt werden. – Einfacher liegen die Dinge bei der → Komödie, die nach Abzug des karikierenden Elementes durchaus als Spiegel der Religiosität und z. T. Kultpraxis bestimmter Gesellschaftsschichten ihrer Zeit aufgefaßt werden darf.

[2] Die *Inschriften* stehen der ersten Gruppe der literarischen Quellen nahe. Kultgesetze, Tempelakten, Weih- und Grabinschriften sind in großer Zahl gefunden worden (die wichtigsten in SIG^3). Ihr Vorzug ist, daß sie uns die geschichtliche Realität religiöser und kultischer Akte, unverschleiert durch literarische, auf ästhetische Wirkung bedachte Transformation, vor Augen führen, ihr Nachteil, daß die Auswahl des Erhaltenen nicht wie dort auf der Aussonderung des Repräsentativen, sondern auf dem Zufall der Entdeckung beruht.

[3] Die *archäologischen Data* liefern Informationen über Standort, Aussehen, Alter, oft auch Inhaber von Tempeln und anderen heiligen Stätten, auch über den Aufbau eines ganzen → Heiligtums (Rückschlüsse auf die Kultorganisation!). Dazu kommen die Massen der Weih- und Grabbeigaben, endlich und vor allem die Kultbilder, denen als dem Zentrum des Kultes die größte Beachtung gebührt. Freilich ist die Identifikation einer Statue als Kultbild nur selten einwandfrei möglich. Für die ältere Zeit ist die Darstellung eines Gottes von der eines Menschen schwer zu unterscheiden, in späterer Zeit ebenso schwer ein kultisches von einem bloß dekorativen Götterbild. Grundsätzlich bedürfen die archäologischen Quellen immer der Interpretation und erlauben über die realen Vorgänge des Glaubens und Kultes nur Hypothesen.

B. Religiöse Grundhaltungen. [1] *Charakteristik*. Entscheidend für die griech. R. ist (1), daß sie die R. eines in zahlreiche Stämme und Staaten zersplitterten Volkes gewesen ist, das niemals eine politische und kultische Einheit, wie Rom, gebildet hat, (2) daß sie prinzipiell Sache der Tradition ist; Maßstab allen korrekten religiösen Verhaltens ist das Herkommen, der *πάτριος νόμος*, des jeweiligen Staates. Die R. hat daher selbst nie ein Bedürfnis empfunden, sich zu systematisieren. Die Kulte stehen unverbunden nebeneinander, jeder mit seinem Tempel, seinen Priestern und Festen. Es gibt weder organisierte Priesterschaften noch homogen aufgebaute Festkalender. Jeder Kult wird dem *νόμος* gemäß für sich gefeiert. Neue Kulte treten hinzu, wenn eine Gottheit durch Zeichen die Einrichtung eines Kultes verlangt oder wenn Ausländer ihre heimatlichen Kulte mitbringen und sie für sich weiter feiern. Daß Bürger von sich aus sich am *πάτριος νόμος* nicht genügen lassen und neue Götter in den Kult einführen, ist dagegen unstatthaft. Systeme der Götter sind nur von außen, von Dichtung, Theologie und Philosophie, an die Kultgötter herangetragen worden und haben niemals zur Organisation der Kulte in einheitlichen ‹Staatskirchen› geführt. Die Kulte begründeten sich auch nicht rational, sondern vielmehr aus der Tradition, konkret aus der ursprünglichen Manifestation eines Gottes in einer für den Kultvorgang paradigmatischen Situation. Alle großen Kulte verfügten über eine derartige Aitiologie, die dann vielfach dichterisch aus- und umgeformt wurde. Theologische oder ethische Doktrinen haben sie indessen niemals aus sich heraus entwickelt. Der Priester ist lediglich der Beamte, der die Kulttraditionen kennt und für deren gewissenhafte Pflege dem Staate gegenüber verantwortlich ist. Zweifellos liefern der Begriff der Gottheit als solcher und der Bericht (*ἱερὸς λόγος*) von ihrem Eingreifen bei der Gründung des Heiligtums, ihrem Belohnen der Frommen und Bestrafen der Gottesverächter Ansätze zu theologischer Reflexion, und die Begriffe kultischer Reinheit und Unreinheit, Frommheit und Unfrommheit konnten zu ethischen Begriffen umakzentuiert werden. Doch den faktischen Anstoß zu solcher Entwicklung haben mit seltenen Ausnahmen nicht die Vertreter des Kultes selbst gegeben, sondern das philosophische Denken; eine Ausnahme bildeten nur einige große → Orakelstätten, vor allem → Delphi. Diese ausschließliche Bindung jedes Kultes an seine bes. Tradition ohne Zusammenschluß der Kulte zu ‹Kirchen› und ohne Entwicklung einer den Kult stützenden Theologie und

Ethik hat nicht nur dazu geführt, daß die griech. R. geschichtlich ein überaus vielfältiges und unübersichtliches Gebilde darstellt; sie hat auch die R. den von außen andrängenden geistigen Mächten gegenüber eigentümlich *wehrlos* gemacht.

[2] *Gefährdung*. Schon in vorklassischer Zeit wird die R. von der *Dichtung* auf der einen, der *Philosophie* auf der andern Seite bedrängt. In der Dichtung wird der Glaube zum Mythos und werden die Götter genauso manipulierbar wie die Helden. Die Philosophie zersetzt umgekehrt die Kultreligion erst mit einer →Kosmologie, die auf das Eingreifen der Götter in die irdische Welt verzichten kann, dann mit einer →Theologie, deren rational gereinigter Gottesbegriff mit den Kultgöttern nichts mehr gemein hat. Die Kultreligion wird dadurch nicht in ihrer Existenz bedroht; sie vermag mit der Dichtung eine Art Symbiose einzugehen, und die Philosophen beteuern, zwar den Mythos, nicht aber den Kult angreifen zu wollen, obschon ihre Kritik von →Xenophanes an faktisch auch den Kult fragwürdig macht. Unter dem vereinigten Druck der Dichtung und der Philosophie gleitet dennoch die traditionelle Kultübung mindestens in Athen (wo wir allein die Verhältnisse wirklich übersehen) vom 5. Jh. v. Chr. an aus dem Bereich des Glaubens in denjenigen der bürgerlichen Wohlanständigkeit und Treue zum Vätererbe über. Nicht zum Atheismus: aber die philosophisch geläuterte und verdünnte Religiosität löst sich von den nur pflichtmäßig fortgeführten Kultbegehungen. Es ist charakteristisch, wie wenig wir etwa bei →Thukydides, →Xenophon, →Platon und →Aristoteles über die att. Kulte erfahren. In der Komödie des 4. Jh.s vollends fehlt es zwar nicht an frommen Stimmungen, doch die Grundhaltung ist ein höchst allgemeiner Glaube an das Walten Gottes, der Götter oder des Göttlichen oder gar der →Tyche, die man darum nennt, weil man nicht mehr naiv genug ist, um ernsthaft an die Kultgötter zu glauben, andererseits aber den abstrakten Gott des philosophisch Gebildeten nicht in den ordinären Wechselfällen des Lebens bemühen möchte.

[3] Dichtung und Philosophie sind auch verantwortlich dafür, daß die griech. *Sakralsprache* in historischer Zeit längst nicht mehr die Präzision besitzt, die die römische bis ins 1. Jh. v. Chr. bewahrt hat. – Der allgemeinste Ausdruck für die R. und ihre Betätigung ist *θεραπεία θεῶν*, also ‹Dienst an den Göttern›, wie ihn der Diener (*θεράπων*) seinem Herrn gegenüber schuldet; spätere Reflexion modifiziert dahin, daß nicht die selbstgenügsame Gottheit der Hilfeleistung bedarf, wohl aber der Mensch in seinem Dienste die schuldige Ehre zu erweisen hat. Die geziemende Verehrung der Götter bezeichnet *εὐσέβεια*, die Verweigerung dieser Verehrung *ἀσέβεια*. Von göttlicher Kraft erfüllt, dann allgemein auf die Götter bezogen und dadurch ‹heilig› ist *ἱερός*, ein Wort mit zahlreichen Ableitungen, die vorzugsweise den ganzen Bereich des Kultes charakterisieren: Opferstätten, Opfergaben, Opferer. Kultisch rein, darum verehrungswürdig und aus dem Bereich der Menschen ausgesondert ist *ἅγιος* und *ἁγνός*. Ausschließlich die Reinheit, nicht nur im sakralen Sinne, meint *καθαρός*, während *ὅσιος* das von der Gottheit her Geforderte oder Erlaubte bezeichnet. Merkwürdigerweise fehlt ein Gesamtbegriff für den Bereich des Profanen, was wohl als Anzeichen dafür gelten kann, daß bei den Griechen die Grenzen fließend waren. Der scharfe römische Gegensatz sacer-profanus ist ihnen fremd. Das Wort *βέβηλος* (eigentlich ‹betretbar› im Gegensatz zu *ἄβατος*, dem der Gottheit gehörenden, unbetretbaren Bereich) wird nur wenig und fast nur in der Mysteriensprache verwendet. – Ein unfrommer Akt, der unrein macht, ist *μίασμα*, noch stärker *μύσος*; was den Fluch der Götter auf sich zieht, *ἄγος*, ein Fehlgriff dagegen *ἁμάρτημα*. – Sofern der Begriff der Sünde der Ausdruck eines von Grund auf gestörten und dauernd von Störung bedrohten Verhältnisses zwischen Gottheit und Mensch ist, ist er den Griechen fremd. Die in Kult und persönlichem Glauben gepflegte Beziehung zu den Göttern ist im allgemeinen völlig unproblematisch. Zwar kann ein Mensch seine Grenzen überschreiten und sich im Übermut (→Hybris) den Göttern gleichstellen, ihre Winke verachten (→Mantik), über den Kult spotten und Verbrechen begehen, die die von den Göttern gewollte Ordnung verletzen (Mord an Eltern, Schutzflehenden u. dgl.) und wird dafür von den Göttern bestraft; doch für das griech. Empfinden sind dies extreme Situationen, die sich vermeiden lassen. Seiner mangelnden Fähigkeit, das Wahre zu erkennen und das Gute zu tun, ist sich der Grieche bewußt; er weiß auch, wie sehr ihn dies als Mensch von den Göttern trennt. Doch mit dem Begriff der Sünde hat dies alles nichts zu tun. – Die Verfluchung durch die Gottheit und den Priester in deren Namen ist *ἀρά*, sich die Gottheit günstig stimmen ist *ἱλάσκεσθαι*. Die Bitte des Bedrängten, die Gottheit möge sich seiner annehmen, zielt auf *ἔλεος*, doch wird das Wort mit seinen Ableitungen auch außerhalb des religiösen Bereiches verwendet. – Heilige Orte heißen allgemein *ἱερά*, ein für die Gottheit abgegrenzter heiliger Bezirk ist *τέμενος*, ein heiliger Hain *ἄλσος*, ein Tempel als Wohnhaus des Gottes *ναός*. Dem Tempel gehört ein Raum an, der nur wenigen bestimmten Menschen zugänglich ist (*ἄδυτον*), gelegentlich auch einer, in den man nach ausdrücklichem Verbote nicht feindlich eindringen darf, der Verfolgten Schutz bietet (*ἄσυλον*). Das Götterbild heißt *ἄγαλμα*, ein altertümlich geschnitztes Holzbild ist *ξόανον* oder *βρέτας*. Als Geschenk an die Gottheit kann ein Götterbild wie jede andere Gabe, die kein Opfer ist, *ἀνάθημα* heißen. Ein altes Wort ist *εἴδωλον*, doch seine terminologische Festlegung auf das Götterbild (‹Idol›) wird erst in der jüd.-christl. Literatur vollzogen. Das allgemeinste Wort für den Altar ist *βωμός* (eigentlich der Aufbau, zu dem man hinaufschreitet), als Feuerstelle heißt er *ἐσχάρα*, als Sitz des heiligen Herdfeuers im Hause *ἑστία*. – Der Priester ist durchwegs der *ἱερεύς*. Ihm stehen dienende Beamte zur Seite, doch terminologische Ausdifferenzierungen der Priestertümer wie in Rom gibt es nicht, mit Ausnahme des Mysterienbereichs. Der religiöse Festtag ist allgemein *ἑορτή*, ein Fest, an dem sich alles beteiligen soll, ist *πανήγυρις*, eine Nachtfeier *παννυχίς*, eine Prozession *πομπή* und die offizielle Delegation zu einem Fest in einem befreundeten Staate *θεωρία*. – Die Leistungen des Menschen sind →Gebet und →Opfer. Das informelle Bittgebet ist die *εὐχή*, das formelle (gesungene) Gebet *ὕμνος*. Das Opfer heißt allg. *θυσία*, als Trankopfer *σπονδή* und in bes. Fällen *χοή*, als Schlachtopfer *σφάγιον*, als Erstlingsopfer *ἀπαρχή*. Zu weiteren Differenzierungen →Opfer. Etwas für sich steht die Begriffswelt der →Mantik, sodann, bedeutend einflußreicher, die der →Mysterien (die Eingeweihten sind die *μύσται*, denen die *βέβηλοι* gegenüberstehen, die Weihen selbst heißen *τελεταί*, die heiligen Handlungen im besonderen *δρώμενα* oder *ὄργια*, die Schau *ἐπόπτεια*. S. auch →Ekstasis, →Enthusiasmos). Die griech. R. verfügt somit über eine reiche Begriffsapparatur. Doch ermangeln die Begriffe auffallend der eindeutigen Umgrenztheit: entweder haben sie sie nie besessen oder (was wahrscheinlicher ist) unter dem Einfluß der Dichtung frühzeitig verloren. Die metaphorische Beanspruchung der religiösen Begriffe und der in ihnen liegenden emotionellen Werte erst durch die Dichtung, dann durch die Philosophie (Beschreibung des philosophischen Erkenntnisweges in Begriffen der Religion bei Platon u. a.) ist ein überaus folgenreicher Vorgang gewesen. Er ist nur möglich geworden, weil eben der Bereich der religiösen Dinge selbst jener klaren Ausgesondertheit und Unantastbarkeit entbehrte, den er in Rom mindestens grundsätzlich zu allen Zeiten besaß.

C. Gottesvorstellung. [1] Das Fehlen jeder aus der Religion selbst entwickelten Theologie ist an der Unbestimmtheit der griech. Gottesvorstellungen bes. deutlich bemerkbar. Epikur stimmt völlig mit dem Befund der religiösen Tradition überein, wenn er den Göttern nur zwei unbedingt vorauszusetzende Eigenschaften zuschreibt: die Unsterblichkeit und die Seligkeit. Daß die Götter mit der Gesamtheit ihres Wesens unsterblich sind (ἀθάνατοι), unterscheidet sie mehr als alles andere von den Menschen (den θνητοί). Sie können zwar geboren werden (Geburtsgeschichten gibt es von allen großen Göttern), niemals aber sterben: die Götter, deren Tod, Bestattung und Wiederaufleben erzählt und gefeiert wird, sind nichtgriechisch (→ Osiris, → Attis u.a.). Die Inkonsequenz der Griechen ist sinnvoll: sie hat nicht die physiologische Wahrscheinlichkeit, sondern die Summierung der erfreulichen Zustände vor Augen. Geburten wie Hochzeiten sind Ausdrucksformen ihrer Seligkeit; in gewissem Sinn kann man auch die zahlreich berichteten Verbindungen von Göttern mit sterblichen Frauen hierher rechnen, während die umgekehrte Verbindung von Göttinnen mit sterblichen Männern dem religiösen Empfinden der Griechen widerstrebt: durch ihre Hingabe verliert die Göttin etwas von ihrem Rang und ihrer Seligkeit. Die entsprechenden Geschichten (bes. von Aphrodite) sind auch da teils nichtgriechisch, teils spät erfunden. – Die Seligkeit der Götter ist unmittelbar mit ihrer Freiheit von Tod, Krankheit, Kummer und Mühe verknüpft. Sie sind die «leicht Lebenden» (ῥεῖα ζῶντες: Il. 6, 138; vgl. Hes. erg. 5ff.; Theogn. 14), und leicht vermögen sie alles auszuführen, was sie begehren. Immerhin gibt es Grenzen und Ausnahmen; die Gestirngötter → Helios und → Selene z.B. sind sichtbar an eine Bahn und Aufgabe gebunden, die sogar «mühevoll» heißen kann (Mimn. Frg. 10 D.). Die Götter stehen dem Tun der Sterblichen niemals gleichgültig gegenüber: sie freuen sich an Opfergaben und Frömmigkeit und zürnen über deren Verweigerung; es gibt auch Menschen, Geschlechter und Völker, die sie besonders lieben (θεοφιλεῖς, vgl. Aristot. NE 10, 9. 1179a24) und deren Geschick sie, ohne es wenden zu können, mit Anteilnahme verfolgen. Der Glaube hat an dem Widerspruch zwischen der Seligkeit der Götter hier, ihrer Freude und ihrem Kummer oder Zorn über die Sterblichen dort keinen Anstoß genommen; erst für die philosophische Theologie wird dies zu einem schwierigen Problem.

[2] Zu Unsterblichkeit und Seligkeit kommt dazu, daß sie gegenüber den Menschen *«die Stärkeren»* (οἱ κρείττονες) sind, deren Hilfe man erbittet, deren Grimm man fürchtet. Sie strafen und rächen dort, wohin die Strafe der Menschen nicht zu reichen vermag: die Tötung des Wehrlosen, des Schutzflehenden, der heimliche Mord ist ihnen überantwortet. Aber der t.t. κρείττονες ist komparativisch, nicht superlativisch: gewiß gibt es auch Superlativformeln (Ζεὺς κύδιστος, μέγιστος; vgl. Optimus maximus), aber die Macht der Götter ist zunächst nur im Verhältnis zu den Menschen größer, nicht schlechthin unbegrenzt. *Abstrakt* kann von den griech. Göttern weder Allmacht noch Allgegenwart noch Allwissenheit ausgesagt werden. Wohl gelangen sie in Gedankenschnelle von einem Ort zum anderen und kennen die dem Menschen verborgene Zukunft. Aber zwischen dem ‹Mehr› und dem ‹Alles› besteht ein prinzipieller Unterschied, folgenreich für den Glauben, der damit rechnen muß, daß auch die Götter nicht alle seine Wünsche erfüllen können, der seinen Gott erst herbeirufen muß, ehe er ihm sein Anliegen vortragen kann usw.; folgenreich aber auch für das Bild der Götter selbst: die philosophische Theologie des 5. Jh.s v. Chr. (Xenophanes VS 21 A 28) hat erkannt, daß ein konsequent durchgeführter Begriff der Allmacht eine Vielheit von Göttern ausschließt. Nur die Begrenztheit göttlicher Macht ermöglicht viele Götter, die sich in der Macht, aber auch der Gegenwart und dem Wissen gegenseitig ergänzen. – *Konkret* gilt, daß man auch von einem Gotte nur solche Taten erwartet, die sich in bestimmten Grenzen der Begreifbarkeit und Glaubwürdigkeit halten. In einer eigentümlichen Unauffälligkeit vollziehen sich die Rettungs-, Heilungs-, Entrückungs- oder Bestrafungswunder mit einem Minimum von Aufwand. Die Götter ergänzen gewissermaßen das Tun des Menschen; sie wirken nie als Einbruch eines inkommensurablen Ganz-Anderen in unserer Welt. Sie heilen Krankheiten, können aber gegen den Tod nichts ausrichten, selbst wo sie es möchten. Dichtung und Philosophie konkretisieren diese bes. Grenze in den Begriff des Schicksals (μοῖρα, εἱμαρμένη), das wie eine unabhängige Macht neben den Göttern steht. Der ganze Bereich des → Zaubers vollends steht der griech. Religion durchaus ferne; die wenigen, bes. an den Gott Hermes geknüpften Ausnahmen bestätigen nur die Regel.

[3] Prekär ist das Verhältnis der Götter zu den Kategorien der → *Ethik*. Die griech. Ethik entwickelt sich im geschlossenen Bereich der Menschen, beruft sich im allgemeinen nicht auf den Willen der Götter und läßt sich noch weniger durch die Priester kontrollieren, die Staatsbeamte und nicht etwa Erzieher des Volkes sind. Die Götter verlangen Frömmigkeit, der Mensch Hilfe bzw. Gerechtigkeit: zwischen dem Leiden des Gerechten und dem Erfolg des Schurken sollen sie den Ausgleich schaffen. Auch für Ordnung sorgen die Götter und fordern sie von den Menschen, wie sie im Kult bis hinab zu den Gebräuchen um Geburt, Hochzeit, Tod, Saatbeginn und Ernteeinbringung dargestellt wird. Diese Art Ordnung ist bei weitem nicht so strikte wie in Rom, aber doch vorhanden. Davon abgesehen gibt es Vergehen, die nicht menschlicher, sondern göttlicher Strafe anheimfallen: nicht nur die schon genannten, die der Mensch nicht zu strafen vermag, sondern solche, die eine höhere Ordnung verletzen, vor allem Vergehen gegen die eigenen Eltern. Trotz alledem sind die Götter nie Garanten einer zusammenhängenden Ethik und nicht ‹Prinzip des Guten›, ebensowenig wie es ein göttliches ‹Prinzip des Bösen› gibt. In der griech. R. fehlt daher die anderswo so eindrückliche Spannung zwischen wohlwollenden und übelwollenden Göttern fast völlig. Hier hat der Klassizismus etwas Richtiges empfunden, wenn er die unbeschwerte Heiterkeit der griech. Götter hervorhob. Der Bereich der unheimlichen, bösartigen, schadenfrohen Götter und Geister ist auf geringe Reste reduziert; man mag vermuten, daß er in vorgeschichtlicher Zeit bedeutender war. Den Gott hat zu fürchten, wer seinen Zorn erregt oder einfach über menschliches Maß hinauszuwachsen droht (→ Phthonos Theon), und es gibt Götter, die bes. wild und reizbar sind wie Ares und Poseidon oder zur Unzeit verführerisch wie Aphrodite. Aber zu keines großen Gottes Wesen, auch nicht zu dem der gelegentlich Tod und Verderben sendenden wie → Artemis oder → Apollon, gehört es, am Leiden der Sterblichen sein Vergnügen zu haben. Soweit die Welt der Götter nicht in ihrer eigenen Seligkeit ruht, ist sie durchaus durch freundliches Wohlwollen den Menschen gegenüber bestimmt. Zur Umsetzung dieses allgemeinen Wohlwollens in den philosophischen Begriff der universalen Fürsorglichkeit der Götter (πρόνοια, providentia) war kein langer Weg. Umgekehrt hat zuweilen die Philosophie, dann bes. das Christentum konstatiert, daß die griech. R. den Mächten des Bösen zu wenig Raum gelassen hatte.

[4] Charakteristisch ist weiterhin die *Unbestimmtheit* des Gottesbegriffs der griech. R. Wo von der Gottheit die Rede ist, kann fast unterschiedslos θεός τις, οἱ θεοί, τὸ θεῖον, ὁ δαίμων, οἱ δαίμονες, τὸ δαιμόνιον gesagt werden. Mindestens θεός und δαίμων (Grundbedeutung und Etymologie beider unbekannt) bedeuteten ursprünglich Verschiedenes; der nichtphilosophische Sprachgebrauch verwendet sie und die Formen des Singulars oder Plurals, Substantivs oder substantivischen Neutrums fast gleichmäßig. Gemeint ist die Zone des Göttlichen überhaupt, ohne daß man sich näher hinsichtlich der Gestalt des gemeinten Göttlichen festlegen mußte. Unbekümmert hat die griech.

Sprache manche dieser Worte auch im uneigentlichen Sinne verwendet: Menschen heißen θεῖος, δαιμόνιος, ein Mensch sieht aus wie ein Gott, redet und handelt, als ob er ein Gott wäre usw. Dieser Dehnbarkeit des Begriffs entspricht es, daß wohl nicht erst im Mythos, sondern schon im Glauben die Göttlichkeit von sehr verschiedener Intensität ist: es gibt große und kleine Götter, solche von sehr weitem, andere von ganz engem Wirkungsbereich. Von Zeus und Apollon geht es hinab bis zu den göttlichen Wesen, die Wälder und Gewässer bevölkern. Dies hat es der philosophischen Theologie so sehr erleichtert, ihren →Monotheismus mit der Vielheit der Kultgötter auszugleichen: einem obersten Gotte steht eine große Zahl untergeordneter Götter zur Seite, und der Herrschende wie die Dienenden können θεοί heißen (was dann erst das Christentum mit Leidenschaft bestritten hat). – Auch der Grad der Individuation der Götter ist sehr verschieden. Göttern mit scharf profilierten Individualitäten stehen andere gegenüber, die bald in der Einzahl, bald in der Mehrzahl oder überhaupt nur in Gruppen existieren (hier Zeus, Artemis, dort bald eine Muse oder Erinys, bald deren mehrere, und die Gruppen der Chariten, Nymphen, Satyrn, Harpyien u.a.). Nur die →Theogonien machen Versuche abzuzählen und zu individualisieren: umgekehrt spielt die Dichtung der Spätzeit mit der Möglichkeit der Auflösung einer Gestalt in eine Gruppe, macht aus Eros die Eroten, aus Pan die Panes und Paniskoi usw. Es stehen also sozusagen konzentrierte und diffuse Manifestationen des Göttlichen nebeneinander.

[5] Endlich ist von der zunächst auffallendsten Eigentümlichkeit zu sprechen, dem konsequenten →*Anthropomorphismus*, der den griech. Gottesbegriff beherrscht. Wie die Griechen sich ihre Götter zwar mächtiger als die Menschen, aber nicht allmächtig, und zwar auf ihre Ehre bedacht, aber doch weit mehr wohlwollend als furchterregend vorstellten, so haben sie sich offenbar auch gescheut, den Göttern jene fremdartigen Gestalten zu verleihen, die bei den orientalischen Völkern begegneten und die jeden sinnvollen Umgang mit ihnen ausschlossen. Es liegt ihnen, seitdem wir sie kennen, daran, mit ihren Göttern sprechen und sich auch vorstellen zu können, wie sie denken und planen und ihr Leben führen, dessen Seligkeit dem Menschen als ein Idealzustand vorschwebt. Dies alles ist unmöglich, wenn die Götter bloße Elemente sind wie bei den Persern oder gar Tiere und Mischgestalten aus Mensch und Tier wie bei den Ägyptern; die Distanz zwischen Mensch und Tier ist unüberbrückbar (→Fauna). Umgekehrt weiß die philosophische Theologie seit →Xenophanes, daß mit einem strengen Gottesbegriff die Menschengestalt unvereinbar ist. Den Glauben und Kult hat diese Schwierigkeit nie gekümmert. Mit dem Anthropomorphismus eröffnete sich freilich auch die Gefahr des Abgleitens des Glaubens in die Mythologie und des Kultes in die Kunst. Die Dramen des Euripides und die knidische Aphrodite des Praxiteles zeigen Götter, die nur noch stilisierte Menschen sind und an die sich kein Hilfesuchender mehr wenden wird. Die griech. Religion hat den Anthropomorphismus wohl weiter getrieben als irgendeine andere geschichtliche Religion; zwar nicht die allgemein anthropomorphen Vorstellungen, aber die anthropomorphen Kultbilder der röm., kelt. und germanischen Götter dürften alle auf griech. Einfluß zurückgehen. In gewisser Weise war er ein einmalig kühnes und auch sinnvolles Experiment. Allerdings ist die griech. R. auch zur Hauptsache an diesem Experiment zugrunde gegangen.

D. Seelen- und Jenseitsglaube. Die Frage, wie weit die Griechen von frommer Götterverehrung und Kultübung nicht nur Erfolg im geschichtlichen Leben, sondern auch die Fortdauer eines Teiles des Menschen über den Tod hinaus in einer götterähnlichen Seligkeit erhofften, also ein jenseitiges Leben und eine Fortdauer der Beziehungen zwischen Toten und Lebenden annahmen, ist sehr viel schwieriger zu beantworten als die Frage nach ihren Gottesvorstellungen. Die Zeugnisse des Glaubens sind in diesem Punkte noch stärker von dichterischen Erfindungen überlagert als anderswo (Musterfall: die homerische Nekyia: Od. 11), und im Kulte werden diese Dinge nur an zwei verschiedenen Stellen thematisch: in →Bestattungssitten und Grabkult einerseits und in den →Mysterien andererseits. Die quellenmäßig und real weit überwiegenden Kulte der großen ‹oberen› Götter haben mit Tod und Jenseits nichts zu schaffen. Bei den Bestattungssitten kreuzen sich grundsätzlich zwei Motive: (a) dem Toten soll sein ganzes Eigentum, vor allem, was ihm am liebsten war, mitgegeben werden, von Anfang an zurückhaltend geübt und zunehmend eingeschränkt; (b) dem Toten soll bei der Bestattung selbst, aber auch im weiterdauernden Totenkult alles gegeben werden, was er zur Fortsetzung seines Lebens braucht, also Speise und Trank und die unentbehrlichen Gerätschaften; dabei bleibt die Vorstellung vom ‹Leben› des Toten völlig unbestimmt. Man denkt wohl, daß der Tote irgendwo in der Tiefe des Grabes hause und daß er auch zuweilen in der Nähe seines Grabes umgehen, schließlich auch, daß er als körperlose Gestalt (εἴδωλον) den Lebenden erscheinen und Rat, Warnung oder Unwillen zu erkennen geben könne. Wenn die Gräber gepflegt werden, so geschieht es eher aus Bürgerpflicht und Familientradition (→Totenkult). Länger als über wenige Generationen hinaus dürfte sich der Kult eines Toten nur im Falle der →Heroen erhalten haben; doch auch bei diesem staatlichen →Heroenkult wird nicht weiter darüber nachgedacht, wo und wie die Heroen weiterleben. Da liefert nun die Dichtung ihre Jenseitsbilder vom →Totengericht, →Hades, →Tartaros, →den Inseln der Seligen und dem →Elysischen Felde; darauf baut wiederum der philosophische Mythos von Platon bis Plutarch auf. Für den Durchschnittsgriechen wird dies zwischen Glaube und Dichtung in der Schwebe geblieben sein; der wissenschaftlich Gebildete wußte, daß im Kosmos der Naturphilosophie für solche Jenseitsbilder kein Platz war und stellte sich, wenn er an die Unsterblichkeit der Seele glaubte, lieber vor, daß die Seele in die substanzverwandte Gestirnregion aufstiege. Für sich stehen nur die Mysterien, zunächst von Eleusis, dann die übrigen, die vielfach den eleusinischen nachgebildet sind. Hier zielen Glaube und Kult gleichmäßig darauf, in der Gemeinde ‹gute Hoffnungen› (ἀγαθαὶ ἐλπίδες) auf ein jenseitiges Leben im Umgang mit den Göttern zu erwecken; der Uneingeweihte freilich hat nach dem Tode nur eine jämmerliche Unseligkeit zu erwarten. Der unmittelbare Einfluß der Mysterien ist möglicherweise weniger bedeutend gewesen als die Anregung, die sie immer wieder den Jenseitsbildern der Philosophie und Dichtung boten. →Jenseitsvorstellungen.

E. Geschichte der Religion. [1] *Zur Methode.* Die griech. R. hat ein in viele Stämme mit verschiedener Sozialstruktur und Kulturhöhe zersplittertes Volk zum Träger (s.o. B 1). Die Zeugnisse reichen nur selten aus, um die religiöse Entwicklung eines Stammes kontinuierlich überblicken zu können; archaische und späte Formen der R. können gleichzeitig nebeneinander bestehen. Dies gilt auch innerhalb eines einzelnen Stammes, wo die R. der weltläufigen und aufgeklärten Gebildeten immer eine andere ist als diejenige der kleinen Leute, die zudem immer schwächer bezeugt ist als jene. Darüber hinaus gibt es neben den in traditionsstarken Schichten weiterlebenden echt archaischen Formen auch künstliche Archaismen: programmatische Rückkehr zu wirklich oder vermeintlich uralten Bräuchen. Bei den Griechen ist dies vom 3. Jh. v. Chr. an zu beobachten. Bei →Pausanias z.B. ist es nicht leicht, zwischen archaischen und archaistisch konstruierten Kulten, selbst in Landschaften wie Arkadien oder Böotien, zu unterscheiden. Neu eingeführte Kulte konkretisieren sich in den griech. Staaten (soweit wir wissen) anders als in Rom niemals zu Staatsakten, die die Historie der Aufzeichnung würdig befindet:

in Rom geht die Errichtung jedes Tempels auf motivierte Anträge von Magistraten und Senatsbeschlüsse zurück und wird die Zulassung neuer ausländischer Kulte nur durch die zuständige Behörde legitimiert; für die Historiker sind diese Beschlüsse ein Stück Geschichte. Vergleichbares ist bei den Griechen erst in hellenist. Zeit in Inschriften zu fassen. Die wenigen Baubeschlüsse älterer Zeit, die wir kennen (Parthenon, 447 v. Chr., u. ä.), haben das Repräsentationsbedürfnis des Staates und nicht die Organisation eines Kultes im Auge; Einführungen neuer Kulte sind zuweilen ungefähr datierbar (→Asklepios und →Bendis in Athen), doch ohne daß uns der Vorgang und seine religiösen Hintergründe wirklich deutlich werden. So muß die Geschichte der griech. R. viel mehr im allgemeinen bleiben als diejenige Roms.

[2] *Vorhomerische Zeit.* Hinlänglich sprechende *Zeugnisse* sind bisher noch nicht vorhanden. Die (problematische) Entzifferung von Linear B hat günstigenfalls einige Götternamen gebracht (ob auch ein Indiz für den →Dionysoskult, ist unsicher). Es bleiben nach wie vor die Data der Archäologie (→Kret.-myk. Kultur), die für das Mutterland wenige und nicht sehr bedeutende, für Kreta dagegen reiche Reste von Kultstätten und -objekten aufgedeckt hat. Auch die griech. Tradition weiß noch bes. von einem uralten und eigentümlichen Kult des →Zeus auf Kreta. Sprachwissenschaftlich gesehen sind die Götternamen Zeus, Hera, Poseidon, Demeter, Hermes echt griechisch, die von Athene und Artemis sehr früh, Apollon, Aphrodite, Hephaistos später gräzisiert. Rückschlüsse aus allgemeinen Erwägungen dürfen zwar nicht vom problematischen Begriff der Primitivität eines Glaubens und Kults ausgehen, wohl aber vom Bezug auf die elementaren Gegebenheiten des Lebens: Geburt, Mannbarkeit, Hochzeit, Tod, sodann Aussaat und Einbringung der Ernte, Gedeihen des Viehs, Schutz vor feindlichen Nachbarn, endlich die unheimlichen Naturerscheinungen wie Donner, Blitz, Finsternisse, Erdbeben und rätselhafte Lokalitäten (Höhlen, Waldestiefen u. dgl.). Mit diesen Bereichen waren wohl schon in ältester Zeit Kulte verbunden; in den historisch bekannten →Geburtsriten, →Hochzeitsriten, →Bestattungsriten, dann in den agrarischen Festen (→Pyanopsien, →Thalysien, →Thargelien) stecken uralte Traditionen, ebenso in den Begehungen, die den bedrohenden Naturerscheinungen zu begegnen suchen. Alt sind auch die zugehörigen Götter: Zeus, der zunächst über das Wetter, auch Donner und Blitz gebietet; Demeter als Herrin der Fruchtbarkeit des Bodens und Poseidon als der gefährliche Herr der Erdtiefe und Erdbeben; Hera, die Frauengöttin, aber auch die Schützerin der Polis gegen Feinde; dieselbe Aufgabe als Stadtschützerin (πολιοῦχος) übernimmt schon sehr früh auch Athene, die zugleich aber auch die weibliche Arbeit verwaltet. Artemis ist in der Wildnis zu Hause und zugleich Geburtsgöttin. Für sich steht Apollon, dem immer mehr und mehr Bereiche zugewachsen sind, ohne daß wir sagen können, was er ursprünglich bedeutet. Am fremdesten bleibt zu allen Zeiten Aphrodite, die fast völlig als Göttin der Liebe determiniert ist; am ‹griechischsten› wirkt Hermes, der Gott, der den rechten Weg finden läßt. Daß diese großen Götter schon längst vor Homer begonnen haben, sehr viele kleine, alte lokale Gottheiten zu absorbieren, ist nicht zu bezweifeln. Die Masse ihrer Beinamen, unter denen nicht wenige den Griechen des 5. Jh.s v. Chr. schon genauso unerklärbar waren wie uns (berühmteste Beispiele: Athena Tritogeneia, Hermes Argeiphontes), beweist dies hinlänglich.

[3] *Homerische Zeit.* Homers Werke sind Dichtung und insofern nur bedingt als Zeugnis der R. verwendbar; doch da sie faktisch die griech. R. dauernd beeinflußt haben, muß doch von der homerischen R. als der ältesten geschichtlich als Ganzheit faßbaren R. der Griechen gesprochen werden. Wichtiger als der →Anthropomorphismus, den der Dichter unbekümmert bis zu den äußersten Konsequenzen treibt, ist dabei die Herstellung einer überschaubaren *Ordnung unter den Göttern.* Sie sondern sich in (1) die obersten, immer und überall wirkenden Götter →Zeus, →Hera (das göttliche Ehepaar par excellence), →Poseidon, →Athene, →Apollon, →Artemis, →Aphrodite, →Ares, →Hermes. Für sich stehen →Hades und →Helios; (2) große Götter, die jedoch in der homerischen Welt nur Randfiguren sind: →Hephaistos, →Leto, und bes. →Demeter und →Dionysos, die auffallend selten und nur in späten Teilen des Epos erscheinen; (3) Götter der Urzeit: →Uranos, →Kronos, die →Titanen, →Gaia, →Themis, →Okeanos; (4) die kleinen, meist als Pluralität auftretenden Gottheiten: →Nymphen, →Chariten, →Nereiden, →Erinyen, →Keren, →Musen, →Horen, die →Windgötter, die →Sirenen. Dazu kommen endlich vom Dichter selbst geschaffene Göttergestalten wie Alke, →Ate, →Eris, →Hebe, →Hypnos, →Litai. So reich die Welt der im Epos als höhere Menschen agierenden Götter ist, so dürftig wirkt der Bereich des *Kultes* unter den Menschen selbst. Von Tempeln, heiligen Bezirken, Hainen und Altären (z. B. Il. 8, 238; Od. 22, 334) ist zwar mehrfach die Rede. Doch von Priestern und Priesterinnen hören wir selten, fast nur bei den Troern; sie bilden keinen abgegrenzten Stand, sind ganz an ihren jeweiligen Kult gebunden und genießen, wie auch die Seher, keine ausgesprochene Vorzugsstellung. Auch Feste und regelmäßige Opfer sind selten erwähnt (z. B. Il. 20, 403). Einige wenige Opferhandlungen werden ausführlich beschrieben (Il. 1, 446–474; Od. 3, 421–463). Im Mittelpunkt steht das Tieropfer. Bei jeder Mahlzeit und erst recht bei bes. Gelegenheiten erhalten die Götter ihren Anteil. Gebetet, geopfert, gespendet wird vorzugsweise dann, wenn man für einen bestimmten Zweck göttlicher Hilfe bedarf und durch eigene Leistung deren Gegenleistung erwirken will. Gefürchtet ist der Zorn der Götter über Verletzungen ihrer Ansprüche an Ehre und Opfer; durch bes. große Opfer muß er versöhnt werden. →Mantik verschiedener Art kommt vor, wird aber oft mit Verachtung abgefertigt (Il. 1, 105 ff.; 12, 200–243; Od. 1, 415 f.). Die Toten werden immer verbrannt; einmalig, großartig und wild zugleich ist die Totenfeier für Patroklos (Il. 23). Mit am einflußreichsten sind Homers →Jenseitsvorstellungen geworden, obwohl sie nicht ganz einheitlich sind (→Seele). Die Toten leben als wesenlose Schatten und Abbilder des Lebens fernab im Hades (vgl. bes. Od. 11); weder wünscht man sich ihr Schicksal, noch fürchtet man sie. Große Helden leben in ewiger Freude: Herakles im Olymp, Menelaos auf dem Elysischen Felde; die Götterfeinde müssen im Tartaros hausen. – Bezeichnend für diese ganze Welt ist ihre Vieldeutigkeit. Die Götter greifen mächtig ein, aber eben nur wie höhere Menschen, und die Grenze zwischen dem Glauben an Machterweise und Dichtererfindung ist nicht zu erkennen. Über den Kult werden wir vielseitig informiert, doch eher, weil er zum Bilde des Lebens dazugehört, als weil der Dichter selbst sich und seine Hörer erbauen möchte. Fromm ist weder die Szene um Zeus-Thetis-Hera (Il. 1, 493–611) noch die um Ares-Aphrodite (Od. 8, 267–366). – Der Einfluß dieser Welt ist bis zum Siege des Christentums ungeheuer gewesen. Für den durchschnittlich Gebildeten gibt Homer das Vorbild, wie man sich die Götter vorzustellen und welchen Platz man der Kultübung einzuräumen habe (vgl. Hdt. 2, 53).

[4] In der *vorklassischen Zeit* (7./6. Jh. v. Chr.) treten Kulte auf, die der homerischen Welt eigentlich noch fremd sind: die →Mysterien der Demeter in Eleusis, der Kult des Dionysos, der aus phryg.-thrak. Bereich nach Mittelgriechenland kommt und dessen Kult bes. in Athen ausgesprochen volkstümlich wird. Zur selben Zeit beginnen auch die Nachrichten über die großen →Orakelstätten, bes. diejenigen Apollons in Ionien und in →Delphi. Die Literatur der →Theogonien und →Katharmoi wird faßbar, dazu Gestalten wie →Orpheus, →Musaios, →Linos, Wundermänner wie →Abaris und →Epimenides, Seher wie →Ba-

kis, die → Sibylle u.a. Ob und wie weit man all dies als ein geschlossenes Ganzes, als einen Einbruch elementarer enthusiastischer Religiosität in die ausgewogene Welt Homers deuten darf, muß eine offene Frage bleiben. Deutlich ist, daß auch mehrere → Vorsokratiker wie → Heraklit (VS 22 B 92, 93), → Parmenides (28 B 1), → Empedokles (31 B 111, 112ff.) und bes. → Pythagoras stark davon beeinflußt sind. Andererseits entsteht aus einer höchst seltsamen Synthese des Dionysoskultes mit Homer die att. → Tragödie. – Derselben Zeit gehören aber auch die großen Gesetzgeber an (→ ‹Lykurgos›, → Solon, → Charondas, → Zaleukos u.a.) und die weit ausgreifende → Kolonisation. Dies führt zu einer gewissen Organisation der Kultübung durch das Gesetz: Ort und Art der Staatskulte, Einkünfte der Tempel und Priester, Begrenzung des im Kulte erlaubten Aufwands, bes. hinsichtlich der → Bestattungsriten und des → Totenkults (um die sozialen Unterschiede nicht zu sichtbar werden zu lassen). An den Koloniegründungen wird bes. das delphische Orakel beteiligt, was diesem einen bedeutenden Einfluß nicht nur auf die Kultübung, sondern auch auf die Politik der neuen Staaten und schließlich eine allgemeine religiöse, politische und ethische Autorität verschafft. An die Koloniegründungen darf auch die Entfaltung des → Heroenkultes angeschlossen werden. Heroen sind zunächst die Helden der längst vergangenen homerischen Welt, aber auch die durch einen Gott beratenen Stadtgründer, schließlich auch andere, die sich für eine Polis hervorgetan haben oder deren Kult durch ein Orakel gefordert wird. – In dieselbe Zeit fällt auch die Einrichtung der panhellenischen → Spiele mit ihrem halb sakralen, halb gesellschaftlichen und sportlichen Charakter.

[5] In der *klassischen Zeit* entfaltet sich die Kultübung in den Poleis, bes. was die stadtschützenden Götter angeht, in monumentalen Tempeln und Kultbildern, die von den angesehensten Künstlern geschaffen werden, in prächtigen, wenn auch im äußeren Prunk zurückhaltenden Festen, Prozessionen und Festspielen aller Art. Die Position der → Priester bleibt freilich unscheinbar; sie sind nur die für die korrekte Kultabwicklung verantwortlichen Beamten. Zweck der Tempel und Feste ist die Schaustellung von Macht und Reichtum der Polis, die in einem allgemeinen Sinne den Göttern verdankt werden. – Ein Erlahmen des Kults der homerischen Götter und eine zunehmende Bevölkerungsmischung bes. in Athen spiegelt sich in der Aufnahme neuer Kulte, die z.T. schon in vorklassischer Zeit auftreten, aber erst im 5.Jh. bedeutend werden. Singulär ist die Verbreitung des Kultes des → Asklepios von Epidauros aus über Sikyon, Ägina, Delphi nach Athen und noch weiter. An nichtgriech. Kulten dringen vor → Hekate aus Karien, die Große Mutter (→ Kybele) aus Kleinasien (in Athen schon anfangs des 5.Jh.s Staatskult), ebendaher → Adonis (Privatkult bes. der Frauen), aus Samothrake die → Kabiren, aus Kyrene → Ammon (Hymnos Pindars), aus Thrakien → Bendis (Plat.rep. 327 A ff.), aus Phrygien der mit → Dionysos verwandte → Sabazios, dessen Kult freilich dem niederen Volke überlassen blieb. Generell sind alle diese Kulte entweder gründlich hellenisiert worden oder aber auf Ausländer und die kleinen Leute beschränkt geblieben. Geistiger Hintergrund ist das in dieser Zeit überhaupt rege Interesse an fremden Kulturen und Religionen. Die → Interpretatio Graeca setzt mit → Hekataios und → Herodot ein, aber auch die Reflexion über die Unterschiede der griech. Religion von derjenigen der Ägypter, Perser, Skythen u.a. Markant ist in dieser Zeit die Spaltung zwischen traditioneller Kultübung und einer persönlichen Religiosität, die sich bei den Gebildeten mehr und mehr auf die Achtung vor einem Walten der Gottheit reduziert, die mit den homerischen Göttern nichts mehr gemein hat. Gesprächsweise ruft man Zeus, Hera, Herakles u.a. Götter an, doch das impliziert keinen Glauben. Die Philosophie tut ihr Werk der → Aufklärung oder lehrt eine vernunftgemäße → Theologie, die der überlieferten Religion den Boden entzieht. Vereinzelt meldet sich der → Atheismus und ihm gegenüber der philosophische Gottesbeweis. Für → Thukydides spielt die Religion keine Rolle, die Sokratik pflegt die Verehrung einer fürsorglich waltenden Gottheit und den Kult des philosophisch verklärten Apollon von Delphi (für → Xenophon ist die an das Daimonion des Sokrates anknüpfende Schätzung der Mantik bezeichnend), → Aristophanes zeigt, wie weit am Ende des 5.Jh.s die Karikatur aller Götter (→ Götterparodie; → Mythentravestie) und Kultformen gehen konnte; 50 Jahre später wird dies allerdings als anstößig empfunden, doch die Religiosität der Gestalten → Menanders ist korrekt und dünn zugleich, zuweilen dem → Aberglauben und zuweilen der Empfindsamkeit zuneigend.

[6] Für *Hellenismus und Kaiserzeit* ist zweierlei charakteristisch: 1. Die romantisch-folkloristische Weiterführung und Erneuerung vieler alter Kulte, parallel mit der Entstehung der gelehrten Kultschriftstellerei (s.o. A 2), zuweilen auch unter dem Einfluß der alte Traditionen pflegenden Theologie der → Akademie und der → Stoa. Für das 3. und 2.Jh. zeigen Inschriften ein reiches Kultleben in ganz Griechenland. Es blühen auch die Mysterien von Eleusis und überhaupt die Mysterienkulte; manche werden anscheinend erst in dieser Zeit eingerichtet, um dem Bedürfnis der Zeit nach stimmungsvolleren und bedeutungsreicheren Kulten entgegenzukommen (zahlreiche Belege bei → Pausanias). Einen Niedergang verzeichnen die Orakelstätten (soweit sie nicht wie Delphi von politischen Mächten gestützt werden), bes. auch durch die Verheerungen des 1.Jh.s v.Chr. (Mithridat. Kriege, röm. Bürgerkriege). Der Philhellenismus mancher röm. Kaiser (→ Nero, → Hadrian, → Antoninus Pius, → Mark Aurel) belebt noch einmal manche Kulte, bis im 3.Jh.n.Chr. die endgültige Verödung Griechenlands und der Zusammenbruch aller Traditionen einsetzt. – 2. Das massenhafte Einströmen orientalischer Kulte und Anschauungen. Die Bevölkerungsbewegung in den hellenist. Reichen, die Ehrfurcht der Griechen vor der uralten Weisheit des Ostens und politische Einflüsse wirken da zusammen (→ Orient und Antike G). Die *ägypt. Kulte* → Osiris', → Serapis', → Anubis', → Harpokrates', ganz besonders aber der → Isis, werden von den → Ptolemäern systematisch propagiert und fanden in deren gesamtem Einflußbereich weiteste Ausdehnung. Die vorderasiat. Götter, die von ihren Gläubigen mitgenommen werden und auch unter den Griechen (oft ihrer faszinierend primitiven Kultformen und Kultlegenden wegen) Anhänger finden. Der schon früher rezipierte Kult der Großen Mutter (→ Kybele) und des → Adonis belebt und orientalisiert sich neu, dazu kommen: → Attis und → Agdistis, → Men Tyrannos aus Phrygien, die syr. Göttin (→ Dea Syria), Herakles → Melkart aus Tyros, Astarte (→ Ištar), → Atargatis, → Derketo u.a. Eigentümlich ist die Entwicklung des pers. Mithras, dessen Kult im griech. Osten kaum, im lat. Westen dagegen überaus reich bezeugt ist. Die Aufnahme *oriental.* Praktiken, die einem Zwischenbereich zwischen Religion, Naturphilosophie und Zauberei angehören, ist an der inneren Auflösung der altgriech. R. wesentlich beteiligt: die → Astrologie, die als chaldäisch galt, und die ägypt. → Zauberei, die vom 3.Jh.n.Chr. an in die → Alchemie einmündete. Daneben treten überhaupt Aberglaube und Zauberei an die Oberfläche, dokumentiert in Zauberformeln (Zauberpapyri), Verfluchungstäfelchen, Amuletten usw. Mit der Realität von Zauberkräften, die dem Besitzer Götter, Menschen und Elemente gefügig machen, rechnet sogar der späte → Neuplatonismus. – 3. Der Fürstenkult. Die Unbekümmertheit, mit der die Griechen einen bedeutenden Mann ‹göttlich› (θεῖος) oder gar ‹göttergleich› (ἰσόθεος) nennen konnten, die Erhebung von Stadtgründern, dann auch von anderen Wohltätern der Polis, Toten und schließlich sogar Lebenden zu → Heroen

mit dem Anspruch auf angemessenen Kult schaffen die Voraussetzungen für den → Herrscherkult. Die eigentümlichste Vorstufe ist der Kult Lysanders 404/403 v. Chr. (vgl. Duris, FGrHist 76 F 71). Paradigmatisch entfaltet er sich bei → Alexander d. Gr., wobei der Eindruck der einmaligen Leistung, das hochgesteigerte Selbstbewußtsein des Königs selbst, die teils echte, teils berechnete Unterwürfigkeit der griech. Staaten und besondere Voraussetzungen in der R. des eroberten Ägypten zusammenwirken. Die → Diadochen haben von den griech. Poleis Kult gefordert und erhalten, dann auch die meisten ihrer Nachfolger. Beinamen wie ‹Retter› (*σωτήρ*), ‹Sieger› (*νικάτωρ*), ‹Wohltäter› (*εὐεργέτης*), ‹sichtbarer Gott› (*ἐπιφανής*) weisen auf die Gottheit ihres Trägers hin. Dazu kommen Tempel, Altäre, ständige, eponyme Priestertümer, die Benennung von Festen und Monaten nach dem vergotteten König. Vom 2. Jh. v. Chr. an beginnt dieser Kult auch auf röm. Wohltäter der Griechen, dann auf die Gottheit → Roma, dann auf die röm. Kaiser überzugehen. Im griech. Osten ist der Kaiserkult (→ Romkult) die unmittelbare Fortsetzung des hellenist. Königskultes. Geistig stellt er eine für uns schwer durchschaubare Mischung von echter Bewunderung ungewöhnlicher Taten und Machtfülle mit politischer Berechnung dar: alte Traditionen des Glaubens verbinden sich mit zynischem Manipulieren von Kultformen, die ohnehin niemand mehr ernst nimmt. Am weitesten geht der Königskult bei den Ptolemäern, doch darf (wie bei den Seleukiden) die oriental. Komponente nicht überschätzt werden: es handelt sich primär um ein griech. Phänomen.

[7] Der *Untergang* der griech. R. erfolgt von innen wie von außen: von innen durch die Wirkung von Mythologie und Philosophie, die von den alten Glaubensformen nur noch das leere Gehäuse übriglassen, sowie durch die Überflutung mit oriental. Religionen und in deren Gefolge mit Superstitionen aller Art; von außen durch das Christentum, das Raum hatte sowohl für echte Kultfrömmigkeit, ohne wie die oriental. Kulte ins Abstruse abzugleiten, wie auch für eine philosophische Theologie, ohne damit die religiöse Substanz in Gefahr zu bringen; es wußte die griech. R. an ihrem schwächsten Punkte, der Unbestimmtheit und Unverbindlichkeit ihres Gottesbegriffes, zu treffen. O. G.

Lit: A. J. Festugière, Personal religion among the Greeks, 1954 – C. F. v. Nägelsbach, Nachhomer. Theologie, 1857 – Ders., Homer. Theologie, 1884 – E. Samter, Die R. der Griechen, 1914 – J. Harrison, Prolegomena to the study of Greek Religion, 1921 – O. Kern, Die R. der Griechen, 3 Bde, 1926–1938 – J. Geffcken, Der Ausgang des griech.-röm. Heidentums (1920), 1929² – W. F. Otto, Die Götter Griechenlands, 1929 – W. Nestle, Die griech. Religiosität in ihren Grundzügen, 3 Bde, 1930–34 – U. v. Wilamowitz, Der Glaube der Hellenen, 2 Bde, 1931/32 (Nachdr. 1959) – M. P. Nilsson, Gesch. der griech. R., 2 Bde (1941/1950), 1955/1961² – W. K. C. Guthrie, The Greeks and their Gods, 1950 – Weitere Lit. → Kultus.

F.–I.: KULTUS. Mitteilungen über Kultbräuche sind zahlreich genug (s. o. A 2), aber weder zeitlich noch räumlich in gleichmäßiger Dichte vorhanden: eine kontinuierliche Entwicklung läßt sich nicht aufzeichnen, so daß es bei einer systemat. Übersicht bleiben muß.

F. RITUS. [1] *Opfer*. Ursprünglich und für das Volksempfinden wohl immer gelten die Opfer als Leistungen für die Götter, die zu Gegenleistungen herausfordern, ohne daß näher darüber nachgedacht wird, inwiefern die Götter solcher Leistungen der Menschen bedürftig sein könnten. Dem Gebildeten gelten sie später als reine Ehrengaben, so daß die Opfer wertvoller Gaben mehr und mehr abgelöst werden durch symbolische Opfer und schließlich alles Gewicht auf die Gesinnung des Opfernden gelegt wird. Zu unterscheiden sind (a) unblutige Opfer, und zwar 1. Speiseopfer (Backwerk, Kuchen, Käse, Früchte), 2. Trankspenden (Wasser, Milch, Honig, Wein, Öl), 3. Schmuckgaben (Blumen, Weihrauch), sodann (b) blutige Opfer, wobei wieder scharf unterschieden wird zwischen der Beteiligung der Götter an der Fleischnahrung und der vollständigen Überantwortung eines Opfertieres an die Götter. Zum ersten Typ gehören alle Fest-, Bitt- und Dankopfer, und verwendet werden ausschließlich eßbare Haustiere (Rind, Schaf, Ziege, Huhn). Zum zweiten Typ gehören die Sühn-, Eid- und bes. Totenopfer; da werden neben den Haustieren auch Wildtiere (Hirsch, Eber u. a.) geopfert. – Die Opfertiere werden bekränzt und sonst geschmückt, oft bestehen bes. Vorschriften hinsichtlich Alter, Farbe, Geschlecht. Bekränzt ist auch der Opfernde (im Hause grundsätzlich der Hausherr, sonst der zuständige Priester in Verbindung mit Magistrat oder Feldherrn). In der Teilnahmeberechtigung am Opfer ist die griech. R. (die Mysterien ausgenommen) sehr großzügig: berechtigt sind alle Bürger, die nicht kultisch unrein sind, ebenso Metöken und Ausländer, oft auch die Sklaven.

[2] Das *Gebet* dient vor allem der Bitte, dann auch dem Dank. Kultgebete sind nicht erhalten, doch zeigen die literarisch geformten Gebete (bes. bei Homer, den Lyrikern, Aristophanes), auf was es ankam: korrekte Bezeichnung der für das Anliegen zuständigen Gottheit, Einladung an die Gottheit, von ihrem Wohnsitz zum Betenden zu kommen oder doch auf ihn zu merken, Hinweis auf die Macht der Gottheit, Berufung auf ihre früheren Machterweise und auf die bisherigen Leistungen des Betenden, Versprechen künftiger Leistung im Falle der Gewährung. – Reinheit der Hände und Kleidung ist beim Gebet erforderlich, gebetet wird stehend, unbedeckten Hauptes und mit ausgebreiteten Armen, öfters bekränzt und mit einem Zweig in der Hand. Alle wichtigen Akte: Festfeiern, Volksversammlungen, Gerichtssitzungen werden mit Gebet eingeleitet. – Rituelle Festlieder sind die → Hymnen, die häufig angesehenen Dichtern in Auftrag gegeben werden und sich je nach dem angeredeten Gotte (→ Dithyrambos, → Päan) und der Art der Begehung (→ Prosodia, → Hyporchemata, → Partheneia) differenzieren.

[3] Außerordentlich reichlich sind die literarischen und archäologischen Zeugnisse über → *Weihungen*, die aus den verschiedensten Anlässen von Staaten, Fürsten und Privaten an die Götter gingen. Große Kultorte wie → Delphi und → Olympia besaßen in ihren Schatzhäusern eine Fülle solcher Geschenke. Voran stehen Weihegaben griech. Staaten zum Dank für militärische Siege (ähnlich das → Tropaion), auch Weihgeschenke von Königen, von → Kroisos bis zu den hellenist. Herrschern. Neben sie traten die Sieger in den panhellenischen Wettspielen und schließlich die vielen einzelnen, die für Erfolg im Beruf, im Sport, in der politischen Laufbahn oder für Errettung aus gefahrvoller Situation (Reise, Krankheit, Kindbett) dankten. Auch die Braut brachte vor ihrer Vermählung ein Weihgeschenk dar. Die Geschenke selbst waren Statuen, Dreifüße, Opfergeräte, erbeutete oder siegreiche Waffen, Arbeitsinstrumente, auch lebende Tiere, in bes. Fällen Tempelsklaven und -sklavinnen (→ Hierodulen). Die → Epigrammatik fand in der Beschriftung von Weihgeschenken eine wichtige und reizvolle Aufgabe (Anth. Pal. 6).

[4] *Reinigung*. Zu unterscheiden sind drei Typen: (a) Die für jede Kultbegehung erforderliche Reinheit, wozu bei Homer und in vielen späteren Kulten nur Waschung der Hände und saubere Kleidung erforderlich ist, wogegen andere weitergehende Reinigungsrituale, die Mysterien auch Enthaltsamkeitsgebote verschiedener Art beifügen; doch wird schon früh die Reinheit der Gesinnung als das allein Entscheidende bezeichnet. Hier anzuschließen sind auch die Reinigungen, die bei Geburt und Tod erforderlich sind. (b) Die Reinigung von Schuld, bes. Blutschuld, wobei die alte Zeit zwischen gerechter und ungerechter Tötung, nicht aber zwischen absichtlicher und unabsichtlicher Tat unterscheidet (→ Recht I G). Reinigung von Mord ist in der Regel nur unter schweren Bedingungen und mit kompliziertem Ritual (Waschung mit Opferblut) zu erreichen (literarisch stilisiertes Beispiel: Apoll. Rhod. 4, 690 ff.), doch

darf, sind die Voraussetzungen erfüllt, der Vollzug der Reinigung nicht verweigert werden. Noch umständlicher ist die Reinigung eines ganzen Staates von Blutschuld; berühmtester Fall die Reinigung Athens von der Ermordung der → Kyloniden durch → Epimenides (wenn historisch, um 600 v. Chr.). (c) Apotropäische Reinigungen, die vorauswirkend gegen Zauber und den Einfluß übelwollender Mächte schützen. Da in der hohen griech. R. dergleichen Mächte nur eine geringe Rolle spielen (s. o. C 2. 3), ist auch von solchen Mitteln wenig die Rede, außer im → Totenkult, wo es gilt, die Toten von den Lebenden fernzuhalten (→ Anthesterien). Um so häufiger sind solche ἀποτρόπαια im Volksglauben und Aberglauben bes. der Spätzeit: → Amulette, Abwehrsymbole, → Zaubersprüche.

[5] Die markanten Stationen des menschlichen Lebens werden von bestimmten Riten begleitet: 1. Die → *Geburtsriten* bezwecken Schutz des Lebens der Mutter, Abwehr gefährlicher Einflüsse auf das Neugeborene, Reinigung von Mutter und Kind von der durch die Geburt eingetretenen kultischen Befleckung, Aufnahme des Kindes in die Familiengemeinschaft. – 2. Von den → *Hochzeitsriten*, bei denen anders als in Rom der Charakter des Familienfestes stark hervortritt, haben eigentlich nur die kultische Reinigung von Braut und Bräutigam und das Opfer an die eheschützenden Götter religiöse Bedeutung. – 3. → *Bestattungsriten*. In archaischer Zeit mag der Gedanke, dem Toten mitzugeben, was er liebt und braucht, und ihn den Nachlebenden gegenüber freundlich zu stimmen, wichtig gewesen sein, dazu auch die Notwendigkeit, sich von der Befleckung, die jeder Tod mitbringt, zu reinigen. So ergeben sich Totenopfer einerseits, Reinigungsriten andererseits. In späterer Zeit wird dies alles überwuchert durch das Bedürfnis, durch prunkvolle Grabprozessionen und Grabbauten das Ansehen des Toten und seiner Familie zu manifestieren, wogegen dann wieder im Namen der demokratischen Schlichtheit eingeschritten werden muß.

G. MANTIK. Eigentümlich griechisch ist der Wunsch, sich über das Künftige Gewißheit zu verschaffen, und die Überzeugung, daß dies durch die Gunst der Götter und bestimmte, methodisch anwendbare Praktiken möglich sei. Die zahlreichen Formen der → Mantik unterscheiden sich bes. danach, ob sie an bestimmte Kultorte, Götter und Heroen und an die höhere Einsicht götternaher Seher gebunden sind oder ob der Akzent auf einer prinzipiell durch jedermann erlernbaren Methode der Deutung von Zeichen liegt, die immer und überall begegnen können.

[1] Repräsentativste Form der Mantik ist die der → *Orakelstätten*. Orakelgott ist in klass. Zeit vor allen andern → Apollon (wichtigste Stätten: Abai, Argos, Delphi – alle andern überragend –, Didyma, Gryneia, Klaros, Tegyra, Telmessos, Theben), neben ihm zuweilen → Zeus (Dodona, Olympia), schließlich einzelne alte Heroen, deren Orakel der Annexion durch Apollon widerstanden hat (→ Amphiaros in Oropos, → Kalchas in Drion in Apulien, → Trophonios in Lebadeia, Amphilochos in Mallos u. a.). In der Form der Orakelerteilung wird bes. in alter Zeit die größte Verschiedenheit geherrscht haben (Los-, Traum-, Opfer-, Spruchorakel u. a.), doch im 6./5. Jh. v. Chr. spielt das Spruchorakel die größte Rolle, nicht nur weil es in → Delphi gepflegt wurde, sondern weil es die differenzierteste Antwort erlaubte und gelegentlich zum Instrument konkreter religiöser, ethischer oder gar politischer Bestrebungen werden konnte. Anfragen ergingen von Staaten in politischen (Gesetzgebung, Staatsverträge, Koloniegründungen) und militärischen Angelegenheiten ebenso wie von Einzelbürgern in ihren privaten Anliegen, von Griechen ebenso wie von Ausländern. Die meisten Berichte verdanken wir → Herodot, der dem delphischen Orakel mit Interesse und distanzierter Achtung gegenübersteht, doch hat zweifellos der Pelop. Krieg wie die philosophische → Aufklärung Delphis Ansehen schon bald danach hart zugesetzt. An den großen Stätten bestanden wohl Sammlungen der ergangenen Orakelsprüche. – Etwas anderer Art sind die Orakel, die als Verkündigungen begnadeter Seher galten (→ Bakis, → Sibylle, → Orpheus, → Musaios, → Abaris, → Epimenides) und weder an einen Kultort noch einen bes. Anlaß gebunden waren, sondern durch geeignete Deutung auf die verschiedensten Situationen angewandt werden konnten. Dergleichen Sprüche (χρησμοί) müssen im 6. Jh. massenhaft umgelaufen sein (Sammlungen der Sprüche der Sibylle müssen in einem für uns nicht mehr bestimmbaren Verhältnis zu den → Sibyllinischen Büchern Roms auf der einen, zu der uns noch weitgehend erhaltenen kaiserzeitl. Sammlung der Sibyllinischen Orakel auf der andern Seite gestanden haben). Deuter dieser Sprüche waren die → Chresmologen (die freilich im späten 5. Jh. v. Chr. wie die Chresmoi dem Spott des gebildeten Atheners ausgesetzt waren: so bei → Aristophanes).

[2] Eine eigene Stellung hat die *Traummantik* gehabt, schon weil sie allein auf einem allgemeinmenschlichen, wenn auch rätselhaften psychischen Phänomen aufbaut. Sie ist in mehreren bedeutenden Orakelstätten heimisch, kann aber natürlich von jedem geübt werden, der die Methoden der Deutung kennt oder einen Experten zur Hand hat. Handbücher dafür hat es seit dem 5. Jh. v. Chr. gegeben, erhalten ist das des → Artemidoros v. Daldis aus dem 2. Jh. n. Chr. Eine Entwicklung ist gerade hier kaum feststellbar. Stoa und Platonismus anerkennen die Traummantik, während der Peripatos sich reserviert, Epikur ablehnend verhält, doch hat es in jedem Jh. neben Skeptikern auch Traumgläubige gegeben.

[3] Daneben gibt es überaus zahlreiche andere Formen teils der Deutung erscheinender *Zeichen*, teils der methodischen Zukunftserkundung. Vier Typen von Zeichen nennt Xen. mem. 1, 1, 3: Vögel (Art, Flugrichtung, Stimme), Stimmen (zufällig ominöse Äußerungen begegnender Menschen), Zeichen (auffallende Ereignisse) und Opfer (auffallende Erscheinungen an der Opfergabe oder beim Vorgang des Opferns). An mantischen Methoden, von denen wir freilich kaum je wissen, in welchem Umfang sie tatsächlich praktiziert wurden, sind zu nennen: → Aleuromantie, → Axinomantie, → Cheiromantie, → Hydromantie, → Kapnomantie, → Lekanomantie → Lychnomantie, → Rhabdomantie. Jede dieser Formen konnte sich theoretisch zu einem ganzen System entwickeln, manche sind erst aus der Zauberliteratur der Kaiserzeit bezeugt.

[4] *Allgemeines*. Es entspringt dem Wesen der Mantik, daß sie nie allgemein und eindeutig verständliche Aussagen über die Zukunft liefert; jeder mantische Akt besteht also im Zeichen und seiner Deutung. Bei den in (3) genannten Zeichen ist die Person, der das Zeichen wird, und diejenige, die deutet, in der Regel dieselbe. Bei der Traummantik wird zumeist der spezialisierte Traumdeuter (Oneirokrites) konsultiert. Am wichtigsten ist der bes. in Delphi geübte Vorgang, der den Begriffen μαντική, μάντις zugrunde liegt: die Zeichen liefert der Gott vermittels eines in einem (vorübergehenden) Zustand des Wahnsinns (μανία) befindlichen Menschen (sehr oft Frauen: → Delphi, → Sibylle; vgl. die mythische → Kassandra). Darüber, wie dieser Wahnsinn entstand bzw. erzeugt wurde, wissen wir nichts Näheres. Daneben stehen diejenigen, die diese Äußerungen zu kohärenten Aussagen formen und sie ausdeuten, an den Orakelstätten die Priesterschaft, bei den Sprüchen von Sibylle, Bakis u. a. die Chresmologen. Im Sprachgebrauch Homers (→ Kalchas), dann der klassischen Zeit (→ Lampon) kann → Mantis jeder heißen, der auf Grund bes. Wissens die Zukunft zu erkennen und begegnende Zeichen zu deuten vermag. Der allgemeine Begriff → Prophetes (προφήτης) für den, der den Willen der Götter zu deuten und zu verkünden vermag, ist außerhalb des AT und der christl. Literatur verhältnismäßig selten (dichterisch bei Pindar u. a.).

H. ZAUBER, MAGIE. Die Stellung von Zauber und Magie in der griech. R. ist primär ein soziologisches, nur sekundär ein historisches Problem. Die Griechen haben die Unangemessenheit des uralten Zauberglaubens sehr früh empfunden und Zauberpraktiken aus dem Staatskult wie aus der hohen Dichtung bis auf wenige Reste (→ Dios Kodion u. ä.) verbannt, was nicht ausschließt, daß sie von den kleinen Leuten vielfach (bes. als Liebes- und Schadenzauber) gepflegt, von den Gebildeten allerdings als → Aberglaube verachtet wurden. Vom 3. Jh. v. Chr. an vereinigen sich das folkloristische Interesse der Gebildeten an ausgefallenen alten Bräuchen, das Emporkommen neuer, zaubergläubiger Bevölkerungsschichten, das Eindringen von Orientalen mit ihren Zaubertraditionen (bes. Ägypten, dann Vorderasien, wodurch Magier und Magie ihren neuen Sinn erhalten), schließlich naturphilosophische Theorien von der Einwirkung von Allem auf Alles (Stoa) und den übermenschlichen Kräften des Geistes (Platonismus), um dem Zauberwesen eine neue, bis zum Ende der Antike stetig wachsende Bedeutung zu verschaffen. Die Spätantike kennt die ganze Skala von grob barbarischen (auch bösartigen) Praktiken bis zur philosophisch unterbauten → Theurgie der Neuplatoniker (vgl. auch → Alchemie).

I. KULTORGANISATION. [1] Der → *Priester* ist unentbehrlich als der, der die Kultriten kennt, also auch über ihre korrekte Vollziehung wachen kann und soll, also auch als Beamter die Riten vollzieht, die die Götter vom Staate fordern. Da jeder Priester an einen bestimmten Kultort gebunden ist, kann sich kein geschlossener Priesterstand entwickeln; als Beauftragter des Staates ist er nicht bes. angesehen und hat auch bei den Griechen nie jenen Anspruch auf Gestaltung der Religion und auf politischen Einfluß erhoben, der bei einzelnen röm. Priestertümern zu erkennen ist. Soweit die Priestertümer nicht als Ehrenamt in alten Familien erblich waren, wurden sie durch Los, Wahl, im Hellenismus durch Verkauf vergeben. Natürlich muß der Priester bestimmte Voraussetzungen hinsichtlich Alter, Gesundheit und bürgerlicher Ehrbarkeit erfüllen. An einige wenige Priestertümer sind Vorschriften hinsichtlich der Lebensführung des Trägers (Speise- und Keuschheitsgebote) geknüpft. Die Priestertracht ist meist altertümlich: langer Chiton, Kranz, Kopfbinde, Stab, doch im Gegensatz zum Orient und z. T. zu Rom weder prunkvoll noch eigentlich auffallend.

[2] Die Zahl der allgemein gebräuchlichen *Kultgeräte* ist gering. Eine Hauptrolle spielen Kränze und Stoffbinden (→ Diadema, → Tänie), in manchen Kulthandlungen auch Fackeln. Zum Kultopfer gehören ein Korb, in dem die Opfergerste, das Opfermesser und ein kleiner Kranz liegen, dann das Becken mit dem Wasser zur rituellen Reinigung der Hände, um den Altar herum eine Reihe von Wassergefäßen, Beil oder Keule, wenn es sich um Tötung eines größeren Opfertieres handelt, endlich eine Schale zur Aufnahme des Opferblutes; → Altar und Kultbild (→ Bild) bestimmen den Ort. Liturgische Bücher, die den an einer Kulthandlung Beteiligten gestattet hätten, sich über den Ablauf der Handlung und die Ritualgebete zu orientieren, scheinen der griech. Religion unbekannt gewesen zu sein und tauchen erst in den Privatkulten der Spätzeit auf. Da den Griechen der Begriff der Offenbarung als der autoritativen Enthüllung der Geheimnisse der Welt durch Gott fehlt, besitzen sie auch keine → Heiligen Bücher. – Unabsehbar ist die Zahl der Kultstätten, vom monumentalen Tempelbezirk und Kultort bis zum einfachen Altar, Steinhaufen oder Baum, der durch irgendein Zeichen als einem Gotte geweiht gekennzeichnet ist. Die umfassendsten Listen von Kultstätten im griech. Bereiche liefern → Pausanias und Strabon. Im allgemeinen haben die großen homerischen Götter die Tendenz, kleine lokale Gottheiten zu verdrängen. Die Kulte mancher Götter breiten sich von bestimmten Zentren her aus (Hera: Samos und Argos; Athena: Athen; Apollon: Delphi, Delos und Didyma; Demeter: Eleusis; Asklepios: Epidauros, u. a.).

[3] Die *Feste* sind angesichts der Vielfalt der griech. Staatenwelt sehr viel schwerer zu überblicken als die römischen. Siehe daher den besonderen Artikel → Feste. O. G.

Lit: (außer der oben zu A–E genannten): P. Stengel, Opferbräuche der Griechen, 1910 – Ders., Die griech. Kultusaltertümer (1896), 1920³ – F. Schwenn, Gebet u. Opfer, 1927 – O. Weinreich, Gebet u. Wunder, 1929 – H. Kleinknecht, Die Gebetsparodie in der Antike, 1937 – E. Reiner, Die rituelle Totenklage, 1938 – K. Meuli, Griech. Opferbräuche, in: Phyllobolia Von der Mühll, 1946, 185–288 – Vgl. zu → Mantik, → Feste.

II. Römische Religion

A. QUELLEN. Da die röm. Religion im Unterschied zur griech. nicht die Religion eines in viele Stämme und Staaten aufgesplitterten Volkes, sondern eines einzigen Staates und seiner Bürger ist, läßt sich von einem grundlegenden Dokument ausgehen: dem offiziellen Staats- und Festkalender, den wir teils inschriftlich, teils literarisch besitzen, der bis zum Ende der Antike gültig war, dessen älteste Teile bis ins 6. Jh. v. Chr. zurückgehen. Er ist zu ergänzen durch eine große Anzahl sakraler Namen (Götter, Priestertümer, heilige Orte) und Begriffe, die überwiegend einen hochaltertümlichen Eindruck machen. Eine wichtige Tatsache ist jedoch, daß die Überlieferung über die authentische Bedeutung der Feste, Namen und Begriffe sich in den meisten Fällen schon im 3. Jh. v. Chr. verloren zu haben scheint: wie weit daran politische Ereignisse, soziale Verschiebungen oder der überwältigende griech. Einfluß schuld sind, ist schwer zu entscheiden. Wir sehen nur, daß schon das 1. Jh. v. Chr. nicht mehr wußte, was z. B. bestimmte Götternamen (Ceres, Liber, Minerva, Volcanus u. a.) oder Priesterbezeichnungen (Flamines, Pontifices u. a.) eigentlich bedeuteten, ganz zu schweigen von zahlreichen Kultbräuchen. – Die röm. religionsgeschichtliche Literatur, die vom 2. Jh. v. Chr. an nach griech. Vorbild entsteht, ist umfangreich. Am wichtigsten sind M. Terentius → Varro und → Verrius Flaccus, beide nicht erhalten, aber faßbar in ihren Benützern, unter denen → Ovid (Fasti), → Plutarch (*Αἴτια Ῥωμαικά*), A. → Gellius, → Festus (z. T. nur im Auszug des Paulus Diaconus erhalten), der Vergilkommentator → Servius, → Macrobius und → Augustin die bedeutendsten sind. Doch gilt hier überall, daß Tatsachen und Interpretationen streng zu trennen sind: so wertvoll die mitgeteilten Tatsachen sind, so künstlich, willkürlich und für uns unverbindlich sind meist die Auslegungen. Dies gilt auch für die zahlreichen religionsgeschichtlichen Notizen der Historiker → Livius und Dionysios (16) v. Halikarnaß. Zusammenhängende Texte des alten Kultes besitzen wir nur in den teilweise zerstörten und schwer deutbaren Kultliedern der → Fratres Arvales und der → Salier. Dazu treten inschriftlich erhaltene Akten über Kultfeste aus verschiedener Zeit: die Ludi saeculares (→ Säkularspiele) des Augustus, Claudius, Septimius Severus, die im 3. Jh. n. Chr. aufgezeichneten Akten der Arvales, einzelne Tempel- und Haingesetze. Wichtig sind dann die Weihinschriften, die mit dem 3. Jh. v. Chr. einsetzen und aus der Kaiserzeit in unabsehbaren Mengen erhalten sind, ferner die erhaltenen Weihegaben, die Münzbilder und schließlich die archäologischen Befunde über Lage, Bauart, Alter und Benennung von Heiligtümern aller Art. O. G.

B. ALLGEMEINE CHARAKTERISTIK. [1] *Grundhaltungen.* Die Römer hielten sich für die ‹frömmsten der Menschen›;

Polybios (6,56) faßt diese Tatsache in das Paradoxon, sie seien ‹frömmer als die Götter selbst›. Aber diese R. kennt ursprünglich weder → Mystik noch orgiastische und ekstatische Verzückungen (→ Enthusiasmos). Die Römer unterschieden die R. sorgfältig vom → Aberglauben und vom → Zauber; die heutigen Forscher erkennen jedoch manche ursprünglich magische Riten im Staatskult, der sie im Prinzip ausschließt. Die Römer definieren das Wort *religio* entweder als die Verpflichtung, das Band, das Menschen und Götter vereint (religare), zu erhalten, oder als die gewissenhafte Ausführung der Riten, die man aufzählt (relegere: Cic. nat. deor. 2,72), damit keiner vernachlässigt werde. Die moderne Sprachwissenschaft hält überwiegend Ciceros Etymologie des Wortes, zu dem das Griechische kein Gegenstück hat, für richtig. Gegenüber den Mächten, die die Welt regieren, verhält sich der Römer ehrfurchtsvoll; er versucht nicht, ihnen durch Zauber Zwang anzutun, sondern sie durch das → Gebet günstig zu stimmen. Er bemüht sich, die pax deorum (vgl. Cic. Rab. perd. 5; Liv. 7,2,2; Lucr. 5,1229), das gute Einvernehmen zwischen den Göttern und der Stadt, aufrechtzuerhalten oder wiederherzustellen, falls Wunderzeichen den Zorn der Götter offenbart haben (→ Vorzeichen). Er versteht es indessen, hinsichtlich der spontanen Zeichen der Götter und auch der von ihnen erbetenen eine genügende Freiheit zu bewahren (→ Mantik, → Auguren). Die → Pietas, die für den Römer charakteristische Tugend, beweisen, heißt, den Göttern den ihnen gebührenden Kult widmen, im Vertrauen darauf, daß diese, weil sie gerecht sind, ihrerseits Schutz gewähren werden; beide Parteien halten ihre Verpflichtungen getreulich ein (→ Fides). Das Verhältnis ist mit dem gleichfalls urröm. Verhältnis zwischen Patronus und Klient vergleichbar. Obwohl sehr konservativ, nimmt doch die röm. R., mit einer gewissen Vorsicht, fremde Gottheiten gern auf; sooft es möglich ist, setzt sie sie den einheimischen Göttern gleich. So bereitet sich langsam der in der Spätzeit herrschende → Synkretismus vor.

[2] *Gottesvorstellungen.* Ebensowenig wie die Griechen haben die Römer tiergestaltige Götter verehrt; der Theriomorphismus der Ägypter war ihnen immer ein Greuel. Im Gegensatz zu den Griechen neigten sie nicht dazu, sich ihre Gottheiten in menschlicher Gestalt vorzustellen; wenn man Varro (bei Aug. civ. 4,31) glauben darf, hat Rom während der ersten 170 Jahre seines Bestehens keine bildlichen Darstellungen seiner Götter gekannt; tatsächlich hat der griech. → Anthropomorphismus, obwohl er in Kunst und Literatur Roms eindrang, sich auf dem Gebiet der R. nie ganz durchzusetzen vermocht: Vesta z.B. hatte in ihrem Tempel kein Kultbild; alte Riten, wie etwa die → Fordicidia, die → Parilia, die → Robigalia usw., hatten ihrer Natur nach keinen anthropomorphen Adressaten. Da er eigene Mythen weder in der Überlieferung besitzt noch zu schaffen geneigt ist, entlehnt der Römer seine ganze Mythologie von den Griechen, aber der Anteil des → Mythos am Kult bleibt beschränkt. Er stellt sich seine Götter vor als Mächte, die ihn beherrschen und die er sich freundlich stimmen muß; jeder Gott offenbart sich durch die Ausübung seines → Numen, d.h. seiner Macht und seines Willens: Das Wort drückt das Wesen der Gottheit so treffend aus, daß die Dichter der Kaiserzeit es als gleichbedeutend mit deus verwenden. Diese in ihrer Wirksamkeit faßbaren Mächte sind oft funktionelle Gottheiten, die sehr spezialisiert sind (→ Indigitamenta), aber keine Persönlichkeit besitzen; bisweilen handelt es sich um eine Vielheit göttlicher Wesen, die, wie die → Laren und die → Penaten, ziemlich unbestimmt bleiben. Seit den frühesten, uns zugänglichen Zeiten kennen die Römer andererseits einige große Götter: → Jupiter, → Mars, → Quirinus, → Vesta. Sie sind verhältnismäßig vielschichtige Persönlichkeiten, deren Tätigkeit sich nicht, wie die der kleineren Gottheiten, auf die Ausübung einer einzigen Funktion beschränkt und deren jeweilige Wirksamkeit daher oft durch kultische Beinamen genauer bezeichnet wird. Man findet hie und da Götterpaare, die, wie etwa → Liber-Libera, → Pomo-Pomona, keine Ehepaare sind, sondern die Verkörperung der zwei einander ergänzenden Aspekte einer gleichen Funktion. Dieser röm. → Polytheismus hat erst in der Spätzeit die Neigung, sich unter dem Einfluß fremder Philosophien oder Theologien in → Pantheismus oder in → Monotheismus zu verwandeln. Der römischen Vorstellungen fremde → Dualismus ist für den → Mithraskult bezeichnend.

H. Le B.

[3] *Seelenvorstellung und Jenseitsglaube.* Spekulationen über das Wesen und Schicksal der Seele gibt es bei den Römern nicht; was an derartigem bei ihnen auftaucht, ist griechisch, teils von deren klassischen Dichtern und Philosophen übernommen, teils im Umgang mit den unteritalischen Griechen angeeignet oder durch Vermittlung der Etrusker rezipiert. Immerhin gibt es einige sehr alte Begriffe, die zeigen, daß ihnen die Vorstellung sowohl von einem ‹höheren Ich› im lebenden Menschen wie auch von einem Wirken der Toten und Gespenster nicht fremd war. Als das ‹höhere Ich› läßt sich der → Genius verstehen, dem Wortsinne nach zunächst der Inbegriff menschlicher (männlicher) Zeugungskraft, doch schon früh in viel weiterem Sinne verwendet, dann dem → Daimon der griech. Philosophie angeglichen. Die zahlreichen auf den Genius bezogenen Wendungen der Umgangssprache lehren, daß die Vorstellung schon vor jedem griech. Einfluß geläufig gewesen sein muß. Anders steht es mit → Juno, die zuweilen als das weibliche Gegenstück zum Genius bezeichnet wird. Die Etymologie erweist dies als möglich, doch sind die ausdrücklichen Zeugnisse so spärlich, daß diese Zusammenordnung vielleicht bloß eine Konstruktion der Gelehrten des 1. Jh.s v. Chr. darstellt. – Die Toten sind für jede Familie zunächst die → Di parentes, deren Besänftigung die → Parentalia (→ Feralia) dienen. Vom 1. Jh. v. Chr. an wird der nicht sicher erklärbare Begriff der → Di manes allgemeinster Ausdruck für die Toten, die man verehrt, für die man mit Opfern sorgen muß und deren Vernachlässigung üble Folgen haben kann. Auch bei den umfangreichen Bestattungsfeierlichkeiten, die bei den alten Familien üblich waren (s. bes. → Gladiatorenspiele; → Pompa funebris), wird ursprünglich der Glaube an die Macht der Toten wichtiger gewesen sein als die Schaustellung des Reichtums der Familie. Gespenster scheinen dagegen die → Lemures (→ Lemuria) und Larvae gewesen zu sein, wobei jene mit dem griech. Gespensternamen → Lamia zusammengehören, diese von → Lares abgeleitet sind. Doch bleibt uns die ursprüngliche Rolle dieser beiden Gruppen unheimlicher oder grotesker Wesen im röm. Glauben unklar. Totengeister sind sie jedenfalls nicht. Bezeichnenderweise haben wir es in allen diesen Fällen mit einer unbestimmten Mehrzahl zu tun: von Manes wie von Lemures gibt es überhaupt keine Singularbildung, d.h. es handelt sich nie um individuell determinierte Tote oder Gespenster. – Für den röm. Glauben ruhen die Toten im Grab oder gehen auf der Erde um. Alle Jenseitsvorstellungen sind griechisch, mit oder ohne etrusk. Vermittlung. Allerdings lehren Namen wie Proserpina, Acheron, Charon, daß die Rezeption sehr früh geschehen sein muß, so daß die griech. Vorstellungen stark transformiert wurden. Einer überzeugenden Ableitung aus dem Griechischen widerstrebt nur der Name → Orcus, der im 2. Jh. v. Chr. noch Name eines Gottes, dann vielfach Name des Totenreiches ist und als Übersetzung von → Hades dient. Was er eigentlich bedeutet, wissen wir nicht. Als Übersetzung von → Pluton tritt im 3. Jh. v. Chr. → Dis pater, später auch → Veiovis auf. O. G.

C. Geschichte der R. der Republik. [1] *Anfänge.* Ein großer Teil der Feste, die wir aus dem sog. Numakalender kennen (→ Festkalender), betrifft Ackerbau und Viehzucht; der Bauer bittet für sein Gut, wie die → Fratres Arvales namens der Gemeinschaft, die Götter um Fruchtbarkeit für Felder und Herden (→Fruchtbarkeitsriten, →Feldkult, →Ambarvalien). – Die latin. Bauern der Frühzeit haben Bäumen und Steinen Verehrung erwiesen (→Baumkult, →Steinkult); dagegen scheinen sie der Tierverehrung abgeneigt gewesen zu sein (→Fauna). Der Kult der kosmischen Götter Sonne und Mond war in der alten röm. Religion unbedeutend (→Sol Indiges, →Luna). Die vergöttlichte Erde, →Tellus, wurde nicht als kosmische, sondern als Fruchtbarkeitsgöttin verehrt. Das →Heilige wurde vom →Profanum streng geschieden; gewisse bes. heilige Orte erforderten einen speziellen Kult (→Bidental, →Grenzstein, →Herd). Es gab eine ziemlich große Anzahl von →Tabus. Man glaubte an bösen Zauber, vor dem man sich mit Amuletten schützte (→Apotropaion).

[2] Im 6. Jh. v. Chr. scheint in Rom eine etrusk. Dynastie regiert zu haben, die auch in der R. ihre Spuren hinterließ: einige Gottheiten des ältesten Kalenders tragen etrusk. Namen: →Saturnus, →Volcanus, →Volturnus, →Juturna; man nimmt als bewiesen an, daß die endgültige Einrichtung des Kalenders selbst von den →Etruskern stammt; die kapitolinische Dreiheit Jupiter-Juno-Minerva wurde nach etrusk. Vorbild gestaltet; etrusk. Schöpfung waren der Tempel (→Kapitol) und die Götterbilder, die einen entscheidenden Einfluß auf die Anthropomorphisierung der röm. Religion hatten; auf dem Gebiet der →Mantik wurde die Zuständigkeit der Etrusker offiziell anerkannt: man konnte die Dienste der →Haruspices nicht entbehren, und auch die etrusk. Herkunft der →Sibyllinischen Bücher scheint bewiesen zu sein; schließlich wurden verschiedene Begehungen von Etrurien entlehnt oder zumindest stark beeinflußt: der Triumph (→Prozession), die →Gladiatorenkämpfe, die →Ludi Taurei, vielleicht die →Pompa funebris; die Berechnung der Zeitspanne zwischen der Begehung der verschiedenen →Säkularspiele fußt auf einer etrusk. Lehre von den ‹saecula›.

[3] *Die Götter der Bauern und der frühen Stadtgemeinde.* Bevor wir versuchen, diese alten Gottheiten in Klassen einzuteilen, müssen wir vorausschicken, daß der Übersichtlichkeit wegen die wichtigsten von ihnen, z.B. Jupiter und Mars, erst im nächsten Abschnitt (s.u. 4) aufgeführt werden. – Jede Einteilung der Götter der ältesten röm. R. ist unvollkommen und in gewissem Maße willkürlich. Es findet sich keine Spur eines mit griech. Vorstellungen vergleichbaren Götterstaates. Die Götter in →Indigetes und →Novensides aufzuteilen ist sinnlos, solange die Bedeutung dieser Bezeichnungen ungeklärt bleibt; es ist auch fraglich, ob sich alle Götter des röm. Pantheons in diese Kategorien einordnen lassen. Die Bezeichnung →Di patrii betrifft nur eine kleine Anzahl von Gottheiten; der Name →Consentes, der zuerst etrusk. Götter bezeichnete, bleibt später den röm. Göttern vorbehalten, die den zwölf griech. Olympiern gleichgesetzt wurden: es handelt sich also um eine künstliche und fremde Einteilung. Varro (bei Aug. civ. 7, 2) gibt uns eine vermutlich auf älterer Tradition beruhende Liste von zwanzig ‹ausgewählten› Göttern (selecti), die er als die wichtigsten betrachtete; er nannte ‹bestimmt› (certi) die Götter, deren Eigenschaften klar definiert und abgegrenzt waren, und ‹unbestimmt› (incerti) die, deren Wesen umstritten ist (Serv. Aen. 2, 141; Aug. civ. 7, 17); andere Einteilungsversuche sind in älterer und neuer Zeit unternommen worden, doch hat keiner zu befriedigen vermocht. – Von jeder Klassierung ausgeschlossen bleiben notwendig jene schon zu Varros Zeit dunklen Gottheiten, über deren Wesen die heutigen Forscher die verschiedensten Hypothesen vorgebracht haben: →Angerona, →Falacer, →Furrina, →Virbius und sogar die wichtigere →Mater Matuta. – Wenig bekannt sind einige ital. Gottheiten, die der röm. R. fremd bleiben oder darin nur eine untergeordnete Rolle spielen: →Angitia, →Feronia, →Nortia, →Soranus, →Vacuna, →Vortumnus. – Die alten, von den Bauern und der Stadtgemeinde angerufenen Gottheiten können empirisch folgendermaßen aufgeteilt werden: 1. *Gottheiten der Bauernarbeit:* →Tellus spendete Fruchtbarkeit sowohl der Äcker als der Herden. →Ops und →Bonus Eventus gewährten gute Ernten; Wachstum, Blüte, Reifung des Getreides hatten (neben →Ceres s.u. 4) eigene Schutzgottheiten: →Segetia, →Seia, →Flora, →Liber; das in den Speichern liegende Korn war der →Tutulina anvertraut, das in den Korngruben dem →Consus; →Pilumnus waltete über dem Zerstampfen im Mörser, Fornax (→Fornacalia) förderte das Rösten des Spelts im Backofen. →Pomona war die Göttin der Früchte. →Faunus, →Pales, →Silvanus gaben Gewähr für Fruchtbarkeit und Wohlergehen der Herden. Die Bauerngüter standen unter dem Schutze der →Laren, und →Terminus bürgte für die Unbeweglichkeit und Heiligkeit der Grenzen zwischen den Gütern. Die Brüderschaft der →Fratres Arvales brachte im Namen der Gemeinschaft der →Dea Dia Opfer zugunsten des Ackerbaus. – 2. *Gottheiten der Stadt:* Die Gemeinde des Palatin besaß eine Ortsgöttin: →Palatua; →Quirinus war der Gott des Quirinals, aber seine Zugehörigkeit zur Trias Jupiter-Mars-Quirinus scheint zu beweisen, daß sein Schutz sich über alle Bürger, die Quiriten, von denen sein Name etymologisch untrennbar ist, erstreckte. Es ist sehr zweifelhaft, ob →Rumina die Schutzgöttin von Ruma-Rom war, dagegen ist →Vesta eine der wichtigsten Stadtgottheiten: vom Unterhalt ihres heiligen Feuers durch die →Vestalinnen hängt das Schicksal der Stadt ab. Der geheimnisvolle →Janus scheint eine der großen Gottheiten des alten Rom gewesen zu sein, aber sein wahres Wesen entgeht uns. Wie wichtig der Eid in dieser Gemeinschaft war, bezeugen die Kulte der →Fides und des →Dius Fidius. In der Stunde der Gefahr genoß die Gemeinschaft manchmal den Schutz außerordentlicher Gottheiten: →Aius Locutius, →Moneta, →Rediculus. Die Bedeutung des Tibers und seines Hafens für das Leben Roms erklärt, warum man →Tiberinus (s. auch →Volturnus) sowie →Portunus einen Kult geweiht hatte. Eine heilkräftige Quelle, →Juturna, hatte auf dem Forum ein Heiligtum. Gegen die Feuersbrünste rief man →Stata Mater an. – 3. Das Schicksal des Römers war von seiner Geburt an durch die →Fatae (→Parzen) bestimmt, deren Kult allerdings schon zur Zeit Varros im Verschwinden war: →Pilumnus wurde in den →Geburtsriten und →Hochzeitsriten angerufen. Jeder verehrte zu Hause seinen →Lar Familiaris und seine →Penaten; an seinem Geburtstag feierte er seinen →Genius. Der Übergang von einem Jahr zum andern geschah unter dem Schutze der →Anna Perenna. Gefährliche Mächte, die abgewehrt werden mußten, waren: →Febris, →Mefitis, →Orbona, →Libitina, →Lemuren, →Incubus, →Verminus. Ein Gott, →Averruncus, hatte speziell die Aufgabe, Gefahren abzuwenden.

[4] *Die großen Götter.* Die in Latium niedergelassenen indogermanischen Einwanderer hatten ihren großen Gott →Jupiter mitgebracht; dieser war identisch mit Zeus, der Gottheit des leuchtenden Himmels, des Blitzes, aber zugleich der Beschützer der Gemeinschaft: des Latinerbundes und später des röm. Staates; zusammen mit Mars und Quirinus bildete er eine wenig bekannte archaische Trias. Seit der Etruskerzeit wacht eine neue Dreiheit: Jupiter Optimus Maximus - Juno (Hera) - Minerva (Athena), auf dem →Kapitol über die Geschicke Roms. Jede der drei Gottheiten wird für sich in verschiedenen Eigenschaften verehrt: Jupiter Feretrius, Stator, Indiges, Pistor usw.; →Juno Caprotina, →Moneta, Sospita usw. Juno und Minerva spielen nur eine unbedeutende Rolle als Stadtgottheiten: Juno ist vor allem die Beschützerin der Frauen und →Minerva die der Handwerker. Der größte Gott nach Jupiter ist →Mars (mit Ares nur oberflächlich vergleichbar), der Führer im Kriege, gelegentlich auch Schützer der bäuerlichen Arbeit; als Rächer (Ultor) Caesars wird er später eine der Schutz-

gottheiten der julischen Dynastie. → Ceres (vgl. → Demeter) fördert bes. das Wachstum des Getreides, spielt aber auch eine wichtige politische Rolle: sie ist die Beschützerin der Plebs und ihrer Beamten; sie bildet mit → Liber-Libera eine Trias. Der Kult des → Merkur (vgl. z. T. Hermes), des Beschützers der Kaufleute, hat ebenfalls einen betont plebejischen Charakter. Im Gegensatz dazu hat der Geheimkult der → Bona Dea eine aristokratische Färbung. → Saturn (früh mit Kronos identifiziert), einer der ältesten und am wenigsten bekannten Götter der röm. Religion, war vielleicht ein Agrargott, bevor er ein Stadtgott wurde. → Neptunus, der Gott der Flüsse und Seen, wurde durch seine Gleichsetzung mit Poseidon der Gott der Meere. → Volcanus ist Herr über das Feuer wie Hephaistos, der ihn fast völlig überdeckt hat. → Diana (mit Artemis nur oberflächlich verwandt), die Bundesgöttin der Latiner in Aricia, ist in Rom nur noch eine Beschützerin der Frauen und der Sklaven. Sehr früh ist die ital. Göttin des Glücks, → Fortuna, in Rom eingeführt worden; später wird sie der → Tyche gleichgesetzt. Eine andere italische Gottheit, → Venus (vgl. Aphrodite), die Göttin der Liebe, ist erst spät in Rom bezeugt, aber vom letzten Jh. der Republik an erfreut sie sich großen politischen Ansehens. – Die Römer begannen sehr früh, gewisse Abstraktionen göttlich zu verehren: → Aequitas, → Bellona, → Concordia, → Fides, → Honos, → Iuventas, → Libertas, → Mens, → Pietas, → Salus, → Spes, → Victoria, → Virtus. Über diesen eigentümlichen Zug der röm. Religiosität, der sie deutlich von der griech. Religion (s. o.) abhebt, vgl. → Personifikationen.

[5] *Fremde Götter.* Zu sehr verschiedenen Zeiten und auf mannigfaltige Art und Weise sind griech. Gottheiten, die keine ital. Entsprechungen besitzen, einfach entlehnt worden; sie haben ihren Namen in mehr oder weniger veränderter Form beibehalten. Die → Dioskuren Castor und Pollux, Schutzpatrone der röm. Reiterei, besitzen seit den Anfängen der Republik einen Tempel mitten auf dem Forum. → Herkules (Herakles) wird schon früh an der Ara Maxima verehrt, zuerst privat, offiziell seit 312 v. Chr. – → Apollo, als Heilgott seit dem 5. Jh. in Rom anwesend, wird im Hannibalkrieg einer der großen Götter, von denen die Stadt den Sieg erfleht; die Hellenisierung der röm. Religion vollzieht sich später unter seinem Patronat. Sein Sohn → Aesculapius (Asklepios), der Gott der Heilkunst, wird 293 v. Chr. auf Weisung der → Sibyllinischen Bücher eingeführt, damit er einer Seuche ein Ende mache: dieses Beispiel zeigt anschaulich, wie stark diese heilige Textsammlung, deren Bewahrer die Apollopriester (→ Quindecimviri) waren, zur Bildung eines griech.-röm. Pantheons beigetragen hat. Mitten in den Nöten des 1. Pun. Kriegs, i. J. 249, wird das Unterweltsgötterpaar → Dis Pater (Pluto) und → Proserpina (Persephone) in den offiziellen Kult aufgenommen (→ Ludi Terentini). In einem gefährlichen Moment des Hannibalkrieges, i. J. 204, wird → Magna Mater (Kybele) feierlich in Rom empfangen, wiederum auf Rat der Sibyllinischen Bücher. Die große Neuheit dabei ist, daß es sich um eine (nur z. T. hellenisierte) oriental. Göttin handelt, deren orgiastischer Kult den röm. Bürgern untersagt wird. Erst zur Kaiserzeit, vom 1. Jh. n. Chr. an, kann der Kult der Magna Mater und des → Attis sich weiter ausdehnen. Die Einführung der Kybele bezeichnet also den Beginn des Einflusses der oriental. Kulte, die sich im Kaiserreich außerordentlicher Beliebtheit erfreuen sollten. Zwar ergriff der Senat zunächst (Ende 3. Jh.) Maßnahmen gegen das Eindringen der fremden Riten und Kulte, die, begünstigt durch die Kriegswirren, die nationale Religion zu überschwemmen drohten (Liv. 25, 1), und unterdrückte später sogar mit Gewalt die Ausschweifungen, deren die Anhänger des → Bacchus-Dionysos (→ Bacchanalienskandal, 186 v. Chr.) angeklagt wurden. Aber vom Ausgang der Republik an und bes. zur Kaiserzeit verbreiteten sich die Mysterien des → Liber-Pater (der Bacchus gleichgesetzt wurde) im ganzen Reichsgebiet. In sullanischer Zeit wird die Göttin → Mâ aus Kappadokien eingeführt und fanatisiert den Kult der → Bellona, die ihr angeglichen wird. Der Kult der → Isis dringt zur gleichen Zeit in Rom ein, aber er wird mehrmals offiziell verboten, trotz der Beliebtheit, deren er sich beim Volk zu erfreuen scheint.

D. GESCHICHTE DER R. DER KAISERZEIT. [1] Im Zeitpunkt, da *Augustus* seine Herrschaft gründet, ist die alte nationale Religion geschwächt und verkalkt; zwar werden die meisten Riten weiterhin vollzogen, aber der Glaube an die überlieferten Götter ist untergegangen, wenigstens in den gebildeten Kreisen: die philosophische Kritik und die zynische Handhabung der Religion zu politischen Zwecken haben die Entwicklung des Skeptizismus, ja sogar des Unglaubens begünstigt. Während 75 Jahren ist das Amt des Flamen Dialis nicht mehr besetzt; die → Sodales Titii und die → Fratres Arvales haben ihre Tätigkeit eingestellt; viele alte Gottheiten sind in Vergessenheit geraten; viele Tempel sind zerfallen. Die Anziehungskraft der Mysterienreligionen lenkt die Geister und die Herzen vom überlieferten Glauben ab. Augustus versucht nun, die nationale Religion zu erneuern: er setzt 82 Tempel wieder instand oder baut sie auf; er hebt das Ansehen der Priesterämter: selbst ist er Augur, Quindecimvir, Pontifex, später Pontifex Maximus; die verfallenden Brüderschaften und Kollegien erweckt er zu neuem Leben: Arvales, Titii, → Fetiales, → Salier. Die → Säkularspiele begeht er mit großer Pracht; er fördert den Kult bestimmter Schutzgottheiten des Kaisers und seiner Familie: → Venus Genetrix (Mutter), → Mars Ultor (Rächer) und vor allem → Apollo. Er erneuert längst vergessene Begehungen: Schließung des → Janus-Tempels, archaische Kriegserklärungsriten (→ Fetiales) usw. Im Bestreben, die vom religiösen Glauben untrennbaren altröm. Werte wieder zum Leben zu erwecken, fördert er die Verehrung von Abstraktionen (→ Personifikationen), welche die moralischen Ideale und die politischen Ziele des Regimes preisen: → Felicitas, → Iustitia, → Pax, → Providentia, → Pudicitia Augusta, → Securitas usw. Es läßt sich schwer abschätzen, in welchem Maße die Bemühungen des Kaisers fruchtbar geworden sind, aber es scheint doch, daß seinem Versuch kein dauernder Erfolg beschieden war. Mehr und mehr wenden sich zur Kaiserzeit die lebendigen Überzeugungen von der überlieferten Religion ab: man wird Anhänger einer – oder mehrerer – oriental. Gottheiten (s. u. 3), oder man glaubt, daß → Fortuna (Tyche) die Welt lenke, oder auch, daß die Gestirne das Schicksal der Menschen vom Moment ihrer Geburt an bestimmen (Plin. nat. 2, 22–23). Im Denken mancher Gebildeter hat die Philosophie den Platz der Religion eingenommen: der röm. Neupythagoreismus verpflichtet seine Anhänger zu asketischen Praktiken, die ihnen nach dem Tode Glück in einer himmlischen Welt verschaffen sollen. Der weit verbreitete Stoizismus bringt eine neue Auslegung des alten Glaubens: Jupiter, der höchste Gott, wird mit dem Schicksal (→ Fatum), der Vorsehung (→ Vorsehungsglaube), der Natur, der Welt (Sen. nat. 2, 45) gleichgesetzt. Aber diese Spekulationen sind dem Volk, das oft abergläubischen und magischen Praktiken ergeben ist, nicht zugänglich.

[2] Von Augustus an entfaltet sich ein neuer Kult, der *Kaiserkult*, der in großen Zügen dem hellenist. → Herrscherkult entspricht. In Rom wird der Kaiser erst nach seinem Tode durch die Zeremonie der → Apotheose ein Gott; später kommt es so weit, daß er schon bei Lebzeiten als Gott verehrt wurde: im 3. Jh. ist diese Entwicklung vollendet. In den Provinzen wird der Kaiserkult, nach der von Augustus proklamierten Formel, mit dem der göttlich verehrten Stadt Rom (→ Dea Roma) verbunden. Der Kaiserkult wird weniger durch eine schmeichlerische Gesinnung der Macht gegenüber eingegeben als durch den Wunsch, sich als loyaler Untertan Roms und des Kaisers zu erweisen. Letzterer symbolisiert die Einheit des Reichs; wer ihn, sei er

lebendig oder tot, verehrt, anerkennt die Legitimität und wohltätige Wirksamkeit der Regierung, die über der Welt die Pax Romana herrschen läßt. Es steht außer Zweifel, daß diese Dankbarkeit oft echt war, sowohl bei den Römern, die sich an die Bürgerkriege erinnerten, als auch bei den Provinzbewohnern, die Verres nicht vergessen hatten.

[3] Rom ließ den *Provinzen* die Freiheit, ihre Sondergötter zu verehren, z.B. → Belenus, → Vintius oder → Noreia, die nicht wirklich romanisiert worden sind. Einige kelt. und german. Gottheiten werden von röm. Soldaten angerufen: die → Matres, → Campestres, → Suleviae und vor allem die große Schutzherrin der Reiter und ihrer Pferde: → Epona. – In Rom und im ganzen Reich haben die orientalischen Religionen beträchtlichen Erfolg und verbreiten sich rasch: → Isis, → Isisaretalogien, → Osiris, → Serapis; → Atargatis; → Tanit; → Mithras. Diese Kulte waren anziehender und erregender als die alten röm. Rituale; ‹der Kult der röm. Götter war Bürgerpflicht, der der fremden Götter ist der Ausdruck eines persönlichen Glaubens› (F. Cumont). Der Gläubige lernt asketische Läuterungspraktiken kennen, die ihn seinem Gott näherbringen; ein seliges Fortleben nach dem Tode wird ihm verheißen: alle diese Religionen sind Heilslehren, was die alte röm. R. keineswegs war. Das Heidentum bewegt sich auf den Monotheismus zu, denn jede der großen Gottheiten strebt danach, alle andern in sich aufzunehmen, um eine allumfassende Gottheit zu werden (vgl. → Panthea, → Pantheus, → Synkretismus). Durch die Bemühungen der Kaiser → Elagabal, → Aurelian und schließlich → Julian war der → Sol Invictus (vgl. → Sonnenglaube) eine gewisse Zeit lang der höchste Gott, der Jupiter zugleich als König der Götter und als Beschützer des Reichs verdrängt hatte. Bedenkt man, daß der Sonnenkult einer der unbedeutendsten Kulte des alten Rom war, so zeigt sich, daß der Geist der ursprünglichen röm. R. schon lange vor dem Sieg des Christentums untergegangen war. H. LeB.

Lit: Allgemein: Warde Fowler, The religious experience of the Roman people (1911), 1922^{2} – G. Wissowa, R. und Kultus der Römer, (1902), 1912^{2} – L. Deubner, Die Römer, in: Chantepie de la Saussaye, Lehrb. der R.gesch. II (1887), 1925^{4}, 418–505 – C. Bailey, Phases in the r. of ancient Rome, 1932 – N. Turchi, La r. di Roma antica, 1939 – A. Grenier, Les religions étrusque et romaine, 1948 – H. J. Rose, Ancient Roman R., 1949 – Fr. Altheim, Röm. R.geschichte II, 1951 bis 1953 – G. De Sanctis, Storia dei Romani IV 2, 1, 1953, 121–376 – P. Fabre, La r. romaine, in: M. Brillant-R. Aigrain (Hg.), Histoire des religions III, 1955, 293–432 – J. Bayet, Histoire politique et psychologique de la r. romaine, 1957 – K. Latte, Röm. R.gesch., HbAW V 4, 1960 – *Zu D:* J. Toutain, Les cultes païens dans l'Empire romain, 3 Bde, 1907–1920 – F. Cumont, Les religions orientales dans le paganisme romain (1905), 1929^{4} (deutsch 1930) – J. Geffcken, Der Ausgang des griech.-röm. Heidentums (1920), 1928^{2} – L. Ross Taylor, The divinity of the Roman Emperors, 1931 – K. Scott, The imperial cult under the Flavians, 1936 – D. M. Pippidi, Recherches sur le culte impérial, 1939 – Nilsson II passim – J. Beaujeu, La r. romaine à l'apogée de l'empire I, 1955 – K. Schefold, Röm. Kunst als religiöses Phänomen, 1964.

E. KULTUS. [1] *Opfer, Gebet und Weihung, Reinigung.* Cicero umschrieb die Religion als ‹die fromme Verehrung, die man den Göttern erweist› (nat. deor. 1, 117); in keiner Religion hat der K. eine größere Bedeutung als in der römischen. – 1. Das → *Opfer* sollte wohl ursprünglich der Gottheit neue Kräfte verleihen: *macte esto*, ‹nimm an Kräften zu›; in historischer Zeit ist das blutige oder unblutige Opfer eine versöhnende oder sühnende Gabe, die den Göttern zur Ehre oder zum Dank dargebracht wird (→ Dankopfer); das Opfer gebührt dem Gott; wenn aber die Riten fehlerfrei vollzogen worden sind, muß auch er sich wiederum wohlwollend oder besänftigt erweisen. Die Römer haben bei seltenen Gelegenheiten → Menschenopfer dargebracht, doch sind diese stets als ‹unrömisch› empfunden worden. Manche Opfer können ihrem Wesen gemäß nur ausnahmsweise vollzogen werden: → Mundus (→ Opfer bei der Gründung Roms), → Spolia opima, → Ver sacrum. Das → Göttermahl ist ursprünglich hellenisch, wurde aber früh in den Kult aufgenommen; dagegen blieben die → Taurobolien dem echt röm. K. fremd. – 2. Das röm. → *Gebet* ist religiös, nicht magisch; es ruft den Gott an, will ihm aber keinen Zwang antun. Die magische Kraft des Wortes zeigt sich dagegen im → Fluch. Das röm. G., sei es öffentlich oder privat, zeichnet sich durch seinen Formalismus aus, ohne echte Frömmigkeit auszuschließen (→ Comprecationes, → Dedicatio, → Indigitamenta). Durch das *votum* wird zwischen dem Gläubigen und der Gottheit eine Art Vertrag geschlossen (→ Weihgabe, Weihung). Manche Gebetsformen, die für den Geist der röm. Religion bezeichnend sind, kommen nur ausnahmsweise vor, so die → Devotio oder die → Evocatio. Der hellenisierte Ritus der → Supplicationes unterscheidet sich von den üblichen G. durch seinen emotionalen Charakter. – 3. Um das gute Einvernehmen mit den Göttern, die *pax deorum*, aufrechtzuerhalten oder wiederherzustellen, vollzieht der Römer gewissenhaft Riten, die ihm die hierzu notwendige kultische → *Reinheit* sichern: → Lustrum, → Sühne, → Blutsühne; die Befleckung kann von einem einfachen Formfehler herrühren: von moralischer Verschuldung ist nicht die Rede (→ Schuldvorstellung). – 4. Bis ins einzelne geregelte archaische Riten bezeichnen den Übergang von einer Etappe des Menschenlebens zur andern: → *Geburtsriten;* → *Hochzeitsriten* und → Talassio; → Totenklage, → *Bestattung* und → Pompa funebris.

[2] *Mantik.* Die ital. → *Orakel* (s. auch → Totenorakel) lassen sich weder an Zahl noch an Bedeutung mit den griechischen vergleichen. Von den hellenist. → Orakelsammlungen erkennt Rom offiziell einzig die → Sibyllinischen Bücher an, zu denen die → Carmina Marciana kommen. Die wichtigsten ital. Orakelstätten sind → Antium und → Praeneste. Die → *Traumdeutung* gehört nicht zum offiziellen Kult, nimmt jedoch im Volksglauben einen großen Raum ein. Die offizielle Wahrsagung deutet die *Zeichen*, die von den Göttern kommen; in den meisten Fällen bittet sie darum (→ Opferschau, → Vogelschau), doch beachtet sie auch Warnungen, welche die Götter den Menschen von selbst zukommen lassen (→ Vorzeichen). Die Wahrsagung durch die → Sortes, Homericae, Vergilianae (s. auch → Sortes Sangallenses) war in der Kaiserzeit verbreitet (christl.: → Sortes Biblicae). Rom kennt praktisch keine gottbegeisterten Seher (→ Vates); die Mantik wird im Auftrag der Magistrate bzw. des Senats von → Auguren und → Haruspices ausgeübt, die Sibyllinischen Bücher von den → Quindecimviri eingesehen und gedeutet. – Der → *Zauber* (s. auch Bulla, Wetterzauber), der vom offiziellen Kult ausgeschlossen ist, obwohl dieser gewisse Zauberriten aufgenommen hat, nimmt während der ganzen römischen Geschichte im Aberglauben des Volkes einen beträchtlichen Raum ein.

[3] Die röm. → *Priester* haben nie eine Kaste gebildet; die angesehensten Priesterämter (z. B. Auguren, Pontifices) konnten zusammen mit einem Magistratenamt ausgeübt werden. Unter ihnen besteht eine sehr alte, aber der eigentlichen Bedeutung nicht entsprechende Hierarchie: (1) → Rex sacrorum, (2) → Flamen Dialis, (3) → F. Martialis, (4) → F. Quirinalis, (5) → Pontifex Maximus; in Wirklichkeit ist aber der letzte in historischer Zeit das Haupt der röm. Religion. Die drei bedeutendsten Kollegien sind die → Pontifices, die → Auguren und die → Quindecimviri; die → Septemviri Epulones und die → Fetiales spielen nur eine untergeordnete Rolle. Die etrusk. → Haruspices waren wenig geachtet. Für die Durchführung bestimmter Zeremonien bestanden bes. Brüderschaften: → Fratres Arvales, → Luperci, → Salier, → Sodales Titii. Die → Vestalinnen lebten zusammen unter der Leitung der → Virgo Vestalis Maxima. Der Kaiserkult machte die Schaffung zahlreicher Priestertümer notwendig: → Sodales Augustales, Claudiales, Flaviales, Titiales, Hadrianales, Antoniniani. Der den Curien eigene Kult wurde von den → Curionen versehen.

Weitere Priesterämter sind der → Rex Nemorensis, die → Sacerdotes Laurentes Lavinates und → Sacerdotes Victoriae; Priestergehilfen → Aedituus, → Camilli. Es entstanden auch → Kultvereine, die sich um eine gemeinsam verehrte Gottheit zusammenfanden, und → Begräbnisvereine, die die geziemende Bestattung ihrer Mitglieder übernahmen. *Kultgeräte:* → Albogalerus, → Galerus, → Apex, → Virga; → Lana, → Infula und → Vitta; → Acerra; → Kranz; → Pulvinar; → Verbena. – Manche der archaischen *Kultlieder* waren schon in den letzten Jh.en der Republik nicht mehr verständlich: → Axamenta, → Carmen Arvale, Saliare. – Die verschiedenen Arten von → *Kultstätten* werden im Pontifikalrecht ausdifferenziert.

[4] Der → *Festkalender* ist inschriftlich überliefert; zu den 45 alten öffentlichen → *Festen* kommen die vielen → Gedenktage des → Herrscherkults. Ein Formfehler, der bei der Durchführung eines Festes begangen wurde, zwang zur Wiederholung der Zeremonie (→ Instauratio). An den Festtagen war die profane Tätigkeit ganz oder teilweise verboten (→ Dies fasti, nefasti, comitiales). Ein großer Teil des Kultes bestand aus Spielen, die den Göttern zur Ehre, dem Volke zur Unterhaltung dargeboten wurden: → Circusspiele und → Pompa circensis; → Ludi scaenici; → Amphitheatralische Spiele, → Gladiatorenkämpfe und → Naumachien; → Agon. Das Volk war an der Tötung des → Ecus October unmittelbar beteiligt; es war Zuschauer bei vielen Umzügen und Kulttänzen (→ Prozession, → Tanz, → Maske). Die zahlreichen Feste des römischen Kalenders sind an Alter und Art sehr verschieden. *Alte Feste:* a) *F.e Jupiters:* → Feriae Latinae, → Ludi plebeii, → L. Romani, → Vinalia, → Meditrinalia (?); vgl. → Neujahrsfest. b) *F.e des Mars* (Kriegszyklus): → Equirria, → Tubilustrium, → Armilustrium, → Ecus October. c) *Agrarfeste:* → Sementivae, → Fornacalia, → Lupercalia, → Fordicidia, → Cerialia (Ludi Ceriales), → Parilia, → Robigalia, → Floralia (Ludi Florales), → Ambarvalien, → Consualia, Opalia und Opiconsivia (→ Ops), → Saturnalia; → Terminalia, → Compitalia und → Paganalia. d) *Handwerkerfest:* → Quinquatrus. e) Mit dem *Totenkult* zusammenhängende F.e: → Parentalia, → Cara Cognatio; → Larentalia; Lemuria (→ Lemuren); → Rosalia; s. auch → Mundus. – Übrig bleiben verschiedene alte Feste: → Liberalia, → Vestalia, → Volcanalia; manche sind sehr umstritten: → Argei, → Matralia, → Ludi Taurei. *Fremde Feste,* die verhältnismäßig spät eingeführt wurden: → Ludi Terentini, → Säkularspiele, → Ludi Apollinares, → Ludi Megalenses, → Navigium Isidis. Mit dem *Kaiserkult* (→ Herrscherkult, → Roma) zusammenhängende F.e sind die → Ludi Augustales, → L. Palatini, → L. Sevirales. Durch ihre Siegesfeiern haben Sulla und Caesar schon am Ende der Republik zwei Präzedenzfälle für die → Actia geschaffen. Augustus gab den → Säkularspielen eine neue Bedeutung und dem → Trojaspiel neuen Glanz. Nero führte neue Spiele ein, die den griech. Wettkämpfen nachgebildet waren: → Neronischer Agon (s. auch → Kapitolinischer Agon). H. Le B.

Lit: J. Marquardt, Die röm. Kultusaltertümer (1849–67), 1876–88² – A. de Marchi, Il culto privato di Roma antica, 1896 – W. Warde Fowler, The Roman Festivals of the period of the Republic, 1899 – E. Samter, Familienfeste der Griechen und Römer, 1901 – S. Eitrem, Opferritus und Voropfer der Griechen und Römer, 1915 – G. Vaccai, Le feste di Roma antica (1902), 1927² – C. Koch, Der altröm. Staatskult im Spiegel augusteischer und spätrepublikan. Apologetik, Religio 1960, 176–204.

Reliquiar (auch: Lipsanothek, von λείψανον-‹Überbleibsel›), Behälter für Heiligenreliquien, gewöhnlich aus → Elfenbein und Silber (→ Kleinkunst, 4), aber auch aus Marmor (Ravenna, Erzbischöfl. Museum; Venedig, früher Grado: ‹Thron S. Marco› als Märtyrerkathedra gestaltet), meistens für Altarsepulkren bestimmt. C. A.

Lit: J. Braun, Die R.e des christl. Kultes u. ihre Entwicklung, 1940 (Lit) – A. Grabar, CArch 6, 1952, 31–41; 7, 1954, 19–34 (sog. Märtyrerthrone u. Sedia di S. Marco).

Reliquienkult. [1] R. wurde bei den *Griechen* im Bereich des → Heroenkultes gepflegt, bisweilen war er mit einer Translatio der Gebeine verbunden. – Vgl. auch → Heroenkult. K.-H. R.

Lit: F. Pfister, Der R. im Altertum, 1909/12.

[2] R. im frühen Christentum → Heiligenkult.

Remer, Stamm der → Belgen zwischen Marne und Aisne (Kt. 1019 D2/3) mit Vorort → Durocortorum, im gallischen Krieg auf seiten → Caesars (Gall. 2, 3 ff.). L. B.-H.

Remmius Palaemon, Q., lat. Grammatiker zur Zeit der Kaiser Tiberius und Claudius. Gründete als Freigelassener eine Schule; Lehrer von Persius und Quintilian. Seine (verlorene) Ars verbreitete Tyrannions Lehre; sie wurde vielfach benutzt und läßt sich weitgehend aus Charisius rekonstruieren. R. vereinfachte das überkommene System der Deklinationslehre (→ Grammatik). Wie vielen angesehenen Grammatikern wurden auch ihm in späteren Jh.en Schriften untergeschoben. M. Gl.

Q: Suet. gramm. 23 – *Frg:* A. Mazzarino, GrRF (aetatis Caesareae), I 68–102 – *Ed:* GrLat V 525–547 (das unechte Lehrbuch) – *Lit:* K. Barwick, Remmius Palaemon und die röm. ars grammatica, Philol. Suppl. 15, 2, 1922 – Schanz-Hosius II 728–730.

Remus → Romulus, → Romsage.

Renatus → Vegetius.

Rentier. Das im nördl. Eurasien verbreitete R. (τάρανδος) war Nordgermanen, Skythen und Sarmaten bekannt, die die Kenntnis den Griechen vermittelten. Aus der eurasischen Frühzeit stammt wahrscheinlich das mythische Bild der gehörnten Hindin, deren natürliches Vorbild das weibliche R. ist. Herakles verfolgt sie in das Land nördl. der Skythen. Als heiliges Tier hatte die gehörnte Hindin bei Skythenvölkern Bedeutung, wahrscheinlich zugeordnet einer Artemis ähnlichen Gottheit. Die R.-Jagd galt vor allem dem geschätzten Fell. Die im späten 1. Jt. bei eurasischen Nomadenstämmen entwickelte R.-Haltung war den Alten unbekannt. Vgl → Fauna. J. W.

Lit: Keller, Tierwelt I 279–281 – J. Wiesner, Zur orientalisierenden Epoche der Mittelmeerkulturen, AA 1942, 423 ff. – Ders., Vor- und Frühzeit der Mittelmeerländer I, 1943, 95. 97. 138 – F. Hančar, Das Pferd in prähistorischer und früher historischer Zeit, 1955, 280 ff. (dazu J. Wiesner, Gnomon 31, 1959, 294–297) – K. Meuli, Scythica Vergiliana, Schweiz. Arch. f. Volkskunde 56, 1960, 125–139 – J. Wiesner, Eurasische Kunst, 1964, 107.

Reposianus, 3./5. Jh. n. Chr., Dichter des Epyllion De concubitu Martis et Veneris. Zugunsten pittoresker Schilderungen wird die Handlung stark gerafft. Durchgehende Verwendung der Apostrophe und häufige Unterbrechung der Darstellung durch Ausrufe und Fragen des Erzählers kennzeichnen den expressiven Stil des R. W. Sch.

Ed: Anth. Lat. I 1, Nr. 253 – J. W. u. A. M. Duff, Minor Latin Poets, 1935, 524–538 (mit Übers.).

Res privata, das von → Septimius (3) Severus geschaffene, von einem procurator trecenarius verwaltete Hausgut des Kaisers (→ Rom III B 1, C). R. Kn.

Responsa, in der Sakralsprache ‹Antworten› eines → Orakels oder auch der → Haruspices nach formeller Befragung. Aus Ciceros ‹De haruspicum responso› kennen wir den Wortlaut der Auskunft, die der Senat auf Anlaß eines als Wunderzeichen aufgefaßten unterirdischen Grollens erhielt. H. Le B.

Lit: R. Bloch, Les prodiges dans l'antiquité classique, 1963, 49–55.

Responsion heißt in der griech. Metrik die Wiederholung einer bestimmten Ordnung von Längen und Kürzen. P. Maas unterscheidet ‹innere› und ‹äußere› R.: die innere ist die «Wiederholung metrischer Elementargruppen (Jamben, Glykoneen usw.)», die äußere die «Wiederholung des metrischen Ganzen (Vers, Strophe usw.)». Meist bezieht man das Wort auf die Wiederholung von → Strophen. Es respondieren in einem monostrophischen Lied alle Strophen, im Chorlied des Dramas jeweils Strophe und Antistrophe, in einem triadischen Lied (Perikope) alle Strophen und Antistrophen einerseits, alle → Epoden andererseits.

Von ‹Responsionsfreiheit› spricht man vor allem bei erlaubten Abweichungen, etwa wenn im → anceps eine Kürze oder eine Länge erscheinen kann. B.Sn.

Lit: P.Maas, Greek Metre, 1962, §28.

Rettich (ῥαφανίς), den Griechen des 5.Jh.s v.Chr. in mehreren Arten bekannt, die nahöstliche Einflüsse erkennen lassen. Er diente auch als Heilmittel, war aber in Mythos und Kult ohne Bedeutung. Vgl. → Flora. J.W.

Lit: Murr Pflanzenwelt, 180 – F.Orth, RE 1 A 1 (1914), 698–700.

Rex → Königtum. – Vgl. → Marcius.

Rex nemorensis, der Hainkönig von → Nemi, Priester der → Diana von Aricia. Nach uraltem Ritus konnte dieses Amt nur von dem errungen werden, der einen Zweig von einem heiligen Baume im Haine gebrochen und dann den bisherigen Inhaber dieses Amtes im Zweikampf erschlagen hatte (Serv. Aen. 6, 136; Ov. fast. 3, 271 f.; Suet. Calig. 35). In historischer Zeit waren es in der Regel flüchtige Sklaven, die sich durch das Wagnis dieses Kampfes Freiheit und Unverletzlichkeit für die Dauer ihres Priestertums erwarben. Eine befriedigende Deutung dieses singulären, im Kerne sicherlich unröm. Ritus steht noch aus. H. Le B.

Lit: J.G.Frazer, The golden bough I (1890), 1911³, passim – Latte, 171 f.

2. **R. sacrorum.** Der ‹Opferkönig› war im religiösen Bereich der Nachfolger der alten Könige Roms; er durfte jedoch nicht Magistrat sein (Dion.Hal. 4, 74, 4; vgl. Livius 40, 42, 8 ff.): das sollte vermutlich eine Wiederaufrichtung der Monarchie verhindern. Er hatte einen Ehrenvorrang vor allen andern → Priestern, obwohl seine tatsächliche Macht immer geringer geworden war (→ vgl. Pontifices). Priester auf Lebenszeit, mußte er Patrizier und verheiratet sein (Gaius Inst. 1, 112), denn die ‹Regina sacrorum› hatte gleichfalls bestimmte sakrale Pflichten. Der R.S. war Januspriester und führte den Vorsitz über die → Comitia calata. Nachdem er am 24. Februar im Comitium ein Opfer gebracht hatte, ergriff er die Flucht: das war das Regifugium, eine rätselhafte Begehung, welche die röm. Annalisten als Wiederholung der Flucht des Tarquinius Superbus auffaßten (Ov. fast. 2, 685 ff., Plut. qu. Rom. 63). H. Le B.

Rezitationen, vor geladenen Gästen oder öffentlich veranstaltete Vorlesungen von Epen, historischen, lyrischen, seltener dramatischen Texten. R. fanden auf Plätzen, in Bädern, Bibliotheken oder privaten Auditorien statt. Der Rezitator saß ohne Kostüm und las; eine → Deklamation dagegen wurde stehend, mit Mienenspiel und Gestik auswendig vorgetragen. Zweck der (aus den griech. ἀκροάσεις entwickelten) R. war neben der Lesung von bereits veröffentlichten Werken auch die Kritik von Werken im Kreis von Kennern und Freunden vor der endgültigen Publikation. → Herodot liest im 5.Jh. v.Chr. an lokalen und nationalen Festen aus seinen ‹Historien›. Etwas über ein Jahrhundert später liest → Antimachos (1) aus seinem Epos vor geladenem Kreis, doch nur sein Bewunderer → Platon hält bis zum Ende aus. In der ptolemäischen → Bibliothek zu Alexandria gab es besondere Hörsäle für Dichterlesungen. Als erster der vielen griech. Literaten, die in Rom auftraten, gilt → Krates (4) v. Mallos (Suet. gramm. 2). Durch seine literarisch-kritischen Vorträge (169 v.Chr.) gab er den Anstoß zur Entwicklung der lat. → Grammatik. → Valerius (4) Cato, der sogenannte Theoretiker der → Neoteriker, interpretiert die Werke anderer, liest den Freunden aber auch aus eigenem vor. → Atticus schickt seinem Freund → Cicero ein neues Werk mit der Bitte, einzelne Stellen bei Tisch durch einen Rezitator vorlesen zu lassen, um das Urteil der Gäste zu hören (Cic. Att. 16, 2, 6). → Horaz schrieb seine → Oden für den musikalischen Vortrag, rezitierte aber selbst höchst ungern. → Vergil las vor → Augustus und privilegierten Gästen ausgewählte Gesänge der Aeneis, die ganzen Georgica und eine Ekloge; er soll eine klangvolle Stimme gehabt haben. → Ovid trug als junger Mann Stücke aus den ‹Amores› öffentlich vor; später las er hauptsächlich vor Freunden. Der erste, der in Rom vor geladenen Gästen rezitierte, soll → Asinius (2) Pollio (76 v.–5 n.Chr.) gewesen sein (Sen. contr. 4 praef. 2). Zu einer wahren Plage entwickelten sich die R. im 1.Jh. n.Chr.; auch hervorragende Dichter wie → Statius (1) müssen um der Publizität willen öffentlich auftreten. Mit kaum faßbarer Geduld eilt der jüngere → Plinius (2) von einer Rezitation zur andern. → Nero (1) produziert sich im Palast und im Theater als Rezitator (Suet. Nero 10) und stiftet auch Preise für solche Anlässe, die er meist sich selber zusprechen läßt. In die 2.H. des 2.Jh.s fallen die Reisen des → Apuleius als Vortragsredner. Danach werden die Nachrichten spärlich. G.L.

Lit: G.Funaioli, RE A 1 (1914), 435–446.

Rhadamanthys, König in Kreta, Sohn des Zeus und der → Europa, Bruder des → Minos (Il. 14, 322), manchmal auch des → Sarpedon. Wegen seiner großen Gerechtigkeit neben Minos und → Aiakos Richter im → Hades.

Darstellungen: auf apul. Unterweltsvasen (Furtwängler-Reichhold, Taf. 10 München u. Neapel 3222) und einem makedon. Grabgemälde (AJA, 1955, 227). K.Schb.

Rhabarber (ῥᾶ, rha Ponticum), den Alten im Pontusgebiet bekannt geworden, in zahlreichen Arten bis Sibirien verbreitet; diente als Heilpflanze. Vgl. → Flora. J.W.

Lit: Stadler, RE 1 A 1 (1914), 726–728.

Rhabdas, Nikolaos, aus Smyrna, Mathematiker in Byzanz um die Mitte des 14.Jh.s. Erhalten sind zwei Briefe; in ihnen werden die Grundoperationen einschließlich des Radizierens mit ganzen Zahlen und Brüchen sowie die Verwendung der Finger zur Darstellung von Zahlen (→ Fingerrechnung) erklärt, dazu arithmetische Probleme des täglichen Lebens wie der Unterhaltungsmathematik vorgeführt. Obwohl er das Rechenbuch des → Maximus (4) Planudes neu herausgibt, bleibt er selbst bei dem alten Buchstabensystem. K.V.

Ed: P.Tannery, Notice sur les deux lettres arithmétiques de N.Rh. (1886), Mém. scient. 4, 1920, 61–198 (mit franz. Übers.) – *Lit:* Sarton III 681 f.

Rhagai (Ῥάγα, -η, -αι), große Stadt in Ostmedien, das nach ihr Ῥαγιανή genannt wurde (altpers. Ragā bezeichnet einen Bezirk in Medien), schon im Avesta erwähnt. → Alexander d.Gr. machte 330 dort halt. Nach ihrer Zerstörung wurde sie von → Seleukos Nikator wiederaufgebaut und *Εὔρωπος* genannt. Frühlingsaufenthalt der Partherkönige, die sie *Arsakia* nannten. 863 n.Chr. durch ein Erdbeben zerstört; heute Rey, Städtchen und Ruinen 12,5 km südöstl. von Teheran. G.R.

Rhamnus, Ort nördl. von Marathon an der N-Küste Attikas (Kt. 1152 a D 1) mit Heiligtum der Nemesis, einfacher Tempel des 6.Jh.s v.Chr. und jüngerer Marmortempel um 430 v.Chr. mit Kultbild von → Agorakritos; an der Küste Festung des 4.Jh.s v.Chr., Reste von Wohnhäusern und eines kleinen Theaters. E.M.

Lit: W.H.Plommer, The temple of Nemesis at R., BSA 45, 1950, 94–109 – J.Pouilloux, La forteresse de Rhamnonte, 1954.

Rhampsinit, Pharao (Ramses III.?), mit dessen Schatzhaus die Meisterdiebsgeschichte bei Herodot (2, 121) verbunden ist.

Rhapsode, berufsmäßiger Rezitator (vgl. Hdt. 5, 67), Angehöriger der Rhapsodengilde (vgl. Harpokrat. 137, 12–19 Bk.), der ein Wanderleben führte und auf Festen, bei Gelagen und Agonen Dichtung, hauptsächlich die homerischen Epen, auswendig sprach (vgl. Plat. Ion.). Das Zeichen seines Standes war der Stab (ῥάβδος). Die Bezeichnung Rh. hängt aber wohl eher mit ῥάπτειν, ‹aneinanderreihen› zusammen (Patzer anders als Schadewaldt, vgl. Hes. Fr. 265, 1). – Bei Homer wird der Rh. nicht genannt, wohl aber der → Aoidos. → Epos A. G.K.

Lit: H. Patzer, ΡΑΨΩΙΔΟΣ, Hermes 80, 1952, 314–325 – H.Fränkel, Dichtung und Philosophie des frühen Griechentums (1951), 1962², 18 Anm. 19; 449 Anm. 57 – W.Schadewaldt, Die Gestalt des hom. Sängers (1943), in: Von Homers Welt und Werk, 1959³, 54 bis 86.

Rhea (Rheia), Tochter des → Uranos und der Gaia, → Titanin, Gattin des → Kronos, Mutter des → Zeus. Alte Erd- und Muttergottheit, meist unter anderen Namen verehrt; mit → Kybele gleichgesetzt und von → Gaia oft schwer zu trennen. K. Schb.

Rhegion, griech. Kolonie in Unteritalien (Kt. 1420 G9; heute Reggio), um 725/715 von Chalkidiern, zu denen später Messener hinzustießen, gegründet. Rh. beherrschte gemeinsam mit → Messene (2) die Meerenge zwischen Italien und Sizilien. 494–461 Tyrannis des → Anaxilaos, des Mikythos und der Söhne des Anaxilaos, deren Eroberungspolitik sich → Hieron I. v. Syrakus widersetzte. Seit 433 im Bund mit Athen und 427 Ausgangsbasis der Athener im → Pelop. Krieg, aber 415–413 neutral. 387 von → Dionysios I. zerstört. Von → Dionysios II. unter dem neuen Namen Phoibeia wieder aufgebaut. Im → Pyrrhos-Krieg belegte Rom 280 die Stadt mit 4000 Kampanern, die sich unter Decius selbständig machten, aber 270 von den Römern beseitigt wurden. R. ist von nun an mit Rom föderiert. Es behielt jedoch seine griech. Eigenart, auch nachdem es 89 Municipium geworden war. In der Kaiserzeit ist Rh. eine der großen Städte Unteritaliens, 410 wird es von → Alarich, 549 von → Totila eingenommen. Von den archaischen Stadtmauern und dem dorischen Tempel sind geringe Reste erhalten. B. A.

Lit: G. Vallet, Rh. et Zankle, 1958 – T. J. Dunbabin, The Western Greeks, 1948.

Rhenus, antiker, ursprünglich wohl keltischer Name für den Rhein (Kt. 1057), alte Handelsstraße. 55 und 53 vor Chr. schlug → Caesar in der Gegend von Koblenz die ersten Brücken. Der durch die von → Drusus geschaffene Rheinflotte (classis Germanica) geschützte Niederrhein bildete im Prinzip die Grenze zum freien Germanien, obwohl bes. für die flavische Zeit mit vereinzeltem rechtsrheinischem röm. Besitz zu rechnen ist. L. B.-H.

Rhesos, Sohn des Eioneus, thrak. König, Bundesgenosse des → Priamos, Besitzer berühmter Rosse, die ihn (oder Troja) unbesiegbar gemacht hätten, wenn sie vom Skamandros hätten trinken können; → Diomedes und → Odysseus erfahren von → Dolon den Lagerplatz des Rh., töten den kaum Angekommenen und entführen die Rosse (Il. 10, 434 ff.). Held von Ps. Eur. ‹Rhesos›.

Darstellungen: s. zu → Odysseus. K. Schb.

Rhetorik

A. Name. Definition. Wesen – B. Geschichte der griech. Rh.: [1] Vorformen – [2] Sophistik – [3]–[5] Klassik – [6]–[10] Hellenismus und Kaiserzeit – C. Geschichte der röm. Rh.: [1]–[2] Zeit der Republik – [3]–[4] Kaiserzeit – D. Tropen und Figuren – E. Rh.-Unterricht: [1] Griechisch – [2] Römisch – F. Überlieferung. Fortwirken – Tabelle zum System der Rhetorik Sp. 2623/24 – Vgl. ferner → Redner, → Literatur, → Literaturkritik, → Schule, → Bildung.

A. Name, Definition, Wesen der Rh. (*τέχνη ῥητορική, ars oratoria, eloquentia,* ‹Redekunst›). *ῥήτωρ* (bei Homer *ῥητήρ*) wie *orator* (Redner) weisen auf Ausdrücke der gehobenen Sprache (*εἴρω, oro,* ‹ich künde›), erhalten dann aber bald handwerklich-technische Bedeutung (*ῥήτωρ* in diesem Sinn seit Aristophanes, *ῥητορική* seit Platon belegt). → Gorgias definiert – vielleicht nicht als erster – die Rh. als *πειθοῦς δημιουργός,* ‹Meisterin der Überredung› (Plat. Gorg. 453 A), → Aristoteles (rhet. 1, 2, 1355 b 25, vgl. 1, 1 fin.) als *δύναμις περὶ ἕκαστον τοῦ θεωρῆσαι τὸ ἐνδεχόμενον πιθανόν,* ‹Fähigkeit für jeden Einzelfall das, was glaubhaft gemacht werden kann, ins Auge zu fassen›, was → Quintilian (inst. 2, 15, 16) wiedergibt mit: *vim esse dicendi* (!), *quid in quaque re possit esse persuasibile,* um die Rh., nach einem kritischen Bericht über die zahlreichen bisherigen Definitionen, dann selber auf stoischer Spur kurz und bündig als *bene dicendi scientia* zu erklären (vgl. *εὖ λέγειν* Demokr. Fr. 2; Plat. Phaidr. 259 E 4 f.; Isokr.; Cic. De or. 1, 21 u. a.), also als ‹Wissenschaft vom schönen Ausdruck›, während der alte → Cato (Fr. 14 aus Quintil. inst. 12, 1, 1) den Redner spezifisch römisch (mit stoischem Einschlag?) als *vir bonus dicendi peritus* gekennzeichnet hatte (vgl. aber schon das Lob des Logos als Funktion des *ἀγαθός* und *εὖ φρονῶν* bei Isokr. 3, 7 = 15, 255, und Platons *ἐμπειρία καὶ τριβή* Gorg. 463 B; Phaidr. 260 E. 270 B, sowie vor allem Isokr. 15, 187, wo wie bei Cato das *πεφυκέναι καλῶς* mit *ἐπιστήμη περὶ τῶν λόγων* und *ἐμπειρία* verbunden erscheint; vgl. dazu Quint. inst. 2, 15, 34 u. 24). – Das Überreden, die schöne Form der Rede und die auf Handwerkskunst gegründete Erfahrung sind also die 3 Hauptkennzeichen der Rh. Sie bestimmen ihre Vorzüge und ihre Gefahren: 1. Die Kunst der Überredung (*πειθώ,* persuasio) ist von eminenter forensischer und politischer Bedeutung, gefährdet jedoch die Wahrheit. – 2. Der sorgfältige Schmuck der Rede hat der gesamten antiken Literatur (der ‹schönen› wie der Fachliteratur) Anspruch und Rang verliehen, trägt aber die Gefahr in sich, die Form über den Inhalt zu stellen und in Wortgeklingel auszuarten (daher Catos vorsorgliche Mahnung: *rem tene, verba sequentur;* vgl. Cic. De orat. 1, 20). – 3. Das solide Handwerk und seine Einübung hat der antiken Rh. starke Wirkung auf die abendländische Kultur und ein Fortleben bis in unsre Zeit gesichert, droht jedoch je und je in Routine und Traditionalismus zu erstarren.

B. Geschichte der griechischen Rh. [1] *Vorformen der Rhetorik.* Den Erfordernissen der Gerichtspraxis in der Demokratie, bes. der zunehmenden Bedeutung des Volksgerichts anstelle der Rechtsprechung durch Beamte, scheint die Rh. ihre Ausbildung zur Techne zu verdanken (→ Redner I A–B). Die Hauptelemente der Rh. waren jedoch, längst vor ihrer Festlegung im theoretischen System, in der lebendigen Praxis – etwa in der Feldherrnrede und der Leichenrede – ausgebildet und bewährt, auch darf der unmittelbare Einfluß der ausgebildeten Theorie der Rh. auf alle künftige rednerische Praxis nicht überschätzt werden. Doch war die sozusagen katalysatorische Wirkung der Rh. unübersehbar, heute etwa vergleichbar der des Lateinunterrichts auf den Gebildeten, wo der entscheidende Wert ebenfalls nicht auf unmittelbarer Anwendung beruht. Spuren einer ‹vortechnischen› Redekunst finden sich in der älteren griech. Poesie allenthalben, so bei → Homer, im sog. homerischen Hermeshymnos, bei → Hesiod, → Kallinos, → Solon, → Sappho, ganz bes. in der att. → Tragödie (Aischyl. Eum.; Soph. Ant.; OT; Eur. Hipp.). Sie erstrecken sich gleichermaßen auf die Beweistechnik (*πίστις, εἰκός*) wie die Disposition (*τάξις*) und den Stil (*λέξις*), hier bes. auf die dem Griechen eingeborene Vorliebe für Antithesen der Worte und Gedanken. Kein Zweifel, daß von da her die rhetor. Technik ihrerseits stärkste Befruchtung erfahren hat. Aber auch die literarische Prosa, deren eigentliches Feld die Rh. werden sollte, hat sich bald solch spontan angewandter Kunstmittel bedient, bes. die Reflexion des → Heraklit und die → Geschichtsschreibung des → Herodot, während → Thukydides bereits von der jungen rhetor. Techne beeinflußt erscheint. Gefördert sah sich diese auch von der zunehmenden Schriftlichkeit der Literatur; die Produkte der kunstmäßigen Rh., wenn auch zumeist mündlich und auswendig vorgetragen, wurden von Anfang an schriftlich konzipiert und nach dem Vortrag veröffentlicht. – Als erster Anreger einer *τέχνη ῥητορική* galt dem Aristoteles (bei Sext. Emp. adv. math. 7, 6 u. a.) → Empedokles, der Lehrer des → Gorgias. Zwei andere Sizilianer, → Korax und → Teisias, werden als ihre eigentlichen Erfinder genannt; die Dreiteilung der Rede in Prooimion, Agōn und Epilogos, vielleicht auch schon die Vierteilung durch Untergliederung des Mittelteils in Dihēgēsis, ‹Erzählung›, und Pistis, ‹Beweis› (vgl. Plat. Phaidr. 266 D 5 ff.), dürfte ihr Werk sein. Vor allem jedoch geht eine offenbar bereits differenzierte Lehre vom → Eikos, der ‹Wahrscheinlichkeit›, als Grundlage der Überredungskunst auf sie zurück, vielleicht auch schon die Unterscheidung bestimmter juristischer Problemstellungen (→ Stasislehre) in den der Rede jeweils zugrunde liegenden Rechtsfällen. Neben der Begründung der gerichtlichen (Teisias) mag auch die der politischen Beredsamkeit in der jungen Demokratie (Korax) ihnen zuzuschreiben sein.

[2] *Sophistik.* Der dritten Gattung, der Gelegenheitsrede, dagegen scheint erstmals → Gorgias, der sie auch selber praktisch geübt hat (Helene, Palamedes, Leichenrede), theoretische Beachtung geschenkt zu haben. Sein Auftreten als Gesandter seiner Heimatstadt in Athen 427 v. Chr. leitet die Verpflanzung der sizil. Rh. ins griech. Mutterland ein. Die Neuerungen dieses Redelehrers von stärkster räumlicher und zeitlicher Wirkung betreffen die bewußte Erregung von Affekten (*πάθη*), worin ihm andere → Sophisten zur Seite stehen, überhaupt das irrationale Element; er hat dazu einen faszinierenden Stil ausgebildet, dessen kräftiger Einfluß uns aus der → ‹Rhetorik an Alexander› deutlich wird. So wird er zum Begründer der Figurenlehre, in deren Handhabung er ein gesundes Maß bereits weit überschreitet (*Γοργίεια σχήματα:* Dion. Hal. Dem. 5,25; vgl. schon Plat. symp. 198 C): straffe Antithesen der Worte und Gedanken, parallel gebaute, kurze Sätze (Isokola) mit reimähnlichem Effekt (Homoioteleuta) und oft annähernd gleicher Silbenzahl (Parisa) sind die dafür eingesetzten Mittel, die – von der Poesie vorgebildet – der Empfänglichkeit des griech. Ohrs für Klangwirkungen entgegenkamen. Daneben und davor hat Gorgias zur Lehre vom → Kairos, der Berücksichtigung der Zeit, des Ortes und der Umstände, und zu der stark nachwirkenden Theorie des → Prepon, der Anpassung an den Charakter des Sprechenden, den Grund gelegt. Sein Zeitgenosse, Konkurrent und bes. in stilistischer Hinsicht auch Antipode, → Thrasymachos v. Chalkedon, ist der Vater der Lehre vom → Prosarhythmus; dessen Landsmann → Theodoros (7) v. Byzanz hat bes. die Disposition der Rede differenziert, während Gorgias' Schüler → Alkidamas in einer gewissen Reaktion auf die bisherige Entwicklung sich für die Kunst des Extemporierens einsetzte, indes der att. Redner → Antiphon die Beweistechnik förderte und in seinen sog. ‹Tetralogien› Modellreden für und wider den Angeklagten in drei verschiedenen, fingierten Mordfällen schuf. – Sie alle waren *Sophisten*, und die enge Verflechtung dieser geistigen Bewegung des 5. Jh.s mit der Rh. war von größter Bedeutung. Dem ganz auf den Menschen konzentrierten Interesse und seiner Charakterisierung als das Maß aller Dinge (→ Protagoras) mit dem daraus resultierenden Relativismus sowie der These von der Lehrbarkeit alles praktisch Wissenswerten wie vom Recht des Stärkeren entsprechen auf seiten der Rh. vergleichbare Grundanliegen und ein ähnlich gerichtetes Streben. Vor allem die Überantwortung von Werten wie Wahrheit und Gerechtigkeit an die menschlichen Instanzen der politischen Versammlungen und Gerichte, ihre Relativierung durch die Kunst des Überredens, womit sich die schwächere Sache zur stärkeren machen läßt und umgekehrt (wiederum Protagoras, vgl. Plat. Phaidr. 267 A), und das Überzeugtsein von der Macht und Bedeutung der Unterweisung, nicht zuletzt auch der hier wie dort bezweckte Zuwachs an Einfluß und materiellem Gewinn – all dies verrät deutlich sophistischen Geist.

[3] *Klassik.* Eine mächtige, bis heute wirksame Gegenbewegung setzt ein mit → *Sokrates*, der in vieler Hinsicht mit der Sophistik verbunden und aus ihr hervorgewachsen (Betonung des Individuums, Lehrbarkeit der Tugend), doch auf Wahrheit statt Wahrscheinlichkeit, auf Überzeugung des Partners im dialektischen Prozeß statt auf Überredung von Fall zu Fall, kurz auf Philosophie statt Rh. ausging. Sein Schüler → *Platon* hat den Kampf der Philosophie gegen die Rh. bes. im ‹Gorgias› und später, wenn auch feiner und differenzierter, im ‹Phaidros› literarisch für alle Zeiten fixiert. Als ein ernst zu nehmender Rivale trat ihm der Gorgiasschüler → *Isokrates* von seiner Sophistenrede (13,1 ff.) an in lebenslanger Auseinandersetzung gegenüber (auch gegenseitige Anerkennung; vgl. bes. Plat. Phaidr. 278 f.; Isokr. 15,261; 12,26). Er benennt sogar kühnlich sein eigenes praktisches, stark politisch-panhellenisch bestimmtes und am gesunden Menschenverstand ausgerichtetes Erziehungsideal, wie seine Gegner ihr Programm einer theoretischen Einsicht, ebenfalls mit dem Namen *φιλοσοφία* (15,186 ff. 270 ff.) und beansprucht damit für die Rh. gleichen Rang wie für die Dialektik. Ob Isokrates in seiner Frühzeit ein rhetor. Lehrbuch verfaßt hat, ist umstritten. Seine Beiträge zur Fortentwicklung der Techne betreffen die Vermehrung der Redeteile um die Prothesis (Abb. 187,7), die Rückführung gorgianischer Übertreibungen auf ein geschmackvoll ausgewogenes, in der eigenen Praxis vorbildlich bewährtes Stilideal, u.a. mit Vermeidung des → Hiatus, sowie die Hervorhebung und Formulierung der drei für den guten Redner entscheidenden Voraussetzungen (13,17; 15,187; vgl. Plat. Phaidr. 269 D): Naturanlage (*φύσις*), Ausbildung (*παιδεία*) sowie praktische Übung und Erfahrung (*χρεία* und *ἐμπειρία*), wovon noch Catos Definition des Redners zu zehren scheint (s. o. A).

[4] Auch aus dem eigenen Lager erfolgte eine Auseinandersetzung mit Platons Kampf gegen die Rh. *Aristoteles* hatte in seiner Jugend in einem (verlorenen) Dialog ‹Gryllos› noch den Standpunkt des platon. ‹Gorgias› vertreten. Aber in seiner eigenen reifen, 3 Bücher umfassenden ‹Rhetorik›, deren komplizierter Aufbau da und dort (bes. 3, 13–19) Spuren der Benützung eines (von ihm herausgegebenen) Techne-Buches seines Freundes → Theodektes zu verraten scheint, vor allem jedoch im Ringen um die Probleme verschiedene Stadien erkennen läßt, geht er, auf der sophistischen Tradition fußend, eigene Wege, durchdringt den Stoff von seinem logischen und ethischen System her und versöhnt in gewissem Sinne die Rh. mit der Dialektik. Eine Vorarbeit bildete die leider verlorene, heute sinngemäß schlecht und recht konstruierte *Συναγωγὴ τεχνῶν*, ein gedrängtes Kompendium der Texte aller Lehrbücher und Abrisse der Rh. bis auf die eigene Zeit. Das Endergebnis des Bemühens ist seine eigene Rh., das bedeutendste aller existierenden Lehrbücher über den Gegenstand, von unübersehbarer Wirkung bis heute. Aristoteles übernimmt, vertieft und kanonisiert die herkömmliche Einteilung der Beredsamkeit in die 3 Gattungen (Abb. 187,3), die er seinerseits auf die 3 Zeitstufen der Vergangenheit (Gerichtsrede), Zukunft (politische Rede) und Gegenwart (Gelegenheitsrede) bezieht, ferner mit den Bereichen der Gerechtigkeit, des Nutzens und der Ehre verbindet und schließlich je in eine positive und negative Komponente zerlegt (Anklage oder Verteidigung, Mahnung oder Warnung, Preis oder Tadel). Das Einteilungsprinzip des Werkes bilden die wichtigsten der rednerischen Arbeitsstadien (*ἔργα*, *officia*): die ersten beiden Bücher handeln von der Auffindung der Hauptgesichtspunkte für die Argumentation (*εὕρεσις*, *inventio*), das dritte von der sprachlichen Formulierung (*λέξις*, *elocutio* = ‹Stil›) und von der Stoffgliederung (*τάξις*, *dispositio*). Aus der Heuresis ergeben sich die beiden schon vom Redner → Antiphon ins Auge gefaßten *Möglichkeiten des Argumentierens:* die untechnischen und die technischen Beweise (*ἄτεχνοι* und *ἔντεχνοι πίστεις*); die erste, althergebrachte Art umfaßt Dokumente wie Gesetze, Verträge, Zeugenaussagen, geleistete Eide u. dgl., die zweite, erst von der modernen Techne erschlossene, den ganzen Komplex der vom Redner so überzeugend wie möglich zu entwickelnden Wahrscheinlichkeitsargumente. Dabei spielt das schon zu Beginn der Rede einsetzende → *Ethos* eine hilfreiche Rolle, dessen umstrittene Einteilung sich auf die meist psychologischen Wirkungen bezieht, die vom Redner ausstrahlen oder auf die Eigenart des Hörers Rücksicht nehmen (→ Prepon, 2). Dem Ethos tritt das affekterregende, emotionelle *Pathos* zur Seite, dessen Einsatz besonders für den

Ausklang der Rede empfohlen wird. Noch entscheidender ist natürlich die eigentliche, logisch-rationale *Beweisführung* (*συλλογισμός, ratiocinatio*), als deren weniger strenge Form die ‹Überlegung›, das Enthymema, erscheint. ‹Beispiel› (*παράδειγμα, exemplum*) und ‹Indiz› (*σημεῖον, signum*) treten hinzu. All diese ‹künstlichen› Beweismittel werden durch praktische Anweisungen erschlossen, die als eine Art von Gedankenreservoir in Form von Sammlungen ausgewählter und übersichtlich angeordneter Topoi (*τόποι, loci*), Schubfächern vergleichbar, zur Verfügung gestellt werden. – In der aristotelischen *Stillehre* nimmt die Behandlung der → Metapher sowie der übrigen Figuren (s.u.D), ferner des → Prosarhythmus, und die Periodenlehre breiten Raum ein (‹aneinanderreihender› Stil, *λέξις εἰρομένη, oratio perpetua*, und ‹verschlungene› Periode, *λέξις κατεστραμμένη* oder *περίοδος, oratio vincta atque contexta*, bzw. *verborum ambitus* oder *orationis conversiones*, Cic. De orat. 3, 186). In der rednerischen *Disposition* (*τάξις*) unterscheidet Aristoteles theoretisch 4 Teile: Prooimion, Prothesis (s.o. B 3), Pistis und Epilogos, nimmt aber praktisch die sonst auch in der Theorie selten fehlende, von den Rednern gelegentlich allerdings auch über die ganze Rede verteilte Dihēgēsis *(narratio)* hinzu (Abb. 187, 7).

[5] Die ebenfalls aus der 2.H. des 4.Jh.s stammende, unter Aristoteles' Namen überlieferte sog. *Rhetorik an Alexander* (1 Buch), die sich in vielem mit der echten aristotelischen Rh. berührt, wurde vielfach dem zeitgenössischen Rhetor → Anaximenes (1) v. Lampsakos zugeschrieben, was heute wieder umstritten ist. Sie verkörpert für uns am besten die Tradition der sophistischen Schulrhetorik und steht der Praxis näher als Aristoteles. Der Aufbau des Werks ist ähnlich wie bei diesem, doch verwendet der Verfasser vielfach eine andere ‹voraristotelische› Terminologie, so daß man seine Rh. für älter als die des Aristoteles hat halten wollen. Bes. lebendig ist der letzte größere Abschnitt (c. 28–37) über die Taxis *(dispositio)*. – Der Einfluß der als Stilmuster so stark nachwirkenden großen att. *Redner* des 4.Jh.s wie z.B. des → Lysias und → Demosthenes auf die weitere Entwicklung der Schul-Rh. war gering, wie sich umgekehrt die Redner niemals sklavisch an die Theorie gehalten haben. Diese, im Kampf der Geister bewährt und durch Aristoteles zur Höhe geführt, wurde fortan durch die Jahrhunderte, trotz beachtlicher Zufügungen im einzelnen, mehr tradiert, verfeinert und ausgebaut als schöpferisch weitergebildet, so daß sich die folgende Skizze kürzer fassen kann. In allem Wesentlichen des Systems war gegen Ende des 4.Jh.s v.Chr. der Grund gelegt.

[6] Kennzeichen der anschließenden Epoche, des *Hellenismus* und der *Kaiserzeit*, ist das Zurücktreten ethischer Wertungen in einem profilierten, aber gleichsam entseelten Rednerideal, das Ausgreifen der Rh. auf die gesamte Literatur (z.B. auch die → Geschichtsschreibung, B 6. C 5) und Hand in Hand damit ihre Pflege im allgemeinen Schulbetrieb (s.u.E). Führend blieb der Peripatos. In der Stillehre entwickelte → *Theophrast* eine Theorie seines großen Lehrers von den Stilqualitäten (*ἀρεταὶ τῆς λέξεως*, → *virtutes dicendi*) zu den 4 Forderungen der Sprachrichtigkeit (*ἑλληνισμός, latinitas*), der Deutlichkeit (*σαφήνεια, perspicuitas*), der Angemessenheit (*πρέπον, aptum*) und des Redeschmucks (*κόσμος, ornatus*); im letzten Bereich hat sich bes. die Lehre von den rhetorischen Figuren (s.u.D) in der Folge immer stärker differenziert. Auch zu der Lehre von den 3 Stilarten (*χαρακτῆρες λέξεως, genera elocutionis*) scheint Theophrast – in Anlehnung an die 3 rhet. Genera (*γένη*), mit denen sie korrespondieren – von Aristoteles angeregt worden zu sein: schlichter Stil, *χαρακτὴρ ἰσχνός, genus subtile* (zum *genus iudiciale*), Beispiel Lysias; mittlerer oder gemischter Stil, *μέσος, genus medium* (zum *genus deliberativum*), Beispiele Thrasymachos, Isokrates, Demosthenes; erhabener Stil, *μεγαλοπρεπής, genus grande* (zum *genus demonstrativum*), Beispiel Gorgias – ebenfalls mit erheblichen Variationen und Differenzierungen in der Folgezeit. Den 3 rednerischen Arbeitsstadien fügte Theophrast den Vortrag (*ὑπόκρισις, actio* oder *pronuntiatio*) hinzu; weiterhin gewann davor auch noch das Memorieren der Rede (*μνήμη, memoria*, verselbständigt als *μνημονικὸν τέχνημα, ars memoriae*) erhebliche Bedeutung. Eine entsprechende Technik scheint bereits zu Aristoteles' Zeit → Theodektes entwickelt zu haben. – Der einzige uns erhaltene rhetor. Traktat aus hellenist. Zeit ist die unter dem Namen des Peripatetikers → *Demetrios* (17) v. Phaleron laufende Schrift Über den Stil (*περὶ ἑρμηνείας*) von mehr ästhetischem und literar-kritischem als eigentlich rhetor. Charakter (wohl vor die Mitte des 3.Jh.s v.Chr. zu datieren). Hier wird mit 4 teilweise neu benannten Stilarten operiert; dabei ist als vierte neu hinzugekommen der das pathetische Element der Rede betonende *χαρακτήρ* der *δεινότης*, die später jedoch von → Dionysios (16) v. Halikarnaß den 3 klassischen Stilarten übergeordnet wird und als deren Repräsentant dann in der Regel Demosthenes erscheint. Im übrigen hat ‹Demetrios› der Periodisierung der Rede, dem Rhythmus wie den Figuren, aber auch dem Briefstil (→ Briefe) bes. Beachtung geschenkt.

[7] Mehr als man lange Zeit annahm, hat auch die Schule der → *Stoiker* zur Rh. beigetragen und ihr durch Betonung des Wahrheitsmoments wieder stärkeren ethischen Akzent verliehen. Von den 4 Aretai, die sie um eine fünfte, die Stilqualität der Kürze (*συντομία, brevitas*), vermehrten, pflegten sie bes. die Sprachkorrektheit (*ἑλληνισμός*). → *Chrysipp* redete der Herrschaft der freien → Anomalie in Sprache und Stil gegenüber der strengen alexandrin. → Analogie das Wort. Die Lehre von den → Tropen verdankt der Grammatik der Stoiker ihren Ursprung, die überhaupt dem Schmuck der Rede, bes. den → Figuren, ihr besonderes Interesse zuwandten. Gering ist der Beitrag der nachplaton. *Akademiker* (aber s.u. C 1), ebenso der des rhetorikfeindlichen → *Epikur* und seiner Schule; doch bietet die auf Papyrus z.T. erhaltene Rh. des Epikureers → Philodemos (1), die aus dem 1.Jh. v.Chr. stammt, gerade in ihrer Polemik gegen die herrschende Lehre manches sonst verschollene Material.

[8] Mit dem wirtschaftlichen verlagerte sich im Hellenismus auch das kulturelle Schwergewicht vom griech. Mutterland nach Kleinasien, wo sich auf Rhodos eine konservativere, auf dem Festland eine freiere Richtung der Rh. entwickelte, deren Manieriertheit (zerhackter Satzbau, übertriebene Rhythmisierung, Schwulst) als → Asianismus verschrien und später vom → Attizismus wieder überwunden wurde (Quint. inst. 12, 10, 16ff.); Hauptvertreter jener Richtung im 3.Jh. war → *Hegesias* (2) v. Magnesia am Sipylos. Ein Jh. später trat in Kleinasien bereits wieder ein nach strenger Systematik tendierender Geist von starker Nachwirkung auf, *Hermagoras* von Temnos unweit Pergamon, der Begründer der Thesis- und der Stasislehre, die beide in der Hauptsache nur das Genus iudiciale betreffen. Sein verlorenes Werk läßt sich aus Cicero (inv.) und aus Quintilian weithin rekonstruieren. Bei der *Thesis (quaestio infinita* oder *generalis)* handelt es sich um die allgemeine Charakterisierung des einer Rede zugrunde liegenden Rechtsproblems (z.B.: ‹Ist der Muttermörder zu bestrafen?›), gewonnen durch Abstraktion aus der Hypothesis *(quaestio finita* oder *specialis)*, dem Spezialfall (‹Ist Orestes zu bestrafen?›). Die weit differenziertere Lehre von der *Stasis (status, constitutio)* dagegen untersucht den juristischen Ansatzpunkt (*στάσις* = ‹Ausgangsstellung›, ursprünglich vom Ringer im Sportwettkampf: Aischin. 3, 206) für Anklage (*κατάφασις*) oder Verteidigung (*ἀπόφασις*), also die Fragestellung, aus der sich das Ziel der Argumentation von vornherein ergibt (*quaestio ex qua causa nascitur*: Cic. inv. 1, 10). Hermagoras gebührt nun das Verdienst, die bereits vorgefundenen Grundzüge terminologisch fixiert und systematisch zu einer Methodenlehre ausgebaut zu haben,

von der alle Späteren zehren. Er unterscheidet im wesentlichen 4 Staseis: (1) Klärung der Tatfrage, στοχασμός *(coniectura)*: εἴ ἐστιν *(an sit)*; (2) juristische Definition des Tatbestandes, ὅρος *(constitutio definitiva)*: τί ἐστιν *(quid sit)*, z. B. Unterscheidung von Mord und Totschlag; (3) ethische Beurteilung der Tat, ποιότης *(constit. generalis)*: ποῖόν τί ἐστιν *(quale sit)* mit zahlreichen Unterteilungen wie Notstand, Befehlszwang, mildernde Umstände verschiedenster Art; (4) Anfechtung der Zuständigkeit des Gerichts, Ablehnung der Richter wegen Befangenheit und ähnliche Einwände, μετάληψις *(constit. translativa)*: πρός τί ἐστιν *(ad aliquid)*, z. B. Lysias 23. – Auch das rhetor. Lehrsystem im ganzen hat Hermagoras ausgebaut und zu einem für die Späteren verbindlichen Abschluß gebracht, bes. die Lehre von den Teilen der Rede, während er sich als Theoretiker dem Stil (λέξις, *elocutio*) weniger gewidmet zu haben scheint. Sein Einfluß vor allem auf die bald danach einsetzende röm. Rh. (mehr auf die Schulen als auf die Praxis) war ungeheuer.

[9] Möglicherweise schon vorher hatte ein erneuter Streit der Philosophen gegen die Rh. begonnen, der mit dem Eintreffen griech. Philosophen i. J. 155 anläßlich einer Gesandtschaft (Cic. De orat. 2, 155) auch auf Rom übergriff. Er bediente sich weithin der alten Argumente Platons (s. o. B 3) und fand seinen Ausgleich eigentlich auch nur in Rom in Ciceros Ideal vom philosophisch gebildeten Redner (Cic. De orat. 2, 45 ff.). Für die griech. Rh. wichtiger war die am Betrieb der Grammatik ansetzende Reaktion des *Attizismus* (Cic. Brut. 284 ff.; orat. 23 ff.) gegen asianische Sprachverwilderung und Regellosigkeit. Die im 1. Jh. v. Chr. um sich greifende Bewegung forderte und praktizierte Nachahmung (μίμησις, *imitatio*) der bewährten Muster att. Sprach- und Stilreinheit, bes. des →Lysias und →Demosthenes (Quint. inst. 10, 2, 24 ff.). Der Kanon der 10 att. →Redner, vielleicht aufgestellt von dem Pergamener →Apollodoros (8), einem starren Theoretiker, verdankt dem Attizismus seine Entstehung, wurde jedenfalls von dem Schüler des Apollodoros, →Caecilius (17) v. Kalakte, dem Verfasser einer stark nachwirkenden Figurenlehre, vertreten und verbreitet. Der war ein kleiner, pedantischer Geist, gegen den der geniale Verfasser (→Anonymus, 4) der Schrift ‹Über das Erhabene› souverän zu Felde zog. Dessen und des Kaisers Tiberius nicht durch ein strenges System gebundener Lehrer →Theodoros (8) v. Gadara darf ebenfalls den Attizisten zugerechnet werden. Hauptrepräsentant der Bewegung ist für uns jedoch, schon weil seine Schriften z. T. erhalten sind, der romfreundliche →Dionysios (16) v. Halikarnaß, bes. durch seine stilkritischen Würdigungen att. Redner und seine bedeutendste Schrift ‹Über die Wortfügung› (Περὶ ὀνομάτων συνθέσεως). Er vertritt – offenbar auf den Spuren sophistischer und peripatetischer Theorie – neben der alten, von ihm ebenfalls behandelten Lehre von den Stilarten (s. o.) als eigene und neuartige Leistung seine Lehre von den Wortfügungsarten. Sie ist weniger rational, mehr ästhetisch-musikalisch und affektbetont als jene und bezieht auch Wohlklang und Rhythmus mit ein, wie sie sich denn auch auf die gesamte Literatur (Poesie und Prosa) erstreckt (sog. literarische Rh.). Die Elemente der ‹Fügung› (σύνθεσις oder ἁρμονία, statt mit *compositio* besser mit *structura* wiederzugeben; vgl. Fortun. rhet. 3, 11) sind die Wörter (ὀνόματα), die Satzglieder (κῶλα) und die Perioden (περίοδοι). Das dreigliedrige System umfaßt die glatte Fügung (σύνθεσις γλαφυρά), Beispiele Sappho, Ephoros, Isokrates usw.; die mittlere Fügung (σύνθ. μέση), z. B. Homer, Platon, Demosthenes usw.; und die rauhe Fügung (σύνθ. αὐστηρά) wie Pindar, Thukydides, Antiphon usw. Eine Ästhetik auch des Rhetorischen, wie sie der Anonymus De sublimitate in umfassender Weise fortgeführt hat, war damit angebahnt.

[10] Asianische wie attizistische Elemente enthielt die vom griechenfreundlichen Kaiser Hadrian wesentlich geförderte, vielschichtige sog. *Zweite Sophistik* (→Redner I D) des 2. Jh.s, der die Inhaber eines der vom Kaiser neuerrichteten Lehrstühle für Rh. in Athen, →Lollianus v. Ephesos und →Minucianus d. Ä., zugehören, die beide ebenso wie Zenon v. Athen auch Lehrbücher der Rh. geschrieben haben, ohne der überlieferten Techne Wesentliches hinzuzufügen. Dasselbe gilt von →Hermogenes (2) v. Tarsos (um 160 geb.), dessen zahlreich erhaltene rhetor. Lehrbücher und Traktate jedoch für die Spätantike kanonisch wurden und eine reiche Kommentarliteratur hervorgerufen haben. Für uns repräsentiert diese Schriftenmasse das rhetor. System des ausgehenden Altertums. Vor allem hat die auf Hermagoras aufbauende Stasislehre des Hermogenes die ältere einschlägige Literatur verdrängt. Weniger nachgewirkt hat sein groß angelegter Versuch, die Lehre von den Aretai und von den Charakteres der Rede auf einen Nenner zu bringen und damit das Gesamtgebiet der Lexis in ein ähnlich umfassendes System zu bannen, wie es für die Heuresis durch die Stasislehre angebahnt war. Der dafür gewählte Ausdruck einer Lehre von den ‹Ideen› (ἰδέαι) geht auf Theophrast und Isokrates (4, 7. 10, 11. 13, 16) zurück. Vorangegangen war nicht lang zuvor der Attizist Ps.-Aristeides mit einer Einteilung des Systems in 12 ἰδέαι, während Hermogenes seiner rhetor. Ideenlehre ein Siebenerschema zugrunde legte, das über die Lexis hinaus auch die Sachkategorien der Rh. einzubeziehen suchte, also letztlich auf ein umfassendes System der Beredsamkeit mit der Stillehre als Ausgangspunkt hinauslief.

C. Geschichte der römischen Rh. [1] *Zeit der Republik.* Der Römer, von Hause aus rednerisch begabt und im politischen Leben wie vor Gericht auf geformte Rede angewiesen, war mehr für die praktische Anwendung der Redekunst als für ihre theoretische Fixierung interessiert. Aber mit dem Einströmen griech. Bildung fand nach anfänglichen Widerständen vom 2. Jh. v. Chr. an auch die Rh. Eingang und wurde gehört, studiert und gepflegt, ohne daß sie in allen folgenden Jahrhunderten in Rom eine schöpferische Weiterbildung erfuhr. Die verlorenen lat. Lehrschriften →Catos d. Ä., des älteren M. Antonius, wohl auch des →Hortensius (2) u. a. kokettieren mit Nichtachtung griech. Bildung und nähren sich doch ganz aus ihr. Dabei läßt gerade der Prozeß der Einschmelzung des Fremden, bes. durch →Cicero, eine eigene reizvolle Problematik entstehen. Kennzeichnend dafür ist die stärkere Betonung des Redners und die höhere Wertschätzung des Lehrers gegenüber dem systematischen Lehrgebäude der Techne (vgl. schon die Titel bei Cicero, Tacitus u. a.). Repräsentativ für den Einfluß der griech. Unterweisung (von der bereits die beiden Gracchen und Licinius Crassus profitiert hatten) sind vor allem Ciceros Lehrer, der ‹Rhetor› Apollonios →Molon, den er in Rom und Rhodos hörte (Brut. 307 ff.), und die ‹Philosophen›, der Stoiker →Poseidonios wie die Schulhäupter der athen. Akademie →Philon von Larisa (6) und →Antiochos (9) v. Askalon, denen allen Cicero auch auf rhetor. Gebiet, d. h. für das von ihm entwickelte Ideal des *orator sapiens* (De orat. 1, 83), Entscheidendes verdankt (off. 1, 1). Seine bedeutende Leistung ist auch hier die beispielgebende Umformung der griech. Terminologie ins Lateinische. Vorangegangen war die uns erhaltene, unter Ciceros Namen überlieferte, umfassende *Rhetorica ad Herennium* aus den 80er Jahren des 1. Jh.s, ein Reflex der ersten lat. Rh.-Schule des L. →Plotius Gallus (ca. 95 v. Chr.), in 4 Bücher eingeteilt und das System nach den officia oratoris abhandelnd, wobei die inventio (1, 4–3, 15) nach den partes orationis gegliedert ist und nur sie getrennt nach den 3 genera orationum besprochen wird (gen. iudic.: Buch 1 und 2; gen. deliberat. 3, 2–9; gen. demonstrat. 3, 10–15). Es folgen die übrigen Arbeitsgänge: dispositio (3, 16–18) sowie – unter Veränderung der gewöhnlichen Reihenfolge – pronuntiatio (3, 19–27), memoria (3, 28–40) und elocutio (4). Kurz danach (ca. 84 v. Chr.) basiert Ciceros Jugendschrift

De inventione in 2 Büchern auf den gleichen griech. Quellen, die der Verfasser aber in selbständigerer Weise auswählt, verarbeitet und philosophisch durchdringt. Das wird zumal an der (bes. im 2. Buch) getrennt und im Vergleich zum ‹Auctor› unverhältnismäßig ausführlich behandelten → Stasislehre deutlich. Wer von beiden sich dabei weiter von Hermagoras (s. o.) entfernt hat, ist umstritten.

[2] Cicero hat in der Folge nur einmal noch – in starker Selbstdistanzierung von dem Jugendwerk – dem System der Rh. eine eigene Schrift gewidmet, mit den wohl um 54 anzusetzenden ‹Partitiones oratoriae›, wo in katechetischer Form die rhetorische Theorie der Akademie (Antiochos v. Askalon?) abgehandelt wird: officia oratoris – hier vis (δύναμις) oratoris genannt –, partes orationis und quaestiones. Die angeblich 44 auf einer Seereise entstandenen ‹Topica› behandeln – ebenfalls auf akademischer Tradition fußend – in der Art der stoischen Logik die loci communes (s. o. B 4; vgl. inv. 1, 34ff.; De orat. 2, 166ff.). Die anderen, weit bedeutenderen rhetor. Schriften Ciceros sind unsystematisch angelegt und begründen in gelockerter Form mit zunehmend antiattizistischer Tendenz sein Ideal des philosophischen Redners. De oratore aus d. J. 55, ein Dialog in 3 Büchern: Buch 1: Voraussetzungen zum Rednerberuf (107ff.: φύσις, τέχνη, μελέτη) bei starker Betonung der juristischen Ausbildung des Redners; Buch 2: Wesen der Rh. mit einer bemerkenswerten Einlage (216 bis 289) über den Witz (vgl. Quint. inst. 6, 3); Buch 3: Stil und Vortrag. Das Grundthema dieses als röm. Gegenstück zu Plat. Phaidr. gedachten Dialoges ist die Frage nach dem Sachwissen des Redners. Ebenfalls dialogisch der ‹Brutus› (i. J. 46), ein Überblick über die röm. Beredsamkeit von den Anfängen her mit bitteren Bemerkungen über ihren Verfall in der Zeit der Diktatur; aus dem gleichen Jahr das Sendschreiben an Brutus, der ‹Orator›, wo in diskursiver Form *de oratore perfecto* gehandelt wird, was auch das Thema *de optimo genere dicendi* einschließt (vgl. das als Vorwort entworfene Schriftchen gleicher Zeit, ‹De optimo genere oratorum›, dessen Echtheit jedoch neuerdings bestritten wird).

[3] *Römische Kaiserzeit.* Der Wechsel der Staatsform von der Republik zur *Monarchie* minderte die Bedeutung der Rh. für das öffentliche Leben und verlagerte ihren Schwerpunkt in den Schulbetrieb, wo sie als Element der → Bildung, wenn auch nach und nach zur Routine erstarrt, noch bis in spätantike Zeit eine erhebliche Rolle spielte. An die Stelle der Staats- und Gerichtsrede trat ein neues Genos, die bald auch öffentliche Deklamation, die das genus demonstrativum mehr und mehr in sich aufsog, aber zu ihren Themen auch historische Situationen oder fingierte Rechtsfälle wählte und zu einem internationalen Virtuosentum von ‹Konzertrednern› ausartete. Die Gattung wird für uns repräsentiert durch die Suasorien (etwa dem genus deliberativum entsprechend) und durch die Controversien (genus iudiciale) → *Senecas* (1) d. Ä. aus dem Beginn der Kaiserzeit wie durch die ps.-quintilianischen Deklamationen aus der Zeit des 1./2. Jh.s. Die Rücksicht auf diesen neuen Zweig der Beredsamkeit wie auf den Schulbetrieb überhaupt bestimmte auch weithin das letzte große Lehrbuch der Rh., das wir aus der Antike besitzen, die Institutio oratoria des Spaniers → *Quintilian* in 12 Büchern. Es ist eine hohe darstellerische Leistung, die, auf dem bereits kanonisch gewordenen Cicero fußend, voll kultureller und pädagogischer Verantwortung das System der Redekunst entwickelt und für uns in vieler Hinsicht das antike Lehrgebäude der Rh. überhaupt am besten repräsentiert. Sein Bekenntnis *pectus est, quod disertos facit* (10, 7, 15) charakterisiert den Mann und sein Werk. Er bietet aus intimer Kenntnis der Theorie, stets aber die Erfahrungen der Praxis bedenkend und auf ihre Förderung abzielend, einen Lehrgang der rednerischen Ausbildung im Rahmen eines umfassenden Erziehungs- und Bildungsprogramms. Buch 2 handelt von Wesen, Wert und Definition der Rh., in 3 wird das eigentliche System nach ἔργα, γένη und μέρη geboten, was dann ab Buch 4 in ausführlichen Regeln erörtert wird. Dabei ist Buch 7 der Argumentation, 8 dem Stil allgemein und 9 speziell der Figurenlehre gewidmet, während in 11 Gedächtnisschulung und Vortrag behandelt sind. In einer weiteren Schrift hat Quintilians Sorge den *causae corruptae eloquentiae* gegolten, ein Thema, das → *Tacitus* dann in seinem Dialogus de oratoribus vertieft und z. T. in Polemik gegen Quintilian behandelt hat.

[4] Das *2. Jh.* hat auf röm. Seite einen einzigen Redelehrer von Rang hervorgebracht, den Erzieher der nachmaligen Kaiser Mark Aurel und Lucius Verus, M. Cornelius → *Fronto*, dessen Interesse ganz auf den Stil gerichtet war und hier wieder auf das genus grande älterer Vorbilder wie des Cato, der Gracchen, des Sallust und allenfalls noch des Cicero, ferner auf die Technik der Verwendung von Gleichnissen. Mit seiner barocken, auch den sermo cotidianus einbeziehenden Rh. wird er zum Schöpfer der stark afrikanisch bestimmten Elocutio novella. Die Deklamation, die immer mehr die Fühlung mit den lebendigen Fragen der Zeit verlor, fand etwa gleichzeitig ihren Vertreter in → *Calpurnius* (5) *Flaccus* und in den jüngeren der ps.-quintilianischen Übungsstücke (s. o.). – Die zahlreichen röm. Rhetoren niederen Ranges (vgl. ‹Rhetores Latini Minores›) des *ausgehenden Altertums* bemühen sich um das Ganze oder um Teile des Lehrgebäudes und suchen ihre bescheidene Originalität in der leicht variierenden Auswahl, Anordnung und Terminologie des überkommenen griech. Systems, auf dessen Manual sie unter Beherrschung der bekannten Register wie genera, officia, partes, constitutiones usw. trefflich zu spielen wissen. Einige Namen können für alle gelten: → Aquila Romanus, sein Fortsetzer → Julius (13) Rufinianus (3./4. Jh.), ein anonymes metrisches → ‹Carmen de figuris› (ca. 400), die Verfasser kompletter ‹Artes› wie C. → Chirius Fortunatianus, → Sulpicius (14) Victor, → Julius (21) Victor, → Martianus Capella (4./5. Jh.), der schwer datierbare, wohl noch spätere → Emporius und der mehr praktisch interessierte → Julius (15) Severianus. Charakterisiert ist die Epoche durch die längst angebahnte Verlagerung des Schwerpunkts von Rom nach den Provinzen wie Gallien (→ Massilia, → Burdigala, → Augustodunum usw.), Spanien (→ Lerida), Africa (→ Karthago). Eine, freilich in der Echtheit umstrittene, erhaltene Schrift De rhetorica des → *Augustinus*, die für die Wiedergewinnung der Lehre des ständig in ihr zitierten Hermagoras (s. o. B 8) wichtig ist, mag für das ungebrochene Weiterwirken der antiken Rh. unter den Christen zeugen. Allerdings vernehmen wir nur wenige Jahre später von christl. Seite ganz andere Töne: die radikale Absage des → Paulinus (1) v. Nola an Sophistik, Rhetorik und heidnische Poesie (10, 29–42).

D. Tropen und Figuren. [1] Der zur Stilqualität des Redeschmucks (ornatus, Abb. 187, 8 d) gehörige und dem Arbeitsgang der stilistischen Ausgestaltung der Rede (elocutio, Abb. 187, 4 c) einzuordnende Gebrauch der Tropen (τρόποι, tropi, ‹Wendungen›) und Figuren (σχήματα, figurae) dient letzten Endes dem Vergnügen (ἡδονή, delectatio) des Hörers oder Lesers bzw. wehrt dem Gegenteil, dem Überdruß (ἀηδία, taedium), und erfüllt als eine Art Verfremdung (ξενικὴ λέξις) einen psychagogischen Zweck. Ein System ist im Anschluß an die Beobachtung von Besonderheiten des gorgianischen Stils (s. o. B 2) ganz allmählich seit dem 4. Jh. entwickelt worden. Bes. der Ausdruck σχῆμα (‹Gestaltung›, früh auch schon ‹Verstellung›) hat sich erst in hellenist. Zeit zum t. t. verengt. Aristoteles (rhet. 3), die ‹Rh. an Alexander› (s. o. B 5), Theophrast, Ps.-Demetrios, die stoische Grammatik mit ihrer Lehre von den Tropen (s. o. B 7) und bei den Römern die ‹Rh. an Herennius›, Cicero (C 1 f.) und Quintilian (C 3) haben der Ausbildung des immer komplizierter werdenden Systems besondere Beachtung geschenkt und es für die Nachwelt konserviert. Hier können vom Ergebnis ausgehend nur die Grundlinien angedeutet werden. – Der *Tropus* – definiert als verborum immutatio (Cic. Brut. 69) oder als ein verbum translatum (Cic. De orat. 3, 152; Quint. inst. 8, 3, 24) bzw. als ein verbum alienum (Cic. orat. 80) – setzt stets am Einzelwort (verbum simplex Cic. orat. 80) an, das er vom ursprünglichen Wortinhalt weg zu einem anderen, neuen führt (z. B. Hase für Feigling, Löwe für Held). Dabei können – nach neuerer Unterscheidung – die beiden Inhaltsbereiche (1) unmittelbar benachbart sein (‹Grenzverschiebungstropen›) oder (2) voneinander entfernt (‹Sprungtropen›). Zu (1) zählen dann folgende Tropen: → Periphrase, → Synekdoche, → Antonomasie, → Emphase, → Litotes, → Hyperbel, → Metonymie; zu (2): → Metapher und → Ironie. Eine Sonderstellung nehmen dabei ein → Metalepse und → Katachrese.

[2] Die *Figur* dagegen – zu definieren etwa als *arte aliqua novata forma dicendi* (Quint. inst. 9, 1, 14) – bezeichnet jedwede kunstvolle Veränderung gegenüber der schmucklosen Rede, also den Redeschmuck schlechthin, und sie hat es stets mit Wortgruppen oder -kombinationen zu tun (verba collocata Cic. orat. 80). Bereits die Antike unterscheidet die beiden Kategorien der Wortfiguren (*σχήματα λέξεως*, figurae verborum oder elocutionis) und der Sinn- oder Gedankenfiguren (*σχήματα διανοίας*, figurae sententiae). – Die *Wortfiguren* betreffen Verschönerungen der sprachlichen Ausdrucksweise mit Hilfe der 3 Änderungskategorien (vgl. Quint. inst. 9, 3, 27); (1) der Wiederholung des Gleichen wie der Häufung des Verschiedenen (adiectio; Beispiel: → Polysyndeton), (2) der Einsparung normalerweise notwendiger Satzbestandteile (detractio; Beispiel: → Ellipse) und (3) der Veränderung der Reihenfolge (transmutatio; Beispiel: → Hyperbaton). Angesichts der Verwandtschaft von transmutatio und immutatio rechnen manche antike Theoretiker die Tropen zu den Figuren (s. Quint. inst. 9, 1, 2). – Die *Sinnfiguren*, die man ebenfalls – etwas krampfhaft – nach den Änderungskategorien zu gliedern versucht hat, sind ihrem Wesen nach von der sprachlichen Konkretisierung unabhängig, obwohl sie ihrer natürlich in der Praxis bedürfen und mit ihr gewisse feste Bindungen eingehen. Sie stellen oft Sinnbezüge zwischen verschiedenen Satzteilen her, wie etwa → Antithesen (als solche gern mit der Wortfigur der → Paronomasie verbunden), oder kleiden sich in die Form der → Rhetor. Frage, der → Apostrophe u. dgl. Sie gelten als besondere Domäne des → Demosthenes. Die Sinnfiguren, in der Theorie der Rh. stets der Elocutio (Abb. 187, 4c) zugerechnet, tendieren logischerweise ebenso zur Inventio (Abb. 187, 4a) wie zur Beweistechnik (Abb. 187, 5b. 7d. e). Während die antiken Theoretiker sie meist in loser Aufzählung darbieten, hat man neuerdings auch versucht, sie in solche der Publikumszugewandtheit (wie die → Rhetor. Frage oder die → Apostrophe) und solche der Sachzugewandtheit (wie die → Antithese) zu gliedern. – Eine Auswahl der gebräuchlichsten aus der Fülle der in den Lehrbüchern begegnenden rhetorischen Figuren werden in Einzelartikeln erklärt, ihrer jeweiligen Kategorie zugeordnet und mit Beispielen belegt.

E. Rhetorikunterricht. [1] Seit dem ausgehenden *5. Jh.*, der Zeit der Sophisten, spielte die Rh. in der höheren Bildung und Erziehung eine entscheidende Rolle und behielt hier in ihrem wechselvollen Kampf mit der Philosophie aufs Ganze gesehen die Oberhand, nicht zuletzt dank dem maßvoll ausgewogenen Erziehungsideal des → Isokrates. Dieser unterhielt, wie andere vor ihm, seit 380 eine eigene Schule, wo in mehrjährigem Unterricht gegen Entgelt die Vorbereitung für das öffentliche Auftreten in den 3 Bereichen der Redekunst (Abb. 187, 3) erfolgte. Schon → Gorgias, → Antiphon (B2) und → Antisthenes hatten reine Muster- und Übungsreden für den Schulbetrieb verfaßt; → Theodektes und → Anaximenes setzten die Tradition fort. Es entstanden zahlreiche Lehrbücher (*τέχναι*, s. o. B 1 ff.); mit dem Schwinden der politischen Selbständigkeit gewann die reine Theorie übermäßige Bedeutung: mehr und mehr verstand man es, ‹Anatomie am toten Körper zu lehren› und zu lernen. Erst in hellenist. Zeit auch beginnen unsere Quellen reichlicher zu fließen, so daß wir uns ein Bild von den Einzelheiten des Schulbetriebs und Lehrgangs machen können. Durch private Stiftungen, Zuwendungen von Herrschern und öffentliche Finanzierung entstehen staatliche Schulen bes. in den Städten des Ostens (Pergamon, Milet, Alexandria, Rhodos, Antiochia). Den auf dem Unterricht von Elementarlehrer (Grammatistēs) und Mittelschullehrer (Grammatikos) aufbauenden, sich mit diesem gelegentlich überschneidenden Rh.-Unterricht genoß man etwa vom 15. Lebensjahr an. Er erfolgte in zwei Stufen, den Vorübungen (→ Progymnasmata) und den eigentlichen Übungen (Gymnasmata). Die *Progymnasmata* umfaßten, vom Leichteren zum Schwereren aufsteigend, eine Art von Schulaufsatz, die → Chrie (*χρεία*), die detaillierte Beschreibung (→ Ekphrasis, descriptio), die schon in Beziehung zur praktischen Rede stehende Erschließung künstlicher Beweismittel, die sog. Topik (s. o. B 4), und weitere auf die einzelnen Genera orationis abzielende Exerzitien. Einige Lehrbücher solcher Progymnasmata sind uns erhalten, von → Theon (2), → Hermogenes, → Aphthonios und → Nikolaos (3) v. Myra, entsprechende Anweisungen auch bei → Quintilian. Der *höhere Rh.-Unterricht*, wie er uns aus dem kaiserzeitlichen Lehrbuch des → Apsines greifbar wird, zielte auf Abfassung von Schul- und Übungsreden (*ζητήματα, μελέται*), die stark am Beispiel und Muster des Demosthenes orientiert waren.

[2] In *Rom* galt von Anfang an neben der systematischen Unterweisung das persönliche Vorbild im Getriebe des öffentlichen Lebens, wo sich der angehende Redner und Politiker durch Zuhören (studiosus audiendi) auf dem Forum und im Senat an praktischen Mustern und Vorbildern ausbildete (Cic. Brut. 306, vgl. 96. 143 ff. 205). Dieses wichtige Moment fand denn auch Eingang in die Theorie von den 3 Methoden des Erwerbs der Beredsamkeit (Abb. 187, 2), deren zweite, die Imitatio, zwar die griech. Mimesis mehr theoretischer Art widerspiegelt, aber zugleich auf die spezifisch röm. Praxis anspielt (das Schema bietet die Rhet. ad Herenn. 1, 3; vgl. Cic. De orat. 1, 156 *imitemur quorum similes velimus esse)*. Aber davor und daneben hatte man seit dem 3./2. Jh. seine hellenischen Lehrer der Rh.; und die in zunehmendem Maße gepflegte und den eigenen Bedürfnissen assimilierte Theorie war griechisch durch und durch – die röm. Rh. war sozusagen zweisprachig bis ins 4. Jh. der Kaiserzeit. Emanzipationsversuche beginnen freilich bereits früh, wie u. a. die gern gegen die Griechen polemisierende ‹Rhet. an Herenn.› zeigt. Der Verf. dieses Lehrbuchs stand offensichtlich den Kreisen um Marius nah, denen auch der Versuch des L. → Plotius Gallus zugehört, schon in den 90er Jahren des 1. Jh.s v. Chr. eine röm. Rh.-Schule zu gründen, die auch den des Griechischen Unkundigen in abgekürztem Verfahren die Elemente der Ars vermitteln sollte. Ein gegen sie gerichtetes censorisches Edikt (92 v. Chr.) hatte vorwiegend politische Gründe, hat aber dann der durch Cicero repräsentierten vertieften rhetor. Bildung den Weg geöffnet. Fortan vollzog sich deren Vermittlung mehr und mehr nach dem griech. Modell (Cic. De orat. 1, 14). Griech. Rhetoren kamen in immer größerer Zahl nach Rom; nicht nur die Angehörigen der höheren Schichten schickten aber auch ihre Söhne nach Griechenland und Kleinasien, wo ebenso wie in Rom der rhetor. Lehrbetrieb in der Kaiserzeit auch finanziell vom Staat gefördert wurde (s. o. C 3). – Insbesondere waren die den höheren Schulbetrieb beherrschenden → Deklamationen mit ihren fingierten Beispielen nach → Quintilians ausdrücklichem Bericht (2, 4, 41 f.) ganz nach griech. Mustern entworfen, wie denn auch dessen eigene Lehre weithin auf sie eingestellt

SCHEMATISCHE ÜBERSICHT ÜBER DAS SYSTEM DER ANTIKEN RHETORIK

1. Voraussetzungen (B3 C2)
   a) Naturanlage
   b) Ausbildung
   c) Erfahrung

2. Methode des Erwerbs (E2)
   a) Unterricht
   b) Nachahmung
   c) Übung

3. Arten (B1f. 4.8. C1.3)
   a) Gerichtsrede
   b) Staatsrede
   c) Gelegenheitsrede

4. Arbeitsstadien des Redners (B4.5 C1–4)
   a) Auffindung der Hauptgesichtspunkte
      Umfaßt auch (s.u.): (5) Pisteis, (6) Staseis, (7) Redeteile
   b) Stoffgliederung (Disposition: B1.2.4.5)
      Umfaßt auch (s.u.): (7) Redeteile
   c) Darstellung (Stilisierung: B1–10 C1–4)
      Umfaßt auch (s.u.): (8) Stilqualitäten, (9) Stilarten, (10) Wortfügungsarten
   d) Memorieren (B6. C1.3)
   e) Vortrag (B6 C3)

5. Pisteis (B1.2.4)

6. Staseis (B1.8.10 C1.4)

7. Redeteile (B1.3.4.8 C1.2)
   (5)–(7) auch berücksichtigt in 4a, (7) auch in 4b

8. Stilqualitäten (B6.7.10)

9. Stilarten (B6.9.10)

10. Wortfügungsarten (B9)
    [(8) und (9), die ‹Ideen› (B10), sowie (10) sind auch berücksichtigt in 4c.]

Die wichtigsten Gliederungen des rhetorischen Systems

1. *(ὑποσχέσεις)*	(praesuppositiones)	Voraussetzungen
a) *φύσις*	natura	Naturanlage
b) *παιδεία* *(ἐπιστήμη, τέχνη)*	doctrina (scientia, ars)	Ausbildung (Wissen, Kunstlehre)
c) *ἐμπειρία (μελέτη)*	usus (exercitatio)	Erfahrung (Übung)
2. *μέθοδοι*	res (rationes)	(Arbeits-)Methoden
a) *τέχνη*	ars	Kunstlehre (‹Technik›)
b) *μίμησις*	imitatio	Nachahmung
c) *ἄσκησις*	exercitatio	Übung
3. *γένη τῶν λόγων*	genera causarum	Arten der Rede
a) *γένος δικανικόν*	genus iudiciale	Gerichtsrede
b) *γένος δημηγορικόν (συμβουλευτικόν)*	genus deliberativum	Staatsrede
c) *γένος ἐπιδεικτικόν (πανηγυρικόν)*	genus demonstrativum	Gelegenheitsrede (Festrede)
4. *ἔργα τοῦ ῥήτορος (στοιχεῖα)*	officia oratoris (res, partes, opera, elementa)	Arbeitsgänge des Redners (Arbeitsstadien, Aufgaben)
a) *εὕρεσις*	inventio	Auffindung (der Hauptgesichtspunkte)
b) *τάξις*	dispositio	Stoffgliederung(Disposition)
c) *λέξις (ἑρμηνεία)*	elocutio	Darstellung (Formulierung, Ausdruck, Stilisierung)
d) *μνήμη*	memoria	Memorieren
e) *ὑπόκρισις*	pronuntiatio (actio)	Vortrag
5. *πίστεις*	probationes	Beweise
a) *πίστεις ἄτεχνοι*	pr. inartificiales	‹kunstlose› (unmittelbare) Beweise
b) *πίστεις ἔντεχνοι*	pr. artificiales	‹künstliche› Beweise
6. *στάσεις*	constitutiones (status)	Juristische Fragestellungen
a) *στοχασμός*	const. coniecturalis	Frage nach der begangenen Tat
b) *ὅρος*	const. definitiva	Definition des Tatbestands
c) *ποιότης*	const. generalis	Beurteilung der Tat
d) *μετάληψις*	const. translativa	Klärung der Zuständigkeit des Gerichtshofs
7. *μέρη τοῦ λόγου*	partes orationis	Teile der Rede
a) *προοίμιον*	exordium	Einleitung
b) *διήγησις*	narratio	Erzählung (des Hergangs)
c) *πρόθεσις (προκατασκευή)*	(propositio) divisio (partitio)	Präzisierung des Sachverhalts
d) *πίστωσις (ἀπόδειξις, κατασκευή)* } *πίστις*	confirmatio (probatio) } argumentatio	positiver } Beweis
e) *ἔλεγχος, (λύσις, ἀνασκευή)* } *πίστις*	confutatio (refutatio) } argumentatio	negativer } Beweis
f) *ἐπίλογος*	peroratio (conclusio)	Schluß
8. *ἀρεταὶ τῆς λέξεως*	virtutes dicendi	Stilqualitäten
a) *Ἑλληνισμός*	Latinitas (puritas)	Sprachrichtigkeit
b) *σαφήνεια*	perspicuitas	Deutlichkeit
c) *πρέπον*	aptum	Angemessenheit
d) *κόσμος*	ornatus	Redeschmuck
e) *συντομία*	brevitas	Kürze
9. *χαρακτῆρες τῆς λέξεως*	genera elocutionis	Stilarten
a) *χαρ. ἰσχνός*	genus subtile	schlichter Stil
b) *χαρ. μέσος (μικτός)*	genus medium (mixtum)	mittlerer Stil (gemischter Stil)
c) *χαρ. μεγαλοπρεπής (ὑψηλός)*	genus grande (sublime)	erhabener Stil
10. *(ἁρμονίαι) συνθέσεις*	structurae (compositiones)	Wortfügungsarten
a) *συνθ. γλαφυρά*	structura polita	glatte Fügung
b) *συνθ. μέση*	structura media	mittlere Fügung
c) *συνθ. αὐστηρά*	structura aspera	rauhe Fügung

war. Ein Bild von ihnen vermitteln uns die unter seinem Namen gehenden ‹Declamationes maiores› und ‹D. minores› wie die ‹Suasoriae› und ‹Controversiae› *Senecas* d. Ä. (s. o. C 3). Von dem weitverzweigten, sich nur noch des Lateinischen bedienenden und sich immer mehr vom praktischen Leben entfernenden Schulbetrieb der späteren Kaiserzeit in Rom und in den Provinzen zeugen die zahlreichen römischer Lehrbücher der Rhetores Latini Minores (s. o. C 4).

F. ÜBERLIEFERUNG. FORTWIRKEN. Die das ganze Bildungssystem umfassenden Disciplinae, schon von → Varro entworfen, haben ihre kanonische Form etwa um 400 n. Chr. in den 7 Artes liberales des → Martianus Capella erhalten und lieferten das Modell für ein Programm des höheren Unterrichts im europäischen Mittelalter. In ihrem Unterbau, dem Trivium, war zwischen Grammatik und Dialektik die Rh. eingefügt und sicherte sich so ihr Fortleben durch die Jahrhunderte. Nicht nur daß sie auf den Lateinschulen und in den Universitäten als zentrale Disziplin betrieben wurde, eigene Fachvertreter und Lehrstühle erhielt und den ganzen Unterricht durchdrang, vielmehr wurden die antiken Lehrbücher und Progymnasmata-Beispiele ausgebeutet oder umgearbeitet und so im Schulbetrieb bis ins 18. Jh. und weiterhin verwendet. Die noch heute als Aufsatzschema da und dort dem Unterricht zugrunde gelegte → Chrie oder Anleitungen für den Aufsatz in der Muttersprache, deren Aufbau der antiken Topik (s. o. B 4. E 1) aufs Haar gleicht, zeugt von diesem Fortleben ebenso wie die Verwendung der antiken Fachausdrücke in unserer Stilistik oder die zu Anfang unseres Jh.s von der Hölderlinforschung in die Literaturwissenschaft wieder eingeführte Lehre von den 3 Fügungen des Dionysios v. Halikarnaß (s. o. B 9. Abb. 187, 10) u. v. a. m. – Wichtiger jedoch ist die Bedeutung, die der Rh. als Ferment der Bildung und der Literatur, vor allem in den roman. und angelsächs. Ländern, zukommt und der sich auch diejenigen nicht entziehen können, die in ihr nur den je und je gefährlichen, weil auf Veräußerlichung und Schematisierung tendierenden Widerpart eines mehr philosophisch bestimmten Bildungsziels erkennen. Denn die von der Rh. geforderte und vermittelte Ordnung der Gedanken, Klarheit und Sauberkeit des Ausdrucks und seine künstlerische Vervollkommnung sind und bleiben ein wertvolles Überlieferungserbe der antik-abendländischen Kultur. Und das Recht und die Mittel, sich mit Worten zu verteidigen, wie die Chance und die Fähigkeit, den anderen zu überzeugen, verbinden und befrieden die Menschen und sind ein Unterpfand der Freiheit (vgl. Isokr. 3, 6ff. = 15, 254ff.). H. H.

Q: L. Radermacher, Artium scriptores. Reste der voraristotel. Rh., 1951 – Chr. Walz, Rhetores Graeci, 9 Bde, 1832–36 – L. Spengel (u. C. Hammer), Rhetores Graeci I, 1885/94; II, 1854; III, 1856 – A. Mayer, Theophrasti *περὶ λέξεως* libri fragmenta, 1910 – S. Sudhaus, Philodemi volumina rhetorica, 2 Bde u. Suppl., 1892–96 (Nachdr. 1964) – C. Halm, Rhet. Lat. Min., 1863 (Nachdr. 1964) – *Lit: Allgemein:* J. C. T. Ernesti, Lexicon technologiae Graecorum rhetoricae, 1795 (Nachdr. 1962) – Ders., Lex. technol. Latinorum rhet., 1797 (Nachdr. 1962) – Fr. Nietzsche, Die Rh. der Griechen u. Römer, Vorles. W.-S. 1872/73 u. S.-S. 1874, in: Philologica II, 1912, 199–268 – R. Volkmann, Die Rh. der Griechen u. Römer in systematischer Übersicht 1885² (Nachdr. 1963); 3. Aufl. (verkürzt) v. C. Hammer, 1890 – E. Norden, Die antike Kunstprosa, 2 Bde (1898), 1923⁴ (Nachdruck 1958) – W. Kroll, RE Suppl. 7 (1940), 1039–1138 – E. Wolf, Griech. Rechtsdenken III 2, 1956, 157–413 – K. Barwick, Probl. d. stoischen Sprachlehre und Rh., 1957 – A. Plebe, Breve storia della ret. antica, 1961 – Fr. Sbordone, Contributo alla storia della ret., o. J. [1964] – *Zu A:* W. Schadewaldt, Der Umfang des Begriffs der Literatur in der Antike, Jb. 1963 d. dtn. Ak. f. Sprache u. Dichtg., 1964, 98 bis 115 – *Zu B:* O. Navarre, Essai sur la rhétorique grecque avant Aristote, 1900 – G. L. Hendrickson, The origin and meaning of the ancient characters of style, AJPh 26, 1905, 249–290 – M. Delaunois, Le plan rhétorique dans l'éloquence grecque d'Homère à Démosthène, 1959 – Ders., Le plan rhétorique dans les discours dits apocryphes de Démosthène, AC 31, 1962, 35–81 – V. Buchheit, Unters. zur Theorie des Genos epideiktikon von Gorgias bis Aristoteles, 1960 – W. Burkert, Gnomon 35, 1963, 571 – W. Rhys Roberts, Greek rhetoric and literary criticism (1928), 1963² – G. Kennedy, The art of persuasion in Greece, 1963 (grundlegend) – Vgl. zu → Isokrates; dazu ferner: G. Walberer, Isokr. u. Alkidamas, Diss. Hamburg 1938 – Kl. Ries, Isokr. u. Platon im Ringen um die Philosophie. Diss. München 1959 (masch.; dazu L. Voit, Gymn. 70, 1963, 369–371) – Zu Aristoteles: Fr. Solmsen, Die Entwicklung der aristotel. Logik und Rh., 1959 – Zu Philodem: H. M. Hubbell, The Rhetorica of Ph., Transactions of the Connecticut Acad. of Arts and Sciences 23, 1920, 246ff. – *Zu C:* H. K. Schulte, Orator. Untersuchungen über das ciceronian. Bildungsideal, 1935 – B. Riposati, Studi sui ‹Topica› di Cicerone, 1947 – A. Steinwenter, Rh. u. röm. Zivilprozeß, ZRG 65, 1947, 69–120 – W. Neuhauser, Patronus und Orator, 1948 – J. Stroux, Röm. Rechtswissenschaft u. Rh., 1949 – E. Meyer, Die Quaestionen der Rh. u. die Anfänge der jurist. Methodenlehre, ZRG 68, 1951, 30–73 – K. Barwick, Martial und die zeitgenöss. Rh., 1959 – J. Adamietz, Ciceros De inventione und die Rh. ad Herennium, Diss. Marburg 1960 – A. Michel, Rhétorique et philosophie chez Cicéron, 1960 – M. L. Clarke, Rhetoric at Rome (1953), 1962² – Fr. Sbordone, L'eloquenza in Roma durante l'età repubblicana, 1962 – K. Barwick, Das rednerische Bildungsideal Ciceros, Abh. Leipzig 54, 3, 1963 – A. D. Leeman, Orationis ratio. The stilistic theories and practice of the Roman orators, historians, and philosophers, 2 Bde, 1963 – L. P. Wilkinson, Golden latin artistry, 1963 – Chr. Neumeister, Grundsätze der forensischen Rh., gezeigt an Gerichtsreden Ciceros, 1964 – *Zur Tabelle und D:* H. Lausberg, Elemente d. literar. Rh. (1949), 1963² – Ders., Hb. d. literar. Rh., 2 Bde, 1960 (dazu Wolfg. Schmid, Arch. f. d. Stud. d. neueren Sprachen 200, 1963, 451–462) – K. Barwick, Die Gliederung der rhetor. TEXNH, Hermes 57, 1922, 1–43 – Heinrich Hoffmann, Quaestiones rhetoricae, Diss. Halle 1937 – J. Lücke, Die Entwicklung der genera dicendi, Diss. Hamb. 1952 (masch.) – O. Seel, Cicero Orator (Ausg.), 1952, 148–156 – O. Jahn-W. Kroll-B. Kytzler, Cic. Brutus, 1962⁶ (Ausg. m. Komm.) – *Zu E:* H. J. Marrou, Gesch. der Erziehung im klass. Altertum (franz. 1948, 1960⁵), 1957 (nach franz. 1955³) – D. L. Clark, Rhetoric in Greco-Roman education (1954), 1957² – *Zu F:* J. C. Gottsched, Ausführliche Redekunst... (1728), 1739² – Rich. Whately (1787–1863), Elements of Rh., 1828 (u. ö.; ed. by D. Ehninger... 1963) – M. Dessoir, Die Rede als Kunst (1939), 1948² – W. A. Jennrich, Classical Rhetoric in the NT, ClJ 44, 1948, 30–32 – Leonid Arbusow, Colores rhetorici... rhetor. Figuren u. Gemeinplätze als Hilfsmittel für... Übungen an mittelalterl. Texten, 1948 – R. F. Howes (Ed.), Historical studies of rhetoric and rhetoricians, 1961 – F. Quadlbauer, Die antike Theorie der genera dicendi im lat. MA, 1962 – E. R. Curtius, Europ. Lit. und lat. MA (1948), 1963⁴.

◄ Abb. 187 System der Rhetorik

Zu nebenstehenden Tabellen. Wie der geschichtliche Überblick zeigt, sind die Grundlinien des Systems der Rh. mindestens im Ansatz allesamt bereits in der Frühzeit entwickelt worden (s. o. B 1–5), haben jedoch in der Folge eine außerordentlich feine und komplizierte Differenzierung erfahren, wobei einzelne Schulrichtungen und Autoren auch da und dort, bes. in der oft recht großzügig gehandhabten Terminologie, ihre eigenen Wege gingen. Um diese verwirrende Systematik überschaubar zu machen, bedarf es einer notwendig vergröbernden Vereinfachung, der sich die nebenstehenden tabellar. Übersicht bedient. Vorausgestellt wird eine sich im allgemeinen nur deutscher Termini bedienende schematische Übersicht, durch die der im historischen Teil (B. C) bereits dargestellte logische Zusammenhang der hauptsächlichen Gliederungen (1–10) noch einmal vor Augen geführt wird. Die weiteren Kolumnen enthalten in der gleichen Reihenfolge und zu denselben Ziffern die Hauptschemata mit ihren griech., lat. und deutschen Benennungen. Ausgangspunkt dafür ist im allgemeinen das Vokabular des Aristoteles (s. o. B 4) und der ‹Rh. an Herennius› 1, 2ff. (vgl. o. C 1), jedoch wo nötig ergänzt aus anderen antiken Lehrbüchern wie Hermagoras und Quintilian. Für den Quellennachweis im einzelnen muß auf die modernen Handbücher verwiesen werden. Über weitere hier nicht tabellarisch erfaßte Gliederungen der Rh. s. die (jeweils in Klammern beigefügten) Abschnitte dieses Artikels: Allgemeine (d. i. literarische) und spezielle Rh. (A. B 9). – → Ethos und Pathos (B 4). – Elemente der Beweistechnik wie Syllogismos, Enthymema, Paradeigma, Semeion (B 4), Theseis (B 8. C 2), Topoi (B 4. C 2). – Arten bzw. Grade der Periodisierung (B 4. 6. 8). – Tropen und Figuren (B 2. 4. 6. 7. 9. D) sowie Einzelartikel.

Rhetorik an Alexander, eine unter dem Namen des → Aristoteles überlieferte *Τέχνη ῥητορική* wohl noch aus dem 4. Jh. v. Chr., die im Gegensatz zum ‹philosophischen› Typ in dessen echter Rhetorik mehr die ‹sophistische› Tradition dieser Lehrbuchgattung repräsentiert und für unsere Kenntnis der voraristotelischen Schulüberlieferung von → Korax bis → Isokrates großen Wert besitzt. In der Neuzeit (seit Petrus Victorius 1548) vielfach dem → Anaximenes (1) v. Lampsakos zugeschrieben. – Vgl. dazu auch → Rhetorik B [5]. H.H.

Ed: RhGr I 169–242 – Ferner: → Aristoteles – *Lit:* Kennedy, Persuasion, 114ff. u.ö. – V. Buchheit, Unters. zur Theorie des Genos epideiktikon ..., 1960, 189ff. (gegen die Verfasserschaft des Anaximenes) – Zur Überlieferung: M. Fuhrmann, Abh. Mainz, 1965.

2. **Rh. an Herennius,** anonymes Lehrbuch von ca. 86/84 v. Chr., überliefert zusammen mit → Ciceros rhetor. Schriften. Für den Verfasser hat man lange Zeit Cicero und dann – unter irrtümlicher Berufung auf → Quintilian – → Cornificius (1) gehalten. Der röm. Habitus der Schrift und eingestreute Polemik gegen die Griechen verdecken nur schlecht die durchgängige Abhängigkeit von griech. Quellen, zu denen (wenn auch nur mittelbar) → Hermagoras (2) v. Temnos gehört. Als älteste lat. Darstellung der Rhetorik ist das Werk (bes. Buch 4, die Stillehre) für uns von unschätzbarem Wert. Seine grammatische Tendenz ist alexandrinisch beeinflußt und neigt zur Bevorzugung der → Analogie. Alles Weitere → Rhetorik C [1]. H.H.

Ed: C. L. Kayser, 1854 (mit Kom.) – Fr. Marx, Ed. maior, 1894, Ed. minor, BT, 1923 – H. Caplan, LCL, 1954 – *Übers:* K. Kuchtner, 1911 – *Lit:* J. Brzoska, RE 4,1 (1900), 1605–23, s. v. Cornificius – Weiteres bei D. Matthes, Lustrum 3, 1959, 62ff. u. 99 (Quellenschema) – K. Manitius, Zur Überlieferung des sog. Auctor ad H., Philol. 100, 1956, 62–66 – J. Adamietz, Cic. De inv. und die Rh. an Her., Diss. Marburg 1960 – K. Barwick, Die Vorrede zum 2. Buch der rhetor. Jugendschrift Ciceros und zum 4. Buch des Auct. ad H., Philol. 105, 1961, 307–314 – Zur Sprache: G. Calboli, Die Sprache der Rh. ad H. (in Vorbereitung) – Einstweilen: Ders., Studi grammaticali, 1962, 139 bis 242.

Rhetorische Frage (*ἐρώτημα:* Aquila rhet. 11; interrogatio; vgl. Quint. inst. 9,2,7), → Sinnfigur; Frage, auf die im Hinblick auf die unausgeprochene Evidenz keine Antwort erwartet wird. *Bsp.:* Cic. Catil. 1,1: *quousque tandem abuteris patientia nostra?* → Rhetorik D [2]. H.H.

Lit: Volkmann, 491f. – Lausberg, I 379–381.

Rhetra (zur Wz. *Ϝϱη-* ‹sprechen›) ist ein alter Ausdruck für rechtlich bindende Erklärungen und Vereinbarungen, insbes. für Gesetze und Verträge. Die bei Plutarch (Lyk. 6) im Wortlaut überlieferte, in einem Tyrtaiosfragment (3 D.) paraphrasierte sog. ‹große Rh.› ist ein (in die Form eines delphischen Orakels gekleidetes?) Grundgesetz → Spartas aus dem 8. oder allenfalls 7. Jh. v. Chr. Es trifft Bestimmungen über → Gerusia und Volksversammlung und räumt dieser die entscheidende Gewalt ein; doch ermächtigt ein etwas jüngerer Zusatz die Gerusia, sich unter bestimmten Voraussetzungen über den Beschluß des Volkes hinwegzusetzen. F.G.

Lit: H. T. Wade-Gery, Essays in Greek History, 1958, 37ff. – J. H. Oliver, Demokratia, the Gods, and the Free World, 1960, 12ff. (Lit) – D. Butler, Competence of the Demos in the Spartan Rhetra, Historia 11, 1962, 385ff. – G. L. Huxley, Early Sparta, 1962, 44ff. – F. Kiechle, Lakonien u. Sparta, 1963, 142ff.

Rhianos von Kreta, Dichter und Gelehrter, 2. H. 3. Jh. vor Chr. Begann als Sklave in einer Ringerschule. Lebte später wohl in Alexandria. Von seinen *gelehrten Werken* wurde eine Ausgabe der Ilias und der Odyssee berühmt, von der in den Homer-Scholien eine Anzahl von Lesungen erhalten ist. Rh. ist darin konservativer als → Zenodot. Die moderne Kritik beurteilt seine Arbeit günstig. – Von *Dichtungen* sind Epigramme (zumeist aus dem Bereich der Knabenliebe) und eine Reihe von Epen (dem Titel nach und durch sehr kümmerliche Fragmente) bekannt; als Epiker erlangte Rh. seinen eigentlichen Ruhm (Ath. 11,499 D). Es gab eine ‹Heraklee› in 14 Büchern, daneben einige Epen, die von Landschaften handelten: Thessalika, Achaika, Eliaka, Messeniaka. Paus. 4,6,3 (der die ‹Messeniaka› verwendete) bezeugt, daß hier Aristomenes (der Held des sog. 2. → Messenischen Krieges) keine geringere Rolle spielte als Achill in der Ilias. Wir werden danach auf den poetisch-erzählenden Charakter des Werkes schließen dürfen. Im übrigen dürften in diesen Epen von Landschaften historische mit mythischen Elementen gepaart gewesen sein. → Stephanos (3) v. Byzanz zitiert Rh. vielfach und läßt damit den Anteil des Geographischen in seinen Werken erkennen. Wenn Rh. in Alexandria angesiedelt werden darf, so wird er als ein weiterer Exponent des epischen Prinzips (wie → Apollonios Rhodios) gegenüber der ‹kleinen Form› des → Kallimachos angesehen werden dürfen (vgl. → Hellenist. Dichtung B 1; C 1). P.H.

Frg: Coll. Alex. 9.

Rhinozeros. Das Rh. war einhörnig in Indien, zweihörnig in Äthiopien beheimatet. Das ind. Rh. begegnet zuerst auf Siegelbildern der Induskultur des 3. Jt.s, im 9. Jh. auf dem Obelisk des Assyrerkönigs Salmanassar III. Den Griechen wurde es durch den Indienfeldzug Alexanders d. Gr. bekannt, während das äthiop. Rh. im Festzug → Ptolemaios' II. Philadelphos bezeugt ist. In der antiken Religion wie im Mythos ist es ohne Bedeutung, doch gab das Rh. Anlaß zu fabelhaften Berichten vom → Einhorn. Das Horn galt als bes. fest. Seit der späten Republik wurde vor allem das afrikan. Rh. bei Tierspielen in Rom gezeigt. Beide Arten finden sich in der röm. Kunst seit der frühen Kaiserzeit dargestellt. Vgl. → Fauna. J.W.

Lit: Keller, Tierwelt I 383–388 – A. Steier, RE 16,2 (1935), 1780–88 (Quellen!).

Rhinthon, von Syrakus, literarischer Hauptvertreter der unterital. → Phlyaken oder → Hilarotragodie, die nach ihm auch ‹fabula Rhintonica› genannt wird; wirkte in → Tarent z. Z. → Ptolemaios' I. (304–285). Die Mythenparodie, schon bei → Epicharm belegt, gehört zur dor. Volksposse. Von 38 Stücken Rh.s sind 9 Titel bekannt, fast alle nach Tragödien des → Euripides. Die Fragmente lassen den dor. Dialekt (wohl tarentin. Volkssprache) und Trimeter, aber keine Handlung erkennen. Wohl älter als Rh. sind die meisten Phlyakenvasen, auf denen die Schauspieler noch das Phalloskostüm der dor. Posse (→ Komödie I A) tragen. Th.G.

Frg: CGF I 183–189 – A. Olivieri, Frammenti della commedia... nella Sicilia... II (1930), 1947², 7–24.

Rhipäische Berge, Nordgebirge, auch als Quellgebiet der südrussischen Ströme oder Südgrenze des Landes der → Hyperboreer gedacht, mitunter mit den Alpen identifiziert. Es hieß auch, die Sonne kehre nachts hinter den Rh. B. nach Osten zurück, womit der Wechsel von Tag und Nacht erklärt wurde. K.Schb.

Lit: A. Kießling, RE 1 A 1 (1914), 846–916, s. v. Ῥίπαια ὄρη.

Rhodanus, die Rhone, seit ältester Zeit ein wichtiger Handelsweg, dem seit der Gründung → Massilias besondere, in ihrem Ausmaß heute indessen stark diskutierte Bedeutung für die Erschließung des Inneren von Gallien und den Zinnhandel mit Britannien zukam und dem in röm. Zeit → Lugdunum, → Arelate u. a. Städte ihre Blüte verdankten.

Lit: J. J. Hatt, Histoire de la Gaule romaine, 1959. L.B.-H.

Rhode (heute Rosas), alte Gründung der Rhoder im NO Spaniens am heutigen Golf von Rosas (Kt. 1565 C2), hatte im 6. Jh. bedeutenden Handel mit Massilia, bewahrte sich aber ihre alten Eigentümlichkeiten. Im 4. und 3. Jh. Prägung zahlreicher Silber- und Bronzemünzen mit Zeichen ähnlich den auf Rhodos geprägten. Der hervorragende Zufluchtshafen behielt seine Bedeutung auch zur Zeit des röm. Imperiums und bes. in westgot. Zeit. 1964 bei dem heutigen Dorf entdeckt. J.M.d.M.

Lit: A. G. Bellido, Hispania Graeca, 1947/48 – J. Maluquer de Motes, Rhode, Zephyrus 14, 1964, 99–100.

Rhodische Vasen, Sammelbezeichnung der ostionischen Tierfrieskeramik des 7. und 6. Jh.s, vorherrschende Formen sind Rotellen-(Kleeblatt) → Kanne, Teller, Schale und Kessel. Technik: Pinselmalerei auf hellem Überzug, Innenzeichnung ausgespart; Ritzung taucht erst im 6. Jh. in Anlehnung an → schwarzfigurige Vorbilder auf. – Die Dekoration zeigt dichte, kleinteilige Füllornamentik, bei den Kannen umlaufende Damhirsch- und Steinbockfriese, in der Schulterzone antithetische Löwen- und Greifengruppen; auf den Tellern einzelne Tiere auf Segment mit Zungenstab. Der subtile Stil orientalisierender Zeit wird im 6. Jh. vereinfacht und starr. Neue künstlerische Impulse verraten erst wieder die → Fikelluravasen. Hauptzentren der Herstellung dürften Samos, Rhodos, Smyrna und Knidos gewesen sein (vgl. → chiotische V.). Eine Scheidung der Landschaftsstile wird durch Ähnlichkeiten in Dekoration und Motivschatz erschwert. I. Sch.

Lit: R. Eilmann, Frühe griech. Keramik im samischen Heraion, AM 58, 1933, 47 ff. – M. F. Lambrino, Vases archaïques d'Histria, 1938 – Ausgrabungen in Larisa am Hermos III, 1942, 128 ff. (K. Schefold) – W. Schiering, Werkstätten orientalisierender Keramik auf Rhodos, 1957 – Chr. Kardara, Rodiake Angeiographia, 1963 – H. Walter, Frühe samische Keramik, 1965.

Rhodope, großes Gebirgsmassiv in → Thrakien zwischen Maritza- und Strumatal (Kt. 1152 E 1), bis 2925 m hoch. E. M.

Rhodopis, berühmte Kurtisane aus Thrakien, 1. H. 6. Jh. v. Chr.; zuerst Sklavin in Samos; Xanthes von Samos brachte sie nach Ägypten, wo sie in Naukratis als Hetäre lebte; nach Herodot (2, 135) wurde sie von Charaxos von Mytilene, dem Bruder der → Sappho, freigekauft (danach wäre sie identisch mit Doricha); nach andern hat sie einen Pharao (Psammetich II.?) geheiratet. R. V. C.

Lit: B. Van de Walle, La ‹Quatrième Pyramide› de Gizeh et la légende de Rh., AC 3, 1934, 303–312.

Rhodos, zweitgrößte und südlichste Insel der → Sporaden vor der SW-Küste Kleinasiens (Kt. 1152 I 6/7), bes. fruchtbar und klimatisch begünstigt. Dichte griech. Besiedlung bereits in myken. Zeit (2. Jt. v. Chr.), dann von Doriern besetzt. In geschichtlicher Zeit waren die Hauptorte → Lindos, Ialysos und → Kameiros. Von ca. 470–411 waren die rhod. Städte im → Att. Seebund, 411 Abfall von Athen. 408 wurde die neue Großstadt Rh. an der Stelle der mittelalterlichen und heutigen Stadt angelegt. Die alten Orte blieben daneben bestehen. Im 4. Jh. war Rh. im 2. → Att. Seebund, übernahm die Führung im → Bundesgenossenkrieg (1; 357–355), geriet dann aber unter die Herrschaft des → Maussollos und blieb bis 334 persisch (von → Alexander (5) d. Gr. befreit). Schon früh besaß Rh. außer den Nachbarinseln ein ausgedehntes Landgebiet (→ Peraia) auf dem Festland. 305/304 wehrte Rh. die Belagerung → Demetrios' I. ab. Als Verbündeter → Roms (I C 2) in den Kriegen gegen → Philipp V. (2. Makedon. Krieg 200–197) und gegen → Antiochos III. (190) erhielt Rh. im Frieden von → Apameia 188 v. Chr. das ganze südwestl. Kleinasien (Karien und Lykien), das ihm aber wegen seiner Versuche, im Krieg zwischen Rom und → Perseus (170–168) zu vermitteln, wieder genommen wurde (vgl. die Rede → Catos (1) für die Rhodier). 88 vergebliche Belagerung durch → Mithridates VI. v. Pontos, 42 Eroberung und Plünderung durch → Cassius (8). In der Kaiserzeit war Rh. eine freie Stadt. Die Lage am Schnittpunkt der Seestraßen zwischen Griechenland, dem Orient und Ägypten gab Rh. große Handelsbedeutung und ließ es eine führende Seemacht werden. Das rhod. Seerecht war bis in die Kaiserzeit hinein maßgeblich, noch byzantin. Sammlungen des Seerechts tragen diesen Namen. In hellenist. Zeit war Rh. Sitz einer bedeutenden Bildhauerschule (→ Laokoon) und Heimat oder Aufenthaltsort berühmter Dichter, Gelehrter und Philosophen (→ Apollonios (11) Rhodios, → Panaitios, → Poseidonios, s. u. zur Rhod. Rednerschule) und neben Athen und Alexandria der wichtigste Mittelpunkt griech. Geisteslebens. → Cicero (78 v. Chr.), → Lukrez (78 oder 77 v. Chr.), → Caesar (73 v. Chr.) und → Tiberius (6 v. bis 2 n. Chr.) besuchten die Insel. – Die Stadt Rh. besaß drei Häfen. An der Einfahrt zu den beiden Haupthäfen stand an der Stelle des heutigen Kastells Hagios Nikolaos der zu den 7 → Weltwundern gezählte ‹Koloß v. Rh.›, die ca. 37 m hohe Bronzestatue des → Helios, des Hauptgottes der Insel, 304–292 von Chares v. Lindos als Siegesdenkmal errichtet, 227/226 durch Erdbeben umgestürzt und nicht wieder aufgestellt. Erhalten sind von der antiken Stadt, außer großen Teilen der Friedhöfe, Teile der Stadtmauer und die Fundamente eines Aphroditetempels, ferner auf der flachen Höhe über der heutigen Stadt weitere Tempelreste, das Stadion und ein Odeion, heute z. T. wiederaufgebaut. Vor allem ist das rechtwinklige Straßensystem heute noch erhalten oder erkennbar. E. M.

Lit: H. van Gelder, Gesch. d. alten Rhodier, 1900 – W. Ashburner, The Rhodian sea-law, 1909 – Sk. Zervos, Rh., 1920 – Fr. Hiller v. Gärtringen, RE Suppl. 5 (1931), 731–840 – E. Meyer, RE 19, 1 (1937), 566–582, s. v. Peraia – P. M. Fraser-G. E. Bean, The Rhodian Peraea and islands, 1954 – J. Bradford, Ancient landscapes, 1957, 277–286 – H. H. Schmitt, Rom u. Rh., 1957 – J. D. Kontis, Zum antiken Stadtbauplan v. Rh., AM 73, 1958, 146–158 – *Zeitschrift:* Clara Rhodos 1 ff., 1928 ff. – *Zum Koloß v. Rh.:* A. Gabriel, La construction, l'attitude et l'emplacement du colosse de Rh., BCH 56, 1932, 331–359 – H. Maryon, The colossus of Rh., JHS 76, 1956, 68–86.

[2] Die sog. *Rhodische Schule* der Rhetorik, vertreten besonders durch ihren Begründer → Apollonios (13) v. Alabanda, der vor 120 v. Chr. nach Rh. kam, und durch dessen jüngeren Landsmann (und Verwandten?) Apollonios → Molon, den Lehrer Ciceros. Ihr Stilideal war der att. Redner → Hypereides *(genus sententiosum at argutum)*. → Rhetorik B [8] C [1]. H. H.

Lit: J. Brzoska, RE 2, 1 (1895), 140 ff, s. v. Apollonios.

Rhoikos, mit → Theodoros (11), Erbauer des 3. Hera-Tempels von → Samos (des ersten ion. Dipteros; nach 570; vgl. Hdt. 3, 60; → Tempel B [8] ff.) und des zugehörigen kolossalen Altars (ca. 550). Rh. und Th. erfanden den Bronzehohlguß (Plin. nat. 35, 152; Paus. 8, 14, 8) und das Drechseln profilierter Säulenbasen auf der Drehscheibe (Plin. nat. 7, 198). Th. wurde als Sachverständiger bei der Fundamentierung des archaischen Artemision zugezogen (Diog. Laert. 2, 103). Durch die Ausgrabung des Rh.-Tempels in Samos wird in Rh. der früheste bedeutende griech. Architekt in seinem Werke faßbar. Rh. tat den entscheidenden Schritt zur monumentalen Ausbildung der ion. Ordnung. Vgl. → Architektur I D [3]. G. Gb.

Lit: E. Buschor, Frühe Bauten, AM 55, 1930, 49–94.

Rhotazismus, Übergang von *s* zu *r* (Rho; gebildet nach → Itazismus). Erscheint im Auslaut in den griech. Dialekten von Elis und (spät) Lakonien (*πόλιρ*), zwischen Vokalen in Eretria auf Euböa (*ἔχουρι*) sowie in Italien im Umbrischen, Faliskischen (→ Italien B 2) und Latein *(gero – gestus)*, dort im 4. Jh. v. Chr.: der Diktator von 339 hat sich als erster seiner Familie *Papīrius* statt *Papīsius* genannt. H. R.

Rhyton. [1] Spendegefäß, bei dem der zu spendende, flüssige Inhalt nicht durch die Einfüllöffnung oben, sondern durch eine zweite Öffnung unten in feinem Strahl abfließt. Öffnen und Schließen dieses Abflusses durch den Finger. In der *kret.-myk.* Kunst gab es aus Stein, Metall oder Ton neben bauchigen (kugel- bis eiförmigen), schlanken Rhyta mit aufgesetzter Mündung und hohen, trichterförmigen Rhyta auch figürliche in Tier- bzw. Tierkopfform (→ Figürliche Gefäße). W. Schg.

Abb: etwa S. Marinatos-M. Hirmer, Kreta u. das myk. Hellas, 1959, Abb. 85. 86. 90. 98. 99. 103. 106. 133 c. 175–177 – *Lit:* G. Karo, Min. R., JdI 26, 1911, 249–270 – F. Matz, HbArch II 256 A. 4.

[2] Im 5. Jh. v. Chr. wurde das Rh. neu aus dem Orient übernommen, als Trinkgefäß in der Form eines Rinderhorns, aus dessen Spitze man trank. Heute bezeichnet man mit Rh. auch Trinkgefäße in Tierprotomengestalt (→ Vasen, Abb. 247, 2). I. Sch.

Lit: K. Tuchelt, Tiergefäße in Kopf- und Protomengestalt, 1962 – H. Hoffmann, Attic Red-Figured Rhyta, 1962.

Rikimer, Flavius, → Patricius und ‹Königmacher› im weström. Reich, Sohn eines Suebenfürsten und einer westgot. Prinzessin. 456 zum Heermeister ernannt, schlug er den Kaiser → Avitus und zwang ihn zur Abdankung. 457 erhob er seinen Schützling → Majorian auf den Thron, beseitigte ihn aber im Jahr 461 und setzte den → Libius Severus zum Kaiser ein. Libius starb 465, der oström. Kaiser → Leo I.

ernannte dann 467 den → Anthemius zum Westkaiser. 472 hob R. den → Olybrius auf den Thron und tötete Anthemius. Er starb am 18. Aug. 472. Als Arianer und Barbar konnte er nicht hoffen, selbst zu regieren: daher seine Politik, Schattenkaiser einzusetzen. In der Verteidigung Italiens gegen vandalische Seeräuber hatte er einige Erfolge zu verzeichnen. E.A.Th.

Lit: E. Stein, Gesch. d. spätröm. Reiches I, 1928 (= Hist. du Bas-Empire I, 1959) – L. Schmidt, Die Ostgermanen (1910), 1941² – W. Enßlin, Das Römerreich unter german. Waltung, in: Das neue Bild der Antike II, 1942, 420–424 – P. M. Papini, Ricimero, 1959.

Rîm-Sîn, letzter König der Dynastie von → Larsa, ca. 1758 bis 1698, weitet die Macht seines Staates gewaltig aus (ca. 1729 fällt → Isin) und sorgt durch Erschließung neuer Wasserwege und Gewinnung von Ackerland als ‹wahrer Hirte› für sein Land. Hochbetagt von → Hammurapi besiegt (ca. 1698). → Mesopot. Reiche B [2]. W.R.

Ringkomposition. [1] Aufbauprinzip eines *lyrischen* Gedichts mit der Themenabfolge a b (c) b a. Von J. M. Milne an einigen Gedichten der → Sappho aus dem ersten Buch (Frg. 1. 5. 16. 17, fraglich Frg. 31 L.-P.) beobachtet (Hermes 71, 1936, 126–128; vgl. auch Aegyptus 13, 1933, 176–178). E.-M.V.

[2] In der *Prosa*, bes. in der λέξις εἰρομένη (→ Rhetorik B 4): eine an den Anfang gestellte Aussage oder These wird am Schluß des betr. Abschnitts oft wörtlich wiederholt, wobei die dadurch eingeklammerte Partie häufig dem Beweis dient (‹quod erat demonstrandum›). Eine kürzere Form der R. findet sich bes. bei Herodot und in den erzählenden Partien des NTs. Ihre kürzeste Gestalt bietet der → Kyklos H.H.

Lit: Zu [1]: Gg. Müller, De Aeschyli Supplicum tempore atque indole, Diss. Halle 1908 – H. Fränkel, Eine Stileigenheit der frühgriech. Lit. (1924), in: Wege und Formen..., 1960², 40–96 – W. A. A. van Otterlo, Beschouwingen over het archaïsche element in den stijl van Aeschylus, Diss. Leiden 1937, 18ff. – Ders., Unters. über... d. griech. R., Mededeelingen Ned. Ak. van Wetensch., Afd. Letterkde, N. R. 7, 3, 1944, 131–176 – *Zu [2]:* Norb. Schmid, Kl. ringförm. Kompos. in den 4 Evg. u. der Apgesch., Diss. Tübingen 1961 (masch.; dazu ThLZ 1962, 787).

Ritterstand. [1] Seit der Königszeit gab es in Rom einen patrizischen Reiteradel, der in 3, später 6 Centurien (Hundertschaften) gegliedert war und im 5. oder 4. Jh. v. Chr. durch Angehörige vornehmer plebejischer Geschlechter auf 18 Centurien erweitert wurde. Seit dieser Zeit wurden die Ritter vom → Censor ausgesucht. Das Pferd wurde vom Staat gestellt (equus publicus). Die 6 vornehmsten Centurien hatten bis Ende der Republik eine Vorzugsstellung in den → Comitia [2] centuriata. Später wurde die Reiterei im Kriegsfall durch reiche Bürger ergänzt, die Pferd und Ausrüstung selbst stellen konnten: equites equo privato. Diese Schicht (225 v. Chr.: 22000 Mann) wurde im 2. Jh. durch die Gewinne aus der Expansion (Land, Staatspacht, Handel usw.) sehr breit und wohlhabend. Sie umfaßte sowohl die Geschäftsleute in Rom und den Provinzen wie den Lokaladel außerhalb Roms; zwischen beiden Teilen des R.s bestanden engste Beziehungen, ebenso wie zu den → Senatoren, von denen viele dem R. entstammten.

[2] Seit der Zeit der → Gracchen hob sich der R. als besonderer Stand zwischen → Senat und Volk heraus. Wohl seit 129 v. Chr. mußte, wer Senator wurde, das Staatspferd abgeben. C. → Gracchus (2) gab den Rittern außer der lukrativen Staatspacht in der Provinz Asia hohen Einfluß und wichtige öffentliche Funktion, indem er die Geschworenengerichte (bisher Domäne des Senats) teils zur Hälfte, teils ganz aus dem R. besetzte. Vermutlich erhielten die Ritter damals wie die Senatoren gesonderte Sitze im Theater und eigene Standesabzeichen; vielleicht wurde zugleich ihr Census auf 400000 Sesterzen erhöht (bezeugt erstmals für 67 v. Chr.). In der Folgezeit trat der R. auch politisch hervor, meist repräsentiert durch die Staatspächter, die freilich oft gegen das Gros des Standes handelten, das sich weiter eng an den Senat hielt. Die Staatspächter beherrschten die Gerichte und hatten am ehesten Interesse, in die Politik einzugreifen. Es kam zu Machtproben und Kämpfen, so um den Besitz der Gerichte, der mehrmals wechselte, bis er 70 v. Chr. im Verhältnis 1:2 zwischen Senat und R. geteilt wurde. Seit 92 (P. → Rutilius (3) Rufus) spitzte sich das Ringen zu, wobei die führende Schicht des R.s zuletzt zusammen mit vielen Neubürgern unter der Führung von P. → Sulpicius (11) Rufus und → Cinna die Macht des Senats stark einzuschränken suchte. 82/81 rottete → Sulla in den → Proskriptionen (1) den diese Politik tragenden Kreis aus. Danach wurde der R. bald mächtiger als vorher; doch kam es nur noch selten zu Machtproben, da der Senat den Rittern entgegenkam. Außer zwischen 92 und 83 hat der R. das Senatsregime nie angefochten, sondern bewegte sich in dessen Rahmen als im ganzen unpolitische Bourgeoisie. Die Ritter handelten politisch nur aus wirtschaftlichen Interessen; sie verstanden auch den Besitz der Gerichte nur als Mittel, sich eine Art Exemtion zu sichern. Da große wirtschaftliche Fragen kaum zur Debatte standen, blieben Konflikte mit dem Senat Ausnahmen (→ Popularen).

[3] Seit Augustus wurde der R. durch die – stark vermehrten (7 v. Chr.: 5000) und nun vom Kaiser ernannten – Besitzer eines Staatspferdes sowie die Richterdekurien verkörpert. Die Staatspacht wurde weitgehend abgeschafft. Der Princeps zeichnete die verdientesten Angehörigen des R.s mit der Verleihung des Staatspferdes aus, um sie eng mit der Monarchie zu verbinden. Dazu gehörten bes. die Offiziere, von denen manche später als Beamte dienten. Seit Augustus bildete sich eine neue kaiserliche Beamtenschaft aus Rittern (→ Prokuratoren, → Präfekten, am wichtigsten der Prätorianerpräfekt und der Statthalter Ägyptens). Die ritterliche Beamtenschaft wuchs bes. durch → Hadrian, der ihr auch die kaiserliche Zentralverwaltung übertrug, und durch → Gallienus. Seit Hadrian gab es auch eine rein zivile Ritterlaufbahn. Die prominentesten Ritterfamilien rückten meist schnell in den Senat auf; der R. ergänzte sich u. a. aus hochgedienten Soldaten. Im 4. Jh. nach Chr. wurde der R., anders als der → Senatorenstand, zumal infolge weitgehender ständischer Differenzierung bedeutungslos. Chr.M.

Lit: E. Meyer, Röm. Staat und Staatsgedanke (1949), 1961², 499, 97. 537, 19 (Lit) – Dazu: Mommsen, Röm. Staatsrecht III 476ff. – C.W. Keyes, The Rise of the Equites in the Third Cent. of the Roman Empire, 1915 – H. G. Pflaum, Les carrières procuratoriennes équestres sous le Haut-Empire Romain 1–4, 1960/61 – P. A. Brunt, The Lex Valeria Cornelia, JRS 51, 1961, 76ff. – M. Gelzer, Die Nobilität (1912), in: Kl. Schr. I, 1962, 20ff., vgl. 222ff.; 229ff.; Register III, 1964, 376f., s. v. Ritterstand. Vgl. → Reiterei.

Robigalia, → Fest des Gottes *Robigus* (oder der Göttin *Robigo*), des als gefährliche göttliche Macht verstandenen Getreide-‹Rostes›. Um ihn vom Getreide fernzuhalten, opferte ihm der → Flamen Quirinalis am 25. April ein Schaf und einen Hund in einem heiligen Hain am 5. Meilenstein der Via Claudia. Der Hund ist rötlich und verkörpert so, durch sympathetische Magie, den ‹Rost›, den es zu vernichten gilt. Eingehende Beschreibung bei Ovid (fast. 4, 905–942). H. Le B.

Rollsiegel. Auf der Mantelfläche von 1–5 cm hohen, längs durchbohrten Steinzylindern (selten Metall) eingravierte Siegel tauchen erstmals in der Zeit der frühen mesopot. Hochkultur (um 3000) auf. Sie lösen in Mesopotamien die Stempelsiegel ab und bilden die Hauptsiegelart der → Mesopot. Reiche (K 4). Außer in kurzen Zeiten, in denen geometrische Verzierung eine Rolle spielt, sind sie fast immer mit figürlichen Darstellungen versehen, deren Themen im Laufe der Zeit wechseln (Hauptthemen: kultische Szenen; Tierkämpfe; Kämpfe zwischen Menschen und Tieren, aus denen das sog. Figurenband entsteht; Trinkszenen; Einführung eines Beters zu einer Gottheit durch eine andere Gottheit). Dies und ihre große Zahl – mindestens von der altbabylon. Zeit ab konnte jeder

Privatmann sein R. besitzen – bewirken, daß wir an ihnen die mesopot. Kunstentwicklung am kontinuierlichsten studieren können. Von der frühdyn. Zeit an werden R. immer häufiger mit Inschriften, u.a. mit dem Namen des Eigentümers, versehen. Das auf der ein Gefäß verschließenden Tonplombe abgerollte R. garantierte Echtheit und Menge des Inhalts, bei Hüllentafeln (aus Ton geformten hohlen Tafeln, die erst in ihrem Innern die eigentliche Tafel enthielten) ihre Unverletztheit; Einverständnis mit oder Anwesenheit bei einem Vertragsabschluß bekundete die Anbringung des R.s auf der betreffenden Tafel. Daneben scheinen R. auch als Amulette und Schmuck Verwendung gefunden zu haben, wie die Aufnahme in Halsketten zeigt. Der normale Platz des Siegels scheint am Handgelenk gewesen zu sein, da das sumer. Wort für Handgelenk eigentlich ‹das, an dem das Siegel hängt›, bedeutet. – Bestimmte Perioden bevorzugten bestimmte *Steinarten;* dabei ist eine Entwicklung zu härteren Arten zu bemerken (ungefähre Reihenfolge der Häufigkeit: Kalkstein, Steatit, Muschel, Lapislazuli, Hämatit, Bergkristall, Serpentin). Die Figuren wurden mit Drillbohrer und Schleifrad unter Verwendung von Schleifsand vorgeformt und meist mit Sticheln ausgearbeitet. Bestimmte Perioden arbeiten allerdings auch bewußt nur mit den genannten mechanischen Werkzeugen (z.B. die neuassyr. Zeit). – Die Erfindung des R.s wird von Elam (von Beginn an) und Nordsyrien (mindestens von der altbabyl. Zeit an) übernommen, während bis auf wenige Ausnahmen Ägypten (mesopot. Importe in der → Djemdet-Naṣr-Zeit) und Anatolien (Zeit der altassyr. Handelskolonien) beim Stempelsiegel bleiben. → Glyptik [1]. H.J.N.

Lit: H. Frankfort, Cylinder Seals, 1939 – A. Moortgat, Vorderasiatische Rollsiegel, 1940 – E. Porada, Seals in... the Pierpont Morgan Library, 1948 – E. Borowski, Cylindres et cachets orientaux I, 1957.

Rom

I. Geschichte – II. Gesellschaft und Staatsverfassung – III. Staatshaushalt – IV. Topographie.

I. Geschichte

A. Romsage und Königszeit – B. Aufbau der Republik und Bildung des Italischen Bundes (510–264) – C. Begründung der Herrschaft über den Mittelmeerraum (264–133) – D. Verfall der Republik (133 bis 30 v. Chr.) – E. Frühe und mittlere Kaiserzeit und die Reichskrise des 3. Jh.s (30 v. Chr.–284) – F. Spätantike Kaiserzeit und Zusammenbruch des Reiches (284–565) – G. Anhang: Die röm. Kaiser (mit Regierungsdaten).

A. Romsage und Königszeit. [1] Für die röm. *Frühgeschichte* geben die Bodenforschung, die Sprachwissenschaft (→ Lat. Sprache, → Italien B), die Rückschlüsse aus Institutionen und Bräuchen späterer Zeit und die annalistische Überlieferung Anhaltspunkte. Ihre noch nicht abgeschlossene Auswertung muß, da Rom an der etruskisch-latinisch-sabinischen ‹Dreiländerecke› Berührungspunkt der völkisch und kulturell verschiedenen Bewohner Italiens war, deren Beitrag zur Entwicklung Roms abgrenzen. Mit der Einwanderung der Latiner entstand seit dem 9. Jh. auf dem Palatin eine Siedlung, die ihre Toten im nördlichen Sumpftal, dem späteren Forum, in Gruben mit Aschenurnen (pozzi) beisetzte. Wie daneben gefundene Skelettgräber (fosse) erweisen, besetzten seit 800 neue Einwanderer, die → Sabiner, den benachbarten Quirinal. In der Folge wurden der Esquilin und die umliegenden Hügel besiedelt. Die Bewohner schützten ihre Felder und Herden mit magischen Riten wie den → Ambarvalien und → Luperkalien, verehrten ohne Götterbilder und Tempel überirdische Kräfte wie → Jupiter, → Mars und → Quirinus und feierten das Fest der ‹befestigten Berge› (Saeptimontium). Mit der Anlage des durch die Cloaca maxima entwässerten Forum (s.u. IV B.C2) folgte um 650 unter Einfluß der → Etrusker der politische Zusammenschluß der Siedlungen zu der nach etrusk. Ritus mit dem ‹pomerium› gesicherten Stadt, die nach dem etrusk. Geschlecht Rumlna Rom genannt wurde. Ihr legendäres Gründungsdatum (21.4.753) wurde später von → Varro (1) errechnet. An die ursprüngliche Doppelsiedlung erinnern in der → Romsage der Zwist des → Romulus mit → Titus Tatius, im Kult die Salii Palatini und Salii Collini (→ Salier), die → Luperci Fabii und Quinctii und im Staatsrecht die Volksbezeichnung ‹populus Romanus Quiritium›.

[2] Die Siebenzahl der röm. *Könige* ist ohne Gewähr. Einige dürften historisch sein wie die Tarquinier mit ihrer Grabstätte in → Caere und der Darstellung des Cneve Tarquinies Rumaq auf einem Wandgemälde in → Vulci. Die etrusk. Königsherrschaft prägte politisch, sakral und kulturell Roms Aufbau, doch blieb die latinische Grundlage in der Sprache und im Begriff der familia mit der absoluten → patria potestas erhalten. Der König führte den indogermanischen Titel *rex;* die Zeichen seiner Gewalt als Heerführer, Richter und Priester, die Purpurtoga, die Fasces der → Liktoren und die → sella curulis, waren etrusk. Herkunft. Seine durch Inauguration an die Zustimmung der Götter gebundene Würde war, wie die Bestellung des → interrex beweist, nicht vererblich. Das Volk gliederte sich sozial in die adligen Geschlechter (→ Gens) der → Patrizier, deren Häupter als patres den → Senat bildeten, und die Gemeinfreien, Plebejer, die sich z.T. als Klienten (→ Cliens) patrizischen Patroni verpflichteten; politisch in 3 gentilizische → Tribus Tities, Ramnes und Luceres mit 30 Curien, die als Volksversammlung die comitia curiata (→ Comitien) und unter 3 tribuni celerum 300 adlige Reiter, unter 3 tribuni militum 3000 Mann Fußvolk stellten. Im sakralen Bereich erhielt die neue anthropomorph gedachte Götterdreiheit Jupiter, → Juno und → Minerva auf dem Kapitol (s.u. IV C1) einen Tempel; Eingeweideschau (haruspicina), Beachtung der Blitze (disciplina fulguralis) und Vogelschau (auspicium) wurden von den → Etruskern (B10) übernommen, im kulturellen Bereich die Technik des Steinbaus und die der Entwässerung sowie das Alphabet (→ Schrift). Unter der etruskischen Herrschaft erweiterte Rom sein Gebiet in → Latium von 150 auf 822 qkm. Als Rechtsnachfolgerin des vernichteten → Alba Longa betreute es das latinische Bundesheiligtum des Jupiter Latiaris auf dem Albaner Berge, ein anderes Bundesheiligtum von → Aricia wurde durch den Tempel der → Diana auf dem Aventin ersetzt. Nach dem von Polybios (3,22f.) für 508/7 angesetzten Vertrag mit → Karthago reichte Roms Einfluß bis Terracina. Wer diese Machtstellung Roms unter den Königen bestreitet, unterschätzt den Rückhalt, den die bis Kampanien reichende etrusk. Expansion Rom bot.

B. Bis zum Italischen Bund. [1] Nach der sagenhaften Vertreibung des → Tarquinius Superbus durch L. Iunius → Brutus (1) um 510 und der vorübergehenden Eroberung Roms durch → Porsenna stand der *patrizische Geschlechterstaat* vor drei Aufgaben, deren Verknüpfung ihre Lösung bestimmte: vor der Neuordnung des Gemeinwesens, vor der Befriedigung der Plebejer und vor der Abwehr äußerer Feinde. Während die priesterlichen Funktionen des Königs an den → rex sacrorum und den pontifex maximus (→ Pontifices) in der Regia fielen, wurde die militärische und zivile Befehlsgewalt, das → imperium, zwei jährlich vom Volk gewählten patrizischen praetores oder iudices übertragen, die später consules genannt und als eponyme Beamte in den → fasti consulares aufgezeichnet wurden. Zu ihrer Entlastung dienten zwei von den → Konsuln ernannte, seit 447 vom Volk gewählte → Quästoren, seit 443 zwei → Censoren und seit 366 ein → Prätor und zwei kurulische → Ädilen. An Stelle der Konsuln wurde von 445 bis 367 häufig ein Kollegium von 3, 4 oder 6 → tribuni militum consulari potestate für die Staatsleitung gewählt. Diese Einrichtung diente dazu, die bei den ständigen Kriegen nötige größere Zahl der Kommandostellen zu besetzen. In außergewöhnlichen Notzeiten wurde von einem Konsul ein → Diktator ernannt, dessen einstelliges Amt mit seiner Machtfülle, der sich die übrigen Amtsträger unterordnen mußten, an das

Königtum erinnerte, aber auf ein halbes Jahr befristet war. Die Bekleidung der Ämter und Priesterstellen wie der Eintritt in den Senat waren den → Patriziern vorbehalten.

[2] Gegen dieses Privileg wandte sich die Plebs in dem langwierigen, erbitterten → *Ständekampf*, der zugleich durch die wirtschaftliche Härte der Schuldknechtschaft und den im Eheverbot verankerten Standesunterschied ausgelöst wurde. Zunächst wurde der Einfluß der Patrizier durch zwei neue Einteilungen des Gesamtvolkes gemildert. In der servianischen Centurienverfassung, die dem König → Servius Tullius zugeschrieben, doch erst im 5. Jh. ausgestaltet worden ist, wurden die Bürger nach Vermögensklassen für den Wehrdienst und das Wahlrecht, in den regionalen → Tribus, deren bis 241 auf 35 wachsende Zahl die Zunahme des Staatsgebiets widerspiegelt, nach dem Wohnsitz gegliedert. Entsprechend traten zu den bestehenden comitia curiata als neue Formen der Volksversammlung, in denen die Patrizier in der Minderheit waren, die comitia centuriata und die comitia tributa (→ Comitien). Die wirkliche Gleichstellung errang die Plebs in schrittweisem Abbau der patrizischen Vorrechte, indem sie sich mit den → Volkstribunen und den plebejischen Ädilen als ihren eigenen Beamten unter dem Schutz ihrer eigenen Götter → Diana, → Ceres, → Liber und Libera auf dem Aventin zu einer eidlich verpflichteten Organisation zusammenschloß und wiederholt (angeblich 494, 449 und 287) durch einen Auszug (→ secessio plebis) das Staatsgefüge zu sprengen drohte. Als ersten Erfolg brachte das → Zwölftafelgesetz der → decemviri legibus scribundis mit der Aufzeichnung des geltenden Gewohnheitsrechtes im Privat-, Straf- und Sakralrecht eine Sicherung gegen Willkür adliger Richter und Beamter besonders im Verfahren gegen Schuldner. Obwohl das Recht der 12 Tafeln, das u.a. im Gebrauch des Fremdwortes ‹poena› griech. Einfluß zeigt, sonst Standesunterschiede nicht machte, enthielt es doch das Eheverbot zwischen Patriziern und Plebejern, das aber 445 durch die lex Canuleia beseitigt wurde. 421 wurden die Plebejer zur Wahl als Quästoren, seit 400 als tribuni militum consulari potestate zugelassen. 367 bestimmte eine *lex Licinia-Sextia*, daß ein Konsul Plebejer sein müsse.

[3] Nach diesem Höhepunkt wurde erstmals ein Plebejer 356 Diktator, ein anderer 351 Censor und wieder ein Plebejer 336 Prätor. Die Zulassung zu den Ämtern öffnete den reichen Plebejern zugleich nach ihrer Amtszeit den Zutritt zum → Senat, dessen Mitglieder nun als ‹patres conscripti› angesprochen wurden. Der Geburtsadel verlor seine Bedeutung. Die führenden Patrizier und Plebejer bildeten einen in sich geschlossenen Amtsadel, die → Nobilität, für deren Zugehörigkeit die Bekleidung des Konsulats maßgebend war. Zum weiteren Ausgleich traten neben die bisherigen plebejischen Ädilen zwei kurulische, deren Amt Plebejern und Patriziern zugänglich war. Um Plebejer in die Priesterkollegien der decemviri sacris faciundis (→ Quindecimviri s.f.), der → Pontifices und → Auguren aufzunehmen, wurden deren Stellen 368 und 300 (lex Ogulnia) vermehrt, während der → rex sacrorum und die → flamines aus religiösen Gründen Patrizier sein mußten. 304 wurden die von den Pontifices verwahrten Prozeßformeln (legis actiones) und der Kalender der Gerichtstage auf Betreiben des Patriziers(!) Appius → Claudius (6) Caecus durch den Ädilen Cn. → Flavius (1) veröffentlicht (→ Ius Flavianum). Das in der Überlieferung 508 und 449 erwähnte Recht der → Provokation, die Magna Charta des röm. Bürgers, wurde 300 durch die lex Valeria begründet. Nach ihr konnte jeder Bürger im Stadtbereich gegen die von einem Magistrat angedrohte kapitale Strafe das Volksgericht anrufen. Den völligen Einbau der plebejischen Opposition in den Staat brachte 287 die lex Hortensia, nach der Beschlüsse der Plebs (plebiscita) die gleiche das Gesamtvolk bindende Gesetzeskraft hatten wie die vom Gesamtvolk in den Comitien beschlossenen Gesetze. Die → Volkstribunen erhielten damit Gesetzesinitiative wie die Magistrate, die Tributcomitien wurden bis → Sulla ausschließlich gesetzgebende Versammlungen. Mit der Gleichberechtigung der plebejischen Führungsschicht verlor die Plebs den Charakter als politische Organisation. Trotzdem wurde Rom, da die Angehörigen der Comitien kein Antrags- und Diskussionsrecht hatten, keine Demokratie, sondern blieb ein Staat, in dem sich im Zusammenwirken von Magistraten, Senat und Volksversammlung monarchische, aristokratische und demokratische Züge mischten (vgl. Polyb. 6, 11, 1 ff.; → Staatstheorie).

[4] Der Verlauf des Ständekampfes und sein Ergebnis erklären sich wesentlich aus der gleichzeitigen, trotz harter Rückschläge erfolgreichen *Außenpolitik* Roms, die ständige militärische Bereitschaft, ein steigendes Aufgebot plebejischer Soldaten und dafür Zugeständnisse der Patrizier forderte. Nach der sagenhaften Schlacht am See Regillus erkannte Rom in dem foedus Cassianum 493 die Autonomie der → Latiner an und wehrte mit ihrer Hilfe die seit dem Rückgang der etrusk. Macht nach Latium vorstoßenden → Äquer, → Volsker und → Aurunker ab. In dem mehrfach ausgesetzten Kampf gegen das mächtige etrusk. → Veji wurde 477 bei einer Privatfehde am Bach Cremera das Geschlecht der Fabier (→ Fabius) fast völlig aufgerieben, 426 aber → Fidenae, der Brückenkopf Vejis, erobert und 396 Veji durch den Diktator M. Furius → Camillus zerstört. Mit 4 neuen Tribus in Südetrurien wuchs Roms Staatsgebiet auf ca. 1500 qkm. Diese Expansion unterbrach der Einfall der → *Kelten*, die am 18.7.387 das röm. Heer an der Allia vernichteten und das geräumte Rom einäscherten. Nur das Kapitol wurde von M. → Manlius (2) Capitolinus gehalten. Nach dem mit Geld erkauften Abzug der Kelten *(«vae victis!»)* wurde die Stadt aufgebaut und mit der später als servianisch bezeichneten Mauer umgeben. Trotz Abfalls einiger Latinerstädte erneuerten die Römer zur Abwehr der Keltenvorstöße 358 den Bund mit den → Latinern und → Hernikern und schlossen 354 ein Bündnis mit den → Samniten. Ihre Stellung in Mittelitalien wurde durch Angriffe → Dionysios' I. von Syrakus gegen die → Etrusker und einen erneuten Vertrag mit → Karthago (348) gestärkt. → Capuas Anschluß an Rom löste jedoch den 1. *Samnitischen Krieg* (343–341) aus. Es folgte der letzte, entscheidende Aufstand der Latinerstädte 340–338. Nach ihm hob Rom den Bund auf und schuf im Sinn des *divide et impera* durch abgestufte Einzelverträge den Kern der italischen Wehrgemeinschaft (Romani socii nominisve Latini). Orte wie → Tusculum und Aricia wurden dem römischen Staat mit vollem römischem Bürgerrecht einverleibt, andere wie → Tibur und → Praeneste erhielten den Rang der → civitates foederatae, andere nur den Rang der civitas sine suffragio (→ Bürgerrecht). Planmäßig dazwischen angelegte → Kolonien römischer und latinischer Bürger sicherten Roms Einfluß. Das Bündnis mit Neapel führte zum 2. und 3. Samnitenkrieg (326–304, 298–290). Obwohl ein röm. Heer 321 bei → Caudium schimpflich kapitulierte (‹Caudinisches Joch›) und Kelten, Etrusker, → Umbrer und → Marser Rom wiederholt zu wechselvollen Kämpfen zwangen, siegten die Römer 295 bei Sentinum über Kelten und Etrusker, 293 bei Aquilonia über die Samniten und schlossen mit den Samniten Frieden und Bündnis. Im schweren *Keltenkriege* 285–282 gewann Rom den ager Gallicus nördlich Picenum und legte den Stützpunkt → Sena Gallica an. Während des Krieges mit → *Tarent* (282–272) wurde es zwar von → Pyrrhos bei Herakleia 280 und Ausculum 279 geschlagen, lehnte aber, durch ein Bündnis mit Karthago gestützt, ein Friedensangebot ab und fügte nach Abzug des Pyrrhos Tarent und die Stämme und Städte Süditaliens seiner Hegemonie zu. Sie umfaßte 265 vom Arnus bis Süditalien ca. 130000 qkm, davon 24000 qkm ager Romanus, 12000 qkm latinisches und 94000 qkm sonstiges bundesgenössisches Gebiet mit ca. 900000 röm. Bürgern und ca.

2175000 Bündnern. Der gleichzeitige wirtschaftliche Aufschwung führte seit 300 in Rom zum Gebrauch von Kupfergeld in Barrenform, seit 270 zur Prägung römischer Silbermünzen (Zweidrachmenstücke!) in Unteritalien und 273 zu einem Handelsvertrag mit → Ptolemaios II. von Ägypten. Die Erklärung der anhaltenden röm. Expansion ist problematisch. Wieweit die später (Polyb. 36,9,9; Cic. off. 1,34ff.; Dion. Hal. 2,16,1; 6,19,4) gerühmte, auf das ius fetiale, das bellum iustum und die fides gestützte sittlich-moralische Politik der Römer dazu in dieser Frühzeit beigetragen hat, ist umstritten. Jedenfalls sind wirtschaftliche Motive (Landhunger) und der z.B. in dem Gebet der Censoren an die Götter *ut populi Romani res meliores amplioresque facerent* (Val. Max. 4,1,10) ausgesprochene Wille zur Mehrung von Macht und Besitz nicht zu übersehen.

C. Bis zur Herrschaft über den Mittelmeerraum. [1] Wieweit Rom durch unvorhergesehene Umstände in die Eroberungspolitik getrieben wurde, wieweit es diese zielstrebig trieb, zeigt – freilich nicht immer eindeutig – die Epoche, in der es die *Mittelmeerherrschaft* errang. Zögernd folgte Rom 264 dem Hilferuf stammverwandter → Mamertiner gegen → Hieron II. von Syrakus und die Karthager. Im 1. *Punischen Krieg* wurde Hieron Roms Bundesgenosse. Die Römer drängten die Karthager in Sizilien bis zu den Stützpunkten → Lilybaion und Drepana zurück. Mit dem Bau einer Flotte und der Taktik der Enterbrücken siegte C. → Duilius 260 bei Mylai, aber das in Afrika gelandete Heer des M. → Atilius (4) Regulus wurde 255 geschlagen. Der Seesieg 241 bei den Ägatischen Inseln zwang die Karthager zur Aufgabe → Siziliens. Es wurde, Syrakus und einige befreundete Griechenstädte ausgenommen, als erstes Untertanengebiet in Form einer → Provinz eingerichtet. → Korsika und → Sardinien, deren Abtretung Rom 238 durch Kriegsdrohung von dem durch einen Söldneraufstand gefährdeten Karthago erpreßte, bildeten die zweite Provinz. Dem Ausbau der karthag. Macht in Spanien setzte Rom unter dem Druck der oberital. Keltengefahr 226 durch Vertrag mit → Hasdrubal den Ebro als Grenze. Mit dem Sieg bei Clastidium 222 und der Anlage der Kolonien Placentia und Cremona wurden die Kelten vorerst zum Frieden gezwungen. In zwei Illyrischen Kriegen (229–226, 221–219) schützte Rom die griech. Küstenstädte an der Adria und wurde dafür zu den → Isthmien zugelassen. Von → Hannibal durch die Eroberung → Sagunts und das Überschreiten des Ebro herausgefordert, erklärten die Römer 219 Karthago den 2. Punischen Krieg (218–201). Trotz des Angriffs in Italien und der Siege am → Trasimenischen See und bei → Cannae konnte Hannibal den Kern der italischen Wehrgemeinschaft nicht zertrümmern. Sein Bündnis mit → Philipp V. von Makedonien blieb durch Roms Gegenbündnis mit dem Ätolischen Bund 212 wirkungslos. Das abgefallene Syrakus wurde 211 von M. → Claudius (10) Marcellus eingenommen. Nach der Eroberung Spaniens zwang P. → Cornelius (30) Scipio durch direkten Angriff auf Karthago Hannibal zum Verlassen Italiens und schlug ihn 202 bei Zama. Karthago verlor Spanien und das Recht der Kriegführung ohne Zustimmung Roms und wurde durch das Numiderreich des → Massinissa überwacht.

[2] Seitdem führte der Senat im Osten gegen anfänglichen Widerstand des Volkes eine Politik, die ein übersteigertes Sicherheitsbedürfnis ebenso wie imperialistische Tendenzen zeigt. Durch den zwischen Philipp V. von Makedonien und → Antiochos III. zur Aufteilung des Ptolemaierreiches geschlossenen Geheimvertrag beunruhigt, erklärte Rom den 2. *Makedonischen Krieg* (200–197). Nach der Niederlage bei Kynoskephalai mußte Philipp auf seine Herrschaft über Griechenland verzichten. 196 verkündete der Philhellene T. → Quinctius (3) Flamininus auf den Isthmien bei Korinth die Freiheit der Hellenen. Der von den Ätolern in das von den Römern geräumte Griechenland gerufene Antiochos III. verlor nach der Schlacht bei Magnesia 190 alle kleinasiatischen Besitzungen bis zum Taurus, die Rom unter Verzicht auf Annexion an seine Verbündeten → Rhodos und → Pergamon verteilte. Die von → Eumenes II. von Pergamon neu behauptete maked. Gefahr wurde im 3. Makedon. Krieg durch den Sieg bei Pydna 168 beseitigt. → Makedonien, zunächst in 4 Republiken aufgeteilt, wurde 148 römische Provinz. Das schroffe Ultimatum, mit dem Rom den in Ägypten eingefallenen → Antiochos IV. 168 zum Rückzug zwang, besiegelte die Zersplitterung der hellenist. Staaten. Als trotz der Deportation von 1000 Griechen (darunter → Polybios) nach Italien sich 146 der → Achäische Bund erhob, wurde Korinth zerstört und ein Teil Griechenlands der Provinz Makedonien angegliedert. Im gleichen Jahre endete der 3. Punische Krieg mit der brutalen Vernichtung Karthagos. Die Eroberung Numantias beschloß 133 die Erhebung der → Keltiberer.

[3] Mit der gewaltigen äußeren Ausdehnung der röm. Macht wandelte sich, wie am Ende dieses Zeitabschnitts der erste große sizilische Sklavenaufstand (136–132) zeigt, die *innere Struktur* der röm. Gemeinde. Die zwischen 200 und 150 gegründeten röm. und latinischen Kolonien hielten den Verfall des Bauerntums nicht auf. Das aus Kontributionen, Beute und der Provinzialverwaltung Rom zufallende Kapital legte die → Nobilität in Großgrundbesitz und Okkupation des ager publicus an, der neue Stand der → Ritter in Geld- und Handelsgeschäften. Seit 167 wurde die Vermögenssteuer (tributum) von römischen Bürgern nicht mehr erhoben. → Catos Schrift De agricultura empfahl die kapitalistische Umstellung der Landwirtschaft. Weidewirtschaft sowie Oliven- und Rebenkulturen verdrängten den Getreidebau. Um 187 wurde die Prägung von Silberdenaren eingeführt. Billige Arbeitskräfte lieferten als Folge der Kriege die Massenversklavungen, 167 wurden z.B. in Epirus 150000 Menschen aus 70 Orten versklavt. Der Zuwachs des nationalen Reichtums erreichte freilich den gemeinen Mann kaum; so mehrte sich die besitzlose stadtröm. Masse und das Landproletariat. Auch die bewährten Bundesgenossen sahen sich bei Beuteverteilungen benachteiligt und von röm. Beamten wie Untertanen behandelt; ihr Wunsch nach dem röm. → Bürgerrecht wurde zum italischen Problem. Der immer stärkere Einfluß der griech. Kultur, den Cato bekämpfte, der → Scipionenkreis aber förderte, zeigte sich in Kunst und Architektur (Basilica Porcia 184, → Basilika), in der Religion mit dem Kult der → Magna Mater 204 und dem Verbot der → Bacchanalien 186 und in der Literatur mit dem Beginn der → Geschichtsschreibung in griech., seit Cato in lat. Sprache und der Nachahmung griech. Vorbilder in den Komödien des → Plautus und → Terenz. Vorträge des → Karneades in Rom 155 und des Stoikers → Panaitios (144–141) forderten die sittliche Rechtfertigung der Herrschaft in der pfleglichen Behandlung der Untertanen, wie sie die Einsetzung des ständigen Gerichtshofes de pecuniis repetundis 149 erstrebte.

D. Verfall der Republik. [1] Der Ablauf der nun folgenden hundertjährigen Revolution wurde durch innenpolitische Kämpfe bestimmt, deren Ausmaß durch außenpolitische Aufgaben erweitert wurde. Gegen die herkömmliche senatorische Politik, deren Vertreter sich → Optimaten nannten, stemmten sich Männer der gleichen Nobilität, die zuerst wohl für Interessen des Volkes eintraten, bald aber in der Maske der → Popularen nur persönliche Macht erstrebten. Das → Volkstribunat und das Militärkommando waren ihre Waffen. Der Tribun *Ti. Sempronius* → *Gracchus* schuf 133 durch Gesetz neue Kleinbauernstellen auf dem ager publicus und endete, durch den Widerstand des Senates zum Verfassungsbruch getrieben, im Straßenkampf. Sein Bruder, der Tribun C. Sempronius → Gracchus (123 bis 121), erneuerte das Agrargesetz, zog durch das Richtergesetz, das die Senatoren in den ständigen Gerichtshöfen durch → Ritter ersetzte, den Ritterstand in den politischen

Kampf, verlor durch Versprechungen in der Bundesgenossenfrage die Gunst der röm. Bürger und fand in dem mit dem senatus consultum ultimum entfesselten Bürgerkrieg den Tod. Der Krieg mit → Jugurtha (111–105) und die Germanengefahr brachten dem → homo novus C. → *Marius* (1) das Dauerkonsulat (104–100). Nach den Siegen bei Aquae Sextiae und Vercellae hatte er in dem von ihm geschaffenen Heer der Berufssoldaten ein Instrument zum innenpolitischen Machtkampf, gab aber 100 die Reformer, den Volkstribunen Appuleius → Saturninus und den Prätor → Servilius (5) Glaucia, der Lynchjustiz preis. Die Ermordung des Tribunen M. → Livius (4) Drusus, dessen Anträge neue Siedlungen, Teilung der Richterstellen zwischen Senat und Ritter und das → Bürgerrecht für die Bundesgenossen vorsahen, führte zu dem → *Bundesgenossenkrieg* (91–88), in dem die Italiker durch die *lex Iulia* und *lex Plautia Papiria* das röm. Bürgerrecht erhielten. Der Tribun → Sulpicius (11) Rufus erzwang gegen den Senat durch Volksbeschluß die Zuweisung der Neubürger in alle 35 Tribus und die Übertragung des → Sulla zuerkannten Oberbefehls gegen → Mithradates VI. auf Marius.

[2] Gegen diese Herausforderung warf der Konsul *Sulla* erstmals das dem Feldherr ergebene Heer der Berufssoldaten, das keine Bindung an die res publica kannte, in das innenpolitische Kräftespiel und marschierte in Rom ein. Er drängte Mithradates im Frieden von Dardanos 85 auf dessen Stammland zurück, begann nach der Wiedereroberung Italiens, das in seiner Abwesenheit die Marianer beherrscht hatten, mit den → Proskriptionen die Selbstvernichtung der Führungsschicht und sicherte als Diktator das Senatsregiment, indem er die Tribunenrechte beschränkte, die Gerichtshöfe den Senatoren zurückgab und die Verwaltung reformierte. Aber die von ihm nicht gelösten sozialen und außenpolitischen Probleme förderten den Aufstieg von Außenseitern. → *Pompeius* (2), der den Marianer → Sertorius in Spanien besiegte (76–71), und → *Crassus*, der den Sklavenaufstand des → Spartakus bezwang (73–71), stellten in ihrem gemeinsamen Konsulat 70 die Befugnisse der Volkstribunen wieder her. Die Zusammensetzung der Gerichtshöfe wurde durch die lex Aurelia geändert, nach der je ein Drittel der Stellen den Senatoren, den Rittern und den Ärartribunen zufiel. Gegen den Willen des Senats erhielt Pompeius 67 auf Antrag des Tribunen → Gabinius (2) eine Sondervollmacht für den Seeräuberkrieg und 66 auf Antrag des Tribunen → Manilius (2) den Oberbefehl gegen Mithradates an Stelle des → Lucullus, der seit 74 mehrfach den König besiegt hatte. Nach dem Abschluß des Krieges sicherte Pompeius 63 die röm. Herrschaft in Vorderasien durch ein System, das die röm. Provinzen → Pontos und → Bithynien, → Asia, → Kilikien und → Syrien durch vorgelagerte Klientelstaaten deckte.

[3] Da Pompeius, ohne seine mächtige Stellung auszunutzen, 62 sein Heer entließ, trieb ihn 60 die Senatsopposition, die sich durch → Ciceros Programm der concordia ordinum und die Unterdrückung → Catilinas stark fühlte, zu einem Geheimabkommen mit → Caesar und Crassus. Dank dieses → *Triumvirats* gewann Caesar als Konsul 59 durch die lex Vatinia für 5 Jahre die Statthalterschaft über Gallia Cisalpina und Illyricum und auf Antrag des Pompeius über → Gallia Narbonensis. Nach der Verbannung Ciceros 58/57 wurde das Triumvirat 56 in Luca erneuert, Pompeius bekleidete 55 mit Crassus das Konsulat und verwaltete Spanien durch Legaten, Caesars gallisches Kommando wurde um 5 Jahre verlängert, Crassus übernahm Syrien. Sein Tod in der Niederlage gegen die → Parther bei Carrhae 53 und die Annäherung des Senats an Pompeius, der 52 als consul sine collega die durch P. → Clodius (1) und → Annius Milo entstandene Anarchie beseitigte, steigerten die Rivalität zwischen Pompeius und Caesar, der mit der Eroberung Galliens ein schlagkräftiges Heer erwarb. Nach vergeblichen Verhandlungen über Caesars Amtsniederlegung übertrug der Senat 49 mit dem senatus consultum ultimum Pompeius die Verteidigung der Republik.

[4] *Caesar* antwortete mit dem Marsch über den *Rubikon*, schlug die Pompeianer in Spanien bei Ilerda 49, Pompeius in Thessalien bei Pharsalos 48, setzte → Kleopatra VII. in Ägypten als Königin ein und vernichtete die Pompeianer 46 in Afrika bei Thapsos (Selbstmord → Catos (2) in Utika) und 45 in Spanien bei Munda. Sein Programm, «die Ruhe Italiens, den Frieden der Provinzen und die Sicherheit des Reiches» (Caes. civ. 3, 57, 4), förderte er in sozialpolitischen Gesetzen, durch Ordnung der staatlichen Kornverteilung, Koloniegründungen, Vergabe des Bürgerrechts und seine Versöhnungspolitik (‹clementia Caesaris›). Überzeugt, «die res publica sei nichts, nur ein Name ohne Körper und Gestalt» (Suet. Iul. 77, 1), suchte er, zuletzt Diktator auf Lebenszeit, den Ausdruck seiner absoluten Stellung in einem nach altröm. oder hellenist. Vorbild ausgestatteten Königtum. Um die überlieferte Ordnung zu retten, ermordete eine von → Cassius (8) und → Brutus (2) geführte Senatorengruppe Caesar am 15. 3. 44. Die Untat brachte neue Bürgerkriege. Caesar hatte seinen Großneffen C. Octavius (→ Augustus) testamentarisch adoptiert und zum Haupterben eingesetzt. Mit diesem Caesar Octavianus, der als Privatmann aus Veteranen Caesars ein Heer aufstellte, suchte Cicero das Senatsregiment gegen M. → Antonius (2) wiederherzustellen. Nach dessen Niederlage bei Mutina 43 verbanden sich aber Octavian, Antonius und → Lepidus zu dem diesmal gesetzlich sanktionierten → *Triumvirat rei publicae constituendae*. Mit zahlreichen → Proskriptionen, deren Opfer auch Cicero war, und dem Sieg bei Philippi 42 wurde die Opposition der Caesarmörder unterdrückt. Antonius übernahm den Schutz des Ostens gegen die Parther, Octavian die Ordnung des Westens gegen S. → Pompeius (4). Der offene Zusammenstoß der beiden natürlichen Rivalen wurde zunächst 40 durch den Vertrag von Brundisium, die Heirat der → Octavia mit Antonius, 38 durch die Erneuerung des Triumvirats und 37 durch den Vertrag von Tarent vermieden. Die Beseitigung des S. Pompeius, der Ausschluß des Lepidus aus dem Triumvirat 36, besonders die Verbindung des Antonius mit Kleopatra, die zur Verstoßung der Octavia führte, verschärften die Gegensätze. Als Antonius 34 nach einem mißglückten Partherfeldzug Kleopatra als ‹Königin der Könige› an die Spitze seiner hellenist. Dynastenhierarchie hob, ihre gemeinsamen Kinder als Könige ausrief und als ‹wiederkehrender Dionysos› auftrat, brachte Octavian als Vorkämpfer italisch-röm. Art durch skrupellose Propaganda und Bekanntgabe des Testamentes des Antonius Italien und die Westprovinzen zu einem Treueid, auf den gestützt er 32 Kleopatra den Krieg erklärte. Nach dem Seesieg bei Actium 31 nahm er 30 Alexandria ein; Antonius und Kleopatra endeten im Selbstmord.

[5] Trotz der langen Bürgerkriege wuchs das römische Herrschaftsgebiet. An *Provinzen* kamen Asia 129, Gallia Narbonensis 121, Kilikien 102, Kyrene 74, Bithynien und Pontos sowie Syrien 64, → Cypern 58, → Gallien 50, → Africa nova 46 und → Ägypten 30 hinzu. Rom wurde *Finanz- und Handelsmetropole* des Mittelmeerraumes, der römische Denar Reichsmünze. Männer der Oberschicht wie Marius, Sulla, Pompeius, Crassus, Caesar, Antonius und Octavian erwarben Riesenvermögen, deren Anlage in großen Gütern die italische Ausfuhr von Öl und Wein steigerte. Kleine Landbesitzer verloren dagegen durch Beschlagnahme in den Bürgerkriegen ihren Grundbesitz, wie → Vergil und → Horaz. Bronze- und Eisenwaren Kampaniens und Töpfereiprodukte Etruriens eroberten die Mittelmeermärkte, die röm. Heerstraßen förderten den Fernhandel. Durch den Zustrom von Kriegsgefangenen und Sklaven

Abb. 188 ▸
Das römische Reich zur Zeit seiner größten Ausdehnung (Trajan). Gestrichelte Linien: Provinzgrenzen z. Z. des Augustus.

nach Rom und Italien wurden weite Gebiete des griechischen Ostens entvölkert und verarmten. In der röm. Gesellschaft verbreitete sich *griech. Bildung* und Zweisprachigkeit, die klass. röm. Literatur fand in → Lukrez und → Catull die bedeutendsten Vertreter der Dichtung, in Caesar und Cicero die Meister der Kunstprosa, in der rhetorisierenden Annalistik und Sallust Darsteller und Deuter der röm. Geschichte. Mit seinen staatstheoretischen Schriften und dem Appell an die alten Römertugenden ebnete → Cicero der künftigen Staatsform des → Prinzipats den Weg, während → Varro die profanen und religiösen Überlieferungen des röm. Volkes sammelte und dessen Wesen der Mit- und Nachwelt als Vorbild darstellte. Schon vorher hatte Q. → Mucius (4) Scaevola (Konsul 95) das ius civile systematisch zusammengefaßt und mit juristischen Definitionen die Grundlage der Rechtswissenschaft erarbeitet.

E. Kaiserzeit bis zur Reichskrise. [1] Während die Geschichte der röm. Republik leicht überschaubar ist, da ihre Abschnitte jeweils durch das Übergewicht außen- oder innenpolitischer Aufgaben bestimmt werden, sind bei der Aufgliederung der Kaiserzeit zumindest zwei Gesichtspunkte zugleich zu beachten: die Geschichte der einzelnen Kaiser und die allgemeine Reichsgeschichte, die beide schwer in das richtige Verhältnis zueinander zu setzen sind. Im 1. Jh. begann die Gesundung des Reiches, im zweiten erlebte es seine größte Macht und Blüte, im dritten drohte es in einer Krise zu zerfallen. Diese dreistufige Entwicklung vollzog sich unter drei Kaisergruppen, den Kaisern des julisch-claudischen (27 v. Chr.–68 n. Chr.) und flavischen Kaiserhauses (69–96), den Adoptivkaisern (96–193) und den Soldatenkaisern (193–284). Die unterschiedliche Art der Nachfolge ergab sich aus dem Wesen des Prinzipats, der von Octavian (→ Augustus) begründeten Staatsform, die eine gesetzlich geregelte Nachfolge nicht kannte. «Mit allgemeiner Zustimmung im Besitz aller Macht», übergab *Octavian* am 13. 1. 27 den Staat aus seiner Gewalt in die freie Entscheidung des Senates und Volkes (Mon. Ancyr. 6, 13 ff.), übernahm dann auf Bitten des Senates zu dem bis 23 jährlich bekleideten Konsulat das imperium proconsulare über alle noch schutzbedürftigen Provinzen und erhielt am 16. 1. 27 den kultischen Ehrennamen → *Augustus*. Offiziell war so die Republik wiederhergestellt, faktisch jedoch der monarchischen Führung des ersten Bürgers (princeps civium) unterworfen. Die legalen Vollmachten des Imperator Divi filius Augustus wurden 23 durch das imperium proconsulare maius und die lebenslängliche tribunicia potestas erweitert, die integrierende Bestandteile des Kaisertums blieben, und 12 durch die Wahl zum pontifex maximus ergänzt. Das Treueverhältnis, das im Sinne der altröm. Klientel die Bürger mit dem Kaiser verband, der Jahreseid der Soldaten, der Besitz eines ungeheuren, aus Staats- und Privateinnahmen erhaltenen Vermögens und die auctoritas, mit der Augustus alle Zeitgenossen überragte, sicherten ihm trotz strikter Ablehnung der Diktatur entscheidenden Einfluß auf alle Gebiete des Staatslebens. In dieser einzigartigen Stellung schuf er die Grundlagen für die großen Leistungen der Kaiserzeit. Durch die pax Augusta wurden Spanien und Gallien befriedet und durch Landtage und den → Kaiserkult romanisiert, → Galatien (25 v. Chr.) und → Judäa (6 n. Chr.) erhielten den Provinzstatus. Nach Feldzügen des → Drusus (1) und → Tiberius wurde → Pannonien Provinz und die Donau Grenzfluß. Seit der Niederlage des → Varus im Teutoburger Wald begnügte sich Augustus mit der Rheingrenze. Im Osten schloß er mit den Parthern Frieden und sicherte die Euphratlinie (20 v. Chr.).

[2] Die von Augustus zuletzt befolgte und empfohlene *Defensivpolitik* behielten die Nachfolger im ganzen bei. Nur → Claudius eroberte 47 Südbritannien, und → Nero krönte nach langen Kämpfen 66 in Rom den Parther → Tiridates (4) zum König von Armenien. In die *Verwaltung* des Reichs teilten sich der alte republikanische Beamtenapparat und die neu wachsende kaiserliche Bürokratie. Die stadtröm. Ämter, die Statthalter- und hohen Offiziersposten, die Aufsicht über die befriedeten Provinzen blieben den Angehörigen des → Senatorenstandes bzw. dem Senat vorbehalten, dagegen wurden die zahlreichen von Augustus geschaffenen Stellen (→ praefecti praetorio, vigilum, annonae, Aegypti; → procuratores) Rittern und subalterne Funktionen kaiserlichen Freigelassenen anvertraut. Das Nebeneinander der beiden Verwaltungszweige und der steigende Machtbereich des kaiserlichen Beamtenstandes mit fester Besoldung und unbefristeter Amtsdauer sind für die Kaiserzeit ebenso typisch wie das Nebeneinander der Staatskasse (→ aerarium) und der kaiserlichen Kasse (→ fiscus). Das Wahlrecht der Bürger wurde durch das Empfehlungsrecht des Prinzeps und 5 n. Chr. durch ein Vorwahlverfahren (destinatio) eingeschränkt, unter Tiberius schließlich auf den Senat übertragen. Der allmähliche Verlust politischer Mitsprache schien durch die dauernde Ruhe und Rechtssicherheit, durch Geldspenden, durch die Kornversorgung der Hauptstadt und durch Spiele aufgewogen, zumal der Vorrang Roms und Italiens zunächst politisch und wirtschaftlich gewahrt wurde. Durch strenge Ehe- und Sittengesetze, Wiederbelebung der altrömischen Religion und Hinweis auf den schicksalhaften Aufstieg des römischen Volkes suchte Augustus, unterstützt von → Livius, → Horaz und → Vergil, die das Sendungsbewußtsein Roms künstlerisch prägten, die römische Gesellschaft zu erneuern. Unter seinen Nachfolgern wurden die immanenten Schwächen des auf seine Person eingestellten komplizierten Prinzipatssystems sichtbar. Tiberius (14–37) beschwor durch seine Zurückhaltung gegenüber dem Senat und sein allzu großes Vertrauen zu dem Gardepräfekten und Mitregenten → Sejan die Majestätsprozesse herauf; Claudius (41–54) förderte den Zutritt von Nichtitalikern zum Senat und den Ausbau der Hofämter, erlag aber den Intrigen der → Messalina und → Agrippina (3); → Caligula (37–41) als Gottkaiser und Nero (54–68) als Schauspieler und Rennfahrer forderten ihren Sturz durch betonten Absolutismus heraus. Der Widerstand ging von den Kommandanten der Grenzheere aus und zeigte die «Möglichkeit, auch außerhalb Roms zum Prinzipat aufzusteigen» (Tac. hist. 1, 4, 2).

[3] Nach der Krise des *Dreikaiserjahres* 69, in dem nacheinander sich → Galba, der Statthalter Spaniens, → Otho, der Kandidat der Prätorianer, und → Vitellius, der Befehlshaber der Rheinarmee, nicht behaupten konnten, begründete → *Vespasian* (69–79), durch die Legionen des Ostens und des Donauraumes zum Kaiser erhoben und durch die lex de imperio Vespasiani bestätigt, mit seinen Söhnen → Titus (79–81) und → Domitian (81–96) die flavische Dynastie. Am Rhein wurde der gefährliche Aufstand der → Bataver niedergeschlagen, das Dekumatland besetzt und die 90 eingerichteten Provinzen → Germania superior und inferior durch Anlage eines → Limes gesichert, an der Donau die Grenze gegen → Daker, → Markomannen und → Quaden verteidigt, in → Britannien die Grenze durch → Agricola vorgeschoben, in Judäa der Aufstand mit der Eroberung Jerusalems durch Titus (70) niedergeworfen. Die Staatseinnahmen erhöhten sich durch Sparsamkeit und neue Steuern (vectigal urinae, Suet. Vesp. 23, 5). Mit der Verleihung des latinischen und Vollbürgerrechts an Gemeinden wurde die Romanisierung und Urbanisierung der westlichen Provinzen, bes. Spaniens, und die Aufnahme des Munizipaladels in den Senat erleichtert. Trotzdem wuchs die seit Nero rege Opposition der stoischen und kynischen Philosophen, die 73 aus Rom und 94 aus Italien ausgewiesen wurden. Als Domitian sich als censor perpetuus und als dominus et deus zur nackten Autokratie bekannte, wurde er 96 ermordet.

[4] Da die dynastische Nachfolge zum zweiten Mal mit der Entartung des Herrschers endete, gewann die *Adoption* des Würdigsten und Tüchtigsten, die der philosophischen

Die vier Präfekturen Konstantins I. (318 eingerichtet)
GALLIAE
ITALIA ET AFRICA
ILLYRICUM
ORIENS
Reichsteilung 395
DIE DIÖZESENORDNUNG DIOKLETIANS
BRITANNIAE
GALLIAE
VIENNENSIS
PANNONIAE
ITALIA
MOESIAE
THRACIAE
PONTUS
ASIANA
OCEANUS ATLANTICUS
MARE CANTABRICUM
MARE GERMANICUM
MARE SUEBICUM
OCEANUS BRITANNICUS
HIBERNIA
BRITANNIA
GERMANIA
GALLIA LUGDUNENSIS
BELGICA
AQUITANIA
NARBONENSIS
RAETIA
NORICUM
PANNONIA
DALMATIA
GERMANIEN
TARRACONENSIS
LUSITANIA
HISPANIA
BAETICA
BALEARES I.
CORSICA
SARDINIA
SICILIA
MELITA
ITALIA
MARE ADRIATICUM
MARE TYRRHENUM
MARE IONIUM
MARE IBERICUM
MAURETANIA
TINGITANA
CAESARIENSIS
NUMIDIA
AFRICA
PROCONSULARIS
CYRENE
AEGYPTUS
MARE INTERNUM
DACIA
MOESIA
THRACIA
MACEDONIA
EPIRUS
ACHAIA
MARE AEGAEUM
CRETA
RHODOS
CYPRUS
PONTUS EUXINUS
BOSPOR. REICH
BITHYNIA
PONTUS
ASIA
GALATIA
CAPPADOCIA
LYCIA
PAMPH.
CILIC.
SYRIA
PHOEN.
JUD.
ARABIA
NABATÄER
ROTES MEER
MESOPOTAMIA
OSROËNE
ARMENIA
ASSYRIA
PARTHERREICH
COLCHIS
IBERIEN
ALBANIEN
SOPHENE
COMM.
SUIONEN
ANGELN
FRIESEN
CHAUKEN
LANGOBARDEN
SUGAMBRER
CHERUSKER
SEMNONEN
SUEBEN
BURGUNDER
VANDALEN
CHATTEN
HERMUNDUREN
SILINGER
MARKOMANNEN
QUADEN
JAZYGEN
KOSTOBOKEN
RUGIER
GOTEN
AESTIER
ROXOLANEN (GETEN)
0 500 1000 km
Gebiete unter kaiserlicher Verwaltung
Gebiete unter senatorischer Verwaltung
beim Tode des Augustus
Hellere Tönung: Erwerbung unter Augustus
THRACIA Vasallenstaaten unter Augustus
Erwerbung unter Tiberius-Nero (14–68 n. Chr.)
Erwerbung unter den Flaviern (69–96 n. Chr.)
Erwerbung unter Nerva-Trajan (96–117 n. Chr.)
Randfärbung: zeitweilige Erwerbung
Legionslager (z.T. unsicher):
20 n. Chr.
140 n. Chr.
20 und 140 n. Chr.
A. G. Alpes Graiae et Poen.
A. C. Alpes Cottiae
A. M. Alpes Maritimae

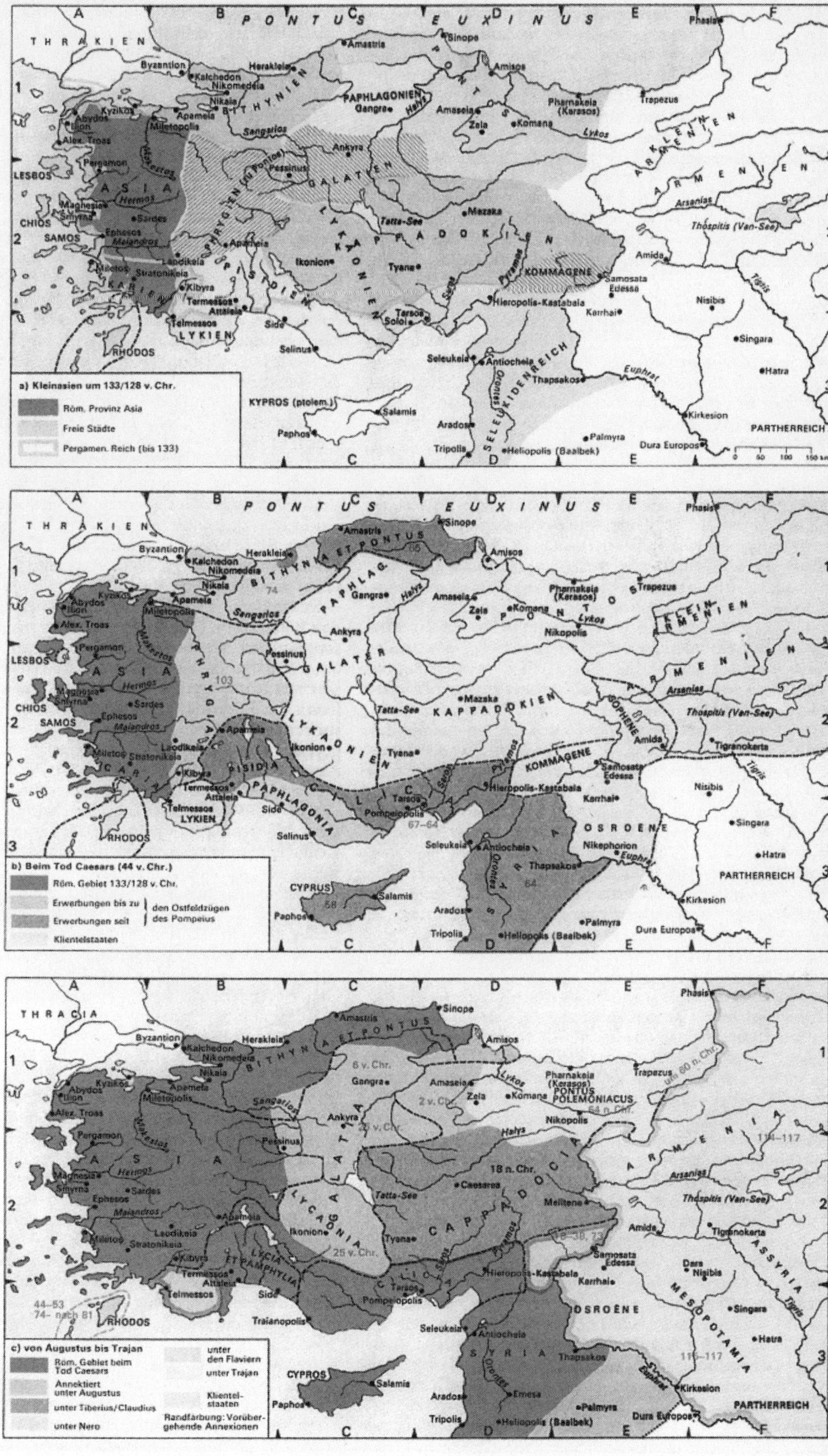

Abb. 190–192
Kleinasien unter den Römern

(gestrichelte Linie in c: Provinzgrenzen z. Z. des Trajan)

Auffassung des Herrscherberufes entsprach, als neue Form der Nachfolge an Zustimmung. Entscheidend für ihre Anwendung wurde das Fehlen männlicher Erben bei den Kaisern dieser Zeit. So adoptierte der Senator → Nerva, den der Senat zum Kaiser (96–98) gewählt hatte, den Spanier → Trajan (98–117), dieser wiederum einen entfernten Verwandten und Landsmann → Hadrian (117–138). Er bestimmte → Antoninus Pius (138–161), dessen Familie aus Nemausus stammte, zu seinem Nachfolger mit der vorsorglichen Auflage, seinerseits → Mark Aurel (161–180) und L. → Verus (161–169) als künftige Herrscher zu adoptieren. Mark Aurel sicherte dagegen seit 176 seinem Sohn → Commodus als Mitregenten die Nachfolge (180–192). Die Rückkehr zum dynastischen Prinzip führte durch die Autokratie des Commodus und dessen Ermordung wieder zu einer Reichskrise. In der schon von Zeitgenossen wie Aelius → Aristeides (2) gefeierten Epoche der → Adoptivkaiser erreichte das Reich seine *größte Ausdehnung*. Trajan gewann die Provinzen → Arabien (106), → Dakien (107), → Armenien (114), → Mesopotamien und → Assyrien (115). Hadrian behielt das goldreiche Dakien, gab aber Mesopotamien und Assyrien auf. Armenien wurde wieder Klientelstaat. Nach dem jüdischen Aufstand unter → Barkochba (132–135) wurde aus Judäa die Provinz Syria Palaestina gebildet und in → Jerusalem die Kolonie Aelia Capitolina eingerichtet. Die Juden wurden zum größten Teil in die Diaspora vertrieben. In Britannien (Solway-Tyne), am Rhein und an der Donau verstärkte Hadrian die Grenzsperren des Limes, den Antoninus Pius in Britannien bis zur Clyde-Forth-Linie und um 160 in Obergermanien vorschob. Die von Verus abgewehrte parthische Offensive trug 166 die verheerende Pest vom Orient in den Westen. Zugleich drangen die → Kostoboken in Griechenland bis Eleusis, die Markomannen und Quaden bis nach Norditalien vor. Mark Aurel warf sie über die Donau zurück, die geplante Frontverlegung auf die Karpaten- und Sudetenlinie wurde aber durch den Aufstand des → Avidius (1) Cassius 175 durchkreuzt und von Commodus aufgegeben.

[5] Die erfolgreiche äußere Reichsgeschichte wurde unter den Adoptivkaisern durch den *inneren Ausbau* des Reiches übertroffen. Wie Hadrian, der auf großen Reisen Heer und Verwaltung der Provinzen besichtigte, übten die Herrscher ihre Macht human im Sinne der Stoa für das Wohl der Untertanen aus und standen sich gut mit der Senatsaristokratie, in der die Zahl der Nichtitaliker stetig stieg. Die Zentralämter der kaiserlichen Verwaltung wurden vermehrt und Rittern, seit Hadrian auch Juristen übertragen. Nach der Kodifizierung des → Prätorischen Rechts als → edictum perpetuum unter Hadrian bildeten die Kaiser das Recht mit ihrer Rechtsprechung und ihren → Reskripten fort. Ihren bisher privaten Beirat aus Senatoren und Rittern erhob Hadrian zu der festen Einrichtung des → consilium principis. Die Urbanisierung wurde überall gefördert, der Westen durch Kolonien wie Marciana Traiana → Thamugadi (Timgad) romanisiert, der Osten durch Gründungen wie Antinoopolis (Ägypten) und Hadrianopolis (→ Palmyra) hellenisiert, Rom und Athen durch Bauten geschmückt. In der Landwirtschaft wuchsen die großen Güter, deren Besitzer sie beim Rückgang der Sklavenzahlen von freien Kleinpächtern (coloni) bewirtschaften ließen. Neben den Städten entwickelten sich als Sonderbezirke die fundi und saltus excepti. Die kaiserliche Gesetzgebung erstrebte seit Hadrian eine auskömmliche Lage der coloni auf den Gütern. Handel und Verkehr erschlossen neue Verbindungen zu den anliegenden Außenbezirken Irland, Schottland, dem freien Germanien, Skandinavien, Ungarn und dem fernen → Indien und → China (166 römische Gesandtschaft zum Kaiser Huan-ti). Die Eigenproduktion des Handwerks stieg in den Provinzen, italische → Terra sigillata wurde von provinzialer Sigillata und diese wieder von regionaler abgelöst. Italien verlor wirtschaftlich und politisch die Sonderstellung. Doch kennzeichneten die Stiftungen von → alimenta, der Erlaß von Steuerrückständen, die Bestellung von curatores rei publicae für die Stadtverwaltungen und der Zwang zur Übernahme des Gemeinderatsamtes bereits den beginnenden Rückgang des Wohlstandes. Er förderte das Anwachsen der christlichen Gemeinden, die, nach der Duldung unter Trajan (*Christiani... conquirendi non sunt*, Plin. epist. 10,97,1) lokale → Christenverfolgungen erlebten.

[6] Die Verbreitung syrischer und punischer Kulte steigerte sich unter der *Dynastie der Severer*, die an der Unzulänglichkeit ihrer letzten Mitglieder scheiterte (→ Septimius Severus 193–211, → Caracalla 211–217, → Elagabal 218–222, → Severus Alexander 222–235). Von den Nachfolgern, die, an Zahl über dreißig, zwischen 235 und 284 durch das stark aus Illyriern rekrutierte Heer berufen wurden, zeichneten sich *Kaiser illyrischer Herkunft* wie → Decius (249–251), → Claudius Gothicus (268–270), → Aurelian (270–275) und → Probus (276–282) aus. Das Zusammentreffen der außenpolitischen Krise, des Kampfes um die Reichsgrenzen, mit der inneren, dem Zusammenbruch der sozialen Ordnung, gefährdete die Reichseinheit. Im *Norden* zerstörten die → Alamannen 258 endgültig den obergermanisch-rätischen Limes, das Dekumatland wurde 260 aufgegeben. Gegen die → Goten, die Griechenland plünderten, fiel Decius 251, doch schlug sie Claudius Gothicus 269 bei Naissus (Nisch). Aurelian räumte vor ihnen 270 Dakien, Probus sicherte 277/8 die Rhein- und Donaugrenze. Im *Osten* verstärkte die Gründung des Perserreiches durch die → Sassaniden die Perserkriege. → Gordian III. besiegte 242 den Perserkönig Šapur I. und erzwang die Räumung Mesopotamiens. Sein Nachfolger → Philippus (4) Arabs schloß 244 Frieden mit dem Perser und konnte 248 die Tausendjahrfeier Roms prunkvoll begehen. Aber 260 wurde → Valerian bei Edessa von Šapur geschlagen und starb in persischer Gefangenschaft. Seinen Erfolg verewigte der Sieger, der sich ‹König der Könige von Iran und Nichtiran› nannte, auf einem Felsrelief bei Persepolis. Der Orient schien für Rom verloren. Aber → Aurelian unterwarf 272 das von → Zenobia errichtete Kaisertum von → Palmyra, das seit 269 sogar Ägypten, das wichtigste Land für die Getreideversorgung Roms, beherrschte, und das von → Postumus 260 aus Gallien, Britannien und Spanien gebildete Sonderreich und sicherte als restitutor orbis die Reichseinheit.

[7] Germanen und Perser waren zu einem Vernichtungsschlag gegen Rom noch nicht stark genug, aber die Zweifrontenkriege zwangen zu stärkerer Zentralisation der Verwaltung und bedenklichen Rückgriffen auf die Substanz aller wirtschaftlichen Kräfte. Statt aus Italikern bildete → Septimius Severus aus Soldaten der illyrisch-germanischen Donauarmee eine neue Gardetruppe und militarisierte die *Verwaltung*, indem er ihre Stellen, bes. die Posten der Prokuratoren, ausgedienten Offizieren gab. Während er Soldaten den Zugang zu Offiziersstellen öffnete, schloß → Gallienus (253–268), der neben den Grenztruppen ein bewegliches, mit starker Kavallerie ausgestattetes Feldheer aufstellte, die Senatoren von der Heerführung und bes. von dem Legionskommando aus, das Präfekten aus dem Ritterstande übernahmen. Der Senat verlor, seit → Carus 282 seine Bestätigung durch ihn ablehnte, dieses längst nur formale Recht. Mit der Ausgestaltung des Zeremoniells am Hofe wurde dagegen die göttliche Erhabenheit des Kaisers und der kaiserlichen Familie (domus divina) betont, Aurelian auf Münzen als deus und dominus angesprochen. Die Verleihung des römischen *Bürgerrechts* an alle freien Provinzialen durch die → Constitutio Antoniniana 211 nivellierte zivilrechtlich die Untertanen, stellte Italien den Provinzen gleich und verwandelte das röm. Reich in eine Rechtseinheit. Wie diese Maßnahme einen fiskalischen Hintergrund hatte, da röm. Bürger der Erbschaftssteuer unterworfen waren, so hatte schon 201 Septimius Severus

Alexandria und den Gaumetropolen Ägyptens aus Steuergründen das Stadtrecht zugebilligt. Im *Strafrecht* setzte sich dagegen die plutokratische Gesellschaftsordnung mit der Zweiteilung der Bevölkerung in → honestiores und → humiliores (oder tenuiores) durch. Zu den Privilegierten gehörten die Senatoren, Ritter, Gemeinderäte, Soldaten und Veteranen. Die wachsenden Kosten für das Heer und die Bürokratie bedingten erhöhte Steuern und Naturallieferungen, und diese, die von den für ihre Eintreibung haftenden städtischen Notabeln auf die meist ländlichen humiliores abgewälzt wurden, lösten in der durch Kriege, Barbareneinfälle und Seuchen dezimierten Bevölkerung Steuer- und Landflucht aus. Die steigenden Preise wurden von einem fortschreitenden Währungszerfall begleitet, da der Silbergehalt der Münzen sich verringerte. Die Wirtschaft sank mit Warentausch und Naturalbesoldung in naturalwirtschaftliche Formen zurück. Erst Aurelian besserte Gewicht und Legierung der Gold- und Silbermünzen. In diesem Elend des 3. Jh.s wandten sich die Menschen philosophischen Spekulationen wie der → Gnosis, den → Mysterien oder dem → Christentum zu, das seine Organisation von den Gemeinden aus bis zum Primat des Bischofs von Rom ausbaute. Gleichzeitig suchten einige Kaiser einen metaphysischen Rückhalt für das zusammenbrechende Reich. Decius erhoffte ihn von dem → Kaiserkult, dessen Ablehnung durch die Christen 250 zur ersten allgemeinen → Christenverfolgung führte, die erst Gallienus 259 einstellte. Gallienus, Philhellene und Freund → Plotins, förderte den → Neuplatonismus. Aurelian erhob mit der Weihung des Sonnentempels (25.12.274) den → *Sol invictus* zum Reichsgott (→ Sonnenkult). Der Höhepunkt des Henotheismus war erreicht.

F. Spätantike Kaiserzeit. [1] Obwohl *dominus* schon früher und *princeps* auch weiterhin als Kaisertitulatur gebraucht wurde, wird der Ausklang der röm. Geschichte häufig der *Dominat* genannt, um die in Tracht und Zeremoniell sichtbare Autokratie der Kaiser zu betonen. Diese Übergangs- und Umbruchzeit zum Mittelalter, die Spätantike, hat zwei Abschnitte: im 4. Jh. erlebte das Reich wieder einen Aufschwung, im 5. Jh. zerfiel die westl. Reichshälfte, und die östl. setzte sich im byzantin. Staat fort. – Zunächst schuf → *Diokletian*, um die Schlagkraft an den verschiedenen Fronten zu erhöhen und die Herrschaftsfolge zu sichern, 294 die *Tetrarchie* der zwei → Augusti und zwei → Caesares mit je eigenem Amtsbereich und eigener Residenz. Dieses System der Samtherrschaft wurde durch die Alleinherrschaft → Konstantins d. Gr. (324–337), des → Constantius II. (350–361), des → Julian (361–363) und des → Theodosius I. (394/5) unterbrochen. Um alle Mittel zu erfassen, wurde das Reich in 12 Diözesen mit 101 Provinzen (u. a. Italien mit 17 Provinzen) gegliedert, der Boden und die Arbeitskräfte wurden mit der direkten Grund- (iugatio) und Kopfsteuer (→ capitatio) belastet; für ihr Aufkommen hafteten die Gemeinderäte der Städte und die Großgrundbesitzer des Landes. Die Schollenbindung der Bauern (Kolonat) und der Innungszwang der Handwerker vervollständigten das Zwangssystem, das nur zwei Untertanengruppen kannte: auf der einen Seite Soldaten und Beamte, ihnen gegenüber die sie erhaltenden Steuerträger. Mit der völligen Trennung der Zivil- und Militärgewalt wurden die praefecti praetorio der 4 Reichssprengel Zivilbeamte; → Heermeister (magistri equitum bzw. militum), unter ihnen oft Germanen, befehligten das Heer, das in das bewegliche Feldheer (comitatenses), die ansässigen Grenztruppen (limitanei) und die Palastgarde (palatini) zerfiel. Der für diese Zeit typische Reglementierungseifer gipfelte in Diokletians Maximaltarif (301) für Preise und Dienste jeder Art. Der Stabilisierung der Wirtschaft diente seine neue Währung, deren Goldstück, seit Konstantin der Solidus, das Absinken in die Naturalwirtschaft hemmte. Zum ideologischen Rückhalt seiner Reichsreform wählte Diokletian die religiöse Restauration, die eine zwölfjährige → Christenverfolgung auslöste.

[2] Erst → Konstantin d. Gr. (306–337) erkannte das *Christentum* als gleichberechtigt an, nachdem er 312 im Vertrauen auf den Christengott den Gegenkaiser → Maxentius bei Rom geschlagen hatte. Nun stellte die *Kirchenpolitik* den Kaisern zwei Probleme. Um eine Kirchenspaltung zu verhindern, mußten sie in die Lehrstreitigkeiten eingreifen wie Konstantin gegen den → Donatismus und 325 auf dem → Konzil von Nicaea gegen den → Arianismus, Constantius II. 358 auf der Synode von Sirmium für die christologische Formel und Theodosius I. 381 im 2. Ökumenischen → Konzil von Konstantinopel für die Orthodoxie (→ Christentum III B). Ferner mußten sie sich gegen die bes. von der stadtröm. Senatsaristokratie gepflegte heidnische Opposition wehren. Dieser Gegensatz zu dem Senat, aber auch die militärisch günstige Lage von Byzanz zwischen den bedrohten Donau- und Euphratgrenzen bewogen Konstantin 330, die in → Konstantinopel umbenannte Stadt zur Residenz, zu einem zweiten Rom, zu erheben. Die Reaktion Julians, der eine Reform des Heidentums nach christl. Vorbild versuchte und die Christen bekämpfte, war eine Episode. Unter dem Einfluß des → Ambrosius entfernte → Gratian 382 trotz des Protestes der Senatoren unter → Symmachus (1) die Viktoriastatue aus dem Senatssaal. Mit dem Verbot aller heidnischen Kulte durch Theodosius 391 wurde das Christentum die Staatsreligion.

[3] Dank der straffen Lenkung von Gesellschaft und Wirtschaft war die im ganzen defensive *Außenpolitik* während der großen inneren Wandlung des Reichsorganismus erfolgreich. Mit Gebietserwerbungen östlich des Tigris erreichte Diokletian 297 die nochmalige Ausdehnung der röm. Herrschaft im Osten und einen vierzigjährigen Frieden. Nach neuen Kämpfen mit den Persern, in denen Julian 363 fiel, trat sein Nachfolger → Jovian die Provinzen östlich des Tigris und Armenien ab. Der Friedensvertrag, mit dem Theodosius I. 384 einen Teil Armeniens wieder gewann, brachte den Oströmern Rückenfreiheit für die späteren Kämpfe im Donaubecken. Im Westen hielten die Kaiser die gefährdete Rhein- und Donaugrenze, nachdem um 335 das restliche obergerm.-rät. Limesgebiet aufgegeben worden war. Julian schlug die Alamannen 357 bei Straßburg über den Rhein zurück, → Valentinian I. sicherte die Flußgrenzen durch Kastelle und angesiedelte Germanen. Der Aufprall der → Hunnen auf die → Ostgoten änderte 375 die Lage und zwang die Germanen zu neuen Vorstößen gegen das Balkangebiet. 378 fiel → Valens in einer vernichtenden Niederlage bei Adrianopel. Daraufhin nahm Theodosius I. 382 die Westgoten als geschlossenen Stammesverband in Mösien und Thrakien auf und gab mit diesem → Föderatenvertrag, der den Germanen ihre eigene politische und soziale Organisation beließ, ein Vorbild für spätere Ansiedlungen german. Stämme auf röm. Reichsboden.

[4] Die kurze Blüteperiode des 4. Jh.s belebte auch die *Kunst*, die bes. der kaiserlichen Repräsentation diente. In monumentalen Bauten wie in Rom (s. u. IV passim) den Diokletiansthermen (298–306), der Basilika des Maxentius (307) und dem kaiserlichen Palast in Spalatum (→ Salonae), in Kolossalstatuen wie der Konstantins d. Gr. in zehnfacher Lebensgröße und der Malerei der Trierer Fresken (→ Augusta Treverorum) wird die Überhöhung der Kaisergestalt sichtbar. Gewaltige Maße zeigen die Wehrbauten wie die Porta Nigra in Trier und die Ummauerung Konstantinopels. Für die *Literatur* dieser Zeit sind die → Panegyriker charakteristisch, die wie die Rhetoren → Libanios (314–393) und → Themistios (317–390) in Festreden die Kaiser verherrlichen. Als letzter großer Geschichtsschreiber vertritt → Ammianus Marcellinus das alte röm. Selbstbewußtsein. Der geistige Wandel der Zeit, der eine Milderung der Sklaverei und einen beschränkten Schutz der Armen brachte, ist in den schöpferischen Werken der großen Kirchenväter wie

der drei Kappadokier und des → Ambrosius spürbar. Ihre Übernahme und Verarbeitung des antiken Geistesgutes, in dem die Romidee weiterlebte, konnte aber den politischen Verfall des Reichskörpers nicht aufhalten.

[5] Bei seinem Tode teilte → *Theodosius I.* 395 die Regierung des Reiches unter seine Söhne; der elfjährige → Honorius (395–423) erhielt den Westen, der achtzehnjährige → Arcadius (395–408) den Osten. Obwohl ein solches Kondominat nicht neu war und an der formalrechtlichen Reichseinheit z.B. durch gemeinsame Ernennung der Konsuln festhielt, führte die Anordnung faktisch zur *Trennung der Reichshälften*, zur Auflösung des Westreiches und zur byzantinischen Form des Ostreiches. Diese unterschiedlichen Folgen ergaben sich z.T. aus der feindlichen Haltung beider Regierungen, die sich um die Abgrenzung der beiden Reichshälften, bes. um Illyricum, stritten, und der Art, mit der sie zwei Probleme, den Einfluß der → Heermeister und den germanischen Ansturm, bewältigten. Im Westen zogen sich die Kaiser seit 404 nach → Ravenna zurück, die Regierungsgewalt übten meist die Heermeister aus, die sich mit der ihnen in der Regel feindlichen Grundherrenaristokratie des Senats auseinandersetzen mußten. Um Italien gegen die Westgoten unter → Alarich und die Ostgoten unter Radagais (→ Goten) zu retten, gab der Vandale → Stilicho die Rhein- und Donaugrenze auf. Nach dessen Ermordung 408 eroberte → Alarich 410 Rom. Unter dem Eindruck dieses Gottesgerichtes schrieb → Augustin De civitate Dei, die erste christl. Geschichtstheologie des röm. Reiches.

[6] Auf dem Boden dieses Reiches gründeten nun die ‹german. Verbündeten› ihre eigenen Königreiche, die Westgoten in Südgallien und Spanien (418), die → Vandalen in Afrika (seit 429), die → Burgunder an der Rhone (443). 451 schlug der Heermeister → Aëtius mit Hilfe der Westgoten und Burgunder den Hunnensturm unter → Attila auf den Katalaunischen Feldern bei Troyes zurück. Nach der Ermordung des Aëtius 454 erhob und stürzte der Suebe → Ricimer als Heermeister und Patricius bis 472 die Schattenkaiser. Gegen den von Ostrom eingesetzten Kaiser Julius → Nepos rief der Heermeister Orestes 475 seinen Sohn → Romulus Augustulus zum Kaiser aus. Als dieser von dem Skiren → Odoaker 476 entthront und 480 Julius Nepos ermordet wurde, erlosch das Kaisertum im Westen. Im Osten hielt es sich jedoch gegen die Heermeister und fremdstämmigen Heereskräfte. Zwar erhob der schon unter → Theodosius II. einflußreiche Alane → Aspar mit seinem ostgotischen Anhang → Marcianus (450–457) und → Leo I. (457–474) auf den Thron. Leo spielte aber → Zenon (1), den Führer der kleinasiatischen Isaurier, gegen Aspar aus, der 471 ermordet wurde. Zenon, vom Heermeister zum Kaiser aufgestiegen, bewog die Ostgoten unter → Theoderich zum Abzug nach Italien (488).

[7] Nach der Überwältigung der Isaurier durch → Anastasius (491–518), der Konstantinopel mit einer 65 km langen Mauer schützte, gelang es → *Justinian* (527–565) noch einmal, die Reichseinheit weitgehend herzustellen. Seine Feldherren → Belisar und → Narses vernichteten die Vandalen in Afrika (533) und die Ostgoten in Italien (555); diese Gebiete wie die von den Westgoten besetzte Südostküste Spaniens kamen unter oströmische Verwaltung. Das erneuerte Reich, dessen Glanz und Weltherrschaftsanspruch der stolze Bau der Hagia Sophia in → Konstantinopel und die leuchtenden Mosaiken von → Ravenna bezeugen, hoffte Justinian durch Rechts- und Glaubenseinheit zu festigen. Er ließ im → Corpus iuris civilis das Recht als einzigartiges Vermächtnis des röm. Rechtsstaates kodifizieren. In dem den Goten entrissenen Italien setzte er seine Gesetze mit den für das Bewußtsein der Reichseinheit charakteristischen Worten in Kraft, «da mit dem Willen Gottes der Staat eine Einheit geworden ist, soll die Autorität unserer Gesetze überall verbreitet werden» (Novell. Iust. app. 7, 11). Die bes. durch den ägyptischen und syrischen → Monophysitismus gefährdete kirchliche Einheit zwischen West- und Ostrom konnte er jedoch mit dem Konzil von Konstantinopel 553 nicht herstellen. Nach seinem Tode beendeten der Einbruch der → Langobarden in Italien und der Druck der Slawen und Bulgaren auf das oström. Gebiet den letzten Versuch, den Mittelmeerraum unter dem Imperium Romanum zusammenzufassen.

[8] Über den Verfall des röm. Reiches hinaus wirkten aber die Idee des röm. Kaisertums, das Christentum und die im Schutz des Imperiums erblühte hellenist.-röm. Kultur weiter in die Zukunft als Grundlagen der abendländischen Kultur. Diesem Fortleben der Antike gegenüber drängt sich die Frage auf, woran eigentlich der röm. Reichskörper zunächst im Westen zugrunde gegangen ist. Sie wird wie die schon von Montesquieu in seinen ‹Considérations sur les causes de la grandeur et de leur décadence› 1734 mit ihr verknüpfte Frage nach den Ursachen der Größe Roms immer wieder zu Recht gestellt. Beide Themen führen zu dem Versuch, an dem Modell der röm. Geschichte Grundgesetze historisch-politischer Existenz aufzuspüren, die für die eigene Zeit wertvoll sein könnten. Das Geheimnis des *Aufstiegs Roms* zur herrschenden Macht wollte R. Heinze psychologisch aus dem starken Machtwillen der Römer erklären, der mit unbedingter Hingabe an die Gemeinschaft gepaart war. Dagegen schreiben F. Altheim und V. Pöschl den Römern ein besonders starkes Empfinden für sittliche und religiöse Bindungen zu, die wie etwa die fides den Machthaber gegenüber dem Schwächeren verpflichteten. Die röm. elementare Überzeugung, mit ihrer Herrschaft kraft göttlichen Geheißes dem Recht zu dienen, hat Vergil (Aen. 6, 851 ff.) eindrucksvoll ausgesprochen: «Du aber, Römer, denke, die Völker mit deiner Herrschaft zu lenken, darin liegt dein Beruf – stifte Ordnung dem Frieden, schone, wer sich gehorsam fügt und brich im Kriege der Rebellen Trotz.» Wieweit freilich diese Auffassung der augusteischen Zeit, die den übrigen Völkern eine mehr oder minder freiwillige Gefolgschaft erleichtern mochte, für die röm. Frühzeit vorausgesetzt werden darf, ist sehr umstritten.

[9] Weit vielfältiger sind die Theorien, die den *Zerfall des Reiches* im Westen zu begründen suchen. E. Gibbon machte das internationale Christentum als Gegner der antiken Staatsidee, K. J. Beloch die politische Einebnung der schöpferischen griechischen Stadtstaaten durch den Weltstaat, T. Frank den rassischen Verfall der Bevölkerung, O. Seeck die ‹Ausrottung der Besten› durch äußere und innere Kriege und W. E. Heitland das Fehlen einer Volksvertretung für den Verfall verantwortlich. E. Kornemann hielt die ungenügende Ausschöpfung der Wehrkraft und M. Rostovtzeff den kulturellen Gegensatz zwischen den Städtern und der allmählich barbarisierten Landbevölkerung für entscheidend. G. Sigwart und E. Huntington betonten physikalische Veränderungen, die allgemeine Erschöpfung des Bodens durch die Entwaldung und Vernachlässigung der Entwässerungsanlagen und die Klimaschwankungen im Mittelmeerraume. Schließlich sollte schon der Ansturm der Germanen mehr oder weniger allein die Katastrophe herbeigeführt haben. Der Zusammenbruch des röm. Reiches ist aber ein vielschichtiger Vorgang, der sich nicht aus einer einzigen Ursache erklären läßt. Ausgelöst wurde er durch die neuen Gegner, die seit dem 3. Jh. dem Reich zugleich im Norden mit den Germanen, im Osten mit den Persern erwuchsen. Das in die Defensive gedrängte Reich mußte, ihnen gegenüber in permanente Kriege verwickelt, seine Kräfte aufs äußerste anspannen. Die dazu erforderlichen Eingriffe des Staates in Gesellschaft und Wirtschaft entwickelten eine drückende Bürokratie, verschärften die sozialen Gegensätze, ließen in weiten Schichten der Bevölkerung jede Staatsgesinnung verkümmern und führten zur inneren Aushöhlung des Imperiums, die in verhängnisvollem Kreislauf die Widerstandskraft nach außen minderte. Nach dem Einbruch der Vandalen schrieb der spa-

nische Presbyter → Orosius (hist. 7, 41, 7) zu Beginn des 5. Jh.: «Es gibt Römer, die lieber mitten unter den Barbaren arm, aber frei sein wollen, als unter den Römern infolge der Steuerlasten in dauernder Unruhe leben.» Warum in diesem Prozeß der Zersetzung der weström. Reichsteil zerfiel, der oströmische sich jedoch in den byzantinischen Staat umbilden konnte, läßt sich bisher nicht völlig befriedigend beantworten. Das verschiedene Schicksal von Ost und West wird für A. Heuß durch die unterschiedliche Stellung Roms und Konstantinopels mitbegründet. Konstantinopel war Residenz und Regierungszentrum und in dieser Eigenschaft der wirksame Sammelpunkt politischer Willensbildung, in dem sich die höhere Gesellschaft des griechischen Ostens vereinigte. Im Westen wanderte der Regierungssitz mit dem Kaiser und kam zuletzt nach Ravenna, die Aristokratie blieb dagegen in Rom, das sein uraltes Ansehen behielt, aber keine politischen Energien mehr entfaltete und z. B. das Sonderleben des gallischen Adels nicht verhindern konnte. Der Osten besaß zudem neben den nahe gelegenen Silberbergwerken Makedoniens und Thrakiens in dem von Einfällen fast verschonten Kleinasien ein Hinterland, das Geld und die vorzügliche Truppe der Isaurier stellte. Sein Staatsschatz belief sich 518 beim Tode des Anastasius auf 23 040 000 Solidi. Ein solches Reservoir fehlte dem Westen. Mit geschickter Ausnutzung seiner Kräfte konnte Ostrom die Fremdvölker von seinen Kernlanden fernhalten. Diese Abwehr wurde durch besondere geographische und politische Vorteile erleichtert. Der Ansturm der Hunnen wurde im Osten vom Perserreich aufgefangen, mit dem Konstantinopel seit Theodosius I. in Frieden lebte. So konnte sich Ostrom auf die Verteidigung der Donaufront konzentrieren, zumal das Schwarze Meer die Ostprovinzen gegen den Völkerzug nach dem Westen deckte. Nach dem Durchbruch der Donaulinie gewährten immer noch die über die ostthrakische Landzunge geführten langen Mauern Konstantinopel Schutz. Das Westreich bot dagegen mit seinen mehrere tausend Kilometer langen Grenzen an Donau und Rhein allzu viele Angriffsmöglichkeiten. Infolgedessen wurden die für den Westen entscheidenden Kämpfe nach 395 gerade in dessen Kernland Italien ausgetragen. Um so erstaunlicher ist die Lebenskraft, die die Romanisierung gerade im Westen bewiesen hat, indem sie die lat. Sprache trotz der fremden Eroberer in Gallien und Spanien erhielt und mit Hilfe der lat. Kirchensprache den Grund für die romanischen Sprachen legte. H. V.

Lit: J. Vogt und E. Kornemann, Röm. Gesch., in: A. Gercke-E. Norden, Einl. in die Altertumswiss. III 2, 1933^{3} – A. Piganiol, Histoire de Rome (1939), 1962^{5} – S. Lauffer, Abriß der ant. Gesch., 1956, 68–137 (Lit) – F. Taeger, Das Altertum II (1939), 1958^{6} – H. Kähler, Rom und seine Welt, 2 Bde, 1958, 1960 – T. Frank, An Economic Survey of Ancient Rome, 5 Bde, 1933–1940, (Neudr. 1959) – A. Heuß, Röm. Gesch. (mit ausführlichem Bericht: Die röm. Gesch. in der Forschung), (1960), 1964^{2} – E. Meyer, Röm. Staat und Staatsgedanke (1948), 1961^{2} – E. Kornemann, Röm. Gesch. (1938/9), 1959^{4} und 1963^{5} – *Zu A bis D:* H. E. Stier, Roms Aufstieg zur Weltmacht und die griech. Welt, 1957 – H. Müller-Karpe, Vom Anfang Roms, 1959 – J. Vogt, Die röm. Republik (1932), 1959^{4} – M. Gelzer, Die Nobilität der röm. Republik (1912) in: Kl. Schr. I, 1962, 17–35 – *Zu E:* M. Rostovtzeff, Röm. Kaiserreich – L. Wickert, RE 22, 2 (1954), 1998–2296, s. v. Princeps – U. Kahrstedt, Kulturgesch. der röm. Kaiserzeit (1944), 1958^{2} – J. Moreau, Die Christenverfolgungen im röm. Reich, 1961 – *Zu F:* E. Stein, Histoire du Bas-Empire I: De l'Etat romain à l'Etat byzantin, 1959, 184–476; II: De la disparition de l'empire d'occident à la mort de Justinien, 1949, 476–565 – B. Rubin, Das Zeitalter Justinians I., 1960 – Einzelnachweise zu den erwähnten Theorien über die Größe Roms bei R. Heinze, Von den Ursachen der Größe Roms (1921) 1938^{5} – F. Altheim, Italien und Rom I, 1941, 208 ff. – V. Pöschl, in: Historia Mundi III, 1954, 462 ff. – H. Drexler, Von den Ursachen der Größe Roms, ein Epilegomenon, Aevum 28, 1954, 118 ff. – E. von Ivánka, Zur Selbstdeutung des röm. Imperiums, Saeculum 8, 1957, 17 ff. – Über den Zerfall des röm. Reiches bei M. Rostovtzeff a. O. II, 238 ff., 375 – A. Piganiol a. O. IV, 1947, 411 ff. – N. H. Baynes, The Decline of the Roman Power in Western Europe, JRS 33, 1943, 29 ff. – A. Alföldi, in: Historia Mundi IV, 1956, 271; 295 – Ders., Early Rome and the Latins, 1965 – Propyl. Weltgesch. IV: Rom, 1963.

G. Anhang: Die römischen Kaiser

(mit Regierungsdaten)

Augustus	27 v. Chr./14 n. Chr.
Tiberius	14–37
Caligula	37–41
Claudius	41–54
Nero	54–68
Galba	68–69
Otho	69
Vitellius	69
Vespasian	69–79
Titus	79–81
Domitian	81–96
Nerva	96–98
Trajan	98–117
Hadrian	117–138
Antoninus Pius	138–161
Mark Aurel	161–180
L. Verus	161–169
Commodus	177–192
Pertinax	193
Didius Julianus	193
Septimius Severus	193–211
(Pescennius Niger	193–194)
(Clodius Albinus	195–197)
Caracalla	198–217
Geta	209–212
Macrinus	217–218
Elagabal	218–222
Severus Alexander	222–235
Maximinus Thrax	235–238
Gordian I.	238
Gordian II.	238
Balbinus	238
Pupienus	238
Gordian III.	238–244
Philippus Arabs	244–249
Philippus II.	247–249
Decius	249–251
Trebonianus Gallus	251–253
Volusian	251–253
Aemilian	253
Valerian	253–260
Gallienus	253–268
(Postumus	259–268)
Claudius Gothicus	268–270
(Victorinus	268–270)
Quintillus	270
Aurelian	270–275
(Tetricus	270–273)
(Vaballath	271–274)
Tacitus	275–276
Florian	276
Probus	276–282
Carus	282–283
Carinus	283–285
Numerian	283–284
Diokletian	284–305
Maximianus Herculius	286–305
(Carausius	286–293)
(Allectus	293–296)
Galerius	305–311
Constantius Chlorus	305–306
Flavius Severus	305–307
Maximinus Daia	307–308
Licinius	307–324
Maxentius	307–312
(Domitius Alexander	308–311)
Konstantin I.	306–337
Konstantin II.	337–340

Constans	337–350
(Magnentius	350–353)
(Nepotianus	350)
(Vetranio	350)
(Silvanus	355)
Constantius II.	337–361
Julian	360–363
Jovian	363–364
Valentinian I.	364–375
(Firmus	372–374)
Valens	364–378
(Procop	365–366)
Gratian	367–383
Valentinian II.	375–392
Theodosius I.	379–395
(Magnus Maximus	383–388)
(Flavius Victor	384–388)
(Eugenius	392–394)

Weströmisches Reich		*Oströmisches Reich*	
Honorius	393–423	Arcadius	383–408
(Konstantin III.	407–411)	Theodosius II.	408–450
(Priscus Attalus	409–410)		
	414–415)		
(Maximus	409–411)		
	418–421)		
(Jovinus	411–413)		
Constantius III.	421		
(Johannes	423–425)		
Valentinian III.	425–455	Marcian	450–457
Petronius Maximus	455		
Avitus	455–456		
Majorian	457–461	Leo I.	457–474
Libius Severus	461–465		
Anthemius	467–472		
Olybrius	472		
Glycerius	473–474	Leo II.	474
Nepos	474–475	Zeno	474–491
Romulus Augustulus	475–476	(Basiliskos	475–476)
		(Leontios	484)
		Anastasius	491–518
		Justin I.	518–527
		Justinian I.	527–565

K. Chr.

II. Gesellschaft und Staatsverfassung

[1] Der Staat der Königszeit – [2] Der patrizische Geschlechterstaat (um 500–287) – [3] Der Staat der Nobilität (287–27) – [4] Der Beamtenstaat des Principats (27 v. Chr.–292 n. Chr.) – [5] Der Zwangsstaat des Dominats (nach 292 n. Chr.).

[1] *Der Staat der Königszeit.* Die Wechselwirkungen zwischen Gesellschaft und Staatsverfassung sind in der röm. Geschichte unverkennbar. Nur ist ihr Beginn im einzelnen nicht eindeutig faßbar, da die schriftliche Überlieferung erst im 3. Jh. v. Chr. einsetzt und die frühröm. Gesellschaft idealisiert. Ob zuerst nur einige Patriziergeschlechter mit ihren Klienten das Land bebauten oder ob der Patriziat erst aus einer breiten Schicht bäuerlicher Grundbesitzer, die den Kern der Plebs bildeten, emporstieg, ist nicht zu entscheiden. Die patrizischen Geschlechter waren Siedlungsverbände; ihre Angehörigen, durch Abstammung und gemeinsamen Kult verbunden und in Familien gegliedert, sorgten durch Selbsthilfe für ihren Schutz. Später schlossen sie sich unter einem König zu dem Stadtstaat Rom zusammen. Seine Bewohner zerfielen in drei Schichten, die patrizischen Grundbesitzer, ihre ländliche Klientel und die wachsende kleinbäuerlich-städtische Bevölkerung. Die → Patrizier, durch die geschlossene Form der Geschlechter mächtig, stellten mit den patres, den Geschlechtshäuptern, den → Senat, der, wie die Bestellung des → interrex zeigt, bei der Königsernennung mitwirkte, und die durch Standeszeichen hervorgehobene Reitertruppe (→ Ritter). Wenn die gentilizische Organisation der → Tribus und Kurien auch die gesamte Bevölkerung umfaßte, überwog doch in ihnen der Einfluß der Patrizier. Ihre Selbstherrlichkeit wurde durch Könige etrusk. Herkunft eingeschränkt (→ Königtum).

[2] *Der patrizische Geschlechterstaat* erreichte nach dem Sturz des Königtums seine volle Blüte, da nur die Patrizier, zu den → auspicia publica berechtigt, Staatsämter und Priesterstellen bekleiden konnten. Daß innerhalb des Staatsgefüges das Eigenleben der Geschlechter (→ Gens) stark war, zeigt der private Zug der fabischen Gens i. J. 477 gegen → Veji, bei dem 306 Fabier mit 4–5000 Klienten vernichtet wurden. Wieweit Leitbegriffe wie virtus, disciplina, fides u. a., die von der Überlieferung des 2. und 1. Jh.s den Vorfahren (maiores) zugeschrieben werden, schon damals die politische Moral bestimmt haben, ist schwer zu ermitteln. Sicher hat das genealogische Denken der Gentes, das im → Ahnenkult [2], im → ius imaginum, im Hinweis auf die exempla maiorum und in der leibhaften Darstellung der Ahnen bei den Leichenfeiern (→ Bestattung, 3) gepflegt wurde, die selbst von den niederen Schichten anerkannte Stufenordnung und Vorstellung erhalten, daß Geburt, Reichtum, Alter, Leistungsfähigkeit und Leistung für den Staat das Führungsrecht haben. Nachhaltig wurde zudem Zucht und Ordnung der Gemeinde durch die Religion gewahrt, die in nüchternem, genau geregeltem Verhalten gegenüber den Gottheiten sakrale Formen auch dann noch pflegte, wenn sie durch eine Strukturänderung der Gesellschaft ihren Sinn verloren hatten. In den → Ständekämpfen verlangte die Plebs das Eheschließungsrecht (conubium) mit den Patriziern, Anteil an den Ämtern und Besserung ihrer wirtschaftlichen Lage. Die Forderungen verraten die eingetretene soziale Differenzierung der Plebs in wohlhabende Vollbauern und Minderbemittelte, die als assidui und → proletarii im → Zwölftafelgesetz und in der servianischen Centurienordnung begegnen. Als aristokratisch gegliederter Sozialkörper wurde die Plebs in ihrer Organisation unter den → Volkstribunen eine Macht, deren militärische Kraft bei der neuen Taktik der Phalanx für die Patrizier unentbehrlich war. Deshalb wurden die plebejischen Führer Zug um Zug zu Staatsämtern und Priesterstellen zugelassen. Neben die → comitia curiata traten die comitia centuriata, in denen die besitzenden Klassen den Ausschlag gaben, und die comitia tributa, in denen das Schwergewicht bei der bäuerlichen Bevölkerung lag. Trotz der Zugeständnisse und des patrizisch-plebejischen Ausgleichs von 287 blieb der aristokratische Aufbau der Gesellschaft bestehen, der Geburtsadel verlor an Bedeutung, aber an Stelle des patrizischen Geschlechterstaates trat der Staat des Amtsadels.

[3] *Der Staat der Nobilität.* Für die konservative Grundhaltung der röm. Gesellschaft ist es bezeichnend, daß die regierenden Kreise, die → Nobilität, sich nach der Aufnahme weniger finanziell und gesellschaftlich ebenbürtiger Familien gegen das Eindringen weiterer homines novi abschlossen. Von 200 Konsulaten der Jahre 232–133 besetzten 26 Familien 159, darunter erreichten 10 Familien 99 Konsulate, 5 brachten es sogar auf 62 Konsulate. Diese Machtverteilung erklärt sich aus der sozialen Querschichtung der Klientel und aus dem engen Geflecht politischer Beziehungen, die sich aus den eigentümlichen Begriffen der amicitia, necessitudo, benevolentia sowie des hospitium und ihren officia zwischen den führenden Familien ergaben. Die privaten Bindungsformen liehen den staatlichen Institutionen ein Schwergewicht, das ihren Charakter wesentlich änderte. Nicht die → Magistrate, die Träger der Staatsgewalt, sondern der Senat, der als Beirat (consilium) nur beratende Funktion hatte, traf z. B. in Wirklichkeit die politischen Entscheidungen. Durch die Gewinne der Punischen und der im Osten geführten Kriege, die Ausbeutung der Pro-

vinzen, die Entwicklung der Geldwirtschaft und den Ausschluß der Senatoren von direkten Handelsgeschäften (218) wuchs in den Unternehmern die neue Gesellschaftsgruppe der → Ritter. Die drei Stände, die Liv. 26, 36, 12 für 210 als senatus, equester ordo, plebs aufzählt, wurden durch den steigenden Gegensatz zwischen Armen und Reichen immer schärfer getrennt. Die neuen Aufgaben, die der Niedergang des italischen Bauerntums, das Anwachsen der besitzlosen Menge in Rom, die Unzufriedenheit der Bundesgenossen (→ Italischer Städtebund) und die Ausbeutung der Provinzen stellten, bewältigte die Nobilität nicht. Sie zeigte zum Teil eine bedrohliche Zersetzung in Sitte und Privatleben, andere Gruppen wie der → Scipionenkreis suchten einen Ausgleich der von ihnen bewunderten griech. Kultur mit den altröm. Lebenswerten, die → Cato (1) gefährdet sah. Aus der bisher homogenen Führungsschicht brach der Machtwille einzelner aus. → Populare wie die → Gracchen und → Caesar oder reaktionäre → Optimaten wie → Sulla nutzten den Gegensatz zwischen Senat und Rittern und das Gefolgschaftsverhältnis der Berufssoldaten zu ihrem Feldherrn zum Erwerb eigener Macht aus, während → Cicero mit der ‹Eintracht der Stände› (concordia ordinum) die Idee der res publica festzuhalten suchte. Da Caesars unverhüllte Monarchie sie nicht auszulöschen vermochte, endeten die Kämpfe mit einem Kompromiß, mit der Begründung der neuen Staatsform des Principats.

[4] *Der Beamtenstaat des Principats.* Gesellschaft und Staatsverfassung des Principats verbindet eine gemeinsame Tendenz: die überlieferten Bezeichnungen werden als Legitimation beibehalten, aber hinter ihnen wandeln sich im Dienst des Weltreiches die Gesellschaft und die Zuständigkeit der staatlichen Einrichtungen. Nach seiner Macht Herr des Staates, trat Augustus mit dem röm. Gesellschaftsbegriff des → Princeps auf, der nun freilich alle Bürger an auctoritas überragte. Wie ein princeps der Republik sich auf seine Klientel stützte, so Augustus auf die ihm, dem princeps civium, durch Treueid ergebenen Bürger. Seine Nachfolger kehrten je nach ihrer Anlage ihre monarchische Stellung bes. dem Senat gegenüber heraus. Die Herkunft der Senatoren änderte sich ebenso wie die der Kaiser. Nach dem altröm. Adel des → Julisch-claudischen Hauses kamen die → Flavier (69–96) aus Mittelitalien, → Trajan (98–117) und → Hadrian (117–138) aus Spanien, die Antonine (138 bis 192) aus Südfrankreich und → Septimius (3) Severus (193–211) aus Nordafrika. Die alten Senatsfamilien, in den Bürgerkriegen dezimiert, starben aus. Über das röm. → Bürgerrecht traten auf Weisung der Kaiser zunächst Italiker, dann Provinziale in den Senat. Trotz aller Ehrenrechte konnte die neue Reichsaristokratie so gut wie keine eigene Politik treiben, wenn sie auch an röm. Tradition und Religion festhielt. Selbst die Statthalter der senatorischen → Provinzen unterstanden der Aufsicht des Princeps. Der gleiche Zustrom nichtröm. Elemente erfaßte den Ritterstand, der sich aus Offizieren und dem Munizipaladel ergänzte. Seine Mitglieder, die der Kaiser als Statthalter (→ procuratores) kleinerer Provinzen, als Finanzverwalter, aber auch als seine Stellvertreter in Ägypten und als Kommandanten der → Prätorianer brauchte, bildeten einen besoldeten Beamtenstand mit fester Laufbahn. Während so die Ritter in die Staatsverwaltung eingegliedert wurden, schied die dritte soziale Gruppe, die stadtröm. Plebs, politisch aus. Ihr Wahl- und Gesetzgebungsrecht fiel an den Senat und den Kaiser, dafür wurde die blutsmäßig sehr gemischte proletarische Masse mit Brot und Spielen abgespeist. Die Aufstiegsmöglichkeiten, die der Principat in der unteren und mittleren Beamtenschaft weit mehr als die Republik bot, kamen → Freigelassenen und → Sklaven [2] zugute, die im Kaiserdienst einflußreiche Stellen erreichten. In den → Provinzen verbreiteten die Urbanisierung und das Heer röm. Gesellschaftsformen. Primitive Siedlungen entwickelten sich zu einer Provinzstadt, dann zu einer Stadt latinischen (→ Latinischer Städtebund) oder röm. Rechts und endlich zu einer → Kolonie röm. Bürger. Das stehende Heer ergänzte sich seit → Vespasian hauptsächlich aus den Provinzen und förderte ebenfalls den Erwerb des röm. → Bürgerrechts. → Caracalla verlieh 212 mit der constitutio Antoniniana allen freien Reichsbewohnern das röm. Bürgerrecht. Im Gegensatz zu dem staatsrechtlichen Ausgleich, der dem allmächtigen Herrscher eine einheitliche Untertanenmasse gegenüberstellte, blieb die gesellschaftliche Schichtung nicht nur bestehen, sondern verhärtete sich fortschreitend. Dieser Prozeß begann im 2. Jh. n. Chr. infolge einer gewaltigen Wirtschaftskrise. Die Grenzkriege, die durch Seuchen bedingte Verringerung der Bevölkerung, der Niedergang der Landwirtschaft überspannten die Finanzkraft des Reiches, die Steuererhöhungen lösten Landflucht der Bauern aus, die Geldentwertung einen Rückfall in die Naturalwirtschaft. In dieser Not schlossen freie Bauern (coloni) Pachtverträge auf staatlichem oder privatem Grundbesitz für sich und ihre Nachkommen ab, die ihnen die Freizügigkeit nahmen, dafür aber Rechtsschutz durch die an der Bewirtschaftung interessierten Eigentümer sicherten. Manche Berufsklassen wie die der Schiffseigentümer und Kaufleute wurden zu Zwangsleistungen als geschlossene Körperschaft in den Staatsdienst übernommen. Die Gemeinderäte (curiales) hafteten als Zwangsverbände für das Aufkommen der Steuern. Zum besonderen Merkmal für den gesellschaftlichen Aufbau wurde die strafrechtliche Behandlung der → honestiores und → humiliores. Zu der ersten Gruppe der Standespersonen gehörten die Senatoren, Ritter, Soldaten und Gemeinderäte, zu der zweiten die Masse der Plebs in den Städten und der landarbeitenden Bevölkerung.

[5] *Der Zwangsstaat des Dominats.* In der letzten Epoche der röm. Geschichte, dem Dominat, schufen → Diokletian und → Konstantin (1) aus dem Chaos des 3. Jh.s den straff organisierten Zwangsstaat. An seiner Spitze stand die geheiligte Person des Kaisers, der nach strengem Hofzeremoniell von dem Staatsrat (sacrum → consistorium) beraten wurde. Der von der Regierung ausgeschaltete Senat lebte als Gemeinderat Roms, das seine Würde als Residenz verlor, und als Hort der altröm. Religion fort, die Funktionen der republikanischen Ämter waren auf Rom beschränkt. Die → Provinzen wurden verkleinert, an Zahl vermehrt und zu Diözesen zusammengefaßt. Die obersten Beamten der Zivilverwaltung waren die → praefecti praetorio, die von ihr getrennte Militärgewalt übten der → magister peditum und der magister equitum aus. Rang und Titel der kaiserlichen Beamten waren genau abgestuft (illustris, spectabilis, clarissimus usw.). Zum Hofadel gehörten 7 comites (→ comes): der Kanzler (magister officiorum), der Oberkämmerer (praepositus sacri cubiculi), der Kabinettsminister (quaestor sacri palatii), der Finanzminister (comes sacrarum largitionum), der Schatzmeister (comes rerum privatarum divinae domus) und die Befehlshaber der Palastgarde (comes domesticorum equitum bzw. peditum). Obwohl seit Konstantin immer stärker christlich, behielt das Reich die Gesellschaftsordnung der honestiores und humiliores bei. Zu den ersteren zählten Offiziere, Beamte, die Kleriker, die von Gemeindeämtern befreit waren, und die Grundherren (possessores), die als Vorläufer des Feudalismus Sonderrechte für ihre Gutsbezirke erwarben. Um den Eingang der Steuern und die Erfüllung anderer Zwangsleistungen zu sichern, wurde weitgehend die erbliche Berufsbindung durch Gesetz eingeführt. Die → coloni, 332 (Cod. Theod. 5, 17, 1) durch Konstantin an die Scholle gebunden, wurden jeweils mit dem Gut verkauft. Die Zugehörigkeit zum Gemeinderat, der für die Abgaben haftete, wurde erblich, ebenso die Mitgliedschaft in den Zwangsinnungen des Handwerks und der Gewerbe. Bei dieser ‹Immobilisierung der Gesellschaft› bestimmte meist die Geburt des einzelnen seine Lebensform und Laufbahn.

Diese Erkenntnis führte zumindest in den unteren Schichten der Bevölkerung zu der lähmenden Resignation, die zu ihrem Teil den Zerfall des Reiches gefördert hat. H.V.

Lit: M. Gelzer, Die Nobilität d. röm. Republik, 1912 (Nachdr. 1962 in Kl. Schr. I, 17–135) – Friedländer – W. Kroll, Die Kultur d. ciceron. Zeit, 1933 – M. Rostovtzeff, Röm. Kaiserreich, 1926 – E. Meyer, Röm. Staat u. Staatsgedanke (1948), 1961² – M. Jaczynowska, The economic differentiation of the Roman nobility at the end of the republic, Historia 11, 1962, 486–494 – H. Schaefer, Der röm. Ritterstand, in: Probleme der Alten Geschichte, 1963, 337–352.

III. Staatshaushalt

A. Zeit der Republik. [1] *Allgemeines.* Einen eigentlichen ‹Staatshaushalt› im modernen Sinne hat es in Rom erst in der Blütezeit der röm. Republik gegeben. Aber auch hier bleiben grundsätzliche Unterschiede bestehen: der Haushalt wird nicht für einen bestimmten zukünftigen Zeitabschnitt aufgestellt; er muß nicht vom Volk angenommen werden; einen allgemeinen, alle Rechnungen zusammenfassenden Haushalt hat es nicht gegeben. Überall sind einzelne Posten in Ausgaben und Einnahmen ursprünglich miteinander verbunden, was zwar das Gleichgewicht im einzelnen sicherte, eine vorausschauende einheitliche Planung des gesamten Haushalts aber nicht zuließ. Das einzige einigende Band waren die Staatsrechnungen, die rationes publicae, die im Rechnungswesen des ‹Staatsschatzes› ausgebildet wurden.

[2] *Gliederung des Haushalts.* Die zentrale Staatskasse war seit Beginn der Republik das → Aerarium (1; in der Kaiserzeit: aerarium Saturni), unter Obhut des → Senates zunächst von zwei, später mehreren → Quästoren verwaltet, seit 443 v. Chr. zeitweise von zwei → Censoren beaufsichtigt. Der größte Teil der ständigen Personal- und Sachausgaben wurde aus den auf je fünf Jahre verpachteten Einnahmen gedeckt. Die Kalkulation dieser Posten, die wesentliche Teile des → Lustrum, der fünfjährigen Finanzperiode, bildeten, ist mit der Einnahmen- und Ausgabenplanung in modernen Staaten vergleichbar. Daß neue Ausgaben vom Senat beschlossen werden mußten, war in republik. Zeit selbstverständlich. Weitere wichtige Haushaltsposten waren der jährliche Sold (→ Stipendium) für das Heer, der bis 168 v. Chr. durch das → Tributum sichergestellt war, ferner die auf das Aes equestre und das Aes hordearium fundierten Ausgaben für Ankauf und Unterhalt der für die Legionsreiterei bestimmten Pferde, die zur Ansammlung eines Goldreservefonds bestimmte Freilassungssteuer sowie die aus dem Lucar, dem Ertrag der heiligen Haine, bestrittenen Kosten der → Ludi (9) Romani. Zu größeren Vermögensverschiebungen führte die bei der Soldzahlung angewandte ‹*Bruttomethode*›, bei der der Wert des gelieferten Weizens vom Sold abgezogen und dem Soldaten nur der Rest als Nettosold ausgehändigt wurde. Da bei der Berechnung der z. Z. des 2. Pun. Krieges hohe Getreidepreis weiterhin zugrunde gelegt wurde, ergaben sich im 2. Jh. bei langdauernder Getreidebaisse Preisdifferenzen, aus denen viele röm. Ritter beträchtliche Gewinne zogen. Die von Caesar konsequent durchgeführte Nettomethode machte diesem Treiben schließlich ein Ende; dagegen waren die röm. Kapitalbesitzer bis zuletzt der stärkste Rückhalt der Pompejaner. – Wichtig sind die seit 295 v. Chr. vorkommenden *Separatrechnungen der Feldherren* (rationes ad aerarium delatae). Geschenkzahlungen (→ Donativum), die vor der Einzahlung der Beute (→ manubiae) in den Staatsschatz an die Soldaten geleistet wurden, hatten solche Separatrechnungen notwendig gemacht. Im Laufe der Zeit wurden diese Separate umfangreicher – Caesar steigerte sie ins Riesenhafte –, bis schließlich die Beutegelder nicht mehr in den Staatsschatz eingezahlt wurden und die Separatrechnungen der Kaiserzeit eine besondere, vom Staatsschatz getrennte kaiserliche Kasse, den → Fiscus Caesaris, bildeten. – Neben den Separatrechnungen stehen die *Privatrechnungen der Feldherrn* (rationes privatae). Es war Sitte, daß der Feldherr seinen persönlichen Beuteanteil zu gemeinnützigen Zwekken verwendete (→ Manubiae). Auch hier steigerten sich die Summen bis zur Grenze des damals Möglichen. Dieser Finanzkomplex hat in der Kaiserzeit gleichfalls seine wichtige Fortsetzung gefunden (s. u. B 1). In der Zeit der Republik, wenigstens in der 1. H. des 1. Jh.s v. Chr., wurden die Staatsrechnungen auch veröffentlicht und durch Verkauf ganzer Jahrgänge dem Publikum zugänglich gemacht. In der frühen Kaiserzeit hat sich diese Praxis teilweise erhalten.

[3] *Umfang des Staatshaushalts.* Eine Rekonstruktion des röm. St.s, wie sie für einige Zeitabschnitte versucht worden ist, ist überaus schwierig, da die betreffenden Akten sämtlich verloren sind, ausgenommen einige literarisch überlieferte Fragmente. Die Rekonstruktion muß vom röm. Staats- und Verwaltungsrecht ausgehen. Daraus ergibt sich eine fünfstufige Aufgliederung: (1) der Gegensatz der Hauptrechnungen des Staatsschatzes und der Separatrechnungen der Feldherren, (2) der Gegensatz der Ausgaben- und Einnahmenseite, (3) die Teilstücke der Hauptrechnungen (sakrale und politische Verwaltung, Heer, Flotte, freiwillige Ausgaben bzw. Pachten) und schließlich (4) die weiteren Abteilungen und (5) Unterabteilungen, die sich aus bestimmten Angaben ergeben. – Versuche, den Umfang der Staatsrechnungen zu rekonstruieren, sind für das Jahr 293 v. Chr., für die 1. H. des 2. Jh.s v. Chr., bes. die Jahre 168 und 167, und für die Jahre 49–45 durchgeführt worden. Im J. 293 v. Chr. betrugen die Ausgaben des Staatsschatzes über 12,3 Mill. Pfund-As, die Einnahmen über 17,8 Mill.; dazu kommen die selbständigen Posten in der Sonderrechnung des einen Feldherrn, die diese Zahlen auf 17,2 bzw. 22,8 Mill. As erhöhen. Im J. 168 beliefen sich die Ausgaben und Einnahmen des Staatsschatzes, soweit feststellbar, auf über 53,6 bzw. 57,6 Mill. Sesterzen; im Jahre 167 auf über 43,3 bzw. (hauptsächlich infolge der von L. → Aemilius (10) Paulus eingebrachten Beute) auf über 366,9 Mill., mit den Separatrechnungen der Feldherren auf über 101,8 bzw. 425,3 Mill. Für die Jahre 49–45 wurden die Ausgaben des Staatsschatzes auf über 605 Mill. Sesterzen berechnet (von denen Caesar 345,3 Mill. auf seine Separatrechnung übernahm), die Einnahmen auf ca. 200 Mill. Die Separatrechnung Caesars weist an Ausgaben und Einnahmen während dieser Zeit die Riesensummen von je 5 500 Mill. auf. Die Höhe der Barvorräte betrug Mitte 49 über 288 Mill., fiel Mitte 48 bis auf nicht ganz 50 Mill. und stieg allmählich bis Ende 45 bis auf 700 Mill. Die Rechnungen des → Pompeius (2), des → Caecilius (15) Metellus Scipio, des Cn. → Pompeius (3) und des Caecilius Bassus schlossen mit mindestens 358, 348, 136 bzw. 68 Mill., die erste sogar mit einem Überschuß von über 111 Mill.

B. Kaiserzeit bis Diokletian. [1] *Gliederung des Haushalts.* In der Kaiserzeit veränderte sich die formale und materielle Struktur des Staatshaushalts von Grund auf. Die senatorischen → Provinzen verblieben beim Staatsschatz (→ Aerarium), die kaiserlichen wurden zunächst in mehreren, dann in einer einzigen Separatrechnung untergebracht, die → Pallas (3), der a rationibus des → Claudius (1), vollends vom Staatsschatz abtrennte; schon unter → Nero erscheint sie als → Fiscus Caesaris. Auch das Schema wurde entsprechend den neuen politischen Verhältnissen verändert: Augustus strich den fünften Teil und fügte sechs neue hinzu: (regna, provinciae, tributa, vectigalia, necessitates, largitiones). Diese fanden sicherlich auch im Rechnungswesen des Staatsschatzes Eingang. – Neben diesen beiden Kassen stand seit 6 n. Chr. der *Militärschatz* (→ Aerarium militare), aus dem die Abfindungen gezahlt wurden, die den Soldaten bei ihrer Entlassung zustanden. Gespeist wurde er durch Umsatz- und Erbschaftssteuer. Weitere Spezialkassen wurden in claudischer (Fiscus libertatis et peculiorum, Fiscus castrensis) und vespasianischer Zeit (Fiscus frumentarius, Fiscus Alexandrinus, Fiscus Asiaticus, Fiscus Judaicus) eingerichtet. Seit → Nerva und in noch größerem Ausmaß seit → Trajan kam die auf Grundstücken fundierte Einrichtung der → Alimentationen dazu, die den fortschreitenden Bevölkerungsrückgang aufhalten sollte. Das Privatvermögen der julisch-claudischen Dynastie (→ Patrimonium Caesaris) wurde unter → Galba (69) kaiserlich und bildete seitdem einen mächtigen Finanzkomplex mit besonderen Ausgaben (Hof, Bauten, kaiserliche Spiele) und eigener Wirtschaft (Domänen, Erbschaften). In severischer Zeit im Fiscus aufgegangen, fand es in der → Res privata, der beschlagnahmte Vermögen zuflossen, eine neuartige Fortsetzung.

[2] Der *Umfang des Staatshaushalts* nahm in der Kaiserzeit außerordentlich zu, entsprechend den erhöhten und vermehrten zivilen und bes. militärischen Personal- und Sachausgaben im Aerarium (die durch die Sklavenverkaufssteuer gedeckten Kosten der → cohortes vigilum, die hohen Gehälter der Prokonsuln, Legaten und Quästoren, die von Augustus und Tiberius eingerichteten curae, die ludi publici) und im Fiscus (hohe Gehälter der kaiserlichen Legaten und Prokuratoren, Vermehrung des stehenden Heeres, Erhöhung des Soldes, Getreidespenden und → Congiaria für die Bevölkerung Roms, → Donativa für das Heer). Eine Erfassung der einzelnen Summen ist bisher nur für den Sold (Stipendium), die Donativa und die Congiaria (für die ersteren nur vorläufig, ohne Rücksicht auf die höheren Chargen und nur die Garde- und Stadtkohorten und die Legionen in die Berechnung einbeziehend) für die Zeit vom Beginn der Kaiserzeit bis ins 3. Jh. n. Chr. durchgeführt worden; außerdem ausschließlich für das Aerarium für die Zeit Trajans. Die Zahlen für das Stipendium zeigen ein in Wellen fortschreitendes Anwachsen der Summe von mindestens 156 bzw. 103,8 Mill. Sesterzen jährlich in den Jahren 30–28 bzw. 16 v. Chr. bis mindestens 967,8 Mill. in den Jahren 235–237 n. Chr. Die Donativa steigen gleichfalls, aber in großen Wellen, von mindestens 120 Mill. im J. 30 v. Chr. bis zu mindestens 387,9 Mill. im J. 268 n. Chr., kosten im J. 39 n. Chr. zwar mindestens 9 Mill., aber im J. 161 n. Chr. auch über 1268 Mill. Die Congiaria kosten 29 vor Chr. 120 Mill., im J. 202 n. Chr. 200 Mill. Die Höhe der für das Aerarium z. Z. Trajans festgestellten Ausgaben und Einnahmen beträgt über 113,7 bzw. 120 Mill. jährlich. Eine umfassende Berechnung aller Finanzposten würde zweifellos eine gewaltige Steigerung der Ausgaben und die im 2. und bes. im 3. Jh. immer unzulänglichere Deckung zeigen, die dem zunehmenden Verfall der Valuta entsprechen muß.

C. Kaiserzeit seit Diokletian. In der diokletianisch-konstantinischen Reichsreform erhielt auch der St., nachdem das Aerarium im 3. Jh. untergegangen war, eine neue Form. Als Fortsetzung des Fiscus Caesaris erscheinen die *Largitiones sacrae*, die sich, zunächst vom → Rationalis summae rei, dann vom → Comes sacrarum largitionum verwaltet, alsbald größten Ausgaben bes. für Heer und Verwaltung gewachsen zeigen mußten. Nicht nur die zahlreichen dem Leiter des St.s unterstellten, mit viel Personal ausgestatteten Scrinia mußten daraus bezahlt werden, sondern insbes. die außerordentlichen Geldzuwendungen (largitiones), die den Soldaten neben ihrer regelmäßigen Löhnung (annona militaris) zugesichert wurden, und die für die Versorgung der Großstädte benötigten gewaltigen Getreidemengen (annonariae necessitates). – Die *Einnahmen* waren entsprechend hoch, zumal die teils neu eingeführten in Sachwerten und in Geld zu zahlenden → Steuern energisch eingetrieben wurden. Die ordentliche allgemeine Hauptsteuer war die → Annona, die ursprünglich nur in Naturalien, seit Mitte des 4. Jh.s n. Chr. immer häufiger in Geld (→ Adaeratio) geleistete Jahressteuer der Landbesitzer, dazu der für die Ausrüstung der Soldaten bestimmte → Canon vestium, eine seit Ende des 4. Jh.s auch in Geld zahlbare Repartitionssteuer, die → Collatio equorum (seit 367 Geldsteuer), das → Aurum tironicum (seit 375 einfache, seit 444 bis Ende des 5. Jh.s abgestufte Vermögenssteuer), das → Epimetrum (ein Zuschlag, meist in Höhe von 1 bis 10%). Ordentliche, auf bestimmte Bevölkerungsklassen beschränkte Steuern waren: die → Collatio glebalis (nur von den Senatoren gezahlt, Mitte des 5. Jh.s abgeschafft) und die Votorum oblatio (ursprünglich Neujahrsgeschenk der Senatoren an den Kaiser, seit 395 bis ins 6. Jh. Steuer). Außerordentliche Klassensteuern waren: das → Aurum oblaticium (einst Geschenk der Senatoren anläßlich bes. Festlichkeiten, seit 370 bis Ende des 5. Jh.s Steuer) und das → Aurum coronarium (Steuer der Kurialen). Daneben standen auf der Einnahmenseite: die Verkaufssteuern, nämlich das Venalicium und das Siliquaticum (seit 444 und nur in Italien), die → Zölle, die Steuern vom Rechtsverkehr (denarismus vel unciae, seit Anfang des 5. Jh.s Gemeindesteuer), die Einnahmen aus den Bergwerken, Webereien und Monopolen (von diesen war nur das Salzmonopol fiskal) sowie die Mehrzahl der Strafgelder. Die Gebühren (→ Sporteln) fielen meist an den Beamten, der die Amtshandlung vollzog. – Die → *Res privata* des Kaisers verwaltete zu Beginn des 4. Jh.s der → Rationalis summae rei privatae, seit 342 der → Comes rerum privatarum. Verpachtung des kaiserlichen Grundbesitzes, Überwachung der Verwaltung der kaiserlichen Forsten, Domänen und Gestüte, Auszahlung der kaiserlichen Spenden und Geschenke gehörten zu seinem Aufgabenkreis. Doch wurde die Verwaltung der kaiserlichen Domänen seit etwa 509 einem comes sacri patrimonii zugewiesen. Die → Adaeratio der annona, deren Einbringung und Verteilung weitgehend innerhalb der Befugnisse des → Praefectus praetorio lag, begünstigte die Bildung einer besonderen Arca praefectoria. Die Bedeutung dieser Arca wuchs durch die Zuweisung der → Superindictiones (außerordentliche Wiederholungen ordentlicher Steuern), des ἀερικόν (von → Justinian verordnetes Strafgeld) und anderer Einnahmen ständig bis zum 6. Jh. Den Umfang des spätröm. oder frühbyz. Staatshaushalts genauer zu bestimmen ist bisher nicht gelungen. Nur für einzelne Posten liegen Angaben vor. Für die Zeit um 600 n. Chr. ist die Höhe der Einnahmen auf 113000 Pfund Gold geschätzt worden (1 Pfund Gold zu 327,4 g = 4000 HS = 40 aurei Caesars = 72 solidi Konstantins d. Gr.). R. Kn.

Lit: Mommsen, Staatsrecht II 424f. – Marquardt-Mommsen II – F. Altheim-R. Stiehl, Finanzgesch. d. Spätantike, 1957, 49–53 – Joh. Karayannopulos, Das Finanzwesen d. frühbyz. Staates, 1958 – R. Knapowski, On certain expenses of the fiscus Caesaris, Palaeologia (Osaka) 9, 1960, 15f. – Ders., Der St. der röm. Republ., in: F. Altheim, Unters. z. röm. Gesch. II, 1961 – Ders., Die Staatsrechnungen der röm. Republ. 49–45 v. Chr., 1965.

IV Topographie

A. Lage der Stadt – B. Erste Besiedlung – C. Baugeschichte: [1] Zeit der Republik – [2] Forum Romanum – [3] Straßennetz – [4] Brücken – [5] Kaiserzeit – D. Die Denkmäler: [1] Plätze – [2] Tempel – [3] Comitium, Curia, Basiliken – [4] Säulenhallen – [5] Märkte, Läden, Lager, Häfen – [6] Wasserleitungen und Kanalisation – [7] Theater und Amphitheater – [8] Wohnhäuser – [9] Parkanlagen – [10] Bögen, Statuen, Brunnen – [11] Grabbauten – E. Das altchristl. Rom: [1] Ausgrabungen – [2] Bauten.

A. Lage der Stadt. R. liegt kaum 20 km vom Meer entfernt am Unterlauf des Tibers, im Zentrum der vom Bogen des umbro-sabinischen Apennin eingefaßten, von flachen Höhenrücken durchzogenen Campagna, wo eine Gruppe 50–60 m hoher *Hügel* nahe an das linke Flußufer herantritt, während sich auf der rechten Tiberseite ein länglicher Rükken, Janiculum, entlangzieht. Von den Hügeln auf der linken Seite sind Kapitol, Aventin und Palatin isoliert und z. T. durch Steilhänge (am Kapitol der tarpejische Felsen, von dem Landesverräter herabgestürzt wurden, Liv. 1, 11) von Natur gegen Angriffe geschützt. Pincius, Quirinal, Viminal, Esquilin mit seinen Ausläufern Cispius, Oppius,

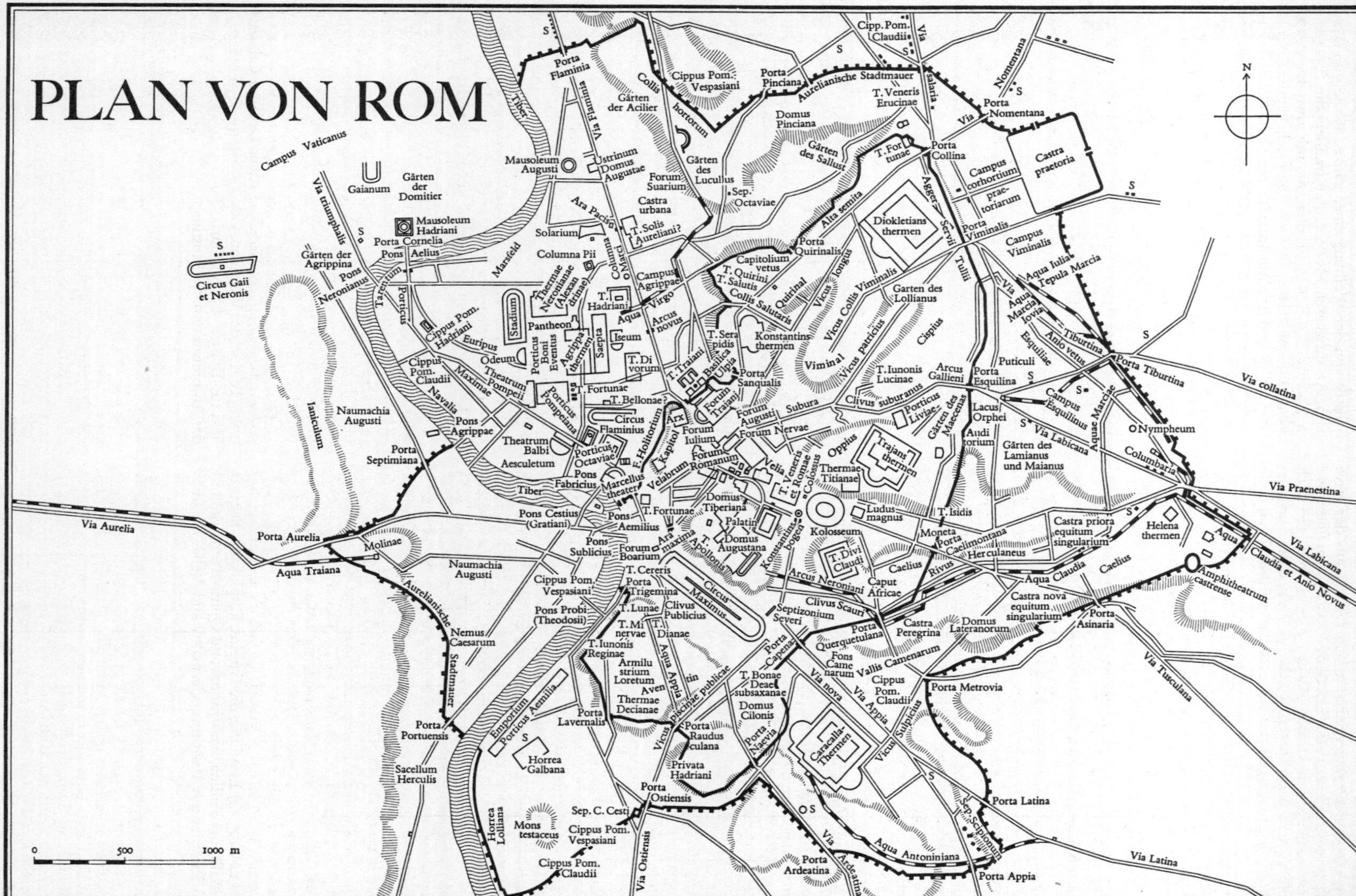
PLAN VON ROM
N
0 500 1000 m
Campus Vaticanus
Gaianum
Gärten der Domitier
Mausoleum Hadriani
Porta Cornelia
Pons Aelius
Via triumphalis
Gärten der Agrippina
Pons Neronianus
Circus Gaii et Neronis
Tarentum
Porticus
Cippus Pom. Hadriani
Cippus Pom. Claudii
Naumachia Augusti
Ianiculum
Navalia
Pons Agrippae
Porta Septimiana
Via Aurelia
Porta Aurelia
Molinae
Aqua Traiana
Aurelianische Stadtmauer
Nemus Caesarum
Naumachia Augusti
Porta Portuensis
Sacellum Herculis
Horrea Lolliana
Mons testaceus
Cippus Pom. Vespasiani
Cippus Pom. Claudii
Sep. C. Cesti
Porta Ostiensis
Via Ostiensis
Horrea Galbana
Emporium
Porticus Aemilia
Porta Lavernalis
Tiber
Porta Flaminia
Via Flaminia
Mausoleum Augusti
Ustrinum Domus Augustae
Ara Pacis
Solarium
Marsfeld
Columna Pii
Columna Marci
Thermae Neronianae (Alexandrinae)
Stadium
Pantheon
Porticus Boni Eventus
Agrippa thermen
Saepta
Iseum
T. Hadriani
T. Divorum
Euripus
Odeum
Theatrum Pompeii
Porticus Pompeiana
Maximae
T. Fortunae
T. Bellonae?
Circus Flaminius
Porticus Octaviae
Theatrum Balbi
Aesculetum
Pons Fabricius
Pons Cestius (Gratiani)
Pons Aemilius
Pons Sublicius
Pons Probi (Theodosii)
Cippus Pom. Vespasiani
Marcellus theater
F. Holitorium
Kapitol
Arx
Velabrum
Forum Boarium
Ara maxima
T. Fortunae
T. Cereris
Porta Trigemina
T. Lunae
T. Minervae
T. Dianae
Clivus Publicius
Circus Maximus
T. Iunonis Reginae
Armilustrium
Loretum
Aven
Thermae Decianae
Aqua Appia
Vicus piscinae publicae
Porta Raudusculana
Privata Hadriani
Porta Naevia
Porta Capena
T. Bonae Deae subsaxanae
Domus Cilonis
Caracalla-Thermen
Via nova
Via Appia
Vicus Sulpicius
Porta Ardeatina
Via Ardeatina
Aqua Antoniniana
Porta Appia
Sep. Scipionum
Porta Latina
Via Latina
Porta Metrovia
Cippus Pom. Claudii
Fons Camenarum
Vallis Camenarum
Porta Querquetulana
Castra Peregrina
Domus Lateranorum
Castra nova equitum singularium
Porta Asinaria
Via Tusculana
Amphitheatrum castrense
Aqua Claudia et Anio Novus
Via Labicana
Helena thermen
Caelius
Castra priora equitum singularium
Aqua Claudia
Rivus Herculaneus
Porta Caelimontana
Moneta
Caput Africae
Arcus Neroniani
Clivus Scauri
Septizonium Severi
T. Divi Claudi
Kolosseum
Ludus magnus
T. Isidis
Konstantinsbogen
Palatin
Domus Augustana
T. Apollonis
Domus Tiberiana
Forum Romanum
Velia
T. Veneris et Romae
Colossus
Thermae Titianae
Oppius
Trajans thermen
Forum Iulium
Forum Nervae
Forum Augusti
Forum Traiani
Basilica Ulpia
T. Traiani
Subura
Porticus Liviae
Clivus suburanus
Gärten des Maecenas
Audi torium
Lacus Orphei
Gärten des Lamianus und Maianus
Via Labicana
Aquae Marciae
Columbaria
Nympheum
Via Praenestina
Campus Esquilinus
Porta Esquilina
Arcus Gallieni
T. Iunonis Lucinae
Puticuli
Esquiliae
Anio vetus
Tiburtina
Aqua Marcia Iovia
Porta Tiburtina
Via collatina
Aqua Iulia Tepula Marcia
Campus Viminalis
Porta Viminalis
Tulii
Servii
Agger
Diokletians thermen
Cispius
Viminal
Vicus patricius
Vicus Collis Viminalis
Vicus longus
Gärten des Lollianus
Konstantins thermen
Porta Sanqualis
T. Serapidis
Collis Salutaris
T. Salutis
T. Quirini
Capitolium vetus
Quirinal
Porta Quirinalis
Alta semita
Campus Agrippae
Aqua Virgo
Arcus novus
T. Solis Aureliani?
Castra urbana
Forum Suarium
Gärten des Lucullus
Sep. Octaviae
Gärten der Acilier
Collis hortorum
Cippus Pom. Vespasiani
Porta Pinciana
Domus Pinciana
Gärten des Sallust
T. Fortunae
Porta Collina
Via salaria
T. Veneris Erucinae
Cipp. Pom. Claudii
Aurelianische Stadtmauer
Via Nomentana
Porta Nomentana
Castra praetoria
Campus cohortium praetoriarum
S

Fagutal und Caelius reichen zungenförmig aus der etwa 60 m hohen Ebene in die Tiberniederung hinein. Diese war ursprünglich von kleinen Bächen durchzogen, die auch sumpfige Stellen bildeten, welche im Verlauf des Ausbaues der Stadt trockengelegt werden, so das Forumstal durch die Cloaca Maxima. Reine Quellen sorgten für Trinkwasser, das milde und auf den Hügeln gesunde Klima begünstigte die Ansiedlung an dieser Stelle im Mittelpunkt der Halbinsel, die schon in der Antike als ideal für die Gründung der späteren Hauptstadt der Welt angesehen wurde (Cic. rep. 2,3,5ff.; Vitr. 6,1,11; Liv. 5,54,4).

B. Erste Besiedlung. Die von verschiedenen antiken Historikern berechneten Gründungsdaten (814/813 → Timaios (3), bei Dion. Hal. 1,74; 748/747 → Fabius (11) Pictor, 729/728 → Cincius, 752/751 → Cato (1), 754/753 → Varro 1) beruhen auf reiner Spekulation. Früheste Besiedlungsspuren finden sich schon aus der Bronzezeit der Mitte des 2. Jt.s. Eine kontinuierliche Besiedlung seit der frühen Eisenzeit des 10. Jh.s auf dem Palatin und im Forumstal beobachtet. Die Bodenfunde der Frühzeit Roms namentlich von E. Gjerstad und H. Müller-Karpe verschieden beurteilt. Gjerstad nimmt vier präurbane Stufen an von ca. 800/575 mit einzelnen voneinander unabhängigen Hüttensiedlungen auf den Höhen des Palatin, Esquilin und Quirinal, in den Tälern zunächst nur Begräbnisstätten, dann ziehen Siedlungen sich auch in die Täler hinab, das Forumstal wird entwässert. Um 575 Synoikismos der Hüttensiedlungen. Anlage des ersten Forums mit Kiespflaster, unter dem noch Hüttengrundrisse gefunden wurden. Beginn des Baues von Tempeln und Häusern. Die von ihm angenommene Umformung von Pagi in eine Urbs bezeichnet Gjerstad als die eigentliche Gründung der Stadt. Demgegenüber weist Müller-Karpe ein kontinuierliches Anwachsen der s. E. einheitlichen Siedlung auf den Hügeln am Tiber nach, die schon immer ihr Zentrum mit Vestatempel und Regia im Forumstal und ein Jupiterheiligtum auf dem Kapitol, der arx der Ansiedlung, besessen hat. Die Sacra Via sieht er als den im Forum erhaltenen Abschnitt einer Heiligen Straße vom Jupiterheiligtum des Mons Albanus (Monte Cavo) zum Kapitol an, worin die enge Verwandtschaft der frühröm. mit der früheisenzeitl. latialen Kultur der Albanerberge ihren Ausdruck findet.

C. Baugeschichte. [1] *Bis zum 1. Jh. v. Chr.* Das früheste sichere Datum der röm. Geschichte ist die Erbauung des *Jupitertempels* auf dem Kapitol 509. Damals hatte Rom aber schon eine wenigstens 500jährige Vorgeschichte hinter sich, in der von der späteren → Annalistik die Legenden der Stadtgründung durch → Romulus und der Roma Quadrata, des ältesten Rom auf dem Palatin, sowie die Herrschaft der 7 Könige angesiedelt wurden. Aus dieser Zeit stammt auch das → Septimontium, ein Fest, das nach einer von → Antistius (1) Labeo (Fest. p. 458f., 474, 476) überlieferten Tradition von den Gemeinden auf den 7 kleinen Hügeln Palatium, Cermalus, Velia, Sucusa, Fagutal, Oppius, Cispius gefeiert wurde und zu vielen gelehrten Spekulationen Anlaß gab. Klarer werden die Grundzüge der Stadt erst mit der König → Servius (2) Tullius zugeschriebenen *Einteilung in vier Regionen* (1): Suburana, die den Caelius umfaßt, (2) Esquilina, die Oppius, Cispius und Fagutal umfaßt, (3) Collina, die Viminal und Quirinal umfaßt, und (4) Palatina mit Palatium, Cermalus und Velia, die aber gewiß erst bei Erbauung der sog. *servianischen Mauer* erfolgte. Diese aber wurde erst nach der Gallierinvasion und der Einäscherung der Stadt 390 oder 387, wahrscheinlich in den Jahren nach 378 errichtet, nachdem Rom gegen Ende des 6. Jh.s oder gegen Mitte des 5. Jh.s die Herrschaft etrusk. Städte, unter der es seit dem 6. Jh. stand, abgeschüttelt und seinen unaufhaltsamen Aufstieg zur Macht begonnen hatte, der in den Jahren 340/338 mit der Unterwerfung der mittelitalischen Nachbarstämme einen ersten Höhepunkt hatte. Aus dieser Epoche wissen wir durch die Annalistik von der Weihung einer ganzen Reihe von Tempeln. An sichtbaren Monumenten ist allein die *Stadtmauer* in ansehnlichen Resten erhalten, die mit einer Länge von etwa 11,5 km Palatin, Kapitol, Quirinal, Viminal, Esquilin, Caelius und Aventin umfaßte, der als letzter der 7 klassischen Hügel 456 der Plebs zugewiesen worden war, aber erst unter Claudius in das Pomerium der Stadt einbezogen wurde. Das *Pomerium* war eine symbolische Grenze zwischen Stadt und Land, innerhalb deren keine Bestattungen vorgenommen werden durften. Landfremde Kulte mußten außerhalb ihre Heiligtümer haben, und die Centuriats → Comitien durften nicht innerhalb stattfinden. Das Pomerium wurde von → Sulla, → Claudius, → Vespasian und → Hadrian erweitert. Es bezeichnete die Grenze des zivilen und des militärischen Herrschaftsbereichs. Zugleich war es das Glacis der Mauer. Diese besaß 37 Tore (Plin. nat. 3,66f.) und umschloß ein Stadtgebiet von 358,5 ha, das also damals schon weit größer war als Athen. Die Stadt behielt trotz mancher Verschönerung durch Bauten und durch die Aufstellung eroberter Kunstwerke noch lange einen einfachen und bäuerlich rohen Charakter. Als größere Komplexe republikan. Bauten sind allein die Tempelbezirke von der Piazza Argentina und am Forum Holitorium sowie der Pseudoperipteros und der um 100 v. Chr. entstandene Rundtempel am Forum Boarium (der älteste Marmortempel in R.) noch kenntlich, aber wir wissen vor allem aus der Überlieferung und durch die Tiefgrabungen, daß bes. im 2. Jh. Rom im Wetteifer mit hellenist. Städten mit glänzenden neuen Bauten versehen wurde, mit Portiken, Basiliken, Triumph- und Ehrenbögen, Magazinen, Tiberbrükken, Wasserleitungen. – *Im 1. Jh. v. Chr.* steigerte sich der Ausbau der Stadt ins Gewaltige. Das *Tabularium* am Forum ist ein noch erhaltener Zeuge dieser neuen monumentalen Gesinnung. Von den reichen *Privathäusern* dieser Zeit gibt die um 100/80 v. Chr. zu datierende Casa dei Grifi auf dem Palatin, dem bevorzugten Wohngebiet der Reichen, eine Vorstellung. Seine noch heute im Stadtbild wirksame Gestaltung erfuhr Rom in der Kaiserzeit. Wir besitzen eine Vorstellung davon nicht nur durch die erhaltenen Denkmäler und die Ausgrabungen, sondern auch durch die ‹*Forma Urbis*›, einen unter → Septimius (3) Severus 203/211 n. Chr. an der Wand eines Saales neben dem Templum Pacis angebrachten, auf Marmorplatten eingezeichneten Stadtplan (z. T. erhalten).

[2] *Forum Romanum.* Das antike R. besaß einen teils durch die Geländeverhältnisse, teils durch sein allmähliches Anwachsen bedingten unregelmäßigen Stadtplan. Mittelpunkt war das Forum Romanum, das seit der Mitte des 19. Jh.s wieder völlig freigelegt wurde. In dem mit hellem Travertin gepflasterten Platz war mit schwarzen Marmorplatten die Stelle uralter, in der Antike als Grab des Romulus gedeuteter Denkmäler gekennzeichnet, der sog. Lapis niger. Hier befand sich auch der Lacus Curtius, eine sagenumwobene, ehemals sumpfige Stelle, der Umbelicus, der den Mittelpunkt R.s und des röm. Weltreichs bezeichnende Nabel der Stadt, und die Rostra, die mit Schiffsschnäbeln geschmückte Rednertribüne. Die Bauten am Forum sind im W: Tabularium und davor Porticus Deorum Consentium, Tempel des Vespasian, Concordiatempel, Septimius-Severus-Bogen; im N: Curia, Basilica Aemilia, Tempel des Antoninus und der Faustina; im O: Tempel des Julius, Regia und Vestatempel; im S: Lacus Juturnae, Dioskurentempel, Basilica Julia. Auf dem Forum standen Ehrensäulen und Statuen, wie das der → damnatio memoriae zum Opfer gefallene Equus Domitiani, dessen Basis noch erhalten ist.

[3] *Straßennetz.* Das Forum durchzieht die → Via Sacra von Osten nach Westen zum Kapitol. Durch das Velabrum, die Senke zwischen Kapitol und Palatin, laufen der Vicus Jugarius zum Forum Holitorium, dem Gemüsemarkt am Tiber, und der Vicus Tuscus zum Forum Boarium, dem

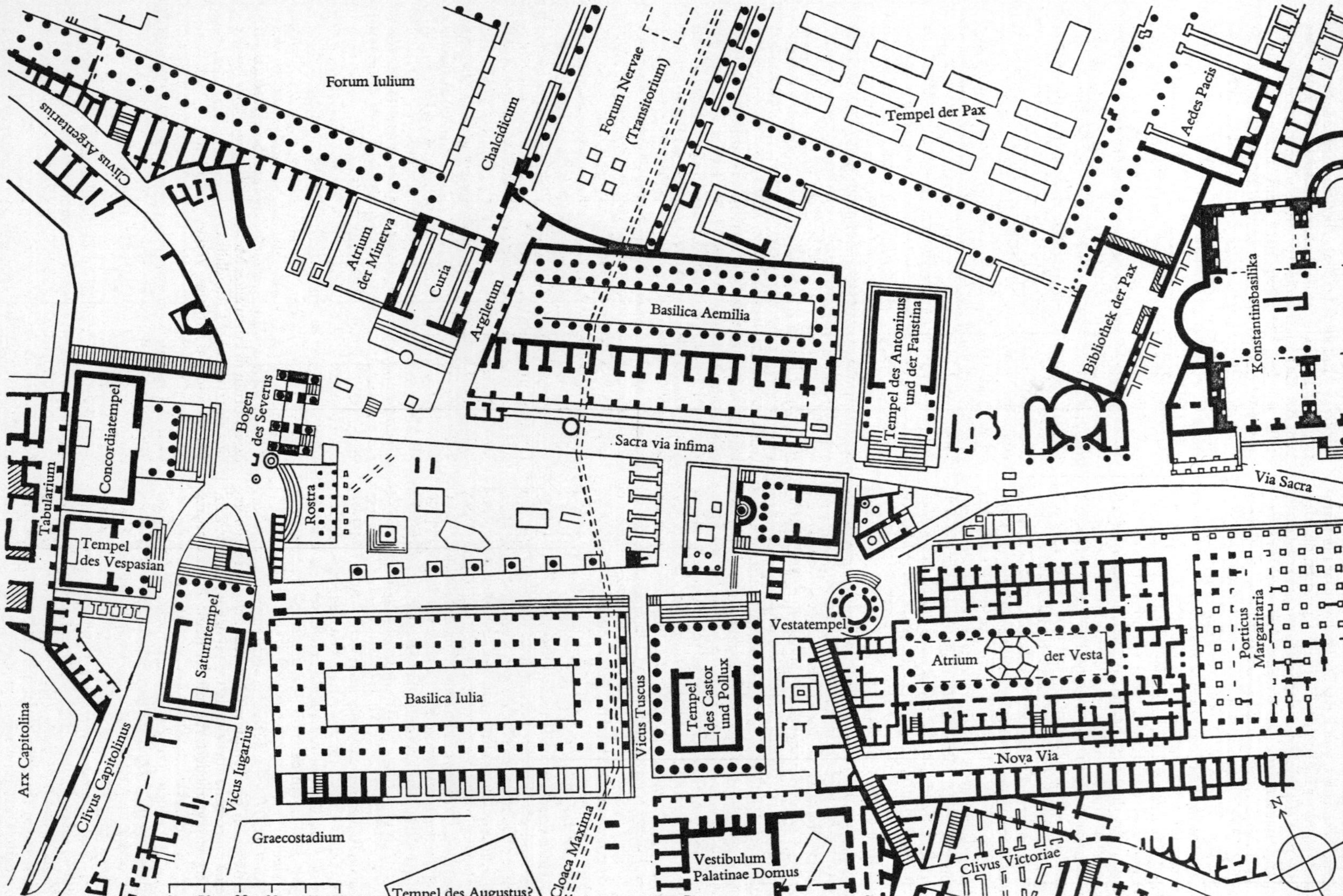

Abb. 195 Lageplan des Forum Romanum

südl. davon gelegenen Rindermarkt. Die vom Tiberbogen eingefaßte Niederung westl. der Stadthügel war der Campus Martius, ursprünglich das für die Aufstellung des Heeres bestimmte Blachfeld vor der Stadt, in dem später viele öffentliche Bauten errichtet wurden. Die strahlenförmig das Stadtzentrum verlassenden *Ausfallstraßen*, im Gegensatz zu den Vici der Innenstadt Viae genannt, gliedern den Stadtplan im großen. Von S entgegen dem Uhrzeigersinn fortschreitend sind dies die 314/312 angelegte, nach Tarent und Brundisium führende → Via Appia, von der sich noch innerhalb des kaiserzeitlichen Pomeriums die → Via Latina abzweigt, die Via Asinaria mit der von ihr abzweigenden Via Tusculana, die Via Labicana, die sich mit der Via Praenestina gabelt und zusammen mit der weiter nördlich verlaufenden Via Collatina die Gruppe alter Landstraßen bildet, die den Haupttiberübergang mit dem Land der Sabiner, mit → Tibur und → Praeneste verbinden und aus dem das Stadtzentrum durchquerenden Straßenlauf des Vicus Suburanus, der Subura, des Argiletums und des Vicus Jugarius hervorgehen. Die Via Salaria, von der sich die Via Nomentana zum Mons Sacer abzweigt und deren innerstädtischer Verlauf Alta Semita heißt, war ursprünglich eine alte Salzstraße von den Salinen auf der Nordseite der Tibermündung zu den Sabinerbergen. Ihr westl. Abschnitt bis zum Tiberübergang am Pons Sublicius war die Via Campana. Als Hauptausfallstraße nach N diente die 220 angelegte → Via Flaminia, die mit dem späteren Namen Via Lata am Marsfeld entlang schnurgerade zum Kapitol und an diesem vorbei zum Forum führte und heute als Corso die Hauptachse der Stadt bildet. Die Via Triumphalis und die Via Cornelia waren Fortsetzungen von Straßen durch das Marsfeld über den Tiber im Gebiet des Ager Vaticanus. Weiter südl. führte die → Via Aurelia von der ältesten Übergangsstelle über den Janiculum nach Etrurien. Auf dem rechten Tiberufer lief die schon erwähnte Via Campana zum Mündungsgebiet, während auf dem linken Ufer die Via Ostiensis, die aus dem innerstädtischen Vicus Piscinae Publicae hervorging, nach Ostia führte.

[4] *Brücken.* Über den Fluß leiteten folgende 9 Brücken (von Norden nach Süden): Pons Mulvius, ‹milvische Brücke›, spätestens 220 v. Chr. zum Übergang der Via Flaminia erbaut, Pons Aelius, die heutige Engelsbrücke, 134 n. Chr. von Hadrian gebaut, Pons Neronianus beim heutigen Ponte Vittorio Emanuele, Pons Agrippae am Marsfeld ohne neueren Nachfolger, Pons Aurelius, heute Ponte Sisto, wahrscheinlich von → Caracalla 211/217 gebaut, Pons Fabricius vom rechten Ufer zur Tiberinsel 62 v. Chr., Pons Cestius vom linken Ufer zur Tiberinsel, 2. H. 1. Jh. v. Chr. erbaut, 370 von → Gratian wiederhergestellt, Pons Aemilius, der heutige Ponte Rotto unterhalb der Tiberinsel, und der in unmittelbarer Nähe gelegene Pons Sublicius, die älteste hochberühmte Brücke über den Tiber am Forum Boarium, der Sage nach von → Ancus Martius erbaut, deren Erhaltung Angelegenheit des Priesterkollegiums der Pontifices war. Schließlich der Pons Theodosius, 381/387 n. Chr., auf der Höhe des Aventin, ohne neueren Nachfolger.

[5] *Kaiserzeit.* R. wurde von → *Augustus*, der sich rühmt (Suet. Aug. 28), eine Stadt aus Lehmziegeln vorgefunden und eine marmorne zurückgelassen zu haben, 12/7 v. Chr. in 14 *Regionen* gegliedert, die mit der Regio Porta Capena, d. h. mit dem Gebiet zu Seiten der Via Appia beginnend, Rom entgegen dem Uhrzeigersinn in Sektoren einteilen. Diese werden nach Hauptmonumenten, nach Orts- oder Straßenbezeichnungen benannt: (1) Porta Capena, (2) Caelimontium, (3) Isis et Serapis, (4) Templum Pacis, (5) Esquiliae, (6) Alta Semita, (7) Via Lata, (8) Forum, (9) Circus Flaminius, (10) Palatium, (11) Circus Maximus, (12) Piscina Publica, (13) Aventinus, (14) Trans Tiberim. Die Monumente in den einzelnen Regionen sind von konstantinischen Regionarien, im wesentlichen ‹Curiosum› und ‹Notitia› katalogisiert. Der hier festgehaltene Bestand war natürlich geschichtlich bedingt, aber ein Großteil der Bauten ging auf frühkaiserzeitl. Anlagen zurück, die jedoch im Lauf der Zeit nach mehreren Großbränden wiederhergestellt wurden, vor allem nach dem neronischen Brand 64 n. Chr., nach dem die Stadt durch → Nero (1) und die folgenden Kaiser völlig erneuert wurde, insbes. nach einem zweiten Brand 80 n. Chr., nach dem R. durch → Domitian und seinen Architekten → Rabirius, durch → Trajan und seinen Architekten → Apollodor (5) v. Damaskus und durch → Hadrian wieder aufgebaut wurde. Nach weiteren verheerenden Bränden 191 und 283 Wiederherstellung der Stadt durch → Septimius (3) Severus bzw. Diokletian. → Aurelianus hat die Stadt, die nach 80 v. Chr. ihren Festungscharakter verloren hatte, 270/272 mit einer gewaltigen, durch → Probus (1) 276/282 vollendeten und durch → Maxentius 307 und → Honorius und → Arcadius 403 restaurierten Mauer von 18,8 km Länge und bis zu 10 m Höhe mit 381 Türmen und 18 Toren, die insgesamt 1372,5 ha einschloß, umgeben. Unter → Konstantin mit dem Sieg des Christentums Beginn der großen Kirchenbauten in Rom (s. u. E). 410 erste Eroberung und Plünderung Roms durch → Alarich, der die Invasion durch die → Vandalen 455 und weitere folgten. Wiederherstellung unter → Theoderich, aber keine große Bautätigkeit mehr, sondern allmählicher Rückgang der Bevölkerung und Verfall der Stadt. Letztes öffentliches Monument die 609 auf dem Forum errichtete Ehrensäule des Phocas.

D. Die Denkmäler. Die innerhalb dieses geschichtlichen Rahmens errichteten städtebaulichen Elemente sind, nach Gattungen (vgl. die betr. Artikel) gegliedert, die folgenden:

[1] *Plätze.* Geschlossene, von Gebäuden eng umstellte Plätze, wie das Forum, oder axial betonte, von Säulenhallen eingefaßte, rechteckige Plätze mit je einem Tempel an der hinteren Schmalseite, wie die im NW an das Forum anschließenden Kaiserfora Caesars, des Augustus, des Vespasian (Templum Pacis), des Domitian (Forum Transitorium, von Nerva eingeweiht), des Trajan, der bei der Anlage seines Forums mit der großen Bibliotheca Ulpia den Sattel zwischen Kapitol und Quirinal abtragen ließ, so daß Stadtzentrum und Marsfeld nun in ebener Linie verbunden waren.

[2] *Tempel.* An die Stelle der alten Kultplätze unter freiem Himmel, der Höhlen, wie der des Lupercal, und der heiligen Haine, wie dem des Jupiter auf dem Fagutal, der Juno Lucina, der Venus Libitina, der Mefitis auf dem Esquilin, der Camenen und des Mars an der Via Appia, der Furrina auf dem Janiculum, traten seit dem 6. und 5. Jh. eine Unzahl von Tempeln, die später in Marmor und kostbaren Steinen erneuert wurden. Heute sind noch großartige Reste von über 60 Tempeln erhalten, die bedeutendsten davon die Tempel der Dioskuren, des Saturn, des Vespasian, des Antoninus Pius, der Venus und Roma am Forum, der Venus Genetrix und des Mars Ultor an den Kaiserfora, des Apollo am Marcellustheater, des Claudius auf dem Caelius, des Hadrian auf dem Marsfeld, in die heutige Börse verbaut, schließlich das Pantheon. Sitz des obersten Priesters, des → Pontifex Maximus, war die 36 v. Chr. erneuerte Regia auf dem Forum in Form eines Megaron; ihr gegenüber lag der aus einer eisenzeitl. Rundhütte entwickelte Vestatempel. Bei diesem das Atrium Vestae, in dem die Vestalinnen wohnten. Der Staatsschatz wurde im Aerarium unter dem Saturntempel aufbewahrt, die Zeche war beim Tempel der Juno Moneta auf dem Kapitol, an dessen Hang zum Forum hin das Staatsarchiv im 78 v. Chr. erbauten Tabularium.

[3] *Comitien, Curia, Basiliken.* Orte für das politische Leben waren vor allem das *Comitium*, der Platz der Volksversammlung auf dem Forum vor den Rostra, die in unmittelbarer Nähe errichtete → *Curia*, der Sitz des Senates, zuletzt von Diokletian erneuert, und die *Saepta*, ursprünglich ein umfriedeter Platz für den Wahlvorgang auf dem Marsfeld,

an dessen Stelle die von Caesar begonnene, von Agrippa 26 v. Chr. geweihte Abstimmungshalle Saepta Julia errichtet wurde. Sitz der Censoren waren die Villa Publica auf dem Marsfeld und das Atrium Libertatis beim Caesarforum. Die Rechtsprechung fand auf dem Forum statt, vor allem in den *Basiliken*, von denen zu nennen sind die Basilica Aemilia (179 v. Chr.), die Basilica Julia (46 v. Chr.), die Basilica Ulpia auf dem Trajansforum und die von Maxentius 307 erbaute Konstantinsbasilika. Das *Staatsgefängnis* war der Carcer Mamertinus am Fuß des Kapitols mit dem antiken Namen Tullianum. Die *Kaserne der → Prätorianer* wurde von Tiberius im Nordwesten der Stadt errichtet.

[4] *Säulenhallen.* Für den Eindruck, den die Stadt bot, waren auch die Portiken bestimmend, Säulenhallen sowohl im architektonischen Verband als auch in sich abgeschlossen und ohne besondere Funktion, wie die Porticus der → Octavia (2) beim Marcellustheater und die der → Livia auf dem Esquilin.

[5] *Märkte, Läden, Lager, Häfen.* Dem kommerziellen Leben dienten große *Marktanlagen* wie das Macellum Liviae auf dem Esquilin und das von Nero erbaute Macellum Magnum auf dem Caelius. Als *Läden* wurden die in den Außenwänden der Wohnblocks, der sog. Insulae, sich öffnenden Tabernae verwandt, doch konnten diese auch zu Bazaren zusammengefaßt werden wie bei dem Apollodor v. Damaskus zugeschriebenen Mercato di Trajano am Hang des Quirinal. Als *Lagerhäuser* dienten die Horrea, von denen 290 in den Regionarien aufgeführt werden. Der *Handelshafen* lag am Forum Boarium, ein weiterer großer Flußhafen mit Emporium südl. des Aventin, wo auch der Mons Testaceus, ein riesiger Scherbenberg, von der Einfuhr flüssiger Güter in Tonamphoren zeugt. *Kriegshafen* waren die Navalia am Marsfeld.

[6] Der *Wasserversorgung* dienten 11 Wasserleitungen, darunter die Aqua Marcia und die Aqua Claudia als die bedeutendsten, die die Stadt z. T. auf gewaltigen Bogenstellungen durchquerten. Bewundernswert war das Entwässerungs- und Kanalisationssystem der Stadt.

[7] *Theater und Amphitheater.* Rom besaß drei steinerne Theaterbauten, das des → Pompeius (2) (55 v. Chr.), des L. → Cornelius (3) Balbus (13 v. Chr.), des → Marcellus (1; 11 v. Chr.), alle drei auf dem Marsfeld, und ein Odeum, erbaut von Domitian, in der Nähe seines für athletische Spiele bestimmten Stadions, dessen Grundriß in der Form der Piazza Navona noch kenntlich ist. Dem Rennsport dienten der Circus Maximus (329 v. Chr.) im Tal zwischen Palatin und Aventin, der Circus Flaminius (221 v. Chr.) auf dem Marsfeld und der Circus des Caligula und Nero im Vatikangebiet. Für Tierhetzen und Gladiatorenspiele waren die *Amphitheater* bestimmt, das flavische sog. Colosseum und das Amphitheatrum Castrense des Elagabal (218/222 n. Chr.). Neben den über 800 kleineren Bädern sorgten die großen öffentlichen Thermen für die Hygiene, von denen die des → Agrippa (1), Nero, Titus, Caracalla, Diokletian, Konstantin riesige Ausmaße besaßen.

[8] *Wohnhäuser.* Die von A. v. Gerkan auf rund 700000 berechnete, von anderen auf 1280000 geschätzte Einwohnerzahl wohnte in Haustypen, die denen in → Ostia ähnlich waren, wo sie erhalten sind, während wir uns von den römischen vor allem nach den Grundrissen der Forma Urbis eine Vorstellung machen können. In Rom kommen an Wohnformen noch hinzu *Villen*, wie die unter der Villa Farnesina aufgedeckte, im Übergang vom 2. zum 3. Stil ausgemalte des Agrippa (?), und die gewaltigen *Kaiserpaläste* auf dem Palatin, auf dem das Haus des Augustus, die im späten 2. Stil ausgemalte Casa di Livia, bestehen blieb. Diese Paläste waren die Domus Tiberiana, die Domus Transitoria des Nero und seine nach dem Brand 64 erbaute Domus Aurea, die mit ihrer einem zoologischen Garten ähnlichen Welt im kleinen und mit im 4. Stil ausgemalten Palastsäulen bis zum Esquilin reichte, aber von den Flaviern zerstört und überbaut wurde, schließlich die Domus Augustiana, der im wesentlichen von Domitian errichtete, bis in die Spätantike benutzte Kaiserpalast, dem Septimius Severus am Südwesthang des Palatin Thermen und eine große Schaufassade, das Septizonium, hinzufügte.

[9] Große *Parkanlagen* (horti), wie die Gärten des → Sallust zwischen Pincio, dem Collis Hortorum, und Quirinal, die Gärten des → Maecenas mit einem unterirdischen, kühlespendenden Gartennymphäum, dem sog. Auditorium des Maecenas, auf dem Esquilin wechselten ab mit dicht bebauten Zonen der Stadt.

[10] *Bögen, Statuen, Brunnen.* Das Stadtbild belebten die großen, reliefgeschmückten Ehren- und Triumphbögen, von denen noch über 40 in Resten erhalten sind, zu nennen vor allem der Janus Quadrifons (4. Jh. n. Chr.) am Forum Boarium und die Triumphbögen des Titus, des Septimius Severus und des Konstantin; die zahllosen Ehrenstatuen wie das Reiterstandbild → Mark Aurels, von Michelangelo auf dem Kapitol aufgestellt, die Reliefsäulen des Trajan und Mark Aurel, die Quellen und Brunnen, wie der Lacus Juturnae, die kleinen Wasserspiele wie die Meta Sudans am Colosseum und die großen Nymphäen, wie der Kuppelbau der sog. Minerva Medica in den Horti Liciniani im SO des Esquilin.

[11] *Grabbauten.* Die Ausfallstraßen waren mit Grabbauten gesäumt, von denen das Rundgrab der → Caecilia (3) Metella an der Via Appia, das Grabmal des Bäckers Eurysaces an der Via Labicana, die Pyramide des → Cestius (1) an der Via Ostiensis und die Nekropole unter St. Peter an der Via Cornelia großartige Zeugen sind, die aber von den riesigen *Mausoleen des Augustus* und *des Hadrian*, der späteren Engelsburg am Tiber, noch weit übertroffen werden. In ihrer Gesamtheit ist die antike Stadt R. eine der größten geschichtlichen Leistungen des Altertums und hat als Realität, als Symbol und Idee formend auf Mittelalter und Neuzeit gewirkt. B. A.

Lit: Allgemeine Darstellungen: S. Platner-Th. Ashby, A topograph. Dictionnary of ancient R., 1929 – G. Lugli, I monumenti antichi di R. e Suburbio I–IV, 1920–40 – Ders., R. anticha, il centro monumentale, 1946 – Ders., Fontes ad Topographiam Veteris Urbis Romae pertinentes I–VIII, 1952–62 – L. Curtius, Das antike R. (1944), 1958² – E. Nash, Bildlexikon zur Topographie des antiken R. I–II, 1961 (vollst. Lit.) – *Zu B:* E. Gjerstad, Early R. Iff., 1953 ff. – Ders., Legends and Facts of early Roman history, 1962 (zusammenfassend) – H. Müller-Karpe, Vom Anfang R.s, 1959 – *Ferner:* G. Carettoni, A. Colini, L. Cozza, G. Gatti, La pianta marmorea di Roma antica, 1955–60 – A. v. Gerkan, Grenzen und Größen der 14 Regionen R.s (1949), in: Von ant. Architektur u. Topographie, 1959, 393 ff. – A. Nordh, Libellus de regionibus urbis Romae, Skrifter Svenska Institutet Rom, ser. 2. 3, 1949.

E. DAS ALTCHRISTLICHE ROM. [1] Die *Ausgrabungen* setzten bereits um die Mitte des 19. Jh.s ein, z. B. unter dem Querschiff von S. Paolo f. l. m. (Nachweise einer bescheidenen Pauluskirche aus konstantin. Zeit). Die Entdeckung der Papstgruft in der Kallistkatakombe mit Gräbern römischer Bischöfe des 3. Jh.s durch G. B. de Rossi (1854) war der Auftakt zur systematischen Erforschung der → Katakomben. Mit Hilfe frühmittelalterlicher Itinerarien legten de Rossi und seine Schüler (E. Stevenson, R. Lanciani, O. Marucchi, J. Wilpert und später E. Josi) ein → Coemeterium nach dem andern frei (Domitilla, Kallist, Priscilla, Praetextat, Marcellinus und Petrus u. a. m.). Im 20. Jh. wurden mit besseren Ausgrabungsmethoden neue Katakomben erschlossen (Agapitus, Pamphilus, Jordani), darunter die bedeutungsvolle gnostische Aureliergruft i. J. 1919, deren Fresken thematisch und stilistisch von der großkirchlichen Katakombenmalerei abweichen, und die Katakombe von der Via Latina i. J. 1956 (A. Ferrua), deren → Malereien aus biblischem und profanem Bereich ikonographisches Neuland darstellen. Mit den Katakomben legte man Gedenk- und → Coemeterialbasiliken über den Märtyrergräbern frei (z. B. Nereus und Achilleus in Domitilla). – Ältere, berühmte Ausgrabungen zur Geschichte und Gestalt der

Stadtkirchen sind die unter SS. Giovanni e Paolo (1887ff.) durch P. Germano (christl. Privathaus mit Reliquiengrab) und die unter S. Clemente 1857ff. durch P. J. Mullooly (Unterkirche, röm. Haus mit Mithräum; ähnliche Ergebnisse später unter S. Prisca und S. Pietro in Vincoli). 1915 wurden von A. de Waal begonnene Ausgrabungen unter S. Sebastiano wiederaufgenommen (Überlieferung vom gemeinsamen Grab der Apostelfürsten): eine ‹Triklia›, die Kultmahlzeiten zum Gedächtnis an Petrus und Paulus im 3. Jh. bezeugt, war der bedeutsamste Fund. 1934 begannen Ausgrabungen zur Baugeschichte unter der Laterankirche (R. Krautheimer u. a.). In der Öffentlichkeit das stärkste Interesse und unter den Gelehrten die heftigste Diskussion erregten die Ausgrabungen unter St. Peter, die im Auftrage Pius' XII. von B. M. Apollonj-Ghetti, A. Ferrua, E. Josi und E. Kirschbaum 1940–49 durchgeführt wurden; sie lösten zwar die Frage des Apostelgrabes nicht, machten aber den Petruskult an dieser Stätte schon für das 2. Jh. wahrscheinlich und ergaben wichtige Aufschlüsse für den über spätröm. heidnischen Mausoleen errichteten Bau Konstantins. Aus jüngerer Zeit sind noch folgende Ausgrabungen zu nennen: in S. Lorenzo f. l. m. (R. Krautheimer, E. Josi: Spuren der ältesten Laurentiuskirche); zur Gliederung des Innenraums der konstantinischen Agneskirche (P. Perrotti); beim Mausoleum der Helena (A. Tschira, F.W. Deichmann), die eine mit dem Mausoleum verbundene Basilika der hl. Marcellinus und Petrus aufdeckten; bei Tor de Schiavi (G. Gatti), die die 5. stadtröm. Basilika mit agonalem Grundriß ans Licht brachten. – In → Ostia kamen mehrere Oratorien, eine christl. Bauanlage am Decumanus maximus (G. Calza, G. Becatti) und in jüngster Zeit eine Synagoge (M. F. Squarciapino) zum Vorschein. E. Sch.

Lit: → Kunst II; → Petersgrab – Ferner: G. Ferretto, Note storico-bibliografiche di archeologia cristiana, 1942 (passim) – M. F. Squarciapino, Bd'A 46, 1962, 326–337 (Synagoge v. Ostia).

[2] *Altchristliche Bauten.* – Die Angabe, daß R. um 250 46 Presbyter und 52 Exorzisten hatte (Eus. hist. eccl. 6, 43, 11), läßt sich zur Not damit vereinen, daß von 30 heute bekannten Titelkirchen (→ Architektur, III B 1) 18 vorkonstantin. Tradition beanspruchen, nicht aber mit der Notiz, daß R. um 312 40 Kirchen hatte (Optatus schism. Donat. 2, 4). Da zudem der archäologisch eindeutige Nachweis vorkonstantin. ‹domus ecclesiae› nicht gelungen ist, bleiben die Anfänge im Dunkel. Um so helleres Licht fällt auf das 4. Jh., wo schon der 1. Bau → Konstantins, die dem Salvator geweihte Basilica Constantiniana (fünfschiffig, Transept; heute: S. Giovanni in Laterano) mit dem ihr angegliederten → Lateranbaptisterium charakteristische Elemente der konstantin. → Basilika (→ Apsis, Triumphbogen, Arkaden, Obergaden, offener Dachstuhl) entwikkelte. Ebenso revolutionär waren die → Memorialkirche über dem → Petersgrab (St. Peter, nach 325, fünfschiffig, Apsis, Transept, Quadroportikus als Atrium) und die → Coemeterialkirchen extra muros SS. Pietro e Marcellino (ca. 325–330; angegliedert Helenamausoleum, heute Tor Pignattara), Apostolorum ad Catacumbas (S. Sebastiano, ca. 330?), die sog. Basilica maior ad Laurentium (ca. 330; s. u. S. Lorenzo f. l. m.) und die der Agnes (ca. 338–350), die mit dem Mausoleum für Constantina (354 geweiht, S. Costanza, → Mosaiken) verbunden war. Auch S. Croce, ca. 350 aus der Helenaresidenz (sog. Sessorianum) umgebaut, beschritt neue Wege (kreuzförmiger Raum mit quadratischer Mitte für Kreuzreliquie), während der letzte Kaiserbau des Jh.s, S. Paolo fuori le mura (unter Valentinian, Theodosius, Arkadius ca. 390 begonnen, erst später vollendet), St. Peter und Laterankirche nachahmte und sie nur an Größe übertraf (Mosaiken durch → Leo d. Gr. bzw. → Galla Placidia). Bischöfliche Initiative des 4. Jh.s erstellte als Repräsentativbau die Basilica Liberiana (dreischiffig ohne Querschiff, 358 von Liberius als 1. Marienkirche erbaut; Neubau und → Mosaiken durch Sixtus III. 432–440, heute: S. Maria Maggiore), beschränkte sich sonst aber darauf, durch Titelkirchen den Raumbedarf zu befriedigen (z. B. titulus Juli, später S. Maria in Trastevere; t. Damasi, später S. Lorenzo in Suburra; S. Anastasia als lat. Kreuz gebaut), die Ende des Jh.s die typisch röm. Bauform fanden (dreischiffig, emporenlos, kein Querschiff, nur eine Apsis; ältestes Beispiel: Unterkirche S. Clemente ca. 390; vgl. ferner S. Pudenziana, mit Mosaiken, und S. Prassede aus 4./5. Jh.; dem Anfang des 5. Jh.s gehören an: S. Vitale, ca. 402–417, und die vom illyr. Presbyter Petrus gestiftete S. Sabina, ca. 422–432, mit Mosaiken). – Das 5. Jh. steht so im Zeichen der stadtröm. Basilika (vgl. S. Stefano in via Latina, unter → Leo erbaut), der bis zum Ende des Jh.s auch ältere tituli angeglichen werden (z. B. t. Apostolorum, von Eudoxia, Gattin Valentinians III., unter Sixtus III. gestiftet, S. Pietro in Vincoli). Doch machten sich ab Mitte 5. Jh. auch östl. Einflüsse geltend: so im größten → Zentralbau S. Stefano Rotondo (ca. 468–483), der vielleicht die Anastasisrotunde von → Jerusalem nachahmen wollte, in der von Ricimer (462–470) gestifteten Arianerkirche S. Agata dei Goti und der Märtyrerkirche S. Giovanni a Porta latina (ca. 500, halboktogonale Apsis, 2 Pastophorien). Sie nahmen im 6. Jh. steigend zu und verbanden sich nicht zufällig mit Memorialbauten, z. B. der Philippus und Jakobus geweihten Basilica Apostolorum (zwischen 561–574 vollendet; Apsis als kleeblattförmiger Trikonchos wie die Geburtskirche Justinians; nur in Abb. erhalten) und der Umgestaltung zur basilica ad corpus S. Lorenzo fuori le mura (ca. 579–650 östl. Emporenbasilika), deren Bautyp die Märtyrerbasilika S. Agnese (ca. 625–630) aufnahm; auch der Umbau von S. Valentino zu einer Basilika mit erhöhtem Presbyterium und Krypta 1. Hälfte 7. Jh. gehört hierher. Östl. Kreuzkuppelbauten hat R. aber nie übernommen. Man blieb dem basilikalen Bau treu, selbst wo man heidnische Tempel umwandelte wie 526–530 S. Cosma e Damiano aus einem Larentempel, und fühlte sich im Pantheon (608–615 zu S. Maria ad martyres umgewandelt) heimischer. So wurde die stadtröm. Basilika für den abendländ. Kirchenbau vorbildlich. C. A.

Funde: R. Krautheimer, Corpus basilicarum christianarum Romae, 1934ff. (bisher unvollendet) – *Karte:* F. v. d. Meer-Chr. Mohrmann, Atlas der frühchristl. Welt, 1959, Nr. 27. 29 – *Lit:* F.W. Deichmann, Frühchristl. Kirchen in Rom, 1948 – G. Matthiae, Le chiese di Roma dal IV al X sec. = Roma cristiana III, o. J. (beide mit Lit) – E. Mâle, The early Churches of R. (frz. 1934), 1960 – F. W. Deichmann, Das Mausoleum der Kaiserin Helena..., JdI 72, 1957, 44–110.

Roman

[1] Begriff – [2] Ursprung – [3] Technik, Charakter, Handlung – [4] Entwicklung des griech. R.s – [5] Röm. R. – [6] Christl. R. – Vgl. → Novelle.

[1] *Begriff.* Aus der röm. Kaiserzeit sind eine Reihe von Werken erhalten, welche eindeutig zu jener literarischen Gattung gehören, die in der Neuzeit ‹Roman› genannt wird. Es handelt sich entweder um Liebes- oder um parodisch-satirische R.e (→ Lukios von Patrai; auch die ‹Wahren Erzählungen› → Lukians (1) gehören hierher). Dieser Typ wird hier dargestellt. Nicht zu der Gattung gehören der → Aesop- und der → Alexander-R.

[2] *Ursprung.* Über die Entstehung der Gattung des R.s gibt es mehrere Theorien: 1. Nach E. Rohde ergab die Verbindung der hellenist. erotischen Erzählung (→ Novelle) mit dem ethnographischen R. den Liebes-R. der Kaiserzeit; die äußere Form sei von der zweiten Sophistik geliefert worden. – 2. Für Ed. Schwartz war der Liebes-R. von jener hellenist. Geschichtsschreibung abzuleiten, die künstlerische Zwecke verfolgte und im Wetteifer mit der Tragödie Furcht und Mitleid erregen wollte. – 3. Lavagnini leitete den R. von den Lokalsagen ab, welche in hellenist. Zeit literarisch dargestellt wurden (z. B. → Akontios und Kydippe, → Phrygios und Pieria, → Hero und Leander). – 4. Weinreich wies auf das Vorbild der Odyssee hin und wollte den R. aus einer Kreuzung der literarischen Gattun-

gen erklären. – 5. Giangrande mißt, einem Gedanken von Thiele folgend, den Erzählungen eine große Bedeutung zu, welche in der Rhetorenschule verfaßt wurden (s.z.B. den von Barns, Class. Quart. 43, 1949, 1 ff. edierten Oxforder Pap.). – 6. Barns wies auf oriental. Vorbilder hin, und Kerényi möchte die erhaltenen R.e aus oriental. religiöser Literatur ableiten. Merkelbach nimmt, darüber hinausgehend, an, daß die Liebes-R.e – mit Ausnahme des Chariton – geradezu religiöse Texte sind und sich auf die Rituale der spätantiken Mysterienweihen beziehen.

[3] Die *literarischen Mittel*, deren sich die Dichter der R.e bedienten, sind durchweg der griech. Tradition entnommen. Aus dem → Epos stammen Rahmenerzählung, Icherzählung, Schachteltechnik (‹Fortsetzung folgt›), das Motiv der Irrfahrt; aus der → Tragödie Aussetzung und → Anagnorisis, Trennung und Wiederfinden, → Peripetien, → deus ex machina; aus der → Geschichtsschreibung die Technik von Rede und Gegenrede; aus der → Ethnographie die Vorliebe für fremde und seltsame Dinge, exotische Tiere usw., Reiseschilderungen, utopieähnliche Darstellungen (→ Iambulos); aus der → Elegie erotische Themen; aus der → Rhetorik die deklamationsähnlichen Reden und die Beschreibung bildähnlicher Szenen (→ Ekphraseis). Vor allem ist die Fähigkeit, eine lange Geschichte sicher zu disponieren, nur aus der griech. Tradition zu erklären. – Der eigentliche *Inhalt* der Liebes-R.e ist aber nach der hier vertretenen Auffassung religiös; die meisten scheinen im Dienst orientalischer Erlösungs- und Missionsreligionen geschrieben zu sein. Die ersten romanähnlichen Erzählungen sind vielleicht von Geschichtenerzählern (→ Aretalogie) in Tempeln und auf Plätzen mündlich vorgetragen worden. Auf den Zusammenhang mit diesen Erzählungen weisen viele Stellen hin: R.e sollen im Heiligtum deponiert werden oder werden dort erzählt; es kommt die Wendung vor: ‹in die Erzählung einweihen›; Exegeten werden eingeführt, die den Sinn erklären. Die Mischung von Prosa und Verseinlagen (vgl. → Menippeische Satire) stammt aus mündlicher Tradition, ebenso die Freude mancher Verfasser an lustigen und schlüpfrigen Geschichten und die Rätsel. – Die *Handlung* der R.e ist ziemlich stereotyp – wohl weil sie dem religiösen Mythos nachgebildet sind. Der Held eines Isisromans erlebt die gleichen Schicksale und Prüfungen wie einst → Isis und → Osiris. Rhodanes (bei → Iamblichos) wiederholt den Mythos des Thraetaona, eines Heros des → Mithraskreises. Individuelle Charakterzeichnung ist unmöglich, weil jeder Myste sich mit dem R.helden identifizieren und wie er den Mythos nacherleben soll, den die Götter vorgelebt haben. – Neben dem literarischen Oberflächensinn der Erzählung steht fast immer ein religiöser Hintersinn; die R.e sollen symbolisch gedeutet werden. Hier konnte man an oriental. und griech. Überlieferung anknüpfen (stoische Homer-→ Allegorese).

[4] *Entwicklung*. Wann die ersten R.e niedergeschrieben wurden, ist nicht leicht zu sagen; vielleicht erst zu Beginn der Kaiserzeit. Terminus ante quem ist → Petron, der den Liebes-R. wohl schon parodiert. Nachdem die neue literarische Gattung im Dienst der oriental. Mysterien entstanden war, ist sie auch nach Griechenland übertragen worden. → Longus schrieb einen Roman für Dionysosmysten, → Antonius (7) Diogenes für Pythagoreer. ‹Reine Literatur› sind erst die parodischen Romane; bei Petron und im R. über → Lukios von Patrai war, anders als in manchen scherzhaften Geschichten der Aretalogen, das Band zur Religion gelöst. Dadurch wurden individuelle Charakterzeichnung und größere Mannigfaltigkeit der Handlung möglich und der literarische R. zu einem Spiegel der ganzen Welt. Ansätze der Entwicklung auch des Liebes-R.s zu einer rein literarischen Gattung findet man bei → Chariton. Vielleicht hat er den Hintersinn der anderen Romane nicht verstanden und seinen Roman nicht auf eine Mysterienreligion bezogen. – Die *Wirkung* der antiken R.e auf die Weltliteratur war groß; vgl. → Heliodor (4), → Longus, → Lukios von Patrai. R.Mk.

Ed u. Übers: → Stichworte. Die Sammelausgabe von R. Hercher, Scriptores Erotici, 2 Bde, 1858/59, ist veraltet. – *Frg* (auf Papyrus): F. Zimmermann, Griech. Romanpapyri und verwandte Texte, 1936 – *Lit:* E. Rohde, Der griech. R. (1876), 1961⁴ – Ed. Schwartz, Fünf Vorträge über den griech. R. (1896), 1943² – B. Lavagnini, Studi sul romanzo greco, 1948 – O. Weinreich, Der griech. Liebesroman, 1962 – R. Helm, Der antike R. (1948), 1956² – J.W.B. Barns, Akten des VIII. Internationalen Kongresses für Papyrologie, 1956, 29–36 – L. Giangrande, On the Origins of the Greek Romance: the Birth of a Literary Form, Eranos 60, 1962, 132–159 – R. Merkelbach, R. und Mysterium, 1962 – F. Wehrli, Einheit und Vorgeschichte, MH 22, 1965. 133–154.

[5] *Röm. Roman*. Den realistischen Sinn der Römer hat zunächst derjenige Typus des griech. R.s und der ihm verwandten Novelle gefesselt, der die niedere Sphäre des alltäglichen Lebens widerspiegelte. Die wunderbare Geschichte über den Vogel Phönix, die i.J. 97 v.Chr. der Senator L. → Manilius (4) geschrieben haben soll, kann noch nicht als R. bezeichnet werden. Der R. nimmt vielmehr in Rom seinen Ausgang von den ‹Milesischen Novellen› des → Aristeides (5) v. Milet, die Rom in der Übersetzung des → L. Cornelius → Sisenna (praet. 78 v.Chr.) kennenlernte; ihre Beliebtheit war so groß, daß man Exemplare von ihr im Gepäck der bei Carrhae 53 geschlagenen Römer fand (Plut. Crass. 32). Die große Bedeutung dieser ‹Milesischen Novellen› für die Entwicklung des R.s in Rom hat A. Mazzarino aufgezeigt. Ihre derbe Realistik führte hier direkt zu dem satirischen R. des genialen → Petron, der sich auf dem Grundstock einer parodischen Priap-Aretalogie als Mischform eines Reise- und Abenteuerromans und eines parodischen Liebesromans zeigt. Daß die Darstellung zugleich ein wenn auch satirisch übersteigertes, so doch getreues Bild der Zeit und ihrer niederen Gesellschaft gibt, hat P. Grimal dargelegt. Ob der Held des R.s schließlich auch Erlösung von seinen Leiden gefunden hat, ob also die alte religiöse Wurzel des R.s am Schluß zum Vorschein kam, kann wegen des fragmentarischen Charakters des Überlieferten nicht gesagt werden. Der religiöse Sinn des Romans tritt überraschend klar zutage am Schluß des ‹Goldenen Esels› des → Apuleius v. Madauros, dem Isisbuch, wo der Held in die Gestalt eines Esels gerät, aus der er schließlich durch das Wirken der Isis, von deren Preis das ganze letzte Buch voll ist, erlöst wird. Daß dieses literarische Erzeugnis griech. R.en viel näher steht als Petron, wäre klar, selbst wenn die griech. Vorlage nicht überliefert wäre. Daß aber auch der Einfluß Petrons auf den ‹Goldenen Esel› sehr stark war, hat V. Ciaffi gezeigt. Ein Liebesroman ist der ‹Goldene Esel› nicht; doch sind zahlreiche derb erotische Szenen eingelegt, in denen Apuleius den Petron mit Erfolg zu überbieten sucht. Ein richtiger Liebesroman hingegen ist die → Historia (1) Apollonii regis Tyrii, die wieder in religiöser Sphäre ihren versöhnlichen Abschluß findet; allerdings dürfte der christl. Verfasser der erhaltenen lat. Version zu dem verlorenen griech. Original außer den christl. Zügen nicht viel Eigenes hinzugetan haben. Der Roman war in die röm. Literatur zu spät eingedrungen, als daß er in paganen Werken nach dem 2. Jh. noch bedeutende Produkte hätte hervorbringen können. Nicht einmal auf dem Gebiet des historischen Romans ist dies gelungen. Man begnügte sich mit lat. Versionen des griech. → Alexanderromans, wie um 300 → Julius (20) Valerius eine geschaffen hat, die im 8. Jh. zu einer Epitome und zum Liber de morte testamentoque Alexandri Magni geführt hat. Noch tiefer stehen im literarischen Wert die lat. Versionen der griech. mythologischen R.e, von denen die des → Dictys und → Dares erhalten sind. R.Hl.

Lit: F. Zimmermann, Zum Stand der Forschung über den R. in der Antike, FuF 26, 1950 – A. Mazzarino, La Milesia e Apuleio, 1950 – F. Altheim, R. und Dekadenz, 1951 – R. Helm, Der antike R. (1948), 1956² – P. Grimal, Romans grecs et latins, 1958 – V. Ciaffi, Petronio in Apuleio, 1960 – P. H. Thomas, Epitome rerum gestarum Alexandri Magni, 1960 – R. Merkelbach, R. u. Mysterium i.d. Antike, 1962.

[6] *Christl. R.* Bedürfnis nach unterhaltsamer Literatur schuf auch im antiken Christentum den Typ des R.s. Er hebt sich desto stärker von der religiösen → Hagiographie ab, je mehr ihn novellistisches Interesse bestimmt und profane Gattungen bzw. Motive beeinflussen: beschränkt sich der sog. Seefahrtsbericht Apg. 27 noch auf gelegentliche Benutzung einer literarischen Vorlage, so nehmen die apokryphen → Apostelgeschichten (2./4. Jh.) deutlich den Charakter von R.en an. Sie vereinen den Typ des historischen, an einer geschichtlichen Person orientierten R.s (Petrus-, Paulusakten) mit dem des Abenteuer-R.s (Thomasakten; Akten des Andreas u. Matthias: Reise ins Land der Menschenfresser), ja mit Motiven des Liebes-R.s (Acta Pauli et Theclae), wobei trotz Sublimierung durch das Asketische das Erotische voll zu seinem Recht kommt (vgl. die verfängliche Drusianaerzählung der Johannesakten; auch Ps. Hippolyt, Dihegesis: Rettung einer christl. Jungfrau aus dem Bordell). Sowohl der Sinn für derbe Groteske (Fabel vom getauften Löwen in den Acta Pauli; Wanzenwunder in den Johannesakten) wie für sentimentale Rührung (z.B. Motiv des Wiedersehens: vgl. die Recognitiones der → Pseudoklementinen; Ps. Nilus, ‹Erzählungen›) kommen auf ihre Kosten. Erst ab 5. Jh. drang auch die Aretalogie des heldischen Philosophen-R.s (→ Palladios; → Hagiographie) in die Mönchsviten ein. Jetzt legitimierte man gelegentlich auch die Lektüre profaner R.e durch Zuweisung an christl. Autoren (→ Alexanderroman; → Heliodor v. Emesa), was für die Übermittlung ans MA wichtig werden sollte. C.A.

Ed: s. zu den Autoren – H. Achelis, GCS I 2, 273 ff. (Ps. Hippolyt) – PG 79, 583 ff. (Ps. Nilus) – *Lit:* s. zu den Autoren – Ferner: R. Reitzenstein, Hellenist. Wundererzählungen, 1906 – E. Norden, Agnostos Theos, 1924 (passim) – R. Söder, Die apokryphen Apostelgesch. u. die romanhafte Literatur der Antike, 1932 – R. Helm, Der antike R., 1948, 53–61.

Romanus, genannt ‹der Sänger› (ca. 490–560), Syrer, Diakon in Konstantinopel, dichtete sog. ‹Kontakia› (angeblich 1000, überliefert 85, davon ca. 40 echt), die nicht dem Metrum der Silben, sondern dem Wortakzent folgten und dem R. den Ruf eines Vaters der byzantinischen Kirchendichtung und Autors des ‹Akathistos› (vgl. → Psalmen) eintrugen. C.A.

Lit: Altaner, 494 f.

Romanus, vgl. auch → Aquila, → Vergilius.

Romkult. Der Kult des göttlich verehrten Rom entstand in Kleinasien im 2. Jh. v. Chr. Smyrna rühmte sich, als erste Stadt schon 195 v. Chr. (Tac. ann. 4, 56) der Stadt Rom einen Tempel errichtet zu haben; es folgte im J. 170 Alabanda (Karien), wo auch Spiele zu ihren Ehren eingeführt wurden (Liv. 43, 6, 5). Dieser Kult verbreitete sich in den röm. Provinzen Achaia und Asia; er ist z.B. in Aigina, Mytilene, Milet, Ephesos, Erythrai, Sardes und Pergamon bezeugt. Manchmal war mit dem Kult der Stadt Rom derjenige des Senats und des röm. Volkes verbunden. Auch manchen Statthaltern erwies man göttliche Ehren: der Weg zur gemeinsamen Verehrung Roms und des Augustus war so vorgezeichnet. Während Augustus sich die Errichtung eines Tempels in der Hauptstadt verbat, gestattete er sie in den Provinzen unter der Bedingung, daß der Kult seiner Person mit dem Roms verbunden werde (Suet. Aug. 52); röm. Bürger durften freilich am neuen Kult nicht teilnehmen. Diese Verbindung von Rom und Augustus ist nicht «eine bloße Entlehnung aus der hellenist. Adulation»: man muß sie als eine Schöpfung des Herrschers sehen, der daraus «ein eigenes Symbol der festen Vereinigung des Reichsgedankens mit dem Kaisergedanken» schuf (U. Knoche). Schon 29 erlaubte Augustus den Asiaten, in Pergamon und Nikomedia einen Rom und Augustus geweihten Tempel zu erbauen; den Römern von Ephesos und Nikaia wurde nur gestattet, einen solchen zu Ehren von R. und des Heros Julius Caesar zu errichten (Cass. Dio 51, 20, 6): ein röm. Bürger sollte nicht den lebenden Kaiser verehren. Im J. 12 (oder 10) weihte Drusus den in Lyon (→ Lugdunum) von den drei Gallien R. und A. erbauten Altar ein; im J. 2 errichtete Pola einen Tempel für Rom und Augustus. Aus einer Inschrift d. J. 11 n. Chr. kennen wir in Narbonne einen Flamen von Rom und Augustus. Durch Inschriften bezeugt ist ein Rundtempel von Rom und Augustus auf der Akropolis von Athen. So bekundeten die Provinzen ihre Loyalität gegenüber Kaiser und Reich. – Tiberius verhielt sich gleich wie Augustus: er gestattete es, daß in Asien ein Tempel zu seinen Ehren und zu Ehren der Livia erbaut wurde, aber der Kult des Senats (der Dea Roma ersetzte) war mit der kaiserlichen Familie verbunden. Dagegen ist im Kult des Claudius in Camulodunum, in Britannien (Tac. ann. 14, 31), von einer Verehrung der Dea Roma nicht mehr die Rede. – Bis zu Hadrian wurde der Kult der Roma nur in den Provinzen gefeiert; dieser Kaiser errichtete 121 Roma und Venus, als der mythischen Stammutter der Römer, einen gemeinsamen Tempel. Sein Natalis wurde auf den 21. April, den Gründungstag der Stadt, festgesetzt. → Herrscherkult. H. Le B.

Lit: U. Knoche, Die augusteische Ausprägung der Dea Roma, Gymn. 59, 1952, 324–349 – C. Koch, Roma aeterna, Gymn. 59, 1952, 128–143; 196–209 – Latte, 306–309, 312 f. – Nash, II 496–499.

Romsage. Die Gründung und frühe Entwicklung → Roms wird in Sagen verschiedener Herkunft und Tendenz beschrieben, die teilweise historisches Geschehen widerspiegeln mögen. Die Griechen verknüpfen mit ihren epischen Traditionen (→ Trojanischer Krieg) neben dem Aboriginerkönig → Latinus (FGrHist 840 F6; 13) auch die aus dem Stadtnamen erschlossene Rhome, meist mit → Aeneas (als Wortführerin der Troerinnen, als seine Frau oder Enkelin, als Frau des → Ascanius: F8 ff.), dem die Gründung (F8 f., Neugründung: F7) einer Stadt am Tiber zugeschrieben wird (nach anderen dem → Euander: F40c/d), während Rhomos (F10 ff.) bzw. Rhomylos und Rhomos (→ Romulus und Remus) dort als Gründer gelten, wo römisch-latinischer Einfluß wahrscheinlich ist: bei sizilischen Historikern (F12 und 13; vgl. Münzen und bildliche Darstellungen: Liv. 10, 23, 12). Um chronologische Schwierigkeiten zu beseitigen, wird später angenommen, Rom sei verödet und neu gegründet (Dion. Hal. 1, 73, 3) oder Aeneas habe → Lavinium, sein Sohn Ascanius → Alba (2) Longa gegründet (Dion. Hal. 1, 55 ff. 66), wo das Geschlecht des → Silvius (Liv. 1, 3) bis auf Amulius herrscht. Dieser beraubt nach der seit → Fabius (11) Pictor geläufigen Sage seinen Bruder des Throns und macht dessen Tochter → Rea Silvia zur → Vestalin (Keuschheitsgebot); die Zwillinge, die sie trotzdem dem → Mars gebar, → Romulus und Remus, läßt er im Tiber aussetzen, doch werden sie gerettet (ficus Ruminalis), von einer Wölfin ernährt und von Hirten aufgezogen (→ Faustulus, → Acca Larentia); später töten sie Amulius, setzen Numitor als König ein und gründen selbst eine neue Stadt, Rom. Da jeder allein herrschen will, geraten sie bei den → Auspizien oder beim Mauerbau in Streit, wobei Remus getötet wird (Grab: Remoria); Romulus wird allein König. Ihm werden die ältesten staatlichen und militärischen Einrichtungen zugeschrieben, seinem Nachfolger → Numa Pompilius die religiösen, → Tullus Hostilius Eroberungen, → Ancus Marcius ein friedliches Regiment, durch das die Sicherung der neuen Stadt nach außen und ihre innere Ordnung abgeschlossen erscheinen (→ Königtum, → Senat, → Comitien; → Patrizier und Plebejer; → Tribus, → Curiae, → Gens). Unter → Tarquinius (2) Priscus und → Tarquinius (3) Superbus, denen man oft die gleichen Leistungen zuschreibt, wird etrusk. Einfluß spürbar, während man den zwischen beiden eingeschobenen → Servius (2) Tullius als Vorkämpfer der Republik hinstellt, die 510 nach dem Sturz des letzten Tarquiniers durch → Brutus (1) u.a. (→ Tarquinius (1) Collatinus) eingeführt sein soll. Vgl. → Aeneas. C.J.C.

Q: FGrHist 809–840 – Cic. re p. 2 – Dion. Hal. 1–4 – Liv. 1 – Plut.

Rom.; Num. – *Lit:* C. J. Classen, Zur Herkunft der Sage von Romulus u. Remus, Historia 12, 1963, 447–457 (Lit).

Darstellungen: Zur Landung des Aeneas in Latium usw. s. zu → Aeneas. Mars und Rea Silvia sind das Motiv mehrerer kaiserzeitlicher Kunstwerke, vor allem von Reliefs (Robert, SR III 2, Nr. 188–192), Mosaiken (Becatti, in: Ostia IV, 1961, zu Taf. 105, 59), Gemmen, Wandgemälden (A. Alföldi, Der Traum der Rea, MH 7, 1950, 1–13). Ungewöhnlich verbreitet ist die Wölfin mit Romulus und Remus. Bei dem ältesten Beispiel, der berühmten → Kapitolin. Wölfin, sind die Kinder nicht erhalten (W. Technau, Die Kunst der Römer, 1940, 7–12, Abb. 1). In der Kaiserzeit findet sich die Gruppe auf Denkmälern verschiedenster Art, vor allem Reliefs, Sarkophagen (zur Bedeutung: Cumont in: Miscellanea G. Jerphanion, 1947, 81ff.; A. Alföldi, Der neue Romulus, MH 8, 1951, 190–203), Münzen, Gemmen, Lampen. Wichtig die Ara Casali, auf der auch Mars und Rea dargestellt sind (C. Robert, Archäolog. Hermeneutik, 1919, 241; J. Toynbee, The Hadrianic School, 1936, Taf. 58, 2). Romulus mit Tropaion ist vor allem auf Münzen und Wandbildern nachweisbar (Gagé, MEFR 47, 1930, 138ff.). Der Raub der Sabinerinnen ist verhältnismäßig selten wiedergegeben, vor allem auf Münzen und dem Fries der Basilika Aemilia (Carettoni, RIA 19, 1961, 21–27). Auf diesem Fries sowie Münzen ist auch die Tötung der Tarpeia wiedergegeben (ebd., 27–31). Der Selbstmord des M. Curtius ist vor allem auf einem Relief vom Forum Romanum (Stuart Jones, Palazzo dei Conservatori, 1926, Taf. 13), Mucius Scaevola auf einem Relief aus Intercisa (Orozlan, Arch. Ert. 46, 1933, 44–53) dargestellt. – *Lit. dazu:* Höfer, ML IV, s. v. Rea Silvia, 64ff. – Strong, in: Scritti in onore di B. Nogara, 1934, 487–501 (Romulus-Remus und Wölfin) – Salomonsson, Oudh. Meded. 38, 1957, 15–44 (Wölfin). K. Schb.

Romulus, nach der → Romsage Gründer der Stadt; er umgrenzt Land am Palatin durch das → Pomerium, sammelt Siedler, indem er u. a. das Asyl einrichtet, und läßt sie an den → Consualien Sabinerinnen rauben; später verbinden sich die Römer mit den → Sabinern (→ Titus (2) Tatius), die auf dem Quirinal angesiedelt werden. R. führte Krieg gegen Caenina (→ Spolia opima), Crustumerium u. a., richtet Kulte (→ Juppiter Stator; Feretrius) und Feste ein (→ Luperkalien; Consualien), auch das → Augurium und die → Arvalbrüderschaft, und legt das Sakralrecht fest; auch gibt er dem Staat die politischen und militärischen Grundlagen: 3 → Tribus (Ramnes, Tities, Luceres), 30 → Curien, aufgegliedert in Geschlechter (→ Gens), → Senat, Trennung von → Patriziern und Plebejern, Heeresordnung, → Ritter. Nach einigen wird er ermordet, nach anderen zu den Göttern entrückt (→ Quirinus). C. J. C.

Lit: C. J. Classen, R. in der röm. Republik, Philol. 106, 1962, 174–204.

2. **R. Augustus,** (west-) röm. Kaiser 475–476. Durch seinen Vater Orestes am 31. 10. 475 an Stelle des → Nepos (1) in Ravenna zum Augustus erhoben (wegen seiner Jugend: ‹Augustulus›). Nach der Eroberung Ravennas durch → Odoaker (4. 9. 476) abgesetzt und auf seinen Landsitz Lucullanum (Kampanien) verwiesen. Mit. R. endet die Reihe der weström. Kaiser. H.-J. D.

Rosalia, Rosenfest, dessen Beliebtheit und weite Verbreitung die Inschriften der Kaiserzeit bezeugen. Man schmückte die Gräber mit Rosen, um die Toten zu ehren. Dieses bewegliche → Fest gehörte zum Privatkult und wurde zur Rosenzeit, im Mai oder Juni, gefeiert. Für die Zeit der Republik fehlt von den R. jede Spur. Griech.-oriental. Ursprung des Festes ist wahrscheinlich. H. Le B.

Roscius, Sex., begüterter und angesehener Bürger aus Ameria, der Verbindungen zu einigen röm. Familien der Nobilität pflegte. Ende 81 v. Chr. wurde er in Rom ermordet und noch nach dem Tod auf die Proskriptionsliste gesetzt, so daß → Chrysogonos sich an seinen Gütern bereichern konnte. R.' Sohn, des Vatermordes verdächtigt, wurde von → Cicero (S. Rosc.) verteidigt. G. G.

2. **R. Gallus,** Q., aus Solonium, berühmter Schauspieler. Von → Sulla in den Ritterstand aufgenommen. Er trat weiter öffentlich auf, doch ohne Honorar zu nehmen. R. stand in engeren Beziehungen zu den geistig interessierten Senatoren, u. a. zu → Cicero, der ihn in einem Privatprozeß verteidigte (Rede pro R. com.). Chr. M.

3. **R. Otho,** L. (tr. pl. 67, praet. 63 v. Chr.). R. wollte 67 gegen das Seeräubergesetz seines Kollegen A. → Gabinius (2) interzedieren, ließ sich aber davon abschrecken. Er setzte dann ein Gesetz durch, nach dem die Ritter gesonderte Sitzreihen im Theater erhielten (→ Ritterstand, 2). 63 deswegen von einer Volksmenge im Theater ausgepfiffen, von Cicero verteidigt (die Rede ist verloren). Chr. M.

Rose (ῥόδον, rosa), schon den Frühgriechen bekannt und unter nahöstlichem Einfluß kultiviert (Damaszener R., R. Centifolia). Sie behauptet unter den Blumen den ersten Rang. Die Überlieferung weist auf enge Beziehungen zum Bereich der Aphrodite, der die Entstehung der R. zugeschrieben wird (vgl. auch → Adonis). In den Mythen von der Entführung der Persephone und der Europa wird die R. vor allen anderen Blumen (→ Safran; → Hyakinthos; → Narkissos) genannt. Die hundertblättrige R. (Rosa Centifolia) führt in den Bereich des Dionysos am südthrak. Pangaion; vgl. die R.n-Gärten des Königs → Midas am Fuß des makedon. Bermiongebirges. Auffallend häufig sind die von der R. abgeleiteten Nymphennamen (Rhodope). Berühmt war die R.n-Zucht von Rhodos (Münzmotiv). Durch Vermittlung der Griechen gelangte die R. früh nach Italien, wo ihre Kultur wesentlich vervollkommnet wurde (Plin. nat. 21, 20). Kampanien war berühmt wegen seiner Centifolien, die in Paestum zweimal im Jahre blühten. Auch bei den Römern dominiert die Beziehung zur Liebesgöttin. Dadurch wurde die Verwendung der R. in Totenritual und Gräberkult mitbestimmt. Als Kranzblume war die R. auch bei profanen Anlässen geschätzt. Das R.n-Öl war als Kosmetikum und als Zusatz bei Heilmitteln begehrt. Vgl. → Flora. J. W.

Lit: Hehn, 251–263 – Murr, Pflanzenwelt, 78–83 – Olck, RE 7, 1 (1910), 774–778. 787f. 814f. – H. Jucker, Das Bildnis im Blätterkelch, 1961, 210 – D. B. Thompson, Garden lore of ancient Athens, 1963, Abb. 23.

Rosette, Stein von, 1798 von französischen Soldaten gefundenes Dekret zu Ehren → Ptolemaios' V. aus dem Jahr 196 v. Chr. in hieroglyphischer und demotischer Schrift sowie in griech. Sprache, seit 1801 im B. M. Er ermöglichte Champollion die Entzifferung der → Hieroglyphen. – Vgl. → Schrift. W. Hk.

Rosmarin (ῥώψ, λιβανωτίς), ein im Mittelmeergebiet mit mehreren Arten verbreiteter aromatischer Strauch, von den Alten als Kranzpflanze und für Heilzwecke gebraucht. Dauerhaftigkeit und kräftiger Geruch begünstigten die Verwendung zum Schmuck von Altären. Vgl. → Flora. J. W.

Lit: Murr, Pflanzenwelt, 197 – F. Orth, RE 1 A 1 (1914), 1128f.

Rotes Meer, von den Ägyptern schon frühzeitig auf ihren Weihrauchexpeditionen nach → Punt befahren (die Gefahren von den Stürmen in der Erzählung vom ‹Schiffbrüchigen› im Mittleren Reich geschildert). Haupthafen war zunächst Koseir (in ptolemäischer Zeit Leukos Limēn) am Ostende des → Wadi Hammamat; erst in der Spätzeit, in der die Handelszentren im Delta lagen, versuchte man einen Kanal vom Delta zum R. M. zu graben. Das von → Necho begonnene Werk vollendete → Dareios, der damit wohl auch eine Seeroute von Ägypten nach dem Persischen Golf (Getreideflotten!) eröffnen wollte. W. Hk.

Rotfigurig heißt die um 530 in Athen eingeführte Technik der Gefäßdekoration (→ Andokidesmaler). Bald an anderen Orten nachgeahmt, erreicht sie doch nur in Athen eine hohe Blüte und hält sich bis etwa 300 (→ Vasen E 4ff.). Sie beruht auf einem Aussparen der Figuren. Durch Vorritzung wurde das Bild entworfen, dann der Umriß der Gestalten in breitem Firnisstreifen festgelegt und die Figur ausgezeichnet, zuletzt überzog man die Flächen zwischen den Figuren. Die Innenzeichnung weist mit der Borste in dickflüssigem → ‹Firnis› gezogene sog. Relieflinien (Gewandfalten) und feinere Pinselstriche (anatomische Details) auf. Deckfarben erscheinen im Gegensatz zu → schwarzfigurigen Vasen selten. Vgl. → Vasen C. I. Sch.

Roxane, baktrische Prinzessin, 327 erste Gemahlin → Alexanders (5) d. Gr., Mutter → Alexanders IV., dessen Schicksal sie bis zu ihrer Ermordung durch →Kassandros (311) teilte. E.Bd.

Rubellius Blandus, aus Tibur, röm. Ritter, Ende des 1.Jh.s v.Chr., der erste freigeborene Römer, der in Rom die →Rhetorik lehrte und sich auch in →Deklamationen hervortat. H.H.

Q: Sen.contr.1,8,10; 2,5,13; 7,1,6; suas.2,8 u.ö. – *Lit:* J.Brzoska, RE 3,1 (1897), 557f.

Rubico (Kt.1420 E3). Die Identifizierung dieses rechten Nebenflusses des Po (→Padus) ist wegen Veränderung des Flußlaufs seit der Antike umstritten. Am wahrscheinlichsten die heute durchgeführte Benennung des ehemaligen Fiumicino bei Savignano als Rubicone. Seit →Sulla Grenze →Italiens gegen Gallia Cisalpina. Deshalb bedeutete Caesars Überschreiten des R. 49 v.Chr. den Beginn des Bürgerkriegs. B.A.

Rubrica, eine durch rote Tinte ausgezeichnete Stelle (einzelne Buchstaben, ganze Zeilen); der Schreiber hieß *rubricator.* H.Hg.

Rückenpfeiler. Stehende ägypt. Figuren erhalten einen R., um der Statue Standfestigkeit zu verleihen. Auf ihm ist gern ein Gebet und Name wie Titel des Dargestellten aufgeschrieben. W.Hk.

Rüge. Personen, die durch ihr Verhalten, Handeln, Reden oder ihre körperliche Erscheinung aus den Normen der Gemeinschaft herausfallen, werden in fast allen Gesellschaften von einzelnen oder Gruppen, oft bei festen Anlässen, gerügt. Diese Rüge kann derbe Formen annehmen (→Aischrologie). Die heftigen →*Jamben* und →*Hesiods* ‹Erga› sprechen nur zum Teil für die Interessen der Gesamtheit, vertreten andererseits auch die private Sache des Dichters. Kollektive öffentliche Rüge scheint der Chor in der alten →*Komödie* (I B), bes. in den →Parabasen, zu repräsentieren (vgl. Aristoph.ran.686f.: ‹Der Stadt Nützliches verkünden›). Doch erheben die Dichter persönlichen Anspruch darauf, durch ihre Kritik dem Staat zu dienen (vgl. z.B. Aristoph.vesp.1037). In Anerkennung ihrer Aufgabe wurde ihnen eine geradezu unerhörte Redefreiheit (*παρρησία*) gewährt, die weder vor den mächtigsten Personen noch vor den heiligsten Dingen haltzumachen brauchte. Th.G.

Lit: Schmid-Stählin I 4, 13–23 – A.Meder, Die att.Demokratie zur Zeit des Pelop.Krieges... Quellen, Diss.München 1938.

Rufinianus →Julius.

Rufinus Flavius, Gallier, Minister des Ostkaisers →Arcadius, dem er von →Theodosius I. (395) als wichtigster Ratgeber zurückgelassen worden war. Als Hauptfeind →Stilichos operierte er rücksichtslos gegen ihn, weshalb ihn jener, als er seine oström.Truppen zurückschicken mußte, in Konstantinopel ermorden ließ (27.11.395). Der Dichter →Claudian hatte ihn heftig angegriffen. E.A.Th.

Lit: E.Stein, Gesch.d.spätröm.Reiches I, 1928 (=Hist. du Bas-Empire I, 1959) – K.F.Stroheker, Der senatorische Adel im spätantiken Gallien, 1948, 208–209, Prosop. Nr.326.

2. **R.,** lat.Grammatiker (aus Antiochia), 5.Jh.n.Chr., von dem ein Kommentar zu den Metren des Terenz und eine Abhandlung ‹De compositione et de metris oratorum› (Verwendung metrischer Füße in der Prosa; vgl. →Prosarhythmus) erhalten sind.

Ed: GrLat VI 554–578 – Schanz-Hosius, IV 2, 213f.

3. **R. von Aquileia** (Tyrannius), ca.345–410, aus Concordia bei Aquileia, teilt mit dem Freund aus röm. Studienjahren (ca.359–368), →Hieronymus, die zeitgenössische Begeisterung für das →Mönchtum. Wie dieser begleitete er nach Weltentsagung und kurzfristigem Aufenthalt in einem heimatlichen Kloster die fromme Römerin Melania d.Ä. in den Osten (373ff.: Aufenthalt bei den ‹Vätern›, der ägypt. Wüste, bei →Didymos in Alexandria, der beide mit →Origenes bekannt machte). Wie jener lebte er seit 380 als Mönch im Hl.Land (auf dem Ölberg). Erst die Jerusalemer Predigt des →Epiphanios 392, die den 1.origenistischen Streit auslöste (→Origenes, 3), sollte die Freunde bis ans Lebensende verfeinden; Hieronymus verzieh nie, daß R. nach vorübergehender Aussöhnung (397) und Rückkehr nach Italien (398) im Prolog seiner lat. Übersetzung von ‹De principiis› das frühere Origeneslob seines Freundes hervorhob. Den Zwist, der R. die Anklage der Häresie vor dem röm. Bischof eintrug (Apologia ad Anastasium), begleitete R. nicht nur mit Pamphleten (De adulteratione librorum Origenis; Apologia invectiva in Hieronymum) und einer fälschenden, da Origenes unterschiebenden lat. Übersetzung von Adamantius' ‹Dialog über den rechten Glauben›, sondern auch mit einer bis ans Lebensende fortgesetzten Übersetzungsarbeit an Origenes (alttestamentliche Homilien; Kommentare zum Röm. und Hohenlied; vgl. →Allegorese). Seit ca.399 nach Aquileia zurückgekehrt. übersetzte R. →Basilius, →Gregor (4) v.Nazianz, →Euagrios Pontikos, →Sextus und die ‹Historia monachorum› des →Palladios. Hier fand er auch zu eigener Arbeit Muße (Kommentar zum Glaubenssymbol, abhängig von →Kyrill (2) v.Jerusalem; Auslegung von Gen.49: De benedictionibus patriarcharum). Überlieferungsgeschichtlich wichtig wurde seine Übertragung der Kirchengeschichte →Eusebs, die er unter skrupelloser Kontaminierung mit Gelasius v.Caesarea (→Geschichtsschreibung C) am Ende umgestaltete. Vor den Westgoten 407 fliehend, starb R. 410 in Sizilien. Sein Eifer um Origenes belastet noch heute die Überlieferungsprobleme desselben, vor allem von De principiis. C.A.

Ed: Manlius Simonetti, CChrL 20, 1961 (zugleich dort die Vorworte zu den lat.Übersetzungen der griech.Quellen; Lit).

Rufius →Festus.

Rufpost. Weitergabe einer Meldung, bes. im Krieg, durch R. wird gelegentlich bei röm. Schriftstellern erwähnt (Liv. 3,28,3; Caes.Gall.7,3,2; 7,81,2; App.Ib.92). Vgl. →Nachrichtenwesen. Th.P.

Rufus von Ephesos, bedeutender Arzt z.Z. Trajans. R. gehörte keiner besonderen Schule an, sondern hat sich einen unabhängigen Standpunkt bewahrt; er war ein ausgezeichneter Beobachter und Verehrer des →Hippokrates (1). Er hat u.a. die anatomischen Erkenntnisse seiner Vorgänger zusammengefaßt und die Nomenklatur geklärt (erhalten *Περὶ ὀνομασίας τῶν τοῦ ἀνθρώπου μορίων*), aber auch die Pulslehre systematisiert (erhalten eine *Σύνοψις περὶ σφυγμῶν*), für die innere Medizin vortreffliche Krankheitsbeschreibungen geliefert (erhalten *Περὶ τῶν ἐν νεφροῖς καὶ κύστει παθῶν*) und ein auch für den heutigen Arzt lesenswertes Vademecum der Anamnesetechnik (*Ἰατρικὰ ἐρωτήματα*) geschrieben. Manches andere (Titel unsicher) ist verloren; die Araber (Rhazes, Ibn Useibi'a) zitieren ihn oft. F.K.

Ed: C.Daremberg-C.E.Ruelle, 1879 – H.Gärtner, R.v.Ephesos, Die Fragen des Arztes an den Kranken, CMG Suppl.IV, 1962 – *Lit:* J.Ilberg, R.v.Ephesos, Ein griech.Arzt in trajan.Zeit, Abh.Leipzig 41,1, 1930.

2. **R. von Perinth,** →Redner (I D 2), Schüler des →Aristokles (3) v. Pergamon und des →Herodes (2) Atticus, wohl Verfasser einer rhetorischen Techne. W.Sp.

Ed: RhGr I 399–407 – *Lit:* Goth, RE 1 A 1 (1924), 1207 – O.Schissel, Die rhet. Kunstlehre des R., RhM 75, 1926, 369–392.

Rufus, vgl. auch →Caelius, →Caninius, →Cluvius, →Corellius, →Egnatius, →Minucius, →Pompeius, →Suillius, →Sulpicius, →Valgius, →Varius, →Verginius.

Ruga →Carvilius.

Rugier, Stamm der ostgerman.Gruppe, dessen älteste Sitze in SW-Norwegen lagen, auf dem Festland zunächst zwischen Oder- und Weichselmündung. Von den →Goten nach W abgedrängt (‹Rügen›). Mitte des 4.Jh.s n.Chr. zogen auch die R. nach S ab, in das Gebiet nördl. der mittleren Donau. Im 5.Jh. unter den →Hunnen beteiligten sie sich nach dem Tod →Attilas (453) mit den →Gepiden am Kampf gegen die Hunnenherrschaft. Danach im heutigen

Niederösterreich am linken Donauufer, von wo aus sie Noricum ripense unterwarfen (lebendige Schilderung in der vita Severini des Eugipp, 511). 487 von → Odoaker vollständig geschlagen; 489 nahmen die Reste der R. am Zug → Theoderichs d. Gr. gegen Odoaker teil. Sie bildeten auch weiterhin eine eigene Gruppe, wurden aber in den Untergang der → Ostgoten hineingerissen. K. F. Str.

Lit: L. Schmidt, Die Ostgermanen (1910), 1941² – F. Kaphahn, Zwischen Antike u. MA, 1947.

Rullianus → Fabius.

Rullus → Servilius.

Rumina, ital. Göttin, deren Namen röm. Gelehrte auf rumis, ‹Mutterbrust›, zurückführten, so daß sie als Göttin des Säugens galt; ihr Heiligtum befand sich auf dem Comitium (→ Rom IV D 3), neben dem Feigenbaum Ruminalis, unter welchem die Wölfin Romulus und Remus gesäugt hatte. Man opferte ihr Milch; Wein und Tieropfer waren ausgeschlossen (Varro rust. 2, 11, 5 und bei Non. 167, 25; Aug. civ. 4, 11; Plut. Rom. 4, 1). Heutige Forscher (Wissowa, Latte) erklären Rumina manchmal aus *ruma*, dem etrusk. Namen Roms; in diesem Fall wäre sie eine Schutzgottheit der Stadt (vgl. dazu *Iuppiter Ruminus* bei Aug. civ. 7, 11). H. Le B.

Lit: Latte, 111.

Rundschild. Er verdrängte in homerischer Zeit den älteren → Turm- und Dipylonschild, war kleiner und machte → Thorax und Beinschienen nötig: → Waffen A [3]. Er wurde am linken Arm getragen. W. K.

Lit: G. Lippold, Griech. Schilde, Münchener archäol. Studien, 1909.

Rupilius, P. (cos. 132 v. Chr.), begann im Dienst sizilischer Steuerpächter, wo er sich die für die senatorische Laufbahn notwendigen Mittel beschaffte. Eine weitere Hilfe beim politischen Aufstieg war ihm die Verbindung zu → Cornelius (29) Scipio Aemilianus, der ihn bei der Bewerbung ums Konsulat unterstützte (Cic. Lael. 73). R. beendete 132 den Sklavenkrieg in Sizilien und ordnete die Provinz durch die maßgebliche lex Rupilia (Cic. Verr. 2, 40). G. G.

Rusellae (Kt. 1420 D 5), etrusk. Stadt unweit Grosseto, Schauplatz einer vernichtenden Niederlage der Etrusker gegen Rom (303); seit 281 (?) mit Rom verbündet, unter Augustus röm. Kolonie. Ansehnliche Reste der Stadtmauer des frühen 6. Jh.s v. Chr. Seit 1957 finden systematische Ausgrabungen statt. O. W. v. V.

Lit: R. Naumann-F. Hiller, Rusellae, RM 66, 1959, 1–30 – A. Mazzolai, Roselle e il suo territorio, 1960.

Rustica (Capitalis rustica): Lat. Majuskel mit sehr schmalen E, F, L, T und nur mehr angedeuteten Querstrichen. H. Hg.

Abb: z. B. E. A. Lowe, Codd. latini antiquiores V, 1950, Nr. 571 a.

Rusticus → Arulenus, → Fabius.

Rutener, kelt. Stamm in Südgallien am Tarn (Kt. 1019 D 5) mit Vorort Segodunum, später Rutena Civitas, heute Rodez. L. B.-H.

Rutilius Gallicus, C. (voller Name: Q. Iulius Cordinus C. Rut. Gall.), cos. suff. ca. 71/72 n. Chr., II vor 87. Aus Augusta Taurinorum. Seine Laufbahn ist durch Inschriften (Dessau 9052; 9499) und ein Gedicht des → Statius (silv. 1, 4) bekannt, das dieser ihm ca. 89 widmete. Unter → Claudius (1) und → Nero (1) als Militärtribun und Legionslegat in Pannonien, nach der Prätur Legat von Galatien, Pamphylien und Armenia minor unter dem Oberbefehl → Corbulos. 68 Aufnahme unter die sodales Augustales, ca. 69–71 Legat des Prokonsuls von Asia. Unter → Vespasian Pontifex und ca. 73/74 als konsularischer Legat in Africa mit Sonderaufgaben betraut. Als Legat von Germania inferior besiegte er 78 die Bructerer und nahm die Priesterin Veleda gefangen. Unter → Domitian Stadtpräfekt (86/89); starb ca. 92. Bekannter Gerichtsredner, literarisch interessiert. U. Wm.

2. **R. Lupus,** P., röm. Rhetor der spätaugusteischen Zeit. Vgl. → Gorgias (2) d. J.; → Carmen De figuris. H. H.

Q: Quint. inst. 9, 2. 102 f. 106; 9, 3, 89 – *Lit:* K. Münscher, RE 7, 2 (1912), 1605–11, s. v. Gorgias d. J.

3. **R. Rufus,** P. (geb. ca. 154 v. Chr., cos. 105), hatte seit seiner Jugend Verbindungen zu angesehenen Mitgliedern der Nobilität (z. B. P. Mucius (2) Scaevola, C. → Laelius (2) und P. → Cornelius (29) Scipio Aemilianus) und war von → Panaitios in die stoische Philosophie eingeführt worden (Cic. Brut. 114). 109 war R. Legat des → Caecilius (13) Metellus Numidicus und am Sieg am Fluß Muthul beteiligt. Bei der Bewerbung ums Konsulat förderte ihn die Nobilität. Nach der Niederlage des Q. → Servilius (2) Caepio bei Arausio leitete R. mit Umsicht weitere Abwehrmaßnahmen. 94 begleitete er den mit ihm befreundeten Q. → Mucius (4) Scaevola in die Provinz Asia und beteiligte sich an dessen hervorragender Verwaltung der Provinz. Daraus entstand ein Konflikt mit den Steuerpächtern (→ Ritterstand), der damit endete, daß die Ritter R. ohne Grund wegen Erpressung der Provinzialen anklagten und verurteilten. Diese offenkundige Rechtsbeugung zeigte deutlich die Parteilichkeit und den Mangel der Rittergerichte, in denen ständische Interessen im Vordergrund standen. R. konnte die Strafsumme nicht zahlen und ging freiwillig ins Exil. Er lebte in Lesbos, dann in Smyrna, wo Cicero ihn 78 besuchte. Über seine Tätigkeit als Anwalt vgl. Cic. Brut. 113–116. R.' Verdienst um die respublica und seine Haltung waren echter optimatischer Gesinnung würdig. G. G.

Rutilius, vgl. auch → Marcius.

Rutuler, latin. Stamm mit Hauptort → Ardea, in der → Aeneas- und → Romsage mit ihrem König → Turnus häufig erwähnt (Verg. Aen. passim; Dion. Hal. 1, 57. 59. 64; Liv. 1, 57–60). In historischer Zeit verschwunden. B. A.

Lit: Nissen, I 521; II 576 – Devoto, 92.

Saalburg (Kt. 1733 B2), Kastell am obergerman. → Limes an einem Paß über den Taunus. Am Platz eines domitianischen Erdkastells entstand unter → Hadrian die Anlage der cohors II Raetorum mit holzverschaltem Erdwall und Holztürmen, deren Umwallung um 138 n. Chr. durch eine mörtellose Steinholzmauer ersetzt wurde. Die Erneuerung des 3. Jh.s ganz in Stein, diente als Grundlage des modernen Wiederaufbaues mit Stabsgebäude (principia), großem Magazin usw. Außerhalb der Mauern das Militärbad und ein Rasthaus (mansio) u. a. L.B.-H.

Lit: Saalburg Jahrbuch, seit 1910 – H. Jacobi, Das Kastell S., Der Obergermanisch-Raetische Limes, Abt. B Bd 2, 1 Nr. 11, 1937 – H. Schönberger, Führer durch das Römerkastell S. (1904), 1964[24].

Saba' (Südarabien). Wahrscheinlich um 1100 v. Chr. wanderte in das Hochland von Yemen ein arab. Stamm ein und gründete das anfänglich von Priesterfürsten theokratisch, seit Ende des 5. Jh.s von Königen regierte Reich S. (Hauptstadt Mārib). Die älteste Geschichte von S. ist durch das AT (1. Kön. 9–11, Besuch der Königin v. Saba als legendäre Widerspiegelung von Handel mit → Israel, später leiten die äthiop. Könige von ihr die davidische Herkunft ab) und aus Berichten der Assyrer bekannt; eigene Inschriften seit dem 8. Jh. n. Chr. In Kämpfen mit dem Reich der → Minäer, mit → Qatabān und → Ḥaḍramūt vereinte S., ungefähr seit 50 n. Chr. unter Herrschaft der Ḥimyar (neue Hauptstadt Ẓafār), um 300 n. Chr. ganz Südarabien zu einem Reich. Nach vorübergehender äthiop. Besetzung verlor S. 575 n. Chr. seine Selbständigkeit an die → Sassaniden. G.Wn.

Lit: A. Grohmann, Arabien, 1963.

Šabaka (Šabiku, *Σάβακος*, 715–701), nubischer König, eroberte 714 Ägypten und verbrannte seinen Rivalen Bokchoris von Saïs. Er bemühte sich um gute Beziehungen zu → Sargon II. und → Sanherib von Assyrien. Der sog. *S.-Stein*, das ‹Denkmal memphitischer Theologie›, trägt die Abschrift eines alten Papyrus, von König Š. befohlen, der die Lehre der Weltschöpfung durch Ptah enthält, ferner die mythische Begründung des Vormachtanspruches der Stadt Memphis. Zeit der Abfassung ist stark umstritten; möglich erscheint das Ende der 4. Dyn. W. Hk.

Lit: K. Sethe, Dramatische Texte, 1928 – H. Junker, Abh. Berlin 1939, 23; 1941, 6.

Sabazios, (thrak.-) phryg. Gott (Namensformen auch Sauazios und Sabos; Saboi heißen auch seine Verehrer). S. wird von den Griechen im Mythos mit → Dionysos, auf kleinasiatischen Inschriften mit → Zeus identifiziert. Die Gleichsetzung mit Dionysos ist wohl keine bloße → Interpretatio Graeca, sondern vielmehr Ausdruck einer bereits ursprünglichen, engen Verwandtschaft oder gar Identität beider Götter. Seit dem 5. Jh. v. Chr. sind in Griechenland der Gott S. und seine → Mysterien bezeugt (bereits in der Alten Komödie und bei Demosthenes 18, 259ff. verhöhnt). – Die S.-Mysterien tragen Züge rauschhafter Besessenheit, ähnlich wie der Dionysos-, → Kybele- und → Attis-Kult (vgl. → Enthusiasmus). Im klassischen Athen wurde der S.-Kult im allgemeinen als etwas Fremdes empfunden, aber er fand, bes. in der Unterschicht des Volkes, Anhänger; vom Staat wurde er zwar geduldet, doch nicht offiziell anerkannt. – Die → Schlange spielt im S.-Kult eine wichtige Rolle, großes Gewicht legt man auf Reinigungen; charakteristisch ist auch ein mit der rechten Hand ausgeführter Segensgestus (oft als Votivhand). – Der S.-Kult breitet sich in hellenist. Zeit in ganz Griechenland und schließlich im röm. Reiche weit aus. Bemerkenswert ist, daß in der Zeit des Synkretismus S. u. a. auch mit dem obersten Gott der Juden identifiziert wird (offensichtlich wegen der Lautähnlichkeit mit Sabaoth oder – nach einer Vermutung von Nilsson – wegen einer Verehrung des S. als Sabbath-Gott). – Vgl. → Kotyto. → Orient und Antike G [3]. K.-H.R.

Lit: Schaefer, RE 1 A 2 (1920), 1540–51 – Nilsson II 658ff.

Sabeller, gelehrte (→ Varro bei Serv. georg. 2, 168) und poetische Bezeichnung der durch die Einrichtung des → Ver sacrum von den → Umbrern und → Sabinern ausgegangenen ital. Mittelstämme, bes. der → Samniten im weitesten Sinn, aber auch der → Picenter, → Vestiner, → Marrukiner, → Frentaner, → Päligner, → Marser, → Äquer, → Herniker, → Volsker. B.A.

Lit: Nissen, I 508, 528 – Devoto, 160f.

Sabellius, christl. Theologe, zu Rom um 215 um eine Formel bemüht, die das Verhältnis Gottvaters zum Sohne ausdrückt, vom Papst Kallistos I. exkommuniziert. Um 260 lebt seine Lehre in Libyen wieder auf; im → arianischen Streit verweist man auf S., als wäre er ein Vorläufer des → Arius. Erst Gegner des Arianismus (Basilius, Theodoret, Epiphanios) zitieren als die häretische Formel des S.: «Vater, Sohn und Hl. Geist sind eines Wesens (*ὑπόστασις*? *πρόσωπον*?) unter drei Benennungen.» Das dürfte so nicht authentisch sein; hier sind Formulierungen des S. so gepreßt, daß die häretische Konsequenz hervortritt. H.D.

Q: Epiphanios, panar. 62, 14 (II p. 389 Holl) – *Lit:* Harnack, DG I 760ff. – C. Andresen, Entstehung u. Gesch. des trinitar. Personbegriffs, ZNW 52, 1961, 7f.

Sabina, Vibia, um 86–136, Tochter der → Matidia d. Ä., Enkelin der → Marciana, Großnichte → Trajans. 100 wurde sie durch → Plotinas Fürsprache Gattin → Hadrians. Die kinderlose Ehe soll nicht glücklich gewesen sein. S. begleitete ihren Gatten auf seinen Reisen; ihren Besuch in Ägypten bezeugen die Gedichte der Julia Balbilla auf dem Memnonskoloß vom Nov. 130 (Epigr. Gr. 988–992). 128 erhielt sie Augustatitel und Ehrenmünzrecht; nach ihrem Tod wurde sie konsekriert. H.T.

Lit: M. Wegner, Das röm. Herrscherbild II 3, 1956.

Sabina, vgl. auch → Poppaea.

Sabiner, ital., von den → Umbrern ausgegangener, nach dem Gott Sabus benannter Volksstamm in Mittelitalien, dessen Wohnsitze in historischer Zeit vom Tiber zwischen Ocriculum und Nomentum bis zum → Fiscellus Mons reichen, im N an die Umbrer, in S an die → Äquikuler grenzen (Kt. 1420 E5). Vom Stamm der S. leiten sich durch die Institution des → Ver sacrum ab die → Samniten und die übrigen sog. → Sabellerstämme. In der Urzeit → Roms (I A) spielen die S. eine bedeutende Rolle (vgl. → Titus Tatius, → Numa Pompilius, → Tullus Hostilius, → Ancus Martius, → Romsage). Jedenfalls bildeten die S. mit den ‹Prisci Latini› die ältesten Bewohner der röm. Hügel. Nach der Etruskerherrschaft wird in der Frühgeschichte Roms von Kämpfen mit den S.n berichtet, später werden die S. von den röm. Annalisten häufig in irreführender Weise → Samniten genannt. Es handelt sich dabei um den im W und NW von Rom wohnenden Volksstamm, durch dessen Gebiet die uralte Via Salaria führt, dessen bedeutendste Städte → Cures, Eretum, Amiternum, Aquae Cutiliae, Reate, Interocreum, Trebula Mutuesca, Nursia waren. Im Sabinerkrieg 304–290 durch M.' → Curius Dentatus vollständig unterworfen, erhalten die S. i. J. 268 das → Bürgerrecht. Von Augustus mit den anderen Sabellerstämmen zur 4. Region zusammengeschlossen. B.A.

Lit: Nissen, I 510f., 513ff.; II 463ff., 791 – Devoto 127ff., 165f., 294f. u. ö.

Sabinianer → Recht III A [6].

Sabinus (Massurius S.), Jurist der Frühklassik. Nach dem Zeugnis des Pomponius (Dig. 1, 2, 2, 50) wurde S. erst mit fast 50 Jahren in den Ritterstand aufgenommen. Er soll nicht sehr vermögend gewesen (einschränkend Kunkel, a. O. 120), sondern weitgehend von seinen Hörern unterhalten worden sein. Tiberius verlieh ihm das ius respondendi. Von besonderer Bedeutung sind seine Libri tres iuris civilis, die von → Pomponius (1), → Ulpian und → Paulus (2) kommentiert wurden (‹Ad Sabinum›). Die Stoffanordnung – das Sabinussystem – geht vom Erbrecht aus, behandelt das Personenrecht, anschließend die Umsatzgeschäfte, unerlaubte Handlungen und Bereicherung und schließlich ohne erkennbare Ordnungsgesichtspunkte verschiedene

Ansprüche und Institutionen (vgl. bes. E. Seidl, a. O. 169 bis 171). – Erwähnt werden ferner Libri ad Vitellium, ein Liber de furtis und ein Kommentar Ad edictum praetoris. S. war Haupt der auf C. → Ateius (2) Capito zurückgehenden, dann nach ihm benannten Juristenschule der Sabinianer. H. Hb.

Lit: P. Krüger, Gesch. d. Quellen u. Lit. d. röm. Rechts (1888), 1912², 163–166 – W. Kunkel, Herkunft u. soz. Stellung d. röm. Juristen, 1952, 119f. 341f. – E. Seidl, Röm. Rechtsgesch. u. röm. Zivilprozeßrecht, 1962, 166–172.

Sabinus, vgl. auch → Arulenus, → Calvisius, → Clodius, → Nymphidius.

Sabratha (Kt. 61 F2), Stadt in der Africa proconsularis, westl. Tripolis. Die Stadt zerfällt in zwei Bezirke; einen ältern, der sich um Forum und Haupttempel gruppiert und dem der antike Hafen vorgelagert ist, und in einen jüngern mit regelmäßiger Insulaeinteilung, die sich nach dem Theater orientiert und in die 2. H. des 2. Jh.s zu datieren ist. In byzantin. Zeit wird dieser Teil aufgegeben und der ältere Kern ummauert. Wichtigste Monumente: Theater mit wieder errichteter Scenafrons, Forum und Tempel (mit christl. Basilika), Bäder, Isistempel, Amphitheater am Stadtrand. R. F.

Lit: D. E. L. Haynes, Ancient Tripolitania, 1946 – G. Pesce, Il tempio di Iside di S., 1953 – G. Caputo, Il teatro di Sabratha, 1959.

Saburoffmaler, att. Schalen- und Lekythenmaler frühklassischer Zeit (→ Vasen E 5), benannt nach einem ehemals der Sammlung S. angehörenden Werk, auch Charonmeister genannt, tätig um 470–440. – Bedeutend sind seine → weißgrundigen Gefäße, die bereits früh die matte Umrißlinie und kräftige Farben zeigen. *Hauptwerk:* Weißgr. Schale mit Hera, München 2685 (Furtwängler-Reichhold, Taf. 65). I. Sch.

Lit: E. Buschor, Att. Lekythen der Parthenonzeit, MüJbb NF 2, 1925, 181–182 – Beazley, ARV² 837–857.

Saburoffscher Kopf, eigenartiger, archaischer Porträtkopf (aus Marmor), der mit der Slg. Saburoff in das alte Berliner Museum kam. Soll auf Ägina oder in Athen gefunden worden sein. E. Bg.

Lit: Lippold, GrPl 76, Anm. 7 – K. Schefold, Die großen Bildhauer des archaischen Athen, 1949, 47 u. 73, Abb. 46 – L. Alscher, Griech. Plastik II, 1961, 56f., Abb. 15a–c – C. Blümel, Die arch. Skulpturen der staatl. Mus. zu Berlin, 1963, 13–16, Nr. 6, Abb. 16–19.

Sacerdos, Marius Plotius, 3. Jh. n. Chr., Verfasser der ältesten erhaltenen lat. Grammatik, die auch die Metrik einschließt. D. F.

Ed: GrLat VI 415–546 – *Lit:* Schanz-Hosius III 169–172.

Sacerdotes Laurentes Lavinates, → Priesterkollegium, das erst seit Claudius und nur inschriftlich bezeugt, doch wohl viel älter ist. Theoretisch waren sie die Vertreter der alten Kulte von → Lavinium, der Hauptstadt der Laurentes; praktisch galt dieses Priestertum als Ehrenamt und war den Rittern vorbehalten. H. Le B.

2. **S. Victoriae.** Wir kennen aus Inschriften einige Priester der → Victoria: einen flamen und einen sacerdos in Ameria (Umbrien), einen Priester und eine Priesterin in dem 44 v. Chr. durch Caesar neugegründeten Korinth, einen Priester in Ancona; in Afrika opferten ihr Brüderschaften (CIL VIII 303. 10832). In Rom bestand kein V.-Priesteramt: ihr Kult war Aufgabe der → Pontifices. H. Le B.

Sachsen, german. Volksstamm, der von → Tacitus (obwohl jener die Angeln kennt) nicht erwähnt wird, wohl aber von → Ptolemaios, und zwar als im heutigen Holstein lebend. Spätere röm. Schriftsteller bezeichnen als S. alle Stämme an der deutschen Nordküste von Schleswig bis Holland, und die Bodenfunde dieser Region zeugen von einer einheitlichen, von röm. Einflüssen nicht berührten Kultur. Zu dauernden Niederlassungen in Gallien kam es nicht, nachdem die S. auf die Besetzung von Angers hin von Childerich, dem König der Franken, geschlagen worden waren. Gegen ihre Angriffe auf → Britannien mußten die ersten Forts an der sächsischen Küste, von Norfolk bis zur Isle of Wight, bereits zur Zeit der Usurpatoren → Carausius und Allectus (287–296) errichtet worden sein. Feste Niederlassungen der S. in Britannien sind zur Zeit des Kaisers → Honorius bezeugt, wenn nicht schon früher; die Eroberung Britanniens kann jedoch aus Mangel an Quellen nicht im einzelnen verfolgt werden. – Die S. hatten weder zentrale Regierung noch einheitliches Kommando, ihre Kriegszüge sowohl wie ihre Niederlassungen wurden vielmehr von den einzelnen Gruppen unabhängig durchgeführt. E. A. Th.

Lit: H. Löwe, Cherusker und S., in: Sachsen und Anhalt 17, 1941/43, 430–454 – R. Drögereit, S. und Angelsachsen, Ndrsächs. Jb. f. Landesgesch. 21, 1949, 1–62 – R. H. Hodgkin, History of the Anglo-Saxons (1935), 1952³.

Sacramentum, in der → legis actio (sacramento) bei vermögensrechtlichen Streitigkeiten ein Geldeinsatz gemäß einer Prozeßwette. Möglicherweise trat im ältesten Kapitalprozeß an die Stelle des Geldeinsatzes ein eidlicher Einsatz der Person (Selbstverfluchung, sacratio). G. J.

Q: Gaius, inst. 4, 16 – *Lit:* W. Kunkel, Unters. z. Entwicklung d. röm. Kriminalverfahrens in vorsullan. Zeit, Abh. München, NF 56, 1962, 97–130.

Sacrovir, C. Iulius, vornehmer Häduer und röm. Bürger. Mit dem Treverer Iulius Florus Führer des gallischen Aufstandes i. J. 21. Besetzte Augustodunum und gewann großen Anhang. Wurde vom Legaten von Germania superior C. → Silius (1) besiegt und beging Selbstmord. Die Inschriften des Bogens von → Arausio beziehen sich nach den neuesten Forschungen nicht auf diese Ereignisse. U. Wm.

Lit: R. Amy u. a., L'Arc d'Orange, 15ᵉ Suppl. à ‹Gallia›, 1962, 143 bis 158.

Sacrum patrimonium, die seit etwa 509 n. Chr. zumindest bis Ende des 6. Jh.s vom Comes sacri patrimonii verwalteten privaten kaiserlichen Domänen. R. Kn.

Sadduzäer (hebr. *ṣaddūqīm*, wohl abzuleiten von Ṣādōq, Salomos Oberpriester; vgl. → Judentum A 6), Jerusalems Priesteradel und dessen Parteigänger, die nach Verdrängung der Sadokiden (→ Judentum B 3) eine konservativ-hierokratische Politik verfolgten. Ursprünglich Gegner der → Makkabäer, gingen sie mit Johannes Hyrkanos I. (134 bis 104 v. Chr.) ein enges Bündnis ein, das die geistigen und materiellen Voraussetzungen für die national-partikulare Ausweitung des Priesterfürstentums bot. Unter Salome Alexandra (76–67) durch die → Pharisäer stark bedrängt, wurden sie als Träger des bisherigen Systems von → Herodes (1) ihrer führenden Stellung beraubt. Nach der Erneuerung der Hierokratie i. J. 7 n. Chr. (→ Judentum B 5) beherrschten sie zusammen mit den Boetosäern (→ Leontopolis) die Gerusia. Ihr heilseschatologischer Nationalpartikularismus brach anläßlich des Aufstandes (66) wieder durch, so daß sie mit dem Tempel im wesentlichen untergingen. Dogmatisch und ethisch konservativ (vgl. Sir. und 1. Makk.), erklärten sie das Religionsgesetz des Alltags (→ Mischna) nicht für normativ und beschränkten das Priestergesetz auf den sakralen Raum; als Gegner des Pharisäismus wurden sie durch die Reorganisatoren von Jamnia exkommuniziert. R. M.

Lit: ThW VII 35–54.

Sadyattes I. (auch Myrsilos und Kandaules), König von → Lydien zu Beginn des 7. Jh.s v. Chr. Wird von → Gyges gestürzt. Mit ihm erlischt die Dynastie der → Herakliden (Hdt. 1, 7ff.). P. Hom.

Lit: J. Miller, RE 10, 2 (1919), 1860–61, s. v. Kandaules – H. Swoboda, RE 1 A 2 (1920), 1693–94, s. v. S. 1.

2. **S. II.,** der 3. lyd. König aus dem Haus der → Mermnaden. Sohn des → Ardys. Führt am Ende des 7. Jh.s v. Chr. sechs Jahre vergeblichen Krieg gegen → Milet, den sein Sohn und Nachfolger → Alyattes fortsetzt. P. Hom.

Lit: H. Swoboda, RE 1 A 2 (1920), 1694–95, s. v. S. 4 – H. Kaletsch, Zur lyd. Chronologie, Historia 7, 1958, 35–36.

Säftelehre. Neben den von → Galen kanonisierten 4 Säften des Körpers (Blut, Schleim, gelbe und schwarze Galle) der hippokratischen Schrift ‹Über die Natur des Menschen› gab es zunächst auch 2- und 3-S.n; philosophische Einflüsse (Vorsokratiker, vielleicht Orient). In den Jahrhunderten vor Galen Modifikation bzw. Ablehnung der S. (z. B. → Methodiker); dann endgültig vorherrschend bis ins 18. Jh. hinein. F. K.

Lit: E. Schöner, Das Viererschema in der ant. Humoralpathologie, Sudh. Arch. Beih. 4, 1964.

Säkularspiele. Diese Spiele, die Roms Wohlfahrt und Gedeihen für jedesmal ein Jahrhundert gewährleisten sollten, wurden zum erstenmal i. J. 249 v. Chr. unter dem Namen → Ludi Terentini gefeiert; ihre Herkunft liegt im dunkeln: sie scheinen aus Sühnriten der sabinischen gens der Valerii entstanden zu sein. Der Staat übernahm diesen Privatkult und gab i. J. 146 v. Chr. (Censorin. 17, 11) jene S., welche die modernen Historiker für die zweiten ansehen; wegen des Bürgerkrieges wurden erst wieder i. J. 17 v. Chr. S. durchgeführt, und zwar von Augustus: für die Annalisten die fünften. Die Berechnung des ‹saeculum›, worin sich etrusk. und griech. Einflüsse kreuzen, hat zu komplizierten Erörterungen Anlaß gegeben. Die S. haben nicht in regelmäßigen Abständen stattgefunden: 47 n. Chr. unter → Claudius, → 88 unter Domitian, 204 unter → Septimius Severus, Tausendjahrfeiern Roms i. J. 248. Das Ritual der S. ist uns aus umfangreichen epigraphischen Bruchstücken bekannt, bes. dasjenige der von Augustus (CIL VI 32323) und Septimius Severus gegebenen Spiele; letztere haben gegenüber dem augusteischen Fest keine wichtige Neuerung gebracht. Augustus hat die Bedeutung der S. verändert, die ursprünglich nur ein Sühnfest zur Besänftigung von → Dis Pater und → Proserpina waren. Gewiß werden die nächtlichen Opfer weiterhin dargebracht, jetzt aber gelten sie Gottheiten, die nicht nur Reinigung von vergangenen Vergehen, sondern auch Wohlergehen für die Zukunft schenken sollen: den Moiren (→ Parzen), den Eilythien (Geburts- und Fruchtbarkeitsgöttinnen), der Mutter Erde. Vor allem wendet man sich nun in Begehungen, die am Tage stattfinden, an → Jupiter und → Juno, die Schutzgottheiten des Reiches, an → Apollo und → Diana, welche der Kaiser besonders verehrte. Ihnen zu Ehren sangen Chöre von 27 jungen Leuten und 27 Jungfrauen das von Horaz verfaßte *Carmen Saeculare*. Die himmlischen Gottheiten stehen nun im Vordergrund, und die Sorge für die Zukunft erhält den Vorrang über die Sühne für Vergangenes. Szenische Spiele und Circusspiele bieten dem Volk allerlei Unterhaltung. H. Le B.

Lit: J. Gagé, Recherches sur les jeux séculaires, 1934 – J. B. Pighi, De ludis saecularibus populi Romani Quiritium libri sex, Pubblic. dell'Univers. catt. del Sacro Cuore, ser. V 35, 1941.

Sänfte. Im Orient seit ältesten Zeiten verwendet, wurde die S. im Griechenland der klassischen Zeit kaum benutzt, in Rom dagegen oft von Kranken (Suet. Tib. 30), Senatorenfrauen (Cass. Dio 57, 15), auf dem Lande (Cic. fam. 7, 1, 5), während sie in Städten auf bestimmte Personen und Zeiten beschränkt wurde (Suet. Iul. 43 u. ö.). Doch konnte man S.n auch mieten (Juv. 6, 353). Sie waren für eine oder zwei Personen, mit Fenstern und Vorhängen (Juv. 3, 242; Mart. 11, 98, 11) eingerichtet. Zwei bis acht lecticarii (Suet. Cal. 43) trugen die S. mit Tragstangen (Suet. Cal. 58) an Gurten (Gell. 10, 3, 5) oder auf der Schulter (Catull. 10, 23). W. K.

Säule. [1] Die ägypt. S. ist weitgehend eine Pflanzensäule, d. h. sie zeigt die ursprüngliche Zeltstange, zum Schmuck mit Palmwedeln oder Blumen umwunden. So entstehen die Haupttypen: Zeltstangensäule (z. B. Festtempel Thutmosis' III. in Karnak) ohne Pflanzenschmuck; Palmensäule mit Kapitell aus aufrechtstehenden Palmblättern; Papyrusbündelsäule, ein Papyrusbüschel darstellend (wodurch die Säule Kanneluren erhält); offene Papyrusbündelsäule, bei der sich das Kapitell zu einer offenen Dolde öffnet; Lotos-

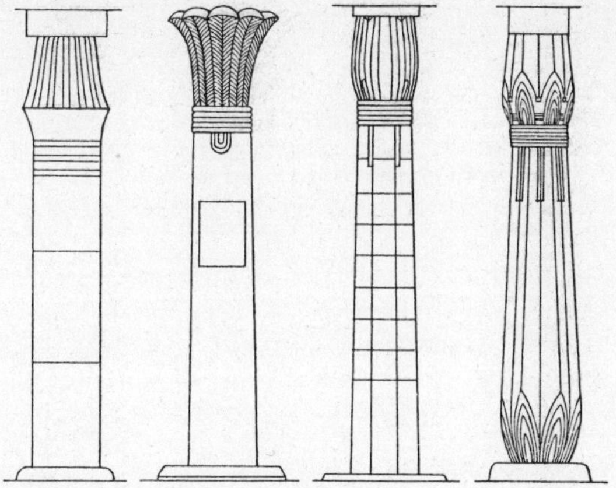

Abb. 196 Ägyptische Säulenformen

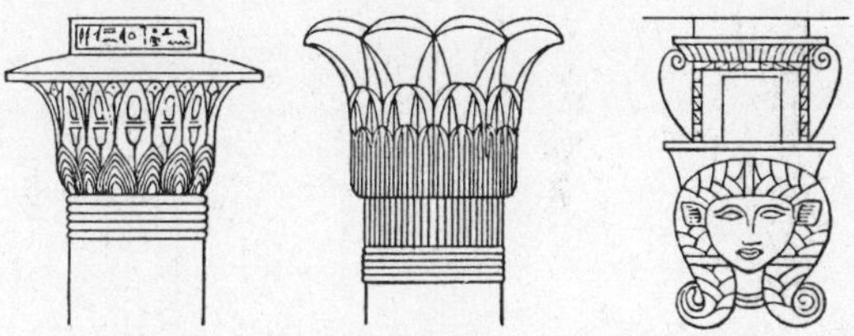

Abb. 197 Ägyptische Kapitellformen: 1 Offenes Papyruskapitell, 2 Kompositkapitell, 2 Hathorkapitell

bündelsäule mit meist geschlossenen Lotosblüten als Kapitell (der Stamm endet hier unten gerade, während er bei der Papyrusbündelsäule eingezogen ist); nur spät finden sich Kompositsäulen, bei denen das Kapitell mehrere Pflanzen enthält. Vgl. ferner → Hathorkapitelle.

[2] Zu vorgriech. S.nformen → kret.-myk. Kultur G [1]; zur griech. und röm. S. → Tempel B [3]; [8] f.; D [2]. W. Hk.

Säulen des Herakles, die Felsen an der Straße von Gibraltar und dann diese selbst (seit → Peisandros' (2) ‹Herakleia›?). Nach Ausführung seiner Taten im Westen soll → Herakles zu beiden Seiten der Meerenge je eine Säule als Grenze der Welt errichtet haben. Als Anfangspunkt des → Diaphragma wurde ihre genaue Lokalisierung ein Problem der Geographie. F. L.

Säulenhalle (griech. Stoa, lat. Porticus), langgestreckte Halle mit offener Säulenfront und geschlossener Rückwand, seit dem 7. Jh. zur monumentalen Begrenzung von Heiligtümern und zur Unterbringung von Weihgeschenken verwendet (70 m lange, zweischiffige S. in → Samos, 15,5 m lange S. in → Didyma, Ende 7. Jh.; dor. S. im Heraion von → Argos, Anf. 6. Jh.). Da hier das Pteron des Peripteraltempels zum selbständigen Bau erhoben wird, werden auch die Bauformen der → Tempelarchitektur entlehnt. Die Halle beginnt als Stätte öffentlicher Kommunikation eine zunehmende Rolle bei der Gestaltung der Heiligtümer und, seit dem 5. Jh., der → Agora zu spielen. 478 stiftete Athen eine originelle ion. Halle nach → Delphi. Nach dem Vorbild der Flügelbauten der Propyläen treten nach 435 Hallen mit ⊓-förmigem Grundriß auf, die einen mit architektonischen Mitteln geformten Freiraum einfassen (Stoa Basileus auf der Agora, Hallen des Brauronion auf der Akropolis und in → Brauron). Durch die daraus im 4. Jh. entwickelte Konzeption großer, an drei, später auch vier Seiten von Hallen abgeschlossenen Platzanlagen gewinnt die Halle im Hellenismus das Übergewicht selbst über die Tempelarchitektur (→ Stadt I D). Es entstehen zwei- bis vierschiffige Stoen mit zwei Stockwerken, an deren Rückwänden Speiseräume, Geschäfte usw. anschließen, als Ort des gesamten öffentlichen Lebens. Die Ordnungen (→ Tempel B 3. 8) werden gemischt: In der Front stehen dor., im Inneren schlankere ion. Säulen (oft mit Blattkranzkapitellen), im Obergeschoß tritt die leichter wirkende ion. Ordnung auf (Südhalle von → Korinth, 165 m lang, 71 dor. Frontsäulen, an der Rückseite 33 Speiseräume oder Läden, Ende 4. Jh.; Attalos-Halle von → Athen, 1956 wiederaufgebaut, 116,5 m lang, dor. Frontsäulen, 42 Läden in zwei Geschoßen, gegen 130 v. Chr.). Die monotone Reihung von Säulen betont die Weite des umgrenzten Platzes, doch verschwindet damit die Eigenständigkeit der Bauglieder. G. Gb.

Lit: R. Martin, L'Agora grecque, 1951.

Säulenheilige. Im → Mönchtum kam es Anfang des 5. Jh.s zu asketischen Spitzenleistungen. Der Syrer Symeon (390–459) lebte auf einer Säule (wohl Sinnbild der Entfernung von der Erde und der Nähe zum Himmel) und fand damit Nachfolger. Bis ins 10. Jh. gab es S. B.L.

Lit: RGG IV 1076.

Safran (*κροκός*), den Alten in drei Arten bekannt, unter denen der im Herbst blühende stark aromatisch riechende S., schon in Linear B bezeugt, wegen seiner gelben Farbe und seinem Duft am meisten geschätzt wurde. Früh schon wurde der S. kultiviert, um die getrockneten Blütennarben als Gewürz zu verwenden. In der Überlieferung, in der der Frühlings-S. oft nur schwer vom duftenden Herbst-S. zu unterscheiden ist, konkurriert er mit → Hyakinthos, → Narkissos, → Lilie und → Viole, um liebliche Götterszenen auszuschmücken. So sproßt er auf dem Lager des höchsten Götterpaares auf dem Ida (Hom. Il. 14, 348) und unter den Schritten von Pan und Nymphen. Die Vorliebe für S.-Blüten reicht in die kret.-myk. Kunst zurück (S.-Pflücker auf Miniaturfresko von Knossos). Danach war schon den frühen Griechen die S.-Kultur in Tongefäßen bekannt. Dazu fügen sich mythische Zeugnisse. S.-Blüten mit betäubendem Duft begünstigen die Entführung der → Persephone und der → Europa. Kreusa wird beim S.-Pflücken von Apollon überrascht (→ Ion). Aus dem Blute des Jünglings Krokos, des Geliebten der → Winde, erwuchs der erste S., als Hermes ihn beim Diskusspiel tödlich getroffen hatte (der Mythos erinnert auffallend an → Hyakinthos). Mit Herbst-S. schmückte man die Altäre → Apollons nach seinem Aufbruch zu den Hyperboreern. Eine bes. Beziehung bestand zwischen dem S. und Demeter. Auch den Erinyen ist er zugeordnet. Als Zauberblume im Garten der Hekate. Gottheiten und Heroen haben in der Dichtung safrangelbe Gewänder. Vgl. → Flora. J.W.

Lit: Hehn, 264–270 – Murr, Pflanzenwelt, 253–256 – Olck, RE 7, 1 (1910), 796f. – F. Orth, RE 1 A 2 (1920), 1728–31 – M. Ventris-J. Chadwick, Documents in Mycenaean Greek, 1956, 35, 130.

Sagalassos, Stadt an der Grenze Pisidiens südlich Seleukeia (Kt. 1567 C2), heute Ağlasun. S. liegt auf durchschnittlich 1650 m ü. d. M. Sowohl → Alexander d. Gr. als auch Cn. → Manlius (5) Vulso berührten S. auf ihrem Marsch von Termessos über S. nach Apameia in Phrygien. In röm. Zeit nennt sich S. stolz ‹die erste Stadt Pisidiens, Bundesgenossin der Römer und Metropolis› und legt sich den Titel *λαμπρά* bei. Bauten: gut erhaltenes Theater, Odeion, Tempel des Antoninus Pius (korinth. Peripteros), Macellum mit Rundtempel, zwei Marktplätze, zwei christl. Basiliken. R.F.

Lit: K. Lanckoronski-G. Niemann-E. Petersen, Städte Pamphyliens und Pisidiens II, 1892, 127–160.

Sagenkreise. Schriftliche Quellen und bildliche Überlieferung erlauben es, die ursprüngliche Heimat vieler S. zu bestimmen; bahnbrechend für die Lokalisierung griech. Mythen waren die Arbeiten von K. O. Müller (s. u.). – Ein großer Teil der Heldensagen ist an Orten lokalisiert, an denen die Heroen oder Heroinen auch kultisch verehrt wurden, bes. aber an den Hauptorten der myk. Kultur. Daneben gibt es Heroen, die mit so vielen Landschaften und Städten in Beziehung standen, daß sie in gewissem Sinn als gemeingriechisch bezeichnet werden können, so vor allem → Herakles. Ursprünglich gehörte er wohl nach Tiryns, aber auch Theben erhob den Anspruch, seine Heimat zu sein. Die → Bellerophonsage ist vor allem in Korinth verankert, jedoch auch mit Kleinasien verbunden. → Theseus, der ursprünglich den Ioniern allgemein gehört hatte, wurde im 6. Jh. zum Athener. Attika, verhältnismäßig arm an alten Mythen, kennt zunächst nur die immer wieder umgebildeten Erzählungen um die att. Könige (bes. → Kekrops, → Erichthonios, → Aigeus, vgl. aber auch → Kephalos, → Prokne und → Oreithyia). Vom 5. Jh. ab verbanden att. Dichter und Redner immer mehr Mythen mit Athen (Aburteilung des → Orestes auf dem Areopag, Flucht → Medeas nach Athen usw.). In Thessalien waren insbesondere die → Athamantiden, die → Aioliden, die → Lapithen und → Kentauren sowie → Peleus und → Achilleus zu Hause. In Ätolien (Kalydon) sind die Sagen von Oineus und → Meleager, in Böotien (Theben) diejenigen von → Kadmos, → Amphion und Zethos sowie → Ödipus und seiner Sippe beheimatet. Nach Korinth gehörten neben → Sisyphos → Bellerophon und → Medea (beide auch mit Kleinasien verbunden). Nach Pylos führt die → Nestor-, nach Elis (Pisa) die → Oinomaos-Sage, außerdem der durch seinen Vater → Tantalos in Lydien beheimatete → Pelops. Haupthelden von Argos waren → Perseus und → Diomedes, aber auch die Sagen von → Io, den → Atriden und → Danaiden spielten dort. In Lakonien sind vor allem Leda und die → Tyndariden mit → Helena verankert. Die wichtigsten Heroen Kretas waren → Minos und sein Geschlecht, wozu noch die Heroine → Europa tritt. Aus Arkadien sind → Kallisto und → Atalante anzuführen, doch ist letztere auch nach Böotien verwiesen worden. An thrakischen Heroen seien → Orpheus und → Thamyris genannt. – Neben die mehr landschaftlich gebundenen Heldensagen treten die großen *epischen* S. Hier sind vor allem wichtig (1) der thebanische Kreis mit dem Haus des → Ödipus und den beiden Feldzügen der → Sieben gegen Theben und der → Epigonen, (2) der → Trojanische Krieg (→ Agamemnon, → Achilleus, die beiden → Aias, → Odysseus, → Menelaos, → Diomedes, → Philoktet sowie deren trojanische Gegner → Priamos, → Hektor, → Aeneas und → Paris); (3) die → Argonautensage (neben zahlreichen anderen Helden vor allem → Pelias, → Jason und → Medea). Der historische Sinn der Griechen äußert sich zuerst in der chronologischen Anordnung der Sagen (Perseus vor Herakles und den Argonauten, diese vor dem → Trojan. Krieg usw.). L.H.

Lit: K. O. Müller, Prolegomena zu einer wissenschaftl. Mythologie, 1825 – Ders., Orchomenos und die Minyer (1820), 1844² – Ders., Die Dorier (1824), 1844² – Preller-Robert II – M. P. Nilsson, The Mycenaean Origin of Greek Mythology, 1932 – Karte der Hauptorte des Mythos und Tabelle seiner Zeitfolge: Schefold, FS, Abb. 47. K. Schb.

Sagum, röm. Militärmantel, der → Chlamys gleichend. Neben ihm das zivile S. für Sklaven, Arbeiter u. ä. Stammt mit seiner Nebenform, der *Lacerna*, aus Gallien und ist wie die → Paenula ein Übergewand in Pelerinenform mit Schlitz für den Kopf und Kapuze (cucullus). Meist aus Filz oder Loden. → Kleidung. F.E.

Saguntum (Sagunto, Valencia), Stadt an der Küste der Provinz Tarraconensis (Kt. 2849 D2), vermutlich durch Griechen gegründet. 220 v. Chr. durch Hannibal angegriffen, erbat die Stadt vergeblich Hilfe von Rom, das sich mit einer Botschaft an Karthago begnügte, und wurde nach 8monatiger Belagerung erobert und zerstört (Polyb. 3, 17, 10; Liv. 28, 39), was den 2. Pun. Krieg (→ Karthago) auslöste. In röm. Zeit wiederaufgebaut. Zahlreiche Überreste antiker Monumente erhalten. J. M. d. M.

Lit: P. Bosch, Historia de España I, 1935 – L. Pericot, España primitiva y romana, 1945.

Saïs (Kt. 29 B 2), Ort am kanopischen Nilarm, jetzt Sā el-Hagar, einst Hauptstadt des 5. unterägypt. Gaues mit einem Heiligtum der Pfeilgöttin → Neith. Von S. ging die Einigung Ägyptens nach der Zeit der libyschen Stadtherrschaften aus; es war dann Residenz bis zur Eroberung durch die Perser. W. Hk.

Saiteninstrumente → Musikinstrumente.

Saïtenzeit, Regierungszeit der 26. ägypt. Dynastie (663 bis 525), deren Könige aus Saïs im Westdelta stammten. Sie ist gekennzeichnet durch archaisierende Tendenzen, besonders in Sprache und Kunst, große wirtschaftliche Blüte und enge Beziehungen zu den Griechen. W. Hk.

Sakonides, att. Schalenmaler des → schwarzfigurigen Stils, tätig um 560–530. – Erhalten sind → Kleinmeisterschalen und → Augenschalen. Vgl. → Lydos. I. Sch.

Sakrallandschaft, in der röm. → Malerei, bes. im 3. Stil, aus griech. kontinuierlichen Landschaftsfriesen (Architektur-L. u. a) zum monumentalen Einzelbild entwickelte Gattung, auf denen Heiligtümer von Diana, Bacchus, Venus vorherrschen. Im weitesten Sinn hat jedes röm. → Landschaftsbild sakrale Bedeutung (vgl. → Boscoreale; → Primaporta). C. K.

Lit: Rumpf, 181, 7 – Schefold, PM, 186 zu S. 78 – Vgl. zu → Landschaft.

Salaminia, heilige Triere der Athener, die die athen. Kultgesandtschaften nach Delos brachte; sie diente auch zu bestimmten staatlichen Aufgaben: so wurde sie ins Ausland gesandt, um angeklagte Bürger vors Gericht zu laden (→ Alkibiades), und nahm auch an Seeschlachten teil. R. V. C.

Salamis, Insel im saronischen Golf (Kt. 1152a A 3), nur durch eine schmale Meeresstraße von → Attika und der → Megaris getrennt, in der Frühzeit zwischen Athen und Megara umkämpft, im 6. Jh. von Athen erobert und neu besiedelt. 480 Schauplatz des griech. Sieges unter → Themistokles über die pers. Flotte im Ostausgang des Sundes zwischen S. und der att. Küste (→ Perserkriege). E. M.

Lit: W. Keil, in: J. Kromayer, Ant. Schlachtfelder, Bd. 4, 1924–31, 64–106 – F. Miltner, Der takt. Aufbau d. Schlacht bei S., ÖJh 26, 1930, 115–128 – J. Keil, Die Schlacht bei S., Hermes 73, 1938, 329–340 – N. G. L. Hammond, The battle of S., JHS 76, 1956, 32–54 (verfehlt) – W. Kendrick Pritchett, Toward a restudy of the battle of S., AJA 63, 1959, 251–262.

Salbe. Das Einsalben spielte in der → Körperpflege der Griechen (und Römer) eine große Rolle. Freilich ist dabei stets das Salböl, *ἔλαιον* (rein) oder *χρῖσμα* (parfümiert), verwendet worden. Barbaren benutzten feste Fette (die Päonier Butter: Ath. 10, 67). Man salbte sich nach dem Bade zum Schutz der Haut (Hom. Od. 6. 220), vor dem Ringen, um geschmeidig zu sein (*ξηραλοιφεῖν*, Gal. 13, 55), zum Symposion an Brust und Füßen (Ath. 12, 78). Die Toten wurden gewaschen und gesalbt, die leeren Salbölgefäße (→ Lekythen) ans Grab gestellt, der Grabstein selbst mit Öl begossen. Solon verbot Herstellung und Handel von Salböl (Ath. 13, 94; 15, 34), förderte aber dadurch nur den Import phöniz. S. n in kleinen → Alabastren. Hunderte von Sorten S. waren bekannt (Ath. 4, 32; 15, 37 ff.). Die Komödie zeigt ihre reiche Anwendung (Aristoph. ekkl. 524; Lys. 946 ff.), ebenso die Grabfunde. F. E.

Salernum, röm. Kolonie von strategischer Bedeutung an der Via Popilia östl. Nuceria (Kt. 1420 F 7), heute Salerno, 197 im Gebiet der 268 an den Sinus Paestanus verpflanzten Picenter angelegt. B. A.

Salier, röm. Tanzpriester (salio, ‹tanzen›), die zwei Brüderschaften von je 12 unter einem Magister stehenden Mitgliedern bildeten: die S. des → Palatins und die S. des → Quirinals (→ Rom IV A). S. werden in mehreren Städten Mittelitaliens bezeugt. Im März (bes. an den → Quinquatrus) und Okt. (bes. an → Armilustrium) führten sie in Rom in altertümlicher Kriegertracht beim Beginn und beim Schluß des Feldzuges sakrale Tänze auf, wobei sie mit einem Stab auf ihre Schilde (ancilia) schlugen, deren einer direkt vom Himmel gefallen war (Dion. Hal. 2, 71; Ov. fast. 3, 373 ff.; Varro ling. 7, 43 u. a.). Ihr hocharchaischer Gesang (*Carmen Saliare,* → Musik C 2) rief Mars, den Kriegsgott, aber auch Jupiter, Janus und andere Götter an (axamenta; vgl. Fest. 3 L.). H. Le B.

Lit: R. Cirilli, Les prêtres danseurs de Rome, étude sur la corporation sacerdotale des Saliens, 1913 – Latte, 114–121.

Salinator → Livius.

Sallust (C. Sallustius Crispus), geb. 86 v. Chr. in Amiternum, offenbar Sohn begüterter Eltern. Er gehört, wie → Cicero, zum neuen Typ des intellektuellen Politikers. S. begann die Staatslaufbahn in der Absicht, den Aufbau des röm. Staates zu ergründen, er brachte dazu eine umfassende einschlägige Lektüre mit (rep. 2; b. J. 50). Daß er der Historiker seiner Epoche werden sollte, ahnte er noch nicht. Er ist ebensowenig wie Cicero daran irre geworden, daß die res publica die einzig menschenwürdige Staatsform sei. Daß er 52 Volkstribun war, zeigt seine politische Richtung: er ist Feind der Nobilitätsherrschaft. 55 oder 54 wird er als Quästor in den Senat gekommen sein. Als Senator gibt sich der Verfasser der *Invektive,* die bald nach der Abreise des → Crassus in den Osten geschrieben ist. In ihr wird der ‹Überläufer› Cicero politisch und menschlich rücksichtslos erledigt. Entgegen früherer Ansicht setzt sich die Annahme durch, daß S. der Verfasser der Invektive und die Schrift vollständig erhalten ist. Aus dem Tribunat des S. sind heftige Ausfälle gegen Cicero nach dem Tode des → Clodius (1) bekannt. Den Senatssitz hat S. 50 durch App. → Claudius (25) aus politischen Gründen verloren. Aus diesem Jahr stammt der erste *Brief an → Caesar.* Die Echtheit der beiden Briefe an Caesar, die mit der der Invektive zusammenhängt, findet heute immer mehr Verfechter. Beide Briefe kann man sich nicht als Schülerarbeiten beim Rhetor vorstellen. S. hat den Mut, Caesar vor dem Übergang über den Rubicon zu raten, als dictator rei publicae constituendae im Stile des → Pompeius (2) die Macht zu ergreifen. Die empfohlenen Maßnahmen, nicht identisch mit Caesars Plänen, aber im Sinne der popularen und einer etwas gewaltsam konstruierten cäsarischen Tradition, zielen auf ein gut funktionierendes Gemeinwesen mit ‹Senat und Volk› unter Ausschaltung der Nobilität. Caesar hat S. in verschiedenen Funktionen verwendet und wieder in den Senat aufgenommen. Für seine Verdienste im Afrikan. Krieg wurde S. als Prätor mit prokonsularischen Befugnissen in der vergrößerten Provinz Africa eingesetzt. Aus dieser Zeit stammt der Reichtum S. s. Der zweite Brief an Caesar aus dem Jahre 46 zeigt eine skeptischere Haltung. S. möchte an der Herstellung eines Versöhnungsfriedens mitarbeiten, erkennt aber, daß er in der gierigen Umgebung Caesars allein steht. In diesen Briefen ist Sallust Parteimann. Seine Parteinahme gründet auf dem Glauben, daß Caesar der einzige ist, der das Chaos der Gegenwart noch zum Guten wenden kann. Folgerecht hat Caesars Tod ihn schon im konsularischen Alter zum Rückzug aus der Politik geführt. S. begründet ihn in den Proömien zum ‹Catilina› und ‹Jugurtha› mit der Erkenntnis, daß Wahrheit und virtus nur noch im Geisteswerk verwirklicht werden können. Es handelt sich hier weder um Bekehrung noch um Verzweiflung, sondern um eine andere Form des Dienstes an der res publica.

[2] Die beiden historischen Monographien ‹Catilina› und ‹Jugurtha› sind in dieser Reihenfolge nach Caesars Tod geschrieben, noch ehe Octavian seine Stellung im Westen gefestigt hatte. Es ist klar, daß er, als Caesarianer, jederzeit in die Politik hätte zurückkehren können. Öffentliches ehrenvolles Auftreten ist bezeugt: S. hielt die Rede zum Triumph des → Ventidius über die Parther. In beiden Werken, die sich in der Form an → Coelius (1) Antipater anschließen, hat S. sich ein doppeltes Ziel gesetzt: die Darstellung eines großen Ereignisses und die Herausarbeitung seiner symptomatischen Bedeutung im Ganzen der röm. Geschichte, bes. ihres inneren Verfalls. – Der ‹*Catilina*›, dem Agricola als

Anfangswerk des → Tacitus vergleichbar, ist stärker überladen und weniger ausgereift als der ‹Jugurtha›; S. muß sich die Form seiner Aussage hier erst erringen. Mit den Mitteln des traditionellen ‹Kunsthandwerks› stellt S. das Schicksal → Catilinas als das eines großen Staatsverbrechers dar. Das Werk gipfelt in der stilisierten Senatssitzung, die über das Schicksal der Catilinarier entscheidet, mit den Reden der beiden Männer, die S. als die entscheidenden Potenzen seines Zeitalters in ihrer großartigen Gegensätzlichkeit erkennt: → Caesar und → Cato (2). Dem korrekt und geschickt handelnden Konsul → Cicero zollt S. Beifall. Die Einleitung über die Ursachen der Größe Roms zeigt die Bedingungen, unter denen eine Existenz wie die Catilinas entstehen konnte. – Im Krieg gegen → *Jugurtha* (111–105) ist ebenso wichtig wie die schließliche Gefangennahme des immer wieder entschlüpfenden Jugurtha der erste Sieg der Plebs über die Nobilität in der rogatio Mamilia. Erst als Q. → Caecilius (13) Metellus und dann → Marius (1) unbestechlich den Krieg führen, ist Rom erfolgreich. Die Unparteilichkeit des Historikers zeigt sich darin, daß S. nicht nur die Art, wie der Volksheros Marius zu seinem Kommando kommt, verurteilt, sondern auch Metellus über Marius stellt. Entsprechend den Schwerpunkten ist der Wechsel der Darstellungsformen im ‹Jugurtha› noch deutlicher als im ‹Catilina›: vor dem Exkurs über Afrika ruht der Blick auf Jugurtha, im Mittelteil bis zum Exkurs über das Parteiwesen in Rom geht er von der steigenden Unverschämtheit Jugurthas und der ihn begünstigenden Nobilität nach Rom über; im dritten Teil wechselt er zwischen dem Feldherrn und Jugurtha. – Die ‹Historien› lassen auch an den Fragmenten noch Reifung und Komprimierung des Stils erkennen. Sie behandeln im Anschluß an → Sisennas Darstellung der sullanischen Zeit den Zeitraum von 78–67. Wahrscheinlich hat S. bis zu seinem Tode i.J. 35 v.Chr. an dem Werke gearbeitet. Der Abschluß mit dem Jahr 67 erscheint jedoch mit Bedacht gewählt: i.J. 67, das schon im ‹Catilina› ein Epochenjahr ist, erhält → Pompeius (2) die großen Kommandos, die seine Stellung unangreifbar machen; und zudem ging es S. um die Entlarvung der sullanischen Restauration, in der → Poseidonios die Lösung der röm. Krise gesehen hatte. – Das Gesamtbild der römischen Geschichte, das in allen drei Werken vorgetragen wird, hat sich im Proömium der Historien insofern zu größerer Skepsis geklärt, als eine Periode der Eintracht unter dem Zwang der Umstände nur noch kurz nach Vertreibung der Könige und im 2. Pun. Kriege anerkannt wird und das Epochenjahr 146 seine Bedeutung verliert; nur daß der Verfall nach ihm beschleunigt fortgeschritten ist, wird festgestellt. – Der Satz der Historien, daß zur Zeit der größten äußeren Macht (52 v.Chr.) die röm. Herrschaft am schlimmsten war (Fr. 1 M.), ist die Abwandlung des Satzes im ‹Catilina›, daß S. zeigen wolle, wie aus dem besten Staat der schlechteste der Gegenwart geworden ist. Die Sorge um Rom hat S. dazu geführt, die Ursachen seines Verfalls aufzuweisen. K. Bch.

Lit: V. Pöschl, Grundwerte röm. Staatsgesinnung i. d. Geschichtswerken des S., 1940 – K. Büchner, Lat. Lit. u. Sprache, 1951, 78ff. – J. Hejnič, Clodius Auctor, RhM 99, 1956, 255ff. – G. Carlsson, Eine Denkschrift an Caesar über den Staat, 1936 – J. Vogt, Cicero u. S. über die catil. Verschwörung, 1938 – A. D. Leemann, S. Prologe und seine Auffassung von der Historiographie, Mnemosyne 4, 1954, 323ff.; 5, 1955, 38ff. – P. Perrochat, Les modèles grecs de Salluste, 1949 – K. Büchner, Sallust, 1960 – F. Klingner, Über die Einl. der Hist. S.s (1928), in: Studien, 1964, 571–594.

2. **S.,** Verfasser eines → Lehrgedichts (B 2) ‹Empedoclea›, der entweder mit dem Historiker oder mit dem bei Cicero öfters genannten Cn. Sallustius zu identifizieren ist; wenig günstig Ciceros Beurteilung des Gedichts ad Q. fr. 2, 9, 3 (54 v.Chr.). Das Datum dieser Briefstelle ist der Kombination, die Empedoclea seien nachlukrezisch und hätten wohl einem von Lukrez geweckten Interesse entsprechen sollen, durchaus nicht günstig; und das Erstmaligkeitsmotiv Lucr. 1, 926ff. liefert, richtig gewürdigt, schwerlich ein Argument gegen vorlukrezische Datierung. W. Schm.

Lit: Schanz-Hosius I, 314.

3. **S.,** Serenus, → Neuplatoniker jamblicheischer Observanz, aus Pergamon, 4. Jh. n. Chr., half gemeinsam mit → Eunapios und → Libanios dem Kaiser → Julian (2), das Heidentum zu restituieren; Verfasser einer Schrift ‹Götter und der Kosmos›, worin Göttermythen in theologische, physikalische, psychische, hylische und gemischte eingeteilt und gerechtfertigt, das oberste Prinzip, wie auch die göttliche Hierarchie, die Natur des Seelischen, Vorsehung und Schicksal, Theodizee u. a. behandelt werden. Ph. M.

Ed: G. Rochefort, 1960 (mit franz. Übers.; Lit) – *Lit:* E. Zeller-G. Martano, 1961.

4. **S.,** letzter Vertreter der altkynischen Tradition im späten 5. Jh. n. Chr., geschätzt von den letzten → Neuplatonikern Athens wie → Simplikios und → Damaskios, also zweifellos Heide. Was wir von ihm wissen, erfahren wir fast ausschließlich durch die von Damaskios geschriebene Biographie des Isidoros von Alexandria. Danach hat S., aus Syrien stammend, als Rhetor und Sophist begonnen, kam dann mit der Schule des → Proklos in Berührung, entzweite sich freilich mit Proklos und wurde ein Gegner der spekulativen Philosophie. Der ‹Pöbelfeind› → Heraklit und die → Kyniker wurden nun seine Vorbilder im äußeren Auftreten wie in den Scheltreden und in der Fähigkeit zu schlagfertigen Antworten; er beanspruchte aber auch, aus den Augen der Menschen ihren Charakter und ihre künftige Todesart ablesen zu können. Seine letzten Jahre scheint S. in Alexandria zugebracht zu haben. O. G.

Q: Dam. vita Isid. (übers. von R. Asmus, 1911).

5. **S. Crispus,** C., röm. Ritter, Großneffe und Adoptivsohn des → Sallust. Enger Vertrauter des → Augustus und des → Tiberius, nahm nach → Maecenas' Tod dessen Stellung ein (Tac. ann. 3, 30, 2f.). 14 n. Chr. ließ er auf Weisung des Augustus → Agrippa (3) Postumus beseitigen. 20 gestorben. Chr. M.

6. **S. Crispus Passienus,** C., Enkel des → Passienus, cos. suff. 27 n. Chr., cos. ord. 44; mit dem Kaiserhaus befreundet, in zweiter Ehe mit der Mutter Neros, → Agrippina (3), verheiratet, die ihn angeblich aus Habgier umbringen ließ (schol. Iuv. sat. 4, 81). Als Redner trat er häufig vor dem → Centumviralgericht auf, wofür er mit einer Statue in der Basilica Julia geehrt wurde. Seine Aussprüche waren berühmt. R. T.

Frg: ORFr (Meyer) 533–537 – *Lit:* R. Syme, Tacitus I, 1958, 328 – R. Hanslik, RE 18, 3 (1949), 2097f.

Sallu(s)tius → Secundus.

Salmanassar I., assyr. König, 1265–1235, vermag gegen → Urartu erste Siege zu erringen, Chanigalbat (→ Mitanni) im Westen seinem Reiche einzuverleiben, wodurch er zum gleichberechtigten Partner der → Hethiter wird. Gründung von → Kalchu.

2. **S. III.,** 858–824, Sohn → Aššurnaṣirpals II., kämpfte mit wechselndem Glück in Syrien (853 Schlacht bei Qarqar gegen → Ben Hadad und → Araber unentschieden), das er schließlich tributpflichtig machte. Vorstoß nach Kilikien. Kämpfe mit Urartu und erste Zusammenstöße mit → Persern (*Parsua*) und → Medern (*Madai*). Am Ende seiner Regierung 6 Jahre Bürgerkrieg mit seinem Sohn Aššurdanninapla.

3. **S. V.,** 726–722, Sohn → Tiglatpilesers III., babylon. Thronname Ululai, kämpfte gegen zahlreiche Revolten, u. a. gegen Hosea von Israel (→ Samaria 722 erobert; Israel assyr. Provinz. Vgl. → Judentum A [8]. Die Vorgänge um seinen Sturz und die Nachfolge durch → Sargon II. sind noch ungeklärt. Vgl. → Mesopot. Reiche B [3]. W. R.

Salomo, König von Israel und Juda, bis ca. 926 v. Chr., → Judentum A [6].

Salmoneus, Sohn des → Aiolos und der Enarete, Laodike oder Iphis. Gründer und König von Salmonia in Elis. Von

Homer (Od. 11, 236) noch ehrfurchtsvoll genannt; für die spätere Sage einer der großen Verächter der Götter: verkleidet als Zeus fuhr er in einem bronzenen Wagen umher, dessen Rattern Donner vortäuschte, und schleuderte Feuerbrände als Donnerkeile (Apollod. 1, 89; Hygin, f. 61. 250). Von Zeus getötet. Bei Verg. Aen. 6, 585 ff. im Tartarus. – Wohl Nachklang eines Wetterzaubers.

Darstellungen: nach C. Robert auf rotfigurigem Kolonnetenkrater, Chicago (Beazley, ARV[1] 396, 24; J. Ilberg, ML IV 291 f). K. Schb.

Salonae, Hauptstadt des röm. Dalmatien in strategischer und wirtschaftlicher Schlüsselstellung (Kt. 2209 B 4); 535 durch die Goten, um 615 von den Awaren zerstört. Heute das Ruinenfeld Solin. Geburtsort des → Diokletian, der südlich von S. in Spalatum (Split) einen großartigen Palast (→ Architektur II E 2; → Haus B 7) erbaute.

Lit: Forschungen in S. I–III, 1917–39 – E. Dyggve, History of S. Christianity, 1951.

Salonina (Cornelia S.), Gattin des Kaisers → Gallienus (253–268); nach dem Tode ihrer Schwiegermutter auch Augusta; Gönnerin und Anhängerin → Plotins, dem sie die Gründung einer Philosophenstadt Platonopolis zugesagt haben soll; wohl mit Gallienus bei der Belagerung des → Aureolus vor Mailand ermordet (Frühj. 268). H. D. M.

Saltus, ursprünglich staatliche Gebirgsforsten und -weiden im Gegensatz zum Ackerland, später, bes. in der Kaiserzeit, der private und kaiserliche Großgrundbesitz überhaupt (z. B. in Afrika der saltus Burunitanus). R. Kn.

Salus, das göttlich verehrte Heil (Wohlfahrt), hatte ihren Kult in Mittelitalien. Im Rom besaß sie einen Tempel auf dem Quirinal, der i. J. 311 v. Chr. während des → Samnitenkrieges gelobt und 302 geweiht worden war (Liv. 9, 43, 25; 10, 1, 9; vgl. auch Val. Max. 8, 14, 6 und Plin. nat. 35, 19). Varro (ling. 5, 74) hält sie ohne zureichenden Grund für ursprünglich sabinisch. Sie sollte die Erhaltung des röm. Staates gewährleisten (und steht insofern dem griech. Begriff Soteria in seiner politischen Bedeutung nahe); i. J. 10 v. Chr. errichtete Augustus einen Altar für die Salus populi Romani (Dio Cass. 54, 35, 2). An die S. Augusta richtete man Gebete für das Wohl des Kaisers. Nach der Aufnahme des → Aesculapius in Rom wurde S. oft → Hygieia gleichgesetzt und als Göttin der Gesundheit betrachtet. Vgl. → Personifikation. H. Le B.

Salutatio (‹Begrüßung›), der morgendliche Empfang der → Klienten durch den → Patronus zur Entgegennahme von Ratschlägen (Cic. de orat. 3, 33, 133; Hor. epist. 2, 1, 102) und Unterstützungen war für viele das wichtigste Ereignis des → gesellschaftlichen Lebens in Rom. W. K.

Lit: A. Hug, RE 1 A 2 (1920), 2066–72.

Salvianus, Presbyter von Marseille im 5. Jh. n. Chr. Sein in die → Geschichtsschreibung (C) gehöriges Hauptwerk ‹Über die Weltlenkung Gottes› geißelte den Sittenverfall der Christenheit und wendete damit nicht nur den eschatologischen Gerichtsgedanken auf die Geschichte (= Gericht Gottes), sondern das apokalyptische Konzept, daß das Gericht zuerst am ‹Hause Gottes› beginne, konsequent auf seine Zeit an. K. St.

Ed: C. Halm, MGAA 1, 1, 1877 – F. Pauly, CSEL 8, 1883 – *Übers:* A. Mayer, BKV II 11, 1935 – *Lit:* Altaner, 419 f. – M. Pellegrino, S. di Marsiglia, 1940 – Ders., CD 170, 1957, 546–560 (über Gott in der Geschichte bei S.).

Salvidienus Rufus, Q. (Salvius), cos. des. für 39 v. Chr., angeblich niederer Herkunft. Jugendfreund Octavians (→ Augustus), seit Apollonia einer seiner wichtigsten Anhänger. S. kämpfte 42 als Legat Octavians in Sizilien, erhielt die Imperatorakklamation für einen Sieg über Sex. → Pompeius (4) bei Rhegium, wurde dann aber in einer Seeschlacht zurückgeschlagen. Im J. 41 mit sechs Legionen nach Spanien geschickt, aber von Octavian zurückgerufen, um am Kampf gegen L. → Antonius (3) teilzunehmen. Nach dem Tode des Fufius Calenus (40) Statthalter der gall. Provinzen, trotz equestrischen Ranges designierter Konsul. Vor dem Pakt von Brundisium angeblich geheime Verhandlungen mit → Antonius (2), die dieser Octavian enthüllte. Rückberufung nach Rom, Anklage wegen Hochverrats vor dem Senat, Selbstmord. U. Wm.

Lit: Broughton, Ind. S. 613 – R. Syme, Roman Revolution (1939), 1952[2], Ind. S. 561.

Salvius Julianus, röm. Jurist, stammte vermutlich aus Hadrumetum in Nordafrika und ist schon früh zu senatorischem Rang aufgestiegen (zur Herkunft im einzelnen, auch zur Verwandtschaft mit → Didius (3) Julianus vgl. Kunkel, a. O. 157–163). Die Ämterlaufbahn führte ihn zum Konsulat (148 n. Chr.) sowie als Statthalter nach Germania inf., Hispania cit. und Afrika. Er bezeichnet sich als Schüler des → Iavolenus. S. wirkte z. Z. des Hadrian, Mark Aurel und Verus. Er war Vorsteher der Schule der → Sabinianer. Seine besondere Bedeutung liegt in der im Auftrage Hadrians vorgenommenen Zusammenfassung des prätorischen Edikts (→ Recht III A 5). Von seinen Werken sind 90 Bücher Digesten, die von Späteren wiederholt mit Notae versehen wurden, bekannt; vermutlich hat er auch Responsa verfaßt. Eine wichtige Quelle sind die Quaestiones des Caelius Africanus, die Julians Auffassungen wiedergeben. Zur Würdigung seiner juristischen Methode vgl. E. Seidl, a. O. 179–186. H. Hb.

Lit: O. Karlowa, Röm. Rechtsgesch. I, 1885, 707–709 – Th. Kipp, Gesch. d. Quellen d. röm. Rechts (1896), 1909[3], 124–126 – P. Krüger, Gesch. d. Quellen u. Lit. d. röm. Rechts (1888), 1912[2], 182–187 – W. Rechnitz, Stud. zu S. J., 1925 – H. F. Jolowicz, Historical Introd. to the Study of Rom. Law, 1952, 394 f. – W. Kunkel, Herkunft u. soz. Stellung d. röm. Juristen, 1952, 157–166 – L. Wenger, Die Quellen d. röm. Rechts, 1953, 503 – F. Schulz, Gesch. d. röm. Rechtswissensch., 1961, 124 – E. Seidl, Röm. Rechtsgesch. u. röm. Zivilprozeßrecht, 1962, 177–186 – W. Kunkel, Röm. Rechtsgesch. (1952), 1964[4], 107 f.

Salz. Neben der Gewinnung im → Bergbau war die von Meer-S. überall am Mittelmeer von großer Bedeutung. Auch das Wüsten-S. der Ammonsoase wurde exportiert, wie überhaupt S. immer ein bedeutender Handelsartikel war. Vgl. → Monopol. H. Br.

Lit: V. Hehn, Das Salz, 1873 (Neudr. 1964) – Forbes, Technology III – J. Nenquin, Salt, A study in economic prehistory, 1961.

Šam'al (Ja'di). [1] Späthethit., dann aram. Königreich, das etwa zwischen dem Golf von Issos und dem Mittellauf des Pyramos liegt, im W an Que (Kilikien) und im O an Gurgum grenzt. Nachdem Š. um die Mitte des 2. Jt.s zum → Mitanni-Reich gehört haben dürfte, das im 14. und 13. Jh. ein Vasallenstaat der → Hethiter war, entwickelte es sich nach dem Untergang des Ḫatti-Reiches zu einem selbständigen, späthethit. Königreich. Um 920 von den Aramäern erobert, erlangte Š. unter Kilamuva (etwa 832–810 v. Chr.) seine größte Macht. Um 740 wurde es durch → Tiglatpileser III. zum assyr. Vasallenstaat und unter → Salmanassar V. zur assyr. Provinz, was es bis Ende des assyr. Reiches blieb.

Lit: B. Landsberger, S., Ankara 1948.

[2] Die gleichnamige *Hauptstadt* des Reiches (heute Zincirli/[Sendschirli]), etwa 50 km südwestl. von Maraş. Die Stadt war mit doppeltem Mauerring befestigt, Zugang durch 3 Tore. Im Zentrum der Stadt eine befestigte Burg mit einem → Bit-Hilani als Palast. Unter den Löwenskulpturen und Orthostatenreliefs nur weniges aus späthethit. Zeit, das meiste gehört in die Zeit nach 900 und zeigt aram. Einfluß. Hervorzuheben sind die Kolossalstatue eines Königs auf einer Löwenbasis (9./8. Jh.) und die von Panamuva I. gestiftete Kolossalstatue des Gottes Hadad (8. Jh.). Bedeutende aram. Inschrift des Kilamuva. E.-M. B.

Lit: F. v. Luschan, Ausgrabungen in Sendschirli I–V, 1893–1943.

Samaria (arab. sebaṣṭje; Kt. 2196 A 5), von König → Omri (878/7–871/0 v. Chr.) gegründete und von seinem Sohn Ahab ausgebaute Hauptstadt des Nordreiches Israel (1. Kön. 16, 24). 722 v. Chr. von den Assyrern erobert, wurde S. Vorort der Provinz Samerina. Mit der Einrichtung einer makedon. Militärkolonie durch → Alexander (5) d. Gr. begann die Geschichte S.s als hellenist. Stadt; ihre Hochblüte erlebte sie in röm. Zeit, vor allem unter → Herodes d. Gr. (Namensänderung zu Ehren des Augustus in *Sebaste*). Später war S. röm. Militärkolonie und Bischofssitz. Amerikanische Ausgrabungen (seit 1908) haben vor allem den Palast der israelit. Könige und Teile der Umfassungsmauer der Akropolis (Eisen II-Zeit) freigelegt, darüber hinaus den Augustus-Tempel, das röm. Forum und die westl. Toranlage. Vgl. → Judentum B [4] [5]. H. Dn.

Lit: G. A. Reisner u. a., Harvard Excavations at S. 1908–1910, 1924 – J. W. Crowfoot u. a., S.-Sebaste I–III, 1938–57 – A. Alt, Der Stadtstaat S. (1954), in: Kl. Schr. III, 1959, 258–302.

Samaria, Gebiet nördlich Judäa (seit Ende 8. Jh. v. Chr.). – *Samaritaner:* auf → Esras Reform fußende, nur den Pentateuch als Kanon anerkennende altjüd.-sadokidische Denomination mit eigenem Tempel (auf dem Garisim: Ende 4.–Ende 2. Jh. v. Chr.); lehnte Führungsanspruch Jerusalems, später der → Rabbinen ab. In Jamnia nach 70 n. Chr. endgültig verketzert, vgl. → Judentum B [2.6]. R. M.

Samarra, Stadt der Kalifen des 9. Jh.s n. Chr. am Tigris (Kt. 1925 C 3), 90 km nördl. Bagdad. Fundort einer Keramik (frühes Chalkolithikum), die gleichzeitig oder wenig später zu der im nordsyrischen Raum verbreiteten → Tell-Halaf-Keramik ist und eine prähistorische Kulturschicht repräsentiert (→ Mesopot. Reiche A 2). Charakteristika: Keine richtige Standfläche, matte Malfarben; Hakenkreuz und Wirbelmotiv mit schematischen Menschen- und Tierdarstellungen (häufig Steinbock). W. R.

Šamaš (sumer. Utu), akkad. Sonnengott. Da er alles sieht, war er Richtergott und Wahrer des Rechtes, ferner Herr des Orakelwesens. Er genoß stets große Verehrung, wurde in zahlreichen Hymnen gefeiert. Morgens tritt er aus dem Mašum-Gebirge hervor (oft auf Siegelzylindern abgebildet), am Abend taucht er ins Meer (oder Gebirge) ein und spendet nachts den Toten Licht. Kultorte Sippar, → Larsa, → Assur u. a. W. R.

Samniten, ital. Volksstamm in Mittelitalien, griech. *Σαυνῖται*, daher röm. S. (wovon der Name *Samnium* abgeleitet), in ihrer eigenen, osk. Sprache (→ Italien C) Safineis. Das beweist ihre Verwandtschaft mit den → Sabinern, die auch in der Sage von dem → Ver sacrum zum Ausdruck kommt, durch den die S. von N unter Führung eines Stieres (daher Hauptstadt → Bovianum) in osk. Land gelangten. Weitere Städte: Aesernia, Allifae, Aufidena, Cluviae, Fagifulae, Saepinum, Telesia, Terventum. S. im eigentlichen Sinn sind die Stämme der Abellinaten, Alfaterner, Caracener, Caudiner und Pentrer, die ihre Wohnsitze im Zentralapennin im Quellgebiet des Volturnus (Volturno), Sagrus (Sangro), Trinius (Trigno) und Tifernus (Biferno), angrenzend an die Sitze der → Herniker, → Marser, → Pälignier, → Frentaner, → Apuler, → Hirpiner hatten (Kt. 1420 FG 6/7). Als eine der begabtesten und tapfersten Völkerschaften Italiens rivalisierten sie lange mit → Rom (I B 4) um die Macht, doch war die politische Einheit der Bergstämme in den nordsüdl. verlaufenden, parallelen Apennintälern nicht eng genug, um einen Erfolg zu ermöglichen. Auch war der Ausgangspunkt der S. nicht günstig: sie drängten vom Bergland Inneritaliens in die fruchtbaren Ebenen am Meer, kamen dort mit griech. Kultur in Berührung und wandelten sich so sehr, daß die von Samnium ausgezogenen Stämme der → Kampaner, → Lukaner, → Bruttier, Frentaner, Apuler in Gegensatz zum eigentlichen Samnium gerieten und so die Kräfte der S. zersplittert wurden. Die Expansionsbewegung der S. wird infolge des Rückgangs der Macht der → Etrusker (B 5) in Kampanien nach der Seeschlacht von → Cumae (474) bes. stark. Um die Mitte des 5. Jh.s drängen die S. nach → Kampanien und wachsen dort mit der alten → osk. Unterschicht und der jüngeren etrusk. Oberschicht zum Volk der Kampaner zusammen; der s. Bestandteil verdrängt bald die Etrusker und erhält die Vormacht. Um die Mitte des 4. Jh.s sind die im weiteren Sinn s. Stämme der Kampaner, Hirpiner, Frentaner, Apuler zu einem Bund untereinander und mit Rom (354) zusammengeschlossen, dessen Hilfe sie gegen die aus dem Bergland nachdrängenden S. anrufen. Daraus entsteht der 1. Samnitenkrieg 343/341, in dem → Teanum Sidicinum und → Capua Schutz bei Rom und dem → Latinerbund suchen und diese die S. in Kampanien abweisen. Der 2. Samnitenkrieg 326–304 wird eingeleitet durch einen Krieg zwischen Rom und Neapel, dessen Altbürger die S., dessen griech. gesinnte Partei die Römer zu Hilfe rufen, die 326 ein Bündnis mit → Neapel eingehen. 321 suchen die Apuler Schutz bei Rom gegen Übergriffe der S. Das röm. Heer, das ihnen quer durch das Gebiet der S. zu Hilfe eilen will, wird bei → Caudium in eine Falle gelockt und eingeschlossen (Liv. 9, 2 f.; 27, 1). Trotz einer weiteren Niederlage der Römer bei Lautulae (Pass am Lago di Fondi) 315 und im übrigen nur geringen Erfolgen gingen die Römer infolge des Anschlusses der Bergvölker in den Abruzzen nördl. von Samnium und infolge des Einflusses in Kampanien und Apulien gestärkt aus dem Krieg hervor. Durch die Einkreisung Samniums wird eine weitere Expansion der S. verhindert. Als aber Rom zu Beginn des 3. Jh.s durch Kämpfe im N gegen Etrusker, Umbrer und Gallier geschwächt war, erhoben sich die S. im 3. Samnitenkrieg abermals (298/291). Nach dem Sieg bei Sentinum (295) können die Römer schrittweise vordringen und Kolonien anlegen: Cales 334, Fregellae 327 oder 313, Luceria 314, Saticula 313, Suessa Aurunca 312, Interamnia Lirenas 312, Sora 303, → Venusia 291, → Beneventum 268, Aesernia 263. Nach den → Pyrrhoskriegen 280–275 wird Samnium zerstückelt; die politische Macht der S. ist gebrochen. Sie bleiben mit Ausnahme einzelner im 2. Pun. Krieg abgefallener Städte Rom treu bis zum großen, vor allem von S. (Anführer C. → Papius Mutilus) getragenen Aufstand im → Bundesgenossenkrieg 90/88, der mit der völligen Unterwerfung und Eingliederung der S. in den röm. Staatsverband endet. Das in den verschiedenen Kriegen furchtbar verheerte und entvölkerte Land erholte sich nicht mehr, trotz den Versuchen, dem Land zu helfen; (Wiederaufbau von Saepinum im Támarotal durch → Tiberius, das uns den besten Eindruck einer röm. Kolonie der frühen Kaiserzeit bietet, Anlage von Bovianum Undecimanorum durch → Vespasian), es verödet, bes. auch infolge des Übergangs vom Kleinbauerntum zum Latifundienbesitz und vom Ackerbau zur Weidewirtschaft, immer mehr. – Die S. waren ein Bauernvolk, staatlich nur locker organisiert mit dem Meddix Tuticus an der Spitze der Gemeinden und einem gemeinsamen Heerführer nur im Kriegsfall. In der Berührung mit westgriech. Kultur brachten sie eine eigentümlich ital. Kunstübung (Reliefs in Isernia, Theater in Pietrabondante, samnit. Epoche in Pompeji) hervor, die als eine Wurzel der röm. → Kunst anzusehen ist. B. A.

Lit: Nissen, I 528; II 778 ff. – A. v. Blumenthal, Volkstum und Schicksal der S., WG 2, 1936, 12–32 – Devoto, 136 ff., 143 ff., 147 ff., 158 ff., 196 ff., 283 ff., 303 ff. – Saepinum: V. Cianfarani, S., 1958.

Samos, Insel und gleichnamige Stadt vor dem Vorgebirge → Mykale der kleinasiat. W-Küste (Kt. 1152 G 5), in der Frühzeit reich und blühend, Beteiligung an der Gründung von → Naukratis, Entsendung einer Kolonie nach → Perinth (ca. 600 v. Chr.). Bes. bekannt ist die Tyrannis des → Polykrates (1; ca. 538–522 v. Chr.), dann war S. bis 479 persisch, im 5. Jh. im → Att. Seebund, 440–439 Abfall von Athen, → Perikles vor S., Eroberung der Stadt. Im → Pelop. Krieg stand S. treu zu Athen, dafür 405 Verleihung des athen. Bürgerrechts an Samos. In röm. Zeit freie Stadt. S. ist die Heimat des → Pythagoras und mehrerer berühmter Architekten (→ Rhoikos, Erbauer des Heraion), Ingenieure (Mandroklos, Erbauer der Bosporusbrücke des Königs → Dareios), Bildhauer und Maler. Die antike Stadt lag im SO der Insel beim heutigen Tigani über einer bereits vorhistorischen Siedlung. Erhalten sind vor allem Teile der 6,7 km langen Stadtmauer und der antiken Hafenmolen, das Theater und der noch heute begehbare, etwa 1 km lange Tunnel mit der Wasserleitung, die → Eupalinos z. Z. des Polykrates durch den Burgberg in die Stadt führte. Ca. 6 km westl. der Stadt in derselben Ebene dicht am Meer liegt das berühmte Heraion, der heilige Bezirk der Hera. Von dem riesigen Haupttempel steht eine Säule noch aufrecht; die Grabungen der letzten Jahre haben den ausgedehnten Bezirk mit vielen Bauten freigelegt. An gleicher Stelle lag bereits im 3. und 2. Jt. v. Chr. auf einem flachen Hügel eine befestigte Siedlung; die Gründung des Heiligtums fällt ins 10. Jh., der erste Tempel wurde um 800 gebaut. Nach mehrfachen Um- und Neubauten wurde er um die Mitte des 6. Jh.s durch einen Riesentempel von 51 × 102 m Größe mit doppeltem Säulenumgang ersetzt, der aber gleich nach Fertigstellung abbrannte und durch Polykrates in etwas anderer Lage, aber gleicher Größe neu errichtet wurde. Der Bau wurde nie vollendet. Er galt als eines der 7 → Weltwunder. Zum heiligen Bezirk gehörten mehrere andere Tempel, z. T. erst aus röm. Zeit, und viele Nebengebäude mit zahlreichen Weihgeschenken. Das Heiligtum wurde gegen Ende des 3. Jh.s n. Chr. durch die → Heruler, einen Teilstamm der Goten, zerstört. Über den Trümmern entstand ein kleines Städtchen mit einer christl. dreischiffigen Basilika aus dem Ende des 5. Jh.s n. Chr. E.M.

Lit: L. Bürchner, RE 1 A 2 (1920), 2162–2218 – E. Buschor, Altsam. Standbilder, bis jetzt 5 Hefte, seit 1935 – O. Reuther, Der Heratempel v. S., 1957 – E. Buschor, Samos 1952–57, in: Neue deutsche Ausgrab. im Mittelmeergeb. u. im Vord. Orient, 1959, 197–224 – W. Kastenbein, Unters. am Stollen des Eupalinos auf S., AA 75, 1960, 178–198 – Vl. Milojčić, Die prähist. Siedlung unter dem Heraion v. S., Bd. 1, 1961 – Berve-Gruben, 45 f. 236–243.

Samosata, Hauptstadt der Kommagene (Kt. 2640a E2; heute Samsat). 69 v. Chr. Belagerung durch → Lucullus, 38 v. Chr. durch P. → Ventidius, den Legaten des → Antonius (2). 72 n. Chr. endgültige Eroberung durch die Römer. → Lukian ist in S. geb. Bauten: Stadtmauern. R.F.

Samothrake, gebirgige Insel, 1600 m hoch, vor der Küste → Thrakiens (Kt. 1152 F2), im 8. Jh. v. Chr. von den Samiern besiedelt, vorher von Thrakern bewohnt, allmähliche Ausdehnung auf das Festland und Gewinnung einer Peraia zwischen der Mündung des Hebros und dem Berg Ismaros. Im → Att. Seebund, 404/403–389/388 unter spartanischer Vorherrschaft, im 2. Att. Seebund, 340/339 Eroberung durch → Philipp II. v. Makedonien. In hellenist. Zeit gehörte die Insel 294/293–188/187 → Demetrios I. Poliorketes, 299–281 → Lysimachos (seine Gattin → Arsinoe II. stiftete den Rundtempel), bis 265 → Ptolemaios II., bis 246/245 den → Seleukiden, bis 228/225 den → Ptolemäern, bis 197/196 den Makedonen, bis 191/190 → Antiochos III., bis 167 den Makedonen. → Perseus (2) wurde auf ihr gefangen. Nach 167 war die Insel frei. – Die antike Stadt S. mit schönem, erhaltenem Mauerring lag an der Nordküste der Insel; etwas außerhalb in einem Waldtal das vor allem in hellenist.-röm. Zeit hochberühmte, bes. von Seefahrern besuchte → Mysterienheiligtum der Großen Mutter (→ Kybele, → Magna Mater), des Axieros, des Kadmilos, des Zwillingspaares der → Kabiren und des Paares Axiokersos und Axiokersa, zusammengefaßt als die ‹Großen Götter von S.›. Die ältesten, einfachen Anlagen gehen mindestens ins 7 Jh. v. Chr. zurück, großzügiger Ausbau mit vielen dem Kult dienenden Bauten, aber ohne Tempel, vor allem durch die makedon. Könige und die Ptolemäer zwischen 340 und 150 v. Chr. Der Kult ist ursprünglich thrakisch, die Kultsprache war es noch im 1. Jh. v. Chr. Berühmt die ‹Nike von S.› im Louvre, herabschwebende Siegesgöttin auf Schiffsvorderteil in einem Nischenbau am Ende des heiligen Bezirks. E.M.

Lit: K. Lehmann, Samothrake, bisher 5 Bde, ab 1958, unvollendet – Philippson-Kirsten IV 213–218 – K. Lehmann, S., a guide to the excavations and the museum (1955), 1960² – E. Kirsten-W. Kraiker, Griechenlandkunde (1955), 1962⁴, 645–655.

Šamši-Adad I., assyr. König, ca. 1748–1716, ursprünglich aus Terqa stammend, usurpiert den Thron in Assur und erobert → Mari. Söhne Jasmachadad (in Mari) und Išmedagān (in Ekallātum) als Vizekönige. Reiche Korrespondenz erhalten.

2. **Š. V.,** 823–810, Sohn → Salmanassars III., dessen Reich er mit babylon. Unterstützung zurückerobern und ausbauen kann. Gatte der → Semiramis. W.R.

Samsuiluna, babylon. König (ca. 1685–1648 v. Chr.), Sohn des → Hammurapi. Muß im Kampf gegen → Elamiter, → Kassiten und Revolten im eigenen Lande große Gebietsverluste hinnehmen, bes. als sich ca. 1657 das Meerland unter Iluman selbständig macht. W.R.

Sandas, kleinasiat. Gott unsicherer Etymologie, wahrscheinlich luvischer Herkunft. Sein Kult ist vor allem in → Kilikien nachweisbar. Im Pantheon der → Hethiter wohl Genosse der Kubaba, z. T. mit → Marduk identifiziert. In griech. Zeit mit → Herakles gleichgesetzter Stadtgott von → Tarsos. G.Wn.

Lit: H. Zwicker, RE 1 A 2 (1920), 2264–68 – WbMythol I 186, s. v. Marduk – H. Th. Bossert, Santas und Kubaba, Mitt. d. Alt. Or. Ges. 6, 3, 1930.

Sandhi (altind. ‹Zusammensetzung›), durch den Anfang des folgenden Wortes bedingte lautliche Veränderung des Wortendes (und umgekehrt), z. B. *ἐκ* (= *ἐξ*) *τούτου*, lat. *ā* (= *ab*) *diīs*, inschriftlich auch *τὴμ* (= *τὴν*) *πόλιν*, *om* (= *ob*) *meritis* usw. Normalerweise wird dieser S. allerdings in der Schrift außer bei Zusammensetzungen, wie z. B. *ἔμπορος* statt *ἐν-π.*, *afferre* statt *ad-f.*, nicht ausgedrückt. Zu den Erscheinungen des S. gehören z. B. auch die Krasis (→ Kontraktion), die → Aphärese und die → Elision (→ Hiat). E.R.

Sandrokottos (Tschandragupta), Begründer der indischen Maurya-Dynastie, stürzte 321 (?) v. Chr. die Nanda-Dynastie in Magadha am Ganges (Hauptstadt Pataliputra) und dehnte in den folgenden Jahren seine Herrschaft bis zum Indus aus; → Poros, der Beherrscher Nordwestindiens, wurde anscheinend auf seinen Befehl ermordet. Sein Berater soll der skrupellose Kauṭilya, der Verfasser des Arthaśastra (einer ‹machiavellistischen› Staatslehre) gewesen sein. Ein Konflikt mit → Seleukos I., der seit 311 wieder die Indusgrenze anstrebte, endete um 304 mit einem durch Heiratsverbindung bekräftigten Vergleich; Seleukos trat → Gandhara und die östlichen Teile von Arachosien und Gedrosien ab und erhielt von S. 500 Kriegselefanten. → Megasthenes, der in der Folge mehrmals als Gesandter des Seleukos Indien besuchte, verfaßte eine Beschreibung des Staates des S. (FGrHist 715). Um 297 soll S. abgedankt und bis zu seinem Tod als Mönch gelebt haben. Seine Nachfolger Bindusāra (etwa 297–268) und → Aśoka setzten die Eroberung Indiens fort. H.H.Sch.

Lit: Cambridge History of India I, 1922.

Sandstein (antike Benennung nicht überliefert), Sedimentgestein, durch Bindemittel (z. B. Kalk) verfestigter Quarzsand; tritt je nach Gemenge in verschiedenen Farben auf: gelb bis braun, rot bis violett (bei Eisengehalt), grün (Glaukonit). Seiner leichten Bearbeitung wegen war S. in Ägypten beliebt, während die griech. Kunst edleres Material (bes. → Marmor und → Kalkstein) vorzog. In der → Architektur wurde S. bes. in den röm. Provinzen verwendet. C.K.

Lit: Blümner, Technologie III 62 f.

Sangarios, Hauptstrom Kleinasiens (Kt. 1567 B 1.2; heute Sakarya). Quelle südwestl. von Pessinus, auf dessen Münzen der S. als Flußgott. Stark gewundener Lauf, Länge 520 km. Die drei Hauptbiegungen schon Ptolemaios (geogr. 5, 1, 3) bekannt. Galt als fischreich. R.F.

Sanherib (Sennacherib, akkad. Sîn-achchē-erība), assyr. König, 704–681, Sohn → Sargons II. Machtvolle Feldzüge nach Medien, Urartu, Syrien und Kilikien. 701 erfolglose Belagerung Jerusalems. Nach zahlreichen Revolten 689 völlige Vernichtung Babylons. Der technisch sehr interessierte König baut → Ninive und → Assur großzügig aus. 681 ermordet. Vgl. → Mesopot. Reiche B [3]. W.R.

Ed: D.D. Luckenbill, The Annals of Sennacherib, 1924.

Sannyrion, von Athen, Dichter der ausgehenden alten und der mittleren → Komödie (I B C). Mit Spott erwähnt in → Aristophanes' ‹Gerytades› (ca. 408). Die Stücke ‹Gelos› (‹Gelächter›), ‹Danaë› und ‹Io› waren wohl alle → Mythentravestien mit Anspielungen auf Zeitgenossen. Th. G.

Frg: FAttCom I 882–887.

Sapphische Strophe nennt man bei → Horaz die Folge von 3 sapphischen → Hendekasyllabi (–∪–––∪∪–∪––) und einem → Adonēus (–∪∪––). Für → Sappho, deren Strophen dieser Art im 1. Buch ihrer Gedichte standen, ist allerdings der 3. Elfsilbler in → Synaphie mit dem sog. Adoneus. Das Schema für sie ist: *cr‸hipp* || *cr‸hipp* || *cr‸gl‸pher* ||| (→ äolische Metrik. – ‹Größere sapphische Strophe› heißt das Versmaß von Hor. 1, 8; die entsprechende Form bei Sappho ist nicht bekannt. B. Sn.

Lit: F. Klingner, Horatius (Ed.), (1939), 1959³, 318 ff.

Sappho, → Lyrikerin, ca. 600 v. Chr. [1] *Leben.* Als Vatersname wird am häufigsten Skamandronymos (neben vielen anderen) genannt, ihre Mutter soll, wie ihre Tochter (Fr. 132 L.-P.), Kleïs geheißen haben. Sie stammte aus einem adligen Geschlecht in Mytilene; 604/590 mußte sie, wohl aus politischen Gründen, nach Sizilien fliehen. In der Komödie wurde sie offenbar als Witzfigur behandelt, wobei ihr allerlei angedichtet wurde (u.a. → Archilochos und → Hipponax als Liebhaber), was dann in die biographische Tradition überging (z.B. der angebliche Mann Kerkylas). Auf die gleiche Quelle geht vermutlich die Legende ihrer unglücklichen Liebe zu dem schönen Jüngling Phaon zurück, dessentwegen sie sich vom leukadischen Felsen ins Meer gestürzt haben soll; die Grundlage dürfte ein Gedicht mit der Sage von Phaon-Adonis (s.d.) und Aphrodite gebildet haben (vgl. Fr. 511 L.-P.). – Aus ihren Liedern erfahren wir, daß sie in einem Kreis von Mädchen oder Frauen wirkte, in dem die Pflege von Gesang und Tanz eine besondere Rolle spielte. Über die Art dieses Kreises sowie S.s Stellung in ihm ist viel gemutmaßt worden, ohne daß man Genaueres wüßte. Auch die Art der Beziehung zwischen den Mitgliedern hat seit dem Altertum vielerlei Deutungen erfahren (die meist nur etwas über den Beurteiler aussagen). Sicher ist nur, daß sie für einige ihrer Gefährtinnen leidenschaftliche Zuneigung empfand.

[2] *Werk.* S.s Lieder wurden von den Alexandrinern in 9 Büchern herausgegeben; eines enthielt die für chorischen Vortrag bestimmten Hochzeitslieder (→ Hymenaios), die übrigen die monodische Lyrik, weitgehend nach Metren geordnet. Die Vielfalt ihrer *Metren* ist nicht ganz so groß wie die des → Alkaios, aber doch erheblich. Ihre Sprache ist der äolische Dialekt mit Anklängen an die epische Sprache (bes. in den daktylischen Versmaßen). – Ihre private Welt bildet den *Stoff* ihrer Lieder, politische Ereignisse erwähnt sie nur, soweit sie in ihr Leben hineinwirken (Fr. 98 L.-P.); auch ihre Familie spielt keine große Rolle. Die Gemeinschaft mit den Gefährtinnen, Musik, Tanz und Festlichkeit, Schmuck und Blumen, vor allem aber die Abstufungen und Wechselwirkungen des Gefühls sind die immer wiederkehrenden Themen. Sentenzen sind bei ihr häufiger als bei Alkaios, sie dienen dazu, das Gefühl zu verdeutlichen. Mit der Klarheit eines unbeteiligten Beobachters nimmt sie an sich die Symptome höchster Leidenschaft wahr und schildert sie mit voller Offenheit (Fr. 31 L.-P.). Es fehlen rein erzählende Gedichte aus den Götter- und Heroenmythen und Hymnen; der Mythos ist bei ihr immer Exempel für die dargestellte Situation, die Götter sind wirkend und gegenwärtig. – Ihre *Sprache* ist einfach und anschaulich, auf unmittelbaren Ausdruck gerichtet, jedoch keineswegs kunstlos.

[3] *Wirkung.* Unter ihrem Einfluß stehen bes. → Anakreon, → Catull (der Fr. 31 übersetzte) und → Horaz. Ein angeblich platonisches Epigramm (AP 7, 44) bezeichnet sie als die zehnte Muse, → Strabon (13, 2, 3) nennt sie die größte Dichterin aller Zeiten und ein ‹staunenswertes Ding›; die attizistischen Literarästhetiker schätzen sie hoch. In der Komödie jedoch galt sie als Witzfigur (s.o.), und die Moralisten verurteilten sie. E.-M. V.

Frg: PLesbFr – *Übers:* M. Treu, S., Tusc. 1954 – *Komm:* D. Page, S. and Alcaeus, 1955 – *Lit:* U. v. Wilamowitz, S. u. Simonides, 1913 – W. Schadewaldt, S., 1950 – H. Rüdiger, S., 1928 (Nachleben) – *Bildnisse:* → Anhang I.

Šapur (Šāpūr, Schapur), Name mehrerer sassanidischer Perserkönige: Š. I. (241–272), einer der bedeutendsten → Sassaniden, setzte die Westoffensive seines Vaters → Ardaschir fort und führte mehrere Kriege mit den Römern, bei denen die östlichen Reichsprovinzen geplündert und 260 → Valerianus gefangengenommen wurde (Felsrelief); dem Zusammenbruch der röm. Ostfront kamen die Herrscher → Palmyras zuvor (Chronologie und Zusammenhang der Ereignisse stark umstritten). Š. unterstützte den Religionsstifter → Mani. – Š. II. (310–379) hatte mehrere röm. Offensiven unter → Constantius (1) und → Julianus (2) zu bestehen. – Š. III. (383–387). D.T.

Lit: A. Christensen, L'Iran sous les Sassanides (1936), 1944² – E. Honigmann-A. Maricq, Recherches sur les Res gestae Divi Saporis, 1953 – G. Walser-T. Pekáry, Die Krise des röm. Reiches, 1962 (Forschungsbericht).

Ṣaqqāra (Kt. 29 C 3), westl. des alten Memphis gelegener Ort, nach dem der Teil der alten Nekropole bezeichnet wird, der zwischen → Abusir und Dahschūr liegt. Den Mittelpunkt bildet die Stufen- → Pyramide des Djoser, umgeben von anderen Königspyramiden (Userkaef, Teti, Onnos) und zahlreichen → Mastaben hoher Beamter der 5. und 6. Dyn. Im Norden schließt sich der archaische Friedhof mit den Gräbern hoher Beamter der 1.–3. Dyn. an. – Saqqara-Süd wird von den Pyramiden des Asosi, Phiops' I. und II., des Merenre, Ibi und Hendjer (13. Dyn.) und dem Grabbau in Form eines Sarges des Schepseskaef (Mastabat Faraun) gebildet. Bedeutsame Friedhöfe wurden in S. auch in der → Herakleopolitenzeit und zu Beginn der 19. Dyn. angelegt. Außerdem begrub man in S.-Nord seit → Amenophis III. die hlg. Apis-Stiere im sog. → ‹Serapeum›. Die → Kopten errichteten in S. südl. des Onnos-Aufwegs das Kloster des hl. Jeremias. W. Hk.

Sardanapal → Assurbanipal.

Sardes (*Σάρδεις*), bei Homer noch nicht genannte Königsstadt → Lydiens mit der fast uneinnehmbaren Burg und der Residenz der Mermnaden, am Fuß des 2050 m hohen Tmolos auf dem rechten Ufer des goldführenden Paktolos, einem Nebenfluß des Hermos, am S-Rand von dessen weiter Fruchtebene, ca. 100 km vom Ägäischen Meer entfernt (Kt. 1567 B 2). Sitz der lyd. Könige seit etwa 700 v. Chr. bis zur pers. Eroberung 547/546. Der Palast aus Lehmziegeln unterhalb der Akropolis noch nicht wieder aufgefunden; die Häuser, z.T. von apsidialem Grundriß, waren nach Hdt. 5, 101 vorwiegend aus Lehm und Schilf. Der Königszeit gehört die ausgedehnte Grabhügelnekropole im N der Stadt am gygäischen See mit dem 69 m hohen Tumulus des Alyattes an (→ Lydien 3). – Mehrmalige Zerstörung durch die → Kimmerier, auch durch Brandhorizonte nachgewiesen. Seit 547/546 Sitz des Satrapen des pers. Großkönigs und Ausgangspunkt der über → Gordion und das anatol. und iran. Hochland nach → Susa führenden pers. Königsstraße. 499 im ion. Aufstand Zerstörung der Stadt und des alten → Kybeletempels durch die Griechen (Brandschicht). Stiftung eines Altars für Zeus Olympios anstelle des Palasts durch → Alexander d. Gr. nach 334. Die bedeutendste Ruine ist der in seinem Plan der Seleukidenzeit angehörende ion. Tempel für Artemis-Kybele, der früheste Pseudodipteros (→ Tempel B 1). Mit seinen fast 100 m langen Säulenhallen und Vorsälen von noch zu ahnender großartiger räumlicher Wirkung. Nach der Niederlage → Antiochos' III. in der Schlacht von Magnesia (190) kommt das bisher seleukidische S. an → Pergamon, 133 zur röm. Provinz → Asia. Als Mitglied des *Κοινὸν 'Ασίας* am Kaiserkult (→ Herrscherkult) beteiligt. Wiederaufbau der durch das große Erdbeben von 17 n. Chr. stark geschädigten Stadt mit Unterstützung des → Tiberius (Tac. ann. 2, 47). Wasserleitung durch Claudius. Im 5. Jh. neues Befestigungssystem; Aufleben der Stadt in frühbyzantin. Zeit. – Die amerikan. *Ausgrabungen* seit 1910, fortgesetzt seit 1958, haben wichtige Aufschlüsse für Geschichte, Kunst und Topographie der Stadt von der Mermnadenzeit bis in das islamische Mittelalter erbracht. Neuerdings sind Funde der geometrischen Zeit und des 2. Jt.s v. Chr. hinzugetreten. Neolithisches aus der Umgebung war schon vorher bekannt geworden. Wichtig die Synagoge (230–250 n. Chr.). P. Hom.

Lit: Sardis, Publ. of the Am. Soc. for the Excav. at S., 1916–32 (H. C. Butler u. a.) – G. M. A. Hanfmann, Prehistoric S., in: Studies Presented to D. M. Robinson I, 1951, 160–183 – Ders., S. und Lydien, 1960 – Ders., The 6th Campaign at Sardis (1963), BASOR 174, 1964, 3–58 – M. Mellink, AJA 67, 1963, 187 (Bibliographie der Berichte der Nachkriegskampagnen) – G. Gruben-P. R. Franke, Beob. zum Artemistempel von S., AM 76, 1961, 155–208.

Sardinien, große Insel westl. Italien (Kt. 1420). S. wurde im 9. Jh. v. Chr. von den → Phöniziern besiedelt. Um 500 wurde S. von → Karthago annektiert. Nach dem 1. Pun. Krieg 238 v. Chr. an Rom abgetreten, 227 zusammen mit → Korsika als Provinz eingerichtet (in der Kaiserzeit bildeten beide Inseln selbständige Provinzen). S. wurde, wie früher für Karthago, so jetzt für Rom ein wichtiger Getreidelieferant. Rom beutete S. rücksichtslos aus. Erst in der Kaiserzeit erhielt Carales das Bürgerrecht. Turris libisonis, Uselis und Carnus wurden röm. Kolonien.

Sardonyx, weißgestreifter Sarder (→ Karneol), mitunter auch schwarze oder blaue Zwischenschicht. Neben paralleler auch konzentrische Schichtung. Der aus Indien stammende Halb → Edelstein diente bes. zur Herstellung von → Gemmen und Gefäßen. C. K.

Q: Plin. nat. 37, 85 – *Lit:* Blümner, Technologie III 267 ff.

Sardur II., König von → Urartu 753–735, der seine Macht vorübergehend bis Aleppo ausdehnt.

Sargon I., König von → Akkade, ca. 2350–2295, richtet von → Kiš aus die erste semitische Oberherrschaft in Babylonien auf (→ Mesopot. Reiche B 1). Seine gewaltigen Kriegszüge (bis Kleinasien) feiert das Epos ‹König der Schlacht›. Durch aufgelockerte Kampftechnik siegt er über die Phalanx der Sumerer unter → Lugalzaggesi. Neue Hauptstadt → Akkad.

2. **S. II.,** assyr. König, 721–705, Usurpator. Zahlreiche Feldzüge nach → Syrien, Kilikien, → Medien und → Urartu (8. Feldzug). 710 Angriff auf Babylonien, das er nachher als Statthalter verwaltet. Residenz → Dūr-Šarrukīn. W. R.

Sargtexte, ägypt. Sprüche auf Holzsärgen von Privatleuten der 11. bis 17. Dynastie, die das Weiterleben des Toten in der gewünschten Weise garantieren sollten: man will sich gegen Dämonen und Feinde schützen, will seine Familie wiedersehen, möchte nicht Hunger leiden, hofft, seine Gestalt verändern und auf die Erde nach Wunsch zurückkehren zu können usw. Diese S. sind häufig aus älteren bruchstückweise zusammengesetzt, manche aber sind Neuschöpfungen, die meist auch neue Ideen ausdrücken. So treten eschatologische Fragen auf, neue Interpretationen alter Vorstellungen, wie die Deutung von Luft und Feuchtigkeit (→ Schu und Tefnut) als Leben und Ordnung, oder die Gleichsetzung des Toten mit dem Korngott *Npr*. Von den S. geht eine direkte Verbindung zu dem späteren → Totenbuch. W. Hk.

Ed: A. de Buck, Coffin Texts I–VI, 1935–56.

Sarkophag. [1] *Ursprünge.* Ägypten ist die Heimat des monumentalen Stein-S.s, der in einer gemauerten Gruft aufgestellt wird; wegen seiner Kostbarkeit Vorrecht der Vornehmen; nachgeahmt in Fürstengräbern der → kret.-myk. Kultur → Phöniziens (13. Jh. Aḥīrām von → Byblos: HbArch I, Taf. 189; 6.–4. Jh. → Sidon) und → Lykiens (hier im Freien; ebenso Kyrosgrab in → Pasargadai, 6.–4. Jh.), in → Cypern (6.–4. Jh.), → Samos, → Aigina, → Cumae, → Sizilien (6./5. Jh.), → Etrurien (6.–1. Jh.), alle seit dem 6. Jh. architektonisch ausgebildet.

[2] Die *kretischen* Beispiele (Larnakes) sind vom letzten Drittel des 3. Jt.s bis zum Beginn der Blütezeit (17. Jh.) Tonwannen von meist gerundeter Form. Von da an bis gegen 1400 (SM II) sind sie fast ganz von hölzernen Särgen abgelöst worden. Das läßt sich aus der neuen, truhenförmigen, auch mit einem Gibeldach deutlich an Holzvorbilder erinnernden Gestalt von Ton-S.en des 14. und 13. Jh.s erschließen. Die in keramischer Technik aufgemalte Verzierung der Ton-S.e zeigt Kultsymbole, Seetiere und (pflanzliche) Ornamente. Wannen-S.e und tönerne Badewannen (→ Bad) sind nach ihrer Form in der Spätzeit offenbar nicht zu trennen. Von allen kret. S.en findet ein truhenförmiger Kalksteinsarg aus → Hagia Triada (um 1400) wegen der aufgemalten Darstellungen die meiste Beachtung. W. Schg.

Abb: S. Marinatos-M. Hirmer, Kreta und das myk. Hellas, 1959, Taf. 27–30 – *Lit:* F. Matz, HbArch II 272–273 mit Anm. 5.

[3] *Etruskisch.* Aus der archaischen Zeit gibt es in E. nur wenige reliefverzierte Terrakotta- bzw. Stein-S.e: Löwen S. aus Procoio di Ceri, Caere (1. H. 6. Jh. v. Chr.); die Pietrafetida-S.e aus Clusium, mit Darstellungen von Banketten und Orgien, eines Beutezuges (?), heraldisch geordneter Sphingen (um 500). Daneben mag es geschnitzte S.e der gleichen Holztruhenform gegeben haben. Aber durchsetzen kann sich die S.beisetzung in größerem Ausmaß erst, als mit der charakteristisch etrusk. Erfindung der Deckelfigur der Sarg über seine Funktion als Leichenbehältnis hinaus zum Gestaltträger wird (frühestes erhaltenes Bsp. der polychrome Marmor-S. aus der Tomba dei Sarcophagi, Caere, im Mus. Greg. des Vatikans, um 450 v. Chr.). Ein Zusammenhang mit den tönernen, archaischen Ehepaar-‹S.en› gleichfalls aus Caere ist nicht ausgeschlossen. Zentrum der Sitte, den Verstorbenen auf dem Beisetzungsbehältnis darzustellen, die in Volterra schon gegen Ende 7. Jh. auftaucht (Urne von Montescudaio: Florenz, Mus. Arch.), wird mit einer alle Typen umfassenden Produktion Tarquinii (Holztruhen-, Klinen-, Hallentypus); daneben Caere, Vulci, Orvieto, auch Viterbo (Vetralla, Tuscania), später auch Clusium (vor allem mit Terrakottasarkophagen). S.formen und -skulptur bezeugen starken griech. Einfluß. Die Reliefdarstellungen sind selten nur rein ornamentaler Art (Ton-S.e der Familie Seianti, Clusium); meist handelt es sich um die mehr oder weniger stark veränderte Wiedergabe griech. Mythen, allgemeine Schlachtdarstellungen und etrusk. Jenseits- und Totenreisebilder (Abschied, Totengeleit, Beamtenaufzüge). Im Gefolge der südetrusk. S.schöpfungen entstehen seit dem 3. Jh. v. Chr. in Clusium, Perusia und Volaterra Aschenkisten aus Nenfro, Kalkstein und Alabaster, zunächst selten, dann später in Clusium häufiger, auch aus Terrakotta, auf deren Deckel die Toten wie auf den S.en allein oder paarweise dargestellt sind, Hinweis darauf, wie in Brand- und Leichenbestattung die gleichen Ideen wirken. Sie sind reich mit meist griech. Mythologie, aber auch etrusk. Jenseitsglauben darstellenden Reliefs verziert. Der Deckel der einzigen Frauenurne im Volumniergrab (Perugia, 2. Jh. v. Chr.) zeigt die volle Figur der Verstorbenen auf einem Sessel sitzend, nicht wie die Männer gelagert. Die im Hellenismus sich entfaltende Porträtkunst wirkt auf die Köpfe der Deckelfiguren, bes. der männlichen, ein und gibt ihnen zunehmend individuellen Charakter. Ziel bleibt aber auch hier der heroisierte, verklärte Tote. O. W. v. V.

Lit: E. Brunn u. G. Körte, I rilievi delle urne etrusche I–III, 1870. 1890. 1916 – R. Herbig, Die jünger-etrusk. Stein-S.e, 1952 – J. Thimme, Chiusinische Aschenkisten u. S.e der hellenist. Zeit, StE 23, 1954, 25–147; 25, 1957, 87–160 – Ders., Der Porträtwert etrusk. Bildnisse, in: Festschr. E. Knittel, 1959, 147–163.

[4] *Griech. und röm.* Das griech. Mutterland, vor allem Athen, meidet die Fürstensitte der S.e und verwendet allenfalls schmucklose Steinsärge. Dagegen ist im vermutlichen → Mausoleum → Antiochos' II. von → Belevi ein S. mit gelagerter Deckelfigur erhalten. Dahinter muß dieselbe Tradition stehen, die schon im 6. Jh. auf Etrurien und im 2. Jh. n. Chr. auf Rom gewirkt hat; die Ausbildung des Deckels als Kline ist makedonisch. Von solchen oft mit Ranken und Girlanden verzierten S. unterscheidet sich die etrusk. und römische Freude an → Reliefs, wie sie nur selten im klass. Ostgriechenland auf S.en verwendet wurden (→ Sidon). Nach vereinzelten Vorstufen der frühen Kaiserzeit gingen in *Rom* die senatorischen Familien, durch Trajan in ihre alte Würde wieder eingesetzt, zur fürstlichen Sitte der S.e über, deren Reliefs den Ausdruck klass. Bildung mit Symbolen individueller Hoffnung auf ewiges Leben verbinden (→ Mythendeutung). Der Aussage der Reliefs wegen wurden, im Unterschied zum griech. Osten, die tektonische Form und die Rückseite vernachlässigt. Seit dem 3. Jh., bes. aber seit → Konstantin, übernehmen die röm. *Christen* die Form (darüber ausführlich → Plastik D. E.), während der Osten wie immer schlichtere Arten des Monumental-S.s bevorzugt und → Ravenna eine Zwischenstellung einnimmt. – S.e aus *Holz* gab es schon im alten Ägypten; dann sind sie dort, in Karthago und in Südrußland seit der Alexanderzeit nachweisbar. S.e aus *Ton* kennt außer der kret.-myk. Kultur (s. o. 2) das arch. Ostgriechenland (→ Klazomenai) und Etrurien (s. o. 3) bis in den Hellenismus. Hat vielleicht zur Ausbreitung der S.e der Glaube an leibliche Auferstehung beigetragen, der mit der griech. ausgestalteten Isisreligion verbreitet wurde? (S. Morenz). Vgl. → Orient und Antike G [1]; → Alexandersarkophag. K. Schf.

Lit: C. Robert, Die antiken S.reliefs, 1890 – C. Watzinger, Griech. Holz-S.e, 1905 – A. D. Nock, Cremation and Burial in the Roman Empire, HThR 25, 1932, 321–359 – G. Rodenwaldt, S.probleme, RM 58, 1943, 1–26 – R. Herbig, Die jüngeretrusk. Stein-S.e, 1952 – E. Kukahn, Anthropoide S.e in Beirut, 1955 – G. Kleiner, Hellenist. S.e, Ist. Mitt. 7, 1956, 1–10 – Ders., Diadochengräber, 1963 – I. Kleemann, Der arch. S. in Samos, in: Festschr. F. Matz, 1962, 44–55 – B. Andreae, Studien zur röm. Grabkunst, 1963 – K. Schefold, Röm. Kunst als rel. Phänomen, 1964.

Sarmaten, iran. Nomaden- und Reitervolk in der südrussischen Steppe. In hellenist. Zeit hatten sie den Don überschritten, bedrohten die griech. Kolonien am Pontos; um Chr. Geb. an der Donaumündung. → Iranier, → Roxolanen, → Jazygen.

Sarmizegetusa, Hauptstadt von → Dakien, später von Dacia superior (Kt. 2209 D 3, heute Grădişte). Die von den Römern im 2. Dakerkrieg (105–106) eingenommene alte Hauptstadt der Daker wurde aufgegeben und in das Hatzegtal östl. des Passes vom Eisernen Tor verlegt. Colonia Ulpia Traiana S. B. S.

Lit: C. Daicoviciu, Siebenbürgen im Altertum, 1943 – C. und H. Daicoviciu, Ulpia Traiana, 1962 – Dies., Sarmizegetusa, 1962.

Sarpedon, Sohn des Zeus und der Laodameia (Il. 6, 198 ff.), Führer der Lykier im → Trojan. Krieg und bedeutender Gegner der Griechen (Il. 5, 628 ff.; 12). Nur widerwillig läßt Zeus zu, daß → Patroklos ihn erschlägt. Hypnos und Thanatos tragen ihn in seine Heimat, wo er bestattet wird (Il. 16, 431 ff.; 667 ff.). In anderer Überlieferung ist er Sohn des Zeus und der → Europa, Bruder des → Minos und kommt aus Kreta nach Kleinasien.

Lit: H. Zwicker, RE 2 A 1 (1921) 35–43 – *Darstellungen:* Der von Hypnos und Thanatos getragene S. auf einigen Vasen (Brommer 333 f.). Auszug des Sarpedon und Glaukos (?): Schefold, Mw, Nr. 140. K. Schb.

Sasernae, Vater und Sohn (aber oft nur im Sing. zitiert), Ende 2. Jh. v. Chr., die nach → Cato (1) ältesten röm. Verfasser wohl nur *eines* Lehrbuches ‹De agri cultura› (Varro rust. 2, 9, 6; → Landwirtschaft B 2). Behandelt war der Ackerbau einschl. Wein- und Obstbau, dazu Sklaven- und Tierhaltung; da es dem älteren → Plinius (1) für Buch 10 und 11 als Quelle diente, war wohl auch Geflügel- und Bienenzucht berücksichtigt. Als Meister praktischer Erfahrung (Colum. 1 praef. 32) waren die S. bis ins 1. Jh. n. Chr. geschätzt; später verliert sich ihre Spur. W. Ri.

Sassaniden, persische Herrscherdynastie, die 227 n. Chr. unter → Ardaschir die Nachfolge des Großkönigtums der → Arsakiden antrat. Die S. empfanden sich als Erneuerer des → Achämenidenreiches (nationaliranische Reaktion gegen parthischen Philhellenismus). Rom gegenüber beanspruchten sie die altpersischen Grenzen. Schicksalhaft für das S.-Reich, das seinen Höhepunkt unter Chosrau Annschirvan (Mitte 6. Jh.) erreichte, waren der Machtdualismus mit dem röm. Reich und die Abwehr der Hunnen und Türken im Osten. Die S. erlagen, durch innere Machtkämpfe geschwächt, 642 der Offensive der Araber. – Der Feudalstaat der S. behielt weitgehend die Verwaltungsorganisation des Arsakidenreichs bei, war aber stärker zentralisiert; durch seine von → Zarathustra gestiftete Staatsreligion (→ Christenverfolgungen) hatte er größere innere Kraft als das → Partherreich. D. T.

Lit: A. Christensen, L'Iran sous les Sassanides (1936), 1944^{2} – M. Sprengling, Third Century Iran, 1953 – G. Walser-T. Pekáry, Die Krise d. röm. Reiches, 1962 (Forschungsbericht).

Sataspes, persischer Fürst, 1. H. 5. Jh. v. Chr., von → Xerxes mit der Umschiffung Afrikas beauftragt. S. gelangte über → Gades bis südl. von Kap Cantin (Hdt. 4, 43). Vgl. → Entdeckerfahrten. F. L.

Satire. [1] Aus *Ägypten* sind satirische Texte aus der Ramessidenzeit überliefert, so etwa die im Schulunterricht beliebten übertreibenden Schilderungen der Mühsal verschiedener Berufe oder der Pap. Anastasi I, in dem in Briefform die Unwissenheit eines kgl. Gesandten bloßgestellt wird. Auch ein Papyrus in Turin, der mit Zeichnungen die ‹verkehrte Welt› darstellt, dürfte S. auf die damalige Gegenwart sein. W. Hk.

[2] *Die röm. Satire.* Eine Begriffsbestimmung der S. muß zunächst von ihrer heutigen Bedeutung (= Verspottung) absehen; → Quintilians Ausspruch *satura quidem tota nostra est* (inst. 10, 1, 93) gilt dem literarischen Genre, nicht dem Inhalt. Natürlich finden sich Elemente des heutigen S.-Begriffs – Humor, Parodie, Spott – in der griech. Literatur in reicher Fülle; und doch ist die S. etwas eigentümlich Römisches. – Der Ursprung des Wortes satura (so, nicht satira oder satyra) ist umstritten und war schon den Römern so wenig bekannt, daß mehrere Hypothesen vertreten wurden. Nach heute überwiegender (doch nicht unwidersprochener) Auffassung besteht kein Zusammenhang mit griechisch *σάτυρος* und den → Satyrspielen: satura bezeichnet ursprünglich eine mit verschiedenen Früchten vollgefüllte, der Ceres dargebrachte Schüssel (lanx satura). Hieraus folgt eine Begriffsbestimmung als ‹Allerlei›, ‹Potpourri›, was sich sowohl auf die bis zu → Lucilius (1) polymetrische Form wie auch den bunt zusammengewürfelten, eine Vielfalt von Themen behandelnden Inhalt bezieht. Zu der Frage, ob der S. eine bodenständige italische (etruskische?) Dialogform zugrunde liegen könne, vgl. die Lit. – Charakteristisch für die S. ist von Beginn die ganz persönliche (nicht notwendigerweise humoristische) Stellungnahme zu Tagesfragen verschiedenster Art wie zu philosophisch-moralischen Themen, etwa in der Art der stoischen → Diatribe, so daß für die frühere S. (bis → Horaz) die allgemeine Kennzeichnung ‹Vermischte Gedichte› in bezug sowohl auf Versmaß wie Stoff zuträfe. – Über Prosimetrum (Mischung von Prosa und Vers) → Menippeische S. – Von den 4 Büchern S.n des → Ennius ist zu wenig erhalten, als daß wir mehr als eine bunte Vielfalt von Stoffen und Metren erkennen könnten; die S.n seines Neffen → Pacuvius sind gänzlich verloren. Aus den zahlreichen, wenn auch jeweils nur kurzen Fragmenten des → Lucilius (1) ersehen wir jedenfalls, daß er neben anderen Themen Politisch-Persönliches mit einem in späterer Zeit in Rom nicht mehr mög-

lichen freimütigen Spott behandelte und daß er nach anfänglicher Benutzung mehrerer Versmaße beim → Hexameter blieb, der seitdem *das* Versmaß der S. ist. – Eigentlich beschränkt sich die röm. S. auf drei Vertreter: → Horaz, → Persius (Wert verschieden beurteilt) und → Juvenal, wenn auch satirische Elemente natürlich auch bei anderen nicht fehlen (z.B. → Martial). Die S.n der drei Genannten sind so stark von persönlichem Temperament und Weltanschauung bestimmt, daß sie schwerlich auf einen anderen gemeinsamen Nenner zu bringen sind als den der Gesellschaftskritik und der Verurteilung menschlicher Schwächen und Laster in witziger Form, jedoch im allgemeinen ohne Namensnennung lebender Zeitgenossen; vereinfachend könnte man sagen, daß Horaz humorvoll lächelt, Persius nach erkünstelten Effekten haschend predigt, während Juvenal, persönlich enttäuscht und zutiefst pessimistisch, mit beißendem Witz und ätzendem Hohn verdammt. – Vgl. auch → Menippeische Satire, → Invektive, → Parodie. H.C.S.

Lit: U.Knoche, Die röm.S. (1949), 1957² – O.Weinreich, Röm. S.en, BAW (1949), 1962² (beide mit Lit) – Weiteres → Lucilius (1), → Horaz, → Persius, → Juvenal.

Satorformel, Quadrat aus 25 Buchstaben, das von allen 4 Ecken her gelesen je in beiden Richtungen die gleiche Aussage ergibt (sog. Palindrom), in den antiken Beispielen, Wandritzungen des 1.–4. Jh.s mit ROTAS beginnend: Pompeji (2 aus dem 1. Jh.), Dura-Europos in Mesopotamien (4 aus dem 3. Jh.), Corinium Dobunorum (Cirencester in W-England, 4. Jh.) und Eynsford (SO-England).

S A T O R
A R E P O
T E N E T
O P E R A
R O T A S

Da die wörtliche Übersetzung ‹Der Sämann Arepo hält mit seiner Arbeit die Räder› sinnlos scheint und sonstige Deutungen in Vorurteil und Willkür befangen sind, hat man an bloßes mechanisches Buchstabenspiel oder magisches Brimborium gedacht (Focke). Die Lösung (1854, anonym) dürfte angebahnt sein durch → ‹Bustrophedon›-Lesung (im Zickzack) auf die Mitte TENET hin: *sator opera tenet* und nichts weiter. Diese Formel ‹Der Schöpfer (Sämann, Vater) erhält seine Werke›, eine altgriech. und stoische religiöse Aussage, begegnet in vielen Varianten, z.B. Cic. nat. deor. 2, 86 *sator et parens ... omnia ... continet*, Ps.Prosp. carm. de prov. 132 *cum sator ille operum teneat momenta suorum;* ihr Sinn ging aber früh verloren, so daß fortan rein magische Verwendung des Quadrats vorherrschte (bis heute zu Abwehrzauber u.ä. als → Amulett oder Talisman). – Die gleichen Buchstaben in anderer Anordnung (→ Anagramm) ergeben ein ‹Paternosterkreuz›, dazu 2mal AO. Christlicher oder jüdischer Ursprung der S. (beides oft behauptet) ist trotzdem nicht anzunehmen. Der Erfinder ist vielmehr in stoisch-pythagoreischem Umkreis zu suchen: etwa → Nigidius Figulus, ‹*Pythagoricus et magus*› (ca. 98–45 v.Chr.)? – Vgl. auch → Buchstabensymbolik, → Zahlensymbolik. H.H.

P
A
A T O
E
R
PATERNOSTER
O
S
A T O
E
R

Lit: F.Focke, Sator arepo, Abenteuer eines magischen Quadrats, WüJbb 3, 1948, 366–401 – H.Fuchs, Die Herkunft der Satorformel, Schweiz. Arch.f. Volkskunde 47, 1951, 28–54 – H.Last, Rez. Carcopino, JRS 44, 1954, 112–114 – H.Hommel, Schöpfer u. Erhalter, 1956, 32ff.; 139ff.

Satrap (xšathrapāvan, ‹Schirmer der Herrschaft›), Titel der Provinzstatthalter der pers. Großkönige, Inhaber der höchsten administrativen, richterlichen und militärischen Gewalt. Besondere Funktionäre des Großkönigs (die ‹Augen› und ‹Ohren› des Großkönigs). Die Einteilung in Satrapien war die Grundlage für die Verwaltung des ungeheuren Raumes, von → Dareios systematisiert: Einteilung in 20 Satrapien mit genau festgesetzten Tributleistungen und Heereskontingenten (vgl. Hdt. 3, 89–94; 7, 63–100). J.S.

[2] *Hellenist. Zeit.* → Alexander (5) d.Gr. behielt die Einteilung des eroberten Perserreichs in Satrapien im wesentlichen bei; Satrapen orientalischer Abkunft verloren die Militärhoheit an maked. Strategen. Nach Alexander wurde die Satrapie unter diesem Namen nur noch in den asiatischen Reichen → Antigonos' I., der → Seleukiden und später der → Parther beibehalten. Die kleinasiatischen Satrapien wurden allerdings schon seit Antigonos I. von → Strategen kommandiert; die übrigen Satrapien des Seleukidenreichs unterstanden weiterhin Satrapen mit voller Zivilgewalt; ihre Militärhoheit scheint gelegentlich durch Beiordnung eines Strategen (als Befehlshaber der Garnisonen des Reichsheeres) auf die einheimische Miliz eingeschränkt worden zu sein. Die großen Kompetenzen der Satrapen begünstigten die Neigung zu Hausmachtbildung und Abfall; wohl deshalb wurden manche Satrapien im 3. und 2. Jh. durch Teilung verkleinert und die Satrapen unter → Antiochos III. für einige Jahrzehnte im ganzen Reich durch Strategen ersetzt. Weiteres, auch zum Begriff der ‹Oberen Satrapien›, → Seleukidenreich. H.H.Sch.

Lit: H.Bengtson, Die Strategie in der hellenist. Zeit I, 1937, 197 bis 209; II, 1944, 12–64, 67–78.

Saturn, eine der verwirrendsten Gottheiten des röm. Pantheons. Für viele moderne Forscher ist er ein aus Etrurien (→ Etrusker) eingeführter Gott; er erscheint unter den auf der Bronzeleber von Placentia aufgeführten Göttern als *Satres.* Trotz des Quantitätsunterschieds des a in *Sāturnus* und *sătus* erklärte die röm. gelehrte Interpretation ihn als einen Gott der ‹Aussaat› (Varro ling. 5, 64 u. oft); sein Fest, die → Saturnalia, das am 17. Dezember zwischen denen von → Consus und → Ops stattfand, fiel tatsächlich auf die Zeit nach Beendigung der Herbstaussaat. Er wurde sehr früh mit → Kronos gleichgesetzt, der sich auf der Flucht vor Zeus nach Latium gerettet habe. Von daher konnte ganz Latium und Italien als Land des S. bezeichnet und sogar behauptet werden, der älteste Name der Stadt Rom sei Saturnia gewesen. Weiterhin gleichen die Saturnalia so auffallend den griech. Kronia (die Sklaven genießen die Freiheit, wie sie in dem ἐπὶ Κρόνου βίος geherrscht hatte), daß offenbar auch da mit stärkstem griech. Einfluß zu rechnen ist. Sein Tempel mit einem sehr eigentümlichen, nur teilweise gräzisierenden Kultbild am Fuß des → Kapitols war nach der Tradition i.J. 497 v.Chr. auf einer seit der Königszeit S. geweihten Stelle gelobt worden; er war einer der größten des Forums (→ Rom IV C2). Der Staatsschatz wurde dort aufbewahrt. Die Ruinen, die man heute sieht, gehen allerdings erst aufs 4. Jh.n.Chr. zurück. – Vgl. → Saturnalien. H. Le B.

Lit: A.v.Gerkan, Die Datierung des Castortempels, AA 1964, 650.

Saturnalien, röm. → Saturn-Fest am 17. Dez., nach der Überlieferung aus der Königszeit oder der frühen Republik stammend (Macr. Sat. 1, 8, 1; Liv. 2, 21, 2). Die S. waren wohl ein Bauernfest: am 17. Dez. war die Feldarbeit vorüber, und Herren und Sklaven feierten diesen Anlaß durch eine Art Karneval, an dem der Unterschied zwischen Herren und Sklaven aufgehoben war (Macr. Sat. 1, 7, 26). Man beschenkte sich auch gegenseitig mit Kerzen und tönernen Puppen (Varro ling. 5, 64; Macr. Sat. 1, 11, 49). Allerdings gehen alle uns erhaltenen Berichte schon von der Gleichsetzung Saturns mit dem griech. Kronos und der S. mit den griech. → Kronia aus. Livius (22, 1, 19) berichtet, i.J. 217 v.Chr. sei ein öffentliches Festmahl sowie Tag- und Nachtfeiern am 17. Dezember gestiftet worden. Der Sinn dieser Textstelle ist umstritten, doch kann es sich wohl nur um die Umbildung eines älteren Festes handeln. Unter Augustus dauerte das Fest nicht mehr einen, sondern drei Tage, später bis zu sieben Tagen, vom 17.–23. Dez. Erhalten hat es sich als volkstümliche Lustbarkeit bis zum Ende der Antike. H. Le B.

Saturnia (bei Capallio), auf einem Bergkegel über der oberen Albegna beherrschend gelegene römische Kolonie (183 v. Chr.) mit ansehnlichen Resten vor allem der Stadtmauer, Nachfolgerin der im 6./5. Jh. v. Chr. blühenden Etruskerstadt *Aurinia*. Charakteristisch sind die kanopenartigen Urnen des 7. Jh.s v. Chr. (Arch. Mus. Florenz, späte Stufe der → Villanovakultur) und die aus großen Kalksteinplatten gefügten Kammergräber, besonders gegenüber auf dem ‹Pian di Palma›. O.W. v. V.

Lit: A. Minto, S., Mon. Ant. 30, 1925, 585–710 – Å. Åkerström, Studien üb. d. etr. Gräber, 1934, 113–117.

Saturnier, älteste bekannte Form des lat. Verses. Seine metrische Struktur ist noch umstritten; es ist unklar, ob der Rhythmus des Saturniers durch die Silbenquantitäten oder den natürlichen Wortakzent bestimmt ist (→ Iktus). Viele S. können analysiert werden als zweiteilige Zeilen, deren erster Teil drei und deren zweiter Teil zwei natürlich akzentuierte Silben enthält, wobei die Anzahl der unbetonten Silben zwischen ihnen unbestimmt ist. J.W.H.

Lit: G. Pasquali, Preistoria della poesia romana, 1936 (vgl. dazu E. Kapp, GGA 198, 1936, 477–492) – P. Harsh, Lustrum 3, 1958, 222 bis 226.

Saturninus, L. Appuleius (quaest. 104 v. Chr., tr. pl. 103, 100). Während der Quästur entzog ihm der Senat die Aufsicht über die Getreideversorgung Roms (→ Aemilius (14) Scaurus). Im Urteil Ciceros hat dies S. zum *popularis* gemacht (har. resp. 43). S. begann seine gesetzgeberische Arbeit mit einer lex de maiestate minuta und einer lex frumentaria, durch die ein niedriger Getreidepreis festgesetzt werden sollte. Beides gewann ihm die Gunst der Masse. Der wesentliche Teil seines Programms waren die → Ackergesetze, die der Versorgung der Veteranen (vor allem des → Marius) durch Landzuweisungen in außeritalischen Ländern dienten und die Beteiligung der Bundesgenossen vorsahen. Ein erstes Gesetz darüber kam 103 zustande, die Haupttätigkeit fällt ins Jahr 100. Um die Pläne verwirklichen zu können, hatte sich S. mit → Servilius (5) Glaucia (praet. 100) und → Marius (cos. 100) in einer factio verbündet. Die politischen Kämpfe sind überschattet durch die persönliche Feindschaft des Marius und S. mit → Caecilius (13) Metellus Numidicus, ihrem entschiedensten Gegner. Eine brauchbare Basis erhielt die factio durch die Anhänger (Veteranen) des Marius, die in großer Zahl vom Land nach Rom kamen, während dem S. in der Stadt nur der besitzlose Pöbel folgte (Cic. Rab. perd. 20–30). S. und Glaucia hofften durch neue Amtsbewerbung ihre Arbeit sichern zu können. Ihre rücksichtslose Anwendung von Gewalt bei den Wahlen (→ C. Memmius, 1) beendete der Senat durch ein consultum ultimum. Cicero nennt S. den wirkungsvollsten Redner aller ‹seditiosi› nach den → Gracchen (Brut. 224); unedle Beweggründe für die Reformen darf man ihm kaum unterstellen. G.G.

Q: App. civ. 1, 126–149 – Plut. Mar. 28–30 – *Lit:* H. Last, CAH IX 164ff. – E. Badian, Foreign Clientelae, 1958.

Saturninus, vgl. auch → Furius, → Sentius, → Venuleius.

Satyros

Satyrn und Silene, eine Schar ausgelassener, lüsterner Gesellen, die zum mythischen Gefolge (→ Thiasos) des → Dionysos gehören. Sie haben Menschengestalt, aber Pferdeschwanz und -ohren, oft auch Pferdehufe. Im → Satyrspiel steht in der Regel im Mittelpunkt eines Schwarmes von jüngeren Satyrn ihr ‹Väterchen›, *Papposilen*, ein meist betrunkener älterer Silen mit Glatze, dickem Bauch, stumpfer Nase und wulstigen Lippen. – Bisweilen gilt Silenos als Erzieher des jungen Dionysos (z. B. Eur. Kykl. 1 ff.); auch Worte von tiefer Lebensweisheit werden ihm in den Mund gelegt (vgl. Pind. Fr. 143 B.). Der Ilias und Odyssee sind die Sa. und Si. fremd; literarisch sind Si. erstmalig im Hom. hymn. Aphrod. (262) bezeugt. – Ohne Zweifel sind die Sa. und Si. ihrem ursprünglichen Wesen nach Naturdämonen, die als Mischwesen zwischen Mensch und Tier die ungezügelte animalische Fruchtbarkeit personifizieren (daher werden sie gewöhnlich → ithyphallisch dargestellt); ihre Verbindung mit Dionysos ist offenbar sekundär. Zwischen Sa. und Si. besteht in geschichtlicher Zeit kein erkennbarer Unterschied, höchstens insofern, daß oft ältere Sa. Si. genannt werden und Silenos auch als Einzelgestalt begegnet (vgl. Paus. 1, 23, 5; 3, 25, 2; 6, 24, 8; Apollod. 2, 5, 4). Auf Grund des uns zur Verfügung stehenden Materials (vor allem Vasenbilder) läßt sich nicht eindeutig klären, ob ursprünglich zwischen Sa. und Si. wesentliche, vor allem durch verschiedene landschaftliche Herkunft bedingte Unterschiede bestanden haben oder ob es sich dabei nur um örtlich verschiedene Bezeichnungen für dieselben pferdegestaltigen → Dämonen handelt. Viele Anhänger gefunden hat die Ansicht, die Sa. seien in der Peloponnes beheimatete bocksgestaltige Wesen, die Si. dagegen ursprünglich ion.-att. Pferdedämonen; eine Vermischung beider sei vor allem durch das von → Pratinas aus Phlius nach Athen eingeführte Satyrspiel zustande gekommen. Doch gegen diese u. a. von Wilamowitz vertretene Hypothese sind – gerade auch in letzter Zeit – gewichtige Einwände erhoben worden. – Die Frage nach dem ursprünglichen Wesen und der Herkunft von Sa. und Si. gewinnt dadurch an Bedeutung, daß sie eng mit dem Problem der Entstehung des Satyrspiels und der → Tragödie (A 1) zusammenhängt. Vgl. → Pan, → Faunus, → Mänaden, → Komödie. K.-H. R.

Lit: U. v. Wilamowitz, Einleitg. in d. griech. Trag., 1907 – Ders., Glaube d. Hellenen I, 1931, 197–202 – A. Hartmann, RE 3 A 1 (1927), 35–53 – F. Brommer, Satyroi, 1937 – Nilsson I 232–235 – Vgl. auch zu → Tragödie, → Satyrspiel.

Darstellungen: Als Vorläufer meist die sog. Dickbauchtänzer angesehen (P. Hommel, Ist. Mitt. 9/10, 1959/60, 58: geometrische Frg.e aus Milet. Anders H. Herter, Vom dionys. Tanz z. komischen Spiel, 1947, 12–16). Erste sicher benennbare S. im frühen 6. Jh. (F. Brommer, Satyroi, 1937, 25f.) auf att. Vasen. In der Folgezeit bis in die röm. Kunst ungemein häufig und meist in der Mehrzahl dargestellt. Die Mänaden treten etwas später auf (M. W. Edward, JHS 80, 1960, 78–87). Kennzeichen des S. sind Pferdeohren und Pferdeschwanz, wozu vereinzelt Pferdehufe treten (A. Greifenhagen, AA 51, 1936, 391–396; EAA IV 44, Abb. 56). Häufig sind die S. ithyphallisch gebildet; vom 4. Jh. an mitunter schwer von Panfiguren zu scheiden. In Unteritalien werden sie in dieser Zeit oft mit dem Füllhorn versehen (K. Schauenburg, in: Charites, Festschr. Langlotz, 1957, 173; Finarte 5, 1963, Mailand, Nr. 50). Von spätarchaischer Zeit ab begegnen S. in menschlichem Gewand (K. Schauenburg, JdI 71, 1956, 62; E. Simon, AntK. 6, 1963, 19f.; CVA Laon 1, Taf. 52). Häufig musizierende Silene (K. Schauenburg, RM 65, 1958, 45: mit Leier. E. Roos, Die tragische Orchestik im Zerrbild der att. Komödie, 1951, 51, 227–230: mit Kithara. Mit Doppelflöte z. B.: CVA Louvre 11 III He, Taf. 144; CVA Robinson Coll. 2 III I, Taf. 37. 46). In der → Gigantomachie sind die S. bewaffnet (F. Vian, La guerre des géants, 1952, 86f. 201, 215). Vom 5. Jh. ab finden sich kleine S., Silensfamilien (K. Schauenburg, in: Charites, s. o., 170–174- A. Greifenhagen, 118, BWPr). Der alte S. *(Papposilen)* hat (häufig weiß) gepunktetes Fell. Beliebtes Thema der Vasenmaler ist ein S., der eine schlafende Mänade beschleicht (Caskey-Beazley, Vases Boston II, 1954, 95–99). Nach Einführung des Satyrspieles um 500 werden die S. mit zahlreichen Mythen verbunden, treiben Schabernack verschiedenster Form (E. Buschor, Satyrtänze und frühes Drama, SB München, 1943, 5; F. Brommer, Satyrspiele, 1959²; K. Schauenburg, Perseus, 97–103) – Berühmte *Statuen* von S. stammen aus dem 4. Jh. (Lippold, GrPl 237 und 240: praxitelisch; 282: lysippisch, mit Dionysosknaben). Hellenistisch der seinen Schwanz besehende S. (Minto, Bd'A 14, 1920, 47ff.; Bielefeld, JdI 69, 1954, 142f.) und der Barberinische ‹Faun› (M. Bieber, The Sculpture of the Hellenistic Age, 1955, 112; Lippold, GrPl 330, mit Hinweisen auf weitere S. statuen). Beliebt im Hellenismus auch Gruppen von S. und Hermaphrodit (Lippold, GrPl 320; Bieber, a. a. O. 146), S. und Nymphe (Bieber 147) oder S. bei der ‹Aufforderung zum Tanz›, wobei der S. eine Fußklapper tritt (Lippold, GrPl 300; Bieber 139). K. Schb.

Satyros, Bildhauer und Architekt, wohl auch Schriftsteller, aus Paros, Sohn des Isotimos. Vitruv nennt S. und → Pytheos als Architekten des → Mausoleums von Halikarnaß, über das beide zusammen auch eine Abhandlung schrieben. Ein S. erscheint nochmals als Erbauer eines Kanales in Alexandria (2.H.4.Jh.v.Chr.). – Von seiner Bildhauertätigkeit zeugt eine Basis von Delphi, auf der einst große Bronzestatuen des Idrieus (gest. 344 v.Chr.) und der Ada, der Nachfolger der → Artemisia standen (346/344 geweiht). Daß auch S. wie Pytheos am Skulpturenschmuck des → Mausoleums beteiligt war, ist wahrscheinlich, aber nicht ausdrücklich bezeugt. Hypothetisch hat man ihm einige rundplastische Porträtstatuen (die Bilder der Familie der Hekatomniden) zugewiesen sowie daran anschließend den sog. Klagefrauensarkophag von Sidon. E.Bg.

Lit: Lippold, GrPl, 244 – Ch. Picard, REG 44, 1942, 1–23 – Marcadé I 93 – J.H.Jongkees, Bryaxis or Satyros?, Mnemosyne 11, 1958, 136–138 – Zur Delphischen Gruppe vgl. Relief des karischen Zeus, umgeben von Idrieus und Ada, aus Tegea: Mon.Piot 18, 1910, 146 Abb. 1, sowie den Statuentypus einer ‹Betenden› im Museo Capitolino Nuovo: R.Kabus-Jahn, Studien zu Frauenfiguren des 4.Jh.s v.Chr., 1962, 65–70, Taf. 9f.

2. **S.,** aus Kallatis am Pontos, 2.Hälfte 3.Jh.v.Chr. Der letzte Vertreter der großen hellenist. → Biographie (A 2), gleich seinem Zeitgenossen → Hermippos dem Peripatos angehörend; schrieb eine umfangreiche Biographiensammlung, von → Herakleides (2) Lembos zum Handbuch verkürzt, in Dialogform. Aus dem 6.Buch, Leben der drei Tragiker, ist in Pap.Ox. 1176 ein großes Stück (Leben des Euripides) aufgetaucht. Bezeugt sind ferner Biographien von Königen (Dionysios II., Philipp II.), Rednern (Demosthenes) und zahlreichen Philosophen von den Sieben Weisen bis zum Beginn des 3.Jh.s. S. liebt das Anekdotische und Dramatische, deutet unbedenklich bei Euripides die Werke biographisch aus und war wohl überhaupt mehr Literat als Gelehrter. O.G.

Frg: H.v.Arnim, Supplementum Euripideum, 1913, 3–9 (Auswahl, Leben des Euripides).

3. **S.,** Arzt, 2.Jh.n.Chr. Lehrer des → Galen, Verfasser von Kommentaren zu → Hippokrates (1).

Satyrspiel. Ursprünglich aus der Peloponnes stammend, war das S. anfangs, etwa um 650 v.Chr., eine von menschlich gestalteten, dickbäuchigen, dem Dionysos zugeordneten Dämonen (‹Dickbäuche› = peloponnesischer Satyrtyp) rein tänzerisch vorgeführte, dann um 600 von → Arion zu Chordichtung und reicherem Bühnenspiel umgestaltete Darstellung ausschließlich satyrhaften Treibens (Freß- und Sauflust, Sinnlichkeit). Mit Übergang nach Athen um 520 verwandelten sich die Dickbäuche endgültig zu → Silenen (= attischer Satyrtyp; Pferdeschwanz, gerecktes Glied), ihre Darstellungen entwickelten sich zum klassischen S.: Durch Hinzukommen außersatyresker Themen wurde das leichte, gänzlich unproblematische, ausschließlich dem eigenen Wesen entspringende Treiben der Satyrn, wohl unter bes. Einwirkung des → Pratinas, zur ernsten Welt der → Tragödie in ironisch-kontrastierende Beziehung gesetzt. Verbunden mit dieser Wandlung war die Einführung des aus der Tragödie stammenden heroischen Helden und des neben dem Satyrchor in der Folge stets obligaten Papposilen, der als Vater der Satyrn deren Anliegen dem Helden gegenüber zu vertreten hatte. Erst nachdem das S. durch diese Umformung auch vom Inhaltlichen her eng mit dem Genos der Tragödie verbunden worden war, wird es als viertes Stück seinen Platz hinter den drei für den tragischen Agon allgemein erforderlichen Tragödien gefunden haben und so fester Bestandteil der tragischen → Tetralogie geworden sein. Die am besten überlieferten S.e sind die *Diktyulkoi* des → Aischylos, *Ichneutai* und *Inachos* des → Sophokles und der als einziges S. ganz erhaltene Kyklops des → Euripides. E.-R.Sch.

Lit: Bes.: H.Patzer, Die Anfänge der griech. Tragödie, 1962 – Ferner: M.Pohlenz, Das Satyrspiel und Pratinas v.Phleius, NGG 1926, 3, 298ff. – P.Guggisberg, Das Satyrspiel, Diss. Zürich 1947.

Saul, erster König von Israel, um 1000 v.Chr., → Judentum A [4].

Šauška, Name der churritischen Sonnengöttin, dessen Bedeutung ‹die Bewaffnete› ist. Demnach hat sie das Wesen der assyr. → Ištar stark beeinflußt. W.Hk.

Savaria, röm. Stadt in Pannonia sup. (Kt. 2209 B 2; heute Szombathely, Steinamanger). Sitz der Zivilverwaltung und des Kaiserkults von Pannonia sup. Veteranensiedlungen unter → Claudius. Geburtsort des hl. → Martin von Tours. Reiche Funde, Reste einer Basilika. B.S.

Lit: A.Graf, Übersicht der antiken Geogr. v. Pannonien, 1936 – St.Paulovics, Savaria Szombathely topografija, 1943 – Z.Kádár-L. Balla, Savaria, 1958 (eing.).

Savus, Fluß in Pannonien (Kt. 2209 A–C 3; heute Sawe), entspringt in Oberkrain und mündet bei Singidunum (Belgrad) in die Donau. Von seinen Nebenflüssen sind der Corcoras (Krka, Gurk) und der Colapis (Kulpa, Kupa) zu erwähnen. In Emona bestand ein collegium naviculariorum (CIL III 10771). Für starken Schiffverkehr daselbst spricht auch die Verehrung der Flußgottheiten (Savus et Adsalluta) und Neptuns. Nördl. Emona gibt die → Peutingersche Tafel eine Station Savo fl. an. B.S.

Lit: C.Patsch, Die Saveschiffahrt in der Kaiserzeit, ÖJh 8, 1905, 139f.

Saxa → Decidius.

Scaevola → Cervidius, → Mucius

Scardona, röm. Stadt im nördl. → Dalmatien (Kt. 2209 A 4; beim heutigen Skradin). Hauptort Liburniens und Sitz des conventus Scardonitanus. Unter den Flaviern als Municipium Flavium S. organisiert. S. wird noch von → Prokop erwähnt. Mitte 6.Jh.n.Chr. von den Slawen eingenommen. B.S.

Scaurus → Aemilius.

Schabaka → Šabaka.

Schachtgrab, aus dem Mittelhelladikum übernommene myk. Bestattungsform (→ Grab B 1) in unterschiedlich großen, rechteckigen, in den Boden (Felsen) geschnittenen Schächten mit hölzerner Decke. Skelettbestattung. Über der Holzdecke Steinplatte und über der aufgeworfenen Erde (Grabhügel) als Grabmal eine Kalksteinstele mit Reliefdarstellung (Kampf- und Jagdszenen). Zwei nachträglich von einer Ringmauer eingefaßte S.bezirke wurden in → Mykene entdeckt: ‹A› von H.Schliemann (1876) innerhalb der jüngsten Mauererweiterung unweit vom → Löwentor, ‹B› von J.Papadimitriou (1951) ca. 130 m westl. vom Löwentor. Nach Grabbeigaben kret. Herkunft ins 16.Jh. zu datieren (MM III–SM I). Die berühmtesten Funde: Goldschmuck, Goldmasken, Waffen, Bernstein. Bezirk ‹B› brachte ältere Funde (einheim. Keramik) als ‹A›. Zwei gleichzeitige S.er fanden sich auch in → Lerna. W.Schg.

Lit: F.Schachermeyr, RE 22,1 (1954), 1461–63 – G.Karo, Die S.er von Mykenae, 1930/33 – A.J.B.Wace, Mycenae, 1949, 13–14 – A.J. B.Wace-F.H.Stubbings, Mycenae, The Grave Circle, BSA 49, 1954, 244–247 – S.Marinatos, *Περὶ τοὺς νέους βασ. τάφους τῶν Μυκ.*, in *Γέρας Κεραμοπούλλου*, 1953, 54–88 – G.E.Mylonas, Grave Circle B of Mycenae, Stud. in Med. Archaeology VII, 1964 – Lerna: Caskey, Hesperia 24, 1955, 33–34.

Schakal. Der S. war im Gegensatz zu Ägypten, wo er mit dem Gott → Anubis verbunden wurde, in der antiken Religion und im Mythos ohne Bedeutung. Man kannte ihn als Bewohner der libyschen und syr. Wüste, der bei blutgierigem Beutezug dem Löwen weichen muß. → Fauna. J.W.

Lit: Keller, Tiere, 185–195; Tierwelt I 89 – H.Gossen-A.Steier, RE 3 A 1 (1927), 399–401 (Quellen!).

Schankwirtschaften, in denen nur Wein ausgeschenkt wurde, gab es bes. zahlreich bei den Römern. Einige röm. Sch. sind in → Ostia und → Pompeji ausgegraben worden (→ Gasthäuser). Th.P.

Schapur → Šapur.

Schattenmalerei (*σκιαγραφία*). Die Erfindung der S. führt Plut. auf → Apollodor (3) v. Athen, den ‹Skiagraphos› zurück. Sein Schüler → Zeuxis scheint die Gesetzmäßigkeit (Quint. inst. 12, 10, 4: ‹rationem›) von Licht und Schatten berücksichtigt, dessen Zeitgenosse → Parrhasios sie abgelehnt zu haben. → Pausias (Plin. nat. 35, 129) malte ohne,

→ Philoxenos mit Glanzlicht, aber auch ihm dient die S. als Gestaltungsmittel für die einzelne Figur, nicht für die künstlerische Gesamtkonzeption (vgl. → Marmorbilder, → Malerei C 2). C.K.

Lit: Pfuhl, 620ff.

Schattenstab, ein stabförmiges Gebilde, das ägypt. Statuen in den geballten Händen halten. Schwarz bemalt sollte es als ‹nicht sichtbar› angesehen werden. Herodot (2,141) hat den Sch. als Bild einer Maus gedeutet. W. Hk.

Schatzhaus *(Thesauros)*, kleines, oft reich ausgestattetes Gebäude in Form eines Antentempels oder Prostylos (→ Tempel B 1), von einzelnen Städten in die panhellenischen Heiligtümer zur Aufstellung wertvoller → Weihgaben gestiftet. In → Olympia sind 11 dor. Sch.er auf einer Terrasse aneinandergereiht, in → Delphi gruppieren sich 23 um die heilige Straße; einige zählen zu den erlesensten Kostbarkeiten griech. Architektur, so die ion. Sch.er der Knider (um 550 v. Chr.) und Siphnier (um 525 v. Chr.) sowie das dorische der Athener (um 500 v. Chr.) in Delphi und die dor. Sch.er von Gela (um 560 v. Chr.) und Sikyon (um 460 v. Chr.) in Olympia. G. Gb.

Schauspieler (*ὑποκριτής, histrio*). Nach Aristoteles (poet. 4. 1449 a 15ff.) hat Sophokles für die Tragödie den dritten S. eingeführt und damit die Entwicklung des Dramas, die mit dem ersten S. begann (dieser konnte anfangs auch der Dichter selbst sein), zum Abschluß gebracht. Was diese Nachricht bedeutet, ist zwar umstritten, wahrscheinlich aber ist heute doch, daß Aristoteles mit ihr nicht auf ein technisches Dreischauspielergesetz verweist, nach dem jeder Dichter bei der Aufführung eines Dramas mit 3 S.n auszukommen hatte, sondern lediglich sagt, daß Sophokles das rein ästhetische Gesetz konstituierte, daß 3 S. (Sprecher) zugleich auf der Bühne sein und sich gemeinsam am Gespräch beteiligen konnten. Auch bei den Tragödienaufführungen des 5. Jh.s v. Chr. werden, genau wie bei denen der Komödie, der späteren neuen Komödie und der Komödie der Römer, wenn es nötig war (viele Dramen lassen sich durchaus mit nur 3 S.n aufführen), mehr als 3 S. zur Verfügung gestanden haben. Die Bezeichnungen → Protagonist, → Deuteragonist, → Tritagonist in der Bedeutung ‹1., 2. und 3. S.› sind erst in späterer Zeit belegt und können deshalb nicht als Hinweis auf ein technisches Dreischauspielergesetz aufgefaßt werden. – Die Kosten für die S., die *S.-Gage*, wird in jedem Fall der Staat übernommen haben. Die S. selbst wählte sich der Dichter entweder persönlich aus, oder der Archon teilte sie ihm durch das Los zu. In der Regel spielten dieselben S. entweder nur tragische oder nur komische Rollen, → Frauenrollen wurden, genau wie wohl auch Kinderrollen, von männlichen S.n übernommen. Größere Bedeutung erlangten die S. allgemein, als in der Mitte des 5. Jh.s v. Chr. der Schauspieleragon (s. u.) eingeführt wurde; in hellenist. Zeit verbanden sie sich zu *Schauspieltruppen* in den Vereinen dionysischer → Techniten. Vgl. → Musikervereinigungen, → Theater [2].

[2] *Die Schauspieleragone.* Seit der Mitte des 5. Jh.s v. Chr. wurde bei den dramatischen Aufführungen nicht mehr nur die Leistung der Dichter und → Choregen, sondern auch die der Schauspieler preisgekrönt (die der tragischen Schauspieler an den Großen Dionysien seit 449, an den Lenäen etwa seit 432, die der komischen an den Lenäen etwa seit 440, an den Dionysien wohl erst ab Ende des 4. Jh.s, vgl. → Theater A 1). Der damit entstandene S.agon wurde im 4. Jh. sogar wichtiger als der Wettkampf der Dichter selbst (Aristot. rhet. 3,1. 1403 b 33). Diese Entwicklung führte einerseits zum → Virtuosentum, anderseits dazu, daß die Schauspieler, um ihre Leistung voll zur Wirkung zu bringen, bei den → Wiederaufführungen der alten Tragödien den Wortlaut häufig nach eigenem Geschmack änderten. Der daraus resultierenden Verunstaltung der alten Texte suchte → Lykurg (3) um 330 mit seinem Staatsexemplar der drei großen Tragiker entgegenzuwirken (→ Tragödie A 6).

[3] Als *Schauspielergesang* bezeichnet man lyrische Partien (‹Arien›) der Schauspieler im Drama. Vgl. → Amoibaion, → Monodie, → Tragödie (A 1). E.-R. Sch.

Lit: K. Schneider, Ὑποκριτής, RE Suppl. 8 (1956), 187–232 – Zur Frage der Zahl der S.: K. Rees, The So-called Rule of Three Actors in the Classical Greek Drama, Diss. Chicago 1908 – A. Theuerkauf, Menanders Dyskolos als Bühnenspiel und Dichtung, Diss. Göttingen 1960, 111ff. (Lit. ebd.).

Scheintür. In den Oberbauten ägypt. → Gräber ist eine geschlossene Tür modellartig in Stein nachgeahmt; durch sie, glaubte man, könne der Tote aus seinem Grab an die Oberwelt kommen, um die vor der Sch. niedergelegten Opfer entgegenzunehmen. W. Hk.

Scheschonq → Šušinku.

Schiedsgerichtsbarkeit. [1] *In Griechenland:* Ein verständliche Anrufung (*ἐπιτροπή*) Unparteiischer kam stets und überall vor. In Athen war sie häufig und durch einen *νόμος διαιτητικός* (Demosth. 21,94) sanktioniert, im ptolemäischen Ägypten selten, aber nicht unbekannt; viel angewendet wurde sie auch in ‹völkerrechtlichen› Beziehungen. Aufgabe des → Diaiteten war die gütliche Beilegung (*διαλλαγή, διάλυσις*), wenn nötig (und wenn er dazu ermächtigt war), die Entscheidung des Streites, wobei er mit Einverständnis der Parteien vom strengen Recht abweichen durfte; u. U. hatte er nur über den Eintritt einer von den Parteien vorher festgesetzten Rechtsfolge zu befinden (*δίαιτα ἐπὶ ῥητοῖς*). Erledigung der Sache durch Diaiteten schloß nach dem genannten Gesetz ihre weitere gerichtliche Verfolgung aus; gleiche Wirkung hatte die vor oder nach Fällung des Spruches eingegangene Verpflichtung der Parteien, bei ihm zu beharren (*ἐμμένειν*). H.J.W.

Lit: A. Steinwenter, Die Streitbeendigung durch Urteil, Schiedsspruch und Vergleich nach griech. Rechte, 1925.

[2] *In Rom:* Die private Sch. ist alt; die ihr früher für die Entwicklung des Prozeßrechts zuerkannte Bedeutung (Quelle des Zivilprozesses oder doch wenigstens des → Formularprozesses) kommt ihr aber wohl nicht zu. – Im klassischen Recht wird im Schiedsvertrag (compromissum) ein Schiedsrichter (arbiter) gewählt; daneben werden Vertragsstrafen für den Fall der Nichterfüllung des Schiedsspruchs versprochen. Der Gerichtsmagistrat kann den arbiter nach Übernahme (receptum) zur Ausführung seines Amts zwingen. – Von prozeßrechtlichem Interesse ist auch die internationale Sch. des → Senats, weil dabei dem → Formularprozeß ähnliche Gestaltungen begegnen; eine Senatskommission überläßt die Entscheidung einer Gemeinde und bestimmt deren Aufgabe in einer der → Prozeßformel vergleichbaren Weise. G.J.

Lit: J. Partsch, Die Schriftformel im röm. Provinzialprozeß, 1905, 23–50 – G. La Pira, Compromissum e litis contestatio formulare, in: Studi in onore di S. Riccobono, 1936, 189–226.

Schiefer, Gestein mit flächiger Spaltbarkeit. Der von Plinius erwähnte ‹schistos› entspricht offenbar unserem Toneisenstein (Eisengewinnung); der nur in den Provinzen (am Mittelrhein und in den Ardennen) vorkommende Dach-S. behielt in der Architektur nur lokale Bedeutung. C.K.

Q: Plin. 36,144ff; 37,169 – *Lit:* Blümner, Technologie III 157; IV 209.

Schierlingskraut (*κώνειον*, cicuta) ist bes. durch die Verwendung des giftigen Saftes zur Vollziehung der Todesstrafe in Athen bekannt. Platons Schilderung vom Tod des → Sokrates zeigt das klassische Vergiftungsbild durch S., das bes. durch die aufsteigende Lähmung gekennzeichnet ist. Den Priestern des Asklepios war das S. auch als Arzneimittel bekannt. Eine bes. mythologische oder religiöse Beziehung ist nicht verbürgt. J.W.

Lit: Murr, Pflanzenwelt, 226 – O. Geßner, Gift- und Arzneipflanzen, 1931, 20–22 – E. Poulsson, Lehrbuch der Pharmakologie (1909), 1934^{10}, 135 – D. B. Thompson, Garden lore of ancient Athens, 1963, Abb. 45.

Schiffahrt. Bereits in der Antike wurden die Phönizier als das älteste und größte seefahrende Volk betrachtet. Die vielen Seefahrten homerischer Helden zeigen eine früh entwickelte Sch. auch bei den Griechen. Das gleiche bezeugen Funde von Exportartikeln aus vor- und frühgriechischer Zeit in großer Entfernung von ihrem Herstellungsort. Die kretisch-mykenische Sch. spiegelt sich in der griech. Minossage. Griech. Schiffe, die auf Vasen oft abgebildet werden, erscheinen im Schwarzen Meer ebenso häufig wie im westlichen Mittelmeer. → Pytheas, ein Grieche aus Massilia (Marseille), fuhr im 4. Jh. v. Chr. sogar um Britannien herum und noch weiter nördlich. Die Römer entwickelten eine nennenswerte Flotte erst im 1. Pun. Kriege, doch beherrschten sie später durch ihre Handels- und Kriegsflotte das ganze Mittelmeer; ihre Handelsschiffe fuhren bis nach Indien. Die großen Stützpunkte der röm. Kriegsmarine waren → Misenum (bei Neapel) und → Ravenna, später Forum Julii (Fréjus). Die nicht unbedeutende → Binnenschiffahrt (auf Po, Rhein, Donau, Nil) diente neben dem Handel auch dem Schutz der Rhein- und Donaugrenze (→ Limes). Die Sch. in der Antike war eingeschränkt durch das Fehlen des Kompasses und die Unfähigkeit, gegen den Wind zu segeln (was erst im Spätmittelalter entwickelt wurde). Zur leichteren Orientierung fuhr man meist an der Küste entlang; Hilfsbücher (→ Periplus) beschrieben die Küsten und nannten die Distanzen und die → Häfen; bei Nacht orientierte man sich an den Sternen. Im Winter wurde die Sch. größtenteils eingestellt; in Rom wurde sie am 5. März mit dem Fest des navigium Isidis feierlich eröffnet. Neben den Stürmen bedeuteten die → Seeräuber eine Gefahr, die erst → Pompeius (2) im → Seeräuberkrieg (67 v. Chr.) bannte. Die unglaubliche Dichte der Sch. auf dem Mittelmeer bezeugen u. a. die Ausgrabungen in Delos oder der berühmte Platz in → Ostia, wo Seehandelsgesellschaften aus dem ganzen Römerreich ihre Büros hatten: vor dem Eingang dieser Geschäfte liegen Mosaiken als Schilder oder → Reklame, die vielfach Schiffe darstellen. Ein Kaufmann aus Hierapolis in Phrygien hat nach seiner Grabinschrift 72 Schiffsreisen nach Rom unternommen. Vgl. → Schiffe, → Verkehr. Th. P.

Lit: W. Kroll, RE 2 A 1 (1921), 408–419 – A. Köster, Das antike Seewesen, 1923.

Schiffe. Schilf- und Papyrusboote (Plin. nat. 6, 82) gehörten mit den Flößen (Hom. Od. 5, 243–61) zu den ältesten Wasserfahrzeugen. Seit etwa 3000 v. Chr. bauten die Ägypter beplankte Holzschiffe (Hdt. 2, 96), deren Segel aus (bestickter) Leinwand bestanden (Hesek. 27, 7). Die Griechen fanden den Schiffsbau vor und entwickelten ihn weiter. Er begann mit der Kiellegung auf einer Werft (*νεώρια, ναυπήγιον*, Aristoph. av. 1157). Ein viereckiger Balken aus Fichten- oder Eichenholz (Theophr. hist. plant. 5, 7, 2) als Kiel (*τρόπις*) wurde leicht gekrümmt gearbeitet, durch Sprengtaue verstärkt (Isid. orig. 19, 4) und durch das Kielschwein gesichert und nahm Vorder- (meist mit Rammsporn bei Kriegsschiffen) und Achtersteven auf, und von ihm gingen die gekrümmten Spanten (*ἐγκοίλια*) aus, welche die Plankengänge (*σανίδωμα, κατάστρωμα*) trugen, die mit Holznägeln befestigt und mit → Werg, → Pech, → Teer kalfatert wurden. Durch Querbalken (*στρωτῆρες*) versteifte man die Bordwände. Zu deren Schutz wurden bisweilen (seit etwa 250 v. Chr.) außen Bleiplatten befestigt. Der Mittelteil zwischen Vordeck (Back) und Hinterdeck (Schanze) blieb bei Kriegsschiffen unbedeckt (Hom. Od. 12, 229; 13, 74). Zum Lenzen verwendete man Eimer an Rollen (vgl. Aristoph. Lys. 722) und (die Römer) → Schöpfmaschinen in Paternosterform (→ Caligulas Prachtschiff im Nemi-See). Gesteuert wurde durch ein oder zwei (Lukian. nav. 5) seitlich am Heck angebrachte breite Ruder, die zur leichteren Bedienung einen waagrechten Griff (Pinne) besaßen. Die Bewegung erfolgte durch viereckige Rahsegel (gegen den Wind zu kreuzen war nicht möglich) und durch Ruder (Riemen), die in Dollen mit einem Gurt befestigt waren. Je nach der Zahl der Reihen der Ruderer unterschied man Moneren, Dieren, Trieren, Tetreren, Penteren, Polyeren, wobei auf den Ruderbänken (*ζυγά*, Eust. Hom. Od. 13, 21) unten die *θαλαμῖται*, in der Mitte die *ζυγῖται*, oben die *θρανῖται* (Schol. Aristoph. ran. 1074; vgl. Polyb. 5, 101; 16, 2) saßen. Unklar ist, ob die drei und mehr Reihen der Ruderer direkt übereinander arbeiteten und jeder ein Ruder hatte (Länge der Ruder, Ruderweg, Takt!) oder ob je drei und mehr Männer (mit gestaffelten Bänken) ein Ruder bedienten (Breitpolyeren-System). Der Fünfzigruderer (*πεντηκόντερος*) aber hatte auf jeder Seite 25 Ruderer. Mitte des 3. Jh.s v. Chr. entwickelte sich eine scharfe Trennung zwischen dem schweren (Plut. Demetr. 43; Ath. 5, 203) und dem leichten, schnellen Kriegsschiff (Liburne), die sich beide auf Ruderer und damit große Mannschaften stützten; da ein privater Reeder sich diese nicht leisten konnte, wurde für Handelsschiffe das Segel bevorzugt. Diese breiten Handelsschiffe liefen 2–4 Knoten und hatten z. T. eine enorme Tragfähigkeit, so das Getreideschiff ‹Isis› bei Maßen von 54 : 13,5 m etwa 3250 t (Lukian. nav. 5), die ‹Alexandria› des → Hieron (2) etwa 3310 t (Ath. 5, 206 f.), die Schiffe für den Obeliskentransport nach Rom etwa 1335 t (vgl. Plin. nat. 16, 201; 36, 70 f.); es konnten 276 Menschen (Apg. 27, 37), ja 600 (Jos. vit. 15) transportiert werden, doch waren die normalen Schiffe erheblich kleiner (Plin. nat. 6, 82; Cic. fam. 12, 15, 2). Zur Schonung des Holzes wurden sie in Schuppen oder Docks (Hdt. 3, 45; vgl. Vitr. 5, 12, 7), auch Trockendocks (Auspumpen von Becken), gebracht. W. K.

Lit: F. Miltner, RE Suppl. 5 (1931), 906–962 – *Abb:* Singer, Technology II, Abb. 515 ff. 523 f. – H. T. Wallinga, Nautica I: The unit of capacity for ancient ships, Mnemosyne 17, 1964, 1–40.

[2] Als *christliches Symbol* ist das Sch. in Katakomben (wie schon in der Antike) Hinweis auf die Lebensfahrt (Ziel: ein Leuchtturm oder → Christusmonogramm). Der Mastbaum galt als Zeichen des Kreuzes; daher häufige Beischrift ‹in pace› (auch auf Gemmen und Ringen). In biblischen Szenen (Noah, Jona) herrscht das Rettungsmotiv vor. Durch Einfluß profaner → Symbolik (noch im 4. Jh. trugen röm. Münzen das Motiv des Sch.s mit Isis oder Victoria am Steuer) entwickelt sich das Sch. zum Symbol für die Kirche mit Christus am Steuer. U. F.

Lit: L. Eizenhöfer, Die Siegelbildvorschläge des Clem. Alex., JAC 3, 1960, 62–66 – RGG V 1410 f. (Lit).

Schiffkämpfe gehören zu den Urbildern des Lebens auf geometrischen → Vasen, die der homerischen Stufe der Sagenerzählung vorausgehen; ein Nachzügler ist der → Aristonothoskrater. Vorläufer gab es in Ägypten, und ein myk. Silberrelief schildert den Kampf um eine Stadt am Meer. Selten sind Sch. in archaischer und klassischer Kunst, sehr häufig in der röm. Malerei, in Zyklen von auf → Isis anspielenden Dekorationen nach hellenist. Vorbildern, weil Isis die Herrin der Meere ist. Ein röm. Relief scheint ein Kriegsschiff der Schlacht bei Actium darzustellen. K. Schf.

Lit: A. Köster, Das antike Seewesen, 1923, 69–234, bes. Taf. 19–32. 35. 39. 43–47. Abb. 21 f. 26. 31–33 – Pfuhl, MuZ, § 344, Abb. 231. 259 – W. Schadewaldt, Homer und sein Jh., in: Von Homers Welt und Werk, 1959³, 87–129 – E. Kunze, Bruchstücke att. Grabkratere, in: Neue Beitr., Festschr. B. Schweitzer, 1952, 49–52 – L. Casson, Hemiolia and Triemolia, JHS 78, 1958, 14–18 – Ders., Addenda, JHS 79, 1959, 159 f. – Schefold, FS 19, Taf. 2a. 3b. 5b.

Schildbänder, durchweg aus dünn getriebenem Bronzeblech, selten aus Eisen, gehören zur Ausschmückung der Schildinnenseite. Sie verkleiden als Beschläge die schmalen (nicht erhaltenen) Lederriemen, mit denen der Armbügel befestigt und nach oben und unten verlängert ist. Nach Art und Zahl der Funde wurden die Gebrauchswaffen, keineswegs nur die Paradestücke, in dieser Weise ausgestattet. Die Blütezeit der Sch. ist das 6. Jh. v. Chr., die frühesten Exemplare gehören dem späten 7. Jh. an, einige Nachzügler lassen sich noch im 5. Jh. ansetzen. – Hauptfundort ist das Stadion von Olympia, auf dessen Wällen Waffenreihungen in der Art von → Tropaia errichtet waren. Von mehreren anderen Plätzen Griechenlands und Italiens gibt es vereinzelte Funde. Die Heimatwerkstatt der Sch. ist, nach den wenigen Inschriften zu schließen, in Argos zu suchen, doch mögen manche auch andernorts, vielleicht in Korinth, verfertigt worden sein. – Die Sch. sind verziert mit übereinander gesetzten, metopenartigen Bildern, mit Szenen von 2 und 3, selten 4 Figuren in flach getriebenem Relief. Die einzelnen Felder sind getrennt durch Ornamentstreifen (häufig Flechtband), die auch die Längsseiten einfassen. Oben und unten endigen sie jeweils in einer ausgeschnittenen Voluten-Palmette. – Die dargestellten Inhalte sind außer → Fabelwesen (→ Chimaira, → Gorgo) und wappenartigen Löwen, Panthern und Sphingen vor allem Götter- und Heroensagen, ferner Sagen des → trojanischen und → theban. Kreises. U.J.

Lit: E.Kunze, Arch. Schildbänder, Olymp. Forsch. II, 1950.

Schildbeschreibung, die Beschreibung des von Hephaist für Achill geschmiedeten Schilds (Il. 18, 478–608), auf dem von der Mitte nach außen die Erde, der Himmel, das Meer und die Gestirne abgebildet waren, eine Stadt im Frieden, in der eine Hochzeit stattfindet und eine Gerichtsverhandlung abgehalten wird, eine andere Stadt im Krieg, die von Feinden belagert ist, Szenen aus dem Landleben, ein Erntescbmaus, eine Weinlese, dann Tierszenen. Den Abschluß bildet nach einem festlichen Reigentanz mit Sängern und Gauklern der rundumfließende Okeanos. – Die Sch. setzt wohl eher ein spätgeometrisch-orientalisches Kunstwerk voraus (vgl. → Kret. Schilde) als ein mykenisches, doch geht diese dichterische Darstellung weit über das hinaus, was der Bildkunst der homerischen Zeit möglich war. Die Anschaulichkeit der Sch. beruht darauf, daß der Dichter die einzelnen Bilder als Handlungen wiedergibt, als lebendige, aufeinander abgestimmte und ineinander verflochtene Episoden. In der Gesamtkomposition der Ilias ist die Sch. ein Ruhepunkt vor dem erneuten Eingreifen Achills in den Kampf und gleichzeitig als Abbild des menschlichen Lebens in seinen bedeutsamsten Szenen im wirkungsvollen Gegensatz zu dem drohenden Tod des Helden. – Die Sch. Homers war das Vorbild für die Beschreibung des Herakles-schilds (Ps. Hes. asp. 141–320) und des Schilds des Aeneas (Verg. Aen. 8, 626–728). G.K.

Lit: E.Kunze, Kret. Bronzereliefs, 1931 – W. Schadewaldt, Der Schild des Achilleus (1938), in: Von Homers Welt u. Werk, 1959³, 352–374 – J.L. Myres, Hesiod's Skield of Herakles, JHS 61, 1941, 17–38 – C. Becker, Der Schild des Aeneas, WSt 1964.

Schildkröte. Die den Alten in verschiedenen Arten bekannte S. (χέλυς, χελώνη, testudo, Land-, Sumpf-, See-S.), wegen ihres Panzers und Schildpatts geschätzt. Sprichwörtlich war ihre Schwerfälligkeit und häusliche Eingezogenheit. Im Mythos ist sie mit Hermes verbunden, der aus einer S. den Resonanzboden für die Leier schuf. Daher heißt das Sternbild der Leier χέλυς. Aus der Leier erklärt sich die Beziehung zu Apollon. Dem Pan geweiht und daher geschützt waren die S.en im arkad. Partheniongebirge. Aus der Fruchtbarkeit und daher lebengebenden Bedeutung der S. erwuchs die enge Verbindung mit dem Bereich der Aphrodite (Goldelfenbeinbild des → Phidias zu Elis; Darstellung in Verbindung mit Spiegelträgerinnen). Der Glaube an das lange Leben der S. begünstigte ihre Darstellung mit → Asklepios. Unter den Zeugnissen der bildenden Kunst, die teilweise apotropäische Bedeutung erkennen lassen, ragen die Münzbilder von Ägina hervor. Vgl. → Fauna. Zur Belagerungsmaschine ‹S›. → Festungsbau, → Testudo. J.W.

Lit: Keller, Tierwelt II 247–259 – H. Gossen-A. Steier, RE 3 A 1 (1927), 427–433 (Quellen!) – Vgl. J.J. Bachofen, Ges. Werke VII, 1958, 87.

Schildpatt. Für die Lyra (→ Musikinstrumente A 2) wurde Sch. (χέλυς, testudo), am besten die Sorte celtium (Plin. nat. 9, 38), in ältester Zeit verwendet. Die Römer spalteten das Sch. in Platten, färbten es (Sen. benef. 7, 9, 2; Plin. nat. 16, 233) und benutzten es zu → Intarsien an → Möbeln (Plin. nat. 9, 39; vgl. 33, 144), zu → Kämmen und Spangen (Ov. ars 3, 147; Clem. Alex. paed. 3, 11, 71). Begehrter Handelsartikel (Plin. nat. 6, 173; 37, 204 u.ö.). W.K.

Schilfmaler, att. Vasenmaler → weißgrundiger Lekythen, tätig um 430–400, benannt nach den häufig wiederkehrenden Schilflandschaften seiner Styxbilder; Zeitgenosse des → Meidiasmalers (→ Vasen E 5). – Sein skizzenhaft lockerer Strich, Pathos des Ausdrucks und Auflösung der klassischen Silhouettenfigur durch Dreiviertelansichten sind für den ‹Reichen Stil› charakteristisch. – *Hauptwerke:* Weißgrundige Lekythen mit Krieger am Grab, Jüngling und Frau, Athen 1816 und 1817 (W. Riezler, Weißgr. Att. Lekythen, 1914, Taf. 90, 91; Arias-Hirmer, Abb. 200, Taf. XLV). I.Sch.

Lit: S. Papaspyridi, Ὁ «τεχνίτης τῶν καλάμων», Deltion 8, 1923, 117–146 – E. Buschor, Att. Lekythen der Parthenonzeit MüJbb NF 2 1925, 186–187 – Beazley, ARV² 1376–82.

Schirme (σκιάδες), als Sonnenschirme bekannt und verwendet. Zwei Konstruktionstypen: der Gestellschirm mit Gestänge und der Klappschirm mit Tuchrahmen. Darstellungen: Parthenon, Ostfries VI; rotfiguriger Skyphos Berlin F 2589 (Beazley, ARV² 1301, 7), vermutlich Szene vom → Lenäenfest. In Rom wurden Sch. als Teile des Zeremoniells beim Opfer verwendet. F.E.

Schisma, kleines Intervall (Hälfte des Kommas) in der Musiktheorie des Boethius, vgl. → Musik A [9].

[2] In der *Kirchengeschichte* ist Sch., zum Unterschied von ‹Häresien›, den Abtrennungen wegen Unterschieden des Glaubens und der Lehre (→ Christentum IV A), die ‹Abspaltung› von der Kirche aus Gründen der Organisation und der Disziplin (ohne daß dieses immer eindeutig getrennt wäre). Innerhalb der alten Kirche ist das älteste faßbare Sch. das des → Montanismus; ferner die Sch.en der → Novatianer, → Melitianer, des → Donatismus. Am wichtigsten ist das Sch. des griech. Katholizismus, das vom sog. Osterstreit (→ Feste C 2) des röm. Bischofs Viktor mit den Kleinasiaten an (gegen Ende des 2. Jh.s) als latente Gefahr erscheint, im → arianischen Streit des 4. Jh.s mehrfach bereits praktisch, im akakianischen Sch. 484–519 (vgl. → Gelasius) zum erstenmal auch förmlich vorhanden und 1054 endgültig verwirklicht worden ist. H.Kr.

Schlachtenbild. S.er gehören zu den häufigsten Themen jeder Periode der antiken Kunst, seitdem sie während der kampfreichen spätmyk. Zeit erstmals dargestellt worden waren (vgl. das → Rhyton bei F. Matz, Kreta-Mykene-Troja, 1957, T. 93). Gefäßmalereien aus geometrischer Zeit mögen jene Kämpfe, Land- und Seeschlachten aus mythischer Erinnerung nacherzählen, um die sich feste Sagenkreise zu bilden begannen. Aus der Mitte des 7. Jh.s ist uns das Prachtsstück auf der Chigi-Kanne erhalten (Arias-Hirmer, Taf. 4). In noch frühere Zeit verweist die Nachricht über ein historisches S. des Bularchos (→ Malerei C 1). Mythologische Kampfszenen sind seither überaus häufig. Bes. Giganten-, Amazonen- und Kentaurenkämpfe gehören zu den Leitmotiven griech. Kunst. – Bis in spätarchaische Zeit bieten Vasenbilder das nahezu einzige Anschauungsmaterial, dessen Abhängigkeit von der Monumentalmalerei freilich vielfach unzweifelhaft ist. Die schriftliche Überlieferung von S.ern setzt erst wieder mit → Polygnot und seinem Kreis ein. Durch ihn scheint auch das historische S. zu einer bestimmten Kunstgattung geworden zu sein; in der Folgezeit ist es bes. bei den Malern Androkydes (ca. 380), → Pamphilos, Aristeides (um 350), → Euphranor, → Helena, Nealkes (um 250) und Timanthes (um 240) vertreten. Ein einzigartiger, für uns allein faßbarer Höhepunkt dieser Gattung hat sich als Nachbildung im → Alexandermosaik erhalten; an diesem Beispiel wird das Wesen griech. S.er deutlich, die den Besiegten ebenso groß wie den Sieger sehen, oft tragisch begreifen. Demgegenüber bleibt das röm. S. meistens integrierender Bestandteil der geschilderten ‹res gestae›, deren Darstellung das Thema der sog. → Historienmalerei und der → Historischen Reliefs bildet. Eine Lösung aus diesem Zusammenhang wurde dagegen z.B. in den sog. Schlachten → Sarkophagen vollzogen. C.K.

Q: Overbeck, SQ, 1731ff.; 1778ff.; 2102; 2103 – *Lit:* Brunn II 771.

Schläuche (ἀσκοί) aus Ziegenhaut (oder auch Kamelhaut: Hdt. 3,9), dienten zum Transport von Wein (Hom. Il. 3, 247) oder Wasser (Hom. Od. 5,265) und waren im Orient weit verbreitet. Vor Pylos wurden Mohn- und Leinsamen in Sch.n transportiert (Thuk. 4,26). Auch heute noch verwendet. Der Tanz auf dem prallen, eingefetteten Sch., der Ἀσκολιασμός, wurde an den ländlichen → Dionysia geübt (L. Deubner, Att. Feste, 1932, 137). F.E.

Schlange. Die mit zahlreichen Arten im Mittelmeerraum und den Nachbargebieten vertretene S. (ὄφις, δράκων; anguis, serpens) erscheint als Inbild dämonischer Ambivalenz. Neben der Vorstellung vom Unheimlichen, Gefährlichen und Furchterweckenden steht die Überlieferung vom helfenden, heilsamen und rettenden Wesen. Dabei wirkte stark das Nebeneinander von giftigen und ungiftigen S.n mit, die nur von Kundigen unterschieden werden konnten. Der Natur entsprechend ist der Charakter vorwiegend chthonisch geprägt. In Religion und Mythos wirkt das Erbe der kret.-myk. Zeit stark nach. Neben S.n-Dämonen (→ Python in Delphi, Kychreus auf Salamis, → Kekrops und → Erechtheus in Athen) begegnen wir S.n in den Kulten zahlreicher Gottheiten (→ Athena, → Demeter, → Dionysos, → Zeus Meilichios und Sosipolis, → Trophonios, → Asklepios, der vielleicht ursprünglich selbst ein schlangengestaltiger Erdgeist gewesen ist) und in der Gräberwelt. Die Monatsfütterung der Burgschlange von Athen bezeugt den alten S.n-Kult ebenso wie die Pflege von S.n im Asklepiosdienst. In Rom vertritt die Haus-S. den Genius (Larenschlangen). Das dämonisch Böse vertritt die S. in den Überlieferungen von Typhon, den Giganten, das Todesprinzip im Mythos von → Laokoon, → Philoktet und dem kleinen → Herakles. Segenspendend erscheint sie vor dem Wagen des Triptolemos. Die weisende Kraft als Orakeldämon offenbart sich im delphischen Python und im Trophoniosmythos; daher die Schlangensäule, das Weihgeschenk nach dem Sieg von Platää. Der in der Haus-S. verkörperte Gedanke des Hüters findet sich in den Mythen von der Hesperiden-S., die die goldenen Äpfel, von der Kolchis-S., die das Goldene Vlies bewacht. Als Hüter des Heiligtums von Olympia erscheint Zeus Sosipolis in S.n-Gestalt, um den Arkadereinfall abzuwehren. Die S. als Helfer vor der Schlacht bei Salamis weist auf den S.n-Dämon Kychreus. Als Heilszeichen betrachtete man die S. im Asklepiosdienst und Heroenkult. Im → Sabaziosdienst verwendeten Frauen im ekstatischen Ritual S.n oder ihre Bilder als Zeichen der Gottvereinigung. Der Gedanke der Himmels-S. ist in drei Sternbildern ausgeprägt (Drakon zwischen den beiden Bären, Ophiuchos und Hydra). Das lebhafte Interesse der Alten an der S. bekunden Bildkunst, Volksglaube, Fabel und Sprichwort. Reich ist die Liste der Abwehrmaßnahmen und der Mittel gegen S.-Biß, vielseitig die Verwendung der S. in der Volksmedizin. Vgl. → Fauna, → Sternmythen. J.W.

Lit: Keller, Tierwelt II 284–305 – E. Küster, Die S. in der griech. Kunst u. Religion, RGVV 13, 1913 – H. Gossen-A. Steier, RE 3 A 1 (1927), 494–557 (Quellen!) – Nilsson I 41. 198f. 214. 288f. 404ff. 415. 437. 441. 579. 796 – Zur S.n-Säule vgl. P. Devambez, Grands Bronzes du Musée de Stamboul, 1937, 9ff.

Schlangenschrift, Anordnung eines ununterbrochenen Schriftbandes in Schlangenlinien, wobei die Zeilen abwechselnd kopfstehen (‹capovolto›); vielleicht eine Vorstufe des → Bustrophedon. H.Hg.

Q: Inschrift aus Sparta, 5. Jh. v. Chr.: IG V 720; etrusk. Tontafel aus Capua: dazu E. Zinn, AA 1950/51, 1–36.

Schleifer, vor 1532 gefundene Marmorkopie, Florenz, Uffizien. Bestandteil einer wichtigen, durch viele Kopienfragmente überlieferten, um 230 v. Chr. entstandenen Gruppe, die Bestrafung des → Marsyas darstellend. Während die Zugehörigkeit des in zahlreichen Kopien überlieferten, hängenden Marsyas (Typus A) gesichert scheint, bleibt es fraglich, ob ein sitzender Apollontypus dieser Gruppe oder der jüngeren Variante desselben Themas zuzuschreiben ist. E.Bg.

Lit: Brunn-Bruckmann, 425 – Lippold, GrPl 321f., Abb. 112,3 – Fr. v. Lorentz, Eine Kopie des Arrotino, Festschr. A. Rumpf, 1950, 107–112, Abb. 8f. – L. Alscher, Griech. Plastik IV, 1957, 65f., Abb. 16a–d.

Schleuderer (σφενδονῆται, funditores), Spezialtruppe von Leichtbewaffneten, die in antiken Schlachten zusammen mit → Bogenschützen und → Speerwerfern mit der primitiven Hirtenwaffe der Schleuder den Fernkampf eröffneten. Sie verwendeten Stein- oder auch Bleigeschosse (die weiter trugen), die im Drehschwung mit einer geflochtenen Lederschlaufe abgefeuert wurden (Xen. anab. 3,4,16). – Sch. gab es in den Heeren des Vorderen Orients, bei Assyrern und Persern. – Bei den Griechen dienten sie als Spezialisten in der Regel in nationalen Söldnereinheiten, die erstmals im Pelop. Krieg erwähnt werden. Als beste Sch. galten die rhodischen Kontingente des 5. Jh.s v. Chr., daneben werden Akarnanen und andere Nordwestgriechen, in hellenist. Zeit auch Kreter und Achäer genannt. – Im Heer der röm. Republik setzte man seit dem 2. Pun. Krieg Sch. von den Balearen ein, zunächst als Söldnertruppen, die jedoch schließlich in den → Auxilia aufgingen. Auch das Prinzipatsheer verwendet weiterhin Sch., doch treten sie gegenüber den Feldgeschützen etwas in den Hintergrund; Abteilungen von Sch.n kennt noch das spätantike Feldheer (→ Comitatenses). E.Bay.

Lit: → Heerwesen, → Strategie und Taktik.

Schlüssel, Schloß. Ein sehr einfaches System ist bei Homer (Od. 21, 5. 42) beschrieben: ein mit Höckern versehener Riegel wurde durch einen Strick von außen in die Schließstellung gezogen (der Strick verknotet) und beim Öffnen durch einen kurbelähnlichen Stab (Schlüssel) zurückgeschoben, nachdem der kunstvolle Knoten gelöst worden war. Um 500 v. Chr. entwickelte man das Balanos-Schloß, bei dem durch den Schlüssel mehrere Zapfen, βάλανοι (Eicheln), die durch eine Feder von oben in den Riegel einfielen und ihn so sperrten, von unten nach oben aus dem Riegel herausgedrückt wurden und diesen freigaben. Drehschlösser nach dem System der modernen gab es nachweisbar in Pompeji, gewiß aber schon früher. W.K.

Abb: H. Diels, Antike Technik (1914), 1924^3, Abb. Tafel 5 (Kurbelschlüssel) – T. K. Derry-T. J. Williams, A Short History of Technology, 1960, Abb. 56 (Balanos-Schloß).

Schmetterling. Der in zahlreichen Arten von Tag- und Nachtfaltern verbreitete S. war den Alten bekannt, wiewohl er in der Dichtung ohne Bedeutung blieb. Man wußte um die Entwicklung von Ei, Raupe und Puppe bis zum geflügelten Insekt. Mit der Verwandlung als Sinnbild des Lebens ist die merkwürdige Bezeichnung ψυχή (papilio) verbunden, die den S. in die Nähe von Seelen- und Unsterblichkeitsvorstellungen rückt. Diese Auffassung wurde durch das häufige Vorkommen von S.en in Nekropolen begünstigt. In diesen Zusammenhang gehören die Darstellungen auf Goldblechen der Schachtgräber von Mykene. Die Bezeichnung ψυχή förderte die Verbindung mit → Eros auf zahlreichen Gemmen. Die Raupen (κάμπαι) galten mit Ausnahme der Seiden-Raupe (βόμβυξ; vgl. → Seide; → Koische Stoffe) als Schädlinge und wurden bekämpft. → Fauna. J.W.

Lit: Keller, Tierwelt II 435–446 – H. Gossen, RE 3 A 1 (1927), 569 bis 584 (Quellen!) – Vgl. J. J. Bachofen, Ges. Werke VII, 1958, 547 – S. Marinatos, Kreta u. das myk. Hellas, 1959, 121, Nr. 202.

Schminke (ψιμύθιον) war sehr verbreitet und nicht nur auf die Figuren der Komödie (Aristoph. ekkl. 732. 878. 929. 1072; Lys. 149) und Hetären (Plut. Alk. 39) beschränkt. Die Epigramme sprechen davon (AP 9, 370. 374. 408). Auch Männer schminkten sich (Cic. orat. 23. 79). Grundstoffe waren Kreide, Bleiweiß, Rötel, Ruß (AP 11,66). Mit Blau zog man die Adern nach. Nach Ovid trist. 2,478 gab es Sch.-Bücher. F.E.

Schminkstrich. Der Ägypter schminkte seine Augenbrauen mit Bleiglanz schwarz, wohl um die Sonnenblendung zu dämpfen. Dabei wurde die Schminke aus dem äußeren Augenwinkel horizontal ausgezogen; dieser Sch. wird auch bei Statuen und Reliefs gern plastisch nachgebildet. W. Hk.

Schmuck

[1] Materialien – [2] Technik – [3] Gattungen, Formen – [4] Geschichte.

[1] *Materialien:* Gold, Silber, die Legierung beider zu → Elektron (Platin nicht bekannt), Blei, Bronze, Eisen, Elfenbein, Knochen, Holz, Glas, → Fayence, Bernstein, Edelsteine (→ Glyptik). Das bevorzugteste Edelmetall war das *Gold*, das in fast allen Teilen des Mittelmeeres gefunden und als Flußgold oder im Bergbau gewonnen wurde. Die Völker der Alten Welt kannten das Gold schon sehr früh und lernten bald, es zu bearbeiten, weil es gediegen vorkam und nicht erst wie das Silber eines metallurgischen Gewinnungsverfahrens bedurfte und ferner leicht zu schmelzen, zu dehnen und folglich gut zu formen war. Dank der Beständigkeit des Goldes sind zahlreiche Goldarbeiten der Antike sehr gut erhalten; an ihnen kann man die technischen Verfahren der Antike ablesen. – Vgl. → Metalle.

[2] *Technik.* Seit dem 2. Jt. bleibt der technische Prozeß der *Goldschmiedekunst* für die lange Periode des klassischen Altertums in den Grundlagen unverändert. Grundelemente des antiken Sch.es sind Goldblech und Golddraht. *Goldblech* wurde durch Hämmern und Treiben auf kaltem Wege hergestellt und über einem Kern oder durch vertiefendes Einarbeiten in eine Steinform in die gewünschte Gestalt gebracht. Das Treiben des Goldes ist uralt und wurde im Laufe der Zeit zu enormer Präzision gesteigert. So war das *Blattgold*, das schon durch einfaches Antupfen an der Unterlage haftete, bis zu 0,005 mm dünn. Das Belegen mit Blattgold, die Plattierung, ist die älteste Vergoldungsart, später wurde auch die Feuervergoldung angewandt, d. h. ein von Gold und Quecksilber hergestelltes Gemenge wurde auf den zu vergoldenden Gegenstand aufgestrichen und dann dem Feuer ausgesetzt, wodurch sich das Quecksilber zu Dampf verflüchtigt und das Gold haften bleibt. Die Technik des Versilberns, über die man weniger gut unterrichtet ist, wird ähnlich gewesen sein. Neben dem Treiben war auch der Goldguß bekannt, wurde jedoch nicht zu allen Zeiten gepflegt, da sich das heiße flüssige Gold beim Erkalten zusammenzieht und die Gußform nicht präzise wiedergibt. Gußformen sind aus myk., hellenist. und röm. Zeit bekannt, während sie in arch. und klass. Zeit höchst selten sind. – Zahlreiche und verschiedenartige Techniken wurden in der Antike zur Ausgestaltung der Schmuckstücke entwickelt. In allen Zeiten wurde der Sch. durch *Gravierung* verziert, d. h. durch Einritzungen von Zeichnungen mittels eines scharfen Grabstichels, der härter sein muß als das zu gravierende Material und sehr feine Linien einschneidet. Noch härter muß der Tremolierstichel für die zickzackartig geführte Gravierung sein, und daher findet sich die Tremoliertechnik erst in den eisenzeitlichen Kulturen. Ebenso verbreitet wie das Gravieren war das *Punzieren*, das Eintreiben von Mustern mit einer → Punze, die – einem Stempel vergleichbar – sich vorzüglich zur gleichmäßigen Wiederholung eines bestimmten Motives eignete. All diese verschiedenartigen Metallbearbeitungen mit Meißel, Feile, Stichel oder Punze bezeichnet man als *Ziselierungen*. Das Ausschneiden von Goldblech zu spitzenartigen Mustern *(opus interrasile)* kommt erst zu Ende der Antike auf und wird dann in der byzantinischen Goldschmiedekunst bes. gepflegt. Eng miteinander verbunden sind die beiden Techniken Filigran und Granulation. *Filigran* bezeichnet die Verzierung mit Gold- oder Silberdrähten, die glatt, gezwirnt oder gekörnt sein können. Die Muster wurden entweder freihändig oder mit Holzstiften, um die der Draht gelegt wurde, über einer Goldunterlage gearbeitet. Offenes Filigran ohne Hintergrund ist dagegen selten (vgl. → Etrusker C 1). Filigran und Granulation kommen seit ihren Anfängen (Troja II) häufig am gleichen Schmuckstück vor. Die *Granulation*, die Belegung einer Goldfläche mit winzigen Goldkörnchen, ist eine der feinsten und schwierigsten Goldschmiedearbeiten und zugleich ein hervorragendes Kunstmittel. Die Herstellungsweise der überaus kleinen Goldkügelchen ist nicht geklärt. Am wahrscheinlichsten wurden Goldpartikeln zwischen pulverisierter Holzkohle zu kleinen Kugeln geschmolzen. Nach dem Erstarren wurden sie in Kohlenstaub unterhalb des Schmelzpunktes geglüht; dadurch bereichert sich ihre Oberfläche mit Kohlenstaub und wird deshalb leichter schmelzbar. So konnte man die Kugeln unmittelbar auf das Goldblech schmelzen, wobei ihre schneller als der Kern schmelzende Oberfläche als Bindemittel diente. Zur Anordnung der Kügelchen dienten zunächst vorgezogene Furchen oder als Anlehnung aufgelötete Drähte, später aber machte man sich von diesen Hilfsmitteln frei und lernte es, die Körner mit außerordentlicher Genauigkeit zu sauberen Linien zusammenzusetzen und aus ihnen mannigfache Ornamente und Figuren zu entwerfen. Zur Herstellung verschiedenartiger Muster dient das *Tauschieren:* mit einem Flachstichel werden Vertiefungen in das Metall gearbeitet und diese durch Einhämmern andersfarbiger Metallplättchen wieder ausgefüllt (z. B. myk. Schwerter). Dagegen bezeichnet man als *Opus Nigellum* (= Niellotechnik) das Ausfüllen vorgearbeiteter Vertiefungen mit Niello, einem pulverisierten Schwefelsilber, je nach dem Mischungsverhältnis dunkelgrau bis schwarz, das sich wirkungsvoll von dem glänzenden Metall abhebt. Demgegenüber verdankt das *Email*, Glasfluß in Form von Furchen-, Gruben- oder Zellenschmelz, seine bes. Wirkung der Vielfarbigkeit. Als Färbemittel dienten Metalloxyde. Wie Email wurden auch viele andere Materialien wie Steine, Glas, Perlmutter, Elfenbein, Schildpatt u. a. in Form von Einlegearbeiten *(Intarsien)* beim Sch. verwandt. – Für die Zusammensetzung von Sch.stücken aus mehreren Einzelteilen kommt neben dem einfachen Löten, Biegen und Falzen das Nieten vor, namentlich wenn Teile vorhanden waren, die nicht der Löthitze ausgesetzt werden durften. – Schließlich wurde der antike Sch. noch durch Feilen und Polieren veredelt.

[3] *Gattungen, Formen.* Unter den verschiedenen Sch.-formen (Ketten, Ohrringe, Ohrgehänge, Armbänder, Arm- und Knöchelringe, Anhänger, Kränze, Gürtel, Gürtelschnallen und Brustplatten) nimmt der Ring eine besondere Stellung ein, da er über den Schmuck hinaus noch andere Funktionen hat: (1) als Siegelring (→ Glyptik); (2) als Votivgabe (von Armen verwandt); (3) als Zeichen der Würde, bes. bei den Römern (den Sklaven war es verboten, goldene Ringe zu tragen; daher wählten sie den goldplattierten Eisenring, den sog. samothrakischen Ring); (4) als Verlobungsring (nur den Römern bekannt); (5) zuweilen als Träger von Gift (Demosthenes, Hannibal). Vgl. → Diadem, → Fibel.

[4] *Geschichte.* Im ägäischen Bereich beginnt die Geschichte des Sch.es mit den zahlreichen Funden aus Troja II (2400/2300 v. Chr.); Verbindungen zu Troja zeigt der Sch. der kykladischen und helladischen Kultur, doch kann er sich weder quantitativ noch qualitativ mit diesem messen. Eine hohe Blüte erlebt der Sch. in kret.-myk. Zeit, in der alle Grundtechniken beherrscht und sorgfältig ausgeführt werden. Die meisten der minoischen Schmuckstücke stammen aus dem 17. Jh. v. Chr. Auf dem Festland beginnt im 16. Jh. v. Chr. der unermeßliche Reichtum der myk. Goldschmiedekunst (Schachtgräberfunde, Nat. Mus. Athen). Mykenes Verbindung zu Kreta lockert sich seit ca. 1450 v.

Chr., und der Schmuck der folgenden Jh.e unterscheidet sich in seinem eigenen Gepräge wesentlich von dem minoischen. Auf den endgültigen Zusammenbruch der myk. Kultur, dem in der Goldschmiedekunst schon ein stetiger Niedergang vorausging, folgen die kunstarmen Jh.e. Die griech. Goldschmiedekunst zeichnet sich vor allem durch vornehme Schlichtheit und den erlesenen und sparsamen Gebrauch des kostbaren Materials aus und verdankt ihre hohe künstlerische Wirkung dem Verzicht auf prunkvolle Aufmachung. Der neue Aufschwung des griech. Sch.es setzt im 8. Jh. v. Chr. ein und wird bes. gut durch getriebene Goldbleche aus Attika, Eretria, Korinth und Kreta vertreten (→ Diadem). Die stärkeren Kontakte zum Osten zu Ende der geometrischen Zeit bringen neue Impulse: von den griech. Inseln stammen zahlreiche Sch.stücke, die u.a. orientalische Motive wie → Löwen und → Greifen neben verschiedenartigen ornamentalen Mustern zeigen. Auffällig ist die Häufigkeit von getriebenen Gehängen an Ketten u. dgl. Infolge der griech. → Kolonisation kommen in archaischer Zeit neue Zentren der Goldschmiedekunst auf: das westliche Kleinasien, Rhodos, der Balkan (reiche Grabfunde von → Trebenischte), im Westen Sizilien und Italien, von wo mannigfache Einwirkungen des griech. auf den Sch. der → Etrusker ausgehen, der in technischer Hinsicht einen Höchststand erreicht. In den griech. Kolonien Südrußlands wurden dann in klass. Zeit (wohl von Ioniern an Ort und Stelle; daneben attische Importe) viele kostbare Sch.stücke gearbeitet, bes. Goldbänder mit gegeneinander gedrehten Windungen und die Halsketten mit filigranverzierten → Heraklesknoten. Filigran setzt sich nun gegenüber der vernachlässigten Granulation immer mehr durch. Im 4. Jh. macht sich ein Wandel der Anschauung bemerkbar: während der Sch. der klass. Zeit durch die edle Formgebung und die Kostbarkeit des Goldes geprägt ist, wird der Sch. im Hellenismus ins Prunkhafte gesteigert und mit vielfältigen Verzierungsarten überladen. Reichtum an Erfindung und eine Fülle künstlerischer Gedanken gehen Hand in Hand, wobei es in technischer Hinsicht keine Schwierigkeiten gibt. Begnügte man sich bis dahin im allgemeinen mit Tauschieren und Email, so treten nun infolge einer abermaligen Beeinflussung durch den Osten (Alexander und die Diadochen) farbige Edelsteine immer reicher und prächtiger auf (→ Glyptik). – In Rom waren zu Beginn der Republik die Edelmetalle noch kaum verbreitet, und Goldfunde aus dieser Zeit, bes. Ringe, sind selten. Durch die Ausweitung des Imperiums und die Übernahme von Gold- und Silberminen im gesamten Mittelmeergebiet nahmen Angebot und Nachfrage nach kostbarem Sch. immer mehr zu und wuchsen mit dem steigenden Lebensstandard und Luxus in der späten Republik und der Kaiserzeit zu unermeßlichen Ausmaßen an (Goldfund von Pedescia in Berlin). Vom Orient wurde der Gebrauch von Goldfäden in der Weberei und Stickerei (Brokate) übernommen. In der Spätantike löst sich der Sch. zusehends von den hellenist. Vorbildern und gewinnt ein neues Gepräge durch das *Opus interrasile* und durch die Polychromie infolge der reichlichen Verwendung von Zellenschmelz. Neu ist ferner die zunehmende Bedeutung von → Medaillons (vgl. → Kleinkunst, 4). R. Tl.

Lit: G. Becatti, Oreficerie antiche dalle minoiche alle barbariche, 1955 – E. Coche de la Ferté, Les bijoux antiques, 1956 – R. A. Higgins, Greek and Roman Jewellery, 1961 – R. Zahn, Ausstellung von Schmuckarbeiten... aus den staatl. Museen Berlin, 1932 – P. Amandry, Collection Hélène Stathatos, Les bijoux antiques, 1953 – B. Segall, Katalog der Goldschmiedearbeiten, Museum Benaki Athen, 1938 – E. Kunze, Gnomon 21, 1949, 1–11 (Rez. zu W. Reichel).

Schnabelkanne, -tasse, in der Ägäis der frühen Bronzezeit von Kleinasien über die → Kykladen und das griech. Festland bis nach → Kreta verbreiteter Kannen- bzw. Tassentypus. Heimisch in Toreutik (Tassen auch aus Gold) und Keramik, wurden sie im frühmin. Kreta auch von den Steintöpfern aufgenommen. Die Formen sind so benannt nach dem schräg ansteigenden, unterschiedl. langen schnabelförmigen Ausguß, zu dem sich Hals bzw. Gefäßrand mehr oder weniger eng zusammenziehen. Auch Krugformen mit weitem Rand zeigen solche ‹Schnäbel›. S.kannen haben breite oder schlanke Körper und dementsprechend einen

Abb. 200 Schnabeltasse und Schnabelkanne

weiten und kurzen oder schlanken und höheren Hals. S.tassen wurden wegen ihrer niedrigen Form mit dem zum ‹Schnabel› elegant geschweiften Rand auch ‹Saucieren› genannt. S.kannen sind in der Keramik viel langlebiger gewesen als die S.tassen; auf Kreta reichen sie (zunächst ‹geflammte›, ‹geometrische› und → Barbotine-Verzierung) bis in die SM-Periode. Bemalung der Schnabeltassen vor allem → Urfirnis. W. Schg.

Abb: S. Marinatos-M. Hirmer, Kreta u. das myk. Hellas, 1959, Taf. 3. 8; Abb. 83 c. 85 (Kannen) – F. Matz, Kreta u. frühes Griechenland, 1962, S. 46 (Tasse, FH II aus Attika) – Zur FH-S.tasse: K. Müller, Tiryns IV, 1938, 11–16.

Schnecke. Die im Mittelmeer mit zahlreichen Arten vertretene S. (κόχλος, coclea, concha) wurde von den Muscheln nicht streng geschieden. Unter den Land-S.n ragt als Genußmittel die Schnirkel-S. hervor, der man aphrodisische Kraft zuschrieb. Seit dem 1. Jh. verbreitete sich die röm. S.n-Zucht für die Delikatessentafel. Unter den Meeres-S.n kam der Purpur-S. (πορφύρα, purpura; → Purpur) die größte Bedeutung zu. Als Blasinstrument diente bereits im vorgriech. Kult die Tritonsmuschel (κῆρυξ). Sehr beliebt war die Porzellan-S. (χοιρίνη) als Schmuck und Symbol der Aphrodite. Ihrer bedienten sich in Athen die Richter bei der Abstimmung. In der bildenden Kunst waren die Meeres-S.n seit kret.-myk. Zeit Sinnbilder des Meeres und seiner unsterblichen Herrin (→ Meermotive). → Fauna. J.W.

Lit: Keller, Tierwelt II 519–544 – H. Gossen-A. Steier, RE 3 A 1 (1927), 585–614 (Quellen!) – Tritonsmuschel als Blasinstrument im Kult auf Gemme aus ideischer Grotte: G. Wiesner, Fischerlexikon 21, 1960, 137.

Schnittervase, bekanntestes Beispiel aus einer Gruppe reliefverzierter kret. Steatitgefäße der Blütezeit (16. Jh.). Form: → Rhyton. Mit der unteren Hälfte des eiförmigen Gefäßkörpers fehlt auch der untere Teil der Darstellung. ‹Heimkehr von der Olivenernte› ist die bessere Deutung des dargestellten Zuges von Männern mit geschulterter Ernterute (zum Abschlagen der Oliven). Bärtiger im Schuppengewand als Anführer. Vorsänger mit → ‹Sistrum›. Einer der Arbeiter bricht zusammen. W. Schg.

Abb: S. Marinatos-M. Hirmer, Kreta u. das myk. Hellas, 1959, Taf. 103–105 – *Lit:* F. Matz, HbArch II 256f.

Schöpfmaschinen. Mit der Hand und Eimern (4. Mos. 24, 7; Ev. Joh. 4, 11) oder der → Ägyptischen Schraube wurde Wasser etwas mehr als einen Meter gehoben. Bei dem ägypt.-babylon. *Schaduff* ruht ein zweiarmiger Hebel, dessen kürzerer Arm beschwert ist, während der längere an einem Seil das Schöpfgefäß trägt, auf einem hochgelegten Drehpunkt (Hdt. 1, 193; 6, 119; Plin. nat. 19, 60). Der Arbeiter stand am Seil. Brachte man an dem bislang beschwerten Hebel noch einen Trethebel an, konnte ein Mann durch die Verlagerung seines Gewichtes mit den Füßen zwei Schöpfhebel betätigen (5. Mos. 11, 10). Eine Verbesserung brachte das durch ein → Tretrad (Strab. 17, 807) oder Göpelwerk angetriebene *Schöpfrad*, an dem entweder Gefäße angebracht waren oder das Wasserkästen hatte, die ihren Inhalt in einen höher gelegenen Kanal ergossen. Das Rad konnte durch eine Kette (Paternoster) ersetzt und damit eine größere Höhe erreicht werden. Der letzte Schritt wurde getan, als man ein unterschlächtiges Wasserrad seitlich mit Schaufeln, in der Mitte mit Schöpfgefäßen versah: durch die Strömung wurde das Rad be-

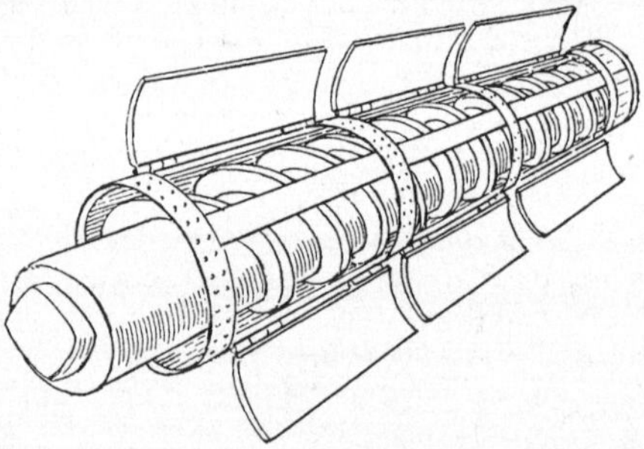

Abb. 201 Ägyptische Schraube

wegt und das Wasser nahezu um den Durchmesser des Rades gehoben. Die drei letzten Sch. fanden erst in augusteischer Zeit größere Verbreitung (Vitr. 10, 1, 6 Ende). W.K.

Q: Vitr. 10,4f. – *Lit:* Forbes, Technology II 1–77, bes. 30–41 – *Abb:* Singer, Technology I, Abb. 344 (Schaduff); Abb. 615 (Schöpfrad mit Göpelwerk).

Schola cantorum. [1] Mit der Einführung des Psalmensingens in die *Liturgie* (→ Leiturgia), zunächst im Osten (Syrien), dann im Westen, entstand die ‹Sängerschule›. Schon → Ephraim belegt, daß Knaben (lectores infantuli) ihr angehörten, die gleichzeitig ihre Schulausbildung erhielten; → Justinians Gesetzgebung bestimmte das 8. Lebensjahr als Aufnahmealter. Im Westen machte vor allem → Gregor d. Gr., der dafür sowohl an St. Peter wie am Lateran bes. Häuser baute, das Institut vorbildlich und zu einer bleibenden Einrichtung, während im Osten der Mönchsgesang ihre Kontinuität unterbrach.

[2] Dementsprechend bezeichnete nur der Westen als sch. c. jenen Raum des Mittelschiffes einer *Basilika*, der vor dem Altarraum bzw. Presbyterium liegt, durch Schranken, sei es sog. plutei (Platten) oder transennae (durchbrochen), von der Gemeinde getrennt ist und zugleich die beiden → Ambone einbezieht (z. B. Oberkirche S. Clemente und St. Maria in Cosmedin, Rom; beide nach altchristl. Vorbild). Der Osten hingegen sprach gerne von *σόλεα*, weil in diesem Bereich auch der ‹Stuhl› für den Kaiser bzw. den Patriarchen stand; doch war in ihm auch der niedere Klerus lokalisiert. Die → Hagia Sophia besaß sicher eine dem Westen ähnliche sch. c. (vgl. Paul. Silent. Z. 235 ed. Friedl.). C.A.

Lit: M. Andrieu, RecSR 5, 1925, 232–274 (niederer Klerus im altröm. Ritus) – E. Josi, Ephemerides Liturg. 44, 1930, 281–290 (lectores, schola c., clerici) – J. Quasten, Musik u. Gesang in der heidn. Antike und der christl. Frühzeit, 1930, 133–141 – A. Orlandos, Basilike, 1952, 535–538 – J. Smits v. Waesberghe, Berichte 2. Intern. Kongreß f. kath. Kirchenmusik, 1955, 111–119 (Neues über die sch. c.).

Scholien

A. Definition – B. Geschichte der griechischen S. – C. Überblick über die S.-Literatur; [1] Allgemein – [2] Homer-S. – D. Lateinische S.: [1] Geschichte – [2] Bestand und Charakteristik.

A. Definition. Unter S. versteht man antike Erklärungen schwieriger Textpartien. Solche Bemerkungen können je nach Umfang in besonderen Kommentaren niedergelegt sein oder am Rande einer Papyruskolumne bzw. einer Handschriftenseite stehen. Durchgehende Interpretationen *(Hypomnemata)* hat das Altertum stets als vom erklärungsbedürftigen Text getrennte Bücher tradiert. Erst in der Spätantike, oft sogar erst im frühen MA., hat man, vor allem bei Umschrift der antiken Codices in die Minuskel, vielleicht zum Teil nach dem Vorbild der Bibelkatenen (→ Kettenkommentare), den Inhalt mehrerer Hypomnemata kompiliert und in einem Scholienkranz an den Rändern einer einzelnen Handschrift untergebracht (→ Überlieferung A 2). – Ein Scholion besteht aus dem *Lemma* (d. h. einem aus dem Text des Autors wiederholten Wort oder Kolon) und der *Erklärung (Interpretament)*. Anstelle eines Lemmas wird, vor allem im MA., auch ein Verweiszeichen gebraucht. – Das Wort *σχόλιον* ist zum erstenmal bei Cicero (ad Att. 16, 7, 3), in der üblichen Bedeutung ‹erklärende Bemerkung› jedoch nicht vor Galen belegt (→ Glosse).

B. Geschichte. Die ältesten scholienartigen Interpretationen stammen aus dem athenischen Schulbetrieb des 5. Jh.s, in welchem Lehrer und Schüler Wörterbücher zu Homer benötigten (→ Lexikographie, B 1). Diese Schulerklärungen sind, wenigstens teilweise, in unsere D-Scholien zu Homer (s. u. C 2) übergegangen. Von den anregenden Dichterexegesen der → Sophisten wurden sie kaum, von den Debatten des 4. Jh.s nur selten beeinflußt. Diese geistreichen Diskussionen, in denen Hippias von Thasos, → Zoilos und → Aristoteles angebliche Widersprüche des Homertextes erörterten, blieben freilich, da die feste Textgrundlage fehlte, mehr oder weniger dilettantisch. Erst die Philologen der Alexandrinerzeit haben nach systematischer Vergleichung der Handschriften und nach Ausbildung einer straffen Methode die solide Grundlage unserer gelehrten Scholiencorpora und zugleich das Muster für spätere Kommentare geschaffen. Die kaiserzeitlichen Philologen hielten die hellenistischen Hypomnemata für zu umfangreich: sie exzerpierten das Vorhandene und schufen durch praktische Zusammenordnung der Auszüge neue Kommentare (→ Didymos (1) → Theon, 1). Sie trugen also zur Vernachlässigung (und damit zum Untergang) der hellenistischen Fachbücher bei, auf denen sie basierten; sie nahmen zwar in den ersten Jh.en auf neue Fragestellungen und Fortschritte der Wissenschaft (etwa in Metrik und Grammatik) Rücksicht, scheinen sich aber in der Folgezeit mehr und mehr mit der Weitergabe vorgeprägten Gutes begnügt zu haben. – Das MA. schuf die Archetypi der heutigen S.-Sammlungen in der oben angedeuteten Weise. Die Byzantiner haben ihren Kompilationen auch fremde Bestandteile (Zitate aller Art, Lexikonartikel) einverleibt, die späteren Philologen bes. der Paläologenzeit (1261–1453) haben diese Scholiencorpora des 9. und 10. Jh.s abermals verändert (verkürzt oder erweitert). Gerade diese jüngeren Zusammenstellungen (im Unterschied zu den *Scholia vetera*, den S. antiker Herkunft, *Scholia recentiora* genannt) sind oft abgeschrieben worden und in die Humanistendrucke eingedrungen. Die endgültige Trennung des jungen Gutes vom alten Bestand, die Rekonstruktion von Teilen antiker Hypomnemata ist schwierig und in vielen Fällen immer noch nicht gelungen.

C. Überblick. [1] Zu folgenden Schriftstellern sind S. überliefert (Auswahl): Homer, Hesiod, Pindar, den drei großen Tragikern, Aristophanes, Herodot, Thukydides, Platon, Isokrates, Aischines, Demosthenes, Aristoteles, Arat, Kallimachos, Apollonios Rhodios, Theokrit, Lykophron, Nikander, Dionysios (8) Perihegetes, Oppian, Lukian, Aristeides, Hermogenes, Gregor von Nyssa. – Papyrusfunde haben dieses Bild ergänzt, vor allem Reste von Lyriker-S. geliefert. Beispiele umfangreicher kaiserzeitlicher Hypomnemata sind mehrere der Schriften → Galens. – Die Qualität der genannten Werke ist verschieden; das Niveau der Erörterungen ist überall dort niedrig, wo die Alexandriner keine Grundlage schufen (z. B. in den Platon- und Aristoteles-S. und vielen S. zu kaiserzeitlichen Texten). Diese Gemeinsamkeiten sind feststellbar, obwohl natürlich zahlreiche Dürftigkeiten durch die Überlieferung entstanden sind und in dieser Hinsicht jedes Corpus seine eigene Geschichte hat.

[2] *Abriß der Geschichte der Homer-S.* (als Beispiel). Die Homer-S. zerfallen in 2 Gruppen: 1. Die (fälschlich) sog. D(idymos)-S. enhalten alte Bestandteile der antiken Schulerklärung, eine Sammlung mythologischer Erzählungen (*ἱστορίαι*) und einzelne Exzerpte aus allegorischen und

grammatischen Werken. Vielleicht ist diese Zusammenstellung byzantin. Herkunft. - 2. Dem sicherlich umfangreichen Kommentar (→ Aristarchs (2) entnahm → Didymos (1) Erklärungen zur Textkritik, die er mit denen anderer hellenistischer Dichter konfrontierte; sein Zeitgenosse → Aristonikos (2) stellte in zwei besonderen Schriften diejenigen Stücke zusammen, in denen Aristarch seine textkritischen Zeichen erläuterte. Auf gleicher Grundlage fußend, z.T. unter Benutzung der eben genannten Schriften, handelten → Herodian über die Prosodie und → Nikanor über die Zeichensetzung Homers. Alle vier Schriften gelangten, in einem Band vereinigt (sog. Viermännerkommentar = VMK) in das MA, wo sie vom Redaktor der sog. A-Scholien, dem Verfasser der Redaktion, die im Codex Venetus A, im Etymologicum Genuinum (→ Etymologika) und bei → Eustathios vorliegt, mit anderen Stücken vereinigt in gekürzter Form an den Rand eines kontaminierten Homertextes geschrieben worden sind. – Ein anderer Teil der aristarchischen Erklärungen, vor allem Bemerkungen zur Grammatik und zum Inhalt, liegt den sog. ‹exegetischen› S. zugrunde. Die mittelalterlichen Hss. dieser Gruppe bieten ein nur schwer entwirrbares, durch Kompilation aus (vermutlich) drei antiken Hypomnemata entstandenes Konglomerat, in dem hellenist. und kaiserzeitl. Beiträge miteinander vermischt sind. Es existieren aber mehrere kaiserzeitl. Papyri, die ein gutes Bild eines gelehrten ‹exegetischen› Kommentares liefern: man findet hier sinnvolle, durch Zitate dokumentierte und zielstrebige Diskussionen (z.B. im Pap. Ox. 221). Wahrscheinlich ist diese Art der Erklärung, die dem Verfahren eines modernen Kommentars ähnelt, bes. verbreitet gewesen, also auch für andere Autoren verwendet worden, da sie dem an der Dichtung interessierten Laien die meisten Aufschlüsse in gefälliger Form bot. H.E.

Lit: A. Gudeman, RE 2A 1 (1921), 625–705 (hellenist. u. kaiserzeitl. Autoren nicht berücksichtigt) – Für die S. der einzelnen Schriftsteller vgl. Schmid-Stählin – Homer-S.: H. Erbse, Zetem. 24, 1960 – M. van der Valk, Researches on the Text and Scholia of the Iliad 1, 1963.

D. Lateinische Scholien. [1] *Geschichte*. Nach Suet. gramm. 2 soll des → Krates (4) v. Mallos Auftreten in Rom (168 v. Chr.) den ersten Anstoß zur wissenschaftlichen Beschäftigung mit der nationalen Literatur gegeben haben. Die ältesten konkreten Nachrichten darüber, obwohl nicht genau datierbar, sind, daß ein Octavius Lampadio das Epos des Naevius in 7 Bücher geteilt (Suet. a. O.) und den Text des Ennius emendiert habe (Gell. 18, 5, 11) und daß sich der Dichter L. → Accius (geb. 170) ebenso wie der jüngere → Aelius (8) Stilo über Echtheitsfragen bei Plautus geäußert hätten (Gell. 3, 3, 9). Der erste uns bekannte Kommentar ist der Stilos zu den Carmina Saliaria. Ihren Höhepunkt erreichte die kommentierende Tätigkeit bei den Römern um die Zeitenwende, namentlich mit einer reichen Literatur über Vergil, die anscheinend unmittelbar nach dessen Tode begann, und im 1. Jh. n. Chr. (→ Asconius, → Probus). Schon im 2. Jh. setzt der Abstieg ein, aus dem 3. hören wir fast gar nichts, im 4. gibt es eine lebhafte, aber nicht mehr originale Produktion, und von da an wird das vorhandene Material in immer neuen Rezensionen weitertradiert.

[2] *Bestand und Charakteristik*. Die Vergilerklärung spielt die größte Rolle, mit Abstand folgen Horaz und Terenz. Ferner besitzen wir Scholien zu Ovids Ibis, den Aratea des Germanicus, Persius, Lukan, Statius (beide Epen) und Juvenal, in der Prosa nur zu Cicero (Asconius, → Marius (6) Victorinus). Gegeben hat es mindestens noch Kommentare zu Plautus (Arruntius (3) Celsus) und Sallust (→ Aemilius (1) Asper). Erhalten ist aus früher Zeit nur Asconius, doch steckt in vielem Späteren älteres Material. Vom 4. Jh. an haben wir mehr, doch in der schwankenden Überlieferung verschwimmt die Individualität der Kommentare, deren viele erst im MA ihre heutige Gestalt erhielten (z.B. der erweiterte → Servius). Zu den Römern kam die griech. Philologie schon in ihrem Abstieg und wurde überwiegend Sache der Schule. So hat sie die Höhe der Alexandriner nie erreicht; die Qualität schwankt etwa zwischen der achtbaren Leistung eines Asconius und der äußersten Dürftigkeit in den Scholien zur Achilleis des Statius. Sachlich ist der Anschluß an die Griechen eng; bes. ist die Vergilexegese ein genaues Pendant der Homererklärung, z.B. in der Kritik (‹Aeneidomastix› des Corvilius Pictor parallel zur ‹Homeromastix› des Zoilos) und Apologetik, sowie der → allegorischen Deutung, während Asconius der von → Didymos (1) geübten Sacherklärung von Prosaikern folgt. Manche Scholien (Germanicus) sind geradezu aus dem Griechischen übersetzt. – *Methode:* Die Kommentare erläutern schwierige Stellen, belegen ungewöhnliche Formen durch Parallelen, notieren rhetorische Figuren, benennen Vorbilder einzelner Stellen, geben mythologische und antiquarische Erläuterungen (dies für uns am wichtigsten als Überlieferung des faktischen Wissens). Neben echter Erläuterung steht manches, das um seiner selbst willen da ist, bes. die Etymologien, die namentlich für seltene Wörter gerne beigebracht werden. Von den erklärenden sind zu unterscheiden: 1. Die paraphrasierenden und interpretierenden Kommentare (Tib. → Donatus (2), Marius Victorinus zu Ciceros De inventione). Der blühenden Bibel → Exegese näher verwandt, blieb diese Form länger produktiv und zeitigte noch spät (Eugraphius, 6. Jh.) originale, wenn auch bescheidene Leistungen. – 2. Kommentare zu abrißartigen Lehrbüchern (Donatkommentare), die nicht Verständnishilfen, sondern ausführlichere Paralleldarstellungen derselben Materie sind. Ihnen steht hinsichtlich der Selbständigkeit → Macrobius' Kommentar zum ‹Somnium Scipionis› gleich. D.F.

Lit: J.E. Sandys, A History of Classical Scholarship I (1903), 1906² – P. Weßner, Bursian 188, 1921, 161–237, und Fr. Lammert, ebd., 231, 1931, 82–95; 252, 1936, 137–157 (Forschungsber.).

Schoßtiere. Beliebt waren Vögel (AP 7, 199), so der berühmte Spatz der → Lesbia (Catull. 2. 3), der Sittich der → Corinna (Ov. am. 2, 6), Tauben (Mart. 1, 7), Elstern und Eulen (Mart. 7, 87, 1. 6). Daneben begegnen Hunde (Theophr. Char. 21, 9; AP 7, 211; CLEp 1176. 1512; Ath. 12, 518F), die manche Frauen mehr als ihre Männer liebten (Iuv. 6, 653) und die zuweilen mit Gänseleber gefüttert wurden (Mart. 3, 82, 19) und verfetteten (Petron. 64, 6). An Sch.n werden ferner erwähnt Grillen (AP 7, 190. 193. 213), Hasen (AP 7, 207), Affen (Cic. div. 1, 34, 76), Meerkatzen und Schlangen (Mart. 7, 87, 4; Suet. Tib. 72, 2), Löwen (Tert. anim. 24), Tiger (Plin. nat. 8, 25). Auffällig ist das Fehlen der Katzen. W.K.

Lit: M. Johnston, Catullus 3 and the Literature of Pets, ClW 23, 1929, 24 – G. Herrlinger, Totenklage um Tiere in der antiken Dichtung, 1930.

Schreiberfigur. Seit dem Alten Reich ließen sich ägypt. Beamte gern darstellen, wie sie mit übergeschlagenen Beinen (später kniend) auf der Erde hocken und auf den Oberschenkeln einen Papyrus beschreiben. Sie wollen damit anzeigen, daß sie der am höchsten angesehenen Schicht der Schriftkundigen angehören. Es sind also keine → Dienerfiguren. W. Hk.

Schreibmaterialien → Buch [1], → Wachstafel.

Schrift

A. Orientalische Schriften – B. Das griech.-lat. Alphabet: [1] Griechisch – [2] Etruskisch – [3] Lateinisch' – C. Schriftformen der Antike: [1] Überblick – [2] Entwicklung der griech. Schrift – [3] Lateinische Schrift – [4] Kurzschrift – D. Mittelalterl. Buchschriften: [1] Griech. Bibelstil – [2] Griech. Kursive – [3] Griech. Minuskel – [4] Lat. Unziale – [5] Nationalschriften – [6] Karolingische Minuskel. – Vgl. → Akzent (2) und → Interpunktion.

A. Orientalische Schriften. Eine Reihe orient. S.en weist den alten Zustand der Wort-S. auf, bei der jedem Wort ein Bildzeichen entspricht. Das gilt von den → Hieroglyphen der Ägypter, von der ältesten sumerisch-babyl. → Keilschrift und von der chinesischen S. Da der Sinn des Zeichens aber nicht mehr unmittelbar an der Sache, son-

Phönizisch
Archaisch Griechisch
Ostgriechisch Athen-Milet
Klassisch Griechisch
West-griech.
Ur-ital.
Etrus-kisch
Arch. Lat.
Klass. Lat.
ʾ a a Α α Alpha a a
b b b Β β Bēta b b
g g g Γ γ Gamma g [k] [k,g] [k] g
d d d Δ δ Delta d d
h e e Ε ε Epsilon ĕ e
w v [f] [f] v
z z z Ζ ζ Zēta z.dz [z] [g] z
ḥ h, ē h(ē) Η η Eta ē h
ṭ th th Θ ϑ Thēta th th
j i i Ι ι Iōta i i
k k k Κ ϰ Kappa k k
l l l Λ λ Lambda l l
m m m Μ μ My m m
n n n Ν ν Ny n n
s ks Ξ ξ Xi ks s
ʿ o o Ο ο Omikron ŏ o
p p p Π π Pi p p
ṣ s s ś
q q q q
r r r Ρ ϱ Rho r r
š s s Σ σς Sigma s s
t t t Τ τ Tau t t
w u u,ü Υ υ Ypsilon ü u
ks ph Φ φ Phi ph ks
kh Χ χ Chi kh ph
ps Ψ ψ Psi ps kh
ō ō Ω ω Omega ō f

dern vielmehr an einem Lautkomplex (Wort) haftete, konnte man in diesen S.en dasselbe Zeichen zur Wiedergabe von Wörtern verwenden, deren Gleichheit oder Ähnlichkeit sich nicht auf den Begriffsinhalt, sondern nur auf den Lautbestand bezog (Prinzip des Rebus). Wenn man – was bei den einsilbigen Wörtern schon in der Wort-S. der Fall ist – für jede Silbe ein eigenes Zeichen schuf, so befand man sich damit bereits auf einer weiteren Entwicklungsstufe, nämlich der Silben-S. Es mußten daher so viele verschiedene Zeichen erfunden werden, als es Silben in der betreffenden Sprache gab. In diesem Zustand kennen wir die kret. S., die → cyprische Silben-S. und die altindische Brāhmī-S. Die Keil-S. entwickelte sich, durch den Bau der sumerischen Sprache mit ihren vielen ähnlich oder gleich klingenden einsilbigen Wörtern gefördert, weitgehend zur Silben-S.; immerhin wurden Wortzeichen in vielen Fällen beibehalten. Auch in der hethit. Bilder-S., die inschriftlich vom 14.–8. Jh. v. Chr. belegt ist, überwiegend eine Silben-S., treten Ideogramme (Bildzeichen), Determinative (Deutezeichen), aber auch einzelne Buchstabenzeichen auf. In der ägypt. Schrift wurden gleichfalls z. T. Silbenzeichen (Mehrkonsonantenzeichen) verwendet, wobei die Vokale unberücksichtigt blieben. Zur Schreibung von Fremdwörtern und fremden Namen bedienten sich die Ägypter dieser Silbenzeichen. Sie kannten mit den Einkonsonantenzeichen (Buchstaben) z. T. auch schon die letzte Stufe dieser Entwicklung, die *Buchstabenschrift*. An den ägypt. Sinai-Inschriften (15. Jh.) versuchte man die Herkunft der semitischen Buchstaben-S. aus dem Ägypt. wahrscheinlich zu machen. Hier scheinen einfache Hieroglyphen, d. h. ihr Sinnwert, ins Semitische übersetzt und die anlautenden Konsonanten der semitischen Wörter mit den übernommenen ägypt. Zeichen fest verbunden worden zu sein. Die südsemitischen S.en (→ Sabäisch, daraus abgeleitet Safatenisch, Thamudisch, Lihjanisch und Äthiopisch, aus diesem wieder Amharisch) zeigen noch deutliche Verwandtschaft mit den Formen der Sinai-Inschriften. In den nordsemitischen S.en machte sich auch der Einfluß der Keil-S. geltend (Buchstabenalphabet von → Ugarit). Als Wiege der semitischen Buchstaben-S. gilt → Byblos, dessen Namen auch die Griechen mit dem Begriff der S., des Beschreibstoffes und Buches verbanden. Das nordsemitische Alphabet (22 Konsonanten) ist in drei verschiedenen Ausprägungen bekannt: *Phönizisch* (daraus Punisch), *Althebräisch* (Kanaanäisch, daraus Samaritanisch), *Aramäisch* (daraus hebr. Quadrat-S., Palmyrenisch, Syrisch und das Nabatäische, der Ursprung der arab. S. mit ihren Varianten Kufisch, Nesḫi, Maghrebinisch und der altiranischen S.en Pehlevi und Avesta-S.).

B. Das griechische und lateinische Alphabet (= A.) [1] Die *Griechen* übernahmen ihr A. von den → Phöniziern. Die Erinnerung daran hat sich bei ihnen erhalten; schon die Buchstabennamen weisen vielfach auf die semit. Herkunft hin (ʾaleph, bêth, gîmel, dālēth usw.). Die Buchstabenformen der ältesten griech. S.en stimmen weitgehend mit den altphönizischen überein, die Reihenfolge der Buchstaben und ihre entsprechende Verwendung als Zahlzeichen findet sich im Griech. wie im Altsemitischen. Die ältesten griech. Inschriften sind wie die semitischen → bustrophedon oder linksläufig geschrieben. Während also die Herkunft des griech. A.s keinem Zweifel unterliegt, ist die Aufspaltung in eine Anzahl griech. Lokal-A.e und deren Weiterentwicklung schwieriger zu verfolgen. Das griech. Mutter-A. enthielt 21 Zeichen. Gegenüber dem späteren A. waren Ϝ (→ Digamma = w) und ϙ (Koppa = k vor o und u) zusätzlich vorhanden; dafür fehlten ξ, φ, χ, ψ, ω. Vier phön. Buchstabenzeichen, die man mangels lautlicher Entsprechung im Griech. nicht brauchte, wurden zur Bezeichnung der 4 Vokale A, E, I, O verwendet, die ja im Phönizischen wie in allen semit. Schriften fehlten. Für den u-Laut nahm man das phön. Y (w = wāw) und setzte es an das Ende des A.s. H (entsprechend phön. ḥêth) hatte zunächst den Lautwert h. In Gebieten, in denen der Hauch früh verstummte (sog. Psilose), verwendete man es aber schon früh für das offene (lange) ē und schuf parallel dazu Ω für das offene (lange) ō. Abgesehen von den archaischen A.en der dorischen Inseln Theros, Melos und Kreta unterscheidet man ostgriech. und westgriech. A.e, deren Verschiedenheiten vor allem in den sog. Zusatzbuchstaben liegen. Die ostgriech. A.e kennen die Zusatzzeichen X (= kh), Ξ (= ks) und Ψ (= ps) – für die beiden letzten Zeichen findet sich in manchen Gebieten auch $\chi\sigma$ und $\varphi\sigma$ – die westgriech. A.e hingegen schreiben ᛘ oder Ψ für kh, X für ks, ✳ bzw. Φϟ für ps. Φ für ph ist beiden Gruppen gemeinsam. – Daß Athen 403 v. Chr. unter dem Archon Eukleides das kleinasiatisch-ionische A. für die offizielle Aufzeichnung von Gesetzestexten übernahm, wirkte beispielgebend für die anderen griech. Staaten, so daß im Laufe des 4. Jh.s das noch heute geläufige klassische (ionische) A. mit 24 Zeichen zugleich das gemeingriechische wurde. Vgl. → Griechische Sprache.

[2] Schon im Laufe des 7. Jh.s übernahmen die *Etrusker* – woher und auf welchem Wege ist noch strittig – ein A. mit 26 Buchstaben, das zur Gänze auf dem Rand einer elfenbeinernen Schreibtafel aus Marsiliana d'Albegna zu lesen ist. 4 Buchstaben dieses A.s, nämlich b, d, das dem phön. samech entsprechende Zeichen und o, wurden praktisch nicht verwendet, da ihre lautlichen Entsprechungen im Etrusk. fehlten (o und u wurden, zumindest ursprünglich, nicht geschieden). Das etrusk. A. kannte ferner 2 Zeichen für s-Laute, die dem phön. sade und śin entsprachen. Gesichert ist auch die frühe Differenzierung (7./6. Jh.) der 3 k-Laute: c (vor e, i), k (vor a), q (vor u).

[3] Diese im *latein. A.* wiederkehrende Eigenheit gilt als ein Argument für die Ableitung des latein. A. aus dem etruskischen, die allerdings bis heute strittig ist; auch daß die Römer das A. direkt aus dem unteritalischen → Cumae übernahmen, wird vertreten (bes. M. Pallottino). Lat. x (mit dem Lautwert ks) ist jedenfalls auf ein westgriech. A. Süditaliens zurückzuführen. Das dem griech. Zeichen Γ (Gamma) entsprechende C wurde im Lat. für k vor e, i verwendet, g erst später durch Hinzufügen eines Striches daraus differenziert (G). Lat. f (das alte Digamma Ϝ) wurde in ältester Zeit FH geschrieben (Fibel v. → Praeneste, frühes 6. Jh.). Griech. Wörter mit Aspiraten schrieben die Römer ursprünglich als → Tenues ($p = \varphi$, $t = \vartheta$, $c = \chi$), später (2. Jh. v. Chr.) führte man für die Aspiration das zusätzliche h ein (ph, th, ch). Da z (stimmhaftes s) im Lat. intervokalisch zu r wurde, verzichtete man auf den Buchstaben (an seine Stelle in der Buchstabenfolge des Alphabets trat g) und führte ihn erst zu Beginn der Kaiserzeit, zusammen mit y neu ein (nun am Ende des Alphabets).

C. Schriftformen der Antike. [1] *Überblick:* Erst seit der Epoche der großen Papyrusfunde in den letzten Jahrzehnten des 19. Jh.s kann man sich eine Vorstellung davon machen, wie Griechen und Römer im Alltag schrieben, und, während früher außer den Inschriften nur Textzeugen vom 4. Jh. n. Chr. an zur Verfügung standen, nun die griech. S. vom späten 4. Jh. v. Chr. bis ins MA an vielen Tausenden von Papyri studieren. Von den 2 großen Gruppen von Papyri sind die literarischen (ebenso wie ein Großteil der mittelalterl. Hss.) in einer nach ebenmäßigen Formen strebenden *Schönschrift* oder *Buchschrift* geschrieben (kalligraphisch). Die viel zahlreicheren nichtliterarischen Papyri, d. h. die Urkunden und Briefe, weisen zumeist die → Kursive auf, die dem alltäglichen Gebrauch diente und vor allem auf Schnelligkeit (Ligaturen, Abbreviaturen) sah, die Lesbarkeit aber im Hinblick auf bestimmte Lesergruppen abstufte. In zahlreichen Urkunden der Antike und des MA.s bediente man sich verschiedener Grade der → *Kanzleischrift*, die sich manchmal der Buch-S. nähern konnte, oft aber auch mehr oder weniger in Gebrauchs-S. überging.

[2] Die Entwicklung der *griech. S.:* 1. Die ältesten erhaltenen griech. Papyri (spätes 4.Jh.v.Chr.) zeigen eine den Inschriften verwandte Schreibweise (→ *Inschriftenstil*). Sowohl im Timotheospapyrus (Berlin) wie in der Wiener ‹Klage der Artemisia› stehen die Buchstaben in stets gleichbleibenden Zwischenräumen ohne jede Verbindung nebeneinander. E und *Σ* weisen die eckigen Formen der Inschriften, *Φ* ein Dreieck an Stelle eines Kreises oder einer Ellipse auf. Noch älter ist vielleicht der 1962 gefundene Papyrus von Thessalonike: sein *Ω* ist gegenüber der kursiven Form in Artemisia und Timotheos rein inschriftlich. Aus dem Inschriftenstil läßt sich sowohl die ptolemäische Buchschrift wie die ptolemäische Geschäftsschrift ableiten. – 2. Die *ptolemäische Buchschrift* weist gegenüber dem Inschriftenstil mehr flache Rundungen auf, verwandelt A in ein spitzwinkliges Dreieck mit konkaven Seiten und biegt analog die rechte Haste des *H* und *Π* nach innen. Kleines *o* und *ω* werden an die Oberzeile gezogen; Iuxtaposition wird beliebt. *P, Y, Φ* und andere Buchstaben weisen vereinzelt ein Zierhäkchen am unteren Ende der Hasten auf. Die horizontalen Balken des *T, Π* und *Γ* werden oft verdickt. Die Schrift bleibt wie der Inschriftenstil eine → Majuskel (Zweizeilenschrift). – 3. Die *ptolemäische Geschäftsschrift* hingegen gibt diesen Grundsatz auf, indem sie *Φ, P, Y,* aber auch *I, K, T* oft mit großer Unterlänge versieht. Keulenförmige Verdickung der Querbalken von *T* und *Π* sowie häufiges Hochziehen kleiner Kümmer-Buchstaben an die Oberzeile erwecken den Eindruck, als ob die Schrift an der Oberzeile hänge. – 4. In den Jh.en um Chr.Geb. beobachten wir in der Buchschrift den sog. → *Häkchenstil.* Hier sind die schon in literarischen Papyri des 3. und 2.Jh.s v.Chr. erscheinenden Zierhäkchen, vor allem an der Grundzeile, zur Manier und zum Stilmerkmal geworden. Die runden Formen überwiegen, Kümmerbuchstaben gibt es nicht, die Zweizeiligkeit wird eingehalten. – 5. Der vorherrschende Stil der griech. Buchschrift des 2. und 3.Jh.s n.Chr. ist der sog. → *Strenge Stil.* Bei bewußter, streng durchgeführter Stilisierung fällt der Gegensatz zwischen besonders breit und sehr schmal geformten Buchstaben ins Auge. *H, M, N, Π, Ω* sind in der Regel doppelt so breit wie hoch, auch *Δ, K, Λ, X* erscheinen recht flachgedrückt; demgegenüber sind *E, Σ, B, Θ* auffallend schlank; *Ω* hat die Form einer Schale. Der Strenge Stil ist als Vorläufer des → Bibelstils zu betrachten, der bereits ins MA hinüberführt.

[3] *Lateinische S.formen.* Wie im Griech. stammt auch im Lat. die älteste ausgebildete Buch-S. von den Inschriften ab. Nur wenige Hss.fragmente des 4.–6.Jh.s zeigen die *Capitalis quadrata,* die sich zweifellos den Stil der frühkaiserzeitl. Inschriften zum Vorbild genommen hatte. Viel häufiger treffen wir in Hss. auf die *Capitalis rustica* (Vergil-Codices!), in der E, F, L, T sehr schmal geformt und Querstriche nur mehr angedeutet sind. – Aus Papyri, pompejanischen Inschriften und Wachstafeln kennen wir die sog. *Ältere röm. Kursive* (Majuskelkursive) seit der 2.H.d.1.Jh.s v.Chr. Diese im wesentlichen zweizeilige Schrift veränderte sich in den ersten kaiserzeitlichen Jh. und ging um 300 in die *Jüngere röm. Kursive* (Minuskelkursive) über, eine Vierzeilenschrift mit markanten Oberlängen von b, d, h, i, l und entsprechenden Unterlängen von g, p, q.

[4] Kurzschrift. Sowohl im Bereich der griech. wie der lat. S.geschichte gibt es mehrere Versuche, ein System der *Kurzschrift* (Tachygraphie = Schnell-S., Stenographie = Eng-S.) aufzustellen. Die *griech.* Tachygraphie ist auf Papyri und Wachstafeln (in spätantiken Urkunden fügten Notare ihren Unterschriften gern tachygraphische Notizen bei) überliefert; ihre Deutung ist bisher nur zum geringen Teil gelungen. Besser bewandert sind wir in der griech. Tachygraphie des MA.s, die uns vor allem in Hss. des 10–12.Jh.s, später noch in Ausläufern entgegentritt. Eine ganze Reihe geläufiger Kürzungen in griech. Minuskelhss. mit kursiven Zügen stammen aus der Antike. In *Rom* soll der Dichter → Ennius (um 200 v.Chr.) als erster ‹notae vulgares› (‹gewöhnliche› Abbreviaturen) erfunden haben. Eine Erweiterung und Verfeinerung erfuhr dieses System durch Ciceros Freigelassenen → Tiro, dessen *Tironische Noten* in der ganzen Kaiserzeit und in Hss. des MA.s bis um die Jahrtausendwende in Gebrauch waren.

D. Mittelalterliche Buchschriften. [1] Die 3 größten und bis vor wenigen Jahrzehnten ältesten griech. Bibelhss., Cod. Sinaiticus, Cod. Vaticanus, Cod. Alexandrinus, sind in einer hochstilisierten Buchschrift geschrieben, die wir als *Bibelstil,* mit einem weniger glücklichen, konventionellen Ausdruck auch als *Unziale* bezeichnen. Anstelle der auffälligen Breitenunterschiede der Buchstaben im → Strengen Stil ist hier alles auf Ausgleich der Größenunterschiede und edles Gleichmaß der Formen ausgerichtet. Für die meisten Buchstaben des Bibelstils könnte man ein Quadrat als Grundform annehmen; auch die vielen runden Buchstaben könnte man Quadraten einschreiben. Haar- und Druckstriche werden unterschieden, die Zweizeiligkeit ist genau eingehalten. Nach dieser vorbildlichen Ausprägung in den großen Hss. des 4. und 5.Jh.s erfuhr der Bibelstil erst im Laufe von Jh.en gewisse Veränderungen. Mit dem Sieg der Minuskel im 9.Jh. wurde die Unziale im wesentlichen auf liturgische Texte (spitzovale Formen, oft Schräglage) beschränkt. Daneben hielt sie sich noch lange als Auszeichnungsschrift in Minuskelhss. – In der Spätzeit (6.–10.Jh.) bildete sich eine Sonderform der griech. Unziale, der sog. → *Koptische Stil:* einzelne Buchstaben, besonders an abgehobenen Satzanfängen, werden überdimensioniert, *A, E, Θ, O, Σ* sehr schmal gehalten, *M* bis auf die Grundzeile eingesattelt. Die Stilisierung zielt auf die → Kanzleischrift (Eindruck des Gitterwerks) und dürfte auf das alexandrinische Patriarchat zurückgehen.

[2] Seit der Zeit der Tetrarchie (um 300 n.Chr.) gewann die → *Kanzleischrift* einen deutlichen Einfluß auf die griech. Kursive, die während der ersten kaiserzeitl. Jh.e in der Regel einen unansehnlichen Eindruck gemacht hatte. Schon im Laufe des 4.Jh.s entwickelte sich diese → *Byzantinische Kursive* zur richtigen Vierzeilenschrift mit zahlreichen markanten Ober- und Unterlängen. Die weit ausholenden Schlingen und Schleifen, die oft mehrere Zeilen überschreitenden Unterlängen, kurz der bewußt barocke Zug dieser Kursive muß als Ausdruck byzantinischen Wesens verstanden werden.

[3] Anhand der immer noch zahlreichen griech. Papyrusurkunden aus der Zeit der Araberherrschaft in Ägypten (7.–8.Jh.) läßt sich zeigen, wie sich jene Buchstabenformen allmählich sammelten, die etwa 2.H.8.Jh. zur Bildung einer neuen Buchschrift, der griech. *Minuskel* (auch *Buchminuskel* oder kalligraphische Minuskel genannt), führten. Sie blieb mit gewissen Veränderungen und Einschränkungen im ganzen MA. für die griech. Hss. von größter Bedeutung. Die älteste datierte Minuskelhs., der Cod. Uspenskij (ein Evangeliar) stammt aus d.J. 835. Die Buchminuskel ist wie die Byzantinische Kursive eine Vierzeilenschrift, d.h. sie weist viele Ober- und Unterlängen auf. Oft sind Gruppen bis zu 10 Buchstaben in einem Zug geschrieben: man wollte die klaren, schönen Formen der Unziale mit der Flüssigkeit und Schnelligkeit der Kursive verbinden. Die Spiritus gelten als ein Kriterium für das Alter der Minuskelhss. Die sog. halbierte Eta-Form, die eckige und runde Form folgen zeitlich aufeinander (vgl. → Akzent). Iota adscriptum steht in gleicher Größe neben den anderen Buchstaben. Im Laufe der folgenden Jh.e wurde die Minuskel durch Eindringen unzialer Formen allmählich wieder aufgelöst.

[4] Etwa seit dem 3.Jh. bildete sich neben der Capitalis quadrata eine vorwiegend auf Rundungen hin stilisierte Buchschrift, die *lateinische Unziale.* Das Wesen der Unziale zeigt sich beim Vergleich der charakteristischen Buchstaben A, D, E, G, H, M, Q, U mit den analogen Formen der

Capitalis. Die lat. Unziale setzte sich, ähnlich wie der griech. Bibelstil, zugleich mit dem Pergament-Codex (→ Buch, 2) durch und wurde für die Herstellung von Bibelhss. und liturgischen Texten bevorzugt. Noch in karoling. Zeit können wir Erneuerungsversuche an der Unziale beobachten. – Etwas im Schatten der Unziale entwickelte sich die *Halbunziale*, eine Vierzeilenschrift, die unziale Buchstaben mit einer Reihe von Minuskelformen mischt. A erscheint in der auffälligen cc-Form, S wird in Majuskel- und Minuskelform geschrieben, G und R sind weitere Merkbuchstaben. Nur in Ravenna, Verona und Corbie konnte die Halbunziale die Unziale verdrängen; immerhin lebte sie bis ins 8. Jh. als Auszeichnungsschrift fort.

[5] Aus der Halbunziale und der röm. Kursive entwickelten sich die einst als *Nationalschriften* bezeichneten S.arten der vorkarolingischen Zeit, die von verschiedenen Ländern auf dem Boden des ehemaligen weström. Reiches ausgingen und vor allem im 7. und 8. Jh. das Medium für die Überlieferung der antiken Literatur bildeten. – Seitdem F. Masai (s. *Lit.*) die Theorie einer eigenständigen irischen Buchmalerei und Schreibkunst erschüttert hat, zieht man es vor, von einer *Insularen Halbunziale* zu sprechen und die Scheidung in irische und angelsächsische Halbunziale zu vermeiden. In dieser Halbunziale sind die Oberlängen von b, d, h, l kurz, gedrungen und spachtelförmig, d, r und s werden sowohl unzial wie halbunzial geschrieben. Die eng aneinandergedrängten Buchstaben erinnern an die Glieder einer Kette. Flechtwerkornamente und feine, farbige Punktsäume verzieren oft die Initialen (z. B. Book of Kells, Evangeliar, um 800). – Dieser breiten Halbunziale steht eine *Insulare Minuskel* gegenüber mit schmalen, in Spitzen auslaufenden Buchstaben, die wie die Zähne eines Kammes nebeneinanderstehen (Spitz-S.); r mit großer Unterlänge erinnert an das lange s. Die Schrift steht zumeist senkrecht oder ist etwas links geneigt und kennt viele Ligaturen und Kürzungen; sie wurde häufig für Glossen und Marginalien verwendet. Die insularen S.arten wirkten im Zusammenhang mit der Mission weit in das europäische Festland hinein (angelsächs. Einfluß z. B. Fulda, Echternach; irischer Einfluß z. B. Luxeuil, Bobbio, St. Gallen). – Im westgotischen Spanien wurde neben der lat. Unziale auch die Halbunziale und Kursive gepflegt. Etwa um 700 setzte sich die neue *Westgotische* (oder spanische) *Minuskel* durch: Ober- und Unterlängen sind nicht sehr häufig, aber auffallend lang und stehen meist senkrecht. a ist oben offen, g nach rechts geöffnet und säbelförmig, t ähnelt einem geschlossenen a. Im 8. Jh. läßt sich Einfluß der westgotischen Minuskel auch in Frankreich und Italien beobachten. – Was man in der älteren Paläographie als *Merowingische Schrift* zu bezeichnen pflegte, wird heute in verschiedene Spezialtypen charakteristischer Skriptorien zerlegt. Die in den Urkunden der Merowingerkanzlei auftretende Stilisierung – aufrecht stehende, eng zusammengedrückte Schrift mit keulenförmigen Oberlängen und auffälligen Ligaturen – wirkte auch auf die zeitgenössische Buchs. ein. Als vorkarolingische Spezials.en auf fränkischem Boden seien der EN-Typ und ab-Typ von Corbie, der az-Typ von Lyon und der einst irrig als Typ von Luxeuil bezeichnete genannt. Im langobardischen Raum war das stark von der Insularschrift beeinflußte Kloster Bobbio von größter Bedeutung. – Bes. Erwähnung verdient die *Beneventanische Schrift*, eine Sonderform der süditalischen Halbkursive des späten 8. Jh.s, die durch den Benediktinerorden in den folgenden Jh.en weithin Verbreitung fand. Charakteristisch sind die dicken, gedrungenen Formen (breite Schreibfeder!), gebrochene Schäfte der Kleinbuchstaben und zahlreiche rhomboide Buchstabenelemente.

[6] Analog der Bildung der griech. Minuskel aus der spätbyzantin. Kursive neigte man im Laufe des 8. Jh.s auch im Westen, bes. in Klosterskriptorien, wo keine Schreiberpersönlichkeiten mit eigenwilligen Stilisierungen lebten, dazu, durch Vermeidung von Ligaturen und Kürzungen eine leicht lesbare Schrift zu schreiben: sog. *Frühminuskel*, eine Vorstufe der karolingischen Schriftreform. In St. Martin in Tours etwa trat schon um 750 das kleine unziale a der Karolingischen Minuskel neben die alte cc-Form. Gleichzeitig treffen wir die Frühminuskel auch in St. Gallen und in der Reichenau an. Das erste Beispiel Karolingischer Minuskel bietet der sog. *Maurdramnus-Typ* von Corbie (vor 780), in dem die halbunzialen Formen von a, g und n konsequent durch entsprechende Minuskelformen ersetzt wurden. Die für die weitere Entwicklung der lat. S. im MA entscheidende Ausbildung der *Karolingischen Minuskel* um 800 wird auf eine S.reform Karls d. Gr. zurückgeführt, die zwar nicht quellenmäßig bezeugt, aber an den Prunkhandschriften der Hofschule Karls unschwer abzulesen ist. Man wollte damals eine gut lesbare, ästhetisch hochstehende, einheitlich stilisierte Minuskel schaffen, die von den Kürzungen und Ligaturen der Halbkursive befreit war. a, g, n wurden dem Minuskelalphabet angepaßt und Rundungen und Gerade allgemein in idealen Ausgleich gebracht. Daneben bemühte sich die S.reform offenbar auch um eine Wiederbelebung der alten lat. Buch-S.en, der Capitalis, Unziale und Halbunziale, die nun häufig als Auszeichnungsschriften, aber auch sonst Verwendung fanden; dieser Archaismus wirkte nicht über das 10. Jh. hinaus. Die Durchführung der karolingischen S.reform ruhte natürlich zur Gänze auf den Klosterskriptorien, die damals vielfach eine hohe Buchkultur aufwiesen und oft in regem gegenseitigem Austausch standen. Die verhältnismäßig zahlreich erhaltenen Hss. des 9. Jh.s beweisen den Siegeszug der Karolingischen Minuskel, ermöglichen den Paläographen aber auch subtile Unterscheidungen in bezug auf die Herkunft und das Alter der einzelnen Schriftzeugnisse. H. Hg.

Lit: V. Gardthausen, Griech. Paläographie (1879), 1911–13² – A. Mentz, Gesch. u. Systeme der griech. Tachygraphie, 1907 – L. Traube, Vorlesungen u. Abh.en I: Zur Paläographie u. Hss.kunde, 1909 – W. Schubart, Griech. Paläographie, 1929 – F. Steffens, Lat. Paläographie, 1929 – H. Jensen, Die Schrift in Vergangenheit u. Gegenwart, 1936 – M. Norsa, La scrittura letteraria greca dal secolo IV a. C. all'VIII d. C., 1939 – F. Masai, Les origines de la miniature dite irlandaise, 1947 – G. Battelli, Lezioni di paleografia (1936), 1949³ – W. Menn, Die Schrift und ihre Entwicklung, in: Hb. der Bibliothekswiss. I, 1950 – J. Mallon, Paléographie romaine, 1952 – G. Cencetti, Lineamenti di storia della scrittura latina, 1954 – R. Devreese, Introd. à l'étude des manuscrits grecs, 1954 – C. H. Roberts, Greek literary Hands 350 B. C.–A. D. 400, 1955 – J. Irigoin, L'onciale grecque de type copte, Jb. Öst. Byz. Ges. 8, 1959, 29–51 – H. Hunger, Antikes u. mittelalterliches Buch- und Schriftwesen, in: Gesch. der Textüberlieferung I, 1961 – L. H. Jeffery, The local Scripts of archaic Greece, 1961 – H. Foerster, Abriß der lat. Paläographie (1949), 1963³.

Schu, spekulativ erdachter Gott der ‹Luft›, der zusammen mit seiner Schwester Tefnut (‹Feuchtigkeit›) von → Atum geschaffen wurde. In den Sargtexten wird Schu als ‹Leben›, Tefnut als ‹Ordnung› interpretiert. Beide werden gern mit einem Löwenpaar in Leontopolis gleichgesetzt, so daß Schu löwenköpfig erscheinen kann. Als Paar wurden Schu und Tefnut auch als Sonne und Mond erklärt, z. B. im → Aton-Glauben; doch konnte er auch als ‹Sohn der Sonne› gelten und damit als Bruder des Königs. Nach Hdt. 2, 156 deuteten ihn die Griechen als Apollon. W. Hk.

Schuhe → Kleidung.

Schuld. [1] Bei den *Griechen* gehen in der Frühzeit ethische Schlechtigkeit und gesellschaftliche Unschicklichkeit ineinander über (vgl. bes. → Theognis), während die S. den Göttern gegenüber für sich steht. Mit der christl. Sünde hat sie nichts gemein, da sie nicht auf den Mißbrauch des von Gott in den Menschen gesetzten Vertrauens zurückgeführt wird, sondern sich in konkrete Fälle der Überschreitung der Grenzen des Menschen (→ Hybris, Verspottung und Profanierung des Kultes) und der Verletzung bestimmter, von den Göttern in ihrem ungeschriebenen Gesetz sanktionierter Regeln konzentriert. Die Unterscheidung zwischen absichtlicher und unabsichtlicher Verfehlung bahnt sich im ethisch-gesellschaftlichen Bereich sehr früh an, spielt dagegen im Sakralbereich bis in die Spätzeit nur eine geringe Rolle. Umgekehrt dringt hier der Gedanke vor, daß die Tilgung religiöser S. nicht so sehr durch materielle Leistungen als vielmehr durch die bessere Einsicht zu erfolgen hat. Vgl. → Hamartia, → Sühne, → Blutsühne. O.G.

[2] Ursprünglich wurde in der *röm.* → *Religion* (E 1) die reinigungerheischende Befleckung nicht moralisch aufgefaßt: wer Blut vergossen hatte, mußte, ob sein Mord entschuldbar war oder nicht, auf die gleiche Art gereinigt werden (→ Lustratio; → Reinheit). Die Vorstellungen von persönlicher S. und Verantwortung haben sich erst nach und nach gefestigt, in dem Maße, in dem sich (nicht ohne starken griech. Einfluß) das ethische Denken differenzierte. → Cicero (leg. 2, 24) stellt der Unreinheit des Körpers, die ein Wasserguß verschwinden läßt, die Unreinheit der Seele gegenüber, die kein Fluß wegwaschen kann. Ovid (fast. 2, 35–46) verwirft die Mittel der rituellen Reinigung (purgamina): «Ihr seid wirklich allzu leichtgläubig, ihr, die ihr denkt, daß ein fließendes Wasser das grause Verbrechen des Mörders auszulöschen vermag.» Vgl. → Blutsühne. H.LeB.

Schulen

A. In Griechenland: [1]–[3] Die Schulformen: [1] Elementarschule – [2] Grammatikerschule – [3] Rhetorenschule – [4]–[6] Der Unterricht: [4] Elementarstufe – [5] Unterricht an höheren Schulen – [6] Unterricht beim Rhetor und Sophisten – B. In Rom: [1]–[3] Die Schulformen: [1] Elementarschule – [2] Grammatikerschule – [3] Rhetorenschule – [4]–[6] Der Unterricht: [4] Elementarstufe – [5] Unterricht an höheren Schulen – [6] Unterricht beim Rhetor. – Vgl. → Bildung; → Erziehung; → Pädagogik; → Rhetorik.

A. Griechenland. [1]–[3] Die *Schulformen*. [1] *Elementarschule*. Das früheste Zeugnis einer festen Schulorganisation in Griechenland bietet → Sparta; seit der Mitte des 6. Jh.s v. Chr. bildete sich dort eine staatliche Schulerziehung aus, der jeder Spartaner vom 8. bis zum 20. Jahr unterworfen war (ἀγωγή). Neben dem Elementarunterricht war sie vorwiegend auf die militärische Ausbildung gerichtet (Xen. rep. Lac. 2; Plut. Lyk. 14 f.). Eine ähnliche staatliche Schulorganisation findet sich spätestens im 5. Jh. in Kreta (Leg. Gort., Schwyzer 179, 7; Ephor. FGrHist 70 F 149). Gleichfalls für das 5. Jh. sind staatliche Elementarschulen bezeugt in Thurioi (Diod. 12, 12, 4) und Troizen (Plut. Them. 10). In der Regel waren jedoch die Schulen in klass. Zeit privat. In Athen muß es private Elementarschulen mindestens seit dem 6. Jh. gegeben haben: die Einführung des → Ostrakismos durch → Kleisthenes (1) setzt die allgemeine Kenntnis des Schreibens voraus. Für das 5. Jh. sind private Elementarschulen bezeugt in Chios (Hdt. 6, 27), in Astypalaia (Paus. 6, 9, 6) und in Mykalessos (Thuk. 7, 29). Höhere Schulen im eigentlichen Sinn lassen sich für diese Zeit nicht nachweisen. In der Sache vergleichbar ist die Ausbildung durch die → Sophisten, die seit dem Ende des 5. Jh.s junge Leute um sich sammelten, um ihnen gegen Entgelt in einem 3- bis 4jährigen, mehrere Fächer umfassenden Lehrgang eine höhere Geistesbildung zu vermitteln.

[2] *Grammatikerschule*. Erst im Laufe des 4. Jh.s v. Chr. trat an die Stelle dieses zufälligen, individuellen Unterrichtswesens weithin eine feste staatliche Schulorganisation. Während sich in Athen diese Entwicklung zunächst nur in der Einrichtung einer staatlichen Aufsicht über die privaten Schulen zeigte (Aischin. 1, 9), entstand in Ionien zu dieser Zeit ein dreistufiges Schulsystem, dessen Kernstück das *Ephebengymnasion* war. Dies war eine höhere Bildungsanstalt, die aus öffentlichen Mitteln unterhalten wurde – wenn sie auch ohne private Stiftungen gewöhnlich nicht bestehen konnte (vgl. die Stiftungen des Polythrus in Teos, SIG 578, des Eudemos in Milet, a. O. 577). Sie stand allen Freigeborenen offen. Unter Aufsicht eines Oberbeamten (→ Gymnasiarch) wurden die → Epheben von staatlich besoldeten Lehrern ein bis zwei Jahre unterrichtet: Sport, militärische Übungen und ein nach den Grundsätzen der ἐγκύκλιος παιδεία ausgerichteter theoretischer Unterricht waren die Lehrfächer. Daneben gab es in manchen Städten vereinzelt auch höhere Mädchenschulen (z. B. Pergamon, Teos). Sie beschränkten sich auf Musik- und Literaturunterricht. – Vor dem Ephebengymnasion stand das *Gymnasion der Knaben* (παῖδες). Für diese Schule war ein besonderer Aufsichtsbeamter, der → Paidonomos, zuständig. Ausbildungsstoffe waren Turnen, Musik, Schreiben und Lesen. – Nach oben setzte sich das Ephebengymnasion im *Gymnasion der Neoi* fort. Hier betrieben die Schüler die sportliche Übung weiter, daneben hörten sie Vorlesungen und bildeten sich selbständig an → Bibliotheken fort. Mit regionalen Unterschieden bestand diese Ordnung in allen griech. Städten bis in röm. Zeit. In Athen gab es das Ephebengymnasion als höhere Bildungsanstalt seit dem Ende des 2. Jh.s v. Chr.; der niedere und der Hochschulunterricht blieben hier privat.

[3] *Rhetorenschule*. Ob das Gymnasion der Neoi eine Vorstufe des Hochschulunterrichts oder schon diesen selbst in staatlich organisierter Form darstellte, ist ungewiß. Jedenfalls war die Hochschulbildung gewöhnlich nicht Sache des Staates: aus jeweils um einzelne Lehrer sich bildenden Schülergruppen (5. Jh.) entstanden durch Weitergabe des Scholarchats an bestimmten Zentren feste Schulen, wie in Athen die Philosophenschulen (4. Jh. v. Chr.), in Alexandria und Pergamon die Schulen im Anschluß an die → Bibliotheken (3. und 2. Jh. v. Chr.) und in Rhodos die Rednerschulen (2. Jh. v. Chr.). Als private Vereinigungen (θίασοι) hatten diese Hochschulen bis in röm. Zeit Bestand.

[4]–[6] *Der Unterricht*. [4] *Elementarstufe*. Im einzelnen bot der Unterricht folgendes Bild: Die Elementarschule (διδασκαλεῖον) war ein wenig angesehenes Gewerbe, das seinen Mann nur kärglich nährte. Vom 7. bis zum 14. Jahr besuchte das Kind täglich nebeneinander die Schulen des Turn- (παιδοτρίβης), Musik- (κιθαριστής) und Schreiblehrers (γραμματιστής). Durchgehende Ferien gab es nicht, wohl aber in jedem Monat eine Reihe von Festen und Feiertagen. Über den Unterricht des Grammatisten wissen wir Genaueres: als Schullokal diente ein privater Saal, in dem Sitzbänke und ein θρόνος für den Lehrer standen. Geschrieben wurde auf Wachstäfelchen oder mit Tinte auf Holz oder Papyrus. Das Schreiben lehrte man streng systematisch: zuerst wurden alle Buchstaben einzeln geschrieben, das Alphabet vor- und rückwärts; dann jeder Konsonant mit jedem Vokal kombiniert; darauf methodisch fortschreitend in ansteigender Buchstabenzahl Silben, in ansteigender Silbenzahl Wörter. Mit dem Schreiben kleiner Sätze begann das Lesen, das von in Silbentrennung geschriebenen Texten schnell zu durchlaufend ohne Worttrennung geschriebenen Stücken aus Homer bis Euripides überging; mit dem Lesen in enger Verbindung stand das Auswendiglernen. – Das Zahlenschreiben wird im Schreibunterricht mitgelehrt, da die → Zahlzeichen mit den Buchstaben identisch sind.

[5] *Unterricht an höheren Schulen*. Die höhere Form der hellenistischen Schule wird gewöhnlich nach dem sie beherrschenden Lehrer als Grammatikerschule bezeichnet. Nach Lehrart und Unterricht zu schließen, war sie mit dem Ephebengymnasion identisch. Nicht eindeutig bestimmbar sind die Altersgrenzen. Bisher hat man das Ephebengymnasion in Athen, das seit 127 v. Chr. als reine Bildungsanstalt nachweisbar ist und sich in der Altersstufung nach der attischen → Ephebie richtet – Beginn mit dem 18. Jahr, Dauer ein Jahr –, als beispielhaft für die ganze hellenistische Welt angesehen. Der Umstand, daß dann allgemein vom 15. bis 17. Jahr eine Lücke in der Schulausbildung klaffte und die übliche Bedeutung von ἔφηβος, ‹der die Mannbarkeit (d. h. das 15. Jahr) erreicht hat›, sprechen indes dagegen, und man wird wohl richtiger als durchschnittliche Grenzen der höheren Schule das 15. und 17. Jahr annehmen. Das Schullokal war ein architektonisch reich geschmückter Saal (ἐφηβεῖον) im Gymnasion. Durchgehende Ferien gab es nicht, dafür aber zahlreiche Festtage (z. B. 12 im Monat

Artamitios in Kos, SIG 1028). Offizieller Bildungsinhalt der höheren Schule war eine ‹universale Bildung› (ἐγκύκλιος παιδεία); neben den literarischen Fächern wurde auch Geometrie, Arithmetik, Musik, Astronomie gelehrt. Im Mittelpunkt stand jedoch der literarische Unterricht durch den γραμματικός, und hier wieder die Lektüre der Klassiker, bes. des → Homer, → Euripides, → Menander, → Demosthenes (1). Die Methode schritt dabei in folgenden vier Stufen fort: einheitliche Verbesserung der vom Lehrer und den Schülern benutzten Textkopien (διόρθωσις); lautes Vorlesen, das wegen der scriptio continua zur Wortabtrennung notwendig war (ἀνάγνωσις); lexikographische, grammatische und inhaltliche Erläuterung (ἐξήγησις); ethische Auslegung und Anwendung (κρίσις). Daneben standen systematische Behandlung der grammatischen Theorie und praktische Kompositionsübungen, von der einfachen Nacherzählung bis zur genau gegliederten → Chrie. Im Schulgesetz vorgeschriebene Wettkämpfe (ἀγῶνες) in bestimmten Fächern dienten als Prüfungen für Lehrer und Schüler. – Die Schüler waren in Verbindungen (τὸ κοινὸν τῶν ἀλειφομένων) zusammengeschlossen, die wie andere öffentliche Körperschaften Beschlüsse fassen und Ehrungen verleihen konnten. Dies und die korporative Teilnahme am öffentlichen Kult war eine Art staatsbürgerlicher Vorübung.

[6] *Unterricht beim Rhetor und Sophisten.* Die höchste Stufe des Unterrichts, dem modernen Hochschulstudium vergleichbar, lag in den Händen der Rhetoren bzw. der Sophisten. Diese hatten eine sozial recht angesehene Stellung und konnten zu den höchsten Ehrenstellen im Staat aufsteigen. Sie lehrten in privaten Auditorien, deren Name oft auf die Schülergruppe überging (vgl. → Akademie). Das Studium, dessen Kosten je nach dem Ansehen der Lehrer verschieden waren, dauerte bis zu fünf Jahren. Ziel des Unterrichts war im allgemeinen nicht die Berufsausbildung – eine Ausnahme bilden die medizinischen Schulen –, sondern die sittliche Bildung. Gelehrt wurden → Rhetorik und Philosophie. Obwohl das pädagogische Ziel der Rhetoren und Sophisten das gleiche war, standen beide Lehrsysteme in strengem Gegensatz. Durchgesetzt hat sich als die normale Form der Hochschulbildung die rhetorische, weshalb die Hochschule allgemein auch als Rhetorenschule bezeichnet wird. Der Unterricht umfaßte die Theorie der Rhetorik, das Studium der Redevorbilder (Kanon der zehn attischen Redner) und praktische Übungen. Im konkurrierenden philosophischen Unterricht stand neben der in Logik, Naturlehre, Ethik gegliederten Theorie das Studium der Schriften des Schulgründers und das philosophische Gespräch mit dem Lehrer. Hier ist die einer Bruderschaft vergleichbare Organisationsform viel ausgeprägter als in der Rhetorenschule. – Vgl. → Rhetorik, → Philosophie, → Akademie, → Peripatetiker, → Stoiker, → Epikureer.

B. Rom. Die Geschichte des röm. Schulwesens ist eine Geschichte der Übernahme und Umbildung des hellenistisch-griech. Schulsystems. Diese Entwicklung, deren Anfänge im 3. Jh. v. Chr. liegen, betrifft aber mehr die höhere und Hochschulbildung; das Elementarschulwesen ist älter und im wesentlichen original römisch.

[1]–[3] *Die Schulformen.* [1] *Elementarschulen* gab es in Rom wohl schon früh (vgl. Schultafeln in Etrurien schon im 7. Jh. v. Chr.). Livius erwähnt Elementarschulen des 5. und 4. Jh.s (3,44,6; 5,27; 6,25,9), glaubwürdiger bezeugt Plutarch solche für das 3. Jh. (quaest. Rom. 59, 278 E). Sie waren private Einrichtungen, für die es bis in Ciceros Zeit (rep. 4,3,3) keinerlei gesetzliche Bestimmungen gab; auch später waren sie nie einer festen staatlichen Aufsicht unterworfen. In der Kaiserzeit wurden sie sogar ausdrücklich von der staatlichen Schulfürsorge ausgenommen: ein Edikt Mark Aurels (Dig. 50,4,11,4) bestimmte, daß Elementarlehrer von der anderen Lehrern gewährten Steuerfreiheit ausgeschlossen blieben. Gleichwohl scheint die allgemeine Entwicklung in Richtung auf eine staatliche Beteiligung zu verlaufen (Dig. 50,5,2,8; 50,13,1,6; CIL II 5181). Die Schulen waren seit dem 1. Jh. n. Chr. über das ganze Reich auch in den kleineren Gemeinden (vici) verbreitet (Plin. nat. 9,8,25; Suet. Cal. 45; Dig. 50,5,2,8).

[2] *Grammatikerschule.* Im 3. Jh. v. Chr. zeigten sich in Rom die ersten Anfänge einer höheren Schule, die nach Idee und Inhalt ein getreues Abbild der hellenistischen Grammatikerschule war. In ihrer älteren Form war sie eine einfache Verpflanzung: Griechen, meist Sklaven, lehrten in Rom in griech. Sprache griech. Literatur (z. B. → Livius (2) Andronicus). Daraus entstand eine jüngere Form, in der in lat. Sprache zuerst übersetzte griech. Literatur (die ‹Odusia› des Livius Andronicus), später mehr und mehr originalröm. (→ Ennius' Annalen) behandelt wurde. Seit der Zeit des Augustus gab es die lat. Grammatikerschule mit Vergil als Fundament der literarischen Bildung. Sie hat indessen den älteren Typ nie verdrängt: der griech. und der lat. Grammatiker waren die Säulen, auf denen die zweisprachige höhere Bildung Roms ruhte. Die Organisationsform des griech. Vorbilds – staatliche Anstalt – hat die röm. höhere Schule nicht übernommen. Anfangs völlig private Einrichtung, wurde sie erst in der Kaiserzeit allmählich Gegenstand staatlichen Interesses: seit Vespasian genossen die Grammatiker Steuerfreiheit (Dig. 50,4,18,30). Wohl zeigen sich in der Beschränkung der Privilegien auf von der Gemeinde geprüfte Lehrer (Dig. 27,1,6,4) erste Ansätze zu einer allgemeinen staatlichen Schulaufsicht. Aber noch die in → Diokletians Edikt De pretiis rerum venalium (7,70) vom J. 301 vorgeschriebenen Höchsthonorare für Grammatiker setzten einen weitgehend privaten höheren Unterricht voraus. Stärkeres Eingreifen des Staates bedeutete die öffentliche Anstellung von Grammatikern, eine Erscheinung, die wohl spätestens im 4. Jh. allgemein verbreitet (Cod. Theod. 13,3,1.11) und auch noch im 6. Jh. die Regel war (Novell. Iust. App. 7,22). Ganz vom Staat abhängig wurden die Lehrer aber nicht, da sie auch privates Honorar von ihren Schülern forderten. Auch gab es keine eigentliche staatliche Schulbehörde, sondern die kaiserliche Regierung übte nur eine gewisse Aufsicht: die Zahl der öffentlichen Lehrer (Dig. 27,1,6,2) und das von den Gemeinden an sie zu zahlende Gehalt (Cod. Theod. 13,3,11) wurden gesetzlich festgelegt; die von den Gemeinden nach Prüfung zugelassenen Grammatiker (Cod. Iust. 10,53,2; Cod. Theod. 13,3,5–7) bedurften der Bestätigung durch die kaiserliche Regierung (Cod. Theod. 13,3,5). Diese mehr mittelbare Lenkung des höheren Schulwesens scheint sich im 5. Jh. zu einem direkten staatlichen Schulmonopol verdichtet zu haben: in einem Edikt → Theodosius' II. wurde in Konstantinopel jeder nichtstaatliche öffentliche höhere Unterricht, den es bis dahin neben dem staatlichen noch gegeben hatte, verboten (Cod. Theod. 14,9,3). Höhere Schulen gab es in dieser Zeit in allen größeren Munizipien, die die Mittel dafür aufbringen konnten.

[3] *Rhetorenschule.* Gleichzeitig mit der grammatisch-literarischen Bildung fand die rhetorisch-philosophische in Rom Eingang. Wie in Griechenland war auch in Rom die → Rhetorik der eigentliche Inhalt der Hochschulbildung. Zwar werden in den meisten gesetzlichen Bestimmungen über die Hochschullehrer auch ‹Philosophen› genannt; die wirkliche Bedeutung dieser Disziplin läßt sich jedoch an dem Zahlenverhältnis von acht Rhetoren zu einem Philosophen ermessen, das → Theodosius II. für die Hochschulen in Rom und Konstantinopel vorschrieb (Cod. Theod. 14, 9,3). Die zuerst rein als griech. Disziplin betriebene Rhetorik wurde bald ins Lateinische umgesetzt. Doch hatten die lat. Rhetorenschulen zunächst mit starkem Widerstand des Staates zu kämpfen: 161 v. Chr. wurden Rhetoren und Philosophen aus Rom vertrieben (Suet. rhet. 1), 92 v. Chr. die Schulen der *rhetores Latini* verboten (a. O.). Aber schon zu Anfang des 1. Jh.s n. Chr. herrschte, wie aus den Mustersammlungen des älteren → Seneca (1) hervorgeht, in den

lat. Rhetorenschulen reges Leben. Neben ihnen bestand auch die ältere Form, die griech. Rhetorenschule, weiter, und bis in die Spätantike blieb der Hochschulunterricht zweisprachig. Der Vorgang des sich allmählich verstärkenden staatlichen Eingreifens in den Hochschulunterricht scheint analog der Entwicklung bei der Grammatikerschule verlaufen zu sein. Die Privilegierung der Rhetoren begann mit Vespasian und blieb bis ins 6. Jh. bestehen (Dig. 50, 4, 18, 30; Inst. Iust. 1, 25, 15). Eine staatliche Besoldung findet sich vereinzelt schon z. Z. Vespasians (Suet. Vesp. 18) und scheint im 2. und 3. Jh. verbreitet gewesen zu sein. Eine gesetzliche Bestimmung darüber findet sich zuerst im 4. Jh. (Cod. Theod. 13, 3, 11); sie bestand noch im 6. Jh. (Novell. Iust. App. 7, 22). Neben den staatlich besoldeten Rhetoren gab es bis zu dem genannten Edikt Theodosius' II. (s. o. 2) zahlreiche Rhetoren, die private Schulen unterhielten. Die erste staatliche Hochschule begründete → Hadrian: das Athenaeum in Rom (Aur. Vict. Caes. 14, 2). Danach richtete → Mark Aurel in Athen vier staatliche Lehrstühle für Philosophie und einen für Rhetorik ein (Dio Cass. 71, 31, 3; Philostr. vit. soph. 2, 2, 566). Vielleicht schon seit Antoninus Pius (Hist. Aug. Anton. Pius 11, 3), wahrscheinlich aber erst im 4. Jh. gab es staatliche Hochschulen in allen Provinzen. Neben Rom und Athen waren bes. die Hochschulen von Alexandria, Antiochia, Beirut (als Rechtsschule) und Konstantinopel berühmt.

[4]–[6] *Der Unterricht.* [4] *Elementarstufe.* Die röm. Elementarschule (ludus litterarius) war privat, der Lehrer (ludi magister) sozial wenig angesehen. Sie betrieben ihr Geschäft gegen Honorar in offenen Läden am Forum. Das Schuljahr begann im März. Die Schule wurde täglich morgens und nachmittags besucht; durchgehende Ferien waren wahrscheinlich von Ende Juli bis Mitte Oktober. Gelehrt wurde Schreiben und Lesen, die Methode war streng systematisch wie in der hellenistischen Elementarschule. Man schrieb auf Wachstäfelchen oder mit Tinte auf Papyrus und Pergament; zum erstenmal finden sich hier Wandtafeln. Im Rechnen lernten die Kinder, was zum Umgang mit dem röm. Maß- und Geldsystem nötig war. Die Elementarschule dauerte vom 7. bis zum 11. oder 12. Jahr. Daß der ludi magister je griech. Elementarunterricht gegeben hat, ist unwahrscheinlich. Gewöhnlich lernte das röm. Kind griechisch sprechen, schreiben und lesen schon früh bei einem griech. Haussklaven; dann erst begann der lat. Elementarunterricht.

[5] *Unterricht an höheren Schulen.* Der grammaticus (auch litterator) stand zwar in der sozialen Stufung höher als der Elementarlehrer; aber angesehen wurde seine Stellung erst, als der Staat stärker in das höhere Schulwesen eingriff. Auch der grammaticus lehrte in Buden am Markt; der Schulalltag bei ihm unterschied sich nicht von dem der Elementarschule. Der Unterricht war wie in der hellenistischen Grammatikerschule theoretisch nach den Forderungen der *ἐγκύκλιος παιδεία* gestaltet. Tatsächlich spielten aber die mathematischen Fächer eine völlig untergeordnete Rolle. Der eigentliche Inhalt war neben der systematischen Behandlung der grammatischen Theorie die Lektüre der klassischen Dichter. Die Methode ist die des hellenistischen Grammatikers (s. o. A 5). Daneben konnten noch die unteren Stufen der Kompositionsübung betrieben werden. Was den höheren Unterricht in Rom von dem in Griechenland grundsätzlich unterschied, ist seine *Zweisprachigkeit.* Hier findet sich zum erstenmal die Erscheinung, die für den modernen höheren Unterricht selbstverständlich ist, die Einbeziehung einer Fremdsprache in die höhere Bildung. Gewöhnlich begann der Knabe beim griech. Grammatiker; der Unterricht beim lateinischen folgte bald und lief dann daneben her. Der Hauptunterschied lag bei den Autoren: hier → Homer, die Tragiker und → Menander, dort → Vergil und → Terenz; grundsätzlich war es jedoch ein einheitlicher Unterricht in zwei Sprachen. Der Knabe blieb bis zum Empfang der toga virilis in der Grammatikerschule, also spätestens bis zum vollendeten 17. Jahr.

[6] *Unterricht beim Rhetor.* Der Beruf des rhetor (seltener orator) war der sozial angesehenste der Lehrberufe, zumal seit der Einrichtung staatlicher Lehrstühle. Die Rhetoren lehrten am Forum in Sälen, die wie kleine Theater eingerichtet waren. Der Unterricht wurde meist nur vormittags erteilt; Ferien scheint es gleichzeitig mit den Gerichtsferien, also im Sommer und im Herbst, gegeben zu haben. Wie in der Grammatikerschule wurde in zwei Sprachen unterrichtet: der lat. rhetor und der griech. sophista vermittelten nebeneinander den gleichen Inhalt in verschiedener Form. Der Unterricht umfaßte die Theorie der → Rhetorik, die Lektüre der Redevorbilder (→ Demosthenes, → Cicero) und die Abfassung von Deklamationsübungen. Neben dieser recht einseitigen Formalbildung wurde an einzelnen Hochschulen in stärkerem Maße Philosophie (Athen) und Rechtswissenschaft (Beirut) gelehrt. Der Staat erließ in der späteren Kaiserzeit strenge Ordnungsvorschriften für das Studium (Cod. Theod. 14, 9): die Studenten mußten z. B. für ein Studium in Rom eine Genehmigung ihrer Heimatstadt vorweisen; dann wurden sie bei der Census-Behörde eingeschrieben und unterstanden ihrer dauernden Aufsicht: wer seine Studien vernachlässigte oder sie bis zum 20. Lebensjahr nicht abgeschlossen hatte, wurde ausgewiesen. In Beirut lag diese Grenze bei 25 Jahren (Cod. Iust. 10, 50, 1). U. Sch.

Lit: Zu A: E. Ziebarth, Aus d. griech. Schulwesen (1909), 1914² – Ders., Aus d. antiken Sch., Sammlung griech. Texte auf Pap., Holztafeln, Ostraka, Lietzmanns Kl. Texte 65 (1910), 1913² – H. I. Marrou, Gesch. d. Erziehung im Klass. Altertum, franz. 1948, deutsch 1957 (Lit) – M. P. Nilsson, Die hellenist. Sch., 1955 – *Zu B:* A. A. Bergmann, Zur Gesch. der soz. Stellung der Elementarlehrer u. Grammatiker bei d. Römern, Diss. Leipzig, 1877 – H. I. Marrou, a. O.

Schur. Die Schafschur fand im Frühsommer statt. In älterer Zeit zupfte man einfach die lose Winterwolle aus, nachdem die Schafe in Salzwasser gebadet waren. Später ging man dazu über, mit der Schere zu scheren. Nach Varro (rust. 2, 11, 10) kamen die ersten Schafscherer mit Scheren im Jahre 301 v. Chr. aus Sizilien nach Italien. Großer Wert wurde darauf gelegt, daß den Tieren bei der Sch. keine Wunden zugefügt wurden; die Veterinärmedizin nannte viele Mittel dagegen, Beschmieren mit Pech u. ä. In einigen Gegenden wurden die Schafe nochmals zum Spätherbst geschoren. J. E. Sk.

Schusterei. Das → Leder wurde mit dem rundschneidigen Halbmond (*τομεύς*, culter crepidarius) zugeschnitten. Um die einzelnen Teile (vgl. Xen. Kyr. 8, 2, 5: Fließbandsystem) zusammennähen zu können, wurden mit der Ahle (*ὀπεύς*, *ὀπήτιον*, subula) Löcher gebohrt und mit Tiersehne genäht. Der Schuster nahm für jeden Fuß (Cic. de or. 1, 54, 231 u. a.) Maß und arbeitete die Schuhe über je einem Leisten (*καλάπους*, forma calcei). Neben Ledersohlen kannte man solche aus Holz (Poll. 7, 92) und Kork (Plin. nat. 16, 34), die alle genagelt werden konnten (Suet. Vesp. 8, 3 u. a.). Vgl. → Färben. W. K.

Abb: Singer, Technology II, Abb. 125. 130ff.

Schwan. Der den Alten als Zugvogel bekannte Höcker- und Sing-S. (*κύκνος*, olor) galt als Bewohner nördl. Länder. Er war wegen seines Gesanges bereits der vorgriech. Bevölkerung vertraut. Die Kykladenplastik eines Harfners zeigt einen Schwanenkopf am Instrumentenrahmen. Dazu fügt sich die griech. Verbindung von S. und Musik. Auf ihr beruht die enge Beziehung zu → Apollon, dessen S.-Wagen in das Hyperboreerland fährt und alljährlich wieder zurückkehrt. S. und Leier sind als Sternbilder am Nordhimmel benachbart. Vor- und frühgriech. dürfte die Verbindung des S.s mit → Aphrodite sein, die auf ihm reitend dargestellt wird, ebenso die Vorstellung, daß sich Zeus in Gestalt eines S.s → Leda und → Nemesis nahte. In den thrak. Bereich führt die Überlieferung von dem Aressohn → Kyknos,

DIE SCIPIONEN

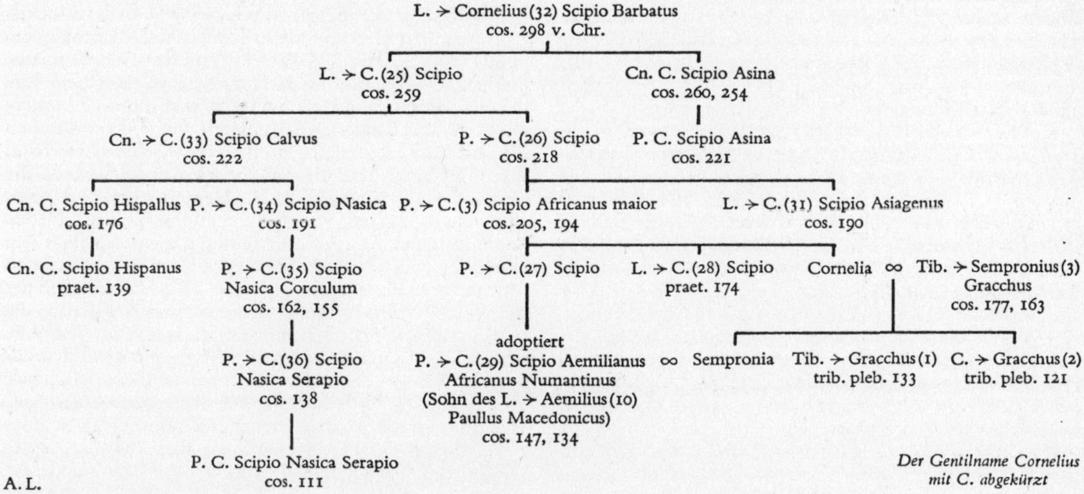

A. L.

Der Gentilname Cornelius mit C. abgekürzt

der von → Herakles getötet wurde. Der Mythenschatz wirkte sich stark auf die Darstellungen des S.s in der bildenden Kunst aus. Vgl. → Fauna, → Sternmythen. J.W.

Lit: Keller, Tiere II 213–220 – H. Gossen, RE 3 A 1 (1927), 782–792 (Quellen!) – J. Wiesner, Bilder zur abendländ. Kunst 67, 1963, 9.

Schwarzfigurig heißt die im 7. und 6. Jh. führend in Korinth und Athen ausgeübte Technik der Gefäßdekoration, auf → protokorinth. Vasen schon vor 650 v. Chr. vollendet (→ Vasen E 2). – Figuren und Ornamente wurden in ‹Glanzton› (→ Firnis) aufgemalt, der nach dem Brand schwarz erschien. Die Innengliederung erfolgte nachträglich durch Ritzung. Mit zunehmender Verfeinerung der s. Vasenmalerei ritzte man auch die Konturen ein (→ Nettosmaler) und bereicherte durch Deckfarben (Rot, Gelb, Weiß und Violett) das Bild (→ Sophilos). Die Deckfarben bleiben matt, während der Firnis im Laufe des 6. Jh.s an Glanz zunimmt. Seit Einführung der → rotfigurigen hält sich die → s. Technik nur noch an traditionsgebundenen Gefäßgattungen (→ Panathenäische Amphoren, → Kabirenvasen, → Hadravasen). Vgl. → Vasen C. I. Sch.

Schwimmen, eine Griechen und Römern selbstverständliche Fähigkeit (‹weder lesen noch schwimmen können› kennzeichnet den Ungebildeten: Plat. leg. 3, 689 D; vgl. Hdt. 8, 89; Veg. mil. 1, 10). Man schwamm im Brust-, Rücken- und hauptsächlich im Kraulstil (vgl. Manil. 5, 423–435) in natürlichen Gewässern oder künstlichen Schwimmbecken (in Hellas selten, in Rom Teil der Thermen), zum Vergnügen, zur allgemeinen Kräftigung und als spezielle Therapie bei inneren Krankheiten, Lähmungen und Verrenkungen. Sportliche Wettkämpfe wurden in dieser Disziplin nicht ausgetragen (vereinzelt in Hermione: Paus. 2, 35, 1). → Sport. H. Bgt.

Lit: E. Mehl, Antike Schwimmkunst, 1927.

Scipio → Caecilius, → Cornelius.

Scipionenelogien. Von den 1614 und 1780 an der → Via Appia gefundenen Sarkophagen im Familiengrab der Scipionen (→ Cornelius), die im Gegensatz zur herrschenden Totenverbrennung ihre Toten bestatteten, sind 11 mit Aufschriften versehen, davon 6 unter griech. Einfluß in Versen: 4 in Saturniern, 1 in Distichen; die Prosainschrift auf dem Sarkophag des L. → Cornelius (32) Scipio Barbatus (Konsul 298 v. Chr.) um 200 durch 6 Saturnier ergänzt. Die älteste Inschrift (ca. 240) für L. → Cornelius (25) Scipio (Konsul 259), die jüngste (um 130) für Scipio Hispanus (Prätor 139). Inhalt: Ämter, Kriegstaten und hervorragende Eigenschaften der Toten. Die S. sind eindrucksvolle Dokumente für die Form des Saturniers, die Entwicklung des Sepulkralstils und die zunehmende Hellenisierung Roms. E. Bk.

Ed: CIL I² 6–16 – Dessau 1–10 – A. Degrassi, Inscr. Lat. lib. rei publ., 1957, 309–316.

Scipionenkreis, Freundeskreis um P. → Cornelius (29) Scipio Aemilianus Africanus. Dazu gehörten: der Stoiker → Panaitios, der Historiker → Polybios (1), der Dichter → Lucilius (1), aber auch Politiker wie C. → Laelius (2, cos. 140 v. Chr.) oder P. → Rutilius (3) Rufus (cos. 105). Der Kreis bildete zwischen ca. 150 und 130 ein Zentrum fruchtbarer Begegnung röm. und griech. Geisteswelt. A. L.

Q: Cicero, bes. rep.; Lael.; Brut. 83 ff.; vgl. Vell. 1, 13, 3; Hor. sat. 2, 1, 65 ff. – *Lit:* R. M. Brown, A Study of the Scipionic Circle, Iowa Studies, 1934.

Scriba. Im Unterschied zum → librarius, dem Kopisten, bezeichnet s. den im privaten oder als Staatsschreiber der Zivil- oder Militärverwaltung im öffentlichen Dienst stehenden Sekretär, Buch- und Rechnungsführer. In älterer Zeit wurde der Dichter nicht poeta oder vates, sondern s. genannt (Festus 333 M.). – Vgl. → collegium scribarum histrionumque. H. Cc.

Lit: E. Kornemann, RE 2 A 1 (1921), 848–857.

Scribonia, gest. nach 16 n. Chr., Tochter des L. Scribonius Libo und der Sentia. 40 v. Chr. aus politischen Gründen dritte Ehe mit dem sicher jüngeren Octavian (→ Augustus), 39 nach der Geburt der → Julia (2) geschieden (Stammbaum → Jul.-claud. Haus). 2 v. Chr. begleitete sie Julia freiwillig in die Verbannung. H. T.

Scribonianus, L. Arruntius Camillus, cos. 32 n. Chr., Adoptivsohn (?) des L. → Arruntius (2). 40 (?)–42 Legat von Dalmatien. S. empörte sich auf Anstiften des Annius → Vinicianus (1). Von seinen Soldaten im Stich gelassen, floh er nach Issa und wurde ermordet. U. Wm.

Lit: B. Doer, Die röm. Namengebung, 1937, 115 f.

2. S., L. Arruntius, Sohn des vorigen, *a[dnepos]* des → Pompeius (2) (Dessau 976). Vielleicht identisch mit dem Tac. ann. 12, 52 erwähnten Furius Camillus. Nach dem Tode seines Vaters von → Claudius (1) verschont, 52 jedoch wegen angeblicher Befragung von Astrologen verbannt. Starb bald danach. U. Wm.

Scribonius Aphrodisius, lat. Grammatiker, Freigelassener der → Scribonia, polemisierte mit ‹De orthographia› gegen M. → Verrius Flaccus.

Q: Suet. gramm. 19 – *Lit:* Schanz-Hosius, II 367.

2. **S. Curio,** C., Prätor ca. 121 v. Chr., erfolgreicher Anwalt; 114/113 (?) verteidigte er den wegen Inzests angeklagten Ser. Fulvius. In Ciceros Jugend stand diese Rede in hohem Ansehen, später beurteilte er sie als *puerilis* (Cic. Brut. 122). R.T.

Frg: ORFr (Malc.) 173–174.

3. **S. Curio,** C. (tr. pl. 90, cos. 76 v. Chr), aus alter prätorischer Familie, rhetorisch gebildet, gehörte zum Freundeskreis des M. → Livius (4) Drusus. Nach 88 mit Sulla im Osten. Als Konsul führte er Auseinandersetzungen mit den Volkstribunen, die auf volle Wiederherstellung ihres Amtes drängten. 75/73 Statthalter Makedoniens, Sieg über die Thraker, Triumph. 66 befürwortete er → Pompeius' (2) Beauftragung mit dem Oberbefehl gegen → Mithridates VI. 62 Verteidigung des P. → Clodius (1). 59 und später heftige Kritik an → Caesar, u. a. in einer Schmähschrift. 58 setzte er sich für → Cicero ein, 56 griff er Pompeius scharf an. 53 starb er. C. gehörte zu den mächtigsten Konsularen; er übertraf die meisten von ihnen an geistiger Wendigkeit und Selbständigkeit des Urteils. Chr. M.

4. **S. Curio,** C. (tr. pl. 50 v. Chr.), geb. ca. 84, stand als junger Mann im Rufe eines genialen Taugenichts. Hochbegabt, voller Kraft und Plänen, aber auch respektlos und abgestoßen von der Politik seiner Zeit. Daher der Antrieb, Besonderes zu leisten und Neues zu wagen. Befreundet mit P. → Clodius (1), M. → Antonius (2), M. → Caelius (2) Rufus. 61 Eintreten für Clodius, 59 offene Opposition gegen das → Triumvirat [1], von L. → Vettius (1) angezeigt. 53 großartige Spiele. 52/51 heiratete er Clodius' Witwe Fulvia. 50 nahm er als Tribun zunächst für den Senat Stellung, ging dann zu → Caesar über, der ihm seine Schulden bezahlte. Er verhinderte Caesars Abberufung aus Gallien und setzte im Senat den Antrag durch, → Pompeius (2) und Caesar sollten gleichzeitig ihre Heere entlassen. Nach Ablauf des Tribunats ging er zu Caesar, riet zur sofortigen Eröffnung des Bürgerkrieges, brachte dann Caesars Ultimatum nach Rom und ‹floh› am 7. 1. 49 wieder zu Caesar. Darauf nahm er als Proprätor zunächst Sizilien ein und führte dann Krieg in Africa. Dort wurde er nach Anfangserfolgen von König → Juba I. besiegt und fiel. Chr. M.

Lit: F. Münzer, RE 2A 1 (1921), 867–876 – M. Gelzer, Caesar als Historiker (1963), in: Kl. Schr. II, 1963, 332ff.

5. **S. Largus,** Arzt im 1. Jh. n. Chr. am Hofe des → Claudius, Günstling des Freigelassenen → Callistus (1), dem seine ‹Compositiones› gewidmet sind. Diese geben vom Standpunkt der → Empiriker aus eine Pharmakologie *κατὰ τόπους* und *κατὰ γένη*. Möglich, daß S. Largus noch Weiteres, vielleicht auch griechisch, verfaßt hat. Das Problem der Quellen seiner ‹Compositiones› bleibt noch zu untersuchen; gewirkt haben diese vor allem auf → Marcellus (2) Empiricus. F.K.

Ed: G. Helmreich, 1887 (Neuausgabe erwünscht) – *Lit:* K. Deichgräber, Professio medici. Zum Vorwort des S. Largus, Abh. Mainz 1950 (mit kritischer Edition der Praefatio).

6. **S. Libo,** L., cos. 34 v. Chr., seit ca. 55 Schwiegervater des Sex. → Pompeius (4), i. J. 40/39 Schwager des Octavian (→ Augustus) durch dessen Ehe mit → Scribonia. Im Bürgerkrieg auf der Seite des Cn. → Pompeius (2) Magnus, 49/48 mit M. Octavius Befehlshaber der pompejanischen Flotte in der Adria. Nach dem Tode → Caesars 43 proskribiert, 40/39 Vertrauensmann des Sex. Pompeius bei den Verhandlungen mit → Antonius (2), zuletzt für den Frieden von Misenum. Für 38 zum Konsul designiert. S. folgte Sex. Pompeius nach Kleinasien, ließ ihn aber 35 im Stich und ging zu Antonius über. Hinweise auf seine literarische Tätigkeit bei Cic. Att. (13, 30. 32. 44). U.Wm.

Lit: R. Syme, Roman Revolution (1939), 1952^2, Ind. S. 562.

7. **S. Libo,** Verfasser eines Liber annalis (Cic. Att. 13, 30, 3), vielleicht identisch mit L. → S. (6) Libo (Konsul 34 v. Chr.). R.T.

Ed: HRR I^2 315 – *Lit:* F. Münzer, RE 2A 1 (1921), 884.

8. **S. Libo Drusus,** M., Prätor 16 n. Chr., Enkel des L. S. (6) Libo und des Sex. → Pompeius (4). Im J. 16 n. Chr. von Fulcinius Trio wegen Hochverrats angeklagt, beging während des Verfahrens Selbstmord. Seine Güter wurden konfisziert, sein Andenken geächtet. Als töricht und beeinflußbar geschildert (Sen. epist. 70, 10; Tac. ann. 2, 30). U.Wm.

Lit: R. Syme, Tacitus, 1958, Ind. S. 848.

Scrinium. 1. Kasten zur Aufbewahrung von Rollen, Akten. – 2. Unterabteilung der kaiserlichen Verwaltung seit → Diokletian. Die Vorgesetzten dieser Scrinia, die magistri, comites, proximi, waren dem → magister officiorum unterstellt. Die einzelnen scrinia benannten sich nach ihrer speziellen Funktion, z. B. s. epistularum. D.R.

Scripulum, eigentlich ‹Steinchen›, röm. Gewichtseinheit von $^1/_{24}$ → Uncia (1,137 g), worauf sich die Wertbezeichnungen etrusk. Silbermünzen des 5. Jh.s v. Chr. mit Amphora, XX, X sowie Λ (= 5), zu beziehen scheinen. Gewichtsmäßig ist auch der kurzlebige röm. Silber → Sestertius ein S., wenn er auch bald nur noch als Rechnungsmünze weiterlebte und kurzweg → Nummus hieß. W. Schw.

Lit: Babelon, I 545. 747 – K. Regling, in: v. Schrötter, 619 – Ders., RE 2A 1 (1921), 905–907.

Scrofa → Tremellius.

Sebastophantes, griech. Titel für munizipale Priester des → Kaiserkultes (flamen Augustalis usw.), in einigen östl. Provinzen, z. B. Asia, Bithynia, Galatia, bewußt parallel zum → Hierophantes der → Mysterien gewählt. Die S. sind oft auch für die Abhaltung von Spielen verantwortlich (OGIS 528. 540. 544 u. ö.; weibliche Form Sebastophantis: 479). C.J.C.

Lit: F. Geiger, De sacerdotibus Augustorum municipalibus, 1913.

Sebosus → Statius.

Secessio plebis, Auswanderung der Plebs (→ Patrizier und Plebejer) aus Rom während des → Ständekampfes. Die Überlieferung kennt 3 secessiones plebis, die erste 494 vor Chr., die zweite 449, die dritte 287. Diese dritte ist als einzige hinlänglich beglaubigt; die ersten beiden gelten entweder als Dubletten der dritten oder als seditiones plebis. Die erste secessio plebis ging auf den Aventin oder den mons sacer, die zweite auf den Aventin, die dritte auf den Ianiculus. Die Gründe der Auswanderung waren in allen drei Fällen die Unterdrückung und die zunehmende Verschuldung der Plebs. Bei der ersten S. plebis sollen die Plebejer durch → Menenius Agrippa zur Rückkehr nach Rom bewogen worden sein, bei der dritten verstanden sich die Plebejer erst nach der Gleichstellung der → Plebiszite mit den leges (→ lex) durch die lex Hortensia dazu bereit. R.W.

Sectio canonis, Teilung des → Kanons, des Monochords, d. h. Bestimmung der musikalischen Intervalle theoretisch nach ihren Zahlenverhältnissen (→ Musik A 9). – Die Zuschreibung einer Schrift dieses Titels an → Euklid ist umstritten. H.G.

Ed: J. L. Heiberg-H. Menge, Euklidausgabe VIII, 1916, 157–183.

Secundinus, 5. Jh. n. Chr., Freund des → Apollinaris Sidonius, der ihn als Verfasser von → Hendekasyllaben und Gelegenheitsgedichten sowie eines Festgedichtes für eine Kirchweihe in Lyon und einer höfischen, wohl dem Westgoten → Theoderich II. gewidmeten Dichtung nennt (epist. 2, 10; 5, 8). Er ist nicht mit dem gleichnamigen irischen Dichter des Hymnus S. Patricii identisch. W. Sch.

Lit: W. Schetter, Der gall. Dichter S., Philol. 108, 1964, 153–156.

Secundus → Julius.

Secundus Salu(s)tius, Saturninius. Gallier, Anhänger des Heidentums, nach hohen Ämtern (CIL VI 1764) unter → Julian (2) Quästor in Gallien; 361/365 praefectus praetorio Orientis, Vorbereitung und Beendung von Julians Perserfeldzug (363). S. lehnte die ihm nach Julians wie nach

→Jovians Tod angebotene Kaiserwürde ab, war Ende 365–367 nochmals praef. praet., starb vor 377. An ihn gerichtet Reden bzw. Briefe v. Julian und →Libanios. K.H.Sch.

Lit: K.F. Stroheker, Der senator. Adel im spätantiken Gallien, 1948, 213f. (Lit).

Securitas, die göttlich verehrte Sicherheit des röm. Volkes, wird auf Münzen der Kaiserzeit, z.B. der Zeit Trajans, sitzend und mit einer Lanze bewaffnet dargestellt. S., wie die verwandte → Pax, waren Leistungen, die man vom Kaiser erhoffte, also auch Gottheiten, deren Leitung man bes. gern den Kaiser anempfahl. H. Le B.

Sedfest, königliches Jubiläumsfest in Ägypten, meist das erste Mal im 30. Regierungsjahr gefeiert. Mittelpunkt war ein Zeremoniallauf, dem aber im Lauf der Zeit zahlreiche andere Riten hinzugefügt worden sind. Es geht auf vorgeschichtliche Handlungen zurück, bei denen der alte König beseitigt wurde und ein neuer sich durch einen Wettlauf qualifizierte. Auch später blieb mit dem S. die Vorstellung von einer Erneuerung der Kraft des Königs verbunden. Nach der ersten Feier wurde es alle 3 Jahre wiederholt. W.Hk.

Sedigitus → Volcacius.

Sedulius, ca. 425–450, Kleriker. Verfaßte nach Abwendung von der Profanliteratur das typologisch geprägte Epos ‹Carmen Paschale› und eine Prosaversion desselben, das ‹Opus Paschale›, sowie eine die Ereignisse des AT und NT parallelisierende Elegie und einen abecedarischen (→ Akrostichon) Christushymnus (vgl. → Hymnus). W.Sch.

Ed: CSEL 10, 1885 – *Übers u. Komm:* N. Scheps, S., Carm. Pasch. I u. II, 1938 – *Lit:* I.F. Corsaro, Sedulio poeta, 1955.

Seedarlehen. Das S. ermöglichte seit dem 4. Jh. v. Chr. durch die ganze Antike den mit großen Kosten verbundenen Fernhandel über See und bedeutete für den Gläubiger eine vorteilhafte Kapitalanlage, da dem erheblichen Risiko ein hoher → Zinsfuß entsprach. In Athen traten vielfach die Banken (→ Bankwesen) als Darlehensgeber ein. Das S. vertrat die Stelle einer Schiffsversicherung; denn es wurde, falls den Darlehensnehmer kein Verschulden traf, nur zurückgezahlt, wenn das Schiff und seine Ladung, die als Pfand diente, unversehrt seinen Bestimmungs- bzw. Ausgangshafen erreichte. Der Gläubiger besaß das Recht, zur Kontrolle einen Schiffsaufseher zu bestellen. H.Br.

Lit: W. Schwahn, RE 16,2 (1935), 2034–48, s.v. ναυτικὸς τόκος.

Seekrieg und Flottenwesen

A. GRIECHENLAND: [1] Von den Anfängen bis zu den Perserkriegen – [2] Die Triēre – [3] Karthager und Etrusker – [4] Polykrates v. Samos – [5] Die Perserkriege – [6] Der 1. Att. Seebund – [7] Der Pelop. Krieg – [8] Der 2. Att. Seebund – [9] Hellenist. Zeit – B. ROM: [1] Roms Aufstieg zur Seemacht – [2] Die Punischen Kriege – [3] Die Zeit der Bürgerkriege. Caesar – [4] Octavian und Agrippa – [5] Kaiserzeit – [6] Zusammenfassung – Vgl. → Strategie und Taktik.

A. GRIECHENLAND. [1] *Von den Anfängen bis zu den Perserkriegen.* → Schiffahrt wurde zuerst auf Flüssen, Seen und geschützten Küstengewässern betrieben. Im 3. Jt. v. Chr. begannen Fahrten auf der offenen See. Es entwickelte sich Küstenverkehr im östlichen Mittelmeer, im Roten Meer und im Persischen Golf, und im 2. Jt. entstand auf Kreta ein Staat (→ kret.-myken. Kultur), der mit der See verbunden war und weithin Seehandel trieb. Nach dem Bild, das die Ausgrabungen geben, war diese Thalassokratie nicht ausgesprochen kriegerisch. Sie sicherte sich zwar die Kykladen, die die Rudermannschaften stellten, betrieb aber sonst keine Expansion. Allerdings mußte der Seehandel geschützt werden, denn er zog die Angriffe von Seeräubern auf sich. Man kann damit rechnen, daß Operationen auf See im späten 3. Jt. v. Chr. begonnen haben. Die ersten urkundlich festgelegten Seegefechte ereigneten sich 1227 und 1197 v. Chr. In ihnen schlugen die Ägypter Flotten der ‹Seevölker›, die in Mündungen des Nils einzudringen versuchten (Reliefs von Medinet-Habu). – Zu dieser Zeit war das Minoische Reich auf Kreta in einer Katastrophe untergegangen. Von 1500 bis 1200 trieben von Norden eingedrungene → Achäer mit dem zur See vorzüglich gelegenen → Mykene als politischem Zentrum Seehandel, Kolonisation und Seekrieg in der Ägäis, an der Südküste von Kleinasien bis Syrien und nach Westen bis Sizilien und zum Golf von Neapel. In das Ende dieser Epoche fällt der Zug gegen → Troja, das den Weg durch die Meerengen nach dem Schwarzen Meer beherrschte. Die Flotten dienten als selbstverständliche Transportmittel, wurden aber noch nicht zum Kampf benutzt. – In den folgenden Jahrhunderten wich ein Teil der Bevölkerung Griechenlands vor weiteren Einbrüchen nach der Küste Kleinasiens aus. Auch diese Bewegung ging über See. Im gleichen Zeitraum gründete das handeltreibende Volk der → Phönizier Städte auf kleinen Inseln an der syrischen Küste, die für die technischen Mittel des Landkrieges praktisch unbezwingbar waren. Der Bund ihrer Städte hat eine entfernte Ähnlichkeit mit der Hanse. Sie schoben ihre Kontore und Siedlungen längs der nordafrikanischen Küste und bis → Sizilien vor, das durch seine Lage in der engsten Stelle des mittleren Mittelmeeres hervorragende seestrategische Bedeutung besaß. Dann gingen sie weiter nach Westen durch die Straße von Gibraltar (Gründung von Gades um 1100) bis Westafrika und Britannien. → Karthago, etwa 800 v. Chr. gegründet, wurde die phönizische Vormacht. Etwas später gingen die Griechen ebenfalls ins westliche Mittelmeer, auch über See, aber an der Nordküste. Sie setzten sich im Ostteil Siziliens fest, während die Karthager Stützpunkte im Westen der Insel behielten. – In der Zeit dieser großen Bewegungen über See muß es zu beträchtlichen Seekämpfen gekommen sein, denn es entwickelte sich das schlanke, nur für den Kampf gebaute Kriegsschiff neben dem völligeren und langsameren Handelsschiff. Der Krater des → Aristonothos aus Caere (Mitte 7. Jh. v. Chr.) zeigt beide Typen.

[2] *Die Triere.* Das ältere Schiff (Monere) mit nur einer Reihe von Riemen an jeder Seite war bei einer Gesamtzahl von 20–50 Ruderern 16–32 m lang. Es war ziemlich langsam und manövrierte mäßig, da die Kraft, die die Ruderer ausüben konnten, zu gering war. Das wurde schon besser bei der Dière (8. Jh. v. Chr.) mit zwei Reihen von Riemen auf jeder Seite. Die verschiedenen Riemenlängen und Hebelarme stellten ein schwieriges technisches Problem dar, denn die Riemen mußten im Takt bewegt werden, und die Ruderer durften nicht zu ungleichmäßig beansprucht werden. Es gelang, diese Frage sogar für die wesentlich kompliziertere Triere zu lösen. Sie wurde angeblich von Ameinokles v. Korinth erfunden (etwa 700 v. Chr.) und bildete jahrhundertelang den Kern der Kampfflotten. – Die Triere war etwa 40 m lang (Schätzungen schwanken zwischen 34 und 42 m) und hatte 3 Reihen von Ruderern auf jeder Seite, 62 Traniten, je 54 Zeugiten und Talamiten, 170 Mann im ganzen. Sie besaß also fast die 3½fache Antriebskraft der nur wenig kürzeren Pentakontere, war entsprechend schneller und manövrierte besser. Es ist nicht geklärt, wie die Ruderer untergebracht und die Riemen angeordnet waren. Offenbar war der Auflagepunkt zum mindesten der obersten Reihe durch ein Balkengerüst nach außerhalb der Bordwand verlegt, das, zum Riemenkasten ausgebildet, bei starker Krängung auch die Stabilität erhöhte. Jedenfalls war die Triere nicht mehr eine Plattform für Landkämpfer (deren Zahl ging auf 10 Hopliten und 4 Bogenschützen zurück), sondern eine vorzüglich durchgearbeitete Kampfmaschine. – Man legte sich im Gefecht nicht mehr Bord an Bord, sondern ging darauf aus, die Riemen des Gegners in schrägem Stoß zu zerbrechen und das verkrüppelte Schiff dann mit dem scharfen und bes. verstärkten Rammsporn zum Sinken zu bringen. Es entwickelte sich das taktische Manöver des ‹Diekplus›, des Durchbruchs durch die feindliche Aufstellung (meist Dwarslinie, d.h. die Schiffe nebeneinander) mit Zerbrechen der Riemen des Gegners, dann schneller Kehrtwendung und anschließendem Rammstoß. Dazu bedurfte es großer Übung und sorgfältigen Einzel- und Gefechtsdrills. Galt es doch, alle 170 Riemen gleich-

mäßig zu bewegen, den Takt beim Angriff zu steigern, die Riemen der beiden Seiten für schnelle Wendungen gegeneinander arbeiten zu lassen und bei Gefahr des feindlichen Rammstoßes die an der bedrohten Seite blitzschnell einziehen zu lassen. Zugleich mußte mit den Kräften der Ruderer hausgehalten werden. Je geübter eine Besatzung war, desto besser bediente sie die Riemen auch bei Seegang, der bei dem auflandigen Wind zu entstehen pflegte. – Die große Zahl der Besatzung warf Probleme der Versorgung auf. Trierenflotten waren abhängig von der Küste oder bei längeren Operationen von begleitenden Transportflotten. Für Blockadedienst waren sie wenig geeignet. – Wie alle Kriegsschiffe hatte die Triere einen Mast mit einem einfachen Quersegel mittschiffs, wie ihn die Handelsschiffe als Hauptantriebsmittel verwendeten. Das Segel war wichtig für den Reisemarsch. Die primitive Takelage erlaubte nicht, gegen den Wind aufzukreuzen, sie genügte aber, um mit halbem Wind (von querab) gute Fahrt zu machen. Den traf man im Sommer an vielen Küsten des Mittelmeeres. Bei dem meist herrschenden Hochdruck wird tagsüber das Land erwärmt, die Luft steigt hoch und wird von See her ersetzt, so daß Wind auf die Küste zu entsteht. Man verstand aber auch, große Strecken über See zu fahren, wobei man sich nach den Gestirnen orientierte und regelmäßige Winde ausnutzte. Man kämpfte nie unter Segel, sondern legte den Mast vor dem Gefecht nieder oder ließ die Takelage sogar an Land zurück. Größere Schiffe hatten noch einen kleinen Mast im Vorschiff, dessen Segel man aber nur vor dem Winde verwenden konnte. Das Setzen dieses Vorsegels im Gefecht war daher gleichbedeutend mit ‹die Flucht suchen›.

[3] *Karthager und Etrusker.* Die erste Trierenschlacht fand 664 zwischen den Flotten von Korinth und Kerkyra statt (Thuk. 1, 13). Über die angewandte Taktik wird ebensowenig etwas berichtet wie beim Sieg der Phokäer über die *Karthager* (ca. 600). Offenbar war die phokäische Flotte besonders gut ausgebildet. Bei Alalia (Korsika) behauptete sie (Hdt. 1, 166) i.J. 537 unter schwersten Verlusten das Schlachtfeld gegen eine doppelt so starke Flotte der Karthager und → Etrusker. Trotz dieses taktischen Erfolges räumten die Phokäer Korsika, das im Einflußbereich Karthagos blieb. Diese Seestadt verwendete ihre Flotten, um ihre Handelsinteressen zu schützen, die fast das ganze westliche Mittelmeer und Stützpunkte westlich der Straße von Gibraltar umfaßten. Zu größeren Kämpfen kam es vor allem mit der Seestadt Syrakus, wobei sich die karthagische Flotte meist als überlegen erwies (396 Seesieg vor Katane über → Dionysios I. v. Syrakus). – Die *Etrusker* trieben ebenfalls Seehandel und besaßen Kriegsschiffe. Ihre 12 Städte standen nur in loser Verbindung miteinander und bildeten nie eine einheitliche Seemacht. Sie gingen einzeln Bündnisse mit anderen Mächten ein, so offenbar Caere 537 mit Karthago gegen die Phokäer auf Korsika. 474 erlitt eine etrusk. Flotte bei Cumae eine Niederlage gegen → Hieron v. Syrakus. Zeugnis ist eine Weihegabe in Gestalt eines Bronzehelms mit entsprechender Inschrift, der in Olympia ausgegraben worden ist. Auch später kam es mehrfach zu Kämpfen mit Syrakus, das seinerseits Kriegszüge gegen die etrurische Küste unternahm. Seehandel, Seekrieg und → Seeraub waren damals nicht scharf voneinander getrennt.

[4] Zwischen 540 und 523 schuf → *Polykrates (1) v. Samos* eine Flotte von 100 Fünfzigruderern und 40 Trieren. Er schlug die vereinigte Flotte von Lesbos und Milet und errichtete ein Seereich, das allerdings nur wenige Jahre Bestand hatte.

[5] *Die Perserkriege.* Der → Ionische Aufstand in Kleinasien zwang die Perser, die sich bis dahin auch der ion. Schiffe bedient hatten (z.B. für den Zug des → Kambyses nach Ägypten i.J. 525), sich vor allem auf die Schiffe der phön. Städte zu stützen. Im Sommer 494 kam es bei Lade vor Milet zur Schlacht. Die ionische Flotte, 350 Trieren, die sich angeblich 600 feindlichen Schiffen gegenübersah, wurde geführt von Dionysios v. Phokaia, der vergeblich versucht hatte, die Schiffe der Verbündeten auf den gleichen hohen Stand der Ausbildung zu bringen wie die eigenen. Das Manöver des Durchbruchs konnte den Tag nicht retten. – Beim Angriff der Perser gegen Athen, der 490 bei Marathon scheiterte, diente eine große Flotte nur zu Transportzwecken. In richtiger Erkenntnis der Lage erreichte → Themistokles, daß Athen in den nächsten Jahren eine große Flotte schuf. Auch die Perser rüsteten zur See. Beim Zug des → Xerxes (480) kam es zu einer Dreitageschlacht zwischen 400 pers. und 280 griech. Schiffen (unter Themistokles) beim Kap Artemision. Die Griechen errangen einige Erfolge, zogen sich dann aber nach dem Fall der Thermopylen zurück. Nach der Einnahme Athens wurde die pers. Flotte bei Salamis von den Griechen unter Themistokles durch geschickte Taktik geschlagen, der Nachschub der Perser über See damit stark gefährdet. Ihre Flotte wurde 479 bei Mykale verbrannt, nachdem die Besatzungen an Land eine Niederlage erlitten hatten. Der Befehl über die verbündete Flotte blieb bei den Spartanern, die den Seekrieg nicht energisch genug betrieben, wenn auch 478 → Pausanias (1) eine Flotte gegen Cypern führte, das er verwüstete, und Byzanz eroberte.

[6] *Der 1. Attische Seebund.* Die Verbündeten waren mit der Führung des Pausanias nicht einverstanden und trugen sie Athen an. Der erste Erfolg des nun gegründeten 1. → Att. Seebundes war unter Führung des Atheners → Kimon (1) der Sieg über die Perser in einer Land- und Seeschlacht am Eurymedon. Die Kombination von Land- und Seeoperationen machte den Griechen offenbar keine Schwierigkeiten. – Die Politik Athens zielte nun darauf, seine Seestellung zu festigen. Der Seebund eroberte die Griechenstädte an der thrak. Küste und die strategisch besonders wichtigen an den Meerengen. Damit war die Getreidezufuhr vom Schwarzen Meer gesichert, auf die Athen angewiesen war. 466 schlug Athen in einem Seegefecht die unbotmäßigen Thasier, die ihre gesamte Flotte ausliefern mußten. In → Perikles gelangte ein Staatsmann an die Spitze, der eine klare Vorstellung vom Wesen der Seemacht besaß (Thuk. 1, 140–144; 2, 13.35–65 u.ö.). Seine wichtigsten Erkenntnisse sind auch heute noch gültig. Der Seebund mit seinen bis zu 270 Mitgliedern war aber nicht einheitlich genug für den Kampf sowohl gegen Persien wie gegen Sparta. Athen. Kräfte besetzten → Cypern und errangen 462 einen Seesieg über die Perser im Nildelta. 458 schlug Athen in der Seeschlacht bei Kekryphaleia die vereinte Flotte der Korinther und Epidaurier. Es vernichtete die Flotte von Aigina, das seine Selbständigkeit verlor (456). Das zu schwach bemessene Geschwader im Nildelta wurde aber von pers. Kräften eingeschlossen und 454 nach 18monatiger Belagerung zur Übergabe gezwungen. Eine Entsatzflotte kam zu spät und erlitt eine Niederlage. Der 449 geschlossene Frieden des → Kallias beendete Athens Drang ins östl. Mittelmeer, bestätigte aber seine Vormachtstellung in der Ägäis. Im Frieden von 446 legte Sparta sich zur See Beschränkungen auf, Athen zu Land. In den folgenden Jahren baute Perikles die Stellung zur See weiter aus und sicherte die Verbindungen zum Schwarzen Meer noch stärker. Er brauchte die Zufuhr, weil er das offene att. Land gegen Sparta nicht schützen konnte. 440 erhob sich Samos, wurde blockiert, mußte sich ergeben und seine ganze Flotte ausliefern.

[7] *Der Pelop. Krieg.* Nachdem die Flotte von Korkyra 435 eine korinthische bei Leukimme besiegt hatte, kam es bei den Sybota-Inseln zu einer Schlacht zwischen 150 Schiffen der Korinther und ihrer Bundesgenossen gegen 110 Schiffe von Korkyra. Ein athen. Beobachtungsgeschwader griff schließlich ein, um die befreundeten Korkyräer vor der Niederlage zu bewahren. In dem dadurch ausgelösten → Pelop. Krieg verheerte das überlegene spartan. Heer At-

tika, konnte aber gegen Athen selbst nichts ausrichten und häufige Unternehmungen athen. Geschwader gegen die Küsten der Peloponnes nicht verhindern. 429 schlugen 20 athen. Schiffe unter Phormio, in Kiellinie taktisch sehr geschickt manövrierend, eine wesentlich größere Kriegs- und Transportflotte der Spartaner. 427 folgte ein unentschiedenes Seegefecht vor Korkyra. Der Versuch der Spartaner, 425 den von den Athenern auf der Fahrt nach Sizilien im messenischen Pylos errichteten Flottenstützpunkt zu beseitigen, kostete sie ihre Flotte und eine gute Landtruppe. Innere Auseinandersetzungen und der Tod des Perikles verhinderten, daß die an sich erfolgreiche Kriegführung mit Schwerpunkt auf See fortgesetzt wurde. – 415 unternahm Athen auf Betreiben des → Alkibiades die verhängnisvolle amphibische Operation gegen → Syrakus. Der Plan, Sparta von Westen her zu umfassen, war strategisch kühn, aber aussichtsreich. Er wurde materiell gut vorbereitet, scheiterte aber wegen unklarer operativer Zielsetzung und uneinheitlicher Führung. Der Vergleich mit der Dardanellenexpedition der Alliierten 1915 drängt sich auf. Die Stärke der Athener, ihre Flotte, verbrauchte sich in einem Stellungskrieg, in dem sie ihre gute Ausbildung und taktische Beweglichkeit nicht ausnutzen konnte. Gezwungen, in einer Hafenbucht zu kämpfen, eingeengt durch Pfahlsperren (Taucher als Froschmänner versuchten sie zu beseitigen), erlitt sie in drei Schlachten schwere Verluste, vor allem durch den neuartigen Rammstoß von voraus, für den die Syrakusaner ihre Trieren umgebaut hatten, offenbar unter Verzicht auf Seefähigkeit, die in dieser Art des Kampfes keine Rolle spielte. Athen verlor die gesamten nach Sizilien entsandten Kräfte (413). Es schuf zwar Ersatz, aber auch Sparta rüstete mit finanzieller Unterstützung durch Persien zur See. Man kämpfte mit wechselndem Erfolg (411 besiegten 76 athen. Schiffe 88 peloponnesische im Hellespont; Sieg der Athener bei Abydos; 410 nahmen die Peloponnesier Kyzikos, verloren aber Stadt und Flotte durch Überfall von See her; 407 erlitten die Athener vor Ephesos eine Schlappe; 406 siegten sie bei den Arginusen). 405 v. Chr. ließ sich die athen. Flotte bei Aigospotamoi von → Lysander überraschen und wurde vernichtet. Die Peloponnesier schlossen Athen nun von Land und See ein und zwangen es zur Übergabe. Athen verlor seine Kriegsflotte bis auf 12 Schiffe.

[8] *2. Att. Seebund.* In den folgenden Jahrzehnten kam es in der Ägäis und auf Sizilien zu wechselvollen Kämpfen. Durch die Seeschlacht bei Knidos verlor Sparta schon 394 wieder die Seeherrschaft (→ Konon, 1). Durch die Gründung des 2. → Att. Seebundes 378/377 versuchte Athen, das bis ans Ende des 4. Jh.s immer eine bedeutende Seemacht blieb, sich eine neue Machtstellung zu schaffen. Allerdings erlangte keiner der griech. Stadtstaaten mehr ein entscheidendes Übergewicht. Ihre Basis war für eine ausreichende Land- und Seerüstung zu schmal. Auf Sizilien erbaute → Dionysios I. um 400 für den Kampf gegen Karthago eine Flotte von 200 Schiffen, darunter angeblich schon die dann für die hellenist. Zeit charakteristischen größeren Typen der Tetreren und Penteren. Zur See errang er aber keinen einzigen bedeutenden Sieg über die Karthager. 384 unternahm er mit 60 (100?) Schiffen einen Zug gegen die etrusk. Küste und kehrte mit reicher Beute heim.

[9] Unter → *Alexander d. Gr.* gelang es schließlich Makedonien, sein Herrschaftsgebiet so zu erweitern, daß das östl. Mittelmeer zum ‹mare clausum› wurde. 333 operierten persische Geschwader noch kurze Zeit in der Ägäis. Alexander nahm aber der Perserflotte ihre Basen nacheinander von Land her weg, so daß sie sich nach der Eroberung Ägyptens durch die Makedonen 331 auflöste. Das Interesse Alexanders für die Seefahrt zeigte sich, als er auf dem Hydaspes eine Flotte erbaute, die dann unter → Nearchos den Indus hinabfuhr und längs der Küste zum Euphrat marschierte, mehr Entdeckungs- als Kriegszug. In seinen letzten Plänen spielten maritime Unternehmungen (so die bereits vorbereitete Umseglung Arabiens) eine große Rolle. In den Kämpfen der Diadochen, unter denen in dieser Hinsicht der ‹Seekönig› → Demetrios I. Poliorketes hervorragte, kam es zu vielen Seeoperationen. Als → Pyrrhos (1) Tarent zu Hilfe kam, sicherten sich die Römer zur See durch ein Bündnis mit Karthago (278); die karthag. Flotte schädigte die des Pyrrhos schwer, als er Sizilien räumen mußte. Der Weg war frei für die Entscheidung ‹Rom oder Karthago›.

B. ROM. [1] *Roms Aufstieg zur Seemacht.* Rom, am Tiber für Fluß- und Seetransport günstig gelegen (Liv. 5,23), trieb bereits im 6. Jh. v. Chr. Schiffahrt. Der Vertrag mit Karthago von 508 (Polyb. 2,22,4 ff.), der bestimmte Sperrgebiete für röm. Schiffe gegen karthag. Nichteinmischung in Latium festlegte, ist in seiner Frühdatierung umstritten (s. u.). 426 griff eine röm. Flottille in den Landkampf bei Fidenae ein, 396 brachte ein Schiff der Flotte eine Gesandtschaft nach Delphi. Nach einem Angriff sizilischer Schiffe auf die Küste von Latium verstärkte sich das Interesse an der Flotte. Der Vertrag mit Karthago von 348 bestätigte das Prinzip der gegenseitigen Nichteinmischung unter starkem karthag. Übergewicht. 338 besiegte die röm. Flotte die der Antiaten und übernahm die noch brauchbaren Schiffe. Neapel (323) und andere süditalienische Städte kamen in röm. Klientel; die Seeinteressen Roms und die Möglichkeiten zum Flottenbau wuchsen. 314 wurden zum erstenmal → duoviri navales eingesetzt. 310 ging eine Flotte nach Kampanien, 307 eine von 25 Schiffen nach Korsika. Verträge mit Rhodos und Tarent folgten. 282 verletzte ein röm. Geschwader von 10 Schiffen entgegen einem älteren Vertrag tarentinisches Hoheitsgebiet. Es kam zu einem Gefecht, in dem 4 röm. Schiffe verlorengingen. Tarent suchte Hilfe bei Pyrrhos; dieser konnte sich aber gegen die röm.-karthag. Kombination in Süditalien nicht halten; Tarent wurde 272 römisch. – In planmäßiger Ausdehnung ihres Herrschaftsgebietes errichteten die Römer nun Flottenstützpunkte an der etrusk. Küste. 273 gründeten sie bei Vulci die Seestadt Cosa (später Ansedonia); mit Alsium (247) und Fregenae (245) verstärkten sie ihre Stellung.

[2] *Die Punischen Kriege.* Als 264 röm. und karthag. Interessen in Messina zusammenstießen, sah Rom sich gezwungen, eine starke Flotte zu schaffen. Dies geschah so schnell und so sachkundig, daß es keine völlige Improvisation gewesen sein kann. Man kannte offensichtlich die Seekriegführung und war sich bewußt, daß man der erfahrenen und eingefahrenen karthag. Marine nicht sofort etwas Gleichwertiges entgegensetzen konnte. Für die Karthager war, wie für die Griechen, das Schiff selbst die entscheidungbringende Waffe, die durch geschicktes Manövrieren, durch Zerbrechen der Riemen und durch Rammstoß den Gegner erledigte. Die Römer ersannen eine neue Taktik, um *ihre* Hauptstärke, den vorzüglich ausgebildeten Legionär, auch auf See entscheidend einsetzen zu können. Sie rüsteten ihre Schiffe mit Enterbrücken (corvi) aus. Kam ein feindliches Schiff in Reichweite, so ließen sie die Enterbrücken niederfallen, so daß sie sich mit eisernen Stacheln in das Deck einbohrten und sowohl den Gegner festhielten wie den Legionären ermöglichten, hinüberzustürmen. Die neue Technik und Taktik führte in der Schlacht von Mylae (261) zum vollen Erfolg. Die Karthager, die eine Vorhut von 17 Schiffen zur Übergabe gezwungen hatten, griffen die 103 Schiffe der Hauptflotte unter C. → Duilius unvorsichtig an und verloren 50 von ihren 130 Schiffen. Bei zahlreichen weiteren Operationen kam es zu einer Reihe von Seeschlachten, in denen die Römer meist Sieger blieben. Bei Eknomos schlug 256 eine röm. Flotte von 330 Schiffen in einer ungewöhnlichen Keilformation mit der zu sichernden Transportflotte in der Mitte eine karthag. von 350 Schiffen (64 genommen, 30 versenkt; 24 röm. Schiffe verloren) und erkämpfte sich den Weg nach Afrika. Die Lan-

dung dort gelang, aber M. → Attilius (4) Regulus wurde an Land vernichtend geschlagen. Eine amphibische Unternehmung gegen Sardinien mißlang, gegen Korsika war sie erfolgreich. Der röm. Seesieg bei den Ägatischen Inseln (242) entschied den Krieg. Rom war nun die führende Seemacht im Mittelmeer. Der Erwerb von Sizilien und Korsika (238) verbesserte die Position der Römer zur See erheblich. Sie gingen nun energisch daran, die Gefahr für ihre Schiffahrt in der Adria zu beseitigen, bekriegten die → Illyrier und schufen sich auch dort Stützpunkte und Seestreitkräfte. – Im *2. Pun. Krieg* führte der Versuch der Karthager (→ Hannibal, 2), die Römer zu Lande zu besiegen, nach großen Anfangserfolgen zum Fehlschlag, weil die Landoperationen nicht genügend von See her unterstützt werden konnten. Es kam zu vielfacher und lebhafter Tätigkeit auf See. Karthag. Geschwader führten mehrfach Handelskrieg an der tyrrhenischen Küste und nahmen 217 einen für Spanien bestimmten Geleitzug vor Cosa. Die Römer verstärkten nun ihren Küstenschutz und schickten mehrmals Geschwader an die afrikanische Küste. Cn. → Cornelius (33) Scipio Calvus schlug 217 die karthag. Flotte vor der Ebromündung, und P. → Cornelius (30) Scipio Africanus maior nahm 209 den Hauptstützpunkt Carthago nova in einer amphibischen Operation. Einem Bündnis der Karthager mit → Philipp V. v. Makedonien, offenbar als Umfassung von Osten gedacht, setzten die Römer Gegenbündnisse und eine eigene Flotte entgegen. Diese schloß Philipps Flotte von 120 kleinen Schiffen (Lemben) in der Avosmündung ein; er mußte die Schiffe verbrennen, um die Besatzungen über Land retten zu können. Im Zentrum der Seestellung fiel Syrakus zwar 215 von den Römern ab, und Hannibal nahm 212 Tarent, aber die karthag. Flotte war zu schwach, um entscheidenden Nutzen daraus zu ziehen. Sie war auch nicht imstande, die Großlandung des P. → Cornelius (30) Africanus maior 204 bei Utica zu verhindern. Dagegen operierten röm. Geschwader bis Lemnos im Osten und Gibraltar im Westen. – Karthago mußte sich im Frieden von 201 verpflichten, nicht mehr als 10 Kriegsschiffe zu halten, und schied damit aus der Reihe der Seemächte aus. Im *3. Pun. Krieg* brachte es noch 50 Schiffe zusammen, die aber im Kampf um die Häfen der Stadt das Geschick nicht wenden konnten.

[3] *Zeit der Bürgerkriege. Caesar.* In der Folgezeit wirkten röm. Flotten mit bei der Besetzung der → Balearen 122/121 und unter → Lucullus gegen → Mithridates VI. Gegen die immer lästiger werdenden → *Seeräuber* zog → Pompejus (2) im Auftrage des Senats starke Kräfte zusammen und säuberte 67 das gesamte Mittelmeer in einer Reihe vorzüglich angelegter Operationen, bei denen weit über 1000 Piratenschiffe erbeutet oder vernichtet wurden (→ Seeräuberkrieg). Das schaffte Ruhe für Jahrhunderte. – Im → *Gallischen Krieg* kam es unter den Augen → Caesars zum ersten Seegefecht der Geschichte zwischen Ruderkriegsschiffen und Segelkriegsschiffen. Eine röm. Flottille, in der Loiremündung aufgestellt, überwand 56 die hochbordigen, stark gebauten Segelschiffe der Veneter durch den technischen Trick, ihnen mit Sicheln an langen Stangen das Tauwerk der Takelage zu zerschneiden und sie damit zu verkrüppeln. Einsetzende Windstille verschärfte die Niederlage zur Katastrophe. – Die erste der beiden Landungen Caesars in Britannien (55) stieß auf starken Widerstand. Die schwer bewaffneten Legionäre faßten nur mit Mühe Fuß am Strand, unterstützt von Booten und vom Fernfeuer der Wurfgeschütze auf den Kriegsschiffen. Der Nachschub war ungenügend, durch eine Sturmflut wurden viele Schiffe beschädigt. Für die zweite Landung (54) baute man besonders flache und breite Transporter, um Kavallerie schon bei der Landung einsetzen zu können. Wieder brachte eine Sturmflut Verluste. – Im *Bürgerkrieg* kam es zu wichtigen Seeoperationen. In der ersten Phase verfügten die Pompejaner über die stärkeren Kräfte. → Brutus (2) blockierte Massilia und schlug die Flotte der Stadt zweimal, → Cassius (8) zerstörte vierzig Schiffe Caesars in Messana und Vibo durch Brander, eine neue Waffe. → Antonius (2), in Brundisium blockiert, konnte aber nach einem Gefecht auslaufen, und es gelang den Pompejanern nicht, den schwach gesicherten Geleitzug abzufangen, der Caesars Hauptmacht über die Adria brachte. Die Landschlacht von Pharsalus (48) entschied den Feldzug. Es kam dann noch während des Aufenthalts Caesars in Alexandria zu Schiffskämpfen, die ägypt. Flotte wurde bei Canopus geschlagen. Im afrikanischen Feldzug (46) war Caesars Flotte überlegen. Sie blockierte die Reste der pompejanischen in Spanien und vernichtete 20 Schiffe durch Brander. In den Machtkämpfen nach Caesars Tode zeichneten sich Brutus und Cassius erneut als Flottenführer aus. Cassius, bei Laodikeia geschlagen, vernichtete die Flotte des Siegers P. → Cornelius (11) Dolabella durch Brander.

[4] *Octavian und Agrippa.* 42 besetzte Sex. → Pompejus (4) mit einer starken Flotte Sizilien, sperrte die Straße von Messina und machte sich damit zum Herrn über die Getreidezufuhr Roms. Octavian (→ Augustus) mußte daher dieses Seereich, durch Sardinien und Korsika vergrößert, anerkennen, obgleich es ihn zwang, mit seiner Flotte den Weg zur Adria um ganz Sizilien herum zu nehmen. Der Gegner vernichtete diese Flotte in Brundisium, aber erst nach der Schlacht bei Philippi. – Um die Gefahr für die Seezufuhr Roms zu beheben, beauftragte Octavian nun Vipsanius → Agrippa (1) mit dem Kampf gegen Sex. Pompejus. Agrippa zeigte ein hervorragendes Verständnis für die Seekriegführung. Er legte einen Flottenstützpunkt an, den Portus Julius, indem er den Lukriner und Averner See mit dem Meer verband. Zugleich sorgte er für zweckmäßige seemännische Ausbildung und führte technische Neuerungen ein. Die Flotte des Sex. Pompejus bestand aus vielen kleineren Fahrzeugen. Gegen diese ‹panzerte› Agrippa seine ‹Schlachtschiffe› durch starke Holzverschalungen in der Wasserlinie. Außerdem rüstete er sie mit Wurfmaschinen aus, was man im Kampf um die Küste und Häfen schon gelegentlich getan hatte. Neu war, daß sie jetzt den ‹Harpax› schleuderten, einen schweren Klotz mit Widerhaken, und zwar an starken Tauen, so daß man den leichteren Gegner regelrecht einfing. 36 v. Chr. griff Agrippas Flotte an, besetzte zwei Häfen, schlug die Flotte des Pompejus bei Mylae und vernichtete sie bei Naulochus. Von 300 Schiffen sollen nur 17 entkommen sein. Auch im Entscheidungskampf gegen Antonius führte Agrippa i. J. 30 zur See sehr geschickt. Von gut ausgewählten Stützpunkten richtete er eine Fernblockade gegen die Hauptmacht des Antonius ein und brachte diesen, der auf Zufuhr über See angewiesen war, in schwere Bedrängnis. Agrippa benutzte jetzt Liburnen, kleinere, schnelle Schiffe nach illyrischer Art, zum Blockadedienst geeignet und vielleicht, um mit ihnen im Gefecht eine ‹Feuer›-Konzentration mit Brandgeschossen zu erzielen. Jedenfalls bewährten sie sich, denn als Antonius bei Actium versuchte, mit seinen Großkampfschiffen durch eine Seeschlacht die operative Erwürgung abzuwehren, gelang nur dem ägypt. Geschwader (→ Kleopatra VII.) der Durchbruch. Die Hauptflotte wurde vernichtet.

[5] *Kaiserzeit.* Die Alte Welt war nun in *einer* Hand. Zu einigen amphibischen Operationen kam es noch beim Versuch, die Grenze des Reiches an die Elbe vorzuschieben. Die Strömungen und Stürme der Nordsee verursachten aber größere Schwierigkeiten als der Feind, mit dem es zu einigen Seegefechten kam. Rhein und Donau wurden durch → Flußflottillen ständig gesichert. Im Mittelmeer hielten die Kaiser starke, gut organisierte Flotten in Dienst, mit den Hauptkriegshäfen Forum Julii (Fréjus), Misenum bei Neapel und Ravenna. Unter ihrem Schutz wickelte sich jahrhundertelang ein riesiger Schiffsverkehr ab, für den Handel, für die Versorgung der Hauptstadt, für den Transport der

Legionen und ihres Bedarfs. 267/268 n. Chr. kam es zu Seekämpfen gegen die Germanen, die von Nordosten eingedrungen waren und Überfälle auf Häfen und Raubzüge gegen die Schiffahrt in der Ägäis ausführten. Sie wurden vertrieben. 429 gingen die → Vandalen von Spanien nach Nordafrika und gründeten dort ein Seereich mit Karthago als Haupthafen. Ein gemeinsamer konzentrischer Angriff Westroms und Ostroms zu Lande und über See 468 schlug fehl, da König → Geiserich die Hälfte der röm. Flotte im Nachtangriff durch Brander vernichtete. Die Seegeschichte Roms war zu Ende. Das Erbe trat Byzanz an, das nach der Niederwerfung der Vandalen 532–534 bis zum Einbruch der Araber im 7. Jh. im ganzen Mittelmeer die Überlegenheit zur See besaß.

[6] Zusammenfassend ist festzustellen, daß sich in der Antike unter den besonderen geographischen und klimatischen Verhältnissen des Mittelmeeres ein Flottenwesen und eine Seekriegführung entwickelt haben, die militärisch sehr leistungsfähig waren und der Staatsführung als wirksames Mittel der Politik dienten. Sie haben den Gang der Geschichte immer wieder entscheidend beeinflußt und sich bis in die Neuzeit ausgewirkt. F. R.

Lit: R. Rittmeyer, Seekriege u. Seekriegswesen, 1907 – H. Delbrück, Gesch. der Kriegskunst I (1900), 1920³ – A. Köster, Das antike Seewesen, 1923 – A. Meurer, Seekriegsgesch. in Umrissen, 1925 – J. Kromayer-G. Veith, Heerwesen u. Kriegführung d. Griechen u. Römer, 1928 – F. Miltner, RE Suppl. 5 (1931), 864–905, s. v. Seekrieg – M. Vocino, La nave nel tempo (1928), 1942² – E. Wolgast, Seemacht u. Seegeltung, 1944 – E. Zechlin, Maritime Weltgesch., 1947 – G. Vingiano, Storia della nave I, 1955 – E. B. Potter-C. W. Nimitz, Sea power, 1960 – O. W. v. Vacano, Die Etrusker in der Welt der Antike, 1957/61 – E. Wolgast, Seemachtslehre als Staats- u. Gestaltlehre, 1961 – P. Auphan, Histoire de la Méditerranée, 1962 – Vgl. ferner Aufsätze in: Marinerundschau, Revue Maritime, Rivista Marittima, U. S. N. Institute Proceedings.

Seele. Der für die griech. → Religion (I D) relevante Begriff der S. ist natürlich nicht ohne weiteres derjenige der Philosophie (→ Psyche), hängt aber mit ihm zusammen. Die Kultreligion hat keinen Anlaß, theoretisch nach der Struktur des Menschen und der Aufteilung seiner Fähigkeiten zu fragen. Sie fragt (a) nach dem Wesen, dem die Bestattungsriten, der Totenkult und der Heroenkult gelten, (b) ob und wie weit sich bes. Frömmigkeit oder Ruchlosigkeit über den Tod hinaus auswirken, (c) wie weit Tote wiederkehren können, um über die Vernachlässigung der Kultpflichten seitens der Lebenden zu klagen oder gar sich für solche Vernachlässigung und an ihnen begangene Untaten zu rächen. Schließlich kann es Zustände der Entrükkung und des Enthusiasmos geben, die der Erklärung bedürfen. – Beim homerischen Begriff der S. sind zwei Aspekte zu unterscheiden: Zunächst die S. am lebenden Menschen, die an ihren Äußerungen zu erkennen und danach zu beschreiben ist als Atemhauch (*ψυχή*), Leibeswärme (*θυμός*) oder als Herz (*καρδία*) oder Zwerchfell (*φρένες*), weil hier die starken Empfindungen lokalisiert zu sein scheinen. Der zweite Aspekt, das Wesen, das nach dem leiblichen Tode bleibt, kann eigentlich nur negativ bestimmt werden. Es ist weder lebendig noch schlechthin nichts. Man kann es als «den schattenhaften Doppelgänger, der nach dem Tode des Menschen erscheint und im Hades fortexistiert», charakterisieren (Nilsson I, 194). Es hat den Umriß des Lebenden, irgendwie auch seine Lebensart und sogar Ansprüche auf Speise und Trank und die Gegenstände, deren der Lebende bedurfte, aber lebt doch nicht, sondern bleibt kraftlos und stumm. Es kann auch *ψυχή* heißen, später im Blick auf seine Abbildhaftigkeit *εἴδωλον*. Der Glaube ist weitgehend bei dieser Vorstellung geblieben. Wohl existieren diese Schatten, aber sie sind dennoch wirklich tot an einem Orte, der mit der Welt der Lebenden keine Beziehung hat und über den man auch kaum nachdenkt, wo er sich befinden mag; sie können selber auch gar nicht mehr ins Leben eingreifen. Von daher verdünnt sich der → Totenkult vom Dienst am Toten zum bloßen Zeichen dankbarer Erinnerung an den einst Lebenden und hört meist mit dem Erlöschen der persönlichen Erinnerung auf. Mit fortdauernden Ansprüchen des Toten wird nicht gerechnet. Freilich besteht daneben die Vorstellung, daß bestimmte Tote wiederkehren können: die unbestatteten, die überhaupt keinen Kult bekamen; die, deren Kult vernachlässigt ist; die, die noch Rachepflichten aller Art auszuüben haben, zuweilen auch solche, die ihren Nachkommen und Freunden Beistand und Trost spenden (vgl. Suidas, s. v. Sokrates; Aristot. NE 1, 11, bes. 1100a 19f. 1101a 34–b 9). Die Klage unbestatteter Toter spielt im Mythos wie als Motiv der Grabepigrammatik eine ansehnliche Rolle (vgl. Horaz carm. 1, 28). – Es kommt dazu die Vorstellung, daß das Schicksal der Frommen und der Ruchlosen nach dem Tode, selbst wenn von allen nur Schatten bleiben, nicht dasselbe sein kann. Zunächst konzentriert sich dies auf die Götterlieblinge hier, die Götterfeinde (*θεομάχοι*) dort, vgl. → Elysion, Inseln der Seligen, → Tartaros. Freilich muß dann den Schatten Empfindungsfähigkeit zugebilligt werden. Mit der Einbeziehung der ganzen Skala der guten und schlechten Taten in diese Vorstellung kommt es zum → Totengericht und zu abgestuften Aufenthaltsorten im Totenland (→ Jenseitsvorstellungen). Für sich stehen die → Mysterien und allgemein alle Kulte, an denen man nicht als Bürger von vornherein beteiligt ist, sondern denen man sich aus persönlichem Entschluß zuwendet in der Hoffnung, nicht nur jetzt, sondern vor allem nach dem Tode einer besonderen Götternähe teilhaft zu werden, während umgekehrt jene, die nicht an solchem Kulte beteiligt sind, in götterferner Düsternis werden leben müssen. – Hier kann der zunächst spekulative Gedanke dazu treten, daß die S. überhaupt nicht auf einen Schatten zu reduzieren ist, sondern wesenhaft aus der Welt der oberen Götter stammt und zu ihnen zurückkehren wird, wenn sie sich gottgemäß verhält. Nur in diesem Fall kann man von Unsterblichkeit im prägnanten Sinne sprechen. Konkret kann dies bedeuten, daß die S. aus der Substanz der göttlichen Gestirne besteht und nach dem Tode in deren Zone aufsteigt; mythischdichterisch führt dies zu den Verstirnungssagen (→ Sternsagen). Für den Kult haben diese Dinge wenig bedeutet, wenn man von den Mysterien und bestimmten Formen des Königskultes absieht. O. G.

Lit: E. Rohde, Psyche, 2 Bde (1894), 1925⁹ᐟ¹⁰ – W. F. Otto, Die Manen oder von den Urformen des Totenglaubens, 1923 – J. Böhme, Die S. und das Ich im homer. Epos, 1929 – Wilamowitz, Glaube der Hellenen I, 1931, 370–378 – Nilsson, I 192–197.

Seelentiere. Die Vorstellung, daß die Seele des Toten in ein Tier eingehen oder doch durch ein solches repräsentiert werden kann, scheint sehr alt zu sein und unabhängig von jeder Lehre von → Seelenwanderung zu bestehen. Eingehen kann sie bes. in die Schlange, die nach ihrer Natur dem Totenreich nahesteht und doch bei den Häusern der Lebenden wohnt, dargestellt wird sie in ihrer flüchtigen Wesenlosigkeit als kleines beflügeltes Abbild des Menschen, dann zuweilen überhaupt als Vogel, bes. als Schmetterling, der darum wohl volkstümlich geradezu *ψυχή* heißen kann (seit Arist. hist. anim. 551a 14). – Ganz anderer Art ist die Vorstellung, daß bösartige gespenstige Unholde in Raubvogelgestalt erscheinen (→ Harpyien, → Sirenen, → Sphinx), und der spätantike Gedanke, daß die Seelen der Kaiser vom → Adler Jupiters zum Himmel getragen werden. O. G.

Lit: Nilsson, I 182–184.

Seelenwanderung. Daß die Seele eines Menschen in Tiere, Pflanzen, Steine usw. eingehen könne, ist eine Vorstellung, die primitivem Glauben nahesteht. Bei den Griechen verdünnt sie sich einerseits in die zahlreichen Mythen, in denen ein Gestaltwandel (*μεταμόρφωσις*; das Wort erst vom 1. Jh. v. Chr. an belegt) als Strafe, Rettung oder Belohnung eine Handlung abschließt, und konkretisiert sich andererseits in theologisch-philosophischer Spekulation zur Lehre von der S. (*μετεμψύχωσις*, zuerst Diod. 10, 6;

vgl. Serv. Aen. 3, 68). Wenn die Seele von göttlicher Beschaffenheit ist, so existiert sie seit jeher und hat sich nicht nur einmal, sondern unzählige Male eingekörpert. Alle verläßlichen Zeugnisse über diese Lehre weisen auf → Pythagoras als Urheber. Hdt. 2, 123 scheint zu sagen, daß dieser sie aus Ägypten übernommen habe (obwohl in den altägypt. Texten, die wir haben, keine Spur davon zu finden ist). Wichtigste Belege sind aus alter Zeit: Pind. Ol. 2, 62 ff. und Frg. 127 Bowra; Emp. VS 31 B 115 ff., Plat. Men. 81 A bis 82 A, Phaid. 70 CD, 81 D–82 B; Herakleid. Pont. Frg. 89 W. Zwei Varianten lassen sich sondern. Nach der einen körpert sich die Seele immer nur in Menschen ein: der paradigmatische Fall ist derjenige des Pythagoras selbst, von dem erzählt wurde, seine Seele sei identisch mit derjenigen mythischer Gestalten der Urzeit, eines Helden des trojan. Krieges und anderer aus verschiedenen Jahrhunderten. In Anlehnung daran hat noch der röm. Dichter → Ennius von sich behauptet, er habe die Seele Homers. Nach der andern Variante geht die Seele nicht bloß durch Menschen, sondern auch durch die verschiedensten Tiere und Pflanzen hindurch (so Empedokles, a. O.). Aus der Einkörperung in Tiere konnte die Konsequenz des Vegetarismus gezogen werden. Außerdem ließ sich die uralt volkstümliche Gleichung von Tiergattungen mit Charaktertypen hereinziehen: die Schlemmer körpern sich bei Platon in Esel ein, die Räuber in Wölfe usw. – Bis in die Spätantike haben die platonische wie die pythagoreische Tradition mit dem Gedanken der S. gespielt, auch nach den Zeiträumen gefragt, die zwischen zwei Einkörperungen liegen oder in denen ein ganzer Zyklus von Einkörperungen sich vollendet. Einen wirklichen Einfluß auf das philosophische und religiöse Leben haben diese Spekulationen schwerlich gehabt. Erst recht sind die lat. Texte über S. vollständig von den platonisch-pythagoreischen (gelegentlich auch orphisch genannten) Theorien abhängig. – Nur scheinbar mit der Lehre von der S. verwandt ist die stoische Theorie, daß die Weltperioden sich dauernd wiederholen, in ewiger Wiederkehr (*παλιγγενεσία*, SVF 2, 627) alle Ereignisse unter den gleichen Menschen sich immer aufs neue abspielen. O. G.

Lit: W. Stettner, Die S. bei Griechen und Römern, 1934 – Nilsson, I 691–696.

Seeraub. [1] Bei Homer gilt der S. als regelrechter und keineswegs verachteter Lebensunterhalt. Nach Thuk. 1, 7 f. ist der Grund dafür, daß die meisten Städte nicht unmittelbar am Meer liegen, die Furcht vor S. Der → Attische Seebund sicherte im 5. und 4. Jh. v. Chr. für einige Zeit die Ruhe im Ägäischen Meer, doch muß → Alexander (5) d. Gr. wieder energische Maßnahmen gegen die Seeräuber ergreifen. Bes. häufig war der S. in späthellenist. Zeit; am meisten gefürchtet waren die Illyrier und Kilikier, bis 67 v. Chr. → Pompeius (2) im → Seeräuberkrieg die → Schiffahrt wieder sicherte. Danach sorgte bis in die Spätantike die starke röm. Kriegsmarine für Ordnung. Die Komödie und bes. die Romanliteratur (→ Heliodor, 4) beschäftigt sich wiederholt mit dem S. und seinen Opfern. Th. P.

Lit: W. Kroll, RE 2 A 1 (1921), 1036–42 – H. A. Ormerod, Piracy in the Ancient World, 1924.

[2] *Seeräuber-Krieg.* Anf. 67 v. Chr. erhielt → Pompeius (2) für den Kampf gegen die S. außerordentliche Vollmachten: bis zu 500 Schiffe, Landtruppen bis 125 000 Mann, 2 Quaestoren, bis 24 Legaten und ausreichende finanzielle Mittel. Pompeius leitete Rüstung und Planung mit großer Umsicht und begann den Krieg gleichzeitig an allen gefährdeten Küsten. Nach 3 Monaten waren im gesamten Mittelmeerraum die S. unterworfen und Schiffahrtswege und Häfen dem ungehinderten Verkehr geöffnet (Cic. Flacc. 29). Viele S. machte Pompeius durch Ansiedlung in Kilikien seßhaft; seine organisatorische und strategische Leistung verdient hohe Anerkennung. G. G.

Seevölker, ägypt. Bezeichnung für Stämme, die, aus West- und Südanatolien stammend, von Amenophis III. bis Ramses III. die Küsten beunruhigten und endlich, von den Phrygern vertrieben, in einer Völkerwanderung in Syrien einbrachen und Ägypten bedrohten. Sie wurden z. T. in Palästina angesiedelt (→ Philister, Zikar), teils ließen sie sich in Italien (→ Etrusker?), Sardinien (Širdan) und Sizilien (Šakaluš) nieder. Vgl. → Ägypten I B [3]. W. Hk.

Segesta (*Ἔγεστα*, bei Vergil Acesta nach König Acestes), Stadt der Elymer in NW Siziliens (Kt. 1420 E9), ca. 20 km landeinwärts, der griech. Kultur aufgeschlossen, bereits 458/457? Bündnis mit Athen, vielfache Grenzstreitigkeiten mit → Selinus führten zum Eingreifen Athens 427–424 und 415–413, der Karthager seit 409; im 4. Jh. unter karthag. Herrschaft, 263 zu den Römern übergegangen. Berühmt durch den unvollendeten dorischen Tempel des 5. Jh.s v. Chr., von dem noch alle Säulen mit Gebälk stehen, ferner gut erhaltenes Theater. E. M.

Lit: K. Ziegler, RE 2 A 1 (1921), 1055–69 – Berve-Gruben, 92; 103; 31 f.

Segetia, Schutzgöttin des Korns, sobald es aus der Erde hervorgewachsen war *(seges)*; → Seia. H. Le B.

Segusio, Hauptstadt der Segusiner in den cottischen Alpen (Kt. 1420 A2; heute Susa). → Augustus setzte M. Julius Cottius, Sohn eines Stammeskönigs Donnus und amicus Augusti, als erblichen Statthalter mehrerer keltisch-ligurischer Bergstämme ein; S. erhielt gleichzeitig latinisches Recht. Sechs Völkerschaften errichteten dem Augustus 9/8 v. Chr. einen Ehrenbogen von meisterhaft klarem Aufbau mit provinziellem Reliefries. Von → Nero (1) zum Municipium und Sitz des Praeses der Provinz gemacht. 1956 wurde ein Amphitheater (Achsenlänge 81 m) freigelegt. B. A.

Lit: C. Carducci, Cisalpina I, 1959, 24 – Zum Augustusbogen: H. Kähler, Rom und seine Welt, 2 Bde, 1958/1960, Taf. 115.

Seia, Schutzgöttin des Korns, solange es in der Erde ist, wie → Segetia die Schutzgöttin des oberirdisch wachsenden und → Tutulina die des eingebrachten Korns ist; wie diese besaß sie eine Kultstätte im Tal des Circus Maximus; zu Plinius' Zeit standen dort auch die Statuen dieser spezialisierten Agrargottheiten, doch waren sie sicher sekundär und erst kurze Zeit zuvor geschaffen (Varro b. Aug. civ. 4, 8; Plin. nat. 18, 8). Dagegen war es auf Grund eines uralten Glaubens verboten, die Namen Seia, Segetia und Tutulina auszusprechen (Macr. Sat. 1, 16, 8), was sich nur so erklären läßt, daß man sich fürchtete, die im keimenden (Seia) und im wachsenden Korn (Segetia) wirkende Kraft oder die Macht, welche die Ernte in der Scheuer bewacht (Tutulina), zu beschwören. Merkwürdigerweise scheinen sie von Varro mit den Göttern von Samothrake und damit den → Penaten gleichgesetzt worden zu sein (Probus zu Verg. Ecl. 6, 31; Tert. spect. 8). H. Le B.

Lit: H. Le Bonniec, Le culte de Cérès à Rome, 1958, 185–188.

Seianus, L. Aelius, Prätorianerpräfekt unter → Tiberius (14–31), cos. 31 n. Chr. Sohn des L. Seius Strabo und der → Cosconia Gallitta aus Volsinii; durch Großmutter väterlicherseits und Mutter mit bedeutenden Familien Roms verwandt, Vetter, Bruder und Neffe mehrerer Konsuln. S. begleitete C. → Caesar (2) in den Orient. 14 mit seinem Vater Befehlshaber der → Prätorianer und Begleiter des Drusus (2) Caesar in Pannonien. Ständig zunehmender Einfluß unter Tiberius. 19/20 Auszeichnung mit prätorischen Insignien und Verlobung seiner Tochter mit → Drusus, Sohn des Claudius. S. regte 20/23 als alleiniger Präfekt die Konzentrierung der Prätorianerkohorten in einem Lager auf dem Viminal an. Er wurde ehebrecherischer Beziehungen zu → Livilla, Gattin des → Drusus (2) Caesar, bezichtigt, dessen Tod (23) er angeblich veranlaßt hat. S. bewog Tiberius zur Übersiedlung nach Capri. Die große Machtstellung, die er danach innehatte, nutzte er bes. gegen die Familie des → Germanicus (1) aus (→ Agrippina (2) und Nero (2) i. J. 29 verbannt, Drusus (3) i. J. 30 gefangengenommen). 31 Priesteramt, prokonsularische Gewalt und Verlobung mit → Julia (4), Tochter des Drusus (2) Caesar. Seine angebliche Verschwörung wurde durch → Antonia (3) minor aufgedeckt und mit Hilfe des → Macro unterdrückt. Am 18.10.31 zum Tode verurteilt und mit seinen drei Kindern aus der Ehe mit Apicata hingerichtet. U.Wm.

Q: Tac. ann. 4–6. Sich widersprechende Charakteristiken bei Vell. 2, 127f. und Tac. ann. 4, 1 – *Lit:* M. Friedenthal, Seian, Diss. Heidelbg. 1957 – R. Syme, Tacitus, 1958, Ind. S. 825; App. 65 – A. Boddington, Sejanus. Whose Conspiracy? AJPh 84, 1963, 1–16.

Seide. Die Heimat der S.n-Raupenzucht ist → China, wo sie und die Kunst der Stoffherstellung lange als Geheimnis gehütet wurden. Chines. S. haben die Griechen seit der Zeit Alexanders d. Gr. durch die Vermittlung z. T. nomadisierender Völker, die zwischen den Ostprovinzen des Alexanderreiches und China lebten, kennengelernt. Im 2. Jh. v. Chr. haben die baktr. Griechen durch ihren Vorstoß nach Pamir und Ostturkestan und die chines. Han-Dynastie mit einem Vorstoß nach Westen einen Korridor geschaffen, auf dem ein direkter S.n-Handel ermöglicht wurde, den dann bald die → Parther übernahmen. Seit ihrem Bekanntwerden gehörte S. zu den begehrten Luxusartikeln der hellenist. und vor allem röm. Oberschicht; die eingeführten Stoffe wurden meist in Phönizien verfeinert. In der röm. Kaiserzeit wurde S. auch auf dem Seeweg über Vorder- und Hinterindien eingeführt, aber trotzdem war man auf die S.n-Straße und damit auf die Vermittlung durch das Parther- bzw. Sassanidenreich angewiesen. Es gehörte zu den politischen Druckmitteln gegenüber diesem Nachbarn, daß mindestens seit Theodosius der S.n-Import mit einem Staats → Monopol belegt wurde. H.Br.

Lit: A. Herrmann, Das Land der S. und Tibet im Lichte der Antike, 1938 – F. Altheim, Weltgesch. Asiens im griech. Zeitalter, 2 Bde, 1947/48.

Seikiloslied → Musik.

Seil, Seilerei. Verwendet wurden die wie beim → Spinnen durch Rösten usw. zubereiteten Fasern von Flachs, Hanf (Varro rust. 1, 23, 6; Plin. nat. 19, 25: Netze, Stricke) und → Spartgras, die entweder aus einem Rocken gezupft oder als → Vorgarn von dem rückwärtsschreitenden Seiler durch das rotierende Seilerrad (Aristoph. pax 33–37 mit Schol.) in der Weise verarbeitet wurden, daß man aus 3, 6, 9, 12 usw. bis 45 Fäden das S. (Tau) drehte. Durch eine Art Kurbel, die wohl zugleich als Klemmvorrichtung wirkte, scheint in Ägypten ein Seil noch fester gedreht worden zu sein. Das älteste Material für S.e lieferten → Binse und Stroh, das geflochten wurde (Paus. 10, 29, 1; Plin. nat. 35, 137: → Oknos). W.K.

Seisachtheia (‹Lastenabschüttelung›), wichtige Reform → Solons zur Lösung der Agrarfrage in Attika (594/593?). Wenn wir auch die Einzelheiten der Reform nicht kennen (schon die Atthidographen des 4. Jh.s v. Chr. wußten nicht mehr genau, was sie gewesen war), so kennen wir doch mindestens ihre Wirkung: Entlastung des Grund und Bodens, den die Gläubiger zahlungsunfähiger Schuldner mit Beschlag belegt hatten, und Befreiung dieser Schuldner, die als Teilpächter an den Boden gebunden waren (→ Hektemoroi) oder als Sklaven ins Ausland verkauft wurden. R.V.C.

Selbstdarstellung *in der Literatur.* S. sind alle Aussagen, die ein Schriftsteller innerhalb eines Werkes über sich selbst, sein Leben und Werk (Berufungserlebnis, Dichterweihe, → Widmung, → Sphragis) macht. Die S. ist also integraler Bestandteil des literarischen Werkes; die Frage nach ihrer historischen Richtigkeit wird demgegenüber zweitrangig. Die Bedeutung der S. wird weder durch ihre historische Auswertung für eine Biographie des Autors (Degradierung zur ‹Quelle›) noch durch ihre Einordnung in die Geschichte des Ich-Bewußtseins (Mischs Ansatz: «das Autobiographische») ganz erfaßt; als fruchtbarer haben sich neuere Arbeiten zum Selbstverständnis antiker (bes. röm.) Autoren erwiesen. – Die S. ist bei den Griechen hauptsächlich in der Lyrik bedeutsam geworden; in der röm. Literatur gewinnt sie größere Bedeutung und breiteren Raum (→ Catull, → Elegie (2), → Horaz, → Ovid). Als neue Form für die S. wird in dieser Zeit die poetische Epistel gewonnen. Während Horaz und Ovid in der S. ‹sich selbst dichten› (neuerdings gewürdigt bes. für Ovids Verbannungsgedichte: E. Zinn, M. v. Albrecht), ohne daß ein anderes Ziel sich diesem über- oder beiordnete, hat die S. in den Episteln → Senecas (2) ihre besondere Funktion als ‹Existenzmitteilung› in seinem erzieherischen Philosophieren: als Darstellung des eigenen, existierend vollzogenen Philosophierens ist sie der literarische Versuch, eine nicht theoretisch aufzunehmende, sondern lebendig zu vollziehende philosophische Überzeugung dem Leser zu vermitteln. Hg.Cc.

Sele, antik Silaris, Silaros, Fluß in Lukanien, ins Tyrrhenische Meer mündend. 2,5 km von seiner Mündung und 9 km nördlich von Paestum wurde 1934–1940 und 1949 ein Heiligtum der Hera ausgegraben. Dorischer Tempel mit 8 × 17 Säulen aus dem Ende des 6. Jh.s v. Chr., ein zweiter kleinerer Tempel aus der Mitte des 6. Jh.s v. Chr., mehrere Nebenbauten. Fast alle Metopen des älteren Tempels mit ihren figürlichen Reliefs gefunden, die ungewöhnlich viele Themen der Götter- und Heldensage darstellen, ferner einzelne Metopen des Haupttempels mit einem Reigen tanzender Mädchen, etwa 30000 Weihgaben vom 7. Jh. bis in die röm. Kaiserzeit. E.M.

Lit: P. Zancani Montuoro–V. Zanotti-Bianco, Heraion alla Foce del S., 2 Bde, 1951/54.

Selene (Selenaia, auch Mene), die Mondgöttin, Tochter des → Hyperion und der Theia, also Schwester der → Eos (gleich ihr ein Zweigespann, meist Pferde, führend, öfter aber reitend) und des → Helios, dem sie sich auch (bei Neumond) als Gattin vereinigt (nach einer späten Erfindung: Quint. Smyrn. 10, 337; auch Tochter des Helios: Eur. Phoin. 175f.). Auch Geliebte des Zeus, dem sie Herse (Tau) gebar (Hom. hymn. 32, 14), oder des → Pan, der sich hinter einem prächtigen Wollvlies versteckte und sie so in die Wälder lockte (Verg. georg. 3, 391). Ihrem Liebling → Endymion, den sie im Schlaf besucht, schenkt sie 50 Töchter. – Später oft mit Artemis identifiziert (schon Aischyl. Frg. 170 N.). Darstellungen: → Helios.

Seleukeia *am Tigris,* 312 v. Chr. von → Seleukos I. Nikator als Hauptstadt seines Reiches gegründet. S. ersetzte in der Funktion als Handelsemporium das alte Babylon. Es lag an der Stelle, wo sich Euphrat und Tigris am nächsten kommen und durch einen Kanal verbunden waren. Nach Plinius (nat. 6, 122) soll es 600000 Einwohner gezählt haben. Mit der Verlagerung des Schwerpunktes des → Seleukidenreiches nach Westen (→ Antiochia am O.) nahm S. an Bedeutung ab, war aber immer noch das Zentrum des Hellenismus in Mesopotamien. Die Parther respektierten die städtische Freiheit S.s und gründeten für ihre Militär- und Zivilverwaltung S. gegenüber die Stadt → Ktesiphon. Trajan zerstörte S. auf seinem Feldzuge nach → Mesopotamien; vollständig vernichtet wurde es im Feldzug von 164 n. Chr. unter Avidius Cassius (Kt. 1238 C2). R.F.

Lit: M. Streck, S. und Ktesiphon, Der A. Orient, 16, 3/4, 1917 – L. Watermann, I. and II. Report of Excav. at Tell ʿUmar, 1931–1933 – W. van Ingen, Figurines from S., Univ. of Mich. Studies 45, 1939.

2. **S.** *Pieria,* um 300 v. Chr. durch → Seleukos I. als Hafenstadt zu → Antiochia am Orontes gegründet (Kt. 1567 D3). Heute etwa 10 km nördl. der Mündung des Orontes ins Mittelmeer. 245 v. Chr. von Ptolemaios III. erobert und erst 219 v. Chr. durch Antiochos II. den Ptolemäern wieder entrissen. In der Römerzeit wichtige Flottenstation. S. liegt auf einer Anhöhe zwischen zwei Wildbachtälern. In der Küstenebene die bedeutenden Hafenanlagen. Inneres Hafenbecken mit zwei Kanälen zu Vorhäfen, deren einer unter → Constantius unter Mithilfe des Militärs erbaut worden ist. Das Hafenbecken liegt im Mündungsgebiet des

DIE SELEUKIDEN

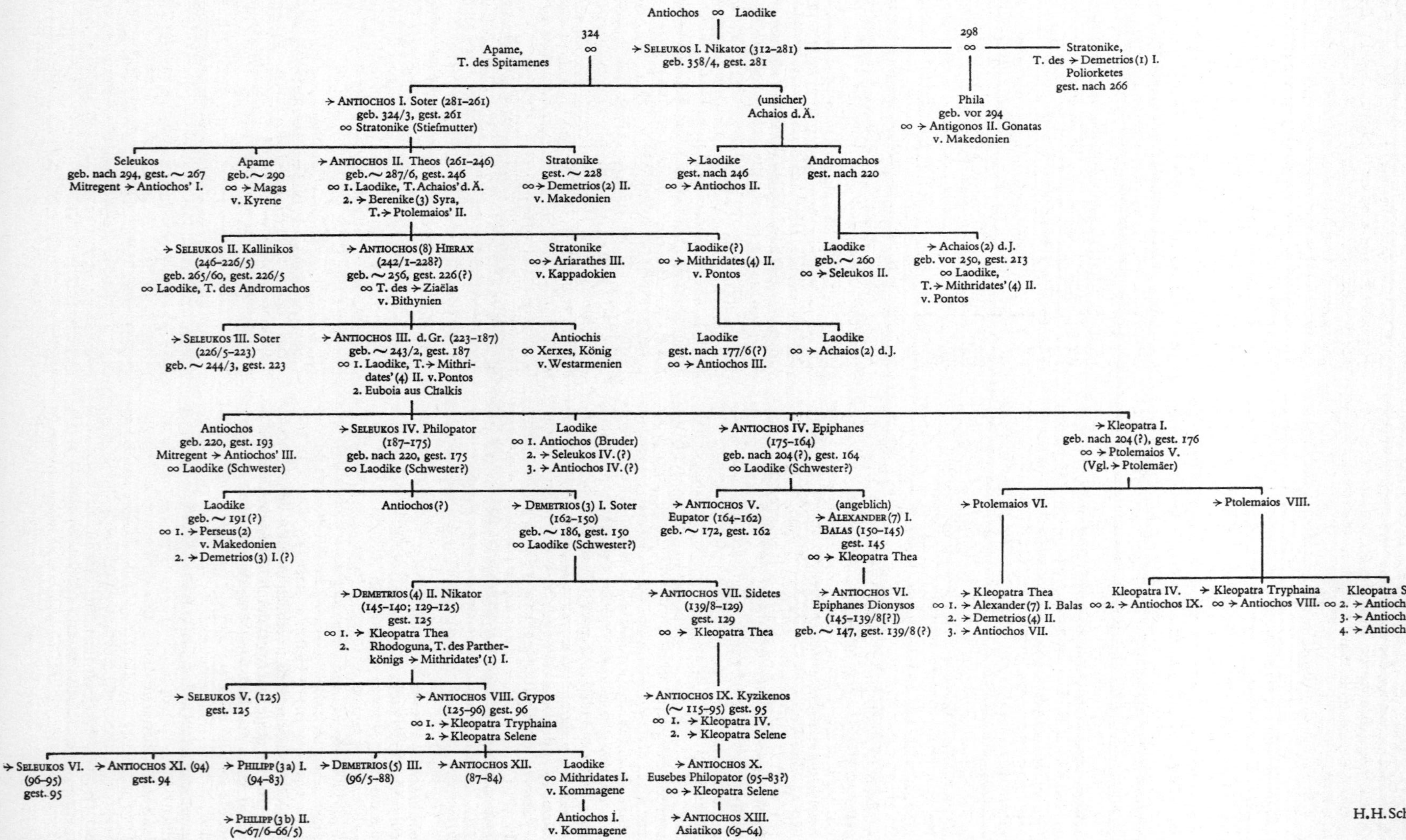

H. H. Sch.

einen Gebirgsbaches, der durch eine Staumauer und einen Tunnel abgeleitet wurde. Reste der Stadtmauer. R.F.

Lit: V. Chapot, S. de Piérie, Bull. soc. nat. ant. de France 1906, 149–226.

3. **S.** *in Kilikien* (heute Silifke), Stadt am Kalykadnos (Kt. 1567 D 3). Gründung des → Seleukos Nikator, der dorthin die Bewohner von Holmoi verpflanzte. Seit Augustus scheint S. nach Ausweis der Münzen frei gewesen zu sein. Reste des Theaters, Zisterne, Stadion, Tempel. R.F.

Lit: Ruge RE 2 A 1 (1921), 1203–1204.

Seleukiden, → Diadochendynastie in Vorderasien 312 bis 64 v. Chr. (seit 305/304 als Könige). Das Geschlecht entstammte makedonischem Adel; seine angebliche Abstammung von Apollon manifestiert sich in dem häufigen Auftreten des Gottes auf Münzbildern sowie in engen Beziehungen zu den großen Apollonheiligtümern wie Didyma, Klaros, Delphi und Delos. Zahlreiche dynastische Heiraten verbanden die S. mit den großen Diadochenhäusern, bes. den → Ptolemäern, sowie mit kleinasiatischen Dynastien; Geschwisterheirat ist nur unter den Kindern → Antiochos' III. sicher bezeugt. Für Geschichte und Verwaltung → Seleukidenreich. H. H. Sch.

Lit: → Seleukidenreich.

Seleukidenreich. [1] *Geschichte.* 312 im Zweistromland begründet, hatte das S. beim Tod seines Gründers → Seleukos I. (281) bereits seine größte Ausdehnung erreicht (Iran, Zweistromland, Nordsyrien, West- und Südkleinasien, ca. 3 ½ Mill. km²). Seit 300 (Gründung der Residenz Antiochia am Orontes) war Nordsyrien Kernland des S.s. Unter den Nachfolgern Seleukos' I. wurde das S. durch zahlreiche Kriege, bes. mit den → Ptolemäern (→ Syr. Kriege), erheblich geschwächt; unter → Seleukos II. gingen Kleinasien (an → Antiochos (8) Hierax und → Attalos I.) und große Teile Ostirans (Abfall Baktriens, Einbruch der → Parther) verloren. Diesen Niedergang konnte auch → Antiochos III. nur zeitweilig durch Reorganisation (Zentralisierung) und Eroberungspolitik (Ostiran, Südsyrien, Kleinasien, Thrakien) aufhalten; nach seiner Niederlage gegen Rom (190) mußte er Kleinasien abtreten. Trotz der Expansionspolitik und den Reformen → Antiochos' IV. zerfiel das S. im 2. Jh. rasch, wozu bes. das Schwinden der maked.-griech. Oberschicht, das Selbständigkeitsstreben oriental. Bevölkerungsteile (bes. der Juden), zahlreiche Eingriffe Roms und der Ansturm der Parther beitrugen; 160 ging Iran, 129 Zweistromland und Judäa endgültig verloren, so daß das S. auf Syrien und Kilikien beschränkt war. Weitere Schwächung brachten das Auftreten vorgeschobener Prätendenten (seit 150) und Kämpfe zwischen zwei Linien des Hauses (seit 129), die jeweils nur Teile Syriens besaßen und von den Ptolemäern gegeneinander ausgespielt wurden. 83–69 hielt → Tigranes I. v. Armenien das syr. Rumpfreich besetzt; 64 entthronte → Pompeius (2) den letzten Herrscher → Antiochos XIII. und machte Syrien zur röm. Provinz. Ein Rest des S.s blieb noch einige Zeit in Teilen Kilikiens unter → Philipp II. bestehen.

[2] Über *Aufbau und Verwaltung* des S.s besteht infolge schlechter Quellenlage in vielen Einzelheiten noch Unklarheit. Grundlagen: → Hellenist. Staat [1]. – 1. Das *absolute Königtum* war de facto erblich im Haus der → Seleukiden; die Erbfolge wurde oft durch Mitregentschaft des ältesten Sohns gesichert. Der Staatskult der toten Herrscher wurde wohl von → Antiochos I. eingeführt; für die lebenden ist er seit 193 bezeugt, aber wohl älter. Der König war unumschränkter Lenker der Innen- und Außenpolitik, beraten vom → Synedrion der → Philoi. Die Heeresversammlung trat wohl nur gelegentlich bei Thronwechseln hervor. Das Amt des ‹ersten Ministers› (ὁ ἐπὶ τῶν πραγμάτων, seit Seleukos III. bezeugt) scheint anfangs nur in Sonderfällen eingerichtet, später zur Institution geworden zu sein. Datierung nach Seleukidenära, → Zeitrechnung. – 2. Die *Territorialverwaltung* des S.s war uneinheitlich und nicht straff zentralisiert; dies erklärt sich bes. aus historischen Voraussetzungen, aus der Größe des S.s und der Vielfalt der Bevölkerung. Beträchtliche Teile des S.s (bes. in Kleinasien) waren von direkter Beherrschung durch Provinzgouverneure ausgenommen: zahlreiche Feudalherrschaften (→ Dynasten), Tempelterritorien und Städte hatten Vasallenpflichten verschiedener Art, aber neben anderen Privilegien Selbstverwaltung, aus der in prekären Situationen des S.s oft völlige Selbständigkeit wurde. Das übrige Reichsgebiet (οἱ τόποι) war in → Satrapien eingeteilt (etwa 20–25 i. J. 281), diese wohl wiederum in (z. T. Merides) Hyparchien und Toparchien; zahlreiche Teilungen verringerten im 3. und 2. Jh. den Umfang der Satrapien. Nach pers. Vorbild standen an ihrer Spitze → Satrapen mit großen, die Neigung zum Abfall begünstigenden Kompetenzen; später traten zeitweise (Antiochos III.) an ihre Stelle → Strategen, wie schon von Anfang an in Kleinasien. Den Gouverneuren der kleinasiat. Provinzen und der ‹Oberen Satrapien› (Iran östl. des Tigris bzw. Zagros) waren häufig, wenn nicht immer Generalgouverneure oder Vizekönige (oft königliche Prinzen) vorgesetzt. – 3. In der *Finanzverwaltung* ist vieles, z. B. die Kompetenzen der Satrapen und der Funktionäre → Dioiketes, → Oikonomos und ὁ ἐπὶ τῶν προσόδων, noch ungeklärt. Die großen Staatsaufgaben wurden finanziert durch Erträge der königlichen Domänen, Abgaben der Vasallen, direkte und indirekte Steuern und Zölle. Die riesigen Krongüter (χώρα βασιλική), registriert in Provinzial- und Zentralkatastern, verminderten sich rasch durch Verkäufe und Schenkungen an Dynasten, Städte, Würdenträger und Soldatenbauern. – 4. Von der *Gerichtsorganisation* ist fast nichts bekannt. – 5. *Heerwesen.* Die ‹maked.› Phalanx wurde im Kriegsfall aus den in Städten und Militärkolonien (→ Kolonisation C) angesiedelten Makedonen, Griechen u. a. ausgehoben. Söldnerkorps dienten im Frieden bes. als Garnisonstruppen und wurden im Krieg durch erhöhte Werbung verstärkt. Orientalen wurden schon im Lauf des 3. Jh.s in größerer Zahl ins Heer eingereiht; sie kämpften in ethnischen Verbänden (meist unter einheimischen Offizieren), bes. als Leichtbewaffnete.

[3] Trotz zahlreichen Städtegründungen und großzügiger Verteilung von Königsland blieb die Zahl der Makedonen und reinen Griechen gering, zumal im späten 3. Jh. der Zustrom aus Hellas schwand und ethnische Vermischung einsetzte. In der orientalischen Bevölkerung, die (zumal durch die unaufhörlichen Kriege) wirtschaftlich stark belastet und an höheren Staatsfunktionen kaum beteiligt war, entwickelte sich kein Staatsgefühl; wachsende Unzufriedenheit über die Fremdherrschaft der privilegierten griech.-maked. Oberschicht führte im 2. Jh. zu Abfallbewegungen, die zum Ruin des S.s beitrugen. H. H. Sch.

Lit: Zu [1]: B. Niese, Gesch. der griech. u. maked. Staaten, 3 Bde, 1893–1903 – E. R. Bevan, The House of Seleucus, 2 Bde, 1902 – A. Bouché-Leclercq, Hist. des Séleucides, 2 Bde, 1913–14 – K. J. Beloch, Griech. Gesch. IV 1–2, 1925–27² – CAH VII–VIII, 1928–30 (Lit) – W. Otto, Beitr. z. Sel.-Gesch. d. 3. Jh. v. Chr., Abh. München 34, 1, 1928 – A. Kuhn, Beitr. z. Gesch. der S. ... 129–64 v. Chr., Diss. Straßburg 1891 – A. R. Bellinger, The End of the Seleucids, Transact. of the Connecticut Acad. 38, 1949, 51–102 – Bengtson, Griech. Gesch. (Lit) – *Zu [2]:* E. Bikerman, Institutions des Séleucides, 1938 – H. Bengtson, Die Strategie in der hellenist Zeit II, 1944 – Ders., Griech. Gesch, 415–432 – M. Rostovtzeff, Die hellenist. Welt, 3 Bde, 1955–56 – *Münzen:* P. Gardner, BMC Seleucid Kings, 1878 – E. Babelon, Catal. des monnaies grecques de la Bibl. Nat., Les rois de Syrie, 1890 – E. T. S. Newell, The Coinage of the Eastern (bzw. Western) Sel. Mints from Seleucus I. to Antiochus III., 1938–41 – *Chronologie:* R. A. Parker-W. H. Dubberstein, Babylonian Chronology..., 1956.

Seleukos I. Nikator, Sohn des vornehmen Makedonen Antiochos, geb. 358/354 (Stammbaum → Seleukiden), nahm am Asienzug → Alexanders (5) d. Gr. teil, beteiligte sich 321 an → Perdikkas' (4) Ermordung. 321 Satrap von Babylonien, kämpfte er gegen → Eumenes (3) v. Kardia an der Seite des → Antigonos I. Monophthalmos, floh aber 316 vor diesem zu → Ptolemaios I., dem er 3 Jahre diente, bis er 312 mit seiner Hilfe nach Babylonien zurückkehren konnte. 311–304 dehnte er seine Herrschaft nach Osten bis zum Indus aus, trat aber 304(?) Teile der östlichen Provinzen an → Sandrokottos ab. 305/304 nahm er den Königstitel an (gegenüber den Orientalen wohl schon 309/308). Im J. 301 schlug er zusammen mit → Lysimachos und → Kassandros den Antigonos bei Ipsos und erhielt Syrien, jedoch ohne Koilesyrien, das fortan Streitobjekt mit den Ptolemäern war. Von nun an lag das Hauptgewicht seiner Politik im Westen (300 Gründung von → Antiochia (1) am Orontes). 298 heiratete er (ohne sich von seiner ersten Frau Apame, Tochter des Spitamenes, zu trennen) die Tochter des → Demetrios (1) I. Poliorketes, Stratonike, die er aber um 293 seinem Sohn und Mitregenten → Antiochos I. abtrat. 285 nahm S. den geflohenen Demetrios Poliorketes gefangen. 281 gewann er durch seinen Sieg über Lysimachos auf dem Kurupedion große Teile Kleinasiens, wurde aber im Sommer 281 beim Versuch, auch Thrakien und Makedonien zu erobern, von → Ptolemaios (21) Keraunos ermordet. Seine Herrschaft umfaßte den größten Teil des asiatischen Reichs Alexanders, stützte sich aber fast völlig auf die griech.-makedonische Bevölkerung, die er in zahlreichen neugegründeten Städten ansiedelte (→ Kolonisation C). S. ordnete mehrere → Entdeckungsfahrten an, so nach Indien (→ Megasthenes) und ins Kaspische Meer (→ Patrokles). Bereits zu seinen Lebzeiten genoß er göttliche Ehren in den griech. Städten; sein Reichskult ist späteren Datums (→ Herrscherkult). H. H. Sch.

Lit: → Seleukiden – *Bildnisse:* → Anhang I.

2. **S. II.** Kallinikos, Sohn → Antiochos' II. und der → Laodike, geb. 265/260 (Stammbaum → Seleukiden), vom sterbenden Vater zum Erben bestimmt, regierte 246–225. Im 3. → Syr. Krieg (246–241) setzte er gegen seinen Stiefbruder seine Erbansprüche durch (→ Berenike (3) Syra), verlor aber Gebiete in Kleinasien und Syrien an Ägypten. Kleinasien ging im Krieg gegen seinen Bruder → Antiochos (8) Hierax (239/238) und Parthien–Hyrkanien 238 durch die Invasion der Parner (→ Partherreich) verloren. Ein Feldzug gegen die Parther verlief unglücklich. S. starb 226/225 durch Sturz vom Pferde. H. H. Sch.

Lit: W. Otto, Beitr. z. Seleukidengesch. des 3. Jh.s v. Chr., Abh. München 34, 1, 1928 – J. Wolski, L'effondrement de la domination des Séleucides en Iran au IIIe siècle av. J.-C., 1947 – *Bildnisse:* → Anhang I.

2a. **S. III.** Soter Keraunos, älterer Sohn des vorigen, geb. etwa 244/243, regierte 225–223. Auf einem Feldzug gegen → Attalos I. in Phrygien von Höflingen vergiftet. H. H. Sch.

3. **S. IV.** Philopator, 2. Sohn → Antiochos' III., geb. nach 220 (Stammbaum → Seleukiden), 196–191 Vizekönig von Thrakien, 189 Mitregent, Alleinherrscher 187–175; pflegte gute Beziehungen zu Rom, Makedonien und Ägypten, um das durch die Bedingungen des Friedens von Apameia geschwächte Reich wieder zu festigen. Seine Tochter Laodike wurde mit → Perseus (2) v. Makedonien vermählt. Unter S. wurde der → Herrscherkult weiter ausgebaut. Am 3. Sept. 175 wurde S. von seinem ‹Kanzler› Heliodoros ermordet. H. H. Sch.

3a. **S. V.,** älterer Sohn → Demetrios' (4) II. und der Kleopatra Thea (Stammbaum → Seleukiden), nahm 125 v. Chr. nach dem Tod seines Vaters das Diadem, wurde aber kurz darauf auf Geheiß seiner Mutter ermordet. H. H. Sch.

4. **S. VI.** Epiphanes Nikator, ältester Sohn → Antiochos' VIII. v. Syrien (Stammbaum → Seleukiden), schlug nach dem Tod seines Vaters (96 v. Chr.) seinen Onkel → Antiochos IX. (95), wurde aber noch 95 von dessen Sohn → Antiochos X. verdrängt und von der Bevölkerung von Mopsuestia (Kilikien) getötet. H. H. Sch.

Lit: → Seleukiden – *Bildnisse* von S. III–VI: → Anhang I.

5. **S. Homerikos,** vielseitiger, sorgfältiger und auch → Aristarch (2) gegenüber kritischer Grammatiker aus dessen Schule, zunächst in Alexandria, dann am Hofe des Tiberius. Außer Kommentaren zu Homer, Hesiod, Simonides, Solon (Axones) schrieb S. über die Sprichwörter Alexandrias (wie → Tryphon), über den richtigen Sprachgebrauch (περὶ Ἑλληνισμοῦ) und ein anscheinend umfangreiches Glossenwerk, vielleicht auch Biographien, Theologisches und eine Philosophiegeschichte. Sonst fortschrittlich, erkannte er auf dem Gebiet der → Etymologie die neue Lehre des → Philoxenos nicht an. H. E.

Frg: M. Müller, De S. H., Diss. Göttingen 1891 (ergänzungsbedürftig; eine Neuausgabe bereitet E. Duke vor) – → Lexikographie – *Lit:* B. A. Müller, RE 2 A 1 (1921), 1251–56.

6. **S. von Seleukeia,** babylon. → Astronom, 1. H. 2. Jh. v. Chr. Nach Plutarch (mor. 106 C) war S. ein überzeugter Anhänger der heliozentrischen Theorie, die er nicht nur wie vor ihm → Aristarch (1) als Hypothese, sondern als bewiesene Tatsache ansah. S. hat Beobachtungen über die Gezeiten angestellt und ihre periodischen Veränderungen in ursächlichen Zusammenhang mit dem → Mond gebracht. Insbes. hat er die irregulären Gezeitenbewegungen des Indischen Ozeans in Abhängigkeit von der zodiakalen Position des Mondes untersucht (Strab. 3, 5, 9). Nach S. hat → Poseidonios die Mondtheorie der Gezeiten weiter studiert und ausgebaut. S. S.

Lit: H. Gossen, RE 2 A 2 (1923), 1249f. – Sarton II 295 – Th. L. Heath, Greek Astronomy, 1932, 108.

Selge, Stadt in Pisidien, am Südabhang des Tauros (Kt. 1567 B 3; heute Zerk). Lakedämon. Kolonie. Bauten: Stadtmauer, Stadion, Tempel, Theater, Stoa. R. F.

Lit: K. Lanckoronski, Städte Pamphyliens u. Pisidiens II, 1892.

Selinus (Σελινοῦς, heute Selinunte), westlichste griech. Kolonie an der Südküste Siziliens (Kt. 1420 F 9), nach dem ‹Eppichfluß› im W der Stadt genannt; der → Eppich (Sellerie) ist auch Wappen der Stadt. Mitte des 7. Jh.s von den Dorern des sizilischen → Megara (2) gegründet, eine der reichsten Städte Siziliens. Im 6. Jh. Tyrannis des Peithagoras, dann des Euryleon, 480 als einzige Griechenstadt in der Schlacht bei Himera auf seiten der Karthager, im 5. Jh. Grenzstreitigkeiten mit → Segesta, 409 durch die Karthager zerstört, bald neu besiedelt, bleibt karthagisch, 250 v. Chr. endgültig zerstört unter Überführung der Bewohner nach → Lilybaion. Lage unmittelbar an der Küste auf niedrigem, steil abfallendem Hügel; Zuweisung der Tempel an bestimmte Gottheiten unsicher; im älteren Südteil der Stadt über großer Stützmauer der Tempel C (um 550, 6 × 17 Säulen, 24 × 64 m), D (um 540, 6 × 13 Säulen, 24 × 56 m), A (Mitte des 5. Jh.s, 6 × 14 Säulen, 16 × 40 m), O (Mitte des 5. Jh.s, gleicher Grundriß wie A), B aus hellenistischer Zeit. Auf Nebenhügel östl. der Stadt die Tempel F (um 530, 6 × 14 Säulen, 9 × 40 m), G (um 520 begonnen, einer der größten griech. Tempel, 8 × 17 Säulen, 50 × 110 m), E (465/450, 6 × 15 Säulen, 25 × 68 m). Die Metopen der verschiedenen Tempel, teils hocharchaisch, teils dem Strengen Stil des 5. Jh.s angehörend, im Museum von Palermo. Westl. außerhalb der Stadt Heiligtum der Demeter Malophoros mit reichen Funden aus archaischer Zeit. Großartig auch die Befestigung der Nordfront im Südteil der Stadt. E. M.

Lit: K. Ziegler, RE 2 A 2 (1923), 1266–1308 – E. Gabrici, Il santuario della Malophoros a S., Mon. Ant. 32, 1927, 5–419 – Ders., Acropoli di S., ebd. 33, 1929, 61–112 – B. Pace, Arte e civiltà della Sicilia III, 1945, 601–617 – E. Gabrici, Studi archeologici selinuntini, Mon. Ant. 43, 1956, 205–408 – Neue Funde: AA 1964, 683.

Sella curulis, Sitz aller höheren Magistrate, in Form eines Klappstuhls ohne Rücken- und Armlehne. Ursprünglich der Wagenstuhl, von dem herab der König Recht sprach, später benützt von → Konsul, → Prätor und kurulischen → Ädilen. Nach antiken Autoren etrusk. Herkunft. D. R.

Sellasia, Ort in → Lakonien an der Einmündung der Straße von → Argos in die lakon. Ebene (Kt. 1152 C 6); in der Nähe 222/221 v. Chr. die Niederlage → Kleomenes' III. gegen → Antigonos III. v. Makedonien (→ Sparta). E. M.

Sembella, von → Semis und → Libella, also ein kleines halbes Pfund, röm. Münz- und Rechnungsstufe von $^1/_{20}$ → Denar, später 1/20 → Sestertius. Als Bronzemünze, ohne Wertzeichen mit weiblichem Kopf und jugendlichem Reiter als Typen, in der röm.-kampan. Prägung des 3. Jh.s v. Chr. ausgegeben. W. Schw.

Lit: Babelon, I 594–595. 757 – K. Regling, RE 2A2 (1923), 1330.

Semele (so im griech. Mythos; phryg. *Zemelo*, eine phryg. Erdgöttin), Tochter des → Kadmos, Geliebte des → Zeus, Mutter des → Dionysos. Auf Betreiben der eifersüchtigen → Hera, die sie in Gestalt ihrer Amme besucht, bittet sie Zeus um Erfüllung eines Wunsches und verlangt dann, er solle ihr so erscheinen, wie er um Hera freite. Glanz und Blitz des Zeus verbrennen S., doch rettet Zeus den noch ungeborenen Dionysos, der sie später aus dem Hades holt; sie wird unter die Unsterblichen aufgenommen (Pind. Ol. 2, 27; Paus. 2, 37, 5).

Lit: s. zu → Dionysos – *Darstellungen:* vereinzelt auf schwarzfigurigen Vasen (Beazley, ABV 203, 1. 260, 30). Tod der S. auf einer att. Hydria des späten 5. Jh.s (CVA Univ. of California 1, Taf. 47f.) und kaiserzeitl. Monumenten (A. Maiuri, La Casa del Menandro, 1933, 337, Taf. 38; H. Philippart, Ephem. 1937, 256f.; K. Lehmann-Hartleben-Olsen, Dionysiac Sarcophagi at Baltimore, 1942, Abb. 7). Apotheose der S. vielleicht auf einem Tarentiner Diskos (P. Wuilleumier, Tarente, 1939, 544–548), ihr Eintritt in den Olymp vielleicht auf der Amphora Beazley, ABV 301, 1. Vgl. die Weihinschrift H. Schoppa, Röm. Götterdenkmäler in Köln, 1959, 33f., Nr. 100. K. Schb.

Sementivae, bewegliches röm. Fest, das in der zweiten → Hälfte des Jan. zu Ehren von → Tellus und → Ceres gefeiert wurde. Die Göttinnen erhielten ein gemeinsames Opfer: Spelt (far) und eine trächtige Sau (Varro ling. 6, 26; Ov. fast. 1, 657–704). «Es war ein Ritual, das die Keimung der Saaten und deren Wachstum schützte» (J. Bayet). Die Riten der S. haben zu vielen Diskussionen Anlaß gegeben. H. Le B.

Lit: L. Delatte, Recherches sur quelques fêtes mobiles du calendrier romain, AC 5, 1936, 381–391 – J. Bayet, Les Feriae Sementivae et les indigitations dans le culte de Cérès et de Tellus, RHR 137, 1950, 172–206 – H. Le Bonniec, Le culte de Cérès à Rome, 1958, 56–65.

Semiramis, griech. Name für die assyr. Königin Sammuramat, die Gattin → Šamši-Adads V., Mutter Adadniräris III. Die Erzählung des → Ktesias (bei Diod. 2, 4–20) über S. ist völlig legendär, ebenso die Bemerkung → Herodots (1, 184) über ihre Kanalbauten. W. R.

Lit: W. Baumgartner, Herodots babyl. und assyr. Nachrichten, Arch. Or. 18, 1950, 84–89 – A. Poebel, The Assyrian King List from Khorsabad, JNES 2, 1943, 80–84.

[2] Die ‹*Hängenden Gärten der S.*›. Die zu den Weltwundern gerechneten Terrassengärten im Palast zu Babylon wurden der S. zugeschrieben. Nach griech. Quellen von → Nebukadnezar für seine medische Gattin erbaut. Bei den Ausgrabungen in Babylon wurden in der Burg Substruktionen freigelegt, die vom Ausgräber für die H. G. in Anspruch genommen wurden. H. J. N.

Lit: R. Koldewey, Das wiedererst. Babylon (1913), 1925² – E. Unger, Babylon, 1931 – F. Krischen, Weltwunder der Baukunst, 1956.

Semis, im Münzwesen der halbe → As, griech. → Hemilitron oder 6 → Unciae. Als Bronzemünze mit den Wertbezeichnungen S oder 6 Kugeln in fast allen Reihen des gegossenen → Aes grave ausgegeben, in Rom zuletzt in der reduzierten Stufe geprägt, stets mit Jupiter und Prora als Typen. In der frühen Kaiserzeit scheinen die kleinen sog. ‹Kleinbronzen› keine S., sondern → Quadranten zu sein; von Nero an wird der S. jedoch mit S bezeichnet. Ferner ist der S. noch als unciale Bronzemünze im 3. Jh. v. Chr. in Venusia, Brundisium, Orra, Uxentum, Paestum, Copia und Vibo-Valentia ausgegeben worden. Als Hälfte des röm. Goldstückes der Kaiserzeit tritt S. in der Historia Augusta (Sev. Alex. 39, 7) in der Form Semissis auf, worunter nur das goldene Halbstück des → Solidus konstantinischer und späterer Zeit verstanden werden kann. W. Schw.

Lit: Babelon, I 456. 605–606 – K. Regling, RE 2A2 (1923), 1348–52 – Ders., in: v. Schrötter, 622 – H. Mattingly, Roman Coins (1928), 1960³, 6f. 12ff. 25. 123 – R. Thomsen, Early Roman Coinage I, 1957, 64. 66. 165f.; III, 1961, 52ff. 224f. 263.

Semiten

A. Siedlungsgebiet, Klima – B. Geschichte – C. Staat und Gesellschaft – D. Religion – E. Literatur und Kunst.

A. Siedlungsgebiet, Klima. Das Siedlungsgebiet der sog. S. umfaßt im Altertum den gesamten asiatischen Vorderen Orient bis zum → Tauros und → Zagros sowie das afrikan. äthiop. Hochland (vgl. → Aksum) und Teile der westl. Mittelmeerrandzonen. Das Kerngebiet bildet die arab. Halbinsel, ein Teil der afrikan. Kontinentalmasse, die durch den Erythräischen Graben vom Kontinent getrennt ist. Ihr Oberflächencharakter ist durch Fels-, Lava-, Kies- und Sandwüsten geprägt. Die höchsten Erhebungen finden sich in ʿOmān (Ǧebel al-Aḫḍar über 3000 m) und im W, wo das dem Verlauf des Roten Meeres folgende, an eine schmale Küstenebene anschließende und von erloschenen Vulkanen durchsetzte Šerāʾ-Gebirge im Jemen bis über 3000 m ansteigt. Zwei vom Šerāʾ-Gebirge ausgehende Gebirgszüge teilen die Halbinsel in einen nördl., durch die 70 000 km² große Wüste an-Nufūd bestimmten, und einen südl. Teil, der durch die 500 000 km² große Wüste Rubʿ al-Ḫālī geprägt ist. Im N geht das arab. Wüstengebiet in die syr. Wüste, Halbwüste und Steppe über. Dieses Gebiet wird im W durch den Syr. Graben, eine Fortsetzung des ostafrikan. Grabens, von den Mittelmeerküstenländern (Palästina-Israel, Libanon) getrennt, die in den Küstengebirgen teilweise bis über 3000 m ansteigen. Im NO schließt sich das von Euphrat und Tigris durchschnittene Senkungsfeld → Mesopotamiens an, das in seinem mittleren und südl. Teil alluvialen Ursprungs ist. – Der Hauptteil dieses innerhalb der nördl. Zone der Passate und Hochdruckgebiete liegenden Gebietes zeigt kontinentale Klimatypen, die durch starke Einstrahlung, extrem hohe Werte in den Temperaturschwankungen des Tages (auch der Monatsmittel), Stürme von maximaler Stärke und ein Mindestmaß an Bewölkung und Niederschlägen gekennzeichnet ist (der Jordangraben mit seiner dumpf-schwülen Talluft bildet ein eigenes Klimagebiet). Ausreichende Niederschläge fallen als Steigungsregen nur in den relativ hoch ansteigenden Gebirgen, z. B. im Jemen und Libanon. Dauerflüsse finden sich ebenfalls nur in diesen Gebieten, in der syr. Grabenzone und in Mesopotamien. Sonst ist der Wasserhaushalt durch z. T. jahreszeitlich bedingte episodische Flüsse (sog. Wādīs) und durch Grundwasseroasen bestimmt.

B. Geschichte. [1] *Herkunft, Rasse.* Mit dem Namen S. wird seit A. Schlözer (1781) im Anschluß an die Völkertafel Gen. 10 eine Völkergruppe bezeichnet, deren Zusammenhang im wesentlichen durch den Besitz nah verwandter Sprachen (ähnlich den → Indogermanen) gegeben ist; ein rassischer Zusammenhang ist für keine Periode nachweisbar, in Arabien und den angrenzenden Gebieten überwiegen Orientaliden, im N Armeniden; zu allen Zeiten treten jedoch auch andere Rassenmerkmale hervor, z. T. durch Überlagerung nichtsemitische Sprachen sprechender Gruppen, wie z. B. negrider in Äthiopien. Für die vor der Herausbildung des eigentlich semit. Sprachtyps liegende Zeit läßt eine Sprachverwandtschaft mit dem Hamitischen und, in geringerem Maße, dem Indogermanischen an einen ethnischen Zusammenhang der späteren S. mit den → Hamiten und → Indogermanen denken, ohne daß der geographische Ort desselben eindeutig zu bestimmen wäre. Als Urheimat und Ausstrahlungsgebiet der S. ist in geschichtlicher Zeit das ein halbnomadisches Leben gestattende Wüsten- und Steppengebiet Nordarabiens anzusehen bzw., falls die Domestikation des → Kamels wesentlich vor 1200 stattgefunden haben sollte, das Innere der arab. Halbinsel.

[2] *Sprache.* Gemeinsame Bestandteile aller semit. Sprachen, die die Rekonstruktion eines den Einzelsprachen vorausgehenden ‹Ursemitischen› erlauben, finden sich in der Lautlehre, der Formenlehre, der Syntax und dem Lexikon.

Der Lautbestand des Ursemitischen scheint durch 28 Konsonanten gebildet gewesen zu sein, unter denen Kehllaute, gutturale Spiranten und emphatische Laute überwiegen, sowie (vielleicht) durch die drei Vokale a, i und u (lang und kurz); Abweichungen einzelner Sprachen von diesem Bestand scheinen sekundären Ursprungs. Für die Wortbildung ist charakteristisch, daß die allgemeine Bedeutung des Wortes fast immer an drei Konsonanten, den sog. Radikalen der Wurzel (noch früher vielleicht nur an einer durch zwei Konsonanten gebildeten Basis) hängt, wogegen der konkrete Wortsinn durch verschiedene Vokale und Veränderung des Konsonantenbestandes, z.B. durch Verdoppelung, Prä- und Suffixe, erreicht wird. In der Nominalflexion sind zwei Genera (Mask. und Fem.) und drei Numeri (Sing. mit 3 Kasus, Dual und Pl. mit 2 Kasus) ursprünglich. Beim Verbum werden mehrere Aktionsarten unterschieden, die durch verschiedenartigste Abwandlungen der die sog. Grundform bildenden Wurzel erreicht werden; auch das Verbum hat ursprünglich 3 Numeri und 2 Genera, außerdem (anders im Akkadischen) 2 (unseren Tempora nur z.T. entsprechende) Aspekte, je nachdem ob eine Handlung als abgeschlossen und selbständig oder unabgeschlossen und unselbständig anzusehen ist. Die Syntax kennt im wesentlichen zwei große Kategorien des Satzbaus, den Verbal- und den Nominalsatz, die sich durch die Stellung des Verbums innerhalb des Satzgefüges (anders im Akkadischen) unterscheiden. – Die historisch faßbaren semit. Einzelsprachen werden am zweckmäßigsten ihrer geographisch-geschichtlichen Verbreitung entsprechend in drei Gruppen, die der (nord-) ost-, (nord-) west- und südsemit. Sprachen, eingeteilt. Zur ersten Gruppe gehören das Akkadische mit seinen beiden Dialekten Babylonisch und Assyrisch, zur zweiten das Nordkanaanäische (Ugaritisch), das Mittelkanaanäische (Phönizisch und Punisch) und das Südkanaanäische (Glossen in den → Amarna-Briefen, Hebräisch, Moabitisch), ferner das Aramäische, dessen älteste Form in nordsyr. Inschriften des 2. Jt.s belegt ist und dessen spätere Form durch das → ‹Reichsaramäische› der Perserzeit, die Sprache der → Elephantine-Papyri und einige Teile des AT greifbar wird; eine noch jüngere Dialektspaltung läßt verschiedene westaramäische (Samaritanisch, Jüdisch-Palästinensisch, Christlich-Palästinensisch, Nabatäisch, Palmyrenisch) und ostaramäische (Syrisch, Talmud-Aramäisch, Mandäisch) Dialekte entstehen; das Neusyrische wird noch heute in abgelegenen Gebieten Syriens und Nord-West-Mesopotamiens gesprochen. Zur dritten Gruppe gehören Arabisch (das klassische ‹Nord›arabisch mit seinen modernen Dialekten und Südarabisch) und Äthiopisch (das alte Geʿez und die jüngeren Dialekte Tigre, Tigriña, Amharisch u.a.).

[3] Zur *Ausbreitung* der S. aus ihrer Urheimat haben verschiedene Faktoren beigetragen, an erster Stelle die Unwirtlichkeit ihres Lebensraumes, der trotz seiner Weite nur einer begrenzten Bevölkerung ein nomadisches und halbnomadisches Dasein gestattet und sie periodisch zu Auswanderungen zwingt. Ein anderer Faktor ist die Anziehungskraft, die die seßhaften Kulturen der Nachbarräume auf die Nomaden ausgeübt haben. So kommt es nachweisbar seit dem 3. Jt. zu Wanderungswellen semitischer Gruppen, die sich durch stetige Infiltration oder kriegerische Eroberung der benachbarten Kulturen bemächtigen. In der Regel passen sich die S. dabei unter Durchsetzung ihrer eigenen Sprache den sozialen, kulturellen und politischen Verhältnissen der unterlegenen Völker an, nicht ohne deren Charakter und Weiterentwicklung zu beeinflussen. In Mesopotamien (→ Mesopot. Reiche B 1) sind seit der → Djemdet-Naṣr-Zeit (um 2800/700) S. nachweisbar, in der Folgezeit werden bes. in N-Mesopotamien die → Sumerer von → Akkadern durchsetzt. Gleichzeitig scheinen S. nach → Ägypten und in die Stadtstaatenwelt → Syriens eingedrungen zu sein. Seit der Mitte des 3. Jt.s legt die sog. altamoritische Wanderungsbewegung, die auch nach Syrien übergegriffen zu haben scheint, den Grund für die Entstehung des semit. Großreichs von → Akkade (→ Mesopot. Reiche B 1). Nach der → Ur-III-Zeit werden die eingewanderten *Amoriter* in verschiedenen Staaten (→ Mari) greifbar und bilden die Voraussetzung für die spätere Entwicklung der mesopot. Großreiche von → Babylon und → Assur; in Syrien bilden sie z.B. in → Karkemisch, → Aleppo, Qatna relativ bedeutende Staaten. Neu eindringende semit. Stämme überlagern nach 1400 die voramoritische und amoritische Bevölkerung Syrien-Palästinas (die ‹Kanaanäer› des AT). In das West- und Ostjordanland strömen z.B. die *Israeliten* (→ Judentum A 2), die wohl mit den seit der Ur-III-Zeit in Vorderasien nachweisbaren Ḫab/piru- in Zusammenhang stehen, die *Amalekiter, Midianiter, Moabiter* und *Ammoniter*. Gleichzeitig dringt seit etwa 1400–900 die sprachlich zusammenhängende Gruppe der *Aramäer* nach Mesopotamien und Syrien vor und bildet eine Reihe von Staaten, in Syrien z.B. → Damaskus und → Hamat, die jedoch bis zum 8. Jh. den mesopot. Großmächten zum Opfer fallen, und, als einziges größeres Reich, den Staat der Chaldäer (→ Mesopot. Reiche B 2). Sprachlich und ethnisch setzen sich die Aramäer dagegen bis zum 7. Jh. fast im gesamten Vorderen Orient durch. Die geschichtlich späteste semit. Wanderungsbewegung ist die der arab. Stämme, die, seit dem 9. Jh. nachweislich in Bewegung, seit etwa 200 v.Chr. in den ostsyr. Raum und das mesopot. Grenzgebiet eindringen. In der frühröm. Kaiserzeit konsolidieren sich z.B. die Staaten der *Nabatäer* und → *Ituräer*, in der Spätantike diejenigen der Lachmiden und Ghassaniden (vgl. → Saba). Durch sie wird die im 7. Jh. n. Chr. erfolgende Ausbreitung der islamisierten → Araber vorbereitet, die über das bisherige Siedlungsgebiet der S. bis nach Europa und Iran hinausgreift. – Wesensmäßig von diesen Wanderungsbewegungen verschieden ist die Ausbreitung durch Handelskolonien, die, von handelsintensiven Hochkulturzentren ausgehend, den Verkehrswegen folgt und über die Bildung von Emporien zu selbständigen Staaten außerhalb der Ausgangsländer führt. Nach dem Niedergang der → kret.-myk. Seemacht um 1200 entstehen so im gesamten Mittelmeergebiet Handelskolonien einzelner Stadtstaaten → Phöniziens, aus denen das Reich von → Karthago hervorgeht. Von den Zentren der Hochkultur Südarabiens aus entstehen Kolonien entlang der Handelswege Westarabiens (z.B. nach dem 4. Jh. im schon vorher arabisch besiedelten Dēdān/el-ʿUlā) und, schon vor dem 6. Jh., an der Küste des Abessin. Hochlandes (Einfallspforte von Adulis), dem der südarab. Stamm der Ḥabašāt seinen Namen geben sollte und wo sich aus der südarab. Einwanderung das Abessin. Reich entwickelt (seit dem 1. Jh. n. Chr. Zentrum → Aksum).

C. Staat und Gesellschaft. [1] Die *gesellschaftliche Struktur* der S. ist primär durch ihren ursprünglichen Lebensraum geprägt, in dem allein die Lebensform des nomadischen Hirten (ursprünglich mit gemischten Kleinviehherden) und Jägers möglich war; sie hat sich in diesen Bereichen wohl im wesentlichen durch alle Geschichtsperioden hindurch erhalten (arab. Beduinen). Kompliziertere Lebensformen konnten sich bei den S. im Grunde nur in der Berührung mit den vorwiegend nichtsemit. älteren Kulturen der Randgebiete und bei dem damit verbundenen Übergang zu einer halbnomadischen oder seßhaften Lebensform entwickeln. Die dabei herausgebildeten ‹semitischen› Hochkulturen stellen im wesentlichen jedoch nur eine immanente Fortentwicklung der vorsemit. Faktoren dar, auch wenn sie semit. Elemente in sich aufgenommen haben und durch sie umgestaltet und neu geprägt worden sind (→ Mesopot. Reiche, → Phönizien, → Syrien usw.). Nur in Südarabien (→ Sabaʾ) vollzieht sich vielleicht ein im wesentlichen von S. getragener Übergang von der nomadischen Hirtenkultur zu einer durch den Ackerbau geprägten Hochkultur; er wird jedoch auch hier nicht ohne Einfluß und Vorbild nicht-semitischer Räume vor sich gegangen sein.

[2] Die ursprüngliche *soziale Struktur* der S. ist durch die blutsmäßige Einheit der Familie und den übergreifenden Stammesverband bestimmt (vgl. das genealogische Schema der Israelitenstämme). In der in freie Individuen gegliederten Familie sind das patriarchalische System und die männliche Deszendenz vorherrschend, mit ihr sind (Kriegs- und Geburts-)Sklaven zu einer Einheit verbunden. Polygamie ist üblich, die Eheschließung jedoch überwiegend innerhalb des Stammes. Der Stammesverband wird durch die Familienoberhäupter und durch ein gewähltes Stammesoberhaupt (Häuptling, ‹König›, arab. šaiḫ) repräsentiert, das jedoch ursprünglich auch im Kriegsfall nicht im Besitz der unbedingten Befehlsgewalt, sondern an die Mitwirkung des Gesamtstammes gebunden gewesen sein wird. Auch weibliche Häuptlinge lassen sich nachweisen. Die Besitzverhältnisse sind den nomadischen Bedingungen angepaßt und in persönlichen (Waffen usw.), Familien- (Zelt) und Stammesbesitz (Weideland) gegliedert. Das Recht ist unentwickelt. Da eine Exekutivgewalt und damit eine geregelte Kriminaljustiz fehlt, beschränkt es sich auf ein an die Person des Geschädigten oder an die Familie gebundenes ius talionis. Dem Stammesoberhaupt steht eine richterliche Funktion zu, in der es jedoch nur auf Anruf tätig wird. – In Südarabien belegen die ältesten Inschriften eine sicherlich unter fremdem Einfluß entstandene Theokratie und ein daraus hervorgehendes weltliches Königtum, das jedoch seine Bindung an die ursprünglichen Stammeselemente (Rat) nicht verliert. In diesen Bereichen wird außerdem die ursprüngliche blutsmäßige Stammesgesellschaft durch eine von örtlichen Einheiten bestimmte Siedlungsgesellschaft abgelöst. Gleichzeitig bildet sich eine hauptsächlich durch komplizierte Besitzverhältnisse an Grund und Boden (lastenfreier Grundbesitz, ‹Gottespacht›, ‹Staatspacht›) bestimmte neue, kastenartige gesellschaftliche Gliederung heraus. Zusammen mit der Schaffung einer Beamtenschaft wird das Talionsrecht durch ein geordnetes Straf-, Sachen- und Obligationenrecht abgelöst.

D. Religion. [1] Die Erkenntnis der ursprünglichen Religion der S. ist durch das Fehlen eindeutiger *Quellen* erschwert. Innerhalb des semit. Siedlungsbereiches haben sich zwar mannigfachste Religionsformen herausgebildet, z.B. die babylon.-assyr. Religion (→Mesopot. Reiche D) und die syro-palästinensische Religion (→Ugarit) mit ihren Spätformen (→Hatra, →Dura-Europos) sowie die altsüdarab. Religion; in ihnen sind die ursprünglich semit. Glaubensvorstellungen jedoch durch diejenigen der überlagerten nichtsemit. Kulturen weitgehend umgeprägt und ständig neuen Einflüssen ausgesetzt und daher nur schwer eindeutig herauszuarbeiten. Die infolge der konstanten Lebensbedingungen der (Halb-)Wüste sicherste Rekonstruktionsmöglichkeit der ursprünglichen semit. Religion bietet daher diejenige der nomadischen Araber dar.

[2] Ein den umgebenden Raum belebender Polydämonismus, in dem das numen loci den persönlichen Gott überwiegt, scheint die wesentlichste Ausdrucksform der ursprünglichen semit. Religion gewesen zu sein; daneben ist eine an den Stamm gebundene (Stammesgötter, →Israeliten) und eine über denselben hinausgreifende Gottesvorstellung (Wettergott? →Hadad) nachweisbar. Der Gestirnkult ist sicherlich sehr alt (Sonne →Šamaš, Mond →Sîn, Venus →Ištar). Die Existenz eines Hochgottes (→El) ist umstritten. Der in den späteren ‹semit.› Religionen vorhandene Vegetationskult ist sicherlich an deren Lebensraum gebunden und den früheren S. wohl fremd. Wesenszug der semit. Religion sind ein unbedingtes Abhängigkeitsgefühl und eine ethische Komponente der Gottesvorstellung, die in den lebenden semit. Weltreligionen des Judentums, Christentums und des Islams am stärksten zur Ausprägung gekommen ist. Mit ihnen wesenhaft verbunden ist die Funktion von →‹Propheten› (arab. nabīy) als den Verkündern des aktuellen göttlichen Willens. – Der *Kult* ist den nomadischen Gegebenheiten angepaßt; Schlachtopfer von Tier (und Mensch?) und Brandopfer sind sicherlich sehr alt. Der Kult wird durch die Familie und den Stamm und ihre Repräsentanten getragen, die Herausbildung eines besonderen Priester-‹Standes› ist sekundär. Feste Tempel fehlen, an den Stamm gebundene Heiligtümer (vgl. die Lade der Israeliten) und primitive Kultstätten (Opferstätten und -steine) sind nachweisbar. Über den Stammesverband hinaus kann sich ein fester Kult an Orten besonderer göttlicher Manifestation herausbilden (vgl. z.B. Jerusalem oder, später, Mekka). Die Frage eines ursprünglichen Totenkultes und nach den Vorstellungen über das Schicksal der Toten ist trotz eines ausgebildeten Begräbniswesens umstritten. Orakel- und Zauberwesen sind sicherlich sehr alt.

E. Literatur und Kunst. [1] Innerhalb des ursprünglichen Lebensraumes der S. konnte es naturgemäß zu keiner Bildung entwickelter *literarischer Formen* kommen. Sie finden sich daher erst innerhalb der seßhaften ‹semit.› Hochkulturen durch die Übernahme und Entwicklung der dort schon vorher ausgebildeten Formen (→Sumerer) und die hier gegebene Möglichkeit einer schriftlichen Fixierung (→Schrift). Innerhalb der nomadischen Lebensform ist bei den S. ähnlich wie bei den heutigen arab. Beduinen die Existenz mündlich überlieferter, einfachster literarischer Einheiten anzunehmen, deren Herausbildung und Überlieferung z.T. einem ursprünglich dem Kult verbundenen, besonderen ‹Stand› von Dichtern obliegt: Spruch- und Lieddichtung (profanen und kultischen Charakters, Poesie des ‹Ruhmes und der Kühnheit›) in volkstümlicher Reimprosa, einfachste epische Dichtung, ätiologische Sage und Mythos in gebundener Rede. Charakteristisch war sicherlich der für die mündliche Überlieferung notwendige feste formale Aufbau und die Verwendung eines konstanten Formelmaterials des bildhaften Ausdrucks; vgl. die entwickelte Form der arab. qaṣīda sowie die ursprüngliche Anonymität der Dichtung.

[2] Ebenso feindlich verhält sich das nomadische Leben der alten S. gegenüber der Herausbildung einer besonderen (und entwickelten) *bildenden Kunst;* ihre nachweisbaren Zeugnisse (einfachste Gebrauchskeramik, primitive Idole) sind daher in der Regel von Formen der umgebenden Kulturen abhängig; die Herausbildung einer besonderen Architektur ist ebenfalls unmöglich. Eine entwickelte bildende Kunst findet sich bei den S. in der Regel nur in den Räumen einer seßhaften Kultur durch die Übernahme und Entwicklung schon ausgebildeter Formen, ohne daß das semit. Element eindeutig zu scheiden wäre (vgl. →Mesopotamische Reiche, →Phönizien usw.). Selbst in den Gebieten einer semit. Kultur ohne wesentliche Überlagerung entwickelter vorhergehender Kulturen wie bei den Nabatäern (→Petra; Südarabien z.T.) erscheint die einheimische bildende Kunst als ‹Provinzialisierung› nichtsemit., an das bes. Material angepaßter Vorbilder; vgl. z.B. die typisch südarab. materialbedingte Hochhausarchitektur (seit den Ḥimyar) und die von ihr abhängigen Stelen von →Aksum mit ihrer Übernahme mediterraner ‹altkret.› ‹Affenköpfe›. G.Wn.

Lit: C. Brockelmann, Grundriß der vergl. Gramm. der semit. Sprachen, 2 Bde, 1908/12 – J. Henniger, Die Familie bei den heutigen Beduinen Arabiens und seiner Randgebiete, 1943 – R. Montagne, La civilisation du désert, 1947 – M. v. Oppenheim, Die Beduinen, 1938 bis 1952 – A. Scharff-A. Moortgat, Ägypten und Vorderasien im Altertum, 1950 – S. Moscati, L'Oriente antica, 1952 – HbOr III: Semitistik, 1954 – H. Schmökel, Gesch. des alten Vorderasiens, HbOr II 3, 1957 – W. Robertson Smith, The Religion of the Semites, 1957 – S. Moscati, Che furono i semiti?, 1957 – W. F. Albright, From the Stone Age to Christianity (1940), 1957^3 (dt. 1949) – S. Moscati, Le antiche civiltà semitiche, 1958 (dt. 1961) – Ders.-J. Bottéro-M. Dahood-W. Cascel, Le antiche divinità semitiche, 1958 – F. Gabrieli u. a.,

L'antica società beduina, 1959 – S. Moscati u. a., An Introduction to the Comparative Grammar of the Semitic Languages. Phonology and Morphology, 1964 – Vgl. zu den einzelnen Völkern und Reichen.

Semne, altägypt. Festung am 2. Nil-Katarakt (Kt. 2103), von den Königen des Mittleren Reiches angelegt. Hier lag die Grenze ihres Kolonialbesitzes. → Thutmosis III. errichtete hier einen Tempel für den nubischen Gott Dedwen und den zum Gott erhobenen Eroberer Nubiens → Sesostris III. W. Hk.

Semnonen, angesehenster Stamm der german. → Sueben, wohnten zwischen mittlerer Elbe und Oder (Kt. 1057 E F3), wohl Kernvolk der → Alamannen. Im Gebiet der S. lag der heilige Hain der Suebenvölker, in dem Menschenopfer dargebracht wurden (Tac. Germ. 39). L. B.-H.

Lit: s. zu → Germanen.

Semo Sancus Dius Fidius, Name einer italisch-römischen, den Eid verbürgenden Gottheit, der zwei Götter mit gleicher Funktion in ein und demselben Tempel auf dem Quirinal (nach der Tradition schon 466 v. Chr. geweiht; Stiftungstag 5. Juni) vereinigt: S. S. und → Dius Fidius. Semo, dessen Name an die Semunes erinnert, die von den → Fratres Arvales angerufen werden, soll ein alter Gott der Saaten sein; Sancus, nach Varro (ling. 5, 66) eine sabin. Gottheit, stellt nach gelehrter Theorie bei Lydus (mens. 4, 90) den Himmel dar; in diesem Fall entspräche er Dius. Die Etymologie von Sancus und seine Vereinigung mit Semo bleiben unklar. Überdies wissen wir nicht, warum der Agrargott Semo zu einem Schwurgott geworden ist; vielleicht wurde er als chthonische Macht aufgefaßt, die den Meineidigen zu sich unter die Erde holen konnte (Latte). H. Le B.

Lit: Latte, 126–128.

Semonides, → Lyriker, ca. 600 v. Chr., stammte aus Samos und führte eine Kolonie nach Amorgos (daher Amorginos). Erhalten sind ein vollständiger (Fr. 1 D.) und ein fast vollständiger (Fr. 7 D.) → Iambus, dazu einige kleine Fragmente. Mit Recht wird ihm auch die unter → Simonides' (1) Namen überlieferte → Elegie Fr. 29 D. zugeschrieben. Ferner soll er eine Samische Geschichte (in Distichen?) geschrieben haben. Der Ton seiner Jamben ist meist ruhig und reflektiert, fast mehr der Elegie angemessen, wie auch das Thema von Fr. 1: dort wie in der Elegie Fr. 29 herrscht eine pessimistische Grundstimmung, die Nichtigkeit alles Menschlichen ist der Tenor. In dem bekannten Weiberiambus (Fr. 7 D.) unterscheidet er zehn Arten von Frauen nach ihrer Abstammung (= Ähnlichkeit) von verschiedenen Tieren und zwei Elementen; alle sind schlecht bis auf die von der Biene stammende. Die genealogische Herleitung in der Art des → Hesiod ist mit der aus der Tierfabel stammenden Typencharakteristik verbunden (so schon in dem kürzeren Weiberiambus des → Phokylides). E.-M. V.

Frg: Anth. Lyr.^{3} 3, 49ff.

Semos von Delos, griech. → Geschichtsschreiber, 2. H. 3. Jh. v. Chr. (?), schrieb eine perihegetische (vielleicht auch antiquarische) ‹Delias› (in 8 Büchern); Periodoi (2 Bücher); Werke über Paros, Pergamon, die Paiane. Offenbar ernste Gelehrtenarbeit. Seine Familie ist inschriftlich bekannt; vgl. Phanodikos (1. H. 2. Jh. v. Chr.?). W. Sp.

Frg: FGrHist 396/7 m. Add. – *Lit:* Jacoby, RE 2 A 2 (1923), 1357–59.

Sempronius Asellio, Begründer der Zeitgeschichte in Rom. Vor Numantia (134/133) Militärtribun, hat er im Alter 14 Bücher Historiae (oder libri rerum gestarum) geschrieben, die mindestens bis zum Tod des M. → Livius (4) Drusus reichten (Frg. 11). In seiner Geschichtsauffassung spiegelt er die Anschauungen des → Scipionenkreises wider; zwischen → Annalistik und pragmatischer Geschichtsschreibung konstruiert er unter dem Einfluß des → Polybios einen Gegensatz (Frg. 1). Seine Geschichtsschreibung will belehren und zu rechtem Handeln für die res publica aufrufen (Frg. 2). Stilistisch zeigen die namentlich bei → Gellius (2) bewahrten längeren Fragmente eine einfache, ungekünstelte Sprache von auffallender Konzinnität, weit entfernt von der modernen Diktion des → Coelius (1) Antipater (Cic. leg. 1, 6). R. T.

Frg: HRR I 179–184 – *Lit:* R. Till, S. Asellio, WüJbb 1950, 330–334 – M. Gelzer, Nochmals über d. Anf. d. röm. Geschichtsschreibung (1954), in: Kl. Schr. III, 1964, 104–110 – W. Richter, Röm. Zeitgesch. u. innere Emigration, Gymn. 68, 1961, 286–315.

1a. **S. Gracchus,** Tib. (aed. pleb. 246 v. Chr., cos. 238), erbaute um 240 ein Heiligtum für Libertas (Liv. 24, 16, 19; aedes Iovis Libertatis?), 238 kämpfte er gegen die Ligurer (Zon. 8, 18) und leitete vermutlich die röm. Invasion auf Sardinien. A. L.

Lit: A. Lippold, Consules, 1963, 122f.

2. **S. Gracchus,** Tib. (aed. 216, mag. equ. 216, cos. 215 und 213 v. Chr.) kämpfte im 2. → Pun. Krieg 215 erfolgreich gegen die Kampaner und → Hannibal (2; Liv. 23, 32. 35ff.), ließ 214 nach einem Erfolg über → Hanno (3) die in seinem Heer dienenden Sklaven frei (Liv. 24, 14ff.) und fiel 212 bei Benevent (Liv. 25, 16f.). A. L.

3. **S. Gracchus,** Tib., Vater der → Gracchen (tr. pl. 184, aed. 182, praet. 180, cos. 177 und 163, cens. 169 v. Chr.; augur), wirkte 180/178 militärisch und bes. politisch erfolgreich in Spanien (Liv. 40, 39ff.; 41, 7; perioch. 41; Diod. 29, 26). 177/176 warf er einen Aufstand der Sarden nieder (Liv. 41, 15ff. 28). Ruhmvoll war auch die Censur (Liv. 43, 16; 45, 15). 165 und 162 war S. als Gesandter im Osten (Polyb. 31, 5. 23; 32, 3f.). S. wird in der Tradition idealisiert (vgl. Cic. fin. 4, 65; Brut. 79; off. 2, 43), doch sind seine hohen Qualitäten als Feldherr, Diplomat und Politiker unbestreitbar. A. L.

4. **S. Tuditanus,** P. (tr. mil. 216, aed. 214, praet. 213, cens. 209, cos. 204 v. Chr.), zeichnete sich 216 nach der Katastrophe von Cannae aus (Liv. 22, 50, 60). 205 schloß er mit → Philipp V. v. Makedonien den Frieden von Phoinike (Liv. 29, 12). 204 kämpfte er mit wechselndem Erfolg gegen → Hannibal (2) in Bruttium und gelobte einen Tempel für die → Fortuna Primigenia von Praeneste (Liv. 29, 34, 36). 200 nahm er an der röm. Gesandtschaft an → Ptolemaios V. teil (Polyb. 16, 34; Liv. 31, 2. 18). A. L.

5. **S. Tuditanus,** C. (quaest. 145 v. Chr., praet. 132, cos. 129), besiegte in Illyrien die Japyden. Aus T.' literarischer Tätigkeit sind die ‹Libri magistratuum› bekannt, in denen er Einrichtungen der respublica behandelte. G. G.

Sempronius, vgl. auch → Gracchus.

Semuncia, halbe → Uncia oder $^1/_{24}$ des → As. Beim → Aes grave als gegossene Münze mit Wertzeichen Σ ausgegeben. Geprägt und ohne Wertzeichen mit den Typen des → Sextans (Mercurius und Prora) im Gewichte von ca. 6,34 g sowie mit weiblichem Kopf mit Mauerkrone und jugendlichem Reiter als Typen in der röm. → As-Reduktion. Die S. kommt auch in der Kupferprägung von Brundisium, Luceria, Vibo-Valentia und Venusia vor. W. Schw.

Lit: Head, 50. 53. 101 – H. Mattingly, Roman Coins (1928), 1960^2, 6–8. 14f. 51 – K. Regling, in: v. Schrötter, 623 – R. Thomsen, Early Roman Coinage I, 1957, 90 (Lit).

Sena Gallica (heute Senigallia), röm. Bürgerkolonie, 283 im Gebiet der senonischen Gallier (Kt. 1019 D3) an der Adria als Endpunkt der → Via Flaminia (vgl. → Straßen angelegt. B. A.

Senar, das häufigste Dialogmaß der röm. → Komödie; es beruht auf dem griech. jamb. → Trimeter wie der trochäische Sprechvers der Komödie, der *Septenar,* auf dem griech. trochäischen → Tetrameter. Wie die Namen der Verse andeuten, betrachteten die lat. Dichter den Trimeter als ein Metrum mit sechs, den Tetrameter als eines mit sieben Füßen (eigentlich 8 weniger ½ Fuß; die Römer zählten den zusätzlichen halben Fuß nicht mit). Bei Plautus bestand möglicherweise der Senar aus drei Kola mit Wortende normalerweise nach dem 5. und 8. Element, der Septenar aus vier (Wortende nach dem 3., 8. und 11. Element):

Griech. Trimeter:	⏑⏑/× 2 ⏑⏑/⏑ 4 ⏑⏑/× ⁞ 6 ⏑⏑/⏑ ⁞ 8 ⏑⏑/× 10 ⏑ – || (3 *ia*)
Lat. Senar:	⏑⏑/× 2 ⏖/⏑ 4 ⏑⏑/× ⁞ 6 ⏖/⏑ 8 ⁞ ⏑⏑/× 10 ⏑ – || (6 *ia P* ||)
Griech. Tetrameter:	⏖ ⏑ ⏖ × ⏖ ⏑ ⏖ × | ⏖ ⏑ ⏖ × ⏖ ⏑ – || (4 *tro*‸)
Lat. Septenar:	1 ⏖/⏑ 3 ⁞ ⏑⏑/× 5 ⏖/⏑ 7 ⏑⏑/× ⁞ 9 ⏖/⏑ 11 ⁞ ⏑⏑/× 13 ⏑ – || (8 *tro P*‸ ||)

(Aus Gründen der Übersichtlichkeit sind die longa, die aufgelöst werden können, nicht besonders gekennzeichnet; nur die Schlußlonga gestatten keine Auflösung.) An diesen sog. ‹loci Jacobsohni› (die hier die Hauptzäsur bzw. -dihärese einschließen sollen) finden sich prosodischer Hiat und syllaba anceps (vgl. anders, bes. in bezug auf Terenz, Laidlaw). ‹Zerrissene Anapäste› (Senar) und ‹zerrissene Daktylen› (Septenar) werden im allgemeinen vermieden (der erste Fuß des Septenars ist eine Ausnahme; hier kann der Fuß mit einem daktylischen Wort gefüllt werden), genau wie in der griech. Komödie. Prokeleusmatische und tribrachische Füße sind nach Stellung und Typ beschränkt zugelassen (W. M. Lindsay, a. O. 80ff.). Ebenso unterliegen longa im 3. und 7. Element des Senars (2., 6. und 10. des Septenars) bestimmten Einschränkungen (Lindsay, a. O. 14; anders J. Perret, a. O.). Das Porsonsche Gesetz ist im lat. dramatischen Vers nicht beachtet (vgl. B. Axelson, a. O. 121). Vermeidung von ...⏑–|⏑–|| und ...–⏑–|⏑–|| am Zeilenende, das → Bentley-Luchssche Gesetz (nicht beobachtet bei → Catull und den → augusteischen Dichtern) ist bei → Seneca und → Petron so streng eingehalten, daß jambisches Wort oder Wortende in ihren Versen nicht den 5. Fuß füllen kann; vielmehr ist das 9. Element in Senecas Senaren fast regelmäßig ein longum, sogar wenn ein viersilbiges Wort die letzten beiden Füße füllt (6 Ausnahmen; vgl. A. Luchs, a. O. 4). J. W. H.

Lit: A. Luchs, Quaestiones metricae, in: W. Studemund, Stud. auf d. Gebiete des archaischen Lateins I, 1873, 1–75 – H. Jacobsohn, Quaestiones Plautinae, 1904 – W. M. Lindsay, Early Latin Verse, 1922 – W. A. Laidlaw, Jacobsohn's Law of Plautine Scansion, ClQ 30, 1936, 33–39 – F. Crusius-H. Rubenbauer, Röm. Metrik (1929), 1961[6], 62–68 – B. Axelson, in: N. Herescu (Hg.), Ovidiana, 1958, 121–135 – J. Perret, Un équivalent de la loi de Porson, in: Homm. à L. Herrmann, Coll. Latomus 44, 1960, 589–594 – Halporn-Ostwald, 19f. – → Metrik.

Senat

[1] Königszeit – [2] Republik – [3] Funktionen des S.s – [4] Kaiserzeit – [5] Stärke und Zusammensetzung – [6] Verfahrensordnung.

[1] In der *Königszeit* ursprünglich der Rat der Alten *(senes)*, bes. der Häupter der patrizischen Adelsgeschlechter, der, vom König eingesetzt, die gentilizisch geprägte Gemeinde gegenüber dem Monarchen vertrat. Im Falle des Interregnums wählte der S. von sich aus einen ‹Zwischenkönig› (→ Interrex); dies blieb bis zum Ende der Republik ein Vorrecht der patrizischen Senatoren.

[2] In der *Republik* wurde der S. neben und über den → Magistraten sogleich zum maßgebenden Verfassungsorgan. In seinen auf Lebenszeit aufgenommenen Mitgliedern (darunter vor allem die gewesenen Magistrate) vereinigte sich eine Fülle von Autorität und Erfahrung. Angesichts des jährlichen Wechsels der Magistrate wahrte der S. die Kontinuität der Staatsführung. Voraussetzung dazu war die ungewöhnliche Disziplin, mit der der röm. S.s-Adel eigene Ansprüche dem Staatsinteresse unterordnete: von unbedeutenden Ausnahmen abgesehen, ist es vor den → Gracchen nie zu tiefer eingreifenden Fraktionsbildungen gekommen. Seit dem 5. Jh. saßen auch Plebejer im S. (als conscripti, daher die Anrede patres [et] conscripti; → Ständekämpfe). Mit der Ausdehnung des Reichs und der wachsenden Kompliziertheit der Aufgaben nahm der S. zunehmend an der Regierungsarbeit teil. Die eigentümliche Organisation der röm. Herrschaft, in der die Magistrate kaum vermehrt, dafür die örtliche Selbstverwaltung weitgehend belassen und die aristokratischen Treueverhältnisse (→ Cliens) stark ausgebaut wurden, ließ die Erfahrungen und die sich vererbenden Beziehungen der Senatoren für die Verwaltung des Imperiums unentbehrlich werden. Ohne die Beteiligung aller Senatoren wäre die Regierung des Weltreichs mit den Mitteln des Gemeindestaats unmöglich gewesen. Hierin lag die Bedeutung des im 3. Jh. zur Blüte kommenden spezifisch röm. S.s-Regimes. Die Lenkung der Politik lag dabei vornehmlich in der Hand der Konsulare (principes civitatis).

[3] Die *Funktionen* des S.s sind nie formuliert worden, sondern durch Herkommen bestimmt, wobei der S. teils neue Aufgaben an sich zog, für die es keine festen Regeln gab, teils Funktionen der → Comitien usurpierte oder in die Amtsführung der Magistrate eingriff. Er beanspruchte ein allgemeines Aufsichtsrecht über das gesamte staatliche Leben. Die bedeutendsten Rechte des S.s waren: in früher Zeit Bestätigung von Gesetzen (→ Lex) und Wahlen (durch die patrizischen Mitglieder); bis zuletzt das Recht, Gesetze auf Grund von Verfahrensmängeln zu kassieren; Kontrolle der Magistrate (Berufungsinstanz gegen manche ihrer Entscheidungen); praktisch Entscheidung über alle Fragen der Außenpolitik (die Abstimmung der Comitien über Krieg und Frieden sowie die Ratifikation von Verträgen war meist nur Formsache); Empfang und Entsendung von Gesandtschaften; Aufsicht über die Provinzialverwaltung, Nominierung der Statthalter bis 123 v. Chr., danach Benennung der von den Magistraten zu erlosenden Provinzen, Ausstattung der Statthalter, evtl. Verlängerung ihres → Imperiums, Mitwirkung bei der Einrichtung der Provinzen; Entscheidung über die Fragen der Kriegsführung (Aushebung, Nachschub, Abgrenzung der Kommandobereiche); Aufsicht über das Finanz- und Sakralwesen; insbes. die Entscheidung über den Notstand: in früher Zeit Empfehlung an einen → Konsul, einen → Dictator zu ernennen, seit dem 2. Jh. mehrfach Einsetzung außerordentlicher Gerichte, zu allen Zeiten das Recht, besondere Schutztruppen aufzustellen, spätestens seit 121 v. Chr. der Brauch, im äußersten Notstand durch das ‹senatus consultum ultimum› die Magistrate zu ermächtigen, ohne Rücksicht auf die Gesetze alle Mittel zur Abwendung der Gefahr einzusetzen. Durch die unzähligen Patronatsverhältnisse, die die Senatoren mit Bürgern und Fremden verbanden, waren im S. fast alle Interessen vertreten. Die S.s-Beschlüsse (senatus consulta) galten schon früh als bindend (falls gegen sie interzediert wurde, nur als ‹senatus auctoritas›, d. h. Empfehlung ohne Rechtskraft). – Der röm. Staat der Republik war so sehr durch das S.s-Regime bestimmt, daß eine Alternative lange undenkbar war. Noch im 1. Jh. v. Chr., als es vor den ständig wachsenden Aufgaben immer häufiger versagte, schien es die einzig mögliche Form der Regierung. Erst nach der Restauration durch → Sulla hat → Caesar ihm nach erneutem Bürgerkrieg sein Ende bereitet.

[4] In der *Kaiserzeit* hat der S. eine gesellschaftlich ebenso glänzende wie politisch unselbständige Rolle gespielt. Er verlor de facto fast allen Einfluß auf Außenpolitik und Kriegsführung, bes. auf die Regelung des Notstands. Die militärisch wichtigen Provinzen unterstanden dem Kaiser unmittelbar, über die Verwaltung der senatorischen führte er die Aufsicht. Der Prinzipat bedurfte des S.s nur mehr als des Trägers der Verfassungskontinuität und als Garanten seiner Legitimität und umgab ihn als ein mehr ehrwürdiges als wirksames Organ mit hohem Ansehen. Formal übertrug der S. dem Kaiser seine Kompetenzen (sprach in einigen Fällen auch die damnatio memoriae über den toten Kaiser aus, womit dessen Regierungsakte nichtig wurden). Zuweilen konnte er auch den Kaiser wählen. Der S. diente ferner als Verwaltungsorgan, als Gerichtshof für außerordentliche Kriminalprozesse und als Standesgericht. Seit

→ Tiberius wählte der S. die senatorischen Beamten unter Mitwirkung des Kaisers. Die S.s-Beschlüsse traten an die Stelle der Volksbeschlüsse und erhielten im 2. Jh. Gesetzeskraft. Zu wichtigen Entscheidungen zogen die Kaiser aber meist nur einen Ausschuß von Senatoren hinzu, der unter → Hadrian als → Consilium principis zur festen Einrichtung wurde. – Der S. wurde also gleichsam eine ‹Notabelnversammlung› (Heuß). In ihm saßen die höchsten Beamten (oft als Statthalter, Feldherrn, → Curatoren mit der Monarchie eng verbunden), und der Kaiser nahm die verdientesten der Ritter in ihn auf (s. u.). Die durchaus konservative Aristokratie Italiens und zunehmend auch des Imperiums fand in ihm ihre Verkörperung. Er wahrte viele Traditionen. Seit Ende des 1. Jh.s wurde auf Grund einer durch schlimme Erfahrungen beförderten Anpassung an die Monarchie seine gesellschaftliche Macht so groß, daß er das (Adoptiv-) Kaisertum für fast drei Generationen in den Bann seiner Ideale zog. Unter den Soldatenkaisern nahm seine Bedeutung erheblich ab. Nach der Reorganisation des Reiches durch → Diokletian und der Verlegung der Hauptstadt nach Konstantinopel wurde der S. von Rom fast bedeutungslos, so sehr er im 4. Jh. als Hort der Tradition, alter Bildung und Religion glänzte. Unter der Herrschaft der → Ostgoten über Italien blieb er bestehen, verschwand aber dann nach der byzantin. Restauration am Ende des 6. Jh.s. Der S. in Konstantinopel, den → Constantius II. geschaffen hatte, fand erst bei der Eroberung der Stadt durch die Türken i. J. 1453 sein Ende.

[5] *Stärke und Zusammensetzung.* Der S. hatte z. Z. des Romulus angeblich 100, bald darauf jedenfalls 300 Mitglieder, seit Sulla zur Bewältigung der gewachsenen Aufgaben 600, unter Caesar 900, seit Augustus wieder 600 Mitglieder. Die Aufnahme in den S. war Sache des Königs, dann der obersten Magistrate, seit 312 v. Chr. der → Censoren. Zunächst saßen vor allem die Häupter der patrizischen Geschlechter, dann die gewesenen Magistrate im S. Im J. 312 schrieb die lex Ovinia vor, die ‹Besten› aufzunehmen. Seitdem gab es regelmäßige Revisionen der Liste. Während des 2. und frühen 1. Jh.s wurde den Censoren nacheinander die Aufnahme der gewesenen → Ädilen, → Volkstribunen und → Quästoren vorgeschrieben. Damit wurde der S. praktisch durch Volkswahl ergänzt. Seit Augustus war die Aufnahme in den S. Privileg des → Princeps. Seit dem 1. Jh. v. Chr. kamen viele Munizipale, in der Kaiserzeit auch viele Provinzialen, zunächst mehr aus den westlichen, seit dem 2. Jh. auch aus den östlichen Provinzen in den S.

[6] *Verfahrensordnung.* In der Republik konnte der S. nur durch die Konsuln und Prätoren (seit 287 auch Volkstribunen), in der Kaiserzeit seit Augustus auch vom Princeps einberufen werden. Der Einberufende erstattet Bericht (wobei er auch Nicht-Senatoren das Wort erteilen kann) und fragt dann reihum, spätestens seit 312 v. Chr. nach der Reihenfolge der S.s-Liste: Konsulare stimmen vor Prätoriern usw. (als erster der → princeps senatus), Patrizier vor Plebejern, Amtsältere vor -jüngeren. Die Redezeit war unbegrenzt, Wortmeldungen ausgeschlossen. Anträge konnten nur von Nicht-Magistraten gestellt werden. Bei zweifelhafter Mehrheit wurde durch Auseinandertreten abgestimmt. Maßgebend für die Stimmabgabe war meist die Autorität der führenden Konsulare. Fraktionen gab es nicht; die politische Ordnung Roms wirkte der Bildung geschlossener Gruppen entgegen. Die Beschlüsse wurden schriftlich fixiert (→ Acta senatus). In der Kaiserzeit trat oft Akklamation an die Stelle der Abstimmung; bes. peinlich waren Sprechchöre auf die Erhabenheit des Kaisers. Chr. M.

Lit: P. Willems, Le Sénat Romain, 2 Bde, 1883 – Mommsen, Röm. Staatsrecht, bes. III 2, 1887 – O'Brien Moore, RE Suppl. 6 (1935), 660–812 – Alles Neuere bei E. Meyer, Röm. Staat u. Staatsgedanke (1949), 1961^{2} – *Zur Geschichte:* E. Stein, Histoire du Bas-Empire I (1928), 1959^{2}; II 1949 – A. Heuß, Röm. Gesch., 1960.

Senatorenstand. Politische Tätigkeit und damit Zugehörigkeit zum → Senat wurde in vielen Familien früh zur Tradition. Schon im 4. Jh. v. Chr. bildete sich ein patrizisch-plebejischer Senatsadel (→ Nobilität). 218 wurde den Senatoren und ihren Söhnen der Besitz großer Schiffe und die Beteiligung an Handel und Geldgeschäften verboten (lex Claudia). – Die starke, auch wirtschaftlich fundierte Homogenität, die Absorption durch die Politik und die Erblichkeit vieler Patronatsverhältnisse (→ Cliens) hoben den S. schon früh aus der übrigen Gesellschaft heraus. 194 erhielten sie gesonderte Sitze im Theater. Besondere Standesabzeichen waren der rote Senatorenschuh und der breite Purpurstreifen (latus clavus) an der → Tunica. Der Ausdruck ‹ordo senatorius› kommt zuerst bei Cicero vor. – Während der S. in der Republik grundsätzlich offen war und sich auf Grund der Wahlen ständig aus den → Rittern ergänzte, wurde er durch → Augustus nach außen abgeschlossen. Nur Senatorensöhne und solche, denen der Kaiser den latus clavus verlieh, durften sich um die senatorischen Ämter bewerben. Daneben gab es eine kaiserliche → Adlectio auch in die höheren Ränge außer dem konsularischen. Ein Mindestvermögen war vorausgesetzt; seit → Trajan, angesichts der Aufnahme vieler Provinzialen, auch Grundbesitz in Italien. Seit dem 2. Jh. kam den Senatoren samt Frauen und Kindern der Titel → ‹clarissimus› zu. Zumal dank der Aufnahme der führenden Ritter verkörperte der Senat damals weiterhin die führende Schicht der Gesellschaft. In spätröm. Zeit behielt der S. seine Bedeutung als mächtiger Grundadel in allen Teilen des Reiches. Chr. M.

Lit: E. Meyer, Röm. Staat u. Staatsgedanke (1948), 1961^{2} (Lit).

Senatus populusque Romanus (SPQR) war die Formel, in der sich, bes. im Verhältnis nach außen, röm. Staatsbewußtsein dokumentierte. Neben den → Senat, der nach Abschaffung des Königtums an dessen Stelle als Repräsentant des Volkes getreten war, trat das souveräne Gesamtvolk (→ Populus). D. R.

Seneca d. Ä., L. Annaeus, ca. 55 v. Chr.–40 n. Chr., aus begüterter ritterlicher Familie in Corduba, also Auslandsrömer, Vater des jüngeren → S. (2), von dem man ihn erst zu Beginn der Neuzeit wieder unterscheiden lernte, und – durch einen anderen Sohn – Großvater des Dichters → Lukan. Er kam schon in jungen Jahren aus seiner span. Heimat zum Studium nach Rom, das er auch später wieder aufsuchte (contr. 4, praef. 3). Sein Beruf, vielleicht als Rechtsanwalt oder Beamter der röm. Verwaltung, muß ihn ganz ausgefüllt haben, so daß er sich erst in hohem Alter der Schriftstellerei widmen konnte. Eine Geschichte der Gegenwart seit dem Beginn der Bürgerkriege ist verloren (2 Frg.e bei Suet. Tib. 73; Lact. inst. 7, 15, 14). Dagegen sind von seinem den 3 Söhnen gewidmeten rhetor. Werk, Oratorum et rhetorum sententiae divisiones colores, beträchtliche Teile erhalten. Es bestand aus 10 Büchern → controversiae und einer Abteilung → suasoriae, wovon wir 7 Stücke besitzen, während von den controversiae Buch 1, 2, 7, 9, 10 ganz, das übrige in Exzerpten des 4./5. Jh.s bewahrt ist. Auf Grund von Notizen, vor allem aber unterstützt durch sein phänomenales Gedächtnis, skizziert S. hier jeweils kurz die fingierten Rechtsfälle, wie sie seit der augusteischen Zeit den → Deklamationen zugrunde gelegt zu werden pflegten, und teilt dann jeweils in höchst lebendiger Wiedergabe die Auffassung zahlreicher zeitgenössischer Rhetoren zu den einzelnen Themen mit, wobei auch die Zerlegung des Falles (divisio) in seine Teilfragen beachtet wird. – S., der von Haus aus noch ganz Ciceronianer war, steht zu diesen Übungen zwar kritisch und glossiert ihre Übertreibungen und Auswüchse mit Witz und Humor, ist aber doch seiner Zeit und ihren Schwächen gegenüber aufgeschlossen. Vor allem die locker und amüsant geschriebenen Vorreden geben reichen Aufschluß über Literatur und Geist seiner Epoche. Alles in allem entsteht ein differenziertes Bild von der → Rhetorik (C 3; E) dieser Jahrzehnte, die sich entsprechend dem Wandel der Staatsform mehr und mehr vom Forum weg auf die Schulstube und auf die Unverbindlichkeit öffentlicher ‹Hörspiele› konzentrierte. S.s eigener Stil bildet den Übergang von der herkömmlichen Periodisierung zu der pointierteren Redeweise der kaiserzeitlichen Latinität. H.H.

Ed: A. Kießling, BT, 1872 – H. J. Müller, 1887 – H. Bornecque, 2 Bde, CB, 1932 – Suasorien: W. A. Edward, 1928 (mit engl. Übers. u. Komm.) – *Lit:* H. Bornecque, Les déclamations et les déclamateurs d'après S. le père, 1902 – W. Hoffa, De S. patre quaest. sel., 1909 – H. Bardon, Le vocab. de la critique litt. chez S. le Rhéteur, 1940.

2. **S.,** L. Annaeus, röm. Philosoph und → Tragiker, geb. nach üblichem, nicht unbestrittenem Ansatz 4 v. Chr. in Corduba. Vater L. Annaeus → S. (1) d. Ä., Mutter Helvia; mittlerer dreier Söhne. Die Familie war wohlhabend; aus dem Ritterstand. S. kam früh nach Rom. Er erhielt die übliche sprachliche Erziehung beim grammaticus und rhetor und eine Einführung in die Philosophie durch Sotion (Schule der Sextier) und den Stoiker → Attalos (4). Längerer Ägyptenaufenthalt. 31/32 Rückkehr nach Rom. Bald darauf wurde S. Quästor und trat in den Senat ein. Bereits unter Caligula hatte er eine führende Stellung als Redner und Literat. Um diese Zeit starb sein Vater. 41 wurde er nach Korsika verbannt wegen angeblichen Ehebruchs mit einer Schwester Caligulas, → Julia (7) Livilla, wahrscheinlich durch eine Intrige der → Messalina. 43 wurde ein Bittgesuch um Aufhebung der Strafe an den Freigelassenen → Polybios (2) abschlägig beschieden. 49 ließ → Agrippina (2) ihn zurückrufen. S. erhielt die Oberaufsicht über die rednerische Ausbildung → Neros. 50 Prätor. Nach → Claudius' Vergiftung (54) war er, Erzieher des 17jährigen Nero, gemeinsam mit dem Gardepräfekten → Burrus praktisch Lenker des römischen Weltreichs; er versuchte, die Regierung im Geist des → Augustus zu führen und drängte den Machtanspruch Agrippinas zurück. Nach manchen kam S. entscheidender Anteil an der erfolgreichen Armenienpolitik zu. Seine Rolle bei der Vergiftung des Prinzen → Britannicus ist undurchsichtig; wahrscheinlich ist er frei von Schuld. Die Ermordung Agrippinas (59) wurde ohne sein Wissen geplant; nach dem Scheitern des ersten Anschlags ins Vertrauen gezogen, verteidigte er den Mord gegenüber dem Senat. 55/56 Konsul durch Nachwahl. Während der Zeit seiner Macht besaß er gewaltige Reichtümer. Nach Burrus' Tod (62) zog er sich aus dem Hofleben zurück. Die letzten Lebensjahre verbrachte S. auf seinen Gütern bei Rom und in Kampanien mit reger schriftstellerischer Tätigkeit. Im April 65 nahm er sich auf Befehl Neros wegen angeblicher Beteiligung an der pisonischen Verschwörung das Leben. Wahrscheinlich war S. zweimal verheiratet und hatte aus erster Ehe zwei Kinder. Sein Gesundheitszustand war schwächlich, als junger Mann war er brust-, als Greis herzleidend. In der Jugend trug er sich mit Selbstmordabsichten.

[2] *Philosophische Werke:* Der unvollständig erhaltene literarische Nachlaß gliedert sich in Prosaschriften und Dichtungen (einschließlich der Apocolocyntosis). *Prosawerke:* Sie gehören der philosophischen Literatur an und behandeln Fragen der praktischen Ethik und in geringerem Maß naturphilosophische Probleme. Für die → Logik hatte S. nur geringes Interesse, obwohl er mit den einschlägigen Fragestellungen durchaus vertraut war. S. war kein selbständiger Denker, sondern arbeitete mit Gedankengut meist altstoischer, seltener mittelstoischer Herkunft. Der Lehre → Epikurs stand er freundlicher als andere Stoiker gegenüber, kannte aber in den Grundfragen keine Kompromisse. Quellenanalytische Untersuchungen sind nicht leicht zu führen, haben jedoch einige sichere Ergebnisse erbracht. Der Form nach gehören die Schriften zur Gattung der von → Bion (1) von Borysthenes (1. H. 3. Jh.) geschaffenen → Diatribe, einer volkstümlichen Sittenpredigt, die aus den Traditionen des rhetorischen Schauvortrags und des philosophischen → Dialogs zusammengewachsen ist. Eines der Hauptkennzeichen ist der imaginäre Gesprächspartner, ein blutleerer Schemen, dessen Einwürfe und Fragen die treibende Kraft der Gedankenentfaltung sind. 10 der Prosaschriften (Über Vorsehung, Standhaftigkeit des Weisen, Zorn, Trostschrift an Marcia, Über Glück, Muße, Frieden des Gemüts, Kürze des Lebens, Trostschrift an Polybios und an Helvia) sind in der Überlieferung zur Sammlung der ‹*Dialoge*› zusammengefaßt. Auch auf die übrigen Werke (Über Milde, Wohltaten; Naturforschungen) ist die Bezeichnung anwendbar. Selbst die *Briefe* sind ihrem Wesen nach eng verwandt. Diese sind das reifste Erzeugnis des Schriftstellers, der vollkommene Spiegel seines reichen Geistes, seiner ausgebreiteten Lebenserfahrung und tiefen Menschenkenntnis, seines ernsten Ringens um sittliche Wahrhaftigkeit und innere Freiheit. Bisweilen wachsen sie sich zu lehrhaften Abhandlungen aus; daher die öfters vertretene Meinung von ihrem fiktiven Charakter. S. ist einer der größten Meister der lat. Sprache. Ständige Selbstbeobachtung befähigte ihn, in nuancierter Sprache feine Regungen des Seelenlebens auszudrücken (→ Selbstdarstellung). Sein Stil ist bilder- und figurenreich, geistsprühend, oft von sittlichem Pathos geschwellt, nicht selten satirisch, was sich bis zum blutigen Sarkasmus steigern kann. Sinn für Humor zeigt sich namentlich in den Briefen, mehrfach in der liebenswürdigen Form der Selbstpersiflage. Die Zeitgenossen bewundern vor allem den Schriftsteller, die Kirchenväter und das Mittelalter den Sittenprediger. Auch in der Neuzeit hat es nicht an Verehrern gefehlt. Seit dem 19. Jh. verblaßt sein Ruhm. Die Echtheit der Prosaschriften steht heute außer Zweifel. Die Datierung ist nicht völlig zu klären. Sichere Daten sind: dial. 6: 37–39; dial. 12: 42; dial. 11: 43; dial. 10: 49; clem.: 55/56; nat.: 62/64; epist.: 63/64; dial. 1: 64/65. Unser Text enthält einige größere Lücken.

[3] Die ‹*Apocolocyntosis*› (‹Verkürbissung›) ist ein ätzendes, ungemein geistvolles Pasquill auf den kurz vorher verstorbenen Kaiser → Claudius (41–54) in der Form einer Menippeischen Satire. S. zeigt sich hier als virtuoser Stilist. Als Beweisstück für die angebliche ‹Gesinnungslosigkeit› S.s wird sie öfters in der modernen Kritik sehr niedrig eingeschätzt.

[4] Unter S.s Namen sind 9 → *Tragödien* (Hercules furens, Troades, Phoenissae, Medea, Phaedra, Oedipus, Agamemnon, Thyestes, Hercules Oetaeus) und eine Prätexta, Octavia, überliefert. Die Echtheit ist heute nur noch für den ‹Hercules Oetaeus› und die Praetexta strittig, für die übrigen wird sie allgemein zugestanden. Das künstlerische Interesse konzentriert sich nicht auf die Führung der äußeren und inneren Handlung, das kunstvolle Schürzen und Lösen des dramatischen Knotens, eine allseitige Zeichnung und Entwicklung der dramatischen Charaktere, sondern die wirkungsvolle Darstellung zerstörerischer Leidenschaften, von Eifersucht, Wahnsinn, Sinnengier, Machthunger usw. S. gebraucht gern gräßliche und unheimliche Motive entsprechend der Gesamtrichtung auf das Grandiose. Mit der Verlagerung des Schwerpunkts hängen die beobachteten Kompositionsmängel zusammen. An die Regel der Einheit von Ort und Zeit bindet S. sich nicht streng. Das von der hellenistischen → Poetik formulierte Gesetz der 5 Akte wird gelegentlich verletzt. Der einzelne Auftritt wird mit höchstens 3 Sprechern bestritten. Die Trauerspiele nehmen Dramen des → Euripides, → Sophokles und → Aischylos zum Vorwurf. Wie weit daneben die röm. Tragödie eingewirkt hat, ist eine offene Frage. S. steht den Vorbildern sehr frei gegenüber. Ob seine Dichtung primär bekenntnishaft ist, steht nicht fest. Daß er das philosophische Gedankengut seiner Prosawerke (auch epikureischen Ursprungs) bei der Gestaltung reichlich verwertet, ist unbestreitbar. Aber die Dramen als Ganzes sind nicht der kunstgewordene Ausdruck seiner stoischen Weltanschauung. Sittliche Wahrheit und ästhetische Schönheit

sind nicht zu nahtloser Einheit verschmolzen. Sprache und Stil verleugnen ihre Verwandtschaft mit der Ausdrucksform der Prosawerke nicht; in Wortschatz und -bildung, Morphologie und Syntax macht zudem der tragische Stil seinen Einfluß geltend. Die Stücke waren wahrscheinlich zur → Rezitation bzw. zum Lesen bestimmt. Ihre Nachwirkung seit dem 14. Jh. ist gewaltig. Mit dem Aufkommen des klassisch-romantischen Dichtungsideals sinkt ihre Wertschätzung. Seit einigen Jahrzehnten ist ein gewisser Wandel eingetreten. – Die *Octavia*, die einzige erhaltene → Prätexta, kreist um das unglückliche Schicksal von → Neros Gemahlin. Die Unechtheit wird meist gefolgert aus einer Prophezeiung von Neros Tod (die die Kenntnis des geschichtlichen Vorgangs vorauszusetzen scheint) und der im Vergleich zu den übrigen Tragödien merklich schwächeren Sprachkraft. – Die Autorschaft der *Epigramme* (drei von ihnen sind unter S.s Namen überliefert) ist skeptisch zu beurteilen.

[5] Neben → Paulus (1) ist S. der bedeutendste Geist seiner Epoche. An Geschichtsmächtigkeit kann er sich mit dem Apostel nicht messen. Trotz mancher Berührung sind die geistigen Welten der beiden Männer abgrundtief verschieden. Daseinsmitte beim einen ist das ewige Heil, die Gotteskindschaft; beim anderen das zeitliche, die reine Ausbildung der vernünftigen Natur des Menschen. Die Lebenswege der beiden haben sich nicht gekreuzt. Der Briefwechsel zwischen ihnen, den → Hieronymus und → Augustinus für echt hielten, ist apokryph. Das Zentrum von S.s Stoa-Erlebnis liegt in seinem heroisch-tragischen Lebensgefühl: vivere militare est. Bei aller Offenheit für die majestätische Schönheit des gestirnten Himmels und die Herrlichkeit der Erde wird das Dasein als eine Bedrohung des Ich erlebt. Die zahllosen Formen der Gefährdung sind ebenso viele Masken des Todes. Darum lautet das oberste Gebot: contemne mortem. In der Bereitschaft zum Tod vollendet sich das Wesen des Menschen. Die Überwindung des leiblichen bedeutet die Befreiung des geistigen Selbst. Diese Überzeugung hat S. nicht nur gelehrt, sondern auch gelebt. Der Selbstmordbefehl Neros traf vielleicht einen Nichtsahnenden, aber keinen Ungerüsteten. Er schritt in den Tod, wie er vom Weisen fordert, certo gradu. K.A.

Ed: Philos. Schriften: Ed. princ. Neapel 1475 – E. Hermes, 1905 (dial.) – C. Hosius (1900), 1914^{2} (benef. clem.) – O. Hense (1898), 1914^{3} (epist.) – P. Oltramare, 2 Bde, 1929 (nat.) – *Apocolocyntosis:* C.F. Russo (1948), 1961^{3} – *Tragödien:* Ed. princ. Ferrara 1484 – F. Leo, 2 Bde, 1878f. – L. Herrmann, 2 Bde (1924/26), 1961^{3} – *Index* (Trag.): W.A. Oldfather, A.S. Pease, H.V. Canter (1918), 1964^{2} – *Übers: Philos. Schr.:* O. Apelt, 4 Bde, 1923/24 – *Apccol.:* O. Weinreich, 1923 – *Trag.:* W.C. Swoboda, 3 Bde 1825 – Th. Thomann, I, 1961 – *Lit:* G. Misch, Gesch. der Autobiographie I (1907), 1949/1950^{3} – E. Albertini, La composition dans les ouvrages philosophiques de S., 1923 – L. Herrmann, Le théâtre de S., 1924 – *Bibliogr.:* A.L. Motto, Recent scholarship on S.s prose works 1940–57, ClW 54, 1960, 13–18. 37–48. 70f.; Addenda ebd. 111f. – M. Coffey, S.s tragedies 1922–55, Lustrum 2, 1957, 113–186 – Ders., Apocolocyntosis 1922–58, Lustrum 6, 1961, 239–271 – Hg. Cancik, S.s Epistulae Morales, Diss. Tübingen, 1965.

Senecio → Herennius.

Senf (*σίναπυ, νᾶπυ*, sinapi), als Gewürzpflanze kultiviert, galt als kräftiges Mittel gegen Schlangenbiß. Pythagoras soll den S. als das beste aller Kräuter bezeichnet haben. *σίναπι* (*νᾶπυ*) *βλέπειν* war Bezeichnung für ein Sauergesicht (Aristoph. equ. 631). Das S.-Korn-Gleichnis Matth. 13, 31f. bezieht sich auf die bedeutende Höhe der in Palästina verbreiteten S.-Pflanze, nicht auf den S.-Baum (Salvadora persica L.) Vgl. → Kresse; → Flora. J.W.

Lit: Murr, Pflanzenwelt, 181 – A. Steier, RE Suppl. 6 (1935), 812–816.

Sennacherib → Sanherib.

Senonen, kelt. Stamm, dringen um 400 v. Chr. mit anderen → Kelten in Italien ein, siedeln sich bei → Ancona an. Der in Gallien verbliebene Teil an der mittleren Seine wurde von → Caesar i. J. 53 v. Chr. befriedet (Gall. 6, 4). Vorort → Agedincum (Kt. 1019 D 3). L.B.-H.

Lit: s. zu → Kelten.

Sentius Saturninus, C., cos. 19 v. Chr., homo novus, Verwandter der Sentia, der Schwiegermutter Octavians. Als Sohn des S. Saturninus Vetulo (?) durch den Frieden von Misenum restituiert. Danach Anhänger Octavians (→ Augustus). Während seines Konsulates, das er bis ca. September allein bekleidete, kam es bei den Konsulwahlen zu Unruhen, die er unterdrückte (Kandidatur des M. → Egnatius (3) Rufus). 17 v. Chr. als XV vir sacris faciundis bei den Säkularfeiern. Prokonsul von Africa ca. 14/13, Legat von Syrien ca. 9–6. S. kämpfte 4–6 n. Chr. als Legat des Rheinheeres unter → Tiberius (1), nahm am Markomannenzuge teil und erhielt die Triumphalornamente. Er starb wahrscheinlich um 20 n. Chr. S. wird von → Velleius wiederholt und mit besonderem Lobe erwähnt (2, 92, 1ff.; 2, 105, 1f.). U.Wm.

Lit: R. Syme, Roman Revolution (1939), 1952^{2}, Ind. S. 562 – Ders., The Stemma of the Sentii Saturnini, Historia 13, 1964, 156–166.

Sentius, vgl. auch → Augurinus.

Septemviri epulones, röm. Priesterkollegium, im J. 196 v. Chr. geschaffen, um die → Pontifices zu entlasten (Liv. 33, 42, 1). Sie organisierten das Festmahl für Jupiter (Epulum Iovis; → Göttermahl) während der Ludi → Romani am 13. Sept. und der → Ludi plebei am 13. Nov. Sie waren ursprünglich drei; dann wurde ihre Anzahl auf sieben erhöht, daher der Name, den sie auch beibehielten, als → Caesar die Mitgliederzahl auf zehn festsetzte (Dio Cass. 43, 51, 9). Wahrscheinlich haben sie auch andere sakrale Pflichten erfüllt, namentlich bei den Spielen und Lectisternien. H. Le B.

Septenar, ‹trochäischer S.›, 8 *tro* $P_{\wedge}$ ||, das trochäische Maß des Sprechverses der röm. → Komödie. Ein katalektisches, achtfüßiges Metrum: ⏕ ⏕, ⏕ ⏕, ⏕ ⏕, ⏕ ⁝ (⏕), ⁝ ⏕ ⏕, ⏕ ⏕, ⏕ ⏑, – ||. Zum einzelnen → Senar. J.W.H.

Lit: F. Crusius-H. Rubenbauer, Röm. Metrik (1929), 1961^{6}, 72ff. – Halporn-Ostwald, 21f.

Septimius, L., angeblicher Verfasser des unter dem Namen des → Diktys gehenden mythologischen Romanes. R.Hl.

2. **S. Serenus**, 2. Jh. n. Chr., poeta novellus, Zeitgenosse des → Terentianus Maurus. Seine ‹Opuscula ruralia› führten die Tradition der ‹Falisca› des → Annianus fort (anders Castorina, 144ff. 167ff., der neben den ‹Opuscula ruralia› noch eine ‹Falisca› betitelte Dichtung für S. ansetzt; doch vgl. L. Müller, RhM 25, 1870, 337–344). Die erhaltenen Fragmente lassen eine virtuose Behandlung mannigfacher metrischer Formen erkennen und zeichnen sich durch gezierte Eleganz in der Diktion und preziöse Klang- und Wortspiele aus. W.Sch.

Ed: FPL, ed. Morel, 144–148 – *Lit:* E. Diehl, RE 2 A 2 (1923), 2562f. – E. Castorina, I ‹Poetae Novelli›, 1949, 164–190.

3. **S. Severus** (L. Septimius Severus Pertinax), röm. Kaiser 193–211. – Geb. 11. 4. 146 in Leptis Magna, juristische Studien in Rom, Quästor in Sardinien, 178 Prätor, Statthalter der Lugdunensis; zweite Ehe mit → Iulia (6) Domna (Stammbaum → Severer), 190 Konsul, Statthalter von Oberpannonien. Nach Ermordung des → Pertinax am 9. 4. 193 in Carnuntum zum Kaiser ausgerufen. Offensive gegen → Didius (3) Julianus, 9. 6. Einzug in Rom. Bildung einer neuen, verstärkten Prätorianergarde, bes. aus illyrischen Truppen. Konsekration des Pertinax, als dessen Erbe S. zunächst auftritt; Versuch, Senat und Volk von Rom für sich zu gewinnen, nur teilweise erfolgreich. → Clodius (4) Albinus durch Erhebung zum Caesar zufriedengestellt. – Vormarsch gegen → Pescennius Niger 193/194 mündet nach Siegen bei Perinth, Nicaea und Issos und Nigers Untergang (Herbst 194) in Strafexpeditionen. 195 Unterwerfung von Osrhoëne und Adiabene. Aufteilung → Syriens in die beiden Provinzen Coele (Norden) und Phoenice (Süden). 196 Fiktion der Zugehörigkeit zum antoninischen Haus, → Caracalla wird Caesar, Bruch mit Clodius Albinus. Rückkehr nach Rom, Zug nach Gallien, Vernichtung der Armee des Clodius Albinus bei Lugdunum (19. 2. 197).

DIE SEVERER

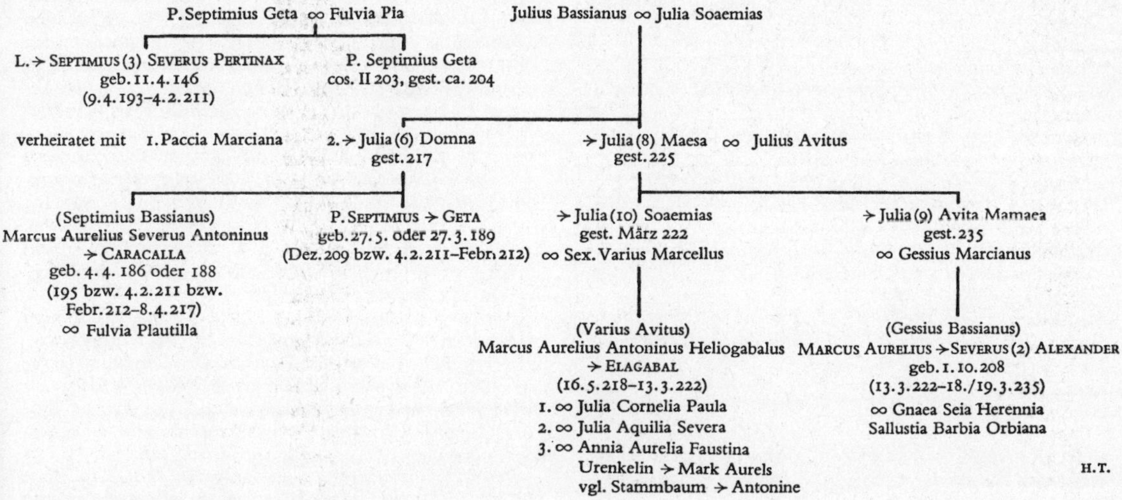

H. T.

Aufteilung Britanniens in zwei Provinzen. – 197 Angriff der *Parther* unter → Vologaeses IV. auf Nisibis, 198 Partherfeldzug. Einnahme von Seleukeia, Babylon, Ktesiphon. Annahme des Siegerbeinamens Parthicus maximus. Caracalla wird Augustus, → Geta Caesar. 199 → Mesopotamien Provinz. Bis 202 Aufenthalt in Palästina und Alexandria, 202–208 zumeist in Rom. 203 Besuch Africas. 204 Säkularfeier. 205 Sturz des → Plautianus. 208 Aufbruch zum Britannienfeldzug, Wiederherstellung des Hadrianwalles, Vorbereitung eines Angriffs gegen die Kaledonier. Gest. 4. 2. 211 in → Eboracum (York).

[2] *Innere Politik:* Umwandlung des Prinzipats zur offenen Militärmonarchie. Nivellierung der Unterschiede zwischen Italien und den Provinzen: Legion in Albanum bei Rom. Abwendung vom anfänglich opponierenden Senat, Aufnahme von Orientalen. Verstärkte Heranziehung von Rittern in Spitzenstellungen: vicarii in Provinzialverwaltung, Kommandeure der 3 neuen Legionen. Zugeständnisse an Soldaten (Ehe während der Dienstzeit, goldener Ring, Solderhöhung, Verbesserung der Zivilversorgung, Aufnahme der Centurionen in Ritterstand). Bodenständigkeit der Grenztruppen. – Neuordnung der zentralen Finanz- und Vermögensverwaltung. Trennung von kaiserlichem Privatvermögen (res privata) und Krongut (patrimonium). Erweiterung der Kompetenzen des Prätorianerpräfekten durch Zuweisung der Kriminalgerichtsbarkeit Italiens außerhalb der 100-Meilen-Grenze um Rom und Kontrolle der Versorgung (annona). Ausbau der kostenlosen Lebensmittelverteilung in Rom. Intensivierung der Rechtspflege (vgl. → Papinianus). – Für *Städte* großzügige Verleihung des ius italicum (Karthago, Tyros) und des Ehrentitels colonia (Palmyra, Emesa, Singara, Edessa u. a.). Alexandria erhält Boulē (Stadtrat), städtische Organisationsform auch für ägyptische Gauhauptorte. – Ausbau der Polizei. Scharfe Verfolgung der politischen Gegner, umfangreiche Konfiskationen. Z. T. hohe Belastung durch Erhebung der Naturalsteuer (annona militaris). – 201 Verbot des jüd. Proselytismus, auch auf Christen ausgeweitet. 203 Martyrium der Perpetua und Felicitas (→ Märtyrerakten; → Christenverfolgungen). – *Persönlich* ist der romanisierte Afrikaner eine achtunggebietende Gestalt, verschlagen, der → Astrologie ergeben, tapfer. Umsichtige Planung und rücksichtslose Neuordnung im Sinne des Rats an die Söhne: «Seid einig, bereichert die Soldaten, verachtet alles andere» (Dio 76, 15). K. Chr.

Q: Dio 73–76 – Hdn. 2–3 – Hist. Aug. Spart. Sev. – *Lit:* M. Platnauer, The Life and Reign of the Emperor L. S. S., 1918 – J. Hasebroek, Unters. zur Gesch. d. Kaisers S. S., 1921 – F. Altheim, Niedergang d. alten Welt II, 1952, bes. 255 ff.

Septimius-Severus-Bogen, dreitoriger → Triumphbogen auf dem Forum Romanum (→ Rom, 2663/64), 203 n. Chr. zu Ehren des Kaisers und seiner Söhne Caracalla und Geta (dessen Name nach seiner Ermordung getilgt wurde) errichtet, zeigt auf Reliefs die Feldzüge gegen Parther und Araber. Auf der Attika stand nach Ausweis von Münzen ein von 6 Pferden gezogener Siegeswagen. H. v. H.

Q: CIL VI 1033 – *Abb u. Lit:* Nash I 126–130, Abb. 133–139.

Septuaginta. Nach der Legende (→ Aristeasbrief) ließ Ptolemaios II. Philadelphos (285–246 v. Chr.) den hebr. Pentateuch durch 72 Juden ins Griechische übersetzen; daher der Name S., den die Kirchenväter auf das ganze AT ausdehnten. Sicher ist, daß man – ausgehend von der → Tora – 1. H. 3. Jh. v. Chr. begann, die heiligen Schriften für Synagoge und Haus zu übertragen. Das alexandrinische AT wurde, da von den Christen übernommen, nach 70 in Jamnia (→ Judentum B 6) exkommuniziert und durch Aquila (Schule Akibas; um 130), Theodotion (Revision älterer S.-Texte; 2. H. 2. Jh.) und Symmachus (rabbinisch beeinflußt; um 170) ersetzt. → Origenes revidierte 240–245 den vulgären S.-Text nach dem rabbinischen Kanon an Hand seiner Hexapla (6 und mehr Textkolumnen: 1. Hebr., 2. Hebr. in griech. Umschrift, 3. Aquila, 4. Symmachus, 5. S., 6. Theodotion, evtl. 7. Quinta usw.; daneben Tetrapla: 3.–6. Kolumne). Fraglich ist, ob die 5. Kolumne bereits die sog. hexaplarische S. enthielt oder ob Origenes letztere erst auf Grund der Hexapla als selbständige Rezension ediert hat. Durchgesetzt hat sie sich nicht; spätere Rezensionen sind die des Lukian (gest. 312) und Hesichios (ungreifbar). – Umstritten ist, ob es je eine *Urseptuaginta* gab (P. de Lagarde u. a.) oder ob am Anfang unterschiedliche Übersetzungen einzelner Bücher standen (P. E. Kahle). Ein Beispiel der Probleme: nach den → Qumrān-Fragmenten, die noch vor der Normierung des → masoretischen Textes (M) liegen (→ Judentum B 6), setzt der S.-Pentateuch eine nicht mit M bzw. seinem Vorläufer identische Vorlage getreu voraus; ebenso die Samuelisbücher. Vom Jeremiasbuche existierten eine längere und eine kürzere Ausgabe; erstere ist in M kanonisiert, letztere lebt in S. fort. R.M.

Lit: P.E.Kahle, Die Kairoer Genisa, 1962, 222–279 – O.Eißfeldt, Einl. in das AT (1934), 1964³, § 121 (Lit).

Sequana, die Seine, im Altertum wichtiger Wasserweg für den Frachtverkehr, der u.a. durch ein Weihrelief der nautae Parisiaci (→Lutetia) bezeugt ist. Eine Göttin S. wurde an den Quellen verehrt. L.B.-H.

Sequaner, kelt. Stamm, siedeln im 1.Jh.v.Chr. zwischen Saône und westl. Schweizer Jura (Kt. 1019 E4), riefen 72 v.Chr. →Ariovist gegen die →Haeduer nach Gallien. Vorort das in einer Schleife des Doubs liegende Vesontio (Besançon). Die Gebiete der S., der →Helvetier und der Rauriker wurden im J.297 n.Chr. zur Provinz *Sequania* oder *Maxima Sequanorum* zusammengefaßt. L.B.-H.

Lit: s. zu →Kelten, →Gallien.

Sequester →Vibius.

Serapeum, Anlage für das Begräbnis der Apis-Stiere bei →Saqqara (Kt.29 C3), begonnen von →Amenophis III. Zunächst wurden bis →Ramses II. 9 Stiere in Einzelgräbern beigesetzt, dann bis →Psammetich I. 28 Stiere in einer Galerie in Holzsärgen. Psammetich I. legte eine weitere große Galerie an, in der die Stiermumien bis in die Zeit der Ptolemäer beigesetzt wurden, seit →Amasis in Steinsarkophagen. W. Hk.

Serapio →Cornelius.

Serapion von Alexandria, empirischer Arzt um 200 vor Chr., Nachfolger des →Philinos (2) v.Kos, hat offenbar noch schärfer als dieser den Charaker der →Empirikerschule geprägt. Bekannt 2 Titel, *Πρὸς τὰς διαιρέσεις* und *Θεραπευτικά* (nur wenige Fragmente). F.K.

2. **S. von Antiochia,** mathematischer →Geograph, ca. 2.H.2.Jh.v.Chr., wahrscheinlich Schüler des →Hipparchos (3), Verfasser astronomischer Handtafeln zur Umrechnung bürgerlicher in astronomische Stunden, auch als →Astrologe tätig. S.S.

Lit: A.Klotz-W.Kroll, RE 2 A 2 (1923), 1666f.

Serapis. [1] Seit der 18.Dyn. verehrte man bei Memphis den verstorbenen →Apis-Stier als Osiris-Apis. Diese Gestalt wurde von →Ptolemaios I. zum Gott für Griechen und Ägypter zugleich gemacht, indem das Äußere nach Zeusbüsten geformt wurde. Als pantheistischer Allgott verbreitete sich S. weit über die Grenzen des Ptolemäerreiches. Hauptkultstätten waren in Alexandria und im →Serapeum bei Saqqara. W. Hk.

[2] In die *griech. Welt* dringt S. (auch Sarapis) zunächst überraschend schnell ein; sein Kult ist bes. in der Zeit der größten Macht der Ptolemäer (286–246) weit über Ägypten hinaus verbreitet. Später ist ein gewisser Rückgang wahrnehmbar, doch bleibt S. bis tief in die Kaiserzeit neben Isis der weitaus verbreitetste unter den ägypt. Göttern. Vieldiskutiert, aber doch wohl eine Tendenzerfindung ist die Überlieferung, daß Ptolemaios I. durch ein Traumgesicht veranlaßt wurde, den Kult des S. aus Sinope am Pontos nach Ägypten zu verpflanzen (Tac. hist. 4, 83 f.). In Athen ist S. schon dem Menander bekannt (Pap. Ox. 1803, 8), von etwa 215 v. Chr. ist ein Kultverein der ‹Sarapiastai› bezeugt. Einen Tempel des S. verzeichnet Paus. 1, 18, 4; weitere Heiligtümer nennt er für Korinth (2, 4, 6), Sparta (3, 14, 5), das lakonische Oitylos (3, 25, 10), Patrai (7, 21, 13), Kopai in Böotien (9, 24, 1). Vielfach steht S. in Kultgemeinschaft mit →Isis. Die Insel Delos hat von 220 v. Chr. an nicht weniger als drei Tempel des S. besessen, der Kult im größten von ihnen wurde 166 v. Chr. von Athen als Staatskult übernommen und zeitweilig sehr aufwendig ausgestaltet. Angesehen war auch der Kult in Lindos (Rhodos). In der Kaiserzeit war die weder in der ägypt. noch in der griech. Religion sicher fixierte Gestalt des S. bes. geeignet, mit allen möglichen andern Göttern identifiziert und spekulativ ausgedeutet zu werden. – Im *Westen* ist sein Kult meist von vornherein mit dem der Isis verbunden. Doch ist ein Sonderkult für →Puteoli schon im 2.Jh.v.Chr. bezeugt. Der erste Staatstempel des S. zusammen mit Isis scheint in Rom um die Mitte des 1.Jh.s v.Chr. auf dem Marsfeld, also außerhalb des Pomeriums, errichtet worden zu sein (Ios. BJ 7, 123; Apul. met. 11, 26). Einen großen S.-Tempel innerhalb des Pomeriums auf dem Quirinal erbaute →Caracalla. Ein Sonderfest ‹Sarapia› ist für den 25. Apr. belegt, doch tritt es gerade in Rom hinter den Isisfesten weit zurück. O.G.

Lit: P.M.Fraser, Two studies on the cult of S., Opusc. Athen. 3, 1960, 1ff. – K.Schefold, Zur hellenist. Theologie Alexandrias, in: Antidoron Salin, 1962, 167–181 – Vgl. →Orient und Antike.

Serdāb, arabischer Ausdruck für einen Statuenraum in ägypt. →Grabanlagen. Häufig unzugänglich, jedoch mit der Außenwelt durch schmale Schlitze verbunden, durch die man den Statuen Räucheropfer darbringen konnte. W. Hk.

Serdica, Stadt in →Thrakien (Kt.2209 D5; heute Sofia). Seit Diokletian Vorort der Provinz Dacia mediterranea. 344 n.Chr. Konzil von S. Geburtsort der Kaiser →Maximinus (2) Thrax und →Galerius (1). Röm. Münzstätte. Neubefestigung unter Justinian. Wie der mittelalterl. Name der Stadt Sredec beweist, lebte die antike Stadt weiter. B.S.

Lit: V.Velkov, Die thrak. u. dak. Stadt in d. Spätantike, 1959 (bulg.).

Serenus (oder Serenius), Quintus (oder Quinctius), spätlat. (nicht später als 4.Jh.) Verfasser einer ‹Liber medicinalis› betitelten versifizierten Rezeptsammlung, die neben medizinischen auch magische Anweisungen (so in Nr. 51) enthält. Zu seinen Quellen gehören →Plinius (1) d.Ä. und →Dioskurides (2); ob diese Autoren freilich mittelbar (so Plinius über die →Medicina Plinii benannte Kompilation) oder unmittelbar benutzt sind, ist umstritten. Die oft geäußerte Vermutung einer Identität dieses S. mit dem aus der Historia Augusta als Dichter bekannten jüngeren Serenus →Sammonicus (Hist. Aug. Alex. Sev. 30, 2; vgl. Gord. 18, 2), dem Sohn des bekannten gleichnamigen Polyhistors, entbehrt der zwingenden Beweiskraft. W.Schm.

Ed: F.Vollmer, CML II 3, 1916 (Nachtr. Philol. 75, 1918, 128–133) – R.Pépin, 1950 (m. Einl., Übers. u. Komm.) – *Lit:* F.E.Kind, RE 2 A 2 (1923), 1675–77.

2. **S. Sammonicus,** dem Kaiser →Septimius (3) Severus nahestehender Gelehrter, 212 von Caracalla getötet. S. besaß eine Bibliothek von 62000 Büchern und schrieb selbst viel; nichts ist erhalten. Nur der Titel einer Sammlung von Kuriositäten ist bekannt, ‹Rerum reconditarum libri›. Sie hat als Quelle für Macrobius (Sat. 3, 13–18) gedient. S. ist wahrscheinlich nicht mit dem Verfasser des ‹Liber medicinalis› identisch (vgl. Q. →S., 1). G.B.

Lit: Schanz-Hosius, III 180 – F.Kind, RE 2 A 2 (1923), 1675.

3. **S. von Antinoeia,** →Mathematiker, 4.Jh.n.Chr., schrieb über Zylinder- und Kegelschnitte. Ein Kommentar zu den →Kegelschnitten des →Apollonios (15) v.Perge ist verloren. H.G.

Ed: J.L.Heiberg, 1896 (Zyl.- und Kegelschnitte) – *Übers:* P. ver Eecke, 1929 (franz.).

Serenus, vgl. auch →Septimius.

Serer (von altchines. *sir*, korean. *sil*, Seide), die Seidenleute, d.h. die Chinesen: →China, →Seide.

Sergius von Zeugma (Kommagene), Sohn des Aphthonios, bekleidete hohe Staatsämter unter Anastasios I. S. schrieb u.a. eine Verteidigung des Advokatenstandes gegen Aelius →Aristeides (2). W.Sp.

Lit: Fluß, RE 2 A 2 (1923), 1689.

Sergius, vgl. auch →Catilina.

Serpentin (*ὀφίτης*), Steinart, so genannt wegen seiner der Schlangenhaut ähnlichen Flecken. Plinius unterscheidet eine weiche, weiße und eine harte, schwärzliche Art. Auf Tenos wurde ein lauchgrüner S. gebrochen. Im ‹grünen

Porphyr› (Blümner) erkennt Lepsius eine S.-Breccie. Wertvolles Bau-, jedoch kein Statuenmaterial. C.K.

Q: Plin. nat. 36.56 – *Lit:* Blümner, Technologie III 19. 25ff. – K. Fiehn, RE 3 A 2 (1929), 2272f., s. v. Steinbruch.

Serratus, von serra, ‹Säge›. So werden bei Tac. Germ. 5 die am Rande sägeartig gezahnten röm. → Denare der Republik genannt. Diese werden, nach H. Mattingly anscheinend schon von 125 v. Chr. an, in vier verschiedenen Perioden ausgegeben, und zwar für den Umlauf in Gallien und anderen barbarischen Gebieten, was durch Funde bestätigt worden ist. Der Zweck der Zahnung war, die Denare als guthaltig und nicht als → Subaerata visuell nachzuweisen, da hierdurch ja der Kern des Schrötlings sichtbar gemacht wurde. – Vor den röm. S. hatten schon die Karthager Silbermünzen von ca. 13 g und Elektron von ca. 3 g auf gezahnten Schrötlingen geprägt. – In der hellenistischen Münzprägung Makedoniens und Syriens kommen im 2. Jh. v. Chr. gezahnte Bronzeprägungen vor. W. Schw.

Lit: Babelon, I 383. 585. 619–623 – K. Regling, RE 2A 2 (1923), 1743f. – H. Mattingly, Roman Coins (1928), 1960², 76. 88f. – Ders., Num. Chron., 1924, 31–52 – K. Regling, in: v. Schrötter, 628.

Sertorius, Q. (quaest. 90 v. Chr.), röm. Ritter, seit 104 im Heer des C. → Marius (1). Bei der Bewerbung ums Tribunat (um 88) fiel S. auf Betreiben → Sullas durch. Er schloß sich daraufhin Marius und → Cinna an, ohne deren radikale Politik zu unterstützen. 83 ging er als Statthalter nach Hispania citerior; 81 mußte er die Provinz vor dem sullanischen Nachfolger wieder verlassen. In Nordafrika folgte er der Aufforderung lusitanischer Gesandter, ihr Volk im Freiheitskampf gegen Rom zu führen. 77 war die Eroberung von Hispania citerior vollendet; sein Ziel für 76 war, → Pompeius' Vorrücken an der Ostküste zu hindern. Trotz wechselnder Erfolge (Siege des S. bei Lauro und Suero, Niederlage der Lusitaner bei Segovia) konnte S. die Gegner zur Räumung der Ostküste zwingen. Als Pompeius von 74 an siegreich blieb, wandten sich Iberer und Römer von S. ab. 72 wurde er das Opfer einer Verschwörung (→ Perperna (2) Veiento). S. war ein ausgezeichneter Feldherr; er wurde von den Iberern und vielen Römern geachtet. Sullas Politik und Herrschaft hat er nie anerkannt; er betrachtete sich und seine Anhänger als legitime Gegenregierung. G. G.

Q: Plut. Sert. – Sall. hist. passim – *Lit:* A. Schulten, RE 2 A 2 (1923), 1746–53.

Sertorius, vgl. auch → Macro.

Serubabel, Davidide, unter → Dareios I. Kommissar für die Rückführung von ca. 40000 Juden aus dem babylon. Exil (522/521 v. Chr.) und den Wiederaufbau des Tempels (begonnen 520, vollendet 515). Zu den mit S. verbundenen, jedoch nicht verwirklichten Hoffnungen auf Wiederherstellung des davidischen Königtums vgl. Sach. 6,9 bis 14. S. auch → Judentum B [2]. R. M.

Servasius (oder Sebastus?) *Junior*, Sulpicius Lupercus, Verfasser einer Ode auf die Vergänglichkeit und einer elegischen Invektive auf die Habsucht. S. lebte in der Völkerwanderungszeit. Seine Gedichte sind in klassizistischer Manier abgefaßt. W. Sch.

Ed: Anth. Lat. I 2, Nr. 648f. – J.W. u. A.M. Duff, Minor Latin Poets, 1935, 576–581 (mit Übers.).

Servianus → Julius.

Servilia, Tochter des Q. Servilius Caepio und der Livia, Stiefschwester des → Cato (2) Uticensis; ca. 85–77 verheiratet mit M. → Junius (1) Brutus, dann bis 61 mit D. → Junius (10) Silanus. Sohn aus erster Ehe: M. → Brutus (2), der Caesarmörder; drei Töchter aus zweiter Ehe heirateten M. Aemilius → Lepidus, P. → Servilius (9) und C. → Cassius (8). Sie war die Geliebte Caesars und hat mehrfach, bes. 44/42, großen Einfluß auf die Politik ausgeübt. Chr. M.

Servilius Ahala, C. (mag. equ. 439? v. Chr.), tötete den Sp. → Maelius, der des Strebens nach der Alleinherrschaft verdächtig war. Nach der wahrscheinlich älteren Version war S. wegen seiner Jugend vom Senat dazu bestimmt worden, nach der jüngeren erschlug S. den Maelius als magister equitum des Diktators L. Quinctius → Cincinnatus, als jener sich weigerte, vor dem Gericht des Diktators zu erscheinen. Vorgang kaum historisch, Erzählung in der Gracchenzeit ausgeschmückt. R. W.

2. **S. Caepio,** Q. (praet. 109 v. Chr., cos. 106), triumphierte 107 über die Lusitaner. S. brachte 106 eine lex iudiciaria ein, die Senatoren und Rittern gleichen Anteil an den Richterkollegien gab (Cic. inv. 1, 92; de orat. 2, 199f.). Er hob damit eine Neuerung des C. → Gracchus (2) auf (wenn auch nur für kurze Zeit). 105 verhinderte S. beim Angriff der Kelten aus Stolz gegenüber dem Emporkömmling Mallius Maximus, der Imperator war, eine einheitliche Kriegführung, was zur Niederlage der Römer bei Arausio (Orange) führte. S. verlor das prokonsularische Imperium, er wurde 103 verurteilt und verbannt (→ Norbanus). G. G.

3. **S. Caepio,** Q. (quaest. 100 v. Chr.), Sohn des Vorigen, opponierte gegen das Getreidegesetz des → Saturninus (100). S. trennte sich von der Senatspolitik, als er 91 gegen → Livius (4) Drusus die Sache der Ritter verfocht. 90 gefallen. G. G.

4. **S. Casca Longus,** P. (tr. pl. 43 v. Chr.). Einer der Caesarmörder, er versetzte → Caesar den 1. Stoß. Ende 43 durch seinen Kollegen P. Titius vom Tribunat abgesetzt. Danach Flottenführer bei → Brutus (2); nach Philippi – wohl durch Selbstmord – geendet. Chr. M.

5. **S. Glaucia,** C. (praet. 100 v. Chr.). S. gewann den Ritterstand mit einer lex de repetundis für sich; beim Volk war er beliebt durch seine kluge und witzige Redeweise (Cic. Brut. 224). G. war ein Anhänger des → Saturninus und als Prätor (100) mit → Marius (1) dessen Verbündeter. Für 99 bewarb er sich (nach Absprache mit → Saturninus) ums Konsulat, obwohl die Verwaltung beider Ämter unmittelbar nacheinander verfassungswidrig war. In die folgenden Unruhen (C. → Memmius, 1) griff der Senat durch ein consultum ultimum ein, dessen Ausführung der Konsul Marius nicht umgehen konnte. S. und Saturninus wurden von Marius gefangengesetzt und bald darauf getötet. G. G.

6. **S. Nonianus,** M., cos. 35 n. Chr., Sohn des M. Servilius, cos. 3 n. Chr., Prokonsul von Africa ca. 46/47, gest. 59. Berühmter Redner und Historiker von kultivierter Lebensart; Patron des → Persius. U. Wm.

Lit: R. Syme, Tacitus, 1958, Ind. S. 849.

7. **S. Rullus,** P. (tr. pl. 63 v. Chr.), brachte ein Ackergesetz ein, wonach das Staatsland und anderes, noch anzukaufendes Land in Italien an arme Bürger verteilt werden sollte. Das Geld sollte aus Verkauf von Beute und Provinzialland beschafft werden. Für die Kommission waren ganz außerordentliche Vollmachten vorgesehen. Der Antrag, hinter dem → Crassus und → Caesar standen, scheiterte an → Ciceros Widerstand (3 Reden De lege agraria). Chr. M.

Lit: E. G. Hardy, Some Problems of Roman History, 1924 – M. Gelzer, Caesar (1921), 1960⁶, 38ff.

8. **S. Vatia Isauricus,** P. (ca. 134–44; cos. 79, cens. 55). Vermutlich 93 Prätor, danach lange Statthalter, ca. 88 Triumph. Als → Sullas Kandidat bei der Konsulwahl für 87 durchgefallen. Nach 87 wohl bei Sulla im Osten, 82 Sieg über die Anhänger → Cinnas bei Clusium. 78/74 Prokonsul in Kilikien, erfolgreiche See- und Landkämpfe gegen die → Seeräuber und ihre Schlupfwinkel, Unterwerfung der Isaurier. Korrekte Verwaltung der Provinz. 74 Triumph. Danach einer der angesehensten und mächtigsten Konsulare in Rom. 66 befürwortete er → Pompeius' (2) Einsetzung gegen → Mithridates VI. 63 wichtiger Ratgeber → Ciceros; bei der Wahl des Pontifex Maximus Niederlage gegen Caesar. 57 für Ciceros Rückberufung, 56 gegen die Absetzung Caesars, 55 Censur, 54 um Verständigung mit Caesar bemüht. Chr. M.

Lit: E. Badian, Notes on prov. governors from the social war down to Sulla's victory, Proc. Afr. Class. Ass. 1, 1958, 7f. – H. A. Ormerod, The campaigns of S. Isaur. against the pirates, JRS 12, 1922, 35–56

9. **S. Vatia Isauricus,** P. (praet. 54, cos. 48, 41 v.Chr.). Ca. 60 Anhänger → Catos (2), dessen Nichte Junia er heiratete. Nachdem er anfangs gegen das → Triumvirat [1] gewesen war, ging er ca. 50 zu → Caesar über. 48 unterdrückte er als Konsul die Revolte des M. → Caelius (2) Rufus. Danach Statthalter in Asia. Bedeutende organisatorische Leistungen. Nach Caesars Tod einflußreich im Senat, nahm gegen → Antonius (2) Stellung. Anf. 43 Bündnis mit Octavian (→ Augustus), der sich mit seiner Tochter verlobte. Nach der bald erfolgenden Trennung wird S. mit dem Konsulat von 41 entschädigt. Chr.M.

Servius (in Hss. auch Sergius, was eine falsche Namensform sein oder auf Verwechslung mit einem wirklichen Sergius beruhen kann), ca. 400 n.Chr., lat. Grammatiker, wirkte in Rom. Dialogpartner in den Saturnalien des → Macrobius. Sein Vergilkommentar ist in einer kürzeren und einer erweiterten Fassung überliefert. Letztere (die sog. Scholia Danielis) enthält vermutlich Teile des Kommentares → Donats (1). Sie bildet die wertvollsten Abschnitte der Erklärungen des S. S. schrieb ferner einen Kommentar zu den beiden Artes des Donat sowie drei weitere kleinere grammatische und metrische Schriften. D.F.

Ed: G. Thilo, 3 Bde, 1881–87 (Vergilkommentar; III 2 = Appendix Serviana, ed. H. Hagen, 1902) – E. K. Rand u. a., Bd. 2, 1946 – GrLat IV 405–565 – *Lit:* Schanz-Hosius II 103–105 u. IV 1, 172–177 – J. W. Jones, An analysis of the allegorical interpretations in the Servian commentary, Diss. Univ. North Carolina 1959.

2. **S. Tullius,** nach der → Romsage der sechste König, Sohn der → Ocresia, wird mit Tanaquils Hilfe König (später gleichgesetzt mit dem Mastarna der etrusk. Überlieferung: Dessau 212; vgl. → Etrusker B 7) ordnet den Staat neu: 4 städtische, 26 ländliche → Tribus, timokratische Klassenteilung (→ Centuriae, zugleich Heeresordnung), Gesetze zugunsten der Plebs, vollendet den Mauerbau und errichtet Tempel für → Diana (auf dem Aventin als Heiligtum des → Latinerbundes) und → Fortuna, stiftet → Nundinae und → Compitalien, wird ermordet von seiner Tochter → Tullia (1), der Frau des → Tarquinius (3) Superbus. C.J.C.

Sesam (*σησάμη*), im Orient heimisch, nach Linear B schon den Frühgriechen bekannt. Der Samen (*σήσαμον*) wurde im Altertum wegen seiner Würze zu Backwerk und Speiseöl verarbeitet und als Heilmittel verwendet. Auf lebengebende Symbolik der Schotenfrucht weist die Verwendung von S.-Gebäck und S.-Honig-Gemisch bei den → Thesmophorien zu Ehren der → Demeter und im → Hochzeitsritual. Vgl. → Flora. J.W.

Lit: Murr, Pflanzenwelt, 186 – A. Steier, RE 2 A 2 (1923), 1849–53 – M. Ventris-J. Chadwick, Documents in Mycenaean Greek, 1956, 131. 135. 227.

Sesklo, thessalischer Fundplatz (→ Magula auf Felserhöhung bei Volos; vgl. → Dimini), der zur Bezeichnung des thessal. wie des ganzen griech. Neolithikums verwendet wird (auch = ‹neolithische A-Stufe›). S. zeigt über den rechteckigen Steinfundamenten bzw. Steinmauern (teils annähernd quadratische, teils aneinanderschließende Räume) der S.-Stufe → Megaronanlagen (bes. das beherrschende Hauptmegaron) und ein Stück Stadtmauer der folgenden → Dimini-Periode. → Griechenland II A. W.Schg.

Lit: Ch. Tsountas, Dimini u. S. 1908 (neugriech.) – F. Schachermeyr, RE 22,2 (1954), 1363–71, s. v. Prähist. Kulturen Griechenlands – Ch. Zervos, Naissance de la civil. en Grèce I, 1962, Taf. 10–13 u. S. 76–77.

Sesostris, Name von Königen der 12. ägypt. Dynastie: S. I. (*Ḫpr-kꜣ-Rꜥ*, 1971–25), war 10 Jahre Mitregent seines Vaters Amenemhet I., begann die Eroberung Nubiens. Pyramide bei der damaligen Residenz Lischt. Sein Regierungsprogramm legte er in der sog. ‹Lehre des Amenemhet› vor. – S. II. (*Ḫꜥ-ḫpr-Rꜥ*, 1896–77), Pyramide bei Illāhūn (Fajūmausgang). – S. III. (*Ḫꜥ-kꜣw-Rꜥ*, 1877–39), Pyramide bei Dahschūr. Er galt den Späteren als der eigentliche Eroberer Nubiens, das er bis zum 2. Katarakt besetzte. Auch stieß er bis Sichem in Palästina vor. W. Hk.

Sestertius (griechisch → Nomos), aus semitertius (nummus) hergeleitet, d.h. 2½ → Asse, die kleinste röm. Silbermünze republikan. Zeit. Der S. wurde in die röm. Münzprägung aus Etrurien übernommen, wo auf Gold- und Silbermünzen u. a. auch das charakteristische Zeichen für 2½ des röm. Denarsystems (HS) vorkommt, das ¼ der Einheit ausmachte. Als röm. Rechnungsmünze ersetzte der S. den → As in der Zeit des Gaius Gracchus (123–122). Die 10 Einheiten (von 0,4 → Scripula), in die der röm. → Denar und das etrusk. sowie das Mars-Adler-Gold eingeteilt waren, bestanden jedoch noch aus Assen, und der silberne S. wog daher ein → Scripulum (1,13 g), sank aber bald beträchtlich im Gewicht. Der S. wurde als Rechnungseinheit später oft → Nummus genannt. Gegen Ende der Republik wurde indessen der silberne S. definitiv durch eine Bronzemünze mit Wertzeichen HS und Δ (= 4 → Asse) ersetzt. Augustus prägte um 23 v.Chr. schließlich den S. aus Messing (→ Aurichalcum) im Gewicht einer → Uncia (27 g). Ein → Aureus galt 100 solcher S., die bis zur Währungskatastrophe des 3. Jh.s n.Chr. mit sinkendem Gewicht weitergeprägt und als Rechnungseinheit verwendet wurden. W. Schw.

Lit: Babelon I 453. 550–553. 596. 599. 748. 753 ff. – K. Regling, RE 2 A 1 (1921), 612 – K. Regling, in: v. Schrötter, 629 – H. Mattingly, Roman Imp. Coinage I, 1923, 27 – Ders., Roman Coins (1928), 1960², 16 ff. 26 ff. 53 f. 121 ff. – R. Thomsen, Early Roman Coinage I, 1957, 45–47. 94 f. 97 f.; II, 1961, 212. 296. 401; III, 1961, 265 (Lit).

Sestius, P. (tr. pl. 57 v.Chr.). 63 Quästor des → Antonius (2), unterstützte aber → Cicero gegen → Catilina. 57 stellte er wie T. → Annius (2) Milo eine Schutztruppe auf und setzte sich für Ciceros Rückberufung aus dem Exil ein. 56 deswegen angeklagt, von Cicero (Reden Pro Sestio und In Vatinium) u. a. verteidigt, freigesprochen. Wohl ca. 55 Prätor, 49 Statthalter in Kilikien, ging 48 zu Caesar über und kämpfte mit Cn. → Domitius (9) Calvinus gegen → Pharnakes II. 46 wieder in Rom. Chr.M.

Sestos (Kt. 1152 G 2), Stadt auf der thrak. Chersones gegenüber Abydos an der engsten Stelle des → Hellesponts. → Xerxes schlug dort 480 v.Chr. seine Schiffsbrücke von Asien nach Europa; → Alexander (5) d. Gr. setzte von dort 334 nach Asien über. F.Kch.

Seth, ägypt. Gott mit dem Kopf eines Fabelwesens, ursprünglich vermutlich der vergöttlichte Wildesel. Er war einerseits Königsgott, Herr der Westwüste; galt als zauberreich, schützte Re im Sonnenschiff und wurde bes. in Ombos verehrt. Andererseits sah man in ihm als Herrn der Wüste die Verkörperung des Bösen. So wurde er zum Mörder des → Osiris und Feind des → Horus. Die Vernichtung des S. wurde zur mythischen Ausdeutung zahlreicher Rituale. Da aber semitische Einwanderer im Ostdelta während der 13. Dynastie ihren → Baal als S. ägyptisiert hatten, wurde S. unter den von ihnen abstammenden Ramessiden betont verehrt. Erst in der Spätzeit setzte sich die Verfemung des S. durch, bes. da er zum Herrn der Ägypten erobernden Fremden erklärt wurde. Bei den Griechen galt er als Typhon. W. Hk.

Sethianer, nach dem von ihnen verehrten → Seth benannte gnostische Sekte, → Christentum VI C.

Sethos I. (*Mn-mꜣꜥ.t-Rꜥ*, 1305–1290), 2. König der 19. ägypt. Dynastie, sicherte die syr. Besitzungen gegen innere (ḫapiru) und äußere Feinde (Hethiter), eroberte Qadeš zurück. Im Inneren restaurierte er die von Echnaton (→ Amenophis IV.) zerstörten Denkmäler. Er errichtete sich in → Abydos und West- → Theben eindrucksvolle Totentempel und schmückte in → Karnak einen Teil der hypostylen Halle mit Reliefs seiner Kriegszüge.

2. **S. II.** (*Wśr-ḫprw-Rꜥ*), Sohn des Merenephtah (etwa 1199–93), verheiratet mit *Tꜣ-wśr.t*, die nach dem Tode S.' II., zeitweise zusammen mit einem König Siptah, die Regierung führte. S. II. ist besonders durch Bauten in Karnak bekannt. W. Hk.

Severianus → Julius.

Severus, S. Minicius Faustinus Cn. Iulius, geb. in Dalmatien, während seiner Laufbahn (CIL III 2830) nach städtischen Ämtern und einem Legionskommando 117/118 trib. pl., danach legatus pro praetore der Provinz Dacia, 127 n. Chr. cos. suff., anschließend nacheinander Statthalterschaften in Moesia inferior, Britannien (ca. 130–133) und, wegen des → Barkochba-Aufstandes, in Judaea. S., der 134 Barkochba gefangennehmen konnte, erhielt für die erfolgreiche Beendigung des jüd. Krieges Triumphalornamente und 135 die Statthalterschaft der Provinz Syria. Weitere Ämter und Todesjahr unbekannt. K.H.Sch.

1a. **S.** (Flavius Valerius S.), röm. Kaiser 306–307; geb. in Illyrien; Sommer 307 bei Tres Tabernae ermordet; halbbarbarischer Soldat niederer Herkunft. Als Günstling des → Galerius (1) wurde S. in Mailand zum Caesar des → Constantius (1) Chlorus erhoben, der ihn auch adoptierte (1. 5. 305). Als Kompetenzbereiche erhielt S. Pannonien, Italien und Teile Africas mit Residenz in Mailand. Nach dem Tode des Constantius Chlorus und der Erhebung → Konstantins zum Kaiser machte Galerius ihn zum Augustus (Herbst 306) und gab ihm Spanien, wofür S. auf Gallien und Britannien verzichtete. Bei dem Versuch, 307 den in Rom erhobenen Gegenkaiser → Maxentius zu vertreiben, mußte S. sich diesem ergeben; als dann Galerius Italien angriff, wurde er getötet. H.D.M.

Lit: E. Stein, Histoire du Bas-Empire (frz. Ausg. v. J. R. Palanque) I, 1959.

1b. **S.,** Acilius, christl. Schriftsteller span. Herkunft, dessen Tod in die Regierungszeit Valentinians I. (364–375) fällt. Ein Verwandter des Adressaten bestimmter Briefe des Laktanz (vgl. A. Chastagnol, La préfecture urb. à Rome sous le bas-empire, 1960, 453; vgl. Index 515). Verfaßte ein teils in Prosa, teils in Versen gehaltenes autobiographisches Werk ‹Catastrophe sive Peira›, in dem er sein Leben unter dem Aspekt der ‹Lebensreise› dargestellt zu haben scheint (Hier. vir. ill. 111). W. Schm.

Lit: G. Misch, Gesch. der Autobiographie I 2, 1950, 405–408 – K. E. Henriksson, Griech. Büchertitel in der röm. Literatur, 1956, 89–92 – P. Courcelle, Les confessions de Saint-Augustin dans la tradition littéraire, 1963, 134.

2. **S. Alexander** (ursprünglich: Gessius Bassianus Alexianus; als Kaiser: M. Aurelius S. Alexander), röm. Kaiser 222–235; geb. 1. 10. 208 in Arca Caesarea (Phönizien); ermordet März 235 in Bretzenheim bei Mainz. S. war über seine Großmutter → Julia (8) Maesa (Schwägerin des → Septimius (3) Severus) und seine Mutter → Julia (9) Mamaea mit dem Severerhause verwandt; durch sie wurde er nach der Ermordung → Elagabals Kaiser (13. 3.). Die Religionspolitik, an der Elagabal gescheitert war, die Einführung des Elagabal von Emesa als Reichsgottes, wurde aufgegeben, der Kultstein nach Syrien zurückgeführt. Dem Senatorenstand wurde ein Teil des Prestiges zurückgegeben, das er unter den Severern eingebüßt hatte (Berufung von Senatoren in das → Consilium principis); doch blieb der von Septimius Severus begründete Vorrang der Ritter erhalten. Gegenüber den Soldaten blieb die Stellung des Kaisers unsicher; Freunde, wie den Juristen → Ulpian, konnte er vor den Prätorianern nicht schützen; es gab bewaffnete Auseinandersetzungen in Rom. Der Machtanspruch der Julia Mamaea führte zur Krise, als Sallustius Macrinus, Schwiegervater und Caesar des S., seine Tochter zu unterstützen versuchte; er wurde getötet, seine Tochter verbannt (227/228). Die letzten Jahre des S. sind von den außenpolitischen Verwicklungen bestimmt, die durch den Untergang des → Partherreiches und die Errichtung des persischen Reichs der → Sassaniden unter → Ardašir 224 ausgelöst wurden. 232 begann der seit 230 vorbereitete Abwehrkrieg. Die Lage war verschärft durch Unruhen in den Heeren (Auftreten des Usurpators Uranius Antoninus in Edessa, Meutereien in Mesopotamien und Ägypten). Die röm. Offensive war erfolglos, aber die Front konnte gehalten werden. 233 mußten die Truppen in den Westen verlegt werden, wo Germaneneinfälle drohten. Als S. mit den Alamannen verhandeln wollte, gegen die → Maximinus (2) Thrax seit 234 den Krieg vorbereitete, wurde er zusammen mit seiner Mutter von den Truppen getötet. Mit ihm erlischt die Dynastie der Severer, zugleich für etwa 50 Jahre der dynastisch geprägte Prinzipat. H.D.M.

Lit: A. Jardé, Etudes critiques sur la vie et le règne de Sévère Alexandre, 1925.

Severus, vgl. auch → Cassius, → Libius, → Septimius.

Sexi (Almuñecar, Prov. Granada), phön. Siedlung an der S-Küste Spaniens (Prov. Baetica) mit libysch-phön. Bevölkerung. Bedeutendes Zentrum der Salzfischindustrie. Die Funde reichen mindestens ins 8. Jh. zurück; in der Nekropole wurde protokorinth. Keramik (7. Jh.) und als Urnen ägypt. Gefäße aus Alabaster gefunden, die mit dem königlichen Stempel der XXII. Dynastie (870–847) gezeichnet waren und aus der Plünderung der königlichen Nekropole von Tanis stammten. In röm. Zeit war die Stadt sehr aktiv (Münzen mit phön. und kelt. Umschriften). J.M.d.M.

Lit: A. Vives, La moneda Hispanica, 1926 – M. Pellicer, Excavaciones en el Cerro de S. Cristobal (Almuñecar), 1962.

Sextans, entspricht dem griech. → Hexas, dem Sechstel des Pfundes (→ As, → Libra), oder 2 → Unciae. Gegossene Bronzemünze des röm. → Aes grave aller Stufen, von der Reduktion an, mit 2 Kugeln als Wertbezeichnung und mit Mercuriuskopf und Prora als Typen, geprägt. – In den italischen Serien des → Aes grave und in den etrusk. Reihen ist der S. ebenfalls stark vertreten. Im röm.-kampan. Kupfergeld und in dem vieler Städte in Apulien, Kalabrien, Kampanien, Lukanien, auch in Petelia und Vibo-Valentia wird der S. ebenfalls reichlich geprägt, nach 89 v. Chr. aber nur noch in Paestum in Lukanien. W. Schw.

Lit: Babelon, I 454. 495. 593 – K. Regling, RE 2 A 2 (1923), 2029–31 – Ders., in: v. Schrötter, 630.

Sextinus → Sextius.

Sextius, T. (wohl praet. 45 v. Chr.), Legat → Caesars in Gallien, 44 Statthalter in Africa Nova (Numidien). Nach Caesars Tod auf seiten des → Antonius (2). Auseinandersetzungen mit Q. → Cornificius (1), dem senatorisch gesinnten Statthalter von Africa Vetus, 42 Eroberung dieser Provinz für die Triumvirn. 41 blieb S. nach Übergabe beider Provinzen an Octavians Beauftragten im Lande; 40 gewann er sie mit Anhängern des P. → Sittius und Numidern für Antonius zurück. Ende 40 Übergabe der Provinzen an M. → Lepidus. Chr. M.

2. **S.,** Q., röm. Philosoph frühaugusteischer Zeit (ca. 70–5 v. Chr.), verzichtete auf eine politische Laufbahn, um eine Philosophenschule zu gründen (Sen. epist. 98, 13; Plut. mor. 77DE). Nach seinem Tod scheint sein gleichnamiger Sohn die Schule übernommen zu haben. Zu den Anhängern gehören → Sotion v. Alexandria, Lehrer → Senecas (Sen. epist. 49, 2; 108, 17 ff.), der enzyklopädische Schriftsteller A. Cornelius → Celsus (1; Quint. inst. 10, 1, 124), dessen Werk De medicina erhalten ist, ferner → Papirius (4a) Fabianus. Für die Lehre der Sextii sind wir auf die Angaben Senecas angewiesen. Der Akzent lag anscheinend ganz auf der Erziehung zur Tugend, neben der die theoretische Philosophie völlig zurücktrat. Sofern das stoische Kolorit überwiegt, haben wir es mit Vorläufern des → Musonius und → Epiktet zu tun. Beachtenswert sind einige pythagorisierende Elemente (Sen. epist 108, 17 ff. und De ira 3, 36, 1). Dazu stimmt, daß die Sextii nach Claud. Mam. anim. 2, 8 die Unkörperlichkeit der Seele gelehrt haben sollen. Daß einer der beiden mit dem von Plin. nat. 12–16, 20–30 und 32–34 benutzten Naturforscher S. identisch wäre, ist indessen kaum anzunehmen. O.G.

3. **S. Sextinus Lateranus,** L. (tr. pl. 376–367, cos. 366) → Licinius (13) Stolo, C.

Sextus, Verfasser einer christl. Spruchsammlung ‹Sentenzen des Sextus›, ca. 200 n. Chr., seit → Origenes viel zitiert, ins Syrische, Armenische, Lateinische übersetzt, von → Hieronymos (1) als heidnisch-pythagoreisch bezeichnet; offenbar Erweiterung eines neupythagoreischen katechismusartigen Florilegiums durch biblisches Material. W. Bk.

Lit: H. Chadwick, The sentences of S., 1959.

2. **S. Empiricus,** → Skeptiker aus der Schule → Pyrrhons, ca. 2. H. 2. Jh. n. Chr. Der Ort seines Wirkens ist unbekannt. Erhalten sind: 1. *Grundzüge der Pyrrhonischen Philosophie* (*Πυρρώνειοι ὑποτυπώσεις*, 3 Bücher). Im ersten Buch erörtert S. Wesen und Methoden (die 10 ‹Tropen› des → Ainesidemos und die fünf des → Agrippa, 2) der pyrrhonischen Skepsis. Die Skepsis besteht darin, daß das Wahrnehmbare dem Wahrnehmbaren und das Denkbare dem Denkbaren auf jede erdenkliche Weise entgegengestellt wird. Die Gleichwertigkeit der einander entgegengesetzten Aussagen, die sich dabei zeigen soll, führt den Skeptiker zuerst zur Enthaltung vom Urteil und dann zur Ungestörtheit des Gemütes (*ἀταραξία*). Sein Leben richtet der Skeptiker nach den Belehrungen der Natur, den Notwendigkeiten des Lebens, den Gesetzen und Gewohnheiten und den Verfahren der Technik ein, ohne jedoch alledem objektive Gültigkeit zuzuschreiben. Im zweiten Buch greift S. die Logik, im dritten Naturphilosophie und Ethik der Dogmatiker an. – 2. *Gegen die Gelehrten* (*Πρὸς μαθηματικούς*, 6 Bücher), ein Angriff auf → Grammatik, → Rhetorik, → Geometrie, → Arithmetik, → Astrologie und → Musik. – 3. *Gegen die Dogmatiker* (*Πρὸς δογματικούς*, 5 Bücher = Gegen die Gelehrten 7–11), ausführliche Darstellung der Lehren der dogmatischen Schulen, die meist nach den Tropen des Agrippa widerlegt werden; wichtige Quelle für die Geschichte der Philosophie. M. S.

Ed: H. Mutschmann-J. Mau-K. Janacek BT, 1914–1961.

3. **S. Placitus Papyriensis,** Arzt der Spätantike (Lebenszeit unbekannt), Verfasser eines Liber medicinae ex animalibus (magisch-sympathetisch, wie → Xenokrates (2) von Aphrodisias); Quelle weitgehend Plinius' Naturalis historia und → Marcellus (2) Empiricus; ungelenkes, vulgäres Latein. F. K.

Ed: E. Howald-H. Sigerist, CML IV, 1927.

Sgraffiti (Graffiti), Ritzinschriften, vor allem auf Wänden, Gefäßen und Tonscherben, aber auch auf Statuen, Felsen u. dgl.; meist spontane, formlose Kritzeleien. In dieser Unmittelbarkeit liegt ihr eigentümlicher Wert und Reiz, freilich auch ihre Grenze als Geschichtsquelle. Die ältesten überhaupt erhaltenen griech. Inschriften sind Sgr. auf Gefäßen des 8./7. Jh. v. Chr. (z. B. Dipylonkanne); besonders zahlreich sind Sgr. dann naturgemäß an Stätten wie Pompeji bewahrt. Vor allem über drei Bereiche antiken Lebens geben sie oft unersetzliche Aufschlüsse: über Lokalpolitik (→ Ostraka aus Athen; Wahlaufrufe u. dgl. aus Pompeji), Volksreligion (Pilger- und Devotionsinschriften aus heidnischen und frühchristlichen Heiligtümern) und das Alltags- und Privatleben in all seinen Schattierungen. F. G. M.

Lit: W. Krenkel, Pompejanische Inschriften, 1962.

Sianaschalen, att. → schwarzfigurige Schalengattung, 2. Viertel 6. Jh., benannt nach ihrem ältesten Fundort. Die Form zeigt mittelhohen Fuß und tiefes Becken mit abgeknicktem, ausschwingendem Rand (→ Vasen, Taf. 00, D 4). Der Knick zwischen Henkel- und Randzone wird von den Außenbildern nicht berücksichtigt. Die runden Innenbilder nehmen Motive der jüngeren → Kleinmeisterschalen vorweg. I. Sch.

Lit: J. D. Beazley, The Troilos Cup, Metrop. Mus. Studies 5, 1934/1936, 93–115.

Sibylle, nicht sicher gedeuteter, in der Antike verschieden erklärter Name für eine Frau, die ohne die bei Orakeln übliche Anfrage und vom Gott ergriffen in → Ekstase (Heraklit VS 22 B 92; Plat. Phaidr. 244 B) weissagt, meist Unheil (Plut. mor. 398 E), wohl aus dem Osten kommend. Zuerst kennt man *eine* S. (Heraklit. a. O.; Ps. Plat. Theag. 124 D, verspottet Aristoph. equ. 61, Pax 1096; 1116), als Gottesbraut Jungfrau (Lyk. Alex. 1278 f., Paus. 10, 12, 2; 6), zugleich hochbetagt (Ps. Arist. mirab. 838 a 7 ff., Phleg. FGr Hist 257 F 37, 99; ihre Weissagung ewig: Plut. mor. 398 D) und viel gereist (Paus. 10, 12, 5). Später wird S. ein Gattungsname; man unterscheidet drei, vier, auch zehn S.n (Herakleid. Pont. F 130 ff. W.; Varro bei Lact. inst. 1, 6, 7 ff.; Paus. 10, 12, 1 ff.). Besonders bekannt war die hellespontische S. von Marpessos bei Gergis (vgl. Münzen von Gergis), Herophile benannt, ebenso wie die mit ihr rivalisierende S. von Erythrai (Inschrift von Erythrai, Münzen), der auch Samos als Wohnsitz zugewiesen wird, das nach anderen eine eigene S. hatte, Phoito (Eratosth. FGrHist 241 F 26; Val. Max. 1, 5, ext. 1), ebenso wie im Osten Klaros, Phrygien, Sardes, Rhodos. In Griechenland genoß die delphische S. besonderes Ansehen, oft eng mit Apollon verbunden (Herakleid. Pont. a. O.; Chrysipp SVF 2, 1216; Plut. mor. 398 Cf.; Paus.), neben einer thessalischen, Manto (Suidas; vgl. Diod. 4, 66, 6), und thesprotischen (Suidas), in Italien die S. von → Cumae (verschiedene Namen und Sagen: Ps. Aristot. mir. 838 a 5 ff.; Lyk. Alex. 1276 ff. u. ö.; vgl. → Sibyllin. Bücher), neben ihr eine kimmerische am Avernersee (Naev. carm. 18 Mo.; Varro bei Lact.), eine italische (Clem. Alex.; erschlossen aus Carmenta), eine in Tibur (Lact.; als Bezeichnung für die Albunea), an die späte Orakel anknüpfen, eine sizilische (Suidas). Ferner kennen die Listen eine ägyptische, libysche, persische und hebräische bzw. chaldäische, wohl im Anschluß an die → Sibyllin. Bücher; aus früherer Zeit sind einzelne Orakel erhalten (Plut. Dem. 19, 1; Paus. 2, 7, 1; 7, 8, 8 f.; 10, 9, 12; 12, 2), aus der Spätantike mehrere Sammlungen. C. J. C.

Sibyllinische Bücher. [1] Eine 14 Bücher umfassende Sammlung griechischer → *Orakel* (die Bücher 9 und 10 nicht erhalten), die sich als göttlich inspirierte Weissagungen einer → Sibylle ausgeben und die Verbreitung jüd.-christlichen Gedankengutes zum Ziel haben. Sie wurde im ausgehenden Altertum zusammengestellt, ist jedoch in ihren einzelnen Teilen erheblich älter (Buch 3 hellenist., die übrigen Bücher 1.–2. Jh. n. Chr.). E. V.

Ed: J. Geffcken, Die Oracula Sibyllina, GCS 8, 1902 – *Übers:* A. Kurfeß, Sibyllin. Weissagungen, Tusc., 1951 (Lit) – *Lit:* A. Rzach, RE 2 A 2 (1923), 2103–83.

[2] In *Rom* spielte eine Sammlung von S. B. im offiziellen Kult eine große Rolle. Nach der annalist. Überlieferung hatte ein altes Weib dem König → Tarquinius Superbus prophetische Bücher zum Kaufe angeboten; zweimal habe der König abgelehnt, und jedesmal habe sie drei der Bücher verbrannt, ohne jedoch vom Preise abzulassen. Auf den Rat der Auguren hin habe der König schließlich die drei letzten Bücher erworben: die alte Frau, die alsbald verschwand, war niemand anders als die → Sibylle von Cumae (aus Varro: Dion. Hal. 4, 62; Gellius 1, 19 u. a.). Die Sammlung wurde in den unterirdischen Gewölben des Tempels des → Jupiter Capitolinus aufbewahrt. Ein Ausschuß von zwei, später zehn, seit Sulla fünfzehn Priestern (→ Quindecimviri) erhielt den Auftrag, die S. B. zu behüten und einzusehen, doch nur, wenn der Senat es wegen beängstigender Prodigien anordnete; Veröffentlichung und Auslegung bedurften seiner Genehmigung. Als der Tempel auf dem Kapitol i. J. 83 v. Chr. abbrannte, wurden die S. B. zerstört; eine neue Sammlung sibyllinischer Weissagungen wurde mit Hilfe von Nachforschungen an griech. Sibyllenstätten, bes. Erythrai, zusammengestellt (Varro bei Lact. inst. 1, 6, 7–14; Tac. ann. 6, 12 u. a.); Augustus ließ sie aus dem Kapitol in den Apollotempel auf dem Palatin verbringen. Die Frage der S. B. ist oft diskutiert worden; man hat nachgewiesen, daß die Legende ihrer sibyllinischen Herkunft sich erst nach dem 2. Pun. Krieg allmählich gebildet habe. Erst von diesem Moment an standen sie hellenist. Einflüssen offen und nahmen Orakelcharakter an; vorher waren sie ein Ritual der Prodigienprokuration; dieses war etruskischer Herkunft, doch hellenisierte es sich nach und nach

unter der Schirmherrschaft Apollos. Die historisch faßbaren Sprüche der S.B. bedienen sich der griech. Sprache, haben aber mit den uns erhaltenen griech. Sammlungen (s.o.) nichts zu tun. Die S.B. wurden auch noch in der Kaiserzeit konsultiert, bis → Stilicho sie um 400 endgültig vernichten ließ (Rutil. Nam. 2, 52ff.). H. Le B.

Lit: H. Diels, Sibyllin. Blätter, 1890 – W. Hoffmann, Wandel und Herkunft der S.B., Diss. Leipzig 1933 – R. Bloch, Origines étrusques des Livres S., in: Mélanges A. Ernout, 1940, 21–28 – J. Gagé, Apollon Romain, 1955.

Siccius (Sicinius) Dentatus, L. galt wegen seiner Heldentaten im → Äquerkrieg von 455 v. Chr. oder im → Sabinerkrieg von 449 als der röm. Achill; er soll nach der einen Version vom Konsul T. Romilius (455), nach der anderen von den Dezemvirn des zweiten Kollegiums in einen Hinterhalt gelockt worden sein. R.W.

Sichem (arab. tell balāṭa, bei nāblus; Kt. 2196 A 5), Ortschaft auf dem zentralpalästinischen Gebirge zwischen den Bergen Ebal und Garizim. S. ist seit dem Chalkolithikum (4. Jt. v. Chr.) bis zum 2. Jh. v. Chr. besiedelt gewesen (Siedlungslücken: 12.–10. Jh.; 7.–4. Jh.). Bereits zu Anfang des 2. Jt.s v. Chr. in ägypt. Texten, später in den → Amarna-Briefen bezeugt, behauptete S. nach der israelit. Landnahme zunächst seine Selbständigkeit als kanaan. Stadtstaat (Ri. 9); das benachbarte Baumheiligtum scheint das erste Zentralheiligtum des israelit. Zwölfstämmebundes gewesen zu sein (Jos. 24; Dtn. 27; vgl. → Judentum A 2. 3). Das hellenist. S. wurde 128 v. Chr. durch Johannes Hyrkanos zerstört. Nachfolgesiedlung ist die von Vespasian 72 n. Chr. gegründete *Flavia Neapolis* (nāblus). H. Dn.

Lit: E. Nielsen, Shechem (1955), 1959^2.

Sicinius, Cn. (tr. pl. 76 v. Chr.), drängte in lebhafter Agitation, aber ohne Erfolg auf volle Wiederherstellung des von → Sulla beschränkten Volkstribunats. Chr. M.

Siculus Flaccus, Feldmesser (→ Agrimensoren), lebte nach Domitian, wahrscheinlich im 2. Jh. n. Chr., und schrieb in gewählter Sprache ein Werk De condicionibus agrorum (und zwar in Italien), das erhalten ist. G.B.

Ed: K. Lachmann, Die Schriften der röm. Feldmesser I, 1848, 134 bis 165 – C. Thulin, Corp. agrim. Lat. I 1, 1913, 98–130.

Siculus, vgl. auch → Calpurnius.

Side, Stadt in Pamphylien zwischen den Flüssen Melas und Eurymedon (Kt. 2640 C 2; heute Eski Antalya). Stadtgeschichte kaum bekannt. In röm. Zeit Zentrum des Sklavenhandels. In christl. Zeit Metropole von Pamphylien. Bauten: Theater, Nymphaeum. R.F.

Lit: K. Lanckoronski, Städte Pamphyliens u. Pisidiens I, 1890 – E. Paribeni, Mon. ant. 23, 1914, 121 – E. Bosch, Studien zur Gesch. Pamphyliens, 1957 – A. M. Mansel, Die Ruinen von S., 1963.

[2]. In S. wird bis ins 2. Jh. v. Chr. neben dem Griech. noch die sog. *sidetische Sprache* (Arr. anab. 1, 26, 4) gesprochen. Zeugnisse: 2 kurze griech.-sidet. Bilinguen und einige Münzen im sidet. Alphabet. Die Lesung und Deutung der sidet. Texte ist noch lückenhaft. Vgl. → Kleinasiat. Sprachen. A.H.

Lit: W. Brandenstein, Sprache und Schrift von S. in Pamphylien, in: Minoica, Festschr. J. Sundwall, 1958, 80–91.

Sidon (heute Ṣaidā'; Kt. 2196 A 4), phön. Stadt südl. Beirut, auf einem Vorgebirge (früher Insel?) gelegen. Erste historische Bezeugung in → Ugarit (Keret-Epos) und in der → Amarna-Korrespondenz. König Zimrida (um 1370 vor Chr.) hält teils Treue zu Ägypten, teils Bundesgenossenschaft mit Aziru von Amurru, unterstützt diesen bei einer erfolglosen Belagerung von → Tyros, wohl auf Grund alter Rivalitäten. Um 1100 muß S. → Tiglatpileser I. Tribut senden. Wenig später politische Selbständigkeit, Beteiligung an den phön. Koloniegründungen; in welchem Ausmaße ist nicht bekannt. Seit Ittōba'al (887–856) unter der Vorherrschaft von Tyros, wobei unklar bleibt, inwieweit S. eine gewisse Selbständigkeit behielt. Wenn assyr. Inschriften vom Tribut S.s berichten, kann damit das Reich Tyros-S. gemeint sein, so wie ‹Sidonier› Bezeichnung für den Phönizier allgemein wird. → Asarhaddon erobert S. und verteilt das Territorium neu. Den Persern ergibt sich die Stadt freiwillig, eine Dynastie (Ešmunazar I., Tabnit, Ešmunazar II., Bodaštart, Jatanmilk) ist inschriftlich bezeugt. Jetzt ist S. die führende phön. Stadt, es unterhält unter König Straton I. (ca. 370–358) rege Beziehungen zu Athen. König Tennes (ca. 354–350) muß einen Aufstand gegen Artaxerxes III. mit der Zerstörung der ganzen Stadt büßen. S., bald wieder aufgebaut, bleibt jedoch unter röm. Herrschaft (seit 64 v. Chr.) fast bedeutungslos. – Vgl. auch → Phönizier. W.R.

Lit: R. Mouterde-A. Poidebard-J. Lauffray, Sidon, Aménagements antiques du port de Saida, 1951.

Sieben gegen Theben, Hauptstück des → theban. Sagenkreises und Gegenstand vieler Epen, von homerischer Zeit bis zu Stat. Theb. Anlaß der Zwist der von ihrem Vater → Ödipus verfluchten Brüder Eteokles und Polyneikes um die Herrschaft von Theben. Ihrem Kompromiß zufolge, daß jeder abwechselnd ein Jahr regieren solle, fällt das erste Eteokles zu. Polyneikes geht nach Argos, gerät vor dem Palast des → Adrast in Streit mit dem gleichfalls landflüchtigen → Tydeus, bis Adrast schlichtet. Einem Orakel, daß Adrast seine Töchter einem Löwen und einem Eber vermählen solle, entsprechen sie durch Löwen- bzw. Eberfell, das sie tragen; daher werden Polyneikes mit Argeia, Tydeus mit Deïpyle vermählt. Adrast verspricht, beide in ihrer Heimat wieder einzusetzen, und bereitet, da Eteokles verdächtig ist, den Thron behalten zu wollen, den Krieg gegen Theben vor. Er gewinnt dafür noch – die Listen wechseln – die Argiver Kapaneus und Hippomedon, den Arkader Parthenopaios und schließlich den Seher → Amphiaraos. Dieser sieht zwar den unglücklichen Ausgang und sein eigenes Ende voraus, wird aber von seiner Gattin Eriphyle zum Krieg bestimmt (er hatte sich wohl bei der Aussöhnung mit Adrast verpflichtet, in Streitfällen ihrem Entscheid zu folgen); diese, Schwester des Adrast, war ihrerseits von Polyneikes durch das Halsband der Harmonia (→ Kadmos) bestochen worden. Tydeus geht als Gesandter – vergeblich – nach Theben, erschlägt auf dem Rückweg 50 Männer, die ihm aufgelauert, bis auf einen (Il. 4, 384ff.). Darauf Aufbruch des Heeres und Zug bis Nemea. → Dionysos, Schützer Thebens, schickt Dürre. Auf der Wassersuche tragen die S., indem sie sich von → Hypsipyle führen lassen, indirekt zum Tod des → Opheltes bei und stiften auf Rat des Amphiaraos mit großen Leichenfeiern die → Nemeischen Spiele. Vor Theben greift jeder der S. eines der sieben Tore an (die Namen, auch die der Verteidiger, wechseln). Vermittlungsversuche der Jokaste (so Euripides) scheitern. Alle fallen, Polyneikes und sein Bruder töten sich gegenseitig; → Amphiaraos wird auf der Flucht vom Erdboden verschlungen; nur Adrast selbst entkommt dank seinem göttlichen Roß → Areion. Die Bestattung der Gefallenen, von → Kreon verweigert, erreicht Adrast durch seine Überredungskunst, oder, nach att. Sage, → Theseus, dessen Hilfe Adrast (oder die Witwen der Erschlagenen selbst) erflehen. Zur Bestattung des Polyneikes durch → Antigone s.d.; zum späteren Rachezug der Söhne der S. vgl. → Epigonen.

Q: Aisch. Sept.; Eur. Phoin.; Stat. Theb.; Apollod. 3, 57–79; Hyg. fab. 70ff. – *Lit:* Preller-Robert III 1 (1921), 908–968 – U. v. Wilamowitz, Die Sieben Tore Thebens (1891), in: Kl. Schr. V 1, 1937, 26–77. *Darstellungen:* Der Zug vereinzelt in der lakon. und att. Vasenmalerei (Brommer 344), seine Vorbereitung auch auf Bronzereliefs (Schefold, FS, 74–77); zur goldenen Amphora aus Panagjuriste zuletzt G. Roux, AntK 7, 1964, 30–41; auch auf einem Stuckrelief (A. Maiuri, Ercolano I, 1958, Abb. 124–130) sowie Sarkophagen (Robert, SR II 193f.; Corinth IX, 1931, Nr. 241). Einzelne Motive auch sonst, vor allem auf Gemmen. Vgl. O.-W. v. Vacano, RM 68, 1961, 9–12 und zu den Einzelstichworten. K. Schb.

Sieben Weise. Bei den Griechen taucht im 5. Jh. v. Chr. eine Erzählung auf, die der Beantwortung der Frage: ‹Wer ist der Weiseste?› gilt. Szenerie und Orientierung der Geschichte wechseln stark; eine Originalfassung ist nicht eindeutig zu erkennen. Gemeinsam ist, daß der Reihe nach sieben Männer vorgeschlagen werden, daß → Apollon in Delphi oder Didyma bei Milet befragt wird und daß die Antwort ein Paradoxon ist: der Weiseste ist entweder überhaupt kein Mensch, sondern nur Gott, oder der von den S., von dem dies am wenigsten zu erwarten gewesen wäre, ein einfacher Bauer oder ein Barbar. – Die S. gruppieren sich (a) um König → Kroisos von Lydien (vgl. Herodot 1,29ff.), (b) um König → Periander von Korinth bzw. dessen Vater → Kypselos (so → Plutarch, dessen ‹Gastmahl der S. Weisen› die einzige ganz erhaltene Erzählung von den S. Weisen ist), (c) um das → Panionion bei Milet, (d) um das Apollonheiligtum in → Delphi, und zwar im Augenblick der ersten datierten Pythischen Spiele, (e) um Festspiele in Argos. – Vier Namen kehren in allen Listen wieder: → Thales, → Bias, → Pittakos und → Solon. Platon (Prot. 343 A f.) gibt bei: Kleobulos v. Lindos, Cheilon v. Sparta und den Bauern Myson v. Chen. Ethische und kulturpolitische Erwägungen haben bei der Auswahl stark mitgewirkt. – Die Art des Wissens (*σοφία*), um die es geht, ist ebenfalls verschieden: Es kann Lebensweisheit sein, wie sie aus den Sprüchen am Apollontempel in Delphi spricht («Erkenne dich selbst» u.a.), oder politische Klugheit; der Historiker → Anaximenes (1) nannte sie Dichter, besaß also wohl Dichtungen unter dem Namen aller Sieben; Thales ist Naturphilosoph, Myson ein Bauer, dessen schlichter Sinn der Weisheit der anderen überlegen ist. – Vom 4. Jh. an wird oft den allzu selbstsicheren S. Weisen (*σοφοί*) die bescheidenere *φιλοσοφία* des Pythagoras gegenübergestellt. – Unverkennbar verwandt ist die Erzählung vom Spruch Apollons, → Sokrates sei der weiseste, weil er nicht glaube, etwas zu wissen, in Platons ‹Apologie› (20 E–23 B), wie immer man den Bezug historisch deuten mag. O. G.

Q: Diog. Laert. 1,27–33; 40–42 – *Lit:* F. Wehrli, Lathe biosas, 1931 – O. Gigon, Sokrates, 1947 – Richter, Porträts, 1965, 81–91 – B. Snell, Leben und Meinungen der S. W., 1952 (Ed. Lit.).

Siegel. [1] In der → *kret.-myk. Kultur* seit der Periode FM II. Figürliche und unfigürliche Petschafte, Zylinder (mit verzierten Schnittflächen), Knopfformen, Prismen und Plättchen wurden in der Blütezeit (MM III–SM I) von linsen- und vor allem mandelförmigen S.n und den sog. Schiebern abgelöst. Die Mehrzahl der erhaltenen S.bilder ist nur in den alten Abdrücken auf Ton überliefert. Als Material diente Steatit, Amethyst, Chalkedon, Jaspis, Karneol, Bergkristall und – nur in der Frühzeit – Elfenbein.

[2] Zur vorangehenden oriental. S.kunst vgl. → Mesopot. Reich L [4]. Zum *griech.* und *röm. S.* → Glyptik. W. Schg.

Abb. und Lit: → kret.-myk. Kultur G [5]; → Glyptik.

Sigismund, König der Burgunder im Rhonetal mit Residenz in Lyon, vermählt mit einer Tochter → Theoderichs d. Gr. (494), Nachfolger seines Vaters → Gundobad (516). Gundobad und die Burgunder waren arianische Christen gewesen. S. wurde von → Avitus, dem Bischof von Vienne, zum Katholizismus bekehrt, und bei seinem Thronantritt traten er und sein Volk als zweites germanisches Volk nach den Franken (→ Chlodwig) zum Katholizismus über. 522 ließ er seinen Sohn Sigerich hinrichten, 523 wurde er selbst von den → Franken gestürzt. E. A. Th.

Lit: L. Schmidt, Die Ostgermanen (1910), 1941^2.

Siglos (*σίγλος* oder *σίκλος*, lat. siclus und sicel, kommt aus dem semitischen ‹Schekel›, *σεκέλ*). Ursprünglich biblische Rechnungs- und Gewichtseinheit für Silber (wie → Drachme und → Stater) von $^1/_{60}$, später $^1/_{50}$ → Mine, wird der S. unter Dareios I. (521–485 v. Chr.) die Bezeichnung für die silberne Reichsmünze des Perserkönigs (*σίγλος μηδικός*) im Gewichte von ca. 5,4 g, wie die Goldmünze, der → Dareikos, die ihren Namen von diesem König erhielt. ‹Siglos Medikos› wird der S. u.a. bei Xenoph. anab. 1, 5–6 und in attischen Schatzverzeichnissen (z.B. IG II 653,43) genannt. Der Bildtypus ist zunächst (nach 515 v. Chr.) eine symbolische Darstellung des Großkönigs mit Bogen und Pfeilen in Halbfigur; später (ca. 485 v. Chr., unter Xerxes?) wie beim Golddareikos der persische Großkönig als Bogenschütze im ‹Knielauf›, den auch die (seltenen) Teilstücke, der $^1/_3$, $^1/_6$ und $^1/_{12}$ S. zeigen, im Gewicht von ca. 5,5 g. – 20 solcher S. gingen auf einen → Dareikos von 8,4 g Gold, woraus das Wertverhältnis von Gold und Silber wie $13\,^1/_3$: 1 zu errechnen ist. → Suidas und Harpokration nennen den S. → Drachme, was praktisch genommen ja auch seinem Gewicht entsprach. 100 S. gingen auf eine → Mine. – In hellenist. Zeit wird das in Syrien und Judaea übliche → Tetradrachmon (phönizischen Fußes) von ca. 14–14,5 g S. genannt (z.B. bei Ioseph. AJ 3,1–2 und Hesych. s. v.), wie auch die Römer hierunter den S. verstehen. – Inschriftlich sind die bekannten Silbermünzen des 1. jüd. Aufstandes (66–70 n. Chr.), ebenfalls im Gewichte von 13,75–14,25 g, mit ‹Schekel Israel› (in aramäischer Schrift) bezeichnet, auch deren Teilstücke: der halbe und der sehr seltene Viertelschekel (Ioseph. AJ 3,8,2 und Hesych s.v. *ἡμισίκλιον*); diese jüd. S. zeigen auf beiden Münzseiten jüd. Kultsymbole wie auch die späteren S. des 2. jüd. Aufstandes unter Hadrian (132–135 n. Chr.). W. Schw.

Lit: Babelon, 447–449 – K. Regling, RE 2 A 2 (1923), 2318–22 – Ders., in: v. Schrötter, 632f. – S. P. Noe, Two hoards of Persian Sigloi, NNM 136, 1956 – E. S. G. Robinson, Num. Chron. VI 18, 1958, 187ff.

Signaturen → Künstler.

Signum, allgemein das militärische Signal als Mittel der Orientierung und Befehlsgebung, Handzeichen, akustisches Signal, → Feldzeichen schlechthin; bes. das Feldzeichen der kleinsten taktischen Einheit (ob des → Manipels oder der → Centurie, ist für das kaiserzeitl. Heer umstritten); entsprechend *Signifer*, allgemein Träger des S., im bes. Unteroffiziersdienstgrad des röm. Heeres, höchste der taktischen Chargen (→ Tesserarius, → Optio), zugleich Rechnungsführer der Kompaniekasse. E. Bay.

Sikaner werden von den griech. Kolonisten des ausgehenden 8. Jh.s die Einwohner von Westsizilien genannt. Die Berichte sind widerspruchsvoll, da die einen (Timaios bei Diod. 5,6,2; Diod.) sie für Einwanderer aus Iberien (über Italien) halten, die anderen (Thuk. 6,2; Philistos bei Diod. 5,6,1) sie als Autochthonen ansehen. Sie sollen ursprünglich in Ostsizilien gelebt haben, dann aber vor den Ausbrüchen des Ätna nach W abgewandert sein, woraufhin die Sikuler das von ihnen verlassene Gebiet in Besitz genommen hätten. Von ihren Städten Inykon, Hykkara, Omphake, Indara, Krastos, Ouessa, Miskera, Kamikos, Makara läßt sich nur die Lage der beiden letzteren vielleicht noch feststellen. B. A.

Lit: Nissen, I 546 – L. Bernabò Brea, Altsizilien, 1958, 188f. 191. 193 – S. Mazzarino, Introduzione alle guerre puniche, 1947.

Sikuler, sagenhaftes Volk, das nach Thukydides (6,2), Hellanikos (bei Dion. Hal. 1,22), Philistos (ebd.) u.a. von den → Oskern aus Italien vertrieben wurde und nach Sizilien auswanderte. S. wurden von den Griechen die eingeborenen Völker Ostsiziliens genannt, doch ist fraglich, ob dieser Name wirklich irgendeiner ethnischen oder geschichtlichen Gegebenheit entspricht. Vgl. → Sizilien; zur Sprache → Italien C. B. A.

Lit: Nissen, I 546 – Devoto, 32, 49, 53, 68 – L. Bernabò-Brea, Altsizilien, 1958, 157ff., 188f.

Sikyon, Stadt an der Nordküste der → Peloponnes westl. Korinth (Kt. 1152 D 5), ursprünglich in der Küstenebene gelegen, 303 v. Chr. durch → Demetrios I. auf die Höhen darüber verlegt; hier zahlreiche antike Reste. Blütezeit im 6. Jh. v. Chr. unter der Tyrannis des → Kleisthenes (2). S. war bekannt für sein Kunstgewerbe (Bronzeguß und Schuhe) und als Sitz berühmter Erzgießer und Malerschulen (→ Polyklet, → Lysipp). Schatzhaus in → Delphi. → Aratos (1) von S. begründete die Machtstellung des → Achäischen Bundes. Die weitverbreitete Gattung der sog. → protokorinth. Vasen stammt nach neuerer Ansicht nicht aus S. E.M.

Lit: Ch.H. Skalet, Ancient S., 1928 – Neuere Ausgrabungsber. fortlaufend in den PAA seit 1932.

[2] *Malerei von S.* Auf alter Tradition (Kraton, Telephanes; → Malerei C 1) begründete → Eupompos die *sikyonische Schule* (Plin. nat. 35,75). Einige ihrer Vertreter gehören zu den berühmtesten Malern des Altertums: → Pamphilos, → Pausias, → Melanthios, → Apelles. Gemeinsam ist ihnen der spätklassische, streng zeichnerische Stil (‹Chrestographie›, → Malerei C 3). C.K.

Lit: Brunn II 130ff. – Pfuhl, 723ff.

Sikyonierschatzhaus, im Heiligtum von Delphi. 5. Jh. v. Chr. – Im Fundament gefunden wurden vorzügliche, aus sikyonischem Kalkmergel gearbeitete (0,58 m hohe) Metopen eines Baues um 570 v. Chr.: → Europa auf dem Stier, kalydonischer Eber, → Phrixos auf dem Widder, → Dioskuren mit → Idas und → Lynkeus beim Rinderraub, → Argo mit → Orpheus. E. Bg.

Lit: Ch. Picard-P. de la Coste-Messelière, Fouilles de Delphes IV, 1, 1928, 18, Taf. 3 f. – Berve-Gruben, 137, Taf. 66 – Lippold, GrPl 24 f., Taf. 4, 1 – Schefold, FS, Taf. 63.

Silanion, Bildhauer, vor allem Erzgießer. Paus. 6, 4, 5; 6, 14, 11 als Athener bezeichnet, → Akme nach Plin. nat. 34, 51, 328–325, also wie → Lysipp. Obwohl einige Werke in dieselbe Zeit weisen, gibt es Gründe, den Beginn seiner Tätigkeit schon im 2. V. d. 4. Jh.s v. Chr. zu vermuten. Das von einem Perser Mithridates in der Akademie von Athen geweihte Bildnis → Platons scheint, nach dem Stil der Kopien zu schließen, noch zur Lebenszeit des Philosophen (gest. 347) geschaffen zu sein, auf jeden Fall nach der Gründung der Akademie (387); ob vor 363, ist wegen der unsicheren Identifizierung mit dem Mithridates von Kios an der Propontis (gest. um 363) fraglich. Während der Kopftypus, durch zahlreiche Repliken bekannt (beste Kopien in Privatbesitz in Genf und Basel), sicher identifiziert zu sein scheint, bleibt der Bezug einer verschollenen, inschriftlich als Platon bezeichneten Sitzstatuette fraglich, da die schlechte Arbeit eine stilistische Beurteilung kaum zuläßt. – Die übrigen Identifizierungen der dem S. zugeschriebenen Werke bleiben hypothetisch, wenngleich erwägenswert. Eine inschriftlich als Korinna bezeichnete Statuette von Compiègne könnte das Werk des S. zitieren. Die Sappho im Rathaus von Syrakus wollte E. Schmidt im Typus Smyrna-Wien erkennen, der aber vielleicht Hygieia darstellt: dagegen vgl. die Bronzebüste Neapel (Schefold, Bildnisse, 80 f.; ferner den ‹Erinna›-Kopf des → Naukydes). Den Theseus des S. hat man in einem nur schlecht überlieferten Statuentypus von Ince Blundell vermutet, denjenigen des Bildhauers und Sokratesschülers (?) Apollodor im sog. ‹Juba›, denjenigen des Athleten Satyros (dessen Sieg sicher nach 338 fällt) in dem originalen Bronzekopf eines Faustkämpfers von Olympia (wohl kaum mit Recht). – Von S. sind keine Götterstatuen überliefert. Seine Liebe galt anscheinend den Bildnissen der Lebenden und den heroischen Gestalten der Vorzeit. Sein Ruhm lag in der Charakteristik. Sein ‹Apollodor› war ‹der Zorn› selbst. E. Bg.

Lit: Lippold, GrPl, 272–274 – E. Schmidt, S. der Meister des Platonbildes, JdI 47, 1932, 239–303; 49, 1934, 180–240 – *Zum Platon:* E. Berger, Kunstwerke der Antike aus der Slg. Käppeli, A 10 (1963) – K. Kraft, JbNG 13, 1963, 7–33 (zieht die auf Grund der Berliner Herme postulierte Deutung des Bildnisses in Frage und bezieht es auf Zenon. Stilistisch unwahrscheinliche Datierung).

Silanus → Junius.

Silber (ἄργυρος, argentum) scheint erst nach Entdeckung der zahlreichen spanischen S.minen durch die Phönizier dem im Alten Orient, Kreta und Mykene zunächst reicher verarbeiteten → Gold an Wert nachzustehen. In griech. Zeit gewann man S. im Laurion; ferner auf Sardinien, später in fast allen nördlichen Provinzen, nicht jedoch in Nordafrika. → Bleigewinnung als Nebenprodukt des Ausschmelzens. Zur Verwendung des S.s vgl. → Elektron → Schmuck, → Toreutik. C.K.

Q: Plin. nat. 53,95ff. – *Lit:* Blümner, Technologie IV 28ff. u. passim – Ders., RE 3 A 1 (1927), 13–23 – M. Cagiano de Azevedo, EAA I, 1958, 621–623, s. v. argento.

Silen → Satyrn und Silene, → Dionysos.

Silenos von Kaleakte (?), Verfasser von ‹Sikelika› in mindestens 4 (?) Büchern; bei → Diodor (11–6) benutzt (?). Wohl mit dem Hannibalbegleiter und Historiker S. identisch, den Coelius (1) Antipater und → Polybios (?) benutzten. W. Sp.

Frg: FGrHist 175 – *Lit:* Jacoby, RE 3 A 1 (1927), 53–56 – A. Klotz, Ein Bruchstück des S., WüJbb, 1, 1946, 154 f. – E. Manni, Sileno in Diodoro?, Atti Accad. Palermo IV 18, 2, 1957/58, 81–88 – F.W. Walbank, A Historical Commentary on Polybius I, 1957, 28. 766.

Siliqua, griech. → Keration, die kleinste röm. Gewichtseinheit ($^{1}/_{6}$ → Scripulum von 0,19 g). Als Münze galt sie $^{1}/_{24}$ des → Solidus und erscheint zuerst i. J. 323 n. Chr. Die S. wird im 5.–6. Jh. n. Chr. zur Rechnungsmünze. In Silber ist die S. wohl schon unter Konstantin I., sicher jedoch von Konstantin II. bis Arcadius und Honorius, in geringem Maße auch noch später ausgegeben worden. Ihr Gewicht sollte anfänglich 2,63 g, später, beim Verhältnis von 5 → Solidi gleich einem Pfund Silber, 2,73 g, betragen. Es sinkt aber von einem faktischen Höchstgewicht von 2,66 g bis auf 1,04 g herab, so daß man die S. bei solchen Schwankungen als reine Kreditmünze bezeichnen kann. W. Schw.

Lit: Babelon, I 541 f. 574–580 – K. Regling, RE 3 A 1 (1927), 61–65 – Ders., in: v. Schrötter, 638.

Silius, C., cos. des. 47/48 n. Chr., Sohn des C. Silius, cos. 13 n. Chr. Von → Juvenal (10, 331 f.) als *optimus hic et formosissimus gentis patriciae* bezeichnet. Liebhaber der → Messalina, der zuliebe er sich von Iunia Silana trennte und die er 48 in aller Form heiratete. Wegen eines möglichen Umsturzes Vorgehen des → Claudius (1) mit Hilfe des → Narcissus. Nach der Gefangennahme Tod im Prätorianerlager. U. Wm.

Lit: J. Colin, Les vendanges dionysiaques et la légende de Messaline, Les Etudes Classiques 24, 1956, 25–39.

2. **S. Italicus** (Tib. Catius S. Italicus), röm. → Epiker, Konsul 69 n. Chr. (Quellen zur Vita: Plin. epist. 3,7 und → Martial). Seine Punica (17 Bücher) sind wohl nach 77 entstanden (ca. 1 Buch je Jahr). Stoff: 2. Pun. Krieg. Gehalt: Bewährung röm. Tüchtigkeit (virtus) durch Mühsal (labores). Leitbild: stoisch verstandene → Herakles-Gestalt. Held ist (republikanische Tendenz!) kein Einzelner, sondern das röm. Volk (vgl. → Naevius, → Ennius), bes. Q. → Fabius (9) Maximus Cunctator, L. → Aemilius (9) Paullus, M. → Claudius (10) Marcellus, P. → Cornelius (30) Scipio. → Hannibal (2) ist ‹Gegenheld› (vgl. Vergils Turnus, Lukans Caesar). Treibende Kräfte sind auf röm. Seite Tugenden (fides, pietas), auf punischer Seite Affekte (ira, furor). Diese Polarität verkörpern die Götter (Juppiter: Rom, Vernunft, Ordnung, Friede; Juno: Karthago, Leidenschaft, Krieg) und die auf Spätantikes vorausweisenden allegorischen Gestalten (Fides, Virtus, Voluptas). Verlagerung des Kampfes von außen nach innen: (1) Kampf Rom-Karthago, (2) Kampf gegen Unvernunft im eigenen Lager (Fabius/Minucius, Paullus/Varro), (3) Kampf im Innern Scipios (Buch 15). Scipios Sieg im inneren Kampf (Scipio steht wie Herakles am Scheidewege), verbunden mit Einsicht in seine Verflochtenheit mit dem Schicksal seines Volkes (13, 504) ermöglicht erst den äußeren Sieg. – Darstellungsweise: Die Sprache ist einfach und klar (gelegentlich Tautologien). Gelehrsamkeit nur im Geographischen. Abrupter Szenenwechsel (‹isolierte Bilder›). Undramatisch porträthafte → Gleichnisse. Historische Quellen: → Livius (1) und (in geringerem Maße) die → Annalistik (bes. → Valerius (2) Antias). Anders als bei Livius wird Fabius zur Zentralgestalt der ersten Hälfte des Epos erhoben und Scipios Religiosität positiv bewertet. Der geschichtliche Quellenwert ist gering. Dichterische Vorbilder: entscheidend ist

nicht → Homer und → Ennius, sondern → Vergil. Die ständige Bezogenheit auf die Aeneis gibt dem Werk die innere Einheit, die ihm zunächst zu fehlen scheint: Projektion vergilischer Substanz in ennianisches Substrat aus Lukan verwandtem Geist. Nachwirkung: In Antike und Mittelalter wenig zitiert, von Petrarca (vgl. dessen Epos ‹Africa›!) nicht gekannt. Während des Konstanzer Konzils (um 1415) wurde S. von Poggio oder einem seiner Begleiter entdeckt. Einfluß in Italien (Raffael, Tasso), Deutschland (Uhland) und bes. in England. Vgl. auch → Ilias Latina; ferner → Epos II B [3]. M. v. A.

Ed: C. Sweynheym-A. Pannartz, 1471 – A. Drakenborch, 1717 – G. A. Ruperti, 2 Bde, 1795–98 (bester Komm.) – N. E. Lemaire, 2 Bde, 1823 – L. Bauer, 2 Bde, 1890–92 – Bevorstehend: J. Delz (mit Übers.) – *Index:* N. Young, 1939 – *Übers:* F. H. Bothe, 1857 – Anonymus, 1866 – J. D. Duff, 2 Bde, 1927–34 (englisch, mit Text) – *Lit:* A. Klotz, RE 5 A 1 (1927), 79–92 – J. Nicol, The hist. and geogr. sources of S. Italicus, 1936 – E. Wistrand, Die Chronologie d. Punica des S. Italicus, 1956 – M. v. Albrecht, S. Italicus, 1964 – Zum Fortleben: E. L. Bassett, S. Italicus in England, ClPh 48, 1953, 155–168.

Silloi (*Σίλλοι*), Titel eines parodistischen Werks des Skeptikers → Timon (2) v. Phleius, der darin in homerischen Hexametern ältere und zeitgenössische systematische Philosophen verspottete. Insgesamt drei Bücher, die beiden letzten in Form einer → Nekyia. Da er mit seinem Spott auf Verse des → Xenophanes zurückgriff, wurde der Titel S. dann auch (zuerst belegt: Strab. 14, 1, 28, p. 643) auf dessen ‹Parodien› (VS 21 [11] B Frg. 10–22) übertragen. Dichter, die ähnliche Gedichte (so namentlich die ‹Paignia› des Kynikers → Krates, 5) verfaßten, wurden später als ‹Sillographen› bezeichnet (vgl. auch → Spudogeloion). Th. G.

Frg: C. Wachsmuth-P. Brandt, Corp. poes. graec. ep. ludib., 2 Bde, 1898 – Poet. philosoph. Frag. a, ed. H. Diels, 1901, 182–202. 216–223.

Sillybos, kleiner Pergamentstreifen mit dem Titel des Werkes, am Rande einer Papyrusrolle (→ Buch, 1) derart befestigt, daß man bei waagrechter Lagerung der Rollen in Fächern eines Bücherkastens den Titel lesen konnte. H. Hg.

Silo (arab. ḫirbet sēlūn), Ortschaft auf dem zentralpalästin. Gebirge ca. 22 km südl. von Sichem (Kt. 2196 A 5). Über die Geschichte von S. ist wenig Sicheres bekannt. Die Ortslage ist in der mittleren Bronzezeit (ca. 2000–1600 v. Chr.) und in der 1. Eisenzeit (ca. 1300–1000 v. Chr.) besiedelt gewesen, dann wieder stärker in röm. und früharab. Zeit bis ca. 1000 n. Chr. Das Heiligtum von S. war zeitweilig Standort der Lade Jahwes und damit Zentralheiligtum des israelit. Zwölfstämmebundes (1. Sam. 1–3). Vgl. → Judentum A 2. 3. H. Dn.

Lit: O. Eißfeldt, S. und Jerusalem, VT Suppl. 4, 1957, 138–147.

Silo → Gavius, → Pompeius, → Poppaedius.

Silphion (*σίλφιον*, laserpicium, laser), eine Pflanze, deren Stengel als Gemüse und deren Saft als Heilmittel sehr geschätzt wurde, die in Kyrene wild wuchs und (kultiviert?) eine ertragreiche Exportware der Stadt war (→ Arkesilasschale; vgl. Hdt. 4, 169). Eine sichere botanische Bestimmung des S.s ist bis heute noch nicht erfolgt. Da das kyrenäische S. dem bestimmbaren medischen S. (Asant, Asa foetida) ähnlich war, ist Zugehörigkeit zur Asantgattung wahrscheinlich. Ebenso unklar bleiben die Gründe für das Verschwinden der S.-Kultur zur Zeit des Plinius (nat. 19, 41 ff.). Man hielt das S. für ein Geschenk des in Kyrene verehrten Apollonsohnes → Aristaios und glaubte es unter dem Schutz der → Dioskuren, denen das S. auch in Sparta zukam (Paus. 3, 16, 2 f.). Die ungriech. Wortbildung weist auf eine in Libyen heimische Pflanze, die durch die griech. Kolonisten Bedeutung erhielt. → Flora, → Aromata. J. W.

Lit: Hehn, 112 – Murr, Pflanzenwelt, 174–175 – A. Steier, RE 3 A 1 (1927), 103–114 – H. Schaefer, RhM 95, 1952, 159–162.

Silus → Albucius.

Silvanus, der ital. Gott des Waldes (silva), besaß weder Tempel noch offiziellen Kult. Jedes Jahr brachten ihm die Bauern im Walde ein Sühnopfer für die Gesundheit ihrer Rinder; die Frauen nahmen daran nicht teil. Das gleiche Opfer galt Mars und S.: Spelt, Speck, mageres Fleisch und Wein (Cato agr. 83). S. konnte gefährlich sein; mit gewissen unheilabwehrenden Riten beschützte man die Wöchnerinnen vor seinen Angriffen (Varro bei Aug. civ. 6, 9 und → Geburtsriten). Wie → Faunus, dem er ähnlich ist (beide werden auch dem griech. Pan verglichen), kann S. bei Gelegenheit eine prophetische Stimme erklingen lassen (Liv. 2, 7, 2). In der Kaiserzeit ist sein Kult bes. bei den kleinen Leuten weit verbreitet, vielfach allerdings als Interpretatio Romana barbarischer Bauerngötter. H. Le B.

2. **S.,** in Gallien geborener Franke, stieg im röm. Heeresdienst zum magister equitum et peditum auf. Zur Germanenabwehr nach Gallien entsandt, ließ sich S., bei → Constantius II. zu Unrecht verdächtigt, am 11. Aug. 355 in Köln zum Kaiser ausrufen, wurde aber bald danach (7. Sept.) auf Betreiben des Ursinus erschlagen. K. H. Sch.

Silvanus, vgl. auch → Plautius.

Silvester I., Papst 314–31. 12. 355 n. Chr., unter dem Kirchenregiment → Konstantins (1) d. Gr. selbst bei den entscheidenden Ereignissen zur Wirkungslosigkeit verurteilt. Daß Konstantin durch S. getauft worden sei, ist Legende des 5. Jh.s, daß er S. Rom und den Westen zur Herrschaft übertragen habe, Fiktion der sogen. ‹Konstantinischen Schenkung› (8./9. Jh.). K. H. Sch.

Silvius, postumer Sohn des → Aeneas und der → Lavinia (auch des → Ascanius), Ahnherr der Könige von → Alba (2) Longa. C. J. C.

Sima (Traufleiste) → Tempel B [3] f., Ornament A [2].

Simias von Rhodos, Grammatiker und Dichter, um 300 v. Chr. Verfaßte *Glossen* in 3 Bden, teilte also die Interessen seines Zeitgenossen → Philitas (→ Lexikographie B 2). An Dichtungen sind ein hexametrisches Gedicht ‹Apollon› (daraus 13 zusammenhängende Verse erhalten), eine ‹Gorgo› und ‹Monate› (aitiologische Erklärungen in elegischen Versen?) bezeugt. Auch lyrische Gedichte und Epigramme hat S. verfaßt, ferner einige → Technopaignia. Wenn die Auffassung des Gedichts ‹Monate› richtig ist, muß in S. ein Vorläufer der alexandrinischen Dichtung nach Art des → Kallimachos (3) gesehen werden. P. H.

Frg: Coll. Alex. 109 – *Lit:* H. Fränkel, De Simia Rhodio, 1915.

Simmias von Theben, aus → Platons Phaidon (vgl. Krit. 45B, Phaidr. 242B) bekannter jüngerer Freund des → Sokrates und Hörer des → Pythagoreers → Philolaos. Diog. Laert. 2, 124 kennt einen auf seinen Namen gestellten Sammelband von 23 sokratischen Kurzdialogen. Dialogpartner auch in → Plutarchs De genio Socratis. O. G.

Simon, Athener, Verfasser der ältesten Schrift über die Reitkunst, von → Xenophon (1) für *Περὶ ἱππικῆς* benutzt, mithin 2. H. 5. Jh./1. H. 4. Jh. v. Chr. – Ein etwa 3 Druckseiten umfassendes Fragment ist (unter der Überschrift *Περὶ εἴδους καὶ ἐπιλογῆς ἵππων*) in zwei Hss. (Cantabrig. 3, 19; Londin. 745) erhalten, worin (entsprechend dem 1. Kapitel bei Xenophon) der Körperbau des Pferdes beschrieben wird. Bereits das Bruchstück läßt, obwohl stilistisch dürftig, Kennerschaft erkennen. H. E.

Ed: Ed. princ.: F. Blass, 1864 – K. Widdra, in: *Ξενοφῶντος Περὶ ἱππικῆς*, BT, 1964, 39–44 – *Lit:* Wickert, RE 3 A 1 (1927), 173–175.

2. **S. Magus,** der jüd. → Gnosis zugehörender Religionsstifter des 1. Jh.s n. Chr.; stammte aus Samarien und wirkte z. Z. des Claudius in Rom. Bekannt ist von seinen Schülern nur Menander; ein anderer, Satornil, gilt als christl. Vertreter der Lehre des S. – Die Erfassung der historischen Persönlichkeit S.s und die Darstellung der Entwicklung der simonianischen → Gnosis sind problematisch. Erstmals erwähnt ist S. Apg. 8, 4–25; kurze Berichte finden sich bei → Justinus (1), → Irenäus und → Hippolytos, mit Auszügen aus einer simonianischen Schrift *Μεγάλη ἀπόφασις* (‹Große Verkündigung›). Im Petrusroman (vgl. → Pseudoclementinen, → apokryphe Petrusakten) ist S. Hauptwidersacher des Petrus (der Name S. ist aber z. T. Pseudonym für Paulus). Wahrscheinlich trat schon der historische S. in der

Rolle des gnostischen Offenbarers als die ‹Große Kraft› auf. Als der, «welcher stand, steht und stehen wird» (d.h. oben als der Ungewordene, unten in der Welt als Ebenbild und wieder oben bei der Vollendung), ist er identisch mit der unbegrenzten Urkraft, die zur Erlösung der ‹Ennoia› herabgestiegen ist. Der Mythos vom Fall der Ennoia (= Gedanke) verkörpert die negative Weltsicht der Simonianer: Aus der hypostasierten Urkraft (Nus, Vater) hervorgegangen, ist sie in die Gewalt ihrer eigenen → Emanationen geraten, nämlich durch die weltschöpferischen Engel (Demiurgen) in die Gefangenschaft des menschlichen Leibes. Dabei erfolgte die Einkörperung der Ennoia z.B. in der Helena des Trojanischen Krieges, bis S. sie in einem Bordell in Tyros findet und freikauft (vgl. die → Isis-Legende). Erlösung ist die Erkenntnis der Freiheit von der Welt, von den Engeln und Mächten und dem von ihnen stammenden Gesetz des AT. Lukas sowie die apokryphen Apostelgeschichten haben S. von einer Erlösergestalt zum bloßen Magier degradiert, der u.a. die Vollmacht, Wunder zu tun, kaufen will. – Die *Μεγάλη ἀπόφασις* ist wohl das Erzeugnis eines späten synkretistischen Stadiums der simonianischen Gnosis. Die Gestalt des S. tritt zugunsten des Offenbarungsbuches zurück. Elemente griech. Philosophie (und Medizin!) sowie eine mit → Philon (1) verwandte Auslegung des AT haben zur spekulativen Ausgestaltung des Systems geführt. H.K.

Frg: Völker, 1–11 – Hennecke II³, 177–221 – *Lit:* E. Haenchen, Gab es eine vorchristliche Gnosis?, ZThK 49, 1952, 316–349 – Ders., Die Apostelgesch., KEK (1956¹⁰), 1959¹², 250ff. (Lit).

Simonides, → Lyriker, von Keos, geb. ca. 556 v. Chr. [1] *Leben.* S. kam durch → Hipparchos (1) nach Athen, wo er anscheinend → Dithyramben aufführte, da er als Konkurrent des → Lasos galt. Nach dem Sturz des Hipparchos hielt er sich in Thessalien am Hof der → Skopaden auf (an Skopas Fr. 37 P.; auf den Untergang des ganzen Geschlechts durch einen Unglücksfall Fr. 16P.; daran knüpfte sich die Legende von seiner wunderbaren Errettung durch die Dioskuren). Zur Zeit der Perserkriege war er wieder in Athen; ein Gedicht auf die Seeschlacht beim Artemision wird genannt (Fr. 31 P.), auf die Thermopylen Fr. 26 P. (vgl. Fr. 83 D.), mit einer Elegie auf die Marathonkämpfer soll er über → Aischylos gesiegt haben (Vit. Aeschyl. 8 p. 4 Wil.). Er stand in nicht näher bekannten Beziehungen zu → Themistokles und → Pausanias. 476 errang er als 80jähriger seinen 56. Sieg mit einem → Dithyrambus (Fr. 76f. D.). Im Sommer siedelte er, von → Hieron berufen, nach Sizilien über, wo er alsbald eine Versöhnung zwischen Hieron und → Theron zustande brachte, als ein Krieg schon kurz bevorstand. Über den Aufenthalt und die Rolle des S. bei Hieron gab es zahlreiche Anekdoten, die wohl schon im 5. Jh. gesammelt wurden; S. wird darin meist als äußerst erwerbstüchtig charakterisiert – in der Tat war er wohl einer der ersten, die auf Bestellung Gedichte schrieben und von ihrem Dichterberuf lebten. S. wird auch seinen Neffen → Bakchylides empfohlen haben (über die Rivalität zwischen den Keern und Pindar s. → Bakchylides). S. blieb noch 10 Jahre bei Hieron und starb 90jährig in Akragas (467/66).

[2] *Werk.* Erhalten sind, außer zahlreichen Epigrammen, von denen nur eines (Fr. 83 D.) mit Sicherheit, wenige mit Wahrscheinlichkeit echt sind, etwa 60 meist kurze Zitate und einige Papyrusbruchstücke (Fr. 6–14. 36 P.). Von seinen Kultliedern ist nichts erhalten (→ Päane werde ihm in der Biographie bei → Suidas zugeschrieben, über die Dithyramben s. o.). Allerdings lag auch seine Bedeutung gerade darin, daß er die Chorlyrik vom Kult löste und in den Dienst seiner Auftraggeber stellte: die profanen Gattungen → Epinikion, → Enkomion (kein Fragment erhalten) und → Threnos scheinen im wesentlichen von ihm geschaffen zu sein (doch vgl. → Ibykos). Obwohl wir vom Aufbau seiner Lieder nichts wissen, ist doch anzunehmen, daß er das Kernstück des Mythos aus den kultischen in die neuen Formen übertrug; wahrscheinlich auch durch ihn bekam die eigentlich in den ionischen Gattungen des → Iambus und der → Elegie heimische Gnomik eine wichtige Rolle (als Überleitung allerdings schon bei → Alkman). Nach dem Zeugnis des Hephaistion (p. 67, 10 C.), das durch das einzige größere Bruchstück Fr. 38 P. bestätigt wird, waren seine Lieder in Triaden (→ Perikope) gehalten. Die langen daktylischen Reihen seiner Vorgänger → Stesichoros und → Ibykos kommen bei ihm kaum noch vor, aber auch kaum eigentliche Daktyloepitriten. Der Dialekt ist die lyrisch-dorische Koinē. – Das → Danaë-Fragment (38 P.) ist ein zartes Stimmungsbild, das hauptsächlich durch die kunstvollen Gegensätze (das wilde Meer – das schlafende Kind, das ungewisse Schicksal der Mutter – der ahnungslose Säugling) und die schlichte unpathetische Sprache wirkt; eine ähnliche Kunst der Gegensätze zeigt das Lied auf die bei den Thermopylen Gefallenen (Fr. 26 P.). Von S. soll das Wort stammen, Dichtung sei redende Malerei (Hor. ars 361 u.a.): auf diese Gedichte trifft das zu. In anderen Fragmenten treten die alten Themen der ion. Dichtung auf: die Nichtigkeit menschlichen Strebens und Hoffens, die Vergänglichkeit des Glücks (bes. Fr. 15–22 P.); diese Fragmente wirken kühler, rationaler. In den → Epinikien klingt ein distanzierter Humor an (Fr. 2; 10 P.). Vom Lebensgenuß ist kaum die Rede.

[3] *Wirkung.* S. hat sicher auf die beiden Dichter eingewirkt, welche von ihm die neuen Gattungen übernahmen: → Bakchylides und → Pindar; belegen läßt sich sein Einfluß aus Mangel an Material kaum. Er galt jedoch bald als veraltet. Im 4. Jh. hatte man mehr Interesse an seiner Persönlichkeit (Sammlungen von Anekdoten und Apophthegmata) als an seinem Werk. Auch von den Alexandrinern wurde er anscheinend nicht herausgegeben (die Einteilung der Epinikien nach Sportarten statt wie bei Pindar und Bakchylides nach den Festspielorten scheint auf Kallimachos zurückzugehen), obwohl er im Lyrikerkanon steht. Die Attizisten schätzten ihn wegen seiner klaren und feinen Sprache. Vgl. → Lyrik I B [2]. E.-M.V.

Frg: PMelGr 238ff. – Epigramme: Anth. Lyr.² II 5, 107ff. – *Lit:* U. v. Wilamowitz, Sappho u. S., 1913.

2. **S. von Keos,** Historiker, 5. Jh. v. Chr., schrieb 3 Bücher ‹Erfindungen› (*εὑρήματα*) und 3 Bücher → ‹Genealogien›, in denen Göttersage zu menschlicher Geschichte umgedeutet wird (vgl. → Euhemeros). W.Bk.

Frg: FGrHist 8.

3. **S. von Magnesia,** Epiker im Dienste des → Antigonos Soter. Vgl. → Hellenist. Dichtung C [1]. P.H.

Simplicius (*Σιμπλίκιος*), aus Kilikien, → neuplatonischer Philosoph, Schüler des → Ammonios (1) Hermeiou und des → Damaskios, machte mit diesem nach der Schließung der Platonischen Akademie (529 n. Chr.) den Exodus nach Persien und Rückkehr ins röm. Reich mit. Von seinen Werken drückt der Kommentar zu → Epiktets Handbüchlein einen von → Plotin kaum beeinflußten Platonismus aus (so wird der oberste Gott wohl als das absolut einfache Eine, aber doch auch als Demiurg, der auf gewisse Weise Vielheit in sich enthält, bezeichnet), während die Aristoteleskommentare im Geist des athen. plotinischen Platonismus geschrieben sind. Die Harmonisierung von Aristoteles mit Platon wird von S. auf die Spitze getrieben: alle Unterschiede sind nur scheinbar. Seine Interpretation der aristotelischen Noetik scheint an die des → Plutarchos (2) v. Athen anzuknüpfen und gegen die des → Alexander (15) Aphrodisias gerichtet zu sein, indem sie den göttlichen Intellekt (→ Nus) der ‹Metaphysik› (*Λ*) scharf vom menschlichen, wie ihn Aristoteles in ‹De anima› lehrt, unterscheidet, zwischen beide allerdings einen dritten, der Seele transzendenten, an dem die Seele nur teilnimmt, schiebt. Er wehrt sich gegen die Identifizierung der platonischen Unbestimmten Zweiheit (→ Aoristos Dyas) mit der Materie, tendiert somit zum strikt monistischen Neuplatonismus. Er polemisiert oft gegen das Christentum; bitterer Kritiker des Joh. → Philoponos, wohl weil er in ihm einen Renegaten sieht. Ph.M.

Ed: Komm. zu Epiktet: Fr. Dübner (1840), 1842² (Nachdr. 1877, mit Theophrasts Charakteren u. a.) – Komm. zu Aristoteles (Kat., Phys., De an.): CAG VIII–XI – *Lit:* Zeller-Martano, 219–226.

Simylos, Dichter der Alten → Komödie (I B), 5. Jh. (FAtt Com III 224). Th.G.

2. **S.,** Verfasser eines Lehrgedichts aus hellenistischer Zeit (wohl am ehesten 1. Jh. v. Chr.). Daraus ein größeres Fragment Stob. 2, 352, in dem über die Voraussetzungen gehandelt wird, unter denen dichterische Bemühung gelingt: u. a. Hinweis auf die Notwendigkeit sorgfältiger Ausarbeitung und kritischer Haltung; möglicherweise im Anschluß an → Kallimachos (3). Da ein Lehrgedicht über Poetik im 5. Jh. nicht vorstellbar ist, wird an eine Identität dieses S. mit → S. (1) nicht gedacht werden können. P.H.

Frg: Stob. 60, 4 – *Lit:* J.W.H. Atkins, Literary Criticism in Antiquity I, 1934, 179.

3. **S.,** Verfasser eines (griech.) Gedichts in Distichen auf → Tarpeia, 2. H. l. Jh. v. Chr. P.H.

Frg: Anth. Lyr.² II 6, 102.

Sîn (sumer. Nanna), akkad. Mondgott, Sohn → Enlils, Vater des → Šamaš, mit dem er die Eigenschaft des Orakelgottes gemeinsam hat. Epitheton ‹Frucht, die aus sich selbst heraus entsteht› nach den Mondphasen. Hauptkultorte → Ur (Tempel Ekišnugal), Harrān (Tempel Echulchul). W.R.

Sinai, Gebirge und Halbinsel östl. des Roten Meeres (Kt. 29 E 4). Seit → Djoser sandten die Ägypter Expeditionen nach dem S., um Türkis und wohl auch Kupfer zu holen. Hauptfundplätze sind beim jetzigen Wadi Maghara und bei Serabit el-Chadim, wo ein kleiner Tempel der → ‹Hathor, Herrin des Türkis› angelegt war. Der letzte genannte König ist Ramses VI. Als Lokalgötter wurden neben der → Hathor ein ‹Thot, Herr der Wüsten›, und der vergöttlichte König Snofru verehrt. – Ob dieser S. mit dem im AT genannten S. identisch ist, ist völlig unsicher. W. Hk.

Singvögel. Die im Mittelmeergebiet vor allem während der Zugzeiten häufigen S. galten als Frühlingsboten, die dem Bereich des → Apollon und der → Aphrodite nahestanden. Am Vogelgesang entzündete sich die Phantasie der Lyriker. Im Gegensatz dazu steht die bes. im Herbst mit allen Mitteln betriebene Vogelstellerei, um Leckerbissen für die Tafel zu gewinnen. Ausgenommen von der Verfolgung war in Griechenland die *Nachtigall* (ἀηδών), deren Gesang mit Vorrang gepriesen und als Wehklage der → Prokne gedeutet wurde. Als Nachtigall dachte man sich die Seele des thrak. Sängers → Thamyris. Nachtigallen schlugen bes. schön am Grabe des thrak. Orpheus. Die übrigen *Drosselvögel* wurden als κίχλαι (turdi) bezeichnet, ausgenommen die *Amsel* (Schwarz-D.), die κόσσυφος hieß. Man schätzte ihren Gesang, fing sie aber besonders im Winter, wenn sie scharenweise einfielen. Zahm ließ sich leicht die *Blaudrossel* (κύανος) halten, der *passer* (fälschlich ‹Sperling›) der Lesbia bei Catull. Gut beobachtet ist neben dem *Zaunkönig* das Goldhähnchen (τρωγλοδύτης, βασιλίσκος), die gewöhnlich nicht unterschieden wurden. In der Fabel erklärte der Zaunkönig sich als Sieger gegenüber dem Adler, dessen Höhenflug er unbemerkt unter den großen Schwingen des Raubvogels mitgemacht hatte. Wegen ihres tänzelnden Wippens fiel den Alten die *Bachstelze* (κίγκλος) auf. Bes. volkstümlich war die *Lerche* (κορυδαλλός), die Haubenlerche, die im Gegensatz zu anderen Lerchen das ganze Jahr verblieb. Ihr Nisten auf der Erde brachte sie in Beziehung zur Gaia, ihre Häufigkeit in Nekropolen in Verbindung mit der Gräberwelt. Unter den *Finken* (σπίζαι, fringillae) war besonders der Distelfink (ἀκανθίς, cardelis) wegen seines Gesanges und seiner Farbe (ποικιλίς) beachtet. In den Getreidegebieten des Mittelmeerraumes war vor allem der *Sperling* (στρουθός, passer) weit verbreitet. Haus- und Feldsperling wurden nicht scharf geschieden. Sonst als Schädling verfolgt, wurde der in Tempelbezirken nistende Sperling geschont. Wegen seines Liebeslebens ordnete man ihn dem Bereich der Aphrodite zu. Wegen seines Auftretens in dichten Scharen gefürchtet war der *Star* (ψάρ, sturnus), der auch im Winter im Mittelmeergebiet häufig war. Zahme Stare galten als gelehrig für Worte und Melodien. Mit der Nachtigall konkurriert als Frühlingsbote vor allem die *Schwalbe* (χελιδών, hirundo), im Mythos mit ihr verschwistert (→ Prokne) und wie sie in Lyrik und Fabel sehr bedeutsam. Als Insektenvertilger galt der *Fliegenschnäpper* (σκωληκοφάγος), der zur Zeit der Feigenreife erschien und zu Unrecht als Feigenschädling (ficedula) betrachtet wurde. Auch er fiel während des Wanderzuges in großen Scharen gewerbsmäßigen Fängern zum Opfer. Nach seiner gelben Farbe hieß der *Pirol*, der ebenfalls unter den jährlichen Zugvögeln vorkam, χλωρίων. Bekannt in mehreren Arten war auch die *Meise* (αἰγίθαλος, parus), vor allem die Kohlmeise, deren Name (σπιζίτης) dem Frühlingsruf nachgebildet ist. Vgl. → Fauna. J.W.

Lit: Keller, Tiere, 304–320; Tierwelt II 70–121 – A. Steier, RE 3 A 2 (1929), 1628–32, s. v. Sperling – H. Gossen, RE 3 A 1 (1927), 768–777, s. v. Schwalben – Ders., RE Suppl. 8 (1956), 169–171. 173–178, s. v. Finken u. Fliegenfänger – *Darstellungen* (seit dem Hellenismus häufig als Glückssymbole): W.P. Lehmann, Roman Wall Paintings from Boscoreale, 1953, 115, Taf. 21 – G. Fuchs, Varros Vogelhaus bei Casinum, RM 69, 1962, 96–105.

Sinnius Capito, lat. Grammatiker (Untersuchungen in → Briefform) und Antiquar augusteischer Zeit; arbeitete vielleicht auch über → Paroemiographie (2).

Frg: Funaioli, GrRF 457–466 – *Lit:* Schanz-Hosius, II 380f.

Sinon, Vetter (und Werkzeug) des → Odysseus, im älteren → Epos selten genannt, bewirkt bei Verg. Aen. 2, 57ff. durch seine Trugreden, daß die Troer das hölzerne Pferd in die Stadt führen. Anders bei Quint. Smyrn. 12, 243 ff. Vgl. → Trojan. Krieg. K. Schb.

Sinope, mächtige Handelsstadt und älteste griech. Kolonie am Pontos (Paphlagonien, Kt. 1565 H2), heute Sinop. Im 7. Jh. von Milet besiedelt, Mutterstadt vieler Kolonien, z. B. von → Trapezus. Vorübergehende Besetzung durch die → Kimmerier. Reichere archaische Funde setzen am Ende des 7. Jh.s ein. Seit Kyros persisch. Neue Bedeutung gewinnt S. nach der Eroberung durch → Pharnakes I. (183) als Residenz der pontischen Könige (vgl. → Mithridates Eupator). 70 Eroberung durch → Lucullus, 47 röm. *Colonia Iulia Felix S.* Seine wirtschaftliche Bedeutung verdankt S. der bevorzugten Halbinsellage mit zwei Häfen am Ausgangspunkt der altanatol. Handelsstraße nach Kilikien und dem östl. Mittelmeer, seinem fruchtbaren Hinterland, das es in Kämpfen mit einheimischen Stämmen behauptete, und seiner Metallindustrie. – Die *Ausgrabungen* haben den hallenumgebenen hellenist. Tempel des → Serapis (?), mit Altar, erbracht, ferner zahlreiche Dachterrakotten seit dem 6. Jh. Der Kult des kleinasiat. Serapis und der Kore war 285 von → Ptolemaios I. Soter von S. nach Alexandria verpflanzt worden. Ebenfalls nur zum Teil erforscht sind die Nekropolen; die großen Grabhügel über der Stadt dienten vermutlich den pont. Königen als Begräbnisstätte. P. Hom.

Lit: Ruge, RE 3 A 1 (1927), 252–255 – E. Akurgal-L. Budde, Vorläuf. Ber. über die Ausgrabungen in S., 1956 – Y. Boysal, Über die älteren Funde von S. und die Kolonisationsfrage, AA 74, 1959, 8–20 – Ferner: Th. Reinach, Mithridates Eupator König v. Pontos, 1895.

Sintflutsage. [1] In *Mesopotamien* gab es, wie auch bei anderen Völkern, die Vorstellung von einer verheerenden Flut. So weiß die sumer. Königsliste von Dynastien vor und nach der Flut, ohne daß es bisher möglich gewesen wäre, dies Ereignis archäologisch nachzuweisen. Ein schlecht erhaltener sumer. Mythos (Held: Ziusudra) hat Nachfolger im → Atrachasis-Mythos und in der 11. Tafel des → Gilgameš-Epos, in dem die Geschichte ausführlich erzählt wird: Zorn der Götter über den Lärm der Menschheit, Plan, die Menschen zu vernichten. → Enki/Ea verrät diese Absicht dem König Utanapišti und rät zum Bau der Arche. Siebentägiges Unwetter, danach Stranden am Berge Nissir, Aussendung der Vögel, und nach Verfließen des Wassers Opfer für die Götter. Diese Erzählung gab auch → Berossos wieder (FGrHist 680 Fr. 4); zweifellos ist der Bericht des AT (Gen. 6–8) bis in Einzelheiten vom babylon. Vorbild beeinflußt. Er ist aber durch seine Motivation (Gott straft die Ungerechten, rettet den Frommen) in einen ganz anderen Zusammenhang gestellt. W. R.

Lit: J. Schoneveld, De oorsprong van het bijbelse Zondvloedverhaal, proefschr. Leiden 1948.

[2] Im *griech.* Mythos wird die Menschheit (des bronzenen → Weltalters) gleichfalls durch eine Sintflut vernichtet, die mit dem Zorn des Zeus über die Schlechtigkeit der Menschen begründet wird. Hier ist es → Prometheus, der seinen Sohn → Deukalion warnt und ihn die Arche bauen heißt; die Einzelheiten (Aufnahme von Tieren in die Arche usw.) spielen jedoch kaum eine Rolle. Von einer anderen Flut, die zu Zeiten des Ogygos über Böotien kam, wird nur wenig erzählt (Varro, bei Aug. civ. 21, 8; Nonn. Dion. 3, 204 ff.). Zur philosoph. Lehre von periodisch wiederkehrenden Sintfluten (Kataklysmen) vgl. → Katastrophentheorie. L. H.

Sinuhe, Held einer in zahlreichen Abschriften erhaltenen ägypt. Erzählung von der Flucht des Haremsbeamten S. *(S3-nh.t)* nach Asien bei der Ermordung → Amenemhets I. Der Form nach Autobiographie, dürfte der Text doch unter die politischen Schriften gehören, wie sie zu Beginn der 12. Dyn. aus Gründen der Propaganda für das Neue Königshaus veröffentlicht worden sind. W. Hk.

Lit: A. Gardiner, Notes on the Story of S., 1916.

Siphnierschatzhaus. Die Paros benachbarte Insel Siphnos hat wohl kurz vor der im Jahre 525 erfolgten Katastrophe (vgl. Hdt. 3, 57; Paus. 10, 11, 2) im Heiligtum von Delphi ein glänzendes Schatzhaus (Grundriß 5,49 × 8,37 m) mit reichem Skulpturenschmuck eingeweiht. Zwischen den Anten an der Frontseite im W dienten als Stützen (wie beim Knidierschatzhaus) zwei ‹Karyatiden›. Von den in Hochrelief gearbeiteten Giebeln ist nur der östliche mit der Darstellung des Streites von → Herakles und Apollon um den delphischen Dreifuß gut erhalten. Viel bedeutender und einzigartig sind die über dem Architrav um den ganzen Bau herumgeführten Friese (fast 30 m Länge, von prachtvollen Ornamentstreifen eingefaßt). Verteilung der Platten im einzelnen nicht ganz gesichert. – *Themen:* O-Seite: Kampf der Griechen und Trojaner, → Götterversammlung. N-Seite: → Gigantomachie. W-Seite: → Parisurteil (?). S-Seite: Reiter und Viergespanne, Entführungsszene. Die Schmalseiten waren symmetrisch, die Längsseiten von links nach rechts komponiert. Der N-O-Meister, wohl ein parischer Künstler, war einer der bedeutendsten seiner Zeit. E. Bg.

Lit: Ch. Picard-P. de la Coste-Messelière, Fouilles de Delphes IV 2, 1927, 72–83, Taf. 7–15. – Lippold, GrPl 69–71, Taf. 19 – E. Mastrokostas, Zu den Namensbeischriften des Siphinier-Frieses, AM 71, 1956, 74–82 – Lullies-Hirmer, 46 f., Taf. 48–55 – Berve-Gruben, 135, Taf. 67–70; Abb. 26; 28–30.

Sirenen, Töchter des → Acheloos (selten des → Phorkys) und (oft) einer Muse (Melpomene, Terpsichore), den → Keren verwandte Dämonen mit Vogelleib und Menschen-(Frauen-)kopf, vielleicht, wie die → Harpyien, einer alten Vorstellung von Seelenvögeln entsprechend. Mit übernatürlichem Wissen (Od. 12, 188 ff.) und solcher Sangeskunst begabt, daß Seefahrer, die sie hören, die Heimkehr vergessen, an die Klippen der S. heranfahren, dort scheitern (und gefressen) werden, so daß die S. von Gerippen umgeben sind. Nur die → Argonauten (mit Ausnahme von Butes), auf deren Schiff → Orpheus den Gesang der S. übertönt (Apoll. Rhod. 4, 842 ff.), und die Gefährten des Odysseus, denen auf Rat der → Kirke die Ohren verstopft worden sind, während Odysseus selbst sich am Mast festbinden läßt und die S. hört (Od. 12, 1–200), fahren ungefährdet vorüber. Aus Gram stürzen sich die S. ins Meer (nur Parthenope taucht an der Stelle von P. = Neapel wieder auf) oder werden in Felsen verwandelt. – Spätere Tradition sucht ihre Gestalt zu erklären (Ov. met. 5, 512 ff. u. a.) und fügt einen Wettstreit der S. mit den → Musen hinzu, indem diese siegen, den S. die Federn ausreißen und sich auf den Kopf setzen. In später Spekulation Sänger des → Elysiums und mit der → Sphärenharmonie verbunden. L. H.

Darstellungen: Der Mischwesentypus (meist weiblich, mitunter aber auch bärtig) um 700 aus Vorderasien bzw. Ägypten übernommen, doch mit anderer Bedeutung erfüllt. Die S. und Odysseus vom 6. Jh. bis in die Kaiserzeit dargestellt (Ars Antiqua A. G., Auktion 4, 1962 zu Nr. 130; Robert, SR II 152–158; G. Becatti, in: Scavi di Ostia IV, 1961, 32 zu Nr. 56). Wegen der Verbindung mit dem Jenseits (vgl. → Mythendeutung) oft auf Sarkophagen, dort auch der Wettstreit mit den → Musen (Handbook of the Class. Coll., MM New York, 1930, 310). – *Lit. dazu:* E. Buschor, Die Musen des Jenseits, 1944 – Ch. Picard, RA 1952, I 111 – F. Brommer, AuA 4, 1954, 42–64 – H. G. Buchholz, AA 78, 1963, 469. K. Schb.

Siricius, Papst 384/399. Sein Pontifikat, überragt von der mächtigen Persönlichkeit des → Ambrosius, war für die Entwicklung der päpstlichen Jurisdiktion bedeutsam, weil S. als erster röm. Bischof allgemeinverbindliche Rechtsgutachten (Dekretalen) ausgegeben und als gleichberechtigt neben die → Kanones der Synoden gestellt hat. K. H. Sch.

Siris, wegen ihres Reichtums berühmte achäische Kolonie am Golf von Tarent an gleichnamigem Fluß (Kt. 1420 H 7), um 700 v. Chr. gegründet, schon um 530 v. Chr. von den Nachbarstädten Kroton, Sybaris und Metapont zerstört, genaue Lage nicht sicher bekannt. E. M.

Lit: J. Perret, Recherches critiques sur l'histoire de la Siritide avant 433/432, 1942 – J. Bérard, Les Ioniens à Siris, in: Charites, Festschr. E. Langlotz, 1957, 218–222.

Sirius, im Kleinen Hund, der hellste Fixstern. Der S. wurde in Griechenland und Rom, wo sein Frühaufgang im Sommer fiebererregende Hitze zu verursachen schien, als feindlich angesehen. In Rom und auf der Insel Keos wurden ihm rote Hunde geopfert. In Ägypten galt er, da er die Nilschwelle hervorzubringen schien, als segensreiche Göttin, Sothis, die Herrin des Neujahrs. E. B.

Sirmium, röm. Stadt an der Sawe in Pannonia inf. (Kt. 2209 C 3; heute Srem. Mitrovica). Die ursprünglich keltische Siedlung wird 35 v. Chr. von Octavian erobert. Im pannonisch-dalmatischen Aufstand 9–6 v. Chr. wichtiger Stützpunkt der Römer. Unter den Flaviern Kolonie. Die Stadt gewinnt in der Spätantike an Bedeutung und ist mehrfach Residenz der Kaiser. Geburtsort des Kaisers → Probus (1). Nach der diokletianischen Reichsreform Sitz des Statthalters von Savia, im 5. Jh. des → praefectus praetorio für Illyricum. Von 330–378 n. Chr. kaiserliche Münzstätte. Tagungsort mehrerer Konzile. Einnahme durch die Hunnen, von → Theodosius I. wiederaufgebaut. Im 6. Jh. heftige Kämpfe der Byzantiner mit den Gepiden um S., 582 von den Awaren erobert. B. S.

Lit: V. Hoffiller, Ber. über d. VI. intern. Kongreß f. Archäologie, 1940, 517 ff.

2. **S.,** Halbinsel im Süden des Gardasees (Kt. 1420 D 2; heute Sirmione), bekannt durch → Catull 31. An der Nordspitze Ruinen einer großen Villa mit zwei Bauperioden um die Mitte des 1. Jh.s v. Chr. und in flavischer Zeit, sog. Grotte di Catullo, wahrscheinlich die ehemalige Villa Catulls. B. A.

Lit: M. Mirabella Roberti, S., 1958.

Siron, → Epikureer (1. Jh. v. Chr.), lebte und lehrte in Neapel, leitete zusammen mit → Philodemos den dortigen Epikureerkreis. Zu seinen Schülern gehörte → Vergil, der später S.s bescheidenes Landhaus erwarb oder erbte (Verg. catal. 8). W. L.

Lit: R. E. H. Westendorp Boerma, Vergilius, Catalepton I, 1949, 95–101.

Siscia, röm. Stadt in Pannonia sup. an der Mündung des Colapis (Kulpa) in den Savus (Kt. 2209 B 3; heute Sisak). Belagerung der Stadt durch Octavian (→ Augustus) 35 vor Chr. Wichtiger militärischer Stützpunkt und bis 20 n. Chr.

Standort der Legio IX Hispanica. Unter den Flaviern Kolonialrecht. Kaiserliche Münzstätte von → Gallienus bis 387 n. Chr. In der Spätantike Station der classis secundae Pannonicae. B. S.

Lit: A. Alföldi, Siscia, Bl. f. Münzf. 58, 1923, 9–11. 314–317 – G. Veith, Die Feldzüge des C. Jul. Caesar Octavianus in Illyrien, 1914.

Sisenna, C. Cornelius, Prätor 78 v. Chr., im → Verres-Prozeß einer der Verteidiger, 67 als Legat des → Pompeius (2) auf Kreta gestorben. In seinem Alterswerk ‹Historiae› (12 oder 23 Bücher) setzte er die Zeitgeschichte des → Sempronius (1) Asellio fort und behandelte ausführlich den → Bundesgenossenkrieg (3) sowie die Kämpfe zwischen → Marius (2) und → Sulla. S. schrieb sein Werk nach dem Vorbild von → Kleitarchos' romanhafter Alexandergeschichte (Cic. leg. 1, 7). Trotz reichlicher Verwendung rhetorischen Schmucks in asianischer Manier und zahlreichen Wortneubildungen vertrat er in seiner Sprache einen altertümelnden Purismus (Cic. Brut. 228. 259). Seine Darstellung fand eine Fortsetzung in den ‹Historiae› des → Sallust, der ihn als Historiker hochschätzte, allerdings auch seine einseitige optimatische Tendenz kritisierte (Iug. 95, 2). → Varro (1) widmete ihm den Logistoricus ‹Sisenna de historia›. Charakteristisch für S. ist die Tatsache, daß er die ‹Milesischen Geschichten› des → Aristeides (5) ins Lateinische übersetzte (Ov. trist. 2, 443). R. T.

Frg: HRR I 276–297 – ORFr (Malc.) 305–307 – *Lit:* F. Bücheler-W. Heraeus, Petronausgabe (1862), 1922⁶, 264f. – Schanz-Hosius I 324–326.

Sistrum, eine Klapper (→ Musikinstrumente C 6). Das S. war für die Zeremonien des → Isiskultes im Gebrauch: Priester, Priesterinnen und Eingeweihte ließen die bronzenen Sistren ertönen, die für die Römer das Kennzeichen des Isiskults waren (z. B. Ov. met. 9, 778. 784). H. Le B.

Sisyphos, Sohn des Aiolos, Bruder des → Salmoneus und wie dieser Frevler gegen die Götter, König von Ephyra (Korinth). Der schlaueste und listigste aller Menschen, der sogar den Meisterdieb → Autolykos überlistet: während jener das dem S. gestohlene Vieh durch andere Gestalt oder Farbe unkenntlich machen konnte, identifizierte S. es durch Zeichen unter den Hufen dennoch als sein Eigentum, wofür ihn A. – nach späterer Sage – mit seiner Tochter, Antikleia, zusammenbrachte, deren Sohn Odysseus demnach Sohn des S. wäre. S. verrät Asopos, daß Zeus der Entführer der Ägina war; als ihn draufhin der Tod, Thanatos, holen soll, überlistet er ihn und hält ihn bis zu neuer Intervention des Zeus in Fesseln. Im Begriff zu sterben, verbietet er seiner Frau die Totenopfer, gibt ihr vor dem darob verwunderten Hades die Schuld und läßt sich zu ihrer Ermahnung zurückschicken, bleibt aber dann bis zu seinem hohen Alter bei ihr. Seine Strafe in der Unterwelt, als einer der großen Büßer (schon Od. 11, 593 ff.), ist entweder hierfür oder für den Verrat an Zeus verhängt: einen Fels den Berg hinaufzuwälzen, der immer wieder herunterrollt. – Heroon und Kult in Korinth (Diod. 20, 103; Strab. 8, 6, 21 p. 379). L. H.

Lit: E. Bethe, RE 3 A 1 (1927), 371–376 – *Darstellungen:* Auf die Hochzeit der von S. verführten Antikleia mit Laertes nimmt ein frühitaliot. Volutenkrater in München Bezug (Furtwängler-Reichhold, Taf. 98 f.). Als Büßer in der Unterwelt erscheint S. auf einer Metope vom Heraheiligtum bei Paestum, att. und unterital. Vasen sowie den Odysseelandschaften und einigen röm. Sarkophagen (K. Schauenburg, JdI 73, 1958, 50.65 Anm. 78). – *Lit. dazu:* P. Zancani-Montuoro, Sisifo, Rend. Pont. Acc. 35, 1962/63, 67–77. K. Schb.

Sitalkes, nach 440 v. Chr. bis 424 König des thrak. → Odrysen-Reiches, das unter ihm etwa das heutige Bulgarien umfaßte (Thuk. 2, 96 f.). Er schloß im Jahre 431 mit Athen ein Bündnis gegen → Perdikkas II. v. Makedonien und die Chalkidier. Sein Feldzug gegen sie, den er schließlich 429 mit einem riesigen Heer unternahm, scheiterte an Versorgungsschwierigkeiten (Thuk. 2. 98 ff.). S. kam 424 auf einem Feldzug gegen die Triballer um, vielleicht durch Mord. F. Kch.

Sitonai, Beamte, die in Athen und anderen griech. Städten seit dem 4. Jh. v. Chr. durch außerordentliche Getreideankäufe im staatlichen Auftrag die → Lebensmittelversorgung sichern sollten. H. Br.

Sitophylakes, ‹Getreideaufseher›, ordentliche Magistratskollegien in Athen und anderen griech. Städten. Sie hatten den Getreidehandel zu überwachen und insbes. in Anwendung gesetzlicher Bestimmungen für niedrige Getreide-, Mehl- und Brotpreise zu sorgen. F. G.

Sittius, P., ein abenteuerlustiger Geschäftsmann, Freund des P. → Cornelius (38) Sulla und des → Catilina. Er war in Spanien tätig, bes. in Africa, wo er eine Söldnerbande, vielleicht auch eine Herrschaft besaß. Gute Beziehungen zu → Juba II., dem König von Mauretanien, mit dem zusammen er 46 zugunsten Caesars in Numidien eingriff. Er wurde mit einem Territorium belohnt, auf dem er seine Leute ansiedelte. Chr. M.

Situla (lat., ‹Eimer, Urne›). In der Archäologie Bezeichnung für ein etwa zylindrisches Bronzegefäß mit beweglichem Bügelhenkel oder Deckel; verbreitet (7. bis 4. Jh. v. Chr.) in Etrurien und im Osthallstattkreis (S. mit Relieffriesen in eigenwilligem Figurenstil). – Griech.-archaische Bronzeeimer sind durch Henkelattaschen belegt; klassische durch besser erhaltene Funde aus Unteritalien (Tonnachbildungen) und vom Schwarz-Meer-Gebiet. – Die S. diente als tragbares Weinmischgefäß, seltener als Aschenurne, die eiförmige S. ohne Fuß als Wasserschöpfgefäß am Ziehbrunnen. I. Sch.

Lit: Ausstellungskat. Wien, Situlenkunst zwischen Po und Donau, 1962 – E. Pernice, Tarentiner Bronzegefäße, JdI 35, 1920, 83–96.

Sizilien (*Σικελία*, Sicilia; Kt. 1420) größte Insel des Mittelmeers, 291 km im N, 270 km im S lang und 189 km breit. – Zur Geschichte der Insel vgl. auch → Griechenland (III) und → Rom (I).

[1] *Name, Land, Bevölkerung.* Der angebliche *Name* Trinakria (schon Thuk. 6, 2, 2) ist eine durchsichtige Umdeutung (die ‹dreieckige›) des Namens der → Heliosinsel Thrinakie (Hom. Od. 11, 107 u. ö.), die man mit S. gleichsetzte. Die Westspitze hieß → Lilybaion (Kap Lilibeo oder Boeo), die Nordspitze Peloris (Pelorias, Peloron, Peloros, Capo di Faro) und die SO-Spitze Pachynos (Capo delle Correnti). Als *Bewohner* werden genannt: im W die Elymer um → Segesta und → Eryx, die offenbar Reste der alten mediterranen Bevölkerung sind, sonst im W die → Sikaner und im O die → Sikuler, nach denen die Insel heißt. Diese beiden werden trotz ihres gleichklingenden Namens im Altertum stets getrennt, die Sikaner sollen Iberer aus Spanien gewesen sein, die Sikuler aus Italien gekommen sein und die Sikaner nach W gedrängt haben. Bereits Homer hat beide Namen: *Σικανίη* (Od. 24, 307) und *Σικελοί* (Od. 21, 383 u. ö.). Noch → Thukydides (6, 2, 4) kennt *Σικελοί* in der SW-Spitze Italiens. Der Sprache nach waren mindestens die Sikuler Indogermanen, die Sikaner dagegen in der Tat mit Spanien und Nordafrika verbunden, so daß in ihnen vielleicht doch ein anderes autochthones Volkselement erblickt werden muß. – S. bildet ein zusammenhängendes *Hochland* mit vielen Flußtälern und wenigen großen Strandebenen. Der Hauptgebirgszug im N von der Peloris entlang der Küste sind die Nebrodes Montes (Monti Nebrodi), im W niedriger werdend (Eryx und Heirkte), an der W-Küste der Ätna. Von den Nebrodes Montes zweigen bei Gangi die Heraei (Monti Erei) nach S ab. Im N und O sind die Strandküsten schmal, im S und W breiter. Nur zwei nennenswerte Ebenen: Conca d'Oro bei Palermo und am unteren Symaithos die alten Campi Leontini (Piana di Catania). Die Hauptflüsse sind im O (von N nach S): Acesines, Symaithos, Anapos, Heloros; im S (von W nach O): Halykos, Himera, Hirminos. Im N nur unbedeutende Bäche. – Auf S. herrscht mildes *Klima.* Bes. wichtige Erzeugnisse sind Getreide und Wein, daneben Öl, Feigen, Granaten, Äpfel, Schafe und Pferde. Großer Fischreichtum der umgebenden Meere. S. wird von Italien durch das Fretum Siculum getrennt, das an der engsten Stelle 3,2 km, bei

Rhegion 10 km breit und insgesamt 35 km lang ist. – Von den sizil. *Kulten* ist vor allem der → Demeter- und Kore-Kult zu erwähnen, der durch den Kornreichtum der Insel leicht zu erklären ist. Außerdem ist die verhältnismäßige Häufigkeit des → Herakles-Kultes und der → Aphrodite-Kult auf dem Eryx hervorzuheben.

[2] In die *Geschichte* tritt die vorhistorisch schon dicht besiedelte Insel ein, als sich fremde Siedler an den Küsten festsetzten. Nach Thukydides (6,2,6) sollen Phönizier an vielen Kaps und vorgelagerten Inseln Handelsfaktoreien gegründet, sich dann aber vor den Griechen auf die drei seitdem zäh verteidigten Punkte → Motye (Insel S. Pantaleo, 8 km nördl. von Marsala), → Panormos (Palermo) und Solus (Montalfano, ca. 14 km östl. von Palermo) zurückgezogen haben. Die archäologischen Beobachtungen liefern aber keinen Anhalt für die Anwesenheit von Phöniziern vor den Griechen. Die Griechen gründeten seit der Mitte des 8. Jh.s v. Chr. den reichen Kranz der → Kolonien, vor allem im O und S (Thuk. 6, 3–5). Die wichtigsten sind: an der O-Küste → Messana, → Naxos, das unbestritten als älteste Kolonie galt, → Katane, → Leontinoi (ion. Kolonien), → Megara (megarisch), → Syrakus (korinth.), an der S-Küste → Gela (rhod.-kret.), → Akragas (Kolonie von Gela) und → Selinus (Kolonie des sizil. Megara). Die großartigen Tempelruinen von Akragas und Selinus zeugen ebensosehr von Glanz und Reichtum dieser Städte an der Küste, wie der griech. Tempel des elymischen → Segesta von dem beherrschenden Einfluß griech. Kultur im Innern Zeugnis ablegt. Sie waren am geistigen und künstlerischen Leben Griechenlands hervorragend beteiligt. Bes. Syrakus konnte an Größe und kultureller Bedeutung mit Athen wetteifern. In vielen dieser Griechenstädte findet man im 6. und 5. Jh. ebenso wie im Mutterland die Regierungsform der Tyrannis. Ein Versuch der Karthager, die auch über die phönikischen Städte S.s herrschten, die Griechen zu verdrängen, scheiterte in der Niederlage bei → Himera (480 v. Chr.), die die Machtstellung des → Gelon v. Gela und seines Nachfolgers → Hieron I. in Syrakus, die den größten Teil Ost-S.s beherrschten, weiter festigte. Nach dem Sturz der Tyrannis in Syrakus (466 v. Chr.) versuchte König → Duketios v. Menai (im Hinterland von Syrakus) ein selbständiges sikulisches Reich zu gründen, scheiterte jedoch am Zerwürfnis mit den Griechen. Die Uneinigkeit und die Rivalitäten veranlaßten im → Pelop. Krieg die Einmischung Athens (427–424) und schließlich die unglückliche Expedition gegen Syrakus (415–413), aber auch den neuen Großangriff → Karthagos (409–405), dem zunächst alle Städte der S-Küste zum Opfer fielen, bis → Dionysios I. v. Syrakus ihn vor Syrakus abwehren konnte. Doch blieb das westl. Drittel der Insel einschließlich der Griechenstädte Selinus und Himera karthagisch. Mehrere Versuche des Dionysios, die Karthager ganz aus S. zu verdrängen (Karthagerkriege 398–392; 382–374; 367/366) schlugen fehl, nur Motye wurde 397 vernichtet, an seine Stelle trat → Lilybaion. Eine neue karthag. Bedrohung nach dem Sturz der Tyrannis in Syrakus konnte unter Führung des Korinthers → Timoleon durch den Sieg am Krimisos bei Segesta (341) gebannt werden. Erfolglos blieb der Krieg des → Agathokles v. Syrakus gegen die Karthager (311 bis 306) und derjenige des → Pyrrhos (278–276). Im 1. Pun. Krieg eroberte Rom die ganze Insel mit Ausnahme des Königreichs → Hierons II., das bis 212 bestand. 227 v. Chr. Einrichtung als röm. Provinz mit Sitz eines Prätors in Syrakus. E.M.

Lit: A. Schulten, RE 2 A 2 (1923), 2459–60, s. v. Sikaner – K. Ziegler, RE 2 A 2 (1923), 2461–2522, s. v. *Σικελία* – B. Pace, Arte e civiltà della S., 4 Bde, 1935–1949 – J. Bérard, Bibliographie topographique des principales cités grecques de l'Italie méridionale et de la S., 1941 – J. Scaturro, Storia di S., 2 Bde, 1950 – U. Schmoll, Die vorgriech. Sprachen S.s, 1958 – L. Bernabò Brea, La S. prima dei Greci (1959), 1960² – Berve-Gruben, 208–232 – A. Schenk, Graf von Stauffenberg, Trinakria, 1963.

Skamandros, Fluß in der Troas (Kt. 1152 G 3; heute Menderes su). Entspringt im Idagebirge, Quelltal, 177 m hoch, fast senkrecht unter den höchsten Gipfeln des Ida. Bei Homer auch als Flußgott personifiziert, der in der Göttersprache Xanthos heißt. R.F.

Skaphe (*σκαφή*, ‹Schale›, ‹Becken›). Die eigentliche S., eine halbkugelförmige, oben offene Schale mit einem → Gnomon, dessen Spitze sich im Kugelzentrum befindet, ist wohl die älteste Form griech. Sonnenuhren (→ Uhren, 2). Später wurde u. a. zum besseren Betrachten die unbenötigte vordere Hälfte weggelassen (nach Vitr. 9, 8, 1 zuerst von → Berossos). Eine andere Form bestand aus einer vorn offenen Kugel, auf deren Liniennetz (→ Arachne) die Stunden von einem durch ein oben angebrachtes feines Loch fallenden Sonnenstrahl angezeigt wurden. Diese Form scheint nach Vitruv a. O. zuerst von → Aristarch (1) v. Samos konstruiert worden zu sein. – Vgl. → Uhren, 2. F.Kr.

Skarabäus (griech., der ‹Mistkäfer›), Symbol der Sonne, da der Ägypter annahm, er entstünde aus der Mistkugel, in die er seine Eier gelegt hat. Wegen dieser Bedeutung wurde der S. gern als Amulett getragen. Nach dem Alten Reich erhielt die Unterseite des Amuletts Schrift und Zeichnungen, wodurch es zum Siegel wurde. Eines der beliebtesten Schmuckstücke der späteren Zeit (→ Glyptik). W. Hk.

Skene (*σκηνή*, scaena, ‹Zelt›), im antiken → Theater (B) die ‹Bühnen› wand hinter der → Orchestra bzw. später dem → Proskenion. Spielhintergrund der → Tragödie war ursprünglich vielleicht ein pers. Königszelt, vor dem der König, Hauptfigur der Tragödie, in pers. Tracht (?; vgl. → Theater C 1) auftrat. Dieser Hintergrund wurde dann mit malerischen und architektonischen Mitteln zur Palastfassade, der sog. *Szenafrons* (scaenae frons), ausgestaltet. Dabei beschränkte sich das Architektonische der griech. Bühne auf einfache Hallen, seit dem 4. Jh. mit vorspringenden Risaliten; die mehrgeschossige Ausbildung der Fassade ist erst römisch (vgl. → Theater B 5). Sie hat ihre Parallelen in der Wanddekoration des 2. und 4. Stils, die stark durch hellenist. → Bühnenmalerei *(Skenographie)* angeregt ist. C.K.

Lit: Beyen, I 200ff.; 124ff. – A. Alföldi, Gewaltherrscher und Theaterkönig, in: Studies in Honor of Friend, 1955, 15–55.

[2] Der *Szenenwechsel*, also die innerhalb eines Stückes vorgenommene Verlagerung der Handlung von einem dramatischen Ort an einen anderen, konnte im Theater des 5. Jh.s v. Chr. nur schwer bewerkstelligt werden, da der Chor in der Regel das ganze Stück über auf der Bühne blieb und die Bühne selbst ohne Vorhang war. Voll durchgeführte S. kommen deshalb auch in den überlieferten Stücken äußerst selten vor. Bekannt ist nur der in → Aischylos' ‹Eumeniden› (Abtritt des Chors V. 230f.) und → Sophokles' ‹Aias› (Abtritt des Chors V. 813). Wie er im einzelnen durchgeführt wurde, ist unbekannt. Wahrscheinlich wird der Zuschauer gezwungen gewesen sein, ihn primär aus dem gesprochenen Text heraus zu imaginieren. Im röm. Theater wurde der S. mit Hilfe von Bühnenvorhängen (aulaeum, siparium) bewerkstelligt, die etwa vom Ende des 2. Jh.s v. Chr. an zur Einrichtung der Theater (C 3) gehörten. Vgl. → Theater C [1] (Ekkyklema). E.-R. Sch.

Skeptiker. [1] Die griech. Skepsis hat zwei Richtungen, die des → *Pyrrhon* v. Elis und die der → *Akademiker* [5]. Den Namen Sk. (*σκεπτικοί*) gaben sich nur die Anhänger des Pyrrhon (ca. 360–270), der trotz mancher früheren Ansätze als der erste wahre Sk. gilt. Die Pyrrhoneer haben keine kontinuierliche Schule gebildet (Menodotos (1) bei Diog. Laert. 9, 115). Unmittelbar nach Pyrrhon führte der Akademiker → Arkesilaos (5) mit Berufung auf → Sokrates und die sokratischen Dialoge eine anders gerichtete skeptische Philosophie in die Akademie ein. Während die Skepsis in der Akademie sich erhielt und weiterentwickelte, brach die Kontinuität der pyrrhonischen Schule nach der ersten Schülergeneration ab. Pyrrhons Philosophie lebte nur in der Ärzteschule der → Empiriker fort, aus der die meisten späteren Sk. stammen. Erst zur Zeit Ciceros wurde die pyrrhonische Richtung erneuert. → Ainesidemos, der erste der späteren Sk., von dem man mehr als den Namen weiß, rechtfertigte die Wiederaufnahme der pyrrhonischen Skepsis mit dem zunehmenden Dogmatismus der Akademie. Die Geschichte der späteren Sk.-Schule läßt sich bis zum Anf. des 3. Jh.s verfolgen, zu → Sextus (2) Empiricus.

[2] *Pyrrhon und seine Schüler.* Pyrrhon hat selbst kein philosophisches Werk geschrieben. Unter seinen Schülern, zu denen u. a. der Kyrenaiker → Theodoros (2), der Demokriteer und spätere Lehrer des → Epikur → Nausiphanes, und der Megariker → Philon (2) v. Athen gehören, ist der wichtigste der Sillendichter → Timon (2), der sich indessen wohl darauf beschränkte, die Philosophie seines Lehrers aufzuzeichnen und zu verbreiten. Nur aus den auf ihn zurückgehenden Berichten läßt sich ein zutreffendes Bild von Pyrrhons Philosophie gewinnen. Die übrigen Berichte sind mit Vorsicht zu verwerten, da die späteren Sk. dem Pyrrhon, den sie als Gründer ihrer Schule ansahen, manche ihrer eigenen Ansichten untergeschoben haben dürften. – Nach Timon gibt es weder in Sinneswahrnehmungen noch in Meinungen Wahrheit (Eus. praep. ev. 14, 18, 2), weil die Dinge unbeständig und in ihrem Wert nicht unterschieden (ἀδιάφορον) sind. Da die Dinge sich nicht beurteilen lassen, müssen alle Meinungen und Neigungen aufgegeben werden; nichts darf mehr behauptet werden (ἀφασία). Dieses Verhalten führt zur Ungestörtheit des Gemütes (ἀταραξία), die das Ziel der pyrrhonischen Philosophie ist. Pyrrhon gebrauchte schon die skeptische Formel ‹um nichts mehr› (οὐδὲν μᾶλλον) in negativer Bedeutung, z. B.: «Es existiert um nichts mehr als die Skylla die Charybdis.» Nach Timon im ‹Python› hatte sie die subjektive Bedeutung des ‹Nichtbestimmens›. Es ist aber fraglich, ob die Philosophie des Pyrrhon und Timon ganz frei von dogmatischen Elementen war. Zumindest scheinen die frühen Sk. ihre eigenen Ansichten noch nicht, wie die späteren, in Zweifel gezogen zu haben. Timon jedenfalls spricht im ‹Python› unbefangen von der Wahrheit, die er zu verkünden habe.

[3] *Die späteren Sk. ab Ainesidemos.* → Menodotos (1) bezeichnet einen sonst unbekannten Ptolemaios v. Kyrene als Begründer der späteren pyrrhonischen Skepsis. Faßbar ist erst → Ainesidemos, der meist als Erneuerer des Pyrrhonismus gilt. Ainesidemos forderte Enthaltung vom Urteil, da alle Urteile einander widerstreiten. In zehn ‹Tropen› gibt er die Bereiche und die subjektiven und objektiven Gründe dieses Widerstreits an. Die Forderung des ‹Nichtbestimmens› bezog er ausdrücklich auch auf das Nichtbestimmen selbst. – Unbestimmte Zeit nach Ainesidemos lebte → Agrippa (2), der in fünf weiteren Tropen eine Methode begründete, mit der jede beliebige dogmatische Behauptung widerlegt werden kann. Dem → Empiriker → Menodotos (1) werden zwei aus → Sextus (2) Empiricus bekannte Tropen zugeschrieben. Diese fassen die fünf zusammen, können aber nicht unabhängig von ihnen angewandt werden. Auf Menodotos folgte (nach der Liste bei Diog. Laert. 9, 116) Herodotos v. Tarsos. Dessen Schüler war → Sextus (2) Empiricus, der einzige Pyrrhoneer, von dem vollständige Werke erhalten sind. Sextus faßt die Lehre der Skepsis zusammen; wie weit er originell war, läßt sich nicht beurteilen. In den ‹Grundzügen der Pyrrhonischen Philosophie› behandelt er kurz die Prinzipien der Skepsis. Die Enthaltung vom Urteil wird durch die Einsicht in die Gleichwertigkeit aller entgegengesetzten Aussagen erreicht. Die Aussage des Skeptikers, daß er ‹nicht bestimmt›, sieht er als (erlaubte) Beschreibung eines bloßen Phänomens an. Ebensowenig darf es als Anerkennung der Gesetze und Gewohnheiten ausgelegt werden, wenn der Skeptiker ihnen folgt. Er richtet sich nach ihnen ohne Meinung und wertet sie nur als Phänomene. Den größten Teil der Werke nimmt die Polemik gegen die dogmatischen Schulen ein. Er stellt ihre Lehren ausführlich dar und bringt auch die Kritik, die von anderer Seite, meist den Akademikern, an ihnen geübt worden ist; er selbst widerlegt alle nach dem Schema des Agrippa. M. S.

Lit: A. Goedeckemeyer, Gesch. d. griech. Skeptizismus, 1905 – V. Brochard, Les sceptiques grecs, 1887 (Neudr. 1959).

Skilla (σκίλλα, Meerzwiebel), wahrscheinlich schon in vorgriech. Zeit gebraucht, diente bes. in der Heilkunde. Man kannte sowohl günstige Wirkung wie Giftigkeit. Daher begegnet uns S. im Zaubergarten der Hekate. Der Glaube an die reinigende Kraft der S. erklärt ihre Verwendung bei der Entsühnung Athens durch den Kreter Epimenides und das arkad. Brauchtum, in Notzeiten das Bild des Pan mit S. zu bewerfen. Übelabwehrend wird S. an den Türen von Wohnhäusern aufgehängt. Vgl. → Flora. J.W.

Lit: Murr, Pflanzenwelt, 211 – A. Steier, RE 3 A 1 (1927), 522–526 – O. Geßner, Gift- und Arzneipflanzen, 1931, 130.

Skillus, kleiner Ort in → Triphylien in der westl. → Peloponnes beim heutigen Krestaena, dem aus Athen verbannten → Xenophon (1) von den Lakedämoniern als Wohnort zugewiesen. E. M.

Lit: E. Meyer, Neue pelop. Wanderungen, 1957, 47–49; 63–66.

Skira oder *Skirophoria*, ein Fest der → Demeter und Kore am 12. Skirophorion (Mai–Juni). Die Priesterin der → Athena Polias und der Priester des Poseidon-Erechtheus begaben sich in feierlichem Zug, unter einem Baldachin, von der Akropolis zu einem Tempel der Demeter an der alten Grenze zwischen Athen und Eleusis, in Skiron, dem Ort der einen der drei rituellen Pflügungen des athen. Staats. (Dieser Besuch stellt vielleicht einen Kompromiß zwischen den einst rivalisierenden Ansprüchen von Athena und Demeter als Göttinnen des Ackerbaus dar.) Nach Deubners Interpretation des schwierigen Lukianscholions (→ Arretophoria, Q.) bestand der wichtigste Teil der S. darin, Ferkel in tiefe Gruben (Megara) zu werfen, in denen sie bis zur Zeit der → Thesmophoria zum Verfaulen belassen wurden. Die Geschichte des Eubuleus, die eine Aitiologie des Ritus gibt, stimmt mit dem Datum überein, nämlich nach der Beendigung der Ernte, der Zeit des Raubes der Kore und ihrem Abstieg in die Unterwelt. Dagegen spricht das Problem des Orts (die S. werden in Skiron begangen, der Ritus des μεγαρίζειν im Thesmophorion auf der Pnyx) und die Tatsache, daß die S., wenn auch offenbar ein notwendiges Pendant zu den Thesmophoria, nur für Athen und nirgends sonst belegt sind. F.R.W.

Lit: L. Deubner, Att. Feste, 1932, 40ff.

Skiren, german. Volksstamm, im 3. Jh. v. Chr. als in der Nachbarschaft des Schwarzen Meeres wohnend erwähnt, wo sie die Stadt Olbia bedrohten. Sie werden gelegentlich in spätröm. Zeit genannt; ihre bedeutendste historische Tat war ihr Eindringen nach Italien im Heer → Odoakers. Von der Organisation ihres Stammes ist wenig bekannt. E. A. Th.

Lit: L. Schmidt, Die Ostgermanen (1910), 1941².

Sklaven

A. Griechenland: [1] Archaische Zeit – [2] Klass. Zeit – [3] Hellenistische Zeit – B. Rom: [1] Republikan. Zeit – [2] Kaiserzeit. – Vgl. → Freigelassene, → Menschenhandel.

A. Griechenland. [1] *Archaische Zeit.* Persönliche Unfreiheit infolge Besitzrechts eines anderen Menschen an der Person des Abhängigen war im Alten Orient weit verbreitet und auch dem älteren Griechentum nicht fremd. Das häufigste griech. Wort für ‹Sklave›, δοῦλος, scheint bereits in den myken. Texten seine Entsprechung zu haben (doero), wobei freilich unklar ist, was für eine Abhängigkeit damit gemeint war. Bei Homer gibt es verschiedene Arten von Unfreien (δμῶες): Kriegsgefangene, erbeutete Frauen, Dienerschaft im Hause, Ackerknechte, die alle dadurch gekennzeichnet sind, daß ihre Herren ein Besitzrecht an ihnen haben. Auch hier bleibt es noch unsicher, wie weit sich dieses Recht erstreckte, zumal die epische Sprache nicht immer zwischen Arbeitenden und Dienenden freien oder unfreien Standes unterscheidet. Das Verhältnis des Odysseus zu seinem unfreien Schweinehirten Eumaios mutet patriarchalisch an, doch kommt auch schon Verkauf abhängiger Personen vor (Tauschwert einer Frau 4 Stück Vieh nach Il. 23, 705); Phönizier erscheinen als gewerbsmäßige Menschenhändler. Ihren Ursprung hatte die Unfreiheit wohl stets in der Gewaltanwendung oder im Zwang einer Notlage, sei es durch Krieg, Raub, Unterwerfung oder Verschuldung, auch wenn das tatsächliche Verhältnis oft erträglich erscheint. Die härteren Züge einer eigentlichen Kaufsklaverei sind seit dem 6. Jh. v. Chr. zunächst bei den Ostgriechen, in Chios und auf anderen Märkten im Grenzgebiet zu den ‹barbarischen› Ländern des Ostens und Nordens nachweisbar, von wo sich der griech. Sklavenhandel, vor allem mit sog. → Barbaren, dann rasch nach Korinth, Aigina, Athen und anderen Handels- und Gewerbezentren verbreitete, während in den Agrargebieten noch die älteren, mannigfachen Formen der Unfreiheit und Halbfreiheit bestanden, so in Böotien (→ Hesiod), Thessalien (Penesten), Attika (Leibeigenschaft vor → Solon), Sparta (→ Heloten). Erst die Kommerzialisierung der Unfreiheit seit dem Aufkommen der Geldwirtschaft, die Freiheitsberaubung zum Zweck des Menschenhandels und der Verkauf des Menschen als Marktware (*ἀνδράποδον* nach *τετράποδον*), hat die Sklaverei zu einer gesellschaftlichen Institution gemacht und zur Ausbildung eines förmlichen Sklavenrechts geführt, das sich mit lokalen Varianten seit dem 5. Jh. allgemein durchsetzte.

[2] *Klass. Zeit.* Die S. der klass. Zeit waren demnach zwar nicht rechtsunfähig, doch stark rechtsbeschränkt. Vor allem von den politischen Rechten waren sie ausgeschlossen; für Hilfeleistung im Krieg gab es aber entsprechende Zugeständnisse. Privatrechtlich besaßen die Sklaven ein gewisses Ehe-, Vermögens- und Zeugnisrecht, das besonders aus Athen und Gortyn (Kreta) näher bekannt ist. Strafrechtlich wurden sie stets strenger behandelt als die Freien, schon bei der Vernehmung unterlagen sie der Folter, doch waren sie nicht ohne Rechtsschutz. Sie waren tätig im Haushalt als Bediente und Erzieher, als Landarbeiter, bes. aber als Handwerker, in Manufakturbetrieben, in Handel und Bergbau, meist in Konkurrenz mit freien Lohnarbeitern, auch in leitenden Stellungen, doch immer im Dienst oder Auftrag ihres Herrn; an Dritte verdungen oder als selbständig wirtschaftende Geschäftsführer eingesetzt, bezahlten sie ihren Herren eine vereinbarte Abgabe (*ἀποφορά*). Die wirschaftliche Bedeutung der Sklaverei war demnach nach Ort und Zeit verschieden; sie kann nicht allgemein als Grundlage der antiken Wirtschaft und Kultur angesehen werden (‹Sklavenhaltergesellschaft›). In Städten mit entwickelter Gewerbe- und Handelstätigkeit war ihre Bedeutung relativ groß; ohne Einsatz zahlreicher unfreier Arbeitskräfte wäre hier der wirtschaftliche Aufschwung nicht möglich gewesen. In manchen Agrargebieten (Phokis, Lokris) wurden dagegen erst im 4. Jh. S. verwendet. Ihre Gesamtzahl betrug in Attika damals schätzungsweise 80000, etwa ein Viertel der Bevölkerung des Landes. Bergwerksunternehmer konnten Hunderte von S. besitzen, in Manufakturbetrieben waren etwa 20–50 beschäftigt, ärmere Bürger hatten wohl meist keine eigenen S. Der durchschnittliche Kaufpreis von 150–200 Drachmen, der bei qualifizierten Kräften um ein Vielfaches höher war, amortisierte sich bei Erwerbssklaven in der Regel erst nach mehreren Jahren. Öffentliche S. (*δημόσιοι*) der Bürgerschaft wurden als subalterne Exekutivorgane verwendet, ähnlich auch Tempelsklaven. Die Behandlung der S. war unterschiedlich; ihr Verhalten wird in Athen als recht ungezwungen geschildert. Zu den Mysterien waren sie zugelassen. Zum Teil hielten sie am fremden Kult ihrer Herkunftsländer (Thrakien, Kleinasien, Orient) fest. Als → Freigelassene konnten sie gesellschaftlich aufsteigen, doch kam es im Kriege auch zu Erhebungen und Massenflucht von S., die zum Feind überliefen, so in Attika während des Dekeleischen Krieges und in Syrakus bei der Belagerung durch die Athener. Revolutionäre Ziele hatten diese Bewegungen offenbar nicht. Die Forderung nach förmlicher Abschaffung der Sklaverei wurde nicht erhoben, doch wurde ihre innere Berechtigung seit der → Sophistik nicht selten bestritten, so von → Euripides, der die Gesinnung des Menschen, nicht seinen Rechtsstand als wesentlich für seine Freiheit bezeichnete, oder von → Alkidamas, der von einem Naturrecht der Freiheit sprach. Nach Aristoteles (pol. 1, 4, 1254 a 15) gibt es ‹Sklaven von Natur› (*φύσει δοῦλοι*), womit jedoch nicht eigentlich der Rechtsstand gemeint ist, sondern der zum ‹Dienen› bestimmte Charakter.

[3] *Hellenist. Zeit.* Obwohl die Monarchen der hellenist. Zeit aus innenpolitischen Gründen keine Versklavung der nichtgriech. Bevölkerungsteile ihrer Länder wünschten, nahm die Sklavenzahl weiter zu. Dazu trugen die fortwährenden Kriege mit hohen Gefangenenzahlen bei, die Unsicherheit der Verkehrswege, bes. zur See infolge des Piratentums, die Erschließung neuer Handels- und Absatzgebiete in Ost und West mit starker Nachfrage nach Arbeitskräften. Auf dem Sklavenmarkt Delos sollen zeitweilig Tausende S. pro Tag umgesetzt worden sein (Strab. 14, 668). Auf den königlichen Plantagen und in den vergrößerten Manufakturbetrieben wurden außer freien und halbfreien Arbeitern auch S. verwendet; große Transporte gingen nach Westen zu den karthag. und röm. Latifundien, wofür z. T. planmäßiger Menschenraub betrieben wurde. Kindesaussetzung, Prostitution und anderes kam hinzu. Die Gesetzgebung über das Sklavenwesen wurde weiter ausgebildet (Pap. Lille 29), das Fahndungssystem gegen Entlaufene verstärkt, die Besteuerung des Sklavenhandels allgemein geregelt, doch auch das → Asylrecht für S. in Tempeln und an Altären fand weitere Anerkennung. Das Verhältnis und der Umgangston zwischen Freien und S. im hellenist. Bürgertum der Städte erscheint nach → Menanders Komödien recht familiär, doch wurden andererseits die unfreien Arbeitskräfte in Großbetrieben zum Teil gefesselt und rücksichtslos ausgebeutet, so im ptolemäischen Bergbau. Aufstandsbewegungen, wie die des → Aristonikos (1) v. Pergamon, konnten sich gegen die Übermacht der Herrschenden nicht durchsetzen. Zunehmende Anerkennung als Mensch fand der S. jedoch in der aufgeklärten hellenist. Philosophie, bes. der → Stoiker und → Kyniker, ebenso in den Religionsgemeinschaften orientalischen Ursprungs, wo die Bedeutung gesellschaftlicher Standesunterschiede nicht mehr maßgebend war.

B. Rom. [1] *Republikan. Zeit.* Zum frühröm. Hause gehörte unfreies Gesinde (familia, famulus), das ebenso wie die freigeborenen Kinder der unbeschränkten vaterrechtlichen Hausgewalt unterstand, jedoch in enger Gemeinschaft mit der Herrenfamilie lebte, arbeitete und feierte (→ Saturnalien). Der Ursprung dieser Abhängigkeit war wie beim älteren Griechentum verschieden; Schuldknechtschaft, Kriegsgefangenschaft hatten den Verlust der persönlichen Freiheit zur Folge. Nach dem → Zwölftafelgesetz besaßen die Unfreien einen gewissen Rechtsschutz gegenüber Dritten; schon früh konnten sie auch über ein kleines Sondervermögen (→ peculium) verfügen. Für die Freiheit oder Unfreiheit eines Kindes blieb stets der Rechtsstand seiner Mutter maßgebend. Wesentliche Veränderungen ergaben sich, als seit dem 4. Jh. v. Chr. die Kaufsklaverei durch Menschenhandel nach griech. Art in Italien zunahm und sowohl bei den Etruskern wie in Rom die älteren, milderen Formen der Unfreiheit ersetzte. Auch in Karthago setzte sich die Sklavenhaltung durch. Die röm. S. (servi) wurden nun ebenfalls in stärkerem Maße Marktware, wobei an der alten Erwerbsform der Manzipation noch festgehalten wurde (mancipium). Durch die erfolgreichen Kriege Roms in der mittleren Zeit der Republik bis zur völligen Niederwerfung Karthagos und Makedoniens stieg die Zahl der Kriegsgefangenen gewaltig an; sie wurden ebenso wie die von Sklavenhändlern und Piraten gelieferten S. meist an Private verkauft, versteigert oder im öffentlichen Dienst (servi publici) verwendet. Die erzielten Gewinne trugen dazu bei, daß auf den östlichen Kriegsschauplätzen des 2.Jh.s v.Chr. zum Teil förmlich Jagd auf Beutesklaven gemacht wurde, wodurch die Bevölkerung bes. in Makedonien, Griechenland und Kleinasien stark dezimiert wurde. Dem entsprach der große Bedarf an Arbeitskräften auf den Latifundien der Senatoren in Italien und in den Provinzen, die nach karthag. und hellenist. Vorbild als agrarische Großbetriebe marktwirtschaftlich organisiert wurden. Die Verwendung und Behandlung der Landsklaven auf diesen Gütern, durch die das selbständige röm. und italische Bauerntum verdrängt wurde, wird von der → Landschriftstellerei (→ Cato(1), → Varro, 1) anschaulich geschildert; als Betriebsführer und Verwalter (vilicus) dienten qualifizierte S., für widerspenstige Arbeiter gab es strengen Gewahrsam (ergastulum). Hauptsächlich auf Sklavenarbeit beruhte auch der damalige Aufschwung der gewerblichen Wirtschaft Italiens. So bedeutet die Massensklaverei in der späteren Zeit der Republik den Höhepunkt der antiken Sklaverei überhaupt; allein in Rom lebten schätzungsweise 250000–300000 S., die etwa ein Drittel der Bevölkerung ausmachten. Da es sich meist um Neuversklavte, ehemals Freie aus den eroberten Gebieten und Provinzen handelte, ist es kein Zufall, daß auch die großen Sklavenaufstände der antiken Welt in diese Zeit fallen (um 130–70 v.Chr.), so der des → Aristonikos (1), der des → Eunus und der des → Spartacus. Es gelang der herrschenden Gesellschaft zwar, diese Bewegungen militärisch niederzuwerfen, doch ließ ihr wirtschaftliches Interesse keine wirksamen Reformen zu. Verhältnismäßig gut gestellt waren außer erfolgreichen Erwerbssklaven jedoch die in der ausgehenden Republik nicht wenigen Luxussklaven, die aus Prestigegründen gehalten wurden, ebenso Sklavinnen als Konkubinen, schließlich die gebildeten Sklaven, meist griech. Herkunft, die als Erzieher, Ärzte, Schreiber dienten, wie Ciceros Sklave → Tiro, und sich als → Freigelassene emanzipierten.

[2] *Kaiserzeit.* Das Ende der Bürgerkriege und der weitgehende Verzicht auf Eroberungspolitik in der Kaiserzeit hatte zur Folge, daß die Zahl der Kriegsgefangenen merklich abnahm, was im ganzen allmählich zu einer Verminderung der Sklavenzahl und zur Erhöhung der Sklavenpreise führte. Dazu trugen auch die vielen Freilassungen bei, die schon Augustus aus bevölkerungspolitischen und wirtschaftlichen Gründen durch eherechtliche und andere Maßnahmen einzuschränken suchte. Immerhin gab es in einer mittelgroßen Stadt wie Pergamon neben etwa 40000 Bürgern im 2.Jh.n.Chr. noch ebenso viele S. Auf dem Lande bewirkten die Strukturänderungen der Agrarwirtschaft von den Großbetrieben zum Parzellensystem mit Kleinpächtern, daß freie oder grundhörige Bauern (coloni) weithin an die Stelle der S. traten. Die größten Sklavenhalter blieben die Kaiser, die nicht nur in der Hofhaltung, sondern auch auf ihren Domänen, in Manufakturbetrieben und im Bergbau S. und Strafgefangene verwendeten. Erst durch die klassische Jurisprudenz der Kaiserzeit erhielt auch das röm. Sklavenrecht seine volle Ausbildung, so die Kasuistik des Sklavenkaufs, der Schadenshaftung, Geschäfts- und Vermögensfähigkeit der S. Der unfreie Personenstand (status servitutis) machte die S. zwar zum Verkehrsobjekt, doch selbst nach strengster Lehre nie völlig zur Sache (res). Eine zunehmende Tendenz zur Humanisierung des Sklavenstrafrechts zeigt sich seit dem Beginn der Kaiserzeit und später bes. unter → Hadrian, → Diokletian und → Konstantin I.; durch das Verbot der Mißhandlung und Tötung der S. wurde das Herrenrecht erheblich eingeschränkt. Dabei war die Philosophie von Einfluß, die auf menschliche Behandlung der S. drängte (Sen. epist. 47) und durch ihre Lehre von der inneren Freiheit des Menschen die Standesgrenzen zwischen Freien und Unfreien ethisch zu überwinden suchte. Ähnlich wirkte die Religion, zumal die S. auf diesem Gebiet rechtlich stets als Person anerkannt waren; sie beteiligten sich an den bürgerlichen Kultgemeinschaften (collegia) ihres Herrn, bevorzugten aber gewisse Gottheiten (Liber, Silvanus, Fortuna) oder hielten am nichtröm. Kult ihres Heimatlandes fest. Auch in den frühen Christengemeinden, in denen die S. wie überhaupt die unteren sozialen Schichten stark vertreten waren, spielten die Standesunterschiede keine entscheidende Rolle mehr; alle Gläubigen waren ‹Diener Christi›. Die förmliche Abschaffung der Sklaverei wurde von der Kirche, abgesehen von einzelnen Kirchenvätern (→ Gregor (4) v. Nazianz), nicht gefordert, doch galt die Freilassung eines Sklaven als gutes Werk. So wirkten wirtschaftliche, rechtliche, geistige und religiöse Faktoren zusammen, daß die Sklaverei in der Spätantike zwar nicht beseitigt wurde, aber weithin erlosch oder in der feudalen Grundherrschaft aufging. Für den Übergang des Altertums zum MA hatte die Sklaverei keine Bedeutung mehr. S.L.

Lit: W.L.Westermann, RE Suppl. 6 (1935), 894–1068 – Ders., The Slave Systems of Greek and Roman Antiquity, 1955 – J. Vogt, Sklaverei u. Humanität im klass. Griechentum, 1953 – F. Bömer, Unters. über die Religion der S. in Griechenland u. Rom, 4 Bde, 1957–63 – M.I. Finley, Slavery in Class. Antiquity, 1960 – S. Lauffer, Die Sklaverei in der griech.-röm. Welt, Gymnasium 68, 1961, 370–395.

Skolion, beim → Symposion vorgetragenes Lied; nach der Sitte (Aristoph. vesp. 1219ff., nub. 1353ff.) mußte jeder etwas vortragen oder etwas Angefangenes witzig fortsetzen, wobei ein Myrtenzweig die Runde machte, den der jeweilige Sänger in der Hand hielt. Wie das Lied zu der Bezeichnung *σκόλιον* (‹das krumme›) kam, ist unbekannt; die vielfältigen und widersprüchlichen antiken Erklärungen zeigen, daß man bereits früh nichts Genaues mehr wußte. Aus den Stellen bei Aristoph. (dazu Fr. 223 K.) geht hervor, daß man hauptsächlich Stücke aus älteren und zeitgenössischen Dichtern vortrug, daneben Improvisationen. Sk. hat daher zwei Bedeutungen: (1) zum Vortrag beim Symposion geeignetes Gedicht oder Teil eines Gedichtes, (2) eigens zu diesem Zweck verfaßte Gedichte, und zwar a) literarisch anspruchsvolle Lieder, die sich, meist lobend, an einzelne Personen wenden (→ Enkomion), b) kurze, meist anonyme Gedichte in volksliedähnlicher Form. Eine Sammlung davon, die sog. ‹Attischen Skolia›, hat → Athenaios überliefert (PMelGr 472ff.); sie ist nicht ganz einheitlich, ein Stück hat sich als Strophe des → Alkaios herausgestellt (skol. 8 = Alk. 249, 6ff. L.-P.), gehörte also zu der ersten Art; andere werden in Nebenquellen einem oder verschiedenen, teils bekannten, teils unbekannten Autoren zugeschrieben. Was in dieser Sammlung steht, ist wahrscheinlich nur ein kleiner Teil einer umfangreichen, meist anonymen und variablen Liedermasse; diesen Charakter zeigen am besten die Dubletten (z.B. das Lied auf die Tyrannenmörder in 4 Fassungen, skol. 10–13). In der Thematik tritt gerade das eigentlich Sympotische nicht hervor, politische Ereignisse und allgemeine Lebensweisheit sind die Hauptthemen; in dieser Hinsicht steht den Sk.a vieles aus der → Theognis-Sammlung nahe. – 3 charakterist. Metren: eine Strophe aus 4 → Enkomiologici, eine 4- und eine 2zeilige Strophe (beide verschiedenen Maßes). E.-M.V.

Skopaden, reiches thessalisches Adelsgeschlecht aus Krannon, mit den → Echekratiden verwandt, besaß im 6.Jh. v.Chr. eine führende Stellung und stellte zeitweise den → Tagos des thessalischen Bundes. Außer dem mehr mythischen Skopas I. (um 560) sind Diaktoridas, einer der Freier der Tochter des → Kleisthenes (2) v. Sikyon, und Skopas II. zu nennen, an dessen Hof → Simonides (1) weilte. Das Geschlecht der S. kam um 515 beim Einsturz der Decke ihres Hauses in Pharsalos ums Leben. Eine Seitenlinie ist noch zu Beginn des 4.Jh.s bezeugt (Ael. VH 12, 1). P.R.F.

Lit: M. Sordi, La lega tessala, 1958, 59ff.

Skopas, von Paros, Bildhauer und zugleich Architekt; als solcher leitete er den Neubau des (395 v. Chr. abgebrannten) Tempels der Athena Alea in Tegea. Biographische Anhaltspunkte fehlen oder sind falsch wie die Akmeangabe Plin. nat. 34, 49 (420 v. Chr.). Seine Werke für Theben müssen noch vor der Zerstörung dieser Stadt (335) geschaffen worden sein. Die Überlieferung, S. habe auch am Reliefschmuck der Säulen des Neubaues des Artemision von Ephesos (ca. 356–333) mitgearbeitet, erscheint zweifelhaft; doch hat er wohl die Ostseite des → Mausoleumsschmuckes von Halikarnaß (nach 352 v. Chr.) ausgeführt.

[2] Der Ausgangspunkt für die Erkenntnis seines *Œuvre* waren die etwa um 340 v. Chr. geschaffenen Giebelskulpturen von Tegea. Obwohl S. nur als Leiter des Baues genannt wird, hat man ihn doch mit großer Wahrscheinlichkeit auch als leitenden Meister der Giebelgruppen vermutet, da die vorhandenen Reste dieselbe höchst eigenwillige Richtung erkennen lassen wie die ihm ebenfalls zugeschriebenen Ostplatten des Mausoleum-Frieses. – Von dieser Grundlage aus gelang es, weitere, nur durch Kopien überlieferte Werke nachzuweisen: so den Pothos im Typus Florenz-Capitol (um 330 v. Chr.), die Mänade in einer Dresdner Marmorstatuette; wahrscheinlich auch den Apollon Kitharödos von Rhamnus (der später im palatinischen Apollontempel stand) im Typus der Sorrenter-Basis; vielleicht auch eine der überlieferten Hygieiastatuen im Typus Hope (340/330 v. Chr.). – Nachbildungen des kleinasiat. Apollon Smintheus und der elischen Aphrodite auf dem Ziegenbock glaubt man wenigstens auf Münzen wiedererkennen zu dürfen (den Apollon möglicherweise auch in Marmorkopien). An diese Gruppe hat man (allerdings nur auf Grund stilistischer Argumente) den sog. Herakles Landsdowne, von dem einige ausgezeichnete Hermenkopien vorhanden sind, und einen durch zahlreiche, unter sich nicht ganz einheitliche Kopien überlieferten ‹Meleager› angeschlossen. Fraglich bleibt wohl die Zuweisung des sog. Ares Ludovisi.

[3] Der Ruhm des S. beruht wie der des → Praxiteles auf der Marmorarbeit. Seine Gestalten bilden aber zu der zarten, versonnenen Richtung seines großen Rivalen geradezu einen Gegenpol. Er war vor allem ein Meister in der Wiedergabe menschlicher Leidenschaften. Personifikationen menschlicher Gefühle nehmen darum nicht zufällig schon unter seinen Themen einen gewichtigen Platz ein. Auch seine Götter sind von größerer Unruhe erfüllt als die des Praxiteles, und seine Heroen sind keine idyllischen Gestalten, vielmehr von einem geradezu schwärmerischen Pathos erfaßt. Gewisse Berührungspunkte mögen zu → Lysipp bestanden haben. Von einer direkten Schultradition wissen wir nichts. E. Bg.

Lit: K. A. Neugebauer, Studien über S., 1913 – Picard, Manuel III 633–780 – Lippold, GrPl, 249–254 – E. Buschor, Maussollos und Alexander, 1950, 46f. – P. E. Arias, Skopas, 1952 – H. Sichtermann, Das Motiv des Meleager, RM 69, 1962, 43–51 – H. Koch, Die angebliche Skopassäule vom jüngeren Artemision zu Ephesos, in: Theoria, Festschr. für Schuchhardt, 1960, 123–127.

2. **S.,** hellenist. → Gemmenschneider, dessen Signatur wir allein durch einen konvexen Hyazinth in Leipzig mit dem Porträt eines bartlosen, jüngeren Mannes kennen, ein Werk von lebendiger Frische und Wahrheit. P. Z.

Abb: Furtwängler, Gemmen I, Taf. 33, 8.

Skopelianos von Klazomenai, Schüler des → Niketes, Archiereus Asiens; in Smyrna angesehen (Gesandtschaft an Domitian in der Rebenaffaire u. a.), wohin Schüler aus aller Welt kamen. S. war Asianer und großer Improvisator; dichtete auch ein Epos (‹Gigantia›). War mit Apollonios v. Tyana befreundet. Schüler: → Polemon (3), → Herodes (2) Atticus. W. Sp.

Lit: Dornseiff, RE 3 A 1 (1927), 580f. – K. Gerth, Bursian 272, 1941, 240 (Forschungsber.).

Skordisker, kelt. Stamm, der sich nach Polyb. 1, 6, 4 u. a. nach dem Zug gegen Delphi 279 v. Chr. ins Gebiet von Save, Drau und Donau zurückzog. Singidunum (heute Belgrad) gilt als Gründung der S. Ihren dauernden Einfällen nach → Makedonien machte im J. 88 v. Chr. der Prätor L. Cornelius Scipio Asiagenes ein Ende und vertrieb sie teilweise über die Donau. Die in Pannonien verbliebenen S. wurden vom jungen → Tiberius (vor 12 v. Chr.) unterworfen. L. B.-H.

Lit: s. zu → Kelten.

Skorpion. [1] Der im Mittelmeer und den heißen Nachbarländern weit verbreitete S., σκορπίος, war den Alten in mehreren Arten bekannt (Europ. Haus-S., Feld-S., Fleck-, Dickschwanz-, schwarzer Fels-S.). Gefürchtet wegen der im Schwanzstachel enthaltenen Giftdrüsen und seines heimtückischen Stiches, war der S. Inbild hinterlistig lauernden Wesens, sprichwörtlich für einen hinterhältig mißgünstigen und zornigen Menschen. Auch der harmlose, milbenvertilgende kleine Bücher-S. war bekannt. Eigenschaften und Gestalt begünstigten stark magisch bestimmte Vorstellungen und apotropäische Darstellungen. Gegen den S.-Stich gab es neben magischen Maßnahmen auch sinnvolle Mittel. Im Mythos erscheint der S. als Geschöpf der Gaia, dessen Stich auf Bitten der Artemis den Jäger Orion tötet. Mit seinem Opfer wurde der S. an den Himmel versetzt. Die Überlieferung berücksichtigt den Untergang des Orion und den gleichzeitigen Aufgang des S. Phantasiegebilde ist der geflügelte S. Vgl. → Fauna, → Sternmythen. J. W.

Lit: Keller, Tierwelt II 470–479 – Stein, RE 3 A 1 (1927), 588–611 (Quellen!) – A. Steier, ebd., 1801–10.

[2] Bezeichnung für verschiedene Arten von → *Geschützen* (Amm. 31, 15, 12; Veg. mil. 4, 22); als Pfeilgeschütz wurde er vor Syrakus eingesetzt (Polyb. 8, 7, 6). Die Römer übernahmen Wort und Sache (Liv. 26, 47: Zahlen!). Als Mehrlader, → Polybolon (vgl. Phil. Mech. Bel. 51 ff.), schoß der S. ohne Streuung (vgl. Caes. Gall. 7, 25, 1–4) mit großer Treffsicherheit (Bell. Afr. 29, 4; vgl. Amm. 19, 7, 6f.). W. K.

Lit: E. Schramm, Die antiken Geschütze der Saalburg, 1918 – Lammert, RE 3 A 1 (1927), 584–587.

Skulptur → Plastik.

Skylax, Seefahrer und → Geograph aus Karyanda (Karien), leitete 519/516 v. Chr. im Auftrag → Dareios' I. die anscheinend erste Umsegelung Arabiens. Von der nicht lokalisierten Stadt Kaspapyros am Kabulfluß aus fuhr er den Indus abwärts, dann an der persischen und arabischen Küste entlang bis zum Südende des Roten Meeres (Hdt. 4, 44). Sein Werk, ‹Periplus des Mittelmeeres und des Äußeren Meeres›, schriftlicher Bericht für den König, wurde von → Hekataios (3) v. Milet für Libyen und Indien benützt. Die Autorschaft des unter S.' Namen erhaltenen Periplus des ‹Inneren› (Mittel-) Meeres ist strittig. Vgl. auch → Entdeckerfahrten. F. L.

Frg: FGrHist 709 – GGM I 15–96 (Ps. Skylax).

Skylla, Tochter der Krataiis (Od. 12, 73 ff., 124) oder des Phorbas bzw. auch des → Phorkys und der → Hekate (Hes. Frg. 150 Rz), Meerungeheuer, das bellt wie ein Hund, sechs Rachen und zwölf Arme hat und gegenüber → Charybdis (in der Meerenge von Messina?) in einer Höhle unter einem Felsen wohnt, aus der es nach den Seefahrern schnappt. Von → Herakles getötet, durch ihren Vater Phorkys zum Leben zurückgerufen. In späterer Sage ursprünglich schönes Mädchen, von Kirke aus Eifersucht auf einen schönen Glaukos verwandelt (Ov. met. 14, 18 ff.; Schol. Lykophr. 45; dort 650 statt dessen → Amphitrite und → Poseidon). – Zuweilen mit S., Tochter des megarischen Königs → Nisos, Verräterin ihres Vaters an → Minos, identifiziert, die von Minos zur Strafe ans Steuer seines Schiffes gebunden wird und sich in jenes Ungeheuer oder einen Seevogel verwandelt (Aisch. Choeph. 611 ff.; Ov. met. 8, 1 ff.). K. Schb.

Lit: J. Schmidt, RE 3 A 1 (1927), 647–658 – *Darstellungen:* Auf polygnotische Malerei dürften die ältesten Bilder auf Münzen, Gemmen und melischen Reliefs zurückgehen. Häufiger als auf Vasen (Böotien, Unteritalien) erscheint das Fabelwesen im Kreis des Meerthiasos auf Bronzespiegeln und anderer dekorativer Metallkunst, hinter der bedeutende malerische Vorbilder stehen müssen, auf Terrakotta-Appliken, etrusk. und röm. Sarkophagen, und in der Monumentalgruppe von Sperlonga meist unter andern Unsterblichkeitssymbolen. Als Mädchen naht Skylla dem Minos in röm. Gemälden nach spätklass. Vorbildern. – *Lit. dazu:* O. Waser, ML IV, 1035–1071 – F. Müller, Odyseeillustrationen, 1913, 118–128 – P. Jacobsthal, Mel. Reliefs, 1931, Nr. 71–74, S. 188–190 – R. Lullies, Vergoldete Terrakotta-Appliken, 1962, 53. 76. 83 – Münzen und Medaillen AG, Basel, Auktion 26, 1963, Nr. 41 – G. Schneider, BAntBeschav 21, 1946, 33 – Schefold, WP 118. K. Schf.

Skymnos, → Geograph aus Chios, 184/183 v. Chr. in Delphi geehrt, Verfasser einer wenig bekannten, umfangreichen → Perihegese Europas und Asiens. – Das 145/110 v. Chr. entstandene Gedicht ‹Perihegese des Skymnos›, das auf älterer Geographie fußt, stammt nicht von S. F. L.

Ed: GGM I 196–237 (Ps. Skymnos).

Skyphos, tassenförmiger Trinknapf mit zwei Horizontalhenkeln am Mündungsrand (→ Vasen, Abb. 247, 3). Allgemein, nicht nur bei Weingelagen, zum Trinken verwendet (vgl. → Kylix). Frühformen zeigen att. und korinth. Skyphoi und die sog. rhodischen Vogelschalen des 7. Jh.s, späte Beispiele bietet die unteritalische Vasenmalerei (→ Gnathiavasen). – Die ebenfalls übliche Bezeichnung *Kotyle* betrifft meist das Hohlmaß. I. Sch.

Lit: H. Nachod, RE 3 A 1 (1927), 688 f. – H. R. W. Smith, Der Lewismaler, 1939.

Skyros, südlichste und größte Insel der nördl. → Sporaden, östl. → Euböa (Kt. 1152), seit 476/475 v. Chr. zu Athen gehörig. Die Gebeine des → Theseus sollen dort gefunden worden sein. E. M.

Lit: C. Fredrich, Skyros, AM 31, 1906, 257–278 – M. Deffner, *'Η ἀρχαία ὀχύρωσις τῆς πόλεως Σκύρου*, Ephem. 1925/26, 138–167.

Skytale (‹Stock›), Name der spartan. → Geheimschrift: man wickelte lange Streifen aus Häuten um einen Stock, beschrieb sie und übersandte sie abgelöst dem Empfänger, der zur Entzifferung einen Stock gleicher Stärke besitzen mußte. H. Hg.

Skytalismos, nach dem Wort *σκυτάλη*, ‹Knüttel›, benannter Exzeß des Pöbels in Argos. Nach dem Zusammenbruch der spartan. Hegemonie und des durch sie gestützten oligarchischen Regimes auf der Peloponnes stürzte sich 371/370 v. Chr. in Argos der Demos auf die Besitzenden, wobei angeblich 1000–1500 derselben mit Knütteln totgeschlagen worden sein sollen. F. Kch.

Skythen

[1] Geschichte – [2] Kultur, Religion – [3] Kunst.

[1] *Geschichte.* Die S., ein iranisches Volk, den → Persern nächstverwandt, uns wie diese am besten durch → Herodot (4, 1 ff.) bekannt (dazu Hippokr. aer. 17–22; Ephoros, FGr Hist 70 F 42; Skymn. perieg. 838–885), wanderten um 700 aus dem eurasischen Steppenraum ein, der von der Mongolei bis Ungarn die Nachbargebiete wie ein Weltmeer verband; die Reiterhirten verbreiteten die Kulturgüter rasch. Um 600 herrschen die S. einige Jahrzehnte im nördl. Iran und in Armenien; im 6./5. Jh. dringen sie bis zu den Karpathen, nach Siebenbürgen und der Dobrudscha vor; sie widerstehen 513 dem Eroberungszug des Perserkönigs → Dareios; seit etwa 300 werden sie von den verwandten Sarmaten verdrängt oder unterworfen. – Die S. gliedern sich auf in verschiedene Stämme: die *Saken* wohnen östl. des Kaspischen Meers, die *skolotischen Skythen* zwischen Don und Dnjestr, wo sie als Nachfolger der → Kimmerier, und scharf von den → Thrakern geschieden, den Griechen bekannt werden (Hesiod; Aristeas; Apoll. Rhod. 4, 320; Klearch bei Athen. 12, 524 C). Im Westen sind die *Agathyrsen* Nachbarn der thrakischen Geten; im Hinterland von Olbia wohnen die *Kallipiden*, nördl. von ihnen die *Alazonen* und die ‹ackerbautreibenden› *S. (Aroteres)*, östl. des Dnjepr die ‹Ackerbauern› *(Georgoi)*, dann die *nomadischen* und die *Königs-S.*, die sich als Herrenvolk betrachteten. Nördl. davon folgen finnische (Budiner und Schwarzmäntel) und westlich slawische Stämme. Abgesprengte Reste die *Gerrhoi* am Kaukasos. Spätere Autoren dehnen den Namen der S. mißbräuchlich auch auf Nachbarstämme aus, so bes. auf die wohl meist iranischen Nomadenstämme in der Kirgisensteppe und im Tiefland von Turkestan. Seit dem 7. Jh. üben die griech. Kolonien der Pontusküste, bes. Pantikapaion und Olbia, starken Einfluß auf die S.

[2] *Kultur, Religion.* Berühmt waren die S. als Viehzüchter und Bogenschützen. Skyth. Sklaven wurden in Athen als Polizisten verwendet. Der griech. Nachbarschaft verdankt die skyth. Kultur für ein Nomadenvolk ungewöhnlich monumentale Formen: Heilige Waffe der S. ist der Akinakes, ein Kurzschwert mit herzförmigem Griffabschluß und ovalem oder Antennenknauf. In den Köcher, Gorytos, kann auch der kurze Bogen gesteckt werden. Die Männer tragen Ärmelrock, Hosen und Schuhe. All dies ist in Gräbern oft mit reichem Goldschmuck versehen. Das Pferdegeschirr kennzeichnen Trensen mit zweiteiliger Gebißstange und beweglichem Seitenknebel, der oft mit Tierornamenten geschmückt ist, ebenso wie die Stirnplatten und Zaumzeugbeschläge. Aus der Religion kennen wir am besten den durch Meuli in seiner kulturellen Bedeutung erklärten Schamanismus. Die Tierornamentik ist aus einer Frühform des mythologischen Denkens entstanden, die alle Mächte in Bildern von → Tieren erfährt. Die Tiere verkörpern die Ahnen der Könige und ihre Stämme. Der Herrscher trägt eine Tierkopfkappe. In diesem ‹theriomorphen› Denken ist alles Verwandlung; Götter, Helden und Schamanen verwandeln sich in Tiere, jeder Held hat ein Vogel- und ein Fischkleid, die Tierkämpfe der Bilder sind Heldenkämpfe, der Tote wird in eine Tierhaut gekleidet. Man stellt Tierglieder dar, weil jede Kultgenossenschaft bestimmte Teile des Tieres verzehrte. Die Bestattung, wie Herodot sie beschreibt und wie sie durch die Funde überall bestätigt wird, mit Opfern von Frauen und Pferden, mit reichen Beigaben von Wagen usw., sichert dem toten Fürsten die Unsterblichkeit in seiner ganzen Machtfülle; bei den Gräbern ist die heilige Mitte des Staates. Ähnliche Sitten hat man in den Königsgräbern von → Ur und bei Mongolen und Turkvölkern beobachtet.

[3] *Kunst.* Die theriomorphe Weltbetrachtung der S. hat als hervorragendste Schöpfung den Tierstil in ihrer Kunst hervorgebracht. Die ältesten Funde um 650/600 zeigen ihn in Südrußland und Urartu noch unbeeinflußt von griech. Kunst (HbArch II, Taf. 64, 1–3; Iraq 14, 1952, 135), mit dem taurisch-iranischen Prinzip, Leben als fließende Bewegung aufzufassen. Aber erst unter der Einwirkung griech. organischer Auffassung hat er im 6. Jh. in Südrußland seine kanonische Form erhalten (Kelermes, Kostromskaja; vgl. HbArch II, Taf. 63), die sich schon bald nach 600 auch in den gewöhnlich zu früh datierten Funden von Ziwiye (Sakkez) beobachten läßt (Iraq 18, 1956, 114; 19, 1957, 76), in Verbindung mit assyrisierenden Formen, die nur auf griechische Handwerker zurückgehen kann. Magischer Schmuck von Waffen und Gewändern besteht aus Hirschen, Steinböcken, bärenartigen Tieren, Fischen, Köpfen von Hirschen, Löwen, Ebern, Vögeln und Schenkeln von Pferden. Den besten Werken eignen straffe Gesamtumrisse, kraftvoll gewölbte, mit gespannten Rändern gegeneinandergesetzte Flächen, die die bewegte Eigenart der Tiere trefflich vorstellen. Mit dem taurisch-iranischen Kreis gemeinsam sind bes. Spiralen auf Tierschenkeln, die zoomorphe Junktur (das Aneinandersetzen von Tieren und Tiergliedern, aus dem in Vorderasien alle Fabelwesen entstanden sind) und schließlich die Inversion, das Verdrehen der Tierkörper um 180° zu einer Art von S-Spirale. Aus dem griech. Kleinasien (Ephesos), ja aus Sizilien (Gela, vgl. Arch. Cl. 1956, 9) gibt es griech. Arbeiten, die sich den skyth. Prinzipien so geschickt anpassen, wie die griech. Handwerker im Dienst der → Achämeniden altmesopotamisches Formengut umgestalten. Für den Zusammenhang mit der griech. Kunst ist es weiter bezeichnend, daß deren

Stilgeschichte auch für die skythische bestimmend ist. – Der südruss.-skythische Stil wirkt über Sibirien (Minussinsk) bis nach China (Altai, Pasyryk, Mongolei, Ordosgebiet), aber auch nach Westen (Thrakien, Ungarn, ja Schlesien und Vettersfelde in der Niederlausitz); er hat über die Sarmaten auf die provinzialröm. Kunst gewirkt, bes. auf die → Goten. So sind neue Einflüsse nach Mitteleuropa gekommen. K. Schf.

Lit: E. Minns, Scythians and Greeks, 1913 – Ders., Proc. Brit. Acad. 28, 1942, 47–99 – M. Ebert, Südrußland im Altertum, 1921 – M. Rostovtzeff, Iranians and Greeks in South Russia, 1922 – Ders., S. und der Bosporus, 1931 (vgl. die Rezension von A. Alföldi, Gnomon 9, 1933, 561–572) – K. Meuli, Scythica, Hermes 70, 1935, 121–176 – T. Talbot Rice, The Scythians, 1957 – R. Werner, in: W. von Barloewen, Abriß d. Gesch. d. ant. Randkulturen, 1961, 128 ff. (hier viel russ. Literatur) – T. W. Blawatskaja, Westpontische Städte des 7. bis 1. Jh. (russ.), 1952 – D. P. Kallistov, Das nördl. Schwarzmeergebiet in antiker Zeit (russ.), 1952 – M. V. Vos, Scythian Archers in Attic Vase Painting, Diss. Utrecht 1963 – *Zu* [3]: G. Boroffka, Scythian Art, 1928 (grundlegend) – Ders., Kunstgewerbe der S., in: Gesch. des Kunstgewerbes, hg. v. Th. Bossert, I, 1928, 101 ff. – F. Hancar, Die S. als Forschungsproblem, in: Festschr. Reinecke, 1950, 67–83 – V. Blavatskij, Die Kunst des nördl. Schwarzmeergebiets im Altertum (russ.), 1947 – K. Schefold, Der skyth. Tierstil in Südrußland, Eurasia Sept., Antike 12, 1938, 1–78 – Ders., Die iran. Kunst der Pontusländer, in HbArch II 429 ff. (mit Lit) – K. Jettmar, Die frühen Steppenvölker, 1964.

Skythes, jüngster Sohn des → Herakles und der skyth. Echidna, mythischer König der → ‹Skythen› (Hdt. 4, 8–10).

2. **S.,** von → Hippokrates (3) v. Gela 496/495 als Tyrann von Zankle eingesetzt, aber bereits 494/493 wieder abgesetzt und nach Inyx verbannt. S. flüchtete zuerst nach Himera, dann zu → Dareios I. Er ist wahrscheinlich mit dem gleichnamigen Tyrannen von Kos identisch, der seine Macht seinem Sohn Kadmos übergab. R. V. C.

Lit: G. Vallet, Rhegion et Zancle, 1958, 336 ff. – R. Van Compernolle, Et. de chron. et d'histor. sicil., 1960, 296 ff.

3. **S.,** att. Schalenmaler spätarchaischer Zeit (→ Vasen E 4), tätig ca. 515–500; signiert sind rotfigurige Schalen und schwarzfigurige Pinakes. Seine → Lieblingsinschriften erwähnen Epilykos und Krates. Der Name S. weist auf fremde Herkunft. Ein humoristischer Zug und eigenwillige Formensprache zeichnen sein Werk aus. I. Sch.

Lit: H. Nachod, RE 3 A 1 (1927), 694 – Beazley, ARV² 82–86.

Skythopolis (Kt. 2196 A 5; semit. und heute *Bēt-Š(ĕ')ān*), seit der 2. H. 4. Jt. v. Chr. archäologisch nachgewiesen, 1479 durch → Thutmosis III. ägyptisch, im 14. Jh. zeitweilig in der Hand des mittelpalästin. Dynasten Tagu, dann ägypt. Stützpunkt, seit dem 10. Jh. in israelit. Besitz (1. Kön. 4, 12), unter dem Namen *Σκυθῶν πόλις* bzw. *Σκυθόπολις* (Herkunft und Bedeutung umstritten) hellenisiert, zunächst ptolemäisch, 218 durch → Antiochos III. d. Gr. erobert (Polyb. 5, 70, 4 f.), doch 217 (Schlacht von Raphia) wieder verloren, 107 durch → Johannes Hyrkanos jüdisch (Jos. BJ 1, 2, 7), 63 durch → Pompeius autonom (Jos. AJ 14, 4, 4), Glied der Dekapolis, im 4. Jh. n. Chr. Bischofssitz und Hauptstadt der Provinz Palaestina Secunda. – *Ausgrabungen* der University of Pennsylvania zwischen 1921 und 1933 (Leitung C. S. Fisher, A. Rowe, G. M. FitzGerald) wiesen neunzehn Siedlungsperioden vom Chalkolithikum bis in frühar ab. Zeit nach. Bedeutsame Funde auf dem *Tell el-ḥöṣn*, dem Ort der vorhellenist. Stadt: kanaanäische Tempel (14./11. Jh. v. Chr.), Stelen ägypt. Könige (Sethos I., Ramses II. und III.) und Beamter, darunter eine mit Weihung an den Stadtgott *Mkl*. In hellenist.-röm. Zeit bestand auf dem Tell ein Dionysostempel, in der Unterstadt neben anderen öffentlichen Gebäuden ein Theater und ein Hippodrom. Dem spätröm.-byzantin. S. gehören eine Kirche auf dem Tell (4./5. Jh. n. Chr.), eine Synagoge (5./7. Jh.) und ein Kloster (6. Jh.) an. M. W.

Lit: M. Avi-Yonah, The Quarterly of the Dep. of Antiquities in Palestine 5, 1936, 167 f. – A. Rowe, The Topography and History of Beth-Shan, 1930 – Ders.-G. M. FitzGerald, The Four Canaanite Temples of Beth-Shan I. II, 1940. 1930 – G. M. FitzGerald, Beth-Shan Excavations 1921–1923: The Arab and Byzantine Levels, 1931 – Ders., A 6th Cent. Monastery at Beth-Shan (Scythopolis), 1939 – W. F. Albright, The Smaller Beth-Shan Stele of Sethos I, BASOR 125, 1952, 24–31 – A. Alt, Zur Gesch. von Beth-Sean 1500–1000 vor Chr. (1926), in: Kl. Schr. I, 1959², 246–255 – B. Maisler, Die Chronologie der Tempel in Beth-Sean (hebr.), Bulletin of the Israel Exploration Society 16, 3/4, 1951, 14–19 – L. H. Vincent, Le Ba'al cananéen de Beisan et sa parèdre, RBi 37, 1928, 123–128 – Ders., La cathédrale antique de Beisan-Scythopolis, Muséon 59, 1946, 303 ff.

Smerdis (Bardiya). 1. Sohn des Kyros und der Atossa, Satrap von Medien, Armenien und den Kadusien, auf Befehl seines neidischen Bruders Kambyses heimlich ermordet. Seine Tochter Parmys heiratete Dareios I. – 2. → Gaumāta. G. R.

Smilis, Bildhauer (nach Paus. 7, 4, 4 u. 7), aus Ägina und Sohn des Eukleides. Er lebte wahrscheinlich im frühen 6. Jh. v. Chr. und muß sehr berühmt gewesen sein, da ihm die Samier die Erneuerung des alten Kultbildes der bräutlichen Hera übertrugen. Die (auf Münzen nachgebildete) mit wirklichen Gewändern bekleidete Göttin hielt in den vorgestreckten Händen Schalen. Von S. werden ferner thronende Horen in Olympia überliefert sowie (allerdings nur durch Athenagoras) das alte Kultbild der Hera von Argos.

Lit: Lippold, GrPl, 34. E. Bg.

Sminthia, ein → Fest des → Apollon Smintheus, dessen Kult in der Troas und auf den Inseln vor der anatolischen Küste verbreitet war. Apollo ist hier der ‹Mäusegott›, Schutzherr der Feldfrüchte gegen Schädlinge. In Lindos in Rhodos waren die S. dem → Dionysos, vielleicht auch beiden Göttern geweiht. F. R. W.

Lit: Nilsson, Griech. Feste, 1906, 142 f.; 307 f.

Smyrna, heute Izmir, ursprünglich äolische, später zu → Ionien gehörige Stadt an der W-Küste Kleinasiens (Kt. 1152 G 4). Das altion., ca. 600 v. Chr. durch den König → Alyattes zerstörte Alt-S. lag bei Bayrakli, ca. 4 km nördl. der heutigen Stadt an einer bereits vorgeschichtlich besiedelten Stelle. Nach der Zerstörung blieb S. ein unbedeutendes Dorf. Durch die Nachfolger Alexanders d. Gr. → Antigonos I. und → Lysimachos wurde die Stadt an der heutigen Stelle neu angelegt. In der Kaiserzeit war S. eine der gefeiertsten Städte der Provinz → Asia. Nur geringe antike Reste, am bedeutendsten die Agora aus hellenist.-röm. Zeit. E. M.

Lit: C. J. Cadoux, Ancient S., 1938 – R. Naumann-S. Kantar, Die Agora v. S., Kleinasien u. Byzanz, Ist. Forsch. 17, 1950, 69–114 – *Zu Bayrakli* mehrere Aufsätze in BSA 53/54, 1958/59, 1–181.

Socii, die Bundesgenossen Roms, zunächst diejenigen im → Ital. Städtebund mit jeweils verschiedenem → foedus, daher auch → civitates foederatae benannt; später wurden außeritalische Städte, Fürsten und Stämme in die formula sociorum auf Senatsbeschluß eingetragen. Liv. 43, 6, 10; 44, 16, 7. H. V.

Sodales Augustales, aristokratische Brüderschaft in Rom, deren Mitglieder auch → Tiberius, dessen Sohn Drusus (2), → Claudius und → Germanicus gewesen sind (Tac. ann. 1, 54). Sie war mit dem Kult des nach seinem Tode vergöttlichten (→ Apotheose) Augustus beauftragt. Nachdem auch → Claudius zum Gott erklärt war, übernahmen sie als *S. Augustales Claudiales* den neuen Kult. Für den Kult der flavischen Kaiser wurde eine neue Sodalität gegründet: die *S. Flaviales;* diese erscheint nach → Vespasians Tod und heißt nach → Titus' Tod *S. Flaviales Titiales*. Für Hadrian schuf man die *S. Hadrianales* und für Antoninus Pius als letzte Sodalität dieser Art im Jahre 161 n. Chr. die *S. Antoniniani;* diese versahen auch den Kult der folgenden Kaiser, bei denen der Name Antoninus erblich war. Vgl. auch → Kaiserkult. H. Le B.

Lit: A. D. Nock, Seviri and Augustales, in: Mél. J. Bidez II, 1934, 627–638 – Latte, 318 f.

2. **S. Titii,** antike Brüderschaft, welche die Augurenkunst ausübte (Varro ling. 5, 85). Die Tradition berichtet, sie sei von König → Titus Tatius begründet worden, um den sabin. Kult zu versehen (Tac. ann. 1, 54). Sie war fast

untergegangen, als → Augustus sie wiederherstellte (Mon. Ancyr. 1,46); ihre Tätigkeit ist unklar. H. Le B.

Soffitte, Zierleiste, z.B. unter dem ion. → Architrav oder unter den die Decke tragenden Balken.

Sokrates, von Athen, ca. 470–399 v. Chr., Sohn des Steinmetzen Sophroniskos und der Hebamme Phainarete, also aus einfachen handwerklichen Verhältnissen. 399 vom att. Gericht zum Tode durch den Giftbecher (Schierling) verurteilt auf Grund der Anklage, «die Götter des Staatskults nicht anzuerkennen, neue Gottheiten eingeführt zu haben und die Jugend zu verführen» (Wortlaut zur Hauptsache übereinstimmend bei Plat. apol. 24 B, Xen. mem. 1,1,1; Diog. Laert. 2,40; die damit gemeinten Tatbestände nur unklar erkennbar). Ankläger waren Anytos, Meletos und Lykon, Reste einer fiktiven Anklagerede des → Polykrates (2) bei Xen. mem. 1,2 und Lib. decl. 1; von den fiktiven Verteidigungsreden des S. von → Platon, → Xenophon, → Lysias (u.a.?) sind nur die beiden ersten erhalten. – Vom *Leben* des S. sind uns trotz reicher antiker Literatur (→ Biographie A 1) nur wenige Daten zuverlässig bekannt: Verheiratet war er mit Xanthippe, vielleicht aus vornehmer Familie; daß die Ehe infolge der Bösartigkeit der Frau überaus beschwerlich gewesen sei, haben einzelne → Sokratiker, bes. Antisthenes (vgl. Xen. mem. 2,2; symp. 2,10), erzählt und mit drastischen Einzelheiten illustriert, Platon (Phaid. 60 B) erwähnt Xanthippe nur beiläufig, andere scheinen sie als besorgte Gattin geschildert zu haben (bes. → Aischines). Drei Söhne werden genannt: Lamprokles, Sophroniskos, Menexenos; die beiden jüngeren waren beim Tode des S. noch Kinder. An den Feldzügen nach Poteidaia (432), Delion (424) und Amphipolis (422) nahm S. als Hoplit teil (Plat. apol. 28 E u.ö.; Antisth. bei Ath. 216 B; Diog. Laert. 2,22 f.). 406 vorsitzender Prytane in der Ratsversammlung, die über das Schicksal der Feldherren zu befinden hatte, die es nach dem Seesieg bei den Arginusen unterlassen hatten, die athen. Toten zu bergen; als einziger protestierte er (vergeblich) gegen das illegal ausgesprochene Todesurteil (Plat. apol. 32 A–C, Xen. mem. 1,1,17 und 4, 4,1–3, Hell. 1,7,15 u.a.). – 404/403 kommt es zum Zusammenstoß mit den → Dreißig Tyrannen. Nach Plat. apol. 32 C–E (vgl. Xen. Hell. 2,3,39; Diog. Laert. 2,24 und epist. Sokr. 7,1/2) hat sich S. gegen den Befehl der Dreißig geweigert, an der Verhaftung des Leon v. Salamis mitzuwirken. Wie weit S. sich dabei den persönlichen Haß des → Kritias zuzog, diesen zu einem gegen S. gerichteten Verbot des Redeunterrichts veranlaßte und in heftige Auseinandersetzung mit ihm und Charikles geraten ist, ist ungewiß; nur Xen. mem. 1,2,9–38 (vgl. 4,4,3) berichtet davon. Hintergründe und Umstände der Hinrichtung des S. sind bes. bei Platon (bes. apol., Krit., Phaid.) ausführlich dargestellt. Für die Späteren ist S. der erste Philosoph, der durch ein Todesurteil endete (Diog. Laert. 2,20 u.ö.). Das antike → Christentum hat nicht selten seinen Tod mit demjenigen Christi parallelisiert.

[2] Ob S. seinen Verzicht auf Vortragsreisen und Schriftstellerei als demonstrativen Widerspruch gegen die Lebensform der Naturphilosophen und → Sophisten aufgefaßt wissen wollte, ist schwer zu entscheiden; die Schüler haben ihn jedenfalls so verstanden, und von späteren Philosophen haben manche nach seinem Vorbild prinzipiell auf das Schreiben verzichtet (→ Arkesilaos (5), → Karneades, → Pyrrhon, → Musonios, → Epiktet u.a., vgl. Diog. Laert. 1,16). Ungewiß muß bleiben, wie weit die erzieherische Liebe zu schönen Knaben und Jünglingen (→ Knabenliebe) schon für den historischen S. jene Bedeutung besitzt, die ihr im platon. S.-Bild eigen ist (Plat. symp.!). In der bei Xenophon vorliegenden Tradition ist sie systematisch eliminiert, und die sonstigen Zeugnisse reichen zu einem sichern Urteil nicht aus. Dagegen ist die Überzeugung des S., der Winke eines Daimonion teilhaftig zu sein und sich offen auf sie berufen zu können, trotz spärlichen, nicht widerspruchfreien Berichten als historische Tatsache anzuerkennen. Nach dem Tode des S. haben seine jüngeren Freunde (die seit dem 3. Jh. v. Chr. sog. → Sokratiker) Bücher geschrieben, die ihn als den vollkommenen Philosophen schildern und in den verschiedensten Lebenslagen im Gespräch auftreten lassen (Sokratikoi logoi). Es sind der vermutbaren chronologischen Folge nach: → Eukleides (2) von Megara, → Antisthenes (1) v. Athen, → Aristippos v. Kyrene, → Aischines (1) v. Sphettos, → Phaidon v. Elis, endlich Platon und Xenophon. Vollständig erhalten sind nur die Schriften der beiden letzten.

[3] Bei Platon erklärt S., er habe nie einen Lehrer gehabt außer Apollon und nie Schüler herangezogen, da sein Tun ausschließlich in der Destruktion des Scheinwissens und nicht in der Übermittlung von Wissen bestehe (apol. 20 D ff. 23 C u.a.). Daran ist richtig, daß er in der griech. Philosophie – auch gegenüber den → Sophisten – einen Neuansatz darstellt und daß sein Wirken ausschließlich dasjenige eines unvergleichlich mächtigen Anregers war. Lehren im systematischen Sinne gibt es von ihm nicht (bezeichnend Diog. Laert. 2,18–47), nur die Umrisse einer bis dahin unbekannten Form philosophischen Fragens. Entsprechend sind die Werke der Sokratiker niemals Geschichtsschreibung über S., sie sprechen vielmehr von ihrem eigenen Philosophieren als dem sokratischen, in dessen Bestimmung sie allerdings sehr stark voneinander abweichen. Als *Kern des sokrat. Philosophierens* darf dennoch etwa gelten: 1. Während die Komödie (Aristoph. nub.) und ein späterer Gegner (→ Aristoxenos v. Tarent) S. als Naturphilosophen darstellen, hat der geschichtliche S. die Naturphilosophie abgelehnt. Die antiken Formeln, daß S. als erster die Philosophie vom Himmel herab und ins Leben der Menschen hineingeholt habe (Cic. Tusc. 5,10) oder daß er erklärt habe, die Dinge über der Erde zu erforschen, sei teils unmöglich teils nutzlos, da ihre Erkenntnis uns nicht besser mache (vgl. Xen. mem. 1,1,11–16; Diog. Laert. 2,21 u.a.), charakterisieren im Prinzip richtig. Die Philosophie wendet sich von der Natur zum Menschen und demgemäß zum prüfenden und mahnenden Gespräch mit jedermann. Am schroffsten ist die sokrat. Ablehnung der Naturphilosophie bei Antisthenes, Aristippos und Xenophon weitergeführt, während Platon von Anfang an eine vermittelnde Stellung einnimmt. – 2. Grundlegend ist ferner das Paradoxon: Gut und richtig ist gerade nicht dasjenige, was Überlieferung und Umwelt dafür halten, sondern etwas anderes, zunächst völlig Unscheinbares, wofür der einzelne mit seiner Einsicht einsteht. Dramatisch kommt dies darin zum Ausdruck, daß der unwissende und unansehnliche Kleinbürger S. bald den fürstlich strahlenden Alkibiades, bald die wissensstolzen Sophisten zuschanden zu machen vermag. Systematisch verwandelt sich bes. bei Antisthenes und Aristippos das Paradoxon in eine Umwertung aller Werte, die selbst vor dem Anstößigsten nicht zurückschreckt (→ Kyniker). Platon hat dem nur zuweilen Raum gegeben (bes. im Gorgias), Xenophon es fast gänzlich eliminiert. – 3. Träger des Paradoxon ist die → Seele, auf die allein alles ankommt (bei Platon zur Seelenlehre entfaltet). Sie soll erzogen, d.h. daraufhin geprüft werden, ob das, was sie zu wissen vermeint, ein werthaltiges und begründetes Wissen ist oder nicht (bei Platon wird daraus die Dialektik). Wer begründetes Wissen von dem, was gut ist, besitzt, wird mit Notwendigkeit auch recht handeln. Doch bleibt die Frage offen, wie weit es dem Menschen überhaupt möglich ist, solches Wissen zu besitzen. Daß die äußeren Güter (Schönheit, Kraft, Reichtum, Ansehen u.ä.) letztlich indifferent sind, darüber sind sich alle Sokratiker einig, mag sich auch diese Überzeugung je nach dem Temperament des einzelnen sehr verschieden äußern. – 4. Der Rückzug auf die Sorge um die Seele führt fast notwendig zu einem Auszug aus der politischen Gemeinschaft und Gleichgültigkeit dem Staat gegenüber. Kraß zeigt sich dies an Antisthenes und

Aristippos, spürbar selbst an Platon, dessen Staatskonstruktionen grundsätzlich über S. hinausgehen; gerade bei ihm kann sich die Entwertung der äußern Welt zu einer eigentlichen Weltflucht und Todesbereitschaft verdichten (siehe ‹Phaidon›). – 5. Kaum faßbar bleibt die Beziehung zum Göttlichen. S. hat für seine Person (s.o.) an das Wirken eines Daimonion geglaubt. Doch wissen wir nicht, wie er faktisch über den Staatskult und die ihm schon vorliegenden Ansätze philosophischer → Theologie gedacht hat. Wie weit die skrupulöse Frömmigkeit des xenophontischen, die theologischen Reflexionen des platonischen auf den geschichtlichen S. zurückgehen und nicht nur das Anliegen des Verfassers auf den Meister zurückprojizieren, läßt sich nicht sagen.

[4] Abschließend gilt, daß der platonische wie der xenophontische S. sich durchaus als anschauliche Persönlichkeit beschreiben lassen. Berücksichtigt man aber, daß alle Sokratiker sich auf S. berufen haben und daß wir kaum ein Recht haben, zwischen ‹echten› und ‹falschen› Sokratikern zu unterscheiden, so ergibt sich, daß uns der gemeinsame S. aller Sokratiker nur in den genannten, umrißhaften Zügen verläßlich erkennbar wird. Dies liegt an seiner Persönlichkeit selbst, die sich zum Wirken und nicht zum Lehren bestimmt wußte. O.G.

Q: S. zu den einzelnen → Sokratikern – *Lit:* H. Maier, S., 1913 – O. Gigon, S., 1947 – V. de Magalhaes-Vilhena, Le problème de S., 1952.

2. **S. Scholastikos,** Anwalt in Konstantinopel, setzte im 5. Jh. n. Chr. die Kirchengeschichte des → Eusebios fort. Sein Werk behandelt die Jahre 305–439 und zeichnet sich sowohl durch das wertvolle Urkundenmaterial wie die objektive Darstellung aus. K.St.

Ed: PG 67, 1864, 29–842 – R. Hussey, 1853 (Neudr. von W. Bright, 1878, 1893²) – *Lit:* Altaner, 214.

3. **S. von Theben,** Bildhauer, wohl vor allem im 2. V. des 5. Jh.s v. Chr. tätig. Verfertigte mit seinem Landsmann Aristomedes zusammen das Kultbild der thronenden Meter Dindymene aus Marmor, von → Pindar in Theben geweiht. → Die Chariten und der Hermes Propylaios am Eingang der Akropolis werden ebenfalls einem Meister namens S. zugeschrieben, der in der antiken Überlieferung mit dem bekannten Philosophen (dessen Vater Bildhauer und vielleicht Sohn des S. von Theben gewesen war) gleichgesetzt wird. Nur Plinius weicht davon ab, wenn er bei der Erwähnung der Chariten des Bildhauers S. bemerkt, daß einige ihn mit dem gleichnamigen Maler identifizierten. Seit Studniczka glaubt die moderne Forschung diesen S. mit dem von Theben identifizieren zu können und bezieht ein öfters kopiertes Relief mit dem Charitendreiverein auf dieses Werk. Den Hermes Propylaios wollte man in einem ‹Vorläufer› der → Alkamenes-Herme erkennen, der anstelle der Korkzieherlocken noch einfache Bukkellocken aufweist. Wohl kaum mit Recht, da derselbe Typus bei der Replik von Ephesos durch die Inschrift auf Alkamenes bezogen wird. E.Bg.

Lit: Lippold, GrPl, 112 (Taf. 35, 4: Charitenrelief).

Sokratiker. [1] S. heißen im weitesten Sinne Schüler des → Sokrates, im engeren diejenigen, die literarisch mit ‹sokratischen Schriften› (Sokratikoi logoi) hervorgetreten sind; zwischen diesen und dem sizil. → Mimos sucht → Aristoteles (poet. 1447 b 9 ff.) eine Beziehung, behandelt sie also als feste *literarische Gattung:* sie behandelt ethische Probleme in der Form realistisch inszenierter Gespräche mit Sokrates als Protagonisten. Innerhalb dieses Rahmens waren viele Varianten möglich: neben Kurzdialogen, die der → Anekdote nahekommen, standen Dialoge von mehreren Büchern Umfang; in den einen spielte eine effektvolle Szenerie eine Hauptrolle, in anderen war sie auf ein Minimum reduziert. – Den *Begriff der S.* als einer geschlossenen Gruppe von Philosophen kennt Aristoteles anscheinend noch nicht: so weiß er zwar, daß → Aristippos Sokratesschüler war (rhet. 1398 b 29–31), nennt ihn aber trotzdem einen Sophisten (metaph. 996 a 32). Aus größerer Distanz scheinen zuerst → Phainias (Fr. 30–31 W.), dann der Epikurschüler Idomeneus (Diog. Laert. 2, 20) die S. als Einheit gesehen und monographisch behandelt zu haben. Wen sie im einzelnen dazu zählten, wissen wir nicht genügend. Das Problem kompliziert sich durch die Echtheitsfrage der dem Hellenismus bekannten Werke der S.: einerseits sind öfters Dialoge fälschlich auf den Namen bestimmter S. gestellt worden, andererseits wurden wohl auch bestimmten S. echte Werke aberkannt, weil ihre literarische Qualität oder ihre philosophische Haltung nicht den Anforderungen an einen S. zu genügen schien. – Die *Hauptgruppe der S.* wird gebildet aus: → Aischines (1), → Antisthenes (1), → Aristippos, → Eukleides (2), → Phaidon, → Platon, → Xenophon. Nur von Platon und Xenophon sind die Werke ganz erhalten, die Dialoge des Aischines sind aus den Fragmenten wenigstens z. T. rekonstruierbar, von den übrigen haben wir außer den Titeln nur noch isolierte Reste. Die Chronologie der S. und damit auch das Verhältnis ihrer Dialoge untereinander kann daher nicht zuverlässig bestimmt werden. Man mag vermuten, daß das sokratische Werk Xenophons als letztes entstanden, dasjenige Platons vorausgeht, aber wohl jünger ist als dasjenige des Antisthenes, Aischines und Eukleides. Nach dem bei Diog. Laert. benutzten Schema gehören Xenophon und Aischines zusammen als die beiden S., die lediglich das Porträt des Sokrates als eines Erziehers zur Tugend hätten nachzeichnen wollen, ohne eine eigene Philosophie zu bieten; die übrigen gelten allesamt als *Gründer bestimmter s. Schulen:* Antisthenes: → Kyniker; Aristippos: → Kyrenaiker; Eukleides: → Megariker; Phaidon: Elische Schule; Platon: → Akademie. Historisch trifft dies im strengen Sinne nur für Platon zu: daß die anderen als Lehrer auftraten und gleichgesinnte jüngere Leute (*νέοι*) um sich sammelten, ist sicher, doch Schulorganisationen dürften sie kaum geschaffen haben.

[2] Unser Wissen von der *Lehre der S.* ist im ganzen mangelhaft und bes. äußerst ungleich: Platon und Xenophon kennen wir ganz, die Reste des Aischines zeigen einen gewandten Schriftsteller ohne bes. philosophische Ansprüche, Antisthenes und Aristippos kennen wir teils durch → Apophthegmatasammlungen (die im Kern noch dem 4. Jh. vor Chr. angehören), teils durch → Doxographien, die in der Substanz zuverlässig, aber in der Terminologie hellenistisch sind; Eukleides und Phaidon sind nur noch Schatten. Auch wenn nicht nur die literarische Gattung die S. als Gruppe charakterisieren sollte, sondern auch ein gewisses Maß gemeinsamer philosophischer Haltung, läßt sich diese angesichts der mageren Überlieferung über Allgemeinheiten wie ‹Bekümmerung um die eigene Seele› oder ‹Bewältigung der Gefahren und Verführungen des Lebens› hinaus nicht bestimmen. Xenophon trägt (nach Antisthenes, Aristippos?) eine Verwerfung der Naturphilosophie vor, die Platon in dieser Form nicht teilt: Platon entwickelt eine Dialektik, die Aristipp fremd gewesen sein dürfte usw. Von wenigen Fällen abgesehen, erkennen wir auch nicht näher, wie sie gegeneinander polemisiert haben (was doch zweifellos ausgiebig geschehen sein muß).

[3] Ein *Sonderproblem* stellt die bes. von Diog. Laert. 2, 121–125 mit 5 Namen (Kriton, Simon, Glaukon, Simmias, Kebes) und einer beträchtlichen Zahl von Titeln von Kurzdialogen angeführte Gruppe von S. dar. Es wird sich um hellenistische Fälschungen handeln, die ähnlich wie die erhaltenen Briefe des Sokrates und der S. aus dem Material der alten Sokratikoi logoi zur Dokumentation und zur Erbauung der Leser als neue Werke unter den alten Namen fabriziert wurden. – Vgl. → Philosophie C 2. O.G.

Lit: Vgl. zu den einzelnen Philosophen.

Sol Indiges. Über die Bedeutung des kultischen Epitheton → Indigetes. Die Sonne wurde in Rom schon in früher Zeit verehrt, aber ihr Kult ist uns wenig bekannt. S. besaß auf dem Quirinal (→Rom IV A) einen Tempel, dessen Stiftungsfeier am 9. August stattfand; andererseits vermerkt der Kalender von Ostia am 11. Dezember ein Agonium (Opfer) für einen Indiges (CIL XIV suppl. 4547), das man auf Grund von Lydus (mens. 4, 155) mit Gewißheit S. zuschreiben kann. «Freilich läßt sich das Fest durch keine Künste mit einem der Jahrpunkte des Sonnenlaufs in Verbindung bringen. Vielmehr ist es der Zeitpunkt, an dem die Aussaat beendet sein soll (Colum. 2, 8, 2). Das Opfer gilt also der Wirkung der Sonne auf die Vegetation» (Latte). Aber dies bleibt eine Hypothese, da wir nichts Weiteres von diesem Fest wissen. H. Le B.

Lit: C. Koch, Gestirnverehrung im alten Italien. Sol indiges und der Kreis der di indigetes, 1933 – Latte, 44.

2. **S. Invictus** (der unbesiegte Sonnengott). Nach seiner Erhebung zum Kaiser (218 n. Chr.) suchte →Elagabal, Syrer und Priester des Baals von Emesa, diesen zum höchsten Reichsgott unter dem Namen S. I. zu erheben. Die neue Gottheit, durch einen schwarzen Meteorstein dargestellt, war in den Augen der Römer ein barbarischer Götze; ihre Feste führten zu Ausschweifungen, die Ärgernis erregten. Nach der Ermordung des Kaisers wurde der schwarze Stein nach Emesa zurückgeschickt, und Jupiter nahm seine Stellung wieder ein. Der Versuch des Elagabal, im Himmel eine Art von Monotheismus ähnlich der auf Erden herrschenden Monarchie einzuführen, war zweifellos zu heftig, ungeschickt und verfrüht, aber er entsprach den Bestrebungen der Zeit. →Aurelian ließ sich vom gleichen Gedanken leiten, als er ein halbes Jahrhundert später einen neuen Kult des ‹Unbesiegten Sonnengottes› schuf. Nun wurde S. I. in einem prächtigen Tempel von Pontifices, die den alten röm. Pontifices gleichgestellt waren, verehrt und alle vier Jahre durch großartige Spiele gefeiert; «er nahm in der göttlichen Hierarchie den höchsten Rang ein und war zum speziellen Beschützer der Kaiser und des Reichs geworden» (Fr. Cumont, 106). H. Le B.

Lit: Fr. Cumont, Les religions orientales dans le paganisme romain (1906), 1929⁴, 105–124.

Solidus, eigentlich ‹massiv›; →Konstantin I. nennt so die von ihm zuerst in Trier um 309 n. Chr., seit 314 in der östlichen Reichshälfte und seit 324 n. Chr. überall eingeführte Goldmünze von 4,55 g oder $^1/_{72}$ röm. Pfund, ein Münzfuß, der theoretisch bis zum Ende des byzantin Reichs bestehen blieb. Vielfach in Inschriften, Verordnungen und Prägevorschriften in bezug auf die Feinheit des Goldes, Normalgewicht, Annahmeverpflichtung usw. ausführlich erörtert, was die Schwierigkeit der Einführung dieser neuen Goldmünze nach den langen Schwankungen des →Aureus im 3. Jh. ins Licht stellt. Die Bemühungen, den S. in gleichbleibender Qualität auszugeben, waren jedoch bis zu Michael VII. (1071–78) von Erfolg gekrönt, was durch eine große Zahl von Schatzfunden aus dem ganzen Imperium (vgl. z. B. Verzeichnis bei K. Regling, Dortmunder Fund röm. Goldmünzen, 1908, 13) erwiesen ist und auch durch die vielen abend- und morgenländischen Nachahmungen des S. beleuchtet wird. Seine Weltgeltung wird u. a. durch den Indienfahrer →Kosmas Indikopleustes (116 A) gerühmt, und der Einfluß des S. auf die Prägungen der Völkerwanderungszeit bis hin zu den Florenen, Dukaten und Zecchinen des MAs ist kaum zu verkennen. – Teilstücke des S. sind der seltene →Semis (2,27 g) und der sehr häufige →Triens (1,52 g) oder Tremissis, der letztere von besonderer Bedeutung für die Münzprägung der Völkerwanderungszeit. – Als Rechnungsmünze zerfiel der S. in 24, in der Spätzeit auch in 21 und 20 →Siliquae. W. Schw.

Lit: Babelon, I 532–538. 575. 891f. – J. Maurice, Num. Const. I 1908, XLIff. – K. Regling, RE 3 A 1 (1927), 920–926 (Lit) – Ders., in: v. Schrötter, 642f. – S. Bolin, Der Solidus, in: Dragma, Festschr. M. P. Nilsson, 1939, 144–156 (Lit).

Solinus (C. Iulius S.) hat bald nach 200 n. Chr. ein geographisches Lehrbuch, ‹Collectanea rerum memorabilium› (‹Sammlung bemerkenswerter Dinge›), herausgegeben, das er nach dem Vorgang des →Pomponius (5) Mela als Küstenbeschreibung gestaltete. Bei ihm begegnen wir zum erstenmal dem Namen ‹Mare mediterraneum›. Außer Pomponius Mela, →Sueton und →Sallusts Historien hat er vor allem die Naturgeschichte des älteren →Plinius (1) kompilatorisch verwendet. Dabei sind ihm viele Mißverständnisse unterlaufen. Stilistische Ansprüche erhebt er nicht. G. B.

Ed: Th. Mommsen (1864), 1895² – *Lit:* E. Diehl, RE 10, 1 (1917), 823–838 – Schanz-Hosius, III 224–227.

Soloecismus (σολοικισμός), Abweichung von der Sprachrichtigkeit (→Rhetorik, Abb. 187, 8a), sofern sie sich auf die syntaktische Wortfügung bezieht (Quint. inst. 1, 5, 34–38). Vgl. →Barbarismus. H. H.

Lit: Lausberg, I 257. 266ff.

Solon, Athener; geb. ca. 640 v. Chr., Sohn des Exekestides, aus dem Geschlecht der →Medontiden. Es ist nicht möglich, die Chronologie seiner Reisen aufzustellen und die Rolle, die er in dem langen Krieg zwischen Athen und Megara (→Salamis) und im →1. Heiligen Krieg spielte, näher zu bestimmen. Besser bekannt sind seine Reformen. Die Kodifizierung der alten Gebräuche durch →Drakon hatte die soziale und wirtschaftliche Krise in Athen nicht beendet: es gab jedes Jahr mehr →Hektemoroi, und ihre Lage wurde immer schlimmer; das Ende des 7. Jh.s und der Anfang des 6. Jh.s war eine Zeit heftiger Unruhen. S., dessen politische Ideale (Solidarität unter den Bürgern und auf Gerechtigkeit begründete Verfassung) durch seine Elegien (s. u. 2) bekannt geworden waren und der Archont geworden war (594/593?), wurde zum Schiedsmann (διαλλακτής) bestimmt und erhielt außerordentliche Vollmachten. Ein Epitimiegesetz setzte alle Bürger, außer den wegen Mords oder Tyrannei verurteilten, wieder in ihre Bürgerrechte ein. Die →Seisachtheia entlastete nicht nur den Grundbesitz, sondern auch die Hektemoroi und die von ihren Gläubigern als Sklaven verkauften Bürger. Die Abschaffung der Schuldknechtschaft (μὴ δανείζειν ἐπὶ τοῖς σώμασιν) bewirkte, daß kein Gläubiger mehr seine zahlungsunfähigen Schuldner als Sklaven verkaufen oder als Teilpächter an Grund und Boden binden konnte. Eine von einer Reform der Maße und Gewichte begleitete Währungsreform (Ersatz des äginetischen Münzsystems durch das euböische) brachte vielleicht eine Abnahme der Schulden mit sich, verschaffte aber vor allem der Wirtschaft Athens einen großen Aufschwung. Dem S. müssen auch die folgenden Gesetze zugeschrieben werden: eine Änderung des Erbrechts (mit dem Ziel, den Großgrundbesitz zu zerstückeln), eine Änderung des Familienrechts (mit dem Ziel, die Macht der Geschlechter zu brechen) und verschiedene Gesetze zur Regelung des Wirtschaftslebens. Wenn auch S. Athen nicht eigentlich eine neue Verfassung gab, da er die timokratische beibehielt, so brachte doch seine Reform der Maße und Gewichte eine Neuverteilung der Bürger auf die Zensusklassen mit sich. Er schuf den Rat der →Vierhundert, der nach und nach die politischen und administrativen Befugnisse des →Areopags übernahm (dieser behielt die Gerichtsbarkeit). Was die Ernennung der Magistrate anbetrifft, so entschied er, daß die Liste der durch das Los zu bestimmenden Beamten von den vier Stammes →Phylen vorzulegen sei. Von den Befugnissen der →Ekklesia und der →Heliaia zu S.s Zeit wissen wir nichts. Nachdem er seine Aufgabe erfüllt hatte, ließ S. die Athener schwören, daß sie sich seinen Gesetzen fügen würden. Er starb ca. 560 (→Peisistratos). R. V. C.

Lit: A. Masaracchia, Solone, 1958 – K. H. Waters, Solon's «Price-equalisation», JHS 80, 1960, 181–190 – E. Ruschenbusch, *Σόλωνος νόμοι*, 1965.

[2] *Das dichterische Werk.* Das Schriftenverzeichnis nennt, außer den Gesetzen und (apokryphen) Reden, →Elegien (5000 Verse), →Jamben und →Epoden; davon sind erhal-

ten etwa 200 Verse aus den Elegien und ca. 70 aus Jamben und Trochäen. Mit Ausnahme des etwas trockenen Fr. 19 D. über die Lebensalter sind alle direkt oder indirekt mit S.s politischer Wirksamkeit eng verbunden. In den Jamben spricht er meist von sich, seiner Tätigkeit, seinen Beweggründen; in den Elegien entwickelt er die theoretischen Grundlagen und wendet sich ermahnend oder belehrend an die Bürger: die maßlose Besitzgier schaffe notwendig schlimme Zustände, unter denen alle zu leiden hätten; die Strafe für alles Unrecht komme auf alle Fälle; man solle nicht den Göttern die Schuld für selbst herbeigeführtes Unheil geben. Im Zentrum steht seine Auffassung der Rechts- und Weltordnung, die an → Hesiod anklingt. Anders als später → Aischylos sieht er jedoch in der ‹Eunomia› den bloßen Ausgleich aller Spannungen (Fr. 3 D.), ohne das mit diesem Prozeß verbundene menschliche Leiden zu berücksichtigen. In anderen Partien (bes. Fr. 1 D.) schildert er das törichte Streben des Menschen; das erinnert sehr an Ionisches, bes. → Semonides. Doch ist er kein Asket oder Eiferer: er selbst wünscht sich Reichtum (sofern rechtlich erworben), Ansehen und langes Leben. – Seine Sprache ist kräftig und bildhaft, der epischen noch sehr nahe. Die Gleichnisse, meist aus dem Naturgeschehen, dienen oft geradezu als Beweis: die gleiche Folgerichtigkeit herrscht in der Natur und im sittlichen Leben. E.-M. V.

Frg: Anth. Lyr.³ 1, 20 ff. – *Lit:* W. Jaeger, Solons Eunomie, SB Berlin 1926, 69 ff. – *Bildnisse:* → Anhang I.

[3] *Archäologische Quellen:* In S.s Zeit gehört der erste Ringhallentempel Athens (Berve-Gruben 168); vermutlich auch ein Urparthenon für das älteste ausschreitende Bild der gewaffneten Athena, das auf panathen. Amphoren erhalten ist (das Haupt auch auf Münzen) und mit der Stiftung der Panathenäen 566 zusammengehört. S.s Ethik entsprechen die nun aufkommenden Bilder bestrafter Frevler. K. Schf.

Lit: H. Cahn, Zur frühatt. Münzprägung, MH 3, 1946, 133–143; vgl. a. O. 89 – Schefold, FS 61.

Somatophylakes (‹Leibwächter›), in der literarischen Überlieferung allgemein (häufig untechnische) Bezeichnung für Gardeinfanterie und -reiterei von Herrschern in klass. und hellenist. Zeit; davon oft schwierig zu scheiden die relativ kleine Gruppe von S., die zum engsten Gefolge des hellenist. Königs gehörten (etwa ‹Leibadjutant›) und aus deren Kreis oft hohe Kommandeure hervorgingen (so z. B. die späteren → Diadochen aus den S. → Alexanders (5) d. Gr.). Im 2. Jh. scheint Somatophylax bzw. Archi-S. in Ägypten zum reinen Ehrentitel geworden zu sein (→ Philoi). H. H. Sch.

Lit: G. Corradi, Studi ellenistici, 1929, 290–317.

Sonne. Die Erkenntnis, daß die Sonne im Laufe des Jahres eine Eigenbewegung am Himmel vollzieht, die sie von Westen nach Osten auf einem Kreise (der → Ekliptik) um die Erde führt, gehört zu den frühen Errungenschaften sowohl der babylon. als auch der griech. → Astronomie. Beobachtungen bei Tage zeigten den veränderlichen Sonnenstand an den Bestimmungen der mit den Jahreszeiten wechselnden Auf- und Untergangspunkte am Horizont sowie der Mittagshöhe der Sonne. Beobachtungen nach Sonnenuntergang zeigten am sich allmählich ändernden Fixsternhimmel das Fortrücken der Sonne unter den Konstellationen des → Tierkreises. Die Kombination der täglichen Umdrehung der Himmelskugel mit dem entgegengesetzten jährlichen Umlauf der Sonne ergibt eine Spirale, die einen Gürtel konstanter Breite südlich und nördlich des Äquators ausfüllt und die zuerst als ‹Sonnenbahn› bei Platon Tim. 39 erwähnt ist. → Anaximander soll der erste Grieche gewesen sein, der mit Hilfe eines → Gnomons (einfache Sonnenuhr) die Sonnenwendepunkte und die Tagundnachtgleichen bestimmt hat; ihm wird auch eine erste Angabe des Sonnenabstands zugeschrieben: der 28fache der Größe der Erde. → Philolaos hielt die Sonne für einen glasartigen Körper, der durch Linsenwirkung die Strahlen des → Zentralfeuers konzentriert und auf die Erde zurückwirft. → Aristoteles erklärte die Entstehung der Sonnenwärme durch Reibung während der raschen Umdrehung ihrer Sphäre um die Erde. – Vgl. → Astronomie, → Planeten, → Astrologie, → Sonnenglaube, → Sol Indiges, → Sol Invictus. S. S.

Lit: Th. L. Heath, Greek Astronomy, 1932.

Sonnengesang, moderne Bezeichnung für den Großen Hymnus an → Aton, der im Grab des Eje in → Amarna aufgeschrieben worden ist. Er schildert die Schöpferrolle Atons, der durch seine Strahlen die Welt belebt und in Bewegung hält. W. Hk.

Übers: ANET 369 ff. – *Übers:* G. Röder, Urkunden zur Rel. des alten Ägyptens, 1915, 62–67 – K. Sethe, in: Heinr. Schäfer, Rel. u. Kunst von el-Amarna, 1923, 55–61.

Sonnenglaube *in Rom.* Der S. war von alters her in Rom lebendig, das beweist der Kult des → Sol Indiges, aber er nahm in der alten röm. → Religion (II C 1) keinen wichtigen Platz ein. Seine Entwicklung wurde verschiedentlich gefördert durch die Sonnenverehrung mancher Familien (wie z. B. der Aurelii), durch die des Augustus für den Sonnengott Apollo, und dadurch, daß manche Kaiser (Nero, Commodus) sich als Helios darzustellen liebten. Mit seinem gewalttätigen Versuch, den Baal von Emesa unter dem Namen → Sol Invictus als obersten Gott durchzusetzen, erlitt der syr. Kaiser Elagabal einen Mißerfolg; Aurelian dagegen gelang es, aus dem Sonnenkult eine Staatsreligion zu machen; er baute auf dem Marsfeld einen prächtigen Tempel, dessen Dienst das neue Kollegium der Sonnenpontifices versah. Das Fest des Gottes, sein Natalis, wurde auf den 25. Dezember angesetzt, da an diesem Tage das Gestirn einen neuen Umlauf beginnt. Während der letzten heidnischen Jahrhunderte stand der S. in großem Ansehen. Viele Gläubige konnten in der Gestalt des Sol Invictus ihren Gott erkennen: so die Verehrer von → Apollo, → Attis, → Serapis, → Mithras, → Baal. Macrobius trägt in seinen ‹Saturnalien› eine stark philosophisch (von → Poseidonios?) beeinflußte synkretistische Lehre vor, in der alle alten Gottheiten mit der Sonne verschmelzen (1, 17–23). Zu früheren oder anderweitigen Formen des S.s und des Sonnenkultes vgl. → Ägypten I D [1]; → Re, → Aton; → Mesopot. Reiche D [1]; → Samaš; → Iranier C; → Mithras; → Baal; → Helios; → Gestirnglaube. H. Le B.

Lit: Fr. Cumont, La théologie solaire du paganisme romain, MAI 12, 2, 1919, 447–480 – M. P. Nilsson, Sonnenkalender und Sonnenreligion, ARW 30, 1933, 141–173 – J. Noiville, Les origines de ‹Natalis Invicti›, REA, 1936, 145–176.

Sonnenschiffe. Nach der ägypt. Mythe fuhr die Sonne am Tage in zwei Schiffen (Morgenbarke und Abendbarke) über den Himmel (→ Re). Mißbräuchlich bezeichnet man jetzt auch die Schiffe als S., die bereits in der 1. Dyn. neben den Gräbern hoher Beamter, später dann auch neben den Königspyramiden beigesetzt wurden. Sie sollten aber dem Toten auf dem Nil als Fortbewegungsmittel dienen, wenn er zu den großen Opferfesten des Landes fahren wollte. Mit dem in den → Pyramidentexten ausgesprochenen Gedanken, daß der König den Sonnengott auf seiner Fahrt begleiten wolle, haben diese Boote nichts zu tun. W. Hk.

Sopatros von Apameia, Schüler des → Iamblichos, 3./4. Jh. n. Chr., bei → Konstantin I. zuerst in Ansehen; später als – vielleicht unschuldiges – Opfer einer Palastintrige hingerichtet. Wohl Autor von Eklogen, deren Kapiteltitel → Photios bewahrt hat, und eines Regentenspiegels, aus dem → Stobaios einige Exzerpte bietet. Ph. M.

Lit: F. Wilhelm, RhM 72, 1918, 374–402 – J. Geffcken, Ausgang des griech.-röm. Heidentums, 1920 – Schmid-Stählin, II 2, 1924⁸, 1055 – O. Seeck, RE 3 A 1 (1927), 1006 f. – E. Zeller-G. Martano, 1961.

Sophainetos, von Stymphalos, der älteste der griech. Söldnerführer beim ‹Zug der Zehntausend› 401/400, verfaßte wie → Xenophon nach der Rückkehr eine *Κύρου Ἀνάβα-*

σις (vielleicht über →Ephoros bei →Diodor 14, 19–31 in einigen Abweichungen von Xenophon faßbar). W.Bk.

Frg: FGrHist 109 – *Lit:* F. Schroemer, Der Bericht des S. über den Zug der Zehntausend, Diss. München, 1954, masch.

Sophia (σοφία), ursprünglich jede Art höherer Kunstfertigkeit des Handwerkers wie des Dichters, dann die überlegene praktische Klugheit und theoret. Einsicht (→Sieben Weise). Im 5.Jh. v. Chr. unterscheidet sich vom berufsmäßigen Dichter (ποιητής) der berufsmäßige Erforscher und Lehrer der Weisheit (→Sophist). Demgegenüber erklärt das 4.Jh., daß S. im strengen Sinne nur der Gottheit zukomme, während der Mensch sich mit dem Streben nach S. (φιλο-σοφία) zu begnügen habe. Für →Aristoteles wird S. Inbegriff der höchsten philosophischen Einsicht, die sowohl das Wissen von den →Prinzipien wie auch dasjenige der aus den Prinzipien deduzierbaren Wahrheiten umfaßt (→Erkenntnistheorie). Der Hellenismus bezeichnet als Weisen (σοφός) den philosophisch vollkommenen, paradigmatischen Menschen (→Ethik C7). – Der lat. Begriff *sapientia*, ursprünglich ‹Geschmack› (von sapere, ‹schmekken›), behält auch als Übersetzungsbegriff des hellenist. S. die Komponente der praktischen Klugheit und Unterscheidungsfähigkeit. Wieder anders ist die bes. durch die Weisheitsbücher des AT bestimmte christl. S. O.G.

Sophilos, der früheste signierende att. Vasenmaler, tätig um 580; bereichert den →schwarzfigurigen Stil durch Verwendung von Deckfarben (→Vasen E3). Mangel an handwerklicher Präzision ersetzt S. durch Temperament, Witz und unbekümmerte Erzählfreude. Sein Strich ist, gemessen an dem seiner Zeitgenossen, flüchtig und leicht. – *Werke:* Signierter Kessel mit Peleushochzeit (Fragmente mit Götterzug, vgl. →Françoisvase), Athen Acr. 587 (Graef-Langlotz, Die Antiken Vasen von der Akropolis zu Athen, 1925, I Taf. 26); signierter Kessel mit Leichenspielen für Patroklos (Fragment mit Wagenrennen und Zuschauern), Athen 15499 (AM, s. u., Taf. 52–53); ferner Pinakes, Lutrophoren, Halsamphoren mit Tierfriesen, Kratere. I.Sch.

Lit: S. Papaspyridi-Karouzou, S., AM 62, 1937, 111–135 – Beazley, Development, 17–19 – I. Scheibler, Olpen und Amphoren des Gorgomalers, JdI 76, 1961, 26–31.

2. **S.,** Dichter der letzten Zeit der mittleren →Komödie (I C). Von acht bekannten Titeln ist nur einer mythologisch. Der ‹Androkles› ist nach einem Lebenden benannt, der auch in →Menanders ‹Samia› verspottet wird. Th.G.

Frg: FAttCom II 546–553.

Sophistik. [1] Sophist (σοφιστής) heißt vom 5.Jh. vor Chr. an zunächst jeder, der über ungewöhnliches Können und Wissen verfügt. So →Solon, →Pythagoras, die Naturphilosophen, die →Sieben Weisen oder →Sokrates. Die Spöttereien der altattischen Komödie über die (meist ausländischen) Weisheitslehrer machen den Namen zum Schimpfwort. Für den Sokratiker →Aischines (1) sind →Anaxagoras und →Prodikos, für den Redner →Lysias umgekehrt Aischines und Platon Sophisten. Entscheidend ist die Stilisierung durch →Platon, der in mehreren Dialogen die Sophisten karikierte: statt Wahrheit suchen sie persönlichen Erfolg und fordern Honorare; Selbstanpreisung, Empfindlichkeit, Geschwätzigkeit und Wortklauberei ohne echtes Interesse an der Sache, darum ohne Fähigkeit zum Gespräch, charakterisieren die Sophisten und ihre Schüler bei Platon (→Protagoras, →Gorgias (1), →Hippias (2), Euthydemos u. a.). Dieses Bild hat stark gewirkt. Widerspruch meldet sich energisch erst in der Kaiserzeit. Da wird ‹Sophist› wieder Ehrenname für klassisch gebildete Literaten (bes. Aelius →Aristides (2), →Aelian (1), →Philostratos, →Libanios, →Himerios, →Chorikios, →Eunapios). Doch hat diese S. mit der des 5./4.Jh.s v. Chr. nicht mehr als den Namen und einige Äußerlichkeiten gemein. – Dem historischen Erfassen der alten S. bereitet das platonische Bild z. T. fast unüberwindliche Schwierigkeiten. Die Zahl der von ihm nicht beeinflußten Berichte ist gering: während im 4./3.Jh. v. Chr. die →Vorsokratiker wie die →Sokratiker ihre Historiker finden, bleibt die S. völlig vernachlässigt. Obschon ihr Einfluß im 4.Jh. weithin spürbar ist, besitzen wir nur wenige brauchbare Zeugnisse. Nur von Gorgias haben wir zwei kurze Texte und Exzerpte aus einem dritten. Der historisch wohl bedeutendere Protagoras ist für uns nicht viel mehr als ein Schatten.

[2] Es fragt sich, ob wir in der von Platon Sophisten genannten Gruppe überhaupt eine *innere Einheit* sehen dürfen. Schon Platon verrät, daß Protagoras, Gorgias, Prodikos u. a. nach Herkunft und Interessenrichtung so verschieden sind, daß die Zusammengehörigkeit der Gruppe nur noch in Einzelheiten von z. T. zweifelhafter Historizität liegt. Im Ganzen steht die S. in der Mitte zwischen naturphilosophischer Vorsokratik und ethischer Sokratik. Gemeinsam sind wenigstens jeweils mehreren Sophisten: 1. Starke Abhängigkeit von der *Ontologie der →Eleaten.* Die paradoxen, durch rationale Beweise gestützten Thesen des →Parmenides, →Zenon (2) und →Melissos über Sein, Nichtsein und Werden sind durch Gorgias, →Xeniades, →Kratylos, z. T. Protagoras u. a. weiterentwickelt worden: auch die sophistischen Beweisreihen in Platons Euthydemos und Aristoteles' ‹Sophistici Elenchi› beruhen letztlich auf ihnen, zeigen aber instruktiv, wie leicht diese Paradoxologien in ein spielerisches Experimentieren umschlagen konnten, solange es keine sachgerechte Logik gab. In anderer Richtung ist der S. von daher vielfach ein Zug zu paradoxer Destruktion der communis opinio eigen. Er hat auf die Sokratiker →Antisthenes (1) und →Aristippos, aber auch auf →Epikur und die frühesten →Stoiker eingewirkt. – 2. *Polyhistorische Beweglichkeit.* Protagoras, Gorgias, Prodikos gehören zu den ersten griech. Prosaikern, von denen Schriften über verschiedene Gegenstände bezeugt sind. Hippias vollends repräsentiert eine antiquarisch orientierte →Buntschriftstellerei und steht Historikern wie →Hellanikos und →Damastes nahe. →Demokrits enzyklopädische Gelehrsamkeit ist schon Erbe der S., die die Vorliebe des 5.Jh.s für Prosa-Essay und wissenschaftliche Abhandlung kräftig fördert. Von ihr hebt sich der sokratische Dialog in der Form und der Ablehnung jeglicher Polymathie bewußt ab. – 3. Der Polymathie mag man zurechnen das entschiedene Interesse der S. an *Sprache* und *Sprachkunst.* Publiziert werden Fest- und Programmreden (Schüler des Gorgias in dieser Richtung ist →Isokrates), sodann Theorien über Ziel und Methode der politischen wie gerichtlichen Beredsamkeit (insofern steht die S. der →Rhetorik nahe, ohne doch mit ihr zusammenzufallen); man wird auch beachten, daß die S. die erste uns faßbare →Poetik sowie die Grundlagen der antiken Sprachwissenschaft in Syntaktik, →Lexikographie und Etymologie geschaffen hat. Das Bemühen, die Bedeutung der einzelnen Worte lexikalisch klar abzugrenzen (bes. →Prodikos), hat auf die sokratisch-platonische wie auf die aristotelische Definitionskunst eingewirkt. – 4. Die S. bereitet schließlich die Sokratik insofern vor, als sie sich nur wenig mit naturphilosophischen Problemen befaßt (→Theologie bei Protagoras und Prodikos, das mathematische Quadrivium bei Hippias), um so stärker dagegen auf die →*Ethik* konzentriert ist. Vieles ist nur Neuformung traditioneller Anschauungen, anderes zeigt Ansätze zur Systematik, sofern der ethischen Erziehung ein oberstes Ziel gesetzt wird; am markantesten sind die Lehren, die (nicht selten unter dem Einfluß der eleatischen Ontologie) die herkömmlichen Werte radikal in Frage stellen oder umkehren (vgl. die →Dissoi Logoi, und bei Platon Thrasymachos im 1. Buch des ‹Staates›, Kallikles im ‹Gorgias›). Der Aufweis der Ambivalenz aller Werte, die Reduktion der Gerechtigkeit auf den Nutzen des Mächtigeren, der Tugend auf die Lust, die Gegenüberstellung von Natur und Konvention (Physis-Nomos) kennzeichnet diese Richtung der S.

[3] Die *Fortwirkung* der S. ist unzweifelhaft groß gewesen, doch läßt der Überlieferungszustand nur selten Einzelhei-

ten erkennen. Ihre geschichtliche Größe liegt weniger in dem, was sie faktisch vollendet, als in dem vielen, das sie angeregt hat. Unmittelbar gewirkt haben die Sophisten zunächst auf athenische Literaten und Politiker wie → Antiphon (1), → Kritias, → Isokrates. Wie lebhaft ihre Thesen diskutiert wurden, zeigt die Alte → Komödie. Die Sokratik will sie überwinden und ist gerade damit von ihren Fragestellungen abhängig. → Aristoteles ist in Ethik, Politik, Rhetorik und Poetik wohl noch öfter von der S. angeregt, als er zugibt. Von den Historikern steht → Thukydides unter starkem Einfluß der S., bei der Tragödie gilt → Euripides als Dichter der S., was insofern zutrifft, als er sich nicht scheut, anachronistisch seinen Figuren sophistische Thesen in den Mund zu legen. Zahlreich und noch nicht hinlänglich erforscht sind schließlich die Einzelheiten, die in späterer Wissenschaft und Literatur auf die S. zurückzugehen scheinen. O.G.

Frg: VS II 252–416 – *Lit:* M. Untersteiner, Sofisti, 3 Bde, 1949–54.

Sophokles, athen. → Tragiker.

A. Leben – B. Überblick – C. Werke.

A. Leben. S., ca. 497/6–406/5 v. Chr., aus dem attischen Demos Kolonos, Sohn des Sophillos, stammte aus vornehmer Familie. So genoß er eine gute Erziehung und war schon früh im Sport und musischen Unterricht erfolgreich: Bei Lampros in Musik unterrichtet, soll er, als schöner Jüngling bekannt, nach dem Sieg von Salamis als Ephebe mit seiner Leier den → Paian angestimmt haben. Aus seiner Ehe mit Nikostrate stammte der Tragiker Iophon, von seiner Geliebten Theoris der illegitime Sohn Ariston, dessen Sohn → S. (2) d. J. im J. 401 postum den ‹Ödipus auf Kolonos› aufgeführt hat. Wie → Aischylos nahm auch S. aktiv am politischen Leben Athens teil: 443/442 war er → Hellenotamias, 441/439 im Samischen Krieg zusammen mit → Perikles Stratege, 428 soll er im Krieg gegen die Ainaier noch einmal in dieses Amt gewählt worden sein, 411 gehörte er wahrscheinlich zu den → Probuloi, die Ordnung in die verworrene Lage nach der → sizilischen Expedition bringen sollten. Daneben hatte er enge Beziehungen zum kultischen Leben der Stadt: er war Priester des Heilheros Halon und hat diesen in sein Haus aufgenommen, als er um 420 nach Athen gebracht wurde, aber noch kein Heiligtum besaß. Wegen dieser Tat heroisierten ihn die Athener nach seinem Tode und gaben ihm den Namen ‹Dexion›. Auf → Asklepios hat er einen Paian gedichtet (Anth. Lyr.³ fasc. 1, 80 D.). Mit den Großen seiner Zeit ist S. selbstverständlich zusammengekommen: mit Aischylos, Perikles, → Herodot, → Ion v. Chios und, vielleicht, mit → Sokrates. In seinem Wesen war S. von solchem Zauber, daß er von allen geliebt und wegen seines Glückes gepriesen wurde. Er selbst liebte Athen so sehr, daß er es, von den politischen Aufträgen abgesehen, trotz zahlreicher Einladungen nach auswärts niemals verlassen hat. Daß S. neben seinem Vorgänger Aischylos auch → Euripides verehrte, zeigte er nach dessen Tod. Im Proagon zu den → Dionysien 406 soll er im Trauergewand erschienen sein und Chor und Schauspieler unbekränzt auf die Bühne geführt haben. Schon ein Jahr später weilte er selbst nicht mehr unter den Lebenden: Die an den → Lenäen 405 aufgeführten ‹Frösche› des → Aristophanes erwähnen ihn als tot (82). Zwischen beiden Zeitpunkten, 406/405, ist S. in hohem Alter in Athen gestorben.

B. Überblick. Neben Tragödien hat S. → Elegien, Päane (Anth. Lyr.³ fasc. 1, 79–81) und angeblich eine Prosaschrift über den Chor geschrieben. In der trag. Dichtung hat er von Aischylos gelernt, sich ihm gegenüber aber durchaus kritisch verhalten (Ath. 10, 428 f. überliefert S.' Tadel, daß Aischylos zwar jeweils das Notwendige in seinen Dichtungen treffe, es aber unbewußt tue): er habe, nach seinen eigenen Worten, zuerst den großartigen, bombastischen Stil des Aischylos imitiert, dann einen eigenen herben und gekünstelten geschrieben, bis er zuletzt den richtigen herausfand, der dem Wesen seiner Gestalten seinem Urteil nach am besten entsprach (Plut. mor. 79 B). Außerdem ist er zunächst noch selbst als Schauspieler aufgetreten, hat dann aber als erster mit dieser Sitte seiner Vorgänger gebrochen. Ebenso hat er nicht mehr Inhalts→ Tetralogien, sondern meist einzelne, inhaltlich unverbundene Stücke aufgeführt. Beim Abfassen seiner Dramen soll er sich nach der Natur seiner Schauspieler gerichtet haben; aus den ausgebildeten von ihnen hat er den Musen einen → Thiasos zugeführt (wohl eine Kultgemeinschaft). Außerdem soll er Krummstab und weiße Schuhe eingeführt haben (→ Theater C 1). Wichtiger ist, daß er die Zahl der Choreuten von 12 auf 15 erhöht (→ Chor) und als erster Skenographie (→ Bühnenbild) und einen 3. → Schauspieler verwendet hat. Mit dieser Neuerung hat S. die Voraussetzung für das Dreigespräch geschaffen und so, das von Aischylos Begonnene fortsetzend, dem tragischen Spiel endgültig den für die Folgezeit bezeichnenden, eminent dramatischen Charakter verliehen. 468 hat S. erstmalig aufgeführt und dabei zugleich seinen ersten Sieg errungen, vielleicht mit dem Triptolemos (Fr. 539–560 N.²). Im ganzen siegte er 18 mal, wurde aber auch bei den anderen Aufführungen mindestens stets zweiter Sieger; verloren hat er nie. Er schrieb 123 Stücke; erhalten sind, wie bei Aischylos, neben Fragmenten nur die 7 Tragödien, die schon in der Antike zu einer Auswahl zusammengefaßt waren.

C. Werke. [1] *Aias* (= Ai.). Daß der Ai. das erste der erhaltenen Dramen ist, zeigt sich vom Inhaltlichen her an der Nähe zur aischyleischen Tragik (vgl. die Etymologie des Namens, 430 ff.; 904; 914 ff.), vom Formalen aus gesehen an der Dialogtechnik (Überreden, aber noch kein Überzeugen), dem Fehlen des Dreigespräches und der für das Frühwerk charakteristischen Diptychonform: an die Stelle der Mehrteiligkeit der aischyleischen Dramen ist die Zweiteiligkeit getreten; die Zäsur ist durch den Tod des Helden und den Auftritt einer neuen Figur deutlich markiert. Der Ai. beginnt, als das entscheidende Ereignis bereits abgeschlossen ist: er zeigt die Folgen eines Geschehens, nicht das Geschehen selbst: (1) 1–865 Athene führt Odysseus im Prolog den mit Wahn geschlagenen Aias als Beispiel menschlicher Nichtigkeit gegenüber göttlicher Macht vor Augen und nennt als einzig mögliche Verhaltensform die *σωφροσύνη* (127–133). Der Bericht der Tekmessa über Wahn und Erwachen des Gatten lenkt auf den Helden selbst: er will den Tod, weil er seine Kriegerehre vernichtet sieht (479 f.) und darüber hinaus, in der Trugrede (646 ff., dazu Reinhardt, Sophokles, 31 ff.) zur Einsicht in das Weltgesetz kommend und so das an ihm Geschehene in einen größeren Zusammenhang einordnend, erkennt, daß er auf Grund seiner tragischen Isolation nicht mehr in die Welt hineinpaßt. In der Einsamkeit stürzt er sich in sein Schwert (815 ff.); (2) 866–1420 Auffindung des toten Aias und Reaktion der Umwelt: Trauer bei Tekmessa und dem neu auftretenden Teukros, über den Tod anhaltende Feindschaft bei den Atriden: Teukros versucht vergeblich, das Begräbnis des Aias gegen den Willen des Menelaos (1047 bis 1162) und Agamemnon (1226–1315) durchzusetzen. Auch Odysseus kann Agamemnon nicht wirklich überzeugen, sondern nur zu äußerlicher Einwilligung überreden (1318–1373). – Die schon in der Antike bezweifelte Einheit des Dramas (Schol. Ai. 1123) steht heute außer Frage: kamen durch die Erkenntnis des Aias die Waagschalen des göttlichen und menschlichen Bereichs von seiten des Helden wieder ins Gleichgewicht, so von seiten der Umwelt durch das Begräbnis. Das Drama als Darstellung eines Schuld- und Sühnegeschehens zu verstehen ist falsch. Die alte Schicht, in der Hybris des Aias und Zorn der Athene dominierten (vgl. 756–777 ∼127 f.), ist überlagert von der sophokleischen Sicht, der sich auch dies Geschehen bereits als Weg von unverschuldeter Scheinverstrickung zu tödlichem Erkennen der Wahrheit darstellt.

[2] *Trachinierinnen* (= Tr.). An die zweite Stelle die wohl in den frühen vierziger Jahren aufgeführten Tr. zu setzen, kann mit guten Argumenten begründet werden: wiederum Fehlen des Dreigesprächs, kein Überzeugen im Dialog, sondern nur Überreden (1179–1258), klar durchgeführte Diptychonform: (1) 1–946 Deianeira, auf Grund eines Orakels (43 ff., 76 ff., 157 ff.) in gesteigerter angstvoller Erwartung des in der Ferne weilenden Herakles, hört von dem Boten und Lichas, daß Herakles lebt, und sogleich darauf, daß er Iole als Geliebte vorausgeschickt hat. Darauf sendet sie Herakles, nichts Schlimmes ahnend, ein mit dem Liebeszauber des Nessos getränktes Gewand (531 ff.); sofort darauf muß sie ihren Irrtum und damit die Wahrheit erkennen: den Worten des Nessos (572 ff.) gegenüber im Schein befangen, hat sie Herakles genau durch die Handlung, durch die sie ihn neu an sich zu binden hoffte, vernichtet. Wie Aias sieht sie ein, daß sie nicht in die Welt hineinpaßt (721 f. ~ Ai. 479), und gibt sich, nach einem langen Abschied (900 ff.; vgl. Eur. Alk. 158 ff., dazu Schwinge, Stellung, 42 ff.) in der Einsamkeit den Tod. (2) 947–1278 Der neu auftretende Herakles, von seinem Schmerzanfall erwacht und von Hyllos belehrt, daß Deianeira nur unfreiwillig fehlte (1123, 1136, 1139, vgl. 543, 552, 582 f.), erkennt genau wie Deianeira rückblickend die Wahrheit: mit der ‹Erlösung von den Mühen› (1171) meinte das Orakel nicht ein ‹sorgloses Leben› (168), sondern den Tod (1172). Wie Deianeira nimmt Herakles dies als sein Schicksal an. Er befiehlt Hyllos, ihm auf dem Öta einen Scheiterhaufen zu errichten und danach Iole zu heiraten. Wie Agamemnon im Ai. gehorcht Hyllos überredet, aber nicht überzeugt (1249 f. ~ Ai. 1368). – Die Einheit des Dramas ist durch die indirekte Gegenwart des Herakles im ersten und die der Deianeira im zweiten Teil unübersehbar gewahrt.

[3] *Antigone* (= Ant.). Die Nachricht, die Antigone habe Sophokles das Strategenamt für den Samischen Krieg, 441/39, eingebracht (Hypoth. I), berechtigt uns, die Aufführung in die letzten der vierziger Jahre zu datieren. Diese Stellung hinter den Tr. wird vom Formalen her bestätigt: Ansatz zum Dreigespräch (536), Wandlung des einen Gesprächspartners am anderen innerhalb des Dialogs (1 ff.; 635 ff.; 988 ff.), Überzeugung statt Überredung (988 bis 1114), Aufgabe der Diptychonform von einer Seite her: Kreon ist das ganze Drama über am Geschehen beteiligt, die Zäsur ist nur noch durch den Tod der Heldin markiert. (1) 1–987 Antigone versucht vergeblich, ihre Schwester Ismene als Mithelferin für ihre Tat zu gewinnen, bleibt aber trotzdem entschlossen, auch allein gegen Kreons Gebot den Bruder Polyneikes zu begraben und so ihr eigenes Leben zu verlieren. Kreon erfährt vom Wächter sofort nach der erneuten Verkündigung des Bestattungsverbots, daß es bereits übertreten ist. Vor Kreon geführt, bekennt sich Ant. zu ihrer Tat. Gegen seine menschlichen Gesetze (449) beruft sie sich auf die ungeschriebenen der Götter (454 f.). Damit sind die Bereiche des Scheins und der Wahrheit scharf gegeneinander abgegrenzt. Seinem Gebot gemäß verurteilt Kreon Ant. zum Tode. Im Gespräch Kreon-Haimon wird weiter deutlich, daß Ant. und Kreon nicht zwei gleichberechtigte Prinzipien vertreten (Hegel), sondern, als Verkörperung göttlicher Wahrheit und menschlicher Verblendung, durchaus ungleichwertig, Recht und Unrecht einander gegenüberstellen. Kreon, der Mahnung zu lernen nicht nachgebend, wird vollends zum Tyrannen (667, 734, 738), Ant. vollendet ihr Schicksal in der Einsamkeit des Todes (806 ff.; 904–915 sind echt, dazu Hdt. 3, 119). (2) 988–1353 Im Gespräch mit Teiresias steigert sich Kreons Verblendung zur Hybris. Unter grausamen Andeutungen wird er vom Seher verdammt. Sofort darauf erkennt er die Wahrheit, aber es ist zu spät (1270). Haimons und Eurydikes Selbstmord gibt Ant. recht und verurteilt ihn völlig. Er wünscht sich den Tod und muß in Einsamkeit leben, Ant. wünschte sich zuletzt zu leben und mußte in Einsamkeit sterben. Konträr wie beider Wesen war, vollendet sich ihr Schicksal. War aber das der Ant. erfüllt, so ist das des Kreon leer und gering. Nicht mehr zwei gleichwertige Schicksale wie in den Tr., sondern zwei ungleichwertige geben dem Drama innere Spannung.

[4] *Ödipus Tyrannos* (= OT). Der erste Ödipus (mit dem S. nicht siegte!) wurde wohl in den frühen zwanziger Jahren aufgeführt (vgl. OT 629 ~ Aristoph. Ach. [425 aufgeführt] 27, 271). Er bezeichnet für uns das Ende der bisherigen Entwicklung und damit das Zentrum des sophokleischen Werks. Das Dreigespräch wird vollkommen gehandhabt, die Diptychonform ist aufgegeben – Ödipus ist von Anfang bis Ende am Geschehen beteiligt –, die Erkenntnis der Wahrheit nicht mehr bloß Rückblick: bereits von Beginn an dient das ganze Drama ausschließlich ihrer Entschlüsselung, der ‹tragischen Analysis› (Schiller). Das ist jetzt möglich, da sich nicht, wie bisher, im Spiel selbst noch das vollzieht, was das Schicksal des Helden ausmacht, sondern am Anfang bereits alles dafür Notwendige geschehen ist. – Die vom Orakel in Delphi Theben zwecks Befreiung von der Pest befohlene Suche des Laiosmörders macht Ödipus, der neue König und kluge Löser des Sphinxrätsels, zu seiner eigenen Aufgabe. Teiresias bezeichnet gleich zu Beginn Ödipus als den gesuchten Mörder (362) und fügt hinzu, daß er seine Eltern kenne (435 f.). Ödipus leugnet das erste zwar heftig, die allgemeine Frage des Anfangs aber ist nun zu zwei konkreten differenziert: (a) Ist Ödipus der Laiosmörder? (b) Wer sind seine Eltern? Der Antwort der ersten dienen zwei weitere Orakel. Sie werden nicht am Ende, wie in den Tr., sondern am Anfang genannt: Orakel I, von Jokaste berichtet (711 ff.): Laios soll von der Hand seines Sohnes sterben. Orakel II, von Ödipus erzählt (787 ff.): er selbst soll seinen Vater töten und seine Mutter heiraten. Ihre Auflösung erfolgt nicht retrospektiv, sondern wird, sofort versucht, zum Inhalt des Dramas. Gegen die Erfüllung von I spricht, daß Laios' einziger Sohn lange tot sein muß und es außerdem mehrere Räuber waren, die den König an einem Dreiweg erschlugen. Gegen die von II, daß ein Bote aus Korinth meldet, Polybos, Ödipus' vermeintlicher Vater, sei gestorben (942). Die gleichzeitige Erwähnung, Merope und Polybos seien gar nicht die wahren Eltern des Ödipus (1016 ff.), läßt Jokaste alles erkennen, treibt sie in den Tod und veranlaßt Ödipus, sich ausschließlich der Frage (b) zuzuwenden. Durch die Konfrontation des Boten aus Korinth mit den alten Hirten des Laios (1123 ff.) erhält er mit der Antwort auf diese Frage unerwartet auch die auf die erste: Öd. selbst ist Sohn und Mörder des Laios und damit Gatte seiner Mutter Jokaste. Die Orakel hatten nicht geirrt. Sie enthielten die Wahrheit, die Öd., lange im Schein, durch sein eigenes Suchen endlich erkennt (1182). Wie Aias, Deianeira und Herakles sieht er ein, daß er nicht mehr in die Welt paßt und vernichtet sich, indem er sich blendet. Als Sehender blind, als Blinder sehend – diese Wandlung zeigt, daß der gestörte Kosmos zur Ordnung zurückfand. – Die Schuld des Öd., des tragischen Menschen par excellence, ist mit Aristoteles, der sie als Verfehlung, → Hamartia, bezeichnet (poet. 13. 1453 a 9 f., 15 f.), in dem Sinn zu verstehen, daß Öd. subjektiv unschuldig, aber objektiv schuldig ist. Er leidet, weil etwas objektiv Grauenhaftes geschehen ist, und zwar nicht irgendwie, sondern durch ihn. Und er leidet um so mehr, weil er an diesem durch ihn Geschehenen subjektiv unschuldig ist. – Den Dramen bis zum OT ist folgendes gemeinsam: Dem Menschen ist vom Gott ein Schicksal gesetzt, demgegenüber er im *Schein* befangen ist. Auf Grund dieser Blindheit handelt er so, daß er sein Schicksal vollendet. In der Vollendung des Schicksals erkennt er die *Wahrheit:* der Wille des Gottes setzt sich durch gegen alles menschliche Wähnen (Tr. 1278). Aus der vorherigen Verkennung der göttlichen Wahrheit aber und dem aus ihr resultierenden Handeln entspringen Tragik und Leid. Steht der Mensch hier also immer dem

Gott gegenüber, so im Spätwerk allein noch dem Menschen. Das Göttliche ist als schicksalsetzende Macht zurückgetreten. Der Mensch ist nicht mehr einem gottgefügten Schicksal gegenüber im Schein, sondern dem Trug, in den Menschen ihn stürzen. Wie bisher entspringt auch jetzt diesem Schein Tragik und Leid. War aber das Leiden vorher vom Gott gesetzt, so ist es jetzt vom Menschen zugefügt: das tragische Geschehen bleibt auf das Menschliche beschränkt.

[5] *Elektra* (=El.). Daß die El. auch auf Grund von Szenenform und dramatischer Technik zum Spätwerk des S. gehört, hat Reinhardt gezeigt. Ein annähernd festes Datum jedoch ließ sich auch durch den Vergleich mit der euripideischen El. bisher nicht gewinnen. – Die für Aischylos (Ch.) und Euripides (El., Or.) entscheidend wichtige Problematik des Muttermordes ist bei S. fast völlig eliminiert. Der vom Orakel gegebene Auftrag – er bezieht sich hier nur auf die Art der Rache – wird zwar am Anfang verkündet (32ff.) und am Ende auch entsprechend ausgeführt (1398ff.), den Inhalt des Dramas aber bildet die Vorbereitung der Tat: der Trug des Orest, aber auch er nicht in sich wichtig, als Weg zur Vollendung der Rache, sondern einzig relevant in seiner Wirkung auf die nichtsahnende Elektra. Indem das Geschehen damit ganz von Elektra aus gesehen wird, ist es möglich geworden, die Unvermeidbarkeit der Rache nicht mehr objektiv, wie Aischylos es tat, sondern nur noch subjektiv zu motivieren. Im Gegenüber mit dem Chor (121–327), Chrysothemis (328–471) und Klytaimestra (516–659) werden zunächst immer von neuem die Leiden demonstriert, denen Elektra, durch ihre Klagen ständig an die Notwendigkeit der Rache erinnernd, im Hause des Usurpators Aigisth unterworfen ist. Nach dem Auftritt des Pädagogen (660) werden diese Leiden dann dadurch immer weiter bis zum äußersten gesteigert, daß die geplante Intrige in die Tat umgesetzt wird: durch die Nachricht vom Tode Orests, den Elektra als einzig möglichen Vollstrecker der Rache ständig herbeigesehnt hatte, durch Chrysothemis' Freudenbotschaft von der Ankunft des Orest, die an sich die Wahrheit enthält, El. aber gerade die zerstörte Hoffnung und die neue Einsamkeit noch deutlicher vor Augen führt und sie sogar zu dem Entschluß kommen läßt, die Rache allein, auch ohne Chrysothemis' Hilfe, zu vollenden, durch Empfang der Asche Orests aus der Hand dessen, der sich selbst aus List als Toten ausgibt, in Wirklichkeit aber lebend vor ihr steht. Der bis zum Letzten ausgeweitete Schein provoziert die Wahrheit: das Übermaß der Leiden und die tiefe menschliche Rührung der El. erschüttern Orest so sehr (vgl. den Umschwung, 1174f.), daß er sich in einer lang hinausgezögerten, die Leiden Elektras damit immer noch steigernden → Anagnorisis endlich zu erkennen gibt (1218ff.). So maßlos Elektra im Leid war (1172), so maßlos ist sie in der Freude (1272) und, nach der kurzen Anagnorisis mit dem Pädagogen, bei der Rache (1415), dem Mord an Klytaimestra und Aigisth.

[6] *Philoktet* (= Phil.). Der auf 409 fest datierte Phil. (Hypoth. II) zeigt die gleiche Struktur wie die El. Den durch einen Spruch des troischen Sehers Helenos verkündeten Auftrag, Phil. mit seinem Bogen von Lemnos nach Troja zu bringen, da ohne ihn die Stadt nicht genommen werden könne (603ff., 1316ff.), versucht Odysseus mit Hilfe des Neoptolemos durch eine List zum Ziel zu führen. Wiederum aber ist die Vollendung der Tat, hier sogar erst durch einen → *deus ex machina* ermöglicht, ganz ans Ende gerückt (1409ff.), den Inhalt des Dramas bildet ihre Vorbereitung: die Intrige des Odysseus und – primär wichtig – die durch sie hervorgerufenen Reaktionen des Phil. und die ihnen antwortende Wandlung des Neoptolemos vom Werkzeug des Odysseus zum wahren Freund Phil.s. Die Wichtigkeit dieser dritten Figur ist daran erkennbar, daß S. sich gerade durch ihre Neueinführung am wesentlichsten von den Phil.-Gestaltungen des Aischylos und Euripides unterschied (vgl. den Vergleich der drei Phil.-Dramen bei Dio Chr. or. 52). Die Leiden, die Phil. auf Grund seiner Krankheit und Einsamkeit auf Lemnos ständig zu ertragen hat, werden durch die von Odysseus inszenierte Intrige bis zum äußersten gesteigert. Zunächst zwar bringt Neoptolemos durch seine Trugnachricht, er sei auf dem Wege nach Griechenland, und die Bereitschaft, Phil. mitzunehmen, Freude und scheinbare Erlösung (219–538), dann aber stürzt Phil. immer tiefer ins Leid: dadurch daß der Emporos, von Odysseus geschickt, meldet, Odysseus werde kommen, um Phil. nach Troja zu holen, dadurch daß Neoptolemos, dem Phil. in tiefstem Vertrauen bereits den Bogen gegeben hat, den Schein aufgibt und die Wahrheit sagt (vgl. den Umschwung, 895 ~ El. 1174f.), dadurch daß Odysseus selbst dazwischentritt (974) und Phil. mit Gewalt entführen will, dadurch daß Odysseus und Neoptolemos, der den Bogen mitfortnimmt, Phil. noch einsamer zurücklassen, als er vorher war. Wie in der Elektra aber tritt, nachdem damit die Leiden bis zum äußersten gesteigert sind, die Wende ein. Neoptolemos, schon seit Verkünden der Wahrheit (895ff.) innerlich auf seiten Phil.s, kehrt um, gibt Phil., endlich zu seinem wahren Wesen zurückfindend (1310, 1371f., vorher 902, 950, 1014 und dazu 79, 88, 874), gegen den Willen des Odysseus den Bogen zurück (1222ff.) und läßt sich jetzt sogar dazu überreden, mit ihm nun wirklich nach Griechenland zurückzusegeln (1402). Erst ein Gott muß erscheinen, um das Geschehen in die dem Mythos adäquaten Bahnen zu lenken: Herakles, als *deus ex machina*, befiehlt Phil., nach Troja zu segeln.

[7] *Ödipus auf Kolonos* (= OK). Der zweite Ödipus, 401 von S.' gleichnamigem Enkel postum aufgeführt (Hypoth. II), zeigt, daß das Göttliche für den späten S. gegenüber El. und Phil. noch einmal eine ganz neue Bedeutung gewonnen hat. Es bildet nicht mehr nur den Hintergrund des Geschehens, sondern ist der Bereich, in den das Menschliche trotz aller Widerstände der Umwelt zuletzt ganz übergeht. Der blinde Öd., von Antigone geleitet, kommt zum Hain der Eumeniden im Demos Kolonos bei Athen. Er erkennt sofort, daß dies der Ort ist, über den ihm ein Apollonorakel geweissagt hat: hier endlich soll er, sein Leben endend, Heimat und Ruhe finden von seinen Leiden und zugleich durch sein Grab denen, die ihn aufnehmen, Gewinn bringen, denen aber, die ihn einst verstießen, Schaden zufügen (86–93). Ist Öd. auf Grund dieses Wissens von Anfang an – in genauem Gegensatz zu den Figuren des Frühwerks – in voller Übereinstimmung mit dem göttlichen Willen und ist somit von ihm aus gesehen, innerlich, der Götterspruch bereits erfüllt, so zeigt das Drama, wie sich das Prophezeite in der Auseinandersetzung mit der Umwelt auch äußerlich vollendet: 117–719: Während Öd. langsam in den Hain aufgenommen wird, kündigt sich bereits die Gegenwelt an. Ismene, von Theben kommend, berichtet, daß Kreon und der von Eteokles vertriebene Polyneikes versuchen werden, sich des Öd. zu bemächtigen, der eine für, der andere gegen Theben. Ein Orakel nämlich habe dem Macht gegen seine Feinde verheißen, der im Besitz des Öd. sei (389ff.). Öd. aber, von Theseus, dem König Athens, endgültig mit dem Heimatrecht beschenkt (637) und seines Schutzes gegen alle Angriffe versichert (656f.), wehrt ihre Versuche erfolgreich ab (720–1446): Kreon, seiner menschlichen Grausamkeit entlarvt, versucht sich durch Entführung Antigones und Ismenes zu rächen, muß aber auch sie dem nachsetzenden Theseus wieder überlassen; Polyneikes, von seinem Vater verflucht, stürzt dem von Öd. prophezeiten wechselseitigen Brudermord hilflos entgegen. Der Verdammung der Feinde folgt die Erhebung der Freunde (1447–1555). Das nahe Ende ahnend, verspricht Öd. Theseus, ihn als einzigen den Ort seines Sterbens sehen zu lassen und ihm und Athen mit seinem Grab Schutz gegen alle Feinde und ständige Leidlosigkeit für die Zukunft zu schenken. Ein Bote berichtet, wie Öd.

im Tod endlich die verheißene Ruhe fand (1556–1779). – Beide Ödipusdramen bilden jeweils einen Endpunkt in der Entwicklung des S. Erkannte Öd. früher seine Tat als Resultat eines gottgesetzten Schicksals, dem gegenüber er blind war (OT 1369ff.), so sieht er sie jetzt als Schuld, die er, gleichsam unbeteiligt, unwissend und unfreiwillig beging (bes. 960ff.). Wurde Öd. deshalb früher, schuldlos-schuldig, von seinem Daimon vernichtet (OT 1194, 1311), so wird er jetzt, schuldunbetroffen, von einem gerechten Daimon wieder aufgerichtet, ja erhöht (1567): die Götter, die ihn einst verstießen, rufen ihn zu sich und nehmen ihn ganz in ihren Bereich zurück (1627). Erst beide Ödipus-Gestalten zusammen, «der eine die Dissonanz dieses Seins, der andere die Consonanz eines anderen Seins» (Nietzsche), zeigen die sophokleische Tragik als gegensätzliche Einheit und damit in ihrer Ganzheit. – Die wichtigsten *Fragmente* unter den neuen Funden sind die Reste der Satyrspiele ‹Ichneutai› und ‹Inachos›. E.-R. Sch.

Ed: A.C. Pearson, OCT, 1924 – *Komm:* R.C. Jebb, 7 Bde, 1906ff. – J.C. Kamerbeek, The Aiax, 1953 – Ders., The Trach., 1959 – *Übers:* E. Staiger, 1944 – K. Reinhardt, 1961 (Ant.) – *Lit:* T. v. Wilamowitz, Die dramat. Technik des S., Philol. Unters. 22, 1917 – T.B.L. Webster, An Introduction to S., 1936 – C.M. Bowra, Sophoclean Tragedy, 1944 – K. Reinhardt, S. (1933), 1947³ – H. Diller, Göttl. u. menschl. Wissen bei S., Kieler Univ.-Reden, H. 1, 1950 – Zu OK: H.W. Schmidt, Das Spätwerk des S., Diss. Tübingen 1961. masch. – E.-R. Schwinge, Die Stellung der Trach. im Werk des S., Hypomnemata 1, 1962 – *Zu den Fragmenten:* Ichn.: Pap. Ox. 9, 1912, Nr. 1174; ebd. 17, 1927, Nr. 2081a – E. Siegmann, Hamb. Arb. z. Altert. wiss. 3, 1941 – V. Steffen, 1960 (Ed.) – Inachos: Pap. Tebt. 3, 1, 1933, Nr. 692 u. Pap. Ox. 23, 1956, Nr. 2369 – R. Pfeiffer, SB München, 1938, 2, 23ff. u. 1958, 6 – Übrige Frg: TGF 129–360 – A.C. Pearson, The Fragments of S., 3 Bde, 1917 – D.L. Page, Literary Papyri, 1942 – *Bildnisse* → Anhang I.

2. **S. d. J.,** Enkel des großen Tragikers, dessen OK er 401 v. Chr. postum aufgeführt hat. Ab 396 trat er mit eigenen Tragödien hervor. Die Zahl seiner Stücke und Siege bleibt unsicher. Neben Tragödien verfaßte er Elegien. E.-R. Sch.

Q: Hypoth. II Soph. OK.; Suidas s. v.

Sophonisbe (im Altertum Sophoniba), Tochter → Hasdrubals (3), nach 206 v. Chr. mit → Syphax vermählt. S. fand bald nach dessen Sturz den Tod durch Gift (203). W.H.

Sophron, Hauptvertreter des syrakusan. → Mimos; Zeit des → Euripides, Vater des Mimendichters Xenarchos (Zeit → Dionysios' I.). Seine Mimen in Prosa (syrakusan.-dor. Alltagssprache) behandeln Szenen aus dem Alltagsleben seiner Heimat. → Platon beschäftigte sich mit ihm und spielt (rep. 5, 451C) auf die Einteilung in ‹Männer-› und ‹Frauenmimen› an. → Aristoteles (poet. 1, 1447 b 9ff.) rechnet ihn trotz der Form zur Poesie. Seine Titel sind oft ganze Sätze. Am besten bekannt sind ‹Die Frauen, die behaupten, die Göttin auszutreiben› (eine Artemis-Hekate-Beschwörung). → Theokrit ahmte diesen Mimos und ‹Die Frauen an den Isthmien› nach. S. wurde von → Apollodor (4) kommentiert und wohl auch herausgegeben. Th.G.

Q: CGF I 152f. – *Frg:* CGF I 154–181; dazu IX–X – D.L. Page, Greek Literary Papyri I, 1942, 328–331 – A. Olivieri, Frammenti della commedia ... nella Sicilia ... II (1930), 1947², 59–143.

Soracte mons (Kt. 1420a), isolierter, markanter Kalkbergrücken (681 m) mit gezackter Silhouette im N Roms und von dort aus gut sichtbar (Hor. carm. 1, 9, 2), mit altem Apollonheiligtum (Verg. Aen. 11, 785). B.A.

Lit: Nissen, I 238, 260.

Soranus, Gott des Mons → Soracte im Faliskerland; er wurde von einer Priesterbrüderschaft, den *Hirpi Sorani* (‹den Wölfen des Soracte›) verehrt, die im Ritus barfuß über glühende Kohlen schritten (Verg. Aen. 11, 785–789 mit Serv. Aen. 785 u. 787, aus Varro). S. wurde mit → Apollo, bisweilen mit → Dis Pater gleichgesetzt. Man vergleicht seine Priester den → Luperci; die Bedeutung des von ihnen vorgenommenen Gottesurteils ist umstritten. Ein Kult in Rom ist nicht gesichert. H. Le B.

Lit: J. Gagé, Apollon Romain, 1955, 84–87 – Latte, 148.

2. **S. von Ephesos,** Arzt z. Z. Trajans. S. war grundsätzlich → Methodiker, wich aber vor allem von der strikten Simplifizierung dieser Schule ab und bewahrte oft ein unabhängiges Urteil. Seine Bildung war umfassend, vor allem auch in Philosophie; man darf ihn als einen der hervorragendsten Ärzte des Altertums bezeichnen. Erhalten ist seine Gynäkologie, die – nach einer Einleitung über die ‹ideale› Hebamme und ihre Aufgaben – nicht nur über Schwangerschaft, Geburt und Säuglingspflege, sondern (dies ist bezeichnend für S.' Unabhängigkeit) auch über Anatomie (sonst von den Methodikern abgelehnt) der weiblichen Genitalien und ‹Hygiene› (bestes Konzeptionsalter usw.) handelt. Ferner ist von S. an Chirurgischem eine Schrift über Verbände und ein Bruchstück über Frakturen erhalten. Eine unter seinem Namen überlieferte Hippokratesbiographie könnte aus seiner großen biographisch-doxographischen Medizingeschichte stammen. Schließlich hat uns → Caelius (1) Aurelianus sein internistisches Hauptwerk über akute und chronische Krankheiten in lat. Übersetzung aufbewahrt. Unter dem Verlorenen war viel Pharmakologisches, außerdem Etymologien der menschlichen Körperteile und eine Schrift *Περὶ ψυχῆς* (Hauptquelle für Tertullians De anima). Eine eingehende Monographie über S. wäre dringend erwünscht. F.K.

Ed: J. Ilberg, CMG IV, 1927 – *Lit:* J. Ilberg, Die Überlief. der Gynäkologie des S. v. Ephesos, Abh. Leipzig 18, 2, 1910.

Soranus, vgl. auch → Barea, → Valerius.

Sortes *Biblicae, Homericae, Vergilianae.* In der späten röm. Kaiserzeit wurde das alte Verfahren der Weissagung durch die → Lose verbessert: man benützte nun für das Losziehen Zitate aus göttlich inspirierten Dichtungen: aus Ilias und Odyssee, den Werken Hesiods, der Aeneis. So wurden z. B. die Verse Vergils über Marcellus: *si qua fata aspera rumpas* usw. (Aen. 6, 882f.) durch das Orakel von → Praeneste auf Alexander Severus (Lampr. Alex. 4) angewendet. Man konnte sich auch damit begnügen, das Buch, das man befragen wollte, zufällig aufzuschlagen; die ersten Worte, auf die der Blick fiel, wurden als Antwort auf die gestellte Frage betrachtet. Die Christen ersetzten die heidnischen Bücher durch die Bibel und schlugen sie auf die gleiche Art nach. Ein berühmtes Beispiel ist das des → Augustin: als er eine Stimme wiederholt sagen hörte: ‹Nimm und lies›, deutete er diese Worte als göttlichen Befehl, die Episteln des heiligen Paulus zu lesen, und las das erste Kapitel, auf das er stieß (conf. 8, 12; vgl. epist. 55, 37). H. Le B.

Sortes Sangallenses, → Orakelsammlung, die in einer Hs. in St. Gallen bewahrt ist; es ist die lat. Übersetzung einer Reihe griech. Orakel; vermutlich aus dem 3. Jh. n. Chr. Die Orakelantworten richten sich an wenig gebildete Ratsuchende; sie verraten bisweilen christl. Einflüsse. H. Le B.

Ed: H. Winnefeld, S. S. ineditae, Diss. Bonn 1887 (mit Unters.).

Sosias, att. Töpfer um 500 v. Chr., bezeugt durch zwei Signaturen auf einem Ständer und einer Schale (Berlin F 2278). Letztere bemalte ein großer, spätarchaischer Meister (‹Sosiasmaler›), der den Spätstil des → Euphronios (1) fortsetzt (→ Vasen, E 4). Das Innenbild zeigt Achill, den verwundeten Patroklos verbindend, die Außenseite den Einzug des Herakles in den Olymp. I. Sch.

Lit: CVA Berlin 2, 1962, Taf. 49–51.

Sosibios, der Lakone. Grammatiker; wahrscheinlich nicht der ‹Lytiker› (unter Ptolemaios II.). Lebte wohl nach → Timaios (3), Eratosthenes (?), vor → Apollodor (4). Schrieb antiquarische Werke über Sparta (Kultwesen; Sitten; Deikelikten); über Chronographie (Olympiaden); 3 (?) Bücher über Alkman und ein Werk ‹Homoiotetes› (Ähnlichkeiten der spartan. Bräuche mit denen anderer Völker).

Frg: FGrHist 595 mit Add. W. Sp.

Sosigenes, → Caesars Astronom und Mitarbeiter an der → Kalenderreform, lebte in Alexandria, stellte Beobachtungen über die Elongation des Merkur von der Sonne an. Seine wesentliche Leistung war die Überleitung des alten röm. Kalenders (Jahreslänge 355 Tage) in den neuen Julianischen. S.S.

Lit: A. Rehm, RE 3 A 1 (1927), 1153–57.

2. **S.,** Philosoph und → Astronom, 2. H. 2. Jh. n. Chr., Lehrer des Aristoteleskommentators → Alexander (15) v. Aphrodisias. Auszüge aus seiner Erklärung und Kritik der von → Eudoxos (1) begründeten Theorie der → homozentrischen Sphären und ihrer Weiterentwicklung durch → Kallippos (2) und → Aristoteles finden sich in → Simplikios' Kommentar zu Aristoteles' De caelo. Nach einem von ihm zitierten Satz aus → Eudemos' (3) Geschichte der Astronomie geht die mathematische Astronomie der Griechen auf eine Anregung Platons zurück, «die Phänomene zu bewahren» (*σῴζειν τὰ φαινόμενα*, Simpl. in cael. 488, 18). Aus seiner Schrift Über die zurückrollenden Sphären (*Περὶ τῶν ἀνελιττουσῶν*) erwähnt → Proklos die Tatsache, daß S. ringförmige Sonnenfinsternisse beschrieben hat. S.S.

Lit: A. Rehm, RE 3 A 1 (1927), 1157–59.

Sosikles-Amazone, so genannt nach der Kopistensignatur auf der heute im Kapitolin. Museum (Salone 33) aufbewahrten Marmorkopie eines Amazonentypus, der zu der Reihe der ephesischen → Amazonen gehört. Zum Meister des Urbildes vgl. → Kresilas, → Polyklet. E. Bg.

Lit: Brunn-Bruckmann, 349 – Lippold, GrPl 171, Taf. 61, 1 – D. v. Bothmer, Amazons in Greek Art, 1957, 216, Nr. 35, Taf. 89, 1.

Sosikrates, von Rhodos, schrieb neben einer Geschichte Kretas ein Werk ‹Abfolge (vgl. → Diadochē) der Philosophen›, dessen Reste gelehrtes Interesse vorzugsweise an chronologischen Fragen verraten, wahrscheinlich unter dem Einfluß der Forschungen → Apollodors (4) v. Athen. Der letzte Philosoph, den er nennt, ist Panaitios, was ihn selbst in die 2. H. des 2. Jh.s v. Chr. datiert. O.G.

Frg: FGrHist 461.

Sosipatros, Dichter der mittleren oder neuen → Komödie (I C. D); ‹Katapseudomenos› (‹Lügner›), wohl vor 270.

Frg: FAttCom IIIa 280–285. Th. G.

Sosiphanes, Tragiker (um 300?), auch als zur Pleias (→ Hellenist. Dichtung D) gehörig genannt. P.H.

Frg: TGF 819f.

Sositheos von Alexandreia (Troas), Tragiker, lebte in Athen, Syrakus und Alexandria, Blüte wahrscheinlich um 284/1 v. Chr. Er gehörte zur → Pleias, war Antipode des Tragikers Homeros und wird in einem Grabepigramm als Erneuerer des Satyrspiels gerühmt. E.-R. Sch.

Frg: TGF 821–824.

Sosius, C., cos. 32 v. Chr., homo novus und Anhänger des → Antonius (2). Quästor des Antonius ca. 40 v. Chr. (von Makedonien?). 39 zum Konsul designiert. Prokonsul von Syrien und Kilikien 38–36/34. Nahm Jerusalem ein, restituierte → Herodes (1) in Judaea. Triumph ex Iudaea am 3.9.34. Stellte sich als Konsul gegen Octavian (→ Augustus), verließ Rom und floh zu Antonius nach Ephesos. Vor Actium von → Agrippa (1) in einer Seeschlacht geschlagen, bei Actium Befehlshaber der antonianischen Flotte. Nach der Gefangennahme angeblich nur durch Fürsprache des → Arruntius (1) verschont. S. unternahm den Wiederaufbau des Apollotempels. Als XVvir sacris faciundis bei den Säkularfeiern 17 v. Chr. U. Wm.

Lit: R. Syme, Roman Revolution (1939), 1952^2, Ind. S. 563.

2. **S. (Sossius) Senecio,** Q. (cos. ord. 99 n. Chr., II ord. 107), Schwiegersohn des Sex. Iulius → Frontinus und einflußreicher Vertrauter → Trajans. Nach dem ersten Konsulat war er ca. 103 Statthalter einer kaiserlichen Provinz (Plin. epist. 4, 4) und nahm (als Legat von Moesia inferior?) am 2. Dakerkriege Trajans (105–106) teil. Für seine Verdienste von diesem mit den ornamenta triumphalia, einer Statue (Cass. Dio 68, 16, 2) und einem zweiten eponymen Konsulat als Kollege des L. → Licinius (14) Sura ausgezeichnet. Vielseitig gebildeter und philosophisch interessierter Freund → Plinius' (2) d. J. (epist. 1, 13. 4, 4), des L. Dasumius (CIL 6, 10229, 127), vor allem aber des → Plutarch, der ihm mehrere seiner Werke widmete (so ‹De profectibus in virtute›, die ‹Quaestiones convivales› und mindestens drei Paare der ‹Vitae parallelae›). Als Vater der Sosia Polla und Schwiegervater des Q. Roscius Pompeius Falco (cos. suff. 108) steht S. am Anfang einer im 2. Jh. n. Chr. berühmten Geschlechterreihe. U. Wm.

Lit: E. Groag, RE 3 A 1 (1927), 1180 (Lit) – R. Syme, Tacitus, 1958, Ind. S. 849; App. 12. 14. 16.

Sosos von Pergamon, Mosaizist, bekannt als Meister des → Taubenmosaiks und des ‹nicht aufgekehrten Speisesaals›. Wohl 1. H. 2. Jh. v. Chr. C.K.

Q: Overbeck, SQ, 2158ff. – *Lit:* Brunn II 311 – Rumpf, 166, 3–5.

Sostratos, von Knidos, Architekt und Ingenieur, 3. Jh. v. Chr. Erbaute eine originelle Halle in Knidos und den zu den → Weltwundern gerechneten Leuchtturm von → Alexandria. G. Gb.

2. **S.,** → Zoologe und Chirurg, der nach 30 v. Chr. in Alexandria lehrte. Schrieb ein Werk in vier Büchern über Tiere und ein anderes über giftige Lebewesen (das letztere wahrscheinlich in Nachfolge von → Theophrast und → Nikander). Quelle für → Alexander (18) v. Myndos und → Aelian (1). D.M.B.

3. **S. von Phanagoreia,** Verfasser von elegischen Erzählungen (→ Hellenist. Dichtung B 1). Zeit unsicher. P.H.

Sosylos von Lakedaimon, ‹Griechischlehrer›, Begleiter → Hannibals. Schrieb ein Hannibalwerk in 7 Büchern, von dem der Papyrus Würzburg (Nr. 1162 Pack) einen günstigen Eindruck vermittelt, während es von → Polybios scharf kritisiert wird. Vgl. Chaireas (FGrHist 177). W. Sp.

Frg: FGrHist 176 – *Lit:* Jacoby, RE 3 A 1 (1927), 1204–06 – F.W. Walbank, A Historical Commentary on Polybius I, 1957, 332f., 766 – G. Manganaro, Ancora del papiro di S. e dei Cari in Occidente, PP 14, 1959, 283–290.

Sotades, att. Töpfer, tätig um 460–450, schuf → Kantharoi, → figürliche Gefäße und → Knopfhenkelschalen, letztere vom ‹S.-Maler› in weißgrundig-zarter Malweise dekoriert. I. Sch.

Lit: E. Buschor, Das Krokodil des S., MüJbb 11, 1919, 1–43 – L. Curtius, Der Astragal des S., SB Heidelb. 1923, 4 – G. Lippold, Der Plaste S., MüJbb 3/4, 1952/3, 85–95 – Beazley^2 763–772.

2. **S.,** Dichter der mittleren → Komödie (I C); Zeitgenosse des → Demosthenes (1). Titel von zwei oder drei Stücken bekannt; Anspielungen auf Politiker seiner Zeit. In einem längeren Frg. die Speiseliste eines Koches. Th. G.

Frg: FAttCom II 552–557.

3. **S. von Maroneia,** Dichter unter → Ptolemaios II. (308–246), dessen Geschwisterehe er angriff. Dafür mit dem Tode bestraft. → Suidas bezeugt eine Reihe von Titeln: Abstieg in den Hades, Priepos, An Belestiche (die Geliebte Ptolemaios' II.), Amazon. S. erfand den versus → Sotadeus, dessen Grundlage der → ionicus a maiore ist. In diesem Vers ist seine ‹Ilias› gehalten, von der uns ebenso wie von dem Gedicht ‹Auf Theodoros› (einen Flötenspieler) einige Zeilen erhalten sind. Die Echtheit der bei Stobaios erhaltenen Sotadeen (Sinnsprüche) ist zweifelhaft. P.H.

Frg: Coll. Alex. 238.

Sotadeus nennt Heph. p. 36 C. einen von → Sotades (3) in manchen Varianten gebrauchten Vers, der sich (auch in diesen Varianten) den Prinzipien der → äolischen Metrik fügt (bei Heph. = ‸pher^{2c}). B. Sn.

Sotēr (‹Retter›, fem. Soteira), Beiname für Götter, die in höchster Not (Krankheit, Geburt, Seenot) spürbar helfen (→ Asklepios, → Artemis, die → Dioskuren, bes. → Zeus) oder das Bestehende erhalten (Zeus: → Hauskult), im 5. Jh. angewandt auf Menschen, die die Polis retten (Thuk. 5, 11, 1: → Brasidas als Neugründer; And. 1, 46), ein Land (Hdt. 7, 139, 5) oder alle Menschen (Aristoph. pax 914f.: Parodie), dann Kultname für Herrscher, die wegen Rettung einer Stadt als Gott verehrt werden (→ Antigonos I., → Ptolemaios I. u. a., auch röm. Beamte); später durch Zusätze (*τῆς Ἀσίας* OGIS 253; *κοινὸς σ.* SIG 760; *σ. τοῦ κόσμου*

IGRom 3,719: häufig im → Kaiserkult) verallgemeinert, wird S. geeignet, den (östlichen) Heilbringer, der ein neues Zeitalter einleitet, zu bezeichnen; zugleich gewinnt S. als Götterbeiwort unter Einfluß der → Stoa kosmischen Klang ‹Welterhalter› (→ Isis, → Serapis, → Zeus usw.; vgl. die Aristeideshymnen); andererseits erscheint der wachsenden Heilssehnsucht der Einzelmenschen als S., wer durch seine Lehre innere Befreiung verheißt (Epikur: Pap.Herc. 346, 4, 19) oder Erlösung durch die Mysterien (Isis). Das Epitheton helfender und erlösender Götter, das Beiwort der Herrscher einer neuen Ära und das Prädikat Gottes (LXX) und der Allgottheit fließen zusammen im ‹S.› des NT (Joh. 4, 42; 1. Joh. 4, 14 u. ö.) und der Christen (bei den Gnostikern absolut ‹der S.› genannt, ebenso wie Asklepios in Epidauros, vgl. → Celsus bei Origenes Cels. 3, 3). C.J.C.

Lit: O. Höfer, ML IV (1913), 1236–1272 – H. Kasper, Griech. S.vorstellungen, Diss. Mainz 1959 (Lit) – Ferner: H. Haerens, σωτήρ et σωτηρία, Studia hellenistica 5, 1948, 57–68 – F. J. Dölger, Der Heiland, in: Antike u. Christentum, Kultur- u. rel.-gesch. Studien, hg. v. Th. Klauser, 6, 1950, 241–272.

Soteria (Σωτήρια sc. ἱερά), Dankopfer für eine Errettung; daher im Hellenismus gebräuchliche Bezeichnung für staatliche Dankfeste, meistens mit Spielen, zum Gedächtnis an ein hervorragendes Ereignis. Ähnliche Feste gab es schon früher, aber unter anderem Namen, z. B. die Eleutheria in Platää von 479 v. Chr. an; diese bestanden in einem jährlichen Opfer für die gefallenen Helden und alle vier Jahre in Spielen für Zeus Eleutherios. Das erste gesicherte Datum für S. als sich wiederholendes Fest ist ca. 297 v. Chr.: S. in Priene zu Ehren des Zeus Soter und der Athena Nike, um den Fall des Tyrannen Hieron zu feiern. Wichtiger sind die in Delphi nach dem Sieg über die Gallier 279 v. Chr. gestifteten S. zu Ehren des Apollon Pythios und Zeus Soter; vom Ätolischen Bund gefördert, gewannen sie panhellenische Verbreitung. In Sikyon erinnerten die S. an die Austreibung des Tyrannen Nikokles durch Aratos und umfaßten ein Opfer für Aratos durch den Priester des Zeus Soter. Genauso wurde Philopoimen in den S. in Megalopolis geehrt. In der Provinz Asien wurden die *Moukieia* (zu Ehren von Q. Mucius Scaevola, Prokonsul des Jahres 98 v. Chr.) zu den schon bestehenden S. hinzugefügt. In Kyzikos fanden die S. (wahrscheinlich identisch mit den *Pherephattia* und den *Koreia*) zu Ehren der Kore Soteira, der Schutzgöttin der Stadt, statt. F.R.W.

Lit: Nilsson, Griech. Feste, 1906, 34f. – F. Pfister, RE 3 A 1 (1927), 1221–31.

Soterichos, aus Libyen, griech. Dichter zur Zeit → Diokletians (284–305), nach Suidas Verfasser eines Dionysos-, eines Ariadne- und eines Alexanderepos, eines Enkomion auf Diokletian, einer Lebensbeschreibung des → Apollonios (16) von Tyana und anderer Dichtungen. E.V.

Q: Suidas s. v. – *Lit:* W. Weinberger, RE 3 A 1 (1927), 1231f.

Soteros von Ephesos, → Redner (I D 2), lehrte in Athen und Ephesos zur Zeit der Antonine. Inschriftliche Zeugnisse bestätigen nicht das abfällige Urteil → Philostrats II. W.Sp.

Lit: Wickert, RE 3 A 1 (1927), 1233f. – G. Barbieri, L'albo senatorio, 1952, 41 – J. Keil, Vertreter der 2. Sophistik in Ephesos, ÖJh 40, 1953, 15–18.

Sothis (ägypt. *Śpdw*), der Sirius oder Hundsstern, erscheint kurz vor Eintritt der Nilüberschwemmung wieder am Morgenhimmel. Daher galt er den Ägyptern als Bringer der Überschwemmung. Mit diesem Ereignis begann ursprünglich der ägypt. Kalender. Da das ägypt. Jahr aber mit 365 Tagen um ¼ Tag gegenüber dem astronomischen zu kurz ist, trat dieses Ereignis alle 4 Jahre einen Tag früher ein. Somit durchlief der Sothisaufgang in 1460 Jahren den ganzen Kalender (‹Sothisperiode›). Nach → Censorinus begann 139 n. Chr. eine neue Sothisperiode. Der Ägypter hat diese Periode nicht benutzt, doch läßt sich errechnen, daß der ägypt. Kalender vermutlich 2772 v. Chr. eingeführt worden ist. W. Hk.

Lit: R. Parker, The Calendars of Ancient Egypt, 1950.

Sotion von Alexandria, Biograph, 1. H. 2. Jh. v. Chr., gleich den etwas älteren Biographen → Hermippos und → Satyros dem Peripatos angehörend, schrieb außer einer Spezialschrift über → Timon (2) v. Phleius in 13 (oder 23?) Büchern eine Philosophengeschichte, *Διαδοχὴ τῶν φιλοσόφων*. Gilt als Archeget der → Diadochē-Schriftstellerei, hat aber nur die schon bei Aristoteles und Theophrast vorliegenden Hinweise auf die Diadochē der Philosophen aufgenommen und zu einem System ausgebaut. Sein Einfluß auf → Diogenes Laertios scheint groß gewesen zu sein, ist aber noch nicht zuverlässig abgrenzbar. Vgl. → Biographie [3]. O.G.

Frg: DoxGr 147ff. – *Lit:* Überweg-Praechter, 20f.

Souffleur, im griech. → Theater unbekannt, für das röm. Theater bei Paul. Fest. p. 138 erwähnt und als *monitor* bezeichnet. E.-R. Sch.

Sozialpolitik. [1] *In Griechenland.* S. im Sinne fürsorgerischer Maßnahmen des Staates zugunsten der wirtschaftlich Schwachen, im Unterschied zur Sozialreform, also einer Strukturveränderung der Wirtschaft und Gesellschaft, spielte in der antiken Geschichte eine erhebliche Rolle. Schon die älteren griech. Tyrannen, die sich gegen die Aristokraten und ihr Prinzip der Selbstversorgung (Autarkie) meist auf das niedere Volk stützten, trafen entsprechende Maßnahmen. So verbot → Periander v. Korinth die Einfuhr von → Sklaven, um die freien Lohnarbeiter vor Arbeitskonkurrenz zu schützen; → Peisistratos (2) v. Athen gab Kriegsinvaliden eine Unterstützung. Für die attische Demokratie wurde die Lebensmittelversorgung (τροφή) des Volkes ein politisches Hauptproblem, über das monatlich in der Volksversammlung beraten wurde; Getreideverteilungen, Preis- und Importvorschriften, öffentliche Vorratshaltung sollten die Ernährung der Bürgerschaft sichern. Die perikleische Bautätigkeit auf der Akropolis diente unter anderem dazu, den Bürgern Arbeit und Lohn zu verschaffen (Plut. Per. 12, 4); auch die Bezahlung von Tagegeldern (Diäten; vgl. auch → Theorika) und die Aussendung von sog. → Kleruchien hatten einen sozialpolitischen Zweck. Kriegswaisen wurden in Athen aus öffentlichen Mitteln versorgt (Thuk. 2, 46), ebenso Invaliden (ἀδύνατοι), wenn sie arbeitsunfähig und vermögenslos waren (Aristot. pol. Ath. 49, 4; Lys. 24). Ähnliche Bestimmungen sind in anderen Staaten anzunehmen. → Platon sieht in seinem Gesetzesstaat vor, daß niemand vom Betteln leben solle (leg. 9, 936 C); → Xenophon (vect. 3f.) schlug sogar eine öffentliche Lebensrente für alle Bürger, also eine Art Wohlfahrtsstaat vor. Die hellenistischen Herrscher legten Wert darauf, ihren Untertanen gegenüber als gerechte, menschenfreundliche Wohltäter (vgl. den Beinamen ‹Euergetes›) zu erscheinen, womit sie den Forderungen der Philosophen, bes. der → Stoiker, nach einer aufgeklärten Monarchie im Sinne der Philanthropie entsprachen. So verkündete Ptolemaios VIII. in seinen Erlassen von 118 v. Chr. (Pap. Tebt. 5) zahlreiche soziale Schutzmaßnahmen und Steuererleichterungen für die Bevölkerung, wobei er z. T. an die Tradition der Pharaonen anknüpft. Auch der Bau von Säulenhallen und Theatern, die Einrichtung von Stiftungen und ähnliches galt als Zeichen philanthropischer Gesinnung der Monarchen.

[2] *In Rom.* In der älteren, patrizischen Zeit Roms war die soziale Hilfeleistung im wesentlichen durch die Einrichtung des → Patronats geregelt; schutzbedürftige Klienten fanden bei ihrem Patron Unterstützung. Die wachsende Zahl von Bürgern ohne Grundbesitz (Plebejer) führte jedoch schon früh dazu, daß durch staatl. Landanweisungen den Besitzlosen neue Bauernstellen geschaffen wurden. Die Gründung röm. Siedlungen (Kolonien) in ehemals feindlichem Gebiet hatte also einen sozialpolitischen Zweck; zugleich sollten die Kolonisten als Wehrbauern das Land verteidigen. Ebenso konnte durch unmittelbare Besitzanweisung (assignatio) im eroberten Gebiet auf Grund

von Agrargesetzen (leges agrariae) Bedürftigen geholfen werden. Als die Lage der röm. Bauern durch die Ausdehnung der Latifundien in Italien und durch den Arbeitseinsatz von → Sklaven in der Zeit der späteren Republik immer kritischer wurde, kam es bei der Vorlage neuer → Ackergesetze meist zu schweren politischen Auseinandersetzungen, die sich durch die Frage der Landversorgung der ausgedienten Soldaten (Veteranen) seit → Marius (1) noch verschärften. Nach dem Scheitern der → Gracchen und des P. → Servilius (7) Rullus erzwang erst → Caesar als Konsul 59 v. Chr. die Durchführung eines großzügigen Siedlungsprogramms. Daneben war seit langem die Lebensmittelversorgung (→ cura annonae) der Stadtbevölkerung Roms eine staatliche Aufgabe geworden. Zur Zeit Caesars waren 330000 mittellose Bürger zum regelmäßigen Empfang von Getreide (frumentatio) berechtigt; die Finanzierung dieser öffentlichen Spenden aus den Tributen der Provinzialen, die Lagerung der Einfuhrbestände und ihre Verteilung machten umfangreiche Verwaltungsmaßnahmen nötig. Die röm. Kaiser faßten diese Bestrebungen zusammen und setzten sie verstärkt fort, in den östlichen Provinzen zugleich in der Nachfolge der hellenistischen Könige, deren Philanthropie unter dem Begriff der Humanität (→ humanitas) ins röm. Denken überging (Cicero, Seneca). Augustus rühmt sich in seinen Res gestae (Mon. Ancyr. 15 f.) der bis dahin größten sozialpolitischen Leistungen, vor allem an Geld- und Getreidespenden sowie an Landanweisungen. → Claudius (1) übernahm die Frumentationen auf die kaiserliche Kasse (→ Fiscus); die öffentliche Fürsorge war fortan in erster Linie Sache des Kaisers, was auch in den Münzaufschriften (Salus), in Dankreden und Ehreninschriften der Kaiserzeit zum Ausdruck kommt. → Nerva führte 97 n. Chr. zur Versorgung und Erziehung der Kinder mittelloser Bürger eine Darlehensstiftung ein (→ alimenta), die → Trajan weiter ausbaute (CIL XI 1147), ebenso → Faustina (2), die Gemahlin des Antoninus Pius (puellae Faustinianae). Die gewaltigen Kosten dieser S., vor allem die unproduktiven Zuschüsse an die Konsumentenbevölkerung der großen Städte, bedeuteten freilich eine starke finanzielle Belastung, die zu der allgemeinen Krise des 3. Jh.s n. Chr. beitrug. Die Stabilisierung der Währung und die Sicherung der landwirtschaftlichen und gewerblichen Produktion durch die Berufsbindung im spätröm. Reich seit Diokletian brachten wieder eine Besserung der Verhältnisse. Die Hilfsbedürftigen wurden in Armen- und → Krankenhäusern, Findel- und Waisenhäusern, Altersheimen untergebracht und versorgt, wie bes. die Rechtssammlungen bezeugen (Cod. Iust.). In der Ausbildung dieses staatlichen Fürsorgewesens zeigt sich deutlich auch der Einfluß der christlichen Kirche und ihrer Ethik der Liebestätigkeit (caritas). S. L.

Lit: H. Bolkestein, Wohltätigkeit u. Armenpflege im vorchristl. Altertum, 1939.

Sozomenos, aus Bethelea bei Gaza, Anwalt (daher S. *Scholastikos*) in Konstantinopel, schrieb im 5. Jh. n. Chr. wie → Sokrates (2), den er benutzte, eine von 324 bis etwa 422 reichende Kirchengeschichte. Sie verbindet einen guten Stil mit großem Interesse für hagiographische Stoffe, teils recht legendären Inhalts. K. St.

Ed: J. Bidez-G. Chr. Hansen, GCS 50, 1960 – *Lit:* Altaner, 214.

Spätantike. [1] Der *Begriff* S. wurde bereits Ende des vorigen Jahrhunderts von dem Wiener Kunsthistoriker Alois Riegl zur Kennzeichnung der besonderen Stilentwicklung in der Zeit von → Konstantin d. Gr. bis zum Frühmittelalter verwendet. In den folgenden Jahrzehnten nahmen ihn dann auch die benachbarten historischen Disziplinen auf, um die letzte, von der Antike noch unmittelbar bestimmte geschichtliche Phase samt ihren Wandlungen zu umschreiben. Der Begriff gilt zwar für die ganze damalige Mittelmeerwelt und die unter ihrem Einfluß stehenden Randgebiete, seiner Prägung nach verbindet er sich aber bes. mit dem Blick auf die Entwicklung im Westen und den Übergang zum abendländischen MA. Sein Vorzug liegt darin, daß er den komplexen Gehalt dieser Zeit besser zum Ausdruck bringt als Begriffe wie ‹spätrömisch› oder das franz. ‹Bas-Empire›. Die Byzantinistik bezeichnet unter ihren besonderen Gesichtspunkten etwa den gleichen Zeitraum als ‹frühbyzantinisch›. Aber «für Byzanz stellt sich das Problem des Ausgangs der Antike insofern anders denn für das Abendland, als die antiken Traditionen im byzantin. Reich ohne Unterbrechung fortbestanden» (G. Ostrogorsky).

[2] In der *zeitlichen Abgrenzung* der S., die als Epoche drei bis vier Jahrhunderte umfaßt, gehen die Vorstellungen auch heute noch auseinander. Für den Beginn differieren sie zwischen der 2. H. des 3. Jh.s (dann meist mit dem Regierungsantritt → Diokletians 284 einsetzend) und der konstantin. Zeit mit ihrer religiösen Neuorientierung des röm. Reiches, für das Ende zwischen den Jahrzehnten unmittelbar nach dem Tode → Justinians (568 Eindringen der → Langobarden in Italien) und der Regierung des Kaisers Heraclius (610 bis 641), in deren Ausgang das Vordringen der Araber in die Mittelmeerwelt fiel. Den Auftakt der S. bildet nach der Krise des 3. Jh.s die in Diokletian gipfelnde Wiederherstellung des röm. Reiches, verbunden mit einem rationalen, bürokratisch und fiskalisch bestimmten Neubau der Verwaltung. Den zweiten, für die Ausformung der spätantiken Welt besonders bedeutsamen Abschnitt stellt das 4. Jh. von Konstantin d. Gr. bis auf → Theodosius I. dar; er bringt mit der Christianisierung des röm. Imperiums und den in den katholischen Reichsglauben einmündenden dogmatischen Auseinandersetzungen (→ Arianischer Streit) die große religiöse Umwälzung der S. Zugleich tritt die neue Rolle der ‹Barbaren› (voran der Germanen) im Reichsheer hervor. Im folgenden 5. Jh. zeigt sich trotz der staatsrechtlich fortbestehenden Einheit des röm. Imperiums eine deutliche Auseinanderentwicklung der beiden Reichshälften. Obwohl im Osten damals die dogmatischen Auseinandersetzungen mit neuer Heftigkeit auflebten (→ Monophysitismus), gelang es diesem Reichsteil dank seiner politischen, wirtschaftlichen und kulturellen Überlegenheit, sich gegen die von außen andrängenden oder bereits in das Reich aufgenommenen ‹Barbaren› zu behaupten. Im Westen zerfiel dagegen in dieser Zeit die kaiserliche Gewalt; die einzelnen Länder kamen nacheinander unter die Herrschaft von Germanen: 418 Ansiedlung der Westgoten (→ Goten) als → Föderaten in Aquitanien, 429 Übergang der → Vandalen nach Nordafrika, 476 Ende des westlichen Kaisertums und Königtums → Odoakars in Italien. Die beherrschende Gestalt des 6. Jh.s ist dann Kaiser Justinian, dessen Wirken sich im Innern und nach außen auf die Wiederherstellung der Reichseinheit und der früheren Größe des röm. Imperiums richtete. Obwohl die unter seiner Regierung den Germanen wieder entrissenen Länder (Nordafrika, Italien, Südspanien) bald nach seinem Tod erneut verlorengingen, strahlte in dieser Zeit der Einfluß des Imperiums mit seinen spätantiken Formen auf allen Gebieten noch weit in den Westen aus, auch auf die nun souveränen Germanenstaaten auf früherem röm. Reichsboden. Die Jahrzehnte nach Justinian lassen sich als Ausklang der S. betrachten. Am Beginn steht die Eroberung großer Teile Italiens durch die Langobarden sowie das Vordringen der → Awaren und Slawen in den Donauländern, am Ende die faktische Beschränkung des Imperiums auf den griech. Süden der Balkanhalbinsel und Kleinasien im Gefolge der siegreichen Ausbreitung des Islams seit der Mitte des 7. Jh.s (vgl. dazu die vieldiskutierte These von H. Pirenne).

[3] Die *historische Bedeutung* der S. wurde von der Forschung lange unterschätzt, weil man diesen Zeitraum nur als krisenhaften Niedergang und Zerfall der Antike bzw. als wirre Übergangsphase zum MA betrachtete und weder Altertumswissenschaft noch Mediävistik sich dafür zuständig fühlten. Lediglich Teilaspekte, wie die kirchenge-

schichtlichen Probleme oder die Rolle der Germanen in der Völkerwanderung, fanden stärkeres Interesse. Die Erkenntnis, daß es sich bei der S. um eine Epoche eigener Prägung handelt, verdankt man (wie auch den Begriff) zunächst der Archäologie. «Geist und Gestalt der S. sind zwar nicht klassisch, aber antik geblieben» (G. Rodenwaldt). Doch S. bedeutet, jedenfalls für den Westen, zugleich ‹Vormittelalter›, und so hat man mit Recht von der «Epoche mit dem Januskopf» (E. Kornemann) gesprochen, in der Altes und Neues miteinander im Kampfe liege und sich gegenseitig durchdringe. Eine solche Polarität läßt sich in fast allen Bereichen der S. beobachten. Die dominierende politische Erscheinung, beherrschend auch in Kultur und Wirtschaft, bleibt während des ganzen Zeitraums das röm. Reich, obwohl es weite Randgebiete nacheinander an die fremden Völker verliert. Im Innern steht es nicht nur in der Auseinandersetzung mit den einströmenden ‹Barbaren›, deren Assimilierung immer weniger gelingt, sondern zugleich im Kampf gegen zentrifugale Tendenzen der einzelnen Länder. Sie verbinden sich im Osten mit den kirchlichen Streitfragen, während sich im Westen eine fortschreitende Provinzialisierung durchsetzt, die unter der Wirkung der germanischen Eroberung in die Bildung selbständiger Nachfolgestaaten ausläuft. Grundlegende Bedeutung für die S. und die weitere Entwicklung besitzt die mit Konstantin d. Gr. beginnende Verklammerung der christl. Kirche mit dem Imperium. Inmitten der statisch wirkenden spätröm. Gesellschaftsordnung lassen sich die Vorstufen des mittelalterl. Feudalwesens erkennen. Im Rechtswesen ergeben sich aus den Zeugnissen des Vulgarismus wichtige Einblicke in starke Strömungen, die sich vom Klassizismus abwenden und zu einfacheren, dieser Zeit mehr gemäßen Formen greifen. Ähnliche Aspekte bietet die bildende Kunst, in der sich ein Wandel des Lebensgefühls gegenüber der Klassik und, analog zu dem intensiven religiösen Empfinden der S., eine Abkehr vom rationalen Diesseits äußert. Während die profane Literatur nur wenige nennenswerte Schöpfungen aufweist und sich die konservativen Bildungskreise eher um eine Bewahrung des Überkommenen bemühen, stellt für das Christentum die S. eine Zeit starker geistiger Bewegung und Spannung dar, die eine Reihe bedeutender Kirchenväter hervorbringt. – Die spätantike Mittelmeerwelt war das Medium, durch das die antike Kultur und der röm. Staatsgedanke mit dem Christentum, den fremden Völkern und Randkulturen unmittelbarer und folgenreicher aufeinandertrafen als jemals vorher oder nachher. In den von ihr geprägten Formen kam dann das abendländische MA mit dem Erbe der Antike zunächst in Berührung. K. F. Str.

Lit: M. Gelzer, Altertumswiss. u. S., HZ 135, 1927, 173–187 – R. Laqueur-H. Koch-W. Weber, Probleme der S., 1930 – E. Kornemann, Zwischen zwei Welten. Die S., in: Gestalten u. Reiche, 1943, 367–401 – G. Rodenwaldt, Zur Begrenzung u. Gliederung der S., JdI 59/60, 1944/45, 81–87 – F. Wieacker, Recht u. Gesellschaft in der S., 1964 – *Gesamtdarstellungen:* E. Stein, Histoire du Bas-Empire I, 1959² (1. Aufl.: Gesch. des spätröm. Reiches, 1928); II, 1949 – H. Dannenbauer, Die Entstehung Europas I, 1959 – E. Kornemann, Weltgesch. d. Mittelmeerraumes II, 1948 – Ders., Röm. Gesch. II (1939), 1963⁵ – A. H. M. Jones, The Later Roman Empire 284–602, 1964 – J. Vogt, Der Niedergang Roms, 1965.

[4] In der Kunst der S. wird das unter Konstantin zur Herrschaft gekommene Christentum Gestalt. Es wird eine reiche christl. Bildwelt und Baukunst geschaffen, in Formen hieratischer Repräsentation, die für das Mittelalter vorbildlich geblieben sind (→ Kunst II). Was noch an heidnischer Kunst entsteht, gebraucht dieselbe transzendente Ausdrucksweise (Bildnisse, → Mosaiken auf Fußböden, → Konstantinsbogen, → Elfenbeindiptychen, → Silber, → Kontorniaten). Vor Konstantin war die Kunst christl. Thematik der heidnischen Stilentwicklung gefolgt. Jedoch kann man die Transzendenz der S. als eine Erfüllung der heidnischen röm. → Kunst (I 1) auffassen, die immer durch eine Spannung zwischen Realismus und transzendierenden Vorstellungen charakterisiert war (Klassizismus, Ideologie des Reichs, Mysterienreligionen). Nach dem letzten Höhepunkt antiker Stadtkultur unter Justinian werden die Höfe der Germanenreiche zu politischen und kulturellen Zentren: hier beginnt die mittelalterliche Kunst mit ‹Renaissancen› konstantinischer Vorbilder. – Bes. anschaulich wird spätantike Kunst noch heute im Kranz der christl. → Basiliken um den heidnischen Stadtkern → Roms, in den Mosaiken von S. Maria Maggiore in Rom, in den mosaikgeschmückten Kirchen → Ravennas, → Salonikis und des Katharinenklosters des Sinai, ferner in Fußbodenmosaiken → Konstantinopels, Antiochias und Nordafrikas (→ Sabratha, Tunis), in Deckengemälden von → Trier, in Stadtmauer, Sophienkirche und Kaiserpalast Konstantinopels. Neben dem Goldgrund des Wandmosaiks ist der reiche Gebrauch anderer edler Materialien, bes. des Porphyrs und Elfenbeins, charakteristisch. K. Schf.

Lit: → Kunst. Hervorzuheben: A. Riegl, Die spätröm. Kunstindustrie nach den Funden in Österreich-Ungarn (1901), 1927² – R. Delbrück, Die Consulardiptychen, 1929 – Ders., Antike Porphyrwerke, 1932 – Ders., Spätantike Kaiserporträts, 1933 – W. Weisbach, Geschichtl. Voraussetzungen der Entstehung einer christl. Kunst, 1937 – A. Alföldi, Die Kontorniaten, 1943 – G. Rodenwaldt, Zur Begrenzung und Gliederung der Spätantike, JdI 59/60, 1944/45, 81–87 – D. Levi, Antioch Mosaic Pavements, 1947 – B. Schweitzer, Die spätantiken Grundlagen der mittelalterl. Kunst, 1949 – D. Talbot Rice, The Great Palace of the Byzantine Emperors, 1958 – G. Becatti, Costantinopoli, EAA II, 1959, 886–914 – P. Metz, Elfenbein der Spätantike, 1962 – J. W. Salomonson, Romeinse Mozaieken uit Tunesie, 1963.

Spanien

[1] Name, Land – [2] Geschichte der vorröm. Zeit – [3] S. unter den Römern – [4] Bedeutung – [5] Iberische Sprachen.

[1] Der Ursprung des röm. *Namens* Hispania (gegenüber griech. Ἰβερική) ist ungewiß; Schulten will ihn mit dem phön. Wort *i-śefann-in* in Verbindung bringen. – S. ist gebildet aus einer zentralen Hochgebirgsebene (der Meseta), die gegen den Atlantik leicht abfällt, durchzogen von den Flüssen → Minius (Miño), → Durius (Duero), → Tagus (Tajo), → Anas (Guadiana) und zwei dreieckförmigen Senkungen an der Peripherie: dem Flußgebiet des Hiberus (Ebro) dem Mittelmeer und dem Flußgebiet des Baetis (Guadalquivir) dem Atlantik zu. Von Afrika ist S. getrennt durch die Meerenge von Gibraltar (Herkulessäulen) und vom übrigen Europa durch die → Pyrenäen.

[2] *Geschichte der vorröm. Zeit.* Die Pyrenäen hinderten aber nicht, daß sich während des *Quartärs* in S. die gleichen menschlichen Gemeinschaften formten wie im ganzen W Europas, belebt durch kurze Berührungen mit Bewohnern Afrikas, die aber seit der Neusteinzeit (Neolithikum) gänzlich aufhörten. Die Kulturen der *Altsteinzeit* entwickelten in einer Zone bedeutende Felsmalereien (Höhlen von Altamira, Castillo, Pasiega, Pindal, Candamo, Pileta usw.) und später an der ganzen Ostküste eine großartige Kunst impressionistischer Felsmalereien von großer Originalität und einzigartig in Europa. – *Nach 3000 v. Chr.* zog der große Reichtum des Landes an Bodenschätzen (Gold, Silber, Kupfer, Zinn) Völker des östl. Mittelmeers herbei, die stark ausstrahlende Kulturzentren schufen (Megalithkultur, Glockenbecherkultur usw.). – Gegen *1700 v. Chr.* durch neue Impulse aus der Ägäis die bedeutende bronzezeitliche Kultur (Kultur von Argar); wenige Zeit später in Südspanien, rund um Tartessos, blühende städtische Zivilisation. Waren die Völker S.s bis dahin rein mittelmeerisch, so kamen ab *1000 v. Chr.* indoeuropäische Stämme (Urnenfelderkultur) über die Pyrenäen, die Ebrotal, Meseta und den westl. Teil S.s besetzten; ihre Sitte, die Toten zu verbrennen, verbreitete sich im ganzen Lande. Zwei Zonen S.s bildeten sich heraus: Die eine, iberische, im S und O unter mittelmeerischem Einfluß, politisch unterteilt in Stämme mit monarchischem System und zahlreichen Städten. Die andere, keltische, zerfiel politisch in teils untereinander vermischte, teils ewig verfeindete Stämme, ohne

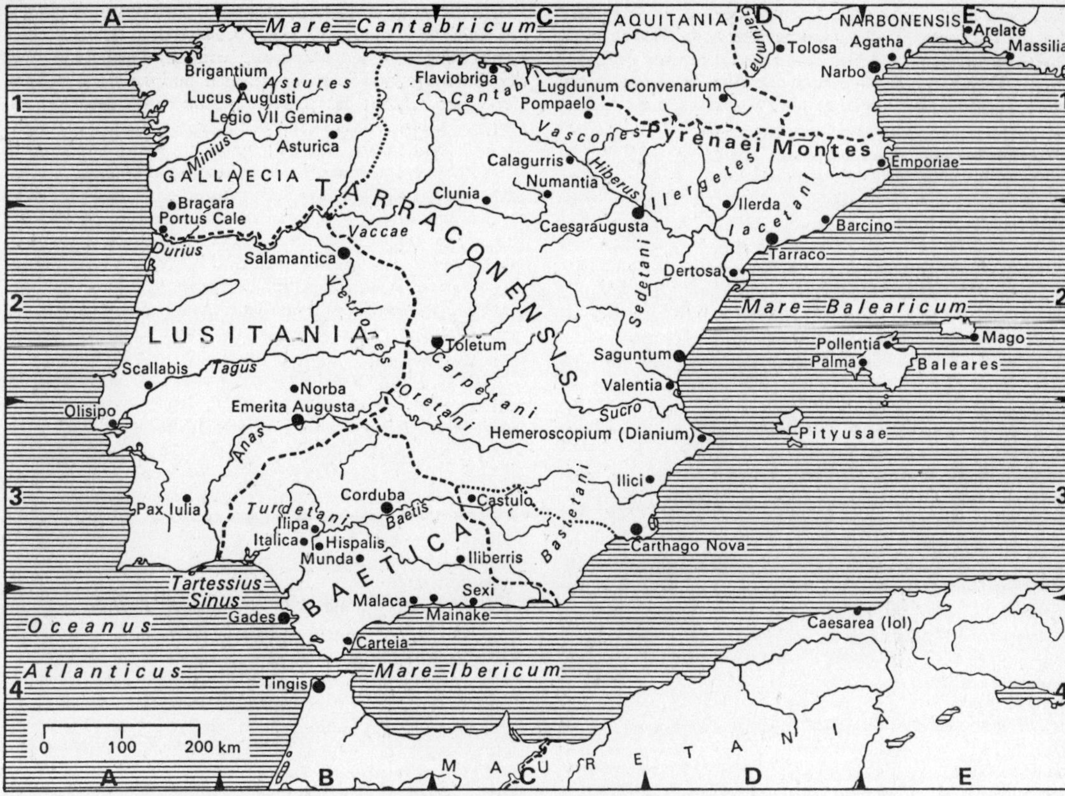

Abb. 206 Die iberische Halbinsel in der Römerzeit

städtische Siedlungen. In der Kunst beider Zonen spiegeln sich der mittelmeerische bzw. der kontinentale Einfluß wider. Im SO entstand das iber. Kulturzentrum mit blühender Entwicklung, mittelmeerischer Religiosität, die sich in großen Heiligtümern ausdrückte (Hügel De los Santos, Despeñaperros, Cigarralejo, Elche, La Serreta usw.). An diesen Orten entstand die große iber. Bildhauerkunst mit griech. Einfluß. Zur Unterscheidung in diese zwei Zonen trug auch die geschichtliche Besiedlung bei. Im 11. Jh. v. Chr. gründeten die Phönizier Gadir (→ Gades) nahe Gibraltar und an der O-Küste Sexi, Adra, Malacca u. a. Die Griechen traten nach dem frühen rhod. Gründungsversuch in → Rhode (9./8. Jh.?) mit → Tartessos in Handelsbeziehungen, das Kolaios von Samos im 7. Jh. entdeckt hatte, und gründeten Mainake an der Küste nahe Malacca, ferner im 6. Jh. von → Massilia (Marseille) aus → Emporiae und eine Reihe kleinerer Handelsniederlassungen an der ganzen O-Küste (Cypsela, Kalauris, Querronessos, Tiricas, Hemeroskopeion, Alonis, Molybdon usw.). – Die *Bevölkerung des iber. Teils* bestand aus mehreren Stämmen. Von S nach N waren die bedeutendsten: Turdetaner (die früheren Tartesier), Bastetaner, Contestaner, Edetaner, Ilergeten, Laietaner, Indiketen; im Mittellauf des Hiberus und in den Pyrenäen die Baskonen; in der östl. Meseta die Keltiberer, Arevaker und die Karpetaner; in der westlichen Meseta die Vaccäer und die Vettonen; im W die Lusitaner und im N die Kallaiker, Asturen und Kantabrer. Außer den Baskonen sprachen alle Stämme der Meseta und des westl. Teils indogerman. Sprachen. In der östl. und mittelmeerischen Zone entwickelten sich eigenständige Schriftsysteme, abgeleitet von einem primitiven System, das in Tartessos im 7. und 6. Jh. gebraucht und in zahlreichen Inschriften überliefert ist (noch nicht entziffert). In Turdetanien erhielt es sich bis ins 1. Jh., an der O-Küste wurde die sog. iberische Schrift vom 5. Jh. bis zur Zeit des → Tiberius benutzt. Alle hispanischen Schriftsysteme sind halbsilbige, d. h. sie benutzen Alphabetzeichen für zusammenhängende Vokale und Konsonanten, und einsilbige ohne Unterscheidung zwischen stummen und nicht stummen Konsonanten.

[3] *Die Römer in Spanien.* Im 5. Jh. kommt S. politisch und wirtschaftlich in die Einflußsphäre *Karthagos*, das um 600 auf der Insel Ebussus (→ Balearen) eine Kolonie gegründet hatte. Im 3. Jh. macht → Hamilkar (2) Barkas den ersten Versuch, durch die Besetzung span. Gebiets den Verlust von Sardinien und Sizilien auszugleichen. Von Gades aus erobert er rasch den S und SO des Landes, stirbt aber 228; → Hasdrubal (1) gründet → Carthago Nova und dehnt die pun. Herrschaft bis zum Hiberus aus. 220 dringt → Hannibal (2) in die Meseta ein, wirbt Truppen und nimmt die Städte Salmantica (Salamanca) und Arbocala (Toro) ein. Mit der Zerstörung → Sagunts, des Verbündeten Roms, beginnt der *2. → Pun. Krieg.* Die Eroberung durch Rom beginnt 218 mit der Landung des Cn. → Cornelius (33) Scipio in Emporiae und bald darauf seines Bruders, des Konsuls P. → Cornelius (26) Scipio, an der Ostküste; Tarraco wird der militärische Stützpunkt. Beide Brüder sterben 212 bei dem Versuch, das reiche Tal des → Baetis (Guadalquivir) zu unterwerfen. 210 führt P. → Cornelius (30) Scipio den Krieg weiter. 209 nimmt er Carthago Nova; nach zwei siegreichen Schlachten in Baecula und Ilipa vertreibt er die karthag. Truppen aus S. und schließt 206 mit Gades einen Pakt. – Nach der Unterwerfung einiger rebellierender Stämme (→ Indiketen) und einer allgemeinen Erhebung verbündeter Stämme i. J. 195 (durch → Cato, 1) übt Rom seine Herrschaft unangefochten über die Levante (O-Küste) und den S aus und teilt das Gebiet in zwei Provinzen, Hispania Citerior und Ulterior. Zur Unterwerfung des übrigen Teils von Spanien führt Rom in den folgenden

200 Jahren lange Kriege mit wechselndem Glück: Lusitanischer Krieg gegen →Viriathus 154–138; zwei keltiberische Kriege (153–151; 143–133; →Numantia). Die vollständige Unterwerfung des N gelingt erst →Augustus im →Kantabrischen Krieg 26–19 v. Chr. Während des ganzen 1. Jh.s ist S. Schauplatz der röm. Bürgerkriege (Sertorius, 78–72; Pompeius-Caesar); ein Ende bringt erst die Schlacht von Munda (45). Nach dem Kantabrischen Krieg ist ganz S. befriedet, und die Romanisierung schreitet langsam voran, gefördert durch die Gründung zahlreicher röm. ‹Kolonien› durch Caesar und Augustus. Im 3. Jh. (nach 268 n. Chr.), als das Imperium von Krisen geschüttelt wurde, wurden bei den Einfällen der Franken und Alamannen viele Städte zerstört und das Land so auf die Agrarwirtschaft zurückgeworfen. – Das Christentum drang in S. früh ein über die Küstenstädte (Tarraco) und die Küste der Provinz Baetica. Es verbreitete sich außerordentlich stark in den reichen Gebieten, erreichte aber die Gebirgsgegenden im N (Kantabrien) erst zur Zeit der Westgoten. – 409 drangen über die westl. Pyrenäen →german. Völker ein (→Sueben, →Vandalen, →Alanen) und zerstörten die röm. Verwaltungseinrichtungen in der Meseta, im Zentrum und im W. Nach ihnen kamen die Westgoten 414 in die Provinz Tarraconensis und kämpften dann bis 417 als Verbündete Roms gegen die anderen german. Stämme auf der Halbinsel. Erst um 470 errichteten die Westgoten v. Gallien aus ihre endgültige Herrschaft in S., die bis zur muselmanischen Unterwerfung (711) dauerte. – Einteilung der *röm. Provinzen:* Zur Zeit des *Augustus* ist S. in 3 Provinzen eingeteilt: Tarraconensis mit der alten Provinz Hispania Citerior unter Einschluß der im kantabrischen Krieg eroberten Gebiete. Die Provinz Hispania Ulterior bleibt unterteilt in die Provinz Baetica und die Provinz Lusitania, beide getrennt durch den Fluß Anas, mit den Hauptstädten Corduba bzw. Emerita Augusta. Unter →*Claudius* werden die Provinzen in Gerichtsbezirke unterteilt, die Provinz Tarraconensis in sieben (Caesar-Augustanus, Cluniensis, Asturum, Bracarensis, Lucensis, Tarraconensis, Carthaginiensis), die Provinz Baetica in vier (Cordubensis, Astigitanus, Hispalensis und Gaditanus) und die Provinz Lusitania in drei (Emeritensis, Pacensis und Scallabitanus). 214 schafft →Caracalla eine neue Provinz, Gallaecia, und →Diokletian errichtet die Provinz Carthaginiensis, der anfänglich die →Balearen angegliedert waren. Die span. Provinzen bilden seit Diokletian eine der Präfektur Galliens unterstellte →Diözese.

[4] *Bedeutung.* Der wirtschaftliche Beitrag S.s in der röm. Welt war unermeßlich. Während der republikan. Jahrhunderte verschlangen die häufigen Kriege ungeheure Mengen von Edelmetallen aus dem Abbau der reichen Vorkommen (Export von Gold, Silber, Zinn). Mit der Befriedung nahm die Landwirtschaft starken Aufschwung. Exportiert wurden Getreide, Wein und Öl bes. der Provinz Baetica. – Span. Truppen kämpften bei allen kaiserlichen Unternehmen mit. Zur Kaiserwürde gelangten drei Spanier (Trajan, Hadrian und Theodosius I.); in der lat. →Literatur ist S. u. a. durch so bedeutende Namen wie →Seneca, →Martial, →Columella, →Pomponius (5) Mela, →Quintilian, →Prudentius und →Orosius vertreten. J. M. d. M.

Q: Fontes Hispaniae Antiquae von A. Schulten, P. Bosch, L. Pericot: I (Avienus); II (500 v. Chr. bis Caesar); III (237–154 v. Chr.); IV (154–72); V (72–19); VI (Strabon); VIII (von Caesar bis 500 n. Chr.); IX (byzant. Zeit; Westgoten) – CIL II Suppl. – E. Hübner, Monumenta Linguae Ibericae, 1889 – A. d'Ors, Epigrafia juridica de la España romana, 1953 – *Lit: Zu [1] und [2]:* P. Bosch, La formación de los pueblos de España, 1945 – R. Menendez Pidal (Hg.), Historia de España I 1–3, 1947–54 – L. Pericot, España primitiva, 1950 – J. Caro Baroja, Los Pueblos de España, 1950 – J. M. Blaquez, Religiones primitivas de Hispania, 1962 – A. Tovar, The Ancient languages of Spain and Portugal, 1961 – *Münzkunde:* A. Vives, La moneda Hispanica, Madrid, 1926 – *Zu [2] und [3]:* A. Garcia y Bellido, Fenicios y Cartaginenses en Occidente, 1941 – Ders., Hispaniae Graeca, 1948 – A. Schulten, Iber. Landeskunde, 1955 – E. Albertini, Les divisions administratives dans l'Esp. romaine, 1923 – R. Etienne, Le culte impérial dans la Péninsule Ibér., 1958 – *Zu [4]:* R. Touvenot, Essai sur la province romaine de la Bétique, 1940.

[5] *‹Iberische› Sprachen.* Aus der Pyrenäenhalbinsel und Südfrankreich kennen wir heute ca. 800, meist kurze Inschriften in einheimischen Sprachen (5.–1. Jh. v. Chr.). Die spärlich bezeugten Schriften des Südwestens, die libyphön. und die südlusitan. Schrift, sind noch nicht genügend entziffert. Lesbar sind die Texte in iberischer Schrift (Ostküste von Elche bis Béziers; Keltiberien), die aus Laut- und Silbenzeichen besteht, sowie die wenigen Texte in lat. und griech. Alphabet. Über die Feststellung von Eigennamen hinaus ist ein Gesamtverständnis noch nicht erreicht; doch ist klar, daß im Binnenland und im Westen indogerman., entlang der Ostküste nicht-indogerman. Sprachen gesprochen wurden. Keines der beiden Sprachgebiete scheint einheitlich gewesen zu sein. Das gleiche Bild ergibt sich aus den in klassischen Texten überlieferten Orts- und Personennamen. Die wenigen →Glossen und die Substratwörter in modernen Dialekten sind vorerst schwer einzuordnen. Über die Zugehörigkeit der indogerman. (deutliche Beziehungen zum Keltischen) wie der nicht-indogerman., ‹iberischen› Sprachen (Zusammenhänge mit dem Baskischen?) ist man sich noch nicht einig. H. R.

Lit: A. Tovar, The Ancient Languages of Spain and Portugal, 1961 – J. Untermann, Sprachräume und Sprachbewegungen im vorröm. Hispanien, 1961.

Sparbüchsen, als *ἀργυροθήκη* wohl genannt (Theophr. Char. 10), jedoch nur in wenigen Exemplaren (Priene und Altsmyrna) erhalten. Das Sparen als Tugend wird oft betont (AP 10, 26, 115; Aristoph. Plut. 347; Lys. 163). F. E.

Abb: E. Akurgal, Die Kunst Anatoliens, 1961, 151. Abb. 106.

Sparta, eine der politisch bedeutendsten Städte Griechenlands, offene Siedlung von vier Dörfern (Limnai, Kynosura, Mesoa, Pitane, dazu später Amyklai) am →Eurotas in der inneren Beckenebene →Lakoniens, flach in der Ebene gelegen (Kt. 1152 C 5). Stadtmauer erst in hellenist. Zeit. Nur spärliche, meist erst späte antike Reste, bes. ein Theater aus dem 3. Jh. v. Chr., von →Augustus erneuert, am Abhang der Akropolis, wohin sich die Stadt in spätantik-byzantin. Zeit zurückzog, und Heiligtum der Artemis Orthia am Eurotas (Tempel I Anf. 8. Jh. v. Chr.; Tempel II Anf. 6. Jh.). Die heutige Landstadt S. besteht erst wieder seit 1834 statt des mittelalterlichen Mistra am Fuß des →Taygetos ca. 4,5 km westl. S.

[2] *Gesellschaft und Lebensform.* Seinen Ursprung verdankt S. den seit ca. 1050 v. Chr. einwandernden Doriern, die das Land schrittweise eroberten (→Griechenland III A 1) und die Vorbevölkerung in den Stand unfreier →Heloten herabdrückte. Der Staat S. der historischen Zeit (Name des Staates Lakedämon, Lakedämonier) bestand aus 3 Bevölkerungsschichten. Herrschend war die kleine Schicht der allein vollberechtigten Spartiaten (im Anfang einige tausend, in hellenist. Zeit nur noch einige hundert), die in S. siedelten und den besten Teil Lakoniens und später auch →Messeniens in Besitz hatten. Ihre Güter wurden von den unfreien Heloten bewirtschaftet. In den Randgebieten wohnten in eigenen Städten die →Periöken (‹Herumwohnende›), die frei waren, Selbstverwaltung besaßen und als Bürger minderen Rechts ebenfalls zu den Lakedämoniern gehörten. Die *Spartiaten* (*ὅμοιοι*, die ‹Gleichen›) bildeten eine geschlossene Gruppe mit streng geregelter Lebensordnung. Bis zum vollendeten 7. Lebensjahr blieben die Kinder zu Hause, dann wurden sie dem →Paidonomos übergeben, der unter Oberaufsicht der →Ephoren die Erziehung (Agoge) leitete. Die Knaben wurden in eine Agele (‹Herde›) eingereiht. Die Jahrgänge vom 7.–13. Lebensjahr bildeten 6 Wohn- und Schlafgemeinschaften unter Leitung eines Eiren, Jünglings. Vom 14.–20. Jahr waren sie Eirenes. Nach Vollendung des 20. Jahres galten sie als Männer. Staatsbürgerliche Rechte beschränkt (nur Stimmrecht in der Gemeindeversammlung). Vollbürger erst vom 30. Jahr an.

Ausbildung in militärischen Disziplinen, Übung strenger Zucht. Feigheit vor dem Feind wurde mit Ächtung bestraft. Auch Erziehung der Mädchen unter staatlicher Aufsicht. Schilderung der spartan. Lebensweise in → Xenophons (1) ‹Staat der Lakedaimonier›. Im wehrfähigen Alter lebten die Spartiaten in Zelt- oder Speisegenossenschaften (Syssitien); ihre einzige Aufgabe war die Erhaltung der militärischen Schlagkraft S.s. Jede Erwerbstätigkeit war verboten, Handel und Handwerk waren in den Händen der Periöken. Zwei Voraussetzungen für die Zugehörigkeit zur herrschenden Klasse: Besitz des Kleros, eines Landgutes, aus dessen Erträgen die Beiträge zu den Syssitien zu liefern waren, und Durchlaufen der Agoge. In der Frühzeit nahm S. noch Anteil am kulturellen Leben Griechenlands (häufige Siege bei den → Olympischen Spielen, die Dichter → Alkman, → Tyrtaios, entwickeltes Kunstgewerbe). Wahrscheinlich nötigte die soziale und politische Entwicklung Griechenlands seit der Mitte des 6. Jh.s S. zu dieser totalitären, staatlich kontrollierten Lebensordnung mit ausschließlicher Betonung der militärischen Zucht und völliger Abschließung nach außen, die allein die alte Staatsordnung aufrechterhalten konnte. Besonderer Ausdruck dafür ist auch, daß S. die neue Erfindung des Münzgeldes (→ Geld) nicht übernahm, sondern bei dem alten Eisengeld blieb, was einen Wirtschaftsverkehr nach außen ausschloß. Die harte Lebensordnung S.s wurde einem Gesetzgeber → Lykurgos (2) zugeschrieben, der aber kaum eine historische Persönlichkeit ist.

[3] *Staatsordnung.* Das alte → Königtum blieb in S. in der bisher unerklärten Form des Doppelkönigtums erhalten: einer der Könige gehörte stets dem Haus der → Agiaden, der andere dem der → Eurypontiden an. Ihre Tätigkeit war in gewissem Umfang an gemeinsames Handeln gebunden. Ihnen fiel die Ausführung der Staatsopfer, die Außenpolitik und die Führung des Heeres zu (durch die → Ephoren später stark eingeschränkt). Monatliche Eideswechsel zwischen den Königen und den Ephoren auf die Gesetze. Die Könige konnten von den Ephoren angeklagt werden. Thronfolgeberechtigt war der erste im Purpur geborene Sohn oder sonst der älteste. Neben den Königen gewannen die 5 jährlich gewählten Ephoren immer größere Bedeutung. Ihre eigentliche Hauptaufgabe war die Sorge für die Beachtung der Gesetze durch alle Bürger, bes. durch die Könige. Im 5. Jh. hatten sie aber die eigentliche Regierung inne: Außenpolitik und innere Verwaltung, Aufsicht über die Heloten und Periöken, Aufsicht über die Fremdenpolizei und das Finanzwesen. Daneben gab es einen Rat der Alten (Gerusie), dem 30 Mitglieder auf Lebenszeit angehörten, einschließlich der beiden Könige. Die Mitglieder mußten über 60 Jahre alt sein. Sie hatten die Funktion eines Staatsrates: Vorberatung der Angelegenheiten für die Volksversammlung und Kriminalgerichtshof für Prozesse gegen die Könige. Die Volksversammlung (Apella) hatte nur geringe Befugnisse, sie war nur abstimmungsberechtigt, konnte aber aus eigener Initiative keine Anträge vorbringen. Sie tagte jeden Monat zur Zeit des Vollmondes, zunächst von den Königen geleitet, seit dem 5. Jh. von den Ephoren. Sie war kompetent für Gesetze, Kriegserklärungen, Bündnisse, Friedensschlüsse und bestimmte, welcher König das Heer in den Krieg führte.

[4] *Geschichte S.s* Gegen Ende des 8. und in der Mitte des 7. Jh.s eroberte S. in den beiden durch die Legende ausgeschmückten → Messenischen Kriegen die fruchtbare Nachbarlandschaft → Messenien, deren Bewohner auswanderten oder zu Heloten wurden. Um 700 sandte S. eine Kolonie nach → Tarent aus. Seit Mitte des 6. Jh.s schuf S. den → *Pelop. Bund*, in dem die Staaten der Peloponnes außer → Argos und → Achaia und Staaten außerhalb der Peloponnes mit S. verbündet waren. Die unbestrittene militärische Überlegenheit zu Lande machte S. zu einer der führenden Mächte Griechenlands. Aber es verlegte sich nur ungern auf eine Politik außerhalb der Peloponnes. So versagte S. dem → Aristagoras seine Unterstützung im → Ion. Aufstand. In den → Perserkriegen führend (→ Leonidas (1) an den Thermopylen, → Pausanias (1) in der Schlacht bei Platää), weigerte sich S. nach den Perserkriegen, die Griechen der ägäischen Inseln und Kleinasiens unter seiner Führung gegen die Perser zu vereinigen (→ Att. Seebund, 1). 464–459 schwere Krise im → 3. Messen. Krieg. Die Rücksendung → Kimons (1) führte zum Bruch mit Athen. 453 5jähriger Waffenstillstand zwischen S. und Athen, 451/450 30jähriger Frieden zwischen S. und Argos, 446/445 30jähriger Frieden zwischen S. und Athen. Der Sieg S.s im → Pelop. Krieg stärkte seine Vormachtstellung bedeutend. Die rücksichtslose Durchführung der spartan. Politik nach dem Krieg, Einrichtung von Oligarchien, Beseitigung der Demokratien und Einsetzung von Harmosten brachte S. wenig Sympathien ein. 394 Sieg des Atheners → Konon (1) bei → Knidos über die Flotte S.s. 386 wurde S. Vollstrecker des Königsfriedens in Griechenland. 371 mit der Niederlage S.s in der Schlacht bei → Leuktra Ende der Vormachtstellung, Verlust Messeniens. In den Kämpfen mit → Philipp II. v. Makedonien, den Diadochenkriegen und in hellenist. Zeit konnte sich S., wenn auch unter schweren Kämpfen und nicht ohne Gebietsverluste, behaupten. Der bedrohliche Rückgang der Zahl der Spartiaten, bes. durch Kriegsverluste und wirtschaftliche Schwächung – der größere Teil der Landlose war nach Aufhebung des Verkaufsverbots in die Hände weniger gekommen –, führte im 3. Jh. zu zwei Reformen, die insbes. eine Neuverteilung des Bodens vorsahen, unter König → Agis IV. (243/241) und → Kleomenes III. (235–222/221). Mit Kleomenes, der dem → Achäischen Bund den größten Teil der Peloponnes entriß, dann aber bei → Sellasia besiegt wurde, endete das spartan. Königtum. S. mußte dem Achäischen Bund beitreten. Nach seiner Niederlage gegen Rom wurden die Periökenstädte zu einem besonderen Bund zusammengeschlossen, der in der Kaiserzeit den Namen → Eleutherolakonen (‹Freie Lakonen›) trug. In der Kaiserzeit blühte S. wieder auf; die alten Einrichtungen wurden erneuert und gepflegt, wenn sie auch z. T., wie die berühmte Geißelung der Knaben im Orthiaheiligtum, kaum noch mehr waren als Kuriositäten für die Fremden. E. M.

Q: Xen. rep. Lac.; Paus. 3, 11–18, 5 – *Lit:* F. Bölte-V. Ehrenberg-L. Ziehen-G. Lippold, RE 3 A 2 (1929), 1265–1528 – R. M. Dawkins, The sanctuary of Artemis Orthia at S., 1929 – H. Bulle, Das Theater zu S., SB München 1937, 5 – P. Roussel, Sparta (1939), 1960² – K. Wickert, Der Pelop. Bund von seiner Entstehung bis zum Archidam. Krieg, Diss. Erlangen 1961 – G. L. Huxley, Early S., 1962 – F. Kiechle, Lakonien u. S., 1963 – E. Kunze, Olympiabericht.

Spartacus, Anführer des großen Sklavenaufstandes gegen die Römer in Italien 73–71 v. Chr., thrakischer Herkunft. S., der aus einer Gladiatorenschule in Capua entflohen war, vereinigte zusammen mit dem Kelten Krixos zahlreiche flüchtige Sklaven unter seiner Führung und schlug am Vesuv ein prätorisches Heer. Als sich die Aufstandsbewegung darauf bis Unteritalien ausdehnte, wurden 72 v. Chr. die Konsuln Cn. → Cornelius (18) Lentulus Clodianus und L. → Gellius (3) Poplicola gegen S. entsandt, dessen Heer inzwischen auf 40 000 Mann angewachsen war. Beide Konsuln wurden nacheinander vernichtend geschlagen; auf der Seite der Aufständischen fiel jedoch Krixos, der sich mit seinen keltischen und germanischen Anhängern von S. abgesondert hatte. Nun drang S. nach Oberitalien vor, wohl in der Absicht, den Seinigen durch Rückführung in ihre Heimatgebiete die Freiheit zu sichern. Nach einem weiteren Sieg bei Mutina beschlossen die Aufständischen, in Italien zu verbleiben. In Picenum wurden die Konsuln aufs neue geschlagen, so daß es die Römer nicht mehr wagten, S. anzugreifen, der wieder ganz Italien, wie einst → Hannibal (2), nach Süden durchzog und Thurii zu seinem Stützpunkt machte. Da erhielt M. Licinius → Crassus den röm. Oberbefehl. Es gelang ihm, S. nach Bruttium zurückzudrängen, wo es zu einem langwierigen Stellungskrieg kam, nachdem der Versuch der Aufständischen, auf Schiffen kilikischer Seeräuber nach Sizilien überzusetzen, fehlgeschlagen war. Nach wechselvollen Kämpfen durchbrach S. die feindlichen Stellungen, fiel aber zuletzt in der Entscheidungsschlacht gegen Crassus 71 v.Chr. in Lukanien; 6000 Gefangene wurden von den Römern an der Via Appia zwischen Capua und Rom gekreuzigt. Ob S. außer der Freiheit und der Repatriierung seiner Mitkämpfer, die er vertraglich von Rom zu erreichen suchte (Tac.ann. 3,73,2), auch soziale Reformen erstrebte, ist ungewiß. Seine Gestalt fand in der neueren Literatur (Lessing, Grillparzer, Hebbel u.a.) und in der politischen Agitation (K. Liebknecht) eine bedeutende Nachwirkung. S.L.

Q: App.civ. 1,539ff.; Plut.Crass. 8ff. – *Lit:* J. Muszkat-Muszkowski, S., eine Stoffgeschichte, 1909 – J. Vogt, Struktur d. antiken Sklavenkriege, 1957.

Spartgras, *Spartum*, Esparto (Stipa tenacissima L.), Alfa oder Halfa, kam bes. in Afrika und Spanien vor; man rupfte es mit Handschuhen, ließ es trocknen, röstete es oder übergoß es mit heißem Wasser (um die Fasern freizulegen), klopfte es und verarbeitete es zu → Seilen, auch für Schiffe (Liv. 22,20,6; Plin.nat. 13,73). W.K.

Q: Plin.nat. 19,26ff.

Spartiaten, die Vollbürger des lakedämonischen Staates, danach benannt, daß sie (im Gegensatz zu den → Periöken, den ‹Umwohenrn›) in der Hauptstadt → Sparta wohnten. F.G.

Spartoi (die ‹Gesäten›), altansässige Thebaner, die sich auf die aus → Kadmos' Drachensaat aufgesproßten Krieger zurückführten. Vgl. → Theban. Sagenkreis. K.Schb.

Spartokiden, 438–108 im → Bosporanischen Reich herrschende Dynastie.

Specht. Der im Mittelmerraum mit mehreren Arten vertretene S. (Schwarz-, Bunt-, Grün-S.) war vor allem in der altitalischen Religion von Bedeutung. Bergwaldbewohner wie der → Wolf, war der S. eng mit dem Bereich des Mars verbunden. Die Vorstellung konnte an das streitbare Wesen des bissigen Holzschlägers (*δρυοκολάπτης*) anknüpfen, die Überlieferung von seiner Weissagekraft an die hervorragende Fähigkeit im Auffinden verborgener Beute. Seinen Namen trägt der latin. Urkönig Picus, der Vater des Faunus. Nach dem Picus Martius waren die Picenter benannt, deren ver sacrum von einem S. geführt wurde. In Umbrien, wo die Piquier Martier = Picii Martii kultisch bezeugt sind, weissagte ein S. auf einer Holzsäule (Tiora Matiene). Auch der mit einer Freistatt verbundenen Göttin Feronia im latin. Tarracina war der S. geweiht (Picus Feronius). In der röm. Überlieferung war der S. auch an der Rettung der Zwillinge beteiligt. Der Befund weist einen auffälligen Zusammenhang zwischen S. und → Wolf auf. Vgl. → Fauna. J.W.

Lit: Keller, Tiere, 277–285; Tierwelt II 20–52 – A. Steier, RE 3 A 2 (1929), 1546–51 – F. Altheim, Röm. Religionsgesch. I, 1951, 18f. 176f. 183f.

Speckstein, Steatit, Talkmineral in bräunlicher, fett anzurührender Masse; bes. für kretische Reliefgefäße verwendet. Fundorte: Siphnos, Italien (Como), Belgien. C.K.

Q: Plin.nat. 36,159; 37,186 – Theophrast.lap. 42.

Spectabilis → Clarissimus.

Speculatores, zunächst zur militärischen Erkundung (Caes.Gall. 5,49,8) und Spionage (Liv. 22,33,1; Bell.Hisp. 13,2; 20,5) eingesetzt, wurden sie in der Kaiserzeit zu je zehn den Legionen zugeteilt (CIL 3,4452), hatten Hinrichtungen zu vollziehen (Sen. benef. 3,25,1; Mk. 6,27) oder dienten innerhalb der → Prätorianer als Leibwache des Kaisers (Suet.Claud. 35,1; Tac.hist. 2,11.35) und diesem als Kuriere (Suet.Cal. 44,2; Tac.hist. 2,73; CIL 3,1021 ad n. 1650). W.K.

Speerwerfer (*πελτασταί, ἀκοντισταί*). Obwohl die Wurflanze in den antiken Heeren reichlich Verwendung fand, begegnen lediglich auf sie spezialisierte Sondereinheiten verhältnismäßig selten. Nur unter den griech. und frühhellenistischen Leichtbewaffneten erscheinen neben → Bogenschützen und → Schleuderern Abteilungen der mit mehreren leichten Speeren ausgerüsteten S., die vorwiegend aus dem nördlichen Balkan und aus Sizilien stammten. Meist wurden sie auch mit einem leichten Schild (Pelte) ausgestattet, weshalb man sie häufiger → Peltasten nannte, während die Bezeichnung Akontisten z.B. in Athen den auf die Wurflanze spezialisierten Abteilungen der → Reiterei verblieb. Das röm. Heerwesen kennt Spezialeinheiten der S. nicht, da ihre Aufgaben von den mit zwei → Pila ausgestatteten Legionssoldaten wahrgenommen wurden. E.Bay.

Lit: → Heerwesen, → Strategie und Taktik.

Spercheios, Fluß in Nordgriechenland (Kt. 1152 CD4), mündet in den Malischen Meerbusen; antike Küstenlinie etwa 4 km weiter landeinwärts als heute. E.M.

Lit: Fr. Stählin, Das hellenische Thessalien, 1924, 191–226 – Y. Béquignon, La vallée du S. des origines au 4e siècle, 1937.

Speira, auch Torus, Kreiswulst; entsteht durch Drehung eines Kreises um eine in seiner Ebene gelegene Achse, die

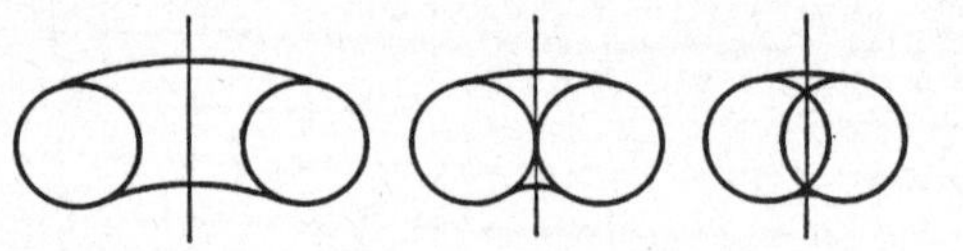

Abb. 207 Speira

den Kreis schneiden oder berühren oder außerhalb von ihm verlaufen kann (→ Abb. 207; Heron metr. 2,13). Die ebenen Schnitte der S. heißen spirische Kurven. – Vgl. dazu auch → Perseus (3). H.G.

Sperlonga (Ad speluncas), röm. Villenort an der Via Flacca in der Nähe der mythischen lakon. Kolonie Amyklai, bekannt durch die Grotte, in der nach Suet.Tib. 39 und Tac.ann. 4,59 Kaiser → Tiberius durch seinen Gardepräfekten → Sejan vor herabstürzenden Felsbrocken geschützt wurde. Seit 1957 Ausgrabungen einer kaiserzeitl. röm. Villa, in deren Verlauf in einem Fischteich in der Grotte die Marmorfragmente mehrerer großer Skulpturengruppen gefunden wurden, darunter die hellenist. Gruppen des → Menelaos mit der Leiche des Patroklos, der → Skylla und Charybdis und der Blendung → Polyphems. Letztere ist auf einem röm. Relief in Catania wiederholt. Eine an dem Schiffsheck der Charybdis-Gruppe angebrachte Signatur nennt die drei durch Plin.nat. 36,37 bekannten Künstler des → Laokoon, → Athanadoros, Agesandros und → Polydoros. Die gesamte Anlage mit den Skulpturengruppen, die in der Grotte ein grandioses homerisches Naturtheater bildeten, ist in einem Epigramm des Dichters Faustinus aus flavischer Zeit auf einer bei den Ausgrabungen gefundenen Marmortafel beschrieben. B.A.

Lit: F. Fasolo, La Villa Romana di S. detta di Tiberio, Quaderni dell'Istituto di Storia dell'Architettura 14, 1956 – G. Jacopi, L'Antro di Tiberio a S., 1963 – B. Andreae, Beob. im Mus. v. S., RM 71, 1964, 154ff.

Spes, die göttlich verehrte ‹Hoffnung› (→ Personifikation), hatte nicht nur in Rom, sondern auch in → Ostia, in → Aricia und in → Capua Kultstätten. Auf dem Forum Holitorium in Rom besaß die S. einen Tempel, der ihr während des 1. Pun. Krieges gelobt worden war; sein Stiftungstag war der 1. August, der auch derjenige des Victoriatempels war (Cic.leg. 2,28; Liv. per. 17; 25,7,6 u.a.): in diesem bes. Fall handelte es sich um die Hoffnung auf den Sieg; die Literatur und die Inschriften zeigen aber, daß man sie vor allem vom 1. Jh. v.Chr. an in allen Situationen anrief (z.B. Tib. 1,1,9–10: S. als Agrargottheit). H. Le B.

Speusippos, gest. ca. 339 v.Chr., Neffe → Platons und von ihm zum Haupt der → Akademie bestellt, politisch tätig, am Unternehmen → Dions (1) gegen → Dionysios II. aktiv beteiligt, promakedonisch. Eine pythagoreisierende Schrift schildert die Eigenschaften der Zahlen 1–10. Ein umfassendes Werk ‹Ähnlichkeiten› klassifiziert Pflanzen und Tiere (vgl. Aristoteles' ‹Tierkunde›). Vielleicht versucht er hier und in seiner der aristotelischen ähnlichen Kategorienlehre eine vollständige Seinseinteilung, womit sich wohl seine Lehre verbindet, nichts könne gewußt werden, solange nicht alles gewußt wird, d.h. in einer umfassenden Seinseinteilung seinen Platz erhält. Eine andersartige Seinseinteilung leitet aus der Eins und dem Groß-und-Kleinen als höchste Seinssphäre nicht Platons Ideen, sondern Mathematisches ab, aus diesem die Seele (anderswo selbst als mathemat. Gebilde definiert), dann weitere bis zur Sphäre des Sinnlichen, wobei jede ihr eigenes, dem obersten analoges Prinzipienpaar hat. Jene Eins ist ihm aber weder mit dem Intellekt (*νοῦς*) noch mit dem Guten, das Groß-und-Kleine nicht mit dem Bösen identisch; diese erscheinen, wie auch das Sein, erst später. Vielleicht heißt das, daß er die Eins als überseiend ansieht. Wissen und Wahrnehmung verbindet eine Zwischenstufe. Eudaimonie ist das Resultat naturgemäßen Lebens, jede Lust ist übel. Ph.M.

Frg: P. Lang, 1911 – E. Bickermann-A. Sykutris, 1928 (Brief an Philipp) – *Lit:* J. Stenzel, RE 3 A 2 (1929), 1636–69 – Ph. Merlan, From Platonism to Neoplatonism (1953), 1960² – Ders., Philologus 103, 1959, 198–214.

Sphären. Als Vorläufer der Vorstellung, daß die Sterne an materielle, die Erde umkreisende Kugelschalen (Sphären) geheftet sind, kann die ca. 550 v. Chr. aufgestellte Theorie → Anaximanders gelten, nach der feuergefüllte Räder aus komprimierter, daher undurchsichtiger Luft die Erde in verschiedenen Abständen umkreisen. Jedes Rad besitzt eine runde Öffnung, durch die das Feuer herausbricht und uns so als rotierender Stern erscheint. Die pythagoreische Idee von der Vollkommenheit der Kugel und des Kreises führte dann zur Annahme der himmlischen S., die von → Eudoxos (1) und → Kallippos (2) noch rein geometrisch, von → Aristoteles an jedoch materiell aufgefaßt wurden. Die als beseelt gedachten Sterne hielten nach dieser Vorstellung, an der noch → Ptolemaios (17) festhielt, die S. in rotierender Bewegung. S.S.

Lit: Th. L. Heath, Greek astronomy, 1932.

Sphärenharmonie. Die Auffassung der → Pythagoreer, daß der ganze Kosmos Harmonie sei, führte dazu, daß sie die von ihnen entdeckten Gesetze der musikalischen Harmonie (→ Musik A 9) auf die Bewegungen der → Planeten zu übertragen suchten. Die zahlreichen Berichte über die Theorie der S. (berühmt → Ciceros ‹Somnium Scipionis›, rep. 6) stimmen in dem Grundgedanken überein, daß den Geschwindigkeiten der Planeten Töne entsprechen, deren Zusammenklang einen harmonischen Akkord gibt. Unbeschadet der wechselnden Anschauungen über die Reihenfolge der → Sphären wurde als höchste Sphäre die der Fixsterne, als tiefste die des Mondes angesehen. Die tägliche Rotation der Fixsternsphäre ist demnach die schnellste, den Planeten wurden wegen ihrer sie überlagernden entgegengesetzten Eigenbewegung von Westen nach Osten langsamere Geschwindigkeiten zugeschrieben. Analog zur musikalischen Akustik wurde daher der Fixsternsphäre der höchste Ton zugeordnet, den 7 Planetensphären in absteigender Linie tiefere Töne. Nimmt man an, daß die gesamte Skala der 8 Sphären eine Oktave umspannte, so waren die dazwischenliegenden Töne derart aufgeteilt, daß von Sphäre zu Sphäre der Ton sich um eine halbe, eine ganze oder 1½ Einheiten änderte, was bei geeigneter Zusammenfassung die beiden andern Grundharmonien der Quinte und Quarte ergibt. Vgl. → Musik A [9]. S.S.

Lit: Th. L. Heath, Aristarchos of Samos, 1913.

Sphairos von Borysthenes, → Stoiker, Schüler des → Zenon (3) v. Kition, schrieb über den spartan. Staat, ging vor 236 v. Chr. auf Einladung des → Kleomenes III. nach Sparta, um an der Reform des Staates mitzuwirken. M.S.

Frg: SVF I 139–142.

Sphakteria, felsige, die Bucht von Pylos (Kt. 1152 B 6) gegen das offene Meer abschließende Insel an der Westküste von → Messenien, 4,6 km lang, 3,6 km² groß. Ein spartan. Korps, das die Insel im → Pelop. Krieg 425 v. Chr. besetzt hielt, wurde hier nach längerer Blockade von den Athenern, zuletzt unter dem Kommando → Kleons (1), teils niedergemacht, teils zur Kapitulation gezwungen. 200 Spartiaten gerieten in athen. Gefangenschaft (Thuk. 4, 8 ff.). F.Kch.

Lit: Philippson-Kirsten III 2, 389–390.

Sphinx. [1] Mischwesen mit Löwenleib und Menschenkopf, durch das der Ägypter am besten die physische und geistige Macht des Königs darstellen zu können glaubte. Die älteste uns bekannte S. ist die große S. von Giza, Abbild des Königs Chefren (4. Dyn.). Sie galt später als ‹lebendes Abbild› des → ‹Horus im Horizont› (Harmachis); aus dieser Bezeichnung (*šsp-ʿnḫ*) haben die Griechen ihr ‹Sphinx› herausgehört. Von dieser Zeit an ist die S. als Bild des Königs, ‹der die Feinde zertritt›, sehr beliebt. S.e liegen aber auch als Wächter vor den Tempeln. Es ist dabei der Gott selbst, der in der S.-Form erscheint; daher mit dem Widderkopf des → Amun (‹*Widdersphinx*›). Im Mittleren Reich versuchte man, den Übergang von Menschenkopf zu Tierleib nicht durch das Königskopftuch, sondern durch die Löwenmähne (‹*Mähnensphinx*›) zu überdecken. – Dieser Typ des kgl. Mischwesens (zu dem auch der Greif als Kombination zwischen Löwenkörper und Falkenkopf gehört) wirkte schon früh nach Syrien, wo die bisher männliche S. zur weiblichen verändert wurde; aber auch hier galt sie vornehmlich als Schutzmacht. Der weibliche Typ wanderte dann weiter nach Westen, wo er mit aufgerichteten Flügeln und dem typisch kret. Haarschmuck ausgerüstet wurde. In dieser Form kam er wieder nach Ägypten, wo die weibliche S. im Neuen Reich öfters auftritt, vielleicht als Symbol für die syr. Frauen. W. Hk.

[2] Im *griech. Mythos* Tochter des Typhon und der Echidna, eine geflügelte Löwin mit menschlichem Kopf. Sucht im Auftrag der über das Vergehen des → Laios an Chrysipp empörten Hera Theben heim, indem sie jeden, der ein von ihr gestelltes Rätsel nicht lösen kann, in einen Abgrund wirft. → Ödipus löst das Rätsel (die drei Lebensalter), worauf die S. sich selbst tötet. Außerhalb dieses Mythos wurde die S. in der Frühzeit wohl auch als Todesdämon verstanden.

Lit: A. Lesky, RE 3 A 2 (1929), 1703–26 – A. Dessenne, Le Sphinx, 1957.

[3] In der *griech.-röm. Kunst.* Die S. kam aus Ägypten über den Vorderen Orient (bes. Syrien) nach Kreta und Mykene. Die Verbindung des Löwenkörpers mit dem Menschenkopf ist schon dem ältesten S.typus eigen. In Ägypten war sie vorwiegend männlich und ungeflügelt, in Griechenland und Rom weiblich und mit Flügeln versehen dargestellt. Ob die geflügelte kret.-myk. S. als männlich oder weiblich zu bezeichnen ist, ist umstritten. Am Ende des 8. Jh.s v. Chr. finden sich erneut S.darstellungen auf griech. Boden (AuA 9, 1960, Taf. 1 ff.; Kerameikos V 1, 1954, 85. 177; R. Hampe, Ein frühatt. Grabfund, 1960, 62–66). Früh schon geben die Künstler der S. den Sichelflügel statt des gestreckten Flügels. Vor allem auf lakon. Vasen haben die S. oft einen ausgebreiteten Blütenkopfschmuck, in Kreta Etagenperücken. Mehrfach begegnen Mischbildungen von Sirene und S. (G. Weicker, Der Seelenvogel in der alten Literatur und Kunst, 1902, 127 f.). Monumentale S.bilder sind vor allem in der archaischen und frühklass. Kunst nachweisbar. Berühmt die S. der Naxier, um 560 in Delphi errichtet (Fouilles de Delphes IV, Taf. 5 f.). Sie stand auf einer hohen Säule und zeigt den vom 6. Jh. an geläufigen Typus der hockenden S. Mehrere att. S.e aus dem 2. Viertel des 6. Jh.s stammen von Grabmälern (vgl. G. Richter, Archaic Greek Art, 1949, 67). Auch die S. aus Ägina (Lippold, GrPl 101, Taf. 32, 3), die schon ins Ende des strengen Stils führt, stand auf einer Säule. Auf Vasen des 6. Jh.s sind S. ungewöhnlich verbrei-

tet, oft einfach in Tierfriese gesetzt. Bes. beliebt sind antithetisch hockende S.e, die auch später wiederkehren. Im 5.Jh. werden die Sichelflügel durch Vogelflügel verdrängt. Die stets fortschreitende Vermenschlichung der S. führt dazu, daß ihr (vom späteren 5.Jh. an) eine weibliche Brust gegeben wird (Lippold, GrPl 210). In der ital. und röm. Kunst ist die S. außerordentlich verbreitet. Sie findet sich auch nicht selten auf Nebenseiten von römischen Sarkophagen.

Lit: D.Levi, ASAA 35/36, 1957/58, 123f. (Kreta) – A.Dessenne, Le Sphinx, 1957 – R.Herbig, RE 3A 2 (1929), 1703–49. K.Schb.

Sphragis, ‹Siegel›, vorletzter Teil des kitharodischen →Nomos (vgl. →Musik A 4), in dem der Dichter seinen Namen nannte. Weiterhin jede Stelle, an der der Dichter sich nennt (im Altertum die einzige Möglichkeit, geistiges Eigentum zu schützen), in diesem Sinn Wort und Sache Theogn. 19–26. Namensnennung häufig bei →Alkman (deutlich als ‹Siegel›: Fr. 39P.), →Phokylides (vgl. Tim. Pers. 215ff.); auch außerhalb der Lyrik (z.B. Hes. theog. 22ff., erg. 649). Im weiteren Sinn der Schlußteil eines Liedes, in dem der Dichter, auch ohne Namensnennung, von sich, seinen persönlichen Angelegenheiten, Kunstansichten u.ä. spricht, so oft bei →Pindar und →Bakchylides, vgl. den Schluß von →Kallimachos' Aitia. E.-M.V.

Spiegel. Der S. (griech. κάτοπτρον, lat. speculum), in der Antike fast ausschließlich aus poliertem Metall, ist nach ägypt. Vorbildern erstmals im →kret.-myk. Bereich hergestellt worden, und zwar als Handspiegel aus Bronze mit Elfenbeingriff. In frühgriech. Zeit bisher nicht nachgewiesen, werden die S. erneut nach ägypt. Importstücken in archaischen Bronzewerkstätten hergestellt, offenbar zuerst in Sparta als Hand- oder *Stand-S.* mit unbekleideten Mädchen als Stützfigur bzw. als Griff, dann auch in anderen Werkstätten (Korinth, Argos, Athen, Tarent, Lokroi, ferner zahlreich in →Etrurien). Hauptmotiv der im Bronzeguß hergestellten Stützfigur ist in festländischen Werkstätten die reich bekleidete Kore, in Unteritalien daneben häufig der nackte Kuros. Unfigürliche Stützen sind selten. Die Gattung der Stand-S. erreicht ihren Höhepunkt im strengen Stil, um dann in der Klassik zugunsten der Klapp-S. aufgegeben zu werden. Bei den *Klapp-* oder *Kapsel-S.* wird die polierte S.-Scheibe gegen Verletzungen durch eine aufklappbare Kapsel geschützt, deren Deckel üblicherweise mit figürlichem Relief (mythologische Szenen, Frauenköpfe) verziert wird. Die Gattung beginnt in der Spätklassik und beherrscht das ganze 4.Jh. v.Chr. bis zum Frühhellenismus. Die Klapp-S. stammen aus den Hauptwerkstätten des griech. Mutterlandes und Unteritaliens. – Die dritte Gattung, die *Hand-S.*, wohl die älteste, entsteht in unmittelbarer Anlehnung an ägypt. Vorbilder und läuft stets neben den anderen S.-Gattungen her. Die im griech. Bereich ausnahmslos kreisrunde S.-Scheibe wird durch ein figürlich oder rein ornamental verziertes Zwischenglied (durchweg ein à jour gearbeitetes Relief: Sirenen, Sphingen, Eroten, Voluten u.a. Ornamente) mit dem Griff (aus Elfenbein, Knochen, Holz) verbunden. Größte Verbreitung fand der Handspiegel in der →etrusk. Kunst, vor allem des 4.Jh.s und des Hellenismus, wo die Rückseiten mit gravierten Figurenszenen und Ornamenten reich geschmückt werden. In den *kaiserzeitlich-röm.* S.n wird die Tradition der griech. Hand-S. fortgesetzt, die außer aus Bronze jetzt vielfach aus Silber gearbeitet sind. Neben Rund-S.n mit reicher klassizistischer Ornamentik an Griffen und Rändern, z.T. auch mit aufgelegtem figürlichem Relief, gibt es erstmals auch Rechteck-S. Das Format freilich auch aller dieser S. bleibt nach wie vor klein. – Vgl. →Optik. U.J.

Lit: v.Netoliczka, RE 11,1 (1921), 29–45, s.v. Katoptron – W.Lamb, Greek and roman bronzes, 1929, 252; Index s.v. Mirrors – K.Schefold, Griech.S., Antike 16, 1940, 11–37 – W.Züchner, Griech. Klapp-S., 14.Erg.-H. zum JdI, 1942 – J.Schäfer, Elfenbeinspiegelgriffe des zweiten Jt.s, AM 73, 1958, 73–87, Beil. 58–63 – G.Daltrop, Ein Stand-S. mit ion. Säule, JbBerl. Mus. 11, 1961, 2–6.

Spiele

[1] Allgemeines – [2] Kinderspiele – [3] Wurfspiele – [4] Laufspiele – [5] Ballspiele – [6] Würfelspiele – [7] Brettspiele – [8] S. beim Symposion – [9] Ratespiele. – Vgl. →Feste, →Ludi, →Sport, →Wettspiele.

[1] Genaue Regeln sind nirgends rekonstruierbar. Wichtig Poll. 9,94–129. Umfangreiche antike Literatur verloren, darunter Suet. *Περὶ τῶν παρ' Ἕλλησι παιδιῶν*; vgl. Ov. trist. 2,471ff.; →Claudius (1) schrieb über Würfel: Suet. Claud. 33,2. – Viele Namen als Adverb auf *-ινδα* sc. *παίζειν*: An. Bek. 1353; Schwyzer I 627. – S. waren bei jedem Alter, bei allen Ständen beliebt (Hor. sat. 2,1,73; Val. Max. 8,8; Plut. Alex. 39,5; 73,7; Macrob. Sat. 2,6,5: Alexander und Caesar als Ballspieler; Auswüchse: Sen. brev. vit. 13,1). Gespielt wurde überall (erhalten sind in Pflaster und Treppenstufen geritzte S.bretter), auch ohne feste Regeln improvisiert (Plat. leg. 7, 794A); Glücks-S. mit Leidenschaft, in Rom trotz Verbot um hohe Geldeinsätze. Teilnahme an Kinder-S. war auch Erwachsenen nicht gênant (Ael. var. hist. 12,15; Suet. Aug. 83).

[2] *Kinderspiele.* Beliebt war das S. mit Puppen, z.T. mit beweglichen Gliedern, und Tierfiguren, auch lebenden Tieren, die evtl. einen Wagen zogen. Lebewesen und Gegenstände wurden aus Wachs und Ton nachgebildet, aus Sand und Steinen Häuser gebaut. Überhaupt ahmten die S. die berufliche Tätigkeit der Erwachsenen nach (pädagogischer Wert: Plat. leg. 1, 643BC; Aristot. pol. 7,17, 1336 a33), auch das Reiten (auf Steckenpferden oder den Schultern der Gefährten), Wagenrennen, Gladiatorenkämpfe, Regieren (*βασιλίνδα:* dem gelosten König mußten Soldaten usw. gehorchen; vgl. Hdt. 1,114) und Gerichtsszenen.

[3] *Wurfspiele.* Beim *στρεπτίνδα*-S. galt es, ein auf dem Boden liegendes Holzstück durch den Wurf eines anderen umzuwenden; beim *κυνδαλισμός*, mit einem spitzen Pflock, der im Boden steckenbleiben mußte, den gegnerischen wegzuprellen. Im *ἐποστρακισμός* wurden Scherben über eine Wasserfläche geschnellt, im *τρόπα*-S. Nüsse o.ä. in ein Loch, bei *εἰς ὤμιλλαν* in einen Kreis geworfen. Verschiedene S. mit Nüssen anstelle von Murmeln: Nux 73–86.

[4] *Laufspiele u.ä.* Beliebt war der Lauf mit dem etwa brusthohen Reif (*τροχός*; gewöhnlich aus Metall), der mit einem gekrümmten Stab getrieben wurde; auch in Gymnasien und mit medizinischem Zweck (Hippokr. salubr. 6, 578f.L.) geübt. Der Kreisel (*στρόβιλος*) wurde mit der Peitsche in Schwung gesetzt (vgl. Verg. Aen. 7,378–383; Kall. epigr. 1,9). *Fang-S.* waren Plumpsack (*σχοινοφιλίνδα*), Blinde Kuh (*χαλκῆ μυῖα*), Topfspiel (*χυτρίνδα*; ein Topfhüter mußte andere fangen, die ihn neckten; ähnlich *χελιχελώνη*, ein Ringelreihen der Mädchen) und ein Versteck-Fang-Spiel (*ἀποδιδρασκίνδα*). In dem Zweiparteienspiel *νὺξ ἡμέρα = ὀστρακίνδα* entschied eine auf den Boden geworfene, schwarz-weiße Scherbe, welche Partei fliehen, welche fangen mußte; die Sieger wurden von den Gefangenen in ihr Lager zurückgetragen. Ähnlich *ἐφεδρισμός*: nach einem Zielwerfen trugen die Verlierer mit zugehaltenen Augen die Sieger auf dem Rücken oder auf den hinten verschränkten Händen (*ἐν κοτύλῃ*) zum Mal zurück. – Auf Kraft kam es beim Tauziehen (*διελκυστίνδα, σκαπέρδα*) und ‹Unbeweglichbleiben› (*ἀκινητίνδα*) an.

[5] *Ballspiele* (Schol. Plat. Theait. 146A aus Suet.). Der mit Federn oder Haaren gefüllte Stoff- (pila) oder luftgefüllte Lederball (follis) wurde auf den Boden (*ἀπόρραξις*) oder gegen eine Wand (expulsim ludere?) geworfen und aufgefangen oder zurückgeprellt (Sen. nat. 6,10,2), die Würfe gezählt; die Sieger durften als ‹Könige› den Verlierern, ‹Eseln›, befehlen. Zwei oder mehr Spieler warfen einander den Ball zu, fingen ihn (*οὐρανία*; Od. 8,372–376; Apoll. Rhod. 4,950–952) oder schlugen ihn zurück (Faustball; Sen. benef. 2,17,3–5); kombiniert im röm. trigon (3 in gleichem Abstand stehende Spieler). Zwei S. sind Mannschafts-S.: im Treibball (*ἐπίσκυρος*) wurden die Gegner

durch Ballweitwürfe allmählich aus ihrem Feld herausgetrieben; rugbyartig war ἁρπαστόν-φαινίνδα: der Ball wurde im Gedränge erhascht und unter Täuschung der Gegenspieler weitergeworfen (Antiph. Fr. 234 K.; Arr. Epict. 2, 5, 15–17; Gal. parv. pil., auch über den medizinischen Wert des Spiels). Κερετίζειν war das Hockeyspiel.

[6] *Würfelspiele* wurden mit Knöcheln aus den Hinterfüßen von Schafen (ἀστράγαλοι, tali) mit nur vier zählenden, nur dem Aussehen nach unterschiedenen Seiten (Aristot. hist. an. 2, 1, 499 b27) oder sechsseitigen, markierten Würfeln (κύβοι, tesserae; aleae für beides) gespielt. Man warf sie aus der Hand bzw. vom Handrücken oder aus Würfelbechern oder ließ sie aus einem kleinen Turm (πύργος) rollen. Entscheidend war der besondere Wert bestimmter Kombinationen (mit besonderen Namen; vgl. Poll. 7, 203–206; Schol. Plat. Lys. 206 E aus Suet.; Plaut. curc. 357 ff.) oder die Augensumme (πλειστοβολίνδα).

[7] *Brettspiele* wurden mit verschiedenfarbigen, gleichwertigen Steinen (πεσσοί, calculi) durchweg von zwei Spielern in Verbindung mit Würfeln gespielt. Ἐπὶ ε' γραμμῶν: die beiden Spieler zogen je 5 Steine auf je 5 parallelen Linien zu einer mittleren (ἱερά) hin, von der sie nur notfalls wieder entfernt wurden (sprichw.: κινεῖν τὸν ἀφ' ἱερᾶς, schon Alk. 82 Bgk.). Das Spiel ‹XII scripta› mit 2 × 15 Steinen entsprach ‹Puff›. Πόλις: auf 60 (?) Feldern mußten die gegnerischen Steine geschlagen oder blockiert, die eigenen möglichst schnell plaziert werden. Diesem verwandt war der als einziges Spiel ohne Würfel gespielte Ludus latrunculorum (etwa ‹Dame›; laus Pis. 192–208). ‹Mühle› erwähnt Ov. ars 3, 365 f.; trist. 2, 481 f.

[8] Das *Symposion* bot Anlaß zu verschiedenen S.n: Würfeln (damit auch Wahl des Symposiarchen), Aufgeben von → Rätseln (ausführlich Ath. 448 B ff.), S. mit geistreichen Definitionen (Plut. sept. sap. conv. 6–9), Ausführen lächerlicher Aufträge (Plut. quaest. conv. 621 E; Luk. Sat. 4). Charakteristisch war das *Kottabos-S.*, bei dem der Weinrest (λάταξ) mit einem Trinkspruch aus dem Becher geschleudert wurde. Das Ziel war (a) eine lose, auf einem mannshohen Ständer (λυχνίον) ruhende, runde Metallscheibe (πλάστιγξ), die, getroffen, schallend auf eine feste Scheibe weiter unten (μάνης) prallte; (b) kleine Schalen (ὀξύβαφα), die auf einem Wasserbecken (λεκάνη) schwammen und versenkt werden mußten. Der beste Spieler erhielt einen Preis (Eier, Näschereien).

[9] *Ratespiele.* Beim ‹Fingerschnellen› (griech. nur auf Vasen; digitis micare) streckten beide Spieler rasch die rechte Hand mit beliebig vielen ausgestreckten Fingern vor und nannten sofort die geschätzte Summe; in Rom zum Losen (auch beim Feilschen) benutzt. Mit Nüssen, Astragalen u.ä. wurde ποσίνδα und ἀρτιάζειν (par impar) gespielt; hier mußte geraten werden, wie groß die Zahl der in der geschlossenen Hand gehaltenen Gegenstände bzw. ob sie gerade oder ungerade war. Bei ‹Capita aut navia› (Rom) war zu raten, welche Seite einer mit der Hand verdeckten oder auf den Boden geworfenen Münze (in republikan. Zeit mit Götterkopf und Schiff) oben lag. – Vgl. auch → Rätsel. H. Bgt.

Lit: L. Grasberger, Erziehung u. Unterricht im klass. Alterthum I 1, 1864 – L. Becq de Fouquières, Les jeux des Anciens, 1869 – E. Falkener, Games Ancient and Oriental, 1892 – *Würfelspiel:* R. Hampe, Die Stele aus Pharsalos im Louvre, 107. BWPr, 1951 – *Ballspiel:* E. Wagner, Krit. Bemerkungen zum Harpastum-Spiel, Gymn. 70, 1963, 356–366 – *Laufspiele:* P. Zazoff, Ephedrismos, AuA 11, 1962, 35–42 – *Puppen:* J. Dörig, Von griech. Puppen, AntK 1, 1958, 41–52.

Spina, griechische Stadt am südl. Mündungsarm des Po; Handel wohl vor allem mit der Etruskerstadt Felsina (→ Bononia); im 4. Jh. v. Chr. verlassen. Funde nahe dem heutigen Lago di Comacchio: Gräber mit griech. Vasen und Metallgefäßen, meist aus dem 6. Jh.

Spintharos von Korinth, Erbauer des jüngsten, 360–330 errichteten Apollon-Tempels in → Delphi (Paus. 10, 5, 13). G. Gb.

Spinne. Die im Mittelmeerraum mit mehreren Arten vertretene S. (Kreuz-, Walzen-, Kugel-, Wolfs-, Haus-S., Weberknecht, Malmignatte) begegnet in der Überlieferung unter den Bezeichnungen ἀράχνη, nach ἀράχνιον, dem S.-Netz, gebildet, und φαλάγγιον. Ohne scharfe Unterscheidung bezieht sich ἀ. vorwiegend auf die nicht bissigen, unschädlichen S.n, φ. auf die bissigen, giftigen oder als giftig angesehenen S.n (Malmignatte). Letztere gaben Anlaß zu vielerlei Aberglauben und Furcht, vor allem in der Anwendung von Gegenmitteln. Die wegen ihres kunstvollen Netzes bewunderte Kreuz-S. galt als Wetterprophet. An sie schließt die Überlieferung von → Arachne, die von Athena in eine S. verwandelt wurde, an. In gleicher Weise bestrafte Athena die Geschwister Phalanx und Arachne wegen ihrer verbotenen Liebe. S.n-Weben bezeichneten in Olympia den heiligen Ölbaum, von dem man die Siegeskränze schnitt. Im allgemeinen galten sie als Zeichen der Verwahrlosung und die S.n selbst als Unglückstiere, die man mied. Vgl. → Fauna; → Skorpion. J.W.

Lit: Keller, Tierwelt II 461–470 – A. Steier, RE 3 A 2 (1929), 1786 bis 1801.

Spinnen. Die geschorene Wolle wurde in heißem Wasser mit Seifenkraut (στρουθίον: Plin. nat. 24, 96. 168) gewaschen (πλύνειν, lavare), getrocknet, geklopft und die verfilzten Fäden lockergezupft (Aristoph. Lys. 575 f. 732. 587. 577 f.). Beim darauffolgenden Krempeln wurde Wolle oder Leinen (Flachs) mit einer Art Kamm (κτείς, pecten) aufgelockert und geordnet. Jetzt konnte, falls gewünscht, das → Färben erfolgen. Um das Spinnen zu erleichtern, stellte man durch Ausziehen der gekrempelten Fasern, die man auf der Wade oder dem → Epinetron glattrieb, ein ungedrehtes Vorgarn her. Beim S. (νέειν, nere) nahm die Spinnerin den mit Wolle oder Flachs umwickelten Wocken (Spinnrocken, ἠλακάτη: Hom. Od. 4, 135, colus plena: Tib. 1, 3, 86) in die Linke; mit der Rechten zog sie einen Faden aus dem Wocken, drehte ihn mit den Fingerspitzen zusammen, befestigte ihn an dem Haken (ἄγκιστρον) der Spindel (ἄτρακτος, fusus), die aus einer Stange und dem Wirtel (σπόνδυλος, turbo, verticillus) bestand, der das Drehen der Spindel erleichtern sollte. Indem die Spinnerin den Faden aus dem Wocken länger auszog, mit Daumen und Zeigefinger drehte und zugleich anfeuchtete (Sen. Herc. O. 376), rotierte die Spindel; der Faden (στήμων, stamen) wurde gedrellt und wickelte sich um die Stange. Ein starker, fester Faden (filum crassum) wurde beim → Weben für die Kette gebraucht, ein weicher, dünner (filum subtile) für den Schuß (Einschlag), der später vom Walker für die rauhe Seite des Tuches (→ Wolle) aufgekratzt wurde. Unebenheiten des Fadens wurden gleich mit den Zähnen abgebissen. War die Spindel voll, riß man den Faden ab, streifte den Knäuel (κλωστήρ, globus) von der Spindel und bewahrte ihn in einem Korb. W.K.

Q: Catull. 64, 311–319 – *Abb:* Singer, Technology II, Abb. 162 (Vorgarnherstellung); IV, Abb. 15 (Spinnen).

Spino, kleines Flüßchen in der Nähe Roms, zusammen mit Almo, Tiberinus, Nodinus im Gebet der → Auguren (Cic. nat. deor. 3, 20, 52) angerufen.

Spinther → Cornelius

Spionage. Die antike Literatur berichtet schon früh von Überläufern und Spionen. Kriegsgefangene werden über die Verhältnisse im feindlichen Lager ausgefragt. Die zwischen den griech. Staaten verkehrenden Gesandten (→ Diplomatie) werden stets beauftragt, über die politische Stimmung, die Wirtschaftslage und die Gerüchte im fremden Land zu berichten. Auf Antrag des → Perikles beschlossen die Athener, die letzte Gesandtschaft der Spartaner vor Ausbruch des Pelop. Krieges nicht mehr anzuhören und sie noch am gleichen Tage aus Attika auszuweisen (Thuk. 2, 12), damit sie keine Nachrichten sammeln könne. Häufig dienten auch reisende Kaufleute der S. (z. B. während Caesars gall. Feldzügen); oft wurden Spione als Kaufleute getarnt. Als regelrechte Nachrichteneinheiten gab es im röm. Heer die exploratores und speculatores, die dem Heere zur Erkundung vorausgeschickt wurden (ähnliches schon bei → Alexander (5) d. Gr.). Die ‹heiligen Schiffe› der Athener, Paralos und → Salaminia, die gleichzeitig die schnellsten Segler waren, wurden mit Erfolg als Aufklärungsschiffe verwendet. Ammianus Marcellinus (18,5) erzählt von einem Kaufmann, der Nachrichten über Standort und Stärke der röm. Truppen, Nachschub und Kriegspläne sammelte und den Persern zum Kauf anbot. Procopius (Vand. 1,7) berichtet vom Kaiser → Majorian (5. Jh.), daß er sein Haar färbte und als sein eigener Gesandter verkleidet beim Vandalenkönig → Geiserich erschien, um auf diese Weise Erkundigungen durchzuführen. Die Kundschafter bedienten sich im voraus vereinbarter Zeichen; aus belagerten Städten schickten sie Briefe, oft in → Geheimschrift, mit Pfeilen oder Wurfgeschossen ins eigene Lager. Th. P.

Lit: W. Riepl, Das Nachrichtenwesen d. Altertums, 1913, 429–473.

Spira, Rundglied an der Basis der ion. Säule, → Tempel B[9].

Spirale, erscheint als kret. → Ornament (in → Glyptik, Toreutik, Keramik) gegen 2000 v. Chr. (Ende FM) und, schon etwas vorher, in dichten Ordnungen (Flächenmuster) als Leitmotiv der → Kykladenornamentik; von dort wie von Kreta aus Eingang in die myk. Kunst des griech. Festlandes. Als Heimat wird einerseits die alteuropäische bandkeramische Kultur, andererseits Vorderasien angesprochen, wo sich der künstlerischen Nutzung der Metalle die S. (zunächst als Drahtornament) von selbst anbot. W. Schg.

Lit: G. Kaschnitz-Weinberg, Zur Herkunft der Spirale in der Ägäis, Prähist. Zeitschr. 34/35, 1949/50, 193–215 – H. Mode, Ind. Frühkulturen, 1944, 117–121.

Spoletium, 241 in gesicherter Lage über dem Clitumnustal angelegte römische Kolonie latinischen Rechts (Kt. 1420 E5; heute Spoleto), hielt i. J. 217 Rom gegen → Hannibal (2) die Treue, erhält 90 v. Chr. das Bürgerrecht. In der Kaiserzeit infolge einer Umlegung der Via Flaminia, die nun an S. vorbeiführt, Aufblühen der Stadt. S. wird nach Zerstörung in den Gotenkriegen seit 569 n. Chr. Hauptstadt des langobardischen Herzogtums Spoleto. Aus dieser Zeit (604) stammt der großartige Aquädukt vor der Stadt. Aus röm. Zeit sind Reste der polygonalen Stadtmauer, eines Bogens des → Drusus und → Germanicus, eines in die Kirche S. Ansano verbauten Tempels, des Theaters und Amphitheaters und des Hauses der Mutter Vespasians, Vespasia Polla, erhalten. B. A.

Lit: C. Pietrangeli, Spoletium, 1939 – F. W. Deichmann, Die Entstehungszeit von Salvatorkirche u. Clitumnustempel bei Spoleto, RM 58, 1943, 106–148 – *Neuer Grabungsber.:* F. Bucher, Gesta 2, 1964.

Spolia opima, die Siegesbeute, d. h. die Waffen, die ein röm. Feldherr einem feindlichen Feldherrn, den er mit eigener Hand erschlagen hatte, abnahm, wurde → Jupiter Feretrius geweiht (berühmtester und zugleich ältester geschichtlicher Fall: M. Claudius Marcellus in der Schlacht von Clastidium 222 v. Chr., Plut. Marc. 7f. u. a.). Wenn der röm. Führer kein Kommando mit eigenen Auspizien hatte, wurden die ‹secunda› genannten S. → Mars geweiht; war die Tat durch einen gewöhnlichen Soldaten vollbracht worden, wurden die in diesem Fall ‹tertia› genannten S. → Janus Quirinus oder → Quirinus dargebracht (Fest. 202 L.; Serv. Aen. 6,859). H. Le B.

Spondeus, Elementenfolge von 2 longa (––), die in → Daktylen auftaucht (statt –◡◡), in Anapästen (statt ◡◡–...) und als Kurzform des Iambus ([×]–[◡]–). Außer der äußeren Form haben diese verschiedenen Spondeen nichts miteinander gemein. Der Name hängt vielleicht mit dem Ruf σπονδὴ σπονδή (Aristoph. pax 1104) zusammen.

Lit: U. v. Wilamowitz, Griech. Verskunst, 1921, 62. B. Sn.

Spondiakus (σπονδειάζων), ein → Hexameter mit 2silbigem 5. Daktylus, der im allgemeinen selten, aber bei den νεώτεροι (Cic. Att. 7,2,1) beliebt war. B. Sn.

Sporaden (die ‹Zerstreuten›), im Altertum alle Inseln der Ägäis, die nicht zu den → Kykladen gerechnet wurden (Kt. 1152 G6), heute Bezeichnung der Inseln vor der kleinasiatischen W-Küste (→ Kos, Ikaria, Kalymnos, Syme, Telos, Leros, Patmos, Nisyros und Chalke) und nördl. von → Euböa die nördl. Sporaden (Skyros, Skopelos, Skiathos, Peparethos, Ikos (Kt. 1152 E3/4). E. M.

Lit: Philippson-Kirsten IV 40–60; 233–352.

Sporos von Nikaia, Grammatiker und → Mathematiker, Ende 3. Jh. n. Chr., verfaßte ein Sammelwerk ‹Bienenhaus› (κηρία). S. löste das Problem der → Verdoppelung des Würfels mittels Einschiebung (→ Neusis), tadelte die → Approximationen des → Archimedes für π als zu ungenau, kritisierte die Verwendung der → Quadratrix zur → Quadratur des Kreises. H. G.

Q: J. L. Heiberg, Archimedesausgabe III (1881), 1915², 76, 258 – Pappos, Collectio 4 (Hultsch, p. 252ff.) – *Lit:* Sarton I 338.

Sport

A. Geschichte des S.s: [1] In Griechenland. Homer. Zeit – [2] Zeit der Polis. Sparta – [3] Klass. Zeit. Athen – [4] Nachklass. Zeit. Diätetik, Berufsathleten – [5] In Rom – B. Wettkampfarten: [1] Lauf – [2] Fünfkampf – [3] Ringkampf, Faustkampf, Pankration – [4] Fakkellauf, Waffenzweikampf, Bogenschießen, Rudern – C. Organisation der Wettkämpfe – Vgl. → Gymnastik, → Reiten, → Schwimmen, → Wagenrennen.

A. Geschichte des S.s [1] *In Griechenland. Homer. Zeit.* Die ältesten Zeugnisse lassen tief in die Vergangenheit reichende religiöse Wurzeln des antiken S.s erkennen: Malerei und Kleinplastik der minoischen Kultur zeigen bei kultischen Festen neben Stierspielen und Tänzen Faust- und Ringkämpfe, Grabstelen der myken. Zeit → Wagenrennen bei Leichenfeiern und im Totenkult von Fürsten. S.-Wettkämpfe zu Ehren gefallener Helden wurden auch von der adligen Gesellschaft des homerischen Epos veranstaltet. Für Patroklos finden → Leichenspiele mit Wagenrennen, Faust- und Ringkampf, Wettlauf, Waffenkampf, (Diskos-) Wurf, Bogenschießen und Speerwurf statt (Il. 23,257 bis 897); erwähnt werden solche Spiele weiter für den Epeierkönig Amarynkeus (630ff.), Ödipus in Theben (679f.), Achilleus und andere Helden (Od. 24,85ff.). Mit dem Totenkult verbindet die mythologische Tradition auch die großen nationalen Spiele, deren Anfänge sie in Olympia, Delphi, Korinth, Nemea auf Leichenfeiern für Pelops, Python, Melikertes, Opheltes zurückführt; in Olympia weisen archäologische Funde aus myken. Zeit unter dem Pelopion – darunter ein Wagen mit Lenker und zwei Pferden – in dieselbe Richtung. In histor. Zeit wurden solche Leichenspiele für → Miltiades, → Leonidas (1), → Maussolos u. a. veranstaltet. – Die Bindung des S.s an den Kult lockerte sich früh; schon der archaische Adel kannte Wettkämpfe bei profanen Festen und zur Unterhaltung: vgl. Od. 8,100ff. den Agon bei den Phäaken; Il. 2,773ff. die Myrmidonen vor Troja; Od. 4,625ff. die Spiele der Freier.

[2] Im *Zeitalter der Polis* und der allgemeinen Urbanisierung der Lebensformen gewannen der S. und überhaupt die körperlichen Übungen rasch an Gewicht; die großen Spiele stiegen neben den zahlreichen mit sportlichen Agonen verbundenen lokalen Festen zu panhellenischer Bedeutung auf, und ein hier errungener Sieg brachte dem Sieger und seiner Vaterstadt Ruhm. Das kulturell aufgeschlossene *Sparta* des 8.–6. Jh.s zeigte reges Interesse für athletische Wettkämpfe, dem der griech. S. zwei charakteristische Merkmale verdankt: die Spartaner waren die ersten, die den Körper mit Öl einrieben und ohne den Schurz nackt kämpften (Thuk. 1,6,5). Auch die Mädchen hatten am S. teilzunehmen (Xenoph. rep. Lac. 1,4; Plut. Lyk. 14,3; Bronzestatuetten des 6. Jh.s zeigen laufende Mädchen im kurzen Rock). Die Tatsache, daß bis 576 Sparta 46 von 81 Olympioniken und sogar 21 von 36 Stadioniken stellte, zeigt, daß die Leibesübungen planmäßig und mit Leidenschaft betrieben wurden. Danach erstarrte der S. zur vormilitärischen Übung. Bezeichnend ist das Wettkampf-

ver bot für Faustkämpfer und Pankratiasten: die freiwillige Aufgabe des Unterlegenen, durch die in diesen Disziplinen der Kampf abgebrochen werden konnte, war mit dem spartan. Ehrbegriff nicht vereinbar.

[3] Die *Zeit der Klassik* führte bes. in *Athen* den Wettkampf auf athletischem wie musischem Gebiet zu einer nicht wieder erreichten Höhe (Siegerstatuen der Frühklassik; → Epinikien von → Simonides (1), → Bakchylides, → Pindar). Im Anfang des 5.Jh.s stammten die athen. Teilnehmer an den panhell. Spielen noch aus adligen Familien – der aristokratische Pferdesport blieb immer ein Privileg der begüterten Klassen –, aber mit zunehmender Demokratisierung der Gesellschaft und der damit verbundenen Einrichtung der → Schule bezog die Leibeserziehung bald die Gesamtheit der athen. Jugend ein. Anders als in Sparta diente sie hier nicht der Vorbereitung auf den Kriegsdienst; diesen Zweck verfolgte erst die → Ephebie des 4.Jh.s, die neben den eigentlichen S.trainern militärische ‹Fachausbilder› besaß. Das Ziel der athen. Erziehung, deren gymnastisch-sportlicher Komponente das perikleische Zeitalter größere Bedeutung als der musischen oder gar literarischen beimaß, war die Entwicklung von Körper und Geist zu einem harmonischen Ganzen (Ideal der → Kalokagathia). Die zahlreichen Gymnasien und Palästren, die öffentlich oder im Besitz von Privatleuten oder Berufspaidotriben (Trainern) waren, nur freien Bürgern offenstanden und vor allem der gymnastischen Übung und dem Training in den einzelnen Wettkampfarten dienten, bildeten einen Mittelpunkt dieses Lebens, das, in allem vom Gedanken des Agons beherrscht, in den zahlreichen Götterfesten, bes. den → Panathenäen mit ihren musischen und gymnischen Wettkämpfen, seine Höhepunkte fand.

[4] *Nachklass. Zeit.* Diese ausgewogene Einheit spaltete sich, durch die Tendenzen der sophistischen Aufklärung gefördert, in drei Zweige, die sich selbständig weiterentwickelten. Im Rahmen der Schule blieb der S., wenn er jetzt auch hinter der geistigen Ausbildung zurücktrat, ein Bestandteil der *Erziehung*, und Gymnasien und Palästren waren weiterhin das Zentrum der griech. Gemeinden auch in der Fremde (vgl. Paus. 10,4,1). – Weiter führte der Trainingsbetrieb, der methodisch durchdacht und verfeinert und über seinen eigentlichen Zweck hinaus erweitert wurde, zum Entstehen der *Diätetik*, einer allgemeinen Theorie des gesunden Lebens, die mit Ikkos v. Tarent und → Herodikos v. Selymbria, Zeitgenossen des Protagoras, auch literarisch produktiv zu werden begann, bald mit der → Medizin (B 4) auf dem Gebiet der Hygiene kollidierte und mit ihr bis zu → Galen (‹Thrasybulos›) einen heftigen Kompetenzstreit führte. – Schließlich ließen die Popularität der Athleten und die hohen Siegerprämien den Stand der *Berufsathleten* entstehen, denen der S. Broterwerb und einziger Lebensinhalt war. Nach ausgeklügelten, einseitigen Methoden – z.B. dem Tetradensystem, in dem vorbereitende, anstrengende, lockernde und mittelschwere Übungen in viertägigem Rhythmus abwechselten – und strengen Diätvorschriften, die Tageslauf und Nahrung (ἀναγκοφαγία) minutiös regelten, wurden die sonst ungebildeten Professionellen zu speziellen Höchstleistungen trainiert und reisten mit ihren Trainern in der ganzen griech.-röm. Welt zu den großen Spielen, die den Charakter von bloßen Schauspielen annahmen und dem ‹Amateur› kaum eine Chance boten. Kauf und Verkauf des Siegs waren nicht ungewöhnlich (der erste bekannte Fall 388 v. Chr. der Faustkämpfer Eupolos, der in Olympia drei Gegner bestach; Paus. 5,21,3).

[5] Dem *republikan. Rom* galt der S. ebenfalls – bes. als militärische Übung – als Erziehungsmittel: → Cato (1) übernahm sogar persönlich die körperliche Erziehung seines Sohnes (Plut. Cat. mai. 20,6), und die röm. Jugend übte sich, bes. auf dem Marsfeld, in Lauf und Sprung, Werfen und Reiten, Waffen- und Faustkampf. Diese Übungen waren jedoch eher Spiel als S. im griech. Sinn, der trotz früh wirksamer Einflüsse aus Großgriechenland und Etrurien nie die Bedeutung gewann, die er in Hellas hatte, da dem praktisch denkenden Volk der Gedanke des Wettspiels fernlag. Die griech., bereits professionalisierte Athletik wurde zuerst 186 v. Chr. von M. → Fulvius (4) Nobilior importiert (bezeichnenderweise als Schauspiel; ähnlich und immer mit politischem Zweck von → Sulla i.J. 80, → Pompeius (2) i.J. 55, → Caesar i.J. 46 u.a. veranstaltet), stieß aber auf eine hartnäckige Opposition, die sie als verweichlichend und eines Römers unwürdig bekämpfte, Nacktheit und Einrichtung von Gymnasien als sittenverderbend ablehnte und auch in der Kaiserzeit nicht verstummte. Nach griech. Vorbild gründete Augustus die Aktischen, Domitian die Kapitolinischen Spiele, und → Nero (1) fuhr selbst nach Olympia (Suet. Nero 23 f.). Der Philhellenismus der Kaiser fand aber kein Echo im Volk. Erst das 3.Jh. n. Chr. brachte die röm. Aversion zum Schwinden. Die Athleten, deren rechtlicher Status gesichert war, da sie nicht ehrlos wie die Gladiatoren waren und zumindest an den großen Spielen in Italien und Hellas nur Freie teilnehmen durften, schlossen sich zu Vereinen, in Rom zu der später weltweiten *σύνοδος ξυστική* zusammen (zuerst unter Hadrian und noch unter Konstantin nachweisbar).

B. Wettkampfarten (mit den Daten ihrer angeblichen Einführung in Olympia, nach der auf Hippias basierenden, kaum überprüfbaren antiken Tradition):

[1] *Lauf:* 1. *στάδιον* (776) vom Anfang bis zum Ende der Bahn über eine Strecke von 600 Fuß (z.B. in Olympia 192,25 m, in Delphi 177,35 m); angeblich in den ersten 13 Olympiaden der einzige Wettkampf; es ist aber sehr wahrscheinlich, daß auch → Wagenrennen gefahren wurden. Der Stadionike war für die betreffende Olympiade eponym. – 2. *δίαυλος* (724; *αὐλός* = *στάδιον*: Ath. 189 C; Lyk. Alex. 40 mit Paraphr. u. Tzetz. ad Lyc.) über 2 Stadien, wobei die Läufer am Bahnende umkehrten. – 3. *ἵππιος* oder *ἐφίππιος* (sc. *δρόμος*; nicht in Olympia) über 4 Stadien, d.i. die Länge einer Runde im Hippodrom, worauf wohl der Name hinweist. – 4. *δόλιχος* (720; zugleich[?] Nacktheit der Kämpfer eingeführt), ein (Pendel-) Dauerlauf über 7, 12, sogar 24 Stadien; die Strecke wurde wohl jeweils nach der Leistungsfähigkeit der gemeldeten Läufer festgesetzt oder im Lauf der Zeit wegen wachsender Ausdauer der Kämpfer verlängert (Tod nach einem *δόλιχος*-Sieg: Paus. 3,21,1; nichtsportliche Dauerlaufleistungen: Plin. nat. 7, 84; Solin. 1,96 ff.). – 5. *ὁπλίτης, δρόμος ἔνοπλος* (520), ein *δίαυλος* in Waffen, ursprünglich in voller Rüstung (Helm, Beinschienen, Schild nachweisbar), seit Mitte des 5.Jh.s nur mit einem Schild ausgetragen. – Ausscheidungsläufe, die ausgelost wurden, müssen stattgefunden haben. *Start:* Die barfüßigen Läufer standen aufrecht oder leicht gebückt (Tiefstart unbekannt) am Start (*ἄφεσις*), der in frühester Zeit mit eingekratzten Linien markiert, später durch Holzpfosten in Steinsockeln in Startplätze eingeteilt und von einer Steinschwelle (*βαλβίς*) mit haltgebenden Rillen bezeichnet wurde; mindestens seit hellenist. Zeit garantierte ein nicht genau rekonstruierbarer Mechanismus mit herausklappbaren Schranken einen gleichmäßigen Start. Pflöcke oder Steinsockel teilten die einzelnen Bahnen ab. Ziel bzw. Wendestelle war eine weitere Balbis. *Laufstil* (Philostr. gymn. 32; Vasenbilder): die Läufer machten auf den Kurzstrecken mit weit ausschwingenden Armen große Schritte, so daß nur die Fußspitzen den Boden berührten; auf den Langstrecken mit an den Körper gezogenen Armen kürzere, kraftsparende Schritte, um erst gegen Schluß in den Schnellaufstil überzugehen.

[2] Der *Fünfkampf* (Pentathlon; 708), ein Agon, der einseitig ausgebildete, auf spezielle Rekordleistungen trainierte Athleten bewußt ausschaltete (vgl. Aristot. rhet. 1,5, 1361 b 10; Philostr. gymn. 3; 31), verband *στάδιον*-Lauf (s.o. 1), Sprung, Diskos- und Speerwurf und Ringkampf,

die nach den kontroversen Zeugnissen wahrscheinlich in dieser Reihenfolge ausgetragen wurden. Faustkampf und Pankration drangen erst spät (röm. Einfluß?) und nur vereinzelt ein. Bei Homer werden die Einzelübungen gewertet, ihre Kombination ist noch unbekannt, obgleich sie den Argonauten auf Lemnos (Peleus) zugeschrieben wurde (vgl. Pind. Isthm. 1,26; Philostr. gymn. 3; schol. Apoll. Rhod. 4, 1091); dagegen finden sich in histor. Zeit Sprung, Diskos- und Speerwurf als Wettkampf nur im Rahmen des Pentathlon. – 1. Der *Sprung* (*ἅλμα*) war ein Weitsprung mit Anlauf (ohne Anlauf und Hochsprung nur im Training; Dreisprung nur durch kaiserzeitl. Grammatiker An. Bek. 224, 12 belegt). Zur Verbesserung von Sprungweite und -sicherheit waren seit spätestens 600 die länglich-hantelförmigen, bequem faßbaren Stein- und Metallsprunggewichte (*ἁλτῆρες*) gebräuchlich, die auch als Hanteln zur Muskelkräftigung benutzt wurden (*ἁλτηριοβολία*; vgl. Antyll. bei Orib. coll. med. 6, 34); erhaltene Exemplare sind 1–5 kg schwer und 25–29 cm lang. Man sprang von einer besonderen Sprungschwelle (*βατήρ*) oder von der Balbis des Stadions ab; auf dem mit Hacken gelockerten Boden (*σκάμμα*) mußte der Aufsprung deutliche, beieinanderliegende Abdrücke hinterlassen, die mit Querfurchen markiert wurden. Die umstrittenen Rekordweiten des → Phayllos (1) v. Kroton (16,28 m; Suid. Υ 363 f.) und des Chionis v. Sparta (16,66 m; Jul. Afr. Ol. 29) dürften literarische Übertreibung sein. – 2. Der *Diskoswurf* (*δισκοβολία*) wurde ebenfalls von der Balbis des Stadions aus ausgeführt. Der Ablauf der Wurfbewegung ist umstritten: neben dem wohl selteneren Drehschwung des ganzen Körpers wurde der D. aus der horizontalen Vorhalte kräftig nach hinten und darauf vorwärts in die Wurfrichtung geschwungen. Die Wurfweite wurde durch Pflöcke am Aufschlagspunkt bezeichnet. Die Disken, die mit Sand griffig gemacht wurden, waren, während bei Homer noch rohe Eisen- (*σόλος*: Il. 23, 826 ff.) oder Steindisken (Od. 8, 190) vorkommen, später ausschließlich aus Bronze gefertigt. Erhaltene Disken sind häufig mit figürlichen (Schmuckdisken, Weihgeschenke?) oder ornamentalen Motiven verziert, kreisrund, dünngehämmert (im Zentrum bis zu 1,4 cm), leicht bikonvex, mit 17–34 cm Durchmesser und 1,3–4,7 kg schwer. Nachrichten über Mittelbohrung und Wurfschnur beruhen vermutlich auf Irrtum. Berühmt war der Wurf des → Phayllos (1) (28,12 m). – 3. Der *Speer* (*ἀκόντιον*), der im Pentathlon möglichst weit geworfen werden mußte (sonst auch Zielwürfe, auch vom Pferd), war leicht, etwa körperlang und fingerstark und vorn mit einem stumpfen Metallbeschlag versehen (scharfe Spitzen selten; Unfälle: Plut. Per. 36, 5; Antiphon, tetr. 2). Er wurde nach einem kräftigen Sprungschritt entweder von schräg unten an der Hüfte vorbei oder aus Schulterhöhe geworfen. Ein in der Schaftmitte um den Speer geschlungener Riemen bildete eine Schlinge (*ἀγκύλη*, amentum), durch die ein oder zwei Finger gesteckt wurden. Im Augenblick des Abwurfs verlieh allein der Zug an der Schlinge – die übrige Hand gab den Schaft frei – dem Speer Schwung und eine Rotation um die Längsachse (moderne Versuche ergaben mehr als doppelt so große Weiten mit dieser Schlinge). – Sprung, Diskos- und Speerwurf, in älterer Zeit vielleicht alle Übungen, wurden von Aulosmusik begleitet (vgl. Ps. Plut. mus. 1140 CD; Paus. 5, 17, 10). – Das Wertungsverfahren im Pentathlon ist nicht deutlich erkennbar. Sicher ist, daß für das Ringen bereits eine Auswahl getroffen wurde und drei Einzelsiege für den Gesamtsieg ausreichten, aber nicht erforderlich waren. Es wurden also auch 2. und 3. Plätze gewertet.

[3] Bei den schwerathletischen Übungen *Ringkampf* (*πάλη*), *Faustkampf* (*πυγμή*) und *Pankration*, die den anderen Disziplinen gegenüber immer populärer wurden, stellte man die Paarungen durch das Los zusammen (das Verfahren bei Luk. Herm. 40 beschrieben). Die jeweiligen Sieger kämpften, da eine Punktwertung ebenso wie Runden, Pausen oder fester Ring fehlten, nach demselben Modus bis zur (manchmal tödlichen) Niederlage oder Aufgabe des Gegners weiter, bis der Endsieger feststand. Bei ungeraden Teilnehmerzahlen setzte ein Kämpfer einen Durchgang lang aus (*ἔφεδρος*), ein Vorteil, der den Wert eines Siegs minderte (Paus. 6, 1, 2; lobende Erwähnung von *ἀνέφεδροι* auf Inschriften, z. B. SIG 1070). Bes. ehrenvoll war der kampflos (*ἀκονιτί*) errungene Sieg bei fehlenden Gegenmeldungen. – 1. Der *Ringkampf* (708), vorwiegend im Stand ausgetragen (*ὀρθή* oder *σταδιαία πάλη*), war entschieden, wenn der Gegner dreimal so niedergeworfen war, daß die Rumpfrückseite ganz oder teilweise den Boden berührte (also 3–5 Gänge) – und zwar *ἀπτωτί*, wenn der Sieger selbst nicht zu Fall kam. Der R. forderte neben Kraft und List sichere Beherrschung der zahlreichen Griffe (mit Würgen, Gliederbiegen und -brechen), für die eine differenzierte, fachsprachliche Nomenklatur bestand (häufig metaphorisch gebraucht, z. B. Luk. asin. 9 f.; Strat. Anth. Pal. 12,206; Reste techn. Lit. Pap. Ox. 466 aus dem 2. Jh. n. Chr. mit Befehlen für zwei trainierende Ringer; vgl. Poll. 3,155; Pap. Ox. 887 aus dem 3. Jh. n. Chr. mit Boxanweisungen) – 2. Der *Faustkampf* (688; als literarisches Motiv beliebt: Il. 23,653 ff.; Od. 18,1 ff.; Apoll. Rhod. 2, 1 ff.; Theokr. 22,65 ff.; Verg. Aen. 5,362 ff.; Val. Flacc. 4, 199 ff.; Stat. Theb. 6,729 ff.; Quint. Sm. 4,284 ff.; Nonn. 37, 485 ff.) kannte neben den Fauststößen, die sich ausschließlich gegen Kopf und Hals richteten, auch Hiebe und Fußtritte. Der Kampf, auf Distanz (*ἀκροχειρισμός*) oder als Nahkampf geführt, war blutig, die Boxer mit Narben bedeckt. Um Hände und Handgelenke wurden Riemen (schon Il. 23,684) so gebunden, daß Daumen und vordere Fingerglieder freiblieben. Weiche Riemen (*ἱμάντες μαλακώτεροι, μειλίχαι*) blieben im Training gebräuchlich; für den Agon setzten sich härtere, scharfkantige durch, die durch mehrfache Umwicklung der Finger (in bis zu 5 Bahnen nebeneinander) in ihrer Wirkung verstärkt wurden und später (ca. 400), von Querriemen zusammengehalten, im Ganzen aufgestreift und am Handgelenk befestigt wurden (*ἱ. ὀξεῖς, σφαῖραι*; Identifikation der Namen nicht ganz sicher; *ἐπίσφαιραι* sind weiche Überzüge zum Training). Darunter wurden seit dem 4. Jh. auch pelzgefütterte, armlange Handschuhe getragen. In der röm. Kaiserzeit kamen für Gladiatorenkämpfe caestus (*σφαῖραι*) aus Metall in Zylinder- oder Halbkugelform mit Handgriff und Bukkeln in Stoßrichtung auf. Problematisch und schlecht bezeugt ist der Faustkampf mit harten (Leder?) Hanteln (*μύρμηκες*?) in Italien und Illyricum. – 3. Das *Pankration* (auch *παμμαχία*; 648; Homer unbekannt; anachronistisch Quint. Sm. 4,479 ff. von Aias) kombiniert Faust- (ohne Riemen) und Ringkampf, der hier auch am Boden fortgesetzt wurde (*ἀλίνδησις*), da die Rückenlage nicht als Niederlage galt und so als Trick angewendet werden konnte. Doppelsieger im Ringkampf und Pankration wurden als Nachfolger des Herakles und mit dem Titel *παράδοξος* oder *παραδοξονίκης* geehrt (zuerst Kapros v. Elis 212 v. Chr.; Paus. 5,21,10).

[4] Einige S.arten blieben auf *lokale Agone* beschränkt und wurden nicht in die panhellenischen Spiele aufgenommen. – Der *Fackellauf* (*λαμπαδηδρομία*) ist ein für viele Orte in Griechenland, gut für Athen (bes. an den Panathenaia, Hephaisteia, Prometheia) bezeugter, von Knaben und Männern, vor allem von den Epheben ausgetragener Stafettenlauf der Phylen, der lange einen rein kultischen Charakter bewahrte. In Athen trugen die mit Kopfbinden geschmückten Läufer (14–48 für jede beteiligte Phyle) eine Fackel vom Altar des Prometheus und Hephaistos im Hain der Akademie (Paus. 1,30,2) durch den Kerameikos in die Stadt bzw. auf die Akropolis, wo der erste Läufer, der mit noch brennender Fackel das Ziel erreichte, einen Altar entzündete. Als Sieger galt die Mannschaft, ihre Phyle oder der → Gymnasiarch bzw. Lampadarch. – Kaum als S. aufzu-

fassen ist der Lauf der spartan. *Weinrebenläufer*, ein Vegetationsritus am Karneenfest zur Zeit der Weinlese, bei dem es als gutes Vorzeichen galt, wenn ein den Erntedaimon darstellender Läufer von seinen Verfolgern (σταφυλοδρόμοι; An. Bek. 305, 25) eingeholt wurde. – Der *Waffenzweikampf* (ὁπλομαχία), der bisweilen an Leichenspielen ausgetragen wurde (vgl. Il. 23, 798 ff.; von → Kassandros veranstaltet: Ath. 155 A), hatte als militärische Übung einen festen Platz im Unterricht der → Ephebie (auch von Platon, leg. 8, 833 E/834 A empfohlen); die Epheben wurden von ὁπλομάχοι im Umgang mit Schild, Lanze und Schwert sowie in Taktik unterrichtet und bewiesen ihr Können im Agon, in Athen z. B. an den Theseia. Sparta lehnte diese Übung ab (Plat. Lach. 182 E/183 A f.). – Noch weniger fand das *Bogenschießen* (ebenfalls im Lehrplan der Ephebie) trotz seiner Bedeutung für Krieg und Jagd als S. Anerkennung, auch wenn die Kunst guter Bogenschützen gerühmt wurde (Plut. Alex. 23, 4; Suet. Dom. 19; Hdn. 1, 15, 1 f. Wettkämpfe im Epos: Il. 23, 850 ff.; Verg. Aen. 5, 485 ff.). – *Ruderwettkämpfe* (νεῶν ἅμιλλα) wurden zwischen den athen. Phylen an den Panathenäen (SIG 1055, 78) und zwischen den Epheben bei Sunion und Munychia (Lys. 21, 5; SIG 717, 21) ausgetragen und sind auch für Kerkyra und Nikopolis bezeugt (Isthmien unsicher). – Vgl. die Wettfahrt der athen. Flotte bei der Ausfahrt zur sizilischen Expedition 415 v. Chr. von Athen nach Ägina (Thuk. 6, 32, 2) und das Wettrudern Verg. Aen. 5, 114–285.

C. Organisation der Wettkämpfe. Die Agone wurden von Agonotheten, Athlotheten vorbereitet, die, mit weitgehenden Vollmachten Wettkämpfern und Zuschauern gegenüber ausgestattet, auch für einen ordnungsgemäßen Ablauf der Spiele sorgten und als Schiedsrichter die einzelnen Wettkämpfe beaufsichtigten. In Olympia, wo sie (wie in Nemea und Epidauros) → Hellanodiken hießen (Paus. 5, 9, 4–6; 6, 2, 2; 6, 6; 24, 1–3), wurden dazu seit dem 5. Jh. 10 Eleer (vorher weniger) ausgelost, in den Kampfregeln unterwiesen und auf Unparteilichkeit vereidigt. Sie prüften Herkunft und Alter der Bewerber und der Pferde und wiesen Nichtgriechen, Unfreie und Frauen ab. Während der Spiele hatten sie die Teilnehmer für die Ausscheidungskämpfe durch das Los zusammenzustellen, Regelverstöße mit Körper- oder Geldstrafen zu ahnden und schließlich die Sieger festzustellen, zu bekränzen und in die Siegerverzeichnisse einzutragen (wichtige Quelle für spätere Autoren, durch → Hippias' Ὀλυμπιονικῶν ἀναγραφή vermittelt; vgl. → Aristoteles' Liste der Olympioniken; SIG 1056; Paus. 5, 7, 6–9, 2). Sie wurden von Kampfordnern (ῥαβδοφόροι, μαστιγοφόροι, ἀλύται) unterstützt. – Die Wettkampfteilnehmer wurden Altersklassen zugeteilt, die aber für die verschiedenen Orte und Epochen nicht einheitlich sind. So bestanden in Olympia und Delphi 2 Klassen: παῖδες und ἄνδρες (in Olympia z. B. Stadionlauf und Ringkampf für Knaben seit 632, Pankration aber erst seit 200; Pentathlon nur 628 ausgetragen). Dagegen war die Dreiteilung in παῖδες-ἀγένειοι-ἄνδρες seit perikleischer Zeit bei den Panathenäen, seit dem 4. Jh. an Isthmien und Nemeen und in der Kaiserzeit an allen großen Agonen üblich. Noch weiter unterteilte Klassen waren selten. – Die Sieger wurden mit Kränzen vom Laub des Heiligen Hains geehrt, z. B. vom Ölbaum (Olympia, Athen), Lorbeer (Delphi), Fichte (Isthmos), Eppich (Isthmos, Nemea); dazu kamen Palmzweige, Binden und wertvolle Geschenke (Öl, Gerste, Waffen, Dreifüße), die der Gewinner dem Gott weihte oder verkaufen konnte, aber auch Privilegien (Speisung auf Staatskosten, Steuerfreiheit, feierliche Einholung in die Heimatstadt, Aufstellung einer Statue; vgl. → Ehrungen, öffentliche) und bares Geld (schon von → Solon für die athen. Sieger an panhellenischen Spielen ausgesetzt, z. B. für Olympioniken 500 Drachmen; Plut. Sol. 23, 3). Den Berufsathleten wurden später als Honorar für Schaukämpfe hohe Beträge gezahlt (Dion Chr. 66, 11 nennt 5 Talente für einen Olympioniken). Besonderes Ansehen genossen Athleten, die Siege in der gesamten περίοδος, d. h. bei den 4 panhellenischen Spielen, errangen – z. B. → Milon v. Kroton (2. H. 6. Jh.), der als Ringer in 30 Jahren 6 olympische und pythische, 10 isthmische und 9 nemeische Siege gewann. Für sie kam im 2. Jh. n. Chr. der Titel περιοδονίκης auf. – Die Wettkämpfer rieben sich mit Öl ein (zugleich Lockerungsmassage) und bestreuten sich aus praktischen (Griffigkeit) oder hygienischen Gründen mit Staub (κόνις; verschiedenste Sorten gebräuchlich). Anleitung und Aufsicht beim Training in Gymnasion und Palästra fiel dem Paidotriben zu, der Regelverstöße mit langer, gegabelter Rute ahndete (Gerte und Mantel lassen ihn auf Vasenbildern erkennen). Faustkämpfer und Pankratiasten übten miteinander (ἀκροχειρισμός), am mit Mehl, Sand oder Feigen gefüllten Sack (κώρυκος) oder im Schattenboxen (σκιαμαχία). Nach den Übungen reinigten sie sich mit dem Schabeisen (στλεγγίς, strigilis), Wasser und einer Art Aschenlauge (κονία). H. Bgt.

Lit: J. H. Krause, *ΕΛΛΗΝΙΚΑ* od. Institute, Sitten u. Bräuche des alten Hellas (darin: Die Gymnastik u. Agonistik d. Hellenen), 1841 – J. Jüthner, Philostratos Über Gymnastik, 1909 – E. N. Gardiner, Greek Athletic Sports and Festivals, 1910 – Ders., Athletics of the Ancient World, 1930 – B. Schröder, Der S. im Altertum, 1927 – H. I. Marrou, Gesch. der Erziehung im klass. Altertum, 1957 – *Einführend u. neue Lit.:* U. Popplow, Leibesübungen u. Leibeserziehung in der griech. Antike, 1959 – W. Zschietzschmann, Wettkampf- u. Übungsstätten in Griechenland, 1960/61 – *Bildersammlung:* C. Blümel, Sport der Hellenen, 1936.

Sporteln (sportulae), ursprünglich das in einem Körbchen ausgegebene Essen oder der entsprechende Geldbetrag, seit → Claudius (1) auch die damit verbundenen Spiele, schließlich die den Beamten für ihre Amtshandlungen zustehenden Gebühren. Anf. des 4. Jh.s n. Chr. wurden diese Gebühren im Anschluß an die von → Diokletian und → Konstantin I. durchgeführte Reorganisation der Verwaltung neu festgesetzt. Gebühren waren zahlbar bei Übernahme eines Amtes, bei Beförderungen, für die Ausstellung gerichtlicher Urkunden (bei Prozessen überwiegend feste Sätze zugunsten der Richter und sonstiger Angestellter je nach dem Werte des Streitobjekts), für bestimmte Dienstleistungen und an Festtagen für hohe Beamte. Dagegen waren Suffragia Bestechungsgelder, deren Zahlung die Kaiser vielfach entgegenzuwirken suchten. R. Kn.

Sprachphilosophie (S. = Sprache). [1] *Grundsätzliches.* Die S.philosophie als eine bes. philosophische Disziplin hat es im Altertum und im Mittelalter nicht gegeben. Aber die Sache, die dieser Terminus bezeichnet, ist so alt wie die Philosophie selbst. Die die S. betreffenden philosophischen Fragen wurden unter den Titeln der bestehenden Disziplinen der Philosophie bei der Erörterung der philosophischen Sachprobleme mitverhandelt. Es ging dabei um Fragen, die auch heute noch die moderne S.philosophie und S.wissenschaft bewegen, die Fragen nach Ursprung, Einheit und Funktion der S., nach dem Wesen der Zeichen und des Bezeichnens, der Bedeutung und des Bedeutens und nach dem Zusammenhang mit den Grundformen des Seins und des Denkens. Vorphilosophische Spekulationen, bes. über Namen, begegnen schon bei → Homer, → Hesiod, im AT u. ö. In vielen kosmogonischen Mythen läßt man den Akt der Namengebung von dem göttlichen Schöpfer selbst vornehmen oder überträgt ihn ausdrücklich dem ersten Menschen. Dieses mythische Motiv zeigt noch ursprünglich die religiöse Herkunft der späteren philosophischen Lehre von der Selbstentfaltung des → Logos. Der Logos ist das oberste Prinzip des griech. Denkens, denn als derselbe konstituiert er das Sein des Kosmos und das Sein des Menschen und ermöglicht so das In-Beziehung-Treten zwischen Mensch und Welt, zwischen Mensch und Gott und zwischen den Menschen untereinander. Die Geschichte des Wortes Logos ist die Selbstauslegung des griech. Geistes. Logos ist daher auch das Wort, mit dem die Griechen u. a. ihren Begriff von S. ausdrückten.

[2] Älteste Spuren einer philosophischen Reflexion auf das Wesen der S. finden sich bei → *Heraklit* (VS 22 B 32, 48, 62, 67, 114). In seinem Denken scheint erstmals zum Bewußtsein zu kommen, daß der Mensch sich von der Vorgegebenheit der Wörter und ihrer Besonderung nicht täuschen lassen darf, sondern hinter sie zurückfragen muß nach der übergreifenden, bleibenden Ordnung des Weltgesetzes, nach dem der ewige Wechsel sich vollzieht. Auch → *Parmenides* steht der S. kritisch gegenüber (VS 28 B 8, 38f., 53; 19, 3). Die Namen gehören für ihn zu jener scheinbaren Welt, die sich die Menschen gemäß der in ihnen wirksamen kosmischen Kräfte machen. Die so als Setzungen verstandenen Namen sind für Parmenides Ausdruck der Doxa, d.h. dessen, was den Menschen zu sein scheint. In der → *Sophistik* kommt diese frühe S.kritik ungehemmt zum Durchbruch. Unter dem Hauptthema ‹Richtigkeit der Wörter› werden im Athen des 5. Jh.s alle Möglichkeiten durchreflektiert, die damals als Beitrag zur Bestimmung des Verhältnisses von S.form und Seinsform, von Wort und Ding verstanden werden konnten. Diese aktuelle Frage (vgl. Xen. mem. 3, 14, 2), der auch Platon noch einen Dialog (Kratylos) gewidmet hat, die Frage, ob die Namen die Dinge auf Grund einer naturgegebenen Ordnung bezeichnen oder aber auf Grund der menschlichen Vermittlung durch Setzung, Übereinstimmung und Gewohnheit benennen, benutzten die Sophisten souverän zu dem Zweck, in ihrem Sinne den Menschen als das Maß aller Dinge zu erweisen und um die Ansprüche eines angeblich allgemeingültigen Denkens ad absurdum zu führen. Die sophistische S.kritik, die sich bei ihren besten Repräsentanten auf hohem philosophischem Niveau bewegte und keineswegs als Rabulistik mißverstanden werden darf, führte zu einer grundsätzlichen Besinnung auf die Mehrdeutigkeit der Wörter und zu einem ersten Interesse an logischen Strukturen von Argumentationen. Die Erforschung der Bedeutungsunterschiede führte zur Synonymik, als deren Begründer → Prodikos von Keos gilt. In der sophistischen S.kritik wurzelt auch der sich durch Jahrhunderte hinziehende Streit der Anomalisten und Analogisten (→ Analogie, 5) sowie die Methode des Etymologisierens. Der Formalismus der Sophisten brachte vorübergehend die Eristik zur Vorherrschaft, die aber alsbald die sokratische Reaktion auslöste. Diese Gegenbewegung bereitete eine Grundlegung und Methodik des Begriffs vor, indem → Sokrates nicht primär die Vieldeutigkeit der Wörter (Polysemie) herausstellte, sondern umgekehrt nach der Bestimmtheit der Wortbedeutung und damit nach dem identischen Sinn des Begriffs fragte. Auf diesem Fundament der Sokratischen Dialektik formulierte → Platon seine Ideenlehre, und in diesen Voraussetzungen wurzelt auch seine Stellung zum Wort und zur S.

[3] Im Aufbau des dialektischen Wissens hat das Wort für *Platon* seine bestimmte Stelle, wenn auch das Wort als Wort hinsichtlich seiner lautlichen Gestalt ganz beliebig und mit jedem anderen Wort grundsätzlich auswechselbar ist (vgl. 7. Brief). Insofern die Idee ihren sprachlichen Ausdruck im einzelnen Wort findet, kann die Besonderung der Wörter bis zu einem gewissen Grade als Leitfaden der Ideenerkenntnis dienen. Tatsächlich macht Platon in dieser Weise von der S. reichen Gebrauch, bes. in den → Dihäresen der dialektischen Spätdialoge. Diese onomatische Hermeneutik des Seins hat ihre Grenze da, wo die S. keine geeigneten Ausdrücke für neu ermittelte Ideen zur Verfügung stellen kann. Für solche Leerstellen müssen dann erst neue Namen erfunden werden. Dieser ganzen Betrachtungsweise liegt der Parallelismus von Sein, Denken und S. zugrunde, der bei Platon bereits voll entwickelt ist. Das Denken wird dabei noch in Analogie zum Sprechen verstanden: als ein Gespräch (Dialogos), das die Seele mit sich selbst führt (Theait. 189 E ff.; Soph. 263 E ff.). In diesem inneren Dialog wird das Seiende bestimmt als das, was es ist und was es nicht ist, eine Bestimmung, die auch falsch sein kann. In der Möglichkeit des Logos, das Seiende so sehen zu lassen, wie es ist, liegt für Platon auch die Möglichkeit der Philosophie beschlossen, die für ihn deshalb in der Dialektik die große Offenbarerin alles Seienden ist (Soph. 260 A). Ein Logos, der auf diesen Bezug zum Seienden freiwillig verzichtet, ist Spielerei und eitles, unnützes Zeug, das im Angesicht des Todes nicht standhält (Kriton 46 B ff.). Durch seine Reflexion auf die logische Struktur von Sätzen und Argumentationen hat Platon einen wesentlichen Beitrag zur Vorbereitung der aristotelischen Logik geleistet.

[4] Auch für → *Aristoteles* spiegelt die S. prinzipiell das Gefüge der Welt, nur mit dem Unterschied, daß die Idee ontologisch anders verstanden wird, nämlich als das den Dingen immanente Wesen, das im Erkennen als das Allgemeine, als der Begriff der Dinge gedacht wird; und nur deshalb können für Aristoteles die Aussagen über die Dinge die Wirklichkeit der Dinge vermitteln, weil für ihn die Aussageformen auch die Formen des Seins der Dinge sind. Der Formenbestand der S. ist, so gesehen, der Formenbestand der Wirklichkeit. In dieser Überzeugung hat Aristoteles seine ontologischen Grundbegriffe, die Kategorien, durch eine Analyse der S. gewonnen: die Kategorien als Bezeichnungen für die allgemeinsten Seinsverhältnisse sind zugleich immer auch die obersten Gattungen der Aussage. Die dabei zugrunde liegende Auffassung der Beziehung von S. und Sein ist für lange Zeit gültig gewesen, bis schließlich in der Neuzeit die Erkenntnis der Verschiedenheit des grammatischen S.baues zu tieferen Einsichten geführt hat. Die S.-gebundenheit des Denkens ist der antiken Philosophie nicht grundsätzlich zum Problem geworden, wenn auch vereinzelte Ansätze dazu vorhanden sind.

[5] Die von Platon und Aristoteles festgelegte Struktur einer S.theorie ist in der *nacharistotelischen Philosophie* des Altertums bestimmend geblieben. Das gilt auch für die *stoische S.theorie*, deren wichtigste Elemente schon bei Platon und Aristoteles begrifflich fixiert sind. Das stoische ‹Lekton› bezeichnet den Inhalt des Denkens, den Gedanken, und zwar im Unterschied (1) zu den Dingen draußen, (2) zu dem Denken als Funktion der Psyche und (3) zu den Wörtern als Mittel des Ausdrucks. Dasselbe Schema findet sich schon bei Platon und Aristoteles, bes. auch schon der Begriff der sprachlichen Bedeutung im Unterschied zu dem Gegenstand, der benannten Sache. Auch für die → Grammatik hat Aristoteles in der ‹Poetik› schon einen Grundriß geliefert. In der formalen Logik besteht das Verdienst der Stoa in der Ausbildung der von der Prädikatenlogik des Aristoteles verschiedenen, von den Megarikern begründeten Aussagenlogik. Stoische Einflüsse auf das Denken über S. bleiben bis in die Spätantike hinein spürbar. Stoisch beeinflußt ist auch die S.theorie des → Varro (De lingua Latina); er hat sich auch mit dem Bedeutungsproblem befaßt, ebenfalls → Cicero, → Quintilian und → Gellius. Eine semasiologisch interessante Systematik der Arten des Bedeutungswandels gab im 5. Jh. n. Chr. → Proklos. Bemerkenswerte Ansichten von der S. und ihrer Entstehung haben auch → Epikur, → Diodoros (2) und → Lukrez geäußert.

[6] Eine neue Aktualität bekam das Problem der S. durch das *Christentum*. In Verbindung mit den trinitarisch-christologischen Spekulationen der griech. und lat. Kirchenväter ergaben sich für das philosophische Denken Schwierigkeiten, die mit der traditionellen Begrifflichkeit nicht ohne weiteres gelöst werden konnten. Das führte zu einer neuen Besinnung auf das Wesen der S. und zugleich tief hinein in die Probleme der theologischen Hermeneutik. Repräsentativ ist dafür die S.philosophie des → *Augustinus* (bes. in ‹De magistro›), die an dem Begriff des Zeichens und des Wortes orientiert ist und daher auch für seine Sakramentslehre wichtig ist. Aber sowohl das antik-christliche als auch das mittelalterliche Philosophieren über S. bleibt noch im Horizont der platonisch-aristotelischen Ansätze. Erst im

Umkreis der nominalistischen Zeichentheorie stellt sich das Problem der S. am Beginn der Neuzeit grundsätzlich anders dar. K. Oe.

Lit: F. Brentano, Von der mannigfachen Bedeutung des Seienden nach Aristoteles, 1862 (Nachdr. 1960) – H. Steinthal, Die Gesch. der S.wissenschaft bei den Griechen und Römern mit bes. Rücksicht auf die Logik (1864), 1890/91² (Nachdr. 1962) – E. Cassirer, Philosophie der symbolischen Formen I, 1923 (Nachdr. 1956) – E. Hoffmann, Die S. u. die archaische Logik, 1925 – J. Stenzel, Philosophie der S. (Hb-Philos), 1934 – K. v. Fritz, Philosophie und sprachl. Ausdruck bei Demokrit, Plato u. Aristoteles, 1938 (Nachdr. 1963) – B. Snell, Die Entdeckung des Geistes (1946), 1955³ – O. Gigon, Aristoteles: Vom Himmel, Von der Seele, Von der Dichtkunst, BAW, 1950, 351ff. – H. Kronasser, Hb. d. Semasiologie, 1952 – H. Arens, S.wissenschaft, 1955 – I. M. Bochenski, Formale Logik, 1956 – G. Krüger, Grundfragen der Philosophie, 1958 – H.-G. Gadamer, Wahrheit und Methode, 1960 – K. Oehler, Die Lehre vom noetischen und dianoetischen Denken bei Platon und Aristoteles, Zetem. 29, 1962 – Ders., Ein Mensch zeugt einen Menschen. Über den Mißbrauch der Sprachanalyse in der Aristotelesforschung, 1963 (dazu: Gnomon 36, 1964, 335–340).

Sprichwort, παροιμία (ältester Beleg Aischyl. Ag. 264; ursprüngliche Bedeutung unsicher: ‹was neben dem Liedgang steht›? Vgl. Kall. hymn. 1, 78), *adagio* (vgl. Varro ling. 7, 31), später (seit A. Gellius) durchwegs *adagium* und vor allem (seit Cicero) *proverbium*, beides von unsicherer Grundbedeutung, möglicherweise alte Versuche der Übersetzung von παροιμία. – S. im eigentl. Sinne ist ein im Volksmund umlaufender, als alte Volksweisheit geltender Spruch, in fester Prägung eine bestimmte konkrete Situation andeutend, die gleichnishaft eine allgemein menschliche Erfahrung ausspricht. Charakteristisch auch für das *griech.* S. ist also: 1. die Volkstümlichkeit: kleine Leute, Bauern, Frauen verwenden mit Vorliebe das S., während der Gebildete es meidet. – 2. Die Anonymität: das S. hat seinem Wesen nach keinen Verfasser. Historische Personen können in bes. Situationen Anlaß zu einem S. werden, aber sie werden dadurch nicht zum Verfasser des S.s, wie man vom Schöpfer einer → Gnome oder eines → Apophthegma reden kann. – 3. Das Alter: das S. gilt in der Regel als uralt. Es ist dieser Aspekt, der die Philosophen von Aristoteles an (s. → Paroemiographie) veranlaßt hat, S.er systematisch zu sammeln in der Erwartung, in ihnen Reste der Urweisheit der Menschheit zu fassen. – 4. Die Gleichnishaftigkeit: diese unterscheidet das S. vor allem von der direkt aussagenden → Gnome, obschon die Grenzen öfters fließend sind. Doch grundsätzlich bedarf das S. der Erläuterung. Es ist nicht geradezu verständlich, und die Aufgabe der → Paroemiographie ist es, festzustellen, von welcher konkreten Situation ein S. ausgeht und was es gleichnishaft sagen will. (*Bsp.:* ‹Der Esel mit der Lyra›, für den Ungebildeten. ‹Die Fahrt nach Korinth ist nicht jedermanns Sache›, für ein kostspieliges und bedenkliches Unternehmen.) – 5. Die feste Prägung: knappe, eingängige Form wird immer angestrebt; Assonanzen, Reime, Versrhythmen (→ Lekythion, → Paroemiakus, → Prosodiakus, → Hemiepes, skazontische Bildungen, auch → Dochmius u.a.) sind häufig, aber nicht durchgehend vorhanden. – 6. Der Gehalt ist menschliche Erfahrung im weitesten Sinne, in Mahnung und Warnung, zu Schlauheit und Vorsicht ebenso ratend wie zu gesellschaftlicher Korrektheit und höherer Sittlichkeit. Mythos, Tier- und Pflanzenwelt, Eigenheiten bestimmter Völker und Städte spielen als Ansatzpunkt des S.s eine bedeutende Rolle. – Kulturgeschichtlich sind die S.er wichtig, weil sie über Vorstellungswelt und Erfahrungsbereich des Durchschnittsgriechen der klass. Zeit (die meisten S.er werden zwischen dem 7. und 4. Jh. v. Chr. entstanden sein) mancherlei Aufschlüsse geben. – Für das *röm. S.* gilt im Prinzip dasselbe. Aus den bes. Bedingungen der röm. Literatur ergibt sich, (1) daß der faßbare Bestand an S.ern sehr viel geringer ist als bei den Griechen, (2) daß oft nicht zu entscheiden ist, ob ein genuin röm. S. oder eine Übertragung aus dem Griechischen vorliegt; dies gilt bes. von den vielen in der Komödie (bes. → Plautus) überlieferten S.ern. – Auf die überaus reiche S.-Literatur des Mittelalters scheint das antike S. nur begrenzt eingewirkt zu haben. O. G.-K. R.

Q: E. L. A. Leutsch-F. G. Schneidewin, Corpus Paroemiographorum Graecorum, 2 Bde, 1839. 1851 (Nachdr. mit 1 Erg.bd. 1958. 1961) – *Lit:* S. Köhler, Das Tierleben im S. der Griechen und Römer, 1881 – O. Crusius, Analecta critica ad Paroemiographos Graecos, 1883 – A. Otto, Die S.er und sprichwörtl. Redensarten der Römer, 1890 – D. A. Tsirimbas, S.er und sprichwörtl. Redensarten bei den Epistolographen der 2. Sophistik, 1936 – K. Rupprecht, RE 18, 3 (1949), 1707 bis 1735 – R. Strömberg, Greek proverbs ... which are not listed by the ancient and Byzantine Paroemiographers, 1954 – M. Swoboda, De proverbiis a Cicerone adhibitis, 1963 – → Parömiographie.

Spruchsammlungen *im Urchristentum*

[1] Jesusworte – [2] Weisheitssprüche.

[1] *Jesusworte* wurden zunächst mündlich von den Aposteln mit didaktischem Zweck überliefert (Apg. 11, 16; 20, 35; 1. Kor. 7, 10 usw.), dann in den Evangelien verwandt (Mt. 3, 15; Mk. 1, 15; Lk. 2, 49; Joh. 1, 38 usw.). Mt. und Lk. schöpften dabei im Unterschied zu Mk. aus einer ‹Logienquelle› (auch Q genannt), die hauptsächlich in sechs Reden des Mt.-Ev. (cap. 5–7; 10; 13; 18; 23; 24–25) und zwei Einschüben des Lk.-Ev. (Kap. 6–7; 10–18) begegnet. Die abweichende Anordnung ist am besten aus mündlicher Tradition zu erklären: die Kompositionstechnik der Evangelisten gewann damit Spielraum. Bedürfnisse der Predigt und Lehre veranlaßten eine Fortsetzung solcher Einzelzitate und Sammlungen, wie es einerseits von 2. Clem., andererseits von Papias beleuchtet wird (→ Apostolische Väter). Dadurch kamen die sog. ‹Agrapha› auf, d.h. Jesusworte, die nur in außerkanonischen Texten überliefert sind. In einigen Fällen können sie echt sein, in mehreren erscheinen sie gnostisch und dgl. Die schriftlichen S.en des 3. bis 5. Jh.s, die in Ägypten gefunden wurden, bieten abwechselnd Bibelworte (mit Textmischungen) und Agrapha mit gnostischer Färbung (Pap. Ox. 654 f.; kopt. Thomas-Ev. mit insgesamt 114 Logien). Bei mehreren Fragmenten weiß man nicht, ob sie zu S.en oder zu Evangelien gehört haben.

[2] Neben den jüd. *Weisheitssprüchen* wurden vom hellenist. → Judentum (B) auch griech. übernommen und bearbeitet. Im 1. Jh. n. Chr. schrieb ein jüd. Proselyt ein unter den Namen des → *Phokylides* gestelltes Lehrgedicht, 230 hexametrische Gnomen. Man hat auch Beziehungen zum Christentum vermutet. Das hellenist. Christentum schlug jedenfalls bald denselben Weg ein. Um 200 n. Chr. erschien unter dem Namen eines → *Sextus* (1), angeblich Pythagoreers, ein Florilegium von philosophisch-religiösen Sentenzen, das laut Origenes bei den Christen beliebt war. In den griech. Hss. stehen 610 Sprüche. → Rufinus (3) gab von 451 dieser Sprüche eine lat. Übersetzung. B. R.

Ed: *Zu* [1]: A. Resch, Agrapha (1889), 1906² – E. Klostermann, Apocrypha II (1904), 1929³; III (1904), 1911² (8. 11) – A. Guillaumont u.a., L'Evangile selon Thomas, 1959 (auch dt.) – *Zu* [2]: Anth. Lyr.³ II 91–108 (Ps.-Phokyl.) – H. Chadwick, The sentences of Sextus, 1959 (mit Texten des Rufinus, Kleitarchos, pythagoreischen Sprüchen; mit Komm.) – *Lit:* *Zu* [1]: J. Jeremias, RGG I 177 f. – J. Schmied, LThK I 206 (Lit) – Hennecke³ I 39–74. 199–223 – O. Cullmann, RGG VI 865 f. – *Zu* [2]: W. Kroll, RE 20, 1 (1941), 505–510, s. v. Phokylides; 2 A 2 (1923), 2061–64, s. v. Sextus (5) – Hennecke², 625–643.

Spudogeloion. Der Kyniker → Menippos (1) v. Gadara wird von → Strabon (16, 2, 29, p. 759) als σπουδογέλοιος (‹Ernst mit Lächerlichem mischend›) bezeichnet. Seine Werke verspotten die Nichtigkeit aller irdischen Güter und Vorstellungen sowie der philosophischen Dogmen in witzigen Prosadialogen mit eingelegten Versen. Er verwendet Motive der Komödie und macht von der Parodie des Epos und der Tragödie reichlich Gebrauch in phantastischen, teilweise wohl → mimenartigen Szenen. → Meleagros (1) v. Gadara, Blaesus v. Capri u.a. sowie die röm. Menippeische → Satire sind ihm darin gefolgt. Th. G.

Lit: R. Helm, RE 15, 1 (1931), 888–893, s. v. Menippos – C. A. Rooy, Stud. in Class. Satire and related Lit. Theory, 1965, 90–116 (Lit).

Spurinna → Vestricius.

Staatenbünde → Bünde, → Ethnos, → Koinon.

Staatsreligion, *Stadtreligion, -kult.* Es gehört zu den Hauptmerkmalen griech. – wie überhaupt antiker – → Religion (I B 1), daß ihre Ordnungen mit denen von Staat und Gesellschaft aufs engste verknüpft sind. Die Verehrung der Götter ist Sache der Gemeinschaft, sei es Stamm, Sippenverband oder → Polis. Die Frömmigkeit› (*εὐσέβεια*, vgl. → pietas), die man vom einzelnen Menschen erwartet, betrifft sein korrektes Verhalten gegenüber den ererbten Göttern dieser Gemeinschaft (→ Theoi Patrioi), während man ihm in seinem persönlichen Glauben völlige Freiheit läßt. In der Regel hat jede griech. Polis der historischen Zeit einen Gott (in Athen z.B. → Athene) oder einen → Heros als Schutzpatron, der häufig auch als mythischer Stadtgründer oder König der Vorzeit gilt (Eponyme, → Archegetes, → Ktistes). Der lokale Charakter dieser Gottheiten dürfte den Stadtbewohnern, die ja kaum jemals die Grenzen ihres eigenen Landes überschritten, gewöhnlich nicht bewußt geworden sein (Henotheismus; → Religion C 2). So wurden in Griechenland manche vorgriech. Gottheiten als Lokalgötter weiterverehrt, andererseits sind die großen olympischen Götter ihrem Wesen nach keineswegs an allen Orten die gleichen; in ihren Beinamen leben oft alte Lokaltraditionen weiter. Der Kult der Stadtgottheit und eine durch lange Tradition geheiligte Festordnung (→ Feste) spielen im Leben der politischen Gemeinde eine wichtige Rolle. Innerhalb des Staates haben auch die alten Geschlechter und ihre Verbände (z.B. die → Phratrien) eigene Kulte, die Kultformen sind geradezu Kennzeichen der einzelnen Geschlechter. – Bes. gut kennen wir die S. im Athen des 5. Jh.s v. Chr. Als Folge der glücklich überstandenen Perserkriege entwickelte sich in Athen ein nationales Hochgefühl, bei dem Stolz auf die eigenen Leistungen und Dankbarkeit gegenüber den Göttern sich verbanden; dies fand in der Religion seinen Ausdruck (Nilsson: ‹patriotische Religion›). Diese ‹Frömmigkeit› äußerte sich mit wachsendem Wohlstand in immer großartiger ausgestalteten Opfern, Festen, Tempelbauten und dgl. Ein guter Patriot mußte sich nach Kräften daran beteiligen. Auch politische Aktionen wurden gern unter Berufung auf die Götter unternommen. Naturgemäß ließ diese Art der Religionsausübung die rein materiellen Momente immer mehr in den Vordergrund treten und forderte zu religiöser Gleichgültigkeit, andererseits zu Kritik und Spott heraus (vgl. → Aristophanes); das wiederum führte zu einer Reihe von Religionsprozessen. Dagegen wandten sich ernste religiöse Anliegen anderen Formen der Götterverehrung zu (→ Asklepios, → Mysterien, → Sternreligion). – Unter den veränderten politischen Verhältnissen der hellenist. Zeit und zunehmendem oriental. Einfluß mußte zwangsläufig die politische Religiosität ihren ursprünglichen Sinn verlieren bzw. sich in anderen Dimensionen äußern (vgl. → Herrscherkult). Jedoch wurden – soweit wir die Verhältnisse übersehen, bis zum Ende des 2. Jh.s n. Chr. – die kultischen Traditionen in alten griech. Städten in der Regel sorgsam weitergepflegt. Der Zerfall beginnt mit den militärischen Katastrophen des 3. Jh.s nach Chr. Vgl. → Religion E 7, → Stadtgöttin, → Tyche, → Gottkönigtum, → Herrscherkult, → Romkult. K.-H.R.

Lit: Kruse, RE 13,1 (1926), 1110–34 – A. Seeger, Staatsgott oder Gottesidee im alten Israel und Hellas, 1951 – Nilsson I 708ff.; 729–734 – F. C. Grant-W. v. Soden-F. R. Walton, RGG IV, 1960, 446 VI, 1962, 322.

Staatstheorie

[1] Einführung – [2] Antike Spezialschriften – [3] Verfassungen – [4] Der beste Staat – [5] Recht und Gesetz – [6] Randprobleme.

[1] Für *Wort und Begriff* der S. gibt es im Griechischen kein Äquivalent; *πολιτικὴ τέχνη* (→ Politik), das am ehesten in Betracht käme, umfaßt als Oberbegriff Theorie *und* Praxis – gerade diese Verbindung ist für das griech. Staatsdenken charakteristisch. – Die griech. Staaten waren bis zu → Alexander (5) d. Gr. in steter Veränderung, z.B. durch die Gründung von → Kolonien (vgl. die Szenerie von → Platons ‹Gesetzen›). So durften die Staatsdenker die berechtigte Hoffnung hegen, ihre Gedanken in der Praxis verwirklichen zu können. Dies Ziel vor Augen, entschied sich die Mehrheit für zwar radikale, aber doch zur Verwirklichung bestimmte Vorschläge; Idealstaatsentwürfe, philosophische → Utopien fehlen fast ganz (beim späten → Aristoteles überwiegen Hinweise, die auf kleinere Veränderungen abzielen, also leichter zu verwirklichen sind). – Schon der erste Staatsdenker, → Solon, war zugleich Gesetzgeber, desgleichen wohl → Protagoras (in → Thurioi); → Aristoteles nahm möglicherweise Einfluß auf Alexander d. Gr. (durch ‹Alexander oder die Verteidigung der Kolonisten›), → Platon erhoffte sich Einfluß in Syrakus.– Die S. hängt eng mit der → Ethik und der → Anthropologie zusammen. Lustbetonte Philosophie hebt die Gefahren und den Undank im politischen Leben hervor, was schließlich zu → Epikurs Maxime ‹lebe unauffällig› (*λάθε βιώσας*) führt. Seit → Sokrates ist die Sorge für die Seele des Einzelnen zentral; Desinteresse am Staat kann die Folge sein, so bei → Aristipp (er will ‹weder Herrscher noch Untertan› sein, Xen. Mem. 2, 1) und den → Stoikern (nach → Chrysipp wird sich der Weise nur dann am politischen Leben beteiligen, ‹wenn ihn nichts daran hindert›, SVF III 697). Politische Schriften werden in vielen dieser Fälle unmöglich, wie auch bei Verfechtern der Anarchie, den → Kynikern (→ Diogenes' (5) Politeia bleibt zweifelhaft, Diog. Laert. 6, 80). – Die Bejahung des Staates entspringt entgegengesetzten Gründen: (a) Der Staat soll der Schwäche des Durchschnittsmenschen entgegenwirken; dann werden einschneidende Vorschriften nötig (so Platon und die Politeia des Stoikers → Zenon, 3); dem Individuum bleibt hier nur wenig Bewegungsspielraum; (b) Der Mensch ist ‹von Natur› (→ Physis) auf Mitteilung und gegenseitiges Helfen angelegt, was nur im Staat möglich ist (so Aristoteles, in dessen Ethik die Gemeinschaft jedoch kaum den Vorrang hat); er ist ein ‹politisches Lebewesen› (*ζῷον πολιτικόν*, Aristot. pol. 1, 1. 1253 a). – Dieser so bejahte Staat ist nur in übersichtlicher, geordneter Form, dem Stadtstaat (→ Polis), möglich. Der Begriff der Ordnung (Kosmos) verbindet das Weltganze, den Stadtstaat und die Seele (→ Kosmologie, → Psyche, → Analogie, 2); diese Parallelisierung bleibt nicht ohne Konsequenzen für die Staatslehre (Platon beginnt die Kosmologie des Timaios mit einer Rekapitulation der Politeia). – Eine vollständige Staatslehre hätte also, ganz abgesehen von → Gesellschaftstheorie und Rechtsphilosophie, die → Ethik (z.T. dazu → Metaphysik und → Erkenntnislehre), → Pädagogik, → Anthropologie, Seelenlehre (→ Psyche) und → Kosmologie zu berücksichtigen.

[2] *Antike Spezialschriften* sind bezeugt von → Solon, → Protagoras, → Platon, → Aristoteles, → Theophrast, → Dikaiarch, → Cicero u.a.; → Polybios (1) bespricht diese Themen im 6. Buch der Historien. – Die wichtigsten Titel lauten: ‹Über den Staat› (zuerst [?] Protagoras); ‹Staatsmann› und ‹Über die Gerechtigkeit› (Aristoteles' Schriften mit diesen Titeln sind verloren); ‹Gesetze›; ‹Über das Königtum› (Titel Theophrasts und der → Pseudopythagoreer). Von einer → Doxographie ist nichts bekannt.

[3] Die *Dreiteilung der Politeiai* (Verfassungen, Staatsformen), bereits vorphilosophisch, wird unter dem Einfluß der → Sophistik (Protagoras?) bei → Herodot (3, 80ff.) in einem fiktiven Dialog dreier Perser folgendermaßen charakterisiert: (a) Demokratie: Rechtsgleichheit (→ Isonomia), Redefreiheit (Isegorie), Verantwortlichkeit der Behörden; (b) Aristokratie: Wohlberatenheit (Eubulie; nur eine begrenzte Zahl der Fähigen an der Staatsführung beteiligt); (c) Monarchie: unbegrenzte Wohltätigkeit des Besten. An dieser Kennzeichnung ändert sich in der Folgezeit wenig (Cic. rep. 1, 55: caritas-reges, consilium-optimates, libertas-populus). – Platons Politeia (Buch 8) bietet

ein Fünferschema: Dem Idealstaat der Philosophen-Könige (Aristokratie genannt) folgt die Herrschaft der ehrgeizigen, zu Imperialismus neigenden ‹Wächter› (Timokratie); in der Oligarchie dominieren wenige übermäßig Reiche. Die Demokratie bringt die Rechtsgleichheit Ungleicher und ebnet damit der Tyrannenherrschaft den Weg. Der Tyrann ist das totale Gegenstück zum Philosophen-König; seine zügellosen Begierden lassen der Tugend und damit der Glückseligkeit keinen Raum. – Dadurch, daß die drei Möglichkeiten Einer-Mehrere-Alle in jeweils eine gute und eine schlechte Erscheinungsform zerlegt werden, ergibt sich eine – wohl schon bei Herodot angedeutete – *Sechsteilung* (Plat. Politikos 303; Aristot. pol. 3, 6 ff.; EN 8, 10; Polyb. 6, 3 ff.; Cic. rep. 1, 47 ff.). Im Gegensatz zu Polybios' Terminologie

(a) Königtum	(b) Aristokratie	(c) Demokratie
(d) Tyrannis	(e) Oligarchie	(f) Ochlokratie

(er nennt (f) auch Cheirokratie, Herrschaft der Faust) heißen bei Platon (c) und (f) gute und schlechte Demokratie, bei Aristoteles (c) Politie (*die* Verfassung) und später Timokratie (das Platon abwertend gebraucht) und (f) Demokratie (hier also die *schlechte* Form). – Die Kriterien für die Unterscheidung in gute und schlechte Form sind für Platon die Beachtung der Gesetze und (in zweiter Linie) das Einverständnis zwischen den Regierten und den Regierenden; bei Aristoteles kommt der Gesichtspunkt hinzu, ob zum Vorteil der Herrschenden oder der Untertanen regiert wird. Die Konzentration der Macht bzw. die Auswirkungen des Altruismus oder Egoismus lassen das Königtum als die beste, die Aristokratie als die zweitbeste, die schlechte Demokratie als die am wenigsten schlimme und die Tyrannis als die schlimmste Regierungsform erscheinen. – Dieses Sechserschema umfaßt nicht alle möglichen Formen: Platon stellt ihm die Philosophen-Könige gegenüber; ein Vollkönigtum fügt Aristoteles, ein urgeschichtliches Königtum Polybios hinzu (für beides wird der Terminus παμβασιλεία gebraucht). Vor allem aber sind die Mischverfassungen (unten 4) nicht berücksichtigt. – Platon beschreibt in der Politeia primär die stete Verschlechterung der Seele (sein Schema gilt für den Einzelnen wie für den Staat: der tyrannische Mensch ist ein über den Tyrannen hinausgreifender Typus); die damit vorausgesetzte chronologische Reihenfolge der Staatsformen bleibt sekundär. Umgekehrt steht bei Polybios die zeitliche Abfolge im Zentrum; hier folgt auf die gute Form direkt die schlechte, auf den König also der Tyrann. Doch geht Polybios noch einen Schritt weiter: Nach Demokratie und Ochlokratie kommt wieder das Königtum. Aus den Veränderungen ist somit ein Kreislauf geworden, die Geschichte zu einem vorausberechenbaren circulus vitiosus (daß bei Platon auf den Tyrannen der Philosophen-König folge, ist undenkbar).

[4] Der *beste Staat* (Platon und bes. Aristoteles unterscheiden einen absolut und relativ besten) wird durch die innenpolitischen Vorzüge der Eintracht (ὁμόνοια, concordia; vgl. Demokrit VS 68 B 250; bei Plat. rep. vgl. 4, 433 C ὁμοδοξία, ‹gleiche Überzeugung›) und der Stabilität (von Polybios einseitig betont) gekennzeichnet. Eine Vertiefung bringt Protagoras' Verbindung der Staatslehre mit der Ethik (Aidos und → Dike erhalten den Staat, vgl. Plat. Prot. 320 C ff.): Die Glückseligkeit des Staates ist mit der der Bürger identisch, sie erfordert vollkommene Tugend. In Platons Politeia ist der Idealstaat (der allerdings nur ein Abbild der Idee des Staates ist) ganz an der Gerechtigkeit (Dikaiosyne) orientiert; für Aristoteles wird das Ziel des Staates das sittlich gute Leben (εὖ ζῆν), durch Gerechtigkeit (nur im Staat praktizierbar), Freundschaft und Eintracht erreicht. Über Polybios auf Platon zurückgreifend, stellt Cicero die Gerechtigkeit ins Zentrum; dazu wird er noch durch die schon römisch-volkstümliche Definition der res publica als res populi bestimmt, die in erster Linie auf die Verwirklichung des Rechts zielt (rep. 1, 39). – Wie die Gerechtigkeit Eintracht und Stabilität zur Folge hat, so bewirkt ihr Gegenteil zusammen mit anderen Faktoren (→ Gesellschaftstheorie) Instabilität, somit Verfassungsänderungen. – In Platons Politeia bedeutet Gerechtigkeit: Jeder muß das Seine tun (τὰ ἑαυτοῦ πράττειν, 4, 433 ff.). Um dies zu ermöglichen, ist intensive Belehrung und Erziehung (→ Pädagogik) nötig; ferner verbietet die Verfassung alles, was zu Unrecht führen könnte (so kommt es zur Frauen- und Kindergemeinschaft, dem Verbot des Privatvermögens). Im relativ besten Staat, dem der ‹Gesetze›, wird das Verbot des Privatvermögens aufgehoben (5, 732), der Einfluß des Staates jedoch mittels sehr detaillierter Gesetze auch auf entlegene Einzelheiten ausgedehnt. In Aristoteles' absolut bestem Staat (pol. Buch 7 und 8) bleibt die Erziehung das wichtigste, doch Gesetze fehlen. – Platons ontologische Gründung der Ethik bewirkt, daß nur echtes Wissen zur Herrschaft legitimiert. So regieren die Philosophen-Könige in der Politeia (5, 473 D, vgl. epist. 7, 326 A). Ihnen steht, in den Nomoi, der ‹nächtliche Rat› (12, 951 ff.) nahe; allerdings wird den Bürgern (nach vier Censusklassen abgestuft) politischer Einfluß zugestanden. Bei Aristoteles sind alle Bürger fähig, an der Regierung teilzunehmen, die älteren herrschen. – Die Lehre von der Abfolge der Verfassungen machte die Instabilität aller, auch der guten Formen deutlich. So lag der Entwurf einer gemischten Verfassung nahe, die Elemente mehrerer Formen vereinigte. Platons Ansätze zu einer Mischverfassung (in den ‹Gesetzen› baut Aristoteles in der Untersuchung der durchschnittlich besten und der unter gegebenen Voraussetzungen besten Verfassung aus (pol. Buch 3–6, nach 7 und 8 geschrieben; → Gesellschaftstheorie). Vermögen und Freiheit (und Tüchtigkeit) sind die entscheidenden Charakteristika der verschiedenen Staatsformen. Die Kenntnis der Hauptelemente erlaubt Aristoteles, (a) mannigfache Kombinationsmöglichkeiten herauszufinden, die zwischen Oligarchie und ‹Politie› bzw. Timokratie (und Aristokratie) liegen; am besten wäre vollständige Gleichheit aller Elemente, so daß alle Namen mit demselben Recht gebraucht werden könnten (pol. 4, 8. 1294 b); (b) die Gefahren einzelner Verfassungen zu erkennen und – deutlich auf die Praxis ausgerichtet – Kniffe (Sophismata) zu nennen, mit denen diese gebannt werden können. – Die Mischung aller drei guten Formen verficht Dikaiarch im ‹Tripolitikos› (Dreierverfassung); ihm folgen Polybios und Cicero in De re publica. Doch benutzten Polybios und Cicero diese Lehre, um Roms – nicht wie Dikaiarch Spartas – Verfassung als beste zu erweisen (Monarchie-Konsuln, Aristokratie-Senat, Demokratie-Volk). Die Stabilität, an der Polybios vor allem gelegen ist, währt auch hier nicht ewig; doch ist der Zeitraum zwischen Anfang und Ende bei einer einfachen Form kürzer als bei der gemischten. Wenn schließlich die demokratischen Züge dominieren, ist das Ende nahe: Auch bei der Mischverfassung ist die Entwicklung vorhersehbar. Der Zwangsläufigkeit dieser Veränderung zum Schlechten (motus naturalis) tritt Cicero entschieden entgegen. Es ist gerade die Hauptaufgabe der Herrscherweisheit (consilium), die Gefahren zu erkennen und ihnen entgegenzuwirken und die Gerechtigkeit wiederherzustellen. Im Gegensatz zu der des Polybios ist Ciceros Staatslehre optimistisch.

[5] *Recht und Gesetz*. Die Bedeutung der Gerechtigkeit für den Staat bringt eine intensive Untersuchung des → Rechts und seines Verhältnisses zum Gesetz mit sich (Teilnahme an der Rechtsprechung ist eines der wichtigsten Bürgerrechte, Plat. leg. 6, 768 B, Aristot. pol. 3, 1). – Nomos bedeutet zugleich Brauch (Sitte) und Gesetz; was üblich war, galt als recht (und damit als – unfixiertes – Gesetz). Diese alte Gleichung und die Rückführung von Nomos und Dike auf → Zeus (→ Hesiod) werden durch die fremden Bräuche, deren Kenntnis die ionische → Perihegese

vermittelte, erschüttert: Was an einem Ort üblich-recht war, war an einem andern verpönt-unrecht (Hdt. 3, 38). So kam es in der → Sophistik zur Diskussion des Nomos, bes. seines Verhältnisses zur Natur (→ Physis). Sind die Gesetze bloße Konvention (Brauch), so kann man ihnen (a) jede Autorität absprechen, weil sie entweder unnatürlich sind (vgl. → Antiphon) oder aber – und dieses ist für Kallikles (Plat. Gorg. 438 B) und wohl auch → Thrasymachos (Plat. rep. Buch 1) ‹natürlich› – dem Egoismus des bzw. der Herrschenden entspringen; (b) eine gewisse (wenn auch nur relative) Autorität dadurch verleihen, daß man in ihnen die übereinstimmende Ansicht aller Bürger sieht (→ Protagoras). Nur die ungeschriebenen Gesetze (‹verehre die Götter, achte die Eltern›) werden teilweise von dieser Abwertung ausgenommen. – Wenn Gerechtigkeit und Recht die Gesamtheit des Lebens umfassen sollen, wird die mangelnde Flexibilität der Gesetze deutlich, so daß ihnen ein absolut gerechter Herrscher (die Philosophen-Könige in Platons Politeia) vorzuziehen wäre. Doch der absolut Gerechte wäre ein Gott unter Menschen, ist also ein unrealisierbarer Wunschtraum; so bleibt nur der zweitbeste Weg, der Gesetzesstaat (Plat. Politikos 291 ff.; leg. 4, 711 f.; 9, 875; Aristot. pol. 3, 15 f. 1286a 8 ff.). – Sollte nun den Gesetzen gegen die Sophistik wieder Autorität und Überzeugungskraft verliehen werden, so konnten sie (a) erneut von den Göttern hergeleitet werden. In Platons ‹Gesetzen› wird das, was die Besten für gut und gerecht halten, zum göttlichen Gesetz erhoben. Bei den → Stoikern werden die Gesetze, weil von der göttlichen Natur (→ Physis) abhängig, göttlich genannt (bewußt schärfster Widerspruch gegen die Sophistik); an dieser Lehre vom Naturrecht ist Cicero in De legibus (bes. Buch 1) orientiert. Zum anderen (b) können die Gesetze so angelegt werden, daß sie, soweit dadurch nicht das Ziel des Staates, das gute Leben, beeinträchtigt wird, niemanden benachteiligen, so daß die einsichtigen Bürger sie im eigenen Interesse respektieren (Aristoteles). – Umfangreiches Gesetzesmaterial breiten Platon (in den ‹Gesetzen›) und ihm nacheifernd, doch ganz römisch ausgerichtet, Cicero (De legibus Buch 2 und 3) aus. Platon fügt (nach dem Vorbild der → Pythagoreer?) ausführliche grundsätzliche Einleitungen (Proömien) hinzu, die die Vorschriften motivieren, da der Mensch auch die Gründe seines rechten Handelns kennen muß: Die Gesetzgebung ist eminent pädagogisch.

[6] *Randprobleme*. Der besonders in klass. Zeit unüberwindbare Gegensatz zwischen Griechen und Barbaren (eine Ausnahme: Kyros in → Xenophons Kyrupädie) bewirkt, daß ein *Kosmopolitismus* nach Ansätzen bei Demokrit (VS 68 B 247), → Hippias (2) und → Antiphon erst in der Stoa vertreten wird: Übereinstimmung mit der göttlichen Vernunft (→ Logos) ist nur in einer Weise möglich, unterschiedliche Verfassungen usw. sind abzulehnen (SVF I 262; II 528). Für die übrigen Philosophen ist die optimale Größe des Staates die, in der die Dinge überschaubar sind (Aristot. pol. 7, 4. 1326b); in diesem *Stadtstaat* sollen nach Platon 5040 Bürger leben (leg. 5, 738 A; vgl. rep. 4, 422 BC). Auch die Weltmacht Rom wird bei Cicero und Polybios als Stadtstaat verstanden; ihr Imperialismus ist gerecht, weil er den Untertanen Gutes bringt (Cic. rep. Buch 3); eine Ausdehnung des röm. → Bürgerrechts ist, soweit wir wissen, nicht vorgeschlagen. – Hinsichtlich der idealen *Lage* der Stadt wird bes. die Nähe zum Meer diskutiert (Aristot. pol. 7, 5 f.; Cic. rep. 2, 5 ff.); die Gefahren sind bes. moralischer Art: Fremde drohen die Sitten zu beeinflussen (Plat. leg. 4, 705 E ff.). – In der *Wirtschaft* ist Autarkie angestrebt (Plat. leg. 4, 705 C ff., zurückhaltender Aristot. pol. 7, 6). Die Ablösung einer Oligarchie durch eine Demokratie ist hauptsächlich durch die extremen Unterschiede im Besitz bedingt. So ist der Mittelstand für die Stabilität des Staates von Wichtigkeit (Aristot. pol. 4, 11; vgl. → Solon). – Gleicher (Grund-) Besitz aller Bürger ist angestrebt (Plat. leg. 5, 739 ff., Aristot. pol. 7, 9), Voraussetzung dieser Gleichheit sind arbeitende Fremde und → Sklaven. – Die Beschreibung der Verfassungen und bes. ihrer Gefahren berücksichtigt die *Geschichte* (etwa bis 338 v. Chr.). Aristoteles wendet ihr wachsendes Interesse zu und wertet die von ihm gesammelten 158 Verfassungen (erhalten nur z. T. der ‹Staat der Athener›) aus. In Platons Geschichtsbetrachtung (bes. im 3. Buch der ‹Gesetze›) dominiert die Spekulation. Polybios' Interpretation der röm. Verfassung unterscheidet nicht zwischen legaler Kompetenz und faktischer Macht. Die historischen Beispiele beziehen sich auf die Geschichte weniger Staaten (Kreta, Karthago, bes. Athen und Sparta sowie später Rom). – Der Einfluß der → *Religion* (vgl. auch → Theologie, → Herrscherkult) ist bei den → Pythagoreern und in Platons ‹Gesetzen› (der theokratische Staat bestraft → Atheismus unerhört streng, leg. 10, 909 A) besonders groß (auch die Kosmopolis der Stoa hat theokratische Züge). Die Gegenposition nehmen → Kritias (VS 88 B 25) und Polybios (6, 56, 6 ff.) ein: Die Religion festigt die Macht über die Unwissenden (vgl. Marx' ‹Opium fürs Volk›). – In → *Augustins* ‹Gottesbürgerschaft› (civitas Dei) wird die Staatsphilosophie von der politischen Theologie in den Hintergrund gedrängt. Die Staaten werden mit großen Familien verglichen; der Kleinstaat wird vorgezogen (4, 15). Die Anlehnung an Cicero (De re publica) wird bes. darin deutlich, daß Augustin als wesentlichste Aufgabe des Staates die Verwirklichung der Gerechtigkeit ansieht. Diese wird im Gegensatz zur Antike (u. a. wegen der neuen, streng teleologischen → Geschichtsauffassung) als Gehorsam gegen den wahren Gott verstanden (civ. 19, 21). Wichtig für das Mittelalter war seine Lehre vom Vorrang der Kirche vor dem Staat. – Der Antike verdankt die Folgezeit (bes. von der Renaissance ab) neben vielen und mannigfachen Anregungen und Ansätzen (die Gewaltenteilung vertrat vor Montesquieu bereits Aristoteles pol. 4, 11) und fast allen wichtigeren Termini vor allem die Dreiteilung der Staatsformen und die ethische Begründung der Politik, daß der Staat die Gerechtigkeit zu verwirklichen habe. E. Msch.

Lit: H. Ryffel, Der Wandel d. Staatsverfassungen, Noctes Romanae 2, 1949 – R. Stanka, Die polit. Philosophie d. Altertums, 1951 – T. A. Sinclair, A history of greek political thought (1952), 1961³ (ital. 1961) – K. v. Fritz, The theory of the mixed constitution, 1954.

Stabiae, alte oskische Siedlung am Hang des Mons Lactarius, jetzt Monte Faito, oberhalb der Stadt Castellamare am Golf von Neapel (Kt. 1420 F 7; heute Castellamare di St.). Eisenzeitliche Gräber zeugen von früher Besiedlung. Im 2. Pun. Krieg auf seiten Roms (Sil. 10, 408 f.). Im → Bundesgenossenkrieg (3) letztes Bollwerk der italischen Völkerschaften und i. J. 89 von → Sulla eingenommen und zerstört (App. civ. 1, 40, 2). Von nun an nur noch Villenort (*abiit in villas*, Plin. nat. 3, 9), wegen seiner Heilquellen und als Milchkurort beliebt (Gal. meth. therap. 5, 127). Zwei beim Vesuvausbruch 79 n. Chr. verschüttete bedeutende Villenkomplexe am Hang des Monte Varano wurden 1749/62 und 1775/82 angeschnitten und seit 1950 vollständig ausgegraben. In dem einen mit weitläufiger oberer Wandelhalle am Steilhang und einem tiefer gelegenen Hof mit großem Schwimmbassin, an den sich Räume mit Bädern und zum Ausruhen sowie Diaeta angliedern, glaubt man eine Art Sanatorium zu erkennen. Die Anlage mit Ziegelstempeln des → Narcissus, des Freigelassenen des Kaisers Claudius, war vielleicht staatlich, ist jedenfalls von ganz anderer Art als Privatvillen, wie die zweite in S. aufgedeckte, die aus einem von kleinen Zimmern und Exedren flankierten Triclinium sowie Küche und Caldarium besteht. Vor den Räumen läuft am Steilhang eine Loggia entlang. Von einem ganz eigentümlichen, farbenfrohen und ausdrucksvollen Illusionismus sind die bedeutenden, in den Villen gefundenen Wandmalereien des späten 3. Stils. B. A.

Lit: L. D'Orsi, Gli Scavi di S., 1954 – O. Elia, Pitture di Stabia, 1957.

Stadion, Laufbahn für Wettrennen, der Name nach dem Längenmaß ‹Stadion› (Olympisches ‹S.› von 600 Fuß = 192,27 m). In Olympia, wo der Lauf seit seiner Einführung im 8. Jh. die angesehenste Kampfart blieb, wurde die östl. vom Zeusaltar gelegene Laufbahn in archaischer Zeit mit mehrfach aufgehöhten Erdwällen für 20000–30000 Zuschauer umgeben, im 4. Jh. an den Ostrand der durch Hallen abgeschlossenen Altis verschoben und vergrößert (ca. 50000 Stehplätze); es erhielt steinerne Start- und Zielschwellen (*Aphesis* und *Terma*) mit zwei Rillen für das Einsetzen der Füße, auf denen durch Pfosten die Plätze für 20 Läufer abgeteilt waren. Eine Wasserrinne umgab die 212,7 × 28,6 m große, an den Langseiten leicht ausgebuchtete Laufbahn; auf dem südl. Erdwall wurde ca. 60 m vor dem Ziel eine Schiedsrichtertribüne angelegt. Nach diesem Vorbild entstanden in allen großen Heiligtümern und Städten S.en, die man möglichst in ein Tal einbettete oder am Hang dem Gelände anpaßte. Seit dem späten 4. Jh. begann man nach dem Muster des → Theaters, die Wälle mit ansteigenden Sitzstufen auszustatten und zunächst eine, seit röm. Zeit beide Schmalseiten U-förmig auszurunden (Sphendone) und die Zuschauer durch eine Brüstung von der Laufbahn zu trennen, womit der Übergang zum → Circus vollzogen ist. – Gelegentlich dienten torartige Aufbauten über der Startschwelle als Start- oder Stoppmaschinen (→ Priene, Isthmia). Bisweilen wurde der Dromos des → Gymnasions zum S. ausgebaut (→ Priene). In → Didyma liegt ein S. neben der Südseite des Tempels, dessen Stufenbau als Zuschauertribüne diente. Bisweilen konnte auch auf der → Agora eine Laufbahn eingerichtet werden, z. B. in Korinth. Zum S.-*Lauf* → Sport. G. Gb.

Lit: F. Krizinger, S., Diss. Innsbruck, in Vorber.

Stadt

I. Griechenland – II. Rom.

I. Griechische Stadt

A. Grundsätzliches – B. Vorgriech. Siedlungen – C. Archaische Stadtanlagen – D. Hippodamische und hellenist. Stadtanlagen – E. Römische Zeit – F. Befestigung – G. Straßen.

A. Grundsätzliches. Die griech. Geschichte ist bis zum → Hellenismus *Stadtgeschichte*. Das historische Individuum der Polis ist der Träger aller politischen, religiösen und kulturellen Bestrebungen, die in ihrer Einheit das griech. Leben ausmachen und die in der gebauten S. ihre organische Verkörperung gefunden haben. Im Gegensatz zu ägypt. und oriental. S.anlagen dient die griech. S. nicht der symbolischen Repräsentation des Gott-Herrschers oder Priesterkönigs (in Ägypten an axialen, die kolossalen Tempel verbindenden Prozessionsstraßen locker gereihte Feudalvillen, denen spiegelbildlich die ‹Städte der Toten› gegenüberstehen; im vorderen Orient Tempel und Palast als beherrschendes Zentrum, die massigen Festungsmauern als geometrischer Rahmen der Stadt), sondern den praktischen Bedürfnissen des Gemeinwesens und spiegelt deshalb getreu dessen eigentümlich vitalen, durch die Idee des Agons getriebenen Lebensprozeß.

B. Vorgriech. Siedlungen. [1] In *Kreta* (→ Kret.-myk. Kultur) entwickelte sich schon seit etwa 2000 (Mittelminoisch I) eine hohe städtische Kultur über älteren Grundlagen (Frühminoisch I, seit 2800). Das Zentrum bildet der luxuriöse Herrscherpalast, um dessen Mittelhof sich zahlreiche Wohnräume, Lichtschächte, Flure und Magazine, 2 bis 3stöckig angelegt, in zwar orthogonaler, doch unübersichtlicher Reihung gruppieren (→ ‹Labyrinth›). Vor dem Palast ein weiter Kult- und Versammlungsplatz mit Schautreppen, auf den die Hauptstraße der S. mündet. Ähnlich wie die Räume um den Palasthof drängen sich die Häuser – wenige palastartige Wohnungen von Feudalherren neben den kleinen Häusern der Hörigen – um den Palast: orthogonal verschachtelt, meist zweistöckig, ohne Zwischenraum aneinandergebaut, die Häusergruppen durch enge Gassen getrennt. Die meist in Küstenebenen gelegenen S. umwachsen wie ein unregelmäßiges Kristallgefüge den zentralen Palast. Befestigungen fehlen (→ Knossos, → Hagia Triada, → Mallia, → Palaikastros, → Gurnia: Abb. 208). In diesen Anlagen drückt sich vor allem das Übergewicht des Herrschers über die Hörigen aus, doch haben sie mit der griech. S. gemein, daß das praktische Lebensbedürfnis der S. ihre organisch gewachsene Struktur verlieh.

[2] Die von ca. 2500 bis ca. 1800 v. Chr. die östl. Ägäis beherrschende *kykladische Kultur* bildete schon früher städtische, burgartige Siedlungen aus, oft mit starker Befestigung (dicke, bisweilen doppelte Mauern, Türme, zwingerartige Tore), gegen die sich die enggedrängten Häuser, darunter häufig → Megaronbauten, lehnen (→ Phylakopi auf → Melos; Chalandriani auf → Syros; Hagios Andreas auf → Siphnos; → Keos, → Naxos, → Paros, → Aigina, neuerdings → Samos). Gleichzeitig entstanden auf dem griech. Festland meist unbefestigte, locker komponierte Siedlungen aus Oval- und Megaronhäusern, oft mit apsidialer Rückseite, unter denen ein großer Rundbau in → Tiryns und das ‹Haus der Ziegel› im stark befestigten → *Lerna* hervorragen (Früh-Helladikum, 2500–1900). Verwandte neolithische Siedlungen (→ Dimini und → Sesklo) in Thessalien gingen voraus. Im Mittelhelladikum (ca. 1900–1580) wanderten neue Stämme, die späteren Achäer, aus dem Norden zu und drangen, bei gleichen Hausformen, bes. auf der Peloponnes, zu lockeren städtischen Siedlungen vor, in deren Mitte das größere Megaron des Stammesfürsten steht.

[3] Einen Aufschwung bringt die von diesen Achäern getragene *myken. Kultur*, (Späthelladisch; 1580–1100) durch Aneignung kret. Kulturgutes und kyklad. Befestigungstechnik. – Ein frühes Bindeglied zu den erhaltenen *spätmykenischen Burgen* bietet die kleine Burgstadt von *Malthi* in Messenien, wo sich die dichtgedrängten Häuser wie bei kyklad. Siedlungen gegen die noch mittelhelladische Ringmauer lehnen. In der Mitte ein bes. ummauertes Herrenhaus, daneben 3 freie Plätze, ein vereinzeltes Megaron, am Südtor 4 Schachtgräber in einem Plattenring. Die Organisation der S. erinnert an → Gurnia. – Die spätmyk. Burgen von → Mykene und → Tiryns repräsentieren neben den Kuppelgräbern die zweite große Leistung der myk. Epoche, da sie in einer zunehmend bewußteren Gliederung monumental gestaltet sind, und zwar nach dem Prinzip der Steigerung, die hier an die Stelle der additiven, fluktuierenden Raumfolgen kret. Bauten tritt. Die Burg von → *Tiryns* (Abb. 209), deren starke Ringmauer schlicht und wehrhaft einen länglichen Hügel umzieht, betritt man von O durch einen lang-schmalen Torzwinger (1), erreicht einen größeren Vorhof (2), von dem ein Propylon (3) in den geräumigen Burghof (4) führt. Von dort leitet ein zweites Propylon in den dritten, reicheren, säulenumkränzten Hof (5), dessen Nordseite das große Megaron (6) überragt (Vorhalle mit 2 Säulen, Vorraum, mit reichen Wandfresken geschmückter Hauptsaal von 11,8 × 9,8 m, in der Mitte ein runder Herdaltar, seitlich der Thron). Daneben ein kleineres Megaron, beide als isolierte Baukörper nur locker verbunden mit den angrenzenden Gebrauchsgemächern. Die ca. 6 m starken, über 7 m hohen Festungsmauern enthalten an 2 Stellen spitzbogig überwölbte Gänge und Kasematten. Die Fortifikation ist äußerst durchdacht (Flankierung gegen die ungedeckte Schwerthand des Gegners, Tore mit mehreren Zwingern, Ausfallpforten, gedeckter Gang zur tieferliegenden Burgquelle). Eine nördl. anschließende Fluchtburg bot den Einwohnern der unbefestigten Unterstadt Schutz. – Die weiträumigere Burg von → *Mykene* zeigt ähnlich sich steigernde Raumfolgen, die hier zudem in Terrassen aufsteigen. Auf dem Gipfel thront beherrschend das Megaron des Königs. In der größten Fluchtburg dieser Zeit, → Arne in der Kopaïs (Kt. 1152), ist 1960 eine erstaunliche spätmykenische Anlage freigelegt worden: Auf

Abb. 208 Plan von Gurnia (Kreta)

der Hochfläche ein riesiger, ummauerter Bezirk (ca. 150 × 160 m) mit zwei fast symmetrischen, längsgerichteten Hallen und axialem Propylon (Agora?), dahinter ein zweiter Bezirk, an dessen Rückseite der ⅂-förmige Palast liegt. (Weitere Burgen in → Argos, → Asine, → Athen, → Theben, → Orchomenos, → Pylos.) Es verdient Beachtung, daß

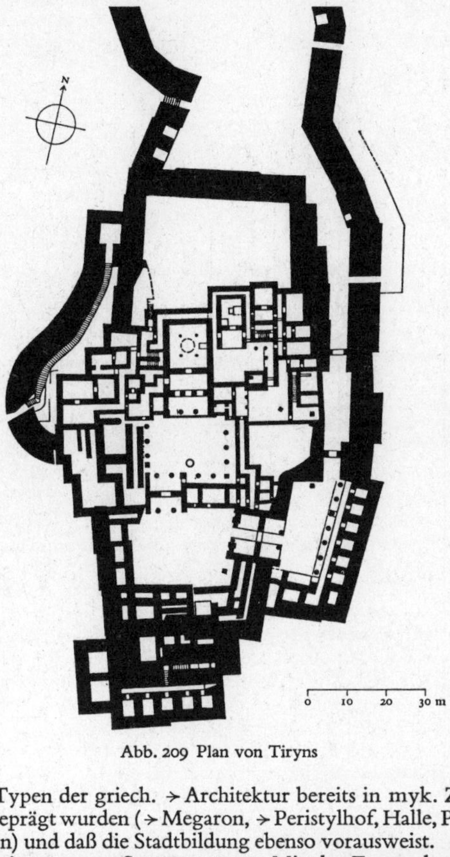

Abb. 209 Plan von Tiryns

die Typen der griech. → Architektur bereits in myk. Zeit ausgeprägt wurden (→ Megaron, → Peristylhof, Halle, Propylon) und daß die Stadtbildung ebenso vorausweist.

C. Archaische Stadtanlagen. Mit der Zuwanderung der Dorier gegen 1100 riß die hochentwickelte myk. Bautradition ab, obwohl durch die numinösen Baureste und die Sagenüberlieferung (Homer) gewisse Erinnerungen fortlebten. Von den Siedlungen geometrischer Zeit (1100/700 v. Chr.) hat sich wenig erhalten. Größere, geschlossene Ortschaften sind aber angesichts der dichten Nekropolen z. B. Athens vorauszusetzen. Vertriebene achäische Volksteile wanderten seit dem 11. Jh. an die kleinasiat. Küste aus und gründeten, oft über älteren myk. Handelsniederlassungen, auf Küstenhügeln oder Halbinseln (→ Milet, → Samos, → Ephesos, Alt→ Smyrna), später im äol. Gebiet auch auf Bergen im Landesinneren (→ Larisa, → Aigai) Siedlungen, die schnell aufblühten und z. T. schon im 9. Jh. befestigt wurden (Abb. 211: Altsmyrna: protogeometrische, ovale Hütten, wenig später rechteckige Häuser mit Flachdach, locker verstreut, seit dem 9. Jh. Ringmauer aus Lehmziegeln mit Steinsockel. Am Ende des 7. Jh.s eng aneinandergebaute, rechteckige Häuser, NS-orientiert, ein Tempel und ein angrenzender Platz – Agora? – beim NO-Tor, schmale Gassen). Die S.e des Mutterlandes, die im 8. Jh. bereits Kolonien gründen konnten, mögen ähnlich ausgesehen haben. Sie umgaben oft eine myk. Burg, die nun aber als Akropolis zur Fluchtburg, später zum → Heiligtum wird, wenn sie nicht vorübergehend Tyrannen als Zwingburg diente. Das dichtgedrängte Wohngebiet breitete sich ringsum aus, planlos wachsend, dem Gelände und den vorhandenen Straßen angepaßt. Im Verkehrszentrum blieb ein Versammlungsplatz, die Agora, frei, wo das ganze öffentliche Leben sich abspielte und um den die wichtigsten öffentlichen Bauten (→ Prytaneion, → Buleuterion, Gerichtshaus usw., seit dem 5. Jh. → Säulenhallen) und die Heiligtümer der S.götter sich locker gruppierten. Die Wohnquartiere blieben bescheiden: verwinkelte Sträßchen und Treppengassen, kubische, meist einstöckige Häuser, eng aneinandergebaut, wogegen sich die monumentalen Bauten der Agora und der Heiligtümer um so bedeutsamer abhoben, bestimmen das S.bild, wie es die zwar jüngeren, aber nach alter Weise angelegten Wohnquartiere von Lato auf Kreta (in Terrassen auf 2 Hügeln gebaut) sowie die von → Thera, → Athen und → Delos zeigen. Bei den S.en des Mutterlandes handelt es sich stets um einen ungeplanten Wachstumsprozeß; die abgeschlossene Landschaftsgliederung begünstigte die Bildung von Stadtstaaten. Weil in der → Polis Rats- und Volksversammlungen eine zentrale Rolle spielen, weisen erst die Agora sowie die öffentlichen Bauten eine S. als solche aus. Hingegen ist die S.mauer, die bis zum Ende des 6. Jh.s nur selten nachweisbar ist, keineswegs obligatorisch. Erst im 5. Jh. begann man allgemein, die S. zu ummauern und die Akropolen zu entfestigen bzw. zur Stadt hin offen in den Ring einzubeziehen, um eine Usurpation zu verhindern.

D. Hippodamische und hellenist. Stadtanlagen. [1] Ganz andere Bedingungen wurden durch die im 8. Jh. einsetzende → Kolonisation geschaffen. Bei ihren systematischen Neugründungen mußten sich Ordnungsprinzipien hervorschälen, die eine gerechte Verlosung der Grundstücke und eine klare Anlage der S. ermöglichten, wobei die Ionier, für wissenschaftliches Denken bes. begabt, offenbar vorausgingen. Altsmyrna wurde schon im 7. Jh. nach einer Zerstörung mit etwa parallelen Gassen wiederaufgebaut. Das 494 dem Erdboden gleichgemachte Milet wurde (nach 479) nach einem System errichtet, dessen Vorformen wahrscheinlich bei ihren 80 Tochterstädten entwickelt worden waren und schon bei der archaischen Mutterstadt nachweisbar sind: ein rechtwinkliges Straßennetz mit völlig gleichen Häuservierteln oder *Insulae* von 51,6 × 29,5 m (175 × 100 Fuß) bei ca. 4,5 m breiten Normal- und breiteren Hauptstraßen. Die Straßenrichtung wurde der hügligen Landzunge mit ihren 2 Hafenbuchten geschickt angepaßt. 2 große, mehrere Insulae einnehmende Marktplätze schließen sich an die beiden Hafenbuchten. Heiligtümer,

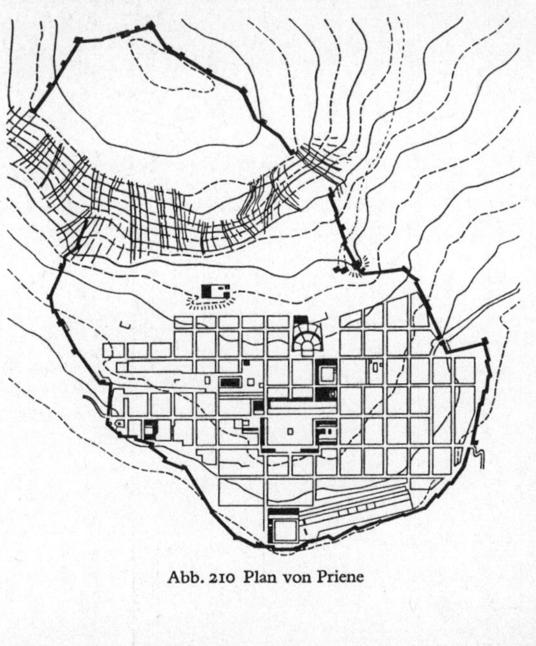

Abb. 210 Plan von Priene

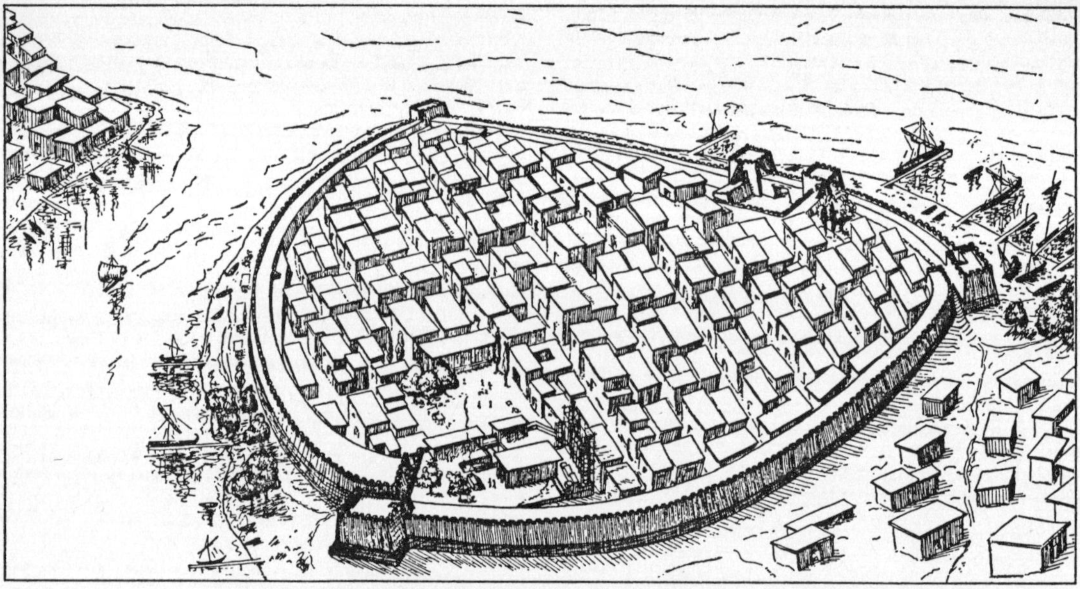

Abb. 211 Altsmyrna (Versuch einer Rekonstruktion)

öffentliche Bauten, → Gymnasion und → Stadion sind dem Netz eingeordnet, nur das in den Hang eines Hügels gelegte → Theater ist abweichend orientiert. Die Anlage war von Anfang an so erweiterungsfähig geplant, daß sie einer Großstadt bis zu 150000 Einwohnern Raum bot, und wurde rings von einer S.mauer, die auch den nördl., durch eine Kette verschließbaren Hafen mit einbegriff, umgeben. Das hier so bedeutend manifestierte, aus praktischen – nicht kultischen oder ästhetischen – Gesichtspunkten entwickelte System wurde von einem milesischen Architekten, → Hippodamos, der bei der Planung mitgewirkt haben mag, in Athen bekanntgemacht, wo der den Sophisten nahestehende Mann wohl zu Unrecht als dessen Erfinder galt. Er wurde mit der Anlage der von → Themistokles geplanten, von → Perikles gegen 450 ausgeführten Hafenstadt → Piräus beauftragt, die nach dem sog. *hippodamischen System* erfolgte. Wenig später folgten die Gründungen von → Thurioi in Süditalien (443, unter Beteiligung von Hippodamos), von → Olynth auf der Chalkidike (432; Insulae 86,3 × 35,5 m, mit je 10 Häusern; bis zu 15000 Einwohner, 378 zerstört); und, i.J. 408, von → Rhodos (100000 Einwohner). Das lebendigste Bild einer solchen S. gibt → Priene (Abb. 210; nach 450; ca. 90 Insulae 47,2 × 35,4 m mit 4–6 Häusern; 6 ost-westl. Straßen parallel zum Hang, 15 Quersträßchen als Treppenwege; ca. 20000 Einwohner), wo das orthogonale Straßennetz mit größter Mühe einem steilen Südhang abgewonnen werden mußte. Die Agora ist das Zentrum der S., ein Heiligtum der Athena thront darüber auf einer Felsrippe, das Theater ist oberhalb dem Netz eingeordnet. Am unteren Rand wurden → Gymnasion und → Stadion freier eingefügt. Die S.mauer bezieht den oberhalb gelegenen Berg mit ein.

[2] In der Folge bleibt das hippodamische System für die zahlreichen *S.gründungen des Hellenismus*, (östl. Beispiel: Europos) verbindlich. Orientierung der Hauptstraßen: überwiegend W-O oder N-S, damit der Hauptraum der Häuser, nach S gerichtet, im Winter die Sonnenwärme nutzen konnte. Die Lage an Südhängen ist deshalb bevorzugt. Die Tempel sind, wo sie nicht älter sind, dem Netz eingeordnet, die Agora im S.zentrum, das Gymnasion, oft mit dem Stadion vereint, am S.rand, das → Hippodrom außerhalb der S., das Theater dagegen meist in einen Berghang geschmiegt, wenn möglich dem Netz eingeordnet, seltener außerhalb der S. Kriegshäfen sind durch die molenartig vorgeschobene S.mauer gesichert, durch Ketten verschließbar, Handelshäfen oft außerhalb der Mauer. Vom Meer entferntere S.e haben einen eigenen Hafenort. – Die neuen S. sind als rationale Vervollkommnung der alten gewachsenen Bildungen zu begreifen, in gleicher Weise dem Bedürfnis der Bürger dienend. Ihr Sinn liegt in der klaren und gerechten Ordnung, ohne Tendenz zu repräsentativer Monumentalität. So fehlt denn auch zunächst die Bildung optischer Achsen, etwa durch dominierende, auf monumentale Blickpunkte gerichtete Prachtstraßen oder durch das betonte Straßenkreuz italischer S.anlagen – *Pergamon* (Abb. 212), die auf steilem Burgberg von → Eumenes II. (197/159) ausgebaute Residenzstadt der Attaliden, bietet das erste und großartigste Beispiel monumentalen S.ebaus. Die Anlagen sind auf die Grundform des Burgbergs abgestimmt: fächerförmig krönen in Terrassen aufsteigende Bezirke (von S nach N: Agora, Zeus-Altar, Athena-Heiligtum, Traianeum – letzteres wohl über einem hellenist. Heiligtum) den länglichen, leicht gebogenen Bergrücken. Im Zentrum liegt das große Theater mit 10000 Plätzen, eine 250 m lange Halle schließt als Sehne den Bogen. Die dagegen bescheidenen Königspaläste liegen an der O-Seite des Burgbergs. Das Ganze ist ein über der Ebene thronendes, bewußt komponiertes Landschaftsmonument. Ähnlich sind weiter unterhalb auf großen, hallengesäumten Terrassen das Demeter-Heiligtum, das riesige Gymnasion und die untere Agora angelegt. Der orthogonale S.plan wurde zugunsten dieser landschaftsgebundenen Ordnung aufgegeben. Die Wohn-S. umgürtet, etwa den Höhenlinien folgend, den Burgberg, von mehrfach erweiterten Mauerringen geschützt.

[3] Für die *Koloniestädte in Großgriechenland* fehlt vorläufig archäologische Evidenz, doch scheint hier das die italische S.bildung bestimmende Straßenkreuz von → Cardo und → Decumanus schon im 6.Jh. die griech. Gründungen beeinflußt zu haben: → Megara Hyblaia: parallel orientierte Häuser. → Selinunt: Die Burg-S. wurde nach einer Zerstörung um 409 mit einem Straßenkreuz wiederaufgebaut, doch war die ältere S. ähnlich angelegt: neuerdings wurden archaische Mauern in gleicher Flucht gefunden. → Paestum: Straßenkreuz mit 4 entsprechenden S.toren der latin. Zeit nach 273, wahrscheinlich die Erneuerung einer älteren Planung. Da eine Akropolis fehlt, wurden große Tempelbezirke im S.zentrum ausgespart. Mit hippodamischem

Stadtplan Thurioi (s. o. D 1) und die Erneuerung des alten Parthenope (→ Neapolis). Daneben ist ein dem griech. W eignender Hang zum Imposanten auch im S.ebau bemerkbar, z. B. an den großen, die S. beherrschenden Tempelgruppen von Selinunt und Paestum oder an der S.mauer von → Akragas, die, den felsigen Absturz des S.plateaus krönend, von einer locker aneinandergefügten Kette von 5 Tempeln überragt wird.

E. Römische Zeit. Seit dem 1. Jh. v. Chr. dringt das röm. Straßenkreuz auch in den griech. S.bau ein und verbindet sich mit syr. und kleinasiat. Prunkbedürfnis. Die hellenist. S.e werden nun allenthalben durch pompöse, von Säulen gerahmte Prachtstraßen bereichert, die als optische Achsen auf einen symmetrischen Blickfang, z. B. die kulissenhafte Fassade eines Torbaus, zielen. Das neue Prinzip der optischen Axialität verwandelt die S.planung und Architektur durchaus. In der Kunstform der Fassade wird die Säulenordnung (→ Tempel), bisher das einzige, allbeherrschende Element der monumentalen → Architektur, zum Dekorationsmittel aufgelöst, ebenso wie die riesigen Prachtbauten des 2. und 3. Jh.s n. Chr. – Thermen statt Gymnasien, Nymphäen statt Quellhäusern, → Scena frons statt des Bühnenhauses – nicht mehr praktischen Lebensbedürfnissen, sondern der Repräsentation dienen. Die Synthese von hellenist. Formgut, röm. Axialität und oriental. Prunk, die sich in Syrien und Kleinasien bildete, hat ihrerseits dem röm. S.ebau der Kaiserzeit sein Gesicht verliehen.

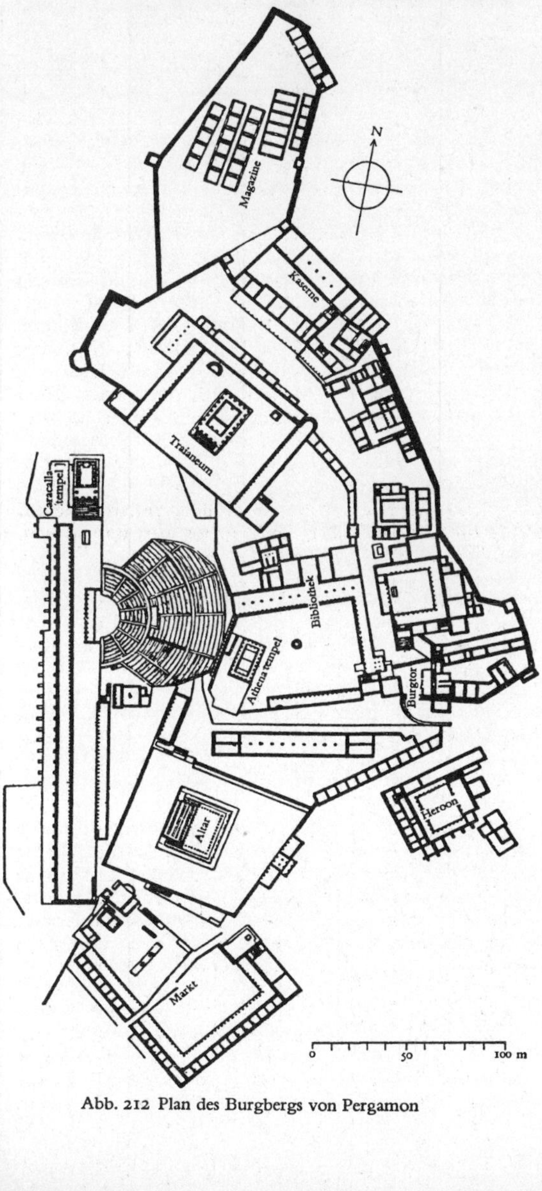

Abb. 212 Plan des Burgbergs von Pergamon

F. Befestigung. [1] *Geschichte* (Überblick). Die hochstehende myk. Befestigungstradition (vgl. → Kret.-myk. Kultur G 1) bricht mit der → Dorischen Wanderung ab, doch bilden die myk. Burgen oft als Fluchtburg und Herrschersitz den Nukleus der sich um diese Akropolis (Hochstadt) ausbreitenden griechischen Stadt. Völlig ummauerte Städte gehören in Griechenland bis zu den Perserkriegen zu den Ausnahmen (z. B. archaische Stadtmauer von → Eleusis und → Eretria). Erst nach der von Themistokles ungewöhnlich kühn und großzügig geplanten Ummauerung von → Athen (479/478) und → Piräus, die durch 3 je 8 km lange Mauern verbunden wurden, folgten die übrigen autonomen Städte diesem Beispiel. Anders die ion. Städte, die unter der lyd. und pers. Bedrohung schon im 7. und 6. Jh. systematisch Befestigungen ausbildeten (Altsmyrna, Larisa, Milet, Samos). Ähnlich dürften die großgriech. Koloniestädte schon früh ummauert worden sein, wenn auch sichere archaische Reste sich selten erhalten haben (Naxos). Hier erreichte die Fortifikationstechnik im 5. und 4. Jh. einen Höhepunkt (→ Gela: 9 m hohe Lehmziegelmauer auf Steinsockel; → Syrakus, größter Umfang der Stadtmauer: 27 km). Weitere Fortschritte brachten die makedon. Städtegründungen im Orient und die durch die technisierten Belagerungsmethoden der Diadochen erzwungene Modernisierung der bestehenden Mauern durch Verstärkung, Katapultbastionen, Verlegung in steiles Gelände.

[2] Griech. Mauerbauten folgen keinem geometrischen oder kultisch gebundenen Plan, sondern trachten nach günstigster Ausnutzung des Geländes für die Verteidigung, umgürten deshalb locker und unregelmäßig der Landschaft eingefügt die Städte. *Typen:* am Berghang gelegene Städte, deren Mauer stets den beherrschenden Gipfel einbezieht, der oft als Akropolis besonders befestigt wird (vgl. Abb. 42). Zwischen 2 Kuppen gelegene Städte ummauern beide Gipfel. In der Ebene gelegene oder rings um eine Akropolis sich ausbreitende Städte erhalten eine ringförmige, das Wohngebiet eng umfassende (Mantinea, Athen) oder eine etwa quadratische Mauer (Megalopolis, Sparta). Wo irgend möglich, führte man die Mauer oberhalb steiler Hänge entlang und bezog überhöhende Berge mit ein, so daß, vor allem in der Diadochenzeit, zumal in Nordgriechenland und Kleinasien, ganze größtenteils unbewohnte Landschaftsteile ummauert wurden (‹*Landschaftsstädte*›; → Demetrias, → Kolophon, → Herakleia am Latmos). Flache, bes. angreifbare Stellen wurden oft durch starke, von Geschützbastionen und vorgelegten Gräben gedeckte Forts gesperrt, die, mit Ausfallspforten versehen, der aktiven Verteidigung dienten (Festung Euryalos in Syrakus; Nordwerk von Selinunt). An strategisch wichtigen Punkten, z. B. Grenzpässen, wurden seit dem 5. Jh. unbesiedelte Sperrfestungen angelegt (Panakton, Phyle), die im Verein mit einem Netz von Wacht- und Signaltürmen die Verteidigung ganzer Landschaften ermöglichten.

[3] *Technik:* Die *Kurtine* (*μεταπύργιον*), 2–4 m stark, 5–9 m hoch, besteht bis zum 4. Jh. meist aus verputzten Lehmziegeln über einem Steinsockel, später in der Regel völlig aus Stein. Der Wehrgang (*πάροδος*) war durch eine Zinnenbrüstung oder eine Wand mit verschließbaren Fensterscharten gedeckt, in Athen zudem überdacht. Der *Mauerflankierung* dienten überhöhte, vorspringende, rechteckige oder seltener runde Türme in ca. 40–90 m Abstand, die auch durch einen gebrochenen, bisweilen sägeförmigen Verlauf der Mauer ersetzt werden konnten. Die Flankierungen wurden so angeordnet, daß die ungedeckte rechte Seite des Angreifers (Schwerthand) im Schußfeld lag.

Türme: (*πύργος*): Unterteil massiv, gelegentlich als Arsenal oder Wachraum ausgebaut, in Wehrgangshöhe eine mit Schießscharten oder Fenstern versehene Turmkammer, darüber ein Ziegeldach oder eine umbrüstete Plattform. Bei hohen Anlagen (bis zu 15 m) auch 2–3 Turmkammern, seit dem 3.Jh. mit →Katapulten bestückt. Der Wehrgang führte meist durch die Turmkammer hindurch, seltener hinter dem Turm vorbei. Mauern im flachen Gelände konnten zusätzlich durch eine niedrige Vormauer (*προτείχισμα*) und durch wassergefüllte Gräben (*τάφρος, τέλμα*, gesichert in Samos, Athen und Paestum) geschützt werden. *Wehrtore* (*πύλη*) sicherten die Zugangsstraßen. Zwei Typen unterscheidbar: Axiale Tore, die, gewöhnlich durch 2 Türme flankiert, auch durch einen tiefen, zwingerartigen Hof verstärkt werden konnten (→Athen, Dipylon,

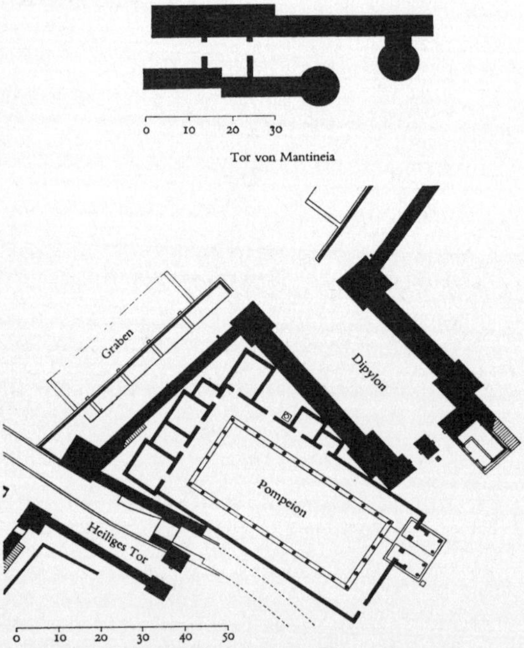

Abb. 213 Torbauten, *oben:* Tangentialtor von Mantineia, *unten:* heiliges Tor und Dipylontor von Athen

Abb. 213), sowie tangentiale Tore, durch parallel versetzte, sich überlappende Mauern gebildet und gleichfalls durch flankierte Türme und Zwinger verstärkbar (→Mantineia). Daneben kompliziertere Mischformen, wie das Eumenische Tor in →Pergamon mit geschlossenem Zwinger. Die 3–4 m breite und doppelt so hohe, seit 3.Jh. oft überwölbte Toröffnung war durch zweiflüglige, metallbeschlagene Bohlentore verschließbar. In Tornähe und an sonstigen Angriffspunkten wurden durch einen Turm gedeckte, ca. 1,5 × 2,5 m messende *Ausfallspforten* (*πυλίς*) angeordnet. Die Mauern wurden entweder aus luftgetrockneten, außen verputzten Lehmziegeln über einem niedrigen Steinsockel oder bis oben aus Steinen aufgeführt (letzteres seit dem 3.Jh. die Regel). Die Steinteile bestehen aus 2 gemauerten Außenschalen mit einer Füllung von Feldsteinen und Schutt (‹Emplekton›), seltener aus durchgeschichteten Quadern. *Mauertechnik:* (1) Polygonalmauerwerk, d.h. mit schrägwinkligem, unregelmäßigem, im 6.Jh. gelegentlich gekurvtem Fugennetz; (2) Schichtmauerwerk mit horizontalen Lager- und schrägen Stoßfugen, dabei häufig Einklinkungen und dreieckige Zwickel; (3) Quadermauerwerk, oft mit gleich hohen (meist 1½ Fuß = 49 cm) Schichten (isodom), bei sehr sorgfältigen Bauten auch in regelmäßigem Binder- und Läuferverband (Länge meist 4 bzw. 2 Fuß = 130 bzw. 65 cm). Die Sichtflächen wurden in der Regel rauh und leicht gewölbt zugerichtet (‹bossiert›), bei Quadern auch mit geradem Randschlag und rauhem ‹Spiegel› versehen oder völlig geglättet. Zur strategischen Bedeutung vgl. →Festungsbau und Belagerungstechnik.

G. Strassen. Die S. waren in der Regel geschottert oder mit Tonscherben befestigt. Straßenpflaster wurde nur für abschüssige Straßen (Priene, Pergamon) verwendet. Beschriftete *Horossteine* begrenzten öffentliche Straßen und Plätze. G.Gb.

Lit: *Zu A–E:* A. v. Gerkan, Griech. S.e-Anlagen, 1924 – E. Fabricius, RE 3 A 2 (1929), 1974–2016 – F. Krischen, Die griech. S., 1938 – A. Boëthius, Roman and Greek Town-Architecture, Göteborgs Högskolas Arsskrift 54, 1948, 3 – R.E. Wycherly, How the Greeks built Cities, 1949 – R. Martin, L'urbanisme dans la Grèce antique, 1956 – *Zu F:* F. Krischen, Die Befestigungen von Herakleia am Latmos, in: Milet III 2, 1922 – W. Wrede, Att. Mauern, 1933 – F. Krischen, Die Stadtmauer von Pompeji..., 1941 – R.L. Scranton, Greek Walls, 1941 – H. Kähler, Die röm. Torburgen..., JdI 57, 1942, 30–40 – F. G. Maier, Griech. Mauerbauinschriften, 1959/61.

II. Römische Stadt

A. Vorröm. Städte in Italien – B. Geschichte der röm. Stadt (Überblick): [1] Republik – [2] Kaiserzeit – C. Öffentliche Plätze und Bauten: [1] Grundplan – [2] Forum und Kapitol – [3] Tempelbezirke – [4] Portiken und Bibliotheken – [5] Theater, Amphitheater, Circus – [6] Thermen – [7] Schmuckbauten, Grabanlagen – [8] Handels- und Warenzentren – D. Private Bauten: [1] Wohnhäuser – [2] Paläste und Gärten – E. Strassen – F. Befestigung: [1] Vorgeschichte und frühe Republik – [2] Späte Republik und Kaiserzeit – G. Hafen – Vgl. →Wasserversorgung, →Kanalisation und zu den einzelnen Bautypen.

A. Vorröm. Städte in Italien. Als die →*Etrusker* sich im 8.Jh.v.Chr. ihres nachmaligen Stammlandes (‹Toscana›) bemächtigten, besetzten sie vor allem die Höhensiedlungen der älteren →Villanovakultur. Ihnen monumental-städtischen Charakter, d.h. historische Dauerhaftigkeit verliehen und so die Voraussetzungen für einen regen materiellen und geistigen Austausch mit der gesamten Mittelmeerwelt hergestellt zu haben, ist das eigentliche Verdienst der Etrusker für Italien. Politisch war die Gründung von *Städtebünden* gegen innere und äußere Feinde Voraussetzung für die Aufrechterhaltung des eigenen allseitigen Führungsanspruches. Von der inneren Organisation dieser durch röm. Einfluß nachhaltig umgestalteten S.e ist wenig bekannt. Anlage und Erweiterung beruhen in den wenigsten Fällen auf schematischer Grundlage (Cortona, Monterado, Kern von Veji?); spontanes Wachstum um den meist die natürlichen Beschaffenheiten des Geländes ausnützenden Befestigungsgürtel der Stadtburg erfolgt mitunter durch Angliederung naheliegender Siedlungen (vicus; bedeutet daher später röm. ‹Quartier›), wie z.B. der allmähliche Zusammenschluß der sieben Hochsiedlungen am strategisch wichtigen Tiberbrückenkopf zur künftigen Stadt →*Rom*. Die zunächst lockere Gruppierung um die führende Latinersiedlung (urbs quadrata) auf dem Palatin erhielt nach planmäßiger Trockenlegung der zentral gelegenen Talsenke im Forum ein gemeinsames politisches Zentrum, während der sakrale Mittelpunkt (Kapitol) an der Peripherie der S. lag; auch der wirtschaftliche Umschlagsmarkt am Tiberhafen befand sich noch außerhalb der ersten S.mauer (s.u.). Andere etrusk. *Kolonien* im N (z.B. Mantua, Marzabotto, Spina) und im S (mit Hauptort Capua) des Stammlandes gingen aus einem einzigen, planmäßigen Gründungsakt hervor. Er wird von dem strengen Ritual der Augurn begleitet, das die Aussonderung und Begrenzung (limitatio) des künftigen S.gebietes sakral begründen soll. Vom Zentrum aus wird die OW-Achse *(decumanus)* mit Hilfe eines die aufgehende Sonne anvisierenden Meßgerätes (etrusk.: groma) bestimmt; eine NS-Achse *(cardo)* wird im rechten Winkel durch diesen Punkt gelegt, die sie begrenzenden S.tore liegen im jeweils gleichen Abstand vom Zentrum, in dem der kreisförmige →Mundus (‹Himmelsgewölbe›) errichtet wird, eine die Verbindung mit der Unterwelt herstellende Opfergrube, die eine ideale Vertikalachse des ‹a cardine caeli› (nach röm. Etymologie also gleichsam als Ausschnitt, templum, des Himmels) gedachten Gebietes darstellt. Die Errichtung eines parallel zu den Achsen verlaufenden und ein Quadrat oder Rechteck bildenden Schutzwalles (oder S.mauer) wird ebenfalls sakral eingeleitet durch Aufreißen der Erde mit einem bronzenen (!) Pflug; dieser heiligen Zone *(pomerium)* entsteigen die Unterweltsgötter und sichern die S. magisch von ihrer Umgebung ab. Nach diesem Schema erfolgten die Gründungen von Spina und Capua (2.H. 6.Jh.). Marzabotto bietet am Ende des 6.Jh.s das Bild einer zu Füßen des Kapitols einheitlich geplanten S. mit rechteckiger Insula-Aufteilung durch Cardo und drei Hauptdecumani von je 15 m, mit Nebencardines von je 5 m Breite; die Straßen sind zu je ⅓ in Fahrbahn und 2 Gangsteige aufgeteilt, gepflastert und an den Übergängen mit Trittsteigen versehen; nur an den Kreuzungen überdeckte Entwässerungskanäle haben Zuleitung zu den Häusern. Dieses planmäßige S.system wirkt sich z.T. auch auf die Anlage von Totenstätten aus (Cerveteri). Die etrusk. S. war stets einer Gottheit geweiht, die ihr häufig den Namen gab (vgl. Mantus = Mantua, Pupluna = Populonia); sie war beherrscht vom → Tempel als sakralem Mittelpunkt, der sich durch künstliche Höhenlage auf einem Podium über der S. erhob. Etwa gleichzeitig mit der etrusk. Kolonisierung Kampaniens entstanden im benachbarten Unteritalien und Sizilien die ebenfalls regelmäßigen griech. S.-anlagen (Thurioi, Puteoli/Dikaiarchia, Poseidonia/Paestum, Neapel, Selinunt, Megara Hyblaia, Pompeji), z.T. schon im 6.Jh. (und später) versehen mit dem im hippodamischen System als unrationell verworfenen Achsenkreuz. Die Revision der → Terramaren hat die Frage nach dem Ursprung dieses S.systems wieder in Fluß gebracht. Gegenseitige Beeinflussung ist wahrscheinlich. Bei den Römern blieb das etrusk. System vorbildlich für die nach eigener Aussage bis in die Kaiserzeit ‹etrusco more› gegründete S.-gemeinde, *oppidum* (die befestigte Burg ohne Autonomie), und für *urbs*, die ‹rite› gegründete und ummauerte S. Das Militärlager (→ castrum), in vielen Punkten mit der urbs vergleichbar und in der Form von ihr hergeleitet, geht ihr später (besonders in den Provinzen) oft als Kern voraus (so z.B. in Ostia).

B. Geschichte der röm. Stadt (Überblick). [1] *Republik.* Die Kolonisation Italiens durch Rom beginnt schon im frühen 5.Jh. v.Chr. mit der Gründung der Bürgersiedlungen Norba, Signia, Suessa, Velitrae (495); das regelmäßige Schema von → Norba wird allgemein ins 4.Jh. datiert. Sie wird in umfangreichem Maße fortgesetzt seit der Sicherung der Herrschaft in Latium (338 v.Chr.) und dem planmäßigen Ausbau der Via Appia (312 v.Chr.). Bereits i.J. 338 erhalten → Antium und → Circei röm. Kolonien. 330 v.Chr. erhält → *Ostia* eine röm. colonia marittima, die durch Verlängerung des Decumanus direkt mit Rom verbunden ist; 30 Fuß breite Pomeriumstraßen umsäumen innen und außen ein Mauerrechteck von 126 × 194 m. Das Forum fehlt in dieser frühen wie in der ähnlichen Anlage von Minturno (296 v.Chr.), das von der Via Appia durchschnitten wird. → *Alba Fuceni* wird 303 kolonisiert; innerhalb der unregelmäßigen S.mauer entsteht in unebenem Gelände ein planmäßiges Straßennetz, ein Forum mit Tempel, Basilika und administrativen Gebäuden. Daneben gibt es S.e, die das unregelmäßige Straßennetz beibehalten (so z.B. die alten Siedlungen Praeneste, Tusculum, Tibur und das 273 gegründete Cosa) oder als planmäßige Neugründung von ihrer ursprünglichen Höhenlage in die Ebene verlegt werden (→ Falerii 241 v.Chr.). Die S.e des *3. und 2.Jh.s* sind über vorzugsweise quadratischem Schema errichtet (Cremona, Placentia, Bononia, Pisaurum, Parma, Aquileia, Pavia, Novara) und z.T. nach den Himmelsrichtungen orientiert; häufig nimmt die Orientierung jedoch auf den Lauf der Heeresstraße oder klimatische Bedingungen Rücksicht. Bei späterer Vergrößerung kann das Quadrat zum Rechteck erweitert werden (Aquileia) oder eine S. von unregelmäßiger Form sich innerhalb eines neuen, selbständigen Achsensystems weiterentwickeln (Pompeji). S.e des *1.Jh.s* zeigen meist rechteckigen Gesamtplan (Lucca, Florenz, Liberna, Verona, Como) und dem Quadrat angenäherte Insulae.

[2] *Kaiserzeit.* Mit den augusteischen Gründungen (Aosta, Turin, Brescia, Concordia, Saepinum, Fanum) ist die Entwicklung in Italien im wesentlichen abgeschlossen, doch wandeln sich die S.e dank steigendem Wohlstand durch einen immer prunkvolleren Ausbau nach dem Vorbild Roms noch über Jh.e ständig; auf Befestigungen wird infolge des Reichsfriedens häufig verzichtet (Vorstädte). In öffentlichem und privatem Interesse entstehen außerhalb der S. Hafenanlagen (Misenum, Ostia) sowie ganze Villen- und Badestädte (Baiae, Stabiae). Im übrigen konzentrierte sich der S.e-Bau auf die *Provinzen.* Neugründungen entstehen vorzugsweise: (1) an festen Plätzen (z.B. ursprüngliche Oppida Nîmes, Avenches, Genf), (2) an Straßen: in Längsausdehnung (Brigantium, Petra) oder an Straßenkreuzungen (Andernach, Beauvais, Ladenburg); im Schutz eines röm. Lagers entstehen aus der zunächst planlosen Ansammlung von Verkaufsbuden (canabae) die sog. *Canabaedörfer*, die seit dem 2.Jh. mitunter Stadtrecht erhalten (so z.B. Bonn, → Carnuntum, Corbridge, Mainz, → Lambaesis, Straßburg, → Vindonissa, York). In Nordafrika und Spanien bilden pun. und griech. Siedlungen nahe der Küste und die numid. und iber. S.kultur im Landesinneren die Grundlage. Die Mittelmeerküste Galliens war ebenfalls von griech. Kolonien besiedelt; im Inneren entstanden schon am Ende der Republik planmäßige S.e (Lugdunum, Nemausus, Arelate); gallische Oppida werden zu röm. Provinzstädten umgebildet (Bibracte) oder zwangsweise in die Ebene verlegt (Augustodunum); Handelsplätze zur S. erweitert (Paris). In Britannien setzt die planmäßige Organisation erst in flavischer Zeit ein (Silchester, Colchester, Lincoln, Wroxeter, Caervent) oder entwickelt sich durch natürliches Wachstum ehemaliger Militärlager (Lindum) oder günstig gelegener Marktflecken (→ Londinium). In Germanien und den Donauprovinzen entstehen planmäßige S.gründungen erst in augusteischer Zeit (Augsburg, Augst, Carnuntum, Köln). Weiträumige Planungen, z.T. um ehemalige kelt. Oppida, werden häufig auch in der Folgezeit nicht restlos ausgebaut (Avenches, Emona, Cambodunum). Handelsplätze erhalten im Laufe der Zeit städt. Charakter (Bonn, Mainz, Worms). Das an pun.-hellenist. S.en reiche Nordafrika erhält dazu strategisch wichtige Neugründungen im Landesinneren (Lambaesis, Sufetula, Timgad). Caesar läßt Karthago auf planmäßigem Schema neu erstehen. Andere S.e werden durch an- oder eingefügte Achsensysteme erweitert (Leptis Magna, Sabratha) oder entwickeln sich natürlich im Zuge monumentalen Ausbaus (Thugga, Turburbo Maius); z.T. liegen griech. Planungen zugrunde (Kyrene, Tripolis). In den östl. Provinzen beginnt sich der röm. Einfluß beim Ausbau hellenist. S.e schon im 1.Jh. v.Chr. durchzusetzen: Wiederaufbau von Korinth 44 v.Chr.; spätrepubl. Forum, Basilika, Circus u.a. Monumentalbauten in Antiochia. Andere S.e Syriens und Arabiens sind von Grund auf nach röm. Prinzip um- oder neugestaltet (Damaskus, Bostra, Philippopolis, Gerasa, Apameia). Ägyptens berühmteste planmäßige Neugründung ist Antinoopolis. Auch im stark urbanisierten Kleinasien hat der röm. S.-Bau nachhaltige Spuren hinterlassen (Ephesos, Milet, Pergamon). – Allgemein ist die Entwicklung bis ins 2.Jh.n.Chr. im Steigen begriffen und erreicht in antoninischer Zeit ihren Höhepunkt. Später sind spontane Erweiterungen Ausnahmen infolge besonderer Umstände (bes. die Residenzen Trier, Mailand, Ravenna, Konstantinopel). In der Spätantike folgt auf die Preisgabe zu ausgedehnter oder ent-

völkerter Quartiere (vgl. die byzantin. Mauern von Leptis Magna, Sabratha u.a.) die Einigelung im ursprünglichen regelmäßigen und befestigten Zentrum (Bildung der spätantiken ‹castra› Bordeaux, Boulogne, Orléans, Reims, Rouen, Yverdon u.a.) auf den Höhen ursprünglicher Oppida (z.B. Avenches) oder im provisorisch befestigten S.-Zentrum (z.B. Athen, Thugga).

C. Öffentliche Plätze und Bauten. [1] *Grundplan.* Bei Neugründungen auf eben erschlossenem Boden bietet sich das regelmäßige Einteilungssystem der S., bes. im Zusammenhang mit der parzellenmäßigen Landesvermessung, z.B. bei Veteranenkolonien, wie von selbst an (vgl. o. II A). Die im rechten Winkel sich schneidenden Straßenzüge sind die Adern dieses Organismus, die Inseln mit einer je nach der Lage bestimmten Funktion ausgestattete Zellen. Während sich die Gesamtplanung den jeweiligen Erfordernissen von vornherein anpassen muß, bietet das natürliche Wachstum z.B. eines Handelsplatzes bessere Möglichkeiten einer ungehemmten, organischen Entwicklung. Rom selbst bietet hierfür das beste Beispiel; so sind denn auch die hier entwickelten Bautypen für die gesamte Reichsarchitektur vorbildlich geworden.

[2] *Forum und Kapitol.* Das → Forum, religiöses, administratives und wirtschaftliches Zentrum, bildet den topographischen Mittelpunkt der röm. S., so daß im Idealfall beide Hauptstraßen den Platz tangieren. Bei Neuplanung war die Einfügung in eine oder mehrere insulae maßgebend für die einheitliche Gestaltung der Gebäuderückwände; diesen konnten gegen die Straßenseiten Tabernen vorgelagert werden. Bei planmäßiger S.-Erweiterung wurde nicht selten ein zweites Forum als neues Zentrum geschaffen (z. B. Leptis Magna). Dagegen konzentrierte sich der kaiserliche Forumsbau in Rom auf das jeweils zu erweiternde Gelände nördl. des republikan. Forums, wobei die Hauptachse des Forum Julium maßgebend blieb für die Längs- bzw. Querachse aller späteren Anlagen. – Das städtische Haupttheiligtum, meistens der kapitolinischen Trias geweiht, war in fast allen röm. Kolonien dem Forum beherrschend eingegliedert und hatte seit der Kaiserzeit zu dessen temenosartiger Gestaltung beigetragen.

[3] *Tempelbezirke.* Neben dem städtischen Kapitol konnten zu Ehren bereits vorhandener Lokalgottheiten, des Kaisers und seiner Familie oder neuer religiöser Strömungen weitere → Tempel und Heiligtümer beibehalten, umgestaltet oder neu errichtet werden. Rom besaß am Ende der Republik mindestens 30 größere Tempel. Die in der Kaiserzeit erbauten Bezirke nahmen beträchtliche Flächen in Anspruch; sie waren von Portiken oder nischen- und säulengegliederten Temenosmauerm umgeben (Tempel des Divus Claudius auf dem Caelius, der Venus und Roma am Forum, der Caesaren auf dem Palatin, Hadrianeum). Gesteigerte Monumentalität (Serapis-Heiligtum) und bizarre Grundrißformen (Iseum und apsidiales Serapeum, Heiligtum des Sol mit ovalem Vorhof) verraten orientalische Herkunft. Solche S.-Heiligtümer genossen mitunter weltweite Verehrung (Baalbek, Gerasa). In der mittleren Kaiserzeit wurden die S.e von den baulich wenig umfangreichen → *Mithräen* förmlich überflutet. Schule machte die hadrianische Fassung des Pantheon (Pergamon, Ostia). Nördlich der Alpen sind u.a. die Sonderformen der gallo-röm. Quadrat- oder Rundtempel verbreitet.

[4] Die röm. → *Portikus*, ein geschlossener Schmuckplatz (selten nur Halle) mit Sälen, Sitzungsräumen und Gartenanlagen, diente politischen (Abstimmungen) sowie kulturellen Anlässen und Spielen, in Rom nicht selten auch der Aufbewahrung berühmter Kunstwerke. Sie ist in mancher Hinsicht Vorgängerin der Kaiserfora. – → *Bibliotheken* waren z.T. in Portiken untergebracht, z.T. selbständige Gebäude mit Peristylhof und Lesesälen.

[5] → *Theater* gehören seit der späteren Republik zum festen Bestand jeder S.; sie sind ihr nach sehr unterschiedlichen Gesichtspunkten eingegliedert. In Pompeji hat sich an der südl. S.peripherie ein Theaterzentrum gebildet mit einem großen, einem kleinen überdeckten Theater (→ Odeion) und einer (bei Vitr. 5,9 empfohlenen) Portikus (zeitweise Gymnasium und Gladiatorenkaserne). Auch in Rom lagen die ersten steinernen Theater (des Pompeius 55 v.Chr., des Marcellus um 40 v.Chr.) an der Peripherie, südl. des großen Vergnügungszentrums am Marsfeld (vgl. Gerasa, Palmyra, Thugga, Sufetula u.a.). In planmäßigen S.en kann das Theater in eine (Aosta) oder mehrere Insulae eingepaßt werden (Timgad, Sabratha, Leptis Magna); ferner geht es Verbindungen ein mit Portikus und Tempel (Ostia, anders Pompeius-Th. Rom), mit dem Hauptheiligtum als Blickpunkt (Augst), mit einem Stadion (Aizanoi); in vielen Provinz-S.en, wo es im Dienste kultureller und politischer Propaganda steht, wird es häufig zum überragenden Wahrzeichen der S. (z.B. Orange, Sabratha). – Auch die → *Amphitheater*, fast ebenso unentbehrlich wie die Theater, liegen im allgemeinen an der S.peripherie (Pompeji, nahe der Palästra; Aosta, neben dem Theater); die beiden größten bekannten Bauten dieser Art beherrschen jedoch das S.zentrum (Rom; El-Djem). Sehr oft werden sie vor der S. angelegt (Capua u.a.). Dem Kolosseum in Rom war der Ludus Magnus zugeordnet, eine von einem Säulenhof umgebene, ellipsenförmige Übungsarena und Gladiatorenkaserne (ein weiteres Ludus südlich der Porta Labicana). Körperlicher Ertüchtigung dienten weiträumige *Palästren* mit Natatio (z. B. Pompeji, Herculaneum; vgl. → Thermen). – Die augusteischen und flavischen → *Naumachien* Roms lagen außerhalb der S.; künstliche Seen dieser Art gehören zu den Seltenheiten. – Selten bestimmt der → *Circus* das S.bild wie in Rom, wo er – angeblich seit der Königszeit – das Tal zwischen Palatin und Aventin ausfüllt; er ist mit dem Kaiserpalast verbunden, auch in Konstantinopel und Thessalonike. Weitere C.-Bauten entstehen außerhalb des S.gebietes auf dem Marsfeld und dem Campus Vaticanus (vgl. auch Gerasa, Thugga, Leptis Magna u.a.).

[6] Die → *Thermen* finden in den S.en Kampaniens seit dem 2.Jh.v.Chr. Eingang; Pompeji besaß in der frühen Kaiserzeit mindestens vier auf verschiedene Quartiere verteilte Anlagen, die sich nach der Straße zu meist in Tabernen öffnen und zwanglos in eine Insula fügen; ähnlich Herculaneum, das außerdem suburbane Thermen besitzt. In Rom stiftete Agrippa mehrere Bäder, die bedeutendsten wiederum auf dem Marsfeld, wo später unter Nero der erste sog. ‹Große Kaisertyp› der Thermen entstand. Unter Titus, Trajan, Caracalla und Diokletian erhielten die östl. Quartiere in den an Ausmaß gewaltigsten städtischen Anlagen autonome Zentren der Volkswohlfahrt und Erziehung. In den Provinzstädten erlangten sie, oft nach stadtröm. Vorbild, ähnliche zentrale Bedeutung.

[7] *Schmuckbauten.* Bewußten Eingriff in das S.bild brachte die für Schmuckbauten notwendige Erbauung von → *Aquädukten*, deren es u.a. auch für die → Wasserversorgung der städtischen *Brunnen* und → *Nymphäen* bedurfte. Letztere erlangten bes. in der Kaiserzeit als Fassadenkulisse und Zielpunkt von Straßenzügen außerordentliche städtebauliche Bedeutung; sie sind gleichsam reinster Ausdruck für das Bedürfnis nach Repräsentation von Wohlfahrt und Hygiene. Noch entschiedener bestimmten → *Triumphbögen* und *Torbauten* als Verkörperung röm. Selbstbewußtseins das Straßenbild; daneben bleibt die griech. Form des → *Propylon* gebräuchlich. – → *Grabbauten* verdienter republikan. Familien wurden häufig in das anwachsende S.bild einbezogen; bes. verdiente Bürger erhielten ein Staatsbegräbnis auf dem Marsfeld, wo sich später auch Augustus und Hadrian monumentale Mausoleen errichten ließen. In der Regel lagen die Gräber an den Landstraßen vor der S.

[8] *Handels-* und *Warenzentren.* Während sich die finanz- und vertragsgeschäftlichen Angelegenheiten des Handels-

wesens in den städt. *Basiliken* und den *Portiken* der Handelsvertretungen abspielten, vollzog sich der Warenumschlag und die vorübergehende Lagerung in eigens dafür bestimmten Zentren. Der Aufbewahrung und dem Großhandel von Warengütern dienten Speicher (→ *Horreum*) und Warenhallen (→ *Emporium*), die sich bes. in Hafenstädten (z.B. Ostia) über mehrere Quartiere verteilen; das bedeutendste Warenzentrum Roms befand sich am Tiberhafen im SW der Stadt; zu den wichtigsten Gebäuden für den Einzelhandel gehören die mehrstöckigen, mit Innenstraße versehenen *mercati* am Trajansforum. – Das Forum wurde durch *Sondermärkte* entlastet; Rom besaß deren seit früher Zeit eine größere Anzahl mit Tempel, → Tabernen und Hallen, die nach dem Absterben des Einzelhandels in der Kaiserzeit zu Zentralmärkten (mercati) einzelner Quartiere wurden (forum piscatorium, boarium, holitorium, pistorium, suarium, vinarium u.a.). Aus ihnen entwickelte sich das → *Macellum*.

D. Private Bauten. [1] Die *Wohnhäuser* (→ Haus) einer planmäßigen S. waren der Insula untergeordnet; dabei war ihre individuelle Gestaltung zunächst jedoch kaum beeinträchtigt. In den kampanischen S.en ist ihre Hauptachse gegen die Insula-Längsseite gerichtet; ihrem Typus (domus) gemäß sind sie meist ein- bis zweistöckig, zeigen nach außen eine einfache, fast fensterlose Fassade und erhalten Licht und Luft durch Atrium und Peristylgarten. Mehrstöckige Mietshäuser der Kaiserzeit sind in Ostia am besten erhalten. Rom besaß spätestens seit dem 3.Jh. v. Chr. dreistöckige Häuser (Liv. 21, 62); laut Vorschrift sollte der gegenseitige Abstand 2,5 Fuß betragen. Augustus und Trajan sahen sich veranlaßt, die Bauhöhe zu beschränken (auf 21 m bzw. 18 m). Über Bodenspekulationen, Wohnungsnot und Preiswucher, wie sie für jedes Großstadtwesen charakteristisch sind, berichten uns eine große Zahl literarischer Zeugnisse.

[2] *Paläste* kennzeichnen die S. zunächst als Residenz (Rom, später Mailand, Trier, Verona, Ravenna, Thessalonike, Nikomedia). Während die bescheidene Domus des Augustus nicht größer war als städt. Privathäuser wohlhabender Bürger Pompejis des 2.Jh.s v. Chr. (z.B. Casa del Fauno), wurde der Palatin (daher unsere Bezeichnung ‹Palast›) von Tiberius bis Septimius Severus zu einem monumentalen, die S. beherrschenden Residenzviertel ausgebaut. Die städtebauliche Einbeziehung des Forums bis zum Mons Oppius oder sogar des Capitols blieben ephemere Erscheinungen. Nero machte mit der Domus Aurea den großzügigen Versuch, den Typus der Landresidenz in die Grünflächen der S. zu verlegen (von den Flaviern und Trajan niedergelegt). Noch der konstantinische S.plan (Forma urbis) zeigt im Straßenbild Privatpaläste von ca. 64 × 26 m Fläche. Der Luxus weit größerer Bauten, die die Höhenlage von weniger bewohnten Quartieren und den Grüngürtel der S. bevorzugten, ist immer wieder Thema antiker Autoren (z.B. Martial 12, 57; Stat. Silv. 1, 3; 2, 2). – An der Peripherie lagen auch die öffentlichen und kaiserlichen → *Gärten* und Parkanlagen (horti) mit reichem künstlerischem und architektonischem Schmuck.

E. Strassen. Den Straßenbelag (summum dorsum) bildeten Platten oder Kopfstein, auch bei wichtigen Landstraßen; er ruht auf einem mehrschichtigen Straßenbett, z.B. Auffüllung (statumen), Steinlage (rudus), betonartige Ausgleichsschicht (nucleus). Pflasterung ist für das Jahr 296 v. Chr. überliefert (Liv. 10, 23.47), im 2.Jh. allgemeiner verbreitet (Liv. 41, 32) und wird 46 v. Chr. wiederholt für alle ital. S.en vorgeschrieben (lex Iulia municipalis). Die Straßenzüge sind meistens von versenkten Zufluß- und Abwasserkanälen (→ Kanalisation) und überhöhten Bürgersteigen (margines, crepides) begleitet, an den Straßenkreuzungen befinden sich Trittsteige. Die Breite variiert im republikanischen Pompeji zwischen 2,5 und 8,5 m, in augusteischer Zeit soll der Dekumanus ca. 13 m, der Kardo ca. 7 m messen; 15–18 m breite Hauptstraßen sind üblich (durchschnittliche Wagenspur = 1,35 m). Seit der frühen Kaiserzeit nimmt der Ausbau von Hallenstraßen (via porticata oder tecta) zu und wird nach dem neronischen Brand in Rom Vorschrift auf Staatskosten (Tac. ann. 15, 43; Suet. Nero 16); im 2. und 3.Jh. gehören sie allgemein zum S.-bild; einstöckige Säulenhallen (Milet, Trier: Pfeilerhallen) sind den Hausfassaden vorgeblendet und säumen, als Wandel- und Auslagehallen, das Achsenkreuz (Timgad, Philippopolis), die Hauptader neuer S.teile (Sabratha), auch sämtliche Nebenstraßen (Damaskus, Bostra) oder für den Verkehr gesperrte Einkaufsstraßen (Termessos, Kremna); der Konflikt an den Kreuzungen führte zu Bogentorbildungen (Palmyra, Perge); in der Kreuzung selbst konnten ein *Tetrapylon* (Gerasa, Tripolis) oder 4 *Tetrakionia* stehen (Gerasa). Der Verlauf oder Abschluß einer Straße konnte durch 1- bis 3torige → *Triumphbögen* skandiert oder durch → *Nymphäen* gesteigert werden (Rom, Leptis Magna). Die Breite solcher Prachtstraßen war mitunter beträchtlich (über 40 m in Leptis Magna).

F. Befestigung. [1] Der *vorgeschichtliche Wallbau* der → Terramaresiedlungen und bronzezeitlichen Oppida Italiens blieb zunächst auch grundlegend für das Verteidigungssystem ital. Siedlungen (in Latium: Satricum, Antium, Ardea): ein palisadenbewehrter Erdwall (agger), verstärkt durch eine Mauer aus großen Tuffquadern, und vorgelagerter Graben (fossa); Reste der ca. 7 km langen *Befestigung Roms* aus dem 6.Jh. v. Chr. werden stellenweise zwischen Palatin und Esquilin vermutet. Die sog. Servianische Mauer, nach der Gallierkatastrophe zwischen 378 und 352 v. Chr. errichtet (Liv. 6, 32, 1; 7, 20, 9), bestand aus einer äußeren, ca. 9,5 m hohen und 3,6 m breiten und einer niedrigeren inneren Schale aus Tuffquadern (opus quadratum, → Architektur II A 2), die den nach der Innenseite abgeböschten Erdwall einschlossen; sie war mit einem Vorwall (subagger) von ca. 7 m und einem Graben von ca. 29,6 m Breite und 8,9 m Tiefe umgeben (Gesamtlänge ca. 11 km); bei späterer Erneuerung erreichte sie stellenweise eine Höhe von ca. 16 m und eine Gesamtstärke von ca. 37 m (Esquilin). Die ersten *Trockenmauern* etrusk. und latin. S. stammen aus dem 6.–5.Jh. v. Chr. (Volterra, Veji, Vulci, Populonia, Segni, Cora, Circei); in der Anlage nutzten sie im allgemeinen die Voraussetzungen des Geländes aus (s. o. C 1). Im 4.Jh. waren sie meist zweischalig; neben opus quadratum (z.B. Cerveteri, Tarquinia, Bolsena) wurde Polygonalmauerwerk weiterhin beibehalten (z.B. Terracina, Norba); nur kleine *Beobachtungstürme* (z.B. Tarquinia) flankierten die z.T. monolith überdeckten Tordurchgänge. Die 4 zwingerartigen *Tore* der regelmäßigen Anlage von Ostia waren nach außen durch ein Fallgitter, nach innen durch ein Tor verschließbar.

[2] Dem 3.–2.Jh. v. Chr. gehört die mit Türmen im Abstand von ca. 100–120 Fuß und Bogentoren versehenen Mauern von Alba Fucens, Cosa, Falerii an. Die ca. 6 m starke Mauer von Pompeji bestand aus ca. 8,5 m hohen, durch Strebepfeiler verstärkten Schalen, der Wehrgang war nach außen mit Brüstung und Zinnen mit Traversen, nach innen mit der um 3 m überhöhten Mauerschale zum Schutz gegen Geschosse versehen und hatte Zugang zu ca. 9,5 × 7,6 m messenden, zweigeschossigen Türmen mit begehbarer Plattform. Außen waren Wall und Graben, auf der Innenseite der über Treppen erreichbare agger beibehalten; die S.zugänge waren ein- bis dreitorig (‹Herkulaneer Tor› mit tiefem Vorhof, propugnaculum). Seit dem 2.Jh. v. Chr. wurden die S.tore als Fassade gestaltet (z.B. Perugia); die Tore der augusteischen Zeit sind von quadratischen (Aosta), halbrunden (Fanum, Nîmes) oder polygonalen (Spello, Turin) Türmen flankiert, haben meist 3, häufig auch 4 Bogenöffnungen und darüberliegende ein- bis zweigeschossige Bogengalerien; unter Verwendung von Säulen- und Pilasterordnungen sind sie zu einheitlichen

Fassaden komponiert. Die flankierenden Türme wurden in die Komposition einbezogen (z.B. Verona, Porta dei Leoni), bald sind die Zugänge nicht mehr zwingerartig, sondern nähern sich in Grund- und Aufriß der Gestalt von → Triumphbögen (Gerasa, Asseria, Adalia). In der Zeit nach Augustus verzichtete man nicht selten auf den Bau oder die notwendige Erweiterung der S.mauer. Zur Befestigung neugegründeter Militärkolonien an den Reichsgrenzen vgl. → Castrum. – Rom, seit Jh.en offene S., erhielt unter Aurelian (270–275) die letzte Befestigung, eine bis zu 10,4 m hohe Backsteinmauer von ca. 19 km Länge, die an der Innenseite durch tiefe Bogenhallen verstärkt war; den Wehrgang erreichte man über vorgebaute Rechtecktürme im Abstand von jeweils 100 Fuß (29,6 m); die seit tiberianischer Zeit außerhalb der republikan. Mauer gelegene *Kaserne* der Prätorianergarde wurde als fortifikatorisch wichtige Anlage in die neue Befestigung mit einbezogen. Die Tore griffen auf das alte Schema mit flankierenden Türmen zurück, das in seiner vollendetsten Gestalt in der Porta Nigra (Trier) erhalten ist. Von Barbareneinfällen gefährdete S.e waren jetzt oft nicht mehr in der Lage, ein umfassendes Verteidigungssystem zu errichten; ganze Quartiere wurden aufgegeben und dienten als Steinbruch für die meist in hektischer Eile zusammengeflickten Befestigungen der S.kerne (z.B. Thugga, Leptis Magna, Sabratha) oder schutzbietende Kastelle in deren Umgebung (z.B. Augst). – Das röm. Verteidigungssystem war mit seiner im allgemeinen schematischen Führung dem griechischen strategisch zweifellos unterlegen, dagegen bot das Prinzip des agger unvergleichliche fortifikatorische Vorzüge.

G. Hafen. *Roms* ältester Seehafen, Ostia, lag nahe der Tibermündung und verfügte auf diese Weise über eine natürliche Verbindung mit dem städtischen Hafen. Vom Meer

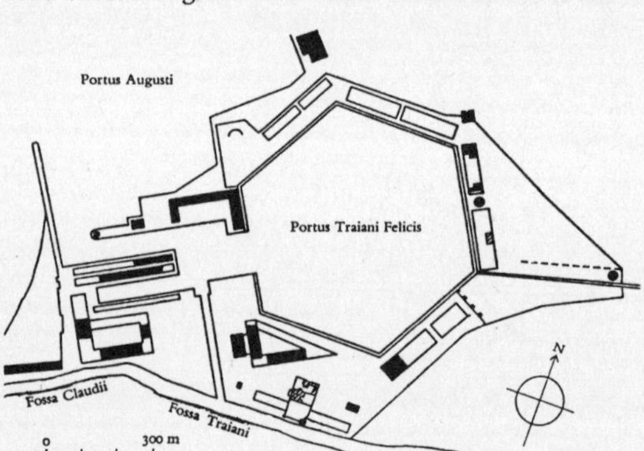

Abb. 214 Plan des Trajanshafens von Ostia

war er durch zwei zum Halbkreis ausgreifende Molen und eine zwischen ihren Endpunkten gelegene Insel mit → Leuchtturm geschützt, zu deren beiden Seiten sich die Durchfahrten befanden (sog. Claudius-Hafen). In trajan. Zeit erhielt Ostia einen zusätzlichen künstlichen Binnenhafen in Form eines regelmäßigen Sechseckes. Der Hafen von *Leptis Magna,* eine der besterhaltenen antiken Anlagen, wurde im Verlauf der Kaiserzeit auf ähnliche Art systematisiert; die Molen sind mit Tempel, Säulenhallen und Magazinen bebaut, ein mächtiger, weit vorgeschobener Leuchtturm kündigt den Hafen an, ein kleinerer flankiert die Einfahrt. Der Hafen von *Terracina* hat die regelmäßige Form eines seitlich zum Festland gelegenen Hufeisens. Andere Anlagen des Mittelmeeres nützen mehr die natürlichen Voraussetzungen des Geländes aus. Roms bedeutendster Kriegshafen bei *Kap Misenum* bestand aus einem tiefen, durch Bogenmolen geschlossenen Vor- und einem in dessen Schutz gelegenen Binnenhafen. Eine bes. geschickte Ausnützung vorgelagerter Inseln zur Bildung eines geschlossenen Hafens zeigt die Anlage von *Caesarea*/Marokko; wenig erforscht ist der wichtige Handelshafen von Puteoli, dessen weit in das Meer geführte Bogenmole bis in die Neuzeit aufrechtstand. Rings um die Häfen entstanden große Lagerquartiere (→ Emporium) mit → Magazinen (→ Horreum), von denen aus der Transport in die S. erfolgte. C.K.

Lit: Zu A–E: F. Haverfield, Ancient Town Planning, 1913 – J. E. Wymer, Marktplatzanlagen der Griechen und Römer, 1916 – G. Säflund, Le terramare, AIRRS 7, 1939 – G. Vinaccia, Il problema dell'urbanistica dell'antica Roma, 1939 – K. Lehmann-Hartleben, RE 3 A 2 (1929), 2016–2124, s. v. Städtebau (C) – G. Patroni, Architettura preistorica generale ed italica. Architettura etrusca, 1941 – P. Barocelli, Terremare, Palatino, Bull. Comm. 70, 1942, 131–144 – A. Boethius, Roman and Greek Town Architecture, AUG 54, 1948, 3 – L. Homo, Rome impériale et l'urbanisme dans l'antiquité, 1951 – A. Boethius, Die hellenisierte ital. S. der Röm. Republik, Op. Ath. I, AIRRS 2, 1953 – P. Grimal, Les villes romaines, 1954 – G. Carettoni, EAA III, 1960, 723–726, s. v. foro – Crema, 28 ff. 154 ff. 274 ff. 356 ff. 512 ff. 571 ff. – *Zu F:* J. Richmond, The City Wall of Imperial Rome, 1930 – G. Säflund, Le mura di Roma repubblicana, AIRRS 1, 1932 – F. Krischen, Die S.mauern von Pompeji und griech. Festungsbaukunst in Unteritalien und Sizilien, = Hellenist. Kunst in Pompeji VII, 1941 – H. Kähler, Die röm. Torbogen der frühen Kaiserzeit, JdI 57, 1942, 1–104 – P. Fraccaro, EAA V, 1963, 254–266, s. v. mura. Vgl. → Castrum – *Zu G:* K. Lehmann-Hartleben, Die antiken Hafenanlagen des Mittelmeeres, 1923 – G. Lugli-G. Filibeck, Il porto di Roma imperiale e l'agro portuense, 1935 – G. Brusin, Gli scavi di Aquileia, 1934, 19 ff. – Crema, 348.

Stadtgöttin. Seit der Frühzeit sind die Schutzgottheiten griech. Städte nicht Lokalpersonifikationen, sondern (neben Lokalheroen) einer oder mehrere der großen Götter (Zeus, Hera, Athena, Aphrodite usw.), durch ein Epitheton charakterisiert (Polias, Polieus, Sosipolis, Polio(u)chos; Athene als *ῥυσίπτολις*, ‹Städtebeschützerin›, Hom. Il. 6, 306), mit Kult auf der Akropolis: *ἀκραία* heißen Hera (Argos, Korinth), Artemis, Aphrodite u. a. Die äußere und innere Unsicherheit der Städte seit Ende 5. Jh.s, als Versagen der alten Götter empfunden, führt zur kultischen Verehrung menschlicher Retter (→ Soter) und zum Kult der → Tyche, zuerst in Theben und Megara (Paus. 9, 16, 1 f.; 1, 43, 6; nicht in Himera trotz Pind. Ol. 12), als → *ἀγαθὴ τύχη* in Athen oder entsprechend der Tyche des Einzelnen als *Τύχη τῆς πόλεως* (‹Stadttyche›), bes. in Neugründungen wie Megalopolis (Paus. 8, 30, 7) und Alexandria (Ps. Lib. Descr. 25 p. 529 ff.), im Osten (der Schutzgötter kannte: Astarte/→ Ištar, → Atargatis) bes. im Seleukidenreich als ‹Gad› (Glück). In Athen wird der Stadttyche erst von → Herodes (2) Atticus ein Tempel gebaut (SIG 856), in Gytheion schon Livia ihr gleichgesetzt (Suppl. EG 11, 923, 9 f.); sie wird oft auf Münzen dargestellt, häufig mit der Mauerkrone, auch als Standbild (Tyche von Antiochia von → Eutychides). Vom Kult der Stadttyche angeregt, aber verschieden ist die Verehrung der → Dea Roma im Osten (seit 195 v. Chr. in Smyrna: Tac. ann. 4, 56). C. J. C.

Lit: F. Allègre, Etude sur la déesse grecque Tyché, 1889, 184–240 – W. Dittenberger zu OGIS 585 – T. Dohrn, Die Tyche von Antiochia, 1960.

Stadtstaat → Polis.

Städtebünde → Bünde, → Latinischer, → Italischer Städtebund, vgl. → Ethnos.

Ständekampf, moderne Bezeichnung des vermutlich kurz nach dem Königssturz in Rom einsetzenden Kampfes der → Plebejer um politische Gleichberechtigung mit den → Patriziern, bes. um den Zugang zu den Staatsämtern, ca. 500–287. Der S. entsprang aus der politischen und sozialen Benachteiligung der Plebejer, die zwar Rechtsschutz genossen und dienst- und steuerpflichtig waren, aber mit den Patriziern keine vollgültige Ehe eingehen konnten und kein passives Wahlrecht hatten. Nach der unsicheren Überlieferung erhielten die Plebejer 509 wie die Patrizier das Recht der → provocatio. Nach der 1. → Secessio plebis (→ Menenius Agrippa) erhielten sie 493 das Recht, zur Vertretung ihrer Interessen zwei → Volkstribunen zu wählen. Die Zahl der Volkstribunen wurde 471 auf vier; 457 oder

449 auf zehn erhöht. 486 erhielten die Plebejer Anteil am → ager publicus. Seit 471 traten die plebejischen Standesversammlungen (→ concilia plebis) nach → Tribus zusammen und wählten so die Volkstribunen, 451/450 wurde die Rechtswillkür der Patrizier durch Kodifikation des Gewohnheitsrechts in den → Zwölftafelgesetzen beseitigt, 448 die Blutgerichtsbarkeit von den patrizischen Magistraten auf das Volk übertragen. 445 wurden rechtsgültige Ehen zwischen Plebejern und Patriziern durch die lex Canuleia gestattet. 444 wurde das Konsulartribunat (→ Tribunus, 3) eingerichtet, zu dem auch Plebejer Zutritt erhielten, wenn sie auch erst seit 400 tatsächlich unter den Konsulartribunen auftreten. Seit 421 stand den Plebejern die → Quästur offen (409 erscheinen die ersten Plebejer in der Quästorenliste). 367 eröffneten die leges Liciniae Sextiae den Plebejern das → Konsulat, als erstes Staatspriestertum das der decemviri sacris faciundis (→ Quindecimviri) und vielleicht auch schon mit ihrer Einrichtung die kurulische → Ädilität. 312 ließ App. → Claudius (6) Caecus die Bürger ohne Grundbesitz in alle Tribus einreihen, doch wurden 304 die nichtgrundbesitzenden Bürger auf die vier städtischen Tribus beschränkt. Im J. 300 begründete die lex Ogulnia die Kooptationsfähigkeit der Plebejer für die Priesterämter. 287 setzte die lex Hortensia die Rechtsverbindlichkeit der → Plebiszite für das Gesamtvolk fest (die gleiche Bestimmung sollen bereits die lex Valeria Horatia von 449 und die Lex Publilia Philonis von 339 getroffen haben), forderte die senatus auctoritas vor der Rogation eines Gesetzes in den Centuriatcomitien (→ lex) und eröffnete eine der beiden → Censorenstellen den Plebejern. – Der auf beiden Seiten mit großer Zurückhaltung geführte S. bewirkte schließlich die Gleichstellung der Plebejer mit den Patriziern. Die Volkstribunen, die selbst immun waren, erhielten zunächst das Hilfsrecht (ius auxilii) für die Plebejer gegen die Staatsmagistrate, das mit der Erweiterung der Funktion der Tribunen zu Schutzherren des Gesamtvolkes zum Vetorecht gegen alle Amtshandlungen der Magistrate und die Senatsbeschlüsse ausgedehnt wurde (ius intercedendi). Aus den ehemals revolutionären concilia plebis entstanden die Tributcomitien (→ Comitien); die zum Konsulat aufgestiegenen Plebejer bildeten mit den Patriziern den neuen Beamtenadel der → Nobilität. R.W.

Lit: E. Herzog, Gesch. und System der röm. Staatsverfassung I, 1884, 141–288 – E. Meyer, Röm. Staat u. Staatsgedanke (1948), 1961², 33. 42ff. 72ff. (Lit. in den Anm.).

Stärkemehl (ἄμυλον), Winterweizen in Süßwasser eingeweicht, das täglich fünfmal erneuert wurde, nach Erweichen abgeseiht, an der Sonne getrocknet (Plin. nat. 18, 76). Ein anderes Rezept: einweichen, Wasser abgießen, Quellmasse durchrühren, abdrücken, an der Sonne trocknen (Cato agr. 87). Heute meist aus Kartoffeln. → Brot. W.K.

Stageirios, Sophist in Caesarea (Kappadokien); Heide, Konkurrent des → Eustochios. Erhalten ist ein Brief an → Gregor (5) v. Nyssa mit dessen Antwort. S. ist auch Adressat von Briefen des → Gregor (4) v. Nazianz. W. Sp.

Ed: P. Maas, SB Berlin 1912, 988–999 – K. Gerth, RE Suppl. 8 (1956), 768, s. v. 2. Sophistik (fehlerhaft).

Stageiros (später Stageira), Stadt an der Ostküste der Chalkidike, ca. 650 Gründung von → Andros, im → Att. Seebund, 424 zu → Brasidas abgefallen, 422 vergeblich von → Kleon (1) belagert, Geburtsort des → Aristoteles, im olynth. Krieg 349 von → Philipp II. v. Makedonien zerstört, auf Bitte des Aristoteles von Philipp wiederaufgebaut. E.M.

Stahl. Um aus den Rohluppen des Eisens bei der → Metallgewinnung S. (χάλυψ, adamas) herzustellen, mußte dem Eisen ein Kohlenstoffgehalt von 0,5–1,7% gegeben werden (nicht härtbares Schmiedeeisen hat unter 0,5% C). Durch wiederholtes Rotglühen in Kohle und Schmieden wurden die äußeren Schichten des Werkstückes mit Kohlenstoff angereichert (begann um 1200 v. Chr.) und damit härtbar gemacht. Das Härten, das durch Spuren von Mangan und Titanium gefördert wurde, erfolgte, indem das glühende Metall in kaltem Wasser (Hom. Od. 9, 459), Bocksblut oder Urin (Plin. nat. 28, 148) abgeschreckt wurde (begann um 800 v. Chr.). Die Römer schlossen den Prozeß durch das ‹Anlassen› ab; dabei tauchte man das gestählte und gehärtete Werkstück mit Temperaturen zwischen 150° und 250° in Öl ein, wodurch eine dünne, weichere Außenschicht entstand (Plin. nat. 34, 146). Der beste Stahl (Wootzstahl) der Antike stammte aus Indien (Haidarabad, Plin. nat. 34, 145; Apul. flor. 6 p. 6, 10 Helm). W.K.

Lit: R. J. Forbes, Metallurgy in Antiquity (1950), 1964² (= Technology VIII u. IX).

Stammesbünde → Ethnos, → Koinon.

Stamnos, seit dem späten 6. Jh. gebräuchlicher Weingefäß mit kurzem Hals und horizontalen Henkeln an der Schulter (→ Vasen, Taf. 243, 4). Die antike Benennung dieser Form ist nicht gesichert, στάμνος scheint eine andere Bezeichnung für → Amphora gewesen zu sein. I. Sch.

Lit: D. A. Amyx, The Attic Stelai III, Hesperia 27, 1958, 190–195.

Staphylodromia, spart. kult. Wettlauf, → Sport B [4].

Staphylos (‹Traube›), Sohn des → Dionysos (3) oder Theseus und der → Ariadne. Argonaut, Vater der Rhoio, die er in einem Kasten ins Meer wirft, da sie von Apollon ein Kind erwartet, den nach der Landung in Delos geborenen Anios. St. ist vor allem im rhodischen Chersonnes und in Karien lokalisiert. K. Schb.

2. **S. von Naukratis,** griech. → Geschichtsschreiber, 1. H. 3. Jh. v. Chr. (?), jedenfalls vor → Strabon (bzw. → Apollodor, 4). Schrieb über Athen, Thessalien, Aioler und Arkader; mit rationalistischen Deutungen (Archäologien?). W. Sp.

Frg: FGrHist 269.

Staseas von Neapel, → Peripatetiker, um 92 v. Chr. in Rom tätig (Cic. de or. 1, 104 u. a.). S. war berühmt für seine Fähigkeit, über jede These aus dem Stegreif zu sprechen; er ließ die Glückseligkeit weitgehend von äußeren Gütern abhängen. P.M.

Stasimon, Standlied des Chores in der → Tragödie, also alle rein chorischen Partien nach der → Parodos (Aristot. poet. 12. 1452 b 23 f.). Das S. steht am Ende eines jeden → Epeisodion und grenzt so die einzelnen Epeisodien (bzw. Epeisodien und → Exodos) gegeneinander ab. E.-R. Sch.

Stasinos, von Cypern, epischer Dichter, vielleicht des 8. Jh.s, der neben anderen als Verfasser der → Kyprien genannt wird. Vgl. → Kyklos. G.K.

Q. u. Lit: → Kyprien.

Stasislehre, das rhetorische System der in juristischen Fällen – meist bei Prozeßreden – möglichen Fragestellungen, aus schon im 5. Jh. v. Chr. gelegten Keimen im 2. Jh. v. Chr. zu einem komplizierten Lehrgebäude entwickelt von → Hermagoras v. Temnos, konsolidiert von → Hermogenes (2) v. Tarsos, von den Römern als Lehre von den *status* oder *constitutiones* übernommen und weitergeführt. → Rhetorik B. C, Abb. 187, 6. H.H.

Lit: Kennedy, Persuasion, 303 (Lit), 306ff. – D. Matthes, Lustrum 3, 1959, 133ff. – R. Nadeau, Classical systems of stases in Greek. Hermagoras to Hermogenes. In: Greek, Roman and Byzantine Studies 2, 1959, 51–71 – K. Barwick, Zur Erklärung und Gesch. der Staseislehre des Hermagoras v. Temnos, Philol. 108, 1964, 80–101.

Stata Mater, röm. Funktionsgöttin, die angerufen wurde, wenn es galt, die häufig in Rom wütenden Feuersbrünste einzudämmen (Fest. 416 L.; vgl. ‹Stator›, das Epitheton für Jupiter, der die Flucht aufhält). Sie hatte ein Standbild auf dem Forum. Auf einer Inschrift erscheint sie neben → Volcanus quietus (‹in Ruhe›; CIL VI 802). H. Le B.

Stateira, Tochter → Dareios' III., heiratete 324 v. Chr. in Susa → Alexander (5) d. Gr. E. Bd.

Stater (στατήρ), Bezeichnung für das Doppelte der Einheit in vielen griech. Münzfüßen, da das Wort ursprünglich wohl von ἵστημι (wägen) herzuleiten sein dürfte und daher das auf beide Seiten der Waage zu legende identische Gewicht bedeutet, das sie im Gleichgewicht hält. Der S. hat daher ursprünglich kein bestimmtes Gewicht, und S. konnte folglich auch für jedes Metall verwendet werden. Vor allem bezeichnete man jedoch die Einheit der Goldmünzen so, die alle das Gewicht einer doppelten → Drachme haben (8,1–8,6 g). S. hieß indessen auch die Einheit der schweren Elektronmünzen von Kyzikos, Lampsakos und Phokaia im ungefähr doppelten Gewicht (ca. 16 g). – Multipla des Gold-S.s sind ein vierfacher S., τετραστάτηρον (Poll. onom. 9, 58. 62) von Kyrene, der jedoch als Münze bisher unbekannt ist, die Penta-S.e und Tetra-S.e der Ptolemäer (→ Dekadrachmon, → Oktadrachmon und → Mnaeion) und Seleukiden sowie der doppelte S. Alexanders d. Gr.; der halbe Gold-S. (Poll. onom. 9, 62) ist uns dagegen aus Kyrene, Athen, Tarent usw. vielfach erhalten (→ Hemistater). Bei den Silbermünzen werden das → Didrachmon und, in hellenist. und röm. Zeit, das → Tetradrachmon als S. bezeichnet, da, wie erwähnt, die Einheit unter der jeweiligen Verdoppelung (auf der Waage) verstanden wird. Vielfache und Stückelungen des S.s werden bei den Silbermünzen in → Drachmen und → Obolen ausgedrückt. W. Schw.

Lit: Babelon, 436–440 – K. Regling, RE 3 A 2 (1929), 2172–77 – Ders., in: v. Schrötter, 656f. – L. Breglia, Numismatica antica, 1964, 120.

Statik → Mechanik, → Naturwissenschaft.

Statilia Messalina, dritte Frau → Neros (66 n. Chr.), erhielt zu Lebzeiten göttliche Ehren und hatte auch nach Neros Tod eine glänzende Stellung inne. H. T.

Statilius, Anhänger → Catos (2) d. J., kämpfte 42 v. Chr. bei Philippi auf Seite des → Brutus (Plut. Cat. min. 66. 73; Brut. 51).

2. **S. Taurus,** T., cos. suff. 37, ord. II 26 v. Chr. Homo novus aus Lukanien (?), nach → Agrippa (1) bedeutendster Feldherr und Anhänger des → Augustus. 44 bereits Senator, ca. 40 Prätor. S. kämpfte 36 als Flottenbefehlshaber gegen Sex. → Pompeius (4) und sicherte die Provinz Africa 36–34 nach dem Sturz des → Lepidus für Octavian. 34 Triumph ex Africa. 34/33 als Beauftragter Octavians in Illyrien. Bei Actium Heeresbefehlshaber. S. errichtete 30 ein Amphitheater auf dem Campus Martius und erhielt dafür das Recht, jährlich einen Prätor zu nominieren. Dritte Imperatorakklamation 29 anläßlich der Kämpfe gegen Kantabrer, Vakkäer und Asturer in Spanien. Inhaber mehrerer Priesterämter. 16–12 Stadtpräfekt während der Abwesenheit des Augustus in Gallien. Seine Amtsführung bei Tac. ann. 6, 11 charakterisiert. Bald danach gestorben. Ururgroßvater der Statilia → Messalina, der dritten Gattin → Neros. Sein Reichtum und seine germanische Leibwache inschriftlich bezeugt (CIL 6, 6213 ff.: monumentum statiliorum).

Lit: R. Syme, Roman Revolution (1939), 1952², Ind. S. 563. U. Wm.

Statist, innerhalb des Dramas stumme Person (κωφὸν πρόσωπον), auf die von den → Schauspielern zwar in Form der Anrede Bezug genommen wird, die selbst aber nicht spricht: allgemein z. B. Diener und Begleiter eines Königs, speziell z. B. Iole in Sophokles' Trachinierinnen, Pylades in Sophokles' und Euripides' Elektra. Ihre Zahl war nicht beschränkt. E.-R. Sch.

Lit: G. Richter, De mutis personis quae in tragoedia atque comoedia Attica in scaenam producuntur, Diss. Halle 1934.

Statius (P. Papinius Statius), → Epiker, Mitte 1. Jh. n. Chr., gest. nach 96. Außer einer Notiz Juvenals (7, 82–87), die auf Beliebtheit beim Publikum, aber beschränkte materielle Verhältnisse hindeutet, finden wir Nachrichten über sein Leben nur in den eigenen Werken. Der Vater wirkte als Lehrer und Dichter in Neapel (silv. 5, 3), verfaßte u. a. eine dem Original in der Länge genau entsprechende lat. Prosaparaphrase der homerischen Epen und siegte in Dichteragonen in Italien und Griechenland. S. selbst wurde von ihm in die Dichtkunst eingeführt; er siegte ebenfalls in den Wettkämpfen in Neapel und Alba, erlitt aber 90 im → Kapitolinischen Agon eine Niederlage, an der er schwer trug (silv. 3, 5, 28–33; 5, 3, 225–233). Eine glückliche Ehe verband den Dichter mit Claudia (silv. 3, 5), zu zahlreichen vornehmen Familien bestanden freundschaftliche Beziehungen, → Domitian gewährte ihm bisweilen Gunsterweise (4, 2; 3, 1, 61–64). S. lebte in Rom oder auf seinem Albanum; 94 kehrte er in seine stillere Heimat bei Neapel zurück. Datum und Umstände des Todes sind unbekannt.

[2] *Werke:* 1. *Thebais*, Epos in 12 Büchern, ausgearbeitet in 12 Jahren (Theb. 12, 811), ca. 78/79–ca. 90, über das Ende des Labdakidenhauses. Die Geschehnisse vom Streit zwischen Eteokles und Polyneikes und der Heerfahrt der → Sieben gegen Theben bis zur Niederwerfung des Kreon durch Theseus sind in effektvoll rhetorischer Manier mit lebendiger Anteilnahme poetisch gestaltet. Die Form ist die des traditionellen mythologischen Epos. Der Bezug auf das Vorbild → Vergils (ausgesprochen 10, 445–448; 12, 816f.) wird in der Sprache und zahlreichen Einzelszenen deutlich; er ist auch für die Anlage bestimmend: Buch 1–6 schildern Vorbereitungen und Heerzug, 7–12 Kampf und Ende. Das Werk gewinnt eigenen Rang durch die Gestaltung der Ereignisse als exemplarische Taten des Frevels gegen sie → Pietas und die Überwindung des so entstandenen Unheils. – 2. *Achilleis*, ein unvollendetes Epos über → Achilleus (1127 Verse), nur die Jugend des Helden und seinen Aufenthalt auf Skyros behandelnd. – 3. *Silvae*, 32 Gelegenheitsgedichte (26 in Hexametern) in 5 Büchern, verfaßt zu verschiedenen Anlässen, zu familiären und öffentlichen Festen, als Trostgedichte, Grüße in Briefform, Beschreibungen u. a.; am berühmtesten das Gebet des kranken Dichters an den Schlaf (5, 4). Sie sind nicht nur als Quelle zahlreicher Details interessant, sondern auch als liebenswürdige, lebendige Dichtungen unvermindert reizvoll. – 4. Aus einem historischen Gedicht über die Kriege Domitians (‹De bello Germanico›) sind 4 Hexameter erhalten. – 5. Durch Iuv. 7, 86 ist ein Libretto ‹Agaue› für den Mimen Paris bezeugt. – 6. Eine ‹Epistola ad Vibium Maximum de editione Thebaidos› ist silv. 4 praef. erwähnt. – In dem Œuvre, das von hohem poetischem Ingenium zeugt, trifft sich auf eigentümliche Art ein harmonisches Naturell, das klar ausgewogener Komposition zuneigt, mit den Zeittendenzen zu rhetorischer Übersteigerung. S. wurde im Altertum und Mittelalter hochgeschätzt. Er zählte zu den poetae aurei, sein Werk wurde in den Schulen gelesen, von zahlreichen Schriftstellern erwähnt bzw. nachgeahmt: im Waltharilied ist die Schlacht am Wasichenstein nach Theb. Buch 2 gestaltet. Dante hat Purg. 21 ff. dem S. eine bedeutende Huldigung dargebracht, Goethe seine Darstellungskunst bewundert (zu F. G. Hand, März 1813). B. K.

Ed: F. Vollmer, 1898 (Silvae, mit Komm.) – A. Klotz, 1908 (Theb.) – H. Frère, 1944 (Silvae) – O. A. W. Dilke, 1954 (Achilleis, mit Komm.) – A. Marastoni, 1961 (Silvae) – *Übers:* A. Imhof, 1885–89 (Theb.) – R. Sebicht, 1902 (Silvae) – *Konkordanz:* Deferrari-Eagan, 1942 – *Lit:* B. Kytzler, S.-Studien, masch. Diss. Berlin 1956 – W. Schetter, Unters. z. ep. Kunst des S., 1960 – Hugo Friedrich, Über die Silven des S. u. d. Frage des lit. Manierismus, in: Wort u. Text, Festschrift F. Schalk, 1963, 34–56 – H. Cancik, Unters. z. lyr. Kunst des S., Spudasmata 13, 1965 – G. Ploetz, Die Leichenspiele der ‹Thebais› des Statius, masch. Diss. Tübingen 1965.

2. **S. Sebosus,** röm. → Geograph, von → Plinius (1) d. Ä. genannt und für die Beschreibung Afrikas benutzt. S. selbst hat das Buch → Jubas II. (gest. 23 n. Chr.) über Libyen verwertet. G. B.

Lit: A. Klotz, RE 2 A 1 (1921), 966–968 – W. Kroll, RE 3 A 2 (1929), 2223.

Statius vgl. auch → Caecilius.

Statorius Victor, Rhetor und Deklamator aus Corduba (Sen. suas. 2, 18). R. T.

Statuenbasis. Es gibt verhältnismäßig wenig Statuen, die mit der Basis zusammen gefunden worden sind. Dieser Umstand erschwert eine entwicklungsgeschichtliche Darstellung sehr.

[1] *Technik.* Basen für *Bronzestatuetten* kleineren Formates (bis etwa 20 cm): In der Regel auf rechteckige Metallplatten aufgenietet, die in meist ebenfalls rechteckigen Steinbasen eingelassen und mit Blei vergossen worden sind. Zuweilen wurden auch Bronzestatuetten wie die mittleren und großen Bronzen (ohne das Standglied der Bronzeplatte) mittels Bronzezapfen direkt mit der Steinbasis verankert. – Die *mittleren* und *großen Bronzen* wurden in der sog. Rinnen- oder Zapfentechnik auf die Steinbasen montiert. Bei der vor allem im mittleren 6. Jh. üblichen, wohl von Samos (vgl. → Theodoros, 11) ausgehenden Rinnentechnik wurde die Statue auf eine Bronzeplatte aufgenietet, deren umgestülpter Rand senkrecht in die auf der Marmorbasis angebrachte Rinne eingelassen und mit Blei vergossen worden ist. – Seit ungefähr 500 v. Chr. wurde die (vielleicht in Ägina zuerst angewandte) sog. Zapfentechnik üblich, bei der die Statue mittels zentraler Metallzapfen direkt mit der Steinbasis verbunden worden ist. – Auch die *Holzstatuen* wurden schon sehr früh mittels Metallzapfen, die am Holzkern angebracht worden sind, mit der Basis verankert. – Bei den *Terrakotten* wurde die Basis in den Regel nachträglich montiert: in der Frühzeit und im frühen Hellenismus bes. als flache, einfache Standleiste, bei den höheren Basen spätklassischer Zeit meistens mitgegossen. – Die *Marmorskulpturen* wurden in der Frühzeit (wenn die Basis nicht mit der Statue zusammen gearbeitet worden ist) mittels tiefer Zapfen in entsprechende Löcher der Basen eingelassen (→ Nikandreweihung). Schon im 6. Jh. kam dann die später allgemein üblich gewordene Plinthentechnik auf: d. h. man ließ einen mit der Statue zusammen gearbeiteten unteren Randstreifen stehen, der in eine ‹Leere› der Basis vom gleichen Umriß eingelassen und mit Blei vergossen worden ist. Diese Technik wurde im allgemeinen auch beim Versetzen von Giebelstatuen angewandt (nicht so z. B. bei den → Parthenon- und → Olympiagiebeln).

[2] *Größe u. Form* der Basis variieren nicht nur von Epoche zu Epoche, sondern auch im gleichen Zeitraum innerhalb der verschiedenen Landschaften. Die kolossalen Skulpturen der früh- und hocharchaischen Zeit standen in der Regel auf niedrigen Quaderbasen. In spätarchaischer Zeit entwickelte die S. einen ungewöhnlichen Reichtum an Formen. Die einfache Blockbasis wird jetzt oft zu einer Stufenbasis erweitert und erhöht: schon nach der Mitte des 6. Jh.s sind drei und mehr Stufen belegt (→ Phaidimos); auch werden (bes. im Osten) Statuen auf Pfeiler und Säulen aufgestellt (bei Rinnentechnik sogar die Regel: vgl. → Archermos). Um 500 (wohl im Zusammenhang mit der neuen dor. Zapfentechnik) werden die Basen wieder niedriger und einfacher (z. B. → Kritios und Nesiotes, → Kresilas). Auch das langgestreckte, zweistufige Bathron kommt in dieser Zeit auf. In hellenist. Zeit werden Statuen und Basen oft in größere architektonische Komplexe einbezogen (vgl. u. a. die als Schiffsbug ausgestaltete Basis der → Nike von Samothrake). – Im allgemeinen ist die Basis der Bronzefigur einfacher als die der Marmorskulptur.

[3] *Basisrelief.* Die Basen größerer Skulpturen und Gruppen wurden oft mit → Relief (in der Frühzeit oft auch mit Malerei) verziert, mit einer auf das Standbild bezogenen, dieses erläuternden Darstellung. Diese Reliefs folgen in der Technik und Gestalt der Entwicklung der übrigen Reliefgattungen, wobei das Relief oft einen Grad weniger erhaben gegeben ist. Zu den einzelnen Denkmälern vgl. die unten angegebenen Literaturhinweise. E. Bg.

Lit: R. Borrmann, Stelen für Weihgeschenke auf der Akropolis zu Athen, JdI 3, 1888, 269–285 – H. Bulle, Griech. S.en, Habil.schrift München 1898 – W. E. Lethaby, Notes on bases in the Form of an Ionic Capital, AJA 22, 1918, 340 – A. Raubitschek, Zur Technik und Form der altatt. S.en, Bull. Inst. archéol. Bulgare 12, 1938, 132–139 – Ders., Dedications from the Athenian Acropolis, 1949 – Basen des Aristodikos und Kroisos: Chr. Karusos, Aristodikos, 1961 (dazu Rez. F. Eckstein, GGA 216, 1964, 162 f.) – Basen von Olympia: F. Eckstein, Habil.schrift Freiburg 1962 (im Druck) – S.en aus der themistokleischen Mauer: Chr. Karusos, a. O. 51 E4 – J. Mosel, Studien zu den beiden archaischen Reliefbasen vom Kerameikos, 1938 – Lippold, GrPl 84, Taf. 28 – Basis der Parthenos und des olympischen Zeus: → Phidias – Basis der Kultstatuen im Hephaisteion: → Alkamenes – Nemesisbasis von Rhamnus: → Agorakritos – → Musenbasis von Mantinea: → Praxiteles – Basis aus Epidauros, Athen, Nat. Mus.: Brunn-Bruckmann, 564. – Vgl. → Bryaxis; → Lysipp.

Statuenstützen, das in der Kaiserzeit übliche Kopieren einer Bronzestatue in Marmor bedingte meistens zusätzliche (das Vorbild oft stark entstellende) S.n, die wertvolle Hinweise für Datierung und Deutung der Kopie geben können (vgl. ‹Diadumenos› des → Polyklet). Sie sind auch schon bei griech. Marmorwerken zahlreich bezeugt, doch wenigstens bis in hellenist. Zeit noch sinnvoll in den ganzen Aufbau – sowohl vom Thema, als auch von der Komposition her – einbezogen. E. Bg.

Lit: F. Muthmann, S.n und dekoratives Beiwerk an griech. und röm. Bildwerken, 1951.

Statuette. Als S. wird jede selbständige, also nicht mit einem Gerät verbundene Figur bezeichnet, die kleiner ist als halbe Lebensgröße des Menschen. Die S. (Gegenstand: Götter, Heroen, Menschen, Tiere) vertritt ein großplastisches Werk. → Material: vornehmlich → Bronze, aber auch Edelmetalle, → Marmor, → Elfenbein, sehr häufig → Terrakotta. Verwendung als Votiv im Götter- und Grabkult, in der Kaiserzeit auch zu dekorativen Zwecken. U. J.

Stein. A. Steinbruch. Über die Technik im S.bruch (λατομία, lapicidina) ist, außer über Hannibals Felssprengen mit Feuer und Essig (Liv. 21, 37; Plin. nat. 23, 57), wenig Schriftliches überliefert. Erhaltene röm. S.brüche zeigen folgendes: Mit einer bei weichem Gestein gezähnten, bei härterem ungezähnten (Vitr. 2, 7, 1) Kupfer-, Eisen- oder Stahlsäge von bisweilen über 4 m Länge wurde der Fels gesägt, wobei in den nur 4 mm breiten Schnitt Sand (mit Stahlfeile?) gestreut wurde (Plin. nat. 36, 51. 159). In den Schnitt bohrte man Löcher im Abstand von 6–8 cm, von 2 cm Durchmesser und 10 cm Tiefe, trieb trockene Holzkeile hinein, die mit heißem Wasser übergossen wurden, quollen und den Stein sprengten. Monolithische Säulen wurden im Fels halb ausgearbeitet, durch Schnitte in der Länge begrenzt, an den beiden Längsseiten mit Keillöchern versehen. Beim Quellen der beiden Keilreihen entstand eine halbkreisförmig verlaufende Drucklinie, welche die Rückseite der Säule heraussprengte. Es begegnen Säulen von $9{,}25 \times 1{,}20$ m $\approx$ 25 t (Odenwald); ein Block von $4{,}60 \times 4{,}26 \times 21$ m $\approx$ 1500 t (Baalbek). Marmor sägte man zu dünnen Platten (Furnier: Plin. nat. 36, 47. 52).

B. Steinbearbeitung. Die im S.bruch (s. o.) gewonnenen Blöcke wurden entweder weiter zerkleinert oder maßgerecht behauen, z. B. $60 \times 60 \times 90$ cm (Basilica Aemilia vom J. 179 v. Chr.), wovon jeder Arbeiter täglich acht herstellen mußte (Plaut. capt. 724). Dazu benutzte man den Hammer (τύκος) und andere → Werkzeuge, die mit den heutigen fast identisch sind. Das Glätten der Flächen (ξέειν, λεαίνειν, polire) geschah mit → Zahneisen und Poliersteinen. Die genaueste Art des Zusammenfügens erfolgte durch Einschleifen zweier Stücke, z. B. der Säulentrommeln griech. Tempel. Röm. Säulen aus weicherem Gestein wurden auf Drehbänken bearbeitet. Vgl. → Architektur I B. II A [2]; → Plastik A [2]. W. K.

Q: Poll. 10, 147 f. – *Abb:* Singer, Technology II, Abb. 348 (Steinsägen).

C. Verwendung. [1] In der *Baukunst* ist die Wahl des Materials, mehr noch als bei der Skulptur, an das Problem der Beschaffung, bes. des Transportes, sowie an die wirtschaftliche Situation des Bauherrn gebunden; bestimmend aber wirkt letztlich immer das künstlerische Verhältnis zu einem Material, woraus sich wiederum Schlüsse auf den Zeitgeschmack ergeben können. Über die in der Antike gebräuchlichen Gesteinsarten sind wir durch literarische Überlieferung, durch antike Steinbrüche (s. o.) und durch die Objekte selbst gut unterrichtet. Zunächst bevorzugte man die leicht zu beschaffenden Gesteine aus der Nähe der Bauten; auf dem Festland meist Kalksteine, auf den Inseln schon früh auch Marmor. Die myk. Paläste und die ältesten Mauern und Fundamente auf der Akropolis bestehen aus dem anstehenden → Kalkstein; der Oberbau des alten Athenatempels aus dem feineren Kalkstein von Akte (→ Poros), der dann bei den Marmorbauten des Perikles und späterer Zeiten nur noch im Fundament oder Mauerverband erscheint (Halle des Eumenes, Stoa des Attalos, Odeion des Herodes Atticus, Dionysostheater). Schon an dem vor 550 begonnenen Artemision von Ephesos verwendete man den unweit gebrochenen, leuchtend weißen → Marmor; die Bauten Athens wurden nach den Perserkriegen in pentelischem Marmor errichtet, der seither neben dem parischen zu den edelsten Baumaterialien gezählt wurde (Parthenon, Propyläen, Erechtheion u.a.). Nicht nur im abgelegenen Unteritalien, auch z.B. in Bassai beschränkte sich der Architekt weiterhin auf den lokalen Kalkstein; verputzt strahlten auch diese Bauten in reinem Weiß. Eine erste Konzession an die natürliche Farbigkeit des Steines und die Möglichkeit der Kontrastwirkung läßt sich an Bauten ion. Handwerker in → Pasargadai, hier nach orientalischem Vorbild, dann an den Propyläen, dem Erechtheion (Relieffries), dem Telesterion von Eleusis feststellen (→ Kalkstein v. Eleusis). Bescheidener war man bei Wohnbauten. Noch im 4. Jh. v. Chr. bestanden die Wände im Palast des Maussolos von Halikarnaß aus luftgetrockneten → Ziegeln, die mit Marmorplatten verkleidet waren (Vitr. 2, 8, 10; Plin. 36, 47). Dagegen wurde für die Paläste von Pergamon weißer und buntfarbiger, z.T. auf Stuck imitierter Marmor verwendet. – In *Italien* sollte sich erst Augustus rühmen, Rom zu einer Stadt aus Marmor gemacht zu haben. Gegen Ende des 3. Jh.s v. Chr. geht man in Kampanien (→ Pompeji, → Herculaneum) vom Kalkstein zum leichter zu bearbeitenden → Tuff über. In dieser Epoche des sog. 1. Stils setzt die Technik des Mörtelbaues ein (→ Konglomerat), die in Verbindung mit dem gebrannten Ziegel (→ Backstein) die großen Leistungen röm. → Architektur (II A 2) ermöglichte. Der Klassizismus augusteischer Zeit (Erschließung der Marmorbrüche von Luni/Carrara), die Vernachlässigung der → Malerei als Wandschmuck, führten spätestens in trajanischer Zeit zur Vorherrschaft der marmornen Wand → Inkrustation. Nur langsam fanden die uns aus späteren Zeiten vertrauten Bau-M. mit natürlicher Buntheit in Rom Eingang, vielleicht angeregt von hellenist. Vorbildern aus dem ptolemäischen Ägypten, dem wohl an Steinen reichsten Land der antiken Welt. Bes. begehrt waren der dort gefundene → Granit (vgl. Altar und Vorhof in → Baalbek) und → Porphyr, der u.a. in Form von monolithen Säulen nach Rom transportiert wurde (Hist. Aug. Capitol. Pius 11). Neben dem namentlich in klassizistisch orientierten Perioden immer wieder verwendeten weißen Marmor wurden nahezu alle zugänglichen Gesteinsarten im Verlauf der Kaiserzeit, je nach Vorliebe und Geschmack einer Epoche, für den baulichen Schmuck herangezogen (→ Alabaster, → Breccia, → Serpentin, → Steatit u.a.). Daneben muß das Stadtbild Roms stark von dem heute noch beliebten → Travertin (Marcellustheater, Kolosseum), später von dem zum großen Teil unverkleideten oder verputzten → Backstein bestimmt gewesen sein (Pantheon, Kaiserthermen).

[2] In der *Plastik* verläuft die Entwicklung im Gebrauch der Materialien ähnlich; neben → Kalkstein, → Poros und → Terrakotta wird → Marmor bes. auf den Inseln (Kykladenidole), aber auch auf dem Festland seit Ende des 7. Jh.s verarbeitet (Dipylonmeister). In Athen herrscht noch in der Parthenonzeit der heimische pentelische Marmor vor. Andernorts importiert man mit Vorliebe parischen Marmor (Aigineten, Olympiagiebel). Im 5. Jh. überwiegt → Bronze, daneben → Gold und → Elfenbein bei Kultbildern; im 4. Jh. und im Hellenismus zog man abermals den Marmor vor. Die Statuen waren → enkaustisch bemalt, dagegen wurden farbige Gesteinsarten erst seit flavischer Zeit in größerem Umfang verwendet. Anregungen mögen auch hier aus dem hellenisierten Ägypten gekommen sein, wo zahlreiche, bes. bei den Römern beliebte Gesteine seit Jahrhunderten verarbeitet wurden. Aus schwarzem Marmor, sagt → Pausanias (8, 24, 12), seien Statuen des Nil gearbeitet, weil er durch das Aithiopenland fließt. Ähnlich bevorzugte man roten Marmor für Statuen aus dem dionysischen Kreis. Ein weiteres, für die → Farbsymbolik bezeichnendes Beispiel bietet der → Porphyr. Seine Farbe galt als Zeichen der Herrscherwürde; der Stein wurde in der Spätantike ausschließlich für Kaiserbildnisse verwendet, wobei private Aneignung sogar mit dem Tode bestraft werden konnte. – → Basalt vermochte am besten den Bronzecharakter des Originals wiederzugeben. Die weitaus überwiegende Zahl röm. Kopien ist dennoch in weißem (häufig carrarischem) Marmor gearbeitet. Typisch röm. ist auch die Mischung von farbigen Steinen bei ein und demselben Bild (z.B. Marmor und → Alabaster zur Unterscheidung von nackten und bekleideten Körperteilen; bei den Griechen blieb dieses Verfahren auf den – bemalten – Kalkstein und weißen Marmor beschränkt. Vgl. → Akrolithe der Metopen von Selinunt). – Vgl. auch → Materialien. C.K.

Q: Theophr. de lap. passim; Vitr. 2, 1 ff.; Plin. nat. 36, 1 ff. – *Lit:* F. Corsi, Delle pietre antiche, 1945 – C. Dubois, Etude sur l'administration et l'exploitation des carrières..., 1908 – K. Fiehn, RE 3 A 2 (1929), 2241–93, s.v. Steinbruch – A. De Angelis d'Ossat, Roma e Lazio, Materiali naturali da costruzione e da ornamento, Atti II Congr. Naz. Studi Romani, 1931 – F. Rodolico, Le pietre delle città d'Italia, 1953 – J.B. Ward Perkins, EAA IV, 1961, 860–870, s.v. marmo – A. Moretti, EAA V, 1964, 267–284, s.v. muraria, arte.

Stein der Weisen (λίθος τῆς φιλοσοφίας, lapis philosophorum) ist in der antiken und späteren Alchemie (→ Chemie, 3) *eine* Bezeichnung unter vielen (λίθος ὁ οὐ λίθος, λίθος ἐτήσιος, θεῖον ὕδωρ, *Elixier* [vermutlich ursprüngl. arab. für ξηρίον, ‹Streupulver›] u.a.) für eine feste oder flüssige Substanz, von der man annahm, sie könne unter bestimmten Bedingungen unedle Metalle in Gold und Silber verwandeln. Später galt sie auch ganz allgemein als Leben verjüngendes und erhaltendes ‹Lebenselixier›. Einzelne Entwicklungsphasen der Vorstellung vom S. der Weisen und seiner Zusammensetzung lassen sich für die Antike noch nicht mit Sicherheit aufweisen. – Vgl. auch → Chemie. F.Kr.

Lit: Vgl. → Chemie.

Steinbock. Der echte S. der Zentralalpen war im Altertum nur den Römern bekannt. Im Mittelmeerraum und Vorderasien war die dem echten S. nah verwandte Bezoarziege, der Paseng, verbreitet, die die Darstellungen seit kret.-myk. Zeit in verschiedenen Arten berücksichtigen. Diese Wildziege war sehr geschätzt als Jagdwild (Fleisch, Fell, Gehörn, aus dem der Bogen des Pandaros Il. 4, 105 ff. gefertigt war). Berühmt war der kret. Paseng, dessen Name in den vorgriech. Bereich weist (ἴεττας, in der Bedeutung ‹Alter› auf den beiden Geschlechtern eigenen Kinnbart bezogen, der dem echten S. fehlt). Sein Bild liegt der Überlieferung von → Amaltheia zugrunde, die das Zeuskind nährte und als Merkgestirn für Gewittersturmwarnung an den Himmel versetzt wurde (Sternbild Capella). Der astronomische Bildgedanke ist bereits in kret.-myk. Zeit geprägt. Zu Amaltheia gehört das unerschöpfliche, segenspendende Füllhorn, das als Symbol des Überflusses verschiedenen Gottheiten beigegeben ist (Eirene, Gaia, Plutos, Tyche). Das Fell der Amaltheia, die Aigis, verwendete Zeus im Titanenkampf. Als Paseng wurde Aigekeros, der Sohn des Aigipan und Milchbruder des jungen Zeus, verstirnt (Sternbild S.). Dieselbe Tiergestalt lag ursprünglich Pan als Inbild der Zeugungskraft zugrunde. Name und Darstellung der Chimaira weisen ebenfalls auf eine Pasengart.

Ein gleiches gilt für die alte Zuordnung der Wildziege an Aphrodite, Apollon, Artemis, Dionysos, Hera, Hermes, Rhea sowie Faunus und Iuno Sospita. Wie im weit verbreiteten Ziegenopfer wurde der Paseng auch in den Vorstellungen durch die gezähmte Ziege verdrängt, die auf ihn zurückgeht. Vgl. → Fauna; → Jagd; → Haustiere; → Sternmythen. J.W.

Lit: Keller, Tiere, 37–52; Tierwelt II 296–301 – A. Steier, RE 3 A 2 (1929), 2238–41 – Nilsson I 346.409.

Steingefäße. Angeregt von ägypt. Vorbildern, entstand im frühmin. → Kreta eine bedeutende S.-Manufaktur; bevorzugte Formen: unterschiedlich große, dick- und dünnwandige Näpfe (mit oder ohne Fuß, Deckel, verschiedenartigen Griffen und Ausguß), weiterhin ‹Teekannen›, → Schnabelkannen, -krüge, -tassen, Kannen und → Rhyta. Lebhaft gemaserte oder durch verschiedenfarbige Einsprengsel gemusterte Steine, Achate und Alabaster wurden so bearbeitet, daß die Schichtungslinien horizontal bzw. schräg (→ Torsion), in klarer Ordnung, oder – ebenso wie die Einsprengsel – in willkürlichen, zufälligen Formen erscheinen. In der mittel- und spätmin. wie in der myk. Kunst überragt die Zahl eintöniger (grauschwarzer) S. und hochfüßiger Lampen weitaus die auch aus diesen Perioden noch überlieferten farbig und ornamental höchst reizvollen Beispiele. Reliefverzierte S. s. → Schnittervase; S. der Kykladenkultur s. → griech. Vorgeschichte. W. Schg.

Abb: für die Frühzeit: R. Seager, Explorations on the Island of Mochlos, 1912, Taf. 1 ff. – C. Zervos, L'art de la Crète, 1956, Abb. 148–177; für die Blütezeit: C. Zervos, a. O., Abb. 489–494 – *Lit:* F. Matz, Die frühkret. Siegel, 1928, 40. 159–160 – Ders., HbArch II, 293.

Steinkult, ein überall auf der Erde begegnendes Element primitiver Religiosität, war im kleinasiat. und kret.-myken. Kulturbereich weit verbreitet (belegt durch bildliche Darstellungen). In der offiziellen *griech. Religion* der klass. Zeit finden sich nur wenig Zeugnisse von S. (s. u.), dabei sind die heiligen Steine in der Regel in den Kult für die großen Götter einbezogen (z. B. der berühmte → Omphalos im Apollon-Tempel zu → Delphi); doch scheint daneben in der volkstümlichen Religiosität der Griech. S. und überhaupt der Glaube an Steinidole und die Macht (→ Mana) heiliger, ‹beseelter Steine› (auch ‹Bätyle›, *βαίτυλοι*, genannt; meist handelt es sich um Meteoriten: vgl. Phil. Bybl. FGrHist 790 F 2; Dam. vita Isid. 94, 203) eine viel größere Rolle gespielt zu haben, als die wenigen Belege in der Literatur vermuten lassen (vgl. z. B. Xen. mem. 1, 1, 14; Theophr. char. 16). – Gegenstand der Verehrung können sowohl behauene (z. B. Säulen, Obelisken) als auch unbehauene Steine (*ἀργοὶ λίθοι*) sein, zu den letzteren zählen vor allem die schon erwähnten Meteoriten (z. B. Plut. Lys. 12). – Bes. eng ist → Apollon (z. B. als Agyieus) mit dem S. verbunden; vgl. auch die Hermen (→ Hermes). In der Literatur wird S. erwähnt z. B. bei Paus. 2, 9, 6 (→ Zeus Meilichios und → Artemis in Sikyon); 7, 22, 4; 8, 48, 6 (Arkadien); 9, 24, 3 (→ Herakles in Hyettos); 9, 27, 1 (→ Eros in Thespiai); 9, 38, 1 (→ Chariten in Orchomenos); 10, 24, 6 (Delphi); Plut. quaest. gr. 13 (S. bei den Ainianen). – Vgl. → Pfeilerkult, → Grenzstein, → Tabu, → Magna Mater, → Gottesvorstellungen. K.-H. R.

Lit: K. Latte, RE 3 A 2 (1929), 2295–2305 – Nilsson I 201–207.

[2] Das Fortleben eines prähistorischen S.es wird in der *röm.* → *Religion* (II A) hie und da sichtbar. → Heilige Steine bezeichneten die Grenzen der Felder (→ Grenzstein, → Terminus). In einem magischen Ritual wurde ein sogenannter ‹triefender› Stein (lapis manalis) zur Erzeugung von Regen verwendet (→ Wetterzauber). Im Tempel des Jupiter Feretrius bewahrte man einen Stein – wahrscheinlich einen Meteorstein –, der zum Symbol des blitzschleudernden Gottes geworden, aber heilig gewesen war, schon bevor man ihn an den Kult des Gottes geknüpft hatte. Er wurde beim Eid angerufen: *Iouem Lapidem iurare* (beim Stein Jupiter schwören; Cic. epist. 7, 12, 2; Gell. 1, 21, 4). H. Le B.

Stele

A. Griechisch: [1] Grabstele – [2] Bemalte Stele – B. Etruskisch. Zur S. im Zusammenhang der Grabarchitektur → Grab (dort auch über das röm. Grabmal), zur Kunstgattung → Relief.

A. Griechisch. [1] *Grabstele.* Die Urform der Grab-S. ist die nach oben sich verjüngende, schlank aufsteigende Steinplatte – ein Erinnerungsmal des Toten. Etwa um 600 v. Chr. begann man, den Toten als Rundstatue (→ Kuros) oder durch Relief auf dem Mal zu vergegenwärtigen; die Reliefdarstellung war von Anfang an weniger heroisch: im Profil und selten nackt, sondern in der abgekürzten Tracht des Lebens. – In *Attika* war die Sitte der Grabreliefs auf zwei verhältnismäßig kurze Zeiträume beschränkt: auf das 6. Jh. und die Zeit von ca. 440–310. Dazwischen hatte das erste Verbot des Gräber-‹Luxus› um 500 v. Chr. (vgl. Cic. leg. 2, 26 vielleicht im Zusammenhang mit den Reformen des → Kleisthenes?) dem alten Typus der hohen, schlankaufsteigenden S. ein Ende gesetzt (→ Aristokles). Die erst in der Parthenonzeit wieder nachweisbaren Grab-S.n zeigen eine neue Einstellung zum Erinnerungsmal. Die in anderen Landschaften bisweilen übliche Heroisierung des Toten (→ Relief 2. 3) wird in Athen vergeistigt, zum Erinnerungsbild an den in der Blüte des Lebens vorgestellten Menschen; seit der hohen Klassik treten der Verstorbene und der Überlebende in eine dialogische Beziehung zueinander; dabei wird in fortschreitendem Maß der Tote durch Gebärde in seinem bes. Wesen erfaßt und isoliert. Diesem neuen Anliegen zufolge wurde die breite Stelenform, in archaischer Zeit nur ausnahmsweise bei Sitzfiguren angewandt, die Regel (→ Ilissosrelief). Nach 317 bereitete das bekannte zweite Luxusverbot des → Demetrios (17) v. Phaleron (317–307) der att. Grabmalkunst das Ende. Von unbedeutenden Ausnahmen abgesehen, sind auf späteren Gräbern nur mehr kleine Säulen, ein Tisch oder ein Becken aufgestellt worden. – Ein wichtiges Bindeglied zwischen der ersten und zweiten Grabreliefzeit stellen die wohl von den Kykladen ausgehenden *ion.* Grab.-S.n der spätarchaischen und frühklass. Zeit dar (→ Alxenor). Im → Hellenismus läßt sich die Fortsetzung dieser Gattung bes. an den S.n des westl. Kleinasien, Alexandrias und Rheneias (auf Delos 168/88) weiter verfolgen. Es zeigt sich hier eine merkwürdige Vermischung der Typen des Grab- und des Weihreliefs (→ Relief). Der Bereich des Toten wird zeichenhafter gekennzeichnet, u. a. durch eine Fülle sepulkralen Beiwerks hervorgehoben. E. Bg.

Lit: H. Möbius, RE 3 A 2 (1929), 3207–25 – H. Diepolder, Die att. Grabreliefs des 5. u. 4. Jh.s, 1931 – K. Friis-Johansen, The Attic Grave-Reliefs, 1951 – K. Schefold, Die Deutung der klass. Grabreliefs, MH 9, 1952, 107–112 – E. Akurgal, Zwei Grabstelen, 111. BWPr. 1955 – N. Himmelmann-Wildschütz, Studien zum Ilissos-Relief, 1956 – J. Thimme, Die S. der Hegeso als Zeugnis des att. Grabkultes, AntK 7, 1964, 16–28 – Zu den hellenist. Grabreliefs: E. Pfuhl, Das Beiwerk auf den ostgriech. Grabreliefs, JdI 20, 1905, 47–96 – Ders., Corpus der ostgriech. Grabreliefs, Ms. UB Basel.

[2] Die *bemalten Stelen* unterscheiden sich in Typus und Darstellung bis in spätklassische Zeit nicht wesentlich von den gleichzeitigen (ebenfalls bemalten) Relief-S., ersetzen diese aber in hellenist. Zeit nahezu vollständig (Gesetz gegen Gräberluxus a. d. J. 317 v. Chr.). Bis in spätarchaische Zeit ist die Malerei von Ritzung begleitet. Früheste Beispiele stammen aus Prinia und Ithaka (Rumpf, 29, 3, Abb. 1; 34, 5, Abb. 3). Farbspuren haben sich auf der spätarchaischen S. des Lyseas (Kraiker, 148) und auf einer klass. S. (S. Karusu a. O.) erhalten, nur die Ritzung auf böot. S.n (Mnason und Rynchon: Pfuhl, Abb. 633 f.). Aufschlußreich für die Darstellungen von → Perspektive und → Innenraum im 3. Jh. (Pfuhl, 625) sind die sog. S. von Pagasai (Rumpf, 156, 4). Zu alexandrin. S.n vgl. B. R. Brown. C.K.

Lit und Abb: S. des Lyseas: N. Himmelmann, Arch. Gemälde, AM 73. 1058, 1–5 – Rumpf, 75, 10 mit weiteren Bsp. 62, 8. 9; 74, 4; 78, 2 – Klass. S.n: S. Karusu, Bemalte att. S., AM 71, 1956, 124 bis 139 – Böot. S.n: F. Studniczka, Die griech. Kunst an Kriegsgräbern, NJbb 35, 1915, Taf. 16. 26. 27 – Rumpf, 117, 10 mit weiteren Bsp.

143, 7. 8; 150, 8 – Alexandrin. S.n: B. R. Brown, Ptolemaic Paintings, 1957 – R. Pagenstecher, Alexandrin. Studien, SB Heidelberg 1917.

B. Etruskisch. Bei den → *Etruskern* ist die Grab-S. sehr viel seltener als der → Cippus und im wesentlichen auf Nordetrurien beschränkt. Die bei Vetulonia gefundene des Avle (?) Feluske, eine 1,60 m hohe, rechteckige Kalksteinplatte mit dem ungefüge eingeschnittenen Bild eines nach links schreitenden Kriegers mit Doppelbeil und Rundschild, bietet zugleich das älteste Beispiel einer etrusk. Steinschrift (ca. 600 v. Chr.). Nach dem unten und beiderseits einrahmenden Schriftband wurde sie durch einen Hirumina aus Perusia gesetzt, und im Raum von Perusia, bei Monte Gualando, ist in der Tat eine ähnliche Platte mit der Darstellung zweier Krieger im Kampf gefunden worden. Links und rechts vor dem Eingang der Tomba dei Flabelli in Populonia (7./6. Jh. v. Chr.) standen zwei große, unbeschriftet aufgefundene Steintafeln von gleichfalls rechteckiger Form. S.n mit Palmettenbekrönung in ostion. Formtradition schließen zeitlich an. Oben gerundeten Abschluß haben die das Reliefbild wieder eines Kriegers zeigenden S.n des Aule Tite und des Larth Atharni von Volterra (575–525 v. Chr.) und die von ihnen abhängige S.e des jugendlichen Larth Aninie aus Fiesole (um 525 v. Chr.), die gleichfalls unter ostion.-kleinasiat. Einfluß stehen. Eben dorthin weist auch der Reliefstil der im Umriß tropfenförmig gebildeten zierlichen Relief-S.n mit Palmettenakroter, aus Fiesole (530/20 v. Chr.). Etwas jünger sind die gleichfalls zu Fiesole gehörigen, rechteckigen S.n mit Palmettenakroterien und der Darstellung u. a. des zum Mahl gelagerten Verstorbenen. – Einen lokal eng begrenzten, am Ort entwickelten Typus schließlich stellen die hufeisenförmigen Grab-S.n von Bologna dar, die sich an die frühen Scheibenkopf-S.n der östl. Poebene anschließen lassen, die ihrerseits in naher Verwandtschaft zu den Scheibenkopf-(Gesichts-) S.n der Lunigiana und Populonias stehen. In dem Maße, in dem sich die Form, stilisierenden Tendenzen folgend, verschleift, breitet sich auf ihnen der Bilderschmuck aus, wird nicht mehr nur der Tote als Gestalt festgehalten, sondern als ein allein oder mit anderen Handelnder, als Abschied nehmend, Kämpfe bestehend, schmausend, ins Jenseits fahrend abgebildet. O.W. v. V.

Lit: P. Ducati, Le pietre funerarie Felsinee, Mon. Ant. 20, 1910, 357 bis 728 – F. Magi, Stele e cippi Fiesolani, StE 6, 1932, 11–85 – G. Hanfmann, Altetruskische Plastik I, 1936, 48 – U. Formentini, Le statue-stele della Val di Magra e la statuaria megalitica ligure, Riv. Stud. Lig. 14, 1948, 1–3 – O.W. v. Vacano, Die Etrusker, Werden u. geistige Welt, 1955, bes. 150–159 – E. Vetter, Zu der Kriegerstele von Vetulonia, StE 24, 1955/56, 301–310.

Stella → Arruntius.

Stempel → Reliefkeramik A, → Glyptik.

Stempelkeramik. Der Boden kleiner Schalen mit niedrigem Fuß wird seit etwa 460 v. Chr. anstelle eines Innenbildes zuweilen mit radialen Stempel- und Ritzmustern versehen. Sie beschränken sich zunächst auf Zungenstab und Rosetten, später treten im Kreis angeordnete Palmetten hinzu, die häufig durch Bögen verbunden sind. Die Stempelornamente wurden vor dem Brand eingedrückt, ehe das Gefäß mit → Firnis überzogen war. – Seit etwa 400 erscheint die Technik auch an Tellern, Amphoriskoi u. a., und hält sich vereinfacht an hellenist. schwarz- und rotgefirnißter Ware. Auf spätantiker Keramik kommen neue Streumuster hinzu. Vgl. → Reliefkeramik. I. Sch.

Lit: R. M. Cook, Greek Painted Pottery, 1960, 214; 354 – P. E. Corbett, Palmette Stamps from an Attic Black Glaze Workshop, Hesperia 24, 1955, 172–186 – K. Kübler, Spätantike Stempelkeramik, AM 56, 1931, 75–86.

Stephanephoren (*Στεφανηφόρου δραχμαί*) kommen in attischen Dekreten und in einer Reihe von delischen Inventaren vor. Der Ausdruck bedeutet *nicht*, wie die gesamte ältere Forschung seit Boeckh (1817) bis 1951 irrtümlich annahm, Drachmen, die bei einem angeblichen Heiligtum des attischen Heros Stephanephoros unter dessen Schutz in der athenischen Staatsmünze geprägt und ausgegeben wurden. 1951 hat L. Robert überzeugend nachgewiesen, daß mit diesem Namen jene attischen Silbermünzen (Tetradrachmen) hellenist. Zeit gemeint sind, die – im Gegensatz zu den älteren kranzlosen → Glaukophores – das Symbol Athenes, die Eule, auf der Rückseite von einem Olivenkranz umgeben zeigen. In Analogie zu anderen, nach ihrem Typus benannten Münzserien, wie den → Kistophoren, → Taurophoren, → Kraterophoren, → Botryophoren, ergibt sich hieraus ohne weiteres die Benennung S. für die seit 196 vor Chr. geprägten attischen Tetradrachmen des sog. ‹Neuen Stiles› mit Olivenkranz auf der Rückseite. W. Schw.

Lit: L. Robert, Etudes de num. grecque, 1951, 105–135 (Lit) – N. M. Tod, Num. Chron. VI 20, 1960, 8–15 – M. Thompson, The New Style Silver Coinage of Athens, 1961, 432 note 2.

Stentor, nur Il. 5, 785 erwähnter Held, dessen Stimme, so laut wie die von 50 Männern zusammen, sprichwörtlich wurde.

Stephanos, Schüler des → Pasiteles; etwa 2. H. 1. Jh. v. Chr. Signatur auf der Stütze der Jünglingsstatue in Villa Albani (Nr. 906): nicht stilgetreue Kopie eines Werkes um 470 v. Chr.; zwei Repliken hat er mit anderen Figuren zu ‹strengen› Gruppen verbunden. Solche Gruppenbildung war offenbar für die Richtung des → Pasiteles charakteristisch; vgl. → Cossutius Menelaos. H. v. H.

2. **S.,** Jurist, 6. Jh. n. Chr., unterstützte Tribonianus bei der Abfassung der Pandekten, verfaßte selbst eine griech. Paraphrase.

3. **S. von Byzanz,** Grammatiker, um 520 n. Chr., Verfasser der ‹Ethnika› (über 50 Bücher), eines Lexikons der bei den Autoren belegten Ortsnamen mit sprachwissenschaftlicher Bestimmung der Ableitungen. Die erhaltenen Auszüge sind eine Fundgrube für Fragmente antiker geographischer Literatur. → Lexikographie [3]. F. L.

Ed: A. Meineke, 1849 – E. Honigmann, RE 3 A 2 (1929) – H. Erbse, Zetemata 24, 1960, 251–269.

Stepterion, rätselhaftes → Fest in Delphi. Alle acht Jahre wurde auf einer Tenne innerhalb des Heiligtums ein kunstvoller hölzerner Bau errichtet. Eine von einem → Amphithales angeführte Prozession näherte sich schweigend mit angezündeten Fackeln, warf den Tisch mit den Opfergaben um, steckte die Hütte in Brand und entfloh. Das Fest umfaßte auch eine Theoria nach Tempe, um den heiligen Lorbeer einzuholen. F. R. W.

Lit: Nilsson, Griech. Feste, 1906, 150ff.

Stereometrie, Lehre von den Körpern im Raum, insbes. in → Euklids Elem. Buch 11–13 behandelt. – Vgl. → Mathematik, → Geometrie; → Verdoppelung des Würfels, → Kegelschnitte, → Polyeder. H. G.

Sternbilder und Sternsagen

A. Sternbilder – B.–E. Sternsagen: B. Grundsätzliches – C. Zu den Sternbildern des nördl. Himmels – D. Zu den Sternbildern des südl. Himmels – E. Zum Tierkreis.

A. Sternbilder. [1] Die *Stb.-Überlieferung* der Griechen ist vielschichtig in der Frühzeit verwurzelt. Während ein gemeinsames indogerman. Erbe nicht zu erkennen ist, zeichnet sich eine starke ägäisch-kret. Komponente ab, die eine bemerkenswerte Selbständigkeit gegenüber den Stb. Ägyptens und Vorderasiens und ihren Anregungen zeigt. Begünstigt wurde dieser Prozeß durch die Entwicklung der vorgriech. Seefahrt, deren Erbe die frühen Griechen ebenso souverän weiterführten wie die *Stb.*-Tradition. Die vielschichtige Überlieferung erkennen wir vor allem im Nebeneinander von verschiedenen Bildgedanken für Bezeichnung einer einzigen Sternfigur.

[2] Die von Homer gebrauchte Doppelbenennung ‹Bärin› und ‹Lastwagen› für den *Großen Bären* berücksichtigt die sumerische Auffassung des Stb.s als ‹Lastwagen› neben der frühgriech.-arkad. Vorstellung der ‹Bärin›. Die neben *Orion* als Jäger bezeugte Figur der Doppelaxt für dasselbe Stb. ist kret. Ursprungs. Vorgriech.-ägäisch ist die Dar-

stellung des *Sirius* als → Hund. Wahrscheinlich beziehen sich auf den Sirius kret. Darstellungen mit Hund- und Sternmotiv, auf Orion Doppelaxtzeichen mit Sternfiguren. Eine kret.-myk. Amphore aus Enkomi (Cypern) mit der Darstellung der → Polypenhochzeit zeigt außer dem Orion mit Doppelaxtfigur das Zeichen der von einem Mann getragenen Waage sowie Fuhrmann und → Ziege (Capella). Das Stb. der *Ziege* ist kret. Ursprungs, während das Bild des *Fuhrmanns* seine Entsprechung in der altorientalischen Überlieferung des 2. Jt.s hat. Beide Auffassungen sind in der griech. Stb.-Vorstellung später vereinigt worden, indem man dem Fuhrmann Ziege und Böckchen beigab. Dem cypr.-myk. Vasenbild liegt die aus dem Epos bekannte Anschauung zu Grunde, daß die Sterne auf ihrem Weg in den Okeanos tauchen. Diese Vorstellung gibt noch ein attisch rotfiguriges Vasenbild wieder, das Sterne, als Knaben dargestellt, beim Sprung in den Okeanos während des Sonnenaufgangs zeigt. Eine cypr. Kanne des 7. Jh.s zeigt, markiert durch ägypt. Sternmotive, das Stb. *Schwan* mit der am Hals des Vogels hängenden Leier, die wie in der astronomischen Überlieferung als Schildkrötenschale (Chelys) dargestellt ist, außerdem das Stb. *Pfeil*, die nördl. *Krone*, die als Rad (des Ixion) aufgefaßt ist, und den *Kleinen Bären*, der in der Figur des Hundeschwanzes (Kynosura) erscheint. Ägäisch-kret. Überlieferung ist hier mit frühgriech.-arkad. Auffassung verschmolzen. Die frühgriech. Bildprägung von Sternfiguren, die als Merkgestirne für Seefahrt, Jagd, Landwirtschaft und Kalenderbeobachtung wichtig waren, erklärt, daß die S. in der wissenschaftlichen Überlieferung seit dem 6. Jh., die wichtigsten auch schon bei Homer und Hesiod, wie altbekannte Größen behandelt werden. Ein gleiches gilt für Stb.-Darstellungen in der Kunst. Eine Münze von Keos zeigt den Sirius über einem Altar, neben dem sich ein Hund befindet. Das von einem Priester mit Spitzhut und Doppelaxt vollzogene Opfer gilt jedoch nicht dem Gestirn, sondern dem Zeus Ikmaios, der zur Zeit der Hundstage die kühlen Etesien wehen ließ, oder dem Apollonsohn Aristaios, der die Menschen zuerst diese Witterungsbeobachtung unter dem Zeichen des Sirius lehrte. Daher ist über dem Gestirn ein Lorbeerzweig dargestellt. Das Bildzeugnis kann in keinem Falle als Beweis für einen griech. Sternkult (→ Sternglaube) gewertet werden, der im Gegensatz zu Ägypten und dem Orient auch aus den Darstellungen von Stb. bis in hellenist. Zeit nicht zu erkennen ist. Auch die hellenist.-röm. Planeten- und Tierkreissymbolik ist nicht in diesem Sinne zu werten. Die frühzeitlich verwurzelte Anthropomorphisierung von Stb. (Orion, Bootes) wurde bis zum 5. Jh. erweitert (Perseus und sein Geschlecht, Herakles, Plejaden u. a.), weiterhin in bemerkenswerter Selbständigkeit gegenüber dem Orient und Ägypten.

[3] Auch die Ausbildung der *Tierkreiszeichen* reicht in die Frühzeit zurück. Der att. Bildkalender, der bei der → Kalenderreform des Meton 432 aufgestellt wurde, zeigte die griech. umgebildeten Tierkreisfiguren, die auch im hellenist. Ägypten berücksichtigt wurden (Widder, Stier, Zwillinge, Krebs = Meereskrabbe, Löwe, Jungfrau, Waage, Skorpion, Schütze, Steinbock, Wassermann, Fische). In der kanonischen Fassung gab es zwei Variationen, indem die eine an Stelle des Waagezeichens (Atlas Farnese, Neapel, mit Stb. nach Arat) die Scheren des Skorpions als selbständige Tierkreisfigur verwendete (Att. Bildkalender an der Kleinen Metropolis in Athen, auf dem mit dem Hundsstern Sirius und dem Tierkreiszeichen des Löwen der alte Beginn des att. Jahres zur Siriuszeit der Hundstage berücksichtigt ist). Spätestens im 4. Jh. waren alle antiken Stb. fest geprägt. Beispielhaft ist die Darstellung des als Halbschiff gedachten Stb. Argo (Schiff) und des Stieres auf einem Gnathiabecher, dessen Motive nur von einer kanonisch gewordenen, wissenschaftlichen Überlieferung alter, volkstümlicher Vorstellungen zu verstehen ist. Das Stb. Stier weist auf die Zeit des Schiffahrtsbeginns, das Halbschiff auf die äußerste Grenze des südl. Himmels, wo es als Merkgestirn für die Seefahrer nach dem Vorbild der zu den Erdgrenzen vorgedrungenen Argo fixiert war. Eine Übersicht über die Haupt-Stb. nach der Überlieferung Arats bietet der vom Atlas Farnese getragene Himmelsglobus (Neapel), der an ältere Modelle anschließt. Die Tierkreisfiguren teilen die Stb. des nördl. Himmels (Bärin mit Jungtier, Drache, Adler, Schwan, Leier, Perseusfamilie, Herakles) von denen des Südhimmels (Orion, Sirius, Eridanos, Rabe, Schlange). Die Art der Darstellung weist auf festgeprägte Figuren, die schon auf älteren Darstellungen des Sternenhimmels, Globen, Planisphären und Gestirnskalendern verwendet worden sind. Die Anfänge dieser Stb.-Pläne nach einem festen System liegen in Ägypten und im Alten Orient, wo sie bereits den Vor- und Frühgriechen bekannt geworden sind. Ihre kanonische Fassung im Griechentum ist das Werk der ion. Naturphilosophen, der Pythagoreer und der Astronomen des 5./4. Jh.s (→ Euktemon, → Eudoxos, 1), deren Erkenntnisse die hellenist. → Astronomie weiterführte, ohne die festgeprägten, oft mythisch bestimmten Figuren aufzugeben. Wie lange sich altertümliche Vorstellungen behaupteten, bezeugt die berühmte, auf dem Aventin gefundene astronomische Platte des Bianchini (Louvre), auf der Orion mit der Doppelaxt begegnet, am deutlichsten die Figur des Ziegenfisches als Zeichen für den Steinbock. Wir begegnen ihm auf dem spätatt. Bildkalender an der Kleinen Metropolis von Athen ebenso wie auf der berühmten Gemma Augustea, auf der der Ziegenfisch das Zeichen des Monats vertritt, in dem Octavian den Namen Augustus annahm. Hier wirken wie auf zahlreichen anderen röm. Denkmälern der Kaiserzeit altorientalisch-hellenist. Horoskopvorstellungen ein. In diesem Zusammenhang erscheint auch die Zuordnung der Planeten an große Gottheiten, die im Alten Orient ihren Ursprung hat. Die große Bedeutung der Stb. für die Himmels- und Zeitordnung erklärt das ununterbrochene Nachwirken der antiken Figuren in der christl. Kunst des Mittelalters, wo sie unverändert zur Bezeichnung der großen kosmischen Ordnung begegnen. In keinem anderen Bereich der geistigen Überlieferung des Altertums hat sich die ikonographische Tradition während so langer Zeit so dicht und festgeprägt behauptet.

J.W.

Lit: G. Thiele, Antike Himmelsbilder, 1898 – F. Boll, Sphaira, 1903 – F. Boll-W. Gundel, ML VI 867ff. – W. Gundel, Sterne und Sternbilder im Glauben des Altertums und der Neuzeit, 1922 – W. u. H. Gundel, RE 20,2 (1950), 2165–85, s. v. Planeten – F. Boll-C. Bezold, Sternglaube und Sterndeutung, 1931 – W. Gundel, Dekane und Dekansternbilder, Stud. Bibl. Warburg 1936 – H. Balß, Antike Astronomie, 1949 – F. Boll, Kleine Schriften zur Sternkunde des Altertums, 1950 – A. Scherer, Gestirnnamen bei den indogermanischen Völkern, 1953 – L. van der Waerden, History of Zodiac, AOF 16, 1953, 216–230 – H. Stern, Le calendrier de 354, 1953 – J. Wiesner, Geistige Überlieferung im östl. Mittelmeer (Bericht über die 5. Tagung der Deutschen Gesellschaft für Anthropologie), 1956 – Ders., Die Hochzeit des Polypus, JdI 74, 1959, 46 – Ders., Neues aus Cyperns Frühzeit, Karawane 4, 1962/63, 20–25 – Ders., Der Kalenderfries an der kleinen Metropolis von Athen, Karawane 5, 1964/65, 28–38 – Ders., Griech. Sternbilder (in Vorbereitung) – A. Kammenhuber, Hippologia Hethitica, 1961, 30. 121 (Großer Wagen) – *Darstellungen:* bes. früh auf Gemmen, vor allem die Stb. Wagen-Bär-Schütze (G. Lippold, Gemmen u. Kameen, 1922, Taf. 88,13; G. Richter, Catal. of Engraved Gems, MMA, New York, 1956, zu Nr. 67). Zu späteren Darstellungen des Achilleusschildes, der nach Homers Beschreibung (Il. 18,484ff.) zahlreiche Gestirne wiedergibt, vgl. O. Brendel, Antike 12, 1936, 272ff. Anthropomorphe *Gestirngottheiten* sind vom späten 6. Jh. ab in der griech. Kunst nachweisbar (Schauenburg, AntK 5, 1962, 51ff.). Euripides (Ion 1146ff.) beschreibt einen in Delphi aufbewahrten Peplos mit zahlreichen Gestirnbildern dieser Art. Bereits vom mittleren 5. Jh. an wird → Perseus in menschlicher Gestalt, aber im Schema des nach ihm benannten Sternbildes und mit Strahlen auf dem Kopf wiedergegeben (Schauenburg, Perseus, 131f.). Die → Pleiaden sind vielleicht auf einer att. Hydra des späten 5. Jh.s zu erkennen (S. Karouzou Ephem., 1945/47, 22ff.), menschlich gestaltet. – Das Stb. des Stiers sowie die Argo finden sich auf einem Gnathianapf in Berlin (AntK 5, 1962, Taf. 21,4f.). Von den *Tierkreisbildern* wurde sonst einzeln bes.

der Löwe oft wiedergegeben (z.B. auf dem Grabmal des Antiochos von Kommagene: Humann-Puchstein, Reisen in Kleinasien und Nordsyrien, 1890, Taf. 40; A. Furtwängler, Beschreibung der Berliner Gemmensammlung, 1896, Nr. 8699; auf Nr. 8698 mit den 7 Planeten). Aus Pergamon stammen Relieffragmente mit Stb.n: Adler, Widder, Stier, Skorpion (Altertümer v. Pergamon VII 2, 1908, 303). Inwieweit auf dem großen Fries des Altars von Pergamon, bes. seiner N-Seite, Sterngottheiten dargestellt sind, ist umstritten. – *Himmelsgloben* scheint schon das 6. Jh. v. Chr. gekannt zu haben. Als Erfinder werden mythische Gestalten wie → Musaios, → Atlas oder historische wie → Thales und → Anaximander genannt (Cic. rep. 1, 22). Berühmtester erhaltener antiker Globus in Neapel, von Atlas getragen (G. Thiele, a. O. Taf. 1 ff.). Darstellungen des gesamten *Tierkreises* sind schon frühhellenistisch erstmals nachweisbar (P. Wuilleumier, Tarente, 1939, 439, Taf. 45, 2), in der röm. Kunst, meist in Verbindung mit Sol, ungewöhnlich verbreitet (F. Cumont, in: DS V 1046 ff.; Schauenburg, Helios, 27 f.). Die Gesamtheit der 7 Planeten begegnet erstmals in der pompejan. Wandmalerei (Schefold, WP 161). Später sind die Planeten, oft in Büstenform wie in Pompeji, außerordentlich verbreitet, bes. auf den Wochensteinen aus dem gallo-germanischen Raum (Haug, Westd. Zeitschr. 9, 1890, 17 ff.), Gemmen und Mosaiken. Statuen von Planetengöttern scheinen im Pantheon in Rom gestanden zu haben (Ziegler, RE 18, 3 [1949], 733 s. v. Pantheion). Interesse verdienen Gemälde, auf denen Sol als Richter im Schönheitsstreit von Morgen- und Abendstern erscheint (Herbig; HBr. zu Taf. 224 ff.) Reiches Nachleben antiker Stb. in mittelalterl. Hss., wichtig auch für die Wiedergewinnung antiker Vorbilder. K. Schb.

B. Sternsagen: Grundsätzliches. Sts. kannten die Griechen fast zu allen ihnen vertrauten → Sternbildern in einer Dichte, die der ägypt.-oriental. Überlieferung fremd ist. Der Unterschied besteht bes. darin, daß in der antiken Überlieferung nur wenige Stb. eine einzige oder überwiegend mythische Deutung zeigen, während die Mehrzahl oft zahlreiche Mythen auf sich vereinigt. Die mythische Variation beschränkt sich nicht auf die unter verschiedenen Figuren überlieferten Stb., sondern umfaßt auch die unter einem einzigen Bildzeichen bekannten. Begünstigt wurde die breite Deutungsmöglichkeit durch die Tatsache, daß die Bezeichnung der Stb. überwiegend unspezifisch ist, diese also mit lokal verschiedenen Mythen verbunden werden können, abgesehen von jenen, die durch einen mythisch festbestimmten Eigennamen gekennzeichnet sind (z. B. Perseusgruppe, Argo). Der Befund spricht bisher gegen den seit der Antike mehrfach wiederholten Versuch, alle Mythen aus Gestirnskonstellationen abzuleiten (Dupuis, Drews), in den Stb. also den Ursprung für die daran geknüpften Sts. zu sehen. – Da wichtige Stb. unter verschiedenen Figuren bereits der vor- und frühgriech. Welt bekannt waren, besteht durchaus die Möglichkeit, daß ein Teil der Stb. in die Frühzeit zurückreicht, bes. in der mit Kreta und Arkadien verbundenen Überlieferung. Manche Anzeichen weisen darauf, daß bes. die → ‹Minyer› Böotiens an der frühen Bildung von Sts. wesentlich beteiligt waren und das vorgriech. Element in Attika wie auf den Inseln dabei eine Rolle spielte. Mit der frühgriech. Überschichtung konnten auf diese Weise die ersten Variationen in der mythischen Deutung von Stb. entstehen. Der Quellenbefund erweckt den Eindruck, daß die seit dem 6. Jh. immer reicher fließende Überlieferung von Sts. bei Dichtern und Gelehrten wenigstens teilweise auf eine nicht unbeträchtliche volkstümliche Überlieferung Rücksicht nimmt, die bei einer auf Sternbeobachtung seit der Frühzeit angewiesenen Bevölkerung von Seefahrern und Fischern durchaus zu erwarten ist. Daß die Griechen selbst mit einem alten Kern von Sts. rechneten, bezeugen die Überlieferungen von Hesiods Astronomie und astronomischen Kenntnissen des → Minyas, des → Musaios und des → Epimenides, der über eine Sammlung kret. Sts. verfügte. So können die Verbindung von Heraklesmythen mit Stb. bei Panyassis und → Peisandros und die Pindar bekannten Stm. zu Löwe, Pferd und Wassermann altes Erbe sein. Die Tragiker behandeln Stm. als altbekannt. Den Höhepunkt der Entwicklung bezeichnen Arat und Eratosthenes, in deren systematischer Mythologisierung des gestirnten Himmels wir ältere, volkstümliche Sts. nicht ausschließen dürfen. Das zähe Weiterleben im Volkstum könnte bei willkürlicher Erfindung eines Einzelnen kaum erklärt werden. Trotz oft verschiedener Deutungen für ein Stb. fällt auf, daß die Fülle der mythischen Überlieferung bei weitem nicht ausgeschöpft ist und hervorragende Gestalten des M. unter den Sts. fehlen. Frühe Festprägungen verhinderten willkürliche Ausweitung. – Im Gegensatz zur ägypt.-oriental. kann in den griech. Stm. die Verstirnung nur durch Götter erfolgen (Zeus, Hera, Apollon, Artemis, Athena, Dionysos, Hermes, Poseidon). Allein Parthenos und Pegasos erreichten mit eigener Kraft den gestirnten Himmel.

C. Sternsagen zu den Sternbildern des nördl. Himmels. [1] *Drache* (*δράκων, ὄφις*, draco, serpens, anguis). Stark landschaftlich bedingte Versionen: 1. nach kret. Überlieferung Selbstverwandlung des Zeus mit beiden Bärinnen als Ammen, um Kronos zu entgehen – 2. Von Apollon erlegter Python-D. – 3. Von Athena im Kampf mit dem Giganten Mimas an den Himmel geworfen. – 4. Von Herakles getöteter Hesperiden-D., von Zeus und Hera verstirnt (vgl. Stb. Engonasin). – 5. Von Kadmos getöteter D.

[2] *Bärinnen* (*Ἄρκτος ἡ μεγάλη, Ἑλίκη*, Ursa maior – *μικρὰ ἄρκτος, Κυνόσουρα, Φοινίκη*). 1. Kret. Version: die B. Helike und Kynosura bargen das → Zeuskind in einer Höhle am Ida und nährten es. – 2. Arkadisch: Verstirnung der Artemisbegleiterin → Kallisto und ihres Hundes. – 3. Phoinike als Nymphe der Artemis. Der Bildgedanke vom Wagen ist durch Bootes (s. u.) mit Dionysos verbunden. Zum ‹Fuchsstern›, unserem ‹Reiterlein› über dem Bären, vgl. u. Sirius und Stier.

[3] *Bootes* oder *Arkturos*. Das Bild vom Ochsentreiber am Wagen wurde als → Ikarios gedeutet, den → Dionysos den Weinbau lehrte. In den mythischen Zusammenhang, in dem der Wagen mit Weinschläuchen beladen gedacht wird, gehört die ebenfalls att. Stm. von → Erigone (Jungfrau) und → Maira (Sirius). Mit Demeter verbunden wurde die Deutung des B. als → Iasion, der Wagen, Ochsengespann und Pflug erfand und deswegen von seiner Mutter bewundert und verstirnt wurde. Wahrscheinlich wirkte hier die ägypt. Vorstellung vom Pflügergestirn mit. A., dessen Name von den Bärinnen (s. o.) nicht getrennt werden kann, wurde als Sohn der → Kallisto und Stammvater der Arkader gedacht. Arkadisch ist auch die Benennung nach Lykaon, dem Vater der Kallisto.

[4] *Perseusgruppe* (P., Andromeda, Ketos, Kepheus, Kassiopeia). Die mit dem Seeungeheuer (Ketos, Walfisch) auf den südl. Himmel übergreifende Gruppe von Stb. ist nur durch eine einzige Sts. verbunden, die Verstirnung des P. durch Athena, wodurch alle am A.-Abenteuer beteiligten Figuren nachgezogen wurden. Arkad.-argiv.-kret. Überlieferung, die spätestens in einem Sterngedicht des 6. Jh.s fixiert wurde und konstant blieb.

[5] *Nördl. Krone* (Kranz, *στέφανος*, corona). In kret.- att. Stm. als Kranz der → Ariadne gedeutet, der von Hephaistos gefertigt und von → Dionysos A. geschenkt wurde. Vgl. A. als Stb. Jungfrau. Nach anderer att. Version Kranz des → Theseus, der ihn von Amphitrite als Zeichen seiner göttlichen Herkunft empfing. Vgl. Th. als Stb. Engonasin. Thessalisch: Rad des → Ixion, der im Stb. Engonasin gesehen wurde. Die Deutung als Kranz des Prometheus hängt mit der Vorstellung vom Stb. Engonasin als Prometheus zusammen.

[6] *Engonasin* (*ὁ ἐν γόνασιν*, Engonasis, Nisus, Hercules). Die als Kniender, auf das Haupt des Stb. Drachen (s. o.) drückend, gedachte Figur erlaubte mehrere Deutungen. Überwiegend ist die Auffassung als → Herakles im Kampf mit dem Hesperidendrachen, so daß das Stb. bei den Römern als Herkules bezeichnet wurde. Ohne Rücksicht auf das Stb. Drachen ist die att. Deutung als → Theseus, der den Felsen von Troizen hebt. Im Zusammenhang mit der nördl. Krone wurde die Figur als → Ixion mit dem Rad auf-

gefaßt bzw. als → Prometheus mit dem Kranz, gefesselt am Kaukasus. Kretisch: steinschleudernder → Talos. Die Auffassung als Schutzflehender führte zur Verbindung mit den Mythen von → Tantalos, → Thamyris und dem von Thrakerinnen tödlich bedrohten → Orpheus. Die Aufnahme der Sänger aus der Vorzeit wurde durch die Nähe des Stb.s Leier (s.u.) nahegelegt.

[7] *Leier* (*λύρα, χέλυς*, lyra, testudo), mit Hermes verbunden, der die L. fertigte und an den Himmel versetzte. Die andere Deutung bezieht sich auf die L. des → Orpheus, der sie von Apollon empfing.

[8] *Schwan* (Vogel, *ὄρνις* [*μέγας*], *κύκνος*, olor volucris, Ales Cygnus). Die zunächst unbestimmte Bezeichnung ermöglichte mehrere Sts. Neben der Verstirnung durch → Zeus, der sich in einen S. verwandelte (Leda, Nemesis), berücksichtigten die Sts. die Verbindung des S. als musischen Vogels mit Apollon, wobei die Nähe der Leier mitgewirkt hat.

[9] *Fuhrmann – Ziege* (*ἡνίοχος*, auriga – *αἴξ*, capella). An die ältere Benennung des Stb.s als Z. schließt sich die kret. Sts. von Amaltheia, die das Zeuskind nährte. Das damit konkurrierende, erst im Streitwagenzeitalter begründete Stb. des F.s wurde auf mythische Wagenlenker gedeutet: → Trochilos und Erichthonios als Erfinder des Rades und leichten Wagens, → Myrtilos und Killas, die Wagenlenker des Myrtilos und Pelops, Hippolytos und Phaethon. Dadurch wurde jedoch der Stm. von der *αἴξ οὐρανία* nicht verdrängt. In der akkad. Überlieferung ist die Bezeichnung Streitwagen gesichert.

[10] *Schlangenträger und Schlange* (*'Οφιοῦχος*, anguitenens, serpentarius). Die ursprünglich namenlose Figur an der Hadesregion des Himmels wurde überwiegend als der von Apoll verstirnte → Asklepios gedeutet (vgl. Stb. Pfeil). Die Deutung setzt den thessal. Asklepioskult voraus ebenso wie den Stm. vom Getenkönig Karnabos, der im Thrakerland den Triptolemos-Drachen tötete und von Demeter verstirnt wurde, die Kenntnis des Getenvolkes, das den Griechen erst im 7. Jh. vertraut wurde. Thessalisch: Triopas, der der von Demeter gesandten Schlange unterlag, ebenso die rhod. Version von dem Triopassohn → Phorbas als Drachentöter. Der Gesamtbefund weist auf einen nordgriech. Ursprung der Sts. (und des Stb.s?).

[11] *Pfeil* (*οἰστός, τόξον*, sagitta). Spätestens im 6. Jh. bekannt war die Sts. vom P. des Apollon, der die Kyklopen tötete, weil sie Zeus den Blitz geschmiedet hatten, dem → Asklepios zum Opfer fiel. Vgl. Stb. Ophiuchos. Nach anderer Version versetzte Apollon den im Hyperboreerland verborgenen P. (den weisenden P. des → Abaris 6. Jh.) zur Zeit der fruchtbaren Demeter an den Himmel. Die Nähe der Stb. Schwan und Leier begünstigte die Zuordnung zum hyperboreischen Gott, wobei ion. Überlieferung stark mitwirkte. Im Zusammenhang mit der Engonasindeutung auf Prometheus steht die Auffassung als P. des Herakles, der damit den Adler des Zeus tötete. Die Version wurde durch die Nähe des Stb.s Adler angeregt.

[12] *Adler* (*ἀετός*, aquila). Überwiegend mit dem Vogel des Zeus verbunden, der allein der Sonne entgegenfliegen kann, der Zeus den Nektar bringt, der Ganymed entführte und Zeus vor dem Titanenkampf erschien. Beziehung zum Stb. Ophiuchos zeigt die Deutung auf den Triopassohn Merops, König von Kos, der sich aus Trauer um seine von Artemis getötete Gattin, die Nymphe Echemeia, den Tod geben wollte und von Hera verstirnt wurde. Der A. raubte auch auf Geheiß des Zeus den Schuh der Aphrodite und brachte ihn nach Ägypten, wo Hermes die sich vorher sträubende Göttin gewann (Ägypt.-oriental. Einfluß wie im Stb.?).

[13] *Delphin* (*δελφίς*, delphinus). In der Sts. bestimmt der D. die zu Atlas geflohene Amphitrite zur Hochzeit mit Poseidon (vgl. die Atlasbeziehung der Plejaden im Stb. Stier). Zum Kap Tainaron, der alten Poseidonkultstätte, trug der D. → Arion. Verbreitet war auch die Deutung des D.s als Mahnzeichen für den Sieg des → Dionysos über die tyrrhen. Seeräuber.

[14] *Pegasus* (*ἵππος*). Das ursprünglich nur als ‹Pferd› bezeichnete, zunächst ungeflügelt gedachte Stb. bot mehrere Deutungsmöglichkeiten, die sogar die Vorstellung von einer Stute einschließen: das helikon. Quellroß, der Pegasos des Bellerophontes; Hippe, die Tochter des → Chiron, die sich nach der Verführung durch Aiolos aus Angst vor ihrem Vater an Artemis wandte und verstirnt wurde.

[15] *Dreieck* (Triangel, *τρίγωνον, δελτωτόν*, triangulum). Die Sts., daß Zeus den Anfangsbuchstaben seines Namens an den Himmel setzte, um den Anfang des Tierkreises mit dem Stb. Widder leichter erkennen zu lassen, deutet auf gelehrte Erfindung griech. Astronomie.

D. Sternsagen zu den Sternbildern des südl. Himmels. [1] *Walfisch* (*κῆτος*, cetus) → Perseusgruppe.

[2] *Orion* (*'Ωρίων*, Orion). Die Sts. vom Jäger → Orion, nach dem die Bärin späht, vor dem die Plejaden im Stb. Stier fliehen, der dem von Ge gesandten Skorpion oder den Pfeilen der Artemis zum Opfer fällt, ist wahrscheinlich schon vor- und frühgriechisch. In der Sts. von der Bedrohung durch den Skorpion ist berücksichtigt, daß der Sk. mit dem Untergang des O. am Horizont auftaucht. Auf die Sichtbarkeitsphasen beziehen sich die Überlieferungen vom büßenden Jäger in der Unterwelt und von der Blendung des O. auf Chios, die durch den Hephästschmied Kedalion wieder beseitigt wird. Ägyptisch ist die Gleichsetzung mit Osiris. Zur kret. Vorstellung vom Stb. als Doppelbeil ist keine Sts. nachweisbar, doch führt O. noch auf der berühmten Tabula Bianchini (s.o. A 2) vom Aventin die Gestirnsgottheiten mit einer Doppelaxt an. Die Überlieferung, daß die drei Gürtelsterne mit den drei → Chariten verbunden wurden, weist auf eine vom Jägerbild abweichende Vorstellung, die sich bis in das Mittelalter behauptete, aber nicht durchsetzte.

[3] *Eridanus* (*Ποταμός*, flumen). Das ursprünglich nur als Fluß gedachte Stb. wurde als Himmelsgrenzstrom auf die irdischen Grenzströme Eridanos (mit dem → Phaethonmythos verbunden) oder auch auf Okeanos oder Nil gedeutet, wobei die irdischen Grenzen eines archaischen Weltbildes auf den gestirnten Himmel übertragen wurden.

[4] *Hase* (*λαγωός*, lepus). Der von Hermes wegen seiner Schnelligkeit und Fruchtbarkeit verstirnte H. erklärt sich aus der Nähe von großem und kleinem Hund sowie Orion.

[5] *Großer Hund* (Sirius, *κύων*, canis maior). Das ursprünglich selbständige vor- und frühgriech. Stb. der durch die Hundswut (*λύσσα*) bes. gefährlichen Hundstage (dies caniculares) bot mehrere Verbindungs- und Deutungsmöglichkeiten: H. des → Orion, aber auch des → Kephalos, der den teumessischen Fuchs jagt, bis Zeus H. und Fuchs verstirnt. Vgl. o. Fuchsstern im Großen Bären, nach dem der H. späht. Auf kretische Mitwirkung weist die Überlieferung vom H. als Wächter der Europa, der von Minos der Prokris, der Gemahlin des Kephalos, geschenkt wird. Ägäisch-attisch: Maira, der H. der Erigone und des Ikarios (s.o. Bootes). Vor- und frühgriechisch: Verbindung mit Aktaion und Linos, die durch tollwütige H.e zerrissen werden. Ägyptisch: Gleichsetzung mit Isis-Sothis, der Orion als Osiris zugeordnet ist. Jahreszeitlich bedingt ist der Stm. von Opora, in die sich Sirius, als Gesandter zu ihr geschickt, verliebt.

[6] *Kleiner Hund* (*προκύων*, canis minor). Das nach dem Vorbild des großen H.s geschaffene Stb. konkurriert mit dem Sirius in der Zuordnung zu Orion und zum Hasen, nach dem er späht, in der Deutung auf Maira.

[7] *Argo* (*'Αργώ*, Argo, navis). Die Bezeichnung des als Halbschiff mit Steuer gedachten Stb.s ließ nicht viele Deutungen zu. Frühgriechische: die von Athena verstirnte A., die am Strand von Iolkos altersschwach zerbrochen war. Ägyptisch: Schiff des → Osiris mit Kanobos als Steuermann.

Wie die A. die Grenzen der Welt erreichte, so bezeichnet das Stb. als Warnzeichen für die Seefahrer die Südgrenze des Himmels, deren Überschreiten zum Schiffbruch führen muß.

[8] *Wasserschlange* (ὕδρος, ὕδρα, anguis, serpens). Die Nähe des Stb.s zum Krebs begünstigte zusammen mit dem Namen die Verbindung mit der Hydra des → Herakles. Das benachbarte Stb. Rabe führte zur Deutung auf die W., die als Quellwächterin den Quell austrinkt, wohin Apollon den Raben zum Wasserholen sandte. Ägyptisch: Bild des Nils.

[9] *Mischkrug* (κρατήρ, Crater, urna, amphora). Das ursprünglich als großes Gefäß gedachte Stb. des Bechers wurde mit dem Faß des Otos und Ephialtes verbunden, in dem → Ares gefangengehalten wurde. Der M. wird auch Dionysos zugeordnet. Verkleinert erscheint das Gefäß als Becher in der Überlieferung von Apollon, der den Raben zum Opfer an die Quelle der Hydra schickt.

[10] *Rabe* (κόραξ, corvus); der Bote des Apollon, der den R. zum Wasserholen aussandte (vgl. auch den Mythos von → Koronis).

[11] *Kentaur* (κένταυρος, centaurus). Die Unbestimmtheit der Bezeichnung erlaubte die Deutung auf → Chiron, der wegen seiner Gerechtigkeit und als Erzieher des → Asklepios und → Achill verstirnt wurde, oder auf → Pholos, den Zeus als begabtesten Opferschauer am Stb. Altar verstirnte. Das vom K. in der Hand gehaltene ‹Tier› (Θηρίον) ist in der griech. Überlieferung unbestimmt.

[12] *Altar* (Θυτήριον, Θυμιατήριον, ara): der Schwuraltar der Götter vor dem Kampf gegen Kronos und die Titanen oder, was die Nähe des Kentauren (Chiron) nahelegte, der A., vor dem sich die Götter bei der Hochzeit des Peleus und der Thetis verständigten. Das Stb. wurde auch als Leuchtturm der Urmutter Nacht aufgefaßt, die das Zeichen für die Seefahrer an die Himmelsgrenze setzte. Vgl. Stb. Argo.

[13] *Südl. Krone* (στέφανος νότιος, corona australis). Die Nähe des Stb.s Schütze führte zur Deutung auf einen vom Sch. im Spiel abgeworfenen Kranz.

[14] *Südl. Fisch* (ἰχθὺς νότιος, piscis austrinus). Man betrachtete den F. als Stammvater der beiden kleineren F.e im Tierkreis und verband ihn wie sie mit der syr. Göttin Derketo (→ Atargatis) von Bambyke, die sich zu ihrer Rettung in einen F. verwandelte oder durch einen F. gerettet wurde.

E. Sternsagen zu den Sternbildern des Tierkreises.

[1] *Widder* (κριός, aries): der W. des → Phrixos und der Helle, auch der goldene W. des → Thyesthes. Auf Dionysos als Begründer der Viehzucht spielt die Deutung an, daß der W. einst den Gott auf seinem Heereszug in Afrika vor dem Verdursten gerettet habe. Einfluß ägypt. W.kultes? Die Verbindung mit Athena, begünstigt durch die Nähe der von Athena verstirnten Perseusgruppe, konnte sich auf die Göttin als Erfinderin der Wollwebekunst berufen.

[2] *Stier* (ταῦρος, taurus). Kretisch: S. der → Europa und der → Pasiphae; attisch: S. von Marathon; argivisch: → Io. Die Hyaden im S.-Kopf betrachtete man als Nymphen, die Dionysos vor Lykurgos oder Hera retteten, als Töchter des Erechtheus oder Kadmos, als Zeusammen (Najaden), als Töchter des Atlas und der Aithra, die um ihren Bruder Hyas trauerten, oder als Heliaden in Trauer um ihren Bruder Phaethon. Die *Plejaden* im S. betrachtete man als Tauben, die vor Orion fliehen (sie brachten Zeus die Ambrosia wie der Adler den Nektar), oder wiederum als die Atlastöchter (s.o. die Hyaden) oder als Pflegerinnen des Dionysos. Im unscheinbarsten Stern sah man Merope, die Gattin des Sisyphos, die einen Sterblichen ehelichte, oder Elektra, die Stammutter des Dardanos, die nach dem Fall von Troia den Kreis ihrer Schwestern floh und die Stelle des Fuchssternes über dem großen Bären einnahm.

[3] *Zwillinge* (Δίδυμοι, gemini). Neben der Deutung auf die thebanischen (Amphion und Zethos) oder lakonischen (Kastor und Pollux) Dioskuren begegnet in der Überlieferung die auf die großen Götter von Samothrake und die Zuordnung zu Herakles und Apollon, Herakles und Theseus, Triptolemos und Iasion als Demetergünstlinge.

[4] *Krebs* (καρκίνος, cancer), der von Hera gegen Herakles der Lernäischen Schlange zu Hilfe geschickte und von Herakles getretene K. Begünstigt wurde der Stm. durch die Nähe des Stb.s Hydra. Zu der Auffassung des Stb.s als Esel und Krippe (ὄνοι und φάτνη, asini et praesepe) sind die Sts. von den Eseln des Dionysos überliefert, die dem von Hera geplagten Gott halfen oder ihm; Hephaistos und Satyrn als Reittiere im Kampf gegen die Giganten dienten. Der Bildgedanke vom reitenden Gott ist vor dem 6. Jh. nicht nachweisbar.

[5] *Löwe* (λέων, leo). Die Sts. beziehen sich auf den von Zeus verstirnten König der Tiere, auf den L. von Nemea und den L. der Kybele. Als Schwanzquaste des L. wurde ursprünglich das Stb. aufgefaßt, das → Konon, der Hofastronom in Alexandria, 247 v. Chr. als ‹Locke der Berenike› (πλόκαμος Βερενίκης, iuba leonis) zur Erinnerung an die im Pantheon niedergelegte und verschwundene Locke der Gemahlin des Ptolemaios Euergetes bezeichnete. Die Deutung setzte sich jedoch nicht überall durch. Daneben behaupteten sich die Bezeichnungen ‹Locke der Ariadne›, ‹die 7 Lesbierinnen› und ‹Spindel›, die letztere wahrscheinlich durch die Nähe des Stb.s ‹Jungfrau› angeregt.

[6] *Jungfrau* (παρθένος, virgo). Die Sts. zu diesem sich nicht leicht offenbarenden Stb. sind bes. vielschichtig. Bes. an diesem Stb. wird deutlich, daß ein religiöser Gedanke die Figur bestimmt hat, die aus der Position der Einzelsterne schwer herauszulesen ist. Man deutete das Stb. als Dike, die erst im ehernen Geschlecht zum Himmel emporstieg, als Erigone, die Tochter des Ikarios, als Thespeia, die von Apollon verstirnte Tochter des Asopos, als Demeter oder Kore, bestimmt durch die Ähre in der Hand, als Eileithyia, als Isis oder Atargatis (Dea Syria), als Kybele oder Hekate, als Tyche, als die Hyperboreerin Opis und als Athena, wozu der Name des Stb.s beitrug.

[7] *Waage* (ζυγός, libra). Das Stb. blieb ohne Sts., da sich neben der wahrscheinlich ägypt. Figur der W. lange die Auffassung des Stb. als Scheren des Skorpions (χηλαί) hielt. Die altägyptische Symbolik der W. für Wahrheit und Gerechtigkeit hat die Verbindung mit dem Stb. Jungfrau als Dike begünstigt.

[8] *Skorpion* (σκορπίος, scorpio). Die einzige mit dem ursprünglich weiterreichenden Stb. (vgl. Waage) verbundene Sts. verbindet den S. mit Orion, der dem Biß des S.s zum Opfer fällt. Dazu fügt sich die Beobachtung, daß der O. mit dem Aufgang des S.s am Horizont untergeht.

[9] *Schütze* (τοξότης, sagittarius). Neben der Auffassung des Stb.s als Kentaur, die zur Sts. vom verstirnten Chiron führte, ist das Bild des Silen-S.en überliefert. Es wurde auf Krotos bezogen, den Sohn der Eupheme, die am Helikon die Musen verehrte. Krotos wurde von Zeus auf Wunsch der Musen als Erfinder des Beifallklatschens verstirnt.

[10] *Steinbock* (αἰγόκερως, capricornus, caper), der Sohn des Aigipan, der als Milchbruder des jungen Zeus auf dem Idagebirge verstirnt wurde. Die Figur des altoriental. Ziegenfisches liegt der Überlieferung von der Erfindung des Muschelhorns durch A. zugrunde, wodurch die Titanen in die Flucht gejagt werden. An den S. ohne Fischschwanz schließt die Deutung auf Pan an, der sich im Kampf gegen → Typhon in eine Wildziege verwandelte.

[11] *Wassermann* (ὑδροχόος, aquarius). In der Sts. konkurriert die Vorstellung vom W. mit dem Bild des Mundschenken Ganymed. Daneben steht die Verstirnung des Deukalion als Erinnerungsfigur an die große Flut. Attisch: Kekrops als Vertreter einer Zeit, in der mit Wasser statt mit Wein geopfert wurde. Im Zusammenhang mit der Gluthitze der Siriuszeit wurde das Stb. als Aristaios gedeutet, der durch das Opfer an Zeus Ikmaios zuerst auf die feucht-

kühlen Winde (Etesien) der Hundstage aufmerksam machte. Ägyptisch ist die Deutung auf die Nilschwelle.

[12] *Fische* (ἰχϑύες, pisces). Das Stb. wurde wie das des südl. F.s mit der syr. Göttin Atargatis oder Derketo (Dea Syria) verbunden. Danach bargen die F. das Ei, aus dem die Göttin entstand, oder sie retteten Atargatis-Derketo, als sie ins Wasser gefallen war bzw. sich im Kampf gegen Typhon in den Euphrat gestürzt hatte.

Anhang: Milchstraße (*γάλα οὐράνιον, γάλα, γάλακτος κύκλος, γαλαξίας κύκλος*, circulus lacteus, orbis lacteus, via lactea). Die archaisch-(frühgriechische?) Vorstellung von der M. wurde mit dem theban. Stm. verbunden, daß Hera infolge Täuschung durch Zeus irrtümlich den kleinen Herakles stillte. Nach Entdeckung des Irrtums stieß sie das Kind von sich, wobei die verspritzte Milch die M. bildete. Nach anderer Überlieferung reichte Hera dem männlichen Helden die Brust, um ihn unsterblich werden zu lassen. An Stelle von Herakles können auch Hermes und Dionysos treten, an Stelle von Zeus auch Hermes oder Athena. Hellenist.-röm. ist die Version, daß Ops, als sie Zeus geboren und Saturn mit einem Stein betrogen hatte, ihre Brust ausdrückte, um Saturn von ihrer Geburt zu überzeugen. In der M. sah man auch die alte Sonnenbahn, die → Helios nach dem Atreusfrevel verlassen hatte, oder die Spur, die → Phaethon gefahren war. Archaisch ist die Vorstellung von der Götterstraße, auf der Thetis von den Quellen des Okeanos zu Zeus gelangt. Auf die M. verlegte man auch den Weg, den Herakles mit der Herde des Geryoneus nahm. Auf Pythagoras führte man die ägyptisch mitbestimmte Vorstellung zurück, daß die M. den Weg der Seelen zum Jenseits bilde und den Aufenthaltsort der verklärten Verstorbenen. Damit ist die der epischen Überlieferung fremde Hadestopographie verbunden, wonach der Hades ein Lichtbezirk im Bereich der M. ist. Drei Tore bei dem Stb. Skorpion, zwischen Krebs und Löwen, zwischen Wassermann und Schütze öffneten den Weg zum Bereich der M. Das erste wählte Herakles, dessen Gestirn sich oberhalb des Skorpions befindet. Die M.-Überlieferung wirkte über das frühe Christentum hinaus bis in das Mittelalter nach. J.W.

Lit: s.o. zu A. Ferner: Ch. Fr. Dupuis, Les origines de tous les cultes ou religion universelle, 1794ff. – A. Drews, Der Sternhimmel in der Dichtung und Religion der alten Völker und des Christentums, 1923 – J. Schwabe, Archetypus und Tierkreis, 1951 – W. Schadewaldt, Griech. Sternsagen, 1956.

Sternglaube. Der S. ist keine selbständig bestehende Religionsform, sondern ein Element, das in jeder geschichtlichen Religion eine mehr oder minder große Rolle spielen kann. Es fällt auf, daß Sterne zwar in → Mythos und Dichtung allenthalben in vielfältiger Weise hervortreten, daß sie aber andererseits – im Unterschied zu Sonne und Mond – für den Kult im allgemeinen unwesentlich sind. Die mythologische Bedeutung der Gestirne darf also nicht einfach der religiösen gleichgesetzt werden. – Seine klassische Ausprägung im Altertum fand der S. in → Babylon (→ Mesopot. Reiche D 1); in Griechenland erlangte er erst in hellenist. Zeit Bedeutung; mit Elementen des → Zaubers (vgl. → Aberglaube) oder einer angeblichen Wissenschaftlichkeit verbunden, führte er zur → Astrologie. – *Homer* spricht selten von Gestirnen. Sie sind weder für ihn noch für *Hesiod* etwas Göttliches; sie dienen den Menschen als Merkzeichen (*σῆμα*) bei der Seefahrt, für Zeit, Jahreszeiten, Witterung und dgl. Im griech. Kult spielen die Himmelskörper keine Rolle (→ Helios). Neben → Orion scheinen die Personen der → Perseus-Sage als erste mit → Sternbildern in Verbindung gebracht worden zu sein (→ Sternmythen), doch Zeugnisse, in denen eindeutig von einer Beseeltheit oder Göttlichkeit der Himmelskörper gesprochen wird, haben wir erst aus dem *5./4. Jh. v. Chr.* (z. B. → Alkmeon (2) v. Kroton: VS 24 A 12; Aristophanes Pax 832f.). Die seit dem 5. Jh. feststellbare Neigung der Griechen, sich von den alten Göttern abzuwenden und einen neuen Zugang zum Göttlichen zu suchen (→ Religion E 5), verstärkt gerade unter den Gebildeten den Glauben an die Göttlichkeit der Gestirne (vgl. → Kosmologie) und bei den Ungebildeten das Interesse für astrale Magie (in dieser Zeit wurde man auch mit der Weisheit der → Chaldäer bekannt); z. B. erkennt → *Platon* in den Himmelskörpern die wahren Götter (leg. 10, 885Ef.; vgl. Krat. 397Cf., wo die Göttlichkeit der Gestirne als eine Eigentümlichkeit nichtgriech. Religiosität angesehen wird). So blieb auch in der *hellenist. Zeit* wirklicher S. im wesentlichen eine Sache der Philosophie bzw. Theosophie (allerdings oft in Verbindung gebracht mit älteren Göttern und bestehenden Kulten), während sich das einfache Volk lieber der Astrologie und Magie zuwandte; doch die Grenze zwischen beiden Bereichen ist oft schwer zu ziehen. Die Vorstellungen vom Wesen und Wirken dieser Sterngötter sind sehr unterschiedlich. Auch in den sog. hellenist. → Mysterienreligionen gewannen Elemente des S.s Bedeutung. – In *Rom* wurden in älterer Zeit Versuche gemacht, allzu fremdartige Erscheinungsformen des S.s zu unterdrücken (z. B. wurden 139 v. Chr. die ‹Chaldäer›, d. h. Sternpriester, aus Rom vertrieben), trotzdem konnten Sternkult und astrale Magie bald festen Fuß fassen. – Im Bereich des S.s ist außerdem die Vorstellung zu erwähnen, daß nicht nur große Helden der Vorzeit (→ Heroen) verstirnt worden sind, sondern daß auch die Seelen von anderen bevorzugten und schließlich sogar von gewöhnlichen Sterblichen nach dem Tode zu den Sternen gehen bzw. am Himmel als Sterne weiterleben (sog. → Katasterismos). Vgl. → Fatalismus, → Mondglaube, → Sonnenglaube, → Berossos, → Aratos, → Manilius (4), → Hermes Trismegistos, → Gnosis. K.-H. R.

Lit: W. Gundel, RE 3A 2 (1929), 2412–39 – Ders., RAC I, 1950, 810–817 – H. Greßmann, Die hellenist. Gestirnreligion, 1925 – O. Rühle-C. H. Ratschow, RGG I, 1957, 662–663; VI, 1962, 363 – Vgl. auch zu → Astrologie und → Religion.

Stesichoros, → Lyriker, ca. 640–555 v. Chr., stammte aus Matauros in Unteritalien, lebte aber meist in Himera auf Sizilien (gegr. 648). Sein eigentlicher Name soll Teisias gewesen sein, St. eine Berufsbezeichnung (= ‹Chormeister›). Von seinen Lebensumständen ist wenig bekannt; er soll sich politisch betätigt haben und als Verbannter in Katane gestorben sein. Nach der schon Platon (Phaidr. 243 A) bekannten Legende wurde er, weil er Ungünstiges über → Helena gedichtet hatte, von ihr und den Dioskuren geblendet; über die Ursache unterrichtet, schrieb er einen ‹Widerruf› (die sog. → Palinodie, Fr. 15P., wonach nur ein Trugbild der Helena in Troja war, vgl. Hes. Fr. 266Rz.) und genas. Was daran historisch ist (die Erblindung?), ist nicht auszumachen; hinter der Palinodie stand vermutlich Rücksicht auf den dorischen Kult der Helena.

[2] *Werk.* Die antiken Editoren teilten die Lieder des St. in 26 Bücher ein; die Lieder trugen Einzeltitel, meist von Personen oder Ereignissen aus der Mythologie. Einige dieser Lieder, wie ‹Iliupersis› und ‹Nostoi› müssen von beträchtlicher Länge gewesen sein, die Orestie nahm 2 Bücher ein. Erhalten sind nur wenige kurze Fragmente und etliche Prosareferate, neuerdings ergänzt durch je ein Papyrusbruchstück aus den ‹Nostoi› (Fr. 32P.) und ‹Syotherai› (Fr. 45P.). Die Lieder des St. waren lyrische Erzählungen hauptsächlich aus den Sagenkreisen des → Kyklos und der → Heraklessage. Bezug auf einen Kult ist nicht zu erkennen, die Auswahl der Stoffe und einige Versionen deuten darauf, daß St. dem Apollonkult nahestand. In Einzelheiten der Sage weicht er von den bekannten Fassungen ab, vielleicht auf Grund besonderer dorischer Überlieferung, z. T. aber wohl auch aus ethischen oder religiösen Gründen (Palinodie). Eine Tendenz, moralische ‹Erklärungen› für die Mythen zu finden, ist deutlich (Fr. 46P.). Neben den Heroensagen hat St. auch erotische Motive, wohl nach volkstümlichen Erzählungen, gestaltet, so die unglückliche Liebe der Kalyke und die Sage vom Hirten Daphnis, den eine

Nymphe zur Strafe für seinen Liebesverrat blendete. – St. bedient sich einer Sprache, die stark an die epische angelehnt ist, aber dorische Lautfärbung hat (sog. lyrisch-dorische Koinē); in seiner Metrik überwiegen Daktylen und Verwandtes. Nach dem antiken Zeugnis bei → Suidas war seine ganze Dichtung in Triaden (→ Perikope) gehalten.

[3] *Wirkung.* St. wurde in den Lyrikerkanon aufgenommen, galt als der ‹lyrische Homer›, und tatsächlich scheint er eine bedeutende Mittlerstellung zwischen dem Epos und dem späteren Chorlied (in seinen mythologischen Partien; → Chor, 4) sowie dem Drama eingenommen zu haben (Vorgänger vielleicht → Xanthos, 2). Sein Einfluß (auch auf die bildende Kunst) war vermutlich viel bedeutender, als die spärliche Überlieferung uns zu erkennen gestattet. In hellenist. Zeit wurde bes. das Motiv der unglücklichen Liebe wirksam, mit dem Daphnis ist St. der Ahnherr der → bukolischen Dichtung. E.-M.V.

Frg: PMelGr 95ff. – *Bildnisse:* → Anhang I.

Stesimbrotos von Thasos, allegorischer Homerinterpret, 5. Jh. v. Chr., Verfasser mehrerer Schriften (einige Fragmente erhalten): (1) Homerische Studien; (2) Über die Weihen (orphisch; Erwähnung der samothrak. → Mysterien: FGrHist 107 Fr. 20); (3) Über Themistokles, Thukydides und Perikles (430/29; gegen die Machtpolitik Athens gerichtet). S., der mit → Theagenes v. Rhegion einen tieferen Sinn (Hyponoia) hinter dem homerischen Text vermutete, ist der wichtigste Vermittler allegorischer Auslegungen von Göttern und Naturerscheinungen an die Stoa. Vgl. → Allegorie A. G.K.

Q: FGrHist 107 – *Lit:* → Theagenes v. Rhegion.

Stetigkeitsprinzip (Zwischenwertsatz). Erläuterung (der wichtigsten Anwendung wegen) bei → Quadratur des Kreises. Selbst in der verhältnismäßig exakten Form: «Diese Größe variiert von Größerem zu Kleinerem und durch alle Zwischenwerte, also auch durch Gleiches», galt es nicht als selbstverständlich, nicht einmal als allgemein richtig.

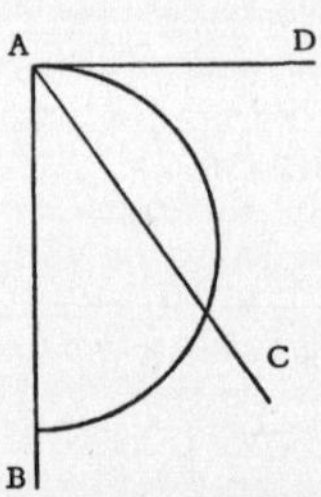

Abb. 215

Dreht man (→ Abb. 215) die Gerade AC um A von der Lage AB bis zur Lage AD, so nimmt der Winkel BAC alle Werte zwischen 0 und 90° an, wird jedoch niemals gleich dem Winkel zwischen AB und dem Halbkreis, der nach früherer Auffassung kleiner als 90° ist (Proklos in Eukl., p. 234 Friedlein). – Geklärt wurde das S. erst im 19. Jh. auf Grund exakter Definitionen der Stetigkeit (Bolzano, Cauchy) und der reellen Zahl (G. Cantor, Dedekind). H.G.

Steuern

[1] In Griechenland und den hellenist. Reichen – [2] Im röm. Reich.

[1] *In Griechenland.* Abgaben, die in regelmäßigen Abständen zu entrichten und damit den S. vergleichbar waren, wurden bereits in *homerischer Zeit* den Königen dargebracht (θέμιστες) und stellten wahrscheinlich die Anerkennung ihrer Oberhoheit dar. Ähnlich wurde noch später in Sparta der Aufwand der Könige allein durch eine → Periöken-Steuer bestritten. – In der übrigen griech.-hellenist. Welt lehrt die Einstellung zu den S. die 3 Typen der Tyrannis-, der Polis- und der hellenist. Königswirtschaft am deutlichsten unterscheiden. Von der → *Tyrannis* wurde entsprechend der in ihrer Zeit vorherrschenden Naturalwirtschaft und nach dem Vorbild der Staaten des Alten Orients in der Regel die Gesamtbevölkerung zu direkten S. herangezogen, z. B. von → Peisistratos (2) zum Zehnten (δεκάτη). Wo dagegen in der *klass. Zeit* direkte S. erwähnt werden, sind uns entweder die Voraussetzungen für die Besteuerung (z. B. die Bodenart bei Abgaben vom Ernteertrag) nicht bekannt, oder die S. betrafen nur einzelne Bevölkerungsgruppen (Mietertrag von Gebäuden), durchweg politisch minderberechtigte (→ Metöken, → Fremde, → Sklaven, Wanderberufe, → Hetären). Der Bürger des Polisstaates war lediglich nach seinem Vermögen zu außerordentlichen Umlagen (→ Eisphora) und zu freiwilligen Leistungen (→ Epidosis, → Leiturgia) verpflichtet. Der Staat deckte seine Ausgaben fast nur durch indirekte S. Hierzu gehörten vor allem die → Zölle, die → Eponia, die → Enkyklia und die Gerichtsgebühren (Prytaneia). Damit hielten sich die normalen Einkünfte der Polis in so bescheidenen Grenzen, daß man für Sonderausgaben auf Konfiskationen und Anleihen, für eine aktive Politik auf Tribute (→ Phoros) angewiesen war. Namentlich Söldnerheere konnten mit den regulären S. nicht unterhalten werden, und die *hellenist. Herrscher* mußten sich eine leistungsfähigere finanzielle Basis schaffen, die auch von den Städten und Städtebünden dieser Zeit z. T. übernommen wurde. Wenn die Besteuerung im einzelnen auch unterschiedlich gehandhabt wurde, so war die Tendenz, jeden Wirtschaftszweig für staatliche Zwecke zu erfassen, allen hellenist. Staaten gemeinsam (vgl. für das Seleukidenreich Ps.-Aristot. Oik. 2. 1345 b 1–4) und wird am besten durch die Papyri für das ptolemäische Ägypten illustriert. Den Rechtsgrund für die umfassende Besteuerung bildete die Theorie vom Obereigentum des Königs am unterworfenen Land. Dementsprechend diente als Haupteinnahmequelle der Pachtzins (Ekphorion), neben dem noch eine Grundsteuer erhoben wurde. An direkten S. kennen wir zudem eine gewerbliche Lizenzsteuer, eine Vermögenssteuer auf Sklaven, Vieh und Gebäude sowie eine Kopfsteuer. Diese wurden entweder unmittelbar (Syntaxis) oder (bzw. daneben) scheinbar als Konsumsteuer für Salz eingezogen. Zu diesen Haupt-S. trat eine große Zahl von Zwangsbeiträgen zu staatlichen Einrichtungen und Gebühren für die staatlichen → Monopole. Auch die indirekten S. waren vielfältiger als in der klass. Zeit. In der hierfür erforderlichen Finanzorganisation wurden die Grundlagen der Steuerveranlagung (jährliche Deklarationen, Kataster) von den orientalischen Vorgängern übernommen, ebenso die Erhebung der Pachtzinsen und der Grundsteuer in staatlicher Regie. Für eine zentrale Finanzbehörde (→ Dioiketes) gaben dagegen die Poleis des 4. Jh.s v. Chr. das Vorbild ab und auch für das Pachtsystem, dem in den hellenist. Staaten die übrigen S. unterworfen wurden. H.Br.

Lit: H. Francotte, Les finances des cités grecques, 1909 – A. Andreades, Gesch. d. griech. Staatswirtschaft I, 1931 – W. Schwahn, RE 5 A 1 (1934), 226–310, s. v. Tele – C. Préaux, L'économie royale des Lagides, 1939 – F. M. Heichelheim, Wirtschaftsgesch. des Altertums, 2 Bde, 1938; engl. I–II, 1958–64^{2} (Lit).

[2] *In Rom:* Die frühe Zeit kennt nur zweckgebundene, direkte St., das → Tributum civium Romanorum, das Aes equestre, das Aes hordearium und die Vicesima manumissionum. Auch das einzelnen → Provinzen später auferlegte → Stipendium war ursprünglich nur zur Deckung des Unterhalts der dort stehenden Truppen bestimmt. Sie verloren diese Bedeutung erst, als → Caesar im Bürgerkrieg alle St. der Provinzen in seine Separatkasse überführte. Seit Beginn der Kaiserzeit heißen sie → Tributa. – Dagegen bewahrten die → Vectigalia (‹Fuhren› aus der staatlichen Wald- und Weidewirtschaft) ihren Charakter als Einkommen aus Staatseigentum und dienten schon in früher Zeit zur Deckung aller nicht durch besondere Einnahmen gedeckten Ausgaben des Staates. Erst in der Kaiserzeit, als das Staatseigentum zurückging, nahmen sie Steuercharakter an. Sie müssen, als den tributa, den direkten St., entgegen-

gesetzt, in der Mehrzahl indirekte St. gewesen sein. Vgl. → Tributum, → Vectigalia, → Zölle (2), → Rom III. R.Kn.

Sthenelos, Name mehrerer Heroen, u.a. (1) Sohn des Aktor, begleitete → Herakles zu den → Amazonen; (2) Sohn des → Kapaneus, einer der → Epigonen, Freund und Wagenlenker des → Diomedes im → Trojan. Krieg.

2. **S.,** Tragiker, 5. Jh. v. Chr. Aristophanes spielt Vesp. 1313 auf seine Armut an und verglich im ‹Gerytades› seine Worte mit Essig und Salz. Der Komiker → Platon (2) verspottete ihn wegen geistigen Diebstahls. Als Beispiel für den niedrigen Stil (λέξις ταπεινή) nennt ihn Aristot. poet. 22.1458 a21 neben Kleophon. E.-R.Sch.

Frg: TGF 762.

Stichisch verwandt ist ein Vers, wenn er in gleichmäßigen Reihen wiederholt wird (κατὰ στίχον), wie etwa die Sprechverse (→ Metrik A 6). B.Sn.

Stichometrie. In der griech.-röm. Antike wurde der Umfang literarischer Erzeugnisse nicht nach Seiten oder Kapiteln, sondern Versen (στίχοι), bzw. Zeilen (auch für die Prosa!) gemessen: ‹Stichometrie›. Zahlreiche derartige Zeilensummen sind quellenmäßig belegt (bei → Diogenes Laertios, → Hieronymus, → Suidas und sonst). Sie dürften überwiegend auf die ‹Pinakes› des → Kallimachos (3) zurückgehen. Die Zeilensumme war am Ende der Papyrusrolle vermerkt und konnte so von den katalogisierenden Bibliothekaren leicht übernommen werden. Die Länge der Prosazeile richtete sich etwa nach dem daktylischen Hexameter des Epos (vgl. die Bezeichnung ἔπη = Zeilen). Die Zählung nach Hunderten von Verszeilen war erforderlich, um eine Grundlage für die Bezahlung des Schreibers zu erhalten. Belege für diese Art der Zählung sind direkt (Papyri) und indirekt überliefert. Vgl. → Buch [5]. H.Hg.

Stichomythie, Form des → Dialogs in der → Tragödie, in der Rede und Gegenrede unmittelbar aufeinander folgen, und zwar so, daß jeder Partner jeweils nur einen Vers spricht (Schema 1:1). Als Variation ebenso möglich die Schemata ½:½ (Halbvers: Halbvers = Antilabai), 2:2 (Doppelvers: Doppelvers), auch 2:1 und 1:2. E.-R.Sch.

Lit: W. Jens, Die S. in der frühen griech. Tragödie, Zetem. 11, 1955 – P. Huggle, Symmetr. Form und Verlauf des Gesprächs in der spät-euripid. St., Diss. Freiburg 1957 (masch.).

Sticken. Zum S. (ποικίλλειν, acu pingere) mit dem Kreuzstich des phrygio (Plaut. Aul. 508) oder dem Plattstich des plumarius (Non. 239, 23.) genannten Stickers benutzte man bunte und Goldfäden (Lucan. 10, 125), Goldflitter, Nadeln, Stickrahmen. W.K.

Stier. [1] Kulturgeschichtl. Bedeutung → Haustiere B [5].

[2] *Heilige Stiere:* (1) *Apis.* Ein schwarzer Stier mit bestimmten weißen Flecken, der in ältester Zeit über die Felder getrieben wurde, um diesen seine Fruchtbarkeit mitzuteilen; daher der Name Apis (*Ḥpj*, der ‹Eilende›). An der Residenz Memphis wurde er zum ‹Herold› des Ptah, der Bitten weiterreichte und Orakel gab. In der Spätzeit wurde er zur Erscheinungsform des → Osiris, bes. nach seinem Tode; er wurde dann, einbalsamiert und feierlich beigesetzt, bei den Serapeen, den Grabanlagen der Apis-Stiere, als Osiris-Apis (→ Serapis) verehrt. Klassische Berichte, daß er nach 25 Jahren ertränkt werde, sind unrichtig. Den Griechen galt er gern als Abbild des → Epaphos. – (2) *Mnevis,* ein schwarzer Stier von Heliopolis, der dort als Herold des → Re gedeutet wurde. – (3) *Buchis,* ein weißer Stier mit schwarzem Kopf, der in Hermonthis bei Theben verehrt wurde. Auch er galt als Herold des → Re. Seine Grabanlagen bestanden von Nektanebos II. bis Diokletian. W. Hk.

Lit: E. Otto, Beitr. zur Gesch. der Stierkulte in Ägypten, 1938.

Stiftungen. Schenkungen und Vermächtnisse an juristische Personen zu einem bestimmten Zweck (Schulen, Spiele) sind in Griechenland seit dem 4. Jh. v. Chr. nachweisbar. In Rom waren die → Alimentationen am bedeutungsvollsten. W.K.

Lit: R. Feenstra, L'histoire des fondations, RHD 24, 1956, 381–448.

Stigma. Entflohene → Sklaven (Aristoph. av. 760) oder Kriegsgefangene (Plut. Per. 26) erhielten ein Mal (Xen. Hell. 5, 3, 24) auf Hände und Füße (Iust. inst. 9, 47, 17) oder drei Buchstaben (Plaut. Aul. 325; Petron. 103, 2. 4: Initialen des Besitzers?) auf die Stirn (Apul. met. 9, 12) eingebrannt, die sie als Freigelassene zu entfernen (Scrib. Larg. 231) oder zu verdecken (Mart. 2, 29, 9) suchten. W.K.

Stilicho, Vandale, röm. Reichsfeldherr, geb. um 365, Sohn des Kommandeurs einer Reitertruppe im Dienste → Valens'. 384 bei einer Gesandtschaft an den Perserhof; mit einer Nichte → Theodosius' I. vermählt; 393 als → Heermeister erwähnt. Theodosius I. nahm ihn 394 als zweiten Reichsfeldherrn in den Krieg gegen den Usurpator → Eugenius mit, erhob ihn nach dessen Untergang zum ersten Reichsfeldherrn und übertrug ihm bei seinem Tode (395) die Sorge für seinen jüngeren Sohn → Honorius, dem die Nachfolge im W zugedacht war, ja darüber hinaus wohl auch für das Gesamtreich. Seitdem war S. der leitende Staatsmann im W. Seinen Einfluß auf Honorius verstärkte er durch dessen Vermählung mit seiner Tochter Maria, 398 (nach deren Tod mit ihrer jüngeren Schwester Thermantia 408). Das Verhältnis zum O unter → Arcadius bzw. dessen Prätorianerpräfekten → Rufinus war bes. durch den beiderseitigen Anspruch auf die illyr. Diözesen Dakien und Makedonien belastet, die S. im Interesse der Reichsverteidigung beim W behalten wollte, zu dem sie früher gehört hatten. Anläßlich des Feldzuges gegen die Westgoten in Thessalien (395) mußte S. die Provinzen räumen und die noch unter seinem Kommando stehenden Osttruppen zurückschicken; er gehorchte, ließ aber zugleich den Rufinus ermorden (Herbst 395). Als er 397 mit den nun auf der Peloponnes stehenden Westgoten einen Vertrag schloß, um → Alarich I. für das Reich zu gewinnen, brach der Konflikt mit Ostrom erneut aus, das den afrikan. Befehlshaber Gildo zur Auflehnung veranlaßte. S. konnte schon 398 Afrika wieder unterwerfen, geriet aber durch Einfälle der → Vandalen und → Alanen in das Alpenvorland (401) und das Eindringen Alarichs nach Oberitalien in Bedrängnis. Das von den Westgoten belagerte Mailand entsetzte S. durch Zusammenziehung starker Streitkräfte aus dem ganzen Westen. Eine Schlacht bei Pollentia (Frühjahr 402) blieb unentschieden, führte aber zum Abschluß eines Vertrages, nach dem Alarich Italien wieder räumen sollte. S., der das erst durch einen Sieg bei Verona durchsetzen konnte, bereitete nun mit Hilfe Alarichs einen Angriff auf die ostillyr. Provinzen vor, mußte aber 405 sich wieder gegen ostgot. Scharen wenden, die er bei Fiesole vernichten konnte. Ende 406 brachen → Vandalen, → Alanen und → Sueben nach Gallien ein, 407 erhoben die britann. Truppen in → Konstantin (III.) einen Gegenkaiser. Da so der geplante Feldzug gegen den Osten nicht durchgeführt werden konnte, forderte Alarich eine gewaltige Geldentschädigung und drohte mit einem neuen Einfall nach Italien. Notgedrungen setzte sich S. für ein Nachgeben ein und löste damit am Kaiserhof eine antigerman. Reaktion aus, wie sie sich im Osten schon seit 399 durchgesetzt hatte; S. wurde abgesetzt, lehnte aber den offenen Aufruhr an der Spitze seiner Truppen ab und wählte das Asyl einer Kirche in Ravenna, aus dem er am 22. Aug. 408 gelockt und auf Befehl des → Honorius hingerichtet wurde. Zu Lebzeiten aufs höchste gerühmt (→ Claudian), wurde er nach seinem Tod von heidnischer und christl. Seite als Verräter am Reich geschmäht. In Wirklichkeit hat S. versucht, die Germanenpolitik → Theodosius' I. im Interesse des Reiches fortzusetzen und an seiner Treue gegenüber dem Kaiser nie einen Zweifel gelassen. Er war ein hervorragender Vertreter jener ‹Reichsgermanen›, auf die sich die röm. Welt im 4. Jh. militärisch stützte. K.F.Str.

Lit: Th. Mommsen, S. u. Alarich, Ges. Schrift. IV, 1906, 516–530 – O. Seeck, Gesch. d. Unterg. d. ant. Welt V, 1913 – L. Schmidt, Die Ostgermanen (1910), 1941² – E. Stein, Gesch. d. spätröm. Reiches I,

1928 (= Hist. du Bas-Empire I, 1959) – W. Enßlin, Das Römerreich unter german. Waltung, in: Das neue Bild der Antike II, 1942 – S. Mazzarino, Stilicone, 1942 – E. Fischer-Falkenhof, Stilicho, 1947 – E. Demougeot, De l'unité à la division de l'empire romain (395 bis 410 n. Chr.), 1951.

Stilleben. Einen Begriff, der der neuzeitlichen Bedeutung von S. (niederländisch, seit dem 18. Jh.) entspräche, hat die Antike nicht gekannt. Es sind uns dennoch zwei Termini überliefert, die jeweils die spezifische Natur eines S.s bezeichnen. Die malerische Wiedergabe der den Gästen des Hauses dargebrachten Lebensmittel – Vitr. 6, 7, 4 zählt junge Tiere, Eier, Gemüse, Früchte und sonstige Agrarprodukte auf – nannte man *Xenion*, und Plin. 35, 112 erwähnt einen Maler Peiraikos, der u.a. auch *Opsonia* – wohl zubereitete Speisen (vgl. Eckstein 68, 42f.; RE 18 [1939], 759) – gemalt habe. Weiter ist uns → Pausias als Blumenmaler bezeugt, wenn auch nicht direkt faßbar; dagegen führt → Sosos' bekanntes → Taubenmosaik in den Bereich des reinen Tierstücks, das über den Xenionbegriff hinausgreift und bes. im Rahmen der → Landschaftsmalerei zur vollen Entfaltung kommt (Pfuhl, 857). Die zeitliche Ausweitung des S.begriffes von diesen hellenist. Beispielen bis in die archaische Vasenmalerei, wo die Zusammenstellung lebloser Objekte als bedeutsame Stimmungsträger stets in einem größeren Bildzusammenhang erscheint, hat zu seiner umstrittenen Vielseitigkeit beigetragen. S.dekoration (z.B. Girlanden), S.motiv (z.B. an der Wand hängende Gegenstände oder Tiere) und S.ornament gehören von jeher zum Schmuck des → Grabbaues (auch schon in Ägypten), seit hellenist. Zeit bes. der Wohnräume. Auf Grabstelen dargestellte Gegenstände (Eckstein 62, Anm. 5) ersetzen gleichsam die reale Beigabe; S. in Form von Votivreliefs (Maskenreliefs; vgl. Beyen 10, Anm. 7) werden in Heiligtümern dargebracht. Die den Bildcharakter wahrende und an Variationsmöglichkeiten reichste Gattung, das antike S. im engeren Sinn, bes. aus → Pompeji und → Herculaneum bezeugt, ist das ‹Xenion›; man mag es als Fortsetzung eines vorhellenist., sakralen Votiv-S.s oder als ‹Erfindung› eines hellenist. Meisters oder, im Sinne der Vitruv-Notiz, vielleicht als Weihgeschenk des Gastes verstehn (vgl. Schefold, VP, 183) – sein kultisch gebundener Charakter offenbart sich in den Werken selbst, ist doch das Kultgerät so häufig wesentlicher Bestandteil des Bildes, der Bildraum typologisch vielleicht sogar ‹Kultraum› (Beyen 40, Anm. 3). C.K.

Lit: H. G. Beyen, Über S. aus Pompeji und Herculaneum, 1928 – F. Eckstein, Unters. über S. aus Pompeji und Herculaneum, 1957 – M. Schmidt, Stillebenartige Bildelemente in der ägypt. Flächenkunst, in: Festschr. M. Wegner, 1962, 1–8 (über ägypt. S.) – Schefold, VP, 38ff. (über die Bedeutung des S. in d. röm. Wandmalerei).

Stilo → Aelius.

Stilpon, drittes Schulhaupt der von → Eukleides gegründeten Philosophenschule, der → Megariker seit etwa 330 v. Chr., hatte durch seine gewinnende Persönlichkeit und seine dialektische Gewandtheit außerordentlichen Erfolg als Lehrer (u.a. des Stoikers → Zenon (3) v. Kition). Er bekämpfte die platonische Ideenlehre, leugnete die Bedeutung der Allgemeinbegriffe und behauptete, die Kopula ‹ist› bezeichne eine Identität zwischen Subjekt und Prädikat. Man dürfe daher nicht sagen ‹dies Ding ist weiß›, sondern ‹das Ding weißelt› (*λελεύκωται*). In seiner Lebensauffassung war er gemäßigter → Kyniker und lehrte die *ἀπάθεια* oder Unempfindlichkeit. K.v.F.

Q: bes. Diog. Laert. 2, 113–120.

Stiltheorie → Rhetorik, → Elocutio.

Stimula, ital. Göttin, von Augustinus civ. 4, 11 (nach Varro) als die Göttin definiert, die den Menschen zu übermäßiger Tätigkeit anstachelt (von stimulus, ‹Stachel›). Die nach 186 v. Chr. verbotenen → Bakchanalien fanden in ihrem heiligen Hain am Tiberufer statt: die stimulierende Macht, die in dieser alten Gottheit der → *indigitamenta* verkörpert ist, war dem bakchischen Enthusiasmos verwandt. Gleichzeitig aber hat die Ähnlichkeit der Namen dazu geführt, daß man den heiligen Hain der Stimula gern Semele, der Mutter des → Bakchos, zueignete (Ov. fast. 6, 503; Liv. 39, 12, 5). H. Le B.

Lit: A. Bruhl, Liber Pater, 1953, 88f.

Stipendium, der den Soldaten aus dem → Tributum der röm. Bürger gezahlte Sold, später auch die den Provinzen auferlegte jährliche → Steuer. Vgl. → Rom III. R.Kn.

Stoa → Stoiker; als architektonischer Terminus → Säulenhalle, → Portikus, → Architektur.

Stobaios, Ioannes, von Stoboi (Makedonien); wohl 5. Jh. n. Chr. Seine ‹Anthologie› in 4 Büchern (Adressat: sein Sohn Septimius) berücksichtigt nach Sachkapiteln die Literatur von Homer bis 4. Jh. n. Chr. (ca. 500 Autoren; Eklogen, → Apophthegmen, → Sentenzen, Hypothekai aus Dichtung und Prosa: Euripides, Menander, Elegie und viele andere, auch Platon, Xenophon, Neupythagoreer, Hermetika, Neuplatoniker usw.; die 2. Sophistik tritt dagegen zurück); lag Phot. cod. 167 noch ganz vor, heute (bes. Buch 1 und 2) lückenhaft erhalten; im MA willkürlich in ‹Eclogae physicae et ethicae› (B. 1/2) und ‹Florilegium› (sermones; B. 3/4) getrennt. Inhalt: B. 1: Prooimion (Lob der Philosophie, protreptisch; Philosophenschulen; dann über Mathematik, Musik); Metaphysik, Physik (Aetiusplacita benutzt; vgl. Ps. Plut. plac.). B. 2/3: bes. Ethik. B. 4: ‹Politik›, Liebe, Familie, Hausverwaltung u.a. Wertvoll durch Frg.e verlorener Werke und oft guter Textvarianten zu Erhaltenem (oft ist der Text aber auch aus gnomologischen Gründen abgeändert). Das Florilegium Laurentianum ergänzt die S.-Hs. W.Sp.

Ed: Ed. princ.: 1/2, W. Canter, 1575; 3/4, V. Trincavelli, 1535/36; lat. Übers. v. V. Camers, 1517 – C. Wachsmuth-O. Hense, 1884/1923 – *Lit:* F. Lortzing, Bursian 96, 1898, 166–174 – O. Hense, RE 9, 2 (1916), 2549–86 – Schmid-Stählin II 2, 1087–89 – V. De Falco, El 32, 1936, 747.

Stockwerk. [1] *Kret.* Häuser und Paläste waren zwei- bis dreistöckig angelegt, ebenso *griech.* Wohnhäuser; hingegen blieben die von der Säulenordnung bestimmten Monumentalbauten bis ins 4. Jh. auch bei Raumhöhen bis zu 20 m einstöckig. Die erste Aufteilung einer Halle in zwei S.e (Südhalle von → Korinth, unten Speise-, oben Gasträume) wurde noch hinter einer einstöckigen Säulenfront verborgen. Seit dem 3. Jh. wurden bei Palast- und Hallenanlagen zwei Säulenordnungen in S.en übereinandergestaffelt (unten die schwerere dor., darüber die leichtere ion. oder korinth. Ordnung), womit die Eingliederung der bisher selbständigen Säulenordnung in mehrstöckige Fassaden beginnt. → Säulenhalle; → Architektur I H. G.Gb.

[2] Die Ausbildung der *röm.* Fassade im 2. und 1. Jh. v. Chr. (→ Architektur I A 5) tendiert zur Verbindung gestaffelter Säulenordnungen mit Wand und Arkade. Die Fassaden öffentlicher Bauten Roms sind in der Mehrzahl zwei- und mehrgeschossig (Tabularium, → Basilika, → Theater, → Amphitheater, → Thermen, → Nymphäen usw.). Im Wohnungsbau beginnt die Entwicklung des S.-Baues innerhalb des ursprünglich einstöckigen Atriumhauses über den → Tabernen der Eingangsseite (→ Haus B 8), dann über der Tablinumseite; die beiden Obergeschosse können durch seitliche Galerien oder weitere Räume miteinander verbunden werden. Das Atrium verkümmerte schließlich zum Lichthof mit Brunnen für mehrstöckige Mietshäuser, die bes. in Großstädten planlos in die Höhe wuchsen (Bodenspekulation), so daß z.B. in Rom die Bauhöhe mehrfach gesetzlich vorgeschrieben werden mußte (→ Stadt II D 1). Das städtische Miets- und Geschäftshaus der Kaiserzeit ist in der Regel 3- bis 4geschossig, wobei auch die Räume der oberen Geschosse nicht selten eingewölbt sind (erhalten in Rom, am Kapitol-Westabhang; die Mercati am Forum Trajans; Geschäfts- und Wohnhäuser in Ostia; Palast in Tivoli). C.K.

Lit: A. Müfid Mansel, S.bau der Griechen und Römer, 1932.

Stoichedon (*στοῖχος*), Schreibweise griech. Inschriften der klass. Zeit mit schachbrettartiger Gestaltung des Schriftbildes, d.h. genauer Ausrichtung der einzelnen Buchstaben in horizontaler und vertikaler Richtung (‹Rottenschrift›).

Lit: R. Harder, Kl. Schriften, 1960, 98–124. H. Hg.

Stoiker

[1] Die Lehre – [2] Geschichte bis Chrysipp – [3] ‹Mittlere Stoa›: Panaitios und Poseidonios – [4] Kaiserzeit – [5] Fortwirkung.

[1] *Die Lehre.* Die um 300 v. Chr. gegründete Stoa ist die jüngste unter den vier großen Philosophenschulen Athens. Ihre Eigenart ist schon durch ihren Gründer → Zenon (3) v. Kition festgelegt. Entscheidend war für ihn die Begegnung mit dem → Kyniker → Krates (5) v. Theben. *Ziel der Stoa* ist zunächst – in Auseinandersetzung mit → Akademikern und bes. den → Peripatetikern – die Erneuerung der alten echten → Sokratik in der Tradition der Kyniker; bes. → Diogenes (5) v. Sinope gilt als wahrer Erbe des → Sokrates und wird von der ganzen Stoa hoch verehrt. Charakteristische Züge der *Lehre* sind: 1. *Ethischer Radikalismus*, konzentriert in den aus der sokratischen Überlieferung deduzierten Paradoxa. Die Glückseligkeit besteht ausschließlich in der Tugend, Tugend und Laster sind reine Qualitäten, der Weise allein ist glücklich, frei, reich, wahrer Bürger und wahrer Staatsmann usw. Die kynische Neigung, die Innerlichkeit der Tugend rücksichtslos gegen alle Überlieferungen äußerer Schicklichkeit und Wohlanständigkeit auszuspielen, bei Zenon selbst sehr stark, wird später zurückgedrängt, doch niemals völlig preisgegeben. Dem unbeirrbaren Tugendpathos, das alle sonstigen Güter für nichtig erklärt, verdankt die Stoa vorzugsweise ihren geschichtlichen Erfolg. Daß der Weise sich politisch betätigen solle, wird zwar theoretisch gefordert, doch hat sich die Stoa für den Aufbau und die Lenkung des realen Staates nie ernsthaft interesssiert. – 2. Prinzipiell sokratisches Erbe, faktisch stark durch die Leistungen der Akademie und des Peripatos beeinflußt ist die reich und originell ausgebaute *Dialektik* der Stoa. Bes. das System → Chrysipps muß in seiner Differenziertheit dem aristotelisch-theophrastischen Organon nahezu ebenbürtig gewesen sein. – 3. Die → *Anthropologie* bildet bestimmte, auch beim frühen → Platon vorliegende sokratische Positionen weiter. Alle Tugend ist auf Einsicht, alle Schlechtigkeit auf Unwissenheit reduzierbar. Leidenschaft in jeder Form (Freude, Schmerz, Begierde, Angst) ist ein Krankheitszustand, der unbedingt überwunden werden muß. Der Weise hat alle Leidenschaften in sich vernichtet. Die Stoa wendet sich hier gegen die Anthropologie des → Aristoteles, in der lenkende Vernunft und gehorchendes Streben zusammenwirken müssen und in der die Leidenschaften ihren legitimen Ort haben, und noch mehr gegen → Epikur, dessen Lustethik immer wieder aufs schärfste bekämpft wird.– 4. Die sokratische Basis der → Kosmologie der Stoa liefert vor allem → Xenophon (1) mem. 1,4 und 4,3. Nicht auf wissenschaftliche Erforschung des Kosmos kommt es an, sondern auf die Einsicht, daß eine göttliche Planung und Fürsorge alles durchwaltet und aufs beste eingerichtet hat. Sowohl, daß alles durch die Gottheit vorausgeplant, also unverbrüchlich vorausbestimmt ist, wie auch, daß jede Einzelheit in der Natur vollkommen zweckmäßig gestaltet ist, wird entschieden und bis zu den äußersten Konsequenzen verfochten. Die Kosmologie im ganzen dient der Erbauung und der Mahnung, sich in die göttliche Ordnung widerspruchslos einzufügen. – 5. Möglicherweise ist die Stoa auch durch die Sokratik auf → Heraklit geführt worden, dessen vieldeutiges Buch einen großen und dauerhaften Einfluß auf sie ausgeübt hat. Sie entnahm ihm bes. die Lehre vom göttlichen vernunftbegabten Urfeuer, das abwechselnd sich in die Vielheit des Kosmos entfaltet und verwandelt und dann wieder alles in sich selbst zurücknimmt (Weltbrand, Ekpyrosis), Auch daß diese Periodizität und das Urfeuer selbst ‹Weltgesetz› (Nomos) und ‹Logos› heißen, wird auf Heraklit zurückgehen (sokratisch ist dagegen, daß das Feuer als handwerklich tätig bezeichnet wird). Wie weit der für die Stoa wichtige Begriff des Schicksals (→ Heimarmene, fatum) heraklitisch ist, wissen wir nicht. – 6. Während der platonische Sokrates sich von → Homer und → Hesiod distanziert, versucht die Stoa durch systematisch allegorisierende Umdeutung (→ Allegorese) diese klassischen Dichter für sich philosophisch nutzbar zu machen: den Anstoß dazu liefert Zenon mit seiner einflußreichen Ausdeutung von Hesiods Theogonie. Damit soll eine Philosophie der griech. Urzeit nachgewiesen, der Rang dieser Klassiker als Grundlage der griech. Bildung behauptet und der theologischen Kritik an ihren Göttersagen die Spitze abgebrochen werden. Die Gewaltsamkeit der Allegorese hat freilich den Spott der Gegner hervorgerufen. – 7. Obwohl die Stoa die Dialektik als Beweismethode hochschätzt, lehnt sie den → Dialog als literarische Form ab. Schon Zenons Ideal ist wissenschaftliche Knappheit und Exaktheit in der Darlegung, Eindeutigkeit in der Terminologie. Die Stoa hat eine ganze Reihe von Begriffen neu in die philosophische Sprache eingeführt. Die pedantische Sprödigkeit ihres Stiles machte freilich die meisten Schriften der Stoa schwer lesbar und hat es verschuldet, daß die Werke der großen hellenist. Stoiker spätestens im 1. Jh. n. Chr. untergegangen sind (bes. bezeichnend → Ciceros Urteil über die unerfreuliche Nüchternheit der Literatur der Stoa).

[2] *Geschichte bis Chrysipp.* Der Schulgründer → Zenon (3) v. Kition muß als Persönlichkeit eindrucksvoll gewesen sein, obschon seine in mehreren Schriften sichtbare Nähe zum → Kynismus der späteren Stoa peinlich war. Auch sonst ist seine Stellung vor allem die eines Anregers; seine Werke haben die Grundlinien der Lehre entworfen, doch ohne für die Schule jene maßgebende Rolle zu spielen, wie es für Akademiker, Peripatetiker, Epikureer das Œuvre des Schulgründers getan hat. Von seinen zahlreichen Schülern haben ihm bezeichnenderweise nur zwei die Treue gehalten, sein Landsmann → Persaios und → Kleanthes (2), sein Nachfolger in der Schulleitung, während → Ariston (2) v. Chios, → Herillos v. Chalkedon, → Dionysios (17) v. Herakleia eigene Wege gingen und für die Schule als Abtrünnige galten. Von Kleanthes sind mehr als doppelt so viele Titel bezeugt wie von Zenon, doch scheinen sein Arbeitseifer und seine Anhänglichkeit an den Lehrer größer gewesen zu sein als seine philosophische Begabung. Folgenreich war sein Interesse für → Heraklit, den er in seinem umfangreichsten Werk erklärte. Über Heraklit schrieb auch → Sphairos v. Borysthenes, der außerdem neben Persaios der einzige Altstoiker mit ausgeprägten politischen Interessen war. Weit über seine Vorgänger hinaus der überragende Vollender des stoischen Systems ist → Chrysipp (ca. 280–205 v. Chr.). Nach Diog. Laert. 1,16 hat er von allen griech. Philosophen am meisten geschrieben. Berühmt waren seine dialektische Subtilität ebenso wie seine Belesenheit in der älteren Literatur, berüchtigt sein schulmeisterlicher und ungepflegter Stil. So haben sich von seiner ungeheuren Schriftenmasse (stark verstümmeltes Gesamtverzeichnis bei Diog. Laert. 7, 189–202) nur Trümmer erhalten, bes. von den Büchern Über das Schicksal, Über die Affekte, Über die Vorsehung. Vermutlich sind sehr bald leichter lesbare Auszüge und Zusammenfassungen hergestellt und als Lehre der Stoa verbreitet worden. So wird es sich erklären, daß vom 1. Jh. v. Chr. an erstaunlich häufig von der Philosophie der Stoa allgemein geredet wird ohne Angabe, auf welchen Philosophen diese doctrina communis zurückgeht. Chrysipps Schüler, vor allem → Diogenes (4) und → Apollodoros (9) v. Seleukeia am Tigris, → Zenon (6), → Antipatros (4) und → Archedemos v. Tarsos, scheinen zur Hauptsache seine Lehre ergänzt und erläutert zu haben.

[3] *‹Mittlere Stoa›: Panaitios, Poseidonios.* Im 2. Jh. v. Chr. führen 2 Momente zu einer tiefgehenden Umgestaltung der Stoa: die heftige und scharfsinnige Polemik des Akademikers → Karneades enthüllt manche Schwächen von

Chrysipps System, und der Zeitgeist drängt (vielleicht nicht ohne Einfluß des erstarkenden röm. Philhellenismus) zu den ‹Alten› zurück, deren sprachliche Kunst, großzügiges Denken und lebensnahe Urbanität neu erlebt wird. – Es entsteht in der Stoa eine Richtung, die einesteils Zenon und Kleanthes gegen Chrysipp ausspielt, andernteils und vor allem → Platon, → Aristoteles und deren Schüler als Archegeten neben Zenon selbst gelten läßt. Ihre Hauptvertreter sind → Panaitios und → Hekaton v. Rhodos sowie → Poseidonios v. Apameia. Kennzeichnend sind das Zurücktreten der Dialektik, in der → Kosmologie das Einwirken des platonischen Timaios, in der Psychologie der Einfluß Platons wie des Aristoteles, schließlich in der → Ethik, im neu erwachenden Interesse an Naturkunde, Geschichte und philosophischer Doxographie eine starke Wirkung des → Peripatos im ganzen. Neben Abhandlungen im Stil der Schule schreiben diese S. auch Bücher in gewählter, pointenreicher Sprache für das Publikum der Gebildeten. Die moderne Forschung nennt seit A. Schmekel diese Gruppe nicht sehr glücklich die ‹Mittlere Stoa›.

[4] *Kaiserzeit.* Zu den Verdiensten dieser Gruppe gehört es, weite Kreise der Gebildeten in Rom für die Stoa gewonnen zu haben. Im 1. Jh. n. Chr. dürfte die Stoa geradezu die Modephilosophie in der röm. und z. T. auch in der griech. Welt gewesen sein. Schöpferische Persönlichkeiten, die die Lehre als solche weitergebildet hätten, sind freilich kaum zu nennen. Der Impuls des Poseidonios wirkt weiter bis zum Ende des 2. Jh.s n. Chr. Der programmatische Rückgriff auf die ‹Alten› setzt sich indessen mit der Zeit um in einen unübersichtlichen Eklektizismus: die Grenzen zwischen Stoa, Akademie und Peripatos verfließen, angebliche oder wirkliche Weisheit des alten Orients findet Interesse, daneben kommt Chrysipp zuweilen wieder zu Ehren, und selbst die traditionelle Todfeindschaft zwischen S.n und Epikureern wird gelegentlich vergessen. Im einzelnen sind aus der Spätzeit der Stoa zu nennen: unter den Griechen augusteischer Zeit der Philosophiehistoriker → Areios Didymos und der Geograph → Strabon, dann → Herakleitos (2), Verfasser einer erhaltenen allegorisierenden Umdeutung der homerischen Göttergeschichten, weiterhin → Attalos (4), → Chairemon (2) v. Alexandria, der sich in seinen Schriften gleichzeitig als S. und als ägypt. Priester vorstellt; dem spätern 1. Jh. n. Chr. gehören an → Cornutus (1), Verfasser eines erhaltenen Abrisses der stoischen, aus Mythendeutung gewonnenen Theologie, und C. → Musonius Rufus, von dessen Lehrvorträgen über philosophische Lebensgestaltung Bruchstücke erhalten sind. Etwas jünger mag → Kleomedes sein, dessen erhaltene Einführung in die → Astronomie eine Hauptquelle für Kosmologie und Astronomie des Poseidonios ist. An geschichtlichem Einfluß überragt alle Genannten bei weitem → Epiktet (2), dessen Lehrvorträge von → Arrian (2) publiziert wurden und teilweise erhalten sind: sosehr sich Epiktet der alten Stoa verbunden fühlt, so tritt doch bei ihm das systematische Moment zurück zugunsten unermüdlicher Mahnungen zu frommer, bescheidener und sittenreiner Lebensführung. Demselben Ziele dienend, doch wesentlich systematischer angelegt waren die Bücher des → Hierokles (2) v. Alexandria, von denen wir größere Reste besitzen. Geschlossen wird die Reihe mit → Mark Aurel, der sich als Kaiser (161–180 n. Chr.) bewußt bemüht hat, den Idealen der Stoa nachzuleben, und der in ausgebreiteter Lektüre philosophischer Werke Trost und Erbauung fand; seine mit Recht berühmten Selbstbetrachtungen sind das Tagebuch seines Umgangs mit der Philosophie. – Unter den S. lat. Sprache sind zu nennen der jüngere → Cato (2; Uticensis), berühmt nicht nur als kompromißloser Verfechter stoischer Grundsätze, sondern noch mehr durch seinen Selbstmord als Protest gegen → Caesars Tyrannis, eine Tat, die ihn in den Augen der Zeitgenossen als röm. Sokrates erscheinen ließ; ferner die Dichter → Manilius (3; stoische, letztlich durch Poseidonios angeregte → Astrologie) und → Persius (Ethik), dann, an historischer Wirkung Epiktet ebenbürtig, L. Annaeus → Seneca (2), der wie jener vor allem erzieherisch-erbauliche Zwecke verfolgt, daneben aber wesentlich mehr an Sachproblemen interessiert bleibt (bes. in den für die Naturphilosophie des Poseidonios sehr wichtigen ‹Naturales Quaestiones›) und überdies alle Mittel eines psychagogisch wirksamen Stiles beherrscht. In der inneren Haltung ist → Plinius (1) d. Ä. Seneca ähnlich, doch gibt er sich in seiner ‹Naturalis historia› betont als enzyklopädisch belesenen Gelehrten poseidonischer Richtung.

[5] *Fortwirkung.* In den ersten Jahrhunderten der Kaiserzeit hat die Stoa mächtig in die Breite gewirkt und damit auch die sich entwickelnde christl. Philosophie beeinflußt. Ihre Stärke war die männliche Hochgemutheit ihrer Ethik, die Gleichgültigkeit gegen alle äußeren Güter und ihre → Vorsehungslehre, die sich zu frommer Ergebung in den Willen Gottes wandeln konnte; ihre Schwäche war ihre Unzulänglichkeit im Systematischen, bes. die Unklarheit ihrer Theologie und die Dürftigkeit ihrer Anthropologie. Da konnte sie es weder mit dem Peripatos noch mit dem Platonismus aufnehmen. Der → Neuplatonismus absorbierte, was in der Stoa an systematischen Gedanken (bes. des Poseidonios) lebensfähig war. Die Stoa als Schule ging dabei zugrunde, obschon Seneca und Epiktet weiter als Erbauungsliteratur gelesen wurden. Von diesen beiden ist dann wieder im 17. und 18. Jh. eine Erneuerung stoischer Haltung ausgegangen. O.G.

Ed: H. v. Arnim, Stoicorum veterum fragmenta, 1921/24 (Alte Stoa; Weiteres bei den einzelnen Autoren) – *Lit:* Zeller III 1/2 – P. Barth-A. Goedeckemeyer, Die Stoa (1902), 1941⁵ – M. Pohlenz, Die Stoa, 1948/49.

Stola, Staats- und Ehrenkleid der röm. → Matrone. Entsprach in Herstellung und Aussehen der → Toga des Mannes und wurde über der → Tunika getragen. Reichte bis zu den Füßen. Kam im 1. Jh. n. Chr. auf; im 3. Jh. n. Chr. durch die Toga ersetzt. Libertinen erhielten bei der Heirat das Recht, St. zu tragen. Vgl. → Kleidung. F.E.

Storch. Der S. (πελαργός, ciconia) war durch seine Jahreszüge im Mittelmeergebiet und Ägypten bekannt. Er galt als Frühlingsbote, dessen Nestbau als günstiges Vorzeichen angesehen wurde. In Thessalien stand auf das Töten eines S.en dieselbe Strafe wie bei Menschenmord. Bes. geschätzt wurde er wegen seines Nutzens im Vertilgen von Larven, Fröschen, Eidechsen und Schlangen. Weit verbreitet war die Vorstellung von der Elternliebe der Jung-S.e, wodurch der S. zum Sinnbild kindlicher Dankbarkeit und der Pietas wurde. Merkwürdigerweise ist er in Religion und Mythos ohne Bedeutung. Völlig fremd ist der antiken Überlieferung die Verbindung mit Kindersegen. Die Volkstümlichkeit zeigt sich in der Fabel. Vgl. → Fauna. J.W.

Lit: Keller, Tierwelt II 193–197 – A. Steier, RE 4 A 1 (1931), 67–73 (Quellen!) – Nilsson I 197 – Vgl. J. J. Bachofen, Ges. Werke VII, 1958, 547.

Strabon, Historiker und → Geograph, geb. 64/63 v. Chr. in Amaseia (Pontos) in einer vornehmen Familie (seine Ahnen wurden von → Mithridates V. und VI. und → Lucullus geehrt), gest. nach 23/26 n. Chr. Schüler von Aristodemos in Nysa (Karien), darauf 44 von → Tyrannion d. J. und → Xenarchos (2) v. Seleukia in Rom. Spätere Aufenthalte in Rom sind für 31 und 7 v. Chr. bezeugt, Studien- oder Vergnügungsreisen für 29 von Kleinasien nach Korinth (dann Rom?), für 25/24 mit dem Praefectus M. Aelius → Gallus (1) nach Syene, den Grenzen Äthiopiens und dem Roten Meer, sowie eine Reise unbestimmten Datums nach Armenien und Syrien. Zwischen 27 und 7 v. Chr. verfertigte er die ‹Historischen Kommentare›, um 18 n. Chr. die ‹Geographischen Kommentare› als Ergänzung des ersten Werks. Die späteste Eintragung 23/26 n. Chr.

[2] Die *Historischen Kommentare*, bis auf 19 Fragmente verloren, zählten 47 Bücher. Die Bücher 1–4 gaben einen

knappen Überblick über die Geschichte bis zum Jahre 145/144, bei dem das Geschichtswerk des → Polybios (1) aufhört; die folgenden Bücher 5–47 setzten die Darstellung des Polybios von da an bis mindestens zum Ende der röm. Bürgerkriege fort, für die erste Hälfte wohl in bewußter Korrektur und Ergänzung des Geschichtswerks des → Poseidonios. – Die *Geographika* (dies der echte Titel) beschreiben in 17 Büchern die → Oikumene: Buch 1–2 Einleitung (Lob Homers als des ersten Geographen, Grundlagen der wissenschaftlichen Geographie), Buch 3–10 Europa, 11–16 Asien, 17 Ägypten und Libyen. Britannien und Germanien sind, dank → Caesars Berührungen mit diesen Ländern, zum erstenmal ausführlich behandelt. Als Weltkarte wird die des → Eratosthenes trotz mancher Kritik vorausgesetzt. – Obwohl S. eher Populärschriftsteller als wissenschaftlicher Geograph sein will und meist nur seine Quellen exzerpiert, sucht er doch Augenzeugenberichte. Feind der Gelehrsamkeit aus stilistischen Gründen, zitiert er seine Autoren bloß, um sie zu loben, gegen sie zu sprechen oder wo er die Verantwortung ablehnen will. Wie er in seiner Einleitung sagt, wendet er sich an ein «politisches» Publikum, d.h. an die für die Staatsführung Verantwortlichen. Wie Polybios zeigt er sich mehr für die Länderbeschreibung (‹Chorographie›), bes. in ihren historischen Aspekten, interessiert als für die → Kartographie, die er in der Einleitung flüchtig darstellt. So erklären sich seine Exkurse über die von Homer genannten Orte, über Mythologie und Geschichte einzelner Städte, berühmte Männer, die römischen Eroberungen usw. Geographische oder ethnographische Fragen erörtert er weniger aus eigenem Interesse als weil ihn seine Quellen dazu führen. So verdankt er dem → Poseidonios die Kapitel über die Geographie bes. der iberischen Halbinsel, den Geschichtsschreibern des Alexanderzuges die ethnographischen Merkwürdigkeiten Indiens, dem → Artemidoros (3) v. Ephesos die Hydrographie Ägyptens. Streckenweise begnügt er sich damit, seine Belege aneinanderzureihen (so für Griechenland, Kleinasien, Syrien). Doch zeigt er sich durch seinen Eklektizismus und seine Neigung zur Kontroverse auch der Kritik fähig. S. ist der ergiebigste Zeuge für die griech. und röm. Geographie des 3.–1. Jh.s v. Chr. F.L.

Ed: G. Kramer, Strabonis Geographica, 1844 – H.L. Jones, 8 Bde, LCL, 1917–32 – F. Sbordone, Strabonis Geographica, Libri I–II, 1963 – *Frg:* FGrHist 91 – *Übers:* A. Forbiger, S.s Erdbeschreibung, 1856–60 – *Lit:* M. Dubois, Examen de la géographie de S., 1891 – H.L. Jones, The Geography of S. I, 1916 (Lit) – W. Aly, S. v. Amaseia, 1957.

Strabo → Caesar, → Pompeius, → Theoderich.

Straßen. [1] Verkehrswege zwischen Siedlungen muß es schon in vorgeschichtlicher Zeit gegeben haben. Ausgrabungen haben S. innerhalb von Siedlungen zutage gefördert. Die → ‹Klagen des Bauern›, ein ägyptischer Text aus der Zeit des Mittleren Reichs, berichtet von einer öffentlichen S., deren Benützung jedem gestattet ist. In Kreta wurden S. bereits im 2. Jt. v. Chr. gelegentlich gepflastert. Auch die → Hethiter besaßen ein entwickeltes S.-System; die berühmte persische → Königsstraße in Kleinasien scheint ihr Werk zu sein. Die assyrischen Herrscher → Sargon I. und → Sanherib (um 700 v. Chr.) bauten bei Niniveh bis über 20 m breite, gepflasterte S., erhalten ist die Bauinschrift. Neuere Forschungen zeigen, daß die etruskischen Städte durch gut ausgebaute, zum Teil ins Gestein gehauene S. miteinander verbunden waren, einige davon wurden später von den Römern benützt (via Cassia, Clodia). Vom S.-System der Perser berichten griech. Quellen.

[2] In *Griechenland* wurde wegen der geographischen Lage der größte Teil des Verkehrs über die → Schiffahrt abgewickelt. Bezeichnend ist, daß die für Fahrzeuge benützbaren S. einen besonderen Namen hatten; zu diesen gehört die von Athen nach dem → Piräus oder nach → Eleusis. In Makedonien baute → Archelaos (1) Militärstraßen (Thuk. 2, 100). An den S. standen → Gasthäuser für die Reisenden. In den Städten gab es in hellenist. und röm. Zeit S.-Aufseher; die S. waren eng und gewunden, erst seit → Hippodamos wurden die Städte mit geraden, rechtwinkligen S. geplant und gebaut.

[3] Die *Römer* legten um so mehr Gewicht auf ein gut ausgebautes S.-System. Bereits die → Zwölftafelgesetze beschäftigten sich mit dieser Frage, indem sie die Mindestbreite öffentlicher S. festsetzten. Die mit dem S.-Verkehr zusammenhängenden rechtlichen Fragen sind in den → Digesten (43,8; Ulpian u.a.) behandelt, hier wird auch die Einteilung in öffentliche S. (viae publicae) und Nebenstraßen (viae privatae und vicinales) begründet; außerdem werden noch die Militärstraßen (viae militares) unterschieden. Die S. und Gassen innerhalb der Städte bilden auch juristisch eine weitere Gruppe für sich: eigene Beamte haben die Aufsicht über sie, wie in Rom die IIIIviri viarum curandarum, im allgemeinen freilich die → Ädilen. Wenigstens die wichtigsten S. in Rom hatten einen Namen (Kt. 2659), etliche sind auf Inschriften und Stadtbeschreibungen überliefert. Die Kosten für Bau und Unterhalt der S. trugen vor allem die angrenzenden Grundbesitzer; ausnahmsweise bezahlten sie siegreiche Feldherrn aus den Beutegeldern (→ Manubiae). Der → Fiscus oder das → Aerarium (vgl. auch → Rom III) tragen gelegentlich einen Teil der Kosten. Die Wiederherstellung einer Meile der → Via Appia kostete im 2. Jh. n. Chr. etwas über 100000 Sesterzen (Dessau 5875).

[4] Die frühesten röm. S. (Kt. 3217) verbanden Rom mit den zuerst eroberten Gebieten, wie die via Gabina, später bis Praeneste verlängert, die via Latina, die via Salaria (‹Salzstraße›) u.a. Die erste große gepflasterte S. ist die → via Appia, erbaut vom Censor des J. 312 v. Chr., Appius → Claudius (6) Caecus, die in späterer Zeit bis nach Brindisi, dem Ausgangspunkt der Schiffslinien nach Griechenland, verlängert wurde. Nach Norden führten die S. entweder durch Etrurien (via Clodia und Cassia) oder durch Umbrien zum Adriatischen Meer (→ via Flaminia). Die → via Aurelia folgte der Westküste Italiens, ihre Fortsetzung führte durch Südgallien, an der spanischen Ostküste entlang (via Augusta) und endete bei Cadiz. Alle Provinzen hatten ein dichtes Netz von S., die die wichtigen Ortschaften (Städte, Häfen, Legionslager) miteinander verbanden.

[5] Die großen Epochen der S.bautätigkeit sind die Zeit der → Gracchen, des → Augustus, des → Trajan und des → Septimius (3) Severus gewesen. Das bezeugen bes. die → Meilensteine, die an den öffentlichen S. Meile für Meile aufgestellt waren und in der Republik den Namen der Censoren oder der Konsuln, in der Kaiserzeit des jeweiligen Kaisers trugen. Die italischen Hauptstraßen hatten seit Augustus eigene Beamte, die curatores viarum. Die S. wurden nach Möglichkeit gerade angelegt; außer den → Post-Stationen standen den Reisenden → Gasthäuser zur Verfügung. Reisehandbücher (→ Itinerarien) gaben die Entfernungen zwischen den Ortschaften an; Straßenkarten (→ Peutingersche Tafel, heute in Wien) stellten die Distanzen übersichtlich dar (→ Kartographie). In Vicarello in Mittelitalien, einem berühmten Kur- und Badeort der Antike, fand man kleine zylindrische Objekte, Nachahmungen von Meilensteinen, auf denen sämtliche Stationen mit Entfernungen von Spanien bis dort verzeichnet sind. Sie dienten als Reiseführer und wurden am Ende der Reise einer Gottheit als → Weihgeschenk dargebracht. Die S. waren zum Teil schmal, bes. die → Paßstraßen. Die technische Leistung, bes. beim Bau von → Brücken und → Viadukten, ist bewundernswert. Im Weg stehende Felsen wurden weggebrochen, berühmt ist die Trajans-S. an der unteren Donau. Auf die → Pässe führten sie möglichst gerade, steil und mit wenig Kurven, auf der Paßhöhe stand außer einem Gasthaus ein Heiligtum, wie dasjenige des → Jupiter Poeninus auf dem Großen St. Bernhard. In sumpfigen Gegenden wurden Dämme und Abwässerungstunnels errichtet, wie z.B. im Großen Moos in der Schweiz für die von Aven-

ticum (Avenches) nordwärts führende S. Vgl. → Verkehr. Die wichtigsten S. im röm. Reich zeigt Kt. 3215. Th. P.

Lit: S. Reinach-M. Besnier-V. Chapot, DS, 1915, s. v. via – A. Grenier, Manuel d'archéologie gallo-romaine II 1, Les routes, 1934.

Strategen (Heerführer) hießen bei den Griechen auch Beamte, die zum Heeresbefehl mehr oder weniger ausgedehnte zivile Kompetenzen hinzugewonnen hatten.

[1] *Poliszeit.* Viele Stadt- und Stammstaaten kannten seit dem 5. Jh. v. Chr. die Strategie als leitende, meist mehrstellige – in den einer straffen Führung bes. bedürftigen großen Bundesstaaten (→ Ethnos) oft auch einstellige – → Magistratur. – 3. In *Athen* etwa, dessen Ordnung weithin vorbildlich wurde, führten die 10 S. zuerst (seit → Kleisthenes, 1) die Aufgebote der 10 → Phylen; der Oberbefehl lag bei dem Kriegsrat, den sie zusammen mit dem → Polemarchen (unter täglich wechselndem Vorsitz) bildeten. Seit etwa 480 betraute das Volk jeweils einzelne oder mehrere unter ihnen mit dem Oberbefehl zu Wasser und zu Lande (überall oder auf einem bestimmten Kriegsschauplatz). Ein großer Teil der militärischen Verwaltung und die einschlägige Rechtsprechung ging an sie über; und als Befehlshaber auf entlegenen Kriegsschauplätzen, aber auch in Athen selbst als die auf militärischem Gebiet sachverständigen und verantwortlichen Magistrate, denen Rat und Volk jederzeit Gehör geben mußten, erlangten sie bestimmenden Einfluß auf die athen. Politik. Ihr Aufstieg wurde dadurch begünstigt, daß sie (im Unterschied zu den meisten anderen → Magistraten) gewählt, nicht erlost wurden; und die unbeschränkt zulässige Wiederwahl ermöglichte es bedeutenden Männern, als S. jahrelang eine führende Stellung einzunehmen. Das allgemeine Mißtrauen gegen jede Amtsgewalt und die Spezialisierung der Kriegskunst im 4. Jh. untergruben die politische Stellung der S., und die politische Initiative ging weitgehend an die amtlosen → ‹Redner› über. – Vgl. → Autokrator. F. G.

Lit: W. Schwahn, RE Suppl. 6 (1935), 1071–1158 – H. Bengtson, Die Strategie in d. hellenist Zeit I–II (1937–44), 1964²; III, 1952.

[2] In *hellenist. Zeit* führte die Notwendigkeit, weite Gebiete ‹speergewonnenen› Lands mit militärischen Mitteln zu beherrschen, zur Verwendung des an sich militärischen S.-Amts in der Territorialverwaltung: S. als Provinzialstatthalter. (Daneben bleibt Stratege technische und untechnische Bezeichnung für Inhaber selbständiger Militärkommanden, von der hier behandelten Bedeutung oft schwer zu scheiden.) Gemeinsam ist in allen Reichen die Tendenz zur Vereinigung von Militär- und Zivil-(meist auch Finanz-, Gerichts-)gewalt; doch ist die Entwicklung nicht einheitlich. Sie führt von Anfängen unter → Philipp II. (Stratege als Militärgouverneur in Thrakien) über die außerordentlichen Kommanden der Alexander- und frühen Diadochenzeit (z. B. → Antipatros und → Antigonos [I.], Strategen als Reichsverweser von Europa bzw. Asien) zur Institutionalisierung in den Teilreichen, meist zunächst in gefährdeten Reichsteilen. Von → Antigonos I. in Kleinasien eingeführt, wurde das System der Provinzial-S. dort von den → *Seleukiden* übernommen und von → Antiochos III. vorübergehend statt des → Satrapensystems über das ganze Reich ausgedehnt. (Die Kompetenzunterschiede zwischen S. und Satrapen sind noch nicht völlig geklärt, treten aber gegenüber der beiden Ämtern gemeinsamen großen Selbständigkeit zurück.) Die meisten Nachfolgestaaten des Seleukidenreichs übernahmen das S.-System. Auch im *Ptolemäerreich* hatten die S. zunächst nur in den Außenbesitzungen volle Militär- und Zivilgewalt. In Ägypten selbst waren die S. zunächst nur Militärbefehlshaber eines Gaues, erhielten allmählich auch zivile Kompetenzen und wurden unter → Ptolemaios III. die Chefs der gesamten Gauverwaltung (Gau-S.) mit weitreichenden Aufgaben in der Gerichtsbarkeit; doch war ihre Stellung im zentralisierten Ptolemäerreich weit weniger selbständig als im Seleukidenreich. Im 2. Jh. wurde der Stratege durch Übernahme der Funktionen des bisherigen → Nomarchen, oft auch des bisherigen Gau → Oikonomos und durch Verlust seines Militärkommandos an den Epistrategen (s. u.) zum reinen Zivilgouverneur (so auch in der Römerzeit). Nur der ‹S. der Thebaïs›, dem alle Gaue Oberägyptens unterstanden, behielt das Militärkommando. – Der *Epistratege* (erstmals bezeugt 176/175) war als oberster Militärbefehlshaber der gesamten ägypt. Chora allen Gaubehörden vorgesetzt; sein zunächst außerordentliches Amt wurde gegen Ende des 2. Jh.s regulär und öfter mit der Strategie der Thebaïs verbunden. (In der Kaiserzeit waren die Epistrategen der 3 Landesteile Delta, Heptanomis und Thebaïs reine Zivilbeamte prokuratorischen Rangs.) – Das *Antigonidenreich* verwendete S.en als Militärgouverneure nur in den Nebenländern des Reichs, z. B. Thrakien, Karien oder dem maked. Besitz in Hellas (z. B. → Alexander (8) v. Korinth). 279 (Sosthenes) und 229–227 (→ Antigonos III.) fungierte ein von der Heeresversammlung gewählter Stratege (‹Herzog›) als Reichsverweser in Makedonien. – *Στρατηγὸς τῆς πόλεως* → Epistates. H. H. Sch.

Lit: H. Bengtson, Die Strategie in der hellenist. Zeit, 3 Bde, 1937 bis 1952 – V. Ehrenberg, Der Staat der Griechen (1958), 1964² (Index).

Strategie und Taktik

[1] Grundsätzliches und Quellen – [2] Die Zeit des bürgerlichen Hoplitenheeres – [3] Die neue Kriegführung des 4. Jh.s v. Chr.: Epameinondas und Alexander d. Gr. – [4] Der Hellenismus – [5] Das Heer der frühen röm. Republik – [6] Von Marius bis Caesar – [7] Das stehende Heer der Kaiserzeit – [8] Die spätröm. Armee seit Diokletian – Vgl. → Heerwesen, → Festungsbau und Belagerungswesen. – S. = Strategie; T. = Taktik.

[1] *Grundsätzliches und Quellen.* Die Kunst der Kriegs- und Truppenführung steht in enger Wechselwirkung mit der jeweiligen geographischen und außenpolitischen Lage wie mit Stärke und Organisation der militärischen Machtmittel. Deren Bedingtheit durch die waffentechnische Entwicklung wie durch die politische, gesellschaftliche und wirtschaftliche Struktur der kriegführenden Mächte muß ebenso wie die Einwirkung der militärischen Führerpersönlichkeit und der Truppenmoral auf Krieg und Gefecht hier außer acht bleiben. S. bezeichnet im folgenden nicht die politische und militärische Entscheidungen einschließenden Prinzipien der Gesamtkriegsführung, sondern die militärische S. im engeren Sinne, d. h. die operative Führung der Streitkräfte auf höchster Ebene. Unter T. sind Formen und Möglichkeiten der Truppenführung auf dem Gefechtsfeld verstanden. – Die erhaltenen militärtheoretischen Schriften der Antike beschränken sich auf spezielle Kriegshandbücher (Xenophons ‹Hipparchikos›; taktische Beispielsammlungen, vor allem Kriegslisten enthaltend, wie die des Polyainos (2) oder → Frontins ‹Strategemata›); Feldzugsbeschreibungen aus erster Hand bieten Xenophons ‹Anabasis›, → Caesars ‹Commentarii›. Sachverständig und eingehend ist die Kriegführung vor allem von den Historikern → Thukydides, → Polybios, → Arrian, → Ammian und → Prokop dargestellt.

[2] *Die Zeit des bürgerlichen Hoplitenheeres.* Während die Staaten des Alten Orients schon im 2. Jt. v. Chr. über eine weitentwickelte T. und S. verfügten (neben einer fortgeschrittenen Belagerungstechnik, → Festungsbau), blieb die griech. Kriegführung lange auf einer verhältnismäßig einfachen Stufe. Über die myk. Zeit, deren Kriege im → Epos (I A) im wesentlichen als eine Folge von Einzelkämpfen erscheinen, sind genauere Aussagen vorläufig nicht möglich. Die politische und gesellschaftliche Ordnung wie die Waffentechnik der Poliszeit macht seit dem Ende des 8. Jh.s v. Chr. das → Hoplitenheer zum entscheidenden militärischen Instrument. Als Miliz der Vollbürger ist es in seiner Zahl begrenzt (wenige hundert bis einige tausend Kämpfer); Leichtbewaffnete und Reiterei spielen daneben, von Randgebieten wie Thessalien abgesehen, kaum eine Rolle. Einsatz und Operationsfähigkeit der Hoplitenphalanx sind in vieler Hinsicht eingeschränkt:

durch mangelndes Training, fehlenden Nachschub, Geländebedingungen (Fehlen fester Straßen), Klima (nur Sommerkriegführung), Verwundbarkeit auf dem Marsch und die Enge der politischen Räume. Zu eigentlichem strateg. Planen und Führen kann es so kaum kommen. Angriffsoperationen bestehen in der Regel in geschicktem Einmarsch in das Feindgebiet, Verteidigung im Einnehmen einer geeigneten, d.h. möglichst ebenen Schlachtstellung. Einzige taktische Formation ist die in der Regel acht Glieder tiefe → Phalanx, einziges Manöver dieses schwerfälligen Truppenkörpers der Frontalstoß. Reserven und Verfolgung existieren kaum; meist entscheidet so eine einzige Hoplitenschlacht den Krieg. Die Herbeiführung dieses ‹Massenduells› ist der Hauptzweck der S. Noch im ion. Aufstand und bei Marathon wird diese traditionelle Kriegführung angewandt. – Die → Perserkriege konfrontieren die erstarrte Schlachtgrammatik der Hoplitenphalanx mit neuen takt. Problemen (Masseneinsatz von Bogenschützen und Reiterei) und zum erstenmal mit einem strateg. Planen und Operieren im großen Rahmen. Die Wirkung auf die Land-T. war zunächst gering; die Hoplitenphalanx in ihrer gewohnten Kampfform blieb bis ins frühe 4. Jh. v. Chr. weiter unverändert, wenn auch bes. nach den Erfahrungen des → Pelop. Krieges leichte Truppen (→ Peltasten) häufiger und systematischer eingesetzt wurden. Doch verliert nun die Hoplitenschlacht ihre Rolle als die eine kriegsentscheidende Operation. Seit → Themistokles entwickelt sich schnell ein neues strateg. Denken und Planen, das die → Seekriegführung voll mit einbezieht. Seine wesentlichen Elemente sind weiträumige, kombinierte Operationen von Land- und Seestreitkräften (schon in der Defensivplanung Athens i. J. 480; dann in → Kimons Offensivstrategie des → Att. Seebundes) und die Anwendung von Prinzipien indirekter Kriegführung, die dann vor allem im Pelop. Krieg hervortreten (als ‹Ermattungs-S.› im Kriegsplan des → Perikles wie im Dekeleischen Krieg; ebenso im Chalkidike-Feldzug des → Brasidas und in der → Sizil. Expedition). Nicht zufällig finden sich im späten 5. Jh. in der Sophistik auch die Anfänge einer theoretischen Kriegslehre bei den Griechen.

[3] Das *4. Jh. v. Chr.* bringt mit dem schon im Pelop. Krieg beginnenden Ersatz der Bürgermilizen durch Söldnertruppen und der damit einhergehenden Professionalisierung *entscheidende Wandlungen* in S. und T. Nach einer Zwischenphase der Peltastenkriegführung (→ Iphikrates) bringt → *Epameinondas* mit → Leuktra (371) die erst durch Training und Präzision der Berufssoldaten mögliche große Revolution der Hopliten-T. Erfolgreich setzt seine ‹schiefe Schlachtordnung› an die Stelle des Frontalstoßes einer Phalanx in gleich tiefer Aufstellung den Stoß des einseitig verstärkten linken Flügels mit dem Ziel des Durchbruchs oder der Überflügelung. → Philipp II. und → *Alexander d. Gr.* entwickeln diese neue T. noch entscheidend weiter. Die makedon. Palanx ist ein gemischter Truppenkörper aus vier Waffengattungen (Hopliten, leichte Infanterie, leichte und schwere Kavallerie) mit jeweils verschiedenen Aufgaben im Gefecht. Den Hauptstoß, der mehr auf Durchbruch und Einschwenken nahe dem feindlichen Zentrum als auf eigentliche Überflügelung zielt, führen nicht mehr die Hopliten, sondern die schwere Reiterei des Angriffsflügels. Zu diesem Prinzip der Stoßkonzentration treten als neue takt. Elemente noch in Einzelfällen das Zurückhalten einer takt. Reserve und grundsätzlich die energische Verfolgung auf dem Schlachtfeld. Alle Alexanderschlachten sind freilich zugleich individuelle Lösungen eines genialen Kavalleriegenerals. – Das Berufsheer mit seiner neuen T. ist Instrument einer neuen, in bestimmten Operationen Epameinondas' bereits angelegten und von Philipp und Alexander auf den Höhepunkt gebrachten S. Grundproblem dieser S. sind unerhört erweiterte Dimensionen des Planens und Führens in Zeit und Raum; Grundansatz ist die entscheidende und anhaltende Offensive mit dem Ziel auch der territorialen Eroberung. Hauptelemente dieses weitgeplanten offensiven Bewegungskrieges sind neben einer neuen Zusammenarbeit aller Waffengattungen und neben planmäßiger Nachschubsicherung operativ-strateg. Märsche (oft schon in getrennten Kolonnen) von überraschender Schnelligkeit und Präzision (vgl. → Logistik), dazu die weitausgedehnte strateg. Verfolgung nach der Schlacht (z. B. nach → Gaugamela). Zeichen einer überlegenen Beurteilung gesamtstrateg. Notwendigkeiten ist es, daß dem offensiven Gesamtziel indirekte Operationen großen Stils nahtlos eingeordnet werden können (Besetzung von Syrien und Ägypten durch Alexander nach → Issos).

[4] *Der Hellenismus.* Die Professionalisierung und Spezialisierung des Krieges und seiner Mittel schreiten nach Alexander weiter fort, ohne grundlegende Neuerungen in T. und S. zu bringen; ein gewisses Gleichgewicht des Könnens und der Mittel unter den Berufsheeren der hellenist. Herrscher stellt sich ein. Die Gliederung der Phalanx wird noch weiter verfeinert, u. a. durch die neuen (ursprünglich oriental.) Waffengattungen der Panzerreiterei und der – selten erfolgreichen – → Elefanten; sie wird zu einem komplexen, hohe Führungskunst und Ausbildungsstand erfordernden Instrument mit Tendenz, die Stoßkraft auf Kosten der Beweglichkeit zu steigern. Das takt. Grundschema der Alexanderschlacht – Sarissenphalanx als haltender Flügel, schwere Kavallerie als Stoßarm – bleibt gewahrt, wird aber unter Gegnern von weitgehend gleichem Ausbildungsstand durch zahlreiche Sondermanöver, Finten und Aushilfen variiert. Das takt. Bild der Diadochenschlachten wird dadurch im einzelnen sehr vielfältig. – Die S. ist weiterhin gekennzeichnet durch einen großräumigen Bewegungskrieg (bes. in der Diadochenzeit), in dem sehr präzise Manöver und Märsche eine bedeutende Rolle spielen. Neu ist die gleichzeitige Kriegführung auf oft weitgetrennten Schauplätzen mit wechselnden defensiven und offensiven Schwerpunkten. Allerdings wird unter der Wirkung des Söldnerwesens die Entscheidung durch die Schlacht nicht mehr immer mit der gleichen Nachhaltigkeit gesucht. Höhepunkt von S. und T. des Hellenismus sind die Diadochenkriege der Generale aus Alexanders Schule; die weitere Entwicklung führt trotz begabter militärischer Führer zu einer gewissen Erstarrung und Formalisierung der Kriegführung, die schließlich die Phalanx in ihrer Kompliziertheit und mangelnden Elastizität der röm. Legion unterlegen macht.

[5] *Das Heer der frühen Republik.* Auch am Anfang des röm. Kriegswesens steht eine Bürgermiliz; takt. Gliederung und operativer Einsatz entsprachen offenbar weitgehend der noch undifferenzierten Hoplitenphalanx. Nach dem Gallierkrieg des 4. Jh.s setzt aber die Entwicklung der → Legion zu einem von der Phalanx grundverschiedenen militärischen Instrument ein; sie wird zum Teil bedingt durch die (im Gegensatz zur Massenwirkung der starren Stoßlanzen der Phalanx) auf den selbständigen, hochtrainierten Einzelkämpfer abgestellte röm. Bewaffnung (pilum: Wurfspieß, und gladius: Schwert; → Waffen). In einer offenen, schachbrettartigen Gefechtsordnung sind die dreißig Manipel der Legion auf Lücke hintereinander in drei Linien oder Treffen (hastati, principes, triarii) formiert. Unter Benutzung der Lücken der Schlachtordnung werden die drei Treffen nach einem festen Schema nacheinander eingesetzt, zunächst zum Pilumangriff, dann zum Einbruch mit dem Schwert (Manipel-T.); Offensivkraft wie Widerstandsfähigkeit der Legion sind so wesentlich höher als die der Phalanx. – In der militärischen Krise des 2. Pun. Krieges (Unterlegenheit der starren Manipel-T. gegenüber der unbegrenzt frei manövrierenden karthag. T.) wird bes. durch Scipio die sog. Treffen-T. entwickelt. Die Treffen der triplex acies, vereinheitlicht und zugleich takt. verselb-

ständigt, erhalten nun weitgehende Manövrierfähigkeit. Das ermöglicht eine differenzierte T., u. a. durch freien Einsatz der rückwärtigen Treffen zu Flankenstoß, Überflügelung oder anderen Manövern; im Ansatz enthält die Treffen-T. zumindest ein rudimentäres Reservenprinzip. Die Legion der Treffen-T., ein ‹Kampfinstrument von höchster Vollendung und Vielseitigkeit›, das die hohe Schulung langdienender Wehrpflichtiger erfordert, trägt Roms Erfolge gegen → Karthago und die hellenist. Armeen; Reiterei und leichte Truppen bleiben stets Hilfswaffen ohne schlachtentscheidendes Moment. Spezifisch römisch ist auch die Rolle des täglichen Lagerschlages und der Feldbefestigung als eines takt. Elements (Möglichkeit der Schlachtverweigerung). – Von einer eigentlich röm. S. kann erst seit dem ersten Pun. Krieg, der wesentlich als → Seekrieg geführt worden ist, die Rede sein. Prinzipiell ist sie in den Pun. Kriegen wie in den Ostfeldzügen eine Offensivstrategie; sie schreckt vor großartigen Entwürfen nicht zurück (Eröffnung des 2. Pun. Krieges mit der Zangenbewegung Spanien–Afrika), erreicht jedoch in Nachhaltigkeit, Tempo und Kombination von Land- und Seestreitkräften selten die S. der großen hellenist. Feldherrn. Die bedeutsamste Abweichung vom offensiven Grundprinzip röm. Kriegführung ist der Übergang zur Fabianischen ‹Ermattungs-S.› in der Mittelphase des 2. Pun. Krieges; hier wird durch S. eine takt. Schwäche gedeckt, Zeit zur takt. Neuformierung der röm. Armee gewonnen.

[6] *Von Marius bis Caesar.* Zeit und Wirken des → Marius (1) bilden durch den Übergang vom Milizheer zur an ihre Generale gebundenen (und damit auch im innenpolitischen Konflikt einsetzbaren) Söldnerarmee einen Wendepunkt röm. Kriegführung. Auch die T. wird entscheidend fortgebildet. Grundlage ist eine aus den Erfahrungen der flexiblen Treffen-T. erzwungene Umgliederung der → Legion. Je drei Manipel werden zu der leichter hantierbaren takt. Einheit der → Kohorte zusammengefaßt (fallweise schon seit P. → Cornelius (30) Scipio angewandt, aber nicht im Gefecht eingesetzt); Kavallerie und leichte Truppen, nun reine Auxiliarformationen, werden in eigene Verbände ausgegliedert (Alen bzw. Kohorten). Die neue Zehn-Kohorten-Legion ist ein reiner Infanterietruppenteil, ein bei größter organisatorischer Einfachheit zu höchsten Leistungen befähigtes, flexibles Kampfinstrument. Bei hohem Ausbildungsstand und guter Führung ermöglicht es größte Freiheit von takt. Schablonen; in der Kohorten-T. ist das feste Drei-Treffen-Schema grundsätzlich aufgegeben zugunsten einer Vielseitigkeit takt. Kombinationen. Je nach Gelände und takt. Situation werden aus den immer noch auf Lücke rangierten Kohorten verschiedene Treffenformationen, zum Teil sogar innerhalb einer Schlachtfront, verbunden. Dieses elastische System macht kalkulierte Kampfpausen oder mehrfach wiederholte Angriffe möglich; durch → Caesar vor allem wird das dritte Treffen zur takt. Reserve im vollen Sinn und damit die takt. Verfolgung bis zur Vernichtung ein Kennzeichen aller Caesarschlachten. Im Gegensatz zur Manipel- und Treffen-T. wird nun in der Schlachtanlage eine asymmetrische Verstärkung eines Flügels häufig, ohne jedoch zu eigentlich ausgeprägten Flügelschlachten im hellenist. Sinne zu führen. Die beherrschende Rolle großer, individuell geprägter und weithin unabhängig handelnder Feldherrenpersönlichkeiten läßt es nicht zu, allgemein von einer S. dieser Epoche zu sprechen. Gemeinsam sind bestimmte Probleme: die Notwendigkeit, bisher ungekannte Massen zu disponieren (→ Logistik) und zu führen (bes. gegen Ende der Republik) sowie große, zum Teil durch Meere getrennte Räume zu bewältigen. Dennoch spielen Seestreitkräfte, von der amphibischen Seeräuberaktion des → Pompeius (des einzigen röm. Generals mit Verständnis für kombinierte Operationen) und von der Schlacht bei Actium abgesehen, eine Nebenrolle. Die strateg. Mittel und Pläne im ganzen sind vielfältig; neben der traditionellen Offensiv-S. der provinzialen Kriege eines → Sulla, → Lucullus oder → Pompeius steht das große Beispiel einer Ermattungsdefensive zu Beginn des Bürgerkrieges oder die Anwendung span. Guerillakriegführung durch → Sertorius. Souveräner Beherrscher aller strateg. Mittel, Offensiv- und Positions-S., Meister der Verfolgung wie des Schlagens aus der Nachhand war Caesar, an genialer Verwendung traditioneller takt. Mittel Alexander wie Napoleon überlegen.

[7] *Das stehende Heer der Kaiserzeit.* Seit Augustus tritt an Stelle der bisherigen Miliz und Söldnerarmeen ein stehendes Heer, wesentlich in den Randprovinzen des Imperiums als Grenzheer stationiert. Dieses Berufsheer erfährt eine Anzahl organisatorischer Änderungen. Die Legion erhält wieder eigene Reiterei, zudem werden ihr häufig Alen und Auxiliarkohorten fest angegliedert. Neben die nun einheitlich organisierten und zum stehenden Heer zählenden Auxiliarkohorten treten als eigentliche Hilfstruppen die numeri; dazu werden Gardeeinheiten (→ cohortes praetoriae) gebildet. Die Veränderungen in Bewaffnung, Gefechtstechnik und T. bleiben dagegen gering; die Verwendung von Artillerie im Gefecht bringt keine nennenswerten Erfolge. Im wesentlichen werden Formen und Prinzipien der cäsarischen Kohorten-T. weiter angewandt; neu ist der verstärkte Einsatz schwerer Auxiliarkohorten und Alen als zum Teil schlachtentscheidender Waffe, wodurch eine noch größere Manövrierfähigkeit erreicht wird. Auch Aufstellung und Einsatz von Reserven wird weiter vervollkommnet; dagegen geraten offenbar in den unübersichtlichen Verhältnissen des 3. Jh.s die traditionellen Formen des Gefechts in Verfall. – Die S. erfährt einen entscheidenden Wandel. Trotz großer Offensiven einzelner Kaiser in Spanien, Dakien und Syrien ist die röm. Kriegführung im wesentlichen defensiv, auch wenn diese Defensive häufig durch energische offensive Einzelmaßnahmen getragen und unterstützt wird. Die Anlage der Limites an den Reichsgrenzen ist ein wesentliches Element dieser Defensiv-S. Ein bezeichnendes und in seiner technischen Vollkommenheit neues Moment in der S. der Kaiserzeit sind weiträumige, auch in der Versorgung der Truppen genau vorgeplante strateg. Manöver in getrennten Kolonnen, wobei der Vorteil der inneren Linie häufig mit sicherem Griff ausgenutzt wird.

[8] *Die spätrömische Armee des 4. Jh.s.* Die Reformen → Diokletians haben in Bewaffnung und Organisation durchgreifend mit dem traditionellen röm. → Heerwesen gebrochen. Hauptkennzeichen der Reform sind Ersatz der Legion durch kleinere Truppenkörper und Teilung der Armee in ein mobiles Feldheer (palatini und comitatenses) und in ortsfeste Grenztruppen; die Zahl der Kavallerie wird erheblich vermehrt (ein Anzeichen für den sinkenden Gefechtswert der spätröm. Infanterie). In der T. verschwindet demgemäß langsam die Kohorten-T. mit Infanterieangriff und differenziertem Treffensystem. Solcher komplizierter Manöver ist die spätröm. Armee immer weniger fähig; statt dessen wird teilweise der german. cuneus als Gefechtsformation angewandt, teilweise eine phalangenartige acies mit Kavallerieflügeln, die im wesentlichen mit einem kompakten Frontalstoß operiert. In S. und operativer Führung werden die alten Mittel und Prinzipien eher gewahrt. → Konstantin I., aber auch noch → Julian und → Theodosius verstehen sowohl im Bürgerkrieg wie in Defensivoperationen mit ihren z. T. weitgetrennten Truppenkörpern schwerpunktmäßig oder konzentrisch zu operieren, wobei die Kolonnenmarschtechnik noch mit voller Präzision gehandhabt wird. Die Feldzüge → Justinians im 6. Jh. zeigen, daß sich das takt. und strateg. Erbe der spätröm. Zeit zumindest im Osten des Reiches auch über die Wirren der Völkerwanderungszeit hinaus bewahrt hat. F. G. M.

Lit: J. Kromayer-G. Veith, Antike Schlachtfelder, 4 Bde, 1903–31; Schlachtenatlas zur antiken Kriegsgeschichte, 1922ff. – T. Rice Holmes, Caesar's Conquest of Gaule (1899), 1911² – G.B.Grundy, Thucydides and the History of His Age, 1911 – H.Delbrück, Gesch. der Kriegskunst (1900), 1920³ – J.Kromayer-G.Veith, Heerwesen u. Kriegführung d. Griechen u. Römer, 1928 – W.W.Tarn, Hellenist. Military and Naval Developments, 1930 – H.W.Parke, Greek Mercenary Soldiers from the Earliest Times to the Battle of Ipsos, 1933 – G.T.Griffith, The Mercenaries of the Hellenist.World, 1935 – W.L. Rodgers, Greek and Roman Naval Warfare, 1937 – K.W.Meiklejohn, Roman Strategy and Tactics from 509 to 202 B.C., GaR 7/8, 1937/38 – F.E.Adcock, The Roman Art of War under the Republic, 1940 – R.Glover, The Elephant in Ancient War, CIW 39, 1943, 257–269 – M.Launey, Rech. sur les armées hellénist., 2 Bde, 1949 – M.Marples, The Roman Army, 1953 – J.F.C.Fuller, Decisive Battles of the Western World and their Influence upon History I, 1954– L.Hart, S., 1956 – F.E.Adcock, The Greek and Macedonian Art of War, 1957 – J.F.C.Fuller, The Generalship of Alexander the Great, 1958 – G.Blumentritt, S. und T., 1960 – H.P.Judson, Caesar's Army, 1962 – C.Hignett, Xerxes' Invasion of Greece, 1962 – Y.Yadin, The Art of Warfare in Biblical Lands, 1963.

Stratokles, att.Politiker von trauriger Berühmtheit, ca. 350–290, Sohn des Euthydemos aus Diomeia. Anhänger der makedonenfreundlichen Partei und Hauptankläger gegen Demosthenes im harpalischen Prozeß. Nach der völligen Vernichtung der athen. Seeherrschaft (Amorgos, 323) löste er durch eine erlogene Siegesbotschaft Freude in Athen aus, um sich dann an der Empörung des Volkes zu weiden (*ἡ Στρατοκλέους θρασύτης*). Er gewann politische Bedeutung unter Demetrios (1) Poliorketes, dem er sich durch seine übertriebene Schmeichelei wert zu machen suchte. Nach 291 Anhänger der Oligarchie. Er gehörte (nach Schäfer) zu den ‹verworfensten Schwätzern›. Von seinen Reden ist nichts erhalten. J.H.K.

Lit: A.Schäfer, Demosthenes u. seine Zeit III (1858), 1887², 328–329 – K.Fiehn, RE 4 A 1 (1931), 269–271.

Straton, Dichter, wohl der neuen →Komödie (I D); wirkte wohl frühestens am Ende des 4.Jh.s; ein Fragment erhalten, in dem von einem Koch die Rede ist, der die einfachsten Dinge mit seltenen homerischen Vokabeln bezeichnet, während der Sprecher die ‹Ungeordneten Glossen› des →Philitas zu Rate ziehen muß. Th.G.

Frg: FAttCom II 580–585.

2. **S. von Lampsakos,** →Peripatetiker, als Nachfolger →Theophrasts ca. 287–269 Schulhaupt; sah die Naturphilosophie als Zentrum der Philosophie an (S. ‹der Physiker›). Schriften über →Ethik und →Logik sind bezeugt; Fragmente sind fast nur aus der Naturphilosophie erhalten. Thesen des Aristoteles, deren Schwierigkeiten Theophrast aporetisch herausgearbeitet hatte, werden von S. völlig verworfen: die Gottheit wird ganz durch die Natur ersetzt, der Geist (Nus) des Menschen wird rein biologisch gefaßt, seine Unvergänglichkeit aufgehoben. Auch das göttliche fünfte Element (→Äther) wird verworfen (die Gestirne sind einfach aus Feuer); mit ihm die naturgemäße Kreisbewegung. Die Körper haben nur Schwere und Fallbewegung: alle andern Bewegungen sind mechanische Denaturierungen dieser Bewegung. Gegen Aristoteles nimmt S., wie vorher →Demokrit und →Epikur, die Existenz des Leeren an. Mehrere Titel deuten auf physiologische und medizinische Probleme, ethische Titel scheinen gegen entsprechende aristotelische gerichtet zu sein. Bemerkenswert ist der Einfluß S.s auf →Heron (2) v.Alexandria. Für die klassizistische Philosophiegeschichte des 1.Jh.s v.Chr. beginnt unter S. der Zerfall des alten Peripatos. O.G.

Frg: F.Wehrli, 1950 (mit Kommentar).

3. **S. von Sardes,** griech. Epigrammatiker im 2.Jh.n. Chr., von dem wir (bes. in AP 12) eine große Zahl paiderotischer Gedichte besitzen. E.V.

Lit: J.Geffcken, RE 4 A 1 (1931), 276–278.

Stratonikeia, Stadt in Karien westl. des Tales des Marsyas, heute Eski Hisar. Namengebung nach Stratonike, der Frau →Antiochos' I., möglich, aber nicht gesichert. Makedon. Militärkolonie. Um 242 v.Chr. mußten →Antiochos (8) Hierax und →Seleukos II. S. an Rhodos abtreten. 167 vor Chr. erklärte der röm.Senat die Städte Kariens und Lykiens frei, so daß Rhodos auf S. verzichten mußte. 81 vor Chr. erhielt S. erneut wegen seiner Loyalität zu Rom die Freiheit und eine Vergrößerung seines Territoriums. Bedeutendes Ruinenfeld (Theater, Buleuterion), aber noch kaum erforscht. R.F.

Lit: Ruge, RE 4 A 1 (1931), 322–325 – A.Laumonier, Notes sur un voyage en Carie, RA 2, 1933, 52–55 – Ders., REA 36, 1934, 85–87.

Stratonikos von Athen, bedeutender →Kitharist und Humorist, ca.410–360 wirkend. Seine witzigen Aussprüche (*εὐτράπελοι λόγοι*), nach seinem Tode gesammelt, wurden häufig exzerpiert (vgl. bes.Athen. 8, 347F–352D). Th.G.

Strattis, von Athen, Dichter der ausgehenden alten und mittleren →Komödie (I B C); wirkt ab ca.410 v.Chr., 16 oder 17 Titel sind belegt. Sein Spott geht hauptsächlich auf Dichter und Musiker (vgl. →Pherekrates); in einem Stück ist →‹Kinesias› Titelheld, sieben sind Mythen- (und Tragödien-) parodie. Th.G.

Frg: FAttCom I 812–837.

Straubinger Schatzfund, aus einer röm.Villa bei S. aus dem 3.Jh., mit bedeutenden Teilen von Paraderüstungen aus Bronze, teilweise versilbert und vergoldet. L.B.-H.

Lit: J.Keim-H.Klumbach, Der röm.Schatzfund von S., 1951.

Strauß. Der in den Wüstengebieten Afrikas, Arabiens und Syriens verbreitete S., in der ägypt. Kunst seit der Frühzeit bekannt, wurde vom griech. Volkswitz wie der Sperling benannt (*στρουθός*). Auf die Größe des S.es weist die Bezeichnung *στρουθοκάμηλος*. Die Benennungen zeigen die späte Bekanntschaft an, wiewohl S.-Eier bereits für myk. Gräber als Gefäße bezeugt sind. Als Fremdtier war der S. in der antiken Religion wie im Mythos ohne Bedeutung. Hochgeschätzt waren die S.-Federn, in Ägypten Abzeichen der Göttin →Ma'at, der Personifikation von Recht, Ordnung und Wahrheit. Sie galten als fürstliches Hoheitszeichen wie der daraus gefertigte Fächer. Ihretwegen vor allem wurde der S. gejagt. Bereits für die Frühzeit ist bei der S.-Jagd in Ägypten die S.-Maske des Jägers bezeugt. Das Motiv der S.-Jagd durch einen Heros begegnet in der assyr. Siegelkunst. In der Ptolemäerzeit war in vornehmen Kreisen das Fahren und Reiten mit S.en bekannt. Das Motiv des S.-Fahrers und -Reiters begegnet spielerisch in der griech. Kunst, deren Darstellungen ebenso treffende Beobachtung zeigen wie ägypt. und assyr. Bildzeugnisse. J.W.

Lit: Keller, Tierwelt II 166–175 – A.Steier, RE 4 A 1 (1931), 339–347 (Quellen!) – W.Wolf, Die Kunst Ägyptens, 1957, 79 – H.Schmökel, Ur, Assur, Babylon, 1955, Taf. 76.

Streik, im eigentlichen Sinne, d.h. Arbeitsniederlegung von Handwerkern mit dem Ziel, durch Verhandlungen bessere Arbeitsbedingungen zu erwirken, ist nur in der röm.Kaiserzeit in Kleinasien nachzuweisen. Vgl. auch →Anachoresis. H.Br.

Lit: E.Ziebarth, RE Suppl.7 (1940), 1250f.

Strena (nach Varro sabinisches Wort), ‹glückliches Vorzeichen›, auch ‹Neujahrsgabe›, d.h. Geschenk, das zu Neujahr als Glücksverheißung übergeben wurde; die strenae konnten Zweige eines glückbringenden (felix) Baumes sein. – *Strenia* war die Gottheit der strenae. Sie besaß eine Kapelle am Esquilin in →Rom (Varro ling. 5, 47). H. Le B.

Lit: L.Deubner, Strena, Glotta 3, 1912, 34–43 – Latte, 52.

Strenger Stil, hochstehende Buchschrift in Papyri des 2. und 3.Jh.s n.Chr., Vorstufe des griech. Bibelstils (Bakchylides-Papyrus in London). Vgl. →Schrift C [2]. H.Hg.

Abb: z.B. M.Norsa, La scrittura letteraria greca, 1939, Taf. 10a.

[2] *In der bildenden Kunst:* vgl. →Plastik B [5].

Strongylion, Bildhauer (aus Athen?). Blütezeit letztes Viertel des 5.Jh.s v.Chr. (?). Er hat um 415 für die Akropolis das ‹hölzerne› Pferd, ein weit überlebensgroßes Erzwerk, geschaffen. Für Megara die Artemis Soteira (vielleicht das erste Beispiel der kurzgewandeten Jägerin in der Großplastik); eine Wiederholung war im megarischen Pagai. Auf dem Helikon sah Pausanias (9, 30, 1) drei Musen des S. neben weiteren Dreiergruppen von Olympiosthenes und → Kephisodot (wenn zusammen gearbeitet, kaum vor 385 v. Chr. geschaffen). – In der Kaiserzeit waren nach Plinius (nat. 34, 82) eine ‹schönwadige› Amazone (die Nero auf seinen Reisen mitführen ließ) und der ‹Knabe des Brutus› besonders berühmt. Kopien dieser Werke sind bis jetzt nicht nachgewiesen. E. Bg.

Lit: Lippold, GrPl, 189 – A. E. Raubitschek, Dedications from the Athenian Akropolis, 1949, Nr. 176.

Strophe, größere metrische Einheit in der Lyrik. Eine S. besteht aus mehreren, mindestens teilweise ungleichen Kola meist des gleichen metrischen Geschlechts und kehrt innerhalb des Liedes mindestens noch einmal in gleicher Form wieder (→ Responsion; → Metrik C). Gedichte aus gleichen Kola (Versen) werden gewöhnlich nicht in S.n abgeteilt; das gleiche gilt für metrische Gebilde aus mehreren gleichen Versen, zwischen denen in unregelmäßigem Abstand kürzere (sog. Klauselverse) stehen (häufig bei Anakreon) und die → Epoden. In der monodischen → Lyrik (A 1) haben wir meist 3- und 4zeilige S.n (Typen aab, aba, aaab, aaba, abab, abcb), die sich mehrfach wiederholen, die S.n der Chorlyrik (Lyrik A 2) sind meist (z. T. erheblich) länger und verwickelter: → Chor [4]. – Der Name S. (‹Wendung›) stammt aus dem Rundtanz und bezeichnete den Tanz in einer Richtung (Pherekr. Fr. 145, 9), worauf bei gleicher Melodie der Tanz in entgegengesetzter (→ Antistrophe) folgte. Vgl. → Perikope; → Alkäische, → Sapphische, → Asklepiadeische Strophe. E.-M. V.

Strophios, Sohn des Krisos, Enkel des Phokos (Eponymos von Phokis), Gatte der Anaxibia, der Schwester → Agamemnons. Vater des Pylades. Zieht → Orestes auf. K. Schb.

Strymon, Fluß in → Thrakien (Kt. 1152 DE 1), heute Struma, galt als Ostgrenze → Makedoniens. E. M.

Stuck. Hergestellt aus → Gips, Kalk, Sand oder Marmorstaub, wurde die marmorähnliche Masse nach dem Auftragen mit fertigen Formen oder mit der Hand gestaltet. Durch Zusatz von Farbstoffen und Polieren des S.s gab man (bes. in der Kaiserzeit) einfachem Mauerwerk ein elegantes Aussehen. Vgl. → Stuckrelief. W. K.

Q: Vitr. 7, 2–5.

Stuckrelief. [1] In der → *kret.-myk.* Kunst (G 4) führt das St., zur faßlicheren Darstellung menschlicher oder tierischer Körper, die großfigurige → Freskomalerei in ein zwar flaches, doch die Oberflächen aufs feinste modellierendes, bemaltes Relief über. Fragmente aus dem Palast von → Knossos (→ Prinz mit der Federkrone, Stierkopf) und aus Psira geben eine Vorstellung. W. Schg.

Abb: H. Th. Bossert, Altkreta (1921), 1937³, Abb. 255–257.

[2] Es ist für die *griech. Kunst* charakteristisch, daß hier das S. fehlt: man bevorzugte festere plastische Stoffe, allenfalls gebrannten Ton. Dagegen ist im etrusk. → Caere ein Grab mit S. erhalten. Um so reicher ist die Anwendung in der *Römerzeit*, auch in der von der römischen beeinflußten parth. Kunst (→ Sassaniden) und deren Nachfolgekulturen, weil das S. dem Bedürfnis nach rascher und billiger Dekoration, nach malerisch-räumlicher Behandlung und nach billiger Vervielfältigung entsprach (→ Pasiteles). Bes. fein sind die S.s aus der Villa unter der Farnesina im Thermenmuseum in Rom; kunstgeschichtl. wichtig die Stuck-Kopien griech. Metallreliefs aus Ägypten u. Afghanistan. K. Schf.

Lit: E. L. Wadsworth, Stucco Reliefs, Mem. Am. Ac. 4, 1924, 9–102 – O. Deubner, Expolitio, Inkrustation und Wandmalerei, RM 54, 1939, 14–41 – N. C. Debevoise, The Origin of Decorative Stucco, AJA 45, 1941, 45–61 – G. M. A. Richter, Ancient Plaster Casts of Greek Metalware, AJA 62, 1958, 369–377.

Stufentempel → Ziqqurrat.

Stundenglas, Ornamentteil, der seinen Namen der Ähnlichkeit mit der Silhouette des S.es verdankt: zwei gleichschenklige Dreiecke, die Spitze auf Spitze übereinander stehen. Bes. in der geometrischen Ornamentik als Füllung der konzentrischen Kreismotive. Vgl. → Ornament. F. H.

Styx (*Στυγὸς ὕδωϱ*, ‹Wasser des Grausens›), Staubbachfall im Gebiet von Nonakris am Nordabsturz der Aroania (Chelmos), der in einsamer, wilder Felsschlucht über 200 m tief herabstürzt. Bei *Homer* Fluß der Unterwelt, bei Schwüren angerufen (Hom. Il. 8, 369; 14, 271; Hes. theog. 383 bis 403 und 775–806). Das Wasser sollte für Menschen und Tiere tödlich sein. E. M.

Lit: F. Bölte, RE 4 A 1 (1931), 457–463.

Suasorien, Übungs- und Prunkreden der röm. Kaiserzeit mit historisch-politischer Themenstellung meist fingierter Art (z. B.: Alexander überlegt, ob er die Herrschaft über das Weltmeer in seine Pläne einbeziehen soll: Sen. suas. 1). Bezeichnend, daß der junge Ovid sich gern in S. übte, dagegen von den → Controversien allenfalls solche mit ethischen Themen versuchte (Sen. contr. 2, 2, 12). → Deklamationen; → Rhetorik C [3] f. E; → Protreptikos logos. H. H.

Suastika, Flächenornament in Hakenkreuzform, das sowohl einzeln als auch in fortlaufenden Ketten oder allseitig erweitert als Flächenfüllung auftritt (im unendlichen → Rapport). Seit protogeometrischer Zeit erst in der Einzelform, ab 7. Jh. auch als Band- und Flächenmuster in der → Vasenmalerei, später in allen Bereichen des Kunstgewerbes, in Malerei und Mosaik und in der Bauornamentik verwendet. Vgl. → Ornament. F. H.

Subaeratus (*ὑπόχαλκος, κατάχαλκος*), Münze, die aus einem mit Gold oder Silber überzogenen Kupferkern besteht und daher auch als plattierte Münze bezeichnet wird und den Schein erwecken soll, ganz aus Edelmetall zu bestehen (‹gefütterte› Münze). – Über die Zahnung als Schutzmittel gegen solche Münzen vgl. → Serratus. Nach Poll. 7, 104 gab es auch Goldmünzen mit Silberkern (*ὑπάϱχος*). Vereinzelt sind archaische → Statere aus Blei erhalten, die mit einer dünnen Haut von Elektron überzogen waren. – Der Kupfer- oder Bleikern solcher Münzen wird, wenn der Gold-, Elektron- oder Silberüberzug verschwunden ist, als ‹anima› bezeichnet. – Die technische Herstellung ist vielfach untersucht und theoretisch beschrieben worden. Sie geschah teils amtlich, öfter jedoch durch private Münzfälscher aus Gewinnsucht. W. Schw.

Lit: Babelon, I 633–640 – K. Regling, RE 4 A 1 (1931), 471–474 – Ders., in: v. Schrötter, 667–670 – W. A. Campbell, Greek and Roman plated coins, Num. Notes and Mon. No. 57, 1933 – E. A. Sydenham, On Roman plated coins, Num. Chron., 1940, 195 ff. – L. A. Lawrence, On Roman plated coins, Num. Chron., 1940, 190 ff. – L. Breglia, Numismatica antica, 1964, 45–46.

Subordinatianismus, von der älteren → Apologetik und ihrer Logoschristologie, ferner innerhalb der Trinitätslehre sowohl von → Origenes und seinen Schülern wie von → Lukian v. Antiochien und der → antiochenischen Theologie vertretene Auffassung der ‹untergeordneten› Stellung des Logos bzw. Sohnes unter dem Vater. C. A.

Subscriptio, Eintragung am Ende eines Textes in mittelalterl. Hss., bestenfalls mit Namen des Schreibers, Datum und Ort der Niederschrift, oft nur aus einem Stoßseufzer bestehend. H. Hg.

Substantia, ‹Substanz›, schon früh als Übersetzung von → Usia (*οὐσία*) in das philosophische Latein aufgenommen. (Der Ausdruck *essentia* konnte sich, obwohl er *οὐσία* genauer wiedergab und durch die Autorität Ciceros gestützt wurde, nicht durchsetzen; er wurde erst in der Scholastik wieder in anderer Bedeutung gebraucht.) S. hat die gleichen Bedeutungen wie das griech. Wort, legt aber den Akzent auf den *Substrat*-Aspekt (→ Hypokeimenon) von *οὐσία*. S. M.

Lit: C. C. J. Webb, in: A. Lalande, Vocabulaire technique et critique de la philosophie (1926), 1956⁷.

Substrat → Hypokeimenon.

Sueben, Sammelname für viele german. Stämme zwischen Ostsee und Rhein, die – außer → Markomannen und → Quaden – von Rom unabhängig waren (Tac. Germ. 38 u. a.): → Hermunduren, → Semnonen. Frühe S. waren um 72 v. Chr. unter → Ariovist in Gallien eingedrungen, 58 v. Chr. von → Caesar geschlagen. Vgl. → Germanen. L. B.-H.

Lit: s. zu → Gallien, → Germanen.

Sühne. [1] Tilgung religiöser → Schuld geschieht bei den *Griechen* primär durch Beseitigung der Befleckung und Wiederherstellung der kultischen → Reinheit und nur sekundär durch Leistungen, die die Götter zu versöhnen geeignet sind. Hier wiederum sind die erfreuenden Leistungen (reiche → Opfergaben, → Weihgeschenke) das wichtige, während Leistungen des Verzichts und der → Askese im Sinne der Buße den Griechen fast völlig fremd sind. Streng genommen können zu ihnen nur bestimmte → Menschenopfer des Mythos (Iphigenie u.a.), wohl auch vereinzelte Tieropfer gerechnet werden. Einen Sonderfall stellt die → Blutsühne dar. O.G.

Lit: P. Stengel, Griech. Kultusaltertümer, 1920, 127–136.

[2] *Rom.* Das gleiche Wort, *piaculum*, bezeichnet das zu sühnende Vergehen und die Sühne für diese Schuld. Es gab unzählige Anlässe für piacula: Auslassungen oder Irrtümer beim Aufsagen der → Gebete oder im → Opferritual, Zwischenfälle, die den Verlauf der Spiele störten, Arbeiten in einem heiligen Hain, Verletzung des Rechts der → Manen usw. Zur S. mußte man so oft als nötig die Zeremonie oder die Spiele wiederholen (→ instauratio); in zahlreichen anderen Fällen bot man als S.opfer ein Schwein dar. – Die piacula waren ebenfalls unerläßlich zur Sühnung der Prodigien (→ Mantik C); die Zeremonien wurden durch die → Pontifices vorgeschrieben, doch befragte in schwierigen und ernsten Fällen der Senat die → Haruspices oder er befahl den → Quindecimviri, die → Sibyllinischen Bücher einzusehen. H.LeB.

Lit: S. P. C. Trom, De Romanorum piaculis, Diss. Amsterdam, 1921.

Sueius, Namensform, Identifizierung (Freund → Varros?) und Werkzuweisungen strittig; vermutlich Verfasser eines Idyllion (?) ‹Moretum› (Kräuterkäsgericht, 8 Verse bei Macr. 3, 18, 11), eines Gedichts über Hühnerzucht (Pulli) und vielleicht sogar eines Epos. E.Bk.

Frg: FPEL 53–55 – H. Bardon, La litt. lat. inconnue I, 1952, 186–189.

Sueton (C. Suetonius Tranquillus), röm. → Biograph, 1. H. 2. Jh. n. Chr. Nach einer 1951 gefundenen Inschrift (AE 1953, 73) dürfte S. aus Hippo Regius stammen. Er war mit C. Septicius Clarus, Stadtpräfekt 119–121, und dem jüng. → Plinius befreundet (2; epist. 3, 8, 1), der ihm von Trajan das ius trium liberorum verschaffte (epist. 10, 94.95) und ihn wohl auch in Bithynien bei sich hatte. S. erhielt die Ämter a studiis, a bibliothecis, ab epistulis, letzteres sicher unter Hadrian. Im Herbst 121 entfernte ihn der Kaiser von diesem Amt, wie auch den Septicius Clarus nach → Plotinas Tod von der Stadtpräfektur (Hist. Aug. Hadr. 11, 3); dies geschah im Zuge der Auswechslung jener Beamter, die zur alten Garde Trajans und der Plotina gehört hatten. Als Stubengelehrten, *scholasticus*, schildert ihn Plin. epist. 1, 24, seine Schriften herauszugeben mahnt er ihn epist. 5, 10.

[2] Unter seinen *Werken* stehen an erster Stelle die → Biographien von 12 Kaisern, von Caesar bis Domitian. Sie waren dem Septicius Clarus gewidmet, wie trotz des verlorenen Anfangs Lyd. mag. 2, 6 zeigt. Charakteristisch ist die Gliederung des Stoffes nach einzelnen Rubriken in jeder Vita. Sie führte dazu, daß man im 19. Jh. das Werk sehr gering einschätzte, eine mechanische Ordnung ohne Erarbeitung eines Gesamtbildes tadelte und es als kritiklos zusammengestellte Materialsammlung ansah. F. Leo hat versucht, eine Begründung dieser Arbeitsweise zu geben, indem er zwei Arten von Biographie unterschied, die vom Peripatos geschaffene, chronologisch verfahrende, künstlerisch darstellende, die für Viten von Persönlichkeiten des öffentlichen Lebens üblich sei; und die von alexandrinischen Grammatikern geschaffene, wissenschaftlich, nicht chronologisch verfahrende, nach Kategorien, nicht künstlerisch darstellende, die für Viten von literarischen Persönlichkeiten üblich sei. S. hätte diese zweite Form auf politische Persönlichkeiten übertragen. Steidle hat erwiesen, daß diese Theorie nicht haltbar ist. Mit Hilfe der Fakten, unter Beschränkung auf die Hauptzüge der jeweiligen Ereignisse, in Rubriken zusammenstellend und verknüpfend, ist Sueton sehr wohl imstande, eine Charakteristik der Persönlichkeit zu geben. Die immer wieder vorgeführten Kategorien: Geschlecht, Familie, Geburt, Erziehung, toga virilis, Anfänge der Laufbahn, Kriegstaten, private Lebensführung, Prodigien, Tod, Testament u.a. entsprechen, ganz anders als bei → Plutarch, völlig röm. Denken. Die Memorabiliensammlungen vorangegangener Jahrzehnte hatten die Kategorienform vorgebildet. Hanslik hat aber gezeigt, daß S. trotz der Kategorien das Konzept einer großen, historisch richtigen Linie der Kaiserpersönlichkeit zu fassen und es konsequent herauszuarbeiten imstande ist. Sowohl literarische Quellen als auch Urkunden der Archive standen S. dank seiner langjährigen prokuratorischen Tätigkeit in reichstem Ausmaß zur Verfügung. Die Wirkung der Darstellungsweise S.s war groß (vgl. → Historia Augusta).

[3] Auch das Werk *De viris illustribus* war eine Sammelbiographie mit Kurzviten von Dichtern, Rednern, Geschichtsschreibern, Grammatikern und Rhetoren. Von dem Abschnitt über die Dichter ist das meiste Material in die Viten gedrungen, die spätere Grammatiker den Werken oder Kommentaren vorausgeschickt haben, so z.B. in die Donatvita des → Terenz. Ähnliches gilt für → Horaz, → Vergil, → Persius u.a., während E. Paratore suetonisches Gut in den → Tibull- und → Lukanviten bestreitet. Von den Historikern hat S. Plinius d. Ä. behandelt; von den Rednern Passienus Crispus (Schol. Iuv. IV, 81). Zeitgenossen hat Sueton nicht behandelt. Kurzbiographien der Grammatiker von → Saevius Nicanor bis M. → Valerius (18) Probus und der Anfang der Biographien über die Rhetoren, die ursprünglich von L. Plotius Gallus bis → Quintilian bzw. Julius → Tiro reichten. Von den zahlreichen verlorenen Schriften S.s, die meist historischen oder kulturhistorischen Inhalts waren, besitzen wir nur wenige Fragmente und Erwähnungen. – Gesondert anzuführen ist das Sammelwerk ‹*Prata*›, dessen Rekonstruktion aus den wenigen Fragmenten sich schwieriger gestaltete, als zuerst angenommen, weil → Isidor, De rerum natura, das Werk (entgegen der Meinung A. Reifferscheids) doch viel zu wenig benützte, als daß man daraus auf S. schließen könnte. Auch die Rekonstruktion einer Enzyklopädie ‹*Roma*› aus den bei → Suidas angeführten Titeln (Τράγκυλλος 4, 895, p. 18 ff. Adler) ist wieder aufgegeben worden. R.Hl.

Ed: M. Ihm, BT, 1907 (ed. min. 1961) – J. C. Rolfe, LCL, 1951 – F. della Corte, 1947 (gramm. rhet.) – H. Ailloud, CB, 3 Bde (1930), 1954/55² – G. Brugnoli, BT, 1960 (gramm. rhet.) – *Übers:* BAW, 1955 – *Index:* A. A. Howard-C. N. Jackson, 1922 – *Lit:* A. Macé, Essai sur S., 1900 – F. Leo, Die griech.-röm. Biographie, 1901 – W. Steidle, S. und die antike Biographie, Zetemata 1, 1951 – E. Paratore, Una nuova ricostruzione del de poetis di S. (1946), 1951² – G. d'Anna, Le idee letterarie di S., 1954 – R. Hanslik, Die Augustusvita S.s, Wiener Studien 67, 1954, 99–145 – F. della Corte, S., eques Romanus, 1958 – C. Brutscher, Analysen zu S.s Divus Julius und der Parallelüberlieferung, Noctes Rom. 8, 1958 – G. B. Townend, The Hippo inscription and the career of S., Historia 10, 1961, 99–109 – G. Luck, Über S.s Divus Titus, RhM 107, 1964, 63–75.

Suetonius Paulinus, C., cos. suff. ca. 43 n. Chr., kämpfte 41/42 als prätorischer Legat in Mauretanien, überschritt als erster Römer den Atlas (seine Beschreibung von Plin. nat. 5, 14 benutzt). Ca. 58–61 Statthalter von Britannien. S. versuchte, die Insel Mona zu gewinnen und Segontium zu befestigen; er unterdrückte den Aufstand der → Boudicca nur mit Schwierigkeiten und wurde schließlich wegen Differenzen mit dem Prokurator → Classicianus zurückgerufen. 69 als Heerführer der Othonianer bei der Schlacht von Bedriacum. Von → Vitellius (1) freigesprochen. S. genoß den Ruf des kriegserfahrensten Mannes seiner Zeit. U.Wm.

Lit: R. G. Collingwood-J. N. L. Myres, Roman Britain, 1945, 98–104 – R. Syme, Tacitus, 1958, Ind. S. 849; App. 69.

Suffectio, die Bestimmung eines Nachfolgers für einen Beamten, der auf sein Amt verzichtet oder während seiner Amtszeit stirbt; sie geschah auch dann, wenn die Amtszeit nur noch wenige Stunden dauerte. Die consules ordinarii der Kaiserzeit wurden in der Regel kurze Zeit nach ihrem Amtsantritt durch suffecti ersetzt (→ Konsul). D.R.

Suffeten, kanaan. *šōfēṭ*, ‹Richter›, Titel der Regierungsbeamten in vielen pun. Städten und Kolonien, griech. durch *βασιλεῖς*, lat. durch *reges* wiedergegeben, also besser ‹Herrscher›. An der Spitze eines Gemeinwesens standen gewöhnlich zwei S. (in Altiburos und Maktar auch drei), die wohl jeweils auf 1 Jahr gewählt waren, da nach ihnen auch datiert wurde. Einzelheiten noch weithin unklar. W.R.

Sugambrer, german. Stamm am südl. Ufer der Ruhr (Kt. 1057 C4). 8 v. Chr. von → Tiberius z. T. auf das linke Rheinufer verpflanzt, ihre sprichwörtl. Wildheit wurde auf andere Germanen übertragen: «Beuge milde dein Haupt, Sigamber» (Taufe Chlodwigs, Greg. Tur. Franc. 2, 31). L.B.-H.

Suidas (Suda), Name eines um 1000, vermutlich in Konstantinopel entstandenen, alphabetisch (*κατ᾽ ἀντιστοίχειαν*) angeordneten enzyklopädischen Lexikons. Die Bedeutung des echten Titels (*Suda*, wahrscheinlich ein Akrostichon) ist noch umstritten. S. ist das umfangreichste aller erhaltenen Lexika, «das bedeutendste Denkmal byzantinischen Sammeleifers» (Cohn), und in einer sehr reichhaltigen Bibliothek durch Kompilation entstanden. Die Quellenforschung hat folgende Gruppen von Vorlagen ermittelt: Lexikalisch-grammatische Schriften (→ Synagogē); Scholien und Sprichwörter; Auszüge aus den Exzerpten → Konstantins VII. Porphyrogennetos und aus byzantin. Chroniken; philosophische und biographische Werke, darunter bes. die Epitome des von → Hesychios (2) Illustrios (6. Jh. n. Chr.) verfaßten ‹Onomatologos›. H.E.

Ed: A. Adler, 5 Bde, 1928–38 – *Lit:* A. Adler, RE 4 A 1 (1931), 675 bis 717 – H. Grégoire, S. et son mystère, Les Ét. Class. 4, 1937, 346–355.

Suillius Rufus, P., cos. suff. ca. 44 n. Chr., Quästor des → Germanicus (1), Prokonsul von Asia ca. 51/52. Unter → Tiberius (1) verbannt, unter → Caligula zurückgerufen. Berüchtigter Ankläger unter → Claudius (1). 58 auf Veranlassung → Senecas (2) angeklagt und relegiert. Bruder des Cn. Domitius → Corbulo und der Caesonia, Gattin des Caligula. Verheiratet mit der Stieftochter → Ovids. U.Wm.

Lit: R. Syme, Tacitus, 1958, Ind. S. 849.

Suleviae, eine Art von kelt. Mutter-Göttinnen (→ Matres), die in Großbritannien, in Germanien, in Südgallien, in Dakien usw. verehrt wurden. Zahlreiche Inschriften bezeugen die Beliebtheit dieser Gottheiten, deren Wesen uns wenig bekannt ist. In Rom sind an S. gerichtete Weihgaben gefunden worden, die von equites singulares wahrscheinlich kelt. Herkunft stammen. H. Le B.

Šulgi, sumer. König, ca. 2046–1998, 2. König der 3. Dynastie von → Ur. Festigt die Macht des weit ausgedehnten Reiches (bis Kappadokien). Baut für seinen Vater → Urnammu und sich selbst Grabmausoleen in Ur. Als Vertreter der Gottheit im *ἱερὸς γάμος* genießt er zu Lebzeiten göttliche Ehren. W.R.

Sulla, L. Cornelius (138–78 v. Chr., cos. 88, 80, dict. 82 bis 79). Aus unbedeutender patrizischer Familie. 105 als Proquästor des → Marius (2) bekannt geworden durch die Gefangennahme → Jugurthas. Anschließend als Offizier im Krieg gegen → Kimbern und → Teutonen. Ca. 97 Prätor, danach Statthalter in Cilicia. Im → Bundesgenossenkrieg (3) als Legat erfolgreich, darauf für 88 zum Konsul gewählt. Heftige Auseinandersetzung mit → Sulpicius (11) Rufus um dessen Antrag, die Neubürger gleichmäßig auf alle Tribus zu verteilen. Sulpicius beantragte, das von S. rechtmäßig erloste Kommando gegen → Mithridates VI. an Marius zu geben. Darauf marschierte S. mit seinen Legionen nach Rom und nahm die Stadt gewaltsam. Er ließ Marius und Sulpicius ächten und ihre Gesetze für ungültig erklären. Das Senatsregime sicherte er durch neue Gesetze: Anträge in den Comitien sollten nur noch mit Zustimmung des Senats gestellt werden dürfen, Ratifikation nur noch durch die Centuriatcomitien erfolgen u. a. Das Überschreiten der geheiligten Stadtgrenze mit Heeresmacht war für röm. Begriffe ein unerhörter Rechtsbruch. Doch werden nicht nur persönliche Gründe, sondern auch die Sorge um das schwer angeschlagene Senatsregime und die Verantwortung als Konsul S. zu dem Schritt gedrängt haben. Gleichwohl wurde S.s Marsch selbst im Senat mehr verurteilt als seine senatsfreundlichen Maßnahmen begrüßt. Ende 88 Abmarsch in den Osten. Belagerung Athens, Übergang nach Asien. Der Sieg der Gegner in Rom (→ Cinna) drängte zur Eile, daher schloß S. 85 mit Mithridates den Frieden zu Dardanos zu sehr glimpflichen Bedingungen. Reorganisation der Provinz, Eintreibung hoher Summen. 83 Landung in Italien, wo das Gros der Senatoren zu S. stieß. Nach dem Regime Cinnas und des → Papirius (2) Carbo sah man in S. den Befreier und Wiederhersteller der Senatsautorität. Nach 1 ½ Jahren Bürgerkrieg Sieg über die (anfangs an Zahl weit überlegenen, zumal auf die Neubürger gestützten) Gegner. S. war ein mitreißender Soldatenführer; unter ihm gab es keinerlei Meutereien, ca. 16 Legionen sind insgesamt zu ihm übergelaufen. – 82/81 Ernennung zum Dictator «zur Wiederherstellung des Staates». Um die gleiche Zeit → Proskriptionen und Beginn der Ansiedlung der 120000 Veteranen auf dem Gebiet der besiegten Italiker; Anlage von Kolonien an strategisch wichtigen Punkten in militärischer Formation.

[2] In den Jahren 81–80 *Neuordnung der Verfassung* im Sinne eines konsequenten, den veränderten Umständen angepaßten Senatsregimes: Starke Beschränkung des Volkstribunats (Gesetzgebung wieder an Zustimmung des Senats gebunden, Beseitigung der tribunizischen Jurisdiktion, den Tribunen wird das Bekleiden weiterer Ämter untersagt). Vergrößerung des Senats von 300 auf 600 Mitglieder angesichts des stark gewachsenen Aufgaben, der Zahl der Prätoren (auf 8), Quästoren (auf 20) und Priester. Zusätzliche Erweiterung des Beamtenapparats durch die Regel, daß künftig Konsuln und Prätoren ihr Amtsjahr in der Stadt und ein weiteres Jahr als Promagistrate in einer Provinz zubringen sollten. Beschränkung der Censur (ihr Ausmaß unklar). Zahlreiche Verfügungen, durch die der Geschäftsgang praktischer gestaltet, Unregelmäßigkeiten verhindert werden sollten (z. B. Neufassung der lex annalis). Abschaffung der verbilligten Getreideversorgung (C. → Gracchus, 2). Neuorganisation des Kriminalverfahrens. Die Gerichte kamen wieder an die Senatoren. – Eine Beteiligung des Senats an den Reformen ist nicht bezeugt, auch kaum wahrscheinlich. S. schaltete wohl ganz aus eigener Macht und Einsicht, restaurierte die Oligarchie «nicht mit, sondern trotz der Oligarchen» (Mommsen). Wohl 79 legte er die Diktatur freiwillig nieder und zog sich ins Privatleben zurück. 78 starb er. – Von 88 bis 81 war er mit → Caecilia (2) Metella, der Witwe des M. → Aemilius (14) Scaurus, verheiratet; durch sie hatte er relativ enge Verbindung zu ihrem mächtigen Haus (ihr Vetter: → Caecilius (14) Metellus Pius). – Die Würdigung S.s ist schwierig. Sicher wurzelte sein starker Wille außer in der archaischen Kraft seines Wesens und seinem Machtanspruch seit 88 in der Identifikation mit der Sache des Senats (wie er sie verstand). Dem entsprach auch sein Rücktritt, der jedoch auch dadurch bedingt gewesen sein mag, daß er nicht mehr genügend Geduld und Spannkraft für den aufreibenden politischen Alltag besaß. – Unter S. wurden das Tabularium (→ Rom IV C 1 f.) und Teile des Fortunaheiligtums von → Praeneste erbaut. Chr.M.

Lit: Mommsen, Röm. Gesch. II (1853), 1921^{13}, passim – A. Heuß, Röm. Gesch., 1960 – Weiteres bei H. Volkmann, S.s Marsch auf Rom, 1958, 97 ff. – E. Meyer, Röm. Staat u. Staatsgedanke (1948), 1961^{2} – W. Kunkel, Unters. z. Entw. d. Kriminalverfahrens in vorsullan. Zeit, 1962.

Sulla, vgl. auch → Cornelius.

Sulmo, Stadt der → Päligner am Fuß des Morrone (Kt. 1420 F5; heute Sulmona), 304 der röm. Bundesgenossenschaft beigetreten und bis 90 v. Chr. treu, dann ein Zentrum des Aufstandes, nach dessen Niederwerfung Municipium.

Im sullanischen Bürgerkrieg zerstört. 49 auf seiten Caesars. Geburtsort → Ovids. In der Nähe von S. wird seit 1957 das als Poteche di Ovidio bezeichnete spätrepublikan. Terrassenheiligtum ausgegraben. B.A.

Lit: G. Piccirilli, S., 1932 – B. Andreae, AA 1959, 236ff.

Sulpicia, Tochter des Servius → Sulpicius (12) Rufus, Nichte des → Messalla, schrieb 6 Kurzelegien von starker Unmittelbarkeit über ihre Liebe zu Cerinth, einem jungen Mitglied des → Messallakreises. Überliefert im Corpus Tibullianum (3, 13–18). E.Bk.

Ed: F.W. Lenz, Tibullausgabe, 1959 – R. Helm, Tibullausgabe, 1958 (mit Übers.) – *Lit:* Schanz-Hosius II 189ff.

Sulpicia-Zyklus, fünf im Corpus Tibullianum (3, 8–12) erhaltene Elegien über → Sulpicias Liebe zu Cerinth. Die thematisch und kompositionell ausgewogenen Gedichte werden vielfach → Tibull zugeschrieben. Nach E. Bréguet ovidisch, nach H. Fuchs nachovidisch. E.Bk.

Ed: F.W. Lenz, Tibullausgabe, 1959 – R. Helm, Tibullausgabe, 1958 – Schanz-Hosius II 189ff. – E. Bréguet, Le roman de Sulpicia, 1946 – H. Fuchs, Rez. L. Alfonsi, Erasmus 1, 1947, 340.

Sulpicius Apollinaris, lat. Grammatiker (Untersuchungen in → Briefform), 2. Jh. n. Chr., Lehrer des Aulus → Gellius und des Kaisers → Pertinax, schrieb versifizierte ‹argumenta› der Aeneis.

Frg: PLM IV 169–182 – *Lit:* Schanz-Hosius, III 159–161.

2. **S. Blitho,** röm. Historiker aus dem 1. Jh. v. Chr. (?), nur von → Nepos (2) für das Todesdatum → Hannibals (2) zitiert (13, 1). R.T.

3. **S. Camerinus** → Camerinus.

4. **S. Galba,** Serv. (ca. 194–ca. 134, tr. mil. 168, praet. 151, cos. 144 v. Chr., augur), betrieb 167 scharfe Obstruktion gegen einen Triumph für L. → Aemilius (10) Paullus (Liv. 45, 35ff.). 151 erlitt er eine Niederlage gegen die → Lusitaner, für die er sich 150 unter Bruch des Völkerrechtes brutal an ihnen rächte (App. Ib. 58ff.; Oros. 4, 21). Den von → Cato (1) unterstützten Versuch, ihn dafür zur Rechenschaft zu ziehen, konnte er vereiteln (Liv. perioch. 49; Cato or. Fr. 186f. M.). S. war sehr reich (App. Ib. 60); er gehörte zu den glänzendsten Rednern seiner Zeit (Cic. Brut. 82. 86ff.; de orat. 1, 58. 240). A.L.

5. **S. Galba,** C., Sohn des Vorigen, 121 v. Chr. in der gracchischen Ackeranweisungskommission. Obwohl er Augur war, wurde er durch die → lex Mamilia verurteilt. S. war als Redner geachtet; die peroratio seiner Verteidigungsrede lernte noch → Cicero auswendig (Brut. 127). G.G.

6. **S. Galba,** Serv. (praet. 54 v. Chr.), 62–60 und 58–56 Legat in Gallien. 49 bei der Konsulwahl durchgefallen, z. T. wegen seiner Verbindung mit Caesar. 44 unter den Caesarmördern, 43 Legat bei → Hirtius (Bericht über die Schlacht bei Forum Gallorum bei Cic. ad fam. 10, 30). Nach der lex Pedia verurteilt. Chr.M.

7. **S. Galba,** C., Großvater des Kaisers → Galba, Prätor etwa Mitte des 1. Jh.s v. Chr., Verfasser eines ‹umfassenden, mit großer Sorgfalt geschriebenen Geschichtswerkes› (Suet. Galba 3, 3), das von den Anfängen Roms bis auf seine Zeit gereicht haben wird; wohl kaum eine Universalgeschichte in griech. Sprache. R.T.

Frg: HRR II 41 – FGrHist 92 – *Lit:* M. Fluss, RE 4 A 1 (1931), 755.

8. **S. Galba Maximus,** P. (cos. 211, 200; dict. 203 vor Chr.), hatte von 211–205 den Oberbefehl in Griechenland und verstand es mit geringen Streitkräften, unterstützt von den Ätolern, → Philipp V. v. Makedonien zu fesseln. Die Härte seiner Kriegführung weckte antiröm. Gefühle (Polyb. 9, 42; 11, 5; Liv. 27, 29–33; 28, 5–8). 200 und 199 führte S. abermals den Krieg gegen Philipp V. (Liv. 31). Zwischen 197 und 193 war S. in Griechenland und Kleinasien diplomatisch tätig (Liv. 33, 24; 35, 13ff.). A.L.

9. **S. Galus,** C. (cos. 166 v. Chr.), besaß eine für einen Römer bemerkenswerte astronomische Bildung und schrieb die erste Abhandlung über → Astronomie in lat. Sprache. Als Militärtribun unter L. → Aemilius (10) Paullus sagte er die totale Mondfinsternis vor der Schlacht von Pydna voraus, die im röm. und makedon. Lager große Verwirrung hervorrief; durch wissenschaftliche Belehrung beruhigte er die röm. Truppen (Cic. rep. 1, 23). S.S.

Lit: F. Münzer, RE 4 A 1 (1931), 808–811.

10. **S. Quirinius,** P., cos. 12 v. Chr., homo novus aus Lanuvium, verdankte seine Karriere unter → Augustus seinen militärischen Fähigkeiten. Als Prokonsul von Creta-Cyrene (15 v. Chr.?) unterwarf er die Marmariden und Garamanten. Er kämpfte vermutlich als konsularischer Legat von Galatia-Pamphylia im südlichen Galatien gegen die Homonadenser (12/6?) und erhielt die Triumphalornamente. Prokonsul von Asia (1 v./1 n. Chr.?), falls das umstrittene Elogium aus Tibur (Dessau 918) auf ihn zu beziehen ist. Nachfolger des M. → Lollius als Begleiter und Ratgeber des C. → Caesar (2) in Armenien. Nach der Absetzung des → Archelaos (3) Legat von Syrien (6–ca. 11); mit der Abhaltung eines Provinzialcensus beauftragt. Entgegen herkömmlicher Meinung ist trotz widersprechender chronologischer Angaben über die Geburt Jesu (vor dem Tode des → Herodes (1) i. J. 4 v. Chr.) und den Census (6/7 n. Chr.: nur bei Luk. 1, 5; 2, 1f. ein Zusammentreffen beider Ereignisse) keine zweimalige Statthalterschaft des S. in Syrien anzunehmen. S. starb 21 und erhielt auf Antrag des Tiberius ein Staatsbegräbnis. In erster Ehe mit einer Appia Claudia, in zweiter Ehe mit Aemilia Lepida, Schwester des M.' → Aemilius (8) Lepidus, cos. 11, verheiratet. Mit den Scribonii Libones verwandt (Tac. ann. 2, 30). Nach Suet. Tib. 49, Tac. ann. 3, 22 sehr reich und kinderlos. U.Wm.

Lit: R. Syme, Roman Revolution (1939), 1952², Ind. S. 564 – A. G. Roos, Die Quirinius-Inschrift, Mnemosyne 9, 1941, 306–318 – H. Braunert, Der röm. Provinzialzensus u. d. Schätzungsbericht des Lukas-Ev.s, Historia 6, 1957, 192–214.

11. **S. Rufus,** P. (tr. pl. 88 v. Chr.) klagte 94 den ‹seditiosus› → Norbanus an; zum Wohl des Staates (Cic. off. 2, 50). S. war ein Freund und Anhänger des → Livius (4) Drusus, dessen Politik er weiterführen wollte. Seine wichtigsten Anträge forderten, die zum Bürgerrecht zugelassenen Italiker und Freigelassenen auf alle Tribus zu verteilen und → Marius (1) das Kommando gegen → Mithridates VI. zu übertragen. Außerdem widersetzte er sich der Bewerbung des → Iulius (11) Caesar Strabo ums Konsulat. Cicero sagt, die *popularis aura* habe S. weiter getrieben, als er wollte (har. resp. 43), nachdem er sonst die Sache der Optimaten vertreten hatte. Der Widerstand der Senatsmehrheit, vor allem → Sullas, zwang S. zur Anwendung von Gewalt. Nach Sullas Marsch auf Rom (88) wurde S. getötet. G.G.

12. **S. Rufus,** Serv. (praet. 65, cos. 51 v. Chr.), neben Q. → Mucius (3) Scaevola der bedeutendste Jurist der republ. Zeit. 63 vergebliche Bewerbung um das Konsulat. Anklage L. → Licinius (12) Murenas. 59 in guten Beziehungen zum Dreibund. 51 setzte er sich gegen die vorzeitige Abberufung → Caesars aus Gallien ein, da er die Gefahr des Bürgerkrieges voraussah. Er war keineswegs Cäsarianer, verurteilte vielmehr Caesars gewaltsamen Einmarsch. 49 blieb er zunächst in Italien, sein Sohn suchte in Brindisi zu vermitteln. Dann zog er sich in den Osten zurück, 46 wurde er Statthalter in Achaia. 44 unterstützte er die Politik → Ciceros. 43 auf Gesandtschaftsreise zu → Antonius (2) gestorben. Zwei Briefe von ihm sind erhalten (bei Cic. ad fam. 4, 5. 12).

Lit: P. Meloni, Serv. S. Rufo e i suoi tempi, 1946. Chr.M.

[2] Seine *juristische Tätigkeit* begann S. nach gründlicher Ausbildung in Rhodos in Rhetorik und Philosophie als Gerichtsredner. Es folgte eine intensive jur. Ausbildung bei Lucilius Balbus und Aequilius Gallus. S. gelangte zu Ansehen als Respondierjurist. Literarisch ist er als erster mit einem Kommentar zum Edikt hervorgetreten und hat damit die Behandlung des ius honorarium in der Jurisprudenz eingeleitet (Kunkel, RG 96). Nach Pomponius hat er 180 Bücher hinterlassen; in den Digesten wird an 91 Stellen auf ihn Bezug genommen. Cicero, der mit ihm befreundet

war, hebt ihn als wissenschaftlichen Bearbeiter des Rechts im Sinne der Dialektik hervor (Brut. 152ff.) und stellt ihn dem Q. →Mucius (3) Scaevola gegenüber, praktisch hat er dessen Methode fortgeführt und ausgebaut (zur juristischen Methode insbes.: Seidl, RG 137ff.). Seine Ausstrahlung als Lehrer war bedeutend: Seine Schüler sind →Ofilius, →Alfenus Varus, weitere bei Pomp. Dig. 1, 2, 2, 44. Nach seinem Tode wurde ihm ein Standbild an der Rostra gesetzt (Pompon. dig. 1, 2, 2, 43). H. Hb.

Lit: O. Karlowa, Röm. Rechtsgesch. I, 1885, 483–485 – Th. Kipp, Gesch. d. Quellen d. röm. Rechts (1896), 1909³, 102f. – P. Krüger, Gesch. d. Quellen u. Lit. d. röm. Rechts (1888), 1912², 66–68 – L. Wenger, Die Quellen des röm. Rechts, 1953, 245N95.483f. – W. Kunkel, Herkunft u. soz. Stellung der röm. Juristen, 1952, 25 – E. Seidl, Röm. Rechtsgeschichte und Zivilprozeß, 1962, 137–141 – W. Kunkel, Röm. Rechtsgesch. (1952), 1964⁴, 95f.

13. **S. Severus** aus dem Adel Aquitaniens (um 400 nach Chr.) pries in mehreren Schriften im Stil der legendären Heiligenviten (→Hagiographie) den →Martin von Tours; seine in ihrem gewählten Stil an →Sallust und →Tacitus orientierte Chronik (2 Bücher) reichte von der Weltschöpfung bis zur eigenen Zeit und ist wegen der kritischen Sicht bes. für seine Zeit wertvolle Quelle. K. St.

Ed: C. Halm, CSEL 1, 1866 – *Übers:* P. Bihlmeyer, BKV 20, 1914, 1–147 (Martinsschriften) – *Lit:* J. Bernays, Über die Chronik des S. S. (1861), in: Ges. Abh. II, 1885, 81–200 – N. K. Chadwick, Poetry and letters in early Christian Gaul, 1955, 89–121.

14. **S. Victor,** röm. Rhetor wohl des 4. Jh.s n. Chr., Verfasser von Institutiones oratoriae, deren Hauptquelle →Zenon (1) v. Athen ist. →Rhetorik C [4]. H. H.

Ed: RhLatmin 311–352 – *Lit:* O. Schissel, RE 4 A 1 (1931), 873–878 – M. L. Clarke, Rhetoric at Rome (1953), 1962², 139–141.

Sumerer, alte, aber nicht älteste Bevölkerungsschicht Mesopotamiens (Substrat sprachlich nachweisbar). Schöpfer der frühesten Hochkultur (→Uruk; →Ur). Um 1800 vor Chr. endgültig in den semit. →Akkadern aufgegangen; s. →Mesopot. Reiche B [1]. Wahrscheinlich über See eingewandert. Ihre Sprache, vom agglutinierenden, die Wortwurzel nicht verändernden Typ, läßt sich in keine der bekannten Sprachfamilien einordnen. W. R.

Summanus, Epitheton des →Jupiter; Etymologie unsicher. Ein Standbild des J. Summanus, das auf dem Giebel des kapitolin. Tempels stand, wurde gegen 275 v. Chr. vom Blitz zerstört. Zur Sühnung dieses Prodigiums wurde dem S. in der Nähe des Circus Maximus (→Rom IV D 7) ein Tempel errichtet (Cic. div. 1, 16; Liv. perioch. 14); er wurde in der Folge eine unabhängige Gottheit, der man die nächtlichen Blitze zuschrieb, während die Blitze am Tage als das Werk des Jupiter betrachtet wurden (Fest. 334 L.). Nur schwarze Tiere durften ihm geopfert werden. H. Le B.

Lit: Latte, 208f. – L. Curtius, RM 49, 1934, 233–246.

Sunion, die felsige SO-Spitze →Attikas und gleichnamiger Ort (Kt. 1152a D 4); das 60 m hohe Kap bereits im 6. Jh. befestigt, im Winter 413/412 zur Deckung der Getreidetransporte Befestigung erweitert. Auf der Spitze des Kaps ein gesondert ummauerter heiliger Bezirk, auf hoher Terrasse der berühmte Marmortempel des Poseidon mit seinen heute noch stehenden weißen Säulen aus der Mitte des 5. Jh.s v. Chr. Der Tempel wurde auf demselben Fundament des von den Persern zerstörten Porostempels erbaut (6 × 13 Säulen). Etwa 500 m entfernt außerhalb der Festung Reste eines kleinen Athenatempels mit Säulenhalle nur an zwei Seiten. E. M.

Lit: E. Meyer, RE 4 A 1 (1931), 910–919 – R. Herbig, Unters. am dor. Peripteraltempel auf Kap S., AM 66, 1941, 87–133 – W. H. Plommer, The temple of Poseidon, BSA 45, 1950, 78–94; 55, 1960, 218 bis 230 – Berve-Gruben, 191f.

Superindictiones, in Notfällen, bei Kriegen oder Naturkatastrophen, vom Kaiser oder auch vom Praefectus praetorio zusätzlich angesagte außerordentliche Steuern. Nicht nur die ländliche Bevölkerung, sondern auch die der Städte unterlag der Steuer. R. Kn.

Suppiluliuma, Name →hethitischer Könige: S. I. (etwa 1370–30), Sohn Tudhalijas' III., führte Ḫatti auf die Höhe seiner Macht: er schloß Kizzuwatna wieder an das Reich an, eroberte Syrien bis zur Linie Byblos-Damaskus, die die Ägypter gerade halten konnten, und unterwarf das →Mitanni-Reich. Bei der einmaligen Gelegenheit, nach dem Tod →Tutenchamuns einen hethit. Prinzen auf den Thron der Pharaonen zu setzen, zögerte er jedoch zu lange, so daß diese Chance verpaßt wurde. Er starb an einer Seuche. – S. II., letzter König des hethit. Reiches, um 1210 v. Chr., unter dem es Stämme eroberten, die über den Bosporus nach Anatolien einbrachen. Vgl. →Hethiter [1]. W. Hk.

Lit: H. Güterbock, The Deeds of S., JCS 10, 1956, 41ff.

Supplicationes, röm. kollektiver Bitt- oder Dankritus; man unterscheidet *Sühn-S.*, die zum Ziele hatten, die Vergebung der Götter zu erflehen, wenn ein allgemeines Unglück oder Prodigien deren Zorn offenbart hatten; *Versöhnungs-S.*, die ein drohendes Unheil abzuwehren suchten; *Dank-S.*, die den Göttern für einen über den Feind errungenen Sieg dankten. Sie wurden vom Senat auf Antrag der Pontifices oder der →Quindecimviri beschlossen, evtl. nach Einsicht in die →Sibyllinischen Bücher. Das ganze Volk, Männer und Frauen, begab sich, mit Lorbeer bekränzt, in die Tempel, wo es zum Zeichen der Unterwerfung vor den Götterbildern die Knie beugte (supplicari). Die Frauen spielten eine große Rolle in den S., denen sie einen im röm. Kultus ungewöhnlichen emotionellen Charakter verliehen. Die Feier umfaßte →Gebete (obsecratio oder gratulatio), Weinspenden und →Opfer. Die Dauer der S. war lange Zeit auf 1–3 Tage beschränkt; aber im letzten Jh. der Republik verfügte der Senat immer längere Dank-S., mehr aus politischen denn aus religiösen Gründen: es handelte sich bes. darum, den siegreichen Feldherrn zu verherrlichen (so z. B. 50 Tage S. i. J. 45 anläßlich der Siege Caesars). In der Kaiserzeit wurden die Dank-S. zu Kundgebungen der Loyalität gegenüber dem Kaiser. H. Le B.

Lit: L. Halkin, La supplication d'action de grâces chez les Romains, 1953.

Sura →Licinius.

Surenas, Angehöriger des parth. Hochadelsgeschlechts Surēn (kein Eigenname, vgl. Tac. ann. 6, 42, 4); Feldherr →Orodes' II., besiegte 53 v. Chr. →Crassus bei Carrhae und wurde bald darauf von Orodes beseitigt (Plut. Crass. 21, 5–33). D. T.

Surkh Kotal, Paß am N-Abhang des Hindukuš beim Übergang in die baktrische Ebene. In der Niederung Siedlung und buddhistische Kultstätte mit Plastik im →Gandharastil. Auf der Höhe monumentales Dynastenheiligtum der Kuṣaṇas mit Feueraltären in lokaler Abwandlung des sassanid. Typus und mit Großplastik im Stil von →Mathura. Inschriften im eteo-tocharischen Dialekt in griech. Buchstaben. K. F.

Lit: A. Maricq, Inscriptions de Surkh-Kotal, JA 246, 1958, 345–440 – D. Schlumberger, The excavations at Surkh Kotal and the problem of Hellenism in Bactria and India, Proc. Brit. Acad. 47, 1961, 77–95.

Susa, Stadt im SO des heutigen Dizfūl (Chūzistān), deren Anfänge auf ca. 4000 v. Chr. zurückgehen. Elamische Hauptstadt, gegen 645–640 von →Assurbanipal zerstört, dann Winteraufenthalt der achämenidischen Könige, deren Schatz hier aufbewahrt wurde (Hdt. 5, 49); sie wurde von Alexander d. Gr. erobert, blühte erneut auf unter den →Sassaniden, war aber zur →Partherzeit schon verfallen. Systematische Ausgrabungen seit 1884; sie umfaßt vier Hügel: Tell der Akropolis, der Apadāna, der Königsstadt (wo 9 übereinandergebaute Städte zum Vorschein kamen) und der Handwerkerstadt (mit der ersten iran. Niederlassung aus dem 7. Jh. v. Chr.). In S. berührten sich die Kultur der südl. Ebene Mesopotamiens und die des iran. Hochlands; S. ist eine der bedeutendsten Landschaften des Mittleren Ostens. Zahlreiche mesopot. und achämenidische Monumente (so der Palast von →Dareios I. auf einer künstlichen Terrasse wie in → Persepolis), Keilschriftinschriften (so die achämenidische Gründungsurkunde), reiche Keramiksammlungen usw. G.R.

Lit: L. Vanden Berghe, Archéologie de l'Irān ancien, 1959, 71–83. 165–174 (Lit) – R. Ghirshman, L'apadāna de Suse: Iranica antiqua 3, 1963, 148–154.

Susarion, sagenhafter Erfinder der → Komödie (I A 2), erscheint erstmals in der parischen Marmorchronik, ist dort zwischen 580 und 562 angesetzt, Ikarier (Ikaria = Demos von Athen) genannt; in anderen (nichtaristotelischen) Quellen ist er Megarer, als der er den Einfluß der → megarischen Komödie auf die attische verkörpern soll; Verse des S. sind späte Erfindung. Th.G.

Q: CGF I 77f.

Šū-Sîn, sumer. König, ca. 1988–1980, 4. Herrscher der 3. Dynastie von → Ur. Er baut gegen die nach Babylonien vordringenden Amoriter die Mauer *murīq tidnim* (‹die die Beduinen fernhält›). Wie → Šulgi bei Lebzeiten vergöttlicht. W.R.

Šušinku (Scheschonq), Name mehrerer Könige der 22. und 23. ägypt. Dynastie, libyscher Herkunft. Am bekanntesten Š. I. (*Ḥḏ-ḫpr-Rʿ*, etwa 950–929), der beim Zerfall des Reiches Salomos nach Palästina vorstieß und Jerusalem plünderte. W. Hk.

Suspension, in der *Schrift* Kürzung eines Wortes durch Auslassung der Schlußsilbe, z.B. griech. $\overline{IH\Sigma}$ = Ἰησοῦς. H.Hg.

Swat, Flußtal im N von W-Pakistan, Kriegsschauplatz im Alexanderzug. Unterhalb der Burg Udegram scheinen im Gang befindliche Grabungen die mehrhundertjährige Geschichte einer Stadt griech. Ursprungs zu erschließen. Anregungen der Kunst von → Gandhara wurden durch S. nach → Turfan weiter vermittelt. K.F.

Lit: A. Stein, An archaeological tour in Upper Swat and adjacent hill tracts, Memoirs of the Archaeological Survey of India 42, 1930– Reports and Memoirs, Istituto italiano per il medio ed estremo Oriente, Centro studi e scavi archeologici in Asia, 1ff., 1962ff.

Syagrius, Sohn des → Aegidius, letzter röm. Feldherr, der versuchte, in faktischer Unabhängigkeit das röm. Regiment in Nordgallien (Belgien) aufrechtzuerhalten. Er wurde aber in einer Schlacht bei Soissons 486 von → Chlodwig geschlagen. Er selbst entkam und floh nach Toulouse, der westgot. Hauptstadt, wurde aber von → Alarich II. an Chlodwig ausgeliefert und von diesem getötet. E.A.Th.

Lit: K.F. Stroheker, Der senatorische Adel im spätantiken Gallien, 1948, 221, Prosop. Nr. 370.

Sybaris, achäische Kolonie am Golf von Tarent am gleichnamigen Fluß (Kt. 1420 H 8), Ende 8. Jh. v. Chr. gegründet, im Altertum sprichwörtlich wegen seines Reichtums und seiner Üppigkeit. Großes Landgebiet, 25 Städte und 4 Stämme sollen S. untertan gewesen sein. Um 530 Zerstörung von → Siris zusammen mit Kroton und Metapont. Enge Handelsbeziehungen zu Milet, das nach der Zerstörung von S. i. J. 510 Trauer anordnete. Neue Gründungsversuche, z.B. 453–448, jedoch von Kroton zerstört. Die bedeutendste Kolonie von S. war Poseidonia (→ Paestum). Nachfolgerin von S. wurde → Thurioi. Lage etwa 2 km südl. der Bahnstation Sibari, sichere Reste bis heute noch nicht gefunden. E.M.

Lit: J.S. Callaway, S., 1950 – C.M. Kraay, The coinage of S. after 510 b.C., Num. Chron. 18, 1958, 13–37 – U. Zanotti-Bianco, La campagna archeologica del 1932 nella piana del Crati, ASMG N.S. 3, 1960, 7–20 – Fr. Sartori, S., WG 21, 1961, 195–210.

Sychaeus (oder Sicharbas), der Gatte Didos, den ihr Bruder Pygmalion getötet hat. Als man ihn ohne Bestattung ließ, erschien er seiner Gattin im Traum. Sie errichtete ihm in Karthago ein Kenotaph und bewahrte sein Andenken bis zu dem Augenblick, wo → Aeneas erschien. Sie traf ihn in der Unterwelt wieder. P.Gr.

Sykophanten, in den griech. Demokratien Ankläger in öffentlichen Prozessen und Spitzel im Dienste der Parteipolitik. Das Wort S. ist rätselhaft; denn die Deutung als ‹Feigenanzeiger› ist unhaltbar, da es in Athen kein Verbot der Feigenausfuhr gab, sondern ein solches Verbot Solons offensichtlich nur zur Erklärung der Bezeichnung S. erfunden wurde. Das älteste Zeugnis stammt aus dem 3. Viertel des 5. Jh.s (Kratinos Fr. 69 K). Die S. kamen in Athen auf als Folge des Systems der Popularklagen und der Delatorenprämien – so erhielt bei der Phasis (→ Recht I B) der siegreiche Kläger die Hälfte der Strafsumme oder des eingezogenen Vermögens – in Verbindung mit dem Parteikampf als Selbstzweck: Es entstand geradezu eine Berufsgruppe, die von der Klageerhebung – häufig in der Rolle des Strohmannes – oder vornehmlich der erpresserischen Drohung mit einer solchen lebte. Von Athen aus griff dieses Unwesen auch auf andere Demokratien über und führte mehrfach zu oligarchischen Reaktionen (Aristot. Pol. 5, 5. 1304 b 20ff.; Diod. 11, 87, 5). Denn da die Opfer der S. natürlich die Besitzenden waren, gehörte ihre Bekämpfung allgemein zum Programm der Oligarchen (Xen. Hell. 2, 3, 12). Die Redner des 4. Jh.s belegten dann ihre Ankläger in der Regel mit dem Schimpfwort S., und diese Polemik macht es schwer, das Ausmaß der Plage abzuschätzen, welche die S. im öffentlichen Leben Griechenlands wirklich darstellten. F.Kch.

Lit: K. Latte, RE 4 A 1 (1931), 1028–31.

Syllogismus. 1. Im weiteren Sinn: Kalkül, Vernunftschluß, vor allem deduktiver Schluß, Folgerung aus einem Schluß. 2. Im engeren Sinn: Art von strengem, deduktivem Vernunftschluß, die von Aristoteles in Gesetze gefaßt wurde (→ Logik). Die Hauptarten sind der assertorische (oder kategorische), der modale und der hypothetische S. S.M.

Syloson, Bruder des Tyrannen → Polykrates (1) v. Samos, von diesem an der Regierung beteiligt, dann verbannt; flüchtete nach Ägypten, wo er dem späteren → Dareios I., der damals ein einfacher Leibwächter des → Kambyses war, einen Dienst erwies (530/522 v. Chr.); nach dem Tod des Polykrates von Dareios, der inzwischen zum König aufgestiegen war, ca. 520/515 als Tyrann von Samos eingesetzt (Hdt. 3, 139ff.). R.V.C.

Symbol (σύμβολον). [1] In Griechenland pflegte man dem Gast als *Erinnerungs- und Erkennungszeichen* die Hälfte eines zerbrochenen Ringes oder eines ähnlichen Gegenstandes zu schenken, das auch von den Nachkommen aufbewahrt wurde. Die Gastfreunde wiesen sich durch Aneinanderlegen der Stücke (συμβάλλειν, ‹zusammenfügen›) voreinander aus (vgl. → Gastfreundschaft). Daraus entwickelte sich die *juristische Bedeutung* von S. als Identitätsmarke (‹Reisepaß›; dazu kann man auch z.T. die Schildzeichen und die Wappenzeichen auf den Münzen rechnen), Vertragstext, Quittung u. dgl.

[2] *In der Religion* ist S. der nur dem Kenner verständliche Hinweis auf Dinge, von denen öffentlich und direkt nicht gesprochen werden soll und darf: Zugehörigkeit zu privaten, geheimen und illegalen Kultgenossenschaften, anderseits der Gesamtbereich der ehelichen Fruchtbarkeit und des Todes, schließlich bestimmte Eigenschaften und Kräfte der Götter, die man sich scheut, ausdrücklich zu nennen. Im klass. Griechentum ist andern Religionen gegenüber die Zone des durch S. bezeichneten Unsagbaren sehr begrenzt, auch wenn man vermuten darf, daß manches, was uns als illustrierendes Attribut von Göttern (Adler des Zeus, Eule der Athena, Lorbeer Apollons u.a.) und Begehungen entgegentritt, ursprünglich echtes S. gewesen ist (vgl. → Götterattribute). Weitaus die größte Rolle spielt das S. zu allen Zeiten in den Mysterienkulten, weiterhin in den Riten, die die Geburt, die Mannbarkeit, die Hochzeit und das Begräbnis begleiten, die alle an Dinge erinnern, von denen nicht direkt gesprochen werden soll. Weit weniger entwickelt als bei den altorientalischen Völkern (vgl. etwa schon Her. 1, 98) ist bei den Griechen die → Farbsymbolik: Gold ist die Farbe der Götter, Rot steht ihr nahe, Blau,

Grau, Schwarz ist die Farbe des Todes und der Unterwelt. – S. kann man auch die weitverbreiteten stellvertretenden Handlungen nennen. So werden stellvertretend für die ‹eigentlichen› → Opfer kleine und wenig kostbare Nachbildungen der Opfergaben (Tiere in Kuchen- oder Spielzeugform u. dgl.) dargebracht. Die Verfluchungen werden stellvertretend an einer den zu Verfluchenden repräsentierenden Puppe ausgeübt oder auch an einem einzelnen Menschen stellvertretend für ein ganzes Volk. Umgekehrt kann ein Mensch stellvertretend den Segen für eine Gemeinde, ein Tier für eine Herde, eine Ähre für einen Acker und überhaupt ein einzelner überschaubarer Gegenstand für ein großes Ganzes entgegennehmen. Schließlich können auch heilige Handlungen als solche (etwa der Hieros Gamos) uneigentlich und abbildhaft vollzogen werden. Doch ist zu betonen, daß die Bezeichnung solcher Dinge als symbolisch im wesentlichen einen modernen Sprachgebrauch darstellt. Die uns geläufige, vielseitige Verwendung des Begriffs S. in der Religionsgeschichte geht zur Hauptsache auf die Romantik zurück. – Sekundär ist das Bestreben, alte, fremdartig gewordene Mythen und Gebräuche durch Deutung als S. zu aktualisieren. Unter den → Symbola Pythagorea endlich scheinen sich ursprüngliche wie sekundäre S.e zu finden. O. G.

[3] Der Symbolismus in der *röm. Religion* ist noch nicht systematisch untersucht worden; wir müssen uns also auf einige knappe Angaben beschränken. 1. Als S. dürfen wir einige von den → *Götterattributen* betrachten: die Lanze ist das S. des → Mars, der Schlüssel das des → Janus, der Blitz das des → Jupiters usw. Der Kult kennt → *Farbensymbolik:* die Opfertiere sind für die unterirdischen Götter schwarz, für die himmlischen weiß; die weißen Kleider, welche die Priester und oft auch die Gläubigen tragen, sind S. kultischer Reinheit und Zeichen der Freude. Die S.e für die Priesterämter sind ihre *Amtsinsignien*, so sind z. B. die → Auguren durch den lituus (Krummstab), die → Quindecimviri durch den delphischen Dreifuß und den Raben des → Apollo bezeichnet. Manche *Begehungen* haben symbolische Bedeutung: Öffnen und Schließen des → Janus-Tempels für Beginn und Abschluß der Feindseligkeiten; das Schleudern einer Lanze auf feindliches Gebiet für die Kriegserklärung (→ Fetiales); die Begehung der → Säkularspiele für den Beginn einer neuen Ära. – 2. In Rom wie in Griechenland spielen die S.e in den *Mysterienkulten* eine bedeutende Rolle, namentlich in dem des → Dionysos-Bacchus (s. o. und → Religion II C 5). – 3. Zur Kaiserzeit drückte sich der Glaube an ein Fortleben der Seele durch eine reiche *Grabsymbolik* aus: die Reise in die andere Welt wird z. B. dargestellt durch Leiter, Boot, von geflügelten Pferden gezogenen Wagen usw. und durch mythische Szenen, die auf Entrückung oder Auferstehung gedeutet werden (→ Mythendeutung). – 4. Manche der oft auf Münzen dargestellten vergöttlichten, charakteristisch römischen *Abstraktionen* symbolisieren die Tugenden des Kaisers und die Wohltaten des Regimes: → Aequitas, → Concordia, → Libertas, → Pietas, → Felicitas, → Iustitia, → Pax, → Providentia usw. (→ Personifikation). Die Göttin → Victoria wird schließlich das S. der heidnischen Religion in ihrem Kampf gegen das Christentum (→ Symmachus). – 5. Die röm. Profankunst ist durchsetzt von S.en, deren Sinn vielfach nachweisbar ist, oft aber in gedankenloser Anwendung verblaßt. H. Le B.

Lit: F. Cumont, Recherches sur le symbolisme funéraire des Romains, 1942 – A. Alföldi, The Main Aspects of Political Propaganda, Essays H. Mattingly, 1957, 63–95 – Schefold, VP, passim – K. Kerényi, Die antike Religion, 1963, 159–168.

[4] *In der christlichen Kunst.* Ganz im ursprünglichen Sinn (s. o. 1) war auch bei den Christen S. = ‹Erkennungszeichen› (Min. Fel. 9, 2: «Sie erkennen sich an geheimen Merkmalen und Zeichen») und später t. t. für das christl. → Bekenntnis als zusammengefaßte gemeinsame Glaubensnorm. Die altchristl. Kunst wählte zunächst neutrale Zeichen für den Glauben und die Hoffnung der Christen. Diese Zeichen konnten verhüllt (→ Arkandisziplin) die Heilstatsachen, die Rettung oder eschatologische Erwartung ausdrücken, waren aber oft auch → apotropäisch. Ihr Ursprung lag in der antiken Kunst, aber auch in biblischen Szenen und Bildworten. Nach Clem. Al. paed. 3, 59, 2 sollten die Christen als Siegelbilder eine Taube, einen Fisch, ein Schiff, eine Leier, einen Anker oder einen Fischer benutzen, wodurch indirekt ausgesagt ist, daß es um 200 noch keine selbständige christl. Kunst gab. Damit ist bereits eine Reihe derjenigen S.e aufgeführt, die im 3. Jh. die Loculusplatten und Wände der Katakomben bedeckten und die sich folgendermaßen einteilen lassen: *Buchstaben-S.e:* das *XP* als Abbreviatur des Namens Christus, *IH* für Jesus, *A* und *Ω* als Ewigkeitszeichen Christi (im 3. Jh. noch selten; → Christusmonogramm); *Gegenstände* wie → Anker, → Schiff, Gefäße; *Tiere:* → Fisch, → Taube, → Lamm, → Pfau (später auch → Phönix); *Pflanzen:* Palme, Ölzweig (in Verbindung mit Taube), Weinstock; *Gestalten* wie der → Gute Hirte, → Oranten, → Orpheus (= Christus), Philosoph (= die wahre Philosophie); *biblische Rettungsszenen:* Noah in der Arche, Susanna mit den Ältesten, Daniel in der Löwengrube, die 3 Jünglinge im Feuerofen, Lazaruserwekkung, Taufe Christi, Brotvermehrung u. a. – Mit dem Kirchenfrieden fielen verschiedene S.e fort. Als Haupt-S. trat nun das *Kreuz* als Siegeszeichen auf. Auf Sarkophagen stand es im Mittelpunkt, überhöht vom Siegeskranz (mit eingeschriebenem → Christusmonogramm), den der kaiserliche Adler in den Klauen hält; zu Füßen des Kreuzes Wächter. Apsismosaiken wiesen das gemmengeschmückte Kreuz übergroß auf und bezeugten damit den wiederkommenden Christus, dem nach Mt. 24, 30 ‹das Zeichen des Menschensohnes› vorangehen sollte (S. Pudenziana, Rom; S. Apollinare in Classe, Ravenna). Das lateinische Kreuz mit dem verlängerten unteren Balken (†) war im Westen, das gleichschenklige griechische Kreuz (+) im Osten stärker vertreten. Das Gemmenkreuz stand auch stellvertretend für Christus (wie die Herrscherinsignien auf dem Thron der spätantiken Herrscher) auf dem ‹bereiteten Thron› (Hetoimasia, Etimasie): so in S. Maria Magg., Rom, beiden Baptisterien Ravennas. Das Gotteslamm auf dem Paradiesberg mit den 4 Strömen wies auf das Opfer Christi, aber zugleich auch auf das Letzte Gericht und die restitutio mundi hin. Die Hand aus den Wolken symbolisierte die erste, die Geisttaube die dritte Person der Trinität. Von der nova lex (= Evg.) sprachen die Traditio-legis-Szenen (z. B. Sta. Costanza, Rom), vom Sieg der Gläubigen zeugten die Kränze in den verhüllten Händen der Apostel. Stellvertretend für die Evangelisten traten die 4 ‹Wesen› der Apk. (4, 6 ff.) auf vor dem Christus, dessen Macht sonst häufig auch durch Stehen auf Löwe und Basilisk gekennzeichnet ist. – So entstand aus den schlichten Heils- und Rettungszeichen des 3. Jh.s auf den → Mosaiken der Kirchengebäude des 4./5. Jh.s eine reiche Symbolik für die Herrschaft Christi, die ergänzt wurde durch die symbolische Darstellung des christlichen Heilsgeschehens in der → Liturgie. U. F.

Lit: H. Lother, Realismus u. Symbolismus i. d. altchristl. Kunst, 1931 – J. J. M. Timmers, Symboliek en iconographie d. christ. kunst, 1947 – Th. Klauser, Stud. z. Entst. Gesch. d. christl. Kunst, JAC 1, 1958, 20 bis 51; 2, 1959, 115–145; 3, 1960, 112–133; 4, 1961, 128–145; 5, 1962, 113–124 – V. Pöschl (Hg.), Bibliogr. zur antiken Bildersprache, 1964.

Symbola Pythagorea, eigentümliche Form pythagoreischer Überlieferung, in der die Lehre zu spruchartigen Antworten auf die drei Fragen: Was ist das und das? Was ist das Gerechteste, Weiseste, Schönste usw.? Was soll man tun? verdichtet ist. Vor allem die Antworten der dritten Gruppe enthalten Verhaltensvorschriften von z. T hochaltertümlichem Charakter. Die S. P. sind vielfach gesammelt und ausgedeutet worden, bes. durch → Aristoteles und, etwa im 2. Jh. v. Chr., durch Androkydes. O. G.

Lit: W. Burkert, Weisheit u. Wissenschaft, 1962, 150–175.

Symbolum → Bekenntnisse.

Symmachie. Das Wort σύμμαχος (‹Mitkämpfer›) bezeichnet im Griechischen auch (nicht nur) den durch Vertrag zur Kriegshilfe verpflichteten ‹Bundesgenossen›, das Abstraktum συμμαχία u.a. den ‹Bündnisvertrag›. Drei Haupttypen lassen sich unterscheiden: (1) die Verpflichtung, dem Angegriffenen auf seinem Territorium Hilfe zu leisten (womit nach griech. Auffassung nicht der Kriegseintritt verbunden war), die sog. *Epimachie;* (2) die Verpflichtung, ‹dieselben Freunde und Feinde zu haben›, d.h. an der Seite des anderen in einen Krieg einzutreten; (3) die einseitige Verpflichtung, dem Vertragspartner ‹zu folgen, wohin er führen würde›, d.h. unbedingte Heeresfolge zu leisten. Darin lag zugleich die Anerkennung des Oberbefehls (der → Hegemonie) dieser Macht, während andere Verträge über den Oberbefehl besondere Bestimmungen trafen. – Eine Sonderform der S. sind die um die eine oder andere Vormacht gescharten Kampfbünde zahlreicher Staaten, die sog. hegemonialen Symmachien, von denen allein der → Pelop. Bund und die beiden sog. → Attischen Seebünde feste Gestalt angenommen haben. Diese großen Bünde bedurften einer ständigen Organisation, vor allem eines ständigen oder fallweise einberufenen Bundesrates, der im Namen aller Verbündeten die wichtigsten Entscheidungen zu treffen hatte, und einer Aufgebotsordnung; sie bedurften in der Regel auch gemeinsamer Geldmittel und einer Steuerordnung, um diese aufzubringen; andere gemeinsame Institutionen konnten sich anschließen. In solchen Fällen wurde das Bündnis zum Staatenbund (→ Bünde), der freilich leicht zum bloßen Werkzeug der Vormacht absank. Bei dieser lag von Rechts wegen die Leitung der Kriegführung und der Außenpolitik des Bundes; darüber hinaus erlag sie aber leicht der Versuchung, ihre tatsächliche Übermacht zu vertragswidrigen Eingriffen in die → Autonomie der Bündner zu mißbrauchen. F.G.

Lit: E. Bickerman, Remarques sur le droit des gens dans la Grèce classique, RIDA 4, 1950, 99–127 – V. Ehrenberg, Der Staat der Griechen (1957/58), 1965², 137ff.; 158f.; vgl. Ind. (Lit).

Symmachos, Aristophaneskommentator um 100 n. Chr., vor allem → Didymos (1) folgend. Ob er (wie dieser) außer den 11 erhaltenen Komödien auch die ‹Danaiden› und die ‹Holkades› erklärte, steht nicht fest. Sein Werk wurde von → Phaeinos und dem byzantinischen Kompilator unseres Scholiencorpus benutzt. Vgl. → Überlieferung [2]. H.E.

Lit: A. Gudeman, RE 4 A 1 (1931), 1136–40 – Ders., RE 2 A 1 (1921), 675 s.v. Scholien – Siehe auch Telekleides.

2. **S.** (Q. Aurelius Symmachus), ca. 345 bis nach 402, der bedeutendste Repräsentant des traditionsbewußten Römertums in der Spätzeit, stammte aus der heidnischen Aristokratie Roms und stieg zu den höchsten Staatsämtern auf: 373 Prokonsul von Africa, 384/385 praefectus urbi, 391 Konsul (CIL 6, 1699). Er war der gefeiertste → Redner seiner Zeit. Bekannt sind 8 Reden, darunter Laudationes auf → Valentinian I. und → Gratian (369/370), Dankrede für die Ernennung seines Vaters zum Konsul (376). Es sind sorgfältig ausgearbeitete Reden im Stil der → Panegyrici. Von S.' Briefwechsel hat sein Sohn nach dem Tode des Vaters eine Ausgabe in 10 Büchern veranstaltet (Vorbild die Briefe → Plinius' (2) d. J.) und darin ca. 900 Briefe aus der Zeit 365–402 aufgenommen. Der Inhalt dieser mit höchster Akribie stilisierten Briefe ist Privates; Bildungsfragen, politische oder religiöse Auseinandersetzungen sind vermieden. Das 10. Buch umfaßte die offizielle Korrespondenz mit den Kaisern und Anträge im Senat. Wahrscheinlich enthielt es ursprünglich auch die amtlichen Eingaben (relationes), die S. als Stadtpräfekt an die Kaiser richtete. Die dritte Relation, 384 dem Kaiser → Valentinian II. vorgetragen, versucht, die Wiedererrichtung des Altars und Kultbildes der → Victoria in der → Curia zu erreichen. Erfolg war diesem in würdiger Form vorgebrachten Appell an die Toleranz nicht beschieden, da → Ambrosius Einspruch erhob (epist. 18; vgl. Prud. c. Symm.). S. und der nach ihm benannte S.-Kreis sorgten auch dadurch für das röm. Geisteserbe, daß sie Neuausgaben der klass. Literatur, bes. von → Vergil und → Livius, herstellen ließen. R.T.

Ed: O. Seeck, MGAA VI 1, 1883 – J. Wytzes, Der Streit um d. Altar d. Viktoria, 1936 – *Lit:* O. Seeck, RE 4 A 1 (1931), 1146–58 – F. Klingner, Vom Geistesleben im Rom des ausgehenden Altertums (1941), in: Röm. Geisteswelt, 1961⁴, 514–564 – The conflict between paganism and christianity in the fourth century, Essays ed. by A. Momigliano, 1963 – J. Straub, Heidnische Geschichtsapologetik in: Die christliche Spätantike, 1963.

3. **S.,** Aurelius Memmius, cos. 485, Urenkel des Vorigen und Schwiegervater des → Boethius (der ihn hochachtete: cons. 2, 4, und ihm zwei Schriften widmete), der mächtigen Familie der Anicii angehörend. Als → Patricius und caput senatus in Rom (Anon. Vales. 92) mit vielen Aufträgen betraut. Er war Christ, pflegte aber die heidnische Literatur (revidierte z. B. Macr. somn.) und stand mit → Priscian, der ihm drei Schriften (fig. num., metr. Ter., rhet.) widmete, → Ennodius, Nicomachus Flavianus u.a. in Verbindung. Von seiner Röm. Geschichte (7 Bücher) ist ein langes Fragment bei → Jordanes (Get. 15) erhalten, dessen Hauptquelle er war (für die Geschichte von → Augustus an). Nach Anon. Vales. 92 ließ → Theoderich S. von Rom nach Ravenna bringen und dort hinrichten (vgl. → Boethius); seine Söhne erhielten jedoch das konfiszierte Vermögen von → Amalaswintha zurück. G.C.

Lit: O. Seeck, RE 4 A 1 (1931), 1160 – A. Momigliano, Gli anicii e la storiografia latina del VI sec. D. C., Fond. Hardt 4, 1958, 249 bis 290 – W. Enßlin, S.' Hist. Rom. als Quelle für Jordanes, SB München, 1948, 3 – W. Hartke, Röm. Kinderkaiser, 1951, 427–439.

Symmetrie. Unter S. verstand die antike Kunst nicht Spiegelgleichheit, sondern Maßverhältnis, Proportion bzw. eine Einheit vieler Proportionen; entsprechend bedeutete S. in der antiken Kunsttheorie die Proportionierung eines Kunstwerks. So ist S. ein Hauptbegriff der berühmtesten antiken kunsttheoretischen Schrift, des uns in fragmentarischen und doxographischen Resten erhaltenen → polykletischen → Kanon, gewesen; darnach waren die Verhältnisse der Körperteile zueinander, des Fingers zum Finger, aller Finger zur flachen Hand und zur Handwurzel, der Handfläche und Handwurzel zum Unterarm, des Unterarmes zum Arm und so aller Teile zu allen durch Maße bestimmt. Doch spielte bei diesen Berechnungen in Erkenntnis der Unzulänglichkeit bloßer Vermessung und ‹Vermessenheit› das irrationale Moment letztlich eine entscheidende Rolle und ergänzte den antiken S.-Begriff – im Gegensatz zum modernen Gebrauch von S. – wesensbestimmend. – Vitruv praef. 7, 14 nennt weitere Künstler, die De symmetria geschrieben haben. D.Sch.

Q: VS 40 (Polyklet) – *Lit:* D. Schulz, Zum Kanon Polyklets, Hermes 83, 1955, 200–220.

Symmetrisch (σύμμετρα) heißen bei den Griechen Größen, die ein gemeinsames Maß haben. → Irrationalität. H.G.

Symmoria, Bezeichnung einer Gruppe von Personen, in Athen einer Gemeinschaft von Steuerzahlern, die bei der Reform der → Eisphora von 378/377 v. Chr. nach Maßgabe der Vermögenseinschätzung geschaffen wurde (auch Symmoriai der → Metöken). Sie war für die Aufbringung der ihr zugeteilten Steuersumme verantwortlich, übernahm damit Aufgaben der Finanzverwaltung und gegenüber ihren Mitgliedern Kontrollfunktionen. – Nach dem gleichen Prinzip wurden durch Gesetz des → Periander (357/356 v. Chr.) die 1200 reichsten Bürger zur Übernahme der → Trierarchie verpflichtet. Sie waren in 20 Symmoriai eingeteilt, unter Führung des jeweils reichsten Bürgers als Symmoriarches. Jede S. war in → Synteleiai unterteilt, denen wahrscheinlich der Unterhalt je eines Schiffes oblag. → Demosthenes (1) hat diese Ordnung wiederholt angegriffen und später eine Neuregelung durchgesetzt. H.Br.

Lit: U. Kahrstedt, Die athen. Symmorien, 1910, 205–233 – A. Andreades, Gesch. der griech. Staatswirtschaft I, 1931 – F. Poland, RE 4 A 1 (1931), 1161–68.

Symphonia, Konsonanz: → Musik A 9. Vgl. → Homophonia und → Dissonanz. In hellenist.-röm. Zeit Bezeichnung für Orchester, Dudelsack und Trommel. G.W.

Symphosius, 4./5. Jh. n. Chr., Verfasser einer in schlichter Sprache abgefaßten hexametrischen → Rätselsammlung, die im Mittelalter stark nachgewirkt hat. W. Sch.

Ed: Anth. Lat. I 1, Nr. 286 – R. Th. Ohl, 1928 (mit Übers. u. Komm.).

Symplegaden, die zusammenschlagenden Felsen, die dank Phineus' gutem Rat die → Argonauten mit knapper Not durchfahren können. Vgl. → Plankten.

Symposion. Das Trinkgelage begann nach der → Mahlzeit; Teilnehmer salbten und bekränzten sich, bereiteten Mischkrüge vor (Ath. 10, 423), spendeten unter Gesang den Göttern etwas Wein. Man trank sich mit dem Namen (AP 5, 136, 1; Tibull. 2, 1, 31), mit einem Trinkspruch (Plaut. Persa 773; Stich. 709) oder χαῖρε zu. Bei einem → Eranos wurde meist ein Vorsitzender, *Magister bibendi*, gewählt, der Mischungsverhältnis (→ Getränke), Gefäßgröße, Straftrinken, → gesellige Unterhaltung bestimmte. Gefäße, von Diener(inne)n rechtsherum gereicht, mußten auf einen Zug geleert werden. Eine Spende an Hermes und ein Komos beschlossen den Trinkkomment. – Zur Anwesenheit von Tänzern, Gauklern, Hetären vgl. → Geselligkeit. W.K.

Symposionliteratur → Buntschriftstellerei.

Synagogē (Συναγωγὴ λέξεων χρησίμων = Sammlung nützlicher Vokabeln, bzw. Redewendungen), frübyzantin. Lexikon, das auf einer späteren Stufe seiner Entwicklung durch wertvolle Zusätze erweitert worden ist. Die älteste S. ist ein nur wenig interpoliertes → Kyrill-Glossar, bekannt aus dem Cod. Coisl. 347 (Σ^a). Die sog. erweiterte S., erhalten im Cod. Coisl. 345 (Σ^b), weist neben dem Grundtext Σ^a zahlreiche Artikel aus älteren, vor allem attizistischen Lexika auf. Auf Redaktionen dieses Werkes gehen breite Teile des → Suidas-Lexikons, des Lexikons des → Photios und anderer byzantin. Glossare zurück. Vgl. → Lexikographie, → Etymológika. H.E.

Ed: K. Boysen, 1891 (Σ^a, Buchstabe α) – I. Bekker, Anecdota Graeca I, 1814, 319 (Σ^b, Buchstabe α) – L. Bachmann, Anecdota Graeca I, 1828 (Σ^b ganz) – *Lit:* G. Wentzel, SB Berlin 1895, 477 – A. Adler, RE 4 A 1 (1931), 686–692, s. v. Suidas.

Synagoge (συναγωγή, ‹Versammlung›; hebr. *ʿēdā; kənæsæt* von aram. *kəništā*, ‹Versammlungsort›) bezeichnet die jüd. Kultgemeinde und das oft durch Höfe und Nebenräume erweiterte Gebäude, das dem Kult, daneben dem Unterricht und der Gemeindeverwaltung (Gerichtswesen eingeschlossen) dient; das ausschließlich in Ägypten gebrauchte προσευχή ist als ‹Anbetungsstätte› wohl Äquivalent zu aram. *masgīdā*. – *Herkunft:* Wahrscheinlich ist die S. mit ihrem Doppelcharakter als Kult- und Profanbau im 6. Jh. v. Chr. in Babylonien (→ Judentum B 1) entstanden; andererseits weist Esr. 7, 25 auf S.n in Syrien hin. Seit hellenist.-röm. Zeit ist die S. – vielfach am fließenden Wasser gelegen und die Umgebung überragend – allgemein verbreitet (vgl. Ägina, Delos, Hamman-Lif in Tunis, Milet, Ostia, Priene, Stobi). Die älteste Form mag – ausgehend von privaten Zusammenkünften (vgl. Ez. 8, 1) – die Haus-S. gewesen sein. Späterhin diente für die größeren S.n die hellenistische Basilika als Vorbild: der rechteckige Hauptraum war auf drei Seiten durch eine Säulenreihe untergeteilt, die eine den Frauen vorbehaltene, nur von außen zugängliche Empore trug. Berühmt war das Diplostoon von Alexandria mit 2 Säulenreihen. Zum Grundbestand der Inneneinrichtung gehörten der Tora-Schrein, das Podium für die Lesungen, Wandbänke und vielfach ein Ehrensitz (Mt. 23, 2). Zahlreiche S.-Ruinen weist Galiläa (→ Judentum B 7) auf; sie gehören teils dem 3., teils dem 5.–7. Jh. an. Beim älteren Typ – z. B. Kapernaum (Tell ḥūm) – enthält die nach Jerusalem orientierte Giebelwand (zur Gebetsrichtung vgl. schon 1. Kön. 8, 46 ff.: 6. Jh. v. Chr. in Babylonien) 3 Türen; vor dem Mittelportal stand der Tora-Schrein mit architektonischen Beziehungen zum zeitgenössischen syr. Tempel. S.n des 5.–7. Jh.s haben – wie bereits Stobi (Ende 4. Jh.) – statt dessen eine Tora-Schrein und Leuchter enthaltende Apsis. Diese S.n besitzen symbolischen und figürlichen Schmuck (Relief, Mosaik); erwähnt sei das Fußbodenmosaik von Beth Alpha (bei Beth Schean; Anf. 6. Jh.), das u. a. den Tierkreis und Isaaks Opferung (Gen. 22) nach rabbinischer Auslegung wiedergibt. Bes. Beachtung verdient die S. von → Dura-Europos (Abb. 30; um 256 durch Fortifikation teilzerstört). Errichtet 244/245 über einer älteren Haus-S., wurde ihr Betsaal, ein nach Jerusalem orientierter Breitraum, um 250 mit Wandbildern (in 3 Registern) aus dem rabbinisch interpretierten AT ausgeschmückt, die spätröm.-oriental. Geist atmen. Älter sind S.-Inschriften. In Ägypten ist der z. Z. früheste Beleg die Widmung der προσευχή von Schedia (bei Alexandria) für Ptolemaios III. (246–221 v. Chr.) und Berenike samt Kindern. In Palästina ist aus der Zeit vor 70 n. Chr. die griech. Inschrift des Theodotos aus Jerusalem erhalten; hiernach war der Kult- und Unterrichtsraum verbunden mit einer Herberge zur Aufnahme der Wallfahrer und mit verschiedenen Badeeinrichtungen für rituelle Zwecke. R.M.

Lit: Bauer s. v. προσευχή, συναγωγή – RGG II 287–290, s. v. Dura-Europos; VI 557–559 (Lit) – *Zum Mosaik:* E. L. Sukenik, Ancient S. in Palestine and Greece 1934 – C. H. Kraeling, The S. at Dura-Europos, 1956.

Synaphie, ‹Zusammenhang› von sich fortsetzenden metrischen Gliedern, zumal das Fehlen von → Pause zwischen ihnen. B. Sn.

Synedrion. [1] Σύνεδρος ist, wer mit anderen (in einem Kollegium) ‹zusammen sitzt›; dazu das Abstraktum S. zunächst als allgemeine, später auch als technische Bezeichnung der verschiedensten (einmaligen und ständigen) beratenden und beschließenden Versammlungen und Kollegien im Staats- und Vereinsleben. Insbes. heißen Synedria seit dem 4. Jh. die aus Vertretern vieler Einzelstaaten zusammengesetzten, nicht selten gesamtgriech. Friedenskongresse und Bundesversammlungen. F.G.

[2] *Hellenist. Zeit.* Wie schon manche Herrscher der vorhellenist. Zeit, z. B. → Dionysios I., pflegten die hellenist. Könige wichtige Entscheidungen einem ad hoc zusammengerufenen ‹Kronrat› (S.) vorzulegen. Die Teilnehmer konnten ihre Meinung äußern und debattieren; die Entscheidung lag jedoch beim König. Der Rat fungierte auch als Staatsgerichtshof über Verräter usw. Der König berief den Rat meist aus dem Kreis seiner → Philoi; Zahl und Zusammensetzung wechselten je nach Notwendigkeit; Recht auf Teilnahme oder regelmäßige Tagungen gab es anscheinend nicht. Die in den literarischen Quellen übliche Bezeichnung S. muß nicht technisch sein; in Urkunden äußert sich der König «nach Beratung mit meinen Freunden» o. ä. S. sind seit → Alexander d. Gr. an den meisten hellenistischen und hellenisierten Höfen nachweisbar. H.H. Sch.

Lit: G. Corradi, Studi ellenistici, 1929, 231–255.

[3] S. hieß die Gerusia (Ältestenrat) von *Jerusalem* (aus Priester- und Laienadel, seit ca. 75 v. Chr. auch Pharisäern bestehend), durch → Herodes unterdrückt; von 7–66 n. Chr. bei Majorität der → Sadduzäer mit durch die römische Prokuratur eingeschränkter Regierungsgewalt. Seit 70 als *Sanhedrin* oberstes rabbinisches Gericht. Vgl. → Judentum B [5–6]. R.M.

Synekdochē (συνεκδοχή, intellectio: Rhet. Her. 4, 44), den → Tropen zugehörig, Abart der → Metonymie, bes. die Bezeichnung des Ganzen durch einen Teil *(pars pro toto)* oder umgekehrt auch eines Teiles durch einen anderen; z. B. ‹Reichtum› oder ‹Pracht› für ein Schmuckstück (vgl. Rhet. Her. 4, 44). – Vgl. auch → Rhetorik D [1], → Antonomasie, → Emphase. H.H.

Lit: Lausberg, I 295–298. 453 f. – Kennedy, Persuasion, 297 f.

Synesios von Kyrene, 370/375–413/414, aus altem Provinzadel mit Großgrundbesitz. Studium der Philosophie bei → Hypatia, Sprecher der Pentapolis in Konstantinopel vor

→ Arkadios, 402 mit Christin verheiratet, organisierte Abwehrkämpfe gegen Wüstennomaden; 410–411 Bischof von Ptolemais trotz offener Kritik an christl. Eschatologie (ep. 105); den Pogrom gegen Hypatia hat S. nicht mehr erlebt. Der Nachlaß (moral-philosophische Traktate, ein Traumbuch, Reden, Homilien), aus dem 10 (nach Wilamowitz: 9) → Hymnen in dorischem Dialekt und metrischem Stil herausragen, zeigt einen Autor, für den antike und christl. Motive harmonisch sich einen, der aber in seinem Denken (auch in der Trinitätslehre) Neuplatoniker bleibt; 156 Briefe als wichtige Zeitdokumente (vgl. → Brief F). C.A.

Ed: N. Terzaghi, 2 Bde, 1944–49 (Hymnen, Opuscula); weiteres: Altaner, 251 f. (Lit) – Dazu: U. v. Wilamowitz, Die Hymnen des Proklos u. S., SB Berlin 1907, 272 ff. – Dion Chrysostomus (griech. u. deutsch) ed. Treu, 1959.

Synizese (wohl das ‹Einsinken›, ‹Einstürzen›): Kontraktion zweier Vokale im → Hiat, die in der Schrift nicht ausgedrückt wird. B.Sn.

Synkopē (συγκοπή): Kürzung eines Wortes um eine Silbe durch Ausstoßung eines Vokals; wird aber auch für Apokopē gebraucht, → Hiat. B.Sn.

Synkretismus. Das Wort S. ist seltsamerweise nur als politischer Begriff (vielleicht aus der Politie der Kreter des → Aristoteles) belegt; anzusetzen ist aber auch eine zweite, von κεράννυμι, ‹mischen›, abzuleitende Bedeutung, die späthellenistischer, astrologischer und theologischer Terminologie entstammt. Sie wird im 19. Jh. aufgegriffen und verwendet für die Vermischung verschiedener Götter und Religionen. Zu unterscheiden sind dabei (1) die wohl schon mit → Hekataios (3) v. Milet einsetzenden Bemühungen der griech. Perihegeten und Historiker, die Götter der Ägypter, Phönizier und anderer Barbarenvölker durch Gleichungen mit den griech. Göttern (→ Interpretatio Graeca) deutbar zu machen (dazu gehört natürlich auch das seit dem Ende des 3. Jh.s v. Chr. feststehende System der Gleichungen zwischen griech. und röm. Göttern), (2) die Theorien der philosophischen Theologie (bes. der Stoa), wonach alle Götter lediglich verschiedene Namen und Aspekte der einen, den ganzen Kosmos durchwaltenden Gottheit seien, (3) die vom 2. Jh. v. Chr. an immer häufigere Vermischung und Verwechslung der klassischen → Götterattribute bes. in der bildenden Kunst, aber auch in der Dichtung, aus sachlicher Gleichgültigkeit, Unwissenheit oder zuweilen wohl dem Wunsch nach bes. künstlerischen Effekten, (4) die aus dem unruhig und unsicher gewordenen Glauben der Spätzeit erwachsende Vorstellung, es könne durch Kumulation göttlicher Kräfte und religiöser Begehungen eine Mehrung des göttlichen Schutzes und Segens für Diesseits und Jenseits erreicht werden. Nur dieses letzte, Identifizierung nicht aus Theorie, sondern aus religiösem Bedürfnis, ist S. im eigentlichen Sinne. Freilich hat die Theologie des kaiserzeitlichen Platonismus sich ihrerseits wieder diesem Bedürfnis angepaßt, wie etwa Apuleius met. 11, 5 oder Macr. Sat. 1, 17–23 (Porphyrios, z. T. Poseidonios benutzend: Helios-Apollon-Hermes usw.) zeigen. Am augenfälligsten ist der S. in den Texten und Denkmälern der kaiserzeitl. → Mysterienreligionen: die ägypt. → Isisreligion, die Religion der syr. Götter, die pers. → Mithrasreligion, die kleinasiatische Religion der → Kybele und Attis u. a. Isis wird so gleichzeitig Demeter, Aphrodite, Hera, Semele, Io, Tyche, der phön. Astarte, der syr. Atargatis, der iran. Anaitis, allen Lokalgottheiten der hellenischen Welt oder des Orients assimiliert. Ebenso wird → Serapis als allumfassendes Wesen begriffen, von dem man gern aussagt, er sei ‹eins›. Er vereinigt alle Kräfte in sich, obschon ihm mit Vorliebe die Funktionen von Zeus, Pluto oder Helios übertragen werden. Alle diese Religionen übernehmen nicht bloß viele altgriech. Elemente (natürlich bes. der Mysterien von Eleusis), sondern fließen auch gegenseitig ineinander über. Abgesunkene platonische Theologie, wie sie in den hermetischen Schriften (→ Corpus Hermeticum) auftritt, kommt dazu. Eindrucksvoll sind manche Götterbilder, die Attribute der verschiedensten Herkunft aufhäufen. O.G.–H. Le B.

Lit: Nilsson II 555–672 – K. Latte, Die Religion der Römer u. der S. der Kaiserzeit, 1927 – K. Schefold, Zur hellenist. Theologie Alexandrias, Antidoron Salin, 1962.

Synkrisis. Das Wort wird von der Forschung in zweierlei Bedeutung gebraucht: (1) im Sinne von ‹wertender Vergleich› (comparatio), (2) im Sinne von ‹Streitrede› (certamen). Die erste Bedeutung schließt an die gängige der Antike an, die zweite ist nur selten und erst seit dem 1. Jh. v. Chr. (→ Meleagros v. Gadara) belegt. Die zweite Bedeutung geht aus der ersten insofern organisch hervor, als sehr viele literarische Streitreden zum Zwecke eines wertenden Vergleichs ersonnen sind. Für ‹Streitrede› steht auch die schon in der Antike sehr geläufige Bezeichnung ‹Agon› zur Verfügung. Gegenstand der S. sind Personen oder Personifikationen der verschiedensten Art. In vielen Fällen geht es um die Begründung des Vorranges des einen Partners gegenüber dem anderen. Die S. kann auf zweierlei Weise vorgenommen werden: 1. Der Autor hält die zu vergleichenden Partner in abgekürzter oder ausführlicher Erörterung nebeneinander. Ein Beispiel für eine abgekürzte S. ist Cic. Mur. 9, 22; eines für die ausführlichere Form die ‹vergleichenden Lebensbeschreibungen› → Plutarchs. Aus dem röm. Bereich liegt etwa → Sallusts Vergleichung von Cato und Caesar (Catil. 53 f.) vor. – 2. Die ausführliche S. kann auch so geschehen: Der Autor führt die zu vergleichenden Partner redend ein und läßt sie entweder in bestimmte Formen des Wortwettstreits (z. B. Frage- oder Rätselwettstreit) miteinander treten oder die eigenen Vorzüge gegenüber dem Partner loben und dessen Schwächen tadeln. Eine dritte Partei kann als Richter dazugesellt sein. Beispiel für die erste Form ist das Certamen Homeri et Hesiodi; Beispiele für die zweite sind der Streit zwischen Frühling und Winter bei Äsop (Fabel 414), der zwischen Kakia und Arete vor dem jungen Herakles in den ‹Horen› des → Prodikos, der zwischen Euripides und Aischylos in den ‹Fröschen› des → Aristophanes (1) und der zwischen Elegie und Tragödie zu Beginn des 3. Buches von Ovids Amores. Beliebt waren auch Scherz-Synkriseis. So schrieb z. B. → Meleagros v. Gadara einen Streit zwischen Linsenpüree und dicken Linsen. Innerhalb der → Rhetorik gehört die verkürzte S. zu den Sinnfiguren, die ausführliche seit Aelius Theon zu den Progymnasmata. Hauptverwendungsbereiche der S. sind das → Enkomion, die → Literaturkritik, die → Geschichtsschreibung, die Rede und das Drama. – Insbes. in der Gestalt der Streitrede fand die S. nicht nur in der griech.-röm. Literatur, sondern auch in den übrigen europäischen und in den orientalischen Literaturen reiche Verwendung. Die Griechen waren bei weitem nicht die ersten, die Synkriseis schrieben. Die frühesten Beispiele für den orientalisch-europäischen Kulturbereich liefern vorläufig die Sumerer (3./2. Jt. v. Chr.). Aus nachantiker Zeit sei an die mittellat. Psychomachie des → Prudentius und an den Streit zwischen Leben und Tod im deutschen ‹Ackermann aus Böhmen› sowie generell an die Contrasti der italienischen, die Tenzonen der provenzalischen Literatur und an das seit der Renaissance vielfältige Fortwirken der Heraklesentscheidung in Literatur, bildender Kunst und Musik erinnert. D.Wk.

Lit: Zur griech. und röm. Lit.: O. Hense, Synkrisis, Prorektoratsrede, 1893 – L. Radermacher, Aristophanes' ‹Frösche›, Abh. Wien 198, 4, 1921 (Index s. v. Agon) – F. Focke, Synkrisis, Hermes 58, 1923, 327–368 – E. Vogt, KP I, 1962, Sp. 139–140, s. v. Ἀγὼν Ὁμήρου καὶ Ἡσιόδου – H. M. Werhahn, Gregorii Nazianzeni Σύγκρισις βίων, 1953 – *Zur antiken u. nachantiken Rhetorik:* H. Lausberg, Handb. d. Literar. Rhetorik, 2 Bde, 1960, §§ 799. 1130 – L. Arbusow, Colores Rhetorici (1948), 1963², 63–65 – *Zu oriental. u. europ. Lit.en:* S. N. Kramer, Gesch. beginnt mit Sumer, 1959, 103–110 – Moritz Steinschneider, Rangstreit-Literatur, Abh. Wien, 155, 4, 1908 (arab., ägypt., hebr., deutsche, engl., franz., ital., span. Lit.) – L. Radermacher, a. O. (orient., deutsche Lit.) – H. Jantzen, Gesch. d. deutschen Streitgedichtes, 1896 (deutsche, altengl., franz., provenzal., skandinav. Lit.) – Ders., Das Streitgedicht des Hans Sachs, Zeitschr. f. Vgl. Lit.gesch. 11, 1897, 294–297 – G. Bebermeyer, Reallex. d. deutschen Lit.gesch. III, 1928/29, 310–313, s.v. Streitgedicht – M. Palaez, Enciclopedia Italiana XI, 1931/39, 253, s.v. Contrasto – H. Walther, Das Streitgedicht in der lat. Lit. des MAs, 1920 – E. Köhler, Zur Gesch. des altprovenzal. Streitgedichtes, Diss. masch. Leipzig 1950 – *Zu einzelnen Themen in nachantiker europäischer Literatur und Kunst:* E. Blau, Death and Life. Ein Beitrag zur Streitgedichtforschung, Diss. masch. Kiel 1922 – H. Rosenfeld, Der mittelalterl. Totentanz, 1954, 341f. – H.-Fr. Rosenfeld, Salomon und Markolf, in: Die deutsche Literatur des MAs, Verfasserlexikon IV, 1953, Sp. 13–21 (vgl. Radermacher, a.O. 30 und 337) – A. Weis, Ekklesia u. Synagoge, Reallex. z. deutschen Kunstgesch. IV, 1958, Sp. 1189 bis 1215 – Chr. Gnilka, Stud. zur Psychomachie des Prudentius, 1963 – D. Wuttke, Die Historia Herculis, 1964 (z. Fortwirken d. Herakles-entscheidung) – R. Klibansky-F. Saxl-E. Panofsky, Saturn and Melancholy 1964, 227f.

Synode → Konzil.

Synnada, Stadt in Phrygien (Kt. 1567 C2; heute Çıfıt Kasaba, Şuhut). In der röm. Provinz Asia Hauptort eines Conventus. Später Metropolis der Prov. Phrygia salutaris. R.F.

Lit: W. M. Ramsay, Cities and bishopr. of Phrygia I, 1895, 735 – D. Magie, Roman rule in Asia minor, 1950, 1001 (Lit).

Synoikia, ein → Fest der Athena von gesellschaftlichem und politischem Charakter, eine Gedächtnisfeier auf die Vereinigung von Attika durch Theseus. Es wurde am 16. Hekatombaion (Juni–Juli) auf der Akropolis abgehalten. Dem → Zeus Phratrios und der → Athena Phratria wurde durch einen der Phylobasileis ein vorbereitendes Opfer dargebracht, und von 374 v. Chr. an war auch ein Opfer an → Eirene im Ritual eingeschlossen. F.R.W.

Q: Thuk. 2, 15, 2 – *Lit:* L. Deubner, Att. Feste, 1932, 36ff.

Synoikismos, wörtlich ‹Zusammensiedlung›, die Gründung einer neuen oder die Vergrößerung einer bestehenden Stadt durch Auflassung von Siedlungen in der Umgebung. Mit dieser Umsiedlung *kann* die politische Verschmelzung zweier oder mehrerer Gemeinwesen Hand in Hand gehen, wenn nämlich der S. über die bisherigen politischen Grenzen hinausgreift. F.G.

Synonymie (συνωνυμία, communio nominis), Gebrauch verschiedener Wörter mit gleicher oder annähernd gleicher Wortbedeutung, von manchen den → Tropen zugerechnet; ihre Auswahl untersteht nach Quint. inst. 8, 3, 16f. dem Gesetz des → Prepon (aptum) wie dem des Wohlklangs (εὐφωνία, vocalitas); z.B. *prostravit, afflixit, perculit,* «er schlug ihn nieder» (Aquila rhet. 38). H.H.

Lit: Lausberg, I 279. 330.

Synonymik. Auf richtige Unterscheidung sinnverwandter Ausdrücke legten schon die → Sophisten Wert (→ Prodikos). Aus hellenist. Zeit kennen wir Titel verschollener Schriften, in denen nur Synoyme erklärt wurden. Sie sind durch die Zitate im Synonymenlexikon des → Philon (3) v. Byblos kenntlich. Von Wichtigkeit waren derartige Differenzierungen auch für die Verfasser von Onomastika (→ Lexikographie A). – Gleichlautende Wörter, die bei verschiedener Betonung ihre Bedeutung ändern, behandelte → Johannes (4) Philoponos (6. Jh. n. Chr.) in einem kleinen (erhaltenen) Lexikon. H.E.

Syntaxis, allgemeine griech. Bezeichnung für eine Abgabe, bes. für den Beitrag, den die Mitglieder des 2. → Att. Seebundes anstelle des → Phoros entrichteten. Im ptolemäischen Ägypten wurde wahrscheinlich eine Kopfsteuer S. genannt. H.Br.

Synteleia, Bezeichnung für die Zusammengehörigkeit von Personen oder Gemeinden im staatlichen Bereich, bes. für die Zugehörigkeit zum Staatsgebiet bzw. zu einem Bundesstaat. Im → Achäischen Bund wurde ein Bezirk, der mehrere Städte umfaßte, in Athen eine Unterabteilung der → Symmoriai S. benannt. H.Br.

Synthesis (auch ἁρμονία, compositio, besser: structura), ‹Fügung›, Zentralbegriff der Lehre des → Dionysios (16) v. Halikarnaß von den 3 Wortfügungsarten. → Rhetorik B [9]; Abb. 187, 10; F. H.H.

Lit: Volkmann, 545ff.

Syphax, Fürst der Masaisylier im westl. → Numidien, erhob sich 214/213 v. Chr. gegen → Karthago, trat mit Rom in Verbindung, wurde aber 206 durch Hasdrubal (3), den Sohn des Giskon, dessen Tochter → Sophonisbe er heiratete, für die karthag. Sache gewonnen. Er vertrieb → Massinissa aus seinem väterlichen Erbe und vereinigte vorübergehend Numidien unter seiner Herrschaft. Seine Versuche, eine Landung der Römer in Afrika zu verhindern, scheiterten ebenso wie seine Bemühungen um einen Frieden zwischen Rom und Karthago. Infolge der Niederlage auf den ‹Großen Feldern› verlor er Thron und Reich an Massinissa. Er geriet in röm. Gefangenschaft und starb kurz danach (201?). W.H.

Lit: → Karthago – Bildnisse → Anhang I.

Syrakus (Συρακοῦσαι), nach dem Sumpf Syrako genannt, die bedeutendste griech. Kolonie → Siziliens (Kt. 1420 G10), um 733 von → Korinth gegründet, ursprünglich nur auf der heute mit dem Land verbundenen Insel Ortygia (mit den Tempeln der Athena, des Apollon und der Quelle Arethusa), an die sich im S der große Hafen, gegenüber vom Vorgebirge Plemmyrion begrenzt, und im N der kleine Hafen anschlossen. Im N des kleinen Hafens liegen die Stadtteile Achradina und Tyche, westl. dieser die Temenitis mit dem Theater, dem Amphitheater und den Steinbrüchen. Darüber erhebt sich im N etwa 12–15 m höher die Terrasse der Epipolai, die fast ein gleichschenkliges Dreieck bildet, dessen Hypotenuse im O am Meer entlang ca. 3 km und dessen beide Schenkel ca. 7 km lang sind mit einem Flächeninhalt von etwa 1400–1500 ha. Die Oberfläche ist ziemlich eben, allmählich von O nach W ansteigend bis zum Euryalos, der Festung des → Dionysios I. Von antiken Bauten sind hier nur die unterirdischen Wasserleitungen und die Mauer des Dionysios I. am Absturz der Terrasse.

[2] *Geschichte.* S. gründete mehrere Kolonien (→ Akrai i.J. 664, → Kasmenai 644, → Kamarina 599) und errang die Herrschaft über den Südosten der Insel. In der Frühzeit in S. Herrschaft der Gamoren (grundbesitzender Adel). Nach der Niederlage der Stadt am Heloros gegen → Hippokrates v. Gela (492) wurden die Gamoren vom Demos und den Kylleniern, der einheimischen versklavten Bevölkerung, vertrieben. Großen Aufschwung nahm S. dadurch, daß → Gelon v. Gela in die inneren Kämpfe der Stadt eingriff, 485 die vertriebenen Gamoren zurückführte, die Herrschaft an sich riß und seine Residenz nach Syrakus verlegte. Die Stadt wurde durch Übersiedlung von Bürgern aus benachbarten Städten wie aus → Megara und → Kamarina bedeutend vergrößert und war schon zu der Zeit die größte Stadt des W nach → Karthago. Der Sieg über die Karthager bei Himera (480 v. Chr.) machte Gelon zum Herrn über das ganze griech. Sizilien. Unter seinem Bruder und Nachfolger → Hieron I. erlebte S. seine Glanzzeit (478–466). Hieron konnte seine Macht weiter ausdehnen und aus der Beute der Siege glanzvolle Bauten errichten. Vor allem ist der Seesieg über die Etrusker an der Küste von Cumae (474) zu nennen. An Hierons Hof wirkten die berühmtesten Dichter der Zeit: → Pindar, → Aischylos, → Simonides, → Bakchylides, → Epicharm. Unter seinem Bruder und Nachfolger → Thrasybulos wurde 466 die Tyrannis gestürzt und eine demokratische Verfassung eingeführt. Um 450 Sieg über → Duketios v. Menai, der den Versuch unternommen hatte, einen Staat der einheimischen Sikuler zu gründen. Schwere innere Kämpfe folgten, in die auch benachbarte griech. Städte und auch Athen hineingezogen wurden. Berühmt ist die Belagerung von S. durch das athen. Expeditionskorps im → Pelop. Krieg (415–413; Thuk. 6, 75; 94–7, 87) unter → Nikias (1), Lamachos und → Demosthenes, 2), die mit einer Katastrophe für Athen endete. S. besaß damals in dem Syrakusaner → Hermokrates und dem Spartaner → Gylippos hervorragende Führer. Kurz darauf führte die Rivalität der sizilischen Städte zum

Eingreifen der Karthager, die von 409–405 fast die ganze Insel eroberten, bis sie an der Belagerung von S. scheiterten. Diese Kämpfe brachten → Dionysios I. an die Macht (405–367), der seine Herrschaft über das ganze griech. Sizilien und Teile Süditaliens ausdehnen konnte und eine neue Glanzzeit für S. heraufführte. Er bezog die Hochebene Epipolai über der Stadt in die damit über 20 km lange Befestigung ein; doch blieb Epipolai stets unbewohnt. Unter seinem Sohn und Nachfolger → Dionysios II. (367 bis 357, dann im Exil in Lokroi, 347–344) wirkte → Platon in S. Der Sturz der Tyrannis führte wieder zu heftigen inneren und äußeren Kämpfen, die S. veranlaßten, bei der Mutterstadt Korinth um Hilfe zu bitten. Dem Korinther → Timoleon gelang es (344–336), der inneren und äußeren Schwierigkeiten Herr zu werden, die erneute karthag. Gefahr durch den Sieg am → Krimisos (341) zu bannen, die Tyrannen in den griech. Städten zu stürzen und in Syrakus eine neue demokratische Verfassung zu begründen. Neue Kämpfe führten zur Tyrannis des → Agathokles (317–289), der die Vorherrschaft von S. über die Griechen Siziliens neuerdings festigte, aber die Karthager sowenig wie Dionysios I. von der Insel verdrängen konnte. Nach dem ebenso erfolglosen Eingreifen des → Pyrrhos v. Epirus (278–276) schwang sich → Hieron II. zum Herrscher von S. auf und nahm den Königstitel an (268–214). Sein Sieg über die kampanischen Söldner, die → ‹Mamertiner›, die Messene besetzt hatten, veranlaßte ihr Hilfegesuch an Rom und Karthago und damit den Beginn des 1. Pun. Kriegs (264 bis 241). Nach der Eroberung von Messene durch die Römer schloß Hieron Frieden und Bündnis mit Rom. Seine Regierung brachte eine neue Blütezeit für S. Nach seinem Tod gewann zu Beginn des 2. Pun. Krieges unter seinem Enkel Hieronymos die karthag. Partei die Oberhand, was nach vielen Wirren zur Belagerung unter → M. Claudius (10) Marcellus (213–212) führte. Die Stadt hatte bei der Eroberung schwer zu leiden; → Archimedes fand damals den Tod. In der röm. Zeit war S. Hauptstadt der Provinz.

[3] *Antike Bauten.* S. besitzt noch bedeutende Reste aus dem Altertum. Auf der Halbinsel Ortygia entspringt die Arethusa-Quelle. Der heutige Dom ist in den dor. Athenatempel aus dem frühen 5. Jh. v. Chr. eingebaut; die meisten Säulen mit Gebälk stehen noch aufrecht. Ausgrabungen legten noch weitere Bauten frei, bes. die Fundamente eines Tempels, wohl der Artemis und des Apollon aus dem Anf. des 6. Jh.s. Auf dem Festland liegt das große Theater, in der jetzigen Form aus der Zeit Hierons II., aber schon an der Stelle eines Theaters aus klass. Zeit. In der Nähe die Fundamente des riesigen, 199 × 22,5 m messenden Altars Hierons II.; unmittelbar daneben das Amphitheater, wohl aus augusteischer Zeit. Gleich östl. vom Theater beginnen die berühmten Steinbrüche, im Altertum auch als Gefängnis benützt (z. B. für die athen. Gefangenen nach der Katastrophe von 413, Thuk. 7, 87), heute üppige Gärten. Von den Befestigungsanlagen auf der Hochfläche Epipolai ist das Fort Euryalos an der äußersten Westspitze berühmt als imposantes Beispiel antiker Befestigungskunst. Es stammt wohl erst aus der Zeit der Belagerung im 2. Pun. Krieg. Südl. außerhalb der Stadt steht der dor. Tempel des olympischen Zeus aus dem 6. Jh. v. Chr., von dem noch zwei Säulen aufrecht sind, in der Ebene des Anaposflusses. E. M.

Lit: W. Hüttl, Verfassungsgesch. v. S., 1929 – K. Fabricius, Das antike S., 1932 – L. Wickert, RE 4 A 2 (1932), 1478–1547 – A. W. Lawrence, Archimedes and the design of the Euryalos fort, JHS 66, 1946, 99 bis 107 – G. Cultrera, L'Apollonion-Artemision di Ortigia in S., Mon. Ant. 41, 1951, 701–860 – Berve-Gruben, 208–211 – Zahlreiche Aufsätze und Fundber.: NSc; Mon. Ant.; neuestes: AA 1964, 684 f.

Syrianos, Schüler und Nachfolger des → Plutarchos (2) v. Athen als Akademiehaupt (ca. 431/432 n. Chr.), Lehrer des → Proklos und des → Hermeias (2). Vertritt die pythagoreisch-altakademische Lehre von der Eins und der Unbestimmten Zweiheit als obersten Prinzipien; über diesen setzt er → Plotins überseiendes Eine, übernimmt auch dessen sonstige Hypostasen (die er in → Platons Parmenides findet). Mit Plotin (3, 9, 16–22) spaltet er den Intellekt (νοῦς) in Intelligibles und Intellektuelles. Die Materie setzt er zuweilen mit der Unbestimmten Zweiheit (so daß sie aus dem überseienden Einen hervorgeht), zuweilen mit der letzten Emanationsstufe gleich. Zwischen Platons Ideen und → Aristoteles' Formen schiebt er die stoischen ‹Begriffe› (λόγοι). Zwischen Plotin und → Iamblichos vermittelnd lehrt er, die menschliche Seele werde wohl nie zur Tierseele, könne aber strafweise an eine solche gebunden werden. Ph. M.

Ed: H. Raabe, 1892/93 (Komm. zu Hermog.) – CAG VI, 1902 (Komm. zu Aristot. metaph. 2, 3, 12, 13) – *Lit:* K. Praechter, RE 4 A 2 (1932), 1728–75 – E. Zeller-G. Martano, 1961.

Syrien (griech. Συρία, <'Ασσυρία). [1] *Land.* S. ist die weder geographisch noch politisch eindeutige Bezeichnung des in verschiedene geographische Einheiten gegliederten Ost-Mittelmeer-Raumes von der Küstenebene zwischen → Antiochia und → Tyros und dem → Libanon und Antilibanon bis → Mesopotamien. In West-S. herrscht Etesienklima (Steigungsregen), in Ost-S. das Trockenklima der arab. Wüste (vgl. → Semiten A).

[2] *Geschichte bis zur hellenist. Zeit.* Seit der ältesten Steinzeit besiedelt (Megalithkultur), ist S. als Verbindungsland zwischen den frühen Hochkulturen stets instabiles Einfallsgebiet fremder Völker, unter denen seit Mitte des 3. Jt.s → Semiten vorherrschen (Amoriter, Kanaanäer). Die seit dem 4. Jt. herausgebildeten Stadtstaaten (→ Byblos, → Ugarit) stehen im 3. und 2. Jt. unter dem Einfluß → Mesopotamiens und → Ägyptens (→ Sargon I., → Narām-Sîn, → Ächtungstexte); nach Vertreibung der → Hyksos stößt Ägypten (→ Thutmosis I. und III.) zeitweise bis zum Euphrat vor, seinen Einfluß in Süd-S. zeigen im 14. Jh. die → Amarnabriefe. Im N setzen sich seit Mitte des 16. Jh.s gegen die → Mitanni die → Hethiter mit der Errichtung verschiedenartiger Abhängigkeitsverhältnisse durch (Vertrag zwischen Ramses II. und → Ḫattušilis). Diese Machtverhältnisse werden im 12. Jh. durch den Einfall der → Seevölker (→ Philister) zerstört. Die danach einströmenden Aramäer können während der Ohnmacht der Großstaaten die Macht in verschiedenen Stadtstaaten übernehmen, die zeitweise zu bedeutenderen Territorialstaaten heranreifen (→ Damaskos, → Hamat). Nach Erstarken Assurs (→ Tiglatpileser I.) wird S. im 8. und 7. Jh. unter Vernichtung seiner bedeutendsten Einzelstaaten in das assyr. Provinzialsystem (→ Tiglatpileser III., → Asarhaddon), danach Ägypten und Neubabylon (→ Nebukadnezar II.) eingegliedert. 539–332 ist S. Satrapie der → Achämeniden. In den Diadochenkämpfen ist S. Zankapfel zwischen → Seleukiden und → Ptolemäern (301 Teilung S.s), bis gegen Ende des 3. Jh.s (→ Antiochus II.) der Einfluß Ägyptens zurückgedrängt wird. Das 2. Jh. zeigt einen Niedergang der seleukidischen Macht (Antiochus IV.). Relativ selbständige Staaten konsolidieren sich, die entweder an alte Verhältnisse anknüpfen oder aber Ausdruck der sich durch die Ausbreitung der Araber ändernden ethnischen Verhältnisse sind (Stadtstaaten; vgl. → Judentum B [4], → Kommagene, → Ituräer, → Nabatäer). Karte → Palästina. G. Wn.

Lit: E. Honigmann, Histor. Topographie von Nord-S. im Altertum, 1923 – R. Dussaud, Topographie historique de la S. antique et médiévale, 1927 – E. Honigmann, RE 4 A 2 (1932), 1549–1727 – M. Rostovtzeff, Gesch. der Alten Welt I, 1941 – Ders., Hellenist. Welt I–III – A. Scharff-A. Moortgat, Ägypten und Vorderasien im Altertum, 1950 – H. Th. Bossert, Alt-S., 1951 – Ph. K. Hitti, History of S. ..., 1951 – H. Schmökel, Gesch. des alten Vorderasien, HbOr II 3, 1957 – RGG VI 571–576.

[3] *S. unter den Römern.* 64 v. Chr. wurde S. durch → Pompeius (2) zur röm. Provinz mit Antiocheia als Hauptstadt. → Kilikien wurde abgetrennt und zu einer eigenen Provinz. In Südsyrien wurden die Königreiche der → Nabatäer, → Ituräer und → Judaea als Vasallenstaaten belassen, letzteres allerdings stark reduziert (die Städte mit griech.

Verfassung wurden mit innerer Autonomie unter Oberhoheit des Provinzgouverneurs gestellt und bildeten die → Decapolis). Der erste Prokonsul war A. → Gabinius (2), auf den → Crassus folgte, der von hier in den → Partherkrieg zog. Nachdem Judäa unter → Herodes (1) d. Gr. nochmals bedeutend vergrößert worden war, wurde es 4 vor Chr. unter seine Söhne geteilt. Archelaos erhielt Samaria, Judäa und Idumäa, die sämtlich 6 n. Chr. zu Syrien geschlagen wurden. Antipas bekam Galiläa und Philippus Ituräa. Nochmals lebte des Herodes Königreich auf, als → Claudius es 40 n. Chr. an Herodes Agrippa gab; nach dessen Tod (44 n. Chr.) wurde es definitiv zu Syrien gezogen. Der Sohn des Herodes Agrippa, Agrippa III., erhielt als Ersatz das Königreich Chalkis (→ Ituräer). Nach seinem Tode kam auch dieses Gebiet 93 n. Chr. endgültig zu Syrien. Innerhalb der großen Provinz S., die Rom gegen die Parther schützen sollte, wurde Judäa durch Prokuratoren regiert (der fünfte: → Pontius (3) Pilatus). Im 4. Jh. n. Chr. wurde S. in mehrere Provinzen aufgeteilt: Syria I mit Antiocheia, S. II mit Apamea, Phoenicia I mit Tyrus, Phoenicia II oder Phoenicia ad Libanum mit Damaskus. Auf die Zerstörungen, die der persische Vorstoß unter Chosroes II. (611–614) gebracht hatte, folgte die Wiedereroberung durch Kaiser Heraclius. Nach der Schlacht am Yarmuk (637) ging S. an die Araber verloren. R. F.

Lit: Ph. K. Hitti, History of Syria, 1951 – A. H. M. Jones, Cities of the eastern Rom. prov., 1937.

[4] *Das Christentum in S.* (Chr. = Christentum). Die ersten Christen des syrischen Sprachbereichs entstammten den Kreisen der jüdischen → Diaspora. Zu ihnen gesellten sich in den Städten Teile des hellenischen Volkstums, auf dem Lande Teile der einheimischen semitischen Bevölkerung (Aramäer). Zentren der frühen Mission waren → Antiochia, → Damaskos, → Edessa, später → Arbela und Nisibis, von wo aus das Chr. schon im 2.–4. Jh. entlang den Handelsstraßen in das südliche Zweistromland (Seleukia), bis zum Hilmend und Oxus, nach Arabien, Gutscherat und Armenien gelangte. – Sowohl das Chr. des eigentlichen S. als auch der syrisch-sprachigen Gebiete schlug trotz weitgehender Abhängigkeit von der Großkirche früh eine besondere Entwicklung ein, die es von der Orthodoxie entfernte und sich in einer eigenständigen Überlieferung, z. B. den syr. Bibelübersetzungen (→ Tatians ‹Diatesseron›; altsyrische Bibelübersetzung; Peschittā = ‹scriptura vulgaris›, im wesentlichen direkt von der hebräischen Masora abhängig), Sonderformen der Frömmigkeit (→ Mönchtum, Styliten = ‹Säulenheilige›) und der kirchlichen → Baukunst äußerte. Zeugen eines frühen unorthodox-‹häretischen› Chr.s sind → Bardesanes und Afrahat, ein Zeuge großkirchlicher (nicäischer) Orthodoxie ist → Ephraïm. – Zum ersten Bruch des syr. Chr.s mit der Reichskirche kam es 484/486, als sich das Chr. des sassanidischen Perserreiches auf einer Synode in Seleukia zur Theologie des → Nestorios bekannte und unter einem eigenen ‹Katholikos› eine (dyophysitische) nestorianische ‹Staatskirche› mit eigener Theologie (Schulen von Nisibis und Seleukeia) organisierte. – Die Westsyrer hingegen bekannten sich gegen die Theologie von → Chalkedon zum → Monophysitismus und trennten sich damit ebenfalls von der Reichskirche. Seit 542 organisierte Jakob Baradaios eine selbständige monophysitische Kirche, als deren führende Theologen Severus, Philoxenus und Jakob von Sarug gelten. – Weitgehende kulturhistorische Bedeutung hat das syr. Chr. dadurch, daß es die hellenistische Kultur Syriens und Irans den Arabern und durch sie z. T. dem mittelalterlichen Abendland vermittelte (Medizin → Galen, Philosophie → Aristoteles, hellenist. Literaturformen). W. Str.

Lit: A. Baumstark, Gesch. der syr. Literatur, 1922 – I. Ortiz de Urbina, Patrologia Syriaca, 1958 – B. Spuler, HbOr I 8,2 – J. Labourt, Le christianisme dans l'empire perse..., 1904.

Syrinx → Musikinstrumente B [6].

Syrische Kriege, die Konflikte zwischen → Ptolemäern und → Seleukiden um den Besitz von Koilesyrien und Phoinike (3. u. 2. Jh. v. Chr.), die sich → Ptolemaios I. 301 nach Ipsos angeeignet hatte. Im ‹Syr. Erbfolgekrieg› 280–279 gewann → Ptolemaios II. Gebiete → Antiochos' I. in Kleinasien. Der 1. S. Krieg 274–271 zwischen denselben Königen brachte keine wesentlichen Veränderungen. Im 2. S. Krieg 260–253 gegen → Antiochos II. und → Antigonos II. Gonatas erlitt Ptolemaios II. Verluste in Kleinasien und Syrien. Den 3. S. Krieg 246–241 führte → Ptolemaios III. zugunsten der Erbansprüche seiner Schwester → Berenike (3) Syra gegen → Seleukos II. und dessen Mutter → Laodike (Laodikekrieg); nach ephemerem Eroberungszug bis mindestens zum Euphrat behielt er Seleukeia in Pierien und Küstenstriche in Kleinasien und Thrakien. Im 4. S. Krieg 221 (219) bis 217 schlug → Ptolemaios IV. den bis an Ägyptens Grenze vorgedrungenen → Antiochos III. bei Raphia (23. Juni 217); sein Sohn → Ptolemaios V. verlor im 5. S. Krieg 202 (201)–195 (Schlacht am Panion 200) den ptolemäischen Besitz in Syrien und Kleinasien an Antiochos. Im von den Vormündern Ptolemaios' VI. herbeigeführten 6. S. Krieg 170–168 besetzte → Antiochos IV. große Teile Ägyptens, ließ sich 169 angeblich zum König von Ägypten krönen, wurde 168 von Rom zum Abzug gezwungen, behielt aber die syr. Provinzen. Auch das mehrfache Eingreifen ptolemäischer Herrscher in die syr. Thronwirren im 2. u. 1. Jh. v. Chr. führte nicht zu dauerndem Besitzwechsel. H. H. Sch.

Lit: W. Otto, Beiträge zur Seleukidengesch. des 3. Jh.s v. Chr., Abh. München 34, 1, 1928 – Ders., Zu d. S. Kriegen d. Ptolemäer, Philol. 36, 1931, 400–418 – M. Holleaux, Etudes d'épigraphie et d'histoire grecques III, 1942, 281–335 (Lit) – E. Bickerman, Sur la chronologie de la 6e guerre de Syrie, CE 17, 1952, 396–403 – H. Volkmann, RE 23,2 (1959), 1647. 1650–52. 1654–56. 1668–72. 1680–84. 1693–96. 1705–11 (Lit) – Bengtson, 388. 394–395. 397–399. 406. 464. 478 (Lit).

Syrten, die beiden Golfe an der Nordküste Afrikas zwischen der → Kyrenaika und Tunesien (Kt. 61 F2), die Syrtis maior vor der Küste der Kyrenaika, die S. minor vor Tunesien. Die S. waren im Altertum wegen ihrer Sandbänke gefürchtet. R. F.

Syssitien. Die gemeingriech. Bezeichnung umfassender ‹Essensgemeinschaften› wurde insbes. auch angewandt auf (1) die ἀνδρεῖα, ‹Männergemeinschaften›, in denen die Bürger der Städte → Kretas zu gemeinsamen Mahlzeiten auf Staatskosten verbunden waren; (2) die ursprünglich gleichfalls ἀνδρεῖα, später φιδίτια genannten, je etwa 15 Mann zählenden Tischgemeinschaften der Vollbürger → Spartas. Jeder Spartiat mußte einer dieser Gemeinschaften angehören und für die täglichen gemeinsamen Mahlzeiten, denen er nur in ganz bestimmten Fällen fernbleiben durfte, seinen (für alle gleichen) Beitrag in Naturalien und Geld entrichten; konnte er das nicht, verlor er sein Vollbürgerrecht. Die S. verbanden ihre Mitglieder zu gemeinsamer, gleicher Lebensführung und sicherten ihre ständige Kriegsbereitschaft. F. G.

Lit: E. Kirsten, Das dor. Kreta I, 1942, 127–147 – M. P. Nilsson, Die Grundlagen des spartan. Lebens (1912), in: Opusc. sel. II, 1952, 826–869 – F. Kiechle, Lakonien u. Sparta, 1963, 203–220 (Lit).

Szene → Theater, → Skene.

Tabellarii hießen die röm. Briefboten, meist Sklaven oder Freigelassene, im Dienste der staatlichen → Post (→ cursus publicus) oder von Privatpersonen. Eine zweite, von den T. nicht genau abgrenzbare Gruppe der Briefboten sind die statores. Vgl. → Boten, → Nachrichtenwesen. Th. P.

Tabernae, in frührepublikan. Zeit hölzerne, später aus Stein gebaute, zellenartig aneinandergereihte Verkaufsläden und Wechselstuben am → Forum (vgl. → Architektur II B 2, → Basilika A 3) und an Häuserfronten (vgl. → Haus B 3). C.K.

Lit: G. Girri, La taberna nel quadro urbanistico e sociale di Ostia, 1956 – Crema, 309.

Tabu, ein Wort aus der Eingeborenensprache der Südsee-Inseln (wörtl. Bedeutung etwa: ‹gemerkt›, ‹gekennzeichnet›), ist aus der Beschreibung primitiver Stammesreligionen bekannt geworden und dann als fester Begriff in die allgemeine Religionswissenschaft eingegangen. T. bedeutet: etwas (ein Ding, ein Mensch, ein Ort) ist mit geheimnisvoller ‹Kraft› (vgl. → Mana) geladen und aus dem Bereich des Profanen herausgehoben; die Berührung damit ist äußerst gefährlich und grundsätzlich zu vermeiden, sofern dabei nicht bestimmte strenge kultische Vorschriften berücksichtigt werden. – Obgleich die griech. → Religion in geschichtlicher Zeit das Stadium primitiver Glaubensvorstellungen überwunden hat, gibt es in ihr – bes. in der volkstümlichen Religiosität – gewisse Äußerungen der Ehrfurcht vor dem → Heiligen, die sich im Sinne uralter T.-Vorschriften deuten lassen (allerdings tritt dabei das spezifisch Griechische stets stark hervor). Zu derartigen Erscheinungen gehören z.B. Eigenarten im Verhalten gegenüber blitzgetroffenen Menschen und Orten (*ἐνηλύσια;* z.B. Plut. Pyrrh. 29; vgl. Et. M. und Hesych. s.v.) sowie gegenüber sonstigen heiligen Plätzen (→ Abaton, auch → Grotten, Felsen u. dgl.) und Räumen (bes. dem Allerheiligsten eines Tempels, → Adyton), gegenüber dem → Opferaltar (auch dem → Herd), Opfergeräten, -tieren und Opferresten sowie überhaupt gegenüber dem Eigentum der Götter (z.B. Votivgaben, Ländereien, vgl. → Temenos). Auch das → Asylrecht und gewisse Vorschriften für → Priester (vor allem → Reinheitsriten) sowie für das Leben und die Arbeit des Landmannes (z.B. in Hes. erga) lassen sich aus alten T.-Vorstellungen deuten. Vgl. → Religion I B.F. K.-H.R.

Lit: G. v. d. Leeuw, Phänomenologie d. Religion (1933), 1956³ – Nilsson, I 68–157.

[2] Der *röm. Staatskult* verzeichnet ziemlich zahlreiche Beispiele von T. über Personen: Ausschluß der Frauen vom Kult des → Silvanus, von dem des → Herkules; Ausschluß der Männer vom Kult der → Bona Dea. T. über Tiere: die Hunde wurden vom Großen Altar des Herkules ferngehalten; Pferde durften den Hain der → Diana in Aricia (→ Virbius) nicht betreten. T. über Orte galt für Tempel, aber z.B. auch für das → Bidental. T. über Tage: → dies nefasti, religiosi. T. über → Materialien: kein Eisennagel durfte zur Ausbesserung des Pons Sublicius verwendet werden. Zu einigen der T.s, denen dieser → Priester unterworfen war, vgl. → Flamen Dialis. H. Le B.

Lit: E. E. Burriss, Taboo, Magic, Spirits: a study of primitive elements in Roman religion, 1931.

Tabula Iliaca, aus weichem Palombino-Marmor hergestellte Platten mit Flachreliefszenen, die sich auf die → trojanischen Sagen nach verschiedenen Dichtern beziehen (→ Stesichoros, → Homer, → Arktinos, → Lesches: vgl. → Kyklos). Zahlreiche griechische erläuternde Inschriften, durch die auch als Redaktor ein Theodoros angegeben wird. Entstanden im 1. Jh. n. Chr. Hauptfragment in Rom (Kap. Mus., S. d. Colombe 83) von kleinen Ausmaßen: H. 0,25 m, Br. 0,28 m. Verwendung als Votive oder als Schmuckreliefs in Bibliotheken. U.J.

Lit: O. Jahn, Griech. Bilderchroniken, hg. von A. Michaelis, 1873 – A. Brüning, Über die bildl. Vorlagen der ilischen Tafeln, JdI 9, 1894, 136–165 – H. Stuart Jones, A Catalogue... Museo Capitolino, 1912, 165–172, Nr. 83, Taf. 41 – K. Bulas, New Illustrations to the Iliad, AJA 54, 1950, 112–118, Taf. 18–20 – K. Schefold, Die Trojasage in Pompeji, Nederlands Kunsthist. Jb. 1954, 215 – A. Sadurska, Les tables iliaques, 1964.

Tabularium → Rom IV C [1] f.

Tacfarinas, Numider, «ein afrikanischer Arminius» (Mommsen). Diente in röm. Auxilia, desertierte und wurde Räuberhauptmann. Entfesselt 17 n. Chr. Aufstand der Musulamier, dem sich andere maurische und numidische Stämme anschließen. Seine Guerillataktik macht den Römern schwer zu schaffen. Obgleich drei Prokonsuln sich rühmen, ihn besiegt zu haben, plündert er weiter, bis es 24 P. → Cornelius (12) Dolabella gelingt, ihn bei Auzia (Aumale) zu stellen. T. sucht den Tod in der Schlacht. H.-G.K.

Q: Tac. ann. 2, 52; 3, 20f. 73f.; 4, 23–25; AE 1961, 107f. – *Lit:* P. Romanelli, Storia delle province romane dell'Africa, 1959, 227–241.

Tacitus (M. Claudius T.), röm. Kaiser 275–276; geb. ca. 200 in Interamna; Italiker und Senator; ermordet (?) April 276 in Tyana (Kleinasien). T. stimmte seiner Ernennung nur widerwillig zu, als nach dem Tode des → Aurelian Heer und Senat einander gegenseitig die Ernennung des Kaisers anboten und der Senat ihn vorschlug (Sept. 275). Zusammen mit seinem Bruder M. Annius Florianus, den er zum Prätorianerpräfekten gemacht hatte, führte er Krieg gegen die vom Schwarzen Meer nach Kleinasien eingedrungenen Goten; dort starb er oder wurde ermordet. Florianus ließ sich darauf zum Kaiser erheben, starb aber kurz darauf bei dem Versuch, den in Syrien und Ägypten anerkannten → Probus (1) zu beseitigen (Juni 276). H.D.M.

2. **T.** (P. (?) Cornelius T.), der letzte große → Geschichtsschreiber Roms, entstammte einer Familie, die in der Narbonensis (oder Gallia Cisalpina) beheimatet war. ‹Beinahe gleichaltrig› mit dem 61/62 n. Chr. geborenen jüngeren → Plinius (2), begann er seine politische Laufbahn unter Vespasian (hist. 1, 1, 3), heiratete 77 die Tochter des Konsuls Cn. Iulius → Agricola (1), war 88, im Jahr der Säkularspiele, Prätor und Quindecimvir (ann. 11, 11, 1); danach verließ er in staatlichem Auftrag Rom für 4 Jahre; unter Nerva bekleidete er 97 das Konsulat und übernahm 112/113 (?) die Statthalterschaft von Asia (Inschrift von Mylasa: OGIS 487). Gestorben ist T. vermutlich in den ersten Regierungsjahren Hadrians. – Seine rhetorische Ausbildung erhielt er in Rom bei M. → Aper und → Iulius (14) Secundus (dial. 2, 1) und galt bereits in jungen Jahren als gefeierter Redner. Von seinen Reden sind lediglich der Nachruf auf → Verginius (2) Rufus und das Eintreten für die Provinz Africa i. J. 100 bekannt.

[2] *Die kleineren Werke.* Literarisch tätig geworden ist T. erst in seinen reifen Mannesjahren, geprägt vom ‹Domitianerlebnis›. Tacitus, der mit der senatorischen Opposition durch Herkunft, Verschwägerung und politische Tendenz verbunden war, mußte mit den Absichten Domitians, eine absolute Monarchie aufzubauen, in Konflikt geraten. Sein erstes, 98 publiziertes Werk, *De vita Iulii Agricolae,* galt dem pietätvollen Andenken an seinen Schwiegervater. Die z.T. enkomiastisch überhöhte, apologetische Lebensbeschreibung weitet sich im Mittelteil zu allgemein-historischer Darstellung der Ereignisse in Britannien, während Anfang und Schluß der Schrift dem privaten Leben des Verstorbenen gewidmet sind. – In demselben Jahr 98 veröffentlichte T. wahrscheinlich auch die *Germania* (voller Titel: De origine et situ Germanorum), deren erster Teil über Land, Herkunft und Lebensformen der Germanen handelt, während im zweiten die einzelnen Stämme charakterisiert werden. Die G. ist keine reine → Chorographie, sondern eine ethnographische Studie (nach Mommsen und Norden eine Vorarbeit für die Historien). Der Quellenwert der Schrift wird beeinträchtigt durch die in der Antike verbreitete Idealisierung der Naturvölker. T. hat von der ethnographischen Topologie reichlich Gebrauch gemacht (Norden), andererseits aber auch vieles für die Germanen Charakteri-

stische überliefert. Die G. kann weder ausschließlich als ‹Sittenspiegel› für die Römer aufgefaßt werden (dagegen spricht das Hervorkehren der german. Charakterschwächen) noch als eine «für den Moment berechnete politische Broschüre» (Müllenhoff und – mit neuer Begründung – Nesselhauf), weil man damals angeblich den entscheidenden Schlag gegen die Germanen erhoffte. T. hat die Germanen als ein den Römern ebenbürtiges Volk dargestellt, deren Freiheitsdrang jederzeit wieder gefährlich werden konnte und deren Zwietracht – *urgentibus imperii fatis* (Germ. 33, 2) – für Rom nur von Nutzen sein könne. – Im *Dialogus de oratoribus* setzte sich T. mit einem damals viel diskutierten Problem (→ Quintilian; → Anonymus De sublimitate) auseinander. In dem leidenschaftlich und prinzipiell geführten Dialog verteidigt M. → Aper die zeitgenössische Beredsamkeit und lehnt die Dichtung als Lebensaufgabe ab – zu ihr bekennt sich → Curiatius Maternus; Messalla setzt sich (wie Quintilian) für die klassische Redekunst (Cicero) ein und sieht die Gründe für den Verfall der Beredsamkeit in der Vernachlässigung der Jugendbildung und dem wirklichkeitsfremden Treiben der Rhetorenschulen. Der Dialogus ist zwar anonym überliefert (mit einer Lücke nach Kap. 35), doch kann an der Autorschaft des T. kaum gezweifelt werden (gegen die Echtheit: E. Paratore, a. O. 145 ff.), auch wenn die Schrift stilistisch, ihrem Thema entsprechend, ciceronianischer Diktion näher steht als dem Stil der historischen Werke. Dem Konsul von 102, → Fabius (4) Iustus, gewidmet, gehört der D. in seiner Gesamtkonzeption und den historischen Urteilen als Kulturdokument von einmaligem Rang in das 1. Jahrzehnt von Trajans Regierung, als T. bereits an den Historien arbeitete.

[3] *Historien und Annalen.* Schon im Agricola (3, 3) hatte T. das Programm für seine künftige Geschichtsschreibung verkündet: von der Knechtschaft der Vergangenheit und der glücklichen Gegenwart Zeugnis abzulegen. So erschienen zunächst die *Historien*, welche die Zeit vom 1. 1. 69 bis zur Ermordung Domitians umfaßten, in 14 Büchern (s. u.), von denen 1–4 und der Anfang des 5. (Ende des Bataver-Aufstandes i. J. 70) erhalten sind. In einzelnen Buchgruppen publiziert, lagen sie etwa 109 abgeschlossen vor. – Im Gegensatz zu seinem ursprünglichen Programm, auch die Zeit Nervas und Trajans zu behandeln – T. hatte erkannt, daß er Gegenwartsgeschichte nicht ohne Rücksichtnahme auf Trajan schreiben könne –, wandte er sich dem frühen Prinzipat zu: *Ab excessu divi Augusti* (seit Beatus Rhenanus wird das Werk nach 4, 32, 1 Annales betitelt). Die ersten 6 Bücher behandeln Tiberius, 7–10 (nicht erhalten) Caligula und die ersten sechs Regierungsjahre des Claudius, 11–16 die Ereignisse von 47–66 (Freitod des → Thrasea Paetus). Fraglich, ob die Darstellung über den Tod Neros hinausging und noch bis Ende 68 führte. Daß die Schlußpartien der Annalen von T. nicht mehr überarbeitet werden konnten, ist wahrscheinlich (R. Syme, a. O. 359 ff. 742 ff.). Auch eine angekündigte (ann. 3, 24, 3) Darstellung der augusteischen Zeit kam nicht mehr zur Ausführung. Geschrieben sind die ersten Annalenbücher unter Trajan (2, 50, 1 vor der Eroberung Armeniens im Sommer 114; nicht eindeutig 2, 61, 2 *rubrum mare*), die letzten wohl erst unter Hadrian. – Historien und Annalen sind im 3. (oder 4.) Jh. zu einer Gesamtausgabe vereinigt worden (Hier. in Zach. 3, 14 kennt sie als 30 Bücher Kaisergeschichte), auf die unsere handschriftliche Überlieferung zurückgeht, in der das erste Buch der Historien als siebzehntes gezählt wird. Demnach haben die Historien 14, die Annalen 16 Bücher umfaßt. – Die Frage, welche *Quellen* T. benutzt hat, ist wegen des völligen Verlustes seiner Vorgänger äußerst kompliziert. Direkt werden in den Historien nur das Geschichtswerk des älteren Plinius (Hauptquelle für den Bataveraufstand) und die Memoiren des → Vipstanus Messalla zitiert; Studium der acta publica und Bemühungen um Primärmaterial (Vesuvausbruch; Prozeß gegen Baebius Massa) sind durch Plinius' Briefe bezeugt. Hinzu kommt die kritische Erwähnung von Quellen ohne Namensnennung (hist. 2, 101, 1). Wieweit die commentarii Flaviorum benutzt wurden, läßt sich nur mit geringer Sicherheit feststellen (vgl. A. Brießmann, 1955). Ein Vergleich mit → Plutarchs Galba und Otho (hist. 2, 37 f. ∼ Otho 9; 1, 80 ff. ∼ Otho 3, 3 ff.) ergibt, daß bei beiden Autoren die gleiche Quelle zugrunde liegt, die auch → Sueton in den betreffenden Vitae Caesarum benutzt hat. Aber T. als Gestalter der Ereignisse hat seine Quellen frei bearbeitet und war um Ergründung der tieferen Zusammenhänge bemüht. – Größer ist die Zahl der in den Annalen zitierten Autoren: → Plinius (1) d. Ä., → Fabius (12) Rusticus, → Cluvius (1) Rufus und Memoiren (→ Agrippina (3) d. J., → Corbulo). Generell von Wichtigkeit für T.' Arbeitsweise ist sein – allerdings nicht durchgehend beachteter – Grundsatz, bei Übereinstimmung seiner Quellen ihnen zu folgen, bei Diskrepanzen den Namen des Autors zu nennen (ann. 13, 20, 2). Von Bedeutung auch für die Komposition ist die Benutzung der Staatszeitung (acta diurna) und der Senatsprotokolle (R. Syme, a. O. 278 ff.). In den Sammelzitaten ohne Namensnennung (ann. 4, 10, 1) könnten → Aufidius (2) Bassus und → Servilius (6) Nonianus enthalten sein, die bei der Suche nach dem Namen des großen Unbekannten, dessen Darstellung T. angebl. folgte, eine große Rolle spielen.

[4] Die männlich-herbe *Sprache* des T. wird gekennzeichnet durch σεμνότης (Plin. epist. 2, 11, 17): feierlich klingende archaische und poetische (Vergil, Lucan) Ausdrücke, extreme Knappheit der Diktion (gegenüber seinem Vorbild Sallust noch gesteigert), Vermeiden der Konzinnität, Bildhaftigkeit, kühne neue Wortverbindungen; ein pointierter Stil, der mit Wort- und Gedankenantithesen brilliert. Der Höhepunkt dieser bisweilen gewaltsamen Sprachvirtuosität ist in den ersten Annalenbüchern erreicht, während ab Buch 13 eine Rückkehr zu normalerer Diktion konstatiert wird (was aber vielleicht nur eine Folge der fehlenden letzten Überarbeitung ist). Die Parallelüberlieferung lehrt, daß nicht alles in dieser ganz individuell erscheinenden Sprache taciteisch ist, sondern bereits in den Quellen ähnlich formuliert war. Diese vibrierende, mehr andeutende als aussagende Sprache spiegelt den Menschen T. mit seinen Dissonanzen wider. Mit Recht hat deshalb die neuere Forschung (E. Löfstedt, F. Klingner) den Blick auf die ‹innere Seite› seines Stils gelenkt.

[5] *Als Historiker* ist T. im Prinzip → Annalist (ann. 4, 71, 1), aber er fügt sich nicht sklavisch in diese ‹Zwangsjacke›, wie der Beginn seiner Historien 14 Tage vor dem Ende Galbas vermuten lassen könnte. Vielmehr erfüllt er die annalistische Tradition mit neuen Darstellungsprinzipien. In den Annalen tritt die äußere Bindung an den Jahresablauf (1–6: Tiberius) immer stärker zurück und dafür ab Buch 12 die Darstellung des sachlich oder örtlich Zusammengehörigen in den Vordergrund (etwa 12, 31–40, Britannien in den Jahren 47–58 und anschließend die Ereignisse im Orient; im 15. Buch die Pisonische Verschwörung im Zusammenhang). Äußerlich leidenschaftslos (*sine ira et studio:* ann. 1, 1, 3), aber mit innerer Anteilnahme hat T. die Kaisergeschichte dramatisch komponiert, oft unter Verzicht auf genaues Detail, überlieferte Zusammenhänge und Begründungen. Wie sein Vorbild Sallust brilliert er in psychologischen Charakteranalysen (→ Sejan ∼ Catilina; → Poppaea Sabina ∼ Sempronia); unvergeßlich seine düsteren Gemälde: Brand Roms (ann. 15, 38 ff.), Untergang Cremonas (hist. 3, 33), Rückzug → Caecinas (1) über die pontes longi (ann. 1, 63 ff.). T. schreibt nicht zur Unterhaltung seiner Leser; auch die Exkurse (über Staatsrecht oder Kulturgeschichte) dienen der Belehrung (ann. 4, 32 ff.). Wenn auch moderne, historische Kritik an Tacitus' Darstellungsweise im einzelnen berechtigt, ja unerläßlich ist, ist Tacitus nicht nur dramatischer Künstler, sondern doch vor allem Historiker. – Das Weltbild, das hinter der Darstellung trans-

parent wird, ist kein «Sammelsurium von Widersprüchen» (R. v. Pöhlmann), sondern spiegelt die geistige Situation der Zeit. Das zeigt sich bes. deutlich im Bereich des Religiösen: wirken favor oder ira deum auf menschliches Geschick ein, oder kümmern sich die Götter nicht um die Menschen (ann. 16, 33, 1)? Prodigia und ostenta, an die das Volk glaubt und die in der Geschichtsschreibung von alters her eine wichtige Rolle spielen, behandelt T. mit Respekt (hist. 2, 50, 2). Ähnlich steht es mit der Beurteilung des Irrationalen (fatum, fortuna) und der Willensfreiheit des Menschen (ann. 4, 20, 3). Eingehende Beschäftigung mit der Philosophie wird abgelehnt (Agr. 4, 3), extremer Stoizismus verurteilt (Agr. 42, 4); die Bedeutung der Astrologie leugnet er nicht gänzlich (ann. 6, 22, 3), verurteilt aber das schamlose Treiben der Astrologen (hist. 1, 22, 1). – Im politischen Bereich hat T. die Notwendigkeit des Prinzipats anerkannt (hist. 1, 15 ff.), obwohl sein Herz der alten res publica gehört. Er bescheidet sich, die Vereinigung von principatus und libertas (Agr. 3, 1) als das erreichbar Beste zu bezeichnen: keine Erbmonarchie, wie sie Augustus begründet hatte, sondern freie Wahl des Besten zum Kaiser. Die bitteren Erfahrungen mit Domitian hatten ihn gegenüber dem Prinzipat und seinen Leistungen für das röm. Reich voreingenommen werden lassen. T. schreibt, der Tradition folgend, im wesentlichen röm. Stadtgeschichte, nur daß an Stelle des Volkes der Kaiser, sein Hof und die führenden Männer im Zentrum stehen, während die Provinzen und ihre Bevölkerung, Reichsverwaltung und Wirtschaft nur eine geringe Rolle spielen. Infolge dieser Rombezogenheit erscheinen seine Kaiserporträts aus mangelnder Distanz verzerrt. T. sah es als seine Aufgabe an, die virtutes – auch die der Kaiserzeit – hell aufleuchten zu lassen (ann. 3, 65, 1) und aus der Geschichte *exempla recti aut solacia mali* (hist. 3, 51, 2) zu bieten. Nicht völlige Hoffnungslosigkeit, aber die Resignation und leidenschaftliches Aufbäumen gegen die Gebrechen seines Zeitalters kennzeichnen sein Werk.

[6] *Überlieferung*. T. wurde zwar von → Ammianus Marcellinus unmittelbar fortgesetzt, jedoch in der Spätantike wenig gelesen (→ Cassiodor, → Apollinaris (1) Sidonius). Die Überlieferung der ‹Kleineren Schriften› geht auf den Codex Hersfeldensis zurück (830/850 vermutlich in Fulda geschrieben), von dem ein Quaternio im Cod. Aesinas erhalten ist (Faksimileausgabe: R. Till, 1943). Die Abschriften des 15. Jh.s haben den Text leidlich getreu bewahrt. Für die Historien und Annalen stellen zwei heute in Florenz aufbewahrte Handschriften die Hauptüberlieferung dar: Mediceus I (9. Jh.), aus dem Kloster Corvey, enthält ann. 1–6; Mediceus II (2. H. 11. Jh.), aus Monte Cassino stammend, ann. 11–16 und hist. 1–5 (Faksimileausgaben beider Codices: E. Rostagno, 1902). Ob der neuerdings stark beachtete Cod. Leidensis aus dem 15. Jh. eine von den beiden Haupthandschriften unabhängige Überlieferung repräsentiert, ist umstritten.

[7] *Fortleben*. Nach der Wiederentdeckung des T. setzte eine lebhafte neue Wirkung ein: Die Germania regte das Nationalbewußtsein der deutschen Humanisten an, Machiavelli empfahl die Annalen als illustre Quelle politischer Erkenntnis, während das 18. Jh. T. als Feind der Tyrannen und Verteidiger republikanischer Freiheit feierte. Auf seine Darstellung griffen die Dichter der Romania zurück: Corneille (Othon), Racine (Britannicus), Chénier (Tibère), Alfieri (Ottavia). Erst das 19. Jh. entzog sich seiner dämonischen Wirkung: Napoleon I. wollte ihn zugunsten Caesars aus der Schule verbannt wissen, Mommsen lehnte ihn als voreingenommenen, wenig Fakten bietenden Historiker ab – aber trotz allem bleibt T.' Werk von zeitloser, bestürzender Aktualität. R. T.

Ed: Gesamtausgabe: (C. Halm-G. Andresen)-E. Koestermann, 1960 ff. – *Einzelausgaben:* R. Till-M. Gelzer, 1963 (Historien) – H. Drexler, 1955/57 (Ann.) – H. Fuchs (1946/49), $1960/63^2$ (Ann.) – *Übers:* K. Büchner (1955), 1963^2 (Agr. Germ. Dial.) – R. Till, 1961 (Agr.) – A. Mauersberger, 1957 (Germ.) – W. Sontheimer, 1959 (Historien) – A. Horneffer, 1957 (Ann.) – *Komm: Agricola:* H. Furneaux-J. G. C. Anderson (1898), 1922^2 – *Germania:* H. Schweizer-Sidler-E. Schwyzer (1871), 1923^8 – J. G. C. Anderson, 1938 (Nachdr. 1958) – R. Much (1937), 1959^2 (Ed. Norden, Germ. Urgesch. [1920], 1959^4) – *Dialogus:* A. Gudeman (1894), 1914^2 – A. Michel, 1962 – *Historien:* K. u. W. Heraeus (1864), $1927/29^{5-6}$ – H. Goelzer, 1920 – H. Heubner, 1963 ff. – *Annalen:* H. Furneaux, 1896/1907 (Nachdr. 1956/62) – K. Nipperdey-G. Andresen (1852), $1908/15^{6-11}$ – E. Koestermann, 1963 ff. – *Index:* A. Gerber-A. Greef, Lex. Tac., 1877/1903 (Nachdr. 1962) – *Lit: Forschungsbericht:* R. Hanslik, AnzAW 13, 1960, 2 und 3 – J. Vogt, Die Geschichtsschreibung des T., 1957 – H. Nesselhauf, T. und Domitian, Hermes 80, 1952, 222–245 – A. Brießmann, T. und das flav. Geschichtsbild, Hermes Einzelschriften 10, 1955 – F. Hampl, Beitr. zur Beurteilung des Historikers T., Innsbrucker Beitr. zur Kulturwiss. 3, 1955, 89 ff. – R. Syme, Tacitus, 1958 (Bibliogr. 809 ff.) – F. Klingner, in: Röm. Geisteswelt, 1961^4, 469 ff. – Ders., Studien, 1964, 605 ff. – R. Syme, T. u. seine polit. Einstellung, Gymn. 69, 1962, 241–263 – E. Paratore, Tacito (1951), 1962^2 – Fr. Kuntz, Die Sprache des T. u. die Tradition der lat. Historikersprache, Diss. Heidelberg 1962 – K. Büchner, Stud. z. röm. Lit. IV (Tacitus), 1964 – *Sprache:* E. Löfstedt, Roman lit. portraits, 1958, 142 ff. – B. R. Voß, Der pointierte Stil des T., 1963 – *Quellen:* C. Questa, Studi sulle fonti degli Annali di T., 1960 – *Überlieferung:* K. Büchner, in: Gesch. der Textüberlieferung I, 1961, 412 ff. – *Fortleben:* F. Ramorino, Cornelio Tacito nella storia della cultura, 1898 – J. von Stackelberg, T. in der Romania, 1960 – R. Syme, Roman Historians and Renaissance Politics, The Folger Shakespeare Library, 1960, 3 ff.

Tänie, → Kopfbinde als Festschmuck und Ehrenzeichen bei Griechen (Plat. symp. 212 E, Xen. symp. 5, 9; an einem Gotte: Paus. 1, 8, 4) und als übernommene Sitte auch bei den Römern (Fest. 494–496 L., Serv. Aen. 5, 269). Die kult. Kopfbinde heißt *στρόφιον* bzw. → infula, → vitta. O. G.

Tag, bei allen Völkern des Altertums im praktischen Leben der *Licht-T.* von Sonnenauf- bis -untergang (*ἡμέρα*, dies), mit dem der *Geschäfts-T.* meist zusammenfällt. Die leere Nachtzeit zum Licht-T. gezogen, ergibt den von Morgen bis Morgen gerechneten *Voll-T.* Der 24stündige *Kalender-T.* (*νυχθήμερον*, dies civilis) entspricht dem Voll-T. im ägypt. Sonnenkalender; jedoch wurde er von babylon. Astronomen und, aus ungeklärten Gründen, von den Römern im sakralen und bürgerlichen Recht um Mitternacht (hora sexta noctis) begonnen, dagegen von Babyloniern, Griechen und allen Völkern mit nach dem Neulicht orientiertem → Kalender (B 1; C 2 a; D 3) von Sonnenuntergang an gerechnet. Die für die *Stundeneinteilung* von T. und Nacht maßgebliche Stunde entsprach nicht $^1/_{24}$ des Voll-, sondern $^1/_{12}$ des Licht-T.s, besaß demnach eine nach Jahreszeit und geograph. Breite des Ortes veränderliche Länge (für Athen und Rom $^3/_4$–$^5/_4$ Std.) = *Temporalstunde* (*ὥρα καιρική*), von Sonnenaufgang für den T., -untergang für die Nacht gerechnet, fix blieben allein die (abgelaufene) 6. T.s- (= Mittag) und Nachtstunde (= Mitternacht). In Ägypten 24 Std. (T.: 10, Dämmerung: 2, Nacht: 12) seit dem 3. Jt.; die Sonnenuhr und eine den Temporalstunden angepaßte Wasseruhr war dort seit dem 2. Jt. bekannt. In Griechenland und Rom ungefähre Bestimmung der T.szeit nach Sonnenstand (ursprünglich Drei- bzw. Vierteilung des Licht-T.s), Schattenlänge (des menschl. Körpers), Vorgängen des täglichen Lebens (‹beim Lichtanzünden›, ‹beim Hahnenschrei› u. ä.). Ein Versuch → Anaximanders, den babylon. Schattenzeiger (→ Gnomon) und die 12 (Temporal-) Doppelstunden des babylon. Voll-T.s einzuführen (um 550 v. Chr.), blieb ohne Breitenwirkung. Erst z. Z. → Alexanders (5) d. Gr. wurde die Sonnenuhr (*ὡρολόγιον ἡλιακόν*, horologium solarium), die Stundeneinteilung des T.s (aus Ägypten) und der Begriff *ὥρα* (hora) als ‹Stunde› in Gebrauch genommen, seit dem 3. Jh. v. Chr. auch in Rom. Die *Gleich- oder Äquinoktialstunde* (*ὥρα ἰσημερινή*) entstammt der sumerischen Einteilung des Voll-T.s in 12 gleichlange Abschnitte (Sexagesimalsystem), gemessen durch die Wasseruhr (Klepsydra), die auch für die Bestimmung der Nachtstunden (→ Vigiliae) gebraucht wurde. Unsere T.es-Einteilung in 24 Std. zu je 60 Min., die ägypt. und babylon. Elemente vereinigt, wurde erst von der hellenist. Astronomie benützt. – Vgl. → Uhren. H. Kal.

Tagelöhner (θῆς, μισθωτής, mercennarius), Freie, die tageweise ihre Kost (Hom. Od. 17,223) oder, als Spinnerinnen, einen kärglichen Lohn (Hom. Il. 12,434) erhielten. Sie verdienten als Landarbeiter, Lastträger, Bauhilfsarbeiter (Poll. 7,130), Matrosen 4 → Obolen (Eust. Hom. Il. 1,156). Die Römer kannten ursprünglich keine T. (Gell. 2,29,3 ff.), doch schon Cato stellte zur Ernte T. ein (Cato agr. 4.146, 3); es waren entweder Kleinbauern oder Pächter, die sich auf diese Weise einen Nebenverdienst schufen, oder sie gehörten zu den verachteten Ärmsten (Cic. Tusc. 5,36,104; Att. 7,2,8), die nur ihre Arbeitskraft vermieten konnten. Sie sollten mindestens 22 Jahre alt, kräftig und anstellig sein (Varro rust. 1,17,3). Morgens auf dem Markt (Ev. Matth. 20,3) von dem Arbeitgeber oder Verwalter (Cato agr. 2,6) angeworben, waren sie täglich kündbar (Cato agr. 5,4) und verdienten 1 → Denar (Ev. Matth. 20,2), bisweilen nur 5 → Asse (CIL 4,4000,4), unter Diokletian 25 → Denare mit der Kost pro Tag (Edict. Diocl. 7). Die T. schlossen sich auch unter einem Unternehmer (Suet. Vesp. 1,4) oder Vorschnitter (CLEp 1238,14) zusammen, der Ernte- oder Bauarbeiten (Cato agr. 14 f.) vertraglich übernahm (Cato agr. 144,1), wobei sich der Arbeitgeber gegen Lohnabsprachen zwischen den Arbeitskolonnen zu sichern suchte (Cato agr. 144,4). T. und Lohnarbeiter waren für den Arbeitgeber rentabler als → Sklaven und wurden deshalb eher zu schwierigen oder ungesunden Arbeiten verwendet (Varro rust. 1, 17,3; Cato agr. 14,5). Wie der Sklave ein T. auf Lebenszeit war (Sen. benef. 3,22,1), so war der T. ein Sklave auf Abruf (Cic. off. 1,42,150; Ev. Matth. 20,1). Vgl. → Arbeit. W.K.

Lit: R. Martin, Mercennarius..., 1958 – F. M. Robertis, I lavoratori liberi nelle ‹familiae› aziendali romane, SDHI 24, 1958, 269–278 – D. Lotze, Studien zur Rechtsstellung unfreier Landbev. in Griechenld. bis z. 4. Jh. v. Chr., 1959 – W. Krenkel, T. ... in Rom, Romanitas 6/7, 1965, 131–153.

Tageseinteilung, Tageslauf. Griechen und Römer teilten die Zeit von Sonnenaufgang (Rom: 7.33 bzw. 4.27 Uhr) bis -untergang (16.27 bzw. 19.33 Uhr) in 12 gleiche Einheiten, die mit Sonnen- und Wasseruhren gemessen wurden; die Nacht hatte 4 Abschnitte (→ Vigilien). Bei Tagesanbruch oder vorher (Plin. epist. 3,5,8) stand man auf, machte Toilette, erledigte die Korrespondenz (Suet. Vesp. 21), begab sich zur → Salutatio und nahm ein leichtes Frühstück zu sich (Ath. 1,11 C; Apul. met. 1,18,5). Der Vormittag gehörte der Arbeit (Matth. 20, 1–14), Feierlichkeiten (Plin. epist. 1,9,2), Prozessen (Mart. 4,8); zur Mittagszeit war ein zweites Frühstück (Fest. 47,8 L.) und kurze Ruhe (Catull. 32,3.10; Varro rust. 1,2,5). Wer dann frei war von Arbeit, widmete den Nachmittag der → Körperpflege mit Gymnastik und Bad (Vitr. 5,10,1), Dichterlesungen (Hor. ars 474; Iuv. 1,1), dem Studium (Plin. epist. 3,5,11). Zwischen 16 und 17 Uhr begann die Hauptmahlzeit (Rhet. Her. 4,51,64), die sich auch bei bescheidenen Leuten bis in die ersten Nachtstunden hinzog (Cic. Cato 14,46; Plin. epist. 3,1,9). W.K.

Lit: J. Carcopino, Das Alltagsleben im alten Rom, 1950, 227–238.

Tagos, Bezeichnung des (Stadt-, Stammes-, → Phratrien-) Oberhauptes im Norden Griechenlands; insbes. der (wenigstens im 5. und 4. Jh. v. Chr.) nur im Bedarfsfall, aber auf Lebenszeit gewählte Führer der → Thessaler, den ältere (außerthessalische) Quellen als ‹König› bezeichnen. F.G.

Lit: M. Sordi, La lega tessala, 1958, 334 ff. – J. A. O. Larsen, A New Interpretation of the Thessalian Confederacy, ClPh 55, 1960, 238 ff. – C. B. Welles, AJA 64, 1960, 105.

Tagus (heute Tajo), Fluß in → Spanien (Kt. 2849 B 2), der nahe Olisippo (Lissabon) in den Atlantik mündet. J.M.d.M.

Lit: A. Schulten, Iber. Landeskunde, 1955, 341 ff.

Taharqa (*Ḫw-nfr-tm-Rʿ*, *Τάρκος*, *Τεαρκώς*, 690–664), nubischer König, stürzte seinen Vorgänger Šabitku und beherrschte ganz Ägypten, verlor es aber 671 an Assarhaddon von Assyrien, eroberte es 670 zurück, wurde um 667 von → Assurbanipal erneut vertrieben. Doch blieb die Thebais nubischer Besitz. W. Hk.

Tainaron, heute Kap Matapan, südlichste Landspitze der → Peloponnes und kleine Stadt darauf (Kt. 1152 D 6); berühmtes Heiligtum des Poseidon in einer Höhle an der Ostseite des Kaps; galt als einer der Eingänge in die Unterwelt. E.M.

Takt. Von der Voraussetzung ausgehend, daß die griech. Metrik nicht unabhängig sei von der → Musik, hat A. Boeckh gemeint, daß den griech. Versmaßen so wie der Musik jeweils ein bestimmter T. zugrunde liegen müsse. Die Musikhistoriker haben aber inzwischen festgestellt, daß der feste T. in der Musik erst eine späte abendländische Erscheinung ist. Somit entfällt die Voraussetzung, auf der die zahlreichen Theorien über den T. der griech. Metren beruhen und die noch bis in die Metrik von P. Maas (§ 51) nachwirkt. Einen festen T. haben nur die → Anapäste. B. Sn.

Lit: A. Boeckh, De metris Pindari (= Pind. op. I 2, 1811, 5 ff.; bes. 31 ff.) – Thr. Georgiades, Der griech. Rhythmus, 1949, 11 ff.

Talassio (Talasse), zum → Hochzeitsritus gehöriger Schrei, den die Umstehenden ausstießen, während die Jungvermählte ins Haus ihres Gatten geführt wurde. Die Bedeutung dieses Wortes ist unbekannt und der Sinn dieses Ritus nicht feststellbar (apotropäisch?). H. Le B.

Q: Liv. 1,9,12; Plut. Rom. 15; Varro bei Fest. 478–80 L.

Talent (*τάλαντον*, lat. talentum) bedeutete ursprünglich Waagschale, ist aber dann gewöhnlich Bezeichnung für die höchste Gewichtseinheit. Bei den griech. Gewichten und Rechnungseinheiten kommt das T. stets 60 → Minen zu 100 → Drachmen gleich (Sexagesimalsystem), was auf Vorderasien als Ursprungsland schließen läßt. Auf Sizilien teilt sich das T. in 240 und später in 120 → Litren. In Attika war das Gewicht des T.s 26,196 kg (beim Normalgewicht einer → Mine von 436,6 g). Bei Poll. onom. 9,86 werden andere T.e mit der jeweiligen Anzahl attischer → Drachmen aufgezählt, ebenso wie bei Festus (p. 359 a) mit → Denarzahlen, die im allgemeinen dem Drachmengewicht gleichkamen. W. Schw.

Lit: K. Regling, in: v. Schrötter, 675 f. – H. Chantraine, RE Suppl. 8 (1956), 834 ff.

Talmud (‹Lehre›), jüd. Traditionswerk, enthaltend → Mischna und Gemara (‹Ergänzung›; Kommentar aus Akademie-Protokollen: → Rabbi): (a) *palästinischer T.* (um 425) mit Gemara zu 39, (b) *babylonischer T.* (um 500; Endredaktion durch die Saboräer, die ‹Urteilsfähigen›; 6. Jh.) zu 36½ Mischnatraktaten. Vgl. → Judentum B [8–9]. R.M.

Talos, eherner Riese auf Kreta, Überlebender des Bronzegeschlechts oder von → Hephaistos gefertigt. Tötet als Wächter der Insel alle Fremdlinge. Von den → Argonauten umgebracht: von → Medea vom Schiff aus durch Zaubersprüche betäubt, stürzt er, stößt die verwundbare Stelle am Knöchel auf und verblutet (Apollod. Rhod. 4,1637 ff.). Oder Medea verspricht, ihn unsterblich zu machen und zieht den Pfropfen aus dem Knöchel, woraufhin das Blut ausfließt. Oder Poias trifft die verwundbare Stelle mit dem Pfeil (Apollod. 1,140 f.). H.E.

Darstellungen: auf zwei att. Krateren des reichen Stils (Beazley, ARV² 1338. 1340). – *Lit:* V. d. Kolf, RE 4 A 2 (1932), 2080–2086. K. Schf.

Taloskrater, att. → rotfiguriger → Volutenkrater, Meisterwerk des ‹Reichen Stils› (→ Vasen E 4), um 410 v. Chr. entstanden (Ruvo, Slg. Jatta 1501, H. 77 cm): Kastor und Polydeukes stützen den durch Zauber der Medea im Lauf zusammenbrechenden Talos; daß der Riese aus Erz ist, verdeutlicht der Maler durch helle Deckfarbe und Schattierung der Muskeln in verdünntem Firnis. Die Gewänder der Medea und der Dioskuren sind durch reiche Musterung hervorgehoben. I. Sch.

Lit: Furtwängler-Reichhold I, Taf. 38–39.

Talthybios, → Agamemnons Herold, später in Sparta, wo sein Geschlecht das Heroldsamt erblich besaß, und in Aigion als Heros verehrt (vgl. Hdt. 7,134 ff.). K. Schb.

Darstellungen: T. geleitet auf korinth. Krater Menelaos und Odysseus als Gesandte nach Troja (Schefold, FS, Taf. 72), steht auf dem arch.

Relief aus Samothrake neben Agamemnon; auf rotfigurigen Vasen führt er Briseïs weg, rettet Orest und ist auch an dessen Rache beteiligt. Vgl. V. Geisau, RE 4A 2 (1932), 2088f. K. Schf.

Tamariske (μυρίκη), in Griechenland bes. an Flußufern und in sumpfigen Gebieten verbreitet. Wie → Rose, → Anemone und → Granatapfelbaum dachte man auch die T. von Aphrodite geschaffen; nach der Überlieferung wurde Myrike, die Tochter des cypr. Königs → Kinyras und Schwester des Adonis, in die T. verwandelt. Die Zartheit des Strauches mit der Fülle rosafarbiger Blüten mag diese Zuordnung begünstigt haben. Auch eine Nymphe Myrike ist bezeugt. Mit dem → Lorbeer konkurriert die wegen ihrer Heilkraft geschätzte T. durch die Beziehung zu Apollon, der auf Lesbos Myrikaios hieß und den T.-Zweig als Zeichen der Mantik führte. Die T. wurde daher auch als Prophetin geehrt. T.-Kränze als Strafe für falsche Zeugen erinnerten an die Verpflichtung gegenüber der Wahrheit. Auf die feuchten Standorte der T. bezieht sich die Verbindung mit Flußgottheiten. Vgl. → Flora. J.W.

Lit: Murr, Pflanzenwelt, 106f.

Tamias, in homerischer Zeit betreute der T. die Vorräte (Il. 19, 44), wohl auch die Schatzkammer des Königs. Als Gemeindebeamter wurde er als Kassenführer in allen Zweigen der öffentlichen Verwaltung verwandt, bes. für die Tempelschätze. Er war ausführendes Organ der → Bule ohne eigene Anweisungsbefugnis, mußte jedoch der ersten Zensusklasse angehören und war auch während der Amtszeit wiederholter Rechenschaftsablage unterworfen. Bei der wachsenden Bedeutung des Finanzwesens für den Staat im 4. Jh. v. Chr. wurde der T. in einigen Städten zum eponymen Oberbeamten. – In der hellenist. Zeit wurde der Titel nicht in der staatlichen Verwaltung verwandt, sondern blieb auf Städte und Vereine beschränkt. H. Br.

Lit: W. Schwahn, RE 4A 2 (1932), 2099–2136.

Tamphilus → Baebius.

Tammuz → Dumuzi.

Tanagra, bedeutende Stadt im östl. Böotien am linken Ufer des → Asopos, mit berühmtem Weinbau, lebhaftem Gewerbe und Handel. Während sich böot. Terrakotten in T. seit subgeometrischer Zeit nicht anders als sonst in Böotien finden, rückt seit der Zerstörung Thebens (336 v. Chr.) die sog. *Kleinkunst (Terrakotta) von T.* an die erste Stelle der Kleinplastik, mit farbig bemalten, äußerst reizvollen Mädchenstatuetten, die seit 1873 in den Nekropolen von T. gefunden wurden und seither Weltruhm erlangten. Der Höhepunkt der Produktion liegt im Frühhellenismus. U.J.

Lit: F. Winter, Die Typen der figürl. Terrakotten I, in: R. Kekule v. Stradonitz, Die antiken Terrakotten III 1, 1903, XI–XV – G. Kleiner, T.figuren, 1942 – B. Neutsch, Studien zur vortanagr.-att. Koroplastik, 1952 – E. Paul, T.figuren, Aus den Staatl. Museen zu Berlin, 1962.

Tanis (alt *Ḏʿn.t*), Ort im Ostdelta des Nils (Kt. 29 C2), einst Hauptstadt des 14. unterägypt. Gaues. Hier errichtete → Ramses II. einen großen Tempel für → Amun und mehrere kleinere, darunter einen für die syr. → ʿAnat, den er mit zahlreichen Statuen bes. des Mittleren Reiches füllte. Innerhalb der Tempelumwallung haben sich die Könige der 21. und 22. Dyn. beisetzen lassen, deren Gräber z. T. unberaubt wieder aufgefunden worden sind. – T. war vielleicht auch die Residenz der → Hyksos Auaris und gehörte mit zu der gewaltigen Anlage, die Ramses II. als ‹Ramses-Stadt› im Ostdelta gründete. W. Hk.

Tanit, Schutzgöttin von → Karthago, gleichzeitig uranisch und chthonisch, Herrin des Mondes und Spenderin aller Fruchtbarkeit, von den Römern vielfach mit Juno verglichen. Unter dem Namen Caelestis, ‹Himmlische Göttin›, ist sie die große Schutzgöttin der zur röm. Provinz gewordenen Stadt. Nach Serv. Aen. 12, 841 soll ihr Kult schon nach der Zerstörung Karthagos i. J. 146 v. Chr. durch → Evocatio nach Rom gebracht worden sein, doch ist das zweifelhaft; er ist wahrscheinlich erst vom afrikanischen Kaiser → Septimius (3) Severus in Rom eingeführt worden. Dessen Münzen stellen die Göttin auf einem Löwen reitend dar. Im Laufe des 3. Jh.s wurde ihr auf dem Kapitol ein Heiligtum errichtet. Caelestis ist nur ein Epitheton; man kann es auch allein verwenden und dea stillschweigend ergänzen; es wird auch mit den Namen von Gottheiten verbunden: → Juno, → Venus, → Diana. Astrologische Spekulationen haben C. mit der Jungfrau, dem Nachbarsternbild des Löwen im Tierkreis, identifiziert; daher stammt der verbreitete Name Virgo Caelestis. H. Le B.

Lit: G.-Ch. Picard, Les religions de l'Afrique antique, 1954.

Tanne (ἐλάτη, abies). Die T. der griech. Überlieferung ist die griech. Edel- oder Apollo-T., eine Form der Weiß-T., die als einziger Nadelbaum in Gebirgsgegenden dicht geschlossene Wälder bildet. Sie fiel den Alten durch ihren hohen Wuchs auf und wurde wegen ihres Holzes bes. im → Schiffsbau sehr geschätzt. Man verglich den Habitus der T. mit der Form des böot. Helmes (Theophrast). Wie die → Pinie (gelegentlich ἐλάτη genannt) galt die T. mit ihren immergrünen Nadeln als Symbol der Beständigkeit, doch schloß die Wachstumsregion die Zuordnung zur Gräberwelt aus. Wie andere Bäume wird die T. mit Nymphen verbunden. Eine Personifikation der T. ist die Aloadenschwester Elate; die Namen Elatos und Elatreus sind für → Kentauren und → Lapithen, die Bewohner wilder Gebirgsgegenden, bezeugt. In der mythologischen Bedeutung tritt die T. hinter → Eiche, → Pappel, → Pinie und → Zypresse zurück. Vgl. → Flora; → Holz. J.W.

Lit: Murr, Pflanzenwelt, 111–121 – Hehn, 301–303 – A. Steier, RE 4A 2 (1932), 2216–23 – G. Senn-K. Schefold, Der böot. Helm und die griech. T., RM 57, 1942, 251–253 – Zur Verwendung in Architektur, Schreinerei, Schiff-, Brücken- und Wagenbau, auch für Bild tafeln vgl. Blümner, Technologie II 285ff. – EAA IV 530–537, s. v legno.

Tantalos, Sohn des Zeus (Paus. 2, 22, 3) oder des Tmolos und der Kronos- oder Atlastochter Pluto (Plute), sprichwörtlich reicher König von Sipylos in Phrygien, Freund der Götter, aber einer der großen Frevler gegen sie und daher Büßer in der Unterwelt. Seine Untat wird verschieden angegeben: (1) Verbirgt den von → Pandareos gestohlenen goldenen Hund des Zeus und leugnet den Empfang, weshalb dieser den Sipylos über ihn stürzt (Schol. Pind. Ol. 1, 91a; Schol. Od. 19, 518). – (2) Setzt seinen zerstückelten Sohn → Pelops den Göttern zum Mahle vor, um ihre Allwissenheit zu versuchen (Pind. Ol. 1, 49ff.). – (3) Als Tischgenosse der Götter stiehlt er Nektar und Ambrosia und gibt sie seinen Freunden (Pind. Ol. 1, 54ff.) oder verrät (4) Tischgespräche der Götter (Ov. met. 6, 213; Sen. Thy. 90) oder bittet (5) um ein göttergleiches Leben (Ath. 7, 281b). (6) Soll auch (nach später Sage) die Sonne als feurige Masse – also nicht göttlichen Wesens – erklärt haben (Schol. Pind. Ol. 1, 97; Diog. Laert. 2, 3, 4; Eust. 1700, 60). Zur Strafe muß er ewig im → Hades büßen: dürstend vermag er das stets versiegende Wasser, in dem er steht, und die stets zurückschnellenden Zweige von Obstbäumen über ihm nicht zu erreichen (Od. 11, 582ff.). Über seinem Haupt schwebt ein Fels, der niederzufallen droht (Eur. Or. 982; Pind. Ol. 1, 90; Ath. 7, 281B). Ort und Art der Strafe sehr verschieden überliefert. – Auf seine Nachkommen, die *Tantaliden*, hat die Sage die schlimmsten Vorstellungen von Verwandtenmord und Blutschande vereinigt: → Pelops; → Atreus; → Thyestes; → Agamemnon; → Orestes.

Lit: Preller-Robert II 1, 285ff. – *Darstellungen:* Die Bestrafung des T. im Hades erstmals dargestellt auf dem Münchner Volutenkrater, Furtwängler-Reichhold I, Taf. 10, dann vereinzelt auf röm. Reliefs (D. P. Dimitrov, AA 1937, 71; R. Bartoccini, RIA 7, 1958, 165, Abb. 47f.). Vgl. F. Schwenn, RE 4A 2 (1932), 2229. K. Schb.

Tanusius Geminus, politischer Gegner → Caesars. Seine Zeitgeschichte zitiert Sueton (Caes. 9, 2) für die sog. 1. Catilinarische Verschwörung, Plutarch (Caes. 22, 3) für → Catos (2) Antrag, Caesar an die Usipeter und Tencterer auszuliefern. R.T.

Frg: HRR II 49–51 – *Lit:* F. Münzer, RE 4A2 (1932), 2231–33 – M. Schuster, RE 9A1 (1961), 901–903.

Tanz. [1] Die *griech. Religion* kennt wie zahlreiche andere den T. als Element von Kultbegehungen. Zu unterscheiden sind verschiedene Typen (geformte Körperbewegung allein oder rhythmisierte Nachahmung von Handlung) und Bedeutungen (Ausdruck der Verehrung und der Festfreude, Erzeugung kriegerischer oder enthusiastischer Stimmung). Auffallend ist, daß wilde, teilweise stark obszöne und zu Raserei (*μανία*) führende T.e so gut wie ausschließlich im Kulte des → Dionysos und der peloponnes. → Artemis zu Hause sind. Ihnen stehen gegenüber die durch → Chöre unter Gesang ausgeführten, prozessionsartig ruhigen Reigen-T.e, die in sehr vielen großen Kultfesten der verschiedensten Götter vorkamen. Im Prinzip sind sie uns bezeugt durch die Werke der Chorlyrik des 6./5. Jh.s v. Chr. (Alkman, Stesichoros, Ibykos, Simonides, Bakchylides, Pindar; → Lyrik I B 2). Sie zeigen, wie verschieden die Zusammensetzung der T.gruppen (Knaben, Mädchen, Männer, Frauen) und die Festanlässe waren, lehren aber nichts über die T.figuren selbst. Die Figuren einzelner T.e müssen sehr kunstvoll gewesen sein, so der Kranich-T. des delischen Apollonkultes (Plut. Thes. 21; Luk. salt. 34). Daß die Chor-T.e von Tragödie und Komödie die kultischen T.e vielfach nachahmten, ist anzunehmen. Für sich steht der Waffen-T. (Pyrrhiche), der vielbezeugt ist, aber nur zuweilen (bes. bei den → Kureten) Kultcharakter hat. Haupttexte: Luk. salt.; Ath. 628 C ff. O. G.

Lit: K. Latte, De saltationibus Graecorum, RGVV 13, 3, 1913 – L. B. Lawler, The dance in Ancient Greece, 1964 – Nilsson, I 160–163.

[2] Im *röm. Kult* spielten T.e eine große Rolle in den Ritualen der → Salier und der → Fratres Arvales. Sie hielten die Mitte zwischen Springen (saltatio) und Tanzen: die Füße schlugen den Boden im Dreitakt (‹fratres tripodaverunt›). Bei den Saliern scheint es sich um Ringel-T.e gehandelt zu haben (amptruare, redamptruare). – In der Pompa circensis (→ Ludi Romani) traten bewaffnete und komische T.er auf; aber den Gipfel der Beliebtheit erreichte der T. in der augusteischen Zeit mit der → Pantomime, die einzig durch Gesten eine beliebige Handlung darstellte, und dem dramatischen Waffen-T., der sich dem modernen Ballett insofern annäherte, als er im Gegensatz zur Pantomime von mehreren Schauspielern, Männern und Frauen, aufgeführt wurde. → Ludi Scaenici. H. LeB.

[3] In den *dramatischen Aufführungen* des 5. Jh.s v. Chr. tanzte der Chor bei allen lyrischen Gesängen; daneben gab es Solotänze. Der für die Tragödie am meisten charakteristische T. hieß → Emmeleia, der der Komödie → Kordax, der des Satyrspiels → Sikinnis. Die Figuren der einzelnen Tänze sind nicht mehr bestimmbar. E.-R. Sch.

Tappulus → Villius.

Taprobane (vgl. Abb. 149; heute Ceylon). Die indischen Namen sind: (1) Tambapanni oder Tamrapanni, daraus das antike T.; (2) Sinhala doipa, daraus arab. Serendib und die Serendivi (Amm. 22, 7, 10) sowie Serinda (Procop. Goth. 4, 17). Ausführliche Beschreibung bei Ptolemaios (geogr. 7, 4, 3). Unter Claudius Gesandtschaft aus T. in Rom. Röm. Münzfunde aus dem 4./5. Jh. n. Chr. Aus Ceylon/Serinda brachten z. Z. Justinians Mönche Eier der Seidenraupe in hohlen Stöcken in den Westen. R. F.

Lit: Herrmann, RE 4 A 2 (1932), 2260–72 – H. Mode, Die Skulptur Ceylons, 1942 – M. Wheeler, Rome beyond the imp. frontiers, 1954.

Taraxippos, im griech. Volksglauben ein → Dämon, der die Pferde in der Rennbahn scheucht (s. Paus. 6, 20, 15–19; 10, 37, 4); vereinzelt auch Beiname des → Poseidon (Dio Chrys. or. 32, 76). K.-H. R.

Tarchon, zuweilen als Anführer der aus Lydien auswandernden Tyrrhener oder Etrusker und Gründer von Tarquinii genannt; bei Vergil (Aen. 8, 503 ff.) Bundesgenosse des → Euander und → Aeneas.

Tarent (*Τάρας*, lat. Tarentum, heute Taranto), spartan. Kolonie auf einer Halbinsel zwischen der innersten Bucht des Golfs von T. (Kt. 1420 H 7), Ende des 8. Jh.s gegründet, nach der Vernichtung von → Siris (um 530) und → Sybaris (um 510) zur bedeutendsten griech. Stadt Süditaliens aufsteigend. Häufige Kämpfe mit den → Japygern, 473/472 schwere Niederlage, Aufnahme der vertriebenen Pythagoreer, nach der Gründung von → Thurioi (444/443) Kämpfe mit dieser Stadt um das Gebiet von Siris, schließlich Sieg und Gründung von → Herakleia (1) am Siris. Im 4. Jh. Vorort des italiot. Bundes, gewaltiger Aufschwung unter → Archytas, aber seit Mitte des Jahrhunderts allmählicher Niedergang, 344–338 Hilfsexpedition des Königs → Archidamos III. v. Sparta gegen die Lukaner, dann → Alexanders I. v. Epirus, der 331/330 bei Pandosia ermordet wurde, seit 303 wieder Krieg mit den Lukanern, seit 280 → Pyrrhos v. Epirus in Italien, 272 ergibt sich T. den Römern, 212–209 auf seiten → Hannibals (2), 123 Colonia Neptunia. Aus T. stammte der Staatsmann, Philosoph, Mathematiker und Musiktheoretiker → Archytas, der berühmteste Musiktheoretiker des Altertums → Aristoxenos (beide 4. Jh. vor Chr.), der Epigrammdichter → Leonidas (5; 3. Jh. vor Chr.) und der Übersetzer der Odyssee ins Lateinische und Dichter von Tragödien und Komödien → Livius (2) Andronicus (3. Jh. v. Chr.). In T. lebte der Komödiendichter → Rinthon (3. Jh. v. Chr.). Antike bauliche Reste gering; Teile der Stadtmauer, einzelne Tempelreste, Amphitheater, röm. Aquädukt u. a. Dagegen reiche Einzelfunde (Terrakotten, Vasen und Kalksteinreliefs der Grabbauten) im Museum von T. Aus T. stammt die berühmte archaische sitzende Göttin des Berliner Museums. E. M.

Lit: P. Zancani Montuoro, La Persefone di Taranto, ASMG 1931, 159–174 – R. Oehler, RE 4 A 2 (1932), 2302–13 – H. Klumbach, Tarentiner Grabkunst, 1937 – P. Wuilleumier, T. des origines à la conquête Romaine, 2 Bde, 1939 – J. Dörig, Tarentin. Knöchelspielerinnen, MH 16, 1959, 29–58 – Franke-Hirmer, 80–83. 168.

Targum (‹Übersetzung›). Da das Aramäische seit dem 6. Jh. v. Chr. zunehmend das Hebräische als Umgangssprache des → Judentums verdrängte, mußten nicht nur in Babylonien, sondern auch in Palästina die heiligen Texte in die aramäische Koinē übersetzt werden. Diese ‹T.e› begegnen teils als Übersetzungen der Vorlage, teils als deren oft durch Zusätze erweiterte Paraphrasen. Nach babyl. Megilla 3 a geht das T. auf → Esra (um 400 v. Chr.) zurück; sicherlich liegen seine Anfänge noch vor denen der → Septuaginta. – Ausgenommen Dan., Esr. und Neh., sind T.e zum ganzen AT erhalten; so die *palästinischen* T.e zum Pentateuch: Jeruschalmi I (Pseudo-Jonatan), Neofiti I (Biblioteca Vaticana), Jeruschalmi II (Fragmenten-T.) und Bruchstücke aus der Genisa der Esra-Synagoge Kairo. Diese T.e führen teilweise bis in die Zeit Johannes Hyrkanos' I. (134–104 v. Chr.) zurück. Anders als bei der Septuaginta, haben die Rabbinen den palästinischen Vulgärtext niemals dogmatisch revidiert. Demgegenüber setzen die *babylonischen* T.e die Reorganisation von Jamnia (→ Judentum B 6) voraus; so hält sich das Pentateuch-T. Onkelos – ‹reichsaramäisch› abgefaßt wie Dan. und Esr. – streng an seine normative Vorlage und deutet mit dem Titel Onkelos = Aquila (→ Septuaginta) auf die Schule Akibas hin. Umstritten ist, ob es ursprünglich aus Palästina oder Babylonien stammt. Zuerst belegt in Babylonien (1. H. 3. Jh.), wurde es im 5. Jh. daselbst abschließend redigiert, verdrängte aber erst in islamischer Zeit das palästin. T. R. M.

Lit: P. E. Kahle, Die Kairoer Genisa, 1962, 203–221 – O. Eißfeldt, Einl. in das AT (1934), 1964³, § 119 (Lit).

Tarichos → Fische B [2].

Tarquinii (Tarquinia; etrusk. Tarch(u)na), etrusk. Stadt; schloß 308 v. Chr. 40jährigen Frieden mit Rom, 281 (?) endgültig unterworfen. Nördlich Rom (Kt. 1420 E 5). Reiche → Villanovafelder weisen auf frühe Bedeutung. Über 50 Kammergräber (bes. berühmt die ‹Tomba del Triclinio›) sind einzigartige Zeugnisse der antiken Wandmalerei (6. bis 1. Jh. v. Chr.). Die reliefgeschmückten Tuffsarkophage mit den auf den Deckeln lagernden Gestalten der Verstorbenen reichen vom 4. bis zum 1. Jh. v. Chr. Von der einstigen

Stadt sind Reste der Mauer mit einer bemerkenswerten Toranlage des 4.Jh.s v.Chr. sowie vor allem der mächtige Unterbau eines großen Tempels erhalten (‹Ara della Regina›). Das Terrakottarelief zweier Flügelpferde (4.Jh. vor Chr.) ist als Verkleidungsplatte des Firstbalkenkopfes dieses Tempels gedeutet worden. O.W.v.V.

Lit: M.Pallottino, T., Mon.Ant. 36, 1937 – P.Romanelli, T., La necropoli e il museo, 1951 – C.M.Lerici, I nuovi metodi di prospezione, 1960, 259–302.

Tarquinius Collatinus, L. Als seine Frau →Lucretia von einem Sohn des Königs →T. Superbus geschändet wird, verschwört er sich mit anderen gegen den König, der aus Rom vertrieben wird; T.Collatinus bekleidet mit →Brutus (1) das erste →Konsulat (509 v.Chr.), muß aber wegen seines Namens zurücktreten. C.J.C.

2. **T. Priscus** (Lucumo), nach der →Romsage der fünfte König, aus →Tarquinii (Sohn des Korinthers Demarat, Frauen: Tanaquil, Gaia Caecilia), öffnet Rom etruskischem Einfluß: Kultformen, →Triumph, königliche Insignien, →Fasces; er läßt u.a. das Forum Romanum (→Rom IV A 2) bauen; der kapitolinische Tempel, der Circus und die Cloaca werden auch →T.(3) Superbus zugeschrieben, die Mauer →Servius (2) Tullius. T.Priscus vermehrt die →Patrizier-Familien und den →Senat und verdoppelt die Angehörigen der Reitercenturien und →Tribus. C.J.C.

3. **T. Superbus,** L. Nach der →Romsage der siebte und letzte König, mit typischen Zügen des Tyrannen dargestellt. Durch Mord gelangt er auf den Thron, mit Gewalt unterdrückt er →Patrizier und Plebs (willkürliche Rechtsprechung und Besteuerung, Vernachlässigung des →Senats, Fronarbeiten), durch Verrat erreicht er die Vormacht im →Latinischen Bund (→feriae Latinae) und die Herrschaft über →Gabii (angeblicher Vertrag später erhalten); Krieg führt er mit den →Volskern u.a.; zu seinen Bauten vgl.→T.(2) Priscus. Vorzeichen deuten auf Roms Größe (→Sibyllinische Bücher) und T.' Sturz (→T.(1) Collatinus); nach Schaffung der Republik versucht er vergeblich zurückzukehren. C.J.C.

Tarquitius Priscus, Gelehrter, der wahrscheinlich in sullanischer Zeit die heiligen etrusk. Bücher ins Lateinische übertrug, bes. zwei Schriften über die Prodigien (Macr. Sat. 3,7,2; 20,3). H. Le B.

Lit: J.Heurgon, Tarquitius Priscus..., Latomus 12, 1953, 402–417.

Tarracina, alte Volskerstadt mit dem volsk. Namen Anxur im Süden der pontinischen Sümpfe, wo die Ausläufer der Monti Lepini ans Meer stoßen (Kt.1420 E6; heute Terracina). Wegen seiner Lage als natürliches Tor von Latium nach Kampanien von großer militärischer Bedeutung. 406 zum erstenmal von den Römern eingenommen. 329 Deduktion einer röm.Kolonie und von nun an fest in der Hand der Römer. Die →Via Appia 314/312 bei T. zunächst über den Monte S.Angelo geführt, dann im 2.Jh. v.Chr. auf einem Damm durchs Meer um den vorspringenden Felsen Pisco Montano herumgeleitet, der schließlich unter Trajan in einer Höhe von 38 m (125 Fuß) senkrecht abgearbeitet wurde, eine gewaltige technische Leistung, bei der 40000 m³ Gestein abgesprengt wurden. Marken in Form von Tabulae ansatae zeigen im Abstand von 10 zu 10 Fuß die Höhe des abgeschnittenen Felsens an. In sullanischer Zeit rege Bautätigkeit, von der typische Konstruktionen in opus incertum sowohl in der Stadt als auch außerhalb der imposante, weithin sichtbare Tempel des Jupiter Anxur auf einer mächtigen, von Arkaden getragenen Terrasse unterhalb der Zitadelle auf dem Monte S.Angelo, dem antiken Mons Neptunus, Zeugnis ablegen. 69 n.Chr. im Bürgerkrieg zwischen →Vitellius (1) und →Vespasian von den Vitellianern schwer heimgesucht. Mit dem Durchbruch der Via Appia und der Anlage eines Hafens unter Trajan nimmt die Stadt großen Aufschwung und wächst mit der Erweiterung durch eine Unterstadt in der Zeit der Antoninen und des →Septimius (3) Severus zur bedeutendsten Küstenstadt Latiums nach →Ostia an. Nach den Bombardementen des Jahres 1943 antike Bauten am Forum freigelegt. B.A.

Lit: S.Aurigemma u.a., Circeo, T., Fondi. Itinerari 97, 1958, 12ff.

Tarraco (heute Tarragona), Stadt an der Mittelmeerküste →Spaniens (Kt.2849 D2) im Gebiet der Kessetaner. Versuche, ihr etrusk. Ursprung zu geben, hauptsächlich auf Grund ihres Namens, führten zu keinem Erfolg. 218 wurde T. von P.→Cornelius (26) Scipio befestigt und zum Stützpunkt für die militärischen Operationen gegen Karthago ausgebaut. Von 195 an Hauptstadt der Hispania Citerior und unter Augustus der Provinz Tarraconensis. Erhalten ist eine eindrucksvolle Mauer aus riesenhaften Felsblöcken mit röm. Verzierungen im oberen Teil, ein Amphitheater, Theater, Forum und Reste zahlreicher öffentlicher Bauwerke. In republikan. Zeit Münzen mit iber. Umschriften; in der Kaiserzeit Amtsstadt (Colonia Urbs Triumphalis T.). 265 durch den Einfall der Franken zerstört; langsam verlor T. wegen der schlechten Beschaffenheit seines Hafens seine Bedeutung. →Centumcellae (2). J.M.d.M.

Q: Cass. Dio 43,39 – *Lit:* A.Schulten, T., 1934 – J.Navascues, T., IV Congr. Arqueologia, Barcelona, 1929.

Tarraconensis, Name, welcher der früheren röm. Provinz Hispania Citerior unter Augustus gegeben wurde; Hauptstadt Tarraco mit röm. Recht, ohne deductio von Veteranen. Umfaßte ein überaus großes Gebiet, regiert von einem kaiserlichen Legaten und seit Claudius in sieben Gerichtsbezirke eingeteilt (→Spanien, 3). 214 wurde unter Caracalla im NW die Provinz Gallaecia mit 3 Gerichtsbezirken und unter →Diokletian (vermutlich 297) die Provinz Carthaginiensis gebildet. J.M.d.M.

Lit: E.Albertini, Les divisions administratives dans l'Espagne romaine, 1923 – A.G.Bellido, La Península Iberica, 1953, 394.

Tarsos (Kt.2640a C2). [1] Auf dem Hügel Gözlü Kulé beginnt die Besiedlung im Neolithikum und dauert mit geringen Unterbrechungen bis in historische Zeit. Zahlreiche hethit. Siegel (2.Jt.). Von →Salmanassos erobert, 696 durch →Sanherib zerstört. Wichtige Untersuchung durch Hetty Goldman 1934–39 und 1947–49. F.F.

[2] Im Seleukidenreich zeitweise nach →Antiochos IV. Antiocheia genannt. 66 v.Chr. Hauptstadt der röm. Provinz Kilikien. Der Apostel →Paulus (1) stammte aus T. (Apg. 21.39). 260 n.Chr. Einnahme durch →Šapur I., 276 durch die Goten geplündert. Begräbnisort Kaiser →Julians (2). In T. noch lange starke heidnische Partei. Monumente: Reste zweier Wasserleitungen, Theater am Abhang des Gözlü Kulé. R.F.

Lit: H.Goldmann, Excavations at Gözlü Kule, Tarsus, 3 Bde, 1950–1963 – A.Erzen, Kilikien bis zum Ende der Perserherrschaft, 1940 – D.Magie, Roman Rule in Asia Minor II, 1950, 1146ff.

Tartaros, aus dem →Chaos geboren, zunächst unter dem →Hades (‹in den Tiefen des Bodens›, Hes. theog. 116ff., vgl. Hom. Il. 8,13–17) gelegener dunkler Strafort für frevelnde Götter (Titanen), dann Teil der Unterwelt selbst, in dem die Büßer hausen, Wohnort der Erinyen. K.Schb.

Tartessos, Stadt, Fluß (Guadalquivir) und Gebiet im S Spaniens, im Altertum berühmt durch ihren legendären Reichtum aus dem Handel mit Metallen (Zinn, Silber und Gold). Am Ende des 2.Jt.s in Verbindung mit den Phöniziern (das Tarsis der Bibel), die um 1100 v.Chr. Gadir (→Gades) gründen und über die Herkunft der Handelsware Stillschweigen bewahren. Um 620 v.Chr. entdeckt Kolaios von Samos den Weg nach T., die Griechen von →Phokaia nehmen die Handelsreisen nach dem W auf und gründen Mainake. Die geographische Lage von T. kann noch nicht angegeben werden. Die Monarchen von T. (am berühmtesten der griechenfreundliche Argantonios) beherrschten von Mastia (Cartagena) aus ein großes Gebiet bis hin zum Atlantik. Um 500 v.Chr. verschwand T., unter der phön. Vorherrschaft zerfallen und wahrscheinlich durch Überfälle der →Kelten zerstört. Spätere Schriftsteller verwechselten die Stadt mit Gadir/Gades. Ihr außergewöhnlicher Reichtum und die Langlebigkeit ihrer Könige ließen sie zum Land der Sage werden. Die Bewohner von T. waren die gebildetsten in ganz Iberien, mit Gesetzbüchern und eigener Poesie. Die zahlreich gefundenen Schmuckgegenstände von oriental. Herstellungstechnik und unentwickeltem Geschmack bestätigen den Reichtum des Landes. Der Ursprung der Bewohner liegt im dunkeln. Nach Schulten stammen sie aus Kleinasien wie die →Etrusker, nach anderen aus →Cypern. Wahrscheinlich wurde jedoch die Kultur von T. von einheimischer Bevölkerung getragen, die aus dem Handel mit dem Orient die wichtigsten Impulse erhielt. J.M.d.M.

Lit: A. Schulten, T., 1945 – J. Maluquer de Motes, I Symposium de Prehistoria Peninsular, Pamplona 1959, 273 ff.

Tatian aus Syrien, zunächst Lehrer der Rhetorik, Schüler →Justins und durch ihn Christ. Hieronymus (vir. ill. 29) hält die (erhaltene) Rede *Πρὸς Ἕλληνας* für T.s bestes Werk; in ihm wird mit Leidenschaft der gesamten hellenist. Bildung einschließlich der Künste jeder Wert abgesprochen. Sehr stark nachgewirkt hat die Evangelienharmonie (*Διὰ τεσσάρων*); rekonstruierbar aus arab., armen. und lat. Übersetzungen; vermutlich war sie syrisch abgefaßt und wurde vor 223 ins Griechische übersetzt (kleines Fragment aus →Dura Europos). Ein Kommentar von →Ephraim dem Syrer ist in armen. Version erhalten. H.D.

Ed: Ed. Schwartz, 1888 – E.J. Goodspeed, in: Die ältesten Apologeten, 1914, 266–305 (πρὸς Ἕλληνας) – D. Plooj-C. A. Phillips-A. Barnouw, The Liège Diatessaron, 1929–35 – C.H. Kraeling, Greek Fragm. of T.s Diatessaron from Dura, 1935 – *Lit:* M. Elze, Tatian und seine Theologie, 1960 (Lit) – Altaner, 101–103 (Lit).

Tatius →Titus.

Taube. [1] Kulturgeschichtliche und symbolische Bedeutung in der griech.-röm. Antike →Haustiere C 4.

[2] Der Zusammenhang des antiken Seelenvogelglaubens mit der *christlichen* Darstellung der T. ist deutlich auf Katakombenbildern, die sie mit Ölzweig im Schnabel zeigen, besonders dort, wo noch die Beischrift ‹in pace› hinzutritt oder die T. trinkt (refrigerium), daher →Symbol auch der Rettung (Arche Noah, Jünglinge im Feuerofen). In biblischen Szenen (Taufe Christi, Verkündigung an Maria) und auf Trinitätsdarstellungen (Mosaiken, zusammen mit →Hand Gottes und Christus-Lamm) wird sie zum Zeichen des Hl. Geistes. Endlich erscheint sie als allegorische Wiedergabe der Apostel, worin sich wieder der Bezug zur Tradition der Antike (T. Vorbild in der Tugend) zeigt. U.F.

Lit: F. Sühling, Die Taube als rel. Symbol i. christl. Altertum, 1930.

Taubenmosaik. Mit Plin. nat. 36, 184, der summarischen Beschreibung eines T.s des →Sosos von Pergamon, scheint die Nachbildung aus der republikanischen ‹Villa Hadriana› in Tibur (Cap. Mus. Rom) genauer übereinzustimmen, doch wird das reichere und künstlerisch qualitätvollere Beispiel aus Pompeji (VIII Insula 2, 34) dem Original näherstehen. Vgl. →Mosaik B 2; →Emblema. C.K.

Lit: E. Pernice, Das T. im Kapitolin. Museum, AA 42, 1927, Beil. 10/11 – Ders., Pompejan. Mosaiken, Antike 13, 1937, 43–60, Taf. 4 – Ders., Pavimente, 1938, 164 – Pfuhl, Abb. 700 – Rumpf, 166, 5 – Schefold, WP, 128.217.245 – Vgl. Delos VIII, 401 – Pernice, Taf. 1.

Taufe. [1] In der christlichen Kirche ist seit den ersten Anfängen die T. üblich gewesen. Jesus hat sich von Johannes dem Täufer taufen lassen (Mk. 1, 9 ff.), hat selbst aber offenbar nicht getauft. Unabhängig von dem umstrittenen Alter des sog. Taufbefehls (Mt. 28, 18–20), schloß die Einsetzung des Apostolates und der Missionsauftrag für die Gemeinde auch einen Taufbefehl ein. Die T. bringt die Reinigung von den Sünden, tötet den alten Menschen und gibt die Lebensgemeinschaft mit Christus. Nirgends wird jedoch im NT diese Wirkung magisch verstanden. Das ergibt sich schon daraus, daß eine Selbst-T. ausgeschlossen ist. Darüber hinaus wendet sich Paulus 1. Kor. 10, 1–13 gegen eine sich auf den bloßen Sakramentsempfang gründende Heilssicherheit. Seit dem ausgehenden 1. Jh. setzte eine Entwicklung ein, die T. analog den hellenistischen →Mysterien zu verstehen. Nach →Ignatius (Eph. 18, 2; ca. 110) wurde Jesus «geboren und getauft, um durch sein Leiden das Wasser zu reinigen». Was die Wirkung der T. betrifft, so wird sie in der schützenden Rüstung gegen den Teufel und die Dämonen (Ignatius) gesehen oder in der Versiegelung (→Hermas) oder in der Erleuchtung, die zur Kindschaft, zur Vollendung und schließlich zur Unsterblichkeit führt (→Clemens Alexandrinus). Stets wird betont, daß es darauf ankommt, die T. heilig und unbefleckt zu erhalten.

[2] *Vollzug* der T.: nach der →Didache (ca. 100 in Ostsyrien) soll die T. im Namen des Vaters, des Sohnes und des Hl. Geistes stattfinden und möglichst in fließendem Wasser, notfalls in anderem Wasser oder durch dreimaliges Übergießen des Kopfes vollzogen werden. Nach der Darstellung →Tertullians (gest. nach 220) in De baptismo findet nach vorangegangener Vorbereitungszeit bei der eigentlichen T. zunächst eine Geistanrufung (Epiklese) über dem Taufwasser statt, dann die ‹abrenuntiatio diaboli›, dreimaliges Untertauchen auf den Namen des Vaters, des Sohnes und des Hl. Geistes mit Bekenntnis als Antwort auf die Fragen des Täufers, Ölsalbung, Handauflegung und Gebet; daran schloß sich die Feier der →Eucharistie an. Diese Grundform der T. begegnet mit manchen Variationen in allen Teilen der Kirche.

[3] Die T. ist einmalig. Ersatz oder Wiederholung ist allenfalls die Blut-T. (→Märtyrer). Seit ca. 200 kommt die Säuglings-T. auf und setzt sich im Laufe einer längeren Entwicklung allenthalben durch. Noch im 4. Jh. begegnet oft Aufschub der T. Die Theologen traten für die Übung der Säuglings-T. ein. Die schon im Streit um die *Ketzertaufe* 255–258 zwischen →Cyprian von Karthago und Stephan von Rom aufgebrochene Frage, ob eine von Ketzern gespendete T. gültig sei (so Rom seit ca. 200) oder nicht (so Tertullian, Cyprian, später die Donatisten), wurde von →Augustin eingehend erörtert. Er unterscheidet zwischen dem Sakrament als solchem und seiner Wirkung. Man kann das Sakrament empfangen, ohne doch seiner eigentlichen Gabe teilhaftig zu werden. Konvertiten von einer häretischen Gemeinschaft werden daher, falls sie auf die Trinität getauft waren, nicht wiedergetauft, sondern durch Handauflegung in die Gemeinschaft der Kirche aufgenommen. B.L.

Lit: W. Sattler, Die Stellung der griech. Kirche zur Ketzert. bis ca. 500, Diss. Marburg 1911 – G.W.H. Lampe, The Seal of the Spirit. 1951 – J. Jeremias, Die Kindert. in den ersten 4 Jh.en (1938), 1958³ – K. Aland, Die Säuglingst. im NT und in der alten Kirche (1961), 1963² – J. Jeremias: Nochmals: Die Anfänge der Kindert., 1962 – ThW I 527–544 – RGG VI 627–646 – G. Kretschmar, Die Gesch. des T.gottesdienstes, Leiturgia 5, 1965, 1 ff.

Taurisker (Teurisker), keltischer Stamm im heutigen Oberkärnten um Teurnia (Kt. 2209 A 2) und im anschließenden Oberkrain (vgl. heute noch ‹Tauern›). Bei der Einigung der ostalpinen Kelten um die Wende des 2. Jh.s v. Chr. werden sie in das norische Königreich einbezogen und verschwinden dann. Splitter des Stammes scheinen an die untere Sawe gelangt zu sein (Taurunum). B.S.

Tauriskos, Bildhauer und Maler (?) von Tralleis, Sohn des Artemidoros; im mittleren 1. Jh. v. Chr. tätig; hat mit seinem Bruder →Apollonios (3) v. Tralleis zusammen die berühmte Gruppe des sog. Farnesischen Stieres geschaffen. →Asinius (2) Pollio besaß von ihm ‹Hermeroten›. – Fraglich, ob mit dem von Plin. nat. 35, 14 genannten Maler T. identisch. E.Bg.

Lit: Lippold, GrPl, 383 f.

Taurobolium, Ritus oriental. Herkunft, im 2. Jh. n. Chr. in den Kult der →Kybele →Magna Mater eingeführt, in Rom nach Ausweis der Inschriften bis zum Ende des 4. Jh.s lebendig: der Gläubige stieg in eine mit durchlöcherten Brettern bedeckte Grube und ließ sich vom Blut eines Stieres überströmen, den man über ihm schlachtete (Prudent.

perist. 10, 1011 ff.). Das Blut reinigte ihn und ließ ihn zu einem neuen Leben geboren werden; T. war eine Bürgschaft ewigen Lebens. H. Le B.

Lit: F. Cumont, Les religions orientales dans le paganisme romain (1906), 1929⁴, 62–64.

Tauromenion, heute Taormina, 396 v. Chr. an bereits von Einheimischen besiedelter Stelle von Sikulern gegründet (Kt. 1420 G9), 394/393 von → Dionysios I. v. Syrakus vergeblich belagert, im Frieden von 392 zwischen den Karthagern und Dionysios I. fällt T. an letzteren, der die Sikuler vertreibt und Söldner ansiedelt. 358 bemächtigt sich Andromachos, der Vater des Historikers → Timaios (3), mit Flüchtlingen aus Naxos der Stadt, seitdem griechisch. 344 freundliche Aufnahme des → Timoleon durch Andromachos, der als einziger der sizil. Tyrannen nicht abgesetzt wird, seit 312 T. unter → Agathokles, seit 289 Tyrannis des Tyndarion. Unter → Hieron II. gehört T. zu Syrakus. Seit 212 römisch. T. berühmt durch seine herrliche Lage und bes. durch das große, sog. Griechische Theater, das im jetzigen Zustand erst der röm. Zeit angehört; zweites kleines röm. Theater und Reste eines Serapistempels unter der Kirche S. Pancrazio. E. M.

Lit: K. Ziegler, RE 5 A 1 (1934), 27–32 – M. Santangelo, Taormine et ses environs, 1954.

Taurophoren (ταυροφόρον sc. νόμισμα), Bezeichnung für die nach 196 v. Chr. geprägten Tetradrachmen von Eretria auf Euboia mit stehendem Rind auf der Rückseite in den delischen Inventaren des 2. Jh.s v. Chr. W. Schw.

Lit: L. Robert, Etudes de num. grecque, 1951, 156–159 – M. N. Tod, Num. Chron. VI 20, 1960, 15.

Tauros, das südliche Randgebirgssystem Kleinasiens. Es zerfällt in den West-(lykischen) T., den Mittel-T. (3558 m) und den Ost-T., der von der kilikischen Pforte abgetrennt wird. Er beginnt im Westen in Pamphylien und bildet dann die Nordgrenze Syriens. Seine strategische Bedeutung als Riegel vor der Landverbindung zwischen Kleinasien und Asien schon in der Antike erkannt. Galt als waldreich und unwegsam sowie als Schlupfwinkel von Räubern. R. F.

Taurus → Statilius.

Taxila, griech. Name für die alte ind. Universitätsstadt Takṣaśila. Heute Dorf, Ruinen und Museum in NW-Pakistan. Bhir-Hügel: befestigte achämenidische Siedlung, von Alexander dem Großen erobert. Jandial: Tempel (des Feuerkults?), prostylos in antis, Säulenperipteros durch Mauern ersetzt, über dem Opisthodom ursprünglich ein Turm, Fragmente von ion. Basen und Kapitellen. Sirkap: griech. Stadt des 1. Jh.s v. Chr. aus einem Netz sich rechtwinklig schneidender Haupt- und Nebenstraßen. Sirsukh: Kuṣaṇastadt seit dem 2. Jh. n. Chr., als in der Umgebung buddhistische Klöster und Stupas im → Gandharastil entstanden. Vgl. → Orient und Antike. K. F.

Lit: J. Marshall, T., 1951.

Taxiles, König im Pandschab, nahm → Alexander (5) d. Gr. aus Haß gegen → Poros freundlich auf, kämpfte an seiner Seite am Hydaspes, wurde zuerst unter einem Satrapen, dann selbst als Satrap in seinem Gebiet bestätigt; bald nach Alexanders Tod unabhängig. E. Bd.

Taygetos, schroffes Grenzgebirge zwischen → Lakonien und → Messenien (Kt. 1152 C5), heute Pentedaktylo, 2407 m, im Altertum waldig und wildreich. E. M.

Teanum Sidicinum, nördlichste Stadt Kampaniens (Kt. 1420 F6; heute Teano), Vorort der oskischen Sidiciner, die den Anlaß zum 1. Samniterkrieg gaben. 334 civitas sine suffragio, unter Augustus und Claudius Kolonie, in der Kaiserzeit wegen seiner Lage an der Abzweigung von → Via Appia und Via Latina blühend. Ruinen der Stadtmauer, eines Tempels, des Theaters, einer Thermenanlage erhalten. An der Nordgrenze der Stadt wurde kürzlich ein Heiligtum des 3./2. Jh.s v. Chr. aufgedeckt. B. A.

Lit: W. Johannowski, Bd'A 47, 1962, 63 ff.

Teate Marrucinorum, einzige Stadt der → Marrukiner an der Via Valeria (Kt. 1420 F5; heute Chieti) mit Resten des Forums, auf dem mehrere kleine Tempel standen, eines Theaters und einer Thermenanlage mit grandioser Zisterne.

Lit: V. Cianfarani, EAA II, 1919, 550 ff. B. A.

Techne, Kunst, Können, Geschicklichkeit, Kenntnis. Bis zu Platon und noch in vielen aristotelischen Texten wird T. als gleichbedeutend mit Episteme (Wissen) angewendet, und zwar sowohl auf theoretische Wissenschaften, wie die Geometrie und die Astronomie, als auch auf praktische Fertigkeiten, wie die Kunst des Schmiedes oder des Bildhauers. Man findet jedoch bei Aristoteles auch eine engere Definition der T.; sie wird dann als die Kunst, etwas hervorzubringen, der Episteme als dem theoretischen Wissen gegenübergestellt. Während das Objekt der letzteren immer vorhanden und notwendig ist, muß der Gegenstand der T. erst hervorgebracht werden; er ist nicht notwendig (An. post. 100 a9; NE 6, 3. 1139 b20 f.; 6, 4. 1140 a11 f.). Die in diesem genaueren Sinn aufgefaßte T. ist unterschieden von dem ‹praktischen (oder ethischen) Wissen›, das das menschliche Handeln lenkt (NE 6, 4. 1140 a16 f.). – Diese Unterscheidungen scheinen von den → Stoikern nicht beibehalten worden zu sein. Von einem andern Gesichtspunkt aus wird die Kunst im antiken Denken oft der Natur (φύσις) gegenübergestellt. Platon bekämpft die materialistische Deutung dieser Gegenüberstellung, nach der alles, was die Natur hervorbringt, zufällig und ganz ohne Mitwirkung der Vernunft entsteht. Er setzt Natur und Kunst einander gleich, denn nach seiner Überzeugung sind die Dinge, die wir natürlich nennen, das Werk einer göttlichen Kunst, und das, was in der stärksten Bedeutung des Wortes ‹von Natur› besteht, ist die Seele mit ihren Wirkungskräften, deren eine die T. ist (Leg. 10, 888 E–892 C). Aristoteles bewirkt die Annäherung der beiden Begriffe in umgekehrter Richtung: für ihn ist die Natur das Primäre, und die (menschliche) Kunst bildet sich nach ihrem Muster; doch hat die Natur in sich selbst eine Zweckmäßigkeit und eine Vernunftgemäßheit, die dem menschlichen Verstand erlauben, sie zu begreifen und nachzuahmen (Phys. 2, 194 a21 f.; 199 a15 sq.). S. M.

Lit: R. Schaerer, Ἐπιστήμη et τέχνη, étude sur les notions de connaissance et d'art d'Homère à Platon, 1930 – M. Timpanaro Cardini, Φύσις e τέχνη in Aristotele, in: Studi di filosofia greca, in onore di R. Mondolfo, 1950, 277–305 – K. Bartels, Der Begriff ‹Techne› bei Aristoteles, in: Synusia, Festschrift für W. Schadewaldt, 1965, 275–287.

Technik. [1] *Allgemeines.* Die griech.-röm. Antike fand die meisten der von ihr im Alltag verwendeten technischen Möglichkeiten schon vor, entwickelte sie aber weiter und fand daneben auch manches Neue, das jedoch nur selten über den Zustand der prinzipiellen Erprobung hinaus gedieh. Wenn dennoch erstaunliche Leistungen erzielt wurden, so lag das an der intensivsten Ausnutzung jener relativ einfachen Errungenschaften und der Entwicklung bewunderungswürdiger Fertigkeiten bei der Anwendung des einmal Gefundenen. So gering die Bedeutung der Zeit für die antike T. war, so groß war deren nivellierender Einfluß auf den technischen Entwicklungsstand eines breiten Bevölkerungsgürtels, der sich von den Mittelmeerländern über den Mittleren Osten, Indien, Südostasien bis nach China erstreckte. Die Zeit spielte weder bei dem einzelnen Arbeitsvorgang eine große Rolle noch in der Gesamtentwicklung der Technik: Der technische Fortschritt war und ist das Ergebnis der Erfindungsdichte, und diese hängt ab von der → Bevölkerungsdichte. Auf Handelswegen und bei Kriegszügen wurden die Errungenschaften anderen Bevölkerungsgruppen vermittelt. Die für die technischen Abläufe benötigten Energien lieferten die Muskelkraft von Mensch und Tier (Göpel), Holz und Holzkohle und erst in der römischen Kaiserzeit das Wasser. Aus der Entwicklung der Technik sollen im folgenden sieben Gebiete umrissen werden.

[2] *Landwirtschaftliche Produkte.* Als die Jäger und Sammler seßhaft und die ersten Tiere gezähmt und zu →Haustieren geworden waren, lieferten neben dem →Fischfang der →Ackerbau und die →Viehzucht die Grundlagen der →Ernährung. Das →Getreide wurde zunächst als Breinahrung genossen; später wurde es nach dem Dreschen, Worfeln und Rösten in Mörsern zu →Graupen zerstampft oder auf Reibsteinen zerrieben. Das Produkt wurde mit Wasser verrührt und als Fladenbrot gebacken. Dann verwendete man →Mühlen, die in der röm. Kaiserzeit auch mit Wasserkraft betrieben wurden. Ihr Mehl verarbeitete man in der →Knetmaschine zu Teig, der als →Brot oder →Backwerk in Öfen, die man mit Holz→Kohle befeuerte, gebacken wurde. Einen Teil des Getreides ließ man, bes. in Ägypten, Gallien und Spanien, zu →Bier vergären. Fisch und Fleisch bereitete man durch →Braten und →Kochen zu. Unter den Früchten hatten Olive (→Öl) und →Wein große Bedeutung. Die aus der Tierhaltung anfallenden Häute wurden durch Gerben und →Färben für die Verwendung als →Leder vorbereitet, das zu →Waffen (Schilde), Schläuchen, Zelten, Segeln und bei der →Schusterei benutzt wurde. Schaffelle und Felle von Wildtieren trug man, bes. in der röm. Kaiserzeit, als →Pelze. Unter den Gespinstfasern nahmen →Wolle und →Leinen die ersten Plätze ein. Die Wolle mußte gereinigt, bisweilen durch tierische oder pflanzliche →Farbstoffe gefärbt, gekrempelt und mit dem →Epinetron zu einem Vorgarn ausgezogen werden, ehe sie durch das →Spinnen für das →Weben vorbereitet war. An dessen Beginn stand das Flechten, doch begegnen Darstellungen eines horizontalen Webstuhls schon aus einer Zeit um 4400 v. Chr. in Ägypten. Mit verschiedenen Ketten- und Einschlagfäden und durch mehrere Fächer erzielte man unterschiedliche →Webmuster, die durch →Sticken (→Kopten, 3) noch weiter verziert werden konnten. Durch das Walken entstanden aus den Geweben feste Tuche (→Wolle), die nach dem Rauhen und Bürsten geschoren wurden. Mit den dabei entstandenen Abfällen füllte man →Polster. Bei dem Schnitt der meisten antiken →Kleidungsstücke kam dem →Nähen nicht die heutige Bedeutung zu. Der für die →Leinenproduktion angebaute →Flachs fand neben →Binsen und →Spartgras in der →Seilerei Verwendung. In Zeiten relativer Arbeitsruhe wurden die Landsklaven dazu und zur →Korbflechterei herangezogen. Zur Verarbeitung von Pflanzen gehörte noch die Bereitung von →Parfümen und Salben, wofür es besondere Werkstätten gab.

[3] *Ton und Wachs.* Die Herstellung von zunächst luftgetrockneten, später bei 500–600° gebrannten →Ziegeln aus Lehm hat sich wohl zuerst in dem steinarmen Mesopotamien herausgebildet. Als Bindemittel verwendete man beim Bauen Erdpech (Bitumen). Älter noch ist die →Töpferei mit →Ton. In den →Brennöfen, die mit Holzkohle befeuert wurden, brannte man die Gefäße bei 800–960°. Diese Temperatur konnte beim Glasieren z. B. der →Fayence oder dekorativer →Ziegel auf 1000° erhöht werden. Bei nur 100° wurde →Gips gebrannt ($2\,CaSO_4 + H_2O$), der, mit Wasser verrührt, schrumpfungslos erstarrt und deshalb bei Gipsabgüssen und bei der Herstellung von →Stuck Verwendung fand. Das →*Wachs* aus der →Bienenzucht wurde zum Modellieren und in der →Medizin benutzt, daneben auch in der →Metallverarbeitung beim Guß (vgl. →Toreutik).

[4] *Holz, Stein, Edelsteine.* In Ägypten erreichte die Verarbeitung des →Holzes zu →Möbeln für eine dünne Oberschicht schon um 2500 v. Chr. einen beachtlichen Stand. Unter den →Werkzeugen in ihren oft auch heute noch üblichen Formen wurde die (ältere) Drehbank im 2. Jh. v. Chr. modern. Edlere Furnierhölzer wurden dem billigen Holz durch →Leim verbunden und durch Intarsien aus Holz, →Horn oder →Schildplatt verziert. Kiefern und Eichen brannte man in Meilern zu Holzkohle, wobei zugleich →Teer und →Pech anfiel. In den →Steinbrüchen sägte man den Fels, um danach durch quellende Keile die gewünschten Blöcke abzusprengen. Diese wurden behauen, mit dem →Zahneisen und anderen →Werkzeugen geglättet oder, wenn weicherer Stein zu Säulen verarbeitet werden sollte, auf einer Drehbank bearbeitet. In der Steinschneidekunst, der →Glyptik, verwendete man Schleifscheiben und Zeiger, um →Edelsteinen die gewünschte Form zu geben. Durch das →Kalkbrennen gewann man aus Kalkstein, Kreide oder →Marmor einen wichtigen Bestandteil des Mörtels.

[5] *Metallgewinnung und -verarbeitung.* Die meisten Metalle wie Gold, Silber, Kupfer, Zinn, Zink, Blei, Eisen mußten aus →Bergwerken gefördert werden. Die eigentliche →Metallgewinnung verlief je nach dem Metall unterschiedlich. Bei der →Metallverarbeitung waren bes. wichtig Guß, Schmieden, Löten, Stanzen; das letztere erforderte Blech ebenso wie die Herstellung des →Drahtes oder die →Empästik. Einige Metalle benutzte die Antike in →Legierungen, die durch einen →Probierstein geprüft werden konnten; Eisen wurde zu →Stahl veredelt.

[6] →*Glas* wurde schon früh aus Sand, Pottasche oder Soda und Kalk hergestellt. Einst Luxusartikel, war das Glas in Rom billige Konsumware und konnte seit Augustus durch Flachguß zu Fensterscheiben verarbeitet werden. Pulverisierte Glasfritte bildete den Ausgangsstoff für →Email.

[7] *Maschinen.* Um 700 v. Chr. wurde der →Flaschenzug als wichtiger Teil der →Hebemaschinen erfunden, der gegenüber dem Keil und der festen Rolle einen gewaltigen Fortschritt brachte. Winde und →Tretrad vergrößerten deren Einsatzmöglichkeiten bis zu tonnenschweren Lasten, die auf Schlitten oder anderen →Transportmaschinen an ihren Bestimmungsort gebracht wurden. In der →Wasserversorgung und Entwässerung waren zunächst einfachste →Schöpfmaschinen und die →Ägypt. Schraube bekannt (→Bergwerk), später setzte man über Göpelwerke Tiere zum Betrieb von Schöpfrädern ein oder nutzte durch unterschlächtige Wasserräder die Wasserkraft (auch für Mühlen) aus. Bes. die Römer führten das Wasser durch →Aquädukte an die Städte heran, wo der Überfluß in →Wasserspielen verströmte oder die riesigen →Thermen versorgte, die ebenso wie andere Bauwerke in ihren Hypokausten eine zugleich praktische und relativ sparsame →Heizung besaßen. Prinzipiell Neues brachten z. B. das Preßluft →Geschütz (→Aerotonon) des →Ktesibios, seine Wasserspritze (Vitr. 10,7,1) für die →Feuerwehr, seine →Wasserorgel, die Dampfkugel (→Äolipile) des →Heron (2), der durch Preß- oder Heißluft betriebene Flugapparat des →Archytas v. Tarent (Gell. 10,12,9) und die zahlreichen Automaten des →Philon (4) v. Byzanz (um 230 v. Chr.). Doch blieb die wirtschaftliche Ausnutzung dieser Möglichkeiten auf ein Minimum beschränkt. →Mechanik.

[8] *Schiffe und Wagen.* Beplankte →Schiffe wurden in Ägypten seit etwa 3000 v. Chr. gebaut. Um 250 v. Chr. kam es zu einer scharfen Trennung zwischen den breiten, meist mit Segeln ausgerüsteten Handelsschiffen und den schlanken, meist durch Ruder (Riemen) bewegten Kriegsschiffen. Die Normalgröße der Schiffe wird zwischen 50 und 150 Tonnen gelegen haben, doch gab es einzelne erheblich größere. Rad und →Wagen stammen wahrscheinlich aus dem vorgeschichtl. Mesopotamien. Die zunächst starren Vorderachsen wurden später drehbar gelagert, was die Wagen lenkbar machte. Neben der Vielfalt der Wagentypen in Rom, welche die →Sänfte nicht verdrängte, ist das Gleitrollenlager beim Dejbjerg-Wagen technisch bemerkenswert. W. K.

Lit: H. Blümner, Technologie u. Terminol. der Gewerbe u. Künste bei Griechen u. Römern, 4 Bde, I (1875), 1912²; II 1879; III 1884; IV 1887 – F. M. Feldhaus, Die T. der Vorzeit, der geschichtl. Zeit u. der Naturvölker (873 Abb.), 1914 – Ders., Kulturgesch. der T., 2 Bde, 1928 – Ders., Die T. d. Antike u. des MA (452 Abb.), 1931 –

H. Diels, Antike T. (1914), 1924³ – A. Neuburg, Die T. des Altertums (1919), 1925³ – A. Köster, Stud. z. Gesch. des antiken Seewesens, Klio, Beiheft, 1934 – T. K. Derry-T. J. Williams, A short history of technology, 1960 – L. Aitchison, A history of metals, 2 Bde, 1960 – Ch. Singer, A history of technology, bisher 2 Bde, 1954–56 (für die Zeit 700 v. Chr.–1500 n. Chr.) – R. J. Forbes, Studies in ancient technology (mit sehr guter Bibliographie), I: Bitumen, alchemy, water supply (1955), 1964²; II: Irrigation, power, land, transport, roads, camel (1955), 1965²; III: Cosmetics, food, beer, wine, paints, 1956; IV: Fibres, washing, fulling, felting, dyes, spinning, weaving (1956), 1964²; V: Leather, sugar, 1957; VI: Heat, refrigeration, 1958; VII: Geology, mining, quarrying, 1963; VIII: Metallurgy, smith, his tools, gold, silver, lead, zinc, brass, 1964; IX: Metallurgy, copper, tin, bronze, iron, 1964 – F. Kretzschmer, Bilddokumente röm. T. (1958), 1964² – L. Sprague de Camp, Ingenieure der Antike, 1964 – Dictionnaire archéologique des techniques, I 1963; II 1964 – A. G. Drachmann, The Mechanical Technology of Greek and Roman Antiquity, 1963 – Ders., Antikkens Teknik, 1963 (schwed. 1965, dt. in Vorber.).

Techniten, *dionysische.* Seit Anfang des 3. Jh.s v. Chr. schlossen sich an vielen Orten des Mittelmeerraumes → Schauspieler und andere Künstler zu sogenannten ‹Vereinigungen dionysischer T.› zusammen (*τῶν περὶ τὸν Διόνυσον τεχνιτῶν σύνοδος* oder *κοινόν*). Diese T.vereine waren nicht nur reine Schauspieltruppen, sondern Zusammenschlüsse der verschiedensten Künstler zum Zweck der Gestaltung von Festaufführungen jeder Art (Vorträge von Epen, Chorlyrik, rein musikalische Darbietungen, Aufführungen von Dramen). So gehörten ihnen neben Schauspielern der Tragödie, der Komödie und des Satyrspiels auch Chorlehrer (→ Chorodidaskalos), Tänzer, berühmte → Choreuten, Musiker jeglicher Art (→ Musikervereinigungen) und Dichter der verschiedenen Literaturgattungen an. Die Vereinigungen hatten immer religiösen Charakter. Sie wurden von einem Priester des Dionysos geleitet, ihre Mitglieder genossen bestimmte Privilegien (Befreiung vom Kriegsdienst, Steuerfreiheit, Asylie). In dieser Form bestanden die T.vereine bis in die röm. Kaiserzeit fort. Durch ihre Aufführungen in allen Teilen der antiken Welt förderten sie die Verbreitung und Erhaltung der dramatischen Literatur des 5. Jh.s v. Chr. sicher erheblich. Vgl. → Theater; ferner → Demiurg, → Techne. E.-R. Sch.

Lit: M. Bieber, The History of the Greek and Roman Theater (1939), 1961², 84.

Technopaignia, Gedichte aus artistischer Gesinnung, bei denen der Dichter durch entsprechende Gestaltung der Verslängen ein abbildhaftes Äußeres zustande bringt. Beliebt im 3. Jh. v. Chr. Von → Simias v. Rhodos besitzen wir T. in Form eines Beiles, ferner eines Flügels und eines Eis. Von → Theokrit liegt die ‹Syrinx› (‹Flöte›) vor, von Dosiadas ein ‹Altar›. Wie die anderen T. in verschiedenen Metren geschrieben, gibt es vor, Weihinschrift des Jason zu sein. Äußerst dunkle Sprache. Die Zeit des Dosiadas ungewiß. Ist er vielleicht wegen der formalen Nähe zu den oben genannten Dichtern auch gleichzeitig mit ihnen? – Da sich die T. als ‹Aufschriften› auf die entsprechenden Gegenstände auffassen lassen, finden sich die Gedichte auch in der → Anthologie. → Paignion. P.H.

Ed: AP 21. 22. 24. 26. 27 – A. S. F. Gow, Bucolici Graeci, 1952.

Te deum (sc. laudamus), sog. ‹Ambrosianischer Lobgesang›, dreiteiliger → Psalm, schon in der Mönchs- bzw. Nonnenregel des → Caesarius v. Arles liturgisch vorgeschrieben. Die übliche These, → Niceta v. Remesiana sei der Dichter, ist durch den Nachweis von Rudimenten der Ostervigilie (Kähler) und Verarbeitung ihrer liturgischen Texte neu zur Debatte gestellt worden. C.A.

Lit: E. Kähler, Studien zum Te Deum, 1958.

Teer. Der beim → Pechschwelen zunächst dünn-, dann dickflüssig austropfende T. wurde zum Streichen flacher Dächer (Plin. nat. 36, 166) benutzt oder zu → Pech gekocht. W.K.

Tegea, Stadt im S der ostarkad. Hochebene ca. 5 km südöstl. des heutigen Tripolis (Kt. 1152 C 5) in ebenem Gelände mit einzelnen niedrigen Hügeln. Dauernde Kämpfe T.s mit Sparta; in der 1. H. des 6. Jh.s behielt T. die Oberhand, seit ca. 550 aber im → Pelop. Bund. Im → Perserkrieg in der Schlacht an den → Thermopylen und bei → Platää auf seiten der Griechen. Weiterhin gespanntes Verhältnis zu Sparta. Um 476 Flucht des spartan. Königs → Leotychides nach T. 473/472 Niederlage T.s bei Dipaia. Vor 464? Schlacht bei T., Niederlage gegen Sparta. Im → Pelop. Krieg auf seiten Spartas. Dauernder Gegensatz zu Mantineia (420 bleibt T. dem Bündnis zwischen Mantineia, Argos, Athen und Elis fern), bildet das Haupt einer der zwei Parteien im → Arkad. Bund seit ca. 367 v. Chr. Archäologisch bedeutend der Tempel der Athena Alea (395/394 abgebrannt, Neubau nach 365 v. Chr.) außerhalb der Stadt als Beispiel eines dor. → Tempels (B 3) des 4. Jh.s mit Giebelskulpturen von → Skopas (1). E.M.

Lit: Ch. Dugas-J. Berchmans-M. Clemmensen, Le sanctuaire d'Aléa Athéna à T. au IVe siècle, 2 Bde, 1924 – Chr. Callmer, Stud. zur Gesch. Arkadiens, 1943, 109–135 – Berve-Gruben, 153–156.

Teja, letzter König der → Ostgoten 552–553 nach dem Tod → Totilas in der Schlacht bei Taginae (552). Ende 552 rückte T. von Oberitalien nach Süden vor, um Cumae zu entsetzen, und traf auf eine überlegene byzantin. Streitmacht unter → Narses. Nachdem sich die beiden Heere etwa zwei Monate lang gegenübergelegen hatten, sah sich T. zum Rückzug auf den Mons Lactarius (‹Milchberg›) beim Vesuv gezwungen. Durch Hunger genötigt, suchte er schließlich im März 553 den Entscheidungskampf, in dem er selbst fiel (Schilderung bei → Prokop). K.F.Str.

Lit: L. M. Hartmann, Gesch. Italiens im MA, I (1897), 1923² – A. Nagl, RE 5 A (1934), 1602 ff. – E. Stein, Hist. du Bas-Empire II, 1949.

Teichoskopie, ‹Mauerschau›, berühmte Szene der Ilias (3, 121–244), in der Helena mit Priamos u. a. von der troischen Stadtmauer auf das Heer der Griechen blickt und Fragen nach den einzelnen Helden beantwortet. Zugleich ein typisches Beispiel für die Episodentechnik Homers (→ Homer C). – Der Kunstgriff, zwei Schauplätze durch Betrachtung von dem einen her zu verbinden, wird im Drama (vgl. z. B. die T. in Eur. Phoin. 98–201) bis in die Moderne angewandt (z. B. Schiller, Jungfrau). G.K.

Teiresias, Sohn des Eueres und der Nymphe Chariklo, ändert in der Kindheit zweimal sein Geschlecht. Entscheidet daher in einem Streit zwischen Hera und Zeus über die Stärke des männlichen und weiblichen Liebesgenusses, daß der weibliche neunmal so stark sei. Von der Göttin darauf mit Blindheit geschlagen, wird er dafür von Zeus mit einem Leben von 7 Generationen und der Sehergabe beschenkt (Hes. Frg. 161 f. Rz.; Ov. met. 3, 316 ff.). Als Seher im → Theban. Sagenkreis von größter Bedeutung (vgl. Soph. Ant. und O. T.; Eur. Phoin., Bakch.): erkennt die Abkunft des → Herakles und des → Ödipus und errät in diesem den Mörder. Rät zur Verbannung des Ödipus, zur Opferung des → Menoikeus, zur Flucht aus Theben vor den → Epigonen, und, da er die Sehergabe über den Tod hinaus bewahrt (Od. 10, 492 ff.; 11, 90 ff.), → Odysseus das Mittel zur Versöhnung des Poseidon. In hellenist. Dichtung daher der Seher par excellence (vgl. → Echo, → Narziß). Göttlich verehrt (Diod. 4, 67). Sein Grab in Haliartos.

Darstellungen: auf Krater (A. D. Trendall, Frühitaliot. Vasen, 1938, Taf. 16), homer. Becher ugd etrusk. Spiegel. F. Schwenn, RE 5 A 1 (1934), 132. K.Schb.

Teisamenos, Sohn des → Orest und der → Hermione, von den → Herakliden aus Argos und Sparta vertrieben, vertreibt er seinerseits die Jonier aus dem späteren Achaia, wobei er fällt und sein Sohn Komaites sein Nachfolger wird.

Teisias von Syrakus, Mitte des 5. Jh.s v. Chr., einer der ‹Erfinder› der → Rhetorik (B 1; vgl. → Korax), Verfasser einer Techne und von Gerichtsreden: Lehrer des Lysias, angeblich auch des → Isokrates. H.H.

Q. u. Frg: L. Radermacher, Artium scriptores, 1951, 11 ff. 28 ff. – *Lit:* Kennedy, Persuasion, 58 ff. – W. Stegemann, RE 5 A 1 (1934), 139–149.

Teisikrates, Bildhauer bötischer (?) Herkunft. Sohn und Vater eines Toinias, ferner Vater des Malers Arkesilas. Schüler des Lysippsohnes und Bildhauers Eutykrates, d.h. also wohl in der 1.H. des 3.Jh.s v.Chr. tätig. Von den zahlreich überlieferten Werken glaubt man, dasjenige des Demetrios Poliorketes in Marmorkopien und einer frühhellenist. Bronzestatuette (Neapel) wiederzuerkennen.

Lit: Brunn-Arndt, Nr.355 – Lippold, GrPl, 295. E.Bg.

Teïspes (altpers. Čišpi), König von → Elam (ca.675–645, unbestimmte Chronologie), Sohn des Achaimenes. Vater Kyros' I. und des Ariaramnes. Herodot (7,11) unterscheidet irrtümlich zwei T. G.R.

Tekenu, eine Gestalt des sog. ‹butischen Begräbnisses› in Ägypten, die in ein Fell eingehüllt auf einem Schlitten liegt oder hockt. Es handelt sich um das Abbild des in vorgeschichtlicher Weise als Hocker in ein Fell eingewickelten Toten, das auch dann noch im Beisetzungszug mitgeführt wurde, als man den Toten schon ausgestreckt im Sarg begrub. W.Hk.

Telamon, Sohn des → Aiakos, Bruder des → Peleus, König von Salamis, durch Periboia Vater des großen → Aias (2), durch → Hesione Vater des → Teukros. Teilnehmer am → Argonautenzug, am Zug des → Herakles gegen Troja und an der → kalydonischen Jagd. K.Schb.

Darstellungen: Hilft Herakles auf att.Vasen im Amazonenkampf (Beazley, ARV² 445; D.v.Bothmer, Amazons, 1957, 234); bei Aias' Abschied auf Schale des Oltos (Beazley, ARV² 61, 75); neben Hesiones Befreiung auf röm. Wandbildern (Schefold, WP 52.239) und Sarkophag. Vgl. H.Lamer, RE 5A 1 (1934), 192. K.Schf.

Telchinen, → Dämonen bzw. zwergengestaltige Kobolde, deren Wesen in der Dichtung und mytholog. Literatur der Griechen sehr unterschiedlich geschildert wird, zumal sie in späterer Zeit offenbar auch mit verwandten Sagengestalten vermischt oder verwechselt werden (z.B. mit den → Kyklopen): einerseits werden sie als kunstfertige Schmiede im Dienste des → Hephaistos (z.B. Kall. Del. 31) und Erfinder von nützlichen Dingen gerühmt, andrerseits gelten sie als neidisch, boshaft, mit dem sog. bösen Blick und allerlei Zauberkünsten begabt (Stesich.Fr.93 B.; Apollod. bei Strab.14,2,7; Kall.ait.: Diod.5,55; Ov.met.7,365; Nonn. 14,36ff.; Suid.s.v.). Sie leben auf einer Insel, in der Tradition erscheinen sie vor allem mit Rhodos verbunden. – Offenbar sind die T. ursprünglich Gottheiten der vorgriech. Bevölkerung gewesen, bei den Griechen sind sie dann zu niederen dämonischen Wesen herabgesunken (die in manchen Zügen Ähnlichkeit mit Zwergen und Gnomen der nordischen Mythologie aufweisen). K.-H.R.

Lit: U.v.Wilamowitz, NGG, 1895, 242ff. – Ders., Der Glaube d. Hellenen I, 1931, 84. 279f. – Herter, RE 5A 1 (1934), 197–224.

Telegonie, kyklisches Epos des trojan. Sagenkreises, meistens dem → Eugam(m)on von Kyrene (nach Eusebios um 570) zugewiesen (Prokl.chr.). Die T. behandelte in 2 Büchern, von denen wenige Fragmente erhalten sind, das Schicksal des → Odysseus nach seiner Heimkehr, die Versöhnung mit Poseidon, seinen Tod durch → Telegonos, seinen Sohn von Kirke, dessen Verbindung mit Penelope und die des Telemach mit Kirke. – Der Erzählung von Odysseus' Wanderung nach Thesprotien, einer zweiten Ehe und dem Kampf gegen die Bryger liegt vermutlich (Hartmann, Schwartz) eine ältere → Thesprotis zugrunde (vgl. Clem.Alex.strom.6,2,25,2: E. habe die Thesprotis des → Musaios abgeschrieben). – Auch wegen ihrer novellenhaft-phantastischen Art des Erzählens gilt die Telegonie als das jüngste Epos im → Kyklos. G.K.

Q.u.Frg: EGF 57–59; vgl. 196 – Th.W.Allen, Homeri Opera V, OCT, 1912, 109.143–144 – *Lit:* A.Hartmann, Unters. über die Sagen vom Tod des Odysseus, 1917, 44–89 – R.Merkelbach, Unters. zur Odyssee, Zetemata 2, 1951, 142.

Telegonos, Sohn des → Odysseus und der Kirke, tötet auf der Suche nach ihm unwissentlich seinen Vater, heiratet → Penelope; Italos, der Eponym Italiens, ist ihr Sohn. Gegenstand des Epos → ‹Telegonie› von Eugammon.

Telekleides, von Athen, erfolgreicher Dichter der alten → Komödie (I B); wohl kurz nach 446 errang er den ersten von drei Dionysien-, nach 440 den ersten von fünf Lenäensiegen. Sehr aggressiv im Spott auf Politiker, Tragiker, Privatleute. In den ‹Amphiktyonen› (→ Amphiktyonie) behandelte er das Schlaraffenleben des Goldenen Zeitalters, in den ‹Prytanen› (→ Prytane) das Wohlleben der Zeit nach den Perserkriegen. Nach Alexandria kamen sechs Stücke, andere waren sonst bekannt. Ob Symmachos (1) einzelne Komödien kommentierte, ist unsicher. Th.G.

Frg: FAttCom I 180–197.

Telemachos, Sohn des → Odysseus und der → Penelope, Held der sog. ‹Telemachie› (Od.1–4), sucht, immer von Rat und Schutz der Athene begleitet, seinen Vater; erkundigt sich vergeblich bei → Menelaos und → Nestor. Geht bei der Rückkehr einem Anschlag der Freier der Penelope aus dem Wege und trifft bei Eumaios seinen Vater: Erkennungsszene und Plan des Freiermordes, den T. mit ausführt. In späterer Sage heiratet er → Kirke (von ihr ein Sohn, → Latinos) oder die Nestortochter Polykaste oder gar → Nausikaa. Vgl. → Homer (B 2). K.Schb.

Darstellungen: Auf melischen Reliefs und auf Skyphos des Penelopemalers bei der Fußwaschung und Odysseus vor Penelope; beim Freiermord, besonders am Heroon von Gjölbaschi; auf unterital. Vasen auch vor Nestor und mit Nausikaa. – *Lit.dazu:* F.Müller, Odysseeillustrationen, 1913, 136f. – H.Herter, RE 5A 1 (1934), 325–357 – Beazley, ARV² 1300 – P.Jacobsthal, Mel.Reliefs, 1941, Nr.88.95.96. K.Schf.

Telephos, Sohn des → Herakles und der Auge. Nach einer ersten (vorwiegend epischen, vgl. aber auch Eur.TGF p.579ff.N.) Version werden auf Befehl ihres Vaters Auge und T. von → Nauplios auf dem Meer in einer Kiste ausgesetzt (oder aber verkauft) und gelangen beide zu König Teuthras von Mysien. Nach der zweiten (vorwiegend tragischen: Aischyl., Soph.) Version wird T. von Auge, die zu Teuthras verkauft wird, getrennt, ausgesetzt, in Arkadien von einer Hindin (daher sein Name?) aufgezogen, durch Orakel zu Teuthras gewiesen, dem er gegen → Idas beisteht. T. soll dafür Auge zur Frau bekommen, aber eben rechtzeitig bewirken die Götter die → Anagnorisis. – Beim Zug der Griechen gegen Troja von → Achilleus verwundet, nach acht Jahren Qual auf Grund des Orakels ὁ τρώσας ἰάσεται von demselben mit Spänen vom selben Speer geheilt, wozu T. die Griechen entweder durch Versprechen der Wegweisung oder durch Erpressung (der kleine Orest in seiner Gewalt) veranlaßt. Vgl. → Euripides' ‹Telephos›. L.H.

Lit: Séchan 121ff. 503ff. – *Darstellungen:* Verwundung auf Krater des Phintias; bei Agamemnon auf Schale des Telephosmalers; dies auch auf etrusk. Spiegeln und Urnen und röm. Wandbild; Heilung auf etrusk. Spiegel; sein Leben im kleinen Fries des → Pergamonaltars. – *Lit.dazu:* J.Schmidt, ML V 296–308 – Beazley, ARV² 23. 632. 817. 1473 – Schefold, WP 119. K.Schf.

2. T. von Pergamon, vielseitiger Grammatiker, 2.Jh. n.Chr.; verfaßte neben kultur- und literaturgeschichtlichen, attizistischen und propädeutischen Schriften ein Werk über die Rhetorik Homers (Ῥητορικὴ καθ' Ὅμηρον in 2 Büchern), den er für den Vater der Redekunst hielt; beeinflußte die spätere Homererklärung. Allerdings kann der Umfang seiner Gedanken in den heutigen Scholien nicht scharf abgegrenzt werden. H.E.

Frg: FHG III 634f. – *Lit:* C.Wendel, RE 5A 1 (1934), 369–371.

Telephos-Gedicht, → Epyllion eines unbestimmbaren Verfassers; → Hellenist. Dichtung B [2]. P.H.

Frg: Coll.Alex. 76.

Teles. Bei → Stobaios sind Exzerpte aus sieben Diatriben über ethische Fragen eines sonst ganz unbekannten T. erhalten. Sie gehören dem 3.Jh.v.Chr. an, bezeichnendes Beispiel der Verarbeitung älteren profilierteren Gedankengutes (bes. des → Bion (1) v. Borysthenes) zu einer Allerweltsethik, die man kynisch nennen kann. O.G.

Frg: O.Hense, 1909.

Telesilla, → Lyrikerin, von Argos, soll nach einer Niederlage ihrer Mitbürger gegen → Kleomenes (zwischen 520 und 493) die Frauen von Argos bewaffnet und die Feinde in die Flucht geschlagen haben; Pausanias (2,20,7) sah in Argos ein Relief, das T. zeigt, wie sie sich einen Helm aufsetzt (bei Hdt. 6,77 nichts davon berichtet). Von ihrer Dichtung sind nur zwei Zeilen wörtlich erhalten; die lexikalischen und mythographischen Notizen zeigen, daß es sich zumeist um Chorlieder für den Apollon- und Artemiskult handelte. Einen inschriftlich überlieferten Demeterhymnus (Fr. 2 D., Anth. Lyr.² 5,72) schreibt P. Maas ihr zu, da das Versmaß (von den Alten → Telesilleion genannt) das gleiche ist wie in den erhaltenen zwei Versen. E.-M. V.

Frg: PMelGr 372ff. – *Lit:* Anth. Lyr.² II 5,72 zu Fr. 2 D. (Lit).

Telesillēus, Vers der Form ×–◡◡–◡–, also akephaler → Glykoneus, von → Telesilla stichisch verwandt. B. Sn.

Telesterion, → Mysterientempel, in dem eine Gemeinde von ‹Mysten› (Eingeweihten) der geheimen Kulthandlung beiwohnten. Auf Grund dieser Bedürfnisse entwickelte sich im Demeter-Heiligtum von → Eleusis (Abb. 21) aus einem kleinen, megaronartigen Tempel der 1. H. 6. Jh. ein quadratischer, rings geschlossener, achtschiffiger Säulensaal (54 × 52 m) mit 8 vor den Wänden umlaufenden Schaustufen und Emporen für die etwa 8000 Teilnehmer. Ähnliche, kleinere Telesterien im attischen Phlya, im Heraion von → Argos und im Kabirion von → Theben. Dieser Bautypus wirkte auf öffentliche Versammlungsräume weiter (vgl. → Buleuterion und → Odeion). G. Gb.

Telestes, von Selinus, Chorlyriker (→ Lyrik I B 4), ca. 400 v. Chr. Von seinen → Dithyramben sind einige Fragmente erhalten, im Stil (auch in der Musik, wie Dion. Hal. bezeugt) denen des → Timotheos (5) sehr ähnlich. E.-M. V.

Frg: PMelGr 419ff.

Teletai (von τελετή, ‹Vollendung›, ‹Ausführung›), im religiösen Sprachgebrauch ‹Weihen›, d.h. die ‹Einweihung› in → Mysterien bzw. diese selbst; im engeren Sinne bezeichnet T. oft nur die höchste Einweihungsstufe oder die Kulthandlungen, die sie einleiten. K.-H. R.

Teller, abgesehen von einfachen Speise-T.n gab es bemalte, aufhängbare Zier-T. in Ton, ferner Bronze- und Silber-T. – Beispiele der Keramik zeigt in archaischer Zeit die → rhod., → korinth. und → altatt. Vasenmalerei, später u.a. die Werkstatt des → Epiktet (1). Seit dem 4. Jh. sind die Ton-T. nur mehr schwarz oder rot gefirnißt (→ Stempelkeramik). I. Sch.

Lit: D. Callipolitis-Feytmans, BCH 86, 1962, 117–164.

Tell Halaf (vom 10.–8. Jh. v. Chr. aram. Guzana), Ruinenhügel im Quellgebiet des Chābūr (Kt. 1925 A 1), 4 km sw. der heutigen syr. Stadt Rās-el-ʿAin (Theodosiopolis); bedeutende aram. Stadt unter Kapara, Sohn des Ḫadiānu. Seit 808 assyr. Statthalter. (Tempel-), Palast- und Grabbauten (Brandgräber) des 9. Jh.s mit reichen Funden an Rundfiguren und Orthostaten-Reliefs. In tieferen Schichten berühmte Buntkeramik (‹Tell-Ḫalaf-Keramik› des Chalkolithikums), 5./4. Jt., die einer prähistorischen Kulturschicht → Mesopotamiens (A 2) den Namen gab. Deutsche Ausgrabung 1899/1911–13/1929 unter Max Freiherr v. Oppenheim. B. Hr.

Lit: Frh. v. Oppenheim, Der Tell Halaf, 1931 – Gesamtpublikation, hg. von H. Schmidt, R. Naumann, A. Moortgat, B. Hrouda, 4 Bde, 1943–62.

Tell Hassuna, Ruinenhügel in der Nähe von → Assur (Kt. 1925 C 2). 6 prähistorische Schichten (→ Mesopot. Reiche A 2). Zunächst neolithische Zeltplätze, bald Rundbauten, abgelöst durch rechteckige, oft gut geschnittene Räume. 3 Entwicklungsstufen der Keramik, davon ‹Standard-Hassuna›, glänzend poliert mit eingeritzten Mustern. Es folgt → Samarra-Ware. W. R.

Tellus, röm. Erdgöttin, in späterer Zeit auch *Terra Mater*, die Erdmutter, genannt. Sie besaß einen Tempel im Quartier der Carinae in Rom, erst 268 v. Chr. errichtet, doch wahrscheinlich an der Stelle eines alten T.-Heiligtums. Ihr Hauptfest waren die → Fordicidia (Ov. fast. 4, 629–672). Im größten Teil ihres Kultes war T. eng mit → Ceres verbunden: die → Sementivae galten ihnen beiden; der Flamen der Ceres brachte ihnen ein Opfer dar, in dessen Verlauf er die zwölf kleinen Götter der landwirtschaftlichen Arbeiten anrief (→ Indigitamenta). Wenn nach einem Todesfall der Ritus der Beerdigung nicht hatte vollzogen werden können, brachte der Erbe T. und Ceres eine Sau als Sühnopfer (→ Sühne). T. war die Göttin der Fruchtbarkeit nicht nur des Bodens, sondern auch der Menschen und daher eine der wichtigsten Schirmgottheiten der alten röm. Ehe. Der Tempel der T. schließlich war gelobt worden, um die Göttin anläßlich eines Erdbebens zu besänftigen (Florus hist. Rom. 1, 14, 2). Die berühmteste Darstellung ist das Relief an der → Ara Pacis. H. Le B.

Lit: Fr. Altheim, Terra Mater, 1931 – St. Weinstock, T., Glotta 22, 1933, 140–162 – H. Le Bonniec, Le culte de Cérès, 1958, 48–107 – Vgl. zu → Fordicidia; → Sementivae.

Telmessos, Stadt in Lykien (Kt. 1152 K 6), von → Apollons Sohn T. gegründet, wo Zeichen- und wohl auch Traumdeutung geübt wird (Suidas s. v. Τελμισσεῖς; Tatian ad Graec. 1), zu trennen von einem kleinen Ort in Karien bei Halikarnassos (Suidas) mit Apollonheiligtum (Steph. Byz. Γαλεῶται, vgl. JHS 14, 1894, 378; SIG 1044), dessen Bewohner Eingeweideschau treiben (Cic. div. 1, 91.94; auch Aristoph. Fr. 540 K.). Da → Artemidor (1, 31; 4, 23) Alexanders Seher Aristandros aus Karien (Schol. Clem. Alex. protr. p. 310, 36f.) auch Traumdeutung zuschreibt, sind alle weiteren Zeugnisse über T., die von verschiedenen Arten von Mantik sprechen, nicht sicher zu beziehen (Hdt. 1, 78; 84; Arr. anab. 2, 3). C. J. C.

Lit: G. Daux, Y a-t-il eu un oracle à Telmessos de Carie?, RPh N. S. 15, 1941, 11–17.

Temenos, Sohn des Aristomachos, Enkel des → Hyllos, einer der → Herakliden. Erhält Argos. Vererbt → Deïphontes, nicht seinen Söhnen das Reich und wird von ihnen ermordet.

Temenos (τέμενος), ein aus dem profanen Gemeindebesitz ‹herausgeschnittenes›, deutlich begrenztes Stück Land, das den Göttern gehört und nur unter bestimmten Bedingungen betreten werden darf. Im T. steht meist ein → Altar, oft auch ein → Tempel. Vgl. → Heilig, → Abaton, → Tabu. K.-H. R.

Tempe, enges Erosionstal, großenteils Schlucht, in → Thessalien zwischen → Ossa und → Olymp (Kt. 1152 C 3), durch das der → Peneios ins Meer mündet, Hauptverbindung zwischen Thessalien und Makedonien. E. M.

Tempel

A. Ägypten: [1] Göttertempel – [2] Sonnentempel – [3] Pyramidentempel – B. Griechenland: [1] Grundrißtypen – [2] Die Ordnungen – [3]–[7] Dorische Ordnung – [8]–[12] Ionische Ordnung – C. Der italisch-etruskische Tempel: [1] Grundsätzliches – [2] Normaltypus – [3] Sonderformen – [4] Ordnung – D. Der römische Tempel: [1] Grundrißtypen – [2] Ordnungen – [3] Bedeutung – Vgl. → Ägypten I F [2], → Mesopotamische Reiche G [3], → Architektur I und II.

A. Ägypten. [1] Götter-T. Ein ägypt. T. ist die Wohnung des Gottes. Ihr Aussehen in frühgeschichtlicher Zeit ist uns durch Abbildungen bekannt: es sind Rundhütten aus Matten mit Kuppeldach, davor ein freier Platz, der durch aufgestellte ‹Fahnen› als heilig bezeichnet ist. Dieser Grundplan bleibt auch später immer erhalten, wenn auch durch Zusätze vergrößert. *Götter-T.* sind aus dem Alten Reich – abgesehen von den andersgearteten Sonnentempeln – gar nicht, aus dem Mittleren Reich nur in Resten erhalten. Danach war der Mittelpunkt des T. das Allerheiligste, in dem der Gott in einem → Naos wohnt. Um ihn herum sind Kapellen für Götter, die neben dem T.eigentümer verehrt wurden; sie galten als bei ihm ‹zu Gast›. Davor wurden Säulenhallen und offene Höfe errichtet, in denen sich die Priester und das Volk versammelten. Große T., wie der Reichs-T. zu → Karnak, besaßen mehrere, durch → Pylone abgeschlossene Höfe nacheinander. Auch Prozessionsstraßen, wie die vom Amun- zum Mut-T. in Karnak, konnten durch einen Ablauf von Höfen und Pylonen gebildet werden; in kleineren Kapellen am Wege konnte sich der ausziehende Gott ausruhen: kleine Räume, die mit einem

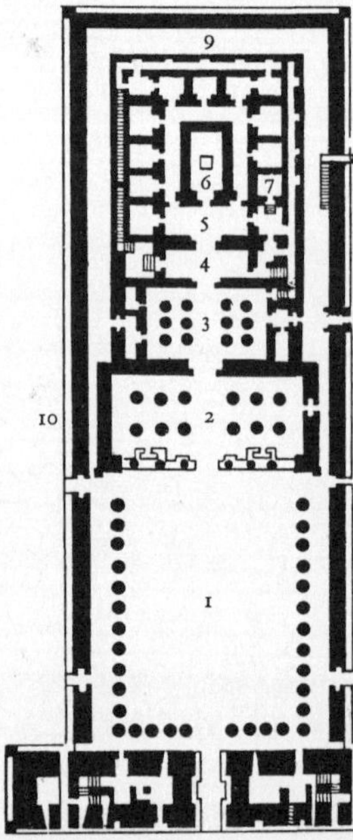

Abb. 216 Typ eines ägyptischen Tempels: Horustempel von Edfu. 1 Hof, 2 Vorhalle, 3 Säulensaal, 4 erster Vorsaal, 5 zweiter Vorsaal, 6 Allerheiligstes, 7 Kiosk, 8 Brunnen, 9 Innerer Umgang, 10 Umfassungsmauer.

Pfeilerumgang versehen waren. Eine Besonderheit späterer T. ist das sog. → Geburtshaus, das vor dem T.bau lag. In den T.n errichtete man → Obelisken.

[2] Eine Sonderform stellen die *Sonnen-T.* dar, die uns schon aus der 5. Dyn. bekannt sind. Hier steht ein Obelisk im Mittelpunkt der Anlage, auf dem sich die Sonne am Morgen niederließ, davor, an der Ostseite, ein Altar im Freien. Solche Sonnenheiligtümer gab es auch sonst als Kapellen an den T.n des Neuen Reiches, nur fehlt dort der Obelisk: man opferte der Sonne am Morgen unmittelbar auf dem freistehenden Altar. Ähnlich waren auch die T. für → Aton, die Echnaton anlegen ließ.

[3] Die *Pyramiden-T.* der Könige sind den Götter-T.n ähnlich, da auch in ihnen der König in seinen Statuen wohnt und verehrt wird. Allerdings finden sich in ihnen meist 5 Statuennischen; auch war seit Cheops dieser T. mit der Opferstelle vor der → Pyramide selbst zusammengewachsen. Die Toten-T. des Neuen Reiches unterscheiden sich kaum in ihrer Anlage von den Götter-T.n, wenn hier auch das Hinzutreten anderer Götter bestimmte Raumveränderungen erzwang. W. Hk.

B. Griechenland. [1] *Grundrißtypen.* Der Tempel (*ναός*) birgt, als Haus der Gottheit, das Kultbild. Er war kein Versammlungsraum, die Gemeinde kam zum Opfer vor den Altar. Seine Wirkung richtet sich nach außen, gleichsam als Steigerung und Ausstrahlung des Kultbildes. Den Kern des Baus bildet stets die rechteckige *Cella*, der eine offene, aus den über die Türwand hinaus verlängerten Längswänden gebildete Vorhalle, der *Pronaos* (oder *Pronaon*), vorgelegt ist. Zwischen den durch besondere Kapitelle hervorgehobenen Stirnen dieser Wände, den *Anten*, stehen in der Regel zwei Säulen und stützen das Frontgebälk. Eine genau entsprechende Rückhalle, der *Opisthodom*, stellt die Symmetrie und somit die allseitige Wirkung des Baus her (Abb. 217). Damit ist der einfachste Grundrißtypus, der aus dem myk. *Megaron* entstandene *Antentempel* bzw. *Doppelantentempel*, gegeben, der durch eine einer bzw. beiden Fronten vorgestellte Säulenreihe zum *Prostylos* bzw. *Amphiprostylos* erweitert werden kann. Den entscheidenden Schritt zur monumentalen Geschlossenheit bringt ein den Naos umringender Säulenkranz, die *Peristasis*, die über einem horizontalen Gebälk das Dach trägt. Die Außensäulen grenzen ringsumlaufende, gedeckte Hallen, die *Pterà*, ab. Der so gebildete *Peripteros* wird zur vorherrschenden Form. Er gewinnt durch die gleich gestalteten Außenseiten Geschlossenheit und monumentale Ruhe und schöpft andrerseits aus der Spannung zwischen dem Kubus der Cella und dem offenen Säulenkranz der Peristasis das ihm eigene Leben. Die beiden Schmalseiten werden als die Fronten durch meist mit Skulpturen geschmückte *Giebel* hervorgehoben. – Bei einigen sehr großen Tempeln Ostioniens (→ Samos, → Ephesos, → Didyma) wurde die Peristasis zu zwei, an der Eingangsfront sogar zu drei Säulenreihen erweitert *(Dipteros)*, wobei sich 8- bis 10säulige Fronten ergeben. Aus dem Dipteros entstand seit dem 3. Jh., als man auf Grund eines neu erwachenden Raumempfindens die Ptera zu weitgespannten Hallen zu erweitern trachtete, durch Fortlassen der inneren Säulenreihe der *Pseudodipteros* mit 8säuligen Fronten (→ Sardis, → Magnesia, → Kyzikos; → Rom: Venus- und Roma-Tempel).

[2] *Die Ordnungen.* Die beiden griech. Stämme, die → Dorier und die → Ioner, entwickelten nach dem 8. Jh. verschiedene Architekturstile oder ‹Ordnungen›, die etwa der stammesbedingten Ausbildung verschiedener Dialekte ein und derselben Sprache vergleichbar sind. Die dorische Ordnung, in der Peloponnes heimisch, ist klarer artikuliert, kraftvoller, aber auch spröder, die ionische lockerer, anmutiger, aber weniger monumental. Vitruv (4, 1) vergleicht die beiden Ordnungen treffend mit der strengen Schönheit des männlichen Körpers und mit der grazilen Anmut der geschmückten weiblichen Gestalt.

[3]–[7] *Dorische Ordnung:* [3] *Peristasis* (Abb. 218). Auf dem Quaderfundament, dem *Stereobat*, dessen oberste, sorgfältig abgeglichene Kante, die *Euthynterie*, knapp aus dem Boden hervortritt, liegt die meist drei Stufen hohe *Krepis* (auch Krepidoma). Die oberste Stufe, der *Stylobat*, bildet die horizontale Standfläche des Baus; die Cellawände stehen auf einer besonderen, sehr niedrigen Stufe, dem *Toichobat*. Die Säulen, meist 6 an den Fronten und 13 an den Langseiten, ruhen ohne Basis auf dem Stylobat. Der Schaft verjüngt sich nach oben. 20 flachkonkave, von scharfen Graten getrennte Furchen, die *Kanneluren*, machen dem Auge Rundung und Aufstreben des Schaftes faßbar. Im *Kapitell* findet die Antinomie von Stütze und Last ihren stärksten, organischen Ausdruck. Über dem Säulenhals *(Hypotrachelion)*, der durch 1–3 feine Kerben vom Schaft abgesetzt ist, liegt der runde, gewölbt ausladende *Echinus* auf, der in archaischer Zeit gleichsam unter der Last des Gebälks breit und flach auseinandergequetscht wird, im 5. Jh. sich straff der Last entgegenspannt, vom 4. Jh. an zum stereometrischen Kegelstumpf zu erstarren beginnt. Bei frühen Kapitellen sind Echinus und Schaft durch eine von myk. Kapitellen ererbte Blattkranzkehle getrennt, an deren Stelle später 3 aufgelegte, schmale Ringe, die *Anuli*, treten. Über dem Echinus vermittelt eine quadratische Deckplatte, der *Abakus*, zum *Architrav*, dem glatten, völlig schmucklosen Tragbalken, der sich von Säule zu Säule spannt. Darüber folgt die *Taenia*, eine vorspringende Leiste, an der jeweils unter den Triglyphen kurze Leistchen hängen, die Regulae, an deren Unterseite je 6 zylindrische Stifte, die *Guttae*, sitzen. Der *Triglyphenfries* über dem Architrav greift den Rhythmus der Säulen auf: über jeder Säule und über jedem → *Intercolumnium* (d.h. dem Zwischenraum zwischen zwei Säulen) stehen die rechteckigen *Triglyphen*, in die zwei senkrechte Kerben eingeschnitten sind. Dazwischen sind die entweder schmucklosen, weißen

A

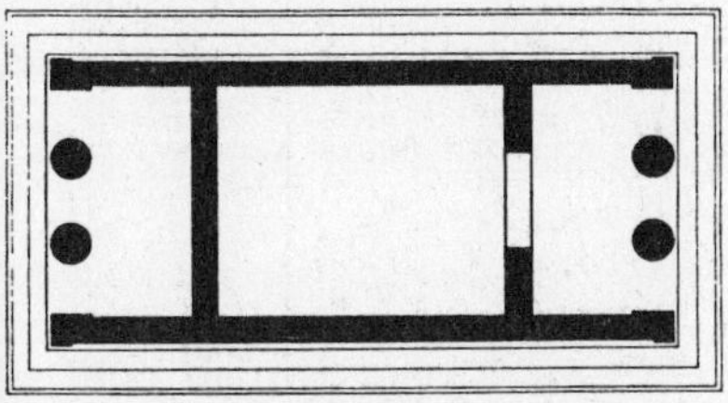
B

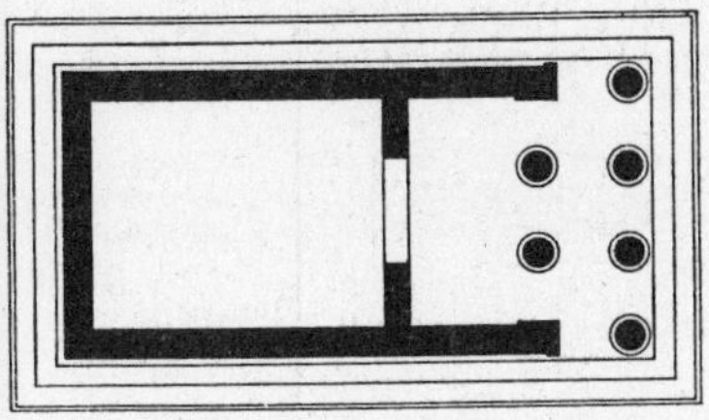
C

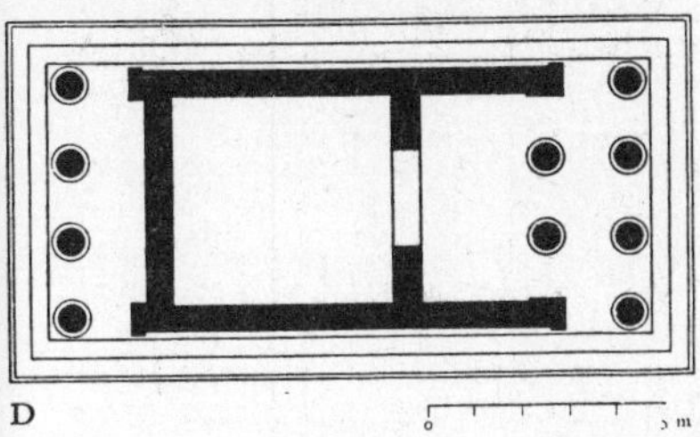
D

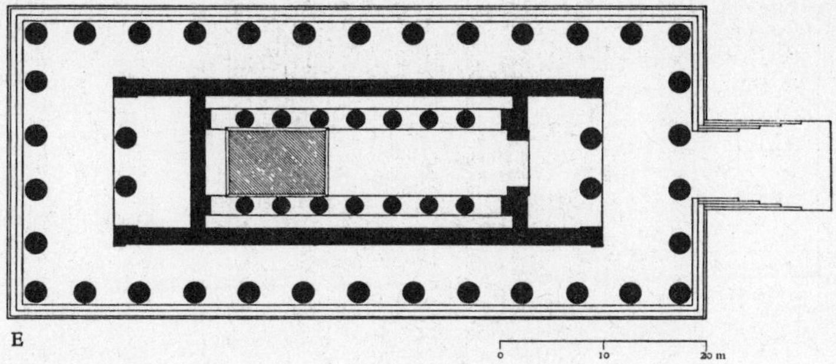

E

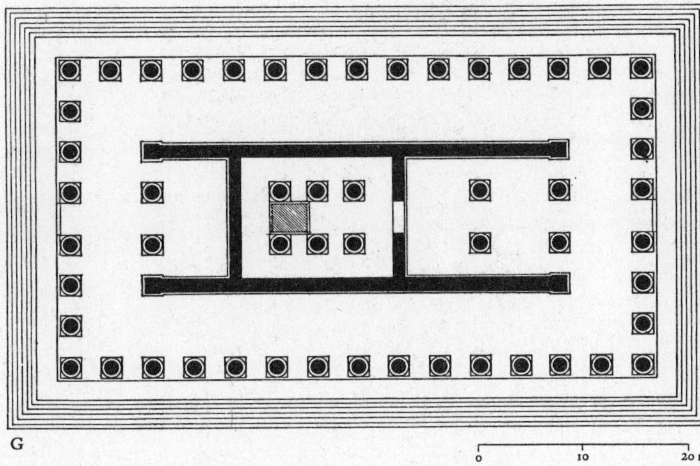

G

Abb. 217 Grundrißtypen des griechischen Tempels: A Antentempel
B Doppelantentempel
C Prostylos
D Amphiprostylos (Ilissostempel, Athen)
E Peripteros (Zeustempel, Olympia)
F Dipteros (Rhoikostempel, Samos)
G Pseudodipteros (Artemision, Magnesia)

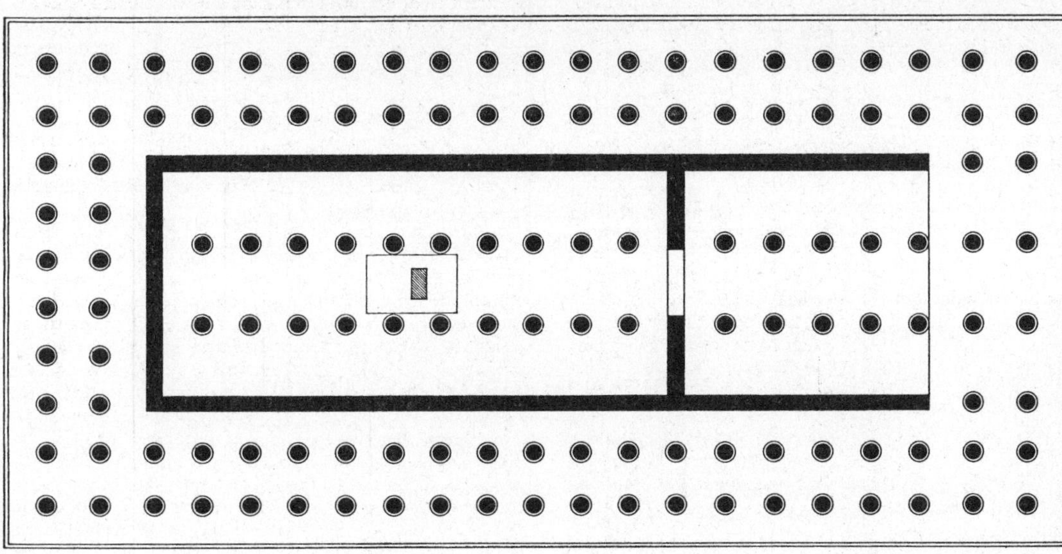

F

oder durch Reliefdarstellungen verzierten, etwa quadratischen *Metopen* eingefalzt. – Läge die nach beiden Seiten gleich gebildete Triglyphe der Ecke wie die übrigen Triglyphen zentrisch über der Ecksäule, so würde sie, da sie schmaler als der Architrav ist, eine einspringende Ecke bilden. Um dies zu vermeiden, verschob man die Ecktriglyphe

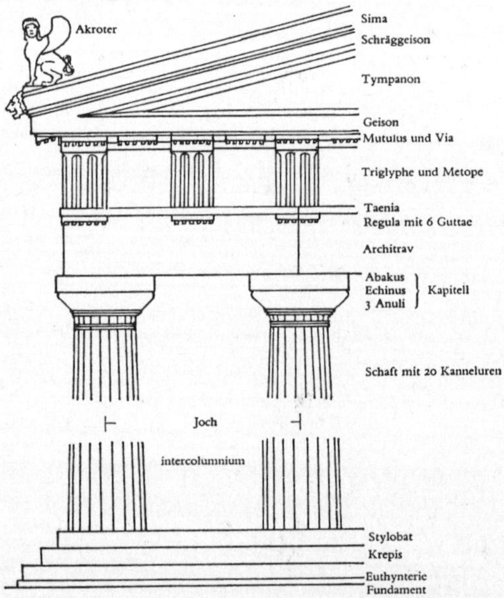

Abb. 218 Dorische Ordnung (Aphaiatempel von Ägina)

stets zur Architravecke hin, was entweder durch eine Verbreiterung der Ecktriglyphe bzw. der folgenden Metope oder durch eine Verengung des letzten Säulenjochs *(Eckkontraktion)* bzw. auch des nächstfolgenden Joches (doppelte Eck-Kontraktion) ausgeglichen werden mußte. Die durch die Eck-Kontraktion zugleich erreichte Verdichtung der Säulenreihe an den Ecken wurde bisweilen durch eine etwas dickere Ecksäule noch verstärkt.

[4] *Dach, Giebel.* Das Dachgesims *(Geison)* springt kräftig über das Gebälk vor. An seiner der Dachneigung folgenden Unterseite befinden sich über jeder Metope und jeder Triglyphe bohlenartige Platten *(Mutuli)*, die wiederum mit Guttae, nun aber 3 Reihen von je 6 Stiften, geschmückt sind. Das horizontale Geison umringt gleichförmig den ganzen Bau. Ein zweites, unten glattes *Schräggeison* begrenzt die flachen *Giebel* nach oben. Das an allen drei Seiten von vorragenden Gesimsen umfaßte Giebelfeld *(Tympanon)* gibt Raum für plastische Giebelgruppen, die die mythische Epiphanie der Gottheit zum Thema haben. – Das flach geneigte (Gefälle 25–30%) *Dach* wurde mit großen

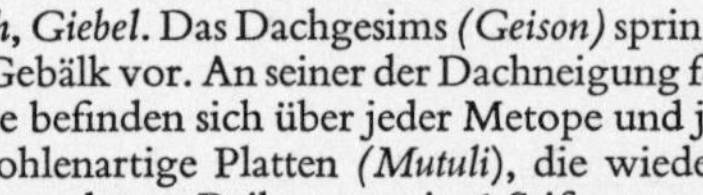
Abb. 219 Lakonische und korinthische Ziegel

Flachziegeln (Stroteren) aus Ton oder Marmor gedeckt, über deren seitliche Stöße schmalere, dachförmige Deckziegel *(Kalyptere)* gestülpt sind, die sich an den Traufen und auf dem First zu palmettengeschmückten Schilden *(Antefixe)* aufbiegen. – Neben dem beschriebenen *korinthischen Dach* blieb noch eine ältere Form, das *lakonische Dach*, gebräuchlich (Abb. 219). Es besteht aus konkaven Stroteren und konvexen Kalypteren mit halbkreisförmigen Antefixen. Über dem Giebel liegt eine vertikal aufgebogene, von reichen Blütenornamenten *(Anthemien)* überzogene Rinne *(Sima)*, die sich oft auch an den Traufseiten – hier aber von meist löwenkopfförmigen *Wasserspeiern* durchbrochen – fortsetzt. Ecken und Scheitel der Giebel werden von figürlichen oder pflanzlich-ornamentalen → *Akroteren* bekrönt. Da die Dachrippen der Kalyptere wiederum im halben Intervall der Mutuli angeordnet sind, durchdringt der dominierende Rhythmus der Säulen, sich nach oben stetig verengend und verästelnd, den ganzen Bau bis zu seinen letzten, in die freie Luft aufwachsenden Bekrönungen (1 Säulenjoch = 2 Triglyphen = 4 Mutuli = 8 Antefixe).

[5] *Cella.* An den inneren Fronten von Pronaos und Opisthodom tragen zwei etwas schlankere Säulen einen gesonderten, von Ante zu Ante gespannten Architrav mit eigenem Triglyphenfries, dessen Metopen meist skulptiert sind, während die äußeren häufig ungeschmückt bleiben (so am Zeustempel von → Olympia, an den Tempeln von Isthmia, → Bassai, → Tegea). Die *Anten*, die durch außen schmalere, innen breitere Vorsprünge pfeilerartig von der Wand abgehoben sind, werden von einem wellenartig überfallenden, mit stilisierten Blattreihen bemalten Profil *(dorisches Kyma)* und einer Deckplatte *(Abakus)* gekrönt. Die Vorhallen, in denen kostbare Weihgeschenke ihren Platz fanden, wurden oft durch hölzerne Gitter verschlossen. Die großen, zweiflügligen → *Türen* in der Rückwand des Pronaos sind die einzige Lichtquelle des Kultraumes. Fenster und Lichtöffnungen im Dach *(Opaion)* sind Ausnahmen (Erechtheion in → Athen, Telesterion von → Eleusis). Die durch ein System von gekreuzten Balken zu *Kassetten* aufgegliederte *Decke*, die über Tempelringhallen der att. und ion. Klassik meist aus Marmor gearbeitet ist, wird über der Cella durch zwei Säulenreihen getragen, die den Raum in ein breiteres Mittelschiff und zwei Seitenschiffe aufteilen. Diese Innensäulen sind den äußeren zwar gleich proportioniert, jedoch wesentlich kleiner, so daß hier je zwei Säulenreihen, durch einen schmucklosen Architrav getrennt, übereinandergestellt werden mußten. Im rückwärtigen Teil des Mittelschiffes stand das oft überlebensgroße *Kultbild*.

[6] *Farben* akzentuieren die Gliederung des Baus. Die beherrschenden, freistehenden Glieder und Flächen bleiben weiß (Stufen, Säulen, Wände, Architrav), die feineren horizontalen Teile (Kerben und Ringe am Kapitell, Taenia und Unterseite des Geisons) rot, die den Säulenrhythmus wiederholenden Teile (Regulae, Triglyphen, Mutuli) blau, ebenso das Tympanon; die Ornamente der Sima, der Antefixe und Kassetten, die unter dem Schräggeison und den Deckenbalken eingeschobenen → *Kymatien*, die Giebelfiguren und Metopenreliefs werden durch ungebrochenes Blau und Rot, seltener auch Ocker und Gold, belebt.

[7] Das *plastische Wesen* des T.s findet seinen differenziertesten Ausdruck in kaum merklichen Krümmungen und Neigungen seiner scheinbar orthogonalen Teile, wodurch die eigentümlich lebendige Spannung klassischer Bauten hervorgerufen wird. Die *Entasis* (‹Anspannung›), eine leichte Schwellung des sich nach oben verjüngenden Säulenschafts, verdeutlicht die Anspannung dieses tragenden Gliedes unter der Last (erstmals nachweisbar an der ‹Basilika› von → Paestum, an Bauten der att. Klassik die Regel, in Ionien erst im 4. Jh. übernommen). Die *Kurvatur* ist eine feine, parabolische Aufwärtskrümmung von horizontalen Kanten und Flächen, so des Stufenbaus und des Gebälks, durch die jede starre, spannungslose Linie am Bau vermieden ist. Wahrscheinlich schon im 6. Jh. am Apollontempel von → Korinth ausgeführt, gesichert an einigen Bauten der att. Klassik (am Parthenon von → Athen beträgt die Stichhöhe der Kurve auf 69,5 m 11 cm), in → Segesta, am Didymaion und am Dionysos-Tempel von → Pergamon. *Neigungen:* Zur Betonung des tektonischen Zusammenhalts wurden Säulen, Architrave und äußere Wandflächen leicht nach innen geneigt (Säulenneigung am Parthenon 7 cm). Geisonstirnen und Anten neigen sich unmerklich nach

außen, so daß in der Peristasis keine wirkliche Vertikale und keine mathematisch-gerade Horizontale auftritt.

[8]–[12] *Ionische Ordnung:* [8] *Grundsätzliches.* Die *ionische Ordnung* entspringt zwar derselben Wurzel wie die dorische und hat denn auch in Stufenbau, Cella, Peristasis, Gebälk und Dach dieselben architektonischen Grundformen bewahrt; es entwickelte sich aber hier kraft eines anders gearteten Stammescharakters und reicherer, weltoffener Lebensverhältnisse auch eine prinzipiell verschiedene architektonische Struktur. Die im dor. Bau körperhaft ausgedrückte Antithese von Tragen und Lasten erscheint hier verhüllt im Gleichnis pflanzenhaften Wachstums. Schwellende Übergänge, reichere, meist pflanzliche Schmuckformen, z.T. aus dem Orient entlehnt, der transparente Schmelz des schon seit 560 verwendeten Marmors, variablere Grundrisse verleihen den Bauten des ion. Ostens bewegliche Anmut. Die Grundrisse sind rationaler als die dorischen, indem statt der Körperflächen von Wänden und Säulen deren Achsen einander zugeordnet sind, wodurch die Grundrisse zugleich anpassungsfähiger werden. So kann die Peristasis ohne Schwierigkeit verdoppelt oder erweitert werden (Dipteros, Pseudodipteros). Die Eckkontraktion entfällt. Charakteristisch ist weiterhin die Betonung der Eingangsfront durch zusätzliche Säulenreihen, durch verbreiterte Mitteljoche und durch tiefe, meist quadratische, säulengefüllte Pronaoi. Dem entspricht die Vernachlässigung der Rückseite durch engere Joche (die archaischen Dipteroi weisen infolgedessen vorne 8 und hinten 9 Säulen auf, sowie durch den Fortfall des erst an klassischen Tempeln des Ostens auftretenden Opisthodoms.

[9] *Peristasis* (Abb. 220). Der *Stufenbau* variiert von der niedrigen, ein- bis zweistufigen archaischen Krepis über die klassische dreistufige bis zum orientalischen *Podium* (Athena-Tempel von → Milet) und hohen, freitreppenartigen Unterbauten (jüngeres Didymaion und Artemision von → Magnesia 7 Stufen, → Abb. 217 G, jüngeres Artemision von Ephesos 13 Stufen und niedriges Podium. Bes. an der *Säule* zeigt sich die Freude am Formenwechsel: der sehr schlank emporschießende Schaft ruht auf einer Basis von organisch quellender Profilierung. Die ursprüngliche Basisform eines einfachen Zylinders weicht vor der Mitte des 6. Jh.s einem eingezogenen, durch Kehlen und Wulste zusätzlich bereicherten Rundglied *(Spira, ephesische Form:* zwei tiefe, von Rundstäben gesäumte Hohlkehlen, *Trochilus; samische Form:* zahlreiche feine Kehlen, von Stegen oder Kerben getrennt); darüber folgt der *Torus*, ein gewölbtes, meist durch horizontale Kanneluren, bisweilen auch durch reichere Ornamente wie Kymation oder Flechtband geschmücktes Glied. Beim archaischen Artemision von Ephesos ruht die Basis zudem auf einer quadratischen → *Plinthe*, die seit dem 4. Jh. kanonisch auftritt. Die *attische Basis* besteht aus einer Kehle *(Trochilus)* zwischen zwei gewölbten Gliedern *(Torus)*. Ein → *Astragal* (‹Perlstab›, eine Kette von alternierenden Kugeln und Scheibchen) begrenzt oben und unten den sich verjüngenden Schaft, dessen müheloses Aufwachsen durch die enge, kontrastreiche *Kannelierung* augenfällig wird (im 6. Jh. bis zu 48 flach-konkave, mit scharfen Graten zusammenstoßende, seit dem 5. Jh. 24 halbkreisförmige, von kantigen Stegen getrennte Kanneluren). Den Säulenhals umkränzt bisweilen ein Lotos-Palmetten-Fries (→ *Anthemion*).

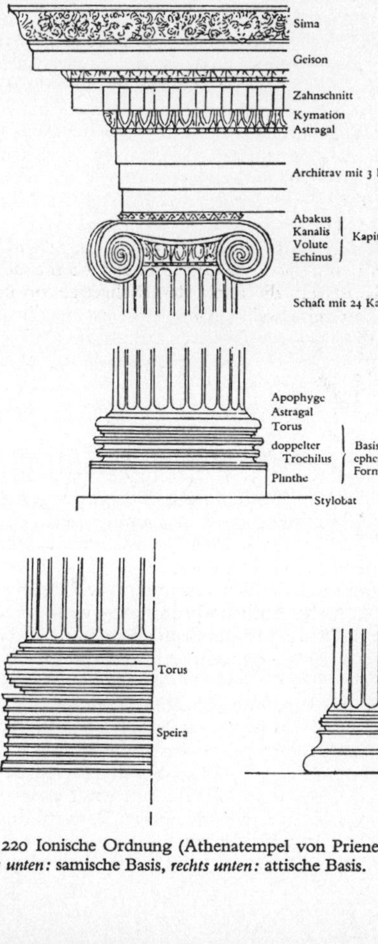

Abb. 220 Ionische Ordnung (Athenatempel von Priene). *Links unten:* samische Basis, *rechts unten:* attische Basis.

[10] Am deutlichsten zeigt sich das pflanzenhafte Leben in den *Kapitellen.* Der mit einer plastischen Blattreihe (Kyma) verzierte, gewölbte *Echinus* trägt den langgestreckten Volutenteil, der nach Art eines Sattelholzes beiderseits über den Schaft vorspringt und sich zu schneckenförmigen *Voluten* aufrollt. Der verbindende Mittelteil, der *Kanalis*, und die Volutengänge sind im 6. Jh. meist saftig gewölbt, seit dem 5. Jh. konkav eingezogen. Die schmale Seitenansicht der Voluten, das *Polster (Pulvinum)*, wird von trochilusartigen Kehlen umgürtet oder von Schuppenmustern, Anthemien, Akanthus u.ä. bedeckt. Eine niedrige, kymatiengezierte Deckplatte, der *Abakus*, vermittelt zum Architrav. Da das Kapitell wegen der ausgeprägten Front und der schmächtigen Seitenansicht streng an die Richtung der Architrave gebunden bleibt, mußte am Peripteros ein besonderes *Eckkapitell* ausgebildet werden, dessen 2 Frontseiten rechtwinklig zusammenstoßen und sich in einer diagonal herausgebogenen, schmalen Eckvolute vereinen, während sich die Voluten der inneren Ecke unorganisch übers Eck verschneiden.

[11] Im äolischen Gebiet begegnet seit dem frühen 6. Jh. das von phoinikischen Vorbildern abhängige *äolische Kapitell* (Abb. 221), mit senkrecht aus dem Schaft aufwachsenden Voluten, deren Zwischenraum eine Palmette füllt. Eine weitere, im äolischen wie im ionischen Gebiet heimische Variante bieten die *Blattkranz-* und *Palmkapitelle;* hier legt sich über einen gewölbten oder korbförmigen,

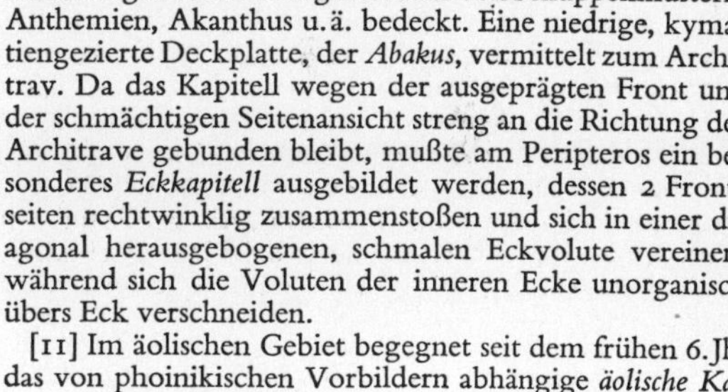

Abb. 221 Griechische Kapitellformen, *links:* äolisches Volutenkapitell (Neandria), *rechts:* Blattkranzkapitell (Delphi, Schatzhaus von Klazomenai).

von stilisierten Blattreihen umkränzten Echinus eine quadratische Deckplatte. Daran knüpft das *Korinthische Kapitell* (Abb. 222), das, im 5. Jh. angeblich von → Kallimachos (2) erfunden, erstmals von → Iktinos im Innenraum des Tempels von → Bassai in die Architektur eingeführt wurde; es beginnt, begünstigt durch seine Gleichansichtigkeit, seit dem späteren 4. Jh. auch in der äußeren Säulenordnung eine zunehmende Rolle zu spielen (Lysikrates-Denkmal 334 v. Chr. und Olympieion 175 v. Chr. in → Athen), ist jedoch

Abb. 222 Griechische Kapitellformen: Korinthisches Kapitell (Olympieion, Athen)

nicht als selbständige Ordnung, sondern als Variante der ion. Ordnung aufzufassen. Die Grundform bildet auch hier der nach oben ausschwingende Korb *(Kalathos)*, der unten von 1–2 Reihen → *Akanthus*blättern umkränzt wird, zwischen denen aus geriefelten Blatthülsen *(Cauliculus)* an jeder Seite je 2 Volutenranken *(Helix)* hervorsprießen, welche die Ecken des aufliegenden Abakus stützen. 2 weitere Mittelhelices tragen eine Blüte oder Palmette, welche die Mitte der einwärts geschwungenen Abakusseiten überdeckt. Seit dem 1. Jh. n. Chr. treten Mischbildungen (korinthischer Kalathos mit aufgelegtem ionischem Volutenteil), sog. *Kompositkapitelle*, auf.

[12] Der niedrige, noch an den ursprünglichen Holzbau erinnernde *Architrav* der ion. Ordnung ist durch zwei feine, stufenartige Vorsprünge, die *Fascien*, in drei Streifen aufgegliedert. An ostionischen Bauten liegt unmittelbar darüber, von → *Kymatien* eingefaßt, der *Zahnschnitt (Geisipodes)*, eine dichte Reihe von rechteckigen, vorkragenden ‹Balkenköpfen›, in denen sich deutlich die frühere Holzkonstruktion bewahrt hat. Er trägt das schmucklose, konkav unterschnittene *Geison*, das, wie beim dorischen Tempel, von einer meist mit plastischen Anthemien verzierten *Sima* oder von Palmetten*antefixen* gekrönt wird. Dach- und Giebelbildung entspricht der dor. Ordnung. An den von kyklad. Bauhütten errichteten Schatzhäusern in → Delphi und den ion. Bauten → Athens findet sich der Zahnschnitt durch einen fortlaufenden *Relieffries* ersetzt, der später im Hellenismus auch in Kleinasien, hier aber kombiniert mit dem Zahnschnitt, übernommen wird. Die *Anten*, die erst seit dem 4. Jh. nach att. Vorbild durch Vorsprünge von der Wand abgesetzt werden, sind von besonderen Kapitellen gekrönt, in archaischer Zeit drei vertikal übereinandergestaffelte Voluten, deren gewölbte Stirnseiten Kymatien oder Anthemienfriese tragen. Seit dem 4. Jh. treten in Ostionien Akanthusranken an die Stelle der drei Voluten, während in Attika von vorneherein eine dem dorischen angeglichene Form des Antenkapitells – zwei an drei Seiten umlaufende Kymatien mit profiliertem Abakus – herrscht. Größere Pracht entfalten die schon im 6. Jh. aus Marmor gearbeiteten → *Türen* (z. B. Palatitsa): über einer durch Fascien gegliederten, mit plastischem Ornament – Kymatien, Rosetten usw. – geschmückten Türumrahmung stützen zwei S-förmige Volutenkonsolen ein besonderes Türgesims (Siphnierschatzhais, Erechtheion). Zum plastischen Schmuck des Tempels tragen vor allem *Relief-Friese* bei, die an den Wänden (Polykrates-Tempel in → Samos), am Säulenfuß (‹columna caelata›), auf der Sima (Artemision von → Ephesos) und sogar auf dem Architrav (archaisches → Didymaion, Nereiden-Monument von → Xanthos) auftreten können. Rundplastische Giebelgruppen hingegen scheinen Ausnahmen gewesen zu sein. – Zur Geschichte des T.s → Architektur I. G. Gb.

Lit: → Architektur I.

C. Der italisch-etruskische Tempel. [1] *Grundsätzliches.* Die Gestalt des röm. T.s (aedes sacra) ist das Ergebnis einer Synthese ital.-etrusk. und griech. Elemente, die im Laufe des 2. Jh.s v. Chr. vollzogen wurde (vgl. Vitr. 4, 8, 5). Seine historische Bedeutung (s. u.) ist vielschichtiger als die des griech. T.s, seine Wirkung in erster Linie repräsentativ, seine Funktion geht über die des Hauses der Gottheit hinaus. Diese Eigenschaften haben ihre formalen und inhaltlichen Voraussetzungen im ital.-etrusk. T., dessen nahezu gleichzeitig mit dem griech. T. kanonisch gewordene Form in ihren tektonisch wesentlichen, bes. den lastenden Teilen der Dachzone, einer altertümlich wirkenden Holzbauweise verpflichtet bleibt; obschon seine formale Ausbildung ohne griech. Einfluß nicht denkbar ist, bleibt der eigenständige und stark traditionsgebundene Charakter bis in die ‹römische› Zeit wirksam (s. u. D 1). Der Schritt zum einheitlichen Steinbau wurde erst im Zuge bewußter Rezeption griech.-hellenist. Elemente vollzogen. Da keine dieser Holzbauten mehr aufrechtsteht, sind neben den Grundmauern bekannter Beispiele zahlreiche Terrakottafragmente, die zur Verkleidung und zum Schutz des der Witterung ausgesetzten, den Oberbau bes. reich bekrönenden Daches gehören, die wichtigsten Zeugnisse.

[2] Den entwickelten *Normaltypus* beschreibt Vitruv (4, 7): 1. *Grundriß:* in einem Rechteck mit dem Verhältnis 5:6 entfällt in der Tiefe je eine Hälfte auf die Cella und die

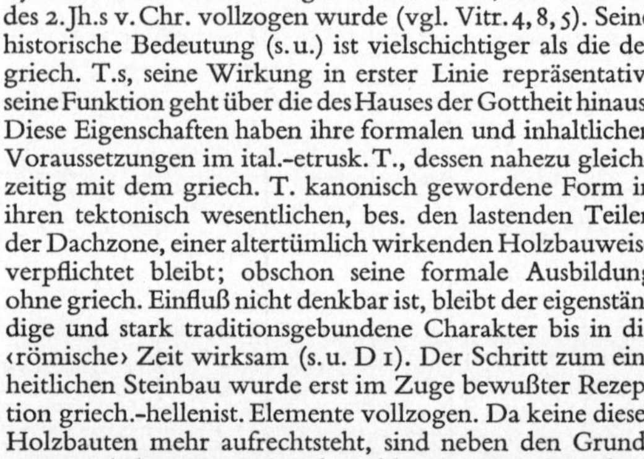

Abb. 223 Aufriß eines etruskischen Tempels (nach Vitruv)

zweijochige Vorhalle (Pronaos), deren zweite Säulenreihe in gleichem Abstand von der ersten und der Cellawand steht. In seiner Breite zerfällt der T. in 10 Teile: 4 werden von der mittleren (cella media), je 3 von den seitlichen Cellae (c. minores) beansprucht; je 2 Säulen der Vorhalle stehen in den Achsen der 4 Cellamauern. Im griech. Sinn entspräche dieser Grundriß dem eines prostylen Tetrastylos (s. o. B 1): dieser Typus läßt sich in Griechenland jedoch nicht nachweisen. Eigentümliche Merkmale sind ferner: die (kultisch bedingte) Dreizahl der die ganze Breite des Baues in Anspruch nehmenden Cellen, wobei allerdings, statt der Nebencellen, offene, durch Verlängerung der Cellarückwand begrenzte Flügel (alae) auftreten können; die fakultative Anbringung von Anten; der unverhältnismäßig große Säulenabstand (aerostyle Ordnung); die Orientierung und das an rituelle Vorschriften gebundene System, das in der abstrakten Idee des templum (s.u. D 3) ihre Voraussetzung hat. – 2. *Aufbau*. Ein von Quadern eingefaßtes und zwischen eingefügten Fundamentmauern mit Bruchsteinen im Lehmverband aufgefülltes, zunächst profilloses Podium bildet den Unterbau, der den T. bedeutungsvoll aus seiner Umgebung heraushebt. Er ist über eine Freitreppe zwischen Wangen von der Frontseite her zugänglich, in deren Mitte der Altar stehen kann. Die Säule steht auf einer Basis (spira), bestehend aus einer zylindrischen Plinthe mit aufgesetztem Wulst (torus), Stäbchen (quadra) und Ablauf (apophysis), deren Höhe $1/2$ des unteren Schaftdurchmessers (scapus imus) betragen soll (z.B. Grab in Vignanello); dieser mißt $1/7$ der Gesamthöhe und verringert sich nach oben um $1/4$ dieses Betrages; er bleibt stets unkanneliert. Das Kapitell (capitulum), die Höhe der Basis wiederholend, weist in der Abfolge: Hals (hypotrachelium) – Rundstab (astragalus) und quadra – Polster (echinus) und quadratische (?) Deckplatte (abakus), augenfällige Reminiszenzen an die dor. Ordnung (s.o. B 3 ff.) auf. Auf den Säulen lastet der Architrav, zwei im Abstand doppelter Fingerbreite verlegte Holzbalken (trabes compactiles) von der Breite des Säulenhalsdurchmessers und je nach Erfordernis beliebiger Höhe. Sie tragen ihrerseits die in die Tiefe laufenden Längsbalken *(mutuli)*, die um $1/4$ Säulenhöhe über den Architrav hinausragen und, durch Querhölzer und Latten verbunden, die in Kassetten aufgeteilte Decke bilden. Die äußeren Längsbalken und der in der Achse der Giebelrückwand auf einem Ständer (columen?) aufliegende Firstbalken tragen die aufsteigenden Dachbalken *(cantharii)*; auf ihnen sind in Längsrichtung breite Latten verlegt, an denen die Dachziegel befestigt werden. Diese sind aus Ton gebrannte Flachziegel mit seitlichen Stegen, überdeckt von konvexen *Kalypteren*, deren unterste mit pflanzlichen oder figürlichen *Antefixen* versehen sind. Über dem Giebel waren sie zur *Sima* aufgebogen, die sich, mit Wasserspeiern besetzt, auch an den Traufseiten fortsetzen konnte. Der *Giebel* (tympanum), von den vorkragenden mutuli und cantharii begrenzt, in der Tiefe über den trabes in späterer Zeit geschlossen, erhält zunächst keinen plastischen Schmuck; das Dach eines Tontempelchens aus Nemi (VillaGiulia) zeigt figürliches Relief (Antefixe) lediglich an den Köpfen der mächtigen Längsbalken; der Dachstuhl wird mittels runder Öffnungen in der Giebelrückwand durchlüftet. Außer den seitlichen Ecken (Akrotere) konnte der First in ganzer Länge vollplastische Statuen tragen (z.B. am ‹Apollon-T.› in Veji). *Terrakottaschmuck* in reichster Ausführung diente gleichzeitig als Wetterschutz für die hölzernen Dachteile: Architrav (der figürlichen Fries tragen kann), mutuli und cantharii (zur *corona* ausgebildet); Profilleisten (→ Astragal, → Kyma) vermitteln zwischen den einzelnen Gliedern, schwächen aber auch ihre Autonomie. Die *Sima* ist häufig von einem zusätzlichen Palmettenfries bekrönt. Auch den meisten anderen → Ornamenten (Mäander, Perlstab, Flechtband, Rhombus, Schuppen, Rosette) liegt griech. Formgebung zugrunde; sehr oft begegnet der – in Griechenland seltene – Pfeifenfries. An Prachtentfaltung können sich allenfalls griech.-archaische T. Ostioniens, Siziliens und Unteritaliens hiermit vergleichen. Die nach der Überlieferung anzunehmende Wandmalerei an den Innen- und Außenwänden der Cella ist restlos verloren. Die Farben sind – im Unterschied zu den an klassisch griech. T.n üblichen – der keramischen Skala entnommen, der die → Vierfarbenmalerei zugrunde liegt.

[3] Von diesem Schema *abweichende Formen* sind archäologisch belegt in folgenden Grundrißtypen: zwei- bzw. viersäuliger, einzelliger *Prostylos* (Alatri; Tonmodell von Satricum bzw. Alba Fucens; Cosa B); dreizelliger *Hexastylos* mit seitlicher Säulenhalle (Kapitol, Rom); dreizelliger *Tetrastylos*, dessen Nebenzellen zugunsten eines Säulenjoches in der Tiefe verkürzt sind (Marzabotto [?], Lanuvium, Faesulae) und einen Kompromiß zwischen dem röm. Kapitol, das allgemein als Vorbild für den Dreizellentyp gilt, und dem von Vitruv beschriebenen Typ darstellen (Veji [?], Orvieto, Signia, Terracina, Civita Castellana [?]); breitgelagerte *Cella* mit schmaler, prostyler Halle (Veiovis-T. Rom). Die Proportionierung der Gesamtmasse variiert zwischen 6:6 (Veji) und 3:6 (Alatri, zweisäuliger Prostylos: 2,8:6). Der Altar kann in der Vorhalle (z.B. Alatri) oder, wie meist üblich, frei vor dem Tempel stehen (z.B. Marzabotto D [?], Veji, Cosa). Das Podium fehlt in Alatri sowie bei dem von Vitruv beschriebenen Ceres-T. in Rom (?); es kann glatt oder – seltener – als Sockel profiliert sein (Cosa, Kapitol; vgl. Marzabotto D). Auch die Säule tritt in mannigfachen Variationen auf; das besterhaltene Beispiel wurde, als Spolie vermauert, in Pompeji gefunden (6.Jh.): zylindrische Plinthe, glatter Schaft mit starker Entasis (!), Halskerbe, ausladender, verkümmerter Blattkranz, Echinus, quadra und quadratischer Abakus (Durm, Fig. 65). Vgl. die Basen mit kymaartig geschwungenem Torus in Orvieto und Alba Fucens und den der ostion. Form nahestehenden, jedoch unkannelierten Torus einer Säulenbasis aus Vulci (Durm, Fig. 62, 120; Studniczka, Abb. 7.14); zylindrischer Abakus z.B. in Cosa. Selten stehen die Cellawände auf profiliertem Sockel (Alba Fucens: Durm, Fig. 120).

[4] Der ital.-etrusk. T.bau kennt nur eine *Ordnung;* er bleibt bis zu den letzten Ausläufern (z.B. Kapitol in Cosa, Mitte 2.Jh.v.Chr.) in wesentlichen Teilen reine Zimmermannsarchitektur; die schwer lastenden Proportionen der Dachzone lassen ein ausgewogenes Verhältnis zu den tragenden Gliedern vermissen, wie es am griech. T. angestrebt und am reinsten verwirklicht worden ist. Die Gliederung der tektonischen Elemente, namentlich die Säule, entbehrt jeder entgegenwirkenden Spannkraft, folgt mehr den praktischen und rituellen Erfordernissen und einem naiven Impuls zu üppiger Prachtentfaltung als einer inneren Gesetzmäßigkeit; ähnliches gilt für die Grundrißbildung unter dem Zwang abstrakter Maßverhältnisse, die von außen an den Baukörper herangetragen werden.

D. Der römische Tempel. [1] *Grundrißtypen*. Im Laufe des 2.Jh.s v.Chr. ist der ital. T. durch die griech. Vorbilder mit ihren vielfältigen Kombinationsmöglichkeiten zwischen Cella und Ringhalle wesentlich bereichert worden; der röm. Architekt hat jedoch sein Vorbild nie kopiert, und ein Grundriß des klassischen griech. T.s ist nie wiederholt worden. Im allgemeinen ist die Nachwirkung ital. Formen im Westen stärker als in den östl. Provinzen, wo der peripterale Typ mit tiefer proportionierten Cellaräumen und Anten vorherrscht; andererseits finden sich auch dort Beispiele, die mit ihrer Richtungsbetontheit, der meist 2 bis 4 Joch tiefen Vorhalle und bes. der Raumgestaltung röm. Einfluß zeigen. Am deutlichsten lebt die ital. Form im *Prostylos* fort (Tetrastyl: Cora, mit Pilastergliederung der Cella, eigentlich Reduktion des pseudoperipteralen Typs; Hexastyl: Rom, T. der Magna Mater auf dem Palatin; T. am Largo Argentina D; Assisi; Kapitol in Pompeji). Eine folgenreiche Konzession an das griech. Vorbild bedeutet die Übernahme des *hexastylen Peripteros*, wofür Rom bezeichnenderweise das früheste Beispiel bietet (Kapitol, mit verlängerter Rückwand und seitlicher Halle, alae, eine Steigerung des ital. Typs; vgl. Gabii); die reine Peripteralform ist im spätrepublikanischen Rom ebenfalls vertreten (z.B. der Nachbar-T. des Apollon Sosianus, der T. am Largo Argentina A, der ion. T. am Forum Holitorium; vgl. Vitr. 3, 2); kaiserzeitlich sind jene von Thugga, Gerasa u.a. Der *tetrastyle Peripteros* behält meistens die verlängerte Cellarückwand bei (z.B. Rom, am Largo Argentina C, Paestum, korinth.-dor. T.). Eine Steigerung zum *oktostylen*

Peripteros läßt sich z.B. in Rom (Mars Ultor, 8 × 8, mit verlängerter Cellarückwand; Kastor- und Pollux-T., 8 × 11; Hadrianeum, 8 × 13) und Baalbek (‹Bacchus›-T., 8 × 15) nachweisen. Der *Pseudoperipteros* ist eine bes. im Westen beliebte Reduktion dieses Typus (Tetrastyl: Tivoli; Rom, ion. T. der Fortuna Virilis; Sufetula, Kapitol: drei gekoppelte T., die seitlich mit Pilastergliederung; Hexastyl: Rom, T. des Apollon Sosianus, mit seitlichen [!] Podiumstreppen, Terracina, Nîmes). Bei Anwendung des pseudodipteralen Grundrisses liegt im Westen häufig östl. Einfluß vor, so beim dodekastylen Serapis-T. in Rom; vgl. den oktostylen Baal-T., Palmyra (mit kultisch bedingtem Eingang an der Südseite), die dekastylen T. des Jupiter,

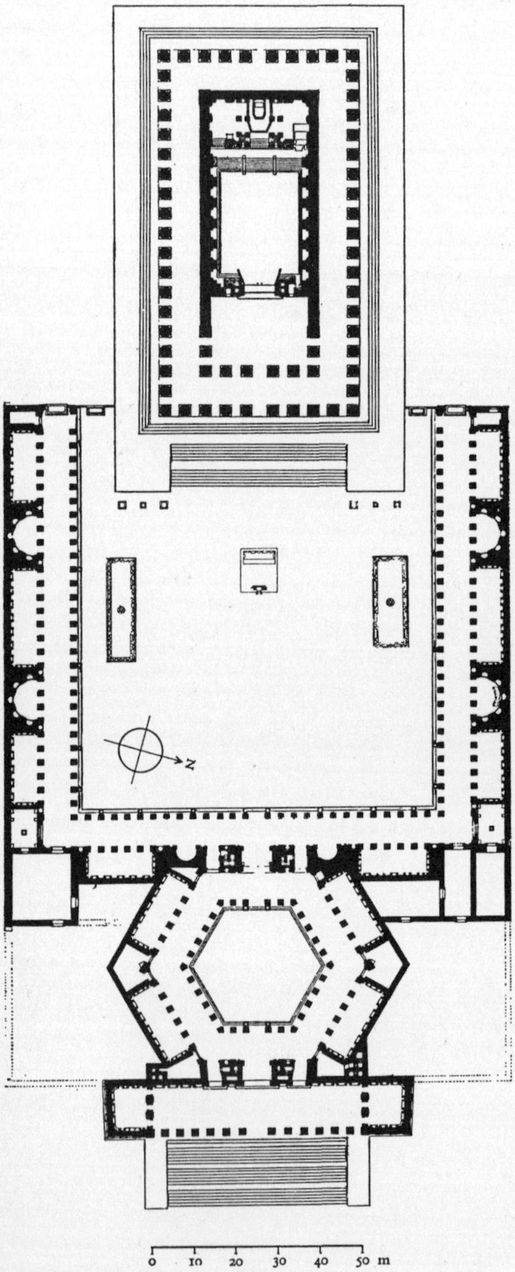

Abb. 224 Grundriß des Jupiterheiligtums von Baalbek

Baalbek, und der Venus und Roma, Rom. Die Form des *Anten-T.s* gehört zu den Seltenheiten (Kyrene, Caesareum; Atîl, durch Archivolte vereinheitlichte Front). Daneben besteht eine Fülle von *Sonderbildungen:* breitgelagerte Cella mit verhältnismäßig schmaler, prostyler Halle (Concordia-T., Rom; Gémila, Kapitol; Pompeji, Isis-T.). Immer neue Kombinationen können sich aus dem Verhältnis zwischen Heiligtum und dazugehöriger Peristylanlage (z.B. Thugga, Saturn-T.; Lambaesis, Kapitol) u.a. wesensfremden Elementen ergeben und zu reizvollen Gebilden führen, wie z.B. dem T.chen in Hössn Soleiman (Exedra mit Säulenstellung in antis und vorgelagertem, tetrastylem Prostylos). – Der *Altar* liegt häufig in der Mitte der Podiumstreppe; diese Zone kann, bes. bei Lage am Forum, zur Rednertribüne ausgebaut werden (Rom, Kastor-und-Pollux-T.; Leptis Magna, Kapitol am älteren Forum). Rundtempel vgl. → Tholos.

[2] *Ordnungen:* Allen röm. Ordnungen dient ein nunmehr reich als Sockel gegliedertes Podium als Unterbau. *Die röm.-dor.* Ordnung ist verhältnismäßig früh, vermutlich aus Unteritalien über Kampanien nach Rom vorgedrungen, wobei bes. die verwandte ital.-etrusk. Säule Vorschub geleistet haben mag (s.o.). Das Gebälk (mit Zahnschnitt) erscheint erstmals auf dem Sarkophag des → Cornelius (32) Scipio Barbatus (Vatikan). Beim T.-Bau setzt sie die restlose Umsetzung in Stein voraus, wie sie z.B. am Herkules-T. in Cora erhalten ist (1.H. 1.Jh. v.Chr.); hier überbieten die Formen an Knappheit und Schärfe ihrer Bildung alle hellenist. Vorbilder. Die Säule mit Basis ist flach kanneliert, der Schaft schlank, das Kapitell mit den klassischen Bestandteilen niedrig proportioniert, der Architrav zu einem schmalen Band unterhalb des Metopen-Triglyphenfrieses degeneriert; nur jeder 5. Triglyphe entspricht eine Säule; Geison und Sima sind von entsprechender Eleganz und Knappheit; am Gebälk wurde Kurvatur festgestellt (vgl. Praeneste, Pompeji u.a.). In der Kaiserzeit wird diese Ordnung selten verwendet. An Profanbauten tritt sie bes. in Häusern und an Fassaden öffentlicher Bauten seit sullanischer Zeit auf (Tabularium). – Zäher hält sich die *ital.-dor. (tuskische)* Ordnung mit ionisierenden Basisformen, glattem Schaft, durch kräftigen Rundstab begrenztem Hals, verhältnismäßig starken Anuli, sehr flachem Echinus, breitem Abakus, der sich mitunter in ein Kyma auflöst (Albano; Rom: Regia), und aufliegendem Profil (z.B. Arkadenvorlagen am Marcellustheater). Das Gebälk kann durch ionisierende Zwischenglieder bereichert werden, die Eckkontraktion wird häufig vermieden; die Metopen tragen meist einheitlich ornamentalen Schmuck (Schilde, Rosetten). – Auch die *ion. Ordnung* ist beim T.-Bau fast ausschließlich in republikanischer Zeit gebräuchlich; später tritt sie häufig an Profanbauten auf, ähnlich der dorischen bes. im Wechsel mit dieser und der korinthischen (z.B. am Kolosseum). Der *ital.-ion.* Typ ist durch Diagonalkapitelle vertreten (Palermo, Pompeji), die sich durch kraftvolles Kyma, wuchernde Palmetten und konkav bzw. konvex gebildete Helices auszeichnen, in den Formen archaisierend und wohl von unterital.-sizil. Vorbildern geprägt. Der *röm.-ion.* Typ tritt erst im 1.Jh. v.Chr. auf. Die Säulen des T.s der Fortuna Virilis in Rom stehen auf einer att.-ion. Basis über quadratischer Plinthe, der Schaft ist kanneliert; Kapitelle und Gebälk lassen das hellenist. Vorbild erkennen, wobei auch hier die Bereicherung durch Zwischenglieder ein typisch ital.-röm. Moment darstellt. Die 4 Hauptelemente: Dreifaszienarchitrav – Fries – Zahnschnitt – Geison bilden die Grundlage für die seit augusteischer Zeit fast allein herrschende *korinth.* Ordnung. Die griech.-röm. Kapitellform war auch hier gleichsam vorbereitet durch einen ital. Vorläufer, der Elemente des äol. Typus bewahrt (s.o. C 2) und über Unteritalien, vielleicht auch auf direktem Weg nach Etrurien gelangte (z.B. Cerveteri, Tomba dei rilievi, 3.Jh. v.Chr.). Die kraftvoll aufsteigenden Heli-

ces wachsen bei *ital.-korinth.* Beispielen aus einem Blätterkranz heraus; die Palmetten sind durch eine Rosette verdrängt (z. B. Perugia, Porta Marzia; vgl. ebd. ion. Parallelbeispiel am ‹Arco di Augusto›). Auch die bis in die Kaiserzeit fortwirkende Sonderform des Figurenkapitells ist auf dieser Stufe vorgebildet (z. B. Vulci, Paestum); die Säulen des ‹Tempio della Pace› in Paestum haben ionisierende Basis und Schaft, Architrav und Fries sind dorisch, darüber ion. Zahnschnitt, umrahmt von Kyma und Perlstab, sowie dor. Geison mit Mutuli (frühes 1. Jh. v. Chr.). Griech. Formen näher sind Kapitelle aus Pompeji, Tivoli, Palestrina, deren üppige Bildung (nunmehr zwei Blattkränze; Überwuchern der inneren Helices durch die Blüte) ital. Züge erkennen läßt. Entscheidend für die Entwicklung zur *röm.-korinth.* Form scheint die Überführung von Säulen des unvollendeten ‹Olympieion› von Athen nach Rom gewesen zu sein; Sulla ließ sie bei Wiederherstellung des 83 v. Chr. abgebrannten Kapitols verwenden. Republikanische Beispiele in Cora, Rom (Rund-T. am Tiber) u. a. – Das korinth. Gebälk, das in seinen mannigfachsten Ausbildungen als das eigentlich römische angesprochen werden kann, stellt eine Steigerung des ion. Typs dar. Am Gebälk des Jupiter-T. in Baalbek treten im Fries östl. Elemente hinzu; die Faszien des Architravs sind durch Perlstäbe gegeneinander abgehoben; zum Fries vermitteln ein ion. Kyma zwischen Perlstäben und eine im Akanthus-Palmetten-Wechsel verzierte Hohlkehle mit Leiste; der Fries trägt Tierprotomen auf Vertikalkonsolen, ein in der achämenid. Architektur verbreitetes Motiv, durch Girlanden miteinander verbunden; ein Flechtband leitet zum Zahnschnitt, ein weiteres Kymation zur mäanderverzierten Corona auf kräftig vorkragenden, geschweiften Horizontalkonsolen über, die die ital. Tradition der weit ausladenden Mutuli bewahren; zwischen den Konsolen befinden sich Rosetten; ein tordierter Rundstab vermittelt zur Sima mit löwenköpfigen Wasserspeiern in einem reichen Akanthusranken- und -blattfries. Die bekanntesten stadtröm. Beispiele stammen von der Basilika Aemilia, von den Concordia- und Vespasians-T.n. – Im röm. *Kompositkapitell* geht die korinth. Blattkranzzone eine Synthese mit dem ital.-ion. Diagonalvolutenkapitell ein; die voll entwickelte Form findet erst in flavischer Zeit Verbreitung (z. B. Rom, Titusbogen); Vorstufen sind z. B. in der frühkaiserzeitlichen Palästra von Pompeji faßbar. – Neben ihrer hervorragenden Bedeutung für den T.-Bau bilden die Ordnungen, bei Vorzug der korinthischen, die Grundlage für die Gestaltung röm. Fassadenarchitektur.

[3] *Bedeutung.* Kern des ital. T.s ist das relativ geräumige Haus (aedes, cella) für das Bild der Gottheit; als solches ist es ausgezeichnet durch seine Hochlage auf einem Podium und die vorgebaute Halle. Das Wort *templum* bedeutet in der Terminologie der Augurallehre das Beobachtungsfeld der Auguren; bei einem ‹secundum auspicium› hergestellten templum war es üblich, auf der Schwelle des T.s ein Achsenkreuz anzubringen, das bei einer ‹rite› gegründeten → Stadt (II A) als *cardo* und *decumanus* eine entscheidende Rolle spielt (der Akt ist belegt durch ein Kreuz auf der Schwelle des Aesculap-T.s in Lambaesis). Da die Auguren (haruspices) mitunter entscheidenden Anteil an politischen Entscheidungen anhmen, waren die aedes sacrae als Orte politischer Tätigkeit (vgl. Serv. Aen. I 466) eng mit dem staatlichen Organismus verbunden; damit ist auch die spätere weitgehende Integration in den Kaiserkult vorbereitet. Dieser Funktion verdankt der röm. T. nicht zuletzt seine ihm eigentümliche Lage im städtischen Organismus (→ Stadt II C 2 f.), wo er nicht nur die göttliche, sondern auch die staatliche Autorität verbindlich, d. h. als religiöse repräsentiert. Mit der zunehmenden Ausgestaltung als Innenraum bereitet er den christl. Versammlungsraum vor. – Vgl. → Architektur II. C.K.

Q: Vitr. 3, 1 – *Lit: Allgemein:* G. Kaschnitz von Weinberg, Die Grundlagen der republikan. Baukunst, 1962 – Ders., Die Baukunst im Kaiserreich, 1963 – Crema, 37 ff., 173 ff., 283 ff., 375 ff., 521 ff., 584 ff. – *Zu C:* J. Durm, Baukunst der Etrusker und Römer, 1905 – F. Studniczka, Das Wesen des tusk. T.-Baus, Die Antike 4, 1928, 177–225 – A. K. Lake, Archaeol. evidence for the ‹Tuscan T.›, Mem. Am. Ac. 12, 1935, 89–149 – A. Andrén, Architectural Terracottas from Etrusco-Italic T.s, AIRRS 6, 1940 – G. Patroni, Architett. preistorica generale ed italica. Architett. etr., 1941 – A. Minto, Problemi sulla decorazione coroplastica..., StE 22, 1952/53, 9–48 – L. Polacco, Tuscanicae dispositiones, 1952 – A. Boethius, Vitruvio ed il tempio tuscanico, StE 24, 1955/56, 137–142 – R. Enking, Zur Orientierung des etrusk. T.s, StE 25, 1957, 541–544 – *Zu D[1]:* R. Delbrueck, Das Capitolium von Signia, 1903 – Ders., Die drei T. am Forum Holitorium, 1903 – Ders., Hellenist. Bauten in Latium II, 1912 – Th. Wiegand, Baalbek, 1921 – G. Lugli, Anxur-Terracina, Forma Italiae I 1, 1926 – E. Espérandieu, La Maison Carrée de Nîmes, 1929 – G. Lugli, I santuari celebri del Lazio antico, 1932 – Th. Wiegand u. a., Palmyra, 1932 – D. Krenker-M. Schede, Der T. in Ankara, 1937 – D. Krenker-W. Zschietzschmann, Röm. T. in Syrien, 1938 – F. Krauß-R. Herbig, Der korinth.-dor. T. am Forum von Paestum, 1939 – O. Eisfeld, T. und Kulte syr. Städte, 1941 – F. Fasolo – *Zu D[2]:* M. Vetter, Der Sockel, seine Form und Entwicklung, 1910 – E. Weigand, Baalbek und Rom, JdI 29, 1914, 37–91 – F. Töbelmann, Röm. Gebälke, 1923 – P. H. v. Blanckenhagen, Flav. Architektur und ihre Dekoration, 1940 – M. Wegner, Ornamente kaiserzeitl. Bauten Roms, Soffitten, Münstersche Forschungen, H. 10, 1957 – Ders., EAA V, 1963, 712–725, s. v. ordini architettonici – *Zu D[3]:* St. Weinstock, RE 5 A 1 (1934), 480–485.

Tempelgrab, etwa 1 km südl. von → Knossos, einziges Beispiel aus dem → Kammergrab entwickelter monumentaler → Grabarchitektur der jüngeren Palastzeit (um 1500). In die aus dem Felsen gehauene Grabkammer mit Holz- und Steinplattenverkleidung gelangte man von einem seitlichen Treppeneingang durch Halle, Hof, Tor, Korridor und Vorraum. Über dem Vorraum erhob sich noch ein Kultraum mit vorgelagerter Terrasse. Vgl. kret.-myk. Kunst G [1]. W. Schg.

Lit: A. Evans, The Palace of Minos IV, 2, 1935, 962–983.

Tenes, Sohn des Kyknos und der Prokleia; weist die Liebe seiner Stiefmutter Phylonome zurück, worauf sie ihn beim Vater verleumdet. Dieser wirft ihn in einer Truhe ins Meer, die bei Leukophrys angetrieben wird, wo T. König wird und die Insel Tenedos nennt. Stirbt durch Achill, dessen Landung auf Tenedos er verhindern will (Diod. 5, 83). H.S.

Tenkterer, kleiner german. Stamm am rechten Rheinufer zwischen Mainz und Köln, eng mit den → Usipetern verbunden. L.B.-H.

Teos, Stadt im nördl. → Ionien, beim heutigen Siğacık, 40 km südwestl. → Smyrna (Kt. 1152 G4); seit 546 persisch, Auswanderung und Gründung von → Abdera; Heimat des → Anakreon. Seit 479 frei, im → Att. Seebund, 413 Abfall von Athen, seit 407/406 spartanisch, seit 386 (→ Antalkidasfrieden) persisch, bis zur Befreiung durch → Alexander (5) d. Gr. Hauptgott → Dionysos; daher bereits im 3. Jh. v. Chr. Hauptsitz des großen, die ganze Welt umfassenden Vereins der Schauspieler und Künstler (*οἱ περὶ τὸν Διόνυσον τεχνῖται*). Ende des 3. Jh.s viele Asyliedekrete für T. E.M.

Lit: Y. Béquignon-A. Laumonier, Fouilles de Téos, BCH 49, 1925, 281–321; 482 ff. – W. Ruge, RE 5 A 1 (1934), 539–570.

Teppiche (*τάπητες*) kennt schon das Epos. Sie sind der Schmuck des Hauses (Hom. Od. 4, 298) und liegen in den Zelten der Helden (Hom. Il. 10, 156). Oftmals nicht klar von Decken geschieden (Hom. 16, 224). T.e weiht man (AP 6, 250). Sie scheinen verbreitet gewesen zu sein (Aristoph. Plut. 528). Originale T.e haben die sibir. Kurgane bewahrt. F.E.

Lit: F. v. Lorentz, *ΒΑΡΒΑΡΩΝ ΥΦΑΣΜΑΤΑ*, RM 52, 1937, 165–222 P. Jacobsthal, A Sybarite Himation, JHS 58, 1938, 205–216 – J. Wiesner, Ill. Welt-Kunstgeschichte, 1959, 213 ff.

Terebinthenbaum (Terpentinbaum; *τερέβινθος*), wie der verwandte → Mastix- und → Pistazienbaum im Mediterrangebiet verbreitet; dem Namen nach vorgriechisch. Außer seinem harten, dunklen Holz, das schwärzer als → Ebenholz war, schätzte man bes. das aromatische Harz aus Früchten und Blättern, auch als Heilmittel. Der Genuß der Früchte des T.s fiel den Griechen bei den Persern auf, die als Terebinthenesser bezeichnet wurden. Die mythologische und religiöse Bedeutung des T.s tritt in der antiken Überlieferung vor der Geltung zurück, die der T. im kanaanäischen Kult und bei den Israeliten hatte. Auf eine Zuordnung an → Apollon weist der Beiname Termintheus. → Flora. J.W.

Lit: Hehn, 221.425.430.617 – Murr, Pflanzenwelt, 99 – A. Steier, RE 5A 1 (1934), 577–581.

Terentia, seit 79 v. Chr. mit Cicero verheiratet, auf den sie wohl großen Einfluß hatte. 46 wurde sie von Cicero geschieden; sie soll später Sallust geheiratet haben. Chr.M.

Terentianus Maurus, ca. 1. H. 4. Jh. n. Chr., lat. Grammatiker und Metriker. Drei in Versen verfaßte, selbständige Schriften von ihm hat die Überlieferung fälschlich in *einem* Werk ‹De litteris syllabis metris› vereinigt. D.F.

Ed: GrLat VI 313–413.

Terentius Culleo, Q. (tr. pl. 189, praet. 187 v. Chr.), wurde 201 von P. → Cornelius (30) Scipio Africanus aus karthag. Gefangenschaft befreit und bezeichnete sich als Freigelassenen Scipios (Liv. 30, 45). 187 leitete er die erste Massenausweisung von Latinern, die sich ohne Bürgerrecht in Rom niedergelassen hatten (Liv. 39, 3). 195 und 171 nahm er an Gesandtschaften nach Karthago teil (Liv. 33, 47; 42, 35). A.L.

2. **T. Scaurus,** Q., 1. H. des 2. Jh.s n. Chr., lat. Grammatiker, von dessen Schriften ein Traktat über Orthographie erhalten ist. D.F.

Ed: GrLat VII 1–35.

3. **T. Varro,** C. (quaest. 222, aed. 221, praet. 218, cos. 216, triumvir col. deduc. 200 v. Chr.), ein homo novus, Gegner des Q. → Fabius (9) Maximus (Liv. 22, 25 f.). 216 mit seinem Kollegen bei Cannae von dem ihm als Feldherr weit überlegenen → Hannibal (2) vernichtend geschlagen. Sein Bild ist bereits in der Tradition nicht einheitlich: Livius betont seine Unfähigkeit und die Streitigkeiten mit seinem Kollegen (22, 36 ff.; anders Polyb. 3, 107 ff.), eine Familientradition rühmt die aufrechte Haltung V.s nach der Niederlage (Frontin. 4, 5, 5 f.). A.L.

4. **T. Varro Murena,** A., cos. 23 v. Chr., unterwarf 25 die Salasser. Sein Lager später Augusta Praetoria. Starb im Konsulatsjahr. Im Gegensatz zur bisherigen Meinung wahrscheinlich weder mit dem Verschwörer L. Terentius Varro Murena noch mit dem Verteidiger Licinius Murena identisch. Bruder der Terentia, Großmutter → Sejans. U.Wm.

Lit: K. Atkinson, Constitutional and legal aspects of the trials of Marcus Primus and Varro Murena, Historia 9, 1960, 440–473.

Terentius, vgl. auch → Varro.

Terenz

[1] Leben – [2] Die Komödien – [3] Gestaltung – [4] Metrik und Sprache – [5] Humanitas – Vgl. → Komödie (II).

[1] *Leben.* T. ist Freigelassener libyscher Herkunft; kommt früh von Karthago nach Rom; die Nachrichten über Beziehungen zu → Caecilius (16) und zum → Scipionenkreis scheinen legendär ausgesponnen; das gesamte dichterische Schaffen (6 Komödien) fällt in die auffallend kurze Zeitspanne zwischen 166 und 160; als letzte Nachricht aus seinem kurzen Leben erwähnt → Sueton eine Griechenlandfahrt, die erste derartige Bildungsreise in der röm. Geistesgeschichte (→ Tourismus). Gest. 159 v. Chr.

[2] *Die Komödien.* 1. *Andria,* ‹Das Mädchen von Andros› (166 v. Chr.): Der Alte Simo erzählt dem Freigelassenen Sosia von der Liebe seines Sohnes Pamphilus zu einem verwaisten Mädchen von Andros (Glycerium); da der Vater dem Jüngling bereits Philumena, Tochter des Chremes, zugedacht hat, täuscht er Hochzeitsvorbereitungen vor, um den Sohn sofort zur Entscheidung zu zwingen (1. Akt, 1. Szene). Simo verlangt vom Sklaven Davos, dem Helfer des Pamphilus, sich jetzt nicht einzumischen (1, 2). Überlegungen (Monolog) des unentschlossenen Davos (1, 3). Die Magd Mysis soll eine Hebamme holen, da Glycerium ein Kind von Pamphilus erwartet; sie trifft den verzweifelten Geliebten ihrer Herrin, der ihr trotz seiner Sorgen versichert, Glycerium treu zu bleiben (1, 4–5). Charinus, Verehrer der Philumena, und Byrria, sein Sklave, haben von der geplanten Hochzeit gehört und beschwören Pamphilus, im Widerstand gegen den Vater fest zu bleiben (2, 1). Davos hat gemerkt, daß die Hochzeit nur fingiert ist; er rät Pamphilus, sich dem Vater gehorsam zu zeigen (2, 2–3). Simo eröffnet dem Sohn, daß heute Hochzeit sei; Pamphilus unterwirft sich zum Schein, was der lauschende Byrria nicht durchschaut: er überbringt die ‹Schreckensnachricht› dem Charinus (2, 4–5). Kurzer Wortwechsel Simo/Davos (2, 6). Mysis und die Hebamme Lesbia gehen ins Haus der Glycerium, die nun gebärt: man hört ihren Schmerzensschrei; Simo hält dies jedoch für ein von Davos inszeniertes Manöver, um die Auflösung der Verlobung Philumena/Pamphilus zu erreichen (3, 1–2). Simo überzeugt Chremes, trotz allem Gerede an die Zuverlässigkeit des Pamphilus zu glauben und in die Heirat definitiv einzuwilligen (3, 3–4). Davos verspricht Pamphilus eine neue List, um Chremes von seiner Einwilligung abzubringen (3, 5). Charinus macht Pamphilus und Davos Vorwürfe; er wird über den wirklichen Verlauf der Dinge orientiert (4, 1). Mysis, von Davos veranlaßt, legt das Neugeborene auf die Schwelle von Simos Haus: der leichtgläubige Chremes sieht das Kind und läßt sich davon überzeugen, Pamphilus müsse dessen Mutter, Glycerium, sogleich heiraten (4, 2–4). Crito, ein Bekannter der Glycerium von Andros, tritt auf und begegnet Mysis (4, 5). Chremes teilt Simo seinen Verzicht auf eine Verheiratung der Kinder mit (5, 1). Davos, den die beiden Alten bei seinem Austritt aus dem Haus der Andrierin überraschen, wird zur Bestrafung von Dromo in Simos Haus geschleppt (5, 2). Pamphilus sucht sich zu rechtfertigen (5, 3). Chremes erfährt von Crito, daß Glycerium seine eigene, auf einer Seereise verlorene Tochter Pasibula ist: Pamphilus darf nun die Geliebte heiraten (5, 4). Davos erfährt vom guten Verlauf der Dinge. Auch dem Charinus steht nichts mehr im Wege, Philumena zu bekommen. Im Hause wird alles vereinbart (5, 5–6). – Eine unechte Schlußszene zeigt die Einigung zwischen Charinus und Chremes auf der Bühne. – Die übrigen Stücke zeigen ähnliche Motive (Familienangelegenheiten, Wiedererkennung (→ Anagnorisis) verlorener Kinder, Vielfalt der Intrigen und Personen (listige Sklaven, uneinsichtige Väter). – 2. *Hautontimorumenos,* ‹Der Selbstquäler› (163 v. Chr.): Menedemus, der durch dauernde Vorwürfe seinen Sohn in fremde Kriegsdienste getrieben hat, quält sich aus Reue; der Sohn kann nach seiner Rückkehr die Geliebte heiraten (Erkennungsszene). Parallel läuft ein Geschehen um die Kontrastfiguren eines strengen Vaters, eines liederlichen Sohnes und einer verschwenderischen Hetäre. Der listige Sklave Syrus führt die Intrige. – 3. *Eunuchus,* ‹Der Eunuch› (161 v. Chr.), ein komödiantisches Stück, in dem nicht nur Vater, Sohn, Mädchen und Intrigen-Sklave, sondern auch der prahlende Soldat und dessen Parasit eine Rolle spielen. Ein Jüngling läßt sich, als Eunuch verkleidet, ins Haus der Geliebten bringen, um sich dieser unbemerkt nähern zu können. Erkennungsszene. – 4. *Phormio* (161 v. Chr.), benannt nach dem Parasiten, der die Intrige führt: durch *ἐπιδικασία* (→ Recht I D 4) gibt ein Gericht das verwaiste Mädchen dem Geliebten in Obhut, der als naher Verwandter ausgegeben wird. Nachdem Phormio dem Alten 30 Minen abgelistet hat, um eine Zitherspielerin freikaufen zu können, kommt durch eine Wiedererkennung alles zum guten Ende. Quelle für Molières ‹Les fourberies de Scapin›. – 5. *Hecyra,* ‹Die Schwiegermutter› (ohne Erfolg 165 und 160 aufgeführt: erst der 3. Versuch, 160 auf den Leichenspielen des L. → Aemilius (10) Paullus, gelingt), ein gefühlvolles Familiendrama mit wenig komischen Elementen: ein Ehezerwürfnis, das auf einem Mißverständnis beruht, wird durch eine Wiedererkennung geschlichtet. – 6. *Adelphoe,* ‹Die Brüder› (160 v. Chr.): Von den beiden Söhnen Demeas wird

der eine von seinem Vater streng, der andere von seinem Onkel Micio mild erzogen; das Ergebnis ist das gleiche: beide geraten auf Abwege. Demea übernimmt hiernach die liberale Methode des Micio. Lebhaftes Finale (Micio wird mit einer ältlichen Witwe verheiratet). – Allen Stücken schickt T. einen *Prolog* voraus, dem er erstmals konsequent ein persönliches Gepräge gibt: statt über Voraussetzungen und Inhalt der Stücke (wie bei → Plautus, 2) erfahren wir einiges über die Arbeitsweise des Dichters, über die literarischen Kämpfe der Zeit (→ Luscius Lanuvinus, → Kontamination) und über Beziehungen des Dichters zu angesehenen Römern.

[3] *Gestaltung.* T. folgt griech. *Vorlagen:* Von → Menander (1) verwendet er Andria, Hautontimorumenos, Eunuchos, Adelphoi, für einzelne Szenen auch Perinthia und Kolax (Andria bzw. Eunuchus). Von → Apollodor (7) werden Phormion und Hekyra benutzt, von → Diphilos eine Szene seiner ‹Synapothneskontes›. Im Prolog der Andria (13) erklärt T., er habe einiges aus der Perinthia in die Andria übertragen; nach Donat (zu V. 14) hat T. die 1. Szene der Perinthia entnommen, wo der Alte mit seiner Gattin sprach, während bei T. der Freigelassene Sosia Gesprächspartner des Simo ist. T. soll ferner die beiden Personen Charinus und Byrria neu in das Stück eingefügt haben (Donat zu V. 301). Für den Eunuchus bezeugt der Prolog (30) Übernahme des Parasiten und des Bramarbas aus dem Kolax, und Donat (zu V. 539) erwähnt, die Figur des Antipho (3, 4–5), Dialogpartner des ‹Eunuchen›, sei vom Dichter erfunden und der Monolog des griech. Originals in einen Dialog verwandelt worden. In die Adelphoe hat T. eine turbulente Szene, welche die gewaltsame Entführung eines Mädchens zeigt (2, 1), aus einem Diphilos-Stück eingefügt (Prolog V. 8). Hautontimorumenos, Phormio und Hecyra sind offenbar einem einzigen Original nachgebildet. Aufschluß über die Arbeitsweise des T. gibt auch der Vergleich von zufällig erhaltenen Fragmenten der Vorlagen mit dem lat. Wortlaut: T. hat die Tendenz, das griech. Lokalkolorit zurücktreten zu lassen, z. B. in der Beschreibung des Grundstücks Haut. 63 ff. oder bei den juristischen Details im Phormio. In genauer Analyse hat die moderne Philologie den Anteil des T. und den der griech. Dichter voneinander abzugrenzen versucht. Da jedoch die Rekonstruktion der Originale nur in beschränktem Maße möglich ist (→ Komödie II A), weichen die Forschungsergebnisse beträchtlich voneinander ab: für manche Gelehrte ist T. wenig mehr als ein geschickter Übersetzer (so Jachmann), der es auch versteht, Vorlagen ineinander zu verflechten; in neuerer Zeit wird T. jedoch wieder mehr als wirklicher Dichter gewürdigt (Haffter). Die Zeugnisse zeigen, daß T. nicht nur die Personen des Originalstücks geändert oder ausgewechselt (Andr. 1, 1; Eunuchus/Kolax), Monologe in Dialoge verwandelt (Eun. 3, 5) oder einzelne Szenen eingebaut (Ad. 2, 1) hat, sondern z. B. in der Andria durch Einfügung eines neuen Liebespaares den Gesamtbau des Stückes wesentlich verändert hat. Alle Komödien außer der Hecyra weisen das doppelte Liebesmotiv auf. 5 von 6 Stücken endigen mit einer Wiedererkennung (→ Anagnorisis); doch nur das Erstlingswerk (Andria) zeigt diese auf der Bühne: darin zeigt sich das Bestreben, traditionelle Theatereffekte zugunsten eines gewissen Lebensrealismus zurückzudrängen.

[4] *Metrik und Sprache.* Vom Stil des plautinischen Singspiels rückt T. mehr und mehr ab. Metrisch zeigt sich dies im Zurücktreten der lyrischen Maße zugunsten des nur gesprochenen jambischen → Senars (bei Plautus 1/3, bei T. mehr als 1/2). Die Dichtersprache des T. enthält nichts Vulgäres, wenig Skurriles, jedoch mehr Umgangssprachliches als die des Plautus: häufig sind gefühlsreiche Interjektionen, Ausrufe, Ellipsen, → Aposiopesen.

[5] *Humanitas.* Haut. 77 steht der berühmte Satz: «Ich bin ein Mensch; nichts Menschliches, glaub' ich, ist mir fremd» *(homo sum, humani nil a me alienum puto).* Auch sonst wird auf Schönheit und Würde des Mensch-Seins angespielt, häufiger als bei Plautus; der pessimistische Unterton der Klage über die menschliche Hinfälligkeit (wie bei Menander) tritt eher zurück. Es ist eine Hauptleistung des T., Gedanken echter röm. → Humanitas in seinem Werk zum Ausdruck gebracht zu haben. H. M.

Ed: R. Kauer-W. M. Lindsay, 1926, erg. von O. Skutsch, 1958 – J. Marouzeau, 3 Bde (1942/49), 1947/62² (mit franz. Übers.) – *Kommentierte Ausg.:* K. Dziatzko-R. Kauer, 1903, Nachdr. 1964 (Ad.) – Dziatzko-E. Hauler, 1913⁴ (Phorm.) – R. H. Martin, 1959 (Phorm.) – G. P. Shipp (1939), 1960² (Andr.) – F. T. Carney, 1963 (Hec.) – *Übers:* V. von Marnitz, 1960 (mit Einl. v. K. Büchner) – *Index:* E. B. Jenkins, 1932, Nachdr. 1962 – *Spezialwörterbuch:* P. McGlynn, Lexicon Terentianum I (A–O), 1963 – *Lit:* F. Leo, Gesch. d. röm. Lit., I, 1913, Nachdr. 1958, 232 ff. – G. Jachmann, RE 5 A 1 (1934), 598–650 – H. Haffter, T. u. seine künstler. Eigenart, MH 10, 1953, 1 20, 73–102 – A. Thierfelder, Andria-Ausg. (1951), 1960² (gute Einleitung) – O. Rieth-K. Gaiser, Die Kunst Menanders in den Ad. des T., 1964 – Lit.-Bericht: H. Marti, Lustrum 6, 1961, 114–238; 8, 1963, 5–101.

Tergeste, an der Stelle eines vorgeschichtlichen Castelliere angelegte röm. Kolonie im O-Winkel der Adria (Kt. 1420 F2; heute Triest), zuerst erwähnt um 104 v. Chr. (Steph. Byz., s. v. *Τέγεστρα*), von Augustus befestigt, Blüte in flavisch-trajanischer Zeit. Reste der augusteischen (?) Stadtmauer, eines Tores, des Capitoliums claudischer Zeit, des Forums mit der trajanischen Doppelapsidenbasilika, eines Theaters trajanischer Zeit, sowie Spuren des Straßennetzes und des Hafens erhalten. B. A.

Lit: V. Scrinari, Tergeste, 1951.

Terillos, Tyrann von → Himera; verheiratete seine Tochter Kydippe mit → Anaxilas (1) v. Rhegion; 484/483 von → Theron v. Akragas vertrieben; erhielt durch das Eingreifen des Anaxilas Hilfe von den Karthagern, die jedoch nahe Himera geschlagen wurden (480/479; → Gelon); Himera blieb in den Händen des Theron, der es seinem Sohn Thrasydaios anvertraute. R. V. C.

Q: Hdt. 7, 165.

Terminalia, Fest des → Terminus am 23. Febr.; die Bauern legten Blumenkränze auf die → Grenzsteine (termini) ihrer Felder und begossen sie mit dem Blut eines Lammes oder eines Ferkels. Am 6. Meilenstein der Via Laurentina fand ein öffentliches Fest statt (Ov. fast. 2, 639–684; Plut. Num. 16; qu. Rom. 15; Dion. Hal. 2, 74, 2 ff.). H. Le B.

Lit: Latte, 64.

Terminus, Gott der Grenzen, und zwar bes. der Grenzen zwischen den Bauernhöfen bzw. -gütern; sein Fest, die → *Terminalia,* wurde am 6. Meilenstein der Via Laurentina begangen (Ov. fast. 2, 639–684) und fiel auf den 23. Februar, das heißt auf den letzten Tag des alten röm. Jahres (Varro ling. 6, 13). T. scheint also auch der Gott des Jahresendes gewesen zu sein; als aber der Jahresanfang vom März auf den Januar verlegt wurde, konnte er diese Rolle nicht mehr spielen. Der Kult des T. war sehr alt: nach der Sage hatte er sich beim Bau des kapitolinischen Tempels geweigert, → Jupiter seinen Platz abzutreten; sein Heiligtum war also im Innern des Tempels belassen worden (Liv. 1, 55; Ov. fast. 2, 667–672). T. ist die Verkörperung der göttlichen Macht, die den → Grenzsteinen (termini) innewohnt und sie heilig und unverrückbar macht. H. Le B.

Lit: Latte, 64.

Terpandros von Lesbos, die erste musikgeschichtlich deutlich umrissene Gestalt der Antike und wichtigster Vertreter der lesbischen Kitharödenschule, siegte 675 v. Chr. an den → Karneia in Sparta. Er erfand, wohl nach kleinasiatischen Anregungen, die siebensaitige Leier, gestaltete den kitharodischen, dem Apollon heiligen Nomos zu einer festen, noch von Timotheos bewahrten siebenteiligen Form aus und begründete angeblich eine spartan. Schule für Chorgesang. Reste der Lieder des T. sind erhalten; kitharodische Proömien und Kompositionen homerischer Texte werden ihm zugeschrieben. Vgl. → Musik A [4]. G. W.

Frg: PMelGr 362 f. – *Lit:* W. Vetter, RE 5 A 1 (1934), 785 f. – Lesky, 150 ff.

Terpsichore → Musen.

Terra Sigillata. Mit dem modernen Begriff T. S. wird das feine tönerne Tafelgeschirr der röm. Kaiserzeit bezeichnet, das sich durch seine hochrote gleichmäßige Farbe auszeichnet. Vielfältige Formen (Teller, Schüsseln, Becher, Kannen usw.) von großer Prägnanz, z. T. reiche Ornamentik und Reliefverzierung. Hergestellt seit etwa 30 v. Chr. an dem Hauptfabrikationsort → Arretium (Italien), in späterer Zeit auch in fast allen römischen Provinzen. Vgl. → Keramik [2]. U. J.

Terrakotten. Aus gebranntem Ton (‹terra cotta›) werden hergestellt: Statuen und Statuetten, Geräte aller Art, → Lampen, Architekturteile. Großformatige T. gehören zur Großplastik, architektonische T. (Dachteile, Balkenverkleidungen usw.) zur → Architektur, alle Gefäße zum Bereich der → Vasen; zu T.-Sarkophagen → Klazomenische Sarkophage. Da der Rohstoff, Ton, fast überall unbeschränkt zur Verfügung stand, war die Herstellung und Verwendung der T. zeitlich und räumlich weit verbreitet. Durch lebhafte Bemalung in der Technik der Vasen wird die Wirkung gesteigert. Dank ihrer Widerstandsfähigkeit verfügen wir heute über ein breites Material antiker T. – T.-Herstellung beginnt bereits in vorgeschichtlicher Zeit und erlebt im *minoischen* → *Kreta* in Menschen- und Tierstatuetten einen ersten Höhepunkt. In *spätmyken. Zeit* liegt ein zweiter Höhepunkt in den außerordentlich weit verbreiteten → Idolen (gefunden in Gräbern und Heiligtümern), die überwiegend adorierende Frauen darstellen, seltener Mutter und Kind, wagenfahrende Männer. Unter den Tierstatuetten überwiegen die Stiere. – Die *griech. Kunst* führt die T.-Produktion der Vorzeit weiter und erreicht an einigen Punkten hohe künstlerische Qualität, jedoch im allgemeinen geringer als bei den anderen Kunstgattungen; der Wirkungsbereich der Werkstätten ist klein, ihre Bedeutung rein lokal. – In *protogeometrischer Zeit* spielt Kreta, wohl dank der alten Tradition, die Hauptrolle (Adorantinnen von Karphi). Daneben setzt die T.-Herstellung auf dem Festland ein, freilich meist in primitiveren Formen (Korinth, Sparta, Olympia, Tiryns, Athen, Samos), und wird in diesen und anderen Werkstätten, bes. auch Böotiens, bis in die *archaische Zeit* gepflegt. Die Zahl der Typen nimmt ständig zu; sie zeigen eine große Variationsbreite, häufig eine volkstümliche Unmittelbarkeit der Darstellungsweise (Götter, Dämonen, Menschen, Tiere, Gruppen, Genreszenen, Votivreliefs, Votivgegenstände aller Art). In der spätarchaischen Zeit und im 5. Jh. besondere Blüte der T. in Unteritalien und Sizilien. Sondergattungen → Melische und → Lokrische Tonreliefs. – Die große Zeit der griech. T. kam im *4. Jh.*, ausgehend von Attika, dann mit den zierlichen und reich bemalten Mädchenstatuetten der Werkstatt von → *Tanagra* (Böotien). In *hellenist. Zeit* spielen die Werkstätten Kleinasiens (→ Myrina), aber auch Alexandria und ital.-sizil. Städte eine größere Rolle. Auch die *röm. Kaiserzeit* kennt eine reiche T.-Produktion von z. T. hoher Qualität. Klassizistische Götterbilder, vielfach auch Genretypen stehen hier im Vordergrund. Klassizistische T.-Reliefs sind die sog. → Campanareliefs. U. J.

Lit: F. Winter, Die Typen der figürl. T. I; II, 1903 – A. Köster, Die griech. T., 1926 – R. Heidenreich, RE 5 A 1 (1934), 808–820 – J. Charbonneaux, Les terres cuites grecques, 1936 – J. Schneider-Lengyel, Griech. T., 1936 – N. Breitenstein, Cat. of T., Danish Nat. Mus., 1941 – G. Kleiner, Tanagrafiguren, 1942 – T. B. L. Webster, Greek T., 1950 – B. Neutsch, Studien zur attischen Koroplastik, 1952 – R. A. Higgins, Cat. of the T. in the... BM, I: Greek 730–330 B. C., 1954 – S. Mollard-Besques, Musée Nat. du Louvre. Cat. ... des figurines et reliefs en terre-cuite... I, 1954.

Terramarekultur wird die an den Nordhängen des Apennin hauptsächlich in der Aemilia verbreitete ostpadanische Bronzezeitkultur der 2. H. des 2. Jt.s genannt. Die kennzeichnende Wohnform sind Dörfer von regelmäßigem Grundriß, die zum Schutz wohl eher gegen Hochwasser als gegen Feinde auf durch Pfahlwerk getragenen Holzrosten angelegt und mit Erdwällen und breiten Gräben umgeben sind. Der Name entspricht der in der Aemilia üblichen Dialektbezeichnung für den fruchtbaren Kompost-terra marna, ‹fette, fruchtbare Erde›, den man bis weit ins 19. Jh. hinein an solchen Siedlungsplätzen abbaute und als wertvollen Dünger auf die Äcker fuhr oder verkaufte. In den vereinfachenden Aufrissen der Besiedlungs- und Indogermanisierungsgeschichte Italiens vor und nach 1900 (G. Chierici, L. Pigorini, W. Helbig, Fr. v. Duhn) nehmen die Terramaren eine Schlüsselstellung ein. Die Ähnlichkeit der Dorfanlagen (Terramaricoli) mit ostalpenländischen Pfahlbausiedlungen (Bodensee, Mondsee), die Verwandtschaft eines Teiles der Keramik mit Aunjetitzer- und mitteldonauländischem Geschirr und die freilich erst in der Endphase feststellbare Bestattung der verbrannten Toten in Urnenfeldern schienen es zu erlauben, in den Bewohnern eine erste über die Alpen eingedrungene Welle der die Apenninenhalbinsel indogermanisierenden Italiker, ja geradezu die Vorfahren der latino-faliskischen Stammesgruppe zu sehen (Pigorini). Allein, die unter dem Eindruck erster Tastgrabungen formulierten Theorien, wonach die Terramaricoli mit nach den Haupthimmelsrichtungen orientiertem Straßensystem, mit vermeintlichem Mundus, Sulcus primigenius und regelmäßig trapezoidalem Grundriß die Urform des röm. Lagers und der röm. Stadt und die Roma Quadrata auf dem ‹Palatin› als eine auf Pfählen errichtete T.siedlung sein sollte, sind durch die weiteren Ausgrabungen aufgelöst worden. Eine sichere Entscheidung über eine etwaige Zuordnung zu einer historisch bekannten Sprach- oder Dialektgruppe in Italien läßt der gegenwärtige Forschungsstand nicht zu. Dessenungeachtet messen einzelne Forscher aus allgemeinhistorischen und sprachgeschichtlichen Erwägungen der T. auch heute noch eine wichtige Rolle im Indogermanisierungsprozeß → Italiens zu (Fr. Altheim, Fr. Matz, J. Wiesner). In ihrer Endphase wird die T. offenbar von den gleichen ungarländisch-nordbalkanischen Einflüssen getroffen, die damals allgemein auf Italien einzuwirken beginnen und zur Herausbildung der Proto → Villanovakultur führen, deren Ableitung aus der T. heute jedoch nicht mehr wahrscheinlich ist. O. W. v. V.

Lit: Fr. Messerschmidt, Bronzezeit u. Frühe Eisenzeit in Italien, 1935, 7–18 – P. Laviosa Zambotti, La civiltà enea della valle Padana studiata specialmente nella ceramica, StE 11, 1937, 9–56 – G. Säflund, Le Terremare, 1939 – Fr. Altheim-E. Trautmann, Italien und die dor. Wanderung, 1940 – Fr. Matz, Ber. über die neuesten Forsch. z. Vor- und Frühgesch. Italiens (1939–41), Klio 35, 1942, 303–308 – G. v. Merhart, Donauländ. Beziehungen der früheisenzeitl. Kulturen Mittelitaliens, BJbb 147, 1942, 1–90, bes. 20 f. 64–68 – J. Wiesner, Vor- u. Frühzeit der Mittelmeerländer II: Das westl. Mittelmeer, 1943, 52–60 – G. v. Kaschnitz-Weinberg, Die Kunst der Bronzezeit, a) Oberitalien, Hb. Arch II, 1954, 341–354 – H. Müller-Karpe, Vom Anfang Roms, 1959, 43 f. – M. Pallottino, Etruscologia (1942), 1963⁵, 28–34. 68.

Territorium legionis, Gebiet um die Legionslager (→ Castrum), das aus der zivilen Verwaltung ausgeschieden unter militärischer Administration steht. Es dient u. a. auch zur Versorgung des Legionslagers (→ Castrum) mit Lebensmitteln, daher auch *prata legionis* genannt. Da die Gutshöfe innerhalb dieses T. legionis mit Ziegeln aus der Legionsziegelei (Ziegelstempel!) versorgt wurden, kann die geschlossene Verbreitung dieser gestempelten Ziegel die Ausdehnung des T. l. angeben. R. F.

Lit: A. Schulten, Das Territorium legionis, Hermes 29, 1984, 481 bis 516 – A. Mocsy, Das T. L. und die Canabae in Pannonien, Acta Arch. Hung. 3, 1953, 179–200.

Terruncius, drei → Unciae (nach Plin. nat. 33, 45) im röm. Duodezimalsystem, also ein Viertel des Ganzen. T. wird jedoch in der Numismatik als Dreiunzenstück eines zehnteiligen Ganzen – zum Unterschied vom → Quadrans als Dreiunzenstück eines zwölfteiligen Ganzen – angewandt und ist im → Aes grave von Apulien, Umbrien usw. nachgewiesen. Im röm. Rechnungswesen ist der T. das Viertel einer → Libella und damit 1/40 des → Sestertius, der Silbereinheit. W. Schw.

Lit: Babelon, I 594–595. 757–759 – K. Regling, RE 13, 1 (1926), 14 bis 15 – Ders., in: v. Schrötter, 686.

Tertullian, Q. Septimius Florens, geb. etwa 160 in Karthago als Sohn eines heidnischen → Centurio, gest. gegen 220. Seine Schriften verraten gründliche rhetorische Schulung und juristische Kenntnisse; wahrscheinlich war er von Beruf Anwalt; Aufenthalt in Rom bezeugt er selbst. Spätestens 196 wurde er Christ und diente seiner Heimatgemeinde als Schriftsteller. Um 207 schloß er sich den → Montanisten an; eine Gruppe von ‹Tertullianisten› existierte in Africa noch z. Z. → Augustins. – Erhalten sind 31 *Werke*, z. T. in sehr mangelhaftem Zustand. Sie sind sprachlich schwierig, da T. a) unklassisches Latein, b) einen eigenwilligen persönlichen Stil schreibt und c) die christl. Terminologie im Lateinischen häufig erst bilden muß. Inhaltlich gliedern sich seine Schriften in 3 Gruppen: 1. Apologetische Werke, darunter a) eine Vorstudie ‹*An die Heiden*› (*Ad nationes;* 197); b) das *Apologeticum*, wohl in mehreren Fassungen verbreitet, verteidigt das Christentum in Form einer durchlaufenden, meisterhaft komponierten Gerichtsrede. T. deckt eingangs mit advokatorischer Gewandtheit und Schärfe die Inkonsequenz und Ungerechtigkeit des staatlichen Verfahrens gegen die Christen auf, widerlegt in der Ausführung systematisch alle denkbaren Einwände gegen sie, schildert wirksam ihr zuchtvolles Gemeindeleben und entlarvt mit Sarkasmus die Unmoral und dämonische Verblendung der Staatsreligion; c) ein ergänzender Traktat *De testimonio animae*, in dem T. die Seele auf Grund volkstümlicher Reden eines natürlichen Wissens um Gott als Schöpfer und Weltenrichter überführt. – 2. Dogmatisch-polemische Werke zur Bekämpfung der Irrlehre: (1) *De praescriptione haereticorum*, summarische Abfertigung mit Hilfe des juristischen Begriffs der ‹*Prozeßeinrede*› (*praescriptio;* → Prozeßrecht): die Kirche als rechtmäßige Besitzerin von Schrift und Apostelüberlieferung bestreitet den Häretikern jedes Recht auf Schriftauslegung. (2) Einzelpolemik: a) *Adversus Marcionem*, 5 Bücher, erhalten in 3. Bearbeitung von 207/208; Bekämpfung von → Markions Bibelredaktion und Beweis der notwendigen Einheit von Güte und Gerechtigkeit in Gott; b) *Adversus Praxean*, gegen den Patripassianer (→ Monarchianismus 2) P.; hier prägt T. trinitarische und christologische Formeln, die grundlegend für die abendländische Theologie wurden; c) eine Reihe antignostischer Schriften verteidigt die kirchliche Lehre von der Schöpfung, Auferstehung des Leibes und Fleischwerdung Christi gegen den Spiritualismus der → Gnosis. T. zeigt sich dabei bes. vom materialistischen Denken der → Stoa beeinflußt; d) ein gelehrtes Werk *De anima*. – 3. Paränetische Werke zu Einzelfragen der kirchlichen Praxis (Taufe, Buße, Fasten) und des christlichen Lebens (z. B. Gebet, mit Auslegung des Vaterunsers; Ehe, Frauenputz, Theater, Kriegsdienst). – T.s Forderungen sind streng und kompromißlos. In montanistischer Zeit verschärft sich seine rigoristische Haltung; er verwirft jetzt die 2. Ehe, leugnet die Vergebbarkeit schwerer Sünden durch die Kirche und geißelt leidenschaftlich deren Laxheit. Trotzdem wurde er als erster lateinischer Theologe richtungweisend für die römische Kirche in ihrer Sprache, theologischen Problematik und praktisch-moralischen Ausrichtung. A.W.

Ed: CSEL 20.47.69.70.76, 1890–1957 – CChrL 1.2., 1954 – *De anima:* J.H. Waszink, 1947 (mit Komm.) – *Übers:* K.A.H. Kellner, 1882 – BKV 7.24, 1912/5 (Ausw.) – *Apol:* C. Becker, 1952 – *Lit:* Ders., T.s Apologeticum, 1954 – H. v. Campenhausen, Lat. Kirchenväter, 1960 – Altaner, 131–144.

2. T., röm. Jurist z. Z. des Septimius Severus; schrieb 8 Bücher Quaestiones und ein Buch De peculio castrensi. Die Frage, ob Identität mit dem Kirchenschriftsteller → T. (1) besteht, ist umstritten. H. Hb.

Lit: P. Krüger, Gesch. d. Quellen u. Lit. d. röm. Rechts (1888), 1912², 226, insbes. N 104 – W. Kunkel, Herkunft u. soz. Stellung d. röm. Juristen, 1952, 236 ff. – L. Wenger, Die Quellen d. röm. Rechts, 1953, 515.

Tertullus → Cornutus.

Tessera, viereckiges Täfelchen oder Würfel. 1. *T. hospitalis*, beim Abschluß einer Gastfreundschaft symbolisch auseinandergebrochen (→ Symbolon). – 2. *T. militaris*, mit Losungswort versehene Erkennungsmarke der Soldaten. – 3. *T. frumentaria* oder *nummularia*, als Gutschein für eine bestimmte Getreide- oder Geldmenge bei Verteilung der liberalitates und → congiaria unter das Volk geworfen (t. missilis). – 4. T. der Kollegien zur Regelung des Eintritts bei Veranstaltungen, bei Spielen, Bädern, Bordellen usw. – 5. *T. privatae*, im Sinne unseres heutigen Bon vom Lohnempfänger beim Kaufmann gegen Ware eingetauscht. D. R.

Tesserarius, ursprünglich der Überbringer der tessera, eines Täfelchens mit dem Losungswort oder einem schriftlichen Befehl. Bis ins 3. Jh. n. Chr. Unteroffiziersdienstgrad des röm. Heeres, in der Rangfolge T., → Optio, → Signifer die niederste Charge bei der kämpfenden Truppe. E. Bay.

Testa → Trebatius.

Testamentum Porcelli, parodistisches Testament, in dem ein Schwein namens M. Grunnius Corocotta kurz vor der Schlachtung die letzten Verfügungen über sein Futter und die eigenen intestina trifft. Das von Obszönitäten nicht freie und mit Vulgarismen durchsetzte Paignion erfreute sich nach Hieronymus in Is. lib. 12 praef. bei der Schuljugend großer Beliebtheit. W. Sch.

Ed: F. Bücheler-W. Heraeus, Petronii Saturae (1871), 1922⁶, 268 f. – A. d'Ors, Est. Clás. Supl. Ser. de Text. 3, 1953, 73–83 (mit span. Übers. u. Komm.) – *Lit:* W. Kroll, RE 5 A 1 (1934), 1020 f. – L. Herrmann, Le testament du cochon, Studi U. E. Paoli, 1955, 385–391.

Testudo. [1] Die Leier: → Musikinstrumente A [2].

[2] In der Belagerungstechnik (→ Festungsbau) bezeichnet T. 1. eine Schutzhütte für den → Aries (testudo arietaria); der Name T., χελώνη (Vitr. 10, 13, 2 f.), wurde gewählt nach dem Vorstrecken und Zurückziehen des Kopfes der Schildkröte, das mit der Bewegung des Rammbalkens verglichen wurde (Veg. mil. 4, 14). Sie bestand aus Balken und Bohlen, die durch feuchte Felle und Decken gegen Brandgeschosse geschützt wurden (Caes. civ. 2, 2, 4), und stand meist auf Rädern. – 2. Eine bes. enge Aufstellung der Schilde (Lucil. 837 f. M), welche die Griechen συνασπισμός (Xen. Hell. 7, 4, 23; Liv. 32, 17, 13) nannten; nahmen die hinteren Soldaten ihre Schilde über die Köpfe (Liv. 34, 39, 6; Tac. hist. 3, 27), wurde die Ähnlichkeit mit der Schildkröte noch stärker (Dio Cass. 49, 30). Andere Soldaten konnten über diese T. Mauern ersteigen und stürmen (Liv. 44, 9, 6 ff.; Polyb. 28, 12). W. K.

Abb: J. Rasin, Gesch. d. Kriegskunst, 1959, 184.

Tešup, churritischer Wettergott, der seinen Vater → Kumarbi gestürzt und die Weltherrschaft ergriffen hat. W. Hk.

Tetartemorion (τεταρτημόριον, verkürzt ταρτημόριον), Viertel → Obol, d. h. zwei Bronze → Chalkoi (Poll. onom. 9, 65). In Athen im Gewicht von ca. 0,15 g im 4. Jh. v. Chr. in Silber geprägt und durch eine ‹Mondsichel› als Rückseitenbild visuell gekennzeichnet (der Obol mit vier!); auf Bronzemünzen von Metapontum und Silbermünzen von Kolophon mit TE in Monogrammform und auf Silbermünzen der Peloponnes, in Sikyon, Argos, Tegea, Elis, sowie in Delphi und Thurioi mit T. auf der Rückseite. W. Schw.

Lit: Babelon, 434 f. – K. Regling, RE 5 A 1 (1934), 1064 f. – Ders., in: v. Schrötter, 688 – M. N. Tod, Num. Chron. VI 7, 1947, 20 f. – J. Milne, NNM 96, 1941.

Tetrachalkon (τετράχαλκον), Wertbezeichnung auf kaiserzeitlichen Bronzemünzen von ca. 3,2 g von Chios (Head, 601), die wahrscheinlich einem halben → Obol oder 1/4 → Assarion gleichkamen. W. Schw.

Lit: Babelon, 464 – K. Regling, RE 5 A 1 (1934), 1069 f. – Ders., in: v. Schrötter, 688 – M. N. Tod, Num. Chron VI 6, 1946, 51–52.

Tetradrachmon (*τετράδραχμον*, auch kurz *τέτραχμον*), Vierdrachmenstück, die gewöhnlichste Großsilbermünze des attischen, phönizischen, rhodischen – nicht aber des äginetischen und persischen – Münzfußes im Gewicht von ca. 14–17 g. Inschriftlich z. B. in den delischen Inventaren (BCH 6, 1882, 29 ff.) genannt sowie als *τόκος τετραδραχμαῖος* in der Inschrift von Gythion (Syll.³ 748, 36). W. Schw.

Lit: Babelon, 417–418 – K. Regling, RE 5 A 1 (1934), 1072 – Ders., in: v. Schrötter, 688 – M. N. Tod, Num. Chron. VI 20, 1960, 13–15.

Tetralogie, vier für unmittelbar aufeinander folgende Aufführung im tragischen Agon bestimmte Dramen eines Dichters, drei → Tragödien (= Trilogie) und ein Satyrspiel (letzteres kann bisweilen durch eine weitere Tragödie ersetzt sein, vgl. Eur. Alk.). Die sog. Inhalts-T., bzw. → Trilogie (alle 4 Stücke, bzw. die 3 Tragödien behandeln denselben Mythos), wurde wohl von → Aischylos geschaffen. Zu seiner Zeit dominierte dieser Typus der T., später wurden, vielleicht unter bes. Einfluß des → Sophokles, vorwiegend einzelne, inhaltlich unverbundene Dramen zu T.n zusammengefaßt. → Platon B [1]. E.-R. Sch.

Lit: A. v. Blumenthal, RE 5 A 1 (1934), 1077–84.

Tetrameter, Vers aus 4 Metren, vor allem der katalektische trochäische T. (→ Trochäus, → Metrik B 1) zuerst belegt bei → Archilochos, dann bei → Solon und → Hipponax und in der Tragödie, zumal der frühen (Aristot. poet. 4, 1449 a 21; ihm ist der Vers *κορδακικώτερος*, rhet. 3, 8. 1408 b 36), und in der Komödie. Im anspruchsvollen T. (aber nicht in der Komödie) gelten die → Brücken von → Porson, → Havet und → Knox. Teilung der longa und ‹zerrissener Daktylus› werden so behandelt wie im → Trimeter. Das metrische Schema ist also: –⏑–⏖–⏑–× | –⏑–⏖–⏑–||. Jambische T. kommen nach den Lyrikern (Alkm. 15 P., Alk. 65 D.) bei Soph. Ichn. 291–322 vor, katalektische jambische T. bei → Hipponax (79 D.) und öfter bei → Aristophanes, daktylische seit → Alkman (z. B. 1, 6; 56 P.). Zum lat. *Septenar* → Senar. B. Sn.

Lit: P. Maas, Greek Metre, 1962, § 118 – B. Snell, Griech. Metrik (1955), 1962³, 16.

Tetranomon (*τετράνομον*), vierfacher Nomos (→ Nummus), erscheint, neben → Dinoma und Nomoi, in den delischen Inventaren um 180 v. Chr. als Bezeichnung für den röm. → Denar. W. Schw.

Lit: K. Regling, Klio 6, 1906, 50 – Ders., in: v. Schrötter, 688 – L. Robert, Etudes de numismatique grecque, 1951, 159 – Ders., Hellenica 8, 1950, 88.

Tetrarchie. Das Gebiet der → Thessaler zerfiel seit der archaischen Zeit in vier Aufgebotsbezirke, Tetraden (‹Viertel›) oder (nach ihren Vorstehern, den Tetrarchen) Tetrarchien genannt. Ihre Namen sind von älteren geographischen Bezeichnungen abgeleitet: die Thessaliotis ist das Viertel der alten, eigentlichen Thessalia, wo die Thessaler zuerst Fuß gefaßt hatten; die Pelasgiotis ist der früher von → Pelasgern bewohnte Landesteil; die Hestiaiotis und Phthiotis haben ihren Namen von den Landschaften Hestiaia und Phthia. – In hellenist. Zeit wurden die Ausdrücke T. und Tetrarch auf die Viertel der drei → Galaterstämme Kleinasiens und ihre Vorsteher übertragen; etwas später wurden auch zahlreiche Fürsten des Orients, denen der Königstitel versagt blieb, als Tetrarchen bezeichnet. Die bekanntesten sind die Erben des → Herodes (1) in Judäa. – Als T. (‹Vierherrschaft›) bezeichnet man schließlich das System Kaiser → Diokletians, wonach jeweils zwei → Augusti und zwei → Caesares zusammen das Reich regieren sollten. F. G.

Lit: W. Schwahn, RE 5 A 1 (1934), 1089–97 – F. Gschnitzer, Namen u. Wesen der thess. Tetraden, Hermes 82, 1954, 451–464.

Tetras (*τετρᾶς*), Rechnungsmünze Unteritaliens und Siziliens, die dem Drittel der → Litra oder vier → Chalkoi (→ Unzen) sowie dem römisch-italischen → Triens bzw. → Quatrunx entsprach. Auf sizilischen Bronzemünzen mit 4 Wertkugeln oder -strichen bezeichnet: in Akragas, Himera, Lipara, Menainon, Segesta sowie in Rhegion in Unteritalien. W. Schw.

Lit: Babelon, 458 – K. Regling, RE 5 A 1 (1934), 1097 f. – Ders., in: v. Schrötter, 689.

Tetricus (C. Pius Esuvius T.), gallischer Teilherrscher 270 bis 273; vornehmer gallischer Abstammung; verwandt mit → Victorinus und unter ihm Statthalter in Aquitania; nach dessen Tode von den Truppen zum Kaiser im gallischen Teilreich erhoben (Ende 270?). T. nahm seinen gleichnamigen Sohn zuerst zum Caesar, dann zum Mitherrscher an. Mit T. endete die Sonderexistenz des gallischen Teilreiches; 273 mußte er sich → Aurelian ergeben. T. wurde geschont und war später corrector Lucaniae. Sein Sohn trat die senatorische Laufbahn an. H. D. M.

Tetricus mons (auch Tetrica Mons; heute die Monti Sibillini), ein Berg im Land der → Sabiner an der Grenze nach Picenum (Varr. rust. 2, 1, 5; Serv. Aen. 7, 713; Sil. 8, 417). B. A.

Lit: Nissen, I 236; II 467.

Tetrobol (*τετρώβολον*), das Vierobolenstück oder die ²/₃ → Drachme, zugleich ¹/₆ des → Tetradrachmons, ist eine Silbermünze von ca. 2,9 g und wurde in der attischen Münzprägung im 4. Jh. v. Chr. durch zwei Eulen auf der Rückseite gekennzeichnet (Poll. onom. 9, 63, wo irrig ein Zeusbild statt des Athenakopfes als Vorderseite genannt ist). In Korinth, wo der → Stater statt in zwei → Drachmen in drei zerfällt, war der T. eine bequeme Teilmünze, die weiterhin auch im Bereiche des phönizisch-rhodischen und persischen, nie aber in dem des äginetischen Münzfußes vorkommt. W. Schw.

Lit: Babelon, 422–423 – K. Regling, in: v. Schrötter, 689 – Ders., RE 5 A 1 (1934), 1099 f. – M. N. Tod, Num. Chron. VI 7, 1947, 15–17.

Teukros, erster König von Troas, entweder Sohn des Skamandros oder aus Kreta oder Attika. Vermählt seine Tochter Bateia mit → Dardanos (Diod. 4, 75). H. S.

2. **T.,** Sohn des → Telamon und der → Hesione. Halbbruder des Aias (2), hochgeschätzter Bogenschütze im → Trojan. Krieg. Ohne seinen Bruder heimgekehrt, wird er von seinem Vater verbannt und gründet Salamis in Cypern (Paus. 1, 28, 11; Strab. 14, 6, 3 p. 682; Verg. Aen. 1, 619 ff.; Hor. carm. 1, 7, 21 ff.). K. Schb.

3. **T. von Babylon,** → Astrologe wohl des 1. Jh.s n. Chr. Sein Werk ist nur in Auszügen erhalten. Wichtig darin die Beschreibung der Dekangottheiten und der mit ihnen aufgehenden Sternbilder, darunter solchen der den Griechen fremden Sphaera barbarica. E. B.

Ed: F. Boll, Sphaera, 1903, 16–21; 41–52 – Ders., CCAG, VII 194 bis 224 – F. Cumont, CCAG, VIII 4, 196 ff. – S. Weinstock, CCAG, IX 2, 180–186.

4. **T. von Kyzikos,** griech. → Geschichtsschreiber, 1. H. 1. Jh. v. Chr. (?). Wohl nicht der ‹Babylonier› (s. o. 3). Schrieb über Mithridates, die Juden (6 Bücher), Tyros (5 Bücher), Byzanz (?), Arabien (5 Bücher), die gymnastische Ephebenerziehung in Kyzikos; ferner ‹Horismoi› u. a.

Frg: FGrHist 274. W. Sp.

Teuta, Gemahlin des Illyrerkönigs Agron, übernahm nach dessen Tod 231 die Regierung, führte Piratenzüge bis nach Elis und Messenien durch, besetzte 230 Phoinike in Epirus und gewann Atintanien. Stete Übergriffe und Hilfsgesuche von Apollonia und Issa zwangen Rom, 230 bei ihr vorstellig zu werden. Als die Gesandten ermordet oder gefangengenommen wurden, kam es zum Krieg. T. brandschatzte die Küste der Peloponnes, besetzte Korkyra, wo sie → Demetrios (18) v. Pharos als Statthalter einsetzte, und belagerte Epidamnos, bis die röm. Flotte Korkyra, Apollonia und Epidamnos unter ihren Schutz stellte. T. mußte die Belagerung von Issa aufgeben, schloß nach weiteren Rückschlägen 228 Frieden zu harten Bedingungen und blieb fortan auf Rhizon beschränkt. P. R. F.

Lit: R. Werner, Abriß der Gesch. antiker Randkulturen, 1961, 91.

Teutoburger Wald, der Teutoburgiensis saltus (Tac. ann. 1,60), Teil des → Herkynischen Waldes, 100 km langer Höhenzug zwischen Osnabrück und Detmold. Die heutige Ansetzung des T.W. (Gleichsetzung mit dem früheren Osning) ist verhältnismäßig jung. Im T.W. besiegte 9 nach Chr. der → Cherusker → Arminius mit einem germanischen Völkerbund drei röm. Legionen unter → Varus. Verlauf und Örtlichkeit der Schlacht sind umstritten (vgl. → Germanen B 1). L.B.-H.

Lit: O. Höfler, Siegfried, Arminius und die Symbolik, mit einem historischen Anhang über die Varusschlacht, 1961 – Dazu H. Kuhn, Gnomon 34, 1962, 628–630.

Teutonen, german. Stamm, bereits im 4. Jh. v. Chr. von → Pytheas v. Massilia (Plin. nat. 37,35) an der Westküste Jütlands erwähnt, zogen mit den → Ambronen nach Gallien, 102 v. Chr. von → Marius bei → Aquae Sextiae bis auf geringe Reste vernichtet. L.B.-H.

Textbuch. Die Trennung zwischen Musiker und Librettodichter gehört der modernen Oper an. Im antiken Theater war der Dichter selbst zugleich auch Komponist der sein Stück begleitenden Musik. Von T.ern kann man höchstens bei dem die → Pantomime zuweilen begleitenden Chorgesang sprechen. Libretti dieser Art sollen → Lucan und → Statius verfaßt haben. E.-R. Sch.

Textilien → Spinnen, → Weben, → Leinen, → Wolle.

Textkritik

A. Definition – B. Methode: [1] Recensio – [2] Examinatio – [3] Emendatio – C. Der kritische Apparat.

A. Definition. T. ist ein wissenschaftliches Verfahren, durch das der Wortlaut der antiken Ausgabe eines Autors, nach Möglichkeit der seines Autographon, aus den mehr oder weniger entstellten Mitteilungen der erhaltenen Zeugnisse rekonstruiert werden soll. Dem T.er stehen außer den mittelalterlichen Handschriften (Hss.) die Drucke der Erstausgaben (Editio princeps), nicht selten die ältesten Fassungen der Papyri, auch Übersetzungen (ins Lateinische, Syrische, Arabische, Armenische) oder die Zeugnisse der sog. ‹*Nebenüberlieferung*› zur Verfügung; zu dieser gehören Zitate bei anderen Schriftstellern, Erörterungen der antiken Kommentare und Imitationen.

B. Methode. Die T. erfüllt ihre Aufgabe in drei Schritten: (1) *Recensio:* Sammlung der erhaltenen Zeugen und Prüfung ihrer Beziehungen zueinander. – (2) *Examinatio:* Auswahl der besten Lesarten, Bestimmung ihrer Herkunft (ob überliefert oder konjiziert) und Lokalisierung der Verderbnisse (Korruptelen). – (3) *Emendatio:* Heilung der Korruptelen durch → Konjekturen, Ergänzung überlieferter oder erschlossener Lücken und Tilgung (→ Athetese) von Wörtern, Satzteilen oder Sätzen, die durch unberufene Hände eingefügt zu sein scheinen (→ Interpolation).

[1] Die *Recensio* geht, um die gegenseitigen Relationen der mittelalterlichen Hss. festzustellen, von der Beobachtung aus, daß sich ein längerer Schriftsatz nicht fehlerlos abschreiben läßt. Sind zwei Zeugen A und B erhalten, so hängt B von A ab (ist aus A abgeschrieben), wenn A überall dort den richtigen Text bietet, wo B Fehler (‹Sonderfehler›) aufweist. In diesem Fall ist B (von brauchbaren Konjekturen seines Verfassers abgesehen) wertlos und muß ausgeschieden werden (‹eliminatio codicum›). Wenn indessen A wenigstens *eine* Korruptel enthält, die B nicht hat und die so schwer ist, daß sie von einem mittelalterlichen Gelehrten durch Konjektur nicht beseitigt werden konnte (‹Trennfehler› oder ‹error separativus›), läßt sich B nicht aus ihm herleiten. Die beiden Zeugen müssen nun, vorausgesetzt, daß ihre Verwandtschaft durch gemeinsame Verderbnisse (‹Leitfehler› oder ‹Bindefehler› = ‹errores significativi›) erweisbar ist, auf eine gemeinsame Vorlage (α) zurückgeführt werden (→ Abb. 225). Diese Relation besteht auch dann, wenn A keine Trennfehler gegenüber B aufweist, aber jünger ist als B, ohne dessen Nachfahre zu sein. Die Vorlage α nennt man ‹Archetypus›. Kommt ein weiterer Codex (C) hinzu, dann prüft man das Verhältnis α:C ebenso wie das A:B, und läßt sich C nicht aus A, B oder α ableiten, muß eine noch ältere Vorlage (ω) angesetzt werden (→ Abb. 225). Nun heißt diese ‹Archetypus›, α dagegen ‹Hyparchetypus›. Diese Verhältnisse lassen sich auch graphisch darstellen (‹Stemma› = Stammbaum der Hss.):

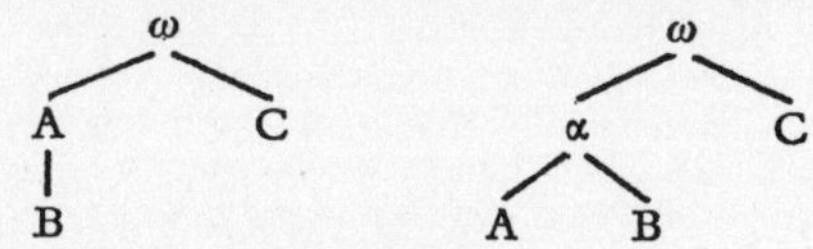

Abb. 225

Die methodischen Mittel der Textkritik versagen, sobald man erkennt, daß ein Schreiber mehrere Vorlagen benutzt und deren Text ohne erkennbares Prinzip ineinandergearbeitet (‹kontaminiert›) hat. Da Vergleiche einer Hs. mit allen erreichbaren Fassungen in antiker Zeit üblich waren, gelten die Regeln der Stemmatologie nur für den mittelalterlichen Teil der Überlieferung. Der t.t. Archetypus ist also streng genommen nur auf den ältesten Minuskelcod. einer Tradition anwendbar. – Stimmen von z.B. drei auf eine gemeinsame Vorlage zurückgehenden Zeugen zwei in einem Fehler überein, so ist, die Richtigkeit des Stemmas vorausgesetzt, Kontamination erwiesen. Die Lesung in B, die im Normalfall überstimmt werden müßte, gewinnt nun an Wert (‹Präsumptivvariante›). Hss., die solche Varianten haben, können nie eliminiert werden (→ Abb. 226).

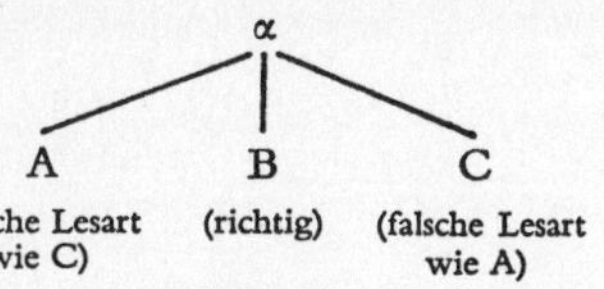

Abb. 226

[2] *Examinatio.* Zur Auswahl der besten Lesarten bedarf es einer möglichst lückenlosen Kenntnis der Sprache des betreffenden Autors. Da Abschreiber zu Vereinfachungen neigen, darf der Herausgeber annehmen, daß ein seltenes Wort oder eine ausgefallene Wendung (‹lectio difficilior›) größeren Anspruch auf Authentizität hat als eine leichter verständliche Variante (‹lectio facilior›). Ungewöhnliche Ausdrücke müssen freilich, wenn sie vom Verdacht einer Entstellung freibleiben sollen, durch mindestens eine Parallele gedeckt sein (Faustregel: «Einmal ist keinmal, zweimal gilt immer»). Sinnvolle Singularitäten hingegen sind grundsätzlich unverdächtig.

[3] Ziel der *Emendatio* ist, den denkbar besten Text herzustellen (‹constitutio textus›), d.h. Anomalien zu beseitigen, die vom Schriftsteller nicht beabsichtigt sein können. Der Herausgeber bemüht sich, sie auf Grund seiner Divination (Eingebung) durch evidente Konjekturen zu ersetzen, d.h. durch solche, durch die alle übrigen auch nur denkbaren Verbesserungsmöglichkeiten ausgeschlossen werden. Da jede Konjektur den entstellenden Einfluß rückgängig machen soll, den der Text in der Überlieferungsgeschichte erfahren hat, sollte er von ihr und von den jeweiligen Möglichkeiten der Textverderbnisse möglichst viel wissen. Jedoch reicht die Erklärung der vermeintlichen Entstehungsweise eines Fehlers zur Rechtfertigung einer Konjektur nicht aus: «Kein Fehler ist so unmöglich, wie ein Text notwendig sein kann, selbst ein durch divinatio gefundener» (P. Maas). – Eine unheilbare Korruptel grenzt der Herausgeber ein und setzt die verderbten Worte zwischen Kreuze (→ Crux). – Wo mehrere korrupte Varianten zur Wahl stehen, gilt der Grundsatz: «Impossibilis lectio verae proprior»: «Die unmögliche Lesart ist der richtigen näher.»

C. Der kritische Apparat. Die Ergebnisse der textkritischen Vorarbeiten werden im *Apparatus criticus* zusammengefaßt. Er soll bei denkbar größter Knappheit alle Varianten der Hss. (oder Hss.-Klassen) und die wichtigsten Konjekturen enthalten. Man unterscheidet ‹positive› und ‹negative› Apparate. Der positive Apparat wiederholt zunächst das im Text stehende Wort, bezeichnet seine Herkunft (Konjektur oder Überlieferung) und gibt dann (abgetrennt durch Komma oder Doppelpunkt) die Variante (u.dgl.) an. Im negativen Apparat erscheint sofort die zum entsprechenden Textteil gehörende Überlieferung; ihr folgt ein Satzzeichen (Komma oder Doppelpunkt) mit dem Namen des Philologen, der die rezipierte Änderung fand. *Beispiel:* Aisch. sept. 622 verlangt der Sinn Wellauers Konjektur φύει, die Hss. bieten φύσει bzw. φέρει. Dieser Tatbestand erscheint im positiven Apparat so: «φύει Wellauer, φύσει MQ φέρει Φ, γρ(άφεται) Q»; dagegen im negativen Apparat: «φύσει MQ φέρει Φ, γρ. Q, em. (emendavit) Wellauer» (das von W. vorgeschlagene Wort steht also nur im Text). Der positive Apparat ist eindeutiger, der negative kürzer. Moderne Ausgaben pflegen beide Systeme nebeneinander zu verwenden. – In einer vollständigen Edition wird der kritische Apparat durch eine ‹*Testimonienspalte*› ergänzt (auch ‹Zwischenapparat› genannt, da sie zwischen Text und kritischem Apparat stehen sollte). Sie bietet die Zitate der Nebenüberlieferung (bisweilen im Wortlaut), u.U. auch die Angaben der Quellen. – Eine einheitliche und alle Ansprüche befriedigende Verwendungsweise der *Sigla* und *kritischen Zeichen* hat sich noch nicht finden lassen. Am klarsten und einfachsten ist das sog. *Leidener System*, das für Papyruseditionen und epigraphische Publikationen verbindlich ist. Danach bezeichnen ⟨ ⟩ konjekturale Zusätze, { } konjekturale Streichungen, [[ ]] Tilgungen des Schreibers, [ ] Ergänzungen bei mechanischer Beschädigung. – Erhaltene Hss. werden mit großen lateinischen, erschlossene Hyparchetypi meist mit kleinen griechischen Buchstaben bezeichnet. Die Ausdrucksweise des kritischen Apparates ist lateinisch. H.E.

Lit: Grundlegend P. Maas, T. (1927), 1957^3 – Ders., OCD s.v. Textual Criticism (Lit) – O. Stählin, Editionstechnik (1909), 1914^2 – U. Knoche, GGA 202, 12, 1940, 515 – O. Luschnat, Zur Editionstechnik der klass. Philologen, Wissensch. Annalen 1,6, 1952, 362 – G.A. Longman, ClQ 56, 1962, 64 Anm. 3. Vgl. → Überlieferung.

Thaïs, berühmte → Hetäre in Athen, 4. Jh. v. Chr., soll → Alexander (5) d. Gr. 331/330 in Persepolis aufgestachelt haben, den pers. Königspalast niederzubrennen, was jedoch Legende sein wird; später Mätresse → Ptolemaios' I., dem sie drei Kinder gebar. E.Bd.

Thales von Milet, Naturphilosoph, 1.H.6.Jh.v.Chr., gilt vom 5.Jh. an als der erste der → Sieben Weisen, spätestens ab Aristoteles (metaph. A 3. 983 b 20ff.) als Archeget der ionischen Naturphilosophie (→ Vorsokratiker), dem dann → Pythagoras als Archeget der italischen Philosophie zur Seite, → Sokrates als Schöpfer der Ethik gegenübertritt. Nach Herodot (1,74) u.a. hat Th. die Sonnenfinsternis vom 28.5.585 (auf einem uns unbekannten Wege) vorausgesagt. Daß er ein Buch geschrieben hat, ist anzunehmen; → Xenophanes (VS 21 B 19), → Heraklit (22 B 38) und → Demokrit (68 B 115a) mögen es noch besessen haben; → Aristoteles berichtet nur noch aus zweiter Hand. Faßbare Leistungen des Th. sind: 1. Im Anschluß an die Prognose der Sonnenfinsternis muß er eine Theorie über das Wesen der Gestirne und das Phänomen der Verfinsterung vorgetragen haben. – 2. Zum Schöpfer der Naturphilosophie macht ihn seine Lehre, daß die Erde wie ein Schiff auf dem Urmeer schwimme (daraus Erklärung der Erdbeben) und daß allgemein die Erde und der Kosmos aus dem Wasser entstanden seien. – 3. Im Hinterland von Milet muß er Magneteisen gefunden haben; den Magnetismus erklärt er durch das Vorhandensein einer anziehungskräftigen Seele im Mineral. – 4. Auf einer Ägyptenreise sieht er die Nilüberschwemmung und sucht als erster eine naturwissenschaftliche Erklärung zu geben. – Als berühmter Naturphilosoph wird Th. schon vom 5.Jh. an Gegenstand von Erzählungen, die ihn als weltfremden Theoretiker zeigen (Aristoph. Vögel 1009, Wolken 180, Plat. Theait. 174 A u.a.). O.G.

Frg: VS I 67–81 – *Bildnisse* → Anhang I.

[2] *Satz des Thales.* Daß der Peripheriewinkel im Halbkreis ein Rechter ist, wurde schon von den Babyloniern in Rechnungen benutzt. Daß dieser Satz dem Th. zugeschrieben wird, beruht auf der Bemerkung von Diogenes Laertius (I, 24 = VS 11 A 1), Th. habe als erster dem Kreis das rechtwinklige Dreieck einbeschrieben. H.G.

Thaletas, → Lyriker, von Gortyn, wirkte im 7.Jh.v.Chr. in Sparta zusammen mit anderen Künstlern, welche die sog. 2. Schule (→ Lyrik I B 2) bildeten. Th. soll das → Hyporchema und die Flötenmusik (→ Musik A 3) von Kreta nach Sparta gebracht haben. Vgl. auch → Terpandros. E.-M.V.

Thalia. (1) eine der → Musen; (2) Tochter des Hephaistos, Mutter der Paliken. In sizilischen Sprudeln verehrt. Geliebte des Zeus, der sich ihr in Gestalt eines Geiers nahte (Adler auf apul. Vasenbild). Floh aus Furcht vor Hera unter die Erde, wo sie die 2 Paliken gebar. Von Aischylos in den Aitnaiai behandelt.

Lit: A. Lesky, RE 5 A 1 (1934), 1207 – M. Bock, Gymn. 65, 1958, 402–450 – K. Schauenburg, AuA 10, 1961, 93–94. K. Schb.

Thallos, Chronist (3 Bücher), schattenhaft. Samaritaner(?). Euhemeristische Tendenz. Fragmente bei christl. Schriftstellern ab 2.H.2.Jh. erhalten. W.Sp.

Frg: FGrHist 256 – *Lit:* R. Laqueur, RE 5 A 1 (1934), 1225f. – C. Cecchelli, Un tentato riconoscimento imperiale del Cristo, Studi Calderini-Paribeni 1, 1956, 354–361.

Thalysia, ein Erntefest von Erstlingen, von den Bauern auf der Tenne gefeiert. Das einzige von Homer mit Namen erwähnte Fest (Il. 9, 534); von Theokrit (eid. 7) mit Liebe geschildert. F.R.W.

Lit: Nilsson, Griech. Feste, 1906, 330ff.

Thamugadi, Stadt in Numidien (Kt. 61 D1; heute Timged). Gegründet 100 n.Chr. auf Weisung → Trajans durch den Legaten der im nahen Lambaesis stehenden Legio III Augusta als Colonia Marciana Traiana Th. Kern der Stadt ist annähernd ein Quadrat (325 × 355 m) mit regelmäßiger Einteilung in 36 Insulae. Astronomische Ausrichtung der Stadt nach dem Gestirnstand am Geburtstag Trajans. Freier gruppierte Quartiere aus späterer Zeit entlang den Ausfallstraßen vor den Toren des ursprünglichen Kerns. Wichtigste Monumente: Forum, Theater, Tempelbezirk, Markthalle (Sertiusmarkt). Südl. der Stadt sehr gut erhaltenes byzantin. Kastell. Kirchenbauten: Große donatistische Kathedrale mit Annexen und Baptisterium. Christl. Friedhof mit Friedhofkirche. Vgl. → Architektur III. R.F.

Lit: Chr. Courtois, Timgad, 1951.

Thamyris, thrak. Sänger. Von den → Musen bei Dorion (Peloponnes) geblendet, weil er sie im Gesang zu übertreffen behauptete. Die eifersüchtigen Musen ließen ihn auch sein Harfenspiel vergessen (Il. 2, 594 ff. mit Schol. Eur. Rhes. 923 ff.).

Darstellungen: Th. und Musen auf mehreren Vasen aus der 2.H. des 5.Jh.s (Beazley, ARV^1, passim; Auction Sale Basel, XIV, 1954, 85). Auf einigen Vasen scheint das Verhältnis von Th. und Musen entgegen der literarischen Tradition freundlich zu sein. Vgl. auch das Monnusmosaik (K. Parlasca, Die röm. Mosaiken in Deutschland, 1959, 41f.). – *Lit. dazu:* Höfer, Thamyras, ML V, 474–481 – V. Gebhard, RE 5 A 1 (1934), 1244f. K. Schb.

Thanatosmaler, att. Vasenmaler → weißgrundiger Lekythen, tätig um 455–435, führend in seiner Kunst, erreicht aber nicht die vornehme Größe des → Achilleusmalers (→ Vasen E 5). – *Hauptwerk:* Weißgr. Lekythos, Thanatos und Hypnos tragen einen Toten, BM D 58 (eponym; Pfuhl, Abb. 535). I. Sch.

Lit: E. Buschor, Att. Lekythen der Parthenonzeit, MüJbb 2, 1925, 180–181.

Thargelia, ein Fest vor der Ernte, anscheinend allgemein ionisch, in Athen am 6.–7. Thargelion (April–Mai) in der kritischen Reifeperiode des Getreides abgehalten. Welchen Ursprungs auch immer, wurden die Riten angemessenerweise mit → Apollon als dem Gott der Reinigung und dem Verhüter des Bösen (Alexikakos) in Verbindung gebracht. Die Reinigung der Stadt am 6. wurde mit Hilfe eines menschlichen Sündenbocks, des ‹pharmakos›, zustande gebracht, der in feierlichem Zug durch die Stadt geleitet und dann, mit den Unreinheiten beladen, hinausgejagt, geschlagen und gesteinigt wurde. In Athen gab es zwei pharmakoi, von denen der eine die Männer, der andere die Frauen darstellte, und hier zumindest, wie auch in Abdera, wurden sie nicht tatsächlich umgebracht. Am 7. (einem Tag, der in jedem Monat dem Apollo heilig war) wurden die Erstlinge des noch unreifen Getreides in Töpfen als eine → Panspermie gekocht oder in Laibe gebacken und in feierlichem Zug dem Gott dargebracht. Im Pythion wurde ein → Agon im Chorsingen abgehalten, und ‹in den Gärten› (ἐν τοῖς κήποις) wurden Apollon in seinen Eigenschaften als Pythios, Alexikakos und Patroos feierliche Opfer gespendet. Am 6. fand auch für Demeter Chloe ein Widderopfer statt. F.R.W.

Q: LSCG, Nr. 14 – *Lit:* V. Gebhard, RE 5 A 2 (1934), 1287–1304 – Nilsson, I 107–110, 534 – Ders., Griech. Feste, 1906, 105ff. – L. Deubner, Att. Feste, 1932, 179ff.

Thasos, noch heute waldreiche Insel vor der thrak. Küste (Kt. 1152 E2); die griech. Stadt an der N-Seite 1. H. 7. Jh. v. Chr. von → Paros gegründet. In der Anfangszeit Kämpfe mit den Thrakern (→ Archilochos). 494 vergebliche Belagerung durch → Histiaios v. Milet, seit 492 persisch, erst 478 frei, im → Att. Seebund, 465 Abfall von Athen, 463 Eroberung, Verlust der → Peraia und damit der großen Einnahmen aus den Goldbergwerken, 446 wohl Peraia zurückgewonnen. → Polygnot v. Th. schmückte in Athen das Theseion, die Stoa Poikile u. a. mit Gemälden aus. Heimat des → Stesimbrotos, der eine Schmähschrift gegen → Themistokles, → Thukydides und → Perikles verfaßte. 411 Oligarchie in Th., 410 Demokratie, bald wieder Oligarchie und Abfall von Athen, 408/407 von → Thrasybulos erobert, seit 405 in spartan. Gewalt, 389/388 von → Thrasybulos eingenommen, im 2. Att. Seebund, 340/339 von → Philipp II. v. Makedonien erobert, bis 196 unter makedon. Herrschaft, dann frei. T. war berühmt durch seinen Metallreichtum, bes. Gold, und seinen umfangreichen Handel, vorwiegend mit Wein und Öl. Prachtvolle Stadtmauer mit Türmen und Toren, daran anschließend Theater und Tempel, anscheinend der Athena Poliuchos, in der Unterstadt große Teile mit vielen Gebäuden und Anlagen ausgegraben. E.M.

Lit: F. von Hiller, RE 5 A 2 (1934), 1310–27 – Etudes Thasiennes, bis jetzt 7 Bde, seit 1944 – J. Pouilloux, Recherches sur l'histoire et les cultes de Thasos, 2 Bde, 1954 u. 58 – Philippson-Kirsten IV 210–213.

Thaumasia → Buntschriftstellerei.

Theagenes, Tyrann von Megara (ca. 640–620?); obwohl von aristokratischer Geburt, gewann er das Vertrauen des Volkes durch seine gegen die Großgrundbesitzer gerichtete Politik (man erzählt, daß er während einer Hungersnot die Herden der Reichen schlachten ließ). Seinen Schwiegersohn → Kylon unterstützte Th. mit Truppen, als dieser versuchte, Tyrann von Athen zu werden; in dem darauffolgenden Krieg mit Athen eroberten die Megareer die Insel Salamis. Aber Th. konnte sich nicht an der Macht halten: er wurde verbannt, und eine gemäßigte Regierung ersetzte die Tyrannis. Die Überlieferung schreibt Th. den Bau eines Aquädukts und eines Brunnens zu, die seither ausgegraben wurden. R.V.C.

Lit: G. Gruben, Das Quellhaus von Megara, Deltion 19, 1964, 37–41.

2. **Th. von Rhegion,** Begründer der allegorischen Homerinterpretation aus dem 6. Jh. Eine von ihm verfaßte Schrift über Homer erwähnt Porphyrios (Quaest. Hom. 1, 241, 11). – Die frühe Kritik an → Homer, bes. an der Fragwürdigkeit seiner Götter (vgl. → Xenophanes), gab den Anlaß, neue Wege der Deutung zu suchen. Die Verteidiger Homers, als erster Th., bedienten sich der → Allegorese, um den ‹tieferen Sinn› (ὑπόνοια) der Götter aufzuzeigen: auf der Linie der altion. Physik setzten sie Hera mit der Luft, Hephaist mit dem Feuer, Apoll mit der Sonne gleich usw.; so wurden die Streitigkeiten der Götter zum Kampf der Elemente. – Ein ironisierendes Beispiel solcher Homererklärung bei Platon (Krat. 391 A–396 C). Die Auswirkung dieser allegorischen Interpretation ist bis in die natursymbolische Mythendeutung des 19. Jh.s faßbar. G.K.

Q. u. Frg: VS 8 – *Lit:* R. Laqueur, RE 5A 2 (1934), 1347f. – F. Wehrli, Zur Geschichte der allegorischen Deutung Homers im Altertum, Diss. Basel 1928 – F. Buffière, Les mythes d'Homère et la pensée grecque, 1956.

Theaitetos aus Athen, 415/413–369, → Mathematiker, Freund und Schüler → Platons und als Mathematiker des → Theodoros (9) v. Kyrene; bedeutend bes. für die Weiterbildung der Lehre vom → Irrationalen und der von den 5 regelmäßigen → Polyedern. → Während Th.' Lehrer Theodoros nur die *Irrationalität* der Quadratwurzeln der Zahlen 2 bis 17 (mit Ausnahme der Quadratzahlen 4, 9 und 16) bewiesen hatte, scheint Th. die Lehre vom Irrationalen verallgemeinert und (wahrscheinlich mit Eukl. elem. 10, 9 und 8, 24, aber ohne 10, 1) bewiesen zu haben, daß das Produkt zweier gleicher nichtganzzahliger rationaler Zahlen keine ganze Zahl ergeben kann, die Quadratwurzeln aus nichtquadratischen ganzen Zahlen also alle irrational sind. Er hat sich ferner mit höheren Irrationalitäten beschäftigt, d. h. mit irrationalen Größen, die, auch wenn sie ins Quadrat erhoben werden, noch irrational bleiben, speziell mit der sogenannten Mese (μέση) von der Form $\sqrt{a\sqrt{b}}$, der sogenannten ἐκ δύο ὀνομάτων von der Form $a + \sqrt{b}$ und der sogenannten Apotome (ἀποτομή) von der Form $a - \sqrt{b}$. Ein nicht unbeträchtlicher Teil der spezielleren Sätze im 10. Buche der Elemente Euklids geht wahrscheinlich inhaltlich auf ihn zurück, wenn auch der Aufbau des ganzen Buches nach eudoxischen Prinzipien durchgeführt ist. – Die antike Überlieferung über die Beschäftigung des Th. mit den 5 → regelmäßigen *Polyedern* ist widersprechend. Es spricht jedoch vieles dafür, daß das 13. Buch der Elemente Euklids, das in seiner Anordnung und seinem Aufbau ganz von den übrigen Büchern Euklids abweicht, in Aufbau und Inhalt im wesentlichen auf Th. zurückgeht. Die Annahme, schon → Hippasos habe im 5. Jh. das regelmäßige Dodekaeder konstruiert, ist ganz unmöglich; sie beruht auf einer Verwechslung der mathematischen Konstruktion mit der experimentellen Zusammensetzung, die, da das Dodekaeder als Kristallform in Italien bekannt war, keine Schwierigkeit bot. Auch der als Anhang zum 13. Buch Euklids erscheinende Satz, daß es außer den fünf regelmäßigen Körpern keine weiteren regelmäßigen Körper geben kann, auf den schon Platon (Tim. 54 E) anspielt, dürfte von Th. stammen. K.v.F.

Lit: Eva Sachs, Die fünf platonischen Körper, Philolog. Unters. 24, 1917.

2. **Th.,** Theokritkommentator, 2. Jh. nach Chr., benutzt und kritisiert → Munatios (4). H.E.

Lit: C. Wendel, Überlieferung und Entstehung der Theokrit-Scholien, AGG, 1920, 74–84.

Theano, Tochter des Thrakerkönigs Kisses und der Tochter des Ilos Telekleia, verheiratet mit → Antenor (Il. 6, 299; 5, 70). In Troja Priesterin der Athene, ihrer Gastfreundschaft gegenüber Odysseus und Menelaos wegen von den Griechen geschont, wandert mit Antenor und zwei Söhnen nach Illyrien aus (Serv. Aen. 1, 242). H.S.

Darstellungen: auf dem Gemälde Polygnots in Delphi. Bei der Gesandtschaft des Odysseus und Menelaos auf dem korinth. Krater der Slg. Astarita: Schefold, FS, 81.

Theater

A. Aufführungen: [1] Im klass. Athen – [2] Hellenist. Zeit – [3] Rom – [4] Stellung des Christentums zum Th. – B. Theaterbauten: [1] Im klass. Athen – [2] Phlyakenbühne – [3] Hellenismus – [4] Röm. Republik – [5] Röm. Kaiserzeit – C. Ausstattung (Bühnenbild, -maschinen, Kostüme, Masken): [1] Im klass. Athen – [2] Hellenismus – [3] Rom.

A. Aufführungen. [1] *Im klass. Athen*. Der Anfang des abendländischen Th.s ist durch die beiden Formen des Dramas bezeichnet, mit denen Athen an der Wende vom 6. zum 5. Jh. v. Chr. ins literarische Blickfeld der Griechen rückte, durch die klassische → Tragödie (A 1) und → Komödie (I A). Nachdem beide Dramenformen die Gestalt gefunden hatten, in der sie im wesentlichen bis in die hellenist. Zeit fortbestehen sollten, bekamen sie sehr bald ihren ganz bestimmten Platz im Leben Athens. Das Fest, an dem seit Ende des 6. Jh.s *Tragödienagone* stattfanden, waren die Großen Städtischen → Dionysien. Aufgeführt wurden an 3 Tagen (11.–13. Elaphebolion: etwa März) 3 Tetralogien verschiedener Dichter. Ab 486 wurde an den Dionysien neben dem Tragödienagon auch jeweils ein Wettkampf der Komödiendichter ausgetragen, der dem der Tragödie direkt vorausging. Gespielt wurden 5 Stücke von verschiedenen Dichtern. – Die *Komödienagone* an den Lenäen, die im Gamelion (etwa Dezember) stattfanden, wurden erst 440 eingeführt. Bald darauf, etwa ab 435, fanden auch an diesem Fest Agone der Tragödie statt. Die Aufführungen an den Dionysien fanden im Dionysostheater (→ Athen C 6), die an den Lenäen zunächst auf der Agora, dann bald ebenfalls im Dionysostheater statt. Auch außerhalb Athens, in den attischen Demen und in vielen anderen Teilen Griechenlands gab es Aufführungen (vgl. Webster, s. u. Lit.). – Der Leiter der Großen Dionysien war der → Archon Eponymos, der der Lenäen der → Archon Basileus des Jahres. Der Dichter, der ein Drama bzw. eine Tetralogie zur Aufführung bringen wollte, hatte seine Stücke bei dem zuständigen Archon einzureichen; dieser entschied, ob das Eingereichte zur Aufführung zugelassen werden konnte oder nicht. Nach welchen Kriterien er seine Entscheidungen gefällt hat, läßt sich nicht mehr feststellen; wahrscheinlich ist, daß er außer nach ästhetischen Maßstäben auch nach weltanschaulich-politischen Gesichtspunkten geurteilt haben wird. War das Stück angenommen, gab der Archon dem Dichter einen → Chor, d. h. er teilte ihm einen → Choregen zu, der den Chor zu stellen hatte. Außerdem sorgte er dafür, daß der Dichter die für sein Stück nötigen → Schauspieler erhielt. Um alles Weitere, Ausstattung, Kostüme usw., hatte sich der Chorege zu kümmern. Die Inszenierung des Stückes übernahm der Dichter selbst, bei der Einübung des Chores jedoch unterstützte ihn bisweilen ein Chorlehrer (→ Chorodidaskalos). Die Aufführungsabfolge der tragischen Tetralogien wurde durch das Los festgelegt. Zur Bestimmung der Sieger bildete man ein Kollegium von 10 Richtern, die vorher teils durch Los, teils durch Phylenwahl zu ihrem Amt nominiert worden waren. Von diesen 10 wurden noch einmal 5 durch Los ausgesondert, nur diese 5 hatten dann endgültig über die Reihenfolge 1., 2., 3. Sieger abzustimmen. Auch hier lassen sich die Kriterien, nach denen sie urteilten, kaum mehr ermitteln. Die nur in der äußeren Gestaltung der Aufführung liegende Leistung des Choregen wird für den Sieg vielfach nicht weniger ausschlaggebend gewesen sein als die rein künstlerische des Dichters (Sophokles siegte nicht mit dem ‹König Ödipus›, Euripides nicht mit der ‹Medea›!). – Bei der Aufführung selbst waren die Gesänge des Chors von Tänzen begleitet (→ Choreographie, → Tanz), deren Figuren meist der Dichter selbst erfand. Das Ausdrucksmittel, das den Schauspielern neben dem bloßen Wort zur Verfügung stand, war der → Gestus; das heute geläufige Mienenspiel (→ Vultus) war infolge der Maske unmöglich und dem antiken Th. überhaupt, bis auf den → Mimos, unbekannt. – Die Stücke, die schon einmal an den Dionysien gespielt worden waren, wurden *im 5. Jh.* trotz der großen Theaterfreudigkeit des griech. Volkes im allgemeinen und der begeisterten Aufnahme einzelner Dramen im bes. (s. → Sophokles' ‹Antigone›) in der Regel an diesem Fest ein zweites Mal nicht aufgeführt: der Dichter schrieb seine Dramen stets nur für den einen bestimmten Agon; wenn überhaupt, so fanden → Wiederaufführungen von an den Dionysien gespielten Stücken im 5. Jh. nur in Dementheatern statt.

[2] *Hellenist. Zeit*. Die Sitte, ältere Dramen, bes. die der drei großen Tragiker, auch an den Dionysien in immer neuen Variationen zur Aufführung zu bringen, kam erst im *4. Jh.* auf – sicher auch aus dem Grunde, daß seit der Einführung des → Schauspieleragons in der Mitte des 5. Jh.s die Leistung der einzelnen Schauspieler allmählich immer größere Bedeutung gewann: offenbar stellten sie ihr Können ganz bes. gern in den Rollen der Dramen der drei großen Tragiker zur Schau und veranlaßten deshalb, daß man immer wieder auf diese Stücke zurückgriff. Galt dies schon für die Dramen des Aischylos und Sophokles, so bes. für die des Euripides: Seine Stücke kamen jetzt – ganz im Gegensatz zum 5. Jh. – sowohl dem Geschmack des Publikums als auch dem der Schauspieler so sehr entgegen, daß ihnen in häufigen Wiederaufführungen geradezu eine nachträgliche Würdigung zuteil geworden zu sein scheint. Daß die hohe Einschätzung der schauspielerischen Leistung dann auch bald die Ausbildung eines ausgeprägten schauspielerischen → Virtuosentums zur Folge hatte, ist leicht verständlich. Dieselbe Erscheinung wird auch der Anlaß dafür gewesen sein, daß sich die Schauspieler seit dem Anfang des *3. Jh.s* an vielen Orten mit anderen Künstlern (vgl. → Musikvereinigungen) zu sog. Vereinigungen dionysischer → Techniten zusammengeschlossen haben und die dramatischen Aufführungen jetzt fast nur noch von solchen Schauspieltruppen ausgeführt wurden. – Zum Bild des Theaterlebens dieser Zeit gehörte außerdem, daß neben Tragödie und Komödie als weitere Gattungen des dramatischen Spiels der → Mimos und die → Pantomime getreten waren. Im wesentlichen waren beide ein Produkt des Hellenismus, zur eigentlichen Blüte aber kamen sie erst in Rom: sie erfreuten sich, bes. in der Kaiserzeit, solcher Beliebtheit, daß sie die herkömmlichen dramatischen Gattungen fast völlig verdrängten.

[3] Bis es dazu kam, war jedoch auch das Theaterleben in *Rom* in erster Linie von der → Tragödie (B) und → Komödie (II) bestimmt gewesen. Am Ende des 3. Jh.s waren beide Dramenformen nach Italien gekommen, bald darauf hatten sie die Form gefunden, in der sie bis in die Kaiserzeit fortbestanden: die Tragödie war aufgespalten in die ‹fabula crepidata› (Stoff griech. Mythen) und ‹praetexta› (röm. Sujet, meist ein historisches Ereignis), die Komödie im wesentlichen in die ‹fabula palliata› (Stoff griech. Komödien, meist der neuen Komödie) und ‹togata› (Stoffe aus dem röm. Alltagsleben). Aufführungen von Tragödie und Komödie, sogenannte → ludi scaenici, fanden an fast allen großen röm. Festen statt, so an den vom 4.–19. September dauernden → Ludi Romani vom 4.–12., an den vom 4.–17. November dauernden → Ludi Plebeii vom 4.–12., an den vom 4.–10. April dauernden → Ludi Megalenses vom 4.–9., an den vom 12.–19. April dauernden → Ludi Cereales vom 12.–18., an den vom 6.–13. Juli dauernden → Ludi Apollinares vom 6.–12. Die Mehrzahl der Tage der einzelnen Feste war also für dramatische Aufführungen vorgesehen. Die ludi scaenici selbst waren jeweils noch in ludi Graeci und ludi Latini unterteilt. An den ersteren wurden die aus dem Griechischen übersetzten Stücke gespielt (fabula crepidata und palliata), an den letzteren neben der zunächst unliterarischen italischen Volksposse (→ Atellana) die Dramen mit röm. Sujet (fabula praetexta und togata). Begonnen hatten die Aufführungen i. J. 240, als → Livius Andronicus zum erstenmal an den Ludi Romani ein griech.

Drama in lateinischer Sprache auf die Bühne gebracht hatte. Die Veranstaltung der Aufführungen übernahm jeweils der Leiter einer Schauspieltruppe (dominus gregis; → Techniten), der allein die Verantwortung trug. In der Regel kaufte er dem Dichter dessen Stück ab, schloß mit dem Ädilen einen Vertrag über die Aufführung und erhielt von ihm die benötigte Geldsumme, mit der er Schauspieler und Musiker anwarb und die Ausstattung bestritt. – Die Aufführungen selbst werden sich von denen in Griechenland kaum wesentlich unterschieden haben. Ob die Schauspieler Masken trugen, ist jedoch nicht gesichert. Der → Chor wurde langsam immer mehr zurückgedrängt: in der Tragödie hatte er nur noch geringen Anteil an der Handlung, in der Komödie war er, wie schon in der hellenist. → Komödie (I C. D), fast ganz eliminiert. E.-R. Sch.

Q: H. Wilhelm, Urkunden dramat. Aufführungen in Athen, 1906 – *Lit:* M. Bieber, The History of the Greek and Roman Theater (1939), 1961² – Für das röm. Th. speziell: G. E. Duckworth, The Nature of Roman Comedy, A Study in Popular Entertainment, 1952 – Zu Theaterbauten u. Aufführungsfragen: T. B. L. Webster Griech. Bühnenaltertümer, Studienhefte z. AW, H. 9, 1963 – Zu Bühnenproblemen: P. Arnott, Greek Scenic Conventions in the fifth Century B. C., 1962.

[4] *Stellung des Christentums zum Theater.* Gerade weil das spätantike Th. nur der Unterhaltung diente und auf das Niveau des Balletts herabgesunken war (vgl. Libanios Or. 70: Ballett als Ersatz für das Drama; Or. 23 u. ö.: Klage über demoralisierende Wirkung), hielten sich Th. und Ballett gegen die christl. Kritik noch lange, zumal sie mit dem öffentlichen Festprogramm verbunden blieben: der → Theodosiusobelisk von Konstantinopel zeigt unterhalb der Kaiserloge den Auftritt eines Balletts; selbst Justinian pflegte an Th. und Ballettaufführungen der Brumalien teilzunehmen, bevor er 526 die Pantomimen in Konstantinopel unterband, das Th. von Antiochia schließen ließ u. die staatlichen Subventionen für Ballette einstellte (Procop. hist. arc. 26, 8). → Kirchenordnungen und Synoden, die seit dem 3./4. Jh. Schauspieler und Tänzer als unchristl. Berufe markierten, folgten darin einem sozialen Verdikt: auch → Julianus (2) Apostata verbot heidnischen Priestern den Th.-Besuch u. Verkehr mit Tänzern (epist. 89 b), die kein Bürgerrecht besaßen. Christl. Autoren aber griffen neben den religiösen Argumenten (Tert. spect. 10) auf die popularphilosophische, z. T. von altröm. Konservatismus getragene Kritik zurück, die von den ‹Weichlingen› sprach und sich über die Frauenrollen der Mimen mokierte (Tert. apol. 15, 3; spect. 17, 13; Min. Fel. 37, 12; Ps. Cyprian, spect. 6; Lact. inst. 6, 20, 29; Ambr. epist. 58, 5 u. ö.). Patriotische Kritik bei Aug. de civ. 1, 31 (Verwechslung von Scipio Nasica mit Sc. Corcutum), der zudem conf. 3, 2, 2 die aristotelische Lehre von der kathartischen Wirkung des Dramas latent kritisierte. Da Heiden z. T. in die gleiche Kerbe schlugen wie Tacitus (Anm. 14, 26) oder der dem Symmachuskreis nahestehende → Macrobius (Sat. 3. 14, 7), ergab sich an diesem Punkt eine ungewollte Allianz der Kritik trotz religiösen Gegensatzes. C. A.

Lit: S. Albertis, La définition de la tragédie chez Aristote et la catharsis, Arch. Phil. 21, 1958, 60–75 – C. Andresen, Altchristl. Kritik am Tanz, ZKG 72, 1961, 217–262 (Lit).

B. Theaterbauten. [1] *Im klass. Athen.* Parallel mit der Entwicklung des att. Dramas (→ Tragödie, → Komödie) entstand die erste Aufführungsstätte am Südhang der Akropolis (→ Athen I C 6) im Bezirk des Dionysos Eleuthereus. Dieses Freilichttheater, vorerst in Holzkonstruktion, wurde Vorbild für die späteren steinernen Th.bauten im ganzen griech. Sprachgebiet. Bei nur spärlichen Fundamentresten sind die einzelnen Entwicklungsstufen umstritten. Räumliche Grundlage war der flache, kreisrunde Tanzplatz: die *Orchestra*; um sie wurden Holzbänke (Ikria) an der Hügellehne übereinander errichtet, vorerst wohl in polygonaler Anordnung, als Zuschauerraum: *Theatron* (*ϑεᾶσϑαι*, ‹schauen›) oder *Koilon*. Vorläufer waren die minoischen Schau → Treppen in → Knossos, weiterentwickelt in Lato, dann in Thorikos zu U-förmigen Sitzanlagen. Die *Szene* (*σκηνή*), ein Holzgerüst an dem von Sitzen freien Rand der Orchestra, zeltartig mit Dekorations- und Umkleideräumen für schnellen Wechsel von Kostüm und Maske, zeigte gegen den Zuschauerraum eine breite, hohe Wand und in der Mitte eine große Öffnung; sie entstand nach einigen Forschern (z. B. Broneer, Bulle) in Anlehnung an das in den Perserkriegen erbeutete königliche Prunkzelt des Xerxes, nach anderen aus dem einstigen großen, mit einer Stufe, dem *Bema*, umgebenen Opferaltar in der Mitte der Orchestra, der *Thymele*. Dieser wurde mit der Entwicklung der Tragödie vom Lied zur dramatischen Handlung aus künstlerischen und praktischen Gründen an die Peripherie geschoben und entsprechend vergrößert, bei rein musikalischen Darbietungen aber immer noch in der Orchestra aufgestellt. Die Szene errichtete man dem Thema der aufzuführenden Stücke und der Absicht der Dichter gemäß wohl jedesmal neu, bis sie gegen Ende des 5. Jh.s v. Chr. als Grundlage für alle Werke eine einheitliche Holzkonstruktion erhielt, auf beiden Seiten mit kubisch vortretendem Flügelbau, den *Paraskenien*, und mit dem zwischen diesen liegenden *Proskenion*, der Spielfläche auf dem Teil der Orchestra vor der Szenenwand, nach einigen Gelehrten (z. B. Bethe, Bieber) schon jetzt, nicht erst in nachklass. Zeit podiumartig erhöht mit Stufen in die Orchestra. Der so geschaffene, eine Quer- und eine Tiefenachse aufweisende

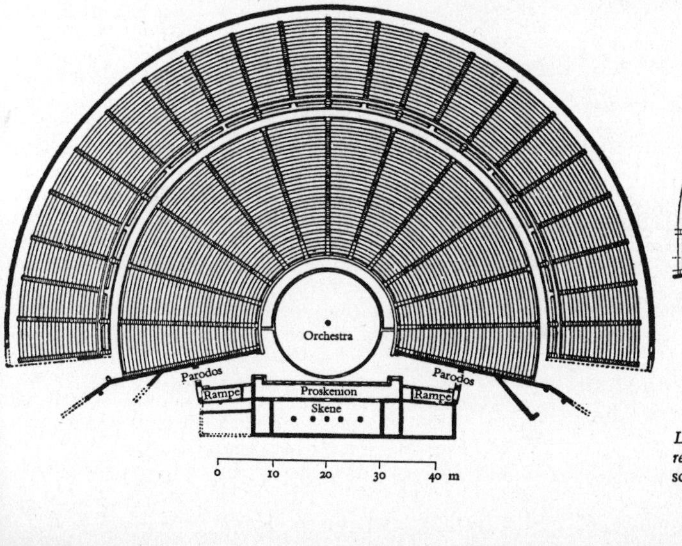

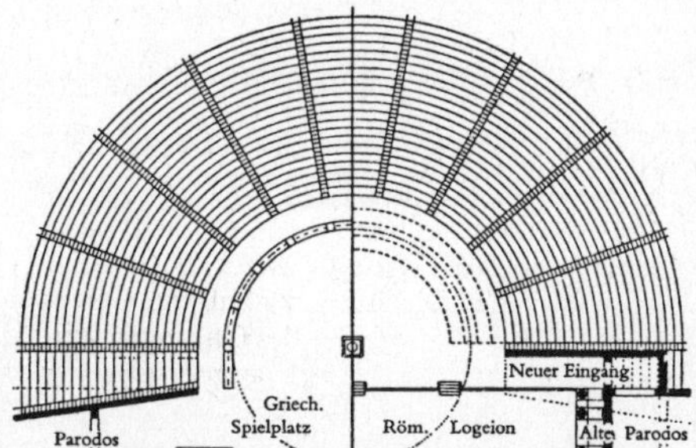

Links: Abb. 227 Grundriß des Theaters von Epidauros; *rechts:* Abb. 228 Vergleich des griechischen und römischen Theaters (schematische Darstellung)

Spielplatz ließ den Darstellern die größte Freiheit in Gestaltung und Ausnutzung des Raums; zugleich blieb die ideale Einheit von Bühne und Zuschauerraum gewahrt, die alle zur kultischen Feier für Dionysos zusammenschloß. Den Zuschauerraum mit den beiden vorderen Abschlußwänden *(Koilonstirnen, Analemmata)* unterteilte man vertikal in keilförmige Abschnitte *(Kerkides)* mit seitlichen Treppen, horizontal gewöhnlich in zwei, voneinander durch einen Umgang *(Diazoma)* abgesetzte Ränge. Zum unteren gehörte die → *Prohedrie*, die besten Plätze vor der Orchestra für Priester und Behörden. Zwischen den Koilonstirnen und der Szene lagen die *Parodoi*: die zwei Hauptzugänge in die Orchestra und den Zuschauerraum. Der Ausbau in Stein, wohl schon unter → Perikles begonnen, wurde erst um 330 v. Chr. unter → Lykurg (3) vollendet mit einer vielleicht dreitürigen, aus zwei Stockwerken *(Episkenion)* bestehenden Szene, weit vortretenden Paraskenien als offenen Säulenhallen, einem bereits sehr hohen Proskenion, dem z. T. heute noch erhaltenen mehr als halbkreisförmigen, marmornen Sitzraum und dem Abwasserkanal *(Euripos)* um die Orchestra.

[2] Seit dem 4. Jh. v. Chr. kennen wir in den Kolonien Unteritaliens und Siziliens, wohl in Anlehnung an die Podeste im Mutterland, auf denen Possenspieler ihre Stücklein darstellten, die besondere *Bühne* der → *Phlyakenposse:* ein je nachdem 1 m oder mehr als 2 m hohes, dekoriertes Holzpodium mit Stufen vorne oder seitlich und einem Spielhintergrund aus gemaltem, auswechselbarem Prospekt (Innenraum, Hauswand mit Fenstern etc.) oder unterteilt mit hölzernen Säulen und Türen, gut zu transportieren und auf jedem Platz oder in den Orchestren der Theater aufstellbar, als Vorläufer der späteren niederen röm. Bühne.

[3] *Hellenismus* (seit 3. Jh. v. Chr.): Die steinernen Sitzräume, wie in Athen an einem Hang organisch in die Landschaft eingefügt, noch ohne äußere Fassade, folgten in ihren über den Halbkreis hinausreichenden Flügeln nicht der Kreislinie, sondern wurden tangential hinausgezogen; dabei wurden die Koilonstirnen im Mutterland und im Osten nach innen abgeschrägt, im Westen gradlinig mit einem als Abschluß der Orchestra gegen außen dienenden Parodos-Tor (Pylis) auf jeder Seite weitergeführt (Vorläufer der überwölbten Eingänge bei den Römern). Da vielleicht schon seit 318/317 v. Chr. in Athen durch Aufhebung der staatlichen → Choregie der → Chor (2) nur noch in selbständigen Zwischenspielen auftrat, wurde der Spielort für die Einzeldarsteller von der Orchestra getrennt, das nach seiner Bestimmung als Sprechplatz nun auch *Logeion* genannte wenig tiefe Proskenion beträchtlich erhöht (das älteste Beispiel: → Priene ist aber nicht vor 150 v. Chr. datiert). Die Höhen differierten von 2,5 bis 4 m je nach Orchestradurchmesser und entsprechendem Umfang der akustisch gut berechneten Zuschauerräume, die auch in kleinen Städten verhältnismäßig groß angelegt wurden, da sie u. a. zu Volksversammlungen dienten. Im Osten und im Westen bildeten sich je andere Szenentypen mit und ohne Paraskenien.

[4] In *Rom* entwickelten sich drei Typen: in Anlehnung an das griech. Vorbild das halbrunde Th. für Tragödien und Komödien, für den → Mimus und den → Pantomimus; aus eigenen Schaubedürfnissen das → Amphitheater für → Gladiatorenspiele (gladiatoria munera), für Tierhetzen (→ venationes) und für Seeschlachten (→ naumachiae) und der langgestreckte → *Circus* für → Wagenrennen, gleichfalls für Tierhatzen, Reiterspiele usw. – In der *Republik* war, seit ab 240 v. Chr. in Nachahmung der Griechen in Rom Komödien und Tragödien aufgeführt wurden, zunächst nur die Errichtung provisorischer Zuschauerräume (nur Bänke) und Bühnen erlaubt: Bretterpodest *(proscaenium, pulpitum)* mit Hintergrundswand *(scaenae frons)* und dahinter der Garderobe für die Darsteller *(postscaenium)*; sie lehnten sich an die unterital. Phlyakenbühne an und dienten wohl auch für die Aufführungen der röm. Posse, der → Atellane. Nach Plin. nat. 34–36 errichtete Mucius Scaurus 68 v. Chr. in Rom den ersten immer noch provisorischen hölzernen, nach außen wohl rechteckigen Th.bau mit halbkreisförmig angeordneten Sitzen *(cavea)* und einer mit Statuen geschmückten Bühnenwand; 53 v. Chr. C. → Scribonius (4) Curio zwei hölzerne Th. nebeneinander mit halbrundem Zuschauerraum, beide auf einem Drehwerk (cardo) um 180° so gegeneinander drehbar, daß sie nach Entfernung der Bühnenwände ein Amphitheater bildeten (Vorwegnahme moderner, drehbarer Zuschauerräume). Anknüpfend an das Th. in Mytilene, das wohl die bereits im 1. Jh. v. Chr. mit Vollsäulen verzierte Szenenwand von → Magnesia a. M. übernommen hatte, ließ → Pompeius (2) 55 v. Chr. das erste steinerne Theater in Rom bauen, den Prototyp der späteren Th. im ganzen Mittelmeerraum, auch im griech. Sprachgebiet. Die einzelnen Teile wurden in ihren Proportionen wie im griech. Th. nach festgelegten Gesetzen, doch in neuer Form aufeinander abgestimmt (s. u. 5).

[5] *Kaiserzeit:* Das Szenengebäude (scaena) in mehreren Stockwerken für Garderoben, Magazine usw. bis auf die Höhe des nur noch halbkreisförmigen Zuschauerraums (cavea) aufgestockt, bildete im Gegensatz zum griech. Th. nun einen nach allen Seiten gleich hohen Steinbau als architektonische Einheit: innen einen in sich abgeschlosse-

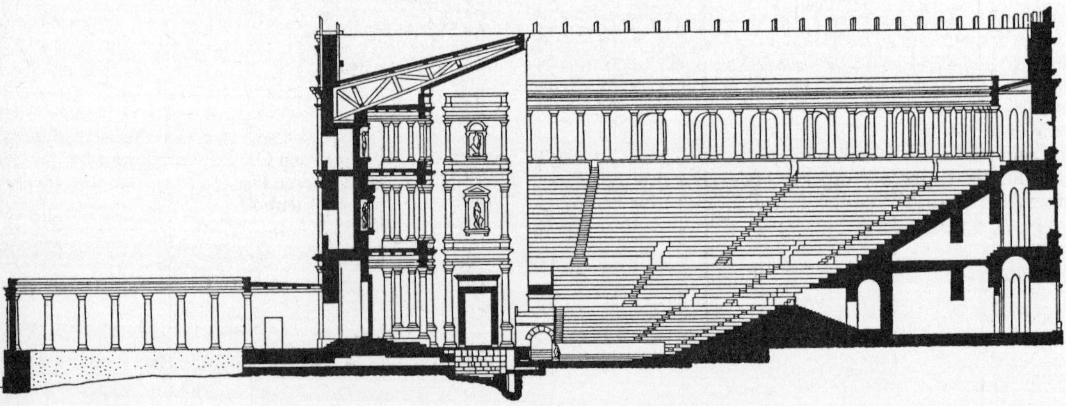

Abb. 229 Querschnitt durch das Theater von Sabratha

nen Raum, nach außen ein monumentales Gebäude mit besonderer Fassadengliederung (im Prinzip Vorbild für den heutigen Th.bau), bei kleinen Th.n mit festem Dach (th. tectum), bei großen mit Masten am Mauerwerk, an denen zur Überdeckung des Zuschauerraums gegen Regen und Sonne große farbige, oft auch verzierte Zelttücher *(vela)* befestigt wurden. Die bei den Griechen kreisrunde Orchestra, jetzt zum Halbkreis verkleinert und mit Marmor gepflastert, verwendete man für die Sitze der Behörden (sellae magistratus) mit steinernen Schranken gegen die Cavea oder als mit Sand bestreute *Conistra* auch für Gladiatorenspiele und Tierhetzen, wobei die untersten Sitzreihen (gradus, subsellia, sedes) zugunsten einer Brüstung (pluteus) als Schutz für die Zuschauer wegfielen. Die Sitze wurden wie im griech. Theater in zwei, manchmal in drei Ränge (gradationes) geteilt mit durch Treppen getrennten vertikalen Kreisausschnitten (cunei cum scalis oder scalariis), horizontalen Umgängen (praecinctiones) und kleinem Tempel oben in der Mitte. Die Zugänge (aditus, vomitoria) waren bei völlig freistehenden Th.n durch ein genial ausgeklügeltes System von überwölbten Gängen (itinera, viae) und Treppen zu den einzelnen Rängen so angelegt, daß der Besucher mit den auf der Eintrittsmarke angegebenen Bezeichnungen seinen Platz leicht finden und nach Schluß das Th. schnell verlassen konnte. War der Zuschauerraum an einen Hügel angelehnt (wie z.B. in → Aspendos, → Arausio), so wurden die oberen Plätze durch Türen in der abschließenden Säulenhalle erreicht, die unteren durch die beiden sonst für die Behörden und szenische Aufzüge reservierten großen überwölbten Zufahrten zur Orchestra, die an die Stelle der offenen griech. Parodoi getreten waren. Darüber befanden sich die *Tribunalia*, die besonderen Sitze für die → Ädilen, die überwachende Behörde, oft auch für die Kaiser, unseren Proszeniumslogen entsprechend, von denen aus der ganze Zuschauerraum gut überblickt werden konnte. Im Gegensatz zum griech. Th. war die Sicht von den seitlichen Plätzen auf das Bühnengeschehen nun schlecht. Nicht mehr vollzog sich dieses wie in der Klassik plastisch in der Orchestra als religiöses Spiel, sondern eher reliefmäßig vor der hohen Bühnenwand zum nur ästhetischen Genuß einer höheren Bildungswelt. Die eigentliche Bühne, gewöhnlich auf marmornem, mit Reliefs verziertem Sockel, war meistens nur 1,5 m hoch, doppelt so lang wie der Orchestradurchmesser, nach hinten bedeutend breiter als die griechische. Unter dem aus Gründen guter Resonanz hölzernen Bühnenboden befand sich ein tiefes, kellerartiges Untergeschoß *(hyposcaenium)* für die Versenkungen *(voragines)*. Die seitlichen Bühnenabschlüsse *(versurae)*, den griech. Paraskenien entsprechend, hatten oft nicht nur Türen für die Auftritte, sondern oben auch logenartige Öffnungen (z.B. in Bosra).

C. Ausstattung. [1] *Im klass. Athen.* Bei der Aufführung einer → Tetralogie am gleichen Tag mußte die Dekoration (Szenenbauten und Maschinerien) schnell gewechselt werden können. Mit → *Agatharchos* (z.Z. des Aischylos und des Sophokles) begann die perspektivische → Bühnenmalerei, die *Skenographie*, weitergebildet von → *Apollodoros* (4). Dabei handelte es sich nicht um naturalistische Kulissen, wohl aber um leicht auswechselbare, die verschiedenen Orte der Handlung anzeigende Prospekte an der Szenenwand: Königspaläste, Tempeleingänge, Felsen, Höhlen usw. bei Verwendung verschiedener praktikabler An- und Aufbauten wie kleiner Häuser mit den für das Spiel wichtigen Fenstern (z.B. in Aristophanes' ‹Wolken›) oder von Versatzstücken wie Altären, Statuen, Grabmonumenten usw. (z.B. in der ‹Orestie› des Aischylos). Handlungsort und Tageszeit (es wurde nur bei Tag gespielt) ergaben sich gewöhnlich aus dem Text. Der erhöhte Platz, z.B. das Dach der Szene, von wo Götter sprachen, hieß *Theologeion.* Von → Euripides an wurde zunehmend die Flugmaschine für Göttererscheinungen (→ Deus ex machina) verwandt, wohl eine Art drehbarer hölzerner Kran, mit welchem der an Seilen hängende Darsteller hinauf- und hinabgezogen oder in der Schwebe gehalten werden konnte (vgl. Aristoph. Pax 174), als *Aiora* (‹Schwebevorrichtung›) oder *Geranos* (‹Kranich›, wegen seines Greifarmes) bezeichnet. Auf dem *Ekkyklema*, einem niederen Wagen, stellte man Innenräume dar, die nach Bedarf auf ihm aufgebaut und durch eine der großen Öffnungen in der Szenenwand hinausgeschoben wurden (z.B. in Aischyl. choeph. das Gemach mit den Leichen der Klytaimestra und des Aigisthos oder in Aristoph. Ach. die Dichterklause mit Euripides). Die Blitzmaschine, das *Keranoskopeion*, war wohl ein in der Höhe angebrachter beweglicher großer Bronzespiegel und die Donnermaschine, das *Bronteion*, ein trommelartig ausgespanntes trockenes Fell, auf das aus einem Erzbehälter Bleikugeln geschüttet wurden. – Als *Kostüme* trugen die → Schauspieler männlicher und weiblicher Rollen in der Tragödie seit Aischylos ein bis auf die Füße fallendes, reich verziertes farbiges Gewand mit langen Ärmeln und großem Mantel, barbarisch anmutend, kontrastierend zum Alltag (wohl im Hinblick auf die in den Stücken auftretenden Könige als Tyrannen, Gewaltherrscher von der Art des Perserkönigs), mit langen Szeptern oder, je nach Rolle, mit besonderen Requisiten (z.B. Herakles mit Keule, Bakchantinnen mit → Thyrsosstab). Der Bühnenschuh, der *Kothornos*, noch nicht mit überdimensioniert hoher Sohle wie später bei den Römern, hatte einen stiefelartigen, hochgeschnürten Schaft. Im *Satyrspiel* trug der Chor ein die Nacktheit nachahmendes Trikot (σωμάτιον), darüber einen kurzen Schurz aus Ziegenfell mit dem → Phallos aus rotem Leder, die Hauptfiguren ähnlich reiche Kostüme wie in der Tragödie. In der → *Komödie* (I A) lebte sich die Phantasie ins Groteske aus: übertreibende Körperpolsterung, kurze Gewänder und buntfarbene, hosenartige Trikots, Männerdarsteller auch mit dem Phallos, Vögel und andere Tiere in lustiger Stilisierung. – Die *Maske* soll schon von → Thespis eingeführt worden sein. Doch gilt Aischylos als ihr eigentlicher Schöpfer, der sie zur künstlerischen Form erhob; die Gründe waren kultische (Verwandlung des Schauspielers in ein Dionysos geweihtes Wesen) und praktische (Erkennbarkeit auch des Gesichtsausdrucks bis zu den oberen Sitzreihen). Moderne Versuche bewiesen, daß Masken, richtig geformt und nach bestimmten Bewegungsgesetzen getragen, viel lebendigere Ausdruckskraft besitzen als das nur geschminkte Naturgesicht, zumal im Freilicht, und keineswegs stereotyp wirkten, mit grotesker asymmetrischer Formgebung in der Komödie, bes. als → Karikatur lebender Zeitgenossen. Erst bei den Römern erhielten die tragischen Masken übergroße Dimensionen. Gewöhnlich waren sie aus stuckierter, in Tonformen gepreßter Leinwand, die Frauenmasken heller, die Männermasken dunkler bemalt. Maske und *Perücke* wurden fest aneinander gefügt, wie ein Visierhelm über den ganzen Kopf gestülpt, Augenöffnungen und offener Mund für gutes Sehen und Sprechen dem Gesicht des Darstellers angepaßt. Mundstücke zur akustischen Verstärkung waren unnötig.

[2] *Hellenismus:* Die Zwischenräume der Pfeiler oder Halbsäulen, die den hölzernen Proskenionboden stützten, wurden mit bemalten, den Ort der Handlung anzeigenden Holztafeln ausgefüllt, den *Pinakes*, die zugleich mit dem Raum unter dem Bühnenboden, dem *Hyposkenion*, eine Art Resonanzkasten für gute Akustik bildeten. Auf das Logeion führten von innen breite Öffnungen in der Szenenwand, die Thyromata, je nach Größe der Th. drei, fünf oder mehr; sie dienten zugleich als Rahmen auch für Pinakes oder als dekorativ ausgestattete Innenräume, die ihrerseits wohl mit einem Vorhang geöffnet oder geschlossen werden konnten (die Aufführungen zur Zeit der Klassik hatten noch keinen eigentlichen Bühnenvorhang nötig; er fand erst in röm. Th.n Verwendung). Oft wurde auf drei Spielplätzen nebeneinander, auf einer ‹Simultanbühne›,

agiert (z.B. in Men. Dysk. mit der Grotte Pans in der Mitte und den beiden Wohnhäusern links und rechts). Weitere Ausstattungsteile waren die *Periakten*, hölzerne, um eine Achse drehbare Prismen, an den drei Seiten mit verschiedenen Handlungsorten bemalt, zum schnellen Wechsel der Dekoration, eingelassen gewöhnlich in den beiden äußersten Thyromata-Öffnungen; außerdem das *Hemikyklion* (‹Halbkreismaschine›) und das ähnliche *Stropheion* (‹Wendemaschine›), wohl durch eine Wand geteilte Drehscheiben als kleine Formen der modernen Drehbühne; während auf der einen Seite gespielt wurde, konnte auf der anderen die neue Dekoration aufgestellt werden; ferner eine Art *Aufzüge* zur Erscheinung von Personen aus dem Hyposkenion auf dem Logeion oder aus dem Szenengebäude auf dem Dach (in Priene); dann die *Charonischen Stufen*, ein unterirdischer Gang, der unter der Orchestra hindurch nach deren Mitte oder deren Peripherie führte (zum Erscheinen von Geistern gleichsam innerhalb der Zuschauer), bis jetzt einwandfrei nur im Theater von → Eretria (3.Jh.v.Chr.) nachweisbar, Vorläufer der vielen Gänge und Gelasse unter den Arenen der röm. → Amphitheater. Mit *Skenothek* bezeichnete man den Aufbewahrungsraum für Dekorationen usw., gewöhnlich im Szenengebäude selbst oder in einem großen Schuppen an der einen Seite des Zuschauerraums, worin ein ganzes hölzernes Szenengebäude untergebracht und auf steinernen Schienen an die Orchestra geschoben werden konnte (→ Megalopolis 3.Jh., Sparta spätes 1.Jh. v.Chr.). – Die *Kostüme* behielten in der Tragödie die Länge und Geschlossenheit, waren aber einfacher, die *Masken* wurden durch den *Onkos*, einen dreieckigen Aufsatz, vergrößert und durch weit geöffneten Mund starrer; bei der → Komödie (I D) fielen der Phallos und die grotesken Polsterungen weg, und Kostüme und Masken charakterisierten nur noch die Haupttypen: den liebeglühenden Jüngling, die entführte Jungfrau, verspottete Greise, gefräßige Parasiten, listige Köche, Sklaven usw.

[3] *Rom.* Republikanische Zeit: Für die gewöhnlich auf einer Straße spielenden → Komödien (II A) des → Plautus und des → Terenz benötigte man wie im hellenist. Theater Simultandekorationen, z.B. mehrere Haus- und Tempeleingänge nebeneinander: bemalte Hintergrundskulissen auf dem Bühnenpodium; ähnlich einfache wohl auch für die ernsten Stücke, noch ohne Maschinerien. Als Kostüme wurden in → Tragödie (B 1 f.) und → Komödie (II A) mit röm. Inhalten (Fabula praetexta, togata) röm. Kleidung (Tunica und die purpurverbrämte Toga), in den Komödien mit griech. Inhalt (Fabula palliata) griechische getragen, dazu ein großer Mantel (das → Pallium). *Masken* (personae) durften bis zum 1.Jh.v.Chr. die Berufsschauspieler nicht benutzen, nur Perücken, weil sie nicht wie bei den Griechen Freie, sondern Sklaven und Freigelassene waren. In der Atellane, von freien Bürgern gespielt, waren sie erlaubt. – *Kaiserzeit:* Die meistens in verschiedenfarbigem Marmor architektonisch durchgebildeten Stockwerke der Bühnenwand (→ Szenaefrons) mit dem ganzen System der antiken Säulenordnungen, mit Nischen, Giebeln, verziertem Gebälk und reichem figürlichem Schmuck war nicht mehr nur Mittel zum Zweck, um Kulissen anzubringen, sondern als großartige Komposition selbst üppige Dekoration und Repräsentation des Reichtums und der Macht des Stifters oder der Stadt; von ihren in später Zeit meist 5 Türen diente die mittlere dem König als Palasteingang *(valva* oder *aula regia)*, die seitlichen den Gästen *(hospitalia)*; in Nordafrika und im Westen wurden die mittleren als reich geschmückte, große Nischen ausgebildet (→ Leptis Magna, → Sabratha, → Korinth), im Gegensatz zur flächigen Bühnenwand in Kleinasien (→ Aspendos). Die Bühne, gewöhnlich mit einem festen, in der Rückwand der Szene verankerten Pultdach, besaß jetzt den bemalten großen Vorhang *(aulaeum)*, der zu Beginn der Vorstellung durch eine besondere Maschinerie von oben nach unten in eine rinnenförmige Vertiefung versenkt und bei → Szenenwechsel, Akt- oder Stückschluß wieder heraufgeschoben wurde. Die Art der Kulissen ist nicht mehr genau feststellbar. Man verwandte (schon griech.) 3 Arten Dekorationen: für Tragödien einen Palast, wofür die bestehende genügte, für Komödien Prospekte und Aufbauten mit Häusern, Balkonen und Fenstern und für Satyrspiele ländliche Gegenden mit Bäumen, Grotten und Bergen. Um gewisse Teile des Spielplatzes abzugrenzen, wurden z.B. vor die großen Nischen Einzelvorhänge gehängt oder ein auseinanderschiebbarer Prospekt gestellt. Aufbauten konnten mit einem Schlag in der Versenkung verschwinden (z.B. ein Berg am Schluß eines Pantomimus: → Apul. met. 34,3). Auch Blitz-, Donner- und Flugmaschinen setzte man ein, → Wasserspiele, Vorrichtungen, die Wohlgerüche verbreiteten usw. Mit Fackelbeleuchtung wurde manchmal auch nachts gespielt. Als *Kostüm* wurde in der Tragödie das Schleppgewand mit langen Ärmeln (palla) benutzt und der gegenüber den Griechen überdimensioniert hohe Bühnenschuh *(cothurnus)*, in der Komödie aber ein niederer *(soccus)*. Die Farben dienten zur Charakterisierung: weiß = Freude, rot = Reichtum usw. (→ Farbensymbolik). Im → Pantomimus waren die Tänzer, die Götter, Naturgeister und Figuren der Mythologie darzustellen hatten, oft nur wenig bekleidet: mit dem feinen Schleiergewand (tunica talaris), um die körperlichen Reize zu zeigen, oder mit dem Pallium, einem großen viereckigen Tuch, für den beliebten Manteltanz. Im → Mimus mit den drastischen Späßen und der Verulkung der Geschehnisse des Alltags war die aus vielen bunten Lappen zusammengesetzte Jacke (centunculus) und kahlgeschorener Schädel charakteristisch für den Stupidus (‹Dummkopf›, Vorläufer des Harlekin und des Hanswurst). Die anderen Figuren traten in der für die Bühne bes. zurechtgemachten bürgerlichen Kleidung auf. Die nun allen Darstellern erlaubten *Masken* für die vielen verschiedenen komischen und tragischen Charaktere wurden pathetisch-grotesk übersteigert und allmählich einander angeglichen: hochgezogene Brauen, weitgeöffnete Augen, großer Mund, sehr hoher Perückenaufsatz; im getanzten Pantomimus mit nur kleinen Mundöffnungen. Im Mimus, in dem auch Frauen auftraten, spielte man ohne Masken, nur mit Schminke und Perücken. K.G.K.

Q: Vitr. 5. Poll. II, IV, VII – *Lit:* Umfassendstes Werk: M. Bieber, The History of the Greek and Roman Theater (1939), 1961² – Ferner u.a.: E. Bethe, Prolegomena z. Gesch. des Theaters im Altertum, 1896 – W. Dörpfeld-E. Reisch, Das griech. Theater, 1896 – E.R. Fiechter, Die baugesch. Entwicklung des ant. Theaters, 1914 – M.v. Boehn, Das Bühnenkostüm, 1921 – A.v. Gerkan, Das Theater v. Priene, 1921 – H. Bulle, Untersuch. an griech. Theatern, 1928 – Ders., Das Theater zu Sparta, 1937 – O. Broneer, The Tent of Xerxes and the Greek Theater, Univ. Calif. public. in Class. Arch. I, 1944, 305 bis 312 – A.W. Pickard, Cambridge, The Theatre of Dionysos in Athens, 1946 – C. Anti, Teatri greci arcaici, 1947 – K. Reinhardt, Aischylos als Regisseur u. Theologe, 1949 – E.R. Fiechter, Ant. griech. Theaterbauten I–IX, 1930–50 – H. Bulle-H. Wirsing, Szenenbilder z. griech. Theater des 5. Jh.s, 1950 – A.W. Pickard-Cambridge, The dramatic Festivals of Athens, 1953 – W. Beare, The Roman Stage, 1955 – A. Alföldi, Gewaltherrscher u. Theaterkönig, in: Studies in Honor of A.M. Friend, 1955, 15–55 – K. Lever, The Art of Greek Comedie, 1956 – A.v. Gerkan-W. Mueller-Wiener, Das Theater von Epidauros, 1961 – P. Arnott, Greek Scenic Conventions, 1962 – T.B.L. Webster, a.O. (s.o. zu A).

Thebais. [1] Kyklisches Epos des → theban. Sagenkreises. Datierung unsicher, von dem Elegiker → Kallinos (7.Jh.) Homer zugeschrieben (Paus. 9,9,5), vereinzelt auch dem → Antimachos (2) v. Teos (Porph. zu Hor. ars 146). Von den 7000 Versen (cert. Hom. et Hes. 15) sind nur Fragmente erhalten. – Die Th. erzählt vom zweimaligen Fluch des → Ödipus über seine Söhne, dem Kampf um Theben und dem Wechselmord der Brüder als Abschluß des Zugs der Sieben gegen Theben. – In der Antike wurden gelegentlich die → Epigonoi in den Titel miteinbezogen. Ob der ‹Auszug des Amphiaraos› (Ps.-Hdt., Vit. Hom. 9; Suid s.v. "Ὅμηρος) ein Nebentitel (Welcker, Robert) oder ein Teiltitel (Immisch, Bethe) der Thebais ist, ist umstritten.

[2] Werke des → Antimachos (1) v. Kolophon, des → Antagoras v. Rhodos, des → Statius u.a. G.K.

Q.u.Frg: EGF 4.9–13 – Th.W. Allen, Hom. Op. V, OCT, 1912, 112–114 – *Lit:* E. Bethe, Theban. Heldenlieder, 1891, 42–108. 145 bis 177 – C. Robert, Oidipus II, 1915, 80 Anm. 110.

Theben *in Ägypten* (Kt. 29 D 7), Hauptstadt des 4. oberägypt. Gaues. Altägypt. *W3ś.t.* Kern der alten Stadt war das Gebiet um den Tempel von Karnak, griech. Diospolis magna, während sich die jetzige um den Nebentempel von Luxor, 2 km südl. Karnak, auf den Resten zweier röm. Kastelle entwickelt hat. In der Spätzeit war ‹Thebai› jedoch die Stadt auf dem Westufer um den Totentempel Ramses' III., der einen alten ‹Urhügel› (*t3m.t*, woraus die Griechen Θῆβαι hörten) enthielt; die spätere koptische Siedlung hieß Medinet Habu. Nach den → koptischen Klöstern ganz im Westen die jetzigen Bezeichnungen → Deir el-Medineh (‹Stadtkloster›), → Deir el-Bahari (‹Nordkloster›).

[1] *Geschichte.* Th. wurde erst mit den Königen der 11. Dyn. (etwa ab 2130) bedeutend, war im Mittleren Reich Mittelpunkt der oberägypt. Verwaltung und galt in der 18. Dyn. als Residenz des Reiches. Dadurch wurde der in Th. verehrte Gott → Amun zum Reichsgott. Als die Ramessiden die Residenz ins Delta bzw. nach → Memphis verlegten, wurde Th. zum Mittelpunkt einer Bestrebung, den Gott Amun zum eigentlichen König Ägyptens zu erklären; daraus entwickelte sich der sog. ‹Gottesstaat› in Oberägypten mit dem Zentrum in Th. (→ Ägypten B 3f).

[2] *Bauten.* Wichtigstes Bauwerk in Th. ist der große Amun-Tempel von Karnak, ursprünglich ein Ziegeltempel des Mittleren Reiches, vor den die Könige des Neuen Reiches bes. zum Nil hin imposante Höfe mit → Pylonen und Säulensälen vorsetzten. Nach Süden hin wurde er durch Höfe mit dem Tempel der ‹Gattin› des Amun, der Geiergöttin Mut von *Iśrw*, verbunden. Nördl. lag der alte Tempel des falkenköpfigen Kriegsgottes Month, während der ‹Sohn› des Amun, der Mondgott Chons, in der Südwestecke des Amunbezirks seinen Tempel erhielt. Eine lange Sphinxallee verband Karnak mit dem Tempel von Luxor, dessen jetziger Zustand von → Amenophis III. und – der nördl. Hof – von → Ramses II. herrührt. Hierhin zog Amun einmal im Jahr beim ‹Harem›-(sog. *Ip.t*-) Fest, doch bleiben die hier gefeierten Rituale im geheimnisvollen Dunkel. – Auf dem Westufer von Th. ließen sich die Könige und Beamten der 11. Dyn. und der 17.–20. Dyn. begraben. Während von den Anlagen der Könige der 11. und 17. Dyn., die meist in der Ebene vor Dra' Abu'l-Naga lagen, kaum etwas erhalten ist, abgesehen von dem Grab und Totentempel des Reichseinigers Menthuhotep II. in Deir el-Bahari, sind die Gräber der Könige der 18.–20. Dyn. als ursprünglich versteckt angelegte Felsgräber im sog. Königsgräbertal erhalten. Es sind meist tief in den Fels hineingetriebene Systeme von Gängen und Hallen, ausgeschmückt mit Abschriften von sog. → ‹Jenseitsführern›. Nur eins von ihnen, das des → Tutenchamun, ist unberaubt gefunden worden. Zu den Gräbern gehörten Tempel, die getrennt davon am Wüstenrand lagen und in denen der tote König und Amun verehrt wurden. Erhalten sind die Tempel von Sethos I. im Norden bei Gurn'a, Ramses II. und Ramses III. Letzterer, bei Medinet Habu, wurde später Mittelpunkt der Stadt. Bes. eindrucksvoll ist aber die Anlage, die Königin → Hatschepsut unter der Felswand bei Deir el-Bahari anlegen ließ: im Gegensatz zu den sonstigen Tempeln ist es ein Terrassentempel, dessen Allerheiligstes aus dem Fels gearbeitet ist. – Auf den Hügeln westl. der kgl. Totentempel legten die Würdenträger dieser Zeit ihre Gräber an; dabei galt in der 18. Dyn. der Hügel von Scheich 'Abd-el-Gurna als besonders vornehm. Die Hohenpriester der 19. und 20. Dyn. bevorzugten den Abhang bei Dra' Abu'l-Naga, während die großen Anlagen der Beamten

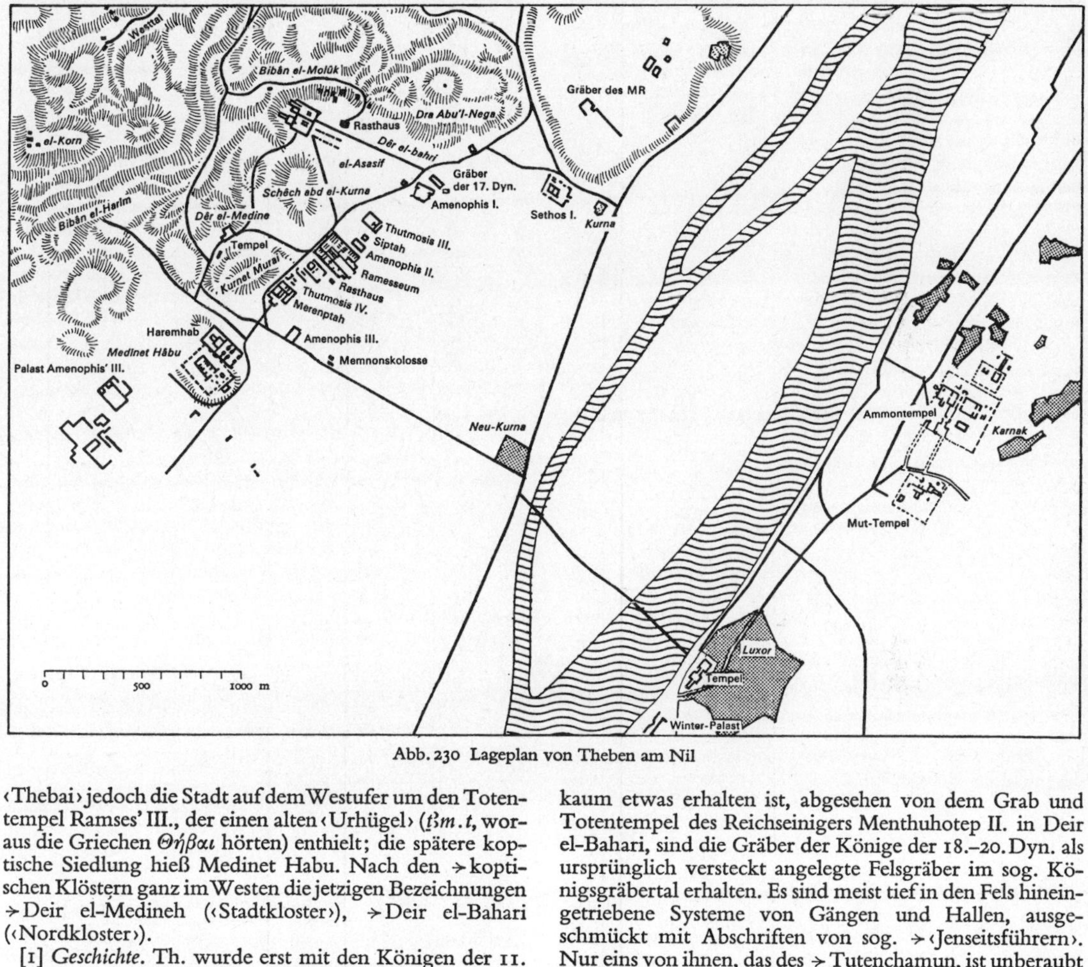

Abb. 230 Lageplan von Theben am Nil

aus der Äthiopen- und → Saitenzeit im sog. ‹Assassif›, d.h. in der Senke östl. des Talkessels von Deir el-Bahari liegen.

Lit: → Ägypten W. Hk.

2. **Th.,** Hauptstadt → *Böotiens,* noch heute mit gleichem Namen an der gleichen Stelle (Kt. 1152 D4), in der böot. Ebene um die 45–63 m hohe, 400 m breite und 700 m lange Akropolis, die ‹Kadmeia› gelegen; in seiner Glanzzeit von einem ca. 7 km langen Mauerring umgeben. Heute eine bescheidene Landstadt, nur unbedeutende antike Reste. Th. war schon in vorgeschichtlicher Zeit bedeutend und in myken. Zeit Sitz eines Königreiches. Reste des myken. Palastes (mit reichen Funden) sind auf der Kadmeia erhalten, so einer der Hauptorte der griech. Sage (s. u.). In klass. Zeit Hauptstadt Böotiens und Vorort des → Böot. Bundes, in den → Perserkriegen auf seiten der Perser, wofür es nach dem Sieg der Griechen eine hohe Buße an Delphi zahlen mußte. Im 5. Jh. meist im Gegensatz zu Athen. 457 Sieg bei → Tanagra über Athen, schon zwei Monate später Niederlage bei → Oinophyta gegen Athen, das nun ganz Böotien außer Th. beherrscht. 447 Niederlage des Atheners → Tolmides bei Koroneia, damit Böotien wieder frei. Einführung der Repräsentativverfassung im Böot. Bund (→ Böotien). Th. Sitz der Bundesregierung. Im → Pelop. Krieg auf seiten Spartas. 431 mißglückter Überfall auf → Platää, bis 427 Belagerung und Einnahme. 424 Angriff Athens auf Böotien, Sieg der Böoter bei Delion. 421 Weigerung Th.s, den Frieden des Nikias zu unterzeichnen. 413 Beteiligung an der Besetzung → Dekeleias, großer wirtschaftlicher Nutzen für Th. 404 tritt Th. für die Vernichtung Athens ein. Durch den Frieden des → Antalkidas (386) wurde die Herrschaft Th.s über den Böot. Bund aufgelöst. Von 382–379 Besetzung der Kadmeia durch Spartaner. 371 bei Leuktra Sieg über Sparta, bis zur Schlacht bei Mantineia (362) unter Führung des → Epameinondas und → Pelopidas Vormacht in Griechenland. Erhebung gegen → Alexander (5) d. Gr. führte 335 zur Belagerung und Zerstörung Th.s, nur das Geburtshaus → Pindars wurde verschont. 316 Wiederaufbau durch → Kassandros. Später hat Th. an Bedeutung verloren, in röm. Zeit war nur noch die Kadmeia bewohnt. Etwa 5,5 km westl. Th. ein größerer heiliger Bezirk der → Kabiren. E.M.

Q: Paus. 9, 5–18; 23, 1–4; 25 – *Lit:* Philippson-Kirsten I 430–518 – P. Cloché, Th. de Béotie des origines à la conquête romaine, 1952 – H. Reusch, Die zeichner. Rekonstruktion d. Frauenfrieses im böot. Th., Abh. Berlin 1955, 1 – G. Bruns, Die Ausgrab. im Kabirenheiligtum bei Th. in Böotien, in: Neue deutsche Ausgr. im Mittelmeergeb. u. i. Vord. Orient, 1959, 237–248.

[2] Der *thebanische Sagenkreis* (im engeren Sinne), einer der reichsten, verknüpft mit der (wohl myk.) Stadt mehrere bedeutende Sagen: 1. Die Sage vom Phönizier → Kadmos, dem Gründer und ersten Erbauer der Stadt, und Harmonia und ihren Töchtern Ino (∞ → Athamas), Semele (→ Dionysos), Agaue (→ Pentheus) und Autonoë (→ Aktaion). – 2. Die Sage von Antiope und ihren Söhnen → Amphion und Zethos, die Th. zum zweitenmal erbauen – offenbar eine Alternative zu der ersten Gründungssage, ohne Zusammenhang mit ihr. – 3. Die Sage vom Königshaus des Labdakos, das durch → Laios einen Fluch auf sich zieht, dessen furchtbare Wirkung im Schicksal des → Ödipus und seiner sich gegenseitig tötenden Söhne Eteokles und Polyneikes ihren Höhepunkt erreicht. – 4. Der Zwist der beiden Brüder führt zum Zug der → Sieben gegen Theben unter → Adrast, dem König von Argos (hier verbindet sich der th. S. mit dem argivischen). Der Zug scheitert, aber die Söhne der Sieben, die Epigonen (z. T. dieselben Helden, die im → Trojan. Krieg mitkämpfen), rächen sie, erobern und zerstören Th. – (3) und (4) sind untereinander durch das Motiv des Geschlechtsfluches und durch Personen, die in beiden auftreten – neben den Brüdern z. B. noch → Kreon und → Teiresias –, verbunden, mit (1) und (2) durch das Motiv des Halsbandes der Harmonia (vgl. noch → Alkmaion) und durch Konflikte um → Dionysos. – Zu (3) und (4) stellen Versionen, in denen → Theseus als Schützer und Hort des Rechtes eingreift, die Verbindung auch zur att. Sage her. Nicht zuletzt erhob Th. auch noch Anspruch auf → Herakles. L.H.

Lit: Preller-Robert, II 1, 100–133 – L. Ziehen, RE 5A2 (1934), 1492–1553.

3. **Th.** in der → *Achaia Phthiotis* (Kt. 1152 C3), schon in der 2. H. 3. Jt. besiedelt, vor 1200 zerstört. Kam im 4. Jh. durch Einverleibung der Nachbarorte Phylake und Pyrasos zu Bedeutung. 217 v. Chr. von → Philipp V. erobert, dann rascher wirtschaftlicher Niedergang. Ruinen (‹kyklopische› Mauer; Tempel, Theater, Halle) erhalten.

Lit: F. Stählin, RE 5A2 (1934), 1582—93.

Theia, Tochter von Uranos und Gaia, → Titanin. Von → Hyperion Mutter des → Helios, der → Eos und der → Selene (Hes. theog. 132 ff.; 371 ff.). K. Schb.

Theios anēr (*θεῖος ἀνήρ*, ‹göttlicher Mensch›): wer den Göttern irgendwie ähnlich ist oder als Träger göttlicher Kraft gilt: Könige (Szepterträger) oder Weise (Dichter, Seher, Wundermänner, Philosophen). Der Begriff wird von Platon philosophisch vertieft, im Hellenismus durch den → Herrscherkult beeinflußt, bes. aber durch die Verknüpfung von Religion und Philosophie mit neuem Inhalt gefüllt in der → Stoa und in den → Mysterien; überhaupt entwickelt sich ein neuer Typ des th. a. mit bestimmten Zügen (die in den Biographien auch auf ältere Gestalten zurückprojiziert werden, → Pythagoras): ungewöhnliche Geburt, Frühreife, bes. Lebensweise, sittliche Qualität, übermenschliche Kräfte (daher oft → Wundertäter), Wissen, Anhängerkreis (vgl. → Apollonios (16) v. Tyana). In diesen Formen werden auch die Großen des AT verstanden und später christl. Heilige dargestellt. C.J.C.

Lit: L. Bieler, *Θεῖος ἀνήρ*, I, 1935; II, 1936 – I. van Camp et P. Canart, Le sens du mot *θεῖος* chez Platon, 1956.

Thematisch. Man bezeichnet in den indogerman. Sprachen diejenige Konjugation und Deklination als thematisch, bei welcher vor der eigentlichen Endung noch ein sog. Themavokal (*e* oder *o*) steht, z. B. gr. *ἄγ-ο-μεν ἄγ-ε-τε, ὄν-ο-ς ὄν-ο-ν.* Im ganzen altertümlicher sind die *athematisch,* d.h. ohne Themavokal gebildeten Formen, z. B. *ἴ-μεν ἴ-τε, βοῦ-ς βοῦ-ν.* E.R.

Themis, Tochter von → Uranos und Gaia (bei Aischyl. Prom. 290 ff. mit Gaia identisch, also selbst Erdgottheit?), → Titanin. Als Gemahlin des → Zeus Mutter der → Horen. Göttin von Sitte und Ordnung, Schützerin des Gastrechts und der Bedrängten. Beschließt mit Zeus den Trojanischen Krieg. Vor Apollon Inhaberin des delphischen Orakels. – Kulte in Athen und Rhamnus.

Lit: K. Latte, RE 5A 2 (1934), 1626–30 – *Darstellungen:* Als Pythia mit Aigeus auf Schale des Kodrosmalers; beim Parisurteil auf Krater des Kadmosmalers, beim Götterrat auf Pelike in Leningrad; dazu Statue aus Rhamnus und Mitkämpferin am → Pergamonfries (Beazley, ARV² 1185. 1269. 1476). K. Schb.

Themison von Laodikeia, Arzt z. Z. des Augustus, Schüler des → Asklepiades (5) v. Prusa und, mit → Thessalos von Tralleis, einer der Begründer der → Methodikerschule. Th. hat eine Zwischenstellung inne. Er ist der Korpuskulartheorie des Asklepiades stark verpflichtet, andererseits kennt er auch die Kommunitätenlehre der eigentlichen Methodiker, nur nicht in der rein auf die ärztliche Praxis bezogenen Form wie der etwas spätere Thessalos. Erhalten ist von ihm nichts; wir wissen von Schriften über Fieber und über akute und chronische Krankheiten (z. T. in Briefform); er verwandte reichlich Medikamente. Die meisten Nachrichten über ihn stehen bei → Galen. F.K.

Themistios, Philosoph und Redner, ca. 317–388. Th. wirkte in Konstantinopel. Zu den meisten Schriften des → Aristoteles schrieb er zusammenfassende Paraphrasen. Seine Kommentare zu Platon sind verschollen. Im Gegensatz zu den → Neuplatonikern sieht er in praktisch-politischer Betätigung das wichtigste Ziel der Philosophie. Erhalten sind ferner 33 Reden, die meisten vor den Kaisern oder zu Anlässen des politischen Lebens gehalten, die übrigen zu philosophischen und ethischen Themen. → Dion (2) Chrysostomos ist sein Vorbild. Wenig Originalität in den Gedanken; sorgfältig ausgearbeiteter epideiktischer Stil.

Ed: CAG V (Paraphrasen) – W. Dindorf, 1832 (Reden). P.M.

Themisto, Tochter des → Lapithen Hypseus, nach → Ino Gattin des → Athamas. Nach einer der übrigen Athamassage widersprechenden Version (Eur. bei Hyg. fab. 4f.) heiratete jener Th., als Ino im Wahnsinn geflohen und tot geglaubt war. Als sie mit ihren beiden Kindern zurückkam, suchte Th. diese zugunsten der beiden eigenen umzubringen, tötete aber, durch Kleidertausch irregeführt, die eigenen und aus Kummer sich selbst. Der Zorn hierüber ist es dann, der → Athamas zu der bekannten Verfolgung der Ino veranlaßt. L.H.

Lit: Schmid-Stählin I 3, 406f. – Preller-Robert II 1, 47f. – L. Weniger, ML V 577–581

Themistogenes von Syrakus, Deckname, unter dem → Xenophon (1) einmal (Hell. 3, 1, 2) seine ‹Anabasis› zitiert (vgl. auch Plut. mor. 345 E). Ob er jene Schrift tatsächlich unter dem Namen Th. veröffentlicht hat, ist fraglich. Die Angaben des → Suidas (s. v. Th.), der die Existenz des Th. nicht bezweifelt, ihm sogar eine Lokalgeschichte zuschreibt, sind unglaubhaft (anders Hoeg a. O.). H.E.

Q: Jacoby, FGrHist 108 – *Lit:* R. Laqueur, RE 5 A 2 (1934), 1684 bis 1686 (dazu W. Nitsche, Über die Abfassung von Xen. Hell., Jahresber. des Sophien-Gymnasiums zu Berlin, 1871, 42) – Mac Laren, Xen. und Th., TAPhA 65, 1934, 240–247 – W. K. Preutice, Th. of Syracuse, an Error of a Copyist, AJPh 68, 1947, 73–77 – C. Hoeg, *Ξενοφῶντος Κύρου 'Ανάβασις*, CeM 11, 1950, 166–169.

Themistokles, athen. Staatsmann z. Z. der → Perserkriege. Den Lykomiden, aber nicht deren führender Familie, entstammend und spätestens 524 v. Chr. geboren, trat er erstmalig hervor, als er 493 → Phrynichos (2) die Aufführung seiner antipers. Tragödie ‹Der Fall von Milet› ermöglichte und als Archon 493/492 durch die Anlage eines Kriegshafens im Piräus (Thuk. 1, 93, 3) die Voraussetzung für Athens maritimen Aufschwung schuf. Mitkämpfer in der Schlacht bei Marathon, war er jedoch seit 492 von → Miltiades politisch in den Hintergrund gedrängt. Daß Th. bei den seit 487 mittels des Ostrakismos ausgetragenen Parteikämpfen und bei der Verfassungsreform von 487/486 eine Rolle gespielt hätte, ist nicht überliefert. Prominent wurde er erst (Hdt. 7, 143) durch seinen Plan, Athen gegen den drohenden Feldzug des → Xerxes (1) auch im Falle demokratischer Konsequenzen für die Innenpolitik zur Seemacht umzurüsten. Nachdem die erbitterte Opposition der konservativen Grundbesitzer hiergegen durch die Ostrakisierung ihres Führers → Aristeides (1) im Frühj. 482 gebrochen war, konnte Th. sein Programm verwirklichen (Plut. Them. 11): mittels neuerschlossener Silbervorkommen zu Laureion wurden – offiziell gegen Ägina – 200 Trieren gebaut. Zur Seele des Widerstandes gegen die Perser geworden, beabsichtigte Th. die Entscheidung auch wirklich zur See herbeizuführen und plante schon Juni 480, vor dem Fall der Thermopylen, die danach verwirklichte Evakuierung Athens. Bei den dreitägigen Seekämpfen am Kap Artemision Aug. 480 kommandierte Th. das athen. Kontingent; Ende Sept. setzte er durch, daß die griech. Flotte im Sund von Salamis die Entscheidungsschlacht annahm. Doch schon bei den Strategenwahlen von 479 unterlag Th. den nunmehr auf seinen wehrpolitischen Kurs eingeschwenkten Konservativen: er wurde noch von Aristeides unterstützt, als er im Winter 479/478 gegen Spartas Willen die Ummauerung Athens durchsetzte (Thuk. 1, 91, 3), dann jedoch abermals politisch beiseite geschoben. Seine Neigung zu kühnen Neuerungen sowie seine Erkenntnis, daß das Wachsen von Athens Macht zu Auseinandersetzungen mit Sparta führen müsse und hierfür vorzusorgen sei, machten ihn dort wie in dem von → Kimon (1) und dem Areopag (Aristot. Ath. pol. 25, 2) geleiteten Athen immer unbeliebter. 474/473 oder 471 ostrakisiert, ging Th. nach Argos, von wo aus er die antispartan. Bewegung auf der Peloponnes geschürt haben soll. Nach → Pausanias' (1) Tod um 467 daher von Sparta des Hochverrats und der Konspiration mit den Persern beschuldigt und in Athen deshalb in Abwesenheit zum Tode verurteilt, mußte er aus Argos und schließlich überhaupt aus Hellas fliehen. 465/464 ging er zu → Artaxerxes I., der ihm Magnesia am Maiandros und ein paar kleinere Orte als Lehen gab. Dort starb Th. zu Beginn der 50er Jahre. Sein Verdienst um den Sieg bei Salamis haben Aischylos (Pers. 355 ff.) und Hdt. 8, 123 f. hervorgehoben; zum eigentlichen Retter von Hellas wurde er freilich erst in der nachklass. Literatur verklärt in dem Bestreben, große Vorbilder der Vergangenheit herauszustellen. F.Kch.

Lit: F. Miltner, Des Th. Strategie, Klio 31, 1938, 219–243 – J. Keil, Th. als Politiker, Anz. Wien 81, 6, 1944, 65–76 – R. J. Lenardon, The Archonship of Th., Historia 5, 1956, 401–409 – Ders., The Chronol. of Th.' Ostracism and Exile, ebd. 8, 1959, 23–48 – J. Labarbe, La loi navale de Th., 1957 (dazu S. Lauffer, Historia 8, 1959, 382–384) – H. Berve, Zur Th.-Inschrift von Troizen, SB München 1961, H. 5 – C. Hignett, Xerxes' Invasion of Greece, 1963 – H. Sichtermann, Der Th. von Ostia, Gymn. 71, 1964, 348–381.

Theodahad, König der → Ostgoten, 534–536, Neffe → Theoderichs d. Gr., geb. vor 479. Nach dem Tod des jungen Königs → Athalarich (534) von dessen Mutter → Amalaswintha zum Mitregenten erhoben. Während er mit Kaiser → Justinian, der die Rückeroberung Italiens beabsichtigte, in geheime Verhandlungen trat, ließ er Amalaswintha im Herbst 534 gefangensetzen und im Frühjahr 535 ermorden, woraufhin Justinian den Krieg gegen die Ostgoten eröffnete. Als → Belisar siegreich vorrückte und Neapel eroberte, wählten die Ostgoten an Stelle des unkriegerischen und verschlagenen Th. den → Witigis zum König. Th. wurde nach seiner Absetzung auf der Flucht von Rom nach Ravenna getötet (Dez. 536). K.F.Str.

Lit: L. M. Hartmann, Gesch. Italiens im MA, I (1897), 1923^2 – A. Nagl, RE 5 A 2 (1934) 1705–10 – E. Stein, Hist. du Bas-Empire II, 1949.

Theodektes, von Phaselis (Lykien), ca. 377–336, hat, bevor er sich der tragischen Dichtung zuwandte, als Schüler des → Isokrates, vielleicht auch des → Platon, und in naher Verbindung mit → Aristoteles ein Lehrbuch der Rhetorik verfaßt, das dieser benützt hat. Cicero (Orat. 172) rühmt ihn als *politus scriptor atque artifex*. Er darf als der Vater eines bis in Spätantike und Mittelalter nachwirkenden Systems der → Mnemotechnik gelten (ca. 360–354). → Rhetorik B [4. 6.]; E; → Dispositio. H.H.

Q: L. Radermacher, Artium scriptores, 1951, 202f. – *Frg:* Val. Rose, Aristotelis fragmenta, 1885, 114f. – *Lit:* Kennedy, Persuasion, 80ff. – Fr. Solmsen, RE 5 A 2 (1934), 1729–34 – H. Blum, Die antike Mnemotechnik, Diss. Tübingen 1964.

Theoderich d. Gr., König der → Ostgoten, 473–526, geb. 453, Sohn des Thiudimer aus dem Geschlecht der → Amaler. 461–471 als Geisel in Konstantinopel. 474 führte Th. den ihm unterstehenden Teil der Ostgoten an die untere Donau; Kaiser → Zeno überließ ihnen 476 das Gebiet von Novae (Sistowa) als Föderaten und ernannte Th. zu seinem zweiten Reichsfeldherrn und zum → Patricius. 478 Bruch mit Konstantinopel, nach jahrelangen Kriegszügen 483 neuer Föderatvertrag für ein vergrößertes Gebiet; Th. wurde sogar zum Konsul für 484 designiert und nach dem erfolgreichen Kampf gegen den Empörer Illus in Kleinasien durch einen Triumphzug und eine Reiterstatue in Konstantinopel geehrt. Trotzdem fiel Th. 486 wieder tief nach Thrakien ein; um ihn loszuwerden, beauftragte Zeno ihn mit dem Zug gegen → Odoaker. Mit einem großen auch andere german. Gruppen umfassenden Heergefolge siegte Th. am Isonzo, dann bei Verona (Aug./Sept. 489) und schloß Odoaker nach neuem Sieg an der Adda (Aug. 490) in → Ravenna ein. Die Belagerung (die ‹Rabenschlacht› der german. Heldensage) zog sich über zwei Jahre hin, bis Th. Ravenna auch von der Seeseite her blockieren konnte. Es kam zum Vergleich, nach dem beide Könige in Zukunft gemeinsam Italien beherrschen sollten, doch stieß Th. nach seinem Einzug in Ravenna (März 493) den Odoaker in seinem Palast eigenhändig nieder und ließ sich zum König ausrufen; 497 erkannte Kaiser → Anastasius I. Th. als got. König und kaiserlichen Regenten in Italien an mit dem Recht, den Purpur zu tragen und einen der beiden jährlichen Konsuln des Reiches zu ernennen. Die verbleibende Oberhoheit des Kaisers (Gesetzgebung, Münzprägung) hat Th. immer anerkannt. Die so begründete Ostgotenherrschaft in Italien trug mit dem Nebeneinander von arian. Germanen und kathol. Römern ähnlich dualistische Züge wie die anderen Ostgermanenreiche dieser Zeit. Die Goten wurden vor allem im nördl. Italien ‹einquartiert›; sie stellten das militärische Aufgebot, galten aber rechtlich als Ausländer. Die bisherige Verwaltungsordnung mit einem Prätorianerpräfekten an der Spitze und Provinzstatthaltern ließ Th. für die röm. Bevölkerung bestehen. Bei der zahlenmäßigen Schwäche des german. Elements mußte Th. auf ein gutes Einvernehmen mit der röm. Mehrheit bedacht sein. Ihr angesehenstes Organ blieb der → Senat in Rom; Senatoren waren die wichtigsten Helfer des Königs in der Zentralverwaltung (→ Boethius, → Cassiodor). Auch gegenüber der kathol. Kirche trat der Arianer Th. mit betonter Toleranz auf; sein Eingreifen nach der zwiespältigen Papstwahl von 498 (sog. Laurentian. Schisma) erfolgte auf Grund seines Amtsrechts. Außenpolitisch beanspruchte der König gegenüber den german. Nachbarreichen, mit denen er sich durch dynastische Bündnisse verband, eine hervorgehobene Stellung; 493 heiratete er Audefleda, eine Schwester des Frankenkönigs → Chlodwig, er vermählte zwei seiner Töchter mit dem Burgunderprinzen Sigismund und mit dem Westgotenkönig → Alarich II. und seine Schwester Amalafrida mit dem Vandalenkönig Thrasamund. Das Verhältnis zu Chlodwig wurde aber durch dessen energische Expansionspolitik getrübt, gegen die Th. 507 zugunsten des Westgotenreichs eingriff. Durch Anschluß der bisher westgot. Provence an das ostgot. Italien verwehrte er Chlodwig den Zugang zur Mittelmeerküste und ließ das übrige Westgotenreich als Vormund seines Enkels → Amalarich durch seinen Statthalter Theudis verwalten. Ein Teil der → Alamannen im Alpengebiet wurde unter ostgot. Schutz gestellt. Nach dem Tod Chlodwigs (511) stand Th. auf der Höhe seiner Geltung. Auf die kirchenpolitische Schwenkung Ostroms unter → Justinus I. bzw. → Justinian, die zur kirchlichen Wiedervereinigung mit dem Westen (519), gleichzeitig aber zu Spannungen mit den Ostgoten führte, reagierte Th. schroff durch die Hinrichtung seines magister officiorum → Boethius (523) und des Senatshaupts Symmachus (524). Ein offener Konflikt brach schließlich mit den Vandalen aus, deren römerfreundlicher König Hilderich sich seit 523 eng an Konstantinopel anschloß. Ehe ihn Th. jedoch angreifen konnte, starb er am 30. Aug. 526; seine letzte Ruhestätte fand er in dem von ihm erbauten Mausoleum bei → Ravenna. – Der Historiker → Prokop fand in seinem Werk ehrende Worte für den Ostgotenkönig und sein Regiment. Als Dietrich von Bern (= Verona) wurde Th. zu einer Hauptgestalt der german. Heldendichtung (ältestes Zeugnis das Hildebrandlied), die sich mit zahlreichen Sagenstoffen verband. Die Reiterstatue des Königs ließ → Karl d. Gr. 801 aus Ravenna nach Aachen überführen und dort aufstellen. K.F.Str.

Lit: G. Pfeilschifter, Der Ostgotenkönig Th. u. die kath. Kirche, 1896 – L.M. Hartmann, Gesch. Italiens im MA, I (1897), 1923² – W. v. d. Steinen, Th. und Chlodwig, 1933 – H. E. Giesecke, Die Ostgerm. u. der Arianismus, 1939 – L. Schmidt, Die Ostgermanen (1910), 1941² – A. Graf Schenk v. Stauffenberg, Th. d. Gr. u. seine röm. Sendung, in: Das Imperium u. die Völkerwanderung, 1947 – E. Stein, Hist. du Bas-Empire II, 1949 – W. Enßlin, Th. d. Gr. (1947), 1959² – *Heldensage:* L. Wolff, Die Helden der Völkerwanderungszeit, 1928 – H. Schneider, Germ. Heldensage I, 1928 – W. Mohr, Dietrich v. Bern, Ztschr. f. deutsches Altertum 80, 1944, 117–155 – H. Rosenfeld, Dietrich v. Bern, Neue Deutsche Biogr. III, 1957, 687–690.

2. **Th. I.,** westgot. König in Toulouse, 418–451, Nachfolger des Wallia. Unter ihm vollzog sich die Ansiedlung der Westgoten als kaiserlicher Föderaten in Südgallien. 436–439 kämpfte er gegen die Römer; er schlug den General des → Aetius, Litorius, in einer Schlacht vor Toulouse (439), aber seine Machtmittel waren so erschöpft, daß er seinen Sieg nicht ausnutzen konnte. 451 verband er sich mit → Aetius, um → Attilas große Invasion nach Gallien zurückzuweisen, und wurde in der Schlacht auf den katalaunischen Feldern im Augenblick des Sieges getötet. Th. hat nach unserer Kenntnis als erster westgot. König geschriebene Gesetze veröffentlichen lassen. Er war arianischer Christ; Nachfolger wurde sein Sohn Thorismund. E.A.Th.

Lit: L. Schmidt, Die Ostgermanen (1910), 1941².

3. **Th. II.,** westgot. König in Toulouse 453–466, Nachfolger seines Bruders Thorismund, den er ermordet hatte. Er hielt mehr zu den Römern als sein Vater, Th. I. Seinem Freund, dem gall. Aristokraten → Avitus, verhalf er zum Kaiserthron des weström. Reiches. 456 drang er nach Spanien ein und griff das sueb. Königreich in Gallaekien mit Erfolg an, besetzte aber kein span. Gebiet auf die Dauer. Er wurde 466 von seinem Bruder → Eurich, der ihm auf dem Thron folgte, ermordet. Die neuere Forschung gibt ihm Anteil an der frühwestgot. Gesetzgebung. E.A.Th.

Lit: L. Schmidt, Die Ostgermanen (1910), 1941².

4. **Th. Strabo,** Ostgote, beanspruchte, mit → Aspar verschwägert, nach 471 n. Chr. dessen Erbe und Stellung, erzwang 473 bei → Leo I. Föderatenverhältnis, Ernennung zum magister militum utriusque militiae und Anerkennung als König (der Ostgoten); schloß sich 475 dem usurpierenden Basiliskos an, wurde 477 von → Zenon (1) aller Ehren entkleidet und durch → Th. (1) d. Gr. ersetzt. Nach kurzem Zusammengehen der beiden allenfalls entfernt miteinander verwandten Gotenkönige fiel Th. wieder zu Zenon ab und erhielt neues foedus, den Patriziat und wieder das Amt des magister militum; er zog nach Thrakien und später nach Illyrien, wo er 481 starb. K.H.Sch.

Theodizee. [1] → Theologie (B 2) und → Religion (I C) setzen voraus, daß die Gottheit die Macht besitzt, in der physischen Welt eine sinnvolle Ordnung und in der geschichtlich-ethischen Welt die Gerechtigkeit herzustellen. Die Erfahrung zeigt in der physischen Welt Phänomene, die nicht nur sinnlos (aristotelisch *μάτην*), sondern geradezu sinnwidrig sind (schädliche Tiere und Pflanzen, unbewohnbare Wüstengebiete u. dgl.); in der geschichtlichen Welt unzweifelhaften Erfolg des Ungerechten und qualvollen Untergang des Gerechten.

[2] Die *Diskussion der Naturphänomene* bleibt wesentlich auf die Fachphilosophie beschränkt. Platon statuiert, daß das Werk des Demiurgen gut sei, und Aristoteles, daß Gott und die Natur nichts Sinnloses machen; beide schließen damit die Feststellung nicht aus, daß in der sublunaren Welt entsprechend dem Bedingungsbereich (*ἀνάγκη*), in dem sie geschaffen wurde, ein Moment der Unordnung und Zufälligkeit mitwirkt. Dramatisiert wird das Problem bei Epikur und der Stoa. Aus der Mangelhaftigkeit des physischen Kosmos folgert Epikur, daß die Götter sich nicht um ihn kümmern; die Stoa sucht die Sinnhaftigkeit des von der Vorsehung verwalteten Kosmos bis ins einzelne nachzuweisen bzw., wo dies nicht gelingt, die Begrenztheit des menschlichen Verstehens verantwortlich zu machen.

[3] Die *Diskussion des ethischen Problems* greift weit über die Fachphilosophie hinaus, beginnt schon mit → Theognis (373 ff., 731 ff., 743 ff.) und findet in → Geschichtsschreibung und → Tragödie immer neue Nahrung. Pathetisch wird die Folgerung gezogen, daß die Gottheit gleichgültig, ungerecht oder gar nichtexistent sei. Die Th. macht dagegen zur Hauptsache geltend: 1. Uralt (schon Hom. Il. 4, 160 ff., Solon Frg. 1, 25 ff. D.) ist der Ausweg, der gerechte Ausgleich erfolge später: die Gottheit lasse sich Zeit und strafe den Verbrecher erst im Alter oder gar in seinen Kindern

und Enkeln (vgl. Plut., De sera num. vind.). – 2. Wo differenziertem Rechtsempfinden dieser Ausweg nicht genügt, treten die →Jenseitsvorstellungen ein: schon →Homer und →Hesiod beschreiben den →Tartaros (ursprünglich Gefängnis der besiegten →Titanen) als Strafort für die Frevler. Ausgebaut wird der Gedanke in den Mythen →Platons (und des Aristoteles?): den Gefilden der Seligen (→Elysium) stehen verschiedene Strafregionen für geringe, schwere und unheilbare Verbrecher gegenüber. Die hellenist. Philosophie hat diese Anschauung abgelehnt, der Neuplatonismus sie wieder aufgenommen und der christl. Theologie weitergegeben. – 3. Der Weise als der vollkommen gerechte Mensch kann im strengen Sinne gar nicht ins Unglück geraten, da ihm keine äußere geschichtliche Macht die Tugend als die Basis seines Glückes rauben kann. So schon Platon (apol. 30CD), schärfer noch andere →Sokratiker (vgl. Aristot. NE 1153b19/20), dann vor allem (z. T. gegen den Peripatos) die →Stoa. Komplementär ist die These, daß die möglichen Leiden (Krankheit, Folterung, Verbannung usw.) grundsätzlich belanglos sind und die göttl. Vorsehung sich mit Recht nicht um sie kümmert. – 4. Erst in christl. Theologie ausgeführt, aber z. T. wohl schon antik ist der Gedanke, daß kein Mensch faktisch so gerecht sei, daß er nicht einiges Unglück verdiene, sei es zur Strafe, sei es zur Erziehung und Erprobung seiner Standfestigkeit. Die Lehre von der Erbsünde und daß Gottes Wille gerecht, aber unerforschlich sei, stellt dann überhaupt die Th. auf eine neue Basis. O. G.

Lit: →Theologie.

Theodora, röm. Kaiserin 527–548, geb. um 497, gest. 28.6.548 in Konstantinopel. Th. war die Tochter eines Tierwärters und soll in ihren Jugendjahren als Schauspielerin ein lockeres Leben geführt haben. Um 522 lernte sie →Justinian kennen, der sie dank der Förderung durch →Justinus (3) i. J. 525 heiraten konnte (1.4.527 Augusta). Bis zu ihrem Tode war Th. Justinians tatsächliche Mitregentin (consors imperii), und ihrem herrscherlichen Selbstbewußtsein hat der Kaiser oft nachgegeben. Sie verhandelte sogar mit den Gesandten fremder Staaten und wurde in Staatsverträgen genannt; auch die Proskynese beanspruchte sie für sich. Persönlich fromm, förderte sie im Gegensatz zu ihrem Gatten die →Monophysiten. Trotz der drastischen Kritik, die →Prokop in seiner Geheimgeschichte (Anekdota) an dem Herrscherpaar übt, scheinen sich Justinian und Th. in vieler Hinsicht glücklich ergänzt zu haben. Ihre autokratische Herrscherauffassung wird bes. aus den Mosaikbildern von San Vitale in →Ravenna deutlich. H.-J. D.

Lit: A. Nagl, RE 5A2 (1934), 1776–91 – E. Kornemann, Große Frauen d. Altertums (1942), 1952⁴.

Theodoret, Bischof von Kyrrhos (östlich von seinem Geburtsort Antiochia), nahm im christologischen Streit für →Nestorios gegen →Kyrill (1) v. Alexandria Stellung und wurde darum 449 n. Chr. auf dem Konzil von Ephesos abgesetzt und verbannt, auf dem Konzil von Chalkedon 451 aber wieder eingesetzt. Erhalten sind von ihm Kommentare zu Bibelbüchern, apologetische, dogmatische, kirchengeschichtliche Schriften sowie Briefe und Bruchstücke von Predigten. Wichtig sind: ‹Hellenischer Krankheiten Heilung›, wo Th. heidnische und christl. Lehren vergleicht; ein Dialog ‹Der Bettler oder Vielgestaltige› gegen die →Monophysiten; eine Kirchengeschichte, die den →Eusebios fortsetzt und bis 428 reicht, eine Sammlung von Mönchsbiographien und eine Ketzergeschichte. K. St.

Ed: PG 80–84 – Kirchengesch.: L. Parmentier-F. Scheidweiler, GCS 44 (= 19²), 1954 – Hell. Kr. H.: P. Canivet, SC 57, 1958 – Briefe: Y. Azéma, SC 40, 1955 – *Übers:* Mönchsgesch.: K. Gutberlet, BKV 50, 1926 – Kirchengesch.: A. Seider, ebd. 51, 1926 – *Lit:* P. Canivet, Histoire d'une entreprise apologétique au Vᵉ siècle, 1958.

Theodorides von Syrakus, Epigrammatiker, 2. H. 3. Jh. Griff in einem fingierten Grabepigramm (AP 13, 21) →Mnasalkas an (wie ein gleiches Epigramm AP 7, 406 auf →Euphorion zu verstehen ist, ist strittig). Weitere Grab- und Weih-Epigramme. Daneben hören wir von einem Eros-Gedicht (Ath. 475 F), einem Dithyrambus ‹Der Kentaur› (ebd. 699E), jambischen und hexametrischen Gedichten (ebd. 229B; 302C). P. H.

Ed: AP.

Theodoros, von Phokaia (eventuell identisch mit →Theodotos), schrieb nach Vitr. 7 praef. 12 über die →Tholos in →Delphi, als deren Erbauer er daher gelten muß. Der kurz nach 400 errichtete Rundbau mit Zeltdach, 20 dor. Säulen und korinth. Innensäulen ist eine der vornehmsten Schöpfungen des ‹Reichen Stils›. →Architektur I E [2]. G. Gb.

2. **Th. Atheos,** von Kyrene (ca. 330–270 v. Chr.), →Kyrenaiker, Begründer einer eigenen Richtung, der *Theodoreioi.* Lehren bes. bei →Diogenes (1) Laertios (2, 97 bis 103). Er scheint in Leben und Lehre das sophistisch-aufklärerische Moment wesentlich über →Aristipp hinaus betont zu haben; seine These etwa, daß nicht die Natur, sondern nur die Umstände den Diebstahl, Ehebruch und Tempelraub zu etwas Verwerflichem machten, greift auf Gedanken der ältesten →Sokratik und →Sophistik zurück. Bekannt blieb sein Buch ‹Über die Götter›, das anscheinend die traditionellen Gottesvorstellungen radikal angriff und dem Verfasser den Beinamen ‹Atheos› eintrug. Der spätern Antike ist er nur als einer der wenigen →Atheisten in Erinnerung geblieben. O. G.

Lit: →Aristipp von Kyrene.

3. **Th. Meliteniotes,** byzantin. Gelehrter und Archidiakon der Hagia Sophia, 14. Jh., Verfasser von drei Büchern ‹Astronomie› nach →Ptolemaios (17), →Theon (3) v. Alexandria sowie pers. Quellen.

4. **Th. Metochites,** byzantin. Gelehrter um 1300, beschäftigte sich mit →Ptolemaios (17), →Theodosios (4) v. Tripolis und →Theon (3) v. Alexandria; Verfasser einer ‹Einführung in die Astronomie›.

5. **Th. Priscianus,** Arzt (Pharmakologe) um 400 nach Chr., Schüler des →Vindicianus, keiner bestimmten Schule zugehörig. Erhalten ‹Euporista› und ‹Physica› (fragmentarisch; Sammlung von Wunderheilmitteln). F. K.

Ed: V. Rose, 1894 – *Lit:* Th. Meyer-Steineg, Th. Priscianus u. die röm. Medizin, 1909.

6. **Th. von Asine,** →Neuplatoniker, 3./4. Jh. n. Chr., Schüler des →Porphyrios und des →Iamblichos. →Plotins Intellekt (νοῦς) spaltet er in eine intelligible, intellektuelle und demiurgische Triade; jedes Glied der demiurgischen Triade (Seiendes, Intellekt im eigentlichen Sinne, Seelenquelle) wieder in drei. Auch das Seelische ist dreigespalten; die drei Seelen entsprechen den Gliedern der demiurgischen Triade. Mit Plotin lehrt er, daß die Seele nicht eigentlich gefallen ist (gegen Iamblichos). Eindrucksvoller Satz: «Außer dem Einen betet alles.» Ph. M.

Frg: A. N. Zoumpos, 1956 – *Lit:* K. Praechter, RE 5A2 (1934), 1833–38 – E. Zeller-G. Martano, 1961.

7. **Th. von Byzanz,** Rhetor vom Ende des 5. Jh.s. Erfolgreicher Konkurrent des →Lysias als Redelehrer, Verfasser einer *Τέχνη ῥητορική*. Bahnbrechend für die Gliederung der Rede in ihre Teile. →Rhetorik B [2]. H. H.

Q. u. Frg: L. Radermacher, Artium scriptores, 1951, 106ff. – *Lit:* Fr. Solmsen, RE 5A2 (1934), 1839–47 – Kennedy, Persuasion, 70 u. ö.

8. **Th. von Gadara** (Koilesyrien), Rhetoriklehrer vom Ende des 1. Jh.s v. Chr., Vertreter des →Attizismus, in Rhodos Lehrer des Kaisers Tiberius. →Rhetorik B [9]. H. H.

Lit: Kennedy, Persuasion, 335 – G. M. A. Grube, Th. of Gadara, AJPh 80, 1959, 337–365.

9. **Th. von Kyrene,** 470/460–390/380, →Mathematiker, Lehrer des →Theaitetos, bekannt vor allem durch die Konstruktion der Quadratwurzeln aus den Zahlen 2–17 und den für jede einzelne Zahl erbrachten Beweis, daß sie mit Ausnahme der Wurzeln aus 4, 9 und 16 irrational sind. K. v. F.

Lit: B. L. Van der Waerden, Erwachende Wissenschaft, 1956, 233 bis 240.

10. **Th. von Mopsuestia,** Schüler von →Libanios, Mönch, dann Priester in Antiochia, ab 392 Bischof, die überragendste Gestalt der →antiochenischen Theologie (gest. 428). Sein theologischer Lehrer war →Diodoros (6) v. Tarsos; unter seinen Schülern war →Nestorios, für dessen →Dyophysitismus später Th. verantwortlich gemacht wurde; neuere Funde und Forschung haben aber seine ‹Orthodoxie› erwiesen. Die Verdammung durch das 5. ökum. Konzil (553) hat fast das ganze theologische Schrifttum vernichtet. Syrisch ist nur eine ‹Disputation mit den Makedonianern› (Pneumatomachen; vgl. →arianischer Streit) erhalten; eine syr. Hs. mit dem Traktat ‹Über die Inkarnation› ging im ersten Weltkrieg verloren. Aus dem exegetischen Gesamtwerk zu fast allen hl. Schriften, das Th. bei den Nestorianern den Titel ‹der Schrifterklärer› eintrug, sind erhalten, bzw. durch →Kettenkommentare rekonstruierbar Kommentare zum Psalter, den kleinen Propheten, Johannesevangelium und Paulusbriefen. 16 neuentdeckte →Katechesen (syr.) sind auch liturgiegeschichtlich wichtig. H. D.

Ed: PG 66 (z. T. unechtes Material) – *Lit:* Altaner, 285–287 – Dazu: L. Abramowski, Zur Theologie Th.s, ZKG 72, 1961, 263–293 – U. Wickert, Stud. zu den Pauluskommentaren des Th. v. M., 1962.

11. **Th. von Samos,** Bildhauer, Sohn des Telekles und Mitarbeiter des Roikos, mit dem er zusammen den Erzguß ‹erfunden› haben soll. Nach Hekataios von Abdera, Bruder des Telekles und Sohn des Roikos; im 6. Jh. v. Chr. tätig. Ungewöhnlich vielseitiger Künstler: →Toreut (Silberkrater des Kroisos in Delphi, vor 548; goldener Krater und goldene Rebe im Besitze der Perserkönige), →Gemmenschneider (Ring des Polykrates, vor 525 v. Chr.; Selbstbildnis mit Feile und Viergespann in der Hand), Bronzebildhauer (Apollon Pythios von Samos) und Erfinder verschiedener Werkzeuge (Winkelmaß, Wasserwaage, Schlüssel, Drehbank). E. Bg.

Lit: Lippold, GrPl, 58f.

Theodorus, vgl. auch →Flavius.

Theodosius I. (Flavius Th.), röm. Kaiser 379–395, geb. 11. 1. 347 in Cauca (Nordspanien), gest. 17. 1. 395 in Mailand. Th. entstammte einer reichen spanisch-röm. Familie; sein Vater Theodosius war unter →Valentinian I. Heermeister. Th. zeichnete sich 374 als dux der Provinz Moesia I im Kampf gegen die Sarmaten aus, zog sich aber nach dem Sturz seines Vaters (376) auf seine Güter zurück. Als der Ostkaiser →Valens 378 bei Adrianopel gefallen war, berief →Gratian den Th. zum magister equitum und erhob ihn am 19. 1. 379 in Sirmium (Mitrovica) zum Augustus für den Osten. Th. hatte bald Erfolge gegen die Westgoten, die mit Vertrag vom 3. 10. 382 als Föderaten südlich der unteren Donau angesiedelt wurden. – In der *Kirchenpolitik* brach der persönlich fromme Kaiser endgültig mit dem →Arianismus zugunsten der nicaeischen Richtung, die durch ihn zur Staatskirche wurde (→Christentum II B). Wie Gratian legte Th. den Titel des pontifex maximus ab und begann, die schismatischen und häretischen Kirchen sowie das Heidentum intensiv zu bekämpfen. Die Beschlüsse des 2. ökumenischen →Konzils von Konstantinopel (Mai/Juli 381) erhielten durch ihn Gesetzeskraft. – Nach der Niederwerfung des →Maximus (1) hielt sich Th. jahrelang im Westen auf und beschränkte die Autorität des in Gallien residierenden →Valentinian II. Als Christ unterwarf sich Th. einer Kirchenbuße, die →Ambrosius nach dem ‹Blutbad› von Saloniki (Frühj. 390) über ihn verhängt hatte. Seit der Auseinandersetzung mit Ambrosius trat Th. noch entschiedener im Sinne der katholischen Kirche auf. – Die Erhebung des →Eugenius (392), um den sich die reaktionären heidnischen Kreise des →Senates zusammenschlossen, zwang Th. zu neuem Eingreifen im Westen. Vor Beginn des Feldzuges wurde →Arcadius unter Leitung des Prätorianerpräfekten →Rufinus (2) zum Regenten des Ostens bestellt. Nach dem Sieg über Eugenius am Frigidus (6. 9. 394) vereinigte Th. nochmals das Gesamtreich in seiner Hand, während sich nach seinem baldigen Tod unter Arcadius und →Honorius rasch eine stärkere Differenzierung zwischen den beiden Reichsteilen entwickelte. Th. ist unter kirchlichem Einfluß mit dem Ehrennamen ‹der Große› ausgezeichnet worden; die bedeutendste Herrscherpersönlichkeit des späten 4. Jh.s ist Th. zweifellos auch gewesen. Seine Nachgiebigkeit gegenüber der Kirche und den an die Reichsgrenzen anbrandenden Germanen sowie gegenüber vielen sozialen Schäden erweckt jedoch einen zwiespältigen Eindruck, wenn auch die Politik des Kaisers wohl im wesentlichen den Forderungen seiner Epoche entsprach. – Die historischen Reliefs seines Obelisken im zum Kaiserpalast gehörigen Hippodrom in Konstantinopel sind das bedeutendste erhaltene Staatsdenkmal byz. Zeit. H.-J. D.

Lit: O. Seeck, Gesch. d. Untergangs d. ant. Welt V, 1913 – E. Stein, Gesch. d. spätröm. Reiches I, 1928 – H. Lietzmann, Gesch. d. alten Kirche IV, 1944 – W. Hartke, Röm. Kinderkaiser, 1951 – W. Enßlin, Die Religionspolitik d. Kaisers Th. d. Gr., 1953 – A. Heuß, Röm. Gesch. (1960), 1964^2 – G. Bruns, Der Obelisk und seine Basis auf dem Hippodrom zu Konstantinopel, 1935 – A. W. Byvanck, De obelisk van Constantinopel, Meded. Amsterdam 1960.

2. **Th. II.,** (ost-)röm. Kaiser 408–450, geb. 401 als Sohn des →Arcadius und der Eudoxia in Konstantinopel, gest. 28. 7. 450 in Konstantinopel. Th. war schon am 10. 1. 402 zum Augustus erhoben worden, so daß die Herrschaft nach dem Tode des Vaters ohne weiteres auf ihn überging. Bis 414 war der Prätorianerpräfekt Anthemius der eigentliche Regent des Reiches, dann Th.s Schwester →Pulcheria; schließlich hatte seine Gattin Eudokia starken Einfluß auf Th. Während der langen Regierung des Th. hatte das Ostreich Kämpfe mit den →Persern und bes. mit dem sich in den Donauländern bildenden →Hunnenreich zu bestehen, das neben zahlreichen Grenzgebieten seit 430 einen hohen Jahrestribut erhielt. Th. griff 424/425 erfolgreich zugunsten der theodosianischen Dynastie im Westen ein (→Johannes (1), →Valentinian III.). Gegen die Eroberung Nordafrikas durch die →Vandalen konnte er Valentinian nur ungenügend Hilfe gewähren (431 und 440). 438 wurde der →Codex Theodosianus publiziert, der alle gültigen Kaisererlasse von 312 an enthielt. – Als Herrscherpersönlichkeit zählt Th. kaum; ähnlich wie Arcadius, →Honorius oder Valentinian III. gehört er zu jenen spätröm. Kaisern, die sich nur kraft des dynastisch-legitimistischen Prinzips mit Hilfe ihrer Feldherren und Ratgeber – darunter der kaiserlichen Frauen – behauptet haben. H.-J. D.

Lit: O. Seeck, Gesch. d. Untergangs d. ant. Welt VI, 1920 – E. Stein, Gesch. d. spätröm. Reiches I, 1928 – A. Heuß, Röm. Gesch. (1960), 1964^2.

3. **Th. von Alexandria,** ca. 4. Jh. n. Chr., Verfasser einer kurzen Zusammenstellung der Deklinations- und Konjugationsparadigmata, die dadurch, daß sie →Choiroboskos seinem Lehrgang zugrunde legte, bis in die Renaissance hinein in Benutzung blieb. D. F.

Ed: GrGr IV 1, 3–99.

4. **Th. von Tripolis,** →Astronom und →Mathematiker, 1. Jh. v. Chr. Seine ‹Sphärik› enthält Sätze über Schnitt und Berührung von Kugel und Ebene, sowie über Kreise auf der Kugel, die vermutlich schon vor →Euklid bekannt waren. Sie sind rein mathematisch formuliert, aber unmittelbar astronomisch anwendbar. Die Sammlung *ὁ μικρὸς ἀστρονούμενος* enthielt von Theodosios außer der Sphärik: *περὶ ἡμερῶν καὶ νυκτῶν; περὶ οἰκήσεων.* H. G.

Ed: J. Austria, 1951 (Über Tag und Nacht, Über die Himmelshäuser) – J. L. Heiberg, 1927 (Sphärik) – *Übers:* P. ver Eecke, 1927 (franz.; nach dem Ms. von Heiberg) – A. Czwalina, 1931 (deutsch) – *Lit:* Sarton I 211.

Theodosiusobelisk, 390 n. Chr. in Konstantinopel aufgerichtet. Der erhaltene Sockel trägt Reliefs (Wagenrennen im Beisein des Kaisers). Vgl. →Plastik C [6]. H. v. H.

Lit: G. Bruns, Der Obelisk und seine Basis auf dem Hippodrom zu Konstantinopel, 1935.

Theodotos, Architekt (eventuell identisch mit → Theodoros, 1), erbaute in der 1. H. 4. Jh. den Asklepios-Tempel von → Epidauros, einen kleinen, in spätklass. Manier sehr gedrungenen Peripteros (6 × 11 Säulen, kein Opisthodom), der durch ungewöhnlich reichen plastischen und ornamentalen Schmuck ausgezeichnet war. G. Gb.

2. **Th.,** Gnostiker, Schüler des → Valentinus. Lehre in den ‹Excerpta ex Th.› des → Clemens Alex. greifbar.

Theognis, → Lyriker, 5./6. Jh. v. Chr., vermutlich aus Megara in Griechenland (auf dies deuten v. 11 und v. 773 ff.), nach Plat. leg. 1, 630 A jedoch war er Bürger des sizilischen M. (vgl. v. 783); die Beweiskraft dieser Stellen hängt allerding an der Frage ihrer Echtheit. – *Werk.* Das antike Schriftenverzeichnis (→ Suidas) nennt mehrere Sammlungen von → Elegien, die vermutlich die erhaltene unter verschiedenen Titeln meinen. Diese unter Th.' Namen laufende Sammlung ist eine locker gefügte Reihe meist kurzer Elegien und Sprüche verschiedenen Inhalts in Distichen. Sie enthält einen echten Kern (v. 19 ff. → Sphragis mit den Namen des Dichters und des Kyrnos, dem er das Werk widmete, v. 237 ff. klingen wie ein Schluß), der durch verschiedene Zusätze (auch Verse aus → Tyrtaios, → Mimnermos, → Solon, sogar → Euenos) erweitert wurde; was im einzelnen echt ist, bleibt ungewiß. Schon die erste Fassung war vermutlich eine Sammlung kleiner, zum Vortrag beim → Symposion bestimmter Gedichte, die ohne Schwierigkeit erweitert werden konnte. Streckenweise ist eine gewisse Ordnung erkennbar, indem inhaltlich ähnliche Gedichte zusammenstehen oder auf ein Gedicht eins mit der entgegengesetzten Ansicht folgt. In dem viel kürzeren 2. Buch (nur in einer Hs. überliefert) sind vor allem Verse päderastischen Inhalts zusammengestellt (aber auch das 1. Buch enthält derartiges). Die Echtheit mindestens von Teilen dieses Buches ist dadurch gesichert, daß ein Vers (1365) auf einer Vase aus Tanagra von ca. 500 v. Chr. steht (U. Köhler, AM 9, 1884, 1 ff.). Daß die Sammlung einmal anders aussah, beweist ein Zitat aus Stobaios (1221–26), das in den Hss. nicht steht. – Die inhaltlich recht verschiedenen Gedichte haben einen Grundzug gemeinsam: sie stammen aus der Welt der adligen Hetärien (und sind insofern nicht nur mit den → Skolien, sondern auch mit vielem aus → Alkaios verwandt). Neben Stücken rein sympotischen und erotischen Charakters stehen Reflexionen über Freundschaft und Menschenkenntnis, über den Wert des Geldes und des Glücks. Vieles ist als Lehre und Ermahnung an jüngere Miglieder gerichtet. In manchen Teilen spiegelt sich die Situation der Zeit, in der der Adel seine Stellung durch die politischen Umwälzungen bedroht sah: Klagen darüber, daß die Edlen nichts mehr gelten, während minderwertiges Volk zu Geld und Einfluß kommt, daß selbst der Adel Geldheiraten schließt usw. Meist wird noch die alte Adelsmoral gelehrt, es gibt aber auch Stücke, die zu kluger Anpassung an die neuen Verhältnisse raten. Aus dieser Sammlung läßt sich recht gut ablesen, wie der Adel sich mit den Ereignissen des 5. Jh.s auseinandersetzte. – Den verhältnismäßig einheitlichen *Stil* der Sammlung kennzeichnen Klarheit und Treffsicherheit. Formal und z. T. inhaltlich geht das literarische → Epigramm auf Gedichte dieser Art zurück. E.-M. V.

Ed: D. Young, BT 61 – *Lit:* M. H. v. d. Valck, Th., Humanitas 4, 1956, 68–140 (Lit).

Theognostos, byzantin. Grammatiker des 9. Jh.s n. Chr., vielleicht identisch mit dem Protospatharios Th., höherem Beamten unter Michael I. Rhangabes, der 812 nach Aachen geschickt wurde, um die Kaiserwürde Karls d. Gr. anzuerkennen. Verfasser einer Orthographie (*Περὶ ὀρθογραφίας*). Diese besteht aus zwei Teilen, deren erster (Regeln 1–142) die Schreibung der Anfangs- und Mittelsilben behandelt, während der zweite (Regeln 143 bis Ende) Vorschriften über die Endungen der einzelnen Redeteile gibt. Hauptquelle des 1. Teiles ist ein Kyrillglossar, die des 2. sind Schriften Herodians. Th.' Werk enthält zahlreiche, in älteren Schriften nicht belegte Vokabeln, die es teilweise an die byzantin. → Etymologika weitergegeben hat. H. E.

Ed: I. A. Cramer, Anecdota Graeca e codd. mss. Bibliothecarum Oxoniensium II, 1835, 1–165 – K. Alpers, Th. *Περὶ ὀρθογραφίας*, Überlief., Quellen u. Text der Kanones 1–84, Diss. Hamburg 1964.

Theogonie, Göttergenealogie, oft verbunden mit einer Kosmogonie, meistens in Hexametern. Zum typischen Inhalt vgl. die mythologischen Stichworte (bes. → Uranos, → Kronos, → Zeus, → Titanen) und → Hesiod (B 1); dort auch zum Einfluß religiöser Dichtung des Vorderen Orients. – Vollständig erhalten ist die Th. des → Hesiod, in wenigen Fragmenten überliefert die einst 5000 Hexameter umfassende Th. des → Epimenides von Knossos, die bei deutlichen Berührungen mit Hesiod auch große Verschiedenheiten aufwies. Die von Hesiod behandelten Themenkreise wurden erweitert und ausgeschmückt in der sog. *kyklischen Theogonie* (Prokl. chr.), deren Inhalt den Anfang der Bibliothek Apollodors beeinflußt hat, und mit orphischen Vorstellungen verbunden in den *Ἱεροὶ λόγοι* (‹rhapsodische Th.›), die dem Orpheus (→ Orphische Literatur) zugeschrieben wurde (Überblick über die verschiedenen ihm zugeschriebenen Th.n bei Damaskios, Fr. 28, 5460 Kern). Weitere Th.n sollen → Musaios, → Abaris und → Aristeas (1) v. Prokonnesos verfaßt haben. G. K.

Lit: → Hesiod; → Orphische Literatur; → Epimenides. *Ferner:* J. Dietze, Zur kyklischen Theogonie, RhM 69, 1914, 522–537 – P. Philippson, Genealogie als mythische Form, SO Suppl. 7, 1936 – W. Staudacher, Die Trennung von Himmel und Erde bei Hesiod und den Orphikern, 1942, 61–121.

Theoi Patrioi (*θεοὶ πάτριοι*, auch *θ. πατρῷοι;* vgl. → Di patrii): die ‹väterlichen Götter› ebenso wie die ‹von den Vätern ererbten Götter›, d. h. die Götter, die innerhalb einer Familie, eines Geschlechtes oder einer größeren Gemeinschaft mit gemeinsamer Abstammung in ununterbrochener Tradition verehrt werden und denen innerhalb dieser Gemeinschaft ein besonderer Kult zuteil wird (wer keiner bestehenden Gesellschaftsordnung angehört, hat also keine Th. P.; vgl. → Geschlechterkult). Die Th. P. galten als väterlich sorgende Schutzpatrone, oft auch als Ahnherren der Gemeinschaft. Bald werden sie ohne besondere Namensnennung als Gesamtheit, bald wird der Stammes- oder Familienheros (→ Heros, → Eponyme, → Archegetes) bzw. ein bestimmter Gott, dessen Verbundenheit mit der betreffenden Gemeinschaft durch Kult und Mythos verbürgt ist, als Th. P. mit Namen angerufen (bes. häufig → Zeus Patroos, → Apollon Patroos; letzterer z. B. in Athen, vgl. Plat. Euthyd. 302 D; Aristot. Ath. Pol. 55, 3). K.-H. R.

Lit: Nilsson I 524 f.

Theoklymenos, Seher, Nachfahr des → Melampus, von → Telemachos aus Pylos nach Ithaka gebracht, wo er die Heimkehr des → Odysseus und das Ende der Freier voraussagt.

2. **Th.,** nach späterer mythologischer Überlieferung Sohn des → Proteus und der → Psamathe (Eur. Hel. 9. 13).

Theokrit, von Syrakus, der größte bukolische Dichter des Hellenismus, 1. H. 3. Jh. v. Chr. *Leben:* Eid. (= → Eidyllion) 16 (275/274) zeigt T. um die Gunst → Hierons II. v. Syrakus bemüht (Hintergrund: schlechte Erfahrung mit Herrschern?) Eid. 17, gegen 270, lobt → Ptolemaios II. ob seiner Freigebigkeit. Indessen hat sich Th. also mit Glück nach Alexandria gewandt. Ein dritter Schauplatz des Lebens ist Kos (s. u. über Eid. 7). Th. soll sich auf dem Weg nach Alexandria dort aufgehalten haben, also in der Zeit zwischen Eid. 16 und Eid. 17.

[2] *Werke:* Die Zeitansätze sind meist problematisch, jedoch wurde für die bukolischen Gedichte angeführt, daß deren botanische Vorstellungen nichts mehr mit Sizilien zu tun haben. Also später? Einige der von den Scholien → *Eidyllien* (= ‹Kleine Gedichte›, nicht in unserem Sinn ‹Idyllen›) genannten Gedichte zweifellos unecht. (Im Folgenden zumeist nur das Echte erwähnt.) – *Bukolische Ge-*

dichte: Eid. 1: ein Sangeswettstreit zweier Hirten, bemerkenswert durch eingelegte kunstvolle Beschreibung eines Bechers. Im Hauptstück vom Tod des → Daphnis handelnd. Eid. 3 hat Ähnlichkeit mit einem → Paraklausithyron, Eid. 4 zeigt einen recht wirklichkeitsnahen Hirtendialog, zumeist über Alltagsdinge. Höchst problematisch ist Eid. 7, worin Th. selber als Simichidas auftritt. Er begegnet auf dem Weg zu einem ländlichen Fest (Titel: Thalysia, ‹Erntefest›), offenbar auf Kos, einem Lykidas, der der Schilderung nach Hirte ist. Diesen begabten Dichter fordert Th. (auf Neckerei hin) heraus, indem er auf die eigene Kunst bescheiden-stolz (Vergleich mit → Asklepiades, → Philitas) verweist. Der angenommene Wettkampf (Anerkennung für Th.s Einsicht, nicht etwa Hinweis auf ein Bekenntnis zur ‹Kleinen Form›, vgl. → Hellenist. Dichtung B 1) führt zum Austausch von Liedern und einer Ehrung des Th. Anschließend Weg zum Fest (Schilderung eines Ausschnitts daraus in höchstem Naturgefühl!). Hinter Lykidas sehen manche (‹Bukolische Maskerade›) einen Dichterkollegen des Th., keinen echten Hirten, da es (nach Reitzenstein) auf Kos eine Bruderschaft von βουκόλοι (Hirten) gegeben habe, die dem Dionysos geweiht war, darunter auch Dichter der Insel. Einfacher ist die Annahme, daß Th. einen wirklichen Hirten schildert und damit die Begegnung des bukolischen Dichters Simichidas-Th. und der von ihm besungenen Welt der Hirtendichter fixiert. Die bukolischen Gedichte stellen im ganzen das Problem, wie realistisch das Kunstvermögen der Hirten gesehen ist. Vielleicht ist die Übertreibung geringer, als sie scheint. – Man kann die Bukolika allesamt als → Mimoi bezeichnen; andere Mimoi spielen *im städtischen Milieu:* Eid. 15 (‹Adoniazusen›, Frauen am Adonisfest), lebendige Plaudereien von zwei Frauen auf dem Wege zum Palast in Alexandria, wo → Adonis aufgebahrt ist, und bei der Besichtigung; dabei Vortrag eines Adonis-Liedes einer Sängerin (viel einfacher als bei → Bion (2), ganz den Umständen angemessen). Eid. 14, ‹Aischinas und Thyonichos›: Männergespräch um Liebesleid. Eid. 2, ‹Zauberring›. Von Schaltversen gegliederter Monolog eines unglücklichen Mädchens, das den Geliebten durch Zauberei zu binden hofft. (Das Scholion notiert Beziehung zu → Sophron.) Auf Kos spielend; gibt wichtigen Einblick in griech. → Zauberwesen. – Von *Gedichten mythischen Stoffes* ist Eid. 13 (dem Nikias zur tröstlichen Belehrung gewidmet), die Erzählung vom Raub des Hylas, wohl früher als die entsprechende Episode des → Apollonios (11) Rhodios. Eindeutig ein → Epyllion ist Eid. 13 nicht, wohl aber Eid. 24, ‹Herakliskos› (‹Der kleine Herakles›), neben → Kallimachos (Hymn. 3) und → Apollonios' Anfang des 3. Buches das schönste Beispiel des hellenistischen Sinnes für das Kind (mit Humor wird das Heldische des Kleinen in der Wiege geschildert, daneben das Genrehafte des Elternhauses). Eid. 25, ‹Herakles der Löwentöter› (strittige Verfasserschaft), ist aus mehreren isolierten Szenen aufgebaut. – *Gedichte an Herrscher* (vgl. oben [1]): Die Beschreibung der Funktion des Sängers in Eid. 16 (‹Chariten›) und der bildhafte Preis des Hieron machen dieses Gedicht zu einem der besten des Th. Eid. 17 (auf Ptolemaios) ist durch schlichte und doch feiernde Sprache, auch durch geschmackvolle Vorstellungskraft ausgezeichnet. – *Erotischen Themen* sind Eid. 12, ferner 29 und 30 zugewandt. – Die beiden letzten Eid. und Eid. 28 sind in äolischem Dialekt und äolischen Metren geschrieben, die übrigen in epischem oder dorischem Dialekt und im daktylischen Hexameter. – *Übrige Werke:* Die vollständigste Handschrift der Eidyllien enthält auch die Epigramme des Th., zu ihren 30 Eidyllien kommt durch Papyrusfund ein weiteres (z. T. unecht). Aus Ath. 7, 284 A ist das Bruchstück eines Gedichtes ‹Berenike›, aus AP 15, 21 das → Technopaignion ‹Syrinx› bekannt.

[3] *Würdigung:* Von den großen alexandrin. Dichtern ist Th. derjenige, der vom gelehrten Element am wenigsten ins Werk aufnimmt (keine Verbindung zu den alex. Instituten bekannt). Seine Sache ist vor allem die dramatische Darstellung (→ Mimus). Dabei wird er, ohne die theoretische Begründung des → Kallimachos erkennen zu lassen, zu einem Repräsentanten der ‹Kleinen Form›. Nachgewirkt haben besonders seine (wohl nicht ganz unrealistischen) Hirtengedichte (→ Vergil), zumal durch ihre Behandlung der Liebe. P.H.

Ed: A. S. F. Gow, 2 Bde, 1950 (mit Komm.) – *Lit:* Umfassendes Verzeichnis ebd. II 561 ff. – J. H. Kühn, Die Thalysien Th.s, Hermes 86, 1958, 40–79 – *Bildnisse* → Anhang I.

Theologie

A. Begriff. Quellen – B. Leitgedanken – C. Prädikate des Göttlichen – D. Randprobleme

A. Begriff. Quellen. Die *philosophische Th.* ist abzugrenzen (a) von → Religion und Kultus, da es ihr nicht um die Praxis des gottgefälligen Verhaltens geht, sondern um die theoretische Einsicht in das Wesen des Göttlichen und seiner Relation zum Nichtgöttlichen; (b) vom → Mythos, da dieser in unverbindlichen Erzählungen das Leben der Götter anschaulich macht, die Th. jedoch einsichtige Wahrheit fordert (daß man dennoch auch im Mythos Th. suchte, hat sich in der Auseinandersetzung mit dem → Christentum als schwere Belastung erwiesen). – Das *Wort* Th. (ϑεολογία) charakterisiert zunächst die alte theogonische Dichtung eines → Hesiod, → Orpheus, → Musaios im Gegensatz zur Physiologie der Naturphilosophen. Erst durch → Platon (rep. 379 A) und Aristoteles (metaph. 1026 a 19 u. a.) wird es für die philosophische Th. in Anspruch genommen. – Antike *Spezialschriften* sind bezeugt von → Protagoras, dem Kyrenaiker Theodoros (2), den Platonschülern → Speusippos, → Xenokrates, → Philippos (6) v. Opus, den Peripatetikern → Theophrast, → Straton (2), den Stoikern → Kleanthes, → Chrysipp (2), → Poseidonios, weiterhin → Epikur usw. Erhalten ist neben einem unbedeutenden stoischen Traktat des → Cornutus (1. Jh. n. Chr.) nur → Ciceros De natura deorum. Zusammen mit → Sextus Empiricus (AP 1, 13–194) ist dies die Hauptquelle für die philosophische Th. der vorchristl. Zeit außer Platon. Auch von der Th. des Aristoteles haben wir nur Spuren (die Hauptausführung ist mit dem Dialog ‹Über die Philosophie› verloren).

B. Leitgedanken. Von ihnen hat die systematische Übersicht auszugehen, an die sich die Th. in der Frage nach Wesen und Wirken des Göttlichen gehalten hat.

[1] Homerisch ist Zeus der Vater und König der Götter und Menschen. Darin liegt, daß das Werk der Gottheit vorzugsweise *Fürsorge und Wohltun* und ausgleichende Gerechtigkeit ist. Für Platon gehört es zum Wesen Gottes, gut zu sein und Gutes zu schaffen, in allem Guten in der Natur ist die Tätigkeit Gottes zu erkennen. Von daher wird in der Stoa die vorausbedenkende Fürsorge als → Vorsehung (πρόνοια, providentia) ein theologischer Begriff ersten Ranges; das Walten der Vorsehung wird schließlich überall, an den Bahnen der Planeten wie am Bau der inneren Organe des Menschen, aufgezeigt. Auch das Wohltun gehört zu Gott, und vom späten 4. Jh. v. Chr. an beanspruchen die Herrscher, es darin der Gottheit gleichzutun und als vollkommene Wohltäter (εὐεργέτης) sogar zu den Göttern erhoben zu werden; dem entsprach die Theorie des → Euhemeros, wonach die großen Götter ursprünglich solche Menschen und Wohltäter gewesen seien. – Die Auffassung von der Gottheit als Garant des gerechten Ausgleichs in Belohnung und Strafe hat als erster Hesiod pathetisch herausgearbeitet, wichtig ist er auch für Platon. Mit ihr kommt die Th. den Bedürfnissen des Glaubens bes. nahe, setzt sich freilich auch starken Anfechtungen aus: → Theodizee.

[2] Alt, z. T. schon volkstümlich vorphilosophisch ist die Vorstellung, daß die sichtbare Welt nach Analogie des Menschen aus Körper und Seele aufgebaut sei. Das Gestein

entspricht den Knochen, die Flüsse den Adern usw. Aus der körperlichen Vergleichbarkeit wird auf das Vorhandensein einer lenkenden → *Seele* auch im Kosmosleib geschlossen. Diese mag dann Gott heißen. In der Th. Platons und bes. derjenigen der Stoa spielt dieser Gedanke eine große Rolle. Die boshafte Frage der Epikureer, ob man annehmen müsse, daß der Körper Gottes an den Polen friere, am Äquator vor Hitze glühe (Cic. nat. deor. 1, 24), zeigt die Schwäche dieser pantheistischen, nie näher bestimmten These; sie stützt sich zur Hauptsache auf die allgemeine griech. Vorliebe für Mikrokosmos-Makrokosmos-Analogien.

[3] Homer repräsentiert eine weit über die Griechen hinaus verbreitete Anschauung, wenn er die Götter auf Berggipfeln (Olymp) und in der Himmelshöhe ansiedelt. Die philosophische Th. sieht daher auch in der *obersten Region* des Kosmos die göttliche (→ Kosmologie). Meint man damit die feste Abgrenzung gegen das Draußen, nennt man sie Himmel (*οὐρανός*); meint man die oberste sichtbare, jenseits der Wolken stets von strahlender Helle erfüllte Region, nennt man sie Äther (*αἰθήρ*). Spekulative Th. hat die Gottheit noch weiter entfernt angesiedelt: der oberste Gott des Aristoteles ist jenseits der Kosmoskugel zu Hause, und bei → Epikur leben die Götter völlig abgeschieden in Zwischenwelten (*μετακόσμια*, intermundia). Der → Neuplatonismus unterscheidet innerkosmische und überkosmische Gottheiten. – Vielfach dazugenommen wird die Vorstellung, daß die *Gestirne* göttliche Wesen seien. Diese Auffassung, der Bedeutungslosigkeit der → Sterne im Kult und ihrer unbefangenen Erklärung in der ion. Naturphilosophie widersprechend, ist anscheinend pythagoreisch (→ Alkmeon, 2); sie blieb für Platon, Aristoteles und die ganze Stoa maßgebend, gestützt durch → Geometrie und → Astronomie, die auf die Belebung der Gestirne durch einen mathematischen Geist schließen zu können glaubten, wie durch die Annahme, daß der Gestirnkult zu den ursprünglichsten Religionsformen der Menschheit gehöre. Hier werden also die Götter vorzugsweise als eine oberste Gattung von Lebewesen über Pflanze, Tier und Mensch begriffen. Entsprechend werden seit dem Späthellenismus (von → Poseidonios an?) zunehmend zwischen dem Äther bzw. den Gestirngottheiten und dem Menschen weitere Gattungen als Halbgötter und Götterboten (→ Heroen, → Dämonen, → Engel) eingeschaltet. Die Schwierigkeiten der Gestirn-Th. hat bes. die Neue Akademie aufgezeigt (Cic. nat. deor. 3), grundsätzlich abgelehnt wird sie durch Epikur. Doch hält der kaiserzeitl. Platonismus, der eine umfang- und einflußreiche Dämonologie entwickelt, strikte an ihr fest und findet neue Hilfe an der sich ausbreitenden → Astrologie.

[4] Für die Vorsokratik ist die Gestirnbewegung als solche eines der bedeutendsten, der Erklärung bedürftigen Phänomene. Sie kann als ewig gelten oder als physikalisch-mechanisch entstanden oder als veranlaßt durch einen *Beweger*. Als erster hat → Anaxagoras einen solchen Beweger statuiert und ihn einen für sich bestehenden Geist (→ Nus, *νοῦς*), aber nicht Gott genannt. Diesen Schritt tat erst → Aristoteles, für den die Theorie der Bewegung einen Angelpunkt der gesamten Kosmologie und Th. darstellt; er nahm jenseits der Kosmosperipherie den Einen unbewegten Beweger als den obersten Geist-Gott an, der durch sein bloßes Sein alles Nachgeordnete in Bewegung bringt und hält. In der nacharistotelischen Th. spielt außerhalb des Peripatos diese Theorie eine geringe Rolle, ist dann aber in der Hochscholastik sehr wichtig geworden.

[5] Überaus einflußreich ist der (wohl aus der ältesten Sokratik stammende) Vergleich des Kosmos nicht mit einem lebenden Organismus, sondern mit einem Kunstwerk. Von der Struktur des Menschen schloß man auf einen großen ‹*Künstler*› (Xen. mem. 1, 4), und diese Folgerung auf den Kosmos zu übertragen lag insofern nahe, als es wohl schon seit → Anaximander und Parmenides Himmelsgloben (→ Astronomie C 3) gab, die das Ineinandergreifen der Gestirnbahnen nachzukonstruieren suchten. Dazu kommt die Bedeutung der handwerklichen Tätigkeit (→ Techne) für die Sokratik als Paradigma des Handelns schlechthin. Die Beschreibung Gottes als des mit vollkommener Kunst die Welt verfertigenden ‹Handwerkers› (→ Demiurgos) hat in Platons ‹Timaios› ihre klassische Form gefunden. Aristoteles interpretiert zwar systematisch die Naturvorgänge nach dem Leitbild der handwerklichen Technik, doch der Gottheit wird handwerkliches Tun nur in flüchtigen, halb metaphorischen Wendungen zugeschrieben. Um so mehr tritt dies in der Stoa hervor, für die Gott gleichzeitig Vorsehung, Weltseele, Himmelsfeuer (vgl. → Logos) und handwerklich methodisch schaffende Natur wird. Das Bild des Kosmos als einer ingeniös fabrizierten Maschinerie oder auch als eines prächtigen Hauses verblaßt trotz dem Proteste der → Epikureer erst, als im Neuplatonismus die Akzente sich endgültig von der sichtbaren auf die intelligible Welt verlagern, hat aber auch für die erste Th. des → Christentums (V C) einen wichtigen Anknüpfungspunkt geliefert.

[6] Göttererscheinungen (Epiphanien) vollziehen sich im griech. Bereich (vgl. bes. → Mantik) immer so, daß dem Wachenden oder Schlafenden eine bestimmte Gottheit machtvoll, doch in menschlicher Gestalt entgegentritt. Damit wird das Problem der *Gestalt Gottes* akut. Behauptet werden kann reine Gestaltlosigkeit oder die Gestalt der Gestirne bzw. der Himmelskugel oder endlich menschenartige Gestalt mit dem Hinweis, daß der dem menschlichen Geiste entsprechende göttliche Geist genau wie jener auf ein körperliches Werkzeug und Wahrnehmungsorgane angewiesen sei (so Epikur). Gegen Epikur unterstrichen Stoa und Akademie wie früher schon → Xenophanes die Absurdität einer mit Händen, Füßen, Verdauungsorganen usw. ausgestatteten Gottheit. → Anthropomorphismus.

C. Prädikate des Göttlichen. Die *Gesamtheit* der dargestellten Leitgedanken basiert auf dem weiten und unbestimmten *Begriff des Göttlichen*, der für das Griechentum überhaupt bezeichnend ist. Es fehlen indessen nicht die Bemühungen, das Wesen Gottes spekulativ schärfer zu fassen. Ausgangspunkt ist der Gedanke, daß die Gottheit all das in Wirklichkeit ist und hat, was der Mensch sich als Vollkommenes bloß vorstellt, wünscht oder nur z. T. verwirklichen kann. Wesentliche Etappen sind die Th. des → Xenophanes, → Platons und der Platoniker, des → Aristoteles, → Epikurs. Auf dieser Ebene gerät die philosophische Th. auch sogleich in einen strikten Gegensatz zum Mythos wie z. T. zum Kultus. Unter den *Prädikaten* der Gottheit, die entwickelt werden, sind die wichtigsten: 1. *Dauerhaftigkeit.* Die Götter sind ‹unsterblich› (*ἀθάνατοι*); den Tod kennen sie ebensowenig wie Krankheit. Die Th. stimmt hierin mit Volksreligion und Mythos überein, lehnt aber konsequent die → ‹Göttergeburten› als Erfindung ab. – 2. *Glückseligkeit.* Ihr Gehalt wird am Wünschen und Wesen des Menschen abgelesen als (a) Unbedürftigkeit und Selbstgenügsamkeit (Autarkie), (b) Freisein von Sorge, Arbeit und Mühe, sei es, daß Gott ohne Anstrengung durch sein bloßes Wollen oder Sein alles vollbringt, was ihm beliebt (Xenophanes, Aristoteles), oder daß die Götter in seliger Ruhe für sich leben und sich um die Welt nicht kümmern (Epikur), (c) freie Betätigung dessen, was im Menschen als Höchstes nur mit mannigfachen Hindernissen zustande kommt, das universale Wohltun oder die Betrachtung des vollkommenen Seins (Aristoteles). – 3. *Allmacht.* Neben dem sich hier immer ergebenden Problem der → Theodizee ist eigentümlich griechisch eine von vornherein und durchgehend vorgenommene Einschränkung der Allmacht: sie ist souveräne Herstellung der bestmöglichen Ordnung in dem vorgegebenen Weltmaterial, nicht unbegrenzte Freiheit zu beliebiger Wundertat (vermag also keine ‹creatio ex nihilo›). Zu einer zweiten Einschränkung scheint die

Vielheit der Götter (→Polytheismus) zu führen. Allmacht kann aber strikte nur von Einem Gott ausgesagt werden. Die Th. neigt daher der These zu, daß die übrigen Götter bloß Teile jener Macht delegiert erhalten, ohne sich dabei aufzuhalten, daß dadurch die Eindeutigkeit des Gottesbegriffs verlorengeht. Im Kultbereich gefährdet die philosophisch interpretierte Allmacht alle →Opferhandlungen. – 4. *Allgegenwart.* Aus ihrer Allmacht folgt, daß die Gottheit zur Stelle sein kann, wo sie will; wo sie als gestaltlos feinstes Element (Feuer, Äther) oder als unkörperlicher Geist verstanden wird, ist sie ihrer Natur nach überall gegenwärtig und an keinen Ort gebunden. Damit wird der Kult an bestimmten Heimatorten und in bestimmten Tempeln der Götter problematisch. – 5. *Allwissenheit.* Hier ist die Stufung vom fragmentarischen Wissen des Menschen über die Erweiterung dieses Wissens durch die Seherkunst zum vollkommenen Wissen der Gottheit zumal um die Zukunft bes. ausgeprägt. Im Kult macht dies wiederum alles Mitteilen oder Verschweigen und bes. das Gebet sinnlos. Die Frage, wie weit das göttliche All- und Vorauswissen eine Vorausbestimmung (Prädestination) impliziere, scheint erst im →Neuplatonismus (vgl. ferner bes. →Boethius) und von da her in der christl. Th. aktuell geworden zu sein. – 6. *Ethische Vollkommenheit.* Hier ist der Protest des →Xenophanes gegen die Unsittlichkeit der homerisch-hesiodischen Götter maßgebend geblieben. Die spätere Philosophie steht vor der Alternative, ihn aufzunehmen (bes. Platon) oder die Dichter →allegorisch umzudeuten (bes. Stoa und später Neuplatonismus). Davon abgesehen steht die Th. vor der Frage, in welchem Sinne die Tugenden von der Gottheit ausgesagt werden können. Im Sinne eines Siegs über das Schlechte kann man Gott nicht tugendhaft nennen, da es für ihn nichts Schlechtes zu überwinden gibt. Die Th. muß hier also entweder den Begriff der Tugend umformen oder ihn nur auf diejenige Tugend einschränken, die allein keine ethische Entscheidung impliziert, die betrachtende Einsicht (so Aristoteles). – Parallel steht die Frage, ob der Gottheit Leidenschaft zugeschrieben werden darf. Während in der →Anthropologie die Doktrinen differieren (Stoa: Ausrottung der Leidenschaft; Peripatos: Beherrschung der Leidenschaft), ist die Th. durchwegs der Meinung, daß die →Affekte schon ihrer Wandelbarkeit wegen der Gottheit fremd sind. Das tangiert freilich die Religion, für die die Gottheit den Frommen liebt, Opfergaben schätzt und dem Bösewicht zürnt. Der Platonismus der Kaiserzeit findet den Ausweg, die Affekte den Dämonen zuzuschreiben, was die Dämonologie der Spätantike und des Mittelalters stark beeinflußt hat. Gott selbst bestimmte Affekte zuzuschreiben, hat sich erst die christl. Th. entschlossen.

D. Randprobleme. 1. Die Alternative *Monotheismus-Polytheismus* ist streng gesehen erst im Christentum aktuell geworden. Die antike Th. begnügt sich fast immer mit der These, daß die oberste und eigentliche Gottheit zwar Eine sei, neben und unter ihr aber eine Vielheit von Göttern geringeren Ranges bestehen könne. An der daraus resultierenden Unklarheit des Gottesbegriffs hat die christl. Kritik eingesetzt. – 2. Viel erörtert ist dagegen die Frage der *Zulässigkeit von Götterbildern.* Tiergestaltige Bilder (Theriomorphismus) hat die griech.-röm. Antike einhellig abgelehnt. Darüberhinaus vertritt die Th. oft die Überzeugung, daß der älteste und gottgefälligste Kult der Menschheit bildlos gewesen (und z.T. bei Persern, Juden, dem ältesten Rom u.a. bewahrt) sei. – 3. Ein bes. Interesse hat oft das Problem des geschichtlichen *Ursprungs des Gottesglaubens* gefunden. Unter den verschiedenen Motiven, die die Urmenschheit zu ihm geführt haben können, ist wichtig u.a. der Anblick des gestirnten Himmels, dann der Dank an die großen Kulturbringer, die als Götter geglaubt oder zu Göttern erhoben werden. An der Vorstellung, daß verdienstvolle Menschen nach ihrem Tode in den Kreis der Götter eintreten, hat auch die philosophische Th. nie ernsthaft Anstoß genommen. – 4. Die *geschichtliche Wirkung* der philosophischen Th. ist eine doppelte gewesen: Sie wehrt die Beliebigkeit des Mythos ab und leitet zu gedanklich gereinigten Gottesvorstellungen. Sie trägt aber auch dazu bei, die religiösen Traditionen aufzulösen, sofern sie die Problematik entscheidender Elemente des gegebenen Kultes (Tempel, Götterbilder, Gebete, Opfer, auch Wundererscheinungen) ans Licht bringt. Das Resultat wird eine dünne, prekäre Religiosität, die weder gegen faktischen Unglauben (theoretischer →Atheismus ist überaus selten) noch gegen massiven →Aberglauben noch schließlich gegen die zielbewußte Kritik des Christentums Schutz bietet. O.G.

Lit: O. Gilbert, Griech. Religionsphilosophie, 1911 – W. Jaeger, The theology of the early Greek philosophers, 1947 – La notion du divin, Fond. Hardt 1, 1954 – A. S. Pease, Cicero, De natura deorum, 2 Bde, 1955/58 (Kommentar).

Theolytos, Epiker (Argonautika), →Hell. Dichtung C [2].

Theon, Grammatiker augusteischer Zeit, Sohn des →Artemidoros (2), Vorgänger des →Apion als Leiter der alexandrinischen Schule. Gelehrter und gründlicher Verfasser zahlreicher Kommentare, nicht nur zu den Klassikern (Odyssee, Pindar, Sophokles), sondern vor allem zu den hellenistischen Dichtern (Apollonios Rhodios, Kallimachos, Lykophron, Nikander, Theokrit). Bis zum Ausgang der Antike von den Scholiasten der Kaiserzeit häufig benutzt. Er betätigte sich auch in der →Lexikographie (vermutlich *Λέξεις κωμικαί*). H.E.

Frg: K. Giese, De Th. grammatico, Diss. Münster 1867 (überholt) – *Lit:* C. Wendel, RE 5 A 2 (1934), 2054–59.

2. **Th. von Alexandria,** Aelius, Rhetor des 1./2. Jh.s n. Chr. Die einzige einigermaßen erhaltene Schrift ist das früheste uns bekannte Lehrbuch der →Progymnasmata-Gattung, gelehrt und äußerst differenziert, mehr für den Lehrer als den Schüler berechnet, «angenehm und lehrreich» zu lesen (L. Spengel). →Rhetorik E. H.H.

Ed: RhGr II 57–130 – *Lit:* W. Stegemann, RE 5 A 2 (1934), 2037–54.

3. **Th. von Alexandria,** →Mathematiker und →Astronom, 2. H. 4. Jh. n. Chr., Erklärer der grundlegenden Werke des →Ptolemaios (17), Herausgeber des →Euklid. Seine Kommentare sind wertvoll als Quellen zur Geschichte der Mathematik und mathematischen Astronomie sowie zur Kenntnis der Methoden der Rechnung mit Sexagesimalbrüchen. Th. hat sich wohl auch mit →Astrologie und →Mantik beschäftigt. S.S.

Lit: K. Ziegler, RE 5 A 2 (1934), 2075–80.

4. **Th. von Smyrna,** Platoniker trajanisch-hadrianischer Zeit, schrieb über →Platons Staat und über die Reihenfolge, in der man die Schriften Platons lesen soll (beides verloren), sowie eine erhaltene Schrift über das, was an mathematischen Kenntnissen zum Verständnis Platons nützlich ist. Er gibt dort eine elementare Einleitung in die →Arithmetik, d.h. Zahlentheorie, die →Musiktheorie und die →Astronomie; der astronomische Teil ist bei weitem der umfangreichste und beste. K.v.F.

Ed: E. Hiller, 1878.

Theophanes von Mytilene, Cn. Pompeius, Freund und Berater des →Pompeius (ab ca. 67), dessen Mithridateskrieg er als Begleiter beschrieb; erhielt von ihm das röm. Bürgerrecht. Gest. nach 44 (vor 36/35?). Erhielt (laut Inschriften) göttliche Ehren in Mytilene, dem Pompeius um Th.' willen die Freiheit zurückgegeben hatte (i.J. 62); auch Th.' Nachkommen bekannt. Von seinem Geschichtswerk sind wenige Fragmente erhalten (bei →Strabon Abschnitt über Armenien und die Kaukasosländer). W.Sp.

Frg: FGrHist 188 – *Lit:* A. Momigliano, EI 33, 1937, 522 – J. Schwartz, Pompeius Macer et la jeunesse d'Ovide, RPh 25, 1951, 182–194 – L. Robert, Recherches épigraphiques IV, REA 62, 1960, 280–285 – W. S. Anderson, Pompey, His Friends… 1963, 34ff.

Theophilos, Professor in Konstantinopel, Mitglied der Kommission für den Codex →Justinians. →Tribonian zog ihn auch für die Arbeit an den Digesten hinzu; danach betraute ihn Justinian zusammen mit Tribonian und → Dorotheos (1) mit der Abfassung der Institutionen. Dem Th. wird eine griech. Bearbeitung der Institutionen zugeschrieben (sog. Paraphrasis Institutionum); doch ist die Autorschaft wegen einiger Irrtümer strittig. H. Hb.

Lit: F. Schulz, Gesch. d. röm. Rechtswissensch., 1961, 386–388 – W. Enßlin, RE 5 A2 (1934), 2135ff.

2. **Th.,** Bischof v. Antiochia (2. H. 2. Jh.), schrieb neben verlorenen Traktaten gegen → Markion und den Gnostiker Hermogenes 3 Bücher ‹An Autolykos› (vielleicht erst nachträglich aus 3 selbständigen Lehrtraktaten zusammengefaßt); Nachrichten über Bibelkommentare und eine Evangelienharmonie (vgl. → Hieronymus) sind unkontrollierbar. In seiner → Apologetik wendet Th. einerseits wie → Justinus (1) und → Athenagoras die bereits vom alexandrin. Judentum geübte Methode der Polemik gegen heidnische Mythen und Literatur sowie das Argument des Altersbeweises (Moses älter als Homer!) an, andererseits weist er aber durch seine Schrifttheologie (Lehre von der Inspiration des NT) in die Zukunft. C. A.

Ed: G. Bardy-M. Sender, SC 20, 1948 – *Lit:* Altaner, 105.

Theophrast von Eresos, → Peripatetiker, 371–287, Hauptschüler des → Aristoteles, Schulhaupt seit 322. Seine Leistung basiert wie die des → Eudemos (3) auf dem Werk des Lehrers, das er stofflich ergänzt, dessen Fragen er weitertreibt, dessen Schwierigkeiten er herausarbeitet. Bezeichnend für Th. ist das behutsame Abwägen möglicher Hypothesen unter Verzicht auf dogmatische Entscheidung. – Von den *Schriften* sind nur wenige ganz erhalten. In der → *Logik* sind u. a. eine Analytik und eine Topik bezeugt. Th. hat die formale Schlußlehre ausgearbeitet, die Lehre vom Möglichkeitsurteil umgestaltet, die von den hypothetischen Schlüssen begründet. Zur *Metaphysik* ist eine kurze, bedeutende Schrift erhalten, eine Einführung in die Probleme des göttlichen unbewegten Bewegers und seiner Relation zum Kosmos. Die von Th. nachgewiesenen Schwierigkeiten lassen verstehen, weshalb die Stoa die aristotelische Theologie völlig preisgegeben hat und zu älteren Lehren zurückgekehrt ist. Ein Hauptwerk muß die *Physik* gewesen sein, in der Buch 1 und 2 die allgemeine Bewegungslehre, Buch 3 die Himmelsbewegung, Buch 4 und 5 die Seelenlehre behandelt zu haben scheinen, also eine Zusammenfassung aristotelischer Abhandlungen mit dem Akzent auf den noch ungelösten Fragen. Als Ergänzung dieser systematischen Schrift überaus wichtig war die Geschichte der Naturphilosophie (18 Bücher), in der Th. die Naturphilosophie von → Thales bis → Platon in systematischer Ordnung darstellte und bei jedem anmerkte, was von ihm aus gesehen richtig oder falsch war. Erhalten ist das Kapitel über Sinneswahrnehmungen. In seinen späthellenist. Exzerpten ist das Werk heute noch Hauptquelle für die Lehren der Vorsokratiker.

[2] Eine bes. wichtige Ergänzung des Aristoteles sind die Werke über *Naturwissenschaft:* sie bieten reiches Tatsachenmaterial, sorgfältige Differenzierung der Sachverhalte und behutsame Formulierung der Probleme. Eine erste Gruppe bilden die Schriften Über Meteorologie (Fragmente), Über die Winde, Über die Steine, Über das Feuer (alle erhalten), Über die Gewässer (zahlreiche Fragmente), Über die Metalle. Eine zweite Gruppe behandelt die Physiologie des Menschen, bes. Über den Schweiß, Über Schwindelgefühle, Über Ermattung, Über die Gerüche (alle erhalten) u. a. In der Zoologie hat Th. eine Reihe von Monographien zur Ergänzung der aristotelischen Tierkunde verfaßt. Klassisch geblieben sind seine botanischen Werke, die Pflanzenkunde (Historia plantarum, 9 Bücher) und die Aitiologie der Pflanzen (Causae plantarum, 6 Bücher). Inhalt der Pflanzenkunde: Buch 1–2, 4 Grundbegriffe und allgemeine Probleme, 2, 5–8 Kulturbäume, 3 wildwachsende Bäume, 4 Pflanzengeographie und Verwandtes, 5 Hölzer und ihre Bearbeitung, 6 Sträucher, 7 Gräser und Leguminosen, 8 Cerealien, 9, 1–7 Pflanzensäfte und Harze, 9, 8–20 pharmazeutische Pflanzen. Inhalt der Aitiologie: 1, 1–9 Entstehung der Pflanzen, 1, 10 bis 22 jährliches Sprossen und Fruchttragen, 2 natürliche Umwelteinflüsse, Probleme von Frucht und Samen, 3 Pflanzenkultur (Bäume, Weinrebe, Palme u. a.), 4 Samen, 5 gewaltsame Einwirkungen, Krankheiten und Tod, 6 Anhang: Säfte der Pflanzen. – Literarisch sind es gelehrte Materialien wie die Lehrschriften des Aristoteles. Die Schriften zur → *Ethik* haben die aristotelischen in einzelnem ergänzt (Über Alter, Freundschaft, Ehe u. a.); einflußreich war Über die Glückseligkeit, dann die nach der Hinrichtung des → Kallisthenes verfaßte Trostschrift. Die Tendenz war überwiegend deskriptiv, dem Radikalismus der Stoa denkbar entgegengesetzt. – Berühmt ist das Büchlein der *Charaktere*, 30 Bilder menschlicher Schwächen, mit überlegener Beobachtungsgabe skizziert; die damit verfolgte Absicht ist unklar. – Wichtig und z. T. faßbar sind endlich die Schriften Über die Frömmigkeit, Über Stilformen, Über Musik, schließlich politische Schriften, die die analytisch-deskriptiven Bücher der aristotelischen Politik ergänzen sollten. O. G.

Ed: F. Wimmer, 1854–1862 (Gesamtausgabe; ungenügend) – A. Hort, 1916 (Hist. Pl.) – H. Diels, Doxographi Graeci, 1886, 475–527 (Gesch. d. Nat. philos.) – W. D. Ross-F. H. Fobes, 1929 (Metaph.) – P. Steinmetz, 1960 (Charaktere) – J. Bernays, Th.s Schrift über Frömmigkeit, 1866 – *Bildnisse* → Anhang I.

Theophylaktos Simokattes, aus Ägypten, 1. H. 7. Jh. n. Chr. Scholastikos, kaiserlicher Antigrapheus und Eparchos (→ Patriarch). Schrieb 8 Bücher ‹Historien› (Maurikios-Zeit: 582–602; bes. ‹Barbarenkriege›; Skythenexkurs bekannt) nach 628 abgeschlossen; Quellen: Diodor, Prokop, Menandros, Joannes Epiphaneus, dokumentarisches Material. T. lobt Herakleios (ab 610), haßt Phokas (Dialog zwischen Philosophia und Historia zu Beginn). Die Chronologie ist oft unklar. Das stark religiöse, für die Geschichte der hunnisch-türkischen Völker wichtige Werk setzt etwa Menandros fort. Der Dialog ‹Über verschiedene Naturprobleme und ihre Auflösung› (Quaestiones physicae) behandelt naturkundliche Curiosa (Sympathie, zweckmäßige Organisation der Tiere usw.; Quellen: → Aelian u. a.). Jugendarbeit waren die ‹Moralischen, Bauern-, Hetärenbriefe› – T.' Stil ist dichterisch (Historie soll mit Poesie rivalisieren), preziös und bilderreich; Prosa rhythmisiert. W. Sp.

Ed: Hist.: J. Pontanus, ed. princ., 1604 – C. de Boor, BT, 1887 (Index) – *Quaest. phys.:* B. Vulcanus, ed. princ., 1596 – J. F. Boissonade, 1835 (auch *Epist.;* Noten) – J. L. Ideler, 1841 – L. Massa Positano, 1953 (Noten, Index; vgl. J. Irigoin, RPh 29, 1955, 99–102) – *Epist.:* M. Musurus, ed. princ., 1499; lat. Übers. v. N. Kopernikus, 1509 – EpistGr 763–786 – *Lit:* K. Praechter, Hierokles bei Th., Hermes 47, 1912, 117–125 – S. G. Mercati, EI 31, 1936, 810 – M. Marković, On the sources of Th. Simocatta's Quaestiones physicae, ZAnt 4, 1954, 120–135 – G. Moravcsik, Byzantinoturcica I (1942), 1958^2, 544–548 – Krumbacher, 247–251.

Theopompos, König v. Sparta, Sohn des Nikandros aus der Dynastie der → Eurypontiden. Th. befehligte das lakedämonische Heer im 1. Messen. Krieg (Ende 8. Jh. v. Chr.; → Aristodemos, 1). Von einigen wird ihm die Einrichtung des Ephorats (vgl. → Chilon; → Lykurg) und eine Reform der Gerusie zugeschrieben; doch ist dieser jüngeren Überlieferung gegenüber Vorsicht geboten. R. V. C.

1a. **Th. von Athen,** Sohn des Teisamenos, von Athen, Dichter der ausgehenden alten und der Mittleren → Komödie (I B C). Erste Dionysien- und Lenäensiege ca. 410/403; er dichtete bis ca. 370. Von 24 Stücken, die man einst hatte, sind 20 Titel bekannt, darunter fünf, die auf politischen Spott weisen, sieben mythen- und dichterparodische.

Frg: FAttCom I 848–877. Th. G.

2. **Th. von Chios,** Historiker. Geb. 378/376 v. Chr., aus der Heimat verbannt, als Rhetor – nach antiker Tradition als Schüler des → Isokrates – zu Ansehen gekommen, trat er in Beziehung zu König → Philipp (1), kehrte unter → Alexander d. Gr. nach Chios zurück, mußte nach dessen Tod

abermals fliehen. Er veröffentlichte neben rhetorischen Stücken und Gelegenheitsschriften – darunter einem Pamphlet gegen die Schule Platons – eine Epitome → Herodots in 2 Büchern, 12 Bücher ‹Hellenika› als Fortsetzung des → Thukydides (die Jahre 409–394 umfassend) und als Hauptwerk die ‹Philippika› (*Φιλιππικαὶ ἱστορίαι*) in 58 Büchern, eine Geschichte der griech. Welt im Zeitalter König Philipps (360/336). Th. suchte dabei die Buntheit Herodots mit der Energie des Thukydides zu vereinen; er fügte weitläufige Exkurse ein über Fremdvölker und Vorzeit, Mythisches und Philosophisches, spürte andererseits den verborgenen Ursachen des Geschehens nach durch Entlarvung geheimer Motive. Moralische Entrüstung nährt sich vom Skandal. Dem entspricht ein effektvoller, grelle Farben suchender Stil. Mochte dahinter ein romantisch-aristokratisches Ideal stehen, bei den Zeitgenossen war Th. ebenso berüchtigt wie berühmt. Trotz dem anhaltenden literarischen Nachruhm gingen einzelne Bücher des Riesenwerks bald verloren, doch existierten wesentliche Teile noch in byzantin. Zeit. W. Bk.

Frg: FGrHist 115 – *Lit:* R. Laqueur RE 5 A 2 (1934), 2176–2223 – K. v. Fritz, AuA 4, 1954, 45–64.

Theorema (*θεώρημα*), in der → Mathematik der Lehrsatz; vgl. auch → Problema. K. v. F.

Theoria (*θεωρία*), t. t. für staatliche Festgesandtschaften zu → Festen benachbarter oder verwandter Städte und Staaten sowie zur Befragung eines → Orakels. In der → Erkenntnistheorie des Aristoteles bezeichnet Th. (‹Schau›) die höchste Stufe menschlichen Erkennens.

Theorika, Schauspielgelder, die vom Staat an die ärmeren Bürger Athens gezahlt wurden, um ihnen den Theaterbesuch zu ermöglichen, später auch auf andere Gelegenheiten ausgedehnt. Ihre Einführung wird wohl zu Unrecht → Perikles zugeschrieben und entspricht mehr der späteren Wohlfahrtspolitik (→ Trophe). Im 4. Jh. v. Chr. wurden alle staatlichen Überschüsse der Kasse für Th. zugeleitet, und ihre Verwalter erhielten damit, namentlich unter → Eubulos (1), die Kontrolle über die ganze Finanzverwaltung. Erst 339 v. Chr. konnte → Demosthenes (1) der Heereskasse (Stratiotika) ein Übergewicht verschaffen. H. Br.

Lit: J. J. Buchanan, Theorika, 1962 (Lit).

Theoxenia, ein oder mehreren Göttern dargebrachtes Kultmahl, das als Opfer betrachtet wurde. Es wurde angenommen, daß sich die Götter persönlich daran beteiligten, und der Tisch wurde zuweilen im Tempel aufgestellt. Menschen konnten, wie beim gewöhnlichen Speiseopfer, an der Speise teilhaben oder auch nicht. Die am besten bekannten Th. sind die in Delphi im Frühlingsmonat Theoxenios, bei denen offenbar → Apollon selbst der Gastgeber der anderen Götter war. Außer Pindars 6. Päan wurden zwei Hymnen auf Inschriften in Delphi, die eine an Apollon, die andere an Dionysos, für dieses Fest geschrieben. Auch für die → Dioskuren wurden Th. abgehalten, zumeist in Privathäusern; einer solchen Gelegenheit gilt Pind. Ol. 3. Ein vergleichbares Fest, *Theodaisia* genannt, war in Kreta gebräuchlich und wird für → Dionysos in Kyrene, Andros und sonst bezeugt. Die röm. → Lectisternia seit 399 v. Chr. sind zweifellos Übernahme einer Variante der Th., bei der in bes. Absicht eine Reihe verschiedener Götter bewirtet wird. F. R. W.

Lit: F. Pfister, RE 5 A 2 (1934), 2256–58; ebd. 1711, s. v. *Θεοδαίσια* – G. Kruse-W. Sontheimer, ebd. 1711–13, s. v. Theodaisios – Nilsson, I 135, 409 f. – Ders., Griech. Feste, 1906, 160 ff. 279 f.

Thera, italien. Santorin, südlichste Insel der → Kykladen (Kt. 1152 F 6), zur Hauptsache eine Gruppe von Vulkanen, die um die Mitte des 2. Jt.s v. Chr. explodierte mit Einbruch des Meeres in drei Breschen des Kraterrandes, seitdem zeitweise leichtere vulkanische Tätigkeit im Innern des Kraters. Vor der Ausbruchskatastrophe bereits besiedelt. Neubesiedlung durch dor. Griechen Anf. des 1. Jt.s v. Chr. auf einem langen, steilen Kalkrücken am SO-Ende der Insel (340–370 m hoch). Infolge einer Notlage auf Th. um 630 Gründung der Kolonie → Kyrene, damals noch Königtum auf Th. Eine Inschrift mit dem z. T. authentischen *ὅρκιον τῶν οἰκιστήρων* in Kyrene gefunden (niedergeschrieben im 5./4. Jh. v. Chr.). Große Bedeutung hatte Th. bes. in hellenist. Zeit als Sitz eines ptolemäischen Nauarchen. Die antike Stadt mit ihren Häusern, Tempeln, Theater, Gymnasion usw. großenteils ausgegraben, wichtige Funde vor allem aus der Frühzeit, theräische Vasen, archaische Fels- und andere Inschriften. E. M.

Lit: F. Hiller v. Gärtringen u. a., Thera, 4 Bde, 1899–1909 – R. Wilski-F. v. Hiller, RE 5 A 2 (1934), 2260–2302 – H. Reck, Santorin 3 Bde, 1936 – E. Fiechter, Das Theater auf Th., Antike griech. Theaterbauten 9, 1950, 42–49 – N. M. Kondoleon, Theräisches, AM 73, 1958, 117–139.

Theramenes, athen. Politiker, als reicher Grundbesitzer ohne Verständnis für die Wirtschaftsentwicklung Athens. Vorkämpfer einer gemäßigten Oligarchie. Hierin Nachfolger des → Nikias (1), war er unter der Oligarchie von 411 v. Chr. Führer der gemäßigten Mehrheit im Rat der 400 (Xen. Hell. 2, 3, 30), wo er bald in Gegensatz zu den Extremisten geriet. Nach deren Sturz war sein Werk die Verfassung vom Sept. 411, welche die politischen Rechte zum Privileg des besitzenden Mittelstandes machte (Thuk. 8, 97), aber nur 8 Monate in Geltung blieb. Mit der 410 wiederhergestellten Demokratie wußte sich Th. dann geschickt zu arrangieren und war 410–407 Stratege am Hellespont. 405 ging er zunächst zu Sondierungsgesprächen zu Lysandros, bei dem er das Ende des Widerstandswillens in Athen abwartete, und dann 404 als bevollmächtigter Gesandter zu Friedensverhandlungen nach Sparta, wo er das schlimmste Unheil von Athen abwenden konnte (Xen. Hell. 2, 2, 16–23). Als Führer der Mittelpartei danach ins Kollegium der → Dreißig Tyrannen gewählt, geriet er bald abermals in Gegensatz zu den darin tonangebenden extremen Oligarchen und → Kritias, die ihn schließlich durch einen Willkürakt als Verräter an der Oligarchie hinrichten ließen (Xen. Hell. 2, 2, 23–56; Diod. 14, 4). Thukydides und Xenophon betrachteten Th.' politische Tätigkeit als für den Staat überwiegend schädlich, Aristoteles (Ath. pol. 28, 5) rechnete ihn unter die drei besten Staatsmänner Athens. F. Kch.

Lit: W. Schwahn, RE 5 A 2 (1934), 2304–20 – J. A. R. Munro, Th. against Lysander, ClQ 32, 1938, 18–26 – U. Hackl, Die oligarch. Bewegung in Athen am Ausgang d. 5. Jh.s v. Chr., Diss. München 1960.

Theriomorphismus → Anthropomorphismus.

Thermen

A. Griechische Th. – B. Römische Th.: [1] Allgemeines – [2] Technische Einrichtungen – [3] Typen – [4] Entwicklung – [5] Bedeutung.

A. Griechische Thermen. Im 5./4. Jh. sind nur bescheidene Badeanlagen nachweisbar, wie in → Olympia, wo an ein Bad des 5. Jh.s mit Sitzwannen und Heizvorrichtungen ein offenes Schwimmbecken und ein rundes Schwitzbad angeschlossen waren. Ein ähnliches geheiztes Rundbad vor dem Dipylon in → Athen, jüngere Rundbäder z. T. mit Heizung und Sitzwannen in → Oiniadai, → Eretria, → Gela. Seit dem 2./1. Jh. treten Fußbodenheizungen (→ ‹Hypokausten›) auf (in → Gortyn und → Olympia), seit dem 1. Jh. eine Abfolge von Baderäumen mit heißem, lauem und kaltem Becken (Kertsch). G. Gb.

Lit: R. Ginouvès, Balaneutike, 1963.

B. Römische Thermen. [1] *Allgemeines.* Die *ältesten röm. Bäder* (balnea) kennen wir aus dem an natürlichen Warmwasserquellen reichen Kampanien; dort verfügen begüterte Villen- und Hausbesitzer bereits im 2. Jh. v. Chr. über mehrräumige, private Anlagen (Mysterienvilla; Casa del Fauno; vgl. Senecas Beschreibung des Bades in der Villa des Scipio Africanus bei Literno: epist. 86, 4–11); etwa zur selben Zeit (um 150 v. Chr.) entstehen die ersten öffentlichen Badeanstalten (Stabianer-Th.) von Pompeji. In den folgenden Jh.en gewinnen die Th., als Gesundheit sowie Bildung fördernde Einrichtungen, im täglichen Leben des

Römers erstrangige und vielgestaltige Bedeutung (vgl. die ärztlichen Vorschriften bei Galen 11,10). Ein lebendiges Bild vermittelt Senecas Brief (56,1–3) aus der kaiserlichen Badestadt Baiae. Damals waren die Th., sofern nicht private Stiftung, an einen Unternehmer verpachteter Besitz des Staates; ebenso die zur Wasser- und Brennmaterialversorgung notwendigen → Aquädukte und Wälder. Die Unkosten trug z.T. der Benutzer (Eintritt $1/4$ As für Männer, $1/2$ As für Frauen). Anlagen mit getrenntem Männer- und Frauenbad sind selten (s.u.); man bestimmte entweder die Tage oder die gesamte Anlage für getrennte Zulassung (z.B. Trajans-Th. nur für Frauen); gemischte Bäder gaben den Behörden häufig Anlaß zum Einschreiten. – Der Badevorgang erfolgte über mehrere Stufen: Vom Auskleideraum *(apodyterium*, A) betrat man häufig einen von Säulen umgebenen Hof (→ *palaestra*, P), von wo aus man sich, nach Spiel und Sport, in einen oder mehrere Warmlufträume *(sudationes*, S_1, S_2, S_3) mit ansteigenden Temperaturen, eventuell noch ein Schwitzbad *(laconicum*, L) begab, bevor man das Warmwasserbad *(caldarium*, C) betrat. Von hier führte der Weg über einen Abkühlraum von mittlerer Temperatur *(tepidarium*, T) zum Kaltwasserbad *(frigidarium*, F) und Freibad *(natatio*, N), von wo aus man auf kurzem Weg zum Apodyterium zurückgelangte.

[2] *Technische Einrichtungen.* Die Bäder wurden ursprünglich durch große Feuerbecken erhitzt (erhalten im Tepidarium der Forums-Th. in Pompeji). Zu Beginn des 1.Jh.s v.Chr. ging man zur Bodenheizung über (balineae pensiles); der Fußboden liegt nun auf einer regelmäßigen Anordnung von ca. 60–90 cm hohen und 20 cm^2 messenden Ziegelpfeilern (suspensurae; vgl. Vitr. 5,10,2), zwischen denen sich die vom Heizraum (praefurnium) aus erwärmte Luft verteilt (Hypokaustenheizung). Im 1.Jh.n.Chr. wurde die Wand- und Deckenbeheizung durch Ziegelrohrleitungen (tubulatio) erfunden (vgl. Sen. epist. 90,25). Das Wasser wurde von einem großen Verteilerbecken (castellum) in das Schwimmbassin (natatio, piscina), die Waschbrunnen (labrum) und Badewannen (alveus, in C, T, F) geleitet und häufig gewechselt. Die unterschiedliche Erhitzung von Luft und Wasser, das Vermeiden von Rauch erforderten täglich umfangreiche Vorbereitungen und Geschicklichkeit. Zur Zeit Hadrians waren die Bäder daher erst ab 14 Uhr zugänglich.

[3] *Typen.* Dem beschriebenen Badevorgang entspricht die architektonische Raumführung (vgl. Krenker, a.O. 177ff.). 1. *Reihentyp:* bes. republikanisch und frühkaiserzeitlich; die Räume liegen in einer Reihe und werden auf dem Hin- und Rückweg durchschritten; z.B. Pompeji, Zentral-Th. (Abb. 231,1); vgl. Pompeji, Stabianer-Th. und Forums-Th.; Herculaneum, Stadt-Th.; Ostia, Neptun-Th.; Baiae, Kernanlage. – 2. *Ringtyp:* Die Räume sind so angeordnet, daß sie nach einmaligem Durchschreiten zum Ausgangspunkt zurückführen; z.B. Thamugadi, Große Süd-Th. (Abb. 231,2); vgl. Madaurus, Kleine Th.; Milet, Faustina-Th. – 3. *Doppelanlagen:* Vermutlich für Männer u. Frauen getrennt. Unsymmetrisch gereiht: Pompeji, Herculaneum (s.o); symmetrisch: Vieil-Evreux (Abb. 231,3); vgl. Badenweiler (mit gemeinsamem Caldarium). – 4. *Symmetrische Anlagen mit Verdoppelung einzelner Abschnitte:* z.B. Allone (Abb. 231,4); vgl. Bosra. – 5. *Symmetrische Anlagen mit innerer Gabelung des Weges:* z.B. Lambaesis, Lager-Th. (Abb. 231,5); vgl. Milet/Humeitepe. – 6. *Kleiner Kaisertyp:* Innere Hauptachse F–T–C, alle übrigen Räume axialsymmetrisch; vorgelagerte Palästra; z.B. Trier, Kaiserth. (Abb. 231,6); vgl. Titus-Th., Trier, Barbara-Th., Lambaesis (sog. Palais du Légat). – 7. *Großer Kaisertyp:* Hauptachse N–F–T–C; mindestens auf 3 Seiten von großer Palästra umgeben, daneben Innenpalästren; verschiedene Badekombinationsmöglichkeiten; z.B. Caracalla-Th (Abb. 231,7); vgl. die Th. Neros, Trajans, Diokletians. – 8. *Mischtypen:* Ringbenutzung mit Formen aus dem Kaisertyp. Vgl. oben Thamugadi, Große Süd-Th.

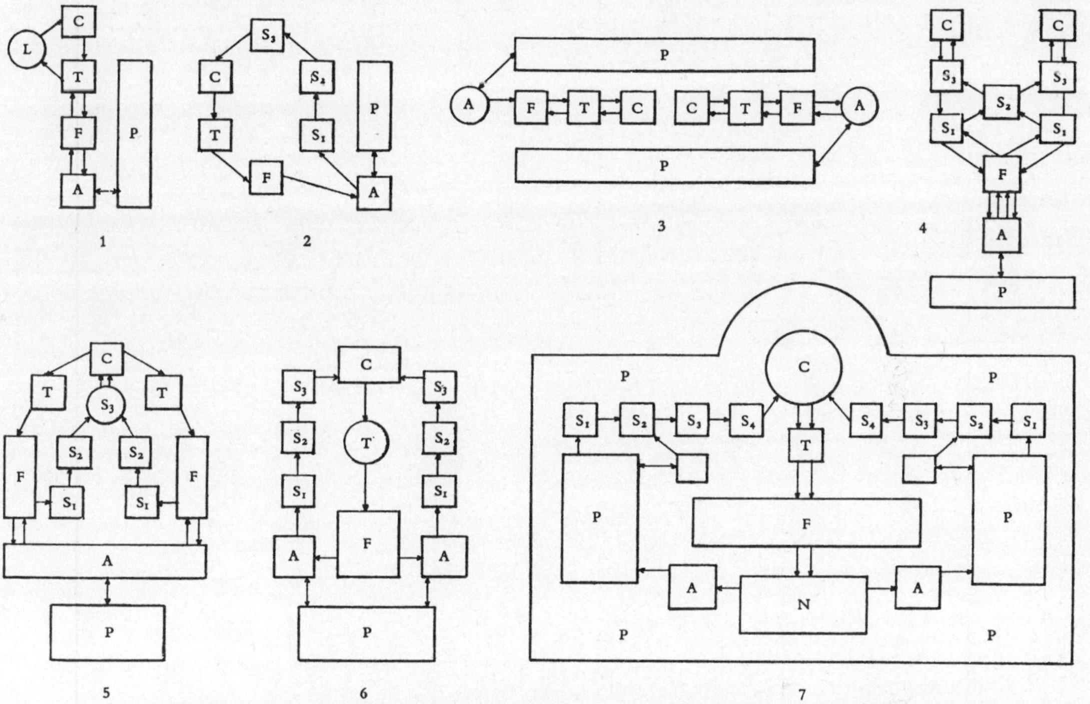

Abb. 231 Typen römischer Thermenanlagen 1 Reihentyp (Pompeji), 2 Ringtyp (Thamugadi), 3 Doppelanlage (Vieil-Evreux), 4 Verdoppelung einzelner Abschnitte (Allone), 5 symmetrische Anlage mit innerer Gabelung des Weges (Lambaesis), 6 kleiner Kaisertyp (Trier), 7 großer Kaisertyp (Rom, Caracallathermen).

[4] *Entwicklung.* Im Verlauf der *Republik und frühen Kaiserzeit* wird der bes. aus den Vesuvstädten bekannte Reihentyp folgerichtig und monumental ausgebaut (Pompeji, Stabianer-Th., 2. H. 2. Jh. v. Chr., Forums-Th., 1. H. 1. Jh. v. Chr.; Herculaneum, Stadt-Th., um 30–10 v. Chr.); spätestens frühaugusteisch ist der Kern der Th. in Baiae (sog. ‹Merkurtempel›, → Rundbau mit Kuppel von 21,55 m Spannweite). 25 v. Chr. ließ Agrippa Bäder mit einem Poseidonium und Pantheon auf dem Marsfeld eröffnen, für die erstmals die Bezeichnung *thermae* überliefert ist (Frontin. aqu. 9,98; Plin. nat. 36,104,121). Den ursprünglichen Typ variieren die Neptun-Th. in Ostia (40–50 n. Chr., Umbau hadrianisch) und die Zentral-Th. in Pompeji (kurz vor 79 nach Chr.). Nero soll die röm. Th. mit dem griech. → Gymnasium vereinigt haben; der Grundriß der von Severus Alexander restaurierten Th. auf dem Marsfeld ist streng symmetrisch aufgebaut; N, F, T, C liegen in der Hauptachse und bilden, mit Ausnahme von N, eine Folge großer, überwölbter Raumformen mit breiter Querachse in F (‹Großer Kaisertyp›; die Maße der P, 32 × 36 m, entsprechen ungefähr den Maßen der Gymnasien von Epidauros und Priene). Da der Umbau die wesentlichen Grundzüge des Vorgängers vermutlich beibehält, muß diesem für die röm. → Architektur (II D 1) zentrale Bedeutung beigemessen werden. Die Th. des Titus, nahe der → Domus Aurea, haben bescheidenere Dimensionen (Kleiner Kaisertyp). – *2. Jh. n. Chr.:* Die umfangreiche Anlage Trajans über den Ruinen des Goldenen Hauses wird 110 n. Chr. eröffnet (‹Großer Kaisertyp›); im Gegensatz zu der bisher bevorzugten Südorientierung des C liegt sie, wie alle späteren röm. Kaiser-Th., auf einer NO-SW-Achse. Die etwa gleichzeitigen Thermae Suranae auf dem Aventin zeigen noch das alte Schema. Unsymmetrisch sind auch die Th. von Civitavecchia, die ‹Kleinen› und ‹Großen› Th. der Villa in Tivoli. Hadrian läßt die Agrippa-Th. nach ursprünglichem Grundriß (?) erneuern und die Anlagen in Baiae durch mehrere Kuppelbäder erweitern (sog. ‹Venus-› und ‹Dianatempel›). Die Kuppel des sog. ‹Apollontempels› am Avernersee hat eine Spannweite von ca. 38 m. Die antoninischen Th. am Forum von Ostia (Reihentyp, um 160) setzen den mannigfachen Formenreichtum der hadrianischen Zeit fort (vgl. Ovalraum in den Th. von Terracina). – In den Provinzen ahmt man vielfach den Typus der Kaiser-Th. nach (Trier, Barbara-Th., Anfang 2. Jh.). In den hadrianisch-antoninischen Th. von Leptis Magna legt sich ein Gang in U-Form um F und öffnet sich gegen F und N; in Cherchel sind F und N nur noch durch eine Säulenreihe voneinander getrennt; dagegen weitet sich in Ephesos (‹Vediusgymnasium› des Antoninus Pius) der Gang zu einem breitgelagerten Raum in Form eines H, der an Stelle von F die Querachse der Anlage bildet. Sehr genau geben die gleichzeitigen Th. von Karthago das Schema des röm. Kaisertyps wieder (145 bis 162 n. Chr.; ca. 210 × 105 m Kernbau). Gleichzeitige unsymmetrische Anlagen: Milet, Th. der Faustina; Kyrene, Große Th.; Thamugadi, Große Ost-Th. u. a. – *3. Jh. n. Chr.:* 216, zehn Jahre nach Baubeginn, eröffnet Caracalla die nach ihm benannten Th. im Süden Roms (Abb. 231,7). Der gewaltige Raumkomplex bildet ein geschlossenes Rechteck (214 × 110 m); das hervortretende C (ca. 35 m ∅) markiert die Hauptachse (N–F–T–C), zwei kleine Apsiden die durch das F (3 Kreuzgewölbe von ca. 19 m lichter Breite) verlaufende Querachse. Die Auskleideräume liegen zwischen N und P, die von mehreren Räumen, kleinen Bädern und großen Exedren umgeben sind. Über je 4 Räume von unterschiedlicher Form auf der SW-Seite gelangt man zu C und kehrt zurück über T–F–N zu A. Kleideraufbewahrungs- und Heizungsräume befinden sich im Untergeschoß. Eine im Quadrat (ca. 450 × 450 m) angeordnete Abfolge von Räumen und Freilichtanlagen umfaßt ein Areal, das den Kernbau frei umgibt; auf der Eingangsseite reihen sich Tabernen und eine Portikus; gegenüber in Stufen angeordnete Sitzreihen, dahinter Wasserreservoire, zu beiden Seiten → Bibliotheken mit Annexräumen; in den zwei Exedren der Nebenseiten unterschiedliche Saalformen mit je einem Nymphäen-Oktogon. Das umbaute Gebiet entspricht flächenmäßig etwa dem sämtlicher Paläste und Heiligtümer auf dem Palatin. – 226 n. Chr. übergibt → Severus Alexander die restaurierten Nero-Th. dem Publikum; neue Th. entstehen nahe S. Giovanni in Laterano. – In den Provinzen geben z. B. die Großen Nord-Th. von Thamugadi das Schema der Caracalla-Th. wieder. Im Osten des Reiches ist der Badekomplex häufig von großen Wandelhallen in U-Form umgeben (Ephesos, Theater- und Ostgymnasium; vgl. früher Milet, Kyrene, Leptis Magna). Unsymmetrische Anlagen: Thamugadi, Große Süd-Th., Madaurus, Thenae. – *4. Jh. n. Chr.:* Der Kernbau der Diokletians-Th. (298–306) übertrifft an Ausmaß alle Vorgänger (244 × 144 m); die Klarheit in der Raumdisposition, bes. die lichte Erweiterung der Querachse (Teil von S. Maria degli Angeli), stellt die letzte Entwicklung der Caracalla-Th. dar. Die Umfassung des Gesamtareals (356 × 316 Meter) zeichnet sich noch heute im Stadtbild ab (Piazza Esedra; Kuppelbau der SW-Ecke, heute S. Bernardo). Die Grundrisse der röm. Th. Helenas und Konstantins sind bekannt. Bedeutend sind die Kaiser-Th. in Trier (287 n. Chr.) und die ihnen verwandten Th. in Arles. Die Th. von Mailand setzen das Schema von Thenae fort (zentrales F, kreisförmig von Baderäumen umgeben). Ostia erhält eine späte Anlage an der Via della Foce. Bedeutende Privat-Th. kamen in der Villa von → Piazza Armerina zutage (breitgelagerte Vorhalle, forfex, oktogonales F, breitgelagertes T, 3 parallel gelagerte Warmbäder).

[5] Die architektonische *Bedeutung* der Th. liegt bes. in der Bewältigung der Massen, die das Gestalten großartiger Raumkonzeptionen erfordert. Seit den frühen Anfängen im 2. Jh. v. Chr. ist der röm. Massenbau bei der Realisierung von Th.-Anlagen führend gewesen und die Wölbung von Räumen als Kunstform akzeptiert worden, der Elemente des griech. Gliederbaues untergeordnet sind. Direkte und indirekte Nachwirkungen (z. B. über die Maxentiusbasilika) sind bes. seit der italienischen Renaissancearchitektur festzustellen. C. K.

Q: Vitr. 5, 10 – *Lit:* D. Krencker u. a., Die Trierer Kaiserth., 1929 – Crema 68 ff. 185 ff. 403 ff. 531 ff. 586 ff.

Thermi, prähistorischer, am Meer (Ostküste) gelegener Fundplatz auf → Lesbos (Kt. 1152 F 3) mit fünf aufeinanderfolgenden Besiedlungen. Beginn etwa gleichzeitig mit → Troja. Zerstörung der 5. Siedlung vor der Katastrophe von Troja II (ca. 2100). Die zunächst (Th. I–III) fächerförmige Anordnung der rechteckigen Steinhäuser (meist mit gemeinsamen Zwischenwänden) weicht in Th. IV bei gleichbleibender Bauweise einer neuen Orientierung (NW-SO), während Th. V wieder zu einer fächerförmigen Verteilung zurückkehrt: Breitere Straßen, ein isoliertes, bes. großes, megaronartiges Haus (Vorraum, Hauptraum und 2 anschließende kleine Zimmer mit einem Herd im ersten), Kurvenmauern, ein Platz und eine starke Verteidigungsmauer. W. Schg.

Lit: W. Lamb, Excav. at Thermi in Lesbos, Cambridge 1936 (vgl. Blegen, Gnomon 15, 1939, 80–84).

Thermika, die zweite, im September zu Thermoi stattfindende Bundesversammlung des → Ätolischen Bundes (neben den → Panaitolika im März). F. Kch.

Thermopylen (‹warme Tore›), schmaler Küstenpaß am Südufer des malischen Meerbusens (Kt. 1152 D 4), einziger leichter Zugang von Nord- nach Mittelgriechenland, heute durch Anschwemmung von Land auf 3–7 km verbreitert und völlig verändert, genannt nach den heißen Schwefelquellen am Paß. – Kämpfe an den Thermopylen in den → Perserkriegen 480 v. Chr., gegen die → Gallier 279 v. Chr., zwischen → Antiochos III. und den → Römern 191 v. Chr. und noch im 2. Weltkrieg 22.–24. 4. 1941. 480 und

191 v. Chr. ließ Umgehung auf dem Weg über das Gebirge (Anopaia) die Stellung zusammenbrechen. E.M.

Lit: Fr. Stählin, RE 5 A 2 (1934), 2398–2423 – E. Meyer, Thermopylen, AM 71, 1956, 101–106.

Theron, Akragantiner aus der Familie der Emmeniden. Geb. ca. 540/530 v. Chr.; aus einer ersten Ehe stammen Thrasydaios (s.u.) und Damarete, die später → Gelon heiratete; in zweiter Ehe war Th. mit der Tochter des Polyzelos (Bruder des → Gelon) verheiratet (ca. 485). 476/475 siegte er mit der Quadriga in Olympia. Ende 488 Tyrann von → Akragas geworden, eroberte er bald Himera, das er seinem Sohn Thrasydaios anvertraute; von → Hamilkar (1) in Himera eingeschlossen (→ Terillos; Anaxilas, 1), wurde er von → Gelon (480) befreit. Th. zerstritt sich mit → Hieron I., aber → Simonides (1) versöhnte die beiden (477). Nach seinem Tod Ende 472 folgte ihm Thrasydaios nach; doch mußte dieser nach einem gescheiterten Feldzug gegen Hieron fliehen (Anfang 471); in Akragas wurde die Demokratie wieder eingeführt. R.V.C.

Lit: R. Van Compernolle, Etude de chronol. et d'histor. siciliotes, 1960, 353–382.

Thersandros, Sohn des Polyneikes (Apollod. 3, 82) und der Argeia, einer der → Epigonen und durch sie als König von Theben eingesetzt. Fiel vor Troja durch → Telephos (Pind. Ol. 2, 43 ff. mit Schol.). K. Schb.

Thersites, Sohn des Agrios, der häßlichste Grieche vor Troja. Von → Odysseus gezüchtigt (Il. 2, 212 ff.). Verspottet Achilleus wegen seiner Liebe zu Penthesilea und wird von ihm erschlagen (→ Aithiopis und eine Tragödie des → Chairemon, vgl. C. Robert, Archäol. Hermeneutik, 1919, 278 bis 286). Der Name sprichwörtlich für Häßlichkeit (Lukian, nek. 15; dial. mort. 25). K. Schb.

Darstellungen: Tod des Th. auf apul. Amphora Boston; dazu griech. Bilderchroniken. Vgl. V. Gebhard, RE 5 A 2 (1934), 2468–70. K. Schf.

Theseia, ein am 8. Pyanopsion (Sept.–Okt.) gefeiertes att. → Fest, eng verbunden mit den → Oschophoria und den → Pyanopsia. Theseus wurde auch am 8. der anderen Monate geehrt, da dieser Tag seinem Vater Poseidon heilig war. Ursprünglich vielleicht ein Privatkult, gewann das Fest nach der Wiedererlangung der Überreste des Heros aus Skyros im Jahr 475 v. Chr. größere Bedeutung. An den vorausgehenden Tagen wurden Konnidas, dem Erzieher des Theseus, und den Amazonen einleitende Opfer dargebracht. F.R.W.

Q: Plut. Thes. 36 – *Lit:* L. Deubner, Att. Feste, 1932, 224 ff.

Theseus, der att. → Herakles, dessen Sage die seine ähnlich, vielfach wohl nachgebildet ist. Sohn des → Aigeus oder Poseidon (Apollod. 3, 216; Paus. 2, 33, 1; Plut. Thes. 3) und der → Aithra in Troizen; ihr läßt Aigeus Schwert und Sohlen unter einem Fels zurück und gebietet ihr, ihren Sohn dahin zu führen, wenn er den Fels wegwälzen könne, und ihn dann mit den Insignien nach Athen zu senden. Von Pittheus, dem Vater der Aithra erzogen, weiht Th. sein Haar in Delphi. Nach Erfüllung des Auftrags des Aigeus beseitigt er auf dem Weg nach Athen Ungeheuer und Riesen meist auf dieselbe Weise, wie sie ihre Opfer umbrachten, und zwar (1) den Räuber und Hephaistossohn *Periphetes* vor Epidauros, von dem er die Keule übernimmt (Plut. Thes. 8; Apollod. 3, 217); (2) den Räuber *Sinis,* der die Wanderer durch herabgebeugte, dann auseinanderschnellende Fichten zerreißen ließ (πιτυοκάμπτης), auf dem Isthmos; (3) die *graue Sau* in Krommyon; (4) den *Skeiron* bei Megara, der die Wanderer zwang, ihm die Füße zu waschen, und sie dabei ins Meer stürzte, wo sie eine Schildkröte fraß; (5) den Poseidonsohn *Kerkyon* in Eleusis, der die Wanderer im Ringkampf tötete; (6) den *Prokrustes* (Damastes), der alle Vorbeikommenden auf ein Bett legte und durch Zuschneiden oder Hämmern (Strecken) der Länge des Bettes anpaßte. – In *Athen* will seine Stiefmutter → Medea den Th. sogleich vergiften, aber gerade noch rechtzeitig erkennt ihn Aigeus an seinem Schwert, und Medea mit ihrem Sohn Medos flieht. – Sieg über die Söhne des Pallas (Bruder des Aigeus), die die Herrschaft in Athen anstreben. – Fang des von → Herakles aus Kreta gebrachten *marathonischen Stiers* (dabei die Episode mit → Hekale), der Apollon geopfert wird. – Als eines der 14 Opfer (7 Jünglinge und 7 Mädchen), die jährlich als Sühne für die Tötung des Androgeos, des Sohnes des → Minos, nach *Kreta* geschickt werden mußten, wo sie dem Minotauros zum Opfer ins → Labyrinth eingeschlossen wurden, fährt Th. freiwillig mit nach Kreta. Als Minos sich als Zeussohn rühmt, was Zeus durch Donner bestätigt, beweist Th. seine Abkunft von Poseidon, indem er einen von Minos ins Meer geworfenen Ring mit Hilfe → Amphitrites zurückbringt (Bakchyl. 16). Mit Hilfe der leuchtenden Brautkrone oder eines Garnknäuels der → Ariadne findet sich Th. im Labyrinth zurecht und tötet den Minotauros. Heimfahrt, ohne verfolgt zu werden, mit Ariadne, die er in Naxos vergeßlich, verräterisch oder auf Geheiß Athenes verläßt. Vor Athen vergißt er, weiße Segel, wie versprochen, zu setzen; beim Anblick der schwarzen stürzt sich Aigeus ins Meer (daher ‹Aegaeis›). – Th., König an seiner Statt, stiftet für die siegreiche Heimkehr das Oschophorienfest und vereinigt die kleinen Ortschaften Attikas im (historischen?) *Synoikismos* → Athens (II B 2) zu einer Gemeinde. – Ein Zug gegen die → *Amazonen* (mit Herakles?), von dem Th. die Antiope oder Hippolyte nach Hause bringt, löst einen Rachezug der Amazonen aus, der aber auf dem Areopag abgeschlagen wird. Antiope fällt. Zur Tragödie um ihren Sohn → Hippolytos und → Phaidra, die nächste Frau des Th., s.d. – Th. unterstützt → Adrast (→ Sieben gegen Theben) und nimmt → Ödipus auf. – Bei der Hochzeit des Lapithen → *Peirithoos* unterstützt Th. diesen gegen die wilden → Kentauren; die enge Freundschaft der beiden wird hiermit oder mit der Bewunderung des Peirithoos für Th. motiviert. Sie beschließen, für jeden eine Zeustochter als Gemahlin heimzuführen, und rauben zunächst für Th. → Helena, die, noch ein Kind, in die Obhut der Aithra in Aphidna gegeben wird, bis sie von den → Dioskuren entdeckt und (mit Aithra) zurückgeholt wird, während die beiden Freunde im Hades → Persephone für Peirithoos zu rauben suchen. Zur Strafe für diesen Frevel werden sie dort auf ewig an einen Felsen gefesselt. Nach einigen Autoren (Eur. p. 546 ff. N.) werden sie oder doch Th. durch → Herakles befreit. – Der heimgekehrte Th. findet Athen durch → *Menestheus* beherrscht, flüchtet seine Söhne → Akamas und Demophon nach Böotien zu Elephenor und sich selbst nach Skyros. Dort wird er von König Lykomedes, seinem Gastfreund, zunächst gut aufgenommen, dann aber von einem Felsen gestürzt. Nach den Perserkriegen (bei Marathon erschien Th. dem att. Heer) bringt → Kimon die Gebeine des Th. nach Athen, wo sein Heiligtum Zuflucht aller Flüchtlinge wird. – Nur wenige Themen (Minotauroskampf, Entführung der Ariadne und Helena, Kentaurenkampf) kommen vor Kleisthenes vor, unter dem vielleicht erst die maßgebliche ‹Theseis› verfaßt worden ist. L.H.

Q: Apollod. 3, 216 ff.; epit. 1, 16 ff.; Plut. Thes. – *Lit:* Preller-Robert II 2, 676 ff. – H. Herter, Th., RhM 85, 1936, 177–239; 88, 1939, 244 ff.; 89, 1940, 273–292 – Ders., Antike 17, 1941, 209–228 – Ch. Dugas, L'évolution de la légende de Thésée, REG 56, 1943, 1–24 – K. Schefold, Kleisthenes, MH 3, 1946, 59–93, bes. 65–77.

Darstellungen: Erste Spur eines Th. zyklus auf der Françoisvase (Schefold, FS, 58 f.). Auffindung der *Gnorismata* auf att. Vasen des 5. Jh.s (Brommer 188), auf Reliefs, Münzen, Gemmen (Lippold, RM 51, 1936, 98 f.; E. Paribeni, Bull. Com. 74, 1951/52, 13–18). – Die Abenteuer auf dem Weg nach Athen sind Thema zahlreicher Denkmäler, die im späteren 6. Jh. einsetzen und häufig mehrere Taten zyklisch zusammenfassen. Bes. wichtig die Metopen vom Athenerschatzhaus in Delphi und am ‹Theseion› in Athen (Lippold, GrPl 82; H. Koch, Studien zum Th. tempel in Athen, 1955, 121–125) sowie eine Reihe von Vasenbildern (Brommer 160–196). Daneben zahlreiche Einzelbilder, vor allem auf att. Vasen. – Th. auf dem Meeresgrund mehrfach auf Vasen des 5. Jh.s (Brommer 165. 185). – Der Kampf mit dem *Minotauros* einer der am häufigsten dargestellten Mythen der antiken Kunst, im Gegensatz zu den meisten anderen

Th.taten auch in der Vasenmalerei außerhalb Attikas nachweisbar. Früheste Wiedergabe schon vor 650 (E. Berger, Ciba-Blätter, August 1962, vgl. Revue du Louvre 12, 1962, 35f., Pithos im Louvre), dann bes. oft auf att. Vasen (Brommer 171–184; Schauenburg, Perseus, 51f.), später auf Gemmen, Mosaiken, Wandbildern u.a. Statuarische Gruppe von Th. und Minotauros um 450, Torso des letzteren in Kopien erhalten (E. Paribeni, Sculture greche del 5° secolo, Mus. Naz. Romano, 1953, Nr. 33). – Th. und *Ariadne* auf Vasen, Reliefs, Wandbildern (Schefold, FS, Taf. 27a.b. – Ders. WP, passim; Brommer 166f.). – Der *Amazonenzug* wieder vorwiegend auf Vasen dargestellt (Brommer 164f.). Bes. berühmt die Reliefs auf dem Schild der Athena Parthenos (Lit. bei F. Eckstein, in: Festschr. F. Matz, 1962, 66–72). – *Kentaurenkampf* bei der Hochzeit des Peirithoos auf Vasen und im Westgiebel des Zeustempels in Olympia (Brommer 169f.; Lippold, GrPl 120f.). – Th. im *Hades* auf arch. Schildreliefs; dort auch Raub d. Helena (Kunze 110–113. 127–136; vgl. Schefold, FS, 37f. 70f.), mehreren att. und apul. Vasen sowie einem in Kopien erhaltenen Relief des späteren 5. Jh.s (K. Schauenburg, JdI 73, 1958, 50. 65f.; Brommer 168). Mehrere Statuen des Th. in Kopien erhalten (z.B. der Th. Ince Blundell Hall bei Lippold, GrPl 273). K. Schb.

Thesis, die allgemeine Charakterisierung des einer Rede zugrunde liegenden Rechtsproblems (quaestio generalis), bes. von → Hermagoras v. Temnos in ein Lehrsystem gebracht. → Rhetorik B [8]; → Progymnasmata. H. H.

Lit: Kennedy, Persuasion, 305f. – H. Throm, Die Th., 1932 – M. L. Clarke, The Th. in the Roman rhetorical schools, ClQ 45, 1951, 159–166 – D. Matthes, Lustrum 3, 1959, 124ff.

Thesis als t.t. der → Metrik → Arsis.

Thesmophoria, das am weitesten verbreitete aller griech. → Feste, zu Ehren von → Demeter und Kore zur Zeit der Aussaat gehalten, in Athen am 11.–13. Pyanopsion. Die Riten waren geheim und auf (verheiratete?) Frauen aus guter Familie beschränkt. In Athen wurden die drei Tage *Anodos* (‹Aufstieg›), *Nesteia* (‹Fasten›) – an diesem Tag schliefen die Frauen auf dem Boden – und *Kalligeneia* (‹schöne Nachkommenschaft›) genannt. Der am besten bekannte Ritus bestand im Heraufholen der verfaulten Überreste der Ferkel aus den Megara, die entweder bei den → Skira oder den vorausgehenden Th. dort belassen waren, die dann auf den Altar gelegt und mit dem Saatgut gemischt wurden, um eine gute Ernte zu sichern. Dies sind vielleicht die ‹gebrachten und hingesetzten› Dinge, von denen das Fest seinen Namen hat. Wie der Tag Kalligeneia beweist, sollten die Riten die menschliche Fruchtbarkeit ebenso fördern wie die des Ackers. Von den Th. in anderen Städten als Athen sind nicht viele Einzelheiten bekannt, es gab aber Variationen im Zeitpunkt und vielleicht auch im Ritus. F. R. W.

Lit: P. Arbesmann, RE 6A 2 (1936), 15–28 – H. Thompson, Pnyx and Thesmophorion III: Thesmophorion, Hesperia 5, 1936, 156–192 – S. Eitrem, Les Th., les Skirophoria et les Arrhétophoria, SO 23, 1944, 32–45 – Nilsson, I 461–466 – Ders., Griech. Feste, 1906, 313ff. – L. Deubner, Att. Feste, 1932, 50ff.

Thesmophylakes → Nomophylakes.

Thesmotheten. Sechs der neun → Archonten in Athen hießen Th., ‹Rechtssetzer›. Sie waren vor allem in der Rechtsprechung tätig. F. G.

Thespiai, Stadt in → Böotien am Ostabhang des → Helikon (Kt. 1152 D4). Bei Th. lag eine berühmte Kultstätte des → Eros und der → Musen, im Musental des Helikon, mit großen Wettkämpfen in den verschiedenen musischen Künsten. E. M.

Thespios, König des nach ihm benannten Thespiai, gewährt dem jungen → Herakles Asyl. H. schläft jede Nacht mit einer anderen der 50 Töchter (oder in 7 Nächten oder in einer mit allen), weil Th. sich Nachkommen von einem solchen Helden wünscht. Sie ziehen später unter → Iolaos nach Sardinien.

Thespis, Tragiker, wahrscheinlich aus dem attischen Demos Ikaria, 536/3 v. Chr. erstmalig in Athen bei den großen → Dionysien aufgetreten. Nicht endgültig gesichert ist die Überlieferung, die ihm die Erfindung des 1. Schauspielers und damit die des → Prologs und der Rhesis, also des Sprechverses allgemein, zuschreibt und ihn, wohl auf Grund dieser Daten, dann auch als Schöpfer der → Tragödie (A) überhaupt bezeichnet. Es ist möglich, daß diese Angaben auf eine Konstruktion des frühen → Peripatos zurückgehen, mit der dieser die von → Aristoteles (poet. 4. 1449 a 15f.) kaum ohne Grund offengelassene Lücke in seiner Darstellung der Entwicklung der Tragödie zu schließen suchte. Auch die unter dem Namen des Th. überlieferten Titel und Fragmente werden kaum als echt gelten können. Die nur von → Horaz (ars 276) überlieferte Nachricht vom Th.-Karren geht wohl auf eine Fehldeutung des alten Brauches der ‹Spöttereien vom Wagen herab› zurück. E.-R. Sch.

Frg: TGF 832f. – *Lit:* H. Patzer, Die Anfänge der griechischen Tragödie, 1962, 21ff.

Thesprotis, kyklisches Epos des → trojan. Sagenkreises, nur als Titel erhalten (Paus. 8, 12, 5), dem → Musaios (undatierbar) zugeschrieben (Clem. Alex. Strom. 6, 2, 25, 2). – Die Th. beschrieb die Abenteuer des Odysseus auf seiner Wanderung nach Thesprotien und war vielleicht Vorlage für Teile der → Telegonie; möglicherweise ist ‹Th.› nur ein Teil- oder Nebentitel der Telegonie. Vgl. → Kyklos. G. K.

Lit: → Telegonie.

Thessalien, die nördlichste Landschaft → Griechenlands (Kt. 1152 CD3).

[1] *Land, Bevölkerung.* Grenzen des eigentlichen Th. im S nach → Achaia Phthiotis der Rücken des → Othrys und seine im Altertum noch dazugerechnete nordöstl. Fortsetzung, die kassidiarischen und ziragiotischen Berge; im W nach → Epirus die unwegsamen Gebirgsmauern des → Pindos (einziger bedeutender Paß ganz im N der Zygos; heute Paß von Metsovo, 1650 m), im N gegen → Makedonien das breite Bergland der kambunischen Berge, im O riegeln Ossa und Pelion Th. gegen das Meer ab. Th. besteht zur Hauptsache aus den beiden einzigen größeren Ebenen Griechenlands (z.T. Steppenlandschaft, wodurch die berühmte Pferdezucht Th.s gefördert wurde, aber auch Getreideanbau), der ‹oberen› westl. mit ca. 150 m Höhe über dem Meer und der unter 100 m liegenden unteren östl. Ebene, die durch ein breites Hügelland (ca. 100–726 m) voneinander getrennt werden. Beide Ebenen werden durch den → Peneios mit seinen Nebenflüssen entwässert, der im Tempetal zum Meer durchbricht. Die Abgeschlossenheit vom Meer bedingt ein kontinentales Klima mit starken Gegensätzen zwischen heißen Sommern und kalten Wintern. Eine Besonderheit des thessal. Klimas ist der Glutwind Liwas, der meist April/Mai über den Pindos in Th. einfällt und die Vegetation verdorren läßt. – Die für griech. Verhältnisse ungewöhnliche Weiträumigkeit führte dazu, daß sich der grundbesitzende Adel als herrschende Schicht länger als sonst halten konnte und selbständige Städte sich erst spät entwickelten. Im Altertum zerfiel Th. in 4 Teillandschaften, von denen die Pelasgiotis mit dem Hauptort → Larisa die östl. Ebene einnahm; in die größere westl. Ebene teilten sich die Hestiaiotis im W mit dem Hauptort Trikka, die Thessaliotis in der Mitte und die Phthiotis mit dem Hauptort → Pharsalos im O. Die Nachbarlandschaften wurden schon früh von Th. abhängig und werden daher im weiteren Sinne zu Th. gerechnet. Es sind die Halbinsel → Magnesia im O, → Achaia Phthiotis im SO und die Perhäber im Bergland und den Talbecken nördl. der Pelasgiotis. Die Hauptverkehrswege Th.s sind: von N nach S Tempe, Larisa, Pharsalos, Thaumakoi, Lamia zu den Thermopylen (wichtig in den Wanderungen des 3. und 2. Jt.s v. Chr., in den Perserkriegen und in makedon. Zeit); von W nach O Dyrrhachion, Aoostal, Zygospaß, Peneiostal, Larisa, Tempe oder Peneiostal, Enipeustal, Pharsalos, Pherai nach Demetrias (in röm. Zeit wichtig).

[2] *Geschichte.* In der jüngeren Steinzeit war das Land bereits dicht besiedelt; hier lagen die ältesten bisher bekannten Siedlungen Griechenlands. Ebenso spielt das Land in der griech. Sage eine große Rolle: Pherai ist die Stadt → Admets, die Phthiotis die Heimat → Achills und anscheinend Ausgangspunkt der Namen Hellas und Hellenen. Die

Bedeutung, die die Thessaler, aristokratisch organisiert, in frühgeschichtlicher Zeit durch ihre beherrschende Stellung in der → Amphiktyonie und durch ihre → Reiterei besaßen, ging in klass. Zeit zurück. Es gab nun eine Art Bundesverfassung, an deren Spitze ein Tagos stand. Der Versuch → Jasons (4) v. Pherai und seiner Nachfolger (4. Jh. v. Chr.), die Herrschaft über ganz Th. zu gewinnen, führte zum Eingreifen → Philipps II. v. Makedonien und zur Angliederung an Makedonien (seit 352), die bis 196 v. Chr. bestehen blieb. Danach hatte Th. wieder eine Bundesverfassung, bis es 148 v. Chr. von den Römern unterworfen und zunächst der Provinz Achaia, später der Provinz Makedonien zugeschlagen wurde. E.M.

Lit: A. J. B. Wace-M. S. Thompson, Prehistoric Th., 1912 – Fr. Stählin, Das hellen. Th., 1924 – H. D. Hansen, Early civilisation in Th., 1933 – Fr. Stählin-Fr. Hiller v. Gärtringen-G. Lippold, RE 6 A 1 (1936), 70–143 – Philippson-Kirsten I 15–233; 259–308 – M. Sordi, La lege Tessala fino ad Alessandro Magno, 1958 – Vl. Milojčić, Hauptergebnisse der deutschen Ausgrab. in Th., 1953–58, 1960 – *Zeitschrift:* Θεσσαλικά, 1 ff., 1958 ff.

Thessalonike, heute Saloniki, Stadt in → Makedonien (Kt. 1152 C 2), im innersten Winkel des gleichnamigen Meerbusens, an der Stelle des älteren → Therme (Thermäischer Meerbusen), ca. 316/315 von → Kassander durch Synoikismos von 26 kleinen Städten gegründet, nach dem Namen seiner Gemahlin genannt. In makedon. Zeit nur Bedeutung eines Seehafens. Nach 168 war Th. Vorort der 2. regio, nach 148 Sitz des röm. Statthalters, damit Beginn einer großen Blütezeit. Frühe Christengemeinde (Paulus' Briefe an die Thessalonicher). Vom Kaiserpalast des → Galerius (305–311 n. Chr.), der die Stadt zu seiner Hauptstadt erhob, sind erhalten der reliefgeschmückte Galeriusbogen, der 297 n. Chr. als Triumphbogen für den Sieg über die Perser errichtet wurde, ein großer, später zur Georgskirche umgewandelter Rundbau, Reste eines großen Hippodroms u. a. E.M.

Lit: E. Oberhummer, RE 5 A 2 (1934), 2391 f., s. v. Therme; RE 6 A 1 (1936), 143–163 – E. Dyggve, La région palatiale de Th., Acta Congr. Madvigiani I, 1958, 353–365 – L. Guerrini, Las Incantadas di Salonicco, Arch. Cl. 13, 1961, 40–70 – G. Bakalakis, Therme-Th., in: Neue Ausgrab. in Griechenland, AntK, 1. Beih., 1963, 30–34.

Thessalos von Tralleis, Arzt z. Z. Neros, mit → Themison v. Laodikeia Begründer der → Methodikerschule. Th. brachte diese auf der Grundlage der ainesidemischen Skepsis in ihre systematischste und am meisten vereinfachte, endgültige Form. Die gesamte Lehre war auf praktische Anwendung ausgerichtet; nur die *ἀνάγκη παθῶν* galt. Frühere Lehren (auch die der Hippokratiker) wurden abgelehnt. Die 3 methodischen status (strictus, laxus, medius) werden nach Th. am Kranken selbst evident und liegen allem zugrunde. Von seinen Schriften kennen wir mehrere Titel (u. a. ein Brief an Nero); erhalten ist nichts. F.K.

Theten, die besitzlosen, auf Lohnarbeit angewiesenen Freien; in Athen die Angehörigen der niedersten Zensusklasse (→ Timokratie). F.G.

Thetis, Meergöttin, Tochter des → Nereus, Führerin des → Nereidenchores. Da ihr verheißen war, einen Sohn zu gebären, der stärker sein werde als sein Vater, durfte sie weder mit Zeus noch Poseidon, die sie liebten, sondern nur mit einem Sterblichen vermählt werden (Pind. Isthm. 8, 27–48; vgl. auch → Prometheus: nach Aischylos wußte nur er um die Prophezeiung, nicht Zeus; das ist wohl Erfindung des Dichters): → Peleus, der freilich erst ihre Wandlungskünste überwinden und sie im Ringkampf besiegen mußte. Nach gleichfalls alter Version wies Th. Zeus aus Dankbarkeit gegen Hera, von der sie aufgezogen worden war, zurück. Stand einmal dem → Zeus gegen die anderen Götter (Il. 1, 396 ff.), einmal → Hephaistos bei, indem sie ihn 9 Jahre im Meer verbarg, und gewann daher beider Hilfe (Il. 18, 35 ff.) für ihren Sohn → Achilleus; s. d.

Theudebert I., fränk. König, Enkel → Chlodwigs, Sohn und, mit 20 Jahren, Nachfolger Theuderichs I. (533). Obwohl keineswegs frei von Fehlern, wird er von Gregor von Tours als ein gerechter Herrscher, ein Freund der Armen und ein Wohltäter der Kirche geschildert: z. B. erließt er die Steuern der Kirche der Auvergne. 539 drang er in Norditalien ein, vergeblich, um den Ostgoten (→ Witigis) gegen Ostrom beizustehen; aber er übte Verrat und griff die Ostgoten, die ihn in Italien willkommen geheißen hatten, an und schlug sie; dann rückte er vor, um die Römer gleichfalls zu schlagen. Nachdem er bis Venetien vorgedrungen war, wurde er durch Hunger und Seuche in seinem Heer zum Rückzug gezwungen. → Justinian erkannte durch die Bestätigung ihrer Besitznahme der Provence (537) die Franken als rechtmäßige Herrscher Galliens an, und Th. war der erste german. König, der Goldmünzen mit seinem eigenen Namen prägte. Er starb an Verletzungen auf einer Jagd 548. Nachfolger war sein Sohn Theudebald von seiner gall.-röm. Frau Deuteria. E.A.Th.

Lit: L. Schmidt, Die Westgermanen, 1918 – A. Nagl, RE 5 A 2 (1934), 1715–21 – R. Holtzmann, Die Italienpolitik der Merowinger, in: Das Reich, Festschr. J. Haller, 1940 – E. Ewig, Die fränk. Teilungen und Teilreiche (511–613), Abh. Mainz, 1952, 9.

Theudios von Magnesia, → Mathematiker, vermutlich jüngerer Zeitgenosse Platons, der (nach dem Mathematikerkatalog bei Proklos, in Eucl. 67 f. F.) ‹Elemente› schrieb und viele spezielle Sätze verallgemeinerte. Es wird vielfach angenommen, daß die meisten der von Aristoteles zitierten mathemat. Sätze aus seinen ‹Elementen› stammen. K.v.F.

Theveste (Kt. 61 E 1; heute Tebessa), in Algerien. Seit ca. 75 n. Chr. Legionslager der Legio III Augusta bis zu deren Verlegung nach Lambaesis Anfang 2. Jh. n. Chr. Unter Trajan Erhebung zur Kolonie. Plünderung durch die → Vandalen. Rückeroberung durch die Byzantiner 535. Mauerbau durch Solomon. 597 durch die Berber, 682 durch die Araber erobert. – *Bauten:* Byzantin. Zitadelle, Rechteck von 280 × 320 m; Quadrifrons zu Ehren Caracallas, gestiftet von dem aus Th. stammenden Präfekten der 14. Legion, Cornelius Egrilianus; Amphitheater; christl. Basilika vom Ende des 4. Jh.s mit Baptisterium und ummauerter klösterlicher Anlage. R.F.

Thiasos (griech.), Versammlung oder Vereinigung zu Ehren einer Gottheit, vor allem der Festschwarm des → Dionysos, zu dem als Thiasioten → Mänaden, → Satyrn und Silene u. a. gehören. K.-H.R.

[2] Die ersten *bildlichen Darstellungen* um 570–560 (Kleitias-Krater: Arias-Hirmer, Taf. 40/1; 47) zeigen den Th. noch in mythologischer Verknüpfung; später tritt der Th. isoliert auf (Kleophradesmaler: Arias-Hirmer, Taf. 122 bis 124; XXX f.) und hat dann in Plastik, Relief und Malerei ein reiches und langes Leben (→ Sarkophage). F.E.

Lit: E. Buschor, Satyrtänze und frühes Drama, SB München, 1943, 5 – E. Simon, EAA IV, 1961, s. v. Menadi, 1002–12 – L. Christopoulou-Mortoja, Darstellungen des Dionysos in der schwarzfigurigen Malerei, Diss. Freiburg 1964, 15–28 – L. B. Lawler, The Dance in Ancient Greece, 1964.

Thisbe → Pyramus.

Thibron, Lakedaimonier, wohl Spartiate, eröffnete 400 bis 399 den Krieg in Kleinasien, doch wenig erfolgreich, wurde abberufen und wegen Bedrückung der Bundesgenossen bestraft. 391 erhielt er wieder das Kommando in Kleinasien, wurde vom Satrapen Struthas geschlagen und fiel. E.Bn.

Thinitenzeit, Regierungszeit der 1. und 2. ägypt. Dynastie (etwa 2925–2655), weil ihre Könige nach → Manetho aus Thinis in Mittelägypten stammten. In ihr wurden die Grundlagen der ägypt. Kultur geschaffen. W.Hk.

Thoas, Sohn des → Dionysos und der → Ariadne, Vater der Hypsipyle in Lemnos, von ihr und Dionysos beim lemnischen Männermord gerettet (Apoll. Rhod. 1, 625 ff.; Apollodor 1, 115). Nach Apollod. 3, 6, 42 später doch getötet.

2. **Th.,** König der Taurier; → Iphigenie. K.Schb.

Tholos, sakraler Rundbau, mit oder ohne Peristasis, ursprünglich dem Heroenkult dienender Bautypus, der vielleicht als architektonische Umfassung einer für chthonische

Spenden bestimmten Opfergrube oder des Grabhügels entstand. Bauglieder von archaischen Tholoi dor. Ordnung (→Tempel B 3 ff.) in Delphi (Anfang des 6. Jh.s, 13 Säulen, ⌀ ca. 6,2 m) und Athen (Kerameikos, 530/520, ohne Peristasis, ⌀ 8 m) gefunden. Eine gegen 465 v. Chr. auf der Agora von →Athen errichtete Th. (ohne Peristasis, 6 Innensäulen, ⌀ 18,3 m) diente als →Prytaneion. Im 4. Jh. folgen die Tholoi in →Delphi (Athena-Heiligtum, 20 dor. Säulen, innen korinth. Halbsäulen, ⌀ 13,5 m), in →Epidauros inschriftlich ‹Thymele›, ‹Opferstätte›, benannt (unter dem Boden labyrinthische Gänge, außen 26 dor., innen 14 korinth. Säulen, ⌀ 20 m; Architekt: →Polyklet (2) d. J.), in →Olympia, errichtet von →Philipp II. nach 338 als eine Art Familien-Heroon (außen 18 ion. Säulen, innen 9 korinth. Halbsäulen, ⌀ 13,9 m); im 3. Jh. das Arsinoeion in →Samothrake (ohne Peristasis, mit 20 m ⌀ der größte frei überdeckte Raum griech. Zeit, gegen 280 v. Chr.) und die Th. in Thasos (gegen 200, über einer älteren Th. erbaut, ⌀ 10,9 m). – Zur Geschichte →Architektur I E 2, F 5. G. Gb.

Lit: F. Robert, Thymélè, 1939.

[2] Der älteste bekannte *ital.* Rundtempel, der Vestatempel auf dem Forum Romanum, barg nicht ein Kultbild, sondern das heilige Staatsfeuer; seine ursprüngliche Form war nach Ov. fasti 6,262 die der ital. Wohnhütte (daher nicht ‹templum›, sondern ‹aedes Vestae›); er wurde 241 v. Chr. und in augusteischer Zeit nach dem Vorbild griech. Tholoi in Stein erneuert (Münzbilder); die erhaltene Restauration ist severisch. – Die ältere Fassung des Rundtempels am Largo Argentina (Rom) gehört noch dem 2. Jh. v. Chr. an, erst bei späterem Umbau wurde die Cellamauer bis zur Ringhalle erweitert. In Tivoli weist die altertümliche Kapitellform noch in vorsullanische Zeit (Anfang 1. Jh. v. Chr.). Erst der Rundtempel am Tiber steht auf griech. Stufenunterbau, während alle älteren die ital. Form des Podiums aufweisen; so auch der reizvoll verspielte Rundtempel in Baalbek aus der mittleren Kaiserzeit. – Ein in der pompejan. →Malerei häufig dargestellter →*Monopteros* mit ägypt.-ptolemäischen Attributen stellt vermutlich ein hellenist. Heiligtum der Isis-Fortuna dar, die mit der Venus Euploia von Knidos identifiziert wurde (vgl. den Monopteros mit einer Nachbildung der Knidierin in der Villa Hadrians in Tivoli). Ein Monopteros bildet auch das sakrale Zentrum des Fortunaheiligtums von Praeneste (→Architektur II C 2) und ist als krönendes Motiv von →Grabbauten beliebt (z. B. Julierdenkmal St-Rémy). C. K.

Q: Vitr. 4, 8 – *Lit:* R. Delbrueck, Hellenist. Bauten in Latium II, 1912, 16 ff. – Crema, 48 f.

Tholosgrab, Vor- und Frühstufe des myk. →Kuppelgrabes. Im Gegensatz zu jenem frei auf dem geglätteten natürlichen Boden (Felsen) errichtet (⌀ innen 4–13 m; Mauerstärke 1,50–2,50 m). Tholos ganz aus Steinen gewölbt oder nach einer gewissen Höhe flach mit Holz gedeckt. Niedriger Eingang im O, an den sich kleine, rechteckige Kammern (für Bestattung und Totenkult) anschließen. In der Wende vom 3. zum 2. Jt. Tholoi (auf ganz Kreta, bes. →Mesara) als Sippengrüfte über mehrere Jh.e verwendet. Ein Beispiel bei →Knossos (SM I) ist trotz gewisser Unterschiede bereits als →Kuppelgrab anzusprechen. Neben den kret. gibt es kleine kykladische Th.er (Syros, auch Attika: Hag. Kosmas) W. Schg.

Lit: S. Xanthudides, The vaulted tombs of Mesara, 1924 – W. A. Heurtley, The Tholos Tombs of Marmáriane, BSA 31, 1930/31, 1–55 – F. Schachermeyr, RE 22,2 (1954), 1419 – R. W. Hutchinson, A Tholos tomb on the Kephala, BSA 51, 1956, 74–80.

Thomas Magister, ca. 1270–1325, gelehrter Mönch und Berater des byzantinischen Kaisers, Schüler des →Planudes. Schrieb philologische Übungsbücher, Scholien und ein lexikalisches (attizistisches) Werk (→Lexikographie). Wichtig sind seine mit Scholien versehenen Editionen von Gedichten Pindars, von Dramen der drei Tragiker sowie des Aristophanes und von Briefen des Synesios (älteres, heute teilweise verlorenes Material und eigene grammatische Erläuterungen). H. E.

Ed: Ed. pr. Kallierges 1517 (Lexikon) – F. Ritschl, 1832 (dass.) – *Lit:* Krumbacher, 543 – Th. Hopfner, SB Wien 172, 3, 1912 – J. Irigoin, Histoire du Texte de Pindare 1952, 180 – H. Erbse, in: Gesch. der Textüberlieferung I, 1961, 274 (Lit).

Thorax. Der Brustpanzer, →θώραξ, wurde erst nach dem Aufkommen des →Rundschildes nötig; er bestand aus zwei Erzschalen, γύαλα (Hom. Il. 4, 133), die nur auf den Schultern ruhten (vgl. Hom. Il. 7, 252) und durch Schnallen, περόναι, zusammengehalten wurden. Im 5. Jh. paßte man ihn den Körperformen an (Xen. equ. rat. 12, 1) und verlängerte ihn bis zum Nabel; metallbeschlagene Lederstreifen, πτέρυγες, schützten Unterleib und Schenkel (ebd. 12, 4). Vgl. →Waffen A [3]. W. K.

Thot, ägypt. Gott mit Ibiskopf, auf dem gern die Mondsichel mit Scheibe angebracht ist. Er gilt als Mondgott und damit als Herr des Kalenders und der Wissenschaft. So rufen ihn besonders die Schreiber an; er ist ‹Herr der Gottesworte› und Schöpfer der Gesetze. Er ‹heilt› den zunehmenden Mond und ist so auch Schützer des →Osiris. Der Kult stammte wohl aus dem 15. unterägypt. Gau, weshalb Th. auch Herr der (anschließenden) Fremdländer und des Sinai war. In geschichtlicher Zeit war sein Hauptkultort aber →Hermupolis, wo er auch in Gestalt eines Pavians verehrt wurde. Den Griechen schien er am nächsten dem Hermes zu entsprechen; als →Hermes Trismegistos war er ihnen Verfasser geheimer Schriften. W. Hk.

Lit: P. Boylan, Thot, 1922.

Thrakien (Θράκη), der gesamte Rumpf der Balkanhalbinsel östl. von →Makedonien und →Epirus bis ans Schwarze Meer (Kt. 1152 EH 1), ursprünglich einschließlich von Gebieten, die seit →Philipp II. zu Makedonien gehörten (→Paionien). Hauptgebirge →Rhodope und →Haimos (Balkan). Hauptflüsse: →Axios (Vardar), →Strymon (Struma), Nestos (Mesta), →Hebros (Maritza), →Istros (Donau). Die Thraker zerfielen in viele Einzelstämme und bildeten einen Teil der indogerman. Völkergruppe. Sie waren rauhe, wilde, kriegerische Stämme, die als Söldner sehr geschätzt wurden. Unter ihnen spielten die →Odrysen die führende Rolle. Die Stämme standen unter Königen, an Städten gab es in vorhellenist. Zeit nur die griech. Kolonien an der Küste (die Kolonien von →Thasos: Galepsos, Neapolis, Krenides (→Philippi); →Abdera, Maroneia, Ainos; an der W-Küste des Schwarzen Meeres: Istros, Odessos, Apollonia, Mesambria u. a.). Hellenist. Gründungen: Philippi, Philippopolis, Lysimacheia. Bildung eines Einheitsstaates durch die Könige der Odrysen im 5. Jh. v. Chr., später durch Philipp II. unter makedon. Herrschaft. Nach →Alexanders (5) d. Gr. Tod Reichsgründung des →Lysimachos v. Thrakien, dann wieder selbständig. Einziehung als röm. Provinz 46 n. Chr. Zu den Thrakern gehörten auch die Geten und Daker und die um 1200 v. Chr. nach Kleinasien abgewanderten Bithyner, Myser und Phryger. Die Wirtschaft des Landes wurde durch das rauhe Klima mit seinen früh einsetzenden Wintern bestimmt. Neben Ackerbau und Viehzucht (vor allem Pferde) wurde an bes. geschützten Stellen auch Wein angebaut (Kult des →Dionysos). Bergbau im Pangaion. Wildreiche Wälder, die Jagd eine der Hauptbeschäftigungen der Th. Ihre starke Neigung zur Musik brachte einen ekstatischen Zug in ihre Kultgebräuche (→Thamyris, →Orpheus, →Dionysos). E. M.

Lit: F. X. Schaffer, Landeskunde v. Th., 1918 – St. Casson, Macedonia, Th. and Illyria, 1926 – G. Kazarow, Thr., CAH VIII, 1930, 534–560; 781–783 – E. Oberhummer-B. Lenk-W. Brandenstein-A. Beck-G. Kazarow, RE 6 A 1 (1936), 393–551 – J. Wießner, Die Thraker, 1961.

[2] *Thrakische Sprache.* Quellen für ihre Kenntnis sind: die Inschrift eines Ringes aus Ezerovo, eine stark zerstörte Steininschrift und 75 keramische Inschriften aus →Samothrake sowie th. Namen (z. B. Ortsnamen mit *-para*, *-bria*,

-*dizos/a*, Personennamen mit -*zenis*, -*poris* im Hinterglied). Die th. Sprache, gesprochen in Th. und auf Samothrake (Diod. 5,47), ist ein selbständiger Zweig des → Indogermanischen. Das in → Dakien und → Moesien gesprochene Idiom (‹dakomysisch›) ist wohl von ihr abzutrennen. A.H.

Q: D. Detschew, Th. Sprachreste, 1957 – Samothrake II 1, ed. P. M. Fraser, 1960, 120f.; II 2, ed. K. Lehmann, 1960, 45–64 – *Lit:* W. Brandenstein, RE 6 A 1 (1936) 407–414, s. v. th. Sprache – D. Detschew, Charakteristik der th. Sprache, 1952 – V. Georgiev, La langue thrace (bulg.), 1957.

[3] *Die röm. Provinz.* In vorröm. Zeit besaß das Land keine politische Einheit. Seit 15 v. Chr. Klientelstaat unter Kotys, ab 45 n. Chr. kaiserliche Provinz (Thracia) mit der Hauptstadt → Perinth. Zunächst wurde die Provinz von Procuratoren aus dem Ritterstand, seit Trajan von einem legatus Augusti pro praetore verwaltet. Th. war wichtiges Rekrutierungsgebiet für das röm. Auxiliarheer. Städtische Zentren fehlten; röm. Städte waren: Apri (Colonia Claudia Aprensis), Deultum (Col. Flavia Pacis Deultensium). Seit dem 2. Jh. *κοινὸν Θρᾳκῶν* (Landtag für provinzialen Kaiserkult) mit Sitz in Philippopolis. J.S.

Lit: A. Stein, Röm. Reichsbeamte der Provinz Th., 1920.

Thrasea Paetus, P. Clodius, cos. suff. 56 n. Chr., homo novus aus Patavium, verheiratet mit → Arria (2) minor. Seine Tochter Fannia, sein Schwiegersohn → Helvidius Priscus. Als Stoiker mit republikanischen Sympathien war er bekannt für seinen Freimut, seine Unabhängigkeit und seine Unbestechlichkeit. Th. schrieb eine gegen → Caesar gerichtete Biographie des → Cato (2) Uticensis. 66 wurde er auf Veranlassung → Neros wegen Hochverrats angeklagt (Ankläger: Cossutianus Capito und T. Clodius → Eprius Marcellus); Selbstmord nach seiner Verurteilung. Von → Seneca (2) begünstigt, Freund des → Vespasian, Gönner des → Persius. Seine Biographie schrieb Iunius → Arulenus (2) Rusticus (Tac. Agr. 2; Suet. Dom. 10). U.Wm.

Lit: D. McAlindon, Senatorial Opposition to Claudius and Nero, AJPh 77, 1956, 113–132 – R. Syme, Tacitus, 1958, Ind. S. 850.

Thrasyalkes von Thasos, Naturphilosoph wohl des 5. Jh.s. Sein Buch war → Poseidonios bekannt, der daraus eine Theorie über die Ursachen der → Nilschwelle und eine Lehre von den Winden anführte. – Fragm.: VS I 377. O.G.

Thrasybulos, demokrat. athen. Feldherr und Staatsmann um 400 v. Chr. Er trat nach dem oligarchischen Staatsstreich von 411 an die Spitze der bei Samos liegenden demokratischen Flotte (Thuk. 8,73,3ff.), unterließ jedoch als Patriot kriegerische Maßnahmen gegen das Regime in Athen. Als Stratege nahm Th. dann 411/410 an den Seeschlachten bei Kynossema, Abydos und Kyzikos teil und gewann 407 Thasos und die thrakischen Küstenstädte für Athen zurück. Vor den → Dreißig Tyrannen floh er 404 nach Theben und besetzte von dort aus im Spätherbst mit 70 Gesinnungsgenossen das att. Grenzkastell Phyle (Xen. Hell. 2,4,2) und dann in nächtlichem Handstreich die Zitadelle Munychia des Piräus, die er entschlossen verteidigte (Xen. Hell. 2,4,10–22), bis schließlich König → Pausanias (2) v. Sparta einen Frieden mit ausgedehnter Amnestie zwischen den Parteien vermittelte (Xen. Hell. 2,4,30–39). Nach seinem umjubelten Einzug in Athen versuchte Th. freilich vergebens, für seine nichtbürgerlichen Mitkämpfer das Bürgerrecht zu erlangen. 395 trat er für ein Bündnis mit Theben ein, 390/389 veranlaßte er mittels hoher Vermögenssteuern den Bau einer neuen Flotte. 389 brachte er damit die thrakischen Küstenstädte, Byzanz und Kalchedon zum Anschluß an Athen, 388 fuhr er der Westküste Kleinasiens entlang, überall hohe Kontributionen eintreibend, weshalb die Bundesgenossen im Verein mit den Besitzenden Athens seine Absetzung erwirkten. Wenig später fand Th. bei einer eigenmächtigen Expedition nach Pamphylien den Tod (Xen. Hell. 4,8,26–30). F.Kch.

Lit: P. Cloché, La restauration démocratique à Athènes en 403 av. J.-C., 1915 – G. de Sanctis, Atene e i suoi liberatori, RFIC N. S. 1, 1923, 286–309.

2. Th. von Milet, Tyrann von Milet (Ende 7. Jh. bis Anf. 6. Jh. v. Chr.?); wahrscheinlich aristokratischer Geburt, da er anscheinend Prytan war. Aus dieser Stellung vermochte er mit Hilfe des Volkes die Tyrannis an sich zu reißen; es gelang ihm, Milet gegen die unaufhörlichen Angriffe der → Lyder während der Regierung des → Sadyattes (ca. 615/614–610/609?) und zu Beginn der Regierung des Alyattes (ca. 610/609–561/560?) zu verteidigen; seine Tyrannis war für Milet offenbar eine Zeit großen Wohlstandes. Nach einigen Quellen war Th. mit → Periander befreundet; dieser soll insbes. durch eine Intervention bei Alyattes zugunsten des Th. den Frieden mit den Lydern vorbereitet haben. Die chronologischen Probleme, die diese Überlieferung stellt, sind noch ungelöst. R.V.C.

Thrasyllos von Mendes (Ägypten). Th. führte → Tiberius (1) während dessen Aufenthalt auf Rhodos (6 v. Chr. bis 2 n. Chr.) in die → Astrologie ein und folgte ihm, dem er den Aufstieg zur Kaiserwürde vorausgesagt haben soll, nach Rom und Capri (Tac. ann. 6,20f.). Th. verfaßte eine Einführung in die Astrologie, in der er die Einzelbestimmungen der Tierkreisbilder gibt und die Planeten und ihre Sphären, die Himmelsachsen und die Lage der 12 Orte darin samt den auf → Hermes Trismegistos zurückgehenden Namen behandelte. Eine Inhaltsübersicht ist erhalten. – Nicht weniger wichtig und merkwürdig ist, daß er die abschließenden Gesamtausgaben der Werke → Demokrits und → Platons veranstaltet hat. Seine Demokritausgabe ist völlig verloren (bis auf Fragmente seiner Einleitung und das Inhaltsverzeichnis; Diog. Laert. 9,38,41,45–49), seine Platonausgabe praktisch mit der uns erhaltenen identisch (Diog. Laert. 3,56–61; Albin. isag. 4, p. 149,13ff.). Seine persönliche philosophische Haltung kennen wir kaum und wissen auch nicht, wie weit er von den philosophiegeschichtlichen Interessen des → Poseidonios oder der Aristotelesausgabe des → Andronikos beeinflußt war. E.B.

Ed: F. Cumont, CCAG, VIII 3, 99–101 – *Lit:* F. H. Cramer, Astrology in Roman Law and Politics, Mem. of the Am. Philos. Soc. 37, 1954, 92ff.

Thrasymachos von Chalkedon in Bithynien (Kleinasien), Sophist und Rhetor vom Ende des 5. Jh.s v. Chr. Von Platon (Staat 1, vgl. bes. 338 C) wird seine Ableitung der Gerechtigkeit aus dem Machtinteresse entschieden bekämpft. In seiner nur aus Fragmenten erschließbaren *Μεγάλη τέχνη ῥητορική* lehrte er die Erregung der Affekte (*πάθη*), z. B. des Mitleids (*ἔλεος*). Als praktischer Redner bahnte er dem → Prosarhythmus und im Gegensatz zu → Gorgias' gehacktem Stil der Periodisierung der Rede den Weg. → Rhetorik B [2]. H.H.

Q. u. Frg: L. Radermacher, Artium scriptores, 1951, 70ff. – VS II 235–271 – *Lit:* Kl. Oppenheimer, RE 6 A 1 (1936), 584–592 – Kennedy, Persuasion, 68ff. u. ö.

Thrax → Maximinus.

Threnos, ‹Totenklage›. [1] Vorliterarisch Hom. Il. 24, 720ff. als *Wechselgesang* (vgl. Od. 24, 60ff.) zwischen Vorsänger und → Chor, dem vielleicht nur eine unartikulierte Klage zufiel. Der Wechselgesang setzt sich im → Kommos der Tragödie fort (s. u.), ferner in einigen hexametrischen → Epitaphien der hellenist. Zeit. – *Chorlyrische Threnoi* sind nur von → Simonides (1) – der die Gattung vermutlich geschaffen hat – und → Pindar bekannt. Erhalten sind von Simonides zwei Fragmente gnomischen Inhalts (Fr. 16. 18 P.), von Pindar sind Fr. 129f. (Leben der Seligen) und Fr. 131 b (Leben nach dem Tod) ausdrücklich aus den Threnoi zitiert, des Inhalts wegen gehören mit großer Sicherheit dazu Fr. 133, 136f., 139, davon Fr. 137 wahrscheinlich für Hippokrates v. Athen (gest. ca. 486 v. Chr.) über die eleusin. Mysterien. Vgl. → Epikedeion. E.-M.V.

[2] In der → Tragödie wurde der Thr. als Einzellied eines Schauspielers oder als Wechselgesang zwischen mehreren Schauspielern oder zwischen Schauspieler und Chor vorgetragen; vgl. → Kommos. E.-R.Sch.

Thron. [1] Aus dem Fußboden *kret.-myk.* Paläste sind mehrfach die Stellen ersichtlich, an denen Throne gestanden haben (→Knossos, →Mykene, →Tiryns, →Pylos, Theben). In der Regel Holzsitze. Die Form überliefert ein steinerner Th. in Knossos (Thronsaal) aus dem 15.Jh.: steile, hohe Rückenlehne, keine Armlehnen, Sitzfläche für zusätzliches Polster vorbereitet. W.Schg.

Abb: H.Th.Bossert, Altkreta, 1937³, Abb.225 – *Lit:* A.Evans, The Palace of Minos IV 2, 1935, 915–919 – N.Platon, *Κρητ. χρον.* 5, 1951, 385ff.

[2] Zum *griech. und röm.* Th. →Möbel.

Thugga (Kt.61 E1; heute Dougga), in Tunesien. Sehr alte numid. Siedlung (Punisch-libysche Bilingue im Museum Tunis). Th. gehörte bis in severische Zeit zur Kolonie Karthago, dann unabhängiges Municipium. – *Bauten:* Die Lage an einem Abhang bedingt ein System von Rampenstraßen, Forum, Kapitol und Merkurtempel, Theater mit Bauinschrift zwischen 166 und 169 n.Chr., Zisternenbauten, Circus, Tempel der Dea Caelestis (entspricht der karthag. Göttin →Tanit). R.F.

Lit: L.Carton, Dougga, 1929 – C.Poinssot, Les ruines de Dougga, 1958 – A.Golfetto, Dougga, 1961.

Thukydides, der Geschichtsschreiber des →Pelop. Krieges (431–404), den er mit strenger Beschränkung auf das Politische und Militärische, aber zugleich als Exempel menschlichen Handelns und Leidens dargestellt hat. Dieses Ineinander von pragmatischer Nüchternheit und an hohe Dichtung erinnernder, verhaltener Ergriffenheit erklärt die zeitüberdauernde Faszination seines Werkes.

A. Leben. [1] Th. stammte aus der vornehmen att. Familie der →Philaiden. Geb. um 460 als Sohn des Atheners Oloros (thrak. Name: so hieß der Schwiegervater des Miltiades). Nahm sich schon beim Ausbruch des Krieges vor, ihn zu beschreiben, «in der Erwartung, daß er groß sein würde und bedeutender als die früheren» (1,1,1), und blieb dieser Lebensaufgabe treu. Erkrankte 430/428 an der Pest (2,48, 3). Als Stratege beim thrak. →Amphipolis, in dessen Nähe Th. Nutzungsrechte an Goldminen und persönlichen Einfluß hatte (4,104,4ff.), verlor er die Stadt an →Brasidas (424), konnte nur den Hafen Eion sichern (4,106,3ff.). Er wurde (wohl Anfang 423) verbannt oder vermied die Heimkehr 20 Jahre lang, setzte aber seine Erkundungen fort, vielfach auf Reisen, bes. im Herrschaftsgebiet der Peloponnesier (5,26,5). Nachrichten über Aufenthalt während der Verbannung (angeblich Skapte Hyle in Thrakien; vgl. Hdt.6,46) und Tod (in Athen oder in Thrakien? ermordet?) sind unzuverlässig, da offensichtlich kombiniert. Sicher ist nur, daß später sein Grabstein ‹bei den Kimonischen Denkmälern› vor dem Melitischen Tor Athens gezeigt wurde (Marcellin. vita Thuc.17; Plut.Cim.4). Rückkehr nach dem Fall Athens 404 (wohl Anfang 403) auf einen besonderen Volksbeschluß hin (Antrag eines Oinobios, Paus. 1,23,9), doch ist alles Nähere ungewiß, auch, wie lange Th. nach Kriegsende noch gelebt hat. Die Unvollendetheit seines Werkes und einige (unsichere) Indizien legen als Zeit des Todes die Jahre um oder bald nach 400 nahe.

[2] Eine *innere Biographie* des Th. zu geben ist oft im Zusammenhang mit der Analyse des Werkes versucht worden, doch ist die Erkennbarkeit politischer, methodischer und geschichtsphilosophischer Entwicklungsstufen bei Th. umstritten. – *Umwelteinflüsse:* Th. wuchs auf, als die athen. Demokratie, eng mit der Flottenpolitik verbunden, ihre Dynamik, aber auch ihre Anfälligkeit infolge Überanstrengung der expansiven Kräfte gezeigt hatte und durch →Perikles gezügelt worden war. Dessen rationales Handhaben der politischen Mittel traf bei Th. auf eine verwandte Denkrichtung und entsprach dem ‹technischen› Grundzug der modernsten sophistischen Lehren, die überall, bes. im Bereich bürgerlichen Lebens, Systematik und Lehrbarkeit anstrebten (‹Staatskunst›, *πολιτικὴ τέχνη*). Die Einflüsse der →Sophisten auf Th. sind auch an schriftstellerischen und stilistischen Eigenheiten abzulesen: Die Verwendung von Antithesen im Satzbau und im Gegeneinander ganzer Reden (Antilogien, s. u. E) ist rhetorisch-gorgianisch (→Rhetorik B 2; →Gorgias), die synonymische Unterscheidung ethisch-politischer Begriffe stammt von →Prodikos, manches in der Beweistechnik von →Protagoras; den Redner →Antiphon rühmt Th. selbst (8,68,2). Trotzdem wäre die Charakterisierung ‹Th. ein Schüler der sophistischen Aufklärung› unzureichend, selbst wenn man die Aufklärung hinzunimmt, die von der ion. Naturphilosophie (bes. →Anaxagoras; vgl. →Vorsokratiker) und Wissenschaft (→Hekataios, →Hippokrates) ausgehend die geistig bewegte Oberschicht Athens beeinflußte und z.B. Zurückhaltung in Dingen der Religion bewirkte. Die Vertrautheit mit der älteren Poesie und der Prosaliteratur ist selbstverständlich, das Maß ihrer Einwirkung jedoch schwer abzuschätzen, da er nur Homer und →Hellanikos nennt; gegen →Herodot polemisiert er des öfteren, ohne ihn zu nennen, zeigt aber gerade dadurch, daß er sein Eigenes im Gegensatz zu Herodot konzipiert hat. Ein Problem ist das Verhältnis des Th. zur gleichzeitigen att. Tragödie; die Beantwortung der Frage, in welcher Weise sich sein Denken mit tragischer Weltsicht berührt, hängt an der Gesamtauffassung von Th.' Geschichtsschreibung (s.u. D 3). Im ganzen: erstaunliche Originalität, die gerade auf dem Hintergrund der aufweisbaren Einflüsse hervortritt.

B. Das Geschichtswerk. An Stelle eines *Titels* steht der Anfangssatz 1,1,1 mit dem Thema «der Krieg der Peloponnesier und Athener», der die Länge des behandelten Zeitraums noch offenläßt. Ab 2,1 Darstellung des Krieges, als dessen eigentlichen Beginn Th. wohl das Ausrücken des peloponn. Aufgebots vom Isthmos (2,12,1; 1,125,2; 5, 20,1) Ende März 431 betrachtet (andere Auffassungen: theb. Überfall auf Plataä, 2,4,2, ca.6.März, oder Einmarsch in Attika, 2,19, ca.20.Mai). Beabsichtigter Endpunkt erst im ‹2. Proömium› 5,26,1 festgelegt: Fall Athens 404. Ausgeführt nur die Darstellung bis 411/10, wo das Werk abbricht. So lasen es schon die Fortsetzer →Kratippos, →Theopompos und →Xenophon, die das fehlende Viertel ergänzten. – *Chronologisches Gerüst* von Buch 2 an: die Rechnung nach Sommern und Wintern, die aber ständig überspielt wird durch schriftstellerische Mittel: Verschiedene Ausführlichkeit, Exkurse, Voraus- und Rückblicke. So werden größere und kleinere Abschnitte zusammengefaßt, Akzente gesetzt und gedankliche Fernbeziehungen hergestellt. Bucheinteilung nicht von Th., aber schon antik. Die Intentionen des Th. ergeben sich meist schon aus der Stoffanordnung und Art der Gestaltung.

C. Die Ökonomie des Werkes. Es heben sich folgende Teile voneinander ab, die je ein eigenes Gesicht zeigen:

[1] Die große *Einleitung* (Buch 1): Das →Proömium 1, 1–23 beginnt mit dem Größemotiv (s.o. A 1) und arbeitet durch Rekonstruktion der frühesten Zeit den Gedanken der Machtentwicklung in Hellas heraus (Flotte und Geld entscheidend für große Unternehmungen; beides im Athen d.J.431 auf dem Gipfel, Sparta als Landmacht rückständiger) und legt in 1,20–22 Ziel und Methode des Th. dar (s.u. D 1). Die eigentliche Einleitung (1,24–146) gibt die Vorgeschichte des Krieges: die vordergründigen ‹Anschuldigungen und Differenzen› (*αἰτίαι καὶ διαφοραί*) sind von der tieferen Ursache (*ἀληθεστάτη πρόφασις*) zu unterscheiden (1,23,6); diese liegt in der Furcht Spartas vor weiterer Expansion Athens, doch wird Sparta erst durch Korinth in Bewegung gesetzt, das sich durch Athens Ausgreifen bedroht sieht: Streit um Kerkyra 1,24–55, um Poteidaia 1, 56–65. Dem Nachweis der tieferen Ursache dient bes. die →‹Pentekontaetie› (1,89–118), worin Th. das Wachsen der Seeherrschaft Athens in den rund 50 Jahren seit den Perserkriegen skizziert. Die Deutung der zum Kriege führenden Dynamik auf beiden Seiten erfolgt in den Reden zweier Versammlungen in Sparta (1,66–88; 119–125) und

in der 1. Periklesrede (140–144): Notwendigkeit und Aussichten des Krieges. Im Schlußteil (1,126–146; diplomatische Vorgefechte) steht Perikles und sein defensiver Kriegsplan im Vordergrund (dessen Bewährung: 2,11ff.; 83ff.); auf den Politiker Perikles sind die Exkurse über Kylon, Pausanias und Themistokles 1,126–138 innerlich bezogen.

[2] *Der Archidamische Krieg* (2,1–5,24). Verschiedene zeitliche Ebenen durch häufiges Zurück- und Vorgreifen, bes. in den Reden. In der Gefallenenrede des Perikles (→ Epitaphios; 2,35–46) wird mit dem ins Ideale gesteigerten Bild athen. Staatsgesinnung sogar eine überzeitliche Ebene erreicht. Kontrast: die Pestbeschreibung 2,47–53 (s.u. D 3). Die letzte Periklesrede (2,59–64) ist als Vermächtnis des überlegenen Staatsmannes an sein von Leidenschaften geschütteltes Volk gestaltet, noch hervorgehoben durch den ‹Nachruf auf Perikles› (2,65) mit Durchblick bis zum Fall Athens. Neue Thematik in 2,71–78 (Einschließung von Platää: Macht und Recht) und in 2,79–92 (Mut gegen technische Erfahrung im Seekrieg); erstere (vorbereitet durch 2,1–6) beherrschend in Buch 3 mit den ineinander verzahnten und gedanklich verflochtenen Ereignissen um Mytilene und Platää (Sparta nicht weniger grausam gegen Unterlegene als Athen, nur mehr um formale Absicherung bemüht) und am Ende von Buch 5 (Melierdialog), letztere (schon in Perikles' Kriegsplan berührt, 1,142,8–9) in Buch 7 beim Seekrieg vor Syrakus. Transponierung der Machtproblematik ins Innerstaatliche bringt die ‹Pathologie des Krieges› 3,82–83 anläßlich der Wirren auf Kerkyra, die mit 2,53 (Folgen der Pest) in innerem Zusammenhang steht und exemplarisch für alle Parteikämpfe dieses Krieges (wie jedes Krieges) ist. – Ein in sich geschlossener Komplex: die Darstellung der Jahre 425/4–422/1 in Buch 4 und 5 Anfang, zusammengehalten durch das Friedensangebot der Spartaner nach ihrem Unglück bei Pylos 4,15–22 und durch den Abschluß des → Nikiasfriedens sowie eines Bündnisses Athen-Sparta (5,14–24). Zwei Persönlichkeiten beherrschen diesen Abschnitt: → Kleon (1) als athen. Demagoge und Stratege, Brasidas als spartan. Stratege und Diplomat, deren Tod vor Amphipolis (5,10) den Weg zum Frieden freimacht; schon vorher Niederlage Athens bei Delion (4,89–101) und Verluste in Thrakien. Ein räumlich weit entferntes Ereignis, der aus Furcht vor dem att. Imperialismus geschlossene Friede unter den sizil. Städten, markiert mit der Rede des → Hermokrates (4,59–64) den Wendepunkt (vgl. 4,65,3, wo das Wort Hybris zwar nicht fällt, aber deutlich umschrieben wird). Die Komposition des ganzen Abschnittes unterstreicht: Der richtige Zeitpunkt zum Friedensschluß wurde 425 verpaßt.

[3] *Der ‹faule Friede›*, 421/20–416/5 (5,25–116). Im sog. 2. Proömium (5,26) begründet Th., warum er fortfährt, obgleich der Krieg mit Sparta (bis Herbst 414: 6,105,1) pausierte. Daher die meist kursorische Behandlung der Zwischenzeit. Die einzige kriegerische Begegnung zwischen Athenern und Spartanern (Mantinea 418) auffallend ausführlich behandelt (Feldherrnreden 5,69) und durch das Raisonnement 5,75,3 an die Pylos-Partie (bes. 4,55) gebunden: Damals Sparta als führende Macht in ein Zwielicht geraten, jetzt rehabilitiert. Dies für die Folgezeit wichtig; andere politische Ereignisse treten zurück, nur das erste Auftreten des → Alkibiades (5,43–48) erhält Akzent: seine verfehlte Bündnispolitik und Mantinea gehören als Ursache und Wirkung zusammen, wie dann auch sein Geltungsbedürfnis, im Bunde mit dem Illusionismus des ath. Demos, zur Fortsetzung des Krieges führt (Buch 6). Darstellerischer Höhepunkt in Buch 5, der aber schon nach vorwärts weist, ist der Melierdialog 85–113: Melos, die kleine Insel, die neutral bleiben möchte, wird von Athen ungestraft vergewaltigt; aber die große Insel Sizilien kann sich sehr wohl wehren. Kontrast sicherlich beabsichtigt (vgl. z.B. 5,104 mit 7,77,3–4).

[4] *Die Sizilische Expedition*, 415/4–413/2 (Bücher 6–8,1). Die Geschlossenheit dieser Partie ist von jeher bemerkt und bewundert worden, doch ist sie mit der ‹Geschichte des Pelop. Krieges› untrennbar verbunden, da die Reden nach rückwärts weisen (z.B. 6,89 ~ 5,43ff.) und das 8. Buch sich fugenlos anschließt. Eindrucksvoll ausgestaltet sind Beginn und Schluß: Zu Beginn ethnographischer Sizilienexkurs (6,1–6) und drei Reden bei Beschlußfassung in Athen, zwei in Syrakus in Erwartung des Angriffs (6,9–23; 33–40). Am Schluß (7,57–59) Völkertafel, in ihrer Funktion vergleichbar der Truppenschau des Xerxes Hdt. 7,59 bis 100; drei Feldherrnreden vor Beginn der letzten Seeschlacht (7,61–68; 69,2); pathetische Schilderung der Schlacht; Nikiasrede vor dem verzweifelten Marsch ins Innere (77); Epilog über die Wirkung der Katastrophe in Athen (8,1). – Die Wende von athen. zu syrakusischer Überlegenheit liegt an der Grenze von Buch 6 und 7: Alkibiadesrede in Sparta (6,89–92) und Ankunft des Spartiaten → Gylippos in Syrakus (7,1–2). Ein zunehmendes menschliches Interesse wendet Th. der Gestalt des Nikias zu, der vor der Expedition als Warner aufgetreten, aber den Feldzug bis zum bitteren Ende zu leiten bestimmt war. Tragische Figur ist aber nicht ein Einzelmensch, sondern die Stadt Athen und ihr Heer.

[5] *Der Dekeleisch-Ionische Krieg*, 413–411 (8,2–Schluß). Eine Einleitung (8,2–6) ist deutlich abgehoben; die Darstellung selbst macht (absichtlich?) den Eindruck eines Hin- und Herwogens der Ereignisse im Seekrieg und auf der politischen Bühne. Schlüsselfigur Alkibiades: er paktiert abwechselnd mit Sparta, Persien und Athen; oft schwer durchschaubare Winkelzüge. Vier Höhepunkte in Buch 8: 1. Sparta Sieger im Wettlauf um persische Unterstützung, markiert durch drei Verträge mit Persien (8,18; 37; 58), worin die ion. Küste als ‹Land des Königs› erklärt wird. – 2. Oligarchischer Umsturz in Athen in der Hoffnung auf pers. Hilfe (67–69). – 3. Die athen. Flotte sagt sich von der Stadt los und zieht Alkibiades zu sich herüber (72–82). – 4. Wiederherstellung der Demokratie in Athen, befördert durch Abfall von Euböa (89–98) und Beginn neuer Kampfhandlungen. Da bricht das Werk ab. – Vielleicht erklären sich einige Härten und das Fehlen von direkten Reden im 8. Buch aus dem Fehlen einer letzten Durchsicht.

D. Ziele der Geschichtsschreibung. [1] *Exaktheit. Gegenwartsgeschichte.* Wesentlich ist ihm selbst (1,20–22) die Abgrenzung gegenüber seinen Vorgängern (Homer, → ‹Logographen›, Herodot): 1. *methodisch:* Er erstrebt das Nicht-Ausschmücken, das Nicht-Rühmen, das Nicht-Mythische (*τὸ μὴ μυθῶδες* 1,22,4) in der Darstellung der Vergangenheit. Überhaupt ist ihm mündliche Überlieferung verdächtig. – 2. *thematisch:* Er verzichtet auf die (räumlich-zeitlich-sachlich) weiten Erfahrungsbereiche der ion. → Historie, damit auf alles bloß Anekdotische und das nur kulturgeschichtlich Bedeutsame; das Wirtschaftliche ist ihm kein Gebiet eigenen Ranges. – Daraus ergibt sich positiv: zu (1) ein erhöhter Exaktheitsanspruch in der Erforschung der Vergangenheit (s. bes. 1,2–19) und in der Ermittlung der politisch-militärischen Tatsachen der Gegenwart (Genauigkeit, *ἀκρίβεια* 2,22,2; 5,26,5): kritische Beurteilung (oft Verwerfung) von Zeugen und Zeugnissen; Chronologie nach Jahreszeiten und Fixierung fester Daten. – Zu (2): In Buch 2–8 Konzentration auf selbst erlebte Gegenwartsgeschichte (1,22,2; 2,48,3). Auf Grund dieser Züge gilt Th. als Begründer der wissenschaftlichen Historiographie.

[2] *Das eigentlich Historiographische bei Th.* Schon das Ziel des Nutzens für die Zukunft (1,22,4; vgl. 2,48,5) deutet auf mehr als eine Chronik: ein Geschichtswerk entsteht erst durch Auswahl und Verknüpfung von Einzelfakten, die Allgemeines durch das Einzelne hindurch sichtbar werden lassen. Th. erreicht sein Ziel, die politischen Kräfte erkennbar und die historischen Abläufe verstehbar zu ma-

chen, durch gedankliche Vertiefung der einzelnen Situationen und durch Mittel der Komposition: unter Verzicht auf biographisches, technisches und innenpolitisches Detail werden einfache, in der Natur des Menschen liegende Antriebe (Furcht, Hoffnung, ‹Mehrhabenwollen›) und intellektuelle, soziale und moralische Qualitäten (Voraussicht, Disziplin, Mut) herausgearbeitet, die als letzte Ursachen gelten können. Solche Vertiefung ist meist zugleich Mittel der Komposition: die an einer Stelle gegebenen Grundaspekte verbinden – oft über weite Strecken hinweg – Ereignisse, die unter den gleichen Gesichtspunkt gestellt sind, bisweilen nur durch ein kurzes Stichwort, oft durch die Reden, die Th. als in Entscheidungssituationen gehalten einfügt. Die so entstehenden Linien machen das Geschehen durchschaubar, verständlich, ‹transparent›. Der Nutzen einer so durchleuchteten Geschichte des Krieges: die Typik ist nicht nur innerhalb seines Werkes, sondern auch in späteren Zeiten auf ähnliche Situationen und Ereignisse übertragbar. Sie ist aber nicht allgemein formuliert (etwa im Sinne einer Geschichtsphilosophie oder politischen Soziologie), sondern bleibt an den Bericht der Abläufe gebunden. Was er vorführt, ist ein exemplarisches Stück Geschichte, das ein ‹Besitz für immer›(*κτῆμα ἐς αἰεί* 1,22,4) heißen darf, weil die Faktengrundlage verläßlich, die Ursachenanalyse zu Ende geführt und die Bestandsaufnahme der politischen Gesetzlichkeiten (als Wahrscheinlichkeiten: s.u. 3) vollständig ist. Auf Grund dieser Leistung gilt Th. als Entdecker der politischen Geschichte.

[3] *Die Geschichtsauffassung des Th.* Das Vertrauen des Th. in die Möglichkeiten des menschlichen Verstandes ist nicht unbegrenzt. Er weiß, daß es Unberechenbares (*παράλογος*) gibt, Zufall (*τύχη, ξυμφοραί*), menschliche Spontaneität und Leidenschaft (1,140,1; 2,11ff.) sowie Zwang (*ἀνάγκη*) in und hinter der Menschennatur. Diese Faktoren sind überall in sein Ursachengeflecht verwoben und verhindern die Formulierung abstrakter Gesetze. Er ist kein reiner Pragmatiker, wie → Polybios es sein will. Den rational nicht auflösbaren Rest bewältigt er durch seine Darstellungskunst, die Anteilnahme an menschlichem Leiden erkennen läßt *und* hervorruft. So bei der Pest in Athen (2, 47–54), bei der Belagerung und dem Fall von Platää (2, 71–78; 3,20–24; 52–68), beim Endkampf um Syrakus und selbst bei Ereignissen ganz am Rande des Geschehens (Mykalessos 7,29–30); der Melierdialog (5,83–113) ist nur scheinbar machiavellistisch. Als engagierter Künstler ist Th. mit den att. Tragikern verglichen worden, aber der Künstler ist eins mit dem Denker, und vor allem ist die durch sein Werk vermittelte Erschütterung zugleich geschichtsphilosophische Erkenntnis. Dahinter steht eine tragische Geschichtsauffassung, die als Stimmung (‹tapfere Resignation›) und als Weltanschauung im modernen Sinn (‹Pessimismus›, ‹Fatalismus›) unzureichend interpretiert, als ‹Theologie› im antiken Sinn (Aussage über die Einrichtung der Welt und den Platz des Menschen in ihr) eher erfaßt wird. Diese fast religiöse Qualität des Werkes ist um so bewundernswerter, als Th. sie erreicht, ohne positive Aussagen über die Götter zu machen.

E. Sprache und Stil. Th. schreibt im sog. älteren Attisch, mit einigen ion. Formen (u.a. *θάλασσα* statt *-ττα, αἰεί* statt *ἀεί*; wegen *ξύν* und *ἐς* statt *σύν* und *εἰς* s. Liddell-Scott). Sein Archaisieren z.T. wohl bedingt durch die Verbannung, die ihn von der raschen Sprachentwicklung ausschloß, z.T., ebenso wie das Bilden neuer Wörter, gewollt. Grundsatz der Wortwahl: Sachangemessenheit; des Satzbaues: Dienst an der schnellen Gedankenbewegung. Der Stil, je nach Gegenstand und schriftstellerischer Absicht einer Partie variabel, zeigt doch einen durchgehenden Zug: Vorliebe für parallele Gliederung (eigentliche Parallelität; Antithesen) und, oft diese durchkreuzend und im Gegensatz zu → Gorgias akustisch verbergend, → Inkonzinnität. Ausbrechen aus der Konstruktion (sog. → Anakoluth) ist oft Folge der Gedankenfülle; das Bestreben zu erläutern, zu ergänzen und zu begründen verursacht Parenthesen. Figuren nicht häufig, an Sinnfiguren die → rhetorische Frage (fast nur in Reden), an Klangfiguren Alliteration und andere Gleichklänge. Im ganzen ist der Stil spannungsreich und gedrungen. – Die Frage der *Stileinheit* ist umstritten, vor allem, ob Th. bei Vollendung des Werkes die wörtlich gegebenen Urkunden in Buch 4,5 und 8 in Bericht und indirekten Stil umgesetzt hätte. Doch ist die Frage falsch gestellt: Th. zeigt da, wo er andere zu Worte kommen läßt, Vielfalt der Formen (direkte und indirekte Rede, Zuruf, Gespräch, Beratung, Brief, Dialog usw.), die offenbar die Stileinheit nicht zerstört. Auch gibt es Übergänge: Die ‹Urkunde›, 4,118f., besteht weitgehend aus ‹Reden›; 5,27f. ist eigenes Raisonnement mit ‹Rede› verflochten.

F. Nachwirkung. Im Altertum beruhte die Wirkung des Werkes mehr auf seinen formalen und methodischen Qualitäten als auf dem eigentlich Historiographischen und der Geschichtsauffassung; Hauptvertreter dieser von der Rhetorik bestimmten Richtung: → Dionysios (16) v. Halikarnaß. Am ehesten kongenial sind → Sallust und → Tacitus. In der Neuzeit allmähliche Wiederentdeckung, deren Vollendung noch Aufgabe ist. O.L.

Lit: Aldus, 1502 (ed. princ.) – C. Hude, 1898–1901 – O. Luschnat, BT (1954), 1960^{2} (bisher B. 1–2) – *Übers:* G.P. Landmann, BAW, 1960 – *Komm:* J. Classen, $1862–78^{1}$, J. Steup, $1900–22^{3-5}$ (Neudr. 1963^{4-6}) – A.W. Gomme, A historical commentary, 1945 (1950^{2})–1956 (bis 5,24) – *Index:* M.H.N. von Essen, 1887 – E.-A. Bétant, Lexicon Thucydideum, 1843–47 (Neudr. 1961) – *Lit:* Schmid-Stählin I 5,2, 2, 3–223 (zugleich Forschungsber.) – J.H. Finley, Th. (engl.) (1942), 1947^{2} – H. Strasburger, Die Entdeckung der polit. Geschichte durch Th., Saeculum 5, 1954, 395–428 – J. de Romilly, L'utilité de l'histoire selon Th., Fond. Hardt 4, 1958, 41–81 – Hauptwerk der Th.-Analyse (Schichtentrennung, Entstehungsgeschichte des Werkes): Ed. Schwartz, Das Geschichtswerk des Th. (1919), 1929^{2} – Zur Urkundenfrage: C. Meyer, Die Urkunden im Geschichtswerk des Th., Zetemata 10, 1955.

2. **Th.,** Sohn des Melesias, Schwiegersohn → Kimons (1), athen. Staatsmann, Mitte des 5. Jh.s v. Chr. Führer der Oligarchen, die er als → Hetairia organisierte und durch geschlossenes Auftreten auch in der Volksversammlung zu neuem Einfluß brachte. Um 445 erreichte er die Ostrakisierung von → Perikles' Ratgeber Damon und eröffnete dann eine scharfe Opposition gegen Perikles' kostspieliges Bauprogramm und die mit der hierzu nötigen Finanzpolitik verbundene Unterdrückung der Autonomie der Bundesgenossen, unter welchen Th. großen Anhang besaß (Plat. Men. 94D). Doch beim Ostrakismos von 443 unterlag er Perikles und mußte Athen auf 10 Jahre verlassen. Über sein weiteres Schicksal ist nichts bekannt, doch stand er vielleicht hinter der Ende der 30er Jahre wieder erstarkenden Opposition gegen Perikles. F.Kch.

Q: Aristot. Ath. pol. 28,2; Plut. Per. 4.8.11.14 – *Lit:* G. Prestel, Die antidemokrat. Strömungen im Athen des 5. Jh.s, 1939, 43–53.

Thule, rätselhafte Insel, von der → Pytheas als erster berichtete: sie liege sechs Tagesfahrten nördl. Britanniens, an einer Stelle, wo Pytheas Erde, Wasser und Luft in einem Gemisch sah, das er mit einer ‹Meerlunge› verglich (Strabon 2,4,1); während der Sonnenwende werde es in Thule nicht Nacht (Plin. nat. 4,103). Außer → Eratosthenes und → Poseidonios haben die antiken → Geographen von → Dikaiarchos an den Bericht für Schwindel gehalten. In moderner Zeit wurde Thule u.a. mit Island, Norwegen, den Shetlands (Orkaden schon Tac. Agr. 10) identifiziert. F.L.

Thurioi, auf Betreiben des → Perikles 444/443 v. Chr. am Golf von Tarent (Kt. 1565 E3) gegründete ‹panhellenische› Kolonie, Neugründung des 510 zerstörten → Sybaris zunächst unter diesem Namen, bald darauf selbständig unter dem Namen Th. Beteiligung führender Persönlichkeiten an der Gründung: → Hippodamos v. Milet entwarf das Straßensystem von Th., → Protagoras v. Abdera schrieb die Verfassung, → Herodot und → Empedokles v. Agrigent nahmen teil. Zunächst schwere Kämpfe mit den Nachbarn, z.B. mit Tarent um die Siritis, die verlorenging. 282 v.Chr. röm.Besatzung in Th., 193 v.Chr. röm.Kolonie mit dem Namen Copia. Schwache Reste bei La Favella etwas landeinwärts der heutigen Bahnstation Turio. E.M.

Lit: H.Philipp, RE 6A 1 (1936), 646–652 – V.Ehrenberg, The foundation of Th. (1948), in: Polis u.Imp., 1965.

Thusnelda, Tochter des Cheruskers Segestes, Gattin des → Arminius. 15 n.Chr. vom Vater den Römern ausgeliefert, gebärt in der Gefangenschaft Thumelicus. 17 im Triumph des → Germanicus aufgeführt. H.-G.K.

Q: Tac.ann.1,55.57–59; Strab.7,1,4 – *Lit:* W.Amelung, Führer Florenz, 1897, Nr.6.

Thutmosis, Name von Königen der 18.ägypt. Dynastie:

1. **Th. I.** (*ꜥꜣ-ḫpr-kꜣ-Rꜥ*, 1507–1494), kam durch Heirat auf den Thron. Er schob in Nubien die Grenze bis zum 3. Katarakt vor und hatte mit dem neugebildeten → Mitannireich schwere Kämpfe um Syrien zu bestehen, hielt aber die Euphratgrenze. Vom Ausbau des Reichstempels von Karnak zeugt noch jetzt ein Obelisk. W.Hk.

2. **Th. II.** (*ꜥꜣ-ḫpr-n-Rꜥ*, 1494–90), mußte in Nubien einen Aufstand niederwerfen. Bei seinem vorzeitigen Tod übernahm seine Schwester und Gattin → Hatschepsut die Regierung für den unmündigen Th. III. W.Hk.

3. **Th. III.** (*Mn-ḫpr-Rꜥ*, 1490–36), Sohn eines Haremsmädchens Isis und Th.' II., stand bis in sein 22.Regierungsjahr unter der Vormundschaft seiner Tante und Stiefmutter → Hatschepsut, die er dann stürzte. Das Vorrücken der Macht der → Mitanni zwang ihn zu jahrzehntelangen Kämpfen in Syrien, durch die er die Grenze östl. des Orontes bewahren konnte. Am bedeutendsten waren die Einnahme von → Megiddo im 22. und der Zug an den Euphrat im 33. Regierungsjahr. Er nahm Beziehungen zu den damaligen Großreichen Asiens auf und reorganisierte die Verwaltung Ägyptens. Bekannt sind seine ‹Annalen›, die er in Karnak aufschreiben ließ. W.Hk.

4. **Th. IV.** (*Mn-ḫprw-Rꜥ*, 1412–03) schloß mit Mitanni Frieden und heiratete eine Tochter des Suttarna. Im Inneren begannen unter ihm die Auseinandersetzungen zwischen der traditionsgebundenen Beamtenschaft und dem Heer. W. Hk.

5. **Th.,** ägypt. Bildhauer, arbeitete unter Echnaton (→ Amenophis IV., 1364–47) in → Amarna. In seinem Haus fand man zahlreiche Modellbüsten des Königs und der Königin Nofretete sowie von Statuenköpfen abgenommene Gipsabgüsse. W. Hk.

Thyateira (Kt.1152 H4; heute Akhisar), bedeutende Stadt in Lydien im Tale des Lykos. 281 v.Chr. makedon. Kolonie unter Seleukos I., seleukidisch bis 190 v.Chr., dann ans Pergamenische Reich und mit diesem an die röm.Provinz → Asia übergegangen, in der Th. eine der blühendsten Städte war. 24 v.Chr. starke Zerstörungen durch ein Erdbeben. 123 Besuch Hadrians, 215 Besuch Caracallas, der Th. zum Vorort eines eigenen Conventus iuridicus erhebt (vorher zu Pergamon gehörig). Unter Diokletian liegt Th. in der neuen Provinz Lydia, in byzantin.Zeit im Thema Thrakesion. R.F.

Lit: M.Clerc, De rebus Thyatirenorum, Paris 1893 – D.Magie, Roman rule in Asia minor, 1950, passim.

Thyestes, Sohn des → Pelops, Bruder des → Atreus, Vater des → Aigisthos. Erhielt von dem sterbenden Atreus das von Hephaistos gefertigte Szepter des Pelops und gab es an → Agamemnon weiter (Il. 2,106ff.). – Vgl. für das weitere → Atreus. K.Schb.

Thymaridas von Paros, von Jamblich (vit. Pyth. 104) unter den älteren → Pythagoreern des 5.Jh.s erwähnt. Ihm wird die Definition der Einheit (*μονάς*) als begrenzende oder vollendende Quantität (*περαίνουσα ποσότης*) und die Bezeichnung der Primzahlen als geradlinige Zahlen (*εὐθύγραμμοι ἀριθμοί*) zugeschrieben. Beides paßt gut in die angegebene Zeit. Daß das sogenannte Epanthema (s.u.2) des Th. in dieser Zeit oder etwas später entstanden ist, mag a priori nicht völlig ausgeschlossen sein, da schon die Babylonier Gleichungen mit mehreren Unbekannten lösten. Aber die dabei gebrauchte Terminologie ist im Gegensatz zu der ganz archaischen der erwähnten Definitionen und Benennungen die einer sehr viel späteren Zeit. Die bei neueren Autoren oft zu findende Datierung des Th. in die Zeit Platons ist ein schlechter Kompromiß und paßt weder zu den archaischen Stücken noch zu dem Epanthem.

[2] *Epanthem des Th.:* eine von Jamblich (in Nic.p.62, 18ff.) mitgeteilte und sehr umständlich formulierte, dem Th.v.Paros zugeschriebene Lösung einer bestimmten Form von Gleichungen mit mehreren Unbekannten. Sie besagt, daß wenn $x + x_1 + x_2 + \ldots + x_{n-1} = S$ und $x + x_1 = a_1$; $x + x_2 = a_2$ und so fort bis $x + x_{n-1} = a_{n-1}$,

dann $$x = \frac{(a_1 + a_2 + a_3 + \ldots + a_{n-1}) - S}{n-2}$$ K. v. F.

Thymele (von *θύω*), Opferstätte, bes. Altar in der Orchestra des → Theaters; → Tholos von → Epidauros.

Lit: F.Robert, Thymélè, 1939.

Thymiaterion, Räuchergerät zum Verbreiten von Wohlgerüchen, meist in Bronze, seltener in Ton oder Stein gebildet. Verwendet im Kult, bei festlichen Umzügen und beim Symposion. Die Räucherkapsel, in der unter durchlöchertem Deckel der Weihrauch schwelte, ist meist auf hohem Fuß angebracht (Kandelaberform), der an älteren Th.en stangenartig, später verstärkt und reich gegliedert ist. I.Sch.

Lit: K.Wigand, Thymiateria, BJb 122, 1912, 1–97.

Thyrsos, ein langer, oft mit Weinlaub oder Binden (→ Tänien) umwundener Stab (häufig ein → Narthexstengel) mit einem Efeubündel oder Pinienzapfen an der Spitze. Der T. ist vor allem ein Kennzeichen der Teilnehmer am → Dionysos-Kult; auf bildlichen Darstellungen wird er in der Regel vom Gotte selbst und seinem Gefolge getragen (vgl. → Mänaden). K.-H.R.

Lit: F.G.v.Papen, Der T. in d. griech. u. röm. Lit. u. Kunst, Diss. Bonn 1905.

Ti, Friseur des ägypt. Königs Neuserre. Sein *Grab* in → Saqqara ist eins der bekanntesten des Alten Reiches, da die zahlreichen Reliefs sehr sauber gearbeitet sind und in den Themen dem Kanon am nächsten kommen. W. Hk.

Lit: H.Wild, Le tombeau de Ti I/II, 1959.

Tiāmat (akkad. ‹Meer›), akkad. Gottheit, gebar in der Vermischung mit → Apsû die ersten Götter. Nachdem → Enki/Ea den Apsû bezwungen hatte, schritt T. zur Rache, wurde aber von → Marduk nach dem → Enūma eliš besiegt und in das Himmelsgewölbe und die Erde gespalten. Fraglich ist, ob Siegeldarstellungen vom Kampf eines Gottes mit der Hydra darauf zu beziehen sind. W.R.

Tiber (Kt.1420 E5/6; heute Tevere), 405 km langer, zweitgrößter Fluß Italiens, entspringt am Monte Fumaiolo in Umbrien, mündet bei Ostia ins Tyrrhenische Meer, bildet die Grenze zwischen Etruria auf dem rechten und dem Land der Umbrer, Sabiner, Latiner auf dem linken Ufer. Hauptnebenflüsse Tinea, Clanis, Velinus, Nar, Anio. In der Antike bedeutende Schiffahrts- und Handelsstraße, bes. zwischen Rom und → Ostia. Nach seiner lehmigen Färbung ‹flavus›, ‹blond›, genannt (Hor.carm.1,2,13; 1,8,8; 2,3,18; Martial 1,56.) B.A.

Lit: Nissen, I 308ff.

[2] Der göttlich verehrte Fluß führte den Sakralnamen ‹Tiberinus› (Serv.Aen.8,31). Über den Kult des T. sind wir schlecht unterrichtet; er hatte wohl eine geringere Bedeutung, als die Rolle des Flusses für das Leben Roms vermuten läßt. Im ältesten Kalender hatte der T. kein Fest, aber er besaß einen Tempel auf der ihm geweihten Tiberinsel mit Stiftungstag am 8.Dez. Nach Vergil (Aen. 8,31ff.) empfängt T. den → Aeneas auf wunderbare Weise und gewährt ihm Beistand. Cicero (nat.deor.3,52) nennt den T. unter den Flüssen, die im Augurenritual aufgeführt sind

(vgl. Serv. zu Verg. Aen. 8, 63 u. 95); man rief ihn an, wenn Trockenheit herrschte (Serv. Aen. 8, 72 nach Enn. ann. 54, 2). Seinem Wasser wurde heilende und reinigende Kraft zugeschrieben. H. Le B.

Lit: J. Le Gall, Recherches sur le culte du Tibre, 1953.

Tiberianus, platonisierender Autor des 4. Jh.s n. Chr., vielleicht gleichzusetzen mit dem Hieronym. hist. z. J. 2352 (= 336 n. Chr.) bezeugten praef. praet. von Gallien (vgl. Enßlin, a. O.). Von T. sind vier kürzere Gedichte erhalten, darunter die Ekphrasis eines locus amoenus (vgl. Curtius, a. O.), eine Deklamation über den Fluch des Goldes und ein proömienhaft anmutendes Gebet an die Allgottheit, die beiden letzten vielleicht poetische Einlagen aus dem für T. bezeugten (Fulg. Virg. cont. p. 97) Werk ‹De Socrate› bzw. ‹De deo Socratis›. W. Schm.

Ed: Anth. Lat. 490. 719b. 809. 810 – Baehrens, PLM, III 263–269 – J. W. u. A. M. Duff, Minor Latin Poets, 1935, 553–569 (mit Übers.) – *Lit:* F. Lenz, RE 6 A 1 (1936), 766–777 – W. Enßlin, RE 6 A 1 (1936), 778f. – H. Lewy, A Latin Hymn to the Creator ascribed to Plato, HThR 31, 1946, 243–258 – E. R. Curtius, Europ. Lit. u. lat. MA (1948), 1954², 202–204.

Tiberius (Tiberius Iulius Caesar Augustus), röm. Kaiser 14–37, geb. 16. 11. 42 als gleichnamiger ältester Sohn des Tib. → Claudius (18) Nero und der → Livia (Stammbaum → Jul.-claud. Haus). 26–24 Teilnahme an den Kämpfen in Spanien, 23 Quästor, 20 Leitung des Interventionskorps in → Armenien und Entgegennahme der bei Carrhae verlorenen Feldzeichen, 16 Prätor, begleitet → Augustus nach Gallien. 15 im Zusammenwirken mit → Drusus (1) maior Vorstoß gegen die Vindeliker, Besuch der Donauquellen. 13 Konsul. 12–10 Befehlshaber in den Kämpfen gegen Pannonier und Dalmater, Sicherung der Donaugrenze. 9 Gewaltritt zu dem sterbenden Drusus. 8 Oberbefehl in Germanien, Umsiedlung von ca. 40000 Sugambrern und Sueben. Im J. 7 erneut in Germanien, 2. Konsulat. 6 tribunizische Gewalt für 5 Jahre zuerkannt. – Zunächst mit Vipsania → Agrippina (1) verheiratet, seit 11 v. Chr. auf Geheiß des Augustus mit → Iulia (2). Ihretwegen und um C. und L. → Caesar (2. 3) nicht im Wege zu sein, 6 v. Chr.–2 n. Chr. Aufenthalt auf Rhodos. Am 26. 6. 4 n. Chr. – wie → Agrippa (3) Postumus – von Augustus adoptiert mit der Auflage, seinerseits → Germanicus zu adoptieren, und mit der tribunizischen Gewalt für 10 Jahre ausgestattet. 4 n. Chr. Vorstoß über die Weser, Winterlager an der Lippe, 5 kombinierter Flotten- und Heeresvorstoß zur Elbe. 6 Einleitung eines konzentrischen Angriffs auf das Reich des → Marbod, der wegen des 6–9 niedergeworfenen pannonisch-dalmatischen Aufstandes abgebrochen wird. 10 Sicherung der Rheingrenze. 11 und 12 kleinere Vorstöße in rechtsrhein. Gebiet. 13 Triumph über Pannonien, Erneuerung der tribuniz. Gewalt und Übertragung eines imperium proconsulare.

[2] Nach dem Tod des Augustus Antritt der Nachfolge erst nach langem Zögern (Tac. ann. 1, 7ff.). Anfang der *Regierung* überschattet durch die Ermordung des Agrippa Postumus, Meutereien in Pannonien und Niedergermanien, dann durch zunehmende Reibungen innerhalb der Dynastie, bes. mit Germanicus, Livia, → Agrippina (2), schließlich durch den Tod des Sohnes → Drusus (2) und der Enkel. Versuche, den Senat stärker zur Mitarbeit heranzuziehen (Wahl der Magistrate, Erweiterung der Iurisdiktion – z. B. 22 Untersuchung der Asylrechte der griech. Tempel –, umfassende Rechenschaftslegung des Kaisers), scheitern. Seit 15 vergiften die → *Majestätsprozesse* die politische Atmosphäre. Als crimen laesae maiestatis gilt auch persönliche Beleidigung des Herrschers. Nach anfänglicher Zurückhaltung läßt T., irritiert durch echte oder vermeintliche Opposition, den Prozessen freien Lauf. Seit 21 zunehmender Einfluß des → Sejan, der die Prätorianergarde im Osten der Stadt konzentriert. 26 begibt sich T. nach Capri. Nach dem Sturz Sejans (31) hält er sich verdüstert von Rom fern. – Mäßigung, Wohlfahrt, Gerechtigkeit, Milde und Frömmigkeit waren die wichtigsten Parolen des auf jeden Effekt verzichtenden Regierungsprogrammes; seine Person ordnete T. der Kontinuität des Prinzipats unter. Übertriebene Ehrungen (25 Tempel in Hispania ulterior) lehnte er ab. In der streng überwachten Provinzialverwaltung (→ Pontius (3) Pilatus) wurden die Amtsperioden der Statthalter verlängert, in dem äußerst sparsamen Finanzhaushalt erhebliche Reserven angesammelt. So konnte in Notfällen wirksame Hilfe geleistet werden (Erdbeben in Kleinasien 17 und 23). Bei den direkten Steuern wurde das Pachtsystem aufgegeben, Luxus prinzipiell beschnitten.

[3] In der *Grenzpolitik* teilte T. die Zurückhaltung der augusteischen Spätphase aus Überzeugung. Die Rückberufung des Germanicus 16 bedeutet die endgültige Einstellung der großen röm. Offensiven in *Germanien.* 18 wird → Marbod Asyl gewährt, 21 der Aufstand des Florus und → Sacrovir niedergeschlagen, 28 erheben sich die Friesen gegen Steuerdruck. An der *Donau* der Klientelstaat des Vannius anerkannt, 22 und 25 Unruhen thrakischer Stämme durch Poppaeus Sabinus niedergeworfen. Mit den *Parthern* 18 n. Chr. durch → Germanicus der Friede gesichert, 35 Einsetzung → Tiridates' III. zum König von Armenien gegen Widerstand → Artabanos' III. 18 Kappadokien in eine Provinz umgewandelt, Erhebung der Musulamier unter → Tacfarinas erst nach langen Kämpfen 17–25 unterdrückt. Am 16. 3. 37 starb T. in Misenum. – T. war ein hervorragender Soldat, als Herrscher ein begabter und loyaler, doch freudloser Verwalter des augusteischen Erbes. Ganz an der republikanischen Tradition und am Vorbild des Augustus orientiert, verachtete er Resonanz und Popularität und war zuletzt, der → Astrologie ergeben (→ Thrasyllos), fatalistisch und furchtsam. Sein schon in der antiken Überlieferung (Tac. ann. 1–6, Suet. Tib., Dio 57f.) stark verdunkeltes Bild hat erst die neuere Forschung wieder aufgehellt. K. Chr.

Q: Vell. 2, 94–131 – Tac. ann. 1–6 – Suet. Tib. – Dio 57–58. Weiteres → Augustus – *Lit:* F. B. Marsh, The reign of T., 1932 – E. Koestermann, Die Majestätsprozesse unter T., Historia 6, 1955, 72–106 – E. Kornemann, Tiberius, 1960 (postum) – F. Klingner, Tacitus über Augustus und T. (1953), in: Studien, 1964, 624–658.

2. **T.** (Tib. Iulius Caesar Gemellus), 19–37. Wie Germanicus Caesar Gemellus Zwillingssohn des → Drusus (2) minor und der → Livilla (Stammbaum → Jul.-claud. Haus). Die Geburt dieser Enkel schien dem → Tiberius die Thronfolge seiner Familie für zwei Generationen zu verbürgen. Von Gaius (→ Caligula) adoptiert und als princeps iuventutis ausgezeichnet, 37 hingerichtet. K. Chr.

Tibull, Albius, röm. → Elegiker. Vom Lebensgang T.s ist nur weniges durch eine kurze Vita, ein Epigramm des → Domitius (10) Marsus und die eigenen Gedichte bekannt: geb. um 50 v. Chr., Angehöriger des Ritterstands und Besitzer von Ländereien, aber durch die Landzuweisungen Octavians an seine Veteranen (42) vermutlich im Besitz geschmälert; Tod 19 oder 17 v. Chr. Er gehörte zum Kreise des → Messalla, an dessen Feldzug in Aquitanien (30–29) er teilnahm; Krankheit verhinderte die Teilnahme an seiner Fahrt in den Osten. Carm. 1, 7 feiert den Geburtstag Messallas, 2, 5 die Aufnahme seines Sohnes M. → Valerius (14) Messalla Messallinus ins Kollegium der → Quindecimviri (vermutlich 17). T. war mit → Horaz befreundet, der ihm carm. 1, 33 und epist. 1, 4 widmete.

[2] *Die Elegien.* Von den beiden Gedichtbüchern erschien Buch 1 mit 10 Elegien etwa i. J. 26. Fünf Gedichte (1–3, 5, 6) gelten seiner Liebe zu Delia (Pseudonym für Plania), die er in ländlicher Stille und Einfachheit sich vereint wünscht. Eifersucht und Liebesqualen dominieren, als sich Delia anderen Liebhabern zuwendet. Beliebte literarische Motive (→ Propemptikon, → Paraklausithyron) werden mit Ausblicken auf die eigene Zeit und Bildern der Phantasie verwoben. Persönliches Erleben und dichterische Aussagen sind kaum zu trennen. Noch weniger ist dies in den drei

Gedichten auf den Knaben Marathus (4,8,9) möglich, die in den Epigrammen des 12. Buchs der → Anthologia [3] Palatina über die Knabenliebe ihr Gegenstück haben. Die Deutung der Liebeslehre des Priapus in 1,4 als rein artistische Dichtung, als Ironie, als Niederschlag zweier Entwicklungsphasen T.s oder als Bekenntnis zu zwei Formen menschlicher Liebe ist strittig. Die Datierung der 10 Gedichte steht nicht fest. – Buch 2 enthält nur 6 Elegien. Drei (3,4,6) sind an Nemesis gerichtet, die sich, geldgierig und putzsüchtig, einem anderen Mann ergeben hat, für die T. jedoch Entbehrungen und Erniedrigungen zu ertragen bereit ist. Das sind neue Aspekte des Liebesdienstes. Das 1. Gedicht gibt eine stimmungsvolle Schilderung eines religiösen ländlichen Festes (der → Ambarvalien) im Geiste der Restaurationsbestrebungen der frühaugusteischen Zeit. – Weitere 20 Gedichte (ohne Nennung eines neuen Autors in den Handschriften) bilden Buch 3 (und 4: je nach Einteilung) des sog. Corpus Tibullianum: 6 Gedichte des → Lygdamus, 6 der → Sulpicia, 5 des → Sulpicia-Zyklus und der → Panegyrikos auf Messalla. 3,19 (= 4,13), Preis einer ungenannten Geliebten, wird vielfach als Jugendwerk T.s auf die von Horaz carm. 1,33 erwähnte Glycera angesehen; U. Knoche setzt das Gedicht in nachovidische Zeit. Die Verbindung der 3 (bzw. 4) Bücher des Corpus Tibullianum wurde meist durch Annahme einer Gesamtedition aus dem Messalla-Kreise erklärt; wenn jedoch Lygdamus der Zeit → Domitians zugehört, ist eine Edition um 100 n. Chr. oder später anzunehmen. E. Bk.

Ed: F. W. Lenz, 1959 – *Übers:* R. Helm, 1958 (mit Text) – *Komm:* K. F. Smith, 1913 – *Lit:* L. Alfonsi, Albio T. e gli autori del ‹Corpus Tibullianum›, 1946 – H. Krefeld, Liebe, Landleben u. Krieg bei T., 1952 – F. Solmsen, T. as an Augustan Poet, Hermes 90, 1962, 295 bis 325 – W. Steidle, Das Motiv d. Lebenswahl bei T. u. Properz, WSt 75, 1962, 100–140 – F. Klingner, T.s Geburtstagsgedicht an Messalla (1951), in: Studien, 1964, 519–534.

Tibur, alte Latinerstadt in strategisch gesicherter Höhenlage am linken Ufer des Anio, der hier in mehreren Wasserfällen aus den Sabinerbergen in die Campagna austritt (Kt. 1420 E 5; heute Tivoli). T. beherrschte als Mittelpunkt eines souveränen Gebietes zugleich den Verkehr aus dem Bergland in die Ebene. Eisenzeitliche Steinkreisgräber und Hüttengrundrisse des 7. Jh.s sind Zeugen der latinischen Kultur. In der Frühgeschichte Roms als dessen Gegner häufig erwähnt, aber auch im Streit mit anderen Nachbarstaaten (Serv. Aen. 8,285). 360 und 353 feierten die Römer Triumphe über die Tiburtiner, die sich mit den Galliern gegen Rom verbündet hatten. Nach dem Latinerkrieg 338 wurde das Gebiet T.s sehr eingeschränkt, die Stadt behielt aber wenigstens scheinbar ihre Selbständigkeit, bis sie nach dem → Bundesgenossenkrieg (3), jedenfalls vor 87 v. Chr., Municipium wurde. Zu Beginn des 2. Pun. Krieges Sammelpunkt des röm. Heeres. T. diente als Verbannungsort, bes. aber als Sommerfrische; viele bedeutende Römer hatten dort ihre Villen. → Statius (silv. 1,3,1 ff.) beschreibt die Villa des P. Manlius Vopiscus. In der sog. Villa des Cassius fand man eine Fülle von Statuen, die in den Vatikan gelangten. Identifiziert ist keine der Villen außer der des → Hadrian (s. u. 2). Horaz' Sabinum wird in der bei Vicenza 20 km nordöstlich von T. ausgegrabenen frühkaiserzeitl. Villa gesucht. Die antike Topographie von T. ist nicht genau erforscht. Die Überreste bezeugen eine rege Bautätigkeit in sullanischer Zeit. Das bedeutendste Bauwerk ist der in eine Papierfabrik verbaute Herkulestempel, ein dem Fortunaheiligtum in → Praeneste und dem Tempel des Jupiter Anxur in → Tarracina verwandter Bau auf mächtigen, von Arkaden getragenen Substruktionen. In romantischer Lage am Steilabfall über den Kaskaden des Anio liegen ein rechteckiger Antentempel, der sog. Sibyllentempel des ausgehenden 2. Jh.s, und ein feiner Rundtempel der Mitte des 1. Jh.s v. Chr., der Vesta zugeschrieben, beide aus → Travertin, dem in den Steinbrüchen von T. anstehenden Süßwasserkalkstein, einem der gebräuchlichsten röm. Baumaterialien. Außerdem wurden Reste der spätrepublikan. Basilika unter der Kathedrale, Reste der Stadtmauer, einer Portikus und des inschriftlich erwähnten Amphitheaters festgestellt.

Lit: C. Carducci, Tivoli, 1940 – B. Andreae, AA 1957, 335 ff.

[2] *Villa Hadriana.* Zwischen 118 und 138 n. Chr. von Kaiser Hadrian auf einer Oberfläche von ca. 77 ha unterhalb von T. in der Campagna errichtete Villa, in der der Kaiser ungehemmt seiner Bau- und Sammlerleidenschaft frönen konnte, einer der eigentümlichsten Baukomplexe der antiken Welt. Der leitende Gedanke bei der Anlage der Villa war, Orte, die der Kaiser auf seinen vielen Reisen besucht, und Bauwerke, die er bewundert hatte, in einer idealen Transposition in den barocken, nur locker miteinander verbundenen Einzelkomplexen der Villa widerzuspiegeln. Die Umformung der Vorbilder durch den phantasiereichen, aber doch von vorgegebenen Bautypen der flavischen Architektur angeregten Geist des Kaisers ist so vollständig, daß man die Namengebung nur als poetisches Spiel ansehen kann. In der Tat ist es bisher nicht gelungen, von den in der Historia Augusta (Had. 26) erwähnten Lycium, Academia, Prytanium, Picile, Tempe, Inferi, → Canopus mehr als den letztgenannten zu identifizieren. Die einzelnen bisher ausgegrabenen Komplexe der Villa, die mit z. T. modernen Namen belegt wurden, sind ein monumentales Vestibül, von dem aus man nach S zum Canopus und weiter zur Academia und zu einer Aussichtsbastion ‹Roccabruna› gelangt, nach O zu Thermenanlagen und großen Magazinen, nach N zu einer riesigen Wandelhalle, der sog. Poikile, an die sich ein Apsidenbau mit Wasserspielen anschloß, der als Triclinium diente. Im O der Poikile lag der eigentliche Wohnpalast, eine Folge von Höfen mit Portiken, an die sich oft mit weitgespannten Kuppeln versehene Räume über eigentümlich gekurvten, axialsymmetrischen Grundrissen anschlossen, zwei Bibliotheken, das sog. Teatro Marittimo, eine Nymphäuminsel mit Säulenarchitektur in einem runden Hof, weiter ein Nymphäum in Form eines Stadiums, ein Gästehaus mit Cubicula und schließlich im N ein griech. Theater. Die Villa, deren Bauten aus Ziegelsteinen und Tuffelli errichtet sind, war aufs reichste mit Skulpturen, Mosaiken, Wandmalereien, Stukkaturen und Marmorinkrustationen geschmückt. Die meisten Skulpturen und Mosaiken, die schon seit dem 15. Jh. ausgegraben und verschleppt wurden, gelangten in den Vatikan, andere in die Kapitolinischen Museen, nach Neapel (Tyrannenmörder), in die Villa Albani und ins Thermenmuseum. Nach den jüngsten Ausgrabungen 1950 wurde im Canopustal ein Antiquarium für die immer noch großartigen Funde eingerichtet. Gleichwohl ist es fast nicht mehr möglich, sich eine Vorstellung von dem ungeheuren Reichtum und der Pracht dieser Villa zu machen, die ihre Entstehung nur der Tatsache verdankt, daß eine einzige Persönlichkeit die Möglichkeit hatte, ihre im Grunde dilettantischen und absonderlichen Architekturphantasien in die Wirklichkeit umzusetzen. Die Villa blieb zwar nach dem Tode Hadrians noch in kaiserlichem Besitz, wurde aber nur selten benutzt. Die Bautätigkeit kam völlig zum Erliegen.

Lit: H. Winnefeld, Die Villa des Hadrian bei Tivoli, 1895 – P. Gusmann, La ville impériale de Tibur, 1904 – H. Kähler, Hadrian und seine Villa bei Tivoli, 1950 – S. Aurigemma, Die Hadriansvilla bei Tivoli, 1955 – R. Vighi, Villa Hadriana, 1958 – E. Hansen, La ‹Piazza d'Oro› e la sua cupola, 1960 – S. Aurigemma, Villa Adriana, 1962.

[3] *Canopus,* längliches Tal in der → Villa (2) Hadriana, in dem der Kaiser in Erinnerung an den auf seinen Reisen besuchten Nilarm von Memphis einen künstlichen Teich anlegen ließ. An dessen einer Schmalseite von einer Halbkuppel überwölbtes offenes → Triclinium. An den Rändern des Beckens eine luftige Säulenstellung mit Kopien der Erechtheionkoren und anderer griech. Plastiken. B. A.

Lit: K. Schefold, Aphrodite v. Knidos, Isis u. Serapis, AntK 7, 1964, 56–59 – Vgl. → Kanopus.

Ticidas, L., röm. Ritter, → Neoteriker, Verfasser erotischer Dichtungen im Stil → Catulls, Bewunderer des → Valerius (4) Cato. G.L.

Tier → Fauna, → Zoologie. *Tierkult* → ebd.; vgl. → Anthropomorphismus, → Religion. *Tiermedizin* → Medizin.

Tierfries, häufige Schmuckform auf geometrischen Goldblechen, Bronzereliefs und geometrischen und archaischen Vasen; auch in architektonischen Friesen (→ Xanthos). Vereinzelt später auf Nachbildungen kostbarer Gewänder, bes. auf → Mosaiken; hier und in der röm. Malerei nach hellenist. Vorbildern vielfach durch Jagdfriese ersetzt. Seit etwa 750 treten wilde Tiere und ihre Kämpfe neben und an Stelle der friedlichen Reihen; seit 700 bilden oft Wappenkompositionen die Mitte. Die Gewalt und Ordnung deutet auf die göttlichen Herren der Natur, daher auch die Tierwappen u. -kämpfe der Tempelgiebel (→ Kerkyra). K. Schf.

Lit: D. Ohly, Griech. Goldbleche, 1953 – K. Schefold, Griech. Kunst als relig. Phänomen (1959), 1961², 25. 35–37.

Tigellinus, C.? Ofonius, Gardepräfekt unter → Nero (1), dessen Freundschaft er seine Karriere verdankte. Von niederer Herkunft aus Agrigent, 39 n. Chr. wegen Ehebruchs mit → Agrippina (3) verbannt, unter → Claudius (1) bedeutungslos. Unter Nero zunächst Präfekt der Vigiles, nach dem Tode des → Burrus i. J. 62 Prätorianerpräfekt neben Faenius Rufus, nach dessen Hinrichtung neben → Nymphidius Sabinus. T. verdrängte → Seneca (2) als Ratgeber; er wurde als böser Geist Neros angesehen. T. veranlaßte mehrere politische Prozesse in dem Bestreben, wirkliche und vermeintliche Gegner Neros zu beseitigen. Triumphalornamente und andere Ehrungen i. J. 65 für Dienste bei der Unterdrückung der Verschwörung des → Piso (2). Er begleitete Nero nach Griechenland, ließ ihn jedoch zuletzt im Stich. T. wurde von Nymphidius Sabinus abgesetzt, von → Galba durch die Fürsprache des T. Vinius verschont, von Otho 69 zum Selbstmord gezwungen. Er wird als lasterhaft, habgierig, verschwendungssüchtig und niederträchtig geschildert (u. a. Tac. hist. 1, 72). U.Wm.

Lit: A. Passerini, Le coorti pretorie, 1939, 281 f.

Tigellius Hermogenes, Gesangsvirtuose unter Augustus, kritisiert von Hor. sat. 1, 10, 18; → Musik C [5]. G.W.

Tiger. Der im Altertum von Indien bis zum Kaspischen Meer und in Sibirien verbreitete T. wurde den Griechen im 4. Jh. durch iranische Vermittlung und den Alexanderzug bekannt. Man hielt ihn in Indien gezähmt an Fürstenhöfen und jagte ihn mit Elefanten. Vom sibir. T. wußte man durch ostskythische Stämme, bei denen er auch im Tierstil begegnet. Den Römern wurde der T. unter Augustus bekannt. Die alte Verbindung des Dionysos mit dem → Panther begünstigte die Zuordnung des T.s zum Kultbereich des Gottes. J.W.

Lit: Keller, Tiere, 129–139; Tierwelt I 61–62 – A. Steier, RE 6A 1 (1936), 946–952.

Tigerreitermosaik. Das Beispiel aus der Casa del Fauno (Pompeji) mit dem geflügelten, einen Weinbecher in der Rechten, die Zügel in der Linken haltenden Dionysosknaben hat zwei Parallelen in Delos: Dionysos als Jüngling, einen Panther, als geflügelter Knabe einen Tiger reitend. Beide halten einen Thyrsosstab in der Rechten, der bei der pompejan. Nachbildung auf dem Boden liegend wiederkehrt. Das Felsenplateau, durch die Riffe im Vordergrund bestimmt, bildet hier die bühnenartige Standfläche der Gruppe, die für die griech. → Malerei (D 3) seit dem 4. Jh. charakteristisch ist. Das Motiv ist allegorisch als die zähmende Kraft der Liebe und des Weines zu deuten; vgl. Löwen fesselnde Amoretten (Pernice). → Allegorie. C.K.

Lit: E. Pernice, Pompejan. Mosaiken, Antike 13, 1937, 56 – Ders., Pavimente, 1938, 158 – M. E. Blake, The Pavements of the Roman Buildings..., Mem. Am. Ac. 8, 1930, 137 – L. Laurenzi, EAA III 57 f., s. v. Delo.

Tiglatpileser I. (Theglatphalasar), assyr. König, ca. 1116 bis 1078, kämpft in Südarmenien und gegen die → Aramäer im Chābūrgebiet. Dringt bis zum Mittelmeer vor. Straffeldzug gegen Babylonien. Legt erste Bibliothek in → Assur an. W.R.

2. **T. III.,** 745–727, führt sehr energische Feldzüge gegen → Urartu, Kilikien und → Syrien (732 Damaskus gefallen). 729 gliedert er Babylonien an Assyrien an; in Personalunion König beider Reiche. Thronname Pulu. Residenz → Kalchu. Vgl. → Mesopot. Reiche B [3]. W.R.

Tigranes I., König von → Armenien (95–ca. 55). Anfangs in Abhängigkeit von dem Partherkönig → Mithridates II., erweiterte er seine Herrschaft zunächst nach Westen: Eroberung des armenischen Teilreichs Sophene, Bündnis mit → Mithridates VI. v. Pontos, mit diesem Eroberung Kappadokiens, das er nach röm. Intervention wieder verlor. Vielleicht (Chronologie und Zusammenhang unsicher) veranlaßte der Tod Mithridates' II. die Wendung nach dem Osten gegen das → Partherreich: Unterwerfung Nordmesopotamiens, Einsetzung eines Vasallen in Media Atropatene. 86 nach Syrien gerufen, eroberte er den Rest des Seleukidenreiches und drang nach Kilikien und Phönizien vor. T. nahm den Titel ‹König der Könige› an und gründete die neue Hauptstadt Tigranokerta. Den flüchtigen Mithridates VI. internierte er (71); als er ihn nicht auslieferte, begann → Lucullus den Krieg (69), in dem T. geschlagen wurde und alle Eroberungen verlor. Die Meuterei gegen Lucullus stellte T.' Herrschaft noch einmal her. Gegen seinen rebellischen und von den Parthern unterstützten Sohn T. blieb er erfolgreich. Als → Pompeius (2) in Armenien einmarschierte, ergab er sich; er mußte alle Eroberungen abtreten (Sophene an seinen Sohn T.) und Kriegsentschädigung zahlen. – T.' Machtbildung war für ihre Zeit bedeutend (Cic. imp. Pomp. 4), sein Verhalten gegenüber Mithridates erklärt sich aus der Ost- und Südostorientierung seines Reiches und aus dem Wunsch, nicht in den Römerkrieg verwickelt zu werden. D.T.

Lit: R. Grousset, Hist. de l'Arménie, 1947 – *Bildnisse* → Anhang I.

2. **T. II.,** Sohn → Artavasdes' I. von Armenien, mit diesem von → Antonius (2) gefangen, lebte seither im röm. Exil; 20 v. Chr. nach der Ermordung seines Bruders → Artaxes von → Tiberius im Auftrag des Augustus als König von Armenien eingesetzt (Tac. ann. 2, 3, 2; Dio 54, 9, 4 f.; Mon. Ancyr. 27, 2). D.T.

Bildnisse → Anhang I.

3. **T. III.,** wahrscheinlich Sohn T.' II. und Brudergemahl der Erato, ephemerer König von → Armenien um Chr. Geb. (Tac. ann. 2, 3, 2–4, 2; Dio 54, 10a, 5). D.T.

4. **T. IV.,** von → Augustus eingesetzter König von → Armenien (Mon. Ancyr. 27, 2), lebte nach kurzer Regierung im röm. Exil; 36 n. Chr. in Rom angeklagt und hingerichtet (Tac. ann. 6, 40, 2). D.T.

5. **T. V.,** von → Nero 60 n. Chr. als König von → Armenien eingesetzt, nachdem → Corbulo Armenien erobert hatte (Tac. ann. 14, 26). Ein Einfall in der Adiabene löste die Gegenoffensive → Vologaeses' I. aus (Dio 62, 20, 2), der T. in Tigranokerta standhielt. In den folgenden Verhandlungen ließ Rom T. fallen und erkannte Vologaeses' Bruder → Tiridates (4) als röm. Vasallenkönig an. D.T.

Lit: N. C. Debevoise, Pol. Hist. of Parthia, 1938.

Tigranokerta, Stadt in Mesopotamien (Kt. 2640a F2).

Tigris (akkad. Idiglat), der östliche der beiden Ströme Mesopotamiens (Kt. 1925); Quelle im armenischen Bergland, nahe bei den Euphratquellen. 1900 km lang. Er hat stärkere Strömung als der → Euphrat, mit dem ihn zwischen → Akšak und Sippar der ‹Königskanal› verband. W.R.

Timachidas, rhodischer Grammatiker, 2./1. Jh. v. Chr., schrieb ein Gedicht *Δεῖπνον* (oder *Δεῖπνα*), mehrere Kommentare und ein Glossenwerk (→ Lexikographie). Er ist wahrscheinlich identisch mit dem Verfasser der sog. *Lindischen Tempelchronik* (→ Anagraphe von Lindos). H.E.

Ed. u. *Lit:* C. Blinkenberg, Die lindische Tempelchronik (1912) 1941³ – FGrHist 532.

Timagenes von Alexandria, griech. → Geschichtsschreiber, kam 55 v. Chr. als Gefangener nach Rom, wo er ein angesehener attizistischer Rhetor war. Bei Augustus beliebt, dem er sich später entfremdete, lebte im Alter bei → Asinius (2) Pollio. Von den ‹vielen› Werken sind nur Titel bekannt: ‹Könige› (universal, von der Urzeit bis mindestens Cäsar); ‹Periplus› (?). Umstritten, wieweit T. Quelle von → Livius, → Pompeius (11) Trogus, → Nikolaos v. Damaskos, → Strabon, Plutarch Caes., → Appian, → Pausanias (3) ist. → Ammian benutzt T. für Gallien. Im 1. Jh. n. Chr. angesehener Autor; romfeindlich. W. Sp.

Frg: FGrHist 88 – *Lit:* E. Gabba, Sul libro siriaco di Appiano, Rend. Acc. Linc. 1957, 350 – Fontana, Le lotte per la successione di Alessandro M., Atti Accad. Palermo IV 18,2, 1957/58, 285 (Lit) – O. Seel, Trogus, Caesar und Livius bei Polyainos, RhM 103, 1960, 236 – S. ferner zu → Pompeius (11) Trogus, → Justinus (2), → Strabon, → Geschichtsschreibung I B (Lit).

Timaios, Lexikograph, Verfasser eines kurzen Platonlexikons unbestimmter Zeit, vielleicht 2. H. 3. Jh. n. Chr. Nach Ausweis der knappen Widmung sammelte T. ungebräuchliche platonische Ausdrücke, um sie zu erklären. Er scheint ältere (nicht erhaltene) Platonkommentare benutzt zu haben. Viele seiner Glossen sind in spätere Lexika, vor allem in die → Synagogē, übergegangen. Das nur in einer Hs. des 10. Jh.s erhaltene Lexikon ist nicht frei von Interpolationen. H. E.

Ed: D. Ruhnken, Leyden 1789 (berühmt wegen der gelehrten Anm.) - G. A. Koch, 1833 – *Lit:* K. v. Fritz, RE 6A 1 (1936), 1226–28.

2. **T. von Lokri,** Titelfigur in → Platons ‹Timaios›; die ihm zugeschriebene, als Quelle Platons ausgegebene dor. Schrift ‹Über die Weltseele› ist in Wahrheit ein dünnes Exzerpt einer hellenist. Timaiosbearbeitung. W. Bk.

Ed: C. F. Hermann, Platon IV, 1852, 407–421 – *Lit:* R. Harder, RE 6 A 1 (1936), 1203–26.

3. **T. von Tauromenion,** griech. → Geschichtsschreiber, Sohn des ‹Neugründers› der Stadt (358/357), Andromachos; Schüler des Isokrateers → Philiskos (3). Von → Agathokles ca. 315 (?) verbannt. Mindestens 50 Jahre in Athen; Rückkehr in die Heimat unsicher. Soll 96jährig gestorben sein. T. schrieb die letzte umfassende, klassische Geschichte Siziliens und des Westens (viele geographische und ethnographische Fragmente sind erhalten). Der angesehene Autor wird von → Polybios (s. auch → Istros, → Polemon (2), → Demetrios (20) v. Skepsis) heftigst kritisiert, u. a. wegen theoretischer Stubengelehrtheit, Rhetorik und notorischer Tadelsucht. Sein Interesse galt bes. der Chronologie (er schrieb auch ein Werk über Olympioniken; Eponymensynchronisierung; auch Vorliebe für gleichzeitige Ereignisse: z. B. Gründung Roms und Karthagos) und den Urkunden; T. verhalf wohl der Olympiadenrechnung zum Sieg. Das Hauptwerk, mindestens 38 Bücher umfassend (wohl mit bis zum hohen Norden reichender geo- und ethnographischer Einleitung; dort auch Gründungsberichte), schloß mit 5 Büchern über Agathokles (gest. 289), den T. sehr haßte; ein ‹Anhang› handelte von Pyrrhos. Den Römern galt T. (für Cicero Asianist) geradezu als Historiker Roms. Das Ausmaß der T.-Benutzung (T. selbst setzt → Antiochos, → Philistos, → Pytheas u. a. voraus) bei vielen hellenist. und den älteren röm. Autoren ist nur schwer bestimmbar. W. Sp.

Frg: FGrHist 566 m. Add. – *Lit:* A. Momigliano, EI 33, 1937, 849f. – Ders., Atene nel III sec. e la scoperta di Roma nelle Storie di T., RSI 71, 1959, 529–556 (Lit) – R. Van Compernolle, Etude de chronologie et d'historiographie siciliotes, 1959, 595 – M. Sordi, Timoleonte, 1961, 91–95 – A. Momigliano, T. e il primo censimento di Servio Tullio, in: Miscellanea A. Rostagni, 1963, 180–187 – E. Manni, Le Locridi nella letteratura del III sec. a. C., ebd. 166–179 (Lit).

Timanthes, von Kynthos, Maler, Zeitgenosse des → Parrhasios (2. H. 5. Jh.). Die berühmte ‹Opferung der Iphigenie› wirkt auf der Ara des → Kleomenes (5) und einem Bild in Pompeji nach (vgl. Lippold, GK 53). Mit seinem ‹Heros› scheint er eine Art Proportionskanon geschaffen zu haben, eine Tendenz, die, wie auch sein Name – nach → Sikyon weist und ihn mit seinem Zeitgenossen → Eupompos verbindet, durch seine σοφίσματα stand er jedoch den att. Malern näher. C. K.

Q: Overbeck, SQ, 1734ff. – *Lit:* Brunn II 120ff. – Pfuhl, 696ff. – G. Lippold, RE 6 A 1 (1936), 1231f. – Rumpf, 120, 12 – K. Schefold, Klass. Griechenland, 1965, 152, Fig. 50 (Nachweise).

Timarchos, Sohn des Praxiteles und Bruder → Kephisodots d. J., mit dem er meist zusammen gearbeitet hat. E. Bg.

Lit: Lippold, GrPl, 299–301 – Marcadé I 107.

Timesitheus, C. Furius Sabinus Aquila, gest. 243 n. Chr., arabischer Herkunft, zuerst Kohortenpräfekt, in der weiteren Laufbahn bemerkenswerte Häufung verschiedener Prokuraturen in Ost- und Westprovinzen (aufgeführt CIL XIII 1807). Als Stütze seiner Herrschaft ernannte der jugendliche → Gordian III. den durch Laufbahn und Bildung ausgezeichneten T. zum praefectus praetorio und ehelichte dessen Tochter Furia Sabinia Tranquillina (241). Mit → Sejan (daher der Spottname Misitheus? Vgl. Hist. Aug. Gord. 23,6) und → Stilicho vergleichbar, hatte T. entscheidenden Anteil an Regierung und Kriegserfolgen Gordians. Während dessen Perserfeldzug, auf dem Marsch nach Ktesiphon, erlag T. 243 in Nisibis einer tödlichen Krankheit; unecht die ihm vom Senat angeblich gesetzte Ehrenschrift (Hist. Aug. Gord. 27, 10). K. H. Sch.

Lit: J. Straub, Studien z. Hist. Aug., 1952, 75–98 – W. Enßlin, Die Anerkennung von Anregungen (suggestiones) hochgestellter Amtsträger in Kaisererlassen, in: Studi in onore di A. Calderini-E. R. Paribeni I, 1956, 313–323.

Timocharis, → Astronom, in der 1. H. des 3. Jh.s v. Chr. in Alexandria tätig. T. wird von → Ptolemaios (17) zusammen mit → Aristyllos erwähnt (alm. 7, 1). Der Vergleich seiner Fixsternbeobachtungen mit den eigenen führte → Hipparch (3) zur Entdeckung der → Präzession der Tagundnachtgleichen. S. S.

Lit: Sarton I 444.

Timokles, Dichter der mittleren → Komödie (I C); datierbare Fragmente ca. 345 bis nach 317. Charakteristisch: witzige Erfindung, teilweise nach Art der alten → Komödie (I B), d. h. Spott auf Politiker (u. a. → Demosthenes, → Hypereides), Lebemänner (von Aischin. 1, 41 ff. i. J. 345 v. Chr. erwähnte Päderasten), Parasiten und Hetären. Von 27 bekannten Titeln haben ‹Neaira›, ‹Orestautokleides›, vielleicht ‹Drakontion› lebende Personen als Titelhelden, weisen fünf auf Mythen- (nicht Tragödien-) parodie, ‹Epichairekakos› (‹Der Schadenfrohe›) und ‹Polypragmon› (‹Der Wichtigtuer›) wohl auf Charakterkomödien nach der Art → Menanders hin. Zu unterscheiden vom gleichnamigen und gleichzeitigen Tragiker T. Th. G.

Frg: FAttCom II 600–627.

Timokratie nennt man in Anlehnung an Aristoteles (NE 8, 11. 1160 a 34) eine Staatsordnung, die den Bürgern die politischen Rechte nach dem Vermögen zumißt. Die Einteilung der Bürgerschaft in Zensusklassen, nach denen zunächst die finanziellen Leistungen und, wegen der Kostspieligkeit der Bewaffnung und mehr noch der Pferdehaltung, die militärische Dienstpflicht der Bürger, dann aber auch ihre politischen Rechte abgestuft waren, muß einmal – etwa um die Zeit, da die → Hoplitentaktik aufkam und die Adelsherrschaft an Boden verlor – weit verbreitet gewesen sein (hierher gehören auch die Centuriat → Comitien Roms). – In *Athen* gab es zunächst je eine Klasse der Hippeis (‹Reiter›, mit großem Grundbesitz), Zeugiten (‹Besitzer eines Ochsengespanns›, ζεῦγος, mit mittlerem Grundbesitz) und → Theten (‹Lohnarbeiter›, Arme und Grundbesitzlose). Spätestens → Solon hat aus den Hippeis die Reichsten als Pentakosiomedimnoi (‹Fünfhundertscheffler›) herausgehoben. Sie mußten von ihren Gütern (in Getreide berechnet) 500, die Hippeis und Zeugiten 300 bzw. 200 (150?) Scheffel jährlich beziehen. Später wurde auch das nicht aus dem Grundbesitz bezogene Einkommen in den Zensus einbezogen und die Beträge in Geld umgerechnet (nach dem

Schlüssel 1 Scheffel = 1 Drachme). Als der Geldwert fiel, sanken auch die Zensussätze, und die Klasseneinteilung wurde, etwa seit dem Pelop. Krieg, praktisch bedeutungslos. – Den Theten waren alle Ämter verschlossen (im 4. Jh. nur noch theoretisch, weil damals die Kandidaten wohl noch nach ihrer Klasse gefragt, ihre Antwort aber nicht mehr nachgeprüft wurde); die Zeugiten kamen erst 457 zum Archontat; die Schatzmeister (→ Tamiai) der Göttin konnten immer nur in die Klasse der Pentakosiomedimnoi aufgenommen werden. F.G.

Lit: C.M.A. van den Oudenrijn, Solon's System of Property Classes once more, Mnemosyne IV 5, 1952, 19–27 (Lit).

Timokreon, → Lyriker, von Rhodos, 1. H. 5. Jh. v. Chr., wurde hauptsächlich bekannt durch seine Schmähgedichte auf → Themistokles (Fr. 1. 2 P.). T. war wegen perserfreundlicher Gesinnung verbannt worden; der mit ihm befreundete Themistokles, der anderen Verbannten die Rückkehr ermöglichte, verweigerte ihm, angeblich bestochen, den gleichen Dienst. Durch die Flucht des Themistokles bekam T. neuen Stoff (Fr. 3 P.). Das spöttische Grabepigramm des → Simonides (Fr. 99 D.) auf T. ist wahrscheinlich unecht; anderenfalls müßte es vor dem Tod des T. (nach 464) geschrieben sein (Simonides starb 467/466). Sonst sind von T. nur noch kleinste Bruchstücke erhalten. Auffallend ist die stark dorische Dialektfärbung. E.-M.V.

Frg: PMelGr 375 ff.

Timoleon, Korinther, geb. ca. 410 v. Chr. Als überzeugter Demokrat ließ er seinen Bruder → Timophanes ermorden (ca. 365), der die Tyrannis in Korinth an sich gerissen hatte. Von den Oligarchen des Mordes bezichtigt, jedoch von den Demokraten verteidigt, zog er sich in der Folge von der aktiven Politik zurück. Als 347 → Dionysios II. seine Tyrannis in Syrakus wiederaufrichtete, war das syrakus. Reich auf einen Rest zusammengeschmolzen: in den meisten Städten hatten sich lokale Tyrannen festgesetzt, die geneigt waren, sich mit Karthago zu verbünden. Karthago hatte gerade mit Rom einen Vertrag abgeschlossen, der ihm das Handelsmonopol im westlichen Mittelmeer zusicherte (348), und bereitete einen Einfall in Ostsizilien vor. In dieser Bedrängnis riefen die Gegner des Dionysios Korinth um Hilfe an, das T. mit zehn Schiffen und 700 Söldnern entsandte (346/345). Sein Erfolg war überwältigend: er vertrieb Dionysios II. aus der Burg von Ortygia (344); befreite Syrakus, das die Karthager und Hiketas, der Tyrann von Leontinoi, besetzt hielten; richtete die Demokratie wieder ein, ließ die verbannten Sikelioten zurückkehren (343/342); vertrieb die kleinen Tyrannen und befreite die Sikeliotenstädte, bildete einen Hellenischen Bund und führte einen siegreichen Krieg gegen Karthago (339), sprengte den Bund der hellenischen Städte, eine gegen Syrakus gerichtete Koalition seiner ehemaligen Verbündeten, und siegte über diese Koalition; schloß einen Frieden mit Karthago, der die Lage gemäß dem Vertrag von ca. 374 (→ Dionysios I.) wiederherstellte (339/338). Damit war die Hegemonie im griech. Sizilien für Syrakus gesichert; es folgten die Versöhnung mit den syrakusischen Aristokraten, eine oligarchische Reform der Verfassung, neue und intensive Kolonisation Ostsiziliens durch Siedler aus allen Teilen der griech. Welt (338). T. legte 337/336 die Macht nieder. Er starb hochbetagt; Syrakus ehrte ihn als Heros. Zweifellos hat er das Griechentum auf Sizilien vor der Anarchie und der karthag. Herrschaft bewahrt. Doch konnte auch er seinen Niedergang nur noch für kurze Zeit aufhalten (→ Agathokles, 3). R.V.C.

Lit: M. Sordi, Timoleonte, 1961.

Timomachos von Byzanz, Maler. Plinius' (nat. 35, 136) Datierung in die Zeit Caesars wurde von H. Brunn und G. F. Welcker als irrig erwiesen. Plinius nennt eine Medea des T. in Kyzikos, mit dem Schwert, vor der Mordtat (vgl. Schefold, PM 199 zu Taf. 50a). Seine Medea und Iphigenie in Tauris hat man auf pompejanischen Wandbildern zu ermitteln versucht (ebd. 198 zu Taf. 34; demnach lebte er um 300 v. Chr.) und auf die Ähnlichkeit des Thoas mit seinem auf Selbstmord sinnenden Aias hingewiesen (Nachbildungen auf Gemmen und Lampen). Caesar weihte die Medea und den Aias im Heiligtum der Venus Genetrix. C.K.

Q: Overbeck, SQ, 2119 ff. – *Lit:* F. G. Welker, Kl. Schr. III, 1861, 450 – Brunn II 276 ff. – F. Brandstätter, Der Maler T., Diss. Lpz. 1889 – Pfuhl, 820 ff. – G. Lippold, RE 6 A 1 (1936), 1292–94 – Ders., GK, 61 ff. – Rumpf, 167 f.

Timon, der ‹Misanthrop›, legendärer Athener, der in perikleischer Zeit gelebt und sich nach üblen Erfahrungen mit dem Charakter seiner Freunde und Mitbürger, erfüllt von Sarkasmus gegenüber den Menschen, in die Einsamkeit zurückgezogen haben soll. Im späteren Altertum wurde er mit dem Skeptiker → T. (2) v. Phleius zusammengeworfen und zusätzlich zum Menschen- auch noch zum Götterhasser gemacht. Von den modernen Bearbeitungen ist Shakespeares ‹T. von Athen› die älteste. F.Kch.

2. T. von Phleius, → Skeptiker, ca. 320–230, Schüler des → Pyrrhon von Elis, dessen Philosophie er darstellte; lebte als → Sophist. Zahlreiche Schriften, Fragmente erhalten aus: 1. *Sillen* (3 Bücher), die homerische Nekyia parodierende Spottgedichte auf die dogmatischen Philosophen; auch auf → Arkesilaos (5), den T. erst nach dessen Tode im ‹*Leichenmahl für Arkesilaos*› anerkannte. – 2. *Bilder* (*Ἰνδαλμοί*), vermutlich die Trugbilder, die zur dogmatischen Philosophie verleiten. – 3. *Python*, ein Dialog mit Pyrrhon, in welchem durch wechselnde Szenen hindurch die innere Unerschütterlichkeit des Meisters geschildert war. – 4. *Über die Sinneswahrnehmungen:* nur die jeweiligen Sinnesdaten sind anzuerkennen. – 5. *Gegen die Naturphilosophen*, untersucht die Berechtigung des hypothetischen Verfahrens in der Naturphilosophie. M.S.

Frg: H. Diels, Poetarum Philosoph. Fragm., 1901, 173–206.

Timonassa, Tochter des Argivers Gorgilos, in erster Ehe mit dem Kypseliden Archinos, Tyrann von Ambrakia, verheiratet, in zweiter mit → Peisistratos (ca. 560/555), dem sie Iophon und Hegesistratos, den späteren Tyrannen von Sigeion, gebar; diese beiden wurden beim Tode des Tyrannen (528/527) von → Hippias (1) verdrängt. Peisistratos erhielt durch seine Ehe mit T. die Hilfe argivischer Söldner für seine zweite Rückkehr nach Athen. R.V.C.

Timonidas, bedeutender Vasenmaler Korinths, Vertreter des mittelkorinth. Stils (um 580–60 v. Chr.); signiert sind ein Pinax (Berlin) und eine Flasche mit Troilosbild (Athen). T. bevorzugt lichte, detaillierte Umrißzeichnung. I.Sch.

Lit: H. Payne, Necrocorinthia, 1931, 103; 135 – J. L. Benson, Gesch. der korinth. Vasen, 1953, 59 – J. C. Hoppin, Handbook of Greek Black-Figured Vases, 1924, 12–15.

Timophanes, Bruder des → Timoleon. Er riß nach dem Zusammenbruch der spartan. Hegemonie um 365 v. Chr. in Korinth die Macht an sich. Vergeblich versuchte ihn hierauf der prinzipienstarre Republikaner Timoleon zur Niederlegung der Tyrannis zu bewegen. Schließlich wurde T. in dessen Beisein ermordet. Nach einer späteren Version soll Timoleon diese Tat selbst auf der Agora von Korinth ausgeführt haben. F.Kch.

Q: Aristot. pol. 5, 1306 a 23; Plut. Tim. 3 f.; Diod. 16, 65, 4.

Timosthenes, → Geograph aus Rhodos, Flottenbefehlshaber → Ptolemaios' II. (285–246 v. Chr.) und Verfasser eines nautischen Handbuchs ‹Über die Häfen›, das in 10 Büchern ein Verzeichnis aller bekannten Häfen mit Richtungs- und Entfernungsangaben sowie Hinweise auf allgemeine → Geographie enthielt. Vgl. → Reiseführer. F.L.

Lit: E. A. Wagner, Die Erdbeschreibung des T. v. Rhodos, 1888.

Timostratos, wohl von Athen (Phaleron). Einer der letzten Dichter der neuen → Komödie (ID), von dessen Werk Reste erhalten sind; erhielt 188 mit ‹Lytrumenos› den fünften, 183 mit ‹Philoikos› den dritten Platz; auch sein Sohn Ariston und sein Enkel Poses waren erfolgreiche Komödiendichter. Von T. sechs Titel bekannt, von denen

‹Pan› wohl nach der Prologfigur benannt ist (vgl. → Menanders ‹Dyskolos›). Th. G.

Frg: FAttCom III 296–299 – D.L.Page, Greek Literary Papyri I, 1942, 260–269.

Timotheos, Sohn des → Konon, athen. Feldherr, wirkte tatkräftig für den 2. → Attischen Seebund; er warb 375 im Ionischen Meer Mitglieder, gewann den Molosserfürsten → Alketas sowie → Jason (4) von Pherai und schlug eine spart. Flotte bei Alyzion. Unter Verletzung des Friedens mit Sparta (374) intervenierte er, der Spartagegner, in Zakynthos, wurde aber 373 auf Betreiben von → Iphikrates und → Kallistratos (1), die für Sparta waren, abgesetzt und nur durch Alketas' und Jasons Fürsprache vor Verurteilung bewahrt. 372–367 war er in pers. Diensten. 366 eroberte er, zurückgekehrt, Samos und operierte in den folgenden Jahren im Norden der Ägäis. Seine imperialistische Politik führte 357 zum → Bundesgenossenkrieg (1) und 355 zur Auflösung des Bundes. T. wurde, weil er 356 → Chares (1) bei Embata nicht unterstützte, abgesetzt und zur Zahlung von 100 Talenten verurteilt. 354 starb er. → Isokrates gibt (15, 101 ff.) eine Würdigung seines hochbegabten, aber stolzen Schülers. E. Bn.

Q: Nep. Timoth.

2. **T.,** Bildhauer, dessen Herkunft die antiken Schriftquellen nicht nennen. Wahrscheinlich stammte er aus der nördl. Argolis, vielleicht aus Epidauros, da in den Bauinschriften des dortigen Asklepiostempels T. ohne besondere Angabe eines Ethnikon genannt wird. Aus der antiken Überlieferung ist dieser Meister nur schwer faßbar; die moderne Forschung basiert weitgehend auf vagen Hypothesen. Seine inschriftlich gesicherte Mitarbeit am Asklepiostempel von Epidauros (nach dem Stil um 380 v. Chr. datiert) und am → Mausoleum von Halikarnaß (Südseite: nach 352 v. Chr.) bildet den Ausgangspunkt für die Bestimmung der Eigenart und Arbeitszeit dieses Meisters. Leider ist der Anteil des T. beim Asklepiostempel nicht eindeutig. Nach den Bauurkunden soll er die → Akroterien der einen Seite (wohl Westseite) sowie die *τύποι* ausgeführt haben. Wenn man unter *τύποι* mit Recht die Modelle für den Figurenschmuck der Giebel versteht, dann darf man für T. wohl auch eine Art leitender Funktion in der gesamten Bildhauerarbeit vermuten. Andererseits war die Ausführung anderen, ebenfalls namentlich erwähnten Bildhauern (→ Hektoridas) überlassen. Nach den nicht ganz einheitlichen Südplatten des Mausoleums zu schließen, wird T. im 3. V. des 4. Jh.s schon ein alter Meister gewesen sein, der den neuen Tendenzen der Alexanderzeit gegenüber sich wenig aufgeschlossen zeigte. – In den Schriftquellen sind darüber hinaus nur mehr zwei Werke genannt: Der Hippolytos in Troizen (Paus. 2, 32, 4), noch nicht nachgewiesen, und die Artemis von Rhamnus, die später mit dem Apollon von → Skopas und der Leto des → Kephisodot im palatinischen Apollontempel aufgestellt war, uns nur durch das Zitat auf der Sorrenter-Basis bekannt. Hingegen glaubt man, unter Hinweis auf die mit T. hypothetisch verbundenen Epidaurosskulpturen, im durch zahlreiche Kopien bekannten Leda-(oder Nemesis-)typus den Stil des T. zu erkennen. Wenn mit Recht, ließe sich daran noch eine ganze Gruppe von verwandten Werken anschließen. E. Bg.

Lit: Picard, Manuel III 322–386 – Lippold, GrPl, 219–222 – E. Buschor, Maussollos und Alexander, 1950, 45 f. – J. F. Crome, Die Skulpturen des Asklepiostempels von Epidauros, 1951 – B. Schlörb, Timotheos, JdI 22. Erg.h. 1964 – K. Schefold, Klass. Griechenland, 1965, 195–197.

3. **T. von Athen,** → Eumolpide, Theologe des Kults von Eleusis, Berater des Königs → Ptolemaios I. (306–285 v. Chr.) bei der Einführung des → Serapiskultes (Plut. mor. 362 A; Tac. hist. 4, 83), anscheinend auch Verfasser theologischer Schriften: Arnob. adv. nat. 5, 5 und Paus. 7, 17, 10–12 haben eine Beschreibung der phrygischen Religion erhalten, an der vor allem die krasse Hervorhebung des Exotisch-Abstrusen auffällt. O. G.

4. **T. von Gaza,** unter Kaiser Anastasios I. (491–518) lebender Verfasser einer für Populärwissenschaft, Kuriositätensucht und Wunderglauben der Spätzeit charakteristischen (ursprünglich in Versen abgefaßten?) Schrift über Tiere. In Auszügen erhalten. E. V.

Q: Suidas s. v. – *Lit:* A. Steier, RE 6 A 2 (1937), 1339–41.

5. **T. von Milet,** → Lyriker, ca. 450–360 v. Chr., hielt sich zeitweilig in Athen auf und soll mit → Euripides befreundet gewesen sein. Etwa 250 Verse eines → Dithyrambos (nach anderen eines → Nomos) ‹Die Perser› sind 1902 auf einem Papyrus des 4. Jh.s v. Chr. (also fast noch aus der Zeit des Dichters) gefunden worden (Fr. 15 P.). Erhalten ist das letzte Stück des erzählenden Hauptteils und die → Sphragis. Gegenstand der Schilderung ist die Schlacht von Salamis, aufgelöst in einzelne Episoden, die stark dramatisch vorgetragen werden (Klagen ertrinkender Perser u. ä.). Die Sprache ist gesucht, bes. durch die zahlreichen ungewöhnlichen Adjektive, und z. T. gewollt dunkel. In der → Sphragis weist T. Vorwürfe gegen seine Kunst zurück. E.-M. V.

Frg: PMelGr 399 ff. – *Komm:* U. von Wilamowitz, M., 1903.

Tintenfische. Die im Mittelmeer mit mehreren Arten vertretenen T. sind schon in vor- und frühgriech. Zeit treffend beobachtet und unterschieden worden. In der kret.-myk. Kunst begegnet häufig der achtarmige *Polyp*, dessen Name durch Linear B bezeugt ist (*πολύπους*). Er war im 2. Jt. neben dem → Delphin, der sein größter Gegner ist, Symbol der Meereswelt, die er im unheimlichen Sinne vertritt. Man wußte um das jahreszeitliche Verhalten des Polypen, seinen Farbwechsel, seine Lumineszenz, seine Selbstverstümmelung zur Winterszeit, seine eigenartige, durch Bildung eines neunten Fußes gekennzeichnete Paarung. Noch in geschichtlicher Zeit, in der die Darstellungen zurücktreten, war er weit verbreitetes Nahrungsmittel. Auf einen Polypen weisen Überlieferungen und Darstellungen der Lernäischen Hydra, die im Kampf gegen Herakles von einer Meereskrabbe (vgl. → Krebs) unterstützt wird. Vom Polypen sind in Quellen und Darstellungen seit der kret.-myk. Zeit die Sepia (*σηπία*) und der Kalmar (*τευθίς*, lolligo) geschieden, zehnfüßig und mit Rückenschale, beide als Speise geschätzt. Außer der Sepia als Farbstoff fand der Schulp vielseitige Verwendung. Der Kalmar fiel durch pfeilschnelles Schießen unter der Meeresfläche auf. Zu den genannten Kopffüßern gehört auch der Papiernautilus (*ναυτίλος*), dessen reizvolle Form in der kret.-myk. Kunst häufig ist. Die Überlieferung zeigt gute Beobachtung des Nautilus. Vgl. → Fauna. J. W.

Lit: Keller, Tierwelt II 507–518 – A. Steier, RE 6 A 2 (1937), 1393 bis 1406 – J. Wiesner, Die Hochzeit des Polypus, JdI 74, 1959, 35–51.

Tiphys, Steuermann der → Argonauten, der sich durch besondere Geschicklichkeit auszeichnet. Stirbt auf der Hinreise nach Kolchis. K. Schb.

Tipukeitos → Recht III.

Tiridates I., → Arsakide, nach der Überlieferung zweiter parth. König (247/248–210) und Bruder → Arsakes' I., wahrscheinlich aber mit diesem identisch. Behauptete die parth. Machtbildung erfolgreich gegen → Seleukos II. und Baktrien, dehnte sie über Parthien und Hyrkanien aus und befestigte sie im Innern. → Partherreich. D. T.

Lit: J. Wolski, L'historicité d'Arsace Ier, Historia 8, 1959, 222–238.

2. **T. II.,** parthischer Usurpator gegen → Phraates IV., vielleicht kein → Arsakide. Seine Erhebungen 31 und 37 v. Chr. endeten mit der Flucht zu den Römern, denen dadurch die Chance zufiel, den inneren Gegensatz im → Partherreich auszunutzen. T. war der erste Parther, der mit seiner Gefolgschaft dauernd im röm. Exil lebte (vgl. Dessau 2532). D. T.

Lit: W. W. Tarn, T. II. and the Young Phraates, Mél. Glotz II, 1932, 831–837.

3. **T. III.,** → Arsakide, in Rom lebender Enkel → Phraates' IV., den → Tiberius 35 n. Chr. auf Bitten einer rebellierenden Adelspartei mit röm. Schutz ins → Partherreich

entsandte. T. konnte sich nicht gegen → Artabanos III. behaupten und floh nach Syrien (Tac. ann. 6, 32; 37; 41–44).

4. **T.,** Bruder → Vologaeses' I., von diesem nach 52 n. Chr. als König in → Armenien eingesetzt. Mehrere Feldzüge → Corbulos führten zur Wiedereroberung Armeniens, Vertreibung des T. und Einsetzung → Tigranes' V. Gegen den Preis der Anerkennung der röm. Oberhoheit (und röm. Besatzung in Armenien) gewann er schließlich die Duldung der Römer, eine Lösung, die vielleicht schon nach Ausbruch des Krieges konzipiert wurde und zur glanzvollen Krönung des T. in Rom (66) führte. D.T.

Lit: W. Schur, Die Orientpol. d. Kaisers Nero (Klio-Beiheft 15), 1924 – N. C. Debevoise, Pol. Hist. of Parthia, 1938 – F. Cumont, L'iniziazione di Nerone da parte di T. d'Armenia, RFiC 1933, 145 bis 154.

Tiro, M. Tullius, Sklave und seit 53 v. Chr. Freigelassener → Ciceros, dem er als Sekretär diente und dessen Freund und Ratgeber er in literarischen Angelegenheiten war. Er schrieb eine Biographie Ciceros, bereitete zum Teil seine Briefe zur Edition vor und gab die Reden und anscheinend eine Sammlung seiner Scherzworte heraus. Er schrieb eine grammatische Schrift (De usu atque ratione linguae Latinae), ein Miszellaneenwerk (*Πανδέκται*); eine Dichtung erwähnt Cicero (ad fam. 16, 18, 3). Von allen seinen Werken ist nichts erhalten. D.F.

Lit: P. Groebe, RE 7A 2 (1948), 1319–25.

Tiro, vgl. auch → Julius.

Tironische Noten, die von Ciceros Freigelassenem → Tiro erfundene lat. Stenographie (vgl. → Schrift C 4), die im Gegensatz zur üblichen Silbenkürzung ganze Wörter durch einen Buchstaben abkürzte. Viele der Kürzel, bes. für Vorsilben, noch im MA im Gebrauch. H.Hg.

Tiryns, Il. 2, 559 erwähnter vorgriech. Name einer Stadt und Burg in der Argolis unweit dem Argolischen Golf (Kt. 1152 C 5). Die Ruinen der myk. Burg auf einer niedrigen (nur bis zu 26 m über dem M.), schmalen Felsenhöhe (300 × 45–100 m) sind übersichtlicher als die von → Mykene (vgl. auch → Pylos). Nach ersten Versuchen 1876 gelang deren Freilegung 1884–85 H. Schliemann und W. Dörpfeld. Wichtige ergänzende Untersuchungen, vor allem zur Vorgeschichte und zu dem griech. Tempel über dem Megaron, führte später das Deutsche Archäologische Institut durch. Der myk. Palast lag auf der breiteren und höheren südl. Hälfte der Anhöhe. Der andere, erst in der jüngsten Bauphase in die Ummauerung eingeschlossene Teil diente als Fluchtburg für die Bevölkerung der Unterstadt, die sich in der Ebene um die Burg, vor allem nach O zum ‹Berg des Propheten Elias› (mit spätmyk. → Kuppelgrab), ausgebreitet hat. Die Besiedlung von Akropolis und Unterstadt läßt sich von der myk. Zeit über die MH-Epoche (zahlreiche Steinkistengräber in der Siedlung und auf der Burg) in eine erste große Blütezeit (FH) zurückverfolgen, zu der auf der Burg neben Oval-, Apsiden- und Rechteckhäusern als Herrensitz ein mächtiger Rundbau gehörte. Reiche prähistorische Keramikfunde (→ Urfirnis; → minyisch). Ähnlich wie in → Mykene und → Pylos hat auch in T. die letzte und umfänglichste Bautätigkeit (13. Jh.) die Stadien der frühen und mittleren myk. Periode zum großen Teil für uns unkenntlich gemacht. Dennoch ließen sich die drei letzten Stufen in ihrer grundsätzlichen Entwicklung erkennen. – Jüngste myk. Burg: Eine mächtige Rampe als Aufgang zum Haupttor ist an die O-Seite der 6 m starken, einst wenigstens 10 m hohen → kyklopischen Mauer angelehnt. Hinter dem Tor führt eine eindrucksvolle Torgasse nach N zur Fluchtburg, nach S, durch zwei weitere Tore ansteigend, zum Vorplatz (östl. Säulenhalle) des ersten → Propylon, das den Besucher nach W in den äußeren Palasthof und von dort nach N durch das kleinere, zweite Propylon in den Haupthof mit Rundaltar, Säulenhallen auf 3 Seiten und Frontseite des Megaron in der Mitte der Hauptseite bringt. Östl. und westl. vom reich ausgestatteten → Megaron (Fresken, Thron) haben sich die teils zweigeschossigen Wohnräume ausgebreitet. Zwei kleine, etwas ältere Megara lagen an einem weiteren Hof auf der Ostseite, ein → Badezimmer (?) neben einer Treppe im Westtrakt. Ausgezeichnetes Kanalsystem unter Hof und Palast. Am S-Ende der Burg über starken Bastionen (dort und im SO die zwei spitzbogigen Galerien mit vorgelagerten Kammern) fanden sich Reste von Wirtschaftsräumen (?). Zur Sicherung in der letzten Periode der Burg wurde auf der W-Seite eine kurvige Mauererweiterung vorgenommen, in deren Schutz eine Treppe zum einen der nahen, lebenswichtigen Brunnen führte. Zwei unterirdisch außerhalb der Burg gelegene Wasserstellen, zu denen man auf der W-Seite der Akropolis durch zwei spitzbogig überwölbte, ca. 30 m lange Korridore (Eingänge auf der Mauerinnenseite) hinabsteigen konnte, sind neuerdings bei Säuberungsarbeiten entdeckt worden. – Von bes. Bedeutung sind die → Freskobruchstücke, die z. T. auch in die älteren Phasen des myk. Palastes gehören. Vgl. → Kret.-myk. Kultur; → Stadt I B [3]. W. Schg.

Lit: T., Die Ergebnisse der Ausgr. d. Instituts I–IV, 1912–1938 – G. Karo, Führer durch T., 1934 – G. Daux, Chronique de Fouilles, 1961, BCH 87, 1963, 751–755 (zur neugefundenen Wasserstelle).

Tisiphone → Erinyen.

Tissaphernes, pers. Satrap der kleinasiat. Küstenprovinzen, die er sich durch Niederwerfung der Revolte des Pissuthnes, des Satrapen von Lydien, verdient hatte. In dieser Position betrieb er eine recht eigenständige Politik, vor allem durch seine Einmischung in den → Pelop. Krieg, in dem er auf Veranlassung des Alkibiades die spartanische Seite unterstützte, in Wahrheit jedoch beide Seiten gegeneinander auszuspielen suchte. Mit dem Beginn der energisch pro-spartan. Politik → Kyros' d. J. und wohl auch im Zusammenhang mit einer Verschwörung seines Bruders gegen → Dareios II. wurde er auf Karien beschränkt und suchte vergeblich, seine Position durch Anklage gegen Kyros d. J. beim Herrschaftsantritt des → Artaxerxes aufzuwerten. 401 jedoch konnte er den Großkönig vor dem Angriff des Kyros warnen und die Schlacht bei Kunaxa durch den Angriff seiner Reiterei entscheiden. Für seine Verdienste erhielt er seine alte Machtstellung zurück, in der er jedoch durch die spartan. Offensive erneut bedroht wurde. Nach seiner Niederlage gegen → Agesilaos bei Sardes (395) wurde er auf Veranlassung des Artaxerxes und dessen Mutter Parysatis ermordet.

Titanen, Kinder des → Uranos und der Gaia: → Okeanos, → Tethys, Koios, Krios, → Hyperion, → Japetos, Theia, → Rhea, → Themis, → Mnemosyne, → Phoibe, → Kronos. Zu diesen bei Hes. theog. 133 ff. aufgezählten 12 Titanen kommen später noch weitere, vor allem die *Titaniden,* die Kinder des → Japetos und des → Hyperion. In dem großen Kampf des Zeus gegen Kronos, der *Titanomachie,* stehen alle T., außer Prometheus und Themis, auf Seite des Kronos. Nach zehnjährigem Kampf, in dem Zeus von den → Kyklopen und → Hekatoncheiren unterstützt wird, werden die T. besiegt und in den → Tartaros geworfen. Nach einigen Autoren (Aischyl. Frg. 190, 193 N.) werden sie später befreit (Pind. Pyth. 4, 291: außer Atlas). – Die *religionsgeschichtliche Bedeutung* der T. ist sehr umstritten: wohl sehr alte Götter (die meisten repräsentieren Naturgewalten) der vorgriech. Bevölkerung (der T.kampf könnte an deren Kämpfe mit den Einwanderern erinnern), deren Kult sehr zurückging, aber nicht ganz verschwand. Vgl. Einzelstichworte.

Lit: E. Wüst, RE 6A 2 (1937), 1491–1507 – J. Dörig-O. Gigon, Der Kampf der Götter und Titanen, 1961 – *Darstellungen:* → Titanomachie. K. Schb.

Titanomachie, bis auf unwesentliche Reste verlorenes Epos. Verfasser unsicher, vielleicht → Eumelos v. Korinth oder → Arktinos (Ath. 277 D; 22 C; schol. Apoll. Rhod. 1, 1165). Die T. stellt in mindestens 2 Büchern den Kampf der Kroniden gegen die Titanen, vielleicht auch gegen die

Giganten (vgl. Hes. theog. 207ff.) dar, die Niederlage der Titanen und ihre Verbannung in den Tartarus. Einen Einzelzug aus der T. enthält vielleicht Hom. Il. 1, 403ff., eine ausführlichere Darstellung Hes. theog. 617–623. – Die T. war später ein beliebtes Thema in der Dichtung (vgl. Apollod. 1, 34ff.) wie in der bildenden Kunst. G. K.

Q. u. Frg: EGF 5–8 – Th. W. Allen, Homeri Opera V, OCT, 1912, 110f. – *Lit:* J. Dörig-O. Gigon, Der Kampf der Götter und Titanen, 1961 – Schefold, FS 49–52.

Titel, der Form des antiken → Buches (1), der Rolle, entsprechend, mußte der T. eines Werkes nicht nur an der Spitze des Textes, sondern auch am Ende jeder einzelnen Rolle, falls sie noch nicht wieder zurückgerollt war, auffindbar sein. Zur Sicherheit schrieb man ihn aber auch in vertikaler Richtung auf die äußere Seite des Papyrus. Auch als der → Codex an die Stelle der Rolle trat, blieb das jeweilige ‹Incipit› und ‹Explicit› mit Anführung von Autor und Werktitel bei einzelnen Büchern eines größeren Werkes ein Jt. lang in Übung. H. Hg.

Tithe, nur inschriftlich belegter Sakralbegriff, mit *Dekate* gleichbedeutend, bezeichnet den Zehnten, den die Athener den Gottheiten von Eleusis darbrachten und auch die andern Griechen darzubringen einluden. O. G.

Tithenidia, das ‹Fest der Ammen›, ein spartan. → Fest zu Ehren der → Artemis Korythalia (die Korythale ist eine Art Maizweig) als Fruchtbarkeitsgöttin und Schutzherrin der Kinder; wurde auch in einigen dor. Städten in Großgriechenland begangen. Die Ammen nahmen die kleinen Jungen (nur sie!) zum Heiligtum der Artemis, wo sie in → Laubhütten ein Mahl einnahmen. Es gab auch von Frauen aufgeführte orgiastische Tänze. F. R. W.

Q: Polemon bei Ath. 4, 139 A – *Lit:* Nilsson, Griech. Feste, 1906, 182ff.

Tithonos, Sohn des → Laomedon, Gatte der → Eos, Vater des → Memnon.

Titianus → Julius.

Tities, Name einer der ältesten → Tribus in Rom (neben → Luceres, → Ramnes), von der antiken Tradition mit dem sabinischen König → Titus Tatius in Verbindung gebracht; in histor. Zeit eine der drei ursprüngl. Rittercenturien. D. R.

Titinius, erster der uns bekannten → Togatendichter (→ Komödie II); Zeitgenosse des → Plautus (Weinstock) oder erst des → Terenz (Leo). Die Fragmente (ca. 180 Verse) erscheinen im Stil volkstümlicher und plautinischer als die des eleganteren → Afranius (2). Als Titel sind u. a. überliefert: ‹Das Mädchen von Veletri›, ‹Die Stieftochter›, ‹Die Rechtskundige›, ‹Die Walker› (mit einem Streitgespräch zwischen Walkern und Webern), ‹Quintus›. H. M.

Frg: CRF 133–159 – *Lit:* F. Leo, Gesch. d. röm. Lit. I, 1913, Nachdr. 1958, 374 – St. Weinstock, RE 6 A 2 (1937), 1540–46.

Titius, M., cos. suff. 31 v. Chr. Nach irregulärem Kommando i. J. 40 von Sex. → Pompeius (4) gefangengenommen und begnadigt. Quästor des → Antonius (2) im parthischen Kriege (36). Als Prokonsul von Asia (35) unterwarf und tötete er Sex. Pompeius. 32 ging er mit seinem Onkel L. → Munatius (1) Plancus zu Octavian (→ Augustus) über; er kämpfte bei Actium gegen Antonius. Legat von Syrien ca. 13/12–9. U. Wm.

Lit: R. Syme, Roman Revolution (1939), 1952², Ind. S. 565.

2. **T.,** C., → Redner und → Tragiker aus dem Ritterstand (2. H. 2. Jh. v. Chr.), ohne rhetorische Schulbildung. Die Tragödien sollen wie die Reden voll Geist und Witz, aber ohne tragische Wirkung gewesen sein (Cic. Brut. 45, 167). T. hat den → Togaten-Dichter → Afranius beeinflußt.

Frg: TRF 116 – *Lit:* O. Ribbeck, Die röm. Trag., 1875, 612–614.

3. **T. Aristo,** röm. Jurist, befreundet mit dem jüngeren → Plinius (2); unbekannter, vielleicht unfreier Herkunft; zuletzt 108 n. Chr. erwähnt. T. gehörte wohl dem Consilium Trajans an, hat jedoch sonst keine Ämter bekleidet, sondern sich als Gutachter und Advokat betätigt (Plin. epist. 1, 22). Kunkel (a. O. 318–320) vermutet, daß er das ius respondendi nicht besessen habe. Trotzdem hatte er großen Einfluß auf die Rechtsentwicklung seiner Zeit. Von seinen Werken werden u. a. Notae zu den Posteriores des → Antistius (1) Labeo (von Schulz angezweifelt), zu → Sabinus und zum Ius civile des → Cassius (9) erwähnt. H. Hb.

Lit: W. Kunkel, Herkunft u. soz. Stellung d. röm. Juristen, 1952, 141–144; 318–320 – F. Schulz, Gesch. d. röm. Rechtswissensch., 1961, 261, N 2 u. 3.

Titus (Titus Flavius Vespasianus), röm. Kaiser 79 bis 81. Geb. 30. 12. 39 in Rom als Sohn des späteren Kaisers → Vespasian, gemeinsam mit → Britannicus erzogen. Dienst als Militärtribun in Germanien und Britannien, als Legionslegat in → Palästina. Seit 70 Befehlshaber im Jüdischen Krieg. April–Sept. 70 Belagerung und Einnahme Jerusalems. Nach Rückkehr und Triumph seit 71 Prätorianerpräfekt, Inhaber eines imperium proconsulare und der tribunizischen Gewalt, häufig Konsul, 73/74 auch Censor, praktisch Mitregent und zum Nachfolger Vespasians designiert. Anfangs wegen Grausamkeit und seines Verhältnisses mit → Agrippas Tochter → Berenike (4), von der er sich später trennte, wenig beliebt. – Die kurze Regierung (gest. 13. 9. 81) wurde durch Katastrophen verdunkelt: 24. 8. 79 Zerstörung von → Pompeii und → Herculaneum durch Vesuvausbruch, 80 in Rom Großbrand und Pest. Durch großzügige Hilfsaktionen und Milde erwarb sich der vielseitig begabte T. allgemeine Verehrung als «Liebe und Wonne des Menschengeschlechtes» (*amor ac deliciae generis humani*, Suet. Tit. 1). Gutes Einvernehmen mit dem Senat, lediglich zu seinem Bruder → Domitian blieb das Verhältnis gespannt. Vollendung des Flavischen Amphitheaters (‹Kolosseum›, → Rom IV D 7), Thermenbau. K. Chr.

Q: Suet. Titus – Dio 66 – H. Nesselhauf, Zwei Bronzeurkunden aus Munigua, 2. Brief des Kaisers T., MM 1, 1960, 148–154 – *Lit:* R. Weynand, RE 6, 2 (1909), 2695–2729 – J. A. Crook, T. and Berenice, AJPh 72, 1951, 162–175 – M. Fortina, L'imperatore T., 1955 – Weiteres → Vespasian.

2. **T. Tatius,** → Sabinerkönig, erobert nach dem Raub der Sabinerinnen (→ Romulus) das Kapitol durch Verrat (Tarpeja), findet sich zur Doppelherrschaft mit Romulus bereit (Sinnbild der späteren latinisch-sabinischen Union); verschiedene Kulte werden auf ihn zurückgeführt; wegen Rechtsbruch in Laurentum ermordet. C. J. C.

Titusbogen, eintoriger Triumphbogen auf der Höhe der Velia über der Sacra Via in → Rom (IV D 10). Dedikationsinschrift auf Attika. Errichtet nach T.' Tod 81 n. Chr. Im Durchgang zwei Reliefs mit Darstellungen des Triumphs nach der Eroberung Jerusalems, die schönsten erhaltenen Beispiele → historischer Reliefs. H. v. H.

Q: CIL VI 945 – *Abb u. Lit:* Nash I 133–135, Abb. 143–147 – G. Kleiner, Der Triumph des Titus, in: Festschr. M. Wegner, 1962, 42–43.

Tityos, Sohn der Gaia, → Gigant. Bedrängt → Leto und wird daher von deren Kindern getötet und im → Hades gefesselt, wo er zu den großen Büßern zählt und zwei Geier an seiner Leber fressen.

Lit: K. Scherling, RE 6A2 (1937), 1593–1690 – *Darstellungen:* Der Frevel des T. an Leto auf der Pariser Amphora G 42 (Beazley, ARV¹ 22, 1). Häufiger im 6. und 5. Jh. die Tötung des T. (A. Greifenhagen, Jb. der Berl. Museen 1, 1959, 5–32. Für Etrurien: Camporeale, StE 26, 1958, 3ff.), bes. auf Vasen. Strafe des T. auf dem Unterweltsbild der Odysseelandschaften (Beyen II, Abb. 105 b). K. Schb.

Tlepolemos, → Heraklide, Sohn des → Herakles und der Astyoche. Darf sich mit → Likymnios in Argos ansiedeln. Als er ihn im Streit oder versehentlich getötet hat, flieht er nach Rhodos, gründet Ialysos, Kameiros und Lindos. Fällt im → Trojan. Krieg durch → Sarpedon.

Tlos, Stadt in Lykien (beim heutigen Düver). In Inschriften als Tlawa bezeichnet. Bedeutende jüd. Gemeinde mit eigenen Archonten. Bauten: Theater, viele Felsengräber; ein Bad inschriftlich bezeugt. R. F.

Tod. Nach bezeichnend *griech. Auffassung* gehört der T. zu den Schicksalen, die die Götter zwar nicht selten veranlassen, über die sie aber nicht schlechthin verfügen. «Sterbliches unsterblich zu machen und Tote ins Leben zurückzurufen» ist selbst den Göttern schlechthin unmöglich (Plin. nat. 2, 27 aus alter Tradition). Verschiedene Todesarten sind verschiedenen Göttern zugeordnet (→ Ares: Tod der Männer im Kampf, → Artemis: Tod der Frauen im Kindbett u. a.); daneben gibt es allgemein todbringende göttliche Mächte. Der Tod als Person, Thanatos, begegnet selten und fast nur im → Mythos, zuerst Hom. Il. 16, 672f. und Hes. theog. 212, 758f. (vgl. 727. 764f.), dann als bösartige und abstoßende Gestalt karikiert vor allem Eur. Alk. 24ff. (vgl. 843ff.). Kult nur für Sparta bezeugt (Plut. Kleom. 9; Paus. 3, 18, 1), ungewiß ob alt oder erst im Frühhellenismus sekundär aus dem Mythos entwickelt. Ganz der Dichtung gehören die mit allerlei allegorischen Zügen ausgestatteten Beschreibungen des T.s an. Die röm. Dichtung führt diese weiter und wirkt damit auf das MA. O.G.

Lit: U. v. Wilamowitz, Glaube d. Hellenen I, 1931 (Nachdr. 1959), 315.

Töpferei. Grundstoff der T. sind → Ton (*κέραμος, γῆ κεραμική*) und Lehm (*πηλός*), der aber mehr für → Ziegel verwendet wurde. Man legte den ausgestochenen Ton in Tröge (Aristoph. av. 1145), befeuchtete ihn, knetete ihn mit Füßen und Händen (Hdt. 2, 36), um alle kieselhaltigen Bestandteile zu entfernen, d. h. schlämmte ihn, bis er der gewünschten Qualität für die beabsichtigten Gefäße entsprach (Gp. 6, 3). Den so gewonnenen weichen Ton bearbeitete der Töpfer (*κεραμεύς*, figulus) entweder mit der Hand oder Töpferscheibe oder Formschüssel. Die Töpferscheibe (*τροχὸς κεραμικός*, rota figularis) galt als eine Erfindung des Skythen Anacharsis (Sen. epist. 90, 31) oder des Hyperbios aus Korinth (Plin. nat. 7, 198) oder der Athener (Ath. 1, 28C); sie lag auf einem konischen Zapfen und wurde mit der Hand bewegt (Hom. Il. 18, 600f.). Daneben wird aber auch die mit dem Fuß bewegte Scheibe erwähnt (Jes. Sir. 38, 32f.). Hand und Formstäbe zogen den rotierenden Tonklumpen in die gewünschte Form (*ἕλκειν*, ducere: Plin. nat. 35, 161). Zum Schluß wurde das Gefäß wohl – wie heute – mit einem nassen Schwamm geglättet und Fuß und Henkel angesetzt. Die → Formschüsseln bestanden aus zwei Hälften, in die der Ton gepreßt wurde, ehe man sie zusammenfügte. Die Gefäße von Megara und (später) von Arretium (Plin. nat. 35, 160) wurden dickwandig gedreht und zu → Stempelkeramik (vgl. → Reliefkeramik) weiterverarbeitet. Waren die auf verschiedene Weisen hergestellten Produkte oberflächentrocken (Avian. fab. 41, 5), brachte man vor dem Brennen (vgl. aber Plin. nat. 31, 130; 34, 170) die gewünschten Dekorationen an: vgl. → Barbotine; → Vasen C (dort auch Technik der Glasur). Um ein Verschmutzen der ungebrannten Gefäße in den → Brennöfen zu vermeiden, wurde der Feuerraum so weit vom Brennraum getrennt, daß oft nur heiße Gase den letzteren erreichten. Gebrannt wurde bei Temperaturen zwischen 800° und 960°, die einzuhalten nicht immer gelang (Pers. 3, 22; Gp. 6, 3) und die, stiegen sie zu hoch, die Gefäße verdarben (Aristot. meteor. 4, 6. 382a; Poll. 7, 164). W.K.

Abb: Singer, Technology II, Abb. 235 – R. Hampe und A. Winter, Bei Töpfern ... in Kreta, 1962 – Dieselben, Bei Töpfern ... in Süditalien, 1965.

Toga, röm. Bürgertracht, vermutlich etrusk. Herkunft. Entsprach dem → Himation, hatte aber ovale Grundform und umfaßte 2–3fache Körperlänge. War nationales Ehrenkleid, bei Freigeborenen und curulischen Beamten mit Purpur gesäumt *(T. praetexta)*; wurde im 1. Jh. v. Chr. vom bequemeren Pallium (→ Himation) abgelöst. Bestand aus weißer Wolle *(T. pura)*. Entfaltete sich von ursprünglich schlichten Formen *(T. brevis)* zu reichem Gehänge mit sinus (Bausch vor dem Leib) und nodus (Wulst darüber). Vgl. → Kleidung. F.E.

Toga virilis. Die Männer → Toga trug der röm. Junge nach Erreichen der Pubertät (Macr. Sat. 7, 7, 6) und nach Ablegen der Toga praetexta (Suet. Aug. 94, 10; Cass. Dio 55, 22, 4): Beginn seiner Geschäftsfähigkeit. W.K.

Togata, nach der Toga, dem Obergewand der Römer, benannte Gattung der → Komödie (II A), die den Stoff dem Leben der Römer entnahm und sich vom griech. Vorbild, welches die → Palliata beherrschte, zu befreien suchte (vgl. → Praetexta). Den Inhalt bilden Motive aus dem Alltag des Familienlebens; typische Figuren sind: Jüngling, Bürgermädchen, Handwerker, Parasit (der Typus des listigen Sklaven der Palliata fehlt). Die drei wichtigsten Dichter (→ Titinius, → Afranius (2), → Quinctius (1) Atta) lebten im 2. Jh. v. Chr. Die Entwicklung der T. ist wohl aus einer Reaktion gegen den Hellenismus zu erklären, doch war die T. nach Anlage, Metrik, Musik und sonstigen Kunstmitteln eine Fortsetzung der Palliata. – Vgl. → Trabeata. H.M.

Lit: F. Leo, Geschichte der röm. Lit. I, 1913 (Nachdr. 1958), 374.

Tolmides, athen. Feldherr im ersten Krieg Athens gegen die Peloponnesier. T. leitete 455 eine Flottenoperation gegen Küstengebiete der Peloponnes (Thuk. 1, 108) und siedelte vielleicht hierbei die von der → Ithome abgezogenen Messenier in Naupaktos an. 447 errichtete er eine attische Kleruchie auf Euböa. Noch im gleichen Jahr erlag er der Übermacht der Böotier bei Koroneia und fand dabei den Tod (Thuk. 1, 113). F.Kch.

Tolosa (Kt. 1019 C6; heute Toulouse), Vorort der kelt. Volcae Tectosages, brach i. J. 106 v. Chr. das seit Gründung der → Narbonensis bestehende Bundesverhältnis zu Rom; die ungeheuren Schätze, welche die Römer bei ihrer Strafaktion erbeuteten, wurden als ‹aurum Tolosanum› sprichwörtlich (Cic. nat. deor. 3, 30, 74), da alle am Gold Beteiligten von Unglück betroffen wurden. Von 419–507 war T. Sitz der → westgotischen Könige. L.B.-H.

Lit: H. Ramet, Histoire de Toulouse, 1935.

Tomi, heute Constantza (Kt. 2209 F4), Mitte 7. Jh. von → Milet an der W-Küste des Schwarzen Meeres gegründet, wahrscheinlich in Abhängigkeit von → Kallatis oder → Byzantion. Um 255 Krieg zwischen Kallatis und Byzantion um T., der mit einem Sieg Byzantions endete. In röm. Zeit blühende Handelsstadt; um 29 v. Chr. Gründung des *κοινὸν τῶν Ἑλλήνων* oder *Πεντάπολις* (Histria, T., Kallatis, Dionysiopolis und Odessos). T. *μητρόπολις* des Koinon. 9–17 n. Chr. Verbannungsort → Ovids. E.M.

Lit: Chr. M. Danoff, RE Suppl. 9 (1962), 1397–1428.

Ton. Die T.e entstanden durch Verwitterung von Feldspaten, Granit, Basalt, Porphyr, Gneis, Schiefer, Glimmer und sind wasserhaltige Aluminiumsilikate (rein: Kaolin), meist aber durch Eisenoxyd, Siliziumoxyd, Kalziumkarbonat verunreinigt (Letten, Mergel, Lehm). Die att. → Töpferei verwendete einen sedimentären oder Geschiebeton, der stark von Fremdstoffen durchsetzt war, einen hohen Gehalt an Eisen hatte, das beim → Brennen rot oxydierte, und große Plastizität und Zähigkeit besaß (→ Vasen C). Die → Etrusker benutzten einen groben, eisenoxydhaltigen Ton, der im Brand durch völlige Reduktion schwarz wurde, die Römer hingegen einen T., der dem der att. und italiot. Gefäße entsprach, aber oxydierend gebrannt wurde und so keinerlei Schwarz zeigt. W.K.

Topik, Erschließung künstlicher Beweismittel in der → Rhetorik (B 2. 4), gepflegt im höheren Schulunterricht. Das Wort *τοπικά*, das die Lehre vom Suchen und Auffinden passender Gesichtspunkte zur Verwendung innerhalb der rednerischen Heuresis (→ Inventio) bezeichnet, erinnert an *τόπος* (locus), ‹Ort› im Sinne von ‹Gedächtnisort›, also an das antike System der → Mnemotechnik (Cic. fin. 5, 2). Der ältere t. t. für *τόπος* ist *χωρίον*. H.H.

Lit: Lausberg, 146. 201ff. 526 u. ö.

Tor → Stadt; → Befestigung, → Propylon, → Triumphbogen.

Tora (‹Weisung›, bes. des Priesters; ‹Priestergesetz›), im nachexilischen Judentum vor allem Bezeichnung für das mosaische Gesetz in Form des Pentateuchs, zuweilen auch für den gewöhnlich in *T.*, *Propheten* und *Schriften* abgestuften rabbinischen Kanon des AT. Vgl. → Judentum B [2. 6] und, zur *mündlichen T.*, → Mischna. R.M.

Toreutik (τορευτική, caelatura). [1] T. bedeutet zunächst die *Technik* des Bohrens und Ziselierens, dann bes. das Treiben künstlerischer Formen in Edelmetall (bes. → Silber, auch → Gold oder → Bronze) durch Hämmern über Holz oder Formstein von außen bzw. aus freier Hand von innen (ἐλαύνειν, ducere). An Gefäßen ist das äußere Relief (crusta) meistens als zweite Wand separat gearbeitet und durch eine Zwischenfüllung aus Harz, Pech, Blei oder Gips geschützt. Schalen, Schüsseln und Platten sind häufig innenseitig verziert (→ Embleme). Im Bereich der Monumentalplastik (z.B. Bronzestatuen von Dreros/Kreta) wird das toreutische Verfahren gegen Ende des 6. Jh.s durch den Hohlguß abgelöst (→ Gußverfahren), lebt aber teils in den → Goldelfenbeinbildern, teils in späteren Standbildern bzw. Büsten aus Gold oder Silber fort (Galba/Neapel, L. Verus/Marengo, Mark Aurel/Avenches u.a.). Schließlich erstreckt sich die T. auf Waffen (Helme, Panzer, Schilde), Pferdegeschirr, Möbelbeschläge, Spiegel und andere Geräte. Umfassendste *Überlieferung* bietet Plinius' Kapitel über T. (33, 127ff.). Hier erscheinen, neben berühmten Toreuten, auch die Namen großer Erzgießer und Maler: → Kalamis, → Euphranor, → Kallimachos (2), → Phidias, → Polyklet, → Praxiteles, → Boethos (1). – Vgl. Brunn II 395ff.

[2] Die Berührung der *kret. T.* mit dem Alten Orient, wo Edelmetall seit frühester Zeit verarbeitet wurde, wird in ihrer Auswirkung auf Ägypten am deutlichsten faßbar (Th. Bossert, Altkreta, 1937, Abb. 536ff.). Das Kostbarste stammt jedoch aus den Palästen Kretas und Trojas und den Schachtgräbern von Mykene (a.O. Abb. 69ff. 148ff. 219ff.; vgl. → Kret.-myk. Kultur). Zeitlich und vermittelnd stehen zwischen dieser und der eigentlich griech. Produktion die → *urartäischen*, → *phryg.* und → *phön.* Erzeugnisse. Dieser Einfluß ist auf den sog. → kretischen Schilden bes. deutlich. Bei den → Protomen der Bronzekessel geht man früh zum Vollguß über.

[3] Zu den gebräuchlichen Gefäßformen der *archaischen Zeit* gehören → Kantharoi, → Oinochoen, → Schnabelkannen, Becher, Schalen, Amphoren, Kratere, Hydrien. Gravierungen finden sich auf den silbernen und ehernen → Fibeln aus Böotien. Von literarisch überlieferten Großplastiken seien der Zeus Hypatos des → Klearchos, der Apoll von Amyklai (Paus. 3,17,6; 3,19,2), der sog. ‹Koloß› der Kypseliden (aus Gold) genannt. In Italien behauptete sich neben griech. Importware eine reiche einheimische, bes. → etrusk. Produktion (BM Cat. Silver Plate, Taf. 1), die am großartigsten in den Wagenreliefbeschlägen von Perugia und Monteleone, dann in zahlreichen → Spiegeln und → Cisten vertreten ist.

[4] In *klassischer Zeit* war der private Bedarf an Edelmetall gering (vgl. Ath. 6,231B); um so kostbarer waren die neugeschaffenen goldelfenbeinernen Kultbilder. Damals arbeiteten Mys (vgl. → Parrhasios) und Mentor, der angeblich berühmteste und noch von den Römern geschätzteste aller Toreuten (Overbeck, SQ 2169ff.). Das meiste wurde im Auftrag barbarischer Fürsten gefertigt und in die Randgebiete, bes. Skythien und Thrakien exportiert und übte bemerkenswerten Einfluß auf die persische T. aus. Vom Ende des 5. bis ins 3. Jh. tritt die sizilianisch-unteritalische T. hervor. – Die soziale Umschichtung in der *Diadochenzeit* führte zu einer bisher kaum gekannten Entfaltung des privaten Luxus und damit auch der T. in den damaligen Zentren Alexandria und Pergamon (68. BWPr, 1908: Fund von Miletopolis), wo u.a. Stratonikos von Kyzikos wirkte (Plin. nat. 33,155; Ath. 11,782B).

[5] *Rom* stand spätestens seit dem letzten Pun. Krieg allem östl. Luxus offen, der auch während der Kaiserzeit von einer außerordentlich breiten Schicht getragen wurde. Formen und Vorbilder der aufblühenden eigenen T. sind griech.-hellenist.; das meiste Erhaltene stammt aus den Vesuvstädten, Oberitalien und Gallien: die Funde von Boscoreale und aus dem Menanderhaus; spätere Stücke im Schatz von Marengo; aus Gallien die Schätze von Berthouville, Caubiac, Chaource u.a. (BM Cat. Nr. 27ff.); aus Germanien der Schatz von Hildesheim; aus Britannien (vgl. BM Cat. Nr. 183ff.). In byzantin. Zeit wurden die Schätze von Mildenhall, Concesti/Rumänien, vom Esquilin, von Traprain und Augst/Schweiz vergraben. Statuetten enthielt besonders der Fund von Macon (BM Cat. Nr. 27ff.). Erhaltene Monumentalplastik vgl. oben [1]. C.K.

Q: Plin. nat. 33, 127ff. – *Lit: Allgemein:* Brunn II 269ff. – Blümner, Technologie IV 229 – O. Rubensohn, Hellenist. Silbergerät, 1911 – A. Köster, Antikes Tafelsilber, 1923 – H. Blümner, RE 3 A 1 (1927), 22f., s.v. → Silber – G. Lippold, ebd. 6 A 2 (1937), 1750–74 – A. Ippel, Guß und Treibarbeit in Silber, 97. BWPr. 1937 – R. J. Forbes, Metallurgy in Antiquity, 1950 – J. Calabri Limentani, EAA II, 1959, 250–252, s.v. caelator – M. Cagiano de Azevedo, ebd., 252f., s.v. caelatura – *Zu [2]:* E. Kunze, Kret. Bronzereliefs, 1931 – Ders., Archaische Schildbänder, 1950 – U. Jantzen, Greifenprotomen von Samos, AM 73, 1958, 26–48 – *Zu [3]:* W. v. Massow, Die Kypseloslade, AM 41, 1916, 3–117, bes. 15 – K. G. Neugebauer, Reifarchaische Bronzevasen mit Zungenmuster, RM 38/39, 1923/24, 341–440 – Fr. W. Frhr. v. Bissing, Unters. über die «phoinik.» Metallschalen, JdI 38/39, 1923/24, 180–241 – P. Jacobsthal, Bronzeschnabelkannen, 1929 – Ders., Rhodische Bronzekannen aus Hallstattgräbern, JdI 44, 1929, 198–223 – N. Vulić, Ein neues Grab bei Trebenischte, ÖJh 27, 1932, 1–42 – R. Hampe, Frühe griech. Sagenbilder in Böotien, 1936 – Etruscan Culture, 1962, Taf. 375ff. – *Zu [4]:* Th. Schreiber, Die alexandrin. T., Abh. Leipzig 14, 1894, 273–480 – E. Pernice, Hellenist. Silberreliefs, 58. BWPr, 1898 – F. Winter, Silbernes Trinkhorn aus Tarent in Triest, ÖJh 5, 1902, 112–127 – H. Winnefeld, Hellenist. Silberreliefs, 68. BWPr, 1908 – H. Nachod, Die Silberschale aus Tarent in Bari, RM 33, 1918, 103–124 – A. Ippel, Die Bronzefunde von Galjûb, 1922 – O. M. Dalton, The Treasure of Oxus, 1926 – B. Filow-I. Welkow, Grabhügelfunde aus Duvanlii in Südbulgarien, JdI 45, 1930, 281–322 – P. Wuilleumier, Le trésor de Tarente, 1930 – B. Filow, Die Grabhügelnekropole von Duvanlii, 1934 – B. Svoboda-D. Končev, Neue Denkmäler antiker T., 1956 – *Zu [5]:* A.H. de Villefosse, Le trésor de Boscoreale, Mon. Piot 5, 1899 – E. Pernice-F. Winter, Der Hildesheimer Silberfund, 1902 – E. Babelon, Le trésor de Berthouville, 1913 – F. Drexel, Der Silberschatz von Traprain, Germania 9, 1925, 122–128 – L. Matzulewitsch, Byzantin. Antike, 1929 – S. Poglayen-Neuwall, über die urspr. Besitzer des spätantiken Silberfundes vom Esquilin und seine Datierung, RM 45, 1930, 124–136 – A. Maiuri, La casa di Menandro, 1932 – G. Bendinelli, Il tesoro di argenteria di Marengo, Mon. Arte Ant. I, 1937 – T. Dohrn, Spätantikes Silber aus Britannien, MdI 2, 1949, 67–147 – C. Carducci, EAA IV, 1961, 831 – R. Laur, Der Silberschatz v. Kaiseraugst, 1963.

Torlonia. Das Museum T. alla Lungara in Rom vereinigt die bedeutendsten Antiken der einst auf Villen und Gütern verstreuten Skulpturen der Fürsten T. Während eine kleinere Anzahl von Antiken aus Privatgrabungen stammt, setzt sich der größere Teil aus älteren Erwerbungen von Kollektionen des 16. und 17. Jh.s zusammen: so aus den Slg.en → Giustiniani, Albaccini, Ruspoli u.a. Hinzu kommen einige Stücke aus Villa → Albani (seit 1866 im Besitz T.). Heute besitzt das Museum mehr als 600 Antiken. – Vgl. → Museen. U.R.

Lit: C.L. Visconti, I monumenti del Mus. T., 1885 – O. Benndorf, Osservazioni sul Mus. T., RM 1, 1886, 112–120.

Torus, konvex profilierter Teil der ionischen Basis, vgl. → Tempel B [9].

Torquatus → Manlius.

Torsion, ‹schraubenförmige Bewegung›. Für ein Prinzip keramischer Dekoration gebraucht. Verbreitung: Donau-, Balkangebiet, Kreta (auch → Steingefäße), westl. Vorderasien. W.Schg.

Lit: F. Matz, Torsion, eine formenkundliche Untersuchung zur ägäischen Vorgesch., Abh. Mainz 12, 1951.

Torso, erst in moderner Zeit als künstlerische Darstellungsform möglich, für die auf die ganze Erscheinung des Menschen ausgerichtete Haltung der Griechen schlechthin undenkbar. Durch Zerstörung entstandene Torsen wurden in der Antike nicht konserviert. E.Bg.

Totenbriefe. Seit der 6. ägypt. Dynastie sind Briefe erhalten, die an Verstorbene gerichtet sind. Sie wurden meist auf Gefäße geschrieben, die man am Grab niederlegte, jedoch finden sich auch auf Papyrus geschriebene T. Es sind Bitten an die Toten wie: in die Verhältnisse der noch lebenden Familie einzugreifen, oder: ihre Bedrohungen des Lebenden einzustellen. W. Hk.

Lit: A. Gardiner-K. Sethe, Letters to the Dead, 1928; JEA 16, 19.23; 20, 157.

Totenbuch. In Ägypten gab man seit der 18. Dynastie den Toten Papyri mit religiösen Texten mit. Zunächst waren es Zusammenstellungen unterschiedlicher Sprüche, die das Weiterleben des Toten sichern sollten. Seit der 26. Dynastie setzte sich eine kanonische Auswahl durch. Illustrationen begleiten den Text, der in Kapitel eingeteilt ist. Berühmt ist das 30. Kapitel mit der Bitte an das Herz, nicht gegen den Toten auszusagen, und das 125. mit dem sog. ‹negativen Sündenbekenntnis›, in dem aufgezählt wird, welche sündigen Taten der Tote in seinem Leben nicht begangen haben will. Damit wird gern die Darstellung des Totengerichts verbunden. W. Hk.

Lit: E. Naville, Das ägypt. T. der XVIII.–XXX. Dynastie, 1886.

Totengericht. Daß Glück und Unglück im zeitlichen Dasein ungerecht verteilt sind, ist eine konstante Erfahrung, aus der unmittelbar das Bedürfnis erwächst, einen Ausgleich herzustellen. Die urtümliche Vorstellung, daß die Untaten der Väter an den Nachkommen gerächt werden, befriedigt das reifere Denken nicht, und die These der Philosophen, daß der Ungerechte innerlich immer unglücklich sei, auch wo er glücklich zu sein scheine, ist zu subtil, um überzeugen zu können. So legt sich die Vorstellung vom T. nahe. Wo und wann sie sich bei den Griechen eingebürgert und wie sie sich entwickelt hat, ist nicht klar erkennbar. Bei Homer begegnen der → Tartaros, das elysische Feld (→ Elysion), die im → Hades büßenden Gottesfrevler und, ganz knapp erwähnt, Minos, der aber nur unter den Toten als Schiedsrichter fungiert (Od. 11, 568–571). Ein geschlossenes Bild vom T. im späteren Sinne ergibt sich erst im 6. Jh. v. Chr., wohl zunächst in theologischer Dichtung von der Art der → Orphik. Auch in die Eleusin. → Mysterien muß es eingedrungen sein (bedeutungsvolle Anspielungen: Pind. Ol. 2, 65; Aischyl. Eum. 274f.; Hik. 231). Voll ausgebildet ist es erst bei → Platon, der die verschiedenen älteren Überlieferungen zusammenfaßt. Grundtexte: apol. 41 A und bes. der ausgeführte Mythos Gorg. 523 A–527 A. Der erste Text nennt vier Totenrichter: → Minos (unbekannt, weshalb er gerade auf dieses Richteramt festgelegt wurde), → Rhadamanthys (ebenfalls aus Kreta, schon früh zum gerechten Richter par excellence stilisiert: vgl. Aristot. NE 1132b27 und Zenob. Paroim. 5, 81), → Aiakos, der äginetischen Sage angehörig, → Triptolemos, eine Gestalt der Eleusinischen Mysterien. Die Liste kombiniert also verschiedene Vorstellungen vom T. mit verschiedenen Richtern, wobei der altkret. Anteil verhältnismäßig bedeutend gewesen zu sein scheint. Der zweite Text beschreibt in philosophischer Absicht das T. Spielerisch wird behauptet, Rhadamanthys richte die Toten aus Asien, Aiakos diejenigen aus Europa, Minos führe den Vorsitz. Wichtiger ist, daß nicht bloß Tartaros und Inseln der Seligen einander gegenübergestellt, sondern im ganzen drei Orte unterschieden werden: Ort der Seligen, Ort begrenzter Strafe für die heilbar Schlechten, Ort dauernder Strafe für die unheilbar Schlechten. Die dauernde Strafe wird im Prinzip im Sinne von Hesiods Tartarosschilderung verstanden, also als Verbannung in ein Gefängnis. Daß eigentliche Körperqualen dazukommen konnten, lehren wohl die Flußnamen Pyriphlegeton (‹der Feuerstrom›) und Kokytos (‹der Strom des Heulens›). Die begrenzte Strafe kann dort eine besondere Form annehmen, wo die → Seelenwanderung in Rechnung gestellt wird: länger oder kürzer dauernde Verbannung aus der göttlichen Heimat der Seele, Einkörperung in mehr oder weniger niedrige Lebewesen. – Im ganzen hat das griech. Bild vom T. noch die christl. Anschauung vielfach beeinflußt. – Vgl. → Jenseitsvorstellungen. O. G.

Totenglaube → Ahnenkult, → Jenseitsvorstellungen, → Seele, → Totengericht, → Totenkult.

Totenklage. Zu den *griech.* → *Bestattungssitten* gehört die T., an der sich teils die (weiblichen) Angehörigen, teils berufsmäßige Klageweiber (nach einem athen. Gesetz über 60 Jahre alt; Demosth. or. 43, 62) beteiligen. Die T. besteht in Schlagen und Zerkratzen von Kopf und Brust und in Klagerufen. Doch sind sicherlich schon früh auch eigens von Dichtern komponierte Klagelieder dazugekommen. Solon soll dies für Athen verboten haben (Plut. Sol. 21, 5), doch lehren die bes. für Pindar und Simonides bezeugten Threnoi, daß die Sitte mindestens bei Staatsbegräbnissen sich einbürgerte und ihrerseits die archaisch wilden Schmerzausbrüche zurückdrängte. O. G.

Lit: Nilsson I 714f.

Totenkult. Alt und allgemein ist die Vorstellung, daß die Toten irgendwie weiterexistieren, auf die Fürsorge der Nachlebenden Anspruch haben und beratend, helfend, strafend in die Welt der Lebenden eingreifen können, freilich nur in den Grenzen des Gedankens, daß der Tod alles wirkliche Leben endet und dem Toten nur noch einen Rest von Handlungsfähigkeit beläßt (vgl. → Seele). Im einzelnen ist der T. zu gliedern in: (1) Bestattungssitten, (2) dauernde Fürsorge für die Gräber und die Toten, (3) Totenfeste.

[1] Bis zum Ende des 2. Jt.s werden in Griechenland die Toten beerdigt, nicht verbrannt. Dann dringt Verbrennung vor; Homer kennt nur sie, und auch später überwiegt sie entschieden. Doch ist nirgends mit Sicherheit zu erkennen, daß der Gegensatz zwischen Beerdigung und Verbrennung einen Gegensatz in der Auffassung des Todes und der Toten überhaupt impliziert. Die Opfer bei der Bestattung scheinen im allgemeinen nach der Vorstellung ausgewählt, daß dem Toten mitgegeben werden soll, was er zur Weiterführung des Daseins braucht und was ihm von seinem persönlichen Eigentum bes. nahestand: Waffen, Schmuck, Hausgerät, Kleidung, Speise und Trank; daß ihm auch Haustiere und Dienerschaft mitgegeben wurden, scheint in frühgeschichtlicher Zeit vorgekommen zu sein, doch werden später solche Menschenopfer als barbarisch abgelehnt (so ist auch Hom. Ilias 23, 163ff. gemeint). Die → Bestattungsriten endeten mit dem Leichenschmaus (*περίδειπνον*), damit zugleich die durch manche Gebote und Verbote charakterisierte Trauerzeit. Auffallend wenig ist der Gedanke ausgebildet, daß der Tote am Hervorkommen aus dem Grabe gehindert werden soll, obschon es an Geschichten von Toten, die als Gespenster umgehen, keineswegs fehlt. Doch die Vorstellung von der Ohnmacht der Toten überwiegt völlig.

[2] Zu den *dauernden Pflichten* der Nachlebenden gehören die regelmäßige Wiederholung der Darbringung von Speise und Trank und die Pflege der Grabstätte selbst. In älterer Zeit werden Tiere geopfert, das Blut dem Grabe zugeführt, der Rest verbrannt; später beschränken sich die Gaben auf Kuchen, Honig, Öl und Wasser. Bezeugt ist zuweilen auch die Spende von Badewasser (Soph. El. 84, 434). Daß die Nachlebenden dem Toten ihre abgeschnittenen Locken opfern (→ Haaropfer), wird dagegen nur im → Mythos erwähnt und scheint in historischer Zeit nicht vorgekommen zu sein. Ausstattung und Pflege der Gräber selbst war stark an den Reichtum und das Ansehen der Familien gebunden. Vom Ende des 6. Jh.s v. Chr. an greifen die Gesetzgeber (→ Solon) ein und erlassen scharf einschränkende Bestimmungen gegen einen Luxus, der weit weniger dem T. als dem Ansehen der Lebenden dient. Unterstützt werden sie durch die Philosophen, die den T. in seiner traditionellen Form überhaupt als Unsinn ablehnen (früh: → Heraklit, VS 22 B 96; spät: → Diogenes b. Diog. Laert. 6, 79 und Cic. Tusc. 1, 104). Beides wirkt z. B. auf die Verfügungen des → Demetrios (17) v. Phaleron, der sich auf → Solon berufen hat (Frg. 135 W.).

[3] Bei der Schwäche des Familienverbands im historischen Griechenland wird der individuelle T. im allgemeinen schon nach wenigen Generationen abgeklungen sein.

Einen teilweisen Ersatz bilden die allgemeinen *Totenfeste*, von denen uns das mehrtägige att. →*Anthesterienfest* am besten bekannt ist: am Tage der Choai kommen die Toten, um sich verpflegen zu lassen (die Heiligtümer der oberirdischen Götter sind an diesem Tage geschlossen), am folgenden Tage der Chytroi wird ihnen in einem Topfe (χύτρα) gekochte Nahrung dargeboten, worauf sie wieder ins Totenland entlassen werden. Anderswo heißt das Totenfest *Agriania* (in Argos) oder *Nekysia* (in Kreta u.a.). So wird jede griech. Gemeinde ihr Totenfest gehabt haben. Doch was wir von den Begehungen wissen, zeigt durchgehend, eine wie geringe Rolle der T. im täglichen Leben der Griechen gespielt hat. Dieser Befund wird durch die Masse der archäolog. Zeugnisse nicht aufgehoben. O.G.

Lit: U.v.Wilamowitz, Glaube der Hellenen I, 1931 (Nachdr. 1959), 168, 302ff. – G. Karo, An Attic Cemetery, 1943 – Nilsson I 160ff. 561ff. 676f.

Totenorakel, →Orakel, die Verstorbene geben.

[1] Bei den *Griechen* sind T. selten und meist spät bezeugt. Bei Homer (Od. 11) sagt →Teiresias nach einem Totenopfer und Genuß von Blut in der Unterwelt die Zukunft voraus (Parodie: Lukian. Nek. 6ff.), später werden die Seelen von Toten (Nekydaimones) auf die Erde geholt und befragt (auch versöhnt), oft im Schlaf, bes. an ihren Gräbern (Aischyl. Pers. 607ff., vgl. auch Fr. 475 N.; Hdt. 4, 172 u.a.), an Eingängen zur Unterwelt: in →Thesprotien (Hdt. 5, 92), Ephyra, →Phigalia (Paus. 3, 17, 8f.), am Kap →Tainaron (Plut. mor. 560E), in →Herakleia am Pontos (Plut. Kim. 6, 6, oft in literarischen Totenbeschwörungen u.ö.), am Sterbeort (Suidas s.v. περὶ ψυχαγωγίας) oder sonst (Eur. Fr. 912; Aristot. Fr. 508 R.; Lyk. Alex. 799f.: Odysseus; Plut. mor. 434C: Teiresias; 109C: →Inkubation). Unter östl. Einfluß werden bes. gewaltsam oder früh Verstorbene durch magische Beschwörung zur Sprache gebracht mit Hilfe von Blut, Leichen(teilen) (Hld. 6, 14f.) oder Zauberformeln (Pap. Mag. 23 u.ö.; →Hydromantie), durch Nekromanten (Artem. 2, 69) oder Einzelne (Plut. mor. 585Ef., Philostr. vita Apoll. 4, 16). C.J.C.

Lit: S.I.Dakaris, Das Totenorakel bei Ephyra, AntK, Beih. 1, 1963.

[2] In *Italien* galt ein Ort als bes. günstig für die Anrufung und Befragung der Toten: der →Avernersee bei Cumae, berühmter Eingang zur Unterwelt (vgl. Verg. Aen. 6). Die bei Homer genannten ‹Kimmerier› hüteten dort ein unterirdisches Totenorakel (Strab. 5, 4, 5; Diod. 4, 22, 2; Cic. Tusc. 1, 37). Aber Diodor und Strabon geben an, das Orakel sei seit der mythischen Kimmerierzeit verschwunden; in historischer Zeit haben T. in der röm. Religion keine Rolle gespielt. H. Le B.

Totes Meer (arab. baḥr lūṭ, ‹Meer des Lot›, Gen. 19; Kt. 2196 A6), wie der See Genezareth ein Reliktensee an der tiefsten Stelle des syr. Grabens, ca. 85 km lang, maximal 15 km breit, 392 m unter dem Spiegel des Mittelmeeres (tiefste Depression der Erdoberfläche). Der Gehalt des Wassers an mineralischen Bestandteilen (ca. 25%) verhindert die Entwicklung jeglichen Lebens im T.M.; daher der durch →Hieronymus geläufig gewordene Name *mare mortuum* (Plinius, nat. 5, 15: Asphaltitis lacus). H.Dn.

Totila (Badvila), König der Ostgoten 541–552. T. wurde nach der Kapitulation des →Witigis (540) und den kurzen Zwischenspielen Hildebads und des →Rugiers Erarich im Herbst 541 von den zur Fortführung des Kampfes gegen →Justinian entschlossenen Goten nördl. des Po zum König erhoben. Nach raschem Vordringen nach Süden, erfolgreicher Belagerung Neapels (543) und dem Aufbau einer Flotte, die den Ostgoten bisher gefehlt hatte, konnte T. den größten Teil Mittel- und Süditaliens besetzen und die unteren Schichten der Bevölkerung für sich gewinnen. Obwohl 544 Justinian wieder →Belisar gegen die Goten schickte, nahmen sie Rom (546) und verwickelten Belisar nach gescheiterten Verhandlungen mit Justinian in wechselvolle Kämpfe über ganz Süditalien. Nach der Abberufung Belisars eroberte T. Rom Anf. 550 zum zweitenmal; er ging nun zu einer rücksichtsloseren Kriegsführung über, verheerte Sizilien (550) und dehnte seine Flottenvorstöße bis nach Griechenland aus (551). Anf. 552 drang der neue oström. Feldherr →Narses mit einer starken Streitmacht in Oberitalien ein und schlug T. bei Taginae (Umbrien); T. fiel; das Schicksal der Gotenherrschaft in Italien, die T. nach dem Versagen seiner Vorgänger mit Mut und Umsicht noch einmal für 10 Jahre erneuert hatte, war damit entschieden. K.F.Str.

Lit: L.M.Hartmann, Gesch. Italiens im MA, I (1897), 1923² – A. Nagl, RE 6 A2 (1937), 1828–38.

Tourismus. Die Reisen der Griechen dienten dem Handel, der Diplomatie, der Kriegsführung: einen T. im heutigen Sinne des Wortes kannten sie kaum. Hemmend wirkte der Mangel an Rechtsschutz in der Fremde, und in Sparta war es den jungen Bürgern sogar verboten, das Land ohne Erlaubnis zu verlassen (Isokr. 10, 18). Anders in Rom, namentlich in der Kaiserzeit: im Sommer verließen viele Tausende die Hauptstadt, um in der Umgebung von Neapel Badeferien zu genießen; andere besuchten sogar die luxuriösen Badeorte in Ägypten. Es gehörte zum guten Ton, die berühmten Städte und Ortschaften nicht nur in Sizilien, sondern auch in Griechenland, wo Athen die größte Anziehungskraft ausübte, Kleinasien (Troja), und sogar das ferne Ägypten gesehen zu haben. In Tempeln bewunderte man Reliquien aus der Zeit der Heldensagen oder Alexanders d. Gr.; Fremdenführer konnten – wie vielerorts auch heutzutage – nicht abgeschüttelt werden, und auch den ‹Baedeker› gab es schon, kurzgefaßte oder ausführlichere Beschreibungen der Reiserouten und der Sehenswürdigkeiten (→Itinerarien). Für Naturschönheiten hatte der Tourist wenig Sinn. Vgl. →Verkehr, →Gasthäuser. Th.P.

Lit: Friedländer I 389–488.

Trabea, Q., lat. →Komödiendichter (→Palliata), den Varro (Char. gramm. I 241) neben →Atilius (1) und →Caecilius (18) Statius als Meister im Erregen von Affekten nennt; wenn Varro die Namen chronologisch geordnet hat (Ritschl), darf T. (wie auch Atilius) vor Caecilius datiert und als Zeitgenosse des →Plautus angesehen werden. Zwei Fragmente bei Cicero erhalten. H.M.

Frg: CRF 31f. – *Lit:* F.Ritschl, Parerga zu Plaut. u. Ter. I, 1845, 194.

Trabeata (fabula trabeata), eine Gattung der lat. →Komödie (II B2), eine kurzlebige Schöpfung des →Melissus in augusteischer Zeit; nach Sueton (gramm. 21) eine neue Art von Togata. Den Inhalt der T. bildeten Vorfälle aus dem Leben der →Ritter, nach deren Standesabzeichen, dem weißen Mantel (trabea), sie benannt ist. H.M.

Trachalus →Galerius.

Trachelion, Übergang vom Kapitell zum Säulenhals, →Tempel B [3].

Traditio. [1] Dem frühchristl. Begriff der traditio war von den frühesten Anfängen an die Unterscheidung zwischen göttlicher Offenbarung und menschlichen Traditionen inhärent (Mk. 7, 9 par.; Mt. 5, 27ff.). Die frühe Christenheit stellte mit →Cyprian von Karthago die veritas der consuetudo (epist. 74, 9, 2) und der Philosophie ‹secundum traditionem hominum› (pat. 1; vgl. Kol. 2, 8) gegenüber. «Dominus noster Christus veritatem se non consuetudinem cognominavit» (Tert. virg. vel. 1; vgl. Joh. 14, 6). Es handelte sich also in erster Linie um die souveräne Autorität der göttlichen Offenbarung und kaum um die Frage kirchlicher Bräuche, die daneben mehr oder weniger unschädlich zugelassen werden konnten (vgl. Tert. coron. 3 u. 4: traditiones, plur. neben der traditio, sing.).

[2] Schon von Anfang an hat die Offenbarung in Christo, die als neu und absolut verstanden und geglaubt wurde, als *die* Tradition in der Christenheit gewirkt, die man empfangen hatte, die es galt weiterzugeben (‹traditio passiva›) und die sich selbst fortsetzte (‹traditio activa›). Das κήρυγμα ist für Paulus mit der παράδοσις identisch (vgl. 1. Kor. 11, 23),

der Herr selber aber der Geist (2.Kor. 3, 17). Die παραδόσεις in 2.Thess.2,15 und 1.Kor.11,12 gehören daneben zu einer zweitrangigen, weil abgeleiteten Norm. Der Vermischung beider Normkategorien gegenüber sah sich die Kirche gezwungen, den Umfang ihrer traditio zunächst innerhalb der apostolischen hl. Schriften (→Kanon) festzustellen; hätten doch die Apostel alles Nötige gewußt und tradiert (Tert. praescr. 22ff.). Außerhalb des Kanons wurde kein Offenbarungsanspruch anerkannt (Athanasios, c. gentes 1; Cyrill v. Jerusalem, Cat. 4, 17; Joh. Chrysostomus, in epist. ad. Col. hom. 9, 1. Gegenüber Basilius d. Gr., De spiritu sancto 66, steht epist. 261, 3).

[3] Man war sich zugleich bewußt, daß die Wahrheit Gottes einmal etwas Lebendiges, kaum schriftgebunden sei, zum andern aber (Irenäus, adv. haer. 3, 4, 1) in den Schriften immer Glauben, Verständnis, Auslegung fordere (‹interpretationis gubernaculum›), «ne ... sine disciplina rationis interpretentur» (Tert. praescr. 9, 1, 6). Dabei kann der Buchstabe nicht entscheidend sein (ib. 19, 1; 14, 3), denn alles Verständnis hängt vom Glauben ab. Justin der Märtyrer sprach deshalb von der δύναμις der Schriften (dial. 112, 1); Athanasios meinte mit dem ἐκκλησιαστικὸς σκόπος (orat. c. Ar. 1, 44, 1) dasselbe. Im Grunde galt der Herr selbst als Subjekt der traditio oder des Lehrens, worin eine Hauptfunktion von tradere gesehen wurde (1. Clem. 42, 1; Tert. praesc. 21, 4; 37, 1). Der Begriff traditio näherte sich damit, was vielfach übersehen wird, dem der Offenbarung (Cyprian: divina traditio, traditio Dei). Die Bischöfe, denen kraft der apostolischen Sukzession das ‹charisma veritatis› zukommt (Irenäus, haer. 4, 40, 1), sind Hüter der traditio oder des depositum fidei, während die regula (veritatis; κανὼν τῆς πίστεως) erst Kompendium, sodann aber Norm der traditio ist.

[4] Augustin erklärte zwar: «inveniuntur (in den Schriften) illa omnia quae continent fidem moresque vivendi» (doctr. christ. 2, 9, 14; die Schriften sind αὐταρκεῖς: Athanasios), aber erkannte auch nicht-geschriebene Überlieferungen als apostolisch an (bapt. 2, 7, 12) im gleichen Sinne wie Tertullian: «quod apud multos unum invenitur, non est erratum sed traditum» – göttlich geoffenbart – (praescr. 28, 3). Die Kirchenväter verhielten sich zu den historisch entstandenen Formen immer positiv, beharrten aber wesentlich auf der alleinigen Autorität der Offenbarung. Dieses kritische Element sollte dann auch hinter der berühmtesten Formulierung des Vincentius Lerinensis stehen: «In ipsa item catholica ecclesia magnopere curandum est, ut id teneamus quod ubique, quod semper, quod ab omnibus creditum est» (Common. 2, 3). Die frühchristl. traditio war also an erster Stelle immer das geglaubte und interpretierte κήρυγμα. J.N.B.v.d.B.

Lit: T.R. Glover, The Chr. Tradition and its verification, 1913 – A. Deneffe, Der Traditionsbegriff, 1931 – J. Ranft, Der Ursprung des kath. Traditionsprinzips, 1931 – Ders., Die Traditionsmethode als älteste theol. Methode des Christentums, 1934 – D. van den Eynde, Les normes de l'enseignement chrétien dans la littérature patristique des trois premiers siècles, 1933 – B. Reynders, Paradosis, Rech. de théol. anc. et méd. V, 1933 – E. Flesseman-van Leer, Tradition and Scripture in the Early Church, 1953 – R.P.C. Hanson, Origen's Doctrine of Tradition, 1954 – Ders., Tradition in the early church, 1962 – J.R. Geiselmann, Die Tradition, in: Feiner-Trütsch-Böckle, Fragen der Theologie heute I, 1957 – Ders., Die lebendige Überlieferung als Norm des chr. Glaubens, 1959 – J.N. Bakhuizen van den Brink, Traditio im theologischen Sinne, VChr 13, 1959, 65–86 – Yves M.-J. Congar, O.P., La Tradition et les traditions, Essai historique, 1960.

Traductio (Rhet. Her. 4, 20f.; Quint. inst. 9, 3, 69), zusammenfassende Bezeichnung für die rhetor. →Wortfiguren der →Anapher, der →Epipher und des →Kyklos im Sinn von Wortspiel oder Wortpointe, also allgemein die absichtliche Wiederholung desselben Worts in gleicher (aber auch in verschiedener) Bedeutung. →Polyptoton, →Reflexio. H.H.

Lit: Volkmann, 480 – Lausberg, I 328. 333.

Träume. [1] Homer trennt täuschende und wahre T. (Od. 19, 547ff., 560ff.), durch die der Mensch mit der übersinnlichen Welt in Verbindung tritt: Tote (Il. 23, 65ff.) oder Götter (in Gestalt von Menschen: Od. 6, 13ff.; auch Scheinbilder: 4, 795ff.) sprechen zum Menschen, fordern z.B. die Einrichtung eines Kults (Inschriften; vgl. →Inkubation), oder er sieht symbolische (Od. 19, 536ff.) oder redende Gesichte. Früh entwickelt sich die Kunst, T. zu scheiden und zu deuten (Il. 5, 148ff.; 1, 63ff.), und blüht ebenso wie der Glaube an T. (z.B. in der Tragödie, bei →Herodot, →Xenophon u.a.) zu allen Zeiten, bes. im Frühhellenismus und unter wachsendem Einfluß der Magie seit 2. Jh. n. Chr. Es entstehen Werke, die T. und ihre Deutungen festhalten (Vorstufe: Demetr. Fr. 96 W.): →Antiphon (VS 87 A 1; 2; B 78–81a), Panyassis d.J., Nikostratos von Ephesos, Aristandros von →Telmessos (Artem. 1, 2; 31; 4, 2: auf ältere Namen gefälschte: Phemonoe) und viele andere, die Cicero (div.), Tertullian (anim. 46) und →Artemidoros nennen (oft Phoibos v. Antiochia, Geminos von Tyros, →Artemon, 2), dessen Traumbuch u.a. eine Einteilung der T. enthält (1, 2; 4, 1; vgl. Macr. somn. 1, 3, 2). Spätantike Traumbücher sind auf den Namen des Astrampsychos gefälscht. Wesen und Bedeutung der T. werden von Medizinern (Hippokr. vict. 4, Herophilos Aët. 5, 2, 3; Gal. 6 p. 832ff. K.) und bes. Philosophen erörtert: →Empedokles (B 108; vgl. dazu die Kritik an der T.-deutung schon bei Hdt. 7, 16), →Demokrit (A 77ff.; 136ff.; B 166), ‹Sokrates› (bei Plat. Krit. 44 A ff.; Phaid. 60 D ff.), →Platon (z.B. rep. 571 C ff., Theait. 157 E ff., Tim. 45 D f. 70 E ff.), →Herakleides (3) Pont. (Fr. 132ff. W), →Diogenes (bei Diog. Laert. 6, 24), →Aristoteles (Eudem. Fr. 1; Philos. F 12a Ross; insomn., div. somn.) und seine Schüler, Krativos (Cic. div. 1, 70f.), die Stoa mit positiver Beurteilung, bes. →Chrysipp (Fr. 1196ff.), →Antipater (4) v. Tarsos (Fr. 41ff.), →Poseidonios (Cic. div. 1, 64); mit scharfer Ablehnung ihrer mantischen Bedeutung →Epikur (Fr. 325ff. Us.; Lukr. 4, 757ff. 961ff.); zurückhaltend →Cicero (div. u. ö.); positiver →Plutarch, →Philon (Somn. I. II), noch positiver →Philostrat (vita Apoll. 2, 37) und die →Neuplatoniker, z.B. →Jamblich (myst. 3, 2) und →Synesios (Insomn.). Der Erklärung der T. kommt bes. Bedeutung zu, da sie als gottgesandt gelten, neben zufälligen bes. erbetene (→Inkubation), später auch mit magischen Mitteln erzwungene (Pap. Mag. 7, 222ff., 250ff., 255ff., 359ff., 478ff.; 12, 145ff.; 4, 2441ff., 2623ff.; 13, 308ff.; 12, 107ff. u. ö.). C.J.C.

Lit: E.R. Dodds, The Greeks and the Irrational, 1951, 102–134 (Lit).

[2] Erbetene, d.h. bes. durch →Inkubation (vor allem in den Heiligtümern der heilenden Götter: →Aesculapius, →Isis, →Serapis) herbeigeführte T. gehörten nicht ursprünglich zum *röm. Kult.* – Um andere, ‹spontan› erschienene T. zu verstehen, zog man einen Seher zu Rat (coniector); dieser konnte in der griech. Fachliteratur (erhalten ist: →Artemidoros v. Ephesos) Aufschluß finden. Zuerst prüfte er, ob der Traum wirklich bedeutsam war; wenn ja, stellte sich die Frage, ob das zukünftige Ereignis unmittelbar oder allegorisch offenbart wurde. Im letzteren Fall suchte der Seher Präzedenzfälle, er stellte symbolische Beziehungen her zwischen dem Zeichen und dem Bezeichneten, zog die Persönlichkeit des Träumenden sowie die besonderen Umstände in Betracht und gab endlich seine Deutung bekannt. Zahlreiche Inschriften der Kaiserzeit berichten von →Weihgaben, die in Befolgung eines im Traum empfangenen göttlichen Befehls dargebracht worden sind. Sogar gebildete Männer maßen ihren Träumen Bedeutung bei: →Plinius d.J. (epist. 1, 18), antwortet mit dem größten Ernst auf eine Bitte um Rat →Suetons, den ein Traum beunruhigt hatte. In den Verzeichnissen der offiziell für den Staat zur Kenntnis genommenen Prodigia fehlen die T. jedoch fast vollständig. Einflußreiche, aber für die T.deutung ganz auf griech. Quellen beruhende Diskussion des Problems bei →Cicero (div.). H. Le B.

Tragikomödie, Drama, das durch eine Mischung von tragisch-ernster Problematik und komisch-scherzhafter Leichtigkeit bestimmt ist und in dem, eben dadurch, die tragische Wirkung primär durch das Komische erzielt wird, vgl. die auf die Neue → Komödie vorausweisenden Anagnorisisdramen im Spätwerk des → Euripides (Iph. Taur., Hel., Ion). E.-R. Sch.

Tragödie

A. GRIECHISCH: [1] Vorgeschichte und Entwicklung – [2] Die Dichter – [3] Aufbau und Formelemente – [4] Antike Theorie der Tragödie – [5] Menschenbild der Tragödie – [6] Überlieferung – B. RÖMISCH: [1] Allgemeines – [2] Verhältnis zur griech. T. – [3] Sprache und Stil – [4] Aufführungstechnik – [5] Geschichte bis Accius – [6] Nach Accius – [7] Ende der röm. T. – [8] Wirkungsgeschichte – Vgl. → Theater, → Poetik.

A. GRIECH. T.: [1] *Vorgeschichte und Entwicklung.* Die nur spärlich überlieferten Nachrichten über die Anfänge der griech. T. führen zunächst in die Peloponnes. Dort soll → Arion aus Methymna um 600 v. Chr. am Hof des → Periander von Korinth einem geschulten Chor Dithyramben- und Satyrdichtung eingeübt und daneben als drittes die tragische Dichtweise gepflegt, also als ihr Erfinder die erste T. aufgeführt haben. Was man sich unter dieser T. vorzustellen hat, ist bis heute trotz mannigfacher Hypothesen ebensowenig überzeugend geklärt wie die Herkunft und Bedeutung des Namens ‹T.› selbst (τραγῳδία = Gesang der als Böcke verkleideten Sänger): auch das wichtigste Zeugnis über die Entwicklung der T., das des → Aristoteles (poet. 4. 1449 a9–31), kann nicht in allen Punkten anerkannt werden. Bei dem auch für ihn nur in geringem Umfang vorliegenden historischen Material war er zu hypothetischer Rekonstruktion gezwungen, diese aber – nicht historischem, sondern systematischem Anliegen entsprungen und so schon immer von der am Ende stehenden Definition der T. (poet. 6. 1449 b24–28) im voraus bestimmt – ist von falschen Interpretationen der vorliegenden Daten nicht frei geblieben. Der von Aristoteles in Hinblick auf die Redeweise (λέξις) angenommene Ursprung der T. aus dem Satyrhaften (ἐκ τοῦ σατυρικοῦ) kann heute nicht mehr akzeptiert werden. Damit aber wird auch die in der Neuzeit noch am ehesten anerkannte Hypothese hinfällig, nach der die T. aus einem von → Satyrn aufgeführten → Dithyrambos durch Ernstwerden der Thematik, also Übernahme der Heroensage als inhaltlicher Grundlage, entstanden sein soll. Anerkannt werden kann hingegen Aristoteles' These vom Hervorgehen der T. aus dem Dithyrambos, dem chorischen Kultlied auf Dionysos. Wie der entwickelte Dithyrambos hatte die T., als Dichtung zu Ehren des Dionysos, von Beginn an den Heroenmythos zum Inhalt und war damit immer ‹ernste› Dichtung gewesen. Am Anfang wird sie rein chorisch gewesen sein: nicht lange nach 600 hat es auch in Sikyon, also unweit von Arions Wirkungsstätte Korinth, tragische Chöre gegeben (Hdt. 5, 67). Die entscheidende Umformung jedoch erfuhr die T., als sie, wohl in der 2. H. des 6. Jh.s unter → Peisistratos (2) von der Peloponnes nach Athen gelangte. Wahrscheinlich erst hier wurde der 1. Schauspieler eingeführt und damit die Möglichkeit für den Dialog geschaffen, also die Grundvoraussetzung des dramatischen Spiels konstituiert. Dieser 1. Schauspieler sprach in jambischen bzw. trochäischen Maßen und wird als Antworter (→ ὑποκριτής) anfangs dem Chor lediglich ein Geschehen berichtet (→ Botenbericht), ihn dadurch zu Frage und Reflexion über das Berichtete veranlaßt und ihm schließlich die aufgeworfenen Fragen beantwortet und das erzählte Geschehen gedeutet haben. Daß sich der 1. Schauspieler aus dem Vorsänger des Dithyrambos entwickelt hat (so Aristoteles), wird kaum richtig sein. Wahrscheinlich hat ihn die schöpferische Hand eines bestimmten Dichters von außen an den Chor herangeführt. Vielleicht war es → Thespis. Gesichert ist jedoch auch das keineswegs. Der zweite entscheidende Schritt auf die uns überlieferte Form der T. hin geschah durch → Aischylos. Er führte den 2. Schauspieler ein und ermöglichte so den Dialog zwischen 2 vom Chor getrennt agierenden Personen. Den dritten vollzog dann Sophokles, indem er noch einen 3. Schauspieler hinzufügte. Damit aber war die Entwicklung abgeschlossen, die von der rein chorischen Darstellung zu einem immer ‹dramatischeren› Spiel geführt hatte. Die T. hatte die Form gefunden, in der sie bis zu ihrem Ende fortbestehen sollte.

[2] *Die Dichter.* Die Namen, durch die die griechische T. bezeichnet ist, sind die der drei großen Tragiker → *Aischylos* (525/4–456/5), → *Sophokles* (497/6–406/5) und → *Euripides* (485/4–407/6). Von den Tragikern vor Aischylos ist namentlich nur Thepsis bekannt. 536/2 hat er in Athen an den großen Dionysien eine Tragödie aufgeführt, und zwar im Agon mit anderen Dichtern, die unbekannt sind. Nur um weniges älter als Aischylos, bezeichnen → Choirilos (1), → Pratinas und → Phrynichos (2) für uns das Frühstadium der T., das mit dem jungen Aischylos seinen Abschluß fand. Von den ‹kleineren Tragikern› (tragici minores) der Folgezeit sind die bekanntesten → *Agathon* und → *Ion v. Chios.* Keiner von ihnen erreichte auch nur annähernd die Bedeutung der 3 großen. Die *Aufführungen* der T. fanden an den Großen → Dionysien in Athen statt. Jeweils nur drei Dichter durften im Kampf um den Sieg auftreten. In der Regel hatte jeder von ihnen eine → Tetralogie zur Aufführung zu bringen. Der Autor der besten Tetralogie erhielt den Preis.

[3] *Aufbau und Formelemente.* Bei der Abfassung der T.n hatten sich die Dichter ganz bestimmten Baugesetzen zu unterwerfen: jede T. war aus genau festgelegten Teilen zusammengesetzt, von denen jeder nach Form und Funktion einer eigenen Gesetzmäßigkeit gehorchte. Der Reihenfolge nach sind es → Prolog, → Parodos, → Epeisodion, → Stasimon, → Exodos. Während Prolog, Parodos und Exodos, als Rahmen, je nur einmal in jeder T. vorkommen, folgen Epeisodion und Stasimon mehrere Male aufeinander. Zahl und Länge sind bei ihnen ins Belieben des Dichters gestellt. Eine ungefähre Grenze ist nur der für eine T. allgemein übliche Umfang von durchschnittlich etwa 1400 Versen. Aufs Ganze gesehen baut sich jede T. aus einer durch die genannten Teile geregelten Abfolge von gesungenen Partien des Chores und jambischen bzw. trochäischen Sprechpartien der Schauspieler auf. Die Form der Chorpartien ist das reine Chorlied, die der Sprechpartien der → Dialog, bestehend aus → Rhesis und → Stichomythie. Sonderform der Rhesis allgemein ist der → Monolog. Die Schauspieler haben zwar primär Sprechrollen, können aber gelegentlich auch in lyrischen Maßen singen, und zwar entweder im Wechsel mit dem Chor (Sonderform → Kommos) oder im Wechsel miteinander. Alle Arten des Wechselgesangs bezeichnet man als → Amoibaion. Sonderform des Schauspielergesangs allgemein ist die → Monodie.

[4] Die *antike Theorie* über Wesen und Wirkung der T. (→ Poetik) ist für uns in erster Linie durch die Ausführungen bezeichnet, die Aristoteles in der Poetik macht. Nach seiner Definition (poet. 6. 1449 b24–28) ist die T. die Nachahmung einer ernsten (mythischer Stoff), in sich abgeschlossenen Handlung von ganz bestimmtem Umfang; sie wird vorgetragen in angenehm gestalteter Rede unter gesonderter Verwendung jeder bei dieser Redeweise möglichen Form in den einzelnen Teilen, und zwar nicht, indem etwas berichtet wird, sondern indem Schauspieler handeln; was sie als Wirkung in dem Zuschauer hervorruft, sind die Affekte des Schauders und Jammers (→ Eleos). Diese Wirkung aber erreicht der Dichter dadurch, daß er Handlungen darstellt, in denen Menschen, mit welchen sich der Zuschauer identifizieren kann, entweder durch eine eigene → Hamartia oder aber wenigstens unschuldig in Leiden und Unglück geraten. Was die so erregten Affekte des Schauders und Jammers dann ihrerseits wieder bewirken, ist die → Katharsis, die mit Lust empfundene Befreiung von eben diesen Affekten.

[5] *Menschenbild der Tragödie.* Die Frage nach dem Bild des Menschen in der T. ist immer auch die nach seinem Verhältnis zu den Göttern: Trotz aller Verschiedenheit ist den drei Tragikern gemeinsam, daß ihre Sicht des Menschen religiös bestimmt ist. Bei Aischylos ist der Mensch in die von den Göttern gesetzte Ordnung fest eingefügt und damit letztlich in einem sich als sinnvoll erweisenden Kosmos geborgen. Er gerät zwar durch sein Handeln in schuldhafte Verstrickung und tiefes Leid, kommt aber durch eben dieses Leiden zur Erkenntnis eines in aller Verschuldung und allem Leiden waltenden Sinns: des alles regierenden Gesetzes der → Dike, der Gerechtigkeit des höchsten Gottes, des Zeus (Aischyl. Ag. 160ff., 177 *πάθει μάθος*). Bei Sophokles ist der Mensch von den Göttern entfernt und steht ihnen, gleichsam in eigenem Bereich, gegenüber. Dem Schein verfallen stürzt er, von jeder Schuld frei, in gott- oder menschgefügtes Leid und wird vernichtet, bisweilen aber auch nach allem Leiden gnädig erlöst. Auch er erkennt am Ende die Wahrheit, doch diese Erkenntnis ist Einsicht in das ‹Was› des Geschehens, nicht in das ‹Warum›. Einen genau bestimmbaren Sinn seines Leidens sieht der Mensch also nicht. Dennoch aber akzeptiert er – typisch sophokleisch – das Geschehene gläubig als göttliche Schikkung (Soph. Trach. 1278). Bei Euripides ist der Mensch, von den Göttern verlassen, völlig auf sich gestellt und allein. Auch für ihn existieren zwar die Götter als wirkende und in den menschlichen Bereich eingreifende Mächte durchaus, aber eine Kommunikation mit ihnen, sei es durch Einsicht in eine sich als sinnvoll erweisende göttliche Ordnung, sei es durch gläubiges Hinnehmen göttlichen Wirkens, ist nicht mehr möglich: Das Handeln der Götter ist unverständlich geworden, der Mensch kann es nur noch als wirres Spiel der → Tyche begreifen. Damit aber befindet er sich in einer Welt voller Antinomien und ist, gebrochen und ratlos, mit seinem Handeln und Leiden allein. Lösende Hilfe gibt es höchstens noch durch den anderen Menschen, also durch die Menschlichkeit, das Humane.

[6] *Überlieferung.* Wie für große Teile der sonstigen griech. Literatur ist auch für die Tragikerüberlieferung Alexandria die entscheidende Station gewesen (→ Überlieferung; H. Erbse a. O. 221ff.). Es ist sicher, daß unsere Ausgaben auf Editionen fußen, die die alexandrinischen Philologen, bes. → Aristophanes v. Byzanz, im 3. Jh. v. Chr. erstellt haben. Diese wiederum haben sich nach durchaus glaubhaften Nachrichten bei ihren Ausgaben auf das sog. Staatsexemplar gestützt, in dem der Rhetor → Lykurg (3) um 330 v. Chr. in Athen alle Tragödien der drei großen Tragiker zusammenfassen ließ, um den immer häufigern, bes. von Schauspielern vorgenommenen Änderungen der Texte Einhalt zu gebieten. Damit kommen wir in der Überlieferung der Tragiker in relativ große Nähe der Originale. Daß uns in den je 7 mit Scholien überlieferten Stücken des Aischylos und Sophokles und in den 10 kommentierten des Euripides (die Bakchen mitgerechnet, zu den 9 scholienlosen vgl. → Euripides) eine bereits in der Antike vorgenommene Auswahl aus dem Werk jedes der drei Tragiker vorliegt, ist allgemein anerkannt. Umstritten ist jedoch der Zeitpunkt ihrer Entstehung. Nach der meist akzeptierten These wurde sie im 2. Jh. n. Chr. angefertigt. – Die alexandrinischen Gesamteditionen sind in der Folgezeit häufig abgeschrieben worden. In der Kaiserzeit wurden die Tragiker, bes. von → Didymos (1), weiter kommentiert, bzw. die alten Kommentare neu überarbeitet. Die mit Scholien überlieferten Stücke, die antike Auswahl, haben sich auch in der darauffolgenden Zeit erhalten und sind durch die sog. dunklen Jahrhunderte (650–850 n. Chr.) in die byzantin. Zeit hinübergerettet worden, die übrigen Teile der Werke gingen verloren. Die Gelehrten der Photioszeit (9. Jh.) schufen eine neue Edition, bei der sie sich auf mehrere Abschriften der Auswahl gestützt haben werden. Der von ihnen in Minuskeln umgeschriebene Tragikertext bildete dann den spätbyzantin. Philologen (13. Jh.) bei ihrer erneuten Arbeit an den Tragikern die entscheidende Grundlage. Er gilt heute als der Archetypus der teils schon im 11. Jh., teils erst von diesen Gelehrten angefertigten, also aller uns mit Scholien überlieferter Handschriften. E.-R. Sch.

Lit: U. v. Wilamowitz, Einleitung in die griech. T., 1889 (Neudr. 1959) – E. Howald, Die griech. T., 1930 – M. Pohlenz, Die griech. T., 2 Bde (1930), 1954² – A. Lesky, Die trag. Dichtung der Hellenen, 1956 – Ders., Die griech. T. (1938), 1958² – H. D. F. Kitto, Greek Tragedy. A Literary Study (1939), 1961³ – *Zu* [1]: H. Patzer, Die Anfänge der griech. T., 1962 – Weitere Lit. unter den entsprechenden Stichworten – *Zu* [6]: H. Erbse, Überlieferungsgesch. der griech. klass. und hellenist. Literatur, in: Gesch. der Textüberlieferung I, 1961, passim (Lit) – G. Zuntz, An inquiry to the transmission of the plays of Euripides, 1965.

B. Römische Tragödie. [1] *Allgemeines.* Seit 240 v. Chr. wurden in Rom T.n in lat. Sprache als ludi Graeci an allen größeren öffentlichen Festen (→ Spiele), gelegentlich bei Triumph-, Leichen-, Dedikations- und Inauguralspielen aufgeführt. Daneben gab es die ludi Latini mit Aufführungen von → Praetexten, → Togaten und anderen lat. Originalstücken. Die Organisation besorgten die Ädilen in ihrer Eigenschaft als curatores ludorum sollemnium (Cic. leg. 3, 7). Als Teil der ludi publici gehören die ludi scaenici und mit ihnen die röm. T. zum öffentlichen Kultus, also zur Staatsreligion. – *Ort der Aufführung* waren zunächst die Plätze vor den Tempeln der jeweils gefeierten Götter, später hölzerne und seit dem Theater des → Pompeius (2; 55 v. Chr.) steinerne Bauten, die architektonisch immer auf Heiligtümer bezogen blieben (→ Theater B 4). – Von den Tempeln zogen in der pompa theatralis die Veranstalter, Schauspieler und die Symbole der Götter in das Theater (ad scaenam a templis et aris, Tert. spect. 10). Nach einem Opfer begannen die Spiele. – Von einem → *Agon* der Dichter ist nichts Sicheres bekannt, Schauspieler und Direktoren bekamen Preise. Die Anzahl der jeweils aufgeführten Stücke ist ebenfalls unbekannt; seit sullanischer Zeit folgt nach Art des griech. → Satyrspiels auf die T. eine → Atellane, später ein → Mimus. Seit etwa 170 v. Chr. wurde, wiederum nach griech. Vorbild, eine Scheidung von ‹alten› (vetus, antiqua) und ‹neuen› (nova) Stücken eingeführt, was die staatliche Anerkennung einer als klassisch gewerteten lat. Dramenliteratur einzuschließen scheint. – Seit Caesars Tod umfaßten die sechs Jahresfeste 59 Tage, von denen ca. 42 für Bühnenspiele bestimmt waren; im Kalender des Furius Dionysius Philocalus (354 n. Chr.) sind 102 von 176 Spieltagen für ludi scaenici bestimmt. – Aus dem Spielplan, dem Ausmaß der T.n → Parodie bei den Komikern, den Tragikerzitaten sogar in den Reden Ciceros sowie aus der Tatsache, daß Cicero, Horaz (z. B. epist. 2, 1, 164ff.) und Quintilian (10, 1, 97–100) die röm. T. über die Komödie stellen, läßt sich die Bedeutung der röm. T. einigermaßen erschließen. Um so empfindlicher ist der Verlust der gesamten alten T. für die lat. Literaturgeschichte. Vollständig erhalten ist nur das Corpus der unter → Senecas Namen gehenden T.n. Die alte T. ist uns nur aus Zitaten vor allem Ciceros, der Grammatiker und Kirchenväter kenntlich (etwa 2000 Verse). Wir wissen von etwa 140 T.n nach griech. Vorlagen und 15 Praetexten. Die Sammlung und Kommentierung der Fragmente und Zeugnisse und die Rekonstruktion der Stücke sind noch nicht abgeschlossen; ihr Verhältnis zu den griech. Originalen und ihre Wirkung in der röm. Kultur und Literatur nur ungenügend erforscht.

[2] *Verhältnis zur griech. Tragödie.* Die vorliterarischen dramatischen Darbietungen der Römer (etruskische Mimen, versus → Fescennini, die sog. dramatische Satura, → Atellanen) stehen mit der röm. T. wohl nur durch die Konstruktionen der röm. Philologen (Analogie zur Entstehung der griech. T. bei Aristot. poet. 1449a) in direktem genetischem Zusammenhang (vgl. Liv. 7, 2); in Wirklichkeit setzte die röm. T. die Tradition des hellenistischen

Theaters fort. Die Einführung der T., die nur auf Senatsbeschluß möglich war, ist deshalb als wichtige kulturpolitische Entscheidung anzusehen. Der unmittelbare Anschluß an die hellenistische Kultur, die durch das Theater breite Schichten erreichen konnte, wurde sozusagen offiziell anerkannt. Dadurch wird das Jahr nach dem Friedensschluß mit Karthago (240 v. Chr.) zum Epochenjahr der röm. Literaturgeschichte. – Im Repertoire und wahrscheinlich auch in Sprache und Stil der röm. T. spiegelt sich die hellenistische wider. Bestimmend für beide ist in Metrik, Sprache und dramatischer Technik der Einfluß des →Euripides; er prägt die röm. T. selbst da, wo ein anderer Klassiker Vorlage ist. Sein Pathos und moralischer Gehalt, sein Rationalismus und die Tendenz zum ‹Trauerspiel› gewannen ihm auch die röm. Bühne. Er ist in den kenntlichen altröm. T.n ca. 25mal imitiert (Sophokles 20mal, Aischylos 5mal). Die Nachahmung hellenistischer Stücke (z. B. →Livius (2) Andronicus, Aegisthus; →Ennius, Achilles Aristarchi; →Accius, Stasiastae) ist selten; doch kann man für einige Stücke hellenistische Bühnenbearbeitungen wahrscheinlich machen. Ein Klassizismus der alten T. (fälschlich erschlossen aus Cic. ac. 1, 10) läßt sich schwerlich beweisen. – Die Bevorzugung des troischen Sagenkreises (ca. 30 Titel gegenüber 15 aus der Pelopiden-, 5 aus der Bakchossage) nimmt Rücksicht auf das Publikum, das von den Trojanern abzustammen glaubte; doch läßt sich eine Diskriminierung der Griechen nicht erkennen. – Wie auf anderen Gebieten der röm. Literatur stellt sich bei der T. die Frage nach ihrer ‹*Originalität*›. Wo der Vergleich möglich ist, zeigt sich, daß der Gang der Handlung nicht stark angetastet wurde, die von den Komikern geübte →Kontamination also nur selten stattfand. Änderung des Personals jedoch (z. B. ein Soldaten- statt eines Frauenchores in Ennius' Iphigenia), Vermehrung der Rollen, Ersetzung eines Botenberichts durch Handlung auf der Bühne (z. B. Accius' Antigona) waren übliche Formen der Umsetzung. Der Ortswechsel, der in der griech. T. gern vermieden ist, wurde nicht gescheut. In späterer Zeit wenigstens haben die reiche Gliederung und Ausstattung der röm. Bühne (Vorhänge, Bühnenmalerei, drehbare Kulissen usw.; →Theater C 3) den Ortswechsel eher begünstigt. Von einer →Übersetzung im modernen Sinne kann fast nirgends die Rede sein (trotz scheinbar anders lautender Aussagen, z. B. Cic. fin. 1, 4: *ad verbum de Graecis expressas*). Vielmehr zeigt sich überall in Komprimierung, Amplifikation oder Kontamination griech. Motive ein Formwille, der – meist zur Pathossteigerung – die Klang- und Stilmittel der eigenen Sprache souverän einsetzt: *non verba sed vim Graecorum expresserunt poetarum* (Cic. ac. 1, 10; vgl. Ennius' Medea 205 ff. R. mit Euripides' Medea 1 ff.).

[3] *Sprache und Stil* der röm. T. scheinen so einheitlich, daß im Verlauf der Geschichte keine Entwicklung erkennbar ist; doch täuscht uns hierin wohl die Art der Überlieferung. Auch innerhalb der einzelnen T.n vermissen wir jene reiche sprachliche Differenzierung von Stilschichten, wie sie die röm. Komödie auszeichnet; die Langverse der T. (trochäische →Septenare und →Oktonare) unterscheiden sich z. B. stilistisch nicht von den Kurzversen (→Senaren). Die T. zeigt eine anscheinend durchgängige Hochstilisierung, die die Alten als sermo altus, sublimis, acer, grandis, sonorus empfanden. Alliteration, Homoioteleuton, figurae etymologicae, Wortdoppelung und Synonymenhäufung sind durch das παρατραγῳδεῖν des *tragicus tumor* bei Komikern und Satirikern (→Lucilius, →Persius) als spezifisch tragische Stilmittel gesichert. Die genannten Stilistika, dazu dreigliedrigen Chiasmus und wachsende Glieder zeigt Pacuvius 276 R.: *lapit* (versteint) *cor cura, aerumna corpus conficit*. Den üppigen Klangmitteln entsprechen im lexikalischen Bereich pompöse Ableitungen (bes. beliebt Ableitungen auf -bilis: luctificabilis; und -tudo: laetitudo), Neubildungen und kühne Metaphern: *Nerei repandirostrum incurvicervicum pecus* (Pac. 408 R., ‹des Nereus krummrüßliges, bogennackiges Getier›; gemeint sind Delphine). In der Syntax des tragischen Stils zeigt sich eine Neigung zu substantivischen Konstruktionen. Der Eindruck eines Nominalstiles wird verstärkt durch die Fülle der Abstrakta, die nicht selten sogar an Subjektsstelle stehen. Der harte, lapidare Ton der tragischen Sprache der Römer hängt mit dieser nominalen Ausdrucksweise zusammen.

[4] *Aufführungstechnik*. Im Gegensatz zur Komödie hat die röm. T. den vermutlich nur auf der Bühne, nicht auch in der Orchestra agierenden →Chor immer beibehalten. Seine Funktion (Teilung der 5 Akte, Eingreifen in die Handlung, Interpretation des Geschehens: vgl. Hor. ars 194 ff.) und Vortragsweise (Sprechchor oder Gesang? Chorführer allein? mit Tanz?) sind schwer zu bestimmen; Doppelchöre sind z. B. für Pacuvius (Antiopa) und Accius (Antigona) zu erschließen. Durch die (wahrscheinliche) Zurückdrängung des Chores wurde jedoch der musikalische Charakter der röm. T. nicht beeinträchtigt. Vielmehr wurde durch Umsetzung von Sprechpartien der griech. Originale in Rezitativ- oder Gesangspartien (Soloarien, Duette, Terzette, → Canticum) das melodramatische Element gesteigert. Man besuchte Tragödienaufführungen auch der →Musik wegen; es gab Kenner, die die Antiopa des Pacuvius von der Andromacha des Ennius an den ersten Flötentönen zu unterscheiden wußten (Cic. ac. 2, 20). Die Musik, das Pathos und die Rhetorik der Sprache, die prächtige Ausstattung (Cic. fam. 7, 1, 2) verleihen der röm. T. einen barocken, opernhaften Zug. Beachtet man noch die mimische Virtuosität, die schon von den Schauspielern der republik. Zeit verlangt wurde (Arbeitsteilung zwischen Schauspieler und Sänger; der gestus scaenicus mußte mit den einzelnen Worten übereinstimmen; die tragische Maske wurde erst zur Zeit des →Roscius eingeführt; die Bühne war näher am Zuschauerraum als im griech. Theater), wird man die Entwicklung der röm. T. zum lyrischen Einzelgesang (tragoediam cantare) und Pantomimus (tragoediam saltare) schon in ihren Anfängen angelegt finden.

[5] An den ludi Romani 240 v. Chr. führte →Livius (2) Andronicus als erster in Rom eine T. auf; der Dichter soll dabei selbst aufgetreten sein, was angesichts der Vielseitigkeit der röm. Tragiker nicht unmöglich scheint. Livius war Grieche aus der Theaterstadt Tarent und wird die dramatische Literatur und Aufführungstechnik einer hellenistischen Bühne aus eigener Erfahrung gekannt haben. Ob in den Stücken des Livius bereits jene Tendenz zum Grauenhaften und Monströsen (Ino: Wahnsinn und Kindermord; Tereus: Schändung, Kindermord und Anthropophagie) sichtbar ist, die auch noch in den T.n Senecas unser Entsetzen erregen will, ist unsicher. →Naevius scheint in seinem Equus Troianus und der Danaë mit den gleichnamigen T.n des Livius zu konkurrieren. Der freigeborene Kampaner, der als erster im Stil des Heldenepos Zeitgeschichte besang, ist mit den Stücken Clastidium, Lupus, Romulus auch der Schöpfer des röm. Historiendramas (→Praetexta). Mag es auch griech. Dramen historischen Inhalts (Aischylos' Perser; →Ezechiels Exagoge) gegeben, mag Naevius den mythologischen T.n Szenentypen u. ä. entlehnt haben, man wird sein Unternehmen als Zeichen für die Selbständigkeit der röm. Dramatiker werten dürfen. Der Versuch wurde dadurch erleichtert, daß den Alten der Mythos Geschichte war und auch in den mythologischen T.n der Römer nicht ‹Tragik›, sondern z. B. menschliche Größe im Unglück (‹Rührstück›) oder Verbrechen (‹Tyrannendrama›) dargestellt wurde. – Die T.n des Livius und Naevius wurden durch die der drei Klassiker, →Ennius, →Pacuvius, →Accius, fast völlig verdrängt. Obschon Cicero die Verschiedenheit dieser drei Tragiker behauptet (De or. 3, 27), ist uns eine differenzierende Beschreibung ihres Kunst nicht möglich. – Mit Ennius erreicht der Einfluß der Euripides auf der röm. Bühne einen Höhepunkt; in drei

Fällen ist die Vorlage erhalten (Hecuba, Iphigenia, Medea exul). Der Vergleich zeigt Selbständigkeit und Eigenart des röm. Dichters, der das ‹Klassische› seiner Vorlage durch ‹barocke› Effekte umformt. – Im Gegensatz zur Euripidesimitation seines Oheims Ennius wählt Pacuvius entlegene Stoffe. Gelehrsamkeit, Sentenzenreichtum, sprachliche Kraft, schaurige und verwickelte Handlung (berühmt und berüchtigt die Antiopa) waren wider unser Erwarten populär und wurden noch in der Kaiserzeit geschätzt. – Accius ist mit ca. 50 Titeln der fruchtbarste Tragiker Roms. Die Alten bewunderten sein tragisches Temperament (Vell. 2, 9, 2), die dramatische Kraft (Quint. inst. 10, 1, 97), die Höhe des Stils (Hor. epist. 2, 1, 56).

[6] *Nach Accius* werden die Nachrichten über die röm. T. spärlich. In der klassischen Literatur spielt sie eine untergeordnete Rolle. Es sind fast nur unbedeutende Namen, nichtssagende Titel oder allgemeine Kunsturteile bekannt. → Atilius (1) übersetzte die Elektra des Sophokles; C. Julius Caesar (Strabo) und C. → Titius (2) waren Redner und Tragödiendichter; Q. Tullius → Cicero verfaßte sechs dramatische Versuche, vornehmlich nach Sophokles; C. Julius → Caesar wagte sich als erster Römer an den Ödipusstoff (Suet. Caes. 56, 7); Augustus → versuchte sich an einem Aias (Suet. Aug. 85, 2); über die Tragödiendichtung des → Asinius (2) Pollio, → Cassius (10) Parmensis, Mamercus → Aemilius (16) Scaurus u. a. ist wenig bekannt. Die letzte bezeugte Aufführung einer neuen T. (29 v. Chr. bei den Triumphspielen Octavians) ist der Thyestes des L. → Varius Rufus, ein den griech. Vorbildern ebenbürtiges Meisterwerk (Quint. inst. 10, 1, 98), neben dem oft die Medea → Ovids rühmend genannt wird (Tac. dial. 12, 6). Für die Stücke des → Pomponius (7) Secundus und → Senecas ist die Aufführung nicht bewiesen. Gegen die Aufführbarkeit der T.n Senecas lassen sich jedoch weder aus dem philosophischen Inhalt oder dem starken Einfluß der Rhetorik – beides schon Wesenselemente der alten röm. T.! – noch aus der dramatischen Technik (Monstrositäten auf der Bühne; Bezeichnung der Auftritte und Abgänge; Fehlen der ‹Handlung›) durchschlagende Schlüsse ziehen. Man konnte sogar umgekehrt versuchen, die Bühnenwirksamkeit dieser T.n zu beweisen (L. Herrmann, M. Hadas, M. Bieber). Daß kaiserzeitliche Tragiker sich gegen ihren Willen auf → Rezitationen beschränkt sahen (→ Curiatius Maternus), weil das Publikum tragische Einzelgesänge, Pantomimen o. ä. vorzog, ist wahrscheinlich (K. Ziegler). Der Begriff ‹Lesedrama› (→ Chairemon, 1) ist jedenfalls mit Vorsicht zu gebrauchen.

[7] Das gängige Schema vom *Ende der röm. Tragödie* durch den Zerfall in → Pantomimus, Deklamation und Lesedrama scheint den historischen Prozeß zu sehr zu vereinfachen. Einmal ist → Deklamation berühmter Tragödienpartien schon in hellenist. Zeit üblich; auch die Zunahme derartiger Aufführungen (vgl. Suet. Nero 21) kann nicht direkt mit einem Verfall der röm. T. in Zusammenhang gebracht werden. Zum anderen läßt sich der Pantomimus, die getanzte T., als letzte Stufe einer allmählichen Umwandlung der antiken T. verstehen; Musik (Chor und Orchester im modernen Sinne!) und Tanz werden wichtiger als das Wort und die dramatische Handlung. Der Stoffbereich des Pantomimus aber, die griech. Mythologie, deckt sich weitgehend mit dem der T. Endlich muß man bedenken, daß das Ende der röm. T. zugleich das Ende der antiken T. überhaupt ist; denn den röm. ebenbürtige T.n gab es bei den zeitgenössischen Griechen, wie es scheint, längst nicht mehr.

[8] *Wirkungsgeschichte.* Als tragisches Lied oder tragische Oper lebt die antike T. in glänzenden Aufführungen bis in die Spätantike. – Die Medea des → Hosidius Geta ist ein vereinzeltes Kuriosum. Wieweit daneben die Kenntnis der alten T. und Senecas ging, ist unbekannt, da weder die Wirkungsgeschichte der Tragiker noch die Theatergeschichte der Spätantike, z. B. die Vertrautheit der Kirchenväter mit dem antiken Theater, genügend untersucht sind. Für die Kirchenväter sind Circus (→ Spiele) und Theater die eigentlichen Pflegestätten der heidnischen Religiosität, der leidenschaftlich bekämpften ‹Theologie der Dichter›; dazu gehören die im Kult verankerte Aufführungspraxis der Spiele und bes. die Göttermythen der T. Von einer Profanität der röm. T., etwa im Gegensatz zum sakralen Charakter des griech. Dramas, kann also auch aus diesen Gründen keine Rede sein. Für die Tradierung der röm. T. war außer der Ablehnung durch die Christen die Tatsache entscheidend, daß im Gegensatz zu den röm. Komikern die Tragiker weder stilistische noch sittliche Vorbilder boten und deshalb nicht Schulautoren wurden. – So hat die röm. T. nur durch die T.n Senecas gewirkt; sein Einfluß auf die dramatische Literatur Europas ist kaum zu überschätzen. Die Frage jedoch, wieweit Seneca für die gesamte röm. T. repräsentativ ist, muß unbeantwortet bleiben, da seine Beziehungen zur alten T. nicht genügend aufgehellt sind. H. Cc.

Ed: O. Ribbeck, Tragicorum Romanorum Fragmenta (1852), 1871^2 (Nachdr. 1962) – A. Klotz, Scaenicorum Romanorum Fragmenta. Bd. 1: Tragicorum Fragmenta, 1953 – *Lit:* O. Ribbeck, Die röm. T. im Zeitalter der Republik, 1875 – F. Leo, Gesch. d. röm. Lit. I, 1913 (Nachdr. 1958) – H. Haffter, Unters. zur altlat. Dichtersprache, Problemata 10, 1934 – K. Ziegler, RE 6 A 2 (1937), 1981–2008 – E. Paratore, Storia del teatro latino, 1957 – J. A. Hanson, Roman Theater-Temples, 1959.

Tragödienparodie → Paratragodia.

Trajan (Marcus Ulpius Traianus), röm. Kaiser 98–117. Geb. am 18. 9. 53 in Italica (Spanien), steigt Trajan als bewährter Offizier in der senatorischen Ämterlaufbahn bis zum Konsulat 91 auf; während des Aufstandes des → Antonius (16) Saturninus führt er loyal ein spanisches Korps heran. Als Statthalter von Obergermanien 97 von → Nerva adoptiert. T. bleibt zunächst am Rhein und setzt auch nach Nervas Tod den Ausbau der Grenzverteidigung an Rhein und Donau fort. – Große *Offensiven* kennzeichnen die Regierung. 101 wird der Krieg gegen die → *Daker* wieder aufgenommen, 102 im Vorstoß über den Roten-Turm-Paß auf Sarmizegetusa → Decebalus zum Frieden gezwungen. Im 2. Dakerkrieg 105/106, für den → Apollodor (5) bei Drobetae eine steinerne Donaubrücke schuf, wird das Dakerreich endgültig zerschlagen, sein Territorium in die Provinz Dacia verwandelt (vgl. → Trajanssäule). Gleichzeitig kann das nabatäische → *Arabien* eingegliedert werden. In Africa sind die Anlage der Kolonie → Thamugadi und des Legionslagers Lambaesis die wichtigsten Maßnahmen. – Nach der Absetzung eines röm. Vasallenkönigs in Armenien eröffnet T. 114 den Krieg gegen die → *Parther.* Nacheinander fallen → Armenien, Nisibis, Singara, → Ktesiphon. 116 gelangt T. bis nach Charax am Persischen Golf. Doch ein seit 115 aufflammender jüd. Aufstand, der das Gebiet zwischen Alexandria und Cypern erfaßt, und parth. Gegenangriffe zwingen trotz der Terrormaßnahmen des → Lusius Quietus zum Abbruch der Offensive. Die Einsetzung des parth. Gegenkönigs Parthamaspates verschleiert nur die Liquidation der weitgespannten Pläne. Am 8. 8. 117 stirbt T. auf der Rückreise in Selinus in Kleinasien.

[2] *Innenpolitisch* sichert sich T. durch demonstrative Achtung des Senats, prachtvolle Spiele (nach dem 2. Dakerkrieg 123 Tage) und großzügige Spenden für das röm. Volk (107 pro Kopf 500 Denare). Der Zufluß des dakischen Goldes, der zugleich die röm. Währung festigt, erlaubt eine ausgedehnte *Bautätigkeit* (T.s-Forum, Markthallen: → Rom IV D 3. 5; Hafenausbau in → Ostia, → Centumcellae, → Ancona; Kanal Nil–Rotes Meer; Via Traiana Benevent–Brundisium, Donaustraße, Straße Kleinasien–Euphrat). Sie erfaßte auch die Städte der Provinzen, in denen freilich häufig kaiserliche curatores und die Statthalter eingreifen müssen. Wie die Briefe → Plinius' d. J. zeigen, wird immer häufiger, auch in Detailfragen, die Entscheidung dem Kaiser zugeschoben; die lokale Initiative schwindet. Um 112 → Christenverfolgung in Bithynien (Plin. epist. 10, 96f.).

TRAJAN UND HADRIAN

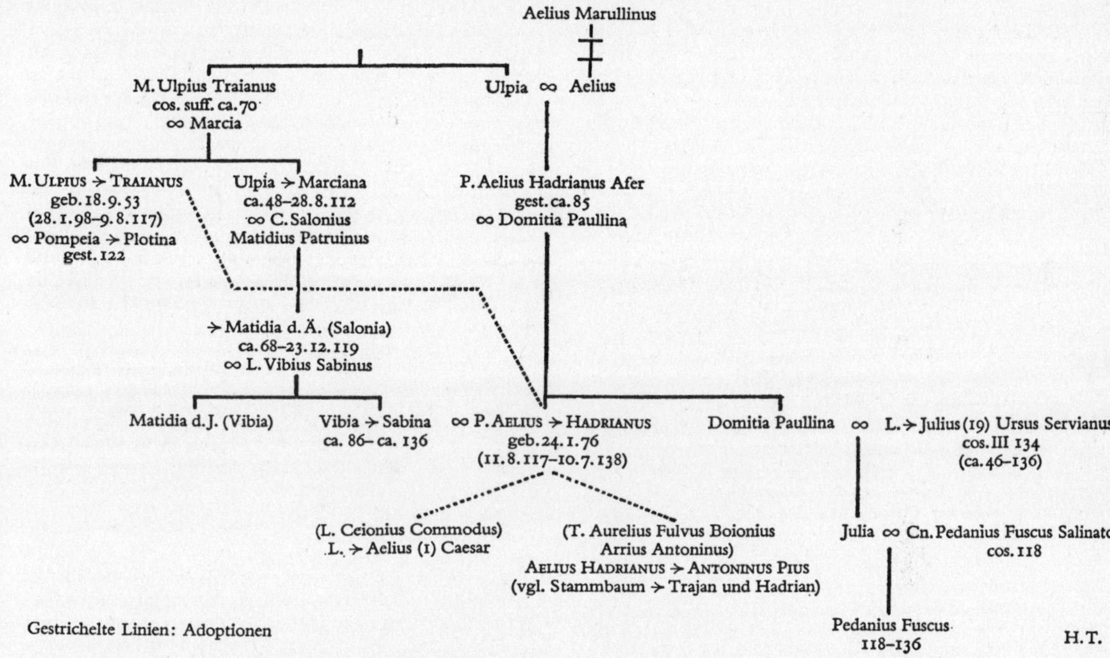

Gestrichelte Linien: Adoptionen H.T.

Neben einer umfassenden Fürsorge im Sinne universalistischer Wohlfahrtserwartungen vernachlässigt T. Italien nicht. Die unentgeltliche Getreideverteilung in der Hauptstadt wird erweitert, die sozialpolitischen Maßnahmen Nervas (→ alimenta) und die italische Binnenkolonisation fortgesetzt. Trotz der guten Verwaltung haben Kriege, Bauten und Spenden die Kräfte des Reichs überfordert, beim Tode T.s wird die Erschöpfung der Mittel klar.

[3] Als Angehöriger der ‹Elite aus den Kolonien› hat T. nach der schweren Krise des Prinzipats ein aufgeklärtes, ebenso maß- wie kraftvolles Kaisertum vorgelebt. Seine Siege und seine schlichte Art fanden allgemeine Anerkennung, die 114 in der Verleihung des Titels ‹optimus princeps› gipfelte. Nicht in den Formen, aber in der Sache wurden die absoluten und universalen Ansprüche von → Domitians Kaisertum weitergeführt. Doch kamen Leistung wie Zurückhaltung T.s selbst den Vorstellungen der → Kyniker (→ Dion Chrysostomos) und → Stoiker nahe, die als Aufgabe des Herrschers die Fürsorge für die Menschheit betonten und das Kaisertum so ethisch begründet sahen. K. Chr.

Q: Dio 68 – Plin. paneg.; epist. 10 – P. L. Strack, Unters. zur röm. Reichsprägung des 2. Jh.s, I, 1931 – L. Vidman, Fasti Ostienses, Rozpr. Česk. Ak. Věd. 67, 6, 1957 – *Lit:* R. Paribeni, Optimus Princeps, 2 Bde, 1926f. – W. Weber, Rom, Herrschertum und Reich im 2. Jh., 1937 – F. A. Lepper, T.s Parthian War, 1948 (dazu M. I. Henderson, JRS 39, 1949, 121–132) – W. H. Gross, Bildnisse T.s, 1940 – A. Passerini, Il regno di T., 1950 – R. Hanslik, RE Suppl. 10 (1965), 1032 bis 1102.

Traianopolis, Name mehrerer von Kaiser → Trajan gegründeter oder neugegründeter Städte im Osten, so bes. T. in Thrakien an Stelle des früheren Doriskos. Auch Selinus und Epiphaneia in Kilikien trugen zeitweilig den Namen Traianopolis.

Trajansbogen → Benevent.

Trajanssäule, auf dem Trajansforum (vgl. Abb. 67), 113 n. Chr. errichtet (H. mit Sockel 33 m). Enthielt Urne mit der Asche des Kaisers. Auf dem spiralförmig um die Säule gelegten Reliefband sind Feldzüge von 101/102 und 105/106 dargestellt, um die Tugenden des Kaisers zu exemplifizieren: so steigt er gleichsam zu der Unsterblichkeit auf, in der er in der verlorenen Statue auf der Säule dargestellt war. Klassizismus im Anschluß an hochklassische Malerei. Vgl. → Trajan. H. v. H. – K. Schf.

Q: CIL VI 960 – *Abb u. Lit:* K. Lehmann-Hartleben, Die T., 1926 – Schefold, O.H.R. 190 (zu Stil und Gehalt) – Nash I 283–286, Abb. 334–337.

Tralleis, Stadt in Karien im Tal des Mäander (Kt. 1152 H 5), geringe Reste beim heutigen Aydın. Zuerst bei → Xenophon (anab. 2, 4, 8) erwähnt, gehörte zur Satrapie des jüngeren → Kyros (2). 400 von → Thibron vergeblich belagert. Unter pers. Herrschaft, von → Alexander (5) d. Gr. eingenommen. Seit 313 → Antigonos I. Monophthalmos untertan, seit 301 dem → Lysimachos, seit 281 seleukidisch. Unter → Seleukos I. oder II. Namensänderung in Seleukeia. Nach dem Frieden von Apameia (188 v. Chr.) pergamenisch, seit 133 römisch. 27 v. Chr. Zerstörung durch ein Erdbeben, von → Augustus beim Wiederaufbau unterstützt. Umbenennung in Kaisareia. Aus T. stammen die Rhetoren Krates und → Asinius (2) Pollio, der Homererklärer Archimedes und → Phlegon. Hauptgott der Stadt war Zeus Larasios. E. M.

Lit: W. Ruge, RE 6A 2 (1937), 2093–2128.

Transfuga. Von Überläufern zum Feind und ihrer Rolle wird in der antiken Literatur häufig berichtet. Für einen röm. Bürger war das Überlaufen unter besonders schwere Strafen gestellt. Er verlor automatisch das → Bürgerrecht, schied aus seiner Familie aus und galt als vogelfrei; sein Vermögen wurde vom Staat konfisziert. Rechtsmittel dagegen gab es nicht. Wenn ein röm. T. wieder in die Hand seiner Landsleute fiel, hatte er mit der Hinrichtung zu rechnen. – In der patristischen Literatur wird T. auch für den zum Heidentum abgefallenen Christen gebraucht. K. F. Str.

Transpadaner werden in spätrepublikanischer Zeit die Völkerschaften im Gebiet zwischen Po und Alpen (Kt. 1420 AC 1/2) genannt (Catull. 39, 13; Cic. passim; Caes. civ. 3, 87; Liv. 1, 10), nachdem die Bewohner der Provinz → Gallia Cisalpina 90/88 v. Chr. südl. des Po Vollbürger geworden waren, die nördl. des Po aber nur → latin. Recht erhalten hatten. Aus diesem Volksnamen entsteht bei der Regioneneinteilung des Augustus die Bezeichnung der 11. Region Transpadana. B.A.

Lit: Nissen, I 160ff.

Transportmaschinen. Erst durch T. wurde ein Handel in größerem Umfange ermöglicht. Die leistungsfähigsten waren → Schiffe und → Wagen, zu denen für überschwere Lasten auf dem Lande der Schlitten trat. So wurden die

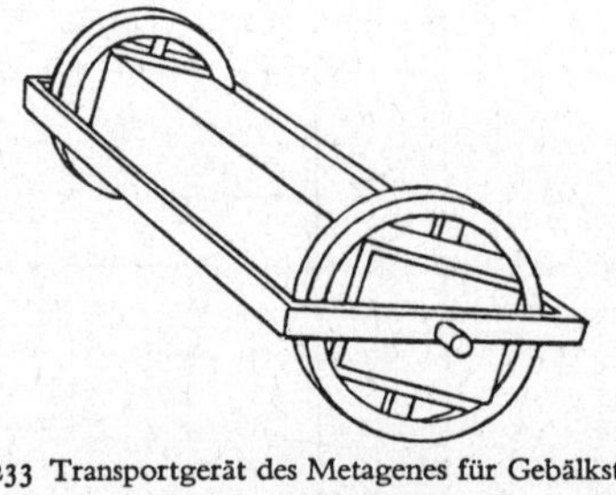

Abb. 233 Transportgerät des Metagenes für Gebälkstücke

tonnenschweren ägyptischen Statuen (auf angefeuchtetem Sand oder auf Rundhölzern) an Seilen von über hundert Menschen bewegt. In Ephesos spannte man Säulen (als Achsen) in einen Zugrahmen, während Gebälkstücke in breite Holzräder eingefügt wurden (vgl. Ath. Mech. 7). Um Arbeitsplätze zu erhalten, ließ → Vespasian die Weiterentwicklung von T. einstellen (Suet. Vesp. 18). W.K.

Q: Vitr. 10, 1, 5; 10, 2, 10ff.

Trapezus, Stadt an der Schwarzmeerküste Kleinasiens (Kt. 1565 I2; heute Trabzon). Kolonie von Sinope. 63 vor Chr. an → Deiotarus v. Galatien gefallen. Ende 1. Jh. n. Chr. ‹freie Stadt›. 257 Zerstörung durch die Goten. In der Spätantike Standort der Legio I Pontica. R.F.

Lit: W. Ruge, RE 6A (1937), 2214–21.

Trasimenus lacus (Kt. 1420 E4; Trasimenischer See), flacher, jedoch größter See (120 km²) der Apenninhalbinsel, zwischen Perusia und Cortona, berühmt durch die Schlacht, in der → Hannibal (2) 217 v. Chr. die röm. Truppen unter C. → Flaminius am schmalen NO-Ufer überfiel und in den See trieb (Liv. 22, 4ff.). B.A.

Lit: Nissen, I 298; II 319ff. – Kromayer-Veith, Antike Schlachtfelder, 1912, III 148ff. – Dies., Schlachtenatlas zur antiken Kriegsgeschichte, 1921, Röm. Abt., 1, Karte 4.

Trebatius Testa, C., röm. Jurist, geb. ca. 80 v. Chr., gest. etwa 4 n. Chr.; vermutlich aus samnitischem Geschlecht, gehörte er dem Ritterstande an, war mit Cicero befreundet und juristischer Berater Caesars; unter Augustus genoß er großes Ansehen. An Werken sind uns Bücher De iure civili und De religionibus bekannt; nach → Pomponius (1; Dig. 1, 2, 2, 45. 46) sind weitere vorhanden gewesen. H.Hb.

Lit: P. Krüger, Gesch. d. Quellen u. Lit. d. röm. Rechts (1888), 1912², 73–75 – P. Sonnet, C. Treb. Testa, Diss. Gießen, 1932 – W. Kunkel, Herkunft u. soz. Stellung d. röm. Juristen, 1952, 28 – L. Wenger, Die Quellen d. röm. Rechts, 1953, 485.

Trebius Niger, von → Plinius (1) d. Ä. (nat. 9, 89–93) für einen Abschnitt über Polypen zitiert. G.B.

Lit: F. Münzer, RE 6A2 (1937), 2272.

Trebonius, C. (tr. pl. 55, praet. 48, cos. suff. 45 v. Chr.). 55 lex Trebonia, nach der → Pompeius (2) Spanien und → Crassus Syrien auf je 5 Jahre erhielten. Danach Legat → Caesars. 49 Belagerung Massilias, 47/46 hatte er als Statthalter in Spanien Schwierigkeiten mit meuternden Truppen und Pompejanern. 44 unter den Caesarmördern (er hielt → Antonius (2) von der Sitzung ab). Als Prokonsul Asias erhob er 43 Einspruch gegen den Durchmarsch des P. → Cornelius (11) Dolabella; darauf ermordet. T. publizierte eine Sammlung von Ciceros Witzen. Chr.M.

Tremellius Scrofa, i.J. 70 einer der Richter im Prozeß gegen C. → Verres, später Prätor und Proprätor; bei Varro (1), De agricultura in den beiden ersten Büchern Dialogperson, als Fachmann für Landwirtschaft eingeführt. Daß T. selbst über Landwirtschaft geschrieben hat, geht aus Colum. 1, 1, 12 und 2, 1, 4 hervor. → Plinius (1) d. Ä. hat ihn benutzt. G.B.

Lit: Schanz-Hosius, I 603f. – Münzer, RE 6A2 (1937), 2287–89.

Treppen

A. Griechisch – B. Römisch.

A. Griechisch. [1] Im → *Stockwerkbau* seit kret. Zeit gebräuchlich (in kret. Palästen monumentale T.häuser mit Podest und zwei T.läufen; → Knossos, → Phaistos; vgl. → kret.-myk. Kultur A 1). In griech. Wohnhäusern meist einläufige Holz-T. (→ Olynth, → Delos) im Hof oder in schmalen T.schächten, breitere Stein-T. in → Säulenhallen an beiden Enden (Attalos-Stoa in → Athen). Bei einigen großgriech. → Tempeln führten in der verbreiterten Türwand verborgene zweiläufige, geknickte oder gewendelte T. auf den Dachboden (Athena-Tempel und Hera-Tempel II von → Paestum, Tempel A von → Selinunt, Herakles-, Juno-, Concordia- und Asklepios-Tempel von → Akragas). Größere, reich geschmückte, zweiläufige T.häuser führten auf die Dachterrasse des → Didymaion.

[2] *Schautreppen* für stehende Zuschauer am Versammlungsplatz vor kret. Palästen (→ Haus, A 1) an älteren griech. Marktplätzen (→ Agora) und bei Kultplätzen in Heiligtümern (beim Erechtheion von → Athen, beim Tempel von → Lykosura, im Telesterion von → Eleusis). Ähnlich die *Sitzstufen* in → Theater, → Odeion, → Buleuterion.

[3] *Freitreppen*, zur repräsentativen Betonung der Tempelfront, in Großgriechenland seit dem 6. Jh. (Tempel C und E in Selinunt, Herakles-, Juno- und Concordia-Tempel in Akragas), in Ionien seit dem 5. Jh. (Athena-Tempel von → Milet; Didymaion), im Mutterland jedoch bis zum Ende der Klassik vermieden, seit dem Hellenismus ein effektvolles, auf optische Wirkung gerichtetes Gestaltungsmittel (axiale Freitreppe in → Lindos, → Kos, → Pergamon-Altar, vgl. Architektur I H). G.Gb.

B. Römisch. [1] In der röm. Domus (→ Haus B) meist einläufige Holz- oder Stein-T., von der → Taberne bzw. dem → Atrium aus erreichbar (in Pompeji und Herculaneum z. T. erhalten); ein- oder zweiläufige Stein-T.n in den T.-Häusern von meist 3- bis 4geschossigen kaiserzeitl. Geschäfts- und Wohnblöcken (insulae) in → Ostia. – In einigen zentralen → Thermensälen erreichte man über T.n die um das Obergeschoß laufende Galerie (z. B. sog. Apollontempel am Avernersee). In der → Bibliothek von Ephesos gelangte man über einläufige T.n innerhalb zweier Mauerschalen zu den oberen Galerien. Ausgeklügelte Systeme von T.-Läufen zur rationellen Verteilung der Zuschauer verbergen sich im Unterbau der Cavea röm. → Theater und → Amphitheater. Wendel-T.n innerhalb der Triumphsäulen des Trajan und des Mark Aurel führen auf die abschließende Plattform usw.

[2] *Schautreppen* in muschelförmiger Anordnung dienten gleichzeitig als Zugang zu Heiligtümern bes. des 2. und 1. Jh.s v. Chr. (hellenist.-pun. Heiligtum in Cagliari, Junoheiligtum in Gabii, Herkulestempel in Tivoli, Fortunaheiligtum in Praeneste).

[3] *Freitreppen* gehören zum festen Bestand röm.-ital. Podiumtempel; ihre repräsentative Wirkung kommt bes. in terrassenförmig sich entwickelnden, axial-symmetrischen Anlagen der sakralen und der profanen Architektur zur Geltung (z. B. Fortunaheiligtum in Praeneste, Villa in den Horti Lucullani in Rom). → Architektur, → Stockwerk, → Haus. C.K.

Tresviri aere argento auro flando feriundo (abgekürzt t. a. a. a. f. f.), das Münzmeisteramt, regulär ca. 85 v. Chr. eingerichtet. Während die Münzen der Republik von ihnen signiert wurden, verschwindet ihr Signum in der Kaiserzeit. Die T. gehörten zu den → vigintisexviri. → Caesar erhöhte ihre Zahl auf vier, → Augustus stellte die Dreizahl wieder her. D.R.

2. **T. agris dandis, adsignandis, iudicandis,** jeweils eingesetzte Kommission zur Bodenanweisung und Ansiedlung. Von den Tributcomitien gewählt; ihr Auftrag und ihre Kompetenzen wurden durch Gesetz festgelegt. Die gracchischen T. nennen sich auf den Grenzsteinen T. agris iudicandis adsignandis und hoben dadurch ihre richterliche Funktion bei der Unterscheidung von Staats- und Privatland hervor. – Vgl. → Ackergesetze. D.R.

3. **T. capitales** (auch t. nocturni), als ein Kollegium der → vigintisexviri um 290 v. Chr. eingesetzt, unter Caesar vorübergehend auf vier vermehrt. Ihre Aufgaben betreffen die Aufsicht über Sicherheitsorgane, Fahndung, Verhaftung und Verwahrung von Verbrechern, Hinrichtung Freigeborener. Die T. sind bis ins 3. Jh. n. Chr. bezeugt, obwohl manche ihrer Aufgaben von den → Cohortes vigilum übernommen wurden. D.R.

4. **T. epulones** → Septemviri epulones.

5. **T. rei publicae constituendae** → Triumvirat.

Tretrad. Eine Radtrommel von etwa 4 m Durchmesser wurde dadurch in Bewegung gesetzt, daß in ihr ein oder mehrere Menschen in einer Richtung liefen und so auf die Achse eine Hebelkraft übertrugen. Es wurde bei → Hebe- und → Schöpfmaschinen und Mühlen verwendet. W.K.

Abb: Singer, Technology II, Abb. 578.

Treverer, von der Forschung als german.-kelt. Mischvolk angesprochener, von → Caesar jedoch nicht unter die → Belgen gezählter Stamm am Unterlauf der Mosel (Kt. 1057 B6). Ihre berühmte Reiterei kämpfte zeitweise für Caesar (Gall. 5, 3), Vorort → Augusta Treverorum (Trier). L.B.-H.

Lit: s. zu → Kelten, → Germanen.

Triarii, in der Zeit der → Manipulartaktik das dritte Treffen der röm. → Legion, aus den ältesten Jahrgängen der iuniores bestehend, mobile Schlachtreserve in halber Stärke der → Hastati und → Principes. Mit der Entwicklung der röm. Taktik seit dem 2. Pun. Krieg wurden die Unterschiede der Treffen allmählich nivelliert. Im Heer der Kaiserzeit spielten sie nur mehr bei der Beförderung der → Centurionen eine Rolle. E.Bay.

Triarius, Rhetor der augusteischen Zeit, aus dessen Deklamationen der ältere → Seneca (1), der ihn ungünstig beurteilte, zitiert. R.T.

Lit: W. Kroll, RE 6A 2 (1937), 2391.

Trias (τριᾶς), italisch-sizilische Rechnungsmünze (Poll. 4, 175 und 9, 81). Der T. ist ¼ der → Litra, daher drei → Unzen, die dem röm.-ital. → Quadrans bzw. → Terruncius entsprechen. In Kroton und Rhegion tragen die entspr. Bronzemünzen das Wertzeichen III oder τρι(ᾶς), auf Sizilien ist der T. mit drei Kugeln, mit III oder Γ auf Münzen von Akragas, Gela, Himera, Kamarina, Leontini, Selinus und 8 weiteren Städten gekennzeichnet sowie auch auf sikulo-punischen Bronzemünzen. W.Schw.

Lit: Babelon, I 458 f. – K. Regling, RE 13, 1 (1928), 785 – Ders., in: v. Schrötter, 701.

Tribonianus, röm. Jurist z. Z. Justinians, magister officiorum, zeitweise auch quaestor sacri palatii. Zunächst Mitglied der Kommission für den → Codex (3), dann Leiter der Kommission für die Digesten, dem zugleich die Auswahl der Mitglieder zustand; z. T. wird der Plan zu diesem Werk dem T. zugeschrieben (Krüger, a. O. 367). Auch für die Institutionen war T. zusammen mit → Theophilos (1) und Dorotheos (1) verantwortlich. Schließlich hat T. auch den Codex repetitae praelectionis bearbeitet. H.Hb.

Lit: P. Krüger, Gesch. d. Quellen u. Lit. d. röm. Rechts (1888), 1912², 367 – B. Kübler, RE 6 A2 (1936), 2419 ff.

Tribrachys, auch χορεῖος, «3silbiger Versfuß aus 3 Kürzen» (Heph. p. 11, 3 C.), von den antiken Metrikern erfunden, um einen der möglichen ‹Füße› zu bezeichnen. B.Sn.

Tribunus aerarii. Ursprünglich die mit der Auszahlung des Soldes (→ stipendium) beauftragten Beamten der → Tribus. Den Rittern im Census nahestehend, bestanden sie auch nach Übernahme der Soldauszahlung durch die → Quästoren wahrscheinlich als Censusklasse weiter. Ab 70 v. Chr. stellten sie die dritte Richterdekurie, die 46 von → Caesar aufgehoben wurde. R.Kn.

2. **T. militum,** Legionsoffizier, 6 tribuni militum je → Legion. Voraus ging ein fünf- bis zehnjähriger Militärdienst; aber seit etwa 200 v. Chr. handelte es sich meist um junge Leute aus der → Nobilität oder dem → Ritterstand, die militärisch noch unerfahren waren (vgl. Caes. Gall. 1, 39, 2) und das Militärtribunat vor Eintritt in die höhere Ämterlaufbahn verwalteten. Das Amt verlor daher an Bedeutung für die militärischen Aufgaben in der Legion, die nun dem Legionslegaten oblagen. In der *Kaiserzeit* waren die tribuni militum Anwärter auf die senatorische (1 tribunus laticlavius je Legion) oder ritterliche Laufbahn (5 tribuni angusticlavii); sie gehörten zum Stab der Legaten und arbeiteten vorwiegend in der Legionsverwaltung. G.G.

3. **T. militum consulari potestate.** Die tribuni militum consulari potestate (Liv. 4, 6, 8) bildeten ein drei- bis achtköpfiges, nach 450 eingerichtetes Oberbeamtenkollegium, das zwischen 444 (bes. von 408 an) und 367 häufig an Stelle der → Konsuln trat. Die Einrichtung war vielleicht durch militärische Erfordernisse bedingt. Gegen Livius a. O., wonach man hier eine Konzession an die Plebejer machte, spricht, daß offenbar kein Plebejer vor 400 Tribun wurde und danach nur selten. Wodurch sich die T. außer der Zahl von Konsuln unterschieden, ist unklar. A.L.

Lit: A. Boddington, The original nature of the consular tribunate, Historia 8, 1959, 356–364 – R. Werner, Der Beginn der röm. Republik, 1963, 283 ff.

4. **T. plebis** → Volkstribun.

Tribus, Abteilung der röm. Bürgerschaft. Ursprünglich gab es drei, sicher gentilizische T., die sich in je 10 Curien (→ Comitien) gliederten. Ihnen gehörten, mindestens zuletzt, nicht ausschließlich Patrizier an; doch standen sie wohl ganz unter deren Einfluß. Im 5. Jh. v. Chr. Neueinteilung nach Wohnsitzen: 4 städtische und 16 (oder 17) ländliche T. wurden eingerichtet. Diese Zahl wurde beim Hinzutritt neuer Gebiete (Aufnahme ins → Bürgerrecht, Gründung von → Kolonien mit röm. Bürgern) mehrfach erhöht; zuletzt gab es (seit 241 v. Chr.) 35 T. Danach wurden alle neu aufgenommenen Städte und Landschaften den bestehenden T. zugewiesen, zuerst oft nach geographischen, später vorwiegend nach politischen Gesichtspunkten. Da alle T. unabhängig von ihrer Stärke in den Comitien gleiches Stimmrecht hatten, konnte man durch ungleichmäßige Verteilung der Neubürger auf die T. die Konsequenzen der großzügigen röm. Bürgerrechtspolitik einschränken. Bekannt ist der Versuch, auf diesem Weg den Einfluß der 90 und 89 v. Chr. ins Bürgerrecht aufgenommenen Italiker zu mindern (→ Bundesgenossenkrieg, 3). Die Zuweisung in die T. oblag im einzelnen den → Censoren; bei der Aufnahme von Städten usw. und für die Einrichtung neuer T. waren die Comitien zuständig. Das lokale Prinzip der Einteilung wurde einmal durch die Erblichkeit der T.-Zugehörigkeit, zum andern dadurch durchbrochen, daß bestimmte Gruppen unabhängig von ihrem Wohnort bestimmten T. zugeteilt wurden, so bes. die Freigelassenen, die immer auf die 4 städtischen T. beschränkt blieben. – Die T. dienten zur Verwaltung wie zur Besteuerung, zur Aushebung, zur Führung des Personenstandsregisters, bes. als Wahlbezirke, zunächst für die Sonderversammlung der Plebs, dann für die Versammlungen der Gesamtgemeinde (→ Comitien). Zugehörigkeit zu derselben T. nötigte zu gegenseitiger Unterstützung (→ Cliens); nur so war es möglich, daß die Wahlen (und indirekt auch die Vertretung der Interessen der Bürger) zum großen Teil über die T. organisiert wurden. Chr.M.

Lit: E. Meyer, Röm. Staat u. Staatsgedanke (1948), 1961² (Lit) – L. R. Taylor, The Voting Districts of the Roman Republic, 1960.

Tributcomitien, die nach → Tribus geordnete Volksversammlung in Rom, → Comitien.

Tributum, die seit Ende des 5. Jh.s bis 168 und ausnahmsweise noch 43/42 v. Chr. von den röm. Bürgern erhobene Vermögenssteuer. Das T. diente zur Deckung des Soldes (→ Stipendium). Für die Höhe der Steuer waren die fünf Vermögensklassen maßgeblich, in die die → Censoren alle fünf Jahre die röm. Bürger einschätzten; der Steuerfuß war proportional und betrug 1% des geschätzten Vermögens. Der Ertrag der Steuer belief sich i. J. 293 v. Chr. auf 4953 600 Pfund-Asse, i. J. 168 v. Chr. auf 7992 600 Sesterzen. Für die übrige Zeit liegen keine Berechnungen vor. R. Kn.

Trichalkon (τρίχαλκον), Bronzemünze von ca. 25,8 g, im Werte von ca. $^1/_3$ → Obol. Bezeichnung auf kaiserzeitlichen Bronzemünzen von ca. 3,6 g von Chios (Head, 601). In Inschriften genannt (IG V 1, 1433, 33 Messene und IG IV² 1, 109; III, 140 usw.), wohl im Werte eines $^3/_8$ → Obolos. – Bronzemünzen aus Phokis tragen um die Mitte des 4. Jh.s v. Chr. ein T im Lorbeerkranz auf der Rückseite, das möglicherweise als T. (→ Tetartemorion?) aufgefaßt werden kann (Head, 339). W. Schw.

Lit: Babelon, 464 – K. Regling, in: v. Schrötter, 702 – W. Schwabacher, RE 7 A 1 (1939), 84 – M. N. Tod, Num. Chron. VI 6, 1946, 50–51.

Trichryson (τρίχρυσον), dreifacher → Chrysus oder → Pentadrachmon in Gold (= 60 phönizische Silberdrachmen) von ca. 17,8 g. Genannt in einem Zenon-Papyrus (ZNum 33, 1922, 70–73). W. Schw.

Lit: Babelon, 414–417 (Pentadrachmon) – W. Schwabacher, RE 7 A 1 (1939), 91 – K. Regling, in: v. Schrötter, 689.

Tridrachmon (τρίδραχμον), Dreidrachmenstück, als *τρίδραχμα Μαρωνιτικά* in einer del. und einer att. Inschrift genannt, womit wohl die leichten → Tetradrachmen phön. Fußes der Stadt Maroneia gemeint sind (vgl. auch Poll. onom. 9, 60). Delphoi prägte in spätarchaischer Zeit ein T. äginetischen Fußes (Head, 340). Die Prägungen der ionischen Symmachie (394–386 v. Chr.) sind äginetische → Statere, können jedoch auch als rhodische T. aufgefaßt werden (Num. Chron. 1928, 10), ebenso wie gewisse Münzen von Kyme (Aiolis) und Alabanda (Karien) sowie von Karthago. Auch der korinth. → Stater und der → Nomos des 6./5. Jh.s v. Chr. unterital. Städte sind T. W. Schw.

Lit: Babelon, 418–419. 499 – K. Regling, in: v. Schrötter, 702 f. – W. Schwabacher, RE 7 A 1 (1939), 104 – M. N. Tod, Num. Chron. VI 20, 1960, 12.

Triens, Tremissis oder Drittel, als röm. Bronzemünze ⅓ des → As oder 4 → Unciae, womit die Wertbezeichnung 4 Kugeln zu erklären ist. Im → Aes grave aller Stufen mit Minerva und Prora als Bildtypen gegossen, in den späteren Reihen geprägt. Im ostitalischen → Aes grave des Dezimalsystems ist der T. ein → Quatrunx, als italisch-sizilische Bronzeprägung ein → Tetras oder $^1/_8$ → Litra, ausgegeben in Kampanien, Apulien, Kalabrien, Lukanien und Vibo-Valentia. – In der röm. Goldprägung ist der T. ⅓ des → Aureus von Gordianus III. Pius bis Carinus (mit ungleichmäßigem Gewicht); dann unter Diokletian und Konstantin I. geprägt. Unter letzterem Kaiser wird er ⅓ des von ihm eingeführten → Solidus im Gewicht von normal 1,52 g. Seit Kaiser Theodosius I. bis ins 7. Jh. n. Chr. ist der T. die häufigste Goldmünze, vor allem in der Prägung der Völkerwanderungszeit. W. Schw.

Lit: Babelon, I 534 f. 538 – G. Elmer, Deutsche Münzblätter, 1935, 284 f. – F. Vittinghoff, RE 7 A 1 (1939), 105 f. – K. Regling, in: v. Schrötter, 702.

Trierarchie, Bezeichnung der Führung einer → Triere, in Athen eine → Leiturgia, der neben der Führung des Schiffes seine Instandhaltung für ein Jahr oblag. Mit zusätzlicher Soldzahlung an die Mannschaft (Epiphora) beliefen sich die Aufwendungen auf ca. 50 Minen (Lys. 21, 2; 32, 26 f.). Nach 411 v. Chr. übernahmen in der Regel zwei Bürger eine gemeinsame T. (Syntrierarchie). Mit der Einführung der → Symmoriai verlor die T. ihren Charakter als militärische Leiturgia; sie wurde von → Demetrios (17) von Phaleron abgeschafft. Im ptolemäischen Ägypten wurde das att. System der T. übernommen. H. Br.

Q: Dem. 14 und 51 – *Lit:* H. Strasburger, RE 7 A 1 (1939), 106–116.

Triere → Schiff.

Trigonometrie. Ägypter und Babylonier maßen die Neigung einer Fläche durch den ‹Rücksprung› (šḳd bzw. ša-

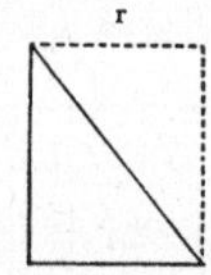

Abb. 234 a ‹Rücksprung›

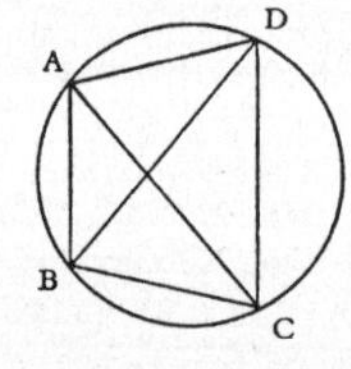

Abb. 234 b Satz des Ptolemaios

gal), das Verhältnis $\frac{r}{h}$ (→ Abb. 233), das wir heute als *ctg* des Neigungswinkels bezeichnen. Seitenverhältnisse in rechtwinkligen Dreiecken berechnete auch → Aristarch (1) von Samos (1. H. 3. Jh. v. Chr.) in der Schrift über Größe und Entfernung von Sonne und Mond. → Ptolemaios (17; 100 bis 170 n. Chr.) berechnete die zu den Kreisbögen von $\frac{1}{2}$ zu $\frac{1°}{2}$ gehörenden Sehnen. Wahrscheinlich hat schon → Hipparch (3; 160–125 v. Chr.) eine ähnliche Tafel besessen. Bei der Berechnung diente als Ersatz für das Additionstheorem der Satz des Ptolemaios: Im Sehnenviereck (→ Abb. 234) ist $AB \cdot CD + AD \cdot BC = AC \cdot BD$. Die Archimedische Prämisse ist ein etwas komplizierterer Satz, der das Entsprechende leistet. – Geometrie auf der Kugel und *sphärische Trigonometrie* wurde von → Menelaos (4) v. Alexandria (um 100 n. Chr.) entwickelt. – Der heute übliche Formalismus der T. geht auf die Inder und Muslime (Perser) zurück. H. G.

Trihemiobol (τριημιοβόλιον), der 1½ fache → Obolos oder die Viertel → Drachme. Im 5. Jh. v. Chr. auf Silbermünzen von Korinth und Leukas im Gewicht von 0,75 g mit τρίη bezeichnet. – In Korinth auch T.en in Gold im Gewicht von 0,45–0,60 g (nach O. Ravel, Num. Chron. 1935, 1 f., ca. 406 v. Chr.). Athen kennzeichnet den T. auf der Rückseite durch zwei sich gegenüberstehende oder eine frontal stehende Eule (bis zu 1,08 g). – Auf der Peloponnes prägt Sikyon Kleinmünzen mit T, Heraia und Tegea mit drei E auf den Rückseiten, die als Verkürzung von T. aufgefaßt werden müssen. Kranion (Kephallenia) prägt frühe Silbermünzen mit τρι im Rückseitenincusum. W. Schw.

Lit: Babelon, 426 – K. Regling, in: v. Schrötter, 704 – W. Schwabacher, RE 7 A 1 (1939), 142 f. – M. N. Tod, Num. Chron. VI 7, 1947, 8 f.

Trihemi(te)tartemorion (τριημι[τε]ταρτημόριον), 1½ Viertelobol (→ Tetartemorion). In Athen im 4. Jh. v. Chr. im Gewichte von ca. 0,28 g mit Rückseitenbild Kalathos (Korb) in Silber ausgeprägt. In Kolophon (Ionien) im 5. Jh. v. Chr. mit Inschrift. W. Schw.

Lit: Babelon, 433–434 – K. Regling, in: v. Schrötter, 704 – W. Schwabacher, RE 7 A 1 (1939), 143 f. – M. N. Tod, Num. Chron. VI 7, 1947, 22.

Triklinios, Demetrios, ca. 1280–1340, bedeutendster Philologe der Paläologenzeit (1261–1453). Er edierte und kommentierte die Schriften etwa derselben alten Autoren, die auch → Moschopulos bearbeitete, bemühte sich aber, jeweils ihr ganzes Werk, soweit es ihm noch erreichbar war, zu behandeln (so für Pindar, Aischylos, Sophokles) und bes. textkritisch und metrisch zu erklären. Vor allem hat er als Konjekturalkritiker neben den üblichen Entgleisungen bisweilen Treffliches geleistet. Als guter Philologe befleißigt er sich dabei eines anmaßenden, groben Tones. Seine grammatischen und paraphrasierenden Bemerkungen, in denen er häufig von seinen Vorgängern abhängt, sind weniger aufschlußreich und entsprechend bescheidener formuliert. – Vgl. → Überlieferung. H.E.

Lit: Krumbacher, 554; → Thomas Magister.

Trilogie → Tetralogie.

Trimeter, Vers aus 3 Metren, vor allem der jambische T. (→ Iambus, → Metrik B 1), zuerst belegt in dem Homer zugeschriebenen → Margites oder, falls dieser jünger ist, bei → Archilochos und den Jambographen. In der klassischen Tragödie ist er der Haupt-Dialogvers (→ Tetrameter), ebenso in der Komödie. Die T. weichen je nach Dichtgattung weit voneinander ab, sowohl in der Regelung der Wortenden wie in der der Längen und Kürzen: Jambographen und Tragödie (nicht aber Komödie) beachten die → Porsonsche (Jambographen auch die → Knoxsche) Brücke und verlangen eine → *Zäsur.* – Die Zäsur nach dem 2. anceps ist häufiger als die nach dem 2. breve. Mitteldihärese kennen die Jambographen nicht, → Aischylos und → Sophokles haben sie selten, → Euripides öfter, aber er mildert sie durch Elision, z. B. Herakl. 456 ὦ μοῖρα δυστάλαιν' ἐμή τε καὶ τέκνων. – *Teilung der longa* kennen die alten Jambographen nur in längeren Wörtern, in denen sich Kürzen häufen (z. B. bei δια-, περι- o. ä.), die älteren Tragiker haben sie selten, Euripides hat in den frühen Stücken 5–6 Fälle auf 100 Verse, steigert sie aber allmählich bis auf 35–38, wie G. Hermann beobachtet und T. Zielinski genau nachgewiesen hat. Erst Euripides läßt auch, wenngleich selten, geteiltes 1. anceps, und zwar nur in langen Wortbildern, zumal in Eigennamen, zu, bei Eigennamen auch gelegentlich geteiltes 2. und 3. anceps und 1. und 2. breve. Bei den Tragikern findet sich gelegentlich ein → Choriambus statt des 1. Iambus. – In der Komödie findet sich Teilung der longa oft, auch der ancipitia und brevia, dies allerdings nur neben ungeteiltem longum. Es gilt die Regel, daß mit einer durch solche Teilung entstandenen Kürze (mit Ausnahme vom 1. longum) kein Wort enden darf (man sagt, ein ‹zerrissener Anapäst› sei verboten, da man diese Erscheinung zuerst bei aufgelösten brevia und ancipitia beobachtet hat: …⏑⏑ ⏑⏑– … statt ⏓–, obwohl die Folge ⏑⏑– hier natürlich nichts mit → Anapästen zu tun hat). – Danach ergibt sich etwa folgendes Schema für Jambographen und Tragödie:

× – ⏑ – × – ⏑ – ⏖ ⏑ – ||,

dagegen für die Komödie:

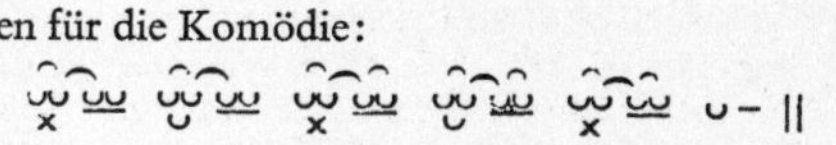

«Graphisch nicht darstellbar ist die Brücke von geteiltem 2. bis 4. longum zum nachfolgenden anceps oder breve, das dann immer ungeteilt ist, weil die Folge von vier Kürzen verboten ist» (H. J. Newiger). – Andere T. sind der Hinkiambus (→ Choliambus), der katalektische jambische T., der bei → Alkman (Fr. 119 P.) vorkommt und den → Archilochos in → Epoden benutzt (Fr. 112–117 D.). Aus katalektischen trochäischen T.n besteht → Kallimachos' 12. Iambus (vgl. schon Archil. Fr. 29 D.). Vgl. → *Senar.* B. Sn.

Lit: T. Zielinski, Tragodumena, 1925, 140ff. – H. J. Newiger, Hermes 89, 1961, 175–184 – P. Maas, Greek Metre, 1962, § 101–116 – B. Snell, Griech. Metrik (1955), 1962³, 13ff.

Trinundinum, Frist von 3 Nundina = (meist) 24 Tagen, die zwischen Ankündigung und Zusammentreten der Volksversammlung, Promulgation der Gesetzesanträge und Abstimmung, spätestens seit dem 2. Jh. v. Chr. im Wahlverfahren zwischen Schließung der Kandidatenliste und Wahlakt, im Gerichtswesen zwischen Klagantrag und Endtermin, eingehalten werden mußte. → Nundinae. H. Kal.

Triobol (τριώβολον), Silbermünze, das Dreiobolenstück, das dem → Hemidrachmon gleichkam (Poll. onom. 9, 62), in Attika ca. 2,18 g wog und das Präsenzgeld bei der Volksversammlung sowie die Tagesdiät des Richters war. Inschriftlich vielfach erwähnt (vgl. M. N. Tod, a. O. 13). Im gleichen Gewichte in Gold in Ägypten und Kyrene als 1/4 → Stater geprägt. In Sikyon wird das T auf der Rückseite von Silbermünzen des 5. Jh.s v. Chr. als T. zu deuten sein, während Mantineia in derselben Zeit 3 Eicheln als Wertsymbol des T. auf die Rückseite setzt. Ferner findet sich auf Bronzemünzen des 2.–1. Jh.s v. Chr. der Insel Samothrake die Bezeichnung τριώβολο(ν). W. Schw.

Lit: Babelon, 423–424 – K. Regling, in: v. Schrötter, 704 – W. Schwabacher, RE 7 A 1 (1939), 160f. – M. N. Tod, Num. Chron. VI 7, 1947, 12–14; VI 15, 1955, 127–128.

Triphiodoros, aus Ägypten (Panopolis?), griech. Epiker, wohl 2. H. 5. Jh. n. Chr., von dem uns nur ein unter dem Einfluß des → Nonnos stehendes Epos über die Eroberung Trojas ("Ἅλωσις Ἰλίου) in 691 Hexametern erhalten ist. Die an eigenen Erfindungen arme und stilistisch matte Darstellung geht im wesentlichen auf Homer, Vergil (?), → Quintus (2) Smyrnaeus und mythographische Überlieferung zurück. Eine Spielerei war die uns nicht erhaltene 'Οδύσσεια λειπογράμματος (in jedem der 24 Gesänge kam der den betreffenden Gesang bezeichnende Buchstabe nicht vor; vgl. → Nestor (2) von Laranda). E. V.

Ed: W. Weinberger, Tryphiodori et Colluthi carmina, 1896 – *Komm:* A. Wernicke, 1819 (noch heute wichtig) – *Übers:* (engl.) A. W. Mair, Oppian, Colluthus, Tryphiodorus, LCL, 1928 – *Lit:* W. Weinberger, Studien zu Tryphiodor und Kolluth, WSt 18, 1896, 116–159; 161–179 – R. Keydell, RE 7 A 1 (1939), 178–180.

Triphylien, Landschaft an der W-Küste der → Peloponnes, südl. des → Alpheios zwischen → Elis und → Messenien (Kt. 1152 C 5), um 400 v. Chr. und 245–219 v. Chr. von Elis erobert, seit 146 v. Chr. dauernd mit Elis vereint. Hauptort Lepreon. E. M.

Lit: F. Bölte, RE 7 A 1 (1939), 186–211 – E. Meyer, Neue pelop. Wanderungen, 1957, 22–79.

Tripolis, das von den Griechen nach den ‹drei Städten› Oie, Sabratha und Leptis so genannte Gebiet der heutigen Tripolitania; bis zum 2. Pun. Krieg karthagisch, dann numidisch, von 46 v. Chr. an römisch.

2. **T.** (heute Ṭarāblus; Kt. 2196 B 3), Hafenstadt in → Phönizien, halbwegs zwischen → Byblos und → Arados gelegen, alter Name unbekannt, wahrscheinlich junge Gründung von → Tyros, → Sidon und Arados aus. T. soll aus drei getrennten Stadtteilen bestanden haben (Aetiologie?). Historisch unbedeutend, in der Perserzeit Versammlungsort der phön. Städte zu gemeinsamen Beratungen. W. R.

Triptychon, aus drei mit Schnüren zusammengebundenen Brettchen bestehende Schreibtafel. H. Hg.

Triptolemos, Sohn von Okeanos und Gaia (Pherekydes, Musaios) oder des Eleusis (Panyasis, Hygin), des Keleos und der Metaneira (Sophokles), des Dysaules (Orphiker) u. a. Tempel des T. in Eleusis und Athen, nach Epikt. ench. 1, 4, 30 ‹in der ganzen Welt›. T. erhält von Demeter Ähren, die er auf dem rarischen Feld, dann der ganzen Erde zur Aussaat bringt (Ov. met. 5, 645ff.). Auch Mähen und Dreschen wurden mit T. verbunden. Vereinzelt als Unterweltsrichter gedacht (Plat. apol. 41 A; Unterweltsvasen). Wichtig für die att. Kulturpropaganda (Forderung an alle Staaten, Aparchai nach Athen zu senden). Seit dem Hellenismus auch als Erfinder des Pflügens angesehen.

Lit: F. Schwenn, RE 7 A 1 (1939), 213–230 – Ch. Picard, AC 20, 1951, 351–381 – *Darstellungen:* s. zu → Demeter. K. Schb.

Tritagonist, zuerst bei Demosthenes belegt (18, 129. 209. 267; 19, 246. 337), dort wahrscheinlich übertragen in der Bedeutung ‹drittrangiger Schauspieler›; sonst bezeichnet das Wort einfach den ‹3. → Schauspieler›. E.-R. Sch.

Tritetartemorion (τριτεταρτημόριον, verkürzt τριτημόριον), drei → Tetartemoria oder ein Dreiviertel → Obol (Poll. onom. 9, 65). In Athen im 4. Jh. v. Chr. in Silber im Gewichte von ca. 0,5 g geprägt und mit 3 ‹Mondsicheln› oder mit frontaler Eule gekennzeichnet, auf der Peloponnes (Argos, Elis, Mantineia, Kranion, Pale) sowie in Delphi und Thurioi mit drei T auf der Rückseite. W. Schw.

Lit: Babelon, 433 – K. Regling, in: v. Schrötter, 705 – W. Schwabacher, RE 7 A 1 (1939), 243f. – M. N. Tod, Num. Chron. VI 7, 1947, 23–25.

Trithemimeres, eigentlich Stück von 1½ Einheiten. In der Metrik bezeichnet man damit die → Zäsur nach 1½ Metren, also die nach dem 2. longum im → Hexameter. B. Sn.

Triton (Name ungeklärt), Meergottheit, mit Oberkörper in Menschen-, Unterleib in Fischgestalt, in der Kunst seit etwa 550 v. Chr. deutlich von → Nereus unterschieden; seit der Klassik werden Züge von Nereiden und Tritonen als Unsterblichkeitssymbole häufig. Vielleicht alter Gott der Fischer und Seeleute. Im *Mythos* Sohn → Poseidons und → Amphitrites; erscheint den Argonauten am Tritonischen See in Libyen und gibt → Euphemos die spätere Herrschaft verbürgende Erdscholle (Pind. Pyth. 4, 20ff.; Apoll. Rhod. 4, 155ff.); ferner als Verfolger der → Nereiden, aber auch badender Frauen: die Frauen von Tanagra rufen gegen ihn → Dionysos an, der ihn im Kampf überwältigt, oder machen ihn trunken und schlagen ihm selbst den Kopf ab (Paus. 9, 20, 4f.). Als Muschelbläser von → Misenos zum Wettkampf im Trompetenblasen herausgefordert, besiegt er ihn und stürzt ihn ins Meer. – Den Namen T. tragen zahlreiche Gewässer, bes. in Böotien. L. H.

Lit: H. Herter, RE 7 A 1 (1939), 245–304 – *Darstellungen:* → Nereus.

Tritos anthropos, Bezeichnung eines Arguments wahrscheinlich sophistischen Ursprungs, das sich gegen die platonische → Ideenlehre richtet. In der Form, die es in Aristoteles' Schrift ‹Über die Ideen› (Fr. 4 Ross) hat, versucht es nachzuweisen, daß die Logik der platonischen Theorie dazu nötigt, neben dem Menschen an sich und den Einzelmenschen einen dritten Menschen anzusetzen, der seinerseits diese beiden in sich zusammenfaßt, dann einen vierten Menschen und so fort bis ins Unendliche. Ein ähnlicher Einwand wird in Platons ‹Parmenides› (132 A B) dargelegt (vgl. Alex. Aphr. in metaph. 83, 34–85, 12). S. M.

Lit: V. Agosti, Encicl. Filos., 1957, IV 1173, s. v. Terzo Uomo – S. Mansion, La critique de la théorie des idées dans le *Περὶ Ἰδεῶν* d'Aristote, Rev. philos. de Louvain 47, 1949, 169–202.

Trittyen. In je drei ‹Drittel›, über deren Funktion wenig bekannt ist, zerfielen die → Phylen in Athen, und zwar sowohl die 4 vorkleisthenischen (von deren T. uns nur die Leukotainioi der Phyle Geleontes bekannt sind) wie die 10 von → Kleisthenes (1) eingerichteten Phylen, von deren je drei (lokalen) T. eine im Stadtgebiet, eine an der Küste und eine im Binnenland lag. F. G.

Lit: Zu den älteren T.: W. S. Ferguson, The Old Attic Trittyes, Class. Stud. pres. to E. Capps, 1936, 151ff. – F. R. Wüst, Zu den *πρυτάνιες τῶν ναυκράρων* und zu d. alten att. T., Historia 6, 1957, 182ff. – *Zu den jüngeren T.:* H. Hommel, Die dreißig T. des Kleisthenes, Klio 33, 1940, 181–200 – D. W. Bradeen, The Trittyes in Cleisthenes' Reforms, TAPhA 86, 1955, 22–30.

Triumph, die Siegesfeier des röm. → Imperators. Der Brauch ist aus dem Etruskischen übernommen worden. Ursprünglich war der T. vor allem ein sakraler Akt: der Feldherr löste die zu Beginn des Feldzugs gebrachten Gelübde ein, er reinigte durch den Kultdienst das Heer vom Unsegen des Krieges und opferte dem Iuppiter Capitolinus (dessen Bild auch die Ausstattung des Triumphators entsprach). Äußerlich wurden später die religiösen Elemente überlagert durch die festliche Ehrung des Siegers. Der T. stand nur den obersten Magistraten zu (→ Diktator, → Konsul, → Prätor; in der Kaiserzeit nur dem → Princeps). Die Truppen mußten mit dem Feldherrn nach Rom zurückkehren (erst als die Feldzüge in außeritalisches Gebiet führten, sah man häufig davon ab) und lagerten außerhalb des → Pomeriums, während der Imperator mit dem Senat über die Bewilligung des T.s verhandelte. Der T. wurde nur für einen wirklichen Sieg (victoria iusta) gewährt, wozu u. a. die Tötung einer bestimmten Zahl von Feinden Voraussetzung war. Der T.-Zug begann am Marsfeld und endete am Kapitol. Das Volk von Rom versammelte sich an Straßen und Plätzen und begrüßte Triumphator und Soldaten mit dem Ruf ‹io triumphe›. Im ersten Teil des Zuges wurde der Sieg dargestellt (Bilder, Beutestücke, Gefangene), dann folgte im Wagen der Triumphator, der Purpurgewand und Lorbeerkranz (corona triumphalis) trug. Ein Sklave hielt die im Jupiter-Tempel aufbewahrte Goldkrone und mahnte den Sieger ‹*respice post te, hominem te esse memento*›. Den Schluß des Zuges bildete das Heer. Nach den religiösen Riten fand ein vom Senat veranstaltetes Fest statt. G. G.

Lit: Ehlers, RE 7 A 1 (1939), 493–511.

Triumphbogen. [1] *Name: fornix*, seit Beginn der Kaiserzeit *arcus*, erst seit dem 3. Jh. n. Chr. ist *arcus triumphalis* insgesamt 5mal, davon nur einmal aus Anlaß eines Triumphes, belegt und später durch die Terminologie der christl. → Basilika verallgemeinert worden. Ein eigens für Triumphe bestimmter Bau war die *Porta triumphalis* auf dem Marsfeld.

[2] *Anlaß und Entstehung.* Der Anlaß zum Bau wurde auf den T. Roms inschriftlich bekanntgegeben: Sieg, Eroberung, Friede oder Ausmerzung einer Niederlage (Wiedergewinnung der Feldzeichen) oder allgemeinere Ehrung (z. B. victor omnium gentium) in Zusammenhang mit bes. Feiern (z. B. Jubiläen). In den Provinzen boten Sieg oder Tod eines Prinzen oder des Kaisers, der Ort eines militärischen Aufbruches, eine ehrenvolle Amtsübernahme, ferner der Bau von Straßen, Brücken, Häfen, Kolonien usw. Grund zur Errichtung eines T.s, wobei die inschriftliche Ehrung hier häufig fehlt. – Erbauer waren in republikanischer Zeit die Feldherrn, in der Kaiserzeit der Senat, seit dem 4. Jh. n. Chr. auch der Kaiser selbst; in den Provinzen ging die Veranlassung von Bürgerschaften, Städtebünden, Municipien, Kolonien, senatorischen Beamten oder Priesterschaften aus. – Der Geehrte ist bei den frühesten Bögen nicht genannt; jedoch war der Erbauer Q. Fabius Maximus 121 v. Chr. auch Triumphator; ein T. in Syrakus ehrte den Statthalter Siziliens, Verres. Die T. der Kaiserzeit ehren den Kaiser, in den Provinzen oft mit Gemahlin, oder seine Familienmitglieder, selten hohe Beamte (Ephesos, Patara) oder Bürger nach ihrem Tode (Pola, Verona u. a.).

[3] *Standort.* Der T. hat keinen städtebaulich bestimmten Standort. In Rom waren Straßen und Plätze bevorzugt, die der Triumphzug passierte (ca. 19 zwischen Marsfeld und Kapitol), ferner die großen Hauptstraßen; gerade Straßenzüge wurden repräsentativ eingeleitet oder wirkungsvoll unterbrochen, Knickung, Gabelung oder Kreuzung, Brükken- und Forumszugänge markiert, Plätze gegen Einmündungen von Straßen abgeschlossen.

[4] *Form.* Die Mehrzahl der T. ist eintorig, in den östl. Provinzen überwiegen jedoch dreitorige Bauten nach dem Vorbild des mehrtorigen → Propylon; zweitorige T. eignen sich bes. für Stadttore, die sich im Verlauf der frühkaiserzeitlichen Entwicklung dem T. angleichen. – Im Aufbau besteht der T. aus zwei durch eine Tonne verbundenen Mauerpfeilern und einer → Attika, d. h. Statuenbasis mit Ehreninschrift, deren Selbständigkeit an frühen T. noch bes. deutlich ist (z. B. Rimini, 27 v. Chr.). In der frühen Kaiserzeit wird die Vereinheitlichung beider Teile durch eine vorgeblendete Vertikalgliederung (Säulenordnung mit starker Gebälkverkröpfung, z. T. mit Giebel) angestrebt (z. B. Verona, Orange, letzter mit doppelter Attika), später jedoch als verunklärend weitgehend vermieden. – H. Kähler (a. O. 482) unterscheidet 4 Systeme: 1. Über zwei Pfeilern mit Gesims setzt die Tonne an; an der Bogenstirn ist sie als Archivolte gebildet und trägt eine profilierte Attika. Bei dieser Urform fehlt noch die Säulen- und Gebälkgliederung (z. B. Alkantara, Cabanes, Tarragona, Khamissa, Tebessa, Ain Zana). – 2. Das Gebälk wird von Eckpilastern oder Halbsäulen getragen; zwei weitere Innensäulen, seit dem 2. Jh. n. Chr. freistehend auf hohen Einzelsockeln und mit verkröpftem Gebälk, treten hinzu (z. B. sog. Drususbogen in Rom, Constantine, Khamissa, Tebursuk). – 3. Nicht die Kanten, sondern die Flächen der Pylone werden als Fassade gegliedert; Verkröpfung von Sockel, Gebälk und Attika. Dieser Typus ist am reichsten vertreten und bietet die meisten Variationsmöglichkeiten

(Säulenkoppelung usw.). – 4. Der dreitorige T. stellt in der Gliederung eine Erweiterung des eintorigen dar. Selten überragt der Mittelteil die Seitenteile (z.B. Augustusbogen auf dem Forum). – Die Gliederung des Quadrifrons entspricht der des eintorigen T.s, meist nach Typ 2, z.B. Tripolis, selten nach 3, z.B. Tebessa. – Zu den Themen des Reliefschmuckes in den Bogenzwickeln, auf dem Schlußstein der Archivolte, im Scheitel der Tonne, auf den Bogenpfeilern und Säulensockeln gehören Symbole des Triumphes und der Apotheose (→ Viktorien, → Tropaia, → Genien, triumphierende Gottheiten, opfernder, jagender oder

Abb. 235 Typen des Triumphbogens

zum Himmel getragener Kaiser) und historische Geschehen (Aufbruch, Schlacht, Unterwerfung und Begnadigung, Triumph, feierliche Anlässe usw.; → Historienrelief).

[5] *Bestimmung und Bedeutung.* Nach Plin. nat. 34, 27 u.ö. war der T. – ähnlich wie die → Ehrensäule – dazu bestimmt, Statuen (von Göttern, Heroen und Triumphatoren, z.T. auf Wagen mit bis zu zehn Pferden) über die alltägliche Welt zu heben. Eine ursprüngliche Verbindung zur ‹Porta triumphalis›, dem eigens für Triumphe bestimmten Bogen auf dem Marsfeld in Rom, scheint nicht zu bestehen (Jos. BJ 7, 5, 4). Neben der sakralen Bedeutung des T.s als Grenzbogen, z.B. zum Heiligtum, weist die Bezeichnung der Bogenöffnung (lustrum) auf dessen Beziehung zum Totenkult. In republikanischer Zeit haben nur der Tote und der Triumphator ein Anrecht auf Apotheose; später gehört der T. allein dem Kaiser und dem Verstorbenen. C.K.

Lit: E. Loewy, Zur Herkunft des T.s, Festschrift O. Hirschfeld, 1903, 417–422 – H. Petrikovits, Die Porta triumphalis, ÖJh 28, 1933, 187 bis 195 – H. Kähler, RE 7 A 1 (1939), 373–493 – M. Pallottino, EAA I, 1958, 588–599, s.v. arco onorario e trionfale.

Triumphlieder. Den Jubelruf ‹Io, Triumphe› hat → Horaz in einem Gedicht (carm. 4, 2, 49–50), das gerade kein T. sein möchte, in sapphische Elfsilbler eingebaut (carm. 4, 2, 49 f.). Aus solchen Rufen und Sprechchören entwickelten sich kunstvolle Lieder, die nach dem eigentlichen → Triumph vorgeführt wurden, ihn schilderten und dem Sieger huldigten. → Ovid (Pont. 3, 4) deutet an, daß oft ein Wettstreit unter den Dichtern einsetzte, wer sein T. zuerst fertig hatte. Das elegische Versmaß ist offenbar nicht das übliche (mindestens seit klass. Zeit ist mit dem Einfluß der Siegeslieder → Pindars zu rechnen), doch sind die Zeugnisse, die uns einen Begriff von dieser Gattung geben, meist in Distichen abgefaßt (→ Tibull 1, 7; → Properz 3, 4; Ovid, trist. 4, 2; Pont. 2, 1; 2, 5). G.L.

Triumvirat. [1] *Erstes Triumvirat.* Irreführende moderne Bezeichnung für das von → Pompeius (2), → Caesar und → Crassus Ende 60 v.Chr. geschlossene Bündnis. Die historische Bedeutung dieses ‹Dreibunds› wird meist überschätzt. Caesar hat zwar 59 dem Senat unermeßlichen Schaden zugefügt, aber Crassus' Beitrag dazu war gering. Auch hielt die Verbindung infolge der inneren Rivalitäten nur wenige Monate und sollte wohl auch nur zur Erfüllung einzelner Forderungen der drei dienen. Wichtiger war die Erneuerung des Bündnisses i.J. 56 in Lucca, wo die drei beschlossen, sich die wichtigsten Provinzen und Heere zu sichern. In diesen Dimensionen war Ausgleich nur möglich, wenn sie einander zu dritt in Schach hielten.

Lit: M. Gelzer, Caesar (1921), 1960[6], 61 f. 110 f. – Chr. Meier, Zur Chronologie u. Politik in Caesars erstem Konsulat, Historia 10, 1961, 68–88.

[2] *Zweites Triumvirat.* Okt. 43 v.Chr. schlossen M. Aemilius → Lepidus, M. → Antonius (2) und Octavian (→ Augustus) ein Bündnis, das ihnen gegen Senat und Caesarmörder die Macht im Staat sichern sollte. Durch die → lex Titia ließen sie sich als *tresviri rei publicae constituendae* für 5 Jahre mit fast unbeschränkten Vollmachten zur Ordnung der Republik ausstatten. Das Gesetz wurde später im Vertrag von Tarent um weitere 5 Jahre verlängert. Lepidus schied i.J. 36 aus. Chr.M.

Lit: H. Strasburger, RE 7 A 1 (1939), 519–520.

Trochäus, Metron der Form –⏑–×, kommt vor allem im katalektischen → Tetrameter als → Sprechvers vor, selten im → Trimeter, aber schon seit Alkman (Fr. 1 P.) auch in Singversen. In der Chorlyrik, zumal des Dramas, ist bisweilen nicht auszumachen, ob eine bestimmte Reihe trochäisch (mit Katalexe) oder jambisch (mit Kretikus im 1. Metron) zu nennen ist. B.Sn.

Trochilos (Skotia), gekehltes Profil, bes. der konkave Teil der att. Säulenbasis, → Tempel B [9].

Troglodyten (‹Höhlenbewohner›), Volksgruppen, die nach den Berichten Herodots (4, 183), Diodors (3, 32–33) und Strabons (16, 775 f.) am Roten Meer, südl. Ägyptens, an der arab. und an der iran. Küste lebten. Sie wohnten in Höhlen, waren fast unbekleidet und tranken Milch mit Blut vermischt. Herodot erwähnt auch ihre Flinkheit. R.F.

Troja (*Τροία*) Ilios (homerisch) Ilion (später), die durch Homer (vgl. → Trojan. Krieg) berühmte Stadt in der Skamanderebene an der NW-Spitze Kleinasiens (Kt. 1152 G 2), durch H. Schliemann in dem Ruinenhügel Hisarlık wiedergefunden. Die Gleichsetzung wurde heftig bekämpft, ist jedoch aus der genauen Übereinstimmung der homerischen Angaben mit der Umgebung von Hisarlık erweisbar; die homerische Beschreibung der Stadt selbst trifft nicht zu, braucht es aber auch nicht, weil er eine griech. Stadt seiner Zeit in die myken. Zeit projizierte. Erste große Ausgrabungen durch Schliemann und Dörpfeld 1870 bis 1894, amerikanische Nachgrabungen 1932–1938. Dörpfeld unterschied 9 Hauptphasen der Besiedlung, die Amerikaner haben sie in 46 Abschnitte unterteilt. Die gleichen Kulturstufen wie in T. sind aus weiteren Fundplätzen NW-Kleinasiens und der vorgelagerten Inseln bekannt. T. I, um die

Mitte des 3. Jt.s v. Chr. beginnend und zu der in NW-Kleinasien weitverbreiteten ‹Yortankultur› gehörend, bereits ein mit Festungsmauer umgebener Fürstensitz, durch Brand zerstört. – T. II, von etwa 2400–2200 v. Chr., die erste Glanzzeit von T., reicher, mit einer prächtigen Festungsmauer umgebener Fürstensitz, ebenfalls in einer großen Brandkatastrophe zerstört. In dieser Schicht fand Schliemann den berühmten Goldschatz des Priamos. – T. III–V sind nur bescheidene Dörfer, die aber die kulturelle Tradition fortsetzen. Eine neue Glanzzeit bedeutet die mächtige Festung T. VI der myken. Zeit mit mehreren Bauperioden, etwa 1900–1300 v. Chr., wieder ein reicher Fürstensitz mit lebhaften Handelsbeziehungen nach außen. Ein großes Stück der Festungsmauer jetzt freigelegt und konserviert. – T. VI wurde durch ein heftiges Erdbeben zerstört, aber, wenn auch in bedeutend ärmlicherer Form, wieder aufgebaut (VIIa). Diese Siedlung fiel um 1240/1200 v. Chr. einer feindlichen Eroberung zum Opfer. Daß dies der historische Kern der trojan. Sage sein könnte, ist möglich, aber nicht erweisbar. Nach der kümmerlichen Fortsetzung T. VII b 1 folgt eine neue Eroberung in der Mitte des 12. Jh.s v. Chr. durch ein vom Balkan kommendes Volk (Thraker?) und damit zum erstenmal ein völliger Bruch. Auch das bescheidene Dorf VII b 2 wurde um 1100 v. Chr. verlassen, wonach die Stätte mehrere Jahrhunderte unbewohnt blieb. Neubesiedlung durch äolische Griechen im 8. Jh. v. Chr., T. VIII, dem das hellenist.-röm. T. IX folgt. Dieses griech. Ilion, in klass. Zeit eine Kleinstadt, wurde durch → Alexander (5) d. Gr. und seine Nachfolger und später durch Rom aus Pietätsgründen gefördert und zum Mittelpunkt eines Städtebundes gemacht. Auf dem Hügel, der nun ein heiliger Bezirk war, stand ein Tempel der Athena Ilias, der mit seinem Bezirk in röm. Zeit groß ausgebaut wurde. Die ummauerte Wohnstadt lag um den Hügel. Heiligtümer, ein Theater u. a. ausgegraben. E. M.

Lit: H. Schliemann, Ilios, Stadt u. Land d. Trojaner, 1881 – Ders., Troja, 1884 – Ders., Ithaka, der Peloponnes und Tr., 1896 (neu hg. v. E. Meyer, 1963) – W. Dörpfeld, T. u. Ilion, 2 Bde, 1902 – W. Leaf, Troy, a study in Homeric geography, 1912 – A. Brueckner, Das Schlachtfeld vor T., AA 1912, 616–633 – Ders., Forschungsaufgaben in der Troas, AA 1925, 229–248 – Ch. Vellay, Controverse autour de T., 1936 – A. M. Young, T. and her legend, 1948 – W. Brandenstein, RE 7 A 2 (1948), 2500–06 – C. W. Blegen u. a., Troy, 4 (8) Bde, 1950 bis 1958, mit Suppl.bänden – Ders., Troy, 1963 – F. W. Goethert-H. Schleif, Der Athenatempel von Ilion, 1962.

Trojanischer Krieg. [1] Der bedeutendste der großen → Sagenkreise vereinigt eine Fülle der größten mythischen Helden: auf griech. Seite → Agamemnon, der offenbar eine Art Oberhoheit über die im übrigen unabhängigen Griechenfürsten hat, und seinen Bruder → Menelaos; als die tapfersten Kämpfer erscheinen der große und der kleine → Aias, → Diomedes, → Achilleus (später sein Sohn → Neoptolemos), → Antilochos, → Idomeneus und → Meriones, die Bogenschützen → Philoktet und → Teukros, dann → Nestor und → Odysseus, vor allem durch ihren Rat bedeutend, und der Seher → Kalchas. Unter den Verteidigern Trojas spielen die 50 Söhne des greisen → Priamos, bes. → Hektor und → Paris, eine bedeutende Rolle, ferner → Antenor und → Aeneas, dazu wichtige Bundesgenossen wie die Lykier mit → Sarpedon, → Glaukos und → Pandaros, der Thrakerkönig Rhesos, → Memnon mit den Äthiopen und die → Amazonen unter → Penthesilea.

[2] Der T. K. wird durch Paris' Entführung der → Helena ausgelöst. Auf Grund des Freiereides (→ Helena) rufen Agamemnon und Menelaos alle griech. Fürsten zum Krieg auf. Mit List wird Odysseus' gespielter Wahnsinn durch → Palamedes, das Versteck des → Achilleus auf Skyros durch Odysseus und Diomedes aufgedeckt. Endlich Versammlung der Flotten in Aulis; der widrigen Winde wegen auf Spruch des Kalchas (und des Odysseus) hin Opferung der → Iphigenie. Abfahrt nach einem Vorzeichen: eine Schlange, die 8 Nestvögel und schließlich die Mutter verschlingt und dann in Stein verwandelt wird, deutet auf 9 Jahre Belagerung und Eroberung Trojas im 10. Jahr. Auf der Hinfahrt wird → Philoktet wegen eines unheilbaren Schlangenbisses auf Lemnos zurückgelassen; Schlacht mit den Mysiern, Verwundung des → Telephos. Bei der Landung vor Troja fällt als erster → Protesilaos. Achill tötet Priamos' jüngsten Sohn → Troilos beim Heiligtum Apollons, der ihn dafür mit frühem Tod bestraft. Verschiedene Gesandtschaften, bes. unter Odysseus, können die Troer nicht zum Frieden bewegen (Bedingung: Herausgabe der Helena und allen von Paris entführten Gutes), da die Partei des für Gerechtigkeit und Frieden eintretenden → Antenor (die Griechen schonen später sein Haus) sich gegen Paris nicht durchsetzen kann. In den ersten 9 Jahren nur kleinere Erfolge gegen verbündete Städte.

[3] Im 10. Jahr – hier setzt die *Ilias* ein – muß → Agamemnon, angesichts der im Heer wütenden Pest, seine Gefangene, die Priestertochter Chryseïs, herausgeben und entschädigt sich, indem er Achilleus die seine, Briseïs, wegnimmt. Aus Groll bleibt jener dem Kampf fern; die Griechen werden bis auf das Schiffslager zurückgeworfen, das sie durch einen Wall schützen. Eine Gesandtschaft (Odysseus, Diomedes, → Phoinix) kann trotz höchst ehrenvoller Angebote Achilleus nicht umstimmen. Agamemnon rät, nun im Ernst, zur Flucht, wird aber von Diomedes zurückgehalten. Erst als die wichtigsten Helden verwundet und die Troer mit Brandfackeln an den Schiffen sind, darf → Patroklos, in Achills Waffen und mit seinen Myrmidonen, ausziehen; er dringt weit vor und tötet → Sarpedon, fällt aber gegen → Hektor (und Apoll). Achill schreckt nur durch sein Gebrüll die Troer zurück, erhält in der Nacht durch Thetis eine neue Rüstung von Hephaistos, versöhnt sich am anderen Morgen mit Agamemnon und nimmt, trotz neuer Todeswarnung, wieder am Kampf teil; erschlägt zahllose Troer, kämpft mit → Aeneas und dem Flusse Skamandros, tötet, nach langer Verfolgung, Hektor unter den Mauern. Leichenspiele für Patroklos. Achilleus schleift die Leiche Hektors am Wagen immer wieder um das Grab des Freundes, bis die zornigen Götter die Auslösung durch Priamos veranlassen. Totenklage der Troer, bes. der Andromache, um Hektor.

[4] Soweit die Ilias; die Epen des → *Kyklos* erzählten ferner: die Troer erhalten wirkungsvolle Unterstützung durch die → Amazonen, bis → Penthesilea durch → Achilleus fällt. Ferner durch → Memnon, der → Antilochos tötet, als jener seinen Vater Nestor vor ihm schützt; Achilleus rächt ihn an Memnon. Tod Achills durch Paris (oder Apollon selbst); im ‹Streit um die Waffen› unterliegt → Aias dem Odysseus und begeht Selbstmord. Die Griechen holen → Neoptolemos, weil ohne ihn, und → Philoktet, weil ohne die Pfeile des Herakles (in seinem Besitz) Troja nicht genommen werden konnte. Philoktet tötet Paris. Trotzdem kann die Stadt schließlich nur durch List genommen werden: Epeios baut, auf Rat des → Odysseus (und des → Kalchas?) und mit Athenes Hilfe ein hölzernes Pferd, in dem eine Schar auserwählter Helden versteckt wird; während das ganze griech. Heer davonsegelt, bleibt es einem sich als Feind und Opfer der Griechen ausgebenden → Sinon überlassen, den Troern das Pferd als Sühne für den Raub des Palladions darzustellen: werde es verletzt, bringe es Unheil; zöge man es hingegen in die Stadt, so werde es Troja nicht nur uneinnehmbar, sondern zur Herrin über Asien und Europa machen. Trotz der Warnungen des → Laokoon und der → Kassandra wird ein Teil der Stadtmauer eingerissen und das Pferd auf die Burg gebracht; die Helden verraten sich auch nicht, als Helena jeden mit der Stimme seiner Frau anruft. In der Nacht dringen sie hervor, das Griechenheer kehrt zurück, der völligen Katastrophe Trojas entgeht nur → Aeneas mit den Seinen. Priamos wird von → Neoptolemos getötet, → Polyxene am Grabe des Achill geopfert, Kassandra von Aias vergewaltigt, später von Aga-

memnon mitgenommen, → Hekabe dem Odysseus, → Andromache dem Neoptolemos als Sklavin zugeteilt, Hektors Sohn Astyanax von der Mauer herabgeworfen oder geopfert usf. Für alle Frevel werden die Griechen auf ihren Heimfahrten (Nostoi) von vielem Unheil getroffen: vgl. die Artikel zu den einzelnen Gestalten. L.H.

Darstellungen: s. zu den Einzelstichworten. Zum Ganzen: H. Luckenbach, Das Verh. d. griech. Sagenbilder zu den Gedichten des ep. Kyklos, 11. Suppl. zu Fleckeisens Jbb. 1880, 491 – K. Bulas, Les illustrations antiques de l'Iliade, 1929 – Johansen, passim – Kunze, 139–173 – Schefold, FS 16–18. 22–26. 39–44. 78–88 – Ders., Die Troiasage in Pompeji, Nederl. kunsth. Jb. 1954, 211–224 – M.R. Scherer, The Legends of Troy in Art and Literature, 1963. K. Schf.

[5] Der *Zeitansatz* des Krieges der → Achäer gegen Troja stützte sich bis in ein schon fortgeschrittenes Stadium der trojan. Ausgrabungen allein auf die schriftliche Überlieferung: 80 Jahre oder 2 Generationen vor Rückkehr der Herakliden – ihrerseits durch den Stammbaum der spartan. Könige zu datieren. Innerhalb der so gewonnenen Zeitspanne vom 14. bis ins 12. Jh. hat die Datierung durch → Eratosthenes: ‹um 1183› ohne treffende Gründe am meisten Anhänger gefunden. – An die *Geschichtlichkeit* des T.K.s glaubte man, bes. unter dem Eindruck der → Homeranalyse, bis zur Anerkennung der Schliemannschen Ausgrabungsergebnisse nur bedingt oder gar nicht. Im Mittelpunkt der archäologischen Arbeit in Troja stand daher bis heute die Frage nach der homerischen Stadt; Dörpfeld sah sie in Troja VI, Blegen in VII A. Doch ist durch die Idee einer Verbindung des ‹Trojanischen Pferdes› mit Poseidon (Schachermeyr) auch das prächtige Troja VI und die archäologisch gesicherte Erdbebenkatastrophe dieser Stadt (um 1300) in die Überlegungen wieder einbezogen. Während die Zerstörung von VII A bereits mit den ersten nachweisbaren Einfällen auf der Peloponnes um 1200 zusammentreffen würde (Keramikbefund), fiele – wohl wahrscheinlicher – ein Zug gegen Troja VI um 1300 noch in die Zeit der größten Machtentfaltung des myk. Griechenland; Erdbeben und Belagerung wären daher wohl noch enger miteinander zu verknüpfen, als es zuletzt F. Matz getan hat. Waren auch in der von Homer aufgenommenen Überlieferung verschiedene Ereignisse, vielleicht auch mehrere belagerte Städte miteinander verschmolzen, so dürfte doch am historischen Kern des T.K.s ebensoviel Wahres sein wie an den für Schliemanns Entdeckung ausschlaggebenden topographischen Beschreibungen. W. Schg.

Lit: C.W. Blegen, Troy., 13 f., CAH I/II², Heft 1 – F.H. Stubbings, Chronology, ebd. Heft 4 – F. Schachermeyr, Poseidon, 1950 – F. Matz, Kreta u. fr. Griechenland, 1962, 227 f. – M.L. Finley, J.L. Caskey u.a., The T. War, JHS 84, 1964, 1–20.

Trojaroman, unterhaltende Darstellung der mit dem Trojanischen Krieg verknüpften Ereignisse, neben dem → Alexanderroman einer der beliebtesten Stoffe des → Romans. Der T. löste seit → Hegesianax (2) die ernsthaften Versuche älterer Historiker (→ Hekataios, 3, → Herodot, → Hellanikos, 2) ab, durch eigene Forschung oder durch Rationalisierung des Homertextes in der Dichtung nicht erwähnte Ereignisse zu gewinnen. Hauptvertreter des T.s: → Diktys von Knossos und der Phryger → Dares. Das verlorene Werk des Diktys (9 Bücher, 1. Jh. n. Chr.) wurde von L. Septimius ins Lateinische übertragen (B. 1–5 wörtlich, 6–9 verkürzt), außerdem von Joh. Malalas (6. Jh.) und Joh. Antiochenos (7. Jh.) benutzt, möglicherweise nicht nur direkt, sondern auch durch Vermittlung eines Sisyphos von Kos. Ein Stück des griech. Diktysbuches 1907 auf einem Papyrus des 3. Jh.s n. Chr. gefunden. – Der griech. Daresroman ist, außer der lat. Version, nur durch einzelne Zitate bekannt. H.E.

Frg: Diktys: FGrHist 49 – Dictys Cretensis etc., ed. Eisenhut, 1958, 134–139 (Neuausgabe des Pap.) – Sisyphos: FGrHist 50 – Dares: FGrHist 51 – *Lit:* J. Forsdyke, Greece before Homer, 1956, 153.

Trojaspiel, Reiterspiel ungewisser, doch archaischer Herkunft; der Name ‹T.›, Troiae ludus, ist wohl volkstümliche Umdeutung eines ital. oder etrusk. truia oder troia, das mit amptruare verwandt ist und eine rasche Bewegung bezeichnet. Das T. ist von der sullanischen Zeit (Plut. Cato min. 3) bis zum Ende des 2. Jh.s n. Chr. bezeugt. Kinder und Halbwüchsige vornehmer Familien führten, in zwei Schwadronen geteilt, ein Ringelrennen auf. → Caesar veranstaltete eines am Tag seines Triumphs i.J. 46 (Suet. Caes. 39); Augustus ließ mehrere aufführen (Suet. Aug. 43). Vergil hat es beschrieben (Aen. 5, 545–603) und mit dem trojan. Ursprung Roms in Verbindung gebracht. H. Le B.

Lit: H. v. Petrikovits, T., in: Festschrift Egger, 1952, 126 ff.

Troilos, Sohn des → Priamos und der → Hekabe. Von → Achilleus gleich zu Anfang des Krieges getötet (Il. 24, 257 mit Schol.; TGF, p. 266 ff.; Kyprien, EGF, p. 20). Achilleus als Rächer seiner von T. nicht erwiderten Liebe bei Serv. Aen. 1, 474; Schol. Lykophr. 307. Die Sage von T. und Kressida kam erst im MA auf.

Darstellungen: → Achilleus. K. Schb.

2. **T. von Side,** Sophist und Redner, eröffnete eine Schule in Konstantinopel. Als Freund des Prätorianerpräfekten → Anthemios war T. politisch einflußreich zu Beginn des 5. Jh.s. Freund des → Synesios und Lehrer des Ablabios v. Nicaea und Eusebius Scholasticus. T. hinterließ auch Briefe und ‹Prolegomena zur Rhetorik›. W. Sp.

Ed: Rabe, Rh Gr XIV, 44–58 – *Lit:* W. Enßlin-W. Kroll, RE 7 A 1 (1939), 615–616.

Troizen, Stadt in der östl. → Argolis (Kt. 1152 C 5), in der Sage Heimat des → Theseus und → Hippolytos. In T. war ein bedeutendes Heiligtum des Asklepios (1) mit Heilstätte, um 300 erbaut. E.M.

Lit: E. Meyer, RE 7 A 1 (1939), 618–653 – G. Welter, T. u. Kal., 1941.

Tropaion (lat. tropaeum), ursprünglich das Zeichen, das vom Sieger an der Stelle errichtet wurde, wo der Feind zur Flucht sich wenden mußte (*τρέπειν*, ‹wenden›); später ganz allgemein Siegesmal. – Wort und Bild lassen sich, wie es scheint, erst seit klass. Zeit belegen. Als ältestes T. wird von den Griechen das des → Miltiades bei Marathon erwähnt. Das T. im ursprünglichen Sinn des Wortes bestand aus einem Stamm oder Pfahl (oft mit Querholz) und trug die Waffen des Feindes: Helm, Panzer, Schild usw. Dargestellt waren solche Tropaia beispielsweise schon am Fries des Niketempels auf der Akropolis und am Heroon von Gjölbaschi → Trysa. Seit der → Nikebalustrade wird das Motiv der ein T. errichtenden Nike sehr beliebt (am häufigsten auf Münzen, dort auch Tropaia allein). In dieser Form übernahmen auch die Römer und Kelten das T.: Münzen nach dem Pyrrhoskrieg; zahlreiche Tropaia in Darstellungen von Gefangenen; bes. Reliefs von Adamklissi, am Triumphbogen von → Glanum und Carpentras, in Rom an der Trajanssäule, am Severus- und Konstantinsbogen, ferner am Triumphbogen von Tripolis. Auch auf Grabdenkmälern (z.B. der Caecilia Metella) dieser Spätzeit ist das T. als Emblem vertreten. E. Bg.

Lit: A. Furtwängler, Gemmen mit Künstlerinschriften, JdI 3, 1888, 204 f. – F. Studniczka, Die Siegesgöttin, 1898, 21 Abb. 45 – K. Woelcke, Beiträge zur Gesch. des T.s, BJbb 120, 1911, 127–235 – F. Lammert, RE 7 A 1 (1939), 663–673 – F. Eichler, Die Reliefs des Heroon von Gjölbaschi-Trysa, 1950, 60 Taf. 14 – G.Ch. Picard, Les trophées romains, 1957 – A.J. Janssen, Het antieke tropaion, 1957 – E. Berger, Kunstwerke der Antike aus der Sammlung Käppeli, 1953, E 4.

Tropaiophoren (*τροπαιοφόρα*), griech. Bezeichnung für die röm. → Viktoriaten in delischen Inschriften. W. Schw.

Lit: L. Robert, Études de num. grecque, 1951, 159 – Ders., Hellenica 8, 1950, 88.

Tropen (*τρόποι*, tropi oder verba translata), Einzelwörter in übertragener Bedeutung, Gegenstand der Figurenlehre der → Rhetorik (D 1). H.H.

Lit: Volkmann, 415 ff. – Lausberg, I 282–307 – Kennedy, Persuasion, 297 ff.

Trophe, der ‹Lebensunterhalt›, hier: die Versorgung der Bürger durch den griech. Staat. Sie entsprach dem griech.

Ideal des Staatsrentnertums, das seit frühen Zeiten in den Brot- und Fleischverteilungen aus Opfern und in der Aufteilung der staatlichen Einkünfte (etwa aus den →Bergwerken) an die Bürger seinen Ausdruck gefunden hat. In Athen wurden bereits im 6.Jh.v.Chr. Kriegswaisen und -invaliden vom Staat versorgt, verdiente Bürger durch die Speisung im →Prytaneion. Zur Aufrechterhaltung der Demokratie und der Hegemonie im 1.→Att. Seebund wurde die T. zahlreicher Bürger für Athen lebensnotwendig; deshalb wurde seit →Perikles eine stets wachsende Zahl von Besoldungen (Mistophora) geschaffen: für Ratsherren (Buleutikon), Richter (Dikastikon) und Teilnehmer an der Volksversammlung (Ekklesiastikon). Ihre Einführungstermine sind strittig, mehr noch die der →Diobelie und der →Theorika, die Geldverteilungen des Staates ohne Leistung der Bürger darstellten. H.Br.

Lit: J.J.Buchanan, Theorika, 1962 (Lit).

Trophonios, böot. Heros (Legende Paus.9,37,4f.), ursprünglich wohl chthonischer bzw. Fruchtbarkeitsgott, mit Orakel in einem großen Heiligtum am Unterweltseingang bei Lebadeia (Lukian. Nek.22), das mindestens seit 6.Jh. (Hdt.1,46 u.ö.), später z.B. von →Epameinondas, →Amyntas, →Philipp u.a. befragt wird (Polyain.2,3,8; IG 7, 3055; Ael. VH 3,45; anders Sulla: Plut. Sull.7,1ff.) und bis in christliche Zeit blüht. Die Schwelgerei der Priester wird früh verspottet (Kratin. Fr.218ff. K.; Men. Fr. 462ff.K.), ebenso die eigenartigen, im Hellenismus dem Zeitgeschmack angepaßten Riten (Paus.9, 39,6ff.; Max. Tyr.8,2; Schol. Aristoph. nub.508): nach Aufenthalt im Haus des →Agathos Daimon unter Beachtung von Reinlichkeits- und Speisegeboten, nach Geißelungen, verschiedenen Opfern mit →Hieroskopie, Gaben, Ölung, Bad, Trunk und Gebet wird der Konsultant selbst (Strab.9,2,38; selten ein Vermittler: Hdt.8,134) in bes. Kleidung durch ein enges Loch in eine unterirdische Höhle gerissen, wo er, durch Schlangen erschreckt, die er mit Opferkuchen besänftigt, den T. selbst sieht oder hört; später deuten ihm Priester seine Erlebnisse. Spezialschriften: Dikaiarch (Fr.18ff. W., vgl.13ff.), dagegen Plutarch (Katal. Lampr.181; vgl. auch mor.589Fff. C.J.C.

[2] In der *Legende* ist T. Stiefsohn des *Agamedes* und Baumeister. Sie bauten den delphischen Apollontempel und das Schatzhaus des Königs Hyrieus von Hyria, dann ein Schatzhaus für Augias in Elis. Hier brachten sie einen Stein so an, daß sie ihn später ständig unbemerkt herausnehmen und Schätze entwenden konnten. Als A. dabei schließlich in eine von Augias gestellte Falle getreten war, schlug T. ihm das Haupt ab und beseitigte es, damit der Verdacht nicht auf ihn selbst fiel, und floh. Bei Lebadeia wurde er infolge eines Gebets des Augias von der Erde verschlungen (Paus.9,37,4f.; Schol. Aristoph. nub.508). Vgl. die Novelle von Rhampsinits Schatz bei Hdt.2,121.

Lit: G. Radke, RE 7A 1 (1939), 678–695 – *Darstellungen:* T. und A. beim Bau der Tholos vielleicht auf einer lakon. Schale (B.B. Shefton, BSA 49, 1954, 302, 6). T. auf Weihreliefs (O.Walter, ÖJh 31, 1938, 61). K.Schb.

Tros, Sohn des Erichthonios und der Astyoche, Gemahl der Kallirhoë, Vater des →Ilos, Assarakos, →Ganymedes und einer Tochter Kleopatra (Apollod.3,140). H.S.

Trostliteratur. [1] Zur T. rechnet man nicht nur Schriften, die bei einem Trauerfall zum Trost der Betroffenen verfaßt sind, sondern auch solche, die ohne unmittelbaren Anlaß gegen Widrigkeiten verschiedenster Art die passenden gedanklichen Hilfen vorsorglich vermitteln sollen (vgl. Cic. Tusc.3,81). Die reichhaltigste, wenn auch nur kompilatorisch zusammengestellte Trostschrift ist die unter →Plutarchs Namen überlieferte ‹Consolatio ad Apollonium›. Von Plutarch selbst sind erhalten ein Trostschreiben an seine Frau und eine Abhandlung über die Verbannung. Unter den erhaltenen lat. Trostschriften ragen hervor die drei Consolationes →Senecas (2; Ad Marciam, Ad Helviam matrem, Ad Polybium); von seinen Briefen an Lucilius (1) kommen vor allem 63.93.99 in Betracht, dazu die verkürzt überlieferte Schrift ‹De remediis fortuitorum›. Weitere wichtige griech. und lat. Trostschriften im engeren und weiteren Sinn sind: Der pseudoplatonische Dialog ‹Axiochos›; →Philodem, ‹Über den Tod›; →Lukrez, Schlußpartie des 3. Buches; →Ciceros Tusculanen 1–3, der Cato maior und mehrere Kondolenzschreiben in den Briefen Ad familiares, z.B.5,16 und bes.4,5 (von Servius →Sulpicius (12) Rufus); die unter Ovids Namen gehende →‹Consolatio ad Liviam›. Trostmotive finden sich in →Leichenreden, →Grabepigrammen, den Epikedien des →Statius (1) und verwandten Gedichten.

[2] In die Vorgeschichte gehören epische und tragische Tröstungsszenen wie Hom. Il.5,381ff., Soph. El.121ff., sowie die sonst in der älteren Poesie vereinzelt auftretenden Trostargumente, die teils direkt, teils durch Florilegien vermittelt in den Bestand der späteren T. eingehen. Die Idee der Überwindung des Leides durch die Kraft vernünftiger Rede ist in der →Sophistik konzipiert worden. →Antiphon soll eine Art seelenärztliche Praxis eröffnet und sich anheischig gemacht haben, jede Betrübnis hinwegzuräsonnieren (VS 83 A6). Konsolatorischer Tätigkeit gingen im Rahmen ihrer praktisch gerichteten Seelenheilkunde →Kyniker und ihnen nahestehende Popularphilosophen nach; literarischer Niederschlag in den Traktaten des →Teles. Die zugrunde liegende ethische Problematik wurde in den Moralsystemen der großen hellenist. Philosophenschulen herausgearbeitet. Den →Stoikern, die gegen die von →Akademikern und →Peripatetikern vertretene Mäßigung der →Affekte (Metriopathie) das Prinzip der Unterdrückung der Affekte (Apathie) verfochten, galt die Trauer als verwerflicher Affekt, ihr Anlaß als bloß scheinbares Übel. Doch empfahl →Chrysipp (2) in seinem Therapeutikos, dem für die stoischen Seelenärzte richtungweisenden Leitfaden, auf abweichende Grundüberzeugungen der vom Affekt Befallenen bei der Tröstung Rücksicht zu nehmen. Ein den →Epikureern eigentümliches Heilverfahren zielte darauf ab, die Betrübnis durch lebhafte Vergegenwärtigung vergangener und erhoffter Lust aus dem Bewußtsein zu verdrängen (Cic. Tusc.3,33). Von der platonischen Abwertung der irdischen Existenz inspiriert war die Trostschrift des Akademikers →Krantor (Über die Trauer), die zu großer Berühmtheit gelangte und von Späteren viel benützt wurde. Der Stoiker →Panaitios empfahl sie seinem Freund Q. Tubero, dem er eine Schrift ‹Über das Ertragen des Schmerzes› widmete, zum Auswendiglernen, und →Cicero nahm sie sich zum Muster, als er nach dem Tod seiner Tochter Tullia sich selbst eine Consolatio verfaßte. In der Kaiserzeit breitete sich die T. im gleichen Maße wie die philosophische Seelsorge aus. Bei Trauerfällen holte man einen Philosophen ins Haus, der Trost spenden sollte (Plut. De superst.7, 168c W.; Dio Chr.27,9). Für hochgestellte Personen besorgte das der ‹Hausphilosoph›; der des Augustus, →Areios Didymos, tröstete →Livia nach dem Tode des →Drusus (1) und veröffentlichte seinen Zuspruch in einer Schrift, aus der Seneca (dial.6,4,2ff.) ein Stück mitteilt. Konkurrenz machten die Rhetoren. Cicero hatte die consolatio als Funktion des idealen Redners beansprucht (De orat.2,35, vgl.3,118). Durch Konsolationsdekrete griech. Städte in der Römerzeit wurden Trostredner aufgeboten (inschriftlich erhalten vor allem von der Insel Amorgos, IG XII 7). Beileidschreiben gehörten zum Übungsstoff der kaiserzeitlichen Rhetorenschule (Theon prog. p.115ff. Sp.); damit stehen die uns erhaltenen fiktiven Kondolenzbriefe berühmter Personen im Zusammenhang (z.B. Phalaris epist.10 H.). Anweisungen zur Ausarbeitung von Grab- und Trostreden bei →Dionysios (16) von Halikarnaß (rhet.6) und dem Rhetor →Menander (4; p. 413f., 418ff. Sp.). – Christl. Autoren suchten die traditionellen Trostargumente mit den Verheißungen und Vor-

schriften der neuen Religion zu verbinden, so → Hieronymus (1) im 60. Brief. Großen Einfluß auf das Mittelalter übte die Consolatio philosophiae des → Boethius aus. Reproduktion zahlreicher antiker Trostargumente bei Montaigne, Essais I 20; glänzende Parodie in Sterne's Tristram Shandy 5, 3. R.K.

Lit: C. Martha, Les cons. dans l'antiquité, in: Etudes morales sur l'antiquité, 1883, 135–189 – Ch. Favez, La cons. lat. chrétienne, 1937 – R. Kassel, Unters. z. griech. u. röm. Konsolationsliteratur, 1958.

Tryphon, alexandrin. Grammatiker, 1. Jh. v. Chr. Umfangreiche Sammeltätigkeit auf allen Gebieten der Grammatik: Formenlehre, Akzentlehre, Orthographie, Dialektlehre, Lexikographie. In nicht mehr feststellbarem Ausmaß sind seine Arbeiten in die Werke der großen Grammatiker des 2. Jh.s, → Apollonios (8) Dyskolos und → Herodian (1), eingegangen. Unter seinem Namen erhaltene Schriften sind unecht oder gehen höchstens indirekt auf ihn zurück. D.F.

Frg: A. de Velsen, 1853 (Nachdruck 1965) – *Lit:* C. Wendel, RE 7A 1 (1939), 726–744.

Tryphoninus, Claudius, röm. Jurist, Zeitgenosse → Papinians, Mitglied des Consilium des Septimius Severus, Schüler des → Cervidius Scaevola. Schrieb 21 Bücher Disputationes (abgefaßt 211/212, vermutlich unvollendet); ferner Notae zu Scaevolas Digesten und Responsen. H. Hb.

Lit: E. Seidl, Eranion für Maridakis I, 1963, 231 ff.

Trysa (beim heutigen Gölbaşı), kleiner Ort der S-Küste Kleinasiens in Lykien (Kt. 1152 K6). Außen an der Stadtmauer Grabbezirk aus dem 5. Jh. v. Chr. mit Reliefszenen an der Umfassungsmauer (Szenen aus dem Trojan. Krieg, Freiermord u. a. aus der griech. Sage). E.M.

Lit: F. Eichler, Die Reliefs des Heroons von Gjölbaschi-T., 1950.

Tubertus → Postumius.

Tubilustrium, Reinigung und Heiligung der Kriegshörner am 23. März und 23. Mai zu Beginn des Sommerfeldzuges (Varro ling. 6, 14; Ov. fast. 3, 849 f.; 5, 725 f.; Fest. 480 f. L.). Die Verdoppelung des Festes ist noch nicht hinreichend erklärt. Vgl. → Equirria. H. Le B.

Lit: Latte, 117 f.

Tucca → Plotius.

Tudḫalijas, Name → hethitischer Könige: T. I., etwa 1600 v. Chr., König von Kussar; von ihm ist nichts bekannt. – T. II., anscheinend ein Usurpator, der das sog. Neue Reich gründete, etwa 1450 v. Chr. – T. III., etwa 1400 v. Chr., kämpfte z. T. unglücklich gegen die Länder Arzawa, Hajaša und die Gasgas. – T. IV., etwa 1230 v. Chr.; unter ihm spitzte sich der Gegensatz gegen Assur (→ Tukultī-Ninurta I.) so zu, daß er eine Handelsblockade verfügte. Im Westen begannen die Schwierigkeiten mit Arzawa und → Aḫḫijawa, die anscheinend der Anfang des kurz darauf eintretenden Endes des Ḫatti-Reiches waren. W. Hk.

Tübinger Theosophie, eine 1880 von K. J. Neumann in einer Tübinger Hs. entdeckte und 1889 durch K. Buresch erstmalig edierte Sammlung von → Orakelsprüchen (sog. *Χρησμοὶ τῶν Ἑλληνικῶν θεῶν*), die frühestens gegen Ende des 7. Jh.s n. Chr. zusammengestellt wurde, letztlich jedoch auf die theosophische Spekulation der Neuplatoniker zurückgeht. Sie stellt einen Auszug aus den Büchern 8–10 einer im letzten Viertel des 5. Jh.s n. Chr. abgefaßten, ursprünglich 11 Bücher umfassenden *Θεοσοφία* dar, die uns außer in der Tübinger Theosophie auch sonst in Fragmenten faßbar ist. Ihr Ziel ist der Nachweis, daß die griech. Weisheit nicht im Widerspruch zur christl. Wahrheit stehe, diese vielmehr mit vorbereitet habe. E.V.

Ed: H. Erbse, Fragmente griechischer Theosophien, Hamb. Arbeiten z. Altert.wiss. 4, 1941 (Lit) – *Lit:* K. von Fritz, RE 5 A 2 (1934), 2248–53.

Tür (*θύρα*). [1] In der *griech.* → *Architektur* meist 2flügelige Bohlen-T.n, die durch drei mit Ziernägeln beschlagene Querbohlen (*ζυγόν*, Joch) versteift wurden und sich mittels Zapfen in entsprechenden Pfannen der steinernen Schwelle und des Sturzes drehten. Monumentale *Türgewände* kret.-myk. Bauten wurden reich verziert (Löwentor, Atreusgrab von → Mykene), bei griech. Bauten durch kymatiengeschmückte (→ Ornament A 3), bemalte Bohlen verkleidet (ursprünglich zum Schutz der Lehmziegel-Leibungen, Heraion von → Olympia) oder, vornehmlich in Ionien, als reich ornamentierte, marmorne Rahmen (mit Fascien und Kymatien, über dem Sturz ein von Konsolen getragenes Gesims) ausgebildet. (Siphnier-Schatzhaus in → Delphi, Tempel auf → Naxos und → Paros, Erechtheion von → Athen) Prachttüren mit Edelholz- und Elfenbeinintarsien (Asklepios-Tempel von → Epidauros) und figürlichen Elfenbeinschnitzereien (Athena-Tempel von → Syrakus). Monolithe, die Holzform bewahrende T.en in makedon. Grabkammern (→ Grab C 3). G. Gb.

[2] In der *röm.* → *Architektur.* Die kanonische Form der den Ordnungen (→ Tempel D 2) entsprechenden *Tempel-T.en* beschreibt Vitruv (4, 6) unter genauer Angabe der tektonischen Glieder und Proportionen für T.-Rahmen und -Flügel (dor., ion. bzw. korinth. und att. Gattung). Steinerne T.-Rahmen röm. Tempel, meist aus Marmor, sind mehrfach erhalten (z. B. Cori, Tivoli, Nîmes, Ankara, Baalbek u. a., bes. in Syrien), bronzeverkleidete T.-Flügel am Pantheon und am Mausoleum des Romulus am Forum Romanum (→ Grab), holzgeschnitzte am Westeingang von S. Sabina in Rom (423 n. Chr.) und von S. Barbara (Kairo, 5. Jh.). – Zweiflügelige T.en, einen *heiligen Bezirk oder Palast* verschließend, sind auf pompejan. Wandfresken deutlich wiedergegeben (z. B. in den Cubicula der Mysterienvilla und der Villa in Boscoreale). Marmorne Palast-T.en gehören zum festen Bestand der röm. *Bühnenfront* (valvae regiae bzw. hospitales, → Theater, → Szenafrons; erhalten in Ephesos, Sagalassos u. a.); vgl. auch die Haupt- und zwei Neben-T.en im Palast von Spalato. Fassaden *profaner Bauten* in Ostia betonen die T. durch einen ädikulaartigen Rahmen in Backsteinarchitektur, hölzerne, erzbeschlagene T.-Flügel pompejan. Häuser sind im Lavaschutt als Negativform, Reste einer Falt-T. im Atrium eines Hauses in Herculaneum (III, 11) erhalten. Einfach profilierte, quadratische Marmorrahmen öffnen die Tabernen in den trajan. Mercati in Rom. Auch im → *Grabbau* legte man bes. Wert auf die Gestaltung der T.en (Gräber in Rom, Ostia; Grabfassaden in Petra). C.K.

Lit: H. Klenk, Die antike T., Diss. Gießen, 1924.

Tuff (*πῶρος*, tofus), in der Antike gemeinsame Bezeichnung für den *Kalktuff* und den davon grundverschiedenen *vulkanischen* T. oder *Peperin;* man unterschied vielmehr nach dem Festigkeitsgrad des porösen Gesteins, nämlich zwischen der feuerfesten, vulkanischen structura mollis (lapis Albanus, Gabienus; ferner aus Rubae, Fidenae, bes. Gegend von Tarquinia) und der structura temperata des nicht feuerfesten → Kalksteins von Tibur (Travertin). Für Fundamente und Mauerwerk, bes. im sog. Netzwerk (→ Architektur II A 2). Leicht schneidbar. Anderes vulkanisches Gestein: *Basaltlava* (Straßenpflasterung); sog. *Cruma* (Lavaschaum) im Bruchsteinmauerwerk und zur Entlastung beim Gewölbebau. Vgl. → Steine. C.K.

Q: Vitr. 2, 7, 1; Plin. nat. 36, 166 – *Lit:* Blümner, Technologie III 57 f. 63 ff.

Tukultī-Ninurta I., assyr. König, 1235–1198, ‹Ninos› in der Legende des → Ktesias (bei Diod. 2, 1–7). Seinen Sieg über den babylon. König Kaštiliaš IV. feiert ein Epos. Babylon wird erobert, die Statue → Marduks weggeführt. T. zieht sich später in die neuerbaute Residenz Kār-T. zurück, wo er ermordet wird. Vgl. → Mesopot. Reiche B [3]. W.R.

Ed: E. Weidner, Die Inschriften Tukulti-Ninurtas I. und seiner Nachfolger, 1959.

Tullia, zwei Töchter des röm. Königs → Servius (2) Tullius, von denen die jüngere Aruns Tarquinius, die ältere L. → Tarquinius (3) Superbus heiratete. Die Gattin des Aruns stiftete Superbus an, ihren Gatten und ihre Schwester zu töten und sie selbst zu ehelichen. Dann ließ sie durch Superbus ihren Vater Servius Tullius stürzen, wobei der greise König unterhalb des Esquilins den Tod fand. T. fuhr mit ihrem Wagen über die Leiche des Vaters hinweg. Der Ort der Untat hieß von da an vicus sceleratus. Die Erzählung lag bereits vor Beginn der röm. Geschichtsschreibung fertig vor. R.W.

2. **T.** (ca. 78–45), Tochter Ciceros, 63–57 verheiratet mit C. Calpurnius Piso Frugi (gest. 57), seit 56 mit Furius Crassipes, 50–46 mit P. → Cornelius (11) Dolabella. Ihr Vater liebte sie abgöttisch, ihr Tod (45) traf ihn schwer. Chr. M.

Tullius Cicero, Q. (102–43, praet. 62), Bruder → Ciceros, studierte mit ihm in Athen. 61/59 Statthalter in Asia, 57/56 Legat des → Pompeius (2) in Sardinien. 54/51 Legat → Caesars. 54/53 behauptete er sich im Winterlager gegen die Nervier. 51/50 mit seinem Bruder in Kilikien. Im Bürgerkrieg auf Pompeius' Seite, nach Pharsalus ging er zu Caesar über. Später Versöhnung der Brüder. 43 wurde er proskribiert und getötet. Er war verheiratet mit → Atticus' Schwester Pomponia, wenig glücklich. 65 verfaßte er wahrscheinlich das unter seinem Namen überlieferte Commentariolum petitionis. Wir besitzen 3 Bücher Briefe seines Bruders an ihn (60–54 geschrieben). Chr. M.

Ed: W. S. Watt, Comm. petit., in: M. Tulli Ciceronis Epistulae III, OCT, 1958 (Lit).

2. **T. Cicero,** M. (cos. 30 v. Chr.). Sohn des Redners und der Terentia, geb. 65. 51/50 mit dem Vater in Kilikien, zeitweilig bei König → Deiotaros. März 49 erhielt er in Arpinum die toga virilis. Er begab sich dann zu → Pompeius (2), der ihm den Befehl über eine Schwadron verlieh. 46 Ädil in Arpinum, 45/44 Studium in Athen, wo er ein ausschweifendes, kostspieliges Leben führte. Damals schrieb der Vater für ihn ‹De officiis›. 43 als Reiterführer unter → Brutus (2) erfolgreiche Kämpfe gegen C. → Antonius (4). Nach Philippi Flucht zu Sex. → Pompeius (4), 39 Rückkehr nach Rom. T. wird Pontifex, 30 Konsul mit Octavian (→ Augustus). Verschiedene Anträge gegen das Andenken des M. → Antonius (2). Danach Statthalterschaft in Syrien und Asia. Chr. M.

3. **T. Cicero,** Q. (67–43), Sohn des Q. → T. (1) Cicero, Neffe → Ciceros, der ihn während der Abwesenheit des Vaters erzog. 48 ging er mit dem Vater zu Caesar über. Verband sich nach Caesars Tod mit → Antonius (2), später mit → Brutus (2). 43 mit Cicero proskribiert und ermordet. Chr. M.

Tullius, vgl. auch → Cicero, → Servius, → Tiro.

Tullus Hostilius, nach der → Romsage der dritte König Roms, kriegerisch, unterwirft → Alba (2) Longa (→ Mettius, → Horatier), dessen Bewohner nach Rom übersiedeln (Caelius Mons): Vermehrung der → Ritter, neue → Patrizier-Geschlechter, bekriegt Veji, Fidenae u. a.; auf ihn werden die → Saturnalien, der Bau der → curia Hostilia und des → Comitium zurückgeführt; religiöse Bräuche vernachlässigt er; durch einen Blitz Juppiters getötet. C. J. C.

Tunica, röm. Leibgewand für beide Geschlechter. Wollhemd, aus zwei Teilen (plagulae) geschnitten und vernäht. Reichte bis zu den Knien. Ursprünglich ohne Ärmel, kommt in der Kaiserzeit die *T. manicata* auf, aus der sich die *Dalmatica* entwickelte. War auch mit → Clavi verziert; die T. mit latus clavus trug man ungegürtet. Gelegentlich zwei T. übereinander getragen (*T. interior* oder *subucula*). Vgl. → Kleidung. F. E.

Turbo Fronto Publicius Severus Iulius, Q. Marcius, Centurio in Aquincum unter Hadrian Statthalterschaft in Pannonien (107/108), ca. 113 Flottenpräfekt, von → Trajan 117 mit der Niederwerfung des Judenaufstandes in Ägypten betraut und mit dem Titel eines praefectus Aegypti ausgestattet, beim Regierungsantritt seines Freundes Hadrian als procurator zur Unterdrückung einer Revolte nach Mauretanien entsandt, nach Erfolgen dort 118 Militärkommando mit Sondervollmachten in Pannonien und Dakien (Hist. Aug. Hadr. 6, 7; 7, 3). Nach der Absetzung des P. Acilius → Attianus wurde M. 119 praefectus praetorio; ob ihm dieses Amt, das er mit Fleiß und Redlichkeit verwaltete (Cass. Dio 69, 18, 1–4), noch von Hadrian wieder entzogen wurde (vgl. Hist. Aug. Hadr. 15, 7), ist nicht sicher. K. H. Sch.

Turfan. Nach dieser Oase in der zentralasiatischen Steppe, an der Nordstrecke der alten Seidenstraße, wurden eine Landschaft mit Siedlungen und buddhistischen Kultstätten und später die ost-westliche Mischkunst des gesamten Tarimbeckens benannt (bedeutende Gemäldezyklen und andere Funde, heute in Berlin, Delhi, Paris: Musée Guimet). Die buddhistischen Höhlenheiligtümer und die massiven Lehmziegeltürme mit Kultnischen für den Buddha gehören religionsgeschichtlich dem ind. Kulturkreis an. Freibauten aus luftgetrockneten Lehmziegeln – quadratische Stupas und Tempel mit Trompenkuppeln sowie iwanartige Bauten mit Tonnengewölben parabolischen Querschnitts – stammen aus der → sassanid. Überlieferung. Die frühesten Wandgemäldezyklen scheinen die des 3. Jh.s n. Chr. von → Miran mit Nachwirkungen der → Gandharakunst zu sein. Später wurden antike Elemente immer mehr durch die einheimischen orientalischen überlagert. Motive der antiken Mythologie wie → Ganymed wurden wie schon in der Kunst von → Gandhara gemäß der ind. Symbolik interpretiert. K. F.

Lit: A. von Le Coq, Die buddhist. Spätantike in Mittelasien, 1922 bis 1933 – H. Härtel, Ind. und zentralasiat. Wandmalerei, 1959 – M. Bussagli, Die Malerei in Zentralasien, 1963.

Turia → Laudatio Turiae.

Turma, eine Unterabteilung der → Ala, geführt von einem → Decurio. Die taktisch selbständigen Alae der Kaiserzeit bestanden aus 16 Turmae zu je 30 (33) Reitern oder aus 24 Turmae zu je 40 Reitern. Die T. wurde meist nach ihrem Führer benannt. G. G.

Turmschild, in myk. Zeit Hauptstück der Rüstung; in der Form einer Eieruhr, rief gewölbt, bestand er aus mehreren Lagen Rindsleder, Metallrand und -zieraten, deckte den ganzen Mann, ἀσπὶς ποδηνεκής (Hom. Il. 2, 389; 15, 646), und hing an einem Riemen, τελαμών (Hdt. 1, 171), über die linke Schulter und den Nacken. W. K.

Lit: H. Ostern, Die Bewaffnung bei Homer, Diss. München 1909 – H. Lorimer, Homer and the Monuments, 1950.

Turnus, Sohn des Daunus, König der Rutuler in Italien zur Zeit der Ankunft des → Aeneas, den er heftig bekämpft – entweder als Bundesgenosse des Königs → Latinus, um dessen Tochter Lavinia er wirbt, bzw. als treibende Kraft zum Krieg (Verg. Aen.), oder gegen Latinus und Aeneas zusammen. L. H.

Turpilianus → Petronius.

Turpilius, S., letzter Dichter von → Palliaten (→ Komödie II), 103 v. Chr. in hohem Alter in Sinuessa gest. Die 13 erhaltenen Titel sind (wie bei → Terenz) alle griechisch, z. B. Boethuntes (‹Die Helfenden›), Hetaera, Lemniae (‹Die Lemnierinnen›). Die Leucadia nimmt das Motiv von Sapphos Sturz ins Meer auf. Der Demiurgus wurde noch z. Z. Ciceros (epist. 9, 22, 1) von → Roscius (2) aufgeführt. Die ca. 200 erhaltenen Verse stehen ganz in der altlat. Komödientradition. H. M.

Frg: CRF 85–111 – *Lit:* L. Rychlewska, Turpilii Comici Fragmenta, 1962.

Turpio → Ambivius.

Tusca, Flüßchen in Nordafrika (heute Oued el-kebir bei Tabarka). Seit 146 v. Chr. Ostgrenze des numidischen Königreiches des → Massinissa. In röm. Zeit Westgrenze der Africa proconsularis gegen Numidia. R. F.

Tusculum, Stadt in Latium auf den Montes Tusculani, den westlichen Ausläufern der Albanerberge (Kt. 1420 E6; heute Frascati). Name vielleicht im Zusammenhang mit etrusk. Beherrschung. T. spielte eine bedeutende Rolle in der Frühgeschichte Roms. Ursprungsort vieler vornehmer röm. Familien, darunter der → Porcii Catones. Seit spätrepubl. Zeit wurden hier Villen reicher Römer angelegt, darunter → Ciceros Tusculanum, das ursprünglich → Sulla gehörte, Ciceros Lieblingsaufenthalt und Schauplatz der ‹Tuskulanischen Gespräche›. Von der Stadt sind der Verlauf der Stadtmauer, geringe Reste des Amphitheaters und ansehnliche des Theaters sowie Spuren mehrerer Tempel und die Lage von über 130 Villen festgestellt. B. A.

Lit: McCracken, RE 7 A2 (1948), 1463 ff.

Tutenchamun (*Nb-ḫprw-R*ʿ, 1342–33), letzter König der ausgehenden 18. Dyn., kam als Kind auf den Thron. Wurde in einer kleinen Grabanlage im Königsgräbertal beigesetzt; da sie bei der Anlage des Grabes Ramses' VI. völlig verschüttet wurde, entging dieses Grab als einziges den Grabräubern am Ende der Ramessidenzeit und wurde am 4. 11. 1922 fast unversehrt durch Lord Carnarvon und Carter aufgefunden. Die dabei gemachten Funde sind bes. für die Kenntnis des ägypt. Kunsthandwerks von großer Bedeutung. Vgl. → Theben. W. Hk.

Lit: H. Carter, Tutenchamon 1935 ff.

Tutulina (Tutilina), röm. Schutzgöttin der eingebrachten Ernten; → Seia. Es scheint jedoch, daß T. zuweilen als eine Schutzgöttin im weiteren Sinn aufgefaßt wurde (Varro ling. 5, 163; sat. Men. Frg. 216 Buech.). H. Le B.

Tyche. Der *Begriff* *τύχη* meint eindeutig das Treffen, das ohne Zutun des handelnden Menschen geschieht und das Glück (Eutychia) oder Pech und Unglück (Atychia) bringt, aber auch das Glück, das man als Mensch haben muß, damit das Erstrebte gelingt. Daneben zeichnen sich zwei prägnante Bedeutungen ab: 1. Das Gefühl menschlicher Ohnmacht führt zur These, daß es in allen Dingen überhaupt nur auf das Glück, T., ankomme (so schon, zusammen mit Moira, Archil. Fr. 8 D.; vgl. Theogn. 129 f.). – 2. Ereignisse, deren Zustandekommen man nicht dem planenden Willen der hohen Götter zuschreiben mag, weil sie zu unbedeutend oder zu unbegreiflich sind, werden auf T. geschoben. – Schließlich redet der Grieche von T. überall dort, wo er eine eigene Fehlleistung entschuldigen möchte, oder dort, wo sein Glaube an die alten Kultgötter nicht mehr ausreicht und er doch eine Macht nennen will, die hinter allen vom Menschen ungeplanten Ereignissen steht. – Als göttliche *Person* (→ Personifikation) erscheint T. schon früh (nicht bei Homer: s. Macr. 5, 16, 8): bei Hes. theog. 360 und Hom. hymn. Dem. 420 unter den Töchtern des Okeanos, also wohl das Glück bei der Seefahrt repräsentierend; bei Alkman Fr. 44 D. ist sie spielerisch Schwester von Eunomia und Peitho, Tochter der Promatheia: sie ist also da das Gelingen, mit dem ein verständiges Planen rechnen darf. An die Retterin T. ist Pind. Ol. 12 gerichtet: Sie ist Tochter des Zeus und wird beschrieben als die Macht, die Seefahrt, Krieg und das Geschick der Staaten lenkt, oft zu Erfolge, aber immer unberechenbar. Auch ein Hymnos Pindars war an sie gerichtet, nannte sie eine der Moiren, Schützerin und Fürsorgerin des Staates, aber auch eigensinnig und ‹ein doppeltes Steuerruder führend› (Fr. 19–21 B.). Da ist schon die hellenist. T. sowohl als Inbegriff der Unberechenbarkeit wie auch als Stadtherrin vorgebildet. Von T. im ersten Sinne reden dann bes. die Neue → Komödie, die att. → Redner, die hellenist. → Geschichtsschreibung (I B) und Popularphilosophie; die Belege sind sehr zahlreich. – Der *Kult* der T. ist verhältnismäßig weit verbreitet, wenn auch in vorhellenist. Zeit nirgends sehr bedeutend und generell schwerlich älter als das 6. Jh. v. Chr. Athen hat einen inschriftlich bezeugten Kult der → Agathe Tyche. Einen Tempel der T. mit einem von → Praxiteles geschaffenen Kultbild hatte Megara (Paus. 1, 43, 6). Einen ebensolchen Tempel besaß Theben, wobei das Kultbild der T. in den Armen das Kind → Pluton, also den Reichtum, den man mit Glück erlangt, trug (Paus. 9, 16, 1/2). Uralt zu sein behauptet der T.-Tempel in Argos (Paus. 2, 20, 3), Pausanias nennt noch die Tempel in Korinth (2, 2, 8), Sikyon (2, 7, 5), Megalopolis (8, 30, 7), Elis (6, 25, 4), außerhalb des griech. Mutterlandes noch denjenigen in Smyrna mit einem Kultbild von → Bupalos (4, 30, 6); in Syrakus soll nach Cic. Verr. 2, 4, 119 ein alter T.-Tempel dem ganzen Stadtteil Tycha den Namen gegeben haben. Von den Kultbildern der T. sind (bes. bei Paus. a. O.) ziemlich viele Beschreibungen, auch Repliken erhalten. T. war als Gottheit ohne mythologische Individualität, aber bedeutungsreich und hat vom 4. Jh. v. Chr. an die Künstler verlockt, allegorisch darzustellen, was man von ihr erhoffte und befürchtete. – Eine Sonderentwicklung hat T. im Hellenismus als → Stadtgöttin neugegründeter Griechenstädte, bes. Antiochias, erfahren. – Vgl. → Fortuna. O. G.

Darstellungen: T. Dohrn, Die T. v. Antiochia, 1960 – P. R. Franke-R. Horn, Gnomon 35, 1963, 404–410 – K. Schefold, Fortuna aus Augst, Urschweiz 17, 1953, 41–50 – M. F. Scarciapino, EAA III, 1960, 726 f.

Tydeus, Sohn des → Oineus von Kalydon und der → Periboia (3) (o. a.). Muß wegen eines Mordes aus der Heimat fliehen. Zu Ankunft in Argos, Streit mit Polyneikes, Heirat mit der Tochter des → Adrast, Deipyle (Apollod. 3, 57–59; Sohn: → Diomedes), Gesandtschaft nach Theben und Teilnahme am Zug der ‹Sieben gegen Theben›, s. d. Auf Befehl Athenes tötete er dabei Ismene, die Geliebte des Periklymenos. Als er tödlich verwundet wird, will die Göttin T. unsterblich machen, unterläßt es aber, da T. in unersättlichem Haß das Hirn seines Gegners Melanippos aussaugt. Nach anderer Version war Melanippos von Amphiaraos erschlagen, und dieser, der T. haßt und als Seher weiß, was jener tun wird, reicht ihm das Haupt, um ihn so um die Unsterblichkeit zu bringen (Apollod. 3, 75–77). K. Schb.

Lit: Preller-Robert II 3, 924 ff. – W. Aly, RE 7 A2 (1948), 1702–1709 – *Darstellungen:* Ermordung Ismenes auf korinth. Amphora; T. mit Polyneikes bei Adrast auf chalkid. Krater; unter den Sieben auf etrusk. Skarabäus; mit dem sterbenden Meleager auf unterital. Vase. Vgl. J. Schmidt, Tydeus, ML V, 1400–1403 – Hampe-Simon, 21–25. 27 f. 46 – Schefold, FS, Taf. V. K. Schf.

Tylissos, antike (vorgriech.) Bezeichnung eines ca. 12 km westl. von Iraklion (→ Kreta) auf einem Hügel an den Ausläufern des Ida gelegenen Ortes mit vornehmen Herrenhäusern. Älteste Funde aus der frühminoischen Periode. Kontinuierlich bis in die griech. Zeit bewohnt. Drei min. Bauperioden. Am bedeutendsten die zweite (Ende MM bis SM I): Drei selbständige, stattliche, zweistöckige Wohnkomplexe mit Magazinen, Treppen und von Korridoren umgebenen Wohnräumen in Art und Ausführung der großen Paläste. Dritte Periode: nach der Katastrophe bis zur Dorerherrschaft. W. Schg.

Lit: J. Hazzidakis, *Τύλισσος Μινωική*, Ephem., 1912, 197–233 – Ders., Et. de préhist. crét., 1921 – Ders., Les villas minoennes de T., Ecole Franç. d'Athènes, Et. crétoises III, 1934 – G. Daux, Chronique de fouilles 1956, BCH 81, 1957, 617 (zu MM-Siedlungsresten).

Tympanon → Musikinstrumente C 3.

Tynnichos von Chalkis, → Lyriker, Dichter eines berühmten → Päans, der so vollkommen war, daß Aischylos die Bitte der Delphier um einen Päan abgeschlagen haben soll, weil er doch hinter dem des T. zurückbleiben würde (Porph. abst. 2, 18). Außer diesem einen Päan soll T. nichts Bedeutendes geschaffen haben (Plat. Ion 543 D). E.-M. V.

Tyndareos, Sohn des Oibalos und der Bateia oder des Perieres und der Perseustochter Gorgophone, Bruder des → Ikarios, Aphareus, Leukippos und → Hippokoon. Von letzterem aus Sparta vertrieben, von → Herakles wieder eingesetzt (Apollod. 2, 145; Paus. 2, 18, 7. 3, 1, 4). Gatte der → Leda, Vater der → Klytaimestra und eines der → Dioskuren, während der andere meist und → Helena immer als Kind des Zeus gilt. K. Schb.

Typhon (oder Typhoeus), Kind des Tartaros und der Gaia (Hes. theog. 820 ff.) oder nur der Hera (Hom. hymn. 3, 127 ff.; vgl. 159 f. 175 ff.), einer der → Giganten, abnormes Ungeheuer mit 100 Schlangenköpfen, alle mit schrecklichen Stimmen. Nach dem → Titanenkampf streitet er mit

Zeus um die Weltherrschaft. Nach furchtbarem Streit kommt T. in den Tartaros (Hes., a. O.). In anderer Version ist T. erst Sieger, da er Zeus die Blitze raubt oder ihm die Sehnen durchschneidet und wegnimmt; erst als → Hermes sie wieder gestohlen hat, kann Zeus ihn nach weiterem blutigem Kampf besiegen und ihn unter dem Ätna (Aisch. Prom. 367ff.; vgl. Pind. Pyth. 1, 15ff.) begraben (Apollod. 1,40–44; Nonn. Dion. 1, 154ff.; 2). Lokalisiert ist der Kampf bes. in Kilikien, Mysien, Thrakien oder den vulkanischen Teilen Italiens. Nach späterer Sage (Ov. met. 5, 321ff.; Apollod. 1,41) flohen die Götter aus Furcht vor T. nach Ägypten und verwandelten sich in die Tiergestalten der ihnen jeweils entsprechenden ägypt. Götter. – Von → Echidna war T. Vater des → Kerberos, → Orthros und der → Hydra (Hes. theog. 306–318). Auch Vater der Winde.

Lit: Schmidt, ML V 1426–1954 – *Darstellungen:* Kampf von Zeus und T. nach Buschor und Kunze schon in spätgeometr. Erzgruppe und auf protokor. Lekythos (Schefold, FS, Abb. 4, Taf. 4a). Hier ist Typhon (?) als Roßmensch gebildet; mit Schlangenbeinen und geflügelt auf einer chalkid. Hydria in München (Schefold, FS, Taf. 66) und Schildbändern (Kunze 81–88) aus der 1. H. des 6. Jh.s. Unwesen im gleichen Typus mehrfach auf korinth. Vasen, zumindest teilweise wohl auf T. zu beziehen (aber auch → Boreas denkbar). – F. Brommer, MarbWPr 1947, 1ff. deutet den Dreileibigen von der Akropolis, unter Berufung auf Eur. Her. 1271ff., auf T. K. Schb.

Tyrannion, *d. Ä.*, griech. Grammatiker und Philologe, 1. Jh. v. Chr. Lebte in Rom und war mit Cicero befreundet. In Athen entdeckte er unbekannte Teile des Werkes des → Aristoteles; dadurch bereitete er die Ausgabe des wenig jüngeren → Andronikos v. Rhodos vor, an der er vielleicht auch mitwirkte (Strab. 13, 1, 54, p. 609; Plut. Sull. 26). Einer seiner Schüler nahm den Namen seines Lehrers an und ist als *T. der Jüngere* bekannt. Wie die von der Suda mitgeteilten Schriftentitel auf beide zu verteilen sind, ist zweifelhaft. D.F.

Frg: H. Planer, De Tyrannione grammatico, Progr. Joach. Gymn. Berlin, 1852 – *Lit:* C. Wendel, RE 7A 2 (1948), 1811–19 – H. Usener, Ein altes Lehrgebäude der Philologie, SB München 1892 (schreibt T. die Systematisierung der → Grammatik nach einem Vierersystem zu, das in Rom von → Remmius Palaemon aufgegriffen wurde und durch ihn die späteren Grammatiker stark beeinflußte). → Grammatik B [1].

Tyrannis. Das etymologisch dunkle (Lehn?)wort *τύραννος* bezeichnet bei den Griechen seit der archaischen Zeit den Alleinherrscher (übrigens kaum je in offizieller Sprache, und im allgemeinen nur, soweit ihm nicht der Königstitel zukommt). Nach dem Sturz bzw. der Beschränkung des → Königtums war die Regierung der griech. Staaten im allgemeinen an die Bürgerschaft und deren Vertreter übergegangen (→ Griechenland III B). Doch gelang es immer wieder einzelnen hervorragenden Männern, ihre Heimatstadt (und vielfach Gebiete darüber hinaus) unter ihre Herrschaft zu bringen. Bes. häufig begegnen Tyrannen im 7. und 6. Jh. v. Chr. (z. B. → Orthagoras in Sikyon, → Kypselos in Korinth, → Peisistratos (2) in Athen, → Theagenes (1) in Megara, → Thrasybulos (2) in Milet, → Polykrates (1) in Samos). Auf Sizilien brachte das frühe 5. Jh. einen Höhepunkt der T. (→ Deinomeniden in Syrakus, → Theron von Akragas), sie trat hier dann auch von der spätklass. (→ Dionysios I. v. Syrakus) bis in die hellenist. Zeit immer wieder auf, und die Tyrannen von → Syrakus brachten wiederholt die meisten Westgriechen unter ihre Herrschaft. Sehr gern bedienten sich die fremden Oberherrn, die Perser und später die hellenist. Könige, der Lokaltyrannen, um sich die einzelnen Städte gefügig zu halten. – Die Aufrichtung der T. wurde oft durch innere Unruhen, in anderen Fällen durch schwere äußere Bedrängnis begünstigt. Die bereits der antiken → Staatstheorie geläufige Einordnung der T. als Übergangsform zwischen Adelsherrschaft und Demokratie ist so allgemein kaum haltbar, und ebensowenig darf es verallgemeinert werden, wenn wir manche Tyrannen als Führer der Volksmassen emporkommen sehen. Einmal an die Macht gekommen, stützte sich der Tyrann vor allem auf seinen Schatz und die damit geworbenen Söldner. – Die Rechtsform der Tyrannenherrschaft ist in unseren dürftigen Quellen nirgends deutlich faßbar. So viel scheint sicher, daß die Tyrannen einerseits die Stadtverfassung in der Regel bestehen ließen (was nicht notwendig heißt, daß sie sich selbst, und sei es nur zum Scheine, ihr unterordneten; sie konnten wohl auch darüber oder daneben stehen, ähnlich wie die Stadtherren unseres Mittelalters), andererseits aber nach außen hin Verträge im eigenen Namen (nicht in dem ihrer Polis) abschlossen. – Im Prinzip vererbte sich die T., doch erlag sie meist bald dem Freiheitsdrang der Unterworfenen oder auswärtiger Intervention; nach ihrem Sturz wurde sie dann regelmäßig verfemt und jeder Versuch, sie zu ergreifen, als schweres Verbrechen mit den strengsten Strafen bedroht. F.G.

Lit: H. Berve, Wesenszüge der griech. T., HZ 177, 1954, 1–20 – A. Andrewes, The Greek Tyrants, 1956.

Tyro, Tochter des → Salmoneus. Von Poseidon, der ihr in Gestalt des von ihr geliebten Flußgottes Enipeus nahte, Mutter des → Neleus und → Pelias (Hom. Od. 11, 235ff.; Apollod. 1, 91). Die von ihr ausgesetzten Kinder werden von einem Hirten gefunden und aufgezogen. Von ihrem Gatten und Oheim Kretheus war T. Mutter des Aison, Pheres und Amythaon. Eine Zeitlang wird sie von ihrer Stiefmutter Sidero in roher Weise gequält, bis die Poseidonsöhne sie finden und Sidero töten.

Lit: Séchan 219ff. – *Darstellungen:* T. und ihre Kinder bes. auf ital. Denkmälern, bes. etrusk. Spiegeln (Rizzo, Mem. Acc. Nap. 4, 1919, 125ff.; L. Curtius, in: Im Umkreis der Kunst, Festschrift Preetorius 1953 53–66; K. Schauenburg, AuA 10, 1961, 86). K. Schb.

Tyros (heute Ṣūr; Kt. 2196 A 4), phön. Stadt 75 km südwestl. Beirut ursprünglich auf einer Felseninsel gelegen, von → Alexander d. Gr. bei der Belagerung 332 durch einen Damm mit dem Festland und der dort gelegenen Stadt Uschu (= Palaityros) verbunden. Aus der Frühzeit mythische Berichte über T. ohne historische Relevanz. In der → Amarna-Zeit hält König Abimilku von T. Ägypten die Treue. Nach 1200 rasch zu einer der führenden Städte → Phöniziens geworden, gründet T. die Emporien in → Kition, → Leptis, → Hadrumetum, → Karthago, → Utica, → Gades u. a. T. verweigert Tributzahlung an → Tiglatpileser I. (1116–1078 v. Chr.), tritt unter Hiram I. (969–936) in Handelsbeziehungen zu Salomon (gemeinsamer Handel mit Ophir). Unter Ittōbaʿal (887–856) übernimmt T. die Vorherrschaft auch über → Sidon; die Königstochter Isebel heiratet Ahab von Israel (1. Kön. 16, 31). Erst → Tiglatpileser III., → Sargon II. und → Sanherib schränken die Macht von T. erheblich ein, die Inselfestung kann sich aber trotz langer Belagerung die Selbständigkeit bewahren. Auch → Nebukadnezar II. mußte T. 13 Jahre lang belagern, ohne es regelrecht zu erobern. Von → Alexander d. Gr. nach der Eroberung dem Reich eingegliedert, bleibt die Stadt doch autonom (neue Ära 275 beginnend). Auch unter röm. Herrschaft (seit 64 v. Chr.) blühte T. als selbständige Stadt (eigene Münzen) lange Zeit, um 200 n. Chr. wird T. Hauptstadt der Provinz Syria Phoenice. W.R.

Lit: W B. Fleming, The History of Tyre, 1915 – O. Eißfeldt, RE 7A 2 (1948), 1875–1908.

Tyrrhenische Amphoren, Gruppe att. → schwarzfiguriger Halsamphoren gestreckter Form mit kurzem Hals, um 570–540, erst spät als att. erkannt. Die früher übliche Bezeichnung der größtenteils in Etrurien gefundenen Gattung wurde beibehalten. – Ihre Dekoration besteht in drei, vier oder fünf Friesen, wobei der Schulterstreifen meist Bilder erzählenden Inhalts trägt, während die tieferliegenden Friese schematisch gezeichnete Tiere und Ornamente enthalten. Als jüngste att. Tierfriesgattung bilden die T. A. offenbar eine für den Export hergestellte Sonderform. I. Sch.

Lit: Beazley, ABV 94–106 – H. Thiersch, «Tyrrhenische» Amphoren, 1899 – D. v. Bothmer, The Painters of «Tyrrhenian» Vases, AJA 48, 1944, 161–170.

Tyrsener → Etrusker, vgl. → Lemnos.

Tyrtaios, → Lyriker, wirkte zur Zeit des 2. Messenischen Krieges (Mitte 7. Jh. v. Chr.) in Sparta. Über seine Herkunft und Lebensumstände gab es in der Antike widersprüchliche Traditionen: er soll aus Sparta selbst, aus Milet oder Athen stammen, Feldherr gewesen sein, lahmer Schulmeister oder gar verrückt. Was seine Herkunft anlangt, wird bis heute bald die eine, bald die andere These mit wechselnden Argumenten vertreten. – *Werke.* Nach der antiken Tradition schrieb T. 5 Bücher → Elegien. Erhalten sind 10 Fragmente aus Elegien politischen Inhalts (davon 4 vielleicht vollständige) und stark zerstörte Reste auf einem Papyrus. Die Kampfparänese nimmt einen breiten Raum ein; diese Stücke sind den Elegien des → Kallinos sehr ähnlich (z. T. wörtliche Anklänge), nur viel eindringlicher und teilweise bewußt überspitzt formuliert. In dem längsten Stück (Fr. 9 D.), dessen Echtheit allerdings mehrfach bezweifelt wurde (Wilamowitz u. a.), entwickelt T. in ruhigerem Ton seine Ansicht von der unbeirrbaren Tapferkeit als der einzig wichtigen Mannestugend. In einer ‹Eunomia› genannten Elegie (Fr. 2. 3 a b D.) berichtet er aus der Gründungsgeschichte der Stadt. In dem Papyrusfragment waren die drei altdorischen Phylen erwähnt. E.-M. V.

Frg: Anth. Lyr.³ 1,4 ff. – *Lit:* U. v. Wilamowitz, Textgesch. d. griech. Lyriker, 1900, 114.

Tzetzes, Johannes, sehr belesener, aber recht redseliger und oft unzuverlässiger Grammatiker des 12. Jh.s. Nach gründlichem Studium zunächst Sekretär, dann Lehrer der Redekunst, mit vielen hochstehenden Personen befreundet. Verfaßte, oft zusammen mit seinem Bruder Isaak, zahlreiche Schriften zur Literaturgeschichte, Mythographie, Rhetorik und Metrik. Das umfassendste Werk, die ‹Chiliaden›, ist ein versifizierter Kommentar zu den eigenen Briefen. Für die → Überlieferung der antiken Texte nicht ohne Bedeutung: Exegese zur Ilias, Allegorien zu Homer, Kommentare zu Hesiod, Pindar, Aischylos, Euripides, Aristophanes, Lykophron, Nikander, Oppian, Ptolemaios und Porphyrios. H. E.

Ed: Holwerda-Koster-Positano, 1960 (Aristophanes-Scholien) – *Lit:* C. Wendel, RE 7 A 2 (1948), 1959–2021.

Ubier, german. Stamm an der unteren Lahn und im Taunus (Kt. 1057 B4/5), 38 v. Chr. von → Agrippa auf das linke Rheinufer umgesiedelt. Dort wurde das oppidum Ubiorum, die spätere → Colonia Agrippinensis ihr Vorort. Nach anderer Auffassung leitete schon → Caesar 53 v. Chr. die Umsiedlung ein. L.B.-H.

Lit: H. Schmitz, RE 8,1 (1955), 532–545.

Überlieferung

A. Griechische Texte – B. Lateinische Texte – C. Textgeschichte des NT – D. Die Bedeutung der Bibliotheken – *Zur Kunst* vgl. → Malerei, → Plastik, → Porträt, → Vasen.

A. Griechische Texte. [1] *Definition, Hilfsmittel und Methode der Erforschung.* Unter Ü. versteht man die Schicksale eines Textes von der Niederschrift des Autors bis zur Editio princeps nach Erfindung des Buchdruckes. Diese Schicksale sind mannigfaltig, oft sogar undurchsichtig, da die Autographa der Autoren bald zugrunde gingen, auf die verschiedenen Reihen der Abschriften aber zahlreiche, oft unkontrollierbare Faktoren eingewirkt haben. Trotz diesen Schwierigkeiten ist ein Studium der Ü.s-Geschichte bei Rekonstruktion des originalen Textes unerläßlich. Als Hilfsmittel stehen die mittelalterlichen Handschriften (Hss.), die Zitate bei anderen Autoren (die sog. Neben-Ü.) und (seit etwa 80 Jahren) zahlreiche → Papyri zur Verfügung. Diese besitzen als antike, in der Folgezeit unangetastete Zeugnisse ein besonderes textkritisches Gewicht, da sie eine Kontrolle des in den Hss. des MA.s erhaltenen Wortlautes ermöglichen. Ihr Text ist jedoch lückenhaft bzw. fragmentarisch und von verschiedener Qualität. Außerdem reichen auch die ältesten Papyri über das 4. vorchristliche Jh. nicht zurück. – Die Herstellung von Texten, die nur auf Papyri erhalten sind, ist in der Regel schwierig, da Berichtigung und Ergänzung durch weitere Ü.s-Zweige fehlen. Die Papyri haben den Textbestand der griech. Literatur ganz wesentlich vermehrt, gleichzeitig aber die Größe des Verlustes deutlicher werden lassen (wenig versehrte Texte wie → Menanders Dyskolos bilden die Ausnahme). – Bei Bearbeitung der aufgezählten Zeugen bedient man sich der Methoden der → Textkritik.

[2]–[5] *Geschichte der Ü.:* [2] Über die Textgeschichte in *archaischer* und *klass.* Zeit gibt es nur Vermutungen, das 4. Jh. darf sogar als ihr dunkelster Abschnitt bezeichnet werden. Es steht fest, daß alle Werke von ihren Verfassern niedergeschrieben worden sind (wohl auch schon von → Homer); für Verbreitung sorgten die Rhapsoden oder (wie im Falle der ältesten ionischen Prosa) die Autoren selbst. Die notwendige Korrektur unvermeidlicher und ständig zunehmender Entstellungen wurde durch gewisse Musterexemplare ermöglicht. Zu diesen darf man vielleicht die Homerrezension der → Homeriden rechnen, wahrscheinlich die von → Peisistratos nach Athen gebrachten Homer-Hss., das von → Herakleitos im Tempel zu Ephesos hinterlegte Exemplar seines Werkes, die um 330 entstandene, staatlich sanktionierte Aufzeichnung des Textes der drei großen Tragiker (→ Lykurg, 3) und auch die Gesamtausgabe der platonischen Schriften, die in der Akademie entstand und auf den Autographa des Meisters basierte. Neben so überprüften ‹Editionen› bzw. sorgfältig ausgewählten Abschriften existierten, bes. in der Hand des ärmeren Bürgers, unkontrollierte, fehlerreiche Kopien. Dieser Textbestand wird durch die ältesten literarischen Papyri bestätigt.

[3] Philologische Editionen im eigentlichen Sinne (Heranziehung aller Hss., Ermittlung des besten Exemplares, Prüfung des Wortlautes mit sprachlichen Mitteln) gab es erst seit dem frühen *Hellenismus.* Nach den Bibliotheksgründungen Ptolemaios' I. in Alexandria waren mehrere Gelehrtengenerationen tätig, das umfangreiche Material zu ordnen und herauszugeben. Aus ihrer Diskussion über die Texte der Klassiker ging die wissenschaftliche Philologie hervor. → Zenodot widmete sich als erster dem Text des Epos, → Alexandros (9) Aitolos bearbeitete die Tragödie, → Lykophron (2) die Komödie. Ihre Schüler und wissenschaftlichen Nachfahren → Aristophanes (2) von Byzanz, → Aristarch (2), → Apollodor (3) von Athen vervollkommneten ihr Werk. Die wichtigste Tätigkeit neben Sichtung der Hss. (→ Recensio) und Verbesserung des Textes (→ Emendatio) war die Exegese (Aristarch). Man führte sie in Kommentaren (*ὑπομνήματα*), Monographien (*συγγϱάμματα*) oder in Wortverzeichnissen (→ Lexikographie) durch. Außerdem wurden mehrere grundlegende Probleme in einer fortan verbindlichen Weise gelöst: textkritische Zeichen verschiedener Bedeutung ermöglichten die Beziehung von Grundtext zu Kommentar (→ Scholien), Akzente über zweideutigen Buchstabengruppen erleichterten das Verständnis, sinngerechte Einteilungen in Rhapsodien oder Bücher gliederten große Textmassen, und vom Versmaß bestimmte kolometrische Absätze ließen die Responsion sichtbar werden. Die Philologen des ausgehenden Hellenismus bemühten sich, die Erklärungsschriften der Meister zu ergänzen. Auch nahmen sie ähnliche umfassende Ausgaben in Angriff (→ Andronikos, → Artemidoros (1), → Meleager (2) → Theon (1) u.a.).

[4] Die Geschichte der Ü. in der *Kaiserzeit* ist außerordentlich vielfältig. Es fällt schwer, durchgehende Linien zu ziehen. Immerhin lassen sich drei Gesichtspunkte finden: (1) Die neu entstehende Literatur erhielt selbstverständlich eine eigene Ü.; der Wortlaut solcher Textzeugen ist bisweilen kontrollierbar, da die Autoren, dem Geschmack der Zeit entsprechend, oft klassische Werke zitierten oder imitierten. – (2) Die schier unübersehbare Masse der Literatur, besonders der Fachschriften aller Art, veranlaßte gekürzte Ausgaben (Epitomai: Inhaltsangaben, Auswahlen aus umfangreichen Schriften oder Schriftengruppen, schließlich auch Auszüge aus Auszügen). Diese Exzerptorentätigkeit läßt sich besonders gut bei den Erklärungsschriften (→ Scholien) verfolgen. Der bekannteste Kompilator und Epitomator war → Didymos (1). – (3) Wenigstens in den ersten drei Jh.en nach Chr. gab es noch echte philologische Editionstätigkeit, z.B. die Ausgabe des Corpus Hippocraticum durch Artemidoros Kapiton, → Galens Kommentare, → Porphyrios' Plotinausgabe, die Beiträge verschiedener Gelehrter zum Text Homers, der Tragiker, der Komiker u.a. Wann diese immer noch fruchtbare Auseinandersetzung mit den Ansichten der früheren Gelehrten nachzulassen beginnt, läßt sich nicht zuverlässig ermitteln. Seit dem Untergang des Römischen Reiches, wohl schon seit Vernichtung der größeren Bibliotheken war der Bestand der gesamten griechischen Literatur ernsthaft gefährdet. In den sog. dunklen Jh.en (7. und 8. Jh.) müssen große Verluste eingetreten sein; nur die weit verbreiteten oder die besonders gut versteckten Schriften überlebten diese durch Barbarei u. Gleichgültigkeit gekennzeichnete Zeitspanne.

[5] Erst im 9. Jh. nahm man die Verbindung mit der Literatur der Vergangenheit wieder auf. Im Mittelpunkt dieser sog. *byzantinischen Renaissance* steht → Photios. Er ließ die erhaltenen Hss. sammeln, in die → Minuskelschrift transkribieren und in beigefügten (aus den alten Kommentaren kompilierten) Scholienkränzen erläutern. In der Mehrzahl aller Fälle darf das Prachtexemplar der Photioszeit (auch → Arethas) als Ahnherr aller mittelalterlichen Zeugen je eines Textes angesehen werden. Nur bisweilen läßt sich an Hand von Majuskelkorruptelen eine zweite Transskription nachweisen, die einen eigenen Ü.-Zweig mit Sonderformen der Textgestalt hervorrief (die *Editio princeps* hängt meist von späten, nicht sonderlich wertvollen Hss. ab, nicht selten ist ihr Text das Produkt einer humanistischen Kompilation). Ein Teil dieser reichen Tradition wurde nach dem Fall von Byzanz durch nach Westen flüchtende Gelehrte dem Abendland vermittelt, wo sie eine der Ursachen für die Renaissance wurde; an der Spitze dieser

Reihe steht Manuel Chrysolaras (1350–1415), der noch vor der Katastrophe nach Italien gekommen, dort Lehrer in Florenz, Pavia und Venedig geworden ist und die erste griech. Grammatik der Renaissance verfaßt hat. Nach der beachtlichen Kenntnis, bes. der philosophischen und medizinischen Literatur, welche die Araber (→ Averroës, → Avicenna) vermittelt hatten, mündete hiermit ein zweiter, noch ungleich bedeutenderer Überlieferungsstrom in die lateinische Tradition ein. H.E.

Lit: G. Pasquali, Storia della tradizione e critica del testo, (1934) 1952² – G. Voigt, Die Wiederbelebung des class. Alterthums I, 1880²; 1960⁴ – E. G. Turner, L'érudition alexandrine et les papyrus, Chronique d'Egypte 37, 1962, 135–152 – R. Pfeiffer, Philologia perennis (Festrede), 1961.

B. Lateinische Texte. Die meisten erhaltenen Werke der lat. Literatur wurden zu einer Zeit geschaffen, in der bereits (1) ein ausgedehntes Bibliothekswesen bestand und (2) die Beschäftigung mit philologischen Problemen zu den vorzüglichen Tätigkeiten der Gebildeten zählte.

[1] Zwar wurde die erste *öffentliche* → *Bibliothek in Rom* erst von → Asinius (2) Pollio gegründet, aber man darf annehmen, daß vornehme Kreise schon früher Bibliotheken hielten, zumal da in den Archiven auch literarische Werke der Familienangehörigen aufbewahrt wurden (z. B. → Catos Reden). Der späteren philologischen Tätigkeit wurden auch die Staatsarchive nutzbar gemacht, so durch → Varro (1), → Asconius und → Sueton. Die Kaiser sorgten für die öffentlichen Bibliotheken und ließen Abschriften von wertvollen Exemplaren anfertigen. Als für die Christen auch die weltliche Literatur wichtig wurde, entwickelten sich die Klosterbibliotheken zu Stätten der Tradition (s. u.). Für die rasche Verbreitung der Bücher zeugen jene Fälle einer veränderten Zweitausgabe, die sich in der Überlieferung nicht mehr gegen die Erstform durchsetzen konnten (z. B. → Ciceros Lucullus). Seit dem 3. Jh. n. Chr. begann sich mit der Codexform das Pergament gegenüber dem Papyrus durchzusetzen (vgl. → Buch). Naheliegend ist die Annahme, daß bei der jeweiligen Umschrift in die Codices auch die Texte einer Prüfung unterzogen wurden.

[2] Das verbreitete philologische Interesse förderte die Erhaltung der Textgestalt. → Aelius (8) Stilo, der Begründer der wissenschaftlichen Philologie in Rom, führte den Gebrauch kritischer Zeichen ein, untersuchte die Komödien des Plautus und kommentierte das → Carmen Saliare. Schon bei ihm treffen die philologischen Haupttätigkeiten zusammen: Echtheitskritik, Textkritik und Kommentar. *Echtheitskritik* wurde z. B. entscheidend für die Überlieferung des Plautus: außer den 21 Komödien, die Varro für echt erklärte, besitzen wir nur noch zufällig tradierte Fragmente. *Textkritik* übte außer Stilo und Varro vor allem → Probus, der am Vergil-, Horaz- und Lukreztext die Methode → Aristarchs (2) praktizierte. Er zog möglichst authentische Exemplare heran, so etwa einen von Vergil selbst korrigierten Text (Gell. 13, 21, 4). Auch die Erstherausgeber postum erschienener Werke dürften Wert auf einen gereinigten Text gelegt haben; so wurde Lukrez von → Cicero, Vergils Aeneis von Varius und → Plotius Tucca, Persius von → Caesius Bassus ediert. Oft hat sich der Bearbeiter eines Textes am Schluß des Buches genannt. Wir finden solche Subskriptionen noch in unseren Handschriften (häufige Formeln: *legi, emendavi, recensui*). Ein Schlaglicht auf das Interesse an guten Texten wirft auch die späte Subskription zu den Institutionen Cassiodors: «Archetypus (etwa: Standardausgabe), nach dessen Vorbild die übrigen Codices zu verbessern sind.» *Kommentare* sind nach Stilo bezeugt von → Hyginus (1) zu Vergil, von → Aemilius (1) Asper zu Terenz, Sallust und Vergil, von Helenius → Acro zu Horaz und Terenz. Erhalten sind u. a. solche von → Donatus (1) zu Terenz, von → Servius (1) zu Vergil, von → Porphyrio zu Horaz (vielleicht aus Randnotizen entstanden). Seitdem → Caecilius (3) Epirota die Schullektüre von Livius Andronicus auf Vergil umstellte und die rhetorische Schulung grammatische Kenntnisse verlangte, waren Kommentare ein Bedürfnis geworden. Schule und Rhetorik förderten am ehesten auch eine Art Kanonbildung; Quintilian stellte in seinem 10. Buch die für den Schüler der Beredsamkeit wichtige Literatur zusammen; später galten als Schulautoren hauptsächlich Cicero und Sallust, Terenz und Vergil. Reiche kommentierende Bemühung fand ihren Niederschlag in den → *Scholien* (z. B. zu Lucan, Statius, Persius, Juvenal). Die Fragmente der altlateinischen Dichter, Historiker und Redner sind uns vor allem durch die gelehrte Sammlertätigkeit von → Verrius Flaccus, → Gellius (der auf seinen Reisen auch die Bibliotheken besuchte und nach alten Büchern forschte), → Nonius und → Macrobius erhalten. An der Wende zwischen profaner und christlicher Philologie steht → Hieronymus (1), ein Schüler Donats, der die philologische Methode nach dem Vorgang des → Origenes auf den Bibeltext anwendet (vgl. hierzu → Augustins Schrift De doctrina christiana). Wie wirksam die apologetische Tendenz, sich mit der heidnischen Bildung auseinanderzusetzen, der Tradition diente, mag daraus erhellen, daß von Ciceros De re publica vor der Entdeckung des Palimpsestes die meisten Nachrichten und Fragmente durch Laktanz und Augustinus überliefert waren und daß wir eine gewisse Kenntnis von Varros Büchern über die röm. Religion ebenfalls den Kirchenvätern verdanken.

[3] In den Wirren der Völkerwanderung bewährten sich die Klöster als Refugium der lat. Lit. Zwar fielen Vivarium, um 540 von → Cassiodor gegründet und zum Bildungszentrum erhoben, und Montecassino, die Gründung → Benedikts, bald den unsicheren Verhältnissen zum Opfer (Montecassino wurde erst 717 wiedererrichtet und erlangte dann wachsende Bedeutung). Aber die Klostergründungen der Missionare aus Irland und England, wo inzwischen die lat. Bildung einen hohen Stand erreicht hatte, wurden nun zu Schreib- und Kulturzentren. In karolingischer Zeit förderte das wachsende Interesse der Franken für die lat. Kultur die Wiederbelebung der Studien, und Gelehrte wie Alkuin, späterer Abt des als Schreibschule berühmten Klosters von Tours, wirkten für Sammlung und Verbreitung von Texten. Dieser sog. ‹karolingischen Renaissance› verdanken wir die Überlieferung des Hauptbestandes der erhaltenen lat. Literatur. – Als wichtigste der dabei beteiligten Klöster sind etwa zu nennen: Bobbio (gegr. 612 v. Columban; die Hss. heute in Mailand, Rom, Turin), Corbie (657/661; die Hss. kamen zum großen Teil über S.-Germain-des-Prés nach Petersburg), Ferrières (6. Jh.), Fleury (Floriacum, um 651), St. Gallen (um 612), Reichenau (724), Fulda (744 v. Bonifatius gegr.), Lorsch (Lauresham, 764; die Bibl. kam nach Heidelberg in die ‹Palatina›; heute zum größten Teil in Rom). H.Wld.

Lit: E. Bickel, Gesch. d. röm. Lit. (1937), 1961², 1ff. – K. Büchner, Überlieferungsgesch. d. lat. Lit., in: Gesch. d. Textüberlieferung I, 1961 – H. Emonds, Zweite Aufl. im Altertum, 1941 – P. Lehmann, Die handschr. Überl. d. antiken röm. Klassiker, Philobiblon 7, 1934, 209–228.

C. Textgeschichte des NT. Sie behandelt die Entwicklung des vorauszusetzenden Urtextes nach Zeit und Raum, wobei Faktoren der Einheit und der Vielheit in Konkurrenz miteinander die Textform beeinflußt haben.

[1] Eine *mündliche* Überlieferung auf Aramäisch lag den Evangelien zugrunde, und gelegentlich wirkte auch nach Beginn der schriftlichen Verbreitung der auf Griechisch geschriebenen Bücher des NT eine mündliche Überlieferung in griech. und anderen Sprachen auf die Textgeschichte ein, weil man den Text teilweise memorierte und bisweilen reflektierend veränderte. Das erleichterte die Konservierung, führte aber manchmal zu eigenen Versuchen der Harmonisierung oder Differenzierung. Die *schriftliche* Überlieferung setzte mit der ersten, doch nicht immer einmaligen oder eigenhändigen Niederschrift der Texte ein, zunächst auf Papyrus, seit etwa 300 auf Perga-

ment, seit etwa 1200 mehr und mehr auf Papier (→ Buch). Die ursprüngliche → Schrift (C) war vielleicht die hellenist. → Kursive, doch vom ältesten Beleg an, dem Fragment aus Joh. 18 von etwa 120 n. Chr. (Pap. Ryl. 457), bis nach 800 sind die griech. Hss. des NT in ‹Unziale›, freistehenden, inschriftähnlichen Majuskeln (→ Bibelstil) geschrieben, danach in byzantinischen Minuskeln (→ Schrift D3). An griech. Hss. sind gegenwärtig (1964) über 75 Papyri, 250 Majuskelpergamente, 2600 Minuskel-Hss. und fast 2000 Lektionare zu berücksichtigen, die allerdings meistens nur Teile oder Stücke des NT enthalten. Von bes. Wert sind die großen, nachkonstantin. Codices B und S (Vaticanus in Rom, Sinaiticus in London, 4./5. Jh.). Das hs.liche Material zu den Übersetzungen ist noch umfassender; so zählt man etwa 8000 → Vulgata-Hss. Gedruckt wurde zuerst die lat. Bibel, 1452–55 durch Gutenberg in Mainz; der Erstdruck des griech. NTs in der Ausgabe des Erasmus erfolgte 1516 durch Froben in Basel. Die um 1205 von S. Langton, damals in Paris, eingeführte Kapiteleinteilung wurde 1551 von R. Stephanus, Paris, durch unsere Verseinteilung ergänzt.

[2] Der geschriebene *Urtext* der neutestamentlichen Bücher wurde recht bald in einzelnen Punkten geändert, wo Anomalien vorlagen und Alternativen auftauchten, zu denen gelegentlich die Verfasser selber beigetragen haben dürften; die Entwicklung unzähliger *Varianten* im 1. und 2. Jh. war unvermeidlich. Im 3. und 4. Jh. konkurrierte ein von den Metropolitansitzen, später bes. von der byzantin. Reichskirche gefördertes Streben nach Einheit mit der regionalkirchlich bedingten Neigung zur Vielfalt, und das Ergebnis wurde eine Anzahl von *Texttypen*, die chronologisch und geographisch nicht klar bestimmt werden können. Ein mechanisches Stemma läßt sich überhaupt nicht aufstellen, die Texttypen sind aus unbekannten Anfängen gewachsen. Unterscheiden sich die Fragmente der alten Papyri durch wechselnde Tendenzen, so treten bei den Hauptzeugen unter den späteren Pergamenten deutlichere Charakteristika auf, wenn auch nie in Reinform. Die sich etwa 150–500 n. Chr. ausbreitenden Texttypen waren (nach F. Kenyons praktischer Nomenklatur): Texttyp Beta (fälschlich ‹neutral› genannt; Hauptvertreter Codd. B und S); Gamma (→ Origenes, → Eusebios, ‹cäsarensisch›, später im Orient); Delta (früher ‹westlich› genannt, doch auch im Osten verbreitet, mit eigenartigen Zusätzen; Hauptvertreter Codd. D1 und D2). Mit einigen Zeugen sich schon um 200 ankündigend, wuchs 300–600 ein mächtiger Konkurrent im syr.-kleinasiat. Raum heran: Texttyp Alpha (vermutlich durch → Lukian (2) v. Antiochia befördert; spürbar bei → Wulfila und → Chrysostomos, z. T. in Codd. A und C, deutlicher in den Purpur-Hss. N usw.). Dieser von Schriftgelehrten bearbeitete, nach sachlich-sprachlicher Harmonie und Präzision strebende Texttyp hat stellenweise textkritische, durchweg aber kulturgeschichtliche Bedeutung, obwohl die Textkritiker des 19. Jh.s ihn einseitig bekämpften. Ausgewachsen erst gegen 900, verbreitete er sich dann im Koinē-Text (byzantin. Reichstext) der Minuskeln, ging in den Erasmustext (s. u.), die Lutherübersetzung usw. über und ist zum Teil noch heute lebendig.

[3] Neben den griech. Texttypen stehen die antiken *Übersetzungen*, die seit Ende des 2. Jh.s mehr und mehr notwendig wurden, zunächst wohl als → Targume im Rahmen des Gottesdienstes. – Die sog. → *Vetus Latina* läßt sich dank Zitaten vor allem bei → Cyprian und dank einigen Hss. des MAs fragmentarisch rekonstruieren. Ihr allmählich störender Variantenreichtum veranlaßte → Damasus I. i. J. 383, → Hieronymus mit einer Bibelrevision zu beauftragen, die bis 406 ausgeführt wurde. Von dieser Revision setzten sich wenigstens die Neubearbeitung der Evangelien und die Neuübersetzung des AT durch, und nach einer neuen Revision um 800 durch Alkuin wurde sie an der Pariser Universität maßgeblich, im Spätmittelalter als ‹Editio → *Vulgata*› (‹die allgemein verbreitete Ausgabe›) bezeichnet und auf dem Trienter Konzil in diesem Sinne von anderen Übersetzungen abgehoben. – Die *Vetus Syra* stand unter dem Einfluß von → Tatians um 175 hergestellter, auf Joh. aufgebauter Evangelienharmonie; sie ist durch schriftstellerische Zitate sowie durch eine von Cureton herausgegebene und eine am Sinai gefundene Evangelien-Hs. vertreten. Um 400 entstand eine ‹Peschitta› genannte Revision (→ Syrisches Christentum). – Texthistorisch bedeutsam sind noch die Übersetzungen ins Gotische, Armenische und Georgische. – Die koptischen Übersetzungen ins Sahidische, Bohairische und andere Dialekte nahmen wohl schon im 3. Jh. ihren Anfang (→ Kopten). Bisher ist das Material unvollständig herausgegeben und analysiert worden. Zur antiken Textgeschichte gehören auch die Übersetzungen ins Äthiopische und Arabische.

[4] Die neuzeitliche *Textkritik* ging negativ vom Erasmustext (s. o.) aus, dem nur Koinē-Hss. zugrunde lagen, der jedoch immer wieder verbreitet wurde und seit 1633 als ‹Textus receptus› galt. Für die Erforschung der Majuskel-Hss. haben J. J. Wettstein und C. Tischendorf die größte Arbeit geleistet, für das Studium der Texttypen B. Westcott-F. Hort und H. von Soden. Die modernen Übersetzungen basieren auf Tischendorf und Hort. Papyrusfunde haben nachher die Perspektive erweitert und kompliziert. Heute erscheint der Urtext nicht mehr greifbar, doch kann man durch Auswahl der Lesarten einen repräsentativen Text herstellen; unsicher bleiben Einzelstellen, aber nicht die Ganzheit. Daneben hat die Textgeschichte des NT größte kultur- und kirchengeschichtliche Bedeutung. B. R.

Ed: E. Nestle, Novum Testamentum graece et latine (1898; 1906), 1962[21] – *Lit:* F. G. Kenyon, The Text of the Greek Bible (1937), 1961[2] (dt. 1961[2]) – M. M. Parvis-A. Wikgren, NT Manuscript Studies, 1950 – B. M. Metzger, Annotated Bibliography, 1955 – E. C. Colwell, The Significance and Grouping of NT Manuscripts: NTSt 4, 1958, 73–92 – J. Duplacy, Où en est la critique textuelle du NT?, 1959 – Ders., Bulletin de critique textuelle du NT, RecSR 60, 1962, 242–263. 564–598 (Forts. geplant) – Feine-Behm-Kümmel, Einl. i. d. NT, 1963, 376–460 (Lit) – K. Aland, Kurzgefaßte Liste der griech. Hss. des NT I, 1963 – B. M. Metzger, Chapters in the History of NT Textual Criticism, 1963 – Ders., The Text of the NT, 1964.

D. Die Bedeutung der Bibliotheken. [1] Von der Zeit der *Renaissance* an waren die B. für die Ü. von entscheidender Bedeutung. Die *allgemeinen Voraussetzungen* hierfür wie für die Erhaltung und Weitergabe des schriftlich Überlieferten überhaupt liegen in der Tätigkeit der Humanisten, die zu den Quellen zurücksuchten: altes Hss.-gut wurde wiederentdeckt, private Sammler bargen im Finderglück, was sie erreichen konnten; zugleich erhielt der Gedanke der öffentlichen B., der in der Antike schon Wirklichkeit gewesen war (→ Bibliotheken, 1), neue Ausprägung. Für die weitere Entwicklung wurde die Erfindung des Buchdrucks in ungemein starker Weise bedeutsam: jetzt wurde die lokale Zufälligkeit des Hss.-Besitzes abgelöst durch die Ubiquität des gedruckten Buches. Freilich vollzog sich der Übergang allmählich, zumal die Herstellung von Büchern in der ersten Zeit des Frühdrucks noch verhältnismäßig teuer war. Wenn in den Anfängen des Buchdrucks manche Sammler aus gefühlsmäßigem Widerstand gegen die Produkte der Technik gedruckten Werken keinen Zugang zu ihren Sammlungen vergönnten, so kam es noch im Beginn des 16. Jh.s (und später) da und dort vor, daß Texte zu erschwinglichen Preisen für den Universitätsunterricht fehlten: so mußten noch nach Einführung des Buchdrucks Texte von Studenten abgeschrieben werden – eine Übung, deren pädagogische Nebenwirkung Melanchthon mit dem Hinweis unterstrich, daß so der Wortlaut dem Abschreibenden bes. vertraut werde, auch Demosthenes habe den Thukydides achtmal abgeschrieben. Die Druckerherren der Frühzeit suchten und fanden für das Aufspüren von Hss. und für die Emendation der Texte, die sie zum Druck brachten, die Hilfe gelehrter Berater – eines Heynlin von Stein (Johannes de Lapide), eines Erasmus, Reuchlin, Melanchthon, Musurus u.a. An der Bedeutung des Buchdrucks für die Massenherstellung von Druckwerken kann kein Zweifel sein; die Geschichte der Ü. ist – auch wenn zunächst die Formen der handschriftlichen Weitergabe vom Buchdruck weitgehend übernommen wurden – durch diesen auf eine völlig neue Basis gestellt worden. – Mit den Humanisten hatten die Reformatoren den Drang nach den Quellen gemeinsam; gerade im Gefolge der Reformation nahm daher das B.wesen einen unverkennbaren Aufschwung; neue B.en entstanden (z.B. in Deutschland in Wittenberg, Marburg, Königsberg, Jena, Gießen). Andererseits gingen bei der Aufhebung oder Plünderung von Klöstern viele wertvolle Bestände zugrunde.

[2]–[5]. *Die Entwicklung* (in großen Linien). [2] Petrarca (1304–1374), der Hauptbegründer des *italien. Humanismus*, sah im Sammeln von Hss. antiker Autoren eine Lebensaufgabe. Wenn sich auch der Plan, seinen Bücherbesitz der Markuskirche in Venedig zuzuwenden, zerschlug, so behält Petrarca in der B.geschichte seinen Platz als derjenige, der – im Banne der großen Vorbilder des Altertums – mit dem Gedanken umging, seine Büchersammlung zur öffentlichen B. werden zu lassen, damit sie jedem Interessenten Nutzen stiften könne. Neben Petrarca stehen als Hss.-Sammler Giov. Boccaccio (1313–1375), Coluccio Salutati (1331–1406), Ant. Corbinelli (1370/75–1425), Poggio Bracciolini (1403 Skriptor an der röm. Kurie, 1453 Kanzler seiner Vaterstadt Florenz). Von hervorragender Wichtigkeit für das italien. B.wesen der Renaissance und für die Ü.s-Geschichte im weiteren Sinn wurden die kulturellen Leistungen der Mediceer. Cosimo d.Ä. (1389–1484), von Niccolò Niccoli (1363–1437) bibliothekarisch beraten, ließ in dem Neubau des Dominikaner-Klosters S. Marco 1441 einen B.-Saal einrichten: so war die Marciana zu Florenz die erste öffentl. B. der neueren Zeit. Im Auftrag von Giulio de' Medici erbaute Michelangelo die Mediceo-Laurenziana, ‹die schönste aller Renaissance-B.en› (der Büchersaal wurde 1571 der öffentl. Benutzung übergeben). Den Wiederaufbau der Vatikanischen B. (nach den Wirren des Schismas) betrieb Papst Nikolaus V. (Tommaso Parentucelli); an der Ausführung des Planes, aus der päpstlichen B. ein Bücherzentrum zu machen, das jedem Gelehrten der Welt zugänglich sein sollte, hinderte ihn der Tod (1455). Was in Florenz Cosimo d.Ä. verwirklicht hatte, das tat für Venedig der 1439 zum Kardinal der röm. Kirche gewählte Basilios Bessarion, der eine Ehrenpflicht darin sah, nach der Eroberung Konstantinopels durch die Türken (1453) von der geistigen Hinterlassenschaft der Griechen zu retten, was zu retten war; seine Sammlung (482 griech. und 264 lat. Hss.) schenkte er der Republik Venedig *ad communem hominum utilitatem* (Widmungsschreiben von 1468).

[3] Der erste *Deutsche*, der das Sammeln von Hss. nach dem Muster der Italiener betrieben hat, war Nikolaus von Cues (Cusanus, 1401–1464; 1459 päpstlicher Generalvikar); seine B. vermachte er dem Spital, das er an seinem Geburtsort stiftete. Weitere deutsche Sammler (u.a.): der Nürnberger Arzt und Historiker Hartmann Schedel (1440 bis 1514), dessen Sammlung über Hans Jakob Fugger schließlich in die von Herzog Albrecht V. von Bayern 1558 begründete Münchner Hof-B., die heutige Bayer. Staats-B., gelangte; unter den fürstlichen Büchersammlern ragt Kaiser Maximilian I. heraus, dessen B. Conrad Celtes (1459 bis 1508) betreute. In Heidelberg war Kurfürst Philipp der Aufrichtige (1476–1508) bestrebt, seine Residenz zu einem Musenhof nach italien. Muster zu machen. Aus dem elsässisch-oberrhein. Humanismus: Beatus Rhenanus (1485 bis 1547), Joh. Sichardus (1499–1552), Jak. Wimpheling (1450 bis 1528); in Augsburg-Nürnberg Konrad Peutinger (1465–1547) und Willibald Pirckheimer (1470–1530), der 1504 an Celtes schrieb, er besitze alle in Italien gedruckten Bücher. Bes. Wert auf das griech. und hebräische Schrifttum legte Joh. Reuchlin (1455–1522), der diese beiden Sprachen lehrte. Desiderius Erasmus, die Hauptfigur des Humanismus seiner Zeit (1469?–1536), war ebenfalls ein leidenschaftlicher Büchersammler; er wirkte als Berater der für den Humanismus so wichtig gewordenen Drucker-Verleger Aldus Manutius (Venedig) und Joh. Froben (Basel). Zu den großen Bücherliebhabern der Zeit gehörte der Ungarnkönig Matthias Corvinus (1458–1490), der in seiner Residenz Buda eine Universität errichtete. Namhafte Universitäts-B.en des 15. Jh.s an älteren Universitäten: Oxford, Wien, Heidelberg, Erfurt; an neuen Universitäten: Basel, Ingolstadt, Mainz, Kopenhagen, Cambridge, Glasgow. – Den protestantischen B.-Gründungen der Reformationszeit (s.o. D 1; Luther trat für ‹gute librareyen›, Melanchthon für eifrige Pflege der Wissenschaften ein) entsprach in den katholischen Gegenden Deutschlands eine erhöhte Fürsorge für Kirchen-B.en. Wie die Reformatoren hielt der 1534 von Ignatius v. Loyola gegr. Jesuitenorden auf B.en; von den bis 1616 errichteten 559 Jesuitenkollegien hatte jedes seine eigene B.

[4] Aus dem 16./17. Jh. sind an großen B.-Gründungen zu nennen: die Bayer. Staats-B. München, 1558 als Herzogliche B. errichtet; die niederländischen Universitäts-B.en Utrecht, Leiden (Hss. v. Jos. J. Scaliger), Löwen; die Real Bibl. del Escorial bei Madrid, für die Philipp II. von 1565 an Bestände sammeln ließ. In Frankreich wurde die B. Royale 1565 nach Paris überführt, die Mazarin 1643 eröffnet; in England krönte Thomas Bodley seine staatsmännische Laufbahn mit der Gründung der Bodleiana, der ersten öffentlichen B. Englands (1602). In Italien: B. Ambrosiana 1602 (1609 der öffentlichen Benutzung zugänglich), Angelica 1614 (erste öffentliche B. Roms); Universitäts-B.en des 17. Jh.s: Bologna, Padua, Rom (Alessandrina); die Vaticana wurde bereichert durch die B. der Königin Christine v. Schweden (unter Alexander VIII., 1689/91) und vor allem durch die Heidelberger Palatina, die 1622/23 als Geschenk Maximilians von Bayern nach Rom verbracht wurde. Für Deutschland war dies einer der empfindlichsten Verluste im 30jährigen Krieg, in dessen Verlauf im übrigen Bestände anderer deutscher B.en in den Norden wanderten, so nach Stockholm in die Kgl. B. sowie in die 1621 gegründete Universitäts-B. Uppsala. 1661 wurde laut Verordnung des Gr. Kurfürsten Friedrich Wilhelm die Kurfürstliche B. Berlin eröffnet, die zur größten deutschen B. werden sollte; um dieselbe Zeit (1665) erfolgte die Gründung der Königlichen B. Kopenhagen. Als älteste B. der USA erstand 1638 die B. der Harvard University in Cambridge (Mass.). 1724 wurde der neugegründeten Kaiserlich-Russischen Akademie der Wissenschaften die Petersburger B. übergeben; Prag, dessen Universität 1348 gegründet worden war, erhielt 1773 eine zentrale Universitäts-B.

[5] Im Zeichen des *Absolutismus* gewannen die fürstlichen B.en an Rang; die B. Royale, Paris, wurde zur damals reichsten der Welt. In England öffnete das Brit. Museum seine Pforten (1759). Für die Entwicklung der wissenschaftlichen B.en wurde die in Göttingen zusammen mit der Universität (1737) gegründete Universitäts-B. richtungweisend; im Laufe etwa eines Jh.s schwenkten die übrigen deutschen Universitäts-B.en, aus langem Schattendasein hervortretend, auf den von Göttingen vorgezeichneten Kurs ein. Die *Französische Revolution*, die *Säkularisation* in Deutschland (vorher schon die in Österreich mit der Aufhebung des Jesuitenordens 1773 erfolgten Klosterschließungen) brachten Umschichtungen des schriftlichen Ü.s-Gutes in gewaltigem Ausmaß. Verluste nie gekannten Umfangs erlitten die B.en im *Zweiten Weltkrieg*. In ihrer Gesamtheit aber haben sie sich, über alle Krisenzeiten hinweg, bisher als Horte der Ü. erwiesen, nach dem Wort Plinius d.Ä. (nat. 13, 68): *cum chartae usu maxime humanitas*

vitae constet, certe memoria. Zur Geschichte der einzelnen B. vgl. die Aufstellung im Anhang II. H. Wdm.

Lit: Hb. d. B.wiss., 2. Aufl. hg. v. G. Leyh, Bd. III 1.2, 1955. 1957; darin III 1, 499–681 für die Zeit der Wiederentdeckung d. klass. Altertums (A. Bömer-H. Widmann) – H. Rüdiger, Die Wiederentdeckung d. ant. Lit. im Zeitalter d. Renaiss. In: Gesch. d. Textüberlieferung... I, 1961, 511–580 (ebd. 583–605 Verzeichnis der Ed. princeps für eine Anzahl antiker Autoren bzw. Werke). Beide genannten Werke, bes. das Hb. d. Bibl.-wiss., sind mit eingehenden Lit.nachweisen versehen, weshalb es genügen muß, auf Namen wie Jac. Burckhardt, G. Voigt, R. Sabbadini, P. O. Kristeller, G. Toffanin hier generell zu verweisen. – Mehrere B.sgesch. Beiträge (u. a.) enthält das Werk: Renaissance und Humanismus in Mittel- und Osteuropa, besorgt v. J. Irmscher, 2 Bde, Dt. Ak. d. Wiss. zu Berlin, Schr. d. Sekt. f. Alt.wiss. 32, 1962 – Ferner: R. Pfeiffer, Conrad Peutinger u. die humanist. Welt (1955), in: Ausgew. Schriften, 1960, 222–234 – L. Martines, The social world of the Florentine humanists, 1390–1460, 1963 – B. L. Ullman, The humanism of Coluccio Salutati, 1963 - *Zu D[1]:* Der deutsche Buchhandel in Urkunden u. Quellen, hg. v. H. Widmann, I, 1965, 27.33.422 – E. Norden, Die röm. Lit., (1910), 1954^5, 151 – U. v. Wilamowitz-Moellendorff, Gesch. d. Philol., 1921 (Neudr. 1959), 20 – H. Widmann, Buchdruck und Sprache, 1964 (Lit) – Zur Gesch. großer Privatbibliotheken: P. Lehmann, Eine Gesch. d. alten Fuggerbibliotheken, 2 Bde, 1956. 1960 – In dem von Paul Oskar Kristeller verfaßten ‹Iter Italicum. A finding list of uncatalogued or incompletely catalogued humanistic manuscripts of the Renaissance in Italian and other libraries›, Bd. 1 ff., 1963 ff., sind Werke antiker Autoren insoweit mit aufgenommen, als Renaissance-Gelehrte sie abschrieben, kommentierten oder im Besitz hatten.

Übersetzungen. Obwohl es im griech. Sprachraum vom 6. Jh. v. Chr. an Ü. zu praktischen und literarischen Zwekken gegeben haben muß, wie z. B. die Quellen für die persischen Satrapienlisten bei → Hekataios (3) und die Königslisten bei → Herodot, sind Ü. aus fremden Sprachen ins Griechische erst spät nachweisbar (s. u.). Die Erfinder der Übersetzungskunst sind die Römer. Die literarischen Ü. haben ihren Anfang unabhängig von den in staatlichem Auftrag hergestellten Ü. (→ Sibyllinische Bücher, etrusk. Weissagungen, Edikte, → Monumentum Ancyranum u. a.) genommen. Nach dem Verlust der Sentenzensammlung des App. → Claudius (6) Caecus beginnt die röm. Literatur mit den Ü. des Griechen → Livius (2) Andronicus aus Homer und der attischen Tragödie und Komödie. Seine bahnbrechende Tat hat die Übersetzertätigkeit der Römer sogleich in bestimmte und neue Bahnen gelenkt. Livius Andronicus, der seine Ü. als Bildungsmittel betrachtete, wollte bei aller Ehrfurcht vor dem Original etwas dem fremden Medium sprachlich und metrisch Gemäßes, dem röm. Empfinden Verwandtes schaffen, also nicht unbedingt eine originalgetreue Übersetzung geben. Nach seinem Vorgang haben die Römer das Übersetzen stets als einen unentbehrlichen Teil der sprachlichen Ausbildung und als Vorstufe für eigene schöpferische Tätigkeit angesehen. Dem Beispiel des Livius Andronicus folgten andere begabte Dichter: → Naevius, → Ennius, → Pacuvius, → Accius u. a. mit Übertragungen von → Tragödien (B), → Plautus und → Terenz mit genialen Nach- und Umschöpfungen griech. → Komödien (II). Einen unerhörten Aufschwung nahm die Übersetzertätigkeit im 1. Jh. v. Chr. Durch Ü. dichterischer, philosophischer und rhetorischer Werke wurden der röm. Literatur neue Gebiete gewonnen. → Cicero, ein geübter Übersetzer von Poesie (Sophokles, Arat u. a.) und Prosa (Platons Protagoras und Timaios, Xenophons Oikonomikos u. a.), hat Methoden erarbeitet und Maßstäbe aufgestellt, die für die Folgezeit Gültigkeit behalten sollten. Grundsätzlich davon überzeugt, daß es möglich sei, adäquat zu übersetzen, ersetzte er fehlende Wörter durch bedeutungsähnliche oder durch Entlehnungen aus dem Griechischen, durch Neuschöpfungen oder Umschreibungen (top. 8, 35; off. 1, 14; fin. 2, 13; 3, 57; ac. 1, 26 u. ö.). Die Form der Darstellung versuchte er dort, wo die sprachlichen Mittel fehlten, durch den Tenor der Übersetzung wiederzugeben. Im wesentlichen lag ihm aber daran – von der wortgetreuen Übersetzung einzelner Stellen abgesehen (ac. 2, 13; fin. 1, 2, 7; 3, 15 u. ö.), den Inhalt des Gedankens zu erhalten. Doch verfuhr er auch hier häufig ganz frei (vgl. Hieronymus zu Ciceros Ü., epist. 57). Die Überlegung, daß die durch Wortschatz und Satzbau des Lateinischen erforderlichen Neufassungen, Umschreibungen und Erklärungen nicht nur den Ausdruck, sondern auch den Sinngehalt des Originals ebenso stark verändern konnten wie seine eigenen Auslassungen und Zusätze, scheint ihn nicht beunruhigt zu haben. Der Übersetzer Cicero fühlte sich wie seine Vorgänger gleichzeitig als Interpret und Neuschöpfer (fin. 1, 2, 4). Ähnlich frei verfuhren andere Prosaautoren in der Quellenverwertung, etwa → Sallust (Suet. gramm. 10, 7) und → Livius, der gelegentlich Paraphrasen aus → Polybios seiner Erzählung einfügte (z. B. Liv. 30, 32–33). Der Begriff des Übersetzens hat sich also mit dem reichen Einströmen griech. Geistesgutes eher noch geweitet; feste Grenzen zwischen Reminiszenz und bewußtem Anklingenlassen an Vorbild und Quelle, zwischen → Zitat und Paraphrase, zwischen Nachbilden und Umschöpfen gab es nicht. Zugrunde lag die von den Griechen übernommene Vorstellung des Wetteiferns mit dem Rivalen und Vorgänger, an den man anknüpfte und den zu übertreffen man bemüht war (→ Imitation). Die Tätigkeit des produktiven Übersetzers kam so der des frei Schaffenden häufig ganz nahe. Die besten lat. Ü. sind daher Sprachkunstwerke eigener Prägung aus röm. Geist. Das gilt ebenso für die Dichtung, wie z. B. für die Kallimachos-Ü. → Catulls (66) und seine Übertragung eines → Sappho-Liedes (51) und → Vergils Übertragungen aus → Theokrit in den Eklogen, seine freie Teilübersetzung aus → Arat (georg. 1, 351 ff.) und die Homerimitation in der Aeneis. Neben den schöpferischen Übertragungen gab es Ü. zu praktischen Zwecken, die sich enger an das Original anlehnten, wie etwa die vom Senat in Auftrag gegebene Übersetzung der landwirtschaftlichen Schriften des Puniers → Mago, die zahlreichen Ü. rhetorischer Schriften, die lat. Prosafassung der → Babrios-Fabeln und die wegen allzu großer Wörtlichkeit getadelte Homerübersetzung des → Attius (1) Labeo (Schol. zu Pers. sat. 1, 4). In der Kaiserzeit ging die Zahl der Ü. von Dichtung merklich zurück. Wohl übte man sich weiter im Übersetzen und diskutierte Übersetzungsfragen (Quint. inst. 10, 5, 2; Sen. contr. 9, 6, 16; 1, 12–13; 10, 4, 19 f.), verglich und kritisierte Original und Übersetzung (Gell. 2, 23; 9, 9), aber Leistungen wie die selbständige Arat-Übertragung des → Germanicus waren selten. Dafür nahm die Zahl der wissenschaftlichen Ü. zu: sie reicht von → Apuleius und seiner platonisierenden Schriftstellerei über → Chalkidios und → Marius (6) Victorinus, der aus → Platon, → Aristoteles und → Porphyrios übersetzte, bis zu → Boethius. In → Hieronymos (1) hat das Christentum seinen ersten großen Übersetzer gefunden (→ Vulgata, → Septuaginta). – Mit der reichen Produktion der Römer hält die griech. Übersetzungsliteratur keinen Vergleich aus. Es ist bezeichnend, daß das den Römern seit Horaz geläufige ‹utraque lingua› erst im 2. Jh. in griech. Entsprechung auftaucht (Plut. Luc. 1; Dio 69, 3, 1). Im Grunde ist das Lateinische den Griechen fremd geblieben. Das änderte sich auch nicht, als das Lateinische – neben dem Griechischen – im Osten Amtssprache geworden war. Die Sallustübersetzung des Zenobius (2. Jh. n. Chr.), die Vergil-Paraphrase eines Polybios (Sen. dial. 10, 8, 2; 11, 5) und die → Eutrop-Übertragung des Paianios (4. Jh.) bleiben vereinzelte Bemühungen; die Übersetzung der 4. Ekloge Vergils (Euseb. Vita Const., PG 20, 1292 ff.) ist ein interessanter Beleg für die christl. Interpretation antiker Autoren. Die Interlinearübersetzung der Grammatik des → Dositheos (1) sowie die erhaltenen Fragmente von Prosaübersetzungen aus Vergil aus dem 4./5. Jh. waren für Schulzwecke bestimmt. Man versteht es, daß → Gregor (1) d. Gr. sich später über den Mangel an guten griech. Übersetzern beklagte (epist. 30, PL 77, 887). H. Hm.

Lit: H. E. Richter, Übersetzer u. Ü. in d. röm. Lit., Diss. Erlangen, 1938 – Blatt, Remarques sur l'hist. des trad. lat., CeM 1, 1938, 216 f. –

V. Reichmann, Röm. Lit. in griech. Ü., Philologus Suppl. 34, 1943 – A. Ronconi, Sulla tecnica delle antiche trad. lat. da Omero, StIt NS 34, 1, 1962, 5–20.

Ugarit (heute Rās eš-Šamra, ‹Fenchelkap›), Ruinenhügel 10 km nördl. von Lāḏiqīya in Syrien (Kt. 1920a C2). Seit 1929 von Ch. F. Schaeffer ausgegraben. Neben dem Hafen Mīnet el-Bēda barg vor allem diese Stadt mit ihrem ausgedehnten Palast wertvolle Dokumente für die Geschichte und Religion → Syriens im 2. Jt. v. Chr.

[1] *Geschichte*. Schon im Neolithikum eine bedeutende Siedlung, wird U. seit 2000 v. Chr. in historischen Dokumenten erwähnt. Mit dem Mittleren Reich Ägyptens unterhielt U. Handelsbeziehungen, auch zu → Mari scheinen um 1700 Verbindungen bestanden zu haben. Etwa gleichzeitig Gründung einer mittelminoischen Handelskolonie in U. (vgl. → Kret.-myk. Kultur D 2). Die Vorherrschaft der → Churriter in Nordmesopotamien und Syrien prägt sich bald in der Namengebung aus, an der Unabhängigkeit der Stadt scheint sich nichts geändert zu haben. In die Zeit des Neuen Reichs in Ägypten (B 3) fällt die größte Blüte der Stadt. Starker ägypt. Einfluß (zeitweise ägypt. Garnison in U.), aber auch enger Kontakt mit den → Hethitern. Die Könige von U. verstehen es geschickt, in gutem Einvernehmen mit beiden Großmächten ihre Unabhängigkeit zu wahren. Durch Briefe, Rechts- und Verwaltungsurkunden in akkad. und ugarit. Sprache kennen wir zwischen 1375 und 1235 die Herrscher: Niqmadu I., Jaqarum, Ammistamru I. (Zeitgenosse → Amenophis IV.), Niqmadu II. (Zeitgenosse → Suppiluliumas), Archalbu, Niqmepa, Ammistamru III. (Zeitgenosse von → Ḫattusilis III., → Tudḫalija IV.), Ibiranu, Niqmadu III., Ammurapi. Um 1300 erfolgt erneut eine starke Zuwanderung aus dem myk. Kulturkreis. Kurz nach 1200 fällt U. dem → Seevölkersturm zum Opfer. Im 6.–4. Jh. v. Chr. befindet sich an seiner Stelle ein Umschlaghafen (λευκὸς λιμήν).

[2] *Kulturell* wird in U. der ägäische Einfluß stärker spürbar als sonst im Alten Orient. Die Keramik und Architektur: Anlage von Grüften (Kragsteingewölbe), Plan und Konstruktion des großen Palastes, ferner Elfenbeinarbeiten (z. B. πότνια θηρῶν) und Tontafeln mit → minoischer Schrift beweisen das, doch ist das ägypt. und hethit. Element ebenfalls sehr stark. Eine eigenständige Leistung ist die Erfindung einer alphabetischen → Keilschrift, in der der kanaan. Dialekt der Stadt geschrieben wird. Daneben sind aber auch die akkad. Keilschrift und (seltener) → Hieroglyphen in Gebrauch. Die kulturelle Vielschichtigkeit bezeugen am besten Vokabulare, in denen sumer., akkad., churrit. und ugarit. Wortentsprechungen aufgeführt sind. – Wertvolle Aufschlüsse über die Diplomatie, die Rechtsprechung und das Sozialgefüge in der Amarna-Zeit geben die zahlreichen *Briefe* und *Rechtsurkunden* des Palastarchives.

[3] Der Wert der ugarit. Texte liegt aber vor allem darin, daß sie uns Reste der kanaan. *Mythologie* erhalten haben, die noch vor der phön. Tradition liegt, reicher als diese ist und als älteres Stadium in manchen Punkten abweicht. Der Gott → Baal steht im Mittelpunkt des größten Mythenzyklus. Er macht seinem alternden Vater → El die Herrschaft über die Götter streitig, besiegt den von El bevorzugten Meeresgott Jamm und kann damit die Macht für sich gewinnen. Auf seiten Baals stehen dabei seine ‹Schwester› ʿAnat und der kunstfertige Schmied Kothar (Chusor). Mit dem Mythos verflochten ist eine Erzählung, die von Baals Tod (→ Mōt) und seiner Wiederbelebung (mit Hilfe → ʿAnats, genauer Vorgang unbekannt) berichtet. Noch weithin unklar ist die Dichtung von ‹Abenddämmerung und Morgenröte›. In einem kurzen Gedicht wird ferner die Heirat der → Nikkal mit dem Mondgott Jarich gepriesen. Ein Epos handelt vom König → Keret, der als eine Hiobsgestalt Weib und Kinder verliert, aber wieder neu erhält, der in schwere Krankheit verfällt, aber geheilt wird (unvollständig überliefert). Auch das Epos von Danel und seinem Sohn Aqhat, der, ein nachgeborenes Kind, von der Göttin ʿAnat um eines Bogens willen erschlagen wird, ist unvollständig. Wahrscheinlich wird der Sohn dem König wiedergeschenkt. – Verschiedene Motive dieser Texte lassen sich bis in die frühe griech. Mythologie (Hesiod, Homer) verfolgen. W. R.

Q: Ch. Virolleaud-J. Nougayrol u. a., Le palais royal d'U. II–IV, 1955/56 – C. Gordon, Ugaritic Manual, AnalOr 35, 1955 (mit Quellenangaben) – *Lit:* Cl. F. A. Schaeffer, Ugaritica I–IV, 1939–1963 – M. Liverani, Storia di Ugarit, StSem 6, 1962 – A. Jirku, Kanaan. Mythen und Epen aus Ras Schamra-U., 1962.

Uhren (→ Horologien) dienten den Griechen und Römern zur Angabe sowohl der Tagesstunden als auch der Monate (Stand der Sonne im → Tierkreis), wurden also auch – wenn nicht in erster Linie – als → Kalender benutzt.

[1] Die künstliche Teilung des Tages in Stunden ist historisch zuerst in *Ägypten* nachweisbar, und zwar wurde die natürlich gegebene Einheit des Lichttages in 12 gleiche Abschnitte unterteilt. Da die Tage im Laufe des Jahres verschiedene Länge haben (weniger auffällig in Äquatornähe: Oberägypten), werden auch diese Stunden verschieden lang. Das scheint jedoch nicht bemerkt worden zu sein, solange lediglich die *Richtung* des Schattens beobachtet wurde, den die Sonne von einem waagrechten Stab auf eine vertikale, Ost-West gerichtete Ebene wirft, da die allein ohne andere Hilfsmittel nachprüfbaren Schattenlinien bei höchstem (Mittag) und niedrigstem Sonnenstand (Auf- und Untergang) in allen Breiten das ganze Jahr über konstant

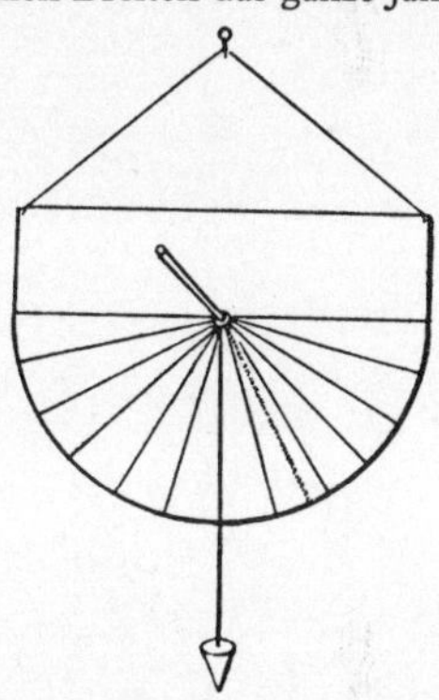

Abb. 236 Ägyptische vertikale Sonnenuhr

bleiben. Es ist deshalb wahrscheinlich, daß die ersten U. solcher Art (Abb. 236) waren (das älteste bekannte Beispiel stammt allerdings erst aus dem 13. Jh. v. Chr.). Sobald jedoch andere U. (Wasseruhren und Sonnenuhren, die die Schatten*länge* messen) konstruiert wurden, mußten bei einem Vergleich die Fehler solcher vertikaler Ost-West gerichteter U., aber auch die Ungleichheit der Stunden an verschiedenen Tagen des Jahres erkannt werden. Trotzdem blieben sämtliche Typen ägypt. U. wegen des Fehlens einer brauchbaren Theorie sehr ungenau (keine erhaltene ist für irgendeinen Tag unter irgendeiner Breite richtig), alle wurden jedoch bis in die Römerzeit (z. T. neben den griechischen) immer wieder nach den alten Konstruktionsanweisungen nachgebaut. Bekannt ist uns eine solche Anweisung zum Bau von Auslauf-Wasseruhren für das ganze Jahr (mit 12 Skalen, s. u. 4) aus der Grabinschrift ihres Erfinders Amenemhet (2. H. 16. Jh. v. Chr.), sie begegnet uns wieder in einem Papyrus des 3. Jh.s n. Chr. (Pap. Ox. 470, 31 ff.); das älteste bekannte, nach dieser Anweisung gebaute Exemplar stammt aus der Zeit um 1400 v. Chr. – Die einmal eingeführten, je nach der Tageslänge verschieden langen ‹Temporärstunden› (ὧραι καιρικαί im Gegensatz zu ὧ. ἰσημεριναί, den heute üblichen, gleich langen ‹Äquinoktialstunden›) wurden trotz der damit verbundenen Konstruktionsschwierigkeiten beibehalten, u. a. von den Griechen übernommen und blieben z. B. im christlichen Abendland bis zum Aufkommen der Räderuhren zu Beginn der Neuzeit allein in Gebrauch.

[2] Die Schwierigkeiten, die sich daraus für die Konstruktion von U. ergeben, wurden erst von den *Griechen* gelöst. Die einfachste Lösung ist die → Skaphe, da auf ihr der Schatten der im Kugelzentrum befindlichen Gnomonspitze ein (fast) getreues Abbild der jeweiligen Sonnenbahn liefert. Das erkannte schon → Anaximander, der die Mittagsschatten auf einem solchen, von Herodot (2, 109) *πόλος καὶ γνώμων* genannten Gerät zum Bestimmen der Sonnenwenden und der Gleichen (Schiefe der → Ekliptik; vgl. → Gnomon) benutzte. Jedoch wird die Stundenteilung erst später hinzugefügt worden sein, als man das Messen von Schattenrichtung und -länge kombinierte. Die Kenntnisse in der → Astronomie, die z.T. aus Beobachtungen an der einfachen Skaphe abgeleitet wurden, → Mathematik (einfache sphärische → Geometrie) und Perspektive (→ Optik), die zur theoretischen Konstruktion der Schattenlinien ausreichen, wurden erst in der 2. H. des 5. Jh.s v. Chr. von den Griechen erarbeitet, nachdem man vorher wohl wie die Ägypter empirisch (mit Hilfe von Wasseruhren?) vorgegangen war. Seit dieser Zeit wird sich auch allmählich die Stundenteilung bei ihnen durchgesetzt haben, die schon Herodot (a. O.), allerdings ohne ein Wort für den Begriff ‹Stunde›, kennt (*ὥρα* in dieser Bedeutung zuerst bei Aristoteles, Ath. pol. 30, 6). → Vitruv nennt in seiner Aufzählung der Erfinder von Horologien (9, 8, 1; neben → Aristarch (1) v. Samos, → Apollonios (15) v. Perge, → Berossos, → Theodosios (4) v. Tripolis u. a.) als frühesten → Eudoxos (1) von Knidos, was sich sicherlich, wie auch in den anderen Fällen, auf die Erarbeitung einer mathematischen Theorie des Liniennetzes bezieht (das entspricht seiner astronomischen Theorie der → homozentrischen Sphären). Aus derselben Zeit, wenn nicht von Eudoxos selbst, stammt wohl auch das geometrische Verfahren des → Analemma, das später zur Projektion des Liniennetzes auf andere als sphärische Auffangflächen (Skaphe) erweitert wurde (Abb. 237. Hier findet das gegen Ende des 5. Jh.s ‹mechanisch› gelöste Problem der → Dreiteilung des Winkels Anwendung; vgl. auch → Geometrie, 2). Auf der → Skaphe lassen sich nämlich die Halbkreise, welche die Schattenspitze des Gnomon an einem Tag beschreibt, zwar ohne besondere Hilfsmittel in 12 (bzw. 6, wie häufig, auf Grund babylonischen Einflusses?) gleiche Abschnitte unterteilen, deren Teilpunkte, miteinander verbunden (Stundenlinien), das Bild eines Spinnengewebes (→ Arachne) entstehen lassen; aber das Aushöhlen einer sphärischen Schale bereitete große technische Schwierigkeiten; auch war das Netz nur von oben zu betrachten. So wurde in der Folgezeit wohl zuerst

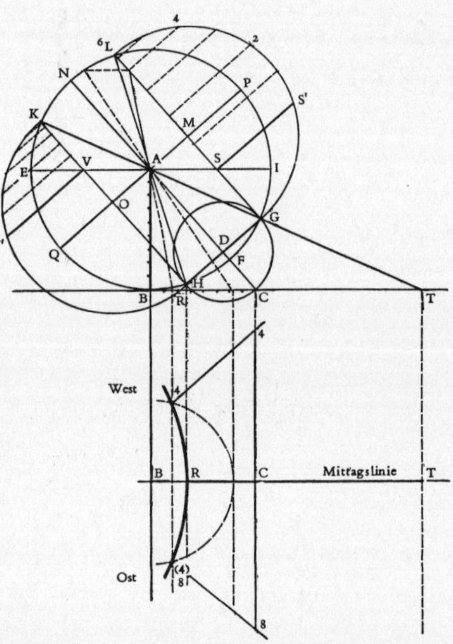

Abb. 237 Analemma (nach Vitruv) und Konstruktion eines Pelekinon

AB Gnomon, BC Mittagsschatten zur Zeit der Äquinoktien (AB:BC für Rom = 9:8), BR bzw. BT Mittagsschatten zur Zeit der Sommer- bzw. Wintersonnenwende, EI Horizont, NF Äquator, LH Ekliptik, HF = FG: 360°/15 (24° ∼ Schiefe der Ekliptik). Der Halbkreis um M (bzw. O) ist die in die Zeichenebene umgeklappte (halbe) Grundfläche der Kugelkappe LPG (KQH), sein Bogen oberhalb des Horizontes (LS' bzw. KV') entspricht der (halben) Sonnenbahn am längsten (kürzesten) Tag des Jahres und wird in 6 gleiche Teile – jeweils den Vor- und Nachmittagsstunden entsprechend – geteilt. – Hieraus lassen sich dann Azimut und Höhe des jeweiligen Sonnenstandes über die Gnomonspitze als Schatten auf die gewünschte Auffangsfläche projizieren. (Beispiel: 4. Stunde und Linie der Gnomonschattenspitze am längsten Tag [Sommersonnenwende] auf einem Pelekinon.)

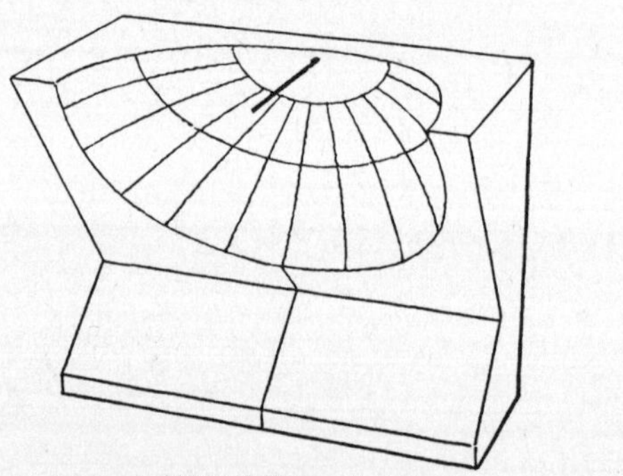

Abb. 238 Konarachne

der vordere, unbenutzte Teil der Skaphe weggelassen, dann statt der sphärischen eine konische Aushöhlung benutzt (Konarachne und andere Formen; Abb. 238), schließlich ebene Auffangflächen, die entweder horizontal (wegen der Form des Liniennetzes Pelekinon genannt; Abb. 237, 239, 240) oder vertikal für die verschiedensten Himmelsrichtungen konstruiert wurden. Solche Sonnenuhren galten jedoch nur für die Breite, für die sie konstruiert waren. Hier schuf nach Vitruv (a. O.) ein Parmenion Abhilfe, der eine Reiseuhr ‹für die wichtigsten Breiten› (*πρὸς τὰ ἱστορούμενα*) konstruierte, und Theodosios mit seiner Uhr ‹für alle Breiten› (*πρὸς πᾶν κλῖμα*). Auch solche und andere Reiseuhren sind erhalten (Abb. 241).

[3] Da die *Anfertigung* von U. meist in den Händen von Architekten lag, die, wie das Beispiel Vitruv zeigt, selten die Konstruktion des → Analemma durchschauten, waren sie oft fehlerhaft oder mußten empirisch berichtigt werden, wie erhaltene Beispiele zeigen (Abb. 240). Meist fielen die Fehler wegen mangelnder astronomischer Kenntnisse jedoch nicht auf. So konnte es den Römern sogar passieren, daß sie eine 263 in Catania (Sizilien) erbeutete Uhr auf dem Marsfeld aufstellten und bis zum Jahr 164 allein benutzten, ohne die durch den Breitenunterschied von fast 4½° bedingten Fehler zu bemerken. – Auch später sind die meisten im röm. Reich benutzten U. griech. Ursprungs oder von Griechen gebaut, wie die Beschriftungen an den erhaltenen Exemplaren zeigen. Stunden*zahlen* scheinen jedoch auf allen griech. und röm. U. zu fehlen.

[4] Neben den Sonnen-U. kannten die Griechen auch *Wasser-U.*, sog. → Klepsydren, als Winter- und Nacht-U. Als ihr ‹Erfinder› galt der Antike → Ktesibios, der durch die Berücksichtigung des Wasserdrucks die ersten genauer gehenden Wasser-U. schuf. Mit Hilfe eines Überlaufs oder eines ventilartigen Einlaufregulators konnte er den Wasserspiegel und damit den Wasserdruck im Auslaufgefäß kon-

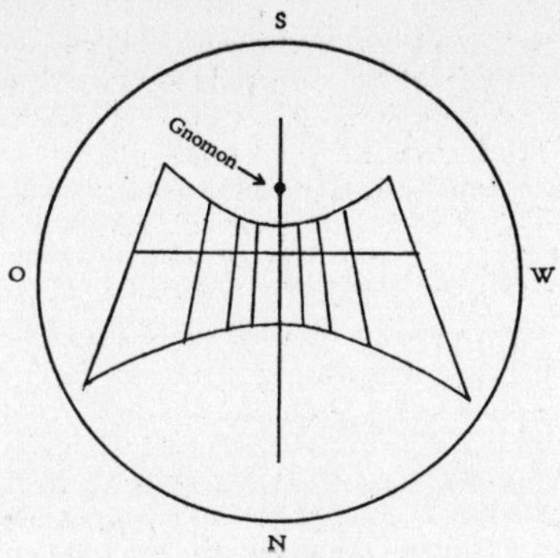

Abb. 239 Pelekinon

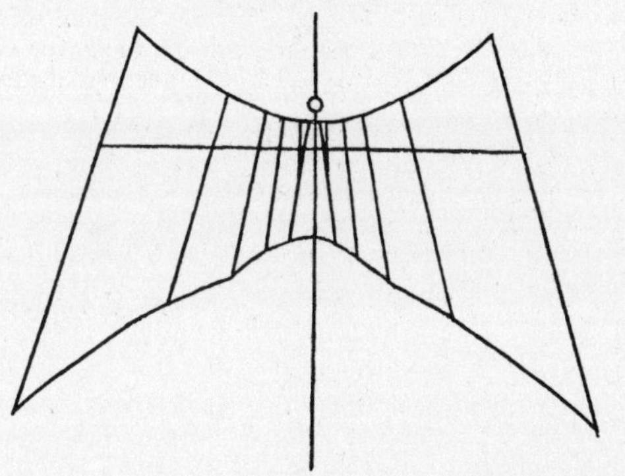

Abb. 240

stant halten (Abb. 242). Das Wasser, das gleichzeitig zum Treiben von Schlagwerk, Weckvorrichtungen, → Automaten usw. (→ Mechanik B 3) diente, lief entweder unter konstantem Druck in einen Rezipienten mit Skalen für die verschieden langen Tage oder unter reguliertem Druck in einen solchen mit einheitlicher Skala. Soweit der Rezipient aus Glas bestand, konnte die Skala an ihm direkt angebracht werden; bei undurchsichtigem Material befand sich im Rezipienten auf einem sich mit dem Wasserspiegel hebenden Schwimmer (*φελλός*, ‹Kork›; *τύμπανον*) eine über den Rand hinausragende Säule, die mittels eines Zeigers die Stunden auf einer Skala anzeigte. War diese Skala für die verschieden langen Tage eingerichtet, so war sie auf einer drehbaren Säule angebracht, die von Tag zu Tag (bzw. ungenauer: von Monat zu Monat) weiter gedreht werden mußte (Abb. 242). Bei einheitlicher Skala wurde der Wasserdruck so reguliert, daß die auslaufende Wassermenge der

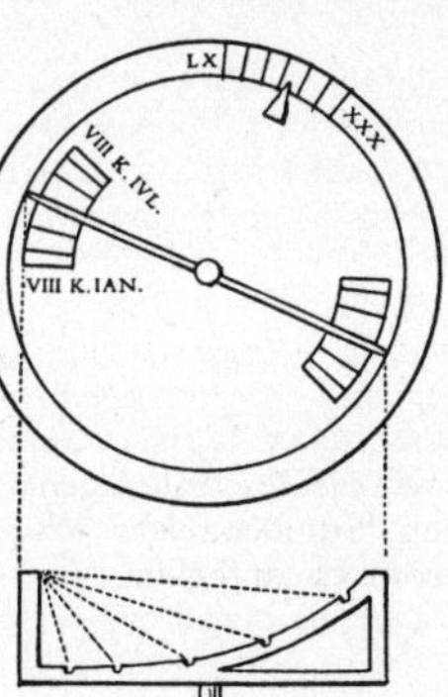

Abb. 241 Schema einer röm. Reiseuhr. Die innere, drehbare Scheibe (oben, in Aufsicht) wird auf die entsprechende Breite (30°–60°), das in das Mittelloch gesteckte Lineal (unten) auf die entsprechende Monatslinie eingestellt.

jeweiligen Tageslänge entsprach. Wohl schon Ktesibios benutzte dazu eine wasserdicht in eine Seitenwand des Auslaufgefäßes eingepaßte, drehbare Scheibe, die ein exzentrisches Auslaufloch besaß, dessen Höhe durch eine Drehung (im Idealfall um den 365. Teil des Scheibenumfangs täglich) verstellt wurde, wodurch das Wasser jeweils mit verändertem Druck auslief.

[5] Wohl der interessanteste antike U.-Typ wird von Vitruv (9, 8, 8 ff.) beschrieben (Bruchstücke einer solchen U. wurden bei Salzburg gefunden): Der Schwimmer dieser Wasser-U. ist durch einen über eine Walze gelegten Draht mit einem Gegengewicht so verbunden, daß er steigend sie in eine tägliche Umdrehung versetzt. An der Walze ist eine Scheibe mit einem exzentrischen Kreis von im Idealfall 365 Löchern befestigt, in die (täglich versetzt) ein die Sonne symbolisierender Knopf (bulla) gesteckt wird. Auf die Scheibe ist der Sternhimmel projiziert, wobei die Löcher den Tierkreis darstellen, der Knopf den jeweiligen Sonnenstand in ihm. Vor der Scheibe befindet sich, fest mit dem U.-Gehäuse verbunden, ein Drahtnetz mit dem Horizont, den Monatskreisen und Stundenlinien (für die 12 Tag- und Nachtstunden). Eine solche Uhr zeigt nicht nur die Tag- und Nachtstunden (mit Hilfe des Knopfes), sondern auch den jeweiligen Sonnenstand im Tierkreis (Monat) und Auf- und Untergänge der Sterne für den der Konstruktion zugrunde liegenden Horizont an, wes-

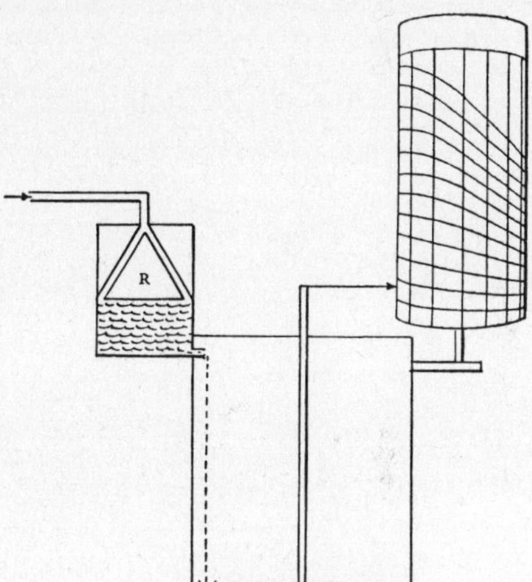

Abb. 242 Einlaufuhr des Ktesibios mit gleichmäßigem Wassereinlauf. (Bei steigendem Wasserspiegel im Auslaufgefäß wird der Regulator R hochgedrückt und versperrt die weitere Wasserzufuhr.)

halb sie ‹*Aufgangsuhr*› (anaphorica) genannt wurde. Man könnte sie als ein mechanisches → Astrolabium bezeichnen. – In einem Wrack vor Antikythera aus dem 1. Jh. v. Chr. wurde das bronzene Bruchstück einer mechanischen astronomischen Uhr anderen Typs gefunden; Einzelheiten ihres Mechanismus und ihrer Bestimmung sind jedoch noch nicht voll geklärt. F. Kr.

Q: Bes. Vitr. 9 – *Lit:* G. Bilfinger, Die Zeitmesser der antiken Völker, 1886 (Festschr. d. Eberh.-Ludwigs-Gymn. Stuttgart) – A. Rehm, RE 8, 2 (1913), 2416–33, s. v. Horologium – H. Diels, Antike Technik (1920), 1924³, 155–232 – E. v. Bassermann-Jordan (Hg.), Gesch. der Zeitmessung u. der U. (L. Borchardt, Die altägypt. Zeitmessung, 1920 – J. Drecker, Die Theorie d. Sonnenuhren, 1925) – J. Drecker, Zeitmessung u. Sterndeutung in gesch. Darstellung, 1925 – E. Zinner. Deutsche u. niederländ. astronom. Instrumente des 11.–18. Jh.s, 1956 (hist. Einl., Lit) – E. v. Bassermann-Jordan, Uhren (1914), 1961⁴ (bearb. v. H. v. Bertele) – D. J. de Solla Price, An Ancient Greek Computer (Antikythera-Maschine), Scientific American 200, 6, Juni 1959, 60–67 – Vgl. → Mechanik.

Ulfilas → Wulfila.

Ulme. Die mit zwei Arten in Griechenland und Italien vertretene U. (*πτελέα*, ulmus) ist bereits in der Ilias (21, 350 ff.) neben der Weide erwähnt. Sie wurde wegen ihres Holzes (Schiffs- und Wagenbau, Tischlerarbeiten) geschätzt und im → Weinbau verwendet. Die Verbindung mit dem → Weinstock bezeichnete man im Volksglauben als ‹Vermählung› (maritare). Gern verwendete man die Blätter als Viehfutter, auch als Heilmittel. Wie die → Pappel eng mit den → Nymphen verbunden. Auch im Zusammenhang mit der Unterwelt: bergbewohnende Nymphen pflanzen U. um das Grab des Eetion in Thebe bei Troja (Hom. Il. 6, 420); am Eingang der Unterwelt haben die Träume ihren Sitz auf einer U. (Verg. Aen. 6, 283). Vgl. → Flora. J.W.

Lit: Murr, Pflanzenwelt, 26 f. – M. Schuster, RE 9 A 1 (1961), 544 bis 554 – Vgl. Eilers-Mayrhofer a. a. O. (s. v. → Buche).

Ulpianus, Domitius, röm. Jurist z. Z. des Septimius Severus, des Caracalla und des Severus Alexander. Seine Heimatgemeinde war Tyros in Phönizien (Dig. 50, 15, 1 pr.; vgl. W. Kunkel, a. O. 247 ff.). Unter Septimius Severus und Caracalla war U. Assessor des praef. praet. → Papinian, ohne daß man – wie E. Seidl (a. O. 217) zutreffend bemerkt – ihn als dessen ‹Schüler› bezeichnen kann; Näheres über seine Ausbildung ist nicht bekannt. Unter Elagabal anscheinend in Ungnade, wurde er von Severus Alexander stark zu Amtsgeschäften herangezogen. 222 wird er in das Consilium des Kaisers berufen, im gleichen Jahr erscheint er als magister libellorum, als praefectus annonae und als praefectus praetorio. Doch stand er sich schlecht mit den Prätorianern; obwohl der Kaiser ihn stützte, wurde er 228 von ihnen ermordet.

[2] *Werke.* Von seinen Werken zum Privatrecht stehen die 81 Bücher ‹Ad edictum› im Vordergrund. U. fußt hier bes. auf den Werken des → Pomponius (1), des → Julian (4), des → Celsus (2) und des → Papinian; es scheint, daß er sie im praktischen Gebrauch ersetzen wollte (P. Krüger, a. O. 241). In Ergänzung schrieb U. 2 Bücher ‹Ad edictum aedilium curulium›. Als zweites Hauptwerk verfaßte U. 51 Bücher ‹Ad Sabinum›; zu dem von ihm benutzten Quellenmaterial und der Vermutung, daß das Werk unvollendet geblieben sei, vgl. P. Krüger, a. O. 243 f. An Einzelschriften finden sich zum Privatrecht familienrechtliche Kommentierungen (De sponsalibus, Ad legem Iuliam et Papiam, Ad legem Iuliam de adulteriis); ferner 4 Bücher De appellationibus. Bekannt sind außerdem 2 Bücher Responsa, 10 Bücher Disputationes und 6 Bücher Opiniones. Von besonderem Gewicht, angesichts der intensiven Amtstätigkeit verständlich, sind die zahlreichen Darstellungen der Amtsaufgaben der Magistrate, im Vordergrund 3 Bücher De officio consulis und 10 Bücher De officio proconsulis. – Zum literarischen Werk U.s gehören schließlich die Lehrschriften: 2 Bücher Institutiones, 7 Bücher Regulae und ein Liber singularis regularum. – Bei U. zeigt sich der enzyklopädistische Zug der Spätklassik. Die schöpferische Kraft der klassischen Juristen wird ersetzt durch die Tendenz, die Entscheidung mit Hilfe der logisch-deduzierenden Methode zu gewinnen; der Begriff und seine Definition erlangen dadurch zentrale Bedeutung. Trotz des Mangels an Sorgfalt und innerer Verarbeitung des Stoffes hat U. oder die in ihm sich äußernde Richtung der juristischen Entwicklung methodisch weitgehend seinen Stempel aufgeprägt und die sog. Begriffsjurisprudenz heraufgeführt (kritisch insbes. E. Seidl, a. O. 218 ff.); aber auch rein äußerlich ist er der in den Digesten am häufigsten benutzte Schriftsteller (mit fast 2500 Zitaten). Andererseits überliefert U. eine Fülle von Material; nicht zuletzt verdanken wir ihm eine viel erörterte Definition des Naturrechts (Dig. 1, 1, 1, 3). Vgl. → Recht III A [6]. [7]. H. Hb.

Lit: O. Karlowa, Röm. Rechtsgesch., 1885, 739–744 – P. Jörs, RE 5 (1903), 1435–1509 – Th. Kipp, Gesch. d. Quellen d. röm. Rechts (1896), 1909³, 139–141 – P. Krüger, Gesch. d. Quellen u. Lit. d. röm. Rechts (1888), 1912², 239–250 – W. Kunkel, Herkunft u. soz. Stellung d. röm. Juristen, 1952, 245–254 – F. Schulz, Gesch. d. röm. Rechtswissenschaft, 1961, 244–250 – E. Seidl, Röm. Rechtsgesch. u. röm. Zivilprozeßrecht, 1962, 217–221.

2. **U.,** wohl von Askalon, → Redner (D 3), wirkte in Emesa und Antiochia, wo er als erster Sophist Vorgänger von Zenobios und → Libanios war. Schüler: Libanios, → Prohairesios, der Jurist Makedonios. Über Zeit und Persönlichkeit des Rhetors U., des angeblichen Kompilators der Demosthenesscholien, läßt sich nichts ermitteln. W. Sp.

Lit: A. Lippold, RE 9 A 1 (1961), 569 – FGrHist 676 – Zum Scholien-Kompilator: A. Gudeman, RE 2 A 1 (1921), 700 s. v. Scholien.

Umbrer, wahrscheinlich zu Beginn des 1. Jt.s aus dem N eingewanderter ital. Stamm, der sich in Ober- und Mittelitalien vom tyrrhen. bis zum adriat. Meer verbreitete, vielleicht Träger der → Villanovakultur, aber seit dem 7. Jh. von den → Etruskern bis über den Tiber zurückgedrängt wurde. In seinen Wohnsitzen zu beiden Seiten des Apennin im oberen Tibertal bis Ocriculum (Kt. 1420 E 4/5) von S durch die → Sabiner eingeengt, die sich von ihnen gelöst hatten, am Osthang des Apennin zwischen Aesis (Esino) und Rubico durch die über die Adria kommenden → Illyrier und seit dem 4. Jh. auch durch die → senonischen Gallier vom Meer abgedrängt. 310 erstes Zusammentreffen mit den Römern, mit denen die U. in Camerinum ein Bündnis gegen die → Etrusker eingehen. 308 werden die westapennin. U. in der Schlacht bei Mevania durch die Römer besiegt, 299 Nequinum am Nar (Nera) erobert und eine Kolonie → Narnia dort angelegt. Nach der siegreichen Schlacht bei Sentinum 295 über die senonischen Gallier und der Anlage der Kolonien → Sena Gallica 283, → Ariminum 268, Aesium 247 kommt auch der ostapennin. Teil Umbriens fest in röm. Hand. 220 wird die → Via Flaminia angelegt, 177 die noch heute befahrene Abkürzungsroute durch die Gola del Furlo mit Forum Sempronii, 184 Pisaurum. Der westapennin. Teil Umbriens mit den Bundesstaaten Camerinum, Iguvium, Ocriculum, Asisium, Sarsina, Ameria, Carsulae, Interamna Nahartium, Hispellum, Tifernum Tiberinum, Tifernum Metaurense, Trebiae, Tuder, Urbinum Metaurense ist in dieser Zeit mit Rom föderiert, die Romanisierung macht rasche Fortschritte. Im 2. Pun. Krieg stehen die U. treu zu Rom, weisen 217 → Hannibal vor der 241 gegründeten Kolonie → Spoletium (Spoleto) ab. Die U. bleiben Rom auch im → Bundesgenossenkrieg treu und erhalten 90 röm. → Bürgerrecht. Unter Augustus als 6. Region eingeteilt. B. A.

Lit: Nissen, I 502 ff., II 374, 389 – Devoto, 16 ff., 54 ff., 112 ff., 121 ff., 155 ff., 185 ff., 294 ff., 307 f. – Radke, RE Suppl. 9 (1962), 1745 ff.

Umbrisch → Italien B.

Unbewegter Beweger, in der → Kosmologie des → Aristoteles die erste Ursache der ewig dauernden Bewegung der Welt (phys. 8; metaph. 12). Aristoteles spricht in der Regel vom ‹ersten Beweger›, dessen Funktion es ist, die Fixsternsphäre zu bewegen. Sein ganzes System erfordert allerdings 47 oder 55 solcher Beweger, je einen für jede Himmelssphäre. Sie sind göttlich, aber unpersönlich, und bewegen die Sphären dadurch, daß sie Gegenstand ihrer Liebe sind, und nicht durch eigene Aktivität (→ Theologie, → Kosmologie). D. J. F.

Uncia (*ὀγγία, ὀγκία, οὐγγία, οὐγκία*), ‹Unze›. Als Gewicht $^1/_{12}$ im Duodezimalsystem, als Münze $^1/_{12}$ des → As und der → Litra. Bei Poll. 9, 81 und 4, 175 nach Aristoteles als → Chalkus ($^1/_{12}$ → Obolos) erklärt. Beim Dezimalsystem des ostitalischen → Aes grave ist die U. $^1/_{10}$ des → As. Dort, wie in fast allen Reihen des Aes grave, wird die U. mit einer Kugel als Wertbezeichnung versehen. In Rom wird die U. im Verlaufe der ersten Reduktion mit Bellonakopf und Prora geprägt, wie sie auch in der röm.-kampan. Kupferprägung und in vielen Städten Apuliens, Kampaniens, Kalabriens, Lukaniens sowie in Petelia und Vibo-Valentia und auf Sizilien und Lipara in ähnlicher Weise vorkommt. In Eryx wird einmal die Münzbezeichnung ONKA aufgeprägt. – Teilstücke sind die → Semuncia, → Quartuncia und die Achtelunze (Brundisium, mit Wertzeichen ⊻). W. Schw.

Lit: Babelon, I 593 – K. Regling, in: v. Schrötter, 713 f.

Universalgeschichte. Eine spekulative Einheit der Weltgeschichte war den Griechen in Religion und Mythos nicht vorgegeben, weder als Heilsgeschichte noch als Periodenlehre; die Weltalterlehre → Hesiods, fremder Anregung entsprungen, bleibt am Rande. Wohl aber richtet sich der Blick schon in den Vorformen historischer Literatur aufs Ganze der Welt: der epische → Kyklos wird zu einer universalen Mythologie, → Hesiods Theogonie beginnt mit der Weltentstehung, die anschließenden → Kataloge bringen sämtliche bekannten Völker in ein genealogisches System. So ist auch die beginnende → Geschichtsschreibung universal gerichtet: → Hekataios (3) gibt eine Beschreibung der ganzen ‹Erde›, → Akusilaos beginnt mit der Kosmogonie. Der Fortschritt liegt dann zunächst in der Beschränkung: → Herodot schreibt zwar ‹allgemeine Geschichte› (Diod. 11, 37, 6), nämlich die ‹Taten der Griechen und Barbaren›, schiebt jedoch die mythische Zeit beiseite und konzentriert den Blick auf den persischen Bereich; → Thukydides treibt bewußt Spezialgeschichte. → Hellanikos, obwohl auf Universalität bedacht, zersplittert sich doch in eine Fülle einzelner Monographien. Erst → Ephoros vereinigt alles Bekannte in einem großen Werk, verfaßt die maßgebende U. der Griechen; sie bleibt hellenozentrisch und auf das spatium historicum seit der Rückkehr der → Herakliden begrenzt. Der Alexanderzug erschließt die ganze ‹bewohnte Welt› (οἰκουμένη) dem Blick der Griechen, während zugleich Griechenland an den Rand des Geschehens rückt; in den Vordergrund tritt die Geschichte einerseits des Westens (→ Timaios, 3), andererseits des Orients. Die hellenist. Wissenschaft arbeitet an einem umfassenden System der Chronologie (→ Eratosthenes, → Apollodor, 3); an universale Darstellungen wagen sich u. a. → Herakleides (1) Lembos und → Agatharchides. Droht dabei die U. in Polyhistorie zu zerfallen, so bringt das Aufgehen der hellenistischen Welt im Römerreich einen neuen Impuls: das Weltreich lehrt, Weltgeschichte als Einheit zu sehen. In diesem Sinn schreiben → Polybios und → Poseidonios die Geschichte ihrer Zeit. Kastor stellt in seiner Weltchronik die Fakten der oriental., griech. und ital.-röm. Geschichte synchronistisch zusammen, ähnlich Cornelius → Nepos in den Chronica, der ersten lat. U. Dem imperialen Denken der augusteischen Epoche entsprechen dann die neuen, repräsentativen Darstellungen der Weltgeschichte durch → Nikolaos von Damaskos und → Diodor (2) in griech., durch → Pompeius (11) Trogus in lat. Sprache. Jenseits der hohen Literatur wurzelt in älteren Schichten die Lehre von den 4 oder 5 → Weltreichen (Babylonier, Meder, Perser, Makedonen, Römer), ein kraft radikaler Vereinfachung wirkungsmächtiges Schema, das mythische Weltalterspekulation und chiliastische Hoffnungen mit aufnimmt. Vorgeformt bei → Ktesias, zu antiseleukidischer Prophetie gestaltet im Buch Daniel, ist es in seiner Deutung aufs Römerreich als das Ziel der Geschichte später den Griechen geläufig (Dion. Hal. 1, 2), den Römern schon im 2. Jh. v. Chr. bekannt (Aemilius Sura bei Vell. Pat. 1, 6); dem Mittelalter wurde es zusammen mit der Lehre von der translatio imperii bes. durch Pompeius Trogus vermittelt. W. Bk.

Lit: M. Büdinger, Die Universalhistorie im Alterthume, 1895. – Vgl. z. d. einzelnen Autoren.

Unziale, konventionelle, aber umstrittene Bezeichnung für die → Schriftform des griechischen → Bibelstils, bzw. des analogen lateinischen Stils, der gegenüber der Capitalis allenthalben die Rundungen betont. – Vgl. dazu → Schrift D [1] u. [4]. H. Hg.

Abb: E. A. Lowe, Codices latini antiquiores IV, 1947, Nr. 515.

Ur (Ruine Tell Muqajir; Kt. 1925 E6), in Südbabylonien, Kultort des Mondgottes → Nanna/Sîn. Früheste Besiedlung in der → El-Obēd-Zeit, darüber Schlammablagerung (sog. Flutschicht, Zeugnis einer lokalen Überschwemmung). Königsgräber aus der Zeit der 1. Dynastie von Ur (ca. 2500 v. Chr.). Diener gingen freiwillig mit dem Fürsten in den Tod. Kostbare Beigaben. Mächtiger Aufschwung mit der 3. Dynastie von Ur (Könige → Urnammu, → Šulgi, → Amar-Su'ena, → Šū-Sîn, → Ibbī-Sîn); großartige Bauten: → Ziqqurrat und Tempel des Nanna, Ningal-Tempel und Palast der Priesterin; Palast der Könige Urnammu und Šulgi; Mausoleen der Könige der 3. Dynastie. In neubabylon. Zeit erneuert → Nebukadnezar II. den Temenos, Nabonid baut den Hafentempel und einen Palast im N der Stadt. Nach einer Verlagerung des Euphratlaufes im 4. Jh. v. Chr. wird Ur verlassen. → Mesopot. Reiche B [1]. W. R.

Lit: C. L. Woolley u. a., Ur Excavations II–V; IX; X, 1934–1962 – Ur in Chaldäa, 1956.

Uräus, Kobra, die an der Stirn des ägypt. Königs dargestellt ist und Feuer gegen die Feinde speit. Sie ist eine Umdeutung der Stirnlocke, die in der Frühzeit als Machtzeichen galt. Sie ringelt sich im Alten Reich nur unter dem Kopftuch des Königs hervor, erst ab dem Mittleren Reich erscheint sie auch an den Kronen. Mythologisch wird sie mit dem ‹Auge des → Re› gleichgesetzt. Um sie zu ‹besänftigen›, muß ihr geräuchert werden W. Hk.

Urania → Musen; Beiname der → Aphrodite.

Uranos, der Himmel, Sohn des Akmon oder Aither oder aus Gaia, der Erde, allein geboren. Vereinte sich mit Gaia und wurde Vater der → Titanen. Da er seine Kinder haßte, verbarg er sie im Leib der Mutter. Diese bat in ihrer Bedrängnis ihre Kinder um Rache am Vater. Aber nur → Kronos wagte die Tat und entmannte U., als er sich Gaia nahte, mit einer Sichel. Das Glied warf er ins Meer. Aus den dabei auf die Erde fallenden Tropfen entstanden die → Erinyen, die → Giganten und die Meliai (→ Nymphen), aus dem Glied selbst und dem sich darum bildenden Schaum im Meer → Aphrodite (Hes. theog. 154–210). Mythen über Paarung und Trennung von Himmel und Erde auch außerhalb des antiken Kulturbereichs. Die Sukzessionsmythen von Uranos-Kronos-Zeus stehen vielleicht unter Einfluß aus dem Orient. Auffallend die Beziehungen zur hethit. Sage von → Kumarbi. Vgl. auch → Theogonie (Lit).

Lit: → Kronos (dabei bes. H. Schwabl, RE Suppl. 9 (1962), 1440 ff., 1484 ff., s. v. Weltschöpfung). Dazu: E. Wüst, RE 9 A 1 (1961), 966 bis 980 – *Darstellungen:* Da U. keinen Kult besaß, der von Hesiod erzählte (großenteils erfundene) Mythos bildlich nicht dargestellt werden konnte, hat sich kein Darstellungstypos entwickelt. K. Schb.

Urartu, → churritischer Staat. Nach der Zerstörung des → Mitanni-Reiches (Mitte 14. Jh.) war das churr. Kernland um den Van-See in einzelne Fürstentümer zerfallen, die die Nairi-Länder genannt wurden. Diese einte um 860 v. Chr. Sardur I. unter dem alten Namen U. und schuf damit einen gefährlichen Gegner für Assyrien, mit dem U. im ganzen Lauf der Geschichte in ununterbrochenem Kampf lag. Immer wieder brachten Ispuini, der Sohn Sardurs I., und Menuas (828–785) die nördlichen Vasallen Assyriens zum Abfall. Argistis I. (785–53) erweiterte sein Herrschaftsgebiet im Norden bis Georgien und im Südwesten bis Aleppo. Sein Nachfolger Sardur II. verlor allerdings Syrien an Tiglatpileser III. von Assyrien (739 v. Chr.). Gleichzeitig begannen die → Kimmerier von Norden her U. zu bedrängen. Dadurch gelang es → Sargon II. von Assyrien, 714 v. Chr. die Hauptstadt von U., Tušpa, zu erobern; König Rusa I. endete durch Selbstmord. Sein Nachfolger Argistis II. erlitt 707 v. Chr. eine schwere Niederlage gegen die Kimmerier. Erst als diese weiter nach Westen zogen, konnte Sardur III. (646–10) noch einmal die Macht U.s bis nach Syrien hin ausdehnen; er war wieder Herr von Aleppo. Sein Nachfolger Rusa III. (610–585) allerdings erlag den → Medern. – Von der *Kultur* U.s wissen wir wenig: Die in Keilschrift in einer dem Churritischen verwandten Sprache geschriebenen Königsinschriften sprechen von großen Befestigungsanlagen, Kanalbauten und Städten. Die Tempel besaßen Pfeiler und ein Giebeldach und waren sehr sorgfältig aus großen Quadern errichtet. Berühmt sind die Erzeugnisse der urartäischen Metalltechnik, deren Formen und Motive nicht nur nach Assyrien, sondern auch bis Griechenland hin gewirkt haben. Vom Staatsaufbau ist kaum etwas bekannt, Literatur ist außer den Königsinschriften nicht erhalten, aus denen wir für die Religion nur erfahren, daß der Hauptgott Chaldis hieß, der Stammvater des Volkes. Daneben standen Teisbas, d.h. → Tešup, der Wettergott, dargestellt mit einem gehörnten Helm und Beil in der Hand, und ein Sonnengott Ardinis. W. Hk.

Lit: A. Götze, Kleinasien, HbAW III 1, III (1933), 1957², 187–200.

Urbs vetus (heute Orvieto), vom 6. bis ins 3. Jh. v. Chr. hinein blühende etruskische Stadt, 125 km tiberaufwärts von Rom. Bemerkenswert sind vor allem die mit den Namen gezeichneten Grabbauten um den Stadtfelsen. Unter den archaischen Grabplastiken aus Tuff ragt der überlebensgroße Kriegerkopf des Mus. Arch. zu Florenz hervor. Leistungsfähige Terrakottawerkstätten im 5./4. Jh. v. Chr. bezeugen die Plastiken von S. Leonardo und vom Belvedere-Tempel. Vgl. → Etrusker. O.W. v. V.

Lit: M. Bizarri, La necropoli di Crocefisso del Tufo, StE 30, 1962, 1–154.

Urbicus → Agennius, → Lollius.

Urfirnis, zuerst von A. Furtwängler so benanntes keramisches Malmittel: Tonschlicker, der – mit gewissen Zusätzen versehen – durch Oxydationsvorgänge während des Brandes verschiedene Farbtöne (schwarz, braun, rot, gelb oder auch fleckig) ergab. Der U., der in einer vervollkommneten Technik der späteren griech. Keramik zur Blüte verhalf, erschien zum erstenmal im griech. Neolithikum (sog. neolithischer U.), von der frühen Bronzezeit an auch auf den → Kykladen (Naxos, Syros) und auf Kreta. – Ausdrücklich als *U.-Keramik* bezeichnet man über das ganze griech. Festland verbreitete Keramikgattungen des FH (→ Griechenland II A). Das noch nicht auf der Drehscheibe geformte Gefäß wurde anfangs (FH I–II) ganz oder teilweise mit U. bedeckt und gelegentlich mit Ritzmustern versehen. Blütezeit FH II. Später (FH III) hat man lineare Verzierungen (Gitter, Winkel, Dreiecke) entweder weiß auf den U. gemalt (‹H. Marina-Ware›) oder mit U. auf einen hellen Grund gebracht (‹gemusterte U-Ware›). Auf → Pithoi und Wannen erscheinen unter kyklad. Einfluß auch mit zylindrischen Matrizen eingepreßte Ornamente (Fischgräten, konzentrische Kreise, Spiralen). Formen: → Schnabelkanne und -tasse, Schalen, Näpfe, Becher, bauchige Amphoren, Askoi, Pithoi. Fundorte: → Orchomenos, → Eutresis, Kirrha, H. Kosmas, → Ägina, Korinth, → Lerna, → Tiryns, → Asine, → Asea. Importfunde in → Troja I–V. W. Schg.

Lit: A. J. B. Wace-C. W. Blegen, The pre-mycen. Pottery of the Mainland, BSA 22, 1916–18, 177–180 – C. W. Blegen, CVA Classific. 10, 1925 – E. Kunze, Orchomenos III, 1934, Die Keramik d. frühen Bronzezeit – K. Müller, Tiryns IV, 1938 (Die U.keramik) – F. Matz, Die Ägäis, HbArch II 200f.

Urgulanilla → Plautia.

Urkundenwesen

A. Griechisch – B. Römisch.

A. Griechisch. [1] *Ursprung.* Rechtlich relevante Tatsachen aufzuschreiben, war ein alter Brauch der Griechen. Aber erst im 4. Jh. v. Chr. scheint das intensive Geschäftsleben namentlich der seefahrenden Poleis die urkundliche Niederlegung privatrechtlicher Vereinbarungen zur festen Gewohnheit gemacht zu haben.

[2] *Urkundentypen.* a. Die *private Syngraphē* ist schon in attischen Quellen mehrfach bezeugt und aus hellenist. Zeit zahlreich auf Stein und Papyrus erhalten; das älteste Originalbeispiel ist der oberägypt. Heiratsvertrag Pap. Eleph. 1 aus dem Jahr 311 v. Chr. Der Form nach war sie ein objektiv erzählender Bericht über Abschluß und Inhalt des Vertrages mit angehängter Liste der Geschäftszeugen (in Ägypten stets sechs, anderwärts auch drei). Verfälschungen beugte man außer durch Hinterlegung des Dokuments bei einem ‹Urkundenhüter› (συγγραφοφύλαξ) dadurch vor, daß man den sichtbaren Text der ‹Außenschrift› in einer verschlossenen und versiegelten ‹Innenschrift› wiederholte (‹Doppelurkunde›). Auch diese Technik erweist das frühe Datum des sicher reingriech. Pap. Eleph. 1 als klass. Erbgut. Doch dürfte sie letztlich aus dem semit. Bereich stammen, vielleicht eine späte Fortentwicklung der altbabylon. ‹Hüllenurkunde› sein. – b. *Öffentliche Urkunde.* In den hellenist. Monarchien des Ostens führten fiskalische Interessen und obrigkeitsstaatliche Fürsorge zur Einführung von Urkundenbehörden mit öffentlichem Glauben. Von Land zu Land verschieden organisiert, gehörte das Notariat im ptolemäischen Ägypten zur Kompetenz der seit dem 3. Jh. für jeden ‹Gau› (νομός) bestellten → *Agoranomen.* Ihre Aufgabe war wohl zunächst die Aufnahme (Anagraphē) privater Urkunden (demotisch abgefaßter in griech. Übersetzung) in amtliche Register (wahrscheinlich mit der Wirkung erhöhter Beweiskraft vor Gericht). Hierzu trat aber in wachsendem Maße direkte Protokollierung (ebenfalls in objektiver Fassung) vor ihnen erklärter Geschäfte. Die Einverleibung der Urschrift in die Akten des Agoranomen, der den Parteien amtliche Abschriften ausfertigte, machte Zeugen und Innenschrift überflüssig, so daß sie in Ägypten (anders allerdings in → Dura-Europos) wegfielen und das notarielle Instrument die umständliche private Sechszeugen-Doppelurkunde allmählich verdrängte. Als der agoranomischen Urkunde gleichwertig galten später auch die von einer Bank aufgenommene und ausgefertigte geschäftliche Erklärung (Diagraphē) und eine dem gerichtlichen Vergleich nachgebildete Urkundsform (Synchōrēsis). – c. *Handschein.* Neben den genannten entwickelten sich vereinfachte Methoden der privaten Beurkundung. Unter ihnen ragt das überall verbreitete *Cheirographon* hervor, eine als Brief gefaßte und daher subjektiv stilisierte Erklärung des einen Vertragspartners an den anderen. Man verwandte es besonders für Quittungen, aber auch für Verpflichtungen und Verfügungen (nicht jedoch für Testamente, die überhaupt eigenen Formen folgten). Weniger umständlich und weniger kostspielig als die öffentliche Beurkundung, erfreute es sich steigender Beliebtheit, so daß die röm. Verwaltung Ägyptens die Möglichkeit schuf, ihm durch Dēmosiōsis, d.i. Einverleibung in ein amtliches Archiv, nachträglich die (bes. beweisrechtlichen) Vorteile der notariellen Urkunde (δημόσιος χρηματισμός) zu verschaffen. Nach dem Ende des 3. Jh.s n. Chr. erfolgten Zusammenbruch der ägypt. Agoranomie blieb es allein übrig. Später ging es überall im Osten in die röm. Tabellionenurkunde über.

[3] *Rechtswirkung.* Die Einfügung einer Kyria-(Maßgeblichkeits-) Klausel (ἡ συγγραφὴ κυρία ἔστω o.ä.), die bei notariellen Urkunden und Handscheinen üblich war, machte den Inhalt des Dokuments unwiderleglich, verschaffte diesem also absoluten Beweiswert, und zwar bei entsprechender Fassung (z. B. κυρία παντὶ τῷ ἐπιφερομένῳ) auch in der Hand eines dritten Überbringers. Da diese Wirkung auch fiktiven Erklärungen und abstrakten Schuldscheinen zukam (→ Recht I F 2), mißt man der griech. Urkunde oft ‹dispositive› Kraft bei.

[4] *Register und Archive.* Sie waren in hellenist. Zeit Teil des Notariatswesens und wurden von den gleichen Behörden – im seleukidischen → Dura-Europos und anderswo von einem Chreophylakion genannten Amt, im ptolemäischen Ägypten von den Agoranomen – verwaltet. Neben dem schon erwähnten Verzeichnis der anagraphierten Verträge gab es in Ägypten ein besonderes der Grundstücksgeschäfte (Katagraphē), das der Sicherung der Umsatzsteuer (Enkyklion) und der Evidenthaltung der Rechtsverhältnisse am Boden diente. Die röm. Provinzialregierung vervollkommnete das von den Ptolemäern geschaf-

fene System einerseits durch Anlage von Zentralarchiven in Alexandria für alle öffentlichen oder ihnen gleichgestellten Urkunden, andererseits durch die Einrichtung eines ‹Besitzarchivs› (βιβλιοθήκη ἐγκτήσεων) in jedem Gau. Dieses ‹Besitzarchiv› war nicht, wie man früher meinte, eine Art Grundbuch, sondern ein bloßes Archiv der Besitzdokumente zum Zweck der Überwachung des Immobilienverkehrs, bes. zur Verhinderung von Verfügungen Nichtberechtigter: Agoranomen durften Verträge über Grundstücke nur nach Vorlage einer Unbedenklichkeitsbescheinigung (Epistalma) des Archives aufnehmen. Im späteren 3. Jh. n. Chr. verfiel es mit dem gesamten Notariats- und Registerwesen Ägyptens. H. J. W.

B. RÖMISCH. [1] *Urkundentypen.* Im frühröm. Recht hatte die Schriftform nur für Gesetzestexte einige Bedeutung; Rechtsgeschäft und Prozeß waren von Verbal- und Realformen (Spruchformeln, Akte per aes et libram, Zugriffsakte nach Art der manus iniectio) beherrscht. Die relativ häufige Verwendung von Urkunden, auf die wir im 1. Jh. v. Chr. stoßen, wird als Übernahme hellenist. Verkehrsgepflogenheiten zu erklären sein. Immerhin lassen sich einige mehr spezifisch röm. Beurkundungstypen aus dem Kreis der hellenistisch-gemeinantiken Formen herausgreifen. So stellt Gaius (inst. 3, 134) *chirographum* und *syngrapha* als Elemente eines *genus obligationis proprium peregrinorum* den *nomina transscripticia* (inst. 3, 128 ff.) gegenüber, bei denen Eintragungen in Hausbücher *(codices accepti et expensi)* normale Obligationen des ius civile begründen. Nach der Urkundenform betrachtet, kann von der testatio als objektiv stilisierter Zeugenurkunde (vgl. Kaser, 1027 ff.) gesagt werden, daß sie stärker röm. Charakter trage als das subjektiv stilisierte, eigenhändig geschriebene und zeugenlose chirographum, das schon bei Cic. epist. 7, 18, 1 begegnet.

[2] *Überlieferung und Erscheinungsform.* Die Ungunst der klimatischen Verhältnisse gestattet für das röm. U. nur ungleich dürftigere Dokumentation als für das griechisch-ägyptische. Unsere besten Fundorte sind →Pompeji und →Herkulaneum, daneben Siebenbürgen. Nach Ägypten gelangte oder in Digesten- und Codexfragmenten diskutierte Urkunden runden das Bild für die klass. Ära ab. Aus der Spätzeit verdienen die Papyri von Ravenna (ed. Tjäder) und die dem Bereich der Vandalenherrschaft entstammenden Tablettes Albertini (ed. Courtois-Leschi-Penat-Saumagne, 1952) Beachtung. Als Beschreibstoff dienten zunächst in der Regel Holztäfelchen, die geweißt oder mit Wachs bezogen waren (→Wachstafel); von solchen tabulae hat die Testamentsurkunde ihre gebräuchliche Bezeichnung (z. B. bonorum possessio secundum tabulas; über tabulae vgl. Sachers, 1881 ff.). Die Verbindung zweier Täfelchen (mit durch Randlöcher laufenden Bindfäden) ergab das →Diptychon; drei Täfelchen fügte man beim gebräuchlicheren →Triptychon zusammen (Details dazu bei Wenger, 74 ff.). Der Vermeidung zu häufiger Öffnung der Urkunden und zugleich dem Schutz gegen Fälschungen diente die Übung, den Text auf den offenen Seiten zu wiederholen. In der Prinzipatszeit dringt die →Papyrus-Urkunde (charta) immer stärker vor und verdrängt die tabulae schließlich völlig; auch hier wird die Bezeichnung des Beschreibstoffes bald mit der rechtsgeschäftlichen Akte zusammengezogen (zur traditio cartae Sachers, 1858 ff.; zur traditio per cartam einerseits Brunner, 90 ff., andererseits E. Levy, 146 ff.). Die Wahl des Beschreibstoffes war keine Frage der Gültigkeit oder Erlaubtheit einer Urkundenerrichtung, vgl. für das Testament Ulpian Dig. 37, 11, 1 pr. (der insbes. noch das Pergament, membrana, nennt).

[3] *Terminologie und Funktion des Urkundenwesens.* Bezeichnet werden die röm. Urkunden bald als instrumenta, bald als cautiones, als cerae, als epistulae; terminologische Fixierung unterblieb. Der Ausdruck documentum blieb der Juristensprache fremd und tritt erst in Kaiserkonstitutionen auf. Paul. Dig. 22, 4, 1 zeigt, daß instrumentum in einem weiteren Sinn auch das Beweis*mittel* der Zeugenaussage erfaßte *(omnia quibus causa instrui potest).* Tabulae und cerae haben ihren Namen vom Beschreibstoff, chirographarische Exemplare sind unter ihnen selten. Die epistula zeichnet sich nur durch die Briefform, insbes. den Gruß als Einleitung, aus. Die cautio heißt nach ihrer rechtlichen Funktion; sie ist das Versprechen einer Leistung für den Fall, daß der Versprechensempfänger in der Zukunft irgendeinen Schaden erleidet.

[4] Die *Urkundenerrichtung* lag schon in der Prinzipatszeit immer öfter bei gewerbsmäßig arbeitenden tabelliones (vgl. Pfaff); in der Dominatszeit dringt die behördliche Mitwirkung bei der Urkundenerrichtung ständig vor. Auch munizipale Behörden und kirchliche Stellen erlangten das ius actorum conficiendorum, kraft dessen Erklärungen apud acta entgegengenommen und in Protokolle eingetragen werden konnten (insinuatio). Doch auch in die Errichtung der zunächst privaten Tabellionenurkunde greift der Staat nun stärker ein; ein Gesetz Justinians (aus d. J. 528, Cod. Iust. 4, 21, 17) regelt subscriptio der Partei, Vollzugsvermerk des tabellio (complere), Genehmigung der Parteien (absolutio); in Novelle 47 (aus d. J. 537) wird auch die Datierung behandelt. Tabellionenurkunden galten als instrumenta publica, von drei Zeugen unterfertigte Urkunden als instrumenta quasi publica (Cod. Iust. 8, 17, 11, 1).

[5] *Juristische Bedeutung.* Vom röm. U. mitgestaltete Rechtsinstitute des klass. Privatrechts waren die Litteralkontrakte und die formula des ordo iudiciorum (‹Schriftformel›, vgl. aber Arangio-Ruiz, 15 ff.), auch alle von testationes erfaßten Rechtsgeschäfte wie die mancipatio und die stipulatio, endlich das nach prätorischem Recht seit →Antoninus (2) Pius (vgl. Gaius inst. 2, 120) gegen den Zivilerben durchsetzbare Testament. Große Bedeutung hatten auch alle beurkundenden Verzeichnisse wie das instrumentum dotale (Dig. 24, 3, 45). Ihre Bedeutung dringt in spätröm. Zeit, namentlich auch dank des erbrechtlichen beneficium inventarii, stark vor; die Schriftform erfaßt dann auch das Eherecht (der libellus repudii ist Diokletian Cod. Iust. 5, 17, 6 noch unerheblich, →Theodosius II. und →Valentinian III. machen ihn 449 zur gebotenen Scheidungsform, Cod. Iust. 5, 17, 8 pr.), die Schenkung (zu ihrer insinuatio Frg. Vat. 249, ein Gesetz Konstantins von 323) und das Pfand (zum Rangprivileg für Tabellionenurkunden Cod. Iust. 8, 17, 11, 1). – Ausgehend von germanistischen Fragestellungen (vgl. H. Brunner) diskutiert auch die romanistische Forschung immer wieder das Verhältnis zwischen der *Funktion* der Beurkundung als notwendiger Form eines Rechtsgeschäftes und ihrer Funktion als Mittel der Beweissicherung. Wohl mit Recht wird für die große Mehrzahl der Fälle (Ausnahme: nomina transscripticia) für das klass. Recht Dominanz der Beweisfunktion angenommen. Bei Prozeßformel und tabulae testamenti ist anzunehmen, daß ihre bald konstitutive Bedeutung durch das besonders starke Bedürfnis nach Beweissicherung rascher als in anderen Bereichen ausgeprägt wurde. Zu beachten ist freilich, daß die Unterscheidung zwischen Schriftform und Beweisurkunde in den Kategorien unserer Quellen nur selten anklingt. Th. M.-M.

Lit: L. De Sarlo, Il documento oggetto di rapporti giuridici, 1935 – L. Mitteis, Röm. Privatrecht, 1908, 290 ff. – H. Steinacker, Die antiken Grundlagen der frühmittelalterl. Privaturkunde, 1927 – A. Steinwenter, Beitr. z. öffentl. Urkundenwesen d. Römer, 1915 – L. Wenger, Die Quellen des röm. Rechts, 1953, 74 ff.; 734 ff. – *Zu einzelnen Abschnitten: Zu* [1]: M. Kaser, RE 5 A 1 (1934), s. v. testimonium, 1021 ff. – *Zu* [2]: J. O. Tjäder, Die nichtliterar. lat. Papyri Italiens aus der Zeit 445–700, 1955 – Sachers, RE 4 A 2 (1932), s. v. tabula, 1881 ff. – H. Brunner, Zur Rechtsgeschichte d. röm. u. germ. Urk., 1880, Neudruck 1961 – W. Levy, West Roman Vulgar Law, 1951 – *Zu* [3]: J. Pfaff, Tabellio und tabularius, 1905.

Urnammu, sumer. König, ca. 2062–2045, sagt sich von seinem Oberherren →Utuchengal von →Uruk los und begründet die 3. Dynastie von Ur (→Šulgi, →Amar-

Su'ena, → Šū-Sîn, → Ibbī-Sîn). Bruchstücke eines Gesetzbuches des U. wurden gefunden. Errichtete zahlreiche große Bauten im ganzen Land (→ Ziqqurrat von → Ur, → Uruk). Vgl. → Mesopot. Reiche B [1]. W.R.

Lit: S.N. Kramer-A. Falkenstein, Ur-Nammu Law Code, Orientalia 23, 1954, 40–51.

Urnenfelderkultur → Hallstattkultur, → Villanovakultur.

Urso (Osuna, Prov. Sevilla; östl. Hispalis), reiche turdetan. Stadt an den Ufern des → Baetis, deren Bauwerke, bedeutend durch ihre Skulpturen, vermutlich im 3. Jh. bei den Feldzügen des → Hamilkar (2) Barkas zerstört wurden. In röm. Zeit wird sie wieder aufgebaut und eine der bedeutendsten Städte der Provinz Baetica. Nach 44 v. Chr. wird sie zur Colonia Inmunis Genetiva Iulia Urbanorum und durch stadtröm. Siedler verstärkt. 1870 und 1874 wurden mehrere Bronzetafeln mit einem großen Teil des Textes der lex Ursonensis gefunden, ein Fund von außerordentlicher Bedeutung für die Kenntnis des röm. Lokalrechts. Sie sind im Museum von Madrid aufbewahrt. J.M.d.M.

Lit: M. Rodriguez de Berlanga, Los Bronces de Osuna, 1876 – A. d'Ors, Epigrafía jurídica de la España romana, Madrid, 1953 – A.G. Bellido, La Península Iberica, 1953, 409 – R. Große, RE 9A (1961), 1064–66.

Ursus → Julius.

Uruk (im AT Erech, Ruine Warka; Kt. 1925 D 5), Stadt im südl. Babylonien. Früheste Besiedlung in der → El-Obēd-Zeit (Keramik Schicht XVIII), danach monochrome schwarze, graue oder rote Keramik, die sog. *Uruk-Ware* (Schicht XIV–VI). Ab Schicht VII größere Bauwerke. Wahrscheinlich bestand neben U. damals eine Stadt Kullab, deren bisher sagenhafte Könige Enmerkar, Lugalbanda, → Dumuzi und → Gilgameš in der sumer. Königsliste und in mythischen Texten erwähnt sind. Zwei große Baukomplexe: (1) Eanna, Tempelbezirk der → Ištar/Inanna (Uruk); (2) Heiligtum des → Anu (ursprünglich Kullab). Beide besaßen eine → Ziqqurrat. Die des Anu reicht bis in Schicht VI (ca. 3200 v. Chr.) hinab. Der Tempel wurde mehrfach neu errichtet, die letzte Stufe (Weißer Tempel) in frühdynastischer Zeit (ca. 2700) zu einer großen Plattform ausgefüllt. In seleukidischer Zeit umfangreicher Backsteinbau (Rēš-Heiligtum) für Anu-Antum. Eanna fand seine gewaltigste Ausgestaltung in der Zeit um 3000 (Schichten V–IV), wo der heilige Bezirk oft mehrere Tempel nebeneinander enthielt. Schicht V: Kalksteintempel, Steinstifttempel (Nischenarchitektur). Im Niveau IV 3 Bauperioden mit neuen, großen, reich gegliederten Tempeln (Tempel D 80 × 30 m), außerdem ein Hof mit Stiftmosaikverzierung (Flechtmattenmuster). Erste Tempelterrassen, später Ziqqurrat (Bauherren bes. → Urnammu, → Sargon II. von Assyrien). Älteste Schriftdenkmäler aus Schicht IVa (frühes → Djemdet Naṣr). Um 2700 Bau der Stadtmauer (nach dem Epos durch Gilgameš); spätere Erneuerungen. Aus altbabylon. Zeit der Palast des Sîn-kāšid im Westen von U. Der → Kassitenkönig Karaïndaš errichtete in Eanna einen Tempel, Fassade aus Backsteinrelief. → Akītu-Festhaus im NO außerhalb der Stadt. In seleukid. Zeit, in der U. als 'Ὀρχοή mit griech.-babylon. Mischbevölkerung zu neuer Blüte kam, ferner ein großer Tempel für → Ištar und Nanâ (Irigal, sog. Südbau) südöstlich des Anu-Tempels. Starke parthische Besiedlung (Gareus-Tempel; Apsidenbau unbekannter Bestimmung). Außerhalb der Stadt im N zwei sassanidische Grabtumuli. W.R.

Lit: J. Jordan, U.-Warka, WVDOG 51, 1928 – J. Jordan-E. Heinrich-H. Lenzen u.a., 1. bis 19. Bericht über die ... Ausgrabungen in U.-Warka, 1930–1963 – A. Falkenstein, Topographie von U., 1941 – A. Aymard, Une ville de la Babylonie séleucide, REA 40, 1938, 5–42.

Urukagina, Fürst von → Lagaš, ca. 2370–2360. Usurpator, der seinen Anspruch damit rechtfertigt, daß der Gott Ningirsu ihm die Macht übertragen habe, um soziale Reformen durchzusetzen, ‹daß der Mächtige den Waisen und Witwen nichts antue›. Nach anfänglichen Erfolgen schließlich von → Lugalzaggesi von Umma gestürzt. W.R.

Ušebti, ägypt. Bezeichnung (der ‹Antwortende›) für kleine Statuetten, die einem Toten mit ins Grab gegeben wurde. Sie halten Hacken in den Händen und sollen ‹antworten›, wenn der Tote im Jenseits zur Zwangsarbeit aufgerufen wird. W. Hk.

Usia (οὐσία), in nichtphilosophischer Bedeutung ‹Reichtum, (Land-)Besitz›. Im weitesten *philosoph. Sinn* bedeutet U. die ‹Wirklichkeit›. Die Einschränkungen, denen man diese allgemeine Bedeutung unterwirft, sind abhängig von der Auffassung, die man von der ‹wahren Wirklichkeit› hat. Bei Platon bedeutet U. meistens das ‹Wesen›, das, was eine Sache wirklich ist. Bei Aristoteles wird die ‹logische› Bedeutung ‹Wesen› (die Antwort auf die Frage ‹was ist das?›), die oft vorkommt, von der Bedeutung ‹Substanz› überlagert, dem ersten Glied der → Kategorientafel. Tatsächlich hat nach der Kategorientheorie (metaph. 6, 1. 5. 6, 1031 b 22–26 und an. post. 83 a 24–35) einzig die U. ein Wesen oder besser: nur sie *ist* eine Wesenheit. Nur von ihr kann man sagen, was sie an sich selbst ist, ohne etwas anderes beizuziehen. Im Gegensatz dazu kann man von der Wesenheit der sekundären Kategorien nur in einem uneigentlichen und abgeleiteten Sinn sprechen, denn man kann nicht sagen, was sie sind, ohne das Subjekt zu erwähnen, dem sie zukommen (das Weiße z.B. ist wesentlich die Eigenschaft einer andern Sache). Nun definiert aber diese Eigenschaft, durch sich zu sein, was sie ist, die U. als die ursprüngliche Wirklichkeit: sie ist das Inhärenzsubjekt, auf das alles andere zurückgeführt werden muß und das selbst auf nichts anderes mehr bezogen werden kann. Das, was Aristoteles οὐσία nennt, weil er es als die wahre Wirklichkeit betrachtet, vereinigt in sich folglich die Eigenschaften, Wesenheit und Substrat (→ Hypokeimenon), das allen nichtsubstantiellen Seinsweisen Zugrundeliegende, zu sein. S.M.

Lit: G. Capone Braga, Encicl. Filos, 1957, IV 806–808, s.v. Sostanza – H.H. Berger, Ousia in de Dialogen van Plato, 1961 – R. Marten, οὐσία im Denken Platons, 1962 – S. Mansion, La première doctrine de la substance, la substance selon Aristote, Rev. philos. de Louvain 44, 1946, 349–369.

Usipeter, german. Stamm, 58 v. Chr, mit den Tenkterern von → Sueben aus ihren Sitzen in Oberhessen an den Niederrhein vertrieben, 55 v. Chr. auf dem Weg nach Gallien von Caesar bei Koblenz besiegt und zurückgeworfen (Kt. 1057 B 3), seither erbitterte Feinde der Römer. Gehen im 3. Jh. in den → Franken auf. L.B.-H.

Lit: s. zu → Germanen.

Utica (Kt. 61 E 1; heute Utique), in Tunesien an der Mündung des Bagradas (heute Oued Medjerda) in den Golf von Tunis. Phön. Kolonie, 146 v. Chr. nach Zerstörung Karthagos Hauptort der röm. Provinz Africa proconsularis. Dann langsamer Niedergang wegen des Wiederaufstieges von Karthago und der Versandung des Hafens. Nach U. zog sich im Bürgerkrieg → Cato (2) ‹Uticensis› zurück und nahm sich hier das Leben. – *Bauten:* Geringe Reste eines Amphitheaters und von Zisternen. R.F.

Utopie, Th. Morus' (16. Jh.) Neubildung aus griech. Elementen (οὐ- Negation, τόπος ‹Ort›: Land Nirgendwo), impliziert, daß es den beschriebenen Staat z.Z. nicht gibt und, nach Ansicht des Autors, nie geben wird. – Im Gegensatz zu → Aristoteles (C 7), den die Realisierung seines Idealstaates weniger interessiert (Politik 7. 1331 b 20), ringt sich → Platon nach dem gescheiterten Versuch in Syrakus erst spät (leg. 5, 739 gegen rep. 5, 473, 499; 9, 592 widerspricht nicht) zu der Ansicht durch, daß der Staat der ‹Politeia› nicht realisierbar ist; so konnte er erst damals – unter Benutzung des → Mythos – einen an der Politeia orientierten Staat als U. vorstellen (*U*rathen im ‹Kritias›). In der Vergangenheit angesiedelt ist auch → Theopomps (2) ‹Meropis›, am Rande der Welt (so daß Elemente des Reiseromans hineinkommen) → Hekataios' (2) v. Teos ‹Kimmerische Stadt› (vgl. auch seine Aigyptiaka), → Euhemeros' Panchaia und → Iambulos' ‹Sonnenstaat›. Vorstellungen vom Schlaraffenland, bereits aus → Homer (Od. 7, 201) und der Alten → Komödie (I B 2) bekannt, mischen sich in diesen U.n mit ernsthaften politischen Anliegen, von denen freilich aus den wenigen Fragmenten (fast alle aus → Diodor, 2) nur noch wenig kenntlich ist: eine gemäßigte kollektivistische Wirtschaftsordnung bei Euhemeros, ein streng autoritärer Kommunismus bei Iambulos. E. Msch.

Lit: R. v. Pöhlmann, Gesch. d. sozialen Frage u. d. Sozialismus..., (1893–1901), 1925³.

Utuchengal, sumer. König, ca. 2070, in → Uruk. Konnte die → Gutäer, die jahrzehntelang vom iran. Bergland her Babylonien verwüsteten, unter ihrem Fürsten Tirigan vernichtend schlagen und Sumer befreien. In der Herrschaft bald von → Urnammu abgelöst. Vgl. → Mesopot. Reiche B [1]. W. R.

Uxor, ‹Gattin›, im rechtlichen Sinn Bezeichnung für die verheiratete Frau ohne manus, im Gegensatz zur mater familias (vgl. → Recht III D).

Vaballathus (L. Iulius Aurelius Septimius V. Athenodorus), syrischer Teilherrscher 266–271; Sohn der → Zenobia, die wegen seiner Minderjährigkeit für ihn regierte, und des Septimius → Odaenathus; seit 266/267 Herrscher des Reiches von → Palmyra; 271 zusammen mit seiner Mutter von → Aurelian gestürzt. H. D. M.

Vacuna, alte sabin. Göttin, die nahe beim Landhaus des → Horaz am Ufer der Licenza ein Heiligtum besaß (vgl. auch Plin. nat. 3, 109; Ov. fast. 6, 307f.). Die Etymologie bleibt unklar, und das Wesen der Göttin ist uns nicht bekannt; den röm. Gelehrten erging es nicht anders, und sie identifizierten sie mit → Bellona, → Minerva, → Diana, → Ceres, → Victoria (schol. Hor. epist. 1, 10, 49; dazu, aus Varro, Dion. Hal. 1, 15, 1). H. Le B.

Vadimonis lacus (laghetto di Bassano), heute fast verlandeter Schwefelwassersee vor der Tiberpforte nördlich Orte (Horta), wo die Römer 310 v. Chr. gegen die durch ‹lex sacrata› aufgebotene Gesamtheit der → Etrusker und 281 (?) gegen diese und die ihnen verbündeten keltischen → Bojer entscheidende Schlachten schlugen. O.W. v. V.

Lit: H. Nissen, Italische Landeskunde, 1902, 342 – O.W. v. Vacano, Die Etrusker i. d. Welt der Antike, 1957, 154–156 u. 342.

Valens (Flavius V.), röm. Kaiser 364–378, geb. 328 in Cibalae (Slawonien), 9. 8. 378 bei Adrianopel gefallen. Am 28. 3. 364 durch seinen Bruder → Valentinian I. zum Augustus ausgerufen und als Mitregent für den östlichen Reichsteil eingesetzt. An militärischer und politischer Begabung hinter seinem Bruder zurückbleibend, förderte V. den → Arianismus, der missionierend die Westgoten und andere ostgermanische Stämme erreicht hatte. Nach Niederwerfung des → Procopius kämpfte V. gegen die → Goten an der unteren Donau, seit 370 gegen die Perser unter → Šapur II. Die krisenreiche Entwicklung auf dem Balkan erzwang jedoch bald den Abbruch des Ostfeldzuges. Im Herbst 376 teilte V. den Westgoten unter → Frithigern, die vor den → Hunnen flohen, Sitze in Thrakien zu. Infolge der schlechten Behandlung durch die röm. Verwaltung erhoben sich dann diese Flüchtlinge und drangen nach einem Sieg bei Marcianopolis (377) bis nach Griechenland vor. Im Sommer 378 trat V. dem Heer Frithigerns entgegen, ohne die Waffenhilfe seines Neffen → Gratian abzuwarten. Bei der schweren Niederlage nördlich von Adrianopel fand V. den Tod. Die Schlacht gilt schulmäßig oft als Beginn der Völkerwanderung. Mit V.' Tod beginnt auch der Niedergang des Arianismus im röm. Reich. H.-J. D.

Lit: E. Stein, Gesch. d. spätröm. Reiches I, 1928 – A. Nagl, RE 7 A 2 (1948), 2097–2137 – E. Kornemann, Röm. Gesch. II (1939), 1963[5].

Valens, vgl. auch → Aburnius, → Fabius.

Valentinian I. (Flavius Valentinianus), röm. Kaiser 364 bis 375, geb. 321 in Cibalae (Slawonien) als Sohn eines Offiziers einfacher Herkunft, gest. 17. 11. 375 in Brigetio. V. wurde am 25. 2. 364 in Nicaea zum Augustus ausgerufen. Auf Verlangen des Heeres bestellte er seinen Bruder → Valens zum Mitregenten für den Osten. Häufig in Trier residierend, erwarb sich V. große Verdienste um die Verwaltung und die militärische Sicherung des Reiches. 366 wurden die → Alamannen aus Gallien zurückgedrängt, und 368 gelang dem Kaiser, der schon 367 seinen Sohn → Gratian zum Mitregenten erhoben hatte, ein Vorstoß zum Neckar und zu den Donauquellen. Während V.s Feldherr Theodosius Britannien bis zum Hadrianswall wieder sicherte, kämpfte der Kaiser gegen die Franken und begann den Bau einer sich von der Nordsee bis Rätien erstreckenden Grenzbefestigung (archäol. Spuren erhalten). Ein vom → Donatismus unterstützter Aufstand des Berberfürsten Firmus (372–375) wurde durch den Feldherrn Theodosius niedergeschlagen. Nach Erfolgen gegen die → Quaden starb V. am 17. 11. 375 an einem Schlaganfall während der Verhandlungen mit einer quadischen Gesandtschaft. – Der militärisch erfolgreiche, wegen seiner Strenge und Sparsamkeit vom Senatsadel gefürchtete Kaiser bemühte sich gleich → Julian (2) um Verwaltung und Rechtsprechung und suchte das Los der unteren Schichten (→ Kolonen) zu erleichtern. V. bekannte sich wie die meisten Bewohner seines Reichsteiles zum → Konzil von Nicaea und ging gegen die → Donatisten und → Manichäer vor. Er begünstigte Papst → Damasus, war aber sonst kirchenpolitisch zurückhaltend. Seine kraftvolle Regierung gab dem Westteil des Reiches zum letzten Mal das Übergewicht. – Eine überlebensgroße Bronzestatue des Kaisers hat sich in dem sog. Koloß von → Barletta erhalten. H.-J. D.

Lit: O. Seeck, Gesch. d. Untergangs d. ant. Welt V, 1913 – E. Stein, Gesch. d. spätröm. Reiches I, 1928 – A. Nagl, RE 7 A 2 (1948), 2158 bis 2204 – A. Alföldi, A Conflict of Ideas in the Late Roman Empire, 1952.

2. **V. II.** (Flavius Valentinianus), röm. Kaiser 375–392, geb. 371 in Trier als Sohn → V.s I. und der Justina, gest. 15. 5. 392 in Vienna. Am 22. 11. 375 in Aquincum von den Truppen zum Augustus ausgerufen, erhielt V. unter der Vormundschaft seines Stiefbruders → Gratian den mittleren Reichsteil. Nach Gratians Tod regierte V. im eigenen Namen, jedoch unter dem Einfluß seiner Mutter, die, auch gegen → Ambrosius, den → Arianismus förderte. 387 floh V. vor dem Usurpator → Maximus (1) nach dem Osten; → Theodosius' I. Sieg über Maximus erlaubte V. die Rückkehr. Kirchlich war V. dem Ambrosius ergeben. Residenz ab 389 in Trier und Vienna; 392, wahrscheinlich auf Befehl des → Arbogast, ermordet. H.-J. D.

3. **V. III.** (Flavius Placidus Valentinianus), (west-)röm. Kaiser 424 bzw. 425–455, geb. 2. 7. 419 in Ravenna als Sohn → Constantius' III. und der → Galla Placidia, ermordet 16. 3. 455 in Rom. Um dem Westreich die Dynastie zu erhalten, ließ → Theodosius II. den V. am 23. 10. 424 zum Caesar und nach Niederwerfung des → Johannes (1) am 23. 10. 425 zum Augustus ausrufen. Bis 437, dem Jahr der Vermählung V.s mit Theodosius' II. Tochter Eudoxia, führte Galla Placidia die Regierung. Danach übte der Reichsfeldherr → Aetius starken Einfluß auf V. aus, der – oft mit hunnischer Hilfe – die Kämpfe gegen die Germanenreiche (442 Souveränität des Vandalenreiches) führte. Nach Aetius' Sieg über die Hunnen auf den Katalaunischen Feldern (451) mußte V. sogar die Verlobung seiner Tochter Placidia mit Aetius' Sohn zulassen. Nach dem Zerfall des Hunnenreiches glaubte V., sich des Heerführers entledigen zu können, und stieß ihn unter dem Vorwurf des Hochverrates eigenhändig nieder (Sept. 454). Am 16. März 455 wurde V. von einem früheren Gefolgsmann des Aetius ermordet. – Die Überlieferung zeichnete den Kaiser nicht ganz zu Recht als schwach und unselbständig; denn er hat sich insbes. durch seine Gesetzgebung (Novellae Valentiniani) ernsthaft um eine Reform der Verwaltung und der Reichsverteidigung bemüht. Mit V. endet die letzte Dynastie des Westreiches. H.-J. D.

Lit: W. Enßlin, RE 7 A 2 (1948), 2232–59 – E. Stein, Histoire du Bas-Empire I (1928), 1949[2], 317–350.

Valentinus von Alexandria, der bedeutendste Lehrer der christl. → Gnosis, geb. ca. 100 n. Chr. in Ägypten, wirkte in Alexandria, von ca. 140–160 in Rom, zuletzt in Cypern. Die Rekonstruktion der ursprünglichen Lehre dieses Visionärs, der zugleich der gebildetste und geistvollste Theologe seiner Zeit war, ist sehr schwierig. Von seinen Schriften sind nur wenige Fragmente erhalten. Ob das ‹Evangelium Veritatis› und der ‹Brief an Rheginus› (= De resurrectione) aus dem Cod. Jung von V. stammen, ist zweifelhaft. Mehr ist bekannt über V.' Schüler, die seine Lehre ausbauten und systematisierten: Im Westen → Ptolemaios (18) und → Herakleon, im Osten Theodotus (Exzerpte bei → Clemens (2) Alexandrinus) und Markus. Auf den Systemen dieser Schulen beruhen auch die ausführlichen Referate bei → Irenäus und → Hippolytos. Ein Lehrbrief (bei → Epiphanios) und eine Auslegung des Prologs zum 4. Evangelium sind ebenfalls von Schülern verfaßt.

[2] Das Kernstück des *valentinianischen Systems* ist der Mythos der Sophia (= Weisheit), dem letzten der 30 durch Emanation entstandenen und paarweise einander zugeordneten Äonen (Syzygien) des göttlichen Pleroma, dessen Zentrum die ‹Ogdoas› (Urgrund-Schweigen, Nus-Wahrheit, Logos-Leben, Urmensch-Kirche) bildet. In dem Versuch, den Urgrund eigenmächtig zu erkennen, zeugt die Sophia ohne ihren Syzygos Begehren und Leidenschaft. Diese werden durch den Horos (Grenze) aus dem Pleroma ausgeschieden und aus ihnen die ‹untere Sophia› (hebr. Achamōt = Weisheit) geformt. In einem fortschreitenden Prozeß der Verstrickung ihres göttlichen Elementes und der Zunahme der Unwissenheit entsteht durch die Substanzwerdung der Empfindungen und Leiden der Achamōt zunächst der seelische Zwischenort mit der siderischen Ogdoas (Fixsternsphäre) als Abbild des Pleroma, und schließlich durch den Demiurgen die materielle Welt. Dem dreistufigen Kosmos entspricht das anthropologische Schema ‹Geist–Seele–Leib› bzw. die Einteilung der Menschheit in Pneumatiker, Psychiker und Hyliker. Der Mensch, der der weiblichen Sophia angehört, ist eben wegen dieses göttlichen Ursprungs in der geistigen und seelischen Dimension seines Seins in die Tragik eines widergöttlichen Daseins verstrickt und zur Erlösung der Gnade bedürftig. Sie wird ihm zuteil in der ‹Formung› durch den Christus-Soter; die ‹Gnosis› ist die Auflösung alles dessen, was aus der Verstrickung des Geistigen und aus der Unwissenheit Gestalt gewann (Seele und Materie). Im Mythos ist das dadurch dargestellt, daß Christus sich mit dem irdischen Jesus vereinigt, ihn zur Überwindung des Todes dem Tode preisgibt, die vom Irdischen befreiten Geister noch im Gewande der Seele zur vorläufigen Ruhe im siderischen Zwischenort bringt. Die Vollendung ist das Zunichtewerden auch des Seelischen, die Vereinigung des Christus mit der Sophia zur Syzygie und die heilige Hochzeit der Geister mit seinen Engeln. Im Gegensatz zu → Markion hat V. spätjüd. und oriental. Mythologie mit Elementen platonischer Philosophie zu einer in der Intention monistischen Weltschau verbunden, während ihn von → Plotin scheidet, daß die Welt ihren Ursprung aus tragischer Verstrickung und nicht aus dem göttlichen Gesetz herleitet. H.K.

Frg. u. Ed: Völker, 1932, 57–141 – Evangelium Veritatis, hg. von M. Malinine, H.-C. Puech, G. Quispel (mit Übers.), 1956 – De resurrectione, hg. von M. Malinine, H.-C. Puech, G. Quispel, W. Till, 1963 – *Lit:* bei G. Kretschmar, RGG IV, 1226 – Vgl. → Gnosis.

Valerian (P. Licinius Valerianus), röm. Kaiser 253–260; geb. vor 200; vornehmer Abstammung; unter Hostilianus (→ Gallus) am Gotenkrieg beteiligt; machte sich, als er von Gallus gegen → Aemilian zu Hilfe gerufen wurde, zum Kaiser und wurde nach dem Tode der beiden vom Senat anerkannt (Sept. 253). V. erhob seinen Sohn → Gallienus zum Mitherrscher, übertrug ihm die Verteidigung des Westens und ging selbst in den Osten (254?). Die → Goten griffen in diesen Jahren vom Meer aus Kleinasien und den Hellespont an; der Sassanide Šapur I. zerstörte Dura-Europos und Antiochia und eroberte Armenien. V. konnte die Grenze nicht wiederherstellen. 257 neue → Christenverfolgungen; die Konfiskationen sollten die Staatskasse wieder füllen. Einem neuen Vorstoß der Perser bis nach Kappadokien wich V. aus, wurde aber bei einem Angriff auf das persische Belagerungsheer vor Edessa gefangengenommen (259/260; wichtigstes Zeugnis die Inschrift Šapurs I. von Nakš-i-Rustem) und starb in persischer Gefangenschaft. H.D.M.

Lit: G. Pugliese Caratelli, L'età di Valeriano e di Gallieno, 1951.

Valerius Aedituus, → Epigrammatiker, um 100 v. Chr., Vorläufer der → Neoteriker (Gell. 19, 9, 10). Bei ihm zwei hübsche Proben nach griech. Vorbildern auf die Schönheit der Pamphila (vgl. Catull 51) und die durch Phileros erweckte Liebesleidenschaft. E.Bk.

Frg: FPEL 42 – *Lit:* H. Bardon, La litt. lat. inconnue I, 1952, 131f.

2. **V. Antias,** der am meisten zitierte der ‹jüngeren → Annalisten› aus dem 1. Jh. v. Chr. (Klient der patrizischen Valerier?). Seine Annalen (75 Bücher) behandelten in wachsender Ausführlichkeit die Geschichte Roms von den Anfängen an. Das späteste datierbare Fragment (Frg. 64) bezieht sich auf den Tod des Redners L. → Licinius (3) Crassus (91); vielleicht reichte die Darstellung aber noch bis zum Tode → Sullas. Wörtliche Zitate sind selten, so daß sich über Sprache und Stil kaum etwas aussagen läßt. Unsere Kenntnis des V. beruht hauptsächlich darauf, daß ihn → Livius (1) als Quelle benutzt hat (in der 1. Dekade gelegentlich, ab Cannae bis Buch 38 als Hauptquelle); außerdem liegt er bei → Silius (2) Italicus und bei → Plutarch (Marcellus; Flamininus) zugrunde. – V. übernahm den Stoff von seinen Vorgängern, erweiterte ihn phantasievoll, versuchte sich in rationalistischen Erklärungen und gab sich durch reichliche Zitate fiktiver amtlicher Berichte das Air eines seriösen Historikers. Aber bereits Livius stellte seine maßlosen Übertreibungen bei den Zahlenangaben für Gefangene, Gefallene und Beutestücke fest (Fr. 29. 44). Auffallend war sein Bemühen, den Ruhm der gens Valeria in frühen Zeiten zu erhöhen. Die Darstellung eines Jahres folgte einem festen Schema: am Anfang der Bericht über Provinz- und Truppenverteilung; darauf Vorzeichen; im Zentrum die Kriege mit dramatischen Schlachtschilderungen; innenpolitische Auseinandersetzungen; am Schluß Tempelweihungen, Spiele usw. Gelegentlich wurden aus künstlerischen Motiven Ereignisse mehrerer Jahre zusammengefaßt (Scipionenprozesse). V.' Bemühen ging nicht so sehr auf historische Wahrheit als auf eindrucksvolle und unterhaltsame Darstellung nach Art der hellenist. → Geschichtsschreibung. R.T.

Frg: HRR I 238–275 – *Lit:* A. Klotz, Livius u. seine Vorgänger, 1940/41 – H. Volkmann, RE 7A2 (1948), 2313–40 – P. G. Walsh, Livy, 1961, 110ff.

3. **V. Asiaticus,** D., cos. suff. 35 n. Chr., ord. II 46. Wohlhabender Senator aus Vienna (Gallia Narbonensis). Maßgeblich an der Verschwörung gegen → Caligula beteiligt, angeblich selbst Prätendent. Begleitete → Claudius (1) nach Britannien. Als angebliches Opfer einer Intrige der → Messalina wegen Umsturzplänen zum Tode verurteilt. Nach seinem Selbstmord von Claudius in der ‹Oratio Lugdunensis› angegriffen (Dessau 212 II 14ff.). U.Wm.

Lit: R. Syme, Tacitus, 1958, Ind. S. 852; App. 82.

4. **V. Cato,** Dichter und Gelehrter, Theoretiker der → Neoteriker, geb. kurz vor 100 v. Chr. in Oberitalien. Seine größten Bewunderer und Freunde waren → Helvius (2) Cinna, → Furius (3) Bibaculus, → Ticidas, wohl auch → Catull und der unbekannte Verfasser der Verse: *Cato grammaticus, Latina Siren, qui solus legis ac facis poetas.* V. besorgte eine Ausgabe des → Lucilius (1) und verfaßte selbst: (1) ein Gedicht ‹Indignatio› (‹Entrüstung›, autobiographisch); (2) ein mythologisch-erotisches Gedicht ‹Lydia›; (3) ein mythologisches Gedicht ‹Dictynna›. Seit der Renaissance werden ihm von manchen Gelehrten die pseudovergilianischen ‹Dirae› (‹Verwünschungen›) beigelegt, wohl zu Unrecht. G.L.

5. **V. Corvus,** M. (cos. 348, 346, 343, 335, 300, 299 vor Chr., dict. 342?, 302/1, pr. 347?, 308, interrex 340, 332, 320, aed. cur. 345?; tr. mil. 349, IIIvir col. ded. 313, Legat 310) nach dem sagenhaften P. → Valerius (16) Poplicola bedeutendstes Mitglied der gens Valeria, das sein Cognomen nach der Überlieferung deshalb erhielt, weil ihm ein Rabe (corvus auguralis) beim Zweikampf mit einem Gallier 349 zum Siege verhalf. V. schlug 346 die → Volsker von Antium und eroberte Satricum, 343 die → Samniten am Berge Gauros und bei Suessula (Historizität umstritten) und nahm 335 Cales. 342 soll er als Diktator eine Soldatenerhebung in Capua beigelegt haben (Lex Valeria militaris), 332 brachte er als Interrex die Konsulwahlen zustande. Damit endet die geschichtlich glaubwürdige Laufbahn des V.; die später

ihm zugeschriebenen Ämter sind wohl irrtümlich vom Sohn auf den Vater übertragen. Charakterbild des V. legendär entstellt. R.W.

6. **V. Flaccus,** L. (aed. 201, praet. 199, cos. 195, cens. 184; pont. 196–180), kämpfte 200 und 195/194 gegen Gallier in Oberitalien (Liv. 31, 21; 34, 22.46), 191 nahm er am Feldzug gegen → Antiochos III. und die Ätoler teil (Polyb. 20, 9 f.; Liv. 36, 19.27 f.). 184 wurde er princeps senatus (Liv. 40, 52). A.L.

7. **V. Flaccus,** L. (cos. 100 v. Chr., cens. 97), flamen Martialis, bekleidete in kritischen Situationen hohe Staatsämter: nach 90 war er princeps senatus; als interrex (82) brachte er ein Gesetz ein, das Sulla zum dictator machte. V. wurde magister equitum. G.G.

8. **V. Flaccus,** L. (cos. suff. 86 v. Chr.) hatte vor dem Krieg gegen → Mithridates VI. Asia verwaltet. Mitte 87 schloß er sich → Marius (1) und → Cinna an und wurde 86 nach Marius' Tod consul suff. An Stelle des zum Staatsfeind erklärten → Sulla erhielt V. den Oberbefehl gegen Mithridates. Weder mit den Soldaten noch mit seinem Legat → Fulvius (5) Fimbria stand er in gutem Einvernehmen, wozu Unfähigkeit und Härte beitrugen. Nach einer Meuterei am Bosporus mußte V. fliehen; er wurde in Nikomedien gefangen und getötet. G.G.

9. **V. Flaccus,** L. (praet. 63 v. Chr.). War als Soldat in verschiedenen Stellungen auf fast allen Kriegsschauplätzen seiner Zeit, ein homo militaris. Seit 66 Legat bei → Pompeius (2), Ende 63 wirkte er in Ciceros Auftrag gegen → Catilina (Gefangennahme der Allobrogergesandtschaft). 62 bis 61 Statthalter Asias. 59 im Auftrag des Pompeius wegen Ausbeutung der Provinzialen angeklagt, von Cicero (Rede Pro Flacco) und → Hortensius (2) verteidigt und freigesprochen. Chr.M.

10. **V. Flaccus** (C. Valerius Flaccus Setinus Balbus), röm. → Epiker. Nach Arg. 1, 5 war er offenbar quindecimvir sacris faciundis, also senatorischen Ranges. → Quintilian (inst. 10, 1, 90; veröffentlicht 95 n. Chr.) beklagt seinen Tod. Seine Argonautica (8 Bücher, unvollendet) sind etwa zwischen 70 und 95 n. Chr. entstanden. Der Stoff des Epos ist die → Argonautensage. Entscheidend für die Bewertung ist das Verhältnis (a) zu → Apollonios (11) Rhodios und (b) zu → Vergil. (a) Für Apollonios ist die zeitliche Kontinuität der Erzählung oberstes Gesetz, für V. die kausalen Zusammenhänge. So kultiviert Apollonios bewußt die ‹Oberfläche›, V. die ‹Tiefe›: der Faden der Handlung reißt oft ab, äußere und vor allem innere Motivierungen nehmen viel Raum ein (auch die kunstvollen, nuancierten → Gleichnisse treten auffallend stark in den Dienst psychologischer Deutung). Die ‹Gelehrsamkeit› des V. ist wesenhaft anderer Art als die des Apollonios, insbes. dienen bei V. mythologische Anspielungen der ethisch-typologischen ‹Erhöhung› und ‹Vertiefung›. So wird die von Apollonios erstrebte Geradlinigkeit, Gegenständlichkeit, Geschlossenheit und Objektivität bewußt aufgegeben zugunsten einer Entfaltung der Subjektivität, deren weite Skala von der machtvollen Dynamik der zahlreichen Reden bis zur zarten poetischen Stimmung (Hylasgeschichte) reicht. – (b) Den Sinn fürs ‹Bedeutende› und ‹Bedeutsame› (und zum Teil auch den ‹Blick ins Innere›) verdankt V. dem Vergil, doch hatte dieser strenger komponiert. Die Aeneasgestalt ist Leitbild für Jason; Züge, die der Würde eines ‹römischen› Helden nicht zu entsprechen scheinen, entfallen. Vergilianismus wird so zum Mittel einer spezifisch röm. Deutung des Mythos, wobei auch der zeitgeschichtliche Bezug nicht fehlt (Proömium!). Neben dieser Vergilnähe steht eine (vielleicht unbewußte) Vergilferne: Form und Geist (sowie die gewählte, manchmal dunkle Sprache) stehen im Zeichen des Jahrhunderts (→ Lukan, → Seneca, 2). Vergils ‹Klassizität› weicht einer Farbigkeit, zu deren Ahnherren auch → Ovid gehört. – Textliche Berührungen mit den Zeitgenossen → Statius (1) und → Silius (2) Italicus; auch mit den ‹orphischen› Argonautica (vor 400 n. Chr.; vgl. → Orphik, 3). M.v.A.

Ed: U. Rugierius und D. Bertochus, 1474 – C. Giarratano, 1903 – O. Kramer, 1914 – *Übers:* E. C. F. Wunderlich, 1805 – J. H. Mozley, 1934 (englisch, mit Text) – *Komm:* P. Langen, Berliner Studien 1, 1897 – *Index:* W. H. Schulte, 1937 – *Lit:* F. Mehmel, V. Flaccus, 1934 (daneben immer noch: R. Harmand, De V. Flacco Apollonii Rhodii imitatore, 1898) – A. Kurfess, RE 8A1 (1955), 9–15 – V. Ussani, Studio su V. Flacco, 1955 – E. Merone, Sulla lingua di V. Flacco, 1957.

11. **V. Laevinus,** M. (aed. 229, praet. 227, 215, cos. 220, 210 v. Chr.) erhielt 215 die Aufgabe, Italien gegen → Philipp V. zu schützen (Liv. 33, 38). 214 setzte er nach Griechenland über und operierte dort bis 210 erfolgreich (Liv. 24, 40). Die Ätoler konnte er für ein Bündnis mit Rom gewinnen (IG IX² 1, 241; Liv. 26, 24). 210–206 war er Statthalter auf Sizilien und unternahm erfolgreiche Flottenvorstöße gegen Afrika (Liv. 27, 4 f.; 29; 28, 4). 205 führte er die römische Gesandtschaft zu König → Attalos I. von Pergamon (Liv. 29, 11). A.L.

Lit: A. Lippold, Consules, 1963.

12. **V. Maximus,** Verfasser einer Sammlung von ‹Denkwürdigen Taten und Aussprüchen› (Factorum ac dictorum memorabilium libri IX). Aus kleinen Verhältnissen stammend, fand er in S. Pompeius (cos. 14 n. Chr.) einen Gönner, dessen Tod (33?) er 4, 7 ext. 2 betrauert. Das dem → Tiberius gewidmete Werk ist nach dem Sturz → Sejans (9, 11 ext. 4) publiziert worden. Die Sammlung sollte als Hilfsmittel für Redner und Schriftsteller die verstreut überlieferten Exempla bequem zugänglich machen. Sein Material ordnete V. nach sachlichen Gesichtspunkten (Buch 1: De religione; Buch 2: De institutis antiquis; Buch 3–9: Virtutes et vitia). In 94 Rubriken werden Beispiele aus dem röm. Leben gegeben, denen ausländische (externa) gegenübergestellt werden. Durch Einleitungen zu den einzelnen Rubriken versucht V. einer nüchternen, katalogartigen Aufzählung entgegenzuwirken. Die moralisierende Tendenz des V. bezeugt u. a. die Verherrlichung der Vergangenheit, der aber das Lob der eigenen Zeit (8, 13 praef.) und Schmeicheleien gegenüber Tiberius nicht nachstehen. Im Sachlichen lassen sich zahlreiche Flüchtigkeiten und Irrtümer nachweisen (falsche Chronologie; Verwechslung von Personen; falsche Amtsbezeichnungen). Auch sein Bestreben, den Stoff durch Ausschmückungen oder Motivierungen phantasievoll auszugestalten, mindert den historischen Wert des Gebotenen. Sein Stil ist manieriert und zeigt in dem Streben nach gekünstelter Wortstellung und ungewöhnlichen Bedeutungen den Einfluß zeitgenössischer Rhetorik. Über seine Quellen sagt er in der Praefatio, er habe seinen Stoff ‹berühmten Autoren› entnommen; aber er zitiert sie selten mit Namen (Kempf² 625). Möglich ist, daß er die Exempla-Sammlungen seiner Vorgänger → Nepos (2), → Hyginus (3), Pomponius Rufus (4, 4 praef.) benutzte. → Cicero und → Varro (1) wurden ausgebeutet, ebenfalls → Livius (1), daneben aber auch ein vorlivianischer Historiker; für die außerröm. Beispiele → Pompeius (11) Trogus und vielleicht auch → Diodor (2). Von den Späteren haben ihn der ältere → Plinius (1), → Frontinus, → Plutarch, → Gellius (2) und → Laktanz zitiert. Seine Nützlichkeit und Beliebtheit bezeugen zwei Auszüge aus dem 4./5. Jh. (Julius Paris und Januarius Nepotianus), die noch im Mittelalter benutzt wurden. Der V.-Text beruht auf zwei Handschriften des 9. Jh.s: dem Bernensis 366, den Lupus von Ferrières korrigierte, und dem Laurentianus 1899. Bereits sie bieten nur 9 der ursprünglich 10 Bücher; verloren ist nicht das 10. Buch, sondern das 1., das nach L. Traubes Vermutung Inhaltsangaben für das ganze Werk enthielt. Was in unserer Überlieferung als 10. Buch bezeichnet wird – ein Traktat De praenominibus –, stammt nicht von V. Maximus. R.T.

Ed: C. Kempf, 1854; BT, 1888² – P. Constant, 1936 (mit frz. Übers.) – *Übers:* F. Hoffmann, 1828/29 – *Lit:* R. Helm, RE 8A1 (1955), 90–116.

13. **V. Maximus Messalla,** M. (cos. 263, cens. 252 vor Chr.), kämpfte 263, gemeinsam mit seinem Kollegen M. → Otacilius Crassus, erfolgreich auf Sizilien und zwang → Hieron II. v. Syrakus zum Friedensschluß (Polyb. 1, 16f.; Diod. 23, 4; Eutr. 2, 19). Er ließ ein Bild seines Sieges bei der Kurie anbringen (Plin. nat. 35, 22). Als Censor (mit P. Sempronius Sophus) stieß er 16 Senatoren aus dem Senat aus und versetzte 400 Ritter wegen Ungehorsams im Kriege unter die Ärarier (Liv. perioch. 18; Val. Max. 2, 9, 7). A.L.

14. **V. Messalla Messallinus,** M., cos. 3 v. Chr., ältester Sohn des M. Valerius → Messalla (2) Corvinus, cos. 31 vor Chr., Bruder des M. Aurelius Cotta Maximus Messallinus, cos. 20 n. Chr. Geb. ca. 39/36, nahm 17 v. Chr. als XVvir sacris faciundis an den Säkularfeiern teil. Seine Wahl in das Kollegium von → Tibull (carm. 2, 5) gefeiert. Als Legat von Illyrien 6 n. Chr. am Zuge des → Tiberius (1) gegen → Marbod beteiligt, dann gegen die aufrührerischen Pannonier entsandt. V. nahm am Triumphzug des Tiberius teil. Starb um 21 n. Chr. Redegewandt (vgl. Ov. Pont. 2, 2, 51 ff. und Tac. ann. 3, 34). Kurze Charakteristik bei Vell. 2, 112, 2. Die akephale Inschrift aus Tusculum, die von Operationen *trans flumen Danuvium* berichtet (Dessau 8965), wahrscheinlich nicht auf ihn zu beziehen (M. → Vinicius, 1). U.Wm.

Lit: R. Syme, Tacitus, 1958, Ind. S. 852.

15. **V. Messalla Niger,** M. (cos. 61, cens. 55 v. Chr). Wirkte als Konsul ganz im Sinne des Senats, u. a. beim Skandal um P. → Clodius (1), verband sich danach aber eng mit dem → Triumvirat [1]: 59 Mitglied der Ackerkommission nach der lex Julia agraria, 57 trat er kräftig für die Verleihung einer → Cura annonae an → Pompeius (2) ein. 55 mit Einwilligung der 3 Machthaber Censor. Ca. 50 gestorben. Chr.M.

16. **V. Poplicola** (Publicola), P. (cos. 509, 508, 507, 504 v. Chr.) stürzte nach der sagenhaften Überlieferung mit L. Iunius → Brutus (1) u. a. das röm. Königtum, wurde im 1. Jahr der Republik anstelle des L. → Tarquinius (1) Collatinus zum Konsul gewählt und warf die Verschwörung zur Rückführung der vertriebenen Tarquinier nieder. In den folgenden Kämpfen war V. Sieger über Veijenter und Tarquinienser. Sein Haus auf der Velia, dem Orte der alten Königsburg, ließ er niederreißen, um dem Verdacht des Strebens nach der Königsherrschaft zu entgehen. V.' Gesetze, von denen die Überlieferung zwei oder sechs kennt und deren wichtigste die Lex Valeria de provocatione und de sacrando cum bonis capite eius, qui regni occupandi consilia inisset sind, schufen die rechtliche Ausgestaltung der Republik. In das 2. und 3. Konsulat des V. (508/507) fällt der → Porsennakrieg; 504 soll er über Sabiner und Veijenter gesiegt haben; in das Jahr 503 wird sein Begräbnis auf öffentliche Kosten datiert. Ätiologische und staatsrechtliche Legenden bestimmen die Lebensbeschreibung des V. R.W.

17. **V. Potitus,** L. (cos. 449 v. Chr.; das Cognomen Poplicola steht nur in den Acta triumphalia Capitolina) war ein Gegner der Dezemvirn und soll mit M. → Horatius (1) Barbatus volksfreundliche Gesetze, die Leges Valeriae Horatiae, gegeben haben: ein Gesetz über die Gleichstellung der → Plebiszite mit den → leges, welche Bestimmung auch der Lex Publilia Philonis von 339 und der Lex Hortensia von 287 zugeschrieben wird; ein Provokationsgesetz, als dessen Urheber auch P. → Valerius (16) Poplicola (509) und M. → Valerius (5) Corvus (300) genannt werden; schließlich ein Gesetz über die Unverletzlichkeit (sacrosanctitas) der → Volkstribunen, das als einziges einen gewissen Anspruch auf Glaubwürdigkeit erheben kann. Eine jung-annalistische Fälschung ist V.' Sieg über Äquer und Volsker. R.W.

18. **V. Probus,** 2. H. 1. Jh. n. Chr., röm. Philologe und Grammatiker aus Berytos (Beirut); wirkte in Rom. Er bearbeitete römische Autoren (Horaz, Lukrez, Terenz, Vergil, vielleicht auch Persius, Plautus, Sallust) philologisch nach der Art des → Aristarch (2). Sein Hauptwerk war eine Sammlung von Beispielen schwankenden Sprachgebrauchs (De inaequalitate sermonis; die Titel De dubiis perfectis und De dubiis generibus können Teile davon bezeichnen). Erhalten ist nur ein überarbeitetes Verzeichnis von Abkürzungen (libri iuris notarum), das im Kern auf ihn zurückgeht. Mehrere spätere grammatische Schriften tragen gleichfalls den Namen P. Man hat deswegen einen jüngeren P. angenommen, doch können die Schriften ebensogut dem bekannten P. untergeschoben sein. D.F.

Q: Suet. gramm. 24 – *Ed:* GrLat IV 1–276 (die unechten Schriften u. libri iuris notarum) – *Lit:* J. Aistermann, De Probo Valerio Berytio, 1910 (mit Fragmenten) – R. Hanslik, RE 8A 1 (1955), 195–212.

19. **V. Soranus,** Q., Volkstribun 82 v. Chr., lat. Grammatiker und Antiquar. D.F.

20. **V. Valentinus,** schrieb ein parodistisches Kneipgesetz (Lex Tappula) in Versen (Festus 496, 30 L.), das → Lucilius (Frg. 1307) als Lacherfolg bezeichnete (um 110 v. Chr.), und ein sexuelles Scherzgedicht (Val. Max. 8, 1, 8; um 80). Verstümmeltes Präskript einer Lex Tappula in Prosa gefunden (Dessau 8761). E.Bk.

Lit: H. Bardon, La litt. lat. inconnue I, 1952, 184ff.

Valerius, vgl. auch → Julius, → Messalla, → Quinctilius.

Valgius Rufus, C., cos. suff. 12 v. Chr., erwähnt bei Horaz, sat. 1, 10, 82 und in der ihm gewidmeten Ode 2, 9; schrieb Elegien (8 Verse auf den Dichter Codrus in FPL 105), Epigramme, ein Reisegedicht (ebd. 106), eine Bearbeitung der Rhetorik des → Apollodoros (8) v. Pergamon (Quint. inst. 3, 1, 18) und über Grammatik und Pflanzenheilkunde. E.Bk.

Lit: Schanz-Hosius II 172ff.

Vallus (oder vannus, gr. λίκνον), Getreideschwinge aus Flechtwerk, womit das gedroschene Korn gereinigt wurde: vgl. → Dreschen. V. wurde auch als Kultgerät in einigen Kulten benutzt, z. B. in den eleusinischen Mysterien, und ist auch als Opferkorb mit Gaben von zahlreichen künstlerischen Darstellungen bekannt. J.E.Sk.

Lit: J. Harrison, Mystica Vannus Jacchi, JRS 23, 1903, 292–332; 24, 1904, 241–254.

Vandalen, german. Stamm, zum erstenmal erwähnt von → Plinius d. Ä. (nat. 4, 14, 99f.) im 1. Jh. n. Chr. Ebenso wie → Tacitus spricht er von *Vandilii*, eine Bezeichnung, in die er noch andere Stämme, wie z. B. → Goten und → Burgunder, einschließt, die sich gewiß nicht, jedenfalls nicht in späterer Zeit, selbst als V. bezeichnet haben. Die V. bewohnten ursprünglich den nördlichsten Teil Jütlands (‹Vendsyssel›); dann finden sich Spuren im Gebiet der Weichselmündung, später bewegten sie sich südwärts nach Schlesien. Im 2. Jh. n. Chr. waren sie in zwei Gruppen geteilt, die Hasdingen und die Silingen (daher lat. Silesia für Schlesien). Infolge ihrer großen Entfernung spielten sie für die röm. Geschichte eine ganz geringe Rolle, obwohl von gelegentlichen Angriffen auf die Provinzen im 2. und 3. Jh. berichtet wird und eine Gruppe von ihnen sich ca. 278 in Britannien niederließ. Im 4. Jh. lebten sie in der Gegend der Theiß als westl. Nachbarn der Westgoten. Zu Beginn des 5. Jh.s zogen sie weiter nach Westen, vielleicht auf der Flucht vor den → Hunnen, und setzten am 31. 12. 406 bei Mainz über den Rhein nach Gallien zusammen mit → Alanen und → Sueben. 3 Jahre lang unternahmen sie weite Raubzüge durch Gallien und drangen 409 über die Pyrenäen nach Spanien ein. Hier ließen sich die Silingen in der Baetica, die Hasdingen und Sueben in Gallaecia nieder, während die Alanen Lusitanien einnahmen. 417 vernichteten die Westgoten, durch die Römer angestachelt, die Silingen in der Baetica fast völlig, und die Alanen flüchteten sich in den Schutz der Hasdingen. Wegen der Feindseligkeit der Sueben und der Römer wanderten die Hasdingen und Alanen südwärts nach der Baetica, wo ihr König Gunderich 428 starb, und setzten 429 unter seinem Nachfolger → Geiserich nach Afrika über. Für die Geschichte ihres afrikanischen Königreichs → Geiserich, → Gelimer. – Die V. scheinen erst während ihres span. Aufenthalts zwischen 409 und 429 zum arianischen Christentum bekehrt worden zu sein, katholisch wurden sie nie. Über ihre politische Organisation, bevor sie nach Afrika übersetzten, ist wenig bekannt; sie wurde in jedem Fall von Geiserich durch eine Autokratie ersetzt. E.A.Th.

Lit: L. Schmidt, Gesch. der Wandalen (1901), 1942² – Chr. Courtois, Les Vandales et l'Afrique, 1955 – F. Miltner, RE 8 A 1 (1955), 298–335.

Vaphio, südl. von Sparta (Kt. 1152 C6) gelegener Fundort zweier myk. → Kuppelgräber aus dem 15. Jh., die bes. durch die Funde aus der einen, noch unberührt gewesenen Bestattung bekannt geworden sind: zwei Goldbecher von V. (→ Kret.-myk. Kunst F), Gemmen, goldene und bronzene Ringe und ein eiserner, Lampen usw. Der eine → Dromos neuerdings wiederhergestellt. W. Schg.

Lit: Ch. Tsountas, *Περὶ τοῦ ἐν Βαφειῷ τάφου*, Ephem. 1888, 197–199; 1889, 129–172; BCH 87, 1963, 764 Abb. 9.

Vardanes, → Partherkönig ungewisser Herkunft (ca. 39 bis 47/48), Gegenspieler → Gotarzes' II. und wahrscheinlich auf dessen Betreiben ermordet; seine persönliche Tüchtigkeit wurde gerühmt (Tac. ann. 11, 8–10). D.T.

Vargunteius, Q., Philologe im späten 2. Jh. v. Chr., der → Ennius' Annalen mit großem Erfolg rezitierte (Suet. gramm. 2). R.T.

Lit: A. Dihle, RE 8 A 1 (1955), 379f.

Varius Rufus, L., älterer Freund → Vergils und → Horazens; gibt zusammen mit → Plotius (2) Tucca nach Vergils Tod die Aeneis heraus; führt Horaz in den → Maecenaskreis ein. Der Ruhm des vielseitigen Dichters beruht auf seiner Tragödie Thyestes, die 29 v. Chr. anläßlich der Siegesfeierlichkeiten von Actium aufgeführt wurde, nach → Quintilians und → Tacitus' maßgeblichem Urteil ein den Griechen ebenbürtiges Meisterwerk. Nur geringe Reste erhalten. K.A.

Frg: FPL 100.

Varro (M. Terentius V.), röm. Gelehrter und Dichter. Geb. 116 v. Chr., wahrscheinlich in Rom; Sproß einer sabinischen, in Reate begüterten Familie. Strenge Lebensführung und Haften an den alten Sitten hat er mit seinem Heimatstamm gemein. In Rom erzogen; studierte um 82 Philosophie in Athen. V. sah es bei aller Neigung zu literarischer Arbeit als seine erste Aufgabe an, seine Pflichten im Staat zu erfüllen: ca. 86 war er Quästor; seit 78/77 stand er mit → Pompeius (2), in dem er stets den Garanten der freien res publica erblickte, in engster Beziehung. Als dessen Legat 77–71 in Spanien; um 70 Volkstribun, 68 Prätor, 67 Legat des Pompeius im → Seeräuberkrieg, 59 vigintivir zur Durchführung der → lex Julia agraria (→ Caesar); 49 Legat des Pompeius in Spanien; nach Pharsalus von Caesar begnadigt und 47 zum Reichsoberbibliothekar ernannt. Damals widmete er ihm die ‹Antiquitates rerum divinarum›. In dieser Zeit entstanden auch das Werk De lingua Latina und die Bücher De poetis und De poematis. 43 entkam er mit Not den → Proskriptionen des → Antonius (2). 37 erschienen die ‹Rerum rusticarum libri›; 27 starb er. – Bes. stark zeigen seine Werke den *Einfluß* seines Lehrers → Aelius (8) Stilo in der Grammatik und altröm. Literaturgeschichte, des → Antiochos (9) v. Askalon bes. in seinen philosophischen Werken, der Literatur- und Sachforschung der → Peripatetiker und Alexandriner, der Propaganda der → Kyniker in den Menippeen, der → Stoiker in Theologie und Moralphilosophie. Keiner bestimmten Schulrichtung verpflichtet, entnahm V. seinen griech. und lat. Vorgängern, was ihm zur Fixierung des altröm. Kosmos in allen Bezirken dienlich erschien. Die Transposition der griech. Forschung in röm. Verhältnisse ist seine eigene Leistung. Daneben ist das Bestreben rege, literarisch in aktuelle Fragen des Lebens in Politik, Gesellschaft, Kult und Literatur einzugreifen. Auch am Leben der Männer seiner Zeit nahm er Anteil, was sich zumal in den ‹Menippeae›, später in den ‹Logistorici› ausdrückt. Durch die große Fülle nationalröm. Arbeiten und durch sein Bild des altröm. Gemeinwesens in Sprache, mores, religio, exempla ist V. sowohl im Material wie in der Tendenz der bedeutendste Vorbereiter der renovatio unter → Augustus geworden, in der Gedankenwelt des Kaisers wie der großen Autoren der Zeit.

[2] Von seinen insgesamt etwa 74 *Schriften* sind vollständig erhalten nur die 3 Bücher der Res rusticae und mit Lükken die Bücher 5–10 von De lingua Latina, das 25 Bücher umfaßte; sonst nur Fragmente und ein Schriftenkatalog von → Hieronymus (3), der nur einen Teil, 48 Werke mit 490 Büchern, aufzählt. Eine brauchbare Sammlung der Fragmente herzustellen ist deswegen so schwierig, weil die große Zahl von ihnen ohne Titelangabe zitiert ist und V. die gleichen Gegenstände unter verschiedenen Gesichtspunkten immer wieder behandelt hat. Aussichtsreicher ist die Rekonstruktion einzelner Werke aus den festen Formen der literarischen Gattung, an die V. sich streng gehalten hat, und Spiegelungen seiner Lehre bei späteren Autoren. Rekonstruktion und Fragmentsammlung müssen einander ergänzen. Die Masse seiner Schriften läßt sich in verschiedene Hauptbereiche ordnen. Erwähnt seien hier nur einige der bedeutendsten Bücher. Produkte gehobener Tagesschriftstellerei sind die → *Menippeischen Satiren:* 150 Einzelwerke, 90 durch Titel und Fragmente bekannt, aber keine als ganze wiederherstellbar. Diese von → Menippos (1) v. Gadara in der Form des Prosimetrum und der moralisierend polemischen Haltung beeinflußten, aber doch ganz selbständig röm. gestalteten → Satiren, entstanden ca. 80–65, behandeln in elegantem Stil, reich mit Versen durchsetzt, Fragen der Gesellschaft und verfolgen durch den Preis des Guten, Alten, durch Tadel des degenerierten Modernen – in Kult, Sitte, Lebensweise, Philosophie, Literatur, Politik – durchaus aktuelle Ziele. – In ihrer belehrenden Tendenz verwandt sind die *Logistorici* in 76 Büchern, von denen etwa 20 noch zu fassen sind. Beginnend wohl nach Abschluß der Menippeen, reichen sie sicher bis nach 40 herab. Es waren Dialoge, in denen V. Römer der Zeit, wohl um sie nach ihrem Tode durch diese laudatio zu feiern, als Hauptredner über ein ihnen nahestehendes Thema einführte. – Ganz der *Wissenschaft* gehören die enzyklopädischen Werke an: Das landwirtschaftliche Dialogwerk *Rerum rusticarum libri*, das Werk *De lingua Latina*, das in Hexaden gegliedert den Bau der lat. Sprache von der Entstehung der Wörter über ihre ‹Beugung› bis zu ihrer Zusammensetzung zum Satz behandelt; die wirkungsreichen *Disciplinae*, das erste uns faßbare Beispiel einer Zusammenfassung der 7 freien Künste (→ Artes liberales), zu denen bei V. in einem 8. und 9. Buch Medizin und Architektur hinzutreten. Zumal mit diesem Werk ist V. zum Ahnen der facultas artium geworden. – Enzyklopädisch sind auch die *Antiquitates rerum humanarum et divinarum* in 41 Büchern, in denen V. das System der Privat-, Staats- und Kultaltertümer behandelt. Die ‹Antiquitates› wurden das grundlegende antiquarische und theologische Werk für alle Folgezeit, von den Augusteern bis zu → Augustin. Sie sind bestimmt durch die Verbindung röm. Lebens und Kultes mit der Interpretation der Stoa, aus der auch die Ideen der augusteischen Erneuerung entsprangen. Unter den literarkritischen Büchern sind die bedeutsamsten *De poetis* und *De poematis:* im ersten stellt V. die Dichter in ihrer Folge von → Livius (2) Andronicus bis → Accius dar, im zweiten, gleichfalls in der Tradition peripatetischer Gelehrsamkeit, die Gattungen der altröm. Poesie. Diese Forschung legte nicht allein den Grund für die röm. Literaturgeschichte, sondern auch für die klassische Wertung der archaischen Dichter, die noch in augusteischer Zeit das Urteil der Kritiker und des Publikums bis zum Kaiser hinauf bestimmte und schwer zu erschüttern war. H.D.

Ed: G. Goetz-R. Schoell, 1910 (De ling. Lat. mit Frg. der gramm. Schr.) – Einzelne Bücher: J. Collart, 1954 (5 mit Komm.) – H. Dahlmann, 1940 (8 mit Komm.) – A. Traglia, 1956 (10 mit Komm.) – G. Goetz (1912), 1929² (Rer. rust. libri) – *Frg:* F. Bücheler (1871²), 1922⁶ (Menippeae, in der Petronausgabe) – P. Mirsch, 1882 (Ant. rer.

hum.) – R. Merkel, 1841 (Ant. rer. div., in der Ausgabe der Fasti Ovids) – P. Fraccaro, 1907 (De gente pop. Rom.) – B. Riposati, 1939 (De vita pop. Rom.) – *Lit:* G. Boissier, La vie et les ouvrages de M. Ter. V., 1861 – H. Dahlmann, RE Suppl. 6 (1935), 1172–1277 – Ders., V.s Schrift De poematis, Abh. Mainz 1953 – Ders., Studien zu V. De poetis. Abh. Mainz 1962.

2. **V. Atacinus,** röm. → Epiker, geb. 82 v. Chr. in Atax (Narbonensis). Hieronymus (z. J. 1935) überliefert, daß V. erst mit 35 Jahren das Griechische gelernt habe. Danach können wir sein Schaffen in zwei Perioden einteilen, die durch das Jahr 47 v. Chr. voneinander getrennt werden. In der *ersten Periode* suchte der begabte Dichter aus der Provinz Erfolg in den Formen, die das Feld beherrschten, dem Epos im ennianischen Stil und der lucilischen → Satire. Er schrieb *Satiren*, die Horaz (sat. 1, 10, 46) scharf kritisiert; das zweite Werk des jungen V. ist ein Epos ‹*Bellum Sequanicum*› (mindestens 2 Bücher), das Caesars Sieg über Ariovist beschreibt. Erhalten ist nur 1 Fragment. Die *zweite Periode* begann wahrscheinlich mit der *Chorographia*, einer Erdbeschreibung nach Alexander v. Ephesos. Varro gliederte das Werk wie dieser in drei Bücher für die drei Erdteile, mit einer Einleitung über die Lage der Erde und die Erdzonen. Aus allen drei Teilen sind Fragmente erhalten. Gewisse sachliche Unklarheiten, die Alexander und V. gemeinsam sind, lassen darauf schließen, daß es sich bei V. um eine Übersetzung handelt. – Daran schloß sich wohl die ‹*Ephemeris*› (Brev. expos. Verg. georg. 1, 397), eine Übersetzung des zweiten Teils der ‹Phainomena› des → Arat. Vergil hat V. in den Georgica zitiert (1, 377). – Das Hauptwerk waren die ‹*Argonautae*› des Apollonios (11) Rhodios. Das Werk war berühmt (Ov. am. 1, 15, 21; ars 3, 335; Sen. contr. 7, 1, 27; Stat. silv. 2, 7, 77). Da Varros Werk in vier Bücher gegliedert war (Prob. Verg. georg. 2, 126 p. 369 ff.) und die 11 Fragmente sich aus allen 4 Büchern des Apollonios belegen lassen, muß sich die Übersetzung eng an das Original angeschlossen haben. Dennoch sind die ‹Argonautae› eine originelle Leistung. Die Fragmente zeigen, wie V. gegenüber der hellen Konkretheit und Schlichtheit des Originals das Bedeutungsvolle, Pathetische hervorgehoben, wie er gesteigert und gegliedert, dem Ganzen Gewicht und Würde verliehen hat, nicht ohne jedoch zugleich die Errungenschaften der → Neoteriker zu nutzen. – Das letzte Werk V.s sind Liebesgedichte an seine ‹Leucadia› (Prob. 3, 34, 85; Ov. trist. 2, 439), Gedichte im Stile → Catulls. K. Bch.

Frg: FPL 93 ff. – *Lit:* E. Hofmann, Die lit. Persönlichkeit des P. Terentius V. Atacinus, WSt 46, 1928, 159 ff. – F. Lenz, RE 5 A 1 (1934), 692–704 (zu phantastisch) – L. Alfonsi, Poetae novi, 1945, 77–86 – H. Bardon, La littérature latine inconnue I, 1952 – W. Speyer, in: H. Dahlmann-W. Speyer, Varronische Studien II, 1959, 745 ff.

Varro, vgl. auch → Terentius.

Varuna, indo-iran. Gott, erscheint, zusammen mit → Mithra, → Ind(a)ra und den → Nāsatya, in einem Staatsvertrag, den um 1380 v. Chr. der Hethiterkönig → Supiluliuma und der Churriterkönig von → Mitanni Matiwaza schlossen. Mithra und V. sind die Götter der ‹Souveränität› der indogerman. Religion, sie sind die Hüter der Gesetze und Schirmherren der Könige. V. blieb einer der großen Götter der vedischen Religion und lebt wahrscheinlich weiter im großen iran. Gott → Ahura Mazdāh. Vgl. auch → Iranier C. G. R.

Lit: A. Christensen, Die Iranier, HbAW III 1. 3, 1933, 209–212 – H. S. Nyberg, Die Religionen des alten Iran, 1938 – G. Dumézil, Ouranos-Varuṇa, 1934 – Ders., Mitra-Varuna, 1940 – Ders., Naissance d'archanges, 1945 – Ders., Les dieux des Indo-Européens, 1952 – Ders., Bull. Acad. roy. de Belgique 47, 1961, 265–298 – H. Lüders, V., 1951–59 – J. Duchesne-Guillemin, La religion de l'Iran ancien, 1962 (Index).

Varus, P. Quinctilius, cos. 13 v. Chr., Patrizier, geb. ca. 46 als Sohn des Quästoriers Sex. Quinctilius Varus. Verheiratet mit Claudia Pulchra, einer Großnichte des → Augustus, durch die Ehen seiner Schwestern mit führenden Familien verwandt. Sein Sohn mit einer Tochter des → Germanicus (1) verlobt. Quästor des Augustus 22/21, Prokonsul von Africa 7/6?, Legat von Syrien ca. 6–4. V. begünstigte die Nachfolge des → Archelaos (3) beim Tode → Herodes' (1) d. Gr. (4 v. Chr.) und schlug den Aufstand der Juden in Jerusalem nieder. 7–9 Legat in Germanien als Nachfolger des C. → Sentius Saturninus. In Verkennung der Lage soll er sich vornehmlich der Rechtsprechung gewidmet haben. Auf dem Rückmarsch vom Sommerlager (bei Holsterhausen?) wurde er in schwierigem Gelände von den Germanen unter → Arminius überfallen. In der sog. clades Variana gingen drei Legionen, drei Alen und sechs Kohorten unfern des Teutoburgiensis saltus zugrunde. V. selbst wurde verwundet und beging Selbstmord. In der offiziellen Version wurde er für das Scheitern der Germanenpolitik des Augustus verantwortlich gemacht. Nach der tendenziösen Charakteristik bei Vell. 2, 117, 2 neigte V. zur Bequemlichkeit und hatte sich in Syrien unlauterer Verwaltungspraktiken bedient. U. Wm.

Lit: R. Syme, Roman Revolution (1939), 1952², Ind. S. 560 – W. John, RE 24, 1 (1963), 907–984 (Lit).

Varus, vgl. auch → Alfenus, → Arrius, → Attius.

Vasen

A. Überlieferung und Bedeutung – B. Formen – C. Herstellung – D. Chronologie – E. Geschichte.

A. Überlieferung und Bedeutung. [1] Obwohl uns in den griech. Tonvasen unserer Museen nur ein Bruchteil dessen erhalten ist, was ursprünglich vorhanden war, lassen sie genauere Schlüsse zu als die weit spärlicher überlieferten Gefäße aus Bronze und Edelmetall. Die meisten unversehrten griech. V. fand man in etrusk. Kammergräbern, vor allem in der Nekropole von Vulci, wo in den Jahren 1828 bis 1830 rund 3000 V. entdeckt wurden. Erst mit diesem Fund setzte die V.forschung ein. Klärend und ergänzend kamen später die Funde aus Griechenland selbst, aus unterital. und anderen Kolonien hinzu.

[2] Ihrer bildlichen Darstellungen wegen schätzte man die V. zunächst nur als Quelle unserer Kenntnis von griech. Leben und Mythos; die Kunstgeschichte ließ sie, als bloßes Kunsthandwerk, ganz außer acht. Erst seit Ende des 19. Jh.s gewahrte man, daß sich die altgriech. Welt in den V. ein Denkmal eigener Aussagekraft gesetzt hat. Als teilweise erstklassige Schöpfungen von Töpfern und Zeichnern bilden sie einen integrierenden Bestandteil der griech. Kunst überhaupt, abgesehen davon, daß sie auch zu unserer Vorstellung von der verlorenen gleichzeitigen Tafel- und Wand- → Malerei beitragen. – Ein Problem bleibt die Bedeutung der bemalten V. im Leben der Griechen. Meist als Grabbeigaben und Weihgeschenke gefunden, heben sie sich von der unverzierten Gebrauchskeramik ab, die häufiger profanen Fundplätzen entstammt. Andererseits zeigen auch die edleren V. keineswegs Zier-, sondern Zweckformen, die auf bestimmten Gebrauch schließen lassen, freilich schon in der geometrischen Periode darüber hinaus monumentalisiert worden sind. Die meisten attischen V. haben mit dem Symposion zu tun; daher die dionysischen, die Gelage- und Palästrabilder, aber auch die der Sagen, von denen beim Gelage gesungen wurde: solche Bilder hoher Werte des Lebens konnte man den Göttern und Toten weihen. Grabsymbolik gibt es in Athen nur bei bestimmten Gattungen, in Unteritalien allgemein.

B. Formen. Nach ihrer Verwendung ordnet man die griech. V. in sechs Hauptgruppen: A Vorratsgefäße, B Mischgefäße, C Schöpf- und Gießgefäße, D Trinkgefäße, E Salbgefäße und Verwandtes, F Kultgefäße. Darin sind jeweils verschiedene, zu benennende Formen enthalten (s. Formentafel), die im Gegensatz zu einfacheren Gebrauchsformen (→ Chytra, → Luterion, → Teller) künstlerisch durchgestaltet sind. – Benennung und Verwendung griech. V. werden erstmalig von Schriftstellern röm. Zeit erklärt, deren Beschreibungen aber oft nicht zu einer Identifizierung mit erhaltenen Formen ausreichen (Athenaios,

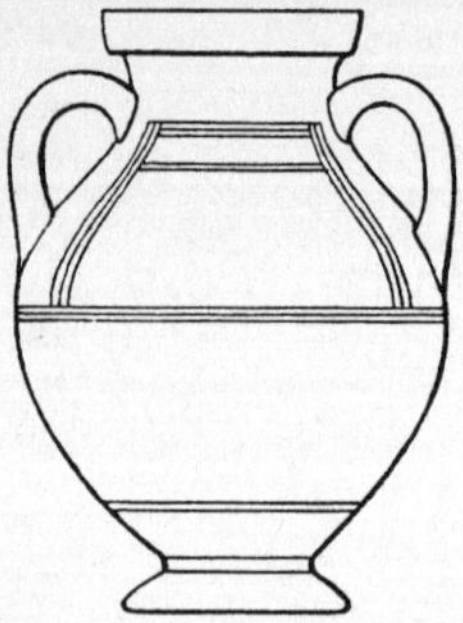
1 Bauchamphora

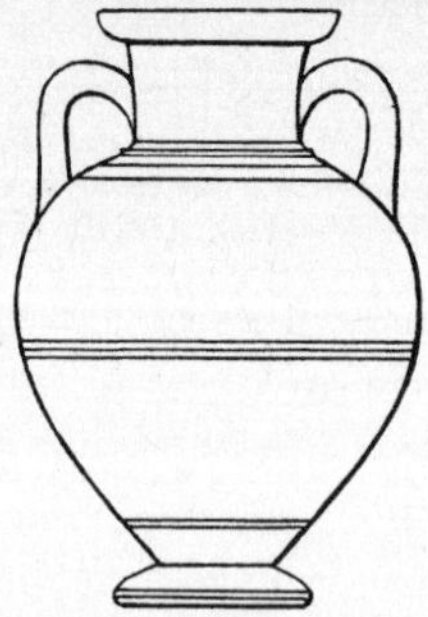
2 Halsamphora

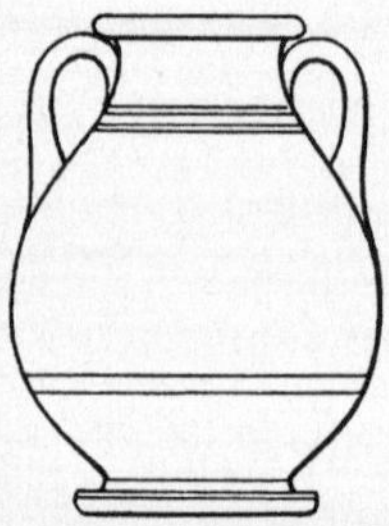
3 ‹Pelike›

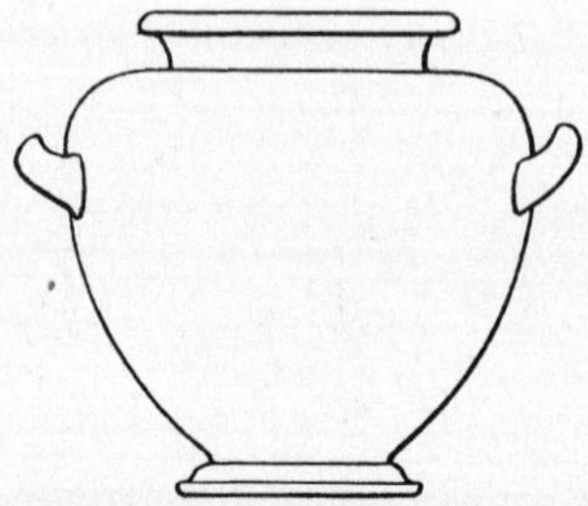
4 ‹Stamnos›

Abb. 243 Vorratsgefäße

1 Kolonettenkrater

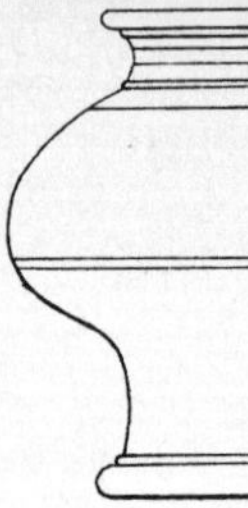
2 Psykter

3 Volutenkrater

4 Kelchkrater

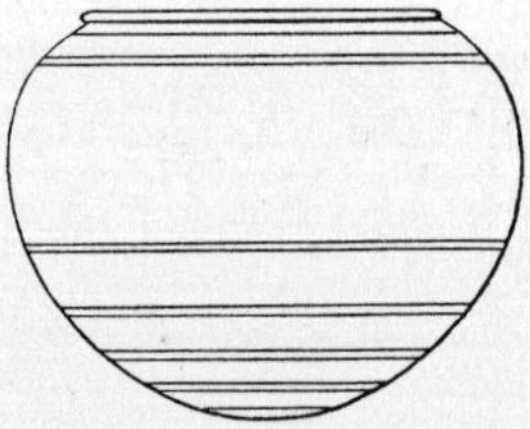
5 Lebes

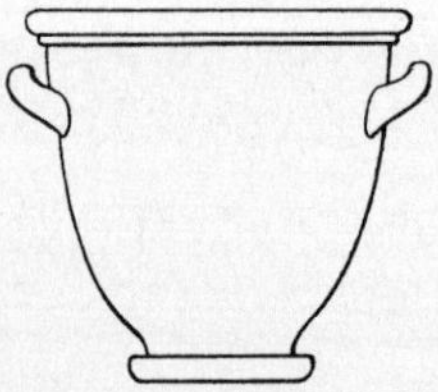
6 Glockenkrater

Abb. 244 Mischgefäße

1 Kernos

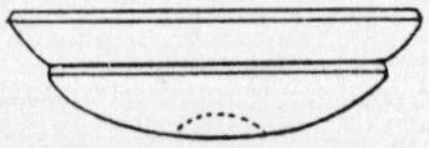
2 Omphalosschale

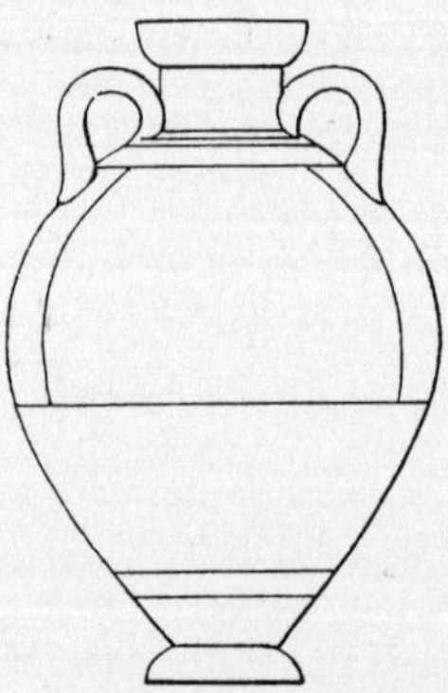
3 Panathenäische Amphora

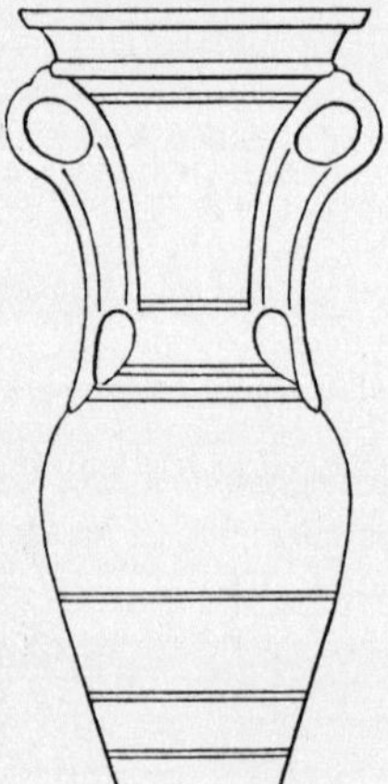
4 Lutrophoros

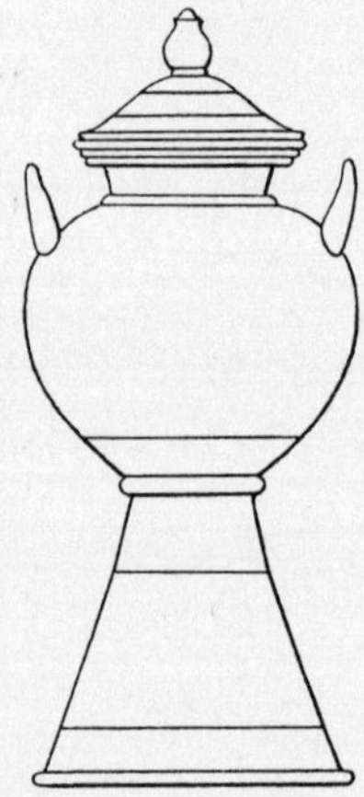
5 Lebes Gamikos

Abb. 246 Kultgefäße

1 Kantharos

2 Rhyton

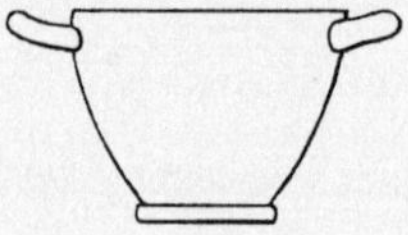
3 Skyphos

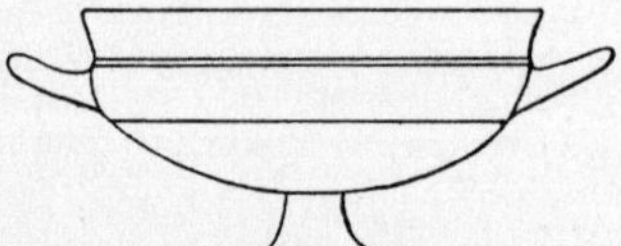
4 Schwarzfigurige Schale (‹Siana›-Typ)

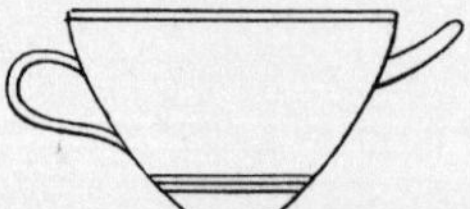
5 Mastos

6 Rotfigurige Schale (‹Kylix›)

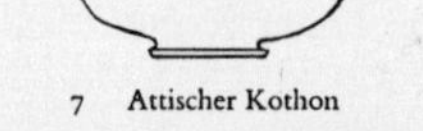
7 Attischer Kothon

Abb. 247 Trinkgefäße

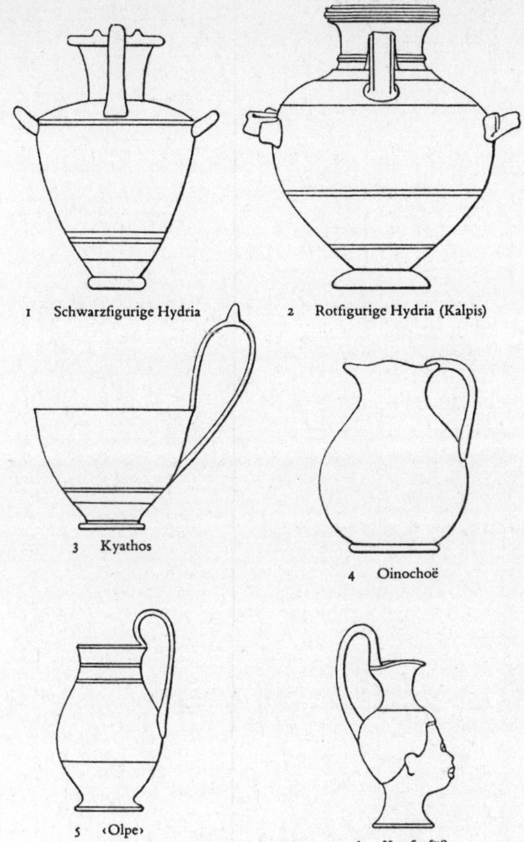

1 Schwarzfigurige Hydria 2 Rotfigurige Hydria (Kalpis) 3 Kyathos 4 Oinochoë 5 ‹Olpe› 6 Kopfgefäß

Abb. 245 Schöpf- und Gießgefäße

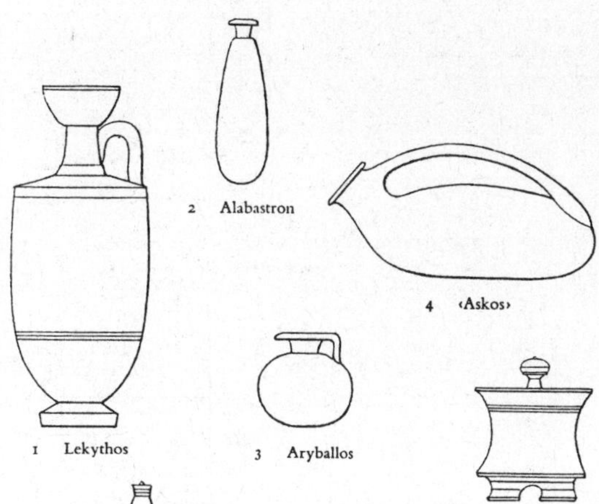

1 Lekythos 2 Alabastron 3 Aryballos 4 ‹Askos› 5 Pyxis 6 ‹Plemochoë› 7 Lekanis

Abb. 248 Salbgefäße und Büchsen

Deipn., Pollux, Onom., Hesych, Lexikon). Originale Quellen sind Erwähnungen in griech. Dichtung, in Tempelinventaren, Versteigerungslisten, selten Inschriften auf dem Gefäß selbst, schließlich – für die Verwendung – Darstellungen auf V.bildern und Reliefs. Die moderne Benennung beschränkt antike V.namen, die sich häufig nur auf den allgemeinen Verwendungszweck beziehen, auf keramische Sonderformen (→Pelike, →Kalpis, →Lekythos, →Stamnos) und differenziert im übrigen nach formalen Unterschieden, die zeitlich und örtlich bedingt sind (→Krater). – Die beschreibende Terminologie sieht in der V. nach griech. Vorbild einen organischen Körper; zwar spricht man nicht mehr von ‹Ohren› (für Henkel), wohl aber von Fuß, Bauch, Körper, Schulter, Hals und Lippe (Mündungsrand) einer V. – Gesamtumriß wie Einzelteile sind einer morphologischen Entwicklung unterworfen, die gewöhnlich vom Gedrungenen zum Schlanken tendiert. Wie jede V. als Glied einer morphologischen Reihe gleichartiger Gefäße das Formgefühl ihrer Zeit ‹verkörpert›, so auch als neu erfundener oder bevorzugter Typus einer Stilepoche.

C. Herstellung. [1] Ein antiker →Töpfereibetrieb beschäftigte Töpfer, Vasenmaler und Handlanger. In Signaturen, die keineswegs die Regel sind, versieht der Töpfer seinen Namen mit dem Zusatz *ἐποίησεν*, der Maler signiert mit *ἔγραφσεν*. Häufig dürfte der Haupttöpfer zugleich Werkstattbesitzer gewesen sein. Nach Aussage der Signaturen gab es Maler, die nur mit einem Töpfer zusammen arbeiteten (→Duris, →Makron), und solche, die für verschiedene Töpfer malten (→Epiktet, →Oltos). Selten signiert ein Meister als Töpfer und Maler gleichzeitig (→Exekias). – Unsere Kenntnis der praktischen Vorgänge in solchen Werkstätten stützt sich teilweise auf Vasenbilder, die Töpfereien darstellen, teilweise auf Analogien heutiger griech. Betriebe (→Töpferei) und schließlich auf chemische Untersuchungen des Scherbens. Ein Problem blieb lange Zeit die Herstellung des schwarzen, in nachantiker Zeit nicht mehr gebräuchlichen →Firnis, des Malmittels der V.-maler. Es ist ein eisenhaltiger Tonschlicker, der durch Mauken und Schlämmen des rohen Tons gewonnen wurde. Einen ersten feinen Überzug, der in der →schwarzfigurigen Malerei den Bildgrund, in der →rotfigurigen die Figuren terrakottarot erscheinen läßt, gewann man durch Eintauchen des noch ungebrannten, aber getrockneten Gefäßes in dünnflüssigen Schlicker. Für die eigentliche Bemalung wurde dickflüssiger Schlicker verwendet. Zuletzt trug man die ebenfalls aus Schlicker bestehenden, mit mineralischen Zusätzen versehenen Deckfarben auf (→Schwarzfigurig). Jedes Auftragen einer neuen Malschicht setzte das Antrocknen der darunter liegenden Schicht voraus. Innenzeichnung und Details wurden durch geritzte (Schwarzfigurige V.) bzw. mit der Schweinsborste gezogene Linien (Rotfigurige V.) ausgeführt. Der Brand vollzog sich in drei Stufen unter Temperaturen von 800–900°: (1) Oxydation: das im Ton enthaltene Eisen verbindet sich unter Luftzufuhr mit Sauerstoff zu rotem Eisenoxyd (Fe_2O_3); (2) Reduktion: durch Entzug von Sauerstoff bei Drosselung des Ofens wird das Eisenoxyd zu schwarzem Eisenoxyduloxyd (Fe_3O_4) reduziert. Nach der Reduktion ist das ganze Gefäß schwarz. (3) Reoxydation: bereits unter Temperaturrückgang wird wieder Frischluft zugeführt, so daß die Stellen mit dünnem Schlickerüberzug zur roten Farbe reoxydieren, während die kräftiger bedeckten Flächen schwarz bleiben. – Der geschilderte Vorgang gilt für die Blütezeit der attischen V.-Malerei im 6. und 5. Jh. v. Chr., stellt aber die Verfeinerung einer schon in der griech. Steinzeit geübten Technik dar. – Vgl. →Weißgrundig, →Barbotine, →Bucchero, →Stempelkeramik, →Reliefkeramik, →Terrasigillata. Zur Tonbereitung, zum Töpferofen und zum Drehen und Profilieren des Gefäßes →Technik, →Töpferei.

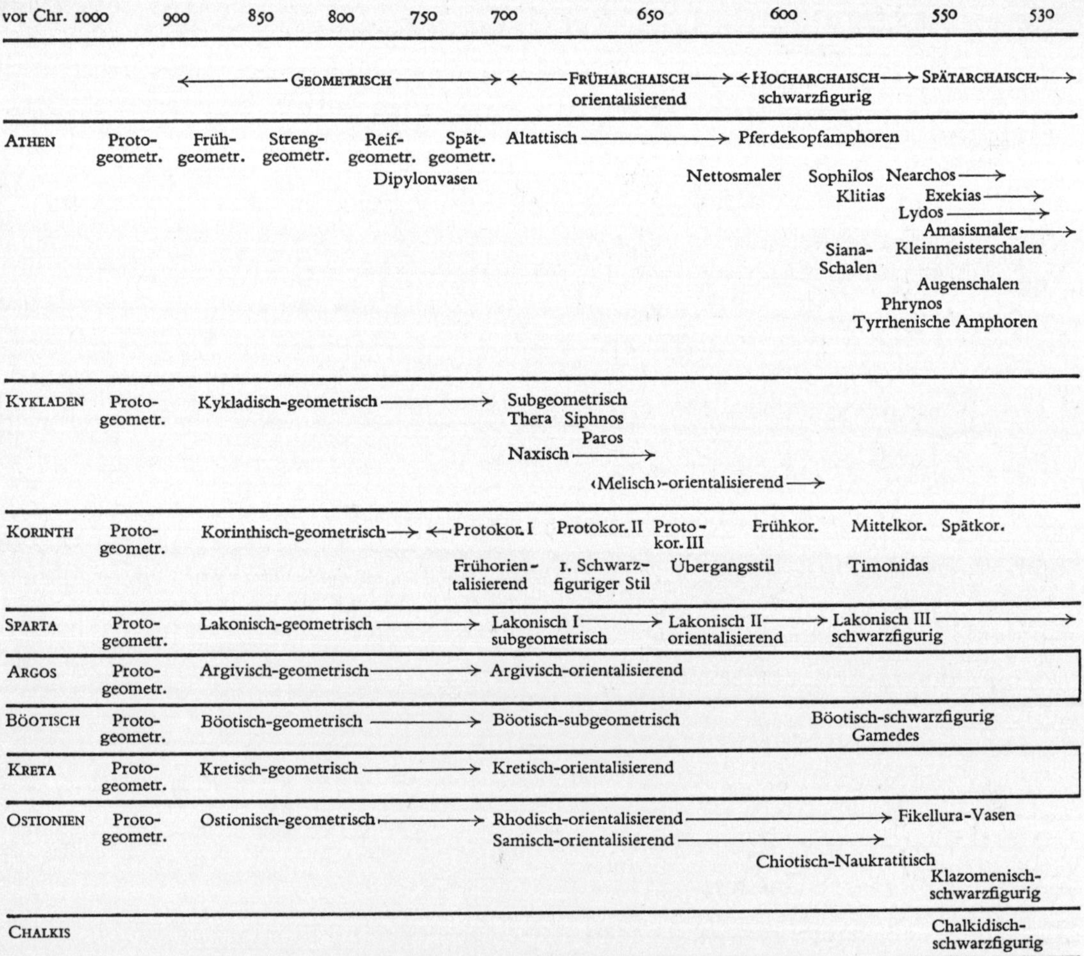

[2] *Handel:* Die Leistungsfähigkeit der Werkstätten ist erstaunlich (von →Makron z.B. nach Beazley's Zuweisungen über 250 Werke erhalten). Sie arbeiteten zum guten Teil für den Export. Die Gattungen der protogeometrischen und geometrischen Keramik, in der Athen führend war, sind freilich meist in Athen gefunden, seltener exportiert worden. 750 bis nach 600 führt die korinth. Keramik, im 6. u. 5. Jh. wieder die attische; beide werden sehr viel exportiert (vorwiegend nach Etrurien, Sizilien und Unteritalien), jedoch als Kunstwerke, nicht wegen ihres Inhalts. Im späteren 5. und im 4. Jh. entstehen bedeutende ital. Werkstätten, dafür werden mehr att. V. nach Südrußland, Nordgriechenland und Kyrene exportiert.

D. Chronologie. Absolute Anhaltspunkte einer Vasenchronologie sind zu gewinnen durch: Inschriften der V. selbst, wenn Archonten-, →Lieblingsnamen u.ä. ein Datum geben; Fundvergesellschaftung mit festdatierten Gegenständen (Münzen, Ostraka, Skarabäen); stilistischen Vergleich mit datierten Denkmälern der Plastik oder Flächenkunst; Gewinnung eines ‹terminus post quem› für Gattungen (→panathenäische Amphoren) oder Scherbenschichten (älteste Funde einer Stätte mit Gründungsdatum), bzw. eines ‹terminus ante quem› (für jüngste Funde eines Ortes mit Zerstörungsdatum) durch historisch überlieferte Fakten. – Mehr oder weniger zuverlässige Anhaltspunkte der heutigen Chronologie sind u.a.: Gründung von Syrakus, 733 (term. post für →Protokorinthisch I); Gründung von Gela, 688 (term. post für Protokorinthisch II); Gründung von Selinunt, 628? (term. post für Protokorinthisch III und Übergangsstil); Einrichtung der großen →Panathenäen, 566 (term. post für älteste panathen. Amphoren); Fries des Siphnierschatzhauses in Delphi, um 525 (Stilvergleich mit V. des →Andokidesmalers); →Lieblingsnamen, bes. wichtig Leagros; Umbettung der Gräber von Delos nach Rhenaia, 425 (term. ante für die jüngsten V. des Massengrabes von Rhenaia, das noch keine V. des →Meidias enthält); bis 374/3 reichende Grabfunde von Marion auf Cypern (term. post für die →Kertscher V., die dort noch nicht vorkommen); Zerstörung Olynths 348 und Gründung Alexandrias 333 (Daten für die Keramik des 4. Jh.s); Archontennamen auf panathenäischen Amphoren des 4. Jh.s; Wiederaufblühen Gelas zwischen 340 und 280 v. Chr. (für unteritalische V.-Malerei); Jahresangaben auf den →Hadravasen (3. Jh. v. Chr.); Zerstörung Korinths, 146 v. Chr. (term. ante für späthellenistische Keramik). – Zu einer detaillierten, den gesamten Denkmäler-

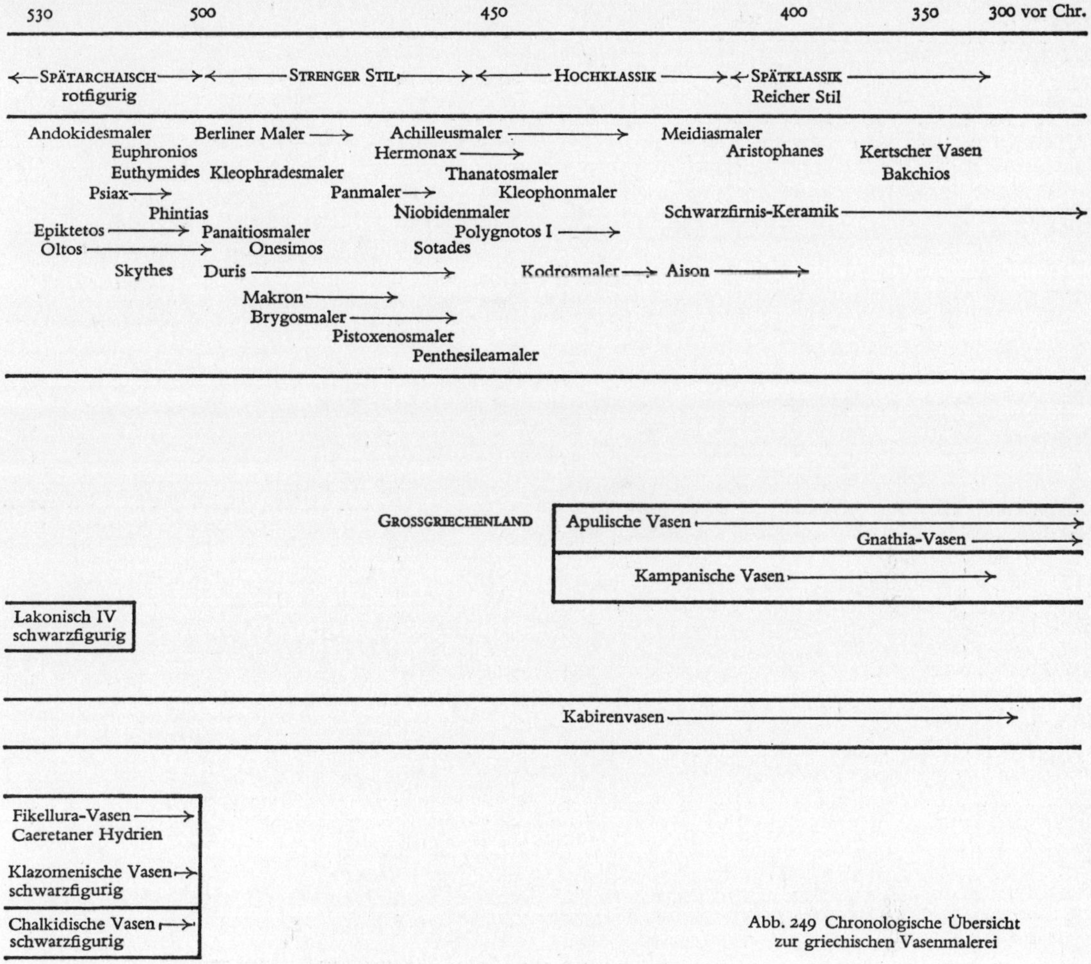

Abb. 249 Chronologische Übersicht zur griechischen Vasenmalerei

bestand einbeziehenden Chronologie führt erst die Beobachtung von Stilentwicklung und Stilparallelen bei Gattungen und Meistern (s. Tabelle). Eine hieraus resultierende *relative* Chronologie muß sich jeweils an den *absoluten* Anhaltspunkten orientieren, kann aber auch unsichere historische Überlieferungen (→ Koloniegründungen im 7. Jh. v. Chr.) bestätigen helfen. Vgl. auch → Plastik, Tabelle: Zeittafel der griech. Plastik.

E. Geschichte. [1] *Geometrisch.* Große Amphoren und Kratere, als Spendegefäße auf das Grab gestellt, und kleinere Hydrien, Kannen und Pyxiden, dem Toten mitgegeben, formen unsere Vorstellung von der Keramik des 9. und 8. Jh.s v. Chr. Ihr strenges Schmucksystem, das die Gefäßform akzentuiert und sich aus flächig-linearen Elementen wie → Mäander, Dreieck, Raute, Kreis und Zickzack (→ Ornament) zusammensetzt, hat ihnen und ihrer Zeit den Namen ‹Geometrisch› eingetragen. Sie zeigen in ihrer zunächst kargen und maßvollen Ornamentik die frühesten Formen griech. Kunstäußerung überhaupt. – Der geometrische Stil beherrscht ganz Griechenland; Attika hat uns jedoch die künstlerisch wertvollsten Funde beschert. – → *Protogeometrische* Gefäße, noch in die Zeit vor 900 gehörend, verraten ein erstes Sammeln von Kräften nach dem Ausleben → kret.-myk. Formen. Mit dem *frühgeometrischen* Stil tauchen im 9. Jh. dunkelwandige V. auf, deren Hals- und Bauchzone nur wenige schmale Ornamentstreifen umspannen. Haken- und Zinnenmäander werden erstmalig verwendet. Was hier bereits an Systemhaftigkeit der Dekoration angestrebt ist, gelangt in *streng-geometrischer* Zeit, dem späteren 9. Jh., zur Entfaltung. Die dunkle Wandung hellt sich durch Ausdehnung der Schmuckzonen auf. Der Mäander wird seitlich durch senkrechte Ornamentstreifen eingefaßt, auch im Metopenschmuck öffnen sich neue Möglichkeiten einer vertikalen Gliederung. Die ersten Tier- und Menschenfiguren sind noch dem Ornamentsystem untergeordnet. Erst seit etwa 800 v. Chr., dem Anbruch der *reifgeometrischen* Zeit, beginnen Tierfriese und erzählende Figurenbilder ihren Platz an betonten Stellen des Gefäßes zu finden, aber immer noch eingebaut in eine reich gegliederte, jetzt das ganze Gefäß umspannende Ornamentstreifenfolge (→ Dipylonvasen). Etwa um 750 greift das erzählende Bild aus und überspinnt in flächig zusammengesetzter Vielteiligkeit große Gefäßwände. Totenklage, → Ekphora, Leichenspiele, dem Zweck der Gefäße entsprechende Themen, aber auch Reigen, Reiter, Wagen, Krieg und Schiffskampf (→ Ikonographie) erzählen, wenn auch in formelhaft-anonymem Figurenstil, vom Leben jener Zeit. – Mit zunehmender Individualisierung solcher Bilder lösen sich in *spätgeometrischer* Zeit die alten Schmucksysteme vollends auf, auch die Akribie der Einzelformen läßt nach. – Für die geometrische Keramik anderer Orte sind landschaftliche Eigenarten zu beobachten (bes. Korinth, Argos, Kreta, Rhodos, Samos, Naxos), eine feste Chronologie läßt sich jedoch bei dem geringen Denkmälerbestand nicht gewinnen. Auf den Kykladen, in Böotien und Ostionien hält sich der geometrische Formenschatz bis in die Mitte des 7.Jh.s v.Chr. – Schmucklose Gebrauchsgefäße sind schon für die geometr. Zeit bezeugt, sie begleiten die Kunstkeramik durch alle folgenden Jahrhunderte.

[2] *Früharchaisch*. Die Übernahme und Anverwandlung oriental. Formgutes, die im späten 8.Jh. v.Chr. einsetzt und das 7.Jh., die *früharchaische* Zeit, beherrscht, hat ihre Voraussetzung in einer neuen Bewußtseinsstufe der Griechen selbst, in einem gelösteren Lebensgefühl, das sich seit etwa 700 auch an den V. in fließender, organischer Formensprache auszudrücken beginnt. Die gegliederte Vielteiligkeit geometrischen Gefäßschmucks weicht Vereinheitlichung und Monumentalisierung, die einfache Schwarz-Weiß-Zeichnung reicher Buntheit. Entsprechend wandelt sich auch die Thematik in Sagenbilder, Fabelwesen, Wappentiere und eine rankende, blühende Pflanzenornamentik. Die Schilderung rückt näher an den Gegenstand heran. – Führend in der Entwicklung der früharchaischen Keramik sind Attika und Korinth. In *Athen* bestehen zwar die großen Grabgefäße weiter, geometrische Reminiszenzen sind aber schon gegen 670 der neuen Formenwelt gewichen (→Altattisch). Um 650 lassen sich die ersten Anzeichen einer Kanonisierung von Ornamenten und Figuren feststellen. Im späteren 7.Jh. entsteht ein großflächiger Figurenstil (→Nettosmaler) als letzter, übersteigerter Ausdruck der früharch. Vorstellungswelt. – *Korinth*, das in geometrischer Zeit kaum Figurenbilder aufweist, kann im frühen 7.Jh. unbelastet von einer Tradition den neuen Stil durchbilden und gelangt schon vor 650 zur technischen Reife des →schwarzfigurigen Stils und zu verfestigten Formen. Kleine Salbgefäße tragen hier Bilder von innerer Monumentalität (→Protokorinthisch). Bereits gegen 610, mit dem Beginn des →korinthischen Stils, ist der künstlerische Höhepunkt überschritten; Füllornamentik und Tierfriese erscheinen jetzt schematisiert. – Um 660 ist auch auf den *Kykladen* ein orientalisierender Stil ausgebildet (→naxische, →melische V.); das erzählende Bild bleibt jedoch hier wie in der abseits stehenden →kret.-orientalisierenden Keramik selten. Die ostgriech. Vasenmalerei (→Rhodische V.) wendet sich noch ausschließlicher einem ornamentalen Tierfriesstil zu. Dagegen blühen schon um 700 im Osten, auf den Inseln und in Böotien Werkstätten, die große, reliefgeschmückte →Pithoi herstellen und den Auftakt zu einer mannigfaltigen griech. →Reliefkeramik geben.

[3] *Hocharchaisch*. Mäßigung der Formensprache und Verfeinerung der Technik führen in Athen seit etwa 600 v.Chr. zur vollen Entfaltung des →*schwarzfigurigen* Stils. Attische Ware beginnt allmählich anstelle der korinthischen den Bedarf ausländischer Märkte zu decken, und zahlreiche Töpfereien stellen sich auf Mengenproduktion ein: zu Anfang des 6.Jh.s der Gorgomaler und seine Schule, nach 570 die Werkstätten der →tyrrhenischen Amphoren und der →Kleinmeisterschalen (→Phrynos), seit etwa 540 →Nikosthenes. Daneben bildet sich eine hohe künstlerische Tradition heraus bei Töpfern und Malern wie →Sophilos, →Klitias und →Ergotimos, →Nearchos, →Lydos, →Amasis und →Exekias. Sie bringen die edelsten Schöpfungen des schwarzfig. Stils hervor und bezeugen die Vorrangstellung Athens im 6.Jh. – Die Farbigkeit *hocharchaischer* schwarzfig. Gefäße ist zurückhaltend: männliche Figuren bleiben schwarz, die helle Frauenhaut wird durch Deckweiß gekennzeichnet; Rot und Violett heben Gewandpartien hervor und sind an Tieren und Ornamenten nur sparsam angebracht. Die Formensprache verliert ihre Urtümlichkeit, die Umrisse der Figuren werden gegliederter und gespannter, ihre Proportionen gleichen sich aus. Mischwesen und große Tiergestalten orientalisierender Zeit verschwinden, allenfalls behaupten sich noch inhaltsschwache Tierfriese bis gegen 540 in den Nebenzonen des Gefäßes. Auch Füllornamentik taucht nach 560 nicht mehr auf. Statt dessen herrscht die mythologische Erzählung, bes. aus den homerischen Epen und der Heraklessage. Repräsentative Gefäßformen sind 1.H.6.Jh. Krater und Kessel (Erzählung noch in der Friesform des 7.Jh.s; vgl. →Françoisvase). Um 560 werden sie von der Bauch-→Amphora abgelöst, die in ihren ausgesparten Bildfeldern der dramatischen Figurenkomposition neue Möglichkeiten bietet (→Lydos, →Amasis, →Exekias). – In Korinth versucht man noch bis etwa 550 mit der attischen Keramik zu konkurrieren, entfernt sich aber in reichem Gebrauch von Deckfarben und allmählicher Formenerstarrung vom Vorbild (→korinthische V.). Vollkommener ahmen →chalkidische und →lakonische Töpfereien die attisch-schwarzfig. Technik nach. Sehr farbig und von eigener Struktur sind die Bilder ostgriechischer V. (ionische →Kleinmeister, →klazomenische V., →Caeretaner Hydrien). Die →rhodischen V. bewahren den orientalisierenden Tierfriesstil bis gegen 530; es folgen in Ostgriechenland Vasen mit Streifendekor und Pflanzenornamenten; eine schwarzfig. Malweise setzt sich hier kaum durch.

[4] *Spätarchaisch*. Aus *spätarchaischer* Zeit sind attisch schwarzfig. →Hydrien und Hals-→Amphoren in großer Zahl erhalten. Sie zeigen, daß die schwarzfigurige Malweise einem neuen, plastischen Formgefühl nicht mehr genügt. Verunklärende Überschneidungen und beweglichere Figuren führen zur Lockerung des Bildgefüges, zur Auflösung der flächigen Symmetrie; hinzu kommt die innere Auflösung durch überfeinerte Ritzung (→Antimenesmaler). Jedoch erhält sich die schwarzfig. Technik in den →Panath. Preisamphoren und anderen Gattungen bis in die Spätzeit (→Kabirenvasen, →Hadravasen). Mögen auch zunächst noch gute schwarzfig. Werke entstehen, so ist es doch die →*rotfigurige* Malweise, die seit 530 v.Chr. mit ihren neuen Stilmitteln die Entwicklung vorantreibt. Der jetzt schwarze Bildgrund verdichtet die Gefäßwand, und man beginnt plastischer, spannungsreicher und mit mehr individuellem Ausdruck zu zeichnen; ein weicherer Strich gehorcht jetzt dem Temperament. Zugleich gewinnt der Bildraum an Vielschichtigkeit und Atmosphäre, Pflanzen und Gerät nehmen an der Komposition teil. – Bei den frühen Meistern dieser Technik, dem →Andokidesmaler, →Epiktet (1), →Psiax und →Oltos breitet sich der neue Linienreichtum noch in der Fläche aus. Plastischer erscheinen die Figuren des →Euphronios, →Euthymides und →Phintias, sind aber noch im spätarchaischen ‹Märchenstil› und dessen Prachtliebe befangen. Die auf ihre Kunstfertigkeit (*σοφία*) stolzen Meister stellen bewußt die schwarz- und rotfigurige Technik und verschiedene Zeichenweisen auf beiden Seiten von Gefäßen, im gleichen Bild (→Augenschalen) gegenüber; ja sie erfinden nach dem Vorbild der hellgrundigen Monumentalmalerei eine →weißgrundige Technik, die in der Klassik edelsten Schöpfungen gedient hat, den Grablekythen. Immer gab es daneben auch bloß schwarzgefirnißte, plastisch gestaltete (→Stempelkeramik) und noch einfacher verzierte Gebrauchskeramik (→Chytra).

[5] *Klassisch*. Im frühen 5.Jh. beginnt man, den organischen Bau der Figur zu verstehen und damit das eigene Gesetz des Individuums: es vereinzelt sich und bewegt sich frei im Raum. Das Werk des →Panaitiosmalers ist von jener neuen Dynamik erfüllt und zeigt entsprechende Themen: bewegungsfreudige Athleten und Komasten.

Seinen Stil führen als Schalenmaler → Onesimos, → Duris und der → Brygosmaler, wenn auch mit verschiedenen Temperamenten, weiter (vgl. auch → Makron). Unter den Topfmalern ragen → Kleophradesmaler, → Panmaler und → Berliner Maler hervor. Ihre Gestalten leben noch von einem ausdrucksvollen Umriß, sind aber schon von der Schwere des frühen *Strengen Stils* erfaßt. Nach 480 löst sich die spätarchaische Kalligraphie vollends in vereinfachte und konzentrierte Formen auf: ein schwerflüssiger Rhythmus, Wucht und Ernst der Kompositionen sind neu (→ Hermonax, → Panmaler, → Pistoxenosmaler, Spätwerke des Duris). Gegen die Mitte des 5. Jh.s schildert der → Niobidenmaler auf großen Krateren figurenreiche Heroenschlachten, entstehen die monumentalen Schaleninnenbilder des → Penthesileiamalers, beides offenbar unter dem Eindruck der gleichzeitigen Wandmalerei (→ Polygnot). – Nur wenigen Malern der *Hochklassik* war es vorbehalten, ihre Werke mit der selbstverständlichen Schönheit des → Parthenonstils zu erfüllen, so dem → Achilleusmaler (→ weißgrundige V.), dem → Kleophonmaler und dem → Kodrosmaler. Ihre hoheitsvollen Gestalten sind ergriffen von stiller Trauer, vom Abschied, von der Musik, sind durchdrungen vom Schicksal: äußere Bewegung wird zu innerer Bewegtheit. Die Darstellungen, ausgewogen und ohne Überschneidungen komponiert, bilden mit dem Gefäß noch eine formale Einheit. – Um 420 sprengt eine dreidimensionale illusionistische Erfassung des Bildraums die flächenhafte Bindung an das Gefäß. Figurenfülle, pathetische Bewegung, Virtuosität der Linienführung, üppiger Auftrag von Gold und Farben kennzeichnen den ‹Reichen Stil› (bis 380. → Meidiasmaler, → Aristophanes (1 a), → Talos-, → Pronomoskrater, → Schilfmaler); Einfluß der gleichzeitigen Monumentalmalerei (→ Apollodoros, 4). Nach 380 findet man, auf den sog. → Kertscher Vasen, einen neuen plastisch-linearen Stil, der sich bis etwa 310 von nuancierter, weicher zu skizzenhaft verhärteter Strichgebung, von zeichnerischer zu malerischer Auffassung des Bildes wandelt.

[6] *Unteritalisch.* Schon um die Mitte des 5. Jh.s v. Chr begründen attische Töpfer in Unteritalien die sog. italiotische Werkstatttradition, in der die mutterländische rotfigurige Formensprache bald dem dortigen Geschmack anverwandelt wird (→ Apulische V.). Eine realistischere Anschauung läßt die überindividuelle klassische Schönheit vergessen, Pathos und Sentimentalität entfalten sich. Zuweilen an das Skurrile grenzende Detailwiedergabe steht in bezeichnendem Gegensatz zu einer parataktischen, noch im 4. Jh. altertümlich-klassizistischen Kompositionsweise. Auch hier wirkt sich die spätklassische Plastizität aus, und in der 2. H. des 4. Jh.s entfaltet sich in Farbigkeit, Figurenfülle und wuchernder Ornamentik ein später Prunkstil (→ Perservase). Mit zunehmender Entfernung von Apulien kommt es in Lukanien, Kampanien (→ Kampanische V.), Paestum und Sizilien zu einer mehr oder weniger starken Barbarisierung des rotfigurigen Stils.

[7] *Hellenistisch.* Die attische, en → barbotine verzierte sog. Schwarzfirniskeramik des 4. Jh.s v. Chr. spricht in ihrer organischen Plastizität und im Verzicht auf Bildschmuck eine zeitgemäßere Sprache als die spätrotfigurigen Vasen. Ihr Dekorationsstil setzt sich denn auch in den unteritalischen → Gnathiavasen und der mutterländischen sog. Westabhangkeramik (ca. 320–100 v. Chr., in großen Mengen am Westabhang der Akropolis gefunden) fort. Letztere zeigt in ihren gedrungenen Halsamphoren, kleinen Schalen und geradwandigen Bechern rein hellenistische Form: den Verlust des organischen Zusammenhangs sowohl im Gefäßaufbau wie im Ornament. Nüchterne, handwerkliche Durchschnittsqualität wird jetzt hervorgebracht. Die Herstellung wertvoller Gefäße überläßt man mehr und mehr der → Toreutik. Hellgrundige V., mit flüchtig hingepinselten Ornamenten verziert, sind in den → Hadravasen und einer Gruppe flachbauchiger, enghalsiger Kannen (Lagynos-Gruppe) erhalten. Späthellenist. Gattungen liegen in den unteritalischen, polychrom und plastisch geschmückten Gefäßen aus → Canosa und → Centuripe vor. Eine neue Technik setzt um 250 v. Chr. mit der ornamental und figürlich verzierten → Reliefkeramik ein (→ megarische Becher), die zur weitest verbreiteten Ware hellenistischer Keramik gehört. I. Sch.

Lit: A. Furtwängler-K. Reichhold, Griech. V.malerei, 1900ff. – E. Buschor, Griech. V.malerei (1913), 1925^3 – Corpus Vasorum Antiquorum (= CVA), Internationales Tafelwerk, 1923ff. – E. Pfuhl, Malerei u. Zeichnung d. Griechen, 1923 – Ders.-K. Schefold, Tausend Jahre griech. Malerei, 1940 – E. Buschor, Griech. V., 1940 – P. E. Arias-M. Hirmer, Tausend Jahre griech. V.kunst, 1960 – R. M. Cook, Greek Painted Pottery, 1960 – H. Sichtermann, Die griech. V., 1963 – A. Rumpf, Malerei und Zeichnung, HbArch. VI 1,4, 1953 – Zum Gebrauch: L. Talcott, Hesperia 4, 1935, 476 – Zur Bildbedeutung: E. Langlotz, in: Robert Boehringer. Eine Freundesgabe, 1957, 397 bis 421 – K. Schefold, Griech. Kunst, 1959, 72–74; 101f. – *Zu B:* G. M. A. Richter-M. S. Milne, Shapes and Names of Athenian Vases, 1935 – D. A. Amyx, The Attic Stelai, Hesperia 27, 1958, 164–310 – *Zu C:* G. M. A. Richter, The Craft of Athenian Pottery, 1923 – L. Hussong, Zur Technik der att. Gefäßkeramik, 1928 – Th. Schumann, Oberflächenverzierung i. d. antiken Töpferkunst, Ber. d. Deutschen Keram. Gesellsch., 1942 – J. D. Beazley, Potter and Painter in Ancient Athens, Proc. of the Brit. Acad. 30, 1946 – H. Marwitz, ÖJh 45, 1960, Beiblatt 207–264 – *Zu D:* E. Langlotz, Zur Zeitbestimmung der streng rotfigurigen Vasenmalerei, 1920 – W. Hahland, Vasen um Meidias, 1930, 5–7 – T. J. Dunbabin, Ephemeris, 1953–54, II 247–262 – J. Ducat, Bull. de Corr. Hell. 86, 1962, 165–184 – R. M. Cook, a. O. (s. o.), p. 261. 357 – *Zu E[1]:* B. Schweitzer, Unters. z. Chronologie der geometr. Stile in Griechenland I, 1917; II, AM 43, 1918, 1–190 – P. Kahane, Entwicklungsphasen der att.-geometr. Keramik, AJA 44, 1940, 464–482 – K. Kübler, Kerameikos I, III–V, 1939ff. – F. Matz, Gesch. d. griech. Kunst I, 1950, 49–72 – J. M. Davison, Attic Geometric Workshops, Yale Class. Studies 16, 1961 – *Zu E[2]–[4]:* F. Poulsen, Der Orient und die Frühgriech. Kunst, 1912 – J. D. Beazley, Development of Attic Black-Figure, 1951 – Ders., Attic Black Figure Vase-Painters, 1956 – *Zu E [4] u. [5]:* J. D. Beazley, Attic Red-Figured Vases in American Museums, 1918 – E. Langlotz, Griech. V.bilder, 1922 – W. Hahland, V. um Meidias, 1930 – K. Schefold, Unters. z. d. Kertscher V., 1934 – E. Buschor, Griech. V., 1940, 134–253 – J. D. Beazley, Attic Red Figure Vase-Painters (1942), 1963^2 – G. M. A. Richter, Attic Red-Figured Vases, 1946 – *Zu E[6]:* A. D. Trendall, Frühitaliotische V., 1938 – Ders., Vasi dipinti del Vaticano: Vasi italioti ed etruschi a figure rosse, 1955 – *Zu E[7]:* C. Watzinger, V.funde aus Athen, AM 26, 1901, 50–102 – G. Leroux, Lagynos, 1913 – H. A. Thompson, Two Centuries of Hellenistic Pottery, Hesperia 3, 1934, 311–476 – C. W. Lunsingh Scheurleer, Grieksche Ceramiek, 1936 – P. Mingazzini, Tre brevi note di ceramica ellenistica, Arch. Cl. 10, 1959, 218–226.

Vasio (Kt. 1019 E 5; heute Vaison-la-Romaine), Stadt im Gebiet der kelt. Vocontier in Gallia → Narbonensis, hat bedeutende Reste der röm. Stadtanlage mit erhaltener Brücke über die Ouvèze, Theater aus dem 1. Jh., instandgestellt im 3. Jh., Basilika, Thermen, ausgedehnten Atrium- und Peristylhäusern. Beim Theater fand sich eine sehr gute Marmorreplik des ‹Diadumenos› → Polyklets. L. B.-H.

Lit: Can. J. Sautel, Vaison-la-Romaine, sites, histoire et monuments, 1955.

Vates, das lat. Wort für Seher (vgl. griech. → Mantis). Gotterfüllte Seher griech. Typs sind in Italien und Rom sehr selten gewesen. Man kann nur Marcius (oder die Brüder Marcius; → Carmina Marciana) nennen und einen gewissen Publicius, von dem wir nichts wissen (Cic. div. 1, 40. 50; 2, 55). Das Wort V. wird gelegentlich im verächtlichen Sinne gebraucht, um betrügerische Wahrsager zu bezeichnen (etwa Enn. scaen. 319 V.). H. Le B.

[2] Varro hielt das Wort, das er im Anschluß an das griechische Vorbild *ῥαψῳδός, ἀπὸ τοῦ ῥάπτειν τὰς ᾠδάς* mit a versibus viendis (ling. 7, 36) erklärte, in seiner poetischen Theorie – in De poematis und wohl auch in De poetis (beide vor 42 v. Chr.) – irrtümlich für die altröm. Bezeichnung des Dichters und fand die Bestätigung im Vers des Ennius: *versibus, quos olim Fauni vatesque canebant* (ann. 214 V.). Varros These vom V. als dem alten Dichter wirkte bereits in → Vergils Bucolica (7 und 9) und setzte sich rasch bei → Horaz, → Ovid und den Dichtern der Kai-

serzeit durch: anstatt des abgegriffenen ‹poeta› wird V. das Wort für den von göttlicher Inspiration erfüllten Dichter. H.D.

Lit: M. Runes, Die Gesch. d. Wortes v., Festschr. P. Kretschmer, 1926, 202–216 – H. Dahlmann, Vates, Philol. 97, 1948, 337–353.

Vatinius, P. (tr. pl. 59, praet. 55, cos. 47 v. Chr.). 59 wichtigster Anhänger Caesars: er drohte den Gegnern, als Caesar sich noch zurückhielt, organisierte Kundgebungen und Gewaltakte, u. a. gegen M. → Calpurnius (2) Bibulus, brachte zahlreiche Gesetze ein, zumal die Verleihung der Gallia Cisalpina mit Illyria an Caesar auf 5 Jahre und die Ratifikation verschiedener Verträge und Anordnungen des → Pompeius (2). 56 Zeuge gegen P. → Sestius (dabei → Ciceros Rede In Vatinium). 55 unter Pompeius' Druck zum Prätor gewählt, danach Aussöhnung mit Cicero, der ihn 54 in einem Prozeß verteidigen muß. Seit 51 Legat Caesars in Gallien und im Bürgerkrieg. 48 Verteidigung Brindisis, von dort nach Illyrien, wohin er 45 als Prokonsul zurückkehrt. 44/43 verliert er seine Truppen an Brutus. 42 Triumph. Chr. M.

Vatia → Servilius.

Vectigalia, die Einnahmen des röm. Staatshaushalts (→ Steuern, 2) aus Wald (→ saltus, silvae) und Weiden (pascua; das Weidegeld scriptura), dem Staatsackerland (→ Ager publicus; dazu später auch Gärten, Flüsse, Seen, und Bergwerke), den Salzwerken (salinae) und den Verkehrsplätzen (portus, portae). Die letzten (portoria, → Zölle) nahmen früh Steuercharakter an. Dazu kamen die zweckgebundenen direkten Steuern und Einnahmen aus den heiligen Hainen (lucar). Diese Einnahmen deckten i. J. 293 v. Chr. mit rund 4 Mill. Pfund-Assen die Personalausgaben im sakralen und politischen Teil des Staatshaushalts, die Kosten des den Bundesgenossen in Landheer und Flotte gelieferten Getreides und die Ausgaben zur Erhaltung der Tempel und der öffentlichen Gebäude und Plätze. 168 v. Chr. betrugen die durchweg verpachteten Einnahmen aus den V. rund 5 Mill. Sesterzen, die aus den spanischen Bergwerken 36 Mill. brutto (netto mindestens 24 Mill). In der Mitte des 1. Jh.s v. Chr. brachten die V. wegen des geringeren Umfangs des Staatsgrundbesitzes nur noch wenig über 4 Mill. Sesterzen ein. In der Kaiserzeit umfassen die V. außer den → Zöllen und übrigen indirekten Steuern auch die überwiegend verpachteten Einnahmen aus den Bergwerken (metalla), Steinbrüchen, Salinen und der Münzprägung. Vgl. → Rom III. R. Kn.

Vegetationsgötter. Da die Vegetation jedes Jahr abstirbt und im nächsten wieder belebt wird, entsteht in primitiven Religionen das Bedürfnis, die geheimnisvollen Wachstumskräfte bzw. -geister durch magische Riten zu stärken (→ Fruchtbarkeitsriten). In den Religionen der Kulturvölker wird der jährliche Wechsel der Vegetation auf das Wirken von großen und mächtigen Göttern, den heute sog. V., zurückgeführt. Das Wort hat sich bes. zur Charakteristik altoriental. Göttergestalten wie → Dumuzi (Tammuz), → Attis (mit → Kybele), → Osiris (mit → Isis), → Adonis eingebürgert, die alle nach dem Mythos gestorben und nach einiger Zeit wieder auferstanden sind. Im Kult wurden beide Ereignisse durch ein Trauer- bzw. Freudenfest begangen. Nach einer verbreiteten Auffassung sind alle diese Götter ursprünglich V., deren Sterben mit dem Herbst, deren Auferstehung mit dem Frühling in Verbindung zu setzen ist (z. B. Frazer und Leipoldt, a. O.; vgl. dagegen v. Wilamowitz, a. O.). – In der Religion des minoischen → Kreta scheint der Typ des ‹göttlichen Kindes› heimisch zu sein (vgl. bes. Geburt und Jugend des → Zeus). Auch hier handelt es sich vielleicht um einen alten V.; allerdings bleibt fraglich, ob bzw. in welchem Maße vorderasiat. Vorstellungen Einfluß ausgeübt haben (vgl. Nilsson, a. O.). – Unter den griech. Göttergestalten gibt es mehrere, deren Wirken mit dem Wechsel der Vegetation oder ganz allgemein mit dem Wachsen und Gedeihen in der Pflanzenwelt in Verbindung steht: bes. → Demeter (mit Kore und → Plutos) und → Dionysos (mit seinem Gefolge der → Satyrn, Silene, → Nymphen usw.). Obwohl keine direkten Zeugnisse aus dem Altertum dafür vorliegen, vermuten manche Forscher (bes. auf Grund von Mythenanalyse) auch hier Einwirkungen von oriental. Vorstellungen im Sinne der sog. ‹sterbenden und auferstehenden› V. und in manchen Gestalten des griech. Mythos alte, vorgriech. V. (z. B. in → Hyakinthos, → Hylas, → Ariadne und – s. o. – Zeus). – Die Feste, die den Göttern gelten, deren Kraft in der Erdfruchtbarkeit wirksam wird und die auch die Toten in ihrem Schoße aufnehmen (chthonische Götter), scheinen in Griechenland bes. volkstümlich gewesen zu sein und tragen oft starke emotionale und ekstatische Züge. Sie stehen damit in einem gewissen Gegensatz zu den Formen der patriarchalisch-ritterlichen Religion, wie sie durch die homerische Gesellschaft geprägt worden ist. K.-H. R.

Lit: J. G. Frazer, The Golden Bough III. IV (1890), 1911–20³ – J. Leipoldt, Sterbende u. auferstehende Götter, 1923 – Nilsson, I 314–324 – Ders., The Minoan-Mycenaean Religion (1927), 1950², bes. 461 ff. – U. v. Wilamowitz, Der Glaube der Hellenen, 1931 (Nachdr. 1959), 127–134 – G. Bertram, RAC I, 1950, 919–930 – W. v. Soden, RGG I, 1957, 688–689.

Vegetius Renatus (Flavius V. Renatus), in den Hss. als Verfasser sowohl einer Epitoma rei militaris (Abriß der Kriegskunde) als auch einer Mulomedicina (Tierheilkunde) genannt. Beide Werke gehören in die Zeit um 400 n. Chr., der Verfasser der Kriegskunde gibt sich sogar als Christ zu erkennen. Höchstwahrscheinlich stammen beide Schriften von demselben Autor. Der Kaiser, der in der Vorrede der Kriegskunde apostrophiert wird, ist allem Anschein nach → Theodosius I. d. Gr. Quellen sind für das militärische Werk bes. → Cato (1), → Celsus (1) und → Frontin gewesen, für das veterinärmedizinische → Columella, → Pelagonius und die sog. → Mulomedicina Chironis. V. ist im Verhältnis zu den Quellen sehr unselbständig. Er bemüht sich sorgfältig um eine gebildete Sprache und sucht vulgärsprachliche Quellen dahin zu stilisieren; bes. der Vergleich des V. mit der Mulomedicina Chironis ist für die Unterscheidung der vulgären und der gebildeten Sprache aufklärend gewesen. G. B.

Ed: K. Lang, 1885 (Epit. rei mil.) – E. Lommatzsch, 1903 (Mulomed.) – *Lit:* Schanz, IV 194–201.

Veiento → Perperna.

Veii (Veio; Kt. 1420 E 5), aus Villanovadörfern entstandene etrusk. Stadt nördl. Rom. Von diesem als Rivalin 396 vor Chr. zerstört, blieb es fortan bedeutungslos. Aus seinem Gebiet wurden 4 Landtribus (Arnensis, Sabatina, Stellatina, Tromentina) gebildet. Die ‹Grotta Campana› bietet die letzten noch in etwa deutlichen Grabmalereien orientalisierenden Stils in Etrurien (Anf. 6. Jh. v. Chr.). Die literarischen Zeugnisse über Vejenter Koroplastik in archaischer Zeit sind durch die Terrakottafunde im ‹Portonaccio›-Heiligtum bestätigt, vor allem durch die dort entdeckten überlebensgroßen Götterbilder, die den First des Tempels zierten (Anf. 5. Jh. v. Chr.). Am besten erhalten ist der ‹*Apollo von V.*› aus einer den Streit des Gottes mit → Herakles um die Kerynitische Hirschkuh darstellenden Gruppe. Vgl. → Etrusker. O. W. v. V.

Lit: M. Santangelo, V., Santuario ‹di Apollo›, Bd'A 37, 1952, 147 bis 172 – J. Ward Perkins, V., The Historical Topography, BSR 16, 1961, 1–123.

Veilchen. Die antiken Bezeichnungen, ἴον, viola, sind mehrdeutig, weil damit auch die Viole (Levkoje) und Goldlack bezeichnet werden können, die im Gegensatz zu μελάνιον (Viola odorata L.) auch λευκόιον heißen. Wegen der Farben und des starken Duftes wurden die Blumen als Kranz- und Gartenpflanzen geschätzt und kultiviert wie → Rose, → Lilie, → Hyakinthos und → Narkissos. Mit ihnen teilt ἴον die mythische Bedeutung. Der Persephone war die Blume verhaßt. Nach dem Mythos von Attis und Kybele war die Blume, mit der man den Baum des Attis zu bekränzen pflegte, das V., aus dem Blut des Entmannten entstanden. Nach etymologischer Deutung sproß ἴον zur Nahrung der in eine Kuh verwandelten → Io. Ion. Nymphen brachten die Blume zuerst dem Zeus als Geschenk. Von den Ἰωνιάδες genannten Nymphen erhielt → Ion einen goldgelb blühenden Kranz der ἰάς, des Goldlacks. Von ἴον gebildete Beinamen der → Aphrodite und des → Dionysos weisen auf die Bedeutung im Bereich dieser Gottheiten. Ausdrücklich wird das Bekränzen mit λευκόιον für bakchische Feste bezeugt (Theokr. eid. 6, 64). Vgl. → Flora. J.W.

Lit: Hehn, 260f. 262 – Murr, Pflanzenwelt, 259 – Olck, RE 17, 1 (1910), 771. 779. 788f.

Veiovis, oder Vediovis, alte, ziemlich undurchsichtige röm. Gottheit, welche die röm. Grammatiker als ‹kleinen› oder ‹bösen› → Jupiter erklärten (je nach dem Sinn, den sie der Partikel Ve- gaben); es wird allgemein angenommen, daß er eine Art Unterwelts-Jupiter war. Man opferte ihm nach dem (zuverlässigen?) Bericht des Gellius (5, 12, 12) eine Ziege, wie dem → Apollo, mit dem er oft identifiziert wurde. Er besaß seit 192 v. Chr. einen Tempel auf dem → Kapitol und einen anderen auf der Tiberinsel (Ov. fast. 3, 429–448). H. Le B.

Lit: J. Gagé, Apollon Romain, 1955, 87–98.

Velia, alte oinotrische Siedlung in Lukanien an der tyrrhenischen Küste, 40 km südl. von Paestum (Kt. 1420 G7; heute Velia). Von den Phokäern nach dem Verlust von Alalia 540 als Handelsstützpunkt mit Namen Elea (→ Eleaten) für die Route nach Massilia benutzt. Seit den Pun. Kriegen Bundesgenosse der Römer. Nach dem → Bundesgenossenkrieg (3) Municipium mit röm. Bürgerrecht. Bei Ausgrabungen (1899, 1927, seit 1949) wurden eine Ringmauer und mächtige Terrassenanlagen aufgedeckt. B. A.

Lit: B. Neutsch, AA 1954, 328ff. – G. Radke, RE 8 A 2 (1958), 2399 bis 2405.

Velites, im röm. Milizheer des 3./2. Jh.s v. Chr. die Bürgerkontingente der Leichtbewaffneten, später allmählich durch die → Auxilia ersetzt. E. Bay.

Velitrae, alte Latinerstadt am Südwesthang der Montes Albani an der → Via Appia (Kt. 1420 E6; heute Velletri). Wie Rom einige Zeit in der Gewalt der Etrusker. Im 6. Jh. v. Chr. von den → Volskern erobert. Tabula Veliterna, eine der wenigen volsk. Inschriften. In ständigem Streit mit Rom bis zur endgültigen Unterwerfung 338. Später unbedeutend. In der Nähe von V. wurde 1955 ein großer, einzigartiger Reliefsarkophag späthadrianischer Zeit gefunden mit umfassendem sepulkral-allegor. Bildprogramm. B. A.

Lit: G. Radke, RE 8 A2 (1958), 2406–11 – B. Andreae, Studien zur röm. Grabkunst, RM, 9. Erg. H., 1963, 1ff.

Velius Longus, lat. Grammatiker hadrianischer Zeit. Ein Aeneiskommentar ist bekannt, eine Schrift über Orthographie erhalten. D. F.

Ed: GrLat VII 31–81 – *Lit:* A. Dihle, RE 8A 1 (1955), 632–634.

Velleius Paterculus, C.?, geb. etwa 20 v. Chr., stammte aus einer capuanischen Ritterfamilie und schlug wie seine Vorfahren die Offizierslaufbahn ein: um die Zeitenwende war er Militärtribun; im Gefolge des C. → Caesar (2) wurde er Augenzeuge der Begegnung C. Caesars mit dem Partherkönig (2, 101); 4–12 praefectus equitum, dann legatus legionis unter → Tiberius in Germanien und Pannonien (2, 104, 3; 2, 111, 3f.); 6 zum Quästor designiert, 15 Prätor (2, 124, 4). Dem Konsul des Jahres 30, M. Vinicius, dem Sohn seines ersten militärischen Vorgesetzten, widmete er zu dessen Amtsantritt einen Geschichtsabriß, den er in den letzten Monaten des Jahres 29 rasch niedergeschrieben hatte. Das kleine Werk sollte der Vorläufer eines größeren sein, das mit den Bürgerkriegen (49 v. Chr.) beginnen und bis auf seine Zeit reichen sollte *(iusta volumina:* 2, 48, 5; 2, 114, 4 u. ö.). Das kleinere, aus zwei Büchern bestehende Werk behandelt, mit der Zerstörung Trojas beginnend, die gesamte röm. Geschichte bis zum Konsulat des Adressaten. Die anfangs skizzenhafte Darstellung wird vom Jahre 49 an ausführlicher; sie gipfelt in der Schilderung des Tiberius, die fast ein Viertel des Ganzen beansprucht. In die stark biographische und autobiographische Erzählung sind Exkurse über die röm. Kolonien (1, 14f.), die Provinzen (2, 38f.) und kultur- und literarhistorische Abschnitte eingeschaltet. V. wollte keine Chronik schreiben, sondern ein Bild der röm. Geschichtsentwicklung geben, die für ihn im Kaiserreiche gipfelte. Wenn er auch für das geplante größere Werk Quellenstudien gemacht haben wird, so ist er doch kein selbständiger Forscher. Der Abriß enthält zahlreiche, meist chronologische Irrtümer und auch einige Verfälschungen historischer Fakten. Für die Geschichte bis zum Ende der Republik werden u. a. → Nepos' (2) Chronica und eines der Werke De viris illustribus zugrunde gelegt sein; Benutzung von → Sallust und → Livius (1) ist naheliegend. In der Darstellung der Zeitgeschichte bestimmen die eigenen Erlebnisse Art und Ausmaß der Darstellung. Wichtiges wird in aller Kürze erwähnt oder übergangen. Im Zentrum steht (ab 2, 94) die Gestalt des Tiberius, dessen Leistungen als Feldherr und Princeps – auch auf Kosten des → Augustus – mit überschwenglichem Lob bedacht werden. Als einziger erhaltener Bericht eines Zeitgenossen über den frühen Prinzipat stellt V. jedoch ein wichtiges Korrektiv gegenüber der sonst tiberiusfeindlichen Tradition dar. Außerdem verdanken wir ihm authentische anschauliche Schilderungen über die Feldzüge in Germanien und Pannonien (→ Arminius, → Marbod). V. ist in seinem Geschichtsurteil Repräsentant der neuen, dem Kaiserhaus treu ergebenen Offiziers- und Beamtenschicht, der Ruhe, Ordnung und Sicherheit des Reiches als der Idealzustand erscheinen (2, 126, 2: das Lob der Tiberius-Zeit; das Gebet für Imperium und Kaiser am Schluß des Werkes). Er steht immer auf seiten der Ordnungsmächte (→ Senat, → Nobilität) gegen alle, die den Bestand der Ordnung bedrohen (→ Gracchen, → Marius (2), → Antonius, 2). So ist ihm ein Bruch zwischen Republik und Prinzipat nicht bewußt geworden. – Der Stil des V. mit seinem effektvollen, pathetischen Prunk, den einprägsamen Formulierungen, Antithesen, trivialen Gemeinplätzen, rhythmischen Satzschlüssen verleugnet den Einfluß der zeitgenössischen Rhetorik nicht. – Das Werk hat in der Folgezeit kaum Beachtung gefunden. 1515 entdeckte Beatus Rhenanus in Murbach die einzige bekannt gewordene Handschrift. Da dieser Codex wieder verlorenging, basiert die Rekonstruktion des Textes auf der Editio princeps des Rhenanus (Basel 1520), der Nachkollation des Murbacensis durch I. A. Burer (im Anhang der ed. pr.) und der Abschrift, die sich Rhenanus' Schüler, Bonifaz Amerbach, machte (1834 von Orelli wiederentdeckt). R. T.

Ed: C. Stegmann v. Pritzwald, BT, 1933 – *Übers:* F. Eyßenhardt (1865), 1913² – *Lit:* A. Dihle, RE 8 A 1 (1955), 637–659.

Venantius Fortunatus, geb. ca. 530 in Oberitalien, gest. ca. 601 als Bischof von Poitiers. Verfasser von kulturhistorisch wertvollen Gelegenheitsgedichten in 11 Büchern, des in manieriertem Stil gehaltenen Epos ‹De vita S. Martini› und einer Elegie auf den Untergang des thüringischen Königsgeschlechtes (De excidio Thoringiae). Dazu kommen noch 7 in Prosa gehaltene Heiligenviten und 2 theologische Traktate. Berühmtheit erlangte er durch seine Kreuzeshymnen (Hymnus, 4), von denen zwei (carm. 2, 2. 6) in den liturgischen Gebrauch übernommen wurden. W. Sch.

Ed: F. Leo-B. Krusch, MGAA IV, 1881 u. 1885 (Neudruck 1961) – *Lit:* D. Tardi, F., Paris 1927 – S. Blomgren, Studia Fortunatiana, 2 Bde, 1933/34 – Ders., Eranos 1950, 150–156.

Veneter, vor → Etruskern und → Kelten nach Oberitalien ins heutige Venetien eingewanderter Stamm; hohe Zivilisation, blühende Wirtschaft (Vieh-, bes. Pferdezucht) und Handel (bes., schon früh, mit → Bernstein).

Vennonius, röm. → Annalist z. Zt. der Gracchen (Cic. leg. 1, 6), von → Cicero geschätzt (Att. 12, 3, 1). R. T.

Ed: HRR I² 142 – *Lit:* H. G. Gundel, RE 8 A 1 (1955), 790.

Ventidius, P. (Bassus; das Cognomen nicht inschriftlich belegt), cos. suff. 43 v. Chr., homo novus aus Asculum in Picenum. Angeblich niederer Herkunft, u. a. von Cicero und Plancus als *mulio* bezeichnet, wahrscheinlich munizipaler Abstammung. Mit seiner Mutter im → Bundesgenossenkrieg (3) gefangengenommen, 89 im Triumph des Cn. → Pompeius (10) Strabo mitgeführt. Bescheidene Anfänge als Heereslieferant und möglicherweise praefectus fabrum → Caesars in Gallien. Von Caesar in den Senat aufgenommen, nach dessen Tode Anhänger des → Antonius (2). Prätor 43, unterstützte Antonius im mutinensischen Kriege. Konsul nach Abschluß des Triumvirats. Legat von Gallia Comata 42–40. Mit → Asinius (2) Pollio Teilnahme am perusinischen Kriege. Statthalter von Asia und Syrien nach Brundisium (40–38). Schlug die Parther an der kilikischen Pforte, an den Amanus-Pässen (39) und bei Gindarus (38). Zum Imperator akklamiert. Bei der Belagerung von Samosata abgerufen, angeblich wegen Annahme von Bestechungsgeldern. Nach dem Triumph ex Tauro monte et Partheis 38 v. Chr. nicht mehr verwendet. Starb noch vor Actium, erhielt öffentliches Begräbnis. Mit → Decidius Saxa und → Canidius Crassus sprichwörtlich berühmt unter erfolgreichen homines novi (Sen. suas. 7, 3). U. Wm.

Q: Gell. 15, 4; App. BC 5, 31ff.; Cass. Dio 43, 51, 4f.; 48, 39, 3ff.; 49, 19, 1ff. – *Lit:* Broughton, Ind. S. 632; Add. 68 – R. Syme, Roman Revolution (1939), 1952², Ind. S. 566f. – Ders., Sabinus the muleteer, Latomus 17, 1958, 73–80.

Venuleius Saturninus, röm. Jurist z. Z. des Antoninus Pius und der divi fratres; z. T. mit Claudius Saturninus identifiziert. Verfasser von Werken über Interdikte, Actionen und Stipulationen; ferner werden Schriften De officio consulis und De iudiciis publicis erwähnt. H. Hb.

Lit: P. Krüger, Gesch. d. Quellen u. Lit. d. röm. Rechts (1888), 1912², 198–200 – W. Kunkel, Herkunft u. soz. Stellung d. röm. Juristen, 1952, 181–184.

Venus, ital. Göttin, früh Aphrodite angeglichen. Das Wort *uenus* ist ursprünglich ein Neutrum (wohl zur idg. Wurzel **wen-*, ‹wünschen›, also ∼‹sinnliches Begehren›: Erneut a. O.; nach der neuen, aber sehr anfechtbaren Vermutung Schillings wäre venus ∼magische Kraft, religiöser Zauber); es wurde weiblich, als es eine göttliche Gestalt zu bezeichnen begann. Für die Römer der historischen Zeit scheint V. allerdings von vornherein die Göttin der Liebe gewesen zu sein. – Der Kult der V. war bei den Latinern sehr verbreitet; sie wurde namentlich im Bundesheiligtum von Ardea verehrt (Strabo 5, 3, 5). In der ältesten röm. Religion findet sich aber keine Spur von ihr: sie besitzt weder einen Flamen noch ein Fest im sog. Numakalender. Ihr ältester, i. J. 295 v. Chr. gelobter Tempel wurde beim Circus Maximus erbaut, und zwar aus Strafgeldern, die von ehebrüchigen Matronen eingezogen worden waren: sie erscheint also bereits als die Göttin, die den Beziehungen zwischen den Geschlechtern vorsteht (Liv. 10, 31, 9). Im J. 114 v. Chr. gelobte man der *V. Verticordia* (‹die die Herzen wendet›, indem sie sie von unerlaubter Liebe abwendet) einen Tempel aus Anlaß eines Vestalinneninzests. Am 1. April, dem Stiftungstag, badeten die Verehrerinnen der V. deren Statue und nahmen selbst ein kultisches Bad (Ov. fast. 4, 133–162; Oros. hist. 5, 15. 22). – Nach der Eroberung Siziliens machten die Römer aus der V. des Berges Eryx eine Schutzgöttin Roms, auf Grund der Überlieferung, nach welcher Aeneas ihrem Heiligtum einen Besuch abgestattet hätte: in die Trojalegende aufgenommen, wurde die *V. Erucina* im 2. Pun. Krieg in Rom eingeführt: ihr Tempel auf dem Kapitol, 217 gelobt, wurde 215 geweiht (Liv. 22, 9, 10; 23, 30, 13); ein anderes Heiligtum, 184 im Kampfe gegen die Ligurer gelobt, wurde 181 bei der Porta Collina geweiht (Liv. 40, 34, 4). V. ist also eine große Nationalgöttin geworden. – Vom letzten Jh. der Republik an bekam der V.-Kult eine politische Färbung und nahm einen neuen Aufschwung; Ehrgeizige erwählten sie zur Beschützerin: V. wurde für Sulla die glückbringende *(Felix)*, für Pompeius die siegreiche Göttin *(Victrix)*; als *Genetrix* (Mutter) wurde sie die mythische Ahnfrau Caesars und der julischen Dynastie. Gleichzeitig war sie die ‹Mutter der Aeneaden›, deren Schicksal mit dem Roms verbunden war, wie es der Doppeltempel beweist, den Hadrian 121 der V. und Rom weihte. – Die schwierig zu deutenden Zeugnisse, nach welchen V. eine Schutzgöttin der Gärten und Gärtner war (bes. Plin. nat. 19, 50; Fest. 322 L.), können hier nicht besprochen werden (vgl. Latte, 187). H. Le B.

Lit: R. Schilling, La religion romaine de V., 1954 – Ders., Les origines de la V. romaine, Latomus 17, 1958, 3–26 – C. Koch, Unters. z. Gesch. der röm. V.-Verehrung, Hermes 83, 1955, 1–51 – A. Ernout, Venus, venia, cupido, RPh, 1956, 7–27 – Latte, 183–189.

Venusia, Stadt am Oberlauf des Aufidus im Grenzgebiet zwischen Samnium, Lukanien und Apulien (Kt. 1420 G6; heute Venosa), meist zu Apulien gerechnet. 291 v. Chr. röm. Kolonie, Geburtsort des Horaz. B. A.

Lit: G. Radke, RE 8 A 1 (1955), 892–896.

Ver sacrum, ‹heiliger›, d. h. ‹gottgeweihter› Frühling; archaischer Ritus, durch den italische Völker in gefahrvollen Zeiten – Epidemien, Hungersnot, Krieg – einer Gottheit das Vieh und sogar die Kinder weihten, die im nächsten Frühjahr geboren würden. Die Tiere wurden geopfert; die Kinder mußten, sobald sie erwachsen waren, das Land verlassen und eine Kolonie gründen. Manchmal führte sie ein geweihtes Tier; Bovanium z. B., die Hauptstadt der → Samniten, war nach dem Tier (bos) benannt, das die Auswanderer geführt hatte. Die Hirpiner hatte ein Wolf (hirpus), die Picenter ein Specht (picus) geführt. Ursprünglich war das V. S. → Mars geweiht; doch als i. J. 217, nach der Niederlage am Trasimenischen See, Rom zu diesem Sühnritus seine Zuflucht nahm, wurde, nach Einsehen der → Sibyllinischen Bücher, das V. S. → Jupiter als dem Hauptgott des Staates geweiht. Es war nur noch die Rede von den Tieren und nur von vier Gattungen: Schweinen, Schafen, Stieren, Böcken. Das V. S. wurde erst 195 vollzogen und übrigens im folgenden Jahre wegen eines Formfehlers wiederholt (Liv. 22, 9f.; 33, 44, 1f. und 34, 44, 1ff.). H. Le B.

Lit: J. Heurgon, Trois études sur le V. S., Coll. Latomus 26, 1957.

Verbenae oder *sagmina*, im eigentlichen Sinne heilige Kräuter, die auf der arx (Burg) des Kapitols samt Wurzel und anhaftender Erde geholt wurden; sie legitimierten → Fetiales bei deren Amtshandlungen; im übertragenen Sinne verschiedene heilige → Pflanzen, wie → Lorbeer oder → Myrte (Serv. Aen. 12, 120; Liv. 1, 24, 5; Plin. nat. 22, 5; Fest. 424–426 L.). H. Le B.

Vercellae, röm. Municipium in Oberitalien an der Stelle einer ligurischen Siedlung (Kt. 1420 B2; heute Vercelli), bekannt durch die allerdings nur von Plutarch (Mar. 25) mit V. in Verbindung gebrachte siegreiche Schlacht der Römer gegen die Kimbern (101 v. Chr.) auf den Raudischen Feldern bei V. B. A.

Vercellinus → Cassius.

Vercingetorix, Sohn eines Avernerfürsten. Zu Beginn des Aufstandes der Gallier gegen die Römer (52 v. Chr.) schlossen sich ihm die meisten Averner an und riefen ihn zum König aus. Andere gall. Völker folgten ihm begeistert; auch Rückschläge konnten sein Ansehen nicht mindern. Er wollte vor allem eine offene Feldschlacht meiden und Caesar durch Störung des Versorgungswesens zermürben. V. wurde jedoch bei Dijon geschlagen und dann in → Alesia (Alise-Sainte-Reine) belagert. Als nach vergeblichem Bemühen die Lage der Verteidiger hoffnungslos war, stellte V. den gall. Fürsten die Wahl, ihn auszuliefern oder zu töten. Auf Weisung Caesars wurde er ausgeliefert und nach dessen Triumph (46) hingerichtet. G. G.

Q: Caes. Gall. 7.

Verdoppelung des Würfels. In einer Tragödie soll König → Minos die Aufgabe gestellt haben, das würfelförmige Grab für den König Glaukos zu verdoppeln; zu Platons Zeit soll ein Orakel den Deliern (daher auch: ‹Delisches

Problem›) aufgegeben haben, einen würfelförmigen Altar zu verdoppeln, worauf die Delier sich an Platons Akademie gewandt haben sollen. Beiden Aufgaben liegt das Problem zugrunde, die Kantenlänge eines Würfels zu finden, der den doppelten Inhalt eines gegebenen hat. Ist a die Seite des ersten Würfels, so ist die Seite x des zweiten Würfels so zu bestimmen, daß $x^3 = 2a^3$ wird. → Hippokrates (2) v. Chios erkannte, daß das Problem dadurch zu lösen ist, daß zu zwei gegebenen Strecken a, b zwei mittlere Proportionale bestimmt werden, d.h. zwei Strecken x, y, für die $a:x = x:y = y:b$ gilt. Dann ist nämlich (1) $x^2 = ay$, (2) $y^2 = bx$, (3) $xy = ab$. (Erfüllen x, y irgend zwei dieser Gleichungen, so erfüllen sie auch die dritte.) Aus (1) und (3) folgt $x^3 = ayx = a^2b$; für $b = 2a$ wird $x^3 = 2a^3$. Damit ist das Problem nur auf ein anderes zurückgeführt, das aber leichter zugänglich ist. – In der Folgezeit sind zahlreiche Lösungen ausgearbeitet worden, die teils mechanische Instrumente, teils → Neuseis (Einschiebungen), teils spezielle Kurven benutzten. Eine kühne Konstruktion entwickelte → Archytas, der eine → Speira (Torus, Ringfläche) mit einem Kegel und einem Zylinder zum Schnitt brachte. → Menaichmos brachte zwei der durch (1), (2), (3) dargestellten Kurven zum Schnitt; das war der Anfang der Theorie der → Kegelschnitte. H.G.

Q: Eutokios Komm. zu Archim. sphair. kyl., in: Archimedis op., ed. Heiberg, III 54–106, dort 88ff. Brief des → Eratosthenes an König → Ptolemaios III. mit der Geschichte des Problems.

Vereine. In Griechenland gab es V. zum gemeinsamen Nutzen und zum Vergnügen (Aristot. NE 1160a), die bes. im Hellenismus blühten. In Rom sollen die Berufsverbände von → Numa (Plut. Num. 17) oder → Servius Tullius (Flor. epit. 1,6,3) gegründet worden sein. Zu den ältesten V.n gehört das Kollegium der ‹Schreiber› bzw. Dichter (→ Scribarum collegium) und Schauspieler (dionysische → Techniten). V. für Sterbekassen wurden aus den monatlichen Beiträgen finanziert. V. hatten Statuten (CIL 6, 10298), wählten Funktionäre, tagten im Klubhaus (schola) oder in Tempeln, führten Mitgliederlisten (album). → Caesar verbot, bis auf die ältesten, alle Vereine (Suet. Iul. 42,3; Aug. 32), die von → Augustus neu geordnet wurden (CIL 6,2193). W.K.

Lit: E. Kornemann, RE 4,1 (1900), 380–480 – Stöckle, RE Suppl. 4 (1924), 155–211 – J. Linderski, Ciceros Rede Pro Caelio und die Ambitus- und Vereinsgesetzgebung, Hermes 89, 1961, 106–119.

Vergil. [1] *Leben.* P. Vergilius Maro (die Namensform Virgilius begegnet seit der Spätantike und hat sich in England, Frankreich, Italien, teilweise auch in Deutschland behauptet) wurde am 15. Okt. 70 v. Chr. bei Mantua als Sohn einfacher, aber vermögender Landleute geboren. Der Vater sorgte für seine umfassende Ausbildung, die V. in Cremona und Mailand, dann in Rom und Neapel, über die Stufen des Elementarunterrichtes, der Rhetorik und der Philosophie in alle Bereiche der Bildung einführte. Unter seinen Lehrern tritt der neapolitanische Epikureer Siron hervor. Der Jüngling entsagte, wohl auch aus gesundheitlichen Gründen, früh dem Ehrgeiz einer Ämterlaufbahn. Sein Dichtertum trat zeitig zutage; erhaltene Proben von Jugendversen zeigen ihn unter dem Eindruck → Catulls; doch auch → Lukrez muß stark auf ihn gewirkt haben (vgl. → Appendix Vergiliana). Die großen Werke setzen etwa 42 v. Chr. ein: 42–37 entstanden die Bucolica, etwa 39–29 die Georgica, etwa 29–19 die Aeneis. Schon die Hirtengedichte sind völlig ausgereifte Kunstwerke und zeigen ihn umgeben von einem Kreis bedeutender Freunde (→ Asinius (2) Pollio, Cornelius → Gallus, → Alfenus Varus). 42 v. Chr. scheint der Landbesitz des Vaters im Zuge der Landverteilungen Octavians enteignet worden zu sein; doch wurde V. dank der Vermittlung seiner Freunde durch einen hochstehenden Gönner – wahrscheinlich Octavian selbst – in seine Habe wieder eingesetzt oder entschädigt. Die gewaltsame Vertreibung der Familie und die als Wunder und Gnade erfahrene Wiederherstellung wurden für V. zum entscheidenden, das ganze Werk bestimmenden Erlebnis. Die Muße und ängstlich gewahrte Zurückgezogenheit der reifen Jahre stand zwar im Zeichen der Gunst des → Maecenas und der Herrscherhuld des Augustus, aber auch ernster gesundheitlicher Bedrohungen und härtesten künstlerischen und geistigen Ringens. Der Dichter, der als scheu und sittsam bis zur ‹Zimperlichkeit› galt, Frauenliebe gemieden haben soll und gänzlich seinem Werk lebte, wird seiner Erscheinung nach als ‹bäurisch›, dunkel, hochgewachsen und um sein Äußeres unbesorgt geschildert. Nach etwa zehnjähriger Arbeit an der Aeneis begab er sich 20 v. Chr. nach Griechenland, um das Werk dort und in Kleinasien zu vollenden. Augustus, der ihm in Athen begegnete, bewog ihn, den Aufenthalt abzubrechen. Auf der Heimreise erkrankte Vergil und starb in Brindisi am 21. Sept. 19 v. Chr. fünfzigjährig. Er wurde in Neapel beigesetzt. – V.s *Persönlichkeit* in ihrem Adel und Zauber spiegelt sich in den Zeugnissen seiner Freunde, bes. des → Horaz und der jüngeren Dichtergeneration (→ Properz, → Ovid). In einzigartiger Fülle halten Lebenszeugnisse, Proben von Briefen und Gesprächen das Bild des Dichters fest. Zur biographischen Tradition verdichtet, wurden diese Nachrichten in der Lebensbeschreibung des → Sueton zusammengefaßt und von dort aus in vielfältiger Brechung weiter überliefert.

[2] *Bucolica* (‹Hirtengedichte›, Eklogen). 1. *Formales:* Das Buch der Bucolica enthält 10 Gedichte (zwischen 63 und 111 Versen lang). Dem Buchtypus entspricht das 1. Satirenbuch des → Horaz und das 1. Elegienbuch → Tibulls. Der Gattung nach gehören die Gedichte zur → Bukolik, die von Theokrit im Anschluß an die Hirtenepisoden der Odyssee (Eumaios auf Ithaka, Polyphem auf Sizilien) begründet wurde. Innerhalb dieser Gattung hat V. die formale Struktur der Gedichte – vielleicht in Anlehnung an die von → Platon im sokratischen → Dialog entwickelten Variationsmöglichkeiten – von Stück zu Stück abgewandelt: (z.B. 4: Prophezeiung als Rede des Dichters im eigenen Namen; 2: Liebesklage des Corydon, monologisch, mit Einleitungsversen des Dichters; 6: mythologische Erzählung des Silen, in indirekter Rede, mit Einleitung und Schlußwort des Dichters; 1: rein ‹dramatischer› Dialog zwischen zwei Hirten; 9: dramatischer Dialog zwischen zwei Hirten mit eingelegter Wiedergabe von Gedichten anderer; 7: dramatischer Wettgesang zweier Hirten mit Einleitung und Schlußwort des Schiedsrichters). – 2. *Welt der Bucolica:* Die Bucolica V.s stellen eine komplizierte Verschmelzung verschiedenartigster Elemente dar. Es lassen sich vor allem drei Sphären scheiden: (a) Die sizilische Hirtenwelt Theokrits auf homerisch-hesiodeischem Hintergrunde, (b) das Traumland Arkadien, (c) die italische Gegenwartswelt im Zeichen der Bürgerkriege und der Landenteignungen. Diese drei Sphären verbinden sich zu einer eigenen Kunstwelt, deren Einheit nicht logischer, realistischer oder pragmatischer Art ist und der man nur gerecht werden kann, wenn man sich ihrer künstlerischen Eigengesetzlichkeit willig ergibt; gerade diese Verschmelzung der Sphären zu einem ästhetischen Amalgam eigener Art ist für röm. Dichtung charakteristisch. – 3. *Entstehung und Datierung.* Die relative Chronologie ergibt sich aus der Analyse der Form, die sich von enger Theokritnachahmung zu größerer Selbständigkeit entwickelt. Einige deutliche Zeitbezüge (Landzuweisungen, 40 Konsulat des → Asinius (2) Pollio) erlauben auch die absolute Datierung einiger Gedichte. Die ‹theokriteischen› Stücke 3 und 7 gehören an den Anfang. Ihnen folgt das 2. Gedicht (nach F. Klingner u.a. sogar das früheste); in die Mitte gehören 1 und 9; 6 und 8 sind, wie die Widmungen an Varus und Pollio zeigen, eher später; das 10. Gedicht gibt sich ausdrücklich als Schlußstück. Fest datierbar ist nur das 4. Gedicht, das unmittelbar vor Pollios Konsulat, d.h. Ende 41, entstanden sein muß. Die Datierung des 5. Gedichts ist verknüpft mit

der Frage, ob es sich auf Caesars Tod und Apotheose bezieht. – 4. *Buchkomposition.* Die Anordnung der Gedichte ist durch mehrere Gesichtspunkte gleichzeitig bestimmt. Deutlich ist die Vorzugsstellung der ersten Ekloge mit dem Gewicht der Huldigung an den ungenannten Gottmenschen (Octavian); von hier geht ein Bogen zum 9. Gedicht, dem letzten vor dem als Epilog deutlich abgesetzten Schlußstück. Die Neunzahl hat ihre Mitte im 5. Gedicht, das durch den wahrscheinlichen Bezug auf Caesars Tod ausgezeichnet ist. Ein Bogen verbindet die theokritischen Hirtendialoge 3 und 7, ein anderer die Liebesklagen des 2. und 8. Gedichts. Die beiden der Mitte benachbarten Gedichte 4 und 6 sind durch die Prophezeiung des kommenden Goldenen Zeitalters einerseits und die Rekapitulation der Weltschöpfung und der Urwelt des Mythos *(Saturnia regna:* 4,6 und 6,41) andererseits aufeinander bezogen. Wir haben also eine Ringkomposition vor uns, die die Stücke 1–9 umschließt, mit dem 10. Gedicht als Epilog. Die Verteilung der Anreden und übrigen Namensnennungen ist gleichfalls wohl überlegt. Es tragen also zum Aufbau des Buches sowohl thematische, als auch formale Bestimmungen sowie persönliche Rücksichten bei. Man kann von einer Überdeterminiertheit der Komposition sprechen, was wiederum für die röm. Kompositionskunst überhaupt charakteristisch ist. Im ganzen ergibt sich ein ausgewogenes Gleichgewicht mit leichten Prävalenzen am Anfang (1), in der Mitte (5) und am Schluß (10).

[3] *Georgica.* 1. *Formales:* Die Georgica sind als Werk des didaktischen Epos orientiert einerseits an den altgriech. Werken des → Hesiod und → Empedokles, andererseits am hellenistischen → Lehrgedicht des → Arat und → Nikander. Die Vierzahl der Bücher entspricht derjenigen der ‹Argonautika› des → Apollonios (11) Rhodios und der ‹Aitia› des → Kallimachos; doch hat V. gegenüber Apollonios Rhodios den Umfang der Bücher auf das homerische Maß reduziert. Damit ist die Form des späthellenistischen Kleinepos (→ Neoteriker) zugunsten der des hochhellenistischen Epos verlassen. Das gilt erst recht für Inhalt und Stil. – 2. *Stoff:* Der Stoff der Georgica ist die agricultura mit ihren vier je 1 Buch füllenden Disziplinen: Ackerbau (und Wetterkunde), Baumzucht (und Weinbau), Viehzucht, Bienenzucht. Der Gartenbau ist in Praeteritio einbezogen (4,116–148); → Columella hat später diese Disziplin in seinem 10. Buch ergänzt. Die Gliederung des Stoffes ist traditionell; sie liegt schon in der einschlägigen Fachliteratur der lat. Prosa (→ Landschriftstellerei) vor. Der glückliche Umstand, daß Vergils Quellen zum Teil erhalten sind, erlaubt eine genaue Kontrolle seiner Stoffauswahl und -behandlung. – 3. *Darstellung:* Es fällt auf, daß der Dichter immer wieder 4 Kategorien hervorhebt: Ursprung (origo, *ἀρχή*), Ursache (causa, *αἰτία*), Natur (natura, *φύσις*), Praxis (usus, *νόμος*). Offenbar schwebt ihm ein nach diesen Kategorien gegliedertes Schema der didaktischen Darstellung vor, wie es auch Cicero im letzten Teil des ‹Orator› (174–236) befolgt. Die berühmten sog. «Exkurse» ergeben sich dann aus den drei erstgenannten Rubriken, während Lehrvorschriften und Anweisungen unter die Rubrik usus fallen. So verschwindet der angebliche Dualismus zwischen «interessanten» Exkursen und «langweiligen» Lehrstücken, der in der Beurteilung der Georgica wie bei Lukrez eine verhängnisvolle Rolle gespielt hat. – 4. *Zielsetzung:* Daß die Georgica angeblich für einfache Bauern geschrieben, aber doch einem solchen Leserkreis nicht angemessen seien, hat weitere Mißverständnisse verschuldet. Sowenig → Ciceros rhetorische Schriften Leitfäden für den angehenden Redner sind, sondern sich bewußt von solchen engeren Zwecksetzungen distanzieren, ebensowenig richten sich Vergils Darlegungen und Vorschriften an Klein- oder selbst Großbauern. Bestimmt sind sie vielmehr für die Gutsherren der leitenden Gesellschaftsschicht Roms (vgl. J. Stroux, Handschriftl. Stud. zu Cic. De oratore, 1921, 160, Anm. 1). Verständlich sind diese Verhältnisse nur auf dem Hintergrund der spezifisch römisch-italischen Spannung zwischen der Stadt Rom und dem Lande (urbs-rus). – 4. *Gehalt:* V. gibt sich als sachkundiger Unterweiser auf dem Fachgebiet der Agrikultur, und zwar sowohl im Sinne der Lehrtradition als auch im Sinne des hellenistischen, spezialisierten Lehrgedichts. Für dieses ist charakteristisch, daß der Dichter – wie der Redner im Sinne Ciceros (de or. 1,69f.; vgl. Hes. erg. 650ff.) – vermöge seiner Kunst zur adäquaten Darstellung eines Stoffgebietes, auf dem er selbst nicht Fachmann ist, fähig ist. Darüber hinaus geht es aber, daß V. seinen Stoff transzendiert und durch Ergründung von origo, causa, natura zu einer universalen Sinngebung alles einzelnen gelangt. Dies hat zur Voraussetzung den bewußten Anschluß an die universale Lehrdichtung des Lukrez, die ihrerseits den Gegenstand der epikureischen Philosophie in der Form des empedokleisch-hesiodeischen Lehrepos darstellt. Durch die Verbindung all dieser Elemente hat V. etwas Neues geschaffen; er hat die spezielle Belehrung ins Paradigmatische, Symbolische erhoben. – 5. *Entstehung.* Antike Nachrichten bezeugen, daß V. an den Georgica lange Zeit (7 Jahre) gearbeitet hat. Nach J. Bayet hat sich diese Arbeit sogar noch mit der Eklogen-Dichtung überschnitten; andererseits reichte sie vielleicht noch in den Beginn der Arbeit an der Aeneis hinein (Büchner). Abgeschlossen war das Werk im Aug. 29, als V. dem aus dem Osten zurückkehrenden Augustus in Atella die Georgica rezitierte; der Beginn der Arbeit mag 10 Jahre früher liegen. Für die merkwürdigen, stark umstrittenen Nachrichten über eine Umarbeitung des 4. Buches vgl. E. Norden, Orpheus und Eurydike, SB Berlin, 1934, und F. Klingner, Georgica, 1964, 222–239. – 6. *Komposition:* Zeigen schon die Bucolica eine höchst komplexe Weise der Komposition, in der die Ordnungsprinzipien einander überlagern, ergänzen und steigern, so gilt dies erst recht für die Georgica. Bisherige Arbeiten haben bereits eine große Anzahl von Gesichtspunkten aufgewiesen; doch wäre die Analyse bespielsweise zu erweitern um den Nachweis der Rolle, welche die oben genannten vier Ordnungsprinzipien (origo, causa, natura und usus) für die Komposition spielen. Im großen ist augenfällig, daß sich die vier Bücher – wiederum nach dem Muster des Apollonios Rhodios – in zwei Werkhälften (1–2; 3–4) gliedern. Je ein großes Proömium steht am Anfang des 1. und 3., unauffälligere Übergangs- und Programmverse beim 2. und 4. Buch. Buch 2 ist durch zwei deutlich abgesetzte Schlußverse, Buch 4 durch einen förmlichen Epilog abgeschlossen. Jedes Buch ist durch ein Finale beschlossen, das letzte durch ein bes. ausgestaltetes Großfinale (Orpheus und Eurydike). Der Schluß des 1. und 3. Buches ist düster gefärbt; das 2. und 4. enden in einer Verklärung. Die genannten Gesichtspunkte gelten auch für den Aufbau der einzelnen Bücher und kleinerer Einheiten. – Seit der Renaissance galten die Georgica oft als das vollkommenste Werk V.s und damit der lat. Dichtung überhaupt (Montaigne).

[4] *Aeneis.* 1. *Formales:* Die Aeneis ist ihrer Gattung nach ein ‹carmen heroicum›, ein erzählendes Heldenepos. Sie ist bezogen auf die homerischen Vorbilder, Ilias und Odyssee, deren zweimal 24 Bücher sie auf 12 reduziert. Der Umfang des Ganzen beträgt annähernd 10000 Verse; die einzelnen Bücher enthalten zwischen 705 und 952 Verse. Die Beziehung auf Homer ist in der Tradition des röm. → Epos von Anfang an gegeben. Der Bezug auf die älteren röm. Vorgänger (→ Livius (2) Andronicus, → Naevius, → Ennius, → Lukrez) kommt bei V. als konstitutives Element hinzu. – 2. *Stoff:* Die Aeneis handelt von den Taten und Leiden des *einen* Mannes Aeneas, wie die Odyssee von Odysseus (im Unterschied zur Ilias, deren Thema der *Zorn* des Achilleus ist). In der Odyssee erreicht Odysseus unter zahlreichen Gefahren das anfangs gesetzte Ziel, seine Heimkehr; entsprechend erscheint in der Aeneis Aeneas als der Mann, dem im

Untergang seiner Vaterstadt Troja von den Göttern die Aufgabe auferlegt ist, die heimischen Götter und eine Schar Überlebender aus dem zerstörten Troja zu bergen, den für die neue Ansiedlung verheißenen Ort zu suchen und alle Hindernisse zu beseitigen, die sich der befohlenen Gründung der neuen Stadt entgegenstellen. Das Gedicht ist am Ziel, als mit dem Strafgericht über den unterliegenden Hauptgegner Turnus der Weg für die Gründung der Stadt Lavinium frei geworden ist. Aus ihr soll nach dem Willen des Schicksals (der ‹fata›) und der Götter auf dem Weg über die Tochterstadt Alba Longa und die Enkelstadt Rom das neue Weltregiment der Aeneaden und schließlich die Dynastie der gens Julia hervorgehen, die dazu ausersehen ist, in der Herrschaft des Augustus den Frieden auf Erden und ein neues Goldenes Zeitalter heraufzuführen. Der Grundgedanke ist, daß aus der Zerstörung Trojas letztlich das Leben und der Segen der Gegenwart, in der sich die ganze röm. Geschichte erfüllt, hervorgegangen ist: die Idee einer Weltwiedergeburt, in der das neue Leben aus dem Untergang der vorigen Daseinsstufe ersteht. V. knüpft hier an die Verheißung an, die im 20. Buch der Ilias (300ff.; vgl. Hom. hymn. Aphr. 196ff.) den Aeneaden gegeben ist. Diese riesenhafte Dimension, die die gesamte röm. Geschichte an Ilias und Odyssee als an die ältesten Geschichtsurkunden anknüpft und dazu den ganzen Raum der Geschichte bis in die Gegenwart überbrückt, hat V. durch die Hineinnahme des Zukunftsaspekts in Voraussagen und Verheißungen in die Einheit eines einzigen Epos zusammengezogen. So erscheint das Ziel der Handlung in prophetischen Vorwegnahmen; bes. in der Rede Jupiters zu Venus (1,257–296), der Verfluchungsrede der todgeweihten Dido (4,590–629), der unterweltlichen ‹Heldenschau› (6,752 bis 892), der Bilderfolge auf dem Schild des Aeneas (8,608 bis 731) und dem letzten Gespräch zwischen Jupiter und Juno, das den Zwist der Götter beendet (12,791–842). Aeneas wird nach dem Sieg über Turnus Lavinium gründen und dort noch 3 Jahre lang über Trojaner und Latiner gebieten; sein Sohn Iulus wird das Königtum nach Alba Longa überführen und dort 30 Jahre herrschen. Für weitere 300 Jahre werden seine Nachkommen dort regieren, bis Romulus Rom gründen wird, das dann zu einer in Zeit und Raum unbegrenzten Herrschaft bestimmt ist (1,278) und unter Augustus ein neues Goldenes Zeitalter des Friedens und der Gerechtigkeit sehen wird (6,792). Augustus selbst, der Abkömmling der Venus, ist dazu ausersehen, unter die Götter aufgenommen und als Gott verehrt zu werden. Über diese Erfüllung im Friedensreiche der augusteischen Gegenwart reicht kein Blick und keine Ahnung in eine etwaige künftige Zeitenwende hinaus; Eschatologie und Verklärung des Gegenwärtig-Endgültigen fallen zusammen. – 3. *Inhalt:* Das 1. Buch setzt mit dem Seesturm ein, der nach siebenjähriger Irrfahrt (1,755) die Flotte des Aeneas von Sizilien nach Karthago verschlägt; doch greifen die Erzählungen des Helden im 2. und 3. Buch auf den Anfang, die Zerstörung Trojas, zurück. V. läßt im 2. Buch im Anschluß an Ilias 20,293ff. den Aeneas durch rettende Gottheiten aus dem Untergang Ilions herauslösen: er erhält den Auftrag, den alten Vater und den kleinen Sohn in Sicherheit zu bringen, die heimatlichen Götterbilder der Penaten zu bergen und die Schar der Überlebenden übers Meer zu führen und an ferner Küste eine neue Stadt zu erbauen. Aus dieser Gründung werde dereinst die Enkelstadt Rom hervorgehen, die zur Weltherrschaft bestimmt ist. Das 3. Buch schildert die Irrfahrt der Flüchtlinge, die durch göttliche Winke von Halt zu Halt weiter verwiesen werden. Als endlich klar geworden ist, es gelte Latium an der Westküste Italiens zu erreichen, wird die von Sizilien nordwärts steuernde Flotte auf Anstiften der feindlichen Juno in die Syrten Nordafrikas getrieben, wo sie scheitert. Von der Königin Dido, die, selber aus Phönizien geflüchtet, im Begriffe steht, die Stadt Karthago zu erbauen, wird Aeneas gastfreundlich aufgenommen (1,630). Das 4. Buch schildert seine Verstrickung in die Liebe zu der Königin, die ihm ihre Hand und die Teilhabe an ihrer Herrschaft bietet. Doch auf den strengen Befehl Jupiters bezwingt Aeneas seine Leidenschaft und verläßt Dido, die sich verzweifelt den Tod gibt und vor ihrem Ende den Fluch ausspricht, der auf die spätere tödliche Feindschaft zwischen Karthago und Rom vorausweist. Die Fahrt der Flotte richtet sich nun im 5. Buch wieder nach Sizilien, wo für den dort vor Jahresfrist verstorbenen Vater Anchises als Totenfeier festliche Waffenspiele begangen werden. Währenddessen werden die der Klage hingegebenen Frauen durch Juno und Iris verleitet, die Schiffe in Brand zu stecken, um jede Weiterfahrt zu verhindern. Ein von Jupiter gesandter Regensturz löscht die Flammen. Aeneas faßt den rettenden Entschluß, nur mit der waffenfähigen Mannschaft die Fahrt fortzusetzen; alle übrigen werden an Ort und Stelle angesiedelt. Als Cumae erreicht ist, betritt im 6. Buch Aeneas, wie ihm geheißen (5,731ff.), unter Führung der cumäischen Sibylle die Unterwelt und trifft im Elysium den Vater (6,679), der ihn die Schar der zur Verkörperung bestimmten Großen der künftigen röm. Geschichte erblicken läßt. Das 7. Buch eröffnet die 2. Hälfte der Dichtung. Mit der Einfahrt in die Tibermündung ist das Ziel erreicht. Die dort ansässigen Latiner, durch Vorzeichen zur Verbrüderung mit den Fremden gemahnt, schicken sich an, den Vertrag zu schließen, der durch die Vermählung des Aeneas mit Lavinia, der Tochter des Königs Latinus, besiegelt werden soll. Aber Juno stachelt den Rutulerfürsten Turnus zu erbittertem Widerstand auf und läßt den Krieg ausbrechen (7,621). Aeneas findet, im 8. Buch, Bundesgenossen bei dem auf dem Boden des späteren Rom angesiedelten Volke des Königs Euander, der ihm seinen jungen Sohn Pallas anvertraut, und bei den Etruskern, deren verbannter Tyrann Mezentius den italischen Gegnern Hilfe leistet. Um ihren Sohn zum Kampf zu feien, läßt Venus durch ihren Gatten Vulcanus für Aeneas die Waffen schmieden; der Schild trägt prophetische Darstellungen aus der künftigen Geschichte Roms, bis hin zu dem Triumphe des Augustus bei Aktium (8,626–731). Noch vor der Rückkehr des Aeneas wird, im 9. Buch, das trojanische Lager angegriffen. In einem nächtlichen Ausfall erfüllt sich das Geschick des Freundespaares Nisus und Euryalus (9,446). Der anbrechende Tag gibt Turnus Spielraum zu seiner Aristie. Mit dem 10. Buch beginnt die Folge der drei monumentalen Schlußgesänge, die den Krieg bis zur Entscheidung führen. Am Anfang steht eine Götterversammlung unter Jupiter; daran schließt sich die Ankunft des Aeneas mit seinen Bundesgenossen und ihr Eingreifen in die Kämpfe. Pallas wird von Turnus gefällt und frevlerisch seines Wehrgehänges beraubt. Aeneas verwundet Mezentius und muß dessen Sohn Lausus töten, der sich für den Vater aufopfert; dann fällt auch Mezentius selber von Aeneas' Hand. Das 11. Buch schildert die Bestattung und Beweinung der Toten, den Zwiespalt um die Fortsetzung des Krieges auf seiten der Italiker und das glorreiche Ende der Heldenjungfrau Camilla. Im 12. Buch wird zur Entscheidung des Krieges ein Zweikampf zwischen Aeneas und Turnus vereinbart. Der Vertrag wird jedoch auf Anstiften der Juno durch die Rutuler gebrochen. Es kommt noch einmal zu einem allgemeinen Gemetzel, ja zur Verwundung des Aeneas selbst, bis es diesem gelingt, Turnus zu stellen und zu überwinden. Mit dem Todesstoße, unter dem der Besiegte das Leben aushaucht, schließt das Gedicht. – 4. *Gehalt.* Wie bei den Eklogen und den Georgica gilt auch hier, daß V. den Stoff überallhin transzendiert und zum Träger von Gehalten macht, die weit über das Handgreifliche der Fabel hinausreichen. Man hat darum mit Recht von der ‹Symbolik› der Gestalten und Vorgänge gesprochen, ja die ganze Aeneis als ein ‹symbolisches Epos› bezeichnet. Dies trifft insofern zu, als hier ebenso wie bereits in den früheren Werken alles Konkrete einen ideellen Gehalt und Zusammenhang repräsentiert. Schon die antike V.-Interpretation hat sich vielfältig darum bemüht, diesen Gehalt zu abstrahieren. Gern ließ man sich von der Vorstellung leiten, es habe dem Dichter zunächst der reine Gedanke vorgeschwebt und sei von ihm erst auf dem Wege der dichterischen Erfindung in epischen Gestalten und Handlungen verkörpert worden. Daran mag etwas Wahres sein, wenn man bedenkt, welcher Abgrund die durch alle Stufen philosophischer Kritik und Skepsis hindurchgegangene Zivilisationswelt der ausgehenden röm. Republik von jener Welt trennt, die den Mythos und das Epos einst hervorgebracht hatte. Die Brücke zwischen beiden Welten war durch die allegorische Homer-Interpretation des Hellenismus geschlagen worden. Um wieder mythologisch zu dichten, mußte der röm. Epiker in einer Art Umstülpung der allegorischen Interpretationsmethoden den Weg der Allegorese auf schöpferische Weise rückwärts gehen. Ein vertieftes Verständnis des Wesens der → Allegorie, wie es sich neuerdings anbahnt, wird auch diesem geistigen Prozeß der allegorischen Erfindung, der in den Bahnen der → Imitation verläuft, neu gerecht werden können. Von ‹Symbolik› im engeren Sinne kann bei V. am ehesten dort die Rede sein, wo konkrete Gegenstände und Handlungen zu Bedeutungsträgern ausgezeichneter Art werden, die den Charakter der handelnden Figuren oder die Verteilung von Recht und Unrecht versinnbildlichen. Außerdem hat V. viele traditionelle Elemente des epischen Stils (wie → Musenanrufe, → Gleichnisse usw.) benutzt, um dem Leser seine eigene Deutung des epischen Geschehens und seiner Gestalten zu übermitteln. Hinzu kommt jene Art der ‹Beseelung›, die auf Schritt und Tritt das Mitempfinden des Dichters am epischen Verlauf spüren läßt und die Empfindung des empfänglichen Hörers in verwandte Schwingungen versetzt. Eine Interpretation, die den bloßen Stoff von alledem isolierte, ginge an den wesentlichen Gehalten der vergilischen Dichtung vorbei, bes. wenn sie die ‹naturhafte Lebensfülle› der griech. Vorbilder zum Maßstab setzen wollte. – 5. Von der *Entstehung* der Aeneis lassen die in den V.viten enthaltenen Zeugnisse und Äußerungen von Zeitgenossen wie Properz (3,34, 65 f.) etwas ahnen. Versuche, durch Analyse des Textes die Zeitfolge der Abfassung einzelner Teile festzustellen, waren verfehlt, da V. nach Fixierung eines Gesamtschemas der 12 Bücher in Prosa sich bei der Ausarbeitung nicht an die Buchfolge gehalten haben, sondern je nach seiner inneren Verfassung an verschiedenen Stellen des Werkes Hand angelegt haben soll. Daß er die Bücher 2, 4 und 6 vor dem Kaiser und den Seinen rezitiert hat, ist überliefert; diese müssen also bereits relativ früh abgeschlossen worden sein. Das wertvolle Zeugnis deutet nicht nur auf die Vorzugsstellung dieser Bücher, sondern besagt auch, daß die einzelnen Bücher in sich abgerundet und für die Darbietung in geschlossener Rezitation bestimmt sind. Das Werk war 19 v. Chr. so weit gediehen, daß V. sich vornehmen konnte, es während eines geplanten 3jährigen Aufenthaltes in Griechenland und Kleinasien zu vollenden. Auf den Machtspruch des Augustus hin wurde das Testament, das die Vernichtung wenn nicht des ganzen, so doch größerer Teile des Epos anordnete, nicht vollstreckt. Die im Nachlaß vorgefundene Textform ist in den antiken Ausgaben sorgfältig erhalten und zeigt Spuren der Unfertigkeit, wie die viel erörterten ‹Halbverse›, dagegen nur eine wirkliche Lücke im 2. Buch, die nachträglich – wohl schon im 1. Jh. n. Chr. – durch die sog. Helena-Episode (2,567–588) ausgefüllt worden ist. Im einzelnen lassen sich vielfach Unstimmigkeiten beobachten, die der Dichter wohl noch beseitigt hätte; doch wird man sich heute kaum mehr getrauen, tiefere Unfertigkeiten zu konstatieren. – 6. *Aufbau:* Die 12 Bücher gliedern sich in zwei Hälften. Der Einsatz des 2. Teils ist ein Stück weit in das 7. Buch hinein verschoben (7,37 ff.; neuer Musenanruf!). Die 1. Hälfte – im großen und ganzen dem Vorbild der Odyssee entsprechend – enthält die Irrfahrten des Aeneas; die 2. Hälfte mit den Schilderungen des Krieges in Latium folgt der Ilias. Genauere Analysen (G. N. Knauer) haben aber neuerdings erwiesen, daß auch in der 2. Hälfte größere Handlungszusammenhänge der Odyssee, in der 1. Hälfte auch solche der Ilias aufgenommen sind. Das Prinzip der Zweiteilung wird von einer kaum minder deutlichen Gruppierung in dreimal 4 Bücher überlagert (1–4, 5–8, 9–12). Unerschöpflich ist der Reichtum der Bezüge, die Vielfalt der Linienführung und das System der Parallelen und Kontraste, der Vor- und Rückverweise. Nicht zu trennen von der Frage der Komposition ist das System der Bezugnahme auf die griech. und röm. Vorbilder, unter denen neben Homer noch Teile des älteren griech. Epos wie Aithiopis und Iliupersis (→ Kyklos), die Tragödie (→ Aischylos' ‹Sieben›, → Euripides), das hellenistische Epos (→ Apollonios (11) Rhodios) und auf röm. Seite vor allem → Ennius und → Lukrez zu nennen sind. Der Reichtum dieser Bezüge ist noch immer nicht ausgeschöpft.

[5] *Überlieferung.* Unser V.-Text beruht unmittelbar auf spätantiken Hss. des 4. und 5. Jh.s, die zusammengenommen den vollständigen Text der Zeit des Hieronymus und Augustinus enthalten. Ergänzt wird dieser Bestand durch zahlreiche V.-Zitate der kaiserzeitlichen Literatur und bes. durch die spätantiken V.-Kommentare bes. des → Servius (1). Die mittelalterliche Überlieferung ist noch nicht genügend gesichtet. E. Z.

Ed: R. Sabbadini-L. Castiglioni, 1952 – A. Salvatore, 1904 (App. Verg.) – R. Ellis-C. Hardie, OCT (1907), 1955^5 (App. Verg., Vitae Verg.) – *Komm. Ausgaben:* J. Conington-H. Nettleship-F. Haverfield (1858–71), I 1898^5; II 1884^4; III 1883^3 (Nachdr. 1963) – *Zur Aeneis:* J. Henry, 1873/89 – R. G. Austin-R. D. Williams, bisher 4 Bde, 1955 ff. – E. Norden, V.s Aen. 6. Buch (1903), 1957^4 – *Zum Catalepton:* R. E. H. Westendorp Boerma, I 1949; II 1963 (Lit) – *Übersetzungen:* J. Götte, 1958 (Aen., Viten) – R. A. Schröder, 1963 (Aen., Nachwort von E. Zinn) – *Lit: Allgemeines:* R. Heinze, V.s epische Technik (1903), 1957^4 – Th. Haecker, V., Vater des Abendlandes, 1931 – F. Mehmel, V. und Apollonios Rhodios, 1940 – K. Büchner, P. V. Maro, RE 8 A 1 und 2 (1955/58), 1021–1486 – H. Oppermann, Wege zu V., 1963 (mit Beiträgen von: T. S. Eliot, E. R. Curtius, W. Schadewaldt, W. F. Otto, R. Borchardt, R. A. Schröder, E. Burck, K. Büchner, B. Snell, H. Kleinknecht u.a.) – V. Buchheit, V. über die Sendung Roms, 1963 – G. N. Knauer, Die Aeneis u. Homer, 1965 – *Zu einzelnen Werken:* R. Heinze, Das Kräuterkäsgericht (1939), in: Vom Geist des Römertums, 1960, 404–416 – F. Klingner, Über zwei Priapeen der App. Verg., in: Studien, 1964, 295–304 – G. Rohde, De forma et indole Vergilii eclogarum, Diss. Berlin 1925 – H. Hommel, V.s messianisches Gedicht, 1950 – V. Pöschl, Die Hirtendichtung V.s, 1964 – F. Klingner, V.s Georgica, BAW, 1963 – Zur Wirkungsgeschichte: D. Comparetti, Virgilio nel Medio Evo, 1872 – V. Zabughin, Vergilio nel rinascimento italiano, 1921/24 – *Fachberichte:* F. Peeters, Bibliography of V., 1933 – H. Holtorf, Das neue Bild V.s, Der altsprachl. Unterricht 5, 1953, 46–65 – G. Radke, Fachberichte über V., Gymnasium 64, 1957; 101–192.

Vergilius Romanus, Zeitgenosse Plinius' d. J., schrieb → Komödien (II B 2) in der Art → Menanders (1) und → Mimiamben (vgl. → Mimus, 2). Sein von Plinius (epist. 6,21,2) ausführlich gewürdigter Versuch, ein Stück nach dem Vorbild der Alten griech. → Komödie (I B) zu schreiben, ist singulär. Seine Werke sind nicht erhalten. H. M.

Verginia, Tochter des L. → Verginius (2) und der Numitoria, der vom Dezemvirn App. → Claudius (3) Crassus wegen ihrer Schönheit nachgestellt wurde, weswegen sie der Vater, um sie vor Schändung zu bewahren, nahe dem Tempel der Venus Cloacina tötete. Dieser Vorgang wurde der Anlaß zum Sturz des 2. Dezemvirnkollegiums. V. ist eine erfundene Gestalt, Entstehung und Ausschmückung der Legende, die eine Parallelerzählung zur Geschichte der → Lucretia darstellt, vom 3.–1. Jh. v. Chr. feststellbar. R. W.

Verginius Flavus, Rhetor neronischer Zeit, aus Tacitus (ann. 15,71) und Quintilian bekannt. D. F.

2. **V. Rufus,** L. (cos. ord. 63 n. Chr., II suff. 69, III ord. 97), Sohn einer Ritterfamilie aus Mediolanum (Mailand), geb. i. J. 14. Als Statthalter von Germania superior schlug er 68 die Aufstandsbewegung des Iulius → Vindex nieder.

Trotz seiner wiederholten Weigerung, sich von den Soldaten zum Princeps ausrufen zu lassen, und seiner Anerkennung → Galbas nach Neros Tod veranlaßte jener aus Sicherheitsgründen seine Abberufung. Unter Otho angesehen, lehnte er nach dessen Tod wiederum den angetragenen Prinzipat ab. Er zog sich sodann bis zum J. 97 auf seine Güter zurück und betätigte sich literarisch (Plin. epist. 2, 1. 5, 3). Als Kollege → Nervas im Konsulat (97) zog er sich eine Verletzung zu, an deren Folgen er starb (Ende? 97). Erhielt ein Staatsbegräbnis, bei dem P. Cornelius → Tacitus die Laudatio hielt. Vormund und Förderer → Plinius' (2) d. J., der seinem Andenken epist. 2, 1 widmete. Seine Sepulkralinschrift bei Plin. epist. 6, 10. 9, 19 und Cass. Dio 68, 2, 4 überliefert. U.Wm.

Lit: R. Hanslik-M. Schuster, RE 8A2 (1958), 1536 (Lit) – R. Syme, Tacitus, 1958, Ind. S. 852.

Verkehr

[1] Allgemeines – [2] In Griechenland und im Perserreich – [3] Im römischen Reich – [4] Reisegeschwindigkeiten – [5] Zahlungsmittel. Vgl. auch → Schiffahrt, → Straßen (mit Karte), → Gasthäuser, → Nachrichtenwesen, → Post.

[1] *Allgemeines.* In einer bei Ninive gefundenen Inschrift rühmt sich der assyr. Herrscher → Sanherib (um 700 v. Chr.), eine 20 m breite, gepflasterte Königsstraße gebaut zu haben; auf Beschädigung stand der Tod durch Erhängen. Dieses Dokument ist eines der ersten Zeugnisse über den antiken V., doch steht es nicht am Anfang der Entwicklung. Prähistorische Funde zeugen von einem uralten Handelsverkehr, der sich über große Entfernungen erstreckte, und wenn eine chines. Quelle aus dem 2. Jh. n. Chr. von einer Handelsdelegation berichtet, welche bis in die Ostprovinzen des Römerreiches kam, so war dies nichts Einmaliges. Die → Hethiter bauten durch ganz Kleinasien Straßen, griech. Städte sandten ihre Schiffe mit Kolonisten früh in die westlichen Küstengebiete des Mittelmeeres und ins Schwarze Meer, und der Entdeckungsfahrer → Pytheas aus Massilia brachte im 4. Jh. v. Chr. die ersten Nachrichten vom zugefrorenen Meer des nördlichen Polargebietes zurück. Wenn wir an die → Völkerbewegungen in der Antike denken oder an das dichte → Straßennetz des röm. Weltreiches, an die → Brücken und → Viadukte, die → Meilensteine, die Reiseführer mit Verzeichnissen der → Gasthäuser, wo man übernachten konnte, so gewinnen wir einen Eindruck vom Ausmaß des antiken V.s.

[2] *In Griechenland und im Perserreich.* Die Art des V.s wurde in Griechenland durch die geographischen Verhältnisse bestimmt. Die → Schiffahrt entwickelte sich früh, → Straßen gab es wenig, größtenteils waren sie mit Wagen nicht befahrbar. Die meisten Städte entstanden an den Küsten oder wenigstens in Meeresnähe. Selbstverständlich kamen die Helden Homers zu Schiff nach Troja, unterwegs lebten sie vom Seeraub, was damals noch nicht als unehrlicher Broterwerb galt. Der Reisende durfte allerorts mit der religiös tief verankerten Sitte der → Gastfreundschaft rechnen, die bis zu einem gewissen Grade den fehlenden Rechtsschutz in der Fremde ersetzte. Dem Wanderer bot sie auch Unterkunft, denn → Gasthäuser gab es in archaischer Zeit offenbar noch nicht. Die Reisenden sind hauptsächlich Händler, dann auch Krieger, Gesandte oder Künstler; der → Tourismus kommt erst bei den Römern auf. Die → *Schiffahrt* ging meist an der Küste entlang: das offene Meer ist voller Gefahren, die griech. Schiffe waren den Stürmen noch nicht gewachsen, und ohne den damals noch unbekannten Kompaß war die Orientierung schwierig. Die astronomischen Handbücher waren nicht zuverlässig. Ungünstige Winde konnten die Reise verzögern, im Winter war die Schiffahrt fast vollständig eingestellt; der Reisende mußte darauf gefaßt sein, seine Heimat erst nach Monaten wiederzusehen. Die Irrfahrten des → Odysseus geben ein Bild von den mannigfaltigen Schwierigkeiten und Gefahren, mit denen eine längere Reise in der frühen Zeit verbunden war. – Mit der technischen Entwicklung nahmen Sicherheit und Geschwindigkeit des V.s zu. Im *Perserreich* des Dareios und Xerxes (Anf. 5. Jh. v. Chr.) erwarten den im Dienste der staatlichen → Post von der kleinasiatischen Westküste nach → Persepolis reisenden Boten jeden Abend Pferd und Gespann an der nächsten Poststation. Die Perser scheinen auch die ersten großen → Kanäle gebaut zu haben. Als 492 v. Chr. ein Sturm ihre Flotte vor → Athos zerstört hatte, durchstachen sie in dreijähriger Arbeit den Hals der Halbinsel. Kanäle wurden auch später erbaut (unter Trajan, 98–117, zwischen dem Nil und dem Roten Meer), andere wenigstens geplant oder begonnen (unter Nero bei Korinth). Zwischen den griech. Staaten gab es Verträge, die u. a. den gegenseitigen Schutz ihrer Bürger auf Reisen garantierten. Die Wirren der hellenist. Zeit, in die auch Karthago und Rom hineingerissen werden, behinderten den V. im Mittelmeerraum stark. Mit dem Entstehen des straff organisierten röm. Weltreiches beginnt ein neues Kapitel in der Geschichte des V.s.

[3] *Im römischen Reich.* Die erste Sorge der röm. Eroberer galt dem gründlichen Ausbau des Straßennetzes; das zeigen z. B. die bald nach der Übernahme des pergamenischen Königreiches aufgestellten → Meilensteine. Die röm. → Straßen sind nach Möglichkeit gerade angelegt, oft gepflastert, doch meist ziemlich eng, bes. die Bergstraßen. Auch gelingt es den Römern, durch → Pompeius (2) den → Seeräubern für Jahrhunderte das Handwerk zu legen. Die Militärkommandos der Provinzen stellten an Straßenkreuzungen und -knotenpunkten – Vorläufer einer eigentlichen ‹Straßenpolizei› – Posten der → beneficiarii auf. Von einer eigentlichen Verkehrsregelung hören wir nichts, doch durften Wagen – abgesehen von Feuerwehr, Triumphzügen u. ä. – in der Stadt Rom nur nachts verkehren. Die Satirendichter klagen über den Lärm der Wagen auf dem Pflaster, der sie nicht schlafen läßt. Wenn es auch vereinzelt → Straßenräuber selbst in Italien gab – wir haben Grabinschriften für Handelsreisende, die so ums Leben kamen –, so durfte man doch ohne große Furcht die Reise sogar in die entferntesten Provinzen antreten. Schon → Augustus und → Tiberius bekämpften den Straßenraub, allerdings ohne dieses Übel endgültig aus der Welt zu schaffen; im 4. Jh. n. Chr. beschreibt → Ammianus Marcellinus (14, 2, 1 f.) ausführlich die Tätigkeit der berüchtigten isaurischen Räuberbanden. Vor Antritt der Reise orientierte man sich mit Hilfe der → Itinerarien und Landkarten (→ Kartographie) über die günstigsten Routen und die Entfernungen. Einige Itinerarien sind auf uns gekommen. Sie enthalten in knapper Form die Entfernungen zwischen den einzelnen Orten, ausführlichere Reisebücher auch → Gasthäuser und Sehenswürdigkeiten. Mit Ausnahme weniger Gebiete (Gallien) ist im ganzen Reich die röm. → Meile (= 1 ½ km) das einheitliche Maß. – Für *Reisen* benützten die Römer den zwei- oder vierrädrigen → Wagen. Reiche Leute besaßen ihre eigenen, oft reich ausgestatteten Fahrzeuge. Sueton beschreibt die aus 1000 Wagen bestehenden Kolonnen des Nero, bei denen selbst die Hufeisen der Maultiere mit Silber geschmückt waren (Nero 30, 3). → Cicero las während seiner Reisen; der ältere → Plinius führte einen Stenographen mit sich, dem er unterwegs diktierte. Viele Wagen waren sogar zum Übernachten eingerichtet. Die auf röm. Reliefs oft abgebildeten Fahrzeuge zeigen freilich meist eine bescheidenere Ausführung. Mietwagen waren bei den Stadttoren stationiert – in deren Nähe auch die Gasthöfe (diversorium, → hospitium) lagen –, die Vermieter hießen iumentarii und cisiarii und bildeten oft Vereine. Über die Fahrpreise sind keine Angaben überliefert, dafür einige – ziemlich niedrige – Hotelrechnungen (z. B. CIL IX 2689). Wie aus den Digesten (17, 2, 52, § 15) hervorgeht, durfte ein Mitglied einer Handelsgesellschaft, das im Auftrag seiner Arbeitgeber reiste, die Fahrkosten und die Gasthausunkosten in Rechnung stellen. An den Zollstationen, die es überall im

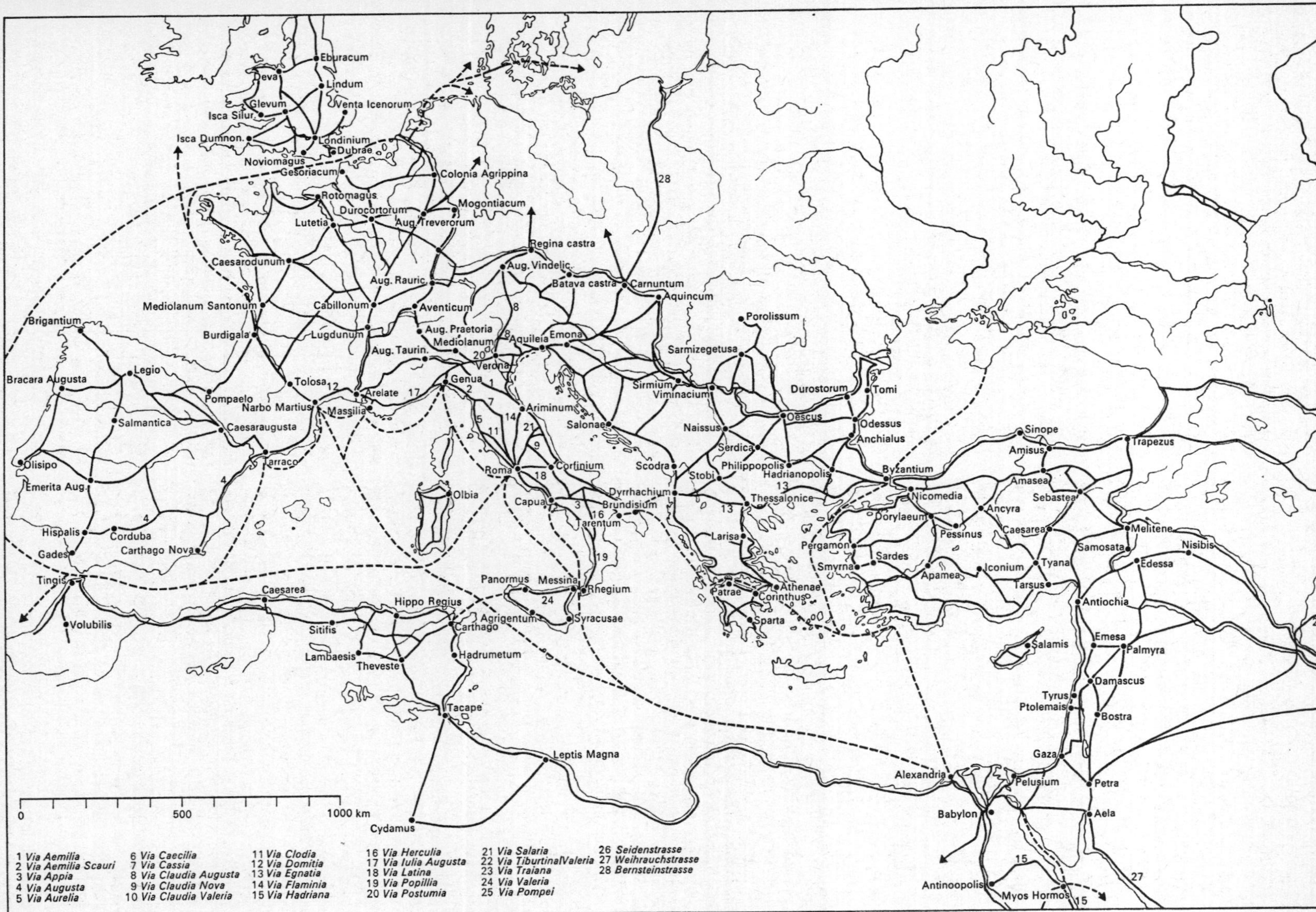

Abb. 250 Hauptverkehrslinien im römischen Reich

Abb. 250a Die wichtigsten Straßen in Italien

röm. Reich gab (→Zölle, 2), wurden nur die mitgeführten Waren kontrolliert; Pässe oder ähnliche Ausweise scheint es nicht gegeben zu haben. Allein die →Boten der staatlichen →Post hatten →‹Diplome›, die sie zum Benutzen der staatlichen Verkehrsmittel berechtigten. In bestimmten Fällen standen diese auch Magistraten auf Dienstreisen und dem Militär zur Verfügung.

[4] Unsere Quellen berichten häufig über *Reisegeschwindigkeiten*, doch meist nur über die besonderen Fälle, die ‹Rekordleistungen›. Die Schiffsverbindungen waren von den Witterungsverhältnissen abhängig. In der Odyssee (3, 180) heißt es, von Argos nach Lesbos brauchten Schiffe nur 3 Tage; die Phönizier, berühmte Segler des Altertums, benötigten 5 Tage, um von Kreta nach Ägypten zu fahren (Hom. Od. 14, 257), in augusteischer Zeit konnte man dieselbe Strecke in 4 Tagen zurücklegen (Strab. 10, 4, 5). Die als schnelle Schiffer bekannten Milesier erreichten laut Xenophon in 3 Tagen von Lampsakos (am Hellespont) aus die Küsten von Sparta. Auch die →Karthager waren als gewandte und schnelle Seefahrer berühmt. In Rom erzählte man vom älteren →Cato (1), daß er einmal für eine Fahrt von Karthago nach Rom nur 3 Tage benötigte. Plinius verzeichnet die schnellsten Fahrten seiner Zeit (nat. 19, 1, 3 f.). Trotz der Vielzahl der Angaben läßt sich eine Durchschnittsgeschwindigkeit schwer berechnen, um so weniger, als sehr verschiedene, voneinander stark abweichende Typen von Ruder- und Segelschiffen nebeneinander in Gebrauch waren. Über Leistungen der Läufer und →Boten liegen ebenfalls Berichte vor. Bekannt waren die griech. Eilboten, →Hemerodromen, und allgemein bestaunt wurden die forcierten Marschleistungen →Caesars. Bes. ausgebildete röm. Läufer konnten zu Fuß bis 100 km am Tag zurücklegen, berittene Boten noch mehr, wenn sie die auf →Relaisstationen bereitgestellten Pferde oder Wagen benützten. Die durchschnittliche Reisegeschwindigkeit der Boten der röm. Staatspost (→cursus publicus) wird neuerdings auf 50 röm. Meilen (= 75 km) geschätzt; bei dringenden Nachrichten konnten auch größere Leistungen erzielt werden. Nach dem spätantiken Militärschriftsteller →Vegetius legen Soldaten mit Gepäck täglich 20 röm. Meilen (= 30 km) zurück; in einem prätorischen Edikt wird dieselbe Geschwindigkeit von einer vor Gericht geladenen Person verlangt (Dig. 2, 11, 1). Die im Durchschnitt auf Reisen zurückgelegte Strecke wird wohl etwas darüber liegen. – Beträchtlich langsamer geht die Fahrt über die in der Alten Welt sehr gefürchteten *Alpenstraßen*. Von Reisen über diese →Pässe besitzen wir dramatische Berichte. Auf den Paßhöhen stehen neben den →Gasthäusern Heiligtümer; die große Zahl der auf dem Großen St. Bernhard gefundenen röm. Votivgegenstände bezeugt die Furcht der Reisenden vor den Alpen. In sumpfigen Gegenden wurden die →Straßen auf Dämmen zwischen Entwässerungskanälen angelegt. Selbst in der arabischen und afrikanischen Wüste wurden Straßen gebaut, doch wickelte sich der größte Teil des V.s dort durch Karawanen ab, die für gewisse Städte eine Quelle des Reichtums wurden.

[5] *Zahlungsmittel*. Die Wagenmiete und die Hotelrechnungen wurden im zentralisierten Römerstaat allerorts in der überall in Empfang genommenen Reichswährung, den Denaren und Sesterzen, bezahlt. Eine Ausnahme war Ägypten, wo in Alexandrien geprägte Lokalmünzen im Umlauf waren. Vor der röm. Zeit besaßen die zahlreichen griech. Staaten jeder eine eigene Münzprägung und Währung. In den meisten Städten waren freilich Banken vorhanden, die, nicht ohne Agio, das Wechseln besorgten. Bei einer Reise ins Barbarikum mußte man sich vorher erkundigen, welche Zahlungsmittel die einzelnen Völker annahmen (vgl. →Geld, →Münzen). Th. P.

Lit: Eine zusammenfassende Darstellung ist nicht vorhanden. Vgl. jedoch Friedländer I – Weiteres →Straßen, →Gasthäuser, →Schifffahrt, →Post, →Nachrichtenwesen.

Verlagswesen →Buch [5].

Verminus, unheilbringende röm. Gottheit, die das Vieh mit der Würmerkrankheit (vermis) schlug; um sie zu besänftigen, errichtete man ihr i. J. 175 v. Chr. einen Altar auf dem Viminal (CIL I 2^2 804; VI 31057). H. Le B.

Verona, Stadt in Venetien in beherrschender Lage am Fuß der Alpen in einer Etschschleife (Kt. 1420 D 2). Kreuzungspunkt wichtiger Straßen. 89 v. Chr. Kolonie, 49 Municipium. Geburtsort →Catulls. Zwei mächtige Stadttore aus dem späten 1. Jh. v. Chr., großartiges Amphitheater, Theater auf dem linken Etschufer zeugen von der Bedeutung der Stadt in der Kaiserzeit, die unter →Theoderich im 6. Jh. noch einen neuen Aufschwung erlebte. B. A.

Lit: A. Richmond-W. G. Holford, Roman V., BSR 13, 1935, 69 ff. – H. Kähler, Die röm. Torburgen, JdI 57, 1942, 83–87. 102, Abb. 64 f. – A. Zarpelloni, V. e l'Agro Veronese in Età Romana, 1954 – G. Radke, RE 8 A 2 (1958), 2426–33 – B. Andreae, AA 1959, 147 ff.

Verres, C. (praet. 74 v. Chr.). Wurde als Quästor Cn. →Papirius (2) Carbo zugeteilt, den er verließ, um zu →Sulla überzugehen. 80–79 war er Legat des Cn. →Cornelius (10) Dolabella in Kilikien und beutete mit ihm zusammen die Provinzialen aus. Als Dolabella deswegen angeklagt wurde, trat V. gegen ihn auf. Seine Verwaltung Siziliens 73–71 war gekennzeichnet durch Erpressungen und Rechtsbeugungen. Deswegen wurde er 70 von Cicero angeklagt (Rede In Verrem 1); →Hortensius (2) u. a. verteidigten ihn. Das Belastungsmaterial war so überwältigend, daß V. noch vor der entscheidenden Verhandlung nach Massilia ins Exil ging (Cic. Verr. 2 wurde deswegen nicht gehalten). 43 proskribiert. Chr. M.

Verrius Flaccus, M., um die Zeitenwende, Verfasser mehrerer antiquarischer und grammatischer Schriften. Er war Freigelassener, als Lehrer betreute er die Enkel des Augustus. Sein Hauptwerk ist die Schrift De significatu verborum, ein großes, alphabetisch angeordnetes Lexikon, das in der Epitome des →Festus (1) zum Teil erhalten ist; ferner hat er für die →Parömiographie gewirkt. D. F.

Q: Suet. gramm. 17 – *Frg:* GrRF 509–523 – *Lit:* A. Dihle, RE 8 A 2 (1958), 1636–45 (Lit).

Versicherung →Seedarlehen, →Begräbnisvereine.

Versenktes Relief. Seit der 4. Dyn. findet sich in Ägypten ein Relief, das in die Fläche hineingearbeitet ist, während der Hintergrund nicht weggenommen wurde. Es wurde gern an Außenwänden angebracht, weil es der Schattenwirkung wegen besser zu sehen war. W. Hk.

Versparung, eine früher mit dem →Apo koinū vermengte, von E. Henschel und H. Hommel definierte und benannte rhetor. →Wortfigur. Während das Apo koinū als vereinfachende und daher bequeme Struktur der Sprache von alters eigen zu sein scheint (*Bsp.:* Nep. Timol. 1, 1: *patriam oppressam a tyranno liberare*), trägt die V. ausgesprochen kunstmäßigen Charakter. Sie setzt einen sinngemäß zu zwei oder mehreren Satzgliedern gehörenden Satzteil erst und ausschließlich zum letzten Glied. Befördert mag sie sein durch das Gesetz der →Wachsenden Glieder. *Bsp.:* Tac. dial. 41, 5: *vitas ac vestra tempora*, «euer Leben und euere Zeiten»; Klopstock: «Mir sind das Reich und untertan die Lande». →Zeugma. H. H.

Lit: Lausberg, Elemente ..., 1949[1] (nur in dieser Aufl.), 37 – G. Kiefner, Die V., 1964 (Diss. Tübingen 1960).

Verulamium (Kt. 502 C3; heute St. Albans), Stadt in Hertshire, 61 von →Boudicca gebrandschatzt, ‹Municipium› (?) im Gebiet der Catuvellaunier. Die ursprünglich von den Belgern erbaute Stadt (15 v. Chr.) wurde nach der röm. Eroberung von ihrem Hügel in das Flußtal des Ver verlegt, 61 maß sie, durch einen Erdwall eingeschlossen, 6000 Ar, 130 innerhalb ihrer neuen Stadtmauer, wiederum geringfügig verlegt, 8000 Ar. Ausgrabungen haben Teile des Forums, zweier Triumphbögen, eines Theaters, eines Gymnasiums (?), Tempel, Häuser und Läden freigelegt, die alle zwischen 130 und 170 erbaut waren. Im 3. Jh. verfiel V., wahrscheinlich wegen der Konkurrenz Londons, wurde 300 noch einmal gründlich wiederaufgebaut. Aber Bevölkerung und Lebensstandard sanken ab; nach der angelsächsischen Eroberung war der Platz verlassen.

Lit: R. E. M. und T. V. Wheeler, V., a Belgic and two Roman cities, 1936 – S. S. Frere, Report on excav. at V., Antiquaries Journal 36 ff., 1956 ff.

Verus, L. (L. Aurelius Verus), röm. Kaiser 161–169. – Am 15. 12. 130 geb. als L. Ceionius Commodus, Sohn des L. →Aelius (1). Auf Weisung →Hadrians am 25. 2. 138 von →Antoninus Pius adoptiert. Mit →Mark Aurel erzogen, Konsul 154, 161. – Von Mark Aurel zum Mitherrscher erhoben und mit dem Oberbefehl gegen die Parther betraut. Trotz seines persönlichen Versagens erfolgreicher Abschluß des Krieges, 166 Triumph. 164 Heirat mit →Lucilla. Gest. Febr. 169. K. Chr.

Q: Hist. Aug. Capitol. Ver. – Weiteres →Mark Aurel – *Lit:* P. Lambrechts, L'empereur L. V., AC 3, 1934, 175–201 (zu positiv).

2. V., M. Annius (gest. nach 135 n. Chr.), span. Herkunft, Sohn eines Prätoriers, von →Vespasian und →Titus 73/74 unter die Patrizier aufgenommen, cos. suff. 97, Arvalbruder 105, cos. II ord. 121, praef. urbi wohl im gleichen Jahr, cos. III ord. 126. Von seiner Gattin Pupilia Faustina hatte er drei Kinder, unter ihnen Annia Galeria →Faustina (2), die Gattin des →Antoninus (2) Pius, und M. Annius Verus, den Vater →Mark Aurels; der spätere Kaiser wurde nach dem Tode des Vaters ca. 130 von seinem Großvater V. adoptiert und in dessen Haus neben dem Lateran erzogen. K. H. Sch.

Lit: R. Syme, Tacitus II, 1958, 791 f.

Vespa, 3. Jh. n. Chr. oder später, reisender Dichter und Rezitator, Verfasser eines hexametrischen Streitgesprächs zwischen Bäcker und Koch in einfacher und volkstümlicher Sprache. W. Sch.

Ed: Anth. Lat. I 1, Nr. 199.

Vespasian (Titus Flavius Vespasianus), röm. Kaiser 69–79. Geb. 17. 11. 9 n. Chr. als Sohn des Zollbeamten Flavius Sabinus beim sabinischen Reate. Um 42 Legionslegat in Straßburg, Teilnahme an der Invasion Britanniens, 51 consul suffectus, um 62 Proconsul in Africa, 66 Griechenlandreise im Gefolge Neros, Befehlshaber im Jüdischen Aufstand. Am 1. 7. 69 in Alexandria (Tib. →Iulius (5) Alexander), am 3. 7. in Syrien (→Mucianus) zum Kaiser ausgerufen, nach dem Sieg der Donaulegionen unter →Antonius (15) Primus über →Vitellius (1) am 22. 12. 69 vom Senat anerkannt. Während Mucianus und →Domitian in Rom säubern, zieht V. erst im Sommer 70 über Alexandria (Wunderheilungen) dort ein. – *Kriege, Grenzpolitik:* 70 Niederwerfung des Aufstandes der →*Bataver* (Iulius →Civilis), Treverer und Lingonen durch →Petilius (2) Cerialis. Beendigung des Jüdischen Krieges durch →Titus. 71 gemeinsamer Triumph V.s und Titus'. Leistung im Jüdischen Krieg die militärische Legitimation der neuen Dynastie. →Janus-Tempel geschlossen. Neuordnung der Grenzverteidigung im *Osten:* Zusammenschluß von →Galatien, →Pontus und →Kappadokien zu einer Großprovinz, zwei Legionen Besatzung. 2 Legionen in →Syrien, 2 in →Palästina. 72 Eingliederung von →Kommagene. – Ausdehnung der Herrschaft in *Britannien* (→Petilius Cerialis, →Frontinus, →Agricola, 1). – In *Germanien* 73/74 Vorstoß des Cn. Pinarius Cornelius Clemens durch das Kinzigtal, Anlage von →Arae Flaviae (Rottweil). – *Innenpolitik:* Abgrenzung der kaiserlichen Kompetenz durch ‹Bestallungsurkunde› (lex de imperio Vespasiani: Dessau, 244). Dynastischer Ausbau der Herrschaft durch Heranziehung des →Titus zum Mitregenten, dabei Bekenntnis zur augusteischen Tradition (Friedensgedanke). 73/74 Censur. Ergänzung des Senates, bes. durch Italiker und Provinzialen des Westens. Latinisches Bürgerrecht für spanische Städte. Systematische Reorganisation des Heeres. Erfolgreiche Schuldentilgung durch scharfe Steuerpolitik und große Sparsamkeit. – Rege Bautätigkeit: Wiederaufbau des →Kapitols, Erneuerung von Iupiter- und Vestatempel; Errichtung von Tempel und Forum des Friedens, Flavisches Amphitheater (→Rom IV D 7), viele Nutzbauten und Straßen in Provinzen. *Opposition* geschürt aus Kreisen des Senats, der →Stoa und →Kyniker. 74 Ausweisung der Philosophen. Hinrichtung des →Helvidius Priscus. 79 Entdeckung der Verschwörung des →Caecina Alienus und →Eprius Marcellus.

[2] Dem nüchternen und schlichten, energischen und ironischen V. gelang nach der tiefen Krise von 68/69 die Wiederherstellung des Prinzipats und die Neuordnung des Reiches. Nach der röm. Aristokratie bestimmten fortan zunehmend neue Kräfte aus Italien und den Provinzen die Reichsverwaltung und die Politik. Während Vespasian selbst vom schicksalhaften Auftrag seines Hauses überzeugt war, verbanden die Orientalen seinen Aufstieg z. T. mit alten osthellenist. Vorstellungen des Retterkönigs und des aus dem Osten kommenden Weltherrschers. Am 24. 6. 79 gest. «Ein Kaiser muß stehend sterben» (Suet. Vesp. 24). Bald darauf konsekriert. K. Chr.

Q: Tac. hist. 2–4 – Suet. Vesp. – Dio 65–66 – *Lit:* L. Homo, Vespasien, 1949 – H.-G. Simon, Histor. Interpret. zur Reichsprägung der Kaiser V. u. Titus, masch. Diss. Marburg 1952 – M. Mc Crum-A. G. Woodhead, Select documents of the principates of the Flavian Emperors, 1961.

Vesta, latin. Feuergöttin, deren Name, trotz mancher linguistischer Schwierigkeiten, wohl mit dem der griech. Göttin des häuslichen Herdes, →Hestia, zusammengehört. Ihren Kult findet man in manchen Städten Latiums, bes. in Alba und in Lavinium, das eine Art religiöse Metropole Roms war; dorthin begaben sich die Konsuln, Prätoren und Diktatoren nach ihrer Amtsübernahme, um der V. und den →Penaten ein feierliches Opfer zu bringen; Rom wird also wohl den Kult der V. aus Lavinium übernommen haben. V. gilt oft als Göttin des häuslichen Herdes und des Feuers, doch ist ein häuslicher Kult kaum nachweisbar; nicht ihr, sondern den →Penaten und den →Laren war der Herd geweiht. Dagegen ist V. eine der wichtigsten Gottheiten des Staatskultes: Aufgabe der Vestalinnen ist es, das heilige Feuer, das nie ausgehen darf, zu unterhalten und über die Staatspenaten zu wachen; das Schicksal Roms hängt auf geheimnisvolle Weise von der gewissenhaften Durchführung der (kaum bekannten) Riten des V.-Kultes ab. Das große Fest der V., die →Vestalia, ist auf dem sog. Numakalender vermerkt. Ihr Heiligtum auf dem Forum war eigentümlicherweise rund: geht diese Form auf die der alten ital.

Hütten zurück oder handelt es sich um religiöse Überlieferung aus indogerman. Zeit? Obwohl die Vestalinnen unmittelbar vom → Pontifex Maximus abhängig sind, haben sie auch Beziehungen zum → Rex Sacrorum, dem sie an gewissen Tagen die rituelle Frage «Wachst du, König? Wache!» stellen: diese stammt wahrscheinlich noch aus der Königszeit, da V. zum Besten des Königs beschützend wachte. – V. wird oft der sich im Feuer offenbarenden göttlichen Kraft gleichgesetzt, woraus sich wahrscheinlich erklärt, warum sie dem → Anthropomorphismus widerstand: in ihrem Tempel stand keine Kultstatue, und auf Münzen erscheint sie nicht vor dem 1. Jh. v. Chr. Gewisse theologische und philosophische Spekulationen setzen sie auch der Erde gleich, was sich schlecht mit dem, was wir über ihren Kult wissen, vereinbaren läßt. Der Charakter der V. ist vielschichtig und ungeklärt: durch ihre Priesterinnen nimmt diese jungfräuliche Göttin an Fruchtbarkeitsritualen teil (→ Fordicidia, → Parilia, Feste der → Ops und → Bona Dea), und jene sind mit dem Kult des fascinus, des vergöttlichten Phallos, betraut (Plin. nat. 28, 39). H. Le B.

Lit: O. Huth, V., Unters. zum indogerman. Feuerkult, ARW, Beih. 2, 1943 – A. Brelich, V., Albae Vigiliae, 1949 – G. Dumézil, Rituels indo-européens à Rome, 1954, 27–43 – C. Koch, Drei Skizzen zur V.-Religion, Religio 1960, 1–16.

Vestalia, Fest der → Vesta am 9. Juni; die Matronen begaben sich barfuß zum Tempel der Göttin; die Vestalinnen teilten dem Volk die mola salsa aus (→ Opfer). Das Heiligtum des Tempels, der penus Vestae, stand vom 7.–15. Juni offen; diese Tage waren → dies religiosi; der Penus wurde gesäubert und der Kehricht am 15. weggeführt (Serv. Aen. 3, 12; Fest. 296, 311, 466 L.; Varro ling. 6, 32). Als nach 170 v. Chr. das Bäckereigewerbe in Rom aufkam, wurden die V. zum Fest der Bäckergilde; die Mühlsteine und die Esel, die sie trieben, wurden mit Blumengewinden und -kränzen geschmückt (Ov. fast. 6, 249–318). Diese Umwandlung der V. setzt voraus, daß die Brotzubereitung schon unter dem Schutz der Vesta stand, als sie noch im Hause stattfand (Latte, 144). H. Le B.

Vestalinnen. Die sechs Vestapriesterinnen lebten zusammen im Haus der → Vesta, dicht am Tempel der Göttin auf dem Forum. Sie gehorchten einer Vorsteherin, der Vestalis Maxima, aber die ganze Gemeinschaft stand in enger Beziehung zum Pontifex Maximus (→ Pontifices), der über die V. die patria potestas ausübte. Er selbst ‹ergriff› sie (capere) auf rituelle Weise unter den sechs- bis zehnjährigen Töchtern der adligen Familien. Zehn Jahre lang waren sie Novizen, zehn weitere Jahre lang versahen sie den Kult und bildeten schließlich während weiterer zehn Jahre Novizen aus. Danach hatten sie das Recht, ins Weltleben zurückzukehren und sich zu verheiraten; wenige machten jedoch davon Gebrauch. Zur Jungfräulichkeit verpflichtet, waren sie geachtet und geehrt; eine V., die die Keuschheit verletzte, wurde lebendig in einer unterirdischen Gruft eingemauert. Die erste Pflicht der V. war der Unterhalt des heiligen Stadtfeuers. Wer es ausgehen ließ, wurde auf Befehl des Pontifex Maximus ausgepeitscht. Sie bereiteten für die ‹immolatio› der Opfertiere das nötige Opferschrot, die mola salsa (→ Opfer). Außer an den → Vestalia nahmen sie an zahlreichen Feierlichkeiten teil: → Parentalia, → Argei, → Fordicidia, → Parilia, → Ops- und → Bona-Dea-Feste. Die Annalistik führt sie bis auf den Ursprung Roms zurück, soll doch Romulus' Mutter eine V. gewesen sein. Auch sonst sind mehrfach mit einzelnen V. erbauliche Legenden verknüpft (vgl. Dion. Hal. 2, 64–69; Plut. Numa 9–11 u. a.). Die Institution der V. hat den Sieg des Christentums bis zu → Theodosius d. Gr. überlebt. H. Le B.

Lit: G. Giannelli, Il sacerdozio delle V. Romane, 1913 – G. Wissowa, V.frevel, ARW 22, 1923, 201–215 – Th. Worsfold, The history of the V. virgins of Rome, 1932.

Vestiner, ital., zu den → Sabellern gerechneter Volksstamm umbr. Abstammung mit Wohnsitzen südl. von den → Sabinern im oberen Aternustal und nördl. von seinem Unterlauf (Pescara), an Picenum grenzend bis zur adriat. Küste mit den noch nicht lokalisierten Bergstädten Cutina und Cinglia und der Hafenstadt Ostia Aterni. Infolge eines Bündnisses mit den → Samniten im Jahre 326 v. Chr. (Liv. 8, 29, 1) von Rom mit Krieg überzogen und 325 in einer einzigen Schlacht besiegt, erbitten die V. 302 Bündnis mit den Römern, dem sie bis zum → Bundesgenossenkrieg treu bleiben. Nach diesem 88 Einführung der Munizipalverfassung und röm. → Bürgerrecht. Von Augustus der 4. Region zugeteilt. Im Gebiet der V. wurde 1936 die bedeutendste frühitalische Großplastik gefunden, der Krieger von → Capestrano. B. A.

Lit: Nissen, I 517; II 437ff. – Devoto, 104, 126, 287, 294, 308, 318, 337ff., 348 – Radke, RE 8 A2 (1958), 1779ff.

Vestricius Spurinna, T., ca. 24–nach 106 n. Chr., kämpfte 69 für → Otho gegen → Vitellius (1), 97/98 Statthalter in Germania inferior, für seine dortigen Verdienste Triumphalstatue, übrige Laufbahn (cos. 100?) unbekannt. → Plinius (2; vgl. epist. 1, 5, 8 f.; 2, 7; 4, 27; 5, 17), der V. als Dichter lat. und griech. Lyrik vorstellt (3, 1, 7), hatte auf dessen frühverstorbenen Sohn eine Lobrede verfaßt (3, 10). K. H. Sch.

Vesuvius (Kt. 1420 F6), größter Vulkan des europäischen Festlandes, in Kampanien am Golf von Neapel. Seit 1946 nicht mehr tätig. Beschrieben von Strab. 247; Diod. 4, 21, 5; Cass. Dio 66, 21 f.; dargestellt auf einem pompejanischen Wandbild (Pfuhl, M. u. Z., Abb. 745). Beim verheerenden Ausbruch vom 24.–26. Aug. 79 n. Chr., nach langer Zeit völliger Ruhe, wurden → Pompeji, → Herculaneum, → Stabiae verschüttet. Eindringliche Schilderung der Eruption durch den Augenzeugen → Plinius d. J. (epist. 6, 16, 26). B. A.

Lit: Nissen, I 251ff., 268ff., 281ff.

Vetera → Castra Vetera.

Veterinärmedizin → Medizin E.

Vetranio, geb. in Obermösien, magister militum unter → Constans, usurpierte am 1. März 350 n. Chr., bewogen durch des Kaisers Schwester Constantia, gegen → Constantius II., der ihn wegen der nahenden Auseinandersetzung mit → Magnentius als Mitregenten anerkannte. Nach zeitweiliger Annäherung an Magnentius unterwarf sich V. am 25. Dez. 350 dem Constantius und lebte noch 6 Jahre als Privatmann. K. H. Sch.

Vettius, L., berüchtigter Denunziant. V. zeigte 62 v. Chr. → Caesar u. a. wegen Teilnahme an der catilinarischen Verschwörung an. 59 wurde er offenbar von Caesar gedungen, um ein Komplott gegen → Pompeius (2) zu provozieren und ‹aufzudecken›. Caesars Gegner, zumal C. → Scribonius (4) Curio, gingen nicht darauf ein, und als V. sie dennoch anzeigte, verwickelte er sich in viele Widersprüche. Als man ihn endlich tot im Gefängnis fand, fiel auf Caesar der Verdacht, er habe ihn ermorden lassen. Chr. M.

Lit: Chr. Meier, Zur Chron. und Politik in Caesars erstem Konsulat, Historia 10, 1961, 88ff. (Lit).

2. **V. Agorius Praetextatus,** 310–384, procos. Asiae 362–364, praef. urbi 367–368 (Streit zwischen → Damasus und Ursinus), praefectus praetorio Italiae, Illyrici et Africae 384, cos. ord. des. für 385; Inhaber zahlreicher Priesterschaften röm. und orientalischer Kulte. K. H. Sch.

[2] V. war einer der Wortführer des röm.-heidnischen, an Literaturpflege interessierten Adels (vgl. → Symmachus, 2), Hauptfigur in → Macrobius' Saturnalien, Übersetzer von → Aristoteles. Aus seiner Grabschrift geht hervor, daß er zu denen gehörte, denen sowohl Einweihung in Mysterien wie auch liberale Bildung Unsterblichkeit garantierten. Ph. M.

Q: P. Lambrechts, Op de Grens van Heidendom en Christendom, Mededelingen van de Koninkl. Vlaamse Acad. v. Wetensch. 17, 1955 (Lit) – *Lit:* J. Geffcken, Ausgang des griech.-röm. Heidentums, 1920 (mit Nachtrag 1929) – W. Enßlin, RE 22, 2 (1954), 1575–79.

3. **V. Bolanus,** M., cos. suff. 66 n. Chr., 62 unter → Corbulo Legionslegat in Armenien. 69–71 Legat von Britannien. Bei der Truppe beliebt, aber kein hervorragender Soldat. Prokonsul von Asia ca. 76. Unter → Vespasian Patrizier. Früh gestorben. Vater des M. V. Bolanus, cos. 111, und des V. Crispinus. U.Wm.

4. **V. Philocomus,** Freund des → Lucilius, kommentierte dessen Satiren (Suet. gramm. 2).

5. **V. Scato,** P., Prätor des Marserbundes im → Bundesgenossenkrieg; 90 v. Chr. siegreich. Nach Niederlagen der Italiker (89) wurde er von den eigenen Truppen ausgeliefert; ließ sich von einem Sklaven töten. G.G.

6. **V. Valens,** aus Antiochia, gibt in seinem astrolog. Werk, ‹Anthologiae›, einen Einblick in die praktische Tätigkeit des Astrologen. Zu den Grundbegriffen nennt er ältere Autoren und fügt viele Horoskope als Beispiel hinzu, aus denen O. Neugebauer die Abfassungszeit auf 152–162 n. Chr. bestimmen konnte. E.B.

Ed: G. Kroll, 1908 – *Lit:* O. Neugebauer-H. G. van Hoesen, Greek Horoscopes, Mem. of the Am. Philos. Soc. 48, 1959, 81–131.

Vettonen, eingeborenes Volk → Spaniens in der westl. Meseta zwischen Duero und Tajo (Kt. 2849 B 2), im N angrenzend an die → Asturer, im O an die Vakkaeer und im W an die → Lusitaner; indogerman. Ursprungs, eingedrungen schon vor den → Keltiberern, denen es aber keine Kraft mehr entgegenzusetzen hatte. Es wurde schnell romanisiert und stellte Hilfstruppen in den röm. Kriegen des 2. Jh.s gegen die Keltiberer. Die Hauptstadt war Salmantica (Salamanca), das 220 v. Chr. durch → Hannibal genommen wurde. J.M.d.M.

Lit: J. Maluquer de Motes, Los pueblos y las tribus celtas de España, 1954 – Ders., Carta Arqueologica de Salamanca, 1958.

Vetulonia (etrusk. Vetluna), im 7./6. Jh. v. Chr. blühende etrusk. Stadt über dem Nordrand der Ebene von Grosseto (Kt. 1420 D 5); seit 281/280 (?) mit Rom verbündet. Außer den Stadtmauerresten waren es vor allem Villanovafriedhöfe und die anschließenden Circoli- und Tumuligräber mit mannigfachen Bronzebeigaben (Mus. Arch. Florenz), die zur Wiederentdeckung führten. Die ‹Pietrera›, ein großes Kuppelgrab mit Mittelpfeiler, barg die frühesten etrusk. Steinplastiken (635–610 v. Chr.). Von großer Feinheit ist der durch Granulierung im ‹Silhouettenstil von V.› verzierte Goldschmuck (7./6. Jh. v. Chr.). Eine der frühesten etrusk. Inschriften ist die um die Grabstele des Aule Feluske (7. Jh. v. Chr.). Vgl. → Etrusker. O.W.v.V.

Lit: Å. Åkerström, Studien über d. etrusk. Gräber, 1934, 124–138 – A. Hus, Recherches sur la statuaire, 1961, 23–35; 97–134; 385–394.

Veturius → Mamurius.

Vetus → Antistius.

Vetus latina, Sammelname für ält. lat. Bibelübersetzungen (→ Überlieferung C 3). Abschnitte der → Septuaginta und des NT wurden im 2. Jh. n. Chr. sporadisch übersetzt, zunächst wohl nach Art des → Targum und zu gottesdienstlichen Zwecken, daneben wegen Unkenntnis des Griechischen (in Afrika und Spanien). Aus den Einzelstücken entfaltete sich keine Gesamtübersetzung, nur wurden → Markions und → Tatians neutestamentliche Auslesen (→ Kanon) in Italien wohl auch lateinisch propagiert. Belege für altlat. Übersetzungstraditionen liefern bes. → Tertullian und → Cyprian, dann spätere Hss. zu Einzelbüchern. Eine besondere *Itala* wird im 4. Jh. angedeutet (Aug. doctr. christ. 2, 15, der für die Varianten der Vetus latina die Kontrolle durch → Septuaginta, bzw. griech. NT fordert). Die mannigfaltigen Variationen veranlaßten → Damasus I. 383, → Hieronymus mit einer Revision zu beauftragen, die im MA → Vulgata genannt wurde. Die V. l. lebte aber in nichtrevidierten Abschnitten weiter und drang auch in hieronymianische Textstücke ein. – Eine moderne Textrezension erarbeitet die Erzabtei Beuron (seit 1949). B.R.

Ed: P. Sabatier, Bibliorum sacrorum latinae versiones antiquae, 3 Bde, 1743–49 – A. Jülicher-W. Matzkow, Itala, 4 Bde, 1938–63 – B. Fischer u. a. (Beuron), Vetus Latina, Fasc. 1. 2, 1949–54; Fasc. 26, 1956; Fasc. 24, 1962 ff. – *Lit:* K. Th. Schäfer, Die altlateinische Bibel, 1957.

Vexillum. [1] V., die Feldstandarte des röm. Heeres, ist ein viereckiges Tuch (velum) am Querholz, als → Feldzeichen der Reitertruppen, doch auch anderer Einheiten (→ Numeri, Sonderformationen) vom *Vexillarius* oder → Signifer getragen. Ein purpurnes V. diente als Kommandoflagge des kommandierenden Feldherrn oder Admirals. In der Spätantike wurde das V. weitgehend durch die aus dem Orient übernommene Drachenfahne verdrängt, doch lebte es im → Labarum → Konstantins I. fort. In Kleinform wurde es als → Auszeichnung an hohe Offiziere vergeben.

[2] Seit dem 1. Jh. v. Chr. ist V. – bald auch *Vexillatio* genannt – jede aus einem oder mehreren bestehenden Truppenkörpern herausgezogene und vorübergehend unter einem V. zusammengestellte Einheit: ein Detachement für Sonderaufgaben, eine Marschkompanie zur Verstärkung der Front, eine Veteranen- oder Rekruteneinheit innerhalb des Legionsverbandes u. a. Im Heer der Spätzeit wird seit dem 4. Jh. n. Chr. Vexillatio die stehende Bezeichnung für die Kavallerieabteilungen des Feldheeres. E.Bay.

Lit: M. Mayer, Vexillum u. Vexillarius, Diss. Freiburg 1910 – W. Zwikker, Zu d. röm. Heerfahnen in d. älteren Kaiserzeit, 27. Ber. d. Röm.-Germ. Komm., 1938, 7–22 – A. Neumann, RE 8 A 2 (1958), 2439–54.

Vezir, Bezeichnung des höchsten Beamten → Ägyptens (IC 1) *(ṯ3. tj)*, der an der Spitze aller Verwaltungen stand, aber auch oberster Richter war. Er unterscheidet sich durch besondere Tracht, einen langen, unter den Armen gegürteten Rock und das Bild der Göttin ‹Wahrheit› (→ Maat) um den Hals. Seine Dienstvorschriften sind in Gräbern von V.en der 18. Dynastie erhalten. W.Hk.

Via. 1. *V. Aemilia,* Fortsetzung der via Flaminia (s. unten), erbaut von M. → Aemilius (1) Lepidus, cos. 187 v. Chr. Sie führte von Rimini nach Piacenza. – 2. *V. Appia,* von → Statius (Silv. 2, 2, 12) die ‹Königin der Straßen› genannt. Von ihrem Erbauer, dem Censor App. → Claudius (6) Caecus 312 v. Chr. (?) zunächst bis Capua erstellt, später über Beneventum und Tarentum bis Brundisium (Brindisi) verlängert. – 3. *V. Aurelia,* wohl gegen Mitte des 2. Jh.s erbaut, führte von Rom nach Norden, der italienischen Westküste entlang. Der ursprüngliche Endpunkt dürfte Cosa gewesen sein; in der Kaiserzeit wurde der Name für die ganze Strecke bis Arelate (Arles in Frankreich) gebraucht. – 4. *V. Domitia,* Fortsetzung der V. Aurelia von der Rhone bis zur spanischen Grenze, um 120 v. Chr. von M. Domitius Ahenobarbus erbaut. – 5. *V. Egnatia.* Sie durchquerte den Balkan von Dyrrhachium (Durazzo) und Apollonia bis nach Thessalonike oder Kypsela und diente als Hauptverbindung zwischen Italien und den kleinasiatischen Ostprovinzen. Erbaut wurde sie wahrscheinlich nach der Mitte des 2. Jh. v. Chr., Herkunft des Namens ist umstritten. – 6. *V. Flaminia,* ein Werk des Censors von 220 v. Chr. (?) C. → Flaminius, führte von Rom nach Rimini. Ihre Fortsetzung war die via Aemilia (s. oben). – 7. *V. Postumia,* von Sp. Postumius (cos. 148 v. Chr.) erbaut. Sie führte zunächst von Genova durch Dertona und Piacenza (wo sie mit der via Aemilia zusammentraf) nach Cremona, später wurde sie über Verona, Vicenza und Padova bis Aquileia verlängert. – Die wichtigsten von Rom ausgehenden Straßen waren neben den erwähnten die via Cassia, Salaria, Nomentana, Tiburtina, Praenestina, Labicana und Latina. Vgl. → Verkehr; Kt. 3215, 3217. Th.P.

Lit: → Straßen.

Viatores, Boten stadtröm. Behörden und Kollegien, Überbringer von gerichtlichen Ladungen, Einladungen zu Senatssitzungen usw. Meist Freigelassene, in decuriae zusammengeschlossen, benannt nach den vorgesetzten Magistraten, z. B. decuriae consulares. – V. gab es auch in den Municipien. D.R.

Vibia → Sabina.

Vibius Crispus, Q., cos. suff. ca. 62 n. Chr., II?, III ca. 82; 68–71 curator aquarum, Prokonsul von Africa ca. 71/72, Legat von Hispania citerior. Berühmter Redner aus Vercellae, Ankläger unter → Nero (1). Bei → Vitellius (1), → Vespasian und → Domitian angesehen. Starb ca. 93 in hohem Alter. Trotz seines Reichtums, seines Einflusses und seiner Begabung *inter claros magis quam inter bonos* (Tac. hist. 2, 10). U.Wm.

Lit: R. Syme, Tacitus, 1958, Ind. S. 853.

2. **V. Marsus,** C., cos. suff. 17 n. Chr., Legat des → Germanicus (1) im Orient, Prokonsul von Africa 26–29, Legat von Syrien 42–44/45. Im J. 37 wegen Hochverrats angeklagt, durch den Tod des → Tiberius (1) verschont. In Syrien Feindschaft mit Iulius Agrippa I. (→ Herodes, 1), militärische Unternehmungen gegen die Parther. Verheiratet mit Laelia, Schwiegervater des P. Plautius Pulcher. U.Wm.

3. **V. Maximus,** C., Alenpräfekt in Syrien, danach 94 n. Chr. Kohortenpräfekt in Dalmatien, vielleicht 96 praefectus vigilum und ca. 101 praefectus annonae, Sommer 103 bis März 107 praefectus Aegypti (Censusedikt Pap. Lond. III 125 f. Nr. 104), Freund → Martials (11, 106), des jüngeren → Plinius (2) und des → Statius (1), demzufolge (silv. 4, 7, 53) er Auszüge aus → Sallust und → Livius (1) zu einer Universalgeschichte verarbeitet hat. Wahrscheinlich wurde V. nach seiner Präfektur de repetundis verklagt. K.H.Sch.

Lit: R. Syme, C. V. Max., Prefect of Egypt, Historia 6, 1957, 480–487.

4. **V. Pansa,** C. (tr. pl. 51, cos. 43 v. Chr.). Wirkte als Tribun zugunsten Caesars. 43 entsetzte er mit Octavian und seinem Kollegen A. → Hirtius den D. → Iunius (2) Brutus in Mutina. Bei Forum Gallorum verwundet, nach der Schlacht bei Mutina gestorben. Chr.M.

5. **V. Rufus** (Rufinus), C., cos. suff. 16 n. Chr., bekannter Redner unter → Tiberius (1), seine Deklamationen häufig von → Seneca (2) erwähnt. Angeblich mit → Ciceros Witwe Publilia verheiratet. Der Prokonsul von Asia C. Vibius Rufus wohl sein Sohn. U.Wm.

6. **V. Sequester** stellte im 4. oder 5. Jh. n. Chr. aus zugänglichen Kommentaren zu → Vergil, → Ovid, → Lukan und → Silius (2) Italicus ein Handbuch zusammen, in dem er die geographischen Namen dieser Dichter in alphabetischer Ordnung erläutert. Die Authentizität des Namens ist wegen Cic. Cluent. 8, 25 bezweifelt worden. G.B.

Ed: Mazochi, o. J. (ed. princ.) – GLM, 145–159 – *Lit:* M. Kießling, BPhW 30, 1910, 1469–76 – W. Strzelecki, RE 8 A 2 (1958), 2457–62.

Vicarius. Die von → Diokletian geschaffenen 12 → Diözesen des röm. Reiches unterstanden je einem V. (Stellvertreter, d. h. des → praefectus praetorio), ursprünglich mit dem ritterlichen Rang eines → perfectissimus. Im Laufe des 4. Jh.s wurde der V. senatorischer → clarissimus, dann spectabilis. Seine Hauptaufgaben waren die Überwachung der Provinzverwaltung und eine mit dem praefectus praetorio konkurrierende Appellationsgerichtsbarkeit. Einen ständigen V. besaß auch der → praefectus urbis in der spätröm. Zeit. K.F.Str.

Vicesima hereditatum, die von → Augustus 6 n. Chr. eingeführte 5%ige Erbschaftssteuer. Die Steuer war eine Zwecksteuer und floß in das gleichzeitig geschaffene → Aerarium (1) militare. Für den Einzug der Steuer wurde unter → Hadrian eine weitverzweigte Verwaltung eingerichtet, die bis ins 3. Jh. bestand. R.Kn.

Vicomagister, vier, in jedem → vicus Roms jährlich gewählte Vorsteher, meist Freigelassene, mit je vier Gehilfen. In der Republik mehrfach abgeschafft und wieder erneuert, wurde das Amt von Augustus endgültig wiedereingeführt; seine Aufgabe war neben der Betreuung der → Lares compitales und der → Compitalienspiele die Sorge für die → Lares Augusti. D.R.

Victor Tunnunensis, Bischof einer nicht genau bekannten afrikan. Stadt, wegen Verstoßens gegen das → justinian. Edikt gegen die *tria capitula*, die er wiederholt verfocht, mehrfach verbannt, zuletzt nach Konstantinopel, wo er gegen 564/565 in einem Kloster starb. Schrieb eine nach Konsulaten datierte Fortsetzung des Chronicon integrum des → Prosper von Aquitanien für die Jahre 444–566. Die nicht immer zuverlässige Chronik berichtet vorwiegend von kirchlichen Ereignissen und berücksichtigt in erster Linie Afrika. E.P.

Ed: PL 68, 937 – Th. Mommsen, MG 11, 1894, 184 – *Lit:* RE 8 A (1958), 2067.

Victor → Aurelius, → Julius, → Statorius, → Sulpicius.

Victoria, der göttlich verehrte Sieg (→ Personifikation), entsprach der griech. → Nike. Die Römer betrachteten sie als eine ihrer ältesten Nationalgottheiten: → Euander soll nach der Konstruktion der Annalisten der V. auf dem Palatin in Rom einen Altar geweiht haben (Dion. Hal. 1, 32, 5). Ebenfalls auf dem Palatin wurde ihr 294 v. Chr. ein Tempel vom Konsul L. → Postumius (4) Megellus geweiht, als dieser gegen die Samniten in den Kampf zog (Liv. 10, 33, 9; 29, 14, 14). Dieses Heiligtum beherbergte den schwarzen Stein der → Magna Mater, bis deren Tempel gebaut wurde. Im letzten Jh. der Republik vermehrten sich die Statuen der V. und die Münzen mit ihrem Bilde, die hellenist. Mustern nachgebildet waren; → Sulla und nach ihm → Caesar begründeten Spiele zu ihren Ehren: → Ludi Victoriae Sullanae bzw. Caesaris. Nach der Schlacht von → Actium weihte → Augustus am 28. 8. 29 der V. eine Statue und einen Altar in der Curia Julia; jeder Senator mußte ihr beim Eintreten Weihrauch und Wein opfern (Dio Cass. 51, 22, 1 u. a.). Auf zahlreichen Münzen und Monumenten erscheint V. als eine der Schirmgottheiten der Kaiser und des Reichs. Sie wurde natürlich bes. von den Legionen verehrt. Ihr Kult wurde oft mit denen von → Jupiter und → Mars vereint. Der letzte Widerstand der heidnischen Senatoren gegen das siegreiche Christentum nahm den Altar der V. zum Symbol: → Constantius II. entfernte ihn aus der Senatscurie, doch → Julian (2) brachte ihn zurück; 382 beseitigte ihn → Gratian wieder (vgl. → Ambrosius); trotz der Anstrengungen des Stadtpräfekten → Symmachus (2) wurde er nicht mehr aufgerichtet. H. Le B.

Lit: J. Wytzer, Der Streit u. d. Altar der V., 1937 – *Darst.:* → Nike.

Victoriatus (Tropaiophoros oder Tropaïkon), Bezeichnung für eine auf der Rückseite mit einer ein Tropaion mit dem Siegerkranz schmückenden Victoria, auf der Vorderseite mit einem Jupiterkopf versehene röm. Silbermünzsorte im Werte von 3/4 → Denar oder 3 → Scripula. Die Vorbilder des Rückseitenbildes sind in sizilischen und unteritalischen Silber- und Bronzeprägungen von Syrakus, Tarent, Brettii, Lucani, Capua, Atella und Calatia aus der 2. H. des 3. Jh.s v. Chr. zu suchen. Das Gewicht des V. war zu Beginn ca. 3,41 g, es sinkt indessen schnell beträchtlich, bis auf 2,92 g, herab. Der V. wurde in vielen Münzstätten geprägt, deren Initialen, meist in Form von Monogrammen usw., neben bildlichen Beizeichen, auf den Rückseiten der Münzen erscheinen und die teilweise ihre Analogien auf den zugehörigen Denarprägungen haben. Die Ausgaben mit Kornähre (Sizilien), einer Lanzenspitze (Tarent) und Halbmond scheinen auf Grund der Fundevidenzen zu den frühesten Ausgaben des V. zu gehören. – Nach den jüngsten umsichtigen und sehr sorgfältigen Forschungen (H. B. Mattingly; P. R. Franke) kann die Einführung des V., dessen Anfangsdatum bisher stark umstritten gewesen ist, mit großer Wahrscheinlichkeit kaum vor 194 v. Chr. angenommen werden. Während der Denar jedoch die Standardmünze Roms werden sollte, war dem V. vermutlich die Rolle einer vermittelnden Münzeinheit im Handel mit der griech. Welt und anderen Mittelmeergebieten (z. B. Spanien) vorbehalten (vgl. Plin. nat. 33, 46; Maecian. distrib. 45). – Nach der lex Clodia von ca. 104 v. Chr. wurde hingegen Name und teilweise auch Typus des V. auf den damals lange nicht mehr ausgegebenen → Quinarius übertragen. Seitdem bleibt Victoria, später jedoch ohne Tropaion, der Rückseitentypus des silbernen und goldenen Halbstücke der röm. Reichsprägung. W. Schw.

Lit: Babelon, I 553–557 – K. Regling, in: v. Schrötter, 720 – E. A. Sydenham, The Victoriate, Num. Chron., 1932, 73–95 – H. B. Mattingly, The Victoriate, Num. Chron., 1957, 97f. – W.-H. Gross, RE 8 A 2 (1958), 2542ff. – C. M. Kraay, The Victoriate, Num. Chron., 1958, 39–41 – R. Thomsen, Early Roman coinage I, 1957, 92f.; II, 1961, 320–356. 361ff. 364–367. 370–384. 391, III, 1961, 264f. (Lit) – P. R. Franke, Die ant. Münzen von Epirus, 1961, 158ff. – Ders., in: Hambg. Beitr. z. Num. 5, 1961, 159–160.

Victorinus (M. Piavonius V.), gallischer Teilherrscher 268 bis 270; aus vornehmem gallischen Geschlecht; von → Postumus zum Mitherrscher ernannt (Frühj. 268); nach dessen Tode seit Herbst 268 Alleinherrscher im damaligen westlichen Teilreich (Gallien, Britannien, Spanien); Anfang 270 ermordet. H. D. M.

Victorinus, vgl. auch → Marius.

Vicus. 1. Geschlossene Siedlung, Flecken. Innerhalb des → pagus meist der Marktflecken. – 2. V. bezeichnet auch Stadtgegend, Stadtbezirk. Unter den → vicomagistri Teil einer → regio. D. R.

Viehzucht. [1] Innerhalb der V. muß unterschieden werden zwischen reiner Weidewirtschaft und V. in Verbindung mit Ackerbau. In vielen Gegenden der alten Kulturländer gibt es wegen geringer Niederschläge im Sommer nicht genug Weidefutter für V. in größerem Maßstab; sie wurde deshalb auf das für den Ackerbau notwendige Minimum an Zugtieren beschränkt. Andernorts konnten auf den Brachfeldern Ziegen, Schafe und Schweine gehalten werden. Seltener sind Ebenen an Flüssen und Seen, die das ganze Jahr als Wiese bestellt werden können und Möglichkeit zu eigentlicher V. in größerem Umfang geben. Indessen erlauben auch die waldbedeckten Berggegenden im Innern des Landes die Haltung sehr großer Herden von Schafen, Ziegen und Rindvieh, seltener von Pferden. Die Linear-B-Tafeln (→ Mykenisch) bezeugen die Existenz großer Schaf- und Rinderherden; Homer schildert häufig, zumal in Gleichnissen, Hirten und Herden (z. B. Il. 5, 136ff.; 11, 548); auch das stallgefütterte Pferd (Il. 6, 506ff.) und das Rindvieh, welches am Abend zum Hof zurückkehrt (Od. 10, 410ff.), ist bekannt. Hesiod beschreibt dagegen eher den kleinen Landwirt, der sein Land mit einem einzigen Spann Ochsen beackert. In klassischer Zeit war Attika berühmt für seine Schafe. Ziegen und Schweine wurden in großer Zahl zur Gewinnung von Fleisch, Milch und Häuten, Rindvieh bes. als Zugtier, neben Eseln und Maultieren, gehalten. Pferde waren hier ein ausgeprägter Luxus, bes. die edlen, die man zum Wettrennen brauchte. Die meisten att. Rennpferde kamen aus Stutereien in Euböa; berühmt war im übrigen die thrak. Zucht. – In hellenist. Zeit entwickelte man die V. immer systematischer. Papyrusfunde aus Ägypten geben Einblick in die Bestrebungen der Ptolemäer in dieser Richtung, die sicher als typisch für diese Periode gelten können. Durch sorgfältige Auswahl von Zuchttieren verbesserte man planmäßig die Rassen. –

[2] In *Italien* war die V. von früh an sehr bedeutend, doch stammt unsere Kenntnis der röm. V. im wesentlichen von den → Landwirtschaftstheoretikern der späten Republik und der Kaiserzeit. Cato spricht – außer von Zugtieren, die verkauft werden – ausschließlich von Schafen und Schweinen; aus der Zusammenstellung der Futterpflanzen geht deutlich hervor, daß Grünfutter knapp ist; als Ergänzung wird Laub von verschiedenen Bäumen verwandt (agr. 54). Varro und Columella schildern dagegen die vollentwickelte V., teilweise basierend auf hellenist. Quellen. Von Cato werden Wiesenflächen höher geschätzt als Getreideflächen (agr. 1, 7), Weidewirtschaft – nach einer berühmten Anekdote – höher als der Ackerbau (Cic. off. 2, 89). Jedenfalls geht aus den röm. Quellen deutlich hervor, daß die V. mit demselben Interesse wie der → Ackerbau betrieben wurde. In verschiedenen Fällen werden kostbare Zuchttiere aus fernen Gegenden verschrieben; am berühmtesten ist der Kauf eines Eselhengstes für 40000 Sesterze (Varro rust. 3, 2, 7). Man führte mit viel Glück auch Rückkreuzungen mit bestehenden Wildformen aus (Colum. 7, 2, 4; Varro rust. 2, 6, 3). Bei den einzelnen Haustieren kennt man verschiedene Rassen, oft lokal geprägt, aber auch durch bewußte Veredlung geschaffen, so daß sie für verschiedene Zwecke geeignet waren, für die Produktion von Milch, Fleisch, Wolle, Häuten sowie als Zug- und Masttiere.

[3] *Methode der V.:* Die Weidewirtschaft beruhte auf dem Wechsel von Weideplatz zu Weideplatz. Das Vieh blieb nachts im Freien, in Hürden eingeschlossen und von – oft bewaffneten – Hirten (Sklaven) mit Hunden gegen wilde Tiere und Diebe bewacht. Das Ausmaß der Weidewirtschaft kann daran abgelesen werden, daß Hirten den größeren Teil der gefürchteten Sklavenarmeen ausmachten. – Daneben wurden jedoch, zusammen mit den → villae, auch Ställe für das Vieh eigens errichtet; die Landschriftsteller geben detaillierte Anweisungen für die Anlage von Ställen entsprechend der Viehgattung: als Hauptsache galt es, sie an lichten, luftigen Orten anzulegen und für Trokkenheit und gute Isolation gegen Hitze und Kälte zu sorgen. Regelmäßige Reinigung der Ställe wurde als sehr wichtig behandelt, der Dung auf Misthaufen gesammelt und später auf den Feldern verwandt. – In der Stadt gab es gleichfalls Ställe, in der Hauptsache für Pferde und Esel; in → Pompeji, → Herculaneum und → Ostia sind zahlreiche private Häuser mit solchen Ställen gefunden (in einem Fall mit Überresten auch von Kühen: die Städte waren also ländlicher, als man geneigt ist anzunehmen). In naher Verbindung mit der V. entwickelte sich die *Veterinärmedizin,* die durch mehrere Verfasser aus der späten Kaiserzeit repräsentiert ist (→ Vegetius; → Mulomedicina). Auch die röm. Landwirtschaftstheoretiker haben tierärztliche Vorschriften, und es wird angeraten, die Hirten ein kurzgefaßtes Buch hierüber mitnehmen zu lassen, wenn sie das Vieh auf fernliegenden Weiden hüten. Die Behandlung des kranken Viehs war simpel: Pflanzenextrakte und Bestreichen mit Pech, Schweinefett, Öl oder Wein wurden bei der Kur oft verwandt. Unter den chirurgischen Eingriffen war Aderlaß allgemein verbreitet, doch wurden auch kompliziertere Operationen ausgeführt (der Nüsternschnitt bei Pferden ist auf ägypt. Darstellungen erkennbar). Kastration konnte man bei allen männlichen Tieren ausführen, tat es auch bei bestimmten Geflügelsorten eigens zum Zweck der besseren Mast. Ebenso konnten die weiblichen Tiere sterilisiert werden. Columella hat als erster in der Veterinärliteratur die Quarantäne kranker Tiere empfohlen – eine Maßnahme, die in der medizinischen Literatur erst einige Jahrhunderte später erscheint. J. E. Sk.

Lit: A. Hauger, Zur röm. Landwirtschaft und Haustierzucht, 1921 – Keller, Tierwelt – B. Klat, Entstehung der Haustiere, in: Hb. d. Vererbungswissensch., III K, 1927.

Vienna (Kt. 1019 D 4; heute Vienne), Vorort der → Allobroger in Gallia → Narbonensis, seit Augustus Kolonie röm., vorher vielleicht schon latin. Rechts. Seit dem 2. Jh. ist eine christl. Gemeinde, seit dem 3. Jh. ein Bischofssitz bezeugt. Hat ganz erhaltenen Pseudoperipteraltempel des → Augustus und der → Livia im Bereich des Forums mit komplizierter Bau- und Weihungsgeschichte. Das Theater aus augusteischer Zeit ist mit 130,4 m Durchmesser eines der größten des Imperiums. Von der Spina eines Zirkus steht noch ein 24 m hoher Obelisk mit unvollendetem Reliefschmuck. L. B.-H.

Lit: A. Bruhl, RE 8 A 2 (1958), 2112–27.

Vierfarbenmalerei. Daß der Mannigfaltigkeit der → Farben vier Grundfarben zugrunde liegen, scheint zuerst → Empedokles gelehrt zu haben. Weiß, Rot, Schwarz treten in der Keramik zur Farbe des Tons hinzu; für Schwarz tritt in der → Marmormalerei das anscheinend als gleichwertig empfundene Blau ein. Seit der frühen Klassik tritt Ocker hinzu, das Mischungen und damit klassische Einheit erlaubt. An Empedokles schloß sich eine lange Diskussion (Demokrit, Platon, Aristoteles) und praktische Auswirkung. Vgl. → Farbensymbolik. C.K.

Lit: W. Kranz, Die ältesten Farbenlehren der Griechen, Hermes 47, 1912, 126–140 – C. Prantl, Aristoteles über die Farben, 1849, 97ff., 109ff. – Pfuhl, 942.

Viergöttersteine, sog., in den röm. Provinzen, bes. im Rheinland verbreitete Sockelsteine, zumeist von Jupitersäulen, mit vier Göttergestalten auf den Seiten, bes. Merkur, Herkules, Minerva, Juno. Vgl. → Germanen C [2]. L.B.-H.

Lit: F. Sprater, Die Jupitersäulen, Pfälzer Heimat 2, 1951, 65–71.

Vierzig (*οἱ τετταράκοντα*), im 4. Jh. v. Chr. ein attisches Kollegium von 40 durchs Los bestimmten Männern, je 4 aus jeder Phyle, letztlich hervorgegangen aus den peisistratidischen Demenrichtern (Aristot. Ath. pol. 53, 1). Sie empfingen privatrechtliche Klagen (mit Ausnahme der an die → Eisagogeis gehenden ‹Monatsklagen›) zwecks Weiterleitung an den → Diaiteten und gegebenenfalls das → Dikasterion (→ Recht I B5b). Bis zum Streitwert von 10 Drachmen entschieden sie selbst. H.J.W.

Vigiles. Schon vor Augustus gab es eine Art (teils privater) Feuerwehr (Vell. 2, 91, 3; Dig. 1, 15, 1; Val. Max. 8, 1, 6 damn.; vgl. Cic. Pis. 11, 26). Augustus richtete 23 v. Chr. eine Löschmannschaft von 600 Sklaven ein, die 6 n. Chr. als V. in Stärke von 7000 Freigelassenen (Cass. Dio 55, 26, 5; Suet. Aug. 25. 30; Tac. ann. 13, 27) unter einem ritterlichen → praefectus vigilum (Cass. Dio 52, 24. 33) erweitert wurde. Jede Kohorte zu 1000 Mann, für zwei Stadtregionen verantwortlich (Dig. 1, 15, 3), war zunächst in Privathäusern (Cass. Dio 57, 19, 6; Suet. Tib. 37, 1), später in Lagern untergebracht (vgl. Suet. Claud. 18, 1). Der praefectus vigilum war auch mit für die Sicherheits → Polizei zuständig (Cass. Dio 58, 9; 73, 9; Tac. hist. 3, 64. 69), woraus sich eine beschränkte Jurisdiktion ergab (Dig. 1, 15, 3, 1; 1, 15, 4; 12, 4, 15). Als Löschwerkzeuge (Tac. ann. 15, 43) standen zur Verfügung Spritzen (siphones; Plin. epist. 10, 42, 2; Sen. nat. 2, 16; Isid. orig. 20, 6, 9), Eimer (hamae; Iuv. 14, 305f.), Äxte (dolabra; Dig. 1, 15, 3, 3), Feuerpatschen (mit Essig getränkt; centones), Leitern (scalae; Dig. 33, 7, 12, 18). W.K.

Lit: P. K. Baillie Reynolds, The V. of Imperial Rome, 1926.

Vigiliae, aus dem Kriegsleben stammende Einteilung der Nacht in ‹Wachen›. In Babylon, im AT und bei Homer je 3 Wachen für → Tag und Nacht. Dem ägypt. System der 4 Wachen zu je 3 Stunden folgen die 4 *φυλακαί* in Griechenland (seit 5. Jh. v. Chr.) und die 4 V. in Rom. H.Kal.

Vigintisex viri (vigintiviri). 1. *Republik:* Untergeordnete Behörden, von Cicero als *magistratus minores* bezeichnet, deren Mitgliederzahl insgesamt 26 ergibt. Einige besaßen jurist. Aufgaben, wie die → decemviri (st)litibus iudicandis, die vier praefecti iure dicundo Capuam Cumas; Verwaltungsfunktionen übten aus: die → tresviri (3) capitales, die → tresviri (1) aere argento auro flando feriundo, die → quattuorviri viis in urbe purgandis sowie die → duoviri (6) viis extra urbem propiusve mille passuum purgandis. Die V. wurden in den → comitia tributa gewählt. – 2. *Kaiserzeit:* Augustus hob die Ämter der praefecti Capuam Cumas und der duoviri viis extra urbem purgandis auf und reduzierte damit die Zahl der Mitglieder auf 20 (‹vigintiviri›). D.R.

Villa → Haus.

Villanovakultur. [1] Die V. ist eine italische Erscheinungsform der für das früheisenzeitliche Europa charakteristischen ‹Urnenfelderkulturen›, die zur → Hallstattkultur gehören. Sie *dauert* etwa vom Beginn des 1. Jt.s bis ca. 600 v. Chr. Ihre *Hauptverbreitungsgebiete* sind die südöstl. Aemilia mit Schwerpunkt Bologna und das nachmalige → Etrurien zwischen Arno und Tiber. Auch um Verucchio und San Marino, im Picenum und bei Salerno sind Funde zutage getreten. Ihren Namen hat die V. nach einem Vorort von Bologna, wo Graf G. Gozzardini 1854 erstmals mit wissenschaftlichen Zielen einen ihrer Friedhöfe ausgrub. Entsprechend den Erfahrungen in den anschließenden Ausgrabungen sind die *Entwicklungsstufen* gleichfalls nach Bologneser Fundplätzen benannt worden – San Vitale, Savena, Benacci I und II, Caprara, Arnoaldi –, doch ist neuerdings zum besseren Vergleich mit anderen Urnenfelderkulturen eine Dreistufengliederung: Bologna bzw. Tarquinia I–III (H. Müller-Karpe), oder, im Hinblick auf die Formierung der → etrusk. Kultur, eine 4-Phasengliederung: v. tipico, v. evoluto, v. orientalizzante, v. tardo orientalizzante eingeführt worden (M. Pallottino), wobei die zwei zuletzt genannten im westl. Mittelitalien bereits der etrusk. Kultur angehören. Das Schwergewicht der Entwicklung scheint im tyrrhenischen Küstengebiet gelegen zu haben. Es gibt zunehmend Hinweise darauf, daß die etruskischen Städte aus V.-Dörfern, bzw. deren politischen Zusammenschluß entstanden sind.

[2] *Charakteristisch* für die V. ist die Beisetzung der verbrannten Toten in hohen, glänzend braunschwarzen Tongefäßen (→ ‹Impasto›-Keramik) von doppelkonischer Form, die mit breit und großzügig in strukturverdeutlichender Anordnung eingeritztem geometrischem Ornament verziert sind. Als Deckel dient eine gleichfalls einhenklige Schale oder auch ein bronzener Kammhelm bzw. dessen Nachbildung aus Ton. Das zugehörige Bronzegerät wie auch das Symbolgut stehen in enger Beziehung zum mittleren Donauraum. – Als Behausungen für die rasch zunehmende Bevölkerung dienten rundliche und länglichrundliche Holz-Lehm-Hütten mit steilen, doppeltgewalmten Dächern und bizarrem Dachsparrenwerk, deren Gestalt uns bes. durch die ihnen nachgebildeten tönernen Bestattungsbehältnisse, ‹Hüttenurnen›, bekannt ist. Zu Dörfern vereint, lagen sie auf den natürlich gesicherten Höhen des Tuffplateaus der Landschaft. – Neben der ursprünglich dominierenden Beisetzung der Urnen in dicht nebeneinander brunnenartig eingetieften Schächten, ‹Pozzogräbern›, kommt zunehmend die Bestattung unverbrannter Toter in länglichen Grabgruben, ‹Fossagräbern›, vor, ohne daß jedoch damit ein Wechsel der Bevölkerung oder ihrer Struktur verbunden werden könnte. O.W.v.V.

Lit: G. Kossack, Studien zum Symbolgut der Urnenfelder- u. Hallstattzeit Mitteleuropas, 1954 – L. Laurenzi, La civiltà villanoviana e le civiltà del ferro, in: Civiltà del ferro, 1960, 3–71 – P. Laviosa Zambotti, L'origini della civiltà di Villanova, ebd., 73–98 – H. Müller-Karpe, Beiträge zur Chronologie der Urnenfelderzeit nördl. u. südl. der Alpen, 1959 – M. Pallottino, Sulle facies culturali arcaiche dell' Etruria, StE 13, 1939, 85–129 – Ders., Etruscologia (1942), 1963⁵, 43–117.

Villius, L. trib pleb. 180 v. Chr., Urheber der lex annalis.

2. **V. Tappulus,** P. (aed. 204, praet. 203, cos. 199 v. Chr.), operierte, behindert durch Unzufriedenheit in seinem Heer, 199/198 wenig erfolgreich in Griechenland (Liv. 32, 3ff.). 197–193 war er mehrfach mit diplomatischen Aufgaben betraut (Polyb. 18, 48ff.; Liv. 33, 24; 34, 57; 35, 13ff. 39). A.L.

Vinalia, Weinfeste; an den *V. rustica* am 19. Aug. (Fest. 322 L.) wurde → Jupiter gebeten, die reifenden Trauben zu schonen. Nicht damit zu verwechseln ist ein bewegliches Fest, an dem der → Flamen Dialis Jupiter ein weibliches Lamm opferte und die Weinlese eröffnete (Varro ling. 6, 16). Die *V. priora* am 23. April gaben durch ein feierliches Trankopfer an Jupiter den Wein der letzten Ernte zum profanen Gebrauch frei: erst von diesem Moment an konnte man den neuen Wein trinken. Die Riten der V. sind oft besprochen worden, bes. auch die Rolle, die Venus neben Jupiter in beiden Festen spielte. H. Le B.

Lit: F. Bömer, Juppiter u. die röm. Weinfeste, RhM 90, 1941, 30–58 – R. Schilling, La religion romaine de Vénus, 1954, 91–155 – G. Dumézil, Quaestiunculae indo-italicae 11–16, REL 39, 1961, 261 bis 274.

Vindex, C. Iulius, Sohn eines Senators aus aquitanischem Königsgeschlecht. 67 Legat von Gallia Lugdunensis. V. empörte sich im Frühj. 68 gegen → Nero und trug → Galba die Nachfolge an. Die Empörung wurde zum Aufstand, den die Häduer und Sequaner und Städte wie Vienna begünstigten, während die Belger, Treverer und Lingonen und die Einwohner von Lugdunum loyal blieben. Nach der Schlacht von Vesontio, in der die Heere von Germania superior unter → Verginius (2) Rufus siegten, beging V. Selbstmord. Sein Andenken von Galba geehrt. U.Wm.

Lit: M. Raoss, La rivolta di V. ed il successo di Galba, Epigraphica 20, 1958, 46–120; 22, 1960, 37–151 (Lit).

Vindex, vgl. auch → Caesellius.

Vindicianus, Arzt in Afrika im 4. Jh. n. Chr., Lehrer des → Theodorus (5) Priscianus; erhalten 2 Briefe allgemeinmedizinischen Inhalts, ein in mehreren Fassungen vorliegender Abriß der Anatomie und Physiologie und eine medizinische Doxographie (stoisch-pneumatisch). F.K.

Ed: V. Rose, 1894 (in der Ausgabe des Theod. Prisc.) – *Lit:* M. Wellmann, Die Fragm. der siz. Ärzte, 1901.

Vindobona, röm. Legionslager in Pannonia sup. (Kt. 2209 B1; heute Wien). Zunächst Alenlager, seit ca. 100 nach Chr. Standort der Legio XIII Gemina, dann der X Gemina und der Classis Histrica. Hier starb Kaiser → Mark Aurel. Infolge Überbauung durch die moderne Großstadt wenig Denkmäler erhalten. B.S.

Lit: K. Oettinger, Das Werden Wiens, 1951 – A. Neumann, Die röm. Ruinen unter dem Hohen Markt, 1950.

Vindonissa (Kt. 1057 C9), Legionslager und späterer Vicus an der Aare bei ihrem Zusammenfluß mit Reuß und Limmat (heute Windisch bei Brugg), an der verkehrs- und verteidigungstechnisch wichtigsten Stelle im Schweizer Mittelland. Um 17 n. Chr. gegründet, um 30 n. Chr. vergrößert, um 46 n. Chr. in Stein erbaut, beherbergte das Lager nacheinander die Legio XIII Gem. (unter Tiberius nach V. verlegt), seit um 46 n. Chr. Legio XXI Rapax, ca. 70–101 n. Chr. die Legio XI Claudia Pia Fidelis. Danach nur noch geringe Verwaltungstruppen (Legio VIII Augusta) in V. Um 259 Versuch einer Neuarmierung im Zuge von Neudispositionen unter Valerian und Gallien. Durch die Alamanneneinfälle unbedeutend geworden. Im 4. Jh. Bischofssitz. Grabungen in V. seit 1898 haben die wichtigsten Gebäude des Legionslagers freigelegt: Kasernen, Tribunenhäuser, Thermen, Valetudinarium, Principia, die Umfassungsmauern und das Straßensystem sowie außerhalb das Amphitheater und ein Forum. R.F.

Lit: Jahresber. der Ges. pro V. seit 1898 – R. Laur-Belart, V., Lager und Vicus, 1935 – Chr. Simonett, Führer durch das V. Museum, 1947 – R. Fellmann, Führer durch das Amphitheater V., 1952 – Ders., Die Principia des Legionslagers V. und das Zentralgebäude der röm. Lager und Kastelle, 1958.

Vinea, leichte Schutzhütte (vgl. Plin. nat. 14, 1. 3) aus Pfählen und Stangen, bei der Belagerung von → Festungen verwandt; Maße z. B. Breite 2,37 m, Höhe 2,07 m, Länge 4,74 m, mit frischen Fellen oder nassen Decken und (darunter) Flechtwerk überdacht und gegen Brand- und Wurfgeschosse abgeschirmt, von Soldaten entweder bis zur feindlichen Mauer getragen und dort eingerammt oder auf Rädern vorwärts gerollt. Mehrere Vineae konnten zu einem Laufgang, *στοά* (Polyb. 9, 41), porticus (Caes. civ. 2, 2, 3), vereinigt werden. Ähnlich waren Schirmwände, plutei (Veg. mil. 4, 15, 2), die auf drei Rädern liefen oder (als Brustwehr: loricae ex cratibus: Caes. Gall. 5, 40, 6) nur aufgestellt wurden (Caes. Gall. 7, 41, 4); unmittelbar an der Mauer wurde eine starke, niedrige Hütte, *χελώνη ὀρυκτρίς* (Ath. Mech. 19, 3), musculus (Veg. mil. 4, 16; oft mit → Aries), beim Unterminieren (Caes. civ. 2, 11, 3), eingesetzt. Vgl. → Testudo. W.K.

Q: Apollodorus Damascenus Mechanicus, in: R. Schneider, Griech. Poliorketiker (übers.), Abh. Göttingen NF 10, 1908 – A. Neumann, RE 9 A 1 (1961), 106–109.

Vinicianus, L. Annius, cos. suff. vor 41 n. Chr., Sohn des (C.) Annius Pollio, Konsul unter → Tiberius. V. wurde mit seinem Vater 32 wegen Hochverrats angeklagt. Teilnehmer an der Verschwörung des → Cassius (1) Chaerea gegen → Caligula, bei den Beratungen über die Nachfolge selbst als Anwärter genannt. Er beteiligte sich an der gescheiterten Revolte des Camillus → Scribonianus (1) i. J. 42 und endete durch Selbstmord. U.Wm.

Lit: D. McAlindon, Senatorial Opposition to Claudius and Nero, AJPh 77, 1956, 113–132.

2. **V.,** Annius, Sohn des vorigen und Schwiegersohn des Cn. Domitius → Corbulo. Unter diesem 63 n. Chr. Legionslegat. Im J. 65 vorgeblich als Begleiter des → Tiridates (4), in Wirklichkeit als Geisel für Corbulo nach Rom geschickt. Wohl Urheber der sog. vinicianischen Verschwörung in Benevent ca. 66. U.Wm.

Lit: R. Rogers, Heirs and Rivals to Nero, TAPhA 86, 1955, 190–212.

Vinicius, M., cos. suff. 19 v. Chr., homo novus aus Cales in Kampanien. Als Legat des → Augustus in Gallia Comata 25 in Kämpfe am Rhein verwickelt, 25/19 vielleicht Prokonsul von Macedonia. Erhielt als Prokonsul (?) von Illyricum 14/13 den Auftrag, die aufständischen Pannonier zu unterwerfen. 1–3 n. Chr. Legat der germanischen Heere, Triumphalornamente für militärische Erfolge. Starb um 20. Persönlicher Freund des Augustus, Großvater des M. Vinicius cos. 30, II 45, dem → Velleius Paterculus seine ‹Historia Romana› widmete. Die akephale Inschrift aus Tusculum (D. 8965), die von Operationen im Donaugebiet berichtet, wird meist auf ihn bezogen. U.Wm.

Lit: R. Syme, Roman Revolution (1939), 1952^2, Ind. S. 567 – Ders., Missing Persons III, Historia 11, 1962, 146–155.

2. **V.,** L., cos. suff. 5 v. Chr. Der ältere → Seneca (1) rühmt seine Fähigkeit zur Stegreifrede vor Gericht und bringt eine Probe aus einer Deklamation (contr. 2, 5, 19f.; nach Nipperdey handelt es sich dort jedoch um den Vater V., cos. suff. 33 v. Chr.). R.T.

Lit: R. Hanslik, RE 9 A 1 (1961), 111f.

3. **V.,** P., als Prätor um die Zeitwende militärischer Vorgesetzter des → Velleius Paterculus in Makedonien, cos. 2 n. Chr.; 20 n. Chr. lehnte er es ab, Cn. Calpurnius → Piso (1) zu verteidigen; im Auftrage der Stadt Narbo verklagte er → Votienus Montanus. Aus seinen Deklamationen zitiert der ältere Seneca, der auch bezeugt, daß V. den → Ovid besonders schätzte. Ein negatives Urteil über ihn (?) als Redner: Sen. epist. 40, 9. R.T.

Lit: R. Hanslik, RE 9 A 1 (1961), 119f.

Vintius, kelt. Gott der → Gallia Narbonensis, in Vintium als → Mars V. verehrt, im Gebiet von → Vienna → Pollux gleichgesetzt (CIL XII 3.2558.2561). H. Le B.

Vipsanius → Agrippa.

Vipstanus Messalla, Militärtribun 69 n. Chr., nahm unter → Antonius (15) Primus an den Kämpfen bei Bedriacum und Cremona teil. Er übernahm 70 die Verteidigung seines Bruders, des Anklägers Aquilius → Regulus. Nachkomme des Redners → Messalla (2) Corvinus, Gesprächspartner im ‹Dialogus› des → Tacitus. Von Tacitus als Quelle für die ‹Historiae› benützt (hist. 3, 25. 28). U.Wm.

Lit: R. Syme, Tacitus, 1958, Ind. S. 853.

Virbius, Kultgefährte der → Diana im heiligen Hain von Nemi; das ursprüngliche Wesen des Gottes ist uns nicht bekannt. Die antike Spekulation machte aus ihm den Sohn des → Theseus, → Hippolytos, den → Asklepios/Aesculapius zum Leben erweckt und → Diana nach Italien gebracht haben sollte; man versuchte wohl, damit das Tabu zu erklären, das Pferden den Zutritt zum heiligen Hain verwehrte; diese Tiere hatten nämlich den Tod des Hippolytos verursacht (Ov. met. 15, 497–546; fast. 3, 265–266; Serv. Aen. 5, 95; 7, 84, 761). Aus Neapel ist seltsamerweise ein Flamen Virbialis bezeugt (C IL X 1493); da hatte also V. einen eigenen Staatskult. H. Le B.

Virga, Olivenholzstäbchen, das in der Mitte der Mütze der → Flamines befestigt war, → Apex. H. Le B.

Viriat(h)us, ca. 190–139 v. Chr., Lusitanier, in seiner Jugend Hirte und Bandenführer, seit 147 oberster Führer der Lusitanier, kämpfte, ein Meister des Guerillakrieges, gegen Rom für die Unabhängigkeit seiner Heimat. Nachdem er

147 gegen den Prätor Vetilius das Baetistal erobert und 146 die Hispania ulterior samt einem Teil der Nordprovinz beherrscht hatte, verlor er 144 das Baetistal an Q. → Fabius (6) Maximus Aemilianus, der als cos. 145 gegen ihn entsandt worden war. Nach wechselvollen Kämpfen errang V. 140 bei einem neuen Einfall in die Südprovinz seinen größten Erfolg: zum Friedensschluß gezwungen, bestätigte Q. Fabius Maximus Servilianus dem zum amicus populi Romani erklärten V. die besetzten Gebiete als unabhängiges Besitztum. Schon 139 annullierte der Senat diesen Vertrag; durch Erfolge des Prokonsuls Q. Servilius Caepio zu Friedensverhandlungen genötigt, wurde V. durch seine eigenen, von Caepio angestifteten Gesandten 139 meuchlings ermordet; seine Kampfgenossen wurden 138 in Valentia angesiedelt. K.H.Sch.

Virtuosen. [1] Im Bereich des → Theaters kamen V. durch Einführung des → Schauspieler-Agons in der Mitte des 5. Jh.s v. Chr. auf. Eigentlich bekannt wurden einzelne Schauspieler erst in späterer Zeit, so die tragischen Schauspieler Gorgosthenes (Ende 4. Jh.) und Sositheos (3. Jh.); in der Kaiserzeit wurde der Komödienschauspieler Straton gefeiert. Ebenso waren Theatermusiker und → Pantomimen (Bathyllos, Pylades) als V. bekannt. E.-R.Sch.

[2] *Musikvirtuosen* wurden bes. in der Kaiserzeit durch Kunstverständnis und freigebige Honorare von der Hauptstadt Rom und dem kaiserlichen Hof angezogen, dabei aber häufig durch einen buchstäblichen V.kult verdorben, den vor allem Kaiser → Nero gegenüber seiner eigenen Person förderte. Bekannte V. aus der Zeit der ausgehenden Republik sind der Sänger Tigellius und der Kitharöde Anaxenor, aus neronischer Zeit die Kitharöden Terpnus, Menekrates und Diodoros. Die Namen der Choraulos-V. Canus und Glaphyrus wurden sprichwörtlich für den V.typ. G.W.

Virtus. [1] V. (< vir, ‹Mann›), zunächst ‹Mannhaftigkeit› im kriegerischen Bereich, jedoch schon in der ältesten faßbaren röm. Literatur weniger mit der griech. *ἀνδρεία* als vielmehr mit → Arete im speziellen ethischen Sinne geglichen. Die Urbedeutung ist allerdings nie ganz verlorengegangen. O.G.

[2] V. wurde in Rom zusammen mit → Honos verehrt (→ Personifikationen). Ihr ältester Tempel war 222 v. Chr. während des Krieges gegen die → Insubrer von M. → Claudius (10) Marcellus gelobt worden; er wurde an den bereits bestehenden Honostempel angeschlossen. Ein beiden Gottheiten gemeinsamer Tempel wurde von → Marius (1) nach seinem Sieg über die Cimbern und Teutonen i. J. 101 v. Chr. errichtet. Augustus hat den Kult der V. neu organisiert (Dio Cass. 54, 18). Er hat sich in der Kaiserzeit allmählich verloren, ist aber stets auf die militärische Tüchtigkeit in altröm. Sinne bezogen geblieben. H. Le B.

Virtutes dicendi (*ἀρεταὶ λέξεως*), die 4 (später 5) Stilqualitäten der antiken → Rhetorik B [6]; Abb. 187, 8; → Theophrast; → Brevitas. H.H.

Lit: J. Stroux, De Theophrasti virtutibus dicendi, 1912 – O. Regenbogen, RE Suppl. 7 (1940), 1528–32, s. v. Theophr. – Kennedy, Persuasion, 104. 274–278.

Virunum, röm. Stadt in Noricum auf dem Zollfeld in Kärnten (beim heutigen Maria Saal; Kt. 2209 A2). Vorröm. Siedlung nicht bezeugt. Mit der Verlegung der Stadt auf dem Magdalensberg in die Ebene wird V. unter → Claudius Sitz des ritterlichen Statthalters von Noricum, mit der Verlegung der Legio II Italica an die Donau wird auch der Statthaltersitz von V. weg verlegt. Bei der Teilung von Noricum unter → Diokletian wieder Provinzhauptstadt. 591 n. Chr. noch ein Bischof von V. bezeugt, der aber seinen Sitz wohl in einem der befestigten Kastelle der Umgebung hatte. Reiche Bodenfunde, unter Hadrian erbautes Bühnentheater. B.S.

Lit: C. Praschniker-H. Kenner, Der Bäderbezirk von V., 1947 – R. Egger, Führer durch d. Landesmus. in Klagenfurt, Antikensammlung, 1921 – Jährl. Grabungsberichte in ‹Carinthia›.

Visigothica, westgot. Minuskel, auf span. Boden seit etwa 700 gebräuchliche → Schrift (D 5) mit Einhaltung der Senkrechten, starker Ausprägung der Ober- und Unterlängen, oben offenem a und rechts offenem g. H.Hg.

Visolus → Poetelius.

Vita activa, contemplativa. Die Vorstellung, daß der Mensch zwischen verschiedenen Lebensformen wählen könne und müsse, ist sehr alt und in Ansätzen bis auf Homer und Hesiod zu verfolgen. Voran steht zunächst die Alternative zwischen ‹tätigem und beschaulichem Leben›: jenes ist politisch-kriegerisch, dieses (positiv) vornehme Muße, (negativ) träger Genuß, dann aber auch die Lebensform des Sängers und Dichters (vgl. Bakchyl. 10; Eur. Frg.e der ‹Antiope›; Prodikos bes. Xen. mem. 2, 1). In Erzählungen des späten 5. Jh.s v. Chr. wandelt sich diese in die Lebensform des weltabgewandten Erforschers der philosophischen Wahrheit, zunächst des Naturphilosophen (→ Anaxagoras, → Demokrit). → Platon übernimmt aus der religiösen Sprache den Begriff der Theoria (*θεωρία*, spätlatein. mit contemplatio übersetzt) für die ‹Schau› des ewigen Seins. Aristoteles hält von den drei möglichen Lebensformen: Genuß, politische Tätigkeit, philosophische Forschung (NE 1, 3), nur die zwei letzten für ernsthaft diskutabel und die letzte für die höchste (NE 10, 6–9). Die hellenist. Philosophie gibt den Vorzug entweder der Theoria (Theophrast, dann wohl die überwiegende peripatetische und platonische Tradition) oder der Praxis (→ Dikaiarchos, z. T. → Cicero beeinflussend) oder einer Synthese beider (vielfach die → Stoa, wiederum auch Cicero). Die neuplatonische Fassung der Vita contemplativa hat stark auf das antike Christentum, die aristotelische auf das Hochmittelalter eingewirkt. O.G.

Lit: W. Jaeger, Kl. Schriften II, 1961 – I. Düring, Aristotle's Protrepticus, 1961.

Vitalianus, Donauprovinziale, nach erfolgreichen, religionspolitisch motivierten Gefechten gegen den monophysitisch gesinnten Kaiser → Anastasius von diesem 514 n. Chr. zum magister militum per Thracias ernannt, doch 515, in Kirchenfragen erneut mit dem Kaiser entzweit, seiner Stellung enthoben. Als magister militum unter → Justinus I. wiederum kirchenpolitisch aktiv (theopaschitischer Streit), wurde V. in dem Konsulat 520 ermordet. K.H.Sch.

Vitellius, A., röm. Kaiser 19. 4.–21. 12. 69 n. Chr. Geb. 15 in Luceria, 48 Konsul, 60/61 (?) Proconsul in Africa. Ende 68 Legat des niedergermanischen Heeres. Am 2. 1. 69 auf Betreiben des → Fabius (13) Valens und → Caecina Alienus zum Kaiser ausgerufen. Vormarsch nach Italien in zwei Gruppen über Mt. Genèvre und Gr. St. Bernhard. Im Westen sogleich anerkannt, vom Senat erst am 19. 4. 69 nach dem Sieg über Otho bei Betriacum. Annahme des Titels consul perpetuus, Verstärkung der neuen → Prätorianergarde. Der Kaiser selbst gibt sich als unfähiger Bonvivant. Im Osten → Vespasian zum Kaiser ausgerufen, dem sich die Donauarmee, die sich für Otho exponiert hatte, anschließt. Sie marschiert unter → Antonius (15) Primus in Italien ein. Flotte von Ravenna fällt ab, auch Caecina Alienus; das Heer des V. bei Cremona besiegt. In Rom scheitert ein Einigungsversuch mit Vespasians Bruder → Flavius (5) Sabinus; die Einnahme des Kapitols ist der letzte Erfolg der Vitellianer. Nach Eintreffen der flavischen Truppen in Rom wird V. am 20. 12. 69 erschlagen. K.Chr.

Q: Tac. hist. 1, 51–53, 86 – Suet. Vit.

2. **V.,** L., cos. 34, II 43, III 47, Censor 47/48. Homo novus, Sohn eines röm. Ritters und Prokurators des → Augustus aus Nuceria. Schon früh im engeren Bereich des julisch-claudischen Hauses und dadurch rasches Avancement. Als Legat von Syrien (35–39) erfolgreich in der Regelung parthischer, kilikischer und jüdischer Angelegenheiten. V. setzte u. a. den → Pontius (3) Pilatus ab und schickte ihn zur Verantwortung nach Rom. Seine Amtsführung bei Tac. ann. 6, 32 als *prisca virtute* bezeichnet. Von → Caligula viel-

leicht wegen seiner konziliantenHaltung den Juden gegenüber zurückgerufen. Er beschwichtigte den Princeps angeblich durch Schmeicheleien. Unter → Claudius (1) genoß er hohes Ansehen und großen Einfluß; er war Stellvertreter des Princeps während des britannischen Feldzuges, zum großen Teil für die Verurteilung des → Valerius (3) Asiaticus i. J. 47 verantwortlich. Befürwortete die Ehe der → Agrippina (3) mit Claudius, daher bei ihr in hoher Gunst. Im J. 51 Versuch des Iunius Lupus, ihn durch eine Majestätsklage zu stürzen, durch Agrippinas Intervention abgewandt. V. starb 51/54; er wurde durch ein Staatsbegräbnis und eine Statue wegen seiner *pietas immobilis erga principem* (Suet. Vit. 3) geehrt. Er galt als geschmeidiger Politiker, den nicht nur seine Fähigkeiten, sondern auch seine Servilität zu einer überragenden Stellung führten. Seine Gattin war Sextilia, seine Söhne waren der Imperator A. → V. (1) und L. Vitellius, cos. suff. 48. U.Wm.

Lit: R. Syme, Tacitus, 1958, Ind. S. 853f.

3. **V.**, P., Onkel des Kaisers → V. (1); 15 n. Chr. unter → Germanicus in Germanien, anschließend Prokonsul von Bithynien, dann comes des Germanicus bei dessen Orientkommando; 20 klagte er den Cn. Calpurnius → Piso (1) des Giftmordes an Germanicus an (Tac. ann. 3, 13, 2; auf die publizierte Rede bezieht sich Plin. nat. 11, 187). Durch Denunziation in den Sturz → Sejans verstrickt, starb er 31 nach einem Selbstmordversuch. R.T.

Lit: M. Schuster, RE 9 A 1 (1961), 385–391.

Vitrasius → Pomponius.

Vitruv (Vitruvius Pollio?), röm. Architekt und Ingenieur. Nach neuerer, nicht bewiesener Vermutung mit → Caesars praefectus fabrum Mamurra identisch, dem Luxus und Verschwendung nachgesagt wurden. Glauben wir nicht an diese Identität, so wissen wir wenig vom Leben V.s. Sein Geburtsdatum ist unbekannt; er diente unter → Augustus als Heeresingenieur, hat aber nach eigener Angabe eine Basilika in Fanum, wohl seiner Heimatstadt, gebaut. In hohem Alter gab Vitruv sein Werk ‹Über Architektur› (De architectura, in 10 Büchern) heraus, das, dem Augustus gewidmet und etwa um 25 v. Chr. erschienen, als einziges antikes Werk über → Architektur und → Technik uns erhalten ist. Inhalt: Buch 1: Städteplanung (→ Stadt), Allgemeines und Eigenschaften des guten Architekten; 2: → Baumaterialien; 3 und 4: → Tempel und → Säulenordnungen sowie deren Proportionen; 5: öffentliche Gebäude, → Theater, Bäder (→ Thermen); 6: Privatbauten; 7: Innenausstattung; 8: Wasserleitungen (→ Aquädukt); 9: Zeitmessung und → Uhren; 10: Maschinenbau (→ Hebemaschinen, → Geschütze u. a.). Das Werk stützt sich in allen nur technischen Angaben auf eigene Erfahrung, verwendet aber für die Proportionenlehre u. ä. griech. Quellen des späten Hellenismus. Besonders → Hermogenes (1) ist benutzt worden, aber auch → Varro (1). Bauten der augusteischen Zeit sind kaum erwähnt. Der kompilatorische Charakter des Buches hat natürlich auf den Stil gewirkt. Er ist in den Einleitungen der einzelnen Bücher rhetorisch, in den technischen Beschreibungen trocken. ‹Dunkelheit› und schlechter Stil sind oft ungerecht getadelt worden. Von eigentlichem Vulgärlatein kann man kaum sprechen. V. hat auf seine eigene Zeit so gut wie gar nicht gewirkt, man greift zu ihm erst in der Spätantike (Exzerpt des Faventinus), auch das frühe Mittelalter kennt ihn (Einhard besaß ein Exemplar). Die bei weitem größte Wirkung V.s liegt erst in der Renaissance, in der besonders seine Proportionenlehre in die Architekturtheorie einging. Ob sie praktisch benutzt wurde, ist schwer festzustellen. V. gehört zu den am frühesten gedruckten Autoren, es gibt zahlreiche Ausgaben und Übersetzungen. C.F. – R.Hr.

Ed: V. Rose-H. Müller-Strübing, 1867 – Rose, 1899 – F. Krohn, 1912 – C. Fensterbusch, WBG, 1964 (mit Übers.) – *Übers:* F. Reber, (1865), 1931 – J. Prestel, 1912 – E. Stürzenacker, 1938 – *Lit:* E. Wistrand, V.-Studien, 1933 – H. Koch, Vom Nachleben V.s, 1951 – P. Thielscher, RE 9 A 1 (1961), 419–489 – Datum: Schefold PM 165.

Vitta, Wollband, das die → Priester um den Kopf banden und dessen Enden hinter den Ohren auf den Hals hinunterhingen; sie konnte auch um die Wollflocken geknüpft werden, aus denen die → infulae bestanden. Sie bedeutete, daß ihr Träger geweiht war, aber sie war nicht den Priestern vorbehalten; die Eingeweihten der → Mysterien trugen sie (nach griech. Brauche), und man schmückte damit den Kopf der Opfer, bevor man sie opferte. H. Le B.

Vivianus, röm. Jurist z. Z. Trajans, Verfasser von Werken über das prätorische (Dig. 4, 9, 4, 2) und ädilizische Edikt (Dig. 21, 1, 1, 9). H. Hb.

Vix (Dép. Côte-d'Or), bekannt durch den 1953 im Grab einer wohl als keltisch anzusprechenden Fürstin dort geborgenen *Schatz von V.* mit wertvollem griech. und etrusk. Import aus dem späten 6. Jh. v. Chr. Hauptstück ein 1,65 m hoher Bronzekrater wohl unterital.-griech., am ehesten tarentin. Herkunft. L.B.-H.

Lit: J. Carcopino, Promenades historiques au pays de la Dame de V., 1957 – R. Joffroy, Le trésor de V., Histoire et portée d'une grande découverte, 1962.

Vögel → Singvögel, → Haustiere.

Völkerbewegungen

[1] Ursachen – [2] Semitische Völker – [3] Indogermanen im Osten – [4] Indogermanen im Westen, bis zum 8. Jh. – [5] Kelten und Germanen – [6] V. innerhalb des Mittelmeerraums. – Vgl. auch → Völkerwanderung.

[1] Im vorderasiatisch-mediterranen Bereich waren V. entscheidender Anstoß zur Entstehung der Hochkulturen, an die sich diese, wenn überhaupt, nur im Mythos Erinnerung bewahrten, und außerdem, nach der Entfaltung, stete Bedrohung und Quelle der Angst vor einer übermächtigen barbarischen Naturgewalt. Ihre *Ursachen* sind vielfältig, nicht allein aus der nomadischen Lebensform von Viehzüchtern erklärbar: (1) Übervölkerung, die sich ihrerseits aus mehreren Komponenten zusammensetzt: der absoluten Bevölkerungszunahme; dem allmählichen Rückgang der Nahrungsmittelproduktion durch Ausrottung des Wildbestands, Erschöpfung der Weidegründe oder des extensiv und primitiv bewirtschafteten Bodens; unvorhergesehener Schmälerung der Ernährungsgrundlagen durch Klimaverschiebung oder Naturkatastrophen; (2) die Sogwirkung klimatisch und kulturell bevorzugter Räume, die bes. beim Aufkommen neuer, waffentechnische Überlegenheit versprechender Metalle wirksam wird; (3) die Fortpflanzung der Wanderungsbewegungen, die, sofern ein Überrollen nicht möglich ist, Schwächere zwingt, vor stärkeren Einwanderern zu weichen; (4) politische oder militärische Erwägungen bedrängter Herrscher, die bisweilen zur Stärkung des eigenen Potentials oder zur Schwächung des feindlichen die Unterstützung fremder, oft primitiver Völkerschaften in Anspruch nahmen, und endlich (5) das (geschichtlicher Betrachtung kaum greifbare) psychologische Moment, daß erfolgreiche Beispiele Begehrlichkeit und Abenteuerlust wecken. – Von *drei Hauptzentren* her bedrohten V. die Hochkulturen des Altertums:

[2] *Semitische Völker* kamen aus der arabischen Halbinsel: im 3. Jt. v. Chr. stießen akkadische Viehzüchter in die Nähe der sumerischen Zentren vor, unterwanderten sie, bis die semitische Dynastie von Akkad (2350–2150) nach Unterwerfung der → Sumerer das erste → Weltreich der Geschichte schuf (→ Mesopotamische Reiche). Nach einer kurzen Periode sumerischer Restauration drangen im 2. Jt. in ähnlicher Weise die → Amoriter vor; auch ihnen gelang mit der ersten Dynastie von → Babylon (1850–1530) eine Reichsbildung, die bereits in den gleichfalls akkadisch sprechenden → Assyrern (seit etwa 1800) ihre Gegenspieler hatte. In das 2. Jt. fallen auch die Wanderungen der kleinen Gruppe der halbnomadischen → Hebräer nach Ausweis des AT, deren Stationen Ur in Chaldäa, Harran, Palästina, Ägypten (14.–13. Jh.) geschichtlichen Tatsachen zu

entsprechen scheinen. In der 2.H.d.2.Jt.s traten bes. in Nordsyrien immer stärker die → Aramäer hervor, die es zwar bis zum Aufstieg des Neuen Assyrerreichs im 10.Jh. nur zu kleinstaatlichen Machtbildungen brachten, doch in der Folge westlich des Euphrat ihre Sprache durchsetzten, so daß sie das Akkadische ablöste und unter den Persern (Reichsaramäisch), dann in der hellenist. Welt, im römisch-parthischen Grenzraum in vielen Verästelungen (Jüdisch-, Christlich-Aramäisch, Syrisch, Palmyrenisch u. a) als Verkehrs- und Kultursprache bis zum Islam fortdauerte. Um die Mitte des 1.Jt.s v.Chr. begannen die Vorstöße der Araber, deren erste Staatenbildungen, die → Nabatäer in Petra und die → Palmyrener, starken aramäischen Einflüssen unterlagen. Etwa zur selben Zeit setzten südarabische Stämme nach Afrika über und drangen ins abessinische Hochland vor, wo das Reich von Aksum mit der Mittelmeerwelt in Kontakt trat, bes. als sie seit dem 3.Jh.n.Chr. durch Dromedarnomaden (Blemmyer und Berberstämme) bedrängt wurde. Erst der Islam schloß dieses seit dem 4. (oder 5.?) Jh. christl. Reich von der byzantin. Welt ab.

[3] *Die östliche Gruppe der → Indogermanen*, die kriegerischen Reiter- und Hirtenstämme der Indo-Iranier (Arier) aus der südrussischen Steppe, traten der mediterranen Welt erstmals im Reich → Mitanni (1500–1250) vor Augen, wo eine arische Oberschicht über eine nichtindogermanische churritische Bevölkerung herrschte. Andere Scharen dieser Völkerwelle drangen gleichzeitig in Indien ein, während → Meder und → Perser anscheinend erst allmählich vom Iran Besitz ergriffen, lange nachdem die vorarischen Bewohner, die → Kassiten, ihre Fremdherrschaft in Babylonien errichtet hatten, denn sie werden erst 836 v.Chr. in assyrischen Quellen erwähnt. Seit dem 8.Jh. machten die iranischen → Skythen von sich reden, die mit den → Kimmeriern das assyrische Großreich bedrängten, dann diese vor sich her über die Meerengen nach Kleinasien trieben, wo Kimmerier um 650 das phrygische und das lydische Reich heimsuchten. Um 500 tauchten Skythen in Ungarn und Schlesien auf. Jahrhunderte lang waren Skythen (mit verwandten Stämmen oder Bezeichnungen: Geten, Massageten, Saken) die nördlichen Nachbarn der Perser und Griechen, mit denen sie in regen Kulturaustausch traten (→ Bosporanisches Reich; skythischer Tierstil). Ihre Westbewegung war Vorbote neuer indogermanischer Wanderungen, die zunehmend durch den Druck der → Hunnen und ihre Kämpfe mit dem Chinesischen Reich beeinflußt wurden. Nachdem im 3.Jh. die Parner in das seleukidische → Partherreich eingedrungen waren und unter dem Namen dieser Satrapie ein iranisches, hellenist. Einflüssen ausgesetztes Reich aufgebaut hatten, erlag in den zähen Kämpfen des 2./1.Jh.s das griechisch-baktrische Reich skythisch-parthischen Gruppen und endlich den Kuschan, die sich in Nordwestindien festsetzten (1./2.Jh.n.Chr.). Die eigentlichen Träger der Westbewegung wurden aber die → Sarmaten (Sauromaten), Nachfolger und Erben der Skythen, die im 2.Jh. v.Chr. die Wolga überquerten und bald an die Grenzen des röm. Reiches stießen. Unter ihren zahlreichen Stämmen erschienen die Jazygen bereits unter → Tiberius (1) in der Donau-Theiß-Ebene, die Roxolanen noch im 1.Jh. v.Chr. an der unteren Donau, während die stärkste Gruppe, die der alanischen Stämme, im 2.Jh. Armenien und Parthien bedrängte, im 3.Jh. Bessarabien erreichte und später Anschluß an die germanische → Völkerwanderung fand. Die Lebensgewohnheiten der sarmatischen Steppennomaden werden bei antiken Autoren (Herodot, Strabon, Ovid, Josephus, Ammian) anschaulich und fast übereinstimmend geschildert. Ihre ursprüngliche Heimat, die untere Wolga, war seit dem 2.Jh.n.Chr. (→ Ptolemaios, 17) im Besitz der Hunnen.

[4] Die V. des *westlichen, zentraleuropäischen Zweiges der Indogermanen* beeinflußten die Antike am nachhaltigsten. Ihre Formen sind verhältnismäßig konstant: der Treck ‹mit Mann und Roß und Wagen› (von ihm sind Kriegs- und Beutezüge reisiger Haufen – Gallier vor Rom 387 vor Chr., → Mamertiner, → Odoakar, → Langobarden unter → Narses u. a. – zu scheiden), der unterwegs oft Teile zurückläßt und fremde Einsprengsel aufnimmt, unterbricht mitunter den Zug zu längeren oder kürzeren Perioden agrarischer Produktion. Seine politische Organisation kennt den Heerkönig, den ‹Herzog› (→ Königtum), dem eine Versammlung der Wehrfähigen als letzte Entscheidungsinstanz gegenübersteht. Wenn die V. mit Landnahmen enden, erfolgt die Landverteilung durch das Los; gesellschaftliche Abstufungen, die in der Wanderzeit naturgemäß gering sind, bilden sich erst als Folge der Landnahme stärker heraus. – Mit Beginn des 2.Jt.s drangen indogermanische Stämme in die *Balkanhalbinsel* und in *Kleinasien* ein. Nach einem ‹Verhaltenheitsstadium› von mehreren Jahrhunderten wurden die ‹protogriechischen› Schichten → Griechenlands zu Trägern der bronzezeitlichen mykenischen Kultur (→ Kretisch-myken. Kultur), während etwa gleichzeitig um 1600 eine indogermanische Oberschicht in Anatolien das → *Hethiterreich* aufbaute, das bald durch die Überlegenheit des Eisens im Vorderen Orient gefürchtet war. – Schwerste Erschütterungen der mediterranen Welt gingen um 1200 v.Chr. am Ende der (von anatolischen Einflüssen mitbestimmten) Bronzezeit vom mitteleuropäischen Raum aus, wo die Träger der Urnenfelderkultur (→ Veneter?) den Anstoß zu einer verwirrenden Fülle von V. gaben. Die → Illyrier rückten in den nördlichen Balkanraum ein und brachten dort die Nordwestgriechen und → Dorier in Bewegung, die in den Stößen der → ‹*Dorischen Wanderung*› (vgl. auch → Griechenland III A 1) die mykenischen Burgen brachen und die mykenische Kultur vernichteten; Ankömmlinge und aufgestörte Achäer setzten gemeinsam in den nächsten Generationen die Bewegung mit der Landnahme im Ägäisraum und an der Westküste Kleinasiens fort. Dem Druck der Illyrier wichen auch thrakisch-phrygische Stämme, die nach Kleinasien übersetzten, wo sie unter ungeheuren Zerstörungen (→ Troja, → Hattusa u.a.) die Vernichtung des Hethiterreichs auslösten und das Vordringen der Assyrer auf ein Jahrhundert hemmten. Die Pharaonen wehrten die andringenden → ‹Seevölker› ab: Merneptah einen Vorstoß aus Libyen und 25 Jahre später (1195 v.Chr.?) → Ramses III. eine Flotteninvasion im Delta (die vielumstrittene Identifizierung der in ägyptischen Quellen, Tempel von Medinet-Habu u. a., genannten Völker mit Sardiniern und Sikulern, Achäern, Tyrrhenern, Lykiern und Philistern ist nur z.T. gesichert). Die syrisch-phönikische Küste wurde heimgesucht, viele Städte (→ Ugarit) zerstört, die → Philister setzten sich in ‹Palästina› fest. – Im Westen war seit dem Ende des 2.Jt.s, nach geringen älteren Einsickerungen (→ Terramare-Kultur) die Zeit der durchgreifenden Indogermanisierung → *Italiens* gekommen, die von der Poebene aus (→ Villanova-Kultur) in zwei Vorstößen die Halbinsel durchdrang, dem älteren der kleinen Gruppe der Latino-Falisker und dem mächtigeren und späteren der Umbro-Sabeller; in Venetien setzte sich ein Teil der → Veneter fest, während die illyrische Gruppe die Adria überquerte und an der italischen Küste siedelte. Die → Kelten, die bereits Britannien und mit einem Zweig, den Goidelen (= Skoten), Irland besetzt hatten, rückten später auch in die Pyrenäenhalbinsel ein.

[5] *Kelten und Germanen.* Nach den Stürmen der Großen Wanderung gewährten mehrere Jahrhunderte der Ruhe Griechen und Italikern ungestörte Anfänge ihrer Geschichte. Der Norden schien sich in der älteren Eisenzeit (der aus der Urnenfelderkultur entwickelten, seit dem 6.Jh. bes. durch → Massilia auch griech. Einflüssen ausgesetzten → Hallstattkultur 750–450) zu konsolidieren. Doch schon seit dem 8.Jh. waren die Kelten vom Norden her dem Druck germanischer Stämme ausgesetzt, der sie zu Abwanderungen zwang, ihre Kultur schwächte: die neuen Kelten-

vorstöße nach Spanien (7.Jh.) brachten nur eine Verschmelzung mit bodenständigen Kräften zustande (→ Keltiberer), die Landnahme, die in der → La-Tène-Zeit (um 400) den fünf Stämmen der → Insubrer, Cenomanen, → Bojer, Lingonen und → Senonen in Italien nördlich des Apennin gelang, führte nach zahlreichen vergeblichen Eroberungszügen in die Halbinsel schließlich im 3.Jh. zu ihrer Unterwerfung unter Rom, und ihre Vorstöße nach Osten brachten zwar im 3.Jh. das Keltenreich von Tylis, den Beutezug in Griechenland 280 v.Chr. und die Errichtung des → Galater-Staats in Kleinasien, doch waren diese vorgeschobenen Positionen bald starken thrakischen und hellenist. Einflüssen ausgesetzt. – Die Keltenbarriere, die damit die Mittelmeerwelt von den Germanen abschloß, erwies sich bald als durchlässig. Die ersten *Germanen*, mit denen die Römer in Berührung kamen, waren Söldner: nicht die Gäsaten der Schlacht bei Telamon 222, sondern Krieger aus dem Stamm der → Bastarner, der, ein Vorläufer der Goten, um 200 das Schwarze Meer erreichte und von → Philipp V. und → Antiochos III. umworben wurde. Seitdem rückte die Germanenwelt, die nie zu völliger Ruhe kam, der antiken immer näher. Nach dem → Kimbern-Krieg 113–101, der den Römern den ersten direkten Kontakt brachte, folgte unter zahllosen anderen Bewegungen die Landnahme der Elbgermanen in Südwestdeutschland (→ Sueben, → Ariovist); 8 v.Chr. begann der Zug der → Markomannen und → Quaden vom Main nach Böhmen. Dem Druck an der Rhein-Donau-Grenze wußten die Römer durch Grenzsicherung und Kriegführung, Verhandlungen und Aufnahme Einzelner oder größerer Gruppen (→ Kolonat) lange erfolgreich zu begegnen. Als mit dem 3.Jh.n.Chr. der westgermanische Stammesbund der → Alemannen seine Angriffe gegen den → Limes begann und das Reich der → Goten in Südrußland den Osten und seine Meere (→ Dexippos) bedrohte, wurde für das Imperium jene Germanengefahr akut, der es in der germanischen → Völkerwanderung erliegen sollte (vgl. → Germanen).

[6] Den V. der Antike ist noch eine Reihe von *Binnenwanderungen im mediterranen Kulturraum* zuzurechnen, die, in Ursache und Formen verschieden, geschichtlich bedeutsame Bevölkerungsverschiebungen brachten. Zu ihnen zählt (sofern die umstrittene Herkunft aus Kleinasien als gesichert gelten kann) die Bewegung der → Etrusker im Nachklang zur Großen Wanderung (um 1000). Massenverpflanzungen als Straf- und Sicherungsmaßnahmen wurden durch die Assyrer zu einer im Vorderen Orient gern geübten Praxis, deren bekannteste Beispiele die Deportationen aus Israel (721) durch die Assyrer, aus Juda (586) durch die Babylonier, aus Milet (494) und Eretria (490) durch die Perser sind. V. mit nachfolgender Verwurzelung in fremdem Land sind auch die großen → Kolonisationen der → Phöniker, Griechen und Römer und, wenn auch weitgehend ohne vorherige Planung und ohne den Willensentscheid einer geschlossenen Bevölkerungsgruppe, die Ausbreitung der Griechen in den → hellenist. Reichen, die der italischen Kaufleute und Bankiers (→ negotiatores) in den Ländern des Mittelmeerraums, die mit dem Vordringen der röm. Herrschaft Hand in Hand ging, und schließlich die Bildung der jüdischen Diaspora, die schon in hellenist. Zeit begann (→ Alexandria) und später Rom und, bes. nach der Zerstörung des Tempels 70 n.Chr., das gesamte Reich erfaßte. E.Bay.

Lit: F.Schachermeyer, Indogerm. u. Orient, 1944 – F.Altheim, Weltgesch. Asiens im griech. Zeitalter, 1947f. – V.Milojcic, in: Großer hist.Weltatlas I 2, 1953 – S.Moscati, Gesch. u. Kultur d. semit. Völker (1953), 1955^2 – Ders. Die Kulturen d. alten Orients, 1956, deutsch 1962 – E.Schwarz, German. Stammeskunde, 1956 – Ders., Abriß der Vorgesch., 1957 – Abriß der Gesch. antiker Randkulturen, 1961 – F.Altheim, Gesch. d. Hunnen I–V, 1959–62.

Völkerwanderung, Bezeichnung der großen → Völkerbewegung der german. Stämme zur Zeit des spätröm. Reiches. Die Germanen waren schon lange vorher in Bewegung gewesen; so waren in vorchristl. Zeit die → Vandalen, → Goten und andere Stämme von Südskandinavien zur Baltischen Küste gezogen und hatten sich in dem Gebiet zwischen Oder und Weichsel und sogar darüber hinaus bis zur Passarge niedergelassen. Die Germanen im heutigen Westdeutschland waren nach W vorgedrungen, hatten die → Kelten vor sich hergetrieben und zur Zeit → Caesars bereits den Rhein überschritten. Andererseits war der bedeutende Stamm der → Markomannen im letzten Jahrzehnt v.Chr.Geb. aus seinen Sitzen im Maintal vor dem röm. Vordringen nach Böhmen ausgewichen. Speziell bezeichnet V. jedoch die weitgreifenden Bewegungen des 4., 5. und 6.Jh.s n.Chr. Gegen Ende des 3.Jh.s n.Chr. verteilten sich die größeren german. Stämme folgendermaßen: Unmittelbar östl. des Rheins nördl. des Mains die → Franken; südl. des Mains, einschließlich der Agri decumates die → Alamannen und anschließend die → Burgunder im mittleren und oberen Maintal; die → Friesen und → Sachsen an der Nordküste von Holland und Deutschland bis Holstein, die Angeln in Jütland. Die oben genannten Stämme, die zur Zeit des Tacitus das Gebiet um die untere Weichsel bewohnten, hatten sich inzwischen in südöstl. Richtung bewegt: Die Ostgoten (→ Goten) saßen in der Ukraine, die Westgoten in der früheren röm. Provinz Dakien nördl. der Donau, die → Gepiden nördl. von ihnen in Siebenbürgen, die → Vandalen westl. von diesen. Die Anstöße, die diese Völker veranlaßten, ihre Wohnsitze zu wechseln, wurden oft direkt oder indirekt durch die → Hunnen ausgelöst. Deren Ankunft in Europa (ca. 370) veranlaßte die Westgoten, die untere Donau zu überqueren und in die röm. Provinzen einzudringen. Das weitere Vordringen der Hunnen westwärts nach Mitteleuropa (wohl kurz nach dem Anfang des 5.Jh.s) trieb die Vandalen, → Alanen und → Sueben Ende 406 nach Gallien. Der Zusammenbruch des Hunnenreiches (455) befreite die Ostgoten (seit 370 seine Untertanen) und ermöglichte ihnen die Ansiedelung in Pannonien und späterhin zahlreiche Streifzüge auf der Balkanhalbinsel. Infolgedessen war die Verteilung der german. Stämme um 500 von der um 300 vollkommen verschieden: Die Angelsachsen saßen nun in England; die Franken beherrschten das nördl. Frankreich und nach 507 auf Grund ihres Sieges über die Westgoten fast ganz Frankreich. Die Burgunder, deren Königreich um Worms 437 von den Hunnen zerstört worden war, saßen in Savoyen und im Rhonetal, westlich von ihnen bis 507 die Westgoten mit der Hauptstadt Toulouse, später blühte ihr Reich in Spanien, bis es von den Moslems 711 überrannt wurde. Die Sueben waren 409 nach Spanien eingedrungen und in Gallaecia unabhängig, bis die Westgoten sie 585 ihrem Reiche einverleibten. Die Ostgoten saßen in Italien, das sie 489 betreten hatten, die Vandalen in Afrika; diese wurden 533/534, jene 552/553 von → Justinians Feldherrn (→ Belisar, → Narses) vernichtet. Schließlich drangen nach Wanderungen durch Mitteldeutschland aus der Donaugegend die → Langobarden 568 in Italien ein und gründeten dort ein bis auf Karl d. Gr. unabhängiges Reich. Die Gebiete in Ost- und Mitteldeutschland, von den Goten und anderen Germanen entblößt, wurden nun durch die Slawen eingenommen, deren Gebiet sich schließlich bis nach Böhmen und an die Elbe erstreckte.

[2] Diese Bewegungen waren von grundsätzlicher Bedeutung für die politische Organisation, die Kriegsführung und die Religion der Germanen. Bei den Germanen der Mittelmeerreiche wurde die alte Form der *politischen Organisation*, die von Tacitus beschrieben und noch Mitte des 4.Jh.s z.B. bei den Westgoten und den Alamannen feststellbar ist, durch eine Autokratie ersetzt: Das Volk als Ganzes hatte gegenüber dem König nur noch geringe Rechte; er konnte Gesetze nach eigenem Gutdünken erlassen und ihre Beachtung erzwingen. – Das Fußvolk war nicht mehr die Hauptwaffe; der Adel konnte sich eigene

Pferde leisten, denn er hatte weithin den Großgrundbesitz der spätröm. Aristokratie übernommen; die größte militärische Stärke dieser Königreiche lag daher in ihrer Reiterei. – Nur *ein* Stamm, die historisch nicht sehr bedeutenden → Rugier in Niederösterreich, war noch außerhalb der röm. Reichsgrenzen christianisiert worden. Die übrigen Stämme waren (mit Ausnahme eines Teils der Westgoten) noch Heiden, als sie über Rhein oder Donau in die röm. Provinzen eindrangen, wurden nun aber innerhalb einer Generation zum (arianischen) Christentum bekehrt (mit Ausnahme der Angelsachsen, deren Christianisierung erst Ende des 6.Jh.s einsetzte). E.A.Th.

Lit: E.Stein, Gesch. des spätröm. Reiches I, 1928 (= Hist. du Bas-Empire I, 1959); Hist. du Bas-Empire II, 1949 – F.Lot, Les invasions barbares, 1935 – L.Schmidt, Die Ostgermanen (1910), 1941^2 – J.Fischer, Die V. im Urteil der zeitgenöss. kirchl. Schriftsteller Galliens, 1948 – G.Vernadsky, Der sarmat.Hintergrund der german. V., Saeculum 2, 1951, 340–392 – H.Dannenbauer, Die Entstehung Europas I, 1959 – P.Courcelle, Hist. litt. des grandes invasions germaniques (1948), 1964^3 – Eine befriedigende militärische Gesch. der Germanen der V. ist ein Desiderat. Zu ihrer Christianisierung vgl. K.D.Schmidt, Die Bekehrung der Germanen zum Christentum I, 1939.

Vogelkult. Auf bildlichen Darstellungen von Kultszenen aus minoischer Zeit erscheinen sehr oft Vögel (neben anderen Tieren, bes. → Schlangen). Ohne Zweifel handelt es sich dabei jeweils um die → Epiphanie eines Gottes, der in Vogelgestalt bei der betreffenden Kulthandlung gegenwärtig ist. Auch die Griechen, ungeachtet ihrer anthropomorphen → Gottesvorstellung, waren davon überzeugt – mindestens in älterer Zeit –, daß ihre Götter bes. gern Vogelgestalt annehmen (vor allem → Apollon und → Athene, z.B. Hom.Il.7,59; Od.3,372; 5,352; 22,239f.; Aristoph.vesp.1086): offensichtlich veranlaßte das Wunder des Vogelfluges und des dadurch ermöglichten schnellen Erscheinens und Verschwindens, daß man gerade im Vogel geheimnisvolle göttl.Kräfte bzw. einen Gott selbst verkörpert sah. Daher konnten Vögel durchaus Gegenstand religiöser Scheu sein, zumal man annahm, daß manche Götter bestimmte Vögel als Begleiter haben (vgl. die → Vogelschau); doch einen eigentlichen V. hat es bei den Griechen nie gegeben. – Auch die Seele eines Verstorbenen kann als Vogel erscheinen (→ Seelentiere). → Fauna. K.-H.R.

Lit: U.v.Wilamowitz, Der Glaube d. Hellenen, 2 Bde, 1931/32, Register – Nilsson I 290–292.

Vogelschau, Form der Mantik, die das Erscheinen und Gebaren verschiedener Vögel (Hom.Il.10,274ff.; Od.15, 160ff.; 525ff.; Eur.Herakl.596f.; Xen.an.6,1,23), größerer Raubvögel (Adler, Geier, Falke, Habicht usw.), aber auch anderer (Rabe, Krähe, Eule), bes. die Richtung ihres Fluges (Hom.Il.12,237ff.; SIG^3 1167) oft nach Bitte um ein Zeichen (Hom.Il.24,310ff.) beobachtet und deutet, auch von bes.Standort (Paus.9,16,1); erfunden angeblich von Parnassos (Paus.10,6,1) oder → Prometheus (Aischyl. Prom.485ff.), nach späterer Vermutung von Kar, dem Eponymen der (nichtgriech.) → Karer (Plin. nat. 7,203), wird sie z.B. bei Homer geübt von Kennern wie → Kalchas, → Helenos (Hom. Il.1,69; 6,76) u.a., ebenso später (Plat. Phaidr.244C; Phileb.67B; Theophr.char.16; Plut.mor. 975Af.; Orig.Cels.4,88ff.; Orac.chald.p.64f.Kroll). Daneben sollen mythische Seher befähigt gewesen sein, die Sprache der Vögel zu verstehen, z.B. → Melampus (Apollod.1,96f.), → Mopsos (Apoll.Rhod.1,1086f.), → Teiresias (Soph.Ant.999ff.) u.a. Zur Spätzeit vgl. Porph.abst.3,4f. C.J.C.

Volaterrae (Volterra; etrusk.Velaϑri), etrusk.Stadt über der Cecina (Kt.1420D4), mit hohen Resten der Stadtmauer (2.H.6. und 1.H.4.Jh.v.Chr.). Erst dem 1.Jh.v.Chr. gehört wohl die mit steinernen Köpfen geschmückte ‹Porta all'Arco› an. An östl.Vorbilder scheinen die archaischen Stelen mit Darstellung des Toten in flachem Relief anzuschließen (Larϑ Aϑarnie und Aule Tite). Die Tuff- und Alabasterurnen der hellenist.Zeit stellen großenteils Szenen der griech.Sage dar. Seit 281/280 (?) mit Rom verbündet; Einnahme durch Sulla 79 v.Chr.; danach zeugt u.a. das von der Familie Caecina (Ceicna) gestiftete Theater (35/25 vor Chr.) von dem kräftigen Weiterbestand von V. in die Kaiserzeit hinein. Geburtsort des → Persius. O.W.v.V.

Lit: L.Consortini, V. nell'antichità, 1940 – E.Fiumi, La facies arcaica del territorio volterrano, StE 29, 1961, 253–292.

Volcacius Sedigitus, verfaßte wahrscheinlich im ausgehenden 2.Jh.v.Chr. das nur noch durch wenige Fragmente greifbare literarhistorische Lehrgedicht De poetis, aus dem eine Krisis über zehn Palliatendichter erhalten ist (Fr.1M. = Fr.1F., Gell.15,24), deren formales Vorbild wohl in hellenistischen Dichtercanones zu sehen ist (vgl. dazu Schuster, a.O.750). In dieser rangiert → Caecilius(16) Statius an erster, → Plautus an zweiter, → Naevius an dritter und → Terenz an sechster Stelle: das Kriterium der Beurteilung scheint die vis comica der betreffenden Autoren gewesen zu sein (Schuster, a.O.747ff.). V. hat sich in seinem Werk auch ausführlich über Terenz geäußert, wie er denn in → Suetons Terenzvita mehrfach als Autorität zitiert wird. In diesem Zusammenhang gab er auch ein Urteil über die einzelnen Terenzkomödien ab, von denen er der Hecyra den sechsten Platz zuwies (Fr.4M. = Fr.2F.). Gellius' Kapitel über die ‹Pinakographen› (3,3,1) zeigt, daß V. auch zur Echtheitskritik der plautinischen Komödien Stellung genommen hat. W.Schm.

Ed: Baehrens, FPR 279f. – Morel, FPL 46f. – GrRF 82–84 – *Lit:* F.Leo, Gesch. der röm.Lit.I, 1913, 433ff. – H.Bardon, La litt. lat. inconnue I, 1952, 128–130 – M.Schuster, RE 9A 1 (1961), 742–754.

Volcanalia, Fest des → Volcanus am 23. Aug. Die Riten sind wenig bekannt; anzunehmen ist, daß die V., die zwischen den Agrarfesten der → Consualia und der → Opiconsivia stattfanden, zum Zwecke hatten, die in den Scheunen liegende Getreideernte vor Feuer zu schützen. An diesem Tag warf das Volk lebendige Tiberfische ins Feuer, und zwar auf der area Volcani auf dem Forum. Dieser seltsame Ritus war wohl ein Ersatzopfer ‹anstelle menschlicher Seelen› (Varro ling.6,20; Fest274L.). H.Le B.

Lit: G.Dumézil, Quaestiunculae indo-italicae 1–3, REL 36, 1958, 121–130 – Latte, 129–131.

Volcanus, der Gott des Feuers, war wohl schon in ältester Zeit in Rom bekannt: er hat einen Flamen, und sein Fest, die → Volcanalia, erscheint auf dem sog. Numakalender. Doch ist sein Name sicher nicht lateinisch; die Sprachzusammenhänge scheinen auf das Etruskische (Volca, Volcacius u.a.) oder gar auf Kreta zu weisen. V. ist vielleicht ein etrusk.Gott oder kam durch Vermittlung der Etrusker aus dem östl.Mittelmeerraum. Er wurde früh → Hephaistos gleichgesetzt. – Die andere Feuergottheit Roms, → Vesta, mit der V. beim lectisternium der 12 Götter d.J. 217 v.Chr. verbunden ist (→ Göttermahl), ist die Göttin des häuslichen Feuers, während V. vor allem das verheerende Feuer darstellt, vor dem es sich zu schützen gilt. Deshalb mußten, auf Weisung der etrusk. → haruspices, seine Tempel außerhalb der Städte gebaut werden (Vitr.1,7,1; Plut.qu.Rom. 47). Sein ältestes Heiligtum in Rom, das beim Comitium am Forum, außerhalb der Serviusmauer gelegene Volcanal, stammt vielleicht aus einer Zeit, da das Forum noch nicht ein Teil der Stadt war; im Laufe des 3.Jh.s v.Chr. errichtete man ihm einen Tempel auf dem Marsfeld, außerhalb des pomeriums (Liv.24,10,9). Die Volcanalia (s.u.) sollten die eingebrachten Ernten vor dem Feuer schützen. Das seltsame Fischopfer, das im Mittelpunkt dieses Festes stand, war vielleicht ein Ersatzopfer, damit der Gott menschliches Leben schone (Varro ling.6,20; Fest.274L.). ‹Mulciber› (der Gott, der ‹besänftigt›) wurde er genannt, wenn man ihn anrief, die entfesselte Gewalt des Feuers zu bezwingen; gleichzeitig wurde auch → Stata Mater um Hilfe angerufen. Die Häufigkeit der Feuersbrünste in Rom erklärt, warum der Kult des V. so wichtig war. «Unter Domitian wird, in Ausführung eines Gelübdes nach dem neronischen Brande, anscheinend in jeder Region der Stadt ein Altar errichtet und bestimmt, daß der Prätor der Region alljährlich an den Volcanalien darauf ein Opfer bringen soll; nur ist an die Stelle des alten Fischopfers jetzt ein Kalb und ein Eber getreten, bei denen nur noch die rötliche Farbe an alte magische Riten erinnert» (Latte, 131). – Dagegen kann V. ungehindert seine zerstörerische Gewalt entfalten, wenn man ihm die dem Feind abgenommenen Waffen übergibt. – Ein Aspekt des V.-Kultes bleibt im dunkeln: sein Flamen opferte am 1. Mai der Maia, einer kaum bekannten Gottheit des Pflanzenwachstums, die man als Maia Volcani, das heißt als eine V. zugehörige Macht, anrief; soll man daraus schließen, V. sei als Fruchtbarkeitsgott verehrt worden? – In Ostia war V. anscheinend der Hauptgott; sein Kult oblag einem Prätor und einem Ädil, dazu kam zur Kaiserzeit ein V.-Pontifex. Man darf wohl mit Latte annehmen, die außerordentliche Bedeutung dieses Kults erkläre sich durch die Feuergefahr in den Speichern des Hafens von Ostia, von denen die Brotversorgung Roms abhing. H. Le B.

Lit: J. Carcopino, Virgile et les origines d'Ostie, 1919, passim (die Behauptung, V. sei der Tibergott, ist bestreitbar) – H. J. Rose, The cult of Volcanus at Rome, JRS 23, 1933, 46–63 – M. Guarducci, Volchanos-Vulcanus, in: Scritti in onore di B. Nogara, 1937, 183–203 – Latte, 129–131 – *Darstellungen:* → Hephaistos.

Volero → Publilius.

Volkstribunen (tribuni plebis) waren Beamte der röm. plebs, um 490 von den → Patriziern zum Schutz von Leben und Eigentum der Plebejer zugestanden. Die V. (ausschließlich Plebejer) wurden jeweils für ein Jahr durch die → comitia tributa gewählt. Cb der Name tribunus plebis zuerst die Führer der tribus bezeichnete oder einfach den des schon existierenden trib. militum nachahmte, ist ebenso ungewiß wie die ursprüngliche Zahl der V., die bis 449 vor Chr. auf 10 anstieg. Die Macht der V. beruhte auf der durch Eid der Bürgerschaft garantierten Unverletzlichkeit (sacrosanctitas) ihrer Person und ihrem im Lauf der Zeit erworbenen Recht, durch ihren Einspruch (intercessio) gegen jeden Akt eines Magistrates oder Beschlüsse des Senates Veto einzulegen. Das Veto wurde freilich durch Einspruch anderer V. wieder unwirksam. Außerdem wurde das Veto u. a. durch Gesetzesklauseln begrenzt. Der intercessio konnten die V. durch die Coercition, d. h. die Vollmacht, denjenigen, der sich an den V. vergriff oder ihrem Befehl Widerstand leistete, zu verhaften, Nachdruck verleihen. Kraft ihrer Befugnis, mit dem Volk zu verhandeln, beriefen die V. Volksversammlungen ein und regten dabei → plebiscita an (Rogationsrecht). Volle Anerkennung erreichten die V., die im Gegensatz zu den übrigen → Magistraten weder → imperium noch Insignien hatten, als durch die lex Hortensia die Gemeinverbindlichkeit der plebiscita zugestanden wurde (287 v. Chr.). Seit dem 3. Jh. findet man V. öfter im Bund mit dem Senat bzw. einzelnen Senatoren. Im 2. Jh. wurde das Volkstribunat hinreichende Qualifikation für den Eintritt in den Senat. Etwa von der Zeit der → Gracchen an nützten die V. ihre Macht, um als Vorkämpfer der → Popularen aufzutreten. Die dann durch → Sulla eingeschränkte Gewalt der V. wurde i. J. 70 wiederhergestellt. Das republik. Tribunat ist bis zum 5. Jh. n. Chr. bezeugt, doch blieb es fast ohne praktische Funktion. Die Bedeutung des Tribunates spiegelt sich darin, daß die tribunicia potestas seit → Augustus zu einem wesentlichen Faktor kaiserlicher Gewalt wurde. A. L.

Lit: G. Niccolini, Il tribunato della plebe, 1932 – Ders., I fasti dei tribuni della plebe, 1934 – H. Siber, Die plebej. Magistraturen bis zur lex Hortensia, 1936 – J. Bleicken, Das Volkstribunat der klass. Rep., 1955.

Volksversammlung → Ekklesia, → Comitien.

Vollkommene Zahlen (*τέλειοι ἀριθμοί*). Der Ausdruck ‹vollkommene Zahl› hatte zwei völlig verschiedene Bedeutungen. Bei den ältesten → Pythagoreern, vielleicht schon → Pythagoras selbst, galt die Tetraktys, d. h. die Zahl 10, als Summe der ersten vier Zahlen $1 + 2 + 3 + 4$ als vollkommene Zahl. Der Eid bei ihr gilt als bes. heilig. In der späteren pythagoreischen Zahlenlehre wurden jedoch als vollkommene Zahlen diejenigen Zahlen bezeichnet, welche gleich der Summe ihrer Faktoren sind, wie z. B. 6, das gleich $1 + 2 + 3$, oder 28, das gleich $1 + 2 + 4 + 7 + 14$ ist. Schon Euklid 9, 36, am Ende der arithmetischen Bücher seiner Elemente, gibt die allgemeine Formel, wonach $(2^n-1)\, 2^{n-1}$ eine vollkommene Zahl ist, wenn 2^n-1 eine Primzahl ist, was jedoch bei höheren Zahlen naturgemäß immer schwerer wird festzustellen. K. v. F.

Vologaeses I., → Partherkönig (51/52–79), führte einen zehnjährigen Krieg um die Kontrolle Armeniens, der mit der Einsetzung seines Bruders → Tiridates (4) als röm. Vasallenkönig endete. Die damit begründete röm.-parthische Freundschaft, die V. auch unter → Vespasian fortzusetzen suchte, wurde in den 70er Jahren erschüttert. Unter V. verselbständigte sich Hyrkanien; ein Alaneneinfall (nach 72) richtete schwere Schäden an. D. T.

2. **V. II.,** → Partherkönig zur Zeit → Trajans, Gegenkönig des → Osrhoes, beherrschte vermutlich Medien und hatte um 136 einen Alaneneinfall zu bestehen. D. T.

3. **V. III.,** → Partherkönig (148–192). V. versuchte die röm. Festsetzung in Armenien und Nordmesopotamien (→ Osrhoes) rückgängig zu machen; der dadurch ausgelöste schwere Partherkrieg (164–166) führte zur Zerstörung Ktesiphons und Seleukeias, verstärkte den röm. Einfluß in Mesopotamien und förderte den Zerfall des Partherreichs.

4. **V. IV.,** → Partherkönig (191–207/208). Unter V. begann der Zerfall des Reiches und die Erhebung der → Sassaniden. Er herrschte anscheinend nur noch in Babylonien. Der Feldzug des → Septimius (3) Severus gegen V. (198/199) führte zur Eroberung Ktesiphons und zur ungehinderten Plünderung des Landes. D. T.

5. **V. V.,** → Partherkönig (207/208–222/223), der, auf Babylonien beschränkt, sich seines Bruders → Artabanus V., des Sassaniden → Ardaschir und unter → Caracalla einer römischen Kriegsdrohung zu erwehren hatte und wahrscheinlich im Kampf gegen Ardaschir fiel. D. T.

Volsiniensis lacus (Kt. 1420 E 5; heute Bolsena-See), zweitgrößter See der Apenninhalbinsel im südl. Etrurien bei Volsinii, vulkanischen Ursprungs, fischreich (Vitr. 2, 7, 3; Colum. 8, 16; Strab. 5, 226; Plin. nat. 36, 168; Liv. 27, 23). B. A.

Lit: Nissen, I 258.

Volsinii (Bolsena; etrusk. Velsu/Velznani/Velz(u)ana), bedeutende Etruskerstadt über dem nordöstl. Ufer des Bolsener Sees (Kt. 1420 E 5), in deren Gebiet das Zentralheiligtum des Zwölfstädtebundes, das Fanum Voltumnae, zu suchen ist (→ Etrusker B 2). Die genaue Lage des ursprünglichen V. ist noch umstritten. 265/264 v. Chr. durch die vom Adel gegen das empörerische Volk zu Hilfe gerufenen Römer nach harter Belagerung zerstört, soll es an anderem Ort neu gegründet worden sein. Das jüngst erst oberhalb des heutigen B. entdeckte, von dessen Rand aus terrassenförmig ansteigende Stadtgebiet mit Resten einer ca. 6 km langen Mauer, kann hierauf oder auf das alte V. bezogen werden, für das aber auch auf das 14 km entfernt liegende → Orvieto verwiesen worden ist. Neu-V. wurde 92 v. Chr. durch einen Blitz eingeäschert. Geburtsort des → Seian und des Dichters → Avienus (3). O. W. v. V.

Lit: P. Perali, Vulsinii e Fanum Voltumnae, 1928 – R. Bloch, Volsinies étrusque et romain, MEFR 62, 1950, 53–119 – A. Grenier, ebd., 119–122 – O. W. v. Vacano, Die Etrusker i. d. Welt d. Antike, 1957, 159 f.

Volsker, ital. Volk wohl umbrischer Herkunft, das in der 2. H. 6. Jh. nach S gewandert ist, 525 vor Kyme (→ Cumae) erscheint, im 5. Jh. im Kampf mit den Römern um die Pomptinische Ebene mit → Tarracina, → Antium und Corioli, um die Montes Lepini mit Ecetra, Cora, Norba und

Privernum und die Südseite der Albanerberge mit → Velitrae (Kt. 1420 E6). Sage von → Coriolanus mit historischem Kern. Volsk. Inschriften sind die 2 Bronzetäfelchen aus Arpinum im Liristal, wohin die V. ebenfalls eingedrungen waren, und aus Velitrae, sog. Tabula Veliterna (→ Italien B). Im 4. Jh. durch die Römer, → Samniten und → Marser zugleich bedrängt. Zwischen 338 (Eroberung von Antium und Velitrae) und 329 (Eroberung von Privernum) als Volk ausgelöscht. Ihre Städte → Arpinum, Aquinum, Atina, Casinum, Cora, Fabrataria, Formiae, Fregellae, Fundi, Interamna Lirenas, Norba, Privernum, Setia, Sora, Suessa, Pometia, Ulubrae wurden röm. Kolonien und Munizipien. Aber ihre Bedeutung blieb in der Erinnerung lebendig. Noch → Marius (1), → Cicero, → Agrippa (1) waren ihrer volsk. Abstammung eingedenk. – Vgl. → Italien. B.A.

Lit: Nissen, I 518f.; II 626ff., 667ff. – Beloch, Röm. Gesch, 1926, 295ff., 356ff. – Devoto, 127, 129ff., 160ff., 281ff. – G. Radke, RE 9 A 1 (1961), 773ff.

Voltacilius Pitholaus (Sueton: *Pilutus*), L., Freigelassener, der im J. 81 in Rom eine lat. Rhetorikschule eröffnete, wo → Pompeius (2) sein Schüler gewesen sein soll. V. schrieb die → Biographie des Pompeius und seines Vaters Cn. → Pompeius (10) Strabo (mehrere Bücher; vgl. Suet. gramm. 27,2; Hieronym. hist. z. J. 1936 = 81 v. Chr., p. 151 Helm). R.Hl.

Lit: H. Bardon, Litt. lat. inconnue I, 1952, 272.

Volturnus, frühröm. Gottheit, deren Kult einem → Flamen oblag (Varro ling. 7,45; Fest. 519 L.) und deren Fest, die *Volturnalien*, am 27. August stattfand; er war ein Flußgott, den man seit Mommsen allgemein dem → Tiber gleichsetzt: es kann sich in Rom tatsächlich nicht um den kampanischen Flußgott gleichen Namens handeln; der Tiber aber hatte schon unter dem Namen Tiberinus einen Kult; andererseits scheint V. ein etrusk. Name zu sein: soll man annehmen, etrusk. Eroberer hätten ihn eingeführt? Es bleibt bei Hypothesen, die hier nicht untersucht werden können. H. Le B.

Lit: J. Le Gall, Recherches sur le culte du Tibre, 1953, 56.

Volturnus (Kt. 1420 F 6/7; heute Volturno), 175 km langer Hauptstrom Kampaniens, entspringt in Samnium bei Aesernia; die Mündung ins tyrrhenische Meer wurde 194 v. Chr. durch die Festung Volturnum gesichert. B.A.

Lit: Nissen, I 331ff.

Volusius, röm. → Epiker, Mitte 1. Jh. v. Chr., wahrscheinlich aus Padua, durch Catulls witziges Kraftwort (*Cacata Carta*, carm. 36, vgl. 95) berühmt. K.Bch.

Lit: Schanz-Hosius, I 314 – H. Bardon, La litt. lat. inconnue I, 1952, 362 – C. J. Fordyce, Catull, 1961, 179f.

2. **V. Maecianus,** L., röm. Jurist. Herkunft unbekannt, aus dem Ritterstande. Zahlreiche Ämter, u.a. Praefectus Aegypti ca. 161 n. Chr. (Pap. Ox. III 653 u. Suppl. Ost. CIL XIV 5347–48). Vermutlich in näherem Verhältnis zu → Salvius Julianus, juristischer Erzieher des Mark Aurel; im Consilium des Antoninus Pius und der divi fratres. Von seinen Werken werden in den Digesten Quaestiones de fidei comissis, Ex lege Rhodia und De iudiciis publicis benutzt. H.Hb.

Lit: P. Krüger, Gesch. d. Quellen u. Lit. d. röm. Rechts (1888), 1912², 200f. – W. Kunkel, Herkunft u. soz. Stellung d. röm. Juristen, 1952, 174–176 – L. Wenger, Die Quellen d. röm. Rechts, 1953, 505f. – F. Schulz, Gesch. d. röm. Rechtswissensch., 1961, 125.

Volute, spiralige Endeinrollung mit weitestem Anwendungsbereich in allen Kunstgattungen. Vgl. → Ornament; → Tempel B [9] ff. (äol., ion., korinth. Kapitell). F.H.

Vomitiv. Als V., ‹Brechmittel›, wurde lauwarmes Wasser mit Salz oder Honig verwendet (Cels. 1,3,22) oder der Schlund mit Finger oder Feder gekitzelt (Suet. Claud. 33), teils der Gesundheit wegen (Cic. Att. 13,52,1), teils um der Völlerei frönen zu können (Sen. dial. 12,10,3). Vgl. → Mahlzeiten, → Ernährung. W.K.

Vonones (I.), → Partherkönig (8/9–11/12), in Rom lebender Sohn → Phraates' IV., von einer Adelspartei zum König berufen, konnte sich jedoch gegen → Artabanos III. nicht halten. V. behauptete sich noch bis 16 als König von Armenien, wurde dann von den Römern interniert und auf der Flucht getötet (Tac. ann. 2,2–4; 56,2; 58; 68). D.T.

Bildnisse → Anhang I.

Vorhänge. Neben den Prunk-V.en in Tempeln (Paus. 5, 12,4) gab es auch V.e (*παραπέτασμα, προκάλυμμα*) in Privathäusern (Aristoph. ran. 938; Fr. 513), wo sie freilich seltene, kostbare Importstücke (*Π. Μηδικόν, Π. Κύπριον*) darstellten. Die Sitte scheint von den Persern übernommen zu sein (Hdt. 9, 82). *Προκάλυμμα* meint den Türvorhang (Aischyl. Ag. 691). Die röm. Wandmalerei kennt reiche V.motive; doch ist fraglich, ob dies auf Verwendung von V.en in Wohnhäusern hinweist (eher vom Theater übernommen). F.E.

Lit: L. Curtius, Die Wandmalerei Pompejis, 1929, 186ff.

Vorgriech. Sprachen → Griechenland II C.

Vorröm. Sprachen → Italien B.

Voropfer, allgemeine Bezeichnung jeder Art → Opfer, die einer größeren Kulthandlung (Bestattung u.a.) oder einem Hauptopfer vorausging und die nicht so sehr die Darbringung für die Götter als vielmehr die kultische → Reinigung der Teilnehmer an der Haupthandlung bezweckte O.G.

Vorsänger (griech. Exarchos oder Exarchon), innerhalb eines Gemeindechors dasjenige Gemeindeglied, das einen Gesang beliebiger Art anstimmt und in dessen Passagen die Gemeinde refrainartig einfällt. Als in der ausgebildeten Chorlyrik (→ Lyrik I B 2) an die Stelle des ungeübten Gemeindechors ein von einem Dichter geschulter Chor trat, wird der V. fortgefallen sein; der Gesang wurde rein chorisch. Schon dies läßt die von Aristoteles (poet. 4, 1449 a 10f.) vorgenommene Herleitung des ersten Schauspielers aus dem V. des → Dithyrambos als fraglich erscheinen. Vgl. → Tragödie (A 1). E.-R.Sch.

Lit: H. Patzer, Die Anfänge der griech. Tragödie, 1962, 81ff.; 90ff.; 102ff.

Vorsehungsglaube, der Glaube an das Walten einer planenden, fürsorgenden Kraft in der Welt (*πρόνοια*). Wenn auch aus der Zweckmäßigkeit und Schönheit der Natur das Wirken einer Vorsehung (bes. für die Menschen) von den → Sophisten erschlossen (Hdt. 3,108,2; Xen. Mem. 1,4; 4,6; vgl. Diog. Apoll. B 5; 6) und z.B. von Platon weiterentwickelt war, so wird der V. erst in der → Stoa zentrales Dogma (*πρόνοια* als zielbewußte, gütige Weltvernunft, identisch mit → Logos, → Physis und → Heimarmene). Trotz der scharfen Polemik von → Epikur und → Karneades wird diese Lehre ausgebildet durch → Panaitios und in Einzelheiten nachgewiesen durch → Poseidonios, später veranschaulicht durch → Seneca, → Epiktet u.a. Unter deutlicher Ablehnung der stoischen Heimarmene wird der V. im Mittleren Platonismus modifiziert (z.B. → Plutarch), ebenso in aristotelischem Sinne durch → Alexander (15) von Aphrodisias und schließlich umgestaltet durch → Plotin (*πρόνοια* nicht fürsorgende, sondern notwendige Einwirkung des *Νοῦς* auf die Welt). Auch die Kirchenväter fügen die stoische *πρόνοια* in ihre Lehre ein (z.B. Origenes). Spezialschriften von Chrysipp, Panaitios, Seneca u.a., auch Aelian (mit bezeichnender Verflachung: die V. erweist sich in Wundergeschichten und der Bestrafung von Gottesleugnern). Daneben erkennt man in der Kaiserzeit das Wirken der V. in dem der Herrscher (Providentia Augusta). C.J.C.

Lit: J. Behm, ThW IV, 1942, 1004–11.

[2] In *Rom* erscheint die Providentia deorum, als Gottheit → personifiziert, seit Hadrian auf zahlreichen Münzen; da aber der Kaiser ein göttliches Wesen war, wird auf Inschriften und Münzen die Providentia (Augusta oder Augusti) ihm zugeschrieben. «Die P. wandelt sich aus dem stoischen Begriff der göttlichen Vorsehung, die dem Reich diesen Regenten gegeben hat, zu einem Ausdruck der Fürsorge

des Herrschers für seine Untertanen und der Sicherung der Thronfolge» (Latte, 322). H. Le B.

Vorsokratiker

[1] Begriff – [2] Einteilung in Gruppen – [3] Gemeinsame Tendenzen, Fortwirkung.

[1] Der Begriff V. ist ein moderner Sammelname für die ältesten griech. Philosophen auf Grund der antiken These, daß → Sokrates mit der Begründung der philosophischen → Ethik einen neuen Abschnitt der Philosophiegeschichte eröffnet habe. Der Name berücksichtigt mit Recht auch die (mindestens schon dem Hellenismus bewußte) Tatsache, daß die Philosophen vor Sokrates problemgeschichtlich nur in den allgemeinsten Umrissen eine Einheit darstellen. Wenn die peripatetische Philosophiegeschichte sie insgesamt als Naturphilosophen (*φυσικοί*) bezeichnet, so gilt dies uneingeschränkt nur für einen Teil.

[2] *Einteilung in Gruppen.* Die Texte ergeben etwa folgende Gruppierung: 1. Die alten *Milesier* (→ Thales, → Anaximander, → Anaximenes, 2), die von → Hesiod u.a. die Frage nach dem Ursprung aller sichtbaren Dinge übernahmen, im übrigen aber als erste den Sprung aus der Theogonie in die Kosmogonie, aus der Welt der Götter in die der nachweisbaren und verfügbaren Kräfte gewagt haben. – 2. Ihnen treten gegenüber drei Denker, die bei aller Verschiedenheit untereinander durch den Einspruch gegen das unbekümmerte, den Kosmos ohne die Gottheit konstruierende Aufklärertum der Milesier verbunden sind: voran die schwer faßbare Gestalt des → *Pythagoras* (1) v. Samos, dann → *Xenophanes* v. Kolophon, in der Naturphilosophie mißtrauisch gegen alle Konstruktivität und daneben Schöpfer der philosophischen → Theologie, schließlich → *Heraklit* v. Ephesos, der in bewußt hieratischem Stil von der Gesetzlichkeit des kosmischen Lebens und der Aufgabe des Menschen spricht, sich in diese Gesetzlichkeit zu fügen. Während Heraklit zunächst Außenseiter bleibt und erst bei → Platon, dann den → Stoikern seine Wirkung entfaltet, wird Pythagoras zum Archegeten der → Pythagoreer. Xenophanes endlich siedelt von Kolophon nach Elea über und scheint dort Lehrer des Parmenides geworden zu sein. – 3. Überragende Bedeutung und entscheidenden Einfluß auf alle späteren V. hat → Parmenides v. Elea, zugleich der erste, der Gründer einer philosophischen Schule im engeren Sinne genannt werden darf. Als → *Eleaten* werden nächst ihm sein Lehrer Xenophanes, dann bes. seine Schüler → Zenon (2) v. Elea und → Melissos (1) v. Samos bezeichnet. Er stellt als erster die Frage nach dem Sein und dem Seienden (*τὸ ὄν*) und verwandelt so die bisherige Kosmogonie und Kosmologie in Ontologie. Die späteren V. unterscheiden sich durch die Weise, in der sie die von den Milesiern überkommene kosmologische Fragestellung mit der Ontologie der Eleaten zu vereinigen suchen. – 4. Charakteristische Entwürfe in dieser Richtung sind zunächst die des → *Empedokles* v. Akragas und des → *Anaxagoras* v. Klazomenai. Beide gehen davon aus, daß Werden und Vergehen im strengen (qualitativen) Sinne unmöglich sind; was sich uns als solches darstellt, sind nur mechanisch-quantitative Umgruppierungen unveränderlich qualifizierter Seinspartikeln. Beide nehmen für sich bestehende Kräfte an, die diese Umgruppierungen in Gang setzen (Empedokles: Liebe und Streit, Anaxagoras: Geist) und führen damit den für die spätere Philosophie so wichtigen Gegensatz von Materie und Geist ein. Philosophische Schüler des Empedokles sind nicht bekannt. Als Schüler des Anaxagoras werden genannt: → Metrodoros (3) v. Lampsakos, → Archelaos (5) von Athen (?), → Diogenes (2) v. Apollonia. – 5. Eine leidlich geschlossene Gruppe bilden die → *Abderiten*, → Leukippos (2), → Demokrit und dessen Schüler. Ihre Lehre, die Atomistik, ist der einflußreichste Versuch geworden, ionische Naturphilosophie und eleatische Ontologie zu verbinden. Aus der wechselnden Kombination unveränderlicher, qualitätsloser, nur an Gestalt unbegrenzt verschiedener Seinspartikeln (Atome) ergibt sich alles. – 6. Vielfältig von den Eleaten beeinflußt ist endlich die letzte Gruppe, die wir nach platonischem Sprachgebrauch → *Sophisten* nennen. Die Naturphilosophie interessiert sie kaum. Dagegen entwickeln sie die parmenideischen Grundprobleme weiter (Sein, Nichtsein, Werden, Eigenschaften und Erkennbarkeit des Seienden), oft bis zur Paradoxie (→ Protagoras, → Gorgias (1), → Xeniades, → Kratylos, → Lykophron (1), → Euthydemos, 1). Der spielerische Charakter mancher Spekulationen darf nicht darüber hinwegtäuschen, daß sie für die Ausbildung der Formallogik beträchtliche Vorarbeit geleistet haben. – Im übrigen gestattet die Sachlage durchaus, den Begriff V. bald enger, bald weiter zu fassen. Naturphilosophen im prägnanten Sinne sind nur die erste, vierte und fünfte Gruppe, während dies von der sechsten gar nicht, der zweiten und dritten nur mit Einschränkungen gilt. Umgekehrt bleibt es eine Ermessensfrage, wie weit man reine Naturwissenschaftler wie → Menestor v. Sybaris, → Thrasyalkes v. Thasos, → Nikagoras v. Kypros, → Oinopides und Hippokrates (2) v. Chios, Kleidemos u. a., die alle dem 6./5. Jh. angehören, unter die V. einreihen will.

[3] *Gemeinsame Tendenzen und Fortwirkung.* Was alle V. verbindet, ist faktisch nur das Fehlen einer systematischen Ethik, was freilich nicht heißt, daß ethische Reflexionen ihnen überhaupt fremd gewesen wären. Bei Heraklit und Demokrit treten sie sogar sehr stark hervor. Auch daß öfters der Kosmos mit einem gerecht verwalteten Staat verglichen wird, ist zu beachten. Andererseits haben sich bes. an Thales, Pythagoras, Empedokles, Anaxagoras und Demokrit biographische Erzählungen angehängt, die das bei → Platon und bes. → Aristoteles ausgearbeitete Idealbild der philosophierenden Lebensform (*βίος θεωρητικός*) präfigurieren. Doch mit einer Ethik sokratischen Typs hat dies nichts zu tun, wenn man von gewissen Ansätzen in der Sophistik absieht. Die → Sokratik sah sich in bewußtem und radikalem Gegensatz zu den V.n; die Philosophie der V. stellte sie als überholt und abgetan hin. Doch der Traditionsbruch ist nur scheinbar. Schon Platon ist den V.n mannigfach verpflichtet, noch mehr Aristoteles, und wenn später → Epikur auf Demokrit, die → Stoiker auf Heraklit zurückgreifen, so geschieht das programmatisch gegen bestimmte Tendenzen der Sokratik. Die für alle spätere Zeit maßgebende Geschichte der V. hat → Theophrast geschrieben, später interessierte sich → Poseidonios stark für die V. Noch in die Kaiserzeit hinein übten Heraklit, Empedokles, Anaxagoras, Demokrit mit ihren Originalschriften eine Wirkung aus, deren Geschichte noch zu schreiben bleibt. In gewissem Sinne wiederentdeckt wurden die V. durch die Spätromantik des 19. Jh.s, wobei es freilich an argen Mißdeutungen (F. Nietzsche, K. Joel, M. Heidegger u. a.) nicht fehlt. O. G.

Frg: H. Diels-W. Kranz, Die Fragmente d. V. (1903), 1956[8] (grundlegend, z. T. veraltet) – *Lit:* Zeller I – J. Burnet, Early Greek philosophy (1892), 1930[4] – O. Gigon, Der Ursprung d. griech. Philos., 1945 – W. Jaeger, Die Theol. der frühen griech. Denker, 1953 – H. Fränkel, Wege u. Formen frühgriech. Denkens, 1955 – G. S. Kirk-J. E. Raven, The Presocratic Philosophers, 1957 – W. K. C. Guthrie, Die griech. Philos. von Thales bis Aristoteles, 1960.

Vortumnus, Gott des 12-Städte-Bundes der → Etrusker (B 2), dessen Hauptstadt → Volsinii war. V. hatte in Rom ein altes Standbild im Vicus Tuscus (Varro ling. 5,46); i. J. 264 v. Chr. wurde ihm, nach der Einnahme von Volsinii durch M. Fulvius Flaccus (vgl. Fest. 228 L.), auf dem Aventin ein Tempel errichtet. Für die Römer, die seinen Namen von vertere ableiteten, war er der Gott des ‹Wechsels›. Wesen und Kult sind wenig bekannt (Prop. 4,2). H. Le B.

Vorzeichen → Mantik.

Votienus Montanus, hochbegabter, aber überheblicher Redner aus Narbo z. Z. des → Tiberius; 25 wegen Majestätsbeleidigung relegiert (Tac. ann. 4,42); starb auf den Balearen. V. trat mehrfach vor Gericht auf. Obwohl er von Deklamationen nichts hielt (Sen. contr. 9 praef. 1), versuchte er sich doch auf diesem Gebiet und wurde wegen seiner häufigen Wiederholungen ‹der Ovid unter den Rednern› genannt. Proben seiner Beredsamkeit beim älteren → Seneca (1), der auch andere Schriften des V. erwähnt. R.T.

Frg: ORFr (Meyer) 556–558 – *Lit:* H. Papenhoff, RE 9 A 1 (1961), 924.

Vulcanus → Volcanus.

Vulci (etrusk. Velχ), etrusk. Stadt am Unterlauf der Fiora (Kt. 1420 D 5); seit 281 (?) mit Rom verbündet; 273 wurde in seinem Gebiet die Kolonie Cosa Volcientium gegründet. – Die Gräberfelder beginnen in der → Villanovazeit. Der ‹Tomba dell'Iside› (‹Polledrara-Grab›) entstammt u. a. die früharchaische Statuette einer stehenden, langgekleideten Frau aus Inselmarmor (BM; Anf. 6. Jh. v. Chr.). Die anschließende Grabplastik aus Tuff (Kentaur, Löwen, Seepferdreiter) setzt sich in die hellenist. Zeit hinein fort (Sarkophage, Architekturplastik). Weit verbreitet sind die figürlich verzierten Kandelaber, Dreifüße und Räucherständer aus Bronze (2. H. 6. und 1. H. 5. Jh. v. Chr.). Ein großer Teil der schönsten griech. Vasen ist in V. gefunden worden. Die im Stil des ausgehenden 4. Jh.s v. Chr. bemalte ‹Tomba François› war mit Darstellungen etrusk. und griech. Sage und mit dem Bild des Grabherrn Vel Saties geschmückt. Aus röm. Zeit stammt der hoch über die Fiora geführte ‹Ponte dell'Abbadia›. Seit 1956 wird das Gebiet systematisch erforscht. Vgl. → Etrusker. O.W.v.V.

Lit: Fr. Messerschmidt, Nekropolen von V., 1930 – A. Hus, Recherches sur la statuaire, 1961, 36–52 und 135–234.

Vulgarrecht → Recht III.

Vulgata (von ‹editio vulgata›, ‹die allgemeingebräuchliche Übersetzung›). – 1. In der Spätantike Bezeichnung für die → *Septuaginta* (Aug. civ. 16, 10). – 2. Seit dem MA Bezeichnung für die in der röm. Kirche gebräuchliche lat. Bibelübersetzung, welche auf eine von → Damasus I. i. J. 383 veranlaßte Revision durch → Hieronymus zurückgeht. Hieronymus revidierte zunächst die lat. Versionen (→ Vetus latina) von Evangelien, Psalmen, Hiob und noch ein paar alttestamentlichen Büchern und übersetzte dann 390–406 das AT aus dem Hebräischen. Seine verdienstvolle Arbeit betraf nur Teile der Vetus latina und drang auch dort nur langsam durch. Alkuin revidierte aber um 800 die gesamte Bibel im Sinne des Hieronymus, und im hohen MA wurde die Hieronymusbibel an der Pariser Universität kanonisch, dann als ‹editio vulgata› bekannt und vom Trienter Konzil 1546 zum Unterschied von anderen Übersetzungen für zuverlässig erklärt. Clemens VIII. gab 1592 einen Normaltext heraus (sog. Clementina). Für eine wissenschaftliche Edition der V. des NT sorgten anglikanische Gelehrte; die Abtei S. Girolamo in Rom ist mit dem AT beschäftigt. B.R.

Ed: J. Wordsworth-H. J. White-H. F. D. Sparks, NT latine secundum editionem S. Hieronymi, 3 Bde, 1889–1954 – A. Gasquet u. a., Biblia sacra iuxta latinam vulgatam versionem 1–11, 1926–57 (wird fortgesetzt) – *Lit:* J. O. Smit, De Vulgaat, 1948 – Enchiridion biblicum (1927), 1961⁴.

Vulkane. Die Vulkanausbrüche wurden in der antiken → Geographie und → Meteorologie neben die Erdbeben gestellt und (wohl bes. von → Poseidonios) im Zusammenhang mit den Ursachen der Veränderungen der Erdoberfläche behandelt. F.L.

Vulso → Manlius.

Vultus. Vom V., dem Mienenspiel der → Schauspieler, ist in den verschiedenen Dramen zwar häufig die Rede, sichtbar jedoch war er für den Zuschauer infolge der Maske der Schauspieler nie. Die durch Nennung der physiognomischen Veränderungen bezeichneten Emotionen der einzelnen Gestalten wurden primär durch das Wort, darüber hinaus höchstens noch durch den → Gestus deutlich. E.-R.Sch.

Waagen. Das Altertum kannte nur Hebelwaagen, von denen die ältesten die gleicharmigen waren, librae (Cic. fin. 5, 30, 91), welche zwei Schalen, lances, hatten; in der einen lag die Ware, in der anderen die genormten → Gewichte: beide mußten (bei waagrechtem Balken) in Gleichstand (CIL 4, 1595, 4: ergänzt; Isid. orig. 16, 25, 4) gebracht werden. Wahrscheinlich in hellenist. Zeit kamen die ungleicharmigen Schnellw. (röm. W.), trutinae oder staterae (Vitr. 10, 3, 4), auf: an dem kürzeren Hebelarm hing die Schale mit dem zu wägenden Gegenstand, an dem längeren, welcher ein bis drei Skalen trug, das verschiebbare, aber (auf einer Skala) gleichbleibende Gewicht (Läufer). Die unterschiedlichen Skalen galten teils für jeweils bestimmte Laufgewichte oder für einen zweiten Aufhängungspunkt (Haken), durch den sich das Verhältnis der Hebelarme

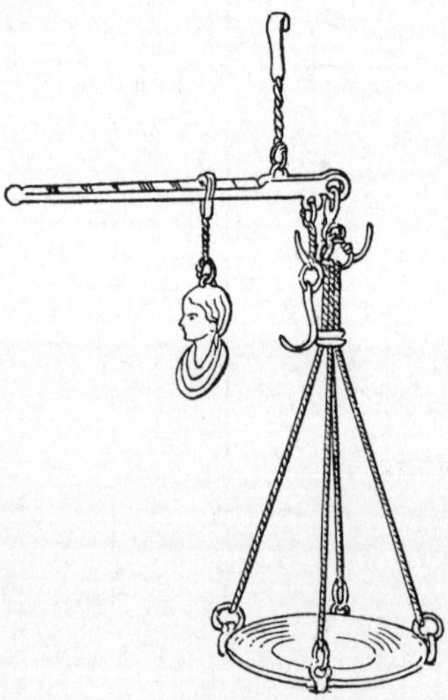

Abb. 251 Waage

änderte. Vereinzelt war das Gewicht fest, und die Waagschale mit der Ware mußte bewegt werden, bis der Waagebalken waagrecht stand. Reichverzierte Exemplare wurden in Pompeji gefunden. W. K.

Abb: Singer, Technology I, Abb. 569 (ägypt. Hebelwaage).

Wacholder (κέδρος), im Mittelmeerraum mit mehreren Arten vertreten; diente vorwiegend als Räucherwerk (Hom. Od. 5, 60). Im arkad. Orchomenos war das Bild der → Artemis Kedreatis in einem großen W.-Baum aufgestellt (Paus. 8, 13, 2), dem im Bereich der Göttin besondere Bedeutung zukam. Bei der von Pausanias (8, 17, 2) erwähnten Herstellung von Götterbildern aus κέδρος und → Zypressen dürfte es sich um die in Griechenland nicht verbreitete nahöstl. → Zeder handeln. Vgl. → Flora. J. W.

Lit: Murr, Pflanzenwelt, 127–129 – M. Schmidt, RE 3, 2 (1899), 1821–26.

Wachs. Das eingeschmolzene W. (Colum. 9, 16, 1) wurde abwechselnd der Luft ausgesetzt und in Seewasser mit einem Natronzusatz gekocht (gebleicht). Neben der Verwendung in der Medizin (Plin. nat. 30, 70) steht die in Plastiken, z. B. für Kinderspielzeug (Aristoph. nub. 878), Hausgötter (Iuv. 12, 87), → Imagines maiorum (Polyb. 6, 53 u. a.). W. konnte modelliert oder gegossen werden. W.-kerzen kamen erst bei den Römern auf (Plin. nat. 16, 178; Mart. 14, 40; Iuv. 3, 287). W. K.

Q: Plin. nat. 21, 83 f.

Wachsende Glieder. Schon der antiken → Rhetorik gilt als Gesetz der natürlichen ‹Ordnung› (‹ordo naturalis›) im Satze, daß seine Glieder an Umfang und Intensität zunehmen sollen (Quint. inst. 9, 4, 23), bes. bei den Wortfiguren der Häufung (adiectio, → Rhetorik D 2). In der Neuzeit wurde diese Erscheinung umfassend untersucht und für die indogerm. Sprachen als Gesetz formuliert (‹Behaghelsches Gesetz›). *Bsp.:* «mit Kind und Kegel»; «mit Pauken und Trompeten»; Ov. met. 15, 871: *opus exegi quod / nec Iovis ira / nec ignis nec poterit ferrum / nec edax abolere vetustas.* → Versparung. H. H.

Lit: Volkmann, 482 – O. Behaghel, Beziehung zw. Umfang u. Reihenfolge v. Satzgliedern, IF 25, 1909, 110–142 – Ch. J. Kakridis, Ἡ παράταξη ... στὸν Ὅμηρο ..., 1960 – Lausberg, Elemente^2, 32. 98 f. u. ö.

Wachstafel, Schreibtafel, deren von einem erhöhten Rand umgebene Holzfläche zumeist mit schwarzem Wachs ausgefüllt war. Mit dem *Stilus* konnte man auf der W. schreiben, aber auch die Schrift tilgen. W.n konnten zu → Diptycha, → Triptycha, → Polyptycha zusammengebunden werden. H. Hg.

Wachtel. Die W. (ὄρτυξ, cotornix) war den Alten als Wandervogel bekannt, der im Frühjahr und Herbst in großen Scharen einfiel. Der Mythos erzählte von der Verwandlung der Titanin Asteria in eine W.; er ordnete sie auch dem Bereich der → Artemis zu, die den Beinamen Ortygia führte. Derselbe Name bezeichnete verschiedene Inseln, darunter Delos und Syrakus, als Ruheplätze der W.n während des Zuges. Man fing W.n, um sie zu Wettkämpfen auszubilden und als Spielgefährten im Haus zu halten. Entsprechende Darstellungen begegnen in der Vasenmalerei, auf Gemmen und Mosaiken. Vgl. → Fauna. J. W.

Lit: Keller, Tierwelt II 161–164 – M. Schuster, RE Suppl. 8 (1956), 906–911.

Wadi Hammamat, Trockental, das sich von → Koptos in Oberägypten (Kt. 29 DE 7) bis zum Roten Meer erstreckt und den alten Ägyptern als beste Straße dorthin galt; von Koseir am Ostende des W. H. fuhren sie nach → Punt, um Weihrauch zu holen. Im W. H. brach man aber auch seit ältester Zeit Hartsteine für Bauten und Statuen, so besonders Grauwacke *(bḫn)*. W. Hk.

Lit: Couyat-Montet, Inscriptions du Ouadi Hammamat, 1912/13 – G. Goyon, Nouvelles inscriptions rupestres du Wadi Hammamat, 1957.

Wadi Tumilat, Depression, die vom Ostrand des Nildeltas nach Ismailia führt (Kt. 29 C 2); in ihr bauten → Necho und → Dareios I. einen Kanal vom Roten Meer zum Nil. W. T. ist das im AT genannte Land Goschen; es war die Haupteinfallspforte nomadisierender Stämme, aber auch feindlicher Heere (Assyrer) und daher stark befestigt (Pithom und Sukkoth des AT). W. Hk.

Waffen. Während die Kriegführung in homer. Zeit auf den einzelnen Kämpfer mit → Eberzahnhelm, → Turm- oder Dipylonschild, → Thorax und Beinschienen abgestellt war, wandelten sich die Waffen mit dem Aufkommen geschlossener Gefechtsverbände, die als taktische Einheiten an die Stelle der großen Einzelnen traten. Die W. können eingeteilt werden in: A. Verteidigungs-W. und B. Angriffs-W.

A. VERTEIDIGUNGSWAFFEN. [1] *Helme.* Bei den Griechen waren in älterer Zeit die beiden bekanntesten Formen einmal der korinth. Helm, αὐλῶπις (Hom. Il. 5. 182), welcher das ganze Gesicht bedeckte, nur Augen und Mund offenließ und dessen breites, tief herabgehendes Metallband den Nacken schützte; zum anderen der att. Helm, mit beweglichen Backenklappen, die Stirn durch einen Bügel (Sturmband) verstärkt, der Scheitel durch einen Helmbusch, λόφος, aus Pferdehaar (Hom. Il. 3, 337; 6, 469) geschmückt. Dreifach scheint dieser Schmuck, τριλοφία (Aristoph. av. 94), bei Kommandierenden gewesen zu sein. Daneben begegnen als Schmuck Hörner (Plut. Pyrrh. 11) oder gefärbte (Plut. Philop. 9) Federn (Plut. Alex. 16). Eine Besonderheit der Arkader und Lakonier war die eiförmige Haube, πῖλος (Phot. s. v. πῖλον χαλκοῦν). In den Grundzügen stimmte der röm. Legionärhelm mit dem hellenist. und samnitischen (Sall. Cat. 51, 38) überein. Die röm. cassis (später bei Reitern üblich: Caes. Gall. 7,45,2 u. ö.) bestand aus starkem Bronzeblech (seit Camillus auch aus Eisen: Plut. Cam. 40,4), hatte einen breiten Nackenschirm, war vorn offen, oben mit einem Federbusch, crista, geschmückt (Polyb. 6,23,8ff.; Veg. mil. 2,16,16). Visiere wurden nur in der Kaiserzeit (bei Paradehelmen) verwendet. Die lederne, mit Metallbändern und Backenklappen verstärkte Sturmhaube, galea (Caes. Gall. 2,21,5 u. ö.), hatten nur die leichteren Truppen, bei Caesar auch die Legionsinfanterie, die sie während des Marsches auf der Brust hängen ließ. Um den Druck zu vermindern, waren die H. gefüttert (Schwamm: Aristot. hist. anim. 5,16), oder man trug unter ihnen eine Filzkappe (Hom. Il. 10,265).

[2] *Panzer.* Im Gegensatz zu der älteren Form des → Thorax waren die griech. Metallpanzer vom 5. Jh. an den Körperformen genauer angepaßt. An der Innenseite des unteren Randes hingen metallbeschlagene Lederstreifen, *πτέρυγες* (Xen. An. 4,7,15), nach unten. Sie wurden bes. von der Reiterei benutzt, *θώραξ ἱππικός* (ebd. 3,4,48). Daneben findet sich der billigere und bequemere Lederpanzer, *σπολάς* (ebd. 3,3,20), der unten in bewegliche Streifen auslief, wohl links durch Hefteln oder Haken geschlossen wurde und durch zwei Schulterklappen festen Sitz erhielt. Zwischen diesen Klappen konnte das Rückenstück höher aufragen und ergab so einen Nackenschutz (vom Metallpanzer: Xen. equ. rat. 12,2). Linnenpanzer, *θώρακες λινοῖ* (Hom. Il. 2,529. 830), bestanden wohl aus gröberem Gewebe und waren mit Metallschuppen besetzt (Alk. Fr. Z 34 Page); Kettenpanzer (serta sc. lorica: Nep. Iph. 1,4?) sind nicht mit Sicherheit bezeugt. Bei den Römern herrschte zunächst der Lederpanzer vor (Varro ling. 5,116), der auch zu Caesars Zeit von dem einfachen Legionssoldaten getragen wurde und eine Metallplatte auf der Brust hatte, *καρδιοφύλαξ* (Polyb. 6,23,14); ferner begegnen der Kettenpanzer, lorica serta oder hamata (Verg. Aen. 3,467), der aus eisernen Ringen zusammengesetzt war (auch für Pferde: Val. Fl. 6, 234), der Schuppenpanzer, lorica squamata (Verg. Aen. 11,488), beide wohl für Offiziere, und bes. die aus Metallstreifen (auf Leder) gefertigte lorica segmentata. Auf der → Marcussäule tragen Prätorianer die lorica squamata (vgl. Dio Cass. 78,37), Legionäre die lorica segmentata, Auxilia die lorica serta. Der Leinenpanzer, lorica lintea (Suet. Galba 19,1), fand keine allgemeine Einführung.

[3] *Schild.* Neben den → Turmschild (vgl. Tyrt. Fr. 9 D., 23; Plut. Kleom. 11) trat im 9./8. Jh. ein kleinerer, an Bügeln gehaltener → Rundschild, *ἀσπίς*. In historischer Zeit gab es (1) den kreisrunden argiv. oder dor. Schild, der unten oft in eine Decke aus Filz oder Leder auslief, (2) den größeren sog. böot. Schild, der zwei Ausschnitte an den Längsseiten zeigte. Beide bestanden aus Leder (Hdt. 7,91) oder Holz (Xen. Hell. 2,4,25) mit Metallbeschlag (Hom. Il. 18, 614ff.); die Mitte, *ὀμφαλός*, trug das Schildzeichen (Inschriften, Bilder: Hom. Il. 18,518; Xen. Hell. 4,4,10; 7,5, 20). Thrak. Ursprungs war die kleine, leichte *πέλτη* (Xen. Mem. 3,9,2), der Schild der Leichtbewaffneten (*πελτασταί*). Bei den Römern wurde der griech. Rundschild, clipeus, durch das samnitische scutum verdrängt (Liv. 8,8,3; 9,40,3). Der alte Rundschild hielt sich als parma oder parmula bes. bei Offizieren. Die Legionen trugen verschiedene Schilde (Cassius Dio 49,30), so die lederne, ovale cetra (Liv. 28,5,11) und das schwere, einem halbierten Zylinder ähnliche scutum, das in der Mitte einen eisernen Buckel, umbo (Liv. 9,41,18), und vielfachen Schmuck (vgl. Caes. Gall. 2,21,5) trug.

[4] *Beinschienen, κνημῖδες* (Hom. Il. 19,369), bestanden aus Bronze, waren gefüttert, wurden zusammengebogen und mit Riemen befestigt; ein Polsterring, *ἐπισφύριον* (Hom. Il. 3,331), gab den Beinschienen Halt und schützte die Knöchel. Reiter trugen Stiefel (Xen. equ. rat. 12,10). Die Römer kannten Beinschienen, ocreae, von Anfang an; in der Kaiserzeit wurden sie jedoch nur noch von → Centurionen getragen.

B. Angriffswaffen. [1] Zu den ältesten gehörten *Schleuder* und *Bogen;* der zusammengesetzte, reflexe (d.h. entspannt in die entgegengesetzte Richtung gebogene) Hornbogen (Hom. Od. 21,13; Il. 4,105) war schwierig zu bespannen (Hom. Od. 21,124–415), aber recht leistungsfähig.

[2] Die Griechen führten den *Wurfspeer*, → Akontion, und die schwerere *Stoßlanze, δόρυ*, die notfalls auch geworfen werden konnte (Xen. Hell. 2,4,15), Reiter das kürzere *παλτόν* (Xen. equ. rat. 12,12). Nur dem Stoß diente die makedon. *σάρισα* (Diod. 16,3), die zwischen 5,5 und 4,3 m (Theophr. hist. plant. 3,11; Polyb. 18,12) lang war. Das röm. → pilum entsprach etwa dem Akontion.

[3] Das griech. gerade, zweischneidige *Schwert, ξίφος* (Xen. equ. rat. 12,11), der historischen Zeit hatte eine kurze Klinge; das gekrümmte, einschneidige, *μάχαιρα* (Xen. Kyr. 1,2,13), steckte wie jenes in einer Scheide, *κολεός*, und wurde links getragen. Die Römer benutzten das in der zweischneidigen, geraden Klinge nur 60–70 cm lange ‹spanische› Schwert, gladius, das zu schnellem Hieb und Stich gleichermaßen geeignet war (Polyb. 6,23,6–7) und das, in Verbindung mit dem → pilum, den röm. Legionär zum perfekten Einzelkämpfer im Gefechtsverband machte.
→ Hom. Altertümer; → Geschütze; → Festungsbau. W.K.

Lit: E. Bulanda, Bogen u. Pfeil..., 1913 – P. Couissin, Les armes romaines, 1926 – J. Kromayer-G. Veith, Heerwesen und Kriegführung der Griechen und Römer, HbAW IV 3,2, 1928 – E. Kukahn, Der griech. Helm, Diss. Marburg 1936 – R.E. Oakeshott, The Archaeology of weapons. Arms and armour from prehistory to the age of chivalry, 1960.

Wagen. Das Rad wurde schon in vorgeschichtlicher Zeit entwickelt. Seine einfachste Form, das Scheibenrad, tympanum (Varro rust. 3,5,15; Verg. georg. 2,444), steckte auf einer Achse und war durch einen Splint gesichert. Das Speichenrad hatte vier, sechs (in Griechenland oft Kreuzspeichen) oder acht Speichen, wobei sechs Segmente des Felgenkranzes (der Radius eines Kreises läßt sich sechsmal auf seinem Umfang abtragen) durch je eine Speiche mit der Radnabe verbunden waren. Bisweilen bog man das Holz (in heißem Wasser) in die gewünschte Form (Hom. Il. 4, 486; Theokr. eid. 25,247). Bei Bronzerädern war die Felge tief ausgekehrt, um den hölzernen Felgenkranz (mit Nieten) aufzunehmen. Der Wagenkasten (Plat. Theait. 207 A) ruhte bei den Streitwagen auf der viereckigen Achse, die mit der Deichsel verbunden war. Auf den runden Endzapfen der Achse war die drehbare Nabe (die bei dem Dejbjerg-Wagen des 1. Jh.s v. Chr. Gleitrollenlager hatte)

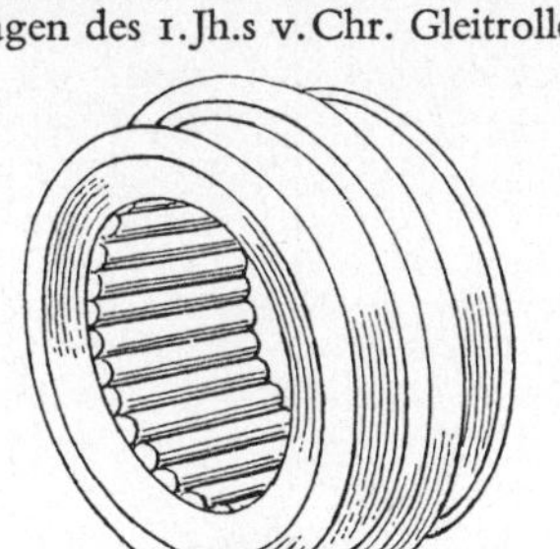

Abb. 252 Nabe mit Gleitrollenlager

durch einen Splint gesichert. Neben den zweirädrigen Streit-W., welche um die Zeitenwende nur noch von den → Kelten eingesetzt wurden (nur als Triumph-W. noch bei den Römern), gab es den leichten, schnellen Reise-W., der auch bei Hochzeiten, Landpartien und zum Weintransport Verwendung fand. Zwar hatten auch die Griechen vierrädrige W. zum Liegen (Poll. 10,51) und für Frauen (Aristoph. Pl. 1013; Ath. 13,586 B), doch entfaltete sich der Wagenbau erst unter den Römern (durch keltischen Einfluß). Sie hatten den schweren zwei- und vierrädrigen Lastwagen, *plaustrum*, oft mit Scheibenrädern (Prob. Verg. georg. 1, 163), dessen eine Art *sarracum* (Edict. Diocl. 15,23–28) hieß und zu den schwersten → Transportmaschinen für Baumstämme (Juv. 3,255) und viele Menschen (Quint. inst. 8, 3,21) gehörte; *carrus* (Caes. Gall. 1,3.6.24) war der militärische Gepäck- und Troß-W. (Non. 287,24 L.), *arcera* der kastenartige W. für Landwirtschaft und Krankentransport (Gell. 20,1,25.29). Zu den Reise-W. gehörte die vierrädrige *reda* (Cic. Att. 5,17,1), in der man mit Gepäck und Begleitung reiste (Iuv. 3,10f.; Hor. sat. 2,6,42), von zwei oder vier Pferden gezogen (Gell. 19,13,5); sie wurde der Miet- und Post-W. der Kaiserzeit (Suet. Iul. 57). Die Belastungsgrenze der einzelnen Typen reichte von 145 bis 1089 Pfund (Cod. Theod. 8,5,8). Für schnelle Reisen gab es das leichte, zweirädrige *cisium* (Verg. catal. 8,3) und das *essedum*, das ursprünglich ein keltischer Streitwagen war (Caes. Gall. 4,33; Verg. georg. 3,204); mit ihm reisten Behörden (Suet. Cal. 51 u. ö.) wie Privatleute (Cic. Att. 6,1,25), auch Frauen (Ov. am 2,16,49) reisten. Staats- und Luxus-W. waren das vierrädrige *pilentum*, mit dem Flamines, Vestalinnen, Matronen zu Opfern und Spielen fuhren (Liv. 1,21,4; 5,25), und das zweirädrige *carpentum*, das wie jenes überdacht war; mit ihm durften privilegierte Frauen auch in Städten fahren (Suet. Claud. 17), wo sonst tagsüber aller Wagenverkehr verboten war (ebd. 25). Die *carruca* war vierrädrig, der reda ähnlich (Mart. 3,47,5.13), für lange Reisen (Suet. Nero 30) und zum Schlafen eingerichtet (Dig. 34,2,13), reich mit Silber (Plin. nat. 33,140), Gold (Mart. 3,62,5) oder Elfenbein (Ov. Pont. 3,4,35) verziert. W. K.

Q: außer den genannten bes. Isid. orig. 20,12,2ff. – *Abb:* Singer, Technology II 491ff. 495. 503; 638.

Wagenrennen wurden *in Griechenland* als sportliche Agone, ursprünglich mit den gewöhnlichen Streitwagen, zuerst bei Leichenspielen gefahren (Il. 23,262ff.). In → Olympia ist das W. der älteste Agon (→ Sport, A 1, B 1), da 680 sehr wahrscheinlich nur das Zwei-(συνωρίς) vom Viergespann (τέθριππον sc. ἅρμα) abgelöst, nicht aber, wie überliefert, das W. eingeführt wurde. Es blieb, wie der aufwendige Pferdesport überhaupt, ein Privileg des Adels (vgl. Aristot. pol. 4,3, 1289b35). Die glänzende, kostspielige Ausstattung der Gespanne und die spannende Atmosphäre des Rennens – Unfälle waren häufig (vgl. Soph. El. 698ff.) – machten es zum Höhepunkt der sportlichen Wettkämpfe. Die Popularität des W.s zeigt sich in der Aufnahme weiterer Agone in das Programm der panhellenischen Spiele, nämlich mit Zweigespannen (in Olympia 408 eingeführt; aber schon auf panathen. Vasen des 6. Jh.s dargestellt), Fohlenvier- (384) und -zweigespannen (256; schon seit 338 in Delphi, das unter dem Einfluß der die Pferdezucht pflegenden nordgriech. Landschaften als Stätte für den Wagen- und Pferdesport Olympia mindestens ebenbürtig war) und mit Maultieren (ἀπήνη; in Olympia unter sizilischem Einfluß nur 500–444 veranstaltet). In Athen und Böotien wurden ἀποβάτης-Rennen ausgetragen, bei denen ein Beifahrer mit Helm und Schild vom fahrenden Viergespann ab- und aufsprang, eine Reminiszenz an die alte Kampfweise. – Im Hippodrom starteten die nebeneinander (nur in Olympia nach ca. 250 in keilförmig gestaffelten Boxen, οἰκήματα) aufgefahrenen Gespanne nach Entfernung einer Startschnur (ὕσπληξ) und fuhren um die Wendepfeiler (νύσσαι) mehrere Runden (z. B. 12 für Viergespanne, 3 für Fohlenzweigespanne). Die Zahl der Gespanne war z. T. recht groß (Pind. Pyth. 5,49: mindestens 41). – In *Rom* wurden W. schon früh am alten Erntefest der → Consualia, den → Equirria des Mars und bei → Triumphen, dann im Rahmen der → Ludi circenses veranstaltet. Die Wagen, meist Vier- (quadrigae) und Zweigespanne (bigae), wurden wegen der technischen Anforderungen wie in Hellas selten vom Besitzer (die Teilnahme war nicht mit Infamie belegt), sondern von → Sklaven und bezahlten → Freigelassenen gefahren. Wegen des immensen Aufwandes fiel die Organisation der Rennen seit der frühen Kaiserzeit an die vier großen Renngesellschaften mit den Farben Weiß, Rot, Grün und Blau. – Im Circus Maximus bestand ein Rennen (missus), an dem gewöhnlich jede Gesellschaft mit einem Wagen teilnahm, aus 7 Runden (curricula; je ca. 1200 m) um die Wendepfeiler (metae). Die Wagen starteten aus Einzelboxen (carceres). Die gefahrenen Runden wurden durch bewegliche Holzovale (ova) und Delphine angezeigt, die die zwischen den metae befindliche Mauer (spina) neben Altären, Statuen u. ä. trug. Als Preise wurden Kränze, Palmzweige und hohe Geldprämien (15000 bis 60000 Sest.) aus öffentlichen oder privaten Mitteln der veranstaltenden Beamten oder Privatleute vergeben. Die letzten Rennen in Rom fanden i. J. 549 unter Totila statt. – Vgl. die Schilderungen bei Homer (Il. 23,262–533) und Statius (Theb. 6,296–549). → Sport. H. Bgt.

Wahrnehmung (αἴσθησις, sensatio), die durch die Sinne vermittelte Erkenntnis (→ Erkenntnistheorie). Laut → Theophrast stehen sich bei seinen Vorgängern zwei Hauptvorstellungen vom Vorgang der W. gegenüber. Nach der einen wird das Ähnliche durch das Ähnliche erkannt, nach der andern nur das Unähnliche durch sein eigenes Gegenteil. Extreme Vertreter dieser beiden Theorien sind einerseits → Empedokles, andererseits → Anaxagoras. Für → *Empedokles* gehen von allen Dingen Strömungen aus, die, in die Poren der Sinnesorgane dringend, dort durch die Berührung mit gleichartigen Elementen die Empfindungen erzeugen (z. B. erkennt das Auge das Licht, weil es Feuer enthält). → *Anaxagoras* ist der Ansicht, daß die W. sich zwischen Gegensätzen abspiele und deshalb von Schmerz begleitet sei. Das Sehen geschieht so, daß auf der Pupille ein Bild erzeugt wird, welches von anderen Farben absticht. Wir erkennen die Kälte durch die Wärme, das Süße durch das Saure usw. – Für → *Demokrit* begegnen sich Ausströmungen, die gleichzeitig von den Dingen und vom Beobachter ausgehen, in der Luft, wo sie Bilder erzeugen, die das Auge erregen; die anderen W.en erklärt er durch einen weniger komplizierten Vorgang. Die Sinnes-W.en sind relativ, die Aussagen über Süß und Bitter, über Farben und über Warm und Kalt beruhen nur auf ‹Konventionen›. Der gänzlich subjektiven Erkenntnis der Sinne stellt er die echte Einsicht gegenüber, durch welche wir wissen, daß es außer den Atomen und der Leere nichts Wirkliches gibt. – Die Sinnenwelt ist für → *Platon* gleichbedeutend mit relativ und unbeständig, daher hat die durch sinnliche W. vermittelte Erkenntnis weder Gewißheit noch Klarheit, noch kann die W. ihrerseits exakt erklärt werden; die Beschreibung der Tätigkeit eines jeden Sinnes im Timaios (45 B–46 C. 61 C–68 D) hat nur Wahrscheinlichkeitswert. Die W. ist der Erkenntnismodus, bei welchem die Seele den Körper als Instrument benützt (Phaid. 79 C; Tim. 43 C; Theait. 184 D; 185 E). – → *Aristoteles* hat im Gegensatz dazu eine philosophische Theorie der Sinnes-W. als eines Übergangs des Wahrnehmungsvermögens von Potentialität zu Aktualität unter dem Einfluß der wahrnehmbaren Eigenschaft; die aktuelle Empfindung und das aktuelle Wahrnehmbare sind also das gleiche (de an. 425 b 26). Die Passivität der Sinne wird bewiesen durch die Notwendigkeit der körperlichen Anwesenheit des sinnlich wahrnehmbaren Dinges, aber diese Passivität ist von der des rein materiellen Seins verschieden, denn der Übergang des W.s-Vermögens zur Aktualität bedeutet nicht, daß ihr früherer Zustand beseitigt würde; es ist eine Aktualisierung, eine Vollendung, in welcher der Ausgangszustand beibehalten und zur Vollkommenheit geführt wird (ebd. 417 b 2ff.). Obwohl sie sich vom geistigen Erfassen deutlich unterscheidet, ist die W. für Aristoteles doch der notwendige Ausgangspunkt für die Abstraktion der Begriffe. – Für → *Epikur* erklärt sich die sinnliche W., wie für Demokrit, durch Ausströmungen, die von den Dingen ausgehen und Bilder erzeugen, welche unsere Sinne in vorgegebenen, korrespondierenden Formen auffangen. – Die → *Stoiker* verstehen unter W. eine Veränderung der Seele durch das Einprägen eines sinnlich wahrnehmbaren Dinges; doch muß, damit diese stattfindet, ein aus der Seele stammendes Pneuma in das Sinnesorgan dringen. → *Plotin* übernimmt von Platon den Gedanken, daß in der W. die Seele den Körper benützt, und erkennt an, daß das körperliche Organ durch den äußeren Gegenstand berührt werden müsse, soll Empfindung stattfinden, doch betont er mit Nachdruck die Aktivität der Seele, die sich in der W. den wahrnehmbaren Formen nähert, und leugnet ausdrücklich, daß die Empfindung der Seele eingeprägt sei (enn. 4, 6, 1 und 2). S. M.

Lit: W. Beare, Greek Theories of elementary cognition from Alcmaeon to Aristotle, 1906 – R. Eisler, Wörterbuch der philos. Begriffe (1902), 1927^4, III 472–474 – C. J. de Vogel, Waarneming, verstand en intuitie in de Griekse Wijsbegeerte, Nederlandse Tijdschrift voor Wijsbegeerte en Psychologie, 1954–55, 105–120.

Wallfahrt. W.en begegnen in den meisten Religionen. Ihre Voraussetzung ist der Glaube, daß Gott oder ein göttliches Wesen an bestimmten Plätzen in besonderer Weise gegenwärtig ist oder angesprochen werden kann und daß man daher durch eine W. einen besonderen Segen, etwa in Gestalt einer Offenbarung oder einer Heilung, erlangen kann. – Von einer *christl. W.* hören wir zuerst bei → Meliton von Sardes, der ca. 170 nach Palästina reiste, um den ‹Schauplatz der Worte und Taten› kennenzulernen. Aber daneben steht sein theologisches Interesse, den genauen Umfang des Kanons des ATs zu überprüfen. Auch im 3. Jh. kam es nur vereinzelt zu W.en. Neben Palästina wird allerdings auch schon Rom als W.sstätte aufgesucht, vor allem die Gräber der Apostel Petrus und Paulus; ferner, gleichfalls schon in vorkonstantinischer Zeit, das sog. Johannesgrab in Ephesos. Ihren eigentlichen Aufschwung erhielten die W.en freilich erst in der Zeit der Reichskirche. Die W.en der Kaiserin Helena, die zur Kreuzesauffindung führten, regten zur Nachahmung an. Von nun an wurden zahlreiche W.en ins Heilige Land, über die teilweise → Pilgerberichte erhalten sind, unternommen. Sie führten dazu, daß man sich in erhöhtem Maße für die Gedenkstätten der Heiligen des ATs und des NTs interessierte. Auch sonst entstanden, zusammen mit der Ausbildung eines neuen Heiligenideals (→ Christentum IV, 5; → Hagiographie), immer mehr W.sstätten, z. T. unter Anknüpfung an heidnische Stätten und Bräuche. Berühmte Asketen (→ Anachoreten, → Mönchtum), bes. die → Säulenheiligen, zogen Pilger in großer Zahl an. Im ganzen pilgerten Christen aber nur vom Westen in den Osten, nicht umgekehrt, da der Osten über die heiligen Stätten aus dem Leben Jesu und über die bei weitem größere Zahl von Asketen und Heiligen verfügte. Im Westen waren W.sstätten die Gräber der berühmten → Märtyrer. In Gallien, das kaum Märtyrergräber hatte, war das Grab des → Martin v. Tours Ziel vieler W.en. B. L.

Q: → Pilgerfahrten – *Lit:* B. Kötting, Peregrinatio religiosa, 1950.

Walnußbaum (*καρύα*), wahrscheinlich schon in der mittelländ. Frühzeit wild verbreitet. Der Befund schließt spätere Kultureinflüsse aus Kleinasien nicht aus. Geschätzt wurde er wie der → Haselnußstrauch und die → Kastanie wegen der Nüsse, deren Bezeichnung in der Überlieferung oft keine klare Abgrenzung erlaubt. Verbürgt ist die Verwendung des Holzes ebenso wie die Nutzung von Blättern und Früchten in der Heilkunde. Entstanden dachte man ihn aus der Verwandlung der Karya, einer Priesterin und Geliebten des Dionysos. Auf eine Verbindung mit Artemis scheint die im lakon. Karyai gepflegte Verehrung der Göttin als Karyatis zu weisen. Die röm. Bezeichnung iuglans (Iovis glans), ursprünglich auf die Früchte der → Eiche bezogen, spricht für eine von der Eiche auf den W. übertragenen Beziehung zu Jupiter. Im Vergleich mit anderen Bäumen tritt die mythische und religiöse Bedeutung auffallend zurück. Vgl. → Flora. J. W.

Lit: Hehn, 393–404 – Murr, Pflanzenwelt, 35–37 – Schneider, RE 9, 2 (1916), 2508.

Wandergewerbe. Namentlich das Kunsthandwerk hat sich im Alten Orient aus dem W. entwickelt und war auch im klass. Griechenland noch weitgehend auf Wanderung angewiesen. Die Entstehung von → Ergasteria und die Bildung von → Zünften haben in der hellenist. Zeit, die Staatsmanufakturen und Zwangskorporationen in der röm. Kaiserzeit fast alle → Gewerbe seßhaft gemacht. H. Br.

Wappenmünzen, numismatische Bezeichnung für archaische Silbermünzen attischen Münzfußes mit diagonal geteiltem → quadratum incusum auf der Rückseite, einfachen wappenartigen Bildtypen auf der Vorderseite, wie z. B. Gorgoneion, Triskeles, Stierkopf, verschiedene Pferdeprotomen, Eule, Amphora, Astragalos und Rad; auf dem zugehörigen Kleinsilber außerdem noch Frosch, Kanne, Auge, Apfel und Blatt. – Die Wertstufen sind → Didrachmon, → Drachme, → Obol, → Hemiobol und Viertelobol. Ferner in der spätestens doppelseitigen Reihe noch → Tetradrachmon mit Vorderseite Gorgoneion, Rückseite Pantherkopf en face bzw. Stierkopf. – Diese inschriftlosen Münzen werden auf Grund der Fundorte und einer Reihe ihrer Bildtypen – Eule, Amphora, Gorgoneion usw. – Athen zugeschrieben, wo sie vor der Ausgabe der frühesten → Glaukes als die ältesten attischen Silbermünzen geprägt und ausgegeben wurden. W. Schw.

Lit: Ch. Seltman, Athens, its History and Coinage, 1924, XVIII bis XIX, 6 ff., 18–38, 45–53, 79–91, Pl. 1–4, 14 – Ders., Greek coins (1933), 1955^2, 43 ff. – J. N. Svoronos, Trésor des monnaies d'Athènes, 1923–26, Pl. 1 und 3 – K. Regling, in: v. Schrötter, 734 – C. M. Kraay, Num. Chron. Ser. VI, Vol. 16, 1956, 44–45, 62–65 – Ders., Num. Chron. Ser. VII, Vol. 2, 1962, 417–423 – E. S. G. Robinson, Num. Chron. Ser. VII, Vol. 1, 1961, 109 – W. P. Wallace, Num. Chron. Ser. VII, Vol. 2, 1962, 23 ff.

Wasserspiele. Seit augusteischer Zeit waren in den → Peristylen Wasserbecken (piscinae) mit einem Springbrunnen (aqua saliens) nicht selten; das Wasser wurde der öffentlichen → Wasserversorgung entnommen und mußte bezahlt werden (Frontin. aqu. 2, 118). Die 1-, 7- (Pompeji: ‹Haus der Silbernen Hochzeit›) und 16strahligen (ebd.: ‹Haus der Vettier›) privaten oder öffentlichen Springbrunnen flossen Tag und Nacht (Frontin. aqu. 2, 103), z. T. vor reich verzierten Brunnennischen. Ein W. im Impluvium (Pompeji: ‹Haus des Faun›) war selten. Bisweilen ergossen sich aus 1,25 m Höhe Wasserstrahlen in einen Umlaufgraben (ebd.: ‹Haus des Holconius Rufus›). W. K.

Wasserversorgung. [1] Frisches Trinkwasser bildete eine fundamentale Lebensbedingung der *griech.* → *Stadt.* Schon bei myk. Burgen wurde eine beim Burgberg liegende Quelle durch besondere Befestigungen einbezogen. Die oft Nymphen oder Gottheiten zugeeigneten Quellen griech. Städte wurden seit dem 6. Jh. architektonisch gefaßt. Das *Quellhaus* besteht aus einem oft in den Fels geschnittenen, zugleich als Klärbecken dienenden Reservoir, dem ein getrenntes Schöpfbecken vorgelagert sein kann; über eine abschließende Brüstung hinweg wurde mit → Hydrien das Wasser geschöpft. Die zugängliche Vorhalle hatte eine oft reich geschmückte Säulen- oder Pfeilerfront. Bei reichlicherem Zufluß dienten auch löwenkopfförmige Wasserspeier (9 beim Enneakrunos in → Athen) zum Füllen der Gefäße, wie auch zum Duschen (nach Vasenbildern). Erhaltene Quellhäuser finden sich in → Megara: 2 große, getrennt benutzbare Reservoirs mit 35 achteckigen Säulen und 260 m^2 Grundfläche; dor. Vorhalle mit Säulenfront; ca. 500 v. Chr.); → Korinth: ‹Heilige Quelle› (unterirdische Kammer für sakralen Gebrauch, mit erhaltenem bronzenem Wasserspeier; Anfang 5. Jh.?), Peirene und Glauke (große öffentliche Quellhäuser mit je 4 schmalen, tief in den Fels geschnittenen Reservoirs und Fronthalle von 3 Pfeilern in antis. Datierung unsicher); → Athen: Quellhaus westlich der Akropolis, 2 Quellhäuser auf der Agora (SO-Ecke: 6. Jh., Enneakrunos? SW-Ecke, mit L-förmigem Schöpfbecken und Säulenvorhalle, Ende 5. Jh.), am Dipylon (L-förmiges Schöpfbecken, ion.

Säulenhalle, ca. 400 v. Chr.); → Delphi, Kastalia (Quellhaus des 5./4. Jh.s); → Sikyon (Gymnasion, 2 Schöpfbecken in Nischen mit 2 Frontsäulen, 3./2. Jh.); Ialysos auf → Rhodos (in den Hang gebaut, mit dor. Säulenfront, 3. Jh.), weitere in → Delos, → Milet, → Ephesos, Pergamon u. a. Daneben versorgten kleinere, in Nischen eingebaute Laufbrunnen z. B. in → Priene die Wohnquartiere. Fehlte eine Quelle im Stadtgebiet, wurde Quellwasser durch unterirdische Tonrohrleitungen oft kilometerweit zugeleitet (Megara, Aigina, Athen, Priene, Ephesos). In → Samos wurde dafür von → Eupalinos vor 522 v. Chr. ein fast 1 km langer Tunnel von zwei Seiten her durch einen Berg getrieben. Im Hellenismus kamen Druckleitungen auf, deren kühnste in → Pergamon eine Steighöhe von 160 m mit 16 atü Druck bewältigte. Private Brunnen und Zisternen (diese in wasserarmen Städten wie z. B. in → Delos und Perachora → Peiraion bes. groß und zahlreich) ergänzten die Wasserversorgung. G. Gb.

Lit: B. Dunkley, Greek Fountain-Buildings before 300 B. C., BSA 36, 1935/36, 142–204. → Theagenes.

[2] *Röm. Stadt:* Die älteste städtische W. erfolgte aus offenen Rundzisternen (z. B. Rom, Palatin, 7./6. Jh. v. Chr.) und überwölbten Brunnenhäusern (Tullianum in Rom, 3. Jh. v. Chr.; Tusculum). Ältester Schöpfbrunnen am Forum war der schalenförmige Lacus Iuturnae. In Pompeji sind es meist an Kreuzungen, in Nähe von Verteilertürmen gelegene, rechteckige Becken mit pfeilerartigem Aufsatz und maskengesichtig verzierter Mündung (puteal). Auch in Privathäusern floß das Wasser reichlich (16 Mündungen im Vettierhaus). → Agrippa stiftete in Rom 700 Laufbrunnen (lacus) und 500 säulen- und statuengeschmückte Springbrunnen (salientes); als curator aquarum besaß er die Würde eines Magistraten. Unter → Claudius war ein Stab von 700 Technikern für die städtische W. verantwortlich, und der Verbrauch nahm zu mit Errichtung von zahlreichen, an Pracht sich gegenseitig überbietenden → Nymphäen und → Thermen, die z. T. den Bau neuer → Aquädukte erforderten. Berühmtester Springbrunnen Roms war die ‹Meta Sudans›, am Treffpunkt von 5 augusteischen Regionen in der Nähe des Kolosseums (vgl. ähnlichen Brunnen in Gémila). Im 4. Jh. besaß Rom 1352 Laufbrunnen. C. K.

[3] Die *Verteilung* des Wassers an die Bevölkerung ist am besten aus Pompeji und Rom bekannt. Das Wasser wurde in Verteilertürmen (castella) durch 20–30 cm starke Filter gereinigt, durch drei verschieden hoch angebrachte

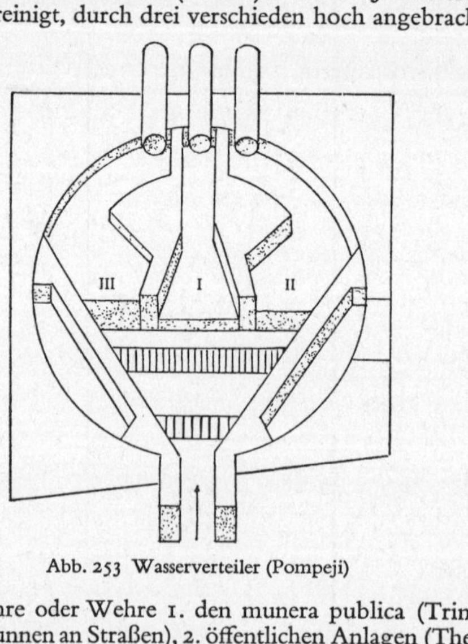

Abb. 253 Wasserverteiler (Pompeji)

Druckrohre oder Wehre 1. den munera publica (Trinkwasserbrunnen an Straßen), 2. öffentlichen Anlagen (Theater, Thermen), 3. den Privatabnehmern zugeleitet (Vitr. 8, 6, 2), deren Anschluß am Verteiler ganz oben angebracht war und so bei Wassermangel zuerst ausfiel; am sichersten war die Trink-W. Über die verschiedenen Anteile in Rom vgl. Frontin. aqu. 78–87. An die dritte Druckleitung schlossen sich Privatleute einzeln oder als consortium an, wobei Unterverteiler eingebaut wurden, die mit offiziell kontrollierten und gestempelten (Frontin. aqu. 2, 105. 112) Normdüsen versehen waren, nach deren Querschnitt (Grundmaß war die Nennweite quinaria = $\frac{5}{4}$ Finger = 23 mm Durchmesser: Frontin. aqu. 1, 39; vgl. Vitr. 8, 6, 4) die Wassergelder berechnet wurden (Frontin. aqu. 2, 114. 118; Vitr. 8, 6, 2). Neben Zapfhähnen begegnen Leitungshähne, durch die Teile der W. gesperrt werden konnten. W. K.

Q: Frontin. aqu. 2 – *Lit:* F. Kretzschmer, Bilddokumente röm. Technik (1958), 1964^2, 47–58.

Weben. [1] Hervorgegangen aus dem Flechten (vgl. Lucr. 5, 1348), ist das W. am vertikalen Webstuhl (ἱστός, tela) im Stehen (Aufwärtsweben: Isid. orig. 19, 22, 18: Tunica recta) oder im Sitzen (Auf- oder Abwärtsweben) eine uralte

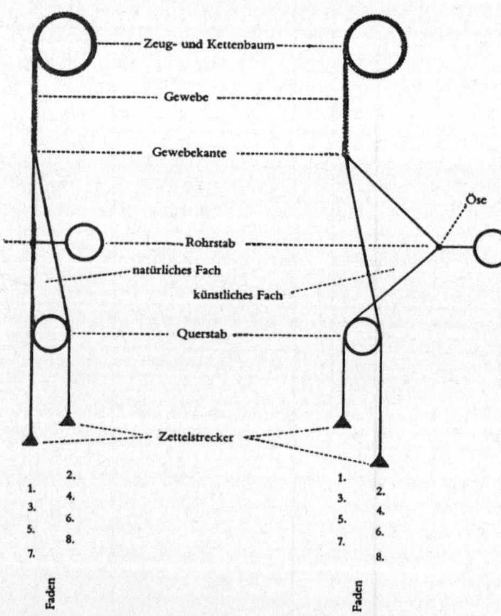

Abb. 254 Fachbildung am Webstuhl

Kunst. Der *ältere Webstuhl* der Griechen und Römer (Sen. epist. 90, 20) bestand aus zwei vertikalen Balken (ἱστόποδες, pedes telae), die durch einen Querbalken oder (und) Garnbaum verbunden waren, an welchem die Fäden des Aufzugs (Kette, στήμον, stamen) befestigt waren. Die Kettenfäden hielt man durch runde, durchbohrte Steine (Zettelstrecker, λεῖαι, pondera – aus Ton) straff. In die Kettenfäden wurden nun die Einschlagfäden eingeschossen (Schuß, διαβάλλειν, subtemen inserere). Dazu wurde ein Teil der Kettenfäden, z. B. alle 1., 3., 5., 7. usw., durch Laufringe (licium) an einem Rohrstab (→ κανών: Hom. Il. 23, 760–3, harundo) befestigt, die restlichen an einem zweiten. Indem bald der eine, bald der andere κανών angezogen wurde, entstanden ‹Fächer›, durch welche das Schiffchen (Schütze, κερκίς: Hom. Il. 22, 448, radius) mit seiner Spule (πηνίον, panus) den Einschlagfaden (Schuß) führte. Dieser wurde durch einen Holzspatel (σπάθη, spatha) an den vorhergehenden, je nach der gewünschten Gewebedichte, mehr oder weniger fest angeschlagen. – *Spätere Webstühle* (Sen. epist. 90, 20 mit Ov. met. 6, 55–58), bei denen unten (im Sitzen) gewebt wurde, hatte die Zettelstrecker durch einen zweiten Querbalken (Tuchbaum) ersetzt, und den Einschlagfaden drückte man durch einen Kamm (pecten) fest. Nahm man für den Schuß Lagen verschiedener Farben (mehrere Spulen), entstanden Streifen, wechselte man auch in den Ketten, ergaben sich Karos; waren Kette und Schuß von verschiedener Farbe, entstand ein changierendes Gewebe (vestes versicolores: Quintil. 10, 1, 33; Ov. met. 6, 61–66).

[2] Hervorragendes leistete die Antike in der *Buntwirkerei* (polymitum: Plin. nat. 8, 196), wobei wohl die jeweils erforderlichen Ketten durch die Laufringe mit der Hand einzeln bewegt wurden, um für den verschiedenfarbigen Schuß Fächer zu bilden, oder auf dem horizontalen Webstuhl durch drei und mehr Geschirre (Apul. flor. 9 p. 12, 9 Helm), die ebenfalls licium hießen. Hiermit wurden sehr starke Gewebe hergestellt (Mart. 14, 143), da man drei und mehr Schußfäden nahm; die besten kamen aus Alexandria. – Bei der *Goldwirkerei* (Attalica peripetasmata: Cic. Verr. 4, 12, 27; aulea: Sil. 14, 659) wurde ein (in seiner Herstellung unbekannter) goldener Schußfaden (bisweilen aber auch für Kette und Schuß) verwendet; Gewebe dieser Art gab es schon lange im Orient (2. Mos. 28, 5–8; Curt. 3, 3, 18; Ath. 12, 538 D; Just. 20, 4; Tib. 2, 3, 53; Ov. ars 2, 299; CIL 4, 9083). – *Webmuster* können durch 1. verschiedene Verbindungen von Kette und Schuß und 2. durch farbige Fäden erzeugt werden. 1. Verbindungen von Kette und Schuß: a) Einzelne Schußfäden über einzelne Ketten (Leinen); b) zwei oder mehr Schußfäden über zwei oder mehr Ketten (Segeltuch); c) ein Faden geht frei unter zwei oder mehr Fäden hindurch (Brokat); d) zwei Reihen von Ketten (eine vorn, eine hinten) von unterschiedlicher Farbe werden durch einen Schußfaden von neutraler Farbe verbunden; indem bald die vordere, bald die hintere Kette nach oben genommen wird, entsteht ein Muster auf neutralem Grund. 2. Farbige Fäden werden (a) als Kette (Längsstreifen), (b) als Schuß (Querstreifen), (c) in Kombination von beidem (Schachbrettmuster) verwandt, oder (d) verschiedenfarbige Einschußfäden bedecken nur kleine Abschnitte des Schusses (Wandteppichmuster). W. K.

Q: Isid. orig. 19, 29, 7 – *Lit:* Forbes, Technology IV 192–252 – *Abb:* ebd., Abb. 29 f. (Webstuhl mit Zettelstreckern); Abb. 2 (Kette und Schuß).

Wegemesser, *Hodometer* (*ὁδόμετρον*). → Heron (2) von Alexandria (dioptr. 34) und → Vitruv (9, 8, 1–4) beschreiben nach gemeinsamer Vorlage (→ Ktesibios?) ein Gerät, das nach demselben Prinzip wie moderne Taxameter (Kilometerzähler) den mit einem Wagen zurückgelegten Weg mißt. Durch Vitruv (a. O. 5–9) kennen wir eine Weiterentwicklung des W.s für Schiffe mit außen angebrachtem Schaufelrad. – Vgl. → Mechanik B [2]. F. Kr.

Lit: A. G. Drachmann, The Mechanical Technology of Greek and Roman Antiquity, 1963, 157–170.

Weide (*ἰτέα*, salix), mit mehreren Arten in Griechenland und Italien vertreten, bereits in der Ilias (21, 350) neben → Ulmen und → Tamarisken erwähnt. Man verwendete sie zu Flechtarbeiten (Schilde, → Körbe) und in der Heilkunde. Die W. begegnet neben der → Pappel in der Unterwelt (Hom. Od. 509 f.) im Hain der → Persephone. Mit der Pappel konkurriert die W. am Eingang der heiligen Höhle auf Kreta, in der das Zeuskind aufgezogen wurde. Ebenso zeichnet sich eine Verbindung mit den → Nymphen ab. Die antiken Vorstellungen von der W. wirkten stark in der christl. Symbolik nach (lebenzeugende Kraft in der an himmlischen Wassern wurzelnden W. als Vorbild jenseitigen Lebens). Vgl. → Flora. J. W.

Lit: Murr, Pflanzenwelt, 23–25 – M. Schuster, RE 8 A 1 (1955), 582 bis 590 – H. Rahner, Griech. Mythen in christl. Deutung, 1956, 361 bis 413.

Weihen, → Teletai, → Mysterien.

Weihgaben. [1] Neben das sich wiederholende Opfer tritt die W. als einmaliges dauerhaftes Geschenk an die Gottheit, um für erwiesene Gunst zu danken, sich künftige Gunst zu sichern oder auch ihren Zorn zu besänftigen. Bei den *Griechen* sind die W. von der größten Mannigfaltigkeit. Voranstehen die staatlichen W., nahezu immer als Dank für kriegerische Erfolge, wohl nicht selten in Erfüllung eines Gelübdes, oft in einem Beuteanteil bestehend. Nach einer vielfach beachteten Regel wird der zehnte Teil der Beute als solcher oder der entsprechende Wert aus dem Verkauf der Beute geweiht. Berühmt waren die W. nach den großen Siegen von → Marathon (Erzbild der Athena Promachos auf der Akropolis), → Salamis (Schwert des Mardonios und Thronsessel des Xerxes auf der Akropolis; Kolossalstatue des Zeus in Delphi), → Platää (goldener Dreifuß auf einer Säule aus bronzenen Schlangenleibern in Delphi; die Säule noch heute erhalten) und → Cumae (erbeutete etrusk. Waffen, von Hieron dem Zeus von Olympia geweiht; ein Helm mit Weihinschrift erhalten). Eine aus dem Zehnten einer Kriegsbeute bezahlte W. an den olympischen Zeus ist auch die erhaltene Nike des Paionios. Statuen und Beutestücke sind überhaupt die häufigsten W. Einmal weihten die Athener ein erobertes Schiff dem Poseidon (Thuk. 2, 84), ein anderes Mal 300 Rüstungen (ders. 3, 114), doch werden auch Tempelbauten oder Ländereien zur Vergrößerung des Tempelbezirks, Sklaven für den Tempeldienst, Viehherden oder bestimmte Lieblingstiere der Gottheit gestiftet. – Eine Gruppe für sich bilden die W. von Fürsten, beginnend mit den berühmt reichen Gaben des → Kroisos für Delphi (Hdt. 1, 50 ff.; vgl. Bakchyl. 3, 61 f. u. a.). → Polykrates v. Samos weihte dem delischen Apollon die Insel Rheneia, → Olympias sandte nach dem Siege Alexanders d. Gr. bei Gaugamela 331 v. Chr. reichste W. nach Delphi. – Die Hauptmasse der W. wurde indessen überall von Privaten gestiftet. Feste Sitte war es, daß die Sieger in lokalen oder panhellenischen → Wettspielen jeder Kategorie ein Geschenk weihten. Institutionell waren die W. junger Leute bei der Aufnahme in die Bürgerschaft und bei der Hochzeit, weiterhin die Erstlingsgaben, die allerdings eher Opfercharakter haben. Berufserfolg führte zu W. der verschiedensten Art: Handwerker weihten ihr Arbeitsgerät, Künstler ihre Instrumente, Fischer ihre Angeln (zahlreiche, in sich meist fiktive, aber auf realem Brauche beruhende Belege: AP 6). Wo die W. nicht solchen symbolischen Charakter haben, bestehen sie zumeist in Kultgeräten: → Dreifüßen, → Lampen, → Kränzen u. dgl. Anderer Art sind die W. als Dank für Rettung etwa aus Seenot und bes. Krankheit. Im ersten Falle dürfte oft eine bildliche Darstellung des Rettungsvorgangs, im zweiten eine Nachbildung des geheilten Gliedes geweiht worden sein. – Viele Tempel müssen im 6.–4. Jh. v. Chr. überaus reich gewesen sein. In Delphi wie in Olympia haben viele griech. Staaten Schatzhäuser für die Aufnahme ihrer W. gebaut, zumal da diese Orte (auch Delos) nicht nur bei außerordentlichen Gelegenheiten, sondern auch durch die regelmäßig sich einstellenden Festgesandtschaften W. empfingen. Von einzelnen Tempeln besitzen wir die entsprechenden Inventare (so von Delos, Athenatempel von Lindos, Amphiaraosheiligtum von Oropos). In den aufgeklärten Jahrhunderten wurden Reisen an solche Stätten mehr zur Besichtigung der ausgestellten W. und der Tempel als aus religiösen Gründen unternommen (→ Tourismus). Umgekehrt waren die kostbaren W. seit jeher dem Diebstahl und der offenen Plünderung ausgesetzt; von der Mitte des 4. Jh.s v. Chr. an bis zur Zeit Sullas dürfte aus den großen griech. Heiligtümern so ziemlich alles, was wertvoll war, verschwunden sein. Der Philhellenismus reicher Römer und einzelner Kaiser schuf nur kärglichen und vorübergehenden Ersatz. O. G.

Lit: E. Reisch, Griech. Weihgeschenke, 1890 – P. Stengel, Griech. Kultusaltertümer, 1920, 88–95 – Nilsson, I 134 – U. Hausmann, Griech. Weihreliefs, 1960.

[2] In der *röm.* → *Religion* (E 1), wie in allen Religionen, wurden W. oft in der Folge eines Gelübdes dargebracht (votum): der Mensch versprach der Gottheit ein Geschenk im Austausch gegen eine Gunst, die sie ihm gewähren sollte; erst nach Gewährung dieser Gunst war der Mensch

gezwungen, sein Gelübde zu erfüllen (voti damnatus). Die Gelübde waren öffentlich oder privat: sie wurden im Namen des Staates von einem Beamten geleistet oder von Privatpersonen zu ihrem persönlichen Nutzen. Es waren mit den Göttern abgeschlossene Verträge, abgefaßt in jenem juristischen Geiste, der die Römer kennzeichnet, aber man kann ihnen echte Religiosität nicht absprechen. Beispiel eines öffentlichen Gelübdes: Appius Claudius ruft im Verlauf einer Schlacht die Kriegsgöttin an: «Bellona, wenn Du uns heute den Sieg gibst, weihe ich Dir einen Tempel» (Liv. 10, 19). Mit dieser einfachen Formel vergleiche man den Text, der das → Ver sacrum von 217 v. Chr. gelobt: genaue Bestimmungen sehen, wie in einem Versicherungsvertrag, alle Eventualitäten vor (Liv. 22, 10). – Ex voto oder nicht dargebracht, gingen die W. in den Besitz des Gottes über: sie waren heilig. Aus Texten und Funden kennen wir unzählige W.; sie waren sehr verschiedener Art: Tempel, Statuen, Kultmobiliar, allerlei Kunstgegenstände usw. Den heilenden Göttern schenkte man eine Nachbildung des wunderbarerweise geheilten Körperteils. H. LeB.

Weihinschriften. Die Sitte, durch eine → Inschrift die Weihe eines Gegenstandes an eine Gottheit zu dokumentieren, war in der Antike weitverbreitet. Vielzahl und Vielfalt erhaltener W. bezeugen die selbstverständliche – in späterer Zeit freilich oft schon formalisierte – Gegenwart des Kultes im öffentlichen wie im privaten Leben der Griechen und Römer. Nicht nur eigentliche Votivgaben tragen W.; geweiht werden kann alles, vom alltäglichen Gebrauchsgegenstand bis zu bedeutenden Kunstwerken. So begegnet neben den kultischen → Weihgeschenken im engeren Sinn (Statuen, Altären u. dgl.) häufiger etwa die Weihung von Siegeszeichen (aus Kriegen wie aus sportlichen und musischen Wettkämpfen), von Gedenksteinen für erfolgreiche Amtsführung oder von großen Bauten (Tempeln wie Profanbauten). Dementsprechend zeigen die W. in ihrer Ausführung (von der einfachen Ritzung bis zu monumentalen, vergoldeten Bronzebuchstaben) ebenso große Verschiedenheit wie in ihrer sprachlichen Form. Die Grundform der W. besteht aus dem Namen des Weihenden, dem der Gottheit und einem den Weiheakt bezeichnenden Verbum (meist: griech. *ἀνατιθέναι*, lat. dedicare). Sie wird manchmal verkürzt bis zum bloßen Namen des Gottes, häufig aber auch durch zahlreiche Zusätze erweitert (Hinweise auf den Anlaß der Weihung, auf Gelübde, Orakel u. ä.). Eine Sonderform sind die besonders in archaischer Zeit häufigen metrischen W.; unter ihnen finden sich die literarisch wertvollsten Texte dieser Inschriftengruppe. F. G. M.

Lit: A. R. Raubitschek, Dedications from the Athen. Akropolis, 1949.

Weihrauch → Aromata.

Weihwasserautomat → Automaten.

Wein (*ἄμπελος, οἴνη, οἰνάς*). [1] Die Kultur des W.stocks war den frühen Griechen des 2. Jt.s v. Chr. nach Linear B und den Darstellungen der kret.-myk. Kunst wohlbekannt, so daß die Vertrautheit des Epos mit dem W. nicht überrascht. In Ägypten und im Alten Orient ist sie im 3. Jt. v. Chr. voll entwickelt. Das Problem der *Herkunft* führt in die Vorzeit, wobei neben nahöstl. Kultureinflüssen die mittelländ. Verbreitung des wilden W.s berücksichtigt werden muß. Bedeutsam ist, daß die *mythischen Überlieferungen* von der Entstehung des W.s keine Beziehungen zum Alten Orient erkennen lassen, wie wir sie für andere Kulturpflanzen bezeugt finden (→ Granatapfelbaum; → Mandelbaum). Der kultivierte W. galt als Schöpfung oder Geschenk des → Dionysos, das in einer bemerkenswerten Verbindung mit dem als → Hund gedachten Sirius erscheint, wie sie Ägypten und dem Orient fremd ist. Der Befund spricht für eine vorgriech. einheimische Entstehung der W.-Kultur (so schon Theopomp bei Athen. 1, 34 über die zuerst am Alpheios bei Olympia gefundenen Reben). Dionysos schenkte den W. dem att. → Ikarios, dem Vater der Erigone und dem Herrn des Hundes Maira, der den Sirius vertritt. In Ätolien gebar dem Orestheus, dem Sohn des Deukalion, ein Hund einen Schößling, der, in die Erde verpflanzt, den rebenreichen W. wachsen ließ. Für frühe ostmittelländ. Mythentradition sprechen auch die zahlreichen von Wein abgeleiteten Personennamen (→ Oineus, → Oinopion, Oinoe, Oinops, → Oinomaos u. a.). Von ihnen ist König Oinopion von Chios, der Sohn des Dionysos und der Ariadne, mit → Orion verbunden, der zusammen mit Sirius am Himmel die Zeit der Weinlese bestimmt. Der personifizierte W., Ampelos, galt als Sohn des Dionysos, ebenso → Staphylos (Rebe), während man die Nymphe Staphyle als Geliebte des Gottes betrachtete. Wie zu Bäumen und Sträuchern haben die Nymphen eine enge Beziehung zum W., der von ihnen belebt wird. Zahlreich sind die Beinamen des Dionysos, die auf den W. weisen. Der Name *Οἶνος* für den Gott spricht für die Vorstellung, daß man ihn im W. wirkend glaubte. Orphisch ist der Mythos von der Entstehung des W.s aus dem Herzen des von den Titanen zerrissenen Dionysos. Die Überlieferung bewahrt (vgl. → Ikarios) die Erinnerung an eine Zeit, in der der W. unbekannt war und seine Einführung feindselig aufgenommen wurde. Sie weiß von Gebieten, deren Bevölkerung der W. fremd war (→ Polyphem; Hirtenvolk der Pheren). Unentschieden bleibt die Frage, ob sich der im frühgriech. Mythos überlieferte Widerstand gegen → Dionysos auch gegen die Verbreitung des W.s richtete. Einer entschiedenen, religiös bestimmten Ablehnung des W.s begegnen wir bei den Skythen (Hdt. 4, 79) und im thrak.-dak. Bereich. Dagegen bezeugt für die südl. Thraker (W. des Apollonpriesters Maron im Kikonenland Od. 9, 195 ff.) das Epos eine alte W.-Kultur. Bei den Griechen galt das Trinken unvermischten W.s als barbarisch. Der einzige betrunkene Gott des Mythos ist → Hephaistos, der berauscht von Dionysos in den Olymp zurückgeführt wird, um Hera zu lösen. Bedeutsam ist, daß der Wein nicht Getränk der olympischen Götter ist und im Opferritual außerhalb des Dionysoskultes keine Vorrangstellung hat, wie bereits die Opferanweisungen von Linear B erkennen lassen. In Rom wurde den Göttern mit Milch, nicht mit W. gespendet, der auch den ältesten Bestattungssitten fremd ist. Der Befund beweist, daß die Kultur des W.s, die den Italikern durch Griechen und Etrusker vermittelt wurde, nicht bis in die Anfänge des Kultes, der Göttervorstellung und der Mythenbildung zurückreicht. Die Darstellung von W.-Ranken ist auf dionysischen Bildern häufig, tritt jedoch in der → Ornamentik gegenüber → Efeu, → Lorbeer, → Ölbaumzweig zurück. Bedeutende Ausnahme ist das Ornament des Alexandersarkophages, das auf Dionysos als Herrn des Jenseits hinweist. J. W.

Lit: Hehn, 65–95 – Murr, Pflanzenwelt, 130–141 – M. Ventris-J. Chadwick, Documents in Mycenaean Greek, 1956, 35. 128. 130. 282. 308. 348 – H. Jucker, Das Bildnis im Blätterkelch, 1961, 210 – Nash I 397 (zum W.stock auf dem röm. Forum) – J. Wiesner, Die Thraker, 1963, 31 f. – D. B. Thompson, Garden lore of ancient Athens, 1963, 46.

[2] *Anbau.* Der W. war ein wichtiges Produkt im myk. Griechenland; Homer nennt mehrere W.sorten und schildert den W.bau (z. B. Il. 18, 561 ff.). Griech. Kolonisten führten vermutlich den mehr systematischen W.bau in Italien ein. Funde von W.kernen in der Forumnekropole deuten darauf hin, daß der W.bau durch die Etrusker nach Rom gekommen ist. Den größten Aufschwung brachte auch dafür das 2. Jh. v. Chr. (vgl. → Landwirtschaft). Im ersten Jh. der Kaiserzeit pflanzt sich der W.anbau zu so fernen Provinzen wie Britannien fort, obwohl z. B. Domitian den ital. W.anbau auf Kosten der Provinzen zu begünstigen sucht (Suet. Dom. 7, 2). – Hauptquellen sind Theophrast (caus. plant. 3, 11 ff.) und die röm. Landwirtschaftstheoretiker, von welchen Columella selbst experimentierender Weinbauer ist. Die Anzahl der Sorten ist nach Columella (3, 2, 30) nicht zu zählen, da jede Gegend ihre Sorten mit besonderen Namen hat und diese je nach der Gegend den Charakter wechseln. Am berühmtesten waren auf griech.

Gebiet die W.sorten aus Thasos, Chios und Lesbos, die zur Römerzeit überallhin exportiert wurden. Unter den italischen W.en war der Falerner aus Monte Cassino und auch der Rätische W. aus den Alpengebieten sehr beliebt. In Ägypten wurde u.a. der Mareotiker angebaut. Wie Obstbäume wurden die W.stöcke durch Stecklinge, Ableger und Pfropfen vermehrt. Entweder wurden sie in gut durchgegrabenem Feld, in Gräben oder Furchen gepflanzt, welche die Feuchtigkeit im ersten Jahr nach der Pflanzung halten konnten. Ein neuangelegter Rebacker verlangt viel Arbeit, ehe er nach 3–7 Jahren Frucht trägt: Jäten, Hacken und Pflügen, Beschneiden und in den Gegenden, wo der W. nicht längs der Erde wächst, Aufbinden. In Kleinasien und Spanien begnügte man sich oft damit, den traubentragenden Sproß mit einem Zweig von der Erde zu heben, während die Trauben reiften. Sonst band man, regional verschieden, die Pflanzen an einen Pfahl oder ließ sie an einem Spalier wachsen oder an anderen Bäumen klettern (griech. ἀναδενδρὰς ἄμπελος, lat. arbustum). Das können recht niedrige Bäume sein, mit Tauen verbunden, so daß der W. in Girlanden hängt, oder hohe Bäume, die als Spalier beschnitten werden. Ein beliebter Topos in der röm. Dichtkunst ist die Vermählung des W.stocks mit der Rüster: stirbt der eine, stirbt auch die andere aus Trauer (‹maritatio›, vgl. z.B. Cat. 62,49; Ov. met. 10, 100; 14, 661; Hor. carm. 2,15,4; 4,5,30; Mart. 3,58,3). Zum Aufbinden der W.reben wurden Weiden oder Rohr benutzt, die in Verbindung mit dem Rebacker angebaut wurden. Zwischen den W.stöcken wurden häufig andere Feldfrüchte angebaut (z.B. Korn und Gemüse), so daß intensiver W.anbau andere Anbauformen nicht ausschließt. Gut angelegt, verlangte der Rebacker beinahe ununterbrochen Arbeit das ganze Jahr über. In der Regel sah man es als ausreichend an, das Feld dreimal jährlich durchzuhacken oder zu pflügen (→ Pflug; Col. 4,28). Vor Mittsommer sollte zwischen Blatt und Trieb ausgelichtet werden, so daß die Sonne Blüten und Trauben erreichen kann (*βλαστολογία* Theophr. caus. plant. 3,16,1; *pampinatio*, Colum. 4,28). Diese Arbeit konnte unmittelbar vor der Traubenreife vorgenommen werden, wo man auch einmal derart hackte, daß Staub auf die Trauben gewirbelt wurde, so daß diese gegen die starke Sonne geschützt wurden (*ὑποκόνισις* Theophr. caus. plant. 3,18,8; *pulveratio*, Colum. arb. 12).

[3] Bei der *Weinernte* im Herbst mußten die Trauben oft, bes. in arbusta, mit Hilfe von Leitern gepflückt werden. Die Trauben wurden entweder als frische Frucht gebraucht, zu Rosinen oder zum Weinpressen. Seit archaischer Zeit ist die W.ernte ein beliebtes Motiv in der Kunst, häufig in mythologischer Verkleidung mit Silenen, später Eroten als W.bauern (Beazley ABV 389; CVA Bibl. Nat. 11,49–50; Malerei im Hause der Vettier in Pompeji; vgl. Mau, Pompeji in Leben und Kunst, 1900, Fig. 171; Sarkophag im Vatikan, vgl. Lippold, Skulpt. d. Vatik. Mus. III 1 Taf. 67). Nach beendeter W.lese mußte der W. beschnitten werden, welche Arbeit sich über den größten Teil des Winters erstreckte, außer in den Tagen um die Sonnenwende (Varro rust. 1,35). In dieser Zeit wurden auch Ableger abgenommen. Außerdem mußte man an alten Weinstöcken überflüssige Wurzeln ausdünnen. Schon im zeitigen Frühjahr beginnt das erste Durchhacken des W.ackers. Die Geräte sind einfache Hacken, Pflüge sowie Beschneidemesser, eine kleinere Form von Sicheln (vgl. → Acker- und Gartenbau). Über die Rentabilität des W.baus in der frühen Kaiserzeit gibt Columella (3,3,8 ff.) wertvolle Hinweise. Danach war der W.anbau in der Zeit der Julier–Claudier gewinnbringend, obwohl der W.anbau sehr kostspielig war (Varro rust. 8,1, Colum. 3,3,1). Plinius (nat. 14, 48–52) nennt Beispiele von W.bergen mit großem Gewinn, aber schon der jüngere Plinius klagt über nachlassende W.preise und Absatzschwierigkeiten (epist. 9,37). J.E.Sk.

Lit: R. Billiard, La vigne dans l'antiquité, 1913.

[4] *Keltern.* Die geernteten Trauben wurden bei den Ägyptern und anfangs auch bei Griechen und Römern mit den Füßen in großen Bottichen mit Abfluß ausgetreten, später wie bei der → Ölgewinnung ausgepreßt. Der gefilterte Saft wurde in großen Gefäßen, dolium, Amphoren, (kurzfristig) Schläuchen aufbewahrt und in Kampanien im Freien, in der Poebene im Weinkeller vergoren. Um ihn zu reinigen, setzte man dem Wein Eiweiß zu; einem Nachgären sollte die Erwärmung im fumarium vorbeugen, wie auch der Zusatz von Harzen, bes. in Griechenland, den Wein haltbarer machen sollte. Vgl. → Getränke. W.K.

Q: Plin. nat. 14 – *Lit:* C. Seltman, Wine in the Ancient World, 1957.

Weißdorn (*κράταιγος*), in der Überlieferung mit einigen Arten erwähnt, doch so wenig gekennzeichnet, daß eine entsprechende botanische Bestimmung nicht möglich ist. Seine Bedeutung in der Heilkunde hat er bis heute behauptet. Der Dornen wegen galt er als abwehrend und wurde an den röm. Junikalenden an Türen und Fenstern angebracht. Vgl. → Flora. J.W.

Lit: Murr, Pflanzenwelt, 104,4 – O. Geßner, Gift- und Arzneipflanzen, 1931, 110 – M. Schuster, RE 8A 1 (1955), 610–612.

Weißgrundig heißt die im 5. Jh. v. Chr. an attischen Grab-→ Lekythen und Schaleninnenbildern geübte Dekorationstechnik, bei der das Gefäß mit einem weißen Überzug, dem Schlicker eines eisenarmen, hellen Tons, als neutralem Malgrund versehen wird. Ornamente und Figuren waren zunächst in → Firnis-Linien, später in matten Umrissen gegeben. Als Vorstufen der w. Vasen sind geometrische und archaische Gefäße anzusehen, die den üblichen Firnisdekor auf weißem Überzug zeigen (Kykladen, Ostionien). Erst seit der um 500 zunehmenden Verwendung von Mattfarben (Rot, Blau, Gelb-Braun, Grau, Grün) und reiner Umrißzeichnung hebt sich die w. Vasenmalerei als Sondergattung von der → rotfigurigen ab (→ Pasiades, → Pistoxenosmaler). Die ihr eigene Transparenz macht sich die klassische Kunst zum adäquaten Ausdrucksmittel: → Achilleusmaler, → Thanatosmaler, → Schilfmaler, → Saburoffmaler. I.Sch.

Lit: W. Riezler, Weißgrundige attische Lekythen, 1914 – H. Philippart, Les coupes attiques à fond blanc, AC 5, 1936, 5–86 – J. D. Beazley, Attic White Lekythoi, 1938.

Weissagung → Mantik, → Orakel.

Weizen (*πυρός*). Die W.-Kultur war nach Linear B bereits den frühen Griechen vertraut, die Anfänge der Entwicklung liegen also in der Vorzeit. Wie die → Gerste ist der W. eng mit den Überlieferungen von → Demeter verbunden, deren Beinamen (*εὔπυρος, πυροφόρος, φιλόπυρος*) sich auch auf den W.anbau beziehen, als dessen Begründerin sie galt (bes. auch in Sizilien: Diod. 5,4). W.-Ähren gehörten zu den Attributen der Göttin; das lebengebende Zeichen der goldenen Ähre ist aus der Gräberwelt als Symbol der Jenseitshoffnung bekannt. Auch die bedeutsame Beziehung von Artemis und Apollon zum W.anbau weist auf Erbe der Frühzeit: mit W.stroh umhüllte Opfergaben brachten päon. Frauen in der Nachbarschaft der Thraker der königlichen → Artemis dar. Durch das Thrakerland sandten die → Hyperboreer ihre Gaben in Weizenhalmen an den Delischen → Apollon (Hdt. 4,33). Artemis und Apollon sind Schutzgottheiten des reifenden W.s; goldene Ähren waren als Dankgeschenk an den Gott in Delphi beliebt. Die Beziehung von Zeus, Helios, Pluton, Hermes und Rhea zum Getreidebau allgemein dürfte W. einbeziehen, ebenso die Ährendarstellungen der kret.-myk. Kunst, bes. für das Motiv der Göttin, die Ähren in beiden Händen hält (Ugarit). In der Überlieferung vom Opferritual konkurriert der W. seit der Frühzeit mit der → Gerste. Die Nachbildung von W.ähren in Gold ist im unterital.-sizil. Gräberkult als Symbol für die mit Demeter verbundene Lebenshoffnung im Jenseits bezeugt. Vgl. → Flora. J.W.

Lit: Hehn, 556–561 – Murr, Pflanzenwelt, 151–160 – F. Orth, RE 7,1 (1912), 1336–52 – F. Wolters, Die goldenen Ähren, in: Festschr. J. Loeb, 1930, 111–129 – C. Schaeffer, Ugaritica I, 1939, Taf. I –

M. Ventris-J. Chadwick, Documents in Mycenaean Greek, 1956, 129f. 157f. 213. 219. 232. 236. 269. 275. 281–283 – S. Marinatos-M. Hirmer, Kreta u. das myk. Hellas, 1959, Abb. 207 – A. A. Peredolskaja, AntK, 2. Beih., 1965.

Weltalter. Die Vorstellung einer Abfolge von vier Welt- oder Zeitaltern (entsprechend der von einem Wechsel der Göttergeschlechter: → Theogonie) und bes. die von einem am Anfang stehenden ‹*Goldenen W.*›, in vielen Kulturkreisen belegt, erscheint innerhalb des griechischen erstmals bei → Hesiod (Erga 109ff.), ist aber vielleicht älter, da er die Folge der vier Metalle: Gold-Silber-Bronze-Eisen (so Ov. met. 1, 89ff.; Verg. georg. 1, 125ff.) bereits durch ein weiteres W., das ‹heroische› (an vierter Stelle), erweitert: Im goldenen W. lebten die Menschen lange und sorgenlos, Kampf, Krankheit und Not waren fern, Arbeit und Gesetze brauchten sie nicht. Die Menschen des silbernen W.s, die erst mit 100 Jahren erwachsen waren, waren so gottlos, daß Z. sie vernichtete und das bronzene W., in dem alles aus Bronze gemacht, Eisen noch nicht vorhanden war, heraufführte; aber nun töteten sich die Menschen gegenseitig im Streit; im Gegensatz zu denen der früheren W., die auf die Inseln der Seligen versetzt oder Dämonen geworden waren, gab es für sie kein Weiterleben. Das heroische W., in dem die Kriege um Troja und Theben geführt wurden, sah dagegen einen neuen Aufschwung aller Tugenden, während das eiserne W., das bis in die Gegenwart dauert, in den völligen Niedergang führt. Über das goldene W. herrschte Kronos/Saturn oder → Dike, die sich schon im silbernen zurückzog und im bronzenen endgültig zum Himmel hinaufflieht (Arat. 96ff.). – Bes. die Vorstellung vom goldenen W. spielt in der Philosophie (Plat. rep. 2, 363 C; 3, 415 A; 8, 547 A; Gorg. 523 F; auch Stoa), in den → Jenseitsvorstellungen (auf den Inseln der Seligen währt das goldene W. fort: Pind. Ol. 2, 77ff.; Hes. Erga 169f.) und in der Dichtung eine große Rolle, das letzte vor allem in Rom, wo (im Anschluß an → Sibyllinische Orakel) der Prinzipat des Augustus von der kaiserlichen Propaganda wie von den Dichtern als Wiederbeginn des goldenen W.s gedeutet wurde (Hor. carm. saec. 57ff.; Verg. ecl. 4). L. H.

Lit: Seeliger, ML VI, 375–430 – P. Strack, Unters. zur röm. Reichsprägung des 2. Jh.s II, 1933, 100ff. – E. Simon, Zum Fries der Mysterienvilla bei Pompeji, JdI 76, 1961, 147 (Lit.) – H. Erbse, Orientalisches und Griechisches in Hesiods Theogonie, Philol. 108, 1964, 2–28 – B. Gatz, Weltaltermythos, Goldene Zeit und sinnverwandte Vorstellungen, Diss. Tübingen 1964.

Weltreiche. *Idee und Anspruch*, die Grenzen des eigenen Reiches mit denen der Welt gleichzusetzen, begegnen erstmals bei den akkadischen Gottkönigen (2350–2200), nachdem der Eroberer → Sargon I. den Ostrand des Mittelmeers erreicht hat (→ Narām-Sîn von Akkad, um 2270, Titel: ‹Herr der vier Erdteile›). Begünstigt durch das Kulturgefälle rings um das Zweistromland und durch die Vorstellung von einer obersten universalen Gottheit (auf den sumerischen Himmelsgott → Enlil und den akkadischen Sonnengott → Šamaš folgen der → Marduk der Babylonier und der → Aššur der Assyrer), bleibt der Anspruch in den Großreichen des Vorderen Orients lebendig, erscheint in persischen Königstiteln seit → Kyros I., erfüllt in den letzten Jahren 326–323 das Denken → Alexanders (5) d. Gr., der ihn in Indien und mit seinen Plänen zur Eroberung des Westens zu verwirklichen sucht, und geht schließlich (seit 168 v. Chr., → Polybios, 1) auf die Römer über, deren Weltreich nach Ansätzen zur Alexanderkonzeption (→ Caesar in Spanien und Gallien, Plan des Zuges gegen die Parther) durch → Augustus als Mittelmeerreich mit gesicherten natürlichen Grenzen endgültig konstituiert wird (vgl. jedoch → Trajan). Nur vereinzelt, ohne kontinuierliche Tradition, wird der Weltreichsgedanke ideologisiert, so mit der (sumerischen) Idee der Wohlfahrt (bei Hammurapi, 1728 bis 1686), dem Herrschaftsanspruch des Gottes (Assur), mit Frömmigkeit und Gesittung (bei → Dareios I.) oder dem Friedensgedanken (bei → Augustus). – Nach indisch-persischen Anregungen zur *Periodisierung der Geschichte* erscheint die Idee vier aufeinanderfolgender W. in der jüdisch-christlichen Apokalyptik seit dem Buch Daniel (um 165 v. Chr.; vgl. Kap. 2, 7 und 8), wo sie u. a. (vgl. die → Weltalter → Hesiods) mit den Metallen Gold, Silber, Bronze, Eisen verbunden sind. Später, bes. seit dem 1. Jh. n. Chr., wurden sie (Jos. AJ 10, 10, 4) als die vier Reiche der Assyrer, Perser, Makedonen und Römer ausgedeutet (daneben vereinzelt die Siebenzahl nach den Häuptern des Roten Drachen Apok. 12, 2 im Kommentar des → Hippolytos (2), sowie ein vereinfachtes Zweierschema Assyrer-Römer bei → Augustin). In ihnen verbinden sich Römerhaß, Enderwartung und der Gedanke der Erbsünde zum Bewußtsein unaufhaltsamer Dekadenz. E. Bay.

Lit: → Geschichtsauffassung, → Königtum.

Weltschöpfungssagen. [1] Eine einheitliche *babylon.* Vorstellung von der Weltschöpfung bestand nicht. In der Einleitung von sumerischen Mythen werden → Anu oder → Enki/Ea als die Götter genannt, die Himmel und Erde voneinander trennten. Akkadische Beschwörungen erwähnen ebenfalls beiläufig die Erschaffung von Erde und Himmel durch Anu, → Enlil oder Ea. Nur im Lehrgedicht → Enūma eliš wird ausführlich beschrieben, wie → Marduk die von ihm im Kampf besiegte Göttin Tiāmat (Salzmeer) spaltet, die Hälften zu Himmelsgewölbe u. Erdkreis macht und den Göttern ihre Herrschaftsbereiche zuweist. W. R.

Lit: A. Heidel, The Babylonian Genesis (1942), 1951² – M. Lambert-P. Garelli-M. Leibovici, La naissance du monde, 1959, 93–152.

[2] Im *griech.* Bereich sind alte W. nur noch in der deutlich theologischen Darstellung → Hesiods greifbar: das Entstehen von Erde und Tartaros einerseits, Eros, Finsternis und Nacht andererseits aus dem Chaos, die alle ihrerseits in der nächsten Generation Himmel, Berge und Meer, ferner Aither und Tag hervorbringen. Damit ist die Welt gleichsam konstituiert; mit der Geburt des Okeanos von Himmel und Erde und dessen Paarung mit Gaia geht die Kosmogonie in → Theogonie über. Die Erschaffung des Menschen findet erst viel später durch Zeus oder → Prometheus statt, wenn er nicht einfach als eines Tages vorhanden angesehen wird. Sehr bald wird alles dies durch die philosophische Spekulation der Ionier oder Platons verdrängt: dazu ausführlich → Kosmogonie.

Weltwunder, sieben Bau- und Kunstwerke, die seit dem Hellenismus – bezeichnend für die Neigung dieser Epoche zum Wunderbaren und Erstaunlichen – als ‹Wunder› gerühmt werden. In einem Epigramm des Antipatros (3) v. Sidon (9, 58, 2. Jh. v. Chr.) werden genannt: die Mauern von → Babylon, das Zeusbild des → Phidias in → Olympia, die kolossale Bronzestatue des Helios in → Rhodos, die hängenden Gärten der Semiramis in → Babylon, die ägypt. → Pyramiden, das Mausoleum von → Halikarnaß und das Artemision von → Ephesos. Abweichend werden auch der Leuchtturm von → Alexandria und der Zeus-Altar von → Pergamon zu den W.n gerechnet (vgl. → Architektur I H). → Philon (4) v. Byzanz widmete den W.n seine Schrift *Περὶ τῶν ἑπτὰ θεαμάτων*. G. Gb.

Lit: H. Schott, De septem orbis spect. quaest., 1891 – F. Krischen, W. der Baukunst, 1956.

Wendehals. Der W. (ἴυγξ), nach seinem Ruf benannt, war schon den Alten aufgefallen wegen seiner Fähigkeit, den Nacken wie eine Schlange nach rückwärts zu drehen. Man sah in ihm einen Zaubervogel, den Aphrodite → Jason übergeben hatte, um Medea an ihn zu fesseln. Man band den W. an ein kleines Vierspeichen-Rad, das durch ihn gedreht wurde. Dazu wurden Zaubersprüche wiederholt, um den Geliebten zu halten oder zurückzubringen. Ersatzgeräte trugen eine W.-Figur. Der Ursprung des Brauchtums lag in Thessalien, das ja wegen seiner Hexen berüchtigt war. Vgl. → Fauna. J. W.

Lit: Keller, Tierwelt II 52–54 – J. de la Genière, REA 1958, 27 – RE demnächst.

Werg. Die beim Hecheln des Flachses (→Leinen) anfallenden kurzen Fasern (στύπη, stuppa; Plin. nat. 19, 17) wurden u.a. zu Lampendochten und Tauen verarbeitet und zum Dichten der →Schiffe verwendet (Kalfatern). W.K.

Werkzeuge. Die Griechen nannten die W. τὰ σκεύη (Poll. 10, 112. 146), τὸ ἐργαλεῖον (Lukian. Iup. conf. 11; Hdt. 3, 131: W. des Arztes) oder ebenso allgemein τὸ ὄργανον (Lukian. par. 17) wie die Römer instrumentum oder nach dem Metall ferramentum (Cato agr. 10, 3; Plin. nat. 18, 236). Im folgenden werden zunächst W. primär der →Metallbearbeitung, darauf der →Stein- und schließlich der →Holzbearbeitung behandelt. Der *Hammer* hatte je nach seinem Verwendungszweck verschiedene Formen, Maße und Namen: σφῦρα, malleus bezeichnete sowohl den Doppelhammer des Grobschmiedes beim Schmieden auf dem Amboß (Hdt. 1, 68; Fronto p. 59, 7 v. d. H.), als auch den des Goldschmiedes (Hom. Od. 3, 434; Isid. orig. 19, 7, 2), Ziseleurs (AP 6, 61, 4; Petron. 51, 4), Zimmermannes (Poll. 10, 146) oder Bauern, wenn er die Schollen zerkleinert (AP 6, 104, 2). Der große Schmiedehammer hieß ῥαιστήρ; mit ihm arbeitete meist →Hephaistos (Hom. Il. 18, 477). Die κροταφίς hatte ein spitzes und ein breites Kopfende (Poll. 10, 183). Bei den meisten Hämmern war der eiserne Kopf, rostrum, gehärtet (Plin. nat. 34, 144); für die Stiele verwendete man verschiedene Hölzer (Theophr. hist. plant. 5, 7, 8; Plin. nat. 16, 230). – Der *Amboß*, ἄκμων, incus (Hdt. 1, 68; Verg. georg. 2, 540), bestand aus →Eisen oder →Stahl, der bes. gehärtet wurde (Plin. nat. 34, 144) und oft – wie der heutige – an den schmalen Enden je einen kegelförmigen und einen scharfkantigen Absatz hatte. Der hölzerne Untersatz (Hom. Il. 18, 410. 476) hatte oben eine Aussparung, welche den Amboß aufnahm. – Der *Blasebalg*, φῦσα, follis (Hom. Il. 18, 470; Cic. nat. deor. 1, 20, 54), hatte einen Holzrahmen (Auson. p. 131, 267–269 Peiper) und einen ledernen Balg (Hor. sat. 1, 4, 19). Das Windloch, welches die Luft in den Balg einströmen ließ, wenn die beiden Rahmen auseinandergezogen wurden, verschloß beim Zusammendrücken eine Klappe (parma) aus Tuch oder Schaffell. Der Ausströmkanal hieß ἀκροφύσιον (Eust. Hom. Il. 18, 470). Wurde der Blasebalg mit dem Fuß bedient, zog man ihn mit einem Seil wieder hoch. – Die *Zange*, πυράγρα, forceps (Hom. Il. 18, 477; Verg. Aen. 12, 404), bestand aus Eisen und wurde in verschiedenen Formen sowohl vom Schmied (Ov. met. 12, 277), Goldschmied (AP 6, 92, 3) als auch vom Zahnarzt (Lucil. 404 M.; Cels. 7, 12, 1 B: Wurzelextraktionen) u.a. benutzt. – Die *Schere*, forfex (Cels. 7, 21, 1), wurde zum Haareschneiden (Mart. 7, 95, 12), zur Schafschur (Varro rust. 2, 11 6ff.) usw. gebraucht. – Vornehmlich beim Holzfällen (Verg. Aen. 6, 180) und bei der Holzbearbeitung fanden *Axt* bzw. *Beil*, πέλεκυς (AP 6, 204, 3), securis, Verwendung. Mit einseitiger Schärfe hieß sie πέλεκυς ἑτερόστομος (Poll. 1, 137); hatte sie auf der anderen Seite statt eines breiten Kopfes eine Spitze, nannte man sie vielleicht dolabrata (Pallad. 1, 43, 3). Mit der *Doppelaxt*, ἀξίνη, wurde Holz gespalten (Xen. An. 1, 5, 12). Das *Hohlbeil*, σκέπαρνον (Hom. Od. 5, 237), diente zur feineren Arbeit und war mit einer Art der ascia (Plin. nat. 7, 198) identisch; wie Lykurg (2) das σκέπαρνον für das Glätten der Deckenkassetten verbot (Plut. de esu carn. 2, 2 p. 997 C), so das →Zwölftafelgesetz die ascia für das Glätten des Scheiterhaufenholzes (Cic. leg. 2, 23, 59). Die *dolabra* war der ascia ähnlich, hatte aber einen längeren Stiel (vgl. Iuv. 8, 248). Der Kopf trug einerseits eine Schneide, auf der anderen Seite eine leicht gewinkelte Spitze. Sie wurde in wenig abgewandelter Form auch von Bergleuten und Steinarbeitern gebraucht (Isid. orig. 19, 19, 11). – *Messer* zum Schnitzen, σμίλη (Aristoph. Thesm. 771), und Rasieren (Plin. nat. 7, 211) hießen bei den Römern scalprum (Tac. ann. 5, 8). – Die *Säge*, πρίων, serra (Poll. 7, 113; Lucr. 2, 410), soll →Daidalos erfunden haben (Plin. nat. 7, 188); ihr Blatt hieß ταρσός, lamina (Verg. georg. 1, 143), die Zähne ὀδόντες, dentes (Theophrast hist. plant. 5, 6, 3; Ov. met. 8, 246); diese wurden geschränkt. Bei den Holzsägen gab es die *Klobensäge* mit einem Holzgestell und zwei Griffen, in welche das Blatt eingespannt war (vgl. Aristoph. vesp. 694), die *Bügelsäge*, bei der das Blatt in ein gekrümmtes Holz eingespannt wurde (vgl. AP 6, 204, 2), und die *Stichsäge*, lupus (Pallad. 1, 43, 2), die nur einseitig einen Griff trug. Daneben gab es Sägen für die →Steinbearbeitung. – Die Erfindung des *Bohrers* wurde gleichfalls dem →Daidalos zugeschrieben (Plin. nat. 7, 198); den beiden Bezeichnungen τρύπανον und τέρετρον (Hom. Od. 9, 384; 5, 246) steht im Lateinischen terebra gegenüber; davon gab es die terebra antiqua, die wohl dem Nagelbohrer entsprach, und die terebra Gallica (Colum. 4, 29, 15 f.); neben diesen Handbohrern gab es schon bei den Ägyptern den *Drillbohrer*, der durch die Schnur eines Bogens bewegt wurde (vgl. Hom. Od. 9, 384ff.; Eur. Kykl. 460–463), ἀρίς hieß und auch vom Arzt zum Trepanieren benutzt wurde (vgl. Cels. 8, 3, 1: χοινικίς). Bohrer wurden auch in der →Glyptik (B; Plin. nat. 37, 200) und in der Bearbeitung der →Metalle (C) (σιδηροτρύπανον) verwendet. – Der *Hobel*, ῥυκάνη, runcina (AP 6, 204, 3; Varro ling. 6, 96), mit dem Eisen, ξίφη (Hesych. s.v.), lat. vielleicht plana (Arnob. nat. 6, 14), und dem Querholz glich dem modernen. – Die *Feile*, ῥίνη, lima (AP 6, 205, 2; Isid. orig. 19, 7, 4), bzw. scobina (nur für Holz; Varro ling. 7, 68) begegnet in der →Holz- (Poll. 10, 146; Plin. nat. 13, 40) und Metallbearbeitung (Xen. Kyr. 6, 2, 33; Vitr. 7, 11, 1) und beim Gemmenschneiden (Plin. nat. 37, 109; →Glyptik B). Hölzerne Werkstücke konnten durch *Nägel*, ἧλοι, clavi (AP 6, 96, 5; Plin. nat. 35, 182), verbunden werden, die aus Eisen (Caes. Gall. 3, 13, 4: Daumenstärke), Bronze (Plin. nat. 16, 51), Kupfer (Pallad. 15, 18), Silber (Plut. Alex. 40) geschmiedet wurden. – Gleiche Aufgaben hatte die *Klammer*, βλῆτρον (Eust. Hom. Il. 15, 678), bzw. ἁρμονία (Hom. Od. 5, 248), ansa (Vitr. 2, 8, 4), bzw. catena (Vitr. 7, 3, 1: Klammerholz; die Verbindung catenatio Vitr. 2, 9, 11), die aus Holz oder Metall sein konnte; bes. die Klammerbänder im horizontalen Steinverband der →Architektur (I B) bestanden aus Eisen (Thuk. 1, 93) oder Bronze und waren in Blei gebettet. – Vornehmlich bei der →Steinbearbeitung wurde der *Meißel* verwendet, σμίλη, scalprum (AP 7, 429, 3; Liv. 27, 49, 1). Einige Namen sind bekannt (Lukian. somn. 13), nicht aber die jeweiligen Formen und Anwendungen. Sie bestanden erst aus Kupfer, später aus Eisen und Stahl. – Verwandt damit waren die *Zahneisen*, ξοΐδες χαρακταί, der Bildhauer und Steinmetzen; sie hatten gewöhnlich vorn fünf breite Zähne und dienten zum Wegnehmen von Ungleichheiten des Werkstückes. Man trieb sie mit *Schlägeln*, κολαπτῆρες. – Zum Schleifen von →Metall (C) (Verg. Aen. 7, 627) und →Stein (Plin. nat. 36, 53 f.) benutzte man den *Schleifstein* oder Schmirgel: vgl. →Glyptik B. – Der *Hebel* (Vitr. 10, 3, 2 ff.) begegnet u.a. bei →Hebelmaschinen und →Ölpressen; seine Wirkung steigerte man über →Flaschenzüge und Schrauben, wie sie die um 50 n. Chr. eingeführten Schraubenpressen (Plin. nat. 18, 317) und die älteren →ägyptischen Schrauben zeigen. – Das *Sieb*, κόσκινον, cribrum (Poll. 10, 114; Isid. orig. 20, 8, 6), konnte aus Leinwand oder Wolle (Poll. 6, 74), Roßhaar oder Papyrus (Plin. nat. 18, 108) hergestellt werden. – Der *Pinsel*, γραφίς, penicillus (AP 16, 32. 36; Cic. orat. 22, 74), wurde je nach der Arbeit aus gröberen oder feineren Borsten, saeta (Plin. nat. 33, 122), gefertigt. W.K.

Abb: Singer, Technology II, Abb. 32 f. (Schlosser-W., Amboß u. Zange); 30 (Schmiede-W.); Abb. 579 (Hobel); 360 (Feile); 571 (Drillbohrer); 593 (Schleifstein).

Wermut, mit mehreren Arten in Kleinasien und im östl. Mittelmeer verbreitet, seinem Namen nach (ἀψίνθιον) schon in vorgriech. Zeit bekannt. In Mythos und Kult ohne Bedeutung, wurde der W. als Gewürz- und Heilpflanze verwendet. Nach ihm nannten sich die thrak. Apsinthier bei Byzanz. Die betäubende Wirkung von blühendem W. erwähnt Xenophon (an. 1, 5, 1). Vgl. → Flora. J.W.

Lit: Murr, Pflanzenwelt, 200f.

Wernickesches Gesetz. Die von F. A. Wernicke (Tryphiodorus, 1819, 173) beobachtete Regel, daß Homer kurze Endsilben an bestimmten Versstellen nicht ‹positione› lang werden läßt: das gilt vor dem 5. Daktylus für vokalisch auslautende Endsilben streng, für konsonantisch endende weniger streng, vor dem 3. Daktylus nicht streng für vokalisches Wortende. Das hängt wohl damit zusammen, daß innerhalb des → Hexameters der Anschein eines katalektischen → Dimeters oder → Tetrameters vermieden wird. Vgl. → Prosodie. B. Sn.

Lit: B. Giseke, Homer. Forschungen, 1864, 145 – Th. Stifler, Philol. 79, 1924, 323 – P. Maas, Greek Metre, 1962, §125 – B. Snell, Griech. Metrik (1955), 1962^3, 8f.; 10, 3.

Werwolf, d.h. ‹Mannwolf›. Der verbreitete Volksglaube, daß Menschen sich in Wölfe verwandeln können, ist auch gelegentlich in der Antike nachweisbar. Geschichten vom W. sind bes. mit dem Kult des → Zeus Lykaios in Arkadien verknüpft (vgl. Plat. rep. 8, 565 D). K.-H. R.

Wetterzauber. Im Falle anhaltender Dürre nahm man seine Zuflucht zum magischen Ritual des *Aquaelicium* (von aqua, ‹Wasser›, und elicere, ‹hervorlocken›). In einer Prozession zog man einen vor der Porta Capena in Rom gelegenen Stein nach Rom, der ‹Lapis manalis›, der ‹triefende Stein›, hieß; die Einzelheiten der Begehung kennen wir nicht, doch goß man wohl Wasser auf den Stein, um Regen zu erhalten (Fest. 2 L.; 115 L.). Für den gleichen Zweck griff man auch zum Ritus der *nudipedalia*: die → Matronen zogen barfuß, zusammen mit den Magistraten ohne Praetexta, zum Tempel auf dem Kapitol und flehten → Jupiter um Regen an (Petron. 44; Tert. apol. 40, 14; ieiun. 16). Auch in diesem Fall ist ein ursprünglich wohl magischer Ritus mit dem Kult eines großen Gottes verbunden worden. H. Le B.

Wettspiele (ἀγῶνες) zu Ehren der Götter, zur Erprobung eigener Kraft und Geschicklichkeit und zum Ergötzen der Zuschauer hat es bei den Griechen teils in periodischer Wiederkehr, teils zu bes. Anlässen wohl seit jeher gegeben. Eine antike Theorie führt alle großen W. auf Leichenbegräbnisse zurück (Schol. Pind. Hypoth. Isthm. 3, 192 Dr.), was aber wohl nur z.T. historisch zutreffen dürfte (vgl. auch → Gladiatorenspiele). Immerhin haben die bei Homer (bes. Il. 23, 258ff.) und Hesiod (Erga 654ff.) erwähnten → Leichenspiele eine paradigmatische Bedeutung gehabt. Im 8.–6. Jh. v. Chr. werden sehr viele Kultfeiern mit gymnastisch-kriegerischen W.en verbunden gewesen sein. Ebenso werden alle reichen und mächtigen Familien ihren Ehrgeiz darein gesetzt haben, ihre Toten durch W. zu ehren. Die Verarmung setzt dem vielfach ein Ende, doch haben vom 3. Jh. v. Chr. an die hellenist. Herrscher vielfach durch Organisation von W. ihre Macht zur Schau gestellt und um Popularität geworben. – Historisch wichtiger ist die um 570 v. Chr. vollzogene Konzentration der W. auf einige wenige Zentren, deren kultisches Ansehen, Geldmittel und großzügige Einladungspolitik ihnen ermöglichte, ihren W.n panhellenische Geltung zu verschaffen. Zu Beginn des 5. Jh.s nimmt die Dichtung (→ Pindar, → Simonides, → Bakchylides) an der Verherrlichung dieser W. teil und bewirkt, daß die vier großen W. (→ Olympia, → Pythia, → Isthmia, → Nemea) auch späteren Jh.en als glänzendster Mittelpunkt des archaischen agonistischen Lebens in Griechenland galten. – Gemeinsam ist den vier W. die Bindung an einen großen Kult (Zeus, Apollon, Poseidon), die regelmäßige Wiederkehr in einem offenbar schon früh aufeinander gegenseitig abgestimmten Rhythmus, das Ausgehen von Einladungen an alle griech. Staaten zugleich mit der Verkündigung des Gottesfriedens (ἐκεχειρία) für die Dauer der W. Unterschiedlich ist die Entwicklung im Bestand der Wettkampfarten. Nicht nur verschieben sich die Akzente im ursprünglichen gymnastisch-kriegerischen Sektor, sondern dieser wird auch im ganzen zugunsten musischer und rednerischer Darbietungen etwas zurückgedrängt. – Im 3.–1. Jh. v. Chr. fallen die vier panhellenischen Spiele der allgemeinen Verarmung und Verödung Griechenlands fast völlig zum Opfer, erleben aber im 1. und 2. Jh. n. Chr. dank dem Philhellenismus der röm. Kaiser noch eine bescheidene Nachblüte, bis sie im 3. Jh. n. Chr. endgültig untergehen. Vgl. → Agon, → Sport und zu den einzelnen röm. → Ludi. O. G.

Widmung. [1] *In griech. Literatur* kamen W.en im eigentlichen Sinne einer Zueignung erst spät auf. Wenn → Hesiod seinen Bruder Perses und → Theognis den jungen Kyrnos anredet, so nur zum Zweck belehrender Ermahnung. Die erste uns feststellbare W. stammt von dem Elegiker → Dionysios (6) Chalkus (um 450 v. Chr.), der seine Dichtung einem Theodoros dediziert (Ath. 15, 669 D). Im 4. Jh. v. Chr. wurde diese Praxis dann auch von Prosaschriftstellern übernommen (z.B. von → Isokrates in seinen drei cyprischen Reden für Nikokles) und war in hellenist. Zeit gang und gäbe. Die W. konnte zur Huldigung durch ein ganzes Gedicht hin werden (vgl. die ‹Locke der Berenike› des → Kallimachos). Die vor allem dichterischen und enzyklopädischen Werken vorangestellte W. war meist an einen Herrscher gerichtet, wie etwa → Theokrits 17. Eidyllion und → Manethos ‹Aigyptiaka› an → Ptolemaios II., → Archimedes' Schriften an seine Lehrer → Konon (2) und → Eratosthenes.

[2] *In röm. Dichtung* waren W.en als Zeichen der Verehrung, Freundschaft und Dankbarkeit für Unterstützung weit verbreitet: → Lukrez an → Memmius (2), → Catull an → Cornelius Nepos, → Horaz' Oden und Satiren an → Maecenas. So sind auch einzelne Episteln des Horaz an Freunde gerichtet, z.B. 1, 4 an → Tibull. Ähnlich widmete → Properz mehrere Elegien einzelnen Freunden. → Vergil ist mit W.en zurückhaltender; am ausdrücklichsten ist seine Zueignung der Georgica an Maecenas. – In der röm. *Prosaliteratur* finden sich W.en am häufigsten bei → Cicero (z.B. die Tusculanen an → Brutus (2), der Laelius an → Atticus, De officiis an seinen Sohn Marcus) und danach bei → Seneca (2), in dessen Trostschriften die Widmung weit über eine formelle W. hinausgeht. Manche der antiken W.en sind dadurch von Wert für uns, daß aus ihnen die Abfassungszeit und literarische oder persönliche Beziehungen eines Autors abgelesen werden können, z.B. bei → Persius, → Lukan und → Tacitus' ‹Dialogus›. J.K.

Lit: R. Gräfenhain, De more libros dedicandi apud scriptores Graecos et Romanos, Diss. Marburg 1892 – F. Stephan, Quomodo poetae Graecorum Romanorumque carmina dedicaverint, Diss. Berlin 1910 – J. Ruppert, Quaestiones ad historiam dedicationis librorum pertinentes, Diss. Leipzig 1911.

Wiedehopf. Der W. (ἔποψ, upupa), nach seinem Ruf benannt, war den Alten als ein im Frühling häufiger Zugvogel bekannt. Der ägypt. Kunst war er vertraut. Der griech. Mythos sah in ihm den verwandelten Thrakerkönig Tereus (→ Prokne). Wegen seines Federbusches bewundert, wurde er wegen seiner Insektenjagd im Mist als schmutzig und übelriechend verachtet. Der Volksglaube schrieb ihm Wissen um verborgene Schätze zu und wertete seinen Ruf vor der kritischen Zeit für die Reben als günstiges Vorzeichen. Vgl. → Fauna. J.W.

Lit: Keller, Tierwelt II 60–63 – RE demnächst.

Wiederaufführung. W.en antiker Dramen kamen im Athen des 5. Jh.s v. Chr. nur äußerst selten vor (wenn, dann in Dementheatern; → Theater), in der Regel wurde jedes Stück nur einmal gespielt. Häufigere W.en der drei großen Tragiker, besonders des damals sehr beliebten Euripides, wurden erst im 4. Jh. v. Chr. üblich. In Rom bildeten W.en von Anfang an einen festen Bestandteil des Theaterlebens. E.-R. Sch.

Wiege. Nach Gal. 6, 57 wird ein Kind dreimal geschaukelt: (1) im *λίκνον*, (2) im *σκίμπους*, (3) in den Armen der Amme.

Hermes wird in das λίκνον gelegt (Hom. hymn. 21, 150; rotfigurige Schale im Vatikan, Beazley, ARV² 369, 6). Bei Paris (Caeret. Hydria E 702) ist es ein Tisch. Σκίμπους wird ein kleines Bett gewesen sein (Aristoph. nub. 254. 709). Auch σκάφη ist für W. überliefert (Soph. Fr. 574 N.). Neben W.n gab es Sitzstühlchen (Berlin F 2209). Eines hat sich in Athen (Agora-Mus. P 18010) erhalten. F.E.

Wilamowitzianus. Diesen Namen hat P. Maas vorgeschlagen für den von Wilamowitz entdeckten und ‹chorjambischen Dimeter› benannten Vers, der aus der Elementenfolge oo–×–◡◡– besteht. Da gerade die Form *cho cho* und *ia cho* vermieden wird und der Vers vielleicht schon bei → Sappho (97, 9 u. 98, 7 D., vgl. Anakr. 12, 5 P.) und sicher bei → Korinna (Fr. 1 u. 2 P.) mit dem → Glykoneus respondiert, ist der Name Dimeter in der Tat irreführend. Wilamowitz hatte, schon ehe die Gedichte Korinnas auftauchten, aus dem Vorkommen des Versmaßes in der Tragödie geschlossen, es sei eine Variante des Glykoneus. Man sollte es auch zur → äolischen Metrik ziehen. Das metrische Schema für → Korinna ist: ◡◡/o o–×–◡◡–. In der Tragödie erscheint es mit weiteren Varianten der ersten Elemente. B.Sn.

Lit: U.v.Wilamowitz, SB Berlin 1902, 865; mit Änderungen in: Griech. Verskunst, 1921, 210.

Willensfreiheit. Der vorphilosophische Mythos streift das Problem der W., sofern die Helden gerne ihre Großtaten sich selbst, ihre Fehler einer übermächtigen irreführenden Gottheit zuschreiben (bei den Gegnern umgekehrt), und in der Tat die Götter durch → Epiphanien oder → Träume und → Zeichen zu bestimmtem Handeln veranlassen (→ Homer, auch → Herodot). Andererseits ist dem Wollen von Göttern und Menschen im Tode aller Sterblichen im Schicksal (Moira, Pepromene, Heimarmene) eine unüberwindbare Schranke gesetzt. – Der Philosophie des 4. Jh.s begegnet das Problem in der Frage nach dem Verhältnis von Vernunft und Affekten (→ Ethik C 4). Sind in Zorn oder Liebesleidenschaft begangene Affekthandlungen, die der Vernunft widersprechen, zurechenbar oder nicht? Aristoteles hat der Frage eine eigene Abhandlung *Περὶ τοῦ ἑκουσίου* gewidmet (uns bes. in NE 3, 1–3 faßbar). Für ihn sind alle Affekthandlungen anrechenbar, da der Mensch immer ursprünglich frei war, sich dem Affekt auszuliefern oder nicht. Aus der Seelenlehre ergibt sich das Problem Platons: Wie vermag überhaupt die Vernunft als der oberste Seelenteil durch die Affekte als einen untergeordneten Teil überwältigt zu werden? Platon hält dies für unmöglich und formuliert: Der Mensch will immer das Richtige und Gute (in hellenist. Terminologie: er will immer, was seiner Erhaltung dient), aber er unterscheidet nicht immer das wahrhaft Gute vom scheinbar Guten. Der Fehler liegt also ausschließlich an der Vernunft selbst, Tugend ist Einsicht und falsches Handeln ein Mangel an Einsicht (Stoa: eine ‹Krankheit des Logos›: SVF I 205–208). Dem tritt Aristoteles entgegen mit der Unterscheidung von Zuchtlosigkeit (Akolasia) und Unbeherrschtheit (Akrasia), bes. in NE 7. Jene verwechselt im platonischen Sinne wahren und scheinbaren Wert, diese dagegen besteht im Konflikt zwischen richtiger Einsicht und übermächtigem Affekt. – Im strengen Sinne ergibt sich das Problem der W. aus dem stoischen Begriff der universalen Schicksalsbestimmtheit (→ Heimarmene), der lückenlosen Verkettung von Verursachendem und Verursachtem, der alles verwaltenden Vorsehung (→ Pronoia), die für freie Verantwortung keinen Raum läßt. Epikur hat hier sogleich widersprochen: Die W. ist für ihn dadurch begründet, daß sich auch an der ursprünglichen kosmischen Atombewegung eine durch nichts verursachte Abweichung (Ekklisis) ereignen kann (bes. Lucr. 2, 216–293). Auch die Stoa schränkte den Determinismus ein: Wohl ist der Schicksalsablauf unabänderlich, doch der Mensch hat die Freiheit zum zustimmenden Mitgehen (Synkatathesis) in seiner Gewalt (ἐφ' ἡμῖν). An ihr scheiden sich Weise und Toren. Die spätere Antike sieht die W. bes. bedroht durch die → Astrologie, ist aber zugleich auch bes. geneigt, den einzelnen an die Verantwortung für sein Leben zu erinnern. – Mit der christl. Theologie (Verhältnis von menschlicher Natur und göttlicher Gnade) erhält das Problem eine neue Wendung und wird bes. von Augustin wie von den → Neuplatonikern (vgl. → Boethius) immer wieder diskutiert. O.G.

Q: Zur hellenist. Behandlung der W.: Cic. fat., Alex. Aphr. *Περὶ εἱμαρμένης*; zum Neuplatonismus: Plot. enn. 3, 1; Prokl., De providentia et fato et eo quod in nobis (größtenteils nur in lat. Übers. erhalten); zum Christentum: Aug. lib. arb. u. ö.

Winde. Als *σμῖλαξ* wie die → Eibe bezeichneten die Alten die im Mittelmeergebiet weit verbreitete Stech-W. (Smilax aspera L.), die mit stachligen Blättern üppig wuchernde Dickichte bilden kann. Wegen der weißen, wohlriechenden Blüten wurde sie im Kultbereich des → Dionysos wie der → Efeu zu Kränzen gewunden. Doch wurde der Brauch getadelt, weil die Pflanze unglückliche Bedeutung habe (Plin. nat. 16, 35, 63). Dabei spielt die Überlieferung vom Mädchen Smilax hinein, das wegen seiner Liebe zu Krokos → (Safran) in die Pflanze verwandelt wurde. *Σμῖλαξ* bezeichnet außerdem die Zaun-W. (Convulvulus sepium L.), die geruchlos weiß blüht und auch *ἰασιώνη* genannt wird. Der Name ähnelt auffallend dem des Demetergeliebten → Iasion, doch ist eine sichere Beziehung nicht verbürgt. Vgl. → Flora. J.W.

Lit: Murr, Pflanzenwelt, 235 f. – A. Steier, RE 3 A 1 (1927), 717–722.

Windeln (*σπάργανα*), in Streifen- oder Tuchform verwendet. Werden bei Göttergeburten erwähnt (Hom. hymn. Apol. 121; hymn. Herm. 151. 237. 306) und bei Darstellungen von Wickelkindern auf Grabreliefs und Vasenbildern gezeigt. Stets ist das Kind von den Schultern bis zu den Füßen fest eingehüllt, selten die Hände frei (Grabstele der Ampharete: AA 1933, 283 f.). F.E.

Windgötter. Riten, die auf die Winde Einfluß auszuüben suchen, gehören als Bestandteil des Wetterzaubers zu den Elementen primitiver Religion (→ Zauber, → Fruchtbarkeitsriten; vgl. die Sage von → Iphigenie in Aulis). – Bei den *Griechen* ergab sich aus ihrer anthropomorphen Gottesvorstellung, daß sie die Empfänger solcher Riten persönlich als Windgötter faßten (meist geflügelt dargestellt). Zahlreich sind deren Namen, z. B. als Vertreter der einzelnen Windrichtungen: → Boreas (N), Zephyros (W), Notos (S, SW); in der Odyssee gilt Aiolos als ‹Herr der Winde›; vgl. auch die → Harpyien. Die W. gehören zu den göttlichen Wesen niederer Ordnung, und sie wirken im allgemeinen nicht in eigener Vollmacht, haben aber nicht selten Kulte und empfangen Opfer, so in Athen (Paus. 1, 19, 5 und 1, 37, 2; Arr. anab. 3, 16, 8), in Titane (Paus. 2, 12, 1), Thurioi (Ael. V. H. 12, 61) u. a. Die Macht über das Wetter im ganzen liegt in der Hand großer Götter, vor allem des → Zeus und – auf dem Meer – des → Poseidon. K.-H.R.

Wirtschaft und Handel

A. Struktur des Handels – B. Staatliche Wirtschaft – C. Handelsgüter – D. Handelszentren. – W. = Wirtschaft; H. = Handel. – Vgl. → Gewerbe und Industrie, → Landwirtschaft.

A. Struktur des Handels. Handelsverbindungen. [1] Die Entwicklung von W. und H. im Altertum war neben den politischen Verhältnissen und dem technischen Fortschritt bes. von zwei Faktoren abhängig, von dem W.s-Stil und von der Ausdehnung des W.s-Bereiches. Gegenüber dem Stil der privaten W. wurde von der staatlich gelenkten W. zumeist auch ein größerer W.s-Bereich erfaßt, da hier Arbeit und Kapital schwerpunktmäßig eingesetzt werden konnten, die W. also intensiver wurde. So wurde im Alten Orient die bisherige Haus-W. von der größeren Einheit der Königs- bzw. Tempel-W. übernommen, die Produktion von Wertgütern (→ Bergbau) über den eigenen Bedarf hinaus gesteigert und durch das → Geld Fernhandel ermöglicht. Dieser vereinigte das Gebiet von Nordostafrika bis Indien weitgehend und beeinflußte auch weite Gebiete Europas und Asiens. Bei diesem Fernhandel spielte der Austausch von Geschenken zwischen den staatlichen Zentralen noch eine erhebliche Rolle. Der Nahhandel mit Verbrauchsgütern war noch weitgehend Tausch-H. Trotzdem regte der H. in dieser Zeit zur Errichtung zentraler Märkte und zu Verkehrsbauten an, die die Transportmöglichkeiten erheblich verbesserten. Dieses System wurde mit dem Beginn der Eisenzeit (ca. 1500–1000 v.Chr.) nicht nur durch den Einbruch neuer Dorfkulturen zerstört, sondern Fernhandel wurde durch die Ausbeute nahegelegener Eisenvorkommen vielfach unnötig, neue Gebiete außerhalb der altoriental. Staaten wurden durch den Eisenpflug erschlossen, die neuen Völker konnten sich dank ihrer besseren Bewaffnung gegenüber den Großreichen behaupten und damit der privaten W. den Weg bahnen.

[2] Den Übergang bildete, noch weitgehend in den alten Formen, der H. der → Phönizier und *archaischen Griechen*. Mit der Vermittlertätigkeit der Phönizier zwischen den Großreichen am Beginn des 1.Jt.s v.Chr. und mit ihren eigenen H.s-Fahrten bis in das Schwarze Meer und den Atlantischen Ozean verlagerte sich der Schwerpunkt des Fernhandels weiter nach Westen. Obwohl dieser H. stärker als in der früheren Zeit mit Seeraub, Eroberung und Kolonisation verknüpft war, zeigte sich doch das Bedürfnis nach schriftlicher Verrechnung, das wohl den Anstoß zur Verbreitung des Buchstaben → Alphabets in dieser Zeit gegeben hat. Da die phön. Städte auf Lebensmitteleinfuhr angewiesen waren, entwickelte sich mit den benachbarten Gebieten (Israel) auch ein umfangreicher Tausch-H. mit diesen Produkten. Mit den Phöniziern traten vom 8.Jh. v. Chr. an im westl. Mittelmeer Italiker, bes. aber Griechen in Konkurrenz. Dabei entsprang auch der griech. H. nicht dem Bedürfnis nach Export, sondern die starke Beteiligung des armen → Ägina an ihm zeigt, daß im H. parallel zum Seeraub eine zusätzliche Erwerbsquelle erschlossen wurde. Die gleichzeitige → Kolonisation schuf für diesen Hausier-H. wichtige Stützpunkte. Die Erfindung des Münz → Geldes förderte den Nahhandel, der vorher nach Ausweis früher Rechtsbestimmungen in umständlichen Formen erfolgt und im Immobilien-H. zumeist an ein Aufsichtsrecht der Großfamilie gebunden war. Jetzt zeigt der selbständige Beruf des → Kapelos, daß namentlich nach Einführung des Kleinsilbers in den Kleinlandschaften der griech. Staaten ein intensiver Detail-H. entstand. Aber auch im Fernhandel führten die durch das Münzgeld bedingte Produktionssteigerung, die Entwicklung des → Schiffswesens und die erhöhte Geschwindigkeit des Absatzes schon im 6.Jh. v. Chr. zu größerem Güterumschlag und zum erstenmal auch zum Export billiger Massenerzeugnisse.

[3] Infolge der Kolonisation und der Ausbreitung des → Geldverkehrs wurden in der *klass. Zeit* weite Außengebiete als Rohstoffbasen und Absatzmärkte dem H. erschlossen. In W- und NW-Europa konkurrierten → Karthago und → Massilia, über die griech. Kolonien am Schwarzen Meer erhielt man Anschluß an die H.s-Straßen nach Nord- und Mittelasien, die Vorstöße des → Dareios nach Indien intensivierten den Osthandel um den Persischen Golf, und von → Naukratis aus gingen die H.s-Verbindungen ins Innere Afrikas. Entdeckungsreisen im Auftrage Persiens (→ Sataspes, → Skylax), Ägyptens, der Phönizier und Karthager (→ Hanno) sowie große Verkehrsbauten (Suezkanal) kennzeichneten diese Periode. Der Erfolg kam weitgehend den Griechen zugute, die unter geringer Zuhilfenahme von Zubringervölkern den Fernhandel vom Indus bis zur Atlantikküste neben Phöniziern, Karthagern und → Etruskern beherrschten und ihn zu einer beachtlichen Intensität steigern konnten. Münzhorte und die Übernahme des Münzfußes seit → Peisistratos zeigen den schnellen Aufstieg des athen. H.s, der aber im Westen den Korinths nicht verdrängen konnte und ihm seit dem 4.Jh. v. Chr. wieder unterlag. Das 4.Jh. v. Chr. brachte eine allgemeine Aufsplitterung unter den griech. Staaten und ein stetes Vordringen erst des pers., dann des makedon. Einflusses, von denen allerdings das westliche Mittelmeer kaum berührt wurde. Ähnliche Ergebnisse erweisen die Keramikfunde; die Nachahmung importierter Ware durch einheimische Handwerker ging im 6./5.Jh. v. Chr. deutlich zurück, die billig produzierenden Handwerkszentren Griechenlands konnten also nicht unterboten werden. Dagegen verlor der griech. H. im 4.Jh. v.Chr. den Markt bes. für Metallwaren in den westlichen Gebieten, drang aber im Orient und am Schwarzen Meer weiter vor. Dem reichen Export der häufig als Verpackung dienenden Keramik entsprach bes. Getreideimport. Dieser beginnende H. mit Massenwaren führte zu einer Spezialisierung der Fernhandelsberufe und zu eigenen Berufszweigen auch im Fracht- und Kommissionsgeschäft. Der Fernhandel zu Lande blieb in seinem Umfang und seiner Ausformung weit hinter dem Seehandel zurück. Der entwickelte Fernhandel förderte auch den Binnenhandel und schuf sich in den großen Handelszentren ansehnliche Märkte, auf denen die Waren über Vermittlung des Großhandels oder staatlicher Behörden durch → Kapeloi vertrieben wurden. Die Institution der Warenprobe (Deigma) forderte eigene Gebäude, in denen über die Form einer Warenbörse die Preisbildung vereinheitlicht wurde. Eine starke Differenzierung der → Kapeloi entsprach der Berufsspezialisierung in → Gewerbe und Industrie dieser Zeit, ging aber darüber noch wesentlich hinaus, wenn im Detail-H. des Lebensmittelmarktes etwa Fleisch, Fisch, Obst, Gemüse, Öl, Wein, Käse usw. jeweils gesondert gehandelt wurden. Andererseits entsprach es ebenso der Entwicklung im Gewerbe, daß trotz dieser Differenzierung eine innerbetriebliche → Arbeitsteilung fehlte, daß es höchstens gelegentlich zu einer lockeren Verbindung – etwa der Kornemporoi – zum Zwecke einheitlicher Preisbildung kam, daß im Detail-H. nicht selten Sklaven im → Apophorasystem tätig waren und daß überhaupt die Stufe des Großbetriebes auch im H. nicht erreicht wurde.

[4] Für die Zeit des *Hellenismus* ist die weitere Ausweitung des W.-Gebietes kennzeichnend, die zugleich einer wirtschaftlichen Vereinheitlichung entsprach. Es erstreckte sich unter nur zwei Weltwährungen im 3.Jh. v. Chr. von Sizilien bis Persien und von der N-Küste des Schwarzen Meeres bis nach Äthiopien, seit dem 2.Jh. v. Chr. wurden die Länder um das westl. Mittelmeer mit einbezogen und damit die späteren Grenzen des röm. Reiches schon vorgezeichnet. Wirtschaftl. Schwankungen vollzogen sich in diesem Bereich weithin fast gleichzeitig und erwiesen damit die enge Verflechtung seiner einzelnen Teile. Das wurde bedingt durch einen voll entwickelten Fernhandelsverkehr, der sich neue Wege zur See und zu Lande (→ Karawanen) erschloß. Der Seehandel im östl. Mittelmeer erreichte im 3.Jh. v. Chr. seine größte Intensität, mit dem politischen Aufstieg Roms verlagerte er sich mehr nach dem Westen. Der Seehandel auf dem Schwarzen Meer hatte seine Blüte mit der Getreideausfuhr nach der Ägäis bereits im 5./4.Jh. v. Chr.; als diese im Hellenismus zugunsten Ägyptens zurückging, behielt der Seeverkehr seine Höhe durch Umstellung auf andere Wirtschaftsgüter wie Rinder, → Fische, Honig und Sklaven. Der Persische Golf, der für den Indien-H. schon unter den → Achämeniden von großer Bedeutung war, behielt diese Stellung auch unter den → Seleukiden; erst in späthellenist. Zeit wurde durch die Ausnutzung des Monsuns von Ägypten aus der direkte Seeweg nach Indien erschlossen. Damit nahm bis in die hohe Kaiserzeit hinein der H. auf dem Roten Meer einen dauernden Aufschwung. Für den Fern-H. über Land bauten die Seleukiden das vorhandene Netz der pers. und assyr. Reichs → Straßen aus, und auch Makedonien verband durch eine H.s-Straße Pydna mit dem Adriatischen Meer. In Ägypten wurde der Nil, im Seleukidenreich Euphrat und Tigris als H.s-Verbindun-

gen genutzt. – Die meisten Nachrichten über den Fernhandel der hellenist. Zeit betreffen landwirtschaftliche Produkte, die der → Lebensmittelversorgung dienten, er war also zur Bewältigung von Massenwaren in der Lage; und die Verteilung der → Amphorenstempel erweist zugleich die Existenz großer Handelszentren, bes. in Rhodos. Seit der Mitte des 2. Jh.s v. Chr. werden die Funde wesentlich spärlicher; der Fernhandel mit billigen Lebensmitteln ging von dieser Zeit an zurück, und das Gebiet des westl. Mittelmeers konnte dafür keinen Ersatz bieten. Da die röm. Oberschicht vornehmlich am Import von Delikatessen interessiert war, traten Luxuswaren im Fernhandel nun wieder deutlicher hervor. Eine immer stärkere Entwicklung zum H. mit Massenprodukten wurde so durch das Eingreifen Roms rückgängig gemacht; nur für wenige Großstädte war die ständige Einfuhr billiger Lebensmittel von dieser Zeit an noch lebenswichtig. Im Fernhandel mit gewerblichen Rohstoffen und Halbfabrikaten, bes. auch mit → Drogen, scheint sich die Kapazität in der hellenist. Zeit erhöht zu haben. Das Bestreben vor allem der hellenist. Großreiche zielte aber offenbar dahin, die Versorgung mit diesen Produkten im eigenen Herrschaftsbereich bzw. auf dem Wege des Tausch-H.s aus den Randgebieten der hellenist. Welt zu sichern, die Verarbeitung im eigenen Land vorzunehmen und erst die Fertigprodukte dem Fernhandel zu übergeben. Dementsprechend erfuhr der H. mit diesen den größten Aufschwung, er blieb jedoch bei billigen Massenartikeln im wesentlichen wie in der klassischen Zeit auf keramische Produkte, Metallwaren, Glasperlen und mitunter Textilien, nicht selten Imitationen von Luxuswaren beschränkt; Höhepunkt bereits im 3. Jh. v. Chr. Der Fernhandel mit Sklaven nahm infolge der röm. Eroberungspolitik bis zum Ende der hellenist. Zeit weiterhin zu. Dem Rückgang der verfeinerten Organisation des Fernhandels entsprach die Aufgabe einer stärkeren Spezialisierung in seinen Berufen, die ebenfalls im 3. Jh. v. Chr. ihren Höhepunkt erreicht hatte (→ Kaufmann). Insgesamt behielt das Geschäft der Kaufleute seinen früheren individualistischen Charakter; lediglich vorübergehend traten Gruppen von Fernhändlern zu einem größeren Unternehmen zusammen. Großbetriebe allein zum Zwecke des Fernhandels sind nicht nachweisbar, aber hohe Staatsbeamte benutzten wahrscheinlich schon im ptolemäischen Ägypten ihre politische Macht und ihren umfangreichen Landbesitz als Grundlage für Großunternehmen, in denen gewerbliche Produktion mit Fernhandel vereinigt wurde. Jedenfalls gilt das für die wirtschaftliche Tätigkeit des → Cato maior, der auch eine Handelsgesellschaft gründete, und für weitere Unternehmungen dieser Art in der Spätzeit der röm. Republik. Diese Bindung des Fernhandels an die landwirtschaftliche Produktion bedeutete gegenüber der Verfeinerung der Betriebsformen im hellenist. Osten einen deutlichen Rückschritt. Ähnliches gilt für den Binnen- und Lokal-H. Im hellenist. Osten war gegenüber den alten Betriebsformen aus der klass. Zeit neu vor allem die Verbindung des Lebensmittel-H.s mit der Gastwirtschaft und die teilweise Aufgabe der Spezialisierung im Lokal-H. zugunsten des → Kapelos, der verschiedene Waren führte (Pantopoles). Eine Besonderheit stellte der Nahhandel im ptolemäischen Ägypten dar, den der Staat mit seinen → Monopolen fast vollständig beherrschte; der lokale H.s-Verkehr auf dem flachen Lande wurde so stark gefördert.

[5] Als in der *röm. Kaiserzeit* das gesamte W.sgebiet des Hellenismus auch politisch zusammengefaßt und weitgehend auf Rom bezogen war, blühten W. und H. vor allem zwischen Italien und den Provinzen erneut auf. Große Verkehrsbauten, Leuchttürme, Hafenanlagen und Heeresstraßen erleichterten den Fernhandel. An diesen wurden jetzt auch weite Außengebiete der alten Welt angeschlossen, im N und NO bis nach Skandinavien und dem südl. O-Europa, im O über Indien hinaus bis nach China, im S bis Nubien und gelegentlich Zentral- und Westafrika. Allerdings wurde die Mehrzahl dieser Gebiete lediglich indirekt durch nichtröm. Zwischenhändler erreicht. Dieser Fernhandel führte, da vorwiegend auf Luxusartikel beschränkt, nicht zu einer Strukturverfeinerung des H.s, sondern im Gegenteil noch mehr zur Ausbildung unspezialisierter Großunternehmen. Im eigentlichen Reichsgebiet wurde die Spezialisierung im Fern-H. nur allmählich aufgegeben. Solange die Produktion des ital. → Gewerbes an billigen Massenwaren der der Provinzen überlegen war, glichen sich die Betriebsformen des röm. H.s denen in der Hochblüte der hellenist. Zeit immer mehr an. Aber schon am Ende des 1. Jh.s und vor allem im 2. Jh. n. Chr. begann eine starke Eigenproduktion der Teilgebiete des röm. Reiches, durch die Italiens Fernhandel seine Absatzmärkte verlor, selbst auf dem ital. Markt. Dabei zeigte sich, daß der fortschreitende röm. Urbanisierungsprozeß und die Verwaltungseinteilung eine Anzahl regional sich vereinheitlichender W.s-Räume nicht nur in den ehemals barbarischen Gebieten, sondern auch im östl. Mittelmeer geschaffen hatten. Die gewerblichen Produkte dieser Teilgebiete des röm. Reiches waren den italischen zwar an Güte und künstlerischer Gestaltung durchweg unterlegen (z. B. → Terra sigillata), ihre Herstellung in den Provinzstädten, seit dem Ende des 2. Jh.s n. Chr. auch zunehmend auf Großgütern und durch Dorfhandwerker, war jedoch wesentlich billiger. Dadurch bildete sich der ursprünglich nach Italien orientierte Fernhandel immer mehr zu einem H. innerhalb dieser Teilgebiete zurück. Große Fernhandelsbetriebe existierten immer noch; sie waren aber nur lebensfähig, wenn sie Waren kauften und verkauften, wo sich Gelegenheit bot, und wenn sie auch das Nahhandelsgeschäft und mitunter die gewerbliche Produktion miteinbezogen. Damit entstand der Beruf des → Pragmateutes, des unspezialisierten Großkaufmanns. Unter diesen Umständen lohnte sich bes. eine größere Kapitalanlage wie bei dem Beruf des → Naukleros *(navicularius)* nicht mehr; zur Sicherung staatlicher Transporte mußte deshalb bereits Hadrian Angehörige dieses Berufszweiges an ihre Tätigkeit gesetzlich binden. Da zudem auch zur Sicherung des politischen und strategischen Zusammenhaltes der Reichsteile das → Verkehrswesen immer stärker gelenkt werden mußte, kam auch der mit ihm eng verbundene Fernhandel zunehmend in Abhängigkeit vom Staat, der sich der privaten Fernhändlervereine zum Zwecke der → Lebensmittelversorgung für Rom und für das Heer bediente und sie auf die Dauer zu Zwangskorporationen umbildete (→ Zünfte). Trotzdem blieb auch bei fortschreitender staatlicher Reglementierung in der *Spätantike* für eine ganze Anzahl von Luxuswaren ein freier Fernhandel erhalten; an Umfang, auch über das Reichsgebiet hinaus, stand er dem H. in der Prinzipatszeit kaum nach. Der Nahhandel behielt in der röm. Kaiserzeit im wesentlichen die Form, die oben für das Ende der hellenist. Zeit beschrieben wurde. Er wurde durch die zahlreichen Stadtgründungen auf das ganze Gebiet des röm. Reiches übertragen, und überall sind in den Provinzstädten umfangreiche Marktanlagen nachzuweisen. Auch die nichtstädtischen Gebiete glichen sich weithin an, und eine Vereinheitlichung wurde hier auch dadurch erreicht, daß jetzt wieder öfter Nahhandel und Handwerk kombiniert wurden. Die Händler waren nicht selten von fremdem Geld abhängig; insgesamt erhielt sich dieser ausgedehnte Nah- und Lokalhandel aber bis zum Ausgang der Antike ohne wesentliche staatliche Eingriffe.

B. Staatliche Wirtschaft. [1] Staatliche Plan-W. kennzeichnete alle Bereiche von W. und H. in den *altoriental. Staaten*. Für Ägypten weist der Wilbour-Papyrus aus der Frühzeit des Neuen Reiches auf dem Gebiet der → Landwirtschaft ein Plansystem nach, das über die hellenist. Zeit noch die spätröm.-byzantin. W. beeinflußt hat. Ausgehend von der Theorie, daß alles Land Eigentum des Königs sei, wurde in jährlichen Saatverordnungen ein genauer Anbauplan aufgestellt und die Bevölkerung zur Ablieferung festgesetzter Prozentsätze von jedem Produkt verpflichtet. In Mesopotamien schrieben die kleinen sumer. Stadtstaaten schon in der Frühzeit die jährliche Produktion in Landwirtschaft, → Bergbau, Handwerk und H. vor und verteilten große Teile des Sozialprodukts. Das System wurde von den größeren Nachfolgestaaten zwar gelockert, aber eine intensive Lenkung der W. im 2. Jt. gesetzlich fixiert, die erst im Assyrer- und Perserreich der privaten W. daneben größeren Spielraum ließ. Auch der H. lag in den Großreichen wie bei den Phöniziern in der Hand der staatlichen Zentralen. Im gesamten Vorderen Orient (Phönizien, Israel) wurden auch in der → Arbeitsverfassung → Sklavenarbeit, → Fron und Lohnwerk von den altoriental. Großstaaten übernommen. Ebenso besaß der homerische Königsstaat noch große Ähnlichkeit mit dem Alten Orient und bildete der Königshof eine wirtschaftliche Zentrale.

[2] Erst nach der Einführung der → Münzgeldwirtschaft kann in *Griechenland* von staatlicher W. gesprochen werden; sie ist zuerst bei → Solon faßbar, der durch seine Boden- und W.s-Gesetzgebung regulierend eingriff und auch die Verteilung des Sozialprodukts teilweise auf den Staat übertrug. Neben Strafgeldern und Gerichtsgebühren wurde mit den Marktgebühren der Nahhandel für staatliche Ausgaben nutzbar gemacht. Während die primitive Staats-W. Spartas, die sich zur gleichen Zeit ausbildete, die wirtschaftl. Entwicklung in einem Teilgebiet Griechenlands hemmte, wurde die Ordnungsfunktion des Staates gegenüber der W., soweit die Ernährung (→ Trophe) und der militärische Schutz der Bürger gewährleistet werden mußten, für die klass. Zeit entscheidend. Die Mittel, die der Staat für diese Aufgabe benötigte, waren relativ gering und konnten im Normalfall durch die Einkünfte aus dem Eigenbesitz der Poleis, aus den → Steuern, der → Leiturgia und Tributen auswärtiger Städte gedeckt werden. Nur in Notzeiten mußten außerdem → Monopole errichtet oder in Athen eine Vermögenssteuer (→ Eisphora) erhoben werden (vom 4. Jh. an allerdings ständig). Insgesamt blieb der freien W. im klass. Griechenland damit ein weiter Spielraum überlassen, da selbst etwa staatliche Bauten meist auf dem Wege der Submission vergeben wurden.

[3] Die Staats-W. des *Hellenismus* ist am besten für das ptolemäische Ägypten bekannt; sie hatte im Königseigentum ihren Ausgangspunkt. Jede private W.s-Betätigung bedurfte deshalb eines königlichen Privilegs. Da andererseits der König sein Eigentum voll zum Zwecke politischer Expansion ausnutzte, wurde jede nur mögliche Geldquelle erschlossen. Griech. Geist wurde dazu eingesetzt, aus der übernommenen altoriental. Königs-W. eine bis ins letzte verfeinerte Organisation zu schaffen. Planung und Verteilung der landwirtschaftlichen Produktion sind oben bereits besprochen worden; erst im späten Hellenismus entstand bei zunehmender Schwäche der königlichen Gewalt auch Privateigentum an Grund und Boden. Die staatlichen Einkünfte aus der Landwirtschaft wurden verpachtet und damit das Risiko zum großen Teil abgewälzt. Manche Produkte, wie Ölfrüchte, Faserstoffe und Aromata, mußten fast vollständig staatlichen Verarbeitungsbetrieben zugeführt werden. Auch die Vieh-W. wurde entweder unmittelbar vom Staat betrieben oder war von ihm reglementiert. Auf die Verarbeitung und den Verkauf zahlreicher gewerblicher Produkte besaß der Staat ein → Monopol, und noch vor dem Kauf der hier erzeugten Waren zu staatlich festgesetzten Preisen mußten die potentiellen Käufer für die Berechtigung zum Bezug an den Staat zahlen. Dazu wurden die Untertanen mit einer großen Anzahl verschiedener Steuern belastet, die von den Monopolen unabhängig waren, und mit zusätzlichen Abgaben fast für alle Tätigkeiten, die von königlichen Beamten ausgeübt wurden. Die → Zölle für Ein- und Ausfuhr betrugen bis zu 50% des Warenwertes; sie wurden auch als Binnenzölle zwischen den einzelnen Gauen des Landes erhoben. Für die Steuerveranlagung wurden jährlich Deklarationen von der Bevölkerung eingefordert, die der Planung dienten und die Anlage eines Grundstücks- und Gebäudekatasters ermöglichten. Planung und Steuererhebung erforderten eine umfangreiche Bürokratie, die in klarer Gliederung dem → Dioiketes als dem obersten Finanzverwalter des Königs unterstand. – Die Königs-W. war im Seleukidenreich wahrscheinlich ähnlich organisiert, aber hier mußte infolge der räumlichen Ausdehnung eine Dezentralisierung und bei der Aufgliederung des Staates in griech. Poleis und abhängige Dynasten eine stärkere Differenzierung Platz greifen. Großer Domänenbesitz und staatliche → Monopole kennzeichneten allgemein auch die W. in den übrigen hellenist. Königreichen. Die hellenist. Poleis sind von der Staats-W. der Großreiche nicht unbeeinflußt geblieben, zumal sie jetzt häufig gezwungen waren, Abgaben an die Königskassen zu zahlen. Allerdings hatte die Staats-W. der griech. Städte schon im 4. Jh. v. Chr. eine gewisse Umbildung erfahren; die Bürokratie in ihnen war angewachsen, und die Anfänge eines Staatshaushaltes (→ Finanzwesen) sind zu beobachten. Jetzt wurde in ihnen eine Anzahl neuer Steuern und Gebühren erhoben und auch → Monopole mitunter vom Staat ausgeübt. Da jedoch die Machtmittel fehlten, blieb die staatliche W. der griech. Städte der in der klass. Zeit in den Grundzügen immer ähnlich.

[4] Mit dieser Form ist auch am ehesten die Staats-W. Roms in *republikanischer Zeit* zu vergleichen. Die immer steigenden Staatsaufwendungen wurden vornehmlich aus der Beute und den Tributen der Unterworfenen bestritten. Während der private Reichtum bei der schnellen Ausbreitung des röm. Reiches zunahm und auch die staatlichen Ausgaben durch die → Lebensmittelversorgung eines großen Teiles der Bevölkerung Roms erheblich anstiegen, war die Organisation des röm. Staates immer weniger in der Lage, durch seinen → Staatshaushalt eine Planung der Staats-W. vorzunehmen oder gar die W. des immer anwachsenden Reichsgebietes zu regulieren. Erst seit *Augustus* wurde in bescheidenem Umfang eine Bürokratie zur Bewältigung der staatswirtschaftl. Aufgaben Roms aufgebaut, ihr wurde auch die Steuererhebung übertragen. Die Haupteinnahmen erbrachten auch in der Prinzipatszeit der kaiserliche Grundbesitz, der Bergwerksbesitz und die kaiserliche Münze; daneben traten → Zölle und → Steuern. Der röm. Bürger hatte auch jetzt zu den direkten Steuern im wesentlichen nur beizutragen, soweit er Grundbesitz in den Provinzen hatte. In diesen wurden Bodenabgaben und Kopfsteuern erhoben und zu diesem Zweck auch der → Census verfeinert. Das Vorbild gaben dabei die Staats-W.en des hellenist. Ostens ab, von denen etwa auch in Ägypten ein großer Teil des dortigen Steuersystems übernommen wurde. Namentlich auf die westl. Reichshälfte wurde dieses System aber kaum ausgedehnt. Da diesen Einnahmen bes. mit der Besoldung und Ausrüstung des Heeres und der Flotte, der Besoldung der Bürokratie, den Aufwendungen für die → annona und sonstige Schenkungen und für die umfangreiche Bautätigkeit des Staates hohe Ausgaben gegenüberstanden, war die Mehrzahl der Kaiser zu ihrer Deckung auf Konfiskationen und auf das Aushilfsmittel der Münzverschlechterung angewiesen. Auch die Eingriffe in die private W. nahmen im östl. Reichsteil, in Übernahme der Praxis hellenist. Könige, ihren Anfang. Ansatzpunkte für eine allgemeine stärkere staatliche Reglementierung bildeten dann der Domänenbesitz und die Notwendigkeit zur Beschaffung des militärischen Bedarfs und der Mittel für → annona und → congiaria. Da mit diesen Bereichen der Staats-W. viele W.zweige in der → Landwirtschaft, in → Gewerbe und H. verknüpft waren, wirkten sich die staatlichen Zwangsmaßnahmen auch hier aus. So kam es in der späteren Kaiserzeit zur wirtschaftlichen Bindung beträchtlicher

Menschengruppen in diesen Bereichen und zur Errichtung staatlicher → Fabriken. Der Versuch Diokletians, durch eine gleichmäßige Besteuerung aller Reichsbewohner (→ iugatio-capitatio) und die gleichzeitige Einsetzung einer kostspieligen Beamtenhierarchie Abhilfe zu schaffen, mußte unter diesen Umständen zur vollen staatlichen Reglementierung und zur Erstarrung des W.slebens in der Spätantike führen.

C. Handelsgüter. [1] Der H. umfaßte im *Alten Orient* fast ausschließlich Wertprodukte. An Rohstoffen spielten → Steine vornehmlich aus Ägypten, → Edel- und Halbedelsteine sowie Perlen aus Asien, → Bernstein aus dem Norden, Weihrauch und → Elfenbein aus Arabien und Afrika, → Metalle und → Hölzer die wesentliche Rolle; auch → Sklaven und Tiere wurden gehandelt. Daneben begann auch der Export von Fertigwaren des Kunsthandwerks (→ Kleinkunst), namentlich von Metallgeräten und -gefäßen und Schmuck aus Mesopotamien, Ägypten und Kreta, von wertvollen Textilwaren (→ Purpur) aus Phönizien. Massengüter wurden dagegen dem H. wahrscheinlich nur übergeben, soweit sie als Geld anerkannt waren (vgl. aber o. A 4).

[2] Das änderte sich erst im H. der *Griechen*, für den schon in archaischer Zeit neben Töpferwaren → Öl und → Wein nachzuweisen sind und der sich in klassischer Zeit zu einem recht umfangreichen Ex- und Import von Massenwaren entwickelte. Neben Wertwaren und Luxusgütern der vorangehenden Zeit kennzeichneten vor allem Spezialerzeugnisse bestimmter Landschaften, Produkte, die für den gewöhnlichen Bedarf an Geräten und Kleidung bestimmt waren, und Lebensmittel den Fernhandel dieser Zeit. Die aus Griechenland exportierte keramische Massenware diente zum großen Teil als Behälter für Wein, Öl, Salzfisch (→ Fisch), Pökelfleisch, → Drogen, → Salben und dgl. und entsprach damit dem immer steigenden Getreideimport. Zu den Spezialerzeugnissen sind etwa billige Kleidung aus Megara, → Papyrus aus Ägypten, Purpurgewänder aus Sidon, Teppiche und → Kissen aus Karthago und → Silphion aus Kyrene zu rechnen. Nicht von gleicher Bedeutung war der H. mit Rohstoffen für die gewerbliche Produktion. Immerhin sind neben Metallen, Steinen und Elfenbein hier Produkte für den Schiffsbau, vor allem Holz und Pech aus Makedonien, daneben etwa Flachs (→ Leinen) und → Wolle aus Phrygien und Milet und Häute aus Kyrene zu nennen. Der Sklaven-H. aus den nördl. und östl. Randgebieten der griech. Welt fand seine Hauptumschlagplätze in Chios, Byzanz, Ephesos und Athen.

[3] Die genannten H.s-Güter beherrschten im wesentlichen auch den Markt in der *hellenist.* und *röm. Zeit.* Eine Erweiterung des Angebots brachten hier lediglich die Außengebiete der alten Welt, die dem Fernhandel immer stärker erschlossen wurden; es waren bes. Luxuswaren, die der mittlere und der ferne Osten mit Weihrauch, Salben, Parfüms, seltenen Farbstoffen und Gewürzen, Edelsteinen, Perlen, Seidenstoffen und seltenen Tieren zur Verfügung stellte, während der Westen im wesentlichen zur Deckung des steigenden Metallbedarfs beitrug. Lediglich in der Bedeutung der einzelnen H.s-Güter für den Fernhandel traten nicht unbeträchtliche Verschiebungen ein. Im Hellenismus steigerte sich die schon beobachtete Tendenz zum Fernhandel mit Massenwaren, vornehmlich Lebensmitteln, aber mit → Glas, Leinwand und Papyrus aus Ägypten sowie billigen Imitationen begehrter Luxuswaren im Metall- und Töpfereigewerbe wurde auch gewerbliche Produktion in den Katalog aufgenommen. Einen erheblichen Umfang nahm weiterhin der Fernhandel mit bestimmten landschaftlichen Spezialitäten von Luxuserzeugnissen an; dazu gehörten etwa der Purpurstoff Phöniziens, «Decken und Teppiche Persiens, Babyloniens, Lydiens und Ägyptens, Wandbehänge, Kissen und Kleider einer Spezialfertigung, die in Pergamon hergestellt wurden, besondere Arten gefärbter Wollstoffe aus Kleinasien, → koische und vielleicht amorgische Seidengewänder, feine Wollkleider tarentin. Fertigung usw. Hinzu kommen noch ägypt. und syr. (?) → Glas und Fayence, bestimmte Sonderformen an Silber- und Goldgeschirr, → Schmuck und → Möbel und mehrere Artikel, die man hauptsächlich in Syrien und Ägypten aus Rohstoffen herstellte, die aus fremden Ländern, vor allem aus Indien, Persien, Südarabien und Ostafrika eingeführt wurden: Salben, Parfums, Kosmetika, Gegenstände aus seltenen Hölzern und Elfenbein, Schmuck und edelsteinverziertes Geschirr, Gemmen, Seiden- und Baumwollstoffe usw.» (Rostovtzeff, Hellenist. Welt II 1011). Der Bedarf an solchen Luxuserzeugnissen wuchs in der breiteren Oberschicht der *röm. Kaiserzeit* noch, und da Italien große Quantitäten an Wein, Öl und gewerblichen Produkten zu exportieren vermochte, wurde der Fernhandel nicht nur mit diesen Gütern, sondern auch mit Rohstoffen für die handwerkliche Verarbeitung im Beginn der Kaiserzeit noch gesteigert. Die begehrtesten gewerblichen Massenerzeugnisse wie Keramik, Glas- und Metallwaren wurden aber schon seit der 2. H. des 1. Jh.s n. Chr. selbständig in den Provinzen produziert. Deshalb stellte sich der private Fernhandel seit dem 2. Jh. n. Chr. in zunehmendem Maße wieder auf Luxuswaren ein, während der Fernhandel mit Nahrungsmitteln zur Versorgung des Heeres und der Großstadtbevölkerung immer stärker vom Staat reglementiert wurde.

D. Handelszentren. Entsprechend der Entstehung des Fernhandels im Mittelmeerraum bildeten sich die frühesten H.s-Zentren in phön. Städten, deren Erbin im westl. Mittelmeer, → Karthago, diese Stellung bis zum 2. Pun. Krieg bewahren konnte. In Griechenland entstanden H.s-Zentren erst infolge der → Kolonisation und der Ausbreitung des Münzgeldverkehrs in Städten, die nicht nur durch ihre geographische Lage, sondern auch durch ihre politische Machtstellung und die gewerbliche Produktion ihrer Bevölkerung einen Anziehungspunkt bildeten. → Korinth wurde in der klass. Zeit von → Athen überflügelt, behielt aber für den Handel mit dem Westen bis zu seiner Vernichtung erhebliche Bedeutung; im westl. Mittelmeer traten → Syrakus und → Massilia an ihre Seite. In der hellenist. Zeit war es zunächst ebenfalls der politische Wille der Könige, der → Alexandria, → Antiochia (Hafen Seleukeia), → Kassandreia und → Thessalonike zu H.s-Zentren werden ließ; dabei zeigt die Neugründung von Seleukeia am Tigris, welche Bedeutung nun der Land-H. hatte. Aber wenn die genannten Städte neben den H.s-Zentren der klass. Zeit auch lange eine große Rolle spielten, so konnte der intensive Fernhandel auch durch die Macht der hellenist. Könige nicht zentralisiert werden, und deshalb entstanden weitere Zentren für den pontischen H. in → Byzanz und → Kyzikos, für den West-H. Kleinasiens in → Smyrna, → Ephesos und → Milet, als Stapelplatz der Waren aus dem N → Delos und als wichtigste Verrechnungsbörse für den Seehandel mit dem O und Ägypten → Rhodos, dessen hervorragende Bedeutung durch die Funde rhod. → Amphorenstempel in der ganzen hellenist. Welt ebenso illustriert wird wie durch die Hilfe, die fast alle Staaten dieser Stadt nach dem Erdbeben von 227/226 v. Chr. zuteil werden ließen (Polyb. 5, 88f). Dieses Netz von H.s-Zentren, zu denen noch eine Vielzahl kleinerer Häfen vor allem in der Ägäis zu rechnen ist, wurde durch das Eingreifen Roms weitgehend zerstört. Lediglich die Großstädte → Alexandria und → Antiochia, daneben etwa noch Ephesos behielten ihre Funktion; den gesamten Fernhandel, der dadurch zugleich einen deutlichen Rückschlag erlebte, zog seit dem 2. Jh. v. Chr. Rom mit seinen Seehäfen → Puteoli und später → Ostia an sich. Erst in der späteren Kaiserzeit trat wieder eine Dezentralisierung ein (→ Konstantinopel), die nun aber weitgehend einer Auflösung des einheitl. Wirtschaftskörpers entsprach. H. Br.

Lit: H. Francotte–H. Gummerus, RE 9,2 (1916), 1381–1535, s. v. Industrie und Handel – A. M. Andreades, Geschichte der griech. Staatswirtschaft I, 1931 – J. Hasebroek, Griech. Wirtschafts- und Gesellschaftsgesch., 1931 – C. Préaux, L'économie royale des Lagides, 1939 – M. Rostovtzeff, Gesellschafts- und Wirtschaftsgesch. der hellenist. Welt, 3 Bde (engl. 1941), 1955 (Lit) – Ders., The social and economic history of the Roman empire, ed. P. M. Fraser, 2 Bde (1926), 1957[2] (Lit) – An economic survey of ancient Rome, ed. T. Frank, 6 Bde (1933/40), 1959 (Lit) – M. P. Charlesworth, Trade-routes and commerce of the Roman empire (1924), 1961[2] – F. M. Heichelheim, Wirtschaftsgesch. des Altertums (1938), engl. I–II, 1958/64[2] (Lit).

Witigis, König der → Ostgoten 536–540. Nichtadeliger Abstammung, hatte sich W. gegen die → Gepiden ausgezeichnet, war unter → Amalaswintha Schwertträger (spatharius) am Hof und wurde auf die Erfolge → Belisars hin an Stelle des unfähigen → Theodahad Ende 536 zum König erhoben; Heirat mit Amalaswinthas Tochter Mataswintha. Aber auch W. mußte Rom aufgeben. Vor Belisars Offensive gegen Norditalien und des Frankenkönigs → Theudeberts I. Kriegführung in Oberitalien auf eigene Rechnung zog sich W. nach Ravenna zurück und bemühte sich vergeblich um ein Bündnis mit den → Langobarden und Kooperation mit den → Sassaniden. In seiner Residenz Ravenna eingeschlossen, kapitulierte er im Frühjahr 540 vor Belisar. W. wurde mit Mataswintha und vielen got. Großen nach Konstantinopel gebracht, wo ihm der Kaiser den Titel eines → Patricius verlieh; im Jahre 541 starb er im Osten. K. F. Str.

Lit: L. M. Hartmann, Gesch. Italiens im MA, I (1897), 1923[2] – E. Stein, Histoire du Bas-Empire II, 1959 – W. Enßlin, RE 9 A 1 (1961), 395–400.

Wohltätigkeit (der Kirche). Die heidnische Antike hat im ganzen keine organisierte W., von gelegentlichen Äußerungen des Mitleids abgesehen, hervorgebracht (vgl. aber → Sozialpolitik). Dem Judentum war dagegen Fürsorge für Arme und Notleidende nicht fremd; doch war sie mit Lohn- und Vergeltungsgedanken verbunden und wurde zudem in der Regel nur gegenüber den Gliedern des erwählten Volkes geübt. Erst Jesus hat Armenpflege und W. als Ausdruck der Liebe rückhaltlos gefordert und selbst praktiziert. Zwar ging es ihm nicht um ein soziales Reformprogramm, sondern um die Verkündigung der Gottesherrschaft und die Forderung des gehorsamen Glaubens. Aber sein Lebensvorbild wurde für die Christen verpflichtend. Für die Urgemeinde gilt die Diakonie, d. h. der Dienst an Armen und Notleidenden, als ein Charisma und wird den Gaben der Prophetie und des Lehrens gleichgestellt (Röm. 12,7; 1. Kor. 12,4 f.). – In der Folge ist die W. der Kirche in den größeren Gemeinden systematisch ausgebaut und organisiert worden. Schon seit dem Anfang des 2. Jh.s war die römische Gemeinde darin führend, doch übte auch in allen anderen Gebieten die Kirche W. für Witwen, Waisen, Alte, Kranke, Aussätzige und Gefangene. Weithin gaben die Gemeindeglieder nach dem Vorbild des ATs den Zehnten. Aus der Gemeindekasse wurden die kirchlichen Amtsträger sowie die Bedürftigen versorgt. Die in der Antike ganz ungewöhnliche W. der Kirche fiel schon früh auch Heiden und Gegnern des Christentums auf, vor allem dem Philosophen → Celsus (3). Aus der W.sarbeit der Kirche des 4. Jh.s ragt die W.sanstalt der ‹Basilias› hervor, die → Basilius (gest. 379) für Bedürftige aller Art gründete. B. L.

Lit: G. Uhlhorn, Die christl. Liebestätigkeit, 3 Bde (1882–90), 1895[2] (Nachdr. 1959) – J. Leipoldt, Der soziale Gedanke in der altchristl. Kirche, 1952 – L. Vischer, Die Zehntforderung in der Alten Kirche, ZKG 70, 1959, 201–217 – RAC I 693–698.

Wolf. Der im alten Mittelmeerraum weit verbreitete W. war wegen seiner Mordlust Symbol unersättlicher Gier, ein Schreckbild für Jäger und Hirten, dessen Heulen und Erscheinen als böses Zeichen der Todesnähe galt. Unrast und unstetes Wesen führten zur Vorstellung vom W. als Tier der Flüchtigen, Verbannten und Ausgestoßenen. Tiefverwurzelt ist seine Bedeutung in Kult und Mythos. Auf einen alten W.s-Kult weist die Überlieferung vom arkad. König → Lykaon, der wegen Menschenopfer auf dem Lykaion (W.-Berg) von Zeus in einen W. verwandelt wurde. Die auch für andere Arkader bezeugte W.s-Verwandlung steht in Zusammenhang mit dem eurasischen Werwolfglauben, der eine Rückverwandlung in menschliche Gestalt kennt (Hdt. 4, 17 für die osteurop. Neuren). Nahverwandte Gründe hat die Ausstattung von Kriegern mit W.-Fellen (Arkader, Italiker). Eurasisch mitbestimmt sind die Verbindungen zwischen W. und → Apollon Lykios; als flüchtige Wölfin kam Leto aus dem Hyperboreerland; der flüchtige Danaos wurde in einer Tierkampfgruppe vor dem Tempel des Apollon Lykios zu Argos durch den W. vertreten. W.e hatten Flüchtlinge vor der Deukalionflut zu der Asylstätte Lykoreia auf der Höhe des Parnaß geführt. Der Heros Lykoreus in Delphi, wo in Tempelnähe ein eherner W. stand, galt als Schutzherr der Ausgestoßenen. Verstoßene waren auch die röm. Zwillinge → Romulus und Remus, die von der Wölfin des Mars genährt wurden. → Mars ist als Kriegsgott mit dem Würger W. eng verbunden. Eine alte Beziehung zum W. zeichnet sich auch in den ital. Überlieferungen von Daunus und → Faunus ab, deren Name ebenso auf den W. weist wie der Stammesname der samnitischen → Hirpiner. Diese folgten dem W. als heiligem Tier des Mars in ihre neue Heimat. Sabin. hirpus = W. liegt auch dem Namen der berühmten Kultgemeinschaft am Soracte, der Hirpi Sorani, zugrunde, der Priester im Dienst des Todesgottes in Gestalt des W.es. Dazu stellt sich die etrusk. Vorstellung vom Totengott mit W.s-kappe. In Zusammenhang mit dem W. Faunus stehen die → luperci genannten Priester des Gottes, der auch Lupercus genannt wurde (vgl. → Luperkalien). Vgl. → Fauna; → Jagd. J. W.

Lit: Keller, Tiere, 158–177; Tierwelt I 87 f. – Preller-Robert I 252 bis 255 – W. F. Otto, RE 8,2 (1913), 1933–35 – Nilsson I 505–507 – F. Altheim, Röm. Religionsgesch. I, 1951, 131–147, 182–185 – Vgl. J. J. Bachofen, Die röm. Wölfin (La lupa Romana, AdJ 1867 und 1869), demnächst in den Ges. Werken V – F. Cumont, La louve romaine sur les mon. fun., in: Misc. Jerphanion I, 1947, 81–85 – RE demnächst.

Wolle. Eine hochentwickelte Schafzucht (→ Haustiere B 6) lieferte zahlreiche W.sorten, deren feinste von den mit Schutzfellen zum Sauberhalten bedeckten oves pellitae (Hor. carm. 2, 6, 10) stammte. Hatte die W. die Stadien des Reinigens, → Färbens und → Spinnens durchlaufen, wurde sie durch → Weben weiterverarbeitet. Aus dem Gewebe wurde durch Walken ein Tuch. In Bottichen mit warmem Wasser und Soda (*νίτρον*: Isid. orig. 16, 2, 7) oder gefaultem Urin (Ath. 11, 484 A), der mit dem im Gewebe befindlichen Fett eine flüssige, ammoniakalische Seife bildete, oder Walkererde (Ton, *γῆ Κιμωλία*) wurde das Gewebe von den Walkern (*κναφεῖς*, fullones) mit den Füßen getreten, um ein Verfilzen (*πιλεῖσθαι*, conciliare) von Kette und Schuß (→ Weben) herbeizuführen. Nach dem Spülen und Trocknen folgte das Rauhen (*κνάπτειν*, pectere oder polire) mit Disteln, die in einer Metallhülse steckten (Plin. nat. 16, 244; 24, 111) oder mit Igelstacheln (Plin. nat. 8, 135). Mit der abgekratzten Wolle wurden → Polster gestopft. Es folgte das Schwefeln besonders der weißen Gewebe über einem Korbgestell. Den Abschluß bildeten das Bürsten, Scheren (Lucian. Fug. 28) und Pressen (Poll. 10, 135). Tuche konnten aber auch ungeschoren bleiben; beidseitig zottige hießen amphitapoe (Non. 867, 26 mit Lucil. 13 M), einseitige psilae (Ath. 5, 197 B), deren eine Art, gausapa genannt (Lucil. 568 M.), in Padua produziert wurde (Strab. 5, 118) und in der Kaiserzeit beliebt war (Plin. nat. 8, 193). W. K.

Q: Plin. nat. 8, 135 ff.; 35, 195 ff. u. ö. – *Abb:* Singer, Technology II, Abb. 155 (Weberdistel); Abb. 192 (Korbgestell zum Schwefeln); Abb. 185 (Walken und Scheren).

Wortbild in der Metrik → Prosodie B.

Wortbildung. Die indogerman. Sprachen bilden nach vorhandenen Mustern neue Wörter vor allem (1) durch Ableitung mittels Suffixen (→ Affix) oder mittels → Ablaut, (2) durch Zusammensetzung. Besonders mannigfaltige

W. zeigt das → Griechische, während das → Lateinische fast nur Ableitung mittels Suffixen kennt. Bei den Ableitungen unterscheidet man, je nachdem ob das Grundwort ein Verb oder ein Nomen ist, *Deverbativa* (z.B. Nomina agentis wie *āc-tor* oder Verbalabstrakta wie *āc-tiō* zu *agere*) und *Denominativa* (z.B. Adjektivabstrakta wie *novitās* zu *novus*, Zugehörigkeitsadjektiva wie *bell-icus* oder faktitive Verben wie *bell-āre* zu *bellum*). Neben solchen Ableitungen, welche wie die genannten Beispiele einer andern Kategorie als das Grundwort angehören, gibt es auch solche, welche das Grundwort nur variieren, z.B. → *Deminutiva* und *Kollektiva* (*arbus-tum* oder *arbor-ētum*, ‹Baumpflanzung›, zu *arbor*) bei den Substantiven, und *Intensiva* (oder Frequentativa: *iac-tāre*, ‹schleudern›, zu *iacere*, ‹werfen›), *Inkohativa* (*ef-flōr-ēscere*, ‹aufblühen›, zu *flōrēre*, ‹blühen›) und *Desiderativa* (*par-turīre*, ‹kreißen›, zu *parere*, ‹gebären›) bei den Verben. In ähnlicher Weise unterscheidet man bei den Zusammensetzungen (Komposita) solche, die nur das Hinterglied näher bestimmen (*Determinativkomposita*, z.B. *ἀκρό-πολις*, ‹Hoch-burg›, im Griech. sehr selten) und sog. mutierte wie die *Possessivkomposita* oder ‹*Bahuvrīhi*› (z.B. *εὔ-ιππος*, ‹gute Pferde habend›, *Rotbart*, ‹einer, der einen roten Bart hat›; altind. *bahu-vrīhi*, ‹viel Reis besitzend›) und die verbalen *Rektionskomposita* (z.B. *φερε-σσακής* und *σακεσ-φόρος*, ‹Schild tragend›). E.R.

Lit: A. Debrunner, Griech. Wortbildungslehre, 1917 – M. Leumann, Gruppierung und Funktionen der Wortbildungssuffixe des Lateins (1944), in: Kl. Schr., 1959, 84–107.

Würfelhocker, ägypt. Statue eines am Boden hockenden Mannes, der seinen Mantel dabei um die Beine geschlungen hat. So entsteht ein Statuentyp, bei dem der Körper einen Kubus darstellt, über dem sich nur der Kopf erhebt. Sie sind seit dem Mittleren Reich belegt und bes. in der Spätzeit beliebt. W. Hk.

Wulfila, auch Ulfila(s), ca. 311–382/383, Sohn christl. Eltern (kappadokisch-gotischer Abstammung?); früh, da er Gotisch und Griechisch sprach und Lateinisch verstand, Lektor einer gotischen Christengemeinde; von Euseb von Nikomedien zum Missionsbischof bei den → Goten geweiht (ca. 341). Nach 7jähriger Tätigkeit wurde er gezwungen, mit einer großen Gruppe seiner christlichen Landsleute (den später sog. Kleingoten), in das römische Reichsgebiet (Balkangebirge) auszuwandern. Hier nahm er an den theologischen Auseinandersetzungen lebhaften Anteil und stand nach seinem (überlieferten) Bekenntnis (→ Arianischer Streit) den Homöern nahe – eine der wesentlichen Ursachen für die arianische Prägung des Christentums bei den → Germanen (vgl. → Christentum II D 1). Von größtem Einfluß war seine Übersetzung der Bibel ins Gotische. Die Evangelien sind im Codex argenteus in Uppsala, Bruchstücke des AT und NT in einigen anderen Bibliotheken erhalten. W. Str.

Lit: G. Haendler, Gesch. des Frühmittelalters, 1961, 4ff. (mit Lit. und Forschungsber.).

Wunderglaube. Sieht man ab von → Magie und → Zauber, so darf als Wunder jedes Wirken einer übermenschlichen Kraft gelten, das nach dem jeweiligen Verständnis der Naturgesetze unerklärt bleibt, Vorzeichen, helfendes Eingreifen der Götter usw. Wunder werden erwartet an Kultstätten vor allem der Heilgötter und -heroen, z.B. des → Asklepios in Epidauros, wo der Gott im Schlaf (→ Inkubation) bzw. → Traum heilt, → Orakel gibt, aber auch straft (parodiert bei Aristoph. Pl. 653ff.), ähnlich → Apollon (Plut. Mor. 397Eff.), später → Isis und → Serapis (Alexandria; Kanopos); denn in hellenist. Zeit verstärkt sich der W. So entstehen eine Wunderliteratur (Über die → ‹Vorsehung›; vgl. → Aelian); Aretalogien; Sammlungen von Epiphanien (aus Tempelchroniken; vgl. → Lindos), Traumgesichten usw. (→ Artemidoros; → Aristeides' ‹Heilige Reden›), Wundererzählungen (dagegen Polemik → Lukians), einzelne Wunderberichte (P. Oxy. 1381, SIG 1170). Daneben sammeln die Priester Zeugnisse von Heilungen und stellen sie an den Kultstätten auf, als Ermunterung für die Hilfesuchenden und als Propagandamittel – für uns ein beredtes Zeugnis von der Verbreitung des W.ns; er wird außerdem überall durch Wundermänner und Zauberer geschürt und ausgenutzt (zugleich gefördert durch best. Lehren der → Stoa, der → Neupythagoreer und → Neuplatoniker, die sogar Götterbildern Wunderkräfte zuschreiben). C.J.C.

Lit: O. Weinreich, Antike Heilungswunder, RGVV 8, 1, 1909 – R. Herzog, Die Wunderheilungen von Epidauros, Philol. Suppl. 22, 3, 1931 – R.M. Grant, Miracle and Natural Law, 1952.

Wundertäter. Aus archaischer Zeit wird von W.n in Griechenland berichtet, deren Seele den Körper zu verlassen und weite Räume zu überwinden vermag, die heilen, entsühnen, Opfer, Kulte und Tempel einrichten, Orakel geben, dichten usw., vieles nach Art nördlicher Schamanen: → Melampus (spätere Stilisierung; s. auch → Orpheus, → Musaios), → Abaris, → Aristeas (1), → Hermotimos, → Zalmoxis, → Epimenides, auch Euklos; viele typische Züge finden sich im Bild des → Pythagoras und bei → Empedokles, die beide Wunderkräfte beanspruchen. Sonst hören wir im 5. und 4. Jh. nur von zweifelhaften Wunderdoktoren, die mit Beschwörungen und kathartischen Vorschriften wirken (Hippokr. morb. sacr. 2ff., Plat. rep. 364Bff., leg. 909B). In hellenist. Zeit tritt ein neuer Typ auf, W., die zwar auch Krankheiten heilen, andere Wunder vollbringen und sich über Raum und Zeit erheben, daneben aber stärker asketische und moralische Züge betonen: durch Leben und Lehre wollen sie zu echterer Erkenntnis des Göttlichen führen, wie sie selbst Träger einer besonderen, durch Wunder erwiesenen Kraft sind: bes. → Neupythagoreer und → Neuplatoniker: → Apollonios (16) v. Tyana, → Alexandros (13) v. Abonuteichos, Julianos, → Plotin, → Iamblichos (1), Sosipatra, → Proklos, Asklepiodotos (3), → Heraiskos u.a., s. die Darstellungen → Philostrats und der neuplatonischen Biographen, → Eunapios usw. Die angedeuteten Charakteristika werden auf Jesus, die Apostel und christliche Wundermänner übertragen, nur daß bei ihnen ein eschatologischer Anspruch hinzutritt. Vgl. → Theios anēr. C.J.C.

Lit: H. Windisch, Paulus und Christus, 1934 – E.R. Dodds, The Greeks and the Irrational (1951), 1957² – W. Burkert, *ΓΟΗΣ*, RhM 105, 1962, 36–55 – S. auch zu → Theios aner; Mantis.

Xanthippe, Gattin des → Sokrates (1). Die Zanksucht der X. war sprichwörtlich (vgl. Xen. mem. 2, 2; symp. 2, 10), doch ist das Urteil der Zeitgenossen nicht einhellig.

Xanthippos, Gatte von → Kleisthenes' (1) Nichte Agariste, Vater des → Perikles (Hdt. 6, 131; Plut. Per. 3). Nach Kleisthenes' Tod war er als Führer des athen. Demos (Aristot. Ath. pol. 28, 2) ein erbitterter Gegner des → Miltiades, dessen Verurteilung er 489 v. Chr. durchsetzte (Hdt. 6, 136), und wohl auch an der Verfassungsreform von 487/486 beteiligt. 484 wurde er ohne klar erkennbaren politischen Grund ostrakisiert (Aristot. Ath. pol. 22, 6), 480 vor der Schlacht bei Salamis mit den übrigen Verbannten zurückgerufen. 479 kommandierte er als Stratege das athen. Kontingent in der Seeschlacht bei Mykale (Hdt. 9, 96 ff.) und eroberte 478 Sestos (Hdt. 9, 114 ff.). F. Kch.

Lit: A. E. Raubitschek, The Ostracism of X., AJA 51, 1947, 257 bis 262 – O. Broneer, Notes on the X.-Ostrakon, AJA 52, 1948, 341–343 – *Bildnisse:* → Anhang I.

2. **X.,** spartan. Söldnerführer, 256 v. Chr. von den Karthagern angeworben, reorganisierte die karthag. Armee, machte sie mit der Taktik des Elefantenkrieges vertraut und verhalf ihr im 1. Pun. Krieg 255 zu dem vernichtenden Schlag gegen M. → Atilius (4) Regulus. Nach seinem Sieg verließ X. Karthago; auf der Rückfahrt nach Sparta soll er ermordet worden sein. K. H. Sch.

Xanthos aus Großgriechenland, → Lyriker, soll vor → Stesichoros, der ihn als Vorgänger zitiert haben soll, die Orestie in einem → Chorlied dargestellt haben (Ath. 12, 513 A; vgl. Stesich. Fr. 52 P.), aus der S. angeblich vieles in sein Werk übernahm. E.-M. V.

2. **X. von Sardes,** (älterer?) Zeitgenosse des → Herodot, ein hellenisierter Lyder, der ein später ‹Lydiaka› genanntes Werk über den Ursprung und die ältere Geschichte des lydischen Volkes schrieb. Die zweifellos echten Fragmente sind sehr interessant durch den Versuch, einheimische, z. T. sagenhafte Überlieferungen durch geologische und sprachliche Beobachtungen zu stützen. Dagegen ist es höchst zweifelhaft, ob die wilden Räubergeschichten aus der lyd. Königszeit bei → Nikolaos von Damaskos, die heute nahezu einstimmig auf X. zurückgeführt werden, von ihm stammen, da sie in Stil und Charakter völlig von den echten, z. T. schon früh bezeugten, Fragmenten verschieden sind. Vgl. → Geschichtsschreibung A [3]. K. v. F.

Frg: FGrHist 765 – *Lit:* H. Diller, Zwei Erzählungen des Lyders X., in: Navicula Chiloniensis, 1956, 66–78.

Xanthos, größte Stadt → Lykiens in Südkleinasien beim heutigen Kınık (Kt. 1152 K 6). Zweimal im Laufe seiner Geschichte völlig zerstört: 546 bei der pers. Eroberung durch → Harpagos und 42 v. Chr. durch → Brutus (2). Theater und andere Reste ausgegraben; berühmt die bes. reich vertretenen, für Lykien charakteristischen Grabdenkmäler, teils in den Felsen eingehauen mit Architekturfassade, teils freistehend in Haus- oder Pfeilerform. Am berühmtesten das reliefgeschmückte Harpyienmonument (Pfeilergrab im Brit. Museum) aus dem 6. Jh. v. Chr. und das Nereidenmonument in Form eines ion. Tempels auf hohem Sockel mit Reliefschmuck (5. Jh. v. Chr). E. M.

Lit: Fouilles de X., I, 1958 (P. Demargne, Les piliers funéraires); II, 1963 (H. Metzger, L'acropole lycienne) – R. Naumann, Gnomon 37, 1965, 401–405.

2. **X.,** Fluß in Lykien (Kt. 1152 K 6; heute Koca çay), aus den Ausläufern des Taurus in die lyk. Ebene hinunterströmend. In seinem Flußtal die wichtigsten Städte das lyk. Xanthos, → Patara, → Pinara und → Tlos. R. F.

Xenarchos, Dichter der mittleren → Komödie (I C). Acht Titel sind genannt, davon ist ‹Der Purpurfisch› umstritten. Daneben für die Epoche charakteristische Stoffe, so in den ‹Zwillingen› (vgl. → Anaxandrides, → Alexis u. a.) und in den Charakterkomödien ‹Stratiotes› (‹Der Soldat›), ‹Butalion› (‹Der Dummkopf›). Th. G.

Frg: FAttCom II 592–601.

2. **X. von Seleukeia,** → Peripatetiker, 1. Jh. v. Chr.; bekämpfte die aristotelische Lehre vom 5. Element als Stoff der Gestirne. Transzendenter unbewegter Beweger des Himmels überflüssig. Die Himmelsbewegung bewirkt mechanistisch das Werden in der sublunaren Welt. Die Universalien sind leere Produkte des menschlichen Denkens (→ Boethos, 4). P. M.

Xenagoras, Vater des → Nymphis? Schrieb eine Chronik, oft in der → Anagraphe von Lindos zitiert; ferner ein Inselbuch. Am Westen interessiert. W. Sp.

Frg: FGrHist 240 m. Add. – *Lit:* R. Van Compernolle, Etude de chronologie et d'historiographie siciliotes, 1959, 394 f.

Xenelasie, ‹Fremdenvertreibung›. → Fremden (Nichtbürgern) war der Aufenthalt in → Sparta und seinem Gebiet an sich nicht untersagt. Aber die Behörden behielten sich vor, die (gewöhnlich in großer Zahl anwesenden) Fremden insgesamt auszuweisen, wenn das Staatsinteresse dies angezeigt erscheinen ließ (etwa weil man Verschwörungen befürchtete oder Rüstungen geheimhalten wollte, ober bei Lebensmittelknappheit). Diese von Zeit zu Zeit durchgeführten ‹Fremdenausweisungen› galten nicht gerade als ein Ruhmestitel Spartas. F. G.

Xeniades von Korinth, → Sophist, uns nur aus der Polemik → Demokrits gegen ihn (bei Sext. Emp. VS II 271) bekannt, ging wie → Gorgias und → Kratylos von den → Eleaten aus und lehrte gegen → Parmenides, daß es keine Wahrheitserkenntnis gebe und alles Werdende aus dem Nichtseienden entstehe und wieder ins Nichtseiende vergehe. O. G.

Xenikon (*ξενικόν*; Aristot. poet. 22, 1458 a 22 f.: *πᾶν τὸ παρὰ τὸ κύριον*), ‹Verfremdung›; sie charakterisiert als *ξενικὴ λέξις* (→ Rhetorik D 1) allgemein die Verwendung rhetor. Figuren und → Tropen (Aristot. rhet. 3, 3, 1406 a 17). Das X. bezeichnet die seelische Wirkung, die das Unerwartete als eine Art psychischer Schock auf Hörer und Leser ausübt, wobei zugleich Distanzierung bezweckt und moralische oder parodistische Wirkung erzielt werden kann. → Enallage. H. H.

Lit: J. C. T. Ernesti, Lex. techn. Graec. rhetor., 1795 (Nachdr. 1962), 225 – Lausberg I 343. 597–599; Elemente², 41–43.

Xenodamos von Kythera, Chorlyriker (→ Lyrik I B 2) des 7. Jh.s v. Chr., rechnete zu den Meistern der sog. 2. Schule in Sparta (→ Lyrik I B 2). X. gilt (neben → Thaletas) als Begründer des → Hyporchema, ein anscheinend noch in späterer Zeit bekanntes (Ps. Plut. mus. 1134 B) wurde jedoch auch als → Päan bezeichnet. E.-M. V.

Xenokles, von Cholargos, Architekt, beendete nach Plut. per. 13 als Nachfolger des → Koroibos (2) das → Telesterion von → Eleusis (→ Architektur I F). X. soll die Lichtöffnung im Dach (Opaion) geschaffen haben. G. Gb.

Xenokrates, Bildhauer und Kunstschriftsteller von Athen (?), 1. H. d. 3. Jh.s v. Chr. Schüler des → Teisikrates, nach anderen des Euthykrates. Wegen seiner Fruchtbarkeit gerühmt. – Bes. wichtig als Kunstschriftsteller. Wahrscheinlich identisch mit dem als Athener signierenden Sohn des Ergophilos, der für Elateia und Oropos gearbeitet hat. Ein Werk des X. stand (später?) in Pergamon. E. Bg.

Lit: B. Schweitzer, X. v. Athen, Beitr. z. Gesch. d. Antiken Kunstforschung u. Kunstanschauung (1932), in: Zur Kunst der Antike, Ausgew. Schr. I, 1963, 105–164 – Ch. Picard, Du nouveau sur le critique d'art et sculpteur X. (d'Athènes), RA 1957, 81 f.

2. **X. von Aphrodisias,** Pharmakologe im 1. Jh. n. Chr., Verfasser einer Schrift *Περὶ τῆς ἀπὸ τῶν ζῴων ὠφελείας*, in der tierische und menschliche Organe, Ausscheidungen usw. als Medikamente empfohlen waren (Einfluß von Magie und Volksmedizin). Schrieb auch über Heilpflanzen; nur Bruchstücke (bei Galen und Oreibasios). F. K.

3. **X. von Chalkedon,** 339/8–315/4 v. Chr., Schüler → Platons; nach dessen Tod mit → Aristoteles nach Assos; nach → Speusipps Tod zum Haupt der → Akademie gewählt. Wie Aristoteles (Topika 105 b 20) teilt er die Philosophie in Logik (Dialektik), Physik und Ethik ein. Wie

→Speusipp (und, nach Aristoteles, Platon) leitet er alle Realität aus der Eins und der Unbestimmten Zweiheit ab; jene identifiziert er mit Zeus und dem Intellekt (νοῦς), diese zuweilen mit der Seele, zuweilen mit der Materie. Auch sonst identifiziert er abstrakte Prinzipien, Elemente usw. mit Göttern. Wie →Aristoteles (metaph. 11) teilt er das Seiende in die drei Sphären des Sinnlichen (‹innerhalb des Himmels›), des Astronomischen (‹Himmel›) und des Intelligiblen (‹außer dem Himmel›) – wovon er vielleicht Mathematisches als vierte Seinssphäre abtrennt – ein, denen er Wahrnehmung, Erkenntnis und Meinung zuordnet. Wohl in anderem Zusammenhang definiert er die Seele als sich selbst bewegende Zahl. Platons Idee definiert er als paradigmatische Ursache des Natürlichen. Die eleatischen Paradoxa des Kontinuum (→Zenon, 2) schaltet er durch die Annahme unteilbarer Größen aus. Ob die bei →Plutarch vorliegende Lehre vom doppelten Tod (erst scheidet sich die Seele vom Körper, dann von ihr der Intellekt, νοῦς) ihm oder dem →Poseidonios gehört, ist strittig. Eudaimonie hängt von innerer Vollkommenheit (ἀρετή) ab. Einflußreich war seine – auf Platon fußende – Dämonologie: es gibt gute und böse Geister; diese letzteren sind es, die die sonst den Göttern zugeschriebenen, aber dieser unwürdigen Taten begangen haben. Ph.M.

Ed: R. Heinze, 1892 – S. Pines, Am. Philos. Soc. Trans. 51, 1961 – *Lit:* Ueberweg-Praechter, 100 – Ph. Merlan, Philologus 103, 1959, 198–214.

Xenokritos von Lokroi, →Lyriker, ca. 7./6. Jh. v. Chr., hat zeitweilig in Sparta gewirkt und wird, obwohl etwas jünger als →Thaletas, zu den Meistern der 2. Schule (→Lyrik I B 2) gezählt. X. schrieb Chorlieder mit mythischer Erzählung und ist vielleicht als ein Vorgänger des →Stesichoros anzusehen. Über die Form seiner Dichtungen ist nichts bekannt. E.-M.V.

Xenomedes von Keos, Zeitgenosse →Herodots, Verfasser einer Lokalgeschichte seiner Heimatstadt, aus der →Kallimachos (3) die hübsche Geschichte von Akontios und Kydippe übernommen hat. Ob X. in seinem Werk auch historische Ereignisse behandelt hat, läßt sich nicht feststellen. K.v.F.

Frg. u. Komm: FGrHist 442.

Xenophanes, von Kolophon, 570–475/70 v. Chr., einer der →Vorsokratiker. Verließ im Alter von 25 Jahren seine Vaterstadt aus Anlaß der Eroberung der kleinasiat. Griechenstädte i. J. 545 und wanderte dann 67 Jahre als Rhapsode durch die Welt, bis er sich im höchsten Alter in →Elea in Lukanien niederließ. – Unter den erhaltenen Fragmenten seiner *Gedichte* finden sich auch rein symposiastische (z. B. Frg. B 1 D.), aber Bedeutung erlangt hat X. vor allem durch seine Bekämpfung der anthropomorphen Gottesvorstellungen (→Religion I C; →Theologie B 1) und seine Behauptung, daß es (1) nur einen Gott geben könne, der (2) ewig und weder menschen- noch tiergestaltig sei, sondern alles durchdringe, der nicht mit bestimmten Sinnesorganen, sondern mit seinem ganzen Wesen sehe, höre und wahrnehme und ebenfalls ohne besondere Organe durch seine auf seiner Einsicht beruhende Entscheidung alles lenke. Seine Beweise sind: (1) Ein Wesen, das in seiner Macht eingeschränkt ist, kann nicht Gott genannt werden; mehrere Götter müßten sich aber notwendig gegenseitig beschränken; (2) Gott kann weder aus einem Schwächeren hervorgegangen sein, denn woraus hätte, wenn nur das Schwächere da war, das Mehr des Stärkeren kommen können? noch aus einem Stärkeren, da Gott ja durch Definition das Stärkste ist, sich also dabei nichts verändert hätte. Damit kommt X. schon nahe an die Gedanken des →Parmenides heran, wenn diese auch wesentlich radikaler sind, so daß man ihn wohl mit der in neuerer Zeit zu Unrecht angefochtenen antiken Überlieferung als Vorläufer des Parmenides betrachten kann. X. scheint auch Erklärungen einzelner Naturphänomene versucht zu haben (s. B 30 ff. D.). – Zu X.' Kritik an den homerischen Göttern vgl. →Anthropomorphismus, →Mythendeutung. K.v.F.

Frg: VS 21 – *Lit:* W. Jaeger, Die Theologie der frühen griech. Denker, 1953 – Vgl. →Vorsokratiker.

Xenophilos, von Athen, Dichter der alten →Komödie (I A I B); Sieger des ersten staatlichen Lenäenagons (ca. 445/440). Nur der Name aus Inschriften bekannt. Th.G.

2. **X.,** Verfasser von Lyd. Geschichten (Λυδικαὶ ἱστορίαι), vielleicht hellenist. Zeit. Nur ein Frg. erhalten. H.E.

Frg: FGrHist 767.

Xenophon

A. Leben – B. Werk – C. Charakteristik – D. Fortwirkung – Vgl. →Xenophontis Athenaion Politeia.

A. Leben. Geb. um 426 in Athen, muß X. in einer wohlhabenden, konservativen Familie herangewachsen sein: eine im wesentlichen sportlich-militärische Erziehung, Vorliebe für Sparta, Ablehnung der Demokratie. Von hier aus fand er den Zugang zur Eigenart des →Sokrates. In den letzten Jahren des Peloponnesischen Krieges und unter den →‹Dreißig Tyrannen› scheint X. in der attischen Reiterei Dienst getan zu haben. Dann traf er, nicht ohne Sokrates um Rat zu fragen (an. 3, 1, 4 ff.), eine folgenschwere Entscheidung: er schloß sich dem griech. Söldnerheer des gegen →Artaxerxes II. rebellierenden pers. Prinzen →Kyros (2) an. Beim Rückzug der nach der Niederlage bei Kunaxa ihrer Führer beraubten 10000 bewährte sich auch X. auf leitenden Posten. Die zurückgekehrten Söldner traten, nachdem der offene Krieg mit Persien ausgebrochen war, unter das Kommando Spartas und wurden seit 396 von König →Agesilaos geführt. Die Rückkehr nach Athen war X. jetzt verschlossen; er blieb bei Agesilaos, mit dem ihn bald Bewunderung und Freundschaft verband, und folgte ihm auch, als der Krieg ins Mutterland übergriff: bei Koroneia (394) kämpfte X. auf spartan. Seite gegen Athen. Um ihn für die Verbannung aus der Heimat (399 oder 394) zu entschädigen, bot ihm Sparta die Stellung eines Staatsgastfreundes und ein Landgut in Skillus bei Olympia (an. 5, 3, 7), wo X., inzwischen verheiratet, etwa 20 Jahre lang in idyllischer Zurückgezogenheit seinen Neigungen für Familie, Landwirtschaft und Jagd nachgehen konnte. Damals dürfte er mit umfangreicherer Schriftstellerei begonnen haben. Da nahm der Umschwung der politischen Lage, die Niederlage Spartas bei Leuktra (371) X. die zweite Heimat; als Flüchtling kam er nach Korinth. Als jedoch nach der Aussöhnung zwischen Sparta, Korinth und Athen das gegen X. erlassene Verbannungsdekret aufgehoben wurde, kehrte er wahrscheinlich nach Athen zurück; seine Schriften, zum großen Teil erst nach 371 abgeschlossen, sind weithin für ein attisches Publikum bestimmt. Die Söhne, vorher in Sparta erzogen, kämpften nun in der athen. Reiterei; einer, Gryllos, fiel bei Mantineia (362). Die literarischen Ehrungen, die dem Gefallenen zuteil wurden, zeugen von dem Ruhm, den sich der Vater als Schriftsteller inzwischen erworben hatte. X. schrieb sein letztes Werk, ‹Über die Staatseinkünfte›, noch nach 355; sein Todesjahr ist unbekannt.

B. Werk. Die chronologische Ordnung der Schriften ist nicht sicher festgestellt; bei den umfangreicheren Werken Anabasis, Hellenika, Memorabilien ist Niederschrift in einzelnen Abschnitten denkbar.

[1] *Anabasis*, in 7 Büchern, der mit Recht berühmte Augenzeugenbericht vom ‹Zug der Zehntausend›. Auf den ‹Hinaufzug› (daher der Titel) mit Kyros bis Kunaxa (1, 8) folgte der erregende, strapazen- und verlustreiche Rückzug durchs winterliche Bergland, durch feindliche Barbarenstämme bis zum Meer («Thalatta! Thalatta!» 4, 7, 24), dann die enttäuschende, diplomatisch schwierige Fortsetzung des Zugs über Byzanz bis zur endlichen Übernahme in spartan. Dienste. Das Buch wirkt bei aller Sachlichkeit, ja Trockenheit der Angaben durch die Frische eigenen Er-

lebens, läßt Tag um Tag im Wechsel von Angst und Hoffnung miterleben. Die Buntheit fremden Völkerlebens ist ebenso mit offenem Blick erfaßt wie die ungewohnte Winterlandschaft. Die Überlegenheit griech. Soldatenzucht auch hier ließ den Söldnermarsch seit je als Vorläufer des Alexanderzugs erscheinen. X., der sich erst zu Beginn des 3. Buchs und stets in 3. Person einführt, hat seine eigene Rolle stark betont. Immer wieder bewährt sich seine Frömmigkeit, das Vertrauen auf die Zeichen der Götter. X. hat das Werk, eine seiner frühesten Schriften, vielleicht zunächst unter dem Pseudonym → Themistogenes von Syrakus veröffentlicht (Hell. 3, 1, 2; Plut. de glor. Ath. 345 e). Ob → Isokrates im ‹Panegyrikos› (380 v. Chr., § 146ff.) auf X. anspielt, ob ein Hinweis auf den Niedergang der spartan. Macht (6, 6, 9) nach 379 geschrieben ist, ob das Werk abschnittweise publiziert wurde, ist strittig.

[2] *Hellenika* in 7 Büchern, Geschichte Griechenlands von 411 bis 362. Das Werk ist nicht aus einem Guß. Teil 1 setzt, ohne Einleitung, → Thukydides bis zum Ende des Peloponnesischen Kriegs for ̣(2, 3, 10); er folgt Thukydides auch in der strikten Disposition nach Sommern und Wintern. Dann schildert X. ausführlich und lebendig die Herrschaft der → Dreißig und die Restauration der Demokratie; zumindest das Schlußwort (2, 4, 43) ist beträchtliche Zeit nach den Ereignissen verfaßt. Das 3. Buch setzt neu ein mit einem Verweis auf die ‹Anabasis›; X. schildert Blüte und Verfall der spartanischen Hegemonie bis zur Schlacht bei → Mantineia, die das Ende aller innergriechischen Hegemoniebestrebungen bedeutete. Die Darstellung ist ungleichmäßig, einseitig und zumal chronologisch unbefriedigend, gleitet zuweilen über mehrere Jahre unversehens hinweg; sie folgt weithin dem persönlich Erlebten und individuellem Interesse. X. zeigt sich entschieden prospartanisch und antidemokratisch, wenn auch Fehler und Härten der spartan. Herrschaft nicht verschwiegen werden. Ziel ist die nach 371 verwirklichte Freundschaft Spartas mit Athen. Die theban. Gegenmacht ist mit unverhohlener Feindseligkeit behandelt. Wichtigstes ist nur nebenbei erwähnt, wie die Seeschlacht von Knidos, oder ganz ausgelassen, wie der 2. Attische Seebund. Die → Hellenika von Oxyrhynchos haben die Schwächen X.s hell beleuchtet. Immerhin sind X. keine bewußten Fälschungen nachgewiesen, und er wahrt in der Form die Objektivität, zu der der thukydideische Historiker verpflichtet ist. Diesem Vorbild folgend, gibt X. fast nur Kriegsgeschichte. Sein militärischer Sachverstand bewährt sich in exakten Schlachtenschilderungen. Größeren Zusammenhängen und tieferliegenden Ursachen nachzufragen, liegt X. fern. Er fügt sich dem Willen der Götter. Spartas Niedergang erscheint als Strafe für den Bruch des Königsfriedens (5, 4, 1). Im Zentrum steht die Einzelpersönlichkeit mit ihren Leistungen zumal als Heerführer; den Problemen von Herrschaft und Führung gilt ein gleichsam psychologisches Interesse, das freilich schnell in utilitaristische Moral umschlägt. Es fehlt nicht an geschickter Charakterisierung, auch wenn die zahlreichen Reden blaß bleiben; einzelne Szenen sind ausgezeichnet gelungen. X. hat an dem Werk lang gearbeitet. Der erste Teil kann vor 390 geschrieben sein; eine Notiz des 3. Buchs (3, 5, 25) ist nach 381, eine des 6. Buchs (6, 4, 37) nach 358 formuliert; ein Einschnitt im 5. Buch, die Abtrennung eines in Skillus verfaßten Teils vom späteren Abschluß, ist kontrovers.

[3] *Agesilaos*, ein → Enkomion auf den 361/360 verstorbenen Freund, aus dem entsprechenden Material der ‹Hellenika› gearbeitet, formal von → Isokrates beeinflußt; nach einem erzählenden Teil werden die Tugenden des Toten systematisch dargestellt.

[4]–[7] *Sokratische Schriften.* Anderen Sokratesschülern folgend, schildert X. den Lehrer im Dialog; sein → Sokrates ist, im scharfen Widerspruch zu → Platons Darstellung, ein Meister nüchtern-praktischer Lebensweisheit. Im Gegensatz zu früherer X.-Gläubigkeit betont die moderne Forschung den sekundären Charakter dieser Schriften, ihre Abhängigkeit von der Literatur älterer → Sokratiker:

[4] Die *Apologie* (Ἀπολογία Σωκράτους) skizziert eine Verteidigungsrede des Sokrates vor seinen Richtern, umrahmt von einem Gespräch vor der Verhandlung und einem Schlußwort und zwei Anekdoten nach der Verurteilung. Ziel ist, ältere Sokratesapologien, darunter wohl die platonische, zu korrigieren: Sokrates habe nicht in unverständlichem Trotz die Richter gereizt, sondern bewußt den Tod gesucht. Das Verhältnis zu den weithin wörtlich übereinstimmenden Abschnitten der ‹Memorabilien› (1, 1; 4, 8) ist sehr umstritten, auch die Echtheit wird angezweifelt.

[5] *Memorabilien* (Ἀπομνημονεύματα Σωκράτους, Erinnerungen an Sokrates) in 4 Büchern, ein merkwürdig ungleichmäßig durchgearbeitetes Sammelwerk. Voran steht eine Verteidigung des Sokrates (1, 1–2), bes. gegen die fingierte, nach 393 veröffentlichte Anklageschrift des Sophisten → Polykrates (2). Als positives Gegenstück folgt eine lose Reihe sokratischer Gespräche, teils schematisch disponiert, teils assoziativ angeschlossen. Der äußere Rahmen der Gespräche, Ort und Zeit spielen kaum eine Rolle; die Partner bleiben zuweilen anonym, der Dialog geht in Doxographie oder Apophthegmensammlung über, nicht ohne Überschneidungen und Wiederholungen. X.s Sokrates ist nicht der sich entziehende Ironiker, sondern eindeutiges Vorbild durch Selbstbeherrschung, Rechtlichkeit und Frömmigkeit, offen für den menschlichen Alltag und stets nach dem ‹Förderlichen› (ὠφέλιμον) fragend. Er hält nichts von Naturwissenschaft und Mathematik; das Daimonion wird zu einem Spezialfall der gewöhnlichen Mantik. Daß X. variierend und korrigierend Bezug nimmt auf eine reich entfaltete sokratische Literatur, ist deutlich zu spüren; Exzerpt, Erfindung, echte ‹Erinnerung› genauer abzugrenzen, bleibt eine überaus heikle Aufgabe. X. schrieb zumindest wesentliche Teile des Werks viele Jahrzehnte nach dem Tod des Sokrates, Anspielungen der Bücher 3 und 4 weisen am ehesten auf die Jahre 357/355.

[6] *Oikonomikos* (‹Von der Hauswirtschaft›), formal ein Stück der ‹Memorabilien›, zu einem selbständigen Werk ausgestaltet. Sokrates tritt zurück: er spricht mit Kritobulos über Verwaltung und Mehrung des Besitzes und erzählt ausführlich, wie ihm einst der jungverheiratete Gutsbesitzer Ischomachos sein Familienleben und seinen Tageslauf geschildert hat – ein reizvolles Genrebild, das manche autobiographischen Züge vom Leben in Skillus tragen mag, wegen seiner praktischen Ratschläge viel gelesen und nachgeahmt.

[7] *Symposion*, eine Siegesfeier für einen schönen Knaben im Haus des reichen Kallias in Anwesenheit des Sokrates und des → Antisthenes. Die heiteren Unterhaltungen münden in ein Gespräch über körperlichen und seelischen Eros, abgeschlossen durch einen Mimos von Dionysos und Ariadne als dem Bild des Eheglücks. Die literarischen Beziehungen zu → Platons Symposion und den Lehren des Antisthenes sind kontrovers; als Kunstwerk ist das ‹Symposion› bes. gut gelungen.

[8] ‹*Erziehung des Kyros*› (*Κύρου παιδεία*), in 8 Büchern, nach Anspruch und stilistischem Können X.s Hauptwerk: das Bild des Idealstaats in Gestalt eines historischen Romans, der nach der ‹Erziehung› des → Kyros auch die schrittweise Eroberung Asiens bis zum Tod des Königs schildert. Die historischen Fakten sind nach Belieben zurechtgerückt; von persischem Lokalkolorit bleibt kaum eine Spur. Vielmehr entfaltet X. seine sokratischen und spartanischen Lieblingsthemen: Selbstzucht, Genügsamkeit und Gottvertrauen, Jagd und Krieg, Vorbild der Herrscherpersönlichkeit und aufrichtig-treuer Gehorsam der Untergebenen. Neben lehrhaften, geradezu sokratischen Gesprächen stehen realistisch-heitere Einzelszenen, auch eine hochpathetische Liebesgeschichte. Die Verherrlichung der aristokratischen Monarchie ist bezeichnend für die

geistige Lage der Zeit. Mit der Idealisierung des Kyros ging anscheinend → Antisthenes voraus. Der Epilog, der den völligen Verfall der altpersischen Zucht schildert, ist nach 362 verfaßt (8, 8, 4).

[9] *Hieron*, ein Gespräch des Dichters → Simonides mit dem Tyrannen → Hieron von Syrakus über die Tyrannis, entwickelt wiederum X.s Ideal der Monarchie wohl mit dem Blick auf die zeitgenössischen Tyrannen von Syrakus.

[10] Das ‹*Staatswesen der Lakedämonier*› (*Λακεδαιμονίων πολιτεία*) beschreibt die durch → Lykurgs Verfassung geregelte Erziehung und Lebensweise der Spartaner als Voraussetzung ihrer Vorherrschaft; die alten Bräuche, die X. aus eigener Anschauung kennt, werden im Licht sokratischer Ethik gedeutet und sublimiert. Ein Epilog (14) führt den Niedergang Spartas nach 379 auf den Abfall von den alten Gesetzen zurück.

[11] *Kynegetikos* (‹Über die Jagd›; bes. über die Abrichtung der Jagdhunde), ein Lieblingsthema X.s; lebendiger Erfahrung entspringen die feinen Tierbeobachtungen. Voran steht eine pompöse mythologische Einleitung, der Schluß verficht gegen die Bildung der ‹Sophisten› den erzieherischen Wert des Jagens. Aus stilistischen Gründen wurde die Echtheit angezweifelt; vielleicht liegt ein Frühwerk X.s vor.

[12] *Hipparchikos*, eine Fachschrift über die Aufgaben des ‹Reiterführers› mit praktischen Vorschlägen zur Verbesserung der athen. Reiterei im Hinblick auf eine Bedrohung durch Theben, also wohl um 362 verfaßt.

[13] ‹*Über die Reitkunst*› (*Περὶ ἱππικῆς*), eingehende Anweisungen von Pferdekauf und Pferdepflege über die Schulung des Reiters bis zu den Spezialkniffen des Reiterkampfs; der Schlußsatz (12, 14) zitiert den ‹Hipparchikos›.

[14] ‹*Über die Staatseinkünfte*› (*Περὶ πόρων*, De vectigalibus), ein Programm zur Sanierung der Finanzlage Athens, das nach dem Zusammenbruch des 2. Seebunds 355 v. Chr. auf die eigene Kraft angewiesen ist; staatliche Förderung der Wirtschaft, insbesondere Intensivierung des Silberbergbaus von Laurion soll nach X.' Ansicht die Besserung bewirken.

C. Charakteristik. Bei aller Buntheit trägt das Werk X.s durchweg das Gepräge einer in ihren Grenzen fest geformten Persönlichkeit. Gerade durch sein wechselvolles, katastrophenumwittertes Leben hindurch bewahrt X. das feste Vertrauen zu den Göttern und ihren Zeichen sowie die unbedingte Wertung der Moral, der ‹Tugend der Seele› als des Wegs zum wahren Erfolg. Hierin konvergieren für ihn aristokratische, spartanische, sokratische Ideale: Selbstbeherrschung, Bedürfnislosigkeit, Abhärtung durch Sport und Bewährung im Krieg, vor allem aber die Pflege persönlicher Freundschaft, die auf gegenseitigen ‹Wohltaten› und Dankbarkeit beruht. Wohltuend berührt die schlichte, aufgeschlossene Menschlichkeit; X. lebt für Freundschaft und Familie, freilich fern jeder Sentimentalität; entscheidend ist der Blick aufs Mögliche und ‹Nützliche›. Man spürt bei X. weder Abgründe noch genialen Schwung, sondern Ausgeglichenheit und ruhige Heiterkeit.

D. Fortwirkung. X.s literarischer Erfolg, bedeutend schon zu Lebzeiten, festigte sich in hellenistischer Zeit im Bund mit stoischer Popularphilosophie und erreichte seinen Höhepunkt im → Attizismus, der X. zum Muster des schlichten attischen Stils erhob. Auch die Römer, bes. → Cicero, haben X. hochgeschätzt und viel gelesen. Von der Renaissance bis zum Ende des 18. Jh.s erfreute sich X. neuer Gunst; erst das 19. Jh. hat ihn als mißglückten Historiker und flachen Moralisten, nicht zuletzt auch als Frömmler und Vaterlandsverräter in einen Abgrund der Verachtung gestoßen, aus dem ihn nur allmählich gerechtere Beurteilung befreien kann. W. Bk.

Q: Diog. Laert. 2, 48–59 – *Ed:* E. C. Marchant, OCT, 5 Bde, 1900–20; II (Libri Socratici), 1921² – G. Pierleoni, 1937² (Opuscula) – *Einzelausg: Anab.:* C. Hude, BT, 1931 – P. Masqueray, CB (1930/1), 1953³ – *Hell.:* C. Hude, BT, 1930 – J. Hatzfeld, CB, 1936–39 – *Mem.:* C. Hude, BT, 1934 – *Oik.:* P. Chantraine, CB, 1949 – *Kyrup.:* W. Gemoll, BT, 1912 – *Hieron:* J. Luccioni, 1948 (mit franz. Komm.) – *Lak. Pol.:* F. Ollier, 1936 (mit franz. Übers. u. Komm.) – *Hipp.:* E. Delebecque, 1950 (mit franz. Übers. u. Komm.) – *Vect.:* J. H. Thiel, Diss. Amsterdam 1922 – *Komm. Anab.:* C. Rehdantz, 1865 – O. Carnuth, I 1912⁷, II 1905⁶ – *Hell.:* L. Breitenbach, 1873–76; I, 1884² – *Mem.:* R. Kühner, 1857² – O. Gigon, 1953 (zu Buch I); 1956 (zu Buch II) – A. Delatte, Le 3me livre des souvenirs socratiques de X., 1933 – *Symp.:* G. J. Woldinga, 1938–39 – *Kyrup.:* L. Breitenbach, 1878–90 – *Übers. Anab.:* W. Müri, 1954 – *Hell.:* K. Wernicke, Reclam, 1901 – *Mem.:* R. Preiswerk, 1953 – P. Jaerisch, Tusc., 1962 – *Symp.:* G. P. Landmann, 1957 – *Kyrup.:* C. Woyte, Reclam, 1911 – *Hipp.:* E. Pollack, 1912 – *Lit:* I. Bruns, Das literar. Porträt der Griechen im 5. u. 4. Jh., 1896 – E. Scharr, X.s Staats- und Gesellschaftsideal u. seine Zeit, 1919 – K. Münscher, X. i. d. griech.-röm. Literatur, Philol. Suppl. 13, 2, 1920 – H. Breitenbach, Historiogr. Anschauungsformen X.s, 1950 – D. Delebecque, Essai sur la vie de X., 1957 (Lit) – *Index:* W. Sturz, Lexicon Xenophonteum, 1801–04 – *Bildnisse* → Anhang I.

2. **X.,** von Athen, Dichter der alten → Komödie (I B). Ein einziger Lenäensieg des X. ist für vor 406 v. Chr. bezeugt; sonst ist von X. nichts bekannt. Th. G.

3. **X. von Ephesos** schrieb wohl im 2. Jh. n. Chr. einen Liebesroman ‹Ephesiaka›. Nach der religionsgeschichtlichen Auslegung (→ Roman, 2) verherrlicht dieser die Isisreligion und ist im 3. Jh. so umgearbeitet worden, daß er auch den Sonnengott preist. Uns ist nur eine verkürzte Fassung erhalten. Das Paar, Antheia und Habrokomes, wird nach der Trauung vom Orakel des Apollon (-Horos) auf die Reise (des Lebens) geschickt, von Seeräubern gefangengenommen und getrennt. Sie erleiden das übliche Schicksal der Romanhelden, Schiffbruch (= Taufe) und Scheintod (= Initiation), Geißelung und Prüfung der Treue. Antheia reist bis zum 1. Katarakt (Wallfahrt nach Philai) und erhält im Apisheiligtum zu Memphis eine tröstende Prophezeiung. Habrokomes wird durch die Nilflut vor dem Feuertod gerettet und schwimmt wie Osiris den Nil hinab. Schließlich findet sich das Paar in einem Isistempel (Heuresis). R. Mk.

Ed: G. Dalmeyda, 1926 – *Übers:* F. Stoessl, Antike Erzähler, 1947.

Xenophontis Athenaion Politeia. Die Schrift vom ‹Staatswesen der Athener› (*Ἀθηναίων Πολιτεία*) ist früh unter die Schriften → Xenophons (1) geraten (Diog. Laert. 2, 57), doch wesentlich älteren Ursprungs, verfaßt in der Blütezeit des attischen Seereichs, am ehesten in den ersten Jahren des Peloponnesischen Kriegs (2, 16). Der unbekannte Autor schildert mit grimmigem Sarkasmus die att. Demokratie als Herrschaft der ‹Schlechten›, die doch alles so zu ihrem Vorteil eingerichtet hätten, daß eine oligarchische Revolution aussichtslos sei: die militärischen und wirtschaftlichen Vorteile der Seeherrschaft, die Blüte von Handel und Gewerbe, die relative Freiheit selbst der Sklaven, die Ausbeutung der Bundesgenossen, die Geldgier der Masse, die selbst bei Götterfesten profitiert, die Vertragsbrüchigkeit des Demos – alles dieses wird scharf beleuchtet, ohne straffe Disposition. Die kleine Schrift, unschätzbar als Zeitdokument, ist zugleich das älteste erhaltene Stück attischer Prosa. W. Bk.

Ed: E. Kalinka, 1913 (mit Übers. u. Komm.) – H. Frisch, 1942 (mit engl. Übers. u. Komm.) – *Lit:* K. I. Gelzer, Die Schrift vom Staate der Athener, 1937 – E. Rupprecht, Die Schrift vom Staate der Athener, 1939 – M. Gigante, La costituzione degli Ateniesi, 1953.

Xerxes I. (Chšajarša), jüngerer Sohn → Dareios' I. und der Attossa, zur Nachfolge auf dem pers. Thron bestimmt, den er nicht ohne Widerstände einnahm, König 485 bis 465. Nach Niederwerfung der Aufstände in Ägypten und Babylonien setzte er die von seinem Vater begonnenen umfangreichen Rüstungen gegen Griechenland fort und brach nach umfassendsten Vorbereitungen 480 zum Feldzug auf, der in den Schlachten bei Salamis und Platää scheiterte (zum Verlauf im einzelnen → Perserkriege). Nach der von den griech. Autoren als schmählich beschriebenen Flucht regierte er bis zu seiner Ermordung durch Artabanos ohne größere politische Aktivität. Seine umfangreiche Bautätigkeit galt bes. dem Ausbau der Residenz → Persepolis.

2. **X. II.,** der einzige echte Sohn → Artaxerxes I., trat die Herrschaft im Jahre 424 v. Chr. an, wurde aber bereits 45 Tage nach seiner Thronbesteigung von Sogdianos ermordet.

Xoanon, eigentlich alles aus Holz Geschnitzte, bes. aber Götterbilder aus Holz (meist aus Zypressenholz), später gelegentlich überhaupt altertümliche Götterbilder. E. Bg.

Xuthos, Sohn des → Hellen und der Orseis, Bruder des → Aiolos und Doros, Gemahl der Erechtheustochter Krëusa in Athen. Seine Söhne → Ion und Achaios. Von den Söhnen des → Erechtheus verjagt, wandert er nach Aigialos aus (Hdt. 7, 94; Apollod. 1, 50; nach Euripides ‹Ion› ist X. Sohn des → Aiolos, von Krëusa Vater des Doros und Achaios, während Ion als Krëusas Sohn von Apollon erkannt wird). K. Schb.

Xystos, überdachte Laufbahn oder Promenade, → Gymnasion; → Garten.

Yazılıkaya, hethit. Felsheiligtum mit Felsreliefs bei Boğazköy → Ḫattuša (14./13. Jh.). Zwei natürliche Felskammern mit Portikusgebäuden. Reliefs der Hauptkammer zeigen große Götterprozession, die Nebenkammer diente der Verehrung eines (oder mehrerer?) vergöttlichten hethit. Großkönigs. Vgl. → Hethiter [3] f. F. F.

Lit: K. Bittel-R. Naumann-H. Otto, Y., WVDOG 61, 1941.

Zacharias von Gaza, ‹Scholastikos›, Bruder des → Prokop (2) v. Gaza (?), 5./6. Jh., Rhetor, gest. vor 553 als Bischof von Mytilene. Verfaßte eine Kirchengeschichte 450–491 (syr. erhalten), eine antimanichäische Schrift, einen Dialog ‹Ammonios› (gegen die antike Kosmologie, vgl. → Aineias (3) v. Gaza) und Biographien. W. Sp.

Ed: E.W. Brooks, CSCO 83/84, 1919/21 – Boissonade in der Ausg. des Aineias v. Gaza (‹Ammonios›) – *Lit:* Altaner 215f.

Zäsur, gefordertes oder erstrebtes Wortende (→ Prosodie B) innerhalb eines Metrons (→ Dihärese), vor allem im daktylischen → Hexameter und im jambischen → Trimeter. B. Sn.

Zagreus, vermutlich alter Unterwelts- oder → Vegetationsgott, der in Mythen der späteren → Orphiker dem von den → Titanen zerrissenen → Dionysos gleichgesetzt wird. Immerhin wird er schon in der homerischen Alkmaionis (Fr. 3 Ki.), bei Aischylos (Fr. 5 und 228 N.) und bes. Euripides (Fr. 472 N.) erwähnt. K.-H. R.

Lit: → Dionysos.

Zahlbegriff. → Nikomachos (2) v. Gerasa (um 100 n. Chr.) hat in seiner Arithmetik einige Definitionen des Zahlbegriffs aufgezählt: *Ἀριθμός ἐστι πλῆθος ὡρισμένον ἢ μονάδων σύστημα ἢ ποσότητος χύμα ἐκ μονάδων συγκείμενον* (introd. arithm. 1, 13): «Zahl ist begrenzte Vielheit oder Zusammenfassung von Einheiten oder aus Einheiten bestehende Aufschüttung von Quantität.» Im Kommentar dazu gibt → Jamblich eine Art geschichtlichen Überblick. Die Definition *μονάδων σύστημα* schreibt er schon dem → Thales oder den Ägyptern zu, die Definition *πλῆθος ὡρισμένον* dem → Eudoxos (1) v. Knidos. Sie findet sich bei Aristoteles (metaph. 4, 13, 1020 a 13), hier *π. πεπερασμένον*). Hier ist die Zahl der Kategorie der Größe (*ποσόν*) eingeordnet, und zwar ist sie diskrete Größe (*πλῆθος*), und begrenzt, weil Unendliches nicht erfaßbar ist. Euklid definiert Zahl als «die aus Einheiten zusammengesetzte Vielheit» (*τὸ ἐκ μονάδων συγκείμενον πλῆθος*). Vorher hat er die Einheit definiert als «das, wonach jedes Ding eines genannt wird» (elem. 7, Def. 1 und 2). In diesem Sinne ist die Einheit selbst keine Zahl, sondern Prinzip, Anfang (*ἀρχή*) der Zählung (Aristot. metaph. 4, 6. 1016 b 17f.; 13, 1. 1088 a 6). Einen Unterschied zwischen der Einheit (*μονάς*) und der Eins (*ἕν*) hat → Theon (4) v. Smyrna diskutiert: sie unterscheiden sich wie Zahl und Gezähltes. – Die griech. Definition der Zahl umfaßt nur die heute sog. ‹natürlichen›, d.h. die positiven ganzen Zahlen. Brüche, negative und irrationale ‹Zahlen› waren danach keine Zahlen. Darin liegt die Erkenntnis, daß das Rechnen mit diesen Gegenständen gesondert begründet werden muß. Das geschah in der → Proportionenlehre. – In der *Praxis* hat man freilich nicht nur die 1, sondern auch die Brüche immer wie Zahlen behandelt und später auch als Zahlen bezeichnet. Vielfach wird einem Verhältnis (*λόγος*) eine Quantität (*πηλικότης*) zugeordnet (vgl. Euklid, elem. 5, Def. 3), die z.B. von → Eutokios ausdrücklich als Zahl bezeichnet wird. Wenn → Diophant verlangt, eine Zahl zu finden, die gewissen Beziehungen (Gleichungen) genügt, so gibt er als Lösung oft Brüche. → Heron spricht von «Zahlen, die auf den Größen liegen» (def. p. IV 80 Heib.); das könnten vielleicht sogar irrationale Zahlen sein. – Vgl. auch → Mathematik, → Arithmetik und Algebra, → Proportionenlehre, → Irrationalität, → Zahlensystem. H. G.

Lit: K. Vogel, Beitr. z. griech. Logistik, SB München, Math.-nat. wiss. Abt., 1936, 357–472, bes. 449–456.

Zahlenmystik. Die Z. ist einer der Aspekte in dem Vielerlei abergläubischer Vorstellungen (nicht nur der Antike), die entstanden sind aus der Angst vor Krankheit und Tod und aus dem Bestreben, die ungewisse Zukunft auch für die kleineren Ereignisse im Leben (Geldgewinn, Freundesbesuch usw.) durch Orakel aufzuklären. Das Studium der Zahlen, das bereits bei den → *Pythagoreern* zu einer tiefen Einsicht in die Eigenschaften der Zahlen und in ihre Beziehungen zueinander sowie schließlich zu dem Glaubenssatz: «Alles ist Zahl» (Philolaos, VS 44 B 4) geführt hatte, brachte auch Vorstellungen über magische Eigenschaften und Wirkungen der Zahlen mit sich. Dazu gehört die heilige Vierzahl (Tetraktys), die, als Dreieck figuriert, die Summe $1+2+3+4=10$ wiedergibt und ‹Schwur der Pythagoreer› hieß, oder die Vorstellung der geraden Zahl als männlich, der ungeraden als weiblich, wobei die Verbindung der ersten geraden und der ersten ungeraden Zahl $2\cdot 3$ (die Eins ist noch keine Zahl!) die → vollkommene Zahl 6 ergibt. Auch *Platon* steht mit derartigen Gedanken noch ganz unter pythagoreischem Einfluß, so bei den Berechnungen, die er im Timaios bei der Schöpfung der Seele und des Kosmos anstellt, bei der Festlegung der Einwohnerzahl einer Gemeinde aus Teilbarkeitsgründen auf 5040 (in den Gesetzen) oder bei der ‹Platonischen Zahl› (im Staat), die für gute und schlechte Geburten bestimmend sein soll. Man weiß bei dieser schwer deutbaren Mystik nicht, ob Platon nicht vielleicht scherzen wollte oder ob nicht nachträglich bes. in den Timaios-Kommentaren solcherlei hineingeheimnist wurde (vgl. schon Aristot. pol. 5, 0. 1316 a 4–9). Gerade bei den *Neupythagoreern* trieb die Z. reiche Blüten, wenn z.B. von der mystischen – neben der arithmetischen – Bedeutung der zehn ersten Zahlen gesprochen wird. Nach Ansicht der *Astrologen* unterliegt der Mensch der Einwirkung aus dem Kosmos. Im Himmelsgeschehen sind die wichtigen Zahlen 30, 12 und vor allem 7 vielfach verankert. Von den 7 Himmelskörpern bzw. den in ihnen personifizierten Dämonen (denen sieben Wochentage, Metalle, Töne, Körperteile usw. zugeordnet sind) gehen Kräfte aus, die günstig oder ungünstig auf den Menschen einwirken (→ Astrologie). Auch bei den *Orakeln* spielen die ‹babylonischen› bzw. ‹chaldäischen› Orakelzahlen (Hor. carm. 1, 11) eine Rolle. Man orakelt aus den Zahlenwerten der Buchstaben (Onomatomantik). So hat z.B. *Μεῖθρας* die Zahl 365 ($=40+5+10+9+100+1+200$). Bes. in Byzanz blühte solcher Aberglaube. In einem Text des 14. Jh.s wird das Geschlecht des werdenden Kindes «arithmetisch» (*δι᾽ ἀριθμητικοῦ λόγου*) bestimmt. Es existiert auch eine Rechentafel zur Bestimmung der Todesstunde sowie eine «Tafel des Pythagoras» (*Πλινθὶς Πυθαγόρα*) zur Bestimmung von Leben und Tod, Sieg und Niederlage, Gewinn und Verlust, eines guten und schlechten Weges usw. Dabei werden nur die ‹Wurzelzahlen› der betreffenden Namen genommen und dann die bei Teilung durch 9 oder 7 bleibenden Reste bestimmt, worauf man auf der Tafel nachsieht, wer der ‹Sieger› ist. So ist z.B. der Neunerrest bei Hektor (*Ἕκτωρ* $=5+2+3+8+1=19$) die Zahl 1. Von wissenschaftlicher Bedeutung war dies alles nur, insofern es zu zahlentheoretischen Überlegungen oder zu astronomischen Beobachtungen anregte. K. V.

Lit: L. Rieß, RE 1, 1 (1893), 29–93, s.v. Aberglaube – F. Boll, Sternglaube u. Sterndeutung (1917), 1926^3 – Th. Hopfner, RE 14, 1 (1928), 301–393, s.v. Mageia – W. Kroll, RE 18, 1 (1939), 517–520, s.v. Onomatomanteia – W. u. H. Gundel, RE 20, 2 (1950), 2017–2186, s.v. Planeten – *Zur Z. in Byzanz:* K. Krumbacher, Gesch. d. byz. Lit. (1890), 1897^2, 620, 626–631 – J.L. Heiberg, Heronausgabe IV, 1912, XVf. – P. Tannery, Psellus sur les nombres (1892), Mém. scient. 4, 1920, 269–274 – F. Cumont, L'opuscule *περὶ ἑπταμήνων καὶ ἐννεαμήνων*, RBPh 2, 1923, 5–21 – P. Tannery, Notice sur des fragments d'onomatomancie arithmétique (1886), Mém. scient. 9, 1929, 17–50.

Zahlensysteme und Zahlzeichen. [1] *Zahlwörter.* Zählen und Rechnen beginnt mit dem Erkennen von Mengenunterschieden unter Bildung von Wörtern für deren Bezeichnung. Diese aneinandergereihten Zahlwörter sind nicht willkürlich gewählt, sondern geben eine freilich oft nicht mehr erkennbare Beziehung zu konkreten Dingen wieder, z.B. 5 = ‹Hand›, 20 = ‹der ganze Mensch› mit Fingern und Zehen. Die durch die Erfordernisse des Lebens notwendig werdende Erweiterung des Zahlenbereiches zwingt zu einer ‹Bündelung› von Einheiten niederer Ordnung zu einer neuen, größeren Einheit. So bilden bei uns

10 Einer einen Zehner, 10 Zehner einen Hunderter usw. Innerhalb der neuen Zählstufen kommt man mit multiplikativen oder additiven Verbindungen der Zahlwörter 1–9 aus; so ist 743 = 7·1 Hunderter + 4·1 Zehner + 3.

[2] Auch das *Zahlwortsystem* der *Griechen und Römer* ist dezimal aufgebaut; Reste älterer Bildungen sind erkennbar (wie der Dual 8 = 2 · 4, wohl auch 9 = die ‹neue› Zahl nach 8). Die in Zehnerstufung gebildete Reihe der griech. Zahlwörter endet bei 10000, die der Römer bei 1000, so daß 1 Billion als μυριάκις μύριοι μυριάδες bzw. milia milia milia milium auftritt. Erst in spätbyzantin. Zeit findet man – ähnlich wie in China und Indien – Wörter für höhere Potenzen von 10, z. B. ‹Legion› für 10^9.

[3] *Zahlzeichen.* Wenn man zur schriftlichen Wiedergabe von Zahlen die Zahlwörter nicht vollständig ausschreiben will, können bestimmte Zahlzeichen (Individualzeichen) eingeführt werden, wobei dann die beiden Vorgänge des Aneinanderreihens und Bündelns wieder auftreten. In Griechenland kamen zuerst (vom 5. Jh. an bis ca. 100 v. Chr. nachgewiesen) die sogenannten *Herodianischen Zeichen* in Gebrauch. Hier werden in der Einerstufe noch die einfachen Zählstriche aneinandergereiht; für die höheren Stufenzahlen bis 10^4 (die Ägypter gingen bis 10^6) wurden die Anfangsbuchstaben der Zehnerpotenzen verwendet, also *Δ* = D (eka), *H* = H(ekaton), *X* = Ch(ilioi) und *M* = M(yrioi), wobei noch zur Verkleinerung des Schriftbildes eine Zwischeneinheit für 5, 50, 500, 5000, 50000 mit einer Zusatzbezeichnung für die jeweilige Stufe eingeschaltet wurde, nämlich 𐅄 𐅅 𐅆 𐅇 so daß also z. B. 50 als eine Fünf im Bereich der Zehner erscheint. – Dieses Herodianische System wurde bald durch das kürzere, aber weniger übersichtliche *Buchstabensystem* abgelöst, das sich vom 3. Jh. v. Chr. an nur langsam durchsetzt. Als Zeichen für die 27 Zahlen 1–9, 10–90, 100–900 dienten die 24 Buchstaben des griech. Alphabets zuzüglich der drei Episemen Vau, Koppa und Sampi, also: für 1–9 αβγδεϛζηϑ, für 10–90 ικλμνξοπϙ, für 100–900 ρστυφχψωϡ; die Tausender wurden durch einen vorgesetzten Strich oder auch durch einen mit der Majuskel verbundenen Kurvenzug (z. B. 2000 = ͵β oder ·B) bezeichnet. Zum Unterschied von den gewöhnlichen Buchstaben konnte ein Querstrich oder ein Akzent angebracht werden, z. B. 4 = δ̄ oder δ'. Bei höheren Zahlen wurde der entsprechende Faktor über das M der Myriaden gesetzt, z. B. $\overset{\varrho\vartheta}{M}$,εωοδ = 1095874. Ein von Archimedes entwickeltes Oktadensystem konnte Zahlen bis zu $(10^{8\cdot 10^8})^{10^8}$ erfassen, während auf → Apollonios (15) v. Perge Myriaden höherer Ordnung zurückgehen, die in Byzanz Nikolaos → Rhabdas durch die der Ordnung entsprechende Zahl von Punktepaaren bezeichnet, also z. B. $\ddot{\beta}$ = 200000, $\overset{::}{\beta} = 5 \cdot 10000^2$ = 5 Myriaden 2. Ordnung usw. – In der byzantin. Spätzeit zeigt sich noch ein drittes Verfahren, das die Vorteile des indischen dezimalen *Positionssystems* ausnützt. Dieses war in Byzanz durch das Rechenbuch von → Maximus (4) Planudes, der die ostarabischen Zifferformen verwendet, bekannt geworden. Daß man sich aber nur schwer von den gewohnten Buchstabenzahlen freimachen konnte, zeigt eine griech. Aufgabensammlung aus der Mitte des 15. Jh.s, in der statt der indischen Ziffern wieder die Buchstaben α bis ϑ auftreten, jetzt aber nur für 1–9, da ja Ziffern in höherem Rang durch die Position kenntlich sind wie z. B. 3721 = γζβα. Freilich muß noch als weitere ‹ciffra› (Ind. *sunya* = das Leere übersetzt im Arab. mit *sifr*, davon lat. *zephyra* u. franz.: *zéro*) ein Zeichen für die *Null* eingeführt werden, das die zwei anderen Systeme nicht benötigten.

[4] Die Bezeichnung von *Brüchen*, die sich nur in einem Positionssystem zwanglos einordnen, erfolgte bei den Griechen in verschiedener Weise. Die Stammbrüche $\frac{1}{n}$, die Komplementbrüche $\frac{n-1}{n}$ und die allgemeinen Brüche $\frac{m}{n}$ (mit 1 < m < n) wurden oft ausgeschrieben wie $^1/_2$ = ἥμισυ, τὸ δυοστόν; $^1/_3$ = τὸ τρίτον (μέρος), abgekürzt τὸ γ^{ov}; $\frac{2}{3}$ = τὰ δύο μέρη, δύο τρίτα, δίμοιρον; $\frac{3}{7}$ = τρία ἕβδομα, τὰ τρία τῶν ἑπτὰ μερῶν; auch Umschreibungen von $\frac{m}{n}$ durch μονάδες m ἐν μορίῳ (μορίου) μονάδος kommen vor. Es konnten auch die aus der Lehre von den Verhältnissen (→ Logoi) stammenden Fachwörter verwendet werden. Wenn z. B. Archimedes von *BΔ* als ἐπίτριτος τᾶς *EZ* μάκει spricht, so meint er nicht nur *BΔ* : *EZ* = 4 : 3, sondern auch $B\Delta = 1\frac{1}{3}\,EZ$. – Für die im täglichen Leben häufig gebrauchten Bruchteile $\frac{1}{2}$ und $\frac{2}{3}$ existierten besondere Symbole; so hatte man es auch noch für andere solche ‹natürliche› Brüche in Ägypten, Kreta oder Babylon gemacht. Alle anderen Stammbrüche $\frac{1}{n}$ wurden durch Anfügung eines oder zweier Akzente an die den Nenner bildende Zahl bezeichnet, z. B. $\frac{1}{3} = \gamma'$ oder γ'', ähnlich wie es die Ägypter auch taten. Darstellungen wie $\varrho'\varkappa'\eta' = \frac{1}{128}$ waren wegen der feststehenden Größenordnung nicht mißverständlich; denn die Summe $\frac{1}{8} + \frac{1}{20} + \frac{1}{100}$ hätte $\eta'\varkappa'\varrho'$ lauten müssen. – Die *allgemeinen Brüche* wurden wie bei den Ägyptern entweder in eine Stammbruchreihe zerlegt (z. B. $\frac{2}{5} = \frac{1}{3} + \frac{1}{15}$), deren durch die Ägypter normierte Form bis in die späteste Zeit fast durchweg die gleiche geblieben ist, oder man unterschied Zähler und Nenner durch verschiedene Akzentuierung oder auch durch Wiederholung des Nenners. So war $\frac{10}{71} = \bar{\iota}\ o\alpha' = \iota'\ o\alpha'' = \iota'\ o\alpha''\ o\alpha''$. Doch waren hier Verwechslungen möglich, da ῑοα' auch als $10\frac{1}{71}$ gelesen werden konnte. Jeder Zweifel aber fiel weg, wenn man – wie es seit einem Papyros aus dem 1. Jh. v. Chr. belegt ist – den Nenner über den Zähler setzt, ein Gedanke, der bis auf die Vertauschung von Zähler und Nenner und dem Fehlen des Bruchstriches der indischen Schreibung entspricht. Es kamen u. a. vor $\frac{4}{5} = \overset{\varepsilon}{\delta'}$, $\frac{3}{20} = \overset{\varkappa'}{\gamma}$, sogar $\overset{\varphi\iota\beta}{\alpha} = \frac{1}{512}$. – Schließlich verwenden die Griechen auch *Sexagesimalbrüche* seit der Bekanntschaft mit der Astronomie der Babylonier. Diese haben ihre Zahlenreihe einschließlich der Brüche (allerdings ohne Komma und vorerst ohne Null) konsequent nach der Stufenzahl 60 geordnet und damit frühere Stufungen (bei 1, 100, 300 u. a.) überflüssig gemacht, vielleicht in Angleichung an die Einteilung der Gewichtsmaße 1 Talent = 60 Minen = 60^2 Schekel. Talent und Mine haben die Griechen übernommen wie ebenfalls die Wörter für 60 und 60^2 (σῶσσος, σάρος). Ptolemaios hatte die Sehnen im Kreis mit einem Durchmesser von 120 Einheiten (μοῖρα, τμῆμα) in Sechzigstel geteilt, zuerst in Minuten = πρῶτα λεπτά oder ἑξηκοστά; dann folgen die Sekunden (δεύτερα ἑξηκοστά) usw., so daß z. B. die Zehneckseite als τμήματα λζ δ νε = 37° 4′ 55″ berechnet wird. Fehlte eine Stelle in der Reihe der Sechzigstel, dann setzten die Babylonier in später Zeit ein Trennungszeichen ⁑; in den griech. Handschriften steht

dafür eine Null in der Form des Omikrons *o*, das als Anfang von *οὐδέν* gedeutet wurde. Dies ist jedoch fraglich, da in den Papyri andere Symbole stehen. In dem genannten Rechenbuch des 15. Jh.s findet sich die Form ς oder ein einfacher Punkt, wie er auch heute noch in den arabischen Ländern als Null verwendet wird.

[5] Ähnlich wie die Griechen haben auch die *Römer* ihre Zahlenschrift aufgebaut in Potenzen von 10 mit Zwischenstufen bei 5, nämlich: I V X L C D M (ursprünglich (|), auch ∞). Der Verkürzung des Schriftbildes dienten subtraktive Bildungen wie IX neben VIIII = 9. Die Bedeutung der Zeichen, abgesehen von dem Zählstrich für die Einer, ist umstritten; die Symbole für 100 und 1000 wurden erst später den Anfangsbuchstaben von Centum und Mille angeglichen. Nach Mommsen sind für 10, 100 und 1000 die nicht vom griechischen ins lateinische Alphabet übernommenen Buchstaben *X*, *Θ* und *Φ* verwendet worden, deren Halbierung dann zu V, L u. D geführt habe. Für höhere Einheiten existierten weitere Symbole, so z. B. |)) = 5000, ((|)) = 10000, (((|))) = 100000, $\overline{|\mathrm{X}|}$ = 1 Million. Die Tausender wurden auch durch einen Querstrich bezeichnet wie 2000 = $\overline{\mathrm{II}}$, bes. im Mittelalter, in dem man die röm. Zahlen im Gegensatz zu den indischen Ziffern die ‹deutschen› Zahlen nannte; man verwendete sie sogar für die Brüche z. B. $\frac{\mathrm{IX}}{\mathrm{XI}} = \frac{9}{11}$ (in Köbels Rechenbuch von 1514). – Recht umständlich war die röm. Bezeichnung der *Brüche*, sie wurden als Teile des röm. As, also als Zwölftel oder Unzen eingeführt. «Was eins ist…, nennen die Rechner As» (Lib. de asse, Metrol. Scr., ed. Hultsch, II, 1866, 72). Die Namen für die Zwölftel waren: uncia ($^1/_{12}$), sextans ($^2/_{12}$), quadrans ($^3/_{12} = {}^1/_4$), triens ($^4/_{12} = {}^1/_3$), quincunx (5 Unzen), semis (= $^1/_2$ As), septunx (7 Unzen), bes (bipartes = $^2/_3$ = $^8/_{12}$), dodrans (de quadrans = $1-{}^1/_4 = {}^9/_{12}$), dextans (de sextans = $1-{}^1/_6 = {}^{10}/_{12}$), deunx (de uncia = $1-{}^1/_{12} = {}^{11}/_{12}$). Symbole dafür waren ein Strich für ein Zwölftel und S für $^1/_2$, also z. B. $^9/_{12}$ = S≡. Weitere Unterteilungen waren die halbe Unze = $^1/_{24}$, dann $^1/_{48}$, $^1/_{72}$, $^1/_{144}$ und $^1/_{288}$ (Scripulum) mit besonderen Namen und Symbolen. Horaz (ars 325 ff.) schildert eine Unterrichtsstunde und stellt die Aufgabe $^5/_{12} - {}^1/_{12} = {}^1/_3$, die der Schüler richtig löst. Besonders schwierig mußte es sein, wenn in andere Bruchteile, z. B. in Hundertstel, umgerechnet werden mußte. Auch dies erwähnt Horaz an der gleichen Stelle: «Die röm. Knaben lernen in langen Ausdrücken das As in hundert Teile umzurechnen.» Hier mußte man sich mit Näherungen begnügen. K. V.

Lit: G. Friedlein, Die Zahlreihen u. das elementare Rechnen der Griechen u. Römer, 1869 – F. Hultsch, RE 2,1 (1895), 1066–1116, s. v. Arithmetik – T. Heath, A hist. of greek Mathem. I, 1921 – D. E. Smith, Hist. of Math. II, 1925 – K. Vogel, Beiträge zur griech. Logistik, 1936 – K. Menninger, Zahlwort u. Ziffer I, 1957; II, 1958 – O. Neugebauer, The exact science in Antiquity (1951), 1957² – H. Hunger-K. Vogel, Ein byz. Rechenbuch d. 15. Jh.s, 1963.

Zahlentheorie → Arithmetik und Algebra.

Zakoroi, literarisch und inschriftlich zuweilen belegter Name für untergeordnete Sakralbeamte (Tempelaufseher, Sakristane), den → Neokoroi ähnlich, aber anscheinend etwas höheren Ranges. O. G.

Zakynthos, ital. Zante, südlichste der → Ion. Inseln vor der Westküste der → Peloponnes (Kt. 1152 B 5). E. M.

Lit: Philippson-Kirsten II 528–540.

Zaleukos, aus → Lokroi Epizephyrioi; der erste griech. Gesetzgeber, der ein Gesetzbuch geschriebener Gesetze veröffentlichte; so will es die Überlieferung (7. Jh. v. Chr.); Timaios (FGrHist 566, Fr. 130) ist dagegen der Meinung, er habe nie gelebt; nach demokratischer Tradition war er ein leibeigener Hirte, nach aristokratischer von vornehmer Herkunft. Seine Gesetzgebung, die auf dem Recht der Talion beruhte, war eher aristokratisch, da sie den Großgrundbesitz schützte. Sie galt während mehrerer Jahrhunderte in Lokroi; man kann sich kaum genau vorstellen, was sie im einzelnen war, da die Neupythagoreer aus Z. einen Schüler des Pythagoras gemacht haben und die Überlieferung mit Zügen durchsetzt ist, die aus der stoischen Sittenlehre stammen (→ Charondas). R. V. C.

Lit: C. F. Crispo, Contributo alla storia della più antica civiltà della Magna Grecia, 1940, 113–142.

Zalmoxis (Salmoxis, Zamolxis), nach der Hauptstelle Hdt. 4, 94–96 ein Daimon der thrak. → Geten, die von ihm die Unsterblichkeit durch ein alle 4 Jahre wiederholtes Menschenopfer zu erlangen glaubten. Nach der These der aufgeklärten griech. Nachbarn sei Z. in Wahrheit ein Sklave des → Pythagoras gewesen, habe bei diesem die Lehre von der Seelenwanderung vernommen und sich, zu seinen Landsleuten zurückgekehrt, jeweils für 3 Jahre in eine unterirdische Kammer zurückgezogen und das Gerücht verbreitet, er sei gestorben und nach dem dritten Jahre wieder eingekörpert worden. Trotz der Ironie des herodoteischen Berichts ist in späterer Zeit Z. ernsthaft als Verkündiger der Philosophie unter den Thrakern und damit als einer der Archegeten der Philosophie unter den Barbaren aufgefaßt worden (Diog. Laert. 1, 1; 8, 2; Stob. 4, 19, 43; Porph. vita Pyth. 14 u. a.). Zweifellos ist Z. ursprünglich eine thrak. Gottheit, doch wissen wir über Herodots summarische Angaben hinaus nichts Näheres. O. G.

Zama, Name zweier Städte in Africa proconsularis: 1. *Z. minor* (heute Jama), im Gebiet der Ouled Aoun, ca. 60 km von Pont-du-Fahs in Tunesien. Ausgedehntes Ruinenfeld: Thermen, Zisternen, byzantin. Festung. – 2. *Z. regia*, heute nicht sicher lokalisierbar, wahrscheinlich in der Nähe von Maktar in Tunesien (Kt. 61 E 1), einer der Hauptorte des numid. Königreiches, wo 202 v. Chr. Scipio → Hannibal besiegte. R. F.

Lit: G. Ch. Picard, Civitas Mactaritana, Karthago 8, 1957, 10, 10.

Zankle → Messene.

Zarathuštra (griech. Zoroaster), Reformator, welcher die aus indo-iran. Zeit überlieferte polytheistische Naturreligion des alten Iran (→ Iranier C 2) durch eine moralische Religion ersetzte, die als einzigen Gott → Ahura Mazdāh verehrte. Dargelegt ist seine Lehre in den 17 Gāthās, dem ältesten Teil des → Avesta, welches die heilige Schrift der mazdaischen Religion ist. Z. verbietet den Kult der daēvas und die Opfer; nach ihrem Tode werden die Menschen belohnt oder bestraft, je nachdem sie es vorgezogen haben, der Aša, ‹Gerechtigkeit›, oder Drug, ‹Lüge›, zu dienen; die daēvas, welche die Lüge gewählt haben, werden unterliegen, und Ahura Mazdāh wird in einer neuerschaffenen, verklärten Welt allein herrschen. Es ist schwer zu sagen, wieviel Neues diese Lehre brachte; die Achämeniden waren wohl keine Anhänger des Z., obwohl sie Ahura Mazdāh verehrten, und vor der Reform des Z. haben vielleicht schon andere stattgefunden. – Aus vornehmer Familie stammend, wurde Z. in Nordostiran, wahrscheinlich in Chorasmia, geboren; das genaue Datum ist unbekannt: 258 Jahre vor Alexander d. Gr. der einheimischen Überlieferung zufolge, 6000 Jahre vor Platon oder Xerxes nach der klass. Tradition (die ihn übrigens einen Magier nennt) in einem von → Clemens (2) Alexandrinus dem → Xanthos (1) von Lydien zugeschriebenen Bericht. Wahrscheinliches Datum: 600 v. Chr. spätestens. Alles, was von Z. erzählt wird, ist von (oft jüngeren) Sagen umwoben, und man ist zu Unrecht so weit gegangen, zu sagen, er habe nicht wirklich gelebt. G. R.

Lit: J. Darmesteter, Le Zend-Avesta III (1893), 1960², LXXV–LXXXIV – H. Lommel, Die Religion Z.s, 1930 – H. S. Nyberg, Die Religionen des alten Iran, 1938 – W. B. Henning, Zoroaster, 1951 – J. Duchesne-Guillemin, Zoroastre, étude critique avec une trad. commentée des Gâthâ, 1948 – Ders., La religion de l'Iran ancien, 1962, bes. 135–146. 17–19 (Lit) – G. Lanczkowski, Heilige Schriften, 1956, 67–83 – H. von Glasenapp, Die nichtchristl. Religionen, 1957, 288–300. 313 – W. Hinz, Zarathustra, 1961 – B. Schlerath, Die Gathas des Z., OLZ 57, 1962, 565–589 – W. Brandenstein u. M. Mayrhofer, Hb. des Altpersischen, 1964, 8.

Zauber

A. Griechisch: [1] Vorklassische Zeit – [2] Klassische Zeit – [3] Hellenistische Zeit – [4] Spätzeit – B. Römisch.

A. Griechisch. [1] *Vorklassische Zeit.* Der Glaube an ein mit übernatürlichen Kräften zauberisch wirkendes Tun und bewirktes Geschehen begegnet im griech. Kulturraum literarisch erstmals in den homerischen Epen: ihre Götter, auch Göttern ähnliche Wesen können ohne Worte, nur durch gedachten Willen magische Handlungen vornehmen, Binde- und Bannzauber: *δεῖν*, *(κατα)πεδᾶν*, ausüben, sich und andere verwandeln oder unsichtbar machen; gewisse → Götterattribute lösen Z. aus: die Aigis durch Schütteln, der Stab durch Berührung (Hermes, Athene, Kirke). Selten dürfen Menschen zaubern: Hermes verhilft Odysseus mit der Pflanze Moly zum Antidoton gegen Verwandlung (Od. 10, 302–306), und Kirke berät ihn zur Unterweltsfahrt (10, 504–540). Zum erstenmal hört man (Od. 19, 457) vom Besprechen (*ἐπαοιδή*) einer blutenden Wunde durch Sterbliche (wenn auch ohne Wortlaut) und von Z.-Lösung (*λύσις*) durch magische Salbe (10, 391). Die homerische Zeit kennt primitiven Z. (*καταθέλγειν*) in seinen abergläubischen Grundformen zu Schaden-, Schutz- und Heilungszwecken und auch die Schwierigkeit, iatromagisch wirksame Pflanzen zu gewinnen (Od. 10, 302 bis 306); Spuren einer Technik (*τέχνη*) fehlen jedoch. In vorgriech. Zeit reichen Überlieferungen von zauberkundigen Dämonen: → Telchinen mit der Macht des bösen Blicks, des Wetter- und Verwandlungs-Z.s; die (idaeischen) Daktyloi, ‹Erfinder› der apotropaeischen ‹Ephesia Grammata› mit dem Gewalt- und Zwangswort Damnameneus, die sich bis in die Zeit der späten Z.worte erhielten. Von ihnen und ähnlichen urmagischen Gestalten, doch auch von der vielseitigen Zauberin und Pharmakis → Medea findet sich nichts bei Homer.

[2] *Klassische Zeit.* Erst vom 5. Jh. an mehren sich Nachrichten und Zeugnisse für sehr rege Ausübung der Magie; ihr literarischer Niederschlag in zufällig erhaltenen Zitaten beweist klar die Bedeutung und Verbreitung des Z.s, der sich mit dem Götterglauben vertrug und sich bes. urtümlich in abgelegenen Gegenden äußerte wie in Thessalien, wo die zauberkundigen Frauen den Mond zur Erde herunterzwangen; Wetterzauber (zur Abwehr böser Winde, zum Beiziehen von Regen) ist gleichfalls seit dieser Zeit belegt und weit verbreitet; anderswo drangen schon im 6. Jh. v. Chr. fremdländische Elemente in den volkstümlichen Z. ein. So kam → Hekate aus Karien nach Griechenland, um hier als Herrin des nächtlichen Geisterschwarms die gefürchtetste Z.göttin zu werden. Dieses östl. magische Gut muß durch die Perserkriege starke Erweiterung erfahren haben: für sie machte die Tradition (vgl. Plin. nat. 30, 8) Ostanes, Begleiter von Dareios, Meister der Magie, Astrologie und Alchemie, verantwortlich; den priesterlichen → ‹Magoi› verdankt der griech. Magos seinen schon bei Sophokles berüchtigten Namen, und bereits bei Anaxilas (4. Jh.) taucht die Bezeichnung ‹Ephesia Grammata› auf. Platon hat das bedenkliche Anwachsen des Z.wesens seiner Zeit mit Unbehagen verfolgt. Er kennt es als ‹Goëteia› und ‹Manganeia›, die niederste Stufe des Z.s, während ihm ‹Mageia› (Alkib. I 122 A) ‹Gottesdienst› ist; daneben aber ‹magoi› und ‹mageutikē› (technē) im landläufigen Sinn. Schaden-Z. verurteilt Platon aufs schärfste; Binde-Z. (*καταδέσεις*), Götterzwänge (*ἐπαγωγαί*), Beschwörungen (*ἐπῳδαί*), Sympathie-Z. mit Wachsfiguren, Praktiken der Goëtie, die Dämonenglauben voraussetzen, lehnt er als unzulässig ab (rep. 932 E ff.; symp. 202 E). Fluchzauber erwähnt Platon nicht ausdrücklich, obwohl er zu seiner Zeit in Attika, aber auch sonst verbreitet war: zunächst (5. u. 4. Jh.) schien die Beschriftung von Bleilamellen (oder Ostraka) mit Namen verhaßter Personen und ihre Weihe an Gottheiten und Dämonen der Unterwelt zu genügen; später wandelten sich die anfänglich knapp gefaßten Defixionen zur magischen Erweckung der chthonischen Gottheiten und Dämonen in lange Texte mit Beschwörungen, Serien fremdartiger, ‹heiliger› Namen und Worte (Logoi), Z.charakteren und sympathetischen Zeichnungen von Verfluchten und Dämonen.

[3] *Hellenist. Zeit.* Orientalische, dazu stärkste ägypt. Einflüsse ersetzten die altertümlichen Formen des griech. Z.glaubens durch ein Gemisch ausländischer Magie: mit dem Alexanderzug und der Verlagerung des internationalen Lebens nach Alexandria erhielt die griech. Magie ein völlig verändertes Gesicht; mit oriental. Kulten, jüd. Dämonen- und Engellehre, ‹chaldäischer› Astrologie, mit den Vorstellungen gnostischer Zirkel und mit ägypt. Magie ging sie eine Verbindung ein, die dem synkretistischen Wandel der griech. → Religion (I E 6) entsprach. Eine Summe magischer Systeme mußte damit entstehen, in denen sich der allen Anforderungen gewachsene Magier auszukennen gezwungen sah. Meister einer ‹Wissenschaft›, die sich anmaßte, die Götter und Dämonen des Kosmos nach ihrem Willen zu lenken, stieg er durch seine Kenntnis des letzten Geheimnisses der ‹heiligen› Magie, der Vereinigung mit der Gottheit, in seinem Ansehn bis zum → Wundertäter und gottgleichen Wesen. So erscheint er oft in den griech. ‹*Zauberpapyri*› (über 60; einige sehr umfangreich) aus Ägypten, die in Rollen- und Codexform Mustersammlungen zur fachgerechten Ausführung magischer ‹Handlungen› (*πράξεις*) überliefern. Geschrieben im Lauf der ersten vier Jahrhunderte n. Chr., vereinigen sie eine sachlich ungeordnete, bunte Masse von Z.texten verschiedener, auch vorchristl. Zeit. Erst sie vermitteln von der antiken Z.-technik eine richtige Vorstellung, die durch etwa 80 Papyri und einige Hundert Bleilamellen mit angewandtem Z. erweitert wird. Überreich an magischen Anweisungen, liefern sie bequeme Vorlagen für Wortlaut und Verlauf einfacher wie schwierigster Zaubereien zur Befriedigung aller nur denkbaren menschlichen Wünsche und Begierden, zumeist für den Schutz der eignen Person und Abwehr feindlicher Mächte, Angriff und Schädigung, Liebes- und Machtverlangen, Offenbarung und Erkenntnis der Zukunft. Nur der Besitz reichhaltiger Formularsammlungen ermöglicht dem Magus das Wagnis, im Auftrag und in Anwesenheit seines gläubigen Kunden eine größere ‹Praxis› vorzunehmen: die peinlich genauen Vorschriften der Formulare dokumentieren die Mühseligkeit, allein schon die unerläßlichen Vorbereitungen zu treffen, die der Gunst des solaren Weltenherrschers gelten: durch sympathetische Räucheropfer, Anrufung seines authentischen Geheimnamens, Zauberworte, Hymnen gewonnen, wird er einen starken Totengeist (Nekydaimon) abordnen, der auch die schwierigsten Befehle des Magus unverzüglich (*ἤδη ἤδη, ταχὺ ταχύ*) und weigerungslos auszuführen hat (Zwangsformel – u. Opfer, Drohung). Sicherung des Zauberers gegen Angriff des Dämons durch Phylakterien, Schutzformeln. Nach Erledigung des Auftrages seine Entlassung (Apolysis). – Wenn aus diesen abstrusen, auf den allgemeinen Z.glauben berechneten Texten nicht wenige religionsgeschichtlich bedeutsame Einlagen nach Gehalt und Form herausfallen (Hymnen, sog. Mithrasliturgie, Weltschöpfungsbericht, hermetische Gebete u.a.), wird man ihre Verpflanzung in diese magische Niederung dem Wunsch der Redaktoren zuschreiben, ihren goëtischen Praktiken zu größerem Ansehn zu verhelfen; doch könnten sie auch den gehobeneren Kreisen von → Neupythagoreern und → Neuplatonikern angehören, die als ‹Theurgen› versuchten, Magie in höhere Sphären zu heben und durch gesteigerte Mystik und Theosophie der Vereinigung mit der Gottheit nah zu kommen und sich selbst über die Dämonenwelt zu stellen. Die Meister dieser teils echten, teils vorgetäuschten Spekulationen fanden überzeugte Anhänger. → Apollonios (16) v. Tyana erhielt seine wundergefüllte Biographie (→ Philostratos), und alle seine Nachfolger,

→Plotin (204–270), →Porphyrios (233–304) und →Iamblichos (gest. um 330), haben im Lehrer- und Schülerverhältnis die Welt über die Beweise ihrer überirdischen, theurgisch-magischen Kenntnis staunen lassen. Jamblichs Schrift ‹Über die Geheimlehren› und der Okkultismus des größten neuplaton. Wundertäters, →Proklos (410–485), haben noch weit in die Mystik des Mittelalters hinein nachgewirkt.

[4] *Spätzeit.* Verschwand im christl. Griechenland die Theurgie, so lebte trotz dauernder Verbote Magie in goëtischen Formen überall weiter: Rezepte und Formeln der alten Zauberpapyri, Voces magicae und Charaktere pflanzten sich in zeitgebotener Veränderung durch die Jahrhunderte mit erstaunlicher Zähigkeit so lang fort wie die Furcht vor den bösen Dämonen und Beschwörung der guten Geister um ihren Beistand. Alle nur möglichen Fälle der Schadenmagie und ihrer Abwehr durch Phylakterien und Gebete werden in den zahlreich erhaltenen Z.büchern so genau berücksichtigt wie in ihren Vorläufern, den Z.papyri, wenn auch zwischen beiden Überlieferungsträgern der unmittelbare Anschluß fehlt: die spätgriech. Papierhandschriften magischen Inhalts setzen erst mit dem 13.Jh. ein. K.P.

Q: R.Wünsch, Defixionum tabellae Atticae CIG III, 3 App., 1897 – F. de Mély-Ch. Em. Ruelle, Les lapidaires grecs, 1898 – A. Audollent, Defixionum tabellae, 1904 – F. Pradel, Griech. u. süditalien. Gebete, Beschwörungen u. Rezepte des MAs, RGVV 3,3, 1907 – S. Eitrem, Papyri Osloenses I: Magical Papyri, 1925 – A. Delatte, Anecdota Atheniensia I, 1927 – K. Preisendanz, Papyri graecae magicae I, 1928; II, 1931 (III, 1941: im Krieg vernichtet; dazu s. K. Preisendanz, Zur Überlieferung der griech. Z.papyri: Miscellanea critica I, 1964, 203–217) – C. Bonner, Studies in magical Amulets, 1950 – *Lit:* H. Hubert, DS III 2, 1904, 1494–1521, s.v. Magia – A. Abt, Die Apologie des Apulejus und die antike Z.ei, RGVV 4,2, 1908 – Th. Hopfner, Griech.-ägypt. Offenbarungszauber, 2 Bde, 1921–24 – Ders., RE 14, 1 (1928), 301–313, s.v. Mageia – K. Preisendanz, Akephalos, der kopflose Gott, 1926 – A.D. Nock, Greek magical Papyri, JEA 15, 1929, 219–235 – J. Bidez-Fr. Cumont, Les mages hellénisés, 2 Bde, 1938 – S. Eitrem, La magie comme motif littéraire chez les Grecs et les Romains, SO 21, 1941, 39–83 – Ders., La théurgie chez les Néoplatoniciens, SO 22, 1942, 49–79 – K. Preisendanz, Überlieferungsgesch. der spätantiken Magie, Zeitschr. f. Bibl.wesen, Beih. 75, 1950, 223–240 – Ders., Synkretistische Magie im röm. Ägypten, Mitteil. aus der Pap. Slg. der Österr. Nat. Bibl., 1956, 111–125 – A. A. Barb, The survival of magic Arts, in: Paganism and Christianity in the fourth Century, 1964, 100–125 – *Bibliographien:* K. Preisendanz, Die griech. Z.papyri, APF 8, 1927, 104–167 – Die griech. u. lat. Zaubertafeln, APF 9, 1930, 119–154; 11, 1935, 153–164.

B. RÖMISCH. Der offizielle *röm. Kult* schließt den Z. aus; schon im →Zwölftafelgesetz wird er verurteilt: Verbot, durch Zauberei die Ernte des Nachbarn in seinen eigenen Acker zu locken (Tab. 8,8 cf. 8,1 ed. Riccobono). Bis →Theodosius hat eine Reihe strenger Gesetze die Zauberer oder mindestens den Mißbrauch ihrer Kunst bestraft. Doch zeugt gerade diese Gesetzgebung davon, wie verbreitet und beliebt der Z. in der röm. Welt war. In der historischen Zeit ist der öffentliche Kult wirklich Religion, doch läßt sich nachweisen, daß gewisse in sakrale Zeremonien mehr oder weniger integrierte Riten ursprünglich magisch waren. Die →Fruchtbarkeitsriten und →Wetterzauber sind ein sicheres Beispiel hiefür. Andere sind: der durch heilige Kräuter, →Verbenae, gewährleistete Schutz der →Fetiales; die Tänze der →Salier und →Fratres Arvales; der ‹Zauberkreis› der →Lustratio; der Umlauf der →Luperci und die fruchtbarmachenden Riemenschläge an den →Lupercalia; das Einschlagen eines Nagels im Tempel des →Jupiter Capitolinus durch einen eigens hiezu ernannten Diktator, um bei Epidemien das Übel zu bannen. Im privaten Leben hat der Z. während der ganzen röm. Geschichte eine große Rolle gespielt; nicht einmal das siegreiche Christentum konnte sie ganz überwinden. Sie hatte die verschiedensten Formen, überwiegend freilich aus Griechischem und Orientalischem entlehnt (bes. die Ägypter galten als Meister der Z.). Hier noch zu erwähnen: der Brauch der defixionum tabellae (→Fluch), das Tragen der →bulla, ein gutes altes Beispiel von Heilzauber bei Cato (Agr. 160), dann die von →Horaz (epod. 5, sat. 1,8), →Vergil (ecl. 8, 64–109), →Ovid (fast. 2, 571–582) beschriebenen, allerdings stark literarisch-folkloristisch getönten Z.szenen. Z.mittel in großer Zahl, fast ganz aus griech. Quellen, stellt Plinius d. Ä. (nat. hist. bes. Buch 28) zusammen. H.LeB.

Lit: s. o. zu A. – Ferner: Mauss, Esquisse d'une théorie générale de la magie (1902–03), in: Sociologie et Anthropologie, 1950, 1–141 – E. E. Burriss, Taboo, Magic, Spirits: A study of primitive elements in Roman religion, 1931.

Zauberpapyri →Zauber.

Zeder (κέδρος), mit mehreren Arten im Libanon, Südanatolien und im Atlas ursprünglich weit verbreitet. Das dauerhafte Holz der hohen, dicken Stämme im Libanon wurde in Ägypten und im Alten Orient seit dem 3. Jt. v. Chr. für Tempel- und Palastbauten verwendet, so daß schon im Altertum der große Waldbestand erheblich zurückgegangen war. In der antiken Überlieferung ist die Z. ohne mythologische und religiöse Bedeutung. Wie das Holz der →Zypresse wurde das der Z. wegen seiner Dauerhaftigkeit zu Kultbildern verwendet (Paus. 8, 17, 2). Vgl. →Flora; zur Verwendung vgl. →Holz. J.W.

Lit: Hehn, 447 – M. Schmidt, RE 3,2 (1899), 1821–26 – Blümner II 245ff. – EAA IV, 1961, 530–537, s.v. legno.

Zehnsilbler werden bei der Analyse der →alkäischen Strophe angenommen. B.Sn.

Zeit. [1] Von einem philosophischen Z.-Begriff kann man vor →Platon noch nicht sprechen; doch sind sich die griech. Denker, von der Wandelbarkeit und Vergänglichkeit der Wesen der sichtbaren Welt tief beeindruckt, der zeitlichen Dimension des Kosmos sehr früh bewußt gewesen. Doch während die Wesen, die die Welt bevölkern, entstehen und vergehen und je nur eine Zeit sind, schien die Welt als Ganzes sich in Vergangenheit und Zukunft grenzenlos auszudehnen; die meisten →*Vorsokratiker* beschrieben das Werden, das sich auf der Welt abspielt, als die aufeinanderfolgenden Phasen einer ewigen Wiederkehr (z. B. →Heraklit, →Empedokles). Die Eleaten fragten als erste nach der Beziehung zwischen Z. und Sein. →Parmenides leugnete das zeitliche Nacheinander, weil es, wie er beweist, das Nichtsein in sich schließt, und verlegte das Sein in eine ewige Gegenwart. Indem er die Anhänger von Bewegung und Vielheit auf ihrem eigenen Gebiet angriff, beleuchtet →Zenon (2) in seinen berühmten Paradoxien die verborgenen Antinomien des Begriffes der zeitlichen oder räumlichen, ob als stetig, ob als diskontinuierlich vorgestellten Ausdehnung.

[2] *Platon* behält etwas vom Immobilismus der Eleaten bei; denn er schreibt dem geistig Wahrnehmbaren – dem Gegenstand des Wissens – ein ewiges Dasein zu. Die sichtbare Welt ist für ihn die mangelhafte Nachbildung der geistigen, daher ist ihre Dauer «ein bewegliches Abbild der Ewigkeit». Während die Ewigkeit ein unveränderliches, nichtalterndes Leben ist, besteht die Z. aus aufeinanderfolgenden Augenblicken: dadurch unterscheidet sich die Z. von ihrem ewigen Vorbild, aber insofern sie immer dauert, ist sie ihm wieder ähnlich (Tim. 37D–38A). Zwar sagt Platon, daß die Z. «mit dem Himmel geboren» sei und daß sie sich mit ihm auflösen werde, sollte dieser je zu bestehen aufhören (38B), aber durch diese Ausdrucksweise soll zweifellos eher die unlösliche Verbindung zwischen der Z. und der stofflichen Welt betont als ausgesagt werden, daß beide einen absoluten Anfang und ein absolutes Ende hätten (die Beschreibung der *Geburt* des Kosmos halten die meisten Interpreten für einen Mythos, den man nicht wörtlich auffassen darf).

[3] *Aristoteles.* Die Definition der Z. hat Aristoteles vor verwickelte Fragen gestellt. Welche Wirklichkeit eignet ihr? Ist doch die Vergangenheit nicht mehr und die Zukunft noch nicht und der gegenwärtige Augenblick nur

eine Grenze zwischen beiden und ohne Dauer. Unternimmt man es, sie zu definieren, muß man zunächst ihre Verwandtschaft mit der Bewegung (hier im weiten Sinne des ‹Wechsels›) festhalten. Doch ist sie nicht eins mit der Bewegung, ebensowenig wie der Ort mit dem ausgedehnten Körper; denn sie gehört nicht zu einem Ding, das sich ändert, im besonderen, sondern ist allen gemeinsam. Außerdem kann sie nicht, wie die Bewegung, beschleunigt oder verlangsamt werden: sie dient im Gegenteil dazu, die Geschwindigkeit der Bewegung zu messen. Daß Z. und Bewegung eng zusammengehören, wird jedoch klar, wenn man bedenkt, daß wir uns nur durch die Wahrnehmung einer Veränderung bewußt werden, daß Z. verflossen ist. Die Analyse der (räumlichen) Bewegung ergibt, daß sie ein stetiges Gleiten von einem Punkt zum andern ist in einer also selbst stetig fließenden Z. Betrachtet man die Beziehung zwischen der Bewegung und den Punkten, welche ein Bewegliches durchläuft, so kann man ein diesen Punkten entsprechendes ‹vorher› und ‹nachher› feststellen, wodurch klar wird, daß eine gewisse Zeitspanne vergangen ist. Dadurch, daß wir in der Bewegung ein ‹vorher› und ‹nachher› unterscheiden, erfassen wir also einen zählbaren Aspekt der Bewegung, welcher die Z. ist. Daraus entspringt die berühmte aristotelische Definition der Z.: sie ist die Zahl (d.h. das Maß) der Bewegung in der Folge des Vor- und Nachher (Phys. 4, 219 b 1 f.; 220 b 32). Sie ist auch akzidentiell die Zahl des Gegenteils der Bewegung, der Ruhe, die nur betreffen kann, was der Bewegung fähig ist. Folglich umschließt die Z. alles Bewegliche und mißt dessen Lebensdauer. Und da es immer Bewegung gegeben hat, ist auch die Z. unbegrenzt, in der Vergangenheit wie in der Zukunft. Wenn aber die Z. die Bewegung mißt, mißt diese wiederum die Z., denn diese Begriffe definieren sich gegenseitig. Als erstes Maß der Z. muß denn auch die gleichmäßige Bewegung der Himmelskugel betrachtet werden (Phys. 4, 10–14). Auch → Epikur und die → Stoiker halten die Z. für unendlich. Z. und Raum zählen für die Stoiker zum Unkörperlichen. → Plotin kritisiert scharfsinnig die aristotelische Z.-Lehre (so bemerkt er u.a., daß das, was im aristotelischen Sinne «die Bewegung zählt», nicht *die* Zeit ist, sondern ein als Maßeinheit verwendeter bestimmter Zeitabschnitt: Enn. 3, 7, 9, 46–50). Vom platonischen Begriff der Z. als eines «bewegten Bildes der Ewigkeit» ausgehend, sagt Plotin, die Z. sei das Leben der Weltseele, insofern diese nach ihrer Ablösung vom Geist ihre Vielheit nach außen entfalte in einer Tätigkeit, die Aufeinanderfolge und Wechsel in sich schließt. Durch diese – mit der Z. identische – Wirksamkeit wird die sinnliche Welt nach dem Bilde der geistigen hervorgebracht, deshalb ist sie in der Zeit (Enn. 3, 7, 11–13). S.M.

Lit: J.F. Callahan, Four Views on Time in Ancient Philosophy, 1948 – G.S. Kirk-J.E. Raven, The Presocratic Philosophers, 1957 – A.E. Taylor, A Commentary on Plato's Timaeus, 1928 – W.D. Ross, Aristotle's Physics (1936), 1955² – P. Moreaux, Le temps selon Aristote, Rev. Phil. de Louvain, 46, 1948, 57–84; 245–274.

Zeitlose (*κολχικόν*), der Herbst-Z. verwandt, in Griechenland weit verbreitet. Zu Heilzwecken benutzt, galt sie wegen ihrer Giftigkeit als Zauberpflanze, deren Name auf die kolchische → Medea weist. Vgl. → Flora. J.W.

Lit: Murr, Pflanzenwelt, 207 – O. Geßner, Gift- und Arzneipflanzen, 1931, 15–18.

Zeitrechnung

Definition. Die Z. dient im Unterschied zum → Kalender, der immer wiederkehrende gleiche Zeitkreise (Tag, Monat, Jahr, Zyklen) enthält, der Festlegung des zeitlichen Abstands eines Ereignisses von einem anderen oder von der Gegenwart (Unterschied zwischen ‹relativer› und ‹absoluter› Chronologie), entnimmt aber dem Kalender als Einheit der Z. das Jahr.

A. Ägypten und Alter Orient: [1] *Jahresformeln.* Benennung des einzelnen Jahres nach markantem kultischem, politischem, administrativem Ereignis (z.B. ‹Jahr des Sieges über die Nubier›, ‹Jahr, da Narāmsîn die Mündung des E-arinna-Kanals nach Nippur leitete›) mit gelegentlich anschließender Zählung der Folgejahre, älteste Methode der Jahrzählung. Belegt in *Ägypten* vom frühen 3. Jt. (Jahrestäfelchen in Gräbern der 1. Dyn.) bis Ende des Alten Reiches, in *Mesopotamien* von Akkadzeit bis Ende der Hammurapi-Dynastie. Bilden als Datenlisten zusammen mit Namen der regierenden Könige aneinandergereiht eine elementare Chronik. Ältestes Monument: ‹Palermostein› mit Einträgen zu einzelnen Regierungsjahren bis 5. ägypt. Dyn.

[2] *Regierungsjahre der Könige.* Ihre Zählung tritt auf in *Ägypten* seit 2. Dyn., in *Babylonien* um 2500 (Lagaš), unter Kassiten-Dyn. (17./16.–12. Jh.) und später. Die Monate zwischen Regierungsantritt und dem nächsten Neujahrstag in Ägypten (Ausnahme 18.–20. Dyn.) als 1. Regierungsjahr, in Babylonien als ‹Anfang des Königtums› gerechnet, wonach fortlaufende Zählung mit 1. Nisānu des Folgejahres einsetzt.

[3] *Limmu-Listen.* In *Assyrien* wurden die Jahre nach Eponymen (limmu) benannt, und zwar nach dem König zumeist dessen 1. (volles) Regierungsjahr, die folgenden Jahre nach den rangmäßig folgenden höchsten Beamten. Limmu-Listen wurden geführt seit 19./18. Jh. bis Ende des Assyrerreiches, vollständig erhalten für 909–649 v. Chr. Assyr. Amtsjahr begann 13. Ajaru (April/Mai).

[4] *Königslisten und Chroniken:* (a) Königslisten dienten zur chronolog. Ordnung größerer Zeiträume, beruhten in *Ägypten* auf seit alter Zeit in Tempelarchiven geführten Verzeichnissen, die Namen und Regierungsjahre verstorbener Könige, z.T. bereits Einteilung derselben in Gruppen mit Jahressummen enthielten. Wichtigstes Dokument: Turiner Königspapyrus (19. Dyn.) mit Königen von Menes an. Andere Königslisten und -tafeln (Thutmosis' III. in Karnak, im Tempel Sethos' I. in Abydos, Tafel von Saqqara unter Ramses II.) mit Reihe von Namen sind Auszüge aus eigentlichen Königslisten. Einteilung der Pharaonen in 30 Dynastien von Menes bis zur Wiedereroberung Ägyptens (unter Artaxerxes III., Winter 343/2), letzte Perserkönige und Alexander d. Gr. als 31. Dyn. angehängt, stammt von → Manetho v. Sebennytos (1. H. 3. Jh. v. Chr.), in seinen ‹Aigyptiaka› (FGrHist 609). – (b) Große *sumerische Königsliste*, in spätsumerischer Zeit aus Kombination aller älteren Herrscherlisten entstanden, enthält von mythischer Urzeit vor der ‹Flut› bis gegen Ende der 1. Dyn. von Isin zu fast 140 Fürsten, Regierungsjahre und historische Notizen, bringt im Wechsel der Dynastien die Kontinuität des Königtums zum Ausdruck. Unter nachgebildeten Listen ist bedeutendste die assyr. Königsliste aus Chorsabad, gibt von assyr. Frühzeit bis Assurnirari V. (753–746) Reihenfolge und Regierungsdauer nahezu aller Könige. Von anderen in Babylonien und Assyrien redigierten Listen reichen babylon. Königslisten A und B von Hammurapi-Dyn. und Synchronistische Tabelle aus Assur (mit gleichzeitig regierenden assyr. und babylon. Königen) vom 17./16. Jh. bis Kandalanu/Assurbanipal (647–626). – *Chroniken* sind: Synchronist. Geschichte aus Palastbibliothek Assurbanipals (für 15.–9. Jh.) und babylonische Chronik (745 bis 668), an Chorsabad-Liste anschließend, beide synchronist. Darstellungen der babylon.-assyr. Geschichte; ferner neubabylon. Werke: Nabopolassar-Chronik (bis Untergang des Assyrerreiches 612) und Nabonid-Chronik (bis Eroberung Babylons durch Kyros 539). An altoriental. Praxis knüpfen an Diadochenchronik und spätere babylon. Chro-

niken. Die ‹Babyloniaka› (FGrHist 680) des Mardukpriesters → Berossos (um 280), Zeitgenosse Manethos, enthielten in Buch 1–2 babylon.-assyr. Königslisten nach einheimischen Vorlagen. – (c) Geschichtliche Überlieferung der *Hethiter* schlug sich nicht in Königslisten, sondern historischen Präambeln von Staatsdokumenten nieder (Telipinu-Erlaß, um 1500, mit Vorgängern von Labarna I. an; Opferlisten für hethit. Könige mit Prinzen- und Königinnennamen; Genealogien in Verträgen, Annalen seit Mursili II.; keilschriftlich-hieroglyphenhethit. Siegel). – (d) Zur Geschichte *Israels* sind Reste von Annalen Salomos, der Könige Israels und Judas greifbar im ‹deuteronomistischen› (1. u. 2. Kön., 1. u. 2. Sam.) und ‹chronistischen› (Esra, Neh., 1. u. 2. Chron.) Geschichtswerk.

[5] *Reduktion* der nach ägypt. und oriental. Z.en gegebenen Daten auf die moderne (= christl.) Z. (s. u. C4f. 5): (a) hierfür *grundlegende Quelle* der Kanon der Königsherrschaften (*κανὼν βασιλειῶν*) des Ptolemaios aus Alexandrien (s. u. B6a), eine Liste der babylon., pers., makedon., ptolem. Könige und röm. Kaiser vom 27. 2. 747 v. Chr. an (‹Nabonassar-Ära›); war für astronom. Berechnungen angelegt, liefert also astronomisch genaue Daten, ist aber auf das ägypt. Wandeljahr (→ Kalender A3; s. u. C4e) gestellt und zählt nur volle Regierungsjahre, wonach sich interne Verschiebungen (s. u. B3c) und Ausfall von nur mehrmonatigen Herrschaften ergeben. – (b) *Ägypt. Chronologie:* (1) beruht auf Königslisten Manethos, die von christl. Chronographen Africanus, Eusebios, Synkellos (s. u. B5d, C2c) übernommen und so erhalten sind. Namen der Perserkönige (herrschten über Ägypten 525–332 mit Unterbrechung 404–343/2 = 28.–30. Dyn.), bei Manetho 27. Dyn., erscheinen auch im ptolem. Kanon, so daß Anschluß der manethonischen Chronologie an die römische (s. u. C5) und damit die Reduktion ersterer auf die christl. Z. möglich wird. – (2) Die Zuverlässigkeit Manethos für das *Neue Reich* (17.–24. Dyn.) wird bestätigt durch Erwähnungen späterer Pharaonen in babylon. Texten und astronom. Angaben in ägypt. Dokumenten: Sothisdatum des Pap. Ebers (‹Ebersdatum›) legt Beginn der 18. Dyn. fest, Antritt Amenophis' I. 1531 (nach Borchardt; nach anderer Berechnung: 1546); Fehlerhaftigkeit jedoch für die sog. 1. (9./10. Dyn.) und 2. ‹Zwischenzeit› (13./16. Dyn.) und für den Beginn des Alten Reiches: Intervalle zwischen Neuem und Mittlerem und von diesem zum Alten Reich werden viel zu lang angegeben, nebeneinander regierende Dynastien nacheinander angesetzt. – (3) Direkter Anschluß des Mittleren und Alten Reiches an moderne Z. ist daher nicht möglich. *Mittl. Reich* (11./12. Dyn.) jedoch astronomisch festlegbar auf ca. 2052–1778 durch Sothisdatum des Papyrus aus Illahun (‹Illahundatum›) vom 16. 8. des 7. Jahres Sesostris' III. (= 1874 nach Borchardt; als wahrscheinlich gilt jetzt 1872). *Altes Reich*, für das der Turiner Königspapyrus (13. Jh.) 955 Jahre angibt, ist nicht absolut datierbar, da Sothisdaten fehlen und Palermostein nur ausführliches Material für Namen und Reihenfolge der Könige bietet. Die 1. Zwischenzeit dürfte jedoch nur ca. 200 Jahre betragen, wonach Menes auf 3200/2800, wahrscheinlich ca. 2850, fallen würde. – (c) *Babylon.-assyr. Chronologie:* (1) an ptolem. Kanon, der sich ab 747 mit der Babylon. Königsliste A überschneidet und aus der Babylon. Chronik (seit 745) und anderen babylon. Quellen schöpft (auch für die Perserkönige), lassen sich folglich die babylon. und assyr. Königslisten aufwärts anschließen und zusammen mit der Limmu-Liste (durch Erwähnung der Sonnenfinsternis vom 15. 6. 763 v. Chr. absolut datiert) für das 1. Jt. zeitlich sichern. – (2) Babylon. Listen jedoch nicht immer zuverlässig, assyrische unterdrückt ‹Usurpatoren›; zahlreiche absolut feststehende Synchronismen (1. H. 14. Jh.) aus Amarnazeit geben jedoch Sicherheit bis 1400, anschließbare Urkunden bis ca. 1530; schwierig hingegen Datierung der 1. babylon. Dynastie Hammurapis, den die babylon. Königsliste ca. 1300 Jahre vor die 8. Dyn. des im ptolem. Kanon erscheinenden Nabonassar setzt: die 2. babylon. Dyn. herrschte aber nicht nach, sondern (im Süden) neben der 1. Dyn., ihre Dauer (368 Jahre) vom Intervall abgerechnet und die wahrscheinliche Dauer der 8. Dyn. vor Nabonassar (ca. 250 Jahre) addiert, ergäbe für Hammurapis Antritt ca. 1930, folglich für das Ende seiner Dynastie ca. 1730 und von da eine geschichtslose Zeit von mindestens 200 Jahren für den Vorderen Orient. Für deren Verminderung bestehen verschiedene Möglichkeiten, wodurch Mari-Zeit und ihr Zeitgenosse Hammurapi dem Anfang der Hyksoszeit (15./16. Dyn.) in Ägypten immer mehr angenähert werden. – (3) *Herabdatierung Hammurapis* ermöglichen 1. Chorsabadliste, nach der Šamši-Adad I. von Assur 1815–1782 (nach der ‹mittleren› Chronologie) oder 1749–1717 (nach der ‹kurzen›) regierte (Absolutdatierung der assyr. Könige erst ab 1430 möglich, da kurz vorher 2 Regierungszeiten nicht überliefert), 2. ‹Mari-Korrespondenz›, nach der Hammurapi nicht vor Šamši-Adad regierte, sondern dessen jüngerer Zeitgenosse war. Abgesehen von extrem langen und kurzen Ansätzen werden gegenwärtig für Hammurapi und das Ende der 1. babylon. Dynastie 3 Chronologien vertreten: 1848–1806 bzw. 1651 (‹lange› von D. Siderski, 1940, und A. Goetze), 1792–1750 bzw. 1595 (‹mittlere› von S. Smith, 1940, und A. Ungnad), 1728 bis 1686 bzw. 1531 (‹kurze› von W. F. Albright und F. Cornelius), wobei die Zwischenzeit auf ca. 120 bzw. 60 bzw. 0 Jahre zusammenschrumpft; wenig wahrscheinlich die ‹lange› Chronologie, am meisten die ‹mittlere›, die sich nach der ‹kurzen› durchzusetzen beginnt. – (4) Datierung der *Hethiterkönige* beruht auf Synchronismen mit der babylon.-assyr. bzw. ägypt. Geschichte, daher fällt infolge Herabdatierung Hammurapis die überlieferungsleere Zeit Kleinasiens vor 1400 bis auf wenige Jahrzehnte weg: Mursilis I. Eroberung Babylons 1595; Telipinu ca. 1540–1480, nach dessen Erlaß (s. o. 4c) folglich Altes Hethiterreich 17. bis 15. Jh.; von 1400 an steht Chronologie zumeist fest, Jüngeres Hethiterreich Mitte 15. Jh. – kurz nach 1200 (Großreichszeit ab ca. 1370). – (5) Die älteren Perioden der sumerisch-akkadischen Geschichte, für die die Listen wiederum ein Nach-, statt Nebeneinander der Stadtstaatendynastien und für die älteste Zeit Regierungsspannen in mythischer Länge aufweisen, sind zunächst von Hammurapi aus festzulegen, soweit Abfolge und Regierungszeit der Herrscher bekannt: Hammurapi besiegt in seinem 30. Jahr Rîm-Sîn von Larsa, d. i. 1763 (‹mittlere›) oder 1699 (‹kurze› Chronologie), welcher seinerseits in seinem 29. Jahr Damiqilišu, den letzten König von Isin, besiegt hatte, d. i. 1794 oder 1730. Da die Königsreihe für Larsa und Isin lückenlos überliefert, fällt Anfang dieser Dynastien Mitte (oder Beginn) des 20. Jh.s, der Beginn der Ur-III-Zeit (Urnammu) mit ca. 100 Jahren auf die Mitte 21. Jh. Urnammu war aber Zeitgenosse des Besiegers der Guti, die ca. 100 Jahre über Sumer und Akkad herrschten, d. h. ab Mitte 22. Jh. Demzufolge hätte Sargon d. Gr., wiederum 200 Jahre zuvor, um 2370 sein Weltreich von Sumer und Akkad begründet; dies ist das früheste mit Wahrscheinlichkeit errechenbare Datum. (Vorhergehende Perioden ihrer Dauer nach nur abschätzbar; unter Beiseitelassung der Herabdatierung Hammurapis kämen Uruk VI–IV auf Anfang 3. Jt., III–II [Djemdet Naṣr-Zeit] um 2800/2700, Mesilim-Zeit um 2600, Ur-I-Zeit und Lagaš um 2500 v. Chr. zu stehen; neueste Ansätze um Jahrhunderte höher: Uruk V 3500, Djemdet Naṣr-Zeit um 3100.)

B. Griechenland: [1] *Gesicherte Z.* wie in Königsstaaten Ägyptens und des Alten Orients fehlte ursprünglich. Zunächst entstanden 2 elementare Formen der Z., die in die → Geschichtsschreibung eingegangen und durch sie bekannt sind, blieben ständig in Gebrauch, soweit Ereignisse mangels Evidenz nicht sicher datierbar sind oder allgemeingültige Z. fehlt. – (a) *Generationen:* Z. nach ‹Geschlechtern› (γενεαί) entsprang den (echten oder fingierten) Geschlechtertraditionen der archaischen Adelsgesellschaft, erstmals von → Hekataios (FGrHist 1) und nach ihm von Genealogen, Historikern, Chronographen zur Datierung der großen Anfangsereignisse der griech. Geschichte (‹Heroenzeit› des 2. Jt.s, → Trojan. Krieg, ‹Rückkehr der → Herakliden›, → Ionische Wanderung) und für mangelhaft überlieferte Epochen benutzt; Dauer einer Generation meist 33⅓ Jahre, d.h. 3 Generationen auf 1 Jahrhundert (→ Herodot), aber auch zu 25, 30, 40 Jahren (Hekataios) gerechnet. – (b) *Relative Chronologie:* Ereignisse werden nach dem Früher oder Später, auf bestimmte Fixpunkte bezogen, ungefähr festgelegt; so ist Schlüsselpunkt der (nach lydischen und medisch-persischen Regierungszeiten orientierten) Chronologie Herodots das Jahr des Xerxesfeldzugs 480, das er durch Nennung des att. Archon Kalliades absolut fixiert (8, 51, 1); so datiert Thuk. 1, 87 den Kriegsbeschluß der Peloponnesier ins 14. Jahr des 30jährigen Friedens (von 446/5) = 332, den Beginn des Krieges ins 15. Jahr und sichert ihn und damit auch die früheren Daten durch Nennung von Jahreseponymen ab (s.u. 2c). *Synchronismen*, Angaben über Gleichzeitigkeit von Ereignissen an verschiedenen Orten, werden häufig nur approximativ gegeben (Personen als Zeitgenossen), oft auch ‹Gleichzeitigkeitsfabel› (Griechensiege bei Himera und Salamis 480 am gleichen Tage, Hdt. 7, 166), dienten als Koordinationspunkte zur Herstellung einer umfassenden relativen Chronologie, die, ist eines der Glieder absolut datierbar, sich in eine absolute (mit zweifelhafter Zuverlässigkeit) umwandeln läßt (zum Synchronismus Polyb. 1, 6, 1, s.u. C 1 c 2).

[2] → *Eponymen:* (a) Für die praktische Z. bediente man sich seit Einführung des Jahresamtes in den griech. Freistaaten des Amtsjahres als einer nach Beginn und Dauer (theoretisch) feststehenden Zeiteinheit. Jedes Jahr wurde offiziell und in privatem Gebrauch mit dem Namen des eponymen Oberbeamten bezeichnet, z.B. Datierung in Präskripten von Inschriften *Εὔφεμος ἦρχε* (Defensivvertrag zwischen Athen und Argos vom Frühj. 416, s. Bengtson, Staatsverträge II, 196) oder *ἐπὶ Λεωστράτου ἄρχοντος* (att. Ehrendekret, 303/2, IG II/III² 493), und zwar nach eponymen → *Archonten* in Attika, Böotien, Phokis (mit Delphi), Mittelgriechenland bis zum Malischen Golf, auf den ägäischen Inseln (unter athen. Einfluß im 5. Jh.), im ionischen Kleinasien und dessen Kolonien (hellenist. Zeit); nach → *Damiurgen* in der Peloponnes (Elis, Arkadien, Achaia, auch im gegenüberliegenden West-Lokris, Argolis), im dorischen SW-Kleinasien; nach → *Prytanen* im ionischen und äolischen Kleinasien, in Korkyra, Rhegion (röm. Zeit); nach eponymen *Priestern* des jeweiligen Hauptgottes in Milet (mit Schwarzmeerkolonien), Magnesia a. Mäander, Priene, Iasos, Smyrna, Epidauros, Argos (Herapriesterinnen, aber eponym. Basileus im 5. Jh.), Rhodos und Lindos, Halikarnaß; nach → *Hieropoioi* (staatlichen Kultusbeamten) in Erythrai (3. Jh.) und Akragas usw. – (b) Die Jahrzählung beruhte daher auf den *Eponymenlisten*, die entweder von Anfang an fortlaufend amtlich geführt oder – wie die meisten der direkt oder indirekt erhaltenen Listen – zu einem bestimmten Zeitpunkt unter Rekonstruktion der älteren Teile zur Fortsetzung aufgezeichnet wurden. Ihr Wert bemißt sich danach, ob Anzahl und Reihenfolge der Eponymen, namentlich in den älteren Teilen, zuverlässig und die gesamte Liste wenigstens an *einem* Punkt absolut fixierbar ist. Wenige Listen sind näher bekannt; einige haben große Bedeutung erlangt: 1. *Att. Archontenliste*, setzt ein mit Einführung des Jahresarchontats 683/2, lückenlos und sicher herzustellen von Perserkriegen bis 290 v. Chr., erhalten (mit Versehen und Lücken) für 480/79–302/1 bei Diodor (11–20) und Dionysios v. Halikarnaß, ergänzbar z.T. durch epigraphische und literarische Angaben vor allem für 6. Jh., für hellenist. Zeit durch zahlreiche inschriftliche Teillisten und (seit 356/5) mittels Aufeinanderfolge der Ratsschreiber (*γραμματεῖς τῆς βουλῆς*), die Jahr für Jahr (mit Unterbrechungen, z.B. 321/0–308/7) der offiziellen Reihenfolge der Phylen, denen sie entnommen wurden, entspricht (‹Fergusonsches Gesetz›). Trotz verbleibender Unsicherheiten, bes. im 3. Jh., fehlen für 290–31 nur ca. 45 Archontennamen. – 2. *Spartanische Ephorenliste*, beginnt 754/3 mit Einführung der jährlichen Neuwahl, bezeichnet das Jahr nach dem ersten der fünf Ephoren, lag → Thukydides (gelegentlich Nennung von Ephoren, z.B. 2, 2, 1) offenbar noch nicht vollständig vor; als Hilfsmittel der (historiographischen) Z. erst bei → Timaios (3) v. Tauromenion (1. H. 3. Jh.) feststellbar; wohl nicht vom Chilonephorat (556/5) aufwärts ergänzt, sondern in 2. H. 4. Jh., vermutlich auf Grund neuen Quellenmaterials, wiederhergestellt und soweit authentisch. Z. nach Ephoren sonst nicht eingebürgert, statt dessen nach spartan. Königsjahren (s.u. 3a. 5b). – 3. *Milesische Stephanephorenliste*, Verzeichnis der eponymen Oberpriester des Apollon zu Didyma, älterer Teil inschriftlich erhalten (333 aufgezeichnet), reicht bis 525 zurück, jüngster Teil bis 31/2 n. Chr., ist absolut datiert durch Erwähnung Alexanders d. Gr., der 334 das Stephanephorat übernahm. – 4. *Del. Archontenliste* für 314–168 (Zeit der Freiheit Delos' von Athen), Kenntnis derselben durch delische Schatzinventare. – 5. *Übrige Listen:* die meisten Eponymenlisten sind für hellenist. Zeit nur z.T. und unsicher rekonstruierbar: Archonten des Böotischen, Strategen des Achäischen und Ätolischen Bundes. Die Kenntnis der Delphischen Archonten beruht auf inschriftlich erhaltenen Beschlüssen des → Hieromnemonenrates, Listen selbst nicht erhalten, Rekonstruktion derselben umstritten. Von *eponymen Priestertümern* in hellenist. Zeit nimmt besondere Stellung ein dasjenige für den Herrscherkult Alexanders d. Gr. und der Ptolemäer (in Alexandria und Ptolemais), Datierungen z.B. *ἐφ' ἱερέως* N. *τοῦ* N. *'Αλεξάνδρου καὶ θεῶν 'Αδελφῶν* (= Ptolemaios II. und seine Schwestergemahlin Arsinoe II.) *καὶ θεῶν Εὐεργετῶν* (= Ptolemaios III. und seine Gemahlin); auf der Eponymenliste war das verlorene (annalistisch angelegte) Geschichtswerk des Charon v. Naukratis aufgebaut. – (c) In die *Geschichtsschreibung* fand Eponymendatierung zunächst nur zögernd Eingang (bei Herodot; s.o. 1b), da jeder der griech. Staaten seine eigene Eponymenrechnung mit verschiedener Jahresform des Amtsjahres (→ Kalender C 4b) besaß; daher datierte Thuk. 2, 2, 1 (s.o. 1b) den Beginn des Pelop. Krieges auch nach dem 48. Jahr der Chrysis zu Argos, dem spartan. Ephor Ainesias, dem att. Archon Pythodoros, so daß jeder Leser das betreffende Jahr (und die von diesem aus festgelegten übrigen Daten) in die ihm geläufige Z. umsetzen konnte. Dies war ein Notbehelf, da eine einheitlich gültige Z., auf die die nach den verschiedenen lokalen Z.en datierten Ereignisse hätten reduziert werden können, noch fehlte. Eine solche für die Zwecke der Geschichtsschreibung zu schaffen versuchte als erster → Hellanikos v. Lesbos (FGrHist 4 F 74ff. 85f.) z.Z. des Nikiasfriedens, und zwar unter Zugrundelegung der Liste der ‹Herapriesterinnen in Argos› (*Ἱέρειαι τῆς Ἥρας αἱ ἐν Ἄργει*), die in mythische Zeit hinaufreichte und Namen und Zahl der Amtsjahre der lebenslänglich fungierenden Priesterinnen verzeichnete, und der Siegerliste des spartan. Karneenfestes (*Καρνεονῖκαι*). Seine Liste wurde benutzt von Thukydides (s.o.), → Herakleides (3) Pontikos, Timaios und Späteren (s.u. 5b), doch setzte sich eine andere Siegerliste, die Olympionikenliste, als Mittel der Z. durch (s.u. 4c).

[3] *Königslisten und -jahre:* (a) Königslisten der vorhellenistischen Zeit bei den Chronographen beruhen wohl nicht auf amtlichen Verzeichnissen der Könige, sondern meist auf aus der literarischen Überlieferung ausgezogenen Angaben, die zu Fasten rekonstruiert wurden. In der *spartan. Königsliste* z.B. führen die Stammbäume bis Herakles hinauf, obwohl wirkliche genealogische Überlieferung

kaum wesentlich über das 9.Jh. zurückreichte. Anscheinend hatte man in der 2.H. des 4.Jh.s auf Grund im 6. und 5.Jh. nicht zugänglich gewesenen Materials aus dem Bereich der Geschlechtertradition entdeckt, daß in der Regierungszeit der Könige Alkamenes und Theopomp die Ephorenliste begann (s. o. 2b) und hierfür (754/3) das 18.Jahr des Königs Alkamenes errechnet; dazu verhalf die gegenüber der Eurypontidenliste genealogisch zuverlässigere Agiadenliste, die wohl nicht selbständig, sondern mit der Ephorenliste (vielleicht in Form annalistischer Eintragungen?) zusammen existierte. Jedenfalls scheinen die Regierungszahlen zu den Namen bes. der älteren Könige nicht schon im 5. und 4.Jh., sondern erst von den alexandrinischen Chronographen hinzugesetzt zu sein (zu Eratosthenes und Sosibios s.u. 5b), um die Königsliste für chronographische Zwecke brauchbar zu machen. – (b) Griech. Könige begannen die *Zählung der Herrschaftsjahre* wohl mit der Thronbesteigung, so die → Ptolemäer, solange sie am makedon. → Kalender (C6) festhielten. → Seleukiden: Seleukos begann nach der Besitzergreifung Babyloniens im August 312 seine Satrapenjahre mit dem nächsten Königsjahr (= 7.Jahr → Alexanders IV.) zu zählen, wie vor ihm Antigonos, entsprechend dem babylon. Jahresanfang ab 2.4.311. Die → Makedonen rechneten entsprechend dem Termin des Thronwechsels (Ermordung → Philipps (2) Arrhidaios und Antritt Alexanders IV. im Herbst 317) die Königsjahre vom Herbst ab, so daß sie das 2. Satrapenjahr Seleukos' ab Herbst 311 (zwischen 1. Loos und 1. Dios), die Babylonier erst ab Frühjahr 310 (1. Nisānu) zählten (s.u. 4a). – (c) Um als *Einheit der Z.* verwertbar zu sein, wurden die Herrscherjahre von den Chronographen gleichmäßig gemacht, d.h. auf ein festes Jahr (z.B. att. Amtsjahr) reduziert, wobei das Jahr des Thronwechsels entweder dem Nachfolger (Antedatierung) oder dem Vorgänger (Postdatierung) voll angerechnet wurde; so ist z.B. im ptolem. Kanon (s.o. A5a; vgl.u. 6a) der Antritt Philipps Arrhidaios vordatiert auf 1. Thot des ägypt. Jahres 324/3 (= 12.11.324), in dem Alexander d.Gr. starb (gest. 10.6.323), außerdem werden, ebenfalls aus chronographischen Gründen, nur seine Herrschaftsjahre in Ägypten (14.11.) 332–(11.11.) 324 gezählt; in gleicher Weise gibt ein babylon. Königsverzeichnis Alexander nur 7 Jahre, um ihn an das letzte Jahr Dareios' III. (330) anschließen zu können, die babylon. Akten zählten jedoch Alexanders Herrscherjahre von seiner Thronbesteigung ab. – (d) Königsreihen auch hellenist. Zeit sind sicher festlegbar, nur wenn *antike Vorarbeiten* vorliegen (Herrscherlisten im ptolem. Kanon, Eusebios' Chronik, Strab. 13, 623f. für Pergamener); solche fehlen für kleinasiat. Dynastien von Bithynien, Pontos, Kappadokien, die Parther, so daß die geltende Herrscherfolge und Datierungen durch neue Funde umgestoßen werden können.

[4] *Ären* (= ‹Ziffern›): Jahresreihen, die von bestimmtem Zeitpunkt aus (‹Epoche›) unter fortlaufender Numerierung der einzelnen Jahre gerechnet werden, knüpfen an wirkliches oder fiktives Ereignis an. Ist die Epoche einer Ära bekannt, lassen sich alle nach ihr gegebenen Daten sicher reduzieren. Diese bequeme Datierungsweise setzt ein gleichmäßiges und geordnetes Jahr voraus, das (abgesehen vom ägypt. Wandeljahr) nur in Babylonien infolge der Einführung der → Enneakaidekaëteris existierte, daher entstand auch dort die erste Ära. – (a) *Dynastische Ären: Seleukidenära*, entstand dadurch, daß → Seleukos I. den babylon. → Kalender (B4.5) übernahm, ihm seine Herrscherjahre anglich, für diese die Zählung seiner Satrapenjahre (ab 312) auch nach Annahme des Königstitels fortsetzte, ferner → Antiochos I. als Mitregent seit 293 diese Jahrzählung seines Vaters übernahm und sie seinerseits als Alleinherrscher fortsetzte (→ Ptolemaios II. Philadelphos zählte zur gleichen Zeit die Jahre erst von seiner Mitregentschaft an), schließlich die Nachfolger Antiochos' I. diese seine Zählung beibehielten. Epoche der Seleukidenära: für die makedon. Kolonien 1. Dios (Okt./Nov.) 312, da nach der makedon. Form des babylon. Kalenders das Jahr zum Herbstäquinoktium begann; für die eingeborenen Reichsuntertanen (Babylonier usw.) 1. Nisānu (März/Apr.) 311, da nach babylon. → Kalender (B3) das Jahr im Frühjahr begann (zur Differenz vgl. o. 3b). Die Seleukidenära blieb im Orient bis ins MA, z.T. bis in neueste Zeit gebräuchlich, das seleukid. Jahr begann in byzantin. Zeit entsprechend dem byzantin. Neujahr am 1.9., für Syrer (und Araber) gemäß dem (julian.) Neujahr Antiochias (→ Monatsnamen) am 1.10., weswegen arab. Astronomen als Epoche der Ära 1.10.312 angeben. – Nachahmung der Seleukidenära bei einer Reihe von östl. Dynastien: *Arsakiden-* oder *Parthische Ära*, Epoche: 1. Nisan 247 = Thronbesteigung des Aršaka (→ Arsakes I.), für Griechenstädte im Partherreich, die die Königsjahre vom Herbst an rechneten, folglich schon Herbst 248; neben ihr wurde in den Akten auch die Ära ‹alten Stils› (ὡς δὲ πρότερον), d.h. die seleukidische, weiterverwendet. *Bithyn. und Pontische Ära*, gemeinsame Epoche: Herbst 297 v.Chr. = Abfall von → Lysimachos und Thronbesteigung des bithyn. Fürsten Zipoites, wurde von den Königen von Bithynien und von Pontos eingeführt im 2.Jh. v.Chr., trat im Pontos an die Stelle einer älteren Pharnakesära (IPE I^2 402) mit Epoche zu Lebzeiten Alexanders d.Gr. – (b) *Freiheitsären*, Nachbildung der dynastischen Ären. Entstehung: die vom Seleukidenreich abgefallenen Städte ersetzten die Reichsära durch ihre eigene; deren Epoche meist das Befreiungsjahr, z.B. 126/5 in Tyros, das so seine Unabhängigkeit anderen Staaten bekanntgab; älteste Beispiele in Tyros vom Jahr 275/4 (Ende der tyrischen Dynastie) und Arados 259 (Abfall vom Seleukidenreich). Mit dem Zerfall des Reiches im 2. und 1.Jh. entstehen in Syrien und Phönizien zahlreiche solcher lokaler Ären (s.u. C4b2). – Für alle dynastischen und diesen nachgebildeten Ären ist typisch, daß sie stets Jahre der Herrschaft bzw. der Freiheit usw. zählen, um deren Kontinuität den Untertanen oder Bürgern vor Augen zu führen (z.B. Seleukidenära als ‹Jahre der Herrschaft der Griechen› bei Juden und Syrern; Beamtenliste von Amyzon οἱ γεγονότες ἀφ' οὗ Κᾶρες ἠλευθερώθησαν, d.h. 167 v.Chr., Robert, Carie II, 309). – (c) *Olympische Ära*, beruht auf der Olympionikenliste (Namen der Stadionsieger), erstmals publiziert von → Hippias (2) v. Elis, laufend fortgeführt, erhalten (für Ol. 1–249 = 776/5 v. Chr. bis 221 n.Chr.) bei Eusebios (chron. vers. armen. 89ff. K.). Nennung von Olympionikennamen allein, z.B. des (ersten) Pankratiasten Androsthenes aus Arkadien (Thuk. 5, 49) für 420/19 = Ol. 90, 1, bedeutet noch keine Benutzung der Siegerliste zu Datierungszwecken. Für eine Ära tauglich machte sie erst → Timaios (3) v. Tauromenion (oder Eratosthenes; s.u. 5b), indem er die Listen der Ephoren, Spartanerkönige, att. Archonten, Herapriesterinnen (s.o. 2c) mit den Olympioniken zusammenstellte (Polyb. 12, 11, 1); die anschließende Numerierung der Olympiaden von der ersten (Hochsommer 776) an rief erst die Olympiadenära ins Leben. Sie wurde geschaffen für Zwecke der Geschichtsschreibung, auf deren Bereich ihre Anwendung beschränkt blieb, in öffentlichem Gebrauch selten und spät. Bezeichnung der 4 Jahre innerhalb einer → Olympiade zunächst nach att. Archonten; die Gleichsetzung der Olympischen mit Archontenjahren (schon im Marmor Parium, vgl. u. 5a) war möglich, da letztere ebenfalls von Hochsommer zu Hochsommer liefen, beide also (nahezu) kongruent waren; ihre Zählung ist zwischen Timaios und Eratosthenes (oder von diesem selbst) eingeführt worden. Das olympische Jahr wurde sonst auch mit dem makedonischen (ab 1. Dios) und dem achäischen Strategenjahr (Polybios) sowie dem röm. Amtsjahr (s.u. C1a) geglichen, hierbei jedoch teils mit dem in ihm beginnenden, teils mit dem in ihm endigenden, z.B. Ol. 180, 1 = Konsuljahr 59 bei Diodor, = 60 bei Dionysios v. Halikarnaß. – Andere ‹gelehrte› chronographische

Ären sind die ‹Nabonassar-Ära› (s.o. A 5 a), ‹Philippsära› (auch ‹Alexanderära› genannt, von Philipp Arrhidaios aus), ‹Augustusära› im ptolem. Kanon; zur Diokletiansära s.u. C [4] e.

[5] *Chroniken:* Die Arbeit griech. Chronographen brachte bis weit in die Kaiserzeit hinein eine ausgedehnte Literatur hervor, die, obwohl meist nur fragmentarisch erhalten, doch die Rekonstruktion der antiken Chronologie bzw. Reduktion der verschiedenen antiken Z.en auf die moderne Z. ermöglicht. – (a) Erste (inschriftlich) erhaltene Chronik ist das → Marmor Parium von 264/3, das von Kekrops an die att. Könige, Archonten, nebst den lyd., pers., makedon. Königen und sizilischen Tyrannen, sowie Ereignisse der politischen, Religions- und Literaturgeschichte durch Angabe des Intervalls zum Jahre 264/3 (inklusiv oder exklusiv) datiert (zu seiner Z. vgl. o. 4 c). Anders orientiert ist die → Anagraphe von Lindos von 99 v. Chr. – (b) Die Begründung einer *wissenschaftlichen Chronographie* jedoch ist Leistung des → Eratosthenes v. Kyrene, 3. Jh. v. Chr., der seinen ‹Chronographien› die Olympionikenrechnung zugrunde legte, deren Feststellung er nach Vorarbeiten von Hellanikos, Hippias, Aristoteles, Timaios, → Philochoros eine eigene Schrift ‹Olympioniken› widmete; er verbreitete die vielleicht schon von Timaios erfundene Zählung der Olympiaden und die Numerierung der 4 Jahre innerhalb einer Olympiade (s.o. 4 c), machte für die Zeit vor Ol. 1, 1 die spartan. Königslisten (s. o. 3 a) zum Rückgrat seiner Chronologie, bediente sich sonst der schon von Timaios angewandten ‹synchronistischen Bezüge›. Die gesamte antike Chronologie beruht seit ihm auf der Olympiadenära, bes. die hellenist. Zeit (in den Historien des Polybios); für die Rekonstruktion der griech. Geschichte sind seine Intervallangaben grundlegend (s.u. 6 b). – Dem Vorbild des Eratosthenes folgt → Apollodor (4) v. Athen, 180–120/110 vor Chr., in seinen ‹Chronika› vom Fall Trojas (1184/3) bis Ol. 165, 1 (120/19 v. Chr.). – Anders als Eratosthenes bildete → Sosibios der Lakone, 3. Jh., mit Hilfe der Karneoniken- und der (unveränderten) spartan. Königsliste in seiner Χρόνων ἀναγραφή ein Z.s-System nach spartan. Königsjahren, das er mit dem Olympiadensystem in Einklang zu bringen suchte; gelangte für den Fall Trojas auf 1171, die ‹Rückkehr der Herakliden› auf 1091 (Eratosthenes: 1184/3 bzw. 1104/3). – Auf dem Boden der eratosthenisch-apollodorischen Chronologie arbeitete weiter → Kastor (2) v. Rhodos, der seine ‹Chronika› vom assyr. Ninos bis zur Neuordnung Kleinasiens durch → Pompeius (61/60) führte, also neben den römischen auch sagenhafte oriental. Daten einführte. – (c) Von den *heidnischen Chronographen* der Kaiserzeit gab der Freigelassene Hadrians → Phlegon v. Tralleis eine umfangreiche Olympiadenchronik von der 1.–229. Ol. (= Tod Hadrians), der vornehme Athener P. → Herennius (1) Dexippos, geb. um 210, eine große Weltchronik von der Urzeit bis 269/70 n. Chr. (Tod Claudius' II.) mit chronolog. Tabelle für das Jahrtausend Roms bis 248 nach Olympioniken, die für die einzelnen Jahre auch Archonten und Konsuln verzeichnete; benutzt von Africanus, Eusebios, Synkellos; eine Art Vorläufer der byzantin. Weltchroniken des Ioannes Malalas oder Ioannes Antiochenus. – (d) Auf diesen gelehrten Arbeiten der griech. Chronographen fußen die *christl. Chronographen*, die, an das AT anknüpfend, die profanen Ereignisse um die Heilsgeschichte gruppieren. Das Werk des Sex. → Julius (4) Africanus, gest. um 240, reichte bis 221 n. Chr.; es enthielt eine zusammenhängende Darstellung der jüd., christl., heidnischen Weltgeschichte, Ereignisse vom 3. Buch an nach Olympiaden (Epoche bei ihm 775 statt 776) disponiert, sein Geburtsjahr des Messias 5500 von Adam = 2 v. Chr. Eusebios übernahm aus ihm die Olympionikenliste und zahlreiche Notizen für die griech. und nachbiblische jüd. Geschichte; umfassend ausgeschöpft von den byzantin. Weltchronikschreibern, erstmals in der seinem Zeitgenossen → Hippolytos (2) v. Rom zugeschriebenen Chronik (um 235), die einen wissenschaftlichen Rückschritt bedeutet und am Anfang einer Reihe populärer Chroniken steht. – Eine Leistung hohen Ranges ist dagegen die Chronik des Kirchenvaters → Eusebios v. Caesarea, gest. 338?, reicht bis 325, enthielt im 1. Buch (‹Chronika›) nach Völkern geordnete Darstellung vom Alten Orient an mit Königsreihen, Seeherrschaften, Olympioniken, Konsuln, Kaisern usw., erhalten nur in armen. Übersetzung; im 2. Buch (χρονικοὶ κανόνες) synchronistische Tabellen mit vielspaltigen Jahresreihen von Abraham an (2016 v. Chr.) für die israel. Patriarchen, assyr., sikyon., ägypt., argiv. und myken. Könige, Richter und Könige Israels und Judas, athen., latin., korinth. und spartan., makedon., med., dann nach der 1. Olympiade lyd., röm., pers. Könige, Ptolemäer, Seleukiden, Makkabäer usw. und röm. Kaiser, welchen allen ungezählte Adnotate biblischen und profanen Inhalts zugeordnet sind. Die Canones sind erhalten auch in der lat. Übersetzung des → Hieronymus, der sie vom Fall Trojas bis 326 bearbeitete und bis 378 fortsetzte; sie wurden zum maßgebenden chronolog. Werk des Abendlandes: noch J. Scaliger (1540–1609) beabsichtigte, den Eusebios zu rekonstruieren. Datierungen heute z. T. unbrauchbar (Irrtümer, Überlieferungsvarianten) oder überflüssig; ein moderner ‹Eusebios› fehlt.

[6] Für die *Reduktion* der nach den Z.en der Griechen gegebenen Daten ist grundlegend zunächst (a) wiederum der ptolemäische Kanon (s. A 5 a; vgl. C 5 c), hier mit den Regierungszeiten der pers. (von Kyros bis Alexander d. Gr. einschließlich), ‹makedon.› und ptolem. (von Philipp Arrhidaios und Alexander IV. bzw. Ptolemaios I. bis Kleopatra) Könige; zu beachten dabei, daß die Regierungsjahre stets als volle Kalenderjahre des ägypt. Wandeljahres gerechnet werden, d. h. vom 1. Thot bis letzten Epagomenentag (vgl. o. 3 c); – (b) sodann ein Fragment des → Eratosthenes (FGrHist. 241 F 1), das die Intervalle zwischen den Epochenjahren der griech. Geschichte angibt: «Von Trojas Eroberung bis zur Rückkehr der Herakliden 80 J., hierauf bis zur Gründung Ioniens 60 J., danach bis zur Vormundschaft des Lykurgos 159 J., hierauf bis zum Jahr der ersten Olympien 108 J., von dieser Olympiade bis zum Feldzug des Xerxes 297 J., darauf bis zum Beginn des Peloponnesischen Krieges 48 J., bis zu seinem Ende und der Niederlage Athens 27 J. und bis zur Schlacht bei Leuktra 34 J., nach dieser bis zum Tode Philipps 35 J., danach bis zum Ableben Alexanders 12 J.» Da letzteres nach dem ptolem. Kanon für 324/3 = 323 v. Chr. feststeht, lassen sich die aufwärtsliegenden Daten von ihm aus errechnen: z. B. Beginn des Pelop. Krieges für 431 wird bestätigt durch von Thukydides erwähnte Sonnenfinsternisse (1, 28: vom 3. 8. 431; vgl. 1, 23), die 1. Olympiade (Ol. 1, 1) für 776 wird bestätigt durch Cens. 21, 6, wonach das Konsulnjahr ‹Pii et Pontiani› (= 238 n. Chr.) dem 1014. olympischen Jahr gleichkommt. Auf diese Weise wurden grundlegende Daten, die wiederum Reduktion anderer ermöglichen, von den Begründern der modernen Chronologie J. Scaliger und D. Petavius (1583–1652) durch gegenseitige Kontrolle der Synchronismen und mit Hilfe der Astronomen errechnet. – (c) Wichtiges *Kontrollmittel* bilden Nachrichten von *Himmelserscheinungen*, die astronomisch, also unabhängig von der antiken Z., fixierbar sind, vor allem Sonnen- und Mondfinsternisse. Da erstere nur bei Neumond eintreten und nur in bestimmten Sichtbarkeitszonen, letztere überall zu beobachten sind und beide sich in derselben Folge von 223 Mondperioden wiederholen, muß ungefähr Beobachtungsort und -zeit bekannt sein, um die überlieferte Finsternis mit einer astronomisch bestimmten identifizieren zu können; daher ist nur mit Wahrscheinlichkeit die Sonnenfinsternis des Archilochos (Fr. 74 D) die vom 6. 4. 648, die des Thales (Hdt. 1, 74) die vom 28. 5. 585 v. Chr. (Ansatzpunkt für dessen → Akme).

C. ROM. [1] *Röm. Jahrzählung und Konsularfasten.* (a) In Rom erfolgte die Bezeichnung und Zählung der Jahre offiziell und in privatem Gebrauch ausschließlich nach den Namen der eponymen Oberbeamten, z. B. Datierung des SC de Bacchan. (CIL I^2 581) «Q. Marcius L. f., S(p.) Postumius L. f. cos...» = 186 v. Chr.; Horaz starb «V Kal. Dec. C. Marcio Censorino et C. Asinio Gallo coss.» (Suet. vita Hor.) = 27. 11. 8 v. Chr. Die röm. Z. beruhte daher traditionell auf den → fasti consulares, die von den ersten Konsuln der Republik bis Basilius iunior 541 n. Chr. 1047 Eponymenkollegien zählen. Mittel der röm. Jahrzählung ist damit das (konsularische) Amtsjahr, das vor 153 v. Chr. weder nach Anfangs- und Endtermin (vor 222 schwankend; 222–153 Beginn am 1. 3.; seit 153 am 1. 1.) noch nach absoluter Dauer mit dem Kalenderjahr kongruent ist (→ Kalender D 1. 3. 4). Da historische Ereignisse nach dem Amtsjahr datiert werden, tritt das Kalenderjahr in der röm. Z. hinter jenem vollkommen zurück. Die noch heute übliche Rechnung bedient sich der Zählung des M. Terentius → Varro, die von der Stadtgründung Roms 753 v. Chr. (21. 4. als Natalis urbis) ausgeht und mit 244 Jahren Königszeit den Republikbeginn auf 509 v. Chr. setzt. – (b) Die *älteste Form der röm. Jahrzählung*, auf die alle für die ältere Fastentradition erschließbaren und in den verschiedenen Redaktionen der → fasti consulares enthaltenen Zählsysteme letzten Endes zurückgehen, beruht jedoch auf einer Kalenderjahr-, nicht Amtsjahrreihe bzw. Eponymenliste: die Weihinschrift des Cn. Flavius vom J. 303 v. Chr. besagt, daß dieser einen Concordiatempel 204 Jahre *post aedem Capitolinam dedicatam* (Plin. nat. 33, 19) geweiht habe; die röm. Jahrzählung nahm somit nach ihrem ältesten Zeugnis von der Dedikation des Jupitertempels auf dem Kapitol, nicht dem Republikbeginn ihren Ausgang. Die 204 J. ergaben sich aus Zählung der alljährlich an den Idus Sept. am Jupitertempel eingeschlagenen Nägel (Nagelschlagung erfolgte durch Inhaber des höchsten Imperiums, ursprünglich apotropäischer Neujahrsritus etrusk. Herkunft), sind daher Kalender-, nicht Amtsjahre. Tatsächlich stimmt jede von der Tempelweihe aus errechnete Jahressumme mit der entsprechenden Summe von Olympiadenjahren (s. B 4 c), jedoch nicht mit der Zahl der diesen Zeitraum füllenden Eponymenkollegien überein. Der 13. 9. 507 v. Chr. ist also der einzig gesicherte chronolog. Fixpunkt in der frühröm. Geschichte. – (c)(1) An ihn werden im 3. Jh. von den Pontifices der zeitlos tradierte Sturz des Königtums (Regifugium: a. d. VI Kal. Mart., → Kalender D 4 a) und der kurz darauf (Kal. oder Id. Mart.) erfolgte Antritt des ersten Konsulnpaares angeschlossen, der Dedikator des Jupitertempels M. Horatius Pulvillus neben L. Iunius Brutus gestellt. An die Stelle der Jahrzählung ‹post aedem Capitolinam dedicatam› trat diejenige *post reges exactos*, das Fastenverzeichnis wurde folgerichtig bis zum (konstruierten) Republikbeginn ergänzt, d. h. in die kapitolinische Jahresreihe eingepaßt, wobei Konsulate von Angehörigen plebejischer Geschlechter, die im 3. Jh. zur Nobilität gehörten, eingeschwärzt wurden. – (2) Den *ersten Annalisten* lag noch kein bis zum Republikbeginn vollständiges Eponymenverzeichnis vor, weshalb sie für die Zeit bis ins 3. Jh. herab nach Abstandsangaben rechneten, d. h., da sie die Jahresreihe ‹post reges exactos› benützten, nach kapitolin. Kalenderjahren. → Fabius (11) Pictor führt den auf gleichzeitiger Überlieferung (Philistos) beruhenden Synchronismus Gallierkatastrophe – Antalkidasfriede – Belagerung Rhegions durch Dionysios I. (Polyb. 1, 6) in die röm. Chronologie ein: Ol. 98, 2 = 387/386 v. Chr. = 122. J. des kapitolin. Tempels, Konsulartribunat der drei Fabier. Dieses Fundamentaldatum der röm. Geschichte ist neben dem Jahr der kapitolin. Tempelweihe 507 v. Chr. der zweite Fixpunkt vor dem Beginn des Pyrrhoskrieges (281/0), beide bleiben Stützen der annalistischen Jahrzählungssysteme. – (d) Lediglich Anhängsel der republikan. Chronologie stellt die *Königszeit* dar, deren Ende beim Jahre der kapitolin. Tempelweihe (fiktiv) festgelegt war (s. o. c 1), deren Dauer jedoch mangels chronolog. Fixpunkte z. Z. des Fabius Pictor und des → Cincius Alimentus noch nicht feststand (Fabius: 1. Jahr des Romulus Ol. 8, 1 = 748/7 v. Chr.; Cincius: Ol. 12, 4 = 729/8 v. Chr.). → Cato (1) berechnete das Intervall vom Fall Trojas (nach Eratosthenes: s. o. B 5 b. 6 b) bis Gründung Roms mit 432 J., d. i. 751/0 v. Chr., dazu stimmt Polybios' Datum Ol. 7, 2. In der Zwischenzeit (1. H. 2. Jh. v. Chr.) hatten anscheinend die Pontifices die Königszeit auf 243 J. berechnet. Die Annalisten der Gracchenzeit Cn. → Gellius (1), L. Cassius (4) Hemina rechneten aber mit 244 J., der unterschiedliche Ansatz hing davon ab, ob → Tarquinius Superbus 24 oder 25 volle Jahre regiert habe, sein Sturz in das 25. oder 26. Regierungsjahr zu setzen sei. Die zweite Theorie setzte sich in der jüngeren Annalistik durch, daher 244 J. bei → Livius, → Dionysios (16) v. Halikarnaß, → Atticus, → Varro; die fasti Capitolini blieben (wie Polybios und Diodor) beim Ansatz der Pontifikalchronik auf 243 J. – (e) (1) Zur bekannten *annalistischen Jahrzählung rein nach eponymen Kollegien* gehen die Annalisten der Gracchenzeit über. Cn. Gellius und Cassius Hemina fehlten für die 122 J. von der Gallierkatastrophe bis hinauf zum Republikbeginn (s. o. c 2) noch mindestens 4 Kollegien bzw. Amtsjahre (ein späterer bei Livius noch erkennbarer Annalist – Valerius Antias? – hat diese altertümliche Fastenliste von nur 118 Kollegien übernommen), die Interpolation von zunächst 2 Kollegien (varr. 264 und 265) ergab 120 J. (noch erkennbar bei Dion. Hal. 5, 35; Tac. hist. 3, 72). (2) Der verbleibende Fehlbetrag wurde durch Einfügung zweier weiterer Konsulate beseitigt, die kapitolin. Tempelweihe blieb dabei im 3. J. der Republik stehen: das Regifugium hatte sich von der Tempelweihe gelöst, das politische Ereignis das unwichtig gewordene sakrale in den Hintergrund gedrängt. Horatius Pulvillus war inzwischen jedoch vom 1. Jahr der Republik ebensowenig wie von der Dedikation zu trennen (Liv. 7, 8, 3), mußte daher nun im 3. Jahr der Republik ein zweites Konsulat erhalten; das andere noch fehlende Amtsjahr interpolierte → Licinius (11) Macer (mit Berufung auf die ‹libri lintei›) nach dem Konsulartribunat varr. 310. Diese erst sullanischer Zeit angehörende Interpolation wurde nicht allgemein anerkannt; Diodors Fastenquelle kennt zwei sonst unbekannte Konsulate an anderer Stelle (Ol. 82, 3; 90, 1). Seit der 1. H. 1. Jh. v. Chr. erst ist somit das Fastenverzeichnis ein brauchbares Hilfsmittel für die Jahrzählung der röm. Republik geworden. – (f) Beträchtliche *Schwierigkeiten* blieben: (1) die Unklarheit, ob 2 oder 3 Dezemviratsjahre zu zählen seien, da die zweiten Dezemvirn ihre Amtszeit um 7 Monate überschritten: Fabius Pictor und die ihm folgenden Annalisten entschieden sich für insgesamt 3, Diodors Fastenquelle für 2 Jahre; (2) die ‹solitudo magistratuum› (Liv. 6, 35, 10), eine Zeit der Anarchie ohne kurulische Magistrate, die sicher seit Fabius Pictor mit 5 J. (abweichend Diodor) angegeben war und dazu diente, die Zahl eponymer Kollegien von 281/0 bis zur Gallierkatastrophe aufzufüllen (möglicherweise hatte nach der Katastrophe die regelmäßige Folge der Jahresbeamten eine Unterbrechung erfahren). Die fehlenden 5 J. wirkten sich erst beim Übergang von der Kalenderjahr- zur Eponymen- bzw. Amtsjahrrechnung (s. o. e 1) aus; (3) die Diktatorenjahre, deren Einführung durch ‹Herabdatierung› der kapitolin. Tempelweihe ins 3. J. der Republik verursacht wurde. Ihr tatsächliches Datum Ol. 68, 2 = 507/6 war Atticus und Varro bekannt, sie übernahmen jedoch den Ansatz ins 3. Republikjahr (s. o. e 2), also Amtsantritt der ersten Konsuln Frühj. Ol. 67, 3 = 510/9 v. Chr. Da sie andererseits das 3. Dezemviratsjahr der Annalisten und die Interpolation der Konsuln nach varr. 310 beiseite ließen, blieben ihnen nur 120 Kollegien vom Republikbeginn bis zur Gallierkatastrophe, womit diese von Ol. 98, 2 = 387/6 auf Ol. 97, 2 = 391/0 hinaufrückte; damit verfiel – nach der Tempeldedikation – auch der altverbürgte Synchronismus zugunsten rein römischer Vorgänge der Mißachtung. Zwischen dem Konsulartribunat der 3 Fabier (s.o. C2) und dem 1.Jahr des Pyrrhoskrieges (281/0) klaffte nun eine Lücke von 4 eponymen Kollegien, zu deren Auffüllung 4 jährige Diktatoren für 333, 324, 309, 301 v.Chr. eingeschaltet wurden. Die Wahl gerade dieser Jahre hat historische Gründe, staatsrechtlich blieb es eine Unmöglichkeit und deutlich rein chronologischer Notbehelf. Die Daten varr. Zählung sind dementsprechend zu vermindern (etwa das 1. patrizisch-plebejische Konsulat von varr. 388 = 366 v.Chr. auf 362). – (g) *Vermutlicher Beginn der Konsularfasten:* Da die Pontifices bereits im 3.Jh. Tempelweihe und Republikbeginn zeitlich geglichen hatten, muß der Großteil der zum Ausgleich notwendigen Konsulate bereits damals in die Fasten gesetzt worden sein; diese unechten Kollegien waren also schon Bestandteil der Fasten, als die röm. Geschichtsschreibung begann und das erste Jahrzählungssystem feststellbar ist. Eine Prüfung der Überlieferungsvarianten bei Konsulnamen und Stellenzahl der Konsulartribunen (Zeit des Konsulartribunats 434–386) und die Echtheitskritik des überlieferten Namenmaterials machen wahrscheinlich, daß die Fastenliste von ihrem Beginn an stets zwei eponyme Beamte aufwies und daß nach Ausscheidung unechter Eponymenkollegien der Beginn der Fastenliste (und damit der Republik) in die Jahre 472/470 v.Chr. fällt. – (h) Die *republikan. Jahrzählung* bzw. Datierungsweise nach Konsuln wurde in der *Kaiserzeit* offiziell beibehalten, da das Konsulnamt fortbestand (seit Nero Ernennung, seit Diokletian bloße Ehrenstellung): eponym waren meist die am 1.Jan. jeden Jahres antretenden Konsuln (später ‹ordinarii›), denen allein der Kaiser, sofern er das Konsulat übernahm, angehörte; Datierung nach ‹consules suffecti› vor allem in stadtröm. Inschriften im 1. und 2.Jh., sonst selten (z.B. ist der Erlaß Vespasians CIL XVI 14 vom 5.4.71 n.Chr. datiert *Caesare Aug. f. Domitiano, Cn. Pedio Casco cos.*, nach den suffecti für diese Monate). Nach der Reichsteilung 395 wurde, um die fiktive Einheit äußerlich zu dokumentieren, je ein Konsul im Westen wie im Osten ernannt; erfolgte die gegenseitige Meldung des neuen Konsuls nicht rechtzeitig, datierte man *consules quos iusserint Domini Nostri Augusti* oder *et qui de Oriente* (bzw. *Occidente) fuerit nuntiatus* u.ä., postkonsularisch erst privat, später auch amtlich, ebenso bei Nichtanerkennung einer gemeldeten Konsulernennung. Letzter von einem weström. Kaiser ernannter Konsul Westroms ist Flavius Festus 472 n.Chr.; nach dem Ende des weström. Reiches wurde seit 479 mit Zustimmung des oström. Kaisers erst von → Odoaker, dann von den Ostgotenkönigen als Reichsverwesern des Westens einer der Konsuln ernannt, letzter dieser Konsuln Paulinus 534. Letzter oström. Konsul Basilius iunior 541. Konsulndatierung war jedoch im 6.Jh. noch üblich (in Ägypten, dort erst unter Diokletian eingeführt, noch im J. 611), und zwar postkonsularisch von Basilius iunior (z.B. 565: *post consulatum Basili a.XXIV)* und von Kaiserkonsulaten aus (s.u. 3c).

[2] *Chroniken:* ihre Bedeutung liegt darin, daß sie mit der Rekonstruktion der Konsulnliste von deren Anfängen in der Republik an bis in byzantin. Zeit engstens verbunden sind, d.h. entsprechend der röm. Jahrzählung nach Konsuln zur Festlegung der röm. Chronologie wesentlich beitragen. (a) Die *Konsulnliste der Republik* (s.o. 1b–d; → Fasti consulares) wurde erstmals um 300/250 v.Chr. von den Pontifices erstellt und in der Pontifikalchronik (tabulae pontificum) laufend fortgesetzt, aufwärts ergänzt, durch P. → Mucius (2) Scaevola, pont. max. 130 v.Chr., als ‹Annales maximi› ediert, in der Geschichtsschreibung verwendet und liegt in 3 Redaktionen augusteischer Zeit vor. – (b) Die *Konsulnliste der Kaiserzeit* beruht zunächst auf den fasti Capitolini (bis 13 n.Chr.) und verschiedenen anderen inschriftlich erhaltenen Fasten, auf Erwähnungen von Konsulnamen bei Schriftstellern, in Inschriften, Papyri, Rechtsbüchern, den acta ecclesiastica, bes. aber auf den späteren Chroniken (MG AA 9.11.13), die die Tradition der christl. Chronographen → Julius (1) Africanus, → Eusebios, → Hieronymus (s.o. B5d) mit wissenschaftlichen oder mehr populären Werken fortsetzen. Am wichtigsten sind: ‹Chronograph vom J. 354›, ein praktisches stadtröm. Handbuch, das neben Kalender mit Kalenderbildern, Ostertafel, Stadtregionen, Stadt- und Weltchronik auch eine Konsulnliste (44 v.–354 n.Chr.) enthielt; unabhängig von diesem die ‹fasti Hydatiani›, dem span. Bischof → Hydatius zugeschrieben und dessen Chronik beigegeben, vom Anfang der Republik bis 465, in der ein lat. Konsulnverzeichnis aus Konstantinopel (‹consularia Constantinopolitana› für 44 v.–394 n.Chr., dann bis 468) vorliegt, das für die Zeit vor Gründung Konstantinopels stadtröm. Fasten verwandt hat; neben den fasti Hydatiani schließen an Hieronymus auch an die 455 edierte Chronik des → Prosper Tiro mit Konsularfasten von 29 n.Chr. an, und zwar in der in Italien entstandenen Fassung (‹consularia Italica› für 44 bis [fortgesetzt] 571), die auch in den ‹Excerpta Latina Barbari› vorliegt, und → Cassiodor, der letzte bedeutende lat. Chronist, in dessen Weltchronik (bis 519) die Konsularfasten vom Republikbeginn bis 9 v.Chr. aus Livius (epit.), bis 31 n.Chr. aus → Aufidius (2) Bassus, die späteren aus der Ostertafel des Victorius Aquitanus vom J. 457 und aus Prosper stammen. – (c) Von *byzantin. Werken* sind zu nennen: neben der populären Chronik des Ioannes Malalas (bis Tod Justinians 565) das Chronicon paschale vom J. 629, das wie die griech. Vorlage der ‹Excerpta Barbari› aus einer alexandrin. Weltchronik schöpft und wiederum bis 395 auf den ‹consularia Constantinopolitana› beruht; schließlich die aus Julius Africanus und Eusebios über spätere Chronisten schöpfende ἐκλογὴ χρονογραφίας des Georgios Synkellos (um 810) mit Konsularfasten von Caesar bis Diokletian, die sich meist mit den ‹consularia Italica› decken, fortgesetzt durch dessen Freund Theophanes Confessor bis 813.

[3] *Regierungsjahre der Kaiser:* (a) als solche wurden in *Rom* und im lat. Westen nicht die Thronjahre, sondern die Jahre ihrer *tribuniz. Gewalt* gezählt. Angabe der trib. pot. mit Iterationsziffer stellt also Zusatzdatierung neben der Konsulndatierung dar: z.B. Augustus *tribuniciae potestatis XVIII consul XII* = (1.1.–1.7.) 5 v.Chr. (Mon. Anc. 35). Zählweise der tribunizischen Jahre: bei Augustus und den Kaisern des 1.Jh.s vom Tag des Regierungsantritts ab, und zwar Augustus vom Tage der Übertragung der trib. pot. als jähriger Gewalt am 1.7.23 v.Chr., die folgenden vom Dies (später → Natalis) imperii, dem Tag der Übernahme der prokonsularischen Amtsgewalt an. Der Nachfolger, der schon vor der Erhebung zum Augustus die trib. pot. besaß, zählte als Kaiser seine Tribunatsjahre weiter, d.h. vom Tag der Übernahme der Mitregentschaft aus (z.B. Tiberius bei Augustus' Tod am 19.8.14 seit 1.7. d.J. *trib. pot. XVI*, bei seinem Tode am 16.3.37 daher *trib. pot. XXXVIII*); um nebeneinander herlaufende unterschiedliche Tribunatszählungen zu verhindern, erhielt in solchen Fällen der Mitregent seine trib. pot. zum ‹Neujahrstag› derjenigen des regierenden Kaisers (Tiberius also am 1.7.6 v.Chr.). – Anstelle dieses veränderlichen tribuniz. Jahres wurde unter Trajan wieder das alte *plebejische Amtsjahr* mit dem ‹Neujahr› 10. Dez. Norm; als 1. Jahr galt die Zeit von der Übernahme der Herrschaft bis zum nächsten 9. Dez. Von der Severerdynastie an schleichen sich in der Zeit der Wirren infolge Mißachtung dieser Regel namentlich in den Provinzen falsche Datierungen ein. Diokletian iteriert die trib. pot. jährlich zum 1.Jan., Konstantin zu mehrfach wechselnden Terminen, Konstantius II. wieder regelmäßig zum 10. Dez. (ab 324). – (b) Die Ostprovinzen zählten nach hellenist. bzw. oriental. Tradition (s. A2; B3b) *wirkliche Herrscherjahre* der Kaiser, die den örtlichen Kalenderjahrformen (→ Kalender D5b; → Monatsnamen) angepaßt waren; die

Frist zwischen Regierungsantritt und nächstem Neujahrsdatum galt als 1. Jahr: in Syrien daher das 2. Jahr ab 1.10., in Ägypten ab 29.8. gerechnet. In Syrien tritt seit Trajan an die Stelle dieser Zählweise der Kaiserjahre (*ἔτους νέου ἱεροῦ*) die nach der trib. pot. (*δημαρχικῆς ἐξουσίας*); die Einführung des tribuniz. Jahres mit ‹Neujahr› 10. Dez. erstreckte sich dagegen nicht auf Ägypten: anstelle der trib. pot. werden auf den Münzen aus Alexandrien, der zweiten Münzstätte des Reiches, die Kaiserjahre nach den (ägypt.) Kalenderjahren angegeben (hervorragendes chronolog. Hilfsmittel für die Zeit der Reichskrise im 3. Jh. mit ihren zahlreichen Usurpationen und Thronwechseln). – (c) Datierung amtlicher Dokumente nach *(wirklichen) Regierungsjahren* der Kaiser *und Indiktionen* (→Kalender D7) verordnete im J. 537 Justinian (Nov. 47), wonach die Konsulndatierung, als Fossil der röm. Z. noch eine Weile mitgeschleppt (s. o. 1h), in West und Ost allmählich verschwand, z.B. griech. Papyrusurkunde aus Oberägypten vom J. 578 (München, Bayer. Staatsbibl.) datiert: «1. Jan. der 12. Indiktion, 13. Regierungsjahr des Kaisers Justinus, 4. Jahr des Caesars Tiberios II., 10. Jahr nach dem 2. Konsulat Justinus'.» Die byzantin. Herrscherjahre werden vom Datum der Thronbesteigung an gezählt.

[4] *Ären:* (a) Die einzige echte röm. Ära *post aedem Capitolinam dedicatam* wurde im 3. Jh. v. Chr. verdrängt von der (fiktiven) Ära *post reges exactos;* die Königszeit aufgerechnet, ergab die röm. Stadtära *ab urbe condita* mit dem Epochenjahr der Gründung Roms 751/0 nach älterer Zählung (Cato, Polybios), nach der jüngeren 753 (Varro), 752 (fasti Capitolini), s. o. [1] b–d. Die Stadtära ist also ihrer Entstehung nach fiktiv, gehört zu den ‹gelehrten Ären›, spielte in Rom keine Rolle für die praktische Z., da die Jahrzählung nach Konsuln erfolgte (s. o. 1a. h) und das Gründungsjahr Roms umstritten war (Cic. Brut. 18, 72); literarische und inschriftliche Datierungen nach der Stadtära sind daher regelmäßig nur Intervallangaben (Liv. 4, 7: Einsetzung der Konsulartribunen i. J. 310 a. u. c.; Dessau 274: Wiederherstellung der Freiheit durch Nerva i. J. 848 a. u. c.). Der Gebrauch nach ‹Jahren der Stadt› zu zählen ist modern, man bedient sich dabei der varronischen Zählung (753 v. Chr. = varr. 1 a. u. c.), weil diese weitverbreitet und in der Kaiserzeit maßgebend geworden war (Tausendjahrfeier am 21.4.248 unter →Philippus Arabs). – (b) In den unter röm. Herrschaft getretenen Gebieten Griechenlands, des hellenist. Ostens und des Westens entstehen als neuer Typ die Provinzären, neue Freiheitsären und Siegesären, die sämtlich zur Gattung der dynast. Ären gehören (s. B4a. b). (1) Die *Provinzären* zählen die Jahre der röm. Herrschaft im jeweiligen Lande, Epoche ist Jahr der Errichtung der Provinz. *Makedonische Ära* (*ὡς δὲ Μακεδόνες ἄγουσιν*, SIG 704) vom Herbst 148 v. Chr. an; *Achäische Ära* vom J. 146 v. Chr. an; ‹*Cistophorenära*› der Provinz Asia von 134/3 an (auf →Cistophoren bis 68/7 v. Chr. [Ephesos]); *Sullanische Ära* von 85/4 an im Inneren von Asia; sie knüpft an politische Neuordnung nach Sullas Sieg über Mithradates an und sollte dessen pontische Ära verdrängen; *Spanische Ära* vom 1.1.38 v. Chr. an, ihr Anlaß ist unbekannt, Datierungen nach ihr treten bis ins MA zusätzlich auf; *Provinzära Ägyptens* vom 1.8.30 v. Chr. an, gebräuchlich nur bis in die ersten Jahre des Tiberius, zählt bezeichnenderweise Herrschaftsjahre des Augustus in Ägypten (*ἔτη τῆς Καίσαρος κρατήσεως θεοῦ υἱοῦ*); *Mauretanische Ära* (‹anno provinciae…›) vom 1.1.40 n. Chr. an, nach Angliederung Mauretaniens ans röm. Reich; *Arabische Ära* oder Ära von *Bostra* (*ἔτους… τῆς ἐπαρχίας* oder *… τῆς Βοστρηνῶν*) vom 22.3.106 (od. 105) an. Provinzären waren auch in *Dakien* und *Obermoesien* (Viminacium) im 3. Jh. für wenige Jahrzehnte in Gebrauch, nachgewiesen auf Kupfermünzen. – (2) Zu den früheren *Freiheitsären* treten im 1. Jh. v. Chr. in Syrien und Kleinasien die *lokalen* pompejanischen und caesarischen Ären, die mit dem Jahr der Neuordnung der jeweiligen Stadt durch →Pompeius (64–57) oder →Caesar (49–46) beginnen; unter diesen die ‹*pompejanische Ära*› von 64/3 an (Befreiung zahlreicher Städte Syriens und Phöniziens von seleukid. bzw. makkab. Herrschaft) am häufigsten vertreten. – (3) Von den *Siegesären* wurden bei den Griechen in Griechenland, Kleinasien, Syrien die *caesarische Ära* nach den Jahren des Sieges bei Pharsalos (Juni 48 v. Chr.), die *aktische Ära* nach dem bei Actium (2.9.31 v. Chr.) gezählt (z.B. lyd. Inschrift, Denkschr. Wien 77, 1, 1959, 8). Epoche der caesar. Ära entsprechend den verschiedenen Jahrformen (→Kalender D5b; →Monatsnamen) abweichend: in Antiocheia Herbst 49, Laodikeia im J. 48 v. Chr.; Apameia hielt an der Seleukidenära (s. B4a), viele andere Städte an ihren eigenen Lokalären fest, die, meist nur aus Münzlegenden bekannt, durch Synchronismen, soweit in die Kaiserzeit fortgeführt, absolut datierbar sind. – (c) Ephemere Erscheinung sind die ‹*Erinnerungsären*›: Jahrzählung nach einem als markant erinnerten Ereignis, z.B. in Gangra (Paphlagonien) ‹vom 12. Konsulat› des Augustus an (5 v. Chr.), in Athen zeitweilig ‹vom Besuch des Kaisers Hadrian› an (124/125 n. Chr.). – (d) *Sakrale Ären* sind meist gelehrten Ursprungs, jedoch als Datierungsmittel allgemein üblich geworden, mit z.T. fiktivem oder doch unkorrektem Epochenjahr. Die *jüdische Weltära* setzt die Weltschöpfung auf den 7.10.3761, die *alexandrinische* (*κατὰ Ἀλεξανδρεῖς*) auf 25.3.5492, die *byzantinische* (*κατὰ Ῥωμαίους*) oder *Ära von Konstantinopel* auf 1.9.5509 v. Chr. Letztere zählt lediglich 1 Indiktion mehr als die alexandrinische und beruht auf rein chronolog. Erwägungen, indem sie für den Indiktionenzyklus, den 18jährigen Sonnenzirkel (Periode, nach deren Ablauf wieder gleiche Wochentage mit gleichen Monatstagen zusammentreffen) und den 235 synodische Umläufe enthaltenden Mondzirkel bzw. die 19jährige Schaltperiode (→Kalender C4a) als gemeinsame Epoche das 1. Weltjahr aufstellt; sie verdrängte vom 7. Jh. an alle übrigen christl. Weltären. – Die *mohammedanische Ära* beginnt mit der Hidschra 15.7. 622 (Flucht Mohammeds von Mekka nach Medina) ihre Zählung islam. Mondjahre (vgl. →Kalender B1.3a) von 354 und 355 (Schaltjahr) Tagen. – (e) Die *Ära Diokletians* (*ἔτους.. Διοκλητιανοῦ*) von 284 an erscheint äußerlich als dynastische, wurde jedoch von den alexandrin. Astronomen erfunden, um nach Einführung der Konsulndatierung unter Diokletian anstelle des julian. Jahres mit Neujahr zum 1. Jan. das ägypt. Wandeljahr beibehalten zu können, auf das alle astronomischen Beobachtungen gestellt waren (s. auch o. A5a); nach Diokletians Abdankung wurde die (fiktive) Zählung seiner Regierungsjahre fortgesetzt (so im Osterbrief des →Athanasios und in Horoskopen). Als Datierungsmittel gebräuchlich erst in Ägypten im 5. Jh., seither in der kopt. Kirche (‹Märtyrerära›) bis heute, gelangte sie auch in den Westen und wurde dort in Ostertafeln und dgl. noch mitgeschleppt. – (f) Die *christliche Ära* begründete →Dionysios (7) Exiguus, Abt in Rom (gest. um 540); schlug 525 anstelle der bisher üblichen eine bessere Tafel zur Berechnung des Osterfestdatums (1. Sonntag nach Frühlingsvollmond, daher Ostergrenze 22.3.–25.4.) vor, die, von Beda Venerabilis fortgesetzt, in der kath. Kirche bis 1582 (→Julian. Kalender) gültig blieb. Für seine Ostertafel zog er die des →Kyrillos heran, die wie die gesamte alexandrin. Osterberechnung die Ära Diokletians verwendete; um das Ärgernis der Datierung nach dem Christenverfolger zu beseitigen, ließ er in seiner Tafel dem 247. J. Diokletians das 532. J. ‹*ab incarnatione Domini*› folgen, da er 248 Dioklet. = 532 n. Chr. errechnet hatte. Die so geschaffene christl. Ära setzte sich mit Dionysius' Ostertafel im Westen durch (schon 562 in der Computatio paschalis), die Byzantiner blieben sich bis ins 14. Jh. über das Datum der Geb. Christi im unklaren (tatsächliches Datum wahrscheinlich 6 v. Chr.). – Die Anwendung der christl. Ära für die Zeit *vor* Chr. Geb. stammt von D. Petavius und bürgerte

sich seit dem 18. Jh. ein, damit ist einheitliche Z. für die gesamte Weltgeschichte gewonnen; nachteilig ist dabei nur, daß der Gang der Geschichte für die vorchristl. Zeit an eine rückläufige Z. geknüpft ist (zu beachten: da es das J. 0 nicht gegeben hat – J. 1 v. und 1 n. Chr. folgen direkt aufeinander –, muß bei Berechnung von Zeiträumen, die sich aus der Zeit *vor* bis in die *nach* Chr. Geb. erstrecken, stets 1 J. subtrahiert werden).

[5] *Reduktion* eines nach röm. Z. gegebenen Datums auf die moderne Z. ist möglich: (a) infolge *direkten Anschlusses* der christl. Ära an eine antike, die Diokletians (s.o.); – (b) durch die *Konsularfasten*, die durch die Chronisten bes. des 6. Jh.s vollständig überliefert (s.o. 2b) und durch die Computatio paschalis mittels der Gleichung J. 562 Christi = J. 21 ‹post consulatum Basilii› absolut datiert sind, die Konsulndatierung war damals noch gebräuchlich (s.o. 1h. 3c): Dionysius datierte seine Schrift vom J. 525 ‹consulatu Probi iunioris›. Bei der Reduktion von Konsulndatierungen für die Zeit der Republik ist zu berücksichtigen (1) Inkongruenz des Amtsjahrs mit dem (julian.) Jahr vor 153 und besonders 222 v. Chr. (s.o. 1a), (2) Ungleichmäßigkeit der bürgerlichen Jahre des röm. → Kalenders (D 4) und damit auch der konsularischen Amtsjahre vor Einführung des → Julianischen Kalenders, (3) verschiedene Reduktionsmöglichkeiten von Konsuln- auf andere antike Amts- und auf die Olympiadenjahre (s. B 4c), (4) Unzuverlässigkeit des → fasti consulares vor 300 v. Chr. (s.o. 1e–g); – (c) durch den *ptolemäischen Kanon* (s.o. A 5a), der, über 160 n. Chr. (Antoninus Pius) hinaus fortgesetzt, die Regierungsdaten der röm. und byzantin. Kaiser (in einigen Hss. bis zum Fall Konstantinopels 1453) enthält und seinerseits direkten Anschluß an die moderne Z. hat. – (d) Zusätzliche Sicherung der Konsulnliste durch *astronomische Beobachtungen*, z.B. Augustus' Tod am 19. Aug. ‹duobus Sextis Pompeio et Appuleio consulibus› (Suet. Aug. 100), bald darauf wurde eine Mondfinsternis beobachtet (Tac. ann. 1, 28), die Konsularfasten ergeben das J. 14 n. Chr., tatsächlich trat am 27. 9. 14 eine Mondfinsternis ein. H. Kal.

Lit (s. auch unter → Kalender): *Zu A:* F. K. Ginzel, Hb. d. math. u. techn. Chronol., 3 Bde, 1906–14 – A. Ungnad-E. Ebeling, RLAss 2, 1938, 131–196, s.v. Datenlisten – A. Ungnad, ebd. 412–457, s.v. Eponymen – A. Scharff-A. Moortgat, Ägypt. u. Vorderasien im Altert., 1950, 25ff. 315ff. 479f. (Lit) – E. R. Thiele, The Mysterious Numbers of the Hebrew Kings, 1954 – P. van der Meer, The Chronol. of Ancient Western Asia and Egypt (1947), 1955² – W. Helck, Untersuch. zu Manetho u. d. ägypt. Königslisten, 1956 – D. O. Edzard, Die «zweite Zwischenzeit» Babyloniens, 1957, 15ff. – A. Goetze, Kleinasien, HbAW (1933), 1957², 84f. (Lit) – W. Nagel, Bem. z. Chronologie sowie z. d. Zeit- u. Familientafeln, Baghd. Mitt. 1, 1960, 93–95 – H. Schmökel u.a., Kulturgesch. d. Alten Orients, 1961, 180ff. 718f. (Lit) – O. R. Gurney, The Hittites (1952), 1962², 219f. (Lit) – E. Bickerman, Chronologie (1933), 1963², 37ff. 52ff. (Lit) – W. C. Hayes-M. B. Rowton-F. H. Stubbings, Chronology, Egypt, Western Asia, Aegean Bronze Age, CAH rev. ed. I 6, 1964, 3ff. 23ff. 32ff. 77ff. (Lit) – H. Bengtson, Einf. i. d. Alte Gesch. (1949), 1965⁵, 28ff. 32ff. (Lit) – *Zu B* (außer den zu A genannten Werken): E. Schwartz, Königslisten d. Eratosth. u. Kastor, 1894 – F. Jacoby, Apollodors Chronik, 1902 – F. Boll, RE 6 (1909), 2329–64 – P. Graindor, Chronologie des archontes athéniens sous l'empire, 1922 – K. J. Beloch, Griech. Gesch.² IV 2, 1927 – W. Kubitschek, Grundriß d. ant. Z., HbAW, 1928 – K. Pritchett-B. D. Meritt, The Chronol. of Hellenistic Athens, 1940 – J. H. Oliver, Greek Inscr. [App.: Athen. Archons under the Empire], Hesperia 11, 1942, 81–89 – G. Daux, Chronologie Delphique, 1943 – F. Jacoby, Atthis, 1949, 169ff. – D. W. Prakken, Stud. in Greek Genealogical Chronol., 1943 – A. J. Sachs-D. J. Wiseman, A Babylonian King List of the Hellenistic Period, Iraq 16, 1954, 202–212 – T. C. Skeat, The Reigns of the Ptolemies, 1954 – H. Bengtson, Neue Seleukidendaten, Historia 4, 1955, 113–114 – N. G. L. Hammond, Stud. in Greek Chronol. of the Sixth and Fifth Cent. B. C., Historia 4, 1955, 371–411 – R. A. Parker-W. H. Dubberstein, Babylonian Chronol. 626 B.C.–A.D. 75, 1956 – L. Moretti, Olympionikai, 1957 – A. Rehm, Didyma II, 1958, 380ff. [Chronol. Tab.] – T. C. Skeat, Notes on Ptolemaic Chronol. I–III, JEA 46/48, 1960–62, 91–94. 107–112. 100–105 – J. IJsewijn, De sacerdotibus… Alexandri… et Lagidarum eponymis, 1961 – E. Manni, Fasti ellenistici e romani (323–31 a.C.), 1961 – H. Strasburger, Herodots Z. (1956), in: ‹Herodot›, hg. v. W. Marg, 1962, 677 bis 725 – J. Wolski, Arsaces II et la généalogie des premiers Arsacides, Historia 11, 1962, 138–145 – D. W. Bradeen, The Fifth-Century Archon List, Hesperia 32, 1963, 187–208 – F. Kiechle, Lakonien u. Sparta, 1963, 220ff. 233ff. – B. D. Meritt, Chronol. of the Late Fourth Cent., Hesperia 33, 1964, 1–15 – *Zu C:* Mommsen, Staatsrecht I, 596ff.; II, 796ff. – C. Wachsmuth, Einl. i. d. Stud. d. Alten Gesch., 1895, 147ff. – O. Leuze, Die röm. Jahrzählung, 1909 – W. Liebenam, Fasti consulares imperii Romani (30 v.–565 n. Chr.), 1909 – P. V. Neugebauer, Hilfstafeln z. techn. Chronol., 1937 – K. Hanell, Das altröm. eponyme Amt, 1946 – H. Lietzmann, Z. der röm. Kaiserzeit, des MAs u. d. Neuzeit f. d. Jahre 1–2000 n. Chr. (1934), 1956³ – G. Perl, Krit. Untersuch. z. Diodors röm. Jahrzählung, 1957 – R. Werner, Der Beginn d. röm. Republik, 1963, passim (Lit) – E. Meyer, Röm. Staat u. Staatsgedanke (1948), 1964³, 37ff. 478ff. (Lit).

Zeitungen. Amtliche Bekanntmachungen erfolgten in den Städten Griechenlands und im republ. Rom durch Anschläge an öffentlichen Gebäuden (→ Nachrichtenwesen). → Caesar ließ von 59 v. Chr. an die → acta diurna senatus et populi mit täglichen Berichten von Senatssitzungen und Volksversammlungen in Rom veröffentlichen. Diese wurden dann, wohl von privaten Unternehmern, abgeschrieben, mit anderen Nachrichten aus Rom ergänzt und in das übrige Italien und die Provinzen verschickt. In → Ciceros Korrespondenz finden sich zahlreiche Hinweise, daß diese Zeitungen in den Provinzen regelmäßig bezogen wurden. Bereits unter → Augustus änderte sich der Charakter dieser Berichte: es wurden nur noch die Taten des Kaisers, Ereignisse im Kaiserhaus und in den vornehmen Familien u.ä. mitgeteilt, und mit dem fortschreitenden Absolutismus wagten die Abschreiber und Versender der acta nicht mehr, an der von kaiserlichen Beamten (procurator Augusti ab actis urbis) redigierten Fassung etwas zu ändern oder zuzufügen. So erstarrten die acta diurna, die weiterhin auch in den Provinzen viel gelesen wurden (Tac. ann. 16, 22), zu einem Organ der kaiserlichen → Propaganda (Persiflage bei Petron 53). Zuletzt sind sie bei → Symmachus (4. Jh.) erwähnt; ein (echtes?) wörtliches Zitat ist etwa Hist. Aug Sev. Alex. 6–12. Th. P.

Lit: W. Riepl, Das Nachrichtenwesen d. Altertums, 1913, 376–429

Zela, kleine Stadt im Innern des Königreichs Pontos (Kt. 2640 D 1; heute Zile), vom Hohenpriester der → Anaitis regiert. Das Königreich Pontos behandelte Z. nicht als Stadt, sondern als Tempel. Zu diesen Tempelstädten gehörten größere Landbezirke. Die Stadt selbst war wohl vor allem von Tempeldienern bewohnt. Bei Z. schlug Caesar i. J. 47 v. Chr. → Pharnakes II. R. F.

Lit: A. H. M. Jones, Cities of eastern Rom. prov., 1937, 156.

Zenobia (syr. Name Bat-Zabbai; als Herrscherin Septimia Z.), syrische Teilherrscherin 266–271; Gattin des Septimius → Odaenathus und nach dessen Ermordung (266/267) Herrscherin des Reiches von → Palmyra (Septimius → Vaballathus). Z. setzte zunächst die Politik der Selbständigkeit, aber Loyalität gegenüber den röm. Herrschern fort. Sie erweiterte das östliche Teilreich um Ägypten und große Teile Kleinasiens. Nach der Proklamation des → Aurelian erklärte sie die volle Selbständigkeit durch Annahme des Augusta-Titels und erreichte die vertragliche Anerkennung dieser Stellung; seit 271 von Aurelian bekämpft, mehrmals besiegt und schließlich gefangengenommen; auf Weisung des Aurelian verbrachte sie den Rest ihres Lebens in Italien. H. D. M.

Zenobios, Rhetor, 2. Jh. n. Chr.; machte nach → Suidas (s.v.) einen Auszug aus dem Sprichwörterwerk des → Didymos (1) und des ‹Tarrhaios›, d.h. des → Lukillos von Tarrhai (→ Paroemiographie). Ferner schrieb er eine Übersetzung der Historien und Bella Sallusts und ein Geburtstagsgedicht zu Ehren des Kaisers Hadrian. K. R.

Lit: K. Rupprecht, RE 18, 3 (1949), 1747–54.

Zenodoros, → Mathematiker, 2. Jh. v. Chr., bewies, daß der Kreis unter allen ebenen Figuren gleichen Umfangs den größten Flächeninhalt hat (isoperimetrisches Problem). Der entsprechende Satz, daß die Kugel unter allen Körpern gegebener Oberfläche das größte Volumen hat, war einer der Gründe, die für die Kugelförmigkeit des Weltalls angeführt wurden. H.G.

Q: Ptol. alm. 1, 3 – Papp. coll. 5 – Theon Alex. in Ptol. alm. 1, 3 – *Lit:* W. Schmidt, Zur Gesch. d. Isoperimetrie im Altertum, Bibl. Math. (3), 2, 1901, 5–8 – Th. Heath, A hist. of Greek Math. II, 1921, 207–213 – W. Müller, Das isoperimetrische Problem im Altertum, Sudhoffs Archiv f. Gesch. d. Med. u. d. Naturwiss. 37, 1953, 39–71.

2. **Z.,** Homerexeget hellenistischer oder augusteischer Zeit, handelte in 10 Büchern über die Eigenheiten homerischer Sprache und Komposition. Fragmente in den Scholien, eine (umstrittene) Epitome in einer Hs. des MA. H.E.

Frg. und *Lit:* E. Miller, Mélanges de Littérature grecque, 1868, 407–411 – H. Pusch, Quaestiones Zenodoteae, Diss. Hal. 11, 1890, 135 (Frg.).

Zenodot von Alexandria, Grammatiker hellenistischer (nicht näher bestimmbarer) Zeit. Schrieb über homerische Probleme. H.E.

Lit: H. Pusch, Quaest. Zenodoteae, Diss. Hal. 11, 1890, Nr. 8, 174ff.

2. **Z. von Ephesos,** Grammatiker, geb. um 325, Schüler des → Philitas, Erzieher des → Ptolemaios (2) Philadelphos, erster Vorsteher der alexandrin. Bibliothek. Als epischer und epigrammatischer Dichter übernahm er die Aufgabe, die Hss. des Epos zu ordnen (→ Überlieferung, 2). Neben einem homerischen Glossar (*Γλῶσσαι Ὁμηρικαί* → Lexikographie, B 2) Ausgaben von Hesiod, wohl auch Anakreon und Pindar (vgl. Pap. Ox. 841) und, am wichtigsten, von Ilias und Odyssee (nicht vom → Kyklos, den er demnach für nachhomerisch hielt). Er benutzte als erster mehrere, z. T. vermutlich alte Hss., wendete als Tilgungszeichen den → Obelos (—) an und scheint die Bucheinteilung geschaffen zu haben. Seine Methode war freilich noch unentwickelt. Die umfangreichen Athetesen basieren meist auf subjektiven, durch die hellenistische Ansicht vom vorbildlichen Epos bestimmten Gründen. Er nahm auch eigene Verse in den Dichtertext auf. Diese Verfehlungen mindern jedoch Z.s einzigartiges Verdienst nicht, die Möglichkeiten philologischer Methode aufgezeigt und die Forschung der Folgezeit ins Leben gerufen zu haben. – In einer Monographie versuchte er, die Tageseinteilung der in Ilias und Odyssee dargestellten Handlungen zu ermitteln. Die auch von → Aristarch (in den Kommentaren zu den homerischen Gedichten) berührte Frage hat zeitweilig auch die moderne Homerforschung beschäftigt. H.E.

Lit: H. Düntzer, De Zenodoti studiis Homericis, 1848 – A. Römer, Über die Homerrecension des Z., Abh. München 1885, 639 – U. v. Wilamowitz-Möllendorff, Homer. Unters., 1884, 369 – M. V. d. Valk, Researches on the Text and Scholia of the Iliad II, 1964, 1–83.

3. **Z. von Mallos,** Schüler des → Krates (4), 2. Jh. v. Chr., schrieb ein Buch gegen die Athetesen → Aristarchs (2). Ist vielleicht der Verfasser der Dialektglossen (*Ἐθνικαὶ λέξεις*), die jedoch auch → Z. (2) v. Ephesos zugewiesen werden. H.E.

Lit: H. Pusch, Quaest. Zenodoteae, Diss. Hal. 11, 1890, Nr. 8, 174ff.

Zenon von Athen, gegen Ende des 2. Jh.s n. Chr., Verfasser eines verlorenen Lehrbuchs der → Rhetorik (B 10), das vor allem die → Stasislehre behandelte. Vgl. → Sulpicius (14) Victor. H.H.

Lit: O. Schissel, RE 4 A 1 (1931), 873–878, s. v. Sulpicius Victor.

2. **Z. von Elea,** ca. 490–2. H. des 5. Jh.s v. Chr., einer der → Vorsokratiker, berühmt durch die Argumente oder ‹Paradoxien›, mit welchen er die Lehre des → Parmenides, daß es keine Vielheit, kein Werden und Vergehen und keine Bewegung gebe, zu verteidigen suchte. Das erste Argument gegen die Vielheit ist nicht vollständig erhalten, wohl aber zwei Stücke daraus (Frg. B 2 und B 1 D., wahrscheinlich ursprünglich in dieser Reihenfolge); der Hauptgedanke war anscheinend, daß viele Dinge, um viele zu sein, voneinander getrennt sein müssen, dann aber zwischen den trennenden immer ein weiteres trennendes sein muß. Da also unendlich vieles dazwischen ist, muß der Komplex unendlich groß sein. Da er aber nicht unendlich groß zu sein scheint, muß das Trennende unendlich klein sein. Es ergibt sich also der Widerspruch, daß, wenn es viele Dinge gibt, sie zugleich unendlich ausgedehnt und unendlich klein sein müssen. Das zweite Argument gegen die Vielheit besagt, daß, wenn es viele Dinge gibt, es so viele gibt, wie es gibt, also eine bestimmte, also eine endliche Zahl. Da aber, damit es viele sein können, immer zwischen den einzelnen ein trennendes sein muß und dazwischen wieder, muß es unendlich viele geben. Wieder ein Widerspruch. – Das erste Argument gegen die Bewegung (auch bekannt als die Behauptung: ‹der fliegende Pfeil ruht›) lautet in der kürzesten Fassung (B 4): Das in Bewegung Befindliche bewegt sich weder in dem Ort, an dem es sich befindet (denn es bewegt sich ja), noch in dem, in welchem es nicht ist (denn da ist es ja nicht). Das zweite Argument gegen die Bewegung ist nur indirekt überliefert und am bekanntesten in der Form des Argumentes, daß Achilles die Schildkröte nicht einholen kann. Denn wenn er auch zehnmal so schnell läuft, so wird sie doch, wenn er an ihrem Startpunkt angekommen ist, ein Stückchen weitergelaufen sein, und wenn er das eingeholt hat, wieder ein kleineres Stückchen und so in infinitum. – Es gab auch ein Argument des Z. gegen die Existenz des Raumes: «Alles, was ist, ist in einem Raum. Aber worin ist der Raum?» – Endlich wurden dem Z. auch physikalische Theorien zugeschrieben, welche mit seiner Leugnung der Bewegung nur schwer vereinbar sind. – Spätestens seit dem Ende des 3. Jh.s war in mannigfachen, z. T. einander widersprechenden Versionen eine Geschichte verbreitet, wonach Z. in eine Verschwörung gegen einen Tyrannen (von Elea?) verwickelt war und von diesem, da er sich standhaft weigerte, seine Mitverschworenen zu verraten, unter Foltern getötet wurde. K.v.F.

Frg: VS 29 – *Lit:* W. Kullmann, Z. und die Lehre des Parmenides, Hermes 86, 1958, 157–172 – J. Zafirupulo, Vox Zenonis, 1958.

2a. **Z. von Kaunos,** Sohn des Agreophon, 260/259 Agent des Apollonios, des → Dioiketes des Ptolemaios II. Philadelphos, für Privatgeschäfte in Syrien, Palästina, Kleinasien. 258 Sekretär und Vertrauensmann in Alexandria. 256 Verwalter des dem Apollonios verliehenen Lehensgutes (Dorea) von 10000 Aruren (= 2756 ha) im arsinoitischen Gau (= Fajum) mit Zentrum in Philadelphia (heute Darb Gerze); übte darüber hinaus gewisse Verwaltungsbefugnisse aus; nützte weithin seine Stellung zu gewinnbringenden Privatgeschäften aus; um 246 entlassen, lebte Z. als Privatmann in Philadelphia bis jedenfalls 243. Für uns ist Z. vor allem durch die an ihn gerichtete amtliche und private Korrespondenz von Bedeutung, die in Philadelphia gefunden wurde; von gewaltigem Umfang, ist sie Schatzkammer für die Kenntnis des frühptolemäischen Ägypten. F.Z.

Q: Liste der Papyri: Cl. Préaux, Les Grecs en Egypte d'après les archives de Zenon, 1947 – *Ed:* nur von größeren, zusammenhängenden Serien in PSI: Papiri greci e latini, vol. IV, 1917, Nr. 321–432; V, 1917, Nr. 482–548; VI, 1920, Nr. 551–682 – C. C. Edgar, Zenon Papyri, Bd. 1–4, 1925–31 (= Catal. Gén. des Antiq. Egypt. du Musée du Caire); Bd. 5, 1940 posthume, par O. Guéraud et P. Jouguet (= Public. de la Soc. Fouad I de papyrologie, Textes et documents V.) – C. C. Edgar, Zenon Papyri in the Univ. of Michigan Collect., 1931 – W. L. Westermann-E. S. Hasenoehrl, Zenon Papyri I, 1934 – W. L. Westermann-Cl. W. Keyes-H. Liebesny II, 1940 (Columbia Pap., Greek Series) – *Lit:* L. M. Rostovtzeff, A large estate in Egypt in the third century B. C., 1922 – C. C. Edgar, Introduction zur Ausg. der Michigan Collection, s. o. – Claire Préaux, L'économie royale des Lagides, 1939.

3. **Z. von Kition,** Begründer der Schule der → Stoiker, ca. 334–263. Z. schloß sich zunächst dem → Kyniker → Krates (5) an; Schulgründung ca. 300. Verzeichnis der Werke bei Diogenes Laertios 7, 4; nur Fragmente erhalten. Der ‹Staat› soll noch unter kynischem Einfluß entstanden sein. In der Schrift ‹Über den Logos› Einteilung der Philosophie in Logik, Physik und Ethik. – *Logik:* Die Dialektik dient nach Z. einzig zur Auflösung von Trugschlüssen. Bemerkenswert ist Z.s Konzeption einer ‹erfassenden Vorstellung› (*φαντασία καταληπτική*), die sich untrüglich als wahr ausweist; nur einer solchen Vorstellung darf der

Weise zustimmen. Alle Vorstellungen stammen aus der sinnlichen Wahrnehmung. – *Naturlehre:* In der Schrift ‹Über das Sein› führt Z. zwei (ewige) Prinzipien ein: das tätige Prinzip ist Gott, das leidende die qualitätslose Materie, die ihre Form erst durch das aktive Prinzip erhält. Gott ist eine ‹feurige Vernunft›, die Natur ein ‹gestaltendes Feuer›, der Kosmos ein lebendiger Organismus, der periodisch im Weltbrand vergeht und sich wieder erneuert. Alles, was geschieht, geschieht durch die → Heimarmene. – *Ethik:* Die Tugend als einziges Gut ist hinreichend zur Glückseligkeit. Den von anderen so genannten Gütern, dem ‹Bevorzugten›, kommt nur relativer Wert zu. Die Tugenden sind qualitativ verschieden, aber unlösbar miteinander verknüpft. Die Tugend besitzt jedoch nur der Weise, dem die Stoa alle erdenklichen positiven Prädikate beilegt (die sog. Paradoxa). Der Weise ist frei von Affekten, die Z. als «übermäßige und unvernünftige Bewegungen der Seele», als Folge eines Fehlurteiles bestimmt. Der gewöhnliche Mensch, der die Tugend nicht besitzt, kann bestenfalls die an ihn gestellten ‹Anforderungen› (*καθήκοντα*) erfüllen. Das Lebensziel formulierte Z. in ‹Über die Natur des Menschen› als ‹Leben in Übereinstimmung mit der Natur›. M.S.

Frg: SVF I 1–72 – *Lit:* M. Pohlenz, Die Stoa, 1948 (Nachdr. 1962) – *Bildnisse* → Anhang I.

4. **Z. von Rhodos,** rhod. Politiker und → Geschichtsschreiber; älterer Zeitgenosse des → Polybios (ca. 200 bis 120 v. Chr.), der mit Z. korrespondierte und ihn in Grenzen anerkannte. Schrieb eine *Χρονικὴ σύνταξις* von der Urzeit bis mindestens ca. 200, nicht auf Lokalgeschichte beschränkt; direkte Quelle der rhod. Archäologie bei → Diodor 5,55 bis 59 (?). W.Sp.

Frg: FGrHist 523.

5. **Z. von Sidon,** geb. 160/150 v. Chr., → Epikureer, Schüler des → Apollodoros (1) Kepotyrannos und wohl auch dessen direkter Nachfolger als Schulhaupt. Cicero hörte ihn noch 79/78 in Athen. Z.s Schüler → Philodemos (1) hat in der Schrift ‹Über das offene Wort› (des Seelsorgers) und z.T. auch in der ‹Über die Methode des Schließens› Vorlesungen seines Lehrers bearbeitet. W.L.

6. **Z. von Tarsos,** → Stoiker, Schüler des → Chrysipp (2) und sein Nachfolger als Schulhaupt; zog als erster die stoische Lehre vom Weltbrand in Zweifel. M.S.

Frg: SVF III 209.

7. **Z.,** (ost-)röm. Kaiser 474–475 und 476–491, Häuptling aus Isaurien (ursprünglicher Name Tarasicodissa), gest. 9.4.491 in Konstantinopel. Z. wurde als Gegengewicht gegen → Aspar von → Leo I. mit seiner Tochter Ariadne verheiratet (466). Neben seinem kleinen Sohn (Leo II.) ließ sich Z. am 9.2.474 zum Augustus erheben und wurde dann nach dessen Tod im Herbst 474 Alleinherrscher. Im Januar 475 gestürzt, erlangte Z. Ende 476 die Herrschaft zurück und hielt sie trotz zahlreicher Bürgerkriege fest. Nach der Absetzung des → Romulus (2) Augustus einziger, auch von → Odoaker anerkannter Kaiser. Religionspolitisch geht auf ihn das sog. Henotikon (482) zurück, das einen Ausgleich zwischen katholischer und monophysitischer Bevölkerung erstrebte, jedoch zum Schisma mit Rom führte. H.-J.D.

Zentralbau. Architektonisch ein Gegenpol zum Längsbau der → Basilika, wurde der Z. gerne für → Baptisterien, → Memorien bzw. Memorialkirchen, für Palastkirchen, seltener für Gemeindekirchen verwandt. Ungeachtet seiner vielfältigen Gestaltung als Rundbau, Konchenbau und in Mischtypen bleibt die Zentrierung typisch, auch wenn ihr charakteristisches Bauelement, die → Kuppel, nicht immer nach außen sichtbar wurde (→ Architektur III B).

[1] Der *Rundbau* wurde nicht nur als einfacher Kreis (Rotunde), sondern auch polygonal (bevorzugt als Oktogon) gestaltet, außerdem durch liturgisch bedingte innere und äußere Umgänge (deambulatorium) in sich aufgegliedert. – Einfache Rotunde mit Mauernischen, antiken → Mausoleen entsprechend: Helenamausoleum, Rom (Deichmann, 3); Konstantinsmausoleum an der Apostelkirche Konstantinopel mit 8 Nischen (Testini, I 409); letzterem ähnlich: Honoriusmausoleum und Zwillingsbau Anf. u. Mitte 5. Jh., Annexbauten St. Peter, Rom, später S. Petronilla und S. Andrea (Wulff, 233). – Aufgliederung

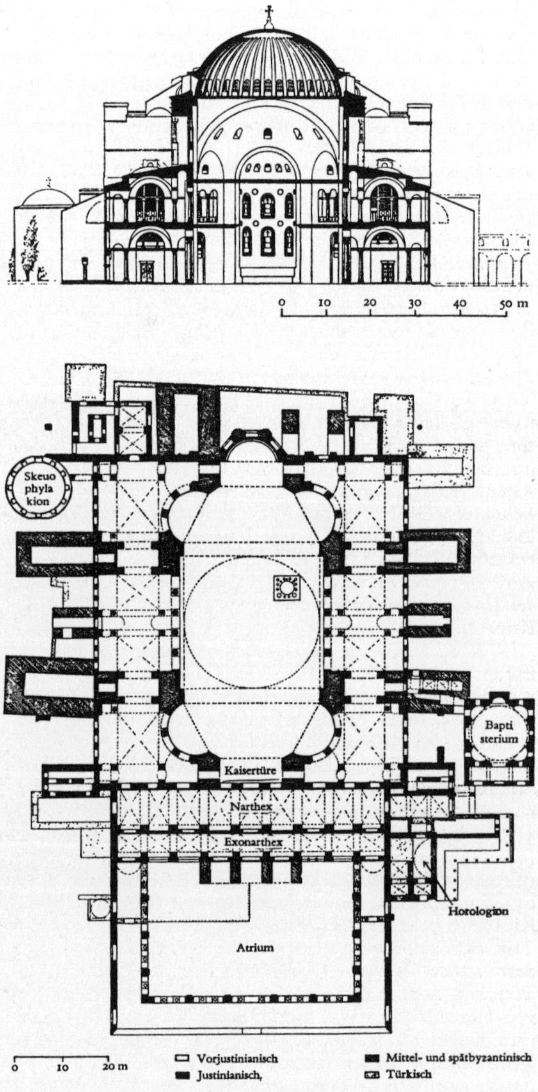

Abb. 255 Querschnitt und Grundriß der Hagia Sophia in Konstantinopel

durch 3 konzentrische Säulenkreise: Anastasisrotunde der → Grabeskirche (Krautheimer, 8), was vielleicht im 5. Jh. S. Stefano in Rotondo als Vorbild diente (Deichmann, 9). Aufgliederung durch inneren Säulenring, tonnengewölbten Umgang und äußeres deambulatorium, von dem Treppen zu einem → Hypogäum unter der → Apsis führten: Mausoleum Konstantinas, Rom, Mitte 4. Jh. (Volbach, 12f.); ebenso die Umwandlung des Galeriusmausoleums (Rotunde mit 8 Nischen) in die Palastkirche Hagios Georgios, Saloniki, ca. 390 (ebd. 15), allerdings unter Zufügung eines Apsis. – Ostorientierung durch ausbuchtende Apsis: Memorialkirche Scythopolis, Nordpalästina 6.Jh. (?) (Crowfoot, 20). – Einfaches Oktogon: Apsis der konstantin. Geburtskirche, Bethlehem, zugleich als memoria gedacht (ebd. 380; ebd. 2; von Vionnet, Byzantion 13, 1938, 91 bis 128 bestritten). – Der Wechsel von quadratischen und halbrunden Wandnischen in den memorialen Annexkapellen von S. Lorenzo, Mailand: S. Aquilino 4./5.Jh. (ursprünglich → Baptisterium) und S. Sisto 5.Jh. (Volbach, 17) wahrt stärker den Zusammenhang mit dem Mausoleumsbau z.B. → Diokletians in → Spalato. – Vor allem für Baptisterien war das Oktogon beliebt (vgl. ambrosianische Distichen auf die Symbolik, z.B. Nr. 1841, Diehl), zumal die Aufgliederung durch inneren Säulenkranz um die piscina und äußeren Umgang für Katechumenen der Liturgie entgegenkam: vgl. Umbau des → Lateranbaptisteriums; ähnlich aber mit Rotunde und Kombination mit Kreuzarm: S. Angelo, Perugia, 6. Jh. (Testini, I 329, 6); vgl. ferner Baptisterien der Orthodoxen und Arianer in Ravenna (weitere Grundrißnachweise: RBK I, 466–472). Auch die sog. ‹große› Palastkirche → Antiochias, Mitte 4.Jh., hatte 3 konzentrische Oktogonkreise mit ausladender Apsis (RBK I, 189f.), ähnlich die Himmelfahrtskirche des Ölbergs, Jerusalem, Ende 4.Jh. (Crowfoot, 25; im sog. Felsendom des Kalifen Omar, 7.Jh., nachgeahmt). – Für die oktogonale Gemeindekirche wurden neben der Apsis 2 Pastophorien (→ Architektur III A) notwendig; bei der Theotokoskirche auf dem Garizim Ende 5.Jh. verstand man das Achteck zu erhalten (Grabar, 76), später scheute man nicht vor seiner Halbierung zurück; vgl. Muğleyya, nordöstl. Apameia, 6.Jh. (Testini, I 329, 5). – Unter den selteneren Polygonen sind die elliptische Memorialkirche St. Gereon, Köln, Mitte 4.Jh. (ebd. 327) und das Mausoleum Pècs, Ungarn, Ende 5.Jh. (ebd. 328), sowie das Zehneck des zweistöckigen Mausoleums Theoderichs, Ravenna, Anf. 6.Jh., hervorzuheben, das oben als Rundbau endet (ebd. 353; Monolith statt ursprünglich vorgesehener Kuppel).

[2] Auch der *Konchenbau* (sog. Kleeblattgrundriß, bereits im antiken Mausoleumsbau) konnte verschieden gestaltet werden. Sein zentrales Raumquadrat begünstigte dabei die Vierungskuppel. – Der Trikonchos (cella trichora), dem → Triclinium verwandt und als cella coemeterialis der Antike bekannt, diente den Christen primär als memoriale Kapelle (ebd. 330; Belege), wurde aber auch als Apsis von Memorialkirchen gerne verwandt: vgl. S. Simforosa, Rom, 4. Jh. (ebd. 73), Concordia Sagittaria bei Venedig, 6. Jh. (ebd. 84), justinianische Geburtskirche Bethlehem, 6. Jh. (Crowfoot, 16). Dies gab im ägypt. Klosterbau dem Presbyterium ein bes. Schwergewicht, vgl. Weißes u. Rotes Kloster, Sohag Thebais, Mitte 5.Jh. (Wulff, 222–224). Der Trikonchos konnte als Baptisterium den Kirchen angegliedert werden (vgl. Nachweise RBK I, 472f.) – der einfache Tetrakonchos hingegen war mehr für Kapellen geschaffen; vgl. Henchir Maatria, Tunis (Testini, I 331); als Baptisterium ließ er sich nur unorganisch einer Kirche angliedern: vgl. Stobi, Dalmatien, ca. 400 (RBK I, 473; dort weitere Nachweise). Für größere Kirchen war die Aufgliederung durch einen inneren Säulen-Tetrakonchos notwendig; vgl. die geniale Neukonzeption von S. Lorenzo, Mailand, Mitte 4.Jh. (Testini, I 333); auch gleichartige Bauten wie die Megale Panagia, Athen, Anf. 5.Jh. (RBK I, 364ff.; sog. Stoa Hadrians), das Martyrion in Antiochiens Hafenstadt Seleukia-Prieria, Ende 5.Jh. (RBK I, 187f.), die Bischofskirche von Sergiopolis bzw. Reṣāfa, Mesopotamien, 6.Jh. (Wulff, 246; sog. Martyrion), und die Marienkirche von Amida, Mesopotamien, 2.H. 6.Jh. (RBK I, 134), sollten sie nicht übertreffen.

[3] *Mischtypen* des Z.s bevorzugten aus statischen Gründen (Stützung der Kuppel) die Kombination mit dem Viereck, im Hinblick auf die Kreuzsymbolik aber die mit dem Kreuzarmbau. In beiden Fällen entstand ein zentralisierter Raum. – Viereck als äußerer Mauermantel, verbunden mit eingeschriebenem, einen inneren Kreuzarm bildenden Tetrakonchos: alte Metropolis von Etschmiadzin am Ararat, 484 n. Chr. (Grabar 58); Martyrion neben der Kirche von Tsaričin-Grad, Serbien, Anf. 6.Jh. (ebd. 57). Bildung eines inneren Oktokonchos durch 4 diagonale Rundnischen: Kirche von Awan 596–611 n. Chr. und St.e Hripsime, Wagharscharpat, Armenien (RBK I, 314), ferner S. Joannes Baptista, Gerasa, Anf. 6.Jh. Das Diagonalprinzip verbindet sich hier mit der inneren Rotunde (→ Crowfoot 11), mit innerem Tetrakonchos der Säulenstellung im quadratischen Grundriß bei der Kathedrale von Bosra (ebd. 7), mit 2 konzentrischen Innenoktogonen im Quadrat bei Hagios Georgios, Zora/Esra (Wulff, 244), und, deutlich sichtbar, auch bei Justinians Privatkapelle Sergios und Bakchos in Konstantinopel (Volbach, 26f.; Emporenbau, 2 konzentrische Innenoktogone im asymmetrischen Viereck). Ob die letztere die ungefähr gleichzeitige Palastkirche S. Vitale, Ravenna, deren Außenmantel jedoch oktogonal

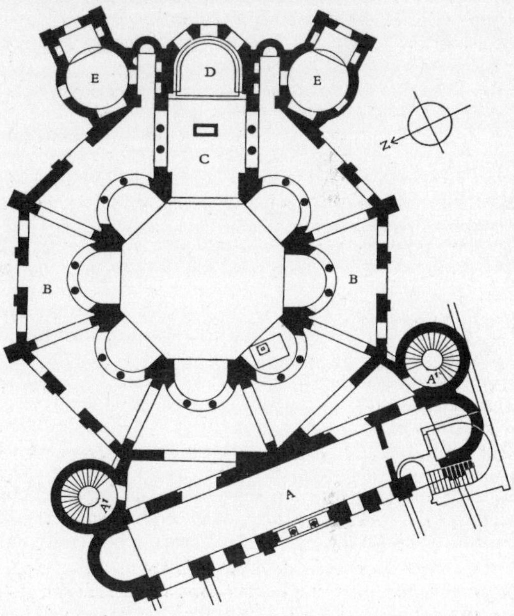

Abb. 256 Grundriß von S. Vitale in Ravenna. A Narthex, A¹ Treppen, B Gewölbter Umgang (darüber Emporen), C Presbyterium, D Apsis, E Pastophorien.

war, beeinflußt hat, ist umstritten; zweifelsohne stellt ihre Synthese von Oktogon und innerem Oktokonchos der Säulenstellung eine schöpferische Leistung dar (ebd. 22). – Kreuzarmbau ergab in Verbindung mit dem Z. den Mischtyp des Kreuzoktogons. Für Nyssa, Kappadokien, sind wir auf den Brief → Gregors v. Nyssa an Amphilochios (epist. 25) angewiesen, doch vermitteln Bin-bir-Kilise, Lykaonien, Nr. 8 (Wulff, 242), und nach neuerer Untersuchung auch das Philippusmartyrion von Hierapolis, Syrien, 5.Jh. (fig. 10, Cah. archéol. 8, 1956, 47), eine Anschauung. Auch italienische Baptisterien des 5.Jh.s bedienten sich dieses Mischtyps, so S. Giovanni in Atrio, Como und Novara (Khatchatrian 335. 333), oder kombinierten das Kreuz mit dem Zwölfeck (ebd. 340).

[4] Der frühchristl. Z. wirkte nachhaltig auf die Geschichte der Kuppelkirchen ein (→ Architektur III B4), während seine abendländische Auswirkung mehr auf die Vorbildlichkeit einzelner Bauten beschränkt blieb. Dies gilt z.B. für die karolingische Pfalzkapelle Aachen, mag nun auf sie S. Vitale oder die Marienkirche Justinians im Bla-

chernpalast (zerstört) gewirkt haben. Es gilt vor allem für die Anastasisrotunde, Jerusalem: in den karolingischen Westwerken (z.B. St. Riquier; Corvey) in St. Michael, Fulda, und später den romanischen Z.en von St-Bénigne, Dijon, oder St-Sépulcre, Neuvy, Anf. 11. Jh., wurde sie nachgeahmt, um für die Karfreitags- u. Osterliturgie den Raum zu bieten; in der fortschreitenden Bauwandlung spiegelt sich auch der Wandel der Liturgie wider. C.A.

Abb (Grundrißnachweise): F.W. Deichmann, Frühchristl. Kirchen in Rom, 1948 – J.W. Crowfoot, Early Churches in Palestine, 1941 – Diehl → Inschriften [4] – P. Testini, Archeologia crist. I, 1958 – A. Grabar, Martyrium, 2 Bde, 1946 – A. Khatchatrian, Les baptistères paléochrétiens, 1962 – W.F. Volbach-Hirmer, Frühchristl. Kunst, 1958 – O. Wulff, Altchr. u. byz. Kunst, 1918–24 – *Lit:* H. Koethe, Frühchristl. Nischenrundbauten, Diss. Marburg 1928 – P. Styger, Architectura 1, 1933, 50–55 (Nymphäen, Mausoleen, Baptisterien) – F.J. Dölger, AuC 4, 1934, 153–187 (Zur Symbolik des Taufoktogons) – A. Birnbaum, Repert. f. Kunstw. 36, 1913, 181–209 (Oktogone von Antiochia, Nazianz, Nisch) – R. Krautheimer, Riv. Arch. crist. 12, 1935, 51–102 (S. Stefano Rotondo u. Grabeskirche) – Atti IV° Congr. di archeol. crist. II, 1948 (verschiedene Beiträge; behandeln bes. Z.n) – F. Benoit, Riv. Arch. crist. 25, 1949, 129–153 (Trikonchen von Lérins) – R. Krautheimer, Arte del I° Millennio, 1950, 21–27 (Santa Maria Rotonda) – M. Stettler, Festgabe A.v. Salis, 1951, 260–270 (Vom röm. zum christl. Rundbau) – J. Hubert, Les églises à rotonde orientale, in: Frühmittelalterliche Kunst in den Alpenländern, 1954, 309–320 – C. Heitz, Recherches sur les rapports entre architecture et liturgie à l'époque carolingienne, 1963, passim.

Zentralfeuer, der von den → Pythagoreern (→ Philolaos) im Mittelpunkt der Welt gedachte Himmelskörper, um den Sonne, Mond, → Erde, → Gegenerde, die fünf Planeten und der Fixsternhimmel sich drehen. S.S.

Zephyros, Sohn des Astraios und der → Eos, Gott des regenreichen Westwindes. Manchmal als Gatte der Iris und Vater des Eros angesehen, sonst Gemahl der → Harpyie Podarge und Vater der Rosse des Achilleus, Xanthos und Balios. Liebhaber des → Hyakinthos. Altar in Athen (Paus. 1, 37, 2). K.Schb.

Zethos → Amphion.

Zeugma (ζεῦγμα, coniunctio, ligatio oder adnexio), eine ‹Klammer› bildende rhetor. Wortfigur, in der Antike (z.B. Quint. inst. 9, 3, 62) für identisch mit dem σχῆμα ἀπὸ κοινοῦ (→ Apo koinu) genommen als einmalige Setzung eines Teilglieds in einem Satz, das eigentlich auch zu jedem der anderen Glieder eigens gesetzt werden müßte. Heute nennt man Z. nur noch die gleiche Erscheinung, wenn das nur einmal gesetzte Teilglied (1) syntaktisch oder (2) bedeutungsmäßig zu den übrigen nicht paßt. *Bsp.:* (1) «Wir und die anderen sollten sich schämen.» – (2) Goethe: «Wind und Ströme, Donner und Hagel rauschen ihren Weg.» → Enallage [2]. H.H.

Lit: Volkmann, 476–478 – Lausberg, I 347–353.

Zeugungslehre. [1] *Die Probleme: 1. Verhältnis der Geschlechter.* Ob der Same, der dann zum Embryo wird, vom männlichen oder weiblichen Elternteil beigesteuert wird, ist ein sehr altes Problem, dessen Beantwortung zum Teil die Anschauungen primitiver Gemeinschaften über Blutsverwandtschaft und Vererbung bestimmt. Im historischen Griechenland wurde der Vater für den entscheidenden Träger der Zeugung gehalten, aber es war umstritten, ob die Mutter nur Gefäß und Nahrung dazu beitrüge (Aisch. Eum. 658) oder einen zweiten Samen, der sich mit dem des Vaters vereinige. Die erstere Ansicht war die herkömmliche und wurde von → Anaxagoras, → Diogenes (2) v. Apollonia und → Platon vertreten. Die letztere wurde von → Alkmeon (2) v. Kroton, → Empedokles und → Demokrit verteidigt; sie war trotz der Widerlegung durch → Aristoteles bald weit verbreitet, da sie auch der Auffassung von → Galen und Avicenna und der meisten späteren Wissenschaftler entsprach, bis sie von der modernen Entdeckung des Säugetier-Eies abgelöst wurde. – 2. Auch der *Ursprung des Samens* war umstritten. Dem alten persischen Glauben, der ihn mit Gehirn und Rückenmark verband, schlossen sich die an, die das Gehirn für das Zentrum der vornehmsten psychischen Tätigkeit hielten, z.B. Alkmeon und Platon. Andere meinten, er komme aus dem Blut, z.B. Diogenes und Aristoteles. Eine Verknüpfung des Samens mit Schaum (ἄφρος) kann alt sein; diese Vorstellung wurde wieder durch Diogenes, Aristoteles und in der Lehre einiger Ärzte (Hippokr. genit. 1) mit der Luft verbunden und später von den → Pneumatikern und den → Stoikern wiederaufgenommen. – 3. Das *Wachsen des Fötus* wurde bei menschlichen Fehlgeburten, an Tieren und Eiern beobachtet. Es war umstritten, ob Gehirn oder Herz sich zuerst entwickelten, ob der Embryo atmet, schläft und ob er durch die Nabelschnur oder durch den Mund aus den Vertiefungen (κοτυληδόνες, ‹Saugnäpfe›) in der Wand des Uterus ernährt wird. Aristoteles gibt in der Historia animalium die Tragzeiten vieler Tiere an. Vom Menschen wurde angenommen, daß lebensfähige Geburten im 7., 9. und 10. Monat vorkommen könnten, im 8. galt es als zweifelhaft. Bei solchen Berechnungen waren Vielfache von sieben Tagen gebräuchlich. Vom männlichen Fötus glaubte man, er entwickle sich schneller als der weibliche. – 4. Die *Entstehung des Geschlechts* wurde von Empedokles der unterschiedlichen Wärme des Uterus zugeschrieben, von → Parmenides der Lage im Uterus (Knaben rechts) – beide Ansichten wurden auf Grund von Sektionen widerlegt (gen. an. 4, 1. 764 a 35). Aristoteles zitiert die Meinung des Anaxagoras, Knaben kämen von Samen aus dem rechten Hoden, und von Demokrit, Knaben kämen aus dem Samen des Vaters und Mädchen aus dem der Mutter, je nachdem, welcher in der Verbindung beider überwiege. Anaxagoras hatte aber vielmehr eine ‹präformistische› Theorie vorgebracht, daß jeder Teil des Embryos im väterlichen Samen schon existiert haben müsse (VS 59 B 10), und Demokrit die Darwinsche Theorie der ‹gemmulae› vorausgenommen, indem er für die Pangenesis eintrat, daß die Samen aus jedem Körperteil beider Eltern stammten, eine Auffassung, die auch von Ärzten geteilt wurde (VS 68 A 141; Hippokr. 3, 8; aër. 16). – 5. *Anschließende Probleme* wie Sterilität, Ähnlichkeit mit den Eltern, Zwillinge, Mißbildungen wurden ebenfalls immer wieder behandelt (guter Überblick bei Censorinus, De die natali). Gewöhnlich wurde angenommen, daß einer der beiden Samen – oder, wenn es sich nur um einen Samen handelt, ein Teil des Samens – den anderen dadurch ‹überwältigt›, daß er wärmer oder dickflüssiger oder auf andere Weise aktiver ist. Das Standardbeispiel für Unfruchtbarkeit war der Maulesel; sie wurde durch Dünne und Kälte des Samens erklärt (Alkmeon) oder durch das Unvermögen des männlichen und weiblichen Samens, sich zu mischen (Empedokles), oder dadurch, daß der Same einer anderen Art die empfangenden Gänge unbrauchbar mache (Demokrit). Vielgeburten und Mißbildungen wurden durch Mißverhältnis oder Teilung der Samen (Empedokles) oder durch vielfache Samen (Demokrit) erklärt. – 6. An die *Urzeugung* glaubte man von ältesten Zeiten an bis auf Pasteur allgemein. Die scheinbare Beobachtung, daß Maden und Fliegen aus Schmutz und Fäulnis entstehen, wurde zu dem volkstümlichen Glauben verallgemeinert, die Sonnenwärme bringe in der nassen Erde Leben hervor (Aisch. Fr. 44 N.; Eur. Fr. 484. 839 N.). Bei den Kosmologen bedeutet dies die Mischung von Nassem, Trockenem und Heißem (so Anaximander VS 12 A 30, Anaxagoras bei Diog. Laert. 2, 9; Lucr. 5, 805 ff.). Ein charakteristischer eklektischer Bericht bei Diodor (1, 7, 2 ff.) erklärt den Ursprung aller Lebewesen auf diese Weise; nachdem sie durch Urzeugung entstanden waren, pflanzten sie sich geschlechtlich fort.

[2] *Aristoteles' Werk ‹De generatione animalium›* behandelt viele dieser Probleme und gibt eigene Lösungsversuche. Der männliche Same entsteht aus dem Blut und wird mit Pneuma gemischt. Er übermittelt dem Weiblichen, das keinen Samen beiträgt, sondern nur die Materie (die

καταμήνια) und die ‹nährende› Seele, die Wahrnehmungsseele und die spezifische Form des Vaters und damit auch der Art. Der somatische Teil des Samens verschwindet dann und wird nicht Teil des Embryos. Die Teile des Embryos differenzieren sich während des Wachstums (‹Epigenesis›): einen ausgezeichneten Bericht über die Stadien bei Hühnereiern gibt hist. an. 6, 3. Die Ähnlichkeit mit dem Vater hängt von den Bewegungen des Samens ab, der der Materie seine eigene Gestalt aufzwingt. Gelingt ihm das nicht, so folgt daraus eine Verschlechterung je nach dem Umfang des Versagens: die Nachkommenschaft wird weiblich statt männlich oder der Mutter ähnlich oder den Großeltern oder bloß dem Menschen an sich oder schließlich bloß einem Tier (Mißbildung). Sterilität ist aus Kälte zu erklären, die ein ungenügendes ‹Verkochen› (*πέψις*) des Samens verursacht. Vielgeburten und übermäßiges Wachstum ist auf überaktiven Samen zurückzuführen, Überbefruchtung (z.B. beim Hasen) auf übermäßige weibliche Substanz. Urzeugung ist die Regel bei einigen niederen Tieren und Pflanzen: Wenn Pneuma, das Seelenwärme enthält, in Wasser und Erde gegenwärtig ist, bildet sich eine Schaumblase, aus der Aale, gewisse Fische, Schaltiere und Insekten entstehen können. Verschiedene Sorten Schlamm oder fauliger Materie bringen verschiedene Arten hervor.

[3] *Spätere Theorien.* → *Theophrast* hielt die Urzeugung für eine Alternativmöglichkeit neben dem Samen und schrieb sie der Fäulnis oder einer Veränderung im Boden zu, auf den Wärme und Wasser einwirken. Der Urzeugung gegenüber ist er zurückhaltend, verwirft sie aber nicht in allen Fällen. → *Strabon* (2) v. Lampsakos und Ps. Aristot. hist. an. 10 kehrten zu der Anschauung zurück, daß sowohl das Männliche wie das Weibliche ihre Samen beitragen; diese Ansicht wurde durch die Entdeckung der Verbindungen der Eierstöcke und Hoden mit den Genitalien durch alexandrinische Anatomen (→ Herophilos) bestätigt: sie hielten sie für Kanäle des Samens, der aus dem Blut entstehe. Später entdeckte → *Galen* den Eileiter. Er versuchte dies in Übereinstimmung mit Aristoteles' Ansichten zu bringen und nahm an, daß der weibliche Same die Ernährung und die Allantois beitrage, während der männliche Same das Chorion, Amnion und die Körperteile bilde. – Vgl. → Biologie, → Botanik, → Zoologie. D.M.B.

Lit: E. Lesky, Die Zeugungs- u. Vererbungslehren d. Antike u. ihr Nachwirken, 1950 (Lit).

Zeus. [1] *Name und Herkunft.* Z. gehört zu den wenigen griech. Göttern, deren indogerman. Herkunft als sicher gelten darf. Sein Name (*Ζεύς*, Genitiv *Διός*) läßt sich von dem Wortstamm *div-* (‹leuchten›) herleiten und ist offenbar identisch mit dem Namen des höchsten Gottes bei anderen indogermanischen Völkern (Indern, Illyrern, Römern – vgl. → Iuppiter – und vielleicht auch Germanen). – Aus nichtgriechischem, minoischem Bereich dagegen stammt der Mythos, Z. sei auf Kreta geboren und dort auch gestorben und begraben. Dies und viele Züge seiner märchenhaften Kindheitsgeschichte lassen uns in dem kretischen Z. einen alten, durch Einflüsse aus dem Orient geprägten → Vegetationsgott erkennen. Wir wissen nicht, wann und wieso sich solche Vorstellungen an den indogerman. Z. angeschlossen haben.

[2] *Wesenszüge.* 1. Die Etymologie des Namens kennzeichnet Z. als den Gott des glänzenden, heiteren Himmels. Für die Griechen ist der Himmel vor allem der Raum der atmosphärischen Erscheinungen, und so ist Z. in erster Linie der Wettergott, der die Wolken versammelt, den Regen sendet, oft den Donnerkeil schleudert und selbst im Blitz niederfährt (*Z. Kataibates*). Als Wettergott wird er auf Bergen (z.B. dem → Olymp) oder im Himmel thronend gedacht (→ Bergkult). Aus altem Wetterzauber entstanden sind wahrscheinlich die Kulte des *Z. Laphystios* in Halos (in Achaia Phthiotis) und des *Z. Lykaios* (in Arkadien), bei denen sogar Menschenopfer vorgekommen sind (→ Fruchtbarkeitskulte). Der Regenspender wird bisweilen auch als Gott der Fruchtbarkeit der Erde (*Z. Chthonios*) und des Ackerbaus (*Z. Georgios*) verehrt. – 2. Daß Z. seit ältester Zeit häufig den Beinamen ‹Vater› trägt, ist offenbar altes indogermanisches Erbe (vgl. → Jupiter). Diese aus patriarchalischer Gesellschaftsordnung stammende Auffassung von Z. als dem allgewaltigen Hausvater (→ pater familias) ließ ihn zum Schutzherrn der mächtigen Könige in myk. Zeit werden. Daraus haben sich unter veränderten Verhältnissen in geschichtlicher Zeit verschiedene Wesenszüge des Z. entwickelt. a) Der als ‹Hausvater› vorgestellte Gott ist der gegebene Beschützer jedes Gehöftes und Hauses mit dessen Umhegung (*Z. Herkeios*). Er fördert und bewahrt den Besitz (*Z. Ktesios*). Dieser Hausgott erscheint oft in Gestalt einer → Schlange, ähnlich wie *Z. Meilichios* (wörtl. ‹der gnädig Gestimmte›), der ursprünglich ein Sühnegott gewesen ist. Ihm feiert man in Athen das → Diasienfest (Ktesios und Meilichios begegnen oft ohne den Zusatz Zeus, sind also nicht notwendig als bloße Beinamen an Z. gebunden). Auch *Z. Soter* ist ein beliebter Hausgott. Beschützer der Freundschaftskreise, der Symposien sowie der die Familie einigenden Bande ist in hellenist. Zeit *Z. Philios*. b) Im ganzen Wesen des ‹Vaters Z.› liegt der Ansatz für eine überragende Stellung dieses Gottes; es gibt kaum ein Gebiet, zu dem er keine Beziehung hätte. Als in Griechenland das Königtum abgeschafft ist, verliert Z. seine Stellung nicht: er wird jetzt zum Schutzherrn der Städte (*Z. Polieus* oder *Poliuchos;* neben → Athene) und ihrer Freiheit (*Z. Eleutherios*) sowie auch der Geschlechter (z.B. *Z. Phratrios* als → Phratrien-Gott). c) Einst hatten die myk. Könige ihr Amt und ihre Rechtsstellung von Z.; so wird er überhaupt zum Wächter über Recht und Gesetz, der Wahrer einer sittlichen Weltordnung, der Fremdlinge (*Z. Xenios*), Schutzflehende (*Z. Hikesios*), Verträge und Eide (*Z. Horkios*) in seine Obhut nimmt und auf die Einhaltung der ‹ungeschriebenen Gesetze› achtet. Bei vielen Philosophen und Dichtern von der älteren (z.B. → Aischylos) bis in die hellenistische Zeit (z.B. → Kleanthes) finden sich Tendenzen zu einem Z.-Monotheismus (der Name ‹Zeus› kann oft einfach als ‹Gott› verstanden werden). In der hellenist. Zeit werden die obersten Götter fremder Völker von den Griechen gern Z. genannt (z.B. → Ammon, → Sabazios; → Interpretatio Graeca). – 3. Homer hat – ganz nach dem Vorbild der ritterlichen Gesellschaft seiner Zeit – die Götter unter der Oberhoheit des Z. zu einem Götterstaat zusammengefaßt. Seine Anschauungen sind für die Folgezeit maßgebend geblieben: Der ‹Vater Z.› gilt nun nicht nur als der oberste Machthaber und Kriegsherr, sondern auch als der Erzeuger der meisten anderen Götter, sofern diese nicht seine Geschwister genannt werden und die Macht mit ihm geteilt haben (Poseidon, Hades, Hera). Das Bedürfnis, überhaupt jedem Gott einen Vater zuzuweisen, deckt sich mit dem Bestreben der Adelsfamilien, den eigenen Stammbaum möglichst auf Z. zurückzuführen. Im Mythos wird Z. deshalb mit vielen göttlichen und menschlichen Frauen verbunden. – 4. Obgleich Z. den Griechen immer als oberster Gott gilt, nimmt er im Kult der geschichtlichen Zeit keine so überragende Stellung ein, wie man eigentlich erwarten möchte. Reine Z.-Feste sind verhältnismäßig selten und – soweit sie nicht durch Verbindung mit Wetterzauber Elemente älterer religiöser Vorstellungen enthalten – wenig charakteristisch; viele sind erst aus dem politischen Leben der geschichtlichen Zeit entstanden (eine Übersicht über die Verbreitung des Z.-Kultes in: ML, s.v. Z.; vgl. auch Wilamowitz und Nilsson a.a.O.). Eine Sonderstellung nimmt → Dodona ein, wo Z. (*Z. Naios;* verbunden mit → Dione) im Rauschen seiner heiligen Eiche → Orakel erteilt. Auch in → Olympia, wo in geschichtlicher Zeit die → Spiele zu Ehren des Z. veranstaltet werden, gab es in ältester Zeit ein Z.-Orakel. Im übrigen ist die Rolle, die Z.

bei Homer in der Mantik spielt, später stark eingeschränkt (vor allem durch → Apollon). K.-H.R.

Lit: A.B.Cook, Zeus, 3 Bde, 1914–40 – U.v.Wilamowitz, Der Glaube d.Hellenen I, 1931, 225–229; II, 1932, 171–173 – Nilsson I 389–427.

[3] Der *Mythos* von Z. ist seiner Bedeutung entsprechend so reich, daß hier nur kurz auf die Zusammenhänge verwiesen werden kann, in denen Z. eine besondere Rolle spielt. Er ist Sohn des → Kronos und der Rheia, die Z. als ihren jüngsten Sohn auf Kreta oder in Arkadien zur Welt bringt, vor dem seine Kinder verschlingenden Kronos versteckt und verborgen vor ihm aufziehen läßt: Nymphen (→ Amaltheia) und die → Kureten behüten ihn; herangewachsen, bringt Z. mit Hilfe einer von Metis erhaltenen Droge Kronos dazu, die Geschwister wieder auszuspeien, an deren Spitze und mit Prometheus verbündet er die → Titanen besiegt; die von ihm befreiten → Kyklopen liefern ihm Blitz und Donner, Hades die Tarnkappe und Poseidon den Dreizack; in weiteren Kämpfen muß er die → Giganten und → Typhon, aber auch Verschwörungen der Seinen (Hera, Poseidon und Athene) überwinden. Im Trojan. Krieg zeigt sich seine dennoch beherrschende Rolle besonders deutlich: nach seinem Plan verläuft der Krieg, dürfen die Götter hüben und drüben eingreifen oder nicht; er hält die Waage, auf der die Lebenslose gewogen werden (Psychostasie). In vielen Streitigkeiten (zwischen → Apoll und Herakles um den Dreifuß, zwischen Apoll und → Idas um Marpessa, zwischen Athene und Poseidon um Attika, zwischen Aphrodite und Persephone um → Adonis) ist er der Schiedsrichter, der Strafer der Frevel des → Prometheus, der ganzen Menschheit (→ Deukalion), des → Salmoneus, → Ixion, → Tantalos, → Sisyphos u.a. Seine zahlreichen Liebschaften erregen den ständigen Zorn Heras; andererseits erlauben sie den Herrscherhäusern aller Regionen, sich auf Zeus zurückzuführen. – Die überaus zahlreichen *Nachkommen des Z.* seien hier nur kurz aufgezählt: aus Verbindungen des Z. mit *Göttinnen* stammten Athene (von Metis), die Horen und Moiren (Themis), Aphrodite (Dione), die Chariten (Eurynome), die Musen (Mnemosyne), Apollon und Artemis (Leto), Persephone (Demeter), Ares, Hebe, Eileithyia (und Hephaistos) von Hera. Seine Kinder von *Heroinen* waren: Aiakos (von Aegina), Herakles (von Alkmene), Amphion und Zethos (Antiope), Perseus (Danae), Dardanos, Iasion (Elektra), Minos, Sarpedon und Rhadamanthys (Europa), Epaphos (Io), Arkas (Kallisto), Sarpedon (Laodameia), Helena und die Dioskuren (Leda), Hermes (Maia), Argos und Pelasgos (Niobe), Tantalos (Pluto), Dionysos (Semele), Lakedaimon (Taygete). L.H.

Darstellungen: Die Frage nach den ältesten Zeusbildern ist noch umstritten (zuletzt: Kunze Olympia 7, 1961, 138–141; R.Hampe, Gymn. 68, 1961, 553; R.Lullies, AA 1962, 627–629. Zu einer Bronzegruppe in New York und ihren Verwandten vgl. J.Dörig, Der Kampf der Götter und Titanen, 1961, 37–46; J.Schäfer, Studien zu den griech.Reliefpithoi, 1957, 54f.). Schon im 7.Jh. scheint aber der Hieros Gamos mit Hera nachweisbar zu sein (D. Ohly, AM 68, 1953, 77–80; F.Schefold, FS, Taf.39). Im 6.Jh. und danach sind Darstellungen des Z. dann außerordentlich verbreitet. Bes. oft begegnet er in der → Gigantomachie, deren Hauptgott er ist (F.Vian, La guerre des géants, 1952, passim). Z. ist dabei meist nackt oder mit einem Chiton bzw. Himation bekleidet, seine Waffe der Blitz. Er kämpft zu Fuß oder vom Wagen herab. Mitunter ist er behelmt (Olympia III, 1894, Taf.2f.: Schatzhaus der Megarer) oder ganz als Hoplit gebildet. Im Kampf mit Typhon findet sich Z. u.a. auf olymp. Schildbandreliefs (Kunze 82–88). Weitere Mythen, in denen Z. bes. oft erscheint, sind u.a.: Einführung des → Herakles in den Olymp (R. Heberdey, Altatt.Porosskulpturen, 1919, 29–46; Brommer 131–133; K.Schauenburg, Gymn.70, 1963, 113ff.). Kampf von → Herakles und Kyknos (Brommer 79–84), Geburt des → Dionysos (H.Fuhrmann, JdI 65/66, 1950/51, 103–134) und der → Athene (vgl. → Göttergeburten), ferner bei Liebesabenteuern (→ Götterliebe). Die beiden erstgenannten Mythen sind fast ausschließlich in der archaischen Kunst nachweisbar. Zu Z. und Hera beim Opfer vgl. E.Simon, Opfernde Gottheiten, 1953, 58ff. – Von Anbeginn an ist Z. fast immer *bärtig*, und er bleibt dies bis in die Spätantike (Bartlos im Korfugiebel um 600: G.Rodenwaldt, Korkyra II, 1939, 160, Taf.28; Weiteres bei K.Schauenburg, Perseus, 6). – Zahlreich sind Bronzestatuetten des *blitzschwingenden Z.*, die im frühen 6.Jh. einsetzen und bes. in Olympia und Dodona gefunden sind (Schwabacher, AntK 5, 1962, 9ff.; K.Neugebauer, Kat. der statuarischen Bronzen im Antiquarium von Berlin II, 1951, Abb.3.19f.). Im Typus des *ausschreitenden* nackten Bärtigen mit erhobener Rechter gleicht ihnen der Gott vom Kap Artemision, der aber auch auf Poseidon gedeutet wird; sein Attribut ist verloren (V.Poulsen, Griech.Bildwerke, 1960, Abb.40f.; R.Lullies, Griech.Plastik, 1956, Taf.128). – Das berühmteste Z.bild, das → *Phidias* in Olympia schuf, ist nur sehr unzureichend überliefert (Lippold, GrPl 142f.; J.Liegle, Der Z. des Phidias, 1952; G.Becatti, Problemi Fidiaci, 1951, 125–140), der Kopf durch Münzen aus Elis. Zu dem reichen Beiwerk (Paus.5,10,2.11) gehörten → Niobidenfriese, die zum großen Teil in röm.Reliefs kopiert zu sein scheinen (G.Hafner, Ein Apollon-Kopf in Frankfurt, 1962, 33–36). Die Armlehnenstützen waren durch Sphinxe über Jünglingen gebildet, wohl ebenfalls in Kopie faßbar (F.Eichler, ÖJh 45, 1960, 5–22). – In den Kreis des Phidias führt auch eine in mehreren Nachbildungen erhaltene Statue des *stehenden Z.* mit Mantel, Blitz und Szepter (L.Curtius, RM 45, 1930, 1–28; Lippold, GrPl 144: Palermo, Florenz, Kopf in der Villa Borghese). – Schon nachphidiasisch der gleichfalls stehende *Dresdner Z.* (E.Buschor, Phidias der Mensch, 1948, 106f.; Lippold, GrPl 190). Ins 4.Jh. gehört ein in Mylasa gefundener originaler Kopf des *karischen Z.* (Lippold 231, Taf.95, 1, Boston). Bes. gerühmt ein *Z. des Leochares*, der *Z. Brontaios*, durch Augustus aufs Kapitol in Rom gebracht. Auf ihn wurden Münzen, Statuetten und der Z.kopf aus Otricoli bezogen (Schefold, RM 57, 1942, 254–256; ders., O.H.R. 127; ders., in: Meisterwerke griech.Kunst, 1960, zu Nr.340a. Vgl. aber Lippold, GrPl 258, und G.Hafner, in: Ars Antiqua A.G. Luzern, Auktion III., 1961, zu Nr. 63). Auf → *Euphranor* wird eine Bronzestatuette aus Dodona bezogen (W.H.Schuchhardt, Die Kunst der Griechen, 1940, 336f.; Picard, Manuel III 872). Von einem thronenden Z. des → *Eukleides* der in Aigeira stand, wurden Kopf und linker Arm gefunden (Lippold, GrPl 274, Taf.95,4). Aus dem Hellenismus besonders großartig der Z. vom *Pergamonaltar* (Lullies, a.O., Abb.240). – Außer dem olympischen Z. wurden auch *Sonderformen* des Gottes so wie lokale Z.gestalten wie der bereits genannte karische in der Kunst dargestellt. Wichtig der *Z. Meilichios* (G.Daux, BCH 82, 1958, 366f.). – Wichtigstes Kultbild des *röm.Jupiter* das kapitolinische, das ihn mit Minerva und Juno in der sog. kapitolinischen Trias sitzend zeigt (H. Sauer, AA 1950/51, 73–89; C. C. Vermeule, CIJ 57, 1962, 2f.). Nachbildungen und Varianten auf zahlreichen Reliefs, Münzen, Gemmen, Lampen sowie in der Großplastik. – Von den in der Kaiserzeit mit Jupiter gleichgesetzten Göttern besonders verbreitet *J.Dolichenus* (P.Merlat, Jupiter Dolichenus, 1960) und *J.Heliopolitanus* (A.B.Cook, Zeus III, 1940, 1093ff.). – *Hauptattribute* des Z. sind der Blitz, das Szepter und, weniger geläufig, die Ägis (Arias, RIA 9, 1942, 98ff.; F.Chamoux, BCH 70, 1946, 67–77; Cook, a.a.O. 532f. 866f.). In Kleinasien führt er die Doppelaxt. Sein Attributtier ist der Adler. – *Lit.dazu:* A.B.Cook, Zeus I–III, 1914–1940 – Waser, ML VI 702–759 – W.Schwabacher, Blitzschwinger, AntK 5, 1962, 9–17. K.Schb.

Zeuxis, von Herakleia, Maler und Tonbildner, Schüler → Apollodors (3). Malte für König → Archelaos (1) von Makedonien (413/399); Aristophanes erwähnt seinen rosenbekränzten Eros in den 425 aufgeführten Acharnern (V 991). Neben Götterdarstellungen (Zeus im Götterkreis) malte er das Charakterbild einer Alten (vgl. → Parrhasios' ‹Thrakische Amme›); bes. scheint ihn die psychologische Darstellung von Mischwesen gereizt zu haben. Berühmtestes Bild dieser Gattung: das Idyll einer Kentaurenfamilie; ferner ein gefesselter Marsyas, Pan, Boreas, Triton. Für die Krotoniaten schuf er als Idealbild weiblicher Schönheit die oft zitierte Helena (vgl. bes. Cic.inv.2,1,1). Mehr als seine gemalten *σοφίσματα* schätzte man seine *τέχνη*, die durchdachte Wiedergabe (‹ratio›) von Licht und Schatten, somit die ‹veritas› (→ Schattenmalerei); hierin setzte er Apollodor fort und begründete die ‹Illusionsmalerei›. Ethos freilich hat Aristoteles (poet.1450a; vgl. 1461b) ihm abgesprochen. Vgl. → Malerei C [2]. C.K.

Q: Overbeck, SQ, 1647ff. – *Lit:* Brunn II 75ff. – Pfuhl, 681ff. – W.Kraiker, Das Kentaurenbild des Z., BWPr 106, 1950 – Rumpf, 126f.

Ziaëlas, König von → Bithynien (ca.250–230), von der Thronfolge ausgeschlossener Sohn → Nikomedes' I., der sich mit Hilfe der → Galater der Herrschaft bemächtigte; von galat. Häuptlingen beim Gelage erschlagen. D.T.

Ziegel. Der ausgehobene Lehm wurde befeuchtet, geknetet (Aristoph.av.1142ff.; Hdt.2,36), mit Häcksel vermischt, wodurch die Bruchfestigkeit um über 200% stieg, mit der Hand gestrichen (Isid. orig. 15, 8, 16) oder in Formen gepreßt (ebd. 19, 10, 16) und zwei bis fünf Jahre in Trockenscheunen als Luftziegel getrocknet. Die von Vitruv (s. u.) genannten Maße von 45 cm Länge und 30 cm Breite wurden nicht eingehalten; röm. Z. sind breiter und flacher als die modernen. Ein Z.streicher produzierte täglich etwa 200 Stück (Dessau 8675 a.c.). Die Hohl-Z. für → Hypokausten hatten 2,5 cm starke Wandungen und maßen etwa 37 × 17 × 12 cm. Röm. Z. tragen meist den Stempel des Fabrikanten oder der Legion, die sie herstellten. Das → Brennen (Cato agr. 39) erfolgte wie bei der → Töpferei; diese Backsteine fanden Verwendung bei Mauern, Säulen, Dächern, als Röhren für Wasserleitungen und Abwässer. – Eine bes. Form stellen die *glasierten Z.* dar, am bekanntesten die der Prozessionsstraße in Babylon: die keilförmigen Z. wurden gebrannt, vermauert, mit den Umrißlinien versehen, einzeln markiert und wieder abgetragen; dann wurden die Z. mit einer metalloxyd- und kieselsäurehaltigen Farbschicht versehen, die bei etwa 1000° eingebrannt wurde. W.K.

Q: Plin. nat. 35, 170ff. – Vitr. 2, 3 – *Abb:* Singer, Technology II, Abb. 291.

Zikade. Die im Mittelmeerraum und Vorderasien mit mehreren Arten vertretene Z. (τέττιξ) ist von den Alten gut beobachtet worden. Davon zeugen Überlieferungen und hervorragende Darstellungen. Das Zirpen der Männchen in der heißen Jahreszeit war Botschaft des Sommers. Sie galt als ‹Nachtigall des Ackerfeldes›, als ‹Prophet der Musen›, der Apollon nahestand. Dazu fügt sich der Preis der Dichter, denen die Z. Vorbild ist. Den Bewohnern Attikas galt die Z. als Symbol des Autochthonentums, da sich Made und Larve aus den in die Erde gelegten Eiern entwickeln. Darauf bezieht sich der männliche Haarschmuck mit goldenen und silbernen Z.n im att.-ion. Bereich. Das häufige Vorkommen in Nekropolen begünstigte die Verbindung mit der Gräberwelt, die sich auch in Grabbeigaben von Ton-Z.n zeigt. Die Volkstümlichkeit der Z. tritt stark in der Fabel hervor. Vgl. → Fauna; → Heuschrecken. J.W.

Lit: Keller, Tierwelt II 401–406 – R. Böhme, Unsterbliche Grillen, JdI 69, 1954, 49–66 – K. Schefold, Mw, 41 – Vgl. J. J. Bachofen, Ges. Werke VII, 1958, 150. 341, Taf. 41, 2.

Zinnober. Die Aufbereitung von Z. ist nach Theophrast (lap. 59) im → Bergbau von Laurion erfunden worden. Vgl. → Farben. H. Br.

Zins. Der Z. als Preis für die Inanspruchnahme von → Kredit richtete sich in seiner Höhe seit Beginn des gewerbsmäßigen → Bankwesens nach Angebot und Nachfrage. Durch staatliche Festlegung des Z.fußes suchte man wiederholt dem Wucher zu begegnen; Versuche zur Abschaffung des Z.es waren in der röm. Republik ebenso erfolglos wie in der Spätantike unter dem Einfluß des Christentums. H. Br.

Lit: H. Billeter, Gesch. des Z.fußes im griech.-röm. Altertum bis auf Justinian, 1898 – B. N. Nelson, The idea of usury, 1949 – J. Straub, Heidnische Geschichtsapologetik in der christl. Spätantike, 1963, 1–45.

Ziqqurrat. Aus den Tempelterrassen der mesopot. Ur- und Frühgeschichte (z. B. → Eridu; Weißer Tempel in → Uruk) entwickelten sich nach und nach mehrstufige Anlagen, die von einem Tempel bekrönt wurden. Die Anzahl der Stufen dürfte auch in der Spätzeit 5 nicht überschritten haben, wenn auch Herodot von 7 für den Turm von Babylon berichtet. Fast jede große Stadt dürfte mindestens eine Z. besessen haben. Strittig ist die Frage der Aufgänge der assyr. Z., die keine Treppenanlagen erkennen lassen. Rampentürme anzunehmen, ist wohl verfehlt. Unterschiedlich sind auch die Meinungen über die Bedeutung der Z. Gegen ‹Gottesgrab› (Hilprecht), ‹Gotteswohnung› (Andrae), ‹Gottesthron› (Dombart) steht die Deutung als ‹Altar› (Lenzen), wobei das ganze Bauwerk als Altar aufzufassen wäre. – Bekannt sind die Z. von → Ur und → Uruk aus der Zeit der 3. Dyn. von Ur, die von Aqarqūf/Dūr Kurigalzu aus der kassitischen Periode, die von Tchogha Zanbil aus der mittelelamischen Zeit, die Z. aus der neuassyr. Zeit

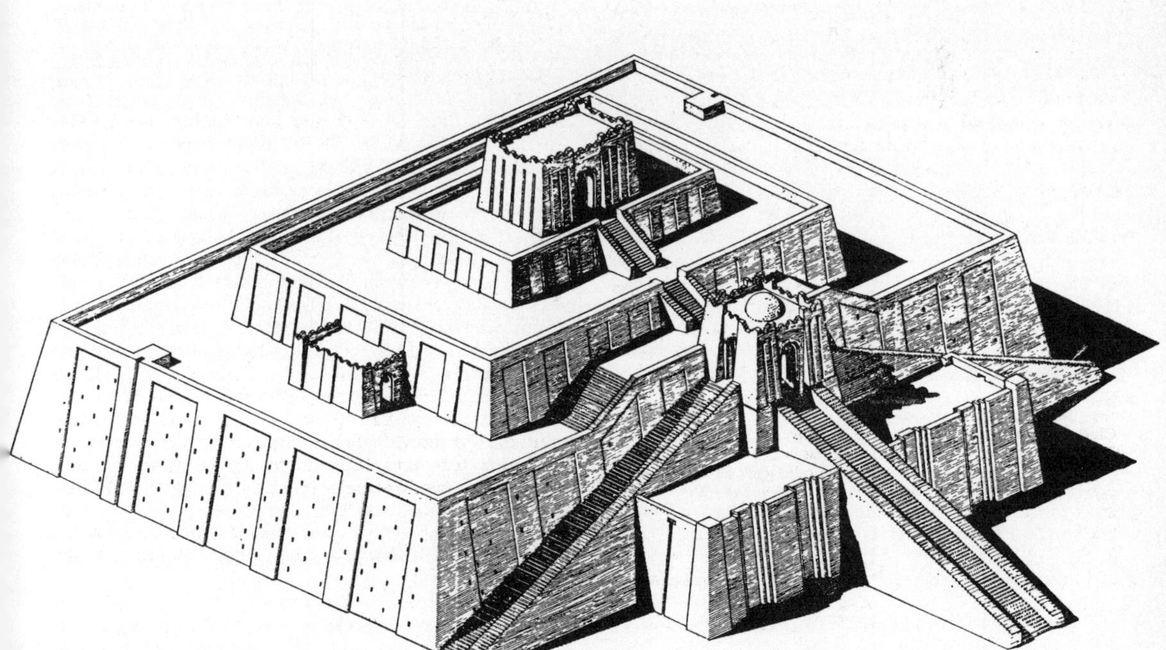

Abb. 257 Rekonstruktion der Ziqqurrat des Urnammu, Ur

von Assur (Anu-Adad Tempel mit Doppelziqqurrat), Nimrūd/→Kalchu, Chorsabad/Dūr Šarrūkīn und Kujundschik/Ninive sowie die Anlagen der neubab. Zeit aus Babylon (Turm von Babel) und Borsippa. H.J.N.

Lit: Th. Dombart, Der babylonische Turm, 1930 – H. J. Lenzen, Die Entwicklung der Z., 1941 – A. Parrot, Ziggurats et Tour de Babel, 1948 – Th. A. Busink, De Babylonische Tempeltoren, 1949 – F. Krischen, Weltwunder der Baukunst, 1956.

Zisterne, meist unterirdisches Reservoir für Regenwasser, →Wasserversorgung.

Zitat. Beim Zitieren kann (aber muß nicht) der Name des Autors oder der Fundort angegeben werden; entscheidend ist, daß absichtlich auf eine *bestimmte* (schriftliche oder mündliche) Vorlage Bezug genommen wird, deren Individualität klar erkennbar ist. – Citare (‹in Bewegung setzen, vorladen›) wird nur gelegentlich im Sinne von afferre (‹anführen›) gebraucht (ThLL III 1201, 20). Für Platon (vgl. auch Aristot. metaph. 1.995 a 8) sind zitierte Autoren ‹Zeugen› (*μάρτυρες*, vgl. Lys. 215 C, Prot. 344 D, rep. 2. 364 C, 4.441 B, leg. 1.630 A), häufig werden sie kritisiert, gelegentlich als Autoritäten bemüht (Prot. 348 C u. a.), als ‹Schild vorgehalten› (*προβάλλεσθαι*, Lach. 201 B); auch wird die eigene Situation mit einer bekannten literarischen verglichen bzw. identifiziert (rep. 7.516 D; der Artikel – z. B. *τὸ τοῦ Ὁμήρου*, lat. illud – verweist immer auf ein sehr bekanntes Wort). – Die *Funktionen* des Z.s im Text: (a) inhaltlich: Bericht, Bestätigung, Beweis, Erläuterung; (b) formal: Einleitung, Zäsur, Abschluß. Beides verbindet sich in den rhetorischen Funktionen (Steigerung, Charakterisierung, Parole). Das antike Z. läßt keine historische Distanz zum zitierten Autor spüren, auch der längst Verstorbene wird als ‹gegenwärtig› behandelt. Welche Schriftsteller in dieser Weise als ‹gegenwärtig› gelten können, hängt stark vom gesellschaftlichen Milieu des Zitierenden und seines Publikums ab. Die Feinheiten antiken Zitierens (über ‹Komplimentzitate› →Plagiat; vgl. auch Vergils 6. Ekloge) können nur aus einer genauen Kenntnis dieser bildungsgeschichtlichen Zusammenhänge gewürdigt werden (Sen. suas. 3, 7 *non surripiendi causa, sed palam mutuandi, hoc animo, ut vellet agnosci*). – Vgl. →Imitation. M. v. A.

Lit: G. N. Knauer, Die Psalmenzitate in den Konfessionen des Augustin, 1955 – J. Röttger, das Z. bei Platon, masch. Diss. Tübingen 1960 – H. Meyer, Das Z. in der Erzählkunst, 1961 – Eine einzigartige Materialsammlung für die Geschichte des Zitats ist die *Vetus Latina*.

Zitrone (*κίτριον*), ursprünglich in Ostindien heimisch und während der →Achämenidenzeit nach Iran verpflanzt, den Griechen durch den Alexanderzug bekannt. Man wußte um den ind. Ursprung, da die Frucht neben *κιτρόμηλον, μῆλον Μηδικόν* auch *μῆλον Ἰνδικόν* genannt wurde. Man deutete sie nach der Bekanntschaft als Hesperidenapfel (vgl. →Apfel, →Quitte). Verwendung fand sie zunächst ausschließlich als abwehrendes Arzneimittel. Den Römern wurde die Z. im späten 1. Jh. v. Chr. bekannt. Die Kultur des Z.n-Baums im Mittelmeergebiet, wo er erst nur als Zierpflanze gedieh, war sehr schwierig und festigte sich erst im 3./4. Jh. n. Chr. Vgl. →Flora. J.W.

Lit: Hehn, 445–452. 455 f. – Murr, Pflanzenwelt, 64 f. – Olck, RE 3, 2 (1899), 2612–21 – Berühmte Darstellungen: Helbig^4, Nr. 1072 – A. Maiuri, La peinture romaine, 1953, 124.

Zitrusbaum (*θύον, θύα*, citrus <*κέδρος*) der Zypresse ähnlich, im nordwestl. Afrika und im Atlas heimisch. Man schätzte das Holz wegen seines Duftes und seiner Maserung. Vielleicht war es durch die Phönizier bereits den frühen Griechen bekannt (doch ist unsicher, ob sich das von Kalypso wegen seines aromatischen Geruches auf dem Herd verbrannte *θύον* auf den Z. oder auf eine →Wacholderart bezieht: Hom. Od. 5, 60). Ein altes Bild des Hermes in Arkadien war aus Z. geschnitzt (Paus. 8, 17, 2). Den Römern wurde der Z. durch die Unternehmungen gegen Karthago und Mauretanien bekannt. Im 1. Jh. v. Chr. war das kostbare Holz schon in der röm. Möbeltischlerei gut bekannt (citrarii = Kunsttischler) und in der Kaiserzeit für Furnierarbeiten (Tischplatten) weit verbreitet. →Vgl. →Flora. J.W.

Lit: Murr, Pflanzenwelt, 127 f. – Olck, RE 3, 2 (1899), 2621–24.

Zölle

[1] In den griech. Staaten – [2] Im röm. Reich.

[1] *In den griech. Staaten.* Die Z. bildeten eine der Haupteinnahmequellen der griech. Städte, waren wahrscheinlich schon in homerischer Zeit vorgebildet und erhielten seit dem 7. Jh. v. Chr. den Charakter von →Steuern. Der Natur des Landes entsprechend herrschten die See-Z. vor, die in der Regel auf Ein- und Ausfuhr in Höhe von 2% erhoben wurden. Z. zu 5% legte Athen seinen Bündnern 413 v. Chr. anstelle des →Phoros auf (Thuk. 7, 28) und erhob seit 410 v. Chr. 10% als Sundzoll am Bosporus (Polyb. 4, 44). In der hellenist. Zeit begnügten sich Handelszentren wie →Rhodos und →Delos weiterhin mit 2%, während die Einfuhr im ptolemäischen Ägypten zum Schutz der staatlichen →Monopole mit Z.n bis zu 50% belegt wurde (Pap. Cairo Zenon 59012). Im Seleukidenreich waren die Land-Z. von größerer Bedeutung (Ps.-Aristot. oik. 2. 1345 b 30), aber auch in Ägypten wurden Binnen-Z. erhoben. H. Br.

Lit: L. Fiesel, Geleitzölle im griech.-röm. Ägypten, NGG 1925, 56–107 – W. Schwahn, RE 5 A 1 (1934), 255–257, s. v. Tele – M. Rostovtzeff, Hellen. Welt.

[2] *In Rom* scheinen die Z. (portoria) ursprünglich eher Ausfluß des staatlichen Eigentumsrechts an bestimmten Verkehrsplätzen als regelrechte, die Güterbewegung belastende →Steuern gewesen zu sein. Bezeugt ist die Verpachtung der Z. als italische Außen- und Binnensteuern für den Anfang des 2. Jh.s v. Chr. Auch in den Provinzen wurden Z. erhoben. In Rom und ganz Italien wurden 60 v. Chr. alle Z. abgeschafft. Caesar führte 46 wieder Einfuhrzölle auf auswärtige Waren ein. In der *Kaiserzeit* bildeten die Z., die durchweg Wertzölle und verpachtet waren, auch in den senatorischen Provinzen wichtige Einnahmeposten des kaiserlichen →Fiscus. Das ganze röm. Reich war in große Zollgebiete eingeteilt, wie z. B. Sizilien (5% Zoll, mindestens 8 Zollstationen), die spanischen Provinzen (mindestens 2%), die gallischen Provinzen (2½%), Britannien, die illyrischen Provinzen (mindestens 2%), die Provinz Asia (2½%), die Provinz Bithynien und Pontus mit Paphlagonien (2½%), die Provinz Syrien mit angrenzenden Gebieten (25%; Stationen in Mesopotamien, Palmyra und Judäa), Ägypten (25%); viele Stationen in Unter- und Oberägypten, auch am Roten Meer, die afrikanischen Provinzen (die IIII publica Africae, mindestens 2½%). Etwa im 5. Jh. wurden die Zollsätze der verschiedenen portoria im oström. Reich durch einen einheitlichen 12½%igen Zoll ersetzt. Verpachtung kommt in dieser Zeit nur noch ausnahmsweise vor. Von *Binnenzöllen* sind nur die seit →Justinian in Konstantinopel und den Meerengen erhobenen bekannt. Verwaltet wurden die Z. von Comites commerciorum. Bis ins 6. Jh. flossen sie in die Largitiones sacrae (→Fiscus Caesaris), seit 534 in die Arca praefectoria. Vgl. →Rom III. R. Kn.

Zoïlos von Amphipolis, (kynischer) Philosoph und →Redner, 4. Jh. v. Chr., Schüler des →Polykrates (2), Lehrer des →Anaximenes (1) v. Lampsakos. Gehörte zu den Rhetoren, die sich mit Geschichtsschreibung und nach Art der Sophisten mit laienhafter Homerkritik befaßten. Er schrieb eine Geschichte von der mythischen Zeit bis auf Philipp von Makedonien. Bekannter ist seine Homerkritik in 9 Büchern (*Κατὰ τῆς Ὁμήρου ποιήσεως*), die ihm den Spitznamen ‹*Ὁμηρομάστιξ*› eintrug. In ihnen trug Z. Stellen zusammen, die, rationalistisch durchdacht, die homerische Darstellung lächerlich machten, den Scharfsinn des Kritikers aber zur Schau stellten. J.H.K.

Frg: FGrHist II A 71 – *Lit:* K. Lehrs, De Aristarchi studiis Homericis (1833), 1882^3, 200–204 – U. Friedländer, De Zoilo aliisque Homeri obtrectatoribus, 1895.

Zonas (auch: Diodoros) v. Sardes, Rhetor und Epigrammatiker, Anfang 1. Jh. v. Chr. Neben den unter diesem Namen in der → Anthologie überlieferten Epigrammen mögen weitere von Z. stammen, die allein auf den Namen Diodoros gestellt sind. P.H.

Ed: AP.

Zonen. Die Einteilung der → Oikumene in Z. (‹Gürtel›) geht auf das sphärische Erdbild des → Parmenides zurück. Sie wurde über die → Klimata des → Eudoxos (1) v. Knidos und des → Hipparchos (3) v. Nicaea und die Parallelkreise des → Eratosthenes einerseits bis zum Z.system des → Poseidonios, andererseits bis zum Breitensystem des → Marinos (3) dauernd fortentwickelt. → Kartographie. F.L.

Zoologie

[1] Allgemeines – [2] Z. bis Aristoteles – [3] Aristoteles – [4] Z. nach Aristoteles – Vgl. → Fauna, → Biologie, → Botanik, → Zeugungslehre.

[1] *Allgemeines.* Die frühesten erhaltenen zoolog. Bücher sind die des Aristoteles, aber es gibt hinreichend Zeugnisse für ein volkstümliches wie auch wissenschaftliches zoolog. Interesse in früherer Zeit. Die Gravierung der myken. Goldbecher, die frühe Vasenmalerei, aber auch Homer, Aristophanes u. a. setzen genaue Beobachtungen voraus. Herodot und Ktesias geben viele Beschreibungen fremdländischer Tiere aus Ägypten, Libyen, Persien, Indien, von denen einige legendär, andere aber aus den Wildparks (*παράδεισοι*) bekannt waren. Xenophon (cyn. 5) gibt einen ausgezeichneten Bericht über die Hasenjagd. Eine Reihe von Tieren wurden zu Nahrungszwecken gezüchtet, andere als Schoßtiere gehalten (→ Haustiere). → Mantik und Opfer führten zu Kenntnissen der inneren Organe.

[2] *Z. bis Aristoteles.* Die frühen → Kosmologen unterbauen ihre Theorien zuweilen mit zoolog. Beweismaterial wie z. B. dem Vorkommen von Seemuscheln im Inland (→ Xenophanes). Der allgemeine Glaube an die Urzeugung (→ Vererbungslehre) wurde von → Empedokles, → Anaxagoras und → Archelaos als Erklärung für die Entstehung des Lebens benützt. → Anaximander nahm an, daß auf diese Weise entstandene Lebewesen zuerst in «stachliger Rinde» (wie die Seeigel?) eingeschlossen gewesen seien und daß die Menschen zuerst im Inneren von Fischen gehegt worden seien, wie beim lebend gebärenden Hundshai. → Parmenides dehnte die Kosmologie im zweiten Teil seines Gedichts auch auf die Körperteile der Tiere aus; dieser (verlorene) Bericht gab vermutlich keine umfassende Beschreibung, sondern eine Aitiologie, wie die verlorenen Bücher Demokrits. → Alkmeon soll die ersten Sektionen vorgenommen und die Verbindung des Auges mit dem Gehirn nachgewiesen haben (VS 24 A 10). Er erwies das Gehirn als Zentrum der Sinneswahrnehmungen und als ersten sich am Embryo entwickelnden Teil. Dies führte zu einer Kontroverse, in der Anaxagoras, → Platon und die meisten anderen Alkmeon beipflichteten, während Empedokles und Aristoteles das Herz für das Zentrum und das erste, das sich entwickelte, hielten. Alkmeon scheint den Volksglauben angeführt zu haben, daß die Ziegen durch die Ohren atmeten, was von Aristoteles bestritten, später aber von → Varro (1) und → Aelian (1) wiederholt wurde. – *Empedokles* ging in seiner Entwicklungstheorie eher von der Kosmologie als von der Z. aus; aber in seiner Kritik daran (phys. 2, 8 f.) verwarf Aristoteles auch eine Theorie der natürlichen Zuchtwahl, die ebenfalls aus Demokrit stammen mag und die Darwin später als Vorläufer seiner eigenen bezeichnete. Empedokles legte aber auch Wert auf Beobachtung: er zeigte durch ein Experiment (sic!), daß im Meer Süßwasser enthalten ist, das die Fische ernährt (VS 31 A 66); er benutzte die → Klepsydra, um seine Theorie der Atmung durch gegensätzliche Bewegungen von Blut und Luft, die später von Platon weiterentwickelt wurde, deutlich zu machen (VS 31 B 100, Plat. Tim. 78). Platon und Aristoteles haben beide seine Annahme weiterentwickelt, der Körper bestehe aus Geweben (Fleisch, Knochen), die selbst wieder aus dem elementaren Warmen, Kalten, Nassen und Trockenen aufgebaut sind, und daß Haare, Schuppen und Federn einander entsprechen. – *Anaxagoras* soll den Schädel eines einhörnigen Widders geöffnet haben, um zu zeigen, daß die Mißbildung nichts Schlimmes bedeute, sondern eine natürliche Ursache habe (Plut. Per. 6). Diese Vorführung kann keine wissenschaftliche Grundlage gehabt haben, ebensowenig wie seine Versicherung, Krankheit sei auf Galle in der Lunge zurückzuführen oder daß Fische und Muscheln Luft durch den Mund einatmeten (vermutlich Luft, die im Meer enthalten ist, wie → Diogenes (2) v. Apollonia meint). Die Annahme des → *Diogenes* (2) v. Apollonia, die Luft sei der Ursprung von Leben und Seele und werde deshalb von allen Lebewesen eingeatmet, spielte eine wichtige Rolle in der Entwicklung der Lehre vom Pneuma. Er behauptete, die Luft in den Lebewesen sei von unterschiedlicher Wärme, was Unterschiede in der Denkfähigkeit bedinge; Fische und Vögel hätten eine schnelle Verdauung, aber wenig Intelligenz, weil ihre innere Luft im Magen verbliebe (so von Aristoteles wiederholt). Die Blutgefäße enthielten Luft und Blut zugleich – eine These, die eine sich durch Jahrhunderte ziehende Diskussion eröffnet. – Der vielleicht schwerste Verlust betrifft die 7 Bücher → *Demokrits* über die ‹Ursachen›: die drei Bücher, die die Tiere behandelten, sind die ersten bezeugten Bücher über Z. Verstreute Zitate überliefern uns seine Erklärungen des Wachstums der Zähne, Hörner, Federkiele, Knochen, Nägel, Haare, der Farbe der Eier, des Hahnenkrähens, der im Schlamm wühlenden Fische, von Zeugung und Vererbung. Aristoteles zitiert ihn oft und kritisiert ihn vom teleologischen Standpunkt aus. Er benutzte auch Beispiele aus dem Tierreich in seinen ethischen Traktaten, wie sie in den Tiergeschichten von → Aesop bis → Aelian (1) erzählt und von Aristoteles (hist. an. 9) wissenschaftlicher behandelt werden. Die Wechselwirkung zwischen → Biologie und → Medizin vor Aristoteles wird so lange nicht genau bestimmt werden können, als die *Hippokratischen Schriften* nicht datierbar sind. Es scheint schon früh einen Gelehrtenstreit zwischen der Naturphilosophie und Ärzteschulen um die Grundelemente Warmes, Kaltes, Nasses, Trockenes (→ Biologie, 2) gegeben zu haben; aber dieses Problem wurde später gelöst; zu Anfang und Ende der ‹Parva naturalia› stehen die vermittelnden Worte des Aristoteles. – Gelegentlich wird zoolog. Beweismaterial in ärztlichen Schriften zitiert: z. B. hat man einem Schwein beim Trinken die Kehle aufgeschnitten, um zu zeigen, daß die Flüssigkeit in die Lunge geleitet würde (Hippokr. cord. 2). Die inneren Organe von Tieren wurden zu Vergleichen mit der menschlichen Anatomie benutzt, da Sektionen am Menschen, außer vorübergehend im 3. Jh. v. Chr. in Alexandria, nicht üblich waren. Galen führte später viele Tiersektionen durch, vor allem an Affen. – *Platon* formuliert im Timaios die allgemeinen Prinzipien der Biologie, befaßt sich aber hauptsächlich mit dem Menschen. Er versteht die Tiergattungen als fortschreitende Degeneration vom Menschen aus (91 D), ähnlich der scala naturae, die Aristoteles bald darauf entwickelte. Platon förderte das Interesse an der Definition durch die Einteilung in Gattungen (→ Dihärese). Die wenigen erhaltenen Fragmente seines Schülers → Speusippos über ‹Ähnlichkeiten› (*ὅμοια*) zeigen Gruppierungen von Schaltieren, Krebsen, Insekten, Fischen, Weichtieren, eventuell auch Vögeln; Speusippos hat vielleicht eine ‹Dihärese› des ganzen Tierreichs nach dichotomischer Methode unternommen. Diese Methode der zoolog. Klassifikation wurde durch Aristoteles kritisiert, da die natürlichen Gruppen dabei aufgespalten werden (part. an. 1, 2).

[3] *Aristoteles. Die Werke:* Platons Anregungen wurden von Aristoteles und seinen Mitarbeitern zu einer umfangreichen, organisierten Forschung ausgebaut, der ersten ihrer Art, von der vieles erhalten ist: ein Viertel des uns vorliegen-

den Corpus Aristotelicum betrifft die Z. Aristoteles untersucht in seiner ‹Tiergeschichte› die einzelnen Arten nach den Gesichtspunkten: Organe, Funktionen, Lebensbedingungen, bes. Merkmale (z. B. Verhaltensweise); ‹De partibus animalium› und ‹De incessu animalium› geben die Aitiologie der Körperteile; ‹De generatione animalium› bietet seine wichtige Zeugungs- und Vererbungslehre und die Embryologie; ‹De anima› und die ‹Parva naturalia› enthalten auch Tierpsychologie; das vierte Buch der ‹Meteorologie› analysiert die Wechselwirkungen natürlicher Substanzen (Biochemie). Das Ganze bildete eine Vorlesungsreihe des frühen Peripatos; sie enthält Texte aus allen Schaffensperioden des Aristoteles, auch einige seiner Schüler, sowie Hinweise auf heute verlorene Werke, bes. auf ein Werk über die Ernährung und eine Sammlung anatomischer Diagramme. – Sogar in dieser hochorganisierten Forschung gibt es noch keine rein beschreibende Z., wenn auch die vermutlich zuletzt geschriebenen Teile der Historia animalium in diese Richtung gehen. Der erklärte Zweck dieses Werkes ist vielmehr die Untersuchung der Ähnlichkeiten und Unterschiede der Arten. Vom Menschen angefangen werden die äußeren und inneren Teile der Lebewesen zuerst aufgezählt und verglichen; dann die funktionellen Unterschiede, z. B. Stimme, Schlaf, Aufzucht der Jungen; dann die Lebensform, z. B. Ernährung, Wanderungen, Winterschlaf, Krankheiten, Umwelt; endlich Tierpsychologie (Buch 9, zuweilen Theophrast zugeschrieben). In Buch 5–8 scheint ebenfalls manches von fremder Hand zu stammen, aber das ganze Werk folgt einem Grundplan, außer Buch 10, das unecht ist. – *Klassifizierung:* Die Tiere werden in ‹blutführende› (*ἔναιμα*) und ‹blutlose› (*ἄναιμα*) eingeteilt, was unserer heutigen Einteilung in Wirbeltiere und Wirbellose entspricht. Die erste Klasse wird eingeteilt in: Mensch, lebendgebärende Vierfüßler, eierlegende Vierfüßler, Walfische, Fische, Vögel; die zweite in: Weichtiere, Krebse, Schaltiere, Insekten. Aristoteles führt seine Klasseneinteilung nur teilweise durch: die natürlichen Gattungen und Gruppennamen, wie sie in den gebräuchlichen Namen zum Ausdruck kommen, behält er bei und ordnet die meisten in seine Hauptgruppen ein; andere werden nicht eingeordnet, wie z. B. Schwämme und Schlangen. Er hält die Arten für unveränderlich, doch ist dies für seine Theorie nicht sehr wesentlich, da er annimmt, daß die scala naturae kontinuierlich ist und daß verwandte Arten gekreuzt werden und Zwischentypen hervorbringen können. Bei der Beschreibung der Arten behandelt er die Morphologie als das wichtigste, aber nicht das einzige Problem; er berücksichtigt auch Fortpflanzung, Lebensfunktionen, Umwelt, Lebensweise. Aristoteles nennt ungefähr 550 Arten, macht aber über einige davon nur sehr geringe Angaben, da sein Ziel ja nicht die Beschreibung ist. Am besten ist er über Haustiere, Vögel und die Meeresfauna unterrichtet; am schlechtesten über wilde Raubtiere und Insekten. Seine Quellen sind die Beobachtungen von Viehzüchtern, Fischern, Jägern, Reisenden; manches hat er auch selbst beobachtet, vor allem bei Weichtieren und Krebsen, und verschiedene Angaben gehen auf Sektionen zurück, darunter die Vivisektion eines Chamäleons. Von den vielen ausgezeichneten Beschreibungen sollen hier erwähnt werden: die Mundpartien des Seeigels, die heute ‹Laterne des Aristoteles› heißt, die Verwandtschaft der Walfische mit den Säugetieren und die Brutpflege eines männlichen Katzenwels, heute parasilurus Aristotelis; all dies wurde erst in neuerer Zeit wieder entdeckt. Aristoteles beschreibt die Entwicklung der Kücken anhand eines Nests, von dem täglich ein Ei geöffnet wird. Die drei Beschreibungen der Bienen zeigen, wie Aristoteles volkstümlichen Vorstellungen auf den Grund geht, und scheinen auch einen Hinweis auf den ‹Tanz› der Bienen zu enthalten. Er nennt auch die Hektokotylisation gewisser Oktopoden, glaubt aber nicht daran. Unter dieser Fülle von Material befinden sich auch fehlerhafte Berichte, doch ist das Gesamtwerk mit der größten Vorsicht und in einer wissenschaftlichen Betrachtungsweise abgefaßt, die im Vergleich zu → Herodot und → Ktesias und dann wieder jüngeren Autoren wie → Plinius (1) d. Ä. einzig dasteht. – In seiner *Tierphysiologie* nennt Aristoteles das Herz das Hauptorgan der blutführenden Tiere, während die blutlosen ein analoges Organ besitzen. Es ist nicht nur das im Mittelpunkt liegende Gefäß für das Blut oder die analoge Flüssigkeit, sondern auch die Quelle der Lebenswärme, der Sitz der Sinneswahrnehmungen und der primäre Ort der Seele, soweit sie gelegentlich als örtlich gebunden vorgestellt wird – genau genommen ist sie die Form des Körpers und in jedem lebenden Teil gegenwärtig. Aus dem Magen kommt die in der Verdauung gewonnene Flüssigkeit ins Herz und wird dort in Blut umgewandelt. Zugleich erfüllt die Wärme des Herzens das Blut mit ‹Pneuma› (Luft), was den Pulsschlag bewirkt; das Blut durchströmt die Gefäße, füllt die Gewebe und versorgt sie mit Nahrungsstoffen. Die Unterscheidung zwischen den Arterien als Kanälen des Pneuma und den Venen als Kanälen des Bluts wurde erst etwas später durch → Diokles (3) v. Karystos und → Praxagoras gemacht. Aristoteles wie Theophrast scheinen angenommen zu haben, daß Pneuma und Blut den Körper gemeinsam durchströmen. Gelegentlich nimmt Aristoteles an, daß Luft aus den Lungen ins Herz eintritt. Einmal spricht er vom Sitz des angeborenen Pneuma im Herzen, von wo es als Mittler der Seele die Bewegung verursacht, zu den Gliedern ausgeht (mot. an. 10); aber er sagt nicht, welchen Weg es nimmt. Diese zuweilen widersprüchlichen Ansichten deuten auf eine Entwicklung der Pneumalehre. – Die von den Zähnen verkleinerte Nahrung wird im Magen mit Hilfe der Wärme verdaut. Gehörnte Tiere haben weniger Zähne und deshalb mehr Mägen. Die Lebenswärme wird durch die Lungen und das Gehirn gemäßigt. Die Lungen, die vom Herzen bewegt werden, lassen Luft ein, um das angeborene Pneuma aufzufüllen und das Blut im Herzen abzukühlen. Nichtatmende Tiere werden durch Kiemen mit Wasser oder nur durch die umgebende Luft gekühlt; dies genügt, denn ihre Wärme ist geringer, da sie weniger vollkommene Wesen sind. Das Gehirn trägt zur Kühlung bei, indem es Schleim (*φλέγμα*) herabschickt. Aristoteles glaubt nicht, daß dem Gehirn Funktionen der Wahrnehmung oder des Denkens zukommen. – Alle Tiere besitzen zumindest einen der fünf Sinne (den Tastsinn), und das unterscheidet sie von den Pflanzen. Aristoteles weiß aber, daß die Trennungslinie nicht scharf gezogen werden kann, und fragt sich, ob Schwämme usw. (die heutigen Zoophyten) nicht ebenso als Tiere wie als Pflanzen klassifiziert werden könnten. Die Fortbewegung, ob durch Füße, Flügel, Flossen oder Schlängeln, wird bei den blutführenden Tieren durch vier oder weniger Gliedmaßen, bei den blutlosen durch mehr als vier bewirkt. Die Verteidigungsorgane variieren je nach den Umständen, denn die Natur gibt jeder Art immer nur *ein* ausreichendes Mittel zur Verteidigung: Hörner, Hauer, Körpergröße, Schnelligkeit usw. Als Lebensziel der Tiere wird gelegentlich die Erhaltung der Art angegeben (→ Vererbungslehre).

[4] *Z. nach Aristoteles.* Die Z. machte auch nach Aristoteles noch Fortschritte, aber die Autorität des Aristoteles war so groß, daß spätere Arbeiten des Peripatos wohl oft unter seinem Namen verbreitet wurden. Bald nach Aristoteles' Tod wurde bereits ein umfangreicher Auszug aus seinen zoolog. Werken zusammengestellt, der als aristotelisch galt (die ‹Zoika›, verloren); dieser, und nicht die erhaltenen zoolog. Werke, hat wahrscheinlich den späteren Exzerptoren vorgelegen. Die Zitate des → Athenaios lassen vermuten, daß die Einteilung in Gattungen und Arten darin weiter ging als in der Historia animalium. Die von → Aristophanes (2) v. Byzanz um ca. 200 v. Chr. verfaßte Epitome,

größtenteils erhalten, hat ebenfalls einige wenige Angaben, die bei Aristoteles selbst nicht vorliegen. – Damals wurde die *Intelligenz* der Tiere zum Gegenstand des Interesses. → Eudemos (3) v. Rhodos und → Theophrast stellten Material darüber zusammen. → Strabon (2) v. Lampsakos, der die aristotelische Metaphysik zugunsten einer materialistischen Anschauung aufgegeben hatte, behauptete, die Intelligenz bei Mensch und Tier sei die gleiche, ein Resultat der Sinneswahrnehmungen; sie habe ihren Sitz nicht im Herzen, sondern an der Stelle zwischen den Augenbrauen. Andererseits hoben die → Stoiker den Unterschied zwischen Mensch und Tier hervor. Spätere Eklektiker berufen sich gern auf die Klugheit bestimmter Tiere (→ Ameise, → Biene, → Spinne, Schwalbe); seit → Demokrit ein Gemeinplatz; → Philon (1) erkennt ihnen sogar eine Art Weisheit (*σοφία*) zu. → Plutarch u. a. griffen die Lehre der Stoiker mit einer Fülle von Gegenbeispielen an, meist aus peripatetischen Schriften. – Das Interesse an der darstellenden Z., deren Anfänge in der Historia animalium des Aristoteles enthalten sind, richtete sich von nun an auf *Merkwürdigkeiten* an Tieren, bes. ihre Klugheit oder Sittlichkeit. So die unter Aristoteles' Namen gehenden ‹Mirabilia› und verlorene Bücher von → Klearchos (3) v. Soloi, Theophrast und Straton. Das Interesse daran verbreitete sich rasch über den Peripatos hinaus. → Ptolemaios II., der Gründer der Bibliothek und des Museion in Alexandria, soll ein Schüler Stratons gewesen sein und das Studium merkwürdiger Tiere gefördert haben. Die Paradoxographen befaßten sich regelmäßig mit ihnen (bes. → Antigonos (5) v. Karystos). Es gab Spezialstudien über Fische von → Dorion, über giftige, stechende und beißende Tiere von → Apollodoros (2) v. Alexandria, vielleicht schon von Theophrast, später von → Sostratos (2). Dasselbe Interesse an Merkwürdigkeiten herrscht auch in den größeren Sammlungen vor, wie den drei Büchern des → Alexander (18) v. Myndos, und bei den enzyklopädischen Kompilatoren, die auch zoolog. Material aufnahmen, wie → Didymos (1), → Pamphilos, → Apion, → Plinius (1) d. Ä. Dieser Tradition folgen später die Werke von → Oppian und → Aelian (1), aus zweiter Hand zusammengestellt, anekdotisch. Eine allgemeinverständliche Form bietet der → ‹Physiologos› (griechisch, 2. Jh. n. Chr.), von dem die mittelalterlichen Bestiarien mit ihrem stark märchenhaften Charakter und moralischer Zielsetzung abhängen. – Die unterdessen von alexandrinischen Anatomen (bes. → Herophilos und → Erasistratos, den Entdeckern der Nerven) gemachten Fortschritte in der Physiologie des Menschen wurden zuerst nur langsam auf die Z. verwertet, da ja die Möglichkeit bestand, menschliche Körper zu sezieren. Erst → Galen (2. Jh. n. Chr.), dem dies nicht erlaubt war, wandte ihre Methode bei zahlreichen Tiersektionen an, durch die er die Neurologie förderte, die inneren Geschlechtsorgane identifizierte und bewies, daß die Arterien Blut führten. Aber obwohl seine Auffassung sich in der Medizin durchsetzte, blieben seine zoolog. Entdeckungen anscheinend unbeachtet. Die wissenschaftliche Z. lebte erst in der arabischen Aristoteles-Renaissance des 9. Jh.s wieder auf, die zum lat. Aristotelismus des 13. Jh.s führte und die Z. wieder auf die Grundlage der aristotelischen Forschung stellte. D. M. B.

Lit: O. Keller, Die antike Tierwelt (1909), 1963 – C. Singer, Greek Biology and its relation to the rise of modern Biology, in: Studies in the History and Method of Science II, 1921 – F. S. Bodenheimer, The History of Biology, 1958.

Zopyros, vornehmer Perser, Sohn des Megabyzos, half durch eine Kriegslist dem → Dareios I. das lange vergeblich belagerte Babylon zu erobern, indem er sich selbst verstümmelte und sich unter dem Vorwand, vom König grausam bestraft worden zu sein, das Vertrauen der Einwohner erwarb. Zum Dank wurde er auf Lebenszeit Statthalter über Babylon. Später bei einer Empörung vom Volke getötet (Hdt. 3, 150ff.).

Zosimos, griech. Geschichtsschreiber, etwa 2. H. 5. Jh./1. H. 6. Jh. Exadvocatus fisci, comes; Christenfeind. Über sein Leben ist nichts bekannt; die Beziehungen des Z. zu den gleichnamigen Sophisten (s. u.) und zu den aus der Schule von Gaza bekannten Trägern dieses Namens sind nicht geklärt. Z. schrieb eine ‹Nea Historia› in 6 Büchern (‹neue Fassung›), summarisch ab Augustus, ausführlicher ab Diokletian (Lücke), bis vor Einnahme Roms durch Alarich (410). Z. erklärt als Gegenstück zu → Polybios den Reichszerfall bes. aus der Abkehr vom Heidentum. Quellen: → Julian, → Magnus (?), → Eunapios, → Olympiodor u. a.; → Dexipp. – Z. ist benutzt u. a. von Eustathios Epiphaneus (Syrer), Verfasser einer ‹Chronik› ab Urzeit bis 502/503. W. Sp.

Ed: Ed. princ: H. Stephanus, 1581 (z. T.) – F. Sylburg, 1590 (vgl. lat. Übers. v. J. Leunclavius, 1576) – I. Bekker, 1837 (mit Noten Älterer) – L. Mendelssohn, 1887 (Einl., Quellen u. a.) – *Lit:* G. M. Bersanetti, EI 35, 1937, 1026f. – K. Gerth, Bursian 272, 1941, 250–252 (Forschungsber.) – L. Dillemann, Syria 38, 1961, 87–158 (Eunapios, Magnus, Ammian und Z. über Julians Perserzug).

2. **Z. von Panopolis** (in der Thebais), in Alexandria (vermutlich im 4. Jh. n. Chr.) lebend und wirkend, gnostischer Christ und der erste als Person greifbare Alchemist (→ Chemie, 3). Nach Suidas (s. v.) u. a. Verfasser eines alchemistischen Werkes in 28 Büchern (*Χημευτικά*), aus dem außer dem ganz erhaltenen Buch 24 (*Ω*) nur teilweise stark entstellte Bruchstücke bei späteren Alchemisten überliefert sind. F. Kr.

Q: M. Berthelot, Coll. des anciens alchimistes grecs, 3 Bde, 1887–88 (mit franz. Übers.) – *Lit:* Vgl. → Chemie.

3. **Z.** → Suidas vermischt wohl Z. v. Gaza (unter Kaiser Zeno getötet) und Z. v. Askalon (unter Anastasios I.). Mit Z. v. Gaza identifiziert man gelegentlich den Historiker → Z.; man hat auch schon die beiden ersten Z. miteinander gleichgesetzt. Erhalten ist unter dem Namen Z. eine Demosthenesvita; ihrem Verfasser gehören wohl auch der anonym überlieferte Isokratesbios und die Hypotheseis; dagegen ist nicht bewiesen, daß sein Gedankengut in der Thukydidesvita des → ‹Marcellinus› (2) steckt. Ein Z. kommentierte auch Lysias und → Aristeides. W. Sp.

Ed: → Demosthenes, → Isokrates – *Lit:* K. Gerth, Bursian 272, 1941, 250–252 (Forschungsber.) – Ders., RE Suppl. 8 (1956), 771f., s. v. 2. Sophistik.

Zünfte. Im Altertum sind unter Z.n lediglich Berufsvereine zu verstehen, die zudem meist nicht allein wirtschaftliche Zwecke verfolgten (→ Vereinswesen). Sie bildeten sich im Osten bes. in den jungen hellenist. Staaten, wo sich in den → Handelszentren wohl zuerst die Handelsleute (Emporoi, nach Handelsgütern getrennt, z. B. Schweinehändler) und Reeder (Naukleroi) zusammenschlossen. Daneben traten die Z. spezialisierter Kleinhändler (Kapelos), verschiedener Berufszweige des Transportgewerbes und der Handwerker. Die Vielzahl der Z. im Textil-, Bau- und Lebensmittelgewerbe, in der → Metallindustrie und in der → Landwirtschaft zeigt die fortgeschrittene → Arbeitsteilung. Auch die Organisationen von Gelehrten, Ärzten, Gruppen von Beamten und Soldaten sind hierzu zu zählen. Die gleichen Gruppen von Z.n bildeten sich auch in Rom schon in republik. Zeit und waren während der Kaiserzeit überall im Reich anzutreffen, sofern in dieser Zeit die Gesetzgebung die Vereinsfreiheit nicht einschränkte. – Im ptolemäischen Ägypten, für das die Quellen am ergiebigsten sind, ist von vornherein zwischen privaten und halbstaatlichen Z.n zu unterscheiden. In der röm. Zeit standen vor allem die collegia fabrorum als Feuerwehr im städt. Dienst. Beim Niedergang der Wirtschaft im 3. Jh. wurden von → Aurelian die Z. nicht nur in zunehmendem Maße zu staatlichem Dienst herangezogen, sondern als Zwangs-Z. organisiert, über die der Staat Gewerbe und Handel reglementieren konnte. H. Br.

Lit: J. P. Waltzing, Etude historique sur les corporations professionnelles chez les Romains, 4 Bde, 1895–1900 – E. Groag, Collegien und

Zwangsgenossenschaften im 3.Jh., in: Vierteljahrsschr. f. Soz.- u. Wirtschaftsgesch. 2, 1904, 481–510 – F.Poland, Gesch. des griech. Vereinswesens, 1909 – A.Stöckle, Spätröm. und byzant. Zünfte, Klio-Beih. 9, 1911 – Th.Reil, Beitr. zur Kenntnis des Gewerbes im hellenist. Ägypten, Diss. Leipzig 1913 – G.Mickwitz, Die Kartellfunktionen der Zünfte, Comment. Hum. Litt. Soc. Scient. Fenn. 8, 3, 1936 – F. de Robertis, Diritto associativo romano dai collegi della repubblica alle corporazioni del basso impero, 1938 – F.M.Heichelheim, Wirtschaftsgeschichte des Altertums (1938), engl. I. II, 1958 bis 1964² (Lit.)

Zwerge. [1] In *Ägypten* begegnet man Z.n in Darstellungen bereits des A.R. häufig, und zwar als Kleiderwächtern oder Goldarbeitern. Dies waren meist verkrüppelte Ägypter. ‹Echte› Z. (Pygmäen) handelte man aus dem Inneren Afrikas ein, um sie als ‹Gottestänzer› zu benutzen, d.h. sie mußten bei bestimmten Ritualen den Gott durch ihre Tänze erfreuen, so wie auch die Ägypter selbst sich Z. als Spaßmacher hielten. W.Hk.

[2] Der *griech.Mythos* lokalisiert die Zw. (*Pygmäen*, ‹Däumlinge›) am Okeanos (Hom.Il. 3, 3 ff.), in Indien, Ägypten, Karien und anderswo. Sie leben jedes Jahr in erneuertem Kampf mit Kranichen, die ihre Saatfelder verwüsten und meist siegreich bleiben. Zwerggestaltige Spaßmacher sind auch die Kerkopen, die → Herakles einfängt, aber wegen ihres Witzes freiläßt.

Lit: R.Hennig, RhM 81, 1932, 20ff. – W.B.M.Daniel, AJA 36, 1932, 260f. – *Darstellungen:* Pygmäen im Kampf mit Kranichen seit der Zeit der Françoisvase (Furtwängler-Reichhold, Taf. 1ff.) nachweisbar; in der röm. Kunst auf Mosaiken und Wandgemälden, dann meist ohne die Kraniche. – *Lit.dazu:* E.Wüst, RE 23,2 (1959), 2069–2074, s.v. Pygmaioi – K.Schefold, Gymn. 67, 1960, 97f. K.Schb.

Zwölfstädtebund. Zwölferorganisationen von Städten, Stämmen und Völkern um einen kultischen Mittelpunkt gab es weit über den Mittelmeerraum hinaus bis nach China. Die 12 Stämme Israels gehören in diesen Rahmen, ebenso waren ihre Nachbarn, die Edomiter und Aramäer, zwölffach geteilt. Auch die Mitgliedschaft der pyläisch-delphischen Amphiktyonie basierte auf dieser magischen Zahl. Spezielle Zwölfstädteorganisationen zum Zweck gemeinsamer Kultübung gab es in Griechenland in Achaia und im griech. Kleinasien bei den → Aiolern und → Ioniern, deren ‹Panionion› vielleicht ursprünglich ebenfalls ein Apollonheiligtum war und erst später unter pylischem Einfluß zu einem solchen des Poseidon wurde. Von dort könnte diese unpolitisch-sakrale Institution nach Etrurien übertragen worden sein (→ Etrusker). F.Kch.

Zwölftafelgesetz → Recht III A [2].

Zypresse (*κυπάρισσος*, cupressus), mit mehreren Arten im Mittelmeerraum verbreitet, gehört nach der Namensbildung in den vorgriech. Bereich. Man schätzte sie wegen ihres wohlriechenden, widerstandsfähigen Holzes, das für zahlreiche Kultbilder bezeugt ist. Der Härte und Dauerhaftigkeit wegen verwendete man es bevorzugt im → Schiffsbau, bei der Herstellung von kostbaren Tempeltüren und -schreinen, vor allem auch → Sarkophagen. Die religiöse Bedeutung der Z. tritt in zahlreichen Überlieferungen hervor. In eine Z. wurde der kret. Jüngling Kyparissos verwandelt, der zur Bewahrung seiner Keuschheit vor Apollon zum syr. Orontes und dem Berg Kasios, einem Heiligtum des Baal, geflohen war. Nach einer anderen Version war Kyparissos der Sohn des Telephos von Keos. Aus Gram über den Tod eines den Nymphen heiligen → Hirsches starb er und wurde von Apollon in eine Z. verwandelt. Die Z. ist für den heiligen Hain der kret. Rhea und die Geburtsgrotte des Zeus auf Kreta bezeugt. Auch der Tempel des Zeus von Nemea war von Z. umgeben. Z.-Haine finden sich häufig im Kultbereich der → Artemis, u.a. bei der ephesischen Geburtsstätte der Göttin. Mehrfach ist auch Athena mit der Z. verbunden und führt den Beinamen Kyparissia. Verbürgt ist die Zuordnung der Z. an Aphrodite, deren Beiname Melainis in Korinth auf eine düstere Bedeutung weist. Mächtige Z.n umstanden das Grab des → Alkmeon zu Psophis in Arkadien, *παρθένοι* genannt. Der Befund deutet auf eine Verwandlungssage wie die Überlieferung von den Töchtern des Eteokles zu Orchomenos, die zu Ehren der Demeter und Kore Tänze aufführten und in eine Zisterne stürzten. Die mitleidige Gaia ließ sie zu Z.n werden. Auch in Rom ist die Z. den Unterirdischen zugeordnet (Dis) und ein Baum der Trauer, dessen immergrüne Zweige im Totenritual zugleich Lebenshoffnungen veranschaulichten. Die Z. begegnet häufig in der röm. Wandmalerei. Vgl. → Flora; → Holz. J.W.

Lit: K.Woermann, Die Landschaft in der Kunst der alten Völker, 1876, 334 – Hehn, 286–294 – Murr, Pflanzenwelt, 122–126 – Olck, RE 4,2 (1901), 1909–38 – D.B.Thompson, Garden lore of ancient Athens, 1963, Abb. 36.

ANHANG

NACHWORT

Nicht jeder Verlagsplan, der in seiner Ausführung zum glücklichen Abschluß geführt wird, bewegt den Verleger so sehr, daß er sich auf der letzten Seite zum Wort meldet. Wenn aber ein über acht Jahre gehegtes Vorhaben mit so ungewöhnlich hohen Ansprüchen, wie sie dieses Lexikon der Alten Welt begleitet haben und begleiten werden, als vollendetes Werk vorliegt, dann fühlt sich der Verleger in besonderer Weise allen jenen gegenüber zu Dank verpflichtet, die das Vollbrachte ermöglicht haben. Und ist nicht gerade die letzte Seite, der Abschluß, der rechte Ort, um die Anerkennung den Beteiligten gegenüber zum Ausdruck zu bringen und festzuhalten? Ich nenne zuerst die Herausgeber, die von allem Anfang an den Plan des Verlegers trotz erfahrungsreicher Skepsis entgegennahmen und dem Werk eine Konzeption zu geben vermochten, die rasch in ihren Umrissen sichtbar wurde. Die fachwissenschaftliche Stellung der Herausgeber erlaubte es, dem Unternehmen jene Mitarbeiter zuzuführen, die in ihrer Kompetenz diesem Lexikon einen unbestrittenen Qualitätsanspruch sichern. Alle Beteiligten sind sich jedoch bewußt, daß die Arbeit mit wenig Aussicht auf eine zeitgerechte Realisierung hätte begonnen werden können, wenn nicht zwei junge Altphilologen ihre ganze Arbeitskraft mit begeisterndem Elan auf dieses Werk konzentriert und die Aufgabe der Redaktion in freundschaftlicher Zusammenarbeit in so kurzer Zeit bewältigt hätten. Herausgeber, Mitarbeiter und Redaktoren verdienen nicht nur den Dank des Verlegers; mehr noch gilt ihnen die Anerkennung der wissenschaftlichen Disziplinen, die im täglichen Gebrauch dieses Lexikons den Namen der Verantwortlichen Glanz und Dauer verleihen werden. Zu erwähnen sind hier auch alle jene Mitarbeiter, die für die Präsentation dieses Werkes verantwortlich zeichnen: *Hans Frei*, der Gestalter unseres Verlages, der durch sein souveränes typographisches Können die Formel fand, die eine Bewältigung dieses Stoffes in einem Band möglich machte und dabei alle Erfordernisse erfüllt hat, die der Leser an eine moderne Typographie stellen kann; *Paul Beer*, der gemeinsam mit seiner Mitarbeiterin *Beatrice von Rotz* die subtile Aufgabe der Kartenherstellung mit großer Präzision bewältigte und auch unter Zeitdruck die geforderte Qualität hochhielt; *Walter Oberholzer*, der mit ungewöhnlich vielseitiger Einfühlungsgabe und Sorgfalt die zahlreichen Zeichnungen anfertigte; *Fritz Hofer*, Korrektor im Verlag, der eine besonders mühsame Aufgabe unter der Last seines ausgeprägten Verantwortungsbewußtseins zu erledigen hatte.

Wenn die Gesamtherstellung dieses Nachschlagewerkes der Firma Benziger & Co. AG. in Einsiedeln anvertraut wurde, so geschah es aus der langjährigen Erfahrung des Verlegers, daß dieses Haus alle Voraussetzungen besitzt, den höchsten Anforderungen gerecht zu werden – Anforderungen, die in technischer und terminlicher Hinsicht nur dann erfüllt werden können, wenn Menschen hinter den Maschinen stehen, die eine solche Aufgabe ebensosehr als persönliches Anliegen betrachten wie die Verantwortlichen am Schreib- und Arbeitstisch. Hier steht an erster Stelle der Name *Oswald Rohner*, der mit steter Aufmerksamkeit den Herstellungsvorgang überwachte und der Forderung, das Unmögliche möglich zu machen, nie ratlos gegenüberstand. Stellvertretend für alle wirkenden Hände sei der unermüdliche *Josef Wehrli* genannt, der monatelang mit rücksichtslosem Aufwand seiner Kräfte die termingerechte Satzerstellung ermöglichte und dadurch auch die Einhaltung des geplanten Erscheinungstermins sichergestellt hat.

Alle an der Entstehung dieses Werkes Beteiligten, Genannte und Ungenannte, möchte ich in meinen Dank einschließen. Ich hoffe, daß das große Erlebnis der Zusammenarbeit und das erreichte Ziel sie ebensosehr mit Gefühlen der Genugtuung und des Stolzes bewegt wie den Verleger.

BRUNO MARIACHER

I. VERZEICHNIS DER ANTIKEN BILDNISSE

Zusammengestellt von Karl Schefold, Basel

Vorbemerkung: Das folgende Verzeichnis enthält Bild- und Literaturnachweise zu den Bildnissen der antiken Politiker, Dichter, Redner, Philosophen u.a. Die Nachweise sind alphabetisch nach den Dargestellten geordnet. Unsichere Zuschreibungen sind als solche gekennzeichnet. In den Literaturnachweisen sind die sonst im Lexikon üblichen Abkürzungen verwendet.

Achaios, Usurpator in Kleinasien, 220–214/213 v.Chr.: Franke-Hirmer, Taf.205 – G.Kleiner, Der Münchner Goldstater des A., JbNG 5/6, 1954/55, 143–149, Taf.10,1–3 – Newell, WSM 267–269.396.

Aemilian, M. Aemilius, röm. Soldatenkaiser, 253/254: Maj, Ic.211f., Abb.118f.119 – M.Floriani Squarciapino, EAA III, 1960, 328.

Äsop, Fabeldichter im 6.Jh.v.Chr.: Schefold, B 57,4 – Richter 72f., Abb.264f.

Agrippina d.Ä., Gattin des Germanicus, 14 v.Chr. – 33 n.Chr.: C.Petrangeli, EAA I, 1958, 159f., Abb.229–232.

Agrippina d.J., Tochter des Germanicus, 15–59 n.Chr.: C. Petrangeli, EAA I, 1958, 160f., Abb.233–235.

Aischines, att.Redner, 389–315 v.Chr.: Schefold, B 103 – Laurenzi Nr.46 – Hekler-Heintze 61, Taf.7.38 – Poulsen Nr.25 – F.Hiller, Zum Neapler A., MWPr 1962, 53–60 – Richter 212–215, Abb.1369–1396.

Aischylos, att.Tragiker, 525–456 v.Chr.: Schefold, B 89,4 – Laurenzi Nr.31 – Hekler-Heintze 61, Taf.3.36 – Poulsen Nr.8(?) – Richter 121–124, Abb.577–610 – Kopf des Kapitol. Mus. (G. Hafner, Das Bildnis des A., JdI 70, 1955, 105–128) nach K.Schefold, Gnomon 34, 1962, 585, klassizistisch.

Alexander d.Gr., 356–323 v.Chr.: Laurenzi Nr.38.40.41.42. 69.85.86.87.101 – Poulsen Nr.19(?).31.52.57.60 – Hekler-Heintze, Taf.42.43 – K.Gebauer, A.bildnis und A.typus, AM 63/64, 1938/39, 1–160 – M.Bieber, The Portraits of A. the Gr., Proc.Am.Philos.Soc.93, 1949, 373–427 – G.Kleiner, Das Bildnis A.s d.Gr., JdI 65/66, 1950/51, 206–230 – B.Kaiser, Ein Meister der Glyptik aus dem Umkreis A.s d.Gr., JdI 77, 1962, 227–239 – Newell, RGP 17–22.25.29 – Cahn 1–15, Abb. 7–12.19–21 – Franke-Hirmer, Taf.172.173.176.217.

Alexander I. Balas, König v.Syrien, 151–145 v.Chr.: Laurenzi Nr.93 – A. de Franciscis, EAA I, 1958, 235f., Abb.345–347 – J.Charbonneaux et A. Laumonier, Trois portraits d'A.I. Balas, BCH 79, 1955, 528–538 – Franke-Hirmer, Taf.206.

Alexander II. Zabinas, König v.Syrien, 128–123 v.Chr.: A. de Franciscis, EAA I, 1958, 236, Abb.348 – Newell, RGP 73, Abb.28.

Alkaios, lyr.Dichter, um 600 v.Chr.: Schefold, B 55.67,1(?). 173,10 – Ch.Picard, Art et littérature, REG 1948, 337–357 – Richter 69f., Abb.243–251.

Alkibiades, athen.Politiker und Feldherr, ca.450–404 v.Chr.: H. von Heintze, Zum ‹Alkibiades›, RM 68, 1961, 182–186 – Richter 105f., Abb.449–452.

Amyntas, König in Baktrien, 2.Jh.v.Chr.: Newell, RGP 84, Abb.7.

Anakreon, lyr.Dichter, 572–ca.487 v.Chr.: Schefold, B 51.65. 173,15 – Laurenzi Nr.9 – Hekler-Heintze 52, Taf.2.19 – Poulsen Nr.1 – G.Hafner, A. u. Xanthippos, JdI 71, 1956, 1–28 – J.D.Beazley-L.D.Caskey, Attic Vase Paintings... II, 1954, 55–61 – Schefold, Mw.26, 156, Nr.147 – Richter 75–78, Abb.271–298 – Schefold D 4ff. 14.20.

Anastasius I., byzantin.Kaiser 491–518 n.Chr.: Delbrück 223, Abb.74 – C.Bertelli, EAA I, 1958, 342, Abb.487; FA 1959, 6702–04.

Anaxagoras, Naturphilosoph aus Klazomenai, 500–428 v.Chr.: Schefold, B 173,20.21 – Richter 108, Abb.574f.

Anaxarchos, Philosoph, Demokriteer, 4.Jh.v.Chr.: Richter, 243f., Abb.1081f.

Anaximander, ion.Naturphilosoph, 600–550 v.Chr.: Schefold, B 155,1. 157,2 – Richter, 78, Abb.299–301 – M.Bieber, AJA 1965, 187.

Anthemius, weström.Kaiser 467–472: Delbrück 100, Taf.22 – M.Floriani Squarciapino, EAA I, 1958, 407f.; FA 15, 1960, 6964.

Antialkidas, in Indien, 1.Jh.v.Chr.: Newell 84, Abb.3.4. – A.K. Narain, The Indo-Greeks, 1957.

Antigonos II. Gonatas v.Makedonien, 283–240 v.Chr.: Laurenzi Nr.55 – E.Simon, Die Fürstenbilder v.Boscoreale, 1958 – Richter 256, Abb.1745.

Antimachos I. v.Baktrien, 2.Jh. v.Chr.: Franke-Hirmer, Taf.212 – Newell 81, Abb.8 – Richter, Abb.1984.

Antinous, der Geliebte Hadrians, gest.130 n.Chr.: E.Holm, Das Bildnis des A., Diss. Würzburg 1933 – G.Carettoni, EAA I, 1958, 420f. – Hekler[4], Nr.34.39.184.485.1025 – Ostia Nr. 129–131 – Chr.Clairmont, Die Bildnisse des A. (im Druck).

Antiochos I. v.Kommagene, 69–34 v.Chr.: H.Bossert, Altanatolien, 1942, Abb.1017–1020 – L.Laurenzi, EAA I, 1958, 430, Abb.581.

Antiochos I. Soter, 280–261 v.Chr.: L.Laurenzi, EAA I, 1958, 431f., Abb.582f. – Franke-Hirmer, Taf.204 – Newell, RGP 60, Abb.2f. – Newell, WSM 444 – Newell, ESM 304 – Richter 270, Abb.1869.

Antiochos II. Theos, 286–246 v.Chr.: Laurenzi, Nr.57(?) – Ders., EAA I, 1958, 432, Abb.584 – Franke-Hirmer, Taf.205 – Newell, RGP 61, Abb.4 – Newell, WSM 444 – Newell, ESM 304 – Richter 270, Abb.1870.

Antiochos III.d.Gr., 223–187/186 v.Chr.: Laurenzi, Nr.77 – Hekler-Heintze 63, Taf.46/47 – G.Kleiner, Der Münchner Goldstater d. Achaios, JbNG 5/6, 1954, 147, Taf.10,4–6 – Newell, RGP 65, Abb.8 – Newell, ESM 304 – Newell, WSM 444 – Franke-Hirmer, Taf.205 – L.Laurenzi, EAA I, 1958, 432, Abb.586 – Richter 270f., Abb.1875–1879.

Antiochos IV. Epiphanes, 175–164 v.Chr.: L.Laurenzi, EAA I, 1958, 433, Abb.587 – O.Morkholm, Stud. in the coinage of A. of Syria, 1963 – Newell, RGP 66, Abb.11.13 – Franke-Hirmer, Taf.206 – Richter 271, Abb.1882–1884.

Antiochos V. Eupator, 164–162 v.Chr.: L.Laurenzi, EAA I, 1958, 433, Abb.589 – Newell, RGP 68, Abb.16 – Richter Abb.1885.

Antiochos VI. Epiphanes Dionysos, 145–142 v.Chr.: L.Laurenzi, EAA I, 1958, 433f., Abb.590 – Franke-Hirmer, Taf.206 – Richter Abb.1896.

Antiochos VII. Sidetes Euergetes, 139–129 v.Chr.: Newell, RGP 72, Abb.20 – Franke-Hirmer, Taf.208 – Laurenzi, EAA I, 1958, 434, Abb.591 – Richter Abb.1898.

Antiochos VIII. Grypos, 121–96 v.Chr.: L.Laurenzi, EAA I, 1958, 434, Abb.592 – Franke-Hirmer, Taf.208 – Newell, RGP 73, Abb.29; 74, Abb.30.32 – Richter Abb.1900f.

Antiochos IX. Kyzikenos, 113–95 v.Chr.: L.Laurenzi, EAA I, 1958, 434, Abb.593 – Newell, RGP 74, Abb.31; 75, Abb.33 – Franke-Hirmer, Taf.208 – Richter Abb.1902.

Antiochos X. Eusebes Philopator, 95–92 v.Chr.(?): A. de Franciscis, EAA I, 1958, 434, Abb.594 – Newell, RGP 75, Abb.35 – Richter Abb.1904.

Antiochos XI. Philadelphos, 92 v.Chr.: A. de Franciscis, EAA I, 1958, 435, Abb.595 – Newell, RGP 75, Abb.36 – Richter Abb.1905.

Antiochos XII. Dionysos, 87–84 v.Chr.: Richter, Abb.1908.

Antiochos XIII. Asiatikos, 69–64 v.Chr.: Newell, RGP 77, Abb.39 – Richter Abb.1909.

Antisthenes, Philosoph, Kyniker, 445–365 v.Chr.: Schefold, B 87 – Laurenzi Nr.80 – Hekler-Heintze 55, Taf.18 – Vgl. ferner: Poulsen Nr.50 – Richter 179–181, Abb.1037–1056.

Antonia maior, Tochter des Triumvirn M.Antonius; geb. ca. 39 v.Chr.: B.M.Felletti Maj, EAA I, 1958, 440f.

Antonia minor, Gattin des Nero Drusus, 36 v.Chr. – ca.40 n. Chr.: B.M.Felletti Maj, EAA I, 1958, 441 – Poulsen Nr.42.

Antoninus Pius, röm.Kaiser 138–161 n.Chr.: M. Wegner, Die Herrscherbildnisse in antoninischer Zeit, 1939, 15ff.125ff., Taf.1–9 – B.M.Felletti Maj, EAA I, 1958, 442ff. – E.Rosenbaum, A Catal. of Cyrenaican Portrait Sculpture, 1960, Nr.

46, Taf. 33 – G. Jacopi, Una nuova statua-ritratto di A. P., Festschrift M. Wegner, 1962, 83–86, Taf. 42–55 – Ostia, Nr. 137–142.

Antonius, M., der Triumvir, 82–30 v. Chr.: O. J. Brendel, The Iconography of M. A., Hommages A. Grenier, Latomus 58, 1962, 359–367 – H. Möbius, Der Silberteller v. Aquileia, Festschrift F. Matz, 1962, 80–97 – Ders., Alexandria u. Rom, Abh. München 59, 1954 (dagegen: F. Matz, Zum Silberteller v. Aquileia, MWPr 1964, 23–31).

Anzaze, Frau des Königs Kamnaskires von Elymais: Newell, RGP 98, Abb. 11.

Apollodotos II., König in Indien, 2. Jh./1. Jh. v. Chr.: Newell, RGP 86, Abb. 16.

Apollonios Rhodios, hellenist. Epiker, 295–215 v. Chr.: Schefold, B 129, 1 (?) – Richter 242, Abb. 1670–1672.

Apollonios v. Tyana, pythagoreischer Philosoph und Wundertäter, 1. Jh. n. Chr.: Auf Kontorniaten: Schefold, B 222, 35 bis 38 – A. Alföldi, Die Kontorniaten, 1943, 75 – Richter 284.

Apollophanes, in Indien, 2. Jh.: Newell, RGP 86, Abb. 18.

Apuleius, Redner und Romanschriftsteller, 124–190 n. Chr.: Schefold, B 173, 37.

Arat v. Soloi, hellenist. Dichter, 310–240 v. Chr.: Schefold, B 47. 109, 3. 173, 28. 169, 5 – Laurenzi Nr. 68 – Ch. Picard, Un cénacle littéraire, Mon. Piot 44, 1950, 53–82 – J. Fink, Die Inspiration des Dichters im Bild, Gymn. 66, 1959, 491–494 – Richter 239–241, Abb. 1651–1660.

Arcadius, röm. Kaiser 395–408 n. Chr.: Delbrück 204ff., Taf. 103–104 – V. Scrinari, EAA I, 1958, 535–537; FA 14, 1959, 3977. 5296. 6693. 7076 – W. F. Volbach, Frühchristl. Kunst, 1958, Taf. 56f.

Archebios v. Baktrien, ca. 120 v. Chr.: Newell 84, Abb. 6 – Franke-Hirmer, Taf. 212.

Archelaos v. Kappadokien, 36–17 v. Chr.: Newell 55, Abb. 14.

Archidamos III. v. Sparta, ca. 400–338 v. Chr.: Laurenzi Nr. 35 – Hekler-Heintze, Taf. 37 – Lippold, Taf. 103, 1 – Richter, 160f., Abb. 888f.

Archilochos, lyr. Dichter, ca. 680–640 v. Chr.: Schefold, B 67, 1. 167 – Ders., Neue Bildnisse Sapphos, AntK 3, 1960, 44 (erkennt A. auf dem Wandbild bei A. Maiuri, Peinture romaine, 1953, 108). Aus der neuen Inschrift von Paros geht hervor, daß die Inspiration des Rinderhirten auf der Pyxis bei Schefold, B 57, 2, nicht Hesiod zukommt, sondern A. – Richter 66–68, Abb. 1702.

Archimedes, Mathematiker, ca. 287–212 v. Chr.: Richter 245.

Archytas, pythagoreischer Philosoph, ca. 428–347 v. Chr.: Richter 179.

Areus v. Sparta, 309–265 v. Chr.: Franke-Hirmer 161 – Richter, Abb. 1759 – A. Rumpf, Ein Kopf im Museum zu Sparta, AM 78, 1963, 177.

Ariaramnes v. Kappadokien, 280–230 v. Chr.: Richter, Abb. 1934.

Ariarathes III. v. Kappadokien, 230–220 v. Chr.: E. Pfuhl, Ikonogr. Beitr., JdI 45, 1930, Taf. 4, 8 – M. Borda, EAA I, 1958, 634, Abb. 819 – B. Simonetta, Notes on the coinage of the Cappadocian Kings, Num. Chron. 1961, 9–50, Taf. 2, 5–7 – Richter, Abb. 1935.

Ariarathes IV. Eusebes, 220–163 v. Chr.: M. Borda, EAA I, 1958, 634, Abb. 820 – Newell 51 Abb. 3 – Simonetta a. O., Taf. 2, 8–11 – Richter, Abb. 1936.

Ariarathes V. Eusebes Philopator, 163–130 v. Chr.: Laurenzi Nr. 100 (‹A. IX›, vgl. aber S. Karusu, Ephemeris 1948/49, 30) – M. Borda, EAA I, 1958, 634, Abb. 821 – Newell, RGP 52, Abb. 4 – Simonetta a. O., Taf. 2, 13. 3, 14–20 – Richter, Abb. 1937. 1942f.

Ariarathes VI. Epiphanes, 130–112 v. Chr. (?): Newell, RGP 52, Abb. 5 – Simonetta a. O., Taf. 3, 22–25 – Richter, Abb. 1940.

Ariarathes VII. Philometor, 112 (?)–99 (?) v. Chr.: Newell, RGP 52, Abb. 6 – Simonetta a. O., Taf. 3, 26. 27 – Richter, Abb. 1941.

Ariarathes IX. Eusebes Philopator, 99 (?)–87 v. Chr.: Newell, RGP 53, Abb. 7. 8 – Simonetta a. O., Taf. 4, 28–30 – Richter, Abb. 1944.

Ariarathes X. Eusebes Philadelphos, 42–36 v. Chr.: Newell, RGP 55, Abb. 13 – Simonetta a. O., Taf. 4, 35. 36 – Richter, Abb. 1948.

Ariobarzanes I. Philoromaios, 96–63 v. Chr.: Simonetta a. O., Taf. 4, 31. 32 – Richter, Abb. 1945.

Ariobarzanes II. Philopator, 63–52 v. Chr.: Newell, RGP 54, Abb. 11 – Simonetta a. O., Taf. 4, 33 – Richter, Abb. 1946.

Ariobarzanes III. Eusebes Philoromaios, 52–42 v. Chr.: Newell, RGP 54, Abb. 12 – Simonetta a. O., Taf. 4, 34.

Arion, lyr. Dichter, um 600 v. Chr.: Schefold, B 173, 5 – Richter 68, Abb. 269f.

Aristeides, P. Aelius, Redner, 129–189 n. Chr.: Richter 287, Abb. 2051 (?).

Aristippos v. Kyrene, Philosoph, 435–360 v. Chr.: Schefold, B 79, 4 – Richter 175f., Abb. 1015–1017; vgl. dazu K. Schefold, Das Bild des Weisen, Festschrift R. Hahnloser, 1961, 6.

Aristogeiton → Harmodios.

Ariston v. Chios, Stoiker Schüler Zenons: Schefold, B. 121, 3 – Richter 194.

Aristophanes, Komödiendichter, ca. 450–375 v. Chr.: Pseudoseneca: Schefold, B 135. 137 – Laurenzi, Taf. 46, 1. 2: von vielen (zuletzt A. Seeberg, Acta ad archaeol. ... pertinentia 1, 1962, 17f und Richter 140f.) als Hesiod gedeutet, jedoch nach dem Typus der vorauszusetzenden Statue kein Epiker, sondern Komiker: Schefold, D 34f., Taf. 19.

Aristoteles, Philosoph, 384–322 v. Chr.: Schefold, B 97. 99, 2 – Laurenzi Nr. 44 – Hekler-Heintze, Taf. 40. 41 – Poulsen Nr. 22 – Richter 170–175, Abb. 982–1014 – T. Hölscher, Zum Bildnis des A., AA 1964, 869–888.

Arkesilaos IV. v. Kyrene, um 450 v. Chr.: Laurenzi Nr. 13 – Richter 104f., Abb. 453–455.

Arsakes, Partherkönig, 3. Jh. v. Chr.: Newell, RGP 88, Abb. 1 – Richter 277, Abb. 1951.

Arsinoë II., Gemahlin Ptolemaios' II., 319–269 v. Chr.: Laurenzi Nr. 70 – M. T. Marabini Moeus, EAA I, 1958, 686f., Abb. 878f. – J. Charbonneaux, Portraits ptolémaïques, Mon. Piot 47, 1953, 118–123 – D. Burr Thompson, A Portrait of A. Philadelphos, AJA 59, 1955, 199–206 – Franke-Hirmer, Taf. 218f. – Newell, RGP 101, Abb. 1f.; 102, Abb. 3 – Richter 262f., Abb. 1802–1806.

Arsinoë III., Gemahlin Ptolemaios' IV.: M. T. Marabini Moeus, EAA I, 1958, 687f., Abb. 879–881 – J. Charbonneaux, Portraits ptolémaïques, Mon. Piot 47, 1953, 126 – Franke-Hirmer, Taf. 220 – Richter 264f., Abb. 1831. 1833f.

Artabanos I. v. Parthien, 128/7–123 v. Chr.: Newell, RGP 89, Abb. 7 – Richter, Abb. 1954.

Artabanos II. v. Parthien, 10–40 n. Chr.: Newell, RGP 94, Abb. 25.

Artaxerxes II. Mnemon v. Persis, 404–359 v. Chr.: Franke-Hirmer, Taf. 184 – Newell, RGP 97, Abb. 7.

Artemidoros v. Perge, Offizier in Thera, 1. H. 3. Jh. v. Chr.: Richter 163.

Artemidoros, in Indien, 2. Jh. v. Chr.: Newell, RGP 87, Abb. 19.

Artemisia II., Gemahlin des Mausolos, 1. H. 4. Jh. v. Chr.: Richter 161.

Asklepiades, Herme auf dem Capitol: Richter 288f., Abb. 2055.

Aspasia, Freundin des Perikles, 5. Jh. v. Chr.: Schefold, B 163, 2 (anders A. Rumpf, Ein einzig dastehender Fall, Analecta Archaeol., Festschrift F. Fremersdorf, 1960, 93–98 – Herme Vatikan: G. Lippold, Die Skulpturen des Vatikan. Museums III, 1, 1936, Nr. 523 – Richter 154f., Abb. 875f.

Attalos I. v. Pergamon, 241–197 v. Chr.: Laurenzi Nr. 73, Ders., EAA I, 1958, 888, Abb. 1121 – Richter 273f., Abb. 1915 – Nach R. Delbrück und A. Rumpf stellt dies Bildnis Seleukos Nikator dar: AM. 78, 1963, 189–191.

Attalos II. v. Pergamon, 220–138 v. Chr.: Richter 274.

Attalos III. v. Pergamon, 138–133 v. Chr.: Laurenzi Nr. 95, 2 – Ders., EAA I, 1958, 888f., Abb. 1120 – Richter 274, Abb. 1918f.

Attambelos I. v. Charakene, 44–40 v. Chr.: Newell, RGP 99, Abb. 15 – Richter, Abb. 1969.

Attambelos III. v. Charakene, 53–71 n. Chr.: Newell, RGP 100, Abb. 16.

Augustus, röm. Kaiser 31 v. Chr.–14 n. Chr.: BMC 1 Taf. 1–21 – O. Brendel, Ikonogr. des Kaisers A., 1931 – I. Montini, Il ritratto di A., 1938 – B. M. Felletti-Maj, EAA I, 1958, 918ff. – H. Kähler, Die A.-Statue v. Primaporta, 1959 – Heintze, Taf. 5. 7. 8 – H. A. Cahn, Münzen u. Medaillen, Auktion 22, 1961,

Nr. 23, Taf. 9 – K. Schefold, Gnomon 35, 1963, 812 – Ostia Nr. 30. 31 – Poulsen, PR Nr. 32f.

Aurelian, röm. Kaiser, 270–275 n. Chr.: Delbrück M. 148, Taf. 23. 24, 20–34 – Maj, Ic. 265f., Abb. 176f. – D. Facenna, EAA I, 1958, 928f., Abb. 1165–1166.

Ausonius, röm. Dichter, 4. Jh. n. Chr.: H. Jucker, Verkannte Köpfe, MH 16, 1959, 284–291, Taf. 4.

Autophradates I. v. Persis, 3. Jh. v. Chr.: Newell, RGP 96, Abb. 2 – Richter 277, Abb. 1963.

Autophradates II. v. Persis, 2. Jh. v. Chr.: Newell, RGP 97, Abb. 4. 5.

Avitus, röm. Kaiser 455–456 n. Chr.: Delbrück, M 99, Taf. 21 – M. Floriani Squarciapino, EAA I, 1958, 937.

Bagadat v. Persis, um 280 v. Chr.: Newell, RGP 96, Abb. 1 – Richter, Abb. 1962.

Balbinus, röm. Kaiser, 238 n. Chr.: Delbrück M. 68 – Maj, Ic. 140ff., Abb. 45–52 – Kähler, Rom, Taf. 238, 3 – V. Scrinari, EAA I, 1958, 964ff.

Ballaios v. Illyrien, ca. 167–135 v. Chr.: Richter 258, Abb. 1758.

Basiliskos, byzantin. Usurpator, 475/476 n. Chr.: Delbrück M. 95, Taf. 17 – M. Degani, EAA II, 1959, 16; FA 12, 1957, 8130.

Berenike I., Gemahlin Ptolemaios' I.: Ch. Picard, Tête féminine au Musée d'Alexandrie, Mon. Piot 28, 1925/26, 113–130 – M. T. Marabini Moeus, EAA II, 1959, 54, Abb. 90 – Franke-Hirmer, Taf. 218 – Newell, RGP 102, Abb. 3 – Richter 261, Abb. 1776. 1780.

Berenike II., Gemahlin Ptolemaios' III., ca. 273–221 v. Chr.: Laurenzi Nr. 71 – M. T. Marabini Moeus, EAA II, 1959, 55f., Abb. 91f. – J. Charbonneaux, Portraits ptolémaïques, Mon. Piot 47, 1953, 123–126 – Franke-Hirmer, Taf. XX, Taf. 219 – Newell, RGP 102, Abb. 4. 5 – Richter, 263f., Abb. 1820–1823.

Bias v. Priene, um 500 v. Chr., einer der Sieben Weisen: Schefold, B 153, 3. 4, 155, 1, 173, 7. 8 – Laurenzi Nr. 47 – Hekler-Heintze 71, Taf. 57 – Richter 87f., Abb. 352–358.

Bion v. Borysthenes, Kyniker, 3. Jh. v. Chr.: Schefold, B 123(?).

Bocchus v. Mauretanien, um 110 v. Chr.: Newell, RGP 115, Abb. 7 – J. Mazard, Corpus nummorum Numidiae Mauretaniaeque, 1955, 62–65.

Britannicus, Sohn des Kaisers Claudius, 41–55 n. Chr.: C. Pietrangeli, EAA II, 1959, 178 – V. Poulsen, Claud. Prinzen, 1960, 38ff.

Brutus, L. Iunius, der mythische Tyrannenmörder: A. Longo, EAA II, 1959, 191f., Abb. 286f.

Brutus, D. Iunius der Caesarmörder, 85–42 v. Chr.: O. Vessberg, Stud. z. Kunstgesch., 1931, 155 – H. Möbius, M. Iunius B., Ephemeris 1953/54, 207ff. – A. Longo, EAA II, 1959, 192–194, Abb. 288f.

Caesar, der Diktator, 100–44 v. Chr.: Schefold B. 177 – A. Alföldi, Stud. über C.s Monarchie, 1953 – Ders., Das wahre Gesicht C.s, AntK 2, 1959, 27–31 – R. Herbig, Neue Stud. z. Ikonogr. des C. Iulius C., Kölner Jb. 4, 1959, 7–14 – A. Giuliano, EAA II, 1959, 521ff., Abb. 719–721 – Poulsen, PR Nr. 29f. – Vgl. → Ennius.

Caesar, C., 20 v. Chr.–4 n. Chr., Sohn des Agrippa und der Julia: F. Chamoux, C. Caesar, BCH 74, 1950, Taf. 35 – C. Pietrangeli, EAA II, 1959, 523f., Abb. 723 – E. Rosenbaum, A Catal. of Cyrenaican Portrait Sculpture, 1960, Nr. 14, Taf. 14.

Caesar, L., 17 v. Chr.–2 n. Chr., Sohn des Agrippa und der Julia: F. Chamoux, Un portrait de Thasos, L. Caesar, Mon. Piot 44, 1950, 83–96, Taf. 9–10 – C. Pietrangeli, EAA II, 1959, 523f., Abb. 722.

Caligula, röm. Kaiser 37–41 n. Chr.: BMC 1, Taf. 27–30 – H. Jukker, Das Bildnis im Blätterkelch, 1961, 48, Taf. 12 – Heintze, Taf. 11 – Poulsen, PR Nr. 54f. – A. de Franciscis, Bd'A. 48, 1963, 23–25.

Caracalla, röm. Kaiser 211–217 n. Chr.: BMC 5, Taf. 26, 4, passim – F. Poulsen, Catal. of Anc. Sculpture in the Ny Carlsberg Glyptothek, 1951, Nr. 727–730f. – Heintze, Taf. 28 – Maj, Museo, Nr. 254 – B. M. Felletti Maj, EAA II, 1959, 336ff., Abb. 486–488.

Carinus, röm. Kaiser, 282–285 n. Chr.: Maj, Ic. 282f., Abb. 201 bis 204 – H. v. Heintze, Stud. zu d. Porträts des 3. Jh.s n. Chr., RM 66, 1959, 186, 46, Taf. 51, 1 – F. Panvini Rosati, EAA II, 1959, 348f., Abb. 505 – Delbrück, M., Taf. 29–31.

Carus, röm. Kaiser, 282–283 n. Chr.: Maj, Ic. 280f., Abb. 199–200 – F. Panvini Rosati, EAA II, 1959, 355, Abb. 514 – Delbrück, M., Taf. 29–31.

Cato d. Ä., 234–149 v. Chr.: A. Longo, EAA II, 1959, 434, Abb. 611 – V. Poulsen, Festschrift W. Schuchhardt, 1960, 173–178.

Cato d. J., 95–46 v. Chr.: G. M. A. Richter, Greek Portraits 3, 1960, Abb. 206–214.

Chilon, Spartaner, einer der Sieben Weisen, 6. Jh. v. Chr.: Schefold, B 53. 155, 4b – Ch. Picard, Ch. et Solon, RA 26, 1946, II 96–98.

Chrysippos, Philosoph, 280–205 v. Chr.: Schefold, B 125. 127. 129, 4. 173, 27 – Laurenzi Nr. 76 – Hekler-Heintze, Taf. 13. 63 – Poulsen Nr. 46 (anders A. Giuliano, EAA II, 1959, 938f. – Ostia Nr. 9.

Cicero, Redner und Politiker, 106–43 v. Chr.: Schefold, B 175. 179, 2(?) – B. Schweitzer, Die Bildniskunst der röm. Republik, 1948, 91–95, Abb. 135. 137–139. 142. 143. 146. 147. 156 – A. Giuliano, EAA II, 1959, 579f., Abb. 792. Poulsen PR 15ff.

Claudius, röm. Kaiser, 41–48 n. Chr.: BMC 1, Taf. 31–37 – R. West, Röm. Porträtplastik, 1933, I, Taf. 56–57 – M. Stuart, The Portraiture of C., 1938 – B. M. Felletti Maj, EAA II, 1959, 704ff., Abb. 936 – H. Jucker, Auf d. Schwingen d. Göttervogels, Jb. Bern. Hist. Mus. 1959/60, 277, Taf. 6 – N. Bonacasa, Ritratto di Claudio, RM 67, 1960, 126ff. – Ostia Nr. 52 – Poulsen, PR Nr. 56–60 – J. Ch. Balty, Notes d'iconographie Julio-Claudienne, Mon. Piot 53, 1963, 95–134.

Claudius II. Gothicus, röm. Kaiser 268–270 n. Chr.: Maj, Ic. 260ff., Abb. 169–174 – M. Floriani Squarciapino, EAA II, 1959, 706ff., Abb. 237–238 – Delbrück, M., Taf. 22, 1–17.

Clodius Albinus, 193–197 n. Chr.: BMC 5, Taf. 8, 1–7. 12. 23, 1–8 – M. Floriani Squarciapino, EAA II, 1959, 724.

Clodius Macer, Legat Neros, 68 n. Chr.: BMC 1, Taf. 49, 1–3 – M. Borda, EAA II, 1959, 724.

Commodus, röm. Kaiser 180–192 n. Chr.: BMC 4, Taf. 92–111 – M. Wegner, Die Herrscherbildnisse in antonin. Zeit, 1939, 66ff. 252ff., Taf. 48–56 – Heintze, Taf. 21 – B. M. Felletti Maj, EAA II, 1959, 775, Abb. 1020–1022 – H. Jucker, Das Bildnis im Blätterkelch, 1961, 154ff.

Constans I., röm. Kaiser, 337–350 n. Chr.: Delbrück, K 154. 158, Abb. 50. 51, Taf. 58–60. 73, 4(?); FA 14, 1959, 6684 – M. Floriani Squarciapino, EAA II, 1959, 872, Abb. 1136.

Constantius I. Chlorus, röm. Kaiser 293–306 n. Chr.: R. Delbrück, Antike Porphyrwerke, 1932, Taf. 32–37 – Münzen: Delbrück, K, Taf. 58, 4–6 – R. Calza, EAA II, 1959, 919–921, Abb. 1180; FA 14, 1959, 6587 – W. F. Volbach, Frühchristl. Kunst, 1958, Taf. 21. 25.

Constantius II., röm. Kaiser 337–367 n. Chr.: Delbrück, K 137, Taf. 50. 57 – H. Jucker, Verkannte Köpfe, MH 16, 1959, 275 bis 284, Taf. 1–3 – D. Facenna, EAA II, 1959, Abb. 1181–1182; FA 12, 1957, 7715; 14, 1959, 6684 – W. F. Volbach, Frühchristl. Kunst, 1958, Taf. 18. 19.

Constantius III., röm. Kaiser, um 421 n. Chr.: Delbrück, K 209, Abb. 72, Taf. 108–111 – M. Floriani Squarciapino, EAA II, 1959, 922.

Corbulo, Cn. Domitius, General Neros, gest. 67 n. Chr.: A. Longo, EAA II, 1959, 826, Abb. 1085(?). Poulsen PR 13f.

Crispina, Gattin des Commodus, 161–183 n. Chr.: B. M. Felletti Maj, EAA II, 1959, 941, Abb. 1205.

Crispus, Sohn Konstantins d. Gr., 300–326 n. Chr.: R. Calza, EAA II, 1959, 941f., Abb. 1206.

Dareios I., König v. Persien, 521–485 v. Chr.: Franke-Hirmer, Taf. 183 – Newell, RGP 97, Abb. 3.

Dareios II., König v. Persien, 424–405 v. Chr.: Franke-Hirmer, Taf. 183 – Newell, RGP 97, Abb. 6.

Demetrios I. Poliorketes, König v. Makedonien, 306–283 v. Chr.: E. T. Newell, The coinage of D. Pol., 1927 – Laurenzi Nr. 50 – P. E. Arias, EAA III, 1960, 66f. – Ch. Picard, Le D. Pol. du dodékathéon délien, Mon. Piot 41, 1946, 73–90 – J. Tondriau, D. Pol., BSA 38, 1949, 3f. – Cahn 16–19, Abb. 16–18 – Franke-Hirmer, Taf. 174 – Newell, RGP 34, Abb. 2. 3 – Richter 256, Abb. 1741–1744 – E. Simon, Die Fürstenbilder v. Boscoreale, 1958, 26f.

Demetrios I. Soter, König v. Syrien, 162–150 v. Chr.: Laurenzi Nr. 94 – B. M. Felletti Maj, Museo Naz. Romano, I ritratti, 1953, Nr. 35 – E. Pfuhl, Ikonogr. Beiträge, JdI 45, 1930, 11–14 –

M.Borda, EAA III, 1960, 67, Abb.94 – Newell, RGP 69, Abb.17–18 – G.K.Jenkins, D.I.Seleucia on the Tigris, Num. Chron. 1951, 1–17 – Franke-Hirmer, Taf.206 – Richter 271, Abb.1886–1889.

Demetrios II. Nikator, König v.Syrien, 146–140 und 129–125 v. Chr.: M.Borda, EAA III, 1960, 67f., Abb.95 – Newell, RGP 70, Abb.21.71, 27 – Richter 272, Abb.1894f.

Demetrios III. Philopator, König v.Syrien, 95–88 n.Chr.: A. de Franciscis, EAA III, 1960, 68, Abb.96 – Newell, RGP 76, Abb.37 – Richter 272, Abb.1906.

Demetrios I. v.Baktrien, um 190–160 v.Chr.: Franke-Hirmer, Taf.212 – Newell, RGP 80, Abb.5 – A.D.H.Bivar, The Bactra Coinage of Euthydemus and D., Num.Chron.6, Ser.11, 1951, 22–39 – Richter 278, Abb.1976f. 1972.

Demetrios II. v.Baktrien, nach 190 v.Chr.: Richter 278, Abb. 1978.

Demetrios v.Phaleron, Herrscher in Athen, 317–307 v.Chr.: Schefold, B 167 – Laurenzi Nr.36(?) – J.Ph.Lauer et Ch.Picard, Les statues ptolémaïques du Sérapeion de Memphis, 1955, 69–89 (vgl.Laurenzi Nr.36 und dagegen Poulsen zu Nr.17; Richter 163, Abb.1704).

Demokrit, Philosoph um 460–400 v.Chr.: Schefold, B 125,2 – G.Sena Chiesa, Democrito, EAA III, 1960, 72 – Richter 120 – Poulsen Nr.4 nennt das von manchen Sophokles genannte Bildnis Schefold B 73 Demokrit; vgl. aber dort 195f.

Demosthenes, Redner, 384–322 v.Chr.: Schefold, B 107 – Laurenzi Nr.61 – Hekler-Heintze, 63f., Taf.8.9.50.51 – Poulsen, Nr.27.28 – Richter 215–223, Abb.1379–1513 – Ostia Nr.10.11.

Diadumenianus, röm.Kaiser 208–218 n.Chr.: Delbrück, M, Taf. 80,15 passim.

Didius Julianus, röm.Kaiser 195 n.Chr.: J.J.Bernoulli, Röm. Ik. II 3, 1894, 8ff. – BMC 5, Taf.3,5–11.4,1–3.8 – Franke, Taf.29,2.

Dido, mythische Königin v.Karthago: Richter 281, Abb.2019.

Diodotos I. v.Baktrien, nach 250 v.Chr.: Newell, RGP 78, Abb. 1.2 – Richter, Abb.1973.

Diodotos Tryphon v.Syrien, 142–139 v.Chr.: Richter 272, Abb. 1897.

Diogenes v.Sinope, Kyniker, 414–323 v.Chr.: Schefold, B 147, 4. 155,9 – Laurenzi Nr.81 – Hekler-Heintze 71, Taf.12 –P.E. Arias, EAA III, 1960, 105f., Abb.135 – Richter 181–185, Abb. 1057–1070.

Diokletian, röm.Kaiser 284–305 n.Chr.: H.P.L'Orange, Stud. z.Gesch. des spätantiken Porträts, 1933, 100ff. – F.Poulsen, Cat. of Anc. Sculpture in the Ny Carlsberg Glyptothek, 1951, Nr.771a.b – D.Facenna, EAA III, 1960, 100ff., Abb.131–133 – H.v.Heintze, Röm.Porträtplastik, 1961, Taf.38(?) – H. Cahn, Festschrift K.Schefold (im Druck).

Diomedes, in Indien, 2.Jh.v.Chr.: Newell, RGP 85, Abb.10.

Diotima, Priesterin in Mantineia, 5.Jh.v.Chr.: Schefold, B 67,2 (vgl.163,2 und zu Aspasia).

Diphilos v.Sinope, Komiker, gest.289 v.Chr.: Schefold, B 113. 117,1 – Schefold, D Taf.15 – Richter 237f., Abb.1644–1646.

Domitia Lucilla, Mutter Mark Aurels, gest.155 n.Chr.: Ostia Nr.148.149.

Domitia Longina, Gattin Domitians: F.Floriani Squarciapino, EAA III, 1960, 165f., Abb.199.

Domitilla, Gattin Vespasians: M.Floriani Squarciapino, EAA III, 1960, 165, Abb.198.

Domitian, röm.Kaiser, 81–96 v.Chr.: BMC 2, Taf.59–83 – B.M.Felletti Maj, EAA III, 1960, 166ff., Abb.200–203 – H. Jucker, Das Bildnis im Blätterkelch, 1961, 54ff., Taf.15 – Kähler, Rom, Taf.123,2 – Ostia Nr.64.65.

Domitius Ahenobarbus L., Großvater Neros, gest. 25 n.Chr.: Poulsen, PR Nr.43.

Domitius Ahenobarbus, Cn., gest. ca.31 v.Chr.: B.M.Felletti Maj, EAA III, 1960, 168f.

Drusus d.Ä., 38–9 v.Chr.: A. Giuliano, Catal. dei ritratti romani del Museo Profano Lateranense, 1957, Nr.17, Taf.7.8; Nr.28, Taf.17–19 – Vorschlag bei V.Poulsen, Claud.Prinzen, 1960, 15ff. – C.Pietrangeli, EAA III, 1960, 184f.

Drusus d.J. 15/12 v.Chr.–23 n.Chr.: Vgl. zu →Drusus d.Ä.; dazu V.Poulsen, Claud.Prinzen, 1960, 20ff. – C.Pietrangeli, EAA III, 1960, 185f., Abb.225–226 – Poulsen, PR Nr.48.

Elagabal, röm.Kaiser 218–222 n.Chr.: H.P.L'Orange, Zur Ikonogr. des Kaisers E., Symb.Osl.20, 1940, 152 – Kähler, Rom, 195,2 – BMC 5, Taf.85 passim. – V.Scrinari, EAA III, 1960, 311, Abb.378 – Franke, Taf.34.

Ennius, röm.Dichter, 239–169 v.Chr.: Schefold, B 169,3 – Ders., MH 15, 1958, 245, deutet das von M.L.Vollenweider, Die Gemmenbildnisse Caesars, AntK 3, 1960, 81–88, Taf.12,8. 13,4 als Caesar veröffentlichte Bildnis als E. – T.Dohrn, Der vatikan. E. u. der poeta laureatus, RM 69, 1962, 76–117 – Schefold, D Taf.24a.

Epandros, in Indien, 2.Jh.v.Chr.: Newell, RGP 86, Abb.15.

Epaphroditos, Philologe, 1.Jh.n.Chr.: Richter 285, Abb.2033.

Epikur, Philosoph, 342–270 v.Chr.: Schefold, B 119.121,1. 167,1 – Laurenzi Nr.65 – Hekler-Heintze 67, Taf.58.59 – Poulsen Nr.32(?)–35 – Richter 194–200, Abb.1149–1225 – Die New Yorker Statuette bei Richter 199 und Schefold, B 125,4 stellt dagegen einen typischen Kyniker dar.

Epimenides, kret.Seher, 6.Jh.v.Chr.: Schefold, B 131(?) – L. Laurenzi, EAA III, 1960, 373–374, Abb.454 – Richter 78.

Etruscilla, Gattin des Traianus Decius, um 250 n.Chr.: M.Floriani Squarciapino, EAA III, 1960, 505, Abb.609 – Maj, Ic. 193–196, Abb.97–101 – Delbrück, M, Taf.9, 5.6.9.10; 10,13.

Eudoxos v.Knidos, Mathematiker, 390–337 v.Chr.: Schefold, B 157,4 – Richter 244, Abb.1679.

Eukleides, Mathematiker, Anf.3.Jh.v.Chr.: Schefold, B 173, 26 – Richter 244f.

Eukleides, Megariker, 450–380 v.Chr.: Schefold, B 173,26 – Richter 120, Abb.576.

Eukratides I. v.Baktrien, ca.190–150 v.Chr.: Newell, RGP 81, Abb.10; 82, Abb.11; vgl.Abb.12 – Richter, Abb.1985f.

Eumenes II. v.Pergamon, 197–159 v.Chr.: Richter 274, Abb.1917.

Euripides, Tragiker, 486–406 v.Chr.: Schefold, B 79,2.89,3. 95.99,1.163,1 – Laurenzi Nr.33.45 – Hekler-Heintze 59f., Taf.32.33.34.35 – Poulsen Nr.11.23.24 – Richter 133–140, Abb.717–779.

Euthydemos I. v.Baktrien, 222–187 v.Chr.: Laurenzi Nr.74 – A.D.H.Bivar, The Bactra Coinage of E. and Demetrius, Num. Chron.6, Ser.11, 1951, 22–39 – Newell, RGP 79, Abb.3.4; 81, Abb.9 – Richter 278, Abb.1970f.1947f.

Euthydemos II. v.Baktrien, um 190 v.Chr.: Newell, RGP 80, Abb.6 – Richter, Abb.1982.

Faustina d.Ä., Gattin des Antoninus Pius, 105–141 n.Chr.: M. Wegner, Herrscherbildnisse in antonin.Zeit, 1939, 26–32 – B.M.Felletti Maj, EAA III, 1960, 600f., Abb.724–725 – Ostia Nr.143–145.

Faustina d.J., Gattin des Mark Aurel, ca.130–175 n.Chr.: M. Wegner, Herrscherbildnisse in antonin.Zeit, 1939, 48–55 – B.M.Felletti Maj, EAA III, 1960, 601f., Abb.726–727 – Ostia, Nr.146.

Quinctius Flamininus, T., röm.Feldherr, 228–174 v.Chr.: Richter, Abb.1761 – Franke-Hirmer, Taf.175.

Flavius Severus, Augustus 306 n.Chr.: R.Delbrück, Antike Porphyrwerke, 1932, 122.126, Taf.59,1–2.

Flavius Victor, Augustus in Gallien, gest.388 n.Chr.: Delbrück 93, Taf.16 – M.Floriani Squarciapino, EAA III, 1960, 705, Abb.863.

Florian, röm.Kaiser, 276 n.Chr.: Maj, Ic.275f., Abb.189 – B. M.Felletti Maj, EAA III, 1960, 714, Abb.875.

Fulvia, Gemahlin des Triumvirn M.Antonius: K.Bartels, Stud. z. Frauenporträt der august.Zeit, 1963, 12–14.

Galba, röm.Kaiser 68–69 n.Chr.: B.M.Felletti Maj, EAA III, 1960, 757f., Abb.928 – M.Gjödesen, Meddelelser fra Ny Carlsberg Glyptothek 16, 1959, 1f., bes.Abb.1 – J.L.Charbonneaux, Un portrait de G. au Musée du Louvre, Hommages à A.Grenier, Latomus 58, 1962, 397ff.

Galen, Arzt, 130–201 n.Chr.: Richter 288, Abb.2052.

Galerius Maximianus, Augustus 305–311 n.Chr.: R.Delbrück, Antike Porphyrwerke, 1932, 122.126, Taf.32–35.37.58,7 u.a. –F.Panvini Rosati, EAA III, 1960, 761, Abb.933.

Galla Placidia, Kaiserin, ca.390–450 n.Chr.: R.Calza, EAA III, 1960, 762f. – H.P.L'Orange, Ein unbekanntes Porträt einer spätantiken Kaiserin, Acta ad archaeol.pertinentia 1, 1962, 49–52.

Gallienus, röm.Kaiser 253–268 n.Chr.: Maj, Ic.220ff., Abb. 131–143 – Kähler, Rom, Taf.239,3 – H.Jucker, AntK 2, 1959, 58f. – B.M.Felletti Maj, EAA III, 1960, 764ff. – Delbrück,

M., Taf. 12–16, Abb. 940–941 – H. v. Heintze, Röm. Porträtplastik, 1961, Taf. 35.

Gallus, C. Cornelius, röm. Dichter, 30–27 v. Chr. erster Präfekt Ägyptens: Schefold, B 42, Abb. 11.

Gallus, Trebonianus, röm. Kaiser 251–253 n. Chr.: Maj, Ic. 201 ff., Abb. 109–115 – H. v. Heintze, Stud. zu d. Porträts des 3. Jh.s n. Chr., RM 63, 1956, 56 ff. – Dies., Röm. Porträtplastik, 1961, Taf. 33 – Delbrück, M., Taf. 11, 1–11.

Gelon II. v. Syrakus, 241–216 v. Chr.: Newell, RGP 111, Abb. 3.4 – Franke-Hirmer 51 – Richter, Abb. 1767.

Germanicus, Sohn Drusus' d. Ä., 15 v. Chr.–19 n. Chr.: C. Pietrangeli, EAA III, 1960, 848 f. – V. Poulsen, Claud. Prinzen, 1960, 7 ff. – F. Matz, Zum Silberteller aus Aquileia, MWPr 1964, 26 f. – Poulsen, PR Nr. 50–53 – J. Ch. Balty, Notes d'iconographie Julio-Claudienne, Mon. Piot 53, 1963, 130 f.

Geta, Bruder und Mitregent Caracallas, 189–212 n. Chr.: BMC 5, Taf. 30, 10. passim – F. Poulsen, Cat. of Anc. Sculpture in the Ny Carlsberg Glyptothek, 1951, Nr. 756 a – Maj, Museo Nr. 263 f. (?) – B. M. Felletti Maj, EAA III, 1960, 854 f. – Franke, Taf. 33.

Glycerius, röm. Kaiser, 463–474 n. Chr.: Delbrück, K. 100, Taf. 22 – M. Floriani Squarciapino, EAA III, 1960, 956, Abb. 1195.

Gordian I., röm. Kaiser 238 n. Chr.: Delbrück, M. 67 – H. v. Heintze, Stud. zu d. Porträts des 3. Jh.s n. Chr., RM 63, 1956, 62 ff. – Maj, Ic. 127 ff., Abb. 36 f. – V. Scrinari, EAA III, 1960, 977.

Gordian II., röm. Kaiser, 238 n. Chr.: Delbrück, M. 67 – H. v. Heintze, a. O. 62 ff., Taf. 31 – Maj, Ic. 132 ff., Abb. 38–40 – V. Scrinari, EAA III, 1960, 977.

Gordian III., röm. Kaiser, 238–244 n. Chr.: Delbrück, M. Taf. 2 E–Taf. 5 – Maj, Ic. 147 ff., Abb. 53–68 – Kähler, Rom, Taf. 238, 4 – V. Scrinari, EAA III, 1960, 977 f., Abb. 1247–1248.

Gorgias, Redner, ca. 487–376 v. Chr.: Richter 119 f.

Gotarzes I. v. Parthien, 91–80 v. Chr.: Richter 277, Abb. 1956 (oder Orodes I.?).

Gratian, röm. Kaiser 375–383 n. Chr.: Delbrück 193 ff., Taf. 90–91 – M. Floriani Squarciapino, EAA III, 1960, 1005, Abb. 1289.

Hadrian, röm. Kaiser 117–138 n. Chr.: BMC 2, Taf. 46–102 – M. Wegner, H., 1956 – Kähler, Rom, Taf. 194, 1 – B. M. Felletti Maj, EAA I, 1958, 83 ff., Abb. 128–136 – E. Rosenbaum, A Catal. of Cyrenaican Portrait Sculpture, 1960, Nr. 34–36, Taf. 26–28 – P. Berghaus, Zu d. Münzbildern d. Jahre 136–138, Festschrift M. Wegner, 1962, 78–82, Taf. 21–38 – Ostia Nr. 117–123.

Hamilkar, pun. Feldherr, gest. 229/228 v. Chr.: Richter 281, Abb. 2015.

Hannibal, pun. Feldherr, 246–183 v. Chr.: Richter 281, Abb. 2016.

Harmodios und Aristogeiton, athen. Tyrannenmörder, 6. Jh. v. Chr.: Schefold, B 13 – Laurenzi Nr. 3 – Hekler-Heintze 51, Taf. 1 – K. Schefold, Gnomon 34, 1962, 585.

Hasdrubal, pun. Feldherr, gest. 207 v. Chr.: Richter 281, Abb. 2017.

Helena, Mutter Konstantins d. Gr., ca. 250–328 n. Chr.: R. Calza, EAA III, 1960, 297 ff., Abb. 359–360 – H. P. L'Orange, Der subtile Stil, AntK 4, 1961, 71–73.

Heliokles v. Baktrien, ca. 150–135 v. Chr.: Franke-Hirmer Taf. 212 – Newell, RGP 81, Abb. 10; 83, Abb. 1 – Richter, Abb. 1988.

Heliokles, in Indien, 2. Jh. v. Chr.: Richter, Abb. 1995.

Hephaistion, Freund Alexanders d. Gr., gest. 324 v. Chr.: Laurenzi Nr. 48.

Heraklit v. Ephesos, Philosoph, 6. Jh. v. Chr.: Schefold, B 161, 4. 173, 16 – Poulsen Nr. 4 zieht für das Schefold, B 79, 2 Euripides genannte Bildnis Heraklit in Erwägung.

Herennius, Sohn des Traianus Decius, gest. 251 n. Chr.: H. Floriani Squarciapino, EAA III, 1960, 408 f., Abb. 498 – Delbrück, M. Taf. 10, 15–21.

Hermaios, in Indien, 2./1. Jh. v. Chr.: Newell, RGP 84, Abb. 8 – A. K. Narain, The Indo-Greeks, 1957 – Richter, Abb. 1996 f.

Hermarch, Epikureer, 340–ca. 270 v. Chr.: Schefold, B 121, 2 – Hekler-Heintze 69, Taf. 61 – Poulsen Nr. 37 – Laurenzi Nr. 67, Taf. 48 k – P. E. Arias, EAA III, 1960, 424–425, Abb. 517 – Ostia Nr. 8 – Richter 203, Abb. 1268–1324.

Hermione, gelehrte Griechin in Ägypten, 2. Jh. n. Chr.: Richter 288, Abb. 2059.

Herodes d. Gr., König v. Judäa, 37–4 v. Chr.: B. Reifenberg, Portrait Coins of the Herodian Kings, Num. Circ. 1935.

Herodes Antipas, König v. Judäa, 4. v. Chr.–39 n. Chr.: Vgl. → Herodes d. Gr.

Herodes Agrippa I., König v. Judäa, 37–44 n. Chr.: Vgl. → Herodes d. Gr.

Herodes Agrippa II., König v. Judäa, 50–91/93 n. Chr.: Vgl. → Herodes d. Gr.

Herodes Atticus, Redner, 100–175 n. Chr.: Schefold, B 181, 2 – H. Weber, Zum Bildnis des H. A., AA 1960, 16–22 – P. E. Arias, EAA III, 1960, 425, Abb. 518 – Richter 286, Abb. 2044. 2047–2049.

Herodot, Historiker, 484–430 v. Chr.: Schefold, B 161, 2. 173, 22. 23 – Laurenzi Nr. 19 – Hekler-Heintze, Taf. 25 – Poulsen Nr. 58 – L. Laurenzi, EAA III, 1960, 425, Abb. 519 – Richter 145–147, Abb. 797–824.

Hesiod, Epiker, ca. 700 v. Chr.: Schefold, B 129, 3. 169, 1. 227 – Richter 56–66, Abb. 128–230 mit dem Vorschlag, den Pseudoseneca Hesiod zu nennen; vgl. Aristophanes.

Hiempsal I. v. Numidien, 118 v. Chr.: J. Mazard, Corpus nummorum Numidiae Mauretaniaeque, 1955, 45–48. 240.

Hiempsal II. v. Numidien, 106–60 v. Chr.: Newell, RGP 114, Abb. 4.

Hieron II. v. Syrakus, 274–215 v. Chr.: Newell, RGP 111, Abb. 5 – P. R. Franke, Hist. numismat. Probleme der Zeit H.s II. v. Syrakus, JbNG 9, 1958, 57–85, Taf. 1 – Richter 259, Abb. 1766.

Hieronymus v. Syrakus, 215–214 v. Chr.: E. Pfuhl, Ikonogr. Beitr., JdI 45, 1930, Taf. 4, 16 – Newell, RGP 112, Abb. 6. 7 – Richter, Abb. 1769.

Hipparch v. Nikaia, Astronom, ca. 190–120 v. Chr.: Schefold, B 173, 30 – Richter 247, Abb. 1677 f.

Hipparcheia, Geliebte des Krates: Schefold, B 163, 3 (?).

Hippias und Hipparch, die Söhne des Peisistratos, 6. Jh. v. Chr.: W. H. Schuchhardt, bei H. Schrader, Die arch. Marmorbildwerke d. Akropolis, 1939, Nr. 213.

Hippokrates, Arzt, 460–370 v. Chr.: Schefold, B 173, 24. 25 – Hekler-Heintze 70 f., Taf. 62 – Poulsen Nr. 45 – H. Bloch, Gnomon 37, 1965, 202 (vgl. → Kleanthes) – Ostia Nr. 6 – Richter 151–154, Abb. 855–874.

Hippostratos, in Indien, 1. Jh. v. Chr.: Newell, RGP 87, Abb. 20 – Richter, Abb. 1999.

Homer, Epiker, 8. Jh. v. Chr.: Grundlegend: R. und E. Boehringer, Homer, Bildnisse u. Nachweise, 1939 – Schefold, B 63. 79, 3. 89, 2. 131. 143. 145. 173, 1–4. 149. 159, 2. 4. 159, 3. 227 – Richter 45–56, Abb. 1–127 – Schefold, D Taf. 6. 20.

Honorius, röm. Kaiser 393–423 n. Chr.: Delbrück, K 206 f., Taf. 105. 107 – B. M. Felletti Maj, EAA V, 1963, 699 f., Abb. 854 bis 855; FA 13, 1958, 625, 1 – W. F. Volbach, Frühchristl. Kunst, 1958, Taf. 59.

Horaz, röm. Dichter, 65–8 v. Chr.: Schefold, B 173, 36. 179, 1.

Hostilianus, röm. Kaiser, gest. 251 n. Chr.: H. v. Heintze, Stud. zu d. Porträts ... RM 64, 1957, 76–91.

Hyagnis, myth. Erfinder des Flötenspiels: Schefold, B 169, 2 – K. Parlasca, Die röm. Mosaiken in Deutschland, 1959, Taf. 43, 46.

Hypereides, Redner, 389–322 v. Chr.: Schefold, B 109, 1 – Hekler-Heintze, Taf. 28 – Poulsen Nr. 21 (?) – Ostia Nr. 4 – Richter 210 f., Abb. 1350–1364.

Johannes, Gegenkaiser im Westreich, 423–425 v. Chr.: Delbrück, K 98, Taf. 20; FA 12, 1957, 77749; 13, 1958, 6275.

Jovian, Augustus im Ostreich, 363–364 n. Chr.: Delbrück, K 89, Abb. 27 – B. M. Felletti Maj, EAA III, 1960, 913, Abb. 1137.

Jovinus, Imperator in Gallien, 411–413 n. Chr.: Delbrück, K 98, Taf. 20 – M. Floriani Squarciapino, EAA III, 1960, 913, Abb. 1138.

Iphikrates, athen. Stratege, Ende 5. Jh.–Mitte 4. Jh. v. Chr.: Laurenzi Nr. 15 (?).

Isokrates, Redner, 436–338 v. Chr.: Schefold, B 161, 3 – Laurenzi Nr. 24 – Hekler-Heintze, Taf. 48 – Richter 208–210, Abb. 1346–1349.

Juba I. v. Numidien, 60–46 v. Chr.: Newell, RGP 116, Abb. 10 – J. Mazard, Corpus nummorum Numidiae Mauretaniaeque,

1955, 71–124. 243–249 – Richter 280, Abb. 2000–2002. 2004.

Juba II. v. Mauretanien, 25. v. Chr.–23 n. Chr.: Newell, RGP 116, Abb. 10 – J. Mazard, a. O. 71–124. 243–249 – Poulsen, PR Nr. 9 – Richter 280, Abb. 2005. 2007 f.

Jugurtha v. Numidien, 118–106 v. Chr.: J. Mazard, a. O. 44–45. 240 – Richter 281, Abb. 2018 (?).

Julia Domna, Gattin des Septimius Severus: H. Weber, Zu einem Bildnis der Kaiserin Iulia Paula, JdI 68, 1953, 126 f. – R. Calza, EAA III, 1960, 922 f., Abb. 1154–1155 – BMC 5, Taf. 14, 20. passim.

Julia, Tochter des Titus, ca. 90–70 v. Chr.: B. M. Felletti Maj, EAA III, 1960, 921 f., Abb. 1152.

Julia, Tochter des Augustus, 39 v. Chr.–14 n. Chr.: C. Pietrangeli, EAA III, 1960, 921 – H. Bartels, Stud. zum Frauenporträt, 1963, 73 – Poulsen, PR Nr. 40.

Julia Mamaea, Mutter des Alexander Severus: Maj, lc. 105–114.

Julia Maesa, Schwester der Julia Domna: M. Floriani Squarciapino, EAA III, 1960, 924 f.

Julian II., Soldatenkaiser 284 n. Chr.: Delbrück, K 159, Taf. 75, 2 – V. Scrinari, EAA III, 1960, 926, Abb. 1160 – W. F. Volbach, Frühchristl. Kunst, 1958, Taf. 48. 49 – Delbrück, M. Taf. 31, A.

Julian Apostata, röm. Kaiser 361–363 n. Chr. – V. Scrinari, EAA III, 1960, 926 f., Abb. 1161.

Justinian, röm. Kaiser, 527–565 n. Chr.: S. Fuchs, Die Antike, 1943, 117, Abb. 7 – F. W. Deichmann, Bauten u. Mosaiken von Ravenna, 1958, Taf. 10, Abb. 359 – C. Bertelli, EAA III, 1960, 931–935, Abb. 1168–1171; FA 13, 1958, 6150; 14, 1959, 888. 6378 – W. F. Volbach, Frühchristl. Kunst, 1958, Taf. 244.

Kallimachos, hellenist. Dichter in Alexandria, 310–240 v. Chr.: Schefold, B 129, 2 (?), vgl. 129, 1 und Poulsen Nr. 56 («klassizistisches Homerbildnis») – Richter 241.

Kamnaskires v. Elymais, 2. Jh. v. Chr.: Newell, RGP 98, Abb. 11 – Richter, Abb. 1964 f.

Karneades v. Kyrene, Skeptiker, 215–129 v. Chr.: Schefold, B 141, 2–4. 147, 1 – Laurenzi Nr. 84 – Hekler-Heintze 70, Taf. 64. 65 – E. Berger, Kunstwerke d. Antike, 1963, A 19 (beste Replik in Basel, Antikenmuseum) – Richter 248–251, Abb. 1680–1696.

Kherei v. Xanthos, ca. 450–410 v. Chr.: Franke-Hirmer 190.

Kimon, athen. Politiker u. Feldherr, 515–448 v. Chr.: Laurenzi Nr. 8 – Richter 102.

Kleanthes, Stoiker, 331/330–240 v. Chr.: Schefold, B 147, 2 – T. Lorenz, Galerien, 1965, 48 hält den vermutlichen → Hippokrates für K. – Richter 189 f., Abb. 1106–1110.

Kleobulos v. Lindos (Rhodos), einer der Sieben Weisen, 6. Jh. v. Chr.: Schefold, B 155, 5 – G. Sena Chiesa, EAA II, 1959, 714, Abb. 946 – Richter 90.

Kleomenes III. v. Sparta, 235–222 v. Chr.: Franke-Hirmer 161.

Kleopatra I., Gattin Ptolemaios' V., 2. Jh. v. Chr.: Newell, RGP 106, Abb. 11 (?).

Kleopatra II., Tochter Ptolemaios' V., geb. ca. 185 v. Chr.: EAA II, 1959, 716 (Red.).

Kleopatra VII. d. Gr., ägypt. Königin, 51–31 v. Chr.: Laurenzi Nr. 111 – J. Charbonneaux, Libyca 2, 1954, 49 – M. T. Marabini Moeus, EAA II, 1959, 716, Abb. 948 f. – Franke-Hirmer, Taf. 220 – Newell, RGP 107, Abb. 14 – R. Herbig, Nugae, 1962 Taf. 31 (?).

Kleopatra Selene, Gattin Iubas II.: Newell, RGP 116, Abb. 13 – Richter, Abb. 2006. 2009 f.

Kleopatra Thea, Tochter Kleopatras II., 125–121 v. Chr.: E. Pfuhl, Ikonogr. Beitr., JdI 45, 1930, 43–45 – A. de Franciscis, EAA II, 1959, 714 f. – Franke-Hirmer, Taf. 208 – Newell 73, Abb. 29.

Kolotes v. Lampsakos, Epikureer, Anfang 3. Jh. v. Chr.: Schefold, B 117, 3. 4 – Ders., Gnomon 34, 1962, 585 gegen die Benennung ‹Alkibiades› und über neue Repliken – Richter 206 f., Abb. 1325–1330.

Konon, att. Feldherr, ca. 444–387 v. Chr.: Laurenzi Nr. 15 (?) – Poulsen Nr. 2 (‹Xanthippos›); dieser Bildnistyp paßt stilistisch allein zu der für das Jahr 394 überlieferten Statue. – Schefold, D Taf. 10.

Konstantin I. d. Gr., röm. Kaiser, 306–337 n. Chr.: Kähler, Rom, Taf. 265 – Delbrück, K 110 ff., Taf. 26–43 – D. Facenna, EAA II, 1959, 873–878, Abb. 1138–1141 – W. F. Volbach, Frühchristl. Kunst, 1958, Taf. 16. 17. 20. 21; FA 12, 1957, 7722; 13, 1958, 6265; 15, 1960, 3919. 6822. 7327.

Konstantin II., Sohn Konstantins d. Gr., Augustus in Gallien 337–340 n. Chr.: Delbrück, K 135–137, Taf. 46 f. – O. Facenna, EAA II, 1959, 878–880.

Konstantin III., Usurpator in Britannien 407 n. Chr.: M. Floriani Squarciapino, EAA II, 1959, 880.

Korinna, lyr. Dichterin, um 470 v. Chr.: Schefold, B 173, 13 – M. Bieber, The Sculpture of the Hellenistic Age, 1961, 44, Abb. 120–122 – Lippold, 273, 11 – J. Marcadé, Sculptures argiennes, BCH 81, 1957, 429–432, Abb. 15. 16 – Schefold, VP 95 f. Taf. 57, 2. 58, 1 – Richter 144, Abb. 780–782.

Krantor v. Soloi, Akademiker, 340–375 n. Chr.: Vermutlich zu erkennen in der Silberstatuette der Bibl. Nat. Paris, Richter, Abb. 1321, wo sie vermutungsweise Hermarch genannt wird. Jedoch paßt die Buchrolle nicht zu einem Epikureer, wohl aber zum Verfasser der berühmten Trostschrift; vgl. Schefold, D 46.

Krates, Kyniker, um 325 v. Chr.: Schefold, B 89, 1. 163, 3. 167, 4 – G. Sena Chiesa, EAA II, 1959, 925 f. – Richter 185 f., Abb. 1083.

Kroisos, lyd. König, 560–546 v. Chr.: P. Devambez, Sur l'amphore de Crésus au Louvre, BAntBeschav, 29, 1954, 16–19 – Beazley, ARV² 238.

Kydias v. Hermione, Dichter, 6. Jh. v. Chr.: Schefold, B 53, 3 – Schefold, D Taf. 2 b.

Laodike, Gattin Mithridates' IV., 2. Jh. v. Chr.: Franke-Hirmer, Taf. 210.

Laodike, Mutter des Eukratides v. Baktrien, 3. Jh. v. Chr.: Newell, RGP 81, Abb. 10.

Leo I., röm. Kaiser 457–474 n. Chr.: Delbrück, K 95, Taf. 17 – C. Bertelli, EAA IV, 1961, 567–568, Abb. 665.

Leodamas, Redner, 4. Jh. v. Chr.: Richter 224.

Leonidas, König v. Sparta, 488–480 v. Chr.: I. Baldassare, EAA IV, 1961, 569 – E. Bielefeld, Aus skandinav. Museen, AA 1962, 84, 8.

Lesbonax v. Mytilene, Redner, Mitte 1. Jh. v. Chr.: Schefold, B 173, 33 – Richter 283, Abb. 2029–2031.

Libius Severus, Augustus im Westreich 461–465 n. Chr.: Delbrück, K 99–100, Taf. 22 – EAA IV, 1961, 615 (Red.).

Licinius I., Augustus im Ostreich 308–325 n. Chr.: Delbrück, Antike Porphyrwerke, 1932, 92, Taf. 38, Abb. 35 – C. Bermond Montanari, EAA IV, 1961, 620–621, Abb. 731; FA 15, 1960, 2952.

Livia, Gattin des Augustus, 57 v. Chr.–26 n. Chr.: L. Fabbrini, EAA IV, 1961, 663–667 – W. H. Groß, Iulia Augusta, Abh. Göttingen, 3, 52, 1962 – H. Bartels, Stud. z. Frauenporträt der august. Zeit, 1963, 29–72 – Poulsen, PR N. 34–39.

Longinus, Philosoph, 3. Jh. n. Chr.: H. P. L'Orange, Stud., 1933, 110, Abb. 26 f.

Lucilla, Tochter des Mark Aurel, 147–183 n. Chr.: M. Wegner, Herrscherbildnisse in antonin. Zeit, 1939, 74–78 – L. Guerini, EAA IV, 1961, 720 f., Abb. 872 – Ostia Nr. 148 f.

Lykon, Peripatetiker, 299–225 v. Chr.: Richter 178, Abb. 1031 bis 1036; diese Bildnisse stellen nach dem spätklassischen Stil eher Straton dar.

Lykophron, Tragiker in Alexandria, 3. Jh. v. Chr.: Schefold, B 217 (zu 226) – Ch. Picard, Un cénacle littéraire, Mon. Piot 44, 1950, 53–82, Taf. 6 – Schefold, D Taf. 22 b – Richter 243, Abb. 1664 f.

Lykurg, Redner, ca 390–324 v. Chr.: Richter 212, Abb. 1367.

Lykurg, myth. Gesetzgeber v. Sparta: Laurenzi Nr. 28 – Poulsen Nr. 12 deutet dies lange als Lykurg bezeichnete Bildnis als Homer. – Richter 92, Abb. 370–378.

Lysandros, spartan. Feldherr, ca. 450–395 v. Chr.: E. Bielefeld, Gott, Heros oder Feldherr? Gymn. 71, 1964, 519–534 – Richter 107.

Lysias, Redner, 445–380 v. Chr.: Schefold, B 71 – Laurenzi Nr. 18 – Hekler-Heintze 54, Taf. 21 – Richter 207 f., Abb. 1340 bis 1345.

Lysias, in Indien, 2. Jh. v. Chr.: Newell, RGP 85, Abb. 9 – Richter, Abb. 1991.

Lysimache, Priesterin auf der Akropolis, 5. Jh. v. Chr.: Laurenzi Nr. 10 – K. Schefold, Klass. Griechenland, 1965, 226 – Richter 155 f., Abb. 877–879.

Lysimachos v. Thrakien, 323–282 v. Chr.: Laurenzi Nr. 49 – P. E. Arias, EAA IV, 1961, 654 – H. Bloesch, Antike Kunst in d. Schweiz, 1943, 107–108, Taf. 60 – Newell, RGP 41 – Richter 257, Abb. 1751–1755.

Macrinus, röm. Kaiser, 217–218 n. Chr.: BMC 5, Taf. 78–79, 80. passim – Franke, Taf. 33, 3 – H. v. Heintze, Antike Plastik, Berlin 1962, I 1, 30, Abb. 9.

Magnentius, Flavius Magnus, Imperator in Gallien 350–353 n. Chr.: Delbrück, K 175, Taf. 76. 77 – M. Floriani, EAA IV, 1961, 776, Abb. 938 – P. Bastien, Le monnayage de Magnence, 1964.

Magnus Maximus, röm. Kaiser, 383–388 n. Chr.: Delbrück, K 203 f., Taf. 102 – C. Bertelli, EAA IV, 1961, 924 f.

Majorian, Augustus im Westreich 457–461 n. Chr.: Delbrück, K 99, Taf. 22 – C. Bertelli, EAA IV, 1961, 490.

Marcellus, M. Claudius, 42–23 v. Chr., Schwiegersohn des Augustus: A. de Franciscis, EAA IV, 1961, 823 f.

Marciana, Schwester Trajans: M. Wegner, Hadrian, 1956, 77–79 – Ostia Nr. 92.

Marcianus, röm. Kaiser 450–457 n. Chr., Delbrück, K 219, Taf. 116. 120(?), Abb. 74. 75 – W. F. Volbach, Frühchristl. Kunst, 1958, Taf. 69 ff. – EAA I, 1958, 980 f. (Red.) – Vgl. → Barletta.

Mark Aurel, röm. Kaiser 161–180 n. Chr.: BMC 4, Taf. 53, 11–17. 54–90 – Schefold, B 183, 1 – M. Wegner, Die Herrscherbildnisse in antonin. Zeit, 1939, 33 ff. 166 ff., Taf. 14–33 – Maj, Museo, Nr. 217–220 – E. Rosenbaum, A Catal. of Cyrenaican Portrait Sculpture, 1960, 49–51, Taf. 34 f. – L. Vlad Borelli, EAA IV, 1961, 825 ff., Abb. 1000–1005 – Ostia Nr. 150–153.

Massinissa, König v. Numidien, 202–148 v. Chr.: Newell, RGP 113, Abb. 1. 2 – J. Mazard, Corpus nummorum Numidiae Mauretaniaeque, 1955, 29–43. 237–240 – Richter 280, Abb. 2003.

Mariniana, Gattin des Valerian, um 250 n. Chr.: G. Bovini, EAA IV, 1961, 854 f., Abb. 1030.

Matidia, Nichte Trajans, ca. 72–117 n. Chr.: M. Wegner, Hadrian, 1956, 80–83 – L. Fabbrini, EAA IV, 1961, 929 f., Abb. 1107 – Ostia Nr. 93.

Mausolos, Satrap in Karien, 377–352 v. Chr.: Laurenzi Nr. 27 – Lippold, Taf. 93, 2 – E. Buschor, Maussolos u. Alexander, 1950, Abb. 17. 22 – Richter 161 f., Abb. 899–902.

Maxentius, röm. Kaiser 306–312 n. Chr.: Münzbild: R. Delbrück, Antike Porphyrwerke, 1932, 122, Taf. 59, 3–5 – R. Calza, EAA IV, 1961, 919–920, Abb. 1094–1096.

Maximianus Herculius, Augustus 286–295 n. Chr.: R. Delbrück, Antike Porphyrwerke, 1932, 121. 124, Taf. 58, 1–3 – H. P. L'Orange, Il Palazzo di M. Erculeo, in: Studi in onore di A. Calderini e R. Paribeni, 1956, 593 ff. – Kähler, Rom, Taf. 255 – F. Panvini Rosati, EAA IV, 1961, 921 ff., Abb. 1698–1699.

Maximinus Thrax, röm. Kaiser 235–238 n. Chr.: Delbrück, M. 64–66 – Maj, Ic. 114 ff., Abb. 26–30 – Kähler, Rom, Taf. 238, 1 – Heintze, Taf. 31 – H. P. L'Orange, EAA IV, 1961, 923, Abb. 1101–1102.

Maximinus Daia, röm. Kaiser 305–313 n. Chr.: Münzbild: R. Delbrück, Antike Porphyrwerke, 1932, Taf. 59, 7 – Kalksteinkopf, Berlin: Delbrück, K Taf. 63.

Maximus, Sohn des Maximinus Thrax, Caesar 235–238 n. Chr.: Maj, Ic. 123–127, Abb. 34 f.

Maximus, röm. Kaiser in Spanien 409–421 n. Chr.: Delbrück, K 97, Taf. 20.

Memnon, äthiop. Schüler des Herodes Atticus, 2. Jh. n. Chr.: Schefold, B 179, 4 – G. Sena Chiesa, EAA IV, 1961, 1001, Abb. 1191 – Richter 287, Abb. 2050.

Menander, Dichter der neuen Komödie, 343–291 v. Chr.: Schefold, B 115. 117, 2. 165, 1. 3 – Laurenzi, Taf. 47 – Ders., EAA IV, 1961, 1013–1016, Abb. 1203–1206 – Hekler-Heintze 65, Taf. 54. 55 – L. Ghali-Kahil, Un Lagynos du Musée du Caire, Mon. Piot 51, 1960, 73–91 – Früher oft Vergil genannt, Menander jetzt gesichert durch Mosaik von Mytilene: E. Vanderpool, News Letter from Greece, AJA 67, 1963, Taf. 64, 14 – Schefold, D Taf. 16 – Richter 224–236, Abb. 1514–1643.

Menander, in Indien, um 150 v. Chr.: Newell, RGP 85, Abb. 13 – A. K. Narain, The Indo-Greeks, 1957, Taf. II 7–8 – Richter, Abb. 1993.

Menedemos v. Eretria, Kyniker, 3. Jh. v. Chr.: Schefold, B 133 – Ch. Picard, Un cénacle littéraire, Mon. Piot 44, 1950, 53–82, Fig. 9 – Richter 244, Abb. 1073 – E. Simon, Fürstenbilder, 1958, 18, Abb. 2. 4.

Menippos v. Gadara, Kyniker, 3. Jh. v. Chr.: Schefold, B 123(?) – Richter 185, Abb. 1071 f. 1074 f.

Metrodoros, Epikureer, 330–270 v. Chr.: Schefold, B 121, 4 – Hekler-Heintze, 68, Taf. 11. 60 – Poulsen Nr. 35. 36 – A. Giuliano, EAA IV, 1961, 1099 f., Abb. 1304–1305 – Richter 200 bis 203, Abb. 1226–1267.

Miltiades, athen. Feldherr, 1. H. 5. Jh. v. Chr.: Hekler-Heintze 51, Taf. 15 – Nach Schefold, O. H. R., 1949, 151 klassizistisch – Richter 94–97, Abb. 381–401.

Mithrapata v. Lykien, ca. 400–362 v. Chr.: Franke-Hirmer 191 – Richter XXXIII.

Mithradates I v. Parthien, 171–137/136 v. Chr.: Newell, RGP 88, Abb. 2. 3. 89, Abb. 4 – Richter 277, Abb. 1952.

Mithradates II. v. Parthien, 123–88/87 v. Chr.: Franke-Hirmer, Taf. 212 – Newell, RGP 90, Abb. 9–10 – Richter, Abb. 1955.

Mithradates III. v. Parthien, 57–54 v. Chr.: Newell, RGP 92, Abb. 15. 16 – Richter 277, Abb. 1959.

Mithradates III. v. Pontos, 246(?) – 190(?) v. Chr.: A. de Franciscis, EAA V, 1963, 124, Abb. 158 – Franke-Hirmer, Taf. 210 – Newell, RGP 47, Abb. 1 – Richter 275, Abb. 1925.

Mithradates IV. v. Pontos, 196–150 v. Chr. (?): Franke-Hirmer, Taf. 210 – Richter 275, Abb. 1927.

Mithradates VI. v. Pontos, Eupator, 120–63 v. Chr.: Laurenzi Nr, 102 – G. Kleiner, Bildnis u. Gestalt des M., JdI 68, 1953, 73–95 – M. Floriani Squarciapino, EAA V, 1963, 124 f., Abb. 159 bis 161 – Newell, RGP 48, Abb. 3, 49, Abb. 4 – Franke-Hirmer, Taf. 211 – Ostia Nr. 12 – Richter 275, Abb. 1928–1933.

Monimos, Kyniker, Schüler des Diogenes, 3. Jh. v. Chr.: Schefold, B 167, 4.

Moschion, Tragiker um 300 v. Chr.: Richter 242 f., Abb. 1666 bis 1668. 1697.

Musa, Mutter des Phraatakes v. Parthien, 1. Jh. v. Chr.: Newell, RGP 93, Abb. 21. 22 – F. Cumont, CRAI 1939, 330–341 – R. Ghirshman, Iran, 1962, 96, Abb. 107 B.

Nabis, König v. Sparta, 207–191 v. Chr.: Franke-Hirmer 161 – A. Rumpf, Ein Kopf im Museum zu Sparta, AM 78, 1963, 178, 9 – Richter, Abb. 1760.

Namopat v. Persis, 1. Jh. v. Chr.: Newell, RGP 98, Abb. 10.

Nepos, Augustus im Westreich 475/476 n. Chr.: Delbrück, K 100, Taf. 22.

Nepotian, Neffe des Constantinus, Augustus 350 n. Chr.: Münzbild: Delbrück 83, Taf. 9 – M. Floriani Squarciapino, EAA V, 1963, 421, Abb. 549.

Nero, röm. Kaiser 54–68 n. Chr.: BMC 1, Taf. 38–48 – H. P. L'Orange, Apotheosis in Anc. Portraiture, 1947, 55 ff. – Maj, Museo, Nr. 123 – Heintze, Taf. 14 – Poulsen, PR, Nr. 64–66 – J. Charbonneaux, Un nouveau portrait de Néron, Mém. Soc AF – B. M. Felletti Maj, EAA V, 1963, 424 f.

Nero, Sohn des Germanicus, 5–31 n. Chr.: V. Poulsen, Claud. Prinzen, 1960, 30 ff. – B. M. Felletti Maj, Nerone di Germanico, EAA V, 1963, 426 f., Abb. 556.

Nerva, röm. Kaiser 96–98 n. Chr.: BMC 3, Taf. 1–8 – F. Magi, I rilievi flavi, 1945, Taf. 12 – H. Götze, Ein neues Bildnis d. N., MdI 1, 1948, 139 ff. – Kähler, Rom, Taf. 123, 3 – E. Rosenbaum, A Catal. of Cyrenaican Portrait Sculpture, 1960, Nr. 23, Taf. 19 – Franke, Taf. 15 – Maj, Museo, Nr. 164 f. – L. Vlad Borelli, EAA V, 1963, 427 f.

Nikias, in Indien, 1. Jh. v. Chr.: Newell, RGP 85, Abb. 12.

Nikias v. Kos, um 50 v. Chr.: Richter 274, Abb. 1920.

Nikomedes I., König v. Bithynien 278(?)–250 v. Chr.: E. Pfuhl, Ikonogr. Beitr., JdI 45, 1930, Taf. 4, 6 – Newell, RGP 44, Abb. 1 – Richter 274, Abb. 1921.

Nikomedes II. Epiphanes, König v. Bithynien 149–120 v. Chr.: Franke-Hirmer, Taf. 209 – Newell, RGP 45, Abb. 5 – Richter 275, Abb. 1924.

Numerian, röm. Kaiser 283–284 n. Chr.: Maj. Ic. 286, Abb. 206 bis 220 – Delbrück, M. Taf. 29–31.

Octavia, Schwester des Augustus, 66–11 v. Chr.: A. Giuliano, Catal. dei ritratti Romani del Museo profano Lateranense, Nr. 19(?) – B. M. Felletti Maj, EAA V, 1963, 806, Abb. 874 bis 875 – A. Bartels, Stud. z. Frauenporträt d. august. Zeit, 1963, 14 ff. – Poulsen Nr. 41.

Olybrius, röm. Kaiser 472 n. Chr.: Delbrück 100, Taf. 22 – EAA V, 1963, 635. (Red.)

Olympias, Mutter Alexanders d. Gr., 375–316 v. Chr.: Richter 254f., Abb. 1707b. 1709–1715. 1718.

Olympichos, Flötenspieler des 5. Jh.s v. Chr.: K. Schefold, AntK 1, 1958, 74.

Olympiodoros, att. Feldherr, Archon 294/293 v. Chr.: Laurenzi Nr. 60 – Hekler-Heintze 65, Taf. 52. 53 – Richter 162, Abb. 894–896.

Orodes I. v. Parthien, um 80–77 v. Chr.: Newell, RGP 90f., Abb. 11 – Richter, Abb. 1956 (oder Gotarzes I.?).

Orodes II. v. Parthien, 57–37 v. Chr.: Newell, RGP 92, Abb. 17 – Richter, Abb. 1960.

Orontas, Satrap in Lampsakos um 362/353 v. Chr.: Franke-Hirmer 202.

Orophernes, König v. Kappadokien, 160–156 v. Chr.: K. Regling, Die Münzen von Priene, 1927, 44 – E. Pfuhl, Ikonogr. Beitr., JdI 45, 1930, Taf. 4, 12 – Franke-Hirmer, Taf. 209 – Richter 276, Abb. 1938f.

Otacilia Severa, Marcia, Gemahlin des Philippus Arabs: Maj, Ic. 177ff., Abb. 81–84.

Otho, röm. Kaiser 69 n. Chr.: BMC 1, Taf. 60, 1–14 – M. Gjödesen, Meddelelser fra Ny Carlsberg Glyptothek 16, 1959, 24ff. – B. M. Felletti, Maj, EAA V, 1963, 807, Abb. 976.

Oxathres v. Persis, 1. Jh. v. Chr.: Newell, RGP 97, Abb. 8.

Pausanias v. Sparta, König v. Sparta 408–394 v. Chr.: E. Bielefeld, Kopf des spartan. Königs P., AA 1962, 71–89 – P. Moreno, EAA V, 1963, 993f., Abb. 1210 – Richter 99–101, Abb. 413–425.

Peisistratos, Tyrann v. Athen ca. 600–527 v. Chr.: E. Langlotz-W. Schuchhardt, Arch. Plastik, 1939, XVII – C. Blümel, Die arch. Skulpturen, 1963, Nr. 6 – Richter 93 (?).

Periander, Tyrann v. Korinth 625–585 v. Chr.: Schefold, B 152, 2. 155, 1 – Laurenzi Nr. 30 – Hekler-Heintze 71 – Poulsen Nr. 7 – Richter 86f., Abb. 314. 333–347.

Perikles, athen. Stratege 445–430 v. Chr.: Schefold, B 19 - Laurenzi Nr. 11 – Hekler-Heintze, Taf. 20 – Richter, 102–104, Abb. 429–447.

Perikles, Dynast v. Lykien ca. 380–362 v. Chr.: Franke-Hirmer 191.

Perseus, König v. Makedonien 179–168 v. Chr.: A. Mamroth, Die Silbermünzen des Königs P., ZN 38, 1928, 1–28 – E. Pfuhl, Ikonogr. Beitr., JdI 45, 1930, Taf. 4, 14. 15 – Franke-Hirmer, Taf. 175 – Newell, RGP 38, 4. 5 – Richter 257, Abb. 1749.

Pertinax, röm. Kaiser 193 n. Chr.: J. J. Bernoulli, Röm. Ik. II 3, 1894, 1ff. – BMC 5, Taf. 1–2. Taf. 3, 1–4 – Franke, Taf. 29, 1.

Pescennius Niger, Gegenkaiser des Septimius Severus, 193–194 n. Chr.: Bernoulli, a. O. 15–17 – BMC 5, Taf. 13–14, 7.

Petronius Maximus, Augustus im Westreich 455 n. Chr.: Delbrück, K 99, Taf. 21.

Pharnabazos, pers. Satrap in Kleinasien ca. 413–373 v. Chr.: W. Schwabacher, Satrapenbildnisse, Charites F. Langlotz, 1957, 31–32, Taf. 4, 4 – Franke-Hirmer, Taf. 200 – Richter XXXIV b.

Pharnakes I., König v. Pontos 190–169 v. Chr.: Franke-Hirmer, Taf. 210 – Newell, RGP 47, Abb. 2 – Richter, Abb. 1926.

Pheidias, Bildhauer, ca. 495–430 v. Chr.: Poulsen Nr. 26 – D. Metzler, Ein neues Porträt des Ph.?, AntK 7, 1964, 51–55 – Richter 150f., Abb. 894–851.

Pheidippides, Komiker, 1. H. 3. Jh. v. Chr.: SIG 374 – Poulsen Nr. 29 (?).

Pherekydes, Mythologe, ca. 540 v. Chr.: Richter 80.

Philemon, Lustspieldichter, ca. 361–263 v. Chr.: Schefold, D Taf. 17 deutet den von V. Poulsen, Vergil, 1952 und RP Nr. 5f. auf Vergil gedeuteten Typus auf Ph. – Richter 236f.

Philetairos v. Pergamon, 340–263 v. Chr.: Laurenzi Nr. 54 – Richter 273, Abb. 1910–1914. 1916.

Philipp II. v. Makedonien, 359–336 v. Chr.: V. Poulsen, Les portraits grecs, 1954, Nr. 18 – Richter 253–255, Abb. 1705–1708.

Philipp V. v. Makedonien, 220–179 v. Chr.: M. Borda, EAA III, 1960, 675f., Abb. 830 – Franke-Hirmer, Taf. 175 – Newell, RGP 37, Abb. 1–3 – A. Mamroth, Die Silbermünzen des Königs Ph. V. v. Mak., ZNum 40, 1930, 277–303 – Richter 256f., Abb. 1746–1748.

Philipp VI. v. Makedonien, 149–148 v. Chr.: Richter 257, Abb. 1750.

Philipp Philadelphos v. Syrien, 92–83 v. Chr.: Newell, RGP 76, Abb. 38 – Richter, Abb. 1907.

Philippus Arabs, röm. Kaiser 244–249 n. Chr.: Maj, Ic. 169ff., Abb. 72–80 – V. Scrinari, Filippo l'Arabo, EAA III, 1960, 676, Abb. 831 – Delbrück, M. Taf. 6–8.

Philippus Iunior, Sohn des Philippus Arabs, Augustus 247–249 n. Chr.: Maj, Ic. 182ff., Abb. 85–88 – V. Scrinari, F. Iunior, EAA III, 1960, 676f., Abb. 832 – Delbrück, M. Taf. 6–8.

Philiskos, Tragiker, 3. Jh. v. Chr.: Richter 242.

Philistis, Gattin Hierons II. v. Syrakus, 3. Jh. v. Chr.: M. Borda, Filistide, EAA III, 1960, 678, Abb. 834 – Newell, RGP 111, Abb. 1. 2 – Franke-Hirmer, Taf. 49 – Richter, Abb. 1768.

Philoxenos, in Indien, 2. Jh. v. Chr.: Newell, RGP 85, Abb. 11 – Richter, Abb. 1992.

Phokion, att. Feldherr, 4. Jh. v. Chr.: Richter, 158f., Abb. 890 bis 893.

Phraatakes, Sohn Phraates' IV., um Chr. Geb.: Newell, RGP 93, Abb. 20.

Phraates II. v. Parthien, 137/136–128/127 v. Chr.: Newell, RGP 89, Abb. 5. 6 – Richter 277, Abb. 1953.

Phraates III. v. Parthien, 70–57 v. Chr.: Newell, RGP 91, Abb. 13. 14 – Richter 277, Abb. 1958.

Phraates IV. v. Parthien, 38/37–3/2 v. Chr.: Newell, RGP 93, Abb. 18 – Richter, Abb. 1961.

Phryne, Hetäre, 4. Jh. v. Chr.: Richter 246, Abb. 1355. 1357.

Phrynichos, Komiker, 2. H. 5. Jh. v. Chr.: K. Friis Johansen, Eine Dithyrambosaufführung, Meddelelser Dan. Vid. Selsk. 4, 2, 1959, 9–11.

Pindar, böotischer Dichter, 522–442 v. Chr.: Schefold, B 139. 140, 1, 142–144, Abb. 783 – Bei Poulsen Nr. 53 und Richter ‹Archilochos› genannt; jedoch werden nur die Chorlyriker sitzend gebildet; vgl. die P.statue des Serapeions v. Memphis, bei J. Ph. Lauer-Ch. Picard, Les statues ptolémaïques du Sérapeion de Memphis, 1955, Taf. 4–7, und zur Datierung K. Schefold, Die Dichter und Weisen im Serapeion, MH 14, 1957, 33–36 – Schefold, D Taf. 21 – Schefold, VP Taf. 57, 2. 58, 1.

Piruz (oder Pakur) v. Persis, 1. Jh. v. Chr.: Newell, RGP 98, Abb. 9.

Pittakos v. Mytilene, einer der Sieben Weisen, um 640–570 v. Chr.: Schefold, B 155, 1. 157, 3. 173, 9 – Richter 88–91, Abb. 361. 369.

Platon, Philosoph, 427–347 v. Chr.: R. Boehringer, Platon. Bildnisse und Nachweise, 1935 – Schefold, B 75 – Laurenzi Nr. 20. 21 – Hekler-Heintze 56f., Taf. 4, 26. 27 – Poulsen Nr. 6 – E. Berger, Kunstwerke der Antike, 1963, A 10 – Richter 164–170, Abb. 903–975.

Platon v. Baktrien, um 150 v. Chr.: Richter, Abb. 1987.

Plautus, röm. Komiker, 251–184 v. Chr.: Schefold, B 165, 2 (?) – Vgl. aber K. Schefold, Gnomon 35, 1963, 811f. Anm. 6 und H. von Heintze, Zu Poseidippos und ‹Menander› im Vatikan, RM 68, 1961, 92 Anm. 43.

Plotin, Neuplatoniker, gest. 270 n. Chr.: Schefold, B 183, 2 (?) – Ders., La force créatrice du symbolisme, RA 1961, II 209 Anm. 2 zu B. Andreae, Archäolog. Funde, AA 1957, 281, Abb. 72f. – Richter 289, Abb. 2056–2058 – H. von Heintze, Vir sanctus et gravis, JAC 6, 1963, 52f.

Plotina, Gattin Trajans, 70–129 n. Chr.: M. Wegner, Hadrian, 1956, 74–76 – Ostia Nr. 90. 91.

Plutarch, Biograph, um 46–120 n. Chr.: Richter 284f., Abb. 2025.

Polemon, Sophist, 88–145 n. Chr.: Schefold, B 181, 4 – Richter 285, Abb. 2034–2037.

Polybios, Historiker, um 203–120 v. Chr.: Schefold, B 147, 5.

Polydeukion, Schüler des Herodes Attikos. 2. Jh. n. Chr.: Schefold, B 181, 1 – J. Charbonneaux, Portraits du temps des Antonins, Mon. Piot 49, 1957, 67–82, Fig. 10 – Richter 287.

Pompeius Magnus, 106–45 v. Chr.: Poulsen, PR Nr. 1 – Ostia Nr. 53.

Pompeius Macer, Dichter, 2. H. 1. Jh. v. Chr.: Schefold, B 173, 34.

Poseidippos, Komiker, 316–250 v. Chr.: Schefold, B 111 – Laurenzi Nr. 107 – Hekler-Heintze 66, Taf. 10 – H. v. Heintze, Zu P. und ‹Menander› im Vatikan, RM 68, 1961, 80–92 – Schefold, D Taf. 18 – Richter 238f., Abb. 1647–1650.

Poseidonios, Philosoph, um 135–50 v.Chr.: Schefold, B 151. 153,1 – Laurenzi Nr.104 – Hekler-Heintze, Taf.66 – Richter 282, Abb.2020.

Postumus, Imperator von Gallien 259–268 n.Chr.: Maj, Ic. 251ff., Abb.160–161 – Delbrück, M. Taf.19.

Postumius Albinus, A., Konsul 99 v.Chr.: Schweitzer 37, Abb. 54.57 – Vgl. aber Schefold, O.H.R. 196 – V.Poulsen, Festschrift W. Schuchhardt, 1960, 173–178.

Potamon, Flötenspieler, gest.390 v.Chr.: K.Schefold, AntK 1, 1958, 74.

Priscus Attalus, Gegenkaiser 409–416 n.Chr.: Delbrück 97, Taf. 20 – M.Floriani Squarciapino, EAA I, 1958, 890.

Potamos, Redner augusteischer Zeit: Richter 283.

Probus, röm.Kaiser 276–282 n.Chr.: Maj, Ic.276ff., Abb.190 bis 197 – Kähler, Rom, Taf.239,4 – Delbrück, M. Taf.26–28.

Procopius, röm.Kaiser 366 n.Chr.: Delbrück, K 89, Taf.12

Protagoras v.Abdera, Sophist, ca.485–415 v.Chr.: Richter 108.

Prusias I., König v.Bithynien 228–185 v.Chr.: E.Pfuhl, Ikonogr. Beitr., JdI 45, 1930, Taf.4,7 – Franke-Hirmer, Taf.209 – Newell, RGP 44, Abb.2.3 – Richter, Abb.1922.

Prusias II., König v.Bithynien 185–149 v.Chr.: Franke-Hirmer, Taf.209 – Newell, RGP 45, Abb.4 – Richter Abb.1923.

Ptolemaios I. Soter, 323–284 v.Chr.: E.Pfuhl, Ikonogr.Beitr., JdI 45, 1930, 5–8, Taf.2.9–13 – Laurenzi Nr.52.53(?) – Poulsen Nr.30 – Hekler-Heintze 63, Taf.45 – J.Charbonneaux, Portraits ptolémaïques, Mon.Piot 47, 1953, 99–102, Fig.1–2 – G.K.Jenkind, P.I., Museum Notes 9, 1961, 17 – Newell, RGP 31.102, Abb.3 – Franke-Hirmer, Taf.218 – Richter 259–261, Abb.1770–1779.

Ptolemaios II. Philadelphos, 284–247 v.Chr.: E.Pfuhl, a.O. 28 bis 32, Taf.3 – Laurenzi Nr.56 – J.Charbonneaux, a.O. 102–106 – Franke-Hirmer, Taf.218 – Newell, RGP 102, Abb.3 – A. Rumpf, Ein Kopf im Museum zu Sparta, AM 78, 1963, 198, 108 – Richter 261f., Abb.1781–1806.

Ptolemaios III. Euergetes, 247–221 v.Chr.: E.Pfuhl, a.O. 32–36, Taf.2,17.3,18 – Laurenzi Nr.72 – J.Charbonneaux, a.O. 100–112. 114–118 – Franke-Hirmer, Taf.219 – A.Rumpf, Ein Kopf im Museum zu Sparta, AM 78, 1963, 176–199 – Richter 263, Abb.1807–1819.

Ptolemaios IV. Philopator, 221–203 v.Chr.: E.Pfuhl, a.O. 36, Taf.3,9–13 – H.Volkmann, RE 23 A (1959), 1691 – J.Charbonneaux, a.O. 112f. – N.Bonacasa, Per l'iconografia di Tolemeo IV., ASAA 367–380 – Franke-Hirmer, Taf.220 – Newell, RGP 105, Abb.9 – A.Rumpf, Ein Kopf im Museum zu Sparta, AM 78, 1963, 196f. – Richter 264, Abb.1824–1831.

Ptolemaios V. Epiphanes, 203–181 v.Chr.: E.Pfuhl, a.O.38, Taf. 3,15 – Newell, RGP 105, Abb.10 – Richter 265, Abb.1832 – B.Conticello, Ritratto di un Sovrano, Bd'A 48, 1963, 289–294.

Ptolemaios VI. Philometor, 181–145 v.Chr.: Laurenzi Nr.89 – A.Adriani Tolemeo VI., Bull.Soc.Alex.32, 1938, 97–105 – D.Kiang, An unpubl.Coin Portrait of P. VI., Museum Notes 10, 1962, 69–76 – Richter 265f., Abb.1838–1849 – B.Conticello, ArchCl 14, 1962, 50.

Ptolemaios VIII. Euergetes II. 145–116 v.Chr.: E.Pfuhl, a.O.38, Taf.3, 16 – Newell, RGP 107, Abb.12 – Richter 267f., Abb. 1853.

Ptolemaios IX., 116–80 v.Chr.: Richter 268, Abb.1854.

Ptolemaios XII., 80–51 v.Chr.: Richter, Abb.1855f. 268 – ‹Ptolemaios XIII.› genannt bei Newell, RGP 107, Abb.13.

Ptolemaios XV. (Kaisarion), 440–430 v.Chr.: Richter 268, Abb. 1860.

Ptolemaios v.Mauretanien, 23–40 n.Chr.: Newell, RGP 116, Abb.14.15 – Richter 281, Abb.2013f.

Pupienus, Gegenkaiser des Maximinus 238 n.Chr.: Delbrück, M.68 – Maj, Ic. 135ff., Abb.41–44 – Kähler, Rom, Taf.238,2.

Pyrrhos v.Epiros, 319–273 v.Chr.: Laurenzi Nr.51 – Poulsen Nr.32 – Richter 258, Abb.1762–1765.

Pythagoras, Philosoph, gest.497 v.Chr.: Schefold, B 101.161,1. 173,17–19 – Richter 79, Abb.302–305 – Ostia Nr.7.

Pythodoris, Olympiasieger, 2.Jh.n.Chr.: Richter 288, Abb.2054.

Quintillus, röm.Kaiser 270 n.Chr.: Maj, Ic. 264f., Abb.175 – Delbrück, M.Taf.22, A.

Romulus Augustulus, letzter weström.Kaiser 475–476 n.Chr.: Delbrück, K 100, Taf.22 – FA 15, 1960, 4073.

Sabina, Gattin Hadrians, gest.ca.135 n.Chr.: M. Wegner, Hadrian, 1956, 84–91 – Ostia Nr.124–127.

Sallust, röm.Geschichtsschreiber, 86–34 v.Chr.: Schefold, B 173, 38.

Salonina, Gemahlin des Gallienus: Maj, Ic. 235–240, Abb.144 bis 146.

Sappho, Dichterin, um 600 v.Chr.: Schefold, B 55.57,3.81. 173,11.12 – Ders., Neue Bildnisse S.s, AntK 3, 1960, 43–45 – Schefold D Taf.4.23 – Richter 70–72, Abb.252–263.

Satyros, Faustkämpfer, 4.Jh.v.Chr.: Richter 245f., Abb.1675.

Seleukos I.Nikator, 312–280 v.Chr.: E.Pfuhl, Ikonogr.Beitr., JdI 45, 1930, 4–6, Taf.1,1 – Laurenzi Nr.43 – Hekler-Heintze, Taf.44 – Cahn 21f. – Franke-Hirmer, Taf.203–204 – Newell, RGP 26.41 – Newell, WSM 447 – Newell, ESM 305 – Richter 269f., Abb.1865–1868 – A.Rumpf, Ein Kopf im Museum zu Sparta, AM 78, 1963, 189–191 tritt für die Benennung des ‹Attalos I.› als ‹Seleukos I.› ein.

Seleukos II. Kallinikos, 246–226 v.Chr.: Franke-Hirmer, Taf. 205 – Newell, RGP 62, Abb.5 – Newell, WSM 447 – Newell, ESM 305 – Richter 270, Abb.1871.

Seleukos III. Keraunos, 226–223 v.Chr.: Newell, RGP 63, Abb.7 – Newell, WSM 447 – Newell, ESM 305 – Richter, Abb.1873.

Seleukos IV. Philopator, ca.220–ca.176 v.Chr.: E.Pfuhl, Ikonogr. Beitr., JdI 45, 1930, 24–27, Taf.I, 16f. – Newell, RGP 65, Abb.9 – Richter, Abb.1880.

Seleukos VI. Epiphanes Nikator, 95 v.Chr.: Newell, RGP 75, Abb.34 – Richter, Abb.1903.

Seneca, röm.Philosoph und Dichter, ca. 5 v.Chr. – 65 n.Chr.: Schefold, B 179,3.

Septimius Severus, röm.Kaiser 193–211 n.Chr.: BMC 5, Taf.5. passim – H.P.L.L'Orange, Apotheosis in Anc.Portraiture, 1947, 73ff. – F.Poulsen, Catal. of Anc.Sculpture in the Ny Carlsberg Glyptothek, 1951, Nr.721–723 – Kähler, Rom, Taf. 229 – H.Jucker, Bildnis im Blätterkelch, 1961, 102ff. – J. Balty, Un nouveau portrait romain de S.S., Hommage à A.Grenier, Coll.Latomus, I, 1962, 187ff. – G.Caputo, Ritratto leptiano di S.S. – Ercole, a.O. 381ff.

Seuthes III. v. Thrakien, Ende 4.Jh.v.Chr.: Richter, Abb.1756f.

Severus Alexander, röm.Kaiser 222–235 n.Chr.: Maj, Ic. 83ff., Abb.1–14 – Kähler, Rom, Taf.195,3 – V.Scrinari, EAA I, 1958, 246f., Abb.359–360 – H.v.Heintze, Stud. zu d. Porträts des 3.Jh.s n.Chr., RM 69, 1962, 164ff.

Simonides, lyr.Dichter, ca.556–468 v.Chr.: Richter 73.

Sinatrukes v.Parthien, 1.Jh.v.Chr.: Newell, RGP 91, Abb.12 – Richter, Abb.1957.

Sokrates, 469–399 v.Chr.: Schefold, B 69. 83. 85. 155,8. 163,2 – Laurenzi Nr.16.39 – Hekler-Heintze 53f., Taf.5.22.23 – Poulsen Nr.16 – A.Rumpf, Analecta Archaeologica, Festschr. F. Fremersdorf, 1960, 93–96 – G.Daux, Chron. des fouilles, BCH 1961, 613, Taf.19 – Richter 109–119, Abb.461–573.

Solon, athen.Gesetzgeber, 639–559 v.Chr.: Schefold, B 53,2. 105.155,2 – Richter 83–86, Abb.326–331.

Sophokles, att.Tragiker, 496–406 v.Chr.: Schefold, B 73.91.93. 159,1.155,7 – Laurenzi Nr. 17.32.63.112 – Hekler-Heintze 58, Taf.6.29.30.31 – Poulsen Nr.9.10 – Richter 124–133 Abb. 611–716 passim. Vgl. Poulsen Nr.4 ‹Demokrit›; eher S. – Schefold, D Taf.14a und zu Taf.20 – Richter 124–133, Abb. 611–716.

Stesichoros, Begründer der Chorlyrik, 632–556 v.Chr.: Schefold, B 173, 14 – Richter 86, Abb.268.

Straton, Leiter des Peripatos nach Theophrast, 286–268 v.Chr.: Richter 178, vgl. zu Lykon.

Strato I., in Indien, 2.Jh.v.Chr.: Newell, RGP 84, Abb.5.

Strato II., in Indien, 2./1.Jh.v.Chr.: Newell, RGP 86, Abb.17.

Syeris, Tempeldienerin in Athen, 4.Jh.v.Chr.: K.Schefold, Klass. Griechenland, 1965, 226, Abb.63.

Syphax v.Numidien, 213–202 v.Chr.: Newell, RGP 115, Abb.6 – J.Mazard, Corpus nummorum Numidiae Mauretaniaeque, 1955, 18–21. 235.

Tacitus, röm.Kaiser, 275/276 n.Chr.: Maj, Ic. 273f., Abb. 185–188 – Delbrück, M. Taf.25.

Terenz, röm.Komödiendichter, 190–159 v.Chr.: Schefold, B 171,5.173,35.

Tetricus, Augustus in Gallien 270–273 n.Chr.: Maj, Ic.258, Abb.165f. – Delbrück, M. Taf.21.

Thales v. Milet, Philosoph, 632–546 v. Chr.: Schefold, B 155, 1. 3. 157, 1 – E. Berger, Ars Antiqua, Auktion 3, 1961, Nr. 28; anders Poulsen Nr. 14 – Richter 82f., Abb. 321–325.

Themistokles, athen. Politiker, 530/525–460 v. Chr.: Schefold, B 18 – Laurenzi Nr. 22 – Hekler-Heintze, Taf. 14 – Richter, 97–99. Abb. 393–410 – H. Sichtermann, Der Th. von Ostia, Gymn. 71, 1964, 348–381 – Ostia Nr. 1.

Theodora, Gattin des Ostgotenkönigs Theoderich, 527–548 n. Chr.: K. Wessel, Das Kaiserinnenporträt im Castello Sforzesco, JdI 77, 1962, 240–255 – F. W. Deichmann, Bauten u. Mosaiken von Ravenna, 1958, Taf. 9, Abb. 358 – G. Stričević, Akten 11. Byzantin. Kongr. München, 1960, Taf. 73. 2.

Theodosius I. d. Gr., Augustus im Ostreich, 378–395 n. Chr.: Delbrück, K 200. 202. 228, Taf. 15 – W. F. Volbach, Frühchristl. Kunst, 1958, Taf. 52–55.

Theodosius II., oström. Kaiser 408–450 n. Chr.: Delbrück, K 94f. 217f., Taf. 114–115.

Theokrit, Dichter, 305–245 v. Chr.: Schefold, B 171, 3 – Chr. Picard, Un cénacle littéraire, Mon. Piot 44, 1950, 71 Abb. 11 – H. Möbius, Zu den Dichterbechern v. Berthouville, BAntBeschav. 24/26, 1949/51, 57–62 – Richter 241f., Abb. 1661 bis 1663.

Theon, Philosoph, um 115–140 n. Chr.: Schefold, B 181, 3 – Richter 285, Abb. 2038.

Theophanes v. Mytilene, griech. Historiker, 80–30 v. Chr.: Schefold, B 173, 31 – Richter 283, Abb. 2023f. 2028.

Theophrast v. Eresos (Lesbos), Leiter des Peripatos, 372–287 v. Chr.: Schefold, B 99, 3. 4 – Laurenzi Nr. 59 – Hekler-Heintze 63, Taf. 49 – Richter 176–178, Abb. 1022–1030.

Thespis, Begründer der Tragödie, 6. Jh. v. Chr.: Schefold, B 193. 216f. 226 (Abb.) – Richter 73f.

Thukydides, griech. Historiker, ca. 454–404 v. Chr.: Schefold, B 77. 79, 1. 171, 1 – Laurenzi Nr. 26 – Hekler-Heintze 55, Taf. 24 – Richter 147–150, Abb. 825–848.

Tiberius, röm. Kaiser 14–37 n. Chr.: L. Polacco, Il volto di T., 1955 – H. Jucker, Auf d. Schwingen d. Göttervogels, Jb. Bern. Hist. Mus. 1959/60, 281, Taf. 8f. – E. Rosenbaum, A Catal. of Cyrenaican Portrait Sculpture, 1960, Nr. 15, Taf. 15 – Poulsen, PR Nr. 44–47 – Ostia Nr. 42 – N. Bonacasa, Bd'A 47, 1962, 171–179.

Tiberius Julius Caesar Gemellus, gest. 37 n. Chr.: BMC 1, Taf. 22–26 – Vorschlag bei V. Poulsen, Claud. Prinzen, 1960, 37f. – Ders., PR Nr. 49.

Tigranes I d. Gr., König v. Armenien, 97–56 v. Chr.: Franke-Hirmer, Taf. 212 – Newell, RGP 57, Abb. 1. 2. 58, Abb. 3 – Richter 277, Abb. 1950.

Timoleon, Feldherr in Syrakus, 4. Jh. v. Chr.: Richter 259.

Timotheos, att. Feldherr, 400–354 v. Chr.: Richter 159f., Abb. 897.

Tiraios I und *II. v. Charakene*, 1. Jh. v. Chr.: Richter, Abb. 1967f.

Tiribazes, Satrap in Mallos, um 375 v. Chr.: Franke-Hirmer 193.

Tissaphernes, pers. Satrap in Kleinasien, 455/445–395 v. Chr.: W. Schwabacher, Satrapenbildnisse, Charites F. Langlotz, 1957, 27–32, Taf. 4, 1. 2. 3 – Franke-Hirmer, Taf. 184 – E. S. G. Robinson, T., Num. Chron. 1948, 48–56 – Richter XXXIV a.

Titus, röm. Kaiser 79–81 n. Chr.: BMC 2, Taf. 44–58 – R. West, Röm. Portraitplastik II, 1941, Taf. 3. 4, Abb. 6–10 – H. Götze, Ein Triumphalbildnis des T., in: Neue Beitr., Festschr. B. Schweitzer, 1954, 354ff. – M. Wegner, Die Bildnisse des Kaisers T. (erscheint 1965).

Trajan, röm. Kaiser 98–117 n. Chr.: BMC 3, Taf. 9–45 – W. H. Groß, Bildnisse T.s, 1940, bes. Taf. 33–35 – Maj, Museo, Nr. 166f. – G. M. A. Hanfmann, C. C. Vermeule, H. Jucker, A New T., AJA 61, 1957, 223ff. – E. Rosenbaum, A Catal. of Cyrenaican Portrait Sculpture, 1960, Nr. 24, Taf. 20 – Ostia Nr. 79–89.

Traianus Decius, röm. Kaiser 249–251 n. Chr.: Delbrück, M. Taf. 9, 1–4. 10 – Maj, Ic. 187ff. Abb. 91–96 – Kähler, Rom, Taf. 239, 1 – H. v. Heintze, Stud. zu den Porträts des 3. Jh.s n. Chr., RM 63, 1956, 56ff. – Dies., in: Antike Plastik, 1962, I 25, Abb. 6 – F. Panvini Rosati, EAA III, 1960, 14f.

Tranquillina, Furia Sabina, Gemahlin Gordians III., 3. Jh. n. Chr.: Maj, Ic. 163–165, Abb. 69–71.

Trebonianus Gallus, röm. Kaiser 251–253 n. Chr.: Maj, Ic. 201 bis 207, Abb. 109–114.

Vaballathus, Augustus 270–272: Maj, Ic. 272f., Abb. 183–184.

Valens, Augustus im Ostreich, 364–378 n. Chr.: Delbrück, K 183ff., Taf. 81–84.

Valentinian I., Augustus im Westreich 364–375 n. Chr.: Delbrück, K 178–182, Taf. 78–79.

Valentinian II., röm. Kaiser im Westen 375–392 n. Chr.: Istanbul, Museum – Delbrück, K 185ff. 195–198, Taf. 92–93 – W. F. Volbach, Frühchristl. Kunst, 1958, Taf. 50–51.

Valerian, röm. Kaiser 253–259 n. Chr.: Maj, Ic. 215ff., Abb. 125–128 – Delbrück, M. Taf. 12–15.

Vergil, röm. Dichter, 70–19 v. Chr.: Schefold, B 169, 4. 171, 4 – Schefold, D Taf. 24b Vgl. → Menander, → Philemon.

Verus, L., Mitkaiser mit Mark Aurel, 161–169 n. Chr.: M. Wegner, Die Herrscherbildnisse in antonin. Zeit, 1939, 56ff. 226ff., Taf. 39–46 – Maj, Museo Nr. 222f. – E. Rosenbaum, A Catal. of Cyrenaican Portrait Sculpture, 1960, Nr. 54f. Taf. 37 – L. Fabbrini, EAA IV, 1961, 721ff., Abb. 873–875.

Vespasian, röm. Kaiser 69–79 n. Chr.: BMC 2, Taf. 1–43 – R. West, Röm. Porträtplastik II, 1941, Taf. 1–2, Abb. 1–5 – F. Magi, I rilievi flavi, 1945, Taf. 11 – G. Förschner, Das Porträt V.s auf röm. Münzen, Berl. Numism. Zeitschr. 25/26, 1959/60 – Franke, Abb. 12 – Maj, Museo Nr. 141–143 – M. Wegner, Die Bildnisse V.s (erscheint 1965) – Ostia Nr. 62. 63.

Vetranio, Augustus in Illyrien 350 n. Chr.: Delbrück, K 88, Taf. 12.

Victorinus, Herrscher in Gallien 268–270 n. Chr.: Maj, Ic. 255ff., Abb. 164 – Delbrück, M. Taf. 20, C.

Vitellius, röm. Kaiser 69 n. Chr.: BMC 1, Taf. 60, 15–27. 61–64 – M. Gjödesen, Meddelelser fra Ny Carlsberg Glyptotek 16, 1959, 28ff. – H. Jucker, V., Jb. Bern. Hist. Mus. 1961/62, 331 bis 357 – Franke, Taf. 11.

Volusian, Augustus 251–253 n. Chr.: Maj, Ic. 207ff., Abb. 116 bis 117.

Vonones, König v. Parthien 8–11/12 n. Chr.: Newell 94, Abb. 23. 24.

Xanthippos, Vater des Perikles, 5. Jh. v. Chr.: Paus. 1, 25, 1 nennt seine Statue als Gegenstück des Anakreon; die darauf zurückgeführten Bildnistypen (zuletzt G. Hafner, Anakreon und X., JdI 71, 1956, 1–28; Poulsen Nr. 2) sind aber später entstanden; vgl. → Alkibiades, → Konon; Richter 101.

Xenophon, griech. Philosoph und Historiker, 430–ca. 354 v. Chr.: Hekler-Heintze 51, Taf. 39 – Schefold, D Taf. 13 – Richter 157f., Abb. 882–887.

Xenophon, Leibarzt des Kaisers Claudius, um 50 n. Chr.: Schefold, B 173, 32 – Richter, Abb. 2026f.

Zenon, Gründer der Stoa, 331–264 v. Chr.: Schefold, B 109, 2. 4. 167, 1 – Hekler-Heintze 66f., Taf. 56 – Homer A. Thompson, Excavations in the Athenian Agora, Hesperia 21, 1953, 56 Taf. 17c – Poulsen Nr. 40 (nach der Gebärde sicher Stoiker) – Richter 186–189, Abb. 1698. 1084–1105.

Zeno, oström. Kaiser, 474–475, 475–491 n. Chr.: Delbrück, K 95, Taf. 18 – FA 12, 1957, 7752. 8130 – FA 15, 1960, 6965.

Zoilos, in Indien, 2. Jh. v. Chr.: Newell, RGP 86, Abb. 14.

II. BENENNUNGEN GRIECHISCHER UND LATEINISCHER HANDSCHRIFTEN

Auswahl, zusammengestellt von Hans Hornung und Hans Widmann, Tübingen

Vorbemerkung. In Ergänzung des kurzen Abrisses über die Bibliotheken als Träger der Überlieferung (Sp. 3152ff.) wird hier eine Auswahl für die Textüberlieferung wichtiger Benennungen von Handschriften samt einigen Namen früherer Besitzer von Handschriften – in alphabetischer Reihenfolge – aufgeführt. Für Einzelheiten sind neben der bereits genannten Literatur (Sp. 3155) die unten verzeichneten Nachschlagewerke heranzuziehen. Verweisungen beziehen sich auf Lemmata dieser Liste. (Dabei sind ungleiche Endungen nicht berücksichtigt: → Palatina = → Palatinus.)

Abkürzungen: B. = Bibliothek, Bibliotheca, Bibliothèque, Biblioteca usw. – B.N. = Bibliothèque Nationale, Biblioteca Nazionale usw. – Hs. (Hss.) – Handschrift(en). – Lb. = Library. – LB = Landesbibliothek. – NB = Nationalbibliothek. – SB = Staatsbibliothek. – Slg. = Sammlung. – StB = Stadtbibliothek. – SuStB = Staats- und Stadtbibliothek. – UB = Universitätsbibliothek. – Univ. = Universität(s-), Universitaire usw. – gegr. = gegründet.

Abrincensis, Hs. aus Avranches/Abrincae (Frankr.).

Aesinas (Aesinus, Esinus), Hs. aus Jesi/Aesini bei Ancona. Eine Hs., die Tac. Agr. und Germ. enthält, wurde 1902 in der B. des Grafen Balleani in Jesi gefunden; sie stellt einen Teil des verlorenen → Hersfeldensis dar.

Albertina → Lipsiensis [1].

Ambrosianus, Hs. aus der B. Ambrosiana, Mailand, gegründet 1602 von Kardinal Federigo Borromeo (1564–1631), 1609 der allgemeinen Benutzung zugänglich gemacht. Benannt nach Ambrosius.

Amplonianus. Dr. med. Amplonius Ratinck de Berka (gest. um 1435) stiftete 1412 in Erfurt das Collegium Amplonianum, dem er seine umfangreiche Hss.-Slg. übergab (s. auch Erfurtensis).

Amstelodamensis, Hs. aus der UB Amsterdam (gegr. 1578, 1632 verbunden mit dem Athenaeum Illustre).

Angelic(an)us, Hs. aus der B. Angelica, der ersten öffentlichen B. in Rom, 1605/1614 gegr. von dem Augustinermönch und späteren Titularbischof Angelo Rocca (1545–1620).

Antverpiensis, Hs. aus Antwerpen (Belgien).

Argentinensis (Argentinus, Argentoratensis), Hs. aus der B. N. et Univ., Straßburg/Argentina, Argentoratum, gegr. 1531 von dem Humanisten Jakob Sturm. Viele Hss. 1870 verbrannt.

Aroviensis, Hs. aus Aarau/Arovia (Schweiz).

Arundel(l)ianus (Arondellianus), Hs. aus der B. von Thomas Howard, Earl of Arundel (um 1585–1646); diese Sammlung kam über die Royal Society 1831 ins Brit. Mus.

Ashburnhamensis, Hs. aus dem Besitz von Bertram, Earl of Ashburnham (1797–1878).

Ashmoleanus, Hs. aus dem Besitz des Antiquars Elias Ashmole (1617–1692); seine Sammlung jetzt in der Bodleiana, Oxford.

Athous, Hs. aus den Kloster-B.en vom Berg Athos (Chalkidike).

Audomarensis (Audomaropolitanus), Hs. aus Saint-Omer/Audomaropolis (Frankr.).

Augiensis, Hs. von der Reichenau/Augia Maior oder Dives. Fränk. Klostergründung unter Pirmin 724 n. Chr.; Blüte des Hss.-Schreibens im 8./9. Jh. (Walahfrid Strabo war Abt 842 bis 849). Durch die Säkularisation 1803 kam der Hauptteil der Hss. nach Karlsruhe.

Augustanus. [1] Hs. aus Augsburg/Augusta Vindelicorum (Kloster-B.en und StB, diese gegr. 1537, heute SuStB). Wertvolle Hss. und Drucke kamen durch die Säkularisation 1806 von Augsburg in die Bayer. SB München; gleichzeitig wurde aus Bibl.en weiterer aufgehobener Augsburger Klöster eine neue Kreis-B. gebildet, die 1811 mit der StB vereinigt und 1818 durch Bestände aus Kloster-B.en des Oberdonaukreises (Ottobeuren, Memmingen u. a.) vermehrt wurde.

[2] Hs. aus der B. Augustea, Wolfenbüttel (→ Guelferbytanus).

Augusteus. [1] Bezeichnung für die (von Pertz für augusteisch gehaltene) Vergil-Hs. A (Schedae Berolinenses et Vaticanae). [2] → Augustanus [2].

Aureatensis, Hs. aus der Staatl. B. Eichstätt/Aureatum. Die alte Fürstbischöfl. Hof-B. von E. wurde 1810 Sammelstelle säkularisierter Stifts- und Kloster-B.en.

Aurelianensis, Hs. aus Orléans/Aurelia (UB im 16. Jh.; Bibl. de la Nation germanique, 1806 mit der StB vereinigt).

Bambergensis, Hs. aus d. Staatl. B. Bamberg/Bamberga, Babenberga, gegr. 1611 als Jesuiten-B., 1802 Vermehrung durch Bestände aus säkularisierten B.en.

Barberin(ian)us, Hs. aus dem Besitz von Kardinal Francesco Barberini (1597–1679), Gründer der Barberini-B., Rom, welche viele Hss. aus dem Kloster Grottaferrata – → Cryptensis – enthielt und 1902 für die Vaticana erworben wurde.

Baroccianus, Hs. benannt nach Giacomo Barocci, → Bodleianus.

Basileensis, Hs. aus Basel/Basilea.

Basilicanus, Hs. aus einer Kathedral-B., bes. der Kapitel-B. von St. Peter, Rom (Tabularium Capituli Basilicae Vaticanae).

Bavaricus → Monacensis.

Bellovacensis, Hs. aus Beauvais/Bellovacum (Frankr.).

Bembinus. [1] Hs. aus dem Besitz von Bernardo Bembo (1433 bis 1519, Vater von Pietro B.), so die beste Terenz-Hs. (jetzt in der Vaticana).

[2] Hs. benannt nach Pietro Bembo/Petrus Bembus (1470 bis 1547), Bibliothekar in seiner Heimatstadt Venedig, dann Kardinal und Bischof von Gubbio, später von Bergamo, Schüler von Konstantinos → Laskaris. Hss. von ihm kamen in die Vaticana, nach Modena (→ Mutinensis) und nach Venedig.

Bernensis, Hs. aus der StB Bern, gegr. 1528; die StB wurde 1903 mit der Hochschul-B. vereinigt. 1632 kam die B. des franz. Historikers und Philologen Jacques Bongars in die Berner B. (vgl. → Bongarsianus).

Berolinensis. [1] Hs. aus der SB Berlin, eröffnet 1661 als ‹Churfürstl. B. zu Cölln a. d. Spree›, 1701–1918 ‹Kgl. B.›, 1918–45 ‹Preuß. SB›, 1946 ‹Öffentl. Wiss. B.›, 1954 ‹Deutsche SB›. Teile der im 2. Weltkrieg ausgelagerten Bestände wurden seit Kriegsende in Marburg/Lahn (‹Westdeutsche B.›, seit 1962 ‹SB›) aufbewahrt, andere Teile in der UB Tübingen (‹Depot der SB›), seit 1961 im Rahmen der ‹Stiftung Preußischer Kulturbesitz›. Die Marburger Hss.-Bestände wurden im Sommer 1965 nach Berlin-Dahlem verbracht. → Diezianus, → Hamiltonensis, → Phillippicus.

[2] Die Hss.-Bestände der 1831 gegr. UB Berlin wurden 1893 an die damalige Kgl. B. überwiesen.

[3] Hs. aus dem Kupferstichkabinett (→ Hamiltonensis).

Bertinianus (Bertiniensis), Hs. aus der Benediktinerabtei St-Bertin bei Saint-Omer (Frankr.).

Bituricensis (Bituricus). [1] Hs. aus Bourges/Bituricae (Frankr.). [2] Hs. aus dem Besitz von Jean de Berry (1340–1416), Bruder Karls V. von Frankr., dessen Slg. nach seinem Tod zerstreut wurde. Hss. in Bourges, Paris, Brüssel, London.

Blandiniensis (Blandinius, Blandinianus), Hs. aus dem Benediktinerkloster St. Peter auf dem Berge Blandinium zu Gent (St-Pierre du Mont-Blandin de Gand; unzutreffend ‹Kloster Blandigny bei Gent›, vgl. J.-G. Préaux, in: Latomus 22, 1963, 873). Der ‹Blandinius vetustiss mus›, den der Brügger Prof. Cruquius (gest. 1628) benützt hat, ist für die Horaz-Überlieferung wichtig geworden.

Blesensis, Hs. aus Blois (Frankr., Loir-et-Cher). Nach der Auflösung der B. des Louvre im Engl. Krieg (um 1430) gründeten die franz. Könige im Schlosse von Blois eine neue B.; sie wurde unter Franz I. (1515–1547) nach Fontainebleau überführt, wo dieser eine neue B. angelegt hatte, später nach Paris, wo sie 1793 in ‹B.N.› umbenannt wurde.

Bobiensis, Hs. aus dem Kloster Bobbio (Italien), 612 gegr. von Columban (ca. 530–615). Vor-columbanische Hss. haben sich als Palimpseste in Mailand, Rom, Wien und anderwärts erhalten. Bedeutende Hss-Funde machte dort 1499 Aulus Janus Parrhasius.

Bodleianus, Hs. aus der B. Bodleiana/Bodleian Lb., Oxford, gegr. 1598 von Sir Thomas Bodley (1545–1613), eröffnet 1602. Die Bodleiana enthält u. a. die Slg.en Barocci, Canonici, Digby, Laud, Selden.

Bongarsianus, Hs. aus der B. von Jacques Bongars (1554–1612, französ. Philologe, Historiker und Diplomat), → Bernensis, → Floriacensis.

Bonifatianus → Fuldensis.

Bonnensis, Hs. aus Bonn.

Bononiensis. [1] Hs. aus Boulogne (Frankr.).
[2] Hs. aus Bologna/Bononia. Die dortige B. del Collegio di Spagna ist 1364 gegr., die UB entstand 1605 durch die Schenkung des Naturforschers Ulisse Aldovrandi; in die B. Comunale dell'Archiginnasio (1801) kamen Bestände u.a. aus Ordens-B.en.

Borbonicus (Burbonicus) → Neapolitanus [1].

Borghesianus, Hs. aus der B. Borghesiana, die auf Kardinal Scipio Caffarelli Borghese (1576–1633), einen Neffen von Papst Paul V., zurückgeht. Lange lagen in der B. Borghese die Reste der alten päpstl. B. von Avignon, die gegen Ende des 16. Jh.s nach Rom zurückgekommen waren, bis sie mit andern Hss. aus der B. Borghese 1891, unter Papst Leo XIII., für die Vaticana erworben wurden.

Borgianus. [1] Hs. aus dem Museo Borgiano, Rom, jetzt in der Vaticana.
[2] Charta Borgiana, Papyrus. Vgl. → Anhang III.

Brancaccianus, Hs. aus B. Brancacciana von S. Angelo, Neapel, gegr. 1647 von Kardinal Francesco Maria Brancaccio, eröffnet nach seinem Tod (laut Testament), 1675.

Britann(ic)us (so die Londoner Thucydides-Hs. M) → Londin(i)ensis [1].

Brixianus, Hs. aus der B. Civica Queriniana, Brescia/Brixia (Italien), gegr. von dem Benediktiner Angelo Maria Quirini (gest. 1755), Bischof von Brescia, der 1730 apostolischer Bibliothekar geworden war; die Gründung erfolgte, indem er seine eigene B., die er der Vaticana geschenkt hatte, 1747 für das Priesterseminar zurückkaufte.

Broukhusianus, Hs. benannt nach Jan van Broekhuyzen/Johann van Brouckhuysen/Broekhuizen/Brukhusius (1649–1707, Seeoffizier, später Privatgelehrter).

Brunsvicensis, Hs. aus Braunschweig/Brunsvig(i)a, Brunsvicum.

Bruxellensis, Hs. aus der B. Royale, Brüssel, zurückgehend auf die 1569 gegr. B. de Bourgogne. Durch Schloßbrand 1731 ging ein Teil der Hss. verloren. 1837 Gründung der Kgl. B. in Brüssel als NB durch Vereinigung mehrerer B.en.

Budaeus, Hs. aus dem Besitz von Guillaume Budé/Budaeus (1468–1540), der in diplomatischen Diensten Ludwigs XII. und Franz' I. stand. Seine B. kam schließlich in die B.N. Paris; einige Hss. aus seiner Sammlung kamen nach Leiden.

Budapestensis (Budensis), Hs. aus der B. der Pazmany-Univ. in Budapest. Nachdem die von König Matthias Corvinus in Ofen gegr. Univ. 1526 ein Opfer der Türken geworden war, erhielt Ungarn erst 1635 eine neue Hochschule in Tyrnau (Komitat Preßburg). 1777 kam deren B. nach Budapest, 1783 wurde die Univ. dorthin verlegt. Die B. enthält Hss. von Matthias Corvinus (→ Corvinianus).

Burbonicus (Borbonicus) → Neapolitanus [1].

Burmannus. [1] Pieter Burman (1668–1741), Prof. der Geschichte, dann der griech. Sprache, zunächst in Utrecht, seit 1715 in Leiden. Seine Hss. befinden sich in Leiden.
[2] Pieter Secundus Burman (1714–1778), Neffe von [1], Prof. in Amsterdam.

Burneianus, Hs. benannt nach Charles Burney jr. (1757–1817), → Londin(i)ensis [1].

Buxheimianus, Hs. aus der Kartause Buxheim bei Memmingen (Bayern).

Caesenas, Hs. aus Cesena, → Malatestianus.

Calabricus, Hs. aus dem Besitz von Ferdinand I. von Aragon (1424–1494), der 1458 Süditalien als selbständiges Königreich erhalten hatte. Seine Hss. kamen über das Kloster San Miguel de los Reyes bei Valencia/Spanien an die UB Valencia.

Camerarius, Kämmerer oder Kammermeister, Joachim (1500 bis 1574, aus Bamberg); 1535 Prof. in Tübingen, 1541 in Leipzig. In seinem Besitz waren u.a. Plautus-Hss., die nach Heidelberg kamen (Palatini; einer davon, ‹Vetus›, jetzt in der Vaticana; vgl. Palatinus [2]).

Canonicianus, Hs. aus der Slg. von Matteo Luigi Canonici (1727 bis 1805), → Bodleianus.

Cantabrigiensis, Hs. aus Cambridge (Engl.), aus der UB, nachweisbar seit 1348, oder aus den B.en der Colleges.

Cantuariensis, Hs. aus Canterbury (Engl.).

Capponianus, Hs. aus der B. des Marchese Alessandro Gregorio Capponi, die er um 1745 der Vaticana vermachte.

Carbonensis, Hs. aus dem Kloster S. Elia in Carbone, Süditalien, jetzt in der Vaticana.

Carolsruhensis, Hs. aus der Badischen LB, Karlsruhe; als Markgräfliche B. vor 1500 in Pforzheim gegr., 1560 nach Durlach verlegt, 1765 nach der 1713 gegr. Residenz Karlsruhe gebracht. 1522 erhielt sie durch Vermächtnis Johannes Reuchlins dessen orient. und griech. B.; 1803–1822 Zuwachs durch B.en der säkularisierten Stifte und Klöster (vor allem Reichenau, → Augiensis).

Casanatensis, Hs. aus der B. des Kardinal Girolamo Casanate (1620–1700, Bibliothekar der Vaticana), die er dem Dominikanerkonvent von S. Maria sopra Minerva (Rom) vermachte.

Casinensis, Hs. aus der Benediktinerabtei Monte Cassino (Ital.), gegr. 529 von Benedikt v. Nursia.

Chigianus → Chisianus.

Chisianus, Hs. aus der B. Chigiana, gegr. von Papst Alexander VII. (1655–1667), vormals Fabio Chigi. 1918 vom ital. Staat erworben, 1923 der Vaticana einverleibt.

Cisalpinus (Italus), so die jetzt in Paris befindliche Thukydides-Hs. A: Hs. aus Italien.

Clarkeanus (Clarkianus), Hs. benannt nach Edward Daniel Clarke (1769–1822). Seine Hss. kamen in die Bodleiana, Oxford (→ Bodleianus).

Claromontanus, Hs. aus dem Jesuitenkolleg Clermont in Paris, gegr. 1561 von Guillaume Duprat, Bischof von Clermont-Ferrand. Nach der Jesuitenvertreibung 1595 kamen einige Hss. an de Thou (→ Thuaneus). Bei der zweiten Unterdrückung kamen Hss. an Gerard Meerman, die 1824 von Sir Thomas Phillipps erworben wurden und später nach Berlin gelangten (→ Phillippicus).

Claromontensis, Hs. aus B. Municipale et Univ., Clermont-Ferrand.

Classensis. [1] Hs. aus der B. Comunale Classense, Ravenna, benannt nach Classe, dem heutigen Vorort von Ravenna (Kloster-B.); Hss. daraus seit 1804 in Ravenna.
[2] Hs. aus der B. der Classenschen Literaturgesellschaft, Kopenhagen, 1843 vereinigt mit der 1482 gegr. UB.

Cluniacensis, Hs aus der Benediktinerabtei Cluny/Cluniacum (Frankr.), gegr. um 908; in den Hugenottenkriegen 1562 geplündert.

Coislinianus, Hs. aus dem Besitz von Henri Charles du Cambout de Coislin (1664–1732), Bischof von Metz, der die Slg. seines Großvaters Pierre Séguier geerbt hatte und sie der Benediktinerabtei von St-Germain-des-Prés vermachte. Die Hss. kamen in die B.N., Paris.

Colberti(a)nus, Hs. aus dem Besitz von Jean-Baptiste Colbert (1619–1683), Finanzminister unter Ludwig XIV. Seine Hss.-Slg. gaben seine Nachkommen 1732 an die B. du Roi (heute B.N.), Paris.

Coloniensis, Hs. aus Köln/Colonia Agrippina: [1] StB, nachweisbar seit 1602. Zuwachs durch Vermächtnis des Kanonikus Ferd. Franz Wallraf, der viele Bücher und Hss. aus Klöstern zusammengebracht hatte, 1824. Seit 1919 U- und StB.
[2] Erzbischöfl. Diözesan- und Dom-B.

Colotianus, Hs. aus dem Besitz von Angelo Colocci (1467–1549), Sekretär von Leo X. und Clemens VII., Bischof von Nocera, Eigentümer der Vergil-Hs. M.

Complutensis, Hs. aus dem Collegium S. Ildefonso in Alcalá de Henares/Complutum, gegr. von Kardinal Ximenes 1510. Jetzt in der UB Madrid.

Constantinopolitanus, Hs. aus Konstantinopel: (1) UB, (2) Patriarchats-B. und B. beim Metoichion des Jerusalemer Patriarchen.

Corbeiensis. [1] Hs. aus dem Benediktinerkloster Corbie, Picardie (Nordfrankr.), gegr. um 660. Die besten Hss. kamen 1636 nach Paris (St-Germain-des-Prés, vgl. Sangermanensis), andere nach Amiens, Petersburg/Leningrad.
[2] → Corveiensis.

Corsinianus, Hs. aus der B. Corsiniana, die, zurückgehend auf den Kardinal Nereo Corsini (gest. 1678) und auf Papst Clemens XII. (gest. 1740), durch Kardinal Neri Maria Corsini 1754 öffentlich zugänglich gemacht wurde. Jetzt Teil der B. der Accademia Nazionale dei Lincei, Rom.

Corveiensis, Hs. aus dem Kloster Corvey (Weser); als Tochtergründung von Corbie im 9. Jh. errichtet. Hss. zerstreut; einige befinden sich in Wolfenbüttel und Marburg. Vgl. → Corbeiensis, Guelferbytanus.

Corvinianus, Hs. aus der ehemaligen B. des Ungarnkönigs Matthias Corvinus, der 1458–1490 regierte und als begeisterter Humanist eine wertvolle B. aufbaute. Nach seinem Tod fiel seine B. bald der Auflösung anheim; der größte Teil der Hss. ist verschollen. → Budapestensis, → Dacicus.

Cottonianus, Hs. aus dem Besitz von Sir Robert Bruce Cotton (1571–1631); seine B., durch seinen Enkel John 1700 öffentlich zugänglich gemacht, wurde 1753 ins Brit. Mus. überführt.

Cracoviensis, Hs. aus Krakau (Polen), [1] aus der Jagellonischen UB/B. Jagiollonska, gegr. 1517; [2] aus dem Muzeum, Archiwum i B. Czartoryskich, gegr. um 1800.

Crippsianus, Hs. benannt nach John Marten Cripps (gest. 1853). Hss. aus seinem Besitz im Brit. Mus.

Cromwellianus, Hs. aus der B. von Oliver Cromwell; er schenkte 1654 der → Bodleiana griech. Hss.

Crusianus, Hs. aus dem Besitz von Martin Crusius/Krauß (1526 bis 1607), Professor der griech. Sprache in Tübingen.

Cryptensis (Cryptoferratensis), Hs. aus Grottaferrata, Kloster bei Rom, gegr. 1004. Hss. von dort kamen in die Vaticana, nach Neapel, Brüssel, Paris, Monte Cassino, Wien.

Cuiacianus, Hs. aus dem Besitz von Jacques Cujas von Toulouse (franz. Jurist, 1522–1590). Viele Hss. aus seinem Besitz wurden von Bongars (→ Bongarsianus) erworben, einige sind in Paris.

Cusanus, Hs. aus der B. von Kardinal Nicolaus Cusanus (1401 bis 1464). Aufbewahrt in Kues (Mosel) in dem von ihm dort gestifteten Spital; ein kleinerer Teil der Hss. kam nach Brüssel und ins Brit. Mus.

Dacicus, ‹Hs. aus Ungarn›, Name für die Valerius-Flaccus-Hs. der B. von Matthias Corvinus, jetzt in der Vaticana.

Danielinus, Hs. aus dem Besitz des Juristen Pierre Daniel aus Orléans (ca. 1530–1603). Seine Hss. wurden gekauft von P. Petau (→ Petavianus) und J. Bongars (→ Bongarsianus). Die Hss. von Petau gingen über dessen Sohn an Königin Kristina (danach in die Vaticana, → Reginensis), Bongars' Hss. kamen nach Bern (→ Bernensis).

Darmstadiensis (Darmstadtinus), Hs. aus der Hessischen L.- und Hochschul-B. Darmstadt.

Daventriensis (auch *Deventriensis)*, Hs. aus Athenaeum-B. Deventer/Daventria (Holland), gegr. vor 1597.

Decembrius. Pier Candido Decembrio/Petrus Candidus Decembrius (geb. 1399 in Pavia). Ein Teil seiner Hss. kam in die Ambrosiana.

Decurtatus, Hs. mit gekürztem, verstümmeltem Text (‹mutilus›), so der Terenz-Codex G der Vaticana, ein Plautus der Palatina in Heidelberg.

Deventriensis → Daventriensis.

Didotianus, Hs. benannt nach Ambroise Firmin Didot (1790 bis 1876, franz. Drucker, Verleger und Philologe).

Diezianus, Hs. aus der Sammlung des Legationsrates G. F. von Diez (1751–1817), durch Kauf 1817 in die Kgl. B. Berlin gekommen.

Digbeianus, Hs. aus dem Besitz von Sir Kenelm Digby (1603 bis 1665), später an die Bodleiana übergegangen; → Bodleianus.

Dionysianus. [1] Hs. aus dem Kloster St-Denis (S. Dionysius) Paris, gegr. 623–625.
[2] Hs. aus dem Kloster S. Dionysios, einem der Klöster auf dem Berg Athos.

Divionensis (Diviobenignanus), Hs. aus Dijon/Divio (Frankr.).

Dominicanus, Hs. aus einem Dominikanerkloster.

Donaueschingiensis, Hs. aus der Fürstl. Fürstenbergischen Hof-B. Donaueschingen.

Dorpatensis, Hs. aus Dorpat (Estland).

Dovoriensis, Hs. aus Dover (Engl.).

Dresdensis, Hs. aus der Sächsischen LB, Dresden. Hervorgegangen aus der 1556 begründeten Privat-B. des Kurfürsten August (1553–1586).

Duacensis, Hs. aus Douai/Duacum (Frankr.).

Dunelmensis, Hs. aus Durham/Dunelmum (der Dunelmensis des Terenz, Bentley's ‹Codex vetustissimus›, kam in die → Bodleiana).

Eboracensis, Hs. aus [1] York/Eboracum (Engl.); [2] Ebrach bei Würzburg, Zisterzienser-Kloster.

Edinburgensis, Hs. aus Edinburgh (Schottl.).

Eparchus. Antonius Eparchus (geb. ca. 1492 auf Korfu) emigrierte bei der türk. Invasion 1537 nach Venedig. Die Hss. aus seinem Besitz kamen nach Augsburg, Madrid (Escorial), Rom (Vaticana), Paris, Mailand, München, Berlin.

Erfurtensis, Hs. aus Erfurt. Aus der B. der Artisten-Fak., 1407, entstand die UB, aus dieser die StB; 1842 wurde in dieser die B. des Collegium Amplonianum (→ Amplonianus) aufgestellt.

Erlangensis, Hs. der UB Erlangen.

Escorialensis (Escurialensis), Hs. aus der B. de San Lorenzo del Escorial (erbaut 1563–1584 durch Philipp II. als Palast, Kloster, Mausoleum; 48 km von Madrid entfernt). Philipp begann 1565 mit den Büchererwerbungen, die er 1576 dem Kloster überwies.

Esinus → Aesinas.

Estensis → Mutinensis.

Eton(i)ensis, Hs. aus Eton (Engl.).

Etruscus, so der Seneca-Codex E der Laurentiana: Hs. in Florenz.

Fabricianus. [1] Hs. aus dem Besitz von Fr. Fabricius Marcoduranus – Franz Schmidt von Düren (1523–1573, Latinist, Schüler von → Turnebus).
[2] → Hauniensis [2].

Faesulanus → Fesulanus.

Falcoburgianus, Hs. aus dem Besitz von Gerard Falckenburg von Nijmegen (1535–1578).

Farnesi(a)nus → Neapolitanus [1].

Fesulanus (Faesulanus), Hs. aus dem Kloster S. Bartolomeo, Fiesole/Faesulae, jetzt in der Laurentiana in Florenz.

Florentinus, Hs. aus Florenz: [1] Aedilium Florentinae ecclesiae, B., gegr. von der Republik F. ca. 1448 in der Nähe der Kathedrale. Hss. jetzt in der Laurentiana (Laurenziana).
[2] B. Leopoldina, Hss.-Slg.en, die durch Peter Leopold, Großherzog der Toscana, 1765 der Laurentiana hinzugefügt wurden.
[3] B. Magliabecchiana, gegr. durch Antonio Magliabecchi (1633–1714), Bibliothekar beim Herzog von Florenz. Jetzt in der B.N. Centrale (s. u. 7).
[4] B. Marciana, eingerichtet durch Cosimo I. in dem von ihm neu erbauten Dominikanerkloster S. Marco 1441. Grundbestand bildeten die 800 Hss., die Cosimos Bibliothekar Niccolò Niccoli (1363–1437) erworben hatte. Seit 1884 in der Laurentiana (s. u. 6) und in der B.N. Centrale (s. u. 7).
[5] B. Marucelliana; B. hinterlassen von Francesco Marucelli aus Florenz, öffentlich zugänglich seit 1752.
[6] B. Mediceo-Laurentiana, gegr. von Cosimo de' Medici d. Älteren (1389–1464) als Haus-B. bei der Kathedrale von S. Lorenzo; von Cosimos Enkel Lorenzo il Magnifico (1449 bis 1492) erweitert. Giulio de'Medici ließ 1522 nach Leos X. Tod die nach Rom verbrachte B. nach Florenz zurückschaffen und errichtete – seit 1523 als Papst Clemens VII. – ein Bücherhaus unmittelbar neben der Kathedrale von S. Lorenzo, die Mediceo-Laurentiana.
[7] B.N. Centrale, gegr. 1861 (enthält die Magliabecchiana, Palatina und andere Sammlungen).
[8] B. Palatina, die Privat-B. der Herzöge von Toscana, früher im Palazzo Pitti, jetzt in der B.N. Centrale (s. o. 7).
[9] B. Riccardiana, gegr. von Riccardo Romolo Riccardi um 1590, von seinen Nachkommen 1815 verkauft.
[10] B. Sanctae Crucis/Kloster Santa Croce. Hss. seit 1766 in der Laurentiana (s. o. 6).

Floriacensis, Hs. aus Fleury-sur-Loire/Floriacum ad Ligerim. Hss. aus dem um 651 gegr. Kloster, dessen B. in den Hugenottenkriegen 1562 vernichtet bzw. zerstreut wurde, kamen in den Besitz von Pierre Daniel (1530–1603), dessen Sammlung von Jacques Bongars (→ Bongarsianus) und seinem Vetter Paul Petau (→ Petavianus) gekauft wurde; die übrigen Hss. kamen nach Orléans.

Fontebla(n)densis, Hs. aus der B. Royale au Château de Fontainebleau, wohin sie von Blois (→ Blesensis) unter Franz I. gekommen war. Jetzt in der B.N., Paris.

Foucaultianus, Hs. aus dem Besitz von Nicholas Joseph Foucault, Paris, conseiller d'état und Antiquar (1643–1721). Hss. von ihm kamen nach Leipzig, Paris, Leiden, Glasgow, Oxford.

Francofurtanus (Francfurtensis, Francofurtensis). [1] Hs. aus StB Frankfurt/Main, gegr. 1668, seit Errichtung der Univ. 1914 StuUB. Zuwachs an Hss. besonders durch den Schöffen Zacharias Conrad Uffenbach (→ Uffenbachianus).

[2] Hs. aus Frankfurt/Oder. Infolge Aufhebung der Univ. kamen die Bestände 1811 nach Breslau; → Vratislaviensis [2].

Frisingensis, Hs. aus Freising/Frisinga.

Fuggerianus, Hs. aus dem Besitz von [1] Ulrich Fugger aus Augsburg, Freiherr von Kirchberg (1528–1584), die in die B. Palatina, Heidelberg, mit dieser 1622/23 in die Vaticana kamen; [2] Hans Jacob Fugger (1516–1575), jetzt in München; [3] Raymund Fugger, 1656 übergegangen an die NB Wien.

Fuldensis, Hs. aus Fulda. Das Kloster 744 gegr.; die LB Fulda 1776 gegr. aus Beständen der Benediktiner-, Hof-, Jesuiten- und anderer B.en. Einige Hss. nach dem Gründer des Klosters Bonifatiani genannt.

Gaddianus, Hs. aus dem Besitz von Francesco di Angelo Gaddi (lebte um 1500) und anderen Gliedern seiner Familie. Die meisten Hss. befinden sich seit 1755 in der Laurentiana, Florenz.

Galeanus, Hs. benannt nach Thomas Gale (um 1635–1702). Seine Hss. im Trinity College, Cambridge (vgl. → Cantabrigiensis).

Gandavensis, Hs. aus der Staatl. UB Gent/Gandavum, Ganda (Belgien), gegr. 1797.

Gedanensis, Hs. aus Danzig/Gedanum.

Gemblacensis, Hs. aus der Benediktinerabtei Gembloux/Gemblacum (Belg.).

Genevensis, Hs. aus der B. Publique et Univ., Genf, gegr. 1560.

Genuensis (Genovensis, Ianuensis), Hs. aus Genua.

Gi(e)ssensis, Hs. aus der UB Gießen, gegr. 1612 durch Landgraf Ludwig V. von Hessen.

Gifani(an)us. Hubert van Giffen (1534–1604), Jurist und Philologe. Eine Nepos-Hs. aus seinem Besitz ist verschollen.

Goettingensis (Gotingensis), Hs. aus der UB (heute Niedersächs. SuUB) Göttingen (gegr. 1737).

Goldastianus, Hs. aus dem Besitz des Schweiz. Juristen Melchior Goldast von Heimingsfeld (1576–1635). Ein Teil seiner B. wurde von Königin Kristina von Schweden gekauft (→ Reginensis).

Gothanus, Hs. aus Gotha.

Gotingensis → Goettingensis.

Gottorpianus, Hs. aus Schloß Gottorp in Schleswig; B. zerstreut.

Graevianus, Hs. aus dem Besitz von Jan Georg Graefe/Graevius (1632–1703), Prof. der Geschichte in Utrecht. Seine Hss.-Slg. kam ins Brit. Mus. und nach Heidelberg (dort als Grundstock der nach der Zerstörung von 1693 neugegr. UB).

Gratianopolitanus, Hs. aus UB Grenoble/Gratianopolis, Grannopolis, gegr. 1879.

Gronovianus, Hs. aus dem Besitz [1] des Latinisten Johann Friedrich Gronov aus Hamburg (1611–1671), 1642 Prof. in Deventer, seit 1659 in Leiden, [2] seines Sohns, des Latinisten und Graezisten Jakob Gronov (1645–1716), Prof. in Pisa und Leiden.

Gudianus, Hs. aus dem Besitz des dän. Staatsrats Marquard Gude (1635–1689) aus Rendsburg. (Leibniz erwarb 1710 ‹Codices Gudiani› für Wolfenbüttel.)

Guelferbytanus, Hs. aus Wolfenbüttel. Die ältere Wolfenbüttler B. (B. Aulica) wurde um 1560 von Herzog Julius begründet. Unter Friedrich Ulrich (gest. 1634) kam die B. 1618 an die Univ. Helmstedt. Die B. Augustea (→ Augustanus [2]) wurde von Herzog August von Braunschweig-Lüneburg d.J. (gest. 1666) in Hitzacker angelegt; 1644 ließ er sie nach Wolfenbüttel schaffen. Die ältere Wolfenbüttler B. kam im 19./20. Jh. aus Helmstedt zurück.

Gyraldensis (Gyraldinus), Hs. aus dem Besitz des Lilio Gregorio Giraldi (1479–1552), päpstlichen Protonotars.

Hamburgensis, Hs. aus Hamburg (heute SuUB; zu dem seit 1480 nachweisbaren Grundbestand kam während der Reformationszeit Zuwachs aus aufgehobenen Klöstern).

Hamiltonensis (Hamiltonianus), Hs. aus der B. des Herzogshauses Hamilton (Hamilton Palace Library). Als Sammler ist vor allem Alexander Duke of Hamilton (1767–1852) bekannt geworden. Der größte Teil der Hss. wurde 1882 nach Berlin (Kgl. B. und Kupferstichkabinett) verkauft.

Harleianus, Hs. aus dem Besitz von Robert Harley, später Earl of Oxford (1661–1724), und dessen Nachfolger Edward Harley (1689–1741). Die Hss. kamen ins Brit. Mus.

Hauniensis, Hs. aus Kopenhagen/Haunia, Hafnia: [1] Kgl. B., gegr. 1665 unter König Frederik III.; [2] UB, gegr. 1482, enthält die Sammlung von J. A. Fabricius (→ Fabricianus, 2), die 1770 dazukam.

Heidelbergensis, Hs. aus Heidelberg; vgl. → Palatinus [2].

Heinsianus, Hs. aus dem Besitz von: [1] Daniel Heinsius (1580 bis 1655), Prof. der klass. Sprachen in Leiden; [2] Nicolaas Heinsius (1620–1681), Latinist; Hss. jetzt zum größten Teil in der Bodleiana, einige in Leiden. Einige von Nicolaas' Hss. in der Reginenses-Slg. der → Vaticana.

Helmstadiensis, Hs. aus Helmstedt; die dortige UB 1614/1618 gegründet durch Überführung der Wolfenbüttler B. (→ Guelferbytanus). Bei Auflösung der Univ. 1810 wurde die Wolfenbüttler B. zurückgeführt; der übrige Bestand wurde zwischen Marburg, Braunschweig, Göttingen aufgeteilt.

Herbipolitanus (Wirceburgensis), Hs. aus UB Würzburg/Herbipolis, Wirceburgum, gegr. um 1620. Beraubung durch die Schweden 1631–34. Neugründung durch Fürstbischof Johann Philipp II. von Greiffenclau (1699–1719). Starker Zuwachs an Hss. durch die Säkularisation 1803.

Hersfeldensis, Hs. aus der ehem. gefürsteten Benediktinerabtei Hersfeld (gegr. um 740 von dem Bonifatius-Schüler Sturmius). Vgl. → Aesinas.

Hildeshe(i)mensis, Hs. aus Hildesheim.

Hirsaugiensis, Hs. aus dem 830 gegr. Kloster Hirsau (Schwarzwald; als ältere Namensform begegnet Hirschau).

Hittorpianus, Hs. benannt nach Melchior Hittorp (um 1525 bis 1584, Theologe, Dekan des Stifts S. Cunibert in Köln).

Holkhamicus, Hs. aus der Sammlung von Thomas William Coke, Earl of Leicester of Holkham (1752–1842).

Hugenianus, Hs. aus dem Besitz von Constantin Huygens (1596 bis 1687) aus Zuylichem (Holland). Einige Hss. kamen nach Leiden.

Hummelianus, eine heute verlorene Hs. der Germania des Tacitus, die Bernhard Friedrich Hummel 1776 benützt hat.

Hydruntinus, Hs. aus Otranto/Hydruntum (Ital.).

Ianuensis → Genuensis.

Jenensis, Hs. aus UB Jena (hervorgegangen aus der Kurfürstl. B. in Wittenberg 1512).

Italus → Cisalpinus.

Ladenburgensis, Hs. aus dem Besitz von Johann Dalberg, Bischof von Worms (gest. 1503); seine B. in Ladenburg kam in die Palatina nach Heidelberg.

Lagomarsinianus, Hs. aus dem Besitz von Girolamo Lagomarsini (1698–1773), Prof. der Rhetorik in Florenz und Rom.

Landianus, Hs. aus der B. Passerini-Landi in Piacenza (Ital.).

Laskaris. [1] Konstantinos L. von Konstantinopel (1434–1501), Prof. der griech. Sprache in Mailand 1460–1465, später in Messina. Seine B., die er der Stadt Messina vermacht hatte, kam über Palermo in die neugegründete B. N. Madrid (→ Matritensis, 1).

[2] Janos L. (1445–1535), von Lorenzo de'Medici gefördert, assistierte G. Budé bei der Gründung der B. in Fontainebleau für Franz I. (→ Blesensis, Fonteblandensis); später kehrte er nach Italien zurück.

Laudensis, Hs. aus Lodi/Laus Pompeia (Ital.).

Laudianus, Hs. aus dem Besitz von William Laud (1573–1645, Erzbischof von Canterbury); seine Slg. kam in die → Bodleiana und in das S. John's College, Oxford.

Laureacensis (Laureshamensis, Laurishamensis), Hs. aus dem Kloster Lorsch. Gegr. 764, wurde es in der Reformationszeit aufgehoben; die Hss. kamen in die → Palatina nach Heidelberg (und so 1622/23 in die → Vaticana), nach Wien und Montpellier.

Laurentianus → Florentinus [6].

Laureshamensis (Laurishamensis) → Laureacensis.

Leidensis (Lugdunensis), Hs. aus der B. der 1575 gegr. Rijks-Univ. Leiden/Lugdunum Batavorum. 1722 wurde die B. des klass. Philologen Justus Lipsius angekauft.

Leodi(c)ensis, Hs. aus Liège, Lüttich/Leodicum, Leodium; die dortige UB hervorgegangen aus der 1732 gegr. StB.

Leopoldi(a)nus → Florentinus [2].

Lingonensis, Hs. aus Langres/Lingonum urbs (Frankr.).

Lipsiensis, Hs. aus Leipzig: [1] UB (B. Albertina). Bis 1543 hatten nur kleinere Fakultäts- und Bursenbüchereien bestanden; als Sachsen zur Reformation übergetreten war, wurde aus den Beständen aufgehobener sächs. Kloster-B.en eine UB gegründet.
[2] StB, gegr. 1677.

Londin(i)ensis. [1] Hs. aus Brit. Mus., Dept. of Greek and Roman Antiquities. Der Anstoß zur Gründung ging aus von Sir Hans Sloane (Arzt, Naturforscher, Sekretär der Royal Society, gest. 1753). Enthält die Hss.-Sammlungen Arundel (→ Arundelianus), Burney (→ Burneianus), Cotton (→ Cottonianus), Egerton, Harley (→ Harleianus), Old Royal (→ Regius [2]).
[2] Hs. aus UB Lund/Londinum Gothorum, gegr. 1666.

Lucensis, Hs. aus Lucca/Luca, Italien.

Lugdunensis. [1] Hs. aus Leiden/Lugdunum Batavorum (→ Leidensis).
[2] Hs. aus Lyon/Lug(u)dunum.

Luxemburgensis, Hs. aus der B. N. Luxemburg, gegr. 1798.

Magliabecchianus → Florentinus [3].

Malatestianus, Hs. aus B. Malatestiana, Cesena, gegr. von Domenico Malatesta Novello 1452, seit 1797 vereinigt mit der B. Comunale.

Mallersdorfianus (Mallersdorfiensis), Hs. aus dem Benediktinerkloster Mallersdorf (Bayern).

Mancuniensis, Hs. aus Manchester/Mancunium (Engl.), John Rylands Lb., gegr. 1900 von Mrs. Rylands zum Gedächtnis ihres Mannes, eines Kaufmanns.

Mantuanus, Hs. aus B. Gonzaga, Mantua. Viele Hss. kamen in den Besitz des Kardinals Richelieu, ein Teil 1708 in die → Marciana von Venedig, andere in die → Bodleiana.

Marcianus. [1] Hs. aus B. N. di S. Marco (Marciana), Venedig, gegr. 1468 von Kardinal Basilios Bessarion aus Trapezunt (1403–1472) durch Schenkung seiner Bücherschätze an den Senat von Venedig.
[2] → Florentinus [4].

Matritensis, Hs. aus Madrid/Matritum, Madritum: [1] B. N. gegr. 1712 von Philipp V. als Hauptdepot der spanischen Literatur; [2] Fakultäts- und Instituts-B.en; [3] B. de Palacio, ehem. Kgl. Privat-B., gegr. 1716; Hss.-Bestände aus dem Kloster Colegios Mayores in Salamanca; [4] B. de la Academia de la Historia; Hss. aus aufgehobenen Klöstern. Die Akademie ist 1738 gegr.

Mazarinensis (Mazarinianus), Hs. aus dem Besitz von Kardinal Mazarin (1602–1661), dem Nachfolger Richelieus. Mazarins B., als erste B. Frankreichs 1643 der Allgemeinheit geöffnet, wurde 1651 verschleudert, von ihm aber neu aufgebaut.

Mediceus. [1] → Florentinus [6].
[2] Hs. aus dem Besitz der Caterina de'Medici, deren B. 1599 der B. Royale, Paris, zugefügt wurde. Öfters zitiert als Medicei Regii.

Mediolanensis, Hs. aus Mailand, Milano/Mediolanum; → Ambrosianus.

Mediomatricensis, Hs. aus Metz/Mediomatrica.

Mediomontanus → Phillippicus.

Meerman(n)ianus, Hs. aus dem Besitz von Gerard Meerman (1722–1771), → Claromontanus.

Mellicensis, Hs. aus dem Benediktinerstift Melk/Mellicum, Melicium (Österr.).

Memmianus, Hs. aus der Slg. des Henri de Mesmes (gest. 1596) und seines Sohnes Jacques (gest. 1642). Slg. zerstreut, Teile in Paris und Oxford.

Messani(c)us, Hs. aus Messina/Messana (Sizilien).

Moguntinus, Hs. aus Mainz/Moguntia.

Monacensis, Hs. aus München/Monachium: [1] UB München, gegr. in Ingolstadt 1472; mit der Univ. 1800 nach Landshut, 1826 nach München verlegt. 1803 wertvoller Zuwachs aus den säkularisierten Klöstern und Stiftern.
[2] Bayerische SB, gegr. 1558. Schwere Verluste 1632 beim Einfall der Schweden. 1803 ff. bedeutsamer Zuwachs durch die Säkularisation und die Aufhebung der Reichsstädte (durch die z. B. griech. Hss. der StB Augsburg nach München kamen). → Victorianus.

Monasteriensis, Hs. aus UB Münster (Westf.). Grundstock der B. die Büchersammlung der Jesuiten (1586); Vermehrung durch die Säkularisation.

Moneus, die von dem Philologen Franz Jos. Mone 1853 in St. Paul in Kärnten aufgefundene Plinius-Hs. (jetzt in Wien).

Montepessulanus, Hs. aus Montpellier/Mons Pessulanus (Univ. gegr. 1289).

Mosquensis, Hs. aus Moskau.

Murbacensis, Hs. aus der Benediktinerabtei Murbach im Elsaß, gegr. 727 von Pirmin.

Mutilus → Decurtatus.

Mutinensis (Estensis), Hs. aus der B. Estense (B. der Familie Este), Modena/Mutina (Italien).

Nazarianus, Hs. aus dem Kloster S. Nazarii in Lorsch, vgl. → Laureacensis.

Neapolitanus, Hs. aus Neapel: [1] B. N., gegr. von Alessandro Farnese in Rom (Papst Paul III., 1534–1549). Nach Neapel gebracht, wurde die B. mit der B. Palatina 1804 vereinigt als B. Borbonica. Hss. auch aus Bobbio (→ Bobiensis).
[2] → Brancaccianus.
[3] UB, gegr. 1812.

Nicolianus, Hs. benannt nach Niccolò de' Niccoli (1363–1437, ital. Humanist), → Florentinus [4].

Nonantulanus, Hs. aus dem Benediktinerkloster S. Silvester in Nonantula bei Modena. Die Hss. dieses Klosters kamen über die Sessoriana (→ Sessorianus) in die B. Vittorio Emanuele, Rom.

Nostradamensis, Hs. aus der Kathedrale Notre-Dame in Paris.

Oenipontanus, Hs. aus UB Innsbruck/Oenipons, Oenipontum, gegr. 1745.

Oiselianus, Hs. benannt nach Jac. Oiselius (1631–1686), Prof. der Rechte in Groningen.

Ortelianus, Hs. benannt nach Vitus Örtel (Ortelius = Veit Winsheim, nach seinem Geburtsort, 1501–1570), klass. Philologe, Prof. in Wittenberg und Jena.

Ottobonianus, Hs. aus dem Besitz der Familie Ottoboni (Papst Alexander VIII.); unter Benedikt XIV. (Papst 1740–58) in die → Vaticana gekommen. Die Hss.-Slg. enthält einige Hss. der Königin Kristina von Schweden (→ Reginensis).

Oxoniensis, Hs. aus Oxford/Oxonium: [1] → Bodleianus.
[2] B.en der Colleges; die Hss. einiger Colleges befinden sich in der → Bodleiana.

Palatino-Florentinus → Florentinus [8].

Palatino-Vindobonensis, Hs. aus der Wiener B. Palatina, → Vindobonensis [1].

Palatinus. [1] Hs. aus einer ‹Palast-B.› (Hof-B.).
[2] H. aus der B. Palatina, der Sammlung der 1386 gegr. Univ. Heidelberg. Die B. wurde 1622/23 als Kriegsbeute Maximilians von Bayern nach Rom in die Vaticana verbracht (ein Teil der Bestände kehrte 1815 zurück); die neubegr. B. verbrannte 1693 bei der Zerstörung Heidelbergs. Auf die wiederum neubegr. B. geht die heutige UB zurück (vgl. → Graevianus).

Panormitanus, Hs. aus Palermo/Panormus (Sizilien).

Papiensis, Hs. aus Pavia/Papia. Die Hss.-Slg. der Visconti kam nach Paris; um 1500 hatte Ludwig XII. sie in seinen Besitz gebracht.

Parcensis, Hs. aus dem Prämonstratenserkloster Parc bei Löwen (Leuven, Louvain).

Parisiensis (Parisianus, Parisinus), Hs. aus Paris: [1] B. N. (→ Blesensis, Fonteblandensis). An Hss.-Slg.en kamen an die B. N. u. a. folgende: → Colbertini 1732, → Mazarinenses 1668, → Puteani 1754, → Salmasiani 1719, → Sangermanenses 1795.
[2] B. de l'Arsenal.
[3] B. Ste Geneviève, gegr. 1624.
[4] B. Mazarine, → Mazarinensis.
[5] B. de la Sorbonne. Mit der B. des alten, in der Revolution aufgelösten Collège de la Sorbonne hat die heutige B. de la Sorbonne so gut wie nichts gemein; sie geht auf eine Schenkung von 1736 zurück.

Parrhasianus, Hs. aus dem Besitz von Aulus Janus Parrhasius, vgl. → Bobiensis.

Pataviensis, Hs. aus Passau (heute in München).

Patavinus, Hs. aus Padua, Padova/Patavium: [1] B. Pontificia Antoniana; [2] B. Capitolare; [3] UB, gegr. 1629 vom venezianischen Staat; [4] B. del Seminario Vescovile.

Paterniacensis, Hs. aus dem Kluniazenserkloster in Payerne (Schweiz). Hss. heute zerstreut.

Patmi(ac)us, Hs. aus Patmos (Dodekanes).

Paulinus. [1] Hs. aus B. Paulina, Münster (Dom-B., 1823 der alten UB einverleibt. → Monasteriensis).

[2] Hs. aus UB Leizpig, die bis 1891 im Paulinum (Dominikanerkloster-B., gegr. 1229) untergebracht war; → Lipsiensis [1].

Peirescianus, Hs. benannt nach N. C. Fabri de Peiresc (1580 bis 1637), einem franz. Bibliophilen.

Perizonianus, Hs. benannt nach Jacob Perizonius (Voorbroek), Prof. der Philologie (1651–1715; von 1693 an in Leiden).

Perusinus, Hs. aus Perugia (Italien).

Petavianus, Hs. aus dem Besitz des franz. Juristen und Antiquars Paul Petau (1568–1614), eines Vetters von Bongars (→ Bongarsianus). Ein Teil seiner Slg. wurde von seinem Sohn Alexander an Kristina von Schweden verkauft (→ Reginensis) und kam in die → Vaticana, ein anderer Teil nach Genf.

Petriburgensis (Petropolitanus). Hs. aus [1] Öffentl. SB (Saltykov-Ščedrin-B.) Petersburg/Leningrad, gegr. 1814. Hss. u.a. aus 1917 aufgehobenen Klöstern, ferner aus St-Germain-des-Prés.

[2] B. der Akademie der Wissenschaft der UdSSR.

[3] Ermitage, gegr. 1765.

[4] UB, gegr. 1819.

Peutingerianus, Hs. aus dem Besitz des Augsburger Patriziers und Humanisten Konrad Peutinger (1465–1547). Vgl. die ‹Peutingersche Karte›; Abb. 115.

Phillippicus (Phillippsianus), Hs. aus dem Besitz von Sir Thomas Phillipps of Middle Hill (daher auch Mediomontanus), einem der bedeutendsten Hss.-Sammler der neueren Zeit (1792 bis 1872). Er erwarb 1824 Teile der Slg. Meerman (vgl. → Claromontanus), die nach seinem Tode nach Berlin kamen.

Pighi(an)us, der die Aufzeichnungen des holländ. Archäologen Stephan Winand Pighius (1520–1604) enthaltende Codex (früher SB Berlin, jetzt Depot Tübingen).

Pinellianus, Hs. aus dem Besitz von Gian Vincenzo Pinelli von Genua (1535–1601). Seine Slg. wurde von Kardinal Borromäus 1608 für die → Ambrosiana gekauft.

Pistoriensis, Hs. aus Pistoia/Pistoria (Ital.).

Pithoeanus, Hs. aus dem Besitz des Juristen und Antiquars Pierre Pithou (1539–1596) und seines Zwillingsbruders François Pithou, des Parlamentskanzlers von Paris (gest. 1621). Ihre Hss.-Slg. kam nach Troyes und Montpellier.

Poggianus, Hs. benannt nach Gian Francesco Poggio di Guccio Bracciolini (1380–1459, ital. Humanist).

Puteanus. [1] Hs. (auch *Puteaneus*) aus dem Besitz der Brüder Pierre (1582–1651) und Jacques Dupuy (1586–1656), die 1635 in den Dienst der B. du Roi in Paris traten und ihre – zum großen Teil von ihrem Vater, Claude Dupuy (gest. 1594), ererbte – Privat-B. der B. du Roi vermachten.

[2] Name des Philologen Ericius P. (van de Put, 1574–1646), der im Auftrag des Kardinals Borromäus Hss. für die → Ambrosiana zusammenbrachte und nach dem Tod von Justus Lipsius (1574–1606) dessen Nachfolger an der Univ. Löwen wurde.

Quirinianus, Hs. aus der B. Queriniana, Brescia (→ Brixianus).

Ratisponensis, Hs. aus Regensburg/Ratispona; Hss. aus St. Emmeram sind heute in München (→ Monacensis).

Ravennas → Classensis [1].

Reginensis, Hs. aus dem Besitz der Königin Kristina von Schweden (1626–1689); die Slg. enthielt Hss. (u.a.) aus dem Besitz von Melchior Goldast (→ Goldastianus), P. und A. Petau (→ Petavianus, → Floriacensis), sowie Hss. aus Deutschland (Beute des 30jährigen Krieges). Kristina verließ 1654 ihr Königreich und siedelte nach Rom über. Ihre Hss. kamen nach ihrem Tod über Zwischenbesitzer in die → Vaticana (vgl. auch Ottobonianus).

Regius. [1] Hs. aus B. Royale (B. du Roi), jetzt B.N., Paris (→ Blesensis, → Fonteblandensis, → Parisiensis [1]).

[2] Hs. aus Old Royal Lb. im S. James' Palace, 1752 dem Brit. Mus. eingegliedert, → Londin(i)ensis [1].

[3] Hs. aus King's College, Cambridge, und King's College, Aberdeen.

Rehdiger(i)anus → Vratislaviensis [1].

Reichenaviensis → Augiensis.

Riccardianus → Florentinus [9].

Ridolfianus, Hs. aus dem Besitz von Kardinal Niccolò Ridolfi (1501–1550), dem Neffen von Papst Leo X.; seine Hss.-B., die er u.a. mit Hilfe von Janos → Laskaris [2] gesammelt hatte, kam nach seinem Tod in verschiedene B.en (Teile davon in die B.N., Paris).

Romanus, Hs. aus Rom: [1] B. Alessandrina, UB, gegr. 1667 von Papst Alexander VII.

[2] B. Angelica, → Angelic(an)us.

[3] B. Apostolica Vaticana, → Vaticanus.

[4] B. Barberin(ian)a, → Barberin(ian)us.

[5] B. Casanatense, → Casanatensis.

[6] B. Chigiana, → Chisianus.

[7] B.N. Centrale Vittorio Emanuele, gegr. 1876, enthält Hss. aus etwa 63 Klöstern.

[8] Collegio Romano, B. des Jesuitenkollegs, Teil der B. Vittorio Emanuele (s.o. 7).

[9] B. Corsiniana, → Corsinianus.

[10] Tabularium Capituli Basilicae Vaticanae, → Basilicanus.

[11] B. Vallicelliana, → Vallicellianus.

Rostochiensis, Hs. aus Rostock.

Saibantinus, Hs. aus dem Besitz von Giovanni Saibante, einem Sammler in Verona.

Salamantinus (Salamanticensis, Salmanticensis), Hs. aus Salamanca/Salmantica (Spanien).

Salmasianus, Hs. aus dem Besitz des gelehrten Politikers Claude de Saumaise (1588–1653).

Sambucus, Johannes (1531–1584), Arzt und Polyhistor; Hss. von ihm heute in Wien, NB.

Sancroftianus, Hs. des William Sancroft, Erzbischofs von Canterbury (um 1617–1693), Slg. heute im Emmanuel College, Cambridge.

Sangallensis. [1] Hs. aus Stifts-B. von St. Gallen, gegr. mit dem Kloster von Gallus um 612 n. Chr.; die urkundliche Geschichte der B. beginnt mit Abt Gozbert (816–836). 1805, bei Aufhebung des Klosters, fiel die B. an den katholischen Konfessionsteil des Kantons. 1930 wurden die Hss. der bischöfl. B. der Stifts-B. als Depositum übergeben.

[2] Hs. aus StB, B. Vadiana oder Oppidana. 1551 vermachte Joachim von Watt (Vadianus), Bürgermeister und Reformator St. Gallens, der Stadt seine (zahlreiche Hss. und Inkunabeln enthaltende) Büchersammlung.

Sangermanensis, Hs. aus der Benediktinerabtei St-Germain-des-Prés/S. Germani a pratis monasterium (Paris). Die B. des um die Mitte des 6. Jh.s gegr. Klosters barg wertvolle Hss., u.a. Vergilfragmente in tironischen Noten; 1636 kamen ca. 400 Hss. aus Corbie (→ Corbeiensis [1]), 1732 die B. des Kanzlers Séguier (vgl. → Coislinianus) hinzu. In der Franz. Revolution wurde das Kloster aufgehoben. Die B. wurde 1792 durch Diebstahl geschädigt; das übrige kam in die B.N.

Sannazarianus, Hs. aus dem Besitz von Jacopo Sannazaro (1458 bis 1530). Dessen Slg. jetzt in Wien.

Scaligeranus, Hs. des Joseph Justus Scaliger (1540–1609), des klass. Philologen, in Leiden.

Schedelianus, Hs. aus dem Besitz von Hartmann Schedel (1440 bis 1514), Arzt und Polyhistor in Nürnberg. 1552 verkaufte ein Nachfahre, Melchior Schedel, die Slg. an Hans Jakob Fugger; dadurch kam die B. in die Bayer. SB, München, → Fuggerianus [2].

Schlettstadtensis → Selestadiensis.

Scorialensis → Escorialensis.

Seitenstettensis, Hs. aus der Stifts-B. des 1112 gegr. Klosters Seitenstetten (Österreich); die alte Klosterbücherei im 15. und 18. Jh. sehr bereichert.

Seldenianus, Hs. benannt nach John Selden (um 1585–1654), → Bodleianus.

Selestadiensis, Hs. aus Schlettstadt/Sélestat (Elsaß). Dort u.a. die vollständig erhaltene B. des Beatus Rhenanus (1485–1547).

Senensis, Hs. aus Siena/Sena Julia (Italien): [1] B. Comunale, gegr. 1759; [2] R. Archivio di Stato di Siena, gegr. 1858; [3] B. del Seminario Archivescovile.

Sessorianus, Hs. aus dem Zisterzienser-Kollegium in der Kirche von S. Croce in Gerusalemme, Rom (auch Basilica Sessoriana, in deren Namen das benachbarte antike Sessorium fortlebt).

Sfortianus, Hs. aus der B. der Familie Sforza in Rom. Die Hss.

aus dem Besitz von Kardinal Guido Ascanio Sforza (1518 bis 1564) kamen in die B. Angelica, Rom.

Sorbonianus (Sorbonnensis) → Parisiensis [5].

Spirensis, Hs. aus Speyer/Spira Nemetum.

Stabulensis, Hs. aus der Benediktinerabtei Stablo (Stavelot in Belgien).

Stephanus. Henricus St. (Henri II. Estienne, 1528–1598), Sohn von Robert Estienne (1503–1559), franz. Drucker und Gelehrter. Seine Hss.-Slg. wurde später zerstreut (u.a. im Brit. Mus. und in Paris).

Strozzianus, Hs. aus dem Besitz von: [1] Piero Strozzi (1500 bis 1558), Marschall von Frankreich, [2] Carolus Strozzi (1587 bis 1670) aus Florenz. Die Hss. kamen in die Laurentiana und die Magliabecchiana, Florenz (→ Florentinus).

Sueco-Vaticanus, Hs. aus der Sammlung der Königin Kristina von Schweden, jetzt in der → Vaticana (→ Reginensis).

Susianus, Hs. des Jacobus Susius (de Suys), des niederländ. Humanisten (1520–1592), in Leiden.

Taurinensis, Hs. aus Turin/Augusta Taurinorum: [1] B.N. (auch UB), gegr. 1720; [2] B. Reale.

Tegernseensis, Hs. aus der Benediktinerabtei Tegernsee (Bayern).

Thuaneus, Hs. aus dem Besitz von Jacques Auguste de Thou, Parlamentspräsident von Paris und Leiter der B. du Roi (1553 bis 1617). Nach dem Bankerott des jüngeren de Thou (1669) wurde die B. Thuanea geteilt; die Hss. kamen schließlich in die B. du Roi, Paris.

Til(l)ianus, Hs. des Johannes Tilius (Du Tillet, gest. 1570), Bischofs von Meaux, in Leiden, Wolfenbüttel und in der → Vaticana.

Toletanus, Hs. aus Toledo, Kathedral-B. Viele Hss. kamen in die B.N., Paris.

Tornesianus. Jean Detournes (1504–1564), Drucker in Lyon, war Besitzer einer später verlorenen Cicero-Hs.

Towneleianus, Hs. aus dem Besitz der engl. Familie Towneley. Slg. zerstreut.

Traguriensis, Hs. aus Trau, Trogir/Tragurium (Jugosl.).

Treverensis (Trevirensis), Hs. aus Trier/Augusta Trevirorum.

Trivulzianus, Hs. aus der B. Trivulziana, B. der Familie Trivulzi, Mailand, deren Anfänge auf den dortigen Statthalter Gian Giacomo Trivulzio (1440–1518) zurückgehen.

Tubingensis, Hs. aus Tübingen.

Turicensis, Hs. aus Zürich/Turicum.

Turnebus. Adrien Turnèbe (1512–1565), Prof. in Toulouse, dann in Paris, dort 1552–1556 Direktor der Kgl. Druckerei. Der ‹Codex Turnebi›, eine Plautus-Hs. (T) der palatin. Rezension (vgl. → Palatinus, 2) war ursprünglich in der Benediktinerabtei de Sainte Colombe in Sens-sur-Yonne.

Uffenbachianus, Hs. aus dem Besitz des Bibliophilen Zacharias Conrad von Uffenbach (1683–1734), Frankfurt (Main).

Up(p)saliensis, Hs. aus der UB Uppsala, gegr. 1620. Aus Kriegsbeute des 30jährigen Kriegs erhielt die B. Hss. aus Deutschland (Würzburg, Mainz u.a.), ferner Bestände aus Böhmen und Mähren.

Urbinas, Hs. aus Urbino/Urbinum (Italien). Die Hss. des Herzogs von Urbino, Federigo da Montefeltro (1422–1482), wurden 1631 der Stadt Urbino überlassen, 1658 der → Vaticana einverleibt.

Ursin(ian)us, Hs. aus dem Besitz von Fulvio Orsini, Numismatiker und Antiquar (1529–1600); seit 1600 in der → Vaticana.

Valentianensis, Hs. aus Valenciennes/Valentiana (Frankr.).

Vallicellianus, Hs. aus der B. der Kapelle S. Maria in Vallicella, Rom, gegr. 1581 von dem portug. Gelehrten Achilles Statius.

Vaticanus, Hs. aus der B. Vaticana, Rom; neubegr. von Tommaso Parentucelli (1397–1455, als Papst Nikolaus V. 1447 bis 1455). Was seine Vorgänger an Büchern zusammengebracht hatten, war bei der Übersiedlung der Päpste nach Avignon zugrunde gegangen. Mit einer Gesamtzahl von 1209 Codices war die B. beim Tode von Nikolaus V. die größte ihrer Zeit. Sixtus IV. (1471–1484), hat das Werk von Nikolaus V. zum Abschluß gebracht. Von den unmittelbaren Nachfolgern haben sich die beiden Mediceer Leo X. (1513–1521) und Clemens VII. (1523–1534) am meisten um die B. verdient gemacht. Die ältesten Hss.-Slg.en, die in die V.a kamen, sind → Borghesiani, → Capponiani, → Ottoboniani, → Palatini [2], B. des Papstes Pius II., → Reginenses (erworben aus dem Besitz der ehem. Königin von Schweden, Kristina, unter Alexander VIII., 1689–1691), → Urbinates.

Venetus → Marcianus [1].

Vercellensis, Hs. aus Vercelli/Vercellae (Ital.).

Veronensis, Hs. aus Verona. In Verona führt die bibliotheksgeschichtliche Tradition von der frühchristl. Kirchen-B. bis zur heutigen B. Capitolare.

Victorianus, Hs. des Pietro Vettori (Victorius, 1499–1585, klass. Philologe in Florenz). Seine Bibliothek gelangte in die Königl. B. München.

Vindobonensis, Hs. aus Wien/Vindobona, Vienna: [1] Die B. Caesarea oder Palatina, K.K. Hofb., jetzt Österreichische NB, gegr. um 1526 durch König (Kaiser) Ferdinand I., enthält Hss. aus dem Besitz von Matthias Corvinus (→ Corvinianus), Raymund Fugger (→ Fuggerianus, 3), Peter Lambeck.

[2] B. des Schottenstiftes (gegr. 1061 gleichzeitig mit dem Stift).

[3] Fideikommiß-B. (jetzt in der NB).

[4] UB, gegr. 1775 von Maria Theresia, 1777 eröffnet. (Die alte UB, gegr. 1384, ging 1756 an die damalige Hof-, jetzige NB über.) Den Grundstock der neuen UB bildeten die 5 B.en der aufgehobenen niederösterr. Jesuitenklöster; Vermehrung durch Zufluß aus weiteren Kloster-B.en unter Joseph II. und bei der Säkularisation zu Beginn des 19. Jh.s.

Vossianus, Hs. aus dem Besitz von Isaac Voß (1618–1689), dem Vertrauten der Königin Kristina von Schweden. Seine Hss.-Slg. wurde an die UB Leiden verkauft.

Vratislaviensis (Wratislaviensis), Hs. aus Breslau/Vratislavia:

[1] StB, zurückgehend auf die Schenkung des Breslauer Patriziers Thomas Rehdiger (gest. 1576).

[2] UB, gegr. 1506 (Viadrina). Zuwachs durch Vereinigung mit der 1810 aus Säkularisationsbeständen gegr. Schles. Zentral-B. sowie mit der 1811 nach Breslau verbrachten UB Frankfurt/Oder.

Vulcan(ian)us, Hs. aus dem Besitz von Bonaventura Vulcanius (de Smet), Prof. der griech. Sprache (1538–1614). Seine Hss. kamen nach Leiden.

Wallersteinensis, Hs. aus dem Besitz der Grafen (später Fürsten) Oettingen-Wallerstein (Fürstl. Oettingen-Wallersteinsche B., Schloß Harburg b. Donauwörth).

Werdensis, Hs. aus [1] Donauwörth (Bayern), [2] Benediktinerabtei Werden a.d. Ruhr (heute Essen-Werden).

Wirceburgensis → Herbipolitanus.

Wormaciensis, Hs. aus Worms/Wormatia.

Wratislaviensis → Vratislaviensis.

Lit: Näheres über Geschichte und Bestände der vorstehend genannten B.en siehe in: Hb. d. B.swissenschaft, begr. von F. Milkau, 2. Aufl. hg. von G. Leyh, III, 1.2: Gesch. der B.en, 1955.1957 (Lit). – Internat. B.-verzeichnisse der Gegenwart: Minerva, Jb. d. gelehrten Welt 32. Abt.: Forschungsinstitute, Observatorien, Bibliotheken, Archive..., 1937 (mit Bestandsangaben) – Minerva-Hb.er 1: Die Bibliotheken I: Deutsches Reich (v. H. Praesent), 1929; II: Österreich (v. R. Teichl), 1932; III: Schweiz (v. F. Burckhardt), 1934 – The World of Learning, London. Letzte Ausg.: 14. 1963/64 (Gruppe: Libraries bzw. Libr. and archives) – International library directory, London 1963 (dazu H. Widmann, in: Ztschr. f. Bibl.-wesen und Bibliogr. 12, 1965, 44–50 – Über Benennungen und Aufbewahrungsorte von Hss.: Alfred Gudeman: Grundriß der Geschichte der klass. Philologie, 1909², 156–167 – F. W. Hall, A companion to classical texts, Oxford 1913, 191–357 (‹Nomenclature of mss.›) – W. Weinberger, Wegweiser durch die Slg.en altphilolog. Hss. Wien, SB Wien 209, 4, 1930 – E. C. Richardson, A list of printed catalogs of manuscript books, New York 1935 (dazu D. M. Cappuyns, D. H. Bascour, Scriptorium 3, 1949, 303–316) – Marcel Richard, Répertoire des bibliothèques et des catalogues de manuscrits grecs, 1958² – P. O. Kristeller, Latin manuscript books before 1600. A list of the printed catalogues and unpublished inventories of extant collections, New York, New ed. 1960 (dazu Sesto Prete, Scriptorium 15, 1961, 96f.) – Für Namen und Orte: J. G. Th. Graesse, Orbis Latinus, 2. Aufl. v. Fr. Benedict, 1909 – Für einzelne Gelehrte: W. Pökel, Philol. Schriftsteller-Lexikon, 1882 (neben andern biogr. und wissenschaftsgesch. Werken noch immer nützlich).

III. SAMMLUNGEN GRIECHISCHER PAPYRI

Auswahl, zusammengestellt von Herwig Maehler, Berlin

Vorbemerkung: Diese Liste verzeichnet nur die wichtigeren Sammlungen und Sammel-Publikationen griech. Papyri, nur gelegentlich auch Einzelpublikationen, für die im übrigen auf das SBGU und die Bibliographien – u. a. in JEA, Chr. d'Eg., APF, Marouzeau, Gnomon u. bes. im Aeg. (unter ‹Testi recentemente pubblicati› und ‹Aggiunte, correzioni, riedizioni di papiri e di ostraca›) – verwiesen wird. Über die Bestände, auch kleinere Sammlungen und Publikationen, bis 1933 orientiert ausführlich K. Preisendanz, Papyrusfunde und Papyrusforschung, Leipzig 1933 (passim, bes. 260–300). Mitteilungen über seither eingetretene Veränderungen, Neufunde, Publikationen usw., die dem Verfasser entgangen sind, und andere Berichtigungen werden freundlich erbeten an: Staatl. Museen, Ägypt. Abt., 1 Berlin 12, Jebensstraße 2.

ABKÜRZUNGEN:

[1] *Zeitschriften und Sammelwerke* (über die im Lexikon verwendeten hinaus), soweit nicht in der Liste selbst enthalten (s. auch die Bibliographie bei Preisendanz, a. a. O. 301–339):

Aeg. = Aegyptus, Rivista italiana di Egittologia e di Papirologia, Milano 1920ff.

APF = Archiv für Papyrusforschung und verwandte Gebiete, Leipzig 1901ff.

BIFAO = Bulletin de l'Institut Français d'Archéologie Orientale du Caire, Cairo 1901ff.

B.L. = Berichtigungsliste der griech. Pap. Urk. aus Äg., I ed. F. Preisigke 1913–21, II ed. F. Bilabel 1931–33, III ed. M. David-B. A. van Groningen-E. Kießling 1958, IV ed. David-van Groningen-Kießling 1964.

Chr. d'Eg. = Chronique d'Égypte, Bruxelles 1925ff.

CPJ = Corpus Papyrorum Judaicarum ed. V. J. Tcherikover-A. Fuks, Cambridge/Mass., I 1957, II 1960, III 1964.

CPL = Corpus Papyrorum Latinarum ed. R. Cavenaile, Wiesbaden 1958.

Et. de Pap. = Études de Papyrologie, Cairo 1932ff.

JEA = Journal of Egyptian Archaeology, London 1914ff.

JJP = Journal of Juristic Papyrology, Warszawa 1946ff.

Pack = R. A. Pack, The Greek and Latin Literary Texts from Greco-Roman Egypt (Univ. of Michigan, General Lb. Publ. 8) 2. Aufl. Ann Arbor 1965 (wichtigstes Repertorium für lit. Pap., mit Bibliographie zu jedem Text).

Pap. Lugd. Bat. = Papyrologica Lugduno-Batava, Leiden 1941 ff.

PGM = Papyri Graecae Magicae ed. K. Preisendanz, I Leipzig 1928, II 1931 (Sammelwerk heidnischer und christl. Zaubertexte auf Pap., Ostraca, Wachstafeln usw.).

Rech. de Pap. = Recherches de Papyrologie, Paris 1961 ff.

SBGU = Sammelbuch griech. Urk. aus Äg., I ed. F. Preisigke, Straßburg 1913; II ed. F. Preisigke, Berlin-Leipzig 1922; III ed. F. Bilabel, Berlin-Leipzig 1926–27; IV ed. F. Bilabel, Heidelberg 1931; V ed. F. Bilabel-E. Kießling, Heidelberg-Wiesbaden 1934–55; VI ed. E. Kießling, Wiesbaden 1958–63; VII (Index zu VI) ed. Kießling, Wiesbaden 1964. (Abdruck der in Monographien, Festschriften u. bes. in Zeitschriften verstreut publ. Pap. Urk.).

SBGU/Bh = Sammelbuch Beiheft, 1: P. Rev. Laws, ed. J. Bingen 1952; 2: P. Chic. 1–91 und P. Mil. Vogl. (Primi) 23–28, ed. E. Kießling 1961.

Stud. Pap. = Studia Papyrologica, Revista española de Papirologia, Barcelona 1962ff.

UPZ = Urk. der Ptolemäerzeit ed. U. Wilcken, I Pap. aus Unteräg., Berlin-Leipzig 1927; II Pap. aus Oberäg., Berlin 1957 (Sammelwerk griech. Urk. des 4.–1. Jh. v. Chr.).

[2] *Allgemeine Abkürzungen:* Äg., äg. = Ägypten, ägyptisch. – Bf., Bfe. = Brief(e). – BM = British Museum, London. – BN = Bibliothèque Nationale usw. – Bodl. = Bodleian Library, Oxford. – byz. = byzantinisch (4.–8. Jh.). – dem. = demotisch. – ed. = edidit, édité par, herausgegeben von usw. – EES = Egypt Exploration Society, London (früher: Eg. Explor. Fund). – Frg., Frgte = Fragment(e). – IFAO = Institut Français d'Archéologie Orientale du Caire. – inv. = Inventarnummer. – Lb. = Library. – lit. = literarisch, literary. – Mus. = Museum, Musée usw. – NB = Nationalbibliothek. – P., Pap. = Papyrus, Papyri, papiri usw. – ptol. = ptolemäisch (4.–1. Jh. v. Chr.). – Publ., publ. = Publikation(en), publiziert. – röm. = römisch (30 v. Chr.–3. Jh.). – SB = Sitzungsberichte. – Slg.(en) = Sammlung(en). – Soc. = Société, Società usw. – theol. = theologisch, christlich. – UB = Universitätsbibliothek. – Univ. = Universität(s-), University usw. – Urk. = Urkunde(n).

[3] *Sonstiges.* Bei *Zeitangaben* bedeutet ‹Jh.› ohne Zusatz = Jahrhundert *n. Chr.* Römische *Zahlen* bezeichnen in der Regel den Band, arabische die Publikationsnummer (nur bei P. Berol., P. Cair. und P. Gr. Vindob. die Inventarnummer); wird nach der Inventarnummer zitiert, z. B. bei unpubl. Texten, wird ‹inv.› dazugesetzt.

[4] *Arabisch-griechische Namen* von Fund- und Grabungsorten: Abusîr-el-Meleq = Abydos. – Achmîm = Panopolis. – Arment = Hermônthis. – Ashmûnên s. Eshmunên. – Aswân = Syene. – Atfîh = Aphroditopolis, Aphroditô. – Auja-el-Hafir = Nessana (Israel). – Batn-Harît = Theadelpheia. – Behnesa = Oxyrhynchos. – Biahmu = Andriantôn (?). – Dakkeh = Pselkis. – Darb Gerzeh = Philadelpheia. – Dêr-el-Medîna = Thebai. – Dimê = Soknopaiu Nêsos. – Salihijah = Dura/Europos (Syrien). – Edfû = Apollonopolis Anô. – Ehnâs = Herakleopolis. – Esfaht = Heptakomia. – Eshmunên = Hermupolis. – Fayûm = Arsinoïtes Nomós. – Gebelên = Pathyris. – Gezîret-Aswân = Elephantine. – el-Gharak = Kerkeosiris. – Ghorân = ?. – Gizeh: bei Cairo. – Gurôb = ?. – Hawâra = ?. – el-Hibeh = Ankyrôn Polis. – Karâra (Quarâra) = Phylakê Hippônos. – Kasr-el-Banât = Euhemeria. – Kasr-Kârûn = Dionysias. – Kôm Aushîm = Karanis. – Kôm Eshqâw = Aphroditô, s. Atfîh. – Kôm Ombo = Omboi. – el-Lahûn = Ptolemaïs Hormos. – Madînet-Mâdi = ? – Medînet-el-Fayûm = Arsinoë/Krokodilopolis. – Medînet-en-Nahas = Magdôla. – Sakkâra: bei Memphis. – Sheikh Abâda = Antinoë, Antinupolis. – Tell-Edfû s. Edfû. – Umm-el-Baragât = Tebtynis. – Umm-el-Katl = Bakchias. – Wâdfa = Philoteris.

DIE PAPYRUSSAMMLUNGEN

BGU = Berliner Griechische Urkunden, s. P. Berol.

BKT = Berliner Klassikertexte, s. P. Berol.

CPR s. P. Gr. Vindob.

P. Aberd. = Catalogue of Greek and Latin Pap. in the Possession of the Univ. of Aberdeen, ed. E. G. Turner (Aberdeen Univ. Studies 116), 1939. – Größtenteils aus Grabung 1887 durch Einheimische in Dimê, erworben 1887 in Cairo durch J. A. S. Grant, von ihm 1896 der Univ. Aberdeen geschenkt. Unter den lit. Texten 1 Alkaios-Frg. u. theol. Texte; sonst Urk., meist 2. Jh. Ort: Univ. Aberdeen.

P. Achmîm = Les papyrus grecs d'Achmîm, ed. P. Collart, BIFAO 31, 1931, 35. – Gefunden durch Einheimische in Achmîm (Oberäg.), 1887 durch U. Bouriant erworben, seitdem in Paris, BN. 5 lit. Texte (Nr. 1 = P. Bouriant 3: Homilie; ferner Ilias-Pap. mit Glossar, Hes., Eur. Rhes., AP, alle 4.–5. Jh.); Nr. 6–9 Urk., 2. Jh.

P. Adler = The Adler Papyri. The Greek Texts, ed. E. N. Adler, J. G. Tait, F. M. Heichelheim, Oxford 1939. – Kauf 1924 durch Adler in Luxor. Herkunft: Gebelên. Bestand: 21 griech., 49 dem., (Familienarchiv), 2.–1. Jh. v. Chr., alle publ. Ort: London?

P. Alex. = Papyrus ptolémaïques du Musée d'Alexandrie, ed. G. Botti in: Bull. Soc. Archéologique d'Alexandrie 2, 1899, 65; ferner ebd. 4, 1902, 108; 9, 1907, 87; 22, 1927, 157; 23, 1928, 267 = PSI VIII 2, 921–939; PSI IX 1, 1043–61; weitere Einzelpubl. s. Preisendanz 262; ferner H. Riad-A. Swiderek, Eos 51, 1961, 295; M. Vandoni, JJP 13, 1961, 91; A. Swiderek-M. Vandoni, Pap. grecs du Mus. gréco-romain d'Alexandrie, Warszawa 1964. Teils aus Grabungen der Soc. Arch. d'Alexandrie, teils aus Slg. A. Cattaoui. Ort: Alexandria, Mus. d'Antiquités gréco-romaines.

P. Amh. = Amherst Papyri, ed. B. P. Grenfell-A. S. Hunt, I: The

Ascension of Isaiah and other Theological Fragments, London 1900; II: Classical Fragments and Documents of the Ptolemaic, Roman and Byzantine Periods, 1901 (darin Aristarch. Hdt.-Kommentar, Od.-Scholien u.a.). – Erworben 1896–99 durch Grenfell-Hunt für Lord Amherst of Hackney in Didlington Hall, Norfolk. Herkunft: versch. Orte, u.a. Eshmunên und Dimê. Seit 1913 in New York, Pierpont Morgan Lb.

P.Amst. → P.Gron.

P.Antin. = The Antinoopolis Papyri, I ed. C.H.Roberts, London 1950; II ed. J.W.B.Barns-H.Zilliacus, 1960; III in Vorbereitung. Grabung 1913–14 durch J.Johnson für die EES in Sheikh Abâda. Lit.Texte: mehrere theol., Eur., einige lat.; Urk., 2.–7.Jh. Einige Stücke einzeln publ.: 1 Theokr.-Pap. in: Hunt-Johnson, Two Theocritus Papyri, London 1930; 6 stenograph.Pap. in: Milne, Greek Shorthand Manuals, London 1934. Ort: London, BM.

P.Apoll.Ano = Papyrus grecs d'Apollônos Anô, ed. R.Rémondon, Cairo 1953. – 104 Urk., Anf. 8.Jh. Aus Grabung des IFAO 1921–22 in Edfû, unter P.Jouguet-O.Guéraud. Ort: Cairo, IFAO.

P.Argent. → P.Strasb.

P.Athen. = Papyri Societatis Archaeologicae Atheniensis, ed. G.A.Petropulos, SB Athen I 1939. – 70 Bf.e u. Urk. aus Fayûm, davon 15 ptol., 50 röm., 5 byz.Zeit. Erworben durch D.P.Pappulias 1918 in Äg. – Ort: Athen, im Besitz der Soc. Archéol. (Nr. 1–4, aus Zenon-Archiv, in Univ.; einige im Nat.Mus.).

P.Baden → P.Heid.

P.Basel = Papyrusurk. der öffentl.Bibliothek der Univ. zu Basel, I: Urk. in griech.Sprache, ed. E.Rabel (Abh.Gött.Ges. N.F. 16, 3) Berlin 1917. – Darunter 1 griech. und 2 lat.Pap. aus Besitz Joh.Jac.Grynaeus (1540–1617), der sie Basilius Amerbach († 1591) schenkte. Die übrigen meist aus Handel erworben durch H.Thiersch. 18 Urk. und Bf.e publ., 7 weitere beschrieben; röm. und byz.Zeit. Ort: UB Basel.

P.Beatty Panop. = Pap. from Panopolis in the Chester Beatty Lb.Dublin, ed. T.C.Skeat, Dublin 1964. – 2 lange Rollen (610 und 518 cm) mit amtlicher Korrespondenz des Strategen des Panopolites der Jahre 298 und 300 n.Chr. S. auch → P.Chester Beatty.

P.Berol. = Pap. der Staatl.Museen Berlin. Ältere Bestände (Schenkungen, Ankäufe usw.) aus versch. Slg.en: s. Preisendanz 270f. (mit Lit.); Grabungen durch U.Wilcken-H.Schäfer für Berliner Mus. seit 1899 in Ehnâs (vgl. APF 2, 1902, 294); durch O.Rubensohn 1902 in Batn-Harît und Umm-el-Baragât, 1903–08 in Abusîr-el-Meleq, 1904–08 in Eshmunên, 1906 bis 1908 durch Rubensohn und F.Zucker in Gezîret-Aswân, 1908–09 durch F.Zucker-P.Viereck in Darb Gerzeh, 1909–10 durch F.Zucker in Dimê und 1910 in Madînet-Mâdi. Zur Geschichte der Slg. s. Preisendanz 163–186 und R.Ibscher, Die Pap. als Zeugen antiker Kultur, Berlin 1949, 6ff. Wichtigste Publ.:

[1] Urkunden: Äg.Urk. aus den kgl.Museen zu Berlin, Griech.Urk. (BGU), I (1895) Nr. 1–361; II (1898) 362–696; III (1898–1903) 697–1012; IV (1904–05) 1013–1209; V 1 (1919) 1210: Der Gnomon des Idios Logos, Text ed. E.Seckel-W. Schubart, V 2 (1934) Kommentar ed. W.Graf Uxkull-Gyllenband; VI Pap. u. Ostraca der Ptolemäerzeit (Nr. 1211–1499) ed. W.Schubart-E.Kühn 1922; VII Pap., Ostraca u. Wachstafeln aus Philadelphia (Nr. 1500–1729) ed. P.Viereck-F.Zukker 1926; VIII Spätptol.Pap. aus amtlichen Büros des Herakleopolites (Nr. 1730–1890) ed. W.Schubart-D.Schäfer 1933 (Mumienkartonnage aus Abusîr-el-Meleq); IX Steuerlisten röm.Zeit aus Theadelphia (Nr. 1891–1900) ed. H.Kortenbeutel 1937 (aus Ankauf W.Schubart 1912); X in Vorbereitung; Sonderheft der BGU: Elephantine-Pap. ed. O.Rubensohn 1907 s. unter P.Eleph. Weitere Urk.Publ.: bis 1933 s. Preisendanz 272f.; seither: E.Visser, Aeg. 15, 1935, 267; C.H.Roberts, JEA 21, 1935, 52; E.Bayer, Aeg. 20, 1940, 299; Vierzehn Berliner griech.Pap., Urk. und Bf.e, ed. H.Zilliacus (Soc.Scient.Fennica XI 4) Helsinki 1941; Weiteres s. SBGU und Bibliographien.

[2] Literarische Texte: Berliner Klassikertexte aus den Staatl. Museen (BKT), I Didymos' Kommentar zu Demosth. (P. 9780) ed. H.Diels-W.Schubart 1904; II Anon.Komment. zu Plat.Theait. (P. 9782) ed. H.Diels-W.Schubart-J.L.Heiberg 1905; III Griech.Pap.mediz.u.naturwiss. Inhalts ed. K.Kalbfleisch-H.Schöne 1905; IV Hierokles' ethische Elementarlehre (P. 9780 verso) ed. W.Schubart-H.v.Arnim 1906; V Die griech.Dichterfragmente ed. W.Schubart-U.v.Wilamowitz: 1 Epische u. elegische Frgt.e, 1907; 2 Lyrische u. dramatische Frgt.e, 1907 (u.a. Sappho, Alk.); VI Altchristl.Texte ed. C. Schmidt-W.Schubart 1910; VII Rhetorische Pap. ed. K. Kunst 1923; VIII Berliner Septuagintafrgt.e, ed. A.Stegmüller 1939. Einzelpubl. (Auswahl): Timotheos, Die Perser ed. U.v.Wilamowitz, Leipzig 1903; U.v.Wilamowitz, SB Berlin 1918, 728; C.H.Roberts, Aeg. 14, 1934, 447 (Demeter-Hymnus); G.Zuntz, Aeg. 15, 1935, 282 (Pind.); ders., Class.Rev. 49, 1935, 4; B.Snell, Hermes 75, 1940, 177 (Chorlyrik); W. Schubart, Griech.lit.Pap., SB Leipzig 1950, Nr. 97, 5 (zuweilen zitiert als P.Schubart); weitere Publ. s. Bibliographien. –

[3] Ort: Nach der Auslagerung 1942–58 sind die inventarisierten Bestände (etwa 18000) größtenteils wieder in Berlin C.2 (Ost), Staatl.Mus. (hier jetzt auch Slg.Ibscher); die an Mus. Cairo überwiesenen Stücke (Grabungsanteil) s. APF 5, 1913, 196. Nicht inventarisiertes Material, Kartonnage usw. (schätzungsweise 5000–8000 Texte) in Berlin 12 (West), Staatl.Mus.

P.Bodmer = Privatslg.Bodmer, Coligny-Genève; aus Ankäufen. Publ. (griech.): I Iliade, chants 5 et 6, ed. V.Martin 1954; II Évangile de Jean 1–14 (+ Suppl.: 14–28), ed. G.Maldfeld 1956–58; IV Ménandre, Le Dyscolos, ed. V.Martin 1958; V Nativité de Marie, ed. M.Testuz 1958; VII L'Epître de Jude; VIII Les deux Epîtres de Pierre; IX Les Psaumes 33 et 34; X Correspondance apocryphe des Corinthiens et de l'Apôtre Paul; XI Onzième Ode de Salomon; XII Frg. d'un hymne liturgique (VII–XII ed. M.Testuz 1959); XIII Méliton de Sardes, Homélie sur la Pâque, ed. M.Testuz 1960; XIV–XV Évangiles de Luc et Jean, ed. V.Martin-R.Kasser 1961; XVII Actes des Apôtres. Epîtres de Jacques, Pierre, Jean et Jude, ed. R.Kasser 1961; XX Apologie de Philéas évêque de Tmouis, ed. V. Martin 1964.

P.Bon. = Pap.Bononienses I (Nr. 1–50) ed. O.Montevecchi, Milano 1953. – Erworben 1930 in Cairo für UB Bologna. Einige lit.Texte, 2.–5.Jh.; Urk. aus ptol., röm. und byz.Zeit. Ort: UB Bologna.

P.Bouriant = Les pap.Bouriant, ed. P.Collart, Paris 1926. – In Äg. durch U.Bouriant erworben. 42 Texte publ., 21 beschrieben; darunter 8 lit.Texte (theol., Hom., Historikerfrg.), sonst Urk., meist 2.–3.Jh. Ort: Paris, Inst. de Papyrologie de la Sorbonne.

P.Bremen = Die Bremer Pap., ed. U.Wilcken (Abh.Berlin 1936 Nr. 2). – Ankauf 1902 in Eshmunên für Deutsches Pap.Kartell, dann verteilt an Stadtbibliothek Bremen und Oberhess.Gesch. Verein Gießen (s. P.Giss.). Herkunft: Esfaht; Bestand: 90, davon 84 publ., Urk. und Bf.e des 2.Jh.s. Ort: Staatsbibl. Bremen.

P.Brux. = Pap. der Fondation Égyptologique Reine Élisabeth, Bruxelles. Ankäufe seit 1926; zur Geschichte der Slg.: M. Hombert, Chr.d'Eg. 5, 1930, 269. Publ. laufend in Chr.d'Eg. (ab Bd. 6, 1931), einzelnes s. SBGU. Ort: Bruxelles, Musées Royaux d'Art et d'Histoire (Pap. anderer Slgen. in Brüssel: s. Preisendanz 270).

P.Cair. = Greek Pap., ed. B.P.Grenfell-A.S.Hunt (Catalogue général des Antiquités égyptiennes du Musée du Caire 10, Nr. 10001–10869), Oxford 1903. – Aus Grabung 1897 durch Grenfell-Hunt in Behnesa (daraus 45 Texte publ. in → P.Oxy. I–III), Grabungen 1896 durch Hogarth-Grenfell und 1899 durch Grenfell-Hunt im Fayûm (daraus 122 Texte publ. in → P.Fay.); ferner ältere Bestände aus Gurôb, Gebelên, Eshmunên und aus Grabung der Mission Archéologique Française 1892 in Achmîm. Ort: Cairo, Mus. des Antiquités égyptiennes. – Ferner (wichtigster lit.Text): Pap. de Ménandre, ed. G.Lefebvre (Cat.gén. 52, Nr. 43227), Cairo 1911 (gefunden 1905 durch Lefebvre in Kôm Eshqâw, Codex des 5.Jh.s); weiteres s.u.

P.Cair.Goodspeed = Greek Pap. from the Cairo Mus., ed. E.J. Goodspeed, Chicago 1902. – 30 Urk., davon 1–15 im Mus. Cairo, 16–27 in Slg. J.R.Alexander im Westminster College, New Wilmington/Penns.

P. Cair. Isid. = The Archive of Aurelius Isidorus in the Egyptian Mus. Cairo, ed. A. E. R. Boak-H. C. Youtie, Ann Arbor 1960. – Gefunden 1923 in Kôm Aushîm. Ort: Cairo, Mus.; 3 Pap. dieser Gruppe in Ann Arbor, Univ. of Michigan. Urk., Ende 3./Anf. 4. Jh.

P. Cair. Masp. = Pap. grecs d'époque byzantine, ed. J. Maspero, I (Cat. gén. 51 u. 58, Nr. 67001–67124) Cairo 1910–11; II (Cat. gén. 54, 60 u. 67, Nr. 67125–67278) 1911–13; III (Cat. gén. 73, Nr. 67279–67359) 1916. – Teils aus Grabungen durch G. Lefebvre 1905–07 in Kôm Eshqâw (6. Jh.); 7 Pap. aus Sakkâra (8 Jh.); teils alter Bestand (s. P. Cair.) und Ankäufe. Ort: Cairo, Mus.

P. Cair. Preis. = Griech. Urk. des äg. Mus. zu Kairo, ed. F. Preisigke (Schr. der wiss. Ges. zu Straßburg 8), 1911. – 1 Urk. des 3. Jh.s v. Chr., sonst röm. und byz. Zeit. Ort: Cairo, Mus.

P. Cair. Zen. = Zenon Pap., ed. C. C. Edgar, I (Cat. gén. 79, Nr. 59001–59139), Cairo 1925; II (Cat. gén. 82, Nr. 59140–59297) 1926; III (Cat. gén. 85, Nr. 59298–59531) 1928; IV (Cat. gén. 90, Nr. 59532–59800) 1931; V (Publ. Soc. Fouad I de Pap., Textes et documents 5; Nr. 59801–59853) 1940. – Aus versch. Ankäufen; Herkunft: das 1915 von Einheimischen entdeckte Archiv des → Zenon (2a; Mitte 3. Jh. v. Chr.) in Darb Gerzeh; andere Teile des Zenon-Archivs: s. bes. PSI IV–VIII, P. Mich. I, P. Col. III–IV, z. T. auch im BM London u. a. Slg.en.

P. Chester Beatty = Slg. Sir A. Chester Beatty, Dublin. – 12 theol. Pap., erworben 1930 durch Chester Beatty, aus Fayûm (?). Teile des AT, NT, Paulusbf.e, Henoch. Ort: Dublin, Chester Beatty Lb.; zugehörige Frgt.e in Ann Arbor, Univ. of Michigan und NB Wien. Publ.: F. G. Kenyon, The Chester Beatty Biblical Papyri, Descriptions and Texts of Twelve Manuscripts of the Greek Bible; I General Introduction, London 1933; II The Gospels and Acts, 1933; III Epistles of Paul and Book of Revelations, 1934; IV Two Codices of Genesis, 1934; V Numbers and Deuteronomy, 1935; VI Isaiah, Jeremiah, Ecclesiasticus, Dublin 1958. Vgl. F. W. Beare, Chr. d'Eg. 12, 1937, 81. S. auch → P. Beatty Panop.

P. Chic. = Pap. from Karanis, ed. E. J. Goodspeed (Univ. of Chicago, Studies in Class. Philology 3, 1902), s. SBGU/Bh 2, 1961. – 91 Urk. des 2. Jh.s aus Kôm Aushîm. Lit. Pap.: Chicago Lit. Pap. ed. E. J. Goodspeed, Chicago 1908. Ort: Chicago, Haskell Oriental Mus.

P. Col. = Pap. der Columbia Univ., New York. Ankäufe 1923–26 in Äg. – Bestand: über 500, fast alles Urk. Ort: Columbia Univ. Lb., New York. Publ.: I Upon Slavery in Ptol. Egypt, ed. W. L. Westermann, New York 1929; II Tax Lists and Transportation Receipts from Theadelpheia (P. Col. 1 recto), ed. W. L. Westermann-C. W. Keyes, 1932; III Zenon Pap. I (Nr. 2–59), ed. Westermann-E. S. Hasenoehrl, 1934; IV Zenon Pap. II (Nr. 60–122), ed. Westermann-C. W. Keyes-H. Liebesny, 1940; V Tax Documents from Theadelphia (P. Col. 1 verso), ed. J. Day-C. W. Keyes, 1956; ferner: Apokrimata, Decisions of Septimius Severus on Legal Matters (P. Col. 123), ed. Westermann-A. A. Schiller, 1954; S. B. Porges, TA PhA 92, 1961, 469.

P. Colt → P. Nessana.

P. Cornell = Greek Pap. in the Lb. of Cornell Univ., ed. W. L. Westermann-C. J. Kraemer, New York 1926. – Ankauf 1921 bis 1922; Bestand: 120; publ.: Urk., 5 ptol., 50 röm. Zeit. Ort: Ithaca, N.Y., Cornell Univ. Lb.

P. Dura = The Excavations at Dura-Europos, Final Report V 1: The Parchments and Pap., ed. C. Bradford Welles-R. O. Fink-J. F. Gilliam, New Haven 1959 (Nr. 1–10 lit. Texte, u. a. Hdt., App., Tatian Diatessaron; 11 hebr. Gebet, 12–150 griech. und lat. Urk.; 151–155 aram., mittelpers., parth. Urk.; 2.–3. Jh.). Aus Grabungen 1922–23 durch Yale Univ. und Académie Française des Inscriptions (M. Rostovtzeff, F. Cumont, C. Hopkins u. a.), 1928–35 durch Yale Univ. (M. Rostovtzeff, C. Bradford Welles). Ort: Nr. 12, 13, 15, 17, 21, 33, 47, 48, 50, 94, 151 in BN Paris, die übrigen in Yale Univ., New Haven.

P. Edfu = Pap. aus französisch-polnischen Grabungen 1937–39 in Edfû; byz. Urk., publ.: G. Manteuffel, Les pap. et les ostraca grecs, Fouilles franco-polonaises, Rapport I, Cairo 1937; II 1938; III 1950; ders., JJP 3, 1949, 101; R. Rémondon, Rech. de Pap. 1, 1961, 41 (P. Edfu 9). Ort: Warszawa, Nat. Mus. und Paris, Inst. de Papyrologie de la Sorbonne.

P. Eleph. = Elephantine-Pap., ed. O. Rubensohn, Berlin 1907 (Sonderheft der BGU, s. P. Berol.). – Aus Grabung 1906 in Gezîret-Aswân durch O. Rubensohn. Ort: Berlin C. 2, Staatl. Mus.; einige in Cairo, Mus. (s. APF 5, 1913, 195 f.). Publ.: 32 Urk. aus 2 Funden, davon einige dem.; Nr. 1 von 311 vor Chr., die übrigen 3. Jh. v. Chr.

P. Enteux. = Enteuxeis, ed. O. Guéraud (Publ. Soc. Fouad I de Papyrologie, Textes et documents 1), Cairo 1931–32. – Aus ptol. Kartonnage, aus Grabung 1900–02 in Medînet-en-Nahas durch P. Jouguet (Urk.: Eingaben und Beschwerden an den Strategos). Ort: Cairo, IFAO.

PER s. P. Gr. Vindob.

P. Erlangen = Die Pap. der UB Erlangen, ed. W. Schubart, Leipzig 1942. – Ankäufe 1934 in Äg. durch C. Schmidt für UB Erlangen. Meist aus Behnesa, einige aus Dendera u. a.; meist spätere röm. und byz. Zeit. Bestand: 140. Ort: UB Erlangen. Lit. Texte (u. a. theol., Hom., Isokr.); Urk. und Bf.e, 1.–7. Jh.

P. Fay. = Fayûm Towns and their Pap., ed. B. P. Grenfell-A. S. Hunt-D. G. Hogarth, London 1900. – Grabungen durch Hogarth-Grenfell 1896 und Grenfell-Hunt 1899 in Kôm Aushîm, Umm-el-Katl, Batn-Harît, Dimê und anderen Orten des Fayûm. Ort: z. T. Cairo, Mus. (vgl. P. Cair.), z. T. verteilt an Bibl. und Mus. in USA, Toronto, England und Europa (Liste in P. Oxy. IV p. 269 f. und V p. 318 f.).

P. Flor. = Pap. greco-egizii pubblicati dalla R. Accad. dei Lincei, ed. D. Comparetti-G. Vitelli, I Documenti pubblici e privati dell'età romana e bizantina (Nr. 1–105), Firenze 1906; II Pap. letterari ed epistolari (Nr. 106–278, davon 106–111 Ilias-Frgt.e, 118–277 Heroninos-Bf.e), 1910; III Documenti e testi letterari (Nr. 279–391; nur 389–391 lit. Frg.e, sonst Urk. röm. und byz. Zeit), 1915. – Teils aus Ankäufen, u. a. durch Schiaparelli 1900 und Vitelli 1903 in Gizeh; mehrere Käufe durch Schiaparelli und Breccia 1903; Käufe durch Vitelli 1904 in Cairo, Gizeh, Medînet-el-Fayûm und Eshmunên; teils aus Grabung durch Breccia und Schiaparelli 1903–05 in Eshmunên. Ort: Firenze, Bibl. Medicea Laurenziana; Bibl. dell'Istituto Superiore; Accademia dei Lincei; Torino, Mus.

P. Frankf. = Griech. Pap. aus dem Besitz des rechtswiss. Seminars der Univ. Frankfurt, ed. H. Lewald (SB Heidelberg 1920, 14); H. Lewald, ZSG 42, 1921, 115. – Urk. des 3. Jh.s v. Chr. aus Mumienkartonnage, erworben 1913–14 in Äg., seit 1919 in Frankfurt/M, Univ., Rechtswiss. Seminar.

P. Freib. = Mitteilungen aus der Freiburger Pap. Slg., I Lit. Stücke, ed. W. Aly (u. a. Hom., 3. Jh. v. Chr.–2. Jh.); Ptol. Kleruchenurk., ed. M. Gelzer, SB Heidelberg 1914, 2; II Juristische Texte der röm. Zeit, ed. J. Partsch, SB Heidelberg 1916, 10; III Juristische Urk., ed. J. Partsch-U. Wilcken, Abh. Heidelberg 1927, 7; weitere Publ. s. Preisendanz 275 f.; ferner W. Aly, Aeg. 13, 1933, 487; M. Haessler, Chr. d'Eg. 35, 1960, 199. – Bestand: etwa 80, aus Ankäufen von Dt. Pap. Kartell 1911–14 und aus Grabung der Freiburger Wiss. Ges. (zus. mit Heidelberger Akad.) 1914 in el-Hibeh. Ort: UB Freiburg.

P. Fuad = Les pap. Fouad I, ed. A. Bataille, J. Schérer. W. G. Waddell u. a. (Publ. Soc. Fouad I de Papyrologie, Textes et documents 3), Cairo 1939. – Größtenteils Ankauf 1930 durch König Fuad I, ferner mehrere Käufe der Soc. Fouad I de Pap. in den folgenden Jahren. Publ.: Nr. 1–89, davon 1–5 lit. Texte (u. a. Hom., Plat. Gorgias, Verg. Aen. lat.-griech.). Ort: Cairo, Mus.

P. Fuad I Univ. (= P. Fuad Crawford): Slg. Gradenwitz, aus Ankauf durch O. Gradenwitz von Dt. Pap. Kartell (u. a. ptol. Urk., meist aus el-Hibeh); diese Slg. größenteils (Bestand etwa 350) 1938 von Univ. Cairo gekauft (mit Ausnahme von 12 Pap., die schon vorher von Gradenwitz an die Erzabtei Beuron verschenkt worden waren; die Nummern in APF 17, 1960/62, 263); ferner 3 Pap. erworben aus Handel. Publ.: Griech. Pap. der Slg. Gradenwitz, ed. G. Plaumann, SB Heidelberg 1914, 15; The Fuad I Univ. Pap., ed D. S. Crawford (Publ. Soc. Fouad I de Papyrologie, Textes et documents 8), Alexandria 1949. Ort: Cairo, Univ.; Kloster Beuron/Donau.

P. Giss. = Griech. Pap. im Mus. des Oberhessischen Geschichtsvereins zu Gießen, I ed. O. Eger-E. Kornemann-P. M. Meyer, Leipzig 1910–12. – Aus Stiftung W. Gail (1902); Ankäufe aus

Fayûm, Behnesa, der größte Teil erworben 1902 in Eshmunên über Dt. Pap. Kartell (→ P. Bremen). Bestand: 297 verglast, etwa 300 unverglast. Ort: UB Gießen. Nur 1 lit. Text (Xen. symp.), sonst Urk. meist röm. Zeit. Weitere Publ.: E. Kornemann, APF 10, 1932, 213; vgl. H. G. Gundel, Aeg. 33, 1953, 247. (Andere Pap.-Slg.en in UB Gießen → P. Jand. und → P. Univ. Bibl. Giss.)

P. Gen. = Les pap. de Genève, ed J. Nicole, I 1896, II 1900; Texts grecs inédits de la collection papyrol. de Genève, ed. J. Nicole, Genève 1909 (u. a. Aischin., Thuk., Demosth.); weitere Publ. s. Preisendanz 299 und SBGU. – Die UB Genf besitzt seit 1921 die Privatslg. J. Nicole (Nicole kaufte u. a. 1892 eine Gruppe von 80 Pap. aus Gerzeh); außerdem Slg. der UB aus verschiedenen Ankäufen seit 1893, u. a. durch Nicole 1904 in Gizeh und Kartellkauf 1921. Ort: Genève, Bibl. Univ.

P. Goodspeed = E. J. Goodspeed, A Group of Greek Pap. Texts, Class. Phil. 1, 1906, 167; 3, 1908, 428; weitere Publ. s. Preisendanz 265. – Slg. Goodspeed; Ort: Chicago?

P. Got. = Pap. grecs de la Bibliothèque Municipale de Gothembourg, ed. H. Frisk, Göteborgs Högskolas årsskrift 1929 Nr. 1. Bestand: 114 griech. Urk., Ankäufe aus Handel in Deutschland und 1925 in Äg. durch Vermittlung von W. Schubart. Ort: Göteborg, Stadsbibliotek.

P. Grad. → P. Fuad I Univ.

P. Grenf. = I An Alexandrian Erotic Fragment and Other Greek Pap. Chiefly Ptolemaic, ed. B. P. Genfell, Oxford 1896; II New Classical Fragments and Other Greek and Latin Pap., ed. B. P. Grenfell – A. S. Hunt, Oxford 1897 – Ankäufe und Grabungen Mahaffy-Grenfell 1894–96 in Eshmunên, Sheikh Abâda, Edfû. Ort: London BM; Oxford Bodl.; Dublin, Trinity College.

P. Gron. = Pap. Groninganae, Griech. Pap. der UB zu Groningen nebst 2 Pap. der UB zu Amsterdam, ed. A. G. Roos, Amsterdam 1933. – Erworben 1925 in Äg. durch W. Schubart, der UB Groningen 1926 geschenkt von M. Enschedé. Bestand: 127, davon 22 publ. + 2 aus UB Amsterdam (Urk., 2.–7. Jh., verschiedener Herkunft; P. Amst. 2: Aischin. In Ctesiph.).

P. Gr. Vindob. = Pap. Slg. der NB Wien. Gesamtbestand: über 100000, davon etwa 80000 griech. Größtenteils im Fayûm von Einheimischen gefunden, 1881–96 durch Th. Graf in Cairo für die Slg. des Erzherzogs Rainer erworben, von diesem 1899 der Hofbibl. (jetzt NB) geschenkt; seither mehrere Ankäufe(u. a. 400 Pap. und Ostraca 1930 in Äg. erworben). Die wichtigsten Publ.: Corpus Papyrorum Raineri (CPR), I Griech. Rechtsurk., ed. C. Wessely 1895; Mitteilungen aus der Slg. der Pap. Erzherzog Rainer, I 1886/87, II–III 1887, IV 1888, V 1892, VI 1897; zahlreiche Bände der ‹Studien zur Paläographie und Pap. Kunde›; Mitteilungen aus der Pap. Slg. der NB Wien (PER), Neue Serie, I ed. H. Gerstinger u. a., 1932 (36 lit. Texte, u. a. Pindarscholien, Lysias, Demosth.-Komm.); II ed. Gerstinger 1934; III ed. H. Oellacher 1939 (62 lit. Texte, u. a. Hom., Eur. Phoen., Arat, Apoll. Rhod.); IV Griech. lit. Pap. christl. Inhaltes, ed. P. Sanz 1946; sehr zahlreiche Einzelpubl., siehe SBGU und Bibliographien; s. auch P. Vindob. Boswinkel und P. Vindob. Sijpesteijn.

P. Gurob = Greek Pap. from Gurob, ed. J. G. Smyly (Royal Irish Acad., Cunningham Memoirs 12), Dublin 1921. – 29 Urk. aus ptol. Mumienkartonnage aus Gurôb, erworben in Äg. durch Grenfell. Ort: Dublin, Royal Irish Academy.

P. Hal. = Dikaiomata, Auszüge aus alexandrin. Gesetzen und Verordnungen mit einem Anhang weiterer Pap. derselben Slg., ed. Graeca Halensis, Berlin 1913. – Ankäufe von Dt. Pap. Kartell 1907–08, 1911; 15 Pap. aus Nachlaß F. Blass, 1 von C. Robert. Ort: Halle, Univ., Sem. f. Klass. Phil. Im Anhang 5 lit. Texte (Sappho, Hom., Aischin. u. a.) und ptol. Urk.; ferner: W. Göber in Degering-Festschrift 1926, 111 (Dion. Thrax, Pergament-Codex, 5. Jh.); weitere Publ. s. SBGU und Preisendanz 277.

P. Hamb. = I Griech. Pap. Urk. der Hamburger Stadtbibliothek, ed. P. M. Meyer, Leipzig 1911–24; II Griech. Pap. der Hamburger Staats- und UB, ed. Sem. f. Klass. Phil., Hamburg 1954. Aus Ankäufen von Dt. Pap. Kartell 1907–14, meist aus Fayûm. Bestand: etwa 700, alle verglast. Ort: Staats- und UB Hamburg. Publ. insgesamt etwa 200 Texte, davon in I meist ptol. und röm. Urk.; in II zahlreiche lit. Texte aus ptol. Zeit (Eur., Men., Theophr., Hom. u. a.) und 5 lit. Pap. der Slg. Ibscher (→ P. Ibscher), ferner Urk. und Bf.e aus ptol. und röm. Zeit. Einzelpubl. sind verzeichnet ebd. 126f. und Preisendanz 277.

P. Harris = The Rendel Harris Pap. of Woodbrooke College Birmingham, ed. J. E. Powell, Cambridge 1936. – Ankäufe durch J. Rendel Harris, 1917 von ihm dem Woodbrooke College geschenkt. Lit. Texte (Hom., Demosth., Eur., Pind. u. a.) und Urk. röm. und byz. Zeit, meist aus Behnesa. Ort: Birmingham, Lb. of Selly Oak Colleges.

P. Haun. = Pap. graecae Haunienses I, ed. T. Larsen, København 1942. – Ankäufe in Äg. 1920–21 durch J. Pedersen, 1929 durch W. Schubart, 1930 durch F. Zucker. Bestand: über 400, meist aus Fayûm. Lit. Texte (u. a. Demosth. De corona; 1 Sappho-Frg., inv. 301, → P. Mil. Vogl. II 40) und Urk., davon die ptol. publ. Ort: København, Pap. Inst. der Univ.

P. Haw. = The Hawara Pap. (Hawara, Biahmu and Arsinoe), ed. W. M. Flinders Petrie, London 1889. – Ausgrabung 1888 bis 1889 durch Flinders Petrie in Hawâra. Lit. Texte (Xen. Kyr., Hom. u. a.), magische Texte, Urk. aus ptol., röm. und byz. Zeit. Ort: Oxford Bodl.; Dublin, Trinity College.

P. Heid. = Veröffentlichungen aus der Heidelberger Pap. Slg. I: Die Septuaginta-Pap. u. a. altchristl. Texte, ed. A. Deißmann, 1905 (u. a. Pap.-Codex der LXX, erworben 1889 durch Th. Graf in Cairo, 1900 von UB Heidelberg gekauft); IV 1 Griech. lit. Pap. 1: Ptol. Homerfragmente, ed. G. A. Gerhard 1911 (Mumienkartonnage aus el-Hibeh, erworben 1896 in Cairo durch C. Reinhardt; zugehörige Stücke in P. Grenf. II und P. Hib. I). – Veröffentlichungen aus den badischen Pap. Slg.en II: Griech. Pap., ed. F. Bilabel 1923 (Nr. 1–45; Urk. und Bf.e aus ptol. und röm. Zeit, die ptol. meist aus Oberäg., die röm. meist aus Eshmunên; aus Schenkungen, Käufen in Äg. und 1913–14 von Dt. Pap. Kartell); IV Griech. Pap., ed. F. Bilabel 1924 (Nr. 47–111; u. a. Manetho-Epitome, LXX, Römerbf.; Urk., auch Schreibtafeln, Ostraca usw. aus Grabungen der Heidelberger Akad. und der Freiburger Wiss. Ges. 1914 [Abel-Breith-Bilabel] in Qarâra und el-Hibeh und aus Ankäufen dort); V Griech., kopt. und arab. Texte zur Religion und relig. Lit. in Äg.s Spätzeit, ed. F. Bilabel-A. Grohmann 1934 (Nr. 112–167; wenige griech. Texte, z. T. aus Grabung in Qarâra 1914), VI Griech. Pap., Urk. und lit. Texte, ed. G. A. Gerhard 1938 (Nr. 168–180; teils aus altem Bestand, teils Mumienkartonnage aus Grabung 1914 in el-Hibeh, teils Käufe, u. a. 1928 und 1930 aus Behnesa und Batn-Harît durch W. Schubart und C. Schmidt; publ. 6 Urk. aus röm. und byz. Zeit, 7 lit. Texte, u. a. Alk., Timoth., 2 Komödienfrg.e). – Veröffentlichungen aus der Heidelb. Pap. Slg., Neue Folge: II Lit. griech. Texte, ed. E. Siegmann 1956 (Nr. 181–209: Komödie, Tragödie, Redner u. a.; z. T. aus ptol. Kartonnage aus el-Hibeh); III Griech. Pap. Urk. und Ostraca ed. P. Sattler 1963 (Nr. 225–288); J. Seyfarth, APF 16, 1958, 145 (Nr. 210–224); ferner zahlreiche Einzelpubl., s. SBGU und Preisendanz 192. 278. Ort: UB Heidelberg, Pap. Slg.

P. Herm. Rees = Papyri from Hermopolis and Other Documents of the Byzantine Period ed. B. R. Rees, London 1964. – 85 Bf.e u. Urk., Nr. 1: 1. Jh., die übrigen 4.–7. Jh.; aus Ankäufen von B. P. Grenfell-A. S. Hunt in Äg. Herkunft: meist aus Eshmunên. Ort: London, BM.

P. Hib. = Hibeh Pap., I ed. B. P. Grenfell-A. S. Hunt, London 1906; II ed. E. G. Turner, 1955. – Ankäufe und Grabungen 1902–03 durch Grenfell-Hunt in el-Hibeh für EES. Zahlreiche lit. Texte, bes. Hom., fast alle 3. Jh. v. Chr.; Urk. ptol. Zeit, einige in II aus röm. Zeit (1.–3. Jh.). Ort: London BM; Oxford Bodl.; versch. Slg.en in USA und Europa (u. a. Cambridge, Brüssel, Graz, Leipzig; Listen in P. Oxy. V p. 319. XI p. 251f.).

P. Holm. = Pap. graecus Holmiensis, Rezepte für Silber, Steine und Purpur, ed. O. Lagercrantz, Uppsala-Leipzig 1913. – Pap.-Codex des 4. Jh.s mit alchimistischen Fälschungsrezepten; erworben 1828 in Äg. durch Joh. d'Anastasy, 1832 der Vitterhets-Historie- och Antikvitets-Akademie geschenkt, 1906 nach Uppsala, Victoria-Mus. gekommen, jetzt in Stockholm, Kgl. Bibl.

P. Jand. = Pap. Iandanae, cum discipulis ed. C. Kalbfleisch. Slg. K. Kalbfleisch, erworben teils von Dt. Pap. Kartell, teils durch C. Schmidt 1926–27 in Medînet-el-Fayûm, aus Mitteln von K. R. und J. F. Janda und von H. und P. Cnyrim. Von Kalbfleisch (†1946) der UB Gießen vermacht. Bestand: 700 verglast, 457 unverglast; davon 48 Pap. 1944 verlorengegangen (die Nummern bei H.G.Gundel, Aeg.41, 1961, 6). Ort: UB Gießen. Publ.: I Voluminum codicumque fragmenta graeca cum amuleto christiano (Nr.1–7), ed. E.Schaefer 1912; II Epistulae privatae graecae (Nr.8–25), ed. L.Eisner 1913; III Instrumenta graeca publica et privata I (Nr.26–51), ed. L. Spohr 1913; IV Instrum. graeca publ. et priv. II (Nr.52–68b), ed. G. Spieß 1914; V Lit. Stücke und Verwandtes (Nr.69–90), ed. J.Sprey 1931; VI Griech. Privatbf.e (Nr.91–133), ed. G. Rosenberger 1934; VII Griech. Verwaltungsurk. (Nr.134 bis 145), ed. D.Curschmann 1934; VIII Griech. Wirtschaftsrechnungen und Verwandtes (Nr.146–155), ed. J.Hummel 1938; ferner K.Kalbfleisch, APF 15, 1953, 89. 104; H.G.Gundel, Aeg.41, 1961, 6; ders., Aeg.43, 1963, 384; Einzelpubl. verzeichnet Gundel, Chr.d'Eg.26, 1951, 463 Anm.3. 464 Anm.1; ders., Aeg.33, 1953, 248 Anm.3.

P. Ibscher = ehem. Privatslg. H.Ibscher. Bestand: etwa 200; jetzt in Berlin C.2, Staatl. Mus. (s. auch → P.Berol.). Daraus 5 lit. Texte publ. in P.Hamb. II p.127–132; 7 Urk. publ. W.Müller, JJP 13, 1961, 75.

P. Jena = Slg. aus Ankäufen 1904–13 von Dt. Pap. Kartell. Ort: Jena, Univ., Sem. f. Klass. Phil. Bestand: über 1000, z.T. aus Kartonnage des 3.–2.Jh.s v.Chr. – Publ.: Jenaer Pap. Urk., ed. F.Zucker-F.Schneider, Zwickau 1926 (4 griech. Urk. = SBGU 7165–68); F.Zucker, Aeg.32, 1952, 73; ders., WZ Jena 1, 1952/53, 45; F.Uebel, APF 17, 1960/62, 123; Einzelpubl. s. Preisendanz 278f. (u.a. Irenaeus-Frg. ed. Lietzmann, NGG 1912, 291, dazu jetzt F.Uebel in: Eirene, Studia graeca et latina 3, Praha 1964, 51) und SBGU.

P. Karanis → P.Chic.

P. Leid. = Pap. graeci Mus. Antiquarii publici Lugduni Batavi, ed. C.Leemans, I (Pap.A–U) Leiden 1843; II (Pap.V–Z) 1885. – Weitere Publ. s. SBGU und Preisendanz 294f. – Aus Privatslg. Joh. d'Anastasy, 1828 erworben für Mus. van Oudheden in Leiden.

P. Lille = I Pap. grecs, ed. P.Jouguet, P.Collart, J.Lesquier, M.Xoual (Inst. Papyrol. de l'Univ. de Lille), Paris 1907–28; II Pap. de Magdola, ed. J.Lesquier 1912. – Aus Grabungen P. Jouguet und G.Lefebvre 1902 im Fayûm (Ghorân, Medînet-en-Nahas, el-Lahûn); Urk., 3.Jh.v.Chr.–4.Jh.; in II: 42 Urk. des 3.Jh.s v.Chr. aus Medînet-en-Nahas (Magdôla). Ort: z.T. Cairo, Mus. (u.a. die Pap. aus el-Lahûn), die übrigen in Paris, Inst. de Papyrol. de la Sorbonne.

P. Lips. = Griech. Urk. der Pap. Slg. zu Leipzig, ed. L.Mitteis, Leipzig 1906 (Nr.1–123; 2.Jh.v.Chr.–7.Jh., aus Ankauf 1902 von etwa 500 Pap.). Alter Bestand: 35 Pap. aus Sakkâra, erworben 1857 durch K.Tischendorf; publ.: C.Wessely, Die griech. Pap. Sachsens I: Die griech. Pap. der Leipziger UB, SB Leipzig 1885, 237. Einzelnes s. Preisendanz 186f. 279.

P. Lit. Lond. = H.J.Milne, Catal. of the Lit. Pap. in the BM, London 1927. – Die wichtigsten lit. Pap. des BMs: 1. Aristot. Ath. Pol. (inv.131), 4 Rollen von zus. 38 Kolumnen, um 100 n.Chr.; aus Eshmunên, Kauf 1889; ed. F.G.Kenyon, Aristotle, On the Constitution of Athens, London 1891. – 2. Herondas (inv.135), Rolle von 5 m (46 Kol.), 1.Jh.v.Chr., erworben 1889; ed. F.G.Kenyon, Class. Texts from Pap., London 1891; 47 Frg.e derselben Rolle 1900 erworben: Kenyon, APF 1, 1901, 319. – 3. Bakchylides (inv.733), 2 Rollen von zus. 49 Kol., um 200 n.Chr., gefunden von Einheimischen in Grab bei Meïr, 1896 gekauft, ed. F.G.Kenyon, The Poems of Bacchylides, London 1897; 2 zugehörige Frg.e von M.Norsa 1940 in Äg. gekauft, jetzt in Florenz: PSI XII 1278. – 4. Hypereides-Rolle (inv.108 + 115), gefunden 1847 bei Dêr-el-Medîna, seit 1872 und 1879 im BM (zur Gesch. des Fundes: Preisendanz 98f.). – 5. Homer: u.a. Ilias Bankesiana (Pap.14 Allen), Rolle mit 16 Kol., 1821 von J.W.Bankes in Gezîret-Aswân gekauft, seit 1879 im BM, inv.114. – 6. Pindar: u.a. Päane, P.Oxy.V 841, Rolle mit Scholien, Anf. 2.Jh., inv. 1842.

P. Lond. = Greek. Pap. in the BM, I (Nr.1–138) ed. F.G. Kenyon 1893; II (139–484) ed. Kenyon 1898; III (485–1331: Erwerbungen 1895–1903) ed. Kenyon-H.I.Bell 1907; IV The Aphrodito Pap. (1332–1646) ed. H.I.Bell 1910; V (1647 bis 1911: Erwerbungen 1906–07, ältere byz. Pap. aus Atfîh, Sheikh Abâda, Dêr-el-Medîna, Aswân) ed. H.I.Bell 1917. – Alles Ankäufe, ältere Bestände z.T. aus Privatslg.en; zur Geschichte der Slg. s. Preisendanz 150ff. 287f. Zahlreiche Einzelpubl., s. SBGU und Bibliographien. – Ort: London, BM; hier auch die P.Antin., große Teile der P.Oxy., P.Petrie, P.Hib., usw. – Lit. Texte: s. P.Lit. Lond.

P. Lund = Aus der Pap. Slg. der UB in Lund, I Lit. Frg.e, ed A. Wifstrand, Lund 1935 (Hom., Thuk., Isokr., 2 mediz. Texte u.a.); II Griech. Privatbf.e, ed. A.Wifstrand 1937 (Nr.1–4 röm., Nr.5 byz. Zeit); III Kultische Texte, ed. K.Hanell 1938 (10 Texte); IV Bakchiastexte u.a. Pap., ed. K.J.Knudtzon 1946 (14 Urk., aus Umm-el-Katl u.a., s. auch P.Yale); V Zwei astronomische Texte, ed. Knudtzon-O.Neugebauer 1947; VI Vermischte Texte, ed. Knudtzon 1952 (12 Urk., 2.Jh.v.Chr. bis 4.Jh.). Ort: UB Lund.

P. Magdola → P.Lille II.

P. Med. = Pap. der Univ. Cattolica del S.Cuore, Milano; aus Ankäufen. Publ.: Aeg., Serie scientifica I 1, 1928 (Slg. Jacovelli-Vita, ed. A.Calderini); laufende Publ. durch A.Calderini, O.Montevecchi, S.Daris u.a. im Aeg. ab Bd.13, 1933, 674; 15, 1935, 239 (u.a. Eur. Telephos-Prolog); 20, 1940, 39 usw.; s. auch S. Daris, Su un nuovo archivio Licopolitano, Stud. Pap. 2, 1963, 77.

P. Merton = Slg. Wilfred Merton, 1956 von Sir Chester Beatty gekauft. Verschiedene Ankäufe durch W.Merton 1924–49. Bestand: etwa 130, 3.Jh.v.Chr.–8.Jh. Ort: Dublin, Chester Beatty Lb. Publ.: A Descriptive Catalogue of the Greek Pap. in the Collection of W.Merton, I ed. H.I.Bell-C.H.Roberts, London 1948 (Nr.1 und 3 Hom., Nr.2 Jesaiah, Nr.4–50 Urk. und Bf.e); II ed. B.R.Rees-H.I.Bell-J.W.B.Barns, Dublin 1959 (Nr.51 theol., 52–53 Hom., 54 Eur. Phoen., 55–58 etymol., astrolog., mag. u.a. Texte, 59–100 Urk. und Bf.e).

P. Meyer = Griech. Texte aus Äg. I, Pap. des Neutestamentl. Seminars der Univ. Berlin, ed. P.M.Meyer, Berlin 1916. – Bestand: 65, davon 29 voll publ., die übrigen nur beschrieben. Ankäufe meist 1912 in Gizeh durch Vermittlung von C. Schmidt, 3 Pap. 1914 erworben. Herkunft: Fayûm. Urk., meist röm. Zeit. Ort: nicht ermittelt.

P. Mich. = Pap. in the Univ. of Michigan Collection, I (Nr.1 bis 120) Zenon Pap. in the Univ. of Mich. Coll., ed. C.C. Edgar 1931; II (Nr.121–128) Pap. from Tebtunis I, ed. A.E.R. Boak 1933; III (Nr.131–221) Miscellaneous Pap., ed. J.G. Winter u.a., 1936; IV (Nr.223–225 und 357–363) Tax Rolls from Karanis, ed. H.C.Youtie-V.B.Schuman-O.M.Pearl, 1936–39; V (Nr.226–356) Pap. from Tebtunis II ed. E.M. Husselman-A.E.R.Boak-W.F.Edgerton, 1944; VI (Nr.364 bis 428) Pap. and Ostraca from Karanis, ed. H.C.Youtie-O.M.Pearl, 1944; VII (Nr.167–168 und 429–463) Latin Pap., ed. H.A.Sanders, 1947; VIII (Nr.464–521) Pap. and Ostraca from Karanis, ed. H.C.Youtie-J.G.Winter, 1951; Einzelpubl.: u.a. A Pap. Codex of the Shepherd of Hermas, ed. Campbell Bonner, 1934; A Third-Century Pap. Codex of the Epistles of Paul, ed. H.A.Sanders, 1935; weitere Publ. s. O.M.Pearl, Chr.d'Eg.28, 1953, 335; ferner: E.M.Husselman, TAPhA 92, 1961, 251. – Aus zahlreichen Ankäufen; Grabungen 1924–34 in Kôm Aushîm durch Univ. of Michigan Near East Research Expedition unter E.E.Peterson, und 1931–32 in Dimê. Ort: Ann Arbor, Unniv. of Michigan.

P. Michael. = Pap. Michaelidae, Catalogue of the Greek and Latin Pap., Tablets and Ostraca in the Lb. of Mr. G.A.Michailidis of Cairo, ed. D.S.Crawford, Aberdeen 1955. – Einige lit. Texte (u.a. Chariton und 2 Ilias-Pap., 1 Anthol. aus 3.Jh. vor Chr.), sonst Urk., 1.–6.Jh.; aus Ankäufen. Ort: Cairo, Privatslg. G.A.Michailidis.

P. Mil. Vogl. = I Pap. della R.Univ. di Milano (auch *PRIMI*, zuweilen *PRUM* zitiert), ed. A.Vogliano, Milano 1937; darin 22 lit. Texte (Hom., Apoll. Rhod., Plat., Demosth., Kallimachos-Diegesen u.a.) und 6 Urk. des 2.Jh.s (diese jetzt in SBGU/Bh 2, 1961). – II Pap. della Univ. degli Studi di Milano, ed. M. Vandoni u.a., Milano 1961; Nr.29–49 lit. Texte (10 Hom. Pap., Hes., Kallim., Sappho u.a.), Nr.50–110 Urk. des 2.Jh.s – III Pap. della Univ. degli Studi di Milano ed. F.Caizzi, I.Cazzaniga u.a., Milano 1965; Nr.111–126 lit. Texte (darunter Apoll. Rhod., Tragikerfrg., Hom. – Scholion), Nr.127–207 ptol. u. kaiserzeitl. Urk. – Aus Ankäufen und Grabungen 1934 durch Missione Archeologica della R.Univ. di Milano (A.

Vogliano-G. Bagnani) in Umm-el-Baragât, Madînet-Mâdi und Tunêt-el-Gabal. Ort: Milano, Univ. Stat. Weitere Publ.: M. Vandoni, Acme 15, 1962, 137; dies., Chr. d'Eg. 38, 1963, 265; dies., Parola del Passato 93, 1963, 462.

P. Monac. = Pap. Slg. der Bayerischen Staatsbibl. München. Aus Ankauf um 1900 durch H. Thiersch in Äg., darunter 16 lit. Texte (Hdt., Xen. u. a.) und 110 Urk.; Ankauf 1908 durch F. Zucker in Cairo (18 Urk., Ende 6. Jh., aus Aswân); Ankauf 1909 von Dt. Pap. Kartell (vgl. Wilcken, APF 1, 1901, 468 bis 491). Ort: München, Bayerische Staatsbibl. – Publ.: Veröffentlichungen aus der Pap. Slg. der Staatsbibl. zu München, I Byz. Pap., ed. A. Heisenberg-L. Wenger, Leipzig 1914 (18 byz. Urk. aus Ankauf 1908). Zur Geschichte der Slg. und Einzelpubl. s. L. Wenger, Chr. d'Eg. 7, 1932, 335–348.

P. Nessana = Excavations at Nessana II: Lit. Pap., ed. L. Casson-E. L. Hettich, Princeton 1950 (13 Texte des 4.–8. Jh.s; Nr. 1 lat.-griech. Glossar zu Verg. Aen., Nr. 2 Verg. Aen., sonst meist theol. Texte); III Non-lit. Pap., ed. C. J. Kraemer jr., Princeton 1958 (Nr. 14–196, griech. und lat. Urk. des 6. bis 7. Jh.s). – Ausgrabung 1935–37 in Auja-el-Hafir (Nessana) in der Negev-Wüste (Israel) durch das Colt Archaeolog. Inst. – Ort: New York, Pierpont Morgan Lb.

P. Osl. = Pap. Osloenses, ed. S. Eitrem-L. Amundsen, I 1925 (u. a. Zauberpap., 4. Jh.; aus Ankauf 1920 in Äg. durch S. Eitrem); II 1931 (lit. Texte: Hom., Plat. Politikos, Demosth., LXX u. a.; Urk. röm. Zeit; aus Ankäufen 1920 und 1923 aus Fayûm, 1928 aus Behnesa); III 1936 (lit. Texte: 6 Ilias-Pap., 1 Isokr.; Urk. meist 2.–3. Jh.; aus Ankäufen in Äg. 1920 bis 1936). – Weitere Publ.: u. a. S. Eitrem-L. Amundsen, Aeg. 31, 1951, 177; JEA 40, 1954, 30; A. Traversa, Symb. Osl. 36, 1960, 60; ders., ebd. 37, 1961, 100; M. H. de Kat-Eliassen, ebd. 37, 1961, 132; J. H. Schreiner, ebd. 38, 1963, 38. Ort: UB Oslo.

P. Oxford = Some Oxford Pap., ed. E. P. Wegener (Pap. Lugd. Bat. 3) Leiden 1942. – 19 Urk. und Bf.e des 2. Jh.s v. Chr. bis 7. Jh. Ort: Oxford, Nr. 1 und 5–8 im Ashmolean Mus., die übrigen in Bodl.

P. Oxy. = The Oxyrhynchus Pap., ed. B. P. Grenfell, A. S. Hunt, E. Lobel, E. P. Wegener, C. H. Roberts u. a.: I (1898) Nr. 1–207; II (1899) 208–400; III (1903) 401–653; IV (1904) 654–839; V (1908) 840–844; VI (1908) 845–1006; VII (1910) 1007–1072; VIII (1911) 1073–1165; IX (1912) 1166–1223; X (1914) 1224–1350; XI (1915) 1351–1404; XII (1916) 1405 bis 1593; XIII (1919) 1594–1625; XIV (1920) 1626–1777; XV (1922) 1778–1828; XVI (1924) 1829–2064; XVII (1927) 2065 bis 2156; XVIII (1941) 2157–2207; XIX (1948) 2208–2244; XX (1952) 2245–2287; XXI (1951) 2288–2308; XXII (1954) 2309–2353; XXIII (1956) 2354–2382; XXIV (1957) 2383 bis 2425; XXV (1959) 2426–2437; XXVI (1961) 2438–2451; XXVII (1962) 2452–2480; XXVIII (1962) 2481–2505; XXIX (1963) 2506; XXX (1964) 2507–2530. – Aus Grabungen Grenfell-Hunt für EES 1896–1907 in Behnesa; z. T. Ankäufe in Behnesa (u. a. 1920 durch Grenfell). Ort: die publ. Texte in Oxford, Bodl.; einige in Cairo, Mus. (Grabungsanteil); z. T. verteilt an Mus. und Bibl. in USA, Canada, Europa (bes. London, BM), Australien usw.; Listen darüber in P. Oxy. IV p. 315 ff., XI p. 248 ff., XVI p. XIII f. und 275 ff.

P. Par. = W. Brunet de Presle, Notices et extraits des pap. du Musée du Louvre et de la Bibl. Impériale 18, 2, Paris 1865 (z. T. neu ed. von Wilcken in UPZ). – Alter Bestand, aus Slg.en Drovetti, Salt, d'Anastasy und Casati. Zur Geschichte der Slg.en (BN und Louvre) s. Preisendanz 75 f. 104 ff. 217 f. 281 f.; Einzelpubl. s. SBGU; ferner: P. Mazon, Mél. Bidez, Bruxelles 1933, 603 (Kratinos Plutoi, erworben in Paris durch F. Cumont, Teil von PSI XI 1212) u. a. – Wichtigster lit. Text: Alkm. Partheneion (P. Par. 71), Rollenfrg., 2. Jh. v. Chr., aus Sakkâra, seit 1855 im Louvre.

P. Par. Wess. = C. Wessely, Die Pariser Pap. des Fundes von El-Faijûm (Wiener Denkschr. 27, 2, 1889, 97–256). – Aus Funden von Einheimischen im Fayûm seit 1877; von den in den Louvre gekommenen Stücken über 1000 von Wessely inventarisiert.

P. Petr. = The Flinders Petrie Pap. (Royal Irish Acad., Cunningham Memoirs 8, 9, 11), I ed. J. P. Mahaffy, Dublin 1891 (lit. Texte, u. a. Eur. Antiope, Plat. Phaid.; Urk. des 3. Jh.s vor Chr.); II ed. Mahaffy 1893 (lit. Texte: Plat. Lach., Eur. Hyps. u. a.; Urk., u. a. Nr. 45: Bericht über den 3. Syr. Krieg); III ed. Mahaffy-J. G. Smyly 1905 (nur Urk.). – Aus ptol. Mumienkartonnage (3. Jh. v. Chr.), Grabung Sir W. M. Flinders Petrie 1889–90 in Gurôb. Ort: Dublin, Royal Irish Acad.; Oxford, Bodl. (u. a. Plat. Lach.); London BM (seit 1895; u. a. Eur. Antiope und Eur. Hyps.); London, Univ. College.

P. Phil. = Pap. de Philadelphie, ed. J. Schérer (Publ. Soc. Fouad I de Papyrol., Textes et documents 7) Cairo 1947. – Aus Grabung 1910 in Darb Gerzeh; 86 Nummern, davon 35 publ. (Urk., 1.–2. Jh.). Ort: Cairo, Mus.

P. Princ. = Pap. in the Univ. of Princeton Collections, I (Nr. 1 bis 14) ed. A. C. Johnson-H. B. van Hoesen, Baltimore 1931 (Steuerurk., 1. Jh.); II (Nr. 16–107) ed. E. H. Kase, Princeton 1936 (u. a. Jacobusbrief, 5. Jh.; Urk. aus ptol., röm. und byz. Zeit); III (Nr. 108–191) ed. A. C. Johnson-S. P. Goodrich, Princeton 1942 (lit. Texte, u. a. Ilias-Pap., 1.–3. Jh.; Xen., Isokr., mediz. und philos. Frg.e, 2.–3. Jh.; Urk. und Bf.e ptol., röm. und byz. Zeit). Bestand: 380, davon 91 von EES (Listen s. unter P. Oxy.), 221 Leihgabe Slg. R. Garrett, 68 erworben 1921 (Kartellkauf mit Michigan und Cornell Univ., BM und Genf), aus Darb Gerzeh, + 3 Ankäufe R. Garrett. Ort: Princeton, N. J., Univ. Lb.

P. Rain. → P. Gr. Vindob.

P. Rein. = Les pap. Théodore Reinach, I ed. Th. Reinach, Paris 1905 (65 Texte, davon 58 griech., 7 dem.; Nr. 1–6 lit. Texte, u. a. mythograph. und astrolog. Frg.e; 7–40 ptol. Urk., 41–58 röm. und byz. Urk.; die ptol. Urk. aus Tehneh, die übrigen meist aus Fayûm); II ed. P. Collart, BIFAO 39, 1940 (Nr. 59–90 lit. Texte: theol., Hom., Hes., Xen., Isokr., Aristot. hist. an., Dion. Thrax u. a.; 91–119 Urk., 120–143 Ostraca, meist röm. Zeit). Ort: Paris, Inst. de Papyrol. de la Sorbonne.

P. Rev. Laws = Revenue Laws of Ptolemy Philadelphus, ed. B. P. Grenfell, Oxford 1896 (im Anhang einige P. Petrie und 1 Louvre-Pap.); neu ed. von J. Bingen, SBGU/Bh 1, 1952. – 2 Rollen von zus. über 107 Kolumnen, erworben z. T. 1893–94 durch Flinders Petrie in Cairo, z. T. 1894–95 durch Grenfell in Cairo und Fayûm. 259 v. Chr., aus Fayûm. Ort: Oxford, Bodl.

PRIMI → P. Mil. Vogl.

P. Ross. Georg. = Pap. russischer und georgischer Slg.en, I Lit. Texte, ed. G. Zereteli-O. Krüger, Tiflis 1925 (24 Texte, u. a. 1 Dionysos-Hymnus, Aesop-Vita, Men., Eur., Hom., Hdt., alle aus röm. und byz. Zeit); II Ptol. und frühröm. Texte, ed. O. Krüger, 1929 (43 Urk.); III Spätröm. und byz. Texte, ed. G. Zereteli-P. Jernstedt, 1930 (Nr. 1–23 Bf.e, 24–57 Urk.); IV Die Kome-Aphrodito-Pap. der Slg. Lichačov, ed. P. Jernstedt, 1927 (28 Urk.); V Varia, ed. G. Zereteli-P. Jernstedt, 1935 (Nr. 1–3 lit., 4–73 Urk. und Bf e, 2.–8. Jh.). – Z. T. aus Slg. K. Tischendorf (15 Pap. aus Sakkâra in Bibl. Leningrad, publ. in III), versch. Ankäufe in Äg.; vgl. G. Zereteli, Chr. d'Eg. 6, 1931, 460 ff. und Preisendanz 238 ff. 298 (mit Lit.). Verschiedene Orte: die in II publ. Texte in Leningrad, Akad. und Eremitage; Moskau, Mus. des Beaux Arts; die Slg. Lichačov (publ. in IV) in Leningrad, Akad.

PRUM → P. Mil. Vogl.

P. Ryl. = Catal. of the Greek Pap. in the J. Rylands Lb. at Manchester, I Literary Texts, ed. A. S. Hunt, 1911 (Nr. 1–61; 3. Jh. v. Chr.–6. Jh.; u. a. großer Od.-Codex und viele Ilias-Pap., Hom.-Scholien, astronom. und mediz. Texte, Hes., Hdt., Demosth. de corona); II Ptol. and Rom. Documents, ed. A. S. Hunt-J. de M. Johnson-V. Martin, 1915 (Nr. 62–456); III Theol. and Lit. Texts, ed. C. H. Roberts, 1938 (Nr. 457–551; u. a. Ev. Joh. 18 aus Anf. 2. Jh., Dtn. 23–28 aus 2. Jh. v. Chr.; Cic. und Verg. lat.-griech., Sall. hist., viele Hom.-Pap., Eur. Phoin., Thuk., Xen. usw.); IV Documents of the Ptol., Rom. and Byz. Periods, ed. C. H. Roberts-E. G. Turner, 1952 (Nr. 552 bis 717). – Erworben 1892 aus Althorp Lb. und bes. 1901 aus Slg. des Earl of Crawford (diese Slg. aus Funden von Grenfell-Hunt in Äg. 1895–1901); Funde von Grenfell-Hunt 1901–07; versch. Ankäufe in Äg.: 1917 durch Rendel Harris, 1920 durch Grenfell. Ort: Manchester, J. Rylands Lb.

P. Schubart → P. Berol.

PSI = Pap. greci e latini (Pubblicazioni della Soc. Italiana per la ricerca dei pap. greci e latini in Egitto), ed. G. Vitelli, M. Norsa, V. Bartoletti u. a.; I (1912) Nr. 1–112; II (1913) 113–156; III (1914) 157–279; IV (1917) 280–445; V (1917) 446–550; VI

(1920) 551–730; VII (1925) 731–870; VIII 1 (1925) 871–920; VIII 2 (1927) 921–1000; IX 1 (1928) 1001–1061; IX 2 (1929) 1062–1096; X 1 (1932) 1097–1162; X 2 (1932) 1163–1181; XI (1935) 1182–1222 (nur lit. Texte); XII 1 (1943) 1223–1271; XII 2 (1951) 1272–1295; XIII 1 (1953) 1296–1314; XIII 2 (1953) 1315–1370; XIV (1957) 1371–1452; XV in Vorbereitung. – Aus versch. Ankäufen und bes. aus Grabungen der Soc. Ital., u.a. 1908 durch E. Schiaparelli-F. Ballerini in Eshmunên, 1910–13 durch Pistelli-Farina in Behnesa und Sheikh Abâda, 1928–34 durch E. Breccia in Behnesa, 1931–34 durch C. Anti in Umm-el-Baragât, 1937 durch E. Breccia in Sheikh Abâda. Ort: Teile der in VIII 1 publ. Pap. in Cairo, Mus., der in VIII 2 in Alexandria, Mus., in IX 1 in Torino, Mus., die übrigen meist in Firenze, Univ., Istituto Girolamo Vitelli und in Bibl. Medicea Laurenziana.

P. Sorbonne = Pap. des Inst. de Papyrologie de la Sorbonne; hier auch P. Lille, P. Bouriant, P. Rein. und Slg. R. Weill. Einzelpubl.: N. Lewis, JJP 13, 1961, 87; E. Wipszycka, Chr. d'Eg. 35, 1960, 206; weiteres s. SBGU. – Lit. Texte: H. Cadell, Rech. de Pap. 2, 1962, 25 (Eur. Hippol.); M. Papathomopulos, ebd. 99; A. Bataille, Rech. de Pap. 3, 1964 (Men. Sikyonios, aus ptol. Kartonnage aus Grabung P. Jouguet 1902 in Ghorân). Ort: Paris, Inst. de Papyrol. de la Sorbonne.

P. Strasb. = Griech. Pap. der kaiserl. Univ.- und Landesbibl. zu Straßburg, ed. F. Preisigke, I 1 (Nr. 1–23) Straßburg 1906; I 2 (Nr. 24–54) 1907; I 3 (Nr. 55–80) 1912; II (Nr. 81–125) Leipzig 1920; III Pap. grecs de la BN et Univ. de Strasbourg, ed P. Collomp u.a. (Nr. 126–168), Paris 1948; IV ed. J. Schwartz u.a. (Nr. 169–300), Strasbourg 1963; weitere Publ. laufend durch J. Schwartz u.a. im Bull. de la Faculté des Lettres de Strasbourg. – Lit. Texte: ältere Publ. s. Preisendanz 283 f., u.a. ‹Straßburger Epoden› (Archilochos, Hipponax): R. Reitzenstein, SB Berlin 1899, 857; ferner: N. Lewis, Ét. de Pap. 3, 1936, 46; B. Snell, Eur. Alexandros u.a. Straßburger Pap., Hermes-Einzelschr. 5, 1937; J. Schwartz, BIFAO 61, 1962, 151. – Bestand: etwa 2700, davon 2000 erworben 1899 aus Kôm Ombo; weitere Ankäufe durch L. Borchardt und H. Thiersch (aus Achmîm) und von Dt. Pap. Kartell. Ort: Strasbourg, BN et Univ.

P. Tor. = Pap. graeci regii Taurinensis Mus. Aegyptii, ed. V. A. Peyron, Torino 1826–27. – 14 ptol. Urk. aus Slg. B. Drovetti, neu ed. von Wilcken in UPZ; vgl. auch A. Traversa, Aeg. 31, 1951, 235. – Neuerer Fund (durch E. Schiaparelli 1905 in Dêr-el-Medîna): s. PSI IX 1, 1014–1025. Ort: Torino, Museo Egizio.

P. Teb. = The Tebtunis Pap., ed. B. P. Grenfell, A. S. Hunt, J. G. Smyly, E. J. Goodspeed u.a., I (1902) Nr. 1–264 (davon Nr. 1–4 lit., sonst ptol. Urk.); II (1907) 265–689 (Urk. meist des 1.–3. Jh.s); III 1 (1933) 690–825 (Nr. 690–697 lit., u.a. Soph. Inachos; sonst Urk. des 3.–2. Jh.s v. Chr.); III 2 (1938) 826–1093 (Urk., 3.–2. Jh. v. Chr.). – Aus Grabung 1899–1900 durch Grenfell-Hunt in Umm-el-Baragât; die Texte in II aus Häuserruinen, die übrigen aus ptol. Kartonnage von Krokodilmumien. Ort: Berkeley, Univ. of California.

P. Thead. = Pap. de Théadelphie, ed. P. Jouguet, Paris 1911. – 59 Urk. von 280–342 n. Chr., aus Grabung 1898–1901 durch Grenfell-Hunt in Batn-Harît. Ort: Cairo, Mus. (inv. 10870 bis 10928).

P. Univ. Bibl. Giss. = Mitteilungen aus der Pap. Slg. der Gießener UB, I Griech. Pap. Urk. aus ptol. und röm. Zeit (Nr. 1–16), ed. H. Kling, 1924; II Bruchstücke des Origenes über Gen. 1, 28 (Nr. 17), ed. P. Glaue, 1928; III Griech. Privatbf.e (Nr. 18 bis 33), ed. H. Büttner, 1931; IV Lit. Stücke (Nr. 34–45), ed. H. Eberhart, 1935; V Alexandrinische Geronten vor Kaiser Gaius (Nr. 46), ed. A. v. Premerstein, 1939; VI Griech. Verwaltungsurk. von Tebtynis aus dem Anf. des 3. Jh.s (Nr. 47 bis 53), ed. G. Rosenberger, 1939; vgl. ferner H. G. Gundel, Aeg. 33, 1953, 247; ders., Die lit. Pap. in der Gießener UB (Kurzberichte aus der Pap. Slg. Gießen Nr. 12, 1962, 6); F. Uebel, APF 17, 1960/62, 115 (u.a. zusammengehörige P. Univ. Bibl. Giss. + P. Jen.); Einzelpubl. s. Preisendanz 276; H. G. Gundel, Aeg. 33, 1953, 248 Anm. 2. – Ort: UB Gießen.

P. Univ. Indiana = kleine Slg. von Urk. ptol. und röm. Zeit aus Behnesa, Batn-Harît, Umm-el-Baragât, Darb Gerzeh; daraus 10 Texte publ.: V. B. Schuman, Class. Phil. 43, 1948, 110. Ort: Bloomington, Indiana Univ.

P. Univ. Milan. → P. Mil. Vogl.

P. Ups. = Slg. der UB Uppsala; Bestand: außer 3 P. Oxy. (seit 1922: P. Oxy. 1293, 1385 und 1724) noch 116 Pap. aus Ankäufen 1925 und 1928, meist Urk. und Bf.e. Publ.: 1 Isokr.-Frg. (aus Pap.-Codex, 3.–4. Jh.) ed. G. Björck, Symb. Osl. 14, 1935, 69; G. Björck, Der Fluch des Christen Sabinus (P. Ups. 8), Uppsala 1938.

P. Vars. = Pap. Varsovienses, ed. G. Manteuffel, Warszawa 1935 (5 lit. Texte, u.a. Xen. Kyr.; sonst Urk. und Bf.e des 2.–7. Jh.s). Ankauf 1932 durch C. Schmidt im Fayûm, von ihm der Univ. Warschau geschenkt. Weitere Publ.: G. Manteuffel, JJP 2, 1948, 81 (u.a. Eur. Phoen. und Andr.); vgl. auch R. Böhm, Kritische Bemerkungen zum P. Vars. 10, Diss. Mainz 1961; weiteres s. SBGU. – Ort: Warszawa, Univ.; UB; Nat. Mus.

P. Vindob. Boswinkel = Einige Wiener Pap., ed. E. Boswinkel (Pap. Lugd. Bat. 2), Leiden 1942. – 17 Urk. des 1.–4. Jh.s der NB Wien; s. auch → P. Gr. Vindob.

P. Vindob. Sijpesteijn = Einige Wiener Pap., ed. P. J. Sijpesteijn (Pap. Lugd. Bat. 11), Leiden 1963. – 28 Urk. des 2.–6. Jh.s der NB Wien; s. auch → P. Gr. Vindob.

P. Warren = The Warren Pap., ed. M. David-B. A. van Groningen-J. C. van Oven (Pap. Lugd. Bat. 1), Leiden 1941. – 21 Urk. röm. Zeit, Slg. E. P. Warren; nach Warren besaß sie H. A. Thomas, der sie dem Pap. Inst. Leiden schenkte.

P. Wessely Prag. = Slg. C. Wessely († 1931), der sie Th. Hopfner, Prag, als Legat hinterließ. Aus Ankäufen seit 1904 in Cairo und Paris. Bestand: über 7000, meist aus Dimê; Urk. und Bf.e (u.a. Teile des Heroninos-Archivs aus Batn-Harît), fast alle aus röm. und byz. Zeit. Zur Slg. vgl. Th. Hopfner, APF 12, 1937, 68. – Publ.: Th. Hopfner, Archiv Orientalny 7, 1935, 355; L. Varcl, APF 17, 1960/62, 17; ders., Eunomia (Suppl. zu Listy filologické) 1, 1957, 18 und 65; 2, 1958, 6 und 69; laufende Publ. durch L. Varcl in Listy filologické. Ort: UB Praha.

P. Würzb. = Mitteilungen aus der Würzburger Pap. Slg., ed. U. Wilcken (Abh. Akad. Berlin 1933 Nr. 6) Berlin 1934. – Nr. 1–3 lit. Texte (Nr. 1 Scholien zu Eur. Phoen., 6. Jh.); Nr. 4–22 Urk., 2. Jh. v. Chr.–8. Jh. Aus Ankäufen von Dt. Pap. Kartell 1902–14. Bestand: außer Frg.en etwa 60 größere Stücke. Ort: UB Würzburg. Vgl. ferner U. Wilcken, Hermes 41, 1906, 103 (Sosylos-Frg., aus 4. Buch über Hannibal).

P. Yale = Slg. der Univ. Lb. aus Ankäufen, Bestand: etwa 500. Publ.: P. W. Townsend, AJPh 51, 1930, 62; H. M. Hubbel, ClPhil 28, 1933, 189; A. M. Harmon, YClSt 4, 1934, 136; C. Bradford Welles, TAPhA 67, 1936, 7; ders., JRS 28, 1938, 41; zahlreiche Texte aus Umm-el-Katl (Bakchias), die sich z. T. mit P. Lund IV berühren, publ. E. H. Gilliam, YClSt 10, 1947, 181; ferner: C. Bradford Welles-J. A. S. Evans, JJP 7–8, 1953/54, 32; C. Bradford Welles, Et. de Pap. 8, 1957, 103. Ort: New Haven, Yale Univ. Lb.

IV. DIE WICHTIGSTEN AUSGRABUNGEN

Auswahl, durch freundliche Vermittlung von Felix Eckstein, Freiburg i. Br., zusammengestellt von Immo Beyer und Ursula Heimberg, Freiburg i. Br.

Vorbemerkung: Das Verzeichnis umfaßt nur die wichtigsten Ausgrabungen an den Stätten der griech.-röm. Antike. Für Ausgrabungen in Ägypten und im Bereich des Alten Orients vgl. den Text des Lexikons zu den entsprechenden Orten, für Ausgrabungen, die das frühe Christentum betreffen, den Überblick s. v. Kunst II B (Sp. 1641–44). Die Eintragungen sind nach Ländern geordnet, innerhalb derselben, um zugleich einen Überblick über die Forschungsgeschichte zu geben, chronologisch; Orte, an denen mehrmals große Ausgrabungskampagnen durchgeführt wurden, erscheinen also an mehreren Stellen. Dem an den Ausgrabungen eines bestimmten Ortes Interessierten gibt für Griechenland, Italien und Kleinasien als die Gebiete der reichsten Ausgrabungstätigkeit ein kleiner Index am Schluß dieses Verzeichnisses Auskunft. In den Eintragungen folgt auf Jahreszahl und Ort die Nationalität der Forscher, sofern es sich um offizielle Expeditionen eines fremden Staates auf dem betreffenden Territorium handelt, sodann die Namen der Forscher und darauf gegebenenfalls die wichtigsten Ergebnisse.

Inhalt: Griechenland: Athen, übriges Festland, Kreta, Inseln – Kleinasien – Cypern – Italien: Rom, übriges Festland, Sizilien, Sardinien – Nordafrika – Spanien – Frankreich – England – Deutschland – Österreich – Schweiz – Balkan

GRIECHENLAND: ATHEN

1835 (dt.). Schaubert, Hansen: Wiedererrichtung des in der Moirosini-Bastion verbauten Nike-Tempels der Akropolis.

1853 (frz.). Beulé: Entdeckung des Propyläenaufganges.

1858 Odeion des Herodes Atticus.

1862 (dt.). L. Curtius, A. Bötticher, K. B. Strack: Akropolis, Dionysostheater, Pnyx.

1870 Gräberstraße am Dipylon.

1885–91 (griech.-dt.). P. Kavvadias, G. Kawerau: Ausgrabungen auf der Akropolis, Perserschutt, Pelasgische Mauer.

1886–95 (dt.). W. Dörpfeld: Dionysostheater freigelegt.

1896–97 Pansgrotte am Nordwestfuß d. Akropolis ausgegraben.

1905 Allen: Asklepieion.

1906 (dt.). F. Noack: Sockel der themistokleischen Mauer freigelegt, Jünglingsstele (Nat. Mus. Athen Nr. 27).

1908 Stais: im Phaleron Nymphenheiligtum freigelegt.

1910 Kastriotis, A. Philadelpheus: Jünglingskopf (Nat. Mus. Athen Nr. 699). Grabungen am ‹Turm der Winde›.

1915/16 ff.: A. D. Keramopoullos: Ausgrabung des Odeions.

1916 ff. *Kerameikos* (dt.). H. Knackfuß, K. Kübler: Nekropole, Dipylontor, Stadtmauer, archaischer Dipylonkopf (Nat. Mus. Athen Nr. 3372).

1924–38 Pompeion des 5. Jh.s und hadrianischer Neubau; Heiliges Tor, Gräberstraße der platonischen Akademie, Eridanos, heilige Straße, Tritopatreion, Grabhügel des 6.–4. Jh.s, Keramik, Plastik.

1931–39 *Agora:* (amerik.). Th. L. Shear, H. A. Thomson: Attalosstoa, Gigantenstoa mit Odeion, Therme und Palästren, Mittel- und Südhalle, archaischer Wasserkanal, Zwölfgötter-Altar, Buleuterion, Tholos, Zeushalle, Apollon-Tempel, Ares-Tempel, Metroon, Theseion, vom Ptolemaiosgymnasium umbaut.

1931 Piräus-Reliefs vom Schild der Athena Parthenos; älteste rundplastische Darstellung des Dionysos (??), auf einem Diphros sitzend, gefunden (Nat. Mus. Athen Nr. 3045).

1952 ff. S. Jakovidis: Ilissos, Heiligtum des Pankrates u. Palaimon. – J. Papadimitriu: Südabhang des Pentelikon: Nymphäum des 4. Jh.

1956 ff. Ph. Stavropoulos: Akademie Platons: geometrisches Gräberfeld; geometrischer Brunnen; Grenzmauer; Inschriften; Plastik; Gebäude; Schultafeln.

1956 ff. *Kerameikos* (dt.). D. Ohly: Wiederaufnahme der Grabungen; seit 1962: F. Willemsen. Stadtmauer südlich des Westtores; Stätte des Pompeion mit Propylon und spätantikem Fundament; Kerameikosstraße vor dem Torausgang, dem Dipylon, der Horos 2 und 3; Wegraum der Gräberstraße; heilige Straße westlich des Grabbaues der Antidosis; stratigraphische Untersuchungen am Dipylontor; Lakedämoniergrab; großes Grab bei Horos 3; Terrassen an der Gräberstraße; Nekropole im Raum des Querweges; klass. Grabbau an der N-Seite der heiligen Straße; Bauten A–I an der N-Seite; geometrische Gräber an der S-Seite der heiligen Straße.

1957 S-Abhang der Akropolis. J. Miliadis: Nymphaion des 4. Jh.s; Horosstein; Hausanlagen.

1958 *Piräus.* J. Papadimitriu: Statuenhort; aus Bronze: Apollon, Athena, Artemis, tragische Maske; aus Marmor: 2 Hermen, eine ‹gefesselte Göttin›.

GRIECHENLAND: ÜBRIGES FESTLAND

1787 *Olympia* (frz.). Fauvel: Entdeckung des Zeus-Tempels.

1829 (frz.). Blouet, Dubois: Grab. am Tempel, Metopen.

1811–12 *Bassai (Phigalia).* Haller von Hallerstein, Cockerell, Foster, Linkh: Entdeckung des dor. Tempels des Apollon Epikurios (Peripteros mit Nord-Südachse); Innenfries der Cella, erstes korinth. Kapitell.

1829 *Epidauros* (frz.): erste Untersuchungen am Asklepieion.

1830 *Dodona.* T. L. Ph. D. Donaldson: Zeusheiligtum entdeckt.

1875–76 (griech.). Karapanos: Grabung.

1846 *Tenea bei Korinth:* Entdeckung des Apollon von Tenea.

1854 *Argos* (frz.). Rangabé: kleine Ausgrabungen im Heraion.

1859 *Eleusis,* Demeterrelief gefunden.

1861 *Bassai* (frz.). Foucart und Wescher: Freilegung der Polygonalmauer.

1861–62 *Delphi* (frz.). Foucart, Wescher: Freilegung der Polygonalmauer.

1880 ff. (frz.). Haussolier: Beginn der Ausgrabung im Apollonheiligtum. Weiterhin jährlich fortgesetzt (u. a. 1893 bis 1901 Homolle; 1910–12 E. Bourget, Replat): Basis von Kleobis und Biton, Attalos-Basis, Korinther-Schatzhaus, Naxier-Säule, Apollon-Altar von Chios, Apollon-Tempel I u. II (dor. Peripteros), Theater, Heilige Straße, weitere Schatzhäuser, Halle der Athener, Giebelfiguren, Weihungen des Kleisthenes v. Sikyon (Reliefs).

1871–94 *Mykene.* H. Schliemann, seit 1882 mit W. Dörpfeld: Schachtgräber, Goldfunde: Becher, Masken, Ringe, Schmuck, Waffen, Tonvasen, Grabstelen mit Reliefs, Kuppelgräber, Löwentor, Burganlage, Megaron, archaischer Tempel (dor. Peripteros), Relief, Brunnen.

1920 ff. (engl.). A. J. B. Wace: weitergeführt.

1875–81 *Olympia* (dt.). L. Curtius, W. Dörpfeld: Heiligtum des Zeus und der Hera, Nike des Paionios, 1877 Hermes des Praxiteles, Hera-Tempel (dor. Peripteros), Hera-Altar, Pelopion, Metroon, Zeus-Tempel (dor. Peripteros), Zeus-Altar, Schatzhäuser, Echohalle, Stadion, Philippeion, Prytaneion, Palästra, Werkstatt des Phidias, Leonidaion, Haus des Nero, Buleuterion, Südhalle, griech. Gymnasion, Apsidialbauten, Giebelfiguren, Bronzefunde.

1880 *Tegea:* Fragmente der Giebelgruppen gefunden.

1880 ff. *Orchomenos* (dt.). H. Schliemann: myk. Kuppelgrab.

1881–1903 ff. *Epidauros* (griech.). P. Kavvadias: Heiligtum des Asklepios, Asklepios-Tempel (dor. Peripteros) mit Altar, Tholos, Liegehallen, Artemis-Tempel, Palästra mit Propylon, Giebelfiguren.

1916–27 Röm. Bauten, Stadion, Stoa.

1882–1889 *Eleusis.* Philios: Mysterienheiligtum der Demeter.

1906 ff. (dt.). F. Noack: Telesterion, älteste Toranlagen.

1884–90 *Tiryns.* H. Schliemann, seit 1882 mit W. Dörpfeld: myk. Burg, Megaron, Propylon, archaischer Antentempel, archaisches Kapitell, arch. Reliefaltarplatten, Fresken, Tongefäße.

1887–88 *Mantinea* (frz.). Fourgères: Musenreliefs.

1887–88 *Kabirion bei Theben* (dt.). W. Dörpfeld, P. Wolters: Mysterienheiligtum des Kabiros, Antentempel, Altar, Opfergruben.
1938 (dt.). G. Bruns: Wiederaufnahme.

1888–1910 *Tegea* (frz.). J. Bérard: Heiligtum der Athena Alea, Athena-Tempel (dor. Peripteros), Giebelfiguren, geometrische Kleinfunde.
1900–02. G. Mendel.
1910ff. K. A. Rhomaios.

1890ff. *Amyklaion:* Heiligtum des Apollon, Stützmauer, Rundaltar, Kleinfunde.

1892–95 *Argos* (amerik.). Ch. Waldstein: Heiligtum der Hera, Hera-Tempel I (dor.) mit Ringhalle (archaisch), drei archaisch-dorische Säulenhallen, geometrische Stützmauer; Hera-Tempel II (dor.) mit Ringhalle, Stufenmauer; röm. Thermen, Gymnasion.
1902–12 holl. Grabungen. W. Vollgraff: kleiner Tempel und prostyler Tempel neben Theater.
1925ff. (amerik.). C. W. Blegen: Wiederaufnahme: neolithische Besiedlung.

1896–1913 *Korinth* (amerik.). E. H. Richardson, G. Hill, R. H. Carpenter: viersäulige Halle, Odeion, archaischer Temenos beim Quellhaus mit Apsidial-Tempel B, Tempel mit Sitzkultstatue, Dionysos-Kopf.

1897–99 *Thermos.* G. Sotiriades: Apollon-Heiligtum, archaischer Apollon-Tempel (dor. Peripteros). Metopen bemalt.
1902–08 (dt.-griech.).
1912ff. K. A. Rhomaios: drei Apsidialbauten gefunden, Dachterrakotten.
1931ff.: Wiederaufnahme.

1901–05 *Orchomenos* (dt.). H. Bulle: vormyk. Siedlung, Nekropole, griech. Stadt. Akropolis, Asklepieion.

1904 *Amyklaion* (dt.). A. Furtwängler: Fundamente des Bathyklesthrones aufgedeckt, Temenosmauer, Gebäudefundamente.
1907 (schweiz.-griech.). E. Fiechter, B. Stais: Architekturfragmente.
1924 (dt.). E. Buschor, W. v. Massow: Kleinfunde.

1905ff. *Theben.* A. D. Keramopullos: myk. Burganlage, myk. Gräber, myk. Töpferofen, archaischer Tempel.
1922ff. Wiederaufnahme: Megaron, Demeter-Heiligtum von Lilaia, Kleinfunde.

1905ff. *Tiryns* (dt.). W. Müller: Opfergrube, zwei ältere Wohnschichten, geometrische Nekropole.
1926 (dt.). G. Karo: Wiederaufnahme.
1927ff. (dt.). W. Müller, H. Sulze, E. Kunze: Megaron der Unterstadt.

1906–24 *Sunion.* B. Stais: Athena-Tempel, archaischer Tempel (dor. Peripteros) mit Kultbildbasis, Giebelfiguren, Metopen, zwei Kuroi, Stephanophorosrelief.

1907–11 *Sparta* (engl.). R. M. Dawkins, A. J. B. Wace, M. N. Tod, G. Dickins: Heiligtum der Artemis Orthia; geometrischer, archaischer, röm. Antentempel jeweils mit Altar; röm. Theater; Kleinfunde.
1924–27. Wiederaufnahme: Kriegerstatue.

1907 *‹Pylos› (Kakovatos)* (dt.). W. Dörpfeld: entdeckt drei Kuppelgräber, myk. Megaron.

1910 *Bassai.* K. Kuruniotis: Tiefengrabung, Terrakotten, Vasen, Waffen, Bronzen.

1910 *Homolion.* G. Sotiriadis: Tempel auf der Akropolis gefunden.

1910/11 *Gonnoi.* A. Arvanitopullos: Athena-Tempel, Bronzen, Vasen, Reliefschmuck.

1910–12 *Pagasai* (griech.). G. Sotiriadis, A. Arvanitopullos: griech. Stadt, Akropolis, Tempel, Befestigungstürme, bemalte Stelen.

1911 *Kynuria.* K. A. Rhomaios: Apollon-Tyritas-Tempel (dor. Peripteros), Altar.

1913ff. *Nemea* (frz.-dän.). Vallois, Clemmensen: Heiligtum des Zeus, Tempel (dor. Peripteros).

1914 *Pella.* Oikonomos: Geburtsstadt Alexanders d. Gr. gefunden; Palastanlage, Mosaiken.

1914ff. *Philippi* (frz.). Ch. Picard: griech. Stadt, Nekropole, Theater, Haupttor.

1916–22 *Dodona.* G. Sotiriadis: Zeus-Tempel (Peripteros), Apollon-Temenos, Altar.
1930ff. D. Evangelidis: Wiederaufnahme. Bronzestatue eines Kriegers.
1936ff. Wiederaufnahme. S. Dakaris: Geschichte des Heiligtums.

1918–39 *Eleusis.* K. Kuruniotis: Wiederaufnahme: Propyläen, kleiner Temenos, myk. Anlage (Megaron), heiliges Haus, myk. Nekropole.
1932, Heilige Straße nach Eleusis, Aphrodite-Heiligtum, Daphne-Höhle.

1918–39 *Delphi.* Wiederaufnahme: Heiligtum der Athena Pronaia, Athena-Tempel I u. II (dor. Peripteros), Schatzhaus von Massilia, Tholos, myk. Siedlung.

1920–39 Korinth. (amerik.). Ch. Morgan, O. Broneer, S. Weinberg: Wiederaufnahme: neolithische Kultur, Theater, Apollon-Tempel (dor. Peripteros), Agora, Süd-Stoa, Julian-Basilika, Süd-Basilika, Nordmarkt, Antentempel C, Tempel Peripteros D, Schatzhäuser, Asklepieion, Skulpturenfunde, Vasenfunde.
1927–34 (amerik.-schwed.), dies. und Valmin: myk. Burganlage.

1924–27 *Nemea* (amerik.). C. W. Blegen: Wiederaufnahme: Altar, Krypta, Temenosmauern, Palästra.

1925–27 *Marathon:* Bronze-Jüngling von M., Kuppelgrab, Herakleion, Akropolis mit Heiligtum, geometrische Höhle, Kleinfunde.

1925–28 *Kalydon* (dän.-griech.). Fr. Poulsen, K. A. Rhomaios: Heiligtum der Artemis Laphira, Artemis-Tempel (dor. Peripteros), archaischer Antentempel, Zeuskopf, Heroon.

1928 *Artemision, Kap* (griech.): Bronzestatue eines Gottes (Poseidon), Reiterknabe aus Bronze, Bronzepferd.

1930–36 *Philippi* (frz.). Collart, Ducoux: Wiederaufnahme: röm.-korinth. Antentempel, Thermen, Forum.

1930–1935ff. *Perachora* (engl.). H. G. G. Payne: Heiligtum der Hera Akraia, Hafen, dor. Tempel (Peripteros), Altar, Stoa, Agora, einhüftiger Apsidial-Tempel (geometrisch), Tempel mit Feuerstelle (geometrisch), Hausmodell, Zeusstatuette (Bronze), Elfenbeinköpfchen, Kleinfunde.

1932 *Troizen* (dt.). G. Welter: Asklepios-Heiligtum.

1935–38 *Kalydon* (dän.). E. Dyggve, Fr. Poulsen: Terrassenmauer, Schatzhäuser, Heilige Straße, Propylon, Apsidialbau, Halle, Tonmetopen bemalt.

1936 *Olympia* (dt.). Wiederaufnahme der Grabungen: A. v. Gerkan, R. Hampe u. U. Jantzen.
1937 W. Wrede, E. Kunze (–1965), H. Schleif.

1937 *Palatitsa.* K. A. Rhomaios (zuvor schon 1861 Henzey-Daumet).

1939 *Delphi* (frz.). P. Amandry, ohne Unterbrechung während des Krieges. Wiederaufbau des Tempels; Kastaliaquelle; Tiefgrabungen an verschiedenen Stellen.

1939 u. 1952ff. *Pylos* (amerik.-griech.). C. W. Blegen, S. Marinatos: Palast des Nestor; Tafeln mit Linear-B-Texten; verschiedene Friedhöfe.

1940 *Eleusis.* K. Kuruniotis: Gebäude außerhalb der großen Propyläen.
1949ff. J. Travlos: Topographische Untersuchungen im und um das Heiligtum.

1941ff. *Gortys*/Arkadien (frz.). H. Metzger, R. Ginouvès: Asklepieion: Tempelfundamente. Verschiedene hellenist. und röm. Gebäude; hellenist. Badeanlage (Rotunde) des 2. Jh.s v. Chr.

1943 Anavyssos-Kuros (Athen, Nat. Mus. Nr. 3686).

1945–47 *Epidauros* (frz.). R. Martin: Untersuchungen im Asklepieion.
1950ff. (griech.). J. Papadimitru: Bergheiligtum des Apollon Maleatas. Antike Siedlung: Altepidauros.

1946ff. *Korinth* (amerik.). O. Broneer: Untersuchungen und Sondierungen an den Gebäuden der Agora.
1949 S. Weinberg: Juliansbasilika.
1954 M. Roebuck: Ältester Tempel im Apollonheiligtum.
1961 Robinson: Grabung südl. der Agora. Heiligtum der Demeter und Persephone am Abhang der Akropolis.

1948ff. *Brauron*. J. Papadimitru: Heiligtum der Artemis Brauronia: Tempel, Schatzhäuser, Stoa; ältere Schichten; Grab der Iphigenie; Ostpropylon.
1951/52 E. Stikas: Frühchristl. Basilika.

1949/50 *Kozani*/Mak. B. Kallipolitis: Gräberfeld des 5.–3. Jh.s. Fortgesetzt: 1958.

1949–53 *Vergina*/Westmaked. M. Andronikos: früheisenzeitl. Gräberfeld. Fortgesetzt: 1957–61.
1959–62 C. Makaronas: hellenist. Palast.

1950ff. *Mykene*. J. Papadimitriou, Ph. Petsas: Untersuchungen in der Unterstadt. Abhänge der Akropolis.
1952 Schachtgräberbezirk B, ‹Grab der Klytaimnestra›. (Brit.) A. B.-Wace: Praehist. Gräberfeld innerhalb und außerhalb der kyklopischen Befestigung. Untersuchungen am ‹Tsuntas›-Haus› (gefunden 1886) und am kyklopischen Terrassenbau (gefunden 1923). Häuser des Weinhändlers und des Ölhändlers, Haus der Schilde, Citadel-House, Haus des Bleigießers (nach dem Tod von A. B. Wace 1959 fortgesetzt von Lord William Taylor).

1950–61 *Vurvura*. K. A. Rhomaios: antike griechische Stadt Iolkos.

1950–56 *Abdera*. D. Lazaridis: Antike Stadt: archaische und klass. Wohnschichten; hellenist. und röm. Gebäude.

1951ff. *Kassope*/Epirus. Ph. Petsas, S. Dakaris: hellenist. Gästehaus: Hof mit Säulenhallen und Reihe kleiner Häuser. Stoa.

1951 *Hagios Kosmas*/Attika. G. E. Mylonas: frühbronzezeitliche Station (vorher 1930/31).

1951–52 *Pteleos*/Thess. N. Verdelis: MH-Gebäude, gleichzeitige Gräber.

1951ff. *Nikopolis*. A. Orlandos: große frühchristl. Basilika.

1952ff. *Dodona*. S. Dakaris: Freilegung des ganzen Heiligtums und Theaters. Schichten vom FH bis in christl. Zeit.
Olympia (dt.). E. Kunze: Wiederaufnahme der Grabungen. Stadion; Südhalle; Leonidaion; Bauten zwischen Südhalle und Leonidaion; Gymnasion; griech. Bäderanlagen; Palaistra; röm. Gästehäuser. Tiefgrabungen.
1954/55 Werkstatt des Phidias; Tonmatrizen für das Goldgewand des olymp. Zeusbildes; 1953 von Miltiades geweihter Helm. 1958 Kanne des Phidias. Zahlreiche Bronzegegenstände und Weihgeschenke.

1952ff. *Isthmos*/Korinth (amerik.). O. Broneer: Fundamente des Poseidontempels und -altars. Untersuchungen am Theater. Röm. Temenosmauer.
1956 Tempel des Palaimon. Stadion.
Argos (frz.). G. Roux: Agora: Buleuterion, Porosstoa, röm. Badeanlage; Odeon; Theater; Nekropole aus spätgeometrisch bis hellenistischer Zeit; myk. Friedhof bei Deïras (J. Deshayes).

1952–58 *Lerna* (amerik.). J. L. Caskey: Tiefgrabungen an verschiedenen Stellen ergaben bis zu 15 Wohnschichten vom Neolithikum bis zum 4. Jh. v. Chr. (House of Tiles).

1952–55 *Ráfina*/Attika. D. Theocharis: Siedlungsreste des FH; älteste bekannte Metallwerkstätte auf europäischem Boden.
Brauron/Attika. E. Stikas: FH Siedlung und Obsidianwerkstatt. Basilika d. 6. Jh.s n. Chr.
Sikyon. A. Orlandos: Stoa; Gymnasion des Kleinias; Untersuchungen im Theater; frühchristl. Basilika (gefunden 1933).

1953ff. *Perati*. S. Jakovidis: großes myken. Gräberfeld.

1953ff. *Bambés*/Olympia. N. Yalouris: Antike Siedlung des 7.–5. Jh.s. Kleiner Zeustempel des 5. Jh.s.

1954–60 *Levkadhia Nausa*/Maked. Ph. Petsas: Großes ‹maked.› Grab.

1954–56 *Palatitsa*/Mak. K. A. Rhomaios: maked. Palast.

1955 *Larisa*/Thess. N. Verdelis: Fundamente und Fragmente eines großen Gebäudes des 4./3. Jh.s: Tempel des kerdoischen Apollon.
Theben (dt.). G. Bruns: Kabirion: Mysterienanlage.
Poseidonia/Korinth. N. Verdelis: griech. Transportstraße für Schiffe über den Isthmos (Diolkos).

1955–61 *Lechaion*/Pelop. D. Pallas: Frühchristl. Basilika, 5. Jh. n. Chr.
1957 Nymphäum, 3. Jh. n. Chr.

1955–61 *Gla*/*Arne*. J. Threpsiadis; myk. Festung; Wachräume im S-, N- und SO-Tor; Agora.

1955–61 *Aulis*. J. Threpsiadis: Heiligtum der Artemis.
Amphipolis. D. Lazarides: Gräberfeld, 4. Jh. v. Chr. bis röm. Zeit.
Marathon. J. Papadimitriou: Pansgrotte.

1957ff. *Pella*. C. Makaronas: Anlage der antiken maked. Hauptstadt.

1957ff. *Philippi*. S. Pelikanidis: Theater; Oktogonale Kirche.
Sparta. C. Christou: Umgebung des modernen Stadions: Besiedlungsspuren seit dem 7. Jh.; Akropolis.
Messene. A. Orlandos: 2 Theater, Agora, Stoen, Propylon, Buleuterion, Tempel der Artemis Orthia (vorher schon 1895 und 1909).

1958–61 *Ephyra*/Eleatis. S. Dakaris: Thesprotisches Nekromanteion.
Kalivia/Pelop. Protonotariou-Deïlaki: Asklepieion auf der Akropolis (Antikes Pheneos).
Klavsion/Nordgriechenland. E. Hatzidakis: Basilika, 5. Jh. n. Chr.
Leuktra. Siegesmonument der Thebaner.
Derveni bei Thessaloniki. C. Makaronas: Große bronzene Reliefgefäße und frühhellenist. Papyri aus einem Grab.

GRIECHENLAND: KRETA

1878 *Knossos*. Kalokairinos: Grabung.

1884 (ital.). *Zeusgrotte* am Ida entdeckt.

1895 J. Hazzidakis entdeckt die *Höhle der Eileithyia*.
1930–31 S. Marinatos: Erforschung der Höhle, Kleinfunde.

1900–08 *Phaistos* (ital.). F. Halbherr, L. Pernier: min. Palastanlage.
1908 Ton-Diskos.

1900 *Knossos* (engl.). A. J. Evans, Mackenzie: min. Palastanlage.
1909 Freilegung des kleinen Palastes.

1905 *Messara*. St. A. Xanthudidis: Kuppelgräber, Gebäude mit elliptischer Ringmauer.

1905ff. *Hagia Triada* (ital.). F. Halbherr: min. Palast, Wohnhäuser.

1906–08 *Prinias* (ital.). L. Pernier: griech. Stadt, hellenist. Festung, archaischer Tempel A und B, Reiterfriesplatten, thronende Göttinnen auf Reliefbalken, Pithoi.

1907 *Pseira* (amerik.). R. B. Seagers: MM Stadt mit Hafen freigelegt.

1908 *Mochlos* (amerik.). R. B. Seagers: min. Stadt entdeckt, freigelegt.

1908–25ff. *Gortyn*. J. Hazzidakis: röm. Stadt: Amphitheater, Odeion, Dionysostheater, ägypt. Heiligtum, Praetorium.

1908–09 *Tylisos*. J. Hazzidakis: kleiner min. Palast, Bronzestatuette eines stehenden Jünglings.

1909 *Juktas* (engl.). A. J. Evans: min. Heiligtum.

1910–11 *Lebena* (ital.). F. Halbherr: Hafenstadt von Gortyn, Asklepios-Tempel, Halle, Brunnen, Thesauros.

1919ff. *Mallia*. J. Hazzidakis: min. Palastanlage entdeckt.

1922ff. (frz.). F. Chapouthier, Charbonneaux: Wiederaufnahme, Aufdeckung des Palastes, Wandgemälde, Nekropole, Inschriften.

1926/27 *Knossos*. arch. griech. Tempel zwischen Propylon und Zentralhof.
1931 Königsgrab.
1936 (engl.). Blackway, J. K. Brock: Gräber.

1931 *Phaistos*. Griech. Reliefpithoi.
1934 Archaischer griechischer Rhea-Tempel.
1937 Kleinere Grabungen.

1933–39 *Amnisos*. S. Marinatos: Hafenanlage von Knossos, min. Landhaus, min. Quellhaus, min. Mauer mit Altar, archaischer Poroskopf.

1935 *Dreros*. S. Marinatos: archaischer Apollon-Tempel, erste Sphyrelata (Apollinische Trias), Gorgoneion.
1937 (frz.). H. van Effenterre: Stadt, Nekropole, Zisterne, Pithoi, Kleinfunde.

1936 ff. *Gortyn* (ital.). F. Halbherr, L. Pernier: Wiederaufnahme.

1940 *Gortyn* (ital.). D. Levi: archaischer Tempel auf der Akropolis.

1942 *Monastiraki* (dt.). F. Matz: große min. Villa.

1948–54 *Vathypetro*. S. Marinatos: min. Herrenhaus.

1950 ff. *Knossos* (brit.). M. S. F. Hood, P. de Jong: MM Gräberfeld bei Ailia. Röm. Friedhof, darin frühchristl. Martyrion. Seit 1956 in der min. Stadt (3 Bauphasen) N-Seite der königlichen Straße.
1957/58 Tiefgrabungen im Innern des Palastes. Basilika (frühchristl.) beim Sanatorium (W. Frend).
1958 Gypsadeshügel (M. Gough). Klass. Heiligtum; Villa Dionysos.

1951 ff. *Phaistos* (ital.). D. Levi: Grabungen und Tiefgrabungen an verschiedenen Stellen des Palastes und in dessen Umkreis.
Mallia (frz.). H. G. de Santerre, P. Demargne: NO-Teil des Palastes; Privathäuser der min. Stadt, verschiedene Gebäude.
1955 N. Platon: Siegelschneiderwerkstatt.
Katsambá/Heraklion. St. Alexiou: SM Friedhof; neolith. Siedlung; seit 1955 Hafen von Knossos.

1952 *Siteia*. S. Platon: min. Villa.
1954 Frühchristl. Basilika.

1953/54 *Piskokefalo*. N. Platon: min. Siedlung.

1954–58 *Gortyn* (ital.): min. Villa.

1956 *Kefala*: Großes min. Gebäude mit über 30 Räumen (SM II).

1957/58 *Lissos*. N. Platon: Asklepieion.

1960 ff. *Mallia* (frz.). H. v. Effenterre: großer Außenhof des Palastes, Magazine, hypostyle Krypta, Agora.

1961 ff. *Kato Zakro*. N. Platon: min. Stadt.

GRIECHENLAND: INSELN

1811 *Ägina*. Haller v. Hallerstein, Cockerell, Foster, Linkh: entdecken die Giebelfiguren des Aphaia-Tempels.

1817 *Melos* (dt.). Ludwig v. Bayern: Theater.
1820 Auffindung der Aphrodite.

1858–64 *Rhodos*. Salzmann in Kamiros.

1862 *Samos* (dt.). C. Humann untersucht das Heiligtum der Hera.
1879 (frz.). G. Girard: Hera des Cheramyes gefunden.
1882 Eupalinion freigelegt.
1883 (engl.). Cleve.
1894 J. Böhlau: Untersucht Nekropole des antiken Samos.

1863 *Samothrake* (frz.). Champoiseau: Nike.

1864 *Thasos* (engl.) Miller: Nymphenrelief, Apollon-Heiligtum.

1873 *Delos* (frz.). Lebègue: Untersuchung der Felsgrotte.
1877–94 (frz.). Th. Homolle, M. Holleaux: Apollon-Heiligtum.

1873–75 *Samothrake* (östr.). A. Conze, A. Hauser, G. Niemann, O. Benndorf: Kabirion-Heiligtum, Propylon, Tholos, Antentempel, Altar, Halle, Nike-Brunnenhaus, Anaktoron.

1885–86 *Lesbos* (dt.). R. Koldewey: Grabung bei Messa.

1886 ff. *Eretria*/Euböa (griech.-amerik.). Chr. Tsuntas, Richardson: Nekropole, Theater, Dionysostempel, Befestigung, Gymnasien.

1896–1901 *Thera* (dt.). W. Dörpfeld, W. Wilberg, P. Wolters: Ausgrabung der griech. Stadt.

1900–04 *Kos* (dt.). R. Herzog: Heiligtum des Asklepios; griech. Stadt; Tempel A, B, C; Altarbau, Hallen, Thermen.
1922 (dt.). P. E. Schazmann (Schweizer).

1901 ff. *Ägina* (dt.). A. Furtwängler, H. Thiersch: Heiligtum der Aphaia, Aphaia-Tempel (dor. Peripteros), Altar, Brunnen, Propylon, Hallen, Gebäude.
1907 Wiederaufnahme.

1902–04 *Kamiros*: Primitiver Tempel, griech. Stadt.
1912 ff. (ital.).
1928 Heiligtum des Zeus Atabyrios.

1902–13 *Delos* (frz.). M. Holleaux, Roussel, Vallois, Dugas, Chamonard, Dürrbach, Leroux: Agora mit Säulenhallen, Theater, Heroon, Grab der hyperboreischen Jungfrauen, Tempel (dor. Peripteros), myk. Siedlungsreste, Hafenanlage, ägypt. Temenos, Heraion, Kynthos.

1907–09 *Leukos* (dt.). W. Dörpfeld: myk. Siedlung, Megaron, Platten-Hockergräber, Rundgräber.
1931 ff. Wiederaufnahme.

1910 ff. *Eretria*/Euböa (griech.). K. Kuruniotis, I. Konstantinu: Apollon-Heiligtum, griech. Stadt, Akropolis, Apollon-Tempel (dor. Peripteros), drei Giebelfiguren, Kurvenbauten, Stele des Saugenes. N. Papadakis: Iseion. B. Petrakos: Tholos.

1910 *Kerkyra (Korfu)* (griech.). Marmoras: Reliefgiebel gefunden.
1911 (dt.). Wilhelm II., W. Dörpfeld, G. Rodenwaldt: Tempel (dor. Peripteros), Metopen, Kapitell, Simen.
1920 (griech.). K. A. Rhomaios: Wiederaufnahme.

1910 ff. *Samos* (dt.). Th. Wiegand, M. Schede: Freilegung des Hera-Tempels (ion. Peripteros).

1910 *Thasos* (frz.). Reinach: Beginn der Grabung.
1912–14 (frz.). Picard, Avezou, Blum, Lejeune: Apollon-Tempel, griech. Stadt, Stadttor mit Silenrelief, Prytaneion, Heroon, Triumphbogen des Caracalla, kolossaler Kuros mit Widder, Plastik, Reliefs.
1922–33 Wiederaufnahme: Agora, Hafen, Poseidoneion, Odeion.

1914 ff. *Chios* (griech.). K. Kuruniotis: Apollon-Tempel, polygonale Ringmauer, Nekropole, Silberfunde.

1920–39 *Delos* (frz.). Demangel: Wiederaufnahme: Stadt, archaischer Jünglingskopf.

1924 *Ägina* (dt.). G. Welter, P. Wolters: Aphroditehügel mit Tempel, Nekropole des 7.–6. Jh.s.
1934 Heiligtum des Zeus Panhellenios.
1938 Apollon-Tempel, archaisches dorisches Kapitell, Kleinfunde.

1925 ff. *Samos* (dt.). E. Buschor: Wiederaufnahme: myk. Besiedlung, Hekatompedos I und II, Rhoikos-Tempel, Polykratischer Tempel, Altar, Schatzhäuser, Apollon-Artemis-Tempel, Hermes-Tempel, Aphrodite-Tempel, Hermes-Aphrodite-Tempel, Heilige Straße, Geneleos-Basis, Nordhalle, Südhalle, Skulptur, Kleinfunde.

1926 ff. *Lemnos* (ital.). Laurensich, D. Mustilli, A. Della Seta: Heiligtum des Hephaistos, Nekropolen, Modellbrunnenhäuser aus Ton, neolithische Siedlung.

1926 ff. *Lesbos* (griech.). D. Evangelidis: Tempel von Klomidado, Theater, Kleinfunde.

1931 *Kerkyra* (dt.). G. Rodenwaldt. Weitere Grabungen 1934. 1938.

1930–31 *Naxos* (dt.). G. Welter: Tempel (ion. Peripteros, unvollendet), archaischer Koloß (unvollendet).

1936–37 *Ithaka* (engl.). Heurtley: Tempel; Apsidialgebäude.

1936 ff. *Eretria*/Euböa (schweiz.). E. Fiechter: Theater. K. Schefold: Stadtgeschichte.

1945 ff. *Thasos* (frz.). F. Chamoux. Agora: hellenist. Heroon, Straße, Temenosmauer, Tholosbau, Stoen, Prytaneion. Frühchristl. Basilika. Nekropole außerhalb des Zeustores von hellenist. bis röm. Zeit.

1946 ff. *Delos* (frz.). J. Tréheux: Artemision, Letoon.
1948 Hieron.
1950 Haus des Hermes, Heiligtum der syr. Götter, Dioskurion.
1953/54 Tiefgrabungen an verschiedenen Stellen (P. Courbin).

1948–59 *Samothrake* (amerik.). K. Lehmann: Heiligtum der großen Götter: Bezirk zwischen Telesterion und Arsinoeion; ‹Alter Tempel›; Hieron; hexastyles Propylon;

Theater usw. – Friedhof des 6.–2. Jh.s. E. Dusenbery: südl. Nekropole.
Seit 1962 Fortsetzung der Arbeiten durch Ph. Lehmann.

1949ff. *Naxos.* N. Kondoleon: myk. Stadt; frühe geometrische Siedlungsreste; Telesterion des 6. Jh.s bei Hagios Joannis; prähistorische Gräber.

1951 *Lemnos* (ital.). Prähistorische Siedlung bei Poliochni.

1952ff. *Chios* (brit.). M. S. F. Hood, J. K. Anderson: Emporiò: frühbronzezeitl. Siedlung.
(griech.). N. Kondoleon: verschiedene Friedhöfe; frühchristl. Basilika am Hafen; archaische Siedlung am Prophet-Elias-Berg.
Tenos. N. Kondoleon: Westabhang des Xoburgohügels: archaische Siedlung mit Heiligtum; Thesmophorion.
Rhodos. J. Kondis: Untersuchungen im Heiligtum des Apollon, auf der Akropolis; antike Stadt am O-Abhang der Akropolis; Teil der Hafenbefestigung.
Samos (dt.). E. Buschor: Tiefgrabungen an vielen Stellen. Antiker Lauf des Imbrasos. Gebäude. Zahlreiche Kleinfunde aus Ton, Bronze, Elfenbein.

1953ff. *Korkyra.* B. Kallipolitis: hellenist. Gräber, Prytaneion; röm. Bad; frühchristl. Basilika.

1955ff. *Thasos* (frz.). A. Roux, F. Salviat: Passage der Theoroi. Untersuchungen im Theater und im Temenos der Archonten, im Artemision, dem Dionysion usw.
Auf dem Demetriadisgelände: Tiefgrabungen: Siedlungsschichten archaischer bis byzantinischer Zeit.

1958–59 *Kos.* J. Kondis: südl. Teil der Agora.

1958ff. *Delos* (frz.). C. Le Roy: hellenist. Stadt östl. des Theaters. Stadtteil nördl. des Aphrodision.
1961/63 Haus der Komödianten.

1962ff. *Keos* (amerik.). D. Caskey: Bronzezeitl. Stadt, myk. Kultbilder.

1964ff. *Levkandi*/Euböa (engl.). D. Popham u. a.: Myk. und frühgeometr. große Stadt (Alt-Eretria?).

KLEINASIEN UND SYRIEN

1838ff. *Xanthos* (engl.). Ch. Fellows. Harpyenmonument-Grabbau, Relief.

1841 *Gjölbaschi-Trysa* (östr.), J. A. Schönborn: Entdeckung des Heroons.

1846 *Halikarnass* (engl.). Canning: Reliefs vom Mausoleum.
1857 (engl.). Ch. Newton: Statuen des Maussollos und der Artemisia gefunden.
1865 (ital.). Biliotti.

1858 *Didyma* (engl.). C. T. Newton: Grabung; Branchiden.

1866 *Priene.* Pullan gräbt Reliefs aus.

1869 *Ephesos* (engl.). J. T. Wood: Entdeckung des Artemision.

1871–90 *Troja.* H. Schliemann.
Seit 1882 mit W. Dörpfeld: Stadt, 8 Schichten, Stadtmauern mit Toranlagen, Brunnenhaus, Megaronbauten, dor. Athena-Antentempel, Rundtempel, Theater, Athena-Heiligtum, Propylon, Hallen, Aquädukt, Goldfunde, Vasenfunde, Münzfunde.
1893–94 W. Dörpfeld: Ausgrabung weitergeführt.

1878–86 *Pergamon* (dt.). C. Humann, A. Conze, R. Bohn, C. Schuchhardt: Heiligtum der Athena, Athena-Tempel, großes Gallier-Monument, Hallen, Bibliothek, Tor, Augusteum, großer Altar, Julia-Tempel, Attalos-Exedra.

1882 *Gjölbaschi-Trysa* (östr.). O. Benndorf, G. Niemann, E. Petersen, F. Studniczka: Grabmal eines Fürsten mit einer Mauer umfriedet, deren Innenseite einen Relieffries trägt.

1889 *Neandria in der Troas* (dt.) R. Koldewey: archaischer Tempel (ion.-äol.), Kapitell, Kleinfunde.

1889–1902 *Xanthos* (dt.). O. Benndorf.

1895–97 *Didyma* (frz.). B. Haussoullier, E. Pontremoli: Apollon-Heiligtum, Apollon-Tempel (ion. Peripteros), Skulpturen, Löwe.
1906–13 (dt.). Th. Wiegand, H. Knackfuß, M. Schede: Fundamente, Naiskos.

1895 *Ephesos* (östr.). O. Benndorf, R. Heberdey, J. Keil.

1895–99 *Priene* (dt.). Th. Wiegand, O. Schrader: griech. Stadt, Demeter-Heiligtum, Theater, Heiligtum der ägypt. Götter, Zeus-Heiligtum, Athena-Heiligtum, Athena-Tempel (ion. Peripteros), heilige Halle. Agora, oberes und unteres Gymnasion, Stadion, Akropolis, Stadtmauer.
1904 (dt.). Hiller von Gaertringen: Inschriften.
1906 (dt.). K. Regling, H. Dressel: Münzen.

1899–1904 *Baalbek* (dt.). O. Puchstein: röm. Stadt, Mausoleum, Jupiter-Heiligtum und Bacchus-Tempel (korinth. Peripteros) mit Hallen, Propylon, Venus-Tempel, Altar.

1899–1907 *Milet* (dt.). Th. Wiegand, H. Knackfuß, A. v. Gerkan, F. Krischen: griech. Stadt, Theater, Heiliges Tor, Antentempel, Löwentor, Stadtmauern, Markt, Hafen, Thermen, Palästren, Athena-Tempel.
Vorher: 1872 (frz.). O. Rayet und
1895–96 (frz.). B. Haussollier: Versuchsgrabungen.

1900–35 *Larisa* am Hermos. E. Kjellberg, J. Böhlau, K. Schefold: Paläste, Burgmauer, Tonfriese.

1900ff. *Pergamon* (dt.). A. Conze, W. Dörpfeld, P. Schazmann: Theater, Stadt, Thermen, Gymnasion.

1902 u. 1917 *Palmyra* (dt.). Th. Wiegand: Säulenstraßen, Tempel, Dreiwegetor.

1904 *Ephesos* (engl.). D. G. Hogarth: Artemis-Tempel (ion. Peripteros), Theater, Straße zum magnesischen Tor, Auditorium, Kroisos-Tempel, Odeion, Nymphäum, Münzfunde: Silber, Gold, Kleinfunde.

1908–12 *Hatra* (dt.). W. Andrae: Königspalast, parth. Kunst.

1908ff. *Sardes* (amerik.). H. C. Butler u. a.

1922f. *Dura Europos* (frz.). F. Cumont.

1926–35 *Ephesos* (östr.). M. Theuer, F. Eichler, J. Keil: Theater, Serapeion, Vediusgymnasion, Domitian-Tempel.

1927 *Baalbek* (frz.). Virolleaud.
Pergamon (dt.). Th. Wiegand: Wiederaufnahme: Asklepeion: Theater, Nord-, Süd-, West-Halle, Kaisersaal, Hof und Propylon des Claudius Charax, Asklepiostempel (Rundbau), großer Rundbau.
1938 (dt.). Hansen: fortgeführt.

1928–36 *Dura Europos* (amerik.). P. V. C. Baur, M. I. Rostovtzeff u. a.: hellenist. u. röm. Stadt. Mehrere Tempel, z. T. mit Fresken; Militärbauten; Synagoge; frühchristl. Hauskirche mit Fresken.

1930ff. *Palmyra.* H. Seyrig u. a.: Fortsetzung der Grabungen.

1930ff. *Konstantinopel* (engl.). St. Casson, D. T. Rice, Mekridi: Hippodrom, Goldenes Tor, Triumphtor Theodosius' I. H. Lietzmann, F. Krischen, v. Lüpke, A. M. Schneider, Br. Meyer: Aufnahme der Stadtmauer Theodosius' II.

1932–38 *Troja* (amerik.). C. W. Blegen: Nachgrabung.

1938 *Gerasa.* G. C. H. Kraeling u. a.: Straßensystem, Tempel, Theater, Stadion, Thermenanlage, Kirchen.

1943–56 *Dura Europos* (amerik.). N. Toll u. a. (s. zu 1928).

1947ff. *Side* (türk.). A. M. Mansel: antike Stadt in Pamphylien: verschiedene Tempel, Säulenstraßen, Agora, Stadttor, Wohnhäuser, Grabbauten usw.

1948ff. *Labraunda* (schwed.-dän.). A. W. Persson (bis 1951), dann G. Säflund: Zeusheiligtum.

1948–51 *Smyrna* (türk.-brit.). J. M. Cook, E. Akurgal: bis ins 7. Jh. zurückreichende Siedlungsreste.

1950ff. *Gordion* (amerik.). R. Young: Grabtumulus eines lyd. Fürsten. Phryg. Kapitale: archaische Fresken. (Frühere Grabung 1900, Koerte).

1950–59 *Xanthos* (frz.). P. Demargne: lyk. Akropolis; Stadtanlage.

1951ff. *Hatra* (irak.). N. Beg al Asil: Tempelruinen.

1953ff. *Daskylion* (türk.). E. Akurgal: Reste der griech. Siedlung vom 7. Jh. an; Reste des Pharnabazospalastes.
Halikarnassos (amerik.). G. E. Bean, H. J. Cook: bronzene Demeterstatue; leleg. und kar. Siedlung.
Kommagene (amerik.-dt.). F. K. Dörner, Th. Goell: Arsameia am Nymphenfluß und Hierothesion des Mithridates Kallinikor am Nimrud-Dağ.

1953–55 *Perge* (türk.). A. M. Mansel: Stadttor der antiken pamphyl. Stadt.

1955ff. *Ephesos* (östr.). F. Miltner: Wiederaufnahme der Grabungen. Johannesbasilika; Stadt des Lysimachos.
Milet (dt.). C. Weickert: Athenatempel; älteste Siedlungsgeschichte.
1957ff. *Pergamon* (dt.). 4. Folge der Grabungskampagnen, unter E. Boehringer: Untersuchungen im Asklepieion, auf der Akropolis und in der Umgebung Pergamons.
1957 *Panionion* (dt.). G. Kleiner: Temenosmauer, Altar, Buleuterion.
1958 *Klaros* (frz.). L. Robert: Orakelheiligtum des Apollon.
Sardes (amerik.). G. M. A. Hanfmann: Unterstadt, byz., röm. und griech. Schichten.
1963 (dt.). G. Gruben: Neuvermessung des Artemistempels.
Sinope (dt.-türk.). L. Budde, E. Akurgal: Stadt und Nekropole.
Westküste Kleinasiens (amerik.-türk.). J. M. Cook, G. Bean: Landeskundliche Forschungen.
1960 *Kyme* (dt.). J. Schäfer: Aufnahme des Stadtplans.
1962 *Didyma* (dt). H. Drerup, R. Neumann: Untersuchungen am vorpersischen Apollontempel. G. Kleiner: Umgebung des Tempels.

CYPERN

1948ff. *Enkomi* (frz.). C. F. A. Schaeffer, P. Dikaios: bronzezeitl. Siedlung (zuvor 1898, 1913, 1930).
1950ff. *Curium* (amerik.). C. Failes, G. MacFadden, B. H. Hill: Theater, Badeanlagen, Apollonheiligtum, Gebäudereste (zuvor 1934–39).
Kuklia-Palaipaphos (brit.). T. B. Mitford, J. H. Iliffe: Sondierungen westl. des 1887 gegrabenen Bezirks.
1952 (brit.) D. H. Cox: Reste eines pers. Belagerungswalls von 498.
1950/51 *Pigadhes* (brit.-austral). J. Du Plat Taylor, S. Williams: Heiligtum der mittleren Bronzezeit.
1952ff. *Salamis* (cypr.). A. Dikigoropoulos, G. Karageorghis: röm. Anlagen: ‹Marmorforum› od. ‹Temenos des Zeus›; Stoen, Gymnasium, Palästra, Gebäude, Trepidarium Iustinianum.
1953–55 *Iskender* (frz.). J. Bérard: Geometrischer Friedhof.

ITALIEN: ROM

1839 Terracina bei Rom: Sophokles-Statue gefunden.
1848 Odyseelandschaften in der Via Graziosa am Esquilin entdeckt.
1849 Apoxyomenos des Lysipp in Trastevere gefunden.
1859 De Rossi entdeckt die Calixtuskatakombe.
1861–69 Grabungen auf dem Palatin: Haus der Livia.
1872 Reliefschranken auf dem Forum.
1875–76 Tempel des Kapitolinischen Jupiters.
1863 Augustus von Primaporta gefunden.
1884 Faustkämpfer des Apollonios gefunden.
1887 Ludovisischer Thron gefunden.
1891 Tiberapoll gefunden.
1903–04 Ausgrabungen nach der Ara Pacis.
1906 Sterbende Niobide in den sallustinischen Gärten gefunden. G. Boni: untersucht Fundament der Trajanssäule.
1906–39 Palatin. Vaglieri, Conte Cozza: Kaiserpaläste.
1908 Janiculum. Gouckler: Heiligtum der syr. Götter.
1911–33 Kaiserfora. C. Ricci, Mussolini: Caesarforum mit Tempel der Venus Genetrix, Augustusforum, Trajansforum, Nervaforum.
1930 Grabmal des Augustus, Kapitol.
1932 Apollon-Tempel, Marcellus-Theater, Mithras-Heiligtum beim Circus Maximus.
1936–37 Ara Pacis.
1939 A. Colini: Veiovistempel am Kapitol.
1941 A. Colini: Campus Martius, Stadion des Domitian.
1944 Forum Romanum: Älteste Kulturreste des Forumtales (8. Jh. u. 7. Jh.).
1945 C. Pietrangeli: Campus Martius, Tempel des Apollon Sosianus.
1946–48 G. Carettoni: Basilika Aemilia.
1946–50 A. Pietrogrande: Stazione di Termini: Antike Gebäudereste und Thermenanlage.
1948/49 Palatin: P. Romanelli: Prähistorische Siedlungsreste des 8. Jh.s.
1950/51 G. Carettoni: Untersuchungen an der Casa di Livia.
1951 B. Felletti: Columbarien an der Via Portuense.
1953 A. Colini: Porta Asinaria.
1955 A. Ferrua: Katakomben an der Via Latina.
1956 (holl.). J. Vermaseren: Mithräum unter der Kirche S. Prisca.

ITALIEN: ÜBRIGES FESTLAND UND ISCHIA

1535 *Nemisee.* L. B. Alberti: Schiff gefunden. De Marchi: Hebungsversuch mit dem ersten Tauchgerät.
1827 Fulconi: Hebungsversuch.
1895 Borghi: Hebungsversuch.
1928ff. Schiff freigelegt, Einzelfunde.
1711 *Herculaneum*, erste Grabung: Herkulanerinnen gefunden.
1739 *Aquileia.* G. Bertoli: Denkmäler gesammelt.
1738–1766 Stadt, Villa dei papiri.
1748 *Pompeji*, entdeckt: etwa 30 Jahre lang kleinere Grabungen, Stadt.
1799 (frz.). Championnets.
1807 Arditis.
1808–15 Königin Caroline v. Neapel.
1831 Auffindung des Alexandermosaikes.
1855–60 Stabianer Thermen.
1860–75 Fiorelli: Ausgrabungen. Seit den 20er Jahren des 20. Jh.s A. Maiuri, della Corte, Spano: rege Wiederaufnahme.
1925–26 Sogliano: Bronze-Ephebe gefunden.
1828–29 *Vulci*, reiche griech. Vasenfunde auf dem Gut Lucien Bonapartes.
1857 (frz.). de Vergers, François: Tomba François.
1928ff. Ferragutis: Nekropole, Gebäude, Brücke.
1836 *Cerveteri*, Tomba Regulini-Galassi.
1844 *Chiusi* (frz.). François: Françoisvase.
1881 *Vetulonia.* Entdeckung der Gräberstadt.
1844ff. *Ardea.* Rutulerhauptstadt, Tempel, Nekropole.
1930 Versuchsgrabung, 1934 Basilika.
1872 *Aquileia.* K. Freih. v. Czoernig, systematische Grabungen.
1887–89 *Etrurien.* Falerii, Marzolotto, Gamurrini, Brizio. Systematische Grabungen 1896ff.
1889ff. *Lokroi.* P. Orsi, E. Petersen: ion. Tempel ausgegraben.
1889 *Alatri.* Ausgrabung des Tempels.
1896 *Conca* bei Antium (engl.). E. Petersen: Freilegung des Tempels.
1906 *Castel Porziano.* Lanciani: Diskobol des Myron gefunden.
1906 *Aquileia* (östr.). K. Graf Lanckoronski: Dom, Mosaiken.
1908ff. *Ostia.* Paribeni, Calza: systematische Erforschung der Hafenstadt Roms, Thermen, Theater, Magazinstraßen, Nekropole.
1908ff. *Populonia.* Milani: Tempel mit Nekropole.
1909 *Lokroi.* P. Orsi: Heiligtum der Persephone, Thesauros, Nekropole.
1912 Zwei Tempel untersucht, Tongruppe (Reiter-Sphinx), Keramik, Bronze.
1910ff. *Ancona.* Pellegrini: Nekropole, Bronzen, Grabstelen.
1911ff. *Caltagirone.* P. Orsi: Tempel, Anaktoron, Terrakottaaltar, Relief mit Sphingen.
1913–16 *Veji.* Ausgrabungen.
1926–35 *Lanuvium.* A. Galieti: Stadt, Akropolis, Juno-Tempel, Kriegergrab, Silbermünzenfund.
1927ff. *Herculaneum.* A. Maiuri: Beginn der neuen Ausgrabungen: Thermen, Malerei, Bronzegerät, Skulptur.
1929ff. *Paestum.* A. Maiuri: Ausgrabungen, Demeter-Tempel (dor. Peripteros).
1930 Griech. Stadt, Stadtbefestigung, Poseidon-Tempel (dor. Peripteros), Thermenanlage.
1934 *Foce del Sele.* P. Zancani-Montuoro, U. Zanotti-Bianco: Griech. Hera-Heiligtum, Antentempel, Metopen.

1932ff. *Nemi.* Diana-Heiligtum, Theater.
1933 *Castelgandolfo.* Reicher Skulpturenfund in der Villa Barberini.
1934–40ff. *Aquileia.* J. Bursin, röm. Stadtanlage, Thermen, Amphitheater, Circus, Hafen, 5 kaiserzeitliche Grabbezirke, Forum.
1936/37 *Ostia.* Hygieiastatuette, Trajan-, Hadrian-Büste.
1938ff. *Cannae.* Gräberfeld gefunden.
1942 *Galeata* (dt.). S. Fuchs: Theoderichspalast.
1945/46 *Paestum.* J. Brinson: Kupferzeitliche Nekropole. 1952ff. Untersuchungen an den großen Tempeln, Identifizierung als Hera- u. Athenatempel. Kleinere Gebäude; Hypogäum mit 4 Bronzegefäßen. Lukanische Gräber.
Am *Heraion in Foce del Sele* Arbeiten von P. Zancani-Montuoro.
1946 *Tarquinia.* P. Romanelli: Sondierungen in der etrusk. Stadt. Mauern. Tempel.
1946ff. *Civita vecchia.* R. Mengarelli: Archaische Nekropole. Nekropole der Banditaccia. Untersuchungen in der etrusk.-röm. Stadt; röm. Thermenanlage.
Falerii Veteres. Stefani: Tempel in Celle.
1946/47 *Bolsena* (frz.). R. Bloch: Mauern und Fragmente eines spätetrusk. Tempels von Volsinii Novae.
Ostia. P. Romanelli: Sondierungen in der republikanischen Stadt (vorher 1938–42 G. Calza).
1947 *Palestrina.* S. Aurigemma, Fasolo: Neue Untersuchungen am Fortunaheiligtum.
1949ff. *Alba Fucens* (ital.-belg.). V. Cianfarani, F. de Visscher: röm. Kolonialstadt im Marsergebiet: Stadtzentrum, Amphitheater, Basilika, Forum, Patrizierhäuser.
1950–55 *Tivoli.* S. Aurigemma: Villa Hadriana.
1950ff. *Castellamare di Stabia.* L. d'Orsi: Röm. Villen von Stabiae.
Velia. C. Sestieri: Oberstadt. Untere Stadtanlage und Agora des antiken Elea.
Lokri. G. Oliverio: Stadtbefestigung. 1940 Quellgrotte.
1953 G. Jacopi: Theater.
Urbisaglia/Macerata. G. Annibaldi: Amphitheater.
1950ff. *Volterra.* A. De Agostino: Theater.
Ancona. Magazine am Hafen, Privathäuser, Gräber.
Sepino/Altilia. A. Maiuri: Samnit. Landstadt Saepinum.
1951ff. *Baiae.* A. Maiuri.
Pompeji. A. Maiuri: Tiefgrabungen am Jupitertempel. Verschiedene Sondierungen; hellenist. Tempel; zahlreiche Wohnhäuser (Haus des Triptolemos, Casa della Fontana, di Pansa, del Gallo, della Calce, Häuser VI-X-6, VIII-V-9).
Minori/Salerno. C. Sestieri: kaiserzeitl. Villa.
Tarent: Verschiedene Nekropolen aus allen Zeiten an verschiedenen Stellen der Stadt.
1952 *Capena.* R. Bartoccini: Lucus Feroniae und Forum.
1952ff. *Cerveteri.* C. M. Lerici zusammen mit R. Bartoccini: etrusk. Nekropole (ebenso in Tarquinia).
1952–57 *Ischia.* G. Buchner: Nekropole von Pithekusai (älter als Cumae, 8./7. Jh.).
1952–53 *Bari.* Sanmichele: Nekropole.
1952–54 *Torre Castelluccia.* C. Drago: Messapische Siedlung und Nekropole.
1953ff. *Spina.* N. Alfieri: Nekropole. E. Arias: Stadt.
Castiglioni di Paludi/Cossenza. G. Jacopi: Stadtbefestigung, Theater, Nekropole.
1954 *Aosta.* C. Carducci: röm. Häuserblock des 2. Jh.s n. Chr.
1955–63 *Padula.* V. Panebianco: Nekropole 6.–3. Jh. Lukanische Gräber.
Manduria/Tarent. N. Degrassi: messapische Stadtmauern und Nekropole, 6.–3. Jh.
Kroton. Heiligtum der Hera Lacinia.
1956 *Gabii* (span.). M. Almagro: Reste des Tempels der Juno Gabina.
Benevagienna/Turin. C. Carducci: Theater.
1956–57 *Mailand.* M. Roberti: Thermenanlage.
Kap Palinuro (dt.). R. Naumann: Teile der Siedlung, der Befestigung, des Gräberfeldes (zuvor 1947 C. Sestieri: Gräber).
1957 *Sulmona.* V. Cianfarani: Heiligtum, bekannt als ‹Villa des Ovid›.
1957/58 *Rusellae* (dt.). R. Naumann: südwestlicher Teil der etrusk. Stadt.
1957 *Sperlonga.* G. Jacopi: Grotte des Tiberius. Skulpturen.
1958 *Susa*/Turin. C. Carducci: Amphitheater.
1958 *Sta. Vittoria d'Alba*/Turin. C. Carducci: Mausoleum, 1. Jh. v. Chr.
1959 *Heraklea*/Apulien (ital.-dt.). B. Neutsch: hellenist. Gebäude und Gräber.
Sybaris (amerik.-ital.). F. Rainey, G. Foti: Lokalisationsversuche.
1959 *Pontecagnano*/Salerno. Nekropole, 8./7. Jh.

ITALIEN: SIZILIEN

1822–23ff. *Agrigent* (engl.) Angell, Harris: griech. Stadt, Metopenreliefs. Weitergeführt unter Herzog Serradifalco von Cavallari: Tempel. 1892–94 (dt.). O. Puchstein, R. Koldewey: untersuchen Tempel.
1892–94 *Selinunt* (dt.). O. Puchstein, R. Koldewey: untersuchen Tempel A, C, D, F, S (dor. Peripteroi).
1923–39 griech. Stadt, Metopen, Stelen, Bronze-Ephebe, Akropolis, Stadtmauern, Tempel E, Hera-Tempel E, R.
1924–33 *Syrakus.* P. Orsi: Griech. Stadt, Apollon-, Athena-Tempel (dor. Peripteroi), Olympieion-Tempel (dor. Peripteros), Theater, Keramik des 7.–5. Jh.s.
1924ff. *Megara.* P. Orsi: griech. Stadt, archaischer Tempel.
1924–39 *Agrigent.* Heiligtum der Demeter, zwei archaische Tempel, Altarbezirk: 12 Altäre, Tonplastik.
1928–32 *Segesta.* P. Marconi: griech. Stadt, Theater, Tempel (dor. Peripteros), Nekropole.
1934 *Palma di Montechiaro:* archaische Votivstipe aufgedeckt: drei Götterstatuetten aus Holz.
1948ff. *Gela.* P. Orlandini, D. Adamesteanu: Antike Stadtbefestigung aus Quadern und Lehmziegeln. Stadtgebiet: Akropolis; verschiedene Gebäude; Nekropolen des 8.–6. Jh.s.
1949ff. *Megara Hybläa* (frz.). F. Villard, G. Vallet: Systematische Untersuchungen des Wohnbezirkes der antiken Stadt (schon frühere Grabungen von P. Orsi).
1951–53 G. V. Gentili: archaische Nekropole im Norden der Stadt.
1949–50 *Catania.* G. Libertini: Untersuchungen im Theater. 1959 Gräberfeld des 6.–4. Jh.s.
1950ff. *Leontinoi.* G. Rizzo: Teile der Stadtbefestigung mit Toranlage ab 7. Jh. Archaische Nekropole. Reste zweier archaischer Tempel. Spuren der sikelischen Siedlung.
Lipari. L. Bernabò-Brea: Akropolis: kontinuierliche Stratigraphie vom Neolithikum über verschiedene bronze- und eisenzeitliche Fazies bis zur Gegenwart. Nekropole von Contrada Diana, 6.–2. Jh.
1950/51 *Longane*/Messina. C. de Ryolo, L. Bernabò-Brea: Antike Sikulerstadt.
1950 *Akrai*/Syrakus. C. Laviosa-Zambotti: Fundamente des Aphrodite-Tempels.
Piazza Armerina. G. V. Gentili: Imperiale Villa der späteren Kaiserzeit mit zahlreichen Mosaiken.
1950ff. *Tyndaris*/Messina. N. Lamboglia: Stadtmauer der griech. Stadt; Straßennetz; Forumsbasilika; Theater.
Agrigent. P. Griffo: Untersuchungen am Zeustempel und in dessen Umgebung, im Heiligtum der chthonischen Götter (Tempelreste, Kult- und Diensträume der Priester). Stoa, hellenist. Wohnviertel; Stadtmauer; Gräber.
Heraklea Minoa/Agrigent. E. de Miro: Stadtbefestigung; Theater; röm. Gebäude; Nekropole Piano Vizzi (archaische bis hellenist. Zeit).
1951–53 *Butera.* D. Adamesteanu: Nekropole des 8./7. Jh.s, hellenist. und röm. Gräber (antikes Maktorion).
Castroreale-Bagni/Messina. G. V. Gentili: röm. Villa d. 1. Jh.s v. Chr.

1951ff. *Syrakus.* G.V.Gentili: Große Platzanlage; Untersuchungen am Theater und im Heiligtum des Apollon Temenites. Nekropolen d. 7.–5. Jh.s
1952 u. 1954 *Alesa Tusa*/Mess. G. Carettoni: Ruinen der griech. Stadt; Befestigung.
1952 *Palermo.* J.Bovio-Marconi: Nekropole des 7.–4. Jh.s.
1953ff. *Selinunt.* E. de Vita: Punische Elemente im Selinunt des 4./3. Jh.s festgestellt (ebenso in Solunt 1951 von V.Tusa). 1956 J.Bovio-Marconi: Topographische Sondierungen auf der Akropolis.
1960ff. Nekropole Manicalunga.
1954 *Chiaramonte Gulfi*/Ragusa. A. Di Vita: Griech. Nekropole des 6. Jh.s, darüber Siedlungsreste des 5.–3. Jh.s.
1954ff. *Naxos*/Messina. G.V.Gentili: Untersuchungen im antiken Stadtbereich.
1954 *Mazarino.* D.Adamesteanu: Antike Siedlung Filosofiana, Thermen, Gebäude. Nekropole 1.–8. Jh. n. Chr. *Monte Desusino.* D.Adamesteanu: Antike griech. Stadt Phalarion.
1956ff. *Serra Orlando* (amerik.). R.Stillwell: Antike Stadt Morgantina: Befestigung, Akropolis, Siedlung, Agora, Demeterheiligtum.
1961ff. *Motyia* (brit.). B.S.J.Isserlin: Stadt und Hafen.
1963 *Segesta.* V.Tusa: Archaisches Heiligtum.

ITALIEN: SARDINIEN

1908–20 *Giaradi Serri.* A.Taramelli: Siedlung, Nekropolen, verschiedene Heiligtümer, Kleinfunde.
1946 *Turris Libissonis.* M.Pallotino: Röm. Villa und Porticus.
1955/56 *Nora* (Capo di Pula). G.Pesce: Röm.-pun. Stadt.
1957 *Tharros* (Capo San Marco). G.Pesce: Pun. und röm. Tempel, Villen, Thermen.
1958 *Porto Tórres.* Röm. Thermenanlage.

NORDAFRIKA

seit 1881 *Tunesien* (frz.). R.Cagnat, P.Gauckler, Grell, Delattre: Erforschung des Landes.
1881–1909 *Timgad* (frz.). R.Cagnat: Röm. Stadt Thamugadi. 11 Thermen, 12 Basiliken, Bibliothek, Merkur-Tempel.
1881–1910 *Lambaesis* (frz.). Legionslager der Legio III Augusta, Kasernen.
1903–10 *Githis* (frz.). Röm. Stadt, Merkur-Tempel.
1905–12 *Karthago* (frz.). P.Gauckler, A.Merlin: Stadt, Häuser mit Fresken, Stadtmauer, Amphorenmauer, Seemauer, Hafen, Lager des Scipio.
1905–12 *Thugga.* Röm. Stadt, Kapitol, Theater, Merkur-Tempel, Rednerbühne am Forum, Mausoleum, Götter- und Porträtstatuen.
1905–08 *Thenae* (frz.). P.Gauckler, Barrier, Benson: Röm. Stadt, Thermen, Nekropole.
1906–12 *Bulla Regia* (frz.). Benet: Röm. Stadt, Forum, Gebäude mit Apollon-, Ceres-, Aesculapius-Statue.
1907ff. *Tripolis* (frz.). Mathuisieu: röm. Stadt, röm. Limesverlauf.
1908–09 *Bir ben Rekba* (frz.). Röm. Saturnus-Heiligtum gefunden, tönerne Götterbilder.
1908–13 *Mahédia/Mahdia* (frz.). A.Merlin: Schiffsfund, Bronze-Eros, Bronze-Herme des Boëthos, Athena-Büste, Bronze-Satyr, Kapitell.
1911–12 *Sufetula* (frz.). A.Merlin: Röm. Stadt, Tor des Forums, drei Tempel, Triumphbogen.
1915ff. *Volubilis*/Mauretanien (frz.). Le Chatlaine: Röm. Stadtanlagen.
1920–39 *Leptis Magna* (ital.). Romanelli, R.Bartoccini, Guidi, G.Caputo: Röm. Stadt, Thermen, Pfeiler-Basilika, Palästra, Trajans-, Tiberius-, Septimus Severus-Bogen, Nymphäum, Forum Severianum, Theater, Mausoleum, Hafen, Leuchtturm; Skulptur.
1922–39 *Sabratha* (ital.). R.Bartoccini, Guidi, G.Caputo: Röm. Stadt, Thermen, Tempel (Peripteros), Amphitheater, Theater, Hafen.
1924 *Tripolis* (ital.). Triumphbogen des Marc Aurel, Apollon-Tempel, Kaiserstatue.
1924–39 *Kyrene* (ital.). L.Pernier, C.Anti: Stadt, Apollon-Heiligtum, Quelle des Apollon, Thermen, Agora, Basilika, Bildnis Ptolemaios' II., Zeuskopf und Tempel.
1935–42 *Tolmeita* (ital.). G.Caputo: Antike Stadt Ptolemaïs.
1943 *Sabratha*/Libyen (ital.). G.Pesce: Isistempel. (brit.). J. Ward Perkins: Sondierungen an verschiedenen Stellen. Noch vor 1942: Exedra, Tempel, christl. Katakomben.
1944 *Tebessa*/Algerien (frz.). M.Laout: Antikes Theveste.
1945ff. *Leptis Magna* (brit., ital., amerik.). Grabungen.
1948 *Tipasa*/Algerien (frz.). C.Barades: Antike röm. Stadt.
1949ff. *Lixus*/Tetuan (span.). M.Tarradelly Maten: Röm. Anlagen; Haus des Helios: Haus des Mars und der Rhea Silvia.
1952ff. *Kyrene* (brit.). Allan Rowe: Nekropole. – R.G.Goodchild: Dekumanus der alten Stadt, Zeustempel, Kathedrale.
1956/61 (ital.). S. Stuchi: Agora.
1956 *El-Beida:* Antikes Balagrae; Theater, Heiligtum.
1956–58 *Tolmeita* (amerik.). C.H.Kraeling: Ptolemaïs.

SPANIEN

1905–39 *Ampurias.* E.Gandía, nach 1931 Bosch-Gimpera: Palaiopolis und Neapolis; griech. Kolonie, später röm. Stadt; Schiffszeughaus, Stoa, Amphitheater, Tempel der Iphigenie und Artemis.
1920–36 *Barcelona.* A.Durán: Röm. Barcino.
1929ff. *Mérida.* Röm. Emerita Augusta.
1925ff. *Italica*/Sevilla. J. de M.-Carriazo: Röm. Anlage (zuvor 1912 R.A. de Los Rios).
1930ff. *Tarragona:* Röm. Tarraco.
1944–46 *Córdoba:* Große röm. Villa mit Badeanlage.
1946 *Villajoyosa*/Alicante. Dominguez: Siedlungsschichten von prähistorischer Zeit bis ins 4. Jh. n. Chr. *Ramalete*/Navarra. B.Tarracena: Röm. Villa rustica des 4. Jh.s n. Chr.
1948 *Liédena*/Navarra: Röm. Villa.
1951/52 *Malaga* (dt.). W.Fuchs: Röm. Theater.
1956ff. *Centcelles*/Tarragona (dt.). H.Schlunk: Frühchristl. Mausoleum mit Mosaiken.
1956ff. *Munigua*/Sierra Morena (dt.). W.Grünhagen: Röm. Terrassenheiligtum. *Pamplona.* M.Angeles Mesquiriz de Catalan: röm. Pompaelo.
1957ff. *Barcelona.* J. de C.-Serra-Rafols: Röm. Barcino.

ENGLAND

1861–1907 *Corbridge.* Röm. Legionslager, Horrea.
1864–1919 *Silchester*/Barkshire. J.G.Joyce, H.G.Munro, Th. Langshaw, G.E.Fox, F.G.Hilton-Price: Röm. Calleva Atrebatum (Tempel, Thermen).
1899–1913 *Caerwent.* Röm. Stadt, Amphitheater, Basilika, Forum, Tempel.
1905–1908 *Newstead.* Röm. Kastell Trimontium, Exerzierhalle, Kleinfunde.
1906–14 *Corbridge*/Northumberland. Röm. Castropidum, Thermen, Goldmünzenschatz.
1913ff. *Colchester.* H.Laver, dann 1917ff. R.E.M.Wheeler, 1951 K.M.Richardson: Röm. Camulodunum.
1925–28 *York.* St.N.Miller: Röm. Eburacum.
1930ff. *St. Albans*/Hertfordshire. R.E.M.Wheeler: Röm. Verulamium (danach 1956).
1945–57 *Canterbury.* A.Williams, S.Frere: Röm. Duroverum.
1954 *London.* W.F.Grimes: Mithrastempel.
1954 *Lullingstone*/Kent. G.W.Meates: Röm. Villa mit Mosaiken.

DEUTSCHLAND

1877–85 *Trier.* F.Hettner: Barbarathermen.
1885–1903 *Kempten.* A.Ullrich: Marktanlage, Wohnblöcke. 1909–11, ders.: Thermen. 1912–35, P.Reinecke: Wohnhäuser, Forum, kleine Thermen, Tempelbezirk. 1935–42 L.Ohlenroth.
1923ff. *Köln.* F.Fremersdorf: röm. Colonia Agrippina.
1934–36 *Xanten.* H.Stoll: Röm. Colonia Ulpia Traiana.
1950ff. *Heuneburg*/Obere Donau. K.Bittel, dann W.Dehn: Eisenzeitliche Befestigungsanlage mit Lehmziegelmauerwerk. Bisher einzig im nordalpinen Raum.

1951ff. *Trier.* Kempf, H. Eiden: Untersuchungen an der ‹Basilika›; Horrea; Mosaik.
1952ff. *Kempten.* W. Krämer: Wiederaufnahme der Grabungen im röm. Campodunum.
1953–57 *Epfach.* J. Werner: Röm. Abodiacum.
1955ff. *Neuss.* H. v. Petrikovits: Röm. Novaesium.
1957–58 *Mainz.* D. Baatz: Röm. Mogontiacum.
1957–63 *Xanten.* H. Hinz: Röm. Colonia Ulpia Traiana.
1962 *Hirschlanden*/Stuttgart. H. Zürn: Hallstattgrabhügel mit Kuros-ähnlicher Grabfigur.

ÖSTERREICH

1879ff. *Aquincum*/Ungarn. K. Zorma, J. Hampel, V. Kuszinski.
1897ff. *Carnuntum.* v. Groller: Röm. Legionslager, Stadtteile, Theater, Amphitheater, Mithräum, Kasernen, Tore, Skulpturen.
1939 Wiederaufnahme.
seit 1897 Erforschung des röm. Limes.
1939 Wiederaufnahme.
1899–1909 *Virunum.* Röm. Stadt: Thermen, Tempelbezirk, Skulpturen, Friese.
1905–1909 *Lorch.* v. Groller: Röm. Lauriacum, Aufdeckung des röm. Legionslagers, Münzfunde, Kleinfunde.
1936–43 *Aquincum.* L. Nagy.
1948ff. *Carnuntum.* E. Swoboda: Wiederaufnahme der Grabungen in der Zivilstadt.
1948ff. *Virunum.* C. Praschniker, R. Egger: Röm. Anlagen auf dem Magdalensberg.
1949 *Aguntum.* F. Miltner (zuvor 1920).
1951ff. *Lorch.* H. Vetters: Zivilstadt und Gräber.

SCHWEIZ

1897 *Vindonissa.* Röm. Legionslager, Nordtor, Doppelmauer, Amphitheater, Thermen, Hypokaustanlage, Monumentalgrab bei Brugg, Münzfunde.
1938–40 *Avenches*/Vaud. Röm. Aventicum (schon seit etwa 1900).
1956–62 *Bern-Engehalbinsel.* V. v. Clairmont-Gonzenbach, H. Müller; helv.-röm. Anlagen, Amphitheater, Gräber (vorher 1850–70 J. Uhlmann, 1919–38 O. Tschumi; 1908–11 J. Wiedmer: Friedhof).
1956–57 *Schaan*/Liechtenstein. R. Laur-Belart: Spätröm. Kastell.
1962 *Kaiseraugst*/Basel. Silberschatz (Grabungen im röm. Augusta Raurica seit dem vorigen Jh., durch S. Loeschke, R. Laur-Belart u. a.).

BALKAN UND SÜDRUSSLAND

1905–12 *Kubangebiet* (russ.). N. J. Wesselowsky: Nekropole, Bronze-, Gold-, Terrakotta-, Vasenfunde.
1905–13 *Kertsch* (russ.). K. Schkorpil: Nekropole, Grabstelen, Gold-Schmuck, Vasen, Glas, Gemmen, Silberfund, Elfenbein, röm. Holzsarkophag.
1905 *Chersonnes* (russ.). K. K. Kosciuzko, Waluzynicz, Repniff.
1905–13 *Olbia* (russ.). E. v. Stern, Pharmakowsky: Griech. Stadt 4. Jh. v. Chr.: Akropolis, Stadtmauern, Brunnenhaus, Peristylhaus, Nekropole, Vasen, Glasgefäße, Beinplättchen, Skulptur.
1905–11 *Apulum.* Béla Cserni: Epona-Altäre, Nekropole, Silbermünzfund.
1907–09 *Perm* (russ.). Smirnoff: Nekropole, 7 Silbergefäße, 6 Schalen.
1908–11 *Tanais* (russ.-dt.). N. J. Wesselowsky, E. Müller: Griech. Stadt auf einer Insel, Nekropole, Goldfunde.
1909ff. *Hissar-Banja.* Röm. Legionslager, Befestigungsanlage, Süd- und Nordtor.
1914ff. *Histria* (rum.). Pârvan: Griech. Stadt mit Festung, Nekropole.
1930 *Apollonia*/Sozopol (russ.). Welkow: Griech. Kolonie Apollonia Pontica (frühes 6. Jh.). Archaische Grabstele des Anaxandros.
1931–37 *Butrinto.* L. M. Ugolini: Griech. Stadt 3.–2. Jh. v. Chr.; Akropolis, Befestigungsanlage, Thermen, röm. Theater.
1941 *Apollonia*/Albanien (ital.). P. C. Sestieri: Nekropole des 6. Jh.s, röm. Gebäude, Gymnasium, Grabtempel.
1948–52 *Nesebur*/Bulg. Jv. Galabov: Friedhof 4./3. Jh.
1956 Siedlungsreste von Mesembria (5. Jh. bis hellenist. Zeit).
1948ff. *Kertsch*/Rußl. Antike Stadt Pantikapaion.
1949 *Panagurischte:* Goldschatz.
1955ff. *Olbia*/Rußl. Reste der griech. Stadt und Friedhof 6.–4. Jh.
1956ff. *Beresan*/Rußl. Reste der Stadt des 6. Jh.s, der ältesten Kolonie am Schwarzen Meer.
1959/60 *Mangalia*/Rumänien. Antike Stadt Callatis und Friedhöfe.

FRANKREICH

1907ff. *Vaison-la Romaine.* J. Sautel: Ausgedehnte röm. Anlagen.
1918 *Famars*/Lille (dt.). G. Bersu, W. Unverzagt: Röm. Castellum Fanum Martis.
1921–39 *St-Rémy-de-Provence.* J. Formigé: Röm. Glanum.
1924ff *Sanxay*/Dép. de la Vienne. J. Formigé: Röm. Heiligtum, Theater und Thermen (zuvor J. G. Formigé; 1881–83 P. de la Croix.
1933ff. *Narbonne.* Grabungen. Zuvor schon verschiedene Grabungen und Funde, u. a. 1870–90: Röm. Kapitol und Forum.
1942–47 *Alise-Ste-Reine*/Côte d'Or. J. Toutain: Röm. Alesia (zuvor 1860ff.; 1905–14 und 1922–39).
1942ff. *Bavai/Lille.* H. Bievelet: Röm. Bagacum.
St-Rémy-de-Provence. H. Rolland: Röm. Glanum.
1943ff. *Cimiez*/Nizza. P. M. Duval: Röm. Cemenelum (zuvor 1860–80 F. Brun).
1946ff. *Montmaurin*/Haute-Garonne. G. Fouet: Röm. Heiligtum und Villa.
1949 *Nîmes.* Tempel der Diana.
Orange. Marmorner Katasterplan der röm. Stadt.
1953ff. *Bordeaux.* R. Etienne: Amphitheater (‹Palais Galien›).
Vix. R. Joffroy: Eisenzeitliches Fürstinnengrab mit großem Bronzekrater und verschiedenen anderen Importgegenständen aus dem Mittelmeergebiet.
1955 *Fréjus*/Var. P. A. Féorier: Forum Julii und südl. Befestigung.

REGISTER ZU DEN AUSGRABUNGEN

Perati 1953
Philippi 1914. 1930. 1957
Poseidonia 1955
Pteleos 1951
Pylos 1907. 1939
Ráfina 1952
Sikyon 1952
Sparta 1907. 1957
Sunion 1906
Tegea 1880. 1888
Tenea 1846
Theben 1905. 1955
Thermos 1897
Tiryns 1884. 1905
Troizen 1932
Vergina 1949
Vráouna 1952

2. GRIECHISCHE INSELN

Aegina 1811. 1910ff. 1924
Chios 1914. 1952
Delos 1873. 1902. 1920. 1946ff. 1958
Eretria 1886. 1910. 1936ff.
Ithaka 1936
Kamiros 1902
Keos 1962
Kerkyra 1910. 1931. 1953
Kos 1900. 1958
Lemnos 1926. 1951
Lesbos 1885. 1926
Leukos 1907
Levkandi 1964
Melos 1817
Naxos 1930. 1949
Rhodos 1858. 1952
Samos 1862. 1910. 1925. 1952
Samothrake 1863. 1873. 1948
Tenos 1952
Thasos 1864. 1910. 1945ff. 1955
Thera 1896

3. KLEINASIEN UND SYRIEN

Baalbek 1899. 1927
Daskylion 1953
Didyma 1858. 1895. 1962
Dura Europos 1922f. 1928–36. 1943–56
Ephesos 1869. 1895. 1904. 1926. 1955
Gerasa 1938
Gjölbaschi 1841. 1882
Gordion 1950
Halikarnassos 1846. 1953
Hatra 1908. 1951
Klaros 1958
Kommagene 1953
Konstantinopel 1930
Kyme 1960
Labraunda 1948ff.
Larisa 1900
Milet 1899. 1955
Neandria 1889
Palmyra 1902. 1930
Panionion 1957
Pergamon 1878. 1900. 1917. 1957
Perge 1953
Priene 1866. 1895
Sardes 1908. 1958
Side 1947
Sinope 1958
Smyrna 1948
Troja 1871. 1932
Xanthos 1838. 1950

4. ITALIEN (ohne Rom)

Alatri 1889
Alba Fucens 1949
Ancona 1910. 1950ff.
Aquileia 1739. 1872. 1906. 1934
Aosta 1954
Aquileia 1939
Ardea 1884
Baiae 1951
Bari 1952
Benevagienna 1956
Bolsena 1946
Caltagirose 1911
Cannae 1938
Capena 1952
Castelgandolfo 1933
Castellamare 1950
Castiglione 1953
Cerveteri 1836. 1952
Civitavecchia 1946
Chiusi 1844
Conca 1896
Etrurien 1887
Falerii 1946
Foce del Sele 1934. 1945
Gabii 1956
Galeata 1942
Heraklea 1959
Herculaneum 1711. 1927
Ischia 1952
Kroton 1955
Lanuvium 1926
Lokroi 1889. 1909. 1950
Mailand 1956
Manduria 1955
Minori 1951
Nemisee 1535
Nemi 1932
Ostia 1908. 1936. 1946
Padula 1955
Paestum 1929. 1945
Palestrina 1955
Palinuro, Kap. 1956
Pompeii 1748. 1951
Pontecagnano 1959
Populonia 1908
Rusellae 1957
Sepino 1950
Sperlonga 1957
Spina 1953
Sta. Vittoria d'Alba 1958
Sulmona 1957
Susa 1958
Sybaris 1959
Tarent 1951
Tarquinia
Tivoli 1950
Torre Castelluccia 1952
Urbisaglia 1950
Veji 1913
Velia 1950
Vetulonia 1881
Volterra 1950
Vulci 1828

V. MASSE UND GEWICHTE

A. ALLGEMEINES. Von allen Maßen haben sich wahrscheinlich die Längenmaße zuerst entwickelt. Die Einheiten wurden von den Maßen des menschlichen Körpers genommen: die ‹Elle› ist die Länge des Unterarms von der Ellenbogenspitze bis zur Spitze des Mittelfingers: die Spanne ist bei ausgebreiteter Hand die Entfernung zwischen der Spitze des Daumens und der des Mittelfingers bzw. des kleinen Fingers (meist ein Drittel der Elle); der ‹Fuß› (meist $^3/_5$ bis $^2/_3$ der Elle); die ‹Handbreite› ist die Breite der Hand bei zusammengelegten Fingern ($^1/_6$ bis $^1/_7$ der Elle); die ‹Daumenbreite›, unser ‹Zoll› (meist $^1/_4$ der Handbreite). Die Größe des Menschen entspricht im allgemeinen der Spannweite seiner zur Seite ausgestreckten Arme oder 4 Ellen oder auch 6 Fuß. Je nach dem Wuchs der Menschen waren diese Grundmaße örtlich stark verschieden. Es gibt keine Anhaltspunkte dafür, daß die Gewichte und Hohlmaße ursprünglich auf die Längenmaße bezogen waren.

Alle Äquivalente unserer Maße, die im folgenden zur Orientierung angegeben werden, sind Mittelwerte. Die gefundenen Maße geben nach Zeit und Fundort teilweise erheblich abweichende Werte.

B. ORIENTALISCHE MASSE UND GEWICHTE. [1] *Quellen*. Längenmaße: die sumerische Elle und der zugehörige Fuß ist auf einer Basaltstatue des Gudea von Lagaš (jetzt im Louvre, Paris) überliefert; außerdem die Nippurelle in Konstantinopel. – Gewichte: Die bedeutendste Sammlung ist die von Sir Flinders Petrie (über 4000 Gewichte). Große Sammlungen besitzen die Yale University (New Haven), das Science Museum (London), das University College London.

[2] *Ägypten. Längenmaße:* Die Königselle (mḥ) mißt 0,523 m und teilt sich in 7 Handbreiten (šsp) oder 28 Finger (ḏbc). Daneben gab es eine ‹kleine Elle› zu 6 Handbreiten.

4 Finger (ḏbc)	=	1 Handbreite (šsp)
7 Handbreiten	=	1 Elle (mḥ) (0,523 m)
100 Ellen	=	1 Klafter (ht) (52,3 m)
20000 Ellen	=	1 Schoinos (itrw) (10,5 km).

Flächenmaße: Die Basis ist die Königselle. 100 Ellen im Quadrat = 2735 m² = 1 Arure (sṯ'.t). Als Unterteilungen der Arure finden sich $^1/_2$-Arure (rmn), $^1/_4$-Arure (ḥśb), $^1/_8$-Arure (s').

Gewichte: Im NR als Gewicht belegt 1 dbn = 91 g.1 dbn = 10 ḳd.t = 12 š'tj.

Hohlmaße: Für Korn benutzte man als Maß die Oipe, von der 4 auf einen Sack gingen.

1 Sack	=	4 Oipe (i͗p.t) = 76,56 l
1 Oipe	=	40 hn
1 hn	=	0,478 l

[3] *Mesopotamien*. Bei Maßen und Gewichten in Babylonien und Assyrien sind große Schwankungen festzustellen, da die einzelnen Städte nicht einheitliche Maße verwandten und im Lauf der Jahrtausende die Methode der Messung verändert wurde.

Längenmaße: Die Basis des altbabylon. Längenmaßes sind die Elle (sum. kuš, akk. ammatu) und der Fuß (sum. kuš). Größere Längenmaße waren:

1 Meile (Doppelstunde) sum. danna, akk. bêru	=	21600 Ellen
1 Seil (ašlu)	=	120 Ellen
$^1/_2$ Seil (subban)	=	60 Ellen
1 gar	=	12 Ellen
1 Rohr (qanû)	=	6 Ellen

Die einzelnen Maße differieren stark. So mißt z. B. die Gudeaelle von Lagaš 0,495 m, die Nippurelle 0,518 m. Auf der Nippurelle sind durch scharfe Kerben abgetrennte Maße die Elle (0,518 m), die Handbreite (0,067 m) u. a. Der Maßstab der Gudeaelle ist ein Fuß zu 16 Zoll (zu 0,0165 m).

In neubabylon. Zeit ist das Rohr nicht mehr in 6, sondern 7 Ellen, und das gar in 14, statt in 12 Ellen unterteilt. Die Assyrer gaben die Breite eines Bauwerkes nach der Ziegelbreite (libittu = Ziegelstein, agurru = Backstein) an, die Höhe nach Ziegelschichten (tibku; tikpu).

Flächenmaße: altbabylon. ist das Grundmaß das «Beet» (sum. sar. akk. musarû) zu 35,285 m^2. 100 sar = 1 Feld (sum. iku, akk. ikû) = 3528,5 m^2; 18 iku = 1 «Loch» (sum. bur, akk. burû) = 63510,5 m^2. Seit der Kassitenzeit Berechnung des Feldes nach der Aussaat, die man brauchte. 30 sila waren Grundmaß für 1 iku, neubabylon. 180 sila und assyr. 1 imêru.

Gewichte: Grundeinheit ist das Korn (še'u) (0,0467 g).

180 Korn	=	1 Sekel (šiqlu) (8,4 g)
60 Sekel	=	1 Mine (manû) (505 g)
60 Minen	=	1 Talent (biltu) (30,5 kg).

Hohlmaße: Das Einheitshohlmaß war das sila. Es wird nach der Silbervase des Entemena von Lagaš, die 10 sila faßt, auf ca. 0,41 l berechnet (unsicher). Nach G. Contenau 1 sila = 0,842 l. Größere Maße: altbabylon. 60 sila = 1 pi, 300 sila = 5 pi = 1 gur (kurru) = 121 l; neubabylon. 36 sila = 1 pi, 5 pi = 1 gur (kurru) = 72,7 l, 180 sila = 1 gur. In assyr. Zeit rechnet man nach imêru (Eselslast), 100 sila = 1 imêru = 40,4 l.

[4] *Palästina:* Archäologische Funde, die das in der Bibel gebrauchte Maßsystem in unsere Werte übertragen ließen, sind bisher nicht gefunden.

Längenmaße: Grundeinheit ist die Elle ('ammā).

1 Elle ('ammā) = 2 Spannen (zeret)	45,8 cm;	52,5 cm.
1 Spanne = 3 Handbreiten (topah)	22,9 cm;	26,2 cm.
1 Handbreite = 4 Finger ('eṣba')	1,9 cm;	2,2 cm.

Die Großelle entspricht der gewöhnlichen Elle zuzüglich einer Handbreite, Verhältnis 7 : 6 zwischen Großelle und gewöhnlicher Elle (52,5 : 45,8 cm). Im NT werden als Längenmaße gebraucht das griech. Stadion, die röm. Meile = 8 Stadien und der jüd. Sabbatweg, d.h. die für den Sabbat erlaubte Wegstrecke, ca. 1 km.

Gewichte: Literarisch bezeugte Gewichte: Der Schekel (hebr. šekel) war die für den praktischen Gebrauch vorherrschende Einheit und wurde in 1/2-Schekel (beḳa), 1/4-Schekel (reba'), 1/20-Schekel = das Korn (gērā) unterteilt. Größere Gewichte waren das Talent (kikkār) und die Mine (māne).

1 Talent = 50 Minen = 3000 Schekel; 1 Mine = 50 Schekel. Neben dem Normalgewicht gab es den «Schekel des Heiligtums». Gefundene Gewichte: Der von der babylon. Norm (60,6 kg = 1 Talent) aus errechnete Schekel von 16,32 g ist bei den gefundenen Gewichten nicht nachweisbar. Der Normwert beträgt im Durchschnitt 11,5 g.

Hohlmaße: Trockenmaße: Das größte Hohlmaß war der Homer oder mit jüngerer Bezeichnung das Kor (= 393,8 l), das auch für Flüssigkeiten benutzt wurde. Der Letech war ein halber Homer (= 196,9 l). Am häufigsten wird das Epha genannt, der 10. Teil des Homer (= 39,3 l). Ein Drittel des Epha war das Sea (= 13,1 l). Der 10. Teil des Epha war das Gomer oder Issaron (= 3,9 l). Maße für Flüssigkeiten: Dem Epha entsprach das Bat (= 39,3 l); 1 Bat = 6 Hin, 1 Hin = 12 Log (6,6 l). Im NT entsprach das Sea dem röm. Modius und dem Saton (gräzisierte Form für Sea), dem Bat entsprach die Tonne (griech. Batos) und der Eimer (griech. Metretes). Größtes Maß ist das Kor.

	Trockenmaß	Flüssigk.-maß	NT	Menge
	Homer, Kor	Kor	Kor	393,8 l
1/2 Homer	Letech			196,9 l
1/5 Letech	Epha	Bat	Metretes, Batos	39,3 l
1/3 Epha	Sea		Modius, Saton	13,1 l
1/6 Bat		Hin		6,6 l
1/10 Epha	Gomer, Issaron			3,9 l
1/6 Sea	Kab			2,3 l
1/12 Hin		Log		0,54 l

C. Griech. Masse und Gewichte. [1] *Quellen:* F. Hultsch, Metrolog. script. reliquiae, 1864–66; IG II/III^2 1013; Gewichte, v.a. aus Attika und Syrien (das att. System ist meist durch eine Eule gekennzeichnet, das äginäische durch eine Schildkröte), Stein-, Bronze- und Bleimaße verschiedener Herkunft (nicht systematisch gesammelt). Zwei Hohlmaße wurden bei Ausgrabungen auf der Akropolis gefunden: ein Maß für Korn von 1 Chus (3175 cm^3) und eine Wasseruhr von 2 Choes (3220 cm^3).

[2]–[5] *Die Maßeinheiten:* [2] *Die Längenmaße*, urspr. von Naturmaßen ausgehend, wurden, wohl unter babylon. Einfluß, in ein festes System gebracht. Die absoluten Werte sind örtlich und zeitlich verschieden: die Länge des Fuß (πούς) schwankt zwischen 297 mm und 355 mm (der aus dem Stadion von Olympia errechnete Fuß von 320,45 mm ist für die Metrologie ohne praktische Bedeutung). Unterteilungen:

1 Fuß	=	16 Daktyloi	(δάκτυλοι, Fingerbreiten)
		8 Kondyloi	(κόνδυλοι, Gelenkbreiten)
		4 Palaistai	(παλαῖσται, Handflächen)
		3/2 Spithamai	(σπιθάμαι, Spannen)

Vielfache:

3/2 Fuß	=	1 Pechys	(πηχύς, Elle)
6 Fuß	=	1 Orgyia	(ὀργυία, Klafter)
10 Fuß	=	1 Akaina	(ἄκαινα, Meßrute)
100 Fuß	=	1 Plethron	(πλέθρον, Furchenlänge)
600 Fuß	=	1 Stadion	(στάδιον).

Das Stadion hatte demnach eine Länge zwischen 179 m und 213 m, doch gab es in hellenistischer Zeit auch kürzere Stadien von 165 m und 149 m (Bematistenstadion). Der persische Parasanges (die Wegstunde, 5–6 km, von Herodot 30 Stadien gleichgesetzt), sowie der Stathmos (Nachtquartier, Tagesmarsch) sind nicht Längen-, sondern Wegzeitmaße.

[3] *Die Flächenmaße* gingen von der Basis der Längenmaße aus: der Quadratfuß (πούς τετράγωνος) mit etwa 0,1 m^2, das Plethron mit etwa 10 Ar. In der Kyrenaika gab es das Medimnon (etwa 27 Ar), die Fläche Land, die mit einem Medimnos (s. u. 5) Weizen besät werden konnte, im ptolemäischen Ägypten die Arure (ἄρουρα, Saatland, 100 × 100 ägypt. Ellen, 27,56 Ar).

[4] *Die Gewichte* wiesen, obwohl sie durch die Verbreitung des Münzgeldes stärkeren Tendenzen zur Vereinheitlichung ausgesetzt waren, ebenfalls eine Vielzahl lokaler und regionaler Besonderheiten auf. Grundlage der griech. Gewichtssysteme ist die orientalische Mine zu 100 Drachmen (= 50 Stateren) zu je 6 Obolen; 60 Minen ergeben 1 Talent. Die Mittelwerte der wichtigsten Systeme:

	äginäisch	att.-euböisch (seit Solon)
1 Obolos	1,04 g	0,73 g
1 Drachme	6,237 g	4,366 g
1 Mine	623,7 g	436,6 g
1 Talent	37,142 kg	26,196 kg

Daneben sind aus dem griech.-hellenistischen Bereich zahlreiche andere Werte bekannt, mit einem Minengewicht zwischen 339 g und 906 g (Tabellen: RE SIII, 613 f.; BJ 147, 1942, Beibl. V).

[5] *Die Hohlmaße* weisen nicht nur örtlich und zeitlich, sondern auch im System und – infolge der Ableitung und Gewichtssystemen – nach den gemessenen Flüssigkeiten oder Trockengütern (Wein, Öl, Getreidearten) starke Unterschiede auf und sind überdies in ihren absoluten Größen umstritten.

In der Regel hat:

1 Kotyle (κοτύλη, Gefäß) = 6 Kyathoi (κύαθοι, Becher)
1 Xestes (ξέστης, Holzkrug, in Attika wohl 0,478 l = 1 äg. Hin, s. o. B 4) = 2 Kotylai

Bei Flüssigkeitsmaßen ist:

1 Chus (χοῦς, Krug, zwischen 2,5 und 4,5 l)	= 12 Kotylai
1 Metretes (μετρετής, μετρητής, ›Maß)	= 12 Choes

Bei Trockenmaßen ist:

1 Choinix (χοῖνιξ, die Tagesration eines Mannes, etwas über 1 l) = 4 (aber auch 6 oder 3) Kotylai.
1 Medimnos (μέδιμνος, Scheffel, rund 50 l) = in der Regel 48 Choinikes, während die pers.-ptolem. Artabe (ἀρτάβη) zwischen 51 und 26 Choinikes schwankt.

D. Röm. Masse und Gewichte: [1] *Quellen.* Längenmaße: Zwei röm. Fußmaße befinden sich im British Museum, London. Sie messen 0,292 m bzw. 0,294 m. Die erhaltenen Fußmaßstäbe variieren zwischen 0,2915 m und 0,300 m. Zahlreiche röm. Gewichte sind in der oben (B 1) genannten Sammlung erhalten.

Hohlmaße: Wir besitzen sechs röm. Hohlmaße, von denen jedoch nur drei übereinstimmen (zwei im Nationalmuseum, Neapel).

[2]–[5] *Die Maßeinheiten:* [2] *Längenmaße:* Der röm. Fuß mißt nach dem aus den Baumaßen abzulesenden Betrag 0,296 m. Er wird unterteilt in 12 unciae oder, nach einem anderen System, in 16 digiti.

Die Vielfachen des Fußes sind:

1 1/2 Fuß	=	1 cubitus	(0,444 m)
5 Fuß	=	1 passus	(1,48 m)
2 passus	=	1 pertica	(2,96 m)
12 pertica	=	1 actus	(35,52 m)
125 passus	=	1 stadium	(185 m)
1000 passus	=	mille passuum	(«Meile», 1480 m)
1500 passus	=	1 gall. Leuga	(2220 m)

[3] *Flächenmaße:* Die Basis ist der Fuß (0,296 m, s. o. 2); der Fuß im Quadrat (pes quadratus) mißt 0,0876 m^2. Für größere Flächen ist die Basis der Actus (120 Fuß, s. o. a.), der Actus quadratus mißt 1261,67 m^2.

2 actus quadrati	=	1 iugerum («Joch», 2523,34 m^2)
2 iugera	=	1 heredium
100 heredia	=	1 centuria.

[4] *Gewichte.* Das röm. Pfund, die «Libra», wiegt 327,45 g. Folgende Tabelle nach H. Chantraine, RE IX A (1961), Sp. 620 s. v. uncia:

libra (as)	=	12 unciae	=	327,45 g
deunx	=	11 unciae	=	300,16 g
dextans	=	10 unciae	=	272,88 g
dodrans	=	9 unciae	=	245,59 g
bes	=	8 unciae	=	218,30 g
septunx	=	7 unciae	=	191,02 g
semis	=	6 unciae	=	163,73 g
quincunx	=	5 unciae	=	136,44 g
triens	=	4 unciae	=	109,15 g
quadrans (teruncius)	=	3 unciae	=	81,86 g
sextans	=	2 unciae	=	54,58 g
sescuncia	=	1 1/2 unciae	=	40,93 g
uncia	=		=	27,288 g
semuncia	=	1/2 uncia	=	13,644 g
binae sextulae (duella)	=	1/3 uncia	=	9,096 g
sicilicus	=	1/4 uncia	=	6,822 g
sextula	=	1/6 uncia	=	4,548 g
drachma	=	1/8 uncia	=	3,411 g
dimidia sextula	=	1/12 uncia	=	2,274 g
scripulum	=	1/24 uncia	=	1,137 g
obolus	=	1/48 uncia	=	0,568 g
siliqua	=	1/144 uncia	=	0,189 g

[5] *Hohlmaße:* Die röm. Hohlmaße entsprechen – auch in der Unterscheidung trockene und flüssige Meßgüter bei den größeren Einheiten – den griechischen (s. o. C 5). Das kleinste Maß ist das cochlear (Löffel; 0,0114 l).

		1 cochlear	(0,0114 l)
4 cochlearia	=	1 cyathus	(0,0455 l)
6 cochlearia	=	1 acetabulum	(0,0682 l)
12 cochlearia	=	1 quartarius	(0,1364 l)
24 cochlearia	=	1 hemina	(0,2729 l)
48 cochlearia	=	1 sextarius	(0,546 l)

Für Trockengüter:

8 sextarii	=	1 semodius	(4,366 l)
16 sextarii	=	1 modius	(8,732 l)
3 modii	=	1 quadrantal	= 1 amphora (26,196 l)

Für Flüssigkeiten:

12 heminae	=	1 congius	(3,275 l)
4 congii	=	1 urna	(13,09 l)
2 urnae	=	1 quadrantal	(26,196 l)
40 urnae	=	1 culleus	(524 l)

Lit: Zu B: Ägypten: W. Helck-E. Otto, Kleines Wörterbuch der Ägyptologie, 1956 – Vgl. → Ägypten I C [3] – *Mesopotamien:* G. Contenau, So lebten die Babylonier und Assyrer, 1959, 100 – B. Meißner, Babylonien und Assyrien I, 1922, 357ff. – E. Unger, Reallexikon der Vorgeschichte IV 1 (1926), 315–318 s. v. Gewichte – Ders., Reallexikon der Vorgeschichte VIII, 1927, 58–60, s. v. Maß – *Palästina:* K. Galling, Biblisches Reallexikon, Handbuch zum AT, 1937 – Th. Schlatterer, Calwer Bibellexikon, 1959 – A. Strobel, Biblisch-historisches Handwörterbuch II, 1964, 1159–69 – *Zu C und D:* F. Hultsch, Griech. u. röm. Metrologie (1862), 1882² – A. Segrè, Metrologia e circolazione monetaria degli antichi, 1928 – A. Oxé, BJbb 147, 1942, 91–216 – Einzelartikel in der RE von F. Hultsch, R. Lehmann-Haupt, O. Viedebantt, W. Becher, H. Chantraine u. a.

VI. GEFLÜGELTE WORTE

Zusammengestellt von Volker Schnell, Stuttgart

1. GRIECHISCH

Ἄγραφος νόμος (Andok. de myst. 85). Ungeschriebenes Gesetz.

Ἀεὶ γὰρ εὖ πίπτουσιν οἱ Διὸς κύβοι (Soph. Fr. 809 N.). Die Würfel des Zeus fallen immer gut.

Ἀεί τι βούλου χρήσιμον προσμανθάνειν (Soph. Fr. 627 N.). Sei immer bereit, etwas Nützliches hinzuzulernen.

Ἀθάνατόν ἐστι κακὸν ἀναγκαῖον γυνή (Philem. Fr. 196 K.). Ein nie aussterbendes notwendiges Übel ist die Frau.

Αἰὲν ἀριστεύειν καὶ ὑπείροχον ἔμμεναι ἄλλων (Hom. Il. 6, 208). Immer der erste zu sein und hervorzuragen vor andern.

(Μὴ) ἀκίνητα κινεῖν (Plat. leg. 11, 913 B). Unberührbares (nicht) berühren.

Ἀλλ' εἰσὶ μητρὶ παῖδες ἄγκυραι βίου (Soph. Fr. 623 N.). Kinder sind für die Mutter Lebensanker.

Ἄλλος γάρ τ' ἄλλοισιν ἀνὴρ ἐπιτέρπεται ἔργοις (Hom. Od. 14, 228). Der eine erfreut sich an diesem, der andere an jenem.

Ἄλλος οὗτος Ἡρακλῆς (Plut. Thes. 29). Dies ist ein zweiter Herakles.

Ἀλλ' οὔπως ἅμα πάντα θεοὶ δόσαν ἀνθρώποισιν (Hom. Il. 4, 320). Aber nicht alles zugleich haben die Götter den Menschen gegeben.

Ἄνθρωπον θεοῦ τι παίγνιον εἶναι μεμηχανημένον (Plat. leg. 7, 803 C). Der Mensch ist ein von Gott ersonnenes Spielzeug.

Ἄνθρωπος · ἱκανὴ πρόφασις εἰς τὸ δυστυχεῖν (Men. Fr. 811 K.). Mensch sein: ein ausreichender Grund, ins Unglück zu kommen.

Ἄνθρωπος φύσει ζῷον πολιτικόν (Aristot. pol. 1, 2. 1253 a 2). Der Mensch ist von Natur aus ein Lebewesen, das in Gemeinschaft lebt.

Ἀνέχου καὶ ἀπέχου (Epikt. bei Gell. 17, 19, 6). Halte aus und enthalte dich.

Ἁπλοῦς ὁ μῦθος τῆς ἀληθείας ἔφυ (Eur. Phoin. 469). Einfach ist das Wort der Wahrheit.

Ἀρετὴ δέ, κἂν θάνῃ τις, οὐκ ἀπόλλυται (Eur. Fr. 734 N.). Die Tugend – auch wenn einer stirbt, vergeht sie nicht.

Βίος ἀνεόρταστος μακρὴ ὁδὸς ἀπανδόκευτος (Demokr. Fr. 230 D.). Ein Leben ohne Feste ist ein langer Weg ohne Gasthäuser.

Βούλου κρατεῖν μέν, σὺν θεῷ δ' ἀεὶ κρατεῖν (Soph. Ai. 765). Dein Wille sei zu siegen, zu siegen aber immer mit dem Gott.

Γελᾷ δ' ὁ μωρός, κἄν τι μὴ γελοῖον ᾖ (Men. mon. 108). Es lacht der Tor, auch wenn es nichts zu lachen gibt.

Γένοι', οἷος ἐσσὶ μαθών (Pind. Pyth. 2, 72). Erkenne dich und werde, wer du bist.

Γηράσκω δ' αἰεὶ πολλὰ διδασκόμενος (Sol. Fr. 22, 7 D.). Ich werde alt, beständig viel lernend.

Γλαῦκα εἰς Ἀθήνας (Cic. ad fam. 6, 3, 4). Eulen nach Athen tragen.

Γνῶθι σεαυτόν (Thales bei Diog. Laert. 1,40). Erkenne dich selbst.

Δίκαια δράσας συμμάχους ἕξεις θεούς (Men. mon. 126). Wer das Rechte tut, hat die Götter zu Bundesgenossen.

Δὶς παῖδες οἱ γέροντες (Aristoph. nub. 1417). Zweifach Kinder sind die Greise.

Δόσις δ' ὀλίγη τε φίλη τε (Hom. Od. 6,208). Kleine, aber liebe Gabe.

Δός μοι ποῦ στῶ καὶ κινῶ τὴν γῆν (Archim. bei Papp. 8 p. 1060 H.). Gib mir einen Punkt, wo ich stehen kann, und ich bewege die Erde.

Ἐγγύα · πάρα δ' ἄτα (Chilo bei Clem. Alex. strom. 1,61). Bürgschaft bringt Unheil.

Ἐδιζησάμην ἐμεωυτόν (Heraklit Fr. 101 D.). Ich suchte mich selbst.

Εἰ θεοί τι δρῶσιν αἰσχρόν, οὐκ εἰσὶν θεοί (Eur. Fr. 294,7 N.). Wenn Götter schimpflich handeln, sind sie keine Götter.

Εἷς ἐμοὶ μύριοι, ἐὰν ἄριστος ᾖι (Heraklit Fr. 49 D.). Einer gilt mir für zehntausend, wenn er der Beste ist.

Εἷς οἰωνὸς ἄριστος ἀμύνεσθαι περὶ πάτρης (Hom. Il. 12,243). *Ein* Wahrzeichen nur gilt: für das Vaterland sich zu wehren.

Ἐλέφαντα ἐκ μυίας ποιεῖν (Zenob. 3,68). Aus einer Mücke einen Elefanten machen.

Ἐν κόλπῳ εἶχες ὄφιν (Theogn. 602). Du hast eine Schlange am Busen genährt.

Ἔργμασιν ἐν μεγάλοις πᾶσιν ἁδεῖν χαλεπόν (Sol. Fr. 5,11 D.). Bei großen Entscheidungen allen zu gefallen, ist schwer.

Ἔργον οὐδὲν ὄνειδος (Hes. erg. 311). Arbeit ist keine Schande.

Ἔρδοι τις ἣν ἕκαστος εἰδείη τέχνην (Aristoph. vesp. 1431). Ein jeder übe, was er kann und wohl versteht.

Ἔρχεται τἀληθὲς εἰς φῶς ἐνίοτ' οὐ ζητούμενον (Men. Fr. 433 K.). Oft gelangt die Wahrheit ans Licht, auch wenn man sie nicht gesucht.

Ζῶμεν γὰρ οὐχ ὡς θέλωμεν, ἀλλ' ὡς δυνάμεθα (Men. Fr. 50 K.). Wir leben, wie wir können, nicht, wie wir wollen.

Ἥμισυ γάρ τ' ἀρετῆς ἀποαίνυται εὐρύοπα Ζεὺς/ἀνέρος, εὖτ' ἄν μιν κατὰ δούλιον ἦμαρ ἕλῃσιν (Hom. Od. 17,322 f.). Die Hälfte seines Wertes nimmt der weitumblickende Zeus einem Mann, wenn ihn der Tag der Knechtschaft ergriffen hat.

Ἢν δ' ἐγγὺς ἔλθῃ θάνατος, οὐδεὶς βούλεται θνῄσκειν (Eur. Alk. 671). Wenn der Tod naht, will keiner sterben.

Ηὕρηκα (Archimedes bei Vitr. 9 p. 216). Ich hab's.

Θεῶν ἐν γούνασι κεῖται (Hom. Il. 17,514). Es ruht im Schoße der Götter.

Καιρὸν γνῶθι (Pittakos bei Clem. Alex. strom. 1,61). Erkenne den richtigen Augenblick.

Κοινὰ τὰ φίλων (Pythagoras bei Diog. Laert. 8,10). Freunden ist alles gemeinsam.

Κρῆτες ἀεὶ ψεῦσται, κακὰ θηρία, γαστέρες ἀργαί (Epimenid. Fr. 1 D.). Kreter sind immer Lügner, böse Tiere, faule Bäuche.

Κροκοδείλου δάκρυα (Apostol. 10,17). Krokodilstränen.

Κτῆμα εἰς ἀεί (Thuk. 1,22,4). Ein Besitztum für immer.

Λάθε βιώσας (Epikur). Lebe unauffällig.

Μελέτη τὸ πᾶν (Periander bei Clem. Alex. strom. 1,61). Alles ist Sache der Übung.

Μέτρον ἄριστον (Kleobulos, ebd.). Maß ist das Beste!

Μηδὲν ἄγαν (Solon, ebd.). Nichts zu sehr!

Μὴ πάντα ἐπίστασθαι προθυμέο, μὴ πάντων ἀμαθὴς γένῃ (Demokr. Fr. 169 D.). Verlange nicht alles zu wissen, damit du nicht in allem unwissend wirst.

Μὴ φθόνει τοῖς εὐτυχοῦσι, μὴ δοκῇς εἶναι κακός (Chares Trag. Fr. 3 N.). Beneide nicht die Hochbeglückten, sonst stellst du dich selber bloß.

Μία χελιδὼν ἔαρ οὐ ποιεῖ (Aristot. NE 1098a 18f.). Eine Schwalbe macht noch keinen Frühling.

Μύθων τε ῥητῆρ' ἔμεναι, πρηκτῆρά τε ἔργων (Hom. Il. 9, 443). Beredt in Worten und rüstig in Taten sein.

Νᾶφε καὶ μέμνασ' ἀπιστεῖν · ἄρθρα ταῦτα τᾶν φρενᾶν (Epich. Fr. 13 D.). Sei nüchtern und mißtrauisch: das sind die Gelenke des Geistes.

Νέοις τὸ σιγᾶν κρεῖττόν ἐστι τοῦ λαλεῖν (Men. mon. 387). Den Jungen geziemt's zu schweigen statt zu reden.

Νόμος ὁ πάντων βασιλεύς (Pind. Fr. 169). Das Gesetz ist aller Menschen König.

Οἵη περ φύλλων γενεή, τοίη δὲ καὶ ἀνδρῶν (Hom. Il. 6,146). Wie ein Geschlecht von Blättern sind die Menschen.

Οἱ πλεῖστοι κακοί (Bias bei Clem. Alex. strom. 1,61). Die Masse ist schlecht.

Ὁ μὴ δαρεὶς ἄνθρωπος οὐ παιδεύεται (Men. mon. 422). Wer nicht geschunden wird, wird nicht erzogen.

Ὁμοφροσύνη φιλίην ποιεῖ (Demokr. Fr. 186 D.). Gesinnungsgleichheit schafft Freundschaft.

Ὃν οἱ θεοὶ φιλοῦσιν, ἀποθνῄσκει νέος (Men. Fr. 125 K.). Wen die Götter lieben, der stirbt jung.

Ὀρθὸν ἀλήθει' ἀεί (Soph. Ant. 1195). Die Wahrheit ist immer das Richtige.

Οὐδ' ὀβολοῦ ἄξιος (Lukian. Tim. 24). Keinen Groschen wert.

Οὐκ ἀγαθὸν πολυκοιρανίη, εἷς κοίρανος ἔστω (Hom. Il. 2,204). Nicht gut ist Vielherrschaft, einer soll der Herr sein.

Οὐκ ἔστι θνητῶν, ὅστις ἔστ' ἐλεύθερος (Eur. Hek. 864). Kein Sterblicher ist frei.

Οὐκ ἔστιν, ὅστις πάντ' ἀνὴρ εὐδαιμονεῖ (Aristoph. ran. 1217). Kein Mensch ist in allen Dingen glücklich.

Ὀψὲ θεῶν ἀλέουσι μύλαι, ἀλέουσι δὲ λέπτα (Sext. Emp. adv. math. 287). Gottes Mühlen mahlen spät, aber fein.

Πάθει μάθος (Aischyl. Ag. 177). Durch Leiden lernen.

Παῖς τῆς τύχης (Soph. OT 1080). Kind des Zufalls.

Πάντα ῥεῖ (Heraklit bei Simpl. in phys. VIII 8 265 a 2). Alles ist im Fluß.

Πεῖρά τοι μαθήσιος ἀρχά (Alkm. Fr. 82 B.). Der Versuch ist der Anfang des Lernens.

Πλέον ἥμισυ παντός (Hes. erg. 40). Mehr ist die Hälfte als das Ganze.

Πόλεμος πάντων μὲν πατήρ ἐστι, πάντων δὲ βασιλεύς (Heraklit Fr. 53 D.). Krieg ist aller Dinge Vater, aller Dinge König.

Πολλὰ τὰ δεινὰ κοὐδὲν ἀνθρώπου δεινότερον πέλει (Soph. Ant. 332 f.). Viel Gewaltiges gibt es, aber nichts ist gewaltiger als der Mensch.

Πολλὰ ψεύδονται ἀοιδοί (Solon bei Arist. metaph. 1,2,983 a 3). Vieles lügen die Dichter.

Πράττε τὰ σαυτοῦ, μὴ τὰ τῶν ἄλλων φρόνει (Men. mon. 448). Tu das Deine und kümmere dich nicht um die Angelegenheiten anderer.

Ῥεχθὲν δέ τε νήπιος ἔγνω (Hom. Il. 20,198). Geschehenes erkennt auch der Tor.

Σκηνὴ πᾶς ὁ βίος καὶ παίγνιον (Pall. AP 10,72). Bühne ist das Leben ganz und Spiel.

Σκιᾶς ὄναρ ἄνθρωπος (Pind. Pyth. 8,135 f.). Der Traum eines Schattens ist der Mensch.

Σοφοῖς ὁμιλῶν καὐτὸς ἐκβήσῃ σοφός (Men. mon. 457). Umgang mit klugen Menschen macht klug.

Σώματος κάλλος ζῳῶδες, ἢν μὴ νοῦς ὑπῇ (Demokr. Fr. 105 D.). Schönheit des Körpers ist etwas Tierisches, wenn der Verstand fehlt.

Τέκνον ἐμόν, ποῖόν σε ἔπος φύγεν ἕρκος ὀδόντων (Hom. Od. 1,64). Mein Kind, welches Wort entfloh dem Gehege deiner Zähne!

Τέτλαθι δή, κραδίη, καὶ κύντερον ἄλλο ποτ' ἔτλης (Hom. Od. 20,18). Sei mutig, mein Herz, schon Hündischeres hast du erduldet!

Τὴν τῶν κρατούντων μαθὲ φέρειν ἐξουσίαν (Men. mon. 727). Lerne die Willkür der Machthaber zu ertragen.

Τῆς ἀρετῆς ἱδρῶτα θεοὶ προπάροιθεν ἔθηκαν (Hes. erg. 289). Vor den Erfolg haben die Götter den Schweiß gesetzt.

Τὸν πλοῦτον νεῦρα πραγμάτων (εἶναι) (Bion bei Diog. Laert. 4,48). Reichtum ist der Nerv aller Handlungen.

Τὸ πολλὰ τολμᾶν πολλ' ἁμαρτάνειν ποιεῖ (Men. mon. 724). Wer viel wagt, macht auch viel falsch.

Τούτῳ νίκα (Eus. vit. Const. 1,28). In diesem Zeichen siege!

Τῷ δ' ἕτερον μὲν ἔδωκε πατήρ, ἕτερον δ' ἀνένευσε (Hom. Il. 16,250). Das eine gab ihm der Gott, das andere versagte er.

Φθείρουσιν ἤθη χρηστὰ ὁμιλίαι κακαί (Men. Fr. 218 K.). Schlechte Gesellschaft verdirbt guten Charakter.

Χαλεπὰ τὰ καλά (Plat. rep. 497 D.). Das Schöne ist schwer.

Χεὶρ τὰν χεῖρα νίζει (Epich. Fr. 30 D.). Eine Hand wäscht die andere.

Ὦ παῖ, γένοιο πατρὸς εὐτυχέστερος / τὰ δ' ἄλλ' ὁμοῖος · καὶ γένοι' ἂν οὐ κακός (Soph. Ai. 550 f.). Mein Sohn, werde glücklicher als dein Vater, in allem andern aber ihm gleich; dann wirst du wohl kein schlechter Mensch!

Ὡς αἰεὶ τὸν ὁμοῖον ἄγει θεὸς ὡς τὸν ὁμοῖον (Hom. Od. 17,218). Wie stets der Gott den Gleichen hinführt zu dem Gleichen.

Ὡς ἀπόλοιτο καὶ ἄλλος, ὅ τις τοιαῦτά γε ῥέζοι (Hom. Od. 1,47). So möge auch jeder andere zugrunde gehen, der solches tut.

Ὡς ἔστι τὸ γαμεῖν ἔσχατον τοῦ δυστυχεῖν (Antiph. Fr. 292 K.). Heiraten ist das größte Unglück.

Ὡς χαρίεν ἔστ' ἄνθρωπος, ὃς ἂν ἄνθρωπος ᾖ (Men. mon. 562). Wie liebenswürdig ist der Mensch, wenn er ein Mensch ist.

2. LATEINISCH

Ab Iove principium (Verg. ecl. 3,60). Von Jupiter sei der Anfang genommen.

Ab ovo (Hor. ars 147). Vom Ei (der Leda) an.

Adhuc sub iudice lis est (Hor. ars 78). Noch ist der Streit vor dem Richter anhängig.

Ad Kalendas Graecas (Suet. Aug. 87). An den griechischen Kalenden (d.h. niemals).

Aequam memento rebus in arduis / servare mentem (Hor. carm. 2,3, 1). Denke daran, in Not und Gefahr Gleichmut zu bewahren!

Alea iacta est (Caesar bei Suet. Caes. 32). Der Würfel ist (damit) gefallen.

Amantes, amentes (nach Ter. Andr. 218). Verliebt, verdreht.

Audacter calumniare, semper aliquid haeret! (Francis Bacon, De dignitate et augmentis scientiarum 8,2,34). Verleumde nur dreist, etwas bleibt immer hängen.

Audiatur et altera pars! (nach Sen. Med. 199). Man höre auch die andere Seite.

Aurea mediocritas (Hor. carm. 2,10,5). Goldene Mitte.

Aut prodesse volunt aut delectare poetae (Hor. ars 333). Die Dichter wollen entweder nützen oder erfreuen.

Beatus ille, qui procul negotiis... (Hor. epod. 2,1). Glücklich, wer fern den Geschäften...

Bene vixit, qui bene latuit (nach Ov. trist. 3,4,25). Gut im Verborgenen gelebt heißt gut gelebt.

Carpe diem! (Hor. carm. 1,11,8). Pflücke den Tag!

Cave canem! (Varro Menipp. 143; Petron 29). Achtung, (bissiger) Hund.

Cedant arma togae, concedat laurea laudi! (Cic. off. 1,77). Es sollen die Waffen der Toga weichen, der Lorbeer (des Krieges) dem (friedlichen) Verdienste!

Cedo maiori (nach Mart. 32). Vor dem Mächtigeren mache Platz.

Ceterum censeo Carthaginem esse delendam (nach: Plut. Cato mai. 27). Im übrigen stimme ich dafür, daß Karthago zerstört werden muß.

Concordia discors (Hor. epist. 1,12,19). Zwieträchtige Eintracht.

Credo, quia absurdum (nach Tert. carn. 5). Ich glaube, weil es widersinnig ist.

Cui bono? (Cic. Rosc. 84). Wem zum Vorteil?

Cum grano salis (nach Plin. nat. 23,77,149). Mit einem Körnchen Salz.

Cum tacent, clamant (Cic. Catil. 1,21). Indem sie schweigen, schreien sie laut.

Cum tacet, consentire videtur (Corp. Iur. 6,5,12,43). Schweigen bedeutet Zustimmung.

De mortuis nil nisi bene! (wahrscheinlich nach Chilon bei Diog. Laert. 1,3,70). Über die Toten nur Gutes!

Deus ex machina (nach Ps.-Plat. Kleitophon 407 A u.a.). Gott aus der Kulisse.

Diem perdidi (Suet. Tit. 8,1). Ich habe einen Tag vertan!

Dies diem docet (aus Publil. Syr. 123 Wölfflin). Ein Tag lehrt den andern.

Difficile est satiram non scribere (Iuv. sat. 1,30). Schwer ist es, keine Satire zu schreiben.

Dimidium facti, qui coepit, habet (Hor. epist. 1,2,40). Die Hälfte hat, wer begonnen hat.

Dira necessitas (Hor. carm. 3,24,6). Die grimmige Notwendigkeit.

Disiecta membra poetae (nach Hor. sat. 1,4,62). Die zerstückelten Glieder des Dichters.

Dixi et salvavi animam meam (nach Ez. 3,18 ff.). Ich habe gesprochen und meine Seele gerettet.

Docendo discimus (nach Sen. epist. 7,8). Durch Lehren lernen wir.

Do, ut des (vgl. Corp. Iur. Civ. Dig. 19,5,5). Ich gebe, damit du gibst.

Ducunt volentem fata, nolentem trahunt (Sen. epist. 107,11). Den Willigen führt das Geschick, den Widerstrebenden reißt es fort.

Dulce et decorum est pro patria mori (Hor. carm. 3,2,13). Süß und ehrenvoll ist es, für das Vaterland zu sterben.

Dulce est desipere in loco (Hor. carm. 4,12,28). Süß ist es, wo es sein darf, den Toren zu spielen.

Dum Roma deliberat, Saguntum perit (nach Liv. 21,7,11). Während Rom berät, geht Sagunt zugrunde.

Dum spiro, spero (nach Cic. Att. 9,10,3). Solange ich atme, hoffe ich noch.

Duo cum faciunt idem, non est idem (aus Ter. Adelph. 823 f.). Wenn zwei dasselbe tun, ist es nicht dasselbe.

Epistula non erubescit (Cic. ad fam. 5,12,1). Ein Brief wird nicht rot.

Errare humanum est (nach Cic. Phil. 12,2,5). Irren ist menschlich.

Est modus in rebus, sunt certi denique fines (Hor. sat. 1,1,106). Es ist ein Maß in den Dingen, es gibt endlich bestimmte Grenzen.

Exegi monumentum aere perennius (Hor. carm. 3,30,1). Ein Denkmal habe ich mir gesetzt, dauernder als Erz.

Ex nihilo nihil fit (nach Lucr. 1,150.205). Aus nichts wird nichts.

Exoriare aliquis nostris ex ossibus ultor (Verg. Aen. 4,625). Einst entstehe aus unseren Gebeinen ein Rächer.

Ex ungue leonem (nach Plut. de defectu orac. 3). An der Klaue den Löwen (erkennen).

Fabrum esse suae quemque fortunae (Sall. epist. 1,1,2). Jeder ist seines Glückes Schmied.

Fama crescit eundo (Verg. Aen. 4,175). Es wächst das Gerücht im Umlauf.

Favete linguis! (Hor. carm. 3,1,2). Wahret das (heilige) Schweigen.

Felix, qui potuit rerum cognoscere causas (Verg. georg. 2,490). Glücklich, wer der Dinge Grund erkennen konnte.

Festina lente! (nach Suet. Aug. 25). Eile mit Weile!

Fiat iustitia et pereat mundus (Wahlspruch Kaiser Ferdinands I.). Recht soll werden, und wenn auch die Welt darüber zugrunde geht.

Fortes fortuna adiuvat (Ter. Phorm. 203). Den Tapferen hilft das Glück.

Furor teutonicus (Lucan. 1,255 f.). Teutonisches Wüten.

Gradus ad Parnassum (bei Paul Aler, 1656–1727, als Titel einer Anweisung zur Dichtkunst). Aufstieg zum Parnaß.

Gutta cavat lapidem (Ov. ex Ponto 4,10,5). (Steter) Tropfen höhlt den Stein.

Habent sua fata libelli (Ter. Maur. carm. heroic. 258). Bücher haben ihre Schicksale.

Hannibal ad portas! (Liv. 23,16,2; Cic. Phil. 1,11). Hannibal vor den Toren!

Hic niger est, hunc tu, Romane, caveto! (Hor. sat. 1,4,85). Das ist eine schwarze Seele, hüte dich, Römer, vor ihr!

Hic Rhodus, hic salta! (nach Aesop. fab. 33 ed. Hausrath). Hier ist Rhodos, hier springe!

Hinc illae lacrimae! (Ter. Andr. 126). Daher jene Tränen!

Hoc erat in votis (Hor. sat. 2,6,1). Dies gehörte zu meinen Wünschen.

Hoc volo, sic iubeo: sit pro ratione voluntas! (Iuv. sat. 6,223.) Dies will ich, so ist's Befehl: statt Gründen genüge mein Wille.

Homo homini lupus (Plaut. Asin. 495). Der Mensch ist dem Menschen ein Wolf.

Homo sum, humani nil a me alienum puto (Ter. Haut. 77). Ich bin ein Mensch, nichts Menschliches ist mir fremd.

Ignoti nulla cupido (Ov. ars 3,397). Unbekanntes begehrt man nicht.

Iliacos intra muros peccatur et extra (Hor. epist. 1,2,16). Man sündigt innerhalb der Mauern Trojas und außerhalb.

Infandum, regina, iubes renovare dolorem (Verg. Aen. 2,3). Unsäglichen Schmerz befiehlst du, Königin, zu erneuern.

In magnis et voluisse sat est (Prop. 2,10,6). In großen Dingen genügt es schon, gewollt zu haben.

Integer vitae scelerisque purus... (Hor. carm. 1,22,1). Wer unbescholten lebt und frei von Schuld...

Invita Minerva (Hor. ars 385). Wider den Willen der Minerva.

In vino veritas (nach dem griech. *οἶνος καὶ ἀλήθεια*). Im Wein liegt Wahrheit.

Ira furor brevis est (Hor. epist. 1, 2, 62). Zorn ist kurze Tobsucht.

Iucundi acti labores (Cic. fin. 2, 105). Nach getaner Arbeit ist gut ruhn.

Iurare in verba magistri (Hor. epist. 1, 1, 14). Auf des Meisters Worte schwören.

Labor omnia vicit improbus (Verg. georg. 1, 145 f.). Arbeit hat alles bezwungen, die unersättliche.

Latet anguis in herba (Verg. ecl. 3, 93). Eine Schlange lauert im Grase.

Lucus a non lucendo (nach Quint. inst. 1, 6, 34). Der Wald wird ‹Lucus› genannt, weil es darin *nicht* ‹licht› ist.

Lupus in fabula (Ter. Ad. 538). (Wie) der Wolf in der Fabel.

Maior e longinquo reverentia (Tac. Ann. 1, 47). Aus der Entfernung ist die Ehrfurcht größer.

Manum de tabula! (Plin. nat. 35, 36, 80). Die Hand weg vom Bild! (Das genügt!)

Manus manum lavat (u. a. bei Sen. apocol. 9, 6). Eine Hand wäscht die andere.

Maxima debetur puero reverentia (Iuv. 14, 47). Größte Rücksicht sind wir dem (zu erziehenden) Knaben schuldig.

Medio tutissimus ibis (Ov. met. 2, 137). In der Mitte gehst du am sichersten.

Mens agitat molem (Verg. Aen. 6, 727). Der Geist bewegt die Materie.

Mens sana in corpore sano (Iuv. 10, 356). Gesunder Geist in gesundem Körper.

Militat omnis amans (Ov. am. 1, 9, 1). Kriegsdienst leistet jeder, der liebt.

Mulier taceat in ecclesia! (nach 1. Kor. 14, 34). Das Weib schweige in der Kirche!

Multum, non multa (Plin. epist. 7, 9, 15). Viel, nicht vielerlei.

Nam tua res agitur, paries cum proximus ardet (Hor. epist. 1, 18, 84). Denn dich geht's an, wenn das Haus des Nachbarn brennt.

Natura non facit saltum (nach Max. Tyr. dial. 15, 4). Die Natur macht keine Sprünge.

Naturam expellas furca, tamen usque recurret (Hor. epist. 1, 10, 24). Vertreib nur die Natur mit der Gabel, sie kommt doch stets wieder.

Nequid nimis! (Ter. Andr. 61). Nichts zu sehr!

Ne sutor supra crepidam! (Plin. nat. 35, 36, 85). Schuster, bleib bei deinem Leisten!

Nihil est ab omni parte beatum (Hor. carm. 2, 16, 27). Es gibt kein vollkommenes Glück.

Nil admirari! (Hor. epist. 1, 6, 1). Sich von nichts imponieren lassen!

Nil mortalibus arduum est (Hor. carm. 1, 3, 37). Nichts ist den Sterblichen zu schwer.

Nitimur in vetitum semper cupimusque negata (Ov. am. 3, 4, 17). Wir streben immer nach dem Verbotenen und begehren das Versagte.

Nolens volens (nach Aug. civ. 10, 27). Man mag wollen oder nicht.

Noli me tangere! (Joh. 20, 17). Rühre mich nicht an!

Noli turbare circulos meos! (nach Val. Max. 8, 7 extr. 7). Störe meine Kreise nicht!

Nomen est omen (nach Plaut. Persa 625). Name ist Vorbedeutung.

Nondum omnium dierum solem occidisse (Liv. 39, 26, 9). Es ist noch nicht aller Tage Abend.

Non liquet (Cic. Cluent. 76). Es ist undurchsichtig.

Non olet (Suet. Vesp. 23). (Geld) stinkt nicht.

Non omnia possumus omnes (Lucil. Fr. 218 M.). Wir können nicht alle alles.

Non omnis moriar (Hor. carm. 3, 30, 6). Nicht ganz werde ich vergehen.

Non scholae, sed vitae discimus (Umkehrung von Sen. epist. 106, 12). Nicht für die Schule, für das Leben lernen wir.

Nulla poena sine lege (A. v. Feuerbach, Lehrb. des Peinlichen Rechts, 14. Aufl. 1847, § 20, S. 41). Keine Strafe ohne Gesetz.

Nullum est iam dictum, quod non dictum sit prius (Ter. Eun. 41). Es gibt kein Wort mehr, das nicht schon früher gesagt wurde.

Nullum magnum ingenium sine mixtura dementiae fuit (Sen. tranqu. 17, 10). Es hat keinen großen Geist ohne eine Beimischung von Wahnsinn gegeben.

Nunc est bibendum! (Hor. carm. 1, 37, 1). Jetzt laßt uns trinken!

Obstipui steteruntque comae et vox faucibus haesit (Verg. Aen. 2, 774). Ich war starr, mir sträubte sich das Haar und die Stimme versagte.

Oderint, dum metuant! (Acc. trag. 203: Atreus). Mögen sie hassen, wenn sie nur fürchten!

Odi profanum vulgus et arceo (Hor. carm. 3, 1, 1). Ich hasse den gemeinen Pöbel und meide ihn.

Oleum et operam perdidi (Plaut. Poen. 332). Öl und Arbeit habe ich vergeudet.

O mihi praeteritos referat si Jupiter annos! (Verg. Aen. 8, 560). O, wenn Jupiter mir die vergangenen Jahre zurückgäbe!

Omnes una manet nox (Hor. carm. 1, 28, 15). Auf alle wartet dieselbe (Todes-) Nacht.

Omne tulit punctum, qui miscuit utile dulci (Hor. ars 343). Jede Stimme erhält, wer Lust und Nutzen vereint hat.

Omnia mea mecum porto (Cic. parad. 1, 1, 8). Alle meine Habe trage ich mit mir.

Omnia vincit Amor (Verg. ecl. 10, 69). Alles besiegt der Gott der Liebe.

O, quantum est in rebus inane! (Pers. 1, 1). O, wieviel Nichtiges liegt in den Dingen!

O tempora! O mores! (Cic. Catil. 1, 2). Was für Zeiten! Was für Sitten!

Otium cum dignitate (Cic. Sest. 98). Muße in verdienter Ehre.

Panem et circenses! (Iuv. 10, 81). Brot und Spiele!

Parcere subiectis et debellare superbos (Verg. Aen. 6, 853). Die Unterworfenen schonen, die Überheblichen niederringen.

Parturient montes, nascetur ridiculus mus (Hor. ars 139). Es kreißen die Berge, zur Welt kommt ein lächerliches Mäuschen.

Pectus est, quod facit disertos (Quint. inst. 10, 7, 15). Das Herz ist's, das beredt macht.

Per aspera ad astra (nach Sen. Herc. f. 437) Durchs Steinige zu den Sternen.

Perfer et obdura! (Ov. am. 3, 11, 7). Trag's und ertrag's mit Geduld!

Periculum in mora! (nach Liv. 38, 25, 13). Gefahr liegt im Verzug!

Pia fraus (Ov. met. 9, 711). Frommer Betrug.

Post equitem sedet atra cura (Hor. carm. 3, 1, 40). Hinter dem Reiter sitzt die schwarze Sorge.

Principiis obsta! (Ov. rem. am. 91). Wehre den Anfängen.

Probitas laudatur et alget (Iuv. 1, 74). Man lobt die Rechtschaffenheit, aber läßt sie frieren.

Proximus sum egomet mihi (Ter. Andr. 636). Ich bin mir selbst der Nächste.

Qualis rex, talis grex (Nachantikes Sprichwort, vgl. Petron 58). Wie der Führer, so die Herde.

Quandoque bonus dormitat Homerus (Hor. ars 359). Zuweilen schläft selbst der wackre Homer.

Quicquid id est, timeo Danaos et dona ferentes (Verg. Aen. 2, 49). Was es auch ist, ich fürchte die Danaer, selbst wenn sie Geschenke bringen.

Quidquid agis prudenter agas et respice finem! (nach Jes. Sir. 7, 40). Was du beginnst, beginne es klug und bedenke das Ende!

Quidquid delirant reges, plectuntur Achivi (Hor. epist. 1, 2, 14). Was die Könige im Wahn tun, büßen die Achäer.

Quieta non movere (nach Sall. Catil. 21, 1). Was ruhig liegt, nicht stören.

Quod liced Jovi, non licet bovi (Nachantikes Sprichwort). Was Jupiter erlaubt ist, ist dem Ochsen (noch längst) nicht erlaubt.

Quod tibi fieri non vis, alteri ne feceris! (nach Didache 1, 2 ‹Goldene Regel›). Was du nicht willst, daß man dir tu, das füg auch keinem andern zu!

Quos deus perdere vult, prius dementat (Publ. Syr 612 Wölfflin). Die Gott vernichten will, schlägt er vorher mit Verblendung.

Quos ego! (Verg. Aen. 1, 135). Euch werd' ich!

Quot capita, tot sensus (nach Ter. Phorm. 454). Wieviel Köpfe, soviel Meinungen.

Quousque tandem abutere, Catilina, patientia nostra? (Cic. Catil. 1, 2). Wie lang noch, Catilina, willst du unsere Geduld mißbrauchen?

Rem tene, verba sequentur! (Cato Fragm. p. 80,2 Jordan). Bleib bei der Sache, dann werden die Worte schon folgen!

Res severa est verum gaudium (Sen. epist. 23,4). Wahre Freude ist eine ernste Sache.

Ridentem dicere verum (Hor. sat. 1,1,24). Lachend die Wahrheit sagen.

Risum teneatis amici? (Hor. ars 5). Könntet ihr euch, Freunde, des Lachens erwehren?

Roma locuta, causa finita (nach Aug. sermo 131,10). Wenn Rom gesprochen hat, ist die Sache entschieden.

Romanus sedendo vincit (Varro rust 1,2,2). Der Römer siegt durch Sitzen.

Saepe stilum vertas! (Hor. sat. 1,10,72). Wende oft den Griffel! (d.h. feile am Ausdruck).

Salus populi suprema lex! (Cic. leg. 3,8). Das Wohl des Volkes sei oberstes Gesetz!

Sapere aude! (Hor. epist. 1,2,40). Wag' es, weise zu sein!

Sapienti sat(est) (Plaut. Pers. 729). Dem Verständigen genügt's.

Saxa loquuntur (nach Lucan. 6,618). Die Steine reden.

Sed fugit interea, fugit irreparabile tempus (Verg. georg. 3,284). Aber es flieht unterdessen, es flieht die unwiederbringliche Zeit.

Semper homo bonus tiro est (Mart. 12,51,2). Ein guter Mensch bleibt immer ein Anfänger.

Si fractus inlabatur orbis, / impavidum ferient ruinae (Hor. carm. 3,3,7f.). Wenn geborsten über ihm der Erdkreis einstürzt, werden die Trümmer ihn unerschrocken treffen.

Sine Cerere et Libero friget Venus (Ter. Eun. 732). Ohne Ceres und Bacchus bleibt Venus kalt.

Sine ira et studio (Tac. ann. 1,1). Ohne Zorn und Parteilichkeit.

Sint Maecenates, non deerunt, Flacce, Marones! (Mart. 8,56,5). Laß es nur Mäzene geben, so werden auch Vergile nicht fehlen.

Si parva licet componere magnis (Verg. georg. 4,176). Wenn es erlaubt ist, Kleines mit Großem zu vergleichen.

Sit venia verbo (Plin. epist. 5,6,46). Man verzeihe den Ausdruck.

Spectatum veniunt, veniunt spectentur ut ipsae (Ov. ars 1,99). Sie kommen, um zu sehen, um selbst gesehen zu werden.

Summum ius, summa iniuria (Cic. off. 1,33). Das strengste Recht ist das größte Unrecht.

Suum cuique! (Cic. off. 1,15). Jedem das Seine!

Tolle, lege! (Aug. conf. 8,12). Nimm und lies!

Tu ne cede malis, sed contra audentior ito (Verg. Aen. 6,95). Weiche dem Unglück nicht, nein, unverzagt geh ihm entgegen!

Ultima Thule (Verg. georg. 1,30). Das äußerste Thule

Una salus victis nullam sperare salutem (Verg. Aen. 2,354). Ein Heil bleibt den Besiegten allein, kein Heil mehr zu hoffen.

Usus tyrannus (nach Hor. ars 71f.). Die Gewohnheit ist ein Tyrann.

Ut aliquid fieri videatur (nach Lact. inst. 7,4). Damit es (wenigstens) den Anschein hat, als ob etwas geschehe.

Ut desint vires, tamen est laudanda voluntas (Ov. ex Pont. 3,4,79). Mögen auch die Kräfte fehlen, so ist doch der gute Wille zu loben.

Ut pictura poesis (Hor. ars 361). Wie die Malerei, so auch die Dichtung.

Ut sementem feceris, ita metes (Cic. de or. 2,261). Wie die Saat, so die Ernte.

Vae victis! (Liv. 5,48,9). Weh den Besiegten!

Varium et mutabile semper / femina (Verg. Aen. 4,569f.). Etwas immerfort Schillerndes und Unberechenbares ist die Frau.

Veni, vidi, vici (nach Plut. Caes. 50). Ich kam, sah, siegte.

Vestigia terrent (Hor. epist. 1,1,74). Die Spuren flößen Schrecken ein.

Victrix causa diis placuit, sed victa Catoni (Lucan. 1,128). Die siegreiche Sache gefiel den Göttern, die unterliegende aber dem Cato.

Videant consules, ne quid res publica detrimenti capiat (Cic. Catil. 1,4). Die Konsuln mögen dafür sorgen, daß der Staat keinen Schaden nimmt.

Video meliora proboque / deteriora sequor (Ov. met. 7,20f.). Wohl seh ich das Bessere und lob es, aber ich folge dem Schlechteren.

Vitam impendere vero (Iuv. 4,91). Sein Leben für die Wahrheit opfern.

Vivere militare est (Sen. epist. 96,5). Leben heißt kämpfen.

Lit: L. Herold, Lat. Wort- und Gedankenschatz, 1887 – A. Otto, Die Sprichwörter der Römer, 1890 – H. Walther, Proverbia sententiaeque Latinitatis Medii Aevi, 1963.

ABKÜRZUNGSVERZEICHNISSE UND REGISTER

AUFLÖSUNG DER VERFASSERSIGNATUREN

A.A.	A. Adam, Bielefeld
B.A.	B. Andreae, Bochum
C.A.	C. Andresen, Göttingen
K.A.	K. Abel, Marburg
M.v.A.	M. von Albrecht, Heidelberg
C.B.	C. Becker, München
D.M.B.	D. M. Balme, London
E.B.	E. Boer, Berlin
E.-M.B.	E.-M. Bossert, Tübingen
F.B.	F. Brunhölzl, Marburg
G.B.	G. Bendz, Lund
H.B.	H. Bellen, Köln
I.B.	I. Beyer, Freiburg
J.B.	J. Barns, Oxford
V.B.	V. Buchheit, Gießen
W.B.	W. Bühler, München
E.Bay.	E. Bayer, Tübingen
K.Bch.	K. Büchner, Freiburg
E.Bd.	E. Badian, Leeds
E.Bf.	E. Bielefeld, München
E.Bg.	E. Berger, Basel
H.Bgt.	H. Baumgarten, Göttingen
L.B.-H.	L. Berger-Haas, Basel
E.Bk.	E. Burck, Kiel
W.Bk.	W. Burkert, Erlangen
E.Bn.	E. Buchner, München
H.Br.	H. Braunert, Kiel
K.Br.	K. Brunner, Zürich
J.N.v.d.B.	J. N. Bakhuizen v. d. Brink, Leiden
C.J.C.	C. J. Classen, Göttingen
G.C.	G. Calboli, Bologna
H.A.C.	H. A. Cahn, Basel
M.C.	M. Cramer, Münster
H.Cc.	H. Cancik, Tübingen
Hg.Cc.	Hg. Cancik, Tübingen
K.Chr.	K. Christ, Marburg
A.D.	A. Dihle, Köln
Chr.M.D.	Chr. M. Danoff, Sofia
H.D.	H. Dörrie, Münster
Hf.D.	Hf. Dahlmann, Köln
H.-J.D.	H.-J. Diesner, Halle
L.W.D.	L. W. Daly, Philadelphia
P.D.	P. Dikaios, Princeton
H.Dn.	H. Donner, Göttingen
E.E.	E. Ettlinger, Zürich
F.E.	F. Eckstein, Freiburg
H.E.	H. Erbse, Tübingen
C.F.	C. Fensterbusch, Gelsenkirchen
D.F.	D. Fehling, Kiel
D.J.F.	D. J. Furley, London
F.F.	F. Fischer, Tübingen
J.G.F.	J. G. Fuchs, Basel
K.F.	K. Fischer, Bonn
K.v.F.	K. v. Fritz, München
P.R.F.	P. R. Franke, München
R.F.	R. Fellmann, Basel
U.F.	U. Fabricius, Kassel
E.G.	E. Gebhardt, Gießen
F.G.	F. Gschnitzer, Heidelberg
G.G.	G. Gottlieb, Heidelberg
H.G.	H. Gericke, München
M.G.	M. Gelzer, Frankfurt
O.G.	O. Gigon, Bern
Th.G.	Th. Gelzer, Basel
G.Gb.	G. Gruben, Athen
M.Gl.	M. Glück, Tübingen
P.Gr.	P. Grimal, Paris
A.H.	A. Heubeck, Nürnberg
F.H.	F. Hiller, Marburg
H.H.	H. Hommel, Tübingen
H.v.H.	H. von Heintze, Rom
J.W.H.	J. W. Halporn, Indiana
L.H.	L. Huber, Zürich
P.H.	P. Haendel, Mannheim
R.H.	R. Haardt, Wien
U.H.	U. Hausmann, Tübingen
W.H.	W. Hoffmann, Gießen
H.Hb.	H. Hübner, Köln
U.Hb.	U. Heimberg, Freiburg
H.Hg.	H. Hunger, Wien
W.Hk.	W. Helck, Hamburg
R.Hl.	R. Hanslik, Wien
H.Hm.	H. Homeyer, Saarbrücken
H.Hn.	H. Hornung, Tübingen
P.Hom.	P. Hommel, Frankfurt
B.Hr.	B. Hrouda, München
R.Hr.	R. Heidenreich, Leipzig
E.C.J.	E. C. Jones, Urbana (Ill.)
G.J.	G. Jahr, Saarbrücken
U.J.	U. Jantzen, Hamburg
J.I.	J. Ijsewijn, Louvain
B.K.	B. Kytzler, Berlin
C.K.	C. Krause, Basel
F.K.	F. Kudlien, Kiel
F.-H.K.	F.-H. Kettler, Münster
G.K.	G. Knebel, Hamburg
H.K.	H. Koester, Harvard
H.G.K.	H. G. Kolbe, Bonn
J.K.	J. Kroymann, Tübingen
J.H.K.	J. H. Kühn, Hamburg
J.Th.K.	J. Th. Kakridis, Thessaloniki
K.K.	K. Kindermann, Heidelberg
K.G.K.	K. G. Kachler, Basel
R.K.	R. Kassel, Berlin
W.K.	W. Krenkel, Rostock
H.Kal.	H. Kaletsch, München
F.Kch.	F. Kiechle, Bochum
R.Kn.	R. Knapowski, Posen
F.Kr.	F. Krafft, Hamburg
H.Kr.	H. Kraft, Kiel
H.Ku.	H. Kuhn, München
A.L.	A. Lippold, Bonn
B.L.	B. Lohse, Hamburg
F.L.	F. Lasserre, Lausanne
G.L.	G. Luck, Bonn
K.-H.L.	K.-H. Lütcke, Tübingen
O.L.	O. Luschnat, Berlin
P.L.	P. Langlois, Caen
S.L.	S. Lauffer, München
W.L.	W. Liebich, Berlin
W.-D.L.	W.-D. Lebek, Köln
G.Lbg.	G. Lieberg, Bochum
H.LeB.	H. Le Bonniec, Paris
A.Lj.	A. Lejeune, Visé (Belgien)
G.Ls.	G. Lohse, Hamburg
Chr.M.	Chr. Meier, Freiburg
E.M.	E. Meyer, Zürich
F.G.M.	F. G. Maier, Frankfurt
G.M.	G. Meyer, Basel
H.M.	H. Marti, Zürich
H.D.M.	H. D. Meyer, Köln
J.M.	J. Martin, Würzburg
P.M.	P. Moraux, Berlin
Ph.M.	Ph. Merlan, Claremont (Calif.)
R.M.	R. Meyer, Jena
S.M.	S. Mansion, Louvain

J.M.d.M.	J.Maluquer de Motes, Barcelona
E.Mg.	E.Mensching, Göttingen
R.Mk.	R.Merkelbach, Köln
H.Ml.	H.Maehler, Berlin
Th.M.-M.	Th.Mayer-Maly, Köln
H.J.N.	H.J.Nissen, Heidelberg
K.Oe.	K.Oehler, Hamburg
E.P.	E.Pasoli, Bologna
G.P.	G.Priesemann, Göttingen
K.P.	K.Preisendanz, Heidelberg
Th.P.	Th.Pekáry, Bern
V.P.	V.Pöschl, Heidelberg
F.Pf.	F.Pfister, Würzburg
B.R.	B.Reicke, Basel
D.R.	D.Rothenhöfer, Tübingen
E.R.	E.Risch, Zürich
F.R.	F.Ruge, Tübingen
G.R.	G.Redard, Bern
H.R.	H.Rix, Erlangen
K.R.	K.Rupprecht, München
K.-H.R.	K.-H.Roloff, Bremen
M.R.	M.Ritter, Göttingen
U.R.	U.Rüdiger, Rom
W.R.	W.Röllig, Münster
H.Rf.	H.Rosenfeld, München
W.Ri.	W.Richter, Göttingen
B.Rö.	B.Röll, München
B.S.	B.Saria, Graz
H.S.	H.Sichtermann, Rom
H.C.S.	H.C.Schnur, Stamford (Conn.)
J.S.	J.Seibert, Tübingen
M.S.	M.Soreth, Köln
O.S.	O.Seel, Erlangen
S.S.	S.Sambursky, Jerusalem
D.Sch.	D.Schulz, München
E.Sch.	E.Schäfer, Göttingen
E.-R.Sch.	E.-R.Schwinge, Tübingen
H.Sch.	H.Schmoll, Neuendettelsau
H.H.Sch.	H.H.Schmitt, Saarbrücken
I.Sch.	I.Scheibler, München
K.Sch.	K.Schubert, Wien
K.-H.Sch.	K.-H.Schwarte, Bonn
U.Sch.	U.Schindel, Göttingen
V.Sch.	V.Schnell, Tübingen
W.Sch.	W.Schetter, Mainz
K.Schb.	K.Schauenburg, Hamburg
K.Schf.	K.Schefold, Basel
W.Schg.	W.Schiering, Göttingen
E.M.Schm.	E.M.Schmidt, Frankfurt
W.Schm.	W.Schmid, Bonn
W.P.Schm.	W.P.Schmid, Göttingen
L.Schn.	L.Schnitzler, Tübingen
H.Schw.	H.Schwabl, Berlin
W.Schw.	W.Schwabacher, Stockholm
J.E.Sk.	J.E.Skydsgaard, Kopenhagen
B.Sn.	B.Snell, Hamburg
W.Sp.	W.Spoerri, Neuenburg
K.St.	K.Stiewe, Münster
H.Str.	H.Strohm, Erlangen
J.Str.	J.Straub, Bonn
K.F.Str.	K.F.Stroheker, Tübingen
W.Str.	W.Strothmann, Göttingen
D.T.	D.Timpe, Würzburg
H.T.	H.Temporini, Tübingen
P.T.	P.Tschudin, Basel
R.T.	R.Till, Erlangen
E.A.Th.	E.A.Thompson, Nottingham
H.Th.	H.Thyen, Heidelberg
R.Tl.	R.Tölle, Hamburg
E.V.	E.Vogt, Bonn
E.-M.V.	E.-M.Voigt, Hamburg
H.V.	H.Volkmann, Köln
J.V.	J.Vogt, Tübingen
J.t.V.	J. ter Vrugt, Geldrop
K.V.	K.Vogel, München
O.W.v.V.	O.W. von Vacano, Tübingen
R.V.C.	R.Van Compernolle, Brüssel
W.V.d.St.	W.Von den Steinen, Basel
M.V.d.V.	M.Van der Valck, Rumpt/Geldern
A.W.	A.Wlosok, Heidelberg
B.H.W.	B.H.Warmington, Bristol
D.W.	D.Willers, Hamburg
E.W.	E.Würthwein, Marburg
F.W.	F.Wehrli, Zürich
F.P.W.	F.P.Walton, Athen
G.W.	G.Wille, Tübingen
H.J.W.	H.J.Wolff, Freiburg
J.W.	J.Wiesner, Freiburg
J.H.W.	J.H.Wolf, Hannover
M.W.	M.Weippert, Tübingen
R.W.	R.Werner, München
U.W.	U.Wilckens, Berlin
H.Wdm.	H.Widmann, Tübingen
R.Wg.	R.Wegener, Bonn
D.Wk.	D.Wuttke, Bonn
H.Wld.	H.Wieland, München
U.Wm.	U.Weidemann, Heidelberg
G.Wn.	G.Wießner, Göttingen
E.Z.	E.Zinn, Tübingen
F.Z.	F.Zucker, Hamburg
P.Z.	P.Zazoff, Hamburg

ALLGEMEINE ABKÜRZUNGEN

Vorbemerkung: Im Text der Artikel wurde um der besseren Lesbarkeit willen auf Abkürzungen weitgehend verzichtet. Im einzelnen wurden, besonders in den Nachweisen und Literaturangaben, außer den allgemein üblichen und unmittelbar verständlichen die folgenden Abkürzungen verwendet:

Abb.	Abbildung
Abh.	Abhandlung
Abs.	Absatz
Abt.	Abteilung
a.E.	am Ende
Anf.	Anfang
Anh.	Anhang
Anm.	Anmerkung
Anz.	Anzeiger
a.O.	am angeführten Ort
App.	Appendix
AT, at.	Altes Testament, alttestamentlich
Aufl.	Auflage
Ausg.	Ausgabe
ausgew.	ausgewählt
Ausw.	Auswahl
Bd, Bde	Band, Bände
bearb.	bearbeitet
begr.	begründet
Beitr.	Beiträge
Bh.	Beiheft
bes.	besonders
Bibliogr.	Bibliographie
Bibl.	Bibliothek
Bl.	Blatt
Bull.	Bulletin
Cod., Codd.	Codex, Codices
Dép.	Département

Ders.	Derselbe
Dict.	Dictionnaire
Diss.	Dissertation
ebd.	ebenda
ed., edd.	edidit, ediderunt (= herausgegeben von)
Einl.	Einleitung
erg.	ergänzt
erkl.	erklärt
etym.	etymologisch
Expl.	Exemplar
f., ff.	folgende (Seite, Seiten)
Festg.	Festgabe
Festschr.	Festschrift
FH	Frühhelladische Zeit
Fig.	Figur
FM	Frühminoische Zeit
Frg.	Fragment
gedr.	gedruckt
ges.	gesammelt
Ges.	Gesellschaft
gest.	gestorben
H.	Heft
1. H. 3. Jh.	1. Hälfte 3. Jahrhundert
Hb.	Handbuch
hg., Hg.	herausgegeben, Herausgeber
hl.	heilig
Hs., Hss.	Handschrift(en)
Hypoth.	Hypothesis
Jb., Jbb.	Jahrbuch, Jahrbücher
Ind.	Index
Iss.	Inschriften
Inscr.	Inscriptiones
i. J.	im Jahre
J., Jh., Jt.	Jahr, Jahrhundert, Jahrtausend
Journ.	Journal
Kat.	Katalog
Kl.	Klasse
Kl. Schr.	Kleine Schriften
km	Kilometer
Komm.	Kommentar
Lex.	Lexikon
Lfg.	Lieferung
Lit.	Literatur
MA	Mittelalter
masch.	maschinenschriftlich
Mél.	Mélanges
Mill.	Millionen
MH	Mittelhelladische Zeit
Mitt.	Mitteilungen
MM	Mittelminoische Zeit
Ms., Mss.	Manuskript(e)
Mus.	Museum
N, n.	Norden, nördlich
Nachdr.	Nachdruck
Nachr.	Nachrichten
NF	Neue Folge
NO, n. ö.	Nordosten, nordöstlich
Nr.	Nummer
NS	Neue Serie, New Series etc.
NT, nt.	Neues Testament, neutestamentlich
NW, n. w.	Nordwesten, nordwestlich
O, ö.	Osten, östlich
o. J.	ohne Jahr
Ol.	Olympiade
p.	pagina
Pap.	Papyrus
Par., Parr.	Parallele(n)
publ.	publiziert
R.	Reihe
Reg.	Register
Rev.	Revue
Riv.	Rivista
S., SS.	Sanctus, Sancti, San, Santi
s.	siehe
S.	Seite
S, s.	Süden, südlich
sc.	scilicet
Schol.	Scholion, Scholia
Ser.	Serie
SH	Späthelladische Zeit
Slg.	Sammlung
SM	Spätminoische Zeit
SO, s. ö.	Südosten, südöstlich
Stud.	Studien
Suppl.	Supplement
s. v.	sub voce
SW, s. w.	Südwesten, südwestlich
Taf.	Tafel
t. t.	terminus technicus
Übers.	Übersetzung
Univ.	Universität, University
Unters.	Untersuchung(en)
u. ö.	und öfters
urspr.	ursprünglich
V.	Vers
verb.	verbessert
Verh.	Verhandlung
Verz.	Verzeichnis
Vol.	Volume
W, w.	Westen, westlich
Z.	Zeile
z. St.	zur Stelle
Ztg.	Zeitung
Ztschr.	Zeitschrift
z. Z.	zur Zeit
Ø	Durchmesser
>	geworden zu
<	geworden aus

DIE ANTIKEN AUTOREN UND IHRE WERKE

Vorbemerkung: Die folgende Liste enthält alle im Lexikon der Alten Welt vorkommenden Abkürzungen der antiken Autoren und ihrer Werke, alphabetisch geordnet nach den Abkürzungen, einschließlich der kanonischen und apokryphen Schriften des Alten und Neuen Testaments. Das einzige Werk oder das Hauptwerk eines Autors wird im allgemeinen nur mit dem Autornamen zitiert. Bei Kommentaren, Scholien, Exegesen und Homilien, im folgenden nicht aufgeführt, ist der Name des Kommentators, dann der des kommentierten Autors und seines Werkes angegeben. Die Schreibweise der Autorennamen ist die im Lexikon übliche, die Werktitel sind in lateinischer oder deutscher Form gegeben.

Acc.	Accius
carm.	Carmina
praetext.	Praetextae
trag.	Tragoediae
Ach. Tat.	Achilleus Tatios
intr. Arat.	Introductio in Aratum
	Komm. zu → Aratos
Acro	Acro (Ps.-Acro), Scholien zu → Horaz
Act. Ioh.	Johannesakten
Act. Paul.	Paulusakten
Act. Petr.	Petrusakten
Act. Thom.	Thomasakten
Ael.	Aelianus (Ailianos)
epist.	Epistulae
nat. anim.	De natura animalium (auch: NA)
var. hist.	Varia historia (auch: VH)
Ael.	Aelianus
takt.	Taktika
Aesop.	Aesopus (Aisopos), Fabulae

Aet.	Aetios
plac.	Placita philosophorum
Aetna	Aetna (Appendix Vergiliana)
Afran.	Afranius
com.	Comoediae
Agenn.	Agennius Urbicus
grom.	De controversiis agrorum
Agroec.	Agroecius
gramm.	Ars de orthographia
Ain. Takt.	Aineias Taktikos
Aischin.	Aischines, Orationes
Aischin. Sokr.	Aischines Sokratikos
Aischyl.	Aischylos
Ag.	Agamemnon
Ch.	Choephoroi
Eum.	Eumenides
Pers.	Persai
Prom.	Prometheus
Hik.	Hiketides
sept.	Septem contra Thebas
Akus.	Akusilaos
Alc. Avit.	Alcimus Ecdicius Avitus
carm.	Carmina
epist.	Epistulae
hom.	Homiliae
Alex.	Alexis, Comoediae
Alex. Aphr.	Alexander Aphrodisiensis
an.	De anima
fat.	De fato
mixt.	De mixtione
probl.	Problemata
quaest.	Quaestiones
	Komm. zu → Aristoteles
Alex. Polyh.	Alexander Polyhistor
Alk.	Alkaios, Carmina
Alkid.	Alkidamas
Od.	Odysseus
Soph.	De sophistis
Alkm.	Alkman, Carmina
Am.	Amos
Ambr.	Ambrosius
Abr.	De Abraham
bon. mort.	De bono mortis
epist.	Epistulae
hex.	Hexameron
hymn.	Hymni
Isaac	De Isaac vel anima
off.	De officiis ministrorum
paenit.	De paenitentia
sacr.	De sacramentis
Ameips.	Ameipsias, Comoediae
Amm.	Ammianus Marcellinus, Res gestae
Ammon.	Ammonios
	Komm. zu → Aristoteles und → Porphyrios
Anakr.	Anakreon, Carmina
Anax.	Anaxagoras
Anaximand.	Anaximander
Anaximen.	Anaximenes
And.	Andokides, Orationes
Anon.	Anonymus
de sublim.	De sublimitate
	Komm. zu → Platon, → Parmenides
Anon. Vales.	Anonymus Valesianus
Antig.	Antigonos von Karystos
mir.	Mirabilia
Antim.	Antimachos v. Kolophon
eleg.	Elegiae
ep.	Epica
Antiph.	Antiphanes, Comoediae
Antisth.	Antisthenes
Ai.	Aias
Od.	Odysseus
Ant. Lib.	Antoninus Liberalis, Metamorphoseis
Apg.	Apostelgeschichte

Aphth.	Aphthonios
prog.	Progymnasmata
Apic.	Apicius
	De re coquinaria
Apk.	Apokalypse des Johannes
Apollod.	Apollodoros, Bibliotheke
epit.	Epitome
Apollon	Apollonios
mirab.	Mirabilia
Apollon. Dysk.	Apollonios Dyskolos
adv.	De adverbiis
coni.	De coniunctionibus
pron.	De pronominibus
synt.	De syntaxi
Apollon. Perg.	Apollonios v. Perge
kon.	Konika
Apoll. Rhod.	Apollonios Rhodios, Argonautika
Apostol. Const.	Apostolicae constitutiones
App.	Appianus
civ.	Bella civilia
Gall.	Gallika
Hann.	Hannibalika
Hisp.	Hispaniensis
Ital.	Italike
Ill.	Illyrike
Mak.	Makedonike
Mithr.	Mithridateios
Pun.	Libyka (Punica)
Reg.	Basilika (Regia)
Sam.	Samnitika
Sik.	Sikelike
Syr.	Syriake
Aps.	Apsines
rhet.	Ars rhetorica
Apul.	Apuleius
apol.	Apologia
carm.	Carmina
met.	Metamorphoseis
mund.	De mundo
Plat.	De Platone
Socr.	De deo Socratis
Aquila rhet.	Aquila Romanus
	De figuris sententiarum
Ar. Did.	Areios Didymos
Arat.	Aratos, Phainomena
Archil.	Archilochos, Carmina
Archim.	Archimedes
aequil.	De planorum aequilibriis
aren.	Arenarius
bov.	Bovium problema
circ.	Dimensio circuli
con. sphair.	De conoidibus et sphaeroidibus
Eratosth.	Ad Eratosthenem methodus
fluit.	De fluitantibus corporibus
quadr.	De quadratura parabolae
sphaer. cyl.	De sphaera et cylindro
spir.	De spiralibus
stom.	Stomachion
Archyt.	Archytas
Ariphron	Ariphron, Carmina
Aristarch.	Aristarchos, Schol. zu → Homer
Aristarch. Sam.	Aristarchos v. Samos, De magnitudinibus et distantia solis et lunae
Aristeid.	Aristeides
or.	Orationes
rhet.	Ars rhetorica
Aristeid. Quint.	Aristeides Quintilianus, De musica
Aristoph.	Aristophanes
Ach.	Acharnenses
av.	Aves
eccl.	Ecclesiazusae
equ.	Equites
Lys.	Lysistrate
nub.	Nubes
Pax	Pax

Aristoph.	Aristophanes *(Forts.)*
Pl.	Plutus
ran.	Ranae
Thesm.	Thesmophoriazusae
vesp.	Vespae
Aristot.	Aristoteles
an. post.	Analytica posteriora
an. pr.	Analytica priora
Ath. pol.	Athenaion politeia
cael.	De caelo
cat.	Categoriae
de an.	De anima
div. somn.	De divinatione per somnia
EE	Eudemia ethica
NE	Nicomachea ethica
gen. an.	De generatione animalium
gen. corr.	De generatione et corruptione
hist. an.	Historia animalium
inc. an.	De incessu animalium
insomn.	De insomniis
mot. an.	De motu animalium
MM	Magna Moralia
mech.	Mechanika
metaph.	Metaphysika
meteor.	Meteorologika
mirab.	Mirabilia
mund.	De mundo
oik.	Oikonomika
part. an.	De partibus animalium
phys.	Physika
poet.	De arte poetica
pol.	Politica
probl.	Problemata
resp.	De respiratione
rhet.	Ars rhetorica
rhet. Alex.	Rhetorica ad Alexandrum
SE	Sophistici elenchi
sens.	De sensu
spir.	De spiritu
top.	Topica
Aristox.	Aristoxenos
hist.	Historia harmonicae
harm.	Harmonika
rhythm.	Rhythmika
Arnob. nat.	Arnobius d. Ä.
	Adversus nationes
Arr.	Arrianus
Alan.	Alanike
anab.	Anabasis
cyn.	Kynegetikos
Epict.	Epicteti dissertationes
Ind.	Indika
peripl. m. Eux.	Periplus maris Euxini
takt.	Taktika
Artem.	Artemidoros (Oneirokritikos)
Asc. Jes.	Ascensio Iesaiae
Ascon.	Asconius Pedianus
Ass. Mos.	Assumptio Mosis
Astyd.	Astydamas, Tragoediae
eleg.	Elegiae
Ath.	Athenaios, Deipnosophistai
epit.	Epitome
Ath. Mech.	Athenaios Mechanikos
Athan.	Athanasios
apol. Const.	Apologia ad Constantinum
epist. fest.	Epistolae festivae
Nic. syn.	Epistola de decretis Nicaenae synodi
Athenag.	Athenagoras
suppl.	Supplicatio
Aug.	Augustinus
c. acad.	Contra academicos
beat. vit.	De beata vita
catech. rud.	De catechezandis rudibus
civ.	De civitate Dei
corrept.	De correptione et gratia
Aug.	Augustinus *(Forts.)*
de serm. dom.	De sermone Domini in monte
doctr. christ.	De doctrina christiana
enchir.	Enchiridion de fide, spe et caritate
fid. et op.	De fide et operibus
lib. arb.	De libero arbitrio
mag.	De magistro
ord.	De ordine
retract.	Retractationes
soliloq.	Soliloquia
spir. et litt.	De spiritu et littera
trin.	De trinitate
util. cred.	De utilitate credendi
vera rel.	De vera religione
	Komm. zu Schriften des AT und NT
Avian.	Avianus
fab.	Fabulae
Avien.	Rufius Festus Avienus
Arat.	Aratus
ora	Ora maritima
orb. terr.	Orbis terrae
Aur. Vict.	Aurelius Victor Afer
	Historiae abbreviatae
Caes.	De Caesaribus
epit.	Libellus de vita et moribus imperatorum (Epitome)
orig.	Origo gentis Romanae
Auson.	Ausonius
Mos.	Mosella
Symm. epist.	Epistula ad Symmachum
Babr.	Babrios, Fabulae
Bakchyl.	Bakchylides, Carmina
Bar.	Baruch
Barn.	Barnabasbrief
Bas.	Basilius
adv. Eun.	Adversus Eunomium
ad iuv.	Ad iuvenes (adolescentes) de legendis libris gentilium
epist.	Epistulae
hex.	Homiliae in Hexaëmeron
hom. in Ps.	Homilia in Psalmos
Spir.	De Spiritu sancto
Batr.	Batrachomyomachia
Bell. Afr.	De bello Africo
Bell. Alex.	De bello Alexandrino
Bell. Hisp.	De bello Hispaniensi
Beros.	Beros(s)os, Historiae
Boeth.	Boethius
cons(ol).	De consolatione philosophiae
	Übers. und Komm. zu → Aristoteles, → Cicero, → Porphyrios
Caecil.	Caecilius Statius
com.	Comoediae
Caes.	C. Iulius Caesar
Gall.	De bello Gallico
civ.	De bello civili
Caes. Arel.	Caesarius v. Arelate
serm.	Sermones
Candid.	Candidus
gen. div.	De generatione divina
epist.	Epistula ad Marium Victorinum
Carm. de fig.	Carmen de figuris vel schematibus
Cassian.	Cassianus, Johannes
conl.	Conlationes patrum
inst.	De institutis coenobiorum...
c. Nest.	Contra Nestorium
Cassiod.	Cassiodorus
art.	De artibus ac disciplinis liberalium
gramm.	De orthographia et de arte grammatica
hist.	Historia tripertita
inst. div.	De institutione divinarum litterarum
Cato	M. Porcius Cato
agr.	De agricultura
dict.	Dicta
or.	Orationes

Cato	M. Porcius Cato *(Forts.)*
orig.	Origines
dist.	Disticha
Catull.	C. Valerius Catullus, Carmina
Cels.	Celsus, De medicina
Cens.	Censorinus, De die natali
Cert. Hom. Hes.	Certamen Homeri et Hesiodi
Chalc.	Chalcidius
comm.	Commentarius in Plat. Tim.
transl.	Translatio Plat. Tim.
Chares Trag.	Chares Tragicus
Chariton	Chariton
1. Chr.	1. Buch der Chronik
2. Chr.	2. Buch der Chronik
Chrysipp.	Chrysippos
Cic.	M. Tullius Cicero
ac. 1	Academica posteriora
ac. 2	Lucullus sive Academica priora
ad fam.	Ad familiares
ad Q. fr.	Epistulae ad Quintum fratrem
Arat.	Aratea
Arch.	Pro Archia
Att.	Epistulae ad Atticum
Balb.	Pro Balbo
Brut.	Brutus
ad. Brut.	Epistulae ad Brutum
Caecin.	Pro Caecina
Cael.	Pro Caelio
carm.	Carmina (Frg.)
Catil.	In L. Catilinam
Cato	Cato maior de senectute
Cluent.	Pro A. Cluentio
De orat.	De oratore
Deiot.	Pro rege Deiotaro
div.	De divinatione
div. in Caec.	Divinatio in Q. Caecilium
dom.	De domo sua ad pontifices
facet. dict.	Facete dicta
fat.	De fato
fin.	De finibus
Flacc.	Pro L. Valerio Flacco
Font.	Pro M. Fonteio
har. resp.	De haruspicum responsis
imp. Cn. Pomp.	De imperio Cn. Pompei
inv.	De inventione
Lael.	Laelius de amicitia
leg.	De legibus
leg. agr.	De lege agraria
Lig.	Pro Q. Ligario
Marcell.	Pro M. Marcello
Mil.	Pro Milone
Mur.	Pro L. Murena
nat. deor.	De natura deorum
off.	De officiis
opt. gen.	De optimo genere oratorum
orat.	Orator ad M. Brutum
parad.	Paradoxa Stoicorum
part.	Partitiones oratoriae
Phil.	Philippica in M. Antonium
Pis.	In L. Pisonem
Planc.	Pro Cn. Plancio
p. red. in sen.	Oratio post reditum in senatu
p. red. ad Quir.	Oratio post reditum ad Quirites
progn.	Progonostica (Frg.)
prov.	De provinciis consularibus
Rab. Post.	pro C. Rabirio Postumo
rep.	De republica
Q. Rosc.	Pro Q. Roscio
S. Rosc.	Pro Sex. Roscio Amerino
Scaur.	Pro M. Aemilio Scauro
Sest.	Pro P. Sestio
Sull.	Pro P. Sulla
Tim.	Timaeus
top.	Topica
Tull.	Pro M. Tullio
Cic.	M. Tullius Cicero *(Forts.)*
Tusc.	Tusculanae disputationes
Vatin.	In P. Vatinium testem
Verr.	In Verrem
Cinna	C. Helvius Cinna, Carmina (Frg.)
carm.	
Ciris	Ciris (Appendix Vergiliana)
Claud.	Claudius Claudianus, Carmina
carm. min.	Carmina minora
rapt. Pros.	De raptu Proserpinae
Claud. Don. Aen.	Tib. Claudius Donatus in Verg. Aen.
Claud. Mam.	Claudianus Ecdicius Mamertus
anim.	De statu animae
1. Clem.	1. Clemensbrief
2. Clem.	2. Clemensbrief
Clem.	Clemens
hom.	Homiliae
epist.	epistulae
Clem. Alex.	Clemens Alexandrinus
exc. ex Theod.	Excerpta ex Theodoto
paid.	Paidagogos
protr.	Protreptikos
q. d. s.	Quis dives salvatur
strom.	Stromateis
Cod. Greg.	Codex Gregorianus
Cod. Herm.	Codex Hermogenianus
Cod. Iust.	Codex Iustinianus
Cod. Theod.	Codex Theodosianus
Colum.	Columella, De re rustica
arb.	De arboribus
Comm.	Commodianus
apol.	carmen apologeticum
instr.	instructiones per litteras versuum primas
Const. Apost.	Constitutiones Apostolorum
Corp. Herm.	Corpus Hermeticum
Culex	Culex (Appendix Vergiliana)
Curios. urb.	Curiosum Urbis
Curt.	Q. Curtius Rufus, Historia Alexandri Magni
Cypr.	Cyprianus
Demetr.	Ad Demetrianum
epist.	Epistulae
Fort.	Ad Fortunatum
idol.	Quod idola dii non sint
laps.	De lapsis
testim.	Ad Quirinium testimonia
unit. eccl.	De catholicae ecclesiae unitate
Dam.	Damaskios
princ.	De principiis
vita Isid.	Vita Isidori
Dan.	Daniel
Dares	Dares, De excidio Troiae historia
Dein.	Deinarchos, Orationes
Demad.	Demades, Orationes
Demetr.	Demetrios (der Astrologe)
Demetr.	Demetrios v. Phaleron
eloc.	De elocutione
Democh.	Demochares
Demokr.	Demokrites
Demoph.	Demophilos
sent.	Sententiae
sim.	Similitudines
Demosth.	Demosthenes, Orationes
epist.	Epistulae
prooem.	Prooemia
Did.	Didymos
in Dem.	Komm. zu → Demosthenes
Did.	Didache XII Apostolorum
Didask.	Didaskalia CCCXVIII Patrum
Didym. Alex.	Didymos v. Alexandria
	Komm. zu AT und NT
Dig.	Digesta
Dikaiarch.	Dikaiarchos
Dio Cass.	Dio Cassius
Diod.	Diodoros, Bibliotheke

Diod. Tars.	Diodoros v. Tarsos
fat.	De fato
	Komm. zu AT und NT
Dionys. Exig.	Dionysius Exiguus
pasch.	De paschate
Diph.	Diphilos, Comoediae
Dirae	Dirae (Appendix Vergiliana)
Diog. Laert.	Diogenes Laertios, De clarorum philosophorum vitis
epigr.	Epigrammata
Diogenian.	Diogenianos
Dion Chr.	Dion Chrysostomos, Orationes
Dion. Hal.	Dionysios v. Halikarnaß
	Antiquitates Romanae
Amm.	Epistula ad Ammaeum
comp.	De compositione verborum
Dein.	Deinarchos
Dem.	Demosthenes
Is.	Isaios
Isokr.	Isokrates
Lys.	Lysias
orat. vet.	De oratoribus veteribus
Pomp.	Epistula ad Pompeium
rhet.	Ars rhetorica
Thuk.	Thukydides
Dion. Periheg.	Dionysios Perihegetes
Dion. Thr.	Dionysios Thrax, Ars grammatica
Dioph.	Diophantos, Arithmetika
Diosk.	Dioskurides
alex.	Alexipharmaka
eup.	De euporistis
mat. med.	Materia medica
Divisio orb.	Divisio orbis terrarum
Don.	Aelius Donatus
	Komm. zu Vergil und Terenz
gramm.	Ars grammatica
vita Ter.	Vita Terentii
Doroth.	Dorotheos (der Astrologe)
Dosiad.	Dosiadas
epigr.	Epigrammata
Drac.	Dracontius
laud.	De laudibus Dei
Rom.	Romulea
Dtjes.	Deuterojesaja
Dtn.	Deuteronomium
Eb. Ev.	Ebioniterevangelium
Eccl.	Ecclesiasticus → Prediger.
Edict. imp.	Edicta imperatorum (mit Abkürzung der Kaisernamen)
Emp.	Empedokles
Enn.	Ennius
ann.	Annales
com.	Comoediae palliatae
praetext.	Praetextae
sat.	Saturae
trag.	Tragoediae
Ennod.	Ennodius
Eph.	Epheserbrief
Ephor.	Ephoros, Historiae
Epich.	Epicharmos, Comoediae
Epigr. Bob.	Epigrammata Bobiensia
Epikr.	Epikrates, Comoediae
Epikt.	Epiktetos
ench.	Encheiridion
gnom.	Gnomologion
Epikur.	Epikuros
epist.	Epistulae
nat.	De rerum natura
sent.	Sententiae
sent. Vat.	Sententiae aus dem Gnomologium Vaticanum
Epiphan.	Epiphanios
panar.	Panarion (Haereses)
Epist. imp.	Epistulae imperatorum (mit Abkürzung des Kaisernamens)

Epist. pontif.	Epistulae pontificum Romanorum
Epist. praef. praet.	Epistulae praefectorum praetorio
Epist. procos.	Epistulae proconsulum
Epist. procur.	Epistulae procuratorum
Epit. Alex.	Epitome rerum gestarum Alexandri Magni
Eratosth.	Eratosthenes
kat.	Katasterismoi
Erinn.	Erinna
Esr.	Esra
Est.	Esther
Et. Gud.	Etymologicum Gudianum
Et. M.	Etymologicum Magnum
Euagr.	Euagrios Pontikos
Eud.	Eudoxos
Eugraph.	Eugraphius, Komm. zu → Terentius
Eukl.	Eukleides, Elementa
dat.	Data
opt.	Optika
phain.	Phainomena
sect. can.	Sectio canonis
Eun.	Eunapios
hist.	Historiae
vit. soph.	Vitae sophistarum
Eup.	Eupolis, Comoediae
Eur.	Euripides
Alk.	Alkestis
Andr.	Andromache
Bakch.	Bakchai
El.	Elektra
Hek.	Hekuba
Hel.	Helena
Herakl.	Herakles
Herakleid.	Herakleidai
Hik.	Hiketides
Hipp.	Hippolytos
Iph. Aul.	Iphigeneia in Aulis
Iph. Taur.	Iphigeneia auf Tauros
Ion	Ion
Kykl.	Kyklops
Med.	Medeia
Or.	Orestes
Phoin.	Phoinissai
Rhes.	Rhesos
Tr.	Troades
Eus.	Eusebios v. Caesarea
dem. ev.	Demonstratio evangelica
hist. eccl.	Historia ecclesiae
praep. ev.	Praeparatio evangelica
vita Const.	Vita Const.
Eusth.	Eustathios, Komm. zu → Homer
Eutr.	Eutropios, Breviarium ab urbe condita
Ex.	Exodus
Ez.	Ezechiel (Hesekiel)
Fast. ann. Iul.	Fasti anni Iuliani
Fast. cos.	Fasti consulares
Fest.	Sex. Pompeius Festus, De verborum significatione
Firm.	Firmicus Maternus
err.	De errore profanarum religionum
math.	mathesis
Flor.	Annius Florus
epit.	Epitoma de Tito Livio
Verg.	Vergilius orator an poeta
Fortun. rhet.	Fortunatianus, Ars rhetorica
Frg. Mur.	Fragmentum Muratorianum
Frontin.	Frontinus
aqu.	De aquis
grom.	Liber gromaticus
strat.	Strategemata
Fronto	M. Cornelius Fronto, Epistulae
Fulg.	Fulgentius Afer
aet. mund.	De aetatibus mundi et hominis
myth.	Mythologiae
Theb.	Super Thebaidem

Fulg. Rusp.	Fulgentius v. Ruspe
c. Arrian.	Contra Arrianos
fid.	De fide ad Petrum
epist.	Epistulae
Gaius	Gaius iurisconsultus
dig.	Digesta
inst.	Institutiones
Gal.	Galenos
zitiert nach der Ausgabe von C. G. Kühn, 1821–33 bzw. den Ausgaben im Corpus Medicorum Graecorum, 1918 ff. Dazu:	
meth. therap.	De methodo
mixt.	De mixtione
opt. doctr.	De optima doctrina
protr.	Protreptikos
san. tuenda	De sanitate tuenda
usu part.	De usu partium
Galat.	Galaterbrief
Gell.	Gellius, Noctes Atticae
Gen.	Genesis
Gorg.	Gorgias, Orationes
Hel.	Helena
Pal.	Palamedes
Gp.	Geoponika
Greg. M.	Gregorius Magnus
dial.	Dialogorum de vita et miraculis patrum Italicorum
epist.	Epistulae
moral.	Moralia sive expositio in librum Iob
past.	Regula pastoralis
Greg. Naz.	Gregorius v. Nazianz
carm.	Carmina
epist.	Epistulae
or.	Orationes
Greg. Nyss.	Gregorius Nyssa
anim. et res.	De anima et resurrectione
c. Eun.	Contra Eunomium
epist.	Epistulae
inst.	De instituto Christiano
hex.	In hexaëmeron (apologia)
hom. in Cant.	Homiliae in Canticum canticorum
hom. opif.	De hominis opificio
or. catech.	Oratio catechetica (magna)
or. dom.	Homiliae in orationem dominicam
virg.	De virginitate
vit. Macr.	De vita Macrinae
Greg. Tur.	Georgius Florentius Gregorius Turonensis
Franc.	Historia Francorum
Hab.	Habakuk
Hag.	Haggai
Harp.	Harpokration
Hdn.	Herodianus (der Grammatiker)
Hdt.	Herodotos, Historiae
Hebr.	Hebräerbrief
Hebr. Ev.	Hebräerevangelium
Hekat.	Hekataios v. Milet
Hekat. Abd.	Hekataios v. Abdera
Hellanik.	Hellanikos
Hell. Oxyrh.	Hellenika Oxyrhynchia
Hen.	Henochbuch
Heph.	Hephaistion (der Metriker), Encheiridion
poem.	De poematis
Herakleid. Pont.	Herakleidos Pontikos
Herakleit.	Herakleitos v. Ephesos
Herakleit.	Herakleitos
all.	Allegoriae
Herm.	Hermes Trismegistos (vgl. → Corp. Herm.)
Herm.	Hermas
mand.	Mandata
vis.	Visiones
Hermog.	Hermogenes
id.	De ideis
inv.	De inventione
prog.	Progymnasmata
stat.	De statibus
Heron	Heron
aut.	Automatopoietika
bel.	Belopoetika
def.	Definitiones
dioptr.	Dioptra
metr.	Metrika
pneum.	Pneumatika
Hes.	Hesiodos
asp. (scut.)	Aspis (Scutum Herculis)
erg. (op.)	Erga (Opera et dies)
theog.	Theogonia
Hesych.	Hesychios
Hhld.	Hoheslied
Hi.	Hiob
Hier.	Hieronymos v. Kardia
Hier.	Hieronymus
adv. Iovin.	Adversus Iovinianum
adv. Pelag.	Dialogus adversus Pelagianos
adv. Rufin.	Apologia adversus libros Rufini
c. Vigil.	Contra Vigilantium
chron. a. Abr.	Chronicum Eusebii ab Hieronymo retractatum ad annum Abrahae 2395
quaest. hebr.	Quaestiones hebraicae in genesim
vir. ill.	De viris illustribus
virg. Mar.	Contra Helvidium de perpetua virginitate Mariae
	Komm. zu AT und NT
Hil.	Hilarius v. Poitiers
syn.	De synodis sive de fide orientalium
trin.	De trinitate
Him.	Himerios
ecl.	Eclogae
or.	Orationes
Hippokr.	Hippokrates (Corpus Hippocraticum)
zitiert nach der Ausgabe von E. Littré, 1839–61. Dazu:	
aër.	De aëre, aquis, locis
cord.	De corde
epid.	Epidemiai
genit.	De genitu
morb.	De morbis
nat. hom.	De natura hominis
nat. mul.	De natura mulieris
nat. puer.	De natura pueri
progn.	Prognostikon
salubr.	De victu salubri
vet. med.	De vetere medicina
vict.	De victu
Hippol.	Hippolytos v. Rom
haer.	Refutatio omnium haeresium
Pan.	In Paniclem
trad.	Traditio apostolica
Hippon.	Hipponax, Carmina
Hirt.	Hirtius
Gall. 8	C. Iuli Caesaris commentarii de bello Gallico lib. 8
Hist. Apoll.	Historia Apollonii regis Tyri
Hist. Aug.	Historiae Augustae Scriptores
Spart.	Aelius Spartanus (Carac., Did., Geta, Hadr., Hel., Pesc., Sept., Sev.)
Capitol.	Iulius Capitolinus (Alb., Aur., Gord., Max., Balb., Maximin., Epil., Pert., Pius, Ver.)
Lampr.	Aelius Lampridius (Alex., Sever., Comm., Diad., Heliog.)
Gallican.	Vulcacius Gallicanus (Avid.)
Treb.	Trebellius Pollio (Claud., Gall., trig. tyr., Valer.)
Vopisc.	Flavius Vopiscus (Aurelian., Car., Prob., quatt. tyr., Tac.)
Hld.	Heliodoros, Aithiopika
Hom.	Homeros
Il.	Ilias
Od.	Odysseia
Hor.	Q. Horatius Flaccus
carm.	Carmina
carm. saec.	Carmen saeculare

Hor.	Q. Horatius Flaccus *(Forts.)*
sat.	Saturae sive sermones
epist.	Epistulae
ars	Ars poetica
Hos.	Hosea
Hyg.	Hyginus
astr.	Astronomica
Hyg.	Hyginus
fab.	Fabulae
Hyg.	Hyginus
mun. castr.	De munitionibus castrorum
Hymn. Hom.	Homerischer Hymnos
Ap.	Auf Apollon
Ar.	Auf Ares
Aphr.	Auf Aphrodite
Dem.	Auf Demeter
Dion.	Auf Dionysos
Herm.	Auf Hermes
Pan.	Auf Pan
Hyp.	Hypereides, Orationes
Ath.	In Athenogenem
Dem.	Contra Demosthenem
Epit.	Epitaphios
Eux.	Pro Euxenippo
Lyk.	Pro Lykophrone
Phil.	Contra Philippum
Jak.	Jakobusbrief
Iambl.	Iamblichos
comm. math.	De communi mathematica scientia
myst.	De mysteriis
protr.	Protreptikos
theol. arithm.	Theologumena arithmetica
vita Pyth.	De vita Pythagorae
	Komm. zu → Nikomachos, Introductio arithmetica.
Ibyk.	Ibykos, Carmina
Jer.	Jeremia
Jes.	Jesaja
Ign.	Ignatius
Eph.	Epheserbrief
Magn.	Magnesierbrief
Trall.	Trallianerbrief
Röm.	Römerbrief
Phld.	Philadelphierbrief
Sm.	Smyrnäerbrief
Pol.	Polykarpbrief
Il.	Ilias. Vgl. → Homer
Il. parv.	Ilias Parva
Il. pers.	Iliu persis
Inscr.	Inscriptiones
Inst. Iust.	Institutiones Iustiniani
Jo.	Joel
Joh.	Johannesevangelium
1. Joh.	1. Johannesbrief
2. Joh.	2. Johannesbrief
3. Joh.	3. Johannesbrief
Joh. Bicl.	Johannes Biclarensis
chron.	Chronica
Joh. Chrys.	Johannes Chrysostomos
hom.	Homiliae zu AT und NT
educ. lib.	De educandis liberis
sac.	De sacerdotio
Joh. Dam.	Johannes v. Damaskos
dial.	Dialectica
haer.	De haeresibus
fid. orth.	De fide orthodoxa
imag.	Pro sacris imaginibus (orationes)
parall.	Sacra parallela
Ion	Ion
trag.	Tragoediae
Jona	Jona
Iord.	Iordanes Geta
Get.	De origine actibusque Getarum
Rom.	De summa temporum vel origine actibusque gentis Romanorum

Ios.	Iosephus
ant. Iud.	Antiquitates (auch: AJ)
bel. Iud.	Bellum Iudaicum (auch: BJ)
c. Ap.	Contra Apionem
vit.	De vita sua
Josua	Josua
Iren.	Irenaios
adv. haer.	Adv. haereses
Is.	Isaios, Orationes
Isid.	Isidorus
	Komm. zu Schriften des AT und NT
diff.	Differentiae
eccl. off.	De ecclesiasticis officiis
fid. cathol.	De fide catholica contra Judaeos
orig.	Origines sive etymologiae
Isokr.	Isokrates, Orationes
Itin.	Itineraria
Jub.	Jubiläenbuch
Jud.	Judasbrief
Iul.	Iulianus
ad Ath.	Epistulae ad Athenienses
ad Them.	Epistula ad Themistium
c. Gal.	Contra Galilaeos (Frg.)
Caes.	Caesares
epist.	Epistulae
mis.	Misopogon
or.	Orationes
Iul. Vict.	C. Iulius Victor
rhet.	Ars rhetorica
Iust.	M. Iunianius Iustinus, Epitoma historiarum Philippicarum Pompei Trogi
Iust. (Mart.)	Iustinus Martyr
apol.	Apologiae
dial.	Dialogus cum Tryphone
Iuv.	Iuvenalis, Saturae
Kallim.	Kallimachos
ait.	Aitia
Ap.	Apollonhymnus
Artem.	Artemishymnus
Dem.	Demeterhymnus
epigr.	Epigramme
Hek.	Hekale
iamb.	Jamben
Iov.	Zeushymnus
lav. Pall.	Lavacrum Palladis
Sos.	Sosibii victoria
Kallisth.	Kallisthenes, Hellenika
Kerk.	Kerkidas
Kleitarch.	Kleitarchos
sent.	Sententiae
Klgd.	Klagelieder Jeremiae
1. Kön.	1. Buch der Könige
2. Kön.	2. Buch der Könige
Kol.	Kolosserbrief
Konon	Konon
narr.	Narrationes
1. Kor.	1. Korintherbrief
2. Kor.	2. Korintherbrief
Korinn.	Korinna
Kosm. Ind.	Kosmas Indikopleustes
top.	Topographia christiana
Kratin.	Kratinos, Comoediae
Kritias	Kritias
Ktes.	Ktesias, Persika
Kypr.	Kypria
Kyr. Alex.	Kyrillos v. Alexandria
hom. div.	Homiliae diversae
Chr. un.	Quod unus sit Christus
c. Iulian.	Contra Iulianum
c. Nest.	Contra Nestorium
Kyr. Hier.	Kyrillos v. Jerusalem
catech.	Catecheses
Lact.	Lactantius
epit.	Epitome divinarum institutionum
inst.	Divinae institutiones

Lact.	Lactantius *(Forts.*
ira	De ira Dei
opif.	De opificio Dei
Phoen.	Carmen de ave Phoenice
mort. pers.	De mortibus persecutorum
Laus Pis.	Laus Pisonis
Leo M.	Leo Magnus
epist.	Epistulae
serm.	Sermones
Leukipp.	Leukippos (Frg.)
Lev.	Leviticus
Lib.	Libanios
decl.	Declamationes
descr.	Descriptiones
epist.	Epistulae
or.	Orationes
Lib. de asse	Liber de asse (Balbus zugeschrieben)
Liv.	T. Livius, Ab urbe condita
perioch.	Ab urbe condita librorum periochae
Liv. Andr.	Livius Andronicus
carm.	Carmina
com.	Comoediae palliatae
trag.	Tragoediae
Lk.	Lukasevangelium
Long.	Longinus
rhet.	Ars rhetorica
sublim.	De sublimitate (vgl. → Anonymus)
prol.	Prolegomena zu → Hephaistion, Encheiridion
Lucan.	Lucanus, De bello civili
Lucil.	Lucilius, Saturae
Lucr.	Lucretius Carus, De rerum natura
Lukian.	Lukianos
Alex.	Alexandros
am.	Amores
asin.	Asinus
bis acc.	Bis accusatus
dial. deor.	Dialogi deorum
dial. Mar.	Dialogi Marini
dial. meretr.	Dialogi meretricii
dial. mort.	Dialogi mortuorum
deor. conc.	Deorum concilium
fug.	Fugitivi
Herm.	Hermotimos
hist. conscr.	Quomodo historia conscribenda sit
im.	Imagines
ind.	Adversus indoctum
Iupp. conf.	Iuppiter confutatus
Iupp. trag.	Iuppiter tragoedus
laps.	Pro lapsu inter salutandum
nav.	Navigium
nek.	Nekyomantia
par.	De Parasito
peregr.	De morte peregrini
Philops.	Philopseudes
salt.	De saltatione
symp.	Symposion
Syr. Dea	De Syria Dea
Tim.	Timon
ver. hist.	Verae historiae
Lyd.	Johannes Lydos
mag.	De magistratibus
mens.	De mensibus
ost.	De ostentis
Lygd.	Lygdamus, Elegiae (Tib. 3, 1–6)
Lyk.	Lykophron, Tragoediae
Alex.	Alexandra
Lykurg.	Lykurgos, Orationes
Lys.	Lysias, Orationes
LXX	Septuaginta
Macr.	Macrobius
exc. gramm.	De differentiis et societatibus graeci latinique verbi excerpta
Sat.	Convivia primi diei Saturnaliorum (Saturnalia)

Macr.	Macrobius *(Forts.)*
somn.	Commentarii in Ciceronis somnium
Makk.	Makkabäerbuch
Mal.	Maleachi
Man.	Manetho
Mar. Victorin.	Marius Victorinus Afer
ad Cand.	Epistulae ad Candidum
adv. Arrium	Adversus Arrium
defin.	De definitionibus
expl.	Explanatio in Ciceronis rhetoricam
gen. div. verb.	De generatione divini verbi
gramm.	Ars grammatica
homous.	De ὁμοουσίῳ recipiendo
	Übers. zu → Aristoteles und → Porphyrios
verb. script.	De verbis scripturae
	Komm. zu Eph., Galat., Phil.
Marcell.	Marcellus
med.	De medicamentis
Marcellin.	Marcellinus
vit. Thuk.	Vita Thukydidis
Mart.	Martialis, Epigrammata
epigr.	Epigrammaton (= spectaculorum) liber
Mart. Brac.	Martinus v. Bracava
corr. rust.	De correctione rusticorum
Mart. Cap.	Martianus Capella, De nuptiis Philologiae et Mercurii
Max. Conf.	Maximus Confessor
ascet.	Liber asceticus
carit.	Capita de caritate
Max. Tyr.	Maximus v. Tyros
Mel.	Meleagros, Epigramme
Mela	Pomponius Mela, De chorographia
Meliss.	Melissos
Men.	Menander
dysk.	Dyskolos
epitr.	Epitrepontes
georg.	Georgos
her.	Heros
kol.	Kolax
mis.	Misumenos
Per.	Perinthia
perik.	Perikeiromene
phasma	Phasma
Men. Eph.	Menandros v. Ephesos
Mesom.	Mesomedes
Mus.	Hymnus in Musam
Nem.	Hymnus in Nemesin
Sol.	Hymnus in Solem
Mi.	Micha
Mimn.	Mimnermos, Elegiae
Min. Fel.	M. Minucius Felix, Octavius
Mk.	Markusevangelium
Mon. Ancyr.	Res gestae divi Augusti (Monumentum Ancyranum)
Moret.	Moretum (Appendix Vergiliana)
Mosch.	Moschos, Carmina
Mt.	Matthäusevangelium
Musaios	Musaios, Carmina
Naev.	Naevius
carm.	Carmina epica
com.	Comoediae palliatae
praetext.	Praetextae
trag.	Tragoediae
Nah.	Nahum
Neh.	Nehemia
Nemesios	Nemesios
nat. hom.	De natura hominis
Nep.	Cornelius Nepos
Ages.	Agesilaus
Alc.	Alcibiades
Arist.	Aristides
Att.	Atticus
Cato	Cato
Chabr.	Chabrias
Cim.	Cimon

Nep.	Cornelius Nepos *(Forts.)*
Con.	Conon
Dat.	Datames
Dion.	Dion
Epam.	Epaminondas
Eum.	Eumenes
Ham.	Hamilcar
Hann.	Hannibal
Iph.	Iphicrates
Lys.	Lysander
Milt.	Miltiades
Paus.	Pausanias
Pel.	Pelopidas
Phoc.	Phocion
reg.	De regibus
Them.	Themistocles
Thras.	Thrasybulus
Timol.	Timoleon
Thimot.	Thimoteus
Nik.	Nikandros
alex.	Alexipharmaka
ther.	Theriaka
Nikol.	Nikolaos v. Myra
prog.	Progymnasmata
Nikom.	Nikomachos v. Gerasa
ar.	Arithmetica introductio
harm.	Harmonicum enchiridium
Non.	Nonius Marcellus, De compendiosa doctrina
Nonn. Dion.	Nonnos, Dionysiaka
Not. dign.	Notitia dignitatum
occ.	In partibus occidentis
or.	In partibus orientis
Novell. Iust.	Iustiniani novellae
app.	Appendix constitutionum dispersarum
Num.	Numeri
Nux	Nux elegia
Ob.	Obadja
Octavia	Octavia praetexta
Od.	Odysseia. Vgl. → Homer.
Okkel.	Okkelos v. Lukanien, De rerum natura
Olymp.	Olympiodoros
prol.	Prolegomena
vit. Plat.	Vita Platonis
	Komm. zu → Platon und → Aristoteles
Onas. (Onos.)	Onasandros (Onosandros)
Opp.	Oppianos v. Korykos
hal.	Halieutika
kyn.	Kynegetika
Optat.	Optatus, Contra Parmenianum Donatistam
Or. Sib.	Oracula Sibyllina
Orat. imp.	Orationes imperatorum (folgt Abkürzung der Kaisernamen)
Oreib.	Oreibasios
coll. med.	collatio medicinae
Orig.	Origenes
comm.	Kommentare }
adnot.	Adnotationes } zu AT und NT
sel.	Selecta }
c. Cels.	Contra Celsum
de or.	De oratione
exh. mart.	Exhortatio ad martyrium
hom.	Homilien
philok.	Philokalia
princ.	De principiis
Oros.	Orosius
apol.	Liber apologeticus adversus Pelagianos
comm.	Commonitorium de errore Priscillianistarum
hist.	Historiae adversus paganos
Orph.	Orphika
Arg.	Argonautika
hymn.	Hymni
Lith.	Lithika
Ov.	Ovidius
am.	Amores

Ov.	Ovidius *(Forts.)*
ars	Ars amatoria
epist.	Epistulae
fast.	Fasti
hal.	Halieuticorum
her.	Heroides
Ib.	Ibis
medic.	Medicamina
met.	Metamorphoses
Pont.	Ex Ponto
rem.	Remedia amoris
trist.	Tristia
Med.	Medea tragoedia
Pacian.	Pacianus
bapt.	Sermo de baptismo
epist.	Epistula ad Symphronianum
paraen.	Paraenesis sive exhortatorius libellus ad paenitentiam
Pacuv.	M. Pacuvius
praetext.	Praetextae
trag.	Tragoediae
Pall.	Palladas, Epigrammata
Pallad.	Palladius, De agricultura
Pallad. Mon.	Palladius Monachus
epist. Laus.	Epistula ad Lausum
hist. Laus.	Historia Lausiaca
hist. mon.	Historia monachorum in Aegypto
Paneg.	XII panegyrici latini
Papp.	Pappos
coll.	Collectio
Parm.	Parmenides
Pass.	Passio (folgt Abkürzung des Märtyrernamens)
Paul. Aig.	Paulus v. Aigina
Paul. Fest.	Paulus Diaconus, Epitoma Festi
Paul. Nol.	Paulinus v. Nola
carm.	Carmen
epist.	Epistulae
Paul. Sil.	Paulus Silentiarius, Epigrammata
Paus.	Pausanias, Perihegesis
Pediasim.	Pediasimos
Peripl. m. Eux., rubr., magn.	Periplus maris Euxini, rubri, magni
Pers.	Persius, Saturae
1. Petr.	1. Petrusbrief
2. Petr.	2. Petrusbrief
Petr. Ev.	Petrusevangelium
Petron.	Petronius, Satirae
Phaedr.	Phaedrus, Fabulae Aesopiae
Phalar.	Phalaris
epist.	Epistulae
Pherekr.	Pherekrates, Comoediae
Pherekyd.	Pherekydes v. Athen
Pherekyd. Syr.	Pherekydes v. Syros
Phil.	Philipperbrief
Phlm.	Philemonbrief
Phryn. Trag.	Phrynichos, Tragoediae
Pind.	Pindar
dith.	Dithyrambi
Isthm.	Isthmiae
Nem.	Nemeae
Ol.	Olympiae
paian.	Paianes
parth.	Partheneia
Pyth.	Pythiae
Plat.	Platon
Alk. 1, 2	Alkibiades 1, 2
apol.	Apologia
Ax.	Axiochos
Charm.	Charmides
def.	Definitiones
Dem.	Demodokos
epin.	Epinomis
epist.	Epistulae
erast.	Erastai
Eryx.	Eryxias

Plat.	Platon *(Forts.)*
Euthyd.	Euthydemos
Euthyphr.	Euthyphron
Gorg.	Gorgias
Hipparch.	Hipparchos
Hipp. mai., min.	Hippias maior, minor
Ion	Ion
Kleit.	Kleitophon
Krat.	Kratylos
Kritias	Kritias
Krit.	Kriton
Lach.	Laches
leg.	Leges
Lys.	Lysis
Menex.	Menexenos
Men.	Menon
Min.	Minos
Parm.	Parmenides
Phaid.	Phaidon
Phaidr.	Phaidros
Phil.	Philebos
polit.	Politikos
Prot.	Protagoras
rep.	De re publica (Politeia)
Sis.	Sisyphos
soph.	Sophistes
symp.	Symposion
Theag.	Theages
Theait.	Theaitetos
Tim.	Timaios
Plat. Com.	Platon (der Komiker)
Plaut.	Plautus
Amph.	Amphitruo
Asin.	Asinaria
Aul.	Aulularia
Bacch.	Bacchides
Capt.	Captivi
Cas.	Casina
Cist.	Cistellaria
Curc.	Curculio
Epid.	Epidicus
Men.	Menaechmi
Merc.	Mercator
Mil.	Miles
Most.	Mostellaria
Persa	Persa
Poen.	Poennulus
Pseud.	Pseudolus
Rud.	Rudens
Stich.	Stichus
Trin.	Trinummuns
Truc.	Truculentus
Vid.	Vidularia
Plin.	Plinius d. Ä.
nat.	Naturalis historia
Plin.	Plinius d. J.
epist.	Epistulae
paneg.	Panegyricus
Plin. med.	Plinius Secundus, De medicina
Plot.	Plotinos
enn.	Enneaden
Plut.	Plutarchus
Aem.	Aemilius Paulus
Ages.	Agesilaos
Agis	Agis
Alk.	Alkibiades
Alex.	Alexandros
Ant.	Antonius
Arat.	Aratos
Arist.	Aristeides
Art.	Artoxerxes
aud. poet.	De audiendis poetis
Brut.	Brutus
C. Gracch.	C. Gracchus
Caes.	Caesar
Plut.	Plutarchus *(Forts.)*
Cam.	Camillus
Cato mai.	Cato maior
Cato min.	Cato minor
Cic.	Cicero
comp.	Comparatio (folgen zwei Namen)
Cor.	Coriolanus
Crass.	Crassus
Dem.	Demosthenes
Demetr.	Demetrios
Dio	Dio
esu carn.	De esu carnium
Eum.	Eumenes
Fab.	Fabius Maximus
Flam.	Flamininus
Is.	De Iside et Osiride
Kim.	Kimon
Kleom.	Kleomedes
Luc.	Lucullus
Lyk.	Lykurgos
Lys.	Lysandros
Mar.	Marius
Marc.	Marcellus
mor.	Moralia (zitiert nach der Ausgabe von G. N. Bernardakis, 1888–96)
mus.	De musica
Nik.	Nikias
Num.	Numa
Otho	Otho
Pel.	Pelopidas
Per.	Perikles
Phil.	Philopoimen
Phok.	Phokion
Pomp.	Pompeius
Publ.	Publicola
Pyrrh.	Pyrrhos
Rom.	Romulus
Sert.	Sertorius
Sol.	Solon
soll. an.	De sollertia animalium
Sull.	Sulla
superst.	De superstitione
Tib. Gracch.	Tib. Gracchus
Them.	Themistokles
Thes.	Theseus
Tim.	Timoleon
Poll.	Pollux, Onomastikon
Polyain. epigr.	Polyainos, Epigrammata
Polyain. Strat.	Polyainos, Strategika
Polyb.	Polybios
Polyk.	Brief des Polykarp
Pomp. Trog.	Pompeius Trogus
Pompon.	Sextus Pomponius
dig.	Digesta
Porph.	Pomponius Porphyrio
vita Hor.	Vita Horatii
	Kommentare zu → Horaz
Porphyr.	Porphyrios
abst.	De abstinentia
adv. Christ.	Adversus Christianos
antr.	De antro nympharum
eisag.	Eisagoge
Gaur.	Ad Gaurum
Marc.	Ad Marcellam
sent.	Sententiae
vit. Plot.	Vita Plotini
vit. Pyth.	Vita Pythagorae
	Komm. zu → Homer, → Ptolemaios, → Aristoteles
Poseid.	Poseidonios
Pratin.	Pratinas, Carmina, Tragoediae
Pr.	Prediger Salomo
Priap.	Priapea
Prisc.	Priscianus
Anast.	Carmen de laude Anastasii imperatoris

Prisc.	Priscianus *(Forts.)*
fig. num.	De figuris numerorum
inst. gramm.	Institutiones grammaticae
metr. Ter.	De metris Terentii
nom.	De nomine et pronomine et verbo
part.	Partitiones XII versuum Aeneidos principalium
periheg.	Perihegesis
rhet.	Praeexercitamenta rhetorica
Prodik.	Prodikos
Prok.	Prokopios
aed.	De aedificiis
Goth.	De bello Gothico
hist.	Historia arcana
Pers.	De bello Persico
Vand.	De bello Vandalico
Prokl.	Proklos
chr.	Chrestomathia
hymn.	Hymni
hyp.	Hypotyposis astronomicarum positionum
inst. theol.	Institutio theologica
inst. phys.	Institutio physica
par. Ptol.	Paraphrasis Ptolemaei tetrabiblu
theol. Plat.	De Platonis theologia
	Komm. zu → Hesiod, → Platon, → Euklid
Prop.	Propertius
Prosp.	Prosper Tiro v. Aquitanien
carm. de ingrat.	Carmen de ingratis
c. coll.	Contra collatorem
Protag.	Protagoras
Prud.	Prudentius
apoth.	Apotheosis
cath.	Cathemerinon
c. Symm.	Contra Symmachum
ditt.	Dittochaeon
epil.	Epilogus
ham.	Hamartigenia
perist.	Peristephanon
praef.	Praefatio
psych.	Psychomachia
Ps.	Psalmen
Ps. Sal.	Psalmen Salomos
Ptol.	Ptolemaios
alm.	Almagest
geogr.	Geographika
harm.	Harmonika
hypoth.	Hypotheses
tetr.	Tetrabiblos
Publil. Syr.	Publilius Syrus, Sententiae
Pythag.	Pythagoras
Q. Cic.	Q. Tullius Cicero
pet.	De petitione consulatus
Querol.	Aulularia sive Querolus
1 QH	1. Höhle Qumran: Dankpsalmen
1 QM	1. Höhle Qumran: sog. Kriegsrolle
1 QS	1. Höhle Qumran: sog. Sektenregel
Quint.	Quintilianus
decl.	Declamationes
inst.	Institutio oratoria
Quint. Smyrn.	Quintus v. Smyrna
Rhet. Her.	De ratione dicendi ad C. Herennium
Rhint.	Rhinton, Comoediae
Ri.	Buch der Richter
Rufin.	Rufinus v. Aquileia
apol. adv. Hier.	Apologia adversus Hieronymum
hist.	Eusebii historia ecclesiastica translata et continuata
	Übersetzungen des → Basilius, → Eusebius, Gregor v. Nazianz, → Origenes u. a.
Ruth	Das Buch Ruth
Rut. Nam.	Rutilius Claudius Namatianus, Carmen de reditu suo
S. C.	Senatus consultum
Sacerd.	Marius Plotius Sacerdos, Artes grammaticae
Sach.	Sacharja

Sall.	Sallustius
Catil.	De coniuratione Catilinae
hist.	Historia
Iug.	De bello Iugurthino
rep.	Ad Caesarem de re publica
in Tull.	In M. Tullium invectiva
Sallust.	Sallustios (der Philosoph)
1. Sam.	1 Samuelbuch
2. Sam.	2. Samuelbuch
Sappho	Sappho, Carmina
Scrib. Larg.	Scribonius Largus, Compositiones
Semon.	Semonides, Iambi
Sen.	Seneca d. Ä.
contr.	Controversiae
suas.	Suasoriae
Sen.	Seneca d. J.
amic.	De amicitia
apocol.	Apocolocyntosis
benef.	De beneficiis
clem.	De clementia
dial.	Dialogi
epist.	Epistulae ad Lucilium
nat.	Naturales quaestiones
rem. fort.	De remediis fortuitorum
vita patr.	Liber de vita patris
Ag.	Agamemnon
Herc.	Hercules furens
Herc.	Hercules Oetaeus
Med.	Medea
Phaedr.	Phaedra
Phoen.	Phoenissae
Oed.	Oedipus
Thy.	Thyestes
Tro.	Troades
Sent.	Sententiae
Serv.	Servius
in Donat.	Commentarius in Donati artem
fin.	De finalibus ad Aquilinum
metr.	De centum metris ad Albinum
metr. Hor.	De metris Horatii ad Fortunatianum
	Komm. zu → Vergil
Sext. Emp.	Sextus Empiricus
adv. math.	Adversus mathematicos
adv. phys.	Adversus physicos
Pyrrh. hyp.	Pyrrhonei hypotyposeis
Sib.	Sibyllina (→ Oracula)
Sidon.	Sidonius Apollinaris
carm.	Carmina
epist.	Epistulae
Sil.	Silius Italicus, Punica
Simon.	Simonides, Carmina
Simpl.	Simplikios
	Komm. zu → Aristoteles
Sir.	Jesus Sirach
Sis.	Sisenna
Skymn.	Skymnos, Perihegesis
Sol.	Solon, Elegiae
Soph.	Sophokles
Ai.	Aias
Ant.	Antigone
eleg.	Elegiae
El.	Elektra
Ichn.	Ichneutai
OK	Oidipus Koloneios
OT	Oidipus Tyrannos
Phil.	Philoktetes
Trach.	Trachiniai
Sophr.	Sophron, Comoediae
Soran.	Soranus, Gynaecia
Sot.	Sotades, Comoediae
Soz.	Sozomenos v. Salamis
hist. eccl.	Historia ecclesiastica
Speus.	Speusippos
Spr.	Sprüche Salomos

Stat.	P. Papinius Statius
Ach.	Achilleis
bell. Germ.	De bello Germanico
silv.	Silvae
Theb.	Thebais
Steph.	Stephanos
	Komm. zu → Aristoteles
Steph. Byz.	Stephanos (v. Byzanz), Ethnika
Stesich.	Stesichoros, Carmina
Stob.	Stobaios, Florilegium
Strab.	Strabon, Geographika
chr.	Chrestomathia
Strat.	Straton, Epigrammata
Suet.	C. Suetonius Tranquillus
Aug.	Divus Augustus
Cal.	Caligula
Claud.	Divus Claudius
Dom.	Domitianus
Galba	Galba
gramm.	De grammaticis
Iul.	Divus Iulius
Nero	Nero
Otho	Otho
rhet.	De rhetoribus
Tib.	Tiberius
Tit.	Divus Titus
Vesp.	Divus Vespasianus
Vit.	Vitellius
vita Crispi	Vita Passieni Crispi
vita Hor.	Vita Horatii
vita Luc.	Vita Lucani
vita Plin.	Vita Plinii maioris
vita Ter.	Vita Terentii
vita Verg.	Vita Vergilii
Suid.	Suidas, Lexikon (so herkömmlich; nach neueren Forschungen allgemein: Suda)
Symm.	Q. Aurelius Symmachus
epist.	Epistulae
or.	Orationes
Synes.	Synesios v. Kyrene
epist.	Epistulae
Tab.	Tabula
Tac.	Cornelius Tacitus
Agr.	Agricola
ann.	Annales
dial.	Dialogus
Germ.	Germania
hist.	Historiae
Ter.	P. Terentius Afer
Ad.	Adelphoe
Andr.	Andria
Eun.	Eunuchus
Haut.	Hautontimorumenos
Hec.	Hecyra
Phorm.	Phormio
Tert.	Tertullianus
adv. Marc.	Adversus Marcionem
anim.	De anima
apol.	Apologeticum
bapt.	De baptismo
carn.	De carne Christi
castit.	De exhortatione castitatis
coron.	De corona
cult. fem.	De cultu feminarum
idol.	De idolatria
ieiun.	De ieiunio adversus psychicos
nat.	Ad nationes
orat.	De oratione
praescr.	De praescriptione haereticorum
pudic.	De pudicitia
spect.	De spectaculis
virg. vel.	De virginibus velandis
Test. XII	Testamente der 12 Patriarchen
Thal.	Thales
Theagen.	Theagenes

Them.	Themistios
or.	Orationes
	Komm. zu → Aristoteles
Theod.	Theodorus v. Mopsuestia
inc.	De incarnatione
Theodoret.	Theodoretos v. Kyrrha
affect.	Graecarum affectionum curatio
Theogn.	Theognis, Elegiae
Theokr.	Theokritos
Beren.	Berenike
eid.	Eidyllia
epigr.	Epigrammata
Theon	Theon v. Alexandria
prog.	Progymnasmata
Theon Alex.	Theon Alexandrinus
exp. rer. math.	Expositio rerum mathematicarum
Theon Smyrn.	Theon v. Smyrna
Theophr.	Theophrastos
caus. plant.	De causis plantarum
char.	Characteres
hist. plant.	Historia plantarum
ign.	De igne
lap.	De lapidibus
lass.	De lassitudine
metaph.	Metaphysika
od.	De odoribus
sens.	De sensu
sign.	De signis tempestatum
sud.	De sudore
vent.	De ventis
vert.	De vertigine
Theopomp.	Theopompos
1. Thess.	1. Thessalonicherbrief
2. Thess.	2. Thessalonicherbrief
Thuk.	Thukydides
Tib.	Albius Tibullus, Elegiae
Tim.	Timaios
1. Tim.	1. Timotheusbrief
2. Tim.	2. Timotheusbrief
Timoth.	Timotheos, Carmina
Pers.	Persae
Tit.	Titusbrief
Tryph.	Tryphiodoros (Triphiodoros), Iliu halosis
Tyrt.	Tyrtaios, Elegiae
Tzetz.	Joh. Tzetzes
diff. poet.	De differentia poetarum
hist. var.	Historiarum variarum chiliades
prol.	Prolegomena de comoedia Graeca
trag. poes.	De tragica poesi
Ulp.	Ulpianus
Val. Fl.	Valerius Flaccus
	Argonautica
Val. Max.	Valerius Maximus, Facta et dicta memorabilia
	absol(uti), amb(usti), damn(ati), ext(erni)
Varro	M. Terentius Varro
carm.	carmina
frg. Non.	Fragmente bei Nonius
ling.	De lingua Latina
rust.	Res rustica
Men.	Menippeae
Veg.	Vegetius Renatus
mil.	Epitoma rei militaris
mulom.	Ars veterinaria sive mulomedicina
Vell.	Velleius Paterculus, Historia Romana
Ven. Fort.	Venantius Fortunatus
carm.	Carmina
Verg.	P. Vergilius Maro
Aen.	Aeneis
catal.	Catalepton
ecl.	Eclogae
georg.	Georgica
Vespa	Vespa, Iudicium coci et pistoris
Vett. Val.	Vettius Valens
Vib. Sequ. geogr.	Vibius Sequester, De fluminibus, fontibus…
Vir. ill.	De viris illustribus

Vitr. Vitruvius, De architectura
Vulg. Biblia sacra vulgatae editionis
Xanth. Xanthos v. Lydien
Xen. Xenophon
Ages. Agesilaos
an. Anabasis
ap. Apologia Socratis
epist. Epistulae
equ. mag. De equitum magistro
equ. rat. De equitandi ratione
Hell. Hellenika
Hier. Hieron
kyn. Kynegetikos
Kyr. Kyrupaedia
mem. Memorabilia
Xen. Xenophon *(Forts.)*
oik. Oikonomikos
rep. Ath. Respublica Atheniensium
rep. Lac. Respublica Lacedaemoniorum
symp. Symposion
vect. De vectigalibus
Xenag. Xenagoras
Xenoph. Xenophanes
Zeno Zenon v. Elea
Zenob. Zenobios
Zeph. Zephanja
Zonar. Zonaras
Zon. Zonas, Epigrammata
Zos. Alch. Zosimos Alchemista
Zos. hist. Zosimos, Historia nova

ZEITSCHRIFTEN UND STANDARDWERKE

Vorbemerkung: Den Prinzipien des Lexikons entsprechend sollte auch in den Siglen für die abgekürzt zitierten Handbücher, Sammelwerke, Zeitschriften, Schriftenreihen, Museen usw. das in den einzelnen Disziplinen Übliche und Eingebürgerte bewahrt werden; daher wurde darauf verzichtet, die Abkürzungen konsequent und einheitlich nach starren Regeln festzusetzen. Zugrundegelegt wurden für Klassische Philologie und Alte Geschichte die Année philologique (ed. J. Marouzeau-J. Ernst, Paris), für die Theologie das Siglenverzeichnis in ‹Religion in Geschichte und Gegenwart›, für die Archäologie das vom Deutschen Archäologischen Institut herausgegebene Siglen- und Abkürzungsverzeichnis. Die bibliographischen Daten zu den Siglen hat cand. phil. *Helmut Holzhausen*, Tübingen, zusammengestellt. Sie enthalten zu den Buchveröffentlichungen die üblichen Angaben, zu den Zeitschriften und Schriftenreihen den vollständigen heutigen Titel, eventuell frühere Titel und Titeländerungen, Jahreszahl und Jahrgang des ersten und gegebenenfalls des letzten Bandes, Einteilung in Klassen oder Serien, wo vorhanden, schließlich den heutigen bzw. letzten Verlag und Erscheinungsort. Die Namen der Herausgeber, die bei den Handbüchern und Sammelwerken vermerkt sind, konnten bei den Zeitschriften und Reihenveröffentlichungen wegen der zahlreichen Veränderungen nicht aufgeführt werden.

AA Archäologischer Anzeiger. Berlin (de Gruyter), 1, 1849 – 228, 1867 in: → AZ separat; 1889 ff. (–1961: Beiblatt zum → JdI; 1962 ff. unabhängig erscheinend).

AAntHung: Acta Antiqua Academiae Scientiarum Hungaricae. Budapest (Akadémiai Kiadó), 1 ff., 1951/52 ff.

AASOR Annual of the American Schools (–3, 1921: School) of Oriental Research (–3, 1921: in Jerusalem). New Haven (American Schools of Oriental Research), 1 ff., 1919 ff.

Abh. Berlin: Abhandlungen der (–1870: Königl.; 1871–1917: Königl. Preuß.; 1918–44; Preuß.; dann:) Deutschen Akademie der Wissenschaften zu Berlin. Klasse für Sprachen, Literatur und Kunst (–1907: keine Trennung in Klassen; 1908–49: Philosophisch-historische Klasse). Berlin (Akademie-Verlag), 1804 ff.

Abh. Gött.: Abhandlungen der Akademie der Wissenschaften in Göttingen. Philologisch-historische Klasse. Göttingen (Vandenhoeck & Ruprecht), 3. Folge 27 ff., 1942 ff. [vorher: → AGG].

Abh. Heidelb.: Abhandlungen der Heidelberger Akademie der Wissenschaften. Philosophisch-historische Klasse. Heidelberg (Winter), 1, 1913 – 10, 1935; 1950 ff.

Abh. Leipzig: Abhandlungen der philologisch-historischen Klasse der (– 1915: Königl. Sächsischen Gesellschaft; dann:) Sächsischen Akademie der Wissenschaften. Berlin (Akademie-Verlag), 1 ff., 1850 ff.

Abh. Mainz: Abhandlungen der Akademie der Wissenschaften und der Literatur, Mainz. Klasse der Literatur. Wiesbaden (Steiner), 1 ff., 1950 ff.

Abh. München: Abhandlungen der Bayerischen (– 1920: Königl. Bayer.) Akademie der Wissenschaften. Philosophisch-historische (–1909: Philosophisch-philologische; 1911–20: Philosophisch-philologische und historische) Klasse. München (Beck), 1, 1835 – 34, 1928; N.F. 1 ff., 1919 ff.

AC L'Antiquité Classique. Louvain (4 Place Smolders), 1 ff., 1932 ff.

Acme Acme. Milano (Università degli Studi), 1 ff., 1948 ff.

Acta Arch.: Acta Archaeologica. Köbenhavn (Munksgaard), 1 ff., 1930 ff.

Acta Arch. Hung.: Acta Archaeologica Academiae Scientiarum Hungaricae. Budapest (Akadémiai Kiadó), 1 ff., 1951 ff.

AdI Annali dell'Instituto di corrispondenza archaeologica. Roma (Archäol. Institut des Deutschen Reiches), 1, 1829 – 57, 1885 (16, 1843 – 25, 1853 = N.S. 1–10). [Forts.: → JdI].

ADIK Abhandlungen des Deutschen Archäologischen Instituts Kairo. Ägyptologische Reihe. Glückstadt, Hamburg, New York (Augustin), 1 ff., 1958 ff.; Islamische Reihe. Kairo (Sirović), 1 ff., 1959 ff.; Koptische Reihe. Wiesbaden (Harrassowitz), 1 ff., 1962 ff.

AE Année Épigraphique. Paris (Presses Universitaires de France), 1 ff., 1888 ff. [auch in: → RA, u.d.T.: Revue des publications épigraphiques].

Aegyptus: Aegyptus. Milano (Soc. Ed. Vita & Pensiero), 1 ff., 1920 ff.

Aeg. Z. Zeitschrift für ägypt. Sprache und Altertumskunde. Berlin (Akademie-Verlag)/Leipzig (Hinrichs), 1, 1863 bis 1878, 1943; 79 ff., 1954 ff.

AeR Atene e Roma. Messina, Firenze (D'Anna), 1, 1898 – 22, 1919; S. II 1, 1920 – 13, 1932; 35, 1933 – 45, 1943 = S. III 1–11; S. IV 1, 1951 – 4, 1954; N.S. 1 ff., 1956 ff.

Aevum Aevum. Milano (Soc. Ed. Vita & Pensiero), 1 ff., 1927 ff.

AFLN Annali della Facoltà di Lettere e Filosofia della Università di Napoli. Napoli (Ist. Ed. del Mezzogiorno), 1 ff., 1951 ff.

AfrIt Africa Italiana. Bergamo (Ist. italiano d'Arti grafiche), 1, 1927 – 8, 1941.

AG Archivio Giuridico (Filippo Serafini). Modena (Soc. Tipogr. Modenese), 1 ff., 1868 ff. (60, 1897 – 71, 1903 = N.S. 1–12; 72, 1904 – 84, 1910 = S. III 1–13; 1911 bis 1920 ausgesetzt; 85, 1921 – 120, 1938 = S. IV 1 – 36; 121, 1939 – 131, 1944 = S. V 1–11; 132 ff., 1945 ff. = S. VI 1 ff.).

AGG Abhandlungen der (–1921: Königl.) Gesellschaft der Wissenschaften. (ab 1893:) Philologisch-historische Klasse. Göttingen (Vandenhoeck & Ruprecht), 1, 1838/42 – 40, 1894/95; N.F. 1, 1896/97 – 25, 1930/31; 3. Folge 1, 1932 – 26, 1940. [Forts.: → Abh. Göttingen].

AHDE Annuario de Historia del Derecho Español. Madrid (Inst. Nac. de Estudios Jurídicos), 1 ff., 1924 ff.

AHMA Archives d'Histoire doctrinale et littéraire du Moyen Age. Paris (Vrin), 1 ff., 1926/27 ff.

AIRRS Acta Instituti Romani Regni Sueciae. Lund (Gleerup), Ser. prima [4°] 1 ff., 1932 ff. (4, 1935 – 5, 1941; 10, 1944; 12, 1946 – 13, 1948; 15 ff. auch u.d.T.: → Opusc. Arch.); 1 ff.; Ser. altera [8°] 1 ff., 1939 ff.

AJA American Journal of Archaeology. Princeton (Archaeological Institute of America), 1, 1885 – 11, 1896 u. d.T.: AJA and of the History of the Fine Arts; S.II 1ff., 1897ff.

AJPh American Journal of Philology. Baltimore (Johns Hopkins Press), 1ff., 1880ff.

Akr. Mus.: Akropolismuseum Athen.

Altaner B. Altaner, Patrologie. Leben, Schriften und Lehre der Kirchenväter. Freiburg (1938), 1960^6.

AM Mitteilungen des (1886–1918: Kaiserl.; dann:) Deutschen Archäologischen Instituts (–1885: des Deutschen Reiches). Athenische Abteilung. Stuttgart (Kohlhammer), 1, 1876 – 67, 1942 (1951); → MdI; 68ff., 1953 (1956) ff.

Ampurias: Ampurias. Barcelona (Museo arqueológico), 1ff., 1939ff.

AnalOr Analecta Orientalia. Roma (Pontificio Istituto Biblico), 1, 1931 – 22, 1941; 23ff., 1945ff.

Anatolia Anatolia. Ankara (Inst. d'Archéologie de l'Université), 1ff., 1956ff.

Anecd. Gr.: Anecdota Graeca, ed. J. F. Boissonde. 5 Bde. Paris, 1829 – 33. Anced. Gr. nova. ebd., 1844 (Nachdr. Hildesheim, 1962).

ANET Ancient Near Eastern Texts relating to the Old Testament, ed. J. B. Pritchard. Princeton (1950), 1955^2.

Ann. Pisa Annali della (Reale) Scuola normale superiora di Pisa. Lettere, storia e filosofia (–1930: filosofia e filologia). Firenze (La nuova Italia), 1, 1873 – 30, 1930; S.II 1ff., 1932ff.

Annuario → ASAA.

ANS The American Numismatic Society museum notes. New York (American Numismatic Society), 1ff., 1945ff.

Anth. Lat.: Anthologia Latina sive poesis Latinae supplementum. I 1.2, ed. A. Riese; II (= → CLEp) 1.2, ed. F. Buecheler. 3 (= Suppl.), ed. A. Lommatzsch, Leipzig, 1869–1920 (Nachdr. Amsterdam, 1964).

Anth. Lyr.^{2}: Anthologia Lyrica, ed. E. Diehl, 2 vol. in 6 fasc. Leipzig, BT (1922–25), 1934–42^2. Suppl. ebd., 1942.

Anth. Lyr.^{3}: Anthologia Lyrica Graeca, ed. E. Diehl. 3 fasc. Leipzig, BT (1922–25), 1949–52^3 (fasc. 1 und 2: Nachdr. ebd., 1954/55).

Antike Die Antike. Berlin (de Gruyter), 1, 1925 – 20, 1944.

AntJ The Antiquaries Journal, being the journal of the Society of Antiquaries of London. Oxford (University Press), 1ff., 1921ff. [vorher: Proceedings of the Society usw., 1, 1843 – 4, 1859; S.II 1, 1859 – 32, 1920].

AntK Antike Kunst. Olten (Urs Graf-Verlag), 1ff., 1958ff.

Ant. Sammlg. München: Antikensammlung München.

AnzAW Anzeiger für die Altertumswissenschaft. Innsbruck (Wagner), 1ff., 1948ff.

Anz. Wien: Anzeiger der (–1921: Kaiserl. Ak.; 1922–46: Akademie; dann:) Österreichischen Akademie der Wissenschaften in Wien. Philosophisch-historische Klasse. [Abfolge des Titels verschieden] Wien (Rohrer), 1ff., 1864ff.

AO Der Alte Orient. Gemeinverständliche Darstellungen. Leipzig (Hinrichs), 1, 1899 – 43, 1945.

AOF Archiv für Orientforschung. Graz (Selbstverlag), 1, 1923 – 2, 1925 u. d. T.: Archiv für Keilschriftforschung; 3ff., 1926ff. Beihefte 1ff., 1933ff.

AP Anthologia Palatina, ed. H. Beckby, Anthologia Graeca. 4 Bde, München, Tusc., 1957–58.

APF Archiv für Papyrusforschung. Leipzig (Teubner), 1, 1900 – 14, 1941; 15ff., 1953ff.

APh L'Année Philologique. Paris (Les Belles Lettres), 1ff., 1924–26 (1928) ff.

Archaeologia: Archaeologia or miscellaneous tracts relating to antiquity. Oxford (Johnson), 1ff., 1770ff. (51ff., 1888ff. = S.II 1ff.).

Archaeology: Archaeology. New York (Archaeological Institute of America), 1ff., 1948ff.

Arch. Cl. Archaeologia Classica. Roma (Università), 1ff., 1949ff.

Arch. Deltion: 'Αρχαιολογικὸν Δελτίον. 'Αθῆναι ('Υπουργεῖον τῶν 'Εκκλησιαστικῶν καὶ τῆς Δημοσίας 'Εκπαιδεύσεως). 1, 1915 bis 15, 1933/35; 16ff., 1960ff.

Arch. Ert.: Archeologiai Èrtesítö. Budapest (Akadémiai Kiadó), 1, 1868 – 14, 1880; N.S. 1, 1881 – 52, 1939; S.III 1, 1940 – 7/9, 1946/48; 76ff., 1949ff.

Arch. Or.: Archiv Orientální. Praha (Orientální ústav), 1, 1929 – 13, 1942; 14, 1943 – 15, 1944/46^1/^{2} u. d. T.: Archivum orientale Pragense; 15ff., 1946ff.

Arch. Philos.: Archives de Philosophie. Paris (Beauchesne), 1ff., 1923ff.

Arctos Arctos. Acta historica, philologica, philosophica Fennica. Helsinki (Klass. Filol. Yhdistys), 1, 1930 – 2, 1931; N.S. 1ff., 1954ff.

Arias-Hirmer: P. E. Arias-M. Hirmer (Aufnahmen), Tausend Jahre griech. Vasenkunst. München, 1960.

Art Bull. The Art Bulletin. New York (College Art Association of America), 1$^{1-4}$, 1913–18 u. d. T.: Bulletin of the College Art Association; 2ff., 1919ff.

ARW Archiv für Religionswissenschaft. Leipzig (Teubner), 1, 1898 – 37, 1941/42. Beihefte 1 u. 2, ebd., 1943.

AS Anatolian Studies. London (British Institute of Archaeology at Ankara), 1ff., 1951ff.

ASAA Annuario della Scuola archaeologica di Atene e delle missioni italiana in oriente. 1, 1914 – 15/16, 1932/33 (1942); N.S. 1/2ff., 1939/40 (1942) ff. (6/7ff., 1944/45 (1952) ff. auch wieder alte Zählung: 22/23ff.).

ASMG Atti e memorie della Società Magna Grecia. Roma (Palazzo Taverna), 1925 – 34; N.S. 1ff., 1954ff.

Athenaeum: Athenaeum. Pavia (Università), 1, 1913 – 10, 1922; N.S. 1ff., 1923ff.

AuA Antike und Abendland. Hamburg (Schröder), 1ff., 1946ff.

AuC F. J. Dölger, Antike und Christentum. Kultur- und religionsgeschichtliche Studien. Münster, I–V 1929 bis 1936; VI 1–4, 1940–50. Erg. bd., ebd., 1939.

AUG Acta Universitatis Gotoburgensis. Göteborgs Universitets (–60, 1, 1954: Högskolas) årsskrift. Göteborg (Wettergren & Kerber), 1ff., 1895ff. [zugleich auch wechselnde andere Reihentitel].

Ausonia Ausonia. Roma (Società italiana di archeologica e storia dell'arte), 1, 1906 – 10, 1921 (ausgesetzt: 1916–18).

AvP Altertümer von Pergamon. I–X. Berlin/Leipzig, 1885 bis 1937.

AZ Archäologische Zeitung. Berlin (Reimer), 1, 1843 – 43, 1885 (5, 1847 – 6, 1848 = N.S. 1–2; 26, 1868 – 33, 1875 = S.II 1–8; 34, 1876 – 43, 1885 = N.S. 1–10). [Forts.: → JdI].

Babelon E. Babelon, Traitè des monnaies grecques et romaines. 1. Partie 1; 2. Partie 1–4; 3. Partie: Planches 1–85 (zu 2. partie 1). 86–185 (zu 2. partie 2). 271–355 (zu 2. partie 4). Paris, 1901–32.

Bachofen, GW: Joh. Jak. Bachofens Gesammelte Werke, hg. v. K. Meuli (u. a.). Basel 1943ff. (bisher Bd. I–IV. VI. VII erschienen).

BaM Baghdader Mitteilungen. Deutsches Archäologisches Institut. Abteilung Baghdad. Berlin (Mann), 1ff., 1960ff.

BAntBeschav: Bulletin van de Vereeniging tot Bevordering der Kennis van de Antieke Beschaving. Leiden (Brill), 1ff., 1926ff.

BASOR Bulletin of the American Schools (–1921: School) of Oriental Research in Jerusalem and Baghdad. New Haven, Conn. (Drawer 93 A, Yale Station), 1ff., 1919ff.

Bauer W. Bauer, Griech.-Deutsches Wörterbuch zu den Schriften des Neuen Testaments und der übrigen urchristlichen Literatur. Berlin (1925 = 2. Aufl. des Wörterbuches von E. Preuschen), 1958^5.

BAW Bibliothek der Alten Welt. Zürich (Artemis). Reihe: Der alte Orient, 1950ff.; Griech. Reihe, 1947ff.; Röm. Reihe, 1949ff.; Reihe: Antike und Christentum, 1949ff.; Reihen: Antike und Humanismus, Sammlungen und Anthologien, Forschung und Deutung, alle 1963ff.

BCH Bulletin de Correspondance Hellénique. Paris (de Boccard), 1ff., 1877ff.

BCTH Bulletin archéologique du Comité des Travaux historiques et scientifiques. Paris (Impr. Nationale), 1882ff.

Bd'A Bolletino d'Arte del Ministero della pubblica istruzione. Roma (Libr. dello Stato), 1, 1907 – 32, 1938; 33ff., 1948ff. (15, 1921–24, 1930 = S. II 1–10; 25, 1931–32, 1938 mit Zählung: S. III; 33ff., 1948ff. mit Zählung: S. IV).

Beazley, ABV: J.D. Beazley, Attic black-figure vase-painters. Oxford, 1956.

Beazley, ARV^1: J.D. Beazley, Attic red-figure vase-painters. Oxford, 1942.

Beazley, ARV^2: J.D. Beazley, Attic red-figure vase-painters. 3 Bde. Oxford, 1963^2.

Beazley, ARV in Am. Mus.: J.D. Beazley, Attic red-figure vases in American Museums. Cambridge, 1918.

Beazley, BV: Bilder griech. Vasen, hg. v. J.D. Beazley und (zu Beginn:) P. Jacobsthal. Leipzig u. Würzburg/Berlin, 1930–39.

Beazley, Development: J.D. Beazley, The development of Attic black figure. Berkeley, 1951 (= Sather Class. Lectures 24).

Beazley, EVP: J.D. Beazley, Etruscan vase-painting. Oxford, 1947 (= Oxford Monographs on Class. Archaeology).

Beloch, GG: J. Beloch, Griech. Geschichte. 4 Bde. Straßburg (1893–1904), 1912–27^2.

Beloch, RG: J. Beloch, Röm. Geschichte. Berlin und Leipzig, 1926.

Bengtson: H. Bengtson, Griech. Geschichte. München, HbAW III 4 (1950), 1960^2.

BerRGK Bericht der Römisch-Germanischen Kommission des (–1918: Kaiserl.; dann:) Deutschen Archäologischen Instituts. Berlin (de Gruyter), 1, 1904 – 3, 1906/07 u. d. T.: RGK usw. Bericht über die Fortschritte der röm.-germanischen Forschung; 4ff., 1908ff.

Berve H. Berve, Das Alexanderreich auf prosopographischer Grundlage. 2 Bde. München, 1926.

Berve-Gruben: H. Berve-G. Gruben, Griech. Tempel und Heiligtümer. München, 1961.

Beyen H.G. Beyen, Die pompeian. Wanddekoration vom zweiten bis zum vierten Stil. 2 Bde. Den Haag, 1938–60.

BFChTh Beiträge zur Förderung christlicher Theologie. Gütersloh (Mohn), (1. Reihe) 1ff., 1897ff.; 2. Reihe: Sammlung wissenschaftlicher Monographien, 1ff., 1924ff.

BGU Ägypt. Urkunden aus den (–1918: Königl.; dann:) Staatlichen Museen zu Berlin. Griech. Urkunden. 9 Bde. Berlin, 1892–1937.

BHTh Beiträge zur historischen Theologie. Tübingen (Mohr), 1ff., 1929ff.

Bibl. Nat. Paris: Bibliothèque Nationale, Paris.

Biblica Biblica. Roma (Pontificio Istituto Biblico), 1ff., 1920ff.

BICS Bulletin of the Institute of Classical Studies of the University of London. London (Inst. of Class. Studies), 1ff., 1954ff.

BIFAO Bulletin de l'Institut Françaisе d'Archéologie Orientale. Le Caire (Impr. de l'Institut), 1ff., 1901ff.

BiogrGr Βιογράφοι. Vitarum scriptores Graeci minores, ed. A. Westermann. Braunschweig, 1845 (Nachdr. Amsterdam, 1964).

BiOr Bibliotheca Orientalis. Leiden (Instituut voor het Nabije Oosten), 1ff., 1943/44ff.

BJbb Bonner Jahrbücher (ab 1936: des Rheinischen Landesmuseums in Bonn und) des Vereins von Altertumsfreunden im Rheinlande (1932–34: und des Rheinischen Provinzialmuseums in Bonn). Kevelaer (Butzon & Bercher), 1, 1842 – 95, 1894 u. d. T.: Jahrbücher des Vereins usw.; 96, 1895 – 135, 1930 u. d. T.: BJbb. Jahrbücher des Vereins usw.; 136/137, 1932 – 147, 1942; 148ff., 1948ff.

BKV Bibliothek der Kirchenväter, (2. Aufl.) hg. v. O. Bardenhewer, Th. Schermann (ab Bd. 35: J. Zellinger) und C. Weymann. 83 Bde. Kempten (79 Bde. 1869–88), 1911^{2}ff.

Blass F. Blass, Die att. Beredsamkeit. 3 Bde. Leipzig (1868 bis 80), 1887–98^2 (Nachdr. Hildesheim, 1962).

Blümner, Privataltertümer: H. Blümner, Die röm. Privataltertümer. München, HbAW IV 2, 2^3, 1911.

Blümner, Technologie: H. Blümner, Technologie und Terminologie der Gewerbe und Künste bei den Griechen und Römern. 4 Bde. Leipzig und Berlin, 1874–87; I 1912^2.

BM British Museum, London.

BMC British Museum. Catalogue of Greek Coins, by B.V. Head, P. Gardner, G.F. Hill (u. a.). 29 Bde. London, 1873–1927. Coins of the Roman Republic in the British Museum, by H.A. Grueber. 3 Bde. London, 1910. Coins of the Roman Empire in the British Museum, by H. Mattingly. London, I: to Vitellius, 1923; II: Vespasian to Domitian, 1930; III: Nerva to Hadrian, 1935; IV: Antoninus Pius to Commodus, 1940; V 1.2: Pertinax to Elagabalus, 1950.

BMM Bulletin of the Metropolitan Museum of Art. New York (Metropolitan Museum), 1, 1905 – 37, 1942; N.S. 1ff., 1942ff.

Boisacq E. Boisacq, Dictionnaire étymologique de la langue grecque. Heidelberg (1916), 1950^4.

BPhW Berliner Philologische Wochenschrift. Leipzig (Reisland), 1, 1881 – 3, 1883 u. d. T.: Philologische Wochenschrift; 4, 1884 – 40, 1920. [Forts.: → PhW].

Brommer: F. Brommer, Vasenlisten zur griech. Heldensage. Marburg a. d. Lahn (1956), 1960^2.

Broughton: T.R.S. Broughton, The Magistrates of the Roman Republic. 2 Bde. Haverford, Penns., 1951–52. Suppl.-bd., ebd., 1960.

Brunn H. Brunn, Geschichte der griech. Künstler. 2 Bde. Stuttgart (1853–59), 1889^2.

Brunn-Arndt: H. Brunn-P. Arndt, Griech. und röm. Porträts, hg. von F. Bruckmann (und G. Lippold). München, 1891–1939.

Brunn-Bruckmann: H. Brunn-F. Bruckmann, Denkmäler griech. und röm. Sculptur (in historischer Anordnung), hg. von P. Arndt, fortgeführt von G Lippold. München, 1888–1947.

BSA Annual of the British School at Athens. London (31–34 Gordon Square), 1ff., 1894/95ff.

BSAF Bulletin de la Société (–1870: imperiale) Nationale des Antiquaires de France. Paris (Klincksieck), 1857ff. (1857–69: auch in: → Mem. Soc. AF; 1887–1908: zus. mit Mem. Soc. AF als: Bulletin et Mémoires usw.).

BSL Bulletin de la Société de Linguistique de Paris. Paris (Klincksieck), 1, 1869 – 49, 1953 (= Nr. 1–139); 50ff., 1954ff. (durchgehende Nrn-Zählung entfällt).

BSR Papers of the British School at Rome. London (Macmillan), 1, 1902–15, 1939; 16ff., 1948ff. (14ff., 1938ff. = N.S. 1ff.).

BT Bibliotheca Scriptorum Graecorum et Romanorum Teubneriana. Leipzig (seit 1953 auch:) Stuttgart, 1850ff.

Bull. Com.: Bulletino della Commissione archaeologica (–1876: municipale; dann): comunale di Roma. Roma (a cura della X Ripartizione del Comune), 1ff., 1872ff. (5, 1876 – 13, 1884 = S. II 1–9; 14, 1885 – 18, 1890 = S. III 1–5; 19, 1891 – 24, 1896 = S. IV 1–6; 25, 1897 – 28, 1900 = S. V 1–4; 29, 1901 – 57, 1929 = S. VI 1–29; 58, 1930 – 66, 1938 = N.S. 1–9; 67, 1939 – 70, 1942 – S. VIII 1–4).

Bull. Inst. Bulg.: Bulletin de l'Institut Archéologique Bulgare (Titel auch bulg.). Sofia (Impr. del'Etat), N.S. 1ff., 1921/22ff. [vorher: → Bull. Soc. Bulg.].

Bull. J. Ryl. Libr.: Bulletin of the John Rylands Library. Manchester (University Press), 1ff., 1903ff.

Bull. Soc. Alex.: Bulletin. Société (–1951: Royale d'archéologie) archéologique d'Alexandrie. Alexandrie (Soc. de publications égyptiennes), 1ff., 1898ff. (6, 1904 – 35, 1942 = N.S. 1–11).

Bull. Soc. Bulg.: Bulletin de la Société archéologique Bulgare. Sofia (Impr. del'Etat), 1, 1910 – 7, 1920 [Forts.: → Bull. Inst. Bulg.].

Bursian Jahresberichte über die Fortschritte der klass. (class.) Alterthumswissenschaft, begr. v. K. Bursian, fortgef.

v. A. Thierfelder. Leipzig (Reisland), 1, 1873 – 69, (= 284), 1943 (ab 4, 1876: 4 Abtt.: 1. Abt.: Griech. Autoren; 2. Abt.: Lat. Autoren; 3. Abt.: Alterthumswissenschaft; 4. Abt.: Nekrologe [die Bezeichnungen der einzelnen Abtt. wechseln]). Bd. 285 (= Jg. 70) erschien 1956.

Buschor, GV: E. Buschor, Griech. Vasen. München, 1940.

Busolt-Swoboda: G. Busolt-H. Swoboda (2. Bd.), Griech. Staatskunde. 2 Bde. München, HbAW IV 1, 1 (1887), 1920 bis 1926^{3}. Reg.bd., bearbeitet v. F. Jandebeur, ebd., 1926.

BWPr Winckelmannsprogramm der Archäologischen Gesellschaft zu Berlin. Berlin (de Gruyter), 1, 1841 – 76, 1919 u. d. T.: Archäol. Ges. zu Berlin. Programm zum Winckelmannsfeste; 77 ff., 1920 ff.

Byzantion: Byzantion. Bruxelles (Fondation byzantine), 1 ff., 1924 ff.

ByzZ Byzantinische Zeitschrift. München (Beck), 1, 1892 – 23, 1914/19 (ausgesetzt 1914–Aug. 1919); 24 ff., 1923/1924 ff.

BZ Biblische Zeitschrift. Paderborn (Schöningh), 1 ff., 1903 ff.

BZNW Beihefte zur → ZNW. Berlin (Töpelmann), 1, 1923 – 20, 1939; 21 ff., 1954 ff.

Cab. de Méd.: Cabinet de Médailles, Paris.

CAF Comicorum Atticorum Fragmenta, ed. T. Kock. 3 Bde. Leipzig, 1880–88.

CAG Commentaria in Aristotelem Graeca, edita consilio et auctoritate Academiae Litterarum Regiae Borussicae. 23 Bde in 51 Teilen. Berlin, 1891–1909 (Nachdr. Berlin, 1955 ff.).

CAH The Cambridge Ancient History, ed. by J. B. Bury, S. A. Cook (u. a.). 12 Bde. Cambridge, 1923–39 (z. T. Neudr. und Neuaufl.).

Cahn H. A. Cahn, Frühhellenistische Münzkunst. Basel, 1948.

Campenhausen: H. v. Campenhausen, Kirchliches Amt und geistliche Vollmacht in den ersten drei Jahrhunderten. Tübingen, BHTh 14 (1953), 1963^{2}.

Cap. Mus. Rom: Capitolinisches Museum, Rom.

CArch Cahiers Archéologique. Fin de l'antiquité et moyen âge. Paris (Éditions d'Art & Histoire), 1 ff., 1945 ff.

Caskey-Beazley: L. D. Caskey-J. D. Beazley, Attic vase paintings in the Museum of Fine Arts, Boston. 3 Bde. Oxford, 1931–63.

CB ‹Collection Budé›, Collection des Universitès de France publiée sous le patronage de l'Association Guillaume Budé. [Auteurs latins. Auteurs grecs] Paris, 1920 ff.

CBQ Catholic Biblical Quarterly. Washington, D. C. (Cath. Biblical Association of America), 1 ff., 1939 ff.

CCAG Catalogus Codicum Astrologorum Graecorum. I–XII. Bruxelles, 1898–1953.

CChrL Corpus Christianorum. Series Latina. Turnholti, 1953 ff.

CE Chronique d'Égypte. Bruxelles (Fondation égyptologique Reine Elisabeth), 1 ff., 1925 ff.

CeM Classica et Mediaevalia. Köbenhavn (Glydendal), 1 ff., 1938 ff.

CGF Comicorum Graecorum Fragmenta, ed. G. Kaibel. Berlin, 1899 [nur I 1] (Nachdr. Berlin, 1958).

CGL Corpus Glossariorum Latinorum, a G. Loewe incohatum ed. G. Götz. 7 Bde. Leipzig, 1888–1923 (Nachdr. Amsterdam, 1964).

CIE Corpus Inscriptionum Etruscarum, ed. C. Pauli (O. A. Daniellson, G. Herbig). 2 Bde (= I; II 1, 1–3. 2, 1). Leipzig, 1893–1936. Suppl.bd., ed. G. Herbig, ebd., 1919/21.

CIG Corpus Inscriptionum Graecarum, ed. A. Boeckh (weitergeführt von:) J. Franz, E. Curtius und A. Kirchhoff. 4 Bde (IV 3 = Index, ed. H. Roehl). Berlin, 1828–77.

CIL Corpus Inscriptionum Latinarum, consilio et auctoritate Academiae Litterarum (Regiae) Borussicae editum. 16 vols. Leipzig/Berlin, 1862–1943. Ed. altera, ebd., 1893 ff. bisher nur: I 1; 2, 1–3). Zahlreiche Suppl. bde (noch nicht abgeschlossen).

CIS Corpus Inscriptionum Semiticarum, ab Academia Inscriptionum et Litterarum Humaniorum conditum atque digestum. Paris, 1881 ff.

CLEp Carmina Latina Epigraphica, ed. F. Buecheler. 2 Bde. Leipzig, 1895–97. Suppl.bd., ed. E. Lommatzsch, ebd., 1926 (= → Anth. Lat. II).

ClJ The Classical Journal. Ohio (Ohio University), 1 ff., 1905 ff.

ClPh Classical Philology. Chicago (University of Chicago Press), 1 ff., 1906 ff.

ClQ Classical Quarterly. Oxford (University Press), 1 ff., 1907 ff. (45 ff., 1951 ff., N. S. 1 ff.).

ClR Classical Review. Oxford (University Press), 1 ff., 1887 ff. (65 ff., 1951 ff. = N. S. 1 ff.).

ClW The Classical World. New York (Fordham University), 1, 1907 – 50, 1956/57 u. d. T.: The Classical Weekly; 51 ff., 1956/57.

CMG Corpus Medicorum Graecorum, edd. Academiae Berolinensis, Havniensis, Lipsiensis. Leipzig/Berlin, 1908 ff. Suppl.bde.

CML Corpus Medicorum Latinorum, editum consilio et auctoritate Instituti Puschmanniani Lipsiensis. Leipzig/Berlin, I–II 3. IV. V. VIII 1, 1915–28; CML, ed. consilio et auctoritate Instituti studiis Graeco-romanae antiquitatis destinati. Berlin, VIII 1, 1963 (ff.).

Coll. Alex.: Collectanea Alexandrina, ed. J. U. Powell, Oxford, 1925.

CPar Corpus Scriptorum Latinorum Paravianum. Augustae Taurinorum (Torino), 1916 ff.

CRAI Comptes Rendus des Séances. Académie des Inscriptions et Belles Lettres. Paris (Klincksieck), 1, 1857 – 8, 1864; N. S. 1, 1865 – 7, 1871; S. III 1, 1872; S. IV 1, 1873 – 27, 1899; 1900 ff. (ohne Zählung).

Crema L. Crema, L'architettura romana. Torino, Enciclop. class. Sez. 3^{a} XII 1, 1959.

CRF Comicorum Romanorum praeter Plautum et Terentium Fragmenta, ed. O. Ribbeck. Leipzig (1885), 1873^{2} (Nachdruck Hildesheim, 1962). [= Scaenicae Romanorum poesis fragmenta II].

CSCO Corpus Scriptorum Christianorum Orientalium, ed. I. B. Chabot, I. Guidi (u. a.). Paris, Leipzig, Louvain (u. a. O.), 1903 ff. (7 Abtt. mit Serienzählung).

CSEL Corpus Scriptorum Ecclesiasticorum Latinorum, editum consilio et impensis Academiae Litterarum (Caesareae) Vindobonensis. Wien, 1866 ff.

CVA Corpus Vasorum Antiquorum. Union Academique Internationale. (Erscheint für: Belgien, Dänemark, Deutschland, Frankreich, Griechenland, Großbritannien, Italien, Jugoslawien, Niederlande, Polen, Spanien, USA) 1923 ff. [Konkordanz zum CVA, bearb. v. J. W. Crous, Roma, 1942].

DACL Dictionnaire d'Archéologie Chrétienne et de Liturgie, ed. F. Cabrol-H. Leclercq. Paris, 1907 ff.

Delbrück, K.: R. Delbrück, Spätantike Kaiserporträts, 1933.

Delbrück, M.: R. Delbrück, Die Münzbildnisse von Maximinus bis Carinus, 1940.

Deltion → Arch. Deltion.

Dessau Inscriptiones Latinae selectae, ed. H. Dessau. 3 Bde in 5 Teilen. Berlin, 1892–1916 (Nachdr. Berlin, 1954/55 = 2. Aufl.).

Devoto G. Devoto, Gli antichi Italici. Firenze (1931), 1951^{2} (= Collana storica 39).

DoxGr Doxographi Graeci, ed. H. Diels. Berlin, 1879 (Nachdr. Berlin, 1958).

Drumann-Groebe: W. Drumann-P. Groebe (2. Aufl.), Gesch. Roms in seinem Übergange von der republikanischen zur monarchischen Verfassung oder Pompeius, Caesar, Cicero und ihre Zeitgenossen nach Geschlechtern und mit genealogischen Tabellen. 6 Bde. Berlin/Leipzig (1834–44), 1899–1929^{2} (Nachdr. Hildesheim, 1964).

DS Ch. Daremberg-M. E. Saglio, Dictionnaire des Antiquités Grecques et Romaines. 5 Bde in 10 Teilen. Paris, 1877–1919.

EA Photographische Einzelaufnahmen antiker Skulpturen, begr. von P. Arndt und W. Amelung, fortgeführt von P. Arndt und G. Lippold. Ser. I–XVI. München, 1893 bis 1912. 1925–40.

EAA Enciclopedia dell'Arte Antica Classica e Orientale. Roma, 1958 ff.

EGF Epicorum Graecorum Fragmenta, ed. G. Kinkel. Leipzig, BT, 1877.

EI Enciclopedia Italiana di Scienze, Lettere ed Arti. 36 Bde. Milano/Roma, 1929–49. 3 Erg.bde, ebd., 1938 bis 61.

Eos Eos. Wroclaw (Ossolineum), 1, 1894 – 40, 1939; 41 ff., 1940/46 (1947) ff.

EpGr Epigrammata Graeca ex lapidibus conlecta, ed. G. Kaibel, Berlin, 1878.

Ephem. 'Αρχαιολογική 'Εφημερίς (–1909: 'Εφ. 'Αρχ.). ἐν 'Αθήναις ('Αρχαιολογική ἑταιρεῖα), 1, 1839 – 55, 1860; S. II 1, 1862 – 17, 1874 (ausgesetzt: 1843–52; 1863–68; 1871; 1873; 1875–82); Ser. III 1883 ff.

Epigraphica: Epigraphica. Milano (Ceschina), 1 ff., 1938 ff.

EpistGr Epistolographi Graeci, ed. R. Hercher. Paris, 1873 (Nachdr. Amsterdam, 1964).

Eranos Eranos. Uppsala (Eranos' Förlag), 1 ff., 1896 ff.

Erasmus Erasmus. Wiesbaden (Steiner), 1 ff., 1947 ff.

Ermit. Ermitage, Leningrad.

EThL Ephemerides Theologicae Lovanienses. Louvain (Universitas Catholica Lovaniensis), 1 ff., 1924 ff.

EvTh Evangelische Theologie. München (Kaiser), 1, 1934/35 – 5, 1938/39; 6 ff., 1946/47 ff.

FA Fasti Archeologici. Firenze (Sansoni), 1 ff., 1946 (1948) ff.

FAttCom: Fragments of Attic Comedy, ed. J. M. Edmonds. Bd. I–III B. Leiden, 1957–61.

FGrHist Die Fragmente der griech. Historiker, von F. Jacoby. Bd. I–III C 2. Berlin/Leiden, 1923–58. Vermehrte Neudrucke. Leiden, 1954 ff.

FHG Fragmenta Historicorum Graecorum, edd. C. und Th. Muller. 5 Bde. Paris, 1841–70.

FIR Fontes Juris Romani Antejustiniani (Leges, auctores, leges saeculares), in usum scholarum edd. S. Riccobono, J. Baviera, V. Arangio-Ruiz (u. a.). 3 Bde. Firenze (1908), 1940–43^{2}.

Fond. Hardt: Fondation Hardt pour l'etude de l'antiquité classique. Entretiens sur l'antiquité classique. Vandœvres-Genève (Fond. Hardt; in Komm. bei: Francke, Bern), 1 ff., 1952 (1954) ff.

Forbes, Technology: R. J. Forbes, Studies in ancient technology. Leiden, 1955 (bisher: Bd. I–VII).

FPEL Fragmenta Poetarum Epicorum et Lyricorum praeter Ennium et Lucilium, post Ae. Baehrens ed. W. Morel. Leipzig, BT (1886), 1927^{2} (Nachdr. Stuttgart, 1963).

Franke P. R. Franke. Röm. Kaiserporträts im Münzbild. Aufnahmen v. M. Hirmer. München, 1961.

Franke-Hirmer: P. R. Franke-M. Hirmer (Aufnahmen), Griech. Münzen. München, 1964.

Friedländer: L. Friedländer, Darstellungen aus der Sittengesch. Roms in der Zeit von Augustus bis zum Ausgang der Antonine. 4 Bde. Leipzig (1862–71), 1921–23^{10} (besorgt von G. Wissowa). (Nachdr. Aalen, 1963).

Friedrich J. Friedrich. Kleinasiatische Sprachdenkmäler. Berlin, 1932 (= KlT 163).

Frisk H. Frisk, Griech. etymologisches Wörterbuch. Heidelberg, Lfg. 1 ff., 1954 ff.; I (= Lfg. 1–10), 1960 (= Indogerm. Bibl. II 5).

FuF Forschungen und Fortschritte. Berlin (Akademie-Verlag), 1, 1925 – 21, 1945; 21/23 ff., 1947 ff.

Furtwängler, Gemmen: A. Furtwängler, Die antiken Gemmen. Geschichte der Steinschneidekunst im klass. Altertum. 3 Bde. Leipzig/Berlin, 1900 (Nachdr. Amsterdam, 1964).

Furtwängler-Reichhold: A. Furtwängler-K. Reichhold (u. a.), Griech. Vasenmalerei. Auswahl hervorragender Vasenbilder. 3 Ser. Tafeln und Text. München, 1904–32.

Gallia Gallia. Fouilles et Monuments archéologiques en France Metropolitaine. Paris (Centre National de la Recherche Scientifique), 1, 1943 – 2, 1944; 3 nicht erschienen; 4 ff., 1946 ff.

GaR Greece and Rome. Oxford (Clarendon Press), 1 ff., 1931 ff. (23 ff., 1954 ff. = S. II 1 ff.).

GCS Die griech. christlichen Schriftsteller der ersten (früher: drei) Jahrhunderte, hg. v. der Kommission für spätantike Religionsgeschichte der Dt. Akademie der Wissenschaften zu Berlin (früher: Kirchenväterkommission der Königl. Preuß. Akademie der Wissenschaften). Leipzig/Berlin, 1897 ff.

GDI Sammlung der griech. Dialektinschriften, hg. v. H. Collitz (u. a.). 4 Bde. Göttingen, 1884–1915.

Gercke-Norden: A. Gercke-E. Norden (Hgg.), Einleitung in die Altertumswissenschaft. Leipzig (1910–12), I 1927^{3} (auch in 10 Heften, 1921–27^{3}; Neudr. von H. 7, 1929 und H. 4, 1933); II 1922^{3}; II. 1. 2, 1932/33^{4} (auch in 6 Heften, 1922^{3}; 1930–33^{4}); III (nur) Heft 2–5, 1932–35^{3}.

GGA Göttinger Gelehrte Anzeigen. Göttingen (Vandenhoeck & Ruprecht), 1, 1739–52 u. d. T.: Göttingische Zeitungen von gelehrten Sachen; 1, 1753 – 214, 1801 u. d. T.: Göttingische Anzeigen von gelehrten Sachen; 1, 1802 – 206, 1944; 207 ff., 1953 ff.

GGM Geographi Graeci Minores, ed. C. Müller. 2 Bde mit 1 Atlas. Paris, 1855–61 (Nachdr. Hildesheim, in Vorb.).

GHI → Tod, GHI.

GIF Giornale Italiano di Filologia. Napoli (Armanni), 1 ff., 1948 ff.

GlL Glossaria Latina, iussu Academiae Britannicae edita, ed. W. M. Lindsay (u. a.). 5 Bde. Paris, 1926–31.

GLM Geographi Latini Minores, ed. A. Riese. Heilbronn, 1878 (Nachdr. Hildesheim, in Vorb.).

Glotta Glotta. Göttingen (Vandenhoeck & Ruprecht), 1 ff., 1909 ff.

Gnomon Gnomon. München (Beck), 1, 1925 – 20, 1944; 21 ff., 1949 ff.

Graef-Langlotz: B. Graef-E. Langlotz, Die antiken Vasen von der Akropolis zu Athen. 3 Bde. Berlin, 1909–33.

Gregorianum: Gregorianum. Roma (Pontificia Univ. Gregoriana), 1 ff., 1920 ff.

GrGr Grammatici Graeci, edd. R. Schneider, G. Uhlig (u. a.). 4 Teile in 11 Bden. Leipzig, 1878–1910 (Nachdr. Hildesheim, in Vorber.).

GrLat Grammatici Latini, ed. H. Keil. 7 Bde und 1 Suppl.bd. Leipzig, 1855–80 (Nachdr. Hildesheim, 1961).

GrRF Grammaticae Romanae Fragmenta, ed. H. Funaioli. Leipzig, BT, 1907.

GVI Griech. Versinschriften, hg. von W. Peck, Berlin, I 1955.

GWU Geschichte in Wissenschaft und Unterricht. Stuttgart (Klett), 1 ff., 1950 ff.

Gymn. Das Gymnasium. Heidelberg (Winter), 1, 1890 – 47, 1936 u. d. T.: Das Humanistische Gymnasium; 48 ff., 1937 ff.

Hampe-Simon: R. Hampe-E. Simon, Griech. Sage in der frühen etruskischen Kunst. Mainz, 1964.

Halporn-Ostwald: J. W. Halporn-M. Ostwald, Lateinische Metrik (Meters of Greek and Latin poetry, Teilausg., dt., übers. von H. Arens). Göttingen, 1962.

Harnack, DG: A. Harnack, Lehrbuch der Dogmengeschichte. 3 Bde. Tübingen (1886–90), 1909–10^{4} (Nachdr.e: Tübingen, 1931/32 = 5. Aufl.; Darmstadt, 1964).

HbArch Handbuch der Archäologie, begr. von W. Otto, fortgeführt von R. Herbig. München, HbAW VI, 1939 ff.

HbAT Handbuch zum Alten Testament, hg. v. O. Eißfeldt. 2 Reihen. Tübingen, 1934 ff. (die einzelnen Bde in verschiedenen Auflagen).

HbAW Handbuch der Altertumswissenschaft (–1923: klass. Altertumswissenschaften), begründet von I. v. Müller, neu hg. von W. Otto (1923 ff.), fortgeführt von H. Bengtson. (Nördlingen) München, 1885 ff.; Neuaufl., ebd., 1955 ff.

HbKG Handbuch der Kirchengeschichte, hg. von H. Jedin. Freiburg, 1962 ff.; I 1963^{2}.

HbNT Handbuch zum Neuen Testament, begründet von H.

Lietzmann, (jetzt) hg. von G. Bornkamm. Tübingen (1907–41), 1926ff.3/4.

HbOr Handbuch der Orientalistik, hg. von B. Spuler. Berlin/ Leiden, 1948ff.

Head B. V. Head, Historia numorum. A manual of Greek numismatics. Oxford (1887), 1911^{2}.

Hehn V. Hehn, Kulturpflanzen und Haustiere in ihrem Übergang aus Asien nach Griechenland und Italien sowie in das übrige Europa. Berlin (1870), 1911^{8} (Nachdr. Hildesheim, 1963).

Heintze H. v. Heintze, Röm. Porträtplastik aus sieben Jahrhunderten. Stuttgart, 1961 (Sammlung Parthenon).

Heitsch E. Heitsch. Die griech. Dichterfragmente der röm. Kaiserzeit. 2 Bde. Göttingen, 1961–64; Bd. I 1963^{2} (= Abh. Göttingen, 3. Folge 49. 58).

Hekler-Heintze: A. Hekler, Bildnisse berühmter Griechen (1940), 3. Aufl. bearbeitet von H. v. Heintze. Berlin und Mainz, 1962^{3}.

Helbig^{3} W. Helbig, Führer durch die öffentlichen Sammlungen klassischer Altertümer in Rom. 2 Bde. Leipzig (1891), 1912–13^{3}.

Helbig^{4} W. Helbig, Führer durch die öffentlichen Sammlungen klassischer Altertümer in Rom, 4. Aufl., hg. von H. Speier, Tübingen, I 1963^{4}(ff.).

Hellenica Hellenica. Paris (Maisonneuve), 1ff., 1940ff.

Helmantica: Helmantica. Salamanca (Pontificia Universidad eclesiástica), 1ff., 1950ff.

Hennecke^{2}: Neutestamentliche Apokryphen in deutscher Übersetzung und mit Einleitungen hg. von E. Hennecke. Tübingen (1904), 1924^{2}.

Hennecke^{3}: E. Hennecke, Neutestamentliche Apokryphen in deutscher Übersetzung. 3., neubearb., von W. Schneemelcher hg. Aufl., 2 Bde. Tübingen, 1959 bis 64^{3}.

Hermes Hermes. Wiesbaden (Steiner), 1, 1866 – 79, 1944; 80ff., 1952ff.

Herrmann-Bruckmann: Denkmäler der Malerei des Altertums, hg. von P. Herrmann (1904–34), fortgef. von R. Herbig (ab 1939). 2 Serien. München (Bruckmann), 1904–44.

Hesperia Hesperia. Athens (American School of Classical Studies at Athens), 1ff., 1932ff.

HJ Historisches Jahrbuch. Köln (Bachem), 1, 1880 – 61, 1941; 62/69ff., 1949ff.

HRR Historicorum Romanorum Reliquiae, ed. H. Peter. 2 Bde. Leipzig, 1883–1906; I 1914^{2}.

HStClPh Harvard Studies in Classical Philology. Cambridge, Mass. (Harvard University Press), 1ff., 1890ff.

HThR Harvard Theological Review. Cambridge, Mass. (Harvard University Press), 1ff., 1908ff.

Humanitas: Humanitas. Coimbra (Faculdade de Letras), 1ff., 1947ff. (4ff., 1952ff. = N. S. 1ff.).

HWPr Hallisches (1, 1876: Hallesches) Winckelmannsprogramm. Halle (Niemeyer), 1, 1876 – 25, 1911; 26, 1928 – 28, 1931.

HZ Historische Zeitschrift. München (Oldenbourg), 1, 1859 – 168, 1943 (37, 1876 – 96, 1908 = N. S. 1–60; 97, 1909 – 130, 1925 = S. III 1–34); 169ff., 1949ff.

IF Indogermanische Forschungen. Berlin (de Gruyter), 1, 1891 – 59^{2}, 1944; 59^{3}ff., 1949ff.

IG Inscriptiones Graecae, consilio et auctoritatae Academiae Litterarum (Regiae) Borussicae (später für ed. minor: Ac. Scientiarum Germanicae). Ed. maior: vols I–V. VII. IX. XI. XII. XIV. Berlin, 1873–1939. Ed. minor: ebd., 1913ff. (z. T. in 2. Aufl.).

IGRom Inscriptiones Graecae ad res Romanas pertinentes, ed. R. Cagnat, J. Toutain (u. a.). vols I. III. IV in 22 Teilen. Paris, 1906–28.

IIt Inscriptiones Italicae. Academiae Italicae consociatae ediderunt. Roma, 1931ff.

Iraq Iraq. London (British School of Archaeology in Iraq), 1, 1934 – 7, 1940; 8ff., 1946ff.

Ist. Forsch.: Istanbuler Forschungen. Berlin (de Gruyter), 1ff., 1932ff.

Ist. Mitt. Istanbuler Mitteilungen. Deutsches Archäologisches Institut. Abteilung Istanbul. Tübingen (Wasmuth), 1, 1933 – 4, 1935; 5, 1942; 6ff., 1955ff.

JA Journal asiatique. Paris (Genthner), 1, 1822 – 11, 1827; S. II 1, 1828 – 16, 1835 u. d. T.: Nouveau journal asiatique; S. III 1, 1836 – 14, 1842; S. IV 1, 1843 – S. XI 20, 1922 (in Serien zu je 20 vols); 202ff., 1923ff.

JAC Jahrbuch für Antike und Christentum. Münster i. W. (Aschendorff), 1ff., 1958ff.

JbNG Jahrbuch für Numismatik und Geldgeschichte. Kallmünz (Lassleben), 1ff., 1949ff. [vorher: 1, 1869 – 70, 1937 (41, 1909 – 70, 1937 = N. F. 1–30): Numismatische Zeitschrift; dann: mit → ZNum und mit Mitteilungen der Bayerischen numismatischen Gesellschaft: Deutsches Jahrbuch für Numismatik (sowie Geldgeschichte), 1, 1938 – 3/4, 1940/41].

JbRGZ Jahrbuch des Römisch-Germanischen Zentralmuseums Mainz. Mainz (Verlag des RGZ), 1ff., 1954ff.

JClS Journal of Classical Studies. Kyôto (Kyôto University Department of Literature), 1ff., 1953ff.

JdI Jahrbuch des (–1918: Kaiserl.) Deutschen Archäologischen Instituts. Berlin (de Gruyter), 1ff., 1886ff. [vorher: → AZ; → AdI].

JEA Journal of Egyptian Archaeology. London (The Egypt Exploration Society), 1ff., 1914ff.

JHS Journal of Hellenic Studies. London (31–34 Gordon Square), 1ff., 1880ff.

JKlPh Jahrbücher für classische Philologie. Leipzig (Teubner), 1, 1831 – 19, 1853 u. d. T.: Archiv für Philologie und Pädagogik; N. F. 1, 1855 – 28, 1903 (= Suppl. zu → NJbb).

JNES Journal of Near Eastern Studies. Chicago (University of Chicago Press), 1ff., 1942ff.

Johansen K. Friis Johansen, Iliaden I Tidlig Graesk Kunst. Köbenhavn, 1934.

JR Journal of Religion. Chicago (University of Chicago Press), 1ff., 1921ff.

JRS Journal of Roman Studies. London (31–34 Gordon Square), 1ff., 1911ff.

JThSt Journal of Theological Studies. Oxford (Clarendon Press), 1, 1899 – 50, 1949; N. S. 1ff., 1950ff.

Kähler H. Kähler, Rom und seine Welt. Bilder zur Geschichte und Kultur. 2 Bde. München, 1958–60.

Kautzsch, AP: Die Apokryphen und Pseudepigraphen des Alten Testaments, übers. und hg. von E. Kautzsch. 2 Bde. Tübingen, 1900 (Nachdruck, ebd., 1921).

KEK Kritisch-exegetischer Kommentar über das Neue Testament, begr. von H. A. W. Meyer. Göttingen (1834 bis 1859), die einzelnen Bde seitdem fortlaufend in verschiedenen Auflagen.

Keller, Tiere: O. Keller, Thiere des classischen Alterthums in culturgeschichtlicher Beziehung. Innsbruck, 1887.

Keller, Tierwelt: O. Keller, Die antike Tierwelt. 2 Bde. Leipzig, 1909–13, Ges. Reg.bd. von E. Staiger, ebd., 1920 (Nachdr. Hildesheim, 1963).

Kennedy, Persuasion: G. Kennedy, The art of persuasion in Greece. Princeton, N. Y., 1963.

Klio Klio. Beiträge zur alten Geschichte. Berlin (Akademie-Verlag), 1, 1901 – 5, 1905 u. d. T.: Beiträge zur alten Geschichte; 6, 1906 – 36, 1943 (19, 1923 – 36, 1943 = N. F. 1–18); 37ff., 1959ff.

KlT Kleine Texte für (–75, 1911: theologische) Vorlesungen und Übungen, hg. von H. Lietzmann. (Bonn) Berlin, 1ff., 1902ff. (die einzelnen Hefte in verschiedenen Auflagen).

Kokalos Κώκαλος. Palermo (Fond. Mormino), 1ff., 1955ff.

Kons. Pal. Rom: Konservatorenpalast, Rom.

KP Der Kleine Pauly. Lexikon der Antike, hg. von K. Ziegler und W. Sontheimer. Stuttgart I ff., 1964ff.

Kratylos Kratylos. Wiesbaden (Harrassowitz), 1ff., 1956ff.

Kromayer-Veith: J. Kromayer-G. Veith, Heerwesen und Kriegsführung der Griechen und Römer. München, HbAW IV 3, 2, 1928 (Nachdr. ebd., 1963).

Krumbacher: K. Krumbacher, Geschichte der byzantinischen Literatur von Justinian bis zum Ende des oström. Reiches (527–1453). München, HbAW IX 1 (1891), 1897² (Nachdr. New York, 1958).

Kühner-Gerth: R. Kühner, Ausführliche Grammatik der griech. Sprache. 3. Aufl. besorgt von F. Blass und B. Gerth. 2 Teile in 4 Bden. Hannover (1834–35), 1890–1904³.

Kühner-Stegmann: R. Kühner, Ausführliche Grammatik der lat. Sprache, bearbeitet von F. Holzweißig (I: Elementar-, Formen- u. Wortlehre) u. C. Stegmann (II: Satzlehre). 2 Bde in 3 Teilen. Hannover (1877–79), 1912 bis 1914²; II 1955³ (WBG, 1962⁴).

Kunze E. Kunze, Archaische Schildbänder. Ein Beitrag zur frühgriech. Bildgeschichte und Sagenüberlieferung. Berlin, 1950 (Olympische Forschungen II).

Latomus Latomus. Revue des études latines. Bruxelles-Berchem (61, Avenue Laure), 1 ff., 1937 ff.

Latte K. Latte, Röm. Religionsgeschichte. München, HbAW V 4, 1960.

Laurenzi J. Laurenzi, Ritratti greci. Firenze, 1941 (Quaderni per lo studio dell'archeologia III–IV).

Lausberg H. Lausberg, Handbuch der literarischen Rhetorik. Eine Grundlegung der Literaturwissenschaften. München, 1960 (mit Reg.bd.).

Lausberg, Elemente²: H. Lausberg, Elemente der literarischen Rhetorik. Eine Einführung für Studierende der klass., romanischen, englischen und deutschen Philologie. München (1949), 1963².

LCL The Loeb Classical Library. London/(New York) Cambridge, Mass., 1912 ff.

Lesky A. Lesky, Geschichte der griech. Literatur. Bern/München (1958), 1963².

LFE Lexikon der frühgriech. Epos, hg. von B. Snell. Göttingen, 1955 ff.

LGS Leges Graecorum Sacrae e titulis collectae, edd. J. v. Prott-L. Ziehen. I–II 1. Leipzig, 1896–1906.

Lietzmann: H. Lietzmann, Geschichte der alten Kirche. 4 Bde. Berlin (1932–44), I 1961⁴; II–IV 1961³.

Lietzmann, KIT: → KIT.

Lippold, GK: G. Lippold, Antike Gemäldekopien. Abh. München N. F. 33, 1950.

Lippold, GrPl: G. Lippold, Die griech. Plastik. München, Hb AW III 1, 1950.

Loofs F. Loofs, Leitfaden zum Studium der Dogmengeschichte. T. 1/2. Tübingen (1889), 1959⁶.

Louvre Louvre, Paris.

LThK Lexikon für Theologie und Kirche. Begr. von M. Buchberger, hg. von J. Höfer und K. Rahner. Freiburg (1930–38), 1957² ff.

Lullies, GV: R. Lullies, Griech. Vasen der reifarchaischen Zeit. Aufnahmen von M. Hirmer. München, 1953.

Lullies-Hirmer: R. Lullies, Griech. Plastik. Aufnahmen von M. Hirmer, München (1956), 1960².

MA Le Moyen Age. Paris (Albert)/Bruxelles (Renaissance du Livre), 1 ff., 1888 ff. (10, 1897–39, 1929 = S. II 1–30; 40, 1930 – 51, 1941 = S. III 1–12; 52 ff., 1946 ff. = S. IV 1 ff.).

MAI Mémoires de l'Institut National de France. Académie (national) des inscriptions et belles-lettres. Paris (Imprimerie Nationale), 1, 1803 – 4, 1818 u. d. T.: Histoire et Mémoires de l'Institut royale de France. Classe d'histoire et de littéraire ancienne; 5, 1821 – 8, 1827: MAI; 9, 1831 u. d. T.: Histoire et Mémoires; 10 ff., 1833 ff.

Maia Maia. Bologna (Cappelli), 1 ff., 1948 ff.

Maj, Ic. B. M. Felletti Maj, Iconografia romana imperiale da Severo Alessandro a M. Aurelio Carino (222–285 d. C.). Roma, 1958 (Quaderni e Guide di Archeol. II).

Maj, Museo: B. M. Felletti Maj, Museo Nazionale Romano. I ritratti. Roma, 1953 (Catalaghi dei Musei e Gallerie d'Italia).

MAL Atti della (–1946: Reale) Accademia (ab 1921:) nazionale dei Lincei. Memorie. Classe di scienze morali, storiche e filologiche. Roma (Bardi), [24, 1876 – 26, 1873. S. II 1, 1873 – 8, 1876: Atti (ohne Unterteilung) als Forts. von: Atti dell'Accademia pontificia usw.] S. III 1, 1876 – 13, 1884; S. IV 1, 1884 – 10, 1892; S. V 1, 1893 – 17, 1924; S. VI 1, 1925 – 9, 1939; S. VII 1, 1939 – 4, 1943 erschien als: Atti della R. Acc. d'Italia. Memorie. Classe di scienze morali e storiche; S. VIII 1 ff., 1946/48 ff.

MAMA Monumenta Asiae Minoris Antiqua. Publications of the American Society for Archaeological Research in Asia Minor. 7 Bde. Manchester, 1928–56.

Manitius M. Manitius, Geschichte der lat. Literatur des Mittelalters. 3 Bde. München, HbAW IX 2, 1911–31.

MarbJbKw: Marburger Jahrbuch für Kunstwissenschaft. Marburg (Kunstgeschichtliches Seminar der Universität Marburg), 1, 1924 – 13, 1944; 14 ff., 1949 ff.

Marcadé J. Marcadé, Recueil de signatures de sculptures grecs. 2 Bde. Paris, 1953–58.

Marquardt-Mommsen: J. Marquardt-Th. Mommsen, Handbuch der röm. Altertümer. 7 Bde. Leipzig (1871–82), 1876–86²; I–II 1. 2, 1887³.

MdI Mitteilungen des Deutschen Archäologischen Instituts. Berlin (Mann), [vorher: → AM u. → RM] 1, 1948 – 6, 1953 (vereinigt AM u. RM). [Forts.: → AM u. → RM].

MEFR Mélanges d'Archéologie et d'Histoire de l'École Française de Rome. Paris (de Boccard), 1 ff., 1881 ff.

MeH Mediaevalia et Humanistica. Boulder, Colo. (Summit Press), 1 ff., 1943 ff.

Mem. Am. Ac.: Memoirs of the American Academy in Rome. New Haven (Yale Univ. Press), 1, 1917 – 18, 1941; 19 ff., 1949 ff.

Mem. Pont. Acc.: Atti della Pontificia Accademia di archeologia. Memorie. Roma (Tipografia Poliglotta Vaticana), 1, 1821 – 12, 1864. S. II 1, 1881 – 15, 1921 u. d. T.: Dissertazioni; (dann Teilung: → Rend. Pont. Acc. u. Mem. Pont. Acc.:) S. III 1 ff., 1923 ff.

Mem. Soc. AF: Mémoires de la Société (–1848: royale; 1849 bis 1850: Soc. des ...; 1851–52: nationale; 1853–70: imperiale) nationale des antiquaires de France. Paris (Klincksieck), 1, 1817–19, 1846 u. d. T.: Mémoires et dissertations sur les antiquités nationales et étrangères; 20 ff., 1847 ff. (auch in Ser. zu je 10 vols; 1887–1908: zus. mit → BSAF als: Bulletin et Mémoires).

Ed. Meyer: Ed. Meyer, Geschichte des Altertums (spätere Aufl. hg. v. H. E. Stier). 5 Bde. Stuttgart (1884–1902), I 1, 1953⁶; I 2, 1954⁷; II 1. 2, 1953³; III 1954³; IV 1, 1954⁴; IV 2, 1956³; V 4, 1958⁴ (dass. auch erschienen: Basel/Stuttgart, und Darstadt, Wiss. Buchgem.).

Ed. Meyer, Forschungen: Ed. Meyer, Forschungen zur alten Geschichte. 2 Bde. Halle a. d. S., 1892–99.

MFA Boston: Museum of Fine Arts, Boston.

MG Monumenta Germaniae historica inde ab anno Christi quingentesimo usque ad annum millesimum et quingentesimum, ed. Societas aperiendis fontibus Germanicarum medii aevi. Hannover (u. a. O.), 1826 ff.

MGAA MG. Auctores Antiquissimi. Berlin, I–XV 1877–1919 (Nachdr. Berlin, 1961 = 2. Aufl.).

MGEpp MG. Epistolae. Berlin, I–VIII 1887–1939 (z. T. Nachdr. Berlin, 1955 ff.).

MGG Die Musik in Geschichte und Gegenwart. Allgemeine Enzyklopädie der Musik, hg. v. F. Blume. Kassel/Basel (London/New York), 1949/51 ff.

MGPL MG. Poetae Latini aevi Carolini. Berlin, I–V 1. 2, 1881–1939; VI 1 (= Nachträge zu I), Weimar, 1951 (Nachdr. Berlin, 1964 ff. = 2. Aufl.).

MGSS MG. Scriptores. Hannover/Leipzig, I–XXXII 1826 bis 1913 (Nachdr. I–XXIII, Stuttgart/New York, 1963).

MH Museum Helveticum. Basel (Schwabe), 1 ff., 1944 ff.

ML Ausführliches Lexikon der griech. und röm. Mythologie, hg. von W. H. Roscher. 6 Bde. Leipzig, 1884 bis 1937 (Nachdr. in 10 Bden, fortgesetzt u. abgeschlossen durch K. Ziegler. Hildesheim, in Vorbereitung).

MM Madrider Mitteilungen. Deutsches Archäologisches Institut. Abteilung Madrid. Heidelberg (Kern), 1 ff., 1960 ff.

MM New York: Metropolitan Museum, New York.

Mnemosyne: Mnemosyne. Leiden (Brill), 1, 1852 – 11, 1862; N. S. 1, 1873 – 60, 1933; S. III 1, 1934 – 13, 1947; S. IV 1 ff., 1948 ff.

Mommsen, Röm. Geschichte. I–III. V. Berlin (1854–56. 1885), 1902–04^{9}. 1921^{9}.

Mommsen, Staatsrecht: Th. Mommsen, Röm. Staatsrecht. 3 Bde in 6 Abtt. Tübingen (Leipzig, → Marquardt-Mommsen I–III, 1871–88), 1952^{4} (Nachdr. d. Aufl. 1887$^{1/3}$).

Mommsen, Strafrecht: Th. Mommsen, Röm. Strafrecht. Leipzig, Syst. Hb der Deutschen Rechtswissenschaft I4, 1899 (Nachdr. Darmstadt, Wiss. Buchgem., 1955).

Mon. Ant.: Monumenti Antichi. Pubblicati per cura della (–1946: Reale) Accademia (ab 1921:) nazionale dei Lincei (1939–43: R. Accademia d'Italia). Milano (Bardi), 1 ff., 1890 ff.

Mon. Arte Ant.: Monumenti d'Arte Antica. Torino (Accademia delle scienze di Torino), 1 ff., 1937 ff.

Mon. Inst.: Monumenti Inediti pubblicati dell'Istituto di corrispondenza achaeologica. Roma (Ist. di corr. archaeologica), I–V 1829–53; VI/VII–XII 1857–85. Suppl. bd., Berlin, 1891.

Mon. Piot: Monuments et Mémoires publies par l'Académie des Inscriptions et Belles Lettres (Fondation Eugène Piot). Paris (Presses Universitaires), 1 ff., 1894 ff.

MSR Mélanges de Science Religieuse. Lille (Facultés Catholiques), 1 ff., 1944 ff.

MüJbb Münchener Jahrbuch der bildenden Kunst. München (Prestel), 1, 1906 – 3, 1923; N.F. 1, 1924 – 13, 1938/39; 3. Folge 1 ff., 1950 ff.

Müller (-H. v. Campenhausen), KG: K. Müller, Kirchengesch. 2 Bde. Freiburg/Tübingen, Grundriß der theol. Wissenschaften IV 1, 1892–1902; I 1, Tübingen, 1941^{3} (mit H. v. Campenhausen).

Münzer F. Münzer, Röm. Adelsparteien und Adelsfamilien. Stuttgart, 1920 (Nachdr. Darmstadt, Wiss. Buchgem., 1963 = 2. Aufl.).

Murr J. Murr, Die Pflanzenwelt in der griech. Mythologie. Innsbruck, 1890.

Mus. Berl. Charl.: Museum Berlin-Charlottenburg.

MusGr Musici Scriptores Graeci, ed. C. v. Jan. Leipzig, 1895. Suppl. bd., ebd., 1899 (Nachdr. Hildesheim, 1962).

Mus. Nuovo: Museum Nuovo, ehem. Museum Mussolini, Rom.

MWPr Marburger Winckelmann-Programm. Marburg (Kunstgeschichtliches Seminar der Universität Marburg), 1947 ff.

MythGr Mythographi Graeci, edd. R. Wagner, E. Martini, A. Olivieri (u. a.). 3 Bde (= I. II 1 u. Suppl. III 1–2). Leipzig, BT, 1894–1902; I 1926^{2}.

MZ Mainzer Zeitschrift. Mainz (Verlag des Mainzer Altertumsvereins), 1 ff., 1906 ff.

Nachr. Göttingen: Nachrichten von der Akademie der Wissenschaften in Göttingen. Philologisch-historische Klasse. Göttingen (Vandenhoeck & Ruprecht), 1941 ff. [vorher: → NGG].

Nash E. Nash, Bildlexikon zur Topographie des antiken Rom. 2 Bde. Tübingen, 1961–62.

Nat. Mus. Athen: Nationalmuseum Athen.

Nat. Mus. Neap.: Nationalmuseum Neapel.

Newell, ESM: E. T. Newell, The Coinage of the Eastern Seleucid Mints from Seleucus I to Antiochus III. New York, 1938 (→ Num. St. 1).

Newell, RGP: E. T. Newell, Royal Greek Portrait Coins. New York, 1937, zitiert nach der Neuausgabe durch die Whitman Publ. Company (o. J.).

Newell, WSM: E. T. Newell, The Coinage of the Western Seleucid Mints from Seleucus I to Antiochus III. New York, 1941 (→ Num. St. 4).

NGG Nachrichten von der Gesellschaft der Wissenschaften zu Göttingen. Philologisch-historische Klasse. Göttingen (Vandenhoeck & Ruprecht), 1894–1940 [Forts.: → Nachr. Göttingen].

Nilsson M. P. Nilsson, Geschichte der griech. Religion. 2 Bde. München, HbAW V 2 (1941–50), 1955–61^{2}.

Nissen H. Nissen, Italische Landeskunde. 2 Bde in 3. Berlin, 1883–1902.

NJbb Neue Jahrbücher für Antike und deutsche Bildung. Leipzig (Teubner), 1826 – 14 (= 5), 1830 u. d. T.: Jbb für Philologie und Pädagogik; 1, 1831 – 156 (= 67), 1897 u. d. T.: NJbb für Philologie und Pädagogik; 1, 1898 – 54 (= 27), 1924 u. d. T.: NJbb für das klass. Altertum, Geschichte und deutsche Literatur und für Pädagogik; 1, 1925 – 12, 1936 u. d. T.: NJbb für Wissenschaft und Jugendbildung; 13, 1937 u. d. T.: NJbb für deutsche Wissenschaft; 1, 1938 – 6, 1943.

NNM Numismatic Notes and Monographs. New York (American Numismatic Society), 1 ff., 1920 ff.

Norden, Kunstprosa: E. Norden, Die antike Kunstprosa vom 6. Jahrhundert v. Chr. bis in die Zeit der Renaissance. 2 Bde. Leipzig (1898), 1909^{2} (Nachdr. Darmstadt, WBG, 1961 = 6. Aufl.).

Noth M. Noth, Geschichte Israels. Göttingen (1950), 1959^{4}.

Nouv. Clio: Nouvelle Clio. Bruxelles (Impr. des sciences), 1 ff., 1949 ff.

NSc Atti della (–1946: Reale) Accademia (ab 1921:) nazionale dei Lincei. Notizie degli Scavi di Antichità. Roma (Bardi), [–1876: → MAL] 1876–85 in: und 1886–1903 Teil von: → MAL; S. V 1, 1904 – 21, 1924; S. VI 1, 1925 – 15, 1939/40; S. VII 1, 1940 – 4, 1943 erschien als: Atti della R. Acc. d'Italia. NSc; 5/6, 1944/45 – 7, 1946/1947; S. VIII 1 ff., 1947 ff.

NTSt New Testament Studies. Cambridge (Univ. Press), 1 ff., 1954 ff. [vorher: Bulletin of the Studiorum Novi Testamenti Societas, 1, 1950 – 8, 1952].

Num. Chron.: Numismatic Chronicle and Journal of the Royal Numismatic Society. London (Quaritch), 1, 1838 ff. (auch in Serien zu je 20 vols).

Num. Circ.: The Numismatic Circular (List). London (Spink & Son), 1 ff., 1940 ff. [vorher: Spink & Son's Numismatic (–23, 1914: monthly) Circular, 1, 1892 – 47, 1939].

Numen Numen. Leiden (Brill), 1 ff., 1954 ff.

Num. St. Numismatic Studies. New York (American Numismatic and Archaeological Society), 1 ff., 1938 ff.

OCD The Oxford Classical Dictionary, edd. M. Cary, J. D. Denniston (u. a.). Oxford, 1950.

OCT Scriptorum Classicorum Bibliotheca Oxoniensis (Oxford Classical Texts). Oxford, 1900 ff.

OGIS Orientis Graeci Inscriptiones Selectae, ed. W. Dittenberger. 2 Bde (= Suppl. zu → SIG). Leipzig, 1903–05 (Nachdr. Hildesheim, 1960).

ÖJh Jahreshefte des Österreichischen Archäologischen Instituts. Wien (Rohrer), 1, 1877 – 20, 1897 u. d. T.: Archaeologisch-epigraphische Mitteilungen aus Österreich-Ungarn; 1, 1898 – 31, 1939 u. d. T.: Jahreshefte des Österreichischen Archäologischen Instituts in Wien; 32, 1940 – 35, 1943 u. d. T.: Wiener Jahreshefte; 36 ff., 1946 ff.

Opusc. Arch.: Opuscula Archaeologica, → AIRRS, 1 ff., 1935 ff.

OrAtt Oratores Attici, edd. J. Baiter-H. Sauppe. 9 fasc. Zürich, 1838–50.

ORFr (Meyer): Oratorum Romanorum CXXV Fragmenta ab Appio inde Caeco et M. Porcio Catone usque ad Aurelium Symmachum, ed. H. Meyer. Zürich (1832), 1842^{2}.

ORFr (Malc.): Oratorum Romanorum Fragmenta, ed. H. Malcovati. 3 Bde. Torino, CPar, 1930; I (ORFr Liberae Rei Publicae), 1955^{2}.

Oriens Oriens. Leiden (Brill), 1 ff., 1948 ff.

Ostia R. Calza, Ritratti greci e romani fino al 160 circa D. C. (Scavi di Ostia V 1), 1965.

Oudh. Meded.: Oudheidkundige Mededelingen uit het Rijksmuseum van Oudheden te Leiden. Leiden (Rijksmuseum van Oudheden), 1, 1907 – 7, 1913; N. R. 1 ff., 1920 ff.

Overbeck, SQ: J. Overbeck, Die antiken Schriftquellen der bildenden Künste bei den Griechen. Leipzig, 1868 (Nachdruck Hildesheim, 1959).

PAA *Πρακτικὰ τῆς Ἀκαδημίας Ἀθηνῶν. ἐν Ἀθήναις (Ἀκαδημία Ἀθηνῶν)*, 1 ff., 1926 ff.

Pack R. A. Pack, The Greek and Latin Literary Texts from Greco-Roman Egypt. Ann Arbor, 1952.

Paideuma: Paideuma. Wiesbaden (Harrasowitz), 1 ff., 1938 ff.

PalEQ Palestine Exploration Quarterly. London (Palestine Exploration Fund), 1, 1969–68, 1936 u. d. T.: Palestine Exploration Fund. Quarterly Statement; 69 ff., 1937 ff.

Palette Palette. Basel (Sandoz), 1 ff., 1959 ff.

PalJb Palästina-Jahrbuch des Deutschen evangelischen Instituts für Altertumswissenschaft des Heiligen Landes zu Jerusalem. Berlin (Mittler & Sohn), 1, 1905 – 37, 1941.

Palladio Palladio. Roma (Libr. dello Stato), 1, 1937 – 7, 1943; N.S. 1 ff., 1951 ff.

PaP Past and Present. Kendal (Wilson), 1 ff., 1952 ff.

PapGM Papyri Graecae Magicae. Die griech. Zauberpapyri, hg. und übers. von K. Preisendanz. 2 Bde. Leipzig/Berlin, 1928–31.

PapOx The Oxyrhynchus Papyri. edd. B. P. Grenfell, A. S. Hunt, E. Lobel (u. a.). London, 1898 ff.

Paradoxographoi: Παραδοξογράφοι. Scriptores rerum mirabilium Graeci, ed. A. Westermann. Braunschweig, 1839 (Nachdr. Amsterdam, 1963).

Pfuhl (M. u. Z.): E. Pfuhl, Malerei und Zeichnung der Griechen. 3 Bde. München, 1923.

PG Patrologiae cursus completus (usw.), ed. J. P. Migne. Series Graeca. 161 Bde. Paris, 1857–66. Vgl. → PL.

Philippson-Kirsten: A. Philippson, Die griech. Landschaften. Eine Landeskunde. (ab Bd. II:) hg. von E. Kirsten. 4 Bde in 8 Teilen. Frankfurt a. M., 1950–59.

Philol. Philologus. Berlin (Akademie-Verlag)/Wiesbaden (Dieterich), 1, 1846 – 96, 1944; 97, 1948; 98 ff., 1954 ff. (47 ff., 1893 ff. = N. S. 1 ff.).

PhR Philosophische Rundschau. Tübingen (Mohr), 1 ff., 1953 ff.

PhRev The Philosophical Review. New York (Longmans Green), 1 ff., 1892 ff.

PhW Philologische Wochenschrift. Leipzig (Reisland), 1881–1920: → BPhW; dann mit → WKlPh als: PhW, 41, 1921 – 64, 1944.

Picard, Manuel: Ch. Picard, Manuel d'archéologie grecque. 4 Bde. Paris, 1935–54.

PIR Prosopographia Imperii Romani saec. 1. 2. 3, edd. (1. Aufl.: E. Klebs, H. Dessau, P. v. Roden) E. Groag und A. Stein. I–IV 1. Berlin (3 Teile, 1897–98), 1933–52^{2} (Nachdr. I–III, Berlin, 1953–60 = Ed. altera).

PL Patrologiae cursus completus (usw.), ed. J. P. Migne. Series Latina. 217 Bde. Paris, 1844–55. 4 Reg.bde, ebd., 1862–64. Suppl.bde, ebd., 1 ff., 1958 ff.

PLesbFrg: Poetarum Lesbiorum Fragmenta, edd. E. Lobel – D. Page. Oxford, 1955 (Neudr., ebd., 1963).

PLG Poetae Lyrici Graeci, ed. Th. Bergk. 3 Bde. Leipzig (1843), 1878–82^{4}; I 1900^{5} (Nachdr. II u. III, ebd., 1914–15, mit Indices von J. Rubenbauer; I mit Appendix, ebd., 1923).

PLM Poetae Latini Minores, ed. Ae. Baehrens. 5 Bde. Leipzig, BT, 1879–83; iterum rec. F. Vollmer, I. II. V, ebd., 1910–23^{2} (Nachdr. I^{2}, cur. aux. W. Morel, ebd., 1935).

PMelGr Poetae Melici Graeci, ed. D. L. Page. Oxford, 1962.

Poulsen V. Poulsen, Les portraits grecs. Köbenhavn, 1954 (Publ. de la Glyptothèque Ny Carlsberg 5).

Poulsen, PR: V. Poulsen, Les portraits romains I, 1962.

PP La Parola del Passato. Napoli (Macchiavoli), 1 ff., 1946 ff.

Preller-Jordan: L. Preller-H. Jordan (3. Aufl.), Röm. Mythologie. 2 Bde. Berlin (1858), 1881–83^{3}.

Preller-Robert: L. Preller, Griech. Mythologie, bearb. von C. Robert. 2 Bde. Berlin (1854), 1894–1926^{4}.

PSyr Patrologia Syriaca, ed. R. Graffin. I 1–3. Paris, 1894 bis 1926.

QuSt Quellen und Studien zur Geschichte der Mathematik (ab 2: Math., Astronomie und Physik). Berlin (Springer), Abt. A: Quellen, 1, 1930 – 4, 1936; Abt. B: Studien, 1, 1929 – 4, 1938.

RA Revue Archéologique. Paris (Presses Universitaires), 1, 1844 – 16, 1859; N. S. 1, 1860 – 44, 1882; S. III 1, 1883 – 41, 1902; S. IV 1, 1903 – 24, 1914; S. V 1, 1915 – 36, 1932; S. VI 1 ff., 1933 ff. (die röm. Zahl hinter der Jahreszahl gibt das Halbjahr an).

RAC Reallexikon für Antike und Christentum, hg. von Th. Klauser. Stuttgart, Lfgg. 1 ff., 1941 ff.; I ff., 1950 ff.

RAssyr Revue d'Assyriologie et d'Archéologie orientale. Paris (Presses Universitaires), 1 ff., 1884 ff.

RBi Revue Biblique. Paris (Gabalda), 1, 1892 – 3, 1894 u. d. T.: Revue Biblique trimesterielle; 4, 1895 – 23, 1914 u. d. T.: Revue Biblique internationale; 24, 1915 – 49, 1940 (13, 1904 – 28, 1919 = N. S. 1–16); 1, 1941 – 3, 1945 als: Vivre et penser; 53 ff., 1946 ff.

RBK Reallexikon zur byzantinischen Kunst, hg. von K. Wessel unter Mitwirkung von M. Restle. Stuttgart, Lieferungen 1 ff., 1963 ff.

RBN Revue Belge de Numismatique. Bruxelles (5 rue du Musée), 1, 1842 – 30, 1874 u. d. T.: Revue de la Numismatique Belge (auch gezählt in Serien zu je 6 Jgg.: 1, 1842 – S. V 6, 1874); 31 ff., 1875 ff.

RBPh Revue Belge de Philologie et d'Histoire. Bruxelles (van Campenhout), 1 ff., 1922 ff.

RE Paulys Realencyclopädie der classischen Altertumswissenschaft. Neue Bearbeitung, begonnen von G. Wissowa, fortgeführt von W. Kroll und K. Mittelhaus, hg. von K. Ziegler und W. John, Stuttgart, 1. Reihe (A–Q), 1, 1 (1893) – 24, 1 (1963); 2. Reihe (P–Z), 1 A 1 ff. (1914) ff.; (bisher:) 10 Suppl.bde, ebd., 1903–65.

REA Revue des Études Anciennes. Bordeaux (Féret), 1 ff., 1899 ff.

REByz Revue des Études Byzantines. Paris (Institute Français d'Études byzantines), 1, 1943 – 3, 1945 u. d. T.: Études byzantines; 4 ff., 1946 ff. [vorher: Échos d'orient, 1, 1897 – 39, 1940/42].

REC Revista de Estudios Clásicos. Mendoza (Universidad nacional de Cuyo), 1 ff., 1944 ff.

RecSR Recherches de Science Religieuse. Paris (15 rue Monsieur), 1, 1910 – 30, 1940 (ausgesetzt 1915); 31, 1943 – 32, 1944 u. d. T.: Science Religieuse. Travaux et Recherches; 33 ff., 1946 ff.

REG Revue des Études Grecques. Paris (Les Belles Lettres), 1 ff., 1888 ff.

REI Revue des Études Islamiques. Paris (Geuthner), 1 ff., 1927 ff.

REL Revue des Études Latines. Paris (Les Belles Lettres), 1 ff., 1923 ff.

Rend. Acc. Linc.: Atti della (–1946: Reale) Accademia (ab 1921:) nazionale dei Lincei. Rendiconti. Classe di scienze morali, storiche e filologiche. Roma (Accademia naz. dei Lincei), [–1876: → MAL] S. III 1, 1876 – 8, 1884 u. d. T.: Atti usw. Transunti; S. IV 1, 1884/85 – 7, 1891: Rendiconti (ohne Klassenteilung); S. V 1, 1892 – 33, 1924; S. VI 1, 1925 – 15, 1939/40; S. VII 1, 1939 – 5, 1943 erschien als: Atti della R. Accademia d'Italia. Rendiconti. Classe di scienze morali e storiche; S. VIII 1 ff., 1946 ff.

Rend. Acc. Napoli: Rendiconti della (–1946: Reale) Accademia di Archeologia, Lettere e belle Arti. Napoli (Società nazionale di scienze, lettere ed Arte Napoli), 1, 1865 – 25, 1908; N. S. 1, 1910 – 15, 1935 u. d. T.: Atti usw.; N. S. 16 ff., 1936 ff.

Rend. Pont. Acc.: Atti della Pontificia Accademia di Archeologia. Rendiconti. Roma (Tipografia Poliglotta Vaticana), 1, 1821 – 12, 1864. S. II 1, 1881 – 15, 1921 u. d. T.: Dissertazioni; (dann Teilung: → Mem. Pont. Acc. und Rend. Pont. Acc.) S. III 1 ff., 1921 ff.

RFIC Rivista di Filologia e di Istruzione Classica. Torino (Loescher-Chiantore), 1 ff., 1873 ff. (51 ff., 1923 ff. = N. S. 1 ff.).

RGG Die Religion in Geschichte und Gegenwart, hg. von K. Galling. 6 Bde. Tübingen (1909–13), 1957–62^{3}.

RGVV Religionsgeschichtliche Versuche und Vorarbeiten. (Gießen) Berlin (Töpelmann), 1, 1903 – 27, 1939.

RH Revue Historique, Paris (Presses Universitaires), 1 ff., 1876 ff.

RHA Revue Hittite et Asianique. Paris (Maissoneuve), 1 ff., 1930 ff.

RHD Revue d'Histoire du Droit. Groningen (Wolters), 1 ff., 1918 ff.

RHE Revue d'Histoire Ecclésiastique. Louvain (Université Catholique), 1 ff., 1900 ff.

RhGr Rhetores Graeci, ed. L. Spengel. 3 Bde. Leipzig, BT, 1853–56; I 1894², ed. C. Hammer. RhGr V. VI. X. XI. XII. XIV. XV. XVI, ed. H. Rabe (u.a.), ebd., 1913 bis 31.

RhLatmin: Rhetores Latini minores, ed. C. Halm. 2 fasc. Leipzig, BT, 1863 (Nachdr. Frankfurt a. M. 1964).

RhM Rheinisches Museum für Philologie. Frankfurt a. M. (Sauerländer), 1, 1827 – 3, 1829 u. d. T.: RhM für Philologie, Geschichte und griech. Philosophie; 1, 1883 – 6, 1839; N.F. 1, 1842 – 72, 1919; 73, 1924 – 92, 1944; 93 ff., 1950 ff.

RHR Revue de l'Histoire des Religions. Paris (Presses Universitaires), 1 ff., 1880 ff.

RIA Rivista dell' (–1946: Reale) Istituto (ab 1946:) nazionale d'Archeologia e Storia dell'Arte. Roma (L'Erma), 1, 1929 – 9, 1942; N. S. 1 ff., 1952 ff.

RIC Roman Imperial Coinage, edd. H. Mattingly, E. A. Sydenham, C. H. V. Sutherland (u. a.). London, 1923 ff.

Riccobono: S. Riccobono, → FIR I (leges). Firenze, 1941.

Richter G. M. A. Richter, The Portraits of the Greeks, 1965.

RIDA Revue Internationale des Droits de l'Antiquité. Bruxelles (Office Internat. de Libraire), 1, 1948 – 6, 1951; N. S. 1 ff., 1954 ff.

RIL Rendiconti dell' (–1946: Reale) Instituto Lombardo. Classe di Lettere, Scienze morali e storiche. Milano (Ist. Lombardi), 1, 1864 – 4, 1867; S. II 1, 1868 – 69, 1936 (ohne Klassen); S. II 70 ff. (= S. III 1 ff.), 1937 ff.

Riv. Arch. christ.: Rivista di Archeologia christiana. Roma (Pontificia Commissione di archeologia sacra), 1 ff., 1924 ff. [vorher: Bulletino di Archeologia christiana, 1, 1863 – 7, 1869; N. S. 1, 1870 – S. V 4, 1894 (in Serien zu 6 vols); dann: Nuovo bulletino usw., 1, 1895 – 28, 1922].

RivIGI Rivista Indo-Greco-Italica di filologia, lingua, antichità. Napoli (Stab. Ind. Editor Merid.), 1, 1916 – 21, 1937.

RLAss Reallexikon der Assyriologie, begr. von E. Ebeling und B. Meißner, hg. von E. Ebeling. Berlin, I 1931/32; II 1938; III Lfg. 1 ff., 1957 ff.

RM Mitteilungen des (1886–1918: Kaiserl.) Deutschen Archäologischen Instituts. Röm. Abteilung (Titel auch ital.). Heidelberg (Kerle), 1, 1886, 59, 1944; → MdI; 60/61 ff., 1953/54 ff.

RN Revue Numismatique. Paris (Les Belles Lettres), 1835 – 55; N. S. 1, 1856 – 19, 1874/77; S. III 1, 1883 – 14, 1896; S. IV 1, 1897 – 38, 1936; S. V 1 ff., 1937 ff.

Robert, SR: C. Robert, Die antiken Sarkophag-Reliefs. Berlin, 1890 ff. (bisher: II. III 1–3. V 1. VII).

H. J. Rose: H. J. Rose, Griech. Mythologie (A handbook of Greek mythology [1928], 1953⁵, übers. von A. E. Berve-Glauning). München, 1955.

Rostovtzeff, Hellen. Welt: M. Rostovtzeff, Die hellenistische Welt. Gesellschaft und Wirtschaft (The Social and Economic History of the Hellenistic World, 1941, übers. von G. und E. Bayer). 3 Bde. Stuttgart, 1955–56.

Rostovtzeff, Röm. Kaiserreich: M. Rostovtzeff, Gesellschaft und Wirtschaft im röm. Kaiserreich (The Social and Economic History of the Roman Empire [1926], 1957², übers. von L. Wickert). 2 Bde. Leipzig, 1931.

RPh Revue d'Philologie, de Littérature et d'Histoire anciennes. Paris (Klincksieck), 1, 1845 – 2, 1847; N. S. 1, 1877 – 50, 1926; 51 ff., 1927 ff. = S. III 1 ff.

RQ Römische Quartalschrift für christl. Altertumskunde und für Kirchengeschichte. Freiburg (Herder), 1, 1887 – 47, 1942; 48 ff., 1953 ff.

RSC Rivista di Studi Classici. Torino (D'Agostino), 1 ff., 1952 ff.

RSI Rivista Storica Italiana. Napoli (Ed. Scientifiche Italiana), 1, 1884 – 59, 1942 (40 ff., 1923 ff. = N. S. 1 ff.); 60 ff., 1948 ff.

Rumpf A. Rumpf, Malerei und Zeichnung. München, Hb AW VI 1, 4, 1953.

Rumpf, SR: A. Rumpf, Die Meerwesen auf den antiken Sarkophagreliefs. Berlin, → Robert, SR V 1, 1939.

RV Reallexikon der Vorgeschichte, hg. von M. Ebert. 15 Bde. Berlin, 1924–32.

Sacris erudiri: Sacris erudiri. Steenbrugge (Sint Pietersabdij), 1 ff., 1948 ff.

Saeculum: Saeculum. Freiburg (Alber), 1 ff., 1950 ff.

Sarton G. Sarton, Introduction to the History of Science. 3 Bde. Washington, 1927–48.

SB Berlin: Sitzungsberichte der (–1944: Preuß.; dann:) Deutschen Akademie der Wissenschaften zu Berlin. Klasse für Sprachen, Literatur und Kunst (–1949: philosophisch-historische Klasse). Berlin (Akademie-Verlag), 1922–38; 1948 ff.

SB Heidelb.: Sitzungsberichte der Heidelberger Akademie der Wissenschaften. Philosophisch-historische Klasse. Heidelberg (Winter), 1, 1910 – 39, 1955; 1956 ff.

SB München: Sitzungsberichte der (–1920: Königl.) Bayerischen Akademie der Wissenschaften. Philosophisch-historische (–1909: Philosophisch-philologische; 1911 bis 1920: Philosophisch-philologische und historische) Klasse. München (Beck), 1860–70 ohne Klassenteilung; 1871 ff.

SB Wien Sitzungsberichte der (1921: Kaiserl.; ab 1947:) Österreichischen Akademie der Wissenschaften in Wien. Philosophisch-historische Klasse. Wien (Böhlau), 1 ff., 1848 ff.

SC Sources Chrétiennes. Paris, 1943 ff. (einzelne Bde in 2. Aufl.).

Schanz-Hosius: M. Schanz-C. Hosius, Geschichte der röm. Literatur bis zum Gesetzgebungswerk des Kaisers Justinian. 4 Bde. München, HbAW VIII, I (1890), 1927⁴; II (1892), 1935⁴; III (1896), 1923³; IV 1 (1904), 1914²; IV 2, 1920 (Nachdr., ebd., 1959).

Schauenburg, Helios: K. Schauenburg, Helios. Archäologisch-mythologische Studien über den antiken Sonnengott. Berlin, 1955.

Schauenburg, Perseus: K. Schauenburg, Perseus in der Kunst des Altertums. Bonn, 1960 (Antiquitas R. III 1).

Schefold, Bildnisse (B): K. Schefold, Die Bildnisse der antiken Dichter, Redner und Denker. Basel, 1943.

Schefold, D: K. Schefold, Griechische Dichterbildnisse, 1965.

Schefold, FS: K. Schefold, Frühgriech. Sagenbilder. Aufnahmen Deutsches Archäologisches Institut Athen, M. Hirmer (u. a.). München, 1964.

Schefold, KV: K. Schefold, Untersuchungen zu den Kertscher Vasen. Berlin, 1934 (Archäologische Mitteilungen aus russ. Sammlungen 4).

Schefold, Mw: K. Schefold, Meisterwerke griech. Kunst, Basel, 1960.

Schefold, O. H. R.: K. Schefold, Orient, Hellas und Rom in der archäologischen Forschung seit 1939. Bern, 1949 (Wiss. Forsch. ber. II, 15).

Schefold, PM: Pompejanische Malerei. Sinn und Ideengesch. Basel, 1952.

Schefold, VP: K. Schefold, Vergessenes Pompeji. Unveröffentlichte Bilder röm. Wanddekorationen in geschichtlicher Folge. Bern und München, 1962.

Schefold, WP: K. Schefold, Die Wände Pompejis. Topographisches Verzeichnis der Bildmotive. Berlin, 1957.

Schmid-Stählin: W. Schmid-O. Stählin, Geschichte der griech. Literatur. München, HbAW VII, I 1, 1929; I 2, 1934; I 3, 1, 1940; I 4, 1946; I 5, 1948; II 1, 1920 (= 6. Aufl. von W. Christ's Geschichte der griech. Literatur); II 2, 1924 (= 6. Aufl. wie oben) (Nachdr. II 1, ebd., 1959).

v. Schrötter: Wörterbuch der Münzkunde, hg. von F. Frh. v. Schrötter (für das antike Münzwesen: K. Regling). Berlin, 1930.

Schwyzer: E. Schwyzer, Griech. Grammatik im Anschluß an K. Brugmanns griech. Grammatik. 2 Bde. München, HbAW II, 1, 1939 – 50; I 1953²; Reg. bd. von D. J. Georgacas, ebd., 1953.

SDHI Studia et Documenta Historiae et Juris. Roma (Apollinaris), 1 ff., 1935 ff.

Séchan L. Séchan, Études sur la tragédie grecque dans ses rapports avec céramique. Paris, 1926.

Seeberg, DG: R. Seeberg, Lehrbuch der Dogmengeschichte. 4 Bde. Leipzig (1895–98), I–II 1922–23^{3}; III 1930^{4}; IV 1, 1933^{4}, IV 2, 1920$^{2/3}$ (Nachdr. Basel, 1953–54).

SIG Sylloge Inscriptionum Graecarum, ed. W. Dittenberger. 4 Bde. Leipzig (1883), 1915–24^{3} (Nachdr. Hildesheim, 1960).

Singer, Technology: Ch. Singer (u. a. Hgg.), A History of Technology. Bisher 9 Bde. Oxford, 1954 ff.; I 1964^{2}; II 1965^{2}; IV 1964^{2}.

SNG Sylloge Nummorum Graecorum. 1.) The Royale collection of coins and medals Danish National Museum. Copenhagen, 1 ff., 1942 ff. 2.) Deutschland. Berlin, 1 ff., 1957 ff.

SNR Schweizerische Numismatische Rundschau (Titel auch franz.). Bern (Schweizerische Numismatische Gesellschaft), 1 ff., 1891 ff.

SO Symbolae Osloenses. Oslo (Brögger), 1, 1922 u. d. T.: Symbolae Arctoae; 2 ff., 1924 ff.

Speculum: Speculum. Cambridge, Mass. (Medieval Academy of America), 1 ff., 1926 ff.

Sprache Die Sprache. Wien (Sexl), 1 ff., 1949 ff.

Spud. Spudasmata. Studien zur klassischen Philologie. Hildesheim (Olms), 1 ff., 1964 ff.

SQS Sammlung ausgewählter kirchen- und dogmengeschichtlicher Quellenschriften. Freiburg/Leipzig/Tübingen (Mohr), 1, 1891 – 12, 1896; 2. R. 1, 1901 – 9, 1911; N. F. 1, 1929 – 6, 1933 (weitere Auflagen).

StC Studia Catholica. Nijmegen (Dekker & van de Veyt), 1, 1925 – 35, 1960 [Forts.: u. d. T.: Tijdschrift voor Theologie].

StE Studi Etrusche. Firenze (Olschki), 1 ff., 1927 ff.

Stein E. Stein, Geschichte des spätröm. Reiches. Wien, I (284 bis 476 n. Chr.), 1928; Paris, II (476–556), 1949 (nur franz. erschienen: Histoire du Bas-Empire).

St. e Mat Studi e Materiali di storia delle religioni. Roma (Marzioli), 1 ff., 1925 ff. (4, 1929 – 9, 1934 = N. S. 1–6).

StHell Studia Hellenistica. Leiden (Brill), 1 ff., 1942 ff.

StIt Studi Italiani di Filologia classica. Firenze (Le Monnier), 1, 1893 – 21, 1915; N. S. 1 ff., 1920 ff.

StOR Studia Orientalia. Helsinki (Suomalaisen Kirjallisuunden Kirpjapano), 1 ff., 1925 ff.

StSem Studia Semitica Neerlandica. Assen (Van Gorcum & Comp.), 1 ff., 1955 ff.

Sudh. Arch.: Sudhoff's Archiv für Geschichte der Medizin (ab 1934:) und der Naturwissenschaften. Leipzig (Barth), 1, 1907 – 20, 1928 u. d. T.: Archiv für Geschichte der Medizin; 21, 1929 – 36, 1943.

Suppl. EG: Supplementum Epigraphicum Graecum, ed. J. J. E. Hondius. Leiden, 1923 ff.

SVF Stoicorum Veterum Fragmenta, ed. J. v. Arnim. 4 Bde (IV: Indices von M. Adler). Leipzig, 1903–24 (Nachdr. Stuttgart, 1964).

TAPhA Transactions and Proceedings of the American Philological Association. Ithaca (Cornell Univ. Press) & Oxford (Blackwell), 1, 1869 – 27, 1896 u. d. Th.: Transactions of the Am. Philol. Ass.; 28 ff., 1897 ff. (77, 1946 – 78, 1947: Transactions und Proceedings getrennt).

TGF Tragicorum Graecorum Fragmenta, ed. A. Nauck. Leipzig (1856), 1889^{2} (Nachdr. Hildesheim, 1964. Suppl. adiecit B. Snell).

Therm. Mus.: Thermen-Museum, Rom

ThLGr *Θησαυρὸς τῆς Ἑλληνικῆς γλώσσης.* Thesaurus Graecae Linguae ab H. Stephano constructus, edd. C. B. Hase, W. und L. Dindorf. 8 Bde. Paris (Geneva, 1572), 1831–65^{3}.

ThLL Thesaurus Linguae Latinae editus auctoritate et consilio Academiarum quinque Germanicarum Berolinensis Gottingensis Lipsiensis Vindobonensis (später: ed. isssu Academiis Societatibusque diversarum nationum electi). Leipzig, 1900 ff.

ThLZ Theologische Literaturzeitung. Berlin (Evangelische Verlagsanstalt), 1, 1876 – 69, 1944; 72 ff., 1947 ff.

ThR Theologische Rundschau. Tübingen (Mohr), 1, 1897 – 20, 1917; N. F. 1, 1929 – 16, 1944; 17 ff., 1948 ff.

ThW Theologisches Wörterbuch zum Neuen Testament, begründet von G. Kittel (I–IV), fortgesetzt von G. Friedrich. Stuttgart, 1933 ff.

ThZ Theologische Zeitschrift. Basel (Rheinhardt), 1 ff., 1945 ff.

Tod, GHI: M. N. Tod, A Selection of Greek Historical Inscriptions. 2 Bde. Oxford, I to the end of the 5th century B. C. (1933), 1946^{2}; II from 403 to 323 B. C., 1948.

TRF Tragicorum Romanorum Fragmenta, ed. O. Ribbeck. Leipzig, BT (1852), 1871^{2} (Nachdr. Hildesheim, 1962) [= Bd. II von Scaenicae Romanorum poesis fragmenta].

TSt Texts and Studies. Contributions to biblical and patristic literature. Cambridge (Univ. Press), 1, 1891 – 10, 1951; N. F. 1 ff., 1954 ff.

TU Texte und Untersuchungen zur Geschichte der altchristl. Literatur. (Leipzig) Berlin (Akademie-Verlag), 1 ff., 1883 ff. (16, 1896 – 30, 1906 = N. R. 1 – 15; 31, 1907 – 45, 1924 = 3. R. 1 – 15; 46, 1929 – 55, 1941 = 4. R. 1 – 10; 56 ff., 1951 f. = 5. R. 1 ff.).

Tusc. Tusculum-Bücher (zweisprachig). München, 1923 ff.

Überweg-Prächter: F. Überweg, Grundriß der Geschichte der Philosophie. I: Die Philosophie des Altertums, hg. von K. Prächter. Berlin (1862), 1926^{12} (Nachdr. Basel, 1953).

UPZ Urkunden der Ptolemäerzeit, hg. von U. Wilcken. 2 Bde. Berlin u. Leipzig, 1922–35.

Urschweiz: Urschweiz. La Suisse primitive. Basel (Institut für Ur- und Frühgeschichte der Schweiz), 1 ff., 1937 ff.

Vat. Mus.: Vatikanische Museen, Rom.

VC Verbum Caro. Neuchâtel (Delachaux & Niestlé), 1 ff., 1947 ff.

VChr Vigiliae Christianae. Amsterdam (North-Holland Publishing Company), 1 ff., 1947 ff.

VD Verbum Domini. Roma (Pontificium Institutum biblicum), 1 ff., 1921 ff.

VDI Vestnik Drevnei Istorii. Revue d'Histoire ancienne. Moskva (Gos. Soc. Ekon. Izdat), 1 ff., 1937 ff.

Völker W. Völker, Quellen zur Geschichte der christl. Gnosis. Tübingen, → SQS N. F. 5, 1932.

Volkmann: R. Volkmann, Die Rhetorik der Griechen und Römer in systematischer Übersicht dargestellt. Leipzig (1872), 1885^{2} (Nachdr. Hildesheim, 1963); 1890^{3}, ed. C. Hammer (verkürzt).

VS H. Diels, Die Fragmente der Vorsokratiker. Griech. und Deutsch. 8. Aufl., hg. von W. Kranz. 3 Bde. Berlin (1903), 1956^{8}.

VT Vetus Testamentum. Leiden (Brill), 1 ff., 1951 ff. Suppl. 1 ff., 1953 ff.

Walde-Hofmann: A. Walde-J. B. Hofmann (3. Aufl.), Lateinisches Wörterbuch. 2 Bde. Heidelberg (1906), 1938–54^{3}; Reg. bd. von E. Berger, ebd., 1956.

Walde-Pokorny: A. Walde, Vergleichendes Wörterbuch der indogermanischen Sprachen, hg. von J. Pokorny. 2 Bde. Berlin und Leipzig, 1927 – 30; Reg. bd. von K. Reichardt, ebd., 1932.

WbMythol: Wörterbuch der Mythologie, hg. von H. W. Haussig, Abt. 1: Die alten Kulturvölker. Stuttgart 1 ff., 1961 ff.

WG Die Welt als Geschichte. Stuttgart (Kohlhammer), 1, 1935 – 9, 1943; 10 ff., 1950 ff. Sonderhefte, 1 ff., 1938 ff.

WKlPh Wochenschrift für klassische Philologie. Berlin (Weidmann), 1, 1884 – 37, 1920 [Forts.: → PhW].

WüJbb Würzburger Jahrbücher für die Altertumswissenschaft. Würzburg (Schöningh), 1, 1946 – 4, 1949/50.

WVDOG: Wissenschaftliche Veröffentlichung der Deutschen Orient-Gesellschaft. Berlin (Mann), 1 ff., 1900 ff.

WZ... Wissenschaftliche Zeitschrift... (Jeweils mit dem Namen einer mitteldeutschen Universität).

YClSt Yale Classical Studies. New Haven (Yale Univ. Press), 1, 1920 u. d. T.: Yale Classical Series; 2, 1923; 1 ff., 1928 ff.

ZA Zeitschrift für Assyriologie und vorderasiatische Archäologie (–1938: und verwandte Gebiete). Berlin (de

Gruyter), 1, 1886 – 48, 1944; 49ff., 1950ff. (35ff., 1924ff. = N.F. 1ff.). [vorher: Zeitschrift für Keilschriftforschung und verwandte Gebiete, 1, 1884 – 2, 1885].

ZAnt Ziva Antika. Antiquité vivante. Skoplje (Faculté de Philosophie, Sémin. de Philologie classique), 1ff., 1951ff.

ZAW Zeitschrift für die alttestamentliche Wissenschaft (1924 bis 1936: und die Kunde des nachbiblischen Judentums). Berlin (Töpelmann), 1ff., 1881ff. (42ff., 1924ff. = N.F. 1ff.) Beihefte 1ff., 1896ff.

ZDMG Zeitschrift der Deutschen Morgenländischen Gesellschaft. Wiesbaden (Steiner), 1ff., 1847ff. (76ff., 1922ff. = N.F. 1ff.).

ZDPV Zeitschrift des Deutschen Palästina-Vereins. Wiesbaden (Harrassowitz), 1, 1876–67, 1947; 68, 1949 u.d.T.: Beiträge zur biblischen Landes- und Altertumskunde; 69ff., 1950ff.

Zeller E. Zeller, Die Philosophie der Griechen in ihrer geschichtlichen Entwicklung. 3 Teile in 6 Bden. Leipzig (1844–52), I 1, 1922[7]; I 2, 1920[6]; II 1, 1922[5]; II 2, 1921[4]; III 1.2, 1923[5] (Nachdr. Hildesheim, 1963).

Zeller-Martano: Ed. Zeller-R. Mondolfo, La filosofia dei Greci nel suo sviluppo storico III (La filosofia post-aristotelica) 6: Giamblico e la scuola di Atene, a cura di G. Martano. Firenze, 1961 (Coll. Il pensiero storico 47).

Zetem. Zetemata. Monographien zur klassischen Altertumswissenschaft. München (Beck), 1ff., 1951ff.

ZKG Zeitschrift für Kirchengeschichte. Stuttgart (Kohlhammer), 1, 1876 – 62, 1943/44; 63ff., 1950/51ff. (38, 1920–48, 1930 = N.F. 1–12; 49, 1931 – 62, 1943/44 = 3. F. 1–13; 63ff., 1950/51ff. = 4. F. 1ff.).

ZKTh Zeitschrift für katholische Theologie. Wien (Herder), 1, 1876 – 68, 1944; 69ff., 1947ff.

ZNum Zeitschrift für Numismatik. Berlin (Weidmann), 1, 1874 – 42, 1935 [Forts. → JbNG].

ZNW Zeitschrift für die neutestamentliche Wissenschaft und die Kunde (–1919/20: des Urchristentums) der älteren Kirche. Berlin (Töpelmann), 1, 1900 – 41, 1942; 42ff., 1949ff. Beihefte → BZNW.

ZRG Zeitschrift der Savigny-Stiftung für Rechtsgeschichte. Romanistische Abteilung. Weimar (Böhlau), 1, 1880 – 64, 1944; 65ff., 1947ff. [vorher: Zeitschrift für Rechtsgeschichte, 1, 1861 – 13, 1878].

ZRGG Zeitschrift für Religions- und Geistesgeschichte. Köln (Brill), 1ff., 1948ff.

ZSchwAlt: Zeitschrift für schweizerische Archäologie und Kunstgeschichte. Basel (Birkhäuser), 1ff., 1939ff. [vorher: Anzeiger für schweizerische Altertumskunde, 1, 1868 – 31, (= 8), 1898; N.F. 1, 1899 – 40, 1938].

ZThK Zeitschrift für Theologie und Kirche. Tübingen (Mohr), 1, 1891 – 27, 1917; N.F. 1, 1920 – 19, 1938; 47ff., 1950ff.

VERZEICHNIS DER ABBILDUNGEN

Vorbemerkung: Das Verzeichnis enthält alle Darstellungen, die der Veranschaulichung des Textes dienen, also außer den eigentlichen Abbildungen (Zeichnungen) und den Karten (vgl. das besondere Verzeichnis Sp. 3495f.) die Listen, Tabellen und Stammbäume, auch wenn diese im Text nicht ausdrücklich als Abbildungen bezeichnet und numeriert sind. Die Zitierung der Quellen folgt den für die Literaturangaben im LAW gültigen Regeln, auch hinsichtlich der Abkürzungen der Zeitschriften und Standardwerke (vgl. Sp. 3463ff.).

NZ bedeutet Neuzeichnung (mit Ausnahme von Abb. 217 angefertigt von Walter Oberholzer, Zürich, bzw. vom Atelier Paul Beer, Graphiker VSG).

RP aus: bedeutet Reproduktion *aus* der genannten Vorlage ohne Veränderungen.

RP nach: bedeutet Reproduktion *nach* der genannten Vorlage mit kleinen Veränderungen (Einsetzen der Schriften in anderer Type, kleine Retouchen u.ä.).

VERZEICHNIS DER KARTEN

Vorbemerkung: Alle Karten sind Neuzeichnungen des Ateliers Paul Beer Graphiker VSG / Beatrice von Rotz. Die Historisch-geographischen Karten hat Hatto H. Schmitt, Saarbrücken, betreut und auf den neuesten Stand gebracht. Dabei wurden bewährte historische Kartenwerke benutzt, wie der Große Historische Weltatlas, herausgegeben vom Bayerischen Schulbuch-Verlag, Erster Teil: Vorgeschichte und Altertum, bearbeitet von H. Bengtson und V. Milojčić (1953), 1963[4]; F. W. Putzger, Historischer Weltatlas (1877), Jubiläumsausgabe, neu herausgegeben von A. Hansel und W. Leisering, 1961[82]; Westermanns Atlas zur Weltgeschichte, herausgegeben von H.-E. Stier u. a., 1963; Atlante storico, M. Baratta – P. Fraccaro, Novara 1958; A classical map of Asia minor, W. M. Calder-G. E. Bean, London 1958. Wo aus einem Werk Vorarbeiten mit nur geringen Veränderungen übernommen wurden, ist dies im Abbildungsverzeichnis angegeben.

TOPOGRAPHISCHES REGISTER

Vorbemerkung: Das Register enthält alle auf den Karten (vgl. das Verzeichnis Sp. 3495 f.) vorkommenden historisch-geographischen Eintragungen: Orte, Landschaften, Reiche und ihre Teile, Flüsse, Berge usw. Für jeden Namen ist nur *eine* Karte genannt, in der Regel die, die den Eintrag im größten Maßstab zeigt. Die zwei- bis vierstellige Zahl bezeichnet die Spalte, bei der die Karte steht (Nebenkarten sind mit a, b, c zitiert), der folgende Großbuchstabe und Ziffer das Planquadrat. Über die auf den Karten vorkommenden modernen Namen hinaus sind als Querverweise die modernen Namen der Orte usw. aufgenommen, die unter ihrem antiken Namen im Hauptteil des Lexikons behandelt sind.

ERGÄNZENDES TERMINOLOGISCHES REGISTER

Vorbemerkung: Die folgende Zusammenstellung sucht in den Sachgebieten, die eine reiche griechische bzw. lateinische Terminologie entwickelt haben, den notwendig begrenzten Stichwortbestand des Hauptteils durch Verweise auf die großen zusammenfassenden Darstellungen zu ergänzen. Dies gilt insbesondere für die folgenden Gebiete: Archäologie, Metrik, Musik, Recht, Rhetorik, Sprachwissenschaft, Mathematik und Naturwissenschaften.

INHALTSÜBERSICHT

Band 1

Band 2

Band 3

Lexikon der Alten Welt

Band 2
H–Q

Albatros

Titel der Originalausgabe: Lexikon der Alten Welt

Artemis & Winkler Verlag, Düsseldorf und Zürich

Die Deutsche Bibliothek – CIP-Einheitsaufnahme
Ein Titeldatensatz für diese Publikation ist bei
Der Deutschen Bibliothek erhältlich.

Albatros Verlag, Düsseldorf

Umschlagmotive: Band 1: »First and Second Pyramid of Gizah«,
Kupferstich nach Luigi Mayer; Band 2: »Akropolis bei Sonnenuntergang«,
Gemälde von Louis Gurlitt; Band 3: »Ansicht des Kolosseums in Rom
vom Maronitenkloster«, Gemälde von Jegor G. Solnzew; © AKG Berlin
ISBN 3-491-96036-3

Haaropfer. Im *griech. Bereich* begegnen H. bes. und wohl in weiter Verbreitung beim Eintritt der Knaben und Mädchen in die Bürgerschaft (für Athen s. Etym. Magn., s. v. Kureotis, für Delphi Plut. Thes. 5, für Troizen Lukian Syr. Dea 60), dann auch als Auftakt zu den → Hochzeitsriten (Paus. 1, 43, 4; 2, 32, 1; Hdt. 4, 34). H. für die Toten ist dagegen fast nur in der Dichtung bezeugt (Hom. Il. 23, 134ff.; Aischyl. choeph. 197; Soph. El. 51ff.; Eur. Alk. 98ff.). Für sich steht die Sitte, daß Haare vom Opfertier gesondert geopfert werden, desgleichen die gelegentliche Verwendung abgeschnittener Haare als Mittel des → Zaubers. O. G.

Haartracht, die nach Alter, Stand und Geschlecht bestimmte Ordnung, Gliederung und Schmückung des Haupthaares; geht aus vom freien Langhaar, das beide Geschlechter gleich auszeichnet. Gliederung erfolgt durch Strählung vom Wirbel her, Scheitelung oder Aussonderung von Flechten und Strähnen; Ordnung durch Einflechten in Strähne oder Zopf, durch Binde oder Reifen, durch angekämmte Haarlage. Den Schmuck endlich bewirkt das Gelock, die Wellung oder eingeflochtene Spangen, eingesteckte Ziernadeln. Kreta weist reichen Formenschatz von H.en auf: vom hochgetürmten Haubenschopf bis zum freien, langen Gelock mit ausgeschiedener Stirnflechte am Hofe von Knossos; neben der Kurz-H. die kapriziöse Form der Etagenlage im Nacken. Das griech. Epos nennt zwar keine H.en und Frisurformen, preist jedoch das volle Haar der Achäer, das von goldenen und silbernen Spangen gehalten wurde (Hom. Il. 17, 52). In der archaischen Zeit kommt die H. zur reichsten Entfaltung; zugleich erste literarische Erwähnungen (Archil. Fr. 25 D.; Ath. 12, 30, 5): *κρωβύλος* meint den gedrehten und hochgesteckten Schopf im Nacken. Die in Verbindung damit genannten *τέττιγες* sind noch nicht gefunden, vielleicht waren es Ziernadeln. Diese Trachten laufen im 6. Jh. v. Chr., wo das erste Kurzhaar (Athleten) erscheint, aus. Konservativ bleibt die Götter-H. (Doppelzopf oder Nackenrolle); der Mensch wird durch das Schnitthaar charakterisiert (Parthenonfries). Die späte Klassik bringt die Blüte der weiblichen H.en, die durch Fülle, kunstvolle Lage und neue Frisurformen (Melonenfrisur) bezaubern. Die H. der Götter erfährt neue Differenzierung: fließendes, gelocktes oder glattes Kurzhaar. Wie kein zweiter Mensch bestimmt Alexander d. Gr. die H. für Generationen (Plut. Alex. 4), da mit seinen physiognomischen Eigenheiten auch die H. mit dem bes. Langhaar und dem Stirnwirbel vorbildlich wird. Der Römer hält sein Haar kurz. Altväterart ist das ‹ungekämmte Haar› (Hor. carm. 1. 12. 41), das noch → Cato (1) trug. Hadrian führt auch in der H. griech. Sitten ein: gelocktes Kurzhaar wird Mode. Die weibliche H. erfährt im 1. Jh. n. Chr. ungeahnte Steigerungen durch hochgebautes Toupet, Kräusellöckchen und Perücken (capillamentum, *πηνίκη*), deren Gebrauch oft erwähnt wird (Martial 5, 37, 7ff.). Hetären weihen Zierperücken (AP 6, 208. 211. 254). Das Färben des Haares war von früh an verbreitet (Sappho Fr. 98a D.). Von der Sitte der Gallier, das Haar mit einer Kalkpaste anzusteifen, berichtet Diod. 5. 28ff. – Kultischrituell ist das Haar von bes. Bedeutung: Haaropfer. F. E.

Lit: J. Fink, Die H.en d. Griechen, in: Beitr. zur Trachtgesch. Griechenlands, 1938, 1–100 – W. Bremer-J. Heininger, RE 7,2 (1912) 2109–50 – M. Stephan, RE Suppl. 6 (1935), 90–102 – M. Wegner, Datierung röm. H.en, AA 1938, 276–327 – Kl. Wessel, Röm. Frauenfrisuren v. d. sever. bis zur konstantin. Zeit, AA 1946/47, 62–76 – L. Hahl, Zur Erklärung der niederrhein. Matronendenkmäler, BJbb 160, 1960, 9–49.

Habron, griech. Grammatiker, Schüler des → Tryphon. Eine Schrift über Pronomen und eine über Ableitungen aus Eigennamen werden gelegentlich zitiert. D. F.

Ed: R. Berndt, BPhW 35, 1915, 1451–55. 1483–88. 1514–20.

2. **H. von Bate** (Attika), Exeget (‹Über Feste und Opfer›), 2./1. Jh. (?). W. Sp.

Q: FGrHist 359 – *Lit:* F. Jacoby, Atthis, 1949.

Hadad (Adad), westsemit. Blitz- und Wetter-, später auch Sonnengott → Mesopotamiens (D 1) und Palästina-Syriens (→ Semiten D), dessen Kult seit dem 3. Jt. nachweisbar ist. Die ursprüngliche Bedeutung des Namens H. ist unklar. Attribute H.s sind Blitzbündel, Doppelaxt, Sonne, Mond, Strahlenkranz, vielfach wird er auf einem Stier stehend dargestellt. In → Syrien erscheint H. oft in der Gestalt anderer → Baale (z. B. Baal-Schamin) oder wird als Baal einer bestimmten Stadt verehrt, z. B. in → Damaskos (vgl. 2. Kön. 5, 18; 16, 10), → Hierapolis-Bambyke (Throngenosse der → Artagatis), Doliche, → Baalbek. Im griech.-röm. Westen erscheint H. seit dem 3. Jh. v. Chr. teils unter seinem eigenen Namen, teils als → Zeus und Juppiter Optimus Maximus (Damascenus). G. Wn.

Lit: RAC I 1090f. – WbMythol I 253–264.

Hadda, buddhistische Siedlung, Klöster und Stupas in Ost-Afghanistan. Funde von → Gandharaplastik: Schieferplatten mit Ornamenten, Tierfriesen und figürlichen Reliefs, Stuckköpfe als Reste von Heiligen und Stifterfiguren aus ungebranntem Ton. K. F.

Lit: J. Barthoux, Les fouilles de H., bisher: I, 1933; III, 1930.

Hades, nicht sicher erklärbarer, von den Griechen meist von *ἀειδής* her als ‹der Unsichtbare› gedeuteter Name des Gottes im Totenlande; wie die Toten selbst eine völlig schattenhafte Gestalt, die weder sich zu den Olympiern in der Höhe gesellt (die spielerische Erfindung des Mythos Homer Il. 5, 398ff. hat kein Gewicht) noch in die Menschenwelt handelnd eingreift. Nur zwei alte Erzählungen treten hervor, der Raub der → Persephone, die dann die eigentliche Herrscherin über die Toten wird, und daß → Herakles den H. am Tore zum Totenlande verwundet habe (Homer Il. 5, 395ff.). Dieses Tor (*πύλος*) liegt natürlich im Westen und ist zu unbestimmter Zeit mit einem Orte Pylos in Elis identifiziert worden, woraus sich seltsamerweise der einzige in Griechenland festbezeugte Kult des H. ergab (Strab. 8, 3, 14; Paus. 6, 25, 2). In der theogonischen Konstruktion Hom. Il. 15, 187ff. teilt sich H. mit Zeus und Poseidon in die Regierung der Welt, doch der Sprachgebrauch redet weit mehr von den Toren und dem Hause des H. als dem Ort der Toten, als von der Person des H. Der verschliffene Gebrauch der Spätantike bezeichnet H. dann geradezu als Ort der Toten. O. G.

Lit: U. v. Wilamowitz, Glaube der Hellenen I, 1931 (Nachdr. 1959), 337f. – Nilsson I 452ff.

Darstellungen: Der *Totengott Hades* in der griech. und vor allem der röm. Kunst beim Raub der Kore (K. Schauenburg, JdI 73, 1958, 49. 57–62; Robert, SR III 3, 358). Er ist fast immer bärtig, die Haare hängen in die Stirn wie bei → Serapis. In der att. Kunst treffen wir ihn auch in Götterversammlungen oder im Kreis eleusinischer Gottheiten. Vereinzelt wohnt er der Heraufholung des Kerberos durch → Herakles bei. Seit spätarchaischer Zeit hat er als Zeichen der segenspendenden Kraft der Erde das Füllhorn (JdI 68, 1953, 38). – Wenn man von Wiedergaben des Kerberosabenteuers und einiger großer Büßergestalten (v. a. Sisyphos, JdI 73, 1958, 50f.) absieht, sind *Darstellungen der Unterwelt* selten. Das berühmteste Bild dieser Art war die Nekyia des Polygnot in Delphi (C. Robert, 16. HWPr 1892). Apulische Vasenmaler liebten das Thema ebenfalls (JdI, a. O. 62). *Herakles*, große Büßer oder *Orpheus* bzw. Protesilaos bei der Rückforderung ihrer Gattinnen erscheinen dabei neben Hades-Kore (JdI, a. O.; K. Schauenburg, BJbb 161, 1961, 216 Anm. 2). – Der Höllenhund *Kerberos* hat in der att. Kunst meist zwei, in der ital.-röm. drei Köpfe. Einige Denkmäler führen den Eingang zur Unterwelt mit Odysseus bei der Befragung des Teiresias vor Augen (Brommer 320; Beyen II 284ff.) – Der Nachen des → *Charon* ist ein Hauptthema der att. weißgrundigen Lekythen, später nur noch sehr selten nachweisbar (Schauenburg, JdI 73, 1958, 53f.). Ch. ist stets als bärtiger Fährmann gekennzeichnet (Exomis, Schiffermütze). – Weniger häufig sind *Hypnos* und *Thanatos*. Thanatos kann sehr verschiedene Gestalt haben, ist meist bärtig und stets geflügelt, Hypnos dagegen unbärtig. Außerhalb der att. Kunst ist das Paar sehr selten (JdI, a. O. 53f.). – *Lit. dazu:* P. E. Arias, EAA III, 1960, 1081f. – A. Andrén, Rend. Pont. Acc. 35, 1962/3, 27. K. Schb.

Hadramūt, Staat in Südarabien (Hauptstadt Šabwat), dessen machtpolitischer Aufstieg um die Zeitenwende beginnt (Eroberung von → Maʿīn). Im Kampf mit → Sabaʾ herrschte H. um 50 n. Chr. über Ost-Südarabien, verlor jedoch um 300 n. Chr. seine Selbständigkeit an die Himyar von Saba'. G.Wn.

Lit: A. Grohmann, Arabien, 1963 – G. L. Harding, Archaeology in the Aden Protectorate, 1964 – Vgl. → Saba'.

Hadravasen, Gattung hellenist. → Hydrien aus der Nekropole von Hadra bei Alexandria, vorwiegend als Aschenurnen (mit dem Namen des Verstorbenen) verwendet; nach Zeitangaben in ptolemäischen Regierungsjahren sicher auf zwischen 259 und 213 datiert. – Der Dekoration nach, die nur Hals, Schultern und Henkelzone bedeckt, sind zwei Gruppen zu scheiden (1) mit flüchtiger → schwarzfiguriger Zeichnung; (2) mit flächigen Mustern in roten, blauen, gelben und weißen Deckfarben. Dargestellt sind vorwiegend Tiere, Pflanzenornamente, Geräte und Symbole. I. Sch.

Lit: R. Pagenstecher, Dated Sepulcral Vases from Alexandria, AJA 13, 1909, 387–416 – A. Adriani, Annuaire du Musée Gréco-Romain d'Alexandrie 3, 1940–50, 1–27 – H. Braunert, Auswärtige Gäste am Ptolemäerhofe, JdI 65, 1950, 231–263.

Hadrian (Publius Aelius Hadrianus), röm. Kaiser 117 bis 138. – Geb. 76 in der Kolonie Italica (?) (Spanien), seit 85 Vollwaise, unter der Vormundschaft des entfernt verwandten → Trajan und Acilius → Attianus in Rom erzogen. Ab 95 Dienst als Tribun verschiedener Legionen an Donau und Rhein, Teilnahme am 1. und 105/106 als Legionslegat am 2. Dakerkrieg, 107 Statthalter von Niederpannonien, 108 consul suffectus, Mitglied mehrerer röm. Priesterkollegien, 111/112 Archon in Athen, seit 116(?) Statthalter von Syrien. Seit 100 mit Trajans Großnichte → Sabina verheiratet, wiederholt in Vertrauensstellungen bewährt, auch in der Gunst von → Plotina, steht Hadrian zwar in bevorzugter Stellung, ist jedoch nicht ausdrücklich zum Nachfolger designiert. Vorgänge beim Tod Trajans (8. 8. 117) nicht geklärt; am 9. 8. 117 wird in Antiochia die Adoption H.s, am 11. 8. Trajans Tod bekanntgegeben. – Erneuerung der senatorischen Privilegien, bes. der Standesgerichtsbarkeit, und doppeltes → Donativ für die Truppe erleichtern *Regierungsbeginn.* In nüchterner Beurteilung der Mittel gibt H. Trajans Expansionspolitik im Osten auf, sichert in Mösien und Dakien 118 die von Roxolanen und → Sarmaten gefährdeten Grenzen; gleichzeitig wird von Rom aus die ‹Verschwörung der 4 Konsulare› (→ Lusius Quietus, Cornelius → Palma, Publilius Celsus, → Avidius (2) Nigrinus) von Acilius → Attianus mit sofortiger Hinrichtung zerschlagen. Annullierung der Schulden an die Staatskasse in Höhe von 900 Mill. Sesterzen, Ausbau der → Alimenta-Stiftungen und prächtige Spiele überdecken die Belastung des Anfangs, Ausbau und Straffung der Reichsverwaltung sichern die Herrschaft. Die *Reisen* H.s dienen in gleicher Weise der Inspektion von Verwaltung, Truppen (Manöverkritik von Lambaesis, Dessau 2487), Rechtsprechung wie der eigenen Bildung: 1. Reise (121–125): Gallien, Germanien, Britannien – dort 122 Baubeginn des Hadrianswalls (Solway-Tyne-Linie), Spanien, Nordafrika, Kleinasien, Donauraum. 128: Afrika. – 2. größere Reise: 128 Griechenland, 129 Kleinasien, Syrien, 130 Ägypten. – Jüdischer Aufstand unter → *Barkochba* (132 bis 135) erzwingt 135 H.s Anwesenheit in → Palästina. Erhebung ausgelöst durch Anlage der Kolonie Aelia Capitolina (→ Jerusalem) und Errichtung eines Tempels für Jupiter Capitolinus an der Stelle des alten Jahweheiligtums. Nach der Einnahme von Jerusalem und der Vernichtung der jüdischen Widerstandsgruppen, bei der eine halbe Million Juden den Tod gefunden haben sollen, wird aus Iudäa die Provinz Syria Palästina.

[2] *Innere Politik:* Systematischer Ausbau der Grenzzonen. Anlage des → Limes führt zur Erstarrung der Defensive. Bemühung um Verstärkung des Heeres durch Einsatz von numeri (Hilfstruppen mit einheimischer Bewaffnung). Erhebung der Disciplina Augusta zur Gottheit. – Vermehrung der Beamtenschaft, Einrichtung einer besonderen rein zivilen Ämterlaufbahn, Beseitigung der Überreste der ursprünglich ‹privaten› Prinzipatsverwaltung mit kaiserlichem Hausgesinde durch verstärkte Heranziehung von Rittern. → Consilium principis als Institution. Einsetzung staatlicher Finanz- und Steuerrechtsspezialisten (advocati fisci). Die kulturell führende Schicht (Ärzte, Lehrer, Rhetoren, Philosophen) von staatlichen Dienstleistungen befreit. – *Rechtsprechung* sachlich und human ausgestaltet (Einschränkung der Rechte von Sklavenbesitzern, Fürsorge für die Kolonen, Regelung der Ödland- und Bergwerksnutzung, Verbesserung der juristischen Stellung der Frauen und Mädchen, Ordnung des Gutachterwesens, Einsetzung von 4 iuridici für Vormundschaftsprozesse im italischen Bereich). 128 Kodifikation des → Prätorischen Rechts durch → Salvius Iulianus als ‹edictum perpetuum›. – *Bautätigkeit* hat Schwerpunkte in → Rom (IV C 5: Pantheon, Villa Hadriana, Doppeltempel für Roma und Venus, Mausoleum = Engelsburg) und → Athen (I B 3: Hadriansstadt, Ausbau des Olympieion, Bibliothek). Ungeachtet seines Bekenntnisses zur Vielfalt der Reichsglieder (Zyklen der Reichsprägung) und des umfassenden Bemühens um ihre Entfaltung gilt H.s besondere Sorge der Stärkung des hellenischen Gemeinschaftsbewußtseins (Tempel für Zeus Panhellenios am Ilissos, 125 Gründung des Panhellenischen Bundes, Wiederbelebung der olympischen Idee). Hier, in der Anlage zahlreicher H.s-Städte und in der kultischen Verehrung des → Antinous ist H.s Wirken im hellenischen Bereich am stärksten fühlbar. – Die unruhige, spannungs- und empfindungsreiche *Persönlichkeit* des Kaisers, der ebenso leidenschaftlicher Jäger wie Literat (Autobiographie, Carmina), Architekt wie Astrologe, Soldat wie Verwalter war, übertrug auf das Reich eine Fülle von Anregungen. Nach dem Zusammenbruch der imperialistischen Pläne Trajans schuf die systematische Bemühung des ‹Wiederherstellers des Erdkreises› in Grenzpolitik, Verwaltung, Recht und Kultur die Grundlagen für die Blüte der doppelpoligen italisch-hellenist. Kultur im Reich des 2. Jh. K. Chr.

Q: Dio 69 – Hist. Aug. Spart. Hadr. – P. L. Strack, Unters. zur röm. Reichsprägung des 2. Jh.s, II, 1933 – *Lit:* B. W. Henderson, The Life and Principate of the Emperor H., 1923 – J. Toynbee, The Hadrianic School, 1934 – B. d'Orgeval, L'empereur H., 1950 – M. Wegner, Das röm. Herrscherbild II 3, 1956.

Hadrianisches Edikt → Recht III.

Hadrianus, Claudius, von Tyros, Lieblingsschüler des → Herodes (2) Atticus, dem er die Leichenrede hielt. Professor der Rhetorik in Athen (besaß Mark Aurels Gunst), später in Rom; auch Aufenthalt in Ephesos (Inschrift). Etwa 80jährig unter Commodus gest., der ihn noch zum Sekretär gemacht hatte. – H. verfaßte Deklamationen, 7 Bücher Metamorphosen, einen ‹Paramythetikos *εἰς Κέλερα*› (PIR II 92), einen ‹Phalaris›, eine Trauerrede auf den Tänzer Paris, technische rhetorische Schriften usw. Er bereicherte seine rhetorische Kunst durch Studium der Tragödie. Schüler des H.: Apollonios v. Naukratis; (P. Aelius) Apollonios v. Athen (athen. Beamter und Rhetoriklehrer); → Antipatros (2) v. Hierapolis; → Damianos (1); → Herakleides (6) v. Lykien; → Polydeukes (2) und Proklos v. Naukratis; Quirinus v. Nikomedeia. W. Sp.

Ed: Hinck, in der Polemon-Ausg., BT, 1873, 44f. – *Lit:* Christ-Schmid, II 696f. – I. Cazzaniga, Varia Graeco-Latina, RIL 72, 1938/39, 103–165 – J. Bayet, Les vertus du pantomime Vincentius, Libyca 3, 1955, 120f.

Hadrumetum (Kt. 61 E 1; heute Sousse), Stadt in der Africa proconsularis. Unter Trajan zur *Colonia Ulpia Traiana Augusta frugifera Hadrumetina* erhoben. In diokletianischer Zeit Hauptstadt der neuen Provinz Byzacena. Unter Justinian Ehrentitel Justinianopolis. Museum mit bedeutenden → Mosaiken. Interessante christl. → Katakomben. Vgl. → Architektur II. III. R. F.

Lit: E. Kirsten, Nordafrikan. Stadtbilder, 1961, 81–85. 104 (Lit) – L. Foucher, H., Publ. de l'Univ. de Tunis, Fac. de Lettres 1, 10, 1964.

Häduer, Kelt. Stamm zwischen Saône und Loire mit Vorort → Bibracte (Kt. 1019 D4), waren bekannt römerfreundlich und hießen schon zur Zeit Caesars (Gall. 1, 33) Brüder und Blutsverwandte der Römer. → Claudius gab den H.n als erstem gall. Volk das → ius honorum. L.B.-H.

Lit: s. zu → Kelten, → Gallien.

Häfen. Die sehr entwickelte → Schiffahrt der Antike forderte den Ausbau vieler H., an dem alle Völker des Mittelmeerraumes beteiligt waren. Die großen Handelsstädte hatten geräumige Hafenanlagen (→ Athen, → Alexandria, → Ostia u.a.), Leuchttürme zeigten dem Seefahrer die Richtung an. Über 300 antike H. sind bekannt. Th.P.

Lit: K.Lehmann-Hartleben. Die ant. Hafenanlagen d. Mittelmeers, Klio Beiheft 14, 1923 – Vgl. zu → Stadt II G.

Häkchenstil, wichtiger Stil der griech. Buchschrift in den beiden Jh.en um Chr. Geburt, mit runden Formen und charakteristischen Häkchen. Vgl. → Schrift C [2]. H.Hg.

Bsp: Papyrus d. Kallimachos, Locke der Berenike, Florenz, PSI 1092, 1. Jh. v. Chr. – *Abb:* z. B. M. Norsa, La scrittura letteraria greca, 1939, Taf. 8a.

Hafer (*βρόμος*, avena), Griechen und Römern vorwiegend als Futtermittel in der → Viehzucht bekannt, selten für menschliche Nahrung gebraucht. In Mythos und Kult ohne Bedeutung. Die Kultur des oft als Unkraut angesehenen H.s war nicht sehr entwickelt. J.W.

Lit: Murr, Pflanzenwelt, 152f. – F. Orth, RE 7,2 (1912), 2182–87 – Hehn, 557f., 561f.

Hageladas (Ageladas), Bildhauer von Argos; die chronologischen Anhaltspunkte seiner Werke weisen auf eine Tätigkeit um und nach 500 v. Chr. Die Überlieferung, die ihn Lehrer des → Polyklet, → Myron und → Phidias nennt, ist legendär, zeigt aber sein hohes Ansehen. Außer Siegerstatuen werden von ihm u.a. überliefert: ein großes Weihgeschenk der Tarentiner (Pferde und kriegsgefangene Frauen) in Delphi, zwei Zeusstatuen (Ithome in Messenien, Aigion in Achaia), zwei Heraklesstatuen (Aigion in Achaia, Athen im Bezirk Melite). Mit den Brüdern → Aristokles und → Kanachos arbeitete er an einer 3figurigen Musengruppe. Es ist bis jetzt noch nicht gelungen, sichere Marmorkopien dieser Werke nachzuweisen. Für die Zeusstatuen geben die Münzbilder der betreffenden Städte noch einen gewissen Aufschluß. E.Bg.

Q: Overbeck, SQ, 389–399 – *Lit:* Lippold, GrPl, 88f. – E. Langlotz, Frühgriech. Bildhauerschulen, 1927, 54 – H. G. Beyen-C. W. Vollgraff, Argos et Sicyone, 1947, 1ff. – P. E. Arias, Arch. Cl. 1, 1949, 93–96 (Rez.) – P. Orlandini, EAA III, 1960, 1085–86 – W. Schwabacher, Olympischer Blitzschwinger, AntK 5, 1962, 9–17.

Hagia Sophia (‹heilige Weisheit›), aus dem Preis der göttlichen Weisheit (vgl. → Gnosis, 2) in Prov. 8 gewonnener, für das kosmologische (v. 22ff.) und kosmokratische Verständnis (v. 15: ‹durch mich herrschen die Herrscher›) typischer Christustitel, den im Osten viele Kirchen trugen. Die berühmteste war die Palastkirche von → Konstantinopel. Ihr 1. Bau (‹Große Kirche›, geweiht 360, abgebrannt 404) war eine holzgedeckte Basilika. Ihr 2. Bau (jetzt auch ‹H. S.›, geweiht 415, abgebrannt 532) war wohl fünfschiffig und hatte im Westen einen Portikus, von dem 3 Eingänge in den → Narthex führten (Grabungsbefund). Der 3. Bau → Justinians (geweiht 537; Baumeister: → Anthemios v. Tralleis u. → Isidor (2) v. Milet) verband als Kuppelbasilika in genialer Lösung → Zentralbau und Längsbau (→ Basilika). Während der Baukörper alle Wechselfälle der Geschichte (Einsturz der Kuppel 558; Umwandlung zur Moschee) überstand, berichten über die Innenausstattung nur noch literarische Quellen (→ Prokop. aed. 1, 1; → Paulus (3) Silentarius; der byzant. Historiker Agathias Scholasticus 5, 4), zumal neuere Restaurierung nur mittel- u. spätbyzantin. Mosaiken freilegte. C.A.

Q: J. P. Richter, Quellen der byzant. Kunstgesch., 1897, 12–101 (Übers.) – *Funde:* W. Emerson-R. L. van Nice, H. S., AJA 47, 1943, 403–406 – Dies., H. S., Archeology 4, 1951, 94–103; 162–171 – Th. Whittemore, The Mosaics of H. S., Preliminary Reports 1–4, 1933/36/42/52 – C. Mango, The Mosaics of St. S., 1962 – *Lit:* A. M. Schneider, Die H. S. zu Konstantinopel, 1939 (Lit) – K. J. Conant, The first Dome of St S., AJA 43, 1939, 589 – E. H. Swift, H. S., 1940.

Hagia Triada, Dorf in Kreta mit Resten eines minoischen Palastes am Westfuß des Höhenzuges, der im O → Phaistos trägt. Hof und Hauptgebäude sind nicht wie dort nordwärts zum Ida, sondern westwärts zum Meer orientiert (durch Anschwemmungen des nahen Geropotamos heute weiter entfernt). Daher wohl Hafenresidenz der Herren von Phaistos. Wegen des im S und O ansteigenden Terrains ist der einst gepflasterte Hof nicht, wie üblich, rings mit Gebäuden umgeben; auch die beiden im rechten Winkel verbundenen Flügel (einst mehrstöckig) sind schmal. Der Nordflügel schließt mit seinen sorgfältig steinverkleideten Außenwänden (Vorsprünge) vor einem Rampenweg ab, der vom Meer kommt und schließlich mit einer repräsentativen Treppe rechtwinklig zum Hof und einem Propylon einbiegt. Im Nord- und Westflügel befanden sich außer Magazinen, Treppenhäusern, Krypten und einem Archiv auch die Haupträume: Pfeilersaal (6 × 9 m) mit Terrasse; Raumgruppe mit dem Schlafgemach (schönste ‹landschaftliche› Fresken). Im SO des Areals ausgedehnte Magazine, welche die Bedeutung von H. T. als Hafen und Umschlagplatz anzeigen (dort auch gleichförmig aufgeteilte Hallen aus der Nachpalastzeit, aus der weiterhin ein megaronartiges Gebäude erhalten ist). Erbauung des Palastes in der 1. Hälfte des 16. Jh.s; Zerstörung mit den anderen Palästen gegen 1400 v. Chr. – Wichtig sind neben den Fresken die Einzelfunde: reliefverzierte Steatitvasen, der ‹Sarkophag von H. T.› u.a. W.Schg.

Lit: F. Halbherr, Resti dell'età micenea, Mon. Ant. 13, 1903, 5–74 – L. Banti, I culti minoici e greci di H. T., ASAA 3–5, 1941–43 – Zum Megaron (SM III): F. Noack, Ovalhaus und Palast, 1908, 25f.

Hagiographie (bzw. Hagiologie) ist das Schrifttum, das Leben und Werk der Heiligen schildert. Voraussetzung für das Entstehen der H. war eine Umformung und Weiterbildung des Heiligkeitsideals (vgl. → Heiligenkult). Während im 2. und 3. Jh. vor allem der → Märtyrer als heilig galt und sein Leben und Sterben als vorbildlich hingestellt wurde, galten seit dem 4. Jh. auch Mönche, Bischöfe, Kirchenväter u.a. in besonderem Sinne als heilig und wurden nach dem Ende der → Christenverfolgungen in die Heiligenverehrung einbezogen (→ Christentum II C). Der Begriff der Heiligen erfuhr dabei noch auf lange Zeit keine bestimmte Abgrenzung. Vielmehr entschied praktisch die Frömmigkeit des Kirchenvolkes, wer als heilig zu gelten habe. Dabei stellen die Märtyrerlegenden (→ Märtyrerakten) bereits eine Übergangsform zur H. dar. Ähnlich wie jene, enthält auch die H. ein kaum übersehbares Schrifttum. Neben zuverlässigen historischen Angaben begegnen zahlreiche → Legenden. Die Aufgabe, zwischen Echtem und Unechtem, zuverlässigen Berichten und phantastischen Ausschmückungen sowie gegebenenfalls deren historischem Kern zu scheiden, ist noch keineswegs allenthalben durchgeführt; an manchen Stellen wird sie kaum gelingen können. – → Eusebios v. Caesarea (gest. 339) war der erste Hagiograph, der in seiner verlorenen ‹Sammlung alter Martyrien› bestimmte Überlieferungen zu Viten zusammengefügt hat. Am einflußreichsten wurde jedoch die ca. 357 verfaßte Vita Antonii des → Athanasios. Er, der → Antonius (8) in seiner Jugendzeit kennengelernt hatte, will hier nicht eine Biographie geben, sondern in Antonius den vorbildlichen Heiligen, den Mönch ohne Fehler zeigen, dessen Beispiel zur Nachahmung auffordert; denn die gleiche Vollkommenheit können auch andere erreichen. Die Vita Antonii, bald ins Lateinische übersetzt, hat im Osten wie im Westen zahlreiche Nachahmungen gefunden, das Mönchs- und Heiligenideal als solches in starkem Maße geprägt und schließlich auch auf Einzelne, wie etwa → Augustin, den größten Eindruck gemacht. → Basilius d. Gr. u.a. hielten → Homilien über Märtyrer. → Hieronymus verfaßte drei Mönchsbiographien, die zahlreiche Legenden enthalten. → Palladius schrieb ca. 419/420 die Historia Lausiaca, eine Sammlung von Mönchsbiographien, die sich an das Vorbild der Vita Antonii anlehnt. Im 5. Jh. wurden die → Apophthegmata Patrum gesammelt. Sie stehen der Historia Lausiaca nahe, sind jedoch weniger von Legenden durchdrungen und ermöglichen wegen der in ihnen enthaltenen guten Überlieferung oft Rückschlüsse auf die tatsächlichen Verhältnisse im frühen Mönchstum. Ihnen verwandt ist die griech. Vorlage einer Sammlung, die unter dem Titel Verba Seniorum nur in lateinischer Fassung bekannt ist (ca. 560 übersetzt). Diese Verba Seniorum sind Teil (= Buch 5–7) der insgesamt 10 Bücher umfassenden Heiligenlegende (6. Jh.) unter dem Titel Vitae Patrum. Dem 6. Jh. entstammt die Vita des Bischofs Porphyrios von Gaza (gest. 420), angeblich von seinem Diakon Markus geschrieben. Kyrill von Skythopolis (ca. 523–558, 544 Mönch im Euthymiuskloster, 555 Eremit) verfaßte mehrere, trotz ihrem legendären Charakter historisch wertvolle Mönchsbiographien. – Im Westen entwickelte sich die H. ähnlich, auch hinsichtlich der Ausschmückungen durch Legenden. Im ganzen aber ist die H. des Westens historisch weniger zuverlässig; manchmal, wie etwa bei Christophoros, ist nicht einmal der Name des Heiligen historisch faßbar. Außer den Schriften des Hieronymos u. a. sind zu nennen: von → Sulpicius (13) Severus (gest. ca. 420) die Vita Martini (→ Martin von Tours), die ebenfalls von dem Vorbild der Vita Antonii des Athanasios abhängig ist, jedoch dartun will, daß ihr Held an Heiligkeit und Wunderkraft selbst die ägyptischen → Anachoreten übertroffen hat. Auch → Paulinus von Nola (gest. 431), Eucherios von Lyon (gest. ca. 450/55) u. a. haben hagiographische Werke verfaßt. Allerdings unterscheiden sich die westlichen Hagiographen von den östlichen darin, daß sie nicht ausschließlich Hagiographen und in ihren anderen Werken bedeutender sind. B.L.

Ed: Acta Sanctorum, seit 1643 – C. Butler, The Lausiac History of Palladius, 2 Bde, 1898–1904 – PG 65, 71–440 (Apophthegmata Patrum) – E. Schwartz, TU 49, 2, 1939 (Cyrill von Scythopolis) – *Lit:* H. Delehaye, Les Légendes hagiographiques (1905), 1955⁴ (Übers. von E. A. Stückelberg, 1907) – Ders., Cinq Leçons sur la Méthode hagiographique, 1934 – A. Ehrhard, Überlieferung und Bestand der hagiogr. und homilet. Lit. der griech. Kirche von den Anf. bis zum Ende des 16. Jh.s, 3 Bde, TU 50–52, 1937–52 – R. Aigrain, L'Hagiographie, 1953 – M. Simonetti, Studi agiografici, 1955 – RGG III 26–28 – Altaner, 199–204.

Haimon, Sohn des → Kreon, nach alter Sage von der → Sphinx getötet. Bei → Sophokles Bräutigam der → Antigone, der sich an ihrer Leiche den Tod gibt. In Eur. Ant. und nach Ausweis von apul. Vasen heirateten H. und Antigone, in Eur. Phoin. ist H. mit ihr verlobt, aber sie sagt sich von ihm los und folgt dem verbannten Vater. K. Schb.

Halbunziale, vom 4.–8./9. Jh. auftretende Mischform der lat. Majuskel mit zahlreichen Minuskelbuchstaben. Vgl. → Schrift D [4]. H. Hg.

Abb: H. Hunger, in: Gesch. d. Textüberlieferung I, 1961, 117.

Haliaëtos. Der H. (See- und Flußadler) war vor allem den Küstenbewohnern des Mittelmeerraumes vertraut. Sein heller Haarschopf galt als Kraftträger und führte zur Verbindung mit dem Mythos von → Nisos, dem König von Megara, der in einen H. verwandelt wurde, als ihn seine Tochter Skylla der unsterblichen Kraftlocke beraubt hatte. Beziehung zum Bereich des Poseidon zeichnet sich bei den Pferderennen in Olympia ab, deren Beginn angezeigt wurde, indem man durch einen Mechanismus einen ehernen Adler in die Höhe steigen und einen Delphin zu Boden schießen ließ (Paus. 6, 20, 12). Den Fischern, bes. den Thunfischjägern, galt der H. als weisender Vogel, der Fischzüge und Sturmnähe kündete. So wurde er zum Wahrzeichen zahlreicher Küstenstädte am Schwarzen Meer und Hellespont. Vgl. → Fauna, → Adler. J.W.

Lit: Keller, Tiere, 259–263; Tierwelt I 10–12 – E. Oder, RE 1, 1 (1893), 371–374 (Quellen!)

Haliakmon, Fluß in Makedonien, heute Vistritza, ca. 250 km lang. Quelle südl. des Prespasees, durchfließt die Landschaft Orestis in südöstl. Richtung bis in die Landschaft Elimeia und wendet sich dann nach NO, durchbricht die östl. Ausläufer des Olymp und tritt südl. von Karaferia (Verria) in die Alluvialebene ein. Mündung in den Golf von Salonike; im Delta hat der H. im Laufe der Zeit immer mehr Land angeschwemmt. J.S.

Halikarnassos, dorische Kolonie an der SW-Küste Kleinasiens (Kt. 1152 H6), heute Bodrum, Heimat des → Herodot. Seit 480 v. Chr. herrschte in H. → Artemisia I., die Tochter des → Lygdamis; mit 5 Schiffen beteiligte sie sich am Griechenlandfeldzug des → Xerxes und riet ihm von der Seeschlacht bei Salamis ab (Hdt. 8, 68). Im 5. Jh. im → Att. Seebund. 386 auf Grund des → Antalkidasfriedens persisch; Blütezeit, da der pers. Satrap → Maussollos v. Karien (377/376–353/352) die Stadt zur Hauptstadt seines Reiches machte und zu einer großen Festung ausbaute. Das von seiner Schwester und Witwe → Artemisia II. vollendete Grabdenkmal des Maussollos, an dessen plastischem Schmuck die berühmtesten Künstler der Zeit mitwirkten (→ Skopas (1), → Timotheos (2), → Bryaxis, → Leochares), galt als eines der 7 → Weltwunder. Auf einem Quadersockel von ca. 33 × 39 m Größe erhob sich eine Cella, die von einer Ringhalle mit 36 ion. Säulen umgeben war. Eine Pyramide bildete das Dach, obenauf stand ein Viergespann mit Statuen des Maussollos und der Artemisia. Um Sockel und Cella liefen Relieffriese, zwischen den Säulen waren Statuen aufgestellt. An Ort und Stelle liegen heute nur noch Teile des Fundaments; die Friese und die Statue des Maussolos im Britischen Museum. 334 wurde H. von → Alexander (5) d. Gr. belagert und zerstört. Von ca. 280 bis 200 war H. ptolemäisch. Im Krieg Roms gegen → Antiochos III. aufseiten der Römer, bleibt deshalb selbständig, seit 129 zur Provinz → Asia gehörig. E.M.

Lit: K. A. Neugebauer, Das Maussolleion v. H. u. sein bildner. Schmuck, NJbb 5, 1942, 49–73 – Fr. Krischen, Löwenmonument u. Maussolleion, AM 59, 1944, 173–181 – Ders., Weltwunder d. Baukunst in Babyl. u. Ionien, 1956, 72–86; 96–101.

Halirrhothios, Sohn des → Poseidon und der Euryte. Tut Alkippe, der Tochter des → Ares, beim Wasserholen am Südhang der Akropolis Gewalt an (Paus. 1, 21, 4; Apollod. 3. 180; Eur. El. 1258–63; Hellanik., FGrHist 4 Fr. 34) und wird dafür von Ares getötet. Dies führt zur Einsetzung des Blutgerichts auf dem Areopag. Nach anderer Tradition tötet sich H. beim Versuch, den Ölbaum Athenas umzuhauen (Schol. Aristoph. nub. 1005). K. Schb.

Hallstattkultur, die Kulturkreise der älteren Eisenzeit Mittel- und Westeuropas, in denen sich seit dem 8. Jh. vor Chr. das Eisen als Gebrauchsmetall durchsetzt. Ende der H. rund um 450 v. Chr. Die H. ist benannt nach dem Gräberfeld von Hallstatt in Oberösterreich. L. B.-H.

Lit: W. D. von Barloewen (Red.), Abriß der Vorgeschichte, 1957, 68 ff. – G. Kossack, Südbayern während d. H.zeit, 2 Bde, 1959.

Haloa, ein → Fest der att. Landbevölkerung für → Demeter und Kore und vielleicht Dionysos zur Zeit der Wintersonnenwende (26. Poseideon, Nov.–Dez.). Der Name wird von ἅλως, ‹bebautes Land› (nicht Dreschtenne), abgeleitet. Phalloi aus Ton wurden in die Felder mit der sprossenden Wintersaat gesetzt, um die Fruchtbarkeit zu fördern, und von den Frauen im Heiligtum von Eleusis geheime Riten vollzogen, in denen sexuelle Symbole, Obszönitäten und reichliches Essen und Trinken eine Rolle spielten. F. R. W.

Q: Schol. Lukian p. 279, 24–281, 3, Rabe – *Lit:* Nilsson, I 466 f. – L. Deubner, Att. Feste, 1932, 60 ff.

Halys, größter Fluß Kleinasiens (Kt. 1567 D1; heute Kızıl Irmak). Entspringt westl. Erzincan, durchfließt Kappadokien und Paphlagonien, mündet in den Pontos. Scheidet das persische vom lydischen Reich, später Kleinasien vom übrigen Asien. R.F.

Hamartia (von ἁμαρτάνειν; ‹Verfehlung›). Nach Aristot. (poet. 13. 1452 b34ff.) wird die in seiner Definition der →Tragödie (a.O.6.1449 b24ff.) mit →Eleos und Phobos bezeichnete Wirkung der →Tragödie nur dann erreicht, wenn die tragischen Helden (1) nicht vollkommen sind, sondern uns ähnlich (ὅμοιος) oder höchstens etwas besser als wir, und wenn sie (2) unverdient (ἀνάξιος) ins Unglück kommen, also an dem, woran sie leiden, unschuldig sind. Zum äußersten gesteigert aber werde der Effekt in den Tragödien, in denen zu diesen beiden notwendigen Grundbedingungen noch als drittes, durchaus nicht notwendig, hinzukommt, daß der Held seine Leiden durch eine große H. verursacht. Unter dieser H. darf man weder eine im christlichen Sinn subjektive Schuld verstehen, für die der Held persönlich verantwortlich ist (was ja immer auch die Möglichkeit der Vermeidung der schuldhaften Tat einschließt) und für die er als tragische Schuld dann auch im Sinne einer ‹poetischen Gerechtigkeit› die ihm zukommende Strafe erhält, noch auch darf man sie ausschließlich als bloßen intellektuellen Irrtum begreifen, für den der Held nicht im geringsten verantwortlich ist und an dessen Folgen er dann auch, im stoischen Sinn, an sich gar nicht zu leiden brauchte. Mit H. vielmehr ist – vorausgesetzt, daß der Begriff nicht nur mit Blick auf →Sophokles' OT konzipiert wurde – in erster Linie ganz objektiv das ‹Verschulden› einer Tat gemeint (Soph. OT: Ödipus' Mord des Vaters und Heirat der Mutter; Aischyl. Ch.: Orests Mord der Mutter auf Befehl Apolls), an der der Held zwar subjektiv völlig unschuldig ist, an der er aber nichtsdestoweniger tief leidet, weil sie objektiv schrecklich ist. Das Leiden aber ist bis zum äußersten grausam, ist tragisches Leiden, gerade *weil* er unschuldig ist, weil das Furchtbare durch ihn geschehen mußte, obwohl es mit seinem innersten Denken und Fühlen in keiner Weise vereinbar ist. E.-R. Sch.

Lit: K. v. Fritz, Trag. Schuld und poet. Gerechtigkeit in der griech. Tragödie (1955), in: Antike und moderne Tragödie, 1962, 1–112.

Hamat (heute arab. ḥāma; Kt. 1567 E4), seit dem 4. Jt. bestehende Siedlung am mittleren Orontes in Syrien, vom 13./12. Jh. an Stadtstaat unter nicht-semitischer Herrschaft (hethit. →Hieroglyphen als Schrift, Gesandtschaft des Königs To'ū[?] an →David, 2. Sam. 8,9f.). Seit Ende des 10. Jh.s war H. →Aramäer-Staat, seine höchste Blüte fiel ins 8. Jh., nach Eindämmung der Machtentfaltung von →Damaskos durch die Assyrer. Schon 738 v. Chr. verlor H. jedoch durch →Tiglatpileser III. einen großen Teil seines Gebietes, →Sargon II. gliederte den Reststaat 720 vor Chr. nach einem fehlgeschlagenen Aufstand des Jau-bidi dem Assyrerreich ein. G. Wn.

Lit: RGG III 43 – M. Noth, Das Reich Alamath als Grenznachbar des Reiches Israel, PalJb 33, 1937, 36–51 – K. Elliger, Sam'al u. Alamat..., in: Festschr. O. Eißfeldt, 1947, 69–108.

Hamilkar, Sohn (Iust. 19, 1 f.) oder Enkel (Hdt. 7, 165) des →Mago (1); Suffet von Karthago; befehligte 480 v. Chr. die große Expedition nach Sizilien, sei es, um →Terillos (Hdt. a. O.) zu Hilfe zu kommen, sei es im Einvernehmen mit →Xerxes (Ephor. FGrHist 70F186 und Diod. 11, 1, 4–5); besiegte →Theron bei Himera, kurz darauf von →Gelon vernichtend geschlagen. R. V. C.

2. **H.,** mit dem Beinamen Barkas, ‹der Blitz›, Staatsmann und Feldherr der →Karthager, gest. 229 v. Chr. Zuerst trat er in den letzten Jahren des 1. Pun. Krieges hervor, wo er, gestützt auf befestigte Stellungen (Eirkte bei Panormos und Eryx bei Drepana), in einem umsichtig geführten Kleinkrieg die röm. Operationen lahmzulegen suchte. Nach der karthag. Niederlage gegen die röm. Flotte unter C. →Lutatius (1) Catulus bei den Ägatischen Inseln (241) schloß er mit den Römern einen Waffenstillstand, der die Karthager zur Räumung Siziliens zwang. Zur führenden Stellung im Staat stieg er auf, als es ihm unter schweren Kämpfen gelang, die karthag. Söldner niederzuwerfen, die sich nach 241 zusammen mit den Einwohnern Libyens auf afrikanischem Boden erhoben hatten. Gestützt auf sein Heer und die mit ihm sympathisierende Menge, wurde er gegen den Widerstand der alten Geschlechter (→Hanno (2) d. Gr.) Stratege von Libyen. In dieser Eigenschaft überschritt er 237/236 die Straße von Gibraltar und unterwarf in den folgenden Jahren das südliche Spanien. Damit eroberte er nicht nur eine neue Provinz für Karthago, sondern begründete zugleich für die folgende Zeit die Herrschaft seines Hauses in Spanien. Ob er, wie die Römer meinten, von Anfang an einen Revanchekrieg gegen Rom geplant habe, ist fraglich, aber die durch ihn verursachte Verschiebung der Machtverhältnisse im Westen konnte Rom auf die Dauer nicht hinnehmen. Insofern hat H. eine Entwicklung eingeleitet, die eines Tages eine erneute Auseinandersetzung zwischen Rom und Karthago hervorrufen mußte. W. H.

Q: Polyb., Buch 1 und 2 passim – *Lit:* →Hannibal (2).

Hammurapi, 6. König der 1. Dynastie von Babylon, ca. 1728–1686, bedeutendster Herrscher der altbabylon. Zeit (→Mesopot. Reiche B2). Als Stadtfürst von Babylon hatte er zunächst nur geringen Einfluß, vermochte aber nach dem Tode →Šamši-Adads I. von Assyrien (ca. 1716) seinen Machtbereich zu erweitern, was eine Koalition der Könige von Elam, →Ešnunna, Assur, Malgûm und der Königin von Nawar (im Iran) gegen ihn zusammenbrachte. Er siegte (ca. 1699) und konnte im folgenden Jahr →Rīm-Sîn von Larsa schlagen und damit fast ganz Babylonien in seine Hand bekommen. Nun wandte er sich gegen das bisher verbündete →Mari, eroberte es ca. 1692 endgültig, wenig später Ešnunna. Im Norden reichte sein Reich bis →Ninive. – Die eigentliche *Bedeutung* H.s liegt nicht so sehr in seinen Kriegszügen, in denen er sich das politische Intrigenspiel und Koalitionswesen zwischen Kleinkönigen geschickt zunutze machte, als vielmehr in seinen innenpolitischen Leistungen. Sein Programm enthält die *Stele* mit dem sog. Kodex H. (1901 in Susa gefunden), einer an Umfang und Inhalt gleich bedeutenden Sammlung von Rechtsvorschriften. Der Prolog verkündet das Programm: →Marduk, von den Göttern erhöht, setzt H. als Hirten der Menschen ins Königtum ein, damit er ‹Gerechtigkeit im Lande sehen lasse›. Die Rechtsvorschriften, ohne strenge Ordnung in 282 Paragraphen niedergelegt, entsprechen dieser Prämisse auf den Gebieten des Strafrechts, des bürgerlichen Rechts und des Handelsrechts, wobei – wohl archaisierend – drei Gesellschaftsklassen: Freie, Klienten und Sklaven, unterschieden werden. Die Strafen sind gegenüber älteren Gesetzeskorpora (→Urnammu; Gesetze von Ešnunna) härter (Talionsrecht; die Todesstrafe oft angedroht). Andererseits zeigen gleichzeitige Rechtsurkunden, daß das geltende Recht oft vom Kodex H. abwich, dieser also nicht verbindlich, sondern als Reformprogramm und zur Vereinheitlichung verschiedener Landesrechte gedacht war. Diesem Bestreben entspricht ferner seine Sprache, ein gepflegtes, ‹klassisches› Altbabylonisch, in dem auch die Briefe der Staatskanzlei abgefaßt sind. Diese Briefe (bisher ca. 150 bekannt) zeigen, daß H. als Landesvater die Versprechungen des Kodex H. sehr ernst nahm und sich aller Sorgen seiner Bürger – vor allem bei der Landverteilung an Veteranen – persönlich annahm. W. R.

Ed: Kodex H.: G. R. Driver-J. C. Miles, The Babylonian Laws, 2 Bde, 1952–55 – ANET 163–180 – Briefe: A. Ungnad, Babylon. Briefe, 1914, Nr. 2–58 – F. Thureau-Dangin, RAssyr. 21, 1924, 1–58 – *Lit:* H. Schmökel, H. v. Babylon, 1958 – *Abb:* s. zu →Mesopotam. Reiche G.

Hand Gottes, erscheint auf assyr. Obelisk als machtspendendes (Tiglatpileser I. vor Assur), in jüd. Kunst als lebenverheißendes (Dura Europos) →Symbol Gottes, auf röm. Münzen bei Bekränzung und Apotheose der Kaiser. Häufig wird sie im AT (bes. Ps. und Proph.) erwähnt und tritt in der altchristl. Kunst als bewahrendes (Abrahamopfer), gnadeanzeigendes (Opfer Abels; Noah; Abraham-Verheißung), führendes (Habakuk), gesetzgebendes (Moses)

Zeichen auf; in Verbindung mit Christus bei Himmelfahrt und Krönung (auch Bekränzung der Apostel), ebenfalls auf trinitarischen Bildern. U.F.

Lit: H. Heilmaier, Gottheit i.d. ält. christl. Kunst, 1920, 42ff. – H. Schrade, Zur Ikonogr. d. Himmelf. Christi, Vortr. Warburg, 1928/1930, 66ff. – DACL 10, 1, 1205ff. – A. Alföldi, Insignien u. Tracht d. röm. Kaiser, RM 50, 1935, 56 – A. Grabar, L'emp. d. l'art byz., 1936, 113ff. – K. Baus, Kranz in Ant. u. Christent., 1940, 303ff. – H. Schrade, Der verborg. Gott, 1949, Abb. 39 – RGG III 52.

Handel →Wirtschaft.

Handwerk → Gewerbe und Industrie.

Hanf (κάνναβις), ursprünglich im Orient kultiviert (worauf auch der Name deutet), wurde den Griechen spätestens im 6./5. Jh. bekannt. Der H. diente bes. für starke Stricke, bei den Thrakern auch für Stoffe, die mit Flachsgewebe (→ Leinen) konkurrierten. Durch die → Skythen wurden die Griechen mit dem ekstatischen H.-Rausch in der Schwitzhütte bekannt, der dort im Totenkult üblich war. Herodots Bericht (4, 74f.) darüber wurde durch die Funde in den ostskyth. Gräbern von Pazyryk im Altai bestätigt. Vgl. → Flora. J.W.

Lit: F. Orth, RE 7,2 (1912), 2313–16 – Hehn, 190–193 – J. Wiesner, Die Thraker, 1963, 32.

Hannibal, Karthager, Sohn des → Gesko, aus der Familie der Magoniden (→ Mago, 1); Suffet i.J. 410 v. Chr.; Führer der karthag. Expedition gegen Selinus und Himera (→ Diokles, 5), die i.J. 409/408 beide eingenommen und zerstört wurden. H. starb auf einer neuen Expedition nach Sizilien i.J. 406 an der Pest während der Belagerung von Akragas (→ Himilko, 2). R.V.C.

2. **H.,** Sohn des → Hamilkar (2) Barkas, 247/246–183, kam als Neunjähriger mit seinem Vater nach Spanien. Nach dem Tod seines Schwagers → Hasdrubal (1) wurde er dort vom Heer zum Oberbefehlshaber ausgerufen (221). Der Versuch, ganz Spanien zu unterwerfen, brachte ihn rasch in Gegensatz zu → Rom (I C 1). Die Eroberung Sagunts und die Vorbereitungen zum Angriff auf die Gebiete nördlich des Ebro lösten den 2. Pun. Krieg aus (218, → Karthago). Der geplanten röm. Offensive gegen Spanien und Afrika suchte H. durch den Zug nach Italien zuvorzukommen. Im Herbst 218 überschritt er die Alpen und verbündete sich nach dem ersten Erfolg über P. → Cornelius (26) Scipio am Ticinus mit den Kelten der Poebene. Seinem strategischen Genie waren die röm. Feldherrn nicht gewachsen. In den Schlachten an der Trebia (218, gegen Scipio und Tib. Sempronius Longus) und am Trasimenischen See (217, gegen C. → Flaminius) erzwang er sich den Weg in das eigentliche Italien und krönte die Reihe seiner Siege durch die Vernichtung des röm. Heeres unter L. → Aemilius (9) Paullus und C. → Terentius (3) Varro bei Cannae (216). Aber die Auswertung dieser Erfolge blieb ihm versagt. Rom gab nicht nach, H.s Appell an die Italiker fand nur in einigen Teilen Süditaliens Gehör, die neue, zuerst 217 durch Q. → Fabius (9) Maximus ‹Cunctator› erprobte Defensivtaktik der Römer gab ihm keine Gelegenheit zu großen Schlachten mehr. Auch das 215 geschlossene Bündnis mit → Philipp V. v. Makedonien brachte keine Hilfe, und die karthag. Operationen in Spanien, Sardinien und Sizilien (Syrakus) scheiterten. Die Eroberung Capuas (211) durch Q. → Fulvius (1) Flaccus, die H. auch durch seinen Zug gegen Rom (211) nicht hindern konnte, leitete die große Wende ein. H. wurde in die Defensive gedrängt, mußte seine Positionen in Kampanien, Apulien und Lukanien räumen und sich schließlich auf die Landschaft Bruttium zurückziehen. Zugleich begann seit 212 die Opposition in Karthago sich gegen ihn zu rühren. Als 207 die Entlastungsoffensive seines Bruders → Hasdrubal (2) scheiterte, wurde H.s Lage in Italien hoffnungslos. Nach der Landung des P. → Cornelius (30) Scipio ‹Africanus› in Afrika (204) wurde er 203 von der bedrohten Heimat zurückgerufen. Ein Jahr darauf unterlag er Scipio in der Schlacht bei Zama (202). Nach Kriegsende tat er in Karthago den Griff nach der Macht, aber bald nötigten ihn, im Bund mit Rom, seine heimischen Gegner zur Flucht. Am Hof → Antiochos' III. v. Syrien suchte er in der Folgezeit noch einmal eine Koalition gegen Rom zusammenzubringen, aber vergeblich. Nach L. → Cornelius (31) Scipios Sieg über Antiochos bei Magnesia (190) mußte er Syrien verlassen und fand schließlich Zuflucht bei → Prusias I. v. Bithynien. Dort gab er sich, um der drohenden Auslieferung an Rom zu entgehen, 183 selbst den Tod. – H.s Wirken ist bestimmt durch den Gegensatz zu Rom. In letzter Stunde hat er versucht, den Aufstieg Roms zu hemmen, hat es zum Kampf um Sein oder Nichtsein gezwungen und damit dem Krieg den Charakter einer grundsätzlichen Entscheidung gegeben. Seine Niederlage machte die Aufrichtung der röm. Weltherrschaft unwiderruflich. W.H.

Q: Polyb., bes. die Bücher 3, 9 und 15 – Liv., bes. die Bücher 21–30 – *Lit:* E. Groag, H. als Politiker, 1929 – W. Hoffmann, Hannibal, 1962 – Vgl. J. Kromayer, Ant. Schlachtfelder III, 1912, u. IV, 1924 – Ders., Schlachtenatlas zur ant. Kriegsgesch., Röm. Abt. Bl. 3–8, 1922ff. – Weiteres → Karthago.

Hannibalianus, Flavius. Sein Vater Dalmatius war Stiefbruder → Konstantins (1) d. Gr., der ihn mit seiner Schwester Konstantina vermählte und ca. 335, wohl im Hinblick auf den geplanten Perserkrieg, zum König von Armenien ernannte. Anfang 338 wurde H. von revoltierenden Soldaten in Konstantinopel ermordet. K.H.Sch.

Hanno, karthag. Seefahrer, versuchte 520/400 von Gades aus Afrika zu umschiffen, mußte jedoch nach Gründung mehrerer Kolonien vor einem heute noch nicht identifizierten Kap zwischen Cabo Verde und Kap Esterias (Gabun) umkehren. Die griech. Übersetzung seines Berichts, der ‹Periplūs Hannonis› (1. H. 4. Jh.), ist erhalten. Vgl. → Entdeckerfahrten. F.L.

Ed: GGM I 1–14.

2. **H.,** mit dem Beinamen ‹der Große›, karthag. Staatsmann in der 2. H. des 3. Jh.s v. Chr. Während der letzten Jahre des 1. Pun. Krieges erweiterte er als Stratege von Libyen die Herrschaft der → Karthager über das libysche Hinterland, legte aber gleichzeitig durch sein schroffes Vorgehen den Keim für den großen Aufstand in den Jahren nach 241. Bedeutend waren seine organisatorischen Fähigkeiten, aber an militärischer Begabung und staatsmännischem Weitblick war er seinem Rivalen → Hamilkar (2) nicht gewachsen. Während der 30er und 20er Jahre führte er in Karthago die Opposition gegen die → Barkiden und trat vor allem vor Ausbruch des 2. Pun. Krieges gegen → Hannibal (2) auf. W.H.

3. **H.,** einer der bedeutendsten Offiziere → Hannibals (2), befehligte in der Schlacht von Cannae den rechten Flügel des karthag. Heeres, operierte danach selbständig in Süditalien, wo er vor allem Bruttium und die Städte Lokroi und Kroton zum Anschluß an → Karthago brachte. W.H.

Haremheb (*Ḏsr-ḫprw-Rʿ-stp-n-Rʿ*, 1329–06), ägypt. König. Er war ursprünglich Offizier; unter dem jugendlichen Tutenchamun Generalissimus und Regent, stürzte er dessen Nachfolger Eje und bestieg selbst den Thron. Er liquidierte die Reformation Echnatons und kehrte zum traditionellen Glauben zurück; er förderte besonders den Ausbau des Reichsheiligtums Karnak. Bei der Reorganisation des Landes stützte er sich auf das Militär; auch setzte er einen Offizier zu seinem Nachfolger ein, der als → Ramses I. die Ramessidendynastie gründete. Ein erhaltenes Dekret wendet sich scharf gegen die Übergriffe der Beamtenschaft. W. Hk.

Harfnerlied. In ägypt. Privatgräbern des Neuen Reiches ist mehrmals bei Opfer- oder Gastmahldarstellungen ein Harfner (seltener Flötist) abgebildet, dem sein Lied beigeschrieben ist. Dieses schildert die Unsicherheit des Weiterlebens nach dem Tode und folgert daraus die Notwendigkeit, das Leben zu genießen. Dabei finden sich Angaben, daß der Urtext aus dem Grab eines Königs Antef (der 11. Dyn.) stammen soll. Die aus dem Lied sprechende skeptische Haltung paßt in diese Abfassungszeit, in der sich auch andere Literaturwerke mit der Nutzlosigkeit, ein Weiterleben sicherzustellen, auseinandersetzen. W. Hk.

Lit: M. Lichtheim, JNES 4, 1945, 178–212 – F. Wende, JNES 21, 1962, 118–128.

Harmodios, Athener aus dem Geschlecht der Gephyräer; verschwor sich mit → Aristogeiton gegen die Peisistratiden → Hipparchos (1) und → Hippias (1); beim Attentat gegen Hipparchos (beim Leokoreion, am Tage der Großen Panathenäen 514 v. Chr.) von dessen Leibwache niedergemacht. R.V.C.

Harmonia, Tochter des Ares und der Aphrodite, Gemahlin des → Kadmos (s. dort auch zu Halsband und Peplos der H.).

Harmonia, mehrdeutiger *Begriff* in der Theorie der griech. → Musik und Sprache. Ursprünglich gleichbedeutend mit ‹Gefüge›, wird er auf das Zusammenklingen verschieden hoher Töne übertragen, und zwar einerseits auf die ‹Mischung› gleichzeitig erklingender Töne in gewissen Intervallen, die dann als harmonische Konsonanzen kanonisiert wurden, wobei bes. die Oktave bei Philolaos die Bezeichnung H. schlechthin erhielt, andererseits auf die lineare Zusammenfassung nacheinander erklingender Töne (Melodie, *μέλος, μελῳδία*). Da diese sich in einem aus vielen einzelnen Tonstufen bestehenden Tonraum abspielt, bedeutet H. auch dessen systematische Ordnung in Tonleitern (Transpositionssysteme, *τόνοι, τρόποι*). Unter den Elementen der gesprochenen Sprache bedeutet H. die Tonhöhe gesprochener Silben und die Sprechmelodie. Damit tritt H. als Inbegriff der tonalen Erscheinungen in Sprache und Musik dem Rhythmus als Inbegriff der zeitlichen Erscheinungen gegenüber. – Als *Metapher* aus der Musik für die durch Vereinigung von Verschiedenem geschaffene einheitliche Ordnung wird H. in vielen Gebieten verwandt, so in der kosmischen Ordnung der Gestirnsphären, für arithmetische Verhältnisse, für psychologische, ethische und politische Zustände. G.W.

Lit: B. Meyer, ΑΡΜΟΝΙΑ, Diss. Freiburg/Schweiz 1932 – H. Hüschen, MGG V, 1956, 1588ff.

Harmosten hießen mindestens seit dem → Pelop. Krieg die ‹Befehlshaber› der von Sparta zum Schutze einzelner Städte oder ganzer Landschaften ausgesandten Truppen. Oft genug wurde aus dem Schutz die Herrschaft, aus dem Besatzungskommandanten ein tyrannischer Stadtherr. F.G.

Harpagos, Meder, Verwandter des Astyages, der ihm vergeblich den Auftrag gab, das Kind seiner Tochter Mandane, den späteren König Kyros, verschwinden zu lassen. Zum militärischen Ratgeber des Kyros geworden, unternahm er für ihn die Unterwerfung Ioniens, Kariens und Lykiens. – 2. Persischer Feldherr, der im ion. Aufstand → Histiaios gefangennahm und hinrichten ließ. G.R.

Harpalos, aus dem Fürstenhaus der Elimiotis, Jugendfreund → Alexanders (5) d. Gr. und unter ihm dann Reichsschatzmeister; floh 333 aus unbekanntem Grund nach Megara. Zurückberufen, verwaltete er die Schätze des eroberten Reiches zuerst in Ekbatana (wo er vielleicht an der Ermordung → Parmenions beteiligt war), dann, in überschwenglichem Luxus lebend, in Babylon. Als zwei seiner Landsleute der Säuberung von 324 zum Opfer fielen, floh er mit seinen Söldnern und Schätzen nach Athen. Nur als Flüchtling zugelassen, blieb er dort einige Wochen in Schutzhaft, entkam durch Bestechung (u.a. des → Demosthenes, 1) und wurde in Kreta, wo er sich festsetzen wollte, ermordet. Antimenes v. Rhodos war sein Nachfolger am Hof.

Lit: Berve II 75ff. – E. Badian, Harpalus, JHS 81, 1961, 16–43.

Harpalyke, Tochter des thrak. Königs Harpalykos, von ihm so gut zu einem Leben mit Waffen erzogen, daß sie ihn in einem Krieg gegen die Geten verteidigen und, als er durch einen Aufstand in die Wälder getrieben worden ist, von ihrer Jagd und ihren Räubereien ernähren kann, bis Hirten und Jäger sie in einem Netz fangen und töten. Die heftigen Kämpfe um die bei ihr gefundene Jagdbeute forderten allerdings noch einige Tote. Der H. wurde ein Kult eingerichtet. – H. heißen auch die von ihrem Vater geliebte Tochter des → Klymenos und eine zurückgewiesene Verehrerin des → Iphikles.

Q: Verg. Aen. 1, 315ff. mit Schol. – *Lit:* ML I 1835ff.

Harpokrates, → ‹Horus als Kind›, in *Ägypten* seit Ende des Neuen Reiches verehrt (verknüpft mit Amun, Chnum, → Min u.a.), breitet sich mit dem Kult von Isis und Sarapis aus; für die *Griechen* Sonnen- und Fruchtbarkeitsgott: *Karpokrates* (Aretalogie von Chalkis), dargestellt als Kind im Schoß der Isis oder mit Finger am Mund (dazu Plut. mor. 378, falsch). C.J.C.

Lit: R. Harder, Karpokrates von Chalkis, SB Berlin 1943, 14 (1944).

Harpokration, Lexikograph, wahrscheinlich 2. Jh. n. Chr., Verfasser eines Lexikons zu den 10 (als klassisch geltenden) Rednern. Das Werk enthält Wort- und Sacherklärungen in (nicht strenger) alphabetischer Reihenfolge. Die für Gerichtswesen, Verfassung, Kulturgeschichte, Topographie und Sprache Athens wichtigen Artikel entstammen den Werken hervorragender Gewährsleute (Historiker, → Aristoteles, → Atthidographen, → Eratosthenes, → Apollodor, → Didymos). – Die Überlieferung ist geteilt: einer vollständigen, nur in jüngeren Hss. erhaltenen Fassung steht die sog. ‹Epitome› gegenüber, die schon in den Zitaten der Lexika des 9. Jh.s nachweisbar ist. Moderne Ausgabe und erschöpfende Quellenanalyse fehlen. → Lexikographie. H.E.

Ed: I. Bekker, 1833 – Zuletzt W. Dindorf, 1853 – *Lit:* H. Schultz RE 7,2 (1912), 2412–16 – F. Jacoby zu FGrHist 244, 208–212 – G. Wentzel, SB Berlin 1895, 480.

Harpyien (*῞Αρπυιαι*, ‹Räuberinnen›, aber auch ‹Sturmwinde›), nach der bei Homer (Od. 20, 66ff.) und Hesiod (theog. 267) und in ihren Namen: Aello, Okypete, Kelaino, Podarge greifbaren Vorstellung Windgeister, die z.B. die Töchter des → Pandareos entführen; nach den Darstellungen (s.u.) Vögel mit Frauenköpfen, d.h. Seelenvögel wie die → Sirenen und wie diese den Seelen der Lebenden gefährlich; nach einer anderen Vorstellung widerliche Wesen nach Art von Aasvögeln, die Nahrung stehlen oder völlig besudeln; diese H. plagen → Phineus (Apoll. Rhod. 2, 188ff.), bis die → Boreaden sie vertreiben, und → Aeneas (Verg. Aen. 3, 210ff.). L.H.

Darstellungen: Sie erscheinen paarweise als Flügelmädchen, meist von den Boreaden verfolgt. Unsicher ist die Benennung der Vogelmädchen, die Menschen forttragen, z.B. auf dem sog. Harpyienmonument von Xanthos. – *Lit:* G. Cressedi, Arpia, EAA I, 1958, 670f. K. Schf.

Haruspices, etrusk. Seher; sie beobachteten und deuteten die Blitzschläge, vor allem aber wirkten sie als Experten der nach ihnen ‹haruspicina› genannten Weissagung aus den Eingeweiden von Tieren, die eigens zur Befragung der Götter geopfert wurden (hostiae consultatoriae; → Mantik; → Hieroskopie). Die Leber dieser Tiere galt als Mikrokosmos, der den allgemeinen Zustand der Welt widerspiegelte. Die H. wußten, wie Wunderzeichen zu deuten und in Ordnung zu bringen waren. In Etrurien waren es angesehene Leute aristokratischer Herkunft; in Rom aber mißtraute man diesen Fremden, die man nur im Falle gefährlicher und schwer deutbarer Prodigien herbeirief; gemäß den → responsa, die sie dem Senat gaben, veranstalteten die röm. → Priester → Sühnezeremonien (vgl. bes. Ciceros Rede har. resp.). Es gab auch in Rom ansässige H., doch waren es meist Schwindler; Cato (bei Cic. div. 2, 51) wunderte sich, daß H. einander ohne zu lachen begegnen konnten. Feldherren und Provinzgouverneure nahmen H. mit sich. Doch sind die H. erst gegen Ende der Republik zu einem Kollegium von 60 Mitgliedern zusammengefaßt worden. Durch Kaiser → Claudius wurde es im Jahre 47 n. Chr. reorganisiert (Tac. ann. 11, 15). Zu ihrem weiteren Fortbestehen → Etrusker B [10]. H. Le B.

Hasdrubal, Schwiegersohn des → Hamilkar (2) Barkas, gest. 221 v. Chr., kam als Führer des Demos von → Karthago empor, schloß sich Hamilkar an und ging mit diesem nach Spanien. Nach dessen Tod (229) übernahm er dort die Herrschaft, schob sie tief in das mittlere Spanien vor und gründete die Stadt → Karthago Nova (Cartagena). Das veranlaßte die Intervention Roms (um 226). H., der einen Konflikt vermeiden wollte, verpflichtete sich in einem Vertrag, keinerlei militärische Operationen nördlich des Ebro durchzuführen, aber er gab damit den Römern die Möglichkeit, sich künftig in die spanischen Angelegenheiten einzumischen. Fünf Jahre später wurde er von einem Spanier ermordet. W.H.

2. **H.**, zweiter Sohn des → Hamilkar (2) Barkas, gest. 207 v.Chr., wurde 218 von seinem Bruder → Hannibal (2) als Oberbefehlshaber in Spanien eingesetzt, war aber, aufs Ganze gesehen, der ihm zugedachten Aufgabe nicht gewachsen. Außerstande, die Festsetzung der Römer unter den beiden Scipionen (→ Cornelius (26) Scipio) in den Gebieten nördlich des Ebro zu verhindern, mußte er zulassen, daß Spanien zum Kriegsschauplatz wurde. Seit 211, nach dem Sieg über die röm. Heere, begann → Hasdrubal (3), der Sohn des Giskon, seine Stellung zu unterminieren. Ihr Zwist gab P. → Cornelius (30) Scipio die Möglichkeit, die Stadt Neukarthago zu erobern (209), und H.s Versuch, in der Schlacht von Baecula (208) das verlorene Terrain zurückzugewinnen, scheiterte. Er zog mit seinem Heer nach Italien, um sich dort mit Hannibal zu vereinigen. Als er in Mittelitalien eindrang, verlor er 207 in der Schlacht am Metaurus gegen C. → Claudius (17) Nero und M. → Livius (5) Salinator Heer und Leben. Vgl. → Karthago. W. H.

Lit: → Hannibal (2).

3. **H.**, Sohn des Giskon, gest. 203 v. Chr. (?), stammte aus einer vornehmen karthag. Familie, trat seit 212/211 als Rivale des → Hasdrubal (2) Barkas in Spanien hervor, riß dort nach dessen Abzug die Führung an sich, konnte sich aber gegen P. → Cornelius (30) Scipio nicht behaupten. Bei Ilipa geschlagen (206), ging er nach Afrika zurück. Dort gelang es ihm, den König → Syphax, dem er seine Tochter → Sophonisbe vermählte, für → Karthago zu gewinnen. Mit ihm zusammen leitete er nach der Landung Scipios in Afrika Friedensverhandlungen ein, aber ohne Erfolg. Nach dem Überfall der Römer auf das karthag.-numidische Lager im Frühjahr 203 wurde er einen Monat später auf den ‹Großen Feldern› erneut geschlagen und fand danach den Tod. W.H.

Lit: → Hannibal (2).

4. **H.**, karthag. Feldherr, wurde 150 v. Chr. als Führer des karthag. Aufgebots von → Massinissa besiegt (150 v. Chr.). Auf Grund eines röm. Ultimatums aus → Karthago vertrieben, kehrte er nach der Kriegserklärung zurück und leitete, zunächst vom Binnenland aus, später in der Stadt selbst den Kampf gegen die röm. Belagerungsarmee. Unmittelbar vor dem Fall der Burg ergab er sich dem röm. Feldherrn P. → Cornelius (29) Scipio Aemilianus. W.H.

Hase. Der H., im Mittelmeerraum und in den Nachbargebieten mit verschiedenen Arten verbreitet, war als begehrtes Jagdwild seit der Frühzeit bekannt. Man jagte ihn mit Hasenschlägern (*λαγωβόλον*) und Netzen mit Hilfe von Hunden. Wegen seiner vielen Feinde galt der H. als Inbild der gehetzten Kreatur, die sich nur mit großer Vermehrung erhalten konnte (Hdt. 3, 108). So wurde er zum lebengebenden Symbol. Daher begegnet er im Bereich der Aphrodite, als Liebesgeschenk auf Vasen, in hellenist. Stilleben (Glückssymbolen) und in der Gräberwelt. Die Verbindung mit Artemis ist nicht eng, wie überhaupt eine feste Zuordnung zur Götterwelt im Mythos fehlt. Das Sternbild H. nahe dem Jäger Orion und dem Hundsstern vervollständigt das Bild der himmlischen Jagd. Vgl. → Fauna; → Jagd, → Sternmythen. J.W.

Lit: Keller, Tierwelt I 210–217 – H. Gossen, RE 7,2 (1912), 2477–86 – J.J. Bachofen, Ges.Werke VII, 1958, 543 – E.R. Goodenough, Jewish Symbols 1956/58, 8, 53 ff. – Schefold, Mw, 16 – H. Potratz, Bär und Hase in der Bildkunst des alten Luristan, AfO 17, 1954/56, 121–128.

Haselnußstrauch. Die Benennungen der Frucht: *κάρυον Ποντικόν, βασιλικόν* oder *Περσικόν*; auch *Ἡρακλεωτική καρύα* (nach → Herakleia a. P.) weisen auf Kleinasien oder das vom pers. Großkönig beherrschte Pontosgebiet als Ursprungsland des wilden und kultivierten H.es, dessen Früchte schon im Altertum einen bedeutenden Exportartikel Kleinasiens bildeten. Auch den Römern war diese Herkunft des H.es (corylus) bekannt, dessen Frucht nach der kampan. Stadt Abella nux Abellana hieß. Der H. galt bei den Römern als glückverkündend. Die Überlieferung deutet auf Konkurrenz mit → Mandel- und → Walnußbaum sowie → Kastanie, Vgl. → Flora. J.W.

Lit: Stadler, RE 7,2 (1912), 2486–89 – Hehn, 394f.

Hasmonäer → Makkabäer.

Hasta pura, Ehrenlanze, alte röm. Kriegsauszeichnung, bes. für Reiter; im Heer der Kaiserzeit als die für den → Ritterstand kennzeichnende → Auszeichnung an Offiziere vom → Centurio an aufwärts verliehen (→ Corona). E.Bay.

Lit: A. Alföldi, Hasta, Summa Imperii, AJA 63, 1959, 1–27.

Hastati, das erste, aus den jüngsten Jahrgängen der iuniores bestehende (mit → Pilum und Schwert, nicht mit der Stoßlanze, hasta, ausgerüstete) Treffen der röm. → Legion in der Zeit der → Manipulartaktik. – Vgl. → Principes, → Triarii. E.Bay.

Haterier-Grab, Rom, Lateran, gefunden 1848 vor Porta Maggiore (Kt. 2659). Reliefs: Errichtung eines Grabbaus, Büsten der Verstorbenen, feinste flavische Ornamente, von denen Wickhoff beim Nachweis röm. künstlerischer Eigenart ausging. Um 110 n. Chr. H.v.H.

Lit u. Abb: F. Wickhoff, Die Wiener Genesis, 1895, 30–38 – Kähler 245–49, Taf. 157–58 – G. Ambrosetti, EAA III, 1960, 1112 ff., Abb. 1421–23.

Haterius, Q., aus senatorischer Familie, mit dem Kaiserhause verschwägert, von → Livia protegiert, 5 v. Chr. cos. suff., gest. 26 n. Chr. im Alter von fast 90 Jahren. H. mißfiel nicht nur dem → Tiberius durch würdelose Schmeicheleien (Tac. ann. 1, 13; 3, 57, 2). Er war als Stegreifredner berühmt (→ Augustus sagte über ihn: «Unseren H. muß man bremsen»), der sich in seinem Umgestüm an keine Disposition hielt und sich auch nicht scheute, verpönte Worte zu gebrauchen. Der ältere → Seneca (1) hat die Art seiner Beredsamkeit lebendig charakterisiert (contr. 4 praef. 6–11) und einige Proben bewahrt. Da H. nur durch das gesprochene Wort imponierte, wurde er als Redner nach seinem Tode rasch vergessen (Tac. ann. 4, 61). R.T.

Frg: ORFr (Meyer) 525–527 – *Lit:* R. Syme, Tacitus 1958, I, 325; II, 580.

Hathor, ägypt. Göttin. Ursprünglich Personifikation der kgl. Palastes, wurde sie zur Himmelsgöttin und konnte, da der Himmel als Kuh gedacht werden konnte, Kuhgestalt annehmen. Meist ist sie aber nur mit Kuhohren und -gehörn und der Sonnenscheibe dazwischen dargestellt. Sie trägt mütterliche Züge: sie kann als mythische Mutter des Königs wie des Sonnengottes auftreten. Zahlreiche Baumgottheiten, aber auch andere weiblich gedachte Göttinnen übernahmen den Namen der H., so die Sykomore südlich von Memphis (im A.R. beliebt) oder (im N.R.) die Kuhgöttin von Deir el-Bahari, die Schützerin der Toten. Berühmt war die H. von Dendera, der ein ‹Fest der Trunkenheit› gefeiert wurde. Den Griechen galt sie als Aphrodite (Hdt. 2, 41). – Die sog. ‹*Hathorkapitelle*› (an Säulen in der H. geweihten Tempeln oder Kapellen) zeigen anstelle von Pflanzenschmuck Gesichter der Göttin. Sie führen die Form des uralten Bildes einer Kuhgottheit fort. W. Hk.

Hatra (syr.-aram. ḥaṭrā, arab. al-ḥaḍr), 80 km südwestl. von Mosul, im 2./3. Jh. n. Chr. unter einer aram. Dynastie bedeutende Handelsmetropole (wie → Palmyra) und Hauptstadt eines kleinen Staates unter parth. Oberhoheit, durch den → Sassaniden → Šapur I. um 240 n. Chr. erobert, im 4. Jh. verlassen. Die Ausgrabungen (Königspalast) zeigen ähnlich wie in → Dura-Europos und → Palmyra das

Bild einer Mischkultur, in der sich starke hellenist.-röm. Einflüsse mit iran. (parth.) Elementen verbinden. G. Wn.

Lit: Th. Nöldeke, Gesch. der Perser und Araber z. Z. der Sassaniden, 1879, 33–39 – W. Andrae, H., 2 Bde, 1908–12 – Streck, RE 7,2 (1912), 2516–23 – H. Ingholt, Parthian Sculptures from H., 1954 – E. Will, Art parthe, Annales de l'Est 22, 1959, 125ff. – D. Homès-Fredericq, H. et ses sculptures parthes, Istanbul, 1963.

Hatschepsut, ägypt. Königin, 1490–68, Tochter Thutmosis' I., Gemahlin Thutmosis' II. und Regentin für den minderjährigen Thutmosis III., erklärte sich aber im 2. Jahr ihrer Regentschaft zum König und Mitregenten. Sie betrieb eine betonte Friedenspolitik und gab die syr. Besitzungen auf; daher stürzte sie in ihrem 22. Jahr Thutmosis III., als die Gefahr eines Angriffs der → Mitanni auf Ägypten selbst bestand. Ihr Andenken wurde verfolgt, doch sind zahlreiche Statuen von ihr sowie ihr Totentempel von Deir el-Bahari (West-Theben) und Bauten in → Karnak (Obelisken) erhalten geblieben. W. Hk.

Lit: S. Schott, Zum Krönungstag der Königin Hatschepsut, Nachr. Gött., 1955, 6.

Ḫattuša, Hauptstadt des Ḫatti-Reiches, bei dem türk. Dorf Boğazköy in Kleinasien (Kt. 1920a C 1). Name ist nicht-idg. Herkunft mit hethitischer Endung. Erste, aber legendäre Erwähnung eines Königs Pamba von Ḫatti in einem → Sargon von Akkad zugeschriebenen Text. Einheimisches Fürstentum *Ḫatti* belegt im Tatenbericht des Anitta von Kuššar, der Ḫattuša zerstört (2. H. 18. Jh.). Der Sohn des als ‹Reichsgründer› geltenden Labarna, Ḫattušilis I., machte Ḫattuša Ende d. 17. Jh.s zur Residenz der Großkönige von Ḫatti und damit zum staatlichen Mittelpunkt der idg. sprechenden → Hethiter. Sie blieb es mit einer kurzen Unterbrechung unter Muwatalli, der den Hof um 1300 nach Dattašša zog, bis zum Ende des ‹Neuen› Ḫatti-Reiches um 1183 v. Chr. Mit der gleichzeitigen Zerstörung der Stadt verschwindet auch ihr Name. – Die Stadt erwuchs am Ausgang des 3. Jt.s auf der Kuppe Büyükkale als Burgsiedlung, an welche sich bald am NW-Fuß ein suburbium anschloß; in diesem wohnten im 18. Jh. auch einige altassyr. Kaufleute, deren Namen aus ihren Geschäftsurkunden (sog. ‹Kappadokische Tontafeln›) bekannt sind. Diese blühende Siedlung fand mit der Burg ein Ende in der Zerstörung durch Anitta. Danach folgte eine langsame Erholung, im 16. Jh. wurde die Stadt befestigt. Nach einer schwerwiegenden Zerstörung um 1400 erfolgte im 14. Jh. unter Šuppiluliumas und Muršilis II. ein erster großzügiger Ausbau, bei dem auch der monumentale Tempel des Wettergottes des Landes Ḫatti in der Unterstadt errichtet wurde. Im 13. Jh. wurde die Burg großzügig zur Residenz ausgebaut und die Stadt weit nach S erweitert, zugleich durch eine 6 km lange, mit Türmen und parabolischen Toren versehene Stadtmauer bewehrt. Auf der Burg und in der Stadt wurden mehrere große Tontafelarchive angelegt. – Nach der Zerstörung um 1183 waren Burg und Teile des Stadtgebietes vom 9. bis zum 4. Jh. wieder von einer zeitweise bedeutenden ‹phrygischen› Siedlung besetzt. – Entdeckung durch Texier 1834. Ausgrabungen durch Winckler, Makridi und Puchstein 1906–1912, durch Bittel 1931–1939 und seit 1952. → Hethiter; → Kleinasien; → Anatolien. F. F.

Lit: O. Puchstein-D. Krencker-H. Kohl, Boghasköi, die Bauwerke, WVDOG 19, 1912 – K. Bittel-R. Naumann, Bogazköy-Hattusa, WVDOG 63, 1952 – K. Bittel, Ausgrabungen in Bogazköy, in: Neue deutsche Ausgr. im Mittelmeergeb. u. im Vord. Orient, 1959, 89ff.

Ḫattusilis, Name → hethitischer Könige: Ḫ. I., etwa 1550 v. Chr., König von Kussar, verlegte die Residenz nach Ḫattuša und stieß zum erstenmal nach Syrien (Aleppo) und über den Euphrat gegen die → Churriter vor. – Ḫ. II., etwa 1415 v. Chr., verlor Aleppo, das sein Vater Tudhalija II. erobert hatte, an die Churriter. – Ḫ. III., etwa 1275–50, schloß mit → Ramses II. Frieden (1269) und verheiratete an ihn zwei seiner Töchter. Seine Frau war Puduhepa, Tochter eines Priesters aus Kizzuwatna, also wohl Churriterin. Er selbst war durch einen Aufstand gegen den rechtmäßigen König Urhi-Tešup auf den Thron gekommen. Zur Beruhigung seiner Gewissensskrupel veröffentlichte er eine Rechtfertigung, die seinen Aufstand als Befehl der Sonnengöttin von Arinna hinstellt. W. Hk.

Hauron (griech. Hauronas), unlängst bekannt gewordener semit. Gott, wohl ähnlich → Melqart Unterwelts- und Fruchtbarkeits- bzw. chthonischer Heilgott (wie Ešmun), seit 15. Jh. belegt in → Ugarit (später in Phönizien) und Ägypten (→ Horus gleichgesetzt); auf Delos mit Herakles als Gott von Jamnia geehrt. C. J. C.

Lit: F. W. Albright, Die Religion Israels, 1956, 95f. – Inscr. Délos 2308.

Haus *und Palast*

A. Griechenland: [1] Ovalhaus, Megaron – [2] Pastashaus – [3] Peristylhaus – [4] Palast – B. Italien und Rom: [1] Vorgeschichte – [2] Etrusker – [3]–[8] Typen der Republik und Kaiserzeit: [3] Domus – [4] Villa urbana – [5] Villa suburbana – [6] Villa rustica – [7] Palast – [8] Städt. Mietshaus – [9] Bedeutung.

A. Griechenland. [1] Nach der hohen Blüte des Wohnbaus in der → kret.-myk. Kultur folgt nach der → Dorischen Wanderung ein Zurücksinken zu einfachsten Frühformen in geometrischer Zeit. Am Anfang stehen einräumige, isoliert gebaute *Ovalhäuser* mit gewalmtem Schilfdach; unter dem von Pfosten getragenen Firstbalken des offenen Dachstuhls ein kleiner, giebelförmiger Rauchabzug (Modell aus → Samos; H. in Altsmyrna I: Lehmziegel, ein Pfosten in der Längsachse. H. in Athen, 11 × 5 m, Herd in der Mitte, Steinbänke ringsum, Lehmziegel über Steinsockel). Daneben hält sich das mittelhelladische → *Megaron*, oft mit *apsidialer Rückseite* (Antissa auf → Lesbos und → Thermos, beides Tempel?), vor allem bei anspruchsvolleren Bauten. Hierher gehört auch das homerische Herrscherhaus: rechteckiges Megaron mit Vorsaal, Hauptsaal mit zentralem Herd und offenem Dachstuhl, dessen Firstbalken auf Mittelstützen auflag. Archäologische Evidenz fehlt, doch bieten die geometrischen → Tempel von → Samos, → Thermos und → Sparta, alles Langräume mit Mittelstützen, gute Analogien (→ Architektur 1 c.). In den wahrscheinlich flach gedeckten Tempeln von Prinias und Dreros auf Kreta begegnet gleichfalls ein zentraler Opferherd und Mittelstützen. Tonmodelle aus Perachora (→ Peraion) und Argos bezeugen für spätgeometrische Zeit Giebeldächer, ringsum als Gesims erscheinende Decken und von 2 Säulen getragene Vorhallen – Elemente, welche die Tempelarchitektur weiterführt. Neben diesen freistehenden Bauten hat sich auf Kreta (Hagios Elias) und Rhodos (Vroulia) die gedrängte Bauweise minoischer Siedlungen gehalten (Gruppen mehrräumiger H.er, z. T. zweistöckig, dazwischen enge Gassen), die seit dem 7. Jh. in engeren städtischen Siedlungen vorzuherrschen beginnen (→ Stadt I C). Das Megaron tritt dagegen im Privatbau zurück, scheint sich aber für das Herrscherhaus behauptet zu haben (Larisa: der

Abb. 85 Lageplan von Larisa am Hermos: P alter Palast, M Megaron, M¹ jüngere Erweiterung.

‹Alte P.›, Mitte 6. Jh., Abb. 85: ein Querbau mit einer viersäuligen Vorhalle, von 2 Türmen flankiert, unterliegt östl. Einfluß. Vor 500 wird ein großes Megaron erbaut, das später unter pers. Einfluß durch vier um einen Hof gruppierte → Liwane erweitert wurde. Im 4. Jh. folgt ein größerer, Megaron und Peristylhof verschmelzender P. (Eine ähnliche P.gruppe in → Vouni auf Cypern.) Die unregelmäßigen H.grundrisse des 6. und 5.Jh.s, deren Räume in der Regel einen Innenhof umgeben (z.B. H. in Dystos auf → Euboia, mit zwei Höfen; H. in → Athen) erfahren in der hippodamischen Stadt mit ihren rechtwinkligen Einheitsgrundstücken eine gewisse Straffung, jedoch keine Umformung.

[2] In → Olynth (Abb. 86), wo über 100 H.er freigelegt wurden, begegnet erstmals ein fester Typus, das *Pastas-Haus*; durchwegs etwa 17 × 17 m große, zweistöckige Häuser, mit ca. 290 m² Grundfläche und ca. 500 m² Wohnfläche (ohne Hof), nach heutigen Begriffen geräumig. Eine kleine Eingangshalle, das *Prothyron*, führt meist von der südl. Gasse in einen gepflasterten Hof (Aulē), der an einer oder mehreren Seiten von Säulengängen umgeben ist. Die → Treppe zum Obergeschoß liegt in einer Ecke des Hofes. Nördl. folgt eine meist durch die ganze Breite des Hauses reichende Querhalle *(Pastas)*, an die nach N. die wichtigsten Wohnräume grenzen: Der Hauptraum *(Oikos)* mit Herd, daneben eine kleine Küche *(Optanion)*, durch die auch der Rauch vom Oikos abzog, und bisweilen ein Badezimmer *(Balaneion)* sowie weitere Wohnräume *(Diaiteria)*; Latrinen fehlen. Unmittelbar am Hof, möglichst nah am Eingang, oft durch einen eigenen Vorraum ausgezeichnet, pflegt der Speise- und Gesellschaftsraum der Männer *(Andron)* zu liegen. Auf einem erhöhten Estrich längs der Wände standen → Klinen, die Mitte schmückte oft ein → Kieselmosaik. Im Hof oder in der Pastas stand der H.altar. An die Hauptstraßen schlossen sich gelegentlich *Läden*, vom Wohnteil völlig getrennt. Fundamente und Wandsockel ca. 50 cm stark, aus Bruchstein, darüber verputzte oder stuckierte Lehmziegelwände (vorherrschend rot, daneben weiß und blau, am Wandfuß durch Ritzlinien Quaderwerk vorgetäuscht). Die Räume öffnen sich durchwegs zum Hof und Pastas, nur wenige Fenster zur Straße. Das Pultdach war mit lakonischen Tonziegeln gedeckt.

[3] Das *Peristylhaus*, in dem sich → Säulenhallen um alle 4 Seiten des Hofes schließen, begegnet in Olynth nur an wenigen reicheren H.ern (H. des Schauspielers). Die hellenist. H.er von Delos zeigen, wie der *Peristylhof*, bisweilen verbunden mit der Pastas, sich durchsetzt und wie zugleich der Reichtum der Ausstattung mit farbigem Stuck und → Mosaiken zunimmt (Abb. 87). Die ärmeren H.er mit schmucklosen Innenhöfchen und wenigen Zimmern fallen dagegen ab. – Der *Hof* ist auch in Ostionien das planbildende Element. In Kolophon sind um den Hof verschiedene Räume regellos gruppiert, unter denen der zweistöckige, reich geschmückte Andron hervorsticht. Priene zeigt den normalisierten H.bau (Abb. 88f.) der hippodamischen → Stadt (I D). Hier dominiert das Megaron, mit seiner Prostas (Vorhalle mit 2 Säulen zwischen Anten; danach ‹*Prostas-Haus*›), die nördl. Seite des Hofes einnehmend, zu dem auch die übrigen, niedrigeren Räume sich öffnen. Der Eingang (Prothyron) liegt oft seitlich und stets so, daß er keinen direkten Einblick in den Hof bot. Symmetrische Raumanordnungen sind bewußt vermieden. Seit dem 3.Jh. setzen sich Peristylanlagen (häufig nachträglich eingebaut) durch; die Prostas, die sich dem meist zweigeschossigen Säulenring nicht einordnen läßt, wird damit aufgegeben. – Verbindliche *Gesetze* des Wohnbaus lassen sich vorläufig nicht erkennen, jedoch scheint sich das Peristyl-H. von Athen und der Peloponnes, das Pastas-H. von Nordgriechenland aus zu verbreiten, während das Megaron-H. sich stärker im Osten behauptet hat; dabei variieren und mischen sich die Typen. Allgemein bildet ein Hof das Zentrum des griech. H.es, sind die Räume eher nebeneinander als hintereinander gereiht, ist die Straßenseite schlicht und ohne Fassade, wird Symmetrie und Axialität gemieden.

[4] Der *Palast*, welcher der demokratischen klassischen Epoche kein Anliegen war (vgl. aber oben A 1), gewann im *Hellenismus* an Bedeutung. Das in dieser Zeit bevorzugte *Peristyl* findet auch hier Anwendung. Bei Palatitsa ein stattlicher makedon. P., 1.H. 3.Jh.: Peristylhof mit 16 × 16 Säulen, ca. 45 × 45 m; umgeben von prachtvollen Räumen: 10 m breite Eingangshalle in der Mittelachse der O-Seite, daneben ein Rundraum für den Ahnenkult (?), mit schönen Kieselmosaiken geschmückte Empfangsräume. An der W-Seite zwei 14 × 14 m große Bankettsäle, Wohnräume im Obergeschoß. Die Außenfront wird nach O und N durch ca. 100 m lange Hallen betont. Ähnliche, aber kleinere frühhellenist. Herrschaftsvillen wurden bei Pella gefunden. – Die drei Königs-P.e von → Pergamon (Abb. 212) wirken dagegen zurückhaltend; der größte, von → Eumenes II. 1.H. 2.Jh. erbaut, steht z.B. der bürgerlichen ‹Casa del Fauno› in → Pompeji an Größe und Raumzahl nach. Um den 22 × 22 m großen Peristylhof von 10 × 10 Säulen legen sich mit willkürlicher Außenkontur verschiedene Säle und Zimmer. Der Zugang liegt in der NW-Ecke. Der repräsentative Charakter des Palastes von Palatitsa (axialer Eingang, Säulenfassaden) fehlt hier, wo als monumentale Aufgaben die Heiligtümer größeres Gewicht hatten. – *Typologische Vorläufer* dieser Peristyl-P.e sind das Bankett-haus (schon im 6.Jh. mit Peristylhof im Heraion von → Argos) und verwandte Kuranlagen in Asklepios-Heiligtümern (z.B. → Troizen: Peristylhof mit Schlaf- und Speise-

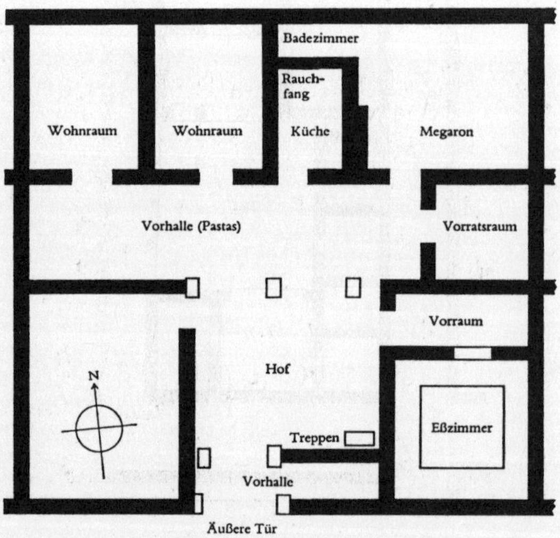

Abb. 86 Grundriß des Pastashauses (Olynth)

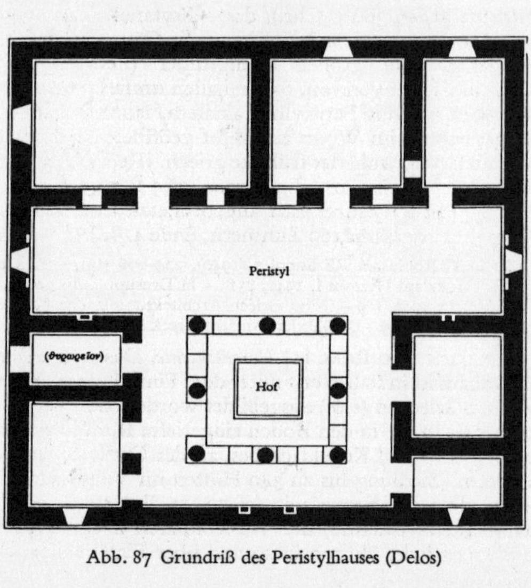

Abb. 87 Grundriß des Peristylhauses (Delos)

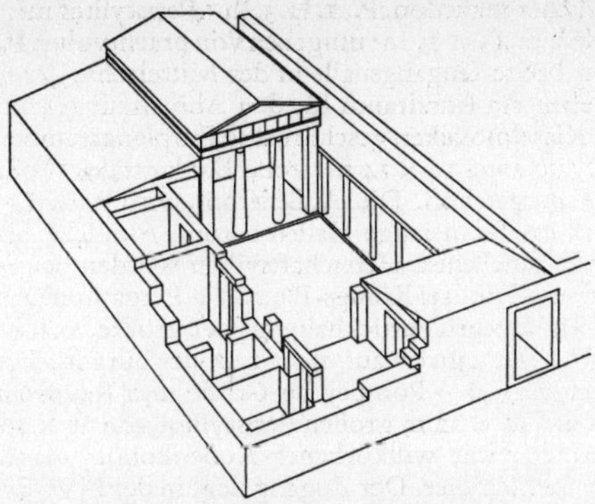

Abb. 88 Rekonstruktion des Prostashauses (Priene)

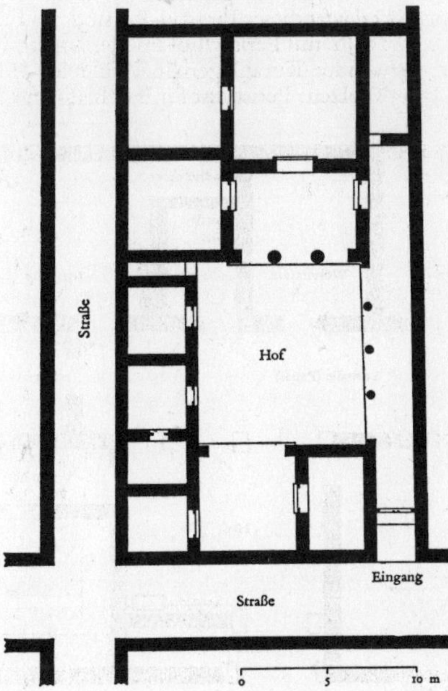

Abb. 89 Grundriß des Prostashauses (Priene)

räumen; gegen 300 v. Chr.), das → Prytaneion als Staatshaus der demokratischen Polis und die Gästehäuser (‹Katagogeion›) der großen Heiligtümer (Leonidaion in → Olympia, ein von ion. Säulenhallen umfaßter Bau von 74 × 80 m, mit dor. Peristylhof, axialem Haupteingang von O; gegenüber im W ein zum Hof geöffneter Säulensaal, kurz nach 338, wohl der früheste griech. ‹Repräsentationsbau›. Katagogeion in → Epidauros, 76,3 × 76,3 m, zweistöckig, mit 4 symmetrisch angeordneten dor. Peristylhöfen und insgesamt 160 Zimmern, Ende 4. Jh.). G. Gb.

Lit: D. M. Robinson, RE Suppl. 7 (1940), 224–278 (Lit) – K. Schefold, Larissa am Hermos I, 1940, 83 ff. – H. Drerup, Zum geometr. H., MWPr 1962, 1–9 – Ders., Griech. Architektur zur Zeit Homers, AA 1964, 180–219 – B. C. Rider, Ancient Greek Houses, 1964.

B. Italien und Rom. [1] *Vorgeschichte.* Das mehrzellige Wohnhaus ist in Italien erst unter dem Einfluß der → Etrusker und Griechen (s. o.) ausgebildet worden. Seit neolithischer Zeit ist die in den Boden eingetiefte Rundhütte von ca. 2–7 m ⌀ mit Kegeldach bes. an der Ostküste Italiens vertreten (Siedlung bis zu 340 Hütten im Valle della Vibrato). Für die Bronzezeit (ca. 18–11. Jh.) sind bes. die Pfahlbauten (palefitte) der → Terramaren in Oberitalien charakteristisch: Holzgerüstbauten über Plattformen, die von tief in den Boden gerammten Pfählen getragen werden. In der *Eisenzeit* (→ Villanova; ca. 11.–8. Jh.) ist neben Rund- und Ovalhütten der Rechtecktypus des Holzgerüstbaues am stärksten verbreitet. Aus dem 8. Jh. v. Chr. stammen die Spuren der ältesten Siedlung auf dem Palatin; davon die besterhaltene Hütte: ca. 4,9 × 3,6 m, bis 90 cm in den Felsen eingetieft, 4 Eck-, 3 Seiten-, 1 Mittel- und 2 Türpfosten, Lehmbewurf, Walm- und kleines Vordach; Herdstelle. Rund, oval oder rechteckig sind auch die Grundrisse der Urnen in Hausform (urnea Capanne) aus etrusk. Gräbern, die, nach weitverbreitetem Brauch, die Häuser der Lebenden mehr oder weniger getreu nachbilden (→ Bestattung B).

[2] Den *Etruskern* wird die Ausbildung der mehrzelligen Grundform des ital. Hauses, obschon archäologisch im Keime nicht faßbar, aus verschiedenen Gründen zugeschrieben: z. B. Aschenurnen (Berlin) und Felsgräber (Tomba della Mercareccia) zeigen, neben geschlossenem Sattel- und Walmdach, das über der Mitte des Raumes geöffnete Dach, das Rauchabzug und Lichteinfall gewährt. Das Ergebnis dieser hochentwickelten Zimmermannsarbeit ist der von Vitruv (6, 3) als → *Atrium* oder ‹cavaedium tuscanicum› bezeichnete Kern der röm. domus. Für die Grundform und Ausstattung der H.er sind Raumgruppierung und Gestaltung der Grabkammern die unmittelbarsten Zeugnisse (z. B. Tomba delle sedie, Caere). Theoretisch wurde u. a. die Entwicklung des Tablinum-Atrium-Systems aus der Villanovahütte mit Vorhof vorgeschlagen (Patroni; vgl. μέγαρον-αὐλή als Voraussetzung für das griech. H.). Noch weniger ist die Herkunft der etrusk. urbanen H.er geklärt, die sich z. B. in → Marzabotto (6. bis 5. Jh. v. Chr.) in ein strenges System von gleich großen Insulae fügen. Überdeckter Zugangskorridor, Mittel- und Seitenräume, großer, länglicher Raum auf der Rückseite sind zu mannigfach variiert, als daß sich ein klarer Typus erkennen ließe (ähnlich auch in → Norba).

[3]–[8] *Typen der Republik und Kaiserzeit:* [3] Die *domus* erscheint im 4. Jh. v. Chr. in Pompeji als üblicher und vollausgebildeter Wohnhaustypus (z. B. Casa del Chirurgo). Der Eingang *(ostium)* besteht aus einem zweiteiligen Vorraum *(vestibulum* und *fauces)* von der Tiefe zweier ihn flankierender Räume (meist → *tabernae*); das → *Atrium,* eine hohe, im Zentrum des Daches geöffnete Halle, ist auf beiden Seiten symmetrisch von kleineren, pultdachüberdeckten und fensterlosen Zimmern *(cubicula)* begleitet und enthielt Herd, Speisetisch (carbiculum) und Hausaltar (→ Lararium). Zwei in voller Höhe und Breite geöffnete Räume *(alae)* bilden die Querachse vor dem Hauptraum des Hauses *(tablinum,* ursprünglich Standort des Ehebettes, lectus adversus, später repräsentativster Empfangsraum) und den zwei ihn flankierenden Nebenräumen *(oeci,* später Speiseräume; *triclinii).* Vom Tablinum öffnet sich ein großes Fenster auf den dahinter gelegenen Garten (heredium, hortus), der durch einen seitlichen Gang zu erreichen ist. Eingang, Atrium und Tablinum mit Fenster liegen auf strenger, durchblicksreicher Achse. Vor der Einführung des zentral gelegenen Wasserbeckens *(impluvium)* war das Atrium mit einer nach außen geneigten Dachfläche überdeckt (cavaedium displuviatum; vgl. Urne in Berlin); erst seit dem 2. Jh. v. Chr. wurde das *compluvium* allgemein üblich. Dachziegel (tegulae) für H.er wurden in Rom nach dem Gallierbrand eingeführt. Seit dem 3.–2. Jh. v. Chr. wird die domus durch Elemente der Landvilla und bes. durch den Einfluß des hellenist. Peristylgedankens (s. o. A 3) wesentlich bereichert.

[4] Die *Villa urbana* (bzw. pseudourbana: bedeutet bei Vitr. 5, 6, 3 zunächst den herrschaftlichen Wohnteil des Landhauses; hier ist jedoch die städtische Villa gemeint) zeichnet sich durch großzügige Erweiterung des hortus zum geschlossenen *Peristyl* (quadriporticus) aus; eine Vorstufe bildet die offensichtlich von der Landvilla übernom-

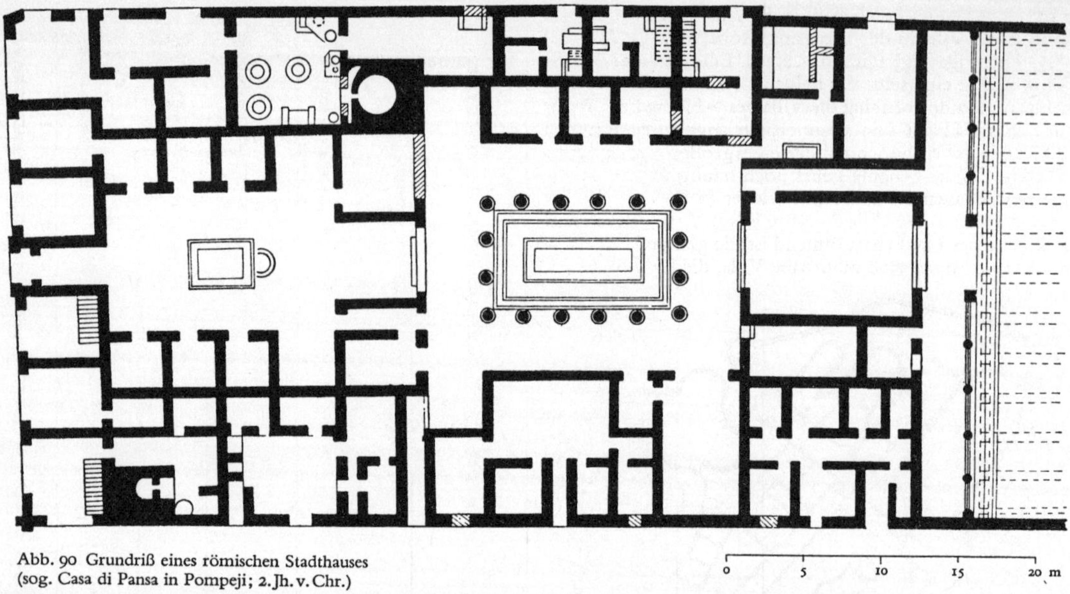

Abb. 90 Grundriß eines römischen Stadthauses (sog. Casa di Pansa in Pompeji; 2. Jh. v. Chr.)

mene Porticus zwischen Tablinum und Garten (vgl. Casa di Sallustio, 3. Jh.). In der Casa del Fauno (2. Jh.) fällt auf die ursprüngliche domus knapp ¼ des Gesamtumfanges, der von einem Nebenatrium, einem ersten Peristylgarten mit einem weiteren Tablinum und zwei Sommertriklinien, seitlichen Küchen- und Baderäumen und einem zweiten großen Peristyl eingenommen wird. Der temenosartige Garten ist nicht nur Standort von Hausheiligtum und →Nymphäen, →Piscinen und Kanälen (euripoi), sondern im weiteren Sinn Nachahmung des orientalischen →Gartens (paradeisos). Neben dem säulenlosen atrium tuscanicum entstehen nun viersäulige (cavaedium tetrastylon) und peristasisähnliche Varianten (cavaedium corinthium), z. B. Casa delle Nozze d'Argento bzw. Casa di Epidio Rufo. Ein guterhaltenes Beispiel eines zweigeschossigen Atriums mit offener Loggia befindet sich in der Casa Sannitica in Herculaneum. Die zum Garten sich öffnenden Oeci übertreffen an Größe und Reichtum der Gestaltung oft das Tablinum; Vitruv (6, 5) unterscheidet: oeci tetrastyli (z. B. Casa delle Nozze d'Argento), corinthii (z. B. Casa di Meleagro), beide mit hängenden Gewölben über Säulenordnungen, aegyptii mit basilikalem Querschnitt (z. B. Casa dell'Atrio a mosaico, Herculaneum) und ciziceni, von der Breite zweier Triklinien und mit großen Fenstern versehen (z. B. Casa di Giulia Felice). An der architektonischen Gliederung nahezu sämtlicher Räume hat die Wandmalerei des sog. 1. und 2. Stils wesentlichen Anteil (→Malerei D 3 f.). Das Atrium, von sich aus zweigeschossig gegenüber den seitlichen Räumen, hat der Domus eine Form verliehen, die sie zum mehrgeschossigen Wohnhaus gleichsam prädestiniert. Mit verkümmertem Atrium als Lichthof leitet sie den Übergang zur städtischen Mietskaserne der Kaiserzeit ein, der sich in den Vesuvstädten und in Ostia über mehrere Etappen verfolgen läßt (s. u.). Interessante Sonderformen zeigen die Häuser in Hanglage am Stadtrand: Tablinum mit Fernblick über das tiefer gelegene Peristyl, von dem aus ein noch tiefer gelegenes *Solarium* erreichbar ist (z. B. Pompeji), oder großer Porticusgarten zwischen quer gelegenem Wohntrakt und exponiertem Triclinium – Oeci-Trakt und vorgelagerte *Pergulae* (bzw. viridariae, diaetae) und Solarium (z. B. Herculaneum, Casa dei Cervi). Das spätantike städtische Einfamilienhaus des 3. und 4. Jh.s n. Chr. bevorzugt den Innenhof, oft mit einfacher Säulenfront und zurückliegendem →Nymphäum (z. B. Ostia, Domus di Amore e Psiche und del Ninfeo), eine Form, die bes. im Osten (Antiochia, Seleukeia) heimisch ist und letztlich auf das hellenist. Wohnhaus zurückgreift (Abb. 91).

[5] Die *Villa suburbana* (‹Vorstadt-› oder ‹Landvilla›) und *villa imperialis* (Kaiservilla) unterscheidet sich nach Vitruv (6, 7) von der städtischen durch die Lage des Peristyls zwischen Eingang und Atrium; das Tablinum und anliegende Räume öffnen sich, oft im Schutz einer Porticus, mit ausgewähltem Blickpunkt auf die freie Landschaft, aus der die Villa, meist am Hang gelegen, durch einen sockelartigen Unterbau (basis villae) herausgehoben ist (z. B. bei der sog. Mysterienvilla und der Diomedesvilla in Pompeji und der Papyrusvilla in Herculaneum). Die künstlichen Terrassen bei Villen der späten Republik und frühen Kaiserzeit erreichen oft monumentale Ausmaße und zeugen von einem ausgesprochen militanten Verhältnis der Römer zur Landschaft (z. B. republikanische Villa bei Tivoli; Villa dei Centroni; Villa bei Anguillara mit exedraförmiger Terrasse von ca. 87 m Breite; vgl. die Terrassenanlagen mit Exedra in den Horti Lucullani). Im exponierten Wohnteil der Villa waren exedraförmige Räume mit Fernblick durch

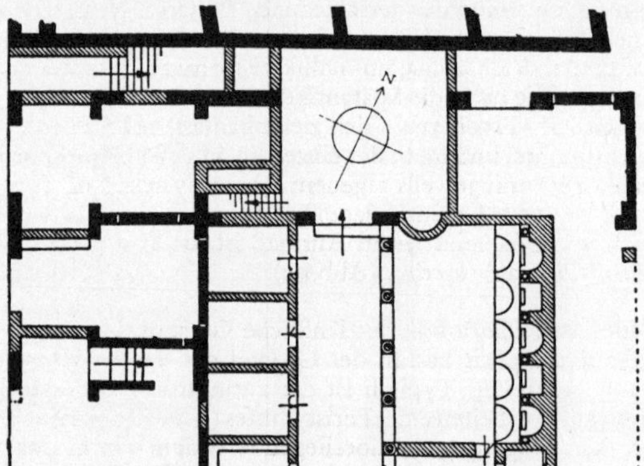

Abb. 91 Grundriß eines spätantiken Wohnhauses (Domus di Amore e Psiche, Ostia)

zahlreiche Fenster bes. beliebt (z. B. Villa Iovis des Tiberius auf Capri; Villa in der Farnesina, Rom; vgl. Umbau der Mysterienvilla; vgl. Plin. epist. 2, 17). Eine einfache, an die Villa rustica einerseits, das hellenist. → Gymnasium anderseits erinnernde Form hat die Villa des → Horaz bei Tivoli: eine breite Flucht von symmetrisch angelegten Räumen öffnet sich gegen die Schmalseite eines großen, rechteckigen Gartens. Dieses Schema kehrt noch häufig in den palastartigen Anlagen der Kaiserzeit wieder (z. B. Villa bei Sirmione, freier in der Villa dei Sette Bassi). Artikulierter und sich ganz der Landschaft öffnend ist die glanzvolle Anlage der *Domus Aurea*, eine suburbane Villa, die Nero inmitten

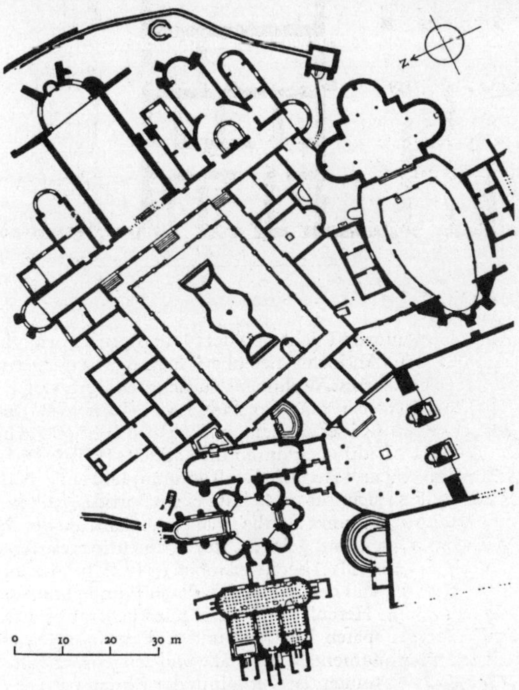

Abb. 92 Grundriß einer Villa suburbana (Piazza Armerina)

der Stadt errichten ließ. Das malerische Element dieser Architektur hatte schon in augusteischer Zeit eine eigene Gattung der Wandmalerei (→ Malerei D 5) hervorgerufen. – In hadrianischer Zeit erreicht die Auflösung und autonome Disposition der verschiedenen Bestandteile der Villa einen Höhepunkt (Villa Hadriana, Tivoli; vgl. die Villa auf Brioni, Val Catena, mit halbkreisförmig sich öffnenden Anlagen, die bis in die Spätantike nachwirken: Villa in Tetingen). In Tivoli zeigt sich der phantasievolle Formenreichtum bes. im Innern der einzelnen, in sich geschlossenen Baukörper mit jeweils eigenem Achsensystem und freier Beziehung zur Gesamtanlage. Im Prinzip verwandt, wenn auch von bescheidenerem Ausmaß ist die spätröm. Villa von → Piazza Armerina (Abb. 92).

[6] Die *Villa rustica*, der ländliche Gutshof, ist in republikanischer Zeit bes. in der Gegend des Vesuvs (Boscoreale) verbreitet. Typisch ist die zwanglose Raumanordnung auf drei Seiten eines Peristylhofes (→ porticus triplex); der dem Eingang gegenüberliegende Wohntrakt ist durch querriegelartige Betonung der Porticus oft von den seitlichen Wirtschaftsräumen getrennt (vgl. griech. Normalhaus von Olynth: s. o. A 2). Für den Gutshof in den Provinzen nördl. der Alpen ist der langgestreckte Baukörper mit vorspringenden Seitentrakten (bzw. Risaliten) charakteristisch (z. B. Blankenheim, Müngersdorf, Nenning,

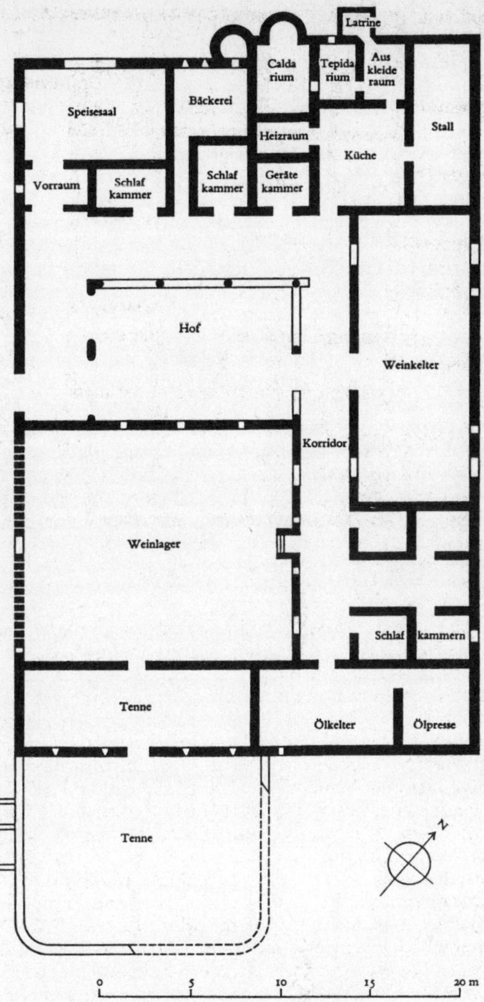

Abb. 93 Grundriß einer Villa rustica (Boscoreale)

Mundelsheim, Fliessen; Belgien: L'Hosté, Anthée; England: Chedworth, Woodchester).

[7] *Palast* (< *palatium*, ‹auf dem Palatin›). Seit frühester Zeit galt der Palatin als vornehmstes Wohnviertel (→ Rom IV D 8, Abb. 28); in der Kaiserzeit wurde das Gebiet von Palästen nicht nur vollständig überbaut, sondern durch beträchtliche Substruktionen künstlich erweitert. Von den republikanischen Stadtvillen blieb nur die sog. Casa di Livia verschont, die vermutliche Residenz des Augustus. Sein Nachfolger Tiberius begann mit dem Bau der in wesentlichen Teilen noch unbekannten *Domus Tiberiana* am NW-Abhang; die gewaltigen Substruktionen gegen das Forum stammen z. T. aus der Zeit des Caligula. An die Erweiterungen des Claudius schloß die sog. *Domus Transitoria* des Nero an, die den Palatin mit dem Esquilin und der geplanten Domus Aurea verbinden sollte. Aus hadrianischer Zeit stammt die prunkvolle Empfangshalle am Fuße des NW-Abhanges (sog. Atrium Minervae). Nach dem Brand 80 n. Chr. begannen Domitian und sein Architekt → Rabirius (4) mit dem Bau eines neuen Palastes (81–92 n. Chr.) auf der SW-Seite, der bis in die Spätantike die offizielle Residenz Roms blieb. Den repräsentativen Teil, *Domus Flavia*, betritt man durch einen überwölbten Saal (aula regia, ca. 30 m Spannweite), der an der NW-Seite von einem Apsidensaal flankiert wird (‹Basilika›). An der gegenüberlie-

genden Seite eines fast quadratischen Peristylhofes mit seitlichen, phantasievollen Wandelgängen liegt ein der Aula entsprechender Saal, ein Triclinium (coenatio Iovis? vgl. Hist. Aug. Pert. 11,6), durch flache, seitliche Apsiden erweitert. Die Disposition findet im ital. Bereich allenfalls in den Stadtrandvillen von Herculaneum eine Parallele, stärker erinnert sie an den Palast von Ptolemaios (Kyrenaika), in dem sich hellenist. Grundrißformen feststellen lassen. Vom Peristyl der Domus Flavia gelangt man in das der sog. *Domus Augustana*, den privaten Teil des Palastes; die reich gestaltete Wohnpartie dominiert ein zweites, tiefer gelegenes Peristyl, dem ein kreissegmentförmiges Solarium mit Loggien und Aussicht auf das Tal des Circus Maximus vorgelagert ist. Dieser Typus war bereits in den Stadtrandvillen von Pompeji und den frühen Suburbanvillen vorgeprägt. Parallel zum Palast liegt der dazugehörige sog. Hippodrom, eine ca. 200 m lange Gartenanlage mit später seitlich angebauter Exedra (pulvinar). Die Erweiterungen über Substruktionen auf der SO-Seite (Thermen u.a.) stammen aus severischer Zeit. Alle übrigen kaiserlichen Paläste werden, antiker Tradition gemäß, als Villa bezeichnet, deren Grundkonzeption sie meist beibehalten. – Ein später Palasttypus ist der des Diokletian in → Spalato. Die Grundform ist die des befestigten röm. → Castrum mit eingeschriebenem Straßenkreuz, Wohntrakt in voller Breite der dem Meer zugewandten Schmalseite, Mausoleum, Tempel, Kaserne und Wirtschaftsräumen in den 4 Sektoren. Ein möglicher Vorläufer war der Palast des Gallienus in Antiochia gewesen, dessen Bau Diokletian beendete (Lib. or. 11,204). Die spätantiken Residenzen *(Palatia)* der Tetrarchen (seit 293 n. Chr.) in Milanum (Maximian), Sirmium und, seit 305 n. Chr., Thessalonike (Galerius), Aug. Treverorum und Eburacum (Constantius), Nikomedeia (Diokletian), ferner Konstantinopel (seit 330 n. Chr.) und Ravenna (seit Honorius, um 400 n. Chr., Nachfolgerin von Mailand) umfassen, soweit bekannt, neben Wohnbauten auch → Thermen, → Circus und ausgedehnte Gärten. Vom spätantiken Kastell nimmt die Entwicklung zur mittelalterlichen Burg ihren Ausgang (vgl. Pfalzel bei Trier; → Castrum), während das mehrstöckige Wohnhaus mit Innenhof im italien. Städtebau weiterlebt.

[8] *Städtisches Mietshaus (insula)*. Seit der späten Republik werden alte Atriumhäuser durch Umbau in die Höhe geführt; ihre Besitzer vermieten die Obergeschosse an außenstehende Familien. Später verkümmert das Atrium zum Lichthof mit Brunnen und Treppe zu den Obergeschossen (z. B. Herculaneum, Fachwerkhaus Insula III 13–15). Ein Wohnblock ebd. (Ost-Insula II 7) weist auf die kaiserzeitlichen Mietshäuser voraus, die bes. in Ostia vielseitig erhalten sind (auch Rom und Puteoli). Zur Entstehung des einheitlichen Wohnblocks gehört das schon in den Vesuvstädten festzustellende Prinzip der regelmäßigen Tabernenreihung rund um die Insula im Erdgeschoß von Gebäudekomplexen (bes. → Horreum, → Thermen) und ihre zusätzliche Vereinheitlichung durch eine vorgelagerte Porticus (in Rom seit Nero Vorschrift; vgl. Tac. ann. 15,43;

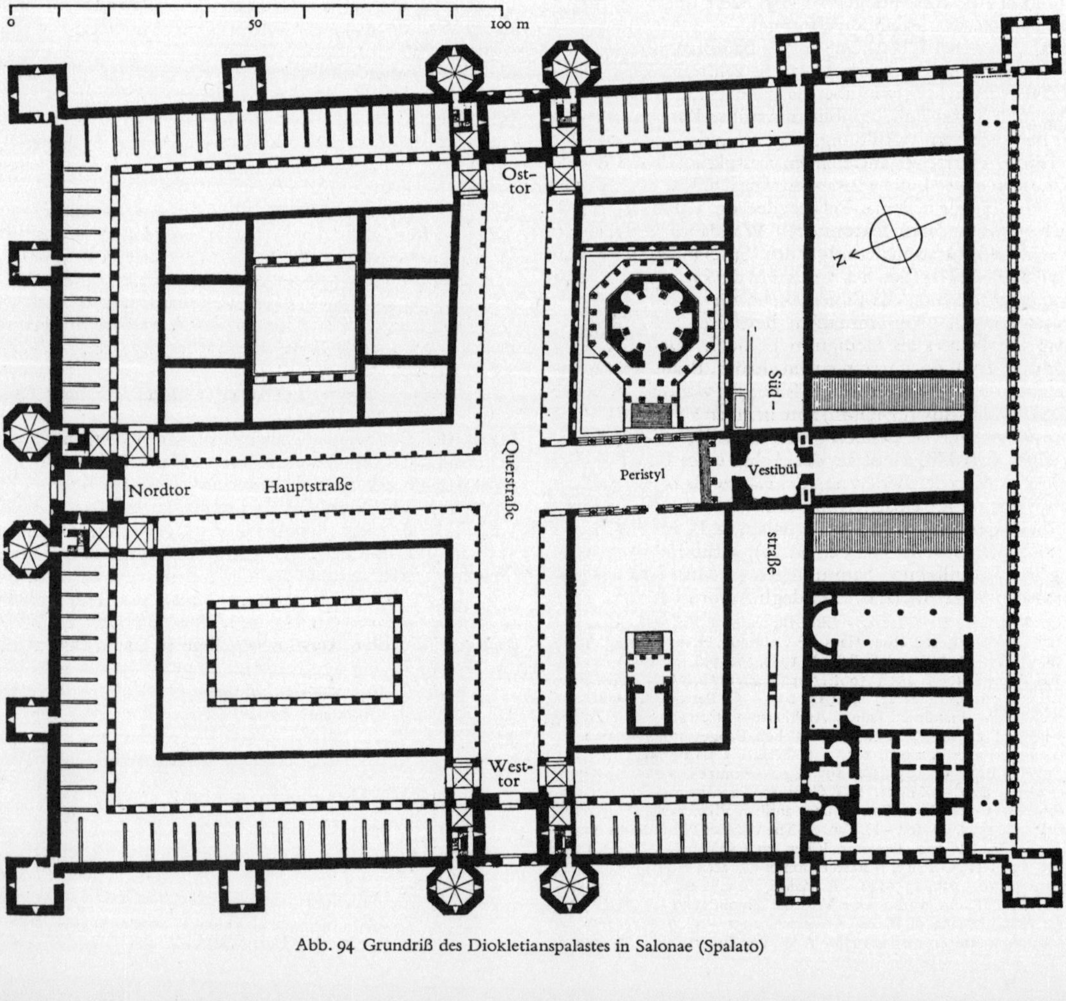

Abb. 94 Grundriß des Diokletianspalastes in Salonae (Spalato)

Suet. Nero 16; → Stadt II E). In Ostia läßt sich die Entwicklung eines neuen Wohnhaustypus verfolgen, der unabhängig vom Atriumhaus seine eigene Gesetzmäßigkeit

Abb. 95 Grundriß eines römischen Mietshauses (Case a Giardino, Ostia)

hat. Wie die Tabernen des Erdgeschoßhauses öffnen sich auch die Räume der 2–3 Obergeschosse auf Straße bzw. Innenhof. *Grundrißtypen:* (1) Räume durch rückseitig durchlaufenden Korridor erschlossen (Casa di via della Fontana); (2) Räume beidseitig eines Korridors in der Längsachse des Gebäudes (Haus hinter der Curie); (3) Räume auf Korridor um Innenhof bzw. auf Außenfassade sich öffnend (Casa dei Triclinii, Insula del Serapide); (4) Zweifassadenhaus, korridorlos mit Doppelwohnung, bestehend aus breitem Fensterraum, zentral gelegenem Zimmerblock und großen Eckzimmern (Case a Giardino, dei Dipinti). Die Fassade war im Erdgeschoß durch Porticus oder Wandpilaster, Entlastungsbögen über den Tabernen, in den oberen Geschossen durch Balkon (→ maenianum), Fenstergruppierung, häufig mit Giebel und Wandpilastern mit Abschlußgesims gegliedert und blieb meist unverputzt (Backsteinpolychromie).

[9] *Bedeutung.* Über keine antike Bauform, den → Tempel ausgenommen, besitzen wir so zahlreiche zeitgenössische Nachrichten wie über das röm. Haus, genauer: die röm. Villa der späten Republik und frühen Kaiserzeit. Nicht als Bau-, sondern als Bildungsprogramm des die Nachfolge hellenist. Herrscher antretenden aristokratischen Bürgers will sie in erster Linie verstanden werden. Das Peristyl gab ihr das Gepräge hellenist. Paläste; der sog. 1. pompejanische Stil imitierte deren tektonischen Wandaufbau, während die Wanddekoration der folgenden ‹Stile› die Themen dieser fernen Zeiten (bes. des 4. Jh.s und des Hellenismus) und Landschaften (bes. das ptolemäische Ägypten) nach röm. Vorstellungen programmatisch bewahren. Die Vorstellung des Hauses als Heiligtum ist noch wach (vgl. Cic. dom. 41, 109), doch treten neben altröm. Bräuchen (→ Larenkult) östl. Motive (bes. → Isiskult), wandelt sich der → Garten (hortus, heredium) zum heiligen Hain (paradeisos mit Nymphäen, Musenheiligtümern, heiligen Flüssen, wie Euripos und Nil, meist in der Achse eines Durchblickes gelegen). Von der Bedeutung des Hauses als Bildungsstätte zeugt am unmittelbarsten die Einbeziehung von → Pinakotheken (nur gemalte sind erhalten, z.B. im sog. Haus der Kryptoporticus; vgl. Petron. 77), → Bibliotheken (z.B. sog. Papyrusvilla) und Sammlungen (→ Museum) von Altertümern aller Art (z.B. Casa degli Amorini dorati). C.K.

Q: Vitr. 2, 1, 1ff.; 6, 1, 1ff. – *Lit: Allgemein:* E. Fiechter, RE 1 A 1 (1914), 961–995, s.v. Röm. Haus – F. Oelmann, H. und Hof im Altertum, 1927 – R. A. Staccioli, EAA II, 1959, 392–398, s.v. casa – Crema, 104ff. 225ff. 308ff. 452ff. 560ff. 604ff – *Zu [1] und [2]:* A. Gargana, La casa etrusca, Historia 8, 1934, 204 – G. Patroni, Architettura preistorica generale ed italica. Architettura etrusca, 1941 – *Zu [3] und [4]:* F. Noack-K. Lehmann-Hartleben, Baugeschichtl. Unters. am Stadtrand von Pompeji, 1936 – G. Becatti, Casa ostiense del tardo Impero, Bd'A 34, 1948, 102. 197. Vgl. → Pompeji, → Herculaneum, → Ostia usw. – *Zu [5]:* R. T. Günther, Pausilypon, The imperial villa, 1913 – A. Gnirs, Forsch. über antiken Villenbau in Südistrien, ÖJh. 18, 1915, 99–164 – H. Tanzer, The villas of Pliny the Younger, 1924 – F. Oelmann, Die röm. Villen im Rheinland, AA 43, 1928, 228–250 – Th. O. Price, A Restoration of Horace's sabine villa, Mem. Am. Ac. 10, 1932, 135–142 – A. Maiuri, La villa dei Misteri, 1947 – H. Kähler, Hadrian und seine Villa bei Tivoli, 1950 – G. V. Gentili, La villa Romana di Piazza Armerina, 1951 – G. A. Mansuelli, Le ville del mondo romano, 1958 – A. W. Van Buren, RE 8 A 2 (1958), 2142–59, s.v. Villa – H. Drerup, Die röm. Villa, MarbWPr, 1959, 1–24 – *Zu [6]:* H. Drerup, a.O. – Not. Scav., Indici gen. 1935. 1961, s.v. villa rustica – *Zu [7]:* G. Niemann, Der Palast → Diokletians..., 1910 – K. M. Swoboda, Röm. und roman. Paläste, 1924 – A. Bartoli, Domus Augustana, 1938 – A. Boëthius, The Golden House of Nero, 1960 – *Zu [8]:* A. Boëthius, Remarks on the Development of Domestic Architecture in Rome, AJA 38, 1934, 1–170 – P. Harsh, The Origins of the Insulae at Ostia, Mem. Am. Ac. 12, 1935, 7–66 – A. Boëthius, Notes from Ostia, Studies Robinson I, 1953, 440.

Haus Gottes. In der christl. Kunst löst die Anwendung des Ausdrucks ‹domus Dei› (*οἶκος θεοῦ*; 1. Tim. 3, 15) die allegorische Deutung des Kirchengebäudes aus, sowohl der einzelnen Gebäudeteile (3 Eingangstüren = Trinität, → Altar = Christus, Gemeinderaum = Schiff) wie des ganzen Gebäudes als → Symbol für die Gesamtkirche (Grabmosaik v. Thabraca: ‹Ecclesia mater›, Basilika als Symbol). U.F.

Lit: J. C. Plumpe, Mater Ecclesia, 1943 – Y. Congar, Le mystère du temple, Lectio Divina 22, 1958 (Lit).

Hausgemeinschaft, gebildet durch Hausherrn, → Frau, → Kinder, Sklaven, die an den Festen ihrer Herren teilnahmen (Aischyl. Ag. 1036), je nach Tätigkeit aber eine unterschiedliche Behandlung erfuhren (Aristot. oik. 1, 5, p. 1344 A). Die Hausfrau arbeitete mit den Mägden, nahm sich bisweilen ihrer Kinder an (Plut. Cato mai. 20). Eheliche Verbindungen zwischen Sklaven wurden wegen der Kinder begünstigt (Xen. oik. 9, 5; Varro rust. 1, 17, 5). Ursprünglich aßen Herren und Sklaven gemeinsam (Plut. Cato mai. 3), später erhielten sie täglich (Mart. 11, 108, 3) oder monatlich (Plaut. Stich. 60; Cato agr. 56) ihre Rationen. Mit dem Wachsen der Sklavenzahlen lockerte sich die H.: Hier Herr(in) (Iuv. 6, 480), dort ‹stimmbegabtes Werkzeug› (Varro rust. 1, 17, 1), die alte H. (Mart. 9, 92) wurde selten. – Vgl. → Familienrecht. W.K.

Hauskult. Mittelpunkt des H.es ist der Herd; als seine Göttin wird → Hestia verehrt, ihr gilt das erste Opfer (Pind. Nem. 11, 1ff.), doch ist sie im Mythos nicht voll personifiziert. Zeus hat als Schützer des Anwesens, *Herkeios*, einen Altar (Paus. 5, 14, 7; Hdt. 6, 68), sein Kult ist in Athen Beweis für die Zugehörigkeit zur Bürgerschaft (Aristot. Ath. Pol. 55, 3); als *Ktesios* (Mehrer des Besitzes und Hüter der Vorräte) wird er mit der Hausschlange verknüpft (Stele von Thespiai) und durch Krüge mit Panspermie geehrt (Ath. 473 B); als *Soter* gilt ihm die Weinspende zu Beginn des Symposion. Mit diesen Beinamen, aber auch als *Kataibates* (gegen Blitzschlag: Ath. 522 E) sind ihm Hausaltäre geweiht, auch Hestia, → Agathos Daimon, → Tyche u.a. Zum röm. H. → Haus B [9]. C.J.C.

Lit: H. Sjövall, Zeus im altgriech. H., Diss. Lund 1931 – M. P. Nilsson, Op. Sel. I, 1951; III, 1960.

Hausrat. Neben → Möbeln (*ἔπιπλα*) → Geschirr (*ἀγγεῖα*) umfaßt H. (*σκεύη τὰ κατ' οἰκίαν*, Poll. 10, 10, 11) den Großteil der beweglichen Habe (*ἀφανὴς οὐσία*). Die Listen der öffentlichen Versteigerungen (z.B. von Alkibiades' Habe 414/413 v. Chr: Tod, GHI 80) zeigen dessen Umfang an: Lagerdecken (*χαμεῦνα*), Rohrmatten (*κάννα*) für Boden und Lager, Lagerpolster (*στρώματα*), → Kissen (*κνέφαλλα*), Büchsen (*πυξίδες*), kostbarere Trinkgefäße aus Bronze, Silber oder Gold und die → Geräte aus Metall (Spiegel, Leuchter, Kessel usw.), Bein (Nadeln, Pfriemen,

Abb. 96 *Links:* Tragbarer Kochofen, *Mitte:* Bratpfanne, *rechts:* tragbarer Wärmeofen

Kämme) und → Glas. Dazu gehört noch die Wäsche (ὀθόνη): Leibwäsche, Bezüge (χλαῖναι), Decken (ῥήγεα), Mundtücher usw., Laternen (φανοί, laternae). Die Autarkie der antiken Hauswirtschaft bezog unter H. noch mancherlei Gerät ein, das ihr heute fremd ist: → Webstuhl (ἱστός), Handmühle (χειρομύλη), Handpresse (τριπτής) für → Öl u.ä. Ferner Mörser (ὅλμος) und → Mörserkeule (ὕπερον; vgl. die rotfigurige Hydra, Neapel 2422); Tragofen (βαῦνος), Siedekessel für Seife (κονία) und endlich die großen Vorratsgefäße für Wein, Öl, Mehl, Honig. H. sind ferner

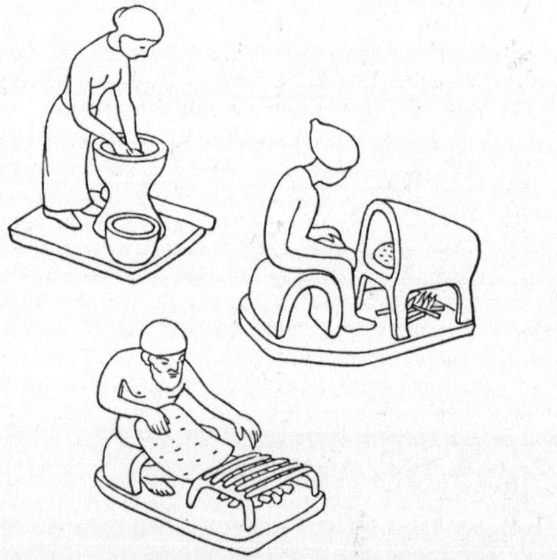

Abb. 97 Drei Terracotta-Statuetten. *Links oben:* Mehlbereitung mit Mahlstein im Handmörser (auf dem Boden ein Mehlgefäß und ein langer, hölzerner Stößel). *Rechts:* Backen im tragbaren Ofen (als Sitz dient eine abnehmbare Backhaube). *Unten:* Braten auf dem Holzkohlengrill.

Toilettengeräte: Waschbecken (χέρνιβον), → Kamm (κτείς), → Spiegel (κάτοπτρον), Creme- und Schminktöpfe, ist weiter das Spielzeug (παίγνια) der Kinder: Puppen (κόρη), Miniaturgeräte, Kreisel (βέμβιξ), Wägelchen usw. und das verschiedenartige Kultgerät für Haus und Grab sowie für die Jahrtagsopfer (vgl. → Geschirr; → Vasen). So besehen, versteht man die oft zitierte Relation von H. und Wert des Hauses, wie sie aus der Erbschaft des Demosthenes (Dem. 27, 10) hervorgeht, besser: dem Hauswert steht im H. ein Dreifaches an Wert gegenüber. F.E.

Lit: E. Pernice, Griech. Gewichte, 1894, passim – Ders.-F. Winter, Der Hildesheimer Silberfund, 1901, passim – E. A. Gardner, The Greek House, JHS 21, 1901, 293–305 – E. Pernice, in: F. Winter (Hg.), Die hellenist. Kunst in Pompeji IV: Gefäße u. Geräte aus Bronze, 1925 – D. M. Robinson-G. E. Mylonas, Excavations at Olynthos XII, 1946 – Ders., RE Suppl. 7 (1940), 247–278 – R. S. Young, An Industrial District of ancient Athens, Hesperia 20, 1951, 135–288 – H. Thompson, Activities in the Athenian Agora, Hesperia 26, 1957, 99–101; 27, 1958, 146–148; 28, 1959, 98–105 – B. A. Sparkes, The Greek Kitchen, JHS 82, 1962, 121–137.

Haustiere

A. Grundsätzliches – B. Vierfüssler: [1] Esel – [2] Hund – [3] Katze – [4] Pferd – [5] Rind – [6] Schaf – [7] Schwein – [8] Ziege – C. Geflügel: [1] Ente – [2] Gans – [3] Huhn – [4] Taube.

A. Grundsätzliches. Die Anfänge der *Domestikation* reichen weit in die Vorzeit zurück, wahrscheinlich wie der Beginn der Kulturpflanzenentwicklung bis in die Mittelsteinzeit (vgl. → Flora). Die früheste Domestikation von Wildtieren (Befund von Jericho) erfolgte im Nahen Osten, doch folgten bald ähnliche, erfolgreiche Versuche im Mittelmeerraum wie im übrigen Alteuropa, so daß wir heute eine vielstämmige Entstehung von Haustierrassen aus Wildtieren in verschiedenen Züchtungszentren annehmen dürfen. Beispielhaft für die Entwicklung ist die Domestikation von Wildrindern (s.u. B 7), die erkennen läßt, daß die domestizierten Auerochsen auffallend rasch kleinwüchsig werden. Da im frühen 3. Jt. im Orient nur kleine Rinderrassen als H. gehalten wurden, deren Import nach Westen ebenfalls zu Kleinwuchsformen geführt hätte, müssen wir angesichts der Größe der im Mittelmeergebiet und im übrigen Alteuropa domestizierten an unabhängige Domestikationserfolge an einheimischen Uren denken. Auch bei den → Pferden (s.u. B 6), deren Wildform wahrscheinlich allein das Przewalski-Pferd ist, während der Tarpan neuerdings als verwilderte H.form betrachtet wird, ist eine schnelle Größenabnahme nach der Domestikation zu erkennen. Wahrscheinlich hängt mit dieser Entwicklung die frühe Vorrangstellung des Fahrens vor dem Reiten zusammen. Erst seit dem späten 2. Jt. beobachten wir im Alten Orient eine durch planmäßige Züchtung und wachstumfördernde Fütterung (→ Luzerne) allmählich herbeigeführte Entwicklung zu großen und massigen Formen, die auch schwerbewaffnete Reiter zu tragen vermochten. Daß das domestizierte Pferd erst verhältnismäßig spät – im späten 3. Jt. – in das Blickfeld der mittelländischen und altoriental.-ägypt. Kultur trat, spricht nicht gegen eine frühe Domestikation im eurasischen Verbreitungsgebiet der Wildpferde, die nach den Funden in der Jungsteinzeit erfolgt ist. Ob der Hund (s.u. B 4) das älteste H. ist, wie gewöhnlich angenommen wird, ist durch die Beobachtungen in Jericho, wo in den ältesten Schichten das Rind nachgewiesen ist, fraglich geworden. Da die Domestikationsfolge der H. mit Ausnahme des Pferdes heute noch nicht sicher bestimmt werden kann, werden im folgenden die H. alphabetisch behandelt. – Zur *Methode der Viehhaltung* vgl. → Viehzucht. Zur allgemeinen religiösen und mythologischen Bedeutung der Tiere → Fauna.

Lit: M. Röhrs-W. Herre, Zur Frühentwicklung der H., Zeitschr. für Tierzüchtung und Züchtungsbiologie 75, 1961, 110–127 – W. Herre-M. Röhrs, Die Tierreste aus den Hethitergräbern von Osmankayasi, WVDOG, 1956, 60–79 – H Bohlken, Vergleichende Unters. an den Schädeln wilder und domestizierter Rinder, Zeitschr. f. wissenschaftl. Zoologie 170, 1964, 323–418 – W. Herre, Neue Erkenntnisse über Abstammung und Entwicklung von H., Der math. und naturw. Unterricht 17, 1964/65, 1–7.

B. Vierfüssler. [1] Der *Esel* geht auf den nubischen Steppen-E. zurück. Davon ist der als Jagdwild begehrte nah- und mittelöstliche Wild-E. (Onager) zu trennen, der bei den Sumerern vor den Streitwagen gespannt wurde. Im Gegensatz zum → Pferd diente der E. als Arbeitstier, zunächst vorwiegend als Lastträger, seit dem 2. Jt. als Zug- und Reittier. E.-Fleisch wurde gegessen. Bedeutsam wurde der E. seit dem 2. Jt. für die Zucht von Maultier und Maul-E., die im Alten Orient schon im 3. Jt. bezeugt ist. Beide begegnen wie der E. im Kultbereich des Dionysos (in den auch das Sternbild der Krippe mit zwei E.n an Stelle des Skorpions führt). Dabei veranschaulicht die ithyphallische Darstellung den dem E. zugeschriebenen obszön-lasziven Charakter. Das E.-Opfer an den hyperboreischen Apollon dürfte sich auf den im eurasischen Steppengebiet verbreiteten Wild-E. beziehen, ebenso das Opfer an Ares bei den Karmaniern am Persischen Golf, die im Krieg E. statt Pferde verwandten. Die Mißachtung des E.s äußert sich in Schimpf- und Sprichwörtern. – Der *Maulesel*, die Kreuzung zwischen Pferdehengst und Eselsstute, war kleiner als das Maultier und wegen seines störrischen Charakters weniger geschätzt. – Das *Maultier*, die Kreuzung von Eselhengst und Pferdestute, zuerst in Kleinasien im 2. Jt. gezüchtet, erwies sich als hervorragendes Arbeitstier zum Tragen und Ziehen von Lasten. Auf Widerstand gegen die Kreuzung weist das Zuchtverbot in Elis, das eine Entsprechung in Israel hat. Als bäuerliches Arbeitstier wurde es mit Dionysos verbunden, der den trunkenen Hephäst auf einem M. in den Olymp zurückführte (Schefold, FS Taf. 52). Spätestens durch die griech. Kolonisation wurde das M. auch den Italikern bekannt.

Lit: Keller, Tierwelt I 259–274 – Hehn, 133–138 – Olck, RE 6, 1 (1907) 626–676 (Quellen) – M. Ventris-J. Chadwick, Documents in Mycenaean Greek, 1956, 130f. 210f. – J. Bachofen, Ges.Werke IV, 1954, 575 – A. Kammenhuber, Hippologia Hethitica, 1961, 11 (Lit; vgl. ebd. zu Maulesel und Maultier) – A. Salonen, Hippologia Accadica, 1955, 44–78.

[2] *Hund*. Der vom Wolf stammende Haus-H. war bereits in der Frühzeit des Mittelmeerraumes und seiner Nachbarbereiche in mehreren, für bestimmte Zwecke gezüchteten Rassen vertreten (Spitz, Schäfer-H., Wind-H., Dogge, Paria-H.). Die Paarung von Wolf und Hündin wurde noch in geschichtl. Zeit betrieben (Aristot. 8, 16; Diod. 3, 35; Ovid. met. 3, 214). Darstellungen von Wind-H.en begegnen in der kret. Kunst des 3. Jt.s und auf myk. Jagdbildern. Das Epos bezeugt die große Vertrautheit mit Schäfer- und Jagd-H.en. Kreta und Lakonien blieben berühmt wegen ihrer Wind-H.e. Auf nahöstliche Einflüsse deutet die Doggenzucht, deren größter Vertreter der Molosser-H. ist. Die Beliebtheit des Malteser Spitzes als Schoß-H. ist seit dem 6. Jh. durch Bildzeugnisse und Schriftquellen verbürgt. Der Züchterstolz zeigt sich in Abstammungsüberlieferungen von Götter- und Helden-H.en (Hephaist, Kastor) wie in Herkunftsbezeichnungen nach Landschaften und Städten. – Die Zuchterfahrungen führten zu einer bereits dem Epos vertrauten Kenntnis von Wesen und Eigenschaften. Der H. ist treuer Freund, opferbereiter Wächter und ergebener Diener des Menschen. Seine Namen beziehen sich auf Schnelligkeit, Augenschärfe und Mut. Andererseits waren seine Kriecherei, Zudringlichkeit und Unverschämtheit Anlaß zu zahlreichen Schimpfwörtern. Sprichwörtlich genutzt wurde u. a. die Beobachtung, daß der H. den Charakter seines Herrn annahm. Der Begriff ‹H.e-Leben› ist ebenso antik wie die Bezeichnung ‹H.s-Tage› für die Zeit der sommerlichen Gluthitze, die mit dem Frühaufgang des als H. gedachten Sirius begann. Auf das Wirken des H.s-Sternes führte man die gefürchtete Tollwut (λύσσα) der H.e zurück. Zu den Abwehrmaßnahmen gehörte die Kynophontis in Argos, bei der zur Siriuszeit alle streunenden H.e totgeschlagen wurden. Dazu fügt sich das H.-Opfer an Ikarios (Ov. fast. 4, 939). Auch in Rom wurden in den H.s-Tagen H.e geopfert, um Schäden an Ernte und Herden abzuwehren. Man wählte dafür, der Farbe des Gestirns entsprechend, rötliche Hündinnen. Nach dem Opferplatz führte das H.s-Tor seinen Namen. In diesen Zusammenhang wurde das Opfer einer rötlichen Hündin zu Ehren der Göttin Robigo gestellt (→ Robigalia, Ov. fast. 4, 901 ff.). Alt ist auch die enge Beziehung zwischen H. und Todesbereich (→ Kerberos, zahlreiche Grabdenkmäler, die ihn zugleich als treuen Gefährten des Menschen zeigen; Grab eines Hundes auf der Agora, Athen; H.e-Opfer am Grabe). Nahe steht die Zuordnung des H.es an die dunkle → Hekate, in deren Kult H.e-Opfer üblich waren. Der H. als Begleiter der → Artemis erklärt sich aus der Jagd, die Zuordnung zu → Pan und → Faunus aus dem Hirtenleben. Den Laren kommt der H. als Wächter des Hauses zu, ebenso dem Iuppiter Custos. Wesensbedingt ist die besondere Verbindung mit → Ares/Mars, wobei die Verwendung von Kriegs-H.en berücksichtigt werden muß. Dagegen war H.en der Zugang zum Delischen Heiligtum und zur Akropolis von Athen streng verboten. Der Flamen Dialis durfte keinen Hund berühren. Vgl. → Jagd.

Lit: Keller, Tierwelt I 91–151 – F. Orth, RE 8,2 (1913), 2540–82 – Gundel, RE 3 A 1 (1927), 336–339 – H. Scholz, Der H. in der griech.-röm. Magie und Religion, Diss. Berlin 1937 – F. Kretschmar, Hundestammvater und Kerberos I/II, 1938 – B. Schlerath, Der H. bei den Indogermanen, Paideuma 6, 1954, 25–40 – M. Ventris-J. Chadwick, Documents in Mycenaean Greek, 1956, 130. 132 – K. Schefold, Mw, 57. 81. 85f.

[3] Die *Katze* als Haustier war seit dem 3. Jt. in Ägypten bekannt, wo sie auf die in Nordostafrika heimische wilde Falb-K. zurückgeht. Sie war das heilige Tier der in Bubastis verehrten Göttin → Bastet. Auf die ägypt. Haus-K. beziehen sich die Bezeichnungen αἴλουρος und felis, die auch für die im Mittelmeergebiet verbreiteten Wild-K.en gelten können. Münzen und Vasenbilder bezeugen Haltung von Haus-K.en in Athen um 500 und im Bereich von Tarent und Rhegion für das späte 5. und 4. Jh., die sich jedoch nicht durchsetzte. Erst im 3./4. Jh. n. Chr. verbreitete sich die Haus-K., begünstigt durch das von Ägypten ausgehende Mönchtum, zusammen mit dem Namen cattus, κάττος im Abendland und Orient, wodurch das zur Mäusebekämpfung gehaltene → Wiesel zurückgedrängt wurde. Der Vorgang steht in Zusammenhang mit dem Massenauftreten von Ratten während der Völkerwanderungszeit.

Lit: Keller, Tierwelt I 64–81 – Hehn, 463–476 – F. Orth, RE 11, 1 (1921), 52–57.

[4] Das *Pferd*, den Indogermanen bereits vor ihrer Landnahme als Opfertier und Gespann vor dem Kultwagen bekannt, war der ägypt.-altorientalischen Kultur des 3. Jt.s fremd. Als Reittier zunächst ohne Bedeutung, wurde es seit dem 17. Jh. im Zweigespann vor dem leichten Zweiradwagen für Rennen, Jagden und Kämpfe verwendet. Anregungen für diese in Ägypten, dem Alten Orient, in Mykene und China fast gleichzeitig faßbare Entwicklung bot die bei den Sumerern geübte Verwendung von gezähmten Wildeseln als Zugtieren vor schweren Kampfwagen. Ihr Einsatz für eine Rennfahrt ist durch den Hymnus des spätsumerischen Königs Šulgi bezeugt. Trensenschirrung und Speichenrad begünstigten den Prozeß, an dem neben indoiran. Stämmen auch nichtindogerman. Kräfte des Nahen Ostens beteiligt waren. Bei der Vermittlung an die Frühgriechen spielte Troja VI eine bedeutende Rolle. Dazu fügt sich die Überlieferung von den P.en des Tros und Laomedon, die Zeus als Entgelt für Ganymed gab. Auf ihre Zucht geht das Gespann des Aineias zurück (Il. 5, 265–272). Das Epos berücksichtigt die für myk. Zeit durch Bilddenkmäler und Linear B bezeugte Situation, in der der Reiterkrieger noch ohne Bedeutung ist. Der entscheidende Wandel zum Reiterritter im Gegensatz zu fahrenden Helden und Göttern erfolgte seit dem späten 2. Jt. im altorientalischen Grenzgebiet gegen nord- und ostiranische Stämme (→ Kimmerier, → Skythen, Saken). Ihr Einbruch führte Ende 8. Jh. zu rasch wachsender Bedeutung des Reitens, ohne die alte Fahrtradition zu verdrängen. Diese behauptete sich in China bis Ende 4. Jh. und bei den Insel → Kelten bis zur Zeit Caesars. In der alten Fahrtradition ist das röm. Reitverbot für den → Diktator und den → Flamen Dialis begründet sowie das etrusk. Zeremoniell des → Triumphwagens und die Bildung ‹equo vehi›. Bei den Persern hielt sich der Königswagen bis Ende der → Achämenidenzeit. Erst die → Parther setzten im 3. Jh. die Vorstellung vom reitenden König und Gott durch, der sich die → Sassaniden anschlossen. – Wie bei allen Völkern des Altertums wurde das P. auch in der antiken Kultur nicht als Arbeitstier verwendet. Vor dem Rennwagen und als Reittier in archaischer Zeit vorwiegend in Adelskreisen gehalten, war es Symbol des ritterlichen Stils, der in Korinth mit dem reitenden → Bellerophontes als Bezwinger des → Pegasos ein heldisches Vorbild erhielt. Trotz erheblicher iran. Einflüsse in der P.-Zucht blieb die griech. Entwicklung eigenständig und bestand ihre Bewährungsprobe in Asien mit der makedon. Reiterei Alexanders d. Gr. – Die Verwendung des P.es als Fleisch- und Milchtier blieb auf die iran. Steppenvölker und ihre thrak.-german. Nachbarstämme beschränkt. Die weite Verbreitung von Wild-P.en im eurasischen Raum begünstigte die Entwicklung des P.e-Hirtentums, dessen Bestand sich von den hochgezüchteten Rassen im griech.-iran. Bereich durch kleine, dem Wild-P. ähnliche Formen unterschied. Diese waren auch lange bei den Germanen verbreitet. – Die Entwicklungsstufen der P.e-Zucht spiegeln sich in der *religiösen und mythischen Überlieferung*. Die älteste Phase vertritt das P.e-Opfer an chthonische und himmlische Gottheiten: im Totenkult, an unterirdische Götter, an Gewässer und an den Sonnengott. Altverwurzelt ist auch die Vorstellung von dämonischen Ros-

sen (→ Arion, → Pegasos). Ein gleiches gilt für die Überlieferungen von chthonischen und lichten Gottheiten in P.e-Gestalt (→ Demeter, → Hades, → Poseidon, → Helios). Auf die theriomorphe Stufe, die sich im eurasischen Wild-P.-Bereich lange behauptete, folgt die Vorstellung von Göttern und Helden, die mit der Bändigung von P.en und den Anfängen der Zähmung verbunden werden: → Poseidon, → Athena, → Helios, → Zeus, → Erichthonios, → Laomedon, → Herakles, → Bellerophontes; daher neben der Schlange wichtigstes Symbol aller Heroenreliefs und der Pferdekopfamphoren. Dabei zeichnet sich entsprechend der Entwicklung vom Fahren zum Reiten der ältere Vorrang von Göttern und Helden zu Wagen gegenüber den mythischen Reitern ab. Ebenso klar sind die Auswirkungen des ritterlichen Stils im Mythos zu fassen, durch den urtümliche Vorstellungen vom P. als dämonischem Wesen zugunsten der heldischen P.e und Besitzer zurückgedrängt werden. So tragen P.e Namen und können sprechen, wobei sich auch ihr weisender Charakter offenbart. Der Wertschätzung des P.es in den Adelskreisen der antiken Welt entspricht die Vorliebe der bildenden Kunst für das edle Motiv.

Lit: Keller, Tierwelt I 218–259. 271–274 – Hehn, 19–56 – A. Steier, RE 19,2 (1938), 1430–44 – J. Wiesner, Fahren und Reiten in Alteuropa und im Alten Orient, 1939 – S. D. Markman, The Horse in Greek Art, 1943 – J. Wiesner, Actes du IVe Congr. intern. anthrop. et ethnol. T. II, 1955 – Ders., Gnomon 31, 1959, 289–301 – A. Salonen, Hippologia Accadica, 1955 – M. Ventris-J. Chadwick, Documents in Mycenaean Greek, 1956, 195–213 – F. Hančar, Das P. in prähistorischer und früher historischer Zeit, 1956 – J. K. Anderson, Ancient Greek Horsemanship, 1961 – A. Kammenhuber, Hippologia Hettitica, 1962 – J. Wiesner, Zu einem att. Bildmotiv d. Peisistratidenzeit, Mitt. Anthrop. Ges. Wien 92, 1962, 285–301 – W. Brandenstein, ebd. 30–34.

[5] *Rind.* Die Abstammung des R.es von dem langhörnigen Ur als Ausgangsform aller Haus-R.er war bereits im Altertum bekannt. Noch in geschichtlicher Zeit waren Wildtiere im Mittelmeerraum, Mitteleuropa und dem Nachbarbereich weit verbreitet und begehrte Jagdbeute. Myth. Überlieferungen vom Stier Herakles' und Theseus'. Der Ausgang der Zähmung lag wahrscheinlich im Alten Orient, doch schon in der Frühzeit kam es in Mittel- und Nordeuropa zu erfolgreichen Domestikationsversuchen, so daß wir im 3. Jt. vielstämmige Haus-R.-Rassen beobachten. Sie bilden die Grundlage für die weitere Entwicklung im Altertum, die durch Zuchtwahl, planvolle Pflege und Kreuzen verschiedener Rassen zur ständigen Verbesserung des Bestandes führte. Die mythische und epische Überlieferung vom großen Herdenbesitz der Frühzeit (R.-Herden des Helios, Apollon, Geryoneus), der als Symbol königlichen Reichtums galt, wird durch die kret.-myken. Darstellungen und das Zeugnis der Linear B-Schrift bestätigt. Das R. war das vornehmste H.-Tier, das Wahrzeichen königlicher Macht. Neben der Verwendung als Arbeitstier (Pflug, Lastschleife, Wagen) steht die Nutzung als Milch- und Fleischtier. Das Fell war wegen seiner vielseitigen Verwendbarkeit hochgeschätzt. Die großen Hörner waren in verschiedenen Bereichen als Trinkgefäße beliebt. – Die Entwicklung der R.er-Zucht war seit der Frühzeit eng mit dem Kult verbunden. Unter den Opfertieren behauptete das R. die erste Stelle. Nur fehlerlose, vom Joch unberührte R.er wurden gewählt, um mit Kränzen und Bändern, die Hörner vergoldet, zum Altar geführt zu werden. Helle R.er kamen den Himmelsgottheiten, schwarze den Unterirdischen und den Toten zu. Götter (→ Zeus, → Poseidon, → Jupiter, → Mars) erhielten Stiere, Göttinnen (→ Hera, → Athena, → Juno) nur R.er. Stiere und R.er wurden im Kult des Apollon und Hermes sowie der Demeter geopfert. Auf ein altes Verbot des R.er-Opfers weist neben orient.-ägypt. Überlieferungen das Ritual der → Buphonien in Athen. Der tötende Priester (Buphonos) mußte nach der Tat fliehen, während das Beil in einer Gerichtsverhandlung freigesprochen und das ausgestopfte Fell aufgestellt wurde. In Rom bestand ursprünglich ein Verbot für das Töten des Ackerstieres. Die älteste Opferdarstellung im Mittelmeerraum ist der kret. Sarkophag von Hagia Triada. – Seit der Frühzeit galt der Stier als Inbild der Urgewalt, die dem Göttlichen ebenso nahestand wie die lebengebende Kraft der Kuh. Besonders der Stierkopf mit den Hörnern behauptete sich als Kraftsymbol. Diesen Vorstellungen entspricht die enge Verbindung zur Götterwelt. Sie offenbart sich in der R.er- und Stiergestalt der Götter, die in der ägypt.-orient. Religion ausgeprägter ist als in der antiken Überlieferung. Noch in geschichtlicher Zeit wurde → Dionysos als Stier angerufen, die Flußgottheit ihrer stürmischen Urkraft wegen als Stier dargestellt. → Zeus nahte sich → Europa als Stier. Im Bereich des → Poseidon konkurrierte der Stier mit dem Pferd. Ein gleiches gilt für Helios und Selene. Die enge Beziehung zwischen R. und Hera zeigt sich in dem Beinamen βοῶπις ebenso wie in der Verbindung der Herapriesterin mit dem R.er-Gespann. Die Verwandlung der Io in eine Kuh schließt sich an. Auf eine Verbindung zwischen R. und den Kulten der Artemis und Aphrodite deutet der Name Tauropolos. Beziehungen zur R.er-Zucht bezeugt auch der Mythos vom Diebstahl der R.er des Apollon durch Hermes. Iranisch bestimmt ist die Vorstellung vom Töten des Urstieres, der das erste Wesen der Weltschöpfung verkörpert und mit seinem Tod das Leben der Tiere und Pflanzen entstehen läßt. Als → Sternbild begegnet der Stier im zweiten Tierkreiszeichen, außerdem im Sternbild des Bootes, der als Ochsentreiber der sieben Ochsen des großen Bären gedacht ist. – Entsprechend der Bedeutung der R.er-Zucht für das Leben spielen Stier und R. im Sprichwort und in der bildenden Kunst eine große Rolle.

Lit: Keller, Tierwelt I 329–372 – F. Orth, RE 3 A 2 (1929), 2495 bis 2520 – Nilsson I 215. 237ff. 297. 323. 449f. 571ff. – A. Salonen, Hippologia Accadica, 1955, 78–84 – M. Ventris-J. Chadwick, Documents in Mycenaean Greek, 1956, 195–213.

[6] *Schaf.* Die aus mehreren Wildformen entwickelte S.-Zucht im Mittelmeerraum, Ägypten und Vorderasien ist im 3. Jt. bereits so ausgeprägt, daß wir mit einem hohen Alter der Zähmung rechnen dürfen. Sie war auch den Indogermanen bei ihrer Landnahme bekannt. Die Zucht verschiedener Rassen richtete sich auf die Gewinnung von Wolle, Milch, Käse, Fleisch und Fett. Zur kultischen Bedeutung von heiligen Herden tritt die wirtschaftliche, mit der sich die Vorstellung von großem Herdenbesitz als Inbegriff des Reichtums verbindet. Dazu fügt sich die Überlieferung von Königen als Hirten. Berühmt wegen stattlicher Rassen waren Arkadien, Thessalien und das Thrakerland. Das Bild einer kleinen Meierei mit S.-Milch und Käsebereitung bietet sich in der Höhle des → Polyphem, zu dessen Herde auch Ziegen gehören (Od. 9, 216ff.). Als Erfinderin des Wollewebens wurde Athena Itonia im thessal. Iton verehrt. Wegen ihrer feinen Wolle waren die milesischen S.e geschätzt, die mit feinwolligen S.en des Orients konkurrierten. Aus milesischer Zucht stammten die S.e von Tarent, durch die die altitalische S.-Haltung wesentlich verbessert wurde. Ein gleiches gilt für die S.-Herden Siziliens und ihre arkadischen Beziehungen. Große Bedeutung hatte das S. als Opfertier und Begleiter von Gottheiten (→ Hermes, → Apollon, → Pan, → Aphrodite). Auf dem Pelion wurde Zeus ein S.-Opfer von Jünglingen dargebracht, die in S.-Felle gehüllt waren. Die Wertschätzung des S.es zeigt sich auch in den Mythen vom goldenen Widder, auf dem der thessalische → Phrixos in das Kolcherland getragen wurde, vom Argonautenzug zum Goldenen Vlies, vom Goldlamm, das den Bruderzwist zwischen → Atreus und Thyestes auslöste. Das Sternbild des Widders wurde auch mit → Dionysos verbunden. In Italien ist das S.-Opfer in alten Kulten bezeugt (→ Jupiter, → Juno, → Janus, → Mars, → Faunus, → Silvanus, → Pales). Im griech. Dreieropfer und bei den → Suovetaurilien steht der ausgewählte Widder zwischen Stier und Eber. Altorientalisch ist der Ursprung der Leberschau von ausgesuchten S.en. Mit besonderer

Vorliebe hat sich die bildende Kunst dem Widdermotiv gewidmet, das als Inbild männlicher Kraft galt. In Iran bedeutet es den Machtglanz der Herrschaft.

Lit: Keller, Tierwelt I 309–329 – F. Orth, RE 2 A 1 (1921), 373–309 – M. Ventris-J. Chadwick, Documents in Mycenaean Greek, 1956, 195–213 – R. Steiger, Ein frühklassischer Bronzewidder, AntK 3, 1960, 37–41.

[7] *Schwein.* Die auf vorzeitliche Domestikation von weitverbreiteten Wildformen zurückgehende S.-Zucht ist im Mittelmeerraum und dem ägyptisch-altorientalischen Bereich bereits im 3. Jt. voll entwickelt. In Ägypten trat die im alten Deltagebiet übliche S.e-Haltung zurück, weil das S. wegen seiner Feindschaft zu Horus verabscheut wurde. Ein ähnlicher Rückgang ist im semitisch bestimmten Vorderasien zu beobachten, wo strenge Ritualverbote den Genuß von S.e-Fleisch untersagten. Für Griechenland und Italien ist die ununterbrochene Bedeutung der S.e-Zucht seit der Frühzeit bezeugt. Außer Fleisch und Fett wurden Leder und Borsten vielseitig verwendet. Weitverbreitet war das S.e-Opfer, doch gab es auch Kultstätten, die von S.en nicht berührt werden durften, z. B. das Heiligtum der Aphrodite in Sikyon, während die Göttin an anderen Orten S.e-Opfer empfing. Im griech. Dreieropfer nimmt das S. die letzte Stelle ein wie bei den röm. → Suovetaurilien. Von Bedeutung ist das Eberopfer im → Schwurritual (Zeus Horkios, Olympia). Ein Eber wurde beim Abschluß von Bündnissen im Tempel des Jupiter Feretrius mit dem steinzeitlichen Silex getötet. Ferkel opferte man zu Reinigungszwecken. Bei den Thesmophorien zu Ehren der Demeter und Persephone warf man lebende Ferkel in einen unterirdischen Raum, deren verweste Reste später der Feldbestellung dienten. Empfänger von S.e-Opfern waren auch → Ceres, → Tellus, → Bona Dea, → Silvanus, → Mars und die sonst nur mit unblutigen Gaben geehrten → Laren. Die hervorragenden Darstellungen in der antiken Kunst gelten überwiegend dem Wild-S., das während des Altertums in den nördlichen Sumpf- und Waldgebieten des Mittelmeerraumes und Vorderasiens verbreitet war. Der Keiler galt als Inbild zerstörender Kraft, deren Überwindung Krönung der Jagd war. → Eberzahnhelme myk. Krieger waren Kraftträger. Die dämonische Natur des Wild-S.s offenbart sich in den Kämpfen des → Herakles, → Meleager und → Theseus. Das Wild-S. als Todesdämon begegnet in den Mythen von → Attis/→ Adonis, die als Geliebte der → Kybele/Aphrodite auf der Jagd getötet werden. Als Keiler, der mit einem Stoß zu töten vermag, wurde der iran. Gott Vĕrĕthragna gedacht. Im Traum des Kyros war das Wild-S. Macht- und Herrschaftszeichen. Stärker als bei anderen Haustieren tritt beim S. die durch die Domestikation und ihre Formveränderung bedingte Entdämonisierung und Entmythisierung zutage; Dämonie und Mythos blieben an das Wild-S. gebunden.

Lit: Keller, Tierwelt I 388–405 – F. Orth, RE 2 A 1 (1921), 801–815 – M. Ventris-J. Chadwick, Documents in Mycenaean Greek, 1956, 195–219.

[8] *Ziege.* Die im Mittelmeerraum und in den Nachbarbereichen aus den verschiedenen Arten der Wild-Z. (vgl. → Steinbock) gezüchtete Haus-Z. war seit der Frühzeit von großer Bedeutung. Berühmt wegen ihrer Zucht waren Skyros, Naxos, Epirus und Thrakien neben den südkleinasiatischen Landschaften. Zuchtböcke von Skyros und Naxos führte Polykrates auf Samos ein. Man hielt Z.-Herden vorwiegend wegen der Milch, die zu Käse verarbeitet wurde; in der Zubereitung konkurrierten die Hirten der besten Weideplätze Griechenlands und Italiens. Geschätzt war auch das Z.-Fleisch. Z.-Haare und -Felle dienten vielfältiger Verwendung, ebenso das Gehörn. Im Kult löste die Haus-Z. die Wild-Z. als Opfertier ab, das die ältesten Götterdienste im Mittelmeerraum kennzeichnet (→ Aphrodite, → Artemis, → Pan, → Dionysos, → Hermes, → Faunus, → Priapus). Bemerkenswert sind die Opferverbote im Kult der Hera mit Ausnahme von Lakedaimon, der Athena Polias, der Göttin des von der Z. bedrohten Ölbaumes, der Chariten auf Thasos und der Isis in Phokis. Sehr eng ist die Verbindung der Z. zum Bereich des Dionysos, dessen Satyrn auf Masken in Bocksgestalt weisen, während der Gott selbst als Z.n-Bock gedacht wird und als Fahrer mit Böcken oder Z.n-Reiter dargestellt werden kann. Der *Bock* (*τράγος*) wurde im Kreis des Dionysos zum Inbild des ausgelassen Triebhaften als vegetativem Lebensprinzip. Die in anderen Kultbereichen durch die Domestikation entmythisierte Z. bewahrte im Zusammenhang mit Dionysos viel von ihrer ursprünglichen Bedeutung. Ein gleiches gilt für den Kult des arkadischen Pan, des italischen Faunus und des Priapus. Oft reitet auch → Aphrodite auf Bock oder Ziege. Vgl. → Fauna.

Lit: Keller, Tierwelt I 301–309 – W. Züchner, Griech. Klappsiegel, 1942, 8–10 – M. Ventris-J. Chadwick, Documents in Mycenaean Greek, 1956, 195–219 – Schefold, Mw, 19 Nr. 115, 62 Nr. 314.

C. Geflügel. [1] *Ente.* Die E. war im Mittelmeerraum und in den Nachbargebieten mit zahlreichen Wildformen vertreten, auf die sich die auffallend verschiedenen Bezeichnungen beziehen (*νῆσσα, βοσκάς* [*φασκάς*], *γλαύκιον, πηνέλοψ*, anas, boscis, querquedula). *Νῆσσα* bezeichnet die Stock-E., die Stammform der Haus-E., während die anderen Namen der Kriech-, Knäck-, Schellen- und Moor-E. gelten. Wie in Ägypten wurde die E. in Griechenland und Italien eifrig gejagt. Lange gab man dem Fleisch der Wild-E. den Vorzug vor der Haus-E., deren Zähmung, im 3. Jh. voll entwickelt, zusammen mit dem E.n-Zwinger (nessotrophium) von den Griechen zu den Römern gelangte. Im Kult ohne große Bedeutung, war die E. dem Bereich von → Aphrodite, → Eros und → Priapos zugeordnet. Ihrem Fleisch schrieb man aphrodisische Wirkung zu. Auf Aphrodite weisen Darstellungen der bildenden Kunst, darunter die Askoi in E.n-Form.

Lit: Keller, Tierwelt II 228–235 – F. Orth, RE 7,1 (1910), 919–921 (Quellen!) – J. J. Bachofen, Ges. Werke VII, 1958, 317.

[2] *Gans.* Die im Mittelmeerraum und in den Nachbargebieten mit mehreren Wildformen vertretene G. wurde in Ägypten im 3. Jt. in großen Herden gezähmt gehalten. Vor- und Frühgriechen waren mit Wild-G.en vertraut. Zahme G.e, der Odyssee bekannt, wurden vor allem in Böotien und Thessalien gehalten und wegen ihres Nutzens geschätzt (Fleisch, Eier, Flaumfedern). Die G.e-Mast pflegte man besonders in Rom, wo man G.e aus Gallien und Germanien einführte. Wegen ihrer Fruchtbarkeit war die G., die auch als Liebesgeschenk diente, mit dem Bereich der Aphrodite verbunden, während die Wild-G. zu Artemis gehörte. In Italien war sie der Juno zugeordnet; ihre G.e retteten durch ihr Schreien das Kapitol vor dem Galliersturm. Meisterhafte Darstellungen bietet die bildende Kunst der Griechen und Ägypter.

Lit: Keller, Tiere 286–303; Tierwelt II 220–227 – Olck, RE 7,1 (1910), 709–735 – F. Orth, ebd. 916–919 – E. Buschor, Griech. Vasen, 1940, 176 Abb., 197 – J. J. Bachofen, Ges. Werke VII, 1958, 543.

[3] *Huhn, Hahn.* Die Domestikation des H.s erfolgte im indisch-iran. Grenzgebiet der Frühzeit, woher es der altorientalischen Kultur bekannt wurde. Kultisch-religiöse Bedeutung gewann die Zucht erst bei den Iranern, bei denen der H. zum Lichtkünder und zum Symbol der Wahrheit als Vogel des Gottes Sraoša wurde. Als ‹medischer› und ‹persischer› Vogel wurde der H. spätestens im 6. Jh. den Griechen bekannt, die bald berühmte Rassen züchteten (Rhodos, Chalkis, Delos, Tanagra). Ihrem Vorbild folgte die röm. und kelt. H.-Zucht. Neben der wirtschaftlichen Nutzung (Eier, Fleisch) waren vor allem H.en-Kämpfe beliebt; der H. galt als Symbol kämpferischen Mutes. Die Volkstümlichkeit des H.s zeigt sich in Gleichnissen der Dichtung und im Sprichwort. Der H. als Liebesgabe wird in den Darstellungen von Zeus und Ganymed berücksichtigt. Als Sinnbild der Wachsamkeit verrät er Helios die

Liebe von Ares und Aphrodite (Hermann-Bruckmann I, 195, Abb. 40, Taf. 109). Umbildung iran. Symbolik liegt dem griech. Hahnreiter zugrunde. Als Licht- und Wetterkünder schrieb man dem H. prophetische Bedeutung zu. Im röm. Hühnerorakel beobachtete man das Fressen der H.er. Wegen seines Morgenrufes galt der H. als Abwehrer des Bösen. Wie in iran. Jenseitsvorstellungen begegnet das Bild des H.s in der Gräberwelt. H.en-Opfer an Götter und Heroen waren den ärmsten Schichten möglich. Eine besondere Beziehung zeichnet sich zum Kultbereich des Asklepios ab, in dem der H. mit dem Heiltum verbunden erscheint. Vgl. → Perlhuhn.

Lit: Keller, Tierwelt II 131–145 – F. Orth, RE 7,1 (1910), 905–912; 8,2 (1913), 2519–36 – K. Schneider, RE 7,2 (1912), 2210–15 (Hahnenkämpfe) – O. Gandert, Zur Abstammung u. Kulturgesch. des Haushuhns, Actes du IVe Congr. intern. des sciences anthrop. et ethnol. II, 1955, 113ff. – J. Wiesner, ebd. 99ff. – J. J. Bachofen, Ges. Werke VII, 1958, 543 – F. Matz, Dionysiake Telete, Abh. Mainz 1963, 15, 51f.

[4] *Taube.* Die im Mittelmeerraum und den Nachbargebieten mit mehreren Arten verbreitete T. (*πελειάς, περιστερά, φάττα, τρυγών*, columba, palumbes) war im 3. Jt. in Ägypten und Vorderasien gezähmt bekannt. Besondere Bedeutung kam den weißen T.n im Kult der → Astarte und verwandter Göttinnen zu, zu denen auch Aphrodite gehört. Ihr Heiligtum in Paphos (Zypern) war durch seine T.n berühmt, so daß man T.n als ‹paphische Vögel› bezeichnete. In Griechenland hatte lange Zeit die Wild-T. den Vorrang vor der zahmen T. Die im alten Zeus-Orakel von Dodona beobachteten schwarzen Wild-T.n gehörten vorwiegend in den Kult der Dione, die als Mutter der Aphrodite galt. Als Wild-T.n-Schwarm dachte man sich das Gestirn der Plejaden, in denen man die verwandelten Töchter des Atlas sah. Die Zucht weißer T.n verbreitete sich in Griechenland erst nach dem Schiffbruch der phön.-pers. Flotte am Athos (492), als die mitgeführten heiligen T.n frei wurden. Nach Italien gelangte die T.n-Haltung durch den Kult im Aphroditetempel von Eryx auf Sizilien. Die Beliebtheit der T.n, die auch zu Botendienst verwendet wurden, zeigt sich in Gleichnissen und Darstellungen der bildenden Kunst. J.W.

Lit: Keller, Tierwelt II 122–131 – Hehn, 341–354 – F. Orth, RE 7,1 (1910), 921–936 – A. Steier, RE 4A 2 (1932), 2479–2500 – J. J. Bachofen, Ges. Werke VII, 1958, 547.

Havetsche Brücke, die von L. Havet beobachtete Erscheinung, daß im streng gebauten trochäischen → Tetrameter Wortende nach langem 2. anceps vermieden wird (→ Brücke). B. Sn.

Lit: L. Havet, Cours élémentaire de métrique (1886), 1893^{3}, 112; 122.

Hazael (Chazael), Nachfolger → Ben-Hadads (II.?) von → Damaskos, ein Usurpator, an dessen Erhebung der Prophet → Elisa Anteil haben soll (2. Reg. 8, 7–15). Nach den erfolglosen Zügen → Salmanassars III. gegen Damaskos (841 und 838) unterwarf H. Israel (2. Reg. 10, 32, 13, 7) und griff nach → Phönizien und → Juda über (2. Reg. 12, 17–19). Vgl. → Judentum A [8]. G.Wn.

Lit: CAH III, 1925, passim (s. Index) – Noth, 206–217.

Hebe, Tochter von → Zeus und → Hera, Mundschenkin der Götter (Hom. Il. 4, 2), Dienerin Heras (Il. 5, 722), Göttin der Jugendblüte, Gattin des Herakles im Olymp.

Darstellungen: Statue der H. stand im Heraion von Argos neben der Hera (Paus. 2, 17, 5). Wahrscheinlich ist ein Torso des Parthenonostgiebels auf H. zu beziehen. Auf Vasen ist sie vor allem Mundschenkin, manchmal geflügelt (z. B. auf der Sosiasschale, CVA Berlin 2, Taf. 49). Oft auch anwesend bei der Einführung des → Herakles in den Olymp (Brommer 131ff.; Schauenburg, Gymn. 70, 1963, 113–133ff.). Vereinzelt Darstellungen der Hochzeit des Herakles und der H. (Brommer 55), auch auf etrusk. Spiegeln. – *Lit:* G. Cressedi, Ebe, EAA III, 1960, 202f. K. Schb.

Hebemaschinen. Die Antike arbeitete mit Keilen, Hebeln, Winden, → Flaschenzügen; die letzten drei konnten in einer H. miteinander kombiniert werden. Es gab verschiedene Arten: 1. Zwei Standbäume wurden oben durch einen Bolzen verbunden, unten gespreizt; durch Seile wurden sie in der erforderlichen Schräge gehalten. Oben befestigte man einen Flaschenzug, an dessen unterem Kloben eine scherenförmige Greifzange (*καρκίνος*) befestigt war, welche die Last hielt. Das Zugseil konnte direkt oder mittels einer Winde gezogen werden. Größere Lasten konnten müheloser gehoben werden, wenn man die Hebelgriffe der Winde durch ein Tretrad mit Seiltrommeln ersetzte (vgl. Lucr. 4, 905f.) und drei Seile parallel laufen ließ. – 2. Eine erheblich größere Beweglichkeit ermöglichte jene H., welche nur einen Standbaum hatte, der durch vier Seile in der erforderlichen Lage gehalten wurde. Durch Nachlassen und Anziehen der Verspannungen (wohl gleichfalls mit Flaschenzügen) wurde die Richtung der H. bestimmt. – 3. Schließlich montierte man kleinere H. auf eine kreisförmige Grundplatte, die auf Kugellagern lief (carchesia). Ein solcher Schwenkkran befand sich auf dem Prachtschiff des → Caligula im Nemisee. Die Leistungen der H. hingen

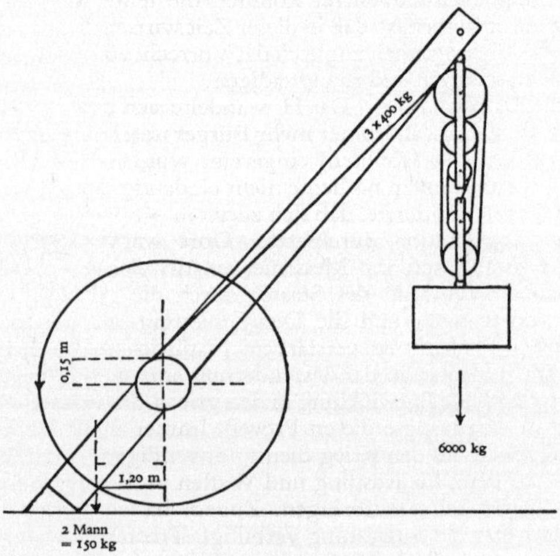

Abb. 98 Polyspastos

ab von der Seilfestigkeit, die auf 400 kg geschätzt wird, und der ausgeübten Kraft, wobei die Handkraft mit 15 kg und 40 cm Hebellänge der Haspel eine Hubkraft von 135 kg bei dem dreirolligen Flaschenzug ergab. Mit einem Pentaspastos hoben zwei Mann am Haspel 450 kg, wobei das Seil mit 90 kg belastet wurde und damit genügte; mit einem Tretrad, drei Seilen mit einer Belastung von je 400 kg und mit dem Fünfrollenzug hoben 2 Mann 6000 kg. W.K.

Q: Vitr. 10, 2, 1ff. – *Lit:* A. G. Drachmann, in: Ch. Singer, A History of Technology II, 1957, 658–662.

Hedoniker, im weitesten Sinne alle Vertreter einer → Ethik, die die Lust (*ἡδονή*, voluptas) zum höchsten Wert und Zielpunkt des Handelns erklärt, wesentlich von dem Aspekt her, daß der höchste Wert jedem Menschen unmittelbar evident sein müsse. Die Diskussion ist bei den Griechen allerdings von vornherein dadurch belastet, daß nicht zureichend unterschieden wird zwischen (a) der Lust, die mit der physischen Ernährung und Fortpflanzung verbunden ist (‹körperliche Lüste› par excellence), und (b) der Lust, die zwar auch durch die Sinnesorgane vermittelt wird, aber im Unterschied zu (a) keinen anderweitigen Zwecken dient, also Lust an schönen Formen, Tönen, Düften, und (c) der Lust als die Freude an allem, was der Mensch gerne tut (Sport, Reisen u. dgl.), wo denn auch die geistigen Tätigkeiten Lust machen und machen sollen. – Die Diskussion setzt wohl schon in der → Sophistik ein, ist im 4. Jh. v. Chr. außerordentlich rege, wie nicht nur die Lehre → Aristipps bezeugt, sondern vor allem auch → Platon (Protagoras, Gorgias, Philebos, Gesetze u. a.) und → Aristoteles (NE 7, 12–15; 10, 1–5). Unter Berücksichtigung der gesamten ältern Diskussion hat dann → Epikur seine Lustethik ausgebaut. Die spätere Antike kennt als H. nur noch Aristippos und Epikur. Vgl. → Ethik. O.G.

Hedylos von Samos, Epigrammatiker der ion.-alexandrinischen Richtung (→ Hellenist. Dichtung B 6), um 270 v. Chr. Freund des → Asklepiades, mit dessen Epigrammen er sich in der Thematik oft berührt. Setzt der Lebensfreude samischer Gesellschaft ein Denkmal. P.H.

Ed: AP.

Heerwesen

A. GRIECH. HEERWESEN: [1] Frühzeit – [2] Das Hoplitenheer – [3] Sparta – [4] Athen – [5] Das makedon. Heer – [6] Die hellenist. Heere – B. RÖM. HEERWESEN: [1] Königszeit und frühe Republik – [2] Republ. Zeit bis Marius – [3] Die Heeresreform des Marius – [4] Das ständige Heer der frühen Kaiserzeit – [5] Spätere Kaiserzeit.

A. GRIECH. HEERWESEN. [1] In den Adelsstaaten der *griech. Frühzeit* gab es Ritterheere, denen eine größere Gefolgschaft von Knechten und Leichtbewaffneten nachzog. Nur die adligen Grundbesitzer konnten die teure Kriegsausrüstung erwerben, so daß in dieser Zeit wirtschaftliche und soziale Überlegenheit zugleich das Vorrecht einschloß, den Staat zu schützen und zu verteidigen.

[2] *Das Hoplitenheer.* Das H. wandelte sich entscheidend im 7. Jh. v. Chr., als immer mehr Bürger unter die Schwerbewaffneten (→ Hopliten) eingereiht wurden. Die Ursachen dafür konnten bis heute nicht eindeutig geklärt werden. Feststehen dürfte, daß sich zuerst in → Sparta die neue Heeresorganisation durchsetzte. Dort war es offenbar durch die Kämpfe mit Messenien unausweichlich geworden, die Wehrkraft des Staates durch die große Masse Schwergerüsteter und die Disziplinierung der Schlachtreihe (→ Phalanx) zu verstärken. Natürlich mußten sich die anderen Staaten der Veränderung anpassen. Die rege wirtschaftliche Entwicklung in den griech. Stadtstaaten im 7./6. Jh. begünstigte diesen Prozeß. Immer mehr Bürger erfüllten die für den Kriegsdienst notwendigen Voraussetzungen: denn für Rüstung und Waffen mußte der Soldat die Kosten selbst aufbringen. Zudem hatten technische Fortschritte die Ausrüstung verbilligt. Trotzdem scheinen die neuen Anforderungen den mittleren und niederen Bauernstand sehr belastet zu haben: die Eingliederung der Bürger in den Wehrstand war daher nicht ohne Einfluß auf Agrarreformen, wie z.B. in Athen unter → Solon, die die Voraussetzung für den Hoplitendienst, die wirtschaftliche Grundlage, erhalten und verbreitern sollten. Ebenso notwendig war es nun, den Dienst der bisher nicht am staatlichen Leben beteiligten Bürger durch politische Rechte zu entlohnen. Die Verfassungsreformen, die dies berücksichtigten (z. B. die Reformen des Solon und → Kleisthenes, 1), zeigen, wie weit die Veränderung im H. in die Struktur des überkommenen Staates eingriff.

[3] *Sparta* nahm immer eine Sonderstellung ein, weil dort das ganze Staatssystem der Erhaltung der Wehrkraft diente. Die Spartiaten waren von bäuerlicher und gewerblicher Arbeit befreit; sie wurden von Jugend an militärisch ausgebildet. Die → Perioken nahmen nicht an dieser Ausbildung teil, obwohl sie, da sie staatsrechtlich zu den ‹Lakedämoniern› gehörten, im ordentlichen Heer dienten. Im Krieg führten die beiden Könige das Aufgebot; seit etwa 500 v. Chr. nur ein König, der sich außerdem vor den → Ephoren verantworten mußte. Der Spartiate war vom 20. bis zum 60. Lebensjahr dienstpflichtig. Die obersten Einheiten der Armee waren die Lochoi, im 4. Jh. wurden die Morai übergeordnet. Außerdem gab es Leichtbewaffnete. Während des Pelop. Krieges zwang der Mangel an Wehrfähigen die Lakedämonier zum erstenmal, auch → Heloten in das Heer aufzunehmen, die dann Freie wurden (→ Neodamoden).

[4] In *Athen* bildeten auf Grund der Klassenordnung nach Bodenerträgen seit Solon die Ritter und → Zeugiten die Hoplitentruppe, während die → Theten als Leichtbewaffnete oder Speerwerfer am Kampf teilnahmen oder in der Flotte dienten. Seit der Reform des → Kleisthenes (1; also seit etwa 508/507 v. Chr.) war das athen. Heer nach den 10 → Phylen gegliedert. Jede Phyle stellte ihr eigenes Aufgebot an → Hopliten (im 5. Jh. etwa 1000 Mann), zu dem eine kleinere Reiterabteilung gehörte. Das Phylenaufgebot führte ein von der Phyle gewählter Feldherr (→ Stratege). Die Feldherren der einzelnen Phylen waren gleichberechtigte Mitglieder des Strategenrates (*οἱ στρατηγοί*). Der → Polemarch – noch bei Marathon (490 v. Chr.) der oberste Befehlshaber der att. Truppe – hatte nach der Verfassungsreform von 487/486 keine Bedeutung mehr. Außer den Hopliten gab es Leichtbewaffnete (→ Peltastai) und eine Abteilung Bogenschützen. Alle wehrpflichtigen Hopliten (vom 18. bis zum 60. Lebensjahr) waren in einer Liste (*ὁ κατάλογος*) nach ihrem Dienstalter verzeichnet. Eine staatlich organisierte militärische Unterweisung wie in Sparta bestand nicht. Erst in der Mitte des 4. Jh.s richteten die Athener die → Ephebie ein: die jungen Soldaten wurden nun vor ihrem Einsatz im Krieg in zweijähriger Dienstzeit ausgebildet. – In fast allen anderen griech. Staaten war das Heerwesen ähnlich organisiert: die entscheidende Truppe waren die Hopliten. Vorwiegend aus Reiterabteilungen bestanden nur die Aufgebote der nordgriech. Länder Thessalien und Makedonien. Die Zahlung von Kriegssold wurde in Athen schon vor dem Pelop. Krieg eingeführt und dann allgemein üblich.

[5] *Das makedon. Heer.* Außerordentlich vielfältig war die Heeresorganisation unter → Alexander (5) d. Gr., weil sich die Armee während des Feldzuges nach Asien aus Abteilungen der Makedonen, Balkanvölker, außerdem Griechen und Orientalen zusammensetzte und einer weitreichenden Verwaltung bedurfte. Die wichtigsten Bestandteile des makedon. Heeres waren schon unter → Philipp II. die Reiterei der → Hetairoi (*οἱ ἑταῖροι, οἱ ἱππεῖς*), das schwerbewaffnete Fußvolk der → Pezetären (*οἱ πεζοί, ἡ φάλαγξ τῶν πεζῶν*), die → Hypaspisten (*οἱ ὑπασπισταί*), die aus der Hypaspistenleibwache und der leichter bewaffneten Hypaspistentruppe bestanden, und die Leichtbewaffneten, zu denen u. a. leichte Reiter und Bogenschützen gehörten. Die Truppen der außermakedon. Völker entsprachen häufig den lokal üblichen Waffengattungen: z. B. thrakische und thessalische Reiter oder kretische Bogenschützen. Die makedon. Bürger, die hellenischen Bundesgenossen und die Söldner mußten selbst ihre Ausrüstung stellen. Allerdings wurde es durch die Anlage des Feldzugs unumgänglich, daß der König für Ersatz und Unterhalt der Bewaffnung sorgte. Überhaupt kann die organisatorische Leistung nicht hoch genug gewürdigt werden. Bes. wichtig waren dabei die technischen Truppen, die u. a. für Bau und Bedienung der → Geschütze oder Belagerungsinstrumente, für das Transport- und Verkehrswesen (Pionierarbeiten) zu sorgen hatten.

[6] *Die hellenist. Heere* erreichten eine ungeahnte Größe. Die Zusammensetzung aus verschiedenartigen Truppen war maßgeblich geblieben. Die Mannschaften bestanden in fast allen Heeren der Diadochenreiche aus Makedonen, europäischen Söldnern (meist Griechen) und asiatischen Hilfstruppen. Sold, Verpflegung und die Bewaffnung der regulären Truppen stellte der König. Die Anlage von Magazinen wurde üblich. In Makedonien blieb die einheimische, freie Bevölkerung der Kern des Heeres.

B. RÖM. HEERWESEN. [1] Die Heeresorganisation in Roms *Königszeit* und ihre Entwicklung in der *frühen Republik* entsprach sicher weitgehend den aus Griechenland bekannten Verhältnissen: zuerst das Ritterheer, dem nur die Adligen (in Rom die → Patrizier) angehörten, darauf allmählich der Übergang zum Bürgerheer. Allerdings erlaubt die dürftige Quellenlage keine sicheren Aussagen. In den Berichten über die → Ständekämpfe wird z. B. die Verschuldung der Plebejer erwähnt. Kein Zweifel, daß diese auch durch die Wandlung im H. verursacht war (da auch in Rom der

Bürger seine Ausrüstung zunächst selbst bezahlen mußte) und Agrarprobleme schon im 5. und 4. Jh. v. Chr. eng verflochten waren mit dem militärischen Zustand des Staates. Natürlich förderte der Dienst im Heer vor allem den Anspruch der Plebejer auf politische Gleichstellung mit den Patriziern.

[2] *Republ. Zeit bis Marius.* Den Grundstock des Heeres bildeten die →Centurien (Hundertschaften). Die wehrfähige Mannschaft wurde in der Heeresversammlung nach fünf Vermögensklassen gegliedert aufgestellt. Diese Ordnung, aus der die politischen →Comitia centuriata entstanden sind, hat nach annalistischer Tradition der König →Servius (2) Tullius eingeführt (in Wirklichkeit haben diese Einrichtungen wohl erst in frührepubl. Zeit ihre endgültige Form erhalten). Etwa vom 4. Jh. an war die →Legion die oberste Einheit des röm. Heeres, das die beiden →Konsuln zusammen mit 6 Militärtribunen (→tribunus (2) militum) führten. Wohl ebenfalls seit dieser Zeit erhielten die Soldaten einen Sold, der aus der Staatskasse gezahlt wurde. Entscheidend beeinflußt haben das röm. H. die Pun. Kriege und das folgende Ausgreifen der röm. Macht über Italien hinaus, denn nun mußten die Römer die Heeresstärke beträchtlich vermehren und die Organisation intensivieren. Während früher nur jedes Jahr zwei Legionen ausgehoben wurden, bestand das Heer z. B. in den Pun. Kriegen zeitweise aus über 10 Legionen. Zwischen 200 und 168 v. Chr. waren etwa 8 Legionen (mehr als 40000 Mann) das ständige Aufgebot; militärisches Imperium hatten jetzt auch Prokonsuln und Proprätoren. Außerdem wurden Truppen in den Provinzen gebraucht: als Besatzung und zur Verteidigung der röm. Herrschaft. Trotzdem blieb es noch immer bei der Regelung, das Bürgerheer in der seit langem üblichen Weise aufzustellen. Die Dienstzeit betrug gewöhnlich 16 Jahre bei der Infanterie zwischen dem 17. und 46. Lebensjahr. Alle auf Grund eines bestimmten Mindestvermögens (im 2. Jh. v. Chr. 4000 Asse, vorher 11000 Asse) wehrdienstfähigen Bürger waren in den Censuslisten verzeichnet. Die Aushebung leitete ein Magistrat. Natürlich wurde vor allem die bäuerliche Bevölkerung davon betroffen. Da die Soldaten bei den ausgedehnten Feldzügen nur noch selten im gleichen Jahr zurückkehren konnten, oft sogar einige Jahre abwesend waren, wurden unzählige Bauernstellen nur mangelhaft versorgt oder mußten ganz aufgegeben werden. Viele Bürger verloren so ihre wirtschaftliche Grundlage, und als Mittellose besaßen sie nun nicht mehr das für den Heerdienst geforderte Mindestvermögen. Das Mißverhältnis zwischen der Zahl der erforderlichen Soldaten und den wirklich verfügbaren vergrößerte sich immer mehr zum Nachteil der Wehrkraft des Staates.

[3] *Die Heeresreform des Marius.* Es fehlte nicht an einsichtigen Politikern (z. B. Tib. und C. →Gracchus, 1; 2), die das Übel durch Agrarreformen beseitigen wollten; aber sie konnten ihre Pläne nicht verwirklichen. Den logischen Schluß zog C. →Marius (1), der sich nicht durch festgefügte Einrichtungen hemmen ließ: im Krieg gegen →Jugurtha bildete er erstmals, als er Truppen aufbot, ein Heer aus Freiwilligen. Er nahm dabei auch Bürger auf, die nicht zu den fünf Vermögensklassen gehörten, die ‹capite censi›. Dieser Modus wurde durch Marius zu einer ständigen Einrichtung; das röm. Heer war fortan eine Söldnertruppe – wenn auch weiterhin in der Legion nur röm. Bürger dienen konnten. Der Soldat hatte nun keine außersoldatischen Pflichten mehr wahrzunehmen, und die Länge der Dienstzeit war gleichgültig; der Militärdienst bot eine vom staatlichen Leben losgelöste Laufbahn. Die Neuerung, die Marius einführte, hatte sich wie von selbst angeboten. Zugleich aber stellte die Heeresreform dem Staat neue Aufgaben: die Versorgung der ausgedienten Soldaten (bei der damaligen wirtschaftlichen Struktur konnte das nur durch Landzuweisungen geschehen) mußte als Entlohnung für die militärische Leistung geregelt werden. Dieses Problem vor allem bewegte die innere röm. Politik bis zum Ende der Republik. Der Kampf der fortschrittlich Denkenden mit der starren Senatsaristokratie um eine Anerkennung der berechtigten Ansprüche der Veteranen zeigt wieder, wie eine aus einer Änderung im Heerwesen entstandene neue Erscheinungsform auf alle Bereiche des Staates wirken konnte.

[4] *Das ständige Heer der frühen Kaiserzeit.* Seit Marius' Reform hatte es sich hinreichend gezeigt, wie sehr der Staat gefährdet war, wenn politisch ehrgeizige Feldherren wie z. B. →Sulla, →Pompeius (2) oder →Caesar, die zudem noch ein mehrjähriges Kommando erhalten hatten, die von ihnen angeworbenen und ihnen ergebenen Söldnerheere als Machtinstrument benutzten, um eigene Ziele zu verwirklichen. Augustus richtete eine auf den princeps vereidigte, den Kriegszeiten entsprechende ständige Armee ein (28, nach 9 n. Chr. 25 Legionen, dazu in etwa gleicher Stärke Auxiliartruppen), die fast ausschließlich an den Reichsgrenzen stationiert wurde. Zweifellos belastete diese Neuerung den Staat wirtschaftlich außerordentlich stark, aber für die innere Sicherung des Reiches war sie unerläßlich. Außerdem verband Augustus die militärische mit der zivilen Laufbahn (→Tribunus (2) militum) und verhinderte so das Entstehen eines Berufsoffiziersstandes.

[5] *Spätere Kaiserzeit.* Die weitere Entwicklung kann nur gestreift werden: seit Anf. des 2. Jh.s n. Chr. wurden die Legionäre vor allem aus der Landbevölkerung der Provinzen angeworben, weil in den Städten keine Neigung mehr zum Kriegsdienst bestand. Das war allerdings ein Rückschlag für die Romanisierung des Reiches. Im ganzen 3. Jh. dominierten die aus den illyrischen Provinzen stammenden Truppen; aus ihren Reihen kamen die ‹Soldatenkaiser› dieser Zeit. Grundlegend reformierten erst →Diokletian und →Konstantin I. das Heer. Es bestand jetzt aus einer mobilen Feldarmee (comitatenses) und den fest an den Grenzen stationierten, mit Grund und Boden ausgestatteten Miliztruppen (limitanei). Zivil- und Militärgewalt wurden gleichzeitig konsequent getrennt. →Konstantin I. schuf das Amt des →magister militum, mit dem sich von nun an die höchsten Kommandostellen im Reichsheer verbanden. Sie wurden schon im 4. Jh. vielfach von Germanen (vgl. etwa →Merobaudes, →Stilicho) und Angehörigen anderer reichsfremder Stämme bekleidet. Darin spiegelte sich die Zusammensetzung des spätröm. Heeres wider, dessen Kerntruppen von ‹barbarischen› Soldaten und Offizieren gestellt wurden. Sie überwogen in der eigentlichen kaiserlichen Leibgarde (scholae palatinae) ebenso wie in den Garderegimentern des Feldheeres (palatini). Die Reiterei mit den aus dem Osten übernommenen Panzerreitern (Kataphrakten, clibanarii) an der Spitze gewann gegenüber dem Fußvolk taktisch und dem Ansehen nach mehr und mehr den Vorrang. Zugleich sah man sich in der Kriegführung immer stärker auf Verbände ‹barbarischer› →Föderaten angewiesen. Es war ein Symptom der Auflösung des röm. Staatsdenkens, daß seit dem 5. Jh. Feldherrn und Großgrundbesitzer sich durch die Anwerbung von Privatsoldaten eine eigene militärische Macht schufen. G. G.

Lit: J. Kromayer-G. Veith, Heerwesen u. Kriegführung d. Griechen u. Römer, 1928 – *Griechenland:* H. Berve, Das Alexanderreich I, 1926 – H. Bengtson, Griech. Gesch. (1950), 1965^3, passim – *Rom:* J. Marquardt, Röm. Staatsverwaltung II (1876), 1884^2, 319–612 – Liebenam, RE 6,2 (1909), 1589–1679, s. v. Exercitus – R. E. Smith, Service in the Post-Marian Roman Army, 1958 – E. Meyer, Röm. Staat... (1948), 1964^3 – H. L. Lorimer, The Hoplite Phalanx, BSA 42, 1947, 76–138 – A. Alföldi, Die Herrschaft der Reiterei nach d. Sturz d. Könige..., in: Festschr. für K. Schefold, 1965.

Hegemon von Thasos, Parode, Zeitgenosse des →Kratinos und →Alkibiades, von manchen als Dichter der alten →Komödie (I B) gezählt, von →Aristoteles (poet. 2, 1448 a 12) als erster Parodiendichter erwähnt. Neu war damals die Ausbildung der epischen →Parodie zu einer eigenen Dichtungsgattung, die einen Platz in musischen Agonen, in Athen an den → Panathenäen, erhielt. H. siegte dort mit einer ‹Gigantomachie› und anderen Parodien. Er trat auch in → Thasos und wohl anderswo auf. Unter die Hexameter mischte er (vgl. → Margites) auch Trimeter. Von einer Komödie ‹Philine› werden nur Titel und zwei Verse angeführt; ob und wo sie aufgeführt wurde, ist unbekannt (damals kaum in Athen von einem Nichtathener). Umgekehrt hat der Komiker → Hermippos auch Parodien verfaßt (vgl. → Paratragodie). Th.G.

Frg: P. Brandt, Corpusc. poesis Graecae epicae ludibundae 1, 1888, 37–49 – FAttCom I 810–813 – *Lit:* Schmid-Stählin I 4, 472–474.

Hegemonie. Zu ἡγεμών (Führer: Wegweiser, Oberbefehlshaber, Vorsteher, Herrscher) gehört das Abstraktum ἡγεμονία. Griech. Staatsverträge treffen Bestimmungen, welche Macht im Kriegsfall den Oberbefehl (die H.) über die verbündeten Streitkräfte haben soll. Bündnisse zwischen gleichrangigen Mächten sehen gewöhnlich vor, daß der Oberbefehl jeweils derjenigen Macht zufallen soll, auf deren Gebiet der Krieg gerade geführt wird. Wenn dagegen der Oberbefehl ein für allemal einem der verbündeten Staaten zugewiesen wird, so liegt darin die Anerkennung seines Vorrangs, seiner Stellung als ‹Hegemonialmacht› des Bundes. Insofern solche um eine Macht gescharten Bündnisse zeitweise ein bestimmendes Übergewicht in Griechenland erlangten, kann von der völkerrechtlich fundierten H. eines einzelnen Staates in der griech. Welt gesprochen werden (→ Sparta um 480 v. Chr. und, mit Unterbrechungen, 404–371; → Makedonien seit 338). – Indessen gebrauchen schon die alten Quellen und erst recht die neuere Forschung den Ausdruck H. im allgemeinen nicht in diesem strengen, sondern in dem abgeschwächten Sinn einer (tatsächlich, nicht notwendig rechtlich) anerkannten Vorherrschaft eines Staates in Griechenland. Insbes. teilt man die Geschichte der Zeit vom Ende des → Pelop. Krieges (404) bis zur Schlacht von Mantineia (362) in die Zeit der spartan. (404–371) und – nach dem Sieg des → Epameinondas bei Leuktra – der theban. H. (371 bis 362) ein. Tatsächlich hat Sparta nur zeitweise, Theben niemals die Vorherrschaft gehabt; wohl aber ist die H. über Griechenland in jenen Jahren das ständige Ziel des Ehrgeizes der führenden Staaten oder eher ihrer leitenden Männer gewesen. F.G.

Lit: H. Schaefer, Staatsform u. Politik, 1932, 196ff. – Ders., Zu Heinrich Triepels ‹Hegemonie› (1943), in: Probleme der Alten Geschichte, 1963, 120ff. – H. Triepel, Die Hegemonie, 1938 – A. Heuß, Antigonos Monophthalmos u. d. griech. Städte, Hermes 73, 1938, 181.

Hegesandros von Delphi, etwa Mitte 2. Jh. v. Chr, Verfasser von ‹Hypomnemata› (mindestens 6 Bücher; Frg.e bes. bei → Athenaios; wohl auch von Plutarch benutzt): sie bringen Witziges, Pikantes, Interessantes aus Gesellschaft, Kunst und Natur. W.Sp.

Frg: FHG IV 412–422 – *Lit:* F. Jacoby, RE 7,2 (1912), 2600–02.

Hegesianax, Verfasser eines Lehrgedichts (→ Hellenist. Dichtung C 2) ‹Himmelserscheinungen›. Vgl. → Aratos (2). *Frg:* Coll. Alex. 8. P.H.

2. **H. von Alexandria** (Troas), Anf. 2. Jh. v. Chr., schrieb ein Sterngedicht ‹Phainomena› und unter dem Namen Kephalon von Gergitha ein Buch ‹Troica›, das der erste Troja-→ Roman gewesen zu sein scheint; galt auch als Grammatiker. Stand im Dienst → Antiochos' III. und verhandelte mehrmals mit den Römern. R.Mk.

Ed: FGrHist 45 – Coll. Alex., 8f.

Hegesias von Kyrene, ca. 330–270 v. Chr., → Kyrenaiker, Begründer einer eigenen Richtung, der Hegesiakoi. (Lehren bes. bei → Diogenes (1) Laertios 2, 93–93). Die Lustlehre schlägt bei H. in Nihilismus um, sofern die Lust zwar Ziel bleibt, aber unerreichbar ist. Sinnvoll ist also nur noch der Selbstmord, den er in einem Dialoge (ὁ Ἀποκαρτερῶν) ausdrücklich empfohlen hat. Nach Cic. Tusc. 1, 83f. soll ihm daraufhin von → Ptolemaios I. die weitere Lehrtätigkeit untersagt worden sein. Vgl. → Aristipp. O.G.

2. **H. von Magnesia** in Lydien, vielschreibender Historiker und Rhetor, Hauptvertreter des älteren → Asianismus, Mitte des 3. Jh.s v. Chr. → Rhetorik B [8]. H.H.

Lit: Norden, Kunstprosa I 134ff. – Kennedy, Persuasion, 302f.

Hegesias, vgl. auch → Hegias.

Hegesippos, att. Politiker und Redner des 4. Jh.s, zusammen mit → Demosthenes und → Hypereides ein Vertreter der antimakedonischen Richtung in Athen. Von seinen Reden ist nur eine ‹Über Halonnesos› (*Περὶ Ἁλοννήσου*) unter dem Namen des Demosthenes (= Ps. Dem. or. 7) erhalten, die schon von Kritikern des Altertums H. zugewiesen wurde. Die Rede muß 342 gehalten worden sein, sie weist die Vorschläge Philipps, über die zwischen Athen und Makedonien strittige Insel ein Schiedsgericht entscheiden zu lassen, zurück und fordert Halonnesos als alten att. Besitz für Athen. Der Schlußteil enthält heftige Angriffe gegen die promakedonischen Parteigänger Philipps in Athen. J.H.K.

Ed: → Demosthenes – *Lit:* Blaß III 2, 289–333.

2. **H.,** christl. Schriftsteller des 2. Jh.s n. Chr., östlicher Herkunft (Jude?). Sein Werk gegen die Häretiker ist vor allem wegen seiner Berichte über das urchristl. Jerusalem (Martyrium des Herrenbruders Jakobus) und angeblicher Bewahrung apostolischer Tradition in → Eusebios' Kirchengeschichte benutzt. K.St.

Frg: bei Th. Zahn, Forsch. z. Gesch. des neutestamentl. Kanons 6, 1900, 228ff., und E. Preuschen, Antilegomena (1901), 1905², 107ff. – *Lit:* Altaner, 117f. – Ferner: A. H. Ehrhardt, Apostolic Succession, 1953, 62ff. – N. Hyldahl, H.s Hypomnemata, Studia theologica 14, 1960, 70–113 – W. Telfer, Was H. a Jew?, HThR 53, 1960, 143–153 – G. G. Blum, Tradition u. Sukzession, 1963, 158ff.

Hegias, Bildhauer von Athen. Von Paus. 7, 42, 11 als Zeitgenosse des → Onatas und → Hageladas genannt, von Plin. (nat. 34, 49) u. a. mit → Kritios und Nesiotes zusammengestellt, von Dio Chrysostomos (or. 55, 1) als Lehrer des → Phidias vorgestellt. Mit diesen Angaben läßt sich eine Signatur des H. von einer Basis für eine Bronzestatue verbinden, die auf der Akropolis gefunden worden ist und vor 480 v. Chr. datiert werden kann. H. zugeschrieben werden ferner: Knaben (celetizontes?) und Dioskuren. – Ein Bildhauer ‹*Hegesias*›, vielleicht auch Hagesias, ist möglicherweise mit H. identisch. E.Bg.

Lit: A. E. Raubitschek, Dedications from the Athenian Akropolis, 1949, Nr. 94, S. 504ff. – Lippold, GrPl, 108 – P. Orlandini, EAA III, 1960, 1128–30.

Hegias, vgl. auch → Agias.

Heidekraut (ἐρείκη), in der Mittelmeerwelt mit mehreren Arten verbreitet. Nach ihm ist Erike, die Tochter des thessalischen Flußgottes Anauros, benannt. Die Blätter wurden wegen ihrer kühlenden Wirkung von den Mysten als Lagerstreu verwendet, um die Enthaltsamkeit zu fördern. Vgl. → Flora. J.W.

Lit: Murr, Pflanzenwelt, 272 – Escher, RE 6, 1 (1907), 452.

Heilbäder. Die Wirkung heißer und kalter Mineralquellen (Vitr. 8, 3, 4f.) auf den Körper wurde hochgeschätzt (Cels. 2, 17; Plin. nat. 31, 4ff.; Frontin. aq. 1, 4; vgl. die röm. Gründungen in → Britannia, → Gallia, → Germania) und durch Heilgymnastik (RE 7, 2, 2054–57) unterstützt. W.K.

Lit: R. Ginouves, Balaneutiké, Recherches sur le bain dans l'antiquité grecque, 1962.

Heilig. [1] H. ist ein Zentralbegriff der Religionswissenschaft, der das mit besonderer ‹Macht› (→ Mana) Geladene und damit vom Profanen Unterschiedene bezeichnet. Das H.e kann sich manifestieren in Objekten und belebten Wesen, die der Mensch in seiner Umgebung vorfindet (→ Baumkult, → Bergkult, → Pflanzen, → Steinkult, → Quellen, → Tierkult), in Gegenständen und Bildern, die von Menschenhand gefertigt sind, in bestimmten Orten (z. B. im Himmel, → Grotten und Höhlen, Hainen, → Tempeln), in Einzelmenschen (z. B. → Priestern, Propheten, Königen) und Gemeinschaften, zu bestimmten Zeiten (→ Festen, Feiertagen), in Handlungen verschiedenster Art (z. B.

Opfern, Sakramenten), in Wort (z.B. → Mythos; → Orakel) und Schrift. Die Einstellung des Menschen dem H. gegenüber ist ‹ambivalent›: es zieht ihn an (R. Otto: ‹fascinans›) und beglückt ihn, andrerseits aber erregt es Furcht (‹tremendum›), so daß der Mensch die Berührung mit ihm vermeidet und es sich fernzuhalten sucht (→ Tabu, → Apotropaion). In der Begegnung des Menschen mit dem als ‹machtgeladen› empfundenen H.en wurzelt nicht nur alle Religion, alle Ehrfurcht und Anbetung, sondern auch – in einem primitiven Stadium – Magie und → Zauberei.

[2] Bei den *Griechen* der geschichtlichen Zeit mit ihrer ausgeprägten anthropomorphen → Gottesvorstellung ergibt sich zwangsläufig eine Spezialisierung des Begriffs H. auf ‹das, was einem Gotte gehört› bzw. ihm geweiht ist. In diesem Sinne kann das Wort ἱερός (dessen Grundbedeutung umstritten ist) gebraucht werden in bezug auf Menschen (z.B. Priester, Tempelsklaven, Verfluchte, die den Göttern verfallen sind), Opfertiere, heilige Plätze (→ Temenos) und → Tempel sowie deren Inventar. Gegenüber ἱερός ist die Bedeutung von ὅσιος abgegrenzt: es wird bes. in bezug auf menschliche Handlungen gebraucht und drückt aus, daß etwas durch altheiligen Brauch – mag er auf göttliche Satzung oder natürliches Recht zurückzuführen sein – ‹heilig›, ‹ehrwürdig›, ‹gerecht›, ‹pflichtgemäß› oder jedenfalls ‹nicht verboten› ist. Auch ein Mensch, der diese Verbindlichkeit anerkennt, kann ὅσιος genannt werden, d.h. ‹fromm›, ‹gerecht› (manchmal auch ‹rein›, ‹makellos›). Die Bedeutung von ἁγνός (ursprünglich wohl ganz allgemein ‹das, was religiöse Scheu erweckt›, d.h. was → tabu ist) erscheint in der Literatur eingeengt als ‹rein› von Befleckung und ‹keusch›. ἅγιος wird in der Regel nur bei bes. heiligen Orten gebraucht. – Das mit ‹Macht› geladene H. ist streng getrennt vom Bereich des → ‹Profanum› und ausgeschlossen von der Benutzung für rein praktische Zwecke: z.B. dürfen h. Stätten nicht oder nur ausnahmsweise betreten werden (→ Abaton, → Adyton); Menschen, die mit dem H. in Berührung kommen (z.B. → Priester), sind vielen → Tabu-Vorschriften unterworfen; was einmal in seinen Bereich gehört – sowohl von Natur aus als auch durch Weihung oder göttliche Weisung –, kann aus ihm in der Regel nie mehr herausgelangen (z.B. sind sogar die Aschenreste von Opfern heilig und werden daher am Kultplatz vergraben). Heilige Stätten besitzen grundsätzlich das → Asylrecht. Zahlreiche Erzählungen und Legenden berichten davon, wie die Verletzung von Heiligtümern durch göttliche Strafen geahndet wird, bes. durch körperliche Schädigungen oder frühzeitigen Tod (z.B. Plut. qu. Gr. 39, 300 A; Hdt. 6, 134 u. ö.; Liv. 31, 14; vgl. auch die Geschichte vom → Kylonischen Frevel, Hdt. 5, 71; Thuk. 1, 126; Plut. Sol. 12). Vgl. → Epiphanie, → Weihgeschenke. K.-H. R.

Lit: R. Otto, Das H. (1917), 1958[30] – E. Williger, Hagios, Untersuch. z. Terminologie d. H., 1922 – G. v. d. Leeuw, Phänomenologie der Religion (1933), 1956[3] – Nilsson, I 68–110 – W. J. Terstegen, Εὐσεβής en ὅσιος, Diss. Utrecht, 1941 – M. Eliade, Das H. und das Profane, 1957 – J. P. Locher, Unters. zu ἱερός, 1963 – Siehe auch zu → Religion I B 1–3.

[3] Die Römer hatten in hohem Grade Sinn für das H.e: d.h. sie fühlten sich abhängig von unbestimmten, gefährlichen Mächten, den Göttern, deren Bereich von dem der Menschen streng gesondert war. *Sacrum* (‹heilig›) heißt das, was zum göttlichen Bereich gehört, → *profanum* (‹profan›) das, was den Menschen gehört und mit deren gewöhnlichen Beschäftigungen zusammenhängt. Die Kategorien des H.en und des Profanen schließen einander vollkommen aus: um ein Lebewesen oder einen Gegenstand aus der einen in die andere übertreten zu lassen, sind gewisse Heiligungs- oder Entheiligungsriten zu vollziehen. Das → Opfer zum Beispiel entzieht das Opfertier dem profanen Gebrauch und läßt es in den Besitz des Gottes, dem es dargebracht wird, übergehen; umgekehrt können, wenn die Gottheit mit den Erstlingen den ihr gebührenden Anteil erhalten hat, die Menschen die Ernte für ihre eigenen Bedürfnisse verwenden. Für Beispiele von Lebewesen und Dingen, von Orten und Zeiten, die ausschließlich den Göttern vorbehalten sind, → Göttermahl, → Spolia opima, → Ver sacrum, → Weihgabe, → Kultstätten, → Bidental, → Feste, → Dies fasti, nefasti. Den Vorstellungen von *sacrum* und *profanum* entsprechen die von *nefas* und *fas*, welche die Tätigkeiten bezeichnen, die den Menschen vom göttlichen Gesetz erlaubt oder verboten sind. Bekanntlich ist der Begriff des H.en ganz allgemein durch seine Doppeldeutigkeit gekennzeichnet: auch in Rom hat *sacer* den Doppelsinn von ‹heilig› und ‹verflucht›. Die Formel *sacer esto* war eine Art Exkommunikation, die gewisse Verbrecher von der Gemeinschaft ausschloß, so daß man sie ungestraft töten durfte, z.B. Attentäter gegen einen → Volkstribun. H. Le B.

Lit: R. Caillois, L'homme et le sacré, 1939 – D. Sabbatucci, Sacer, St. e Mat. 23, 1951–52, 91–101 – H. Fugier, Recherches sur l'expression du sacré dans la langue latine, 1963.

Heilige Bücher. Texte, in denen für den Gläubigen die Gottheit unmittelbar und gültig den Menschen über das gottgefällige Leben, die Geheimnisse des menschlichen und kosmischen Schicksals und über ihr eigenes Wesen belehrt, gibt es in der griech. und röm. Religion nicht. Die → *Hieroi Logoi* sind erbauliche Erzählungen von Machterweisen der Götter und den Umständen, die zur Gründung eines Kultes führten, und die → Orakel haben zwar Offenbarungscharakter, gelten aber nur dem jeweils Fragenden und der bestimmten Situation. Dem Begriff H. B. am nächsten kommen unter diesem Vorbehalt die röm. → Sibyllinischen Bücher. – In welchem Umfang die oriental. Kulte H. B. mitgebracht haben, wissen wir nicht. Teilweise als H. B. stilisiert ist das → Corpus Hermeticum. O. G.

Lit: S. Morenz-J. Leipoldt, RAC II, 688–717 (Lit).

Heilige Krankheit, Epilepsie. Der alten Meinung (göttliche Herkunft der H. Krankheit) tritt die aufklärerische hippokratische Schrift ‹Über die h. Krankheit› entgegen (um 400 v. Chr.). Nach ihr fließt dabei vom Gehirn übermäßig Schleim ab und versperrt den Pneuma-Strom (Gehirn = Zentralorgan, Pneuma = wichtigstes Element). In den Jahrhunderten n. Chr. wieder magisch-religiös aufgefaßt. F.K.

Lit: O. Temkin, The falling sickness, 1945.

Heilige Stäbe. Schon früh trug man bei ägypt. Prozessionen kleine Götterbilder auf Standarten, aus denen man die Macht des Gottes wirken glaubte. Im Neuen Reich werden gern Könige und Privatleute eine solche Standarte haltend dargestellt, so besonders die des → Amun, ein Stab mit einem Widderkopf. Ähnliche Götterstäbe begleiteten das Heer ins Feld oder waren am Mast der Schiffe angebracht. W. Hk.

Heiligenkult. Im NT begegnet kein H. Er tritt erst seit der Mitte des 2. Jh.s auf. Jedenfalls läßt er sich zuerst im Martyrium → Polykarps (gest. ca. 161/8) nachweisen (→ Märtyrer): die Gemeinde sammelt seine Gebeine, die ‹wertvoller als kostbare Steine› sind, und beschließt, seinen Todestag als seinen himmlischen Geburtstag alljährlich zu feiern (18, 2 f.). Allerdings wird betont (17, 3), daß Christus Anbetung (προσκυνεῖν) gebührt, dem Märtyrer jedoch nur Verehrung (ἀγαπᾶν). Polykarps Gefährten wurde nicht die gleiche Ehre zuteil, doch sollte ihrer bei den Feiern gedacht werden. Die Märtyrerverehrung setzte sich schnell überall durch. Dabei wurde das Leiden der Märtyrer oft der Passion Christi angeglichen, was wiederum die Ansätze des H.s verstärkte. Nach dem Ende der Christenverfolgung richtete sich der H. nicht mehr nur auf die Märtyrer, sondern auch auf hervorragende Bischöfe, Kirchenväter, Mönche usw. Die Märtyrer rückten zusammen mit den Aposteln in unerreichbare Höhe. Da nicht alle Gemeinden Märtyrer aufzuweisen hatten, begann ein Austausch der Märtyrer. Jeder Altar sollte nach Möglichkeit Überreste von Märtyrern enthalten. Der H. übernahm dabei immer mehr heidnische Sitten. Eusebios berichtet (hist. eccl. 8, 6, 7), daß während der diokletianischen Verfolgung Leichen von Märtyrern ins Meer geworfen wurden, damit sie nicht von den Christen für Götter gehalten würden. In der Zeit der Reichskirche wurden vor allem Asketen (→Askese) Wunder zugeschrieben. Theologen wie →Basilius d. Gr. haben den H. verteidigt. Vornehmlich dachte man dabei an die mittlerische Funktion der Heiligen als Fürsprecher. Vereinzelt wurde Widerspruch gegen den H. laut. →Augustin pflegte zwar die Fürbitte der Heiligen ebenfalls zu erbitten, warnte jedoch vor einem Kult toter Menschen und betonte, die Heiligen seien wegen der Nachahmung zu ehren, nicht wegen der Religion anzubeten (De vera rel. 55, 108). Weiter gingen in ihrer Kritik Männer wie Eunomios oder Vigilantius, der die Reliquienverehrer sogar Aschenanbeter und Götzendiener nannte (vgl. Hier. ep. 109, 1). Dagegen hat sich →Hieronymus zum Anwalt des H.s gemacht. Tatsächlich vermochte die Opposition den H. nicht mehr zurückzudrängen, die Entwicklung war zu weit fortgeschritten. Bei allen erdenklichen Gelegenheiten des täglichen Lebens versicherten sich die einfachen Christen der Hilfe der Heiligen, die somit an die Stelle der Lokalgottheiten treten konnten und zum Teil an deren früheren Kultstätten verehrt wurden (→Religion I E4; →Heroenkult). Seine genaue dogmatische Bestimmung hat der H. erst in der Zeit der Scholastik erhalten: Gott gebührt die adoratio, den Heiligen wird veneratio erwiesen. B.L.

Lit: E. Lucius-G. Anrich, Die Anfänge des H.s in der christl. Kirche, 1904 – F. Pfister, Der Reliquienkult im Altertum, 2 Bde, 1909–12 – H. Delehaye, Les Origines du Culte des Martyrs (1912), 1933² – Ders., Sanctus, 1927 – H. v. Campenhausen, Die Idee des Martyriums in der alten Kirche, 1936 – J. Jeremias, Heiligengräber in Jesu Umwelt, 1958 – RGG III 171–175; V 1045–47.

Heiliger Krieg. [1] *1. Heiliger Krieg:* Zu Beginn des 6. Jh.s v. Chr. riefen die Priester des Apollonheiligtums von Delphi zur Hilfe gegen Kirrha, von dem das Heiligtum abhängig war, auf, da Kirrha die Pilger auf dem Weg nach Delphi erpresse. Die Amphiktyonie von Anthela nutzte die Gelegenheit, Kirrha die Kontrolle der Handelsstraße zwischen dem Golf von Korinth und Nordgriechenland streitig zu machen, und griff auf seiten des Heiligtums ein. Der Krieg dauerte ca. 600–590 und endete mit der Zerstörung Kirrhas. Vgl. →Delphische Amphiktyonie. R.V.C.

[2] *2. Heiliger Krieg*, von Sparta im Herbst 449 v. Chr. den Phokern erklärt, da diese, seit 454/453 mit Athen verbündet, Delphi unter ihre Kontrolle gebracht hatten. Nachdem ein spartan. Heer die Autonomie Delphis mühelos wiederhergestellt hatte, gab Athen im Interesse seiner Position in Mittelgriechenland im Sommer 447 das Heiligtum wieder in die Hände der Phoker, worauf Sparta im Frieden von 446 dessen Unabhängigkeit abermals durchsetzte. Beide Großmächte sicherten sich gelegentlich dieser Interventionen eine Vorrangstellung bei der Orakelbefragung. F.Kch.

[3] *3. Heiliger Krieg* = Phokischer Krieg (356–346). Die Phoker, die seit →Leuktra (371) von Theben abhängig waren, aber bei Mantineia (362) die Heeresfolge verweigert hatten, wurden Frühj. 356 auf Betreiben Thebens von den →Amphiktyonen wegen angeblicher Verletzung des ‹heiligen Landes› verurteilt. Sie besetzten darauf Delphi (das bis 448 ihnen gehört hatte), was zur Verkündigung des H. K.s gegen sie führte, entnahmen Tempelschätze als ‹Anleihe› und warben damit Söldner. Mit deren Hilfe wurden sie, gestützt auf die unverbrauchte Kraft des eigenen Stammes, für Jahre die erste Militärmacht Griechenlands. Ihre Verbündeten waren als Gegner Thebens Athen, Sparta u. a., während Theben von den anderen Nachbarn der Phoker, dem Großteil der Thessaler und →Philipp II. v. Makedonien unterstützt wurde. Philipp gewann hierbei Thessalien, erhielt 346 im Amphiktyonenrat die beiden Stimmen der Phoker und faßte als Sieger in diesem Kriege, der von den Phokern unter →Philomelos, →Onomarchos, →Phayllos (2) und →Phalaikos (1) jahrelang mit wechselndem Erfolg durchgehalten worden war, in Griechenland Fuß. Die Phoker wurden zur Zahlung einer hohen Entschädigungssumme an Delphi verurteilt. E.Bn.

Lit: M. Sordi, La terza guerra sacra, RFIC 86, 1958, 134–166.

Heiligtum. Das griech. H. (ἱερόν) gründet sich meist auf Stätten in freier Landschaft, wo das Wirken der verehrten Gottheit ins Bewußtsein trat, was in Gründungsmythen seinen Ausdruck findet. Häufig wurde die Heiligung des Ortes verursacht durch numinöse myk. Überreste (→Thermos, Akropolis von →Athen, Heraion von →Argos und von →Samos, →Mykene) oder Kultmale wie Quellen (→Delphi, →Didyma) und Heroengräber (→Olympia, →Delos). Daneben treten, vor allem in den neugegründeten Städten der Kolonien, Stadtheiligtümer innerhalb der Mauern, meist auf einem die Stadt überragenden Hügel, der Akropolis, (→Paestum, →Selinunt, →Akragas, →Milet, →Priene; in Griechenland →Athen, →Korinth). Der heilige Bezirk *(Temenos)* war unantastbar Besitz des Gottes. Er wurde durch Grenzsteinsetzung (→Epidauros) oder durch eine Mauer (Peribolos) begrenzt. G.Gb.

Lit: H. Berve-G. Gruben, Griech. Tempel und Heiligtümer, 1961.

Heimarmenē (‹Geschick›), Macht des Ausgleichs im Weltenlauf (Plat. Politikos 272 E), im Anschluß an die frühgriech. Erkenntnis einer Gesetzmäßigkeit im →Kosmos Zentralbegriff der →Stoa: Schicksalsnotwendigkeit, Gesetz, nach dem alles Geschehen durch Kausalnexus bestimmt ist, zugleich Ordnungsprinzip (Logos) des Kosmos und Form der göttlichen Kraft (SVF II p. 264 ff., Willensfreiheit gewahrt: p. 282 ff.), später unter östl. Einfluß astrologisch gedeutet als die Macht, die die Sterne auf das irdische Geschehen ausüben, von →Poseidonios weiter entwickelt, scharf angegriffen von →Karneades und →Sextus (2) Empiricus. Radikal vertreten führt dieser Schicksalsglaube zu Astralfatalismus (→Vettius Valens), modifiziert zur Auflehnung gegen das drückende Joch der H., deren Macht man durch Zauberei oder Astrologie zu beeinflussen sucht, sofern man nicht eine Erlösung durch andere Götter erstrebt (Christentum, Gnosis, Mysterien: Isis). C.J.C.

Lit: W. Gundel, Beitr. zur Entwicklungsgesch. der Begriffe Ananke und Heimarmene, 1914 – W. C. Greene, Moira. Fate, Good and Evil in Greek Thought, 1944 (Nachdr. 1963) – D. Amand, Fatalisme et liberté dans l'antiquité grecque, 1945 – W. Theiler, Tacitus und die antike Schicksalslehre, in: Phyllobolia, Festschr. f. P. V. d. Mühll, 1945, 35–90.

Heizung. Als H.-Material dienten Holz und Holzkohle, welche in →Hypokausten des →Hauses oder von →Thermen als Oberluftfeuer mit geringem Zugbedarf verbrannt wurde. Die heißen Gase strichen unter dem Fußboden hin (Fußbodenstrahlungs-H.) und wurden durch Hohlziegel,

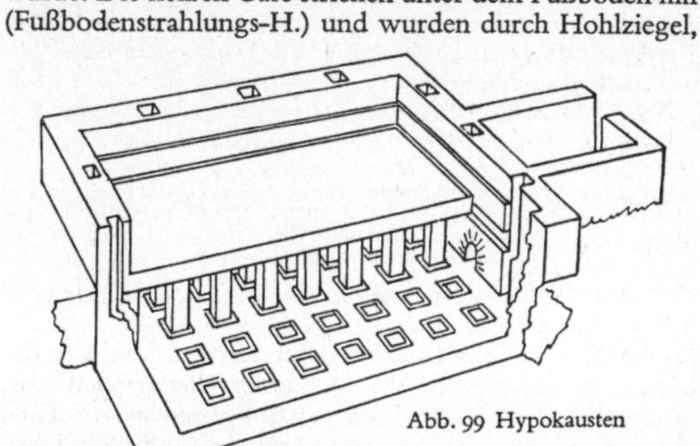

Abb. 99 Hypokausten

tubuli (teils Wand-H., teils Wärmedämmung), in halber Höhe (bei der Basilika in Trier 8 m) nach außen geleitet. Ferner wurde mit transportablen Kohlenbecken geheizt, die z. T. doppelwandig waren und heißes Wasser enthielten, das für →Getränke (calda) verwendet wurde und mit dem man Speisen warmhielt. W.K.

Lit: F. Kretzschmer, Die Heizung der Aula Palatina in Trier, Germania 33, 1955, 200–210 – Ders., Bilddokumente röm. Technik, 1958 – Forbes, Technology VI 1–100 – *Abb:* Singer, Technology II, Abb. 603 (röm. H.).

Hekabe (lat. Hecuba), Tochter des Phrygerkönigs Dymas oder des Kisseus. Gemahlin des → Priamos, dem sie 19 Kinder gebiert. In Eur. Hek. Sklavin des → Odysseus, rächt sich an dem Thrakerkönig Polymestor, dessen Schutz sie ihren Sohn → Polydoros anvertraut hatte, dafür, daß er ihn nach dem Ende der Stadt seiner Schätze wegen ermordet hatte. H. läßt den König in ein Zelt locken, seine Kinder vor ihm töten, ihn selbst blenden. Polymestor weissagt ihr die Verwandlung in einen Hund. Die Griechen dulden aus Mitleid mit H. die Rachetat, nach anderer Version wird sie gesteinigt, unter den Steinen findet man einen Hund. K. Schb.

Lit: Séchan 319ff. – *Darstellungen:* bei → Hektors Aufbruch und Kampf mit Achill auf rotfig. Vasen, auch in der Ilias Ambrosiana. Vgl. A. Comotti, Ecuba, EAA III, 1960, 209.

Hekataios, Tyrann von Kardia z. Z. Alexanders d. Gr.; versuchte vergeblich, bei diesem die Befreiung seiner Heimatstadt durchzusetzen.

2. **H. von Abdera,** philosophierender Literat, ca. 350 bis 290. Bezeugte Schriften: (1) Über Homer und Hesiod; (2) Über die Hyperboreer, ethnographische Utopie, z. T. angeregt durch platonische (und aristotelische?) Mythen, Vorbild für das Werk des → Euhemeros; (3) Über Ägypten, teilweise historische, auf eigener Landeskenntnis beruhende Darstellung, teils Idealstaatsgemälde, teils ptolemäische Kulturpropaganda; benutzt bei → Diodor (2), Buch 1. – Wie weit die schwachen Spuren systematischer Philosophie auf engere Beziehung zur Atomistik → Demokrits hinweisen, ist eine offene Frage. O. G.

Frg: VS II 240–245 – FGrHist 264 (mit wichtigem Komm.).

3. **H. von Milet,** 560/550–ca. 480 v. Chr., von großer Bedeutung für die Geschichte der → Geographie (A 2 f.) und → Geschichtsschreibung (A 2 f.). Ob er noch direkter Schüler des → Anaximander gewesen ist, ist zweifelhaft. Jedenfalls suchte er dessen Erdkarte durch eine genauere, mit einer Erdbeschreibung verknüpfte zu ersetzen und dessen Rekonstruktion der Entstehung des Kosmos und Entwicklung der Lebewesen durch eine Geschichte der Menschen zu ergänzen. – In seiner *Erdbeschreibung* (*Περιήγησις* oder *Περίοδος γῆς*, 2 Bücher: *Εὐρώπη* und *Ἀσίη*; die Echtheit des zweiten wurde von den alexandrin. Philologen zu Unrecht bestritten) begnügte er sich nicht wie die frühen griech. → Periploi und noch die spätantiken röm. → Itinerarien mit Entfernungsbestimmungen auf eindimensionalen, aber nicht geradlinig verlaufenden Küsten oder Straßen, sondern suchte die relative Lage der Orte zueinander mit Hilfe der Himmelsrichtungen zu bestimmen. In die Erdkarte zeichnete er dazu geometrische Figuren: Quadrate, Rechtecke, Trapeze, Zonen (Gürtel) ein, die er noch möglichst den geographischen Gegebenheiten anzupassen suchte, wurde aber damit der Vorläufer jenes griech. Geographen (wahrscheinlich → Eudoxos (1) v. Knidos), der das von der Gestalt der Länder unabhängige System der Längen- und Breitengrade einführte. H.' Erdbeschreibung wurde von → Herodot oft benutzt und kritisiert. – Ebenso erkannte H. die Wichtigkeit eines ordnenden Prinzips in der Geschichte: er schrieb ‹Genealogiai› in 4 Büchern (auch diese benutzte Herodot) und versuchte in ihnen durch genealogische Schemata sowie die Berechnung des Datums des Herakles mit Hilfe der von diesem hergeleiteten Liste der spartanischen Könige eine → Chronologie zu schaffen, in die sich die gesamte Sagengeschichte einordnen ließ. An dieser übte er eine Art rationalistischer Kritik, indem er ‹Übertreibungen› reduzierte und Wunderbares und Unglaubliches psychologisch deutete: wie etwa daß für frühere Generationen der Golf von Ambrakia das Ende der Welt bedeutet habe und so die Sage entstanden sei, → Herakles habe die Rinder des Geryoneus vom Ende der Welt nach Sparta gebracht. – Zur Zeit des → Ionischen Aufstandes (499) benützte er seine außergewöhnlichen Kenntnisse sowohl der positiven Ressourcen als auch der Schwächen des pers. Königreiches dazu, den Ioniern Ratschläge zu geben, die zu einem günstigeren Ausgang hätten führen können, aber nicht befolgt wurden (Hdt. 5, 26). K. v. F.

Frg. u. Komm: FGrHist 1 – *Lit:* F. Jacoby, RE 7 (1912), 2667–2769.

Hekate, griech. Göttin. Kleinasiat. (kar.) Ursprung ist erwiesen aus den in Karien und den benachbarten Gebieten häufigen von H. hergeleiteten Personennamen (z. B. Hekataios, Hekatomnos; vielleicht besteht ein Zusammenhang mit → Apollons Beinamen Hekatebolos bzw. Hekebolos) und dem ältesten Zeugnis ihres Kultes aus Milet (wohl 7. Jh.). H. muß in Westkleinasien und auf den benachbarten Inseln in älterer Zeit eine bedeutende, vielleicht die Hauptgöttin gewesen sein. Nach dem ältesten literarischen Zeugen, Hesiod, ist H. eine Titanin, Tochter des Perses und der Asteria; ihr hat Zeus Anteil verliehen an Erde, Meer und Himmel, und den Menschen steht sie als mächtige Helferin allenthalben zur Seite. Diese Partie der Theogonie (411 bis 452) wird freilich im allgemeinen als ein nichthesiodeischer Einschub unbestimmten Alters (orphischer Einfluß?) angesehen. Auch im homerischen Demeter-Hymnus tritt H. stark hervor. Erst seit dem 5. Jh. v. Chr. ist sie weithin bezeugt, bes. in Athen (häufige Erwähnung in Tragödien und Komödien). Ihre Wesenszüge sind von nun an klar ausgeprägt (allerdings sehr verschieden von denen der ‹Allgöttin› bei Hesiod): Sie ist (1) die Herrin von allem Spuk, → Zauber und Hexenwesen, die fackeltragend und geißelschwingend (vgl. die → Erinyen) mit ihrem Wilden Heer nachts einherzieht und die Menschen schreckt (Beiname *Antaia:* die dem Menschen ‹begegnet› bzw. ihn ‹angreift›); (2) die Göttin der Wege (Beiname *Enodia,* vielleicht von einer ursprünglich selbständigen Gottheit auf H. übertragen; vgl. → Hermes), bes. der Dreiwege (Beiname *Trioditis,* lat. *Trivia*), empfängt daher Speiseopfer an Dreiwegen und ist in der Kunst häufig dreigestaltig dargestellt. Dreiwege spielen ja im Spukglauben vieler Völker eine wichtige Rolle. – Im Unterschied zu bloßen Schreckgespenstern wie → Empusa, → Lamia, → Gello u. ä. genießt die Zaubergöttin H., zumal in den unteren Volksschichten, weite, ernste Verehrung. Sie ist Schutzpatronin der Zauberinnen, kann aber auch Spuk und Zauber abwehren; ihr Kult trägt vorwiegend → apotropäischen Charakter (vor vielen athen. Häusern waren H.-Statuen aufgestellt, vgl. die → Hermen).

[2] Häufig wird H. mit anderen, ihr wesensähnlichen Göttinnen in Verbindung gebracht oder vermischt, am weitesten verbreitet ist ihre Gleichsetzung mit → Artemis. Gleich ihr tritt H. auch oft als Frauengöttin, Helferin bei Geburtswehen und Beschützerin der Menschenkinder auf (Beiname → *Kurotrophos*). In späterer Zeit wird sie – ähnlich wie Artemis – außerdem als Mondgöttin angesehen. Ob die chthonische Bedeutung der H. sehr alt ist, wissen wir nicht (vgl. Vegetationsgötter; → Religion), seit der klass. Zeit jedenfalls wird die ‹Geisterkönigin› H. gern auch mit → Persephone, der ‹Unterweltskönigin›, identifiziert. Von den Attributen der H. verweisen → Schlangen, Hunde und Fackeln auf chthonischen Bereich. – So steht die volkstümliche Göttin H. mit ihrem Geisterheer neben bzw. außerhalb der homerischen Götterwelt, und in die offiziellen Kulte im griech. Mutterland hat sie im allgemeinen keine Aufnahme gefunden. Sie verlor aber ihre Bedeutung für die Volksreligion und den Privatkult im ganzen Altertum nie und trat im spätantiken Dämonen- und Zauberglauben bes. stark hervor. K.-H. R.

Lit: Heckenbach, RE 7,2 (1912), 2769–82 – U. v. Wilamowitz, Der Glaube d. Hellenen I, 1931, 169–177 – Th. Kraus, H., 1960.

Hekateion, Bezeichnung für das dreigestaltige Bild der Hekate: eine Darstellungsform, deren Erfindung von Pausanias (2, 30, 2) wohl zu Recht dem → Alkamenes zugeschrieben wird, wenn auch die Idee der Dreigestalt dieser Göttin sicher älter ist. G. Jacopi hat das H. auf die Perirrhanteria, bei denen drei Frauenfiguren ein Wasserbecken stützen, zurückführen wollen; wahrscheinlich besteht aber zu diesen wie auch zu den syr. ‹Parallelen› des 9. und 8. Jh.s v. Chr. nur ein äußerlich formaler Bezug. → Myron hat die Hekate vom Mysterientempel von Ägina noch eingestaltig gebildet; ebenso wohl auch nach Alkamenes, von dessen H. vielleicht ein Fragment des Kopfes erhalten ist, wieder → Polyklet (II.), → Naukydes und → Skopas. E. Bg.

Lit: G. Jacopi, Bd'A 30, 1936, 443–453 – R. D. Barnett, A Catalogue of the Nimrud Ivories, 1957, 207, Taf. 74 – A. Alföldi, Diana Nemorensis, AJA 64, 1960, 137–144 – Th. Kraus, Hekate, 1960 – F. Eckstein, Die Hekate des Alkamenes (in Vorbereitung).

Hekaton von Rhodos, Schüler des → Panaitios und wie dieser mit Q. → Aelius (11) Tubero, dem Neffen des P. → Cornelius (29) Scipio Aemilianus, verbunden. Er dedizierte ihm ein Werk ‹De officio›, das Cicero in ‹De officiis› neben dem gleichbetitelten Werk des Panaitios benutzt hat, lebte also ca. 160–90 v. Chr. Sechs andere, ziemlich umfangreiche Werke sind bei → Diogenes (1) Laertios zitiert. Was für ein Werk Seneca in ‹De beneficiis› und den ‹Epistulae ad Lucilium› benutzt hat, wissen wir nicht. Er scheint nur über Ethik geschrieben, also wie Panaitios im stärksten Maße den besonderen Interessen des → Scipionenkreises Rechnung getragen zu haben. Die Reste lassen vermuten, daß er sich mehr als Panaitios an die Orthodoxie → Chrysipps gehalten hat. O. G.

Frg: H. Fowler, 1885.

Hekatoncheiren, hundertarmige Riesen: Briareos (auch Aigaion genannt), Gyes und Kottos. Kinder der → Gaia. Von → Uranos in den Tartaros geworfen, von → Zeus befreit und seine Bundesgenossen in der → Titanomachie (Hes. theog. 149. 617 f. 734). K. Schb.

Hekte (*ἕκτη*), Sechstel einer Einheit. Vor allem werden die Sechstelstatere aus Elektron von Kyzikos – auch inschriftlich: IG I 199, 203 – so genannt. Ferner die H. von Phokaia und Mytilene, die in einem (heute verlorenen) Münzvertrag von nach 400 v. Chr. als Gemeinschaftsprägungen in dem damals artifiziell (Gold-Silber-Legierung) hergestellten Elektron im durchschnittlichen Gewicht von 2,6 g geprägt wurden (vgl. IG XII 2, 1). W. Schw.

Lit: Babelon, 489–490 – K. Regling, 7,2 (1912), 2802 – Ders., in: v. Schrötter, 259.

Hektemoroi. So hießen in Attika im 7. Jh. v. Chr. ehemalige → Theten (Pächter) und ehemalige → Zeugiten (Kleinbauern), die wegen Zahlungsunfähigkeit nicht, wie das alte Recht es zuließ, von ihren Gläubigern als Sklaven verkauft, sondern als Teilpächter erblich an Grund und Boden gebunden worden waren; sie zahlten einen Grundzins entweder von $^1/_6$ oder von $^5/_6$ der Ernte (die modernen Historiker sind sich über den Zinsfuß nicht einig). Nach dem Staatsrecht waren die H. die man auch *πελάται* nannte, freie Bürger, nach dem Privatrecht jedoch nur Hörige. Diese Einrichtung verschwand mit den Reformen → Solons. R. V. C.

Hektor, Sohn des → Priamos und der → Hekabe, Hauptheld der Troer, den selbst Achilleus scheut, im → Trojan. Krieg (kämpft mit → Diomedes, → Aias u. a., tötet → Patroklos). Gatte der → Andromache, von der er in einer berühmten Episode der → Ilias (6, 390 ff.) Abschied nimmt, Vater des → Astyanax. Tötet Patroklos, wird daraufhin von Achilleus in langem Zweikampf erschlagen und um die Stadtmauern geschleift, dann von Priamos ausgelöst. → Aischylos schrieb eine H.trilogie, → Astydamas eine H.-tragödie.

Lit: W. Schadewaldt, H. in der Ilias (1956), in: Hellas und Hesperien, 1960, 21–38 – *Darstellungen:* Oft beim Troilosabenteuer. Zweikämpfe mit Aias, Achill, Menelaos, Diomedes (Johansen, Abb. 3. 5. 7. 38. 39. 41; schwarzfigurige Amphora: E. Gerhard, Auserlesene Vasenbilder, 1840, Taf. 192). Wappnung und Abschied von den Eltern auf rotfigurigen Vasen (Beazley, ARV[1] 24 f., Nr. 1; 684, Nr. 1). Der Abschied von → Andromache auf Gemälden (A. v. Salis, Antike und Renaissance, 1947, 53–55; Schefold, WP 18. 179), Gemmen (Berlin 2329; Furtwängler, Gemmen, Taf. 23, 54. 56) sowie einer → Tabula Iliaca (Brüning, JdI 9, 1894, 149). Tod und Schleifung sowie Lösung des H. vor allem auf Vasen (s. zu → Achilleus), Sarkophagen und Wandbildern (Schefold, Nederlands Kunsthistorisch Jaarboek 5, 1954, 211–224). – *Lit. dazu:* H. Sichtermann, Ettore, EAA III, 1960, 506 f. K. Schb.

Hektoridas, Bildhauer, führte nach der Bauurkunde den einen der Giebel des → Asklepiostempels von Epidauros aus, dessen Modelle (?) → Timotheos lieferte: um 380 v. Chr. Auch als selbständiger Künstler tritt er auf Grund der Signatur einer daselbst gefundenen Basis und weiterer in der Urkunde genannter Werke in Erscheinung. E. Bg.

Lit: Lippold, GrPl, 220 – F. Crome, Die Skulpturen des Asklepiostempels v. Epidauros, 1951, 11 ff. u. 47 ff. – M. B. Marzani, EAA III, 1960, 1133.

Helena, die schönste und begehrteste aller Frauen, bei *Homer* Tochter des Zeus, Schwester der → Dioskuren und so wohl Tochter der → Leda. → Paris entführt sie ihrem Gemahl → Menelaos und löst so den → Trojan. Krieg aus. Ihre Haltung schon bei Homer schwankend: einerseits den Troern und Paris gram, erkennt sie Odysseus auf seiner Kundschaft, ohne ihn zu verraten (Od. 4, 250); andererseits den Troern treu, versucht sie die Griechen des hölzernen Pferdes (Od. 4, 274 ff.). Von Menelaos zurückgewonnen, teilt sie dessen Irrfahrten. – In *späterer Sage* Tochter der → Nemesis, der das bekannte Ei Ledas übergeben wird, oder auch des Okeanos und der Thethys. Erster Raub der H. durch → Theseus und Peirithoos, H. wird (samt → Aithra als Amme) zurückgeholt. Angesichts zahlloser Freier wird ihr die Wahl überlassen, die auf Rat des → Odysseus alle Freier zu respektieren und künftig zu schützen schwören. Sie wählt Menelaos. → Stesichoros erfindet in der ‹Palinodie›, daß sie mit Paris nach Ägypten verschlagen und dort vom König Proteus bis zur Ankunft des → Menelaos zurückgehalten worden sei, während Paris nur ein Schattenbild mit nach Troja gebracht habe (vgl. Hdt. 2, 112–120, und Eur. Hel.). In Eur. Or. von Orestes und Pylades bedroht, doch von Apoll gerettet. – H. trägt Züge einer Zauberin, hatte in Lakonien einen alten Kult als Baumgöttin und erscheint im Seefahrerglauben als St. Elmsfeuer (Plin. nat. 2, 101), jedoch im Gegensatz zu dem doppelten der → Dioskuren unglückbringend. L. H.

Lit: L. Ghali-Kalil, Les enlèvements et le retour d'Hélène, 1955 – A. Cornotti, Elena, EAA III, 1960, 293–297 – Weiteres: → Dioskuren. – *Darstellungen:* H. wird als erste Frau als Ursache großen Geschehens dargestellt, von Theseus oder Paris entführt (Geometr. Luterion London, protokor. Lekythos, Bronzepanzer Olympia, Schefold, FS, Abb. 9, Taf. 5c. 26); auch im 6. Jh. auf Schildreliefs und Vasen (Schefold, FS, Abb. 33; Kunze 132–135); auf Schild- und monumentalen Reliefs von Menelaos umworben und nach ihrer Rückgewinnung bedroht (Schefold, FS, Abb. 32, Taf. 68 f.) und zurückgewonnen (Kunze 163–167). Neben diesen Themen wird in der späteren Klassik das Werben des Paris um H. beliebt, auch auf etrusk. Spiegeln; im reichen Stil ihre Geburt aus dem Ei, in der Spätklassik ihre Hilfe beim Palladionraub (Kopie in röm. Wandgemälde); ein Helenazyklus wird aus der Isisreligion gedeutet (Aula Isiaca auf dem Palatin). Am tiefsten war sie, wie Goethe gesehen hat, in Polygnots Iliupersis in Delphi verstanden; geistig verwandt die Hochzeit mit Menelaos auf der Basis des Nemesisbildes von Agorakritos in Rhamnus. Am berühmtesten Zeuxis' Gemälde der H. – *Lit. dazu:* A. Comotti (s. o.) – K. Schefold, Helena im Schutz der Isis, in: Studies presented to D. M. Robinson II, 1953, 1096–1102 – Ders., Agorakritos, in: Festschr. R. Boehringer, 1957, 554–568. K. Schf.

2. **H. von Alexandria,** Malerin. Soll die Alexanderschlacht bei Issos (333 v. Chr.) als Zeitgenossin gemalt haben. Vespasian ließ das Gemälde im Friedenstempel in Rom anbringen. Man hat ihr mitunter das Original des berühmten → Alexandermosaiks (vgl. → Philoxenos, 3) zuschreiben wollen. C. K.

Q: Overbeck, SQ, 1976 – *Lit:* Brunn II 260. 269 – Pfuhl, 765 – Ders., RE 7,2 (1912), 2837 – L. Forti, EAA III 1134 f.

Helenion (inula) bezeichnet wahrscheinlich den großen Alant (Inula Helenium L., Helenenkraut) und verwandte Arten. Nach der Überlieferung entstand H. aus den Tränen, die → Helena über den von einer Giftschlange getöteten Steuermann des Menelaos vergossen hatte. Sie pflanzte auf

Pharos das Kraut als Mittel gegen Schlangen. Die Erzählungen knüpfen an die Helena zugeschriebene Kenntnis von Heil- und Zauberkräutern an (Hom. Od. 4, 220ff.). Die Quellen bezeugen H. als Heil- und Zierpflanze, ohne daß im Einzelfall eine nähere botanische Bestimmung möglich ist. Vgl. → Flora. J.W.

Lit: Stadler, RE 7,2 (1912), 2838–40 – Murr, Pflanzenwelt, 214f.

Helenius → Acro.

Helenos, Sohn des → Priamos und der Hekabe (wie die Zwillingsschwester → Kassandra). Weissagt Hektor seinen Untergang, den Griechen (unter Zwang), daß Troja nur durch → Philoktet fallen könne (Soph. Phil. 604ff.), und rät → Neoptolemos, dem er zugelost wird, zu Lande nach Hause zurückzukehren. Gründer von Buthroton und Ilion in Chaonien (Verg. Aen. 3.333ff.), nach dem Tod des Neoptolemos Gemahl der → Andromache. K. Schb.

Helepolis (*ἑλέπολις*), die ‹Stadteinnehmerin› (Diod. 20, 48, 2), Belagerungsmaschine, von → Demetrios (1) Poliorketes bei Salamis und 304 v. Chr. bei Rhodos (Diod. 20, 91, 2f.) eingesetzt. Sie war ein Turm von etwa 40 m Höhe, hatte neun Stockwerke mit → Geschützen und Rammspornen, stand auf gewaltigen Rädern und wurde von 3400 Soldaten bedient. Vgl. → Festungsbau [2]. W.K.

Q: Vitr. 10, 15f. – *Abb:* J. Rasin, Gesch. d. Kriegskunst, 1959, 254.

Heliaden, Töchter und Söhne des → Helios; vgl. → Phaethon.

Heliaia bezeichnet in Athen seit der Einführung der Volksgerichtsbarkeit durch → Solon (→ Recht I B 3 und 5c) in erster Linie das als Gerichtsversammlung konstituierte Volk als Ganzes, sodann auch die aus ihm heraus gebildete zuständige Unterabteilung (→ Dikasterion), namentlich die den → Thesmotheten zugeteilte, ferner das am Markt gelegene Lokal, in dem die letztgenannte tagte. Zur Teilnahme war grundsätzlich jeder über 30 Jahre alte Bürger berechtigt. Seit dem 5. Jh. loste man jedoch jährlich 6000 Heliasten aus und formte aus diesen die einzelnen Dikasterien, die wiederum durchs Los den verschiedenen Gerichtsmagistraten beigegeben wurden; im 4. Jh. stellte man die Dikasterien von Fall zu Fall durchs Los zusammen. Die Stärke der Dikasterien belief sich je nach der Bedeutung der Sache auf 201, 401 oder 501 Mann. Für besonders wichtige Prozesse, bes. solche des politischen Strafrechts, wurden jedoch mehrere Abteilungen zu Gruppen von 1001, 1501 oder 2001 Dikasten zusammengefügt; in seltenen Fällen saßen alle 6000 Heliasten zu Gericht. Das Urteil wurde nach Anhörung der Parteien ohne eigene Debatte der Dikasten in geheimer Abstimmung gefällt. Vor Beginn der Verhandlungen mußten die Richter den ‹Heliasteneid› schwören, in dem sie Befolgung der Gesetze, bei deren Fehlen der *δικαιοτάτη γνώμη* (→ Recht I A 3), und gerechte Anhörung der Parteien versprachen. Seit → Kleisthenes (1) erhielten sie ein Tagegeld, dessen Höhe schwankte. H. J.W.

Helike, Stadt in → Achaia östl. Aigion (Kt. 1152 C 5), 373/372 v. Chr. durch Erdbeben völlig zerstört und im Meer versunken; in der Nähe Heiligtum des Poseidon Homarios, Hauptheiligtum der Landschaft. E.M.

Helikon, Gebirge in Böotien (Kt. 1152 D 4), 1748 m; berühmte Kultstätte der → Musen mit Quellen, Altar (hellenist.), Theater; Spiele, ‹Museia›, im 3. Jh. v. Chr. neu organisiert, veranstaltet von Thespiai und dem → Böotischen Bund. E.M.

Q: Paus. 9, 28–31 – *Lit:* F. Blöte, RE 8, 1 (1912), 1–7 – K. Fiehn, RE 16, 1 (1933), 821–822, s. v. Musental – A. R. Burn, H. in History, BSA 44, 1949, 313–323 – G. Roux, Val des Muses, BCH 78, 1954, 22–48.

Heliodoros, Bildhauer. Plinius (nat. 36, 35) nennt H. als Bildhauer einer berühmten Gruppe (Ringkampf von Pan und Olympos: Olympos wohl mit Daphnis verwechselt, dem eigentlichen Schüler des Pan), die in der Porticus der Octavia stand. – Möglicherweise identisch mit einem (nach wiedergefundenen Inschriften) um 100 v. Chr. in Rhodos tätigen Bildhauer dieses Namens. Ein Bildhauer Plutarchos signierte in der Zeit zwischen 82 und 74 v. Chr. als Sohn eines Heliodor, der, wenn nicht mit dem H. von Rhodos identisch, so doch zur selben Zeit gelebt hat. – Fraglich bleibt, ob der von Plinius an anderer Stelle (nat. 34, 39) genannte Erzbildner H. mit einem der obengenannten H. identisch ist. – Das bei Plinius zuerst erwähnte Werk könnte in einer in Marmorkopien erhaltenen Gruppe mit der Darstellung von Pan und Daphnis (beim Unterricht) erhalten sein; dann wäre dieser H. möglichst spät zu datieren. E. Bg.

Lit: E. Pfuhl, RE 8, 1 (1912), 42f., Nr. 20f. – Lippold, GrPl 323, Taf. 113, 2, ferner 378.

2. **H.,** → Metriker vom Ende des 1. Jh.s n. Chr., von → Marius (6) Victorinus (gramm. VI 94, 7) als *inter Graecos huiusce artis* (sc. metricae) *antistes aut primus aut solus* bezeichnet, von Priscian (gramm. III 420, 2) unter die *nominatissimi Graeciae auctores* gezählt, schrieb außer umfangreichen metrischen Werken auch ein Handbuch der Metrik. Seine Theorien haben, zumal in dem Ausgehen von *μέτρα πρωτότυπα*, zu denen er auch den → Antispast zählte, großen Einfluß auf die Folgezeit gehabt (→ Metrik, D 2). Aus den Scholien ist uns vor allem seine Arbeit an der Kolometrie der Aristophanes-Lieder kenntlich. B. Sn.

Lit: O. Hense, RE, 8, 1 (1912), 28–40 – U. v. Wilamowitz, Griech. Verskunst, 1921, 78.

2a. **H. Arabs,** Sophist; in Gunst offenbar bei Caracalla (advocatus fisci) und nach dessen Tod verbannt. Lebte noch als Greis in Rom zur Zeit → Philostrats II. W. Sp.

Lit: Münscher, RE 8, 1 (1912), 19f. – PIR IV 59.

3. **H. Perihegetes,** 2. Jh. v. Chr. (?), schrieb 15 Bücher Über Athens Akropolis, in denen er neben den Monumenten auch historische Fragen behandelte. F.L.

Frg: FGrHist 373.

4. **H. von Emesa,** Dichter des Liebesromans ‹Aithiopika› (3. Jh. n. Chr.). Die äthiopische Königstochter Charikleа, als Kind ausgesetzt und durch Zufälle nach Griechenland verschlagen, wird von Theagenes, einem Nachkommen Achills, geliebt. Ein ägypt. Priester Kalasiris, von Charikleas Mutter auf die Suche nach dem Kind ausgesandt, findet sie in Delphi und fordert das Paar auf, aus Griechenland (= der Welt) nach Äthiopien (= Sonnenland, Jenseits) zu fliehen. Sie brechen auf und erleben viele abenteuerliche Schicksale (Gefangennahme durch Räuber, Scheintod in der Mysterienhöhle, Leben als wandernde Bettler, Versuchung der Treue, Scheiterhaufen usw.). Aber was zunächst blindes Schicksal scheint, ist in Wahrheit gütige Vorsehung: Jedes Abenteuer bringt sie der Heimat näher, schließlich kommen sie nach Äthiopien, wo Charikleа von den Eltern erkannt wird. Der religionsgeschichtlichen Auslegung (→ Roman, 2) gilt die ganze Handlung als ein Bild des Schicksals der menschlichen Seele, die aus dem Jenseits stammt und vor der Aufgabe steht, den Rückweg dorthin anzutreten und durch alle Schwierigkeiten des äußeren Lebens zu verfolgen. Die Liebe des Paares ist jene platonische Liebe, welche die Seele des Menschen nach oben führt. H. schreibt im Dienst des → Sol invictus. Die Religion des syr. Sonnengottes sollte die anderen heidnischen Gottesdienste (vor allem des Mithras und der Isis) in sich aufnehmen. Die blutigen Opfer werden abgelehnt, die Keuschheit so hoch gestellt wie im Christentum. Den neuplatonischen Lehren steht H. sehr nahe. – Das Buch ist flüssig geschrieben, enthält mehrere glänzende Szenen und ist das Meisterwerk unter den antiken Liebesromanen. Es lehnt sich in der Komposition (Inversion der Handlung) und vielen Episoden an die Odyssee an; die Irrfahrt des Odysseus hat als Vorbild der Reise des Mysten durch das Leben gegolten. Viele Stellen des Werkes können symbolisch gedeutet werden. – Der *literarische Einfluß* der ‹Aithiopika› auf den Roman der beginnenden Neuzeit ist außerordentlich groß gewesen. Amyots französische Übersetzung erschien 1549; H. war das Vorbild der Liebesromane des 16. und 17. Jh.; Cervantes wollte im ‹Persiles› einen

‹Heliodorus Christianus› schreiben; Heinrich IV. von Frankreich ließ in Fontainebleau durch Amboise Dubois Darstellungen aus H. malen. R. Mk.

Ed: A. Colonna, 1937 – R. M. Rattenbury-T. W. Lumb, 3 Bde, 1935 bis 1943 – *Übers:* R. Reymer, Die Abenteuer der schönen Chariklea, BAW 1950 (mit wertvollem Nachwort von O. Weinreich).

Heliogabal → Elagabal.

Heliopolis (ägypt. *Iwnw*, AT *Ōn*), 12 km n. ö. Kairo (Kt. 29 C 3), berühmt als Stadt des Sonnengottes → Re, der hier als Harachte (aufgehende Sonne) und Atum (untergehende Sonne) verehrt wurde, oft in Gestalt eines Skarabäus dargestellt. H. galt neben Theben und Memphis als heiligste Stadt → Ägyptens; hier wurden die Annalen aufgeschrieben. Für die Griechen war es der Mittelpunkt ägypt. Weisheit. In ptolemäischer Zeit verfiel es; viele Denkmäler sind nach Alexandria und z. T. von dort nach Rom verschleppt worden. Jetzt steht allein noch ein Obelisk Sesostris' I. aufrecht. W. Hk.

Helios (‹Sonne›). Während die Barbaren die Sonne kultisch verehren (in → Ägypten → Re, vgl. → Amenophis IV.; in Mesopotamien → Šamaš; bei den → Hethitern in Parallele zum König; andere Stämme nennt Herodot, vgl. Aristoph. pax 406 ff.), ist H. für die Griechen nicht ein Gott, der ins menschliche Leben eingreift, dem man im Kult begegnen kann; als unmittelbar sich offenbarendem Naturphänomen, als Sinnbild von Leben, Licht, Reinheit, Ordnung usw. wird ihm durch Gruß beim Aufgang und Untergang Achtung gezollt (Plat. leg. 887 E); mit anderen kosmischen Mächten ruft man ihn an (Aischyl. Prom. 88 ff.), bes. weil er alles sieht (*πανόπτης*; Hom. Il. 3, 277), z. B. als Zeuge beim Eid (Hom. Il. 3, 103 ff.). So wird er im Mythos nicht als handelndes Wesen voll personifiziert und entsprechend in der Dichtung gepriesen, bes. in Hymnen (Hom. hymn. 31, Mesom. hymn. 2, Orph. hymn. 8, Prokl. hymn. 1, Pap. Mag. 3, 198 ff., 4, 436 ff., 1165 ff. u. ö.). Nur auf Rhodos hat er einen Kult, der wohl auf nichtgriech. Einfluß zurückgeht (Pind. Ol. 7, 69 ff.; Fest *῾Αλίεια*; der ‹Koloß von Rh.› war eine H.statue: Strab. 14, 2, 5); in Korinth und auf der Peloponnes ist er eher spät (Nilsson) als vorgriechisch (Wilamowitz). Dadurch, daß die Philosophen (vgl. → Kosmologie) der (Sonnen)wärme eine besondere Funktion im kosmischen Geschehen einräumen (z. B. Anaximand. A 11, Emp. B 71) und die Regelmäßigkeit der Bewegung der Himmelskörper erkennen (Eudoxos von Knidos), deren vom Mythos angenommene Göttlichkeit sie darin bestätigt finden (Platon u. a.), gewinnt die Sonne als göttliches und zugleich kultloses Wesen in ihrem Kosmos die höchste Stellung als Beweger und Lenker, nach früheren Ansätzen bes. in der → Stoa (z. B. SVF I 111 f.), für die das Feuer ohnehin lenkende Kraft hat. Daraus entwickelt sich unter Einfluß östlicher Astrologie eine Sonnentheologie (Cic. rep. 6, 17; Plin. nat. 2, 13), die auch auf das breite Volk wirkt. Erscheint H. im Kult der hellenist. Zeit häufiger, so tritt er in der Kaiserzeit zurück (viele Zeugnisse nur aus Arabien: Wb. Mythol. I 446), sofern er nicht mit anderen Göttern verbunden oder gleichgesetzt (→ Mithras, → Serapis, → Zeus, im Ostjordanland mit dem lokalen Aumos: OGIS 619) oder als Allgott (Hypsistos) verstanden wird, bis röm. Kaiser dem ‹König› Sonne in bewußter Parallele zur eigenen Stellung (als neuer H. schon Caligula und Nero: SIG 798; 814) einen offiziellen Kult einrichten: → Elagabal dem → Ba῾al von Emesa und bes. → Aurelian dem → Sol Invictus. Zugleich wird die Sonnentheologie auf verschiedenen Ebenen weiter ausgebildet, wie die Zauberpapyri, das Corpus Hermeticum (16), aber auch die Philosophen zeigen, bes. die Neuplatoniker, z. B. → Porphyrios (Macrob. Sat. 1, 17), → Iamblichos (1), → Julian (or. 4) die auch zu H. beten; ein Kult des täglich sichtbaren Naturphänomens setzt sich auch später nicht durch. C. J. C.

Lit: O. Jessen, RE 8, 1 (1912), 58–93 – F. Cumont, La théologie solaire du paganisme romain, MAI 12, 2, 1913 – U. v. Wilamowitz, Der Glaube der Hellenen (1931), Neudr. 1955, I 108 ff. – Eranos-Jahrb. 10, 1943: Alte Sonnenkulte u. d. Lichtsymbolik i. d. Gnosis u. im frühen Christentum, 1944 – Nilsson I. II. passim – Ders., Op. Sel. II, 1951, 462 ff. – K. Schauenburg, Helios, 1955.

[2] Im *Mythos* ist H. → Titan, Sohn des → Hyperion und der Theia. Von seinem Palast im Osten aus fährt er jeden Tag im Viergespann über das Himmelsgewölbe, nachts kehrt er in einem Becher oder in einer großen Schale auf dem Okeanos-Strom zurück (Il. 8, 485; Mimnerm. Fr. 10 D.[3]). Er sieht daher alles, kann → Hephaistos den Ehebruch der → Aphrodite (Od. 8, 302) und → Demeter den Entführer ihrer Tochter verraten. Dagegen werden ihm die Übergriffe der Gefährten des → Odysseus auf seine heiligen Rinder- und Schafherden (je 7 von jeweils 50 Tieren) auf Thrinakia von Lampethusa hinterbracht; auf H.' Bitten läßt Zeus das Schiff untergehen (Od. 12, 127 ff.). Dem → Herakles leiht er seine Schale, als er den Bogen auf ihn richtete, seinem Sohn → Phaethon den Sonnenwagen, den dieser nicht lenken kann. – Von seiner Gattin Perseis ist er Vater von → Aietes, → Kirke, → Pasiphae, → Perses; seine Liebschaften bringen ihm weitere reiche Nachkommenschaft: Klymene → Phaethon und die Heliaden, die in ihrer Trauer um ihren Bruder in Weiden verwandelt werden (Eur. Frg. 771 N., Ov. met. 2, 340 f.); Rhode (Eponyme von Rhodos) sieben Söhne; Leukothoe, um deretwillen H. die Klytia im Stich läßt, den Thersanor, bevor H. auch sie verläßt und sie sich in ihrem Kummer in eine Sonnenblume verwandelt (Ov. met. 4, 256 ff.). Auch → Selene gilt als Frau des H., mit der er sich jeweils am Neumond vereinigt.

Lit: O. Jessen, RE 8, 1 (1912), 58–93 – *Darstellungen:* H. im Sonnenschiff sehr selten (Schauenburg, Helios, 42–44; Ant. K. 5, 1962, 51 bis 53). Auf spätarchaischen Vasen findet sich vereinzelt auch → Herakles im Sonnenbecher oder bei der voraufgehenden Beschießung des H. (Jacopi, Bd'A 30, 1936, 40 ff.). Der Schönheitsstreit zwischen Morgen- und Abendstern, bei dem H. richtet, kann auf mehreren pompejan. Wandbildern erkannt werden (Herbig, in: Herrmann-Bruckmann II, 41–44). Die Begegnung von H. und Demeter ist vereinzelt vom 5. Jh. ab dargestellt worden (Schauenburg, Helios, 41–47). → Phaethon ist auf mehreren Sarkophagen und einigen Wandgemälden sowie Reliefs anzutreffen (Schauenburg, ebd. 73 f. Anm. 368). Große Bedeutung hat die Umrahmung mythischen Geschehens durch H. und Selene, bes. seit Phidias und als Ewigkeitssymbol in röm. Kunst: K. Schauenburg, Gestirnbilder in Athen und Unteritalien, AntK 5, 1962, 51–64. Vgl. F. Cumont, Recherches sur le symbolisme funéraire des Romains, 1942. K. Schb.

Heliozentrisches System. Die Erkenntnis, daß die Sonne den Mittelpunkt unseres Planetensystems bildet und daß daher die scheinbaren Himmelsbewegungen aus dem jährlichen Umlauf der Erde um die Sonne und der täglichen Rotation um ihre Achse folgen, hat sich in der Antike gegen das von der Autorität des → Aristoteles gestützte → geozentrische System nicht durchsetzen können. Die beiden hervorragenden Vertreter des h. Systems in der Antike waren → Aristarchos (1) und → Seleukos (6). S. S.

Helix (*ἕλιξ*; Windung), rankenartige Spirale, bes. am korinth. Kapitell, → Tempel B [11].

Helladios, von Antinoeia am Nil, 1. H. 4. Jh. n. Chr., Verfasser einer → Chrestomathie (4 Bücher) in Jamben, die neben Notizen grammatischer und sprachlicher (darunter attizistischer und antiattizistischer) Besonderheiten kuriose Details aller Art enthielt. Die Anordnung war zwanglos. Auszug in Prosa bei Photios Bibl. Cod. 279. Vgl. → Phrynichos (4). – H. ist vermutlich verschieden von dem gleichnamigen Grammatiker *H. von Alexandria* (1. H. 5. Jh.), dem Verfasser eines attizistischen Lexikons. Vgl. → Lexikographie B [3]. H. E.

Lit: H. Heimannsfeld, De Helladii Chrestomathia Quaestiones selectae, Diss. Bonn 1911.

Helladisch, Benennung der vorgesch. Kulturen des griech. Festlandes (→ Griechenland II A). Im Anschluß an die Einteilung des Minoischen (→ kret.-myk. Kultur) hat sich am Leitfaden der Keramik (vgl. → Urfirnis, → minysch, → Mattmalerei) für die etwa gleichzeitigen Kulturperioden der

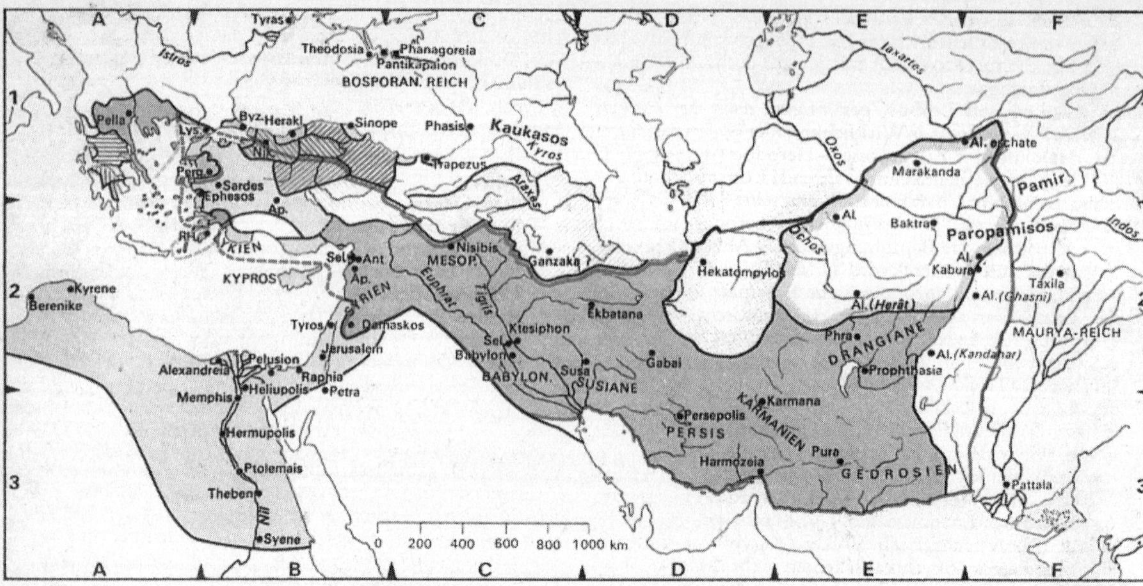

Abb. 100 Die hellenistischen Staaten um 230 v. Chr.

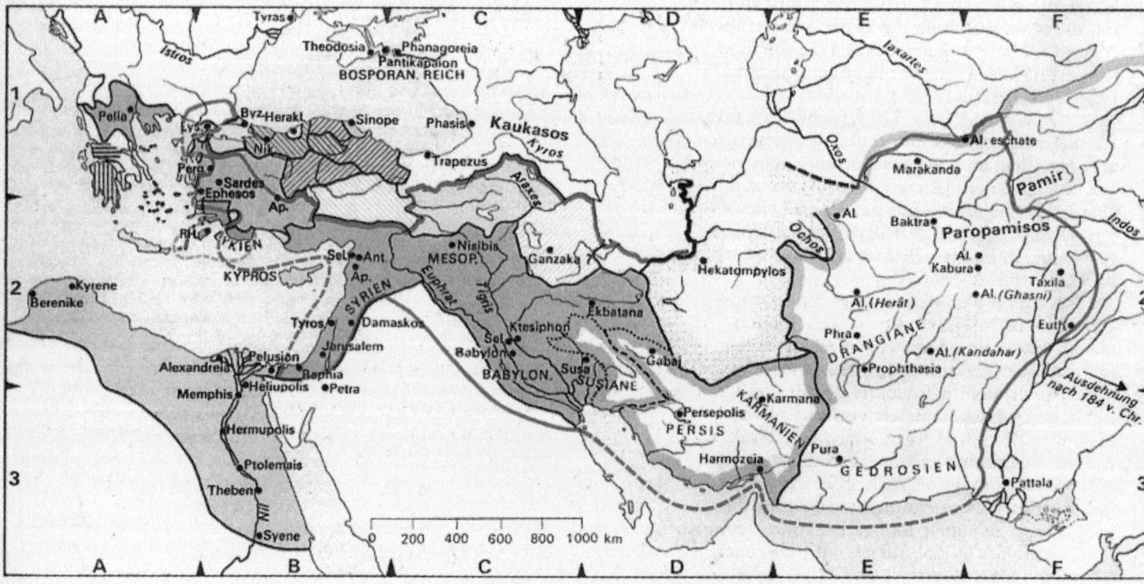

Abb. 100a Die hellenistischen Staaten um 185 v. Chr.

Ptolemaerreich
Seleukidenreich
Reich des Antiochos Hierax (241–228)
Vasallenstaaten des Seleukidenreichs
Antigonidenreich
Ätolischer Bund
Achäischer Bund
Freie griechische Städte
Pergamenisches Reich
Rhodos
Bithynien

Pontos
Paphlagonien
Galatien
Kappadokien
Armenien
Media Atropatene
Partherreich
Baktrisches Reich
In der oberen Karte:
Seleukidenreich beim Tod Seleukos' I. (281 v. Chr.)
In der unteren Karte:
Seleukidenreich und Vasallenstaaten um 195 v. Chr.

Al. = Alexandreia
Ant. = Antiocheia
Ap. = Apameia
Babylon. = Babylonien
Byz. = Byzantion
Herakl. = Herakleia
Lys. = Lysimacheia
Mesop. = Mesopotamien
Rh. = Rhodos
Nik. = Nikomedeia
Perg. = Pergamon
Sel. = Seleukeia

Bronzezeit des griech. Festlandes die Bezeichnung früh-, mittel- und späthelladisch (FH ca. 2500–1900, MH ca. 1900 bis 1600, SH ca. 1600–1100) mit jeweils dreifacher Unterteilung durchgesetzt. W. Schg.

Hellanikos von Lesbos, gest. ca. 400, nach der antiken Überlieferung älterer, in Wirklichkeit aller Wahrscheinlichkeit nach jüngerer Zeitgenosse → Herodots, der jedenfalls H.' Hauptwerke nicht kennt, während H. öfter von ihm abhängig ist. Ihrem Charakter nach sind seine Schriften allerdings archaisch und gewissermaßen vorherodoteisch, da er im wesentlichen die Bemühungen des → Akusilaos, → Hekataios (3) und → Pherekydes (1), die Sagengeschichte in genealogische und chronologische Schemata zu bringen, fortsetzte, wenn auch ohne die rationalistische Kritik des Hekataios. Ergänzend zur älteren Sagengeschichte (nach 4 Stammbäumen in 4 Werken dargestellt und durch ein fünftes, die ‹Troika›, abgeschlossen) scheint er Werke über verschiedene griech. Landschaften, Arkadien, Thessalien, die Argolis, die Aiolis und Lesbos (der er als seiner Heimatinsel ein besonderes Werk widmete) geschrieben zu haben, vor allem über lokale Sagengeschichte. So wohl auch seine ‹Atthis›, die aber nach Thuk. 1,97,2 auch historische Angaben über Ereignisse des 5. Jh.s enthalten hat. Seine Schriften über nichtgriech. Völker (Aigyptiaka, Lydiaka, Kyprika, Persika, Skythika) scheinen mehr den Charakter der älteren → Ethnographie gehabt zu haben. Bedeutung für die Entwicklung der griech. → Geschichtsschreibung hat er vor allem durch neue Methoden in der → Chronologie, die Verwendung der Listen der Herapriesterinnen in Argos für Datierungen jeder Art (in einem speziellen Werk in drei Büchern), der Karneonikenliste zur Datierung von Dichtern, gehabt. K. v. F.

Frg. u. Komm: FGrHist 4 – *Lit:* F. Jacoby, RE 8,1 (1912), 104–153.

Hellanodiken, ‹Richter über die Hellenen›. So hießen z. B. die Richter in den aus Kontingenten vieler Staaten zusammengesetzten Heeren Spartas im 4. Jh. v. Chr., vor allem aber die von → Elis gestellten Leiter des Heiligtums von → Olympia und der Olympischen Spiele. F. G.

Helle, Tochter des → Athamas und der Nephele, Schwester des Phrixos.

Hellen, Sohn des → Deukalion, Eponymos der Hellenen. Herrscher in Phthia, wo von seinen Söhnen → Aiolos, Doros und Xuthos, den Stammvätern der drei großen griech. Stämme – von Xuthos stammen dann → Ion und Achaios – nur der erste wohnhaft bleibt (Hes. Frg. 7; Thuk. 1,3; Strab. 8,7,1, p. 383; abgewandelt von Eur. Ion 1589 ff.). K. Schb.

Hellenen, Stammesname, der nach Thuk. 1,3,2 von der Achaia Phthiotis seinen Ausgang genommen hat. Die Gründe, warum ihn sich schließlich alle griech. Stämme als übergeordnete Bezeichnung und Symbol ihrer Zusammengehörigkeit zulegten, sind unbekannt, doch dürfte ihr in der Epoche der → Kolonisation durch engen Kontakt mit fremden Völkern verstärktes Gefühl für ihre Gemeinsamkeiten in Sprache, Religion und Lebensart dabei eine wesentliche Rolle gespielt haben. Hesiod bezeichnete die Gesamtheit der Griechen als ‹Panhellenes› (erg. 528) und Hellen als ihren eponymen Heros (katal. Fr. 7 Rz.). Bei Archilochos, Mitte des 7. Jh.s v. Chr., heißen die Griechen erstmals schlechthin H. (Fr. 52). Auch das von 9 griech. Poleis unter → Amasis v. Ägypten (569–526) gemeinsam in Naukratis erbaute Heiligtum wurde ‹Hellenion› genannt. In byz. Zeit bedeutete H. dann so viel wie ‹Heiden›. F. Kch.

Hellenika von Oxyrhynchos, umfangreiche Papyrusfragmente eines bedeutenden Geschichtswerks, das als Fortsetzung zu → Thukydides zwischen 387 und 346 v. Chr. verfaßt ist; bekannt geworden 1906, seither ergänzt durch neue, 1949 publizierte Funde. Diese beziehen sich auf eine Schlacht bei Megara (409) und die Seeschlacht bei Notion (407), die älteren Bruchstücke schildern den Seekrieg um Rhodos und Kaunos, den Feldzug des → Agesilaos in Asien, dazwischen den beginnenden Konflikt der Böoter und Phoker (396/395), wobei die Verfassung des böotischen Bundes ausführlich erläutert wird. Der Autor disponiert wie Thukydides nach Sommern und Wintern, seine Darstellung ist ungewöhnlich ausführlich, wohl informiert und sachlich; direkte Reden fehlen. Das Werk ist in großem Umfang von → Ephoros benützt, dem → Diodor (2) folgt. Den Autor zu benennen, ist nicht gelungen; Ephoros (E. Schwartz) muß aus Gründen der Disposition, → Theopomp (E. Meyer, R. Laqueur) aus Gründen des Stils ausscheiden; diskutiert werden → Daimachos (F. Jacoby) und → Kratippos. W. Bk.

Frg: V. Bartoletti, BT, 1959 (Lit).

Hellenismus

[1] Von *J. G. Droysen* nach Act. Apost. 6,1 (auf Grund eines Mißverständnisses, das jedoch für seine Definition unerheblich ist) geprägter, seit 1836 bekannter Begriff für den Zeitraum, «der aus dem Griechentum zum Christentum hinüberführt» (Historik 425), charakterisiert durch die «Ineinsbildung des östlichen Volkstums mit dem abendländischen unter der Potenz hellenischer Bildung» (Gesch. d. H. III 353). Trotz vieler sachlicher Einwände hat sich die praktikable Prägung im deutschen Sprachraum als Bezeichnung einer geschichtlichen Epoche durchgesetzt, während im französischen das Wort vornehmlich den kulturellen Bereich betont, im englischen, sprachlich korrekt und von Droysen unabhängig, die Beherrschung der griechischen Sprache, auch die Hinneigung zum (klassischen) Griechentum meint (anders A. J. Toynbee: die hellenisch-römische Kultur vom Ende des 2. Jt.s v. Chr. bis zum 7. Jh. n. Chr.).

[2] Die *Begrenzung des hellenist. Geschichtsraums* wird dadurch erschwert, daß sich schon bei Droysen die machtpolitische und die religiös-kulturelle Sphäre nicht voll zur Dekkung bringen lassen. Im ersteren, engeren Sinn umfaßt die hellenist. Welt Griechenland und das Alexanderreich bzw. seine maked.-griech. Nachfolgestaaten sowie den Zeitraum nach (oder von) → Alexander d. Gr. (der von H. Bengtson mit guten Gründen gestützte Anfang 360 v. Chr. hat sich noch nicht durchgesetzt) bis zum Ende des Ptolemäerreichs: 323 (bzw. 331)–30 v. Chr., gegliedert in die Zeit der → Diadochen, des ‹Gleichgewichts der Mächte›, 280–200 (stichhaltige Einwände gegen diese Bezeichnung bei H. Braunert) und des Niedergangs unter röm. Einmischung. Im weiteren Sinne sind in die Betrachtung des H. die – wenn auch nicht ungebrochenen – Ausstrahlungen der hellenist. Kultur einzubeziehen, bes. nach Osten (Indien, Parthien) und Westen (→ Karthago, → Rom), die die hellenist. Reiche auch zeitlich überdauern und im heidnischen (bzw. weltlichen) griech. Bereich des röm. Imperiums bis zum Ende der Antike fortwirken.

[3] In der Diadochenzeit bildeten sich mit dem Zerfall der Reichseinheit souveräne Territorialstaaten heraus, unter maked. Dynastien (→ Ptolemäer, → Seleukiden, → Antigoniden; dazu seit 280 die → Attaliden, seit dem Ende des 3. Jh.s die ‹Griechenkönige› in → Baktrien und Indien), die über ‹speergewonnenes› Land kraft Erobererrechts herrschten, gestützt auf eine maked.-griech. Oberschicht in Heer, Verwaltung und Wirtschaft. Die (durch den Alexanderzug forcierte, nicht erst eingeleitete) Abwanderung in die Länder des persischen Großreichs schöpfte in zwei Generationen den Bevölkerungszuwachs der europäischen Mutterländer ab und brachte die weltweite Ausbreitung griech. Lebensformen, durch sie eine neue Blüte des Polisgedankens, bes. in den zahlreichen → Städtegründungen Alexanders d. Gr. und Seleukos' I., wenn auch mit einer (im einzelnen unterschiedlich) eingeschränkten Souveränität. Da die Diadochen die Verschmelzungspolitik → Alexanders nicht fortsetzten, fanden die einheimischen, die ‹ethnischen›, Elemente nicht oder allenfalls in Einzelfällen Eingang in die sich nun konstituierende Schicht der städtischen ‹Bourgeoisie› (M. Rostovtzeff), die bes. durch Pflege der

griech. Institutionen des → Gymnasions und der → Ephebie ihre Exklusivität betonten. Hellenisiert in jener Breite und Nachhaltigkeit, wie später die Römer den Westen romanisierten, wurden im Zeitalter des H. nur die Makedonen. Die Blütezeit des ‹Gleichgewichts› brachte zwar durch Spezialisierung und Technisierung auf allen Gebieten Vermehrung der Produktion und des Wohlstands, Ausweitung des Handels, des → Bank- und Börsengeschäfts, und Pflege des Kriegswesens (→ Strategie), doch traten gleichzeitig, bes. in dem jetzt verarmenden Griechenland, Proletarisierungstendenzen und soziale Spannungen auf. Die Könige, die sich durch den → Herrscherkult eine stärkere, die Gesamtbevölkerung bindende Legitimation zu geben suchten, wurden durch dynastischen Hader, interne Kriege, Prestige- und Wirtschaftsrivalitäten immer wieder gelähmt, so daß sie trotz Anspannung aller Kräfte und staatswirtschaftlicher Bestrebungen (→ Ptolemäer) weder den äußeren Bestand der Reiche zu wahren wußten (Verlust Indiens um 308, Kelteninvasion 280, Kappadokien selbständig 260, Parther um 230), noch Reaktionen der unterworfenen Völker (Ägypten nach der Schlacht von Raphia 217, → Makkabäer um 165) verhindern konnten. Die mutterländischen Bünde (→ Achäer, → Ätoler) sowie die Ägäispiraten wurden beachtenswerte Faktoren im politischen Kräftespiel. Der militärischen, waffentechnischen und diplomatischen Überlegenheit der Römer konnten die hellenist. Reiche keinen geschlossenen Widerstand entgegensetzen; sie wurden nacheinander Provinzen Roms (148 Macedonia [145 mit Hellas], 63 Syria, 30 Aegyptus), sofern die Herrscher diese Eingliederung nicht freiwillig durch testamentarische Verfügung vollzogen (133 Asia durch → Attalos III., 96 Cyrene, 74 Bithynia). Bis zur Konsolidierung unter → Augustus brachte das röm. Regime zwar Zustrom neuen Kapitals und wirtschaftlicher Initiative, doch auch zahllose Übergriffe und koloniale Ausbeutung (→ publicani), sowie Kriegslasten und -verwüstungen, von denen bes. Griechenland (146 Zerstörung Korinths, 86 Eroberung Athens durch → Sulla, 48 Bürgerkrieg zwischen → Caesar und → Pompeius (2), 42 Kampf des → Antonius (2) und Octavian gegen die Caesarmörder) und Kleinasien (→ Mithridates VI.) betroffen wurden.

[4] Die hellenist. Kultur, von F. Schachermeyr summarisch als «Spätform einer Kulturentwicklung» bezeichnet, zeigte nur im Bereich der Religion und der religiösen Kunst Tendenzen der Verschmelzung, eines → Synkretismus mit zunehmender Orientalisierung, der der jüdischen Diaspora und den orientalischen Erlösungsreligionen der röm. Zeit den Weg bereitete. Die Verkehrs- und Kultursprache war → Griechisch, die Koine; aus der griech. Wurzel nährte sich die Literatur, die, ebenso wie die Bildende Kunst im Spannungsverhältnis zwischen Königsresidenz und Stadtbürgertum stehend, sowohl die monumentale, große als auch die idyllisch-kleine Form pflegte (→ Hellenist. Dichtung). Der Munifizenz der Könige dankte ein Gelehrtenstand seine Existenz, der bes. auf den Gebieten der Philologie mit der Sammlung, Sichtung und Kritik klassischer griech. Autoren (→ Museion, → Überlieferung (B 2), → Grammatik, → Lexikographie) wie auch in den exakten Wissenschaften, der → Mathematik, → Astronomie, → Geographie (→ Archimedes, → Aristarch, → Eratosthenes u. a.) und der → Medizin (→ Erasistratos) Gewaltiges leistete. Die größte Schöpfung des H. ist indes seine Philosophie, die in den beiden neuen Schulen der → Stoiker und der → Epikureer die beiden möglichen Antworten auf die geschichtliche Situation der Zeit erteilte. Die Selbstverpflichtung des H. zur Bewahrung und Mehrung geistigen Erbes vermittelten die Römer und später die Araber der modernen europäischen Zivilisation. E. Bay.

Lit: J. G. Droysen, Gesch. des H. (1836), 1877f.^{2}; Neuausg. 1952f. – Ders., Historik (1937), 1958^{3} – R. Laqueur, Hellenismus, 1924 – W. W. Tarn, Hellenistic Civilisation (1927), 1952^{3} – Rostovtzeff, Hellenist. Welt – A. J. Toynbee, Hellenism, 1957 – F. Schachermeyr, Griech. Gesch., 1960 – H. Bengtson, Griech. Gesch. (1950), 1965^{3} (Lit) – H. Braunert, Hegemoniale Bestrebungen d. hellenist. Großmächte in Politik u. Wirtsch., Historia 13, 1964, 80–104.

[5] *Der kunstgeschichtliche Begriff.* Die Vieldeutigkeit des Begriffs → Hellenismus wirkt sich auch in der Kunstgeschichte aus. Es empfiehlt sich, ihn scharf abzuheben von der Hellenisierung, die in verschiedener Weise im → großgriechischen, → etruskischen, → iberischen, → keltischen, → skythischen, → phrygischen, → lykischen, → achämenidischen → syrischen Bereich zu beobachten ist; soweit sie eigenständig waren, wurden diese Kulturen durch die griech. Nachbarschaft in ihrer Eigenart bestärkt; ja, sie erhielten oft durch Werkstätten griech. Tradition, die in ihren Dienst traten, ihre kanonische Formenwelt. Dies Verhältnis wirkt auch im eigentlichen ‹Hellenismus› nach (vgl. → Orient und Antike), der als der Stil um 325 den spätklassischen ablöst; zunächst mit herben, knappen, schlichten, oft dissonierenden Formen, dann um 200 in einer titanischen Steigerung. Charakteristisch sind die Spannungen von Figur und Raum, die der Klassik fremd waren. Führend war die hellenistische → Malerei; auch die Skulpturen, besonders die Reliefs, haben malerischen Charakter, ebenso die Anlagen von Städten und Heiligtümern (→ Pergamon, → Samothrake). Die Bildhauer wenden sich zunächst von der klassischen Monumentalität ab; charakteristisch ist die Bedeutung der → Tanagrafiguren. Die Bildniskunst blüht wie nie zuvor; erhalten sind, meist in röm. Kopien, viele Porträts von Dichtern, Rednern, Denkern und Herrschern; von diesen auf Münzen auch hervorragende Originalporträts. Im hohen Hellenismus wird neue Monumentalität gewonnen (Galliergruppen, Nike von Samothrake, Altar von Pergamon, Olympieion). Nach dem 2. Pun. Krieg wird Rom die führende Stadt des Mittelmeergebietes; die hellenistische Kunst tritt mehr und mehr in ihren Dienst und reagiert mit einem Klassizismus auf die veränderte Weltsituation. Man bezeichnet die Periode von etwa 150 v. Chr. bis Justinian deshalb besser als Römerzeit; jetzt erst wird die Vermischung und Durchdringung der Formen allgemein, die man vielfach ‹Hellenismus› nennt. Die griech. Kultur hatte einen polymorphen Charakter; erst die römische wird uniform. Plin. nat. 34, 51 läßt nach klassizistischer Quelle die Kunst in der 121. Olympiade (296/293), also mit dem Hellenismus, ‹aufhören› und mit der 156. Olympiade (156/153) wiederaufleben. K. Schf.

Lit: T. Fyfe, Hellenistic Architecture, 1936 – G. Rodenwaldt, Die Kunst des frühen Hellenismus, FuF 15, 1939, 293–294 – G. Kleiner, Tanagrafiguren. Untersuchungen zur hell. Kunst und Geschichte, 1942 – M. Bieber, The Sculpture of the Hell. Age (1955), 1961^{2} – Wichtig sind die Formanalysen und Begriffsbildungen von G. Krahmer aus den zwanziger und dreißiger Jahren; vgl. zu → Plastik B [10] (Lit).

Hellenistische Dichtung

A. Allgemeine Charakteristik. B.–D.: Überblick über die Gattungen und ihre Dichter: B. Lyrik (einschließlich Kleinepos u. ä.) [1] Das elegische Sammelgedicht – [2] Epyllion – [3] Mimos – [4] ‹Ethiker› – [5] Hymnos – [6] Epigramm – C. Epos [1] Heldenepos – [2] Lehrgedicht – D. Tragödie – Zur hellenist. Komödie vgl. → Komödie I D.

A. Allgemeine Charakteristik. Wichtig ist, zwischen dem umfassenden Begriff ‹Hellenistische Dichtung› und dem engeren ‹Alexandrinische Dichtung› zu unterscheiden. Nur Dichter, die, wenn schon nicht in Alexandria geboren, so doch dessen Einflüssen offen gewesen sind, dürfen wir ‹alexandrinisch› nennen – also nur einen Teil der Dichter zwischen Alexanders Tod und der Schlacht von Actium. Allerdings ist die alexandrin. Dichtung von der Überlieferung begünstigt, da ihre größten Dichter, → Kallimachos (3) und → Apollonios (11) Rhodios (neben dem nicht allein mit Alexandria verbundenen → Theokrit), ganz oder zu beträchtlichem Teil erhalten sind, während sonst oft nur Fragmente existieren. In Alexandria verband man gelehrte Studien in der Bibliothek und dichterische Arbeit derart, daß auch die Poesie den poeta doctus verrät. (Vorläufer in dieser Verbindung: → Philitas v. Kos, → Simias v. Rhodos? Ähnlich der von Alexandria zu trennende → Euphorion.) Große Teile der hellenist. Dichtung sind dadurch gekennzeichnet, daß sie dem Mythos neue Aspekte abgewinnen: erotische Stoffe treten in den Vordergrund, das Alltäglich-Intime wird hervorgekehrt, das Menschliche an den Göttern deutlicher und in neuen Bereichen zur Geltung gebracht. An Göttern wie an Menschen tritt ein Interesse am Kindlichen hervor (auch schon bei → Erinna). Gewiß ist, daß der Hellenismus den Mythos nicht mehr in schlichter religiöser Gläubigkeit erzählte, aber andererseits braucht nicht allen Dichtern die Überzeugung, daß im Mythos ‹Weltanschauung› gegeben sei, ganz gefehlt zu haben. Es sind vielerlei Zwischenstufen denkbar (etwa: der Mythos als ‹Symbol› von Zuständen, Kräften), die wir auch aufgeklärten Dichtern (vgl. etwa das Lebensgefühl des Kallimachos) zutrauen müssen. Was an neuen Gefühlen durch den Hellenismus in die alte Sagenerzählung gekommen ist, braucht nicht unbedingt aus einem neuen Menschen-Typus erklärt zu werden. Auch frühere Zeiten müssen entsprechende Empfindungen gekannt haben; die Dichtung hat sie aber nicht in den Mittelpunkt gestellt. Das Neue hängt auch damit zusammen, daß die großen alten Formen (etwa: Helden-Epos, Tragödie, Komödie, kultische Chorlyrik, Epinikien) an Rang verlieren, jedenfalls bei den meisten großen Dichtern – auch deswegen, weil die Dichtung an neuen Orten, ohne die Tradition der Städte des Mutterlandes blüht. Andererseits mochten die einsichtigen Dichter der neuen Zeit die alten Formen für ausgeschöpft ansehen (vgl. Kallimachos über das Epos) und sich daher Neuem zuwenden. – Der Hellenismus ist eine Zeit hochbedeutsamer poetischer Fortschritte; von seinen besten Dichtern her gesehen, alles andere als eine Zeit des Verfalls. Für die röm. Dichtung bereits ist seine Bedeutung kaum zu überschätzen.

B. Lyrik. [1] *Das elegische Sammelgedicht.* Die charakteristischen Formen, in denen sich das Neue der hell. *erzählenden Dichtung* darstellt, sind → Epyllion (s. u.) und aus einzelnen Erzählungen bestehendes elegisches Sammelgedicht (Vorläufer → Mimnermos). Sie finden sich noch nicht alle bei → *Philitas v. Kos*, der in vieler Beziehung als der Archeget hell. D. erscheint: etwa dadurch, daß er Gelehrsamkeit mit dichterischer Tätigkeit verbindet (fraglich, wie weit das Gelehrte in sein Werk hineinwirkt), und dadurch, daß er eine – zumal von → Properz zur eigenen Rechtfertigung berufene – Neigung zu unheroischen, etwa erotischen Themen hat. Möglicherweise kann bei Philitas von Epyllien gesprochen werden, wahrscheinlich aber nicht von einem Sammelgedicht. Hingegen ist für diese Form bereits ein Dichter des ausgehenden 5. Jh.s zu benennen: → Antimachos (1) v. Kolophon, über dessen Wertschätzung freilich ein so großer Meister dieser Form wie → Kallimachos sich etwa mit → Asklepiades (1) nicht einigen konnte. Der kaum ein Menschenalter nach Philitas geborene → *Kallimachos* (3), der – als ein Dichter von höchst eigener Ausprägung – den Höhepunkt der hell. D. bezeichnet, schreibt in seiner ‹Hekale› das schönste griech. Epyllion, mit seinen ‹Aitia› zwar nicht das Muster eines elegischen Sammelgedichtes von erotischen Sagenstoffen, wie Antimachos oder einige der späteren Dichter, aber dafür – zusammengehalten durch die Rahmenerzählung, in denen sich seine eigene Persönlichkeit mit ihren aitiologischen Neigungen in reizvoller, leicht ironischer Beleuchtung zeigt – eine Reihe aitiologischer Sagen-Erzählungen von großer Spannweite der Themen und Stimmungen, darunter reizvolle erotische Geschichten wie die von → Akontios und Kydippe. Diese – isolierte oder zum Sammelgedicht gereihte – ‹*kleine Form*› war im Alexandria dieser Zeit gegen scharfe Anfeindung zu verteidigen, die von Kallimachos das große Epos heroischen Themas forderte. Jedenfalls in der Ausgestaltung dieses großen Epos bei → Apollonios (11) Rhodios (der seinerseits dem Kallimachos vielleicht als Muster vorgehalten, von ihm aber im ‹Ibis› angegriffen wurde) zeigt sich, daß Kallimachos' Einwände gegen diese Form nicht unbegründet sind: er hält es für unmöglich, bei dem großen Vorwurf eine gleichmäßige Höhe der Erzählung zu wahren (Bild vom gewaltigen Fluß, der gewaltigen Unrat mitschleppt, hymn. 2, Ende). Epyllion und Sammelgedicht tragen in dieser überragenden Ausgestaltung wärmste Empfindung und guten Humor, die zumal in Nachbarschaft zueinander einen Markstein bilden. Was an elegischen Sammelgedichten erotischen Stoffes weiterhin gefunden wird (→ Hermesianax, → Phanokles, in der Spätzeit auch → Parthenios; ungewiß, ob ein Sostratos v. Phanagoreia, mit elegischen Erzählungen, in den Zeitraum der hell. D. gehört), ist gewiß von sehr viel geringerer Qualität als das eigenartige Werk des Kallimachos. Diese Dichter, von denen sich allenfalls Parthenios in eine Beziehung zu Philitas bringen läßt (über die Verbindung der anderen zu den Großen am Anfang des Hellenismus wissen wir nichts), sind wohl auch sehr weit entfernt von der eigentümlich gelehrten Erzählung, die Kallimachos schuf, und somit von der frühen alexandrinischen Phase der hell. D. überhaupt, in der doch auch Apollonios Rhodios Gelehrtes in die Erzählung einfließen läßt. Die elegischen Sammelgedichte, wie wohl auch schon die Dichtungen an die Geliebte Battis des Philitas, sind sog. ‹*objektive*› *erotische Elegien*, da in ihnen das Ich des Erzählers höchstens Bedeutung für den Rahmen, nicht aber innerhalb der einzelnen Erzählung hat (vgl. das Problem des Dichter- und Philosophenkatalogs bei → Hermesianax). Wenn die ‹*subjektive*› *erotische* → *Elegie*, in der unter Heranführung mythologischer Exempla das Ich des Dichters von seinen eigenen Erfahrungen redet, in einem Hauptvertreter, → Properz, die objektive Elegie des Kallimachos und des Philitas als Vorbilder nennt, so darf daraus wohl mit einiger Sicherheit geschlossen werden, daß eine griech. subjektive erotische Elegie nicht vorlag, da man sich sonst auf sie berufen hätte.

[2] Die Form des *Epyllions* findet augenscheinlich größte Beachtung bei → Euphorion v. Chalkis, der ungefähr eine Generation jünger als Kallimachos ist. Dieser Gelehrte und Dichter, der in der Doppelseitigkeit seiner Betätigung den Alexandrinern verwandt ist, Alexandria aber auf seinem Lebensweg nicht berührte und bildungsmäßig von ihm unabhängig scheint, hat eine Reihe kleiner Epen mythologischen Stoffes geschrieben, von denen wir freilich kaum in einem einzigen Falle eine umrißhafte Vorstellung erlangen können. Es scheint aber festzustehen, daß hier die glücklichen Gestaltungen des Kallimachos kein Gegenstück finden. Immerhin hat auch Euphorion auf eine bestimmte Phase der röm. Dichtung (→ Neoteriker) durch seine Bevorzugung des Epyllions stark gewirkt. Die Epyllien des → *Theokrit* sind zwar durch Stoff, Sprache und metrische Form etwa mit der ‹Hekale› des Kallimachos zu verbinden, aber sehr beträchtliche Unterscheidungen ergeben sich aus dem verschiedenen Umfang und damit der verschiedenen Geschehensfülle und -verwicklung, ferner aus Stimmung und Interesse des Erzählers: während Kallimachos die genrehaften Züge (Abend in der einfachen Hütte, Bewirtung usf.) sich derart entfalten läßt, daß seine Personen in warmes, verklärendes Licht getaucht werden, hat Theokrit in seinem ‹Herakliskos› die Alltags-Beobachtung gelegentlich so getrieben, daß seine Personen in erquickender Weise ‹trivialisiert› werden. In der Stoffwahl und der Ausmalung der Geschehnisse, vielleicht auch der Gefühlsentfaltung, entsteht den Epyllien des Kallimachos und des Theokrit ein anonymes Seitenstück im sog. *Diomedes-Gedicht* (Powell, Coll. Alex. 72), das man sprachlicher und stofflicher Merkmale wegen der hell. D. zurechnet. (Erzählt ist, soweit dies der fragmentarische Zustand erkennen läßt, in lebendiger

Weise eine Geschichte von Diomedes und dem Verwalter seines Landgutes Pheidon, der zugleich seinen kleinen Sohn in Obhut hat.) Sehr wenig läßt sich über ein gleichfalls anonymes sog. *Telephos-Gedicht* sagen (Powell, a.O.76), das Wilamowitz als Epyllion bezeichnete. (Ein ‹Telephos› ist unter dem Wirken des → Philitas erwähnt, jedoch wäre eine Gleichsetzung höchst gewagt.)

[3] Charakteristische Form der hellenist. Schilderung von Menschen und Lebensweisen ist ein (hexametrisches oder jambisches: → Mimiamben) ‹Kurz-Drama›, der sog. → *Mimos* (zumeist dialogisch, gelegentlich monologisch, öfter mit Einleitungsversen u.ä.). Verbindungslinien führen ins 5.Jh. zu → Sophron. Wichtig ist hier vor allem die Unterscheidung nach Stoffen: einerseits entstehen die ‹städtischen› Mimoi, andererseits die ‹ländlichen›, die zumeist im Milieu der Hirten, aber auch in dem der Bauern und Landarbeiter spielen. Nach dem Hauptgegenstand spricht man hier von → *Bukolik.* Der Wirklichkeitsgehalt der Hirtengedichte, etwa des → Theokrit, ist sehr unterschiedlich: ein Teil der Gedichte ist zweifellos der Wirklichkeit, dem Alltag der Hirten mit seinen kleinen Geschehnissen sehr nah. Andere hingegen zeigen die Hirten in einem Maße begabt zur Darbietung kunstreicher Lieder und verständig für die Probleme der Kunst, daß man die Annahme, es könne solche Hirten in der Wirklichkeit – etwa in Theokrits Heimat Sizilien – gegeben haben, ablehnen möchte. Vielleicht genügt aber dieses Erstaunliche nicht, nun der gesamten Äußerung theokriteischer Hirten den Charakter des Realen, in der Realität Möglichen zu nehmen. Der Dichter kann bei der künstlerischen Entfaltung einer den Hirten der Wirklichkeit zugehörigen Sangesfreude und -gabe (unter Bewahrung auch vieler den Alltag dieser Hirten betreffender Züge) aus eigener Neigung zu einer Steigerung gegenüber der Wirklichkeit gelangt sein, aber es ist auch möglich, daß wir die Wirklichkeit unsererseits zu gering einschätzen (bes. Probleme stellt in dieser Beziehung → Theokrits 7. Gedicht, an dem die Theorie von der ‹Bukolischen Maskerade› entwickelt worden ist). Von größter Bedeutung sind die Formen, die die bukolische Dichtung für die Aussprache des *Gefühls* errungen hat. Theokrit fand im 1. Gedicht Mittel für die leidenschaftliche Aussprache von *Liebe und Liebesleid*, die in der Folge auch in anderen Dichtungsarten wiederkehren. So wurden nicht nur die röm. → Bukoliker (u.a. → Vergil), sondern in einzelnen Zügen auch die röm. Elegie von griech. Bukolik beeinflußt. Die Würdigung der sog. ‹*Jüngeren Bukolik*› (→ Bion, → Moschos) ist dadurch erschwert, daß es sich hier bei dem Erhaltenen in vielen Fällen (vielleicht gar in allen) um Fragmente handelt. – ‹*Städtische Mimen*› finden sich bei Theokrit, sie bilden aber auch den Hauptteil des erhaltenen Werkes von → *Herodas* (dessen 8. Gedicht stellt besondere Probleme). Herodas ist in seinen Themen zu einem Teil dem Theokrit ähnlich (Welt der kleinen Bürger), zu einem anderen Teil aber befaßt er sich auch mit niederen Bereichen und anrüchigen Gewohnheiten und ist im ganzen derber als Theokrit. Die Trefflichkeit der Milieu- und Charakter-Schilderung ist bei beiden Dichtern gleich, nur daß sich die ausgeprägteren Wesenszüge beim schärfer zupackenden Herodas finden. Unter den Begriff des Mimus stellt man auch, da ein anderer geeigneter Begriff fehlt, so unvergleichliche Stücke wie → *Mädchens Klage* oder das Adonis-Lied des → *Bion.* Auch einen Teil der Hymnen des *Kallimachos* rechnet man gelegentlich dazu (s.a. folgenden Abschnitt).

[4] In verschiedenen Formen äußert sich eine Gruppe von hellenist. Dichtern, die Powell unter dem treffenden Namen ‹*Ethiker*› zusammengefaßt hat. Unter ihnen ist → Kerkidas v. Kolophon eine außerordentliche Erscheinung, da hier in einer Weise, wie sie im Griechentum sonst ganz unerhört ist, die ‹soziale Frage› ins Auge gefaßt wird. Über einen Versuch, ihn auch zum Urheber einer moralisierenden Anthologie zu machen, → Kerkidas. Weitere Dichter dieser Art: → Chares (2) der Gnomiker, → Phoinix (4) von Kolophon, → Parmenon, → Sotades (3). – Über die hellenist. Spielereien mit der äußeren Form der Gedichte siehe → *Technopaignia.*

[5] → *Hymnen.* Beide Formen der hellenist. Hymnendichtung, die epische und die lyrische, sind nicht neu. Mit den → Homerischen Hymnen hatte ein im wesentlichen erzählendes Preisen der Gottheit begonnen; die Götterlieder eines → Pindar brachten chorischen Vortrag in lyrischer Form. Im Bereich der *epischen Hymnen* hat → Kallimachos (3) dadurch einen Markstein gesetzt, daß er einen neuen Geist des Erzählens und auch die Ergebnisse seiner gelehrten Bemühungen, anmutig verwandelt, in die alte Form eingehen ließ. Da ist ein gewisser Humor über die Erzählung gebreitet, es ist mit besonderem Vergnügen von kindlichem Wesen (etwa an Artemis) erzählt, und es gibt auch, wie im Zeus-Hymnus, Gelegenheit, mit den Sagenversionen zu spielen. Eine andere Gruppe von Hymnen des → Kallimachos ist jedoch gegenüber dem alten epischen Modell ein neuer Entwurf, jedenfalls was den Rahmen der Erzählung angeht. Dieser ist nach Art des *Mimus* gestaltet, und er umrahmt statt vielfältiger Darbietung eine einzelne Geschichte (Ausnahme: Hymn. 2). – Die *lyrischen Hymnen* des Hellenismus sind zumeist von geringer dichterischer Qualität. Wir kennen sie zu einem Teil durch inschriftliche Überlieferung. Näheres s. zu → Aristonoos v. Korinth, → Isyllos v. Epidauros, → Philodamos v. Skarpheia. Während es sich bei diesen Hymnen um Dichtungen handelt, die im Zusammenhang mit Kulten und Tempeln stehen (Fundorte!), sind die Hymnen des → Philikos v. Kerkyra und auch des Kastorion v. Soloi (auf Pan, Zeit des Frühhellenismus) wie die epischen Hymnen des Kallimachos Literatur. – Entsprechend der Neigung des Hellenismus, Menschen zu kultischen Ehren zu erheben, schreibt Hermokles v. Kyzikos z.B. einen Hymnus auf → Demetrios (1) Poliorketes, auch ein Prozessionslied auf dessen Rückkehr aus Kerkyra, in welchem der Mensch Demetrios und die große Göttin Demeter Seite an Seite stehen. Über die hymnische Feier Roms → *Melinno.*

[6] *Epigramme.* Es gab zwei große Gruppen alter Kurz-Dichtungen in elegischer Form: die eigentlichen → ‹Epigramme› (= Aufschriften) und die Verse der ‹Gelagepoesie› (→ Lyrik I C). Nach dem Vorwalten der einen oder der anderen bestimmen sich die großen ‹Schulen› der hellenist. Epigrammatik. In der *Peloponnesischen Schule* (einige Hauptvertreter stammen aus der Peloponnes, der Dialekt der Epigramme ist dorisch) herrschen Grab- und Weihepigramme vor; die Themen der Gelagedichtung fehlen so gut wie ganz. In der Form der echten ‹Inschriften› ist mancherlei an eigentümlicher Empfindung dargeboten. So findet → *Nossis v. Lokroi* Gelegenheit, ihre Freude am kindlichen Wesen einfließen zu lassen, und → *Anyte v. Tegea* macht das Epigramm zu einem Mittel, ihr Gefühl für die Natur auszusprechen, und gibt darin ihr gefühlvolles Verhältnis zu Tieren kund (ob ironisch?). → *Leonidas* (5) *von Tarent*, der größte Dichter dieser Richtung, bringt in seinen Epigrammen ein umfassendes Gefühl der Trostlosigkeit und eine Hinneigung zum Häßlichen und Grausigen zum Ausdruck, wie sich dergleichen in der griech. Literatur sonst kaum findet. Zur Peloponnesischen Schule rechnen ferner: → Perses v. Theben, sein Zeitgenosse Phalaikos von Phokis und → Mnasalkes v. Sikyon. Blickt man aufs Ganze, so hat sie größte Bedeutung in der Geschichte der Aussprache und Erfassung menschlicher Gefühle. – In schärfstem Gegensatz zu ihr steht, was die Themen und Stimmungen angeht, die *Ionisch-alexandrinische Schule*, die ebenfalls nach der Herkunft ihrer Dichter (Alexandria, ionischer Sprachraum) benannt ist. Hier wird einerseits wohl auch das Grab- und Weihepigramm weiter gepflegt, aber andererseits und in der Hauptsache der Themenkreis der alten Gelagepoesie (Wein und Liebe) fortgesetzt und

bedeutend entfaltet. Für die Bildersprache der *Liebesdichtung* bedeutet etwa → Asklepiades (1) v. Samos einen Markstein, aber auch für die Entfaltung des schwankungsreichen Weltgefühls, das sich später in der röm. Elegie (zumal bei → Properz) wiederfinden wird. Überhaupt wirkt die ionisch-alexandrinische Epigrammatik auf die röm. → Elegie sehr bedeutsam ein; sie ist eines der Vorbilder, die man anstelle der in Wahrheit nicht existierenden (s. o. B 1) subjektiven erotischen Elegie zu setzen hat. Von bes. Bedeutung ist auch, was die ionisch-alexandrinische Schule an jener Zuspitzung und Knappheit des Ausdrucks erreicht hat, die man – auch über den Bereich der Form hinaus – epigrammatisch nennt. Unter ihren Dichtern findet sich der von Asklepiades schon im Altertum kaum zu unterscheidende → Poseidippos (2), ferner → Hedylos, der – wie auch schon die beiden anderen Dichter – zugleich das Abbild des Lebens einer Gesellschaftsschicht liefert. Die Epigramme des Kallimachos ragen durch Intensität und Individualität ihres Fühlens hervor (sowohl die Liebes-Epigramme, etwa das hochberühmte Nr. 44 oder Nr. 41, als auch die Grabepigramme). Über die Bedeutung seiner Epigrammatik für seine dichterische Selbstverteidigung vgl. Nr. 28, auch Nr. 8. Herakleitos v. Halikarnaß ist der Dichter, dem zu Gedenken Kallimachos das herrliche Epigramm Nr. 2 schrieb: AP 7,465 findet sich von ihm ein gefühlvolles Grabgedicht auf eine Jungverstorbene. Problematisch ist die Zugehörigkeit des Diotimos v. Andramyttion (in Mysien), 1. H. 3. Jh., von dem eine Reihe von Epigrammen in der Anthologie erhalten sind (z. B. AP 7, 173 auch unter dem Namen des Leonidas überliefert). – Um 200 v. Chr. ergibt sich im Epigramm eine neue Entwicklung, da es nun zur Waffe im politischen Kampf wird (→ Alkaios (3) v. Messene). Neben Alkaios der bedeutendste Epigrammatiker dieser Zeit ist → Dioskurides (3) von Alexandria, wie dieser ein Verherrlicher dorischer Art. – Die *Phönikische Schule*, Ende des 2. Jh.s und Anfang des 1. Jh.s, bringt eine neue Blüte der Dichtung von Epigrammen, die (mit Ausnahme der Nachblüte im Dorismus des Alkaios, Dioskurides und ihrer Gesinnungsgenossen) schon im 3. Jh. gewelkt war. Ihre Dichter: → Antipatros v. Sidon, → Meleagros (2) v. Gadara (der große Sammler von Epigrammen, → Anthologie), → Philodemos v. Gadara, → Archias v. Antiochia. Die Dichter halten enge Nachbarschaft zur Thematik der ionisch-alexandrinischen Schule.

C. Epos. [1] *Heldenepos.* Mit Recht wird (durch K. Ziegler) davor gewarnt, daß man die Auswirkungen der Lehre von der kleinen Form (s. o. B 1) falsch einschätzt. Nicht nur ist gleichzeitig mit Kallimachos in Alexandria das große Epos des → *Apollonios* (11) *Rhodios* entstanden, sondern auch an anderen Orten und zu anderen Zeiten wird das große Epos im Hellenismus als Form gewählt. Wir besitzen darüber zumeist nur kümmerliche Nachrichten. Bemerkenswert ist die Dienstbarkeit epischer Dichtung gegenüber den Großen der Zeitgeschichte: → Choirilos (2) von Iasos schreibt ein Epos zu Ehren Alexanders, Simonides von Magnesia für → Antiochos Soter, Musaios v. Ephesos für die → Attaliden von Pergamon. (Über den Rang des Choirilos vgl. Hor. epist. 2, 1, 232 ff.) Historische und mythische Stoffe verquickt der auch als Quelle bedeutende → Rhianos v. Kreta. Ähnlich vielleicht die ‹Bithyniaka› des Demosthenes v. Bithynien (2. Jh. v. Chr.?). Für die Existenz von ‹Argonautika› eines Kleon v. Kurion und eines Theolytos sind die Scholien zu Apollonios der Zeuge. Ihre Zeit ist allerdings unsicher, vielleicht nicht mehr hellenistisch. Das gleiche gilt für die Dichter von Epen aus dem thebanischen Sagenkreis, Menelaos v. Aigai, Antagoras v. Rhodos. Diotimos v. Andramyttion schrieb eine ‹Heraklee›. Weiteres s. zu → Neoptolemos (2) v. Parion, → Nikainetos v. Abdera, → Simias v. Rhodos. Ein episches Fluchgedicht (→ Euphorion v. Chalkis) ist von Moiro v. Byzanz, der Mutter des Tragikers → Homeros v. Byzanz (s. u. D), bezeugt.

[2] *Lehrgedicht.* Die Hauptvertreter der hell. Lehrdichtung sind → *Aratos* (2) *v. Soloi* und → *Nikandros* (2) *v. Kolophon.* Für diese Art epischer Dichtung, die sich von → Hesiod herleitet (Kallimachos' Urteil, → Arat), ist sachliche Zuständigkeit des Verfassers nicht Voraussetzung (vgl. Ciceros Urteil, → Arat); vielmehr wird bes. z. B. für Nikandros damit gerechnet werden müssen, daß gerade das sachlich Entlegene den Dichter anzog, da die Versifikation des Stoffes schwierigste Aufgaben stellte. Über die Himmelserscheinungen, wie Arat, schreibt Hegesianax (Zeit?). Was die Verwandlungssagen anlangt, so stellt sich Nikandros die delphische Priesterin *Boio* (vielleicht ein Mann, Boios; Zeit?) an die Seite, die eine ‹Ornithogonia› (Verwandlungen in Vögel) schrieb. Menekrates v. Ephesos (geb. 340 v. Chr.?) ist wohl, neben einer ‹Erga› benannten Nachahmung des → Hesiod, auch Verfasser eines Lehrgedichtes über die Bienenzucht (ebenfalls → Nikandros). Nicht wenige Autoren haben sich anscheinend das Gastronomische zum Gegenstand gewählt. Schon zur Zeit des Aristoteles Archestratos v. Gela, der mit seiner ‹Hedypatheia› Quelle des → Ennius ist, aus dem Ende des 4. Jh.s Matron v. Pitane, der ein parodisches Gedicht ‹Attisches Mahl› verfaßte, das den Anfang der ‹Odyssee› zum Muster nahm («Singe mir, Muse, die Mähler, die vielmals nährend und reichlich ...»). Bereits ca. 400 entstand ja auch schon ein ‹Mahl› des Philoxenos (wohl: v. Leukas, nicht des großen → Philoxenos v. Kythera). In der Nachfolge des Kallimachos (‹Über die Flüsse der bewohnten Welt›) schrieb dessen Schüler Peristephanos v. Kyrene ‹Über seltsame Flüsse›.

D. Tragödie. Der Hellenismus ist eine Zeit lebhafter dramatischer Produktion, wobei wir freilich nicht beurteilen können, wie deren Rang war, da so gut wie alles verloren ist (die ‹Alexandra› des → Lykophron gehört nicht hierher). In Alexandria gab es eine *Pleias* (nach dem Sternbild aus sieben Sternen) tragischer Dichter (danach die französische ‹Pléiade›). Neben → Lykophron gehörte dazu → Alexander Aitolos, der mit ihm in der ‹Bibliothek› arbeitete und auch Epyllien und Epen dichtete, ferner Homeros von Byzanz, der Sohn der Moiro (s. o. C 1), → Philikos v. Kerkyra, Sositheos aus der Troas (von → Dioskurides (3) als Erneurer des Satyrspiels gepriesen, AP 7,707). In seinem ‹Daphnis oder Lityerses› tritt neben dem Phrygerkönig Lityerses der Hirt Daphnis als Liebhaber des Mädchens Thalia und Besieger des Königs im ländlichen Wettgesang auf. Die weiteren Namen von Pleias-Dichtern wechseln. Genannt werden noch Sosiphanes, Aiantides, Dionysiades, Euphronios. Insgesamt sind von diesen Dichtern des 3. Jh.s 22 Verse erhalten. Neben den alten Stoffen erscheinen nach dem Ausweis erhaltener Titel auch Stoffe aus Geschichte (→ Philikos v. Kerkyra) und Zeitgeschichte (→ Lykophron). Ungewiß ist die Zeit des *Moschion* (vielleicht 4. Jh.?), von dem ein ‹Themistokles› und ‹Pheräer› (über die Ermordung des Tyrannen Alexandros v. Pherai?) bezeugt sind. In Athen, das der Bedeutung der ‹neuen Zentren› (A. Lesky) wie in anderen Bereichen der Dichtung, so auch hier hat weichen müssen, findet sich der Tragiker → Astydamas III. Ein → Gygesdrama (auf Pap. Ox. 2382; 3 Kolumnen mit 16 erhaltenen Versen) zeigt eine Rede der Königin über die Vorgänge im Schlafgemach und scheint von Herodot abhängig. Daher 4. oder 3. Jh.? (Eine andere Theorie ist, daß Herodot seinerseits in Abhängigkeit von einem älteren Tragiker, etwa → Phrynichos (2), geschrieben habe.) – Zur komischen Dichtung im Hellenismus s. → Komödie, I D. P.H.

Ed: s. zu den Dichtern und → Anthologie – *Frg:* J. U. Powell, Collectanea Alexandrina, 1925 – E. Diehl, Anthologia lyrica II 6, 1940 – F. Schramm, Tragicorum Graecorum hellenisticae... aetatis fragmenta, Diss. Münster 1931 – *Lit:* A. Couat, La poésie alexandrine sous les trois premiers Ptolémées, 1882 – F. Susemihl, Gesch. d. griech. Lit. in der Alexandrinerzeit, 2 Bde, 1891/2 (in der Fülle des dargebotenen Materials unerreicht) – U. v. Wilamowitz-Moellendorff, Hellenist. Dichtung in der Zeit des Kallimachos, 2 Bde, 1924 (glänzende Schilderung der historischen Umwelt und der vorbereitenden Entwicklung, neben grundlegenden Einzelinterpretationen) – Ph.-E. Legrand, La poésie alexandrine, 1924 – A. Körte, Die hellenistische Dichtung (1925), neubearb. v. P. Händel, 1960² – H. Herter, Bursian 255, 1937, 65–217 und 285, 1944/55, 213–410 (Forschungsberichte über Kallimachos und Apollonios Rhodios) – E. Kießling (Hg.), Der Hellenismus in der deutschen Forschung von 1938 bis 1948, 1956 (sehr knapper Forschungsbericht).

Hellenistischer Staat. Größe und Uneinheitlichkeit von Territorium und Bevölkerung stellten im Alexanderreich und seinen Nachfolgestaaten neue, im griech. Bereich bisher unbekannte Herrschafts- und Verwaltungsaufgaben. Es entwickelte sich die hellenist. Monarchie, eine neue, trotz allen Verschiedenheiten (hervorgerufen durch die bes. Bedingungen und Traditionen der einzelnen Länder) in den Grundzügen einheitliche Herrschaftsform. Bei aller Betonung ihres Makedonentums und des makedon. Charakters ihrer Herrschaft (s.u. 1. 3. 5) waren die Könige der östl. Reiche (Ptolemäer, Seleukiden) doch auch Erben orientalischer Herrscher; eine Zunahme der oriental. Elemente in der Herrschaftsform ist unverkennbar.

[1] *Grundlage* der staatlichen Einheit war das *Königtum.* Der Staat wurde allein vom König verkörpert, war mit ihm letztlich identisch; daher offiziell keine territorialen oder ethnischen Benennungen der meisten Reiche; Verträge wurden nicht vom Staat, sondern vom jeweiligen König abgeschlossen und mußten nach seinem Tod erneuert werden, soweit sie nicht auch vom mitregierenden Thronfolger abgeschlossen waren. Mit dem Recht des Eroberers betrachtete und verwaltete der König sein ‹speergewonnenes› Reich als Privatbesitz (am deutlichsten ausgeprägt in → Ägypten) und vererbte es innerhalb der Dynastie (in späthellenist. Zeit sogar Testamente zugunsten der Römer). Der König führte ein absolutes, weder durch Mitspracherecht anderer noch durch Rechenschaftspflicht eingeschränktes persönliches Regiment (*ἀνυπεύθυνος ἀρχή*); sein Wille allein, ausgedrückt in Erlassen mit Gesetzeskraft (→ Diagramma), war Quelle des Rechts und bestimmte die gesamte Politik. Alle anderen Bewohner des Reichs waren rechtlich nur Untertanen und Diener des Königs. Auch der große Einfluß oberster ‹Minister›, die in einigen Reichen zeitweilig oder ständig fungierten (*ὁ ἐπὶ τῶν πραγμάτων* im Seleukiden- und Attalidenreich, → Dioiketes in Ägypten), schränkte die Stellung des Königs zumindest de iure nie ein; die ‹Freunde› (→ Philoi), die der Herrscher an seinen Hof berief, hatten im → Synedrion nur beratende Funktion. Allerdings konnten die Höflinge unter schwachen Herrschern großen Einfluß gewinnen, ein unvermeidlicher Nachteil der persönlichen Herrschaftsform. Der Legitimierung der Erobererdynastien dienten (fingierte) Herleitung von Gottheiten oder → Alexander (5) d. Gr. und Betonung der makedon. Tradition (z.B. makedon. Abstammung; Namen, Kalender; Akklamation durch die ‹makedon.› Heeresversammlung, die aber erst im 2. Jh. mehr als nur formalen Einfluß auf die Thronbesetzung gewann). Die Erbfolge wurde oft durch Mitregentschaft des ältesten Sohns gesichert; für unmündige Könige wurde mit Zustimmung der Heeresversammlung Vormundschaftsregierung bestellt. Prachtentfaltung, Hofzeremoniell, Leibwache und äußere Zeichen (bes. → Diadem, Purpurrobe, Siegelring; Münzbild; → Zeitrechnung nach Regierungsjahren oder dynast. Ären) hoben den Herrscher in höhere Sphäre. Im → Herrscherkult, der in griech. und orientalischen Vorstellungen wurzelte, genossen die toten und lebenden Könige unter Kultbeinamen göttliche Verehrung; sie war für alle Reichsbewohner verpflichtend und sollte dynastisches und damit Staatsgefühl fördern. Versuche zu theoretischer Begründung der absoluten Monarchie konnten z.T. auf früherem griech. Staatsdenken (→ Sophistik, → Platon) aufbauen. Das absolute Königtum wurde als ‹beseeltes Gesetz› (*νόμος ἔμψυχος*) aufgefaßt und legitimiert; der gerechte, patriarchalische König als ‹Hirt›, ‹Wohltäter› (*εὐεργέτης*) und ‹Heiland› (*σωτήρ*) seiner Untertanen wurde hellenist. Herrscherideal (Fürstenspiegel-Literatur).

[2] *Verwaltung.* Ausführendes Organ des alles regierenden königlichen Willens war ein großer, hochbürokratischer Verwaltungsapparat mit besoldeten Berufsbeamten. Zentralbehörden in den Hauptstädten (königliche Kanzlei, Archive, Kataster, Kassen, Fachressorts für Finanzen, Landwirtschaft, Heer usw.) griffen in immensem Schriftverkehr (befördert durch Staatspost) über ähnlich organisierte Provinzial- und Lokalbehörden in viele Lebensbereiche der Untertanen ein. In der Verwaltungsstruktur der Reiche bestanden erhebliche Unterschiede; z.B. in → Ägypten straff zentralisierte und überwachte Verwaltung, im Seleukidenreich trotz mehreren Zentralisierungsversuchen lokale Sondergewalten und große Kompetenzen der Provinzstatthalter. Eigentümlich war fast allen Reichen die Vereinigung von Militär- und Zivilgewalt in Händen von Provinz → Strategen. Ein besonderes Problem bildete in den meisten Reichen die Existenz griech. Vasallenstädte am Rande des Herrschaftsbereichs; ihre (manchmal vertraglich zugestandene) Selbstverwaltung blieb meist unangetastet, während das Verhältnis zum König zwischen nahezu völliger Unabhängigkeit und strenger Kontrolle durch königliche Truppen und Kommissare (→ Epistates) viele Abstufungen kannte; die Bezeichnungen des völker- bzw. staatsrechtlichen Status (*ἐλευθερία, συμμαχία*) sind daher vieldeutig.

[3] *Militärwesen.* Entsprechend dem Volksaufgebot in Makedonien rekrutierte sich in den Oststaaten das reguläre Heer (bes. die Phalanx-Infanterie) aus Makedonen, Griechen, Thrakern usw., die auf Königsland, z.T. auch in Provinzstädten angesiedelt wurden (→ Kolonisation C). Dazu kamen in steigender Zahl im Ausland, einzeln oder in Verbänden, angeworbene Söldner als stehendes Garnisonsheer (im Krieg ergänzt). Eingeborene (s.u. 5) wurden anfangs meist nur im lokalen Miliz- und Polizeidienst, als Ruderer, Troßknechte usw. verwendet, erst im Lauf des 3. Jh.s auch im regulären Heer. Ptolemäer und Seleukiden konnten in einigen Schlachten bis zu 80000 Kombattanten einsetzen.

[4] *Staatshaushalt.* Die Finanzierung der immensen Ausgaben für Hof, Heer und Verwaltung erforderte eine intensive Wirtschafts- und Handelspolitik. Entsprechend dem patrimonialen Charakter der Herrschaft (s.o. 1) wurde die Staatswirtschaft als Privatwirtschaft mit dem Ziel des höchsten Ertrags betrieben (bes. in → Ägypten). Riesige Staatsdomänen (‹Königsland›) wurden in königlicher Regie bewirtschaftet (von den Seleukiden allerdings im Zug der Hellenisierung in großem Umfang in Privateigentum gegeben). Vergünstigungen förderten Erschließung neuen Ackerlands und Ansiedlung von Gewerbetreibenden. Verschiedene Geld- und Naturalsteuersysteme (Grund-, Ertrags-, Kopf-, indirekte Steuern, Gewerbelizenzen), Tribute von Vasallen, Zölle und Verkauf der Erzeugnisse der königlichen Domänen und Monopolbetriebe brachten hohe Einkünfte.

[5] *Griechen und Orientalen.* In den östl. Reichen ruhte die Herrschaft auf einer dünnen, privilegierten griech.-maked. Oberschicht; höherer Heeres- und Verwaltungsdienst wurden fast nur aus ihr besetzt. Gründung zahlreicher Städte und Militärsiedlungen förderte die ethnische (und damit kulturelle) Hellenisierung, von der jedoch die Masse der einheimischen Bevölkerung nur oberflächlich berührt wurde (Ausnahme Westkleinasien). Oriental. Kulte und Rechtssysteme genossen Schutz und beeinflußten Religion und Recht der Oberschicht; im übrigen blieben die Orientalen lange Bevölkerung minderen Rechts, hatten höhere Lasten zu tragen und empfanden die griech. Herrschaft als Fremdherrschaft; daran änderte auch später (nach Minde-

rung der Herrenschicht durch Kriege und Nachlassen des Zustroms aus Hellas und nach Einsetzen der oriental. Reaktion im späten 3. Jh.) ihre vermehrte Zulassung zum höheren Dienst und die daraus folgende ethnische und kulturelle Vermischung wenig.

[6] *Sonderentwicklungen.* In den monarchisch regierten Staaten in Hellas (→ bes. Antigonidenreich, Epirus, Sparta) und im Reich → Hierons II. v. Syrakus fanden die Elemente des hellenist. Königtums nur z. T. oder erst spät Eingang.

[7] *Nachwirkung.* Die später auf dem Boden der hellenist. Reiche errichteten Herrschaften, bes. kleinasiat. Fürstentümer, → Parther- und Judenstaat (→ Herodes), röm. Ostgebiete, übernahmen vieles aus der hellenist. Verwaltungspraxis. Wichtiger noch ist der Einfluß des hellenist. Königtums und Herrscheridcals auf den röm. Prinzipat. H. H. Sch.

Lit: M. Rostovtzeff, Die hellenist. Welt, 3 Bde, 1955–56 – V. Ehrenberg, Der Staat der Griechen (1958), 1965² (Lit) – Bengtson, 415 bis 443 (Lit).

Hellenotamiai, 478/477 v. Chr. bei der Gründung des 1. → Att. Seebundes eingerichtete Behörde von 10 Männern. Die H. verwalteten die von den keine Kriegsschiffe stellenden Mitgliedern zu leistenden Ausgleichszahlungen. Sie wurden vielleicht bis 454 von der Bundesversammlung, danach jedenfalls von der Volksversammlung in Athen gewählt; ihr Sitz war der Ort der Bundeskasse, also bis 454 Delos, danach Athen. 410/409 wurde den H. auch die Verwaltung der athen. Staatskasse übertragen; Staats- und Bundeskasse waren dadurch zusammengelegt. Die Behörde wurde nach dem → Pelop. Krieg zugleich mit dem Seebund aufgelöst. Im 2. → Att. Seebund wurde sie nicht erneuert. F. Kch.

Lit: H. Schaefer, Beiträge z. Gesch. d. Att. Symmachie, Hermes 74, 1939, 225–264 – A. G. Woodhead, The Institution of the Hellenotamiae, JHS 79, 1959, 149–152.

Hellespontos (Kt. 1152 G2; die heutigen Dardanellen). Länge von Tenedos bis zur Propontis 65 km, Breite durchschnittlich 5–6 km. Schmalste Stelle zwischen Sestos und Abydos (1220 m bei Çanakkale). Dort auch die Brücke des → Xerxes. Die Strömung von der Propontis gegen die Ägäis schon von Homer erwähnt. R. F.

Helvetier, kelt. Stamm, seit dem frühen 1. Jh. v. Chr. im schweizer. Mittelland (Kt. 1057 C9) sitzend, nach Tac. Germ. 28 ursprünglich auch oder ausschließlich in Süddeutschland beheimatet, wo Ptol. geogr. 2, 11, 6 eine H.-einöde nennt. Besaßen zu Caesars Zeiten das griechische Alphabet. Den wohl unter germanischem Druck erfolgten Aufbruch der H. mit Ziel Garonne-Mündung nahm → Caesar zum Anlaß des gall. Krieges und zwang die H. bei → Bibracte (Gall. 1, 23 ff.) zur Umkehr. Hauptstadt der H. zur Römerzeit war Aventicum (Avenches), das großen Aufschwung nahm; im 1. Jh. n. Chr. war das Legionslager Vindonissa ein weitwirkendes Zentrum röm. Zivilisation.

Lit: F. Staehelin, Die Schweiz in röm. Zeit (1927), 1948³. L. B.-H.

Helvidius Priscus, C., Prätor 70 n. Chr., Sohn eines Primipilaris aus Cluviae. Quästor von Achaia unter → Claudius (1), wurde 51 als Legionslegat von Syrien zur Intervention in den armenischen Wirren entsandt, stellte sich 56 als Volkstribun gegen den Finanzquästor Obultronius Sabinus. 66 in den Prozeß seines Schwiegervaters → Thrasea Paetus verwickelt und nach Apollonia verbannt. Von → Galba restituiert, ging er 69 und 70 erfolglos gegen den Ankläger → Eprius Marcellus vor. Er besorgte die Bestattung Galbas. Wegen seiner unversöhnlich oppositionellen Haltung unter → Vespasian ca. 75 relegiert und getötet. Als einflußreicher, prinzipientreuer Redner im Senat lobend bei Tacitus (hist. 4, 5 ff.), Plinius (epist. 4, 21; 7, 19) und Juvenal (Schol. Iuv. 5, 36) erwähnt. Seine zweite Frau Fannia, Tochter des Thrasea Paetus und der → Arria (2), folgte ihm beide Male in die Verbannung. Anhänger der Stoa. → Herennius (3) Senecio schrieb seine Biographie. U. Wm.

Lit: R. Syme, Tacitus, 1958, Ind. S. 837.

Helvius Cinna, C. (tr. pl. 44 v. Chr.). Anhänger → Caesars, brachte als Volkstribun ein Gesetz ein, nach dem zwei Caesargegner vom Tribunat abgesetzt und Nachfolger gewählt wurden. Nach Caesars Tod vom Mob mit L. → Cornelius (6) Cinna verwechselt und erschlagen. Literarisch gehört H. zu den → Neoterikern, er war Verfasser eines äußerst künstlichen Epos ‹Zmyrna› (über die Liebe einer jungen Frau zu ihrem Vater), das so gelehrt war, daß schon wenige Generationen später ein Kommentar nötig wurde, und eines → Propemptikon für → Asinius (2) Pollio, sowie von Liebesgedichten und Epigrammen. Chr. M.

Hemerodromen, Eilboten bei den Griechen. Bes. berühmt war → Pheidippides, der 490 v. Chr. die Meldung von der Landung der Perser bei Marathon in zwei Tagen von Athen nach Sparta trug, und der Läufer, der die Nachricht vom Sieg bei Marathon nach Athen brachte (‹Marathonlauf›). Th. P.

Hemidrachmon, Halbdrachme, häufigste Unterstufe der → Drachme. Erwähnt bei Poll. 9, 62. Gewöhnlich ein → Triobolon. – Das attische H. von normal 2,2 g Silber wurde als Präsenzgeld bei der Volksversammlung und als Taggeld für den athenischen Richter verwendet. Das H. wird in nahezu allen griech. Währungen, auch als Goldmünze, geprägt. In Sikyon wird es mit T (*τριώβολον*) gekennzeichnet, in Korinth mit dem halben Pegasos. W. Schw.

Lit: Babelon, 423 – K. Regling, in: v. Schrötter, 704, s. v. Triobol – M. N. Tod, Num. Chron. VI 7, 1947, 3; 20, 1960, 19 f.

Hemiepes (*ἡμιεπές*), ‹halber epischer Vers›, d. h. der Anfang des daktylischen Hexameters bis zur Zäsur nach dem 3. longum (→ Pentameter). Als solches Stück des Hexameters verwendet das H. offenbar Archilochos in seinen → Asynarteten (Fr. 79–86; 118 D.). B. Sn.

Hemilitron (*ἡμίλιτρον* oder *ἡμιλίτριον*), die halbe → Litra, vor allem in Sizilien geprägte Münze, in der röm. Dezimalrechnung → Semis oder → Quincunx (= → Pentonkion). Poll. 9, 82 nennt ein *πεντόγκιον ἀργύριον*. Auf Sizilien prägen Entella, Leontinoi, Segeste und Eryx mit H bezeichnete Hemilitra; eine Reihe andere sizilische Städte Bronzehemilitra im Duodezimalsystem und mit 6 Kugeln bezeichnet. In Tarent und Kyrene kommt das H. in der 2. H. des 4. Jh.s v. Chr. auch als Goldmünze von 0,43 g vor. W. Schw.

Lit: Babelon, 456–457 – K. Regling, RE 8 (1912), 246 – Ders., in: v. Schrötter, 262.

Hemipelekon (*ἡμιπέλεκκον*), einschneid. Axt. → Pelekys.

Hemiobolon (*ἡμιώβολον*), der halbe → Obolos, erwähnt Aristoph. ran. 554 und Xenoph. anab. 5, 2. Das H. ist ein Zwölftel der attischen → Drachme und hat ein normales Gewicht von ca. 0,35 g. Auf peloponnesischem Silber (Korinth, Kranion, Sikyon) mit H und in anderen Städten dort (Heraia, Kleitor, Mantineia, Pallantion, Psophis, Tegea) auch mit E auf den Rückseiten bezeichnet, einmal auch mit HM im Monogramm (in Sikyon, nicht in Kolophon, Ionien, wie irrtümlich bei Babelon, 472, und Head, 569). Im 1. Jh. v. Chr. sind Bronzemünzen von Aigion (Achaia) mit *HMIOBEΛIN* (statt *HMIOBOΛION*) bezeichnet (Head, 413). W. Schw.

Lit: Babelon, 432–433 – K. Regling, RE 8 (1912), 252 – Ders., in: v. Schrötter, 262 – M. N. Tod, Num. Chron. VI 7, 1947, 22–23; 15, 1955, 129.

Hemistater (*ἡμιστάτηρον*) wird bei Poll. onom. 9, 62 als halber Gold → Stater für Kyrene erwähnt. Er kommt indessen auch in Athen, Tarent, Karystos und an anderen Orten in Gold vor. → Stater. W. Schw.

Lit: Babelon, 440–441 – F. Hultsch, RE 8 (1912), 254 – K. Regling, in: v. Schrötter, 657.

Hemitetartemorion (*ἡμιτεταρτημόριον*), ein halbes → Tetartemorion oder 1/8 → Obol von ca. 0,09 g, eine der kleinsten griech. Silbermünzen. In Athen durch den Typus einer en face stehenden Eule gekennzeichnet. W. Schw.

Lit: Babelon, 435–436 – K. Regling, in: v. Schrötter, 262 – M. N. Tod, Num. Chron. VI 7, 1947, 20.

Hen (τὸ ἕν), Eins, das Eine. 1. In der *Mathematik* wird die Eins von den Alten nicht als Zahl, sondern als Prinzip und Maß der Zahlen betrachtet: in dieser Eigenschaft steht sie außerhalb der Reihe der Sachen, die sie mißt (Aristot. metaph. 1088a6ff.). – 2. Im *philosophischen Denken* des Altertums ist der Begriff des Einen überall vorhanden; der Wandel seiner Bedeutung und Funktion in den verschiedenen Systemen durchzieht die ganze Geschichte der →Metaphysik. Bei folgenden Denkern spielt das Eine eine bes. wichtige Rolle: (1) bei den →*Pythagoreern*, die nach Aristoteles (metaph. 1, 5. 986a18ff.) alles Seiende von zwei Prinzipien herstammen lassen: vom Einen, das mit der Grenze (πέρας) identisch ist, und dem Unbegrenzten (ἄπειρον). Aus der Vereinigung dieser beiden Prinzipien gehen die Zahlen hervor, die als die ‹Substanz› der Dinge betrachtet werden; (2) bei den →*Eleaten* (vgl. →Parmenides), für die das Sein in seiner Ganzheit eins ist, und zwar von einer absoluten Einheit, die jede Mannigfaltigkeit und jeden Wechsel ausschließt; (3) bei →*Platon* in der letzten Phase seiner Philosophie, bes. in seiner mündlichen Lehrtätigkeit, die nur durch spätere Zeugnisse bekannt ist. Nach diesen ist für ihn das Eine, das mit dem Guten identisch ist, das oberste formale Prinzip der Wirklichkeit, welcher, als materielles Prinzip, die unbestimmte Zweiheit entspricht (→Aoristos Dyas); (4) bei →*Plotin*, nach welchem das Eine die Welt beherrscht und die Quelle aller Vollkommenheit ist. Es transzendiert das Sein und das Denken und kann deshalb nur durch seine Verschiedenheit von allem andern erkannt werden. S.M.

Lit: S. Caramella, Encicl. Filos., 1957, IV 1395–1400, s. v. Unità.

Hen kai Pan (ἓν καὶ πᾶν), ‹Eins und alles›. Nach den →Doxographen, die anscheinend alle ihr Wissen von Theophrast bezogen haben, bezeichneten mit diesem Ausdruck →Xenophanes und die →Eleaten das Weltganze, dessen absolute Einheit sie so verdeutlichten. Dieses ewige, unbewegliche H.k.P. nennen sie Gott. Der Ausdruck kennzeichnet also einen pantheistisch gefärbten Monismus (vgl. Plat. soph. 242D). Vgl. →Metaphysik A [2]. S.M.

Lit: H. Diels, Doxographi Graeci, 480, 4.

Hendekasyllabus, ‹Elfsilbler› (→Phaläkeus). Der ‹sapphische H.› ist die Elementenfolge –◡–×–◡◡–◡–– = *cr*‸*hipp*, die 1. Periode der →sapphischen Strophe. – Vgl. →Metrik I B [2]. B.Sn.

Hendiadyoin (ἓν διὰ δυοῖν, frz. und engl. hendiadys, ‹eins durch zwei›), rhetor. →Wortfigur; Ausdruck eines als einheitlich empfundenen Begriffs (meist Subst. und attributives Adj., oder Verb. und Adv.) durch die Koordination zweier, in der Bedeutung entsprechender Wörter. *Bsp.:* Verg. georg. 2, 192: *pateris libamus et auro*, «wir opfern mit Schalen und Gold», für *pateris aureis libamus*, «wir opfern mit goldenen Schalen». H.H.

Lit: Lausberg, Elemente², 100.

Hephaisteion-Architekt (bisher Theseion-Architekt), Baumeister des Hephaistos-Tempels in →Athen, dem auf Grund derselben ‹Handschrift› (Ähnlichkeit des Entwurfs, des Details und der Technik) der Ares-Tempel in →Athen, der Poseidon-Tempel von →Sunion und der Nemesis-Tempel von →Rhamnus zugeschrieben werden. G.Gb.

Lit: W.H. Plommer, Three Attic Temples, BSA 45, 1950, 66–112 – W.B. Dinsmoor, The Architecture of Ancient Greece (1902), 1950³, 180ff.

Hephaistion, von Pella, gleichaltriger Jugendfreund →Alexanders (5) d. Gr.; bei Gaugamela als Führer der Leibgarde verwundet; beteiligte sich am Staatsstreich gegen →Philotas und teilte dann das Kommando der maked. Reiterei mit →Kleitos (1); mit →Perdikkas (4) und →Krateros (1) zu den höchsten Kommandostellen im Heer befördert, bewährte er sich in Ostiran, Indien und auf dem Rückmarsch als erster Heerführer des Reichs. Nach seiner Ernennung zum Chiliarchen (Großvezier) hatte er auch die erste Stelle der Zivilverwaltung inne. In Susa heiratete er 324 eine Tochter →Dareios' III. und Schwester der →Stateira. H. war ein unbeliebter Prasser und Intrigant, aber Alexanders einziger Freund, dessen Tod (Okt. 324) der König nie überwand. E.Bd.

Lit: Berve II 169ff.

2. **H.,** Sohn des Myron, Bildhauer aus Athen, von dem mehrere signierte Basen geweihter Porträtstatuen auf Delos erhalten sind; durch die Weihinschriften auf zwischen 128 und 98 v. Chr. datiert.

Lit: E. Pfuhl, RE 8, 1 (1912), 310.

3. **H.,** griech. Metriker, 2. H. 2. Jh. n. Chr., vielleicht identisch mit dem Erzieher des L. →Verus (130–169). Von seinem Hauptwerk (Περὶ μέτρων, ursprünglich 48 Bücher) besitzen wir nur einen (von ihm selbst verfertigten) Auszug, das sog. *Encheiridion*, sowie einzelne Exzerpte und Fragmente, deren Echtheit nicht unbestritten ist (vgl. 58, 12–78, 17C.). Der unverkürzte Traktat wurde in antiker und byzantin. Zeit kommentiert. – Das erhaltene Encheiridion behandelt folgende Themata: (1) Lange und kurze Silben, (2) Synizese, (3) Füße, allgemein, (4) Katalexe, (5)–(13) die einzelnen Versfüße, (14) Kola, die aus verschiedenartigen Füßen bestehen, (15) →Asynarteten, (16) Verse, die sich auf verschiedene Weise messen lassen. Seinen Erklärungen legte H. (übrigens nach dem Muster der alexandrin. Grammatiker) nicht Metren, sondern Versfüße zugrunde. →Metrik I D [1]. H.E.

Ed: Ed. princ. A. Turnebus, 1553 – M. Consbruch, BT, 1906 (Encheiridion, Frg. u. Scholien, einschließl. Komm. des →Choiroboskos) – *Lit:* O. Hense, RE 8, 1 (1912), 296–309 – U. v. Wilamowitz, Griech. Verskunst, 1921, 78f.

4. **H. von Theben,** schrieb um 381 n. Chr. ein astrologisches Werk. Das 1. Buch bringt die astrologischen Grundbegriffe, das 2. Buch die Genethlialogie, das 3. Buch die Lehre von den Katarchen, Prognosen aus dem Stand der Gestirne bei Beginn eines Unternehmens. Das Werk enthält ausführliche wörtliche Zitate aus →Nechepso-Petosiris, →Antiochos (10), →Dorotheos (2), →Ptolemaios (17) u. a. E.B.

Ed: A. Engelbrecht, H. v. Theben und sein astrologisches Compendium, 1887 (Buch 1) – CCAG I 90ff.; V 3, 80ff.; VI 67ff.; VIII 2, 57ff.

Hephaistos, griech. Gott. Er verkörpert das Element des Feuers, daher wird sein Name gern metonymisch für ‹Feuer› gebraucht. Auch kann das Feuer nur Symbol sein für die Tätigkeit, die der Gott an ihm bzw. mit dessen Hilfe ausübt: so ist H. schon bei Homer der kunstfertige göttliche Schmied. Daraus entwickelt sich seine Verehrung als Schutzherr der Schmiede und des Handwerks überhaupt (oft mit →Athene verbunden). – H. ist ohne Zweifel seiner *Herkunft* nach ein kleinasiat. Gott. Sein Kult ist von der vorgriech. Bevölkerung der kleinasiat. Küste (z. B. am lyk. Olymp) und der vorgelagerten Inseln (vor allem Lemnos) ausgegangen. Vermutlich war er ursprünglich der Dämon des Erdfeuers, das aus dem Berge Mosychlos auf Lemnos loderte. Zum griech. Gott ist H. erst dadurch geworden, daß er in den homerischen Epen als Gott des Feuers und der Schmiedekunst im Kreise der olympischen Götter auftritt. Im griech. Mutterland hat sich seine Verehrung wenig ausgebreitet; nur in Athen gilt er, eng verbunden mit Athene, als Schutzherr der Handwerker. Er erhält dort einen Tempel (das sog. ‹Theseion›) und wird in den Staatskult aufgenommen. Bisweilen – vor allem in späterer Zeit – lokalisiert man seine Schmiedewerkstatt in Sizilien (Ätna) oder den Liparischen Inseln. – Merkwürdig ist, daß die Griechen den H. stets hinkend bzw. mit verkrüppelten Beinen darstellen (bei Homer Il. 1, 599 erregt er durch sein unbeholfenes Gebaren sogar das ‹unauslöschliche Gelächter› der Götter). Da diese Vorstellung ganz ungriechisch anmutet, muß sie offenbar zum ursprünglichen Wesen dieses Gottes gehören (Zwergengestalt? oder Hinweis, daß nur Kriegsuntauglichen das Schmiedehandwerk zufällt? Vgl. die Erklärungsversuche bei Homer Il. 1, 590ff. und 18, 394ff.). – In Rom wurde H. mit → Volcanus gleichgesetzt. K.-H.R.

Lit: L. Malten, RE 8,1 (1912), 311–366 – Nilsson I 526–529 – M. Delcourt, H., 1957.

[2] Im *Mythos* ist H. Sohn des Zeus und der Hera (Hom. Il. 1, 571ff.) oder der Hera allein (Hes. theog. 570; 927f.), wurde von Zeus (Hom. Il. 1, 590ff.) oder Hera (Il. 18, 395ff.) aus dem Himmel geschleudert, da er lahm war. Er wird von den Lemniern oder von → Thetis und Eurynome freundlich aufgenommen und hat seine Schmiede am Okeanos, wo auch die Wehr des Achilleus entsteht. Seine ihn betrügende Gattin Aphrodite fesselt er mit Ares im Netz und setzt sie dem Gespött der Götter aus (Od. 8, 266–366). Die ihm verhaßte Hera schmiedet er auf dem Thron fest (Paus. 1, 20, 3). Dionysos macht H. trunken und holt ihn zu ihrer Befreiung in den Olymp. H. hilft bei → Athenes Geburt (Pind. Ol. 7, 35ff.) und bei der Erschaffung → Pandoras (Hesiod, Op. 60ff.). Seine Verfolgung der Athene führt zur Geburt des → Erichthonios (Apollod. 3, 188). Im Aetna hat er mit den → Kyklopen eine Werkstatt (Eur. Kykl. 599) und gilt als Vater der Paliken, deren Mutter Aitna war.

Lit: M. Delcourt, Héphaïste ou la légende du magicien, 1958.

Darstellungen: H. begegnet in archaischer und klassischer Zeit vor allem bei der Geburt der → Athene (F. Brommer, JbRGZMus Mainz 8, 1961, 66–83), in → Gigantomachien (F. Vian, La guerre des géants, 1952; Ders., Répertoire des gigantomachies figurées, 1951, passim) und bei der Darstellung seiner Rückführung auf den Olymp (F. Brommer, JdI 52, 1937, 198–219; K. Schauenburg, Gymn. 67, 1960, 268; dazu auf der Lippe einer schwarzfigurigen Bauchamphora, in Privatbesitz). – *Attribute:* H. ist meist bärtig, doch zeigt ihn schon ein mittelkorinth. Amphoriskos (H. Payne, Necrocorinthia, 1931, 119, Abb. 44 G) bartlos (vgl. Kunze in: Ol. Forsch. II, 1950, 79 Anm. 2; Gymn. 65, 1958, 466). In der → Gigantomachie hat er noch im 5. Jh. manchmal die Panoplie. Als Waffe dienen ihm Feuerbrände, glühende Zangen (Ars Antiqua A.G., Luzern, Auktion III, 1961, Nr. 109, Kelchkrater) oder sein Blasebalg (Fouilles de Delphes IV, Taf. 15; vgl. den korinthischen Mastos, JdI 52, 1937, 214f., Abb. 15f.: Rückführung des H.). Bei der Athenageburt hat er als Attribut ein Beil und ist vereinzelt ganz nackt (Kunze, a. O. Taf. 28). – Die gefesselte Hera z.B. auf der Françoisvase Furtwängler-Reichhold, Taf. 1–3), einem Krater in Ferrara (S. Aurigemma, Il r. museo di Spina, 1936², Taf. 118, vgl. die Scherbe CVA Bologna 4 III 1, Taf. 68, 5) und einer Phlyakenvase (A.D. Trendall, The Phlyax Vases, 1959, 38, 75). Von spätarchaischer Zeit an wird H. auch mit → *Dionysos* beim Gelage vereint (Beazley, JBS 59, 1939, 30f.; H. Metzger, Les représentations dans la céramique attique du 4e siècle, 1951, 127 Anm. 5; CVA Schloß Fasanerie 1, Taf. 46). Vereinzelt H. auch bei der Einführung des → Herakles in den Olymp (AA, 1923, 60, Abb. 7: Tyrrhenische Amphora). H. bei der Verfolgung Athenes auf dem Kelchkrater Beazley, ARV¹ 432, 17. Mit ihr wird H. vor allem auch auf kaiserzeitlichen Denkmälern oft zusammengestellt (A.B. Cook, Zeus III, 1940, 188ff.; ebd. Abb. 126: Relief klassischer Zeit. Vgl. Lissi, Rend. Acc. Linc. 12, 1957, 50–57: Archäolog. Funde aus Ungarn; 226f.: Relief. Mit Venus auf dem Relief, Acta Arch. Hung. 6, 1955, Taf. 27, 7). Berühmt war das Kultbild des Alkamenes im Hephaisteion von Athen, neben dem ebenfalls eine Athene stand. Es verbarg die – auf Vasen manchmal wiedergegebene – Lahmheit bzw. Verkrüppelung der Füße des H. Versuche, eine genauere Vorstellung des Originals zu bekommen, wurden häufig gemacht (s. Papaspyrisi-Karusu, AM 69/70, 1954/55, 67–94). Viele bärtige Köpfe, die einen Pilos tragen, wurden auf H. bezogen, doch kommt meist auch Odysseus in Frage. Aus der Kaiserzeit stammen zahlreiche Statuetten des Gottes (z.B. Revue du Louvre 1961, 6, Abb. 2: aus Straßburg; Bull. Com. 66, 1938, 307, Abb. 41; aus Ostia. Vgl. P. Lebel, Cat. d. Coll. Arch. de Besançon V, 1961: Les Bronzes, Taf. 24b. Vgl. auch Lampen wie Corinth IV 2, Taf. 26, 597). – Mit *Thetis* wird der Schmied H. schon auf rotfigurigen Vasen des 5. Jh.s verbunden (Caskey-Beazley, Vases Boston II, 1954, 36), vielleicht auf einem ital. Krater (Trendall, Frühitaliot. Vasen, 1938, 41, 88) und auf mehreren Wandgemälden in Pompeji (L. Curtius, Die Wandmalerei Pompejis, 1929, 222–229; Brendel, Die Antike 12, 1936, 272–288). – Die *Schmiede des H.* auch auf Sarkophagen, Reliefs und Mosaiken (Robert, SR II, Nr. 43; III 3, Taf. 116f.; O. Jahn, Griech. Bilderchroniken, 1873, Taf. 2.; E. Paribeni, in: Theoria, Festschr. Schuchhardt, 1960, 167–172, Stuart Jones, Palazzo dei Conservatori, 1926, Taf. 112; Inv. Mos. II b, Nr. 558). Ungewöhnlich H. auf dem Flügelwagen auf einer Berliner att. Schale (L. Malten, JdI 27, 1912, 257, Abb. 11; H. Fraenkel, Ann. Pisa Ser. 2, 23, 1954, 273f. Anm. 3). – *Lit. dazu:* P.E. Arias, Efesto, EAA III, 1960, 231–235. K. Schb.

Hephthemimeres, eigentlich ‹Stück von 3 ½ Einheiten›, in der Metrik die → Zäsur nach 3 ½ Metren, also nach dem 4. longum im → Hexameter. B. Sn.

Hera, griech. Göttin; sie spielt als Gemahlin des höchsten Gottes → Zeus im Mythos eine bedeutsame Rolle, ihr Kult dagegen ist durch starke räumliche Begrenzung gekennzeichnet. Er hat sich offenbar von der Argolis her ausgebreitet und zunächst vor allem in den benachbarten Landschaften der Peloponnes Fuß gefaßt (z.B. gehört in → Olympia der älteste Tempel der H.), dann auch in Böotien (→ Daidala-Fest auf dem Kithairon), auf Euböa und auf anderen Inseln des Ägäischen Meeres (z.B. berühmter Tempel in → Samos) sowie in Großgriechenland (große Heiligtümer in → Paestum und → Selinunt). Im übrigen Griechenland sind H.-Kulte selten. H. ist daher wohl ursprünglich eine argivische Gottheit (schon Homer nennt sie *Argeia*), vielleicht die alte Schutz- bzw. Palastgöttin des myk. Heerkönigs von Argos; ebenso darf ihr Name wohl als die weibliche Form zu → Heros (ἥρως), ‹Herr›, also als ‹Herrin› gedeutet werden (vgl. → Despoina). Die Hauptgöttin der argivischen Könige wurde daher dem Götterkönig Zeus als Gemahlin beigegeben, wodurch von vornherein für die Griechen ihr Wesen eindeutig bestimmt ist. Schon auf einem in Pylos gefundenen Tontäfelchen liest man die Namen des Götterpaares Zeus und H. beieinander. – H. ist vor allem die Göttin der Ehe; die Opfer bei der Eheschließung werden ihr *(H. Teleia)* und Zeus dargebracht, die meisten Ehebräuche werden zu ihr in Beziehung gesetzt. Sie schützt nicht nur die Rechte der Frauen, sondern überhaupt das ganze weibliche Leben. So wird sie z.B. in Stymphalos (Arkadien) je nach dem Stande ihrer Verehrerinnen als ‹Mädchen›, ‹Frau› oder sogar als ‹Witwe› angerufen (Paus. 8, 22). H. kann auch Geburtsgöttin sein und erhält oft – ähnlich wie → Artemis – den Beinamen → *Eileithyia* (die im Mythos allerdings als ihre Tochter gilt). Doch trägt sie kaum mütterliche Züge, auch nicht im Mythos. Die Götter, die als ihre Kinder bezeichnet werden (→ Ares, → Hephaistos, → Hebe), gehören offenbar ursprünglich nicht zu ihr, und im Kult hat sie keine Beziehungen zu ihnen. Als Ehegöttin repräsentiert sie eine sittliche Macht; Homer charakterisiert sie im Blick auf den Kult wie auf die Erzählungen von den Liebschaften ihres Gemahls als streng, hochfahrend und eifersüchtig. Die Vermählung der H. mit Zeus, die in manchen Kulten (z.B. in Knossos und Samos) gefeiert wird, ist als ‹Heilige Hochzeit› (ἱερὸς γάμος) zu deuten und hängt wohl mit alten → Fruchtbarkeitsriten zusammen (vgl. schon Hom. Il. 14, 346ff.). – Wegen ihrer Verbindung mit dem in monatlichen Phasen verlaufenden weiblichen Geschlechtsleben hat man H. manchmal auch zum Mond in Beziehung gesetzt. – Bei Homer trägt sie oft den Beinamen βοῶπις (wörtlich ‹kuhäugig›), über dessen ursprünglichen Sinn wir auf bloße Vermutungen angewiesen sind. Die Kuh ist der H. stets besonders heilig; doch der Beiname kann keineswegs sicher beweisen, daß man sich H. in ältester Zeit in Tiergestalt vorstellte (→ Tierkult, → Gottesvorstellungen). – In Rom mit → Juno gleichgesetzt. K.-H.R.

Lit: S. Eitrem, RE 8,1 (1912), 369–403 – U. v. Wilamowitz, Der Glaube der Hellenen I, 1931, 237–246 – Nilsson I 427–433 – F.R. Schröder, Hera, Gymn. 63, 1956, 57–78 (sehr hypothetisch).

[2] Im *Mythos* ist H. Tochter des → Kronos und der Rheia, während des Kampfes mit den Titanen in der Obhut des Okeanos und der Tethys, letzte und endgültige Gemahlin des Zeus (über die früheren Ehen vgl. Hes. theog. 886–920) nach ihrer im Garten der Hesperiden, in einer Höhle des Kithairon, auf einer Insel bei Euböa oder auf Kreta vollzogenen Hochzeit. Einem Kultgebrauch in Platää entspricht die Sage, Zeus habe einst, um H. nach einem Streit wieder zu versöhnen, mit Hilfe eines Heros Alalkomeneus verbreitet, er wolle wieder heiraten, eine Brautpuppe aus Holz angefertigt und in Prozession daherführen lassen, worauf Hera aus ihrem Versteck herbei-

stürzte und die Versöhnung stattfand (Paus. 9, 3, 1 ff.). Nach einer anderen Zankerei hängt Zeus sie am Olymp auf, ihre Füße mit einem Stein beschwert; als Hephaistos sie losmacht, wirft er ihn vom Olymp (Il. 1, 586–594; 15, 18 ff.). Als die stets eifersüchtige Gemahlin des Zeus verfolgt H. seine Geliebten, so bes. → Io, → Semele, → Kallisto, → Leto, wie auch deren Kinder und ihre Helfer, so vor allem → Herakles, → Dionysos (vgl. → Ino), → Epaphos. Im Urteil des → Paris der Aphrodite unterlegen, wird sie stärkste Hasserin Trojas und Helferin der Griechen im → Trojan. Krieg, wo sie, wie schon früher, eine Verschwörung gegen Zeus anzuzetteln sucht. L.H.

Darstellungen: Über die berühmten Kultbilder der H. in Samos (Mras, RhM 87, 1938, 277–284; P. Lacroix, Les reproductions de statues sur les monnaies grecques, 1949, 206–216) und Argos (Chr. Kardara, AJA 64, 1960, 346; Picard, Manuel II, 296–299) sind wir nur durch Schriftquellen und Münzbilder unterrichtet. Vom Kultbild in Olympia besitzen wir vielleicht den kolossalen Kopf, doch ist die Deutung nicht unbestritten (Schefold, WJb 2, 1947, 43 mit Lit.; Kardara, a. O. 345 f.). Wahrscheinlich ist eine von Cheramyes um 550 geweihte Statue aus Samos ein Bild der Göttin (Brunn-Bruckmann, Taf. 56), doch ist auch dies nicht sicher. Fast alle sonst auf die Göttin bezogenen Statuen, vorwiegend aus der 2. H. des 5. Jh.s, dürften falsch benannt sein (vgl. V. Poulsen, Cat. of Ancient Sculpture in the Ny Carlsberg Glyptotek, 1951, zu Nr. 247; AA, 1956, 261 f.; Fortuna, in: C. Anti, Sculture greche e romane di Cirene, 1959, 229–252; Roscher, ML I 2107–2134). Die ‹Juno Ludovisi› ist ein frühkaiserzeitliches Porträt (zuletzt H. Jucker, Das Bildnis im Blätterkelch, 1961, 65). – Dagegen erscheint H. schon früh mit Zeus verbunden, im Schema des Hieros Gamos (Ohly, AM 68, 1953, 77.: Holzgruppe aus dem späten 7. Jh.), in der Götterversammlung (Siphnierschatzhaus, Parthenon-Ostfries, Vasenbilder: A. B. Cook, Zeus III, 1940, 1025 ff.), bei der Einführung des → Herakles und vereinzelt bei der → Athenageburt (Brommer, JbZMusMainz 8, 1961, 66–83; schwarzfigurige Bauchamphora in Privatbesitz mit frontal thronender H.). Auch bei Darstellung der 12 Götter fehlt H. natürlich nicht (Weinreich, ML VI 764–848. Zur Basis aus Ostia vgl. W. Fuchs, Die Vorbilder der neuatt. Reliefs, 1959, 144 f.). Früh erscheint sie beim → Parisurteil (Ch. Clairmont, Das Parisurteil in der antiken Kunst, 1951; Friis Johansen, Les vases sicyoniens, 1923, Taf. 40: → Chigikanne, um 640. P. Dawkins, Artemis Orthia, 1929, Taf. 127: Elfenbeinkamm). Darstellungen der von Hephaistos gefesselten H. von der Françoisvase ab vereinzelt nachweisbar (Thiersch, ÖJh 16, 1913, Beibl. 59–64; S. Aurigemma, Il Reale Museo di Spina, 1936², Taf. 118: Volutenkrater). Auf einer Brygosschale in London wird H. von Silenen bedrängt (Furtwängler-Reichhold, Taf. 47, 1). In der → Gigantomachie begegnet H. schon zu Anbeginn und ist dabei zunächst mit denselben Waffen wie Athene versehen (F. Vian, La guerre des géants, 1952, 68 f. u. ö.). Später lenkt sie den Wagen des Zeus (Ostmetope am Parthenon; Pergamonaltar) oder kämpft mit Waffen wie dem Szepter oder einem Schlüssel (Vian, a. O. 68 f.). In der großgriech. Koroplastik besondere Typen für H., z. B. als *H. Hippia* (Zancani-Montuoro, Arch. Cl. 13, 1961, 31–39), *H. Antheia* (Jucker, a. O. 202; vgl. ebd. zur halbnackten, mit Eros verbundenen H.) oder bewaffnete Göttin (B. Neutsch, AA 71, 1956, 431). In der röm. Kunst bes. als Gattin Jupiters in der kapitolinischen Trias (z. B.: Jucker, Jb. d. Bernischen historischen Museums 1959/60, 289 ff.; Hommages à A. Grenier, 1961, Taf. 198; Sauer, AA III, 1950/51, 73–89). So auch oft auf Münzen und Lampen. Eine ital. Sonderform stellt die Juno Sospita dar, die ein Ziegenfell auf dem Kopf trägt (von Kaschnitz-Weinberg, in: Festschr. C. Weickert, 1955, 1–5). – *Lit. dazu:* E. Homann-Wedeking, Hera, EAA III, 1960, 1144–1147. K. Schb.

Heraia, gebräuchlicher Name für alle der Hera gewidmeten Feste. Am Hauptkultort, in Argos, wurden die H. nach der großen Opferprozession von hundert Kühen – Heras heiligem Tier – auch *Hekatombaia* genannt. Die argiv. Riten umfaßten wahrscheinlich auch einen Hieros Gamos, der für den Schwesterkult in Samos (von dem Ath. 15, 672 C den ‹Tonaia› genannten Teil beschreibt) und für Knossos ausdrücklich bezeugt ist. Hera ist in erster Linie die Schutzherrin der Ehe, aber ihre vorehelichen Beziehungen zu Zeus ermöglichten die rituelle Sanktionierung auch des ‹Kiltganges›. F.R.W.

Lit: Nilsson, Griech. Feste, 1906, 42 ff.

Heraion, Bezeichnung für ein Heiligtum der → Hera, bes. bekannt das Hauptheiligtum der → Argolis am Ostrand der argivischen Ebene (Kt. 1152 C5), über einer Siedlung des 3./2. Jt.s v. Chr.; großer heiliger Bezirk in mehreren Terrassen mit dorischem Haupttempel aus dem Ende des 5. Jh.s v. Chr. (anstelle des durch Brand zerstörten, höher gelegenen Tempels des frühen 7. Jh.s) und vielen Nebengebäuden. – Vgl. → Samos, → Sele. E.M.

Lit: Ch. Waldstein, The Argive H., 2 Bde, 1902 – C. Blegen, Prosymna, 2 Bde, 1937 – J. L. Caskey-P. Amandry, Investigations at the H., Hesperia 21, 1952, 165–221 – P. Amandry, Observations sur les monuments de l'H. d'Argos, ebd., 222–274 – Berve-Gruben, 42–44; 145–147.

Heraïskos, Neuplatoniker unter Kaiser → Zeno (2. H. 5. Jh.), vertritt das ägypt. Element im religiös-philosophischen → Synkretismus der Schule, mit Zügen eines → Wundermannes dargestellt (Fähigkeit, leblose und lebende Götterbilder zu unterscheiden: → Suidas s. v.). C.J.C.

Herakleia, 433/432 von Tarentinern in Lukanien gegründete Stadt (Kt. 1420 H7; heute bei Policoro), später Sitz des italiotischen Bundestags. 280 fand hier die erste Schlacht der Römer gegen → Pyrrhos statt. H. schloß noch während des Tarentin. Krieges ein Bündnis mit Rom, erhielt nach dem → Bundesgenossenkrieg (3) röm. Bürgerrecht, erlangte aber keine große Bedeutung mehr. Neue deutsche Ausgrabungen sind im Gange. B.A.

Lit: G. F. Lo Porto Bd'A 46, 1961, 133 ff. – Forschungen in Lukanien 2, hg. v. B. Neutsch, RM, 12. Erg. H., 1965.

2. **H.,** am Latmos, Stadt etwa 25 km östl. von → Milet, im Altertum an offener Meeresbucht (Kt. 1152 H5), heute durch Verlandung am Binnensee Bafa gölü. Im → Att. Seebund, 361 von Idrieus belagert, dann zeitweise von → Maussolos und → Artemisia II. abhängig. Bes. gut erhaltener Stadtmauerring, gut erhaltenes Theater. E.M.

Lit: Fr. Krischen, Die Befestigungen von H. am Latmos, Milet III 2, 1922.

3. **H. Pontike** (Kt. 1565 G2; heute Ereğli), Stadt in Bithynien. Gegründet um 560 v. Chr. als Kolonie von Megara unter Mitwirkung böot. Siedler. Mutterstadt von Chersonnesos. Im 3. Mithridat. Krieg nach zweijähriger Belagerung durch M. → Aurelius (2) Cotta zerstört. Bedeutender Hafenplatz mit Leuchtturm, der auf den Münzen der Stadt abgebildet ist. R.F.

Lit: L. Robert, Et. anat. 1937, 245–259 – Chr. M. Danoff, Pontus Euxeinos, RE Suppl. 9. (1962), 1066.

4. **H. Trachinia,** Stadt am Ausgang der Asoposschlucht westl. der → Thermopylen in der → Malis (Kt. 1152 C4), 426 v. Chr. von den Lakedämoniern gegründet, 371 Zerstörung durch → Jason (4) v. Pherai, von den → Oitaiern wiederaufgebaut. E.M.

Herakleia, fragmentarisch erhaltenes Epos aus dem Kreis der Heraklessagen, das dem → Peisandros (2) v. Kameiros (wohl 6. Jh. v. Chr.) zugeschrieben wird (Suid. s. v). – Die H., die 2 Bücher umfaßte, schuf den Typus des Helden mit Löwenfell und Keule und gab der Sage von den sog. 12 Arbeiten ihre endgültige Form. Vgl. aber → Herakles. G.K.

Q: EGF 248–253.

Herakleides Kritikos, → Geograph, ca. 275/200 v. Chr., Herkunft unbekannt. H. gibt in seinem Werk Über die Städte Griechenlands eine lebendige Darstellung der Städte und Landschaften zwischen Isthmos und Thessalien. Die Peloponnes ist aus politischen Gründen ausgelassen. F.L.

Ed: F. Pfister, Die Reisebilder des Herakleides, 1951.

2. **H. Lembos,** hoher ägypt. Beamter unter → Ptolemaios VI. (181–146) und gewandter Literat; verfaßte außer 37 Büchern ‹Historiai› (d. h. wohl vermischte Lesefrüchte) und einem noch z. T. erhaltenen überaus wertvollen Auszug aus dem Sammelwerk der 158 Staatsverfassungen von → Aristoteles eine Epitomē sowohl der → Biographien des → Hermippos (2) und des → Satyros wie der Philosophengeschichte → Sotions, möglicherweise mit Ergänzungen aus andern Werken. H. mag dem → Peripatos nahegestanden haben, doch ist von eigener philosophischer Haltung und Absicht nichts zu erkennen. O.G.

Lit: H. Bloch, TAPhA 71, 1940, 27–39.

3. **H. Pontikos d. Ä.,** ca. 388–310 v. Chr., Schüler → Platons, von ihm zeitweise mit der Leitung der Akademie

betraut, Kandidat für die Nachfolge → Speusipps. Die Vielseitigkeit seiner Interessen (philosophisch, natur- und literaturwissenschaftlich, ethnologisch) erinnert an den Peripatos (zuweilen wird er als Schüler des → Aristoteles bezeichnet), seine Mythen, Offenbarungs- und Wundergeschichten, in denen Thales, Pythagoras, Empedokles szenisch eingeführt werden und die göttliche Existenz und Providenz beweisen und über das Jenseits usw. aufklären sollen, an die religiös-mystischen Aspekte des Platonismus. Es ist bezeichnend, daß Aristoteles das Erdbeben von Helike durch natürliche Ursachen, H. durch göttlichen Zorn erklärt. Auffallend ist seine Annahme eines eigentümlichen Seelenstoffes, vielleicht ein Gegenstück zu Aristoteles' Äther. Sein Atomismus ist wohl nicht mechanisch. Ob er die geo-heliozentrische Hypothese aufgestellt hat, und wenn so, ob als wissenschaftliche Theorie oder als Mythos, ist strittig. Jedenfalls lehrte er die tägliche Achsendrehung der Erde. Seine Ethik ist antihedonistisch. Spuren seiner Poetik sind vielleicht bei → Horaz vorhanden. Ph.M.

Ed: F.Wehrli, Herakleides, 1953 (Lit).

4. **H. Pontikos d.J.,** Grammatiker, Schüler des → Didymos (1), 1.Jh.n.Chr. Hauptwerk *Λέσχαι*, 3 Bücher in sapphischen Elfsilblern über mythisch-historische und grammatische Dinge. Die Schrift war gelehrt und so dunkel, daß sie kommentiert werden mußte. H.E.

Frg: A.Meineke, Analecta Alexandrina, 1843, 377.

5. **H. von Kyme,** Historiker, 4.Jh.v.Chr., schrieb kurz vor dem Sturz des Perserreichs ‹Persika› in 5 Büchern mit bes. ausführlicher ethnographisch-kulturgeschichtlicher Einleitung. W.Bk.

Frg: FGrHist 689.

6. **H. von Lykien,** Erzpriester; blühte unter Septimius Severus, Professor in Athen (Rivalität mit den Hadrianus-Schülern Apollonios v.Naukratis und Athen); später in Smyrna, wo er sehr angesehen war. H. war von Natur wenig begabt und erarbeitete alles mit Mühe (‹Lob des Ponos›). Lehrer: → Hadrianus, → Chrestos, → Aristokles (3), → Herodes (2) Atticus (?). W.Sp.

Lit: Münscher, RE 8 (1912), 470–472 – Christ-Schmid, II 697 – PIR IV 69 (fehlerhaft).

7. **H. von Tarent,** Arzt um 75 v.Chr., einer der bedeutendsten → Empiriker, der nicht, wie sonst manche seiner Schulgenossen, nur eigene Beobachtungen gelten ließ, sondern auf Vorgängern weiterbaute. Er hat, wie alle Empiriker, unter Vernachlässigung der theoretischen Fächer (Anatomie, Physiologie) Hervorragendes in der Therapie (Diätetik, Pharmakologie) geleistet und war, ebenfalls nach guter empirischer Tradition, auch Hippokrateskommentator (als solcher von Galen benutzt). Von seinen Werken (zu nennen wäre u.a. ein ‹Symposion›, das sein Zeitgenosse → Varro (1) in den ‹Quinquatrus› verspottete) ist nichts erhalten. F.K.

Lit: K.Deichgräber, Die griech. Empirikerschule, 1930.

Herakleitos, der Vorsokratiker → Heraklit.

2. **H.** (Pseudo-H.), Unbekannter, von der Stoa und der pergamenischen Schule (→ Krates (4) v.Mallos) beeinflußter Verfasser homerischer Allegorien (wohl 1.Jh.n.Chr.). Er verteidigt Homer gegen Platon und Epikur und deutet die Göttermythen in Offenbarungen philosophischer Weisheit um (→ Allegorie). H.E.

Ed: F.Oelmann 1910 – *Lit:* K.Reinhardt, RE 8,1 (1912), 508–510.

3. **H. von Halikarnassos,** Epigrammatiker der ion.-alexandrin. Schule (→ Hellenist. Dichtung B 6); ein einziges, aber bedeutendes Grabepigramm erhalten (AP 7,465). Auf H. schrieb → Kallimachos (3) sein Epigr. 2. P.H.

Herakleon, christl. Gnostiker des 2.Jh.s n.Chr., Schüler → Valentins von Alexandrien, neben → Ptolemaios (18) Haupt der italischen Schule der Valentinianer. Fragmente seines Kommentars zum Johannesevangelium sind bei → Origenes erhalten. H.K.

Frg: Völker, 63–86 – *Lit:* W.Foerster, Von Valentin zu H., 1928 – Y.Janssens, Héracléon, Le Muséon (Revue d'Etudes Orientales) 72, 1959, 101–151; 277–299 – RGG III 277 (Lit!) – Vgl. → Valentinus, → Gnosis.

Herakleopolitenzeit, Bezeichnung der Epoche zwischen dem Alten und Mittleren Reich Ägyptens, also 9.–11. Dynastie, da damals Könige aus Herakleopolis (am Ausgang des Fajum) als 9. und 10. Dynastie im Norden des Landes herrschten, während in Theben die 11. Dynastie regierte. In dieser Zeit entstanden bedeutende Literaturwerke wie die → ‹Klagen des Bauern›, das ‹Gespräch des → Lebensmüden mit seiner Seele›, die ‹Ermahnungen eines Propheten› (→ Ipuwer), die ‹Lehre für → Merikare› und die sog. → Sargtexte. W.Hk.

Herakles, beliebtester Heros der Griechen, Prototyp männlicher Kraft, wild und unbeherrscht (daher später oft als Komödienfigur des Kraftmeiers erscheinend, vgl. schon Eur. Alk.), aber auch schaffend und sich mühend (daher von Stoikern und Kynikern als Vorbild hingestellt). Der Name, vielleicht ‹der durch Hera Berühmte›, ist befriedigend nicht zu erklären, jedenfalls aber der eines Menschen, nicht eines Gottes.

[1] Sohn des Zeus und der Argiverin Alkmene, der Gattin des Thebaners → Amphitryon (Sohns des Alkaios, nach dem H. auch Alkeides hieß). Während Amphitryon auf einem Zuge gegen die Taphier weilte, nahm Zeus dessen Gestalt an, um in einer langen, drei Tage währenden Nacht den H. zu zeugen. An dem Tage, an dem Alkmene gebären soll, rühmt Zeus vor den Göttern, daß heute ein Nachkomme des Perseus, gewaltiger als alle anderen Männer, zur Welt komme, dem die Herrschaft über Mykene gehören werde. Die eifersüchtige Hera verzögert die Geburt durch → Eileithyia und die Moiren; zwar vermag diese eine Freundin der Alkmene, Galinthias, durch die falsche Meldung, ein Knabe sei geboren, zu erschrecken, so daß sie den Zauberbann lösen und H. mit seinem Zwillingsbruder Iphikles, einem Sohn des Amphitryon, geboren wird (Ov. met. 9,281 ff.; Anton. Lib. 29); doch war zuvor Eurystheus, Sohn des Sthenelos und, wie Alkmene, Enkel des Perseus, zur Welt gekommen; ihm fiel die Herrschaft zu, und H. wurde ihm botmäßig (Il. 19,95 ff.). Nach der Geburt oder als H. acht Monate alt ist, sendet Hera Schlangen, die das Kind vernichten sollen; H. erwürgt sie. Nach späterer Sage lernt H. Bogenschießen bei → Eurytos, Ringen bei → Autolykos, Fechten bei → Polydeukes. Seinen Musiklehrer, den Thebaner Linos, erschlägt H. im Zorn über eine Zurechtweisung mit der Leier (Diod. 3,67). Amphitryon schickt ihn darauf ins Gebirge, wo er den kithaironischen Löwen erlegt; hier findet die von → Prodikos erfundene Geschichte von H. am Scheidewege zwischen Tugend und Weichlichkeit statt. – H. befreit Theben von der Tributleistung an Orchomenos; → Kreon, der König von Theben, gibt ihm dafür seine Tochter Megara zur Frau; die mit ihr gezeugten Kinder tötet H. zusammen mit zwei Kindern seines Bruders und Schwagers Iphikles in einem von Hera gesandten Wahnsinnsanfall (nach Eur. Her. geschieht dies erst nach den 12 Arbeiten); er wandert mit Iphikles und Likymnios, einem Halbbruder der Alkmene, aus, wird von Thespios, dem Gründer von Thespiai in Böotien, entsühnt und erhält – nach Apollodor – in Delphi den Auftrag, dem Eurystheus von Tiryns 12 Jahre zu dienen. Ein Sohn des Iphikles, → Iolaos, wird sein ständiger Begleiter (Wagenlenker), Freund und Kampfgenosse.

[2] Den Kern der Taten des H. bilden die zwölf, die er im Auftrag des Eurystheus ausführte, der ‹Dodekathlos›, in der Literatur erstmals bei Euripides (Herakl. 348–441) zusammengestellt (vgl. Diod. 4,11–21; Apollod. 2,74–126; Hyg. fab. 30: alle drei mit abweichender Auswahl und Reihenfolge, vgl. U.v.Wilamowitz, Eur. Herakl., I (1895), 55 ff. II (1895), 86 ff., z.St.), ferner schon in der frühklass. Kunst (Metopen von Olympia). Die einzelnen Taten werden teilweise schon früh erwähnt (Ilias, Hesiod, Pindar), die

Reihenfolge kann wechseln, Varianten sind häufig. Gewöhnlich werden zuerst 6 argivische Abenteuer genannt: 1. Den *nemeischen Löwen*, der ein unverwundbares Fell besitzt, drängt H. in eine Höhle und erwürgt ihn dort; das Fell wird Schmuck und Schutz des H., das Haupt dient als Helm (Hes. theog. 326ff.; Bakchyl. 8 (9), 4ff.). – 2. Die *Hydra* im Sumpfe Lerna südlich von Argos, eine neunköpfige Schlange, wird von H. gemeinsam mit Jolaos bekämpft; für jeden abgeschlagenen Schlangenkopf wachsen zwei neue hervor, ein Krebs namens Karkinos behindert die Kämpfer. Er wird zertreten, die Hälse der Hydra mit Feuer ausgebrannt (Hes. theog. 313ff.). – 3. Die (heilige) *Hirschkuh auf dem Berge Keryneia*, die ein goldenes Geweih trägt, wird von H. nach einjähriger Verfolgung lebend gefangen und heimgebracht, dann aber wieder freigelassen (Pind. Ol. 3,26ff. mit Schol. Verg. Aen. 6,801f.). – 4. Die menschenfressenden oder sonst gefährlichen *Vögel am See Stymphalos* in Arkadien werden von H. in der Luft mit seinen Pfeilen erlegt oder mit einer Klapper vertrieben (Paus. 8,22,3ff.). – 5. Der *erymanthische Eber* wird von H. in hohen Schnee getrieben, lebend gefangen und dem Eurystheus gebracht, der sich vor Schreck in einen Pithos verkriecht (Hekat. Frg. 6J.). – 6. Die *Reinigung des Stalles des elischen Königs Augias*, die H. durch Umleiten des Flusses Alpheios vornimmt. – Außerhalb der Peloponnes werden die folgenden drei Taten vollbracht: 7. Der *kretische Stier*, d.h. der → Europa oder → Pasiphaë oder einer, den Poseidon aus dem Meer hatte steigen lassen, dann aber rasend machte, weil Minos ihn nicht opferte, wird von H. lebend gefangen und dem Eurystheus überbracht (bes. Apollod. 2,94f.); – 8. ebenso die menschenfressenden *Rosse des thrakischen Königs Diomedes*, den er ihnen zum Fraß vorwarf (Pind. Fr. 169; Eur. Alk. 482ff.). – 9. Im Kampf gegen die → *Amazonen*, bei dem Sthenelos, Sohn des Aktor, mitzieht, erringt H. den Gürtel der Königin Hippolyte (nach Apollodor, weil Admete, Tochter des Eurystheus, ihn begehrt); Hippolyte fällt im Kampf (Apoll. Rhod. 2,966ff.) – Die letzten drei Abenteuer spielen an mythischen Orten: 10. Der Zug nach Erytheia (Epirus oder Spanien), um die *Rinderherden des Geryoneus* zu holen; H. bezwingt dessen ungeheuren Hund Orth(r)os, den Hirten Eurytion und den dreileibigen Riesen Geryoneus selbst (Hes. theog. 287ff.) und bringt auf langem, mühevollem Weg (s.u.) die Rinder heim. – 11. Die *goldenen Äpfel der Hesperiden*, die von dem Drachen Ladon bewacht werden, erringt H. entweder mit Hilfe des → Atlas, dem er das Himmelsgewölbe abnimmt, oder er pflückt sie, gegen den Drachen kämpfend, selbst, oder sie werden ihm von den Hesperiden gebracht (Eur. Her. 398; Pherekydes bei Schol. Apoll. Rhod. 4,1396). – 12. *Kerberos*, den Hund der Unterwelt, überwältigt H. ohne Waffen, zeigt ihn Eurystheus (Il. 8,362ff.) und bringt ihn wieder zurück.

[3] Im Zusammenhang mit diesen Taten stehen *weitere Abenteuer*: 1. Auf dem Wege zum erymanthischen Eber der Kampf mit den zudringlichen und vom Wein berauschten → *Kentauren* auf der Pholoe, den H. nach der gemeinsamen Bewirtung durch den Kentauren Pholos zu bestehen hat. – 2. Der *Krieg mit Augias*; dieser hatte dem H. den zehnten Teil seiner Herden versprochen, sofern er die Reinigung an einem Tage vollbringe; dann aber verweigert er ihm auf Rat des Lepreos den Lohn und streitet sein Versprechen ab. Phyleus, der Sohn des Augias, zeugt für H. und wird darauf mit diesem aus dem Lande gewiesen. Es kommt zum Krieg, bei dem Eurytos und Kteatos, die Söhne des Aktor und der Molione, gegen H. kämpfen; nach dem schließlichen Sieg tötet H. Augias und Lepreos und macht Phyleus zum König (Pind. Ol. 10,41; Kallim. Fr. 198 und 383). – 3. Die Befreiung der → *Hesione* auf der Rückkehr vom Amazonenkampf. – 4. Die Errichtung der ‹*Säulen des H.*› bei Gibraltar und die *Ozeanfahrt* im Sonnenbecher des Helios, auf den er der brennenden Sonne wegen, oder um den Becher zu bekommen, geschossen hatte, auf dem Wege zu Geryoneus. – 5. Die Tötung des Ägypterkönigs *Busiris*, der ihn wie alle Fremden opfern wollte, der Ringkampf mit dem Meergott → *Nereus*, der sich weigerte, ihm den Weg zu zeigen, die Tötung des Lykaon und die Befreiung des → *Prometheus* auf dem Wege zum Garten der Hesperiden (Hdt. 2,45; Isokr. 11,36; Kallim. Fr. 44). – 6. Die Befreiung des → *Theseus* aus der Unterwelt (Eur. Her. 1170).

[4] Neben diesen und den Taten des Dodekathlos wird über eine große Menge anderer Taten und Abenteuer berichtet, die sich der widerspruchsvollen Überlieferung wegen nicht alle in eine kohärente zeitliche Abfolge bringen lassen; viele dieser Taten sind vorwiegend, manche ausschließlich durch die bildende Kunst überliefert. Wie stets ist Athene die besondere Beschützerin des H. – Nach Vollendung der 12 Taten trennt er sich von Megara, die er mit Iolaos vermählt. In Libyen ringt er mit *Antaios*, dem Sohn der Ge, den er mit den Regeln der griech. Palästra besiegt oder, nach späterer Überlieferung, in der Luft erwürgt, da der Riese durch die Berührung mit der Erde stets neue Kraft empfing (Pind. Isthm. 3,70; Ov. Ibis 391ff.). – *Lityerses*, einen Sohn des Midas, der zum Wettmähen aufzufordern und die Unterlegenen durchzupeitschen pflegte, besiegte er (Script. rer. mirab. graec. 220). – Den Riesen *Alkyoneus* tötet H. im Schlafe, nach anderer Überlieferung in der Schlacht der Götter gegen die Giganten, an der H. in der Nähe des Zeus oder seiner Schutzgöttin Athene teilnimmt (Pind. Nem. 1,67ff.; Isthm. 6,32ff.; Schol. zu Nem. 4,43). Mit Kepheus von Tegea zieht er gegen die lakonischen *Hippokoontiden*; Kepheus verweigert anfangs die Teilnahme aus Furcht, die Argeier könnten Tegea überfallen, aber H. gibt der Tochter des Kepheus als Schutz eine von Athene empfangene Locke vom Haupt der Gorgo in einer ehernen Hydria. H. siegt, aber Kepheus fällt mit seinen Söhnen, ebenso Iphikles (Diod. 4,33). – Ein weiterer Kriegszug gilt dem *König von Ephyra*, der nach der Eroberung seiner Stadt erschlagen wird; mit der Tochter Astyoche erzeugt H. den → Tlepolemos (Il. 2,568). – Als Vater des → *Telephos*, der als Stammvater des pergamenischen Königshauses galt, ist H. wohl erst in später Zeit genannt worden; die Mutter war die Athenepriesterin Auge, die H. beim Waschen auf dem Parthenion überrascht hatte (Paus. 8,4,9). – Als seine weiteren Frauen werden *Deianeira* und *Iole* genannt. Deianeira, die Tochter des → Oineus v. Kalydon, erringt H. nach einem Kampfe mit dem Flußgott → Acheloos, der ältere Rechte geltend machte (Soph. Tr. 9.ff. 555ff.; Ov. met. 9,1ff. 87ff.). Nachdem Deianeira einen Sohn, Hyllos, geboren hat, verläßt H. mit seiner Familie den königlichen Hof, wo er unbeabsichtigt durch eine Ohrfeige den Knaben Eunomos, einen Verwandten, getötet hatte, um zu seinem Freunde Keyx nach Trachis zu ziehen; der Kentaur Nessos trägt dabei Deianeira über einen Fluß, wobei er ihr Gewalt antun will; H. tötet mit seinen Pfeilen (nach anderer, vielleicht älterer Version mit der Keule) Nessos, der vor seinem Tode Deianeira aus Rache überredet, den Chiton ihres Gemahls in sein vergiftetes Blut zu tauchen, um seine eheliche Treue zu erhalten. Am Hof des Eurytos in Oichalia (Thessalien, Euböa oder Messenien) erringt H. durch seinen Sieg im Bogenwettkampf die Königstochter Iole; Eurytos verweigert sie ihm trotz des Versprechens und bezichtigt ihn des Diebstahls seiner Rinder. Um H. zu rechtfertigen, zieht Iphitos, der Sohn des Eurytos, trotz der Warnung des Sehers Polyeidos, gemeinsam mit ihm aus, die Rinder zu suchen, wird aber von dem rasenden H. von einer Mauer gestürzt, wobei er zu Tode kommt. H. muß zur Sühne auf Befehl des delphischen Orakels der lyd. Königin *Omphale* dienen, die ihn in weibischen Kleidern Wolle spinnen läßt, während sie selbst Löwenfell und Keule führt (Soph. Tr. 248ff.). In dieser Zeit fesselt er bei Ephesos die *Kerkopen*, zwei neckische Kobolde, die er aber, durch ihre Witze zum Lachen ge-

bracht, wieder freiläßt (Hdt. 7, 216; MythGr 375). Nach seiner Rückkehr von Omphale bekriegt er, um sich für den Betrug des → *Laomedon* zu rächen, Ilion mit einer Schar von Helden, darunter → Telamon, dem er → Hesione zur Frau gibt (Il. 20, 145 ff. mit Schol.; vgl. Il. 5, 265 ff.; 638 ff.). Darauf vernichtet er in Pylos das Geschlecht des *Neleus*, eines Freundes des erschlagenen Iphitos, der sich geweigert hatte, H. zu entsühnen; nur → Nestor entkommt (Apollod. 2, 142). Dem von den → Lapithen bedrängten thessalischen König *Aigimios* kommt er zu Hilfe, worauf dieser seinen Sohn Hyllos adoptiert. In Trachis kämpft er mit *Kyknos*, dem Sohn des Ares, und tötet ihn; beim Kampf verwundet er Ares. Von Trachis aus bricht er zum Rachezug gegen Eurytos auf, erobert Oichalia, tötet Eurytos mit seinen Söhnen und führt Iole mit sich fort. Deianeira schickt ihm, um seine Liebe wiederzugewinnen, durch Lichas das blutgetränkte Gewand entgegen, welches dem H. so unerträgliche Schmerzen bereitet, daß er vor Zorn den Lichas ins Meer wirft oder an einem Felsen zerschmettert. Deianeira begeht aus Reue Selbstmord. H. läßt sich nach Trachis bringen, vermählt Hyllos mit Iole, geht auf den Berg Oita, errichtet einen Scheiterhaufen und läßt ihn von Philoktet, dem er Bogen und Pfeile übergibt, anzünden. Als die Flammen lodern, fallen Blitze vom Himmel, und H. steigt in einer Wolke zum Olymp, wo er unter die Unsterblichen aufgenommen wird und → Hebe als Gattin erhält (Soph. Tr.). – Weitere Sagen, in denen H. erscheint: → Argonauten; → Admet.

[5] Gestalt und Taten des H. sind seit alter Zeit der bevorzugte Stoff der *bildenden Kunst* gewesen, die sich früher und häufiger als die Literatur mit ihm beschäftigte. Sie stellt ihn durchweg als kräftigen, meist bärtigen Mann mit kurzem Haupthaar dar; bis zum Ende des 6. Jh.s fehlt das Löwenfell, er ist nackt, trägt die Keule oder den Bogen oder beides, manchmal das Schwert. Dann wird das Löwenfell ständiges Attribut, über dem Chiton oder dem nackten Körper getragen. Die spätere klass. Plastik schuf den verklärten H., Lysipp den ausruhenden Dulder (H. Farnese). Die Taten und die Nebenabenteuer sind fast alle auf schwarz- und rotfigurigen, manche schon auf protokorinthischen Vasen dargestellt, wenn auch mit unterschiedlicher Häufigkeit, der Dodekathlos außer in Olympia auf den Metopen des Schatzhauses der Athener in Delphi und des ‹Hephaisticion› in Athen (unvollständig), von den einzelnen Taten ist am häufigsten der Löwenkampf, am seltensten die Reinigung des Augias-Stalles dargestellt; die Hesperiden und die Befreiung des → Theseus erscheinen auf klassischen ‹Dreifigurenreliefs›. – Zu den vor allem aus den bildlichen Darstellungen zu erschließenden Taten gehören der Streit mit Apoll um den Dreifuß von Delphi und der mit Syleus (vgl. aber Eur. Frg. 687 ff. N.), in dessen Weinberg er Zerstörungen angerichtet hatte (Vasenbilder), weiter der Kampf mit dem Zwillingspaar der Molione oder Aktorione (Fibeln) und der mit einem schlangenleibigen Seedämon (Vasenbilder); auf Vasenbildern sehen wir weiter die Begegnung mit Geras, dem personifizierten Alter, der von H. entweder begrüßt oder erschlagen wird, sowie seine nicht näher zu deutende Fahrt auf einem von Kentauren gezogenen Wagen; auf einigen Vasenbildern trägt er den Pluton, eines gibt ihn mit einem alten Weibe ‹Geropso› wieder. Sehr häufig erscheint H. mit anderen Göttern zusammen, neben dem Gigantenkampf auch bei einzelnen seiner Taten, bei denen sie zuschauen oder teilnehmen; oft tritt er auch in handlungsloser Gemeinschaft mit ihnen auf. Wir sehen ihn an dessen Thiasos er teilnimmt. Mehrfach entführen Silene dem schlafenden H. die Waffen. Eine lange Tradition haben die Darstellungen, die ihn flöte- oder, häufiger, kitharaspielend zeigen; er trägt mitunter das Füllhorn oder opfert. Einige Vasenbilder zeigen ihn mit einer Amphora zum Brunnen gehend. Häufiger sind Vasenbilder, die seinen feierlichen Einzug im Olymp zeigen. Auch in der röm. Kunst leben H. und seine Taten weiter fort; Mosaiken (Liria), Wandgemälde (Pompeji), Sarkophage (Velletri) zeigen ihn, entsprechend einer bes. in der Kaiserzeit (Commodus) gepflegten Hinwendung zu H. (→ Hercules). Auch in christl. Zeit lebt er fort (Wandgemälde der → Katakombe Via Latina). H. S.

Q: Ps. Hes. Aspis – Soph. Trach. Eur. Her. – Plaut. Amph. – Apollod. 2, 54 ff. (dieser Quelle ist hier vor allem gefolgt worden) – *Lit:* A. Furtwängler, ML I (1884), 2135–2252 – U. v. Wilamowitz-Moellendorff, Euripides Herakles (1889), 2. Bearb. 1895 – B. Schweitzer, H., 1922 – Brommer, 1–123 – H. Sichtermann, EAA III, 1960, 378 bis 390, s. v. Eracle (Lit) – K. Schauenburg, Der Gürtel der Hippolyte, Philologus 104, 1960, 1–13 – Ders., H. u. Omphale, RhM 103, 1960, 57–76 – Ders., Eine neue Amphora des Andokidesmalers, JdI 76, 1961, 48–71 – Ders., H. unter Göttern, Gymn. 70, 1963, 113–133 – K. Schefold, H., Orpheus u. die Musen, in: *ΘΕΩΡΙΑ*, 1960, 209–215 – Ders., Drei archaische Dichtungen von H., MH 19, 1962, 130–132 – B. Andreae, H. u. Alkyoneus, JdI 77, 1962, 130–210.

Herakliden, die Nachkommen des Herakles, gewannen Bedeutung erst im 7. Jh., als die Dorer unter Pheidon ihren Stamm von Herakles herleiten und so ihren Anspruch auf die Peloponnes mythisch begründen wollten. Nach dem Tode des Herakles sind die H., die als sehr zahlreich angegeben werden, vor Eurystheus (→ Herakles) nicht sicher, sie ziehen erst nach Trachis, dann nach Athen und Marathon; unter → Theseus und → Hyllos bekriegen sie Eurystheus und siegen, da Makaria, die Tochter des Herakles und der Deianeira, sich freiwillig opfert (Eur. Heraklid.; Diod. 4, 57 f.). Eurystheus wird erschlagen (bei Eur. gefangen und von Alkmene getötet). Dennoch schlägt die Einwanderung zum Unglück aus, und die H. kehren nach Marathon zurück. Ein Orakel befiehlt, die dritte Frucht abzuwarten, bis ein neuer Vorstoß gewagt werden könne; Hyllos glaubt, es seien drei Jahre gemeint, zieht nach dieser Frist erneut in die Peloponnes, wird jedoch von Echemos, einem Verbündeten des Atreus, des Nachfolgers des Eurystheus, im Zweikampf getötet (Hdt. 9, 26; Paus. 1, 41, 3). Trotz des vorher gegebenen Versprechens, bei ungünstigem Ausgange des Zweikampfes nicht vor 50 Jahren zurückzukehren, wiederholen die H. ihre Züge, die sich jetzt gegen Teisamenos, den Sohn des peloponnesischen Herrschers Orest, richten; sie werden zurückgeschlagen, Kleodaios und Aristomachos, Sohn und Enkel des Hyllos, kommen um. Erst Aristomachos' Söhne Temenos, Aristodemos und Kresphontes werden vom Orakel aufgeklärt, es habe drei Generationen gemeint. Es rät nun, als Anführer einen Dreiäugigen zu wählen; die H. begegnen dem Ätolerkönig Oxylos, der einäugig auf einem Maultier reitet, und ziehen unter seiner Führung gegen Teisamenos, der getötet wird (Polyb. 2, 41, 4; Apollod. 2, 171–176; Strab. 8, 357; Paus. 2, 38, 1; 7, 1, 7). Das Land wird durch das Los aufgeteilt: Temenos, Kresphontes und die beiden Söhne des inzwischen verstorbenen Aristodemos Prokles und Eurysthenes sollen einen Stein in ein mit Wasser gefülltes Gefäß werfen; dem zuerst gezogenen Steinlos soll Argos, dem zweiten Lakedaimon, dem dritten Messenien zugesprochen werden. Kresphontes wirft eine Erdscholle ins Wasser, die sich auflöst, und erhält durch diesen Betrug Messene, während Argos dem Temenos zufällt (Paus. 2, 18, 6 u. ö.; Apollodor, a. O.). Kresphontes heiratet Merope, die Tochter des arkadischen Königs Kypselos, wird dann ermordet, und Polyphontes übernimmt die Herrschaft; er zwingt Merope zur Heirat, diese rettet jedoch ihren Sohn Aipytos zur Rache nach Arkadien (Paus. 4, 3, 6 u. ö.; Apollod., a. O.; Hyg. fab. 137. 184, wohl nach Euripides' ‹Kresphontes›). Zu all dem steht die wohl ältere Sage von der Adoptierung des Hyllos durch → Aigimios und die Aufteilung des Landes unter dessen Söhne und Hyllos in Widerspruch. – Auch Thessalien kam unter die Herrschaft der H. Sie hatten ein Orakel erhalten, wonach derjenige, der als erster den Acheloos überschritte, Thessalien beherrschen würde. Polykleia läßt sich von ihrem Bruder Aiatos über den Fluß tragen, da sie sich angeblich am Fuß verletzt habe, macht sich dann aber frei und erreicht als erste das andere Ufer. Um nicht auf die Herrschaft verzichten zu müssen, heiratet Aiatos seine Schwester, und beide zeugen den Thessalos, nach dem das Land genannt wird (Polyain. 8,44). Nach anderer Überlieferung ist Thessalos Sohn des Herakles und der Chalkiope auf Kos; er zieht mit gegen Troja. Seine Söhne gelangen nach der Rückkehr des Vaters nach Epirus, ihre Nachkommen erobern unter einem jüngeren Thessalos das Land, das nach ihrem Ahn benannt wird. – Auch die maked. Könige nannten sich H. und behaupteten, von Pheidon abzustammen, und zwar direkt von Archelaos, Sohn des Temenos (Hyg. fab. 219; vgl. Hdt. 8,137ff.); dieser war, von seinen Brüdern vertrieben, nach Makedonien gelangt, wo er vom König Kisseus zunächst gastlich aufgenommen wurde. Später trachtete ihm dieser jedoch nach dem Leben, was Archelaos erfuhr, der nun seinerseits den König tötete. Er floh, folgte dabei einer Ziege und gründete an einem sicheren Ort Aigai. – Durch die Auswanderung des → Tlepolemos nach Rhodos, der in Argos versehentlich den Likymnios getötet hatte, wurde auch diese Insel mit den H. verbunden, ebenso Kos als Heimat des Thessalos. Auch die korinthischen Adligen, die die Herrschaft der Kypseliden gestürzt hatten, führten sich auf Herakles zurück, indem sie den Herakliden Hippotes als Vater ihres Ahnherrn Aletes nannten. Das lydische Königshaus bezeichnete Agelaos, den Sohn des Herakles und der Omphale (Apollod. 2,165), als ihren Ahn oder leitete eine ältere Herrscherdynastie, die erst durch Gyges gestürzt wurde, von einem Sohn des Herakles und einer Sklavin ab (vgl. Hdt. 1,7). Als Stammvater der Attaliden von Pergamon wird → Telephos, der Sohn des Herakles und der Auge, genannt (Nikandr. p. 1 S.; EpigrGr 1035; Paus. 5,13,3). – Den H.-Sagen liegen zum größten Teil Versuche zugrunde, politische Ansprüche geltend zu machen. H.S.

Lit: G. Vitalis, Die Entwicklung der Sage von der Rückkehr der H., untersucht im Zusammenhang mit der politischen Gesch. des Peloponnes bis auf den ersten messen. Krieg, Diss. Greifswald 1930 – A. Andrewes, Ephoros Book I and the kings of Argos, ClQ 45, 1951, 39–45.

2. **H.** (auch Tyloniden), altlyd. Fürstengeschlecht, das Anfang des 7. Jh.s v. Chr. mit dem Sturz des → Sadyattes I. (Kandaules) durch → Gyges die Herrschaft an die → Mermnaden verliert. → Lydien [1]. P.Hom.

Lit: Tamborino, RE 8, 1 (1912), 445 – O. Seel, Herakliden und Mermnaden, in: Navicula Chilonensis, Festschr. F. Jacoby, 1956, 37–65 – G. M. A. Hanfmann, Sardis und Lydien, 1960, 15–18.

Heraklit von Ephesos, ca. 550–480, eine bis heute rätselhafte Gestalt, die schon die Antike nicht sicher einzuordnen wußte (→ Vorsokratiker). Seine Lehre hat er bewußt unsystematisch aphoristisch in hieratisch dunklem Stile vorgetragen (daher H. ‹der Dunkle›). Zu diesem Stile gehört auch seine offene Verachtung der Menschen, denen er einfältigen Aberglauben, Hängen an viehischer Lust und Unverständnis für die Wahrheit vorwirft; sein Hohn richtet sich aber auch gegen → Homer, → Hesiod, → Pythagoras (1) und die ältere ionische Naturphilosophie, deren Spekulationen er demonstrativ beiseite schiebt. – Seine Lehre verkündet den ‹Logos›, als den er sowohl sein Buch wie auch den Sinn des Weltganzen versteht (Fr. 1); der Logos kann auch das Gesetz bezeichnen, nach dem sich alles vollzieht (Fr. 114): es ist der Krieg, den H. in der Natur in zahllosen Gegensätzlichkeiten erkennt (Fr. 53), und bes. im Rhythmus des Weltwerdens; immer wieder entfaltet sich der Kosmos aus dem ursprünglichen Feuer (das H. sogar ‹vernunftbegabt› nennt) und wird wieder in dieses verschlungen (Fr. 30, 31). H. scheint diese Rückverwandlung der Welt in Feuer geradezu als ein Gericht über die Einsichtslosen beschrieben zu haben (Fr. 63, 64). Die Gottheit manifestiert sich in den kosmischen Gegensätzen (Fr. 67). Ihr gegenüber ist der Mensch ‹töricht wie ein Kind› und ‹häßlich wie ein Affe› (Fr. 79, 83). Eigentümlich ist die Lehre, daß die Gestirne wie die Seele des Menschen sich von Ausdünstungen ernähren, die zu den Gestirnen aus Meer und Flüssen, zur Seele aus dem Strome des Blutes aufsteigen (Fr. 12). Berühmt ist der gegen die ionische Welterforschung gerichtete Satz: «Ich erforschte mich selbst» (Fr. 101); viel zitiert und schwer deutbar: «Seine Eigenart ist dem Menschen sein Daimon» (Fr. 119). Den Satz: «Man kann nicht zweimal in denselben Fluß steigen» (Fr. 49a) hat → Kratylos unter Einfluß des → Parmenides ausgedeutet zu der These, die ganze Sinneswelt befinde sich in ununterbrochenem Fluß. Diese These hat stark auf Platon gewirkt (‹Alles fließt›, πάντα ῥεῖ. Krat. 402 A, Theait. 182 C u. a.). – Während Aristoteles mit H. nichts anzufangen wußte, haben die → Stoiker (bes. → Kleanthes, 2) systematisch auf ihn zurückgegriffen und eine Reihe seiner Lehren übernommen. Auffallendes Interesse hat H. schließlich bei den Christen → Hippolytos (2) v. Rom und Clemens (2) Alexandrinus gefunden, denen wir nahezu ein Drittel seiner Fragmente verdanken. – Die Romantik des 19. Jh.s hat H. hochgeschätzt, freilich oft arg mißverstanden. – Vgl. → Vorsokratiker. O.G.

Frg: VS I 139–190 – *Lit:* O. Gigon, Unters. zu H., 1935 – G. S. Kirk, H., The Cosmic Fragments, 1954 – *Bildnisse* → Anhang I.

Herculaneum, 79 n. Chr. durch Schlammassen des Vesuvausbruchs zugeschwemmtes, seit Anf. 18. Jh. wieder ausgegrabenes kampanisch-röm. Städtchen am Golf von Neapel (Kt. 1420 F 7). Geringe Reste aus samnitischer Zeit, seit 307 römisch, im → Bundesgenossenkrieg (3) abgefallen und 89 von T. Didius (1) eingenommen (Vell. 2,18). Bald darauf Municipalverfassung. Ähnlicher Stadtplan wie das griech. → Neapolis mit Insulae, die voneinander rechtwinklig kreuzenden Decumani und Cardines gebildet werden (vgl. → Stadt II A). Die vorsullanische Stadtmauer im S später als Terrasse in die vornehmen Häuser am Meer einbezogen. An öffentlichen Bauten vorläufig ausgegraben nur das Theater aus der frühen Kaiserzeit, von dessen → Szenafrons die jetzt in Dresden befindlichen Herculanerinnen stammen, weiter zwei Thermenanlagen, die eine beim Forum, die andere sehr bedeutende erst in den letzten 20 Jahren der Stadt vor den Mauern angelegt und mit Stuckreliefs geschmückt, sowie eine monumentale Palaestra. Die sog. Basilika, eine jetzt wieder verschüttete große Porticus, aus der die schönsten Wandmalereien von H., Theseus und Minotaurus, Herkules und Telephos, Achill und Chiron stammen, ist möglicherweise als die Curia des Ordo Decurionum anzusehen. Bestimmend für das Stadtbild mit seinen engen Straßen, den überhöhten Gehsteigen, den vorkragenden, bisweilen von Säulen getragenen Balkonen, sind die im allgemeinen vorzüglich erhaltenen Privathäuser, deren zur Straßenfront liegende Räume seltener als in Pompeji und Ostia als Tabernae dienten. Die → Häuser vertreten sowohl den Typus der Domus mit tuskanischem Atrium in verschiedenen, durch die Enge des Raums im Stadtzentrum bedingten Varianten als auch vor allem im Süden den einer Villa Marina ähnlichen Typus großer Peristylhäuser, die sich mit Sonnenterrassen zum Meer hin öffnen. Vor der Stadt lagen berühmte Villen wie die sog. der Pisonen, die eine Fülle von Bronzebildwerken und eine ganze Bibliothek von Papyrusrollen barg. Bedeutsam ist H., dessen Entdeckung im 18. Jh. den Anstoß zu der archäologischen Ausgrabungstätigkeit neuerer Zeit gab, nicht nur durch die Masse der hier gefundenen Kunstwerke, sondern durch die in den reich ausgemalten Häusern z. T. erhaltenen Inneneinrichtungen, Mobiliar aus Holz und allen möglichen Hausrat. Berühmt eine allerdings nicht einwandfrei gedeutete christliche Kapelle mit Spuren eines in die Wand eingelassenen Kreuzes. Insgesamt besitzt H. wegen der Art seiner Verschüttung noch mehr als → Pompeji den Charakter einer mitten aus dem Leben heraus konservierten Stadt. B.A.

Q: Strab. 5,246f.; Sis. Frg. 53 – *Lit:* A. Maiuri, Ercolano, 1958 – Ders., EAA III, 1960, 395ff. – E. Kusch, H., 1960.

Hercules, lat. Name des → Herakles. [1] Obschon den Etruskern seit dem 6. Jh. unter dem Namen Hercle bekannt, scheint er Rom von Großgriechenland her (Kroton, Lokroi, Poseidonia) erreicht zu haben; Vermittler waren zwei Gruppen: griech. Kaufleute, die ein Heraklesheiligtum bei der porta Trigemina am Tiberufer außerhalb des Pomeriums besaßen; dann die ‹lateinische› *gens* der Potitii, die sich den Helden für ihren Privatkult vorbehalten hatte und ihn auf einem Altar (Ara Maxima) auf dem Forum boarium, innerhalb des Pomeriums, verehrte. Die ‹Verstaatlichung› des Gottes geschah in zwei Schritten: beim ersten Göttermahl von 399 sitzt er neben Diana am Tisch; i. J. 312 wurde der Große Altar vom Censor Appius → Claudius (6) Caecus in den öffentlichen Kult einbezogen (Liv. 9, 29, 9–11), H. wurde an der Ara Maxima nach griech. Ritus durch morgendliches Stieropfer und abendliches Mahl verehrt; man opferte mit unbedecktem Haupt (entgegen dem röm. Ritus); man trug Lorbeerkränze; Sklaven, Frauen und Hunde waren ausgeschlossen wie in manchen griech. Heraklekulten, andere Gottheiten durften nicht genannt werden (Verg. Aen. 8, 102ff., 268ff.; Plut. qu. Rom. 90). Viele öffentliche oder private Heiligtümer bezeugen die Beliebtheit des H.-Kultes in Rom: Tempel des H. Magnus Custos (‹Beschützer›), vor 218 v. Chr. auf Weisung der → Sibyllinischen Bücher am Circus Flaminius errichtet (vgl. Liv. 21, 62, 9); der Tempel beim Circus Flaminius, den M. → Fulvius (4) Nobilior i. J. 189 nach der Einnahme von Ambrakia erbauen ließ (Serv. Aen. 1, 8; Liv. 38, 35, 4); das nach der Zerstörung von Korinth i. J. 146 von L. Mummius erbaute Heiligtum auf dem Caelius (CIL I^2 626); Aedes Herculis Pompeiani beim Circus Maximus (Plin. nat. 34, 57) und Aedes Aemiliana (Liv. 10, 23, 3); berühmt der Altar an der Porta Trigemina (Via Ostiense: Macr. Sat. 3, 6, 10). – H. war in Rom der Beschützer der Kaufleute während ihrer Reisen; sie weihten ihm den Zehnten ihrer Gewinne; oft brachten ihm die Feldherrn – u. a. → Mummius – den Zehnten der Kriegsbeute. Der militärische Aspekt des röm. H. entwickelte sich unter dem Einfluß des sabin. H. von Tibur. Er war der Sieger (H. Victor), der Unbezwingliche (H. Invictus), als solchem wurden ihm die Opfer des 12./13. August gebracht. Der vor Unheil schützende Halbgott Herakles latinisierte sich so immer mehr und wurde ein Siegesgott. H. LeB.

Lit: J. Bayet, Les origines de l'Hercule romain, 1926 – J. Carcopino, Aspects mystiques de la Rome païenne, 1941, 176–206 – A. Piganiol, Les origines d'H., in: Hommages à A. Grenier, Latomus 58, 1962, 1261–64.

[2] *Weitere Ausbreitung.* Von Rom aus verbreitete sich der Kult über Latium (Tibur, Praeneste, Lanuvium, Ostia, Tusculum), weiter in die übrigen Provinzen, wo er häufig Züge fremdländischer Gottheiten erhielt; berühmt der Kult in Gades (Cadiz), wo H. mit dem phönizischen Melqart verbunden wurde und einen großen Tempel erhielt. Verbreitet auch bei Germanen und Kelten.

[3] *Sage.* H. ist der griech. → Herakles in röm. Umformung. Versuche, Namen od. Gestalt aus alten ital. Quellen zu erklären, vielfach im Anschluß an vereinzelte antike Behauptungen (Prop. 4, 9, 71) unternommen, sind unhaltbar. Die Sagen vom Zuge des Herakles durch Italien und seine dortigen Abenteuer kamen der Übertragung entgegen, einer der Ausgangspunkte wohl Cumae (Gigantenkampf, Geryoneus). Direkte Verbindung mit altitalischer Religion durch die Sage von *Cacus* (Verg. Aen. 8, 190): dieser, ein Sohn des Volcanus, halbtierisches, feuerschnaubendes, menschenmordendes Ungeheuer, haust in einer Höhle am Aventin. Als H. mit der Rinderherde des Geryoneus am Tiber rastet, stiehlt Cacus acht Rinder und schleift sie, um die Spuren zu verwischen, in seine Höhle. Sie verraten sich durch Brüllen. H. dringt, da der Eingang mit einem Felsen verschlossen ist, von oben her ein und tötet Cacus. Die Bewohner feiern H. als Befreier und bewahren auf der Ara Maxima sein Andenken. Cacus gehört der altröm. Religion an, doch ist außer dem Namen nichts überliefert; seine Verbindung mit H. also wohl späte Erfindung (Verg.?) zur Erklärung des Kultes. Die Taten des griech. Herakles werden, mit geringen Varianten, auch dem H. zugeschrieben; daneben trägt er besondere Züge, wohl in Angleichung an ältere italische Gottheiten: chthonische, sepulkrale, fruchtbarkeitsbringende, solche des Verkehrs, Handelns und Gewinnens, des kriegerischen Kämpfens und Siegens.

[4] Die *Darstellungen* sind meist denen des griech. Herakles angeglichen; man hat Etruskisches herangezogen, um eigene italische Züge zu finden: H., der hier Herkle heißt, tritt mit turan, menrva und uni (Aphrodite, Athena, Hera) auf, als Geliebter oder Gatte; mit uni kämpft er, tritt vereint mit ihr auf, saugt als Erwachsener an ihrer Brust (Spiegel, Kandelaberbasis aus Perugia); in röm. Zeit nichts mehr davon erhalten. Darstellungen der Cacus-Sage sehr selten. Erhaltene Nachwirkungen von Kultbildern: Relief, Malerei in Ostia, Relief mit H. Musarum aus Flavia Solva. H. S.

Lit: H. Sichtermann, EAA III, 1960, 388–390 (Lit) – D. van Berchem, Hercule Melqart à l'Ara maxima, Rend. Pont. Acc. 32, 1959/1960, 61–68 – Zur röm. Auffassung: Schefold, VP 90f.; 121.

Herd. [1] Der H. als Zentrum des indogerm. Hauses steht bei den Völkern des Altertums stets im Mittelpunkt der in der Familie verrichteten Kulthandlungen. Bei den *Griechen* besitzen daher auch größere Verbände (Geschlechter, Städte, Gemeinden usw.) einen gemeinsamen H. – Oft suchen Schutzflehende (*ἱκέται*) einen Herd als Zufluchtsort auf (z. B. Hom. Od. 7, 153 f.; Thuk. 1, 136; Plut. Them. 24; mehrfach bei den Tragikern), Schuldbeladene können an ihm Entsühnung finden (z. B. Aischyl. Eum. 280ff.). Vgl. → Altar, → Hestia. K.-H. R.

[2] Auch den *Römern* gilt der H. an sich als heilige Stätte; das Feuer, das dort brennt, «wird als göttlich angesehen; aber es ist mehr als zweifelhaft, ob es ursprünglich unter dem Schutz der → Vesta stand; wie die Geburtssagen des → Caeculus in Praeneste, des → Romulus und des → Servius (2) Tullius in Rom beweisen, wohnt ihm eine zeugende Kraft inne» (J. Bayet). Die Texte teilen den H. bald den → Laren, bald den → Penaten zu. Cato (agr. 143, 2) schreibt vor, der Herd sei an den Kalenden, Nonen, Iden (→ Kalender) und Festtagen mit Blumen zu schmücken, doch weiß man nicht, ob die Gabe dem H. selbst oder dem Lar familiaris dargebracht wird. H. Le B.

Lit: J. Bayet, Histoire politique et psychologique de la religion romaine, 1957, 63.

Herennius → Rhetorik an Herennius; H. Dexippos → Dexippos.

2. **H. Modestinus,** Schüler → Ulpians (Dig. 47, 2, 52, 20); zwischen 224 (Krüger, 226) und 244 praefectus vigilum in Rom (CIL VI 266); Rechtslehrer des Sohnes des → Maximinus (2) Thrax. In Cod. 3, 42, 5 (anno 239) tritt er als Respondent auf. H.' offensichtlich reiche Respondiertätigkeit hat in 19 Büchern Responsa ihren Niederschlag gefunden. Im übrigen sind seine Werke mehr Handbücher für Unterricht und Praxis als Kommentare (Krüger, a. O. 253). Im einzelnen werden 12 Bücher Pandekten, 10 Bücher Regulae und 9 Bücher Differentiae erwähnt. Von den Einzelschriften ist besonders das Werk De excusationibus (ursprüngl. griech.) bedeutsam gewesen. In seinen Auffassungen stützt H. sich weitgehend auf Ulpian und → Paulus (2), die als *κορυφαῖοι τῶν νομικῶν* bezeichnet werden (Dig. 27, 1, 13, 2). H. Hb.

Lit: O. Karlowa, Röm. Rechtsgesch. I, 1885, 752f. – P. Krüger, Gesch. d. Quellen u. Lit. d. röm. Rechts (1888), 1912^2, 253f. – H. F. Jolowicz, Historical Introd. to the Study of Rom. Law, 1952, 403 – W. Kunkel, Herkunft u. soz. Stellung d. röm. Juristen, 1952, 259 bis 261 – L. Wenger, Die Quellen d. röm. Rechts, 1953, 521f. – F. Schulz, Gesch. d. röm. Rechtswissenschaft, 1961, 320–324.

3. **H. Senecio,** Spanier aus der Baetica (Plin. epist. 7, 33, 5), unter Domitian als Advokat tätig. Auf Bitten der

Fannia verfaßte er eine → Biographie des Stoikers → Helvidius Priscus (Dio Cass. 67, 13, 2; Tac. Agr. 2, 1). Er wurde deshalb angeklagt, und Domitian ließ ihn Ende 93 töten (Tac. Agr. 45, 1). Die Schrift wurde öffentlich verbrannt. Fannia rettete einige Exemplare (Plin. epist. 7, 19, 6f.). R. Hl.

Herillos von Chalkedon, → Stoiker, Schüler des → Zenon (3) v. Kition, verließ zusammen mit → Ariston (2) v. Chios die Stoa; setzte gegen die Schullehre die Wissenschaft als Lebensziel an. M. S.

Frg: SVF I 91–93.

Herkulanerin, Bezeichnung zweier (‹große› und ‹kleine› H.) oft kopierter Statuentypen, von denen Kopien in → Herculaneum gefunden worden sind (heute in Dresden: H. 1,95 m und 1,70 m). Die wohl schon im Original eine Gruppe bildenden Figuren (Mutter und Tochter?) sind um 320 v. Chr. zu datieren. E. Bg.

Lit: Lippold, GrPl 242, Taf. 86, 1 u. 2.

Herkynischer Wald (Hercynia silva; Caes. Gall. 6, 25 f. u. a.), antiker Sammelbegriff für die Mittelgebirge nördl. der Donau und östl. des Rheines vom Schwarzwald (→ Abnoba mons) bis zu den Karpaten (s. auch → Teutoburger Wald). L. B.-H.

Hermagoras von Temnos (kleinasiat. Äolis), um die Mitte des 2. Jh.s v. Chr., Rhetor von bedeutender Nachwirkung. Vgl. → Stasislehre, → Rhetorik B [8. 10], → Hermogenes (2) v. Tarsos. C [4]. H. H.

Q. u. Frg: D. Matthes, BT, 1962 – *Lit:* Kennedy, Persuasion, 303 bis 321 – D. Matthes, H. v. T. 1904–55, Lustrum 3, 1959, 58–214.

2. **H. d. J.,** Rhetor aus der Mitte des 2. Jh.s n. Chr., schrieb wie H. d. Ä. über die → Stasislehre. H. H.

Lit: L. Radermacher, RE 8, 1 (1912), 696 – K. Barwick, Philologus 108, 1964, 93 f.

Hermannsche Brücke, die von Gottfried Hermann beobachtete Erscheinung, daß Wortende (→ Prosodie) im daktylischen Hexameter zwischen den Kürzen des 4. Daktylus entweder selten (so bei Homer) oder nie vorkommt (so bei den alten Elegikern, Kallimachos, Nonnos). B. Sn.

Lit: P. Maas, Greek Metre, § 87 f.; 91.

Hermaphrodit (griech. Hermaphroditos), ein vermutlich erst im Hellenismus (Diod. 4, 6 und später) aus dem Orient übernommenes zweigeschlechtliches göttliches Mischwesen. In späteren Sagen gilt H. auf Grund seines (von einem hellenistischen Dichter erfundenen?) Namens als Sproß des → Hermes und der → Aphrodite. K.-H. R.

Darstellungen: Der eigentliche H. ist erst von spätklass. Zeit an im Denkmälerbestand nachweisbar (zu älteren androgynen Wesen E. Bielefeld, in: Festschr. A. Rumpf, 1952, 18–21), u. a. in der hellenist. und röm. Kunst ein geläufiges Motiv. Der H. ist stets jugendlich, meist unbekleidet oder mit einem um die Beine geschlungenen Gewand versehen. Von → Priapos übernimmt er das Motiv des Gewandanhebens (Lippold, GrPl 313. 327; A. Ballu, Musée de Timgad, 1903, 34 f. zu Taf. 13: Mosaik. NSc 1947, 148: Terrakottastatuette). Nur selten ist der H. geflügelt (A. Ippel, 97. BWPr 1937, 12 Abb. 7: Bronzekanne, Neapel). Die weibliche Komponente nimmt im Verlauf der Entwicklung zu. Trägt er phryg. Gewand, ist auch an Attis in weibischer Gestalt zu denken (vgl. Enc. Phot. II, 1936, 230 B: Tonstatuette. R. Calza, MemPontAcc 6, 1943, 221 f.). Oft trägt er als einziges Gewandstück ein Kopftuch; so zeigt ihn eine um 350 entstandene Statue (Lippold, GrPl 225 Anm. 10). Im 3. Jh. entstanden ein tanzender und ein sein Gesäß betrachtender H. (Lippold, GrPl 331; F. Braemer, L'Art dans l'Occident Romain, 1963, Taf. 32; W. Fuchs, Die Vorbilder der neuatt. Reliefs, 1959, 157). Aus Pergamon ein stehender H. in Istanbul (Lippold, GrPl Taf. 126, 1). Fast völlig bekleidet ein H. aus Kos (A. Laurenzi, ASAA 33/34, 1955/56, 112 f. Abb. 103a–b). Bes. verbreitet und raffiniert Kopien des auf dem Bauch liegenden H. (Lippold, GrPl, Taf. 130, 1 f.; A. Laurenzi, a. O. 113 Abb. 104). Selten der auf dem Rücken liegende H. (V. Spinazzola, Pompei alla Luce d. Scavi Nuovi, 1953, 416, Abb. 478. 657, Anm. 32). Sehr beliebt auch die Gruppe Satyr-H. (Lippold, GrPl Taf. 113, 1; D. Levi, Antioch Mosaic Pavements, 1947, 183 f. Vgl. auch J. Toynbee, The Hadrianic School, 1934, Taf. 56; R. Pagenstecher, Die calenische Reliefkeramik, 1909, 37 f.; H. Küthmann, MüJbKw 1958/59, 428: Gemme; Sotheby Sale Cat. 24. 2. 64, 109: völlig abweichende Gruppierung). Vereinzelt auch als Lampenständer (F. Chamoux, BCH 74, 1950, 79 mit Abb. 8; vgl. W. Fuchs, Der Schiffsfund von Mahdia, 1963, Taf. 13). Bekannt auch das Relief Colonna (Ch. Picard in Mél. G. Maspero, 1934, 321). Ferner sind zu nennen Tonstatuetten (G. Kleiner, Tanagrafiguren, 1942, 53; H. Mussche, BCH 85, 1961, 197; E. Paul, Antike Welt aus Ton, 1959, Taf. 67, 239 f.), Gemmen (z. B. G. Pesce, RIA 5, 1937, 62 f. zu 11; Paste in Nymwegen, mehrere in Berlin u. London) sowie Wandgemälde (Schefold, VP 170–173). Seltsam eine derbe Karikatur (C. Watzinger, AM 26, 1901, 327 Abb. 19, Ton). Für den H. im dionysischen Bereich vgl. Lehmann-Hartleben-Olsen, Dionysiac Sarcophagi in Baltimore, 1942, 34 f.; R. Turcan, MEFR 70, 1958, 288 f.). Manche sog. H. dürften weibische Eroten sein (A. Levi, Le Terrecotte Figurate nel Museo Nazionale di Napoli, 1926, Abb. 49 s. 135 f.). Vom 4. Jh. an wurden Eroten und auch Dionysos oft mit weibischen Formen versehen (Versuch, dies aus orphischer Lehre zu begründen, bei G. Schneider-Herrmann, BAntBeschav. 38, 1963, 92–97) – *Lit. dazu:* P. Marconi, Bull. Com. 54, 1927, 3–33 – Jessen, RE 8 (1913), 719–721 – M. Delcourt, H., 1958. K. Schb.

Hermarchos von Mytilene, ca. 325–250, Schüler und Freund → Epikurs, zählte zu den vier geistigen Vätern (καθηγεμόνες) der Schule der → Epikureer. Er hörte Epikur bereits in Mytilene, siedelte mit ihm nach Athen über und wurde von ihm testamentarisch zum Erben seiner Bibliothek und Nachfolger in der Schulleitung bestimmt. H. vertrat die Lehre Epikurs polemisch in folgenden Werken: (1) ‹Gegen Platon›, (2) ‹Gegen Aristoteles›, (3) ‹Epistolika über Empedokles› (22 Bücher; kenntliche Themen: Erörterung des menschlichen Urzustandes, der Seelenwanderung, der Religion), (4) ‹Über die Einzelwissenschaften› (Erörterung ihres Nutzens für das praktische Leben, basierend auf dem Lehrbrief an Theopheides). W. L.

Frg: K. Krohn, 1921 – Bildnisse → Anhang I.

Hermas, einer der → Apostolischen Väter; schrieb eine apokalyptische Bußmahnung, die wegen der Hirtengestalt des Bußengels ‹Der Hirt› heißt (vis. 5, 1, 7; vgl. ‹Poimandres› als Titel eines hermetischen Buches). Ursprünglich umfaßte das Werk ein Buch mit Kirchenvisionen (vis. 1–4) und eines mit Hirtenoffenbarungen (vis. 5–sim. 10), die vereint wurden (sim. 9, 1, 2); man teilte es nachher in 5 visiones, 12 mandata und 10 similitudines ein. Auf 125 zu datieren, weil vermutlich → Clemens (1) v. Rom erwähnt (vis. 2, 4, 3) und eine mit dem 125 erlassenen Reskript Hadrians zusammenhängende Verfolgung vorausgesetzt wird (sim. 9, 28, 4); galt Irenaeus und Origenes als kanonisch. Der Verfasser muß älter als der spätere röm. Bischof Pius I., angeblich sein Bruder, gewesen sein (gegen Kanon Muratori, der apostolischen Ursprung ablehnt und deswegen ein ganz spätes Datum angibt). – Überlieferung: griech. Text auf einer Athos-Hs. des 15. Jh.s, deren erstes Viertel von Cod. Sinaiticus ergänzt wird, deren verlorenes Schlußblatt aber durch Übersetzungen ersetzt werden muß. B. R.

Ed: → Apostolische Väter – Ferner: M. Whittaker, Der Hirt des H., 1956 – *Übers. u. Komm:* M. Dibelius, HbNT, Erg. bd IV, 1923 – *Lit:* H. Lietzmann, RE 8, 1 (1912), 722–755 – LThK V 255 f. – H. Opitz, Der Hl. Geist nach den Auffassungen der röm. Gem. bis ca. 150, 1960, 52–123. 136–149 – S. Giet, H. et les pasteurs, 1963.

Herme, Bezeichnung für ein Kultmal, das aus einem vierkantigen Schaft mit seitlichen Armstümpfen, männl. Glied und bärtigem Kopf besteht und an Bezirksgrenzen, Kreuzungen von Wegen, an Eingängen und auch am Grab stand und (oft auch als Urkundenträger verwandt) bis in hellenistische Zeit hinein der Darstellung einer ganz bestimmten Seite des Gottes Hermes vorbehalten war. Als Kunstform wohl eine Schöpfung → Hipparchs; seit der Klassik Körper-H.n und H.n dionys. oder aphrodis. Wesen, seit der Römerzeit Porträt-H.n. Vgl. → Porträt, → Alkamenes, → Sokrates (3), → Boethos III, → Hermes (Darstellungen). E. Bg.

Lit: R. Lullies, Die Typen der griech. H., 1931 – Ders., WJb 1949/50, 126–139 – L. Curtius, Zeus und Hermes, RM Erg. H. 1, 1931, 48–82, Taf. 1–22 – J. F. Crome, AM 60/61, 1935/36, 300 – P. Mingazzini, EAA III, 1960, 420 f. (s. v. Erma).

[2] *Hermenfrevel.* Im Juni 415 v. Chr., kurz vor der Ausfahrt der athen. Flotte nach Sizilien, wurden die pfeilerartigen Hermesbüsten an den Straßen Athens verstümmelt. Die Untersuchung des Vorfalls, der zunächst als Anschlag gegen die bestehende Ordnung angesehen wurde,

blieb weitgehend ergebnislos. Folgenreich wurde die dabei gegen → Alkibiades erhobene Beschuldigung, er habe die eleusinischen Mysterien parodiert. F. Kch.

Hermeias, bithynischer Abstammung, seit 350 v. Chr. Tyrann von → Atarneus und Assos im Nordwesten Kleinasiens, Platoniker, Freund des → Aristoteles und → Xenokrates (3), die er beide nach Platons Tod (347) bei sich aufnahm. Aristoteles blieb ca. drei Jahre bis zu seiner Übersiedlung an den Hof → Philipps II. v. Makedonien dort und heiratete später H.' Adoptivtochter. H. schloß 342 (?) ein Bündnis mit Philipp II., wodurch jener einen Brückenkopf in Asien erhielt. 342/341 (?) nahm der pers. Feldherr → Mentor (2) H. gefangen und brachte ihn zum Großkönig, der ihn hinrichten ließ. E. Bn.

Lit: D. E. W. Wormell, The Literary Tradition Concerning H. of A., YClS 5, 1935, 57–92 – M. Sordi, La cronol. delle vittorie persiane..., Kokalos 5, 1959, 107–118.

2. **H.,** sonst unbekannter christl. Autor einer ‹Verspottung heidnischer Philosophen› (Ende 3. Jh.?) ohne ernstlichen Willen zur Auseinandersetzung und eigene Sachkenntnis. C. A.

Ed: DoxGr 651 ff. – *Lit:* Altaner, 109.

Hermes (auch Hermeias, Hermaios), griech. Gott.

[1] *Alter.* H. ist bereits auf Pylos-Täfelchen bezeugt; für das hohe Alter und die weite Verbreitung seiner Verehrung bei den Griechen zeugen außerdem mehrere altertümliche und nicht sicher deutbare Beinamen, z. B. *Eriunios, Sokos, Diaktoros* (‹Geleiter› der Wanderer?), → *Argeïphontes* (erst dieser unverstandene Beiname hat die Sage vom ‹Argostöter› entstehen lassen) u. a.

[2] *Die Wesenszüge und Funktionen des H.* sind so zahlreich, daß es schwierig ist, seinen Wesenskern zu erfassen. Als einer der populärsten griech. Götter hat er im Laufe von Jahrhunderten manche ihm ursprünglich fremden Züge angenommen; manche wieder sind in Literatur und Kunst zeitweilig einseitig herausgehoben worden und andere dagegen zurückgetreten. 1. Wahrscheinlich hängt der Name H. etymologisch mit den ‹Steinhaufen› (ἕρμακες, ἕρματα, ἑρμαῖοι λόφοι) zusammen, die nach einer alten, nicht nur griech. Sitte dadurch entstehen, daß jeder Vorübergehende einen Stein darauf wirft: Wegzeichen, Grenzmarken (manchmal auch über Gräbern). Auf ihre Spitze setzte man gern einen aufgerichteten Stein oder eine ‹Herme›, einen vierkantigen, sich nach unten verjüngenden Pfeiler mit Menschenkopf und → Phallos. Der Gott H. ist vermutlich aus dem → Dämon entstanden, der solchen Steinhaufen innewohnt, ursprünglich nicht unbedingt anthropomorph (vgl. → Steinkult). Hier liegt offenbar auch der Ursprung für die sog. *Hermen*, die in geschichtlicher Zeit bei den Griechen in großer Zahl an Straßen und vor Häusern *(H. Propylaios)* standen (zum Schutz gegen Eindringen von Schaden, vgl. → Apotropaion). – 2. H. ist daher der Gott, der die Wanderer und Hirten auf ihren Wegen durch das ‹friedlose Draußen› schützt und geleitet (alte Kultbeinamen aus diesem Bereich z. B. *Hodios, Pompaios, Hegetor*, vielleicht auch *Diaktoros*). – In der Dichtung ist er durch → Homer zum Götterboten und Wegführer in höherem Auftrag geworden, hier nimmt er also eine dienende Stellung ein und handelt nicht aus eigenem Antrieb. Er wirkt nicht mit Gewalt *(Akaketa)*, sondern durch freundlichen Zuspruch, oft auch durch List oder Zauber; er kann plötzlich erscheinen und verschwinden. Sein Stab ist ursprünglich ein Zauberstab (vgl. Il. 24, 343 f.; Od. 5, 47 f.), ehe er als ‹Heroldsstab› *(Kerykeion)* aufgefaßt wird und neben Hut und Flügelschuhen zu den Attributen des Götterboten gehört. – Bei Homer geleitet H. auch die Seelen Verstorbener in die Unterwelt (vgl. Od. 24, 99 f.; Beiname *Psychopompos*, ‹Seelengeleiter›). Im Kult ist H. in dieser Funktion mit dem Totenfest bei den → Anthesterien verbunden; vgl. auch seinen Beinamen *Chthonios*. – 3. Zu den ältesten und sicher ursprünglichsten Wesenszügen des H. gehört seine Verbundenheit mit dem Gedeihen der Viehherden *(H. Nomios, Epimelios;* in der Kunst: *H. Kriophoros*, der ‹widdertragende› → Gute Hirt) und deren Vermehrung (vgl. Hes. theog. 444 ff.) und Fruchtbarkeit (die Hermen sind ja stets phallostragend). – 4. Auch wer in unredlicher Weise seine Herde zu vermehren suchte, sah in H. seinen Schutzherrn, und so sind selbst List und Betrug dem Gotte nicht fremd (vgl. hymn. Hom. Hermes, wo er als Meisterdieb geschildert wird). Die Kaufleute dankten ihm glückliche Fahrt und Gewinn, ganz gleich, wie er erworben war (einen unerwarteten Gewinn oder glücklichen Fund nannte man *Hermaion*). – 5. Seit der klass. Zeit stellte man sich den flinken Götterboten jugendlich, oft geradezu sportlich gewandt und elegant vor und betrachtete ihn als den besonderen Schutzgott der Jugend, der → Gymnasien und → Palästren. Außerdem konnte er im Sinne der von Homer geprägten Gestalt (z. B. Od. 5) in der Spätzeit als Beschützer der Beredsamkeit angesehen werden *(H. Logios*, z. B. Lukian, apol. 2; nicht-griech. Einflüsse s. u.). – 6. → *H. Trismegistos* (der ‹dreimalgrößte›) ist die spätantike griech. Benennung des ägypt. Gottes → Thoth (*Θεύθ, Θωύθ, Θώθ*), der bei den Griechen schon früh bekannt gewesen sein muß (vgl. Plat. Phaidr. 274 C ff. und Phileb. 18 B). In der griech. Überlieferung trägt dieser die Züge eines Künders geheimer Weisheiten (auch des Zaubers) und Stifters der Wissenschaften, des göttlichen Schreibers und klugen Erfinders (vgl. Diod. 1, 16, 1; 1, 27, 4), so daß eine Gleichsetzung mit H. nahelag (→ Interpretatio Graeca; vgl. schon Hdt. 2, 67; und später Cic. nat. deor. 3, 56). Die Einwirkung ägypt. Vorstellungen im → Synkretismus der hellenist. Zeit bewirkte eine Erhöhung des H., so daß er in der spätantiken → Gnosis als Trismegistos zum mystischen Allgott werden konnte (→ Poimandres; → Mystik).

[3] *Die Verbreitung des H.-Kultes.* H. zählte seit ältester Zeit zu den populärsten Göttern Griechenlands (Wilamowitz, a. O. 159, hält ihn für einen ‹urhellenischen und rein hellenischen Gott›). Zeugnisse seines Kultes besitzen wir aus ganz Griechenland (Übersicht bei Eitrem, a. O.); doch fällt auf, daß Tempel und große Feste des H. verhältnismäßig selten sind, da seine Verehrung – ähnlich wie bei den → Nymphen, die im Mythos gern mit ihm verbunden erscheinen (z. B. schon Od. 14, 435) – offenbar mehr in kleinen, ländlichen Kulten erfolgte. Zahlreich dagegen sind von H. hergeleitete Personen- und Monatsnamen. Seine besonders engen Beziehungen zu Arkadien im Kult und Mythos (z. B. seine Geburt am Berge Kyllene) machen es wahrscheinlich, daß dieses Hirtenland ein altes Zentrum, vielleicht das Ursprungsland seines Kultes ist. K.-H. R.

Lit: Eitrem, RE 8, 1 (1912), 738–792 (bzw. 823) – L. Radermacher, Der homer. H.-Hymnus, 1931 – U. v. Wilamowitz, Der Glaube der Hellenen I, 1931 (Nachdr. 1959), 159–168 – Nilsson, I 501–510 – K. Kerényi, H., der Seelenführer, 1944 – A. J. Festugière, La révélation d'Hermès Trismégiste, 1944–1954.

[4] Im *Mythos* ist H. der Sohn des Zeus und der Maia, der Tochter des Atlas. Nach dem volkstümlich-humorvollen homerischen Hymnos ist er schon von Geburt an ein geschickter Schelm. Verläßt, kaum geboren, die Höhle der Maia, tötet eine Schildkröte und macht die erste Leier aus ihr, auf der er mittags schon spielt. Stiehlt dann Apollon 50 Kühe und treibt sie, um die Spur zu verwischen, scheinbar rückwärts. Morgens liegt er wieder in seiner Wiege, als der zürnende Apollon kommt. Vor Zeus geschleppt, hält er eine freche Rede, stiehlt während der Verhandlung (Hor. carm. 1, 10, 12) Bogen und Köcher Apollons, besänftigt ihn aber mit der Leier. Dafür erhält er das Kerykeion (d. i. den Heroldsstab; vgl. auch Ant. Lib. 23; Apollod. 3, 112 ff.). Während über sterbliche Geliebte wenig verlautet, ist H. (wie im Kult zuweilen auch) mit → Aphrodite verbunden, woraus → Hermaphroditos, der durch seine Vereinigung mit der Quellnymphe Salmakis zu dem nach ihm benannten zweigeschlechtlichen Lebewesen wird (Ov. met. 4, 285 ff.), und nach manchen auch → Priapos hervorgehen.

Ferner ist er Vater des Meisterdiebes → Autolykos, des Eurytos, Abderos, → Kephalos u.a. Durch seine Funktion als Götterbote und Überbringer göttlicher Waffen oder Geräte ist H. in viele Sagen verwickelt, vgl. bes. → Phrixos, → Perseus, → Odysseus, → Herakles, → Ino (H. tötet ihren Bewacher → Argos Panoptes); H. bringt auch den → Dionysosknaben vor Hera in Sicherheit. L.H.

Darstellungen: Kennzeichnende *Attribute* des H. sind die Flügelschuhe (Yaluris, BCH 77, 1953, 293–321), sein Heroldsstab, das ‹Kerykeion› (C F. de Waele, The Magic Staff, 1927; Crome, AM 63/64, 1938/39, 117–126) sowie der mitunter geflügelte Hut (A. Greifenhagen, Antike Kunstwerke, 1960, Taf. 39). Bis ins 5. Jh. ist H. meist bärtig, später häufig bartlos. In der Kaiserzeit oft mit dem Geldbeutel versehen und mit Hahn und Schildkröte verbunden. In archaischer Zeit trägt er meist langes Gewand (Françoisvase, Furtwängler-Reichhold, Taf. 2) oder kurzen → Chiton, später vorwiegend die → Chlamys. Manchmal ist er dann auch völlig unbekleidet. Zum geflügelten H. vgl. K. Schauenburg, Gymn. 70, 1963, 114f. – Frühe Darstellungen bieten im späten 7. Jh. eine melische Amphora (Yaluris, a.O. 295, Abb. 2): H. mit einer Frau, und ein Berliner frühatt. Krater mit der Flucht des Perseus (CVA Berlin 1, Taf. 47, S. 36). – Die frühesten Belege für Wiedergabe in Form der → *Herme* führen ins späte 6. Jh. zurück; die Vorgeschichte bleibt umstritten (Lullies, WüJbb. 4, 1949/50, 126–139). Berühmteste Hermesherme die des → Alkamenes (zuletzt: Bousquet, BCH 80, 1956, 567–573; Lippold, GrPl 186). Eigentümlich das xoanonartige Idol auf Münzen von Ainos (P. Lacroix, Les reproductions de statues sur les monnaies grecques, 1949, 44–48). – Häufig erscheint H. als Führer der Göttinnen beim *Parisurteil* (schon auf der → Chigikanne um 640; vgl. Ch. Clairmont, Das Parisurteil in der antiken Kunst, 1951, passim), dann in der → *Gigantomachie* (F. Vian, La guerre des géants, 1952, passim), bei der *Athenageburt* (Brommer, JbRGZMus. Mainz 8, 1961, 66ff.), bei der *Lösung* → *Hektors* (Schauenburg, BJbb 161, 1961, 224f., Taf. 46) und in zahlreichen weiteren Mythen. – Episoden seiner *Jugend* (Rinderdiebstahl) auf mehreren Vasen des 6. und 5. Jh.s (Yaluris, Ephem. 1953/54 [58], 162–184). – Sehr oft auf *Weihreliefs*, vor allem den Nymphenreliefs (R. Feubel, Die att. Nymphenreliefs, 1935). Einige Vasen zeigen H. beim Kreiselspiel (Minto, Mon. Ant. 30, 1925, 685). – Oft auch, bis in die Kaiserzeit, als *Totengeleiter* (Weißgrundige Lekythen; Reliefs: Lippold, GrPl, Taf. 74, 2: Orpheusrelief. Zu H. im Hades vgl. auch K. Schauenburg, JdI 73, 1958, 62–64). – Enge Beziehungen zum → *Thiasos* sind auch ikonographisch nachweisbar. – Sehr oft erscheint H. als Führer eines Gespanns. – Alter und Herleitung des *Kriophoros*motivs, das bis in die christl. Kunst reicht (→ Guter Hirte), noch umstritten (Klauser, JAC 1, 1958, 20ff.). – *Statuen:* Vielleicht ist schon ein Koloß aus Thasos (um 600) auf H. zu deuten. Außer zahlreichen Bronzestatuetten sind an großplastischen Werken bes. zu nennen: Polykletischer H. *Boboli* (Lippold, GrPl 165); H. *Ludovisi* (R. Paribeni, Mus. Naz. Rom. Sculture Greche d. 5. Sec., 1953, 26, 28); H. *Farnese*, von Andros (Lippold, GrPl 275, Taf. 96, 4); H. *des Praxiteles*, wohl im Original erhalten (Lippold, GrPl 241f., Taf. 84, 2). – Sonderform des H., mit Mysterien verbunden, der *H. Kadmilos* (Schauenburg, Helios, 57 Anm. 155). – *Lit:* H. Sichtermann, EAA IV, 1961, 2–10 – K. Schauenburg, AuA 10, 1961, 83. K. Schb.

Hermes Trismegistos, durch das → Corpus (2) Hermeticum spätestens im 1. Jh. n. Chr. eingeführter griech. Name des ägypt. Gottes → Thoth, der als Gott der Schrift und der Zahlen und Bücher galt. Die Gleichung zwischen → Hermes (Logios) und Thoth wird schon durch Platon (Phaidr. 274 DE) nahegelegt. Doch erst im Späthellenismus wird H. im Mythos Verfasser theolog. Offenbarungsreden. O.G.

Hermesianax, von Kolophon, Dichter, geb. um 300 vor Chr., Schüler des → Philitas. Aus dem elegischen Sammelgedicht (vgl. → Hellenist. Dichtung B 1) ‹Leontion› (nach der Geliebten benannt und ihr gewidmet) in 3 Büchern besitzen wir Auszüge u.a. durch → Parthenios. Erzählt werden Liebesgeschichten unglücklichen Ausgangs (Liebe zwischen Geschwistern, ungleichem Stand, Feinden) zumeist aus dem Mythos, aber wohl auch aus der Geschichte (Verrat der Kroisos-Tochter Nanis, vgl. Parth. 22). Aus dem 3. Buch hat Athenaios ein langes Stück wörtlich zitiert (13, 597B), einen Katalog von Dichtern und Philosophen, die in Liebe verstrickt waren. Die Reihe beginnt mit Orpheus und führt über Hesiod und Homer bis zu Sokrates und Aristippos. Jeweils wird eine Beziehung zwischen Liebe und Werk behauptet (teils kecke Konstruktionen: Hesiod liebte Ehöe, herausgelesen aus dem Anfang ἢ οἵη, ‹oder welche...›, von dessen Katalogen; Homer liebte Penelope; Sokrates Aspasia). Funktion undurchsichtig: möglicherweise eine Liste von Ahnherren seines eigenen Tuns (Liebe zu Leontion). Den konstruierten Liebesbeziehungen eignet kein überzeugender Humor (Ironie fehlt völlig); Absicht von Täuschung unerweislich. Bei dem elegischen Gedicht des H. handelt es sich wohl um eine von der eigenen Person (vielleicht mit Ausnahme des Athenaios-Fragments) ganz absehende ‹objektive› Liebesdichtung, wie auch schon bei → Antimachos (1). – Die Geschichte von Nanis wird von Schol. Nic. Ther. 3 vielleicht in ein Werk ‹Persische Geschichten› des H. verwiesen, das sonst unbezeugt ist. P.H.

Frg: Coll. Alex. 96.

Herminos, → Peripatetiker, 2. H. 2. Jh. n. Chr., Schüler des → Aspasios (1), Lehrer → Alexanders (15) v. Aphrodisias. Mehrere Fragmente seines Kommentars zu Aristoteles' ‹Kategorien› bei Simplikios (CAG VIII). H. kommentierte ferner De interpretatione, Analytica priora, Topica und vielleicht De caelo. Er hielt die immanente Himmelsseele, nicht den unbewegten Beweger, für die Ursache der Ewigkeit der Himmelsbewegung. P.M.

Hermione, Tochter des → Menelaos und der → Helena, von Menelaos vor Troja dem → Neptolemos versprochen, der sie nach Kriegsende ehelicht (Hom. Od. 4, 4ff.). Nach Sophokles' ‹H.› (verloren; vgl. TGF p. 176f. N.) während der Abwesenheit des Menelaos von Tyndareos mit → Orest vermählt. Diesen muß sie nach Rückkehr des Vaters, der sie dem Neoptolemos zusprach, verlassen, kehrt jedoch nach Neoptolemos' Tod zu Orest zurück. Nach Euripides (vgl. Andr. 966–984) von Menelaos zunächst dem Orest verlobt, dann dem Neoptolemos versprochen, den sie heiraten muß. Orest läßt Neoptolemos ermorden und raubt H., die ihm einen Sohn, Teisamenos, schenkt. H.E.

Hermippos, von Athen. Dichter der alten → Komödie (I B), siegte an den Lenäen spätestens 429, an den Dionysien spätestens 427; führte 40 Stücke auf, elf Titel bekannt; griff Politiker, bes. → Perikles, heftig an, neben den Komödien auch in → Jamben. Th.G.

Frg: FAttCom I 284–311 – Jamben: Anth. Lyr.³ I 3, 64f.

2. **H.,** → Peripatetiker, um 200 v. Chr., aus Smyrna, in Alexandria lebend, → Kallimachos (3) nahestehend (Kallimacheer›), neben → Satyros letzter Vertreter der großen hellenist. → Biographie (A 2); Einfluß weit über die sicheren Zitate hinaus, bes. auf → Plutarch und → Diogenes Laertios. Seine Biographien bauen auf auf dem reichen Material der alexandrin. Bibliothek und sind charakterisiert durch: Fülle an Tatsachen, Bemühen um sinnvolle Verknüpfung von Schicksalen und Leistungen, Vorliebe für dramatische und ausgefallene Versionen und abgelegene (nicht immer vertrauenerweckende) Gewährsmänner. Was an Titeln verläßlich überliefert ist, zeigt den Interessenkreis des kulturphilosophisch orientierten Peripatetikers: Biographien der alten Gesetzgeber, der Sieben Weisen, des Pythagoras und Aristoteles und ihrer Schüler, des Gorgias und Isokrates und dessen Schüler. O.G.

Frg: FHG III 159–166 (unvollständig).

3. **H. von Berytos,** Schüler → Philons (3) v. Byblos, → Buntschriftsteller. ‹Über die durch Bildung berühmten Sklaven›, oft benutzt; ‹Traumbuch›, 5 Bücher (s. Tert. anim.); ‹Über die Hebdomade›. W.Sp.

Frg: FHG III 35.51ff. – *Lit:* Schmid-Stählin II 2, 868.

Hermodoros von Syrakus, Schüler und Biograph → Platons, den er irgendwie auf Zoroaster bezog, einer der Herausgeber von Platons Vortrag oder Vorträgen über ‹Das Gute›. Seine monistische Seinslehre, die der Materie den Rang eines Urprinzips abspricht, bedient sich der Kategorien des Absoluten und Relativen, der Eins und des Mehr-und-Minder, die z.T. an → Aristoteles gemahnen. Ph.M.

Übers: A.-J. Festugière, La révélation d'Hermès Trismégiste IV, 1954 (Lit).

2. **H. von Salamis,** griech. Architekt, in Rom nach der Mitte des 2. Jh.s v. Chr. tätig; Erbauer der ersten Marmor-

tempel (für Jupiter Stator, 146 v. Chr., Juno und Mars), des → Circus Flaminius (138 v. Chr.) und der Navalia auf dem Marsfeld. C.K.

Q: Vitr. 3,2,5; Vell. 1,11,5; Nep. frg. 13; Cic. de orat. 1.62 – *Lit:* E. Fabricius, RE 8,1 (1913), 861 f. – G. Richter, Three Critical Periods, 1951, 39 – M. B. Marzani, EAA IV, 1961, 11.

Hermogenes, vermutlich aus Priene, führender Architekt des Hellenismus, erbaute den Dionysos-Tempel von → Teos (Peripteros von 6 × 11 Säulen, mit sehr weiten → Intercolumnien. Verhältnis von Säule zu Zwischenraum etwa 1:2¼, von H. ‹eustyl› benannt, Gebälk mit att. Fries und ion. Zahnschnitt, Datierung strittig: vor 192 oder 2. H. 2. Jh.) und als sein Hauptwerk das Artemision von → Magnesia (Pseudodipteros von 8 × 15 Säulen, Datierung strittig: 1. oder 2. H. 2. Jh.; vgl. → Architektur I H), an dem sich die hellenist. Tendenz zu räumlicher Erweiterung der Ringhalle und des Pronaos mit akademisch durchdachter Proportionierung verbindet. Auf H.' theoretischer Schrift über diese beiden Werke, die schon auf die Zeitgenossen große Wirkung ausübten, fußt Vitruvs Beschreibung der ion. Ordnung, weshalb H.' Nachwirkung über die röm. → Architektur (II) bis in die Renaissance reicht. G. Gb.

Lit: E. Fabricius, RE 8,1 (1912), 879–881 – M. Schede, in: Thieme-Becker, Künstlerlexikon, 1923, s. v. H. – A. v. Gerkan, Der Altar des Artemistempels in Magnesia a. M., 1929 – W. B. Dinsmoor, The Architecture of Ancient Greece (1902), 1950³, 273 ff.

2. **H.,** von Tarsos in Kilikien, Ende des 2. Jh.s n. Chr., in seiner Jugend als rhetorisches Wunderkind verhätschelt, später, als er nicht mehr öffentlich auftrat, als Sophist und Redelehrer geschätzt, von stärkster Nachwirkung bis in byzantin. Zeit. Seine zumeist verlorenen rhetor. Schriften beherrschten lange den Schulbetrieb und wurden viel kommentiert, wodurch sie uns noch greifbar sind. Ausgangspunkt seines Systems ist die Stillehre. Die unter H.' Namen überlieferten und erhaltenen → Progymnasmata sind schwerlich von ihm verfaßt, stammen aber wohl etwa aus seiner Zeit. Vgl. → Stasislehre, → Ideenlehre, → Rhetorik B [10]. H.H.

Ed: H. Rabe, BT, 1913 – *Lit:* L. Radermacher, RE 8,1 (1912), 865 bis 877 – D. Matthes, Lustrum 3, 1959, 102 ff. (Stasislehre).

Hermokles von Kyzikos, Dichter, erwies in seinen Hymnen auf → Antigonos I. und → Demetrios (1) Poliorketes (336–283) und einem Prozessionslied auf Demetrios' Rückkehr aus Kerkyra diesen Fürsten kultische Ehren. Vgl. → Hellenistische Dichtung B [5]; → Herrscherkult. P.H.

Frg: Coll. Alex. 173 – Anth. Lyr.² II 6, 104.

Hermokrates, Syrakusaner, Führer der oligarchischen Partei; spielte eine führende Rolle beim Kongreß von Gela (424 v. Chr.), wo er zur Einigung aller Sikelioten aufrief; während der Sizilischen Expedition (415–413; → Pelop. Krieg) nahm er an der erfolgreichen Verteidigung von Syrakus maßgebend teil. Er wurde dann zur Unterstützung Spartas mit einer Flotte in die Ägäis entsandt und zeichnete sich vor der kleinasiatischen Küste aus. Aber nach der schweren Niederlage von Kyzikos (410) wurde er von der demokratischen Opposition seines Amtes enthoben und verbannt; er flüchtete zum Satrapen Pharnabazos und setzte mit persischem Geld seine Rückkehr nach Syrakus durch, wo → Diokles (5) an der Macht war. Diokles wurde verbannt (409/408), H. selbst kam 408/407 bei einem Straßenkampf ums Leben. → Dionysios I. heiratete seine Tochter (406/405). R.V.C.

Lit: H. D. Westlake, H. the Syracusan, Bull. J. Ryl. Libr. 41, 1958, 239–268.

Hermolaos, Page → Alexanders (5) d. Gr. Für ein kleines Vergehen gepeitscht, zettelte er 327 in Baktrien eine Verschwörung gegen den König an, die jedoch entdeckt wurde; H. und die Mitverschworenen wurden hingerichtet. → Kallisthenes. E.Bd.

Hermonax, att. Vasenmaler des streng-rotfigurigen Stils, tätig im 2. Viertel des 5. Jh.s, Schüler des → Berliner Malers (→ Vasen E 5). Im Gegensatz zu jenem verteilt er die Figuren dicht und parataktisch über das Gefäß. Dem entspricht ein gleichförmiger Gewandstil von beruhigter Faltengebung. Aufgeweckter Ausdruck zeichnet dagegen seine Köpfe aus. – *Werke:* → Pelike mit Versammlung vor der Sphinx, Wien 3728 (signiert; Pfuhl, Abb. 517); Stamnos mit Philoktet, Louvre G 413 (Pfuhl, Abb. 490). – Signiert sind vier weitere Peliken und vier Stamnoi. Zugeschrieben Peliken, Hydrien, Halsamphoren, Kannen, Lekythen, Schalen u. a. m. I. Sch.

Lit: M. Pallottino, Studi sull'arte di H., Atti d. R. Accad. d'Italia, Mem. Ser. 7, Vol. 1, 1, 1940 – F. P. Johnson, The Career of H., AJA 51, 1947, 233–247 – N. Weill, Un cratère d'H., BCH 86, 1962, 64–94 – Beazley, ARV² 483–492.

Hermotimos von Kolophon, → Mathematiker, 4. Jh. v. Chr., setzte die Arbeiten von → Eudoxos (1) und → Theaitetos (1) fort. Nur aus dem → Mathematikerverzeichnis bekannt. H.G.

Hermunduren, german. Stamm, Teil der → Sueben, um Chr. Geb. an der mittleren Elbe, in der Kaiserzeit weiter südl. bis zur oberen Donau, gingen seit dem 4. Jh. wahrscheinlich in den Thüringern auf. L.B.-H.

Lit: s. zu → Germanen.

Hermupolis (magna), Stadt in Mittelägypten (Kt. 29 B 5), alter Name *Ḫmnw* (daher jetzt Aschmunein), oder *Wnw*, einst Hauptstadt des 15. oberägypt. Gaues. Hier wurde der ibis- oder paviansgestaltige → Thot verehrt zusammen mit einer → Achtheit von Urgöttern, die Schlangen- bzw. Froschgestalt hatten. W. Hk.

Herniker, zu den → sabellischen Kleinstämmen gerechneter ital. Volksstamm im Tal des Trerus (Sacco) und dem im O anschließenden Bergland, der heutigen Ciociaria und den Monti Ernici (Kt. 1420 F6). Die im 4. Jh. mit mächtigen Polygonalmauern befestigten Hauptorte Anagnia, Aletrium, Ferentinum, Verulae, Signia bildeten einen dem latinischen ähnlichen Bund und schlossen sich wahrscheinlich 358 v. Chr. an Rom an. Außer Anagnia und Frusino, die nach einem Aufstand 306 civitates sine suffragio wurden, blieben die H. bis zum → Bundesgenossenkrieg ein mit Rom föderierter Staat und erhielten dann röm. Bürgerrecht. B.A.

Lit: Nissen, I 515; II 647 ff. – Devoto 127, 292 ff.

Hero und Leander, berühmtes Liebespaar: L. ein Jüngling aus Abydos, H. Priesterin der Aphrodite in Sestos. L. besucht H. jede Nacht, indem er beim Durchschwimmen des Hellesponts der von H. aufgestellten Leuchte folgt. Als ein Sturm einmal das Licht löscht, ertrinkt L., worauf H. sich vom Turm stürzt. Ov. her. 17 f. und → Musaios behandelten den Stoff.

Darstellungen: Das Paar erscheint auf Lampen (Agora Excavations IV 779), Münzen von Abydos, Mosaiken und Reliefs (Gauckler, Mém. de la Soc. des Antiquaires de France 63, 1904, 180–187; EA 1038; Inv. Mos., Tunisie, Nr. 18), Kontorniaten (A. Alföldi, Die Kontorniaten, 1943, 110, 55) und Wandgemälden (Schefold, WP, passim; VP 155 f., Taf. 154, 1). – *Lit. dazu:* C. Caprino, Leandro, EAA IV, 1961, 515–517. K. Schb.

Herodas (Herondas), Dichter von → Mimiamben, 3. Jh. (aus Kos?). Bekannt durch Gedichte auf Papyrus, publiziert ab 1891, in der Hauptsache ‹städtische Mimen› (→ Hellenist. Dichtung B 3). 1. ‹*Die Kupplerin*›: Die Kupplerin Gyllis besucht Metriche, deren Gatte verreist ist, um sie zur Freundschaft mit einem jungen Athleten zu überreden. Treffliche Charakteristik der Alten (Alltags-Philosophie, Beschreibung Alexandrias!) und der standhaften, energischen Metriche. – 2. ‹*Der Bordellwirt*›: Gerichtsrede des Bordellwirts Battaros, bei dem der reiche Thales nächtlicherweile einbrach. Nicht etwa Parodie der attischen Kunstrede, wohl aber köstlich ausgeprägtes Zeugnis origineller, verschlagener Zungenfertigkeit. Auf Kos spielend. Einblick in Probleme der Fremden-Gerichtsbarkeit. Eine gewisse Ähnlichkeit der Charaktere mit denen der Neuen → Komödie ist festzustellen, aber keine Abhängigkeit. –

3. ‹*Der Schulmeister*›: Züchtigung des ungebärdigen Jungen Kottalos durch den Lehrer Lampriskos. – 4. ‹*Die Frauen im Asklepiostempel*›: Kokkale und Kynno besuchen den Asklepiostempel auf Kos und betrachten die ausgestellten Kunstwerke, bes. ein Gemälde des Apelles. Verschiedenheit der Temperamente in ihrer Äußerung beim Kunstgenuß: geschwätzige Begeisterung der Kokkale, klare Sachkenntnis der Kynno, in deren Urteil eine cholerische Natur durchbricht. Die Begeisterung für den Maler Apelles liegt innerhalb des Charakters der Frauen, bindet aber nicht H. – 5. ‹*Die Eifersüchtige*›: Bitinna entdeckt die Treulosigkeit ihres Sklaven-Geliebten Gastron, will ihn bestrafen, läßt sich aber endlich umstimmen. – 6. ‹*Die beiden Freundinnen oder Die vertrauliche Unterhaltung*›: Metro und Koritto im Gespräch über intimste Dinge. – 7. ‹*Der Schuster*›: Beim eleganten Schuhmacher Kerdon erscheint Metro mit zwei Kundinnen. Porträt eines Mannes erfolgreicher Geschäfte: von gewandtester Höflichkeit zu den Kundinnen, grob zum Personal. – 8. ‹*Der Traum*›: Der sehr fragmentarische Erhaltungszustand dieses Mimiambos, der für die Person des H. von besonderer Bedeutung ist, erlaubt keine sicheren Schlüsse. Ein Landmann (wohl H. selbst) erzählt von einem Traum: Eine Ziege wird von Hirten geopfert, indem sie in Stücke zerrissen wird. Aus dem Fell wird ein Weinschlauch hergestellt und als Preis beim ländlichen Spiel ausgesetzt. Der Erzähler gewinnt den Preis, aber ein alter Mann macht ihn ihm streitig. Ein Schiedsrichter teilt ihn endlich zwischen dem Alten und dem Erzähler. Entschlüsselt, scheint die Zerreißung des Tiers die zerstörende Kritik der Rivalen an H.' Dichtung zu bedeuten, der Alte scheint →Hipponax, das Vorbild des H., zu sein, der Schiedsrichter →Ptolemaios II. – Gegenüber den Mimen des →Theokrit sind die ebenfalls höchst lebensnahen Mimiamben des H. durch größere Neigung zur Darbietung des Derben und Intimen gekennzeichnet. Dem Eindruck, daß es sich bei H. um naturalistische Dichtung (in unserem modernen Sinne) handle, muß die Form entgegengehalten werden: der Hinkiambus des →Hipponax (der den ionischen Dialekt nach sich zieht). P.H.

Ed: O. Crusius (1892), 1914⁵ – *Übers:* R. Herzog (nach O. Crusius, 1893), 1926² – B. Snell, Dichtung u. Gesellschaft, 1965, 189–194.

Herodes. [1] *H. d. Gr.*, 37–4 v. Chr., entstammt einer einflußreichen, vielleicht altjüd. Familie Idumäas. Sein Großvater Antipas war unter Jannai (103–76) Gouverneur von Idumäa, und sein Vater Antipater stützte in den Thronstreitigkeiten nach Alexandras Tod i. J. 67 Hyrkanos II. (63–40). Als Caesar letzteren zum Hohenpriester und Ethnarchen ernannte, erhielt Antipater das römische Bürgerrecht und die Prokuratur über Judäa. Er ernannte alsbald seine Söhne Phasael und H. zu Strategen von Judäa-Peräa, bzw. Galiläa. In den anschließenden inneren Kämpfen fielen zwar Antipater und Phasael, aber H., von Rom gestützt, besiegte den letzten, von den Parthern gestützten Hasmonäer Antigonos (40–37) und bestieg als rex socius den Thron. – Die Herrschaft des H. unterschied sich grundlegend von dem bisherigen Priesterfürstentum: Sie war profan, nicht sakral fundiert (→Judentum B 5). Demgemäß hat H. bei seinem Regierungsantritt das Synedrion in Jerusalem beseitigt, die sadduzäisch-hasmonäisch eingestellten Kreise unterdrückt und die Hasmonäer systematisch ausgerottet. Das H.-Bild ist zwar durch den Haß, den sein hartes Regiment auslöste, getrübt, gleichwohl hat er seinem Lande Frieden, verbunden mit wirtschaftlicher Blüte und erfolgreicher Außenpolitik, gebracht. Ohne Übersteuerung hat er es städtebaulich modernisiert; Jerusalem erhielt unter genauester Einhaltung des Sakralrechts einen neuen Tempel, die Burg Antonia und ein Theater. In seiner Heimat sorgte er für Hebron und das Heiligtum von Mamre; Samaria baute er als Sebaste und Stratonsturm als →Caesarea auf. Obwohl er sich als Jude selbst für die →Diaspora einsetzte, gelang es ihm andererseits nicht, den jüdischen Partikularismus von innen her zu überwinden; dieser brach vielmehr unwiderstehlich nach seinem Tode hervor. Schwer belastet war H. durch Familienintrigen, denen vor allem Mariamme, eine Enkelin Hyrkanos' II. (→Makkabäer) mit ihren Söhnen Alexander und Aristobulos, aber auch ihr Gegenspieler, H.' ältester Sohn Antipatros, zum Opfer fielen.

[2] *Nachfolger* H.' des Gr.: Gemäß H.' letztem Testament verlieh Augustus 4 v. Chr. dem *Archelaos* die Ethnarchie Judäa (→Judentum B 5), die nach seiner Absetzung i. J. 6 n. Chr. in eine Prokuratur verwandelt wurde. *Philippos* (gest. 34 n. Chr.) erhielt die Tetrarchie Batanäa-Trachonitis-Hauranitis, während *H. Antipas* (abgesetzt 39 n. Chr.) Tetrarch von Galiläa und Peräa wurde. Dessen Stiefneffe H. Antipas I., ein Günstling Caligulas, war 41–44 noch einmal König über das Gesamtreich. Mit seinem Sohn H. Agrippa II. (gest. gegen Ende des 1. Jh.s), der seit 50 als König im Norden des Landes regierte und das Patronat über den Hohenpriester von Jerusalem hatte, erlosch die Dynastie der Herodeer. R.M.

Lit: →Judentum – *Bildnisse:* →Anhang I.

2. **H. Atticus** (L. Vibullius Hipparchus Tib. Claudius Atticus Herodes; der gebräuchliche Name H. A. nach Gellius), Sohn des Tib. Claud. Atticus Herodes. Geb. 101/102 wohl in Marathon, gest. 177/178, Vorfahre →Gordians I. Berühmtester Vertreter der 2. Sophistik (‹*βασιλεὺς τῶν λόγων*›; ‹*Ἑλλήνων γλῶττα*›); bekannt als reichster Mann der Antike: Stiftungen in Athen (Stadion, Odeion), Alexandreia Troas, Korinth, Delphi, Olympia u. a. H. war in seinen Gefühlsäußerungen unberechenbar und maßlos. – Lehrer H.': →Munatius v. Tralleis, Tauros (Platoniker), Secundus v. Athen (Isaiosschüler? wohl der ‹schweigende Philosoph› des MA), →Skopelianos, →Favorinus, →Polemon (3). Es gibt reiches inschriftliches Material für H., der, schon ‹amicus› Hadrians, Ämter in Athen bekleidete, Diorthot der freien Städte Asiens (etwa 134/135) und cos. (ord.) im selben Jahr wie →Fronto (143) war. Durch Heirat mit Annia Regilla (PIR I 134) mit den Antoninen verwandt; während eines seiner Aufenthalte in Rom war H. auch Lehrer der kaiserlichen Prinzen Mark Aurel und L. Verus (→Fronto). Mark Aurel ließ H. die ersten Inhaber der 4 von ihm gegründeten athen. Philosophenlehrstühle auswählen. H. war gelehrt, rednerisch vielseitig, strebte Attizismus (Kritias) an und schrieb ‹archaische› Inschriften. Die Autorschaft des H. für die unter dem Namen ‹Herodes› überlieferte Rede *Περὶ πολιτείας* (Angaben über Thessalien um 400 v. Chr.) wird mit guten Gründen oft bestritten (vgl. →Kritias, →Thrasymachos). Sonst sind Reden, Briefe, Kollektaneen u. a. verloren. Die H.-Schüler sind zahlreich: Aelius →Aristeides (2), →Aristokles (3), →Chrestos; →Gellius; →Hadrianus; Onomarchos v. Andros; →Pausanias (5) v. Caesarea; Ptolemaios v. Naukratis; Rufus v. Perinth, auch Schüler des →Aristokles u. a. W.Sp.

Ed: Aldina, 1513 (ed. princ.) – E. Drerup, 1908 (Noten) – *Lit:* K. Münscher, RE 8 (1913), 921–954, 1308–10 – Wilamowitz, Marcellus v. Side, SB Berlin 1928, 3–30 – P. Graindor, H. Atticus, 1930 (vgl. O. Schissel, PhW 51, 1931, 903–918) – PIR II 175–182 – K. Gerth, Bursian 272, 1941, 159–166 (Forschungsber.) – K. Gerth, RE Suppl. 8 (1956), 742 s. v. 2. Sophistik (Lit) – Stiglitz, RE 8 A 2 (1958), 2463–71 s. v. Vibullius – H. Weber, Zum Bildnis des H. A., AA 1960, 16–22 – H. C. Rutledge, H. the Great, CIJ 56, 1960, 97–109 (Lit) – J. u. L. Robert, Bulletin épigraphique, REG 73, 1960, 198.

Herodian, griech. Grammatiker, 2. Jh. n. Chr., Sohn des →Apollonios (8) Dyskolos, geb. in Alexandria, wirkte in Rom. Schrieb mit gutem Überblick über seinen Stoff vor allem über Akzent- und Formenlehre; eine seiner Hauptquellen war Tryphon. Sein größtes Werk ist die ‹Allgemeine Akzentlehre› (*Περὶ καθολικῆς προσῳδίας*), die nach antiker Angabe die Akzentuierung von 60000 Wörtern angab. Ganz erhalten ist nur die kleine Schrift *Περὶ μονήρους λέξεως*, in der H. Wörter, die in ihrer Bildungsweise (Akzent, Endung usw.) oder Flexion singulär sind, zusammenstellt. Da H.s reiche Sammlungen die Hauptquelle aller späteren Grammatiker sind, läßt sich vieles durch Rekonstruktion wiedergewinnen. Die Menge der ihm untergeschobenen Schriften ist ein Zeugnis seines Ruhmes. → Philetairos. D.F.

Ed: A. Lentz, 2 Bde, 1867–70 – *Lit:* H. Schultz, RE 8,1 (1912), 959 bis 973 (Lit) – A. Lentz, Ed. (s.o.), Praefatio.

2. **H.**, griech. → Geschichtsschreiber (I C 1), Herkunft unbekannt (Syrien?). Erlebte schon → Commodus (180–192). Kaiserlicher Freigelassener (?), wohl in Palastdienst und kaiserlicher Verwaltung tätig. Verfaßte eine ‹Kaisergeschichte nach Marcus› (180–238, Thronbesteigung Gordians III.) in 8 Büchern, mit Klassikeranleihen. H. berücksichtigt allein die äußern Ereignisse und tritt in oberflächlich moralisierender Betrachtungsweise und farbiger Darstellung für das Senatskaisertum ein. Seine Tatsachenberichte sind oft unklar und unzuverlässig. Zahlreiche Reden. – Ob → Dio Cassius zu seinen Vorlagen gehört, ist fraglich. Er selbst wird in der → Historia Augusta, von Ioannes Antiochenus u.a. benutzt. W.Sp.

Ed. princ: Aldina, 1503 – Lat. Übers.: Omnibonus, vor 1459 u. A. Politianus, 1493 (1487) – T. G. Irmisch, 1789/1805 (Noten) – K. Stavenhagen, BT 1922 (beruht auf L. Mendelssohn, 1883) – *Lit:* G. M. Columba, EI 14, 1932, 258.

Herodikos v. Selymbria, Lehrer des → Hippokrates (1), bedeutender Gymnast und Paidotribe, gliederte die Gymnastik in die Medizin ein. Einige Nachrichten über ihn bei Platon erhalten; der Verfasser von *Περὶ διαίτης* (→ Hippokratische Schriften) benutzte ihn. F.K.

Herodoros von Herakleia (am Pontos), schrieb um 400 v. Chr. ein umfangreiches Werk über → Herakles, sowie davon unabhängig über Argonauten- und Pelopidensage. Zu den Wanderungen des Herakles breitete er unendliches geographisches und ethnographisches, zoologisches und anderes Material aus und verbrämte das Ganze mit allegorischen und rationalistischen Sagenauslegungen (vgl. bes. Fr. 14 u. 30). K.v.F.

Frg. u. Komm: FGrHist 31 – *Lit:* F. Jacoby, RE 8,1 (1912), 980–987.

Herodot, der ‹Vater der Geschichte› (Cic. leg. 1,5).

[1] Leben – [2] Aufbau des Werks – [3] Entstehung des Werks, Quellen, Methode – [4] Eigenart – [5] Fortwirkung.

[1] *Leben.* Die antike biographische Überlieferung ist spärlich und unzuverlässig; das Geburtsdatum 484 v. Chr. ist schematisch 40 Jahre vor die Gründung von → Thurioi (s.u.) gesetzt, kann aber annähernd richtig sein. Vertrauenerweckend sind weitere Angaben: Geburt in → Halikarnassos, Zugehörigkeit zu einer namhaften karisch-griech. Familie – der Vater Lyxes trägt einen karischen Namen –, Verwandtschaft mit dem Epiker → Panyasis, Verwicklung in die Parteikämpfe der Heimatstadt, Verbannung und längerer Aufenthalt in Samos. Dazu stimmt im Werk H.s die besondere Rolle, die einerseits Königin → Artemisia I. von Halikarnassos, andererseits samische Lokaltradition spielen. Die Erschütterungen des → Perserkrieges hat H. im Kindesalter miterlebt; sie wurden aber überlagert von den erbitterten inneren Kämpfen. H. scheint seine Vaterstadt schließlich für immer verlassen zu haben. Sein Werk gibt Aufschluß über ausgedehnte *Reisen*, deren Chronologie freilich nur umrißhaft zu sichern ist: (1) ins Schwarzmeergebiet, Standquartier in Olbia (4,17), Expeditionen den Hypanis aufwärts (4,81) ins Skythenland; wohl im Zusammenhang dieser Reise lernte H. auch die südl. Schwarzmeerküste, Thrakien und Makedonien kennen; (2) nach Ägypten, nilaufwärts bis Elephantine bei Assuan, längerer Aufenthalt in Memphis; diese Reise fand nach der persischen Wiedereroberung Ägyptens (448) statt, im Herbst, als die Nilüberschwemmung zurückging; ob der Besuch Kyrenes mit der Ägyptenreise verbunden oder eine eigene Reise war, ist unsicher; (3) in den Vorderen Orient: in unmittelbarem Anschluß an die Ägyptenreise nach Tyros (2,44), außerdem zum Euphrat (1,185) und bis Babylon (1,178ff.), doch offenbar nicht weiter ins eigentliche Persien. Damit hatte der Wunsch zu ‹sehen› (*θεωρίη*) und zu ‹erkunden› (*ἱστορίη*) H. weit über die Heimat hinausgeführt; doch blieben die Reisen im Rahmen der eingespielten Handelswege des griech. Kulturraums. Die gewonnene ‹Erkundung› gestaltete H. zu öffentlichen Vorträgen aus, die ihn vor allem ins Zentrum des geistigen Lebens, nach *Athen* führten (Bekanntschaft mit → Sophokles); er soll ein Ehrengeschenk von 10 Talenten, eine unglaubliche Summe, erhalten haben (Diyll. FGrHist 73 F 3). Jedenfalls fand H. Zugang zu → Perikles, doch auch zur Familie → Kimons; für sein Geschichtswerk wurde die athenische Sicht bestimmend. Vielleicht erst von Athen aus hat H. das griech. Mutterland systematisch bereist, vor allem die Schlachtfelder der Perserkriege, Delphi (nach 448/7) und Sparta (vor 440) aufgesucht. Dann siedelte H. nach Unteritalien über, wurde Bürger der 444 von Perikles gegründeten panhellenischen Kolonie Thurioi; die nächsten Generationen zitieren H. als den ‹Thurier›. H. erlebte, wie Anspielungen zeigen (6,91; 7,137.233; 9,73), noch den Ausbruch des Peloponnesischen Kriegs, das Jahr 430; nichts weist darüber hinaus; vermutlich ist er wenig später gestorben.

[2] *Aufbau des Werks.* *ἱστορίης ἀπόδεξις*, ‹Darlegung der Forschung› nennt H. sein Werk; es sei geschrieben, um die großen Leistungen von Griechen und Barbaren vor der Vergessenheit zu bewahren, vor allem die Ursache ihrer Kriege. So weitet sich das Thema zu einer Menschheitsgeschichte von griech. Blickpunkt aus, wird aber im Gegensatz zur älteren → Genealogie eingegrenzt auf die noch unmittelbar ‹erfragbare› Geschichte der letzten Generationen. Die mythischen Konflikte von Griechen und Barbaren schiebt H. beiseite, um mit dem König zu beginnen, von dem er ‹weiß› (1,5), daß er als erster Unrecht gegen Griechen verübte, → Kroisos. Damit wird die Abfolge der Barbarenkönige, die Herrschaft über Griechen gewannen, zur Leitlinie der Darstellung: Kroisos (1,6–94), → Kyros (1,141–216), → Kambyses (2,1–3,60), → Dareios (3,61 bis 7,4) und → Xerxes (7,5ff.); dieser einsträngigen Haupterzählung wird die Fülle des übrigen geographischen, ethnographischen, historischen Materials in Form kleiner und großer *Exkurse* eingegliedert, an deren Ende die Haupterzählung sorgfältig an der Stelle der Unterbrechung wiederaufgenommen wird. Vor allem werden die neuen Völker, die jeweils mit der erobernden Macht in Berührung kommen, in geschlossenen Exkursen vorgestellt, die von der Natur des Landes, besonders auffallenden Einzelheiten, Sitten der Bewohner und ihrer Geschichte handeln; so Perser (1,95–140), Babylon (1,178–200), Massageten (1,201 bis 216), am ausführlichsten Ägypten (2,2–182), ferner Äthiopier (3,20–24), Skythen (4,5–82), Kyrene und Libyen (4,145–199) und Thraker (5,3–10). Ähnlich berichtet H. anläßlich der pers. Eroberung über Ionier (1,142–151) und Samier (3,39–60. 120–149). Die Geschichte des griech. Mutterlandes, bes. Spartas und Athens ist dagegen nicht in *einem* Exkurs, sondern in mehreren aufeinander abgestimmten Partien bei Gelegenheit eingeblendet; so ist neben der pers. Geschichte die griech. von Anfang an als eigene Linie angedeutet (Athen: 1,59–64; 5,55–96; Alkmeoniden 6,121–131; Miltiades 6,132–140; Sparta 1,65–68; 5,39 bis 48; 6,51–84). Im → Ionischen Aufstand (5,28ff.) vereinigen sich Perser- und Griechenlinie; die große Auseinandersetzung führt zu einer Technik der Parallelerzählung, wonach die Vorgänge auf der einen und der anderen Seite wechselweise dargestellt werden bis zum Zusammenstoß. Auf die Strafexpedition des Dareios, die bei Marathon (6,102ff.) scheitert, folgt mit neuem Einsatz der Erzählung der große Zug des Xerxes, vom Kriegsentschluß (7,5ff.) über die Heeresschau (7,59ff.) zu den Schlachten von Thermopylai (7,198–239), Artemision (8,1–23), Salamis (8,40–95).

und zu den endgültigen Siegen von Plataä (9,19–89) und Mykale (9,90–107). Mit dem Übergang der Griechen zum Angriff, mit der Einnahme von Sestos bricht das Werk ab; ob das letzte Kapitel, eine Anekdote um Kyros, der beabsichtigte Schluß ist oder das Werk unvollendet blieb, ist umstritten, ebenso die Frage, ob in 1,184 ein Assyrerexkurs versprochen wird, der dann nicht ausgeführt ist. Die Einteilung in 9 Bücher (Diod. 11,37,6), betitelt nach den 9 Musen (Luk. Herod. 1), ist sekundär.

[3] *Entstehung, Quellen, Methode.* Kennzeichnend ist das Nebeneinander geographisch-ethnographischer → Perihegese, die zumal im ersten Teil des Werks um ihrer selbst willen betrieben erscheint, und eigentlich historischer Darstellung, die ihre geschlossenste Form in der Behandlung des Xerxeszugs erreicht. Inwieweit man diese Polarität biographisch deuten darf, ob H. sich erst unter dem Eindruck seines Athen-Erlebnisses vom Reisenden zum Historiker entwickelt hat oder schon auf Grund einer historischen Konzeption seine Reisen unternahm, ob die einzelnen Erzählkomplexe (*λόγοι*) ursprünglich selbständig und schon literarisch fixiert waren, ehe sie der Gesamtdarstellung als Exkurse eingefügt wurden, ist umstritten; sicher hat die Vortragstätigkeit H.s die wirkungsvolle Form der Einzelerzählungen mit geprägt. Jedenfalls bedeutet das Werk H.s den entscheidenden Übergang von der Perihegese zur eigentlichen Geschichtsschreibung. – H. konnte in den ethnographisch-geographischen Partien literarische Quellen, bes. → Hekataios (3), den er einige Male polemisch nennt, ausgiebig benützen; von diesen seinen Vorgängern übernahm H. überhaupt die Kunstsprache der ionischen Prosa. Dagegen fehlten entsprechende Quellen für die eigentlich historischen Partien; in Frage kommen allenfalls die Persika des → Dionysios (14) von Milet und die Lydiaka des → Xanthos (1), kaum schon die Werke des → Charon von Lampsakos. H. schöpft einzelnes aus Dichtungen wie den ‹Persern› des → Aischylos, er hat Orakelsammlungen und Inschriften herangezogen, doch weder Lokalchroniken noch Beamten- oder Siegerlisten standen ihm zur Verfügung; die altorientalischen Aufzeichnungen waren ihm unverständlich. So hat er das meiste aus mündlicher Tradition durch persönliche ‹Erkundung› (*ἱστορίη*) bei ‹kundigen› Leuten (*λόγιοι*) zusammengetragen und im Zweifelsfall zusätzliche Informationen eingeholt. Dabei bleibt H. von seinen Gewährsleuten abhängig; nach der wechselnden Tendenz lassen sich einzelne Quellenkomplexe auslösen, etwa eine Alkmeoniden- und eine Philaidentradition in Athen, eine Tradition für und gegen Demaratos in Sparta, spartanische, tegeatische, athenische Tradition in der Schlacht von Plataä. H. übt gelegentlich Kritik an einzelnen Überlieferungen, vieles ist stillschweigend unterdrückt oder zurechtgerückt, doch liegt es ihm fern, über diese von Fall zu Fall getroffenen Entscheidungen allgemein Rechenschaft zu geben und Grundsätze historischer Kritik aufzustellen, wie es Thukydides dann unternahm. Nicht selten läßt sich die ‹Wahrheit› (*ἀτρεκείη*), um die H. bemüht ist, nicht feststellen; so stehen die einander widersprechenden Berichte ohne Entscheidung nebeneinander. ‹Zu berichten, was berichtet wird› (*λέγειν τὰ λεγόμενα*), bezeichnet H. einmal als seine Aufgabe (7, 152), behält sich aber vor, den Berichten Glauben zu schenken oder zu versagen. Daß H. auf diese Weise aus dem Wust mündlicher Erzählungen, aus dem Wirrwarr innergriech. Zänkereien die Geschichte der Perserkriege in der Form herauskristallisieren konnte, in der sie klassisch geworden ist, daß er dabei auch trotz der Unzulänglichkeit seiner Hilfsmittel eine einigermaßen befriedigende Chronologie aufstellen konnte, bleibt eine staunenswerte Leistung.

[4] *Eigenart.* Reichtum und Vielschichtigkeit seines Werks lassen sich nicht auf einen einzigen beherrschenden Grundgedanken zurückführen. Hauptthema ist vom Proömium bis zum Xerxeszug die Auseinandersetzung von Barbaren und Griechen, von Asien und Europa; der Kampf ist zugleich eine Entscheidung zwischen Freiheit und Knechtschaft, Schlichtheit und Üppigkeit, individuell-bewußter Tapferkeit und unpersönlicher Masse. Doch fern jeder Überheblichkeit schildert H. auch seltsamste Barbarenbräuche mit ruhiger Sachlichkeit, erkennt die Überlegenheit von Barbaren in Einzelheiten unbefangen an, ist vor allem geneigt, griech. Kultur und Religion weithin von Ägypten abhängig zu sehen; ja indem die Haupterzählung an der Abfolge der Barbarenkönige orientiert ist, werden Lyder und Perser zu den eigentlichen Helden der Erzählung. Jedenfalls ist H. nicht einfach der Panegyriker des Nationalkriegs; Krieg ist für ihn ein Unheil schlechthin, der Perserkrieg das größte seit 20 Generationen (6,98). Der leidige Partikularismus der Griechen, die menschlichen Unzulänglichkeiten etwa beim Ionischen Aufstand treten grell hervor. H. tritt – wohl gegen eine antiathenische Stimmung – entschieden für das historische Verdienst der Athener als ‹Retter Griechenlands› ein (7,139). Doch ist sein Werk keine Tendenzschrift; H. fühlt sich, nicht ohne Geringschätzung für die kleinasiatischen Ionier (1,143), als Dorer, seine besondere Achtung gilt Sparta. Das, was die innergriech. Gegensätze ebenso wie die Antithese Griechen–Barbaren übergreift, ist das ‹Menschliche› (*τὰ ἀνθρωπήια*). Zentrum der ‹Geschichte› ist, was der Einzelne personhaft erlebt und erleidet; das Individuelle wird zum Exempel für ‹Menschliches› überhaupt. Darum ist historische Forschung bei H. von seiner religiösen Weltsicht ebensowenig ablösbar wie von seiner Erzählkunst. Politische Notwendigkeiten, Gesetze der Macht, wie sie dann Thukydides formulierte, werden nicht erkennbar. Das Gegenüber für den Menschen ist das ‹Göttliche›, *τὸ θεῖον*, eine oft undurchschaubare, doch unaufhaltsam wirkende Macht. H. ist durchaus berührt vom zeitgenössischen Rationalismus, von der Sophistik im weiteren Sinn; er äußert Zweifel an einzelnen Wundergeschichten (z.B. 5,86), an göttlicher Abstammung von Heroen und – versteckt – am Anthropomorphismus der homerischen Götter; er weiß von Orakelfälschungen. Doch die Tatsache göttlichen Eingreifens scheint ihm ebenso wie die Richtigkeit der Mantik (8,77) und die Gültigkeit kultischer Gebote gerade durch die Geschichte immer wieder bestätigt zu werden. In der Reflexion über diese göttlichen Mächte stehen verschiedenartige Motive ohne Ausgleich nebeneinander: der ewige Kreislauf im Auf und Ab menschlichen Glücks (1,5), der ‹Neid der Götter› gegen den allzu Erfolgreichen (z.B. 3,40ff.); unbegreiflicher und aller menschlichen Bemühung gegenüber unabänderlicher Schicksalsschluß; Strafe für die Sünden der Ahnen, die sich im Sturz der Nachkommen vollzieht – in diesem Sinn ist, von delphischer Theologie beeinflußt, die Geschichte von Kroisos an den Anfang gestellt; andererseits steht neben Xerxes der Warner, dessen überhörte Mahnung jeweils den verhängnisvollen Schritt markiert, für den der König verantwortlich ist; die Entscheidung der Athener zum Widerstand wiederum ist eine Leistung, für die der Ruhm nur ihnen gebührt. Die Mannigfaltigkeit der Welterfahrung wird nicht zur Theorie gebändigt, sondern in der erzählten Situation gestaltet. Insofern ist H. Erbe der Dichter. Sein Stil, Sprachgebrauch und Komposition zeigen den Einfluß des großen Epos und der Tragödie etwa in der Ausformung von Rede und Gegenrede, in der Umsetzung von Zustandsschilderung in Handlung. Doch ebenso deutlich ist die Tradition der volkstümlichen Erzählkunst, der griech.-oriental. Novelle: gemächliches Erzähltempo, kurze parataktische Sätze, Schlichtheit in der Wortwahl, Treffsicherheit der Pointe, Vorliebe für Sprichwörter. Die Wirkung der modernen sophistischen Rhetorik tritt in geschliffenen Antithesen zu Tage, während Periodisierung des Satzbaus nur in Ansätzen versucht ist. All diese Elemente vereinen sich zu einer nur scheinbar schlichten, unnach-

ähnlichen Darstellungskunst, die das Schelmenstück vom Schatzhaus des Rhampsinit (2,121) ebenso meistert wie die tragische Verstrickung eines Gyges (1,7ff.), den Leichtsinn des abgeblitzten Freiers Hippokleides (6,126ff.) wie die Greuelmahlzeit des Harpagos (1,117ff.), die den Persern in den Mund gelegte Verfassungsdebatte im Stil der Sophistik (3,80ff.) wie die altertümlich-pessimistische Weisheit im Gespräch von Solon und Kroisos (1,29ff.). Im Kreuzungspunkt von geographisch-historischer Forschung und erzählerischem Können, Wirklichkeitssinn und humaner Aufgeschlossenheit, Zuwendung zum Einzelnen und Offenheit für große Perspektiven ist ein Werk unverwechselbaren Reizes und einzigartigen Ranges zustande gekommen.

[5] *Fortwirkung*. Das Publikum des → Aristophanes kennt H. (Anspielungen in den ‹Acharnern› und ‹Vögeln›); die nächsten Historiker gehen von H. aus, nachahmend, ergänzend, kritisierend. → Thukydides sucht durch den Abriß der Geschichte der Pentekontaetie (1,89ff.) den Anschluß an H.s Darstellung und entwirft seine Methode (1,22) in polemischer Distanzierung von H., den er doch nicht mit Namen nennt. Fortan bestimmt der Einfluß des thukydideischen Werks, das auch die attische Prosa an Stelle der ionischen setzt, die Geschichtsschreibung und droht, H. in die Rolle eines altertümlichen, unglaubwürdigen Geschichtenerzählers abzudrängen, wenn auch Neubearbeitungen wie die Epitome → Theopomps, die Weltgeschichte des → Ephoros, die H. zu ersetzen suchen, in der Ausrichtung des Themas auf seine Linie zurückgehen. → Ktesias schrieb seine Persergeschichte mit ebenso gehässiger wie unfundierter Polemik gegen H.; unmittelbarer Einfluß blieb H. nur in der → Ethnographie und → Paradoxographie. Doch fehlte es H. nie an Lesern; der Kommentar des → Aristarch (Pap. Amh. II 12,1901) zeigt ihn bereits in der Stellung eines anerkannten Klassikers, die rückwärts gewandte Haltung des Attizismus ließ auch H. im Ansehen weiter steigen; → Dionysios (16) von Halikarnaß stellt ihn über Thukydides. Die polemische Schrift → Plutarchs ‹Über die Böswilligkeit Herodots› zeugt ebenso von der Autorität des Angegriffenen wie die Nachahmung durch → Arrian und → Lukian. Wohl damals wurde auch eine Homervita auf den Namen H. gestellt. Im MA bestanden zwei verschiedene Rezensionen des Textes. Spärliche Glossare aus byzantin. Zeit sind erhalten. Im Abendland machte ihn die Übersetzung des Laurentius Valla bekannt. Der Ruf eines unzuverlässigen Fabulisten blieb an H. haften, obwohl die mit dem Zeitalter der Entdeckungen einsetzende Ethnologie den Ethnologen H. neu sehen lehrte. Die Wiederentdeckung des Alten Orients hat über Erwarten weithin die Zuverlässigkeit H.s bestätigt. Modernes Unbehagen an einer rein machtpolitisch-militärischen Sicht der Geschichte führt dazu, daß H. aus dem Schatten seines großen Nachfolgers Thukydides heraustritt und auch als Historiker neu gewürdigt werden kann. W. Bk.

Q: Suidas s.v. Herodotos – Dion. Hal. Ad Pomp., De imit. – Plut. De Herodoti malignitate, Mor. 854–874 – *Ed:* H. Stein, 1869–72 – C. Hude, OCT (1908), 1927³ – Ph.-E. Legrand, CB, 1932–54 – *Übers:* A. Horneffer, Kröner (1955), 1959² – *Komm:* H. Stein, 9 Bde, 1856 bis 1908 (zahlreiche Auflagen) – R.W. Macan, Book IV–VI, 1895; VII–IX, 1908 – W. W. How-J. Wells (1912), 1928² – A. Wiedemann, H.s 2. Buch, 1890 – *Index:* J.E. Powell, 1938 – *Lit:* F. Jacoby, RE Suppl. 2 (1913), 205–520 (grundlegend) – F. Focke, H. als Historiker, 1927 – O. Regenbogen, H. u. sein Werk (1930), in: Kl. Schr., 1961, 57–100 – M. Pohlenz, H., der erste Gesch.sschreiber des Abendlandes, 1937 – R. Crahay, La littérature oraculaire chez H., 1956 – W. Marg, H., Eine Auswahl aus der neueren Forschung, 1962 (Lit) – L. Huber, Religiöse und politische Beweggründe des Handelns in der Geschichtsschreibung des H., Diss. Tübingen 1965 (Lit) – *Bildnisse* → Anhang I.

Herodotos, pneumatisch-eklektischer Arzt um 75 n. Chr., pflegte bes. die physikalische Therapie. Fragmente verschiedenen Inhalts bei → Oreibasios erhalten; H. ist vielleicht auch Verfasser der ps. galenischen ‹Einführung› und des → Anecdotum medicum. F. K.

Heroenkult. [1] In den homerischen Gedichten wird Heros (ἥρως) immer mit Bezug auf Lebende gebraucht in der Bedeutung ‹Held›, ‹Herr›, ‹Krieger›; dagegen bezeichnet das Wort in geschichtlicher Zeit im allgemeinen die übermenschlich großen Helden der Vorzeit, göttliche Wesen (‹Halbgötter›), die eine Art Mittelstellung zwischen den großen Göttern und den Menschen einnehmen (vgl. die → Dämonen) und kultische Verehrung genießen. Dieser H. hat sich offenbar aus dem Grab- und → Totenkult entwickelt (charakteristisch z.B. blutige → Opfer, bei denen man das Blut des Tieres in das Grab des Heros fließen läßt; Darbringungen von Mahlzeiten und dgl. am Grab; Totenklagen, vgl. Hdt. 5,67). Die Unterschiede zum Götterkult treten im allgemeinen stark hervor (aber Ähnlichkeit mit dem Kult der → chthonischen Gottheiten; vgl. → Altar). Die ‹Heroen› im ursprünglichen Sinne müssen die adligen ‹Herren› (vgl. → Anax) der myk. Zeit gewesen sein (vermutlich ist ‹Hera› die weibliche Form zu Heros), die in ihrem Leben so Gewaltiges vollbracht hatten, daß man an ein Fortwirken ihrer Macht auch noch aus dem Grabe glaubte. Der H. blieb aber nicht – wie in Griechenland sonst meist üblich – eine Angelegenheit nur der Sippengenossen des Verstorbenen, sondern er wurde, auch wenn das Geschlecht ausstarb und genauere Erinnerungen an den Toten – vielleicht sogar an seinen Namen – schwanden, von der ganzen Stammesgemeinschaft bzw. Stadt an Ort und Stelle weitergepflegt, um die Kraft (→ Mana), die von dem großen Toten ausgeht, den Lebenden wirksam zu erhalten bzw. um zu verhüten, daß er wiederkehrt und die Menschen schreckt und schädigt. Die Vorstellung, daß seine übernatürliche Kraft eng an seine körperlichen Überreste geknüpft ist, ließ im Zusammenhang mit dem H. auch einen → Reliquienkult entstehen. Die nach dem Ende der myk. Zeit immer stärker werdende Neigung der Griechen zur Kleinstaaterei paßte sehr gut mit der Verehrung solcher Lokalgottheiten zusammen (→ Staatsreligion).

[2] Dank der lokalen Gebundenheit war der H. äußerst populär: die Heroen standen – ähnlich wie die → Nymphen – den einfachen Menschen im allgemeinen näher als die ‹vornehmen› olympischen Götter, und gerade in den ganz persönlichen Nöten rief man sie um Hilfe an, daher ist z.B. die Zahl der Heil-Heroen bes. groß (vgl. → Asklepios). Nicht ohne Grund hat man den H. mit dem christl. → Heiligenkult verglichen. Wegen der Beliebtheit der Heroen blieb ihre Zahl nie fest begrenzt: so konnten u.a. ‹gesunkene› Götter und Göttinnen der vorgriech. Urbevölkerung mit fortbestehendem Lokalkult (z.B. → Hyakinthos, vielleicht auch → Helena, → Iphigenie u.a.), große Sagenhelden und Wohltäter (→ Soter), die ursprünglich keinen Grabkult hatten (z.B. → Herakles), ja sogar geschichtliche Personen zu ihnen gerechnet werden; überhaupt paßte man neue Kulte bisweilen der äußeren Form von H.en an. So sind die Heroen schließlich eine ‹sehr bunte und gemischte Gesellschaft› (Nilsson) geworden. – Vielerorts galt ein Heros als Stammvater der Bürgerschaft oder als mythischer Stadtgründer (→ Archegetes, → Ktistes, Oikistes). Etliche Städte und Geschlechterverbände (z.B. die → Phylen in Athen) glaubten, nach ihrem Gründer benannt zu sein (→ Eponyme); notfalls erfand man aus dem Namen einer Stadt den ihres sagenhaften Gründers. Für die → Poleis, die in fast ständigen Fehden miteinander lebten, waren die Heroen die gegebenen göttlichen Schutzpatrone. In der Göttergenealogie werden sie im allgemeinen als Söhne großer Götter und Stammväter von Adelsgeschlechtern eingeordnet.

[3] Seit dem 5. Jh. v. Chr. werden immer häufiger auch verdiente Bürger nach ihrem Tode ‹heroisiert›, d.h. als Heroen verehrt (z.B. für das Vaterland Gefallene, Feldherren, große Wohltäter, Könige). Hierin liegt einer der Ausgangspunkte für den → Herrscherkult. In hellenist. Zeit schwand das Bewußtsein für den Unterschied zwischen

Heroen und Göttern, und selbst lebende Herrscher konnten als Götter verehrt werden (→ Apotheose, → Epiphanes). In der Spätzeit war die → Heroisierung› der Toten allgemein üblich; es kam dahin, daß fast jeder Tote Heros genannt wurde. K.-H.R.

Lit: F. Pfister, Der Reliquienkult im Altertum, 1909/12 – S. Eitrem, RE 8,1 (1912), 1111–45 – F. Farnell, Greek Hero Cults, 1921 – Nilsson I 184–191; 715–719 – F. R. Schröder, Hera, Gymn. 63, 1956, 57–78 – K. Kerényi, Die Heroen der Griechen, 1958.

2. **H. von Alexandria,** → Mechaniker wohl der 2. H. des 1. Jh.s n. Chr. H. beruft sich mehrmals auf → Archimedes und ist im Auszug bei → Pappos erhalten: terminus post 200 v. Chr., t. ante 300 n. Chr.; alle 5 Jahrhunderte wurden und werden vertreten. Für das 1. Jh. n. Chr., das heute in der Regel als Lebenszeit gilt, spricht u. a.: (a) Vitruv nennt ihn im Gegensatz zu → Ktesibios und → Philon (4) v. Byzanz nicht unter seinen Quellen; (b) im Zusammenhang der Distanzbestimmung Alexandria-Rom erwähnt H. (dioptr. 35) eine Mondfinsternis, deren Daten – vorausgesetzt, sie stammen von H. (s. u.) und sind nicht willkürlich gewählt – nur auf eine des Jahres 62 n. Chr. passen; (c) Pappos (3, p. 54, 23 H.) zählt H. schon unter die «*alten* Geometer».

[2] H.s Bedeutung beruht nicht auf großen eigenen Leistungen in der Mechanik, sondern auf der Sammlung und lehrbuchartigen Verarbeitung des ihm vorliegenden Materials. Dadurch haben seine Darstellungen frühere (→ Ktesibios, → Archimedes, → Philon (4) v. Byzanz) fast gänzlich verdrängt; sie waren aber ihrerseits wegen des technisch-praktischen Charakters – ähnlich wie die Problemata-Literatur – mindestens bis zum Ausgang der Antike ständigen Umformungen und Erweiterungen (s. o. zu dioptr. 35) ausgesetzt, so daß uns der Wortlaut H.s und der Umfang seiner Werke selten genau bekannt sein dürfte. Schon Pappos (p. 1116, 5f. H.) beklagt sich über die verschiedenen ihm vorliegenden Fassungen der ‹Mechanik› (*Μηχανική*, vgl. dazu → Mechanik B 2), die auch uns nur aus einer arab. Übersetzung des 9. Jh.s (ohne den Anfang) bekannt ist. – Die Werke H.s umfassen das gesamte Gebiet der angewandten → Mathematik und sind deshalb nicht nur für die antike Mechanik eine unschätzbare Quelle, sondern auch für die → Geometrie, da H. auch auf diesem Gebiet (in seinen Geometrika, Metrika, Stereometrika) weniger das Theoretische (für das andere Quellen vorliegen) als – allein neben → Diophant – praktische Anleitungen und Beispiele zur Berechnung von Flächen und Körpern mitteilt, die gewisse Ähnlichkeiten mit ägypt. und babylon. Rechenpraktiken aufweisen. Daher stammt die Berechtigung, den Ursprung der Geometrie in Ägypten zu suchen (geom. 2, vgl. schon Hdt. 2, 109), ohne daß H. jedoch die Verdienste der Griechen falsch beurteilte (metr. praef. zu Buch 1 und 2). Die mechanischen Bücher (*μηχανικά, πνευματικά, αὐτοματοποιητική, δίοπτρα, βελοποιικά, κατοπτρικά*) und anderes, nicht Erhaltenes, darunter ein Werk über Wasseruhren (→ Uhren), nennt H. mehrmals ‹Einführungen› (*εἰσαγωγαί*), und als solche Lehrbücher für Anfänger und Nichtfachleute sind sie auch in der Folgezeit benutzt worden (s. o.). H. ist bestrebt, in ihnen das Abstrakte und Theoretische möglichst fernzuhalten, dagegen Fachausdrücke jeweils zu erklären und für die praktische Ausführung der beschriebenen Geräte ausführliche Anleitungen zu geben. Als Quellen dienten ihm – selten genannt (für die Automatentheater: → Philon (4) v. Byzanz) – die Schriften seiner Vorgänger, jedoch scheinen sie jeweils eigenen Absichten angepaßt worden zu sein. Ähnlich wie bei seinem röm. Zeitgenossen → Plinius (1) d. Ä. liegt das Hauptgewicht bei der Auswahl des Stoffes auf seiner Beziehung zum Menschen, dem Wert (Nutzen, Ergötzen) für ihn und der praktischen Verwendbarkeit. Dahin sollen wohl auch seine ‹Verbesserungen› zielen, deren er sich oft rühmt. Doch sind diese und die Aufgabenbeispiele aus der Mechanik oft unausführbar oder so unpraktisch, daß sie den Schreibtisch-Konstrukteur verraten. F. Kr.

Ed: W. Schmidt-L. Nix-H. Schöne-J. L. Heiberg, 1899–1914 – H. Diels-E. Schramm, Abh. Berlin, Phil.-hist. Kl., 1918, 2 (bel.) – E. M. Bruins, Codex Constantinopolitanus Pal. veteris 1, facs., 3 vol., 1964 (Janus Suppl. 2, 1–3; enth. u. a. metr. und Auszüge aus stereom., geom.; griech.-engl.) – *Lit:* I. Hammer-Jensen, Die Druckw. H.s v. Alex., NJbb 25, 1910, 413–427; 480–503 – K. Tittel, RE 8 (1912), 992–1080 – O. Neugebauer, Über eine Meth. zur Distanzbest. Alex.–Rom bei H., 1938 f. (Det Kgl. Danske Vidensk. Selskab, Hist.-fil. Medd. 26, 1938/39, 2 u. 7) – S. Gandz, H.s Date. A new term. ante quem (150 n. Chr.), Isis 32, 1940, 263–266 – A. G. Drachmann, Ktesibios, Philon and H., A Study in Anc. Pneum., 1948 (Lit) – Ders., The Mech. Techn. of Greek and Roman Antiquity, 1963 – Vgl. → Automaten, → Mathematik, → Mechanik.

Herondas → Herodas.

Heroon (*ἡρῷον*), Kultstätte der → Heroen, meist mit deren Grab identifiziert, oft auf der Agora (als Schützer der Stadt) oder in besonderen bzw. größeren Heiligtümern (Pelopion in → Olympia) gelegen, durch chthonische Opfer und Leichenspiele verehrt. Aus dem Grabhügel leitet sich wohl die für Heroa bevorzugte Form des Rundbaus (→ Tholos) her, daneben stehen Heroen-Tempel und die aus Kleinasien stammende Form des Grabpodiums (→ Grab C 4) mit tempelartigem Aufbau (vgl. → Monopteros). Mit der zunehmenden Heroisierung historischer Personen im Hellenismus treten immer reichere, als H. angelegte Grabbauten auf (→ Kalydon; → Pergamon). G. Gb.

Herophilos von Chalkedon, Arzt in Alexandria um 300 v. Chr. H. hat ohne Zweifel als Begründer der eigentlichen, wissenschaftlichen Anatomie zu gelten, für deren Fortentwicklung gerade in Alexandria durch die Möglichkeit, ohne Einschränkung zu sezieren, ideale Bedingungen gegeben waren. H. hat daher vieles als erster exakt beobachtet und benannt (z. B. Torcular Herophili = confluens sinuum; Häute des Augapfels). Seine Beobachtungen führten zu dem allgemeinen Grundsatz: «Die Phänomene sollen als das Erste, Vordringlichste beschrieben werden, selbst dann, wenn sie nicht das Erste sind» (Anon. Lond. 21, 22 f.), ließen ihn ferner den Standpunkt eines vorsichtigen Empirismus einnehmen und brachten ihn in ausdrücklichen Gegensatz zu manchen Lehren der Hippokratiker. Auch die Pulslehre hat H. im Anschluß an Erkenntnisse des Musiktheoretikers → Aristoxenos begründet und ebenfalls in der Gynäkologie Beträchtliches geleistet, wie uns → Soranos (2) v. Ephesos bezeugt. Von seinen Werken ist nichts erhalten. Seine Schüler und Anhänger (‹Herophileer›) verwässerten im allgemeinen seine Erkenntnisse und ließen sie oft in spitzfindigste Spekulation ausarten. F. K.

Lit: K. F. H. Marx, H., ein Beitrag z. Gesch. der Medizin, 1838.

Herostratos von Ephesos setzte 356 v. Chr., um seinen Namen zu verewigen, den Tempel der Artemis in → Ephesos in Brand, der Überlieferung nach am Tag der Geburt → Alexanders (5) d. Gr. E. Bd.

Herr, Herrin der Tiere. Die Verehrung eines göttlichen Herrn und einer Herrin des Waldes und der Tiere und eines Schutzpatrons der → Jagd ist bei vielen Völkern verbreitet. Zahlreiche bildliche Darstellungen aus minoischer Zeit zeigen eine solche Gottheit, umgeben von meist symmetrisch gruppierten Tieren, die ihrer Macht unterstehen (sog. *Potnia* und *Potnios therōn*; vgl. Hom. Il. 21, 470). Während der männliche Typ des H. d. T. in der griech. Religion keine Ausprägung erfahren hat (→ Apollon), trägt die Gestalt der → Artemis offenbar Züge, wie sie in der minoischen H. d. T. vorgebildet gewesen sind. Vgl. → Kybele. K.-H.R.

Herrscherkult. Die Verehrung des als Gott angesehenen Herrschers (→ Gottkönigtum) oder eines Herrschers in der einem Gott gebührenden Form durch seine Untertanen oder (ungenau) durch Dritte (z. B. durch griech. Städte als → Soter). Die minoische, mykenische und frühgriech. Zeit kennt H. nicht (nur Dichter feiern die Könige als Göttersöhne oder vergleichen sie Göttern), bzw. nur postume

Kulte wie für → Heroen; nur so werden auch die sizilischen Tyrannen im 5. Jh. verehrt. Ehren wie ein Gott (Altar, Opfer, Päane usw.) zu Lebzeiten erhält zuerst der Spartaner → Lysander 404 v. Chr. auf Samos (Staatskult). Später empfängt → Philipp II. Kulte von griech. Städten, dann → Alexander d. Gr. (in Kleinasien: 334/3, in seinen Neugründungen, im Mutterland: 324/3), → Antigonos I., → Demetrios I. Poliorketes (in Athen) und die anderen → Diadochen als Retter, Gründer, auch als sichtbare Götter, zu denen aber nicht gebetet wird. In diesen Ehrungen findet die faktische Unterwerfung der unabhängigen Städte ihren Ausdruck. Daneben tritt der H. in den eroberten Reichen: Alexander als Sohn des → Re (in Ägypten angesehen und) vom libyschen → Ammonium begrüßt, fordert allgemeine Anerkennung seiner Göttlichkeit (auch von den Griechen); nach seinem Tod wird er aus staatspolitischen Gründen als Gott verehrt, bes. von → Eumenes (Diod. 18, 60 f.) und in Ägypten (Grab; Kult mit eponymem Priester). Auch für → Ptolemaios I. und → Berenike I. wird nach ihrem Tod ein Kult geschaffen von → Ptolemaios II., der um 270 → Arsinoë und sich zu Lebzeiten zu Göttern erhebt und fortan mit den toten Königen verehrt wird, ebenso seine Nachfolger. Die Seleukiden werden in vielen Städten kultisch verehrt und nach ihrem Tod offiziell unter die Götter versetzt, ein Reichskult ist erst unter → Antiochos III. belegt (OGIS 224). Auch in den anderen Diadochenreichen findet sich H. mit lokalen Eigenarten, nicht in Makedonien, doch begegnen ähnliche Erscheinungen in einigen Griechenstädten (→ Aratos v. Sikyon). Unter den Römern, die keinen H. kennen, ersetzt ihn die Verehrung einzelner Provinzialbeamter und der Dea → Roma. In Rom erhält → Caesar als erster zu Lebzeiten Ehren wie ein Gott und wird nach dem Tod zum Divus Iulius erhoben (mit eigenem flamen). Octavian (→ Augustus), im Osten als → Soter gefeiert und in den entwickelten Formen des hellenist. H.s verehrt, erlaubt den Provinzialen seinen Kult nur mit → Roma zusammen, den Römern nur den Kult von Divus Iulius und Roma. In Rom entwickelt er aus den seinem Genius beschlossenen Libationen 12 v. Chr. einen Kult des Genius Augusti (mit den Lares Augusti), der sich allgemein verbreitet und, bes. im Heer gepflegt (Eidformel), zentrale Bedeutung für die Stellung jedes Princeps gewinnt (neben Vota, Gedenktagen, Verehrung der Fortuna Redux, Pax usw.). Nach seinem Tod wird auch er konsekriert und erhält als Divus einen Kult (flamen, sodales Augustales). Abgesehen von den maßlosen Ansprüchen des → Caligula, → Nero, → Domitian, auch → Commodus festigen sich diese Formen der Loyalitätsreligion (Verehrung als Gott auch in den Provinzen im Westen, durch Private überall), bis im 3. Jh. unter afrikan. und östl. Einfluß das Hofzeremoniell prunkvoll ausgebildet und der Kaiser mit einem bestimmten Gott offiziell gleichgesetzt oder unmittelbar verknüpft wird (→ Diokletian: Iovius; → Maximian: Herculius): die Grundlage für das spätere Kaisertum von Gottes Gnaden. C. J. C.

Lit: C. Habicht, Gottmenschentum und griech. Städte, 1956 – L. Cerfaux-J. Tondriau, Le culte des souverains, 1957 (Lit) – F. Taeger, Charisma I, 1957; II, 1960.

Herse, Tochter des Kekrops, Schwester der Aglauros und der Pandrosos, wie jene eine att. Tau-Schwester und allzu neugierige Wächterin des → Erichthonios. Nach später Sage von Hermes verführt und Mutter des → Kephalos (Apollodor 3, 181) und nach CIG 6280 des Keryx. K. Schb.

Hersilia, Sabinerin, Frau des Hostilius (Enkel: → Tullus Hostilius) oder des → Romulus, beendet den ersten Kampf zwischen Römern und → Sabinern. C. J. C.

Heruler, german. Stamm, angeblich im frühen 3. Jh. durch die Dänen aus Skandinavien vertrieben. Einige Gruppen erscheinen dann am Niederrhein, sind aber, von Raubzügen abgesehen, ohne historische Bedeutung. Andere lebten in der Nähe des Asowschen Meeres und drangen 267 ins röm. Reich bis nach Griechenland ein, wo sie Athen, Korinth, Sparta und Argos plünderten. Über die Mitte des 5. Jh.s hinaus haben wir keine Nachrichten. Die H. waren primitiver als die meisten anderen german. Völker; von Menschenopfern wird noch im 6. Jh. berichtet. E. A. Th.

Lit: L. Schmidt, Die Ostgermanen (1910), 1941².

Hesiod, epischer Dichter der archaischen Zeit (um 700 vor Chr.), Verfasser der Theogonie und der Erga, angeblich auch der → Ehoien (Kataloge), des ‹Schildes des Herakles› u. a. kleinerer Werke.

A. Leben. H., nach Homer der bedeutendste Epiker der archaischen Zeit, ist der erste als Persönlichkeit faßbare Dichter des Abendlandes. Unser Wissen über sein Leben stammt im wesentlichen aus seiner eigenen Dichtung. Die spätantiken Viten und biographischen Notizen (zusammengestellt bei Wilamowitz) bieten fast ausschließlich Spekulationen und Legenden. Historisches mag dem → ‹Certamen Homeri et Hesiodi› zugrunde liegen. – Der Vater H.s stammte aus Kyme. Er hatte sich, vielleicht als Bauer, (erg. 630–640) im böot. Askra niedergelassen. Hier wohl wurden H. und sein jüngerer Bruder Perses geboren. Als Schafhirt am Helikon, berichtet H. (theog. 22 ff.), habe er seine Dichterweihe empfangen. Die → Musen hätten ihm einen Olivenzweig überreicht, ihm die Gabe des Gesanges verliehen und ihm befohlen, die Götter zu besingen (‹Theogonie›). Auf einer seiner Reisen gewann H. bei einem Sängerwettstreit in Chalkis auf Euboia einen Dreifuß (erg. 650–662). Nach dem Tod des Vaters führte er einen langwierigen Erbstreit mit seinem Bruder, der die Richter bestochen hatte. Um Perses zu Arbeit und Rechtschaffenheit zurückzuführen, schrieb H. die ‹Werke und Tage›. Er starb in Askra, wurde aber später auf der Agora in Orchomenos beigesetzt. Das Todesjahr ist wie das Geburtsjahr unbekannt. – H. fühlte sich als Prophet und erhebt den Anspruch, die Wahrheit zu verkünden (theog. 27 f.). Im Gegensatz zu den Gedichten Homers, der völlig hinter seinem Werk zurücktritt, sind die Epen H.s von dem persönlichen Charakter des Dichters geprägt und aus seinen besonderen Verhältnissen erwachsen. Sie spiegeln seinen Glauben an die Kraft des Rechts, seine Ablehnung von Hybris und Gewalt und sein Vertrauen auf den Nutzen und Segen der Arbeit.

B. Werke. [1] *Theogonie* (Götterentstehung), eine Entstehungsgeschichte der Welt (1022 Hexameter), in der eine große Fülle von teils alten mythischen Überlieferungen, teils mehr theologisch-philosophischen Spekulationen in einen ursprünglich keineswegs gegebenen systematischen, d. h. vor allem genealogischen Zusammenhang gebracht sind. Die Anspielung in den Erga auf sie (659) ergibt ihre zeitliche Priorität. *Inhalt:* auf das → Proömium (Dichterweihe, Hymnos auf die Musen, Themenankündigung) folgen zwei Hauptteile: der sog. Sukzessionsmythos (116 bis 506), d. h. die teleologisch auf die Herrschaft des Zeus ausgerichtete und mit ihrer Konstitution abschließende Darstellung der Ablösung des jeweils regierenden ‹Götterkönigs› durch seinen jüngsten Sohn (→ Uranos, → Kronos, → Zeus). In diesem Rahmen ordnet H. die kosmischen Elementargewalten, die vorolympischen wie die olympischen Götter in ein genealogisches Schema ein: am Anfang stehen eine Art Urgegebenheiten, aus denen alle Dinge entstehen: zuerst das Chaos, dann Tartaros, → Eros, → Erebos, → Gaia, → Nyx; dann Uranos, Aither und Pontos; von Uranos und Gaia stammen die Titanen, unter ihnen → Kronos, mit ihrer ungeheuern Nachkommenschaft. Hier wie im Folgenden spielen → Personifikationen teils der zum Kosmos gehörenden Elemente, teils der das menschliche Leben beherrschenden Kräfte eine wichtige Rolle. Mit Kronos und den Titanen beginnt der Bereich des Mythos im engeren Sinne: Sieg des → Kronos über → Uranos und Gaia, dem aber in der nächsten Generation der Sieg des Zeus und der olymp. Götter folgt: sie besiegen die Titanen,

Zeus befreit die von Uranos verbannten Kyklopen und erhält von ihnen Donner und Blitz. – 2. Sicherung der Zeusherrschaft (507–880). Nachdem Zeus die List des Prometheus bestraft, die Titanen in einem zehnjährigen Kampf besiegt und in den Tartaros verbannt und endlich den Typhoeus (→Typhon) bezwungen hat, machen ihn die olympischen Götter zum König, und er teilt ihnen ihre Ämter zu. Aus den Ehen des Zeus gehen die höchsten Götter hervor, von diesen wieder stammen weitere Gottheiten sowie aus der Vereinigung mit menschlichen Stammvätern und -müttern die Heroengeschlechter. Die beiden letzten Verse (1021f.) enthalten die Überleitung zur Darstellung der Verbindungen sterblicher Frauen mit Göttern, d.h. den Beginn der →Kataloge. – *Quellenfrage:* der Sukzessionsmythos ist, wenigstens teilweise, auch in den homerischen Epen vorausgesetzt, wie u.a. die Bezeichnung ‹Kronide› (Kronossohn) für Zeus (z.B. Il. 1,498, ‹Uranionen› (Uranossöhne) für die Titanen (Il. 5,898) zeigt; er scheint mit alten orientalischen Epen verwandt zu sein (vgl. Keilschrifttexte aus Boğhazköy und →Ugarit; zusammengestellt bei Steiner, s.u.). Orientalischer Einfluß auf die Dichtung H.s zeigt sich auch in den Gestalten des →Iapetos, der →Hekate und des →Chrysaor.

[2] *Erga* (Werke und Tage), ein Mahn- und Lehrgedicht (in 828 Hexametern) mit den Hauptthemen ‹Recht› und ‹Arbeit›. – Die Komposition folgt auf weite Strecken dem Assoziationsprinzip (Verdenius), läßt aber darüber hinaus eine deutliche Disposition erkennen (Mazon, Schwabl). – *Inhalt:* auf das →Proömium (Anruf an Zeus, die Rechtssprüche gerade zu richten) folgen 2 Hauptteile: 1. Allgemeiner Teil (11–341). Durch mythische Erzählungen (Mythen von →Prometheus, →Pandora und von den 5 →Weltaltern) sucht H. dem Bruder die Herkunft der Übel in dieser Welt aus der Hybris früherer Geschlechter zu erklären und damit die Notwendigkeit mühsamer Arbeit. Den das Recht beugenden Richtern will er durch eine →Fabel (die erste in der abendländischen Literatur erhaltene) die Augen über die Verwerflichkeit ihres Verhaltens öffnen. Dieser Teil schließt mit allgemeinen ethischen Reflexionen über den Wert und Nutzen der Rechtlichkeit und Arbeitsamkeit. – 2. Praktischer Teil (342–764). Hesiod legt in Einzelanweisungen dar, wie man arbeiten und gerecht leben soll. Auf genaue Regeln für die Landarbeit (342–617) folgen Vorschriften über den Umgang mit Nachbarn, über die richtige Zeit und Art der Ackerbestellung (Bauernkalender), über die Schiffahrt (618–694) und über das rechtliche Verhalten Menschen und Göttern gegenüber (695 bis 764). – Den Schluß bildet ein Abschnitt über günstige und ungünstige Tage, dessen Authentizität umstritten ist.

[3] Andere H. zugeschriebene Werke: 1. *Aspis* (Schild des Herakles), 480 Hexameter über den Sieg des →Herakles über Kyknos und Ares. Die ersten 56 Verse, eine Ehoie (s.u.) auf Alkmene und ihren Sohn Herakles, standen im 4. Buch der Kataloge und gelten seit →Aristophanes (2) von Byzanz im allgemeinen als hesiodisch (anders Lesky). Der eigentliche ‹Schild›, dessen Hauptstück eine 180 Verse umfassende, manierierte Beschreibung des von Hephaist angefertigten Herakles-Schildes bildet, ist wohl eine Eindichtung, ähnlich wie die ‹Unterweltsfahrt des Peirithoos› und die ‹Hochzeit des Keyx› (Merkelbach), und wird seit Aristophanes v. Byzanz als eine Nachahmung der →Schildbeschreibung bei Homer angesehen. →Stesichoros, der das Gedicht wie →Apollonios (11) Rhodios für echt hielt, scheint es für seinen ‹Kyknos› benutzt zu haben. – 2. Die *Ehoien* oder *Kataloge*, ein wohl 6000–7000 Verse umfassendes, nur in Fragmenten überliefertes Epos, das die →Genealogien der griech. Heroengeschlechter systematisch darstellte, wobei die einzelnen Familienäste durch die stereotype Formel ē hoiē (ἢ οἵη: ‹oder wie die›) miteinander verbunden waren. Der Kern des Werkes, das eine Fortsetzung der Theogonie (s.o.) gewesen sein könnte, gilt als hesiodisch (Treu, Merkelbach; anders West). – 3. Die *Melampodie*, eine fragmentarisch erhaltene, genealogische Darstellung der Geschichte der berühmtesten griech. Seher, die um 600 entstanden sein mag. – 4. ‹Mahnsprüche des Chiron›, ‹Astronomie›, ‹Aigimios›, ‹Idaiische Daktylen›, ‹große Ehoien› sind nachhesiodische Gedichte, die nur in einzelnen Fragmenten erhalten sind.

C. BEDEUTUNG UND NACHLEBEN. Herodot (2,53,2) spricht von →Homer und H. als denjenigen, die den Griechen ihre Götter geschaffen haben. Die bes. Eigenart H.s, der schon im 6. Jh. Schulschriftsteller war, Homer gegenüber sieht man im wesentlichen schon seit der Antike in zwei Punkten: 1. Als selbstbewußter Dichter, der den Anspruch erhebt, die Wahrheit zu verkünden, erfaßt H. den Mythos von seiner persönlichen Fragestellung her und versucht, rational systematisierend die Geschichte der Welt in einem Ordnungsprinzip zu erfassen. – 2. Hesiods Preis der Arbeit und des Rechts spiegelt das harte Alltagsleben, die materiellen Sorgen des kleinen Bauern und Händlers. – Die Nachwirkung H.s als ‹Theologen› zeigt sich vor allem bei den vorsokratischen Philosophen (→Heraklit, →Parmenides, →Empedokles). Seine Haltung als ichbewußte Dichterpersönlichkeit beeinflußte die frühgriech. Lyriker (→Archilochos, →Semonides, →Alkaios), aber auch →Kallimachos (3). Als Verfechter einer verbindlichen, von Zeus geschützten Rechtsordnung folgten ihm bes. →Solon und →Aischylos. Die ‹Erga› wirkten vor allem auf die →Hellenist. Dichtung (Bukolik) und →Vergil (Georgica). G.K.

Ed: ed. princ. Mailand 1493 (anonym); noch vorher war eine lat. Übers. von Nicolo della Valle, ca. 1471, erschienen – A. Rzach (1902), 1913³ – P. Mazon, CB, 1951 (mit Einführungen u. franz. Übers.) – C.F. Russo, Hesiodi Scutum, 1950 (mit Einf. u. Kommentar) – R. Merkelbach, Die H.fragmente auf Papyrus, 1957 – The Oxyrhynchus Papyri 28, ed. Lobel, 1962 – Vitae Homeri et Hesiodi, ed. U.v. Wilamowitz, 1916 – *Übersetzung:* Th. v. Scheffer, 1928 – *Lit:* Zur Theogonie: K.v. Fritz, Das Hesiodische in den Werken H.s, Fond. Hardt VII, 1962, 3–47 (60) – G. Steiner, Griech. und oriental. Mythen. AuA 6, 1957, 171–187 – A. Lesky, Griech. Mythos und Vorderer Orient. Saeculum 6, 1955, 35–52 (Lit) – H. Erbse, Orientalisches und Griechisches in H.s Theogonie, Philol. 108, 1964, 2–28 – F. Krafft, Vergleichende Untersuchungen zu Homer und Hesiod (= Hypomnemata 6), 1963 – Zu den Erga: H. Diller, Die dichterische Form von H.s Erga, 1962 – W.J. Verdenius, Aufbau u. Absicht der Erga, Fond. Hardt VII, 1962, 3–159 (170) – W. Nicolai, H.s Erga, Beobachtungen zum Aufbau (1964) – Zur *Nachwirkung:* F. Solmsen, H. and Aeschylus, 1949.

Hesione, Tochter des →Laomedon, der sie auf Geheiß eines Orakelspruches an einen Felsen ketten ließ, um sie einem von Poseidon geschickten Ungeheuer auszuliefern und so das Land zu befreien (vgl. →Andromache); gleichzeitig verspricht er dem, der das Ungeheuer töte, die unsterblichen Rosse, die einst Tros von Zeus für →Ganymed erhalten hatte. →Herakles vollbringt die Tat, wird aber um seinen Lohn betrogen, worauf er Ilion bekriegt und erobert, Laomedon tötet und H. dem Telamon überläßt; sie wird Mutter des Teukros (Apollod. 2,104). H.S.

Darstellungen: Befreiung durch Herakles auf Vasen, Reliefs, Sarkophagen, in Kleinkunst, Malerei und auf Mosaiken (Villa Albani) dargestellt. – *Lit:* C. Caprino, EAA III, 1960, 441–443.

Hesire, ägypt. kgl. Zahnarzt am Ende der 3. Dyn., dessen *Grab* sich im sog. archaischen Friedhof in Nord-→Saqqara befindet. Bekannt, weil die Kultnischen mit Reliefs des Toten in Holz ausgelegt waren; jetzt z.T. in Kairo. W. Hk.

Abb: K. Lange-M. Hirmer, Ägypten, 1955, Taf. 18/9.

Hesperiden, Töchter der Nacht (so Hes. theog. 215ff.) oder (so später) von Zeus und Themis, von Phorkys und Keto oder →Atlas und Hesperis, zusammen mit dem Drachen Ladon die meist drei (sonst sieben) Wächterinnen des Baums mit den goldenen Äpfeln, des Hochzeitsgeschenkes der Ge für Hera, in der mytholog. Forschung oft als Lebensbaum gedeutet, durch dessen Früchte →Herakles demnach die Unsterblichkeit erlangen sollte. L.H.

Darstellungen: nach literarischer Überlieferung am amykläischen Thron; im Zeustempel von Olympia; erhalten als Akroter des Hephaisteion (?), in Dreifigurenrelief und auf Vasenbildern, bes. seit der Hydria des → Meidias; dann in röm. Wandbild (Schefold, VP 66, Taf. 9). – *Lit:* F. Brommer, Esperidi, EAA III, 1960, 443 f. K. Schf.

Hestia, Göttin des Herdfeuers, Tochter von Rheia und Kronos (Hes. theog. 454). Weist Anträge des → Poseidon und → Apollon zurück, wofür Zeus ihr das Recht erteilt, im Mittelpunkt jeden Hauses zu sitzen und von den Opfern Anteil zu haben (Hom. hymn. Aphrod. 22 ff.). Verläßt nie den Olymp, erscheint auch mit Hermes verbunden. Ihr Herd religiöser Mittelpunkt in Haus und Gemeinde, bei ihr findet der Fremdling Schutz. Beim Fest der *'Αμφιδρόμια* trug man im Hause Neugeborene um den Herd. Im Prytaneion wurde ihr von den höchsten Staatsbeamten geopfert, dort war das heilige Feuer (Pind. Nem. 11, 1). Von hier nahm man Feuer in neu zu gründende Kolonien mit. Bes. berühmt die *ἑστίαι* in Delphi und Delos. Nach der Schlacht von → Platää wurden auf Befehl Delphis alle von den Persern verunreinigten *ἑστίαι* gelöscht und durch das delphische Feuer erneuert (Plut. Arist. 20). Die → Pythagoreer nannten das Zentralfeuer H., Plotin bezeichnete sie als die Erdseele. K. Schb.

Lit: C. Farnell, Cults of the Greek States V, 1909, Kap. 8 – *Darstellungen:* oft, aber selten gesichert, in Götterversammlungen. Berühmt die sitzende H. des → Skopas, die auf Vasenbilder und Reliefs gewirkt hat. Großartiger spätantiker Stoff in Dumbarton Oaks. – *Lit. dazu:* W. Fuchs, Hestia, EAA IV, 1961, 18–22. K. Schf.

Hestia Giustiniani heißt eine noch ungedeutete, wohl von einem dor. Meister um 460 v. Chr. geschaffene Statuenkopie, ehemals Slg. → Giustiniani, Mus. → Torlonia Nr. 490, H. 1,93 m. E. Bg.

Lit: Brunn-Bruckmann, 491 – Lippold, GrPl 104. 132, Taf. 47, 1.

Hesychios, Lexikograph aus Alexandria, wohl 5./6. Jh. n. Chr., Verfasser eines umfangreichen, alphabetisch geordneten Lexikons, in dem seltene, in unseren Autoren oft nicht nachweisbare Wörter, bes. aus der Sprache der Dichter und aus den Dialekten, erläutert werden. Das Werk ist beinahe vollständig erhalten, allerdings nur in einer einzigen Hs. (Ven. graec. 851, 15. Jh.). Außerdem ist der Text durch zahlreiche Interpolationen (bes. aus einem Kyrill- und aus einem Bibelglossar) entstellt. Als Hauptvorlagen nennt H. im Einleitungsbrief an Eulogios → Diogenians (2) *Περιεργοπένητες*, das Lexikon des → Apollonios (12) Sophistes und eine nach dem ersten Buchstaben alphabetisch geordnete Sprichwörtersammlung. H. E.

Ed: M. Schmidt, 1858–68 – K. Latte, 1953 ff. – *Lit:* H. Schultz, RE 8 (1913), 1317–22 – K. Latte, Prolegomena zur gen. Ausgabe.

2. **H. Illustrios,** von Milet, griech. Geschichtsschreiber. Er erlebte noch Justinian. Heide? – *Werke:* 1. Römische und allgemeine Geschichte, in 6 Büchern (vom assyr. König Bel bis Anastasios' I. Tod, 518: Phot. cod. 69). H. selbst schrieb eine Fortsetzung über Justin I. und Justinians Anfänge. Das längste Fragment des verlorenen Werkes (erhalten im Heidelberger Mirabiliencodex) trägt den Titel *Πάτρια Κωνσταντινουπόλεως*. – 2. *'Ονοματολόγος ἢ Πίναξ τῶν ἐν παιδείᾳ ὀνομαστῶν*, eine chronologisch angelegte Beschreibung berühmter literarischer Personen, geordnet in Sachklassen (Dichter, Philosophen, Historiker, Redner, Grammatiker und Ärzte, Spezialschriftsteller), von hoher Bedeutung für unsere Kenntnis der griech. Literaturgeschichte. Erhalten sind nur Artikel eines alphabetisch geordneten Auszuges, der u. a. → Suidas vorlag. W. Sp.

Frg: FHG IV, 143 ff. – Th. Preger, Script. orig. Const I, BT, 1901, 1 ff. (Index) – FGrHist 390, dazu IIIb, XIII Anm. 9 (Lit) – *Lit:* O. Regenbogen, RE 20 (1950), 1458 s. v. Pinax.

Hetäre, ‹Gefährtin›, sagte man verhüllend für Dirne; sie besaßen – im Gegensatz zu den meisten griech. → Frauen – meist eine gute Bildung. Am bekanntesten waren Aspasia (→ Perikles), → Rhodopis (Hdt. 2, 134 f.), → Thaïs, → Laïs, → Phrynē (Modell des Praxiteles zur Aphrodite). Von röm. Dichtern wurden besungen Cynthia (→ Properz), Delia (→ Tibull), Lycoris (→ Gallus). → Prostitution. W. K.

Q: Ath. 13; Lukian. meretr. – *Lit:* K. Schneider, RE 8 (1913), 1331–72.

Hetaireiai (etwa: ‹Kameradschaften›) heißen im griech. Bereich die verschiedensten Gruppen (Abteilungen der Bürgerschaft und private Vereinigungen). Insbesondere werden als H. auch organisierte politische Kampfgruppen bezeichnet, wie sie vor allem im demokratischen Athen des 5. Jh.s als Vorkämpfer der oligarchischen Opposition auftreten; sie sind unseren politischen Parteien entfernt vergleichbar. F. G.

Lit: F. Sartori, Le eterie nella vita politica ateniese del VI e V secolo a. C., 1957.

Hethiter

[1] Geschichte – [2] Sprachen, Literatur, Staatsform – [3] Religion [4] Kunst – Vgl. → Kleinasien; → Kleinasiat. Sprachen; → Mesopotam. Reiche.

[1] *Geschichte.* Etwa um 2300 v. Chr. stießen von der unteren Donau (nach anderen Thesen vom Kaukasus) her kommend nomadische Stämme nach West- und Südanatolien vor und vernichteten die dort blühende Stadtkultur. Eine diesen luvischen Stämmen verwandte kleine heth. Gruppe wurde nach Mittelanatolien verschlagen und lebte dort zunächst zwischen ‹vorh.› (hattischen) Stadtfürstentümern. Ihr Zentrum war eine Stadt Kussar, von der aus um 1700 ein Fürst Anitta das erste h. Reich gründete. Um 1600 verlegte ein Fürst der gleichen Stadt die Residenz nach Ḫattuša und nannte sich danach → Ḫattusilis (I.). Er begann bereits, nach → Aleppo vorzustoßen, und überschritt auch als erster den Euphrat zu einem Beutezug gegen die → Churriter. Sein Sohn → Mursilis I. eroberte die nordsyr. Städte und stürzte in Babylon die Dynastie des → Hammurapi, wurde aber bald ermordet. In der Folgezeit beschränkten die Ausdehnung des Mitanni Reiches und dynastische Kämpfe die Macht Ḫattis auf das Kernland, bis seit etwa 1370 → Suppiluliuma zunächst das Mitannireich aus Syrien verdrängte, endlich selbst zum Vasallenstaat machte und auch die ägypt. Macht durch Wegnahme von → Ugarit und → Qadeš schwächte. Unter den Nachfolgern → Mursilis II. und Muwatallis kam es zu langjährigen Kämpfen mit Ägypten, die in der Schlacht von Qadeš (1285) gipfelten, in der Muwatallis den Versuch → Ramses' II. vereitelte, Syrien wieder an Ägypten anzugliedern. Es kam darauf 1269 zum Frieden zwischen → Ḫattusilis III. und Ramses II. und dem Bestreben, beide Länder zu ‹einem Land werden› zu lassen. Auf h. Seite befürchtete man damals das Erstarken der → Assyrer. Doch kam etwa 1210 das Ende von anderer Seite: Stämme aus Thrakien, wohl bes. → Phryger, stießen nach Anatolien vor und vernichteten das h. Reich. Gleichzeitig bewegte sich der Zug der durch die Ereignisse in Bewegung gebrachten → Seevölker (Stämme des westl. und südl. Anatoliens, schon vorher als Seeräuber berüchtigt) nach Syrien und vernichtete dort die Stadtstaaten. Nach Besiegung der Seevölker und ihrer teilweisen Abfahrt ins westl. Mittelmeer strömten vertriebene → Luvier nach Syrien und gründeten dort neue Stadtstaaten, die jedoch die h. Kultur eine Zeitlang weiterführten, bis sie von den → Aramäern unterwandert und endlich von den Assyrern unterworfen wurden. Ob h. Texte die Griechen erwähnen, ist leidenschaftlich umstritten, doch setzt sich die Gleichung → Aḫḫijawa – *Αχαιϝοι* immer mehr durch, so daß wir danach für das spätere Großreich häufige Berührungen mit Griechen erkennen können; durch h. Vorstöße an die anatolische Westküste (Milet) wurden dafür die Voraussetzungen gegeben. Literarische Beeinflussung, wie sie bes. bei Hesiod vorliegt, dürfte allerdings eher durch phönizische Vermittler gebracht worden sein. In der griech. Sage könnten die → Amazonen Abbilder der (bartlosen, langhaarigen, lang gekleideten) H. sein.

[2] Sprache, Literatur, Staatsform. Die *Sprache* der H. war indogermanisch, wenn auch stark durchsetzt von Einflüssen der ‹vorhattischen› Sprachen der Nachbarn. Die Sprache der Luvier ist wie das Palaïsche der H. nahe ver-

wandt. Die H. schrieben ihre historischen und religiösen Texte in (babylonischer) Keilschrift, scheinen jedoch für juristische Texte in einer luvischen (?) Hieroglyphenschrift auf Holztafeln geschrieben zu haben; aus der Zeit des Großreiches ist zwar bis auf wenige Beispiele auf Felsbildern und Siegeln diese Schrift verloren, doch wurde sie dann in der Zeit der späteren Stadtstaaten Syriens allgemein benutzt. – Die uns hauptsächlich durch den Fund des Staatsarchivs von → Ḫattuša (Boğhazköy) bekannte *Literatur* enthält historische und religiöse Texte; die historischen bestehen aus Annalen, Verträgen und diplomatischer Korrespondenz, während die religiösen in der Hauptsache Rituale enthalten, daneben auch Mythen. Danach spielten in der Außenpolitik die Verträge, die mit den abhängigen Staaten geschlossen wurden, eine große Rolle. Durch sie stellt sich das h. Herrschaftsgebiet als ein Bund von Satellitenstaaten dar. Auch im Inneren unterschied sich der h. Staat von den anderen orientalischen Reichen insofern, als der Adelsrat wenigstens in älterer Zeit große Rechte, auch dem König gegenüber, besaß. Auch die Königin hatte politische Rechte (das mag Einfluß der vorhattischen Bevölkerungsschicht sein), die bewirkten, daß sie außenpolitischen Briefen des Königs einen eigenen, gleichlautenden beifügen mußte. – Da die Texte darüber fehlen, wissen wir von h. *Wirtschaft* fast nichts. Bedeutsam war der Eisenexport, für den die H. das Monopol besaßen, daneben schon seit vorhethitischer Zeit der Silberhandel.

[3] Für die *Religion* zeigen die Texte, daß der H. sehr starken Wert auf die richtige Durchführung der Rituale gelegt hat. Das Schuldgefühl ist bei ihm sehr ausgeprägt und wirkt auch auf seine politischen Handlungen ein (Pestgebet → Mursilis' II.). Sein Recht ist auffallend human. – Das Pantheon der H. bestand aus einer Fülle von Gottheiten verschiedenster Herkunft. In der Hauptsache waren es die alten Gottheiten der Städte, die verehrt wurden und die ihrer Herkunft nach vorh. waren, an ihrer Spitze die Sonnengöttin (Wurusemu) von Arinna, (1 Tagereise von Ḫattuša entfernt). Daneben finden sich in zahlreichen Städten Wettergötter, deren hlg. Tier der Stier ist. Ebenfalls recht verbreitet ist der Vegetationsgott Telepinu, dessen Verschwinden und Wiederfinden ein Mythos erzählt. Hinzu kommen eine Anzahl churritischer Gottheiten, wie der Wettergott → Tešup und Hepat mit ihrem Sohn Sarma. In vorh. Zeit geht auch sicher der Hirschgott in verschiedenen Städten zurück. Bei den Luviern scheint der Wettergott Tarhund geheißen zu haben; ihnen ist wohl auch Kubaba (→ Kybele) zuzuweisen. Es ist deutlich, daß das h. Pantheon das ursprünglich anatolische war; auffallenderweise sind keine Gottheiten bekannt, die echt h. gewesen sein können. Es scheint bei ihnen immer ein starker Hang bestanden zu haben, fremde Götter aufzunehmen; sogar die Gottheiten, die im Neuen Reich im Heiligtum von Yasılıkaya verehrt wurden, scheinen durchgehend churritischer Herkunft gewesen zu sein. – Den verschiedenen Stadtgöttern waren Feste eigen, bei denen je nach ihrer Bedeutung der König teilnehmen mußte. Dabei zwang der ritualistische Sinn der H. oft den König, mitten während eines Feldzuges zur Feier des betreffenden Festes zu eilen.

[4] Von der *Kunst* des h. Großreiches ist hervorragende Keramik überliefert. Felsreliefs zeigen immer wieder das Motiv des Königs vor einem Gott. Bekannt ist das Relief des Königs von einem der Festungstore von Ḫattuša, wo dieser im archaischen Schurz dargestellt ist, während man sonst im allgemeinen ein langes Kleid trug. Am bekanntesten sind die Felsbilder in dem bereits erwähnten Felsheiligtum von *Yasılıkaya*, in dem Tudhalija IV. das h. Pantheon abbilden ließ. Aus → Alaca Hüyük sind Blöcke mit Darstellungen von Musikanten und Jagdszenen bekannt, die in die Zeit des Großreiches gehören. Sie leiten über zu den zahlreichen Orthostaten, die sich in Syrien in den h. Nachfolgestaaten gefunden haben. So führte bes. das Fürstentum von Malatia die h. Kunsttradition fort, ebenso das von Sam'al (→ Sendjirli). In → Karkemisch allerdings wie in → Guzana (Tell Ḫalaf) wurde die h. Kunsttradition immer stärker von syr. und assyr. Formen überwuchert. Bes. in → Karatepe in Kilikien erkennt man gut, wie die luvischen Nachfahren des h. Großreiches von den aramäischen und phöniz. Kräften aufgesogen wurden; schreibt man dort doch auch schon neben die traditionelle hieroglyph. Inschrift die Übersetzung in Phönizisch mit den semit. Buchstaben. W. Hk.

Lit: A. Götze, Kleinasien, HbAW III 1, III (1933), 1957² – L. Delaporte, Les Hittites, 1936 – J. Gurney, The Hittites, 1952 – Akurgal-Hirmer, H. Kunst, 1962 – F. Sommer, Die Ahhijava-Urkunden, 1932 – Ders., H. und Hethitisch, 1947 – R. Hauschild, Die indogerman. Völker Kleinasiens, SB Leipzig 109,1, 1964 – M. Mayrhofer, Die Indo-Arier im Alten Vorderasien (im Druck; Lit).

Heuneburg a. d. Donau (Gde. Hundersingen, Kr. Saulgau). Späthallstattzeitliche (6. bis frühes 5. Jh. v. Chr.) Burg. In Schicht IV (6. Jh.) Lehmziegelmauer mit Bastionen nach griech. Vorbild. Import schwarzfiguriger griech. Vasen. Ende in der Früh-Latènezeit. In nächster Umgebung zahlreiche Tumuli mit gleichzeitigen ‹Fürstengräbern›. Wahrscheinlich frühkeltischer Fürstensitz. F. F.

Lit: K. Bittel-A. Rieth, Die H., 1951 – W. Dehn, in: Neue Ausgr. in Deutschland, 1958, 127–145 – W. Kimmig, AA 1964, 467–476 – G. Riek, Der Hohmichele, Röm.-Germ. Forsch. 25, 1962.

Heurema (*εὕρημα*). Für die griech. Kulturphilosophie führt der Weg vom Urzustand der Menschheit zur Gegenwart über eine Kette von ‹Erfindungen›; der Begriff H. bezeichnet dabei nicht nur technische, sondern auch gesetzgeberische, philosophische und künstlerische Leistungen. Die großen Erfinder (*πρῶτοι εὑρεταί*) sind eine bes. Kategorie der ‹Weisen›. Vom späten 4. Jh. an entsteht eine eigene Literatur über Erfindungen und Erfinder. O. G.

Lit: A. Kleingünther, *Πρῶτος εὑρετής*, 1933.

Heuschrecken. Die im Mittelmeerraum und den Nachbargebieten verbreiteten Arten der Feld- und Laub-H. sind unter verschiedenen Namen überliefert (*ἀκρίς, βροῦχος, βρύκος, κόρνωψ, μάσταξ, πάρνοψ*, locusta), die jedoch keine klare Trennung bezeichnen. *Ἀκρίς* kann sich auch auf die → Grille (Grab-H.) beziehen. Mit Aussehen und Lebensweise der H. gut vertraut, beobachteten die Alten vornehmlich das Zirpen der H., das mit der Dichtkunst verbunden wurde. Mit Flügelgesang begabt gedacht, gehören die H. in den Bereich der Musen. Ihren vernichtenden Schwärmen begegnete man mit verschiedenen Abwehrmaßnahmen. Schutz gegenüber der Landplage erhoffte man vom Kult des → Apollon Parnopios, dessen Bild → Phidias für die Athener schuf, und von der Verehrung des Herakles Kornopion am Öta. H. als Nahrungsmittel waren in Griechenland weniger üblich als im Alten Orient. Vgl. → Fauna. J. W.

Lit: Keller, Tierwelt II 455–460 – H. Gossen, RE 8,2 (1913), 1382–86 (Quellen!) – R. Boehme, Unsterbliche Grillen, JdI 69, 1954, 49–66.

Hexameter. [1] *Griechisch.* Vers aus 6 Metren, bes. der daktyl. H. (→ Metrik B 1), der seit Homer der Vers des Epos und seit Hesiod der des Lehrgedichts ist, außerdem aber im → Distichon in Verbindung mit dem → Pentameter erscheint. Statt des 3silbigen → Daktylus (–◡◡) kann auch ein 2silbiger (––, → ‹Spondeus›) erscheinen. Der letzte Daktylus des H. ist → katalektisch; 2silbiger 5. Daktylus kommt selten vor (→ Spondiakus). Das metrische Schema ist also: –◡◡–◡◡–◡◡–◡◡–'◡◡'––||. Die Zäsuren (→ Prosodie B) des H. liegen hinter dem 3. longum (→ Penthemimeres) oder, was man vor allem im Distichon bevorzugt, zwischen den brevia des 3. Daktylus (*κατὰ τρίτον τροχαῖον*) oder, seltener, nach dem 4. longum (→ Hephthemimeres). Bes. der lat. H. zeigt oft neben der Hephthemimeres auch Zäsur nach dem 2. longum (→ Trithemimeres). Wortende ist außerdem häufig nach 3silbigem 4. Daktylus (bukolische → Dihärese). Wortende wird vermieden zwischen den brevia des 4. Daktylus (→ Hermannsche Brücke) und denen des 2. Daktylus, wie auch nach 2silbigem 2. Daktylus. Das Schema der gesuchten und vermiedenen Wortenden ist also: –⏑⏑–⏑͞⏑–¦⏑¦⏑–⏑͡⏑¦–⏑⏑––||. Die Frage, ob im älteren Epos mit → akephalen H.n (||'⏑'⏑⏑–⏑⏑...) oder mit sog. *στίχοι* → *μείουροι* (oder *μύουροι*: ...⏑⏑'⏑'–||) oder *στίχοι* → *λαγαροί* (||–'⏑'–⏑⏑...) zu rechnen ist, bleibt noch ungeklärt. B. Sn.

[2] *Lateinisch.* Dem Wandel des griech. H.s von Homer bis zur alexandrin. und späteren Dichtung entspricht die Entwicklung des lat. H.s von der an Homer anknüpfenden Rezeption durch → Ennius an zum streng geregelten H. der goldenen Latinität. Dieser zeigt folgende Unterschiede zu seinen griech. und altlat. Vorgängern: 1. Die gewöhnlichen Schlüsse (clausulae) sind: a) condere gentem: $\underline{5}$ ⏑⏑ | $\underline{6}$ – ||, b) unde Latinum: $\underline{5}$ ⏑ | ⏑ $\underline{6}$ – ||; Schema: ... ⁵–⏑⏑¦⏑¦ $\underline{6}$ – ||. Dies ist nicht unbedingt das Ergebnis einer Bestrebung, Wort- und Versakzent (Iktus) zusammenfallen zu lassen, denn in späterer Dichtung werden solche ennianischen Schlüsse wie aequiperáre und túm cupiéntes (ann. 132,77 V.) gemieden. – 2. Die → Hermannsche Brücke wird nicht beachtet (vgl. P. Maas, a. O. § 88). Ausnahme: Catull c. 64 (ein Gedicht im ‹alexandrin.› Stil). Auch das → Wernickesche Gesetz wird nicht eingehalten. – 3. Die männliche Zäsur (d. h. nach dem longum des 3. Fußes) überwiegt. Weibliche Zäsur (d. h. nach dem ersten breve des 3. Fußes) erscheint gewöhnlich in Verbindung mit der Zäsur nach dem longum des 2. Fußes und der Zäsur nach dem longum des 4. Fußes; also $\underline{1}$ – $\underline{2}$ ¦ – $\underline{3}$ ⏑ ¦ ⏑ $\underline{4}$ ¦ ⏑⏑ $\underline{5}$ ⏑⏑ $\underline{6}$ – ||, z. B. *infandum | regina | iubes | renovare dolorem* || (Aen. 2,3; Ausnahme: Aen. 4,486). – 4. Molossische Worte (– – –) nach der männlichen Zäsur sind häufig; Worte mit der Form – – ⏑⏑ sind häufig im griech., selten im lat. Vers (vgl. P. Maas, a. O. § 89). – 5. Zweisilbiger 4. Daktylus wird vor Satzzeichen gemieden (vgl. P. Maas, a. O. § 84.92). – 6. Das → Marxsche Gesetz ist vielleicht mit der griech. bukolischen Brücke zu verbinden: ... ⏑͡⏑ $\underline{5}$ ⏑⏑ $\underline{6}$ – ||, da die lat. Dichter versuchen, dieses Gesetz so weit wie möglich zu befolgen, indem lange einsilbige und → pyrrhichische (⏑⏑) Wörter nach der männlichen Zäsur so umgestellt werden, daß sie nach einem spondeïschen Wort zu stehen kommen (P. Maas, a. O. p. 94). – 7. Elisionen sind nur an besonderen Stellen und unter bestimmten Bedingungen gestattet (vgl. → Lachmannsches Gesetz). J.W.H.

Lit: P. Maas, Greek Metre, 1962 – *Im übrigen:* → Metrik E.

Hexas (*ἑξᾶς*), sizilische Silber- und Bronzemünze mit Wertbezeichnung von 2 Kugeln oder Strichen; 1/6 des Pfundes (→ Litra) oder 2 → Unciae (*οὐγκίαι*), dem ital. → Sextans bzw. → Biunx entsprechend. In Bronze außer auf Sizilien auch von den Brettiern in Bruttium geprägt. W. Schb.

Lit: Babelon, I 454–455. 459 – K. Regling, RE 8 (1913), 1387 – Ders., in: v. Schrötter, 265–266.

Hexis (*ἕξις*, habitus), seit dem Beginn des 4. Jh.s v. Chr. Kunstwort der wissenschaftlichen Prosa, zunächst der medizin. Fachsprache, wo H. die aus den verschiedenen Umständen resultierende physische Verfassung eines Menschen bezeichnet (gute Verfassung heißt speziell Euexia, schlechte Kachexia) auf der Basis der ursprünglichen Natur (Physis), zu der die H. vielfach in einen Gegensatz treten kann. Platon und Aristoteles (vgl. bes. metaph. 4, 20; NE 2, 4) übernehmen den Begriff in → Metaphysik und → Ethik (C 5). H. qualifiziert vor allem den Menschen, sofern seine Tugend als eine durch dauernd wiederholtes tugendgemäßes Handeln entstehende Verfassung, H., der Seele zu charakterisieren ist; H. wiederum ermöglicht die wirklich ‹gute› tugendhafte Tätigkeit (Energeia). Der Begriff wird auch von → Epikur übernommen und in eigentümlicher Weise von der Stoa. Sie unterscheidet H. als konstituierende Qualität im ontologischen wie im ethischen Bereich von der Schesis (*σχέσις*) als der vorübergehenden Qualifizierung. Sofern dann die Qualifizierung der ursprünglich qualitätlosen Materie den ersten Schritt in der Differenzierung des Kosmos darstellt, wird H. zum Kennwort für den untersten Bereich der unorganischen Natur (etwa Sextus Emp. adv. phys. 1, 81 ff.). O.G.

Hiat heißt das Zusammentreffen zweier Vokale verschiedener Silben, und zwar sowohl innerhalb eines Wortes (Binnenhiat, z. B. *θεός*), als auch in der Wortfuge im Satzzusammenhang (äußerer Hiat, z. B. *τιμὴ ἐστιν* oder, da ‹h› nicht berücksichtigt wird, *τὸ αἷμα*). Der äußere H. wird in griech. Dichtung und Kunstprosa im allgemeinen vermieden, und zwar durch 1. *Elision* (*ἀποκοπή, συναλοιφή, ἔκθλιψις*): ein kurzer Endvokal fällt gewöhnlich aus (*μυρί[α] Ἀχαιοῖς*). Kallimachos und Nikander elidieren Flexionsendungen selten; Isokrates, Oxyrhynchos-Hellenika und Nonnos elidieren nur einige Partikeln. Epos, Lyrik, Komödie elidieren die mediale und passive Endung *-αι*. *υ* wird sehr selten elidiert. Elision von *ι* im Dativ sing. ist nach Homer verboten; im Dativ plur. bei den Dramatikern. Weiteres bei P. Maas (s. u.). – 2. *Aphärese* (*ἀφαίρεσις*): der kurze Anfangsvokal einer Partikel oder das Augment kann nach langem Endvokal ausfallen (Anakr. 385 P. *ἐκ ποταμοῦ [ἐ]πανέρχομαι*). – 3. *Krasis* (*κρᾶσις*, auch → Synizese): die ‹Mischung› des Endvokals, zumal einer Partikel, mit dem Anfangsvokal des folgenden Wortes (*καὐτός, τἄλλα*, Sappho 1, 11 *ὠράνω[α]ἴθερος*). – Dazu kommt 4. *Hiatkürzung* (correptio epica): der lange auslautende Vokal wird vor anlautendem Vokal gekürzt (*μοῖ ἔννεπε*). Homer nutzt Hiatkürzung frei, unter seinem Einfluß auch die Lyriker und Dramatiker in → Daktylen, → Anapästen oder diesen ähnlichen Versen. B. Sn.

Lit: E. Schwyzer, Griech. Gramm. I, 1939, 399 ff. – P. Maas, Greek Metre, 1962, § 121 f.; 129; 141.

[2] Die lat. Dichtung elidiert regelmäßig bei äußerem H., was in der Schrift freilich nicht zum Ausdruck kommt. Im Wortinnern wird im Latein teils kontrahiert, z. B. *nīl* < *ni(h)il*, *cōgō* < * *coagō*, teils bleibt der H. unter Kürzung des 1. Vokals, z. B. *dĕus* < * *dē(v)os* < *deivos* (Vocalis ante vocalem corripitur). E.R.

Hibehrede, musikkritisches Pamphlet formalistischer Tendenz, das die ethische Bewertung der Musik bekämpfte, um 400 v. Chr., → Musik A [8]. G.W.

Ed: W. Crönert, Die H. über die Musik, Hermes 44, 1909, 503–521.

Hiberer (Iberer) → Spanien.

Hibernia (*'Ιέρνη*), Irland, wohl zum erstenmal durch Seefahrer von Massilia der griech. Welt bekannt geworden, von → Eratosthenes, vielleicht auf die Nachrichten des → Pytheas hin, auf seiner Karte richtig lokalisiert, dagegen von → Strabon noch im N Britanniens gedacht und von → Pomponius Mela noch für gleich groß wie Britannien gehalten. Erst → Ptolemaios (vielleicht auf Grund von Erkundungen durch → Agricola?) scheint eine genauere Kenntnis der Küsten zu haben und gibt eine Liste von 16 Stämmen bzw. Landschaften. Röm. Soldaten dürften Irland nie betreten haben. Das Christentum wurde durch St. Patrick von Wales aus nach Irland gebracht, wo es sich mit dem Keltischen zu weltgeschichtlich bedeutsamer Synthese verband u. so besonders in Mission u. Buchmalerei wirkte.

Hiberus, Fluß in → Spanien (Kt. 2849 C 1; Ebro), der vielen Stämmen der Ureinwohner seinen Namen gab (Iberer). Entspringt in Kantabrien, mündet im Gebiet der Ilerkavonen ins Mittelmeer. Bedeutender Schiffahrtsweg. J.M.d.M.

Lit: A. Schulten, Iber. Landeskunde, 1955, 307–312.

Hiempsal, mit → Adherbal und seinem Vetter → Jugurtha Erbe des numidischen Reiches (118 v. Chr.). G.G.

Hierakonpolis (alt *Nḫn*, jetzt Kom el-Aḥmar), Stadt in Oberägypten auf dem westl. Nilufer (Kt. 29 D 8), einst Hauptstadt des 3. oberägypt. Gaues; hier wurde → Horus verehrt, in dessen Tempel zahlreiche frühgeschichtliche Weihgaben ausgegraben wurden. H. spielte in der religiösen Literatur als mythische Hauptstadt Oberägyptens eine bedeutsame Rolle. In H. wurde auch das einzige spätvorgeschichtliche Häuptlingsgrab Ägyptens gefunden. W. Hk.

Lit: I. E. Quibell, Hierakonpolis, 1898 ff.

Hierapolis *in Phrygien* (Kt. 1567 B2; heute Pamukkale), auf einer Terrasse im Tale des Lykos. Auf der 2,7 km langen und 300 m breiten Terrasse entspringt eine Thermenquelle von 35° Wärme, die stark kohlensäurehaltig ist und mit ihren Kalkablagerungen die Terrasse in phantastischen, versteinerten Kaskaden aufgebaut hat. Von der Geschichte von H. ist wenig bekannt. Eine Gründung durch die pergamen. Könige um 190 v. Chr. ist möglich, wobei die Namengebung nach Hiera, der Frau des → Telephos, des mythologischen Stammvaters der → Attaliden, nicht ausgeschlossen ist. Seit 133 v. Chr. (mit kurzer Ausnahme) innerhalb der Provinz → Asia (von 56–50 v. Chr. zu Kilikien). Dann stets im Zusammenhang mit Erdbeben genannt, da die Stadt in einem Erdbebenzentrum liegt. Die heute sichtbaren Ruinen müssen zum Wiederaufbau nach dem Erdbeben von 60 n. Chr. gehören. Ältere Schichten sind unter den Ablagerungen der Quelle, die auch die noch sichtbaren Trümmer halb verschüttet haben, zu suchen. Weitere Erdbeben unter Antoninus Pius und Alexander Severus. Später bedeutende Bischofsstadt und schließlich Metropolis. H. war in der Antike ein eigentlicher Thermalkurort, daher auch die Kulte des → Asklepios und der → Hygieia in Blüte. Von der Hauptachse, einer Kolonnadenstraße, sind Reste vorhanden. Wohl erhalten ist das Theater, die Thermen sind in umfangreichen Ruinen zu erkennen. R.F.

Lit: Altertümer von H., hg. von C. Humann, C. Cichorius und F. Winter, JdI Erg.Heft 4, 1898.

2. **H.** *in Syrien*, Stadt an der Straße von Beroia nach → Edessa in der Nähe des Euphratübergangs (Kt. 1567 E3; heute Manbidj). Der Name der Stadt lautet ursprünglich Mabbog, schon im 9. Jh. v. Chr. in assyr. Quellen in der Form Bambuki, woraus in hellenist. und frühröm. Zeit *Βαμβύκη* (Bambyce) wird. Seit der röm. Kaiserzeit taucht die Bezeichnung H. immer mehr auf (Plin. nat. 5, 81). Nach Aelian (nat. anim. 12, 2) soll → Seleukos I. Nikator der Stadt den Namen H. und den Status einer griech. Stadt verliehen haben, doch steht H. nicht in der Liste der Gründungen Seleukos' I. bei Appian (Syr. 57). H. war wegen seines großen Tempels der → Atargatis und des → Hadad berühmt (vgl. → Lukian De Dea Syria), zugleich aber auch eine wichtige Handelsstation im Warenverkehr Roms mit dem Osten, bes. nach der Zerstörung → Palmyras. Die → Partherkriege brachten den langsamen Niedergang von H., das eine der Hochburgen der → monophysitischen Häresie war. Auch der alte semit. Ortsname trat wieder in den Vordergrund. 637 erfolgte die Eroberung durch die Araber. Die endgültige Verödung der Stadt geht auf die Plünderung und Zerstörung durch die Khwarizmier am 6. November 1240 zurück. Noch vor 200 Jahren waren in H. bedeutende Ruinen zu sehen, die seither durch die dort angesiedelten Tscherkessen stark abgetragen worden sind: Stadtmauer, Tempelumfassungsmauer, heiliger Teich, Kolonnadenstraße. R.F.

Lit: G. Goosens, H. de Syrie, Univ. de Louvain, Rec. de travaux d'hist. III 12, 1943 – H. Stocks, Studien zu Lukians Dea Syria, Berytos 4, 1937, 1–40.

Hieratisch, aus den Hieroglyphen abgeleitete ägypt. Buchschrift (nur selten für Inschriften verwendet), von der Frühzeit bis zum 7. Jh. v. Chr., später noch für religiöse Texte gebräuchlich. H.Hg.

Hieroglyphen, die ägypt. Bilderschrift. Zunächst wurde jedes Wort durch ein entsprechendes Bild (Ideogramm) ausgedrückt. Lautwert und Bildwert stimmten aber schon in den ersten Anfängen der Schrift nicht überein. So stellte man häufig ein Wort durch ein Bild dar, dessen Gegenstand gleich lautete (Prinzip des Rebus); die Vokale wurden im Ägypt. – wie ursprünglich in den meisten semitischen Schriften – nicht geschrieben, so daß ein Bild oft für mehrere Wörter stehen konnte. Ferner wurden manche Zeichen als reine Lautzeichen für eine Mehrkonsonantengruppe (2–3 Konsonanten) verwendet. Darüber hinaus kannte man auch Einkonsonantenzeichen, die bereits einen Übergang zur Buchstabenschrift darstellten. Determinative am Wortende hatten keinen Lautwert und sollten nur die Bedeutungsgruppe angeben. Dieses Nebeneinander verschiedenwertiger H. blieb von den ältesten Zeiten bis in die Spätantike unverändert. Gegenüber den H. der Inschriften weisen die mit dem Pinsel auf Holz oder Papyrus geschriebenen (Sargtexte, Totenbücher) einen flüssigeren, kursiveren Zug auf. → Schrift (A). – Die Entzifferung der H. gelang Champollion 1822 mit Hilfe des Steines von → Rosette. H.Hg.

Hierokles, athen. Chresmologe, 2. H. 5. Jh. (Eup. Fr. 212 K.; Aristoph. Pax 1043 ff. mit Schol.), vielleicht schon im euböischen (447/446) Krieg herangezogen zu Opfern, die von Orakeln gefordert waren (IG² 1, 39). C.J.C.

2. **H. von Alexandria,** → Stoiker, Mitte 2. Jh. n. Chr., ganz auf die → Ethik konzentriert, die er wie → Musonios und → Epiktet unter völligem Verzicht auf philosophische Systematik und anthropologisch-theologische Grundlegung als konkrete Anweisung zu menschenfreundlichem, edelgesinntem und rechtschaffenem Lebenswandel vortrug. Im Pap. Berol. 9780 sind uns ca. zwei Drittel seiner ‹Ethischen Elementarlehre› (*Ἠθικὴ στοιχείωσις*) erhalten. Sie behandeln ohne besondere Originalität die Pflichten gegen die Götter, das Vaterland, Eltern, Geschwister und Verwandte, die rechte Führung von Haushalt und Ehe. – Aus einer weiteren Schrift ähnlichen Charakters bringt → Stobaios zahlreiche Exzerpte. O.G.

Ed: H. v. Arnim, Berl. Klassikertexte 4, 1906 – *Lit:* K. Prächter, H., der Stoiker, 1901.

3. **H. von Alexandria,** neuplaton. Philosoph, 5. Jh. n. Chr., Schüler → Plutarchs (1) v. Athen; sein Platonismus bleibt dem vorplotinischen nahe. Mit → Ammonios (2) Sakkas lehrt er die Harmonie von → Platon und → Aristoteles; mit → Origenes (2) dem Neuplatoniker, der → Demiurg (dem keine präexistente Materie vorliegt) sei der oberste Gott. → Vorsehung, die Gott durch Engel ausübt, und → Fatum (sie betreffen nur die Folgen unserer Handlungen) sind mit freiem Willen vereinbar. Die Bestimmung des Menschen ist von der anderer Lebewesen ganz verschieden, die Seelenwanderung ist auf ihn beschränkt. Ph.M.

Q: ‹Über Vorsehung›: Bericht bei Photios Bibl. cod. 214.251 – Komm. zum ‹Goldenen Gedicht›: F.W.A. Mullach, Frg. I, 1860 (franz. Übers. v. M. Meunier, 1926) – *Lit:* H. Langerbeck, RGG III, 1959, 314 f.

Hieromnemones, Name eines sakralen Verwaltungsamtes, das bes. nach inschriftlichen Zeugnissen in der ganzen griech. Welt verbreitet war (etwa Athen, Mykene, Argos, Epidauros, Thasos, Byzanz, Segesta, Tauromenion u.a.). Zu seinen Aufgaben gehörten die Organisation von Festen, Verwaltung von Tempelbauten und Tempelvermögen sowie des Tempelarchivs. Sie verhielten sich insofern zu den Mnemones der Profanverwaltung wie der Hierogrammateus zum profanen Grammateus. O.G.

Hieron I. aus Gela, Bruder des → Gelon, aus der Familie der Deinomeniden, geboren ca. 540/525; heiratete nacheinander die Tochter des Nikokles v. Syrakus (vor 485), die ihm den Sohn Deinomenes gebar, die Tochter des → Anaxilas (1; ca. 480/479) und die Tochter des Xenokrates, des Bruders des → Theron (ca. 475); H. siegte im Pferderennen in Pytho 482/481 und 478/477 und in Olympia 476/475 und 472/471 und mit der Quadriga in Pytho 470/469 und in Olympia 468/467. 485 folgte er seinem Bruder Gelon als Tyrann von Gela nach und im Herbst 478 als Tyrann von Syrakus. Er verfolgte eine imperialistische Politik (→ Theron); gründete Aitna (475); intervenierte in Großgriechenland (→ Anaxilas, 1); besiegte die etrusk. Flotte vor Cumae (474/473). Er förderte die Künste und die Literatur (→ Bakchylides; → Simonides (1); → Pindar; → Aischylos; → Epicharmos). H. starb Ende 467/466; sein Bruder und Nachfolger Thrasybulos wurde bald vertrieben; danach wurde die Demokratie wieder eingeführt (Ende 466/465). R.V.C.

Lit: R. Van Compernolle, Etude de chronol. et d'histor. siciliotes, 1960, 319–351; 383–403.

2. **H. II.** von Syrakus, geb. ca. 306 v. Chr., Sohn des Hierokles. H. gab sich für einen Nachfolger der Deinomeniden aus (→Gelon). Als Syrakus sich nach der sizilischen Expedition des →Pyrrhos (278–276) gegen die Karthager und die Mamertiner verteidigen mußte, ernannte das Heer H. und Artemidoros zu Strategen, doch ließ sich H. zum *στρατηγὸς αὐτοκράτωρ* ernennen (275/274). Er schloß Frieden mit Karthago und heiratete dann Philistis, die Tochter des Aristokraten Leptines, um die Oligarchen für sich zu gewinnen. Der glorreiche Sieg, den er 269/268 über die Mamertiner errang, veranlaßte das Volk, ihn zum König zu ernennen: das Herrschaftsgebiet von Syrakus umfaßte damals ganz Ostsizilien außer Messana. Ein neuer Zug gegen die Mamertiner führte zum Eingreifen Roms (264). H. bat um Frieden und erhielt ihn in Form eines Bündnisvertrags: H. wurde tributpflichtig, und seine Herrschaft wurde auf einen Streifen längs der Ostküste beschränkt (263/262). Syrakus trug sonst aus dem 1. Pun. Krieg keinen Schaden davon (264–241). Als treuer Bundesgenosse Roms versorgte H. die röm. Legionen zuverlässig mit Lebensmitteln, wodurch Handel und Landwirtschaft von Syrakus einen großen Aufschwung nahmen. Während das ganze übrige Sizilien eine röm. Provinz geworden war, erlebte Syrakus eine Zeit großen Wohlstandes. H. unterhielt gute Beziehungen zu Rom, Karthago, Rhodos und Ägypten; sein Hof war prächtig (→Archimedes). Auch die Niederlage von Cannae im 2. Pun. Krieg (216) erschütterte H.s Treue nicht, der von da an mit der karthagofreundlichen Partei, der sein eigener Sohn angehörte (Gelon, gest. 216), zu kämpfen hatte. Nach seinem Tode folgte ihm sein Enkel →Hieronymos nach (215). R.V.C.

Lit: H. Berve, König H. II., Abh. München 47, 1959.

3. **H.,** att. Schalentöpfer, tätig ca. 500–470 v. Chr., beschäftigte vorzüglich den Schalenmaler →Makron, später auch den Telephos- und den Amymonemaler. Sein Formenschatz bleibt auffallend konstant. I. Sch.

Lit: Leonard, RE 8 (1913), 1516–29 – H. J. Bloesch, Formen att. Schalen, 1940, 91–96.

Hieronymus, 340/50–419/20, Sohn reicher christlicher Eltern zu Stridon in Dalmatien, studierte in Rom Grammatik, Rhetorik und Philosophie, las aber auch christliche Schriftsteller; vor 366 getauft; bald darauf Mönch. Das sog. anticiceronianische Traumgesicht bewog ihn, die Lektüre heidnischer Schriftsteller aufzugeben, was er später jedoch nicht durchhielt, und sich allein mit göttlichen Dingen zu befassen. 382 von Papst Damasus als theologischer Berater nach Rom berufen, lebte er nach dessen Tode seit 386 in Bethlehem als Einsiedler, bis an sein Lebensende rastlos literarisch tätig. Im pelagianischen Streit nahm er gegen →Pelagius, im 1. Origenistenstreit gegen →Origenes Stellung. Trotz manchen charakterlichen Schwächen und zuweilen fehlender Gründlichkeit gilt H. mit Recht als der gelehrteste und belesenste lateinische Kirchenvater. Außer Latein beherrschte er Griechisch und Hebräisch. Seine größte Leistung ist die Schaffung eines zuverlässigen lateinischen Bibeltextes (die spätere sog. Vulgata), den er unter Rückgang auf den Urtext herstellte. Ferner übersetzte er viele Schriften griech. Theologen und machte sie so dem Westen zugänglich. In De viris illustribus schuf er eine christl. Literaturgeschichte (von Petrus bis H., einige Juden und Heiden mit behandelt). Weiter verfaßte er drei legendäre Mönchsbiographien. In seinen dogmatisch-polemischen Schriften verfocht H. das Ideal schroffer →Askese, behauptete die ewige Jungfräulichkeit Marias und wertete Ehe und Weltleben gegenüber dem →Mönchstum ab. B.L.

Ed: PL 22–30 – CSEL 54–56; 59, 1910–18 – *Übers:* BKV 16, 18, 1936/7 – *Lit:* G. Grützmacher, H., 3 Bde, 1901–1908 – H. Lietzmann, RE 8, 2 (1913), 1565–81 – Der hl. H., Festschr. hg. von der Erzabtei Beuron, 1920 – F. Cavallera, S. Jérôme, 2 Bde, 1922 – J. Steinmann, H., 1961 – RGG III 315 f. – Altaner 354–365.

2. **H. von Kardia,** griech. →Geschichtsschreiber (B 3), 2. H. des 4. und 1. H. des 3. Jh.s. Freund und Mitkämpfer des →Eumenes; dann im Dienst von →Antigonos I. Monophthalmos und →Demetrios I. Poliorketes; wohl auch Beziehungen zu →Antigonos II. Gonatas. Soll 104 jährig gest. sein. Sein Werk (wenige Frg.e), mindestens bis 273/272 (Pyrrhos' Tod) reichend, war maßgebend für die Diadochengeschichte und enthielt die erste röm. Archäologie. Gute Sachkenntnis des politischen Praktikers und Zuverlässigkeit (Urkunden) verbinden sich mit einer der ‹tragischen› Dramatisierung offenbar abholden, aber doch kunstmäßigen Darstellung. Benutzt (über Mittelquelle?) von →Diodor (18–20 bzw. 22; vgl. Heidelberger Epitome: FGrHist 155); →Arrian, →Plutarch (Eum., Demetr., Pyrrh.) u. a. (→Nepos, →Pompeius (11) Trogus, →Justin (2), →Polyainos, →Pausanias). W. Sp.

Frg: FGrHist 154 m. Add. – *Lit:* E. Schwartz, RE 5 (1905), 684 f. s. v. Diodoros Nr. 38 – F. Jacoby, RE 8 (1913), 1540–60 s. v. Hieronymos Nr. 10 – Berve I Nr. 383 – H. D. Westlake, Eumenes of Cardia, Bull. J. Ryl. Libr. 37, 1954/55, 309–314 – M. J. Fontana, Le lotte per la successione di Alessandro Magno, Atti Accad. Palermo IV 18, 2, 1957/58, 249–335 – R. H. Simpson, Abbreviation of H. in Diodorus, AJPh 80, 1959, 370–379 – Manni 101. 123.

3. **H. von Rhodos,** →Peripatetiker, 3. Jh. v. Chr. Seine Lehre vom höchsten Gut (Glückseligkeit ist Freiheit vom Leiden) gab die aristotelische Tradition preis und näherte sich dem Hedonismus der →Kyrenaiker und →Epikureer. Auch in der Affektenlehre unorthodox: er verurteilte den Zorn und lehrte in stoisierender Weise seine Bekämpfung. Er befaßte sich wohl in Dialogen mit der Geschichte von Dichtung und Musik; in einer rhetorischen Schrift tadelte er den Stil des →Isokrates als eintönig. P. M.

Q: F. Wehrli, Schule des Aristot. 10, 1959, 1–44.

4. **H. von Syrakus,** geb. ca. 230 v. Chr., ältester Sohn des Gelon und Enkel →Hierons II., dem er im Frühsommer 215 als König von Syrakus nachfolgte. H. kündigte sofort das Bündnis mit Rom, doch fiel er einer Verschwörung zum Opfer (Sommer 214): eine demokratische, prokarthagische Regierung wurde eingesetzt. Bald darauf wurde Syrakus durch ein röm. Heer unter M. →Claudius (10) Marcellus eingenommen (212). R.V.C.

Hierophanten, Name des höchsten →Priestertums an den eleusin. →Mysterien, erblich im Geschlecht der →Eumolpiden. Dem H. obliegt die feierliche Einladung bei Beginn der Mysterienfeier, bei der Feier selbst das Anstimmen der Ritualgesänge, das Herzeigen der Heiligtümer (*ἱερά*) – daher ‹H.› – und der Vollzug der Einweihung. Außerdem ist er allein zur Exegese der überlieferten Vorschriften und Kultbräuche befugt (vgl. And. 1, 116; Diog. Laert. 2, 101; 7, 186). In Athen hat er den Ehrenplatz im Dionysostheater und Anspruch auf Speisung im Prytaneion. Über seine Amtstracht vgl. Ath. 21 E, Epikt. 3, 21, 16. O. G.

Hierophylax, gelegentlich vorkommender Name für untergeordnete Tempelaufseher und Sakristane. O. G.

Hieropoioi, Name untergeordneter Kultbeamter im Staatskult, aber auch in privaten Kultgenossenschaften. Inschriftlich vielfach belegt, so in Athen, Euböa, Delos, Chios, Mykonos, Rhodos, Ephesos, Priene u. a. Die Aufgaben der athen. H. skizziert Aristot. Ath. pol. 54, 6 f. (Organisation bestimmter Opfer und Festfeiern). O. G.

Hieroskopie, Weissagung aus verschiedenen Vorgängen beim →Opfer; der →Priester oder →Mantis (dieser stets bei mantischen Opfern, *χρηστήρια*: Aischyl. Sept. 230 ff., auch bei *σφάγια*, die man vor jeder großen Unternehmung darbringt: Hdt. 6, 112; Thuk. 6, 69, 2) beobachtet das Verhalten des sorgfältig ausgewählten Opfertieres (Plut. mor. 729 F u. ö.), prüft seine Eingeweide (Aischyl. Prom. 493 ff.), bes. Leber (Xen. Hell. 3, 4, 15 u. ö.) und Galle (Eur. El. 827 ff.) und ihr Verbrennen im Feuer (Eur. Phoin. 1255 ff.

mit Schol.). Auch Feuer- und Rauchbildung wird beobachtet (→Kapnomantie). Reste antiker Spezialschriften: Pap. Amh. 2, 14; Pap. Ross.-Georg. I 21 (1925). C.J.C.

[2] Das *röm. Ritual* führte die Untersuchung der Eingeweide (*Extispicina*) nur aus, um zu wissen, ob die Götter das Opfer angenommen hatten oder ob ein anderes Opfer dargebracht werden sollte. Die Weissagung aus den Eingeweiden, bes. aus der Leber, war eine Spezialität der etrusk. →Haruspices, die von den röm. Magistraten von Fall zu Fall mit der Abgabe von Gutachten über ihre Befunde betraut wurden. H. Le B.

Hiketas, syrakusan. Stratege, gegen den Mörder des →Agathokles, Menon, entsandt, der mit Hilfe der Söldner und Karthagos die Macht zu ergreifen suchte (289); wurde 288 Tyrann; schlug Phintias, den Tyrannen von Akragas, bei Hyblaion, wurde jedoch von den Karthagern am Terias geschlagen; 279 von Thoinon vertrieben (→Hieron II.).

Q: Diod. 21, 16, 6; 18, 1; 22, 2, 1; 7, 2. R.V.C.

2. **H. von Syrakus,** →Pythagoreer des 5. Jh.s v. Chr. Ihm wird in der auf →Theophrast zurückgehenden Tradition eine Kosmologie zugeschrieben. Die von Cic. ac. 2, 123 mitgeteilte erstaunliche These des H., daß im Kosmos die Erde allein sich bewege, während der Himmel und alle Gestirne stillestünden, hat auf die humanistische Astronomie von Kopernikus an Einfluß ausgeübt. O.G.

Q: VS 50.

Hilarius, Bischof von Poitiers, der ‹Athanasios des Westens›, ca. 315–367. Als Glied einer vornehmen Familie genoß H. eine gediegene Bildung in Rhetorik und Philosophie. Zum Christentum übergetreten und getauft, wurde er von der Vaterstadt 350 zum Bischof gewählt. Der Vorkämpfer gallischen Widerstandes gegen die arianische Religionspolitik von Konstantius II. wurde 356 nach Phrygien verbannt. Er lernte dort den östlichen Trinitätsstreit (→Christentum V E 2) kennen, dessen Problematik er in seinem theologischen Hauptwerk De trinitate und dessen Glaubensformeln er in der Schrift De synodis dem lateinischen Westen zur Kenntnis brachte. Weder durch Teilnahme an der Synode von Seleukia (359) noch durch seine Eingabe Ad Constantium erreichte er die Erlaubnis zur Rückkehr nach Gallien; das Pamphlet Contra Constantium ist Reaktion darauf. Erst unter Kaiser →Julian kehrte H. zurück, um in Gallien der Orthodoxie zum Siege zu verhelfen. In Mailand hingegen intervenierte er mit dem Traktat Contra Arianos vel Auxentium vergeblich für sie. Die letzten Lebensjahre gestatteten H., in Fortsetzung älterer exegetischer Arbeiten (Kommentar zum Matthäusev.) die Tractatus super Psalmos zu veröffentlichen. In seinen Werken, aus denen noch der Liber mysteriorum und die Hymnen hervorzuheben sind, begegnet er uns als Autor, dessen Stil mit seinen überladenen Perioden und elliptischen Ausdrücken schwer verständlich ist. P.L.

Ed: PL 9; 10 – CSEL 22, 1891; 65, 1960 – *Lit:* Altaner, 325–329 (Lit) – Dazu: M. Meslin, Hilaire de Poitiers, 1959 – F. Galtier, S. H. de Poitiers, Le premier docteur de l'Eglise latine, 1960 – E. Boularand, Bull. de litt. ecclésiast. 62, 1961, 81–104 (zum Prolog von De trinitate).

Hildesheimer Silberfund, geborgen 1868 in der Nähe von H., besteht aus ca. 80 Silbergefäßen augusteischer und späterer Zeit. Ursache und Zeit der Vergrabung sind nicht bekannt. Vgl. →Toreutik. L.B.-H.

Lit: E. Pernice – F. Winter, Der H., 1901 – Ausstellungskatalog H. 1957 – H. Küthmann, Unters. zur Toreutik des 2. und 1. Jh.s v. Chr., Diss. Basel 1959.

Himation (lat. Pallium), großer Tuchmantel, ursprünglich mit der →Chlaina identisch. Besteht aus einer Tuchbahn, die um beide Schultern oder so um den Körper gelegt wird, daß die rechte Schulter frei bleibt, der Endzipfel über die linke Schulter geschlagen wird oder auf dem linken Arm liegt. In dieser Form wird das H. zur Hauptgewandung der Männer (Ehren- und Porträtstatuen), die sich bis zum Ausgang der Antike hält. F.E.

Himera, chalkidisch-dorische Mischkolonie, um 648 von →Zankle und den aus →Syrakus vertriebenen Myletiden an der N-Küste von →Sizilien gegründet, 47 km östl. Palermo (Kt. 1420 F 9); Heimat des →Stesichoros; zu Beginn des 5. Jh.s wird →Terillos Tyrann von H., von →Theron v. Akragas vertrieben. Terillos ruft die Karthager zu Hilfe, 480 Schlacht bei H., →Hamilkar (1) wird von Theron und →Gelon geschlagen. 408 völlige Zerstörung der Stadt durch die Karthager unter →Hannibal (1). Außerhalb der Stadt ist ein nach 480, wahrscheinlich aus Anlaß des Sieges, erbauter dorischer Tempel ausgegraben. E.M.

Lit: K. Ziegler, RE 8, 2 (1913), 1613–20 – P. Marconi, Lo scavo del tempio della vittoria, ASMG 1930, 41–200.

Himerios von Prusias (Bithynien), →Redner (I D 3) geb. etwa 300/315; gest. hochbetagt. Schwiegersohn des Nikagoras II. (Fackelträger der eleusin. Mysterien; Enkel des Nikagoras I.). H. war Professor in Athen; er wurde i. J. 362 von →Julian (2) an den Hof nach Antiochia berufen und war von Athen abwesend bis zum Tod seines Rivalen →Proairesios; Lehrer des →Gregor (4) v. Nazianz, →Basilius u. a. H.' literarische Produktion, die uns noch durch ganz erhaltene, aber vielfach arg verstümmelte Reden bzw. durch Exzerpte (auch Auszüge des →Photios) kenntlich ist, umfaßte Deklamationen (symbuleutische und gerichtliche Meletai, darunter or. 3 C.: eine Anklagerede gegen Epikur; or. 6 C. ist ein zum att. Epitaphienfest gehaltener ‹Polemarchikos›) und aktuelle Reden (bes. Gelegenheitsreden: offizielle Ansprachen an röm. Beamte; or. 41 C.: Lob auf Konstantinopel; Monodie auf H.' Sohn; Reden aus dem Schulleben). H.' poetisierender Stil ist von →Sappho, →Alkaios, →Anakreon, →Ibykos, →Theokrit u. a. inspiriert; auch Platon-Reminiszenzen. W.Sp.

Ed: G. Wernsdorf, 1790 – Einzelnes ab 1719: Fabricius – Photiusexzerpte: H. Stephanus, 1567 – A. Colonna, 1951 (Lit; dazu N. Terzaghi, GGA 208, 1954, 72–79) – Pap. Oslo 1478: S. Eitrem-L. Amundsen, CeM 17, 1956, 23–30 – *Lit:* H. Schenkl. RE 8, 2 (1913), 1622–35 – Ders., RE Suppl. 3 (1918), 1151–53 – J. D. Meerwaldt, Epithalamica, Mnemosyne IV 7, 1954, 19–38 – K. Gerth, RE Suppl. 8 (1956), 755 s. v. 2. Sophistik (Lit).

Himilko, karthag. Seefahrer, 1. H. 5. Jh. v. Chr. (?). H. erreichte von →Gades aus die ‹Zinninseln› (Scilly-Inseln?), dann wahrscheinlich die Bretagne, Irland und England. Dürftige Spuren der griech. Übersetzung seines Berichts bei →Plinius d. Ä. und →Avianus. →Entdeckerfahrten. F.L.

2. **H.,** Karthager, Sohn des Hanno; nach dem Tod seines Onkels →Hannibal (1) Oberbefehlshaber des karthag. Heeres in Sizilien als Nachfolger Hannibals, eroberte Akragas (Ende 406 v. Chr.), dann Gela und Kamarina (405). Eine Seuche in seiner Armee zwang ihn schließlich, sich mit →Dionysios I., der gerade zum *στρατηγὸς αὐτοκράτωρ* ernannt war, zu vergleichen. H. erhielt sehr günstige Friedensbedingungen, die das Übergewicht Karthagos auf der Insel festlegten. Als Dionysios I. 397 den Frieden gebrochen, die griech. Städte befreit und Motye zerstört hatte, landete H. mit einer starken Armee in Panormos; Dionysios mußte sich bis nach Syrakus zurückziehen, wo er eingeschlossen wurde. Während der Belagerung brach erneut eine Seuche im Heer H.s aus, das dann von Dionysios in einem Überraschungsangriff vernichtet wurde (396). H. konnte (nach einem Vergleich?) entkommen und starb, nach Karthago zurückgekehrt, eines freiwilligen Hungertodes. R.V.C.

Himmelsglobus. Eine Vollkugel, auf der Sterne und Sternkonstellationen abgebildet sind, wurde schon von den älteren griech. Astronomen benutzt. →Ptolemaios (17) beschreibt die Montierung eines drehbaren H., dessen Achse entsprechend der geographischen Breite des Beobachters geneigt werden kann. Vgl. →Sternbilder. S.S.

Hinkjamben →Choliamben.

Hinktrochäus, trochäischer Tetrameter mit longum im vorletzten Element, vgl. Hippon. Fr. 70–75 D., bzw. Fr. 119–127 M.; vgl. →Choliamben.

Hippalektryon, → Mischwesen, Vorderteil Pferd, Hinterteil Hahn. Oft mit Reiter (mitunter → Poseidon), Literarisch erst seit Aischyl. Fr. 134 N., in der Kunst etwa von 570 bis ins frühe 5. Jh. nachweisbar. Verwandte Mischwesen sind häufig, z. B. Aigalektryon auf der böot. Lekane, CVA Bruxelles 3 III G Taf. 3, 8; Hahn mit Pantherkopf auf der tyrrhen. Amphora, Berlin F 1707. Wesen dieser Art entstanden unter dem Eindruck oriental. Mischfiguren, sind aber selbst Produkte griech. Phantasie. K. Schb.

Lit: A. Alföldi, Der Einmarsch Octavians in Rom, Hermes 86, 1958, 482 – Lo Porto, Vasi attici a figure nere da una tomba tarantina, Bd'A 44, 1959, 11 Abb. 7 – K. Schauenburg, in: Ars Antiqua A. G. Luzern, Auktion II, 1960, zu Nr. 146.

Hippalos, griech. Seefahrer, entdeckte um 100 v. Chr. den direkten Weg der Monsunfahrten durch den Indischen Ozean von Ägypten oder Arabien nach Indien und ermöglichte dadurch den in der Zeit des Augustus regen Schiffsverkehr auf jener Strecke. Bericht im anonymen → Periplus (2) maris Erythraei (GGM I 298). Vgl. → Entdeckerfahrten. F. L.

Hipparchen, ‹Reiterführer›, hießen in Athen und vielen anderen griech. Staaten die mit der Führung der Reiterei betrauten Magistrate. F. G.

Hipparchos, Athener, zweiter Sohn des → Peisistratos (2). Sein Bruder → Hippias (1) ließ ihn an der Regierung teilhaben, als er 528/527 v. Chr. die Nachfolge des Vaters als Tyrann von Athen antrat. H. wurde bes. mit der Pflege der Dichtung und der bildenden Kunst beauftragt: → Simonides (1) und → Anakreon kamen auf seine Einladung nach Athen; auch bei der sog. ‹Peisistratidischen Redaktion› des → Homertextes soll H. mitgewirkt haben; es heißt, er habe einen maßgebenden Text in Chios erworben. 514 v. Chr. wurde er von → Harmodios und → Aristogeiton (1) aus persönlichen Gründen ermordet. R. V. C.

Lit: → Peisistratos (2).

2. **H.,** Komiker, der neuen att. Komödie zugehörig. Fragmente von vier Stücken erhalten.

3. **H. von Nikaia,** der bedeutendste → Astronom der Antike, tätig ca. 160–125 v. Chr., hauptsächlich in Rhodos, zeitweise in Alexandria. – Seine *Werke* sind außer einem Frühwerk (einem Kommentar zu dem astronomischen Lehrgedicht des → Aratos, 2) sämtlich verlorengegangen, doch sind wir über seine wichtigsten Arbeiten durch → Ptolemaios (17) unterrichtet, der vielfach auf den Ergebnissen des H. fußt. H.' auf der geozentrischen Hypothese beruhende mathematische Methode benutzte zur Beschreibung der Bewegungen von Sonne, Mond und Planeten, → Epizykel und → exzentrische Kreise, deren Theorie → Apollonios (15) v. Perge um 200 v. Chr. entwickelt hatte. Während für die Sonne und – wenn auch mit Schwierigkeit – für den Mond jede der beiden Annahmen für sich zur Beschreibung genügt, ist für die Darstellung der Planetenbewegungen, wie H. gezeigt hat, eine Kombination von Exzenter- und Epizykeltheorie notwendig. – Die größte wissenschaftliche Leistung von H. war die Entdeckung der → *Präzession der Tagundnachtgleichen*. Er verglich die Beobachtungen, die der Astronom → Timocharis etwa 160 Jahre vor ihm angestellt hatte, mit seinen eigenen und schloß daraus, daß der Fixstern Spika dem herbstlichen Tagundnachtgleiche-Punkt um 2° näher gerückt sei. Dies entspricht dem Wert von 1° in 80 Jahren, der nur um 10% kleiner ist als der heute angenommene (1° in 72 Jahren). – Ein weiteres schlagendes Beispiel für die hohe Präzision der Messungen des H. ist die Bestimmung der *Jahreslänge*, durch die er den bis dahin angenommenen runden Wert von 365¼ Tagen auf 365 Tage, 5 Stunden, 55 Minuten und 12 Sekunden verbesserte, was nur 6 Minuten und 26 Sekunden länger ist als der heute geltende Wert. Aus H.' Arbeiten über die Beziehungen von Mond- und Sonnenumlauf geht hervor, daß er Daten babylon. Astronomen aus dem 4. Jh. v. Chr. gekannt und benutzt hat. Hieraus ergibt sich die *Monatslänge* nach H. zu 29 Tagen, 12 Stunden, 44 Minuten, 2½ Sekunden, d. h. um kaum eine Sekunde kürzer als der richtige Wert. H. hat ferner einen Sternkatalog von über 800 Sternen zusammengestellt, in dem zum erstenmal die Positionen nach Länge und Breite angegeben wurden. Auch die von H. konstruierten astronomischen Instrumente (→ Dioptra, Meridianinstrumente u. a.) bildeten die Grundlage für alle späteren Beobachtung, bes. die des → Ptolemaios (17). – Vgl. → Astronomie. S. S.

Lit: A. Rehm, RE 8, 2 (1913), 1666–81 – Th. L. Heath, Greek Astronomy, 1932, 142 ff. – *Bildnisse:* → Anhang I.

Hippasos, von Metapont, → Pythagoreer der Mitte des 5. Jh.s v. Chr., scheint in dem als ‹Mathematiker› bezeichneten inneren Zirkel der → Pythagoreer als Führer derjenigen, welche die Lehre des → Pythagoras in wissenschaftlicher Weise weiterbilden wollten, eine wichtige Rolle gespielt zu haben. Noch vor dem Ausbruch der antipythagoreischen Bewegung in Unteritalien um 450 v. Chr. ist er für Demokratisierung eingetreten. Die ihm zugeschriebenen musikalischen Experimente sind in der Überlieferung kaum ganz richtig beschrieben. Er soll sich mit dem regelmäßigen Dodekaeder beschäftigt haben; wahrscheinlich hat er am regelmäßigen Fünfeck, das die Seiten des Dodekaeders bildet und in der Form des Pentagramms den Pythagoreern als Erkennungszeichen diente, die Inkommensurabilität (→ Irrationalität) entdeckt, woran sich dann die Legende anschloß, er sei zur Strafe für die Enthüllung dieser Geheimnisse im Meer umgekommen. K. v. F.

Frg: VS 18.

Hippias, Athener, ältester Sohn des → Peisistratos (2), dem er 528/527 v. Chr. als Tyrann von Athen nachfolgte. H., der seinen jüngeren Bruder → Hipparchos (1) an der Regierung beteiligte, setzte mit recht gutem Erfolg die Innenpolitik seines Vaters fort. In der Außenpolitik hatte er weniger Glück. Nach der Ermordung seines Bruders durch → Aristogeiton (1) und → Harmodios i. J. 514 v. Chr. ließ er zahlreiche Bürger ermorden oder verbannen. Da erkannten die unter Peisistratos (→ Megakles) verbannten → Alkmeoniden ihre Chance und erzwangen unter Führung des → Kleisthenes und mit Unterstützung des delphischen Orakels, das Sparta zum Kampf gegen die Peisistratiden aufforderte (→ Kleomenes I.), ihre Rückkehr. Zu Beginn des Sommers 510 mußte H. nach Sigeion fliehen, und von da nach Lampsakos und Susa; er und seine Brüder und Söhne wurden in ganz Griechenland geächtet. R. V. C.

Lit: → Peisistratos (2).

2. **H. von Elis,** markantester Vertreter der auf enzyklopädische Polymathie gerichteten → Sophistik des späten 5. Jh.s v. Chr. Mit Titeln bezeugt sind: (1) Der *troische Logos*, eine ethische Unterweisung in der Form einer Mahnrede Nestors an den jungen Neoptolemos angesichts der Ruinen Trojas, (2) *Lesebuch* wissenswerter Dinge, zusammengestellt nach H.' eigener Angabe aus → Orpheus, → Musaios, → Hesiod, → Homer u. a., (3) Katalog von *Völkernamen*, (4) erste Liste der *Olympiensieger*, die vielleicht der Olympiadenrechnung der griech. Historiker vom 3. Jh. an zugrunde lag. H. hielt, wie es scheint, als erster Lehrvorträge über das später sog. → Quadrivium (Arithmetik, Geometrie, Astronomie, Harmonik; vgl. Plat. Prot. 318 E) und befaßte sich mit Grammatik, Malerei, Bildhauerei und der Urgeschichte Griechenlands. Die Zuverlässigkeit der Darstellung in Platons Hippias-Dialogen und bei → Xenophon (Mem. 4, 4) ist unsicher. H. unternahm zu Vorträgen und als Gesandter seines Heimatstaates Elis ausgedehnte Reisen durch die ganze griech. Welt. In seinem Auftreten trug er die Autarkie des Weisen zur Schau. O. G.

Frg: VS II 326–334.

Hippiatrika, antike Schriften über Tier-, bes. Pferdeheilkunde (zu nennen vor allem → Apsyrtos). Die Sammlung dieser Schriften geschah in byzantin. Zeit; sie stellen, neben der → Mulomedicina Chironis und einigen lat.

Veterinärschriftstellern (Pelagonius), die Summe antiker Tierheilkunde dar. F.K.

Ed: E. Oder-K. Hoppe, 2 Bde, 1924/27.

Hippo Regius (Kt. 61 E 1; heute Bône), in Algerien. Phön. Handelsniederlassung, dann nach 201 v. Chr. bevorzugte Residenz der numid. Könige. Unter Caesar zur Provinz Africa nova geschlagen (der Historiker → Sallust war ihr erster Gouverneur). Unter den Antoninen zur Kolonie erhoben. Bischofssitz (→ Augustin). 431 Eroberung und Plünderung durch die → Vandalen, 533 Rückeroberung durch Byzanz. – *Bauten:* Theater, Reste des Straßennetzes, Häuser mit reichen Mosaiken, Thermen, Forum, christl. Basiliken mit Baptisterium. R.F.

Lit: Erwan Marec, Monuments chrétiens d'Hippone, 1958.

Hippoboten, ‹Pferdezüchter›, hießen bis ins 5. Jh. v. Chr. die großen Grundbesitzer in → Chalkis auf Euboia, die in archaischer Zeit auch den Staat beherrschten. F.G.

Hippodameia, Tochter des → Oinomaos v. Elis, Gemahlin des → Pelops.

Hippodamos von Milet, berühmter Stadtbaumeister, der als Erfinder des jedoch schon vor ihm in Ionien entwickelten rechtwinkligen ‹hippodamischen Stadtplans› (→ Stadt I D) galt. H. wirkte wahrscheinlich bei der Neuplanung des 479 zerstörten → Milet mit, leitete vor 446 die Anlage des → Piräus und wanderte 445/444 nach → Thurioi aus, dessen rechtwinkliger Stadtplan er entworfen zu haben scheint. Die ihm von Strabon (14, 654) zugeschriebene Planung von → Rhodos (408 v. Chr.) kann kaum mehr in seine Lebenszeit fallen. H. gehörte offenbar sophistischen Kreisen an und schrieb über Staatsformen, wogegen Aristot. pol. 2, 8 (vgl. 7, 11) Stellung nimmt. – Zum Städtebau → Stadt. G.Gb.

Lit: A. v. Gerkan, Griech. Städteanlagen, 1924, 42ff.

Hippodrom, Laufbahn für Pferde- und → Wagenrennen. Bei Homer Il. 23, 257ff. findet ein → Wagenrennen in freier Küstenebene statt. Die Viergespanne wenden um ein vorbestimmtes Ziel (τέρμα) und kehren zum Ausgangspunkt zurück. In Olympia wurde der Agon mit Viergespannen 680 v. Chr. eingeführt. Der große, zwischen Stadion und Alpheios gelegene und wahrscheinlich vom Fluß weggeschwemmte H. von → Olympia ist nur durch die Beschreibung des Pausanias (6, 20f.) bekannt. Die U-förmige Laufbahn war nur teilweise von Zuschauerwällen umgeben. In der Längsachse bezeichneten 2 Säulen die Wendepunkte, welche von den Gespannen bis zu 12 Mal umkreist wurden. Der Umlauf betrug wahrscheinlich 4 → Stadien (769 m; nach einer späten, verderbten Handschrift 8 Stadien), der Abstand der Wendesäulen also 2 Stadien; die Größe der Bahn ist auf ca. 250 × 600 m zu schätzen. Der Start der aufgereihten Gespanne – bis zu 40 sind überliefert – erfolgte im 5. Jh. auf ein Trompetensignal hin (Soph. El. 711), später durch das Wegziehen eines Sperrseils, in nachklassischer Zeit durch eine komplizierte Anlage von in Form eines Schiffsbugs gestaffelten Startkammern (ἱππάφεσις). Ein kleinerer H. ist auf dem arkadischen → *Lykaion* nachgewiesen (ca. 105 × 240 m, mit Sitzstufen). Auch die anderen panhellenischen Heiligtümer besaßen H.e: Delphi in der Ebene von Kirrha, Nemea, Isthmia, Delos – ebenso einzelne Städte, wie Athen, Sparta, Mantinea, Theben, deren H.e man sich zunächst als große, unbebaute Flächen vorzustellen hat. In Elis diente die weiträumige → Agora als H. Die jüngeren, meist in röm. Zeit gehörigen H.e kleinasiat. Städte (Aizanoi, Aphrodisias, Aspendos, Pergai, Nikomedeia, Sardes, Pessinos, Konstantinopel) nähern sich der Form des → Circus mit geschlossener Umwallung. – Vgl. auch → Stadion. G.Gb.

Lit: K. Schneider, RE 8, 2 (1913), 1735–45.

Hippodromos von Larissa, 2./3. Jh. n. Chr., Sohn eines Pferdezüchters; → Chrestos-Schüler, Professor in Athen etwa gegen 200. Verfaßte Dialexeis im Stil → Platons und → Dions (2), Meletai im Stil → Polemons (3) und lyrische Nomoi. H. leitete zweimal die pyth. Spiele. Schüler: → Philostrat III (und II?), → Aspasios (4) v. Ravenna. W.Sp.

Lit: Münscher, RE 8 (1913), 1745–47 – K. Gerth, RE Suppl. 8 (1956), 755 s. v. 2. Sophistik.

Hippokoon, Sohn des Oibalos aus Sparta und der Bateia. Vertreibt seine Brüder oder Halbbrüder Ikarios und → Tyndareos. → Herakles führt daraufhin gegen ihn Krieg. Zunächst verwundet, aber von → Asklepios geheilt (Paus. 3, 15, 3. 19, 7), besiegt er H. und setzt Tyndareos wieder in die Herrschaft ein. K.Schb.

Hippokrates. [1] *Leben.* Es gibt eine reiche biographische Tradition über den größten antiken Arzt (→ Soranos (2) v. Ephesos, → Tzetzes, → Suidas, eine anonyme lat. Vita, ein unter H.' Namen überlieferter Briefwechsel mit einigen Urkunden). Trotzdem lassen sich nur wenige sichere Fakten über sein Leben und seine Person ausmachen, wobei die Soran-Vita als die relativ zuverlässigste Quelle gelten darf. H. gehörte der Familie der in Kos ansässigen Asklepiaden an, von denen es mehrere mit dem Namen H. gab. Er wurde 460 v. Chr. geb. – entsprechend erscheint er bei Platon mehrmals als Zeitgenosse des Sokrates – und starb hochbetagt in Larisa in Thessalien, wo man sein Grab noch lange zeigte; gesichert sind größere Reisen. Alles andere – wie persönliche Beziehungen zu Philosophen, etwa → Melissos (1) oder gar → Demokrit, oder zu Herrschern, etwa → Perdikkas II. – gehört in den Bereich späterer Legendenbildung oder ist zumindest ganz hypothetisch.

[2] *Lehre.* Leider steht es um unsere Kenntnis der Lehren des H. nicht viel besser. Das vieldiskutierte Zeugnis Platons (Phaidr. 270 C) über die hippokratische Methode gibt im Grunde nichts aus, und die durch → Menon-Aristoteles überlieferte Nachricht, H. habe alle Krankheiten ätiologisch auf bei der Speisenverdauung entstehende ‹Winde› zurückgeführt, stürzt uns, wenn man sie mit der Masse der → Hippokratischen Schriften konfrontiert, in unüberwindliche interpretatorische Schwierigkeiten. Der einzig gangbare Weg, um völliger Skepsis und Resignation zu entgehen, ist, sich an historische Daten in den Schriften selbst zu halten und diese mit anderweitigem Material (z. B. koischen Inschriften) zu kombinieren. Man kommt dabei in der Tat auf eine Gruppe alter Schriften innerhalb der → Hippokratischen Schriften, die unmittelbar mit der koischen Ärzteschule des H. zusammenhängen muß; sie umfaßt vor allem einige Bücher der ‹Epidemien› sowie das ‹Prognostikon›. Von hier aus kann man jedenfalls als spezifisch hippokratisch die Betonung der Prognostik (Beobachtung aller Anzeichen, Schlüsse über den Verlauf und das Auftreten einer Krankheit) und die Berücksichtigung des jeweiligen Einzelfalles in allen seinen Besonderheiten (möglichste Vermeidung von Verallgemeinerungen) bezeichnen. Wie weit H. selber eine ausgeprägte → Säftelehre (etwa in ähnlicher Form wie die Schrift ‹Über die Natur des Menschen›) vertreten hat, muß fraglich bleiben.

[3] *Fortwirkung.* Die Unsicherheit über Person, Lehre und Werk des H. wird schon frühzeitig deutlich. Er selbst wurde bald sowohl zum koischen Heros wie zum idealen Arzt schlechthin; man machte ihn ebenso zum → Empiriker wie zum Dogmatiker aller Richtungen und stellte im Laufe der Zeit die verschiedenartigsten Schriften unter seinen Namen. Wissenschaftlich hat er in der schließlich von → Galen geschaffenen Gestalt auf die abendländische Medizin bis zur Neuzeit hin gewirkt; als halbmythische Idealfigur ist er in die Religion (Jesus als ‹geistlicher H.›) und in mittelalterliche Legendenbücher eingegangen. – Vgl. → Medizin. F.K.

Lit: K. Deichgräber, Die Epidemien und das Corp. Hipp., Abh. Berlin 1933, 3 – L. Edelstein, RE Suppl. 6 (1935), 1290–1345 – H. Diller, Stand u. Aufgaben der H.forschung, Jb. Akad. Mainz 1959, 271–287.

2. **H. von Chios,** → Mathematiker der 2. H. des 5. Jh.s v. Chr. H. suchte das Problem der → Quadratur des Kreises

durch die Quadrierung von ‹Möndchen›, d.h. durch Kreisbögen begrenzten mondsichelförmigen geometrischen Gebilden (‹Lunulae Hippocratis›) zu lösen. Es gelang ihm, neben der Quadratur einzelner Möndchen auch die Summe eines Möndchens und eines Kreissegments zu quadrieren. Unklar bleibt, ob er das Problem der Kreisquadratur damit gelöst zu haben glaubte oder nur vermutete, nach der Quadrierung einiger Möndchen müsse schließlich die Quadrierung aller beliebigen Möndchen möglich sein – womit das Problem der Kreisquadratur gelöst gewesen wäre. – Das große mathematische Problem seiner Zeit, die → Verdoppelung des Würfels, hat H. auf die Einschiebung zweier mittlerer Proportionaler zurückgeführt und damit seiner Lösung einen bedeutenden Schritt nähergebracht. In Verbindung damit scheint er die wichtige methodische Neuerung der Konstruktionsanalyse eingeführt zu haben. K.v.F.

Q: VS 42.

3. **H. von Gela,** folgte ca. 498/497 auf → Kleandros als Tyrann von Gela; nahm Kallipolis, Naxos, Zankle, Leontinoi ein (496–494), die er Freunden übergab (Zankle an → Skythes (2); Leontinoi an Ainesidemos). Als er Herbst 494 gegen die Sikeler Krieg führte, nahmen Samier, die die Zankläer zur Teilnahme an der Gründung von → Kale Akte aufgefordert hatten, auf Anstiften des → Anaxilas (1), des Tyrannen von Rhegion, Zankle ein; H. schloß auf Kosten des Skythes einen Vergleich mit den Samiern. 493 griff H. Syrakus an (Schlacht am Heloros), das zwar durch das Eingreifen Korinths und Korkyras gerettet wurde, aber → Kamarina abtreten mußte. In den folgenden Kriegszügen gegen die Sikelerstädte (u.a. Ergetion) fand H. nahe Hybla den Tod (Frühj. 491; → Gelon). R.V.C.

Q: Hdt. 6,23; 7,155; Thuk. 6,5; Philist. FGrHist 556 F 15; Timaios FGrHist 566 F 19a.b; Diod. 10,62; Dion. Hal. 7,1; Polyain. 5,6 – *Lit:* G. Vallet, Rhégion et Zancle, 1958, 336–355 – R. Van Compernolle, Etude de chronol. et d'histor. sicil., 1960, 296–314.

Hippokratische Schriften. Unter dem Namen des → Hippokrates ist uns eine umfangreiche Schriftensammlung (58 Schriften in 73 Büchern) in ionischem Dialekt überliefert. Sein Bestand schwankt im MA und schon in der Antike; der umfangreichste Index (im H.-Codex Vatic. Gr. 276) verzeichnet 62 Titel mit 74 Büchern, wovon weitaus das meiste erhalten ist. – Die ersten Nachrichten über eine – zunächst wohl wesentlich kleinere – Sammlung von H. Schriften führen auf das 3. Jh. v. Chr., als die Anhänger des → Herophilos und die → Empiriker mit der Erklärung und Glossierung einzelner Schriften begannen (→ Bakcheios, 2). Wann, wo und wie ihr Grundstock entstand, ist umstritten. Vielleicht ist die einfachste Annahme auch die zutreffendste: Die Schulbibliothek in Kos, die zunächst Werke des H. selbst enthielt (wozu wohl einige Epidemienbücher und das Prognostikon gehören), mag dann auch weitere Werke koischer Ärzte (etwa die ‹Aphorismen› oder die ‹Koischen Prognosen› oder die in Grundanschauungen verwandten chirurgischen und diätetischen Schriften des Corpus) mit aufgenommen haben. So kam es vielleicht, daß auch alte Schriften mit abweichenden Anschauungen (z.B. ‹Über die → Heilige Krankheit›), ja schließlich sogar Schriften der ganz anders ausgerichteten Schule von Knidos (→ Medizin B 2) in die koische Schulbibliothek und unter den Namen des H. gerieten. Nach Überführung in die alexandrinische Bibliothek werden dann weitere, wiederum ganz andersartige (z.B. stoisch beeinflußte) Schriften hinzugekommen sein; die jüngsten Schriften des Corpus sind vielleicht erst im 1. Jh. n. Chr. entstanden. So umfaßt also das Corpus heterogenste Schriften aus rund 500 Jahren, über deren Echtheit schon seit dem Hellenismus von Grammatikern und Ärzten diskutiert worden ist. Allesamt wurden sie im 2. Jh. n. Chr. in 2 große H.-Ausgaben übernommen; der Text einer dieser Ausgaben hat, wie man heute annimmt, im wesentlichen die ganze spätantike und mittelalterliche Überlieferung beeinflußt. Antike und spätantike Kommentare (die meisten stammen von → Galen, der älteste erhaltene von → Apollonios (14) v. Kition) sowie zahlreiche Zitate und Anspielungen vermitteln uns ein lebendiges Bild von der umfassenden Wirksamkeit und Geltung der H. Schriften. Die medizinische Auseinandersetzung mit ihnen hat bis ins 19. Jh. angedauert (→ Medizin F); erst dann begannen sie, ein Reservat der Historiker und Philologen zu werden. – Vgl. → Medizin. F.K.

Ed: E. Littré, 10 Bde, 1839–1861 (noch heute unentbehrlich als kritische Gesamtausgabe mit Übersetzung, reichhaltigsten Einführungen und Einzelerörterungen; die CMG-Ausgabe ist über einen – kaum brauchbaren – Faszikel bisher nicht hinausgekommen) – *Lit:* F. Kudlien, Hermes 90, 1962, 424–427 (zur Chronologie einiger später Schriften) – Weiteres → Hippokrates.

Hippokrene, durch einen Hufschlag des → Pegasos entstandene Quelle auf dem → Helikon. Vgl. → Bellerophon. → Musen.

Hippolyte, Königin der → Amazonen, deren Gürtel → Herakles dem Eurystheus oder dessen Tochter holen muß. Später Gattin des → Theseus.

Hippolytos, Sohn des → Theseus und der Amazone Antiope (oder Hippolyte), Jäger und Freund der Artemis, Verächter Aphrodites. Aus Rache sorgt diese dafür, daß sich seine Stiefmutter Phädra in ihn verliebt; da er ihre Anträge abweist, tötet sie sich, nachdem sie H. bei Theseus beschuldigt hat, er habe ihr nachgestellt (Potipharmotiv). Im Zorn veranlaßt Theseus Poseidon, H. dadurch zu töten, daß er ihm einen wilden Stier in den Weg schickt, vor dem seine Rosse scheuen und ihn zu Tode schleifen: → Euripides, ‹H.› (2 Fassungen; vgl. Sen. Phaedra). Nach einigen Autoren auf Bitte der Artemis von Asklepios wiederbelebt. Kultstätte in Troizen.

Lit: U. v. Wilamowitz-Möllendorff, Eur. Hippolytos, 1891 – Preller-Robert II 2, 738ff. – H. Herter, RhM 89, 1940, 273–290 – Knox, YClSt 13, 1952, 3–31 – W. Barrett, Eur. Hippolytus (Komm., Introduction), 1964 – *Darstellungen:* in vorröm. Zeit selten. Umstritten die att. Hydria Berlin (inv. 3166; vgl. Schefold, KV 144). Die leidende Phädra scheint auf dem apul. Krater London F 272 dargestellt zu sein (Séchan 329f.). Der Tod des H. auf dem apul. Krater London F 279 (Lippold, RM 60/61, 1953/54, Taf. 54) und dem Glockenkrater Bari 5597. In der Kaiserzeit Mythos des H. verbreitet auf Sarkophagen (Robert, SR III 2, 144–219) und Wandgemälden (Schefold, WP, passim). Auch auf Mosaiken (D. Levi, Antioch Mosaic Pavements, 1947, 237. 338. 341) und Reliefs (Mon. Ant. 1926, 722, Abb. 18, Stuckrelief). Vgl. weiter Devambez, BCH 79, 1955, 121–134; Ippel, BAntBesch 29, 1954, 20. Reiche literarische Überlieferung. K. Schb.

2. **H. von Rom,** gest. 235, aus dem östl. Mittelmeerraum stammend, Presbyter und Kirchenlehrer; bekämpfte die Lehre des → Sabellius; warf dem Papst Callistus (217 bis 222) vor, dem Sabellius anzuhängen und die Kirchenzucht zu vernachlässigen. Vermutlich vertrat H. einen kleinen, aber einflußreichen Kreis (griechisch sprechender und denkender?) Christen in Rom. Diese scheinen H. zum Gegenpapst gewählt zu haben (Fund der Hippolytstatue); dies Schisma endete 235, nachdem in der Verfolgung unter Maximinus Thrax beide Päpste, Pontian und H., nach Sardinien verbannt waren. Die näheren Umstände sind unbekannt. H., der sowohl mit dem → Subordinatianismus seiner Logoschristologie wie seiner Synthese von Christentum und Platonismus in Rom fehl am Platze war, wurde dort rasch vergessen. – *Seine* Schriften, alle griechisch verfaßt (Schriftenkatalog und Ostertafel auf dem Sockel der Statue), sind nur fragmentarisch erhalten: 1. *Φιλοσοφούμενα*, oft als ‹refutatio› (= ἔλεγχος) zitiert, in 10 Büchern (II und III verloren). I widerlegt die griech. Philosophie, IV die Astrologie und die Magie, V–IX gegen 33 gnostische Kosmologien, X enthält die Verkündung der Wahrheit. – 2. *Καθ' αἱρέσεις πάσας* (Widerlegung aller Häresien), oft als ‹syntagma› zitiert; nur der Schluß (gegen Noëtos) erhalten. – 3. *Exegetische Schriften:* Kommentare zu Dan. (ältestes erhaltenes Werk der → Exegese), zum Hohenlied und kleinere. – 3. Die *Chronik*, beginnend mit der Erschaffung der Welt, zählt die Jahre seither, setzt die üblichen

Zeitrechnungen in Beziehung zueinander und errechnet, auf d. J. 234 bezogen, das Alter der Welt, um chiliastischen Tendenzen entgegenzutreten. – 5. Umstritten ist die Echtheit der nur kopt. und arab. erhaltenen → Kirchenordnung (*παράδοσις ἀποστολική*) H.s. – 6. Von höchstem Interesse für die Geschichte des Mittelplatonismus ist das Widersprüche bei Platon behandelnde Werk *Περὶ τῆς τοῦ παντὸς οὐσίας*, dessen Fragmente → Photios, cod. 48; Joh. → Philoponos und → Johannes (5) v. Damaskos erhalten haben. – Der interessante Versuch Nautins, zwischen dem Exegeten und Märtyrer H. und dem irrtümlich später so bezeichneten Josippos, dem Verfasser des Elenchos und philosophischer Traktate sowie Polemiker gegen Kallist zu unterscheiden, ist allgemein abgelehnt worden. H. D.

Ed: P. Wendland, GCS 26, 1916 (philos.) – P. Nautin, H. contre les hérésies, 1949 (synt.) – N. Bonwetsch-H. Achelis, GCS 1, 1897 (exeget. Schr.) – Ad. Bauer-R. Helm, GCS 46, 1955 (chron.) – B. Botte, SC 11, 1946 (parad. apost.; vgl. zu → Kirchenordnung) – K. Holl, TU 5,2, 1899, 137ff. (*περὶ-οὐσίας*-Fragment) – *Übers:* (meist franz.) s. Altaner, 147 – *Lit:* P. Nautin, Hippolyte et Josipe, 1947 (vgl. Altaner, 146f.) – Ad. v. Harnack, Chronologie... II, 1904 209–256 – H. Elfers, Die Kirchenordnung H.s von Rom, 1938 – E. Lengeling, Das Heilswerk des Logos-Christus beim hl. H. von Rom, 1947 – P. Nautin, Le dossier d'H. et de Meliton, Patristica I, 1953.

Hippomanes (*ἱππομανής*, Roßwut), hieß bei den Arkadern ein botanisch nicht sicher bestimmbares Kraut, das bei Stuten und Fohlen brunsterregend wirkte. → Flora. J. W.

Lit: Murr, Pflanzenwelt, 203 – Stadler, RE 8,2 (1913), 1879–82.

Hippomedon, Sohn des Aristomachos, fällt im Krieg der → Sieben gegen Theben.

Hippomenes, Sohn des Megareus, Liebhaber der → Atalante, mit dieser in einen Löwen verwandelt und vor → Kybeles Wagen gespannt.

Hippon von Rhegion, Naturphilosoph und vermutlich Arzt, ca. 470–400, erneuerte, von physiologischen Beobachtungen am Menschen ausgehend, die alte Lehre des → Thales, der Ursprung aller Dinge sei das Wasser. Anspielungen bei den Komikern → Kratinos und → Aristophanes (1) zeigen, daß sein Buch um 430/420 in Athen Aufsehen erregte. Auf Komödienpolemik wird zurückgehen, daß er später in der Liste der Atheisten steht. O. G.

Frg: VS I 385–389.

Hipponakteische Strophe. Die einzige ‹Strophe› bei → Hipponax ist Fr. X D. (118 M.) = 3 ia|| 2 ia||| wie bei → Archilochos Fr. 88ff. D. B. Sn.

Hipponakteus, von Heph. p. 32,18 C. auch sapphischer Neunsilbler genannt, Vers der Form oo–◡◡–◡––, gehört zu den Grundmaßen der → äolischen Metrik (→ Metrik, B 2) und ist für uns zuerst Alk. Fr. 130 L.–P. belegt, als 3. Kolon einer Strophe. Warum Heph. a. O. ihn nach Hipponax benennt, ist für uns unkontrollierbar, da das von ihm Zitierte (Fr. 80 D.) aus dem Zusammenhang gerissen ist. B. Sn.

Hipponax, → Lyriker, ca. 540 v. Chr., von Ephesos; soll, von den Tyrannen Athenagoras und Komas verbannt, nach Klazomenai gegangen sein. Er muß sein Leben in größter Armut verbracht haben. – *Werke:* H. schrieb überwiegend in hinkenden → Iamben, als deren Erfinder er gilt; andere Versmaße (hinkende → Trochäen, → Epoden, gerade Iamben) sind selten; eine hexametrische Parodie Fr. 77 D. Erhalten sind etwa 80 zitierte Fragmente, dazu ein Papyrus mit Resten von 10 Liedern und Scholien. H. zeichnet sich vor allem durch derb-saftige Realistik aus, sowohl in seiner der niederen Umgangssprache entnommenen Ausdrucksweise wie in der Wahl seiner Stoffe. Religion und Politik spielen bei ihm keine Rolle, wohl aber Kälte und Hunger, Volksbrauch, Wunder- und Aberglaube, Prozeß und Handwerk, Prügelszenen und Prostitution. Sprichwörtlich wurde sein Streit mit dem Bildhauer Bupalos, der eine Karikatur von ihm verfertigt haben soll – vielleicht ging die Kontroverse jedoch um eine Frau namens Arete (Fr. 15. 17. 21 f. D.). Der unbekümmerten Nachlässigkeit seiner (mit vielen Fremdwörtern durchsetzten) Sprache entspricht die nachlässige Behandlung der Metrik und Prosodie. – → Aristophanes hat vielleicht die Gestalt des blinden Plutos von ihm entlehnt. Bes. alexandrinische Dichter ahmten ihn nach, → Kallimachos und → Herodas mit ausdrücklicher Berufung auf ihn (→ Iambus); Hinkjamben haben noch → Catull und → Martial. E.-M. V.

Frg: Anth. Lyr.³ 3, 80ff. – O. Masson, 1962 (mit Komm., Lit).

Hippopede, Kurve in der Form einer liegenden Acht (∞), in der Geometrie Lemniskete genannt. Kombiniert mit einer geradlinig fortschreitenden Bewegung ergibt sie die typische Schleifenform der Bahn eines äußeren Planeten.

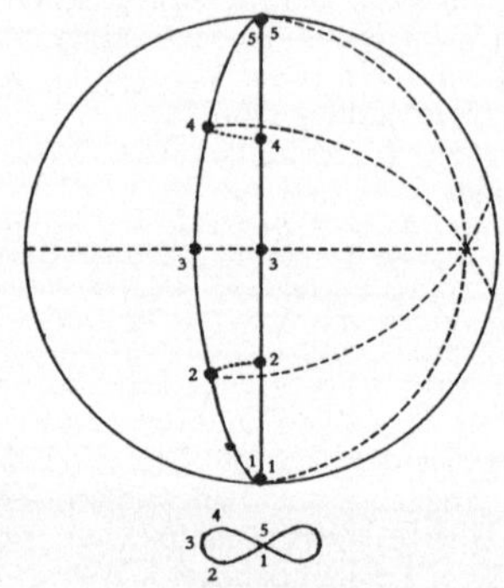

Abb. 101 Hippopede

→ Eudoxos (1) zeigte, daß die H. durch die Kombination zweier miteinander gekoppelter → homozentrischer Kugeln erzeugt wird, deren verschieden gerichtete Achsen mit verschiedenen Geschwindigkeiten rotieren. S. S.

Hippys von Rhegion wird als ältester sizilischer Historiker, als Zeitgenosse der → Perserkriege mit Werken über Italien, Sizilien, Argos genannt. Die Fragmente zeigen Vorliebe für Mirakulöses. Vermutlich eine Fälschung der 2. H. des 4. Jh.s v. Chr. W. Bk.

Frg: FGrHist 554 – *Lit:* G. de Sanctis, Ricerche sulla storiografia Siceliota, 1957, 1ff. (für Echtheit).

Hirpiner, zum → samnit. Bund gehörendes wildes Bergvolk im Quellgebiet des Aufidus (Ofanto) und Calor (Calore), den heutigen Mont' Irpini (Kt. 1420 G6), benannt nach ihrem Totemtier, dem Wolf (lat. hirpus), der dem Mars heilig war. Ihre Städte: Maleventum (später → Beneventum), Aeclanum, Aequum Tuticum, Aquilonia, Compsa, Saticula, Trebula. Im 2. → Samnitenkrieg werden die Römer 321 bei → Caudium im Gebiet der H. in eine Falle gelockt und beide Konsuln mit ihrem Heer gefangengenommen. Nach dem 3. Samnitenkrieg wurde ihr Gebiet von → Samnium abgetrennt, 268 eine Kolonie nach → Benevent geführt. Im → Bundesgenossenkrieg (3) von → Sulla unterworfen. Von Augustus mit Apulien und Kalabrien zur 2. Region konstituiert. B. A.

Lit: Nissen, I 529, 2, 803ff. – Devoto, 129f., 337ff.

Hirsch. Der H. war im alten Mittelmeerraum durch den Edel-H. (*ἔλαφος*) und den Dam-H. Vorderasiens (*πρόξ*) reich vertreten. Die große Vertrautheit mit dem begehrten Jagdwild zeigt sich in den Darstellungen seit myk. Zeit ebenso wie in Beschreibungen der Lebensgewohnheiten und des Wesens. Bewundert wegen seines Sprungvermögens und der ausdauernden Schnelligkeit, galt er bereits dem Epos als Symbol eines furchtsamen Herzens. Als edelstes Jagdwild war der H. bes. mit dem Bereich der → Artemis verbunden sowie den ihr nahestehenden Göttinnen Adrasteia und Nemesis, deren Walten man nicht entrinnen konnte. Der Bildgedanke ist mitbestimmt durch die außergewöhnliche Schnelligkeit. Der H. erscheint als Begleiter, Fahr- und Reittier der Jagdgöttin, die in Gestalt der Hindin die Aloaden täuscht. Der Befund weist auf alte Tiergestalt der Artemis (→Bär). Ihrer Verwandlungskraft entsprechend macht sie den Jäger Aktaion zum H.en, die Jägerin Arge zur Hindin. Im Artemiskult sind H.-Opfer und heilige H.-Rudel ebenso bezeugt wie gezähmte H.e, die den Wagen der Priesterin im Dienst der Artemis Laphria zu Patrai ziehen. Der gezäumte Lock-H. der Göttin auf einer melischen Amphora hat hethit. und etrusk. Entsprechungen. Das bereits myk. Motiv der gehörnten Hindin weist auf das natürliche Vorbild des weiblichen Rentieres, das im Kult eurasischer Völker von großer Bedeutung war. Herakles verfolgte die gehörnte Hindin bis in das Land nördlich der Skythen. Der Befund fügt sich zu der eurasischen Komponente im Kult der hyperboreischen Gottheiten →Apollon und →Artemis. Sie begünstigte zusammen mit der Musikliebe des Tieres die Verbindung Apollons mit dem H. Die Verwendung von Jungtieren als Liebesgeschenk führte zu Darstellungen mit Eros. Vgl. →Reh, →Fauna, →Jagd. J.W.

Lit: Keller, Tiere, 73–101 – Ders., Tierwelt I 277–279 – F. Orth, RE 8,2 (1913), 1936–50 (Quellen!) – J. Wiesner, Zur orientalisierenden Periode der Mittelmeerkulturen, AA 1942, 421–429 – K. Meuli, Scythica Vergiliana, Schweiz. Arch. f. Volkskunde 56, 1960, 88–200 – J. Wiesner, Die Thraker, 1963, 106f. 111 – Nilsson I 455.

Hirse, im Altertum in mehreren Arten bekannt (*μελίνη, κέγχρος, ἔλυμος* für Kolben- und Rispen-H.). Das Hauptverbreitungsgebiet der seit der Steinzeit kultivierten H. bildeten Schwarzmeer- und Balkanraum, wo Sarmaten, Skythen und Thraker den Anbau pflegten. Den Griechen fielen die H.-Esser (‹Melinophagen›, Xen. an. 7, 5, 12) auf, weil in klassischer Zeit der H.-Verbrauch zurückgegangen war. H. aßen die Spartaner. Im →Prytaneion von Athen war H. die gewöhnliche Kost. H.-Brei stellte man in Töpfen den →Hermen hin. Auf H. weisen die Beinamen des →Poseidon Elymios und Kenchreios, die sich aus der für die H. notwendigen Bewässerungskultur erklären. Größere Verbreitung ist für Italien bezeugt, wo in →Kampanien besonders gute H. wuchs. Für ein hohes Alter spricht das Opfer von H.-Kuchen an die altital. Göttin →Pales. Große Sorgfalt widmeten die →Kelten der H.-Kultur. Vgl. →Flora. J.W.

Lit: F. Orth, RE 8,2 (1913), 1950–56 – Hehn, 569–572 – Murr, Pflanzenwelt, 161f.

Hirt des Hermas →Hermas, →Apostolische Väter.

Hirt, Guter →Guter Hirt.

Hirtius, A. (praet. 46, cos. 43 v. Chr.), seit ca. 54 als Offizier oder Sekretär bei Caesar. Dez. 50 in vertraulicher Mission nach Rom. Im Bürgerkrieg in Spanien und im Osten, unklar in welcher Funktion. 45 Statthalter in Gallien. 43 Rüstungen und Kampf gegen →Antonius (2) zum Entsatz des D. →Iunius (2) Brutus, bei Mutina gefallen. H. ist Verfasser des 8. Buchs von Caesars ‹Bellum Gallicum›, vielleicht auch des ‹Bellum Alexandrinum›. Chr. M.

Lit: O. Seel, Hirtius, Klio Beiheft, 1935 – F. Olivier, A propos d'A. H. (1937), in: Essais dans le domaine du monde gréco-romain antique, 1963.

Hischylos, att. Töpfer von →Augenschalen und früh-→rotfigurigen Schalen, tätig ca. 535–515. Beschäftigte die Schalenmaler →Oltos und →Epiktet. I. Sch.

Lit: H. J. Bloesch, Formen att. Schalen, 1940, 31–35.

Hiskia, König von Juda 725–697, →Judentum A [9].

Hispalis (Colonia Iulia Romulensis, heute Sevilla; Kt. 2849 B 3), gegründet durch →Caesar 45 v. Chr. an der Stelle einer röm. Stadt, später von →Otho durch neue Ansiedlungen verstärkt (Tac. hist. 1, 78). J. M. d. M.

Lit: A. G. Bellido, La Península Iberica, 1953.

Histiaios, Tyrann von →Milet. Beim Skythenzug →Dareios' I. (wohl 513/512), in dem H. mit dem Schutz der Donaubrücke betraut war, sicherte er dem Großkönig einen geordneten Rückzug aus Südrußland (Hdt. 4, 97. 133ff. 141). Der Ausbau von Myrkinos an der thrak. Küste, das Dareios dem H. zum Dank überlassen hatte, zu einem starken Stützpunkt erregte jedoch bald das Mißtrauen der Perser (Hdt. 5, 11. 23), weshalb Dareios H. unter ehrenvollem Vorwand an seinen Hof berief. Von dort aus soll er →Aristagoras zum →Ion. Aufstand angestachelt haben. Von Dareios wohl 496/495 als Vermittler auf den Kriegsschauplatz entsandt (Hdt. 5, 106ff.), versuchte er sich in Verbindung mit aufständischen Griechenstädten eine eigene Machtbasis zu schaffen, freilich mit wenig Erfolg. 493 wurde er schließlich von dem Satrapen →Artaphernes gekreuzigt (Hdt. 6, 28ff.). F. Kch.

Historia (*ἱστορία*, ‹Erkundung›, von *ἵστωρ* ‹der Kundige, Zeuge, Schiedsrichter› – Stamm *Ϝιδ-* ‹sehen, wissen› – abgeleitet). Das Wort kennzeichnet zunächst die empirische Wissenschaft der Ionier in ihrer ganzen Breite: Naturphilosophie – wie man auch später noch von Tier-, Pflanzen-, Natur-‹Geschichte› spricht (vgl. →Aristoteles, →Theophrast, →Plinius d. Ä.) – ebenso wie die Erforschung räumlicher und zeitlicher Fernen. →Herodot nennt sein Werk *ἱστορίης ἀπόδεξις* ‹Darlegung der Forschung›, er berichtet wiederholt von seinem mündlichen Forschen und Fragen (*ἱστορεῖν*), während →Thukydides das Wort meidet. In der Folgezeit verschiebt sich die Bedeutung von der Tätigkeit auf das Ergebnis dieser ‹Forschung›; →Ephoros scheint sein Werk *Ἱστορίαι* betitelt zu haben, seit →Aristoteles ist *ἱστορία* fester Begriff für die Geschichtsschreibung als literarische Gattung; daneben umfaßt das Wort weiterhin alle Arten der Polyhistorie. Im Lateinischen findet sich das Lehnwort *historia* seit den Anfängen der Literatur, es bezeichnet im Unterschied zu den heimischen *annales* eine auf tiefere Zusammenhänge zielende oder eine zeitgeschichtliche Darstellung (Gell. 5, 18), in der Umgangssprache aber auch jede Einzelerzählung, ‹Story›. W. Bk.

Lit: K. Keuck, Historia, Gesch. des Wortes u. seiner Bedeutungen i. d. Antike u. i. d. roman. Sprachen, Diss. Münster 1934 (Lit).

Historia Apollonii regis Tyrii. Über diese dem →Venantius Fortunatus (6, 8, 5) bekannte lat. Fassung dieses Abenteuer- und Liebesromanes aus dem 6. Jh. v. Chr., die uns in etwa 70 Hss. erhalten ist und die in späterer Zeit zu einem richtigen Volksbuch wurde, →Apollonios (17) v. Tyros. – Vgl. →Roman B. R. Hl.

2. **H. Augusta,** Sammlung von Biographien der röm. Kaiser von Hadrian bis Numerianus. Der Titel (nach Hist. Aug. Tac. 10, 3) stammt von I. Casaubonus, der das Corpus 1603 zum erstenmal gesondert herausgab. Die einzelnen Viten stammen angeblich von 6 Autoren der Zeit Diokletians und Konstantins: Aelius Spartianus, Iulius Capitolinus, Aelius Lampridius, Vulcacius Gallicanus, Trebellius Pollio, Flavius Vopiscus; die Namen dieser ‹Scriptores Historiae Augustae› sind sonst nicht bekannt. Das Werk ist nicht vollständig überliefert: die Kaiser der Zeit von 244 bis 253 fehlen, die Viten von Valerian und Gallienus weisen erhebliche Lücken auf. Ob die H. Augusta nach antiker Tradition, Sueton folgend, mit Nerva/Trajan begann, ist fraglich. – Über die Verfasser, die Zeit, Glaubwürdigkeit und Tendenz der H. Augusta wird seit Dessau diskutiert. Gegenüber der konservativen Richtung (zuletzt: Momigliano) scheint sich die Auffassung durchzusetzen, daß die H. nach der Schlacht am Frigidus 394 (Hartke, J. Schwartz, Chastagnol) bzw. nach 405 (Mazzarino, Straub) nicht nur endgültig redigiert (Mommsen), sondern verfaßt wurde, und zwar wahrscheinlich von einem einzigen Autor, der sich der Pseudonyme, der fiktiven Dedikationen und der skurrilen Darstellungsform bediente, um sich ungefährdet im Sinn der sog. heidnisch-senatorischen Reaktion (Alföldi, Geffcken) bzw. der von Baynes erkannten ‹Julian-Tendenz› (Hohl, Enßlin) äußern zu können. Ein wertvoller Bestand der in der H. Augusta verarbeiteten historischen, antiquarischen, juristischen, philologischen Überlieferung ist als zuverlässig nachweisbar; daß sich daneben auch Fälschungen, willkürlich versetzte und veränderte Reminiszenzen, sinnlose Entstellungen kontrollierbarer Nachrich-

ten finden, steht fest, ist aber im Einzelfall oft schwer zu erweisen. – Die H. Augusta will zugleich unterhalten und belehren; das von Sueton geprägte Genus der → Biographie ist durch die Annäherung an die Form der hellenistischen Wundererzählungen, der spätantiken Novellistik und Romanliteratur verändert. Beim gegenwärtigen, noch immer dürftigen Stand unserer ganzen Überlieferung gehört die H. Augusta zu den wichtigsten, den unentbehrlichen Quellen für die Erforschung der röm. Kaisergeschichte des 2. und 3. Jh.s. J. Str.

Ed: E. Hohl, Vol. I (1927), 1955², Vol. II, 1927 – D. Magie, 3 Bde, LCL, 1960/61 – Angela Bellezza, Hist. Aug., p. I: Le edizioni, Istit. di Storia antica dell'università di Genova II, 1959 – *Lit:* H. Dessau, Über Zeit u. Persönlichkeit der Script. Hist. Aug., Hermes 24, 1889, 337–392 – J. Geffcken, Religionsgesch. in der Hist. Aug., Hermes 55, 1920, 279–295 – N. H. Baynes, The Script. Hist. Aug., its date and purpose, 1926 – W. Hartke, Röm. Kinderkaiser, 1951 – E. Hohl, Über d. Problem d. Hist. Aug., WSt 71, 1958, 132–152 – J. Straub, Heidn. Geschichtsapologetik in d. christl. Spätantike, Unters. über Zeit u. Tendenz der Hist. Aug., Antiquitas, R. 4, Bd. 1, 1963 – A. Momigliano, An unsolved problem of historical forgery: The Script. Hist. Aug., Journ. of the Warburg and Courtauld Institutes 17, 1954, 22–46 (Lit) – A. Chastagnol, Rapport sur l'Histoire Auguste, Actes du VIIe Congr. (Assoc. G. Budé), 1963, 187–212; abgedr. in: Hist. Aug.-Colloquium 1963, Antiquitas R. 4, Bd. 2, 1964, 43–71 (Lit).

Historienmalerei. Die Griechen haben im Unterschied zum Alten Orient und den Römern nur selten historische Ereignisse dargestellt und ihnen auch dann durch allgemein bedeutsame Züge mythischen Charakter gegeben. Die röm. H. hat ihre formale Voraussetzung in den Triumphalgemälden, die, anders als griech. → Schlachtenbilder, die Ereignisse im Sinn einer genauen Berichterstattung vorführen (erste überlieferte von Valerius M. Messalla, 264 vor Chr.). Der kontinuierliche Erzählstil, der später in den Reliefs der Triumphsäulen gipfelt (→ Histor. Reliefs), ist kennzeichnend für den Zusammenhang der H. mit der → Illustration. C. K.

Q: Plin. nat. 35, 22 – *Lit:* F. Koepp, Sage und Geschichte in der griech. Kunst, 1898 – Pfuhl, 905 f. – G. Rodenwaldt, Griech. Reliefs in Lykien, SB Berlin, 1933, 27 – V. Poulsen, Die Römer der republ. Zeit u. ihre Stellung zur Kunst, Antike 13, 1937, 125–150 – E. Bethe, Buch und Bild im Altertum, 80 ff.

Historisches Relief → Ikonographie.

Histria (Istros), Stadt an der Küste des Pontos Euxeinos in der Provinz Moesia inf., später zu Scythia gehörend (Kt. 2209 F4; südl. d. Donaudeltas). Gründung durch Milet in der 2. H. des 7. Jh.s v. Chr. Zerstörung durch die Goten Mitte 3. Jh. n. Chr. Große Ausgrabungen durch rumänische Archäologen. B. S.

Lit: Histria. Monografie archeologica I, 1954 – D. M. Pippidi, Epigraph. Beitr. z. Gesch. H.s in hellenist. u. röm. Zeit, 1962.

Histria → Istrien.

Histrio, lateinische Bezeichnung für → Schauspieler. Das Wort ist etruskischen Ursprungs. E.-R. Sch.

Hochzeit. [1] Der Übertritt der Braut aus der bisherigen in die neue Familie wird von H.s-Riten begleitet, wobei bei den *Griechen* anders als in Rom die kultischen und jurist. Aspekte (→ Recht III D 4) gegenüber dem Familienfest stark zurücktreten. Für die H. muß nicht nur der richtige Monat (→ Gamelion, der davon den Namen hat), sondern auch der den Göttern genehme Tag gewählt werden (Hes. erga 780 ff. mit Schol.). Dem Abschluß des Ehevertrags folgt eine Vorfeier (τὰ προτέλεια) mit Gebet an die Ehegötter (θεοὶ γαμήλιοι) und Opfer (bes. → Haaropfer und Opfer der Kinderspielzeuge der Braut), sodann ein kultisches Reinigungsbad für Bräutigam und Braut (entweder an einem bestimmten Flusse oder doch mit Wasser aus einer heiligen Quelle in einer → Lutrophoros). Die H. selbst beginnt mit einem Mahle im Haus des Brautvaters, wobei mysterienartige Riten vollzogen worden zu sein scheinen (Zenob. 3, 98). Die Braut erscheint dabei zuerst verschleiert, wird dann entschleiert (ἀνακαλυπτήρια: Poll. 3, 36) und erhält vom Bräutigam Geschenke (Lysias bei Theon prog. 2). Am Abend wird sie in einem Wagen, begleitet durch ihre Mutter, die die Brautfackeln trägt, vom Bräutigam und einem Freunde geholt. In Athen hatte die Braut allerlei Küchengerät bei sich, an ihre Tür wurde eine Mörserkeule gebunden; das Haus des Bräutigams war mit Kränzen und Binden geschmückt. Die Braut wird von den Eltern des Bräutigams empfangen, ins Haus eingeführt und mit Feigen, Nüssen u. a. überschüttet (καταχύσματα beim Komiker Theopomp Fr. 14 Kock) und um den Herd geführt und erhält vor Eintritt ins Brautgemach ein Stück Hochzeitskuchen und eine Quitte. Am Tage danach erhält die Braut von Freunden und Verwandten Geschenke; dann wird (in Athen) die neue Ehe in die Listen der Phratrie eingetragen. – Unter den großen Göttern stehen nur Zeus und Hera der H. nahe; als Teleios und Teleia erhalten sie vor der H. (τέλος) ein Opfer, und bes. Hera wacht über den Bestand der Ehe. Im übrigen können vor jeder H. die der Familie und der Polis wichtigen Götter ein Opfer erhalten. – Von der H. fernzuhalten sind die gelegentlich bezeugten Riten der ‹Heiligen H.› (ἱερὸς γάμος), die, meist hochaltertümlich, auf das Land oder die Polis die Gunst eines Gottes herabziehen sollen (→ Fruchtbarkeitsriten). O. G.

Lit: J. Heckenbach, RE 8 (1913), 2129–2131 – Nilsson I, 120 ff.; 427 ff. – W. Erdmann, Die Ehe im alten Griechenland, 1934 – *Darstellungen:* H. Metzger, Les représentations..., 1951, 15 ff. – D. von Bothmer, AntK 3, 1960, 73.

[2] *Rom.* Die Braut, die am vorhergehenden Tage das Jugendkleid, die → Toga praetexta, abgelegt hatte, wurde mit einer besonderen ‹geraden› Tunica bekleidet; ein mit einem besonderen Knoten geschlossener Gürtel umfing sie; ihre Haare waren mit der hasta caelibaris (gebogene Lanzenspitze) in sechs Flechten geteilt worden (Fest. p. 55 L.); ein orangefarbiger Schleier bedeckte ihr Haupt. Am frühen Morgen nahm man die → Auspizien, dann vereinigte die *pronuba*, eine Frau, die nur einmal verheiratet gewesen war, die rechten Hände der Gatten. Nach Anrufung der Ehegottheiten: → Tellus und → Ceres, Picumnus und → Pilumnus, → Juno brachten die Vermählten ein → Opfer dar. Bei der patrizischen H.s-Feier der *confarreatio* teilten die Gatten einen Spelzkuchen in Gegenwart von → Pontifex Maximus und → Flamen Dialis (Serv. georg. 1, 31). Nach dem H.s-Mahl wurde die Braut mit dem Ruf → Talassio ins Haus ihres Gatten geleitet; man sang fescennini versus (→ Feszenninen) unzüchtigen und possenhaften Inhalts (Fest. p. 76 L.); der junge Ehemann warf Nüsse unter die Kinder; drei junge Burschen führten die Braut, von denen einer Ceres zu Ehren einen Weißdornzweig trug. Bei ihrer neuen Wohnung angekommen, salbte die junge Frau die Türpfosten mit Fett und schmückte sie mit Wolle (Serv. Aen. 4, 458); man trug sie über die Schwelle, die ihre Füße nicht berühren durften (Varro bei Serv. ecl. 8, 29); im Atrium, wo das Brautbett aufgeschlagen war, empfing sie ihr Gatte und überreichte ihr Wasser und Feuer; sie setzte sich auf die Darstellung des Mutunus Tutunus (männliches Glied), damit ihre Ehe fruchtbar werde (Arnob. nat. 4, 7. 11 u. a.); von drei Assen, die sie mitbrachte, bot sie eines ihrem Gatten, das andere dem Lar Familiaris und das dritte den → Laren des nächsten Kreuzweges dar. H. Le B.

Hodometer → Wegemesser.

Hörner, heilige (hörnerförmige Spitzen, die durch eine etwas gerundete längliche Basis zu einem Paar vereinigt sind) haben – wie bildliche Darstellungen beweisen – neben der → Doppelaxt im minoischen Kult sehr große Bedeutung gehabt: offenbar bezeichnen sie die Heiligkeit eines Kultplatzes (‹horns of consecration›). Herkunft und ursprünglicher Sinn dieser H. (Rinderhörner? Mondsichel?), die auch auf babylon. und syr. Bildwerken begegnen, haben bisher keine einleuchtende Erklärung gefunden.

Lit: Nilsson I 272 ff. K.-H. R.

Hof (villa rustica). Als Zentrum der → Landwirtschaft spielte der Hof eine bedeutende Rolle und wechselte den

Charakter im Einklang mit der Landwirtschaft selbst. Aus den Schilderungen bei Homer kann man sich noch kein klares Bild von der Einrichtung des Hofes machen. Der Palast des Odysseus auf Ithaka tritt als großer Komplex von Gebäuden hervor, jedoch mit einem sehr ländlichen Gepräge: mit Misthaufen (Od. 17, 297) und einer Schar Gänse auf dem Hofplatz (Od. 19, 536). Ganz primitiv ist die Hütte des Schweinehirten Eumaios in einer Einfriedung mit Platz für zahlreiche Schweine (Od. 14, 5ff.). Laertes wohnt in einer ähnlichen, primitiven Hütte mitten in einem großen Obstgarten (Od. 24, 226ff.). Zwischen diesen Extremen muß man sich die Höfe des 8. und 7. Jh.s vorstellen, entweder in Dörfern (vgl. Thuk. 1, 5) oder als Einzelhöfe, evtl. auf gemeinschaftlichem Boden gebaut (ἐμφύτευσις). In der späteren griech. Literatur sind Bauernhöfe selten erwähnt; die Möglichkeit, sich deren Einrichtung vorzustellen, ist sehr begrenzt. Archäologische Ausgrabungen haben kein nennenswertes Licht in das Problem gebracht. Am besten unterrichtet sind wir über eine Reihe von Gehöften unter dem Apollotempel von Delos, die teils durch Ausgrabungen, teils durch Inschriften belegt sind; als verpachtete Gebäude können diese augenscheinlich primitiven Bauten jedoch kaum als repräsentativ angesehen werden. Allgemein gesehen scheinen die Höfe in Griechenland sehr bescheiden gewesen zu sein, sowohl in bezug auf die Bauten wie auf die Grundfläche. Alkibiades' Vorväterbesitz von gut 28 ha wurde als ansehnlich betrachtet (Plat. Alk. 1, 123 C). – Besser unterrichtet sind wir über den Hof in Italien. Die Bevölkerung lebte seit alter Zeit in Dörfern (vici), aber Einzelhöfe werden frühzeitig genannt (Liv. 2, 62, 3; 470 v. Chr.). Später geben die röm. → Landwirtschaftsschriftsteller und Architekten wie → Vitruvius genaue Anweisungen für die Erstellung eines Hofes. Schon → Cato unterscheidet zwischen Herrschaftswohnung (villa urbana) und Wirtschaftshof (villa rustica), wozu Varro die Scheunen usw. rechnet (villa fructuaria). Für zwei Modelle, ein Weingut mit ca. 25 ha und eine Olivenpflanzung von ca. 60 ha, gibt Cato einen genauen Katalog über das Inventar, Sklaven eingeschlossen (agr. 10f.). Die einzelnen Teile des Hofes, Ställe, Presse, Vorratsräume, Wohnraum usw., sollen um einen oder zwei Hofplätze (cohortes) herum angelegt sein und der ganze Komplex am liebsten an einem Weg oder Fluß liegen, um den Verkehr vom und zum Hof zu erleichtern. Durch Ausgrabungen sind wir über diesen Typ wohlunterrichtet. Namentlich in der Nähe von Pompeji sind Höfe verschiedener Kategorien ganz oder teilweise ausgegraben worden: (1) bescheidene Höfe, wo der Eigentümer augenscheinlich selbst mit wenigen Sklaven den Boden bewirtschaftet hat; (2) Höfe mit Herrschaftswohnung, wo der Eigentümer nur gelegentlich gewohnt hat, während die tägliche Leitung einem (Sklaven-) Verwalter anvertraut war (vilicus) – im pompej. Fundkomplex am häufigsten –; (3) größere Höfe ohne Besitzerwohnung, nur mit Sklavenräumen. Die schriftlichen Quellen aus der späten republikan. Periode zeigen, daß der Wohlhabende oft mehrere solcher Höfe besaß, und namentlich die Briefe Ciceros und Plinius' zeugen von großer Baulust, bes. seitdem die Besitzerwohnung ausgeschmückt und oft ganz vom eigentlichen Hof getrennt wird. Diese oft palastartigen Gebäude findet man überall in Italien und den röm. Provinzen (→ villa). Während der Kaiserzeit gehen manche durch Sklaven betriebene Höfe in Pacht über (→ colonus). Das Hofsystem als wirtschaftliche Einheit der Landwirtschaft ist überall in der röm. Welt vorherrschend und trug wesentlich zum hohen Stand der landwirtschaftlichen Methode bei. – Vgl. → Landwirtschaft. J. E. Sk.

Lit: H. Gummerus, Der römische Gutsbetrieb, Klio Beih. 5, 1906 – T. Frank, An Economic Survey of Ancient Rome 1–6, 1933–40 (Index s. v. ‹villa›) – B. Crova, Edilizia e technica rurale di Roma antica, 1942 – J. H. Kents, The Temple Estates of Delos, Rheneia and Mykonos, Hesperia 17, 1948, 243–338 – G. Mansuelli, Le ville del mondo romano, 1958.

Hohlkehle, in der Architektur → Ägyptens (I F 1) oberer Abschluß einer gerade endenden Wand, wobei die Bekrönung nach vorn gebogen ist: die Umsetzung von Palmwedeln, die man ursprünglich als Mauerabschluß anbrachte, in Stein. – Vgl. → Ornamente A. W. Hk.

Hohlmaße → Anhang V.

Holz. A. Bearbeitung. Der meist im Winter geschlagene Baum wurde erst durch Keil (Verg. georg. 1, 143) und Axt, später mit der geschränkten → Säge möglichst parallel zur Maserung zu Balken (δοκός, trabs) und Brettern (σανίς, πίναξ, axis, tabula) verarbeitet. Balken, Bohlen, Sparren, Latten wurden bes. für Dachkonstruktionen verwendet. Man versuchte, Holz (mit Alaun) feuerfest zu machen (Hdt. 2, 180; Gell. 15, 1, 6). Verbindungen zweier Hölzer gab es durch (1) Nägel, Klammern, Bänder, Dübel, (2) durch Verzapfung, von der wichtige Arten schon um 2500 v. Chr. in Ägypten benutzt wurden, (3) durch → Leim. Arbeitete der Zimmermann mehr mit den ersten beiden Arten, so benutzte der Tischler (Schreiner) eher die beiden letzten. Holz wurde (wahrscheinlich über Dampf) gebogen, so z. B. für die geschwungenen Beine des Stuhls (κλισμός). Das seit etwa 1500 v. Chr. bekannte Drechseln wurde im 3. und 2. Jh. v. Chr. modern. Das zwischen zwei

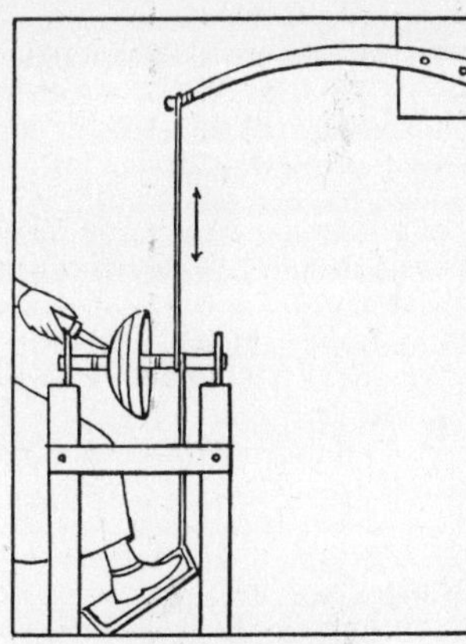

Abb. 102 Drehbank

Zapfen gelagerte Werkstück konnte auf der Drehbank durch einen zweiten Arbeiter mit Seilen, einem Schwungrad und einer Kurbel bewegt werden, was eine unbegrenzte Rotation in einer Richtung erlaubte, oder es konnte der Drechsler die Reibung eines Stockes oder Seiles, die an einem federnden Balken befestigt waren, nutzen, um das Holz in kurzen (vor- und rückläufigen) Drehungen (Paul. Fest. 117, 32 L.: Mamphur) zu bearbeiten, wie das noch im 16. Jh. n. Chr. üblich war. Hobel, (ῥυκάνη, runcina), Bohrer

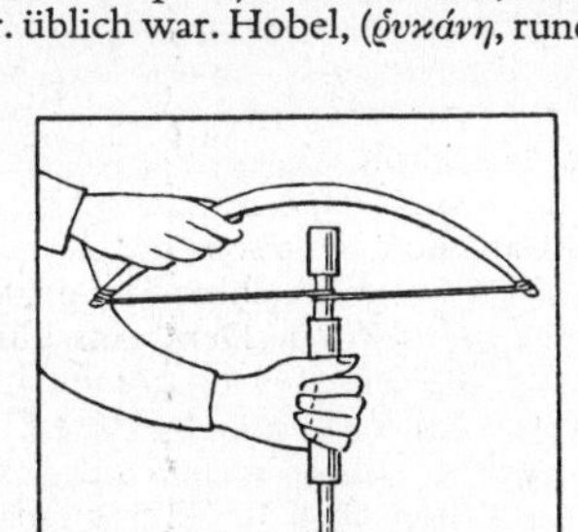

Abb. 103 Drehbohrer

(τρύπανον, τέρετρον, terebra) und andere → Werkzeuge waren bekannt. Billige Hölzer wurden durch Furniere (lamina) veredelt, was → Plinius d. Ä. (nat. 16, 232) ablehnt. Die Furnierhölzer wurden dünn (≈ 2 mm) gesägt und dem billigen Holz durch → Leim verbunden. Technisches ist kaum überliefert, und die meisten Holzarbeiten sind untergegangen. W.K.

Q: Theophr. hist. plant. 5, 1 ff. – Plin. nat. 16, 195 ff. 226 – Vitr. 2, 9, 1 ff. – *Abb:* Singer, Technology II, Abb. 204b; 207.

B. Verwendung. [1] H. heißt im allgemeinen ξύλον, lignum; sofern es verarbeitet wird – vom τέκτων, faber, lignarii, materii, navales, usw. – ὕλη, materia. In der Antike waren die Waldbestände der Mittelmeerländer z. T. reicher, bzw. wurde H. in großen Mengen eingeführt und in relativ größerem Umfang verbraucht, als es heute geschieht. Für den Hausbau und das Mobiliar verwendete man Akazie, Buche, → Ebenholz, Eiche, Erle, Fichte, Kiefer, Lärche, → Lebensbaum, Linde, Olive, Palme, → Tanne, → Zeder, → Zypresse u. a., die sog. *οἰκοδομικὴ ὕλη*.

[2] In der → *Architektur* ist, auch beim entwickelten Steinbau, Holz zu allen Zeiten, bes. bei der Konstruktion von Dachstühlen, verwendet worden (→ Tempel, → Basilika, → Atrium). Weit wichtiger ist, daß der griech. Tempel aus einer Holzarchitektur hervorgegangen ist, in der die wesentlichen Bauelemente ausgeprägt wurden, z. T. nur dort eine tektonische Funktion erfüllten. Die Umbildung in Stein begann gegen Ende des 7. Jh.s. Holz fand weiterhin bei Türen, Fenstern, Treppen Verwendung, wovon sich Spuren in den Ablagerungen der Vesuvstädte, meistens als Hohlform, erhalten haben. Im Original erhalten sind die Türen von S. Sabina (Rom, 423 n. Chr.), S. Barbara (Kairo, Kopt. Mus.; 5. Jh.) und die erzbeschlagenen vom Pantheon und dem sog. Romulustempel; bedeutende Reste einer Falttür in Herculaneum. Ein bes. schönes Beispiel röm. Holzfachwerkes ist in Herculaneum zu sehen (Vitr. 2, 8, 20). – Beim röm. Mörtelbau war man zur Herstellung von Gerüst und Schalung auf Holz ganz besonders angewiesen, aus dem auch nahezu alle technischen Hilfsmittel bestanden. Spuren röm. Befestigungs- und Brückenbauten konnten nördl. der Alpen vielfach nachgewiesen werden. Über antiken → Schiffsbau sind wir durch die Beschreibung der Prachtschiffe Ptolemaios' IV. und Hierons II. (Ath. 5, 203E; 207C), durch das im Nemisee gehobene Schiff, sowie Nachbildungen unterrichtet. Von hölzernem Mobiliar (→ Hausrat) ist in den Vesuvstädten einiges erhalten, anderes läßt sich mit Hilfe von Bronzebeschlägen und bildlichen Darstellungen rekonstruieren (vgl. auch → Musikinstrumente). In der → Malerei bot Holz (bes. → Zypresse) den üblichen Malgrund. Zu sonst gebräuchlichen Holzarten vgl. → Holz.

[3] In der *Monumentalplastik* war Holz weiter verbreitet, als das Erhaltene vermuten läßt. Pausanias kennt über 50 Götterbilder aus Holz und zählt die gebräuchlichen Holzarten auf (8, 17, 2: → Ebenholz, → Zypresse, Wacholder, Eiche, Eibe, Dattelpflaume, Citrusholz (→ Lebensbaum). Ein geschnitztes Götterbild hieß → Xoanon. Hölzerne Statuetten wurden in Samos, Sizilien, Klazomenai und Ägypten gefunden (A. Rumpf, Archäologie II, 1956, 52). Die frühe monumentale Bronzeplastik war über einem hölzernen Kern getrieben (*σφυρήλατος*; auch das Gerüst der großen Goldelfenbeinbilder bestand aus Holz. C.K.

Q: Theophr. hist. plant. passim – *Lit:* G. Bermond Montanari-L. Vlad Borrelli-G. Grana, EAA IV, 1961, 530–537, s. v. legno.

C. Handel. Im Alten Orient bestand für Königs-, Tempel- und Schiffsbauten vornehmlich Bedarf an harten und seltenen Hölzern, und deshalb wurden etwa nach Ägypten → Zedern vom Libanon, → Ebenholz aus Nubien und → Zypressen und Conipheren aus Armenien, nach Babylonien Teakholz aus Indien eingeführt. Diesen Handel mit seltenen Hölzern verbreiteten die Phönizier über den ganzen Mittelmeerraum, und auch in röm. Zeit wurden noch Luxushölzer aus Ostafrika und Indien, daneben aus Kleinasien und dem Schwarzmeergebiet bezogen. Wichtiger für den Handel wurde der Ex- und Import von Nutzhölzern und von Pech zum Schiffsbau. Schon in der klass. Zeit Griechenlands wurde Makedonien Hauptausfuhrgebiet für diese Produkte, und Olynth verdankte dem H.export seinen Aufstieg. Makedonien und in zunehmendem Maße daneben Thrakien und die Donauprovinzen sind auch bis in die röm. Kaiserzeit die wichtigsten Lieferanten für H. und Pech geblieben. H.Br.

Homer, der Überlieferung nach Name des ältesten epischen Dichters des Abendlandes (wohl 8. Jh.), des Verfassers der beiden Großepen → Ilias und → Odyssee, dem gelegentlich auch Epen des → Kyklos und die sog. → homerischen Hymnen zugeschrieben wurden.

A. Person. Die moderne Philologie sah seit dem Abbé d'Aubignac (s. u. D 2) in dem Namen ‹Homer› (*ὅμηρος* = Bürge, Geisel) eine bloße Fiktion oder eine Kollektivbezeichnung für eine Vielzahl von Rhapsoden. Erst Wilamowitz wies darauf hin, daß den antiken Nachrichten über das Leben des Dichters doch ein historischer Kern zugrunde liegen könne. – Die H.legende reicht bis ins 7. Jh. Die uns erhaltenen Testimonien über das Leben H.s (7 Viten und das Certamen Homeri et Hesiodi) sind nicht vor die Kaiserzeit zu datieren. Die anekdotenhaften Darstellungen der 7 teils voneinander abhängigen Viten können jedoch gelegentlich älteres Gut bieten; z. B. ist die Quelle der in nachgeahmtem Ionisch geschriebenen Ps.-Herodot-Vita vermutlich der Platonschüler → Herakleides (3) Pontikos. Der Verfasser des Wettkampfes zwischen Homer und Hesiod, nach Papyrusfunden der Isokratesgegner → Alkidamas, hat von der Voraussetzung ausgehend, H. und Hesiod seien Zeitgenossen gewesen, unter Verwendung älteren Materials (vgl. Aristoph. ran. 1271; Theogn. A, 425; Heraklit Fr. 56D.) den Agon erfunden. – Die antiken Testimonien lassen vermuten, daß H., der ursprünglich Melesigenes geheißen haben soll (nach dem Fluß Meles bei Smyrna), im 8. Jh. gelebt hat (vgl. die beste antike Version Hdt. 2, 53, 3), daß er aus dem Raum von Smyrna, vielleicht aus Smyrna selbst (im frühen 6. Jh. zerstört) stammte (so Pindar und Stesimbrotos) und daß er die in den Viten genannten Städte, die alle den Anspruch erhoben, seine Vaterstadt zu sein (vgl. AP 16, 295 ff.) kennengelernt hat: Erythrai, Kolophon, Kyme, Phokaia. Der Dichter mag an den Adelshöfen verkehrt haben und hat möglicherweise die archaischen Fürstengeschlechter der Glaukiden (Milet) und der Aeneaden (südl. Troas) dadurch geehrt, daß er ihre Stammbäume darstellte (Il. 6. 20). Sein eigentliches Wirkungsfeld scheint aber Chios gewesen zu sein, wo noch zu Platons Zeit die → Homeriden ihren Sitz hatten. H.s Grab soll auf Ios liegen. – Die Nachricht von der Blindheit H.s ist wohl als typischer Zug in die Legende zu verweisen: vgl. den blinden Demodokos Od. 8, 64 und hymn. Apoll. 166: ‹der blinde Mann von Chios›. Möglicherweise haben erst diese Worte die Vorstellung vom blinden Homer, wie ihn die klass. u. hellenist. Bildnisse zeigen, ausgelöst. – Als Werke Homers galten vor allem → die Ilias und die → Odyssee. Seitdem die Auffassung vorherrscht, daß diese beiden Epen schwerlich von dem gleichen Verfasser stammen können (vgl. → Chorizonten), wird Homer mit dem Iliasdichter gleichgesetzt, was allerdings kaum mehr als eine Konvention ist.

B. Werk. [1] Die *Ilias* (Titel zuerst bei Hdt. 2, 116, 2 belegt), das Gedicht von Ilion (Ilios, → Troja), das als ältestes, vollständig erhaltenes Großepos am Anfang der europäischen Literatur steht, umfaßt rund 16000 Hexameter und ist (wohl von den Alexandrinern, evtl. von → Zenodot, 1) in 24 Bücher eingeteilt. – 1. *Inhalt:* Die Handlung der Ilias spielt sich während des 10jährigen Kriegs um Troja ab, der zur Eroberung der Stadt führte. Der Dichter erzählt aber nicht das gesamte Kriegsgeschehen, sondern stellt nur einen Ausschnitt aus dem letzten Kriegsjahr dar (51 Tage, davon 2 Schlachttage), der durch ein persönliches Motiv bestimmt und begrenzt wird, durch den Zorn des → Achilleus. Dieser fühlt sich durch → Agamemnon gekränkt, der die dem Achill als Kriegsbeute zugeteilte Fürstentochter

Briseis für sich beansprucht. Achill hält sich mit seinen Myrmidonen vom Kampf zurück und bittet → Thetis, ihm Genugtuung zu verschaffen. Thetis erreicht die Zusage des Zeus, daß die Achäer so lange unterliegen sollen, bis das Achill zugefügte Unrecht gesühnt ist (1. Gesang). – Achill bleibt, auch als die Achäer ohne ihn in große Bedrängnis geraten sind und Agamemnon ihn durch großzügige Angebote zu versöhnen sucht, unerbittlich (9. Gesang). – Erst ein persönliches Motiv wiederum bewegt ihn, von neuem in den Kampf einzugreifen, der Tod seines Freundes Patroklos, dem er erlaubt hatte, an seiner Stelle in den Kampf zu ziehen, da die Troer immer weiter vordrangen und unter Hektors Führung das Schiffslager zu erobern drohten. Patroklos, in Achills Rüstung, wurde darauf von Hektor getötet. Der Wunsch, den Freund zu rächen, veranlaßt Achills Versöhnung mit Agamemnon (19. Gesang). – In einer neuen Rüstung, die Hephaist ihm angefertigt hat (→ Schildbeschreibung), wütet Achill unter den Troern und tötet Hektor im Zweikampf. Er schleift Hektors Leichnam hinter seinem Wagen zu den Schiffen. Das Gedicht endet mit den Leichenspielen zu Ehren des Patroklos und dem Eintreffen des greisen Troerkönigs Priamos, dem Achill die Leiche Hektors ausliefert (24. Gesang). – 2. Die *Funktion der Götter* in der Ilias. Die Handlung der Ilias vollzieht sich auf zwei Ebenen. Dem menschlichen Tun steht das Handeln der Götter gegenüber: ihre Parteinahme, ihre Teilnahme am Kampf, ihr Eingreifen in einzelne Vorgänge. – Das Wesen der homerischen Götter ist voller Widersprüche und kaum rational erfaßbar. Sie sind anders als die Menschen, unsterblich, strahlend, leichtlebig und haben eine Macht, die sie nach Belieben benutzen. Weite Strecken des Handlungsablaufes sind durch den Plan (*βουλή*) des Zeus vorausbestimmt. Aber auch die Götter herrschen nicht unumschränkt, teils über, teils neben ihnen steht die Moira (vgl. Il. 16, 433–43; 22, 168–81). – Die Götter sind den Menschen auch ähnlich, und gelegentlich hat man in Zeus ein Abbild der myk. Herrscher zu erkennen geglaubt. – Die Götter sind Hüter der Ordnung und des Rechts (16, 386), und doch werden auch sie, genau wie die Menschen, in ihrem Verhalten von persönlichen Motiven gelenkt. So ist ihre Parteinahme im Kampf um Troja nicht etwa ethisch bestimmt, sondern durch das (für die Ilias vorauszusetzende) → Parisurteil. Daraus erklärt sich der Haß Heras gegen die Troer. Selbst Zeus folgt nicht nur seiner Überzeugung von Gerechtigkeit, wenn er Achills Wunsch nach Rache erfüllt, sondern den Bitten der Thetis, der er verpflichtet ist (1, 505 ff.). – Die mangelnde Moral und die Unzulänglichkeit der homerischen Götter, ihr ‹menschliches› Wesen, das sich in Streit, Betrug und Willkür äußert – Zeus selbst wirft Hera Grausamkeit vor (Il. 4, 35), und Hephaist spricht aus, wie unwürdig der Streit der Götter um der Menschen willen sei (Il. 1, 573) –, hat früh Anstoß erregt (vgl. Hesiods Zeus-Auffassung) und ihre allegorische Umdeutung in Naturgewalten veranlaßt (vgl. → Theagenes v. Rhegion; → Allegorese). Aber wie auch immer die Widersprüche, die sich im Wesen und der Funktion der Götter zeigen, zu erklären sind, sie lassen sich auf keinen Fall aus dem Geschehen der Ilias herauslösen und dienen nicht als nur ‹epischer Schmuck› (Schmid): der Bereich der Götter ist mit dem der Menschen eng verknüpft, und ein Geschehen auf der einen Ebene löst in der anderen eine Reaktion aus.

[2] Die *Odyssee*, das Gedicht von → Odysseus, umfaßt rund 12000 Verse und ist in 24 Bücher eingeteilt (s. o. B 1). – 1. *Inhalt:* Die Handlung (40 Tage) spielt sich im 10. Jahr nach der Eroberung Trojas ab. Der Dichter erzählt das Geschehen zunächst in zwei Handlungssträngen (Buch 1–4 Telemachie, Buch 5–12 Fahrt und Abenteuer des Odysseus), die er im 13. Buch zusammenführt (Buch 13–24 Rache des Odysseus, Ermordung der Freier). – In der → Götterversammlung veranlaßt Athene den Beschluß, daß Odysseus, der von Kalypso zurückgehalten wird, heimkehren dürfe (1). Nach einer zweiten Götterversammlung überbringt Hermes der Kalypso den Auftrag, Odysseus fortzusenden. Aber Poseidon läßt sein Floß scheitern. Odysseus rettet sich an das Ufer von Scheria (5). Die Königstochter Nausikaa zeigt ihm den Palast des Phaiakenkönigs Alkinoos (6), und dort wird er gastlich aufgenommen. Odysseus erzählt seine Abenteuer seit der Abfahrt von Kalypso (7). Nachdem er sich zu erkennen gegeben hat, berichtet er, wie er nach der Eroberung Trojas Ismaros zerstörte, dann aber von den Kikonen in die Flucht geschlagen wurde. Er erzählt von den Erlebnissen bei den Lotophagen und von der Blendung des Polyphem, die den Zorn Poseidons auslöste (9); von der Fahrt von der Insel des Aiolos zu den Laistrygonen, auf der er seine Schiffe verlor, von der Verwandlung seiner Gefährten in Schweine durch den Zaubertrank Kirkes, ihrer Erlösung und seiner Fahrt in die Unterwelt (10); von Skylla und Charybdis, von dem Untergang seiner Gefährten dafür, daß sie die Rinder des Helios geschlachtet hatten, und von seiner Landung auf Ogygia bei Kalypso. – Die Phaiaken bringen Odysseus nach Ithaka zurück. Dieser sucht den treuen Schweinehirten Eumaios auf und trifft dort mit seinem Sohn Telemach zusammen (15), der auf Anraten Athenes nach Pylos und Sparta gegangen war, um nach seinem Vater zu forschen (1–4). Odysseus und Telemach bereiten die Rache vor und halten ein Strafgericht über die Freier ab (22). Odysseus wird endlich auch von Penelope erkannt (23) und begrüßt seinen Vater Laertes. Athene beendet einen neuen Aufstand der Ithakesier (24). – 2. Die *Funktion der Götter:* Im Vergleich zur Ilias ist in der Odyssee die Götterhandlung sehr viel weniger ausgeprägt. Von ihren persönlichen Belangen und Wünschen, von ihren Beziehungen zueinander und von ihrer Eigenart ist kaum die Rede. Sie streiten auch nicht miteinander, zeigen nicht die scheinbar launische Willkür, sondern sind Wahrer eines unbedingt verbindlichen Rechts (24, 251). Karl Reinhardt spricht von ihrer ‹fortgeschrittenen Moral›. Sie treten jedoch auch weniger hervor, wenigstens in ihrer Gesamtheit: es finden nur zwei → Götterversammlungen statt, in denen die großen Linien der Handlung festgelegt werden (Od. 1 und 5). Sonst kümmern sich im wesentlichen nur → Poseidon und → Athene um die Menschen. Poseidon verfolgt Odysseus mit unversöhnlichem Groll und weiß seine Heimkehr immer wieder hinauszuzögern (Retardation, s. u. C 2). Athene dagegen lenkt Odysseus durch alle Fährnisse, fällt die nötigen Entscheidungen und verfolgt mit Beharrlichkeit, zur Not auch mit List, ihr Ziel, ihn nach Ithaka zurückzubringen. Sie ist auch die Beschützerin seines Sohnes.

C. Epische Technik. Die Orthoepeia Homers, die prägnante Ausdrucksweise, wurde seit der Antike hervorgehoben. Aber auch sonst wurde seine Darstellungsweise für die spätere Epik verbindlich, so etwa seine Vorliebe, gleiche Vorgänge in gleichen oder ähnlichen Worten zu berichten (wiederholte Verse, Formeln, typische Szenen), und seine Art, eine Erzählung durch → Gleichnisse, d. h. durch eine Darstellung auf anderer Ebene, durchsichtig zu machen (vgl. auch Epos B 2). – Zu der sogenannten ‹epischen Technik› gehören aber vor allem ‹Kunstgriffe› der Komposition, bes. 1. Die *Verknüpfung einzelner Episoden* durch mannigfache Beziehungen, etwa durch Vor- und Rückverweise, die dazu dienen, ein Geschehen vorzubereiten und (stufenweise) zu entwickeln. Ein typisches Beispiel dafür ist etwa die fortschreitende Präzisierung der Prophezeiung von Achills Tod: Er ist der früh Sterbende (Il. 1, 352), der gleich nach Hektor Sterbende (18, 96), einer, dem der Tod nahe bevorsteht (19, 408 ff.). Die Ankündigung seines Todes aus dem Mund des sterbenden Hektor (22, 358 ff.) läßt die unmittelbare Verwirklichung sicher erscheinen. – 2. *Die Retardation*, die Verzögerung des Handlungsablaufs (nach Goethe neben der Vorbereitung eine der bezeichnendsten Eigenschaften des epischen Gedichts). Sie bewirkt dramatische Spannung, erklärt neue Verwicklungen und entscheidende Veränderungen. Die größte und bekannteste R. ist in bezug auf den gesamten Kampf der Zorn Achills (Il. 1), dann z. B. die Auflehnung des Thersites (Il. 2) oder die Szene, in der Hera Zeus in tiefen Schlaf versetzt (Il. 14). – 3. Auf den Kunstgriff des Dichters, durch eingeschobene *Episoden*, d. h. durch die Darstellung eines Teilgeschehens, ein Bild des Ganzen zu geben, hat zuerst Aristoteles hingewiesen (poet. 23, 1459 a 35). Die Episoden dienen (1) der Exposition: In verschiedenen Angaben, die sich inhaltlich zusammenfügen, berichtet der Dichter früheres Geschehen oder holt noch fehlende Informationen nach, z. B. in der → Teichoskopie, (2) der exemplarischen Darstellung: die Farbigkeit und Fülle eines durchlaufenden Geschehens wird durch typische Einzelszenen charakterisiert. Eine umfassende Schlachtschilderung etwa wird durch eine → Aristie ersetzt (ein Beispiel von Homers Kunst der Begrenzung: Schiller), (3) der Kontrastwirkung: Der Leser wird für eine Weile vom Handlungsverlauf abgelenkt und in ein ruhigeres Milieu versetzt. Der Gegensatz verleiht der folgenden Darstellung der Ereignisse eine um so stärkere Wirkung. So stellt der Dichter z. B. vor Achills erneutem Auszug in den Kampf die → Schildbeschreibung. – Eine ähnliche Funktion haben die häufigen *Episoden in Gesprächsform* (besonders vor einem Schauplatzwechsel), etwa Hektors Abschied von Andromache (Il. 6).

D. Die homerische Frage. [1] Die Verschiedenheit von *Ilias und Odyssee* wird in der modernen Philologie allgemein anerkannt. Weniger Einigkeit herrscht über die Frage, ob sich daraus notwendig ein Schluß auf verschiedene Verfasser und ihre Lebenszeit ergibt. Eine Untersuchung der Stoffdarbietung führt in diesem Punkt nicht weiter. Ist die Ilias eine Episode, von der aus die Vorgänge um Troja beleuchtet werden, so wird in der Odyssee ein lineares Geschehen in einer kunstvollen Verflechtung der Handlungsstränge dargestellt, und der Kunstgriff des Dichters, große Strecken der Handlung in der Ich-Erzählung nachzuholen, ist von Vergil bis Goethe gern nachgeahmt worden. – Den Rahmen der Ilias bildet die strahlende Adelswelt, während die Odyssee sozial breitere Bereiche umfaßt und gelegentlich den Diener, den Hirten und den Bettler zu Worte kommen läßt. Ein großer Teil dieser Dichtung vereinigt Märchenhaftes und Volkstümliches mit alten Seefahrererzählungen. Aber das ist zweifellos auch durch die Verschiedenheit des Stoffes bedingt. Auf jeden Fall zeigt die Gestaltung der Odyssee, die den Stoff der Ilias voraussetzt und ohne diesen nicht zu verstehen wäre, daß der Verfasser alle dort angewandten Stilmittel beherrscht. Einen eindeutigen Beweis dafür aber, daß die Odyssee jünger sein muß als die Ilias, geben nur die sprachlichen Indizien. Wenn auch in beiden Epen die gleiche Sprache verwendet wird und im wesentlichen auch der gleiche Wortschatz, so kommen doch alle jüngeren Formen der homerischen Sprache (Weiterbildungen, Ableitungen usw.), die sich sonst erst in der nachhomerischen Dichtung oder in der Klassik finden, fast ausschließlich in der Odyssee vor; außerdem werden hier alte Worte zuweilen in einer späteren Bedeutung verwendet (Leumann). Auch die ‹modernere› Syntax der Odyssee bestätigt diesen Befund und damit wohl eine spätere Datierung. – Vgl. → Aithiopis, → Kyklos.

[2] Die *Verfasserschaft Homers* für alle unter seinem Namen überlieferten Gedichte war schon früh angezweifelt worden; die → Chorizonten warfen die Frage auf, ob nicht auch Ilias und Odyssee verschiedenen Dichtern zugeschrieben werden müßten. In der modernen Philologie wurde diese Ansicht zuerst in einer wenig beachteten Schrift des Abbé François Hédelin d'Aubignac (1604–1646) vertreten (‹Conjectures académiques en dissertation sur l'Iliade›, gedruckt 1715). Den Anlaß für einen heftigen, bis heute nicht beendeten Philologenstreit über dieses Thema gab F. A. Wolf mit seinen ‹Prolegomena ad Homerum› (1795). Die Prolegomena waren durch die Veröffentlichung des Venetus A, einer wertvollen Homerhandschrift, veranlaßt worden, die Villoison 1788 besorgt hatte. Die dem Codex beigefügten Scholien (Viermännerkommentar) ließen zum erstenmal die Arbeit der antiken Philologie und die Fragwürdigkeit der Humanistenausgaben erkennen. Von der Überzeugung ausgehend, daß Homer die → Schrift noch nicht gekannt habe und daß erst Peisistratos die verstreuten Gesänge habe sammeln und redigieren lassen, behauptete Wolf, die Ilias sei von verschiedenen Dichtern verfaßt. Seine These mußte um so stärker wirken, weil sie die damals geltende Vorstellung von Homer als Originalgenie mit dem Rüstzeug des Historikers angriff. – Die wichtigsten nach Wolf aufgestellten Theorien zur Lösung der ‹homerischen Frage› sind: 1. die *Liedertheorie* (Lachmann): die Ilias ist eine Sammlung einzelner Lieder, die dem dichtenden Volksgeist entstammen. Die durch die Peisistratische Zusammenfassung entstandenen Veränderungen können durch Analyse rückgängig gemacht werden. – A. Heusler wies dagegen nach, daß sich Heldenlied und Epos nicht nur durch den Umfang, sondern vor allem durch die kompositorische Anlage (Knappheit, Breite usw.) unterscheiden. – 2. Die *Entwicklungstheorie* (G. Herrmann): Es gab eine Urilias geringen Umfangs, die durch Interpolationen erweitert wurde. Eine solche Interpolation stellt in der Odyssee die Telemachie dar (bei Herrmann wird die Untersuchung zum erstenmal auch auf die Odyssee ausgedehnt), bzw. es gab eine Urodyssee (v. d. Mühll), die möglicherweise von dem Dichter der Urilias verfaßt worden war. – 3. Die *Kompilationstheorie* (Kirchhoff): selbständige Kleinepen (Nostoi, Irrfahrten u. a.) wurden von einem Kompilator oder Redaktor der Odyssee vereinigt (seine Arbeit ist an den Widersprüchen kenntlich). – 4. Die *Theorie der sog. Unitarier:* die Ilias ist das einheitliche Werk eines Dichters (Nietsch, Rohde, Drerup u. a.), neuerdings durch die Strukturanalyse bekräftigt (Schadewaldt, Reinhardt): strukturähnliche Szenen lassen die Einheit der Ilias wie der Odyssee erkennen.

E. Nachwirkung. Schon früh wurden die homerischen Gedichte Gegenstand der deutenden Betrachtung. Die Angriffe auf ihre offensichtlichen ethischen Mängel versuchten → Theagenes (2) v. Rhegion und seine Schüler durch allegorische Ausdeutung der Götter zu beseitigen. Interpretationen dieser Art wurden über die pergamenische Schule bis ins MA fortgesetzt. Die ersten Bemühungen um die Sprache und inhaltliche Interpretation Homers finden sich in der Sophistik (vgl. Platons ‹Protagoras› und ‹Ion›). Die aus der Textkritik erwachsenen Kommentare der Alexandriner – die Quelle für alle spätere Gelehrsamkeit (Lexika, Etymologica usw.) – haben sich schließlich in den Rand- und Interlinear → Scholien der Hss. niedergeschlagen. Die gelehrte Arbeit der Byzantiner (→ Tzetzes, → Eustathios) brachte im wesentlichen nichts Neues. – Bereits in archaischer Zeit wurde Homer für die Griechen kanonisch. Sein Einfluß auf ihre geistige Entwicklung war groß. Seine Götterauffassung setzte sich in der Literatur durch und verdrängte aus ihr die primitiven Vorstellungen älterer Zeit. Die anthropomorphe Vernunftreligion schuf die Klarheit und Vorurteilslosigkeit, die die Voraussetzung für Wissenschaft und Philosophie abgab. Die gesamte griech. Poesie steht seit seinen unmittelbaren Nachfolgern unter seinem Einfluß: mit ihm, als dem anerkannten Dichterfürsten (ὁ ποιητής), mußte sich jede Gattung auseinandersetzen. Selbst die Prosa konnte sich seiner Macht, bes. seiner sprachbildenden Kraft, nicht entziehen (→ Herodot). – Eine starke Wirkung hatte Homer auch auf die lat. Dichtung (→ Livius (2) Andronicus übersetzte die Odyssee, Cn. Mutius die Ilias; → Vergil, von dem alle spätere lat. Epik abhängt, sah in Homer das Vorbild), aber auch in anderen Ländern bis nach Indien wurden seine Werke bekannt. Gegen Ende des

Altertums wurde es zu einer üblichen Spielerei, Verse Homers zu neuen Gedichten zu verbinden (→ Centones). – Anders waren die Verhältnisse im MA. Im Westen war Vergil der bevorzugte Dichter geworden, und man kannte Homer nur noch aus einer metrischen Epitome, dem Homerus Latinus. – Im Osten dagegen gab Ioannes → Tzetzes die ganze Trojasage in Hexametern wieder, und später übersetzte Konstantinos Hermoniakas die Ilias in vulgärsprachliche trochäische Achtsilbler. Homer wurde auch ins Syrische, Arabische und Armenische übertragen. – Im Westen bestätigte Julius Caesar Scaliger in seiner Poetik noch nach der Florentiner Homerausgabe die mindere Wertschätzung Homers Vergil gegenüber durch sein Urteil (plebeia, inepta, muliercula). Erst nach der Übersetzung der homerischen Epen ins Englische durch Alexander Pope (1715), nach der Würdigung Homers als Originalgenie durch Robert Wood in ‹An Essay on the Original Genius of Homer› (1769) und nach der Aufnahme von Woods Gedanken durch Lessing, Goethe und Heyne begann sein Ansehen die Vorliebe für Vergil zu verdrängen. Die Übersetzung von J. H. Voß machte Homer in Deutschland populär. Die Prolegomena von Wolf lösten eine bis in die Moderne unvermindert wirksame Homerforschung aus. Auch in der Kunst wurden homerische Stoffe bis in die jüngste Zeit behandelt. G.K.

Ed: Demetrios Chalkondyles, ed. princ., 1488 – A. Ludwich, 4 Bde, 1887–1907 – T.W. Allen, 5 Bde, OCT, 1912 (mit neuen Papyri) – Ders., Homeri Ilias, 3 Bde, 1931 – P. v. d. Mühll, Homeri Odyssea (1946), 1962³ – Kommentierte Ausgaben: W. Leaf, The Iliad (1886), 1900/02² (Nachdr. 1960) – K. F. Ameis-C. Hentze, Ilias (1868), 1903 bis 1907⁶ (Nachdr. 1964) – Dies., Odyssee (1856), 1908¹¹ (Nachdr. 1964) – Antike Kommentare: → Scholien B[2] – *Übers:* G. Chapmann, danach A. Pope, 1715 (engl.) – J. H. Voß, 1781 u. 1793 (deutsch) – *Lit:* Einführungen: P. Cauer, Grundfragen der Homerkritik (1895), 1921–23³ – G. Finsler, H. (1908), 1924³ (ergänzt von E. Tièche) – I. B. Wace u. F. H. Stubbings, A Companion to Homer, 1962 – G. S. Kirk, The Songs of Homer, 1962 – *Lexika:* → Homerische Sprache – *Zu A:* U. v. Wilamowitz, Vitae Homeri et Hesiodi, 1916 (Neudr. 1929: Lietzmann, KlT 137) – W. Schadewaldt, Von Homers Welt und Werk (1944), 1959³ – Ders., Legende vom fahrenden Sänger (1942), 1959 – E. Vogt, Die Schrift vom Wettkampf Homers u. Hesiods, RhM 102, 1959, 193–221 (vgl. Gnomon 33, 1961, 697–703) – *Zu B[1]:* Fr. A. Wolff, Prolegomena ad Homerum, 1795 (ed. Peppmüller, 1884³) – U. v. Wilamowitz-Moellendorff, Die Ilias u. Homer, 1920 – W. Schadewaldt, Iliasstudien, Abh. Leipzig 1938 – K. Reinhardt, Die Ilias u. ihr Dichter, Göttingen 1961 – Zur Funktion der Götter: W. F. Otto, Die Götter Griechenlands, 1947 – H. Schrade, Götter und Menschen H.s, 1952 – P. Von der Mühll, Kritisches Hypomnema zur Ilias, 1952 – B. Snell, Die Entdeckung des Geistes (1946), 1955³, 50–64 – W. Kullmann, Das Wirken der Götter i. d. Ilias, Sekt. f. Alt. Wiss. der Dtsch. Akad. d. Wiss., 1956, H. 1 – M. P. Nilsson, Die griech. Götter u. die Gerechtigkeit, HThR 50, 1957, 193 – H. Fränkel, Dichtung und Philosophie des frühen Griechentums (1951), 1962², 59–61 – *Zu B[2]:* K. Meuli, Odyssee u. Argonautika, 1921 – P. v. d. Mühll, RE Suppl. 7 (1940), 696–768 – K. Reinhardt, Die Abenteuer der Odyssee (1948), in: Tradition u. Geist, 1960, 47–124 – F. Klingner, Über die vier ersten Bücher der Odyssee (1944), in: Studien, 1964, 39–79 – *Zu C:* W. Arend, Die typ. Szenen bei Homer, Problemata 7, 1933 – S. E. Bassett, The Poetry of Homer, 1938 – *Zu E:* A. Finsler, H. in der Neuzeit, 1912 – F. Mehmel, H. u. die Griechen, AuA 4, 1954, 16–41 – Im übrigen vgl. die Fachberichte: A. Lesky, Die Homerforschung der Gegenwart, Wien 1952, Fortsetzung AnzAW 6, 1953, 129; 8, 1955, 129; 12, 1959, 129; 13, 1960, 1 – H. J. Mette, Homer, Lustrum 1 (1956), 1963², 7–86. 319–339 – A. Heubeck, Fachbericht zur neueren Homerforschung, Gymn. 66, 1959, 380; Fortsetzung 71, 1964, 43 – *Bildnisse:* → Anhang – *Darstellung* der Themen: s. zu den einzelnen Helden.

Homeriden, auf die homerischen Gedichte spezialisierte → Rhapsoden. – Der Name H. bezeichnete ursprünglich wohl nur die Angehörigen der Rhapsodengilde auf Chios, die als Nachkommen Homers galten. → Harpokration (s. v. H.) führt die H. Akusilaos und Hellanikos namentlich an. Rhapsodengilden auf gentilizischer Grundlage hat es bis in die hellenist. Zeit gegeben (Pasquali). – Wenn Wilamowitz einen ursprünglichen Zusammenhang der H. mit Homer leugnet und die H. als Opferdiener ansieht, folgt er einer bei Harpokration überlieferten Legende, nach der die H. genannten Opferdiener Nachkommen der Geiseln (*ὅμηρα*) waren, die die Männer und Frauen von Chios nach einem Streit austauschten. – In späterer Zeit (Pind. Nem. 2, 1) hießen alle Rhapsoden, die ausschließlich die homerischen Gedichte vortrugen, H. Man setzte bei ihnen eine besondere Kenntnis des Dichters voraus (Plat., pol. 599E; Phaidr. 252B–C; Ion 530C), sie erzählten aus seinem Leben und sahen ihre Aufgabe darin, seine Gedichte zu verbreiten. G.K.

Lit: U. v. Wilamowitz-Moellendorff, Die Ilias und Homer, 1920, 366–367.

Homerische Altertümer, die in den homerischen Gedichten erwähnten Realien: [1] Topographie – [2] Waffen – [3] Haus, Hausgerät, Nahrung – [4] Opfer – [5] Soziale Ordnung – [6. 7] Wirtschaft. – Für die Realien erweist der Vergleich der homerischen Darstellung mit dem archäologischen Befund eindeutig, daß in diesen Epen Züge aus der homerischen (geometrischen) Zeit mit Erinnerungen an die myk. Epoche und poetischen Erfindungen vereint sind.

[1] Die Geschichtlichkeit → Trojas ist durch die Forschungen von Schliemann, Dörpfeld und Blegen aufgezeigt worden. Troja VI könnte das homerische sein. Da dieses aber durch ein Erdbeben vernichtet und der Wiederaufbau (VIIa) erst um 1200 zerstört wurde, als die Festlandsgriechen ihre Macht nahezu verloren hatten, liegt der Erzählung von dem Eroberungszug der Griechen nach Troja möglicherweise nur die Erinnerung an eine frühere (erfolglose) Belagerung zugrunde. – Angaben Homers über starke Machtzentren in Mykene und Pylos sind durch die Ausgrabungen bestätigt worden (→ Kret.-myk. Kultur). – Wichtig für den sagengeschichtlichen Hintergrund sind die in Boğhazköy gefundenen hethit. Keilschrifttafeln, die von Berührungen der Hethiter mit den Achaiern (→ Achäer) zeugen (Forrer und Page, anders Sommer). – Die Lokalisierung der von Odysseus auf seiner Fahrt berührten Orte ist seit dem Altertum umstritten. Lesky (s. u.) folgt → Eratosthenes (bei Strab. 1, 23 C), wenn er ihnen jede geographische Realität abspricht (anders Bérard, Hennig u. a.). Gekannt hat Homer offenbar das griech. Festland, den Rand des östl. Mittelmeeres; bei der Erwähnung des westl. Raumes (Sizilien, Italien) folgt er evtl. phantastischen Seefahrererzählungen.

[2] *Waffen.* Die homerischen Krieger tragen einen Erzpanzer aus zwei Schalen (für Brust und Rücken), entweder einen Rundschild und dazu Beinschienen aus Erz (einmal wird Leder erwähnt) oder einen (myk.?) Langschild (Achterform und Ofenschirmtyp) ohne Beinschienen, einen Helm (Erzüberzug auf Ledergrundlage) oft mit Pferdeschweif, eine Lanze (Holzschaft mit Eisenspitze), ein Schwert, das an einem über die Schulter gezogenen Band hängt, seltener Bogen und Pfeil. – Mykenisch sind z. B. der Eberzahnhelm des Meriones (Il. 10, 261/265), der Ring an Hektors Speer (6, 320; 8, 495) und die Bronzewaffen. Andere Waffen, die man ursprünglich für myk. hielt, werden neuerdings von einigen als der geometrischen Zeit zugehörig angesehen (Turmschild des Aias, Achillesschild: → Schildbeschreibung). Dagegen scheint die gleichzeitige Verwendung von Bronze- und Eisenwaffen auf das Bestreben der Dichter, den Eindruck der Altertümlichkeit zu erwecken (auf das sog. Archaisieren), zurückzugehen. Der Streitwagen ist myk., Reiter, wie sie von geometrischen Abbildungen bekannt sind, finden sich nicht bei Homer.

[3] Die myk. Ruinenstätten lassen noch große, starke Burganlagen erkennen. Sie bestätigen die homerischen Schilderungen von Häusern: die Gebäude schlossen einen Innenhof (Aule) ein, der bis auf einen Eingang nach außen abgeschlossen war. Den Hauptraum, das Megaron, erreichte man vom Hof aus durch eine Säulenhalle (Aithousa) und einen Vorraum (Prodomos). Mit Thalamoi bezeichnete Homer Privaträume zum Aufenthalt und zum Schlafen (Od. 23, 192) und zur Aufbewahrung von Geräten (21, 8; 22, 109), die wohl im Oberstock (19, 53) lagen. – An Hausgerät erwähnt Homer vor allen Dingen (größere und

kleinere) Tische, Stühle, entweder ohne Lehnen oder mit Arm- und Rückenlehnen. Das Bett bestand aus einem viereckigen Gestell mit Beinen, dessen Längsseiten für ein Riemengeflecht durchlöchert waren. Auf diesem lag das Unterbett, ein Bettuch, eine Wolldecke. – Die Nahrung bestand wohl hauptsächlich aus Brot, Weizen- und Gerstenprodukten, Wein und Fisch (19, 113), Fleisch bei Opfern, Festen und Gelagen. Der Wein wurde mit Wasser vermischt.

[4] An *Opfern* erwähnt Homer: Weihgeschenke (Schmuck, Kleider, Statuen), Trankopfer (zu Beginn und am Ende von Gelagen und Zusammenkünften) und Schlachtopfer. Die mit Fett umwickelten Schenkelknochen der geschlachteten Tiere wurden für die Götter verbrannt, die den Fettdampf genossen, während das übrige Fleisch von den Menschen gegessen wurde.

[5] Die Oberkönige (z. B. Agamemnon, Alkinoos, Odysseus) waren im wesentlichen die Ersten unter Gleichen, Entscheidungen wurden im Rat der Geronten gefällt, zuweilen ist die Volksversammlung beteiligt (Billigung, Mißbilligung). Demiurgen (Seher, Sänger, Baumeister, Ärzte und Herolde) genossen größeres Ansehen, während einfachere Handwerker, Töpfer, Schmiede einer niedrigeren Schicht angehörten. Die unterste Gruppe der Freien bildeten die Theten (Lohnarbeiter), Sklaven galten als Sachbesitz.

[6] Den Hauptzweig der *Wirtschaft* bildeten Ackerbau und Viehzucht. Einfachere Dinge (Spinn- und Webwaren) wurden im Haus hergestellt, doch gab es auch schon spezialisierte Handwerker (erwähnt in den myk. Tafeln). Als Maßstab für Warenaustausch wird oft das Rind genannt.

[7] Das hom. *Schiff* war ein hölzernes, schön geschwungenes, schwarz (am Bug rot) bemaltes Boot mit einer Mannschaft von ca. 50 Ruderern. Es besaß Vorder- und Hinterdeck sowie einen umlegbaren Mast aus Tannenholz. An ihm wurde die Rahe hochgezogen, nach deren vorstehenden Ocken die Schiffe ‹seitlich gehörnt› (*ὀρθόκραιροι*) hießen. Die Rahe trug das aus mehreren Leinwandkleidern gefertigte Segel, das an- und abgeschlagen, aber nicht gerefft werden konnte. Da man keine technischen Instrumente zur Bestimmung des Kurses besaß, bevorzugte man, ungeachtet von Untiefen, Steilküsten und Brandung, die Küstenfahrt. Man verstand es, mit halbem Wind zu segeln, überschritt jedoch auch unter günstigen Bedingungen eine Geschwindigkeit von 4–5 Knoten nicht. Vgl. → Schiff, → Schiffahrt. G.K.

Lit: E. Buchholz, Die homerischen Realien, 1871–85 – Th. D. Seymour, Life in the Homeric Age, 1907 – O. Henke, Die Gedichte Homers III 1, 1907, 182–196 – F. Miltner, RE Suppl. 5 (1931), 906 bis 962, s. v. Seewesen (Lit) – M. P. Nilsson, Homer und Mycenae, 1933 – R. Hennig, Die Geographie des homer. Epos, 1934 – W. Schadewaldt, Homer und sein Jahrhundert (1941), in: Von Homers Welt und Werk, 1959^3, 87–129 – H. Trümpy, Kriegerische Fachausdrücke im griech. Epos, Diss. Basel 1950 (bes. Lit. S. 6) – H. L. Lorimer, Homer and the Monuments, 1950 – G. S. Kirk, Objective Dating Criteria in Homer, MH 17, 1960, 189–205 (dazu A. Heubeck, Gymn. 71, 1964, 58 f.) – A. J. B. Wace-F. H. Stubbings, A Companion to Homer, 1962, 269–559 – V. R. d'A. Desborough, The last Mycenaeans and their successors, 1964.

Homerische Becher → Reliefkeramik B [3].

Homerische Hymnen. [1] *Die sog. h. H.*, 6 längere und 27 kürzere, hexametrische → Hymnen, stellen eine zufällige Auswahl aus einer reichen Hymnenliteratur dar. Sie sind in einer Sammlung überliefert, die u. a. neben den Orpheus zugeschriebenen Gedichten Hymnen des Kallimachos und des Proklos enthielt. Die h. H. sind in verschiedenen Gegenden und zu verschiedenen Zeiten (8.–6. Jh.) entstanden. Die Hymnen auf Demeter, Apoll und Aphrodite gelten als alt, der Hermeshymnos als der jüngste der großen Hymnen. – Der *Demeter-Hymnos* (495 Verse) stellt den Raub der → Persephone dar, die Wiedervereinigung von Mutter und Tochter und die Stiftung der eleus. Weihen. Er ist als eine Art Aitiologie eng mit dem eleus. Mysterienkult verbunden. Daraus, daß das Gedicht keine Anspielung auf Athen bringt, das bereits zu Beginn des 6. Jh.s den Kult von Eleusis beherrschte, ergibt sich die Datierung ins 7. Jh. – Der *Hymnos auf Apoll* (546 Verse) besteht aus 2 Teilen. Der erste (1–178) erzählt von der Geburt des Gottes auf Delos und schließt mit einer → Sphragis. Nach einem zweiten Prooimion folgt der Mythos von der Erlegung des Drachen → Pytho und die Begründung des delphischen Apollonkultes. Seit Ruhnken wird fast allgemein angenommen, daß das ganze Gedicht 2 selbständige Hymnen zusammenschließt, einen delischen und einen delphischen Apollonhymnos. Schol. Pind. Nem. 2, 1 nennt als Verfasser → Kynaithos v. Chios. Nach Lesky ist das Gedicht, das weder die Pythia noch die Festspiele noch andere in späterer Zeit wichtige Elemente des Kults erwähnt, älter (7. Jh.). Evtl. könnte es aber von Kynaithos durch die Vereinigung beider Hymnen in die vorliegende Form gebracht sein (vgl. Wade-Gery). – Der stark ionisch gefärbte *Hymnos auf Aphrodite* (293 Verse: Vermählung der Aphrodite mit → Anchises) steht den Epen Homers am nächsten und mag in der Troas entstanden sein. – Der *Hymnos auf Hermes* (580 Verse) berichtet in scherzhaft drastischer Form Ereignisse aus der Jugend des Gottes, u. a. den Diebstahl der Rinder Apolls. Dieser Hymnos, der sich mit seinen kurzen, asyndetischen Aussagen und den eingestreuten Vulgarismen offensichtlich an ein ländliches Publikum wendet, steht inhaltlich den ‹Ichneutai› des → Sophokles nahe und dürfte aus dem 6. Jh. stammen. – Von den übrigen Hymnen, die im wesentlichen mehr oder weniger ausführliche, oft nur formelhafte Anrufe an Götter enthalten, hebt sich der auf Dionysos ab. Seine Darstellung vom Sieg des Gottes über die Seeräuber, die er in Delphine verwandelt, erinnert an → Exekias.

[2] Thukydides (3, 104, 4) bezeugt die *Zuschreibung* der Hymnen an Homer, während die 5. Homer-Vita (p. 29, 19–22 Wil.) seine Verfasserschaft bestreitet. So auch die Alexandriner, die die seitdem anonym überlieferten Hymnen nicht in den Scholien erwähnen. Daraus, daß Thukydides den Apollon-Hymnos als Prooimion bezeichnet, schloß Wolf (Prolegomena), daß die h. H. den Rhapsoden als Einleitung zu ihren Rezitationen dienten. Andere schreiben diese Funktion nur den kürzeren Gedichten zu. – Die h. H., die sich in ihrer schlichten *Darstellungsweise* – nur der Hymnos auf Ares bildet eine Ausnahme und steht der orphischen Literatur nahe – von späteren → Hymnen unterscheiden, stimmen im wesentlichen in der äußeren Form der Darstellung überein: Nach dem Anruf an den Gott werden seine Prädikate und seine Abstammung genannt. In einem breit ausgeführten epischen Teil werden seine Taten geschildert. Das Gedicht schließt formelhaft mit dem Hinweis auf weitere Gesänge. – *Sprachlich* sind die h. H. der Ilias und mehr noch der Odyssee verwandt; sie verwenden homerische Formen, Wendungen und Verse, allerdings läßt sich darüber hinaus durchgehend ein jüngerer Sprachgebrauch beobachten. – Inhaltlich ergänzen sie das Epos dadurch, daß sie die Götter in Szenen und Handlungen darstellen, die bei Homer nur angedeutet oder gar nicht erwähnt sind und oft der Lokalüberlieferung entnommen sein mögen. G.K.

Ed: Demetrios Chalkondylos, ed. princ., 1488; Demeterhymnus v. D. Ruhnken, 1780 – T. W. Allen-W. R. Halliday-E. E. Sikes, The Homeric Hymns (1904), 1936^2 (Neudr. 1963; mit Komm.) – *Übers:* Th. v. Scheffer, 1928 – A. Weiher, Tusc. (1951), 1961^2 – *Lexikon:* A. Gehring, im Anh. z. Index Homericus, 1895 – *Lit:* H. T. Wade-Gery, The poet of the Iliad, 1952, 19–23 – Lesky, 103–108 – E. Heitsch, Aphroditehymnus ..., Hypomnemata 15, 1965.

Homerische Sprache, die Sprache, in der die → Ilias, die → Odyssee, im wesentlichen auch die → kyklischen Epen und die → homerischen Hymnen abgefaßt sind. Ihre auffallendsten Merkmale sind die Dialektmischung, das Nebeneinander alter und junger, kontrahierter und nicht kontrahierter Formen, die fakultative Berücksichtigung des *F*. Die h. S., die in der Antike als altionisch galt, ist in der Hauptsache vom ionischen Dialekt bestimmt, der mit zahlreichen äolischen Elementen vermischt ist. Mit dem Arkado→Cyprischen hat sie manche Dialektwörter gemein, die sonst nicht auftauchen. – Die Erklärung dieses wohl einzigartigen Sprachbildes ist in der modernen Philologie umstritten. Die wichtigsten Deutungen sind: 1. Homer dichtete äolisch, ionische Aoiden übertrugen die Epen, die zunächst viel kürzer waren, in ihren Heimatdialekt und ließen dabei äolische Formen unübersetzt, wenn metrische Schwierigkeiten auftraten (Fick). – 2. Die h. S. war ein gesprochener Dialekt, der aus der Überlagerung des Äolischen durch das Ionische in Chios oder Smyrna entstanden war (Wilamowitz, Allen). – 3. Die Äolismen sind ältere Formen des Ionischen (Sittl, Monro). – 4. Die h. S. ist eine in längerer Zeit entwickelte Kunstsprache (Witte, Meister), die aus einer vorhergehenden äolischen Periode durch den konservierenden Einfluß des Verses und den traditionellen Gebrauch fester Formeln viele Äolismen bewahrte, die verstechnischen Belangen folgend (1) auch sprachliche Härten zuließ, wie die sog. zerdehnten Formen (z. B. *ὁϱόων* aus ion. *ὁϱῶν*). Diese entsprangen offenbar dem Bestreben, ionische Äquivalente für äolische Vorbilder (*ὁϱέων*) zu finden; (2) gewisse Freiheiten auch dadurch erlaubte, daß sie den fakultativen (stumm wirksamen) Gebrauch des im Ionischen am Wortanfang spurlos ausgefallenen, im Äolischen noch erhaltenen *Ϝ* zur Bildung etwa von Positionslängen (wirksam im Verhältnis 2:1) oder zur Vermeidung von Hiaten (wirksam im Verhältnis 7:1) zuließ, die beliebige Verwendung von kontrahierten oder offenen Formen, von Formen mit oder ohne quantitativer Metathese, von Formen verschiedenartiger Bildung (Gen. *-οιο, -οο, -ου;* Dat. *οισι, -οις* u. a.), die wahlweise Anwendung von Apokope, Synizese, Aphairesis, Krasis, Elision usw.; (3) weiter folgende Kunstmittel geschaffen hat: metrische Dehnung von Wörtern (Wortfolgen) mit 3 oder 4 Kürzen (*ὑπεὶϱ ἅλα, ἀϑάνατος;* metrische Verkürzung ist selten: *ἀϱγέτι*), Hiatkürzung (Vokal vor Vokal), die gelegentliche Neubildung von Wörtern (z. B. *πολυδίψιος* für *πολύδιψος*, Il. 4, 171). – 5. Die arkado-cypr. Isoglossen weisen für die Ependichtung und die Entwicklung der h. S. auf eine 3. älteste, archaische Periode (vor der äolischen) hin (Meillet, Parry, Nilsson und Ruijgh, der sich gegen den Versuch Leumanns wandte, umgekehrt die arkado-cypr. Isoglossen als von Homer abhängig zu erweisen). – 6. Die sog. Äolismen (Strunk) sind Archaismen, die keineswegs eine mittlere äolische Periode vorauszusetzen brauchen. – 7. Die h. S. ist eine Kunstsprache, die der Dichter selbst geformt hat (neuerdings Anregung von Heubeck). Durch die Verwendung von Äolismen, Mykenismen, Archaismen, artifiziellen Neubildungen usw. stilisierte er bewußt seine ionische Umgangssprache, um das heroische Geschehen in einer idealisierten, fremdartigen, irrealen Vorzeit zu lokalisieren. – Auch die Entzifferung der myk. Tafeln hat für die Frage nach der Entstehung der h. S. keine Lösung gebracht. Der myk. Dialekt steht dem Arkado-Cyprischen nahe, kann aber weder als Substrat der epischen Sprache noch als direkte Vorstufe des Arkado-Cyprischen angesehen werden (Heubeck). Das Vorkommen der jüngsten Elemente der h. S., der sog. Attizismen (z. B. Optative auf *-έοιντο* für *-οίατο, -οίη* für *-έοι, ἧντο* für *ἥατο;* zusammengestellt bei Chantraine), wird von den Analytikern gern als Zeugnis für die späte Entstehung der betreffenden Partie gewertet. Ein Eindringen solcher Formen erst im Laufe der Überlieferung kann aber nicht ausgeschlossen werden. – Die Annahme, daß der sog. Metagrammatismos (vermutete Umschrift der hom. Gedichte in Attika aus der altattischen Orthographie nach Übernahme des ion. Alphabetes um 400) eine Veränderung des Textes, d. h. die Entstehung verschiedener künstlicher Formen verursacht habe, ist sehr unsicher und umstritten. G.K.

Lit: A. Fick, Die hom. Od. in der ursprüngl. Sprachform wiederhergestellt, 1883 – Ders., Die hom. Ilias in der ursprüngl. Sprachform wiederhergestellt, 1886 – D. B. Monro, A grammar of the Homeric dialect (1882), 1891² – K. Meister, Die hom. Kunstsprache, 1921 – E. Risch, Wortbildung der hom. Sprache, 1937 – P. Chantraine, Grammaire Homérique I, 1948; II, 1953 – M. Leumann, Homerische Wörter, 1950 – O. Hoffmann-A. Debrunner, Gesch. d. griech. Sprache I, 1953 – C. J. Ruijgh, L'élément achéen dans la langue épique, 1957 – K. Strunk, Die sog. Äolismen der hom. Sprache, Diss. Köln 1957 – A. Thumb-A. Scherer, Hb. d. griech. Dialekte (1909), 1959² – *Lexika:* H. Ebeling, Lexicon Homericum I–II, 1880–85 – A. Gehring, Index Homericus, 1891 – Vgl. dazu auch → Griechisch.

Homeros von Byzanz, Tragiker der Pleias (→ Hellenist. Dichtung D), Sohn der → Moiro. 3. Jh. v. Chr. P.H.

Homerscholien → Scholien B [2].

Homilie ist im technischen Sinne die Predigt. Dabei muß man zwischen der Missionspredigt, d. h. dem Kerygma, und der H. als der Lehr-, Mahn- und Trostrede unterscheiden, obwohl beide Formen der christl. Verkündigung vieles gemeinsam haben. Die H. verkündigt das Heilsgeschehen, d. h. vor allem Kreuzigung und Auferstehung Jesu Christi, und insofern erhebt sie selbst den Anspruch, Gottes Wort zu sein. – Ihre Eigenart hat die christliche H. darin, daß sie einen vorgegebenen Text auslegt. Hier knüpft sie an die synagogale Praxis in der Zeit des Hellenismus an. Im NT begegnen Ansätze einer H. (z. B. Apg. 7, 2–53). Die Paulusbriefe lassen Rückschlüsse auf die Frühform christlicher H.n zu (vgl. 1. Thess. 5, 27). Die älteste erhaltene H. ist der 2. Clemensbrief (vor 150 in Korinth entstanden). Nach Justin (Apol. 1, 67) gehört zum → Gottesdienst außer der Feier der → Eucharistie auch eine Predigt. In seiner Passah-H. (ca. 175) deutet Bischof → Meliton von Sardes bereits mit allen Mitteln der Rhetorik die Geschichte vom Auszug der Juden aus Ägypten (Ex. 12) typologisch auf Christus als das wahre Passahlamm. – Im 3. Jh. tritt vor allem → Origenes als Prediger hervor. Die von ihm verwendete Allegorese ist kein bloßes Spiel, sondern soll den eigentlichen, d. h. den geistlichen, Sinn des Textes herausstellen, der immer die Erbauung und Ermahnung der Gemeinde zum Ziel hat. In der Zeit der Reichskirche gelangt die H. zu ihrer höchsten Blüte. Bei → Eusebios sind die H.n nach dem Vorbild der profanen Rhetorik kunstvoll und nicht selten auch überladen, bei → Gregor (4) v. Nazianz hingegen zuchtvoller stilisiert. Johannes → Chrysostomos hat die H. auf eine nicht wieder erreichte Höhe gebracht. Aber im 5. Jh. setzt mit manieriertem Stil und inhaltlicher Hohlheit auch der Verfall der H. ein. Im Abendland gelangte die H. erst bei → Ambrosius und bes. bei → Augustin zu voller Blüte. Außer seinen zahlreichen H.n hat Augustin in De doctrina christiana (396–426) eine erste Homiletik verfaßt, die an die klassische Rhetorik (→ Cicero) anknüpft, diese aber ganz dem Inhalt der christlichen Predigt unterordnet. Freilich blieb die H. auch im Westen in der Folgezeit nicht auf der Höhe, die sie im 4. und 5. Jh. erreicht hatte. B.L.

Lit: E. Norden, Die antike Kunstprosa (1898), 1958⁵, 512 ff.; 615 ff. – RGG III 438; V 516–520.

Homo novus, der ‹Neuling›, der als erster seines Geschlechts in den Senat eintritt, bes., der als erster das → Konsulat bekleidet und damit, mindestens seit dem 2. Jh. v. Chr., die → Nobilität seiner Familie begründet. Als ‹Neuling› innerhalb der Nobilität sah die breite Bürgerschaft nur den an, der aus dem → Ritterstand in das höchste Amt gelangte, die Nobilität selbst auch Angehörige senatorischer Geschlechter. Da jedoch in jeder Generation wenigstens ein Fünftel der Konsuln aus nichtkonsularischen Familien stammte, hatte diese Anschauung der Nobilität wenig Bedeutung. Die eigentümlichen Merkmale des H. novus, die sich aus den Schwierigkeiten des Aufstiegs und der Behauptung innerhalb der so selbstbewußten Schicht ergaben, hafteten fast nur an den Ritterbürtigen. Chr.M.

Lit: H. Strasburger, RE 17, 1 (1936), 1223–28.

Homoiomerien, ‹Dinge, die gleiche Teile haben›, homogene Substanzen. Term. techn. des → Aristoteles für Dinge, deren Teile mit dem Ganzen gleichartig sind (Blut, Metalle u. dgl.) im Gegensatz zu den Dingen (Gliedmaßen u. dgl.), die sich nicht in gleichartige Teile zerlegen lassen. – Der Begriff wird auf Grund einer vieldeutigen Stelle (Aristot. phys. 1, 4, 187 a23) oft auf → Anaxagoras zurückgeführt, fraglich ob mit Recht. D.J.F.

Homoioptoton (ὁμοιόπτωτον, similiter cadens: Rhet. Her. 4, 28), rhetor. → Wortfigur; Abschluß aufeinanderfolgender → Kola durch die gleiche Kasusform. → Homoioteleuton. H.H.

Lit: Volkmann, 483 f. – Lausberg, I 363 f.

Homoioteleuton (ὁμοιοτέλευτον, similiter desinens: Rhet. Her. 4, 28, vgl. Quint. inst. 9, 3, 77), rhetor. → Wortfigur; gleichtönender Ausklang aufeinanderfolgender → Kola. Eine Sonderform ist das → Homoioptōton. → Reim; → Isokolon; → Rhetorik B [2]. H.H.

Lit: Volkmann, 483 f. – Lausberg, I 361–363.

Homo-mensura-Satz, der Einleitungssatz der Schrift des → Protagoras ‹Über die Wahrheit›: «Aller Dinge Maß ist der Mensch, der seienden, daß sie sind, der nicht seienden, daß sie nicht sind» (VS 80 B 1). Nach der nächstliegenden Exegese Platons (Theait. 151 E ff.) besagt er, daß derselbe Gegenstand auf verschiedene Menschen und zu verschiedenen Zeiten verschiedene Eindrücke hervorruft, woraus zu folgern ist, daß für jeden Menschen derjenige Eindruck wahr ist, den er gerade hat, weil nämlich jeder Gegenstand alles enthält. Allgemeinverbindliche Aussagen über Sein und Sosein von Gegenständen gibt es also nicht. Vgl. → Erkenntnistheorie, → Anthropologie. O.G.

Homonoia (ὁμόνοια, ‹Eintracht›), verehrt seit 4. Jh. (Münzen von Metapont): als H. der Polis (Weihung des Artemidoros auf Thera: IG 12, 3, Suppl. 1336 ff.; Syrakus: Liv. 24, 22, 13), einer Gruppe (Thiasos: IG 2, 3, 1663; auch der Ehe? s. Chariton 3, 2, 16), verschiedener Staaten (SIG 816 u. ö.) oder aller Griechen (Altar in Olympia: Paus. 5, 14, 9; angeblicher Argonautenaltar Apoll. Rhod. 2, 717 ff., später IG 7, 2510; 3426), in der Kaiserzeit allgemein als H. σεβαστή = Concordia Augusta, bes. auf Münzen, die weiterhin auch die H. der Städte darstellen (vgl. Dio Chr. or. 39, 8; Aristeid. or. 23. 24 K. u. ö.). C.J.C.

Lit: H. Kramer, Quid valeat ὁμόνοια in litteris graecis, Diss. Göttingen 1915.

Homozentrische Sphären, von → Eudoxos (1) begründete Theorie zur Erklärung der scheinbaren Planetenbahnen aus gleichförmigen Kreisbewegungen: ein System ineinandergeschachtelter Kugeln, deren verschieden gerichtete Achsen jeweils an der Oberfläche der äußeren Nachbarkugel befestigt sind und die mit verschiedenen Geschwindigkeiten gleichförmig rotieren. Bei entsprechender Wahl von Achsenrichtung und Geschwindigkeit für die einzelnen Kugeln beschreibt ein Äquatorpunkt der innersten Kugel die scheinbare Bewegung eines Planeten (→ Hippopede). Mathematisch betrachtet ist die Theorie der homozentr. Sphären einer harmonischen Analyse gleichwertig. – Vgl. → Astronomie B [2]. S.S.

Honestus, von Byzanz (AP 7, 274) oder Korinth (AP 9, 216), griech. Epigrammatiker im 1. Jh. n. Chr.; 10 in den Kranz des → Philippos (7) aufgenommene Epigramme erhalten (AP). Wohl identisch mit dem gleichnamigen Verfasser verschiedener in Böotien aufgefundener Steinepigramme. E.V.

Honorius (Flavius H.), (west-) röm. Kaiser 393–423, geb. 384 als jüngerer Sohn → Theodosius' I. in Konstantinopel, gest. 15. 8. 423 in Ravenna. H. wurde wie sein älterer Bruder → Arcadius sehr jung zum Augustus proklamiert (23. 1. 393) und übernahm vor dem Tode des Vaters unter Leitung des Feldherrn → Stilicho die Regierung des Westens. Von Stilicho und späteren Beratern wie Olympius (seit 408) und seit 411 → Constantius (3) abhängig, konnte H. sich nicht zu einer selbständigen Herrscherpersönlichkeit entwickeln. Den Kampf gegen die Germanen, der mit der Eroberung Roms durch → Alarich (24. 8. 410) einen ersten Höhepunkt erreichte, überließ er ganz seinen Feldherren; so beseitigte der donauländische Römer Constantius mehrere Usurpatoren (411 → Konstantin III., 413 Jovinus) und wahrte den röm. Einfluß gegenüber den sich bildenden Föderatenstaaten (Westgoten, Burgunder). H. ehrte den Feldherrn mit dem Patricius-Titel, vermählte ihn mit seiner Stiefschwester → Galla Placidia und erhob ihn (als Constantius III.) zum Mitregenten (8. 2. 421). Der baldige Tod des Constantius verschärfte die innen- und außenpolitische Krise des Westreiches, die H. von seiner Residenz Ravenna aus nicht mehr abwenden konnte. H.-J.D.

Lit: O. Seeck, Gesch. d. Unterg. d. ant. Welt V, 1913; VI, 1920 – E. Kornemann, Röm. Gesch. II (1939), 1963[5].

2. **H.** (Iulius H.), wahrscheinlich 5. Jh. n. Chr., verfaßte eine geographische Erläuterung zu einer Weltkarte des 4. Jh.s. Dieser Text wurde dann von Schülern herausgegeben und liegt in drei verschiedenen Rezensionen vor. Vorausgeschickt ist in zweien von ihnen ein Bericht über eine Vermessung des ganzen Erdkreises. Von dem übrigen ist das meiste sehr dürftig dargestellt, nur die Flüsse werden genauer beschrieben. Vieles ist falsch und sinnlos. Nichtsdestoweniger wurde das Schriftchen in der Folgezeit viel benutzt. G.B.

Ed: GLM, 24–55. 71–90 – *Lit:* W. Kubitschek, RE 10, 1 (1919), 614–628 – Schanz-Hosius, IV 2, 122–124.

Honos, die göttlich verehrte → Personifikation des kriegerischen Ruhms. H. besaß in → Rom mehrere Tempel; der älteste war 233 von Q. → Fabius (9) Maximus während des Krieges gegen die Ligurer gelobt worden. Meistens wurde H. zusammen mit → Virtus verehrt (vgl. aber auch den Einspruch des Pontifikalkollegiums um 210 v. Chr. gegen die Absicht des M. Claudius Marcellus, für H. und Virtus einen gemeinsamen Tempel zu errichten: Liv. 27, 25, 7; Plut. Marc. 28); die beiden Gottheiten erscheinen zusammen auf zahlreichen Münzen. H. Le B.

Lit: M. Bieber, AJA 1945, 25 ff.

Hope, von Thomas H. im 19. Jh. angelegte Antikenslg. in London; Skulpturen später in den von H. gekauften Familiensitz der *Arundel* in Deepdene (Surrey) überführt, während die Vasen in London blieben. Die Plastik seit Anfang des 20. Jh.s von engl. Sammlern und amerikan. Museen erworben; die bekannte ‹Athena H.› z. B. vom Los Angeles Museum; einige Antiken aus Deepdene erst 1921 in New York versteigert. Die Vasen kamen schon 1917 unter den Hammer: jetzt in New York und anderen Museen. U.R.

Lit: A. Michaelis, Ancient Marbles usw., 1882, 279 ff. – E. M. W. Tillyard, The Hope Vases usw., 1923 – C. C. Vermeule, Notes on a new edition of Michaelis usw., AJA 59, 1955, 134 f.; (mit D. v. Bothmer) 60, 1956, 327–329; 63, 1959, 150.

Hoplit, der schwerbewaffnete Soldat mit großem Schild (ὅπλον), Helm, Panzer, Beinschienen, Schwert und Handspeer. In den entwickelten griech. Stadtstaaten (vor allem Sparta, Athen) war die Hoplitentruppe seit etwa Ende des 7. Jh.s die entscheidende Waffengattung. Hoplit konnte nur werden, wer das volle → Bürgerrecht und die Mittel zur eigenen Ausrüstung besaß (in Athen H.en aus der Klasse der Zeugiten). – Vgl. → Heerwesen. G.G.

Hoplon krisis, epische Szene, nach Aristoteles (poet. 23, 1459 b6) ein Teil, nach Proklos (chr.) der Anfang der → Kleinen Ilias. Sie stellt den Streit um die Waffen des toten Achill dar, den Sieg des Odysseus und den Selbstmord des → Aias (vgl. Od. 11, 545 f.). Vgl. → Kyklos. G.K.

Q: EGF 36–40 – *Lit:* E. Bethe, Homer II 2 (1922), 1929[2], 171–173. 202; III, 1927, 33.

Horatier und Curiatier, zwei Drillingspaare, die H. aus Rom, die C. aus → Alba (2) Longa stammend (nach einigen umgekehrt), in deren Einzelkampf Rom zur Zeit des → Tullus Hostilius die Oberhoheit über Alba Longa gewinnt. Der siegreiche jüngste H. erschlägt seine mit einem C. verlobte Schwester, weil sie trauert, wird aber nach Berufung an das Volk (→ provocatio) freigesprochen (Liv. 1, 24 ff.; Dion. Hal. 3, 18 ff.). C.J.C.

Horatius Barbatus, M. (cos. 449 v. Chr.), → Valerius (17) Potitus, L.

2. **H. Cocles** rettete nach der Sage Rom durch Verteidigung des pons sublicius gegen das Etruskerheer des Königs → Porsenna von Clusium. Nach der älteren Version (Polyb. 6, 55, 1–3) ertrank er nach Abbruch der Brücke im Tiber, nach der jüngeren (Liv. 2, 10, 2–13) erreichte er schwimmend das Ufer und wurde mit einer Schenkung von Land und der Errichtung einer Statue geehrt. R.W.

Horaz

A. Leben – B. Werke: [1] Frühzeit: Satiren, Epoden – [2] Mittlere Periode: die drei Odenbücher – [3] Spätwerk: Episteln, Spätlyrik – C. Eigenart – D. Überlieferung, Fortwirken.

A. Leben. Q. Horatius Flaccus, geb. 8. Dez. 65, gest. 27. Nov. 8 v. Chr. Durch die (fast vollständig erhaltene) vita → Suetons und durch zahlreiche, wenngleich verschieden akzentuierte eigene Äußerungen des H. ist der Lebensgang ungefähr bekannt. Der Vater – ein Freigelassener, dem H. zeitlebens dankbar blieb – ließ ihn nicht im Geburtsort Venusia (an der lukan.-apul. Grenze), sondern in Rom aufwachsen (einer der Lehrer: → Orbilius). Beim Studium in Athen wurde H. von → Brutus (2) dazu veranlaßt, als Militärtribun am Kampf gegen die Cäsarianer teilzunehmen; nach der Niederlage bei Philippi (42) baute er sich eine neue Existenz als scriba auf. Auf sein nun beginnendes dichterisches Werk wurden → Vergil und → Varius aufmerksam und brachten ihn im J. 38 zu → Maecenas, der ihn bald unter die Seinen (→ Maecenaskreis) aufnahm und ihm – wohl nach 35, auf das 1. Satirenbuch hin – das Landgut Sabinum schenkte. Auch sonst kam H. den führenden Dichtern der neuen Generation und dem maßgeblichen literarischen Publikum nahe (→ Asinius (2) Pollio, → Messalla u. a.) und wurde überall anerkannt. → Augustus, der ihn wohl ebenfalls früh kennenlernte, umwarb ihn immer wieder, achtete aber ebenso wie Maecenas seinen Wunsch nach Unabhängigkeit.

B. Werke. [1] *Frühzeit:* 1. In den → *Satiren* (sermones), etwa ab 41/40, schließt sich H. an → Lucilius (1) an; aber obwohl er ihn anfangs auch in Äußerlichem nachbildet, ist sein Dichten von vornherein anderer Art. Mit der Anprangerung moralischer Gebrechen sucht er nicht unmittelbar ins (politische) Leben einzugreifen, etwa einen bestimmten Gegner moralisch zu vernichten, sondern das Gegenbild dient dazu, die Prinzipien rechten Verhaltens, Takt und Maß, heraustreten zu lassen. Wie bei Lucilius werden literarische Fragen erörtert; H. weist die kunstlose Vielschreiberei von Zeitgenossen zurück und übt auch an Lucilius selbst Kritik, der vor den neuen Maßstäben, vor dem kallimacheischen Kunstideal (→ Hellenist. Dichtung A. B 1) nicht bestehen kann. Nachdem H. dann bei Maecenas einen Freundeskreis gefunden hat, der dem Kreis des Lucilius ähnlich ist, wird der Ton milder; zuletzt wird das Dasein des Lucilius ohne jede Polemik gewürdigt. Überhaupt wird alles Aggressive gedämpft. Die meisten Stücke in Buch 2 sind Dialoge; die Form der → Menippeischen Satire wirkt – über → Varro? – herein. Das Sabinum wird für H. eine Gegenwelt zur Stadt; fast lyrisch preist er diese ihm gemäße Stätte (bes. sat. 2, 6). Beide Bücher, die 10 bzw. 8 Satiren umfassen, sind kunstvoll angeordnet. – 2. Die *Epoden* sind wahrscheinlich bald nach 40 begonnen, gleichzeitig mit den Satiren, und wie sie zunächst Äußerungen des Unmuts und der Empörung. Vorbild ist → Archilochos (1); doch ist ein Vergleich mit dessen Fragmenten nur vereinzelt möglich. H. knüpft an die *animi et numeri*, ‹Sinnesart und Rhythmus›, nicht an den Inhalt der archilochischen Jamben an (epist. 1, 19, 24). Auch hier richtet sich der Groll nicht gegen Einzelne, etwa gegen einen Emporkömmling, sondern gegen die Verderbnis, die hinter solchen Erscheinungen steht. Von früh an wird das politische Geschehen, Roms ganzes Schicksal, zum Thema. In Epode 7 führt H. das Verhängnis der Bürgerkriege auf einen Erbfluch, auf den Mord des Romulus an Remus zurück. Die (wohl spätere) 16. Epode beklagt die röm. Selbstzerstörung und fordert zur Auswanderung in reine, paradiesische Bereiche auf – ein Symbol für die Abkehr von der allgemeinen Verderbnis und die Besinnung auf Werte wie virtus und pietas; viele traditionelle Elemente sind mit kühnem Griff vereinigt (archilochische Mahnrede, Vergegenwärtigung eines Geschehensablaufes in hellenistischen Gedichten, röm. Volksrede, so gut wie sicher auch → Vergils Eklogenbuch). Die Gebärde des Redners vor dem Volk läßt H. dann fahren und hält sich an die Gegebenheiten seiner Welt (Fraenkel, a. O.). Die letzten Epoden (1 und 9) stehen in Zusammenhang mit dem Krieg um das J. 31: pathetische Hinwendung zu Maecenas, Anteilnahme an Octavian und Rom. Die 17 Epoden sind nach metrischen und sachlichen Gesichtspunkten zum Buch vereinigt. – Die zeitliche Abfolge der Satiren und Epoden, ebenso die Einwirkung beider Gattungen aufeinander ist in vielem unsicher. Aber beide Male zeigt sich der gleiche Wandel. Am Anfang steht H. der Welt in Abwehr, voller Groll gegenüber; auch wird im Formalen experimentiert, Vulgäres, Derbes fehlt nicht. Dann wird die Umwelt in vielem bejaht; das Bewußtsein, von Maecenas als Freund anerkannt zu sein, gibt festen Halt. Von den Vorlagen wird nur beibehalten, was gemäß ist; der Ton wird gedämpft, zugleich dringt Lyrisches ein. Freilich konnte sich diese Linie erst nach der Beendigung der Bürgerkriege, nach Octavians Sieg bei Actium (31) durchsetzen: um das J. 30 schloß H. das 2. Satiren- und das Epodenbuch ab und wandte sich ganz der Lyrik zu.

[2] *Mittlere Periode: die 3 Odenbücher.* Vorbild ist vor allem → Alkaios (1), weiter etwa → Pindar, → Bakchylides, daneben auch Hellenistisches, z. B. Epigramme; öfters schließt sich die Eingangszeile, das ‹Motto›, eng an die Vorlage an. Vielleicht sind schon vor dem Abschluß der Satiren und Epoden einzelne Oden entstanden, etwa carm. 1, 14, die Allegorie vom Staatsschiff (nach Alkaios), die die bereitwillige Hinwendung zum Staat zeigt. Etwas später antwortet carm. 1, 37 auf die Ungewißheit von epod. 9 und feiert, ohne die Geschlagene herabzuwürdigen, den endgültigen Sieg über → Kleopatra. Auch formal stehen manche Oden den Epoden nahe; die klare Strophengliederung bildet sich erst allmählich heraus. Ein großer Teil der Oden bleibt im privaten Bereich. H. bekennt sich zu Maecenas oder zu Vergil (*animae dimidium meae*, carm. 1, 3, 8), er nimmt am Werk und am Ergehen nahestehender Freunde wie des Asinius Pollio oder Tibulls Anteil. Das Distanzierte, Verhaltene, auch das Ausweichen ins Spielerische ist freilich so bestimmend, daß heftige Leidenschaft nicht aufkommt; aber in den Gedichten, in denen sich H. preisend, ratend, warnend, in seine Welt einladend an junge Mädchen wendet, oder in Symposiengedichten, mit der Aufforderung zum Genuß des Augenblicks, wird das innere Feuer und Temperament des Dichters spürbar. Daneben stehen ethische Paränesen, weiter die Gedichte mit politischer Thematik. Die frühe Ode 1, 2 preist Augustus als einen zur Erde herabgestiegenen Gott (mit Reminiszenzen an Vergils Georgica); sonst aber hält sich H. von solcher Übersteigerung fern und betont gerade, daß die Götter über Augustus stehen und ihn beschützen, und die Unterordnung unter die Götter erscheint als Grundlage von Roms Herrschaft (*dis te minorem quod geris, imperas*, carm. 3, 6, 5). In dem Zyklus der *Römeroden* (im J. 29 mit carm. 3, 6 begonnen, 27 vollendet) werden ohne systematische Gliederung zentrale Gedanken der moralischen Erneuerung unter Augustus vorgebracht. H. übernimmt dabei keine fremden Schlagworte, sondern verbindet auf dieser Stufe die sittlichen Forderungen an einzelne und die Anteilnahme an Roms Geschick miteinander, d. h. zwei Themen, die von früh an teils in seinen Satiren, teils in seinen Epoden hervorgetreten sind. Einige Male bricht der Stolz darauf durch, daß er die lesbische Dichtung für Rom erobert und damit Unsterb-

lichkeit gewonnen habe. Er vertraut darauf, daß die Götter dem Dichter in jedweder Lage helfen, und beruft sich dafür auf die wunderbare Errettung aus Todesgefahren. Auf die Realität solcher Situationen kommt wenig an; Biographisches kann in den Oden wohl als Ausgangspunkt dienen, wird aber nicht um seiner selbst willen wichtig. Auch das Sabinum wird nicht mehr wie in den Satiren mit konkreten Zügen geschildert, sondern es ist zum Symbol des Angemessenen, Heilen geworden. Im J. 23 stellte H. die Oden zu drei, in ihrer Thematik und Tonlage kunstvoll ausgeglichenen Büchern zusammen und schloß damit diese Epoche ab.

[3] *Spätwerk:* 1. Nach der Lyrik wandte sich H. der Philosophie zu und kehrte damit zur Form des sermo zurück; noch im J. 23 begann er das Buch der *Briefe* (epistulae) (Ende des J. 20 abgeschlossen): 20 an verschiedene Adressaten gerichtete Episteln. Frei von allem Doktrinären und auf keine Schule festgelegt, aber auch ohne die frühere ironische Verkleidung entfaltet H. urban seine Anschauungen. Am Beispiel von (realen oder erfundenen) Situationen gibt er Regeln für taktvolles, angemessenes Verhalten. Das ‹Du› ist nicht auf das eine Gegenüber bezogen – es sind literarische Briefe, die so wenig wie die Satiren in bestimmte Lebenssituationen eingreifen wollen. Auch in dem berühmten, viel diskutierten Brief 1, 7 geht es H. schwerlich darum, gegen die Ansprüche des Gönners Maecenas seine Unabhängigkeit durchzusetzen; wie die Anlage des Ganzen zeigt, ist der Brief nicht aus einer Krise der Freundschaft hervorgegangen, sondern H. stellt darin am Beispiel dieser Verbindung mit großer Wärme die rechte, gemäße Lebensform dar. Das Dichten, dem H. zunächst abgeschworen hatte, wird schließlich doch wieder zum Thema; in epist. 1, 19 äußert er sich über seine frühere dichterische Leistung, die Aneignung des Archilochos und des Alkaios, und über die rechte Art der → imitatio eingehender als je zuvor. Stilistisch stehen die Episteln auf einer höheren Stufe als die Satiren; sie sind nuancierter, atmosphärischer, die vorangehende Lyrik wirkt nach (auch in den zahlreichen Sentenzen). – Die *Datierung* und Abfolge der größeren literarischen Episteln ist umstritten; wahrscheinlich gehört der Brief an Florus (2, 2) ins J. 19 (so Mommsen; Vahlen: 18), der Brief an die Pisonen – die ‹Ars poetica› – ins J. 18 (z. T. wird er früher, öfter auch in die letzte Lebenszeit des H., nach dem Augustusbrief von 14/13, angesetzt). In epist. 2, 2 spricht H., auch wenn er selbst nicht mehr dichten will, ausführlich von dem Los, vor allem von der schweren Verantwortung des Dichters. – Die Ars poetica (der Titel begegnet zuerst bei Quintilian, war aber wohl längst üblich) ist kein → Lehrgedicht, sondern eine scheinbar lockere Plauderei (sermo) über Fragen des Dichtens (→ Poetik). Zahlreiche Einzellehren werden am Drama dargelegt, das nach aristotelischer Tradition als Beispiel dient; aber sie sind nicht Selbstzweck, sondern weisen hin auf das ‹decorum›, das ‹Angemessene›, auf das es beim Kunstwerk eigentlich ankomme. Neben die Kunstregeln treten Erörterungen darüber, wie viele Kenntnisse und welch verantwortungsvolle Hingabe für das Gelingen eines Dichtwerkes notwendig sind; was in den früheren Briefen allgemeine ethische Lehre war, ist hier auf die dichterische Arbeit bezogen. Seit E. Norden (Hermes 40, 1905, 481 ff.) die Anlage der Ars poetica auf ein altes ‹eisagogisches› Schema ars-artifex zurückführte, ist über Komposition und Quellen des Werkes viel gearbeitet worden, ohne daß bisher Einigkeit erreicht wäre. Die von Porphyrio bezeugte Vorlage, → Neoptolemos (2) v. Parion (3. Jh. v. Chr.), bestimmt gewiß weite Abschnitte der Einzellehren, aber der horazische Anteil an Form und Inhalt des Ganzen ist ebenfalls groß. – Im Augustusbrief (2, 1) vom J. 14/13, der wiederum ganz der Dichtung gilt, wird alle Theorie auf aktuelle röm. Verhältnisse bezogen. H. setzt sich mit der – auf Varro gestützten – Vorliebe für die ‹Alten› auseinander, tritt für kunstgerechte (kallimacheische) Maßstäbe ein und verficht damit noch einmal – wie in den Satiren, aber mit historischem Hintergrund – das Recht seiner Dichtergeneration. Die eigene Spätlyrik wirkt in Formulierungen und Anschauungen nach; eindringlich wird die Mission des Dichters verkündet (118 ff.). – 2. *Spätlyrik.* In der Zeit, in der H. schon von sich aus wieder stärker dem Dichten zugewandt war, erhielt er von Augustus den Auftrag, für die Säkularfeier des J. 17 das Festlied zu schreiben. Über dieses *Carmen saeculare* hin kehrte er noch einmal zur Lyrik zurück (4. Buch: etwa 14/13 abgeschlossen). In der großen Ode 4, 6, die zunächst hymnisch Apollo als den Bezwinger des Achilles, dann als Gott der Leier preist und von da aus zum Festlied und seinem jungen Chor übergeht, wirkt die Faszination des Auftrags und des Festes nach. Zwei Themen sind in dem Buch bestimmend: Herrscher und Dichtung (teils getrennt: z. B. 4, 5 die Sehnsucht nach dem fernen Augustus und der Preis seiner Errungenschaften, 4, 3 der Dank an die Muse für alle Begnadung; teils verbunden: so folgt in 4, 2 auf eine große Gegenüberstellung Pindar-H. ein großer Augustusteil). H. schließt sich nicht mehr eng an bestimmte Muster an und erweitert den Bereich der griech. Vorbilder nicht, sondern geht von der Stufe seiner früheren Lyrik aus; vom carm. saec. an wirkt auch die Aeneis herein. Daß Dichtung unsterblich ist, hatte H. schon früher verkündet; jetzt tritt der Gedanke hervor, daß sie – und sie allein – unsterblich machen kann. Neben den erhabenen Themen steht auch hier Zartes, Persönliches.

C. Eigenart. Durch ein seltenes Zusammentreffen von eigener Entwicklung und äußeren Gegebenheiten, aber ebenso durch die ungewöhnliche Bewußtheit des Dichters, der im rechten Augenblick bestimmte Formen ergriff oder aufgab, ist die Geschlossenheit des Werkes zustande gekommen. Nicht weniger wichtig als die Entwicklung, der allmähliche Wandel ist die Konstanz im Grundgefüge. Immer wieder tritt H. ein für die rechte Mitte, für Ausgeglichenheit, und lehnt Extreme in Leben und Kunst ab (in beiden Sphären gelten für ihn die gleichen Maßstäbe); er warnt vor allem äußerlich Genialischen und verlangt vom Dichter die Mühe langdauernden Feilens *(limae labor et mora*, ars 291). Zu dem schon von den → Neoterikern proklamierten Kunstideal des → Kallimachos kommt der große, politische Gegenstand hinzu. Hellenistisches und Frühgriechisches verbinden sich ähnlich wie bei Vergil. Noch bevor er mit den führenden Männern verbunden ist, spricht H. als vates von Roms Schicksal; wenn man ihm vorwirft, er habe sich als ‹Hofdichter› in die kaiserliche → Propaganda einspannen lassen, so verkennt man, wie fest das Politische zu seinem Themenkreis gehört. Wie über das eigene Dichten, so reflektiert H. von früh an auch über die Vorbilder und stellt sie in historischen Zusammenhang; er macht sich gelehrte Theorien zu eigen, die etwa Lucilius aus der attischen Komödie, die Metrik des Alkaios aus Archilochos herleiteten. – Jede Gattung ist klar ausgeprägt (wenn etwa in späte Satiren und Epoden Lyrisches eindringt, wird das durch ein Überbetonen des Drastischen, Burschikosen, das zu diesen Gattungen gehört, wieder ausgeglichen), aber sie hängen innerlich fest zusammen. Die formalen Errungenschaften der Neoteriker werden festgehalten. In der Sprache der Oden ist vieles einzelne prosaisch (vgl. dazu B. Axelson, Unpoetische Wörter, 1945, 98 ff.), aber bes. durch *callida iunctura*, ‹gescheite Verbindung› (ars 47), wird auch dies in die poetische Sphäre einbezogen; hier bewährt sich die *curiosa felicitas*, die ‹glückliche Hand bei Neuem›, die Petron dem H. nachrühmte (118, 5). Wenn anfangs die Übergänge z. T. abrupt, in frühen Satiren wohl sogar absichtlich schockierend sind, so hat H. später an gleitende, unmerkliche Übergänge immer größere Kunst gewandt. Die Einheit seiner Gedichte beruht nicht auf einem vorgegebenen Inhalt, einem abstrakten Oberbegriff, der systematisch entfaltet würde, sondern gerade auf dem inneren Leben, auf einem Bewegungsablauf, der in behutsamen Schritten meist zu Leichterem, Hellerem hinführt (vgl. Klingners Interpretationen, a. O., etwa zu carm. 2,13 und 3,14). Vgl. → Augusteische Literatur.

D. Überlieferung. Fortwirken. Vermutlich recht früh (1. od. 2. Jh. n. Chr.?) entstand eine für die Textgeschichte wichtige Ausgabe; folgenreich vielleicht auch die Ausgabe des Mavortius (Anfang 6. Jh.). Unsere Hss. gliedern sich in zwei Klassen, die jede auf eine besondere antike Ausgabe zurückgehen; eine dritte Klasse ist offenbar im frühen MA im wesentlichen daraus abgeleitet. Die Erklärung der Gedichte begann früh; → Porphyrio (Anfang 3. Jh.) knüpft daran an, ebenso die späteren pseud-acronischen Scholien (viele ungeklärte Einzelfragen). – Der Einfluß des H. ist zwar längst nicht so groß wie der Vergils, aber doch in Zitaten oder Einzelheiten bei vielen antiken Autoren zu spüren; einige Male reicht er weit tiefer. So wurden die Oden im J. 23 sogleich für → Properz bedeutsam; später sind christl. Hymnen (→ Prudentius, → Venantius Fortunatus) stark von H. bestimmt. In der karoling. Zeit wurde H. viel gelesen; allerdings haben im MA fast nur die sermones gewirkt (‹Horatius ethicus›; vom ‹Orazio satiro› spricht Dante), die Oden erst wieder seit Petrarca. Dann hat H. lange Zeit fast allein die antike Lyrik repräsentiert. Die Ars poetica wurde, zusammen mit der Poetik des → Aristoteles, für viele moderne Dichtungslehren maßgebend, freilich mehr mit ihren hellenistischen als ihren horazischen Elementen: Scaliger, Ronsard, Boileau; Opitz; Gottscheds ‹Versuch einer critischen Dichtkunst› (1730) lehnt sich daran an. – Umfassende Würdigung der Gedichte in Herders ‹Briefen über das Lesen des H.› (1803). Die Satiren- und Brief-Übersetzung Wielands mit ihren eindringenden Erläuterungen ist eine der großen Leistungen kongenialer Übertragung (von 1781 an; Goethe rühmt sie, wurde selbst freilich von der «furchtbaren Realität» des H. weniger angezogen). Ihr tritt in neuer Zeit die Oden-Übersetzung R. A. Schröders (1935) ebenbürtig zur Seite. Im Anschluß an die bedeutenden älteren Ausgaben und Kommentare (z. B. Lambinus 1561, Dacier 1681; epochemachend R. Bentley 1711) ist nach der Fremdheit des 19. Jh.s mit A. Kießlings Kommentar, den R. Heinze fortführte und in dem er immer stärker statt des Übernommenen, Griechischen das Horazische herausarbeitete, für das Verständnis eine feste Grundlage geschaffen worden. Nachdem man oft einseitig entweder die privaten oder die politischen Gedichte hervorhob, ist dank der intensiven Forschung der letzten Jahrzehnte die Einheit des horazischen Werkes immer stärker in den Blick gekommen. C. B.

Ed: F. Klingner, BT (1939), 1959³ – *Komm:* A. Kießling-R. Heinze, mit bibliograph. Anhängen von E. Burck: Oden, 1960¹⁰; Satiren, 1961⁷; Briefe, 1957⁵ – *Lexikon:* L. Cooper, Concordance of the Works of H., 1916 (Nachdr. 1961) – *Übers:* Chr. M. Wieland (Sat. u. Briefe; die Sat. in: Röm. Satiren, hg. v. O. Weinreich, BAW, 1949) – R. A. Schröder, Ges. Werke V, 1952 – *Lit:* C. Becker, Das Spätwerk des H., 1963 – C. O. Brink, Horace on Poetry, Prolegomena to the literary epistles, 1963 – K. Büchner, H., Studien zur röm. Lit. III, 1962 – St. Commager, The Odes of Horace, 1962 – E. Fraenkel, Horace, 1957 – R. Heinze. Aufsätze in: Vom Geist d. Römertums (1938), 1960³, 172–307 – H. Hommel, H., der Mensch u. das Werk, 1950 – F. Klingner, Aufsätze in: Röm. Geisteswelt, 1961⁴, 327–418; in: Studien, 1964, 305–518 – G. Pasquali, Orazio lirico, 1920 – J. Perret, Horace, 1959 – R. Reitzenstein, Aufsätze zu H. (1908–25), 1963 – F. Solmsen, Horace's first Roman Ode, AJPh 68, 1947, 337–350 – W. Wili, H. u. die augusteische Kultur, 1948 – L. P. Wilkinson, Horace and his lyric poetry (1945), 1951².

Hordeonius Flaccus, cos. suff. vor 68 n. Chr., Legat von Germania superior 68/69, Nachfolger des → Verginius (2) Rufus, durch Alter und Krankheit geschwächt den ihm gestellten Aufgaben nicht gewachsen. Wegen seiner Sympathien für → Vespasian von den Soldaten des Verrats bezichtigt und ermordet. U. Wm.

Horen (ὧραι, ‹Zeiten, Jahreszeiten›), da die Griechen im allgemeinen 3 Jahreszeiten annahmen, meist in Dreizahl auftretend, in Athen *Θαλλώ, Αὐξώ, Καρπώ* genannt, was auf ihre enge Verbindung mit Wachstum und Reife weist. Bei Hesiod die Töchter von Zeus und Themis: Eunomia, Dike, Eirene (theog. 901–903). Die darin greifbare ethische Seite sonst ohne Belang. In der Ilias (5,749 ff. 8,393 ff.) warten sie über die Himmelspforten. Später meist in Umgebung anderer Gottheiten (Zeus, Aphrodite, Hera), bes. des Helios (Ov. met. 2,118). Sie bedeuten dann (bes. röm.) auch einfach die Stunden des Tages. Keine eigenen Mythen.

Darstellungen: Erstmals auf der Françoisvase um 560 als Dreiverein ohne Individualisierung (Furtwängler-Reichhold, Taf. 1 f.). Zwei Horen auf der chalkid. Phineusschale um 520 (ebd. Taf. 41). Drei Horen – mit verschiedenen Attributen – auf der Sosiasschale (ebd. Taf. 123) und auf der Lehne des Zeusthrons in Olympia. In der Kaiserzeit außerordentlich verbreitet. Einige Reliefzyklen gehen auf Vorbilder des 4. Jh.s bzw. des Hellenismus zurück (W. Fuchs, Die Vorbilder der neuatt. Reliefs, 1958, 51–53; 63–72). Sehr oft auf Mosaiken, meist als Büsten (z. B. D. Levi, Antioch Mosaic Pavements, 1947, passim). Seit Trajan dann auch in männlicher Gestalt, zuerst als kleine Kinder (→ Eroten) gebildet, vom frühen 3. Jh. ab als größere Knaben. In der röm. Kunst meist mit – allerdings sehr variablen – Attributen versehen. Manchmal auch als Wagenlenker auftretend. In der späteren Kaiserzeit verdrängt die Vierzahl die früheren Triaden der H. Daneben auch andere Zahlen. – *Lit. dazu:* G. Hanfmann, The Season Sarcophagus at Dumbarton Oaks, 1951 – F. Matz, Ein römisches Meisterwerk, 1958 – Schefold, VP 44, 86. 188. K. Schb.

Horn. Verwendet wurde bes. H. von Büffeln, Böcken, selten (natürlich) vom Rhinozeros (Juv. 7,130; Mart. 14, 52; vgl. Plin. nat. 6,173); H. konnte nach Einweichen in siedendem Wasser gebogen werden (Paus. 5,12,2). Man sägte (Plin. nat. 11,126), schabte und schnitzte es und stellte (teils durch Einlegearbeit) Bögen, Gefäße, Trichter her (Suet. Nero 39; Ath. 11,476 ff.; Verg. georg. 3,509). W. K.

Horologion (*ὡρολόγιον, ὡρονόμιον, ὡροσκόπιον*), seit den hellenistischen Astronomen übliche Bezeichnung für alle Arten von Sonnenuhren (*ὡ. σκιακόν, σκιοθηρικόν*) und Wasseruhren (*ὡ. ὕδριον, ὑδραυλικόν, μηχανικόν*: → Klepsydra, 2), die auch von den Römern übernommen wurde (horologium). – Vgl. → Uhren. F. Kr.

Horoskop (*ὡροσκόπος*, wörtlich ‹der die Stunde der Geburt ansehende Stern›, d. h. der, der in dieser Stunde am Osthorizont aufsteigt), in der astrologischen Terminologie der Kaiserzeit, bes. vom 2. Jh. n. Chr. an, häufige Bezeichnung für die schematische Darstellung aller → Planeten in den → Tierkreiszeichen für die Geburtsstunde. E. B.

Horreum, Magazin oder Speicher, bes. für Getreide. Die H. Galbana sind die ältesten Roms und bilden mit dem → *Emporium* am Tiberhafen eines der wichtigsten Warenzentren der Stadt. Die H. Agrippiana, 3 trapezförmige Arkadenhöfe doppelter Ordnung, lagen am vicus Tuscus, zwischen Tiber und Forum. In → Ostia sind es meist rechteckige oder U-förmige Höfe mit Porticus und dahinterliegender Reihung cellenartiger Räume. Jede → Stadt besaß ein oder mehrere H. C. K.

Lit: A. Bartoli, Gli H. Agrippiana, Mon. Ant. 27, 1921, 373–402 – G. Calza, Gli horrea tra il Tevere e il decumano nel centro di Ostia antica, Not. Scav. 1921, 360–383 – R. A. Staccioli, EAA IV, 1961, 767–772 – Crema, 173.

Horror vacui (‹Raumangst›), archäologischer Terminus für die Füllung ‹freien›, anscheinend nicht in die Grundkonzeption miteinbezogenen Raumes bei antiken Kunstwerken, bes. solchen der vorklassischen Flächenkunst, mit Ornamenten (‹Füllornamenten›) und Figuren. – Vgl. auch → Isokephalie. D. Sch.

Hortalus → Hortensius.

Hortensia, Tochter des Q. → Hortensius (2) Hortalus, die einzige bekanntere röm. Rednerin. Vor den → Triumvirn (2) sprach sie 42 gegen die Sonderbesteuerung reicher Frauen und publizierte die Rede (Val. Max. 8,3,3; Quint. inst. 1,1, 6; bei Appian BC 4,32 handelt es sich um eine Fiktion, nicht um eine verkürzte Wiedergabe der H.-Rede). R. T.

Frg: ORFr (Malc.) 330–331.

Hortensius, Q. (dict. 287 v. Chr.: die Zeit folgt aus Liv. perioch. 11; Aug. civ. 3,17), Plebejer, wurde wegen der dritten → secessio plebis auf den Ianiculus zum Diktator ernannt, brachte die Lex Hortensia durch, die die Plebiszite den leges gleichstellte, und führte die Plebs nach Rom zurück. Wahrscheinlich geht auf H. auch jene Lex Hortensia zurück, die die → Nundinae als Gerichtstage festsetzte. Da sein Wirken allein auf dem Gebiet der Innenpolitik lag, wurde er von der Annalistik vernachlässigt. R.W.

2. **H. Hortalus,** Q., bedeutender röm. → Redner, 114 bis 50 v. Chr., cos. 69. H. trat bereits als 19jähriger vor Gericht auf. Er verteidigte Angehörige der Nobilität mit solchem Erfolg, daß man ihm den ersten Rang auf dem Forum zuerkannte. 81 kreuzte er zum erstenmal mit → Cicero die Klingen, 70 begegneten sie sich im → Verres-Prozeß als Gegenanwälte. Nach seinem Konsulat (69) genoß H. als kunstliebender Grandseigneur das Leben, ohne Cicero den Rang streitig zu machen. 67/66 wandte er sich vergeblich gegen → Pompeius (2). Als Cicero deutlich für die Interessen der Nobilität eintrat, söhnte sich H. äußerlich mit ihm aus; beide traten nun gemeinsam als Verteidiger auf, wenn auch ihr Verhältnis nicht frei von Spannungen blieb. – Von seinen zahlreichen Reden sind 25 Titel bekannt. Für die Beurteilung seines Stiles sind wir, da umfangreichere wörtliche Fragmente fehlen, auf das Urteil Ciceros angewiesen (Brut. 301 ff.), der ihn als Vertreter der sog. asianischen Beredsamkeit charakterisiert. H.' Stärke lag im mündlichen Vortrag; sein vorzügliches Gedächtnis befähigte ihn zu klarer Gliederung und rekapitulierendem Zusammenfassen. Cicero hat H.' Bedeutung für die röm. Beredsamkeit gebührend gewürdigt (De orat. 3, 228f.) und ihn in den ‹Academica› und im ‹Hortensius› den Standpunkt der → Rhetorik gegenüber der → Philosophie vertreten lassen. – H. verfaßte eine rhetorische Schrift ‹Allgemeine Erörterungen› *(loci communes:* Quint. inst. 2, 1, 11), Annalen über den → Bundesgenossenkrieg (3; wahrscheinlich in Versen) und schrieb Gedichte (vgl. Catull 95; auch 65/66). – Vgl. → Redner B [2]. R.T.

Frg: ORFr (Malc.) 310–330 – *Lit:* P. v. d. Mühll, RE 8,2 (1913), 2470–81.

Horus. Der vergöttlichte ‹ferne› *(ḥrj)* Falke verkörperte in Ägypten den Himmel und die Sonne; er wird als Mensch mit Falkenkopf dargestellt. Mit ihm wurde der Weltgottkönig der Frühzeit gleichgesetzt, so daß auch späterhin noch der König als ‹Falke› bezeichnet werden konnte. Das über jeder Tempeltür dargestellte Bild der ‹geflügelten Sonnenscheibe› bezieht sich auf die Gleichsetzung des Königs mit dem Himmelsfalken. – In zwei Mythen spielt H. eine Rolle: (1) In dem älteren Kampfmythos streiten sich Horus und sein Bruder Seth, wobei Horus sein Auge, Seth seine Hoden verliert. Das ‹Wiederbringen des Horusauges› wird zur mythischen Deutung vieler Opferhandlungen, ebenso zahlreiche andere der ältesten Riten, wie etwa die hlg. Nilpferdjagd. – (2) Im anderen Mythos wurde Horus als mythisches Abbild des regierenden Königs zum Sohn des → Osiris und der → Isis, wobei er seinen Vater an seinem Mörder Seth rächt und gegen diesen die Herrschaft erringt, sei es im Kampf, sei es im Gericht von Heliopolis vor Geb. Hier ist er ‹Harsiese› (Horus, Sohn der Isis). Unter diesem Namen wurde er aber auch als Kind auf dem Schoß seiner Mutter Isis verehrt, wobei dieser Mythos nach → Buto verlegt wurde, wo H. vor Seth im ‹Papyrusgebüsch› (Chemmis) versteckt worden sei. Horus, der ‹Rächer seines Vaters› (Harendotes) wurde zum mythischen Vorbild jedes Sohnes, der seinem Vater die Totenopfer darbrachte. Als *Harachte* war er die Morgensonne, als *Harmachis* verkörperte er sich in der Sphinx von Giza. *Haroeris* hieß er als ‹älterer› Horus, → Harpokrates als Kind. – Die seit der 18. Dyn. bekannten *Horus-Stelen* mit magischen Texten gegen Schlangen- und Skorpionbiß zeigen das H.kind auf Krokodilen stehend, das die Götterfeinde erwürgt. Man übergoß sie mit Wasser und trank dann das dadurch wirksam gemachte Wasser als Zaubermittel. W. Hk.

Hosea, letzter König von Israel, 732–724. Zunächst Assur (→ Mesopot. Reiche B 3) ergeben; der spätere Abfall führt 724 zur Gefangennahme H.s, 722 zur Einnahme Samarias und dem Ende von Israel. Vgl. → Judentum A [8]. E.W.

Hosidius Geta, Zeitgenosse → Tertullians, stückelte aus Vergilversen eine → Tragödie über den Medeastoff zusammen (→ Cento), die gewöhnlich mit der im → Codex Salmasianus (→ Anthologia [2] Latina; 7. Jh. n. Chr.) anonym erhaltenen Tragödie Medea identifiziert wird. K.A.

Ed: PLM IV 219ff.

Hospitium bedeutet → Gastfreundschaft, bezeichnet aber auch ein → Gasthaus, in dem man übernachten und essen konnte. Th.P.

Hostilius Mancinus, C. (praet. 150?, cos. 137, praet.? 136 v. Chr.), wurde 137 mit 30000 Mann von den Numantinern eingeschlossen. Gegen Überlassung der Ausrüstung und (vermutlich) Anerkennung der Unabhängigkeit Numantias erreichte H., für den Tib. → Gracchus (1) verhandelte, freien Abzug. Der Vertrag wurde in Rom verworfen. H. sollte den Numantinern ausgeliefert werden, doch verweigerten diese die Annahme. A.L.

Q: Liv. perioch. 55; Plut. Tib. Gracch. 5ff.; App. Ib. 347ff.; Oros. 5,4; vir. ill. 59; Cic. de off. 3, 109 – *Lit:* H. Simon, Roms Kriege in Spanien, 1962.

Hostilius, vgl. auch → Tullus.

Hostius, röm. → Epiker, pries, die Tradition des ennianischen Epos fortsetzend, in seinem ‹Bellum Histricum› die Taten seines Patrons C. → Sempronius (5) Tuditanus. Vers und Sprache machen einen archaischen Eindruck, wenn auch die teilweise preziöse Wortwahl, figurierte Satzverbindungen, zahlreiche Alliterationen und Versenjambements den Stilwillen zeigen. Vergil scheint ihn Aen. 6, 625 zu zitieren (vgl. dazu Hom. Il. 2, 489). K. Bch.

Frg: FPL 33 – *Lit:* Schanz-Hosius, I 162 – H. Bardon, La litt. lat. inconnue, 1952, 105. 178f. 373.

Humanitas. Seit R. Reitzenstein (a. O.) und G. Boissier (a. O., beide 1907) hat sich die Diskussion über die H. an einer Beobachtung R. Pfeiffers entzündet: Die Griechen haben kein dem röm. ‹H.› entsprechendes Wort. Sie sehen den Menschen als hinfälliges Wesen, seine Größe nur in dem Teil, der ihn zum Göttlichen erhebt. Vielleicht war diese Arbeit schon unbewußt gegen W. Jaeger gerichtet (vgl. R. Harder), der die griech. Kultur unter dem Gesichtspunkt der Bildung sah, in der röm. H. (gestützt auf Gell. 13, 17) das Entsprechende fand und so die Römer zu den ersten Humanisten, bewußten Nachfolgern der griech. *παιδεία*, machen konnte. Aber die Römer haben nicht nach einem Ideal erzogen, allenfalls nach einem exemplum. Und überdies wäre es müßig, in der menschlichsten Kultur nach Zügen der Menschlichkeit zu suchen (F. Wehrli, A. Lesky). Auf Stufen des Bewußtwerdens des Menschlichen im Sinne der Solidarität und der Philanthropie sei hingewiesen. Bei Menander gibt es das emphatisch betonte *ἄνθρωπος* im positiven Sinne. ‹*Humanum*› ist ein röm. Wort, das das eigentlich Menschliche als etwas Würdiges, fast Heiliges, allem Rohen, Brutalen, Empfindungslosen, Herzlosen Entgegengesetztes bezeichnet. So kommt es bei → Plautus vor. Bei → Terenz kann es alle Nuancen feinen attischen Menschentums, wie es vor allem in den späten menandrischen Komödien hervortritt, mitumfassen. Bereits z. Z. des → Scipionenkreises muß das abstrakte Substantiv ‹Humanitas› entstanden sein, da es in → Ciceros frühester Rede (Pro S. Roscio, 81 v. Chr.) in der Fülle seiner Bedeutung schon vorhanden ist. Der Scipionenkreis hätte sein Wesen in diesem Begriff zusammenfassen können. Bei Cicero findet sich das Wort in vollem Gebrauch. Es bedeutet die Milderung des Allzuherben, einen Ausgleich der Romanitas, Vergeistigung des Lebens, selbstverständlich nicht ohne die griech. ‹litterae›. Doch ist es zur Bildung nicht in ein genaues Verhältnis gebracht; das Herz, der Sinn für das eigentlich Menschliche entscheidet. Dieses Wesen verbindet und ist eine Garantie (etwa über die clementia hinaus für die fremden Völker in der Außenpolitik, ohne daß der Begriff aus der röm. Selbstauffassung in der Außenpolitik abgeleitet werden könnte, wie Harder wollte). Sie ist im Recht gegründet, eine iniuria verträgt sich nicht mit H. – Die klassischen Dichter haben diesen zentralen Begriff, der freilich den Menschen nicht in seinen Möglichkeiten zur Größe ins Zentrum rückt, nicht, doch lassen sich Formen und Situationen aufweisen, wo er gleichsam im Hintergrund steht. In der Folge ist er stoisch verwandelt bei → Seneca (2) zu fassen und verflacht schließlich bei → Gellius (13, 17) zur Bedeutung der clementia und zur Interpretation der ciceronischen H. als Paideia. Wo dieser Begriff für eigenstes menschliches Wesen, Renaissancen erlebt, ist er mit der vollen durchseelten Sprache verbunden und hilft in der Reaktion gegen Verkümmerung in Scholastik, Aufklärung, Positivismus. Bei Petrarca war es die Entdekkung Augustins und durch ihn Ciceros. Erasmus vereinigt in ihm Christliches und die bonae litterae, in der Hoffnung, daß diese auch zum Glauben führen werden. Ein fruchtbares Mißverständnis war es, wenn Herder in seinen ‹Ideen zur Geschichte der Menschheit› glaubte, die stoische Anthropologie mit diesem Begriff bezeichnen zu können und so in das Wort Humanität das stoische System hineinnahm. Die deutsche Klassik und selbst Humboldt sind darum diesem Begriff ferner. Sie gehen alle von philosophisch-systematischen Konzeptionen aus. Der ‹dritte Humanismus› W. Jaegers ist eine Reaktion gegen den Positivismus und hat das Verdienst, das Sprachliche gepflegt zu haben. K. Bch.

Lit: G. Boissier, A propos d'un mot latin. Comment les Romains ont connu l'humanité, Revue des deux mondes 36, 1906, 762ff.; 37, 1907, 82ff. – R. Reitzenstein, Werden und Wesen der Humanität im Altertum, 1907 – R. Harder, Die Einbürgerung der Philosophie in Rom (1929), in: Kleine Schriften, 1960, 330–353 – R. Pfeiffer, Humanitas Erasmiana, Stud. Bibl. Marburg 22, 1931 – J. Heinemann, RE Suppl. 5 (1931), 298 – P. de Labriolle, Pour l'histoire du mot ‹humanité›, Les Humanités (Classes de Lettres) 8, 1931/32, 421ff., 478ff. – W. Jaeger, Paideia I, 1934, bes. 13ff. – R. Harder, Nachträgliches zur humanitas, Hermes 69, 1934, 64ff. – F. Wehrli, Vom antiken Humanitätsbegriffe, 1939 – W. Ehlers, Th. L. L. IV 3, 1942, 3075–3099 – H. Dahlmann, Römertum u. Humanismus, Studium Generale 1, 1948, 78–83 – W. Schmid, Unhumanistisches Römertum?, Romanische Forschungen 61, 1948, 461–489 – F. Wehrli, Humanitas Horatiana, in: Hortulus amicorum, Festschrift Fritz Ernst, 1949 – A. Lesky, Sophokles u. d. Humane, Almanach d. öst. Ak. d. Wiss. 101, 1951, 222ff. – J. Meyer, Humanitas bei Cicero, Diss. Freiburg/Brsg., 1951 – F. Beckmann, Humanitas, 1952 – H. Friedrich, Abendländischer Humanismus, Freiburger Dies Universitatis 3, 1954/55 – B. Snell, Die Entdeckung der Menschlichkeit und unsere Stellung zu den Griechen, in: Entdeckung des Geistes (1946), 1955³, 333ff. – Wildapfel, Das Zeitalter der Scipionen in den Werken von Cicero, Academia Scientiarum Polona, Acta Sessionis Ciceronianae, 1960, 77–107 – K. Büchner, Humanum u. humanitas in d. röm. Welt, Stud. Gen. 14, 1961, 638 – W. Schadewaldt, Der Gott von Delphi und die Humanitätsidee, 1963.

Humor. [1] Für das Phänomen ‹Humor› besitzt weder das Griechische noch das Lateinische eine vokabelartige, zusammenfassende Bezeichnung. Die Wortfelder, die ihm entsprechen, enthalten nur Wörter für bestimmte, einzelne Aspekte dessen, was man heute H. nennt. Das lat. Wort ‹(h)umor› (‹Feuchtigkeit, Flüssigkeit›) hat seit dem MA als Wiedergabe des griech. medizinischen term. techn. χυμή innerhalb der Lehre von den ‹Säften› und ihres ‹Mischungs›verhältnisses (κρᾶσις, temperamentum) die spezielle Bedeutung ‹Laune, Stimmung, seelisch-geistige Verfassung› (auf konstitutioneller Grundlage) angenommen, zunächst jeweils spezifiziert als guter/böser, heiterer/trüber, freundlicher/grimmiger usw. H. Allmählich hat sich der Begriff ohne charakterisierenden Zusatz verselbständigt in der vorherrschenden Anwendung als ‹zum Witz aufgelegte Gelauntheit›, zunächst wiederum mehr im Sinne von (oft bitterer) Ironie, Sarkasmus, Spott, Satire, dann immer überwiegender als heitere Aufgelegtheit zum Scherz, liebenswürdig gesellige Wohlgelauntheit, natürliche Begabung zum Komischen. Die sprachliche Entwicklung des modernen Begriffs hat sich in England seit dem 16. bis ins 19. Jh. vollzogen und von dort her nach Deutschland, nach Frankreich (*humour* neben *humeur*) und in weitere Sprachbereiche übergegriffen.

[2] Daß es in der Antike etwas wie H. gegeben habe, konnte (mit einem gewissen Recht) so lange bestritten werden, als das Wort noch auf die ältere, spezifisch englische Sonderbedeutung eines voraussetzungsreichen, typisch angelsächsischen oder irischen Sarkasmus beschränkt war; die philosophisch-ästhetischen Erörterungen über das Wesen des H.s im 18./19. Jh. in England, Deutschland und anderswo (Lessing, Goethe, F. Schlegel, Jean Paul u. a.) setzen meist jene spezielle Wortbedeutung voraus und erblicken darum in der ganzen Erscheinung etwas ausgesprochen Modernes, das sie von den antiken Formen der Komik und des Witzes scharf abzuheben suchen. Jene Diskussion blieb an die damalige Aktualität des englisch/irischen ‹humor› (von Ben Johnson über Swift, Sterne bis zu den Romantikern) gebunden und ist mit ihr verebbt. Mit dem Durchdringen des heutigen viel allgemeineren Wortgebrauchs und mit wachsendem Verständnis für die aktuelle Funktion des H.s in der gegenwärtigen Welt (unter den Formen der ‹Vermittlung› im Bereich des ‹Geselligen›) erwachte auch ein neues Interesse für die Erscheinungsformen des nunmehr modern verstandenen H.s in der Antike. Dabei zeigt sich, daß der H. als allgemeines Menschheitsphänomen sowohl in der griech. wie in der röm. Welt und ebenso in der christianisierten Spätantike wie zu erwarten die gebührende Rolle gespielt und sich in aller Breite und Vielfalt bekundet hat.

[3] Die antike Theorie faßt alles Hierhergehörige unter dem Stichwort des ‹Lächerlichen› (γελοῖον, ridiculum) zusammen; seine Erörterung gehört in die → Rhetorik, wenigstens soweit es sich um die Bereiche der Sprache und Literatur handelt. Die Theorie der Komödie hat ihren festen Platz in der antiken → Poetik. Erscheinungen und Vorkommnisse des Alltagslebens mit humoristischem Einschlag, witzige Aussprüche u. ä. werden in der Anekdoten- und Apophthegmata-Literatur gespeichert.

[4] Anwendungsbereiche des H.s in der Literatur sind zunächst die einschlägigen Gattungen, wie → Iambus, → Komödie, → Parodie, → Mimiambus, → Satire, → Epigramm u. a.; doch ist es, sucht man die Rolle des H.s in der Antike zu ermessen, oft ebenso eindrucksvoll, den Einschlag humorvoller Züge in der ernsten und hohen Literatur zu verfolgen – bis zum feinsten Fluidum verhaltenen Lächelns, das nur dem Gleichgestimmten wahrnehmbar werden mag (so nicht selten bei → Homer, dann bei der Charakterisierung volkstümlicher Figuren in der Tragödie, vielfach bei → Herodot, bei → Platon). Im Hellenismus, vor allem bei → Kallimachos und → Theokrit wird solches Fluidum sublimen Humors zum Lebenselement der Poesie, mit deren Subtilität die röm. Dichter, zumal die der augusteischen Zeit, wetteifern und die sie als Stufe ihrer klass. Reife auf eigenen Wegen auch ihrerseits erreichen. Die gesellige, vermittelnde, menschenverbindende, Gegensätze und Klüfte überbrückende Funktion des H.s zeigt sich in der Poesie des Hellenismus und der lat. → Neoteriker mehr *exklusiv* als Umgangston und Umgangsform in sich geschlossener Kreise, dagegen bei den Dichtern der neueren Komödie (→ Menander, → Terenz) und im Rom der späteren Republik und früheren Kaiserzeit mehr und mehr als Prinzip der Soziabilität (urbanitas, → humanitas), welches auch Unterschiede zwischen hoch und niedrig, reich und arm, gebildet und ungebildet, herrschend und untertan usw. zu versöhnen vermag (am bewußtesten und vollkommensten wohl bei → Horaz). Große Humoristen der antiken Literatur sind, ganz abgesehen von den erklärtermaßen auf das Lachen oder Lächeln abzielenden Dichtern

der Komödie (→ Aristophanes) und anderer komischer Gattungen (→ Kerkidas, → Herondas usw.), bei den Griechen vor allem → Lukian, bei den Römern (außer den Genannten) → Ovid, → Petron, → Martial. Aus der Geschichte sind Männer wie der alte → Cato (1), → Cicero, → Caesar durch Witz und Schlagfertigkeit und überhaupt durch souveränen H. berühmt. E.Z.

Lit: Allgemeines: L. Radermacher, Weinen und Lachen, Stud. über antikes Lebensgefühl, 1947 – G. Björck, Das Tragikomische und das Wort νεανικός (Eur. Hipp. 1204), in: Festschrift für O. Regenbogen, 1952, 66–70 – W. Schmidt, Die sprachl. Mittel des Komischen bei Plautus, Diss. Tübingen 1959 (masch.) – E. Zinn, Elemente des H.s in august. Dichtung, Gymnasium 67, 1960, 41–56. 152–155 (Lit) – H. Strasburger, Komik und Satire in der griech. Geschichtsschreibung, in: Festgabe für P. Kirn, 1962, 13–45 – F. Kühnert, Quintilians Erörterung über den Witz, Philol. 106, 1962, 29–59. 305–314 – M. v. Albrecht, Ovids H., Der altsprachl. Unterricht, Heft VI/2, 1963 – C. A. van Rooy, Stud. in Class. Satire and releated Literary Theory, 1965 – E. de Saint-Denis, Essais sur le Rire et le Sourire des Latins, 1965 – *Zu lat. subridere, subrizio:* E. Zinn, AuA 3, 1948, 217–220. 247 – *Kunst:* Guido Calza, Die Taverne der Sieben Weisen in Ostia, Antike 15, 1939, 99–115 – A. v. Salis, Imagines illustrium, in: Eumusia, Festgabe für E. Howald, 1947, 11ff. 21ff. – H. Kenner, Weinen und Lachen in der griech. Kunst, SB Wien 234, 2, 1960 (vgl. E. Simon, Gnomon 33, 1961, 644ff.) – K. Schefold, Lachendes Pompeji, Gymnasium 67, 1960, 90–102 – *Christentum:* H. Frhr. von Campenhausen, Die Heiterkeit der Christen (1956), in: Tradition und Leben, 1960, 431–440 – Ders., Ein Witz des Apostels Paulus (1957), in: Aus der Frühzeit des Christentums, 1963, 102 bis 108; Christentum und H. (1961), ebd. 308–330.

Hunnen, Nomadenvolk aus Innerasien, das in Europa zum erstenmal nach der Mitte des 4. Jh.s n. Chr. auftaucht. Ursprung und Geschichte vor dieser Zeit waren schon den Römern unbekannt und sind noch heute lebhaft umstritten. Um 370 erscheinen sie in der Gegend des Kuban, überrennen dann um 375 das ostgotische Reich → Ermanarichs und erreichen den Dnjestr, die Grenze zwischen Ost- und Westgoten. 376 schlagen sie → Athanarich, den Führer der Westgoten, vollständig und gelangen so an die röm. Donaugrenze. Ihre Geschichte für die nächsten Generationen liegt im Dunkeln. Einige von ihnen, z. B. ein Stammesfürst namens Uldin, kämpften zeitweise für die Römer, zeitweise gegen sie. In den ersten Jahren des 5. Jh.s scheinen sie einen weiten Vorstoß nach Mitteleuropa hinein gemacht zu haben, bei dem sie andere Barbarenstämme überrannten oder vor sich her nach Süden und Westen trieben. So fielen z. B. große Scharen, zum größten Teil aus Ostgoten bestehend, unter einem Heerkönig Radagais nach Italien ein, wurden aber von → Stilicho bei Fiesole geschlagen (405). Am 31. 12. 406 gingen große Scharen von → Vandalen, → Alanen und → Sueben über den Rhein nach Gallien, wahrscheinlich ebenfalls auf der Flucht vor den H. Um 430 beherrschten die H. ganz Mitteleuropa zwischen Donau und Ostsee und zwischen Weichsel und Westdeutschland. Zu dieser Zeit wurden sie von einem gewissen Rua oder Rugila und, nach dessen Tod 434, von dessen Neffen Bleda und Attila regiert. Für die fernere politische Geschichte der H. → Attila.

[2] Die erste Schilderung der H. findet sich bei → Ammianus Marcellinus (um 395). Außerdem besitzen wir eine detaillierte Beschreibung eines Besuches in Attilas Lager (449) von dem Historiker → Priscus von Panion. Obwohl wir von einem König namens Balamber im Zusammenhang mit dem Angriff auf die Ostgoten hören, beschreibt sie Ammian als ein ganz primitives Volk und weiß nichts von einer zentralen Regierung: sie wurden damals noch von unabhängigen Stammesfürsten geführt, die sich zuweilen für militärische Unternehmen zusammenzutun pflegten, aber immer ihre grundsätzliche Unabhängigkeit bewahrten. Für Attilas Zeit jedoch bezeugt uns Priscus eine vollständig autokratische Monarchie. Er erwähnt den riesigen Reichtum der hunnischen Führer, den sie bei der Plünderung der röm. Städte und aus den hohen jährlichen Tributzahlungen Ostroms gewonnen hatten. Ihre Hauptwaffe war ihre unvergleichliche Reiterei, die zu Attilas Lebzeiten nur einmal geschlagen wurde, in der Schlacht auf den katalaunischen Feldern (451). Ihre Herrschaft über die ihnen unterworfenen Stämme war ausgesprochen drückend. Nach dem Tod Attilas 453 brach sie rasch zusammen (→ Gepiden). E. A. Th.

Lit: E. A. Thompson, A History of Attila and the Huns, 1948 – – F. Altheim, Attila u. die H., 1951 – Ders., Gesch. der H., 1959/62 – J. Werner, Beiträge zur Archäologie des Attila-Reiches, Abh. München, 38, 1956 – M. Párducz, Die ethnischen Probleme der H.zeit in Ungarn, Studia Archaeol. I, 1963.

Hurriter → Churriter.

Hyaden, Töchter des → Atlas oder Okeanos. Nach Selbstmord wegen des Todes ihres Bruders Hyas verstirnt. Von ihren Schwestern, den → Pleiaden, oft schwer zu trennen. Auch als Pflegerinnen des → Dionysos gedacht. K. Schb.

Hyäne. Die gestreifte und gefleckte H. (ὕαινα, κροκόττας), in Nordafrika und Vorderasien verbreitet, war den Alten spätestens seit Herodot (4, 192) bekannt, ohne daß die beiden Arten streng voneinander unterschieden wurden. Als Fremdtier in Religion und Mythos ohne Bedeutung, spielt die H. eine große Rolle in magischen Überlieferungen, die im Aberglauben ihres Verbreitungsgebietes wurzeln. Als unheimlich und dämonisch galt sie wegen ihrer Neigung, auf der Beutesuche die Gräber nach Leichen zu durchwühlen, wegen ihrer Fähigkeit, auch stärkste Knochen zu zermalmen, wegen ihres menschenähnlichen Heulens und wegen des vielfarbigen Augenglanzes. Vgl. → Fauna. J.W.

Lit: Keller, Tierwelt I 152–157 – A. Steier, RE Suppl. 4 (1924), 761–768.

Hyakinthia, das Haupt → Fest von Sparta, in Amyklai im Hochsommer an drei Tagen, während deren alle militärischen Operationen suspendiert wurden, gefeiert. Am ersten Tag wurde → Hyakinthos geehrt, dessen angebliches Grab im monumentalen Thron Apollons eingeschlossen war; die Riten galten als Trauerfeier für den unglücklich erschlagenen Heros (ursprünglich Vegetationsgott). An den übrigen Tagen war das Fest freudig und nur dem Apollon heilig. Vgl. → Feste. F.R.W.

Q: Ath. 4, 138E–140A; Paus. 3, 19, 3f. – *Lit:* L. Ziehen, Sparta (Kulte), RE 3A 2 (1929), 1518–1520 – M. J. Mellink, Hyakinthos, 1943 – Nilsson, I 315–317, 531 – Ders., Griech. Feste, 1906, 129ff.

Hyakinthos, ein vorgriech. Gott (vielleicht wesensverwandt mit ‹sterbenden Göttern› des Orients; vgl. → Vegetationsgötter), der im dor. Bereich weithin Verehrung fand, ehe er durch → Apollon zu einem → Heros herabgesetzt wurde. Hauptkultort: sein Grab in Amyklai (bei Sparta). Das Fest der → Hyakinthien hat dort den Namen des H. bewahrt, obwohl es in historischer Zeit dem Apollon zu Ehren gefeiert wurde. Auch anderwärts erscheint H. eng mit Apollon verbunden (z. B. in Tarent als Apollon Hyakinthos, Polyb. 8, 30, 2), im Mythos gilt er als dessen Liebling (s. u.). K.-H. R.

[2] Im *Mythos* war H. der Sohn des Amyklas und der Diomede (nach isolierter Tradition des Pieros und der Muse Klio; danach ‹erfand› um seinetwillen → Thamyris die Knabenliebe). Wegen seiner großen Schönheit Liebling des Apoll. Bei gemeinsamem Diskuswerfen tötet ihn ein vom Wind (nach Späteren vom eifersüchtigen Zephyros) abgetriebener oder von einem Felsen zurückprallender Diskus des Apoll. Dieser erhob H. zu den Göttern und ließ aus dem Blut die ‹Hyazinthe› entstehen. Zur religionsgeschichtlichen Bedeutung des H. → Apoll. L.H.

Darstellungen: Vgl. → Götterliebe.

[3] Die *Hyazinthe* gehört zu den Blumen der vorgriech. Überlieferung. Sehr wahrscheinlich handelt es sich nicht um die uns bekannte Blume, sondern um eine andere, rot blühende Blumengattung (Fritillaria?). Durch ihre Sage (s. o.) vertritt sie die von der sommerlichen Gluthitze dahingerafften Frühlingsblumen (vgl. → Anemone). Auf die weitere Verbreitung der an die Blume geknüpften Todesvorstellung weist die Überlieferung, daß auf dem Grab-

hügel des telamonischen Aias H.en sprossen. *Ὑακινθίδες* hießen die sechs Töchter des Erechtheus, von denen sich zwei im att. *Ὑάκινθος πάγος* für das Vaterland opferten. Die stark duftende H. gehört zu den Blumen des Lagers von Zeus und Hera (Il. 14,348). Die betäubende Wirkung begünstigte die Entführung der → Persephone und der → Europa. Die der H. eigene Todesnähe las man auch aus der Zeichnung der Blüten (AIAI) heraus, die als Klagelaute gedeutet wurden. Vgl. → Flora. J.W.

Lit: Murr, Pflanzenwelt, 256–259 – Olck, RE 7,1 (1910), 798f. – H.J.Rose, 1392 – Stadler, RE 9,1 (1914), 4–7.

Hybris (*ὕβρις*), Bezeichnung jedes Verhaltens, das die Grenzen der Ordnung übermütig und anmaßend überschreitet, von Homer an überaus häufig. In Od. 17,487 stehen H. und Eunomie einander gegenüber, bei Hes. erg. 134 geht das Silberne Menschengeschlecht an seiner H. zugrunde, bei Sol. Fr. 5,9f. D. entsteht H. aus dem Überfluß (viel zitiert: *τίκτει γὰρ κόρος ὕβριν*), und Theogn. 1103f. sieht die Ursache der Unterwerfung der ion. Städte Magnesia, Kolophon und Smyrna durch die Lyder in der H. jener Ionier. Zum Inbegriff menschlicher H. wird bes. in der Philosophie und Geschichtsschreibung des 4. Jh.s vor Chr. der → Tyrann stilisiert (von daher auch der Beiname des angeblich letzten Königs Roms: → Tarquinius (3) Superbus ∼ *ὑβριστής*). – Kult ist nirgends bezeugt, auch nicht durch die Namen der beiden Steine, auf die vor dem Areopag in Athen Ankläger und Angeklagte zu treten hatten und die nach Paus. 1,28,5 ‹Stein der H.› und ‹Stein der Anaideia› hießen. O.G.

Hydatius, ein Spanier aus Lemica in Gallaecia (heute Jinzo de Lima), Bischof von Aquae Flaviae. Als Knabe traf er im Hl. Land → Hieronymus, dessen Chronik er fortsetzte. Er nahm an einer Gesandtschaft zu → Aetius gegen die Sueben teil und war Gefangener des Suebenfürsten Frumarius. Von den zwei Teilen seiner Chronik hatte der erste, die sog. Fasti Hydatiani, von 379 (→ Theodosius) bis 427 (→ Valentinianus III.), als Quelle die Konsularchronik von Konstantinopel, ist aber in der Authentizität bezweifelt. Der zweite, bessere und größere Teil reicht bis zum J. 467. Die in diesem Werk berichteten Ereignisse beziehen sich bes. auf Spanien, Gallien und Africa. G.C.

Ed: MGAA IX 197–247 (Fasti); XI 1–36 (Chronik) – *Lit:* Seeck RE 9, 1 (1914), 40–43 – Schanz-Hosius-Krüger, IV 2, 109–110.

Hydra *von Lerna*, das von Typhon und Echidna abstammende, von → Herakles getötete Ungeheuer, dessen Blut die Pfeile des Herakles, der Liebestrank der Deianeira von Nessos und der Fluß Anigros in Elis ihre Giftigkeit verdankten.

Hydria, kannenartiges Gefäß mit runder Mündung, einem Vertikal- und zwei Horizontalhenkeln (→ Vasen, Abb. 245, 1–2), zuweilen als Los- und Aschenurne, vorwiegend aber als Wasserkrug verwendet. Geometrische H.en sind schlank und mit langem Hals versehen; im 6. Jh. entwikkelt sich die gedrungene, konische H. mit flacher Schulter und abgesetztem Hals. Eine Form der Zeit um 570 ist auf der → Françoisvase inschriftlich als H. bezeichnet. Um 500 kommt die bauchige H. mit fließender Kontur auf, heute Kalpis genannt, ohne daß eine Verbindung jener Form mit diesem Namen für die Antike gesichert ist. I.Sch.

Lit: E.Fölzer, Die H., 1906 – E.Diehl, H.en in Grab u.Kult, 1964.

Hydromantie, babylonische, später als persisch (Strab. 16, 2,39; Aug. civ. 7,35) angesehene Form des Weissagens mit Hilfe von Wasser, auch Öl, meist in einer Schale *(Lekanomantie)*, in der der Fragende oder ein Medium (Knabe) magisch beschworene Dämonen erblickt, die er befragt, ehe sie unter Zauberformeln entlassen werden (Varro bei Apul. apol. 42; Einzelanweisungen Pap. Mag. 4, 154ff., 3209ff.; 5,1ff.; 7,319ff.; auch Plin. nat. 37,192, andere Form Hippol. haer. 4,35f.). Davon zu trennen sind → Orakel mit Hilfe von Quellen, aus denen man trinkt, in die etwas geworfen wird (Paus. 3,23,8; Dam. vita Isid. 199; anders Nüsse in Wein Petron. 137,10), in denen etwas sichtbar wird (Paus. 7,21,13) oder die rauschen (Serv. Aen. 3,466). C.J.C.

Lit: → Katoptromantie, → Lychnomantie.

Hygieia, Göttin der ‹Gesundheit›, auch Beiname der Athene, in Athen seit 5. Jh. verehrt (IG^{2} 1,395; 516 unklar), wohl erst später mit → Asklepios verbunden (SIG 88), mit ihm sehr volkstümlich. Kult z.B. in Titane (Paus. 2,116), Argos, Korinth, Epidauros, Pergamon, auch in Rom. Seit 5. Jh. bildlich dargestellt (Weihreliefs, Münzen); Hymnen von Ariphron und Likymnios. C.J.C.

Hygiene (*ὑγιεινὴ δίαιτα*). Die Gesundheitslehre fand ihre Anwendung in der Ernährung (Cels. 1,1), beim Wohnungsbau (Varro rust. 1,12), der Wasserversorgung (Cic. off. 2, 4,14; Frontin. aq. 1,11; vgl. → Aquädukt) und → Kanalisation, → Körperpflege, Anlage von (Macr. Sat. 3,16,15) großen öffentlichen (Mart. 5,44,6; 11,77; Suet. vita Lucani p. 333 Hos.) oder primitivsten privaten Toiletten (Lucr. 4, 1026; Petron. 47; CIL 4,4957) bis zum pannus menstrualis (Marcell. med. 35,30). – In der Medizin Ansätze zur Antiseptik z.B. durch Auflegen von eiweißgetränkten Wattebäuschen nach Staroperationen (Cels. 7.7.14F.). W.K.

Hyginus (Julius H.), Freigelassener des Augustus, wahrscheinlich aus Spanien; vom Kaiser zum Bibliothekar an der neuen palatinischen Bibliothek ernannt, zugleich ein gelehrter und fleißiger Schriftsteller, der u.a. über italische Topographie, über die Eigenschaften der Götter und über → Penaten schrieb. Auch eine Sammlung von Exempla und einen Vergilkommentar gab er heraus. Erhalten sind nur Fragmente. Irrtümlich gehen unter seinem Namen zwei erhaltene Werke aus dem 2. Jh. n. Chr.: ein astronomisches Handbuch, ‹De astronomia›, und ein mythologisches, ‹Fabulae›. Das letztere ist für uns sehr wertvoll, vor allem für die Rekonstruktion verlorener griech. Tragödien. G.B.

Ed: B. Bunte, 1875 (Astr.) – H. J. Rose, 1934 (Fab.) – *Lit:* J. Tolkiehn, RE 10,1 (1917), 628–651 – Schanz-Hosius, II 368–379.

2. **H.,** der Gromatiker (→ Agrimensoren), ist neben → Frontinus, dessen Zeitgenosse er war, der hervorragendste röm. Feldmesser. Sein mit gewissen Lücken erhaltenes Werk handelt De limitibus, De condicionibus agrorum und De generibus controversiarum. Manches andere wird ihm mit zweifelhaftem Recht zugewiesen, so die Constitutio limitum (Thulin, a.O. 131–171) und ein Liber de munitionibus castrorum (ed. W. Gemoll, 1879). G.B.

Ed: K. Lachmann, Die Schriften der röm. Feldmesser I, 1848, 108–134 – C. Thulin, Corp. agrim. Rom. I 1, 1913, 71–98 – *Lit:* Schanz-Hosius, II 801f.

3. **H.** Unter diesem Namen geht ein aus dem 2. Jh. n. Chr. stammendes mythologisches Handbuch, das, uns nicht in seiner ursprünglichen Gestalt erhalten, drei Teile enthält: Stammbäume der Götter und Heroen, 220 Fabeln, in denen Einzelsagen erzählt werden, und die sog. Indices, listenartige Zusammenstellungen. *Quellen:* ein griech. mythologisches Handbuch ähnlich der → ‹Apollodori Bibliotheca› und (indirekt) die Epiker, Tragiker und hellenist. Dichter. Dank dessen gibt H. uns manches für die Rekonstruktion verlorener griech. Tragödien. Im MA wenig benutzt. Vom selben Verf. ein astronomisches Werk (4 Bücher), wesentlich auf dem kommentierten → Aratos (2) beruhend. F.Pf.

Ed: B. Bunte, 1856 – M. Schmidt, 1872 – H.J. Rose, 1934 – *Lit:* J. Tolkiehn, RE 10 (1917), 636–651 – Schanz-Hosius II 372ff. – Zu den Indices: O. Regenbogen, RE 20,2 (1950), 1470–72 s.v. *πίναξ* – *Übers.* (engl.): M. Grant, The Myths of Hyginus, 1960.

Hyksos, Bezeichnung fremder Herrscher Ägyptens (ägypt. *ḥḳꜣ ḫꜣśw.t*, ‹Herrscher der Fremdländer›), die etwa von 1650–1542 regierten. Nach den Königsnamen Salitis (*Šlk:* Šallaku), *Śmqn* (Šimiqe-eni), *Ḫjꜣn* (Hajanu) scheinen sie Churriter gewesen zu sein, die durch die neuartige Bewaffnung mit Pferd und Streitwagen Syrien, Palästina und Ägypten eroberten. Unter dem Hyksos Apophis erhoben sich thebanische Fürsten (Kamose, Ahmose) und vertrieben die Hyksos, doch haben sie nachhaltigen Einfluß auf das Wesen des ägypt. Volkes gehabt: der kriegerische Geist der 18. Dynastie ist ein Erbe der Hyksos. W. Hk.

Lit: P. Labib, Die Herrschaft der Hyksos in Ägypten, 1936 – I. Engberg, The Hyksos reconsidered, 1939 – T. Säve-Söderbergh, The Hyksos Rule in Egypt, JEA 37, 1951, 53ff. – W. Helck, Beziehungen Ägyptens zu Vorderasien, 1962, 92ff.

Hylas, Sohn des Theiomenes, später des Theiodamas. In hellenist. Sage Liebling des Herakles, dem er beim Halt der → Argonauten in Kios durch Quellnymphen geraubt wurde. Herakles' Rufen und Klagen wurde in Kios jährlich kultisch wiederholt, was auf eine ursprüngliche Bedeutung des H. als Vegetationsgott zu weisen scheint. K. Schb.

Q: Theokr. eid. 13; Apoll. Rhod. 1, 1207ff.; abweichend Val. Fl. 3, 481ff. und bes. Orph. Arg. 634ff. – *Lit:* H. Koch, Die H.geschichte bei Apoll. Rhod., Theokrit, Prop., Val. Fl., 1955 – H. J. Rose, 201f. – *Darstellungen:* Oft in röm. Wandbildern, Mosaiken, Reliefs, nach spätklass. und hellenist. Vorbildern. Vgl. G. B. Montanari, Ila, EAA IV, 1961, 103f. – Schefold, VP 88f. 98. K. Schf.

Hyllos, Sohn des → Herakles und der Deianeira, vom sterbenden Vater mit Iole vermählt und Führer der → Herakliden (s. d.).

2. **H.,** → Gemmen- und Kameenschneider, Sohn des → Dioskurides (1), wie er sich auf dem Berliner Sardonyx-Kameo mit dem Satyrkopf selbst nennt. Bekannt sind uns noch vier → Gemmen mit sicherer Signatur. P. Z.

Abb: Furtwängler, Gemmen I, Taf. 49, 21, 29; 52, 2 – Ders., JdI 3, 1888, Taf. 10, 2 – FA 8, 1956, Nr. 258, Abb. 2.

Hylozoismus, Bezeichnung für die kosmologischen Theorien der frühen ionischen Philosophen u. a. (→ Kosmologie, 2). Unterschieden wird zwischen Theorien, die die Materie als tot oder unbewegt auffassen, so daß es eines Bewegers von außen bedarf, um sie zu bewegen, und dem H., der der Materie selbst Leben oder mindestens die Fähigkeit der Selbstbewegung zuschreibt. D. J. F.

Hymenaios, *Epithalamium.* Das antike Hochzeitsgedicht, in der klass.-griech. Zeit Hymenaios, seit dem Hellenismus und bei den Römern vorwiegend Epithalamium genannt, wurde meist von einem Mädchenchor (mit oder ohne Chorführerin) oder im Agon von Mädchen und Jünglingen vorgetragen. Versmaß war meist der Hexameter. Der H., seit Homer (Il. 18, 493; Hes. scut. 274) Volksbrauch, wurde während des Hochzeitszuges gesungen und bestand ursprünglich wohl nur aus Anrufen des Fruchtbarkeitsdämons H. (zu dem etymologisch nicht sicher deutbaren Ruf ‹Hymen› vgl. P. Maas, Philol. 66, 1907, 590–596). Spiegelungen dieses volkstümlichen H. finden sich in Tragödie (z. B. Eur. Tr. 310ff.) und Komödie (Aristoph. Pax 1334ff.). Der Hochzeitstag hatte im wesentlichen drei Abschnitte: (a) im Haus des Brautvaters: Hochzeitsmahl (*θοινὴ γαμική*), Entschleierung der Braut und Übergabe der Brautgeschenke (*ἀνακαλυπτήρια*) durch den Bräutigam; (b) am Abend: in buntem Hochzeitszug feierliche Heimführung der Braut in ihre neue Wohnung; (c) das Brautpaar begibt sich in das Brautgemach; die Tür wird verschlossen, der Türhüter hält davor Wache, vor dem Brautgemach (*θάλαμος*, thalamus) werden nun die eigentlichen ‹Epithalamia› gesungen. – Die einzigen uns faßbaren vorhellenistischen Hochzeitsgedichte sind die der → Sappho; sie wurden von den Alexandrinern in einem besonderen Buch ‹Epithalamia› zusammengefaßt, obwohl die Gedichte sich auf die Ereignisse des gesamten Hochzeitstages beziehen. Die Fragmente lassen die wesentlichen Motive erkennen: Preis des Bräutigams (Fr. 128 D.), Lob der Schönheit der Braut (Fr. 116a und 120D.), mythologische Exempla (Fr. 119D., 135/136D.), Wünsche für die Nachtruhe (134D.) und die Nachkommenschaft. Diese Motive bleiben mit geringen Modifikationen maßgebend für die gesamte nachfolgende Hochzeitspoesie. In → Theokrits 18. Idylle, einem H. auf Menelaos und → Helena (einziges erhaltenes hellenist. Hochzeitslied), tritt die Aitiologie eines Helenakultes hinzu. → Catulls 61. Gedicht gibt sich als bei der Hochzeit des L. Manlius Torquatus und der Aurunculeia vorgetragen. Ursprünglicher H. und ursprüngliches Epithalamium sind darin vereinigt: 1–75 Anrufung des Hymenaios, 76–120 Gesang vor dem Brauthaus, 121–190 Deductio, 191–235 Epithalamium. In Catulls 62. Gedicht singen abwechselnd Mädchen- (Klage um ihr Mädchentum) und Jünglingschor (Lob der Ehe) während des Hochzeitsmahles. In → Statius' Hochzeitsgedicht für Stella (silv. 1, 2) nimmt die Aitiologie der Hochzeit (durch Venus und Amor) einen großen Raum ein. Statius wurde Vorbild bes. für → Claudian (10 und 25) und → Apollinaris Sidonius (11 und 15). Die poetische Gestaltung der Hochzeitsgedichte ist von der rhetorischen Behandlung in *λόγος γαμήλιος* deutlich unterschieden, wenn auch zwischen beiden Beziehungen nachweisbar sind. V. Sch.

Lit: E. A. Mangelsdorff, Das lyr. Hochzeitsgedicht bei den Griechen und Römern, Progr. der Hansa-Schule Hamburg-Bergedorf, 1913 – W. Schadewaldt, Sappho, 1950, 32ff. – R. Muth, ‹H.› und ‹Epithalamium›, WSt 67, 1954, 5–45 – M. Sanchez-Wildberger, Theokrit-Interpretationen, Diss. Zürich 1955, 37f. (zu Theokr. 18) – G. Jachmann, RhM 107, 1964, 3–33 (zu Sappho 2D).

Hymettos, Gebirge östl. v. Athen (Kt. 1152a C2), 1026 m, berühmt durch seinen Honig; Marmorbrüche. Der weiße H.-Marmor konnte mit dem weißen Pentelikon-Marmor nicht konkurrieren, der deshalb im 5. Jh. bevorzugt wurde. Nur das Asklepieion und das Dionysostheater (→ Athen I C 6) aus H.-Marmor. Im 4. Jh. und in hellenist. Zeit wurde in der Baukunst der blaue H.-Marmor bevorzugt. Große Ausfuhr nach Rom. – Vgl. → Marmor. E. M.

Hymnen, *orphische* → Orphik.

Hymnus. [1] Der H. ist ein Preislied auf Götter und Heroen in daktylischen Hexametern oder elegischen Maßen. Die *Etymologie* des Wortes ist unbekannt. Seit der Antike wird es verschiedenen Wörtern zugeordnet (Diehl): (1) *ὑφαίνειν* (antike Deutung, vgl. z. B. Bakchyl. 5, 9f.; Pind. Nem. 2, 2); (2) *ὕδειν* ‹preisen›; (3) vedisch *sūmnoi*, ‹Loblied›; (4) altind. *syūman*, ‹Band›. Die Bezeichnung H. war zunächst offenbar nicht auf das kultische Preislied begrenzt. Bei Homer kommt das Wort nur einmal vor (Od. 8, 429), und zwar für ein Lied von Kämpfen um Troja, bei Aristophanes (av. 212) als Klagelied, bei Aischylos (Eum. 332) für den Gesang der Eumeniden, bei Sophokles (Ant. 815, lyr.) als Hochzeitslied. H. als Kultlied ist nach Proklos (chr.) u. a. eine allgemeinere Bezeichnung, während etwa der → Päan ein H. auf Apoll ist, der Dithyrambos ein H. auf Dionysos, das Prosodion ein Prozessionslied und das → Prooimium ein Vorgesang.

[2] Das Götterlied ist zweifellos alt. Seine Vorform ist der Zauberspruch. Als einzelne Götter an die Stelle der Geister traten, wurde aus dem Zauberspruch die namentliche Anrufung, der eine Bitte folgte. Zwischen Anruf und Bitte trat der epische Teil, der das Wesen, die Macht und die Taten des betreffenden Gottes darstellte. Oft wurde der epische Teil ausgeweitet, und das Anliegen trat zurück wie in den → homerischen Hymnen. Solche epischen H.en wurden dann auch außerhalb des Kultes vorgetragen. – Von kultischen Feiern, bei denen H.en gesungen wurden, geben etwa der homerische und kallimacheische Apollon-H. und Ilias 1, 472f. einen Begriff. Der Sänger begleitete seinen Vortrag auf der Kithara (Od. 8, 266). Zuweilen beteiligten sich auch die Zuhörer an dem Gesang, indem sie nach jeder Strophe einen refrainartigen Schlußteil (Ephymnion) mitsangen (vgl. Kall. hymn. Ap. 97f.; Apoll. Rhod. 2, 713 u. a.). Auch chorische H.en muß es früh gegeben haben (vgl. Hom. hymn. Ap. 336). In dem angeblich ältesten erhaltenen H. z. B. rufen die Frauen von Elea gemeinsam den Gott Dionysos an (PMelGr Fr. 871). – In späterer Zeit werden Gesang und Musik aufgegeben, lyrische Versmaße verdrängen den Hexameter, der aber für das eigentliche Kultlied verbindlich blieb.

[3] Aus der Zeit vor Homer sind keine H.en erhalten, nur einzelne Namen sind überliefert. Pausanias (9,27,2; 30,12) berichtet, → Olen sei der älteste H.-Dichter gewesen und habe einen Hymnos auf Eleithyia verfaßt, → Pamphos habe für Athen gedichtet, Orpheus und Musaios hätten für die Lykomiden mystische H.en geschrieben, die kurz und literarisch anspruchslos gewesen seien. – Die älteste erhaltene H.en-Sammlung enthält die sog. → Homerischen H.en, die sprachlich und stilistisch in der breiten Ausführung des epischen Teils den homerischen Gedichten nahestehen. – In der Zeit nach Homer dichteten → Eumelos v. Korinth und → Terpander (7.Jh.), der offenbar schon lyrische H.en verfaßte. Das 1. Buch der alexandrin. Alkaios-Ausgabe enthielt eine Anzahl H.en, deren erster auf Apoll, nach der Inhaltsangabe bei → Himerios, im Hauptteil die Epiphanie des Gottes auf Delos darstellte. Ins 5.Jh. gehören die anspruchslosen Götter-H.en der → Telesilla. Von der reichen, uns nicht erhaltenen H.endichtung Pindars vermitteln die Fragmente des Zeushymnos eine Vorstellung (Fr. 29–35 Sn.); sie enthalten ein Lied, das Apoll auf der Hochzeit des Kadmos mit Harmonia gesungen haben soll. – H.en finden sich zuweilen auch als Einschübe in anderen Dichtungen, z.B. der Zeus-H. im ‹Agamemnon› des → Aischylos und der Zeus-H., der die ‹Phainomena› des → Arat (2) einleitet, sowie die Gebete in der Sprache der H.en bei Apoll. Rhod. (1,440–47 u.a.). – H.en aus der klassischen Zeit sind in der Sammlung der Homerischen H.en erhalten. So ist z.B. der H. auf Pan ins 5.Jh. zu datieren. → Sokrates verfaßte einen daktylischen H. auf Apoll (Anth. Lyr.³ I 134), → Aristoteles einen auf den verstorbenen Hermeias (Anth. Lyr.³ I 117–119), in dem er seine Aretē (vgl. → Aretalogie) pries. – Zur weiteren Geschichte des griech. H. → Hellenist. Dichtung B[5] und → Kaiserzeitliche Dichtung B[3]. – Formen und Motive des griech. H. haben in der *lat. Dichtung* fortgewirkt. – Vgl. → Gebet. G.K.

Lit: R.Wünsch, RE 9,1 (1914), 140–183 – E.Norden, Agnostos Theos, 1913 (Nachdr. 1956), 143–277.

[4] Die älteste Form des *christlichen H.* ist der nach dem Vorbild des jüd. → Psalms gestaltete, durch Gedankenparallelismus gegliederte Prosa-H., der sich gelegentlich teilweise oder zur Gänze als → Cento aus Psalmen- und Canticaversen des AT darstellen kann. Der Einkleidung christl. H.en in volkstümliche Versmaße der paganen Umwelt (eines der ältesten Beispiele ist der Abendh. φῶς ἱλαρόν) stand die Orthodoxie zunächst ablehnend gegenüber, während Gnostiker (→ Valentin) und Häretiker (→ Paulos von Samosata, → Arius) sie mit Erfolg in weitestem Umfang durchführten. Die protreptische bzw. *propagandistische* Wirksamkeit dieser H.enform war auf die Dauer unübersehbar, und so wurde sie, wenn zunächst auch zögernd, in der Großkirche erst im Osten, dann im Westen zum gottesdienstlichen Gebrauch zugelassen. Nach dem vergeblichen Versuch des → Hilarius v. Poitiers, den Gemeindegesang in Gallien einzuführen (sein fragmentarisch erhaltenes H.enbuch läßt literarische, freilich für den Gemeindegebrauch bestimmte Kunstdichtung erkennen), schuf → Ambrosius mit seinen in jambischen Kurzzeilen abgefaßten H.en (je acht vierzeilige Strophen), durch die er zum Begründer des abendländischen Kirchenliedes wurde, eine wirksame Waffe zur Bekämpfung des → Arianismus. Bemerkenswert ist, daß die ambrosianische H.enform ihrerseits bei → Prudentius zu gelehrter, literarisch anspruchsvoller Kunstdichtung wird, während die ebenfalls in der Tradition des Ambrosius stehende Gebrauchshymnik im weiteren Verlauf der Spätantike von der quantitierenden zur akzentuierenden (→ Metrik I A 1), von der reimlosen zur reimenden Poesie übergeht. Bewußtes Zurückgreifen auf die Metra und Formensprache des paganen H. findet sich vielfach in der literarischen Buchhymnik (so in den Schluß-H.en von Clem. Alex. paid. und Method. Olymp. symp.). Die Verschmelzung des philosophischen, speziell neuplatonisch geprägten mit dem christl. H. zeigen in unterschiedlichem Maße die H.en des → Synesios v. Kyrene und das als H. gestaltete (und Anklänge an → Tiberianus aufweisende) Gebet, das Claudius Marius Victor(ius) seinem gelehrten Bibelepos ‹Alethia› vorangestellt hat (demgegenüber finden sich in dem berühmten platonisierenden H. der ‹Consolatio philosophiae› 3,9 des → Boethius keine spezifisch christl. Elemente). W.Schm.

Ed: J.B.Pitra, Hymnographie de l'Eglise grecque, 1867 – W.Christ-M.Paranikas, Anthologia Graeca Carminum Christianorum, 1871 – G.M.Drews-C.Blume, Anal. Hymn. Medii Aevi, 55 Bde, 1886–1922 – W.Bulst, Hymni Antiquissimi, 1956 – *Lit:* H.Leclercq, DACL VI 2826–2928 – J.Kroll, Die H.endichtung des fr. Chr.s, Antike 2, 1926, 258–81 – M.Meunier, Hymnes philosophiques, 1935⁴ – H.Schneider, Die altlat. bibl. Cantica, 1938 – F.Dölger, Die byzantin. Dichtung in der Reimsprache, 1948, 29–37 – M.Simonetti, Studi sull' innologia popolare dei primi secoli, MAL IV ser. 8ª, 1952, 341–485 – J.Schirmann, Hebrew liturgical poetry and Christian hymnology, Jew. Quart. Rev. 44, 1953/54 – F.L.Cross, The Oxf. Dict. of the Christ. Church, 1957, 670–672 – Chr.Mohrmann, Etudes sur le latin des chrétiens I, 1961², 160–168 – W.Theiler, Antike u. christl. Rückkehr zu Gott, in: Mullus, Festschr. Klauser, 1964, 352–361, bes. 358ff.

Hyoskyamos, das giftige Bilsenkraut, das im Mittelalter mit drei Arten vertreten ist. Die verschiedenen Namen beziehen sich auf die sinnverwirrende Zauberwirkung der Samen, die den Vergleich mit ekstatischen Zuständen im Orakeldienst nahelegten (*Διὸς κύαμος, Πυθώνιον, ἐμμανές, Προφῆτις, Ἀπολλινάρις, Τυφώνιον*). Eine Verwendung im Delphischen → Orakel (Pythia) ist nicht sicher bezeugt. In der Heilkunde war H. von Bedeutung. Vgl. → Flora. J.W.

Lit: Stadler, RE 9,1 (1914), 192–195 – O.Geßner, Gift- und Arzneipflanzen, 1931, 69f.

Hyparch(ie), in literarischen Quellen Bezeichnung für Unterfunktionäre bzw. territoriale Unterteilungen verschiedenen Rangs, häufig nicht technisch; im ptolemäischen Syrien, im → Seleukidenreich und einigen seiner Nachfolgestaaten, bes. im → Partherreich, war die Hyparchie eine Unterteilung der → Satrapie mit städtischem Mittelpunkt. In manchen Teilen des Seleukidenreichs stand anscheinend zwischen Satrapie und H. bzw. an Stelle der H. die Meris (Meridarchie). H.H.Sch.

Lit: H.Bengtson, Die Strategie in der hellenist. Zeit II, 1944, 21–29, 170, 293; III, 1952, 167f.

Hypatia, ca. 370 geb., Tochter des Astronomen und Mathematikers → Theon (3), selbst Verfasserin von Werken auf diesem Gebiet, aber auch (neuplatonische) Philosophin, von → Damaskios als bloße Mathematikerin verächtlich abgetan, Lehrerin des → Synesios, der von ihr mit Liebe und Verehrung spricht; von alexandrin. Christen beschuldigt, den Stadtpräfekten gegen den Bischof → Kyrillos aufgewiegelt zu haben, und 415 umgebracht. Ph.M.

Lit: K.Praechter, RE 9,1 (1914), 242–249.

Hyperbaton (*ὑπέρβατον*, transgressio verbi: Quint. inst. 8,6,62; 9,3,91), rhetor. → Wortfigur, von manchen den → Tropen zugerechnet; Trennung zweier syntaktisch zusammengehörender Wörter im Satzgefüge (‹Sperrung›). *Bsp.:* Cic. Cluent. 1: *in duas divisam esse partes,* vgl. auch den Anfang von De orat. 2. Komplizierte Form: die ‹Verschränkung›, z.B. Aristot. NE 2,1. 1103b6; *διαφέρει πολιτεία πολιτείας ἀγαθὴ φαύλης.* → Rhetorik D; → Parenthese. H.H.

Lit: Volkmann, 436ff. – Lausberg, I 252f., 357f. – L.Lindhamer, Zur Wortstellung im Griechischen, 1908 (Diss. München 1907).

Hyperbel (*ὑπερβολή*, superlatio: Rhet. Her. 4,44, oder veri superiectio: Quint. inst. 8,6,67), den → Tropen zugehörig; übertreibende Ausdrucksweise, z.B. ‹vor Neid platzen›. → Rhetorik D, → Priamel. H.H.

Lit: Volkmann, 439ff. – Lausberg, I 299f. 454f.

[2] H. als *mathematische Figur* → Kegelschnitte.

Hyperbolos, athen. Demagoge, als Lampenfabrikant jener sozialen Schicht angehörend, die nach → Perikles' Tod in der athen. Demokratie emporkam und die bis dahin immer noch dominierende aristokratische Führungsschicht verdrängte. 425/424 war H. Stratege und trat dann für eine möglichst starke Expansion Athens ein. Nach →Kleons (1) Tod (422) ‹Leiter des Demos› und damit Hauptzielscheibe der →Komödie geworden, opponierte er gegen den Frieden des →Nikias (1). Seit 421 geriet H. immer mehr in den Schatten der Popularität des →Alkibiades, und der von ihm nach der Katastrophe von Mantineia wohl 417 (andere Ansätze schwanken zwischen 418 und 415) gegen diesen beantragte →Ostrakismos verfolgte vielleicht weniger das Ziel, dem Tauziehen zwischen Nikias und Alkibiades ein Ende zu bereiten, als vielmehr Alkibiades als überlegenen Rivalen im Wettlauf um die Gunst des Volkes zu beseitigen. Ein rasch geschlossenes politisches Bündnis der beiden Bedrohten führte jedoch zur Ostrakisierung des H. selbst. Er ging nach Samos, wo er 411 von Oligarchen umgebracht wurde. F. Kch.

Lit: H. Neumann, Die Politik Athens nach d. Nikiasfrieden u. d. Datierung d. Ostrakismos des H., Klio 29, 1936, 36–49 – W. Peek, Die Zeit des H.-Ostrakismos, in: Kerameikos III, 1941, 101–104 – F. Camon, Le cariche pubbliche di H., GIF 16, 1963, 46–59 – Ders., L'ostracismo di H., ebd. 143–162.

Hyperboreer (‹jenseits des Nordwindes wohnend›), Volksstamm irgendwo nördlich Griechenlands, der in historischer Zeit Weihegaben nach Delos zu senden pflegte (Hdt. 4, 33), also vielleicht als historisch angesehen werden darf (vgl. Hdt.s Bedenken 4, 36). Gleichwohl wurden die H., wie andere Grenzvölker der antiken Welt auch, Gegenstand mythischer Erzählungen (Apoll weilt bei ihnen, wenn er nicht in Delphi ist, Leto und Artemis werden von zwei Jungfrauen der H. nach Delos begleitet) und galten ebenfalls als ein seliges Volk reinster Sitten, repräsentierten mehr und mehr ein antikes Utopia (Pind. Pyth. 10, 27; Frg. 257; Schol. Apoll. Rhod. 2, 675). K. Schb.

Lit: J. Treheux, in: Studies presented to D. M. Robinson II, 1953, 758–774 – J. Harmatta, Acta Antiqua 3, 1955, 57–64 – A. J. van Windekens, RhM 100, 1957, 164–169.

Hypereides, att. →Redner und Politiker, 390–322, dem reichen Besitzbürgertum angehörend. Nach mehr als fragwürdiger Überlieferung Schüler Platons, glaubwürdiger die Schülerschaft bei →Isokrates. Betätigte sich zunächst wie üblich als Redenschreiber, eine Tätigkeit, die er bis in sein letztes Lebensjahrzehnt ausgeübt zu haben scheint (vgl. or. 4). In der frühesten (nicht erhaltenen) Rede von 362 klagte er Aristophon an, den gleichen Politiker, gegen dessen Parteigänger auch Demosthenes zusammen mit den Freunden des →Eubulos später seine Angriffe richtete: H. bekämpfte also wie jener die Vertreter der radikal-demokratischen Richtung, deren Politik zum Zusammenbruch des 2. att. Seebundes führen sollte. Freilich trat H. in den folgenden Jahren hinter Demosthenes zurück, erst 343 klagte er wieder in einer γραφή gegen →Philokrates, den Vermittler des demütigenden Friedens von 346 mit Philipp von Makedonien, und zwang ihn ins Exil. In den folgenden Jahren im Kampf gegen Makedonien und die promakedonische Partei noch über die Niederlage von Chaironeia hinaus Zusammenarbeit mit Demosthenes, seine Forderung nach energischerem Kampf mit Makedonien brachte ihn jedoch in Gegensatz zu diesem, der in richtiger Beurteilung der Kräfteverhältnisse auf günstigere Zeiten wartete. Offener Bruch in der Harpalos-Affäre, in der H. Demosthenes wegen Unterschlagung und Verrates anklagte (‹Gegen Demosthenes›). Nach dem Tod Alexanders (323) Aussöhnung der beiden Politiker im Interesse einer geschlossenen Politik. Nach der Niederlage der griech. Koalition bei Krannon mußten beide aus Athen fliehen; H. wurde auf Ägina verhaftet, Antipater ließ ihn foltern und hinrichten (322). – Von den 52 als echt anerkannten *Reden* sind sechs, z. T. stark verstümmelt, auf Papyrus erhalten, darunter der Epitaphios für die Toten der Schlacht von Krannon (or. 6). Diese Reden sind erst seit der Mitte des vorigen Jh.s ans Tageslicht getreten. Vorher waren nur Fragmente aus Zitaten bekannt. – Die *rednerische Kunst* des H. wurde im Altertum hochgeschätzt und nur der des Demosthenes nachgestellt. Die Süße seiner Suada und seinen Witz hat man sicherlich mit Recht gerühmt. Bezeichnend ist sein Bestreben, Elemente der Tagessprache in die Reden aufzunehmen. Der Stil seines Lehrers Isokrates bestimmte den Ausdruck des ‹Epitaphios›. J. H. K.

Ed: Chr. Jensen, BT, 1917 (mit Fragmenten u. Index) – G. Colin, CB, 1946 (ohne die Fragmente, aber mit guter Einführung und Übers. Die Lücken des Textes sind paraphrasierend ausgefüllt) – Neues Frg: B. Bilinski, De novo H. fragmento, Eos 44, 1950, 25–34 – *Lit:* Blaß III 2, 1–95 – *Lit:* V. Pohle, Die Sprache des H. in ihren Beziehungen zur Koine, 1928.

Hyperion, Sohn des →Uranos und der Gaia, →Titan, Gatte der Theia. Seine Kinder sind →Helios, →Selene, →Eos (Hes. theog. 371 ff.). Auch mit Helios identifiziert: Beiname (bes. bei Homer), aber auch selbständiger Name für →Helios. K. Schb.

Hyperkatalexe, das Gegenteil von →Katalexe: nicht Verkürzung, sondern Verlängerung um ein Element am Ende eines Kolons. Heph. p. 32, 18 C. erklärt so den →Hipponakteus als hyperkatalektischen →Glykoneus. B. Sn.

Hypnos (‹Schlaf›), griech. Gott des Schlafes. Er gilt im Mythos als Sohn der Nyx (‹Nacht›) und als Bruder des Thanatos (‹Tod›; mit ihm zusammen in der →Aithiopis und auf Darstellungen: →Memnon), in späterer Zeit auch als Vater des Traumgottes →Morpheus. Selbst den Göttervater →Zeus vermag H. gegen dessen Willen einzuschläfern (Hom. Il. 14, 231 ff.). Kult hat er nur ganz selten und spät (Paus. 2, 31, 3 und 3, 18, 1). Vgl. →Somnus. K.-H. R.

Hypogäum (‹unterirdisch›), durch →Gewölbe gesicherte größere →Grabanlagen, gerne für heidnische im Unterschied zu christl. →Katakomben verwandt, vgl. z. B. H. Flaviorum in Domitilla. Ob die ursprünglichen Zusammenhänge mit dem →Toten- bzw. →Heroenkult noch auf christl. Grabbauten und Basiliken eingewirkt haben (Dyggve), wofür spricht, daß ähnlich wie bei Kaisermausoleen (z. B. des Theoderich, Ravenna) auch bei syr. Martyrien als oberirdischen Anlagen die Gedächtnisstätte bzw. Märtyrerkapellen oberhalb der Totenkammer im Erdgeschoß liegen, ist viel verhandelt. Sicher ist Einfluß des Heroenkults für die immer als H. geschaffenen Mithräen (→Mithras) anzunehmen, während die sog. Basilica sotterranea einer neupythagoreischen(?) Sekte in Rom singulär ist. Auch unterirdische Taufanlagen (→Baptisterium) in Nordafrika, z. B. in Karthago, könnten mit Heroenkult zusammenhängen, bleiben aber gleichfalls vereinzelt. Die kleinen, unterirdischen sog. Basiliken für Märtyrerverehrung in den Katakomben Roms (z. B. SS. Nereus und Achilleus in Domitilla) machen das H. ihren Zwecken dienlich. C. A.

Lit: E. Dyggve-F. Poulsen-K. Rhomaios, Das Heroon von Kalydon, 1934 – E. Dyggve, Das Mausoleum in Pécs, ein christl. Heroon, 1935 – Th. Klauser, Vom Heroon zur Märtyrerbasilika, 1942 – E. Dyggve, Dødekult, Kejserkult og Basilika, 1943 – A. Grabar, Martyrium, 2 Bde, 1946 – J. Carcopino, De Pythagore aux Apôtres, 1956 – N. Duval-A. Lézine, Nécropole chrét. et baptistère à Carthage, CArch 10, 1959, 71–147, bes. 99 ff.

Hypokausten (griech.-lat. hypocausis), Vorrichtung für Warmluftbeheizung von Fußböden und Wänden; →Thermen, →Heizung (Abb. 99). C. K.

Hypokeimenon (τὸ ὑποκείμενον), Subjekt, Substrat. Bei →Aristoteles 3 Bedeutungen: (1) die Materie, insofern sie Substrat der Form ist; (2) das substantielle Subjekt, insofern es Substrat der nicht-wesentlichen Bestimmungen ist (der ‹ontologischen Akzidentien›); (3) das logische Subjekt des Satzes. Für die Stoiker ist das H. (Substanz, materielles Substrat) die erste der →Kategorien. Vgl. →Metaphysik B [3], →Logik [2]. S. M.

Hypokrites, griech. Bezeichnung für →Schauspieler. Die Bedeutung – entweder ‹Antworter› oder ‹Deuter, Erklärer› – ist umstritten. E.-R. Sch.

Lit: H. Patzer, Die Anfänge d. griech. Trag., 1962, 127 A. 4 (Lit).

Hypomnema → Scholien A.

Hyporchema, ‹Tanzlied›. Als literarische Gattung zuerst erwähnt Plat. Ion 534 C. Aus den antiken Zeugnissen ist keine Klarheit darüber zu gewinnen, ob beim H. Sänger und Tänzer die gleichen Personen waren oder nicht, worin also die Besonderheit des H. gegenüber anderen Kultliedern (die ursprünglich ebenfalls zu → Tanz oder → Prozession erklangen) liegt. Das H. soll anfänglich Begleitung zum Kriegstanz der Kreter gewesen und von → Thaletas nach Sparta gebracht worden sein; als kretisch gilt es noch bei → Pindar (Fr. 170b), kretische Rhythmen bei → Bakchylides (Fr. 15). Einem anderen Meister der sog. zweiten Schule, → Xenodamos, wird ein → Päan zugeschrieben, der nach anderen ein H. war, andererseits wird Pindars 9. Päan als H. zitiert; das H. war also wohl dem Apollonkult eingegliedert (doch s. u.). – Erhalten sind H.-Fragmente von Pindar (Fr. 105–117, es waren zwei Bücher) und Bakchylides (Fr. 14 f., unsicher Fr. 16); daraus ist für Aufbau und Inhalt wenig zu entnehmen, Bezug auf einen Kult findet sich nicht. Beide Dichter verwenden im H. keine Daktyloepitriten. – Ein als H. zitiertes astrophisches Lied des → Pratinas (Fr. 1 P) ist als → Dithyrambos anzusehen (Wilamowitz, Sappho und Simonides, 1913, 133 f.). E.-M. V.

Hypothek, die Übertragung von Rechten am Eigentum des Schuldners an den Gläubiger zur Sicherung seiner Forderungen. – Vgl. → Bankwesen. H. Br.

Lit: A. B. Schwarz, Hypothek und Hypallagma, 1911.

Hypothese (ὑπόθεσις), in Anwendung auf die Mathematik in der Antike in ganz anderem Sinn gebraucht als das moderne Wort Hypothese. Platon (rep. 6, 510 C) sagt, die Mathematiker machten das Gerade und Ungerade (bei den Zahlen), die Figuren, die drei Arten von Winkeln und dergleichen zu den ‹Grundlagen› (ὑποθέσεις) ihrer Untersuchungen, ohne diese Grundlagen selbst weiter zu untersuchen. Aristoteles (anal. post. 1, 2) nennt H.n die unbeweisbaren, selbstevidenten Sätze, welche (im Gegensatz zu den allgemein für alle Wissenschaften geltenden → Axiomen) mit den Definitionen zusammen die Grundlagen *spezieller* Wissenschaften, wie z. B. der Geometrie, bilden. Er wendet sich a. O. 1, 11. 76 b 35 ff. gegen die zuerst angeführte Behauptung Platons mit der Bemerkung, Begriffe (ὅροι) seien keine H.n, weil ein Begriff allein nichts aussage. K. v. F.

Hypothesis, Charakterisierung des einer Rede zugrunde liegenden Spezialfalles (quaestio specialis), von → Hermagoras v. Temnos lehrmäßig erfaßt. → Rhetorik B [8]. H. H.

Lit: D. Matthes, Lustrum 3, 1959, 124 ff.

Hypotrachelion, Säulenhals, oberster Teil des Schaftes, bei ion. Säulen oft mit einem Anthemienfries verziert (→ Tempel B 10 f.; vgl. B 3).

Hypsaeus → Plautius.

Hypsikles, → Mathematiker, 2. Jh. v. Chr. Verfasser des sog. 14. Buches der Elemente → Euklids, das eine Spezialuntersuchung über die regelmäßigen Körper (→ Polyeder) ist. H. beschäftigte sich mit Polygonalzahlen (→ Figurierte Zahlen) und arithmetischen Reihen und benutzte diese in der Schrift Anaphorikos zur Berechnung der Aufgangszeiten der Sternbilder der Ekliptik. Dies ist die erste griech. Schrift, in der der Kreis in 360° eingeteilt wird. H. G.

Ed: J. L. Heiberg, Euklidausgabe V, 1888 – K. Manitius, Progr. d. Gymn. z. heil. Kreuz, Dresden 1888 (Anaphorikos) – *Lit:* A. Björnbo, RE 9, 1 (1914), 427–433 – Sarton I 181.

Hypsikrates, von Amisos, griech. → Geschichtsschreiber, von → Strabon für die Jahre 48 ff. (Mithridates von Pergamon; Asandros von Bosporos) als Quelle zitiert. Schrieb auch Philologisch-Grammatisches (über Homer; wohl auch über griech. Lehnwörter im Lateinischen). W. Sp.

Frg: FGrHist 190 m. Add. – *Lit:* F. Jacoby-Funaioli, RE 9 (1914), 433–435 – R. Giomini, Ipsicrate, Maia 8, 1956, 49–55.

Hypsipyle, Tochter des Königs Thoas in Lemnos. Als die Lemnierinnen aus Eifersucht alle Männer umbringen, rettet sie ihren Vater heimlich an den Strand, von wo ihm Dionysos weiterhilft. Dann Königin in Lemnos. Als die → Argonauten dort Halt machen, wird sie Geliebte Jasons und Mutter des Thoas und Euenos. Später, als die Rettung ihres Vaters bekannt wird, wird sie verkauft, Sklavin des Königs Lykurg von Argos und Wärterin seines Sohnes Opheltes in Nemea. Während sie den → Sieben gegen Theben eine Quelle zeigt, tötet eine Schlange ihren Schützling. → Amphiaraos rettet H. vor der Rache der Eltern und richtet zu Ehren des Kindes die → Nemeischen Spiele ein. Als erstem Toten des Krieges gibt er ihm den Namen Archemoros. Die Söhne H.s finden später ihre Mutter, die nach Lemnos zurückkehrt. Der Stoff ist in der Hypsipyle des → Euripides, ferner ausführlich von → Apollonios Rhodios, → Valerius Flaccus und Statius (Theb. 5, 49 ff.) behandelt.

Lit: Schmid-Stählin I 3, 563 ff. – G. W. Bond, Euripides H., 1963 – *Darstellungen:* fast nur im Zusammenhang mit dem Tod des Archemoros nachweisbar, bes. auf unterital. Vasen (L. Séchan, Etudes sur la tragédie grecque, 1926, 358 ff.) und etrusk. Monumenten (Pfuhl, MuZ 793 ff., vgl. auch die Silberschale Art. Bull. 25, 1943, 314 f. und A. Alföldi, Die Kontorniaten, 1943, 111, 74). K. Schb.

Hypsistos (der ‹Höchste›), für die Griechen ein geläufiger Beiname des → Zeus, als fester Kultbeiname erst vom Hellenismus an belegt; später geben auch die Juden ihrem Gott (Jahwe) diesen Beinamen. In dem zum → Monotheismus neigenden spätantiken → Synkretismus wird der einzige bzw. ‹oberste› Gott oft nur H. oder Theos H. (‹der Höchste Gott›) genannt (bes. in Kleinasien bezeugt). K.-H. R.

Lit: F. Cumont, RE 9, 1 (1914), 444–450.

Hyrkanos I., König von Juda aus dem Geschlecht der Hasmonäer, 134–104 v. Chr., → Makkabäer.

2. **H. II.,** Sohn des → Alexander (10) Jannai (103–76), 76 Hohepriester, 67 nach dem Tod seiner Mutter Alexandra König, im gleichen Jahr von seinem Bruder → Aristobulos II. verdrängt, 63 von → Pompeius (2) als Hohepriester des verkleinerten Judenstaats (ohne Königstitel) wieder eingesetzt, 47 von → Caesar als Ethnarch bestätigt. Für den schwachen H. regierten seine Minister, der Idumäer Antipater, der in den röm. Bürgerkriegen klug taktierte, und dessen Sohn Herodes. 40 geriet H. in parthische Gefangenschaft und wurde von seinem Neffen Antigonos verstümmelt. 37 freigelassen, lebte er am Hofe → Herodes' I., der ihn 30 hinrichten ließ. Vgl. → Judentum B [5]. H. H. Sch.

Lit: J. Wellhausen, Israel. und jüd. Gesch. (1894), 1958⁹ – H. Willrich, Das Haus des Herodes, 1929, 6–56.

Hystaspes, Name mehrerer Perser: 1. → Mager, legendäre Gestalt, oft neben der Sibylle dargestellt (→ ‹Apokalypse des H.›). In der iran. Überlieferung *(Vištāsp, Gūštāsp)* ist er ein Jünger des → Zarathustra. – 2. Achämenide, Sohn des Arsames, Vater des Dareios, Statthalter (König?) in Parthien zur Zeit des Kambyses. Nach dessen Tod Satrap in Persien (Hdt. 3, 70). Identisch mit dem Vorigen? – 3. Sohn des Dareios und der Atossa, befehligte 480 die Baktrier und die Sakier (Hdt. 7, 64). – 4. Sohn des Xerxes, hatte dasselbe Amt inne wie der vorige. G. R.

[2] Unter dem Namen des legendären Magiers (s. o. 1) stand eine synkretistische Schrift politisch-polemischen und prophetisch-apokalypt. Inhalts, die nicht später als 1. Jh. n. Chr. von einem hellenisierten, mit iran. Lehren (Awesta) vertrauten Orientalen verfaßt wurde mit Weissagungen über den Untergang Roms, die Endzeit und die Vernichtung der Welt durch Feuer, von → Justin (1), bes. → Laktanz u. a. zitiert für die Vorwegnahme christ. Lehren, teilweise in adaptierter Form (Clem. Al.). C. J. C.

Lit: H. Windisch, Die Orakel des H., Verh. Kon. Akad. Amsterdam N. F. 28, 3, 1929 – J. Bidez-F. Cumont, Les mages hellénisés, 2 Bde, 1938 – A. Peretti, Sulla duplice stesura del libro d'Istaspe, WSt 69, 1956, 350–362.

Hysteron proteron (ὑστερολογία), ‹das Spätere zuerst›, rhetor. → Sinnfigur; die dem zeitlichen Geschehensablauf entgegengesetzte Anordnung zweier Begriffe. *Bsp.:* Cic. Verr. 2, 1, 1: «er hatte beschlossen und überlegt.» H. H.

Lit: Volkmann, 438 f. – Lausberg, I 440 f.

Jagd. Die J. gehört im Mittelmeerraum wie in den anderen Gebieten der Alten Welt zum ältesten Bereich der Kultur, in dem sich das Erbe der Vor- und Frühzeit am stärksten behauptete. Die *vierstufige Entwicklung* begann mit der J. zu Fuß ohne Hund (→ Haustiere). Darauf folgte die J. mit Hund oder Locktier. Im 2. Jt. verbreitete sich die J. mit dem leichten, von zwei Pferden gezogenen Wagen, während die Reiter-J. erst im frühen 1. Jt. einsetzte. Mit Ausnahme der Wagen-J., die sich am längsten im Alten Orient hielt, behaupteten sich alle drei anderen Formen nebeneinander bis in die Spätantike. – Die Entwicklung spiegelt sich in der religiösen und mythischen Überlieferung wie in der Bildkunst. – 1. → Artemis als Göttin der J. erscheint zu Fuß allein oder mit Hund bzw. Lockhirsch (Mel. Amphora). Erst spät begegnet sie im thrak. Bereich als Reiterin. – 2. → Herakles jagt die gehörnte Hindin (→ Rentier) zu Fuß ohne Hund und ebenso den erymanthischen Eber bis zur Erschöpfung des Wildes im Schnee, was voraussetzt, daß der Jäger Schneebretter besitzt (Entsprechungen bietet die eurasische Überlieferung). Die Verwendung von Locktieren ist für das 2. Jt. bezeugt durch das Relief aus → Alača Hüyük, das einen Bogenschützen hinter einem am Leitseil gehaltenen → Hirsch zeigt. Der Lockhirsch im Zusammenhang mit der Reiter-J. ist auch der etrusk. Kunst bekannt. Den Einsatz einer ködernden Kuh beim Fang von Wildstieren bietet ein Becher von Vaphio. Die Stufe der J. mit Hund vertritt der verstirnte → Orion mit Sirius, dem Hundsstern, neben → Aktaion, der nach Beleidigung der Artemis in einen Hirsch verwandelt und von seinen Hunden zerrissen wird. Die Einführung von J.-Hunden schrieb man dem Kentauren → Chiron zu, der die tollen Hunde des Aktaion besänftigte. Die berühmte → Kalydon. J. und die J.-Szenen in der myk. Wandmalerei (Tiryns) erweisen die Eber-J. mit Hunden, an der Männer und Frauen beteiligt sind, als frühgriech. Erbe. – 3. Ein gleiches gilt für die durch die myk. Bildkunst bezeugte Wagen-J., deren hervorragender Vertreter der zum Kultbereich der Artemis gehörige Hippolytos ist. – 4. Die J.-Überlieferung von Kastor und Polydeukes (→ Dioskuren) trennt deutlich die Einführung von J.-Hunden und Reitpferden. Ältestes Beispiel für die J. zu Pferde ist die → Bellerophontessage.

[2] Gegenüber den reichen Zeugnissen für die *Bedeutung der J.* bei den Griechen seit der Frühzeit fällt das geringe Interesse in der bäuerlichen Kultur der Römer auf, während die Etrusker die J. schätzten. Erst in der Kaiserzeit, vornehmlich seit Hadrian, gewinnt die im hellenistisch-iranischen Bereich weit verbreitete Reiter-J. Bedeutung. Die lebhafte J.-Neigung der Griechen, die durch die Begegnung mit der iranischen Welt neue Impulse erhielt (Alexandersarkophag), bezeugen auch J.-Szenen auf Grabdenkmälern und reiche Beispiele in der griech. Literatur seit Homer. Xenophon und Platon betonen den erzieherischen Wert der J. Die ursprüngliche Bedeutung der J., Fleischversorgung und Fellgewinnung ebenso wie Schutz der Herden vor Raubtieren und der Felder und Gärten vor Wild, trat in geschichtlicher Zeit vor der J. als Abenteuer und Sport stetig zurück. In diesem Sinne wurde sie, einem Wettkampf gleich, bei dem es auf Bewährung des Mannes ankam, in Adelskreisen und Königsgeschlechtern gepflegt. Die Tradition war besonders im iranischen Bereich ausgeprägt, wo J.-Gehege (παράδεισος) zum fürstlichen Aufwand gehörten.

[3] Die *J.-Zeit* war im Altertum nicht streng begrenzt. Der Name des Frühlingsmonats Elaphebolion bezieht sich auf die für das Hirschopfer an Artemis notwendige J. Haupt-J.-Zeit war der Herbst. Auf Schonfristen für das Wild weisen J.-Verbote an Götterfesten. In diesen Zusammenhang gehört der Mythos von Orion, dessen sommerliche Wildvernichtung auf Bitten der Gaia den Tod des Jägers durch Artemis brachte. Geschont wurde Wild in heiligen Hainen, vor allem der Artemis als Herrin und Schützerin der Tiere. Neben der J. im Morgengrauen und am Tage war auch die Nacht-J. bekannt, bei der das Wild mit Fackeln aufgescheucht wurde. Dazu fügt sich die Fackel in der Hand der Artemis.

[4] Zu den *Hilfsmitteln der J.* gehörten neben verschiedenen Netzarten (Stellnetz für Wildstiere auf einem Vaphiobecher) Schlingen und Fallen. Den Römern waren Federlappen bekannt, den Iranern Tuchlappen, die als Blendzeug bei der J. mit Treibern dienten. Als *J.* → *Waffen* dienten außer der altertümlichen Keule (Orion, Herakles) mehrere Arten von Speeren und Lanzen, Bogen und Pfeile. Die Waffen begegnen in der mythischen Überlieferung von der J. wie im Bild der Artemis, deren thrakische Variante mit zwei J.-Speeren ausgestattet ist. Der nie verfehlende Wurfspeer begegnet in der Überlieferung vom Jägerpaar Kephalos und Prokris. Giftpfeile waren den Alten bekannt, doch auf der J. nur außerhalb des Mittelmeergebietes üblich. Das gleiche gilt für die bei iran. Stämmen verbreitete Verwendung von Lasso und Fangstock. Der den Griechen vertraute Hasenschläger (*λαγωβόλον*) ist auch für die → Hethiter bezeugt. Bei der J. auf → Hirsche benutzte man Schleudern, bei der Wildschwein-J. das starke Fangeisen der Saufeder (*προβόλιον*). Die kombinierte Verwendung von verschiedenen J.-Waffen und Hilfsmitteln erforderte meist eine J.-Gemeinschaft mit Aufgebot von Treibern und Netzwächtern, Hundeführern und Knappen für die Pferde. Beispielhaft sind Überlieferungen und Darstellungen von der J. auf den Kalydonischen Eber, an der sich die großen Heroen der Vorzeit beteiligten.

[5] Vornehmstes *J.-Wild* waren → Hirsch, Wildschwein und Wildstier. Geschätzt war auch die J. auf Wildziegen (vgl. → Steinbock), beliebt und weit verbreitet die Hasen-J. Bei der Raubtier-J. ist die notbedingte Abwehr-J. mit Fallgruben und Köder von der ritterlichen Angriffs-J. zu unterscheiden, die vor allem → Löwen und → Panthern, aber auch dem → Bären galt. → Fuchs, → Luchs, Wildkatze und → Wolf wurden vorwiegend aus Abwehr gejagt, der → Fuchs auch wegen seines Pelzes. Zum edlen J.-Wild gehörten in Afrika und Vorderasien Gazellen und Antilopen, während → Hyäne und → Schakal nur als Schädlinge verfolgt wurden. Geschätzt als königliches J.-Wild war in Vorderasien der Wildesel. Der → Elefant, in Afrika wegen des Elfenbeins gejagt, wurde in Indien als Gehilfe auf der → Tiger-J. verwendet. In Spanien lernten die Alten die → Kaninchen-J. mit abgerichteten Wieseln (→ Marder) kennen. Einen besonderen Bereich bildete die *Vogel-J.*, die mit Netzen, Fallen, Lockvögeln, Leimruten, Schleudern und Pfeilen betrieben wurde. Wildgänse und -enten waren als Beute ebenso begehrt wie die Scharen von Singvögeln, die während der Zugzeiten den gewerbsmäßigen Vogelstellern zum Opfer fielen. Die J. auf Raubvögel diente allein der Schadenabwehr (→ Adler, → Falken, → Geier). Ansätze zur J. mit abgerichteten Raubvögeln sind für Indien bezeugt. Die Falkenbeize ist erst im Mittelalter bekannt. In Afrika und Vorderasien war seit alters die J. auf den → Strauß bekannt.

[6] Zum festen Bestand der J. gehörte seit der Vorzeit das *J.-Opfer*, das im Mittelmeergebiet erstrangig der Artemis-Diana zukam. Auf uraltem Erbe beruht dabei der mit J.-Trophäen behangene Baum oder Pfeiler, an dem vor allem der Kopf des erlegten Wildes als Wesensträger bes. Bedeutung hatte. J.-Opfer erhielten auch Faunus und Silvanus, die jedoch im Gegensatz zu Artemis-Diana niemals die Funktion einer ausgeprägten J.-Gottheit hatten. Eine alte Beziehung zur J. zeichnet sich auch im Bereich des Dionysos Zagreus und des nach der → Fuchspelztracht benannten thrak. Bassareus ab. Als Jäger erscheint bevorzugt der thrak. Reitergott, entsprechend der J.-Leidenschaft der Thraker. Der Bildgedanke vom göttlichen Jäger ist auch im hethit. Kleinasien und im alten → Mesopotamien vertreten. Der ägypt. Horus ist mit der altertümlichen Harpune auf der

→ Nilpferd- und → Krokodil.-J. bezeugt. In Iran begegnet seit der Partherzeit → Mithras als Reiterjäger. Dabei wirkt die der iran. Religion eigene Vorstellung vom Kampf des Guten gegen das Böse mit, die auch in spätantiker Überlieferung faßbar ist. Eine so ausgeprägte J.-Gottheit wie Artemis ist in der ägypt. altoriental. Welt ebensowenig wie im indogerm. Bereich vertreten, so daß man an ein bedeutsames Erbe der vorgriech. Schicht denken darf. Bezeichnend ist, daß Artemis vorwiegend die älteste Stufe der J.-Entwicklung vertritt. Der keltische Cernunnos mit Hirschgeweih hat wohl Beziehungen zur J., aber keine Funktion als aktiver Jäger. Spät ist die german. Vorstellung vom reitenden Odin-Wotan als Anführer der Wilden J. Die zahlreichen → *J.-Bilder* der ägyptisch-altorientalischen und antiken Kunst bestätigen die Überlieferung von der Entwicklung der J. und ihrer Wertung als heldisch-königliche Aufgabe. Vgl. → Fauna. J.W.

Lit: F. Orth, RE 9, 1 (1914), 558–604 – W. Soergel, Die J. der Vorzeit, 1922 – K. Lindner, Die J. der Vorzeit, 1937 – J. Wiesner, Zur orientalisierenden Periode der Mittelmeerkulturen, AA 1942, 425–429 – Ders., Die Thraker, 1963, 29f., 104f., 106ff., 173ff. – W. Frevert, Das jagdliche Brauchtum, 1951 – Ortega y Gasset, Über die J., 1956 – Zu den archaischen *J.bildern*: Pfuhl, § 344; zu den römischen: Schefold, VP, 216 – Zu den J.sarkophagen: G. Rodenwaldt, Zur Kunstgesch. d. J. 220/70, JdI 51, 1936, 82–113 – Ders., Att. J.sarkophag in Budapest, JdI 67, 1952, 31–42.

Jagdbilder. Die frühesten J. stammen aus geometrischer Zeit (→ Vasen E 1); sie gehören zu den Urbildern des Lebens, feiern die → Herrin der Tiere oder große Jäger, bes. → Herakles, → Meleager, → Bellerophon, die → Dioskuren (vgl. → Timonidas-Pinax, Thermon-Metope, → Aristeides (6) v. Theben, → Philoxenos, 3). Mit dem Hellenismus tritt der altoriental. Symbolgehalt der Jagd des weltlichen Herrschers als des Herrn über die Natur mehr in den Vordergrund und wirkt in den pompejanischen J.n und Tiergärten (vgl. Schefold, VP, Taf. 150f.) nach. Der Römer verbindet mit den heroischen J.n moralisch-religiöse Vorstellungen; Virtus verleiht Unsterblichkeit (Hadrianische Medaillons, Jagd → Sarkophage, → Triumphbogen). Die J. der späteren Kaiserzeit sind wieder mehr Zeugen eines orientalisierenden Herrschertums (→ Mosaik B 5; → Allegorie). C.K.

Lit: J. Overbeck, Antike Jagd, 1927 – K. Lehmann-Hartleben, Bellerophon u. der Reiterheilige, RM 38/39, 1923/24, 264–280 – J. Aymard, Essai sur les chasses romaines, 1951 – Rumpf, 196 – L. Vlad Borrelli, EAA II 241–246, s. v. caccia.

Iakchos, zunächst ritueller Jubelruf an den eleusin. → Mysterien, bes. bei der I.prozession vom 19. Boedromion von Athen nach Eleusis (Hdt. 8, 65; Plut. Alk. 34); dann zu einer eigenen Gottheit hypostasiert, mit Kult im Iakcheion (Paus. 1, 2, 4; Plut. Arist. 27; Clem. Alex. protr. 4, 62, 3). Der Priester hieß Iakchagogos, in der Prozession wurde das Kultbild, eine dem Dionysos ähnliche, jugendliche Gestalt mitgeführt. Berühmt war der I. des → Praxiteles. – Außerhalb Athens ist sein Kult noch nicht nachgewiesen. Die Dichter identifizieren ihn meist einfach mit Dionysos oder geben ihm spielerisch → Demeter oder → Persephone zur Mutter.

Lit: Nilsson I 565–567. O. G.

Jakobus, der Herrenbruder und das Haupt der jerusalemischen Gemeinde nach dem Weggang des Petrus, galt als der wahre Nachfolger Jesu und Typus judenchristl. Frömmigkeit. Nach Mitteilungen bei Josephus (AJ 20, 200) ist er 62 n. Chr. den Märtyrertod gestorben. Noch zur Zeit Eusebs wurde sein Bischofsstuhl in Jerusalem gezeigt und ist vielleicht in dem sog. ‹cradle of Christ›, einem nischenförmigen Stein in dem Gewölbe unter der Südostecke des Tempelplatzes, wiederzuerkennen. – Im einleitenden Brief der → pseudoklementinischen Homilien wird J. als ‹Bischof der Bischöfe› angeredet, und in den → pseudoklementinischen Recognitiones (4, 35) wird die Verbindung des gnostischen → Judenchristentums (vgl. → Christentum VI B) mit der J.-Tradition deutlich: ‹Kein Lehrer ist beglaubigt ohne Bestätigung durch Jakobus.› Die Naassener führten ihre Geheimtradition auf dem Wege über Mariamne (Maria Magdalena) auf J. zurück, und in dem von ihnen benutzten Thomasevangelium weist der Auferstandene seine Jünger an J., den Gerechten, um dessentwillen Himmel und Erde entstanden seien (Spruch 12). J. ist in diesem Wort der Repräsentant des Gottesvolkes, und um dieses seines Volkes willen hat Gott die Welt geschaffen. Ist hier noch eine gewisse Nähe zur J.-Tradition erkennbar, so ist das ‹Buch des J.›, das sog. Protoevangelium des J., als apokryphes Kindheitsevangelium aus der Mitte des 2. Jh.s nur durch den Namen mit dem Herrenbruder verbunden. A. A.

Lit: H. v. Campenhausen, Die Nachfolge des J., ZKG 53, 1950/51, 133–144 – E. Stauffer, Zum Kalifat des J., ZRGG 4, 1952, 193–214.

Iambe, mehrfach als Tochter des → Pan und der Echo bezeichnet, nach dem homerischen → Demeterhymnos (195. 220) Dienerin des Keleos in Eleusis, die die trauernde → Demeter zum Lachen bringt. Auf J. wird die → Aischrologie an den → Thesmophorien zurückgeführt (Apollod. 1, 30). K. Schb.

Iambelegus, ein vor allem in → Daktyloepitriten vorkommendes Stück × – ᴗ – × – ᴗᴗ – ᴗᴗ – = × e × D. B. Sn.

Jambenkürzungsgesetz (auch ‹brevis brevians›), sprachliche Erscheinung im Lat., deren Auswirkungen besonders in der altlat. Dichtung von Bedeutung sind. In einer Silbenfolge ᴗ́ – oder ᴗ – ×́ *kann* die Silbe, die dem natürlichen Wortakzent unmittelbar vorangeht oder folgt, kurz gemessen werden. So wird ᴗ́ – zu ᴗ́ᴗ: Ter. Eun. 8: ēx Graēcīs bŏnĭs, wo die letzte Silbe von bonis, obschon naturlang, kurz gemessen wird, weil der Wortakzent auf bŏ́- fällt; ᴗ – ×́ wird zu ᴗᴗ×́: Ter. Eun. 22: măgĭstrā́tŭ(s), wo die zweite, an sich lange Silbe von magistratus als kurz gilt, weil der natürliche Wortakzent auf das folgende ā fällt. Ein kurzes, einsilbiges Wort oder ein zweisilbiges, dessen erste Silbe kurz und dessen zweite elidiert ist, kann eine folgende Länge in eine Kürze umwandeln: z. B. Plaut. Aul. 483: ĕt ĭllaē. Vgl. → Metrik. J.W.H.

Lit: F. Crusius-H. Rubenbauer, Röm. Metrik (1929), 1961⁶, 24–27 – Halporn-Ostwald, 12 – L. Nougaret, Traité de métrique classique (1948), 1956², 79–81.

Iamblichos, aus Chalkis, → Neuplatoniker, ca. 250 bis ca. 330 n. Chr., Schüler des Peripatetikers → Anatolios und des → Porphyrios, begründete in Apameia den syrischen Zweig des Neuplatonismus, indem er diesen im Sinne des griech. und oriental. Polytheismus theologisierte, mit pythagoreischer Zahlenmystik vermengte und mit Theurgischem, das zum Seelenheil führt, füllte. Über → Plotins Einem (Guten) setzt er ein noch erhabeneres, übergutes Eines. Den schon bei Plotin vorliegenden Tendenzen folgend, spaltet er die Welt des Intellekts (*νοῦς*) in eine noetische und eine noerische Sphäre (sie entsprechen etwa der Zweiheit von Denken und Gedachtem); darunter setzt er einen zweiten Intellekt an; die Sphäre des Seelischen spaltet er dreifach; all dies wohl, um die Seinsstufen kontinuierlich und dialektisch ineinander übergehen zu lassen. Die Götter sind ihm einerseits übervernünftig, andererseits lehrt er die Existenz eines jedermann innewohnenden Gottesbewußtseins. Gegen Plotin schränkt er die Seelenwanderung auf Menschen ein und behauptet einen tatsächlichen Seelenabstieg. Seiner Interpretation platonischer Dialoge liegt die Platon von Aristoteles zugeschriebene Dreiteilung der Wirklichkeit in Metaphysisches, Mathematisches und Physisches zugrunde; er interpretiert jeden Dialog (einschließlich etwaiger ‹Vorreden›) als wesentlich einem dieser Bereiche angehörig, bezieht aber daneben jede Einzelstelle auf die beiden anderen – eine ihm eigentümliche Methode. Ph. M.

Ed: L. Deubner, 1937 (vit. Pyth.) – H. Pistelli, 1888 (protr.) – N. Festa, 1891 (comm. math.) – H. Pistelli, 1894 (in Nic.) – V. de Falco, 1922 (theol. arith.) – G. Parthey, 1857 (myst.) – *Übers:* Th. Hopfner, 1922 (myst.) – Wichtiges Bruchstück in franz. Übers. bei A.-J. Festugière, La révélation d'Hermès Trismégiste III, 1953 – *Lit:* E. Zeller-G. Martano, 1961.

2. **I. der Syrer** lebte z.Z. Mark Aurels in Armenien und schrieb einen Liebesroman ‹Babyloniaca›, von dem nur Fragmente und eine Inhaltsangabe des → Photios erhalten sind. Die religionsgeschichtliche Auslegung (→ Roman, 2) nimmt an, daß sich das Buch auf die Mysterien des Mithras bezieht. Der Held Rhodanes ist dieselbe Figur, die im pers. Mythos (Avesta) Thraetaona, im Schach-Nameh des Firdusi Feridun heißt. Die große Tat dieses Helden ist der Sieg über den Drachen. Der Gegenspieler des Rhodanes im Roman ist Garmos, dessen Name mit pers. *kirm* = Drachen zusammenhängen dürfte. Der Kampf der Guten (des Rhodanes und seiner Geliebten Sinonis) gegen den Bösen (Garmos) ist der Inhalt des Romans wie der Grundgedanke der pers. Religion. Scheintod und Wiederbelebung kommen oft vor, eine wichtige Episode spielt in der Mysterienhöhle. Am Ende wird Rhodanes König. R. Mk.

Ed: E. Habrich, 1960 (Lit).

Iambulos, 3. Jh. v. Chr., Verfasser eines phantastischen Reiseberichts (bei Diodor im Auszug erhalten). Iambulos hat erzählt, daß er zu Schiff auf eine Inselgruppe am Äquator verschlagen wurde, und hat die dortigen Zustände in einer ausgeführten Utopie geschildert: Die Menschen leben in vollständiger Gleichheit und voller Harmonie; sie lösen sich in den verschiedenen Arbeiten ab; es gibt keine Ehe; die Kinder sind gemeinsam und werden von der Gemeinschaft aufgezogen; man verehrt die Sonne. I. hat dem Stoizismus nahegestanden. R. v. Pöhlmann nannte ihn den ‹Jules Verne des Marxismus›. Thomas Morus und Campanella sind von ihm angeregt worden. R. Mk.

Q: Diod. 2,55–60; vgl. Lukian ver. hist. 1,3 – *Lit:* E. Rohde, Der griech. Roman (1876), 1961⁴, 241–260 – J. Bidez, La bibliothèque d'un Manichéen d'Egypte, Bull. Acad. Royale de Belgique, Classe des Lettres 1932, 280–283.

Iambus, Metron der Form ×–◡–, kommt vor allem im → Trimeter als → Sprechvers vor, auch in katalektischen Trimetern (Archil. Fr. 112,3 D.) und in Hinkjamben (→ Choliamben), häufig auch in → Singversen. In Sprechversen kann neben dem I. im 1. Metron auch ein → Choriambus (–◡◡–) erscheinen (→ Anaklasis) und am Periodenende als Klausel ein → Bakcheus (◡––) wie in katalektischen → Tetrametern (z.B. Aristoph. Ran. 905–970). In Singversen erscheinen als weitere Variationen neben Jamben → Kretiker (–◡–) und → Spondeen (––). Den → Molossus unter Jamben anzunehmen, ist nicht unumstritten. Stücke jambischer Sprechverse scheinen → Ithyphallikus und → Lekythion zu sein. B. Sn.

Lit: P. Maas, Greek Metre, 1962, § 53 u. ö. – B. Snell, Griech. Metrik (1955), 1962³, 13 ff.; 25 f.

[2] Als *literarische Gattung* umfaßt der I. Gedichte in jambischen und trochäischen Maßen samt den → Epoden. Die Etymologie des Wortes ist dunkel, vermutlich vorgriech. Als Vorform des I. nimmt man volkstümlich-derbe Spottverse an, die im ionischen Kult des → Dionysos und der → Demeter ihren Platz hatten; in diese Richtung deutet auch die eponyme Magd → Iambe, die im homerischen Demeterhymnus die traurige Göttin mit Scherzen erheitert (V. 202 ff.). → Archilochos (Fr. 20 D.) braucht I. als ‹Spaß, Scherz›. – Der jamb. Trimeter steht zuerst im pseudohomerischen → ‹Margites›, wo er in parodistischer Absicht zwischen die Hexameter gemischt ist; er war ursprünglich ein Sprechvers mit Zäsuren (der trochäische Tetrameter dagegen ein Singvers mit Dihärese); → Archilochos jedoch, der wohl als erster ganze Lieder in diesem Versmaß schrieb, soll ihn teils als Sprechvers, teils gesungen (zur Iambyke; vgl. → Musikinstrumente), teils melodramatisch (zum Klepsiambos) vorgetragen haben (Ps. Plut. mus. 1141 a). Durch die Wahl der jambischen und trochäischen Maße vollzog Archilochos einen Bruch mit der epischen Tradition. Die epischen Epitheta und Wendungen, auf den Hexameter zugeschnitten, zu verwenden, gestatteten die neuen Verse nicht mehr, wohl aber, durch ihre größere Beweglichkeit, eine der gesprochenen Sprache wesentlich nähere Diktion. So konnte der Trimeter später zum Dialogvers des Dramas werden.

[3] *Die griech. Dichter* des I. → Archilochos bediente sich für Invektiven und scharfen Spott hauptsächlich der → Epoden und → Asynarteten, der reinen I.en und Trochäen für alles, was er sonst zu sagen hatte (wenn man von den wenigen Elegien absieht). Seiner Art entsprechend sind diese Lieder oft lebhaft bis leidenschaftlich, aber nicht ausgesprochen sarkastisch. → Semonides hat oft einen ruhigen, reflektierten Ton, nur der ‹Weiberiambus› (Fr. 7 D.) ist bissig. → Anakreon verwendet neben Asynarteten (die auch, selten, bei → Alkaios vorkommen) trochäische Tetrameter und Epoden ohne deutlichen Unterschied im Ethos. Nach Athen kamen I.en und Trochäen durch → Solon, der sie hauptsächlich anwendet, wo er von sich, seinen persönlichen Ansichten und Beweggründen spricht. In Ionien erlebte der I., jetzt hauptsächlich als → Choliambus, eine neue Blüte durch → Hipponax und → Ananios; hier wird der volkstümlich-derbe, realistische Charakter, den das Maß an seinen Anfängen gehabt haben muß, ganz deutlich. – In der *klassischen Zeit* gab es keine jambische Dichtung mehr, dafür spielte der Trimeter (anfänglich auch der trochäische Tetrameter) als Dialogvers des Dramas eine große Rolle. Die Tragiker, bes. Euripides, wurden (wohl schon seit dem 4. Jh.) für erbauliche Spruchdichtungen und Gnomensammlungen ausgebeutet; greifbar werden diese Erzeugnisse bei → Chares (Anth. Lyr.², Suppl. p. 13 ff.). – Im *Hellenismus* (vgl. → Hellenist. Dichtung B 3) spielt der I. wieder eine Rolle: auf die Hinkiamben des Hipponax greift → Herodas mit seinen realistischen Mimiamben zurück, die satirische kynische Moralpredigt tritt in Hinkiamben auf bei → Phoinix v. Kolophon (vgl. das anonyme Fragment Anth. Lyr.³ 3, 131 ff.). Ähnlich in der Haltung sind die sog. Meliamben des → Kerkidas. Die jambische Chreia, vermutlich recht verbreitet, ist greifbar bei dem Komiker → Machon. → Kallimachos (3) benutzte I.en (gerade und hinkende), Trochäen und Epoden für die literarische → Satire (Fr. 191–225 Pf.; Fr. 191 und 203 beruft er sich auf Hipponax). → Rhintons Hilarotragödie (bes. aus Euripides geschöpfte Mythentravestien) sind in Trimetern gehalten. Der Hinkiambus taucht noch einmal in den Fabeln des → Babrios (2. Jh. n. Chr.) auf. Rein erzählende Trimeter in → Lykophrons ‹Alexandra›. Aus dem Memoriervers für Gnomensammlungen, Anekdoten (s. o.) und Lehrgedichte muß sich der jamb. Trimeter in der späthellenist. und röm. Zeit zu einem Universalvers entwickelt haben, der allmählich auch den Hexameter verdrängte. Diese Entwicklung ist allerdings fast nur durch antike Nachrichten belegt; genannt seien die ‹Chronika› (‹Geschichte in Versen›) des → Apollodor (4), aus christl. Zeit die Chrestomathie des → Helladios (2), die (erhaltene) Autobiographie des → Gregor (4) von Nazianz. → Marianos (ca. 500 n. Chr.) setzte sogar die Hexameter der Alexandriner in Trimeter um. – Vgl. → Lyrik, → Hellenist. Dichtung. E.-M. V.

Lit: G. A. Gerhard, Phoinix v. Kolophon, 1909 (für die hellenist. Zeit).

[4] *Römische Dichter:* → Horaz meint mit seinen ‹Jamben› die → Epoden, die an die → Invektivenpoesie des → Archilochos anknüpfen. Vor Horaz hat → Lucilius (1), der Archilochos auch nennt, jambische → Satiren geschrieben (wir besitzen Fragmente aus den Büchern 28 und 29). In sullanischer Zeit führte Cn. → Matius (1), der sich → Herodas zum Vorbild nimmt, den → Choliambus in die röm. Dichtung ein. Aus dem Kreis der → Neoteriker kennen wir rein jambische Trimeter (Catull 4), Choliamben (Catull 8) und → Galliamben (Catull 63). Spottverse in Jamben schrieben → Calvus, → Helvius (2) Cinna und → Furius (3) Bibaculus. Im Stil → Catulls sind die Trimeter und → Hipponakteen in Vergils (?) → Katalepton. Im Prolog seiner Sammlung verwendet → Persius den Choliambus; weitere Beispiele bei → Petron, → Martial und in den → Priapeen. G. L.

Jamiden, weitverzweigtes altgriech. Sehergeschlecht mit Hauptsitz in Elis, wo es zusammen mit dem Geschlecht der Klytiaden die alte Orakelstätte von Olympia verwaltete: zur Form der Orakelgebung (→Empyromantik) vgl. Pind. Ol. 8, 2f.; Schol. Pind. Ol. 6, 7; 111; 119. Ein Zweig der I. siedelte sich 480 v. Chr. in Sparta an, andere in Messenien, Arkadien, auch in Syrakus und Kroton (Hdt. 5, 44). Sie leiteten sich alle ab von dem Heros *Iamos*, dessen Geschichte (in einer freilich nicht ursprünglichen Form) von Pind. in der an den Iamiden Hagesias v. Syrakus gerichteten Ol. 6 erzählt wird. O.G.

Lit: U. v. Wilamowitz, Pindar, 1922, 307ff.

Ianthe, Tochter des Telestes aus Kreta, vermählt mit Iphis, einem Mädchen, das durch Gnade der Isis in einen Mann verwandelt wurde (Ov. met. 9, 666ff.). K. Schb.

Janus, einer der ältesten und rätselhaftesten röm. Götter; im übrigen Italien ist sein Kult nicht bezeugt. Es wird oft angenommen, sein Name leite sich von einer indogerman. Wurzel yā- ‹gehen› ab, doch wird diese Etymologie bestritten. Das Wort ianus bedeutet ‹gedeckter Gang›; so hieß z. B. das Gewölbe auf dem Forum, in dem die Geldwechsler und Bankiers ihren Platz hatten; der berühmteste ianus war der I. Geminus oder Quirinus, der vom Forum zum Argiletum führte: seine Tore waren in Friedenszeiten geschlossen, in Kriegszeiten offen *(Januspforte)*. – Das Wesen des Gottes (auch seine Darstellung im Doppelkopf) hat noch keine sichere Deutung gefunden. Die Theorie, nach welcher I. das →*numen* der Haustüre sei, scheint unhaltbar zu sein. «Zu keiner Zeit gibt es irgendeine Spur, daß er im Privathause der Hüter der ianua gewesen wäre, der sein Name doch etymologisch verwandt ist; alle Bräuche, die an Eingang und Ausgang anknüpfen, nennen ihn nicht» (K. Latte, 132). J. wird oft bestimmt als der ‹Gott der Anfänge›: in Gebeten, in denen mehrere Gottheiten angerufen werden, muß sein Name als erster genannt werden, sogar vor dem Jupiters; man bringt ihm an den Kalenden jeden Monats ein Opfer; der Monat Januar, der erste des Jahres, trägt seinen Namen (allerdings begann das alte Jahr im März); sein Fest, das Agonium, fällt auf den 9. Januar: der →Rex sacrorum opferte ihm einen Schafbock in der Regia. Gewisse Anzeichen lassen aber darauf schließen, daß J. nicht nur ein Gott des Anfangs oder des Übergangs war, sondern ursprünglich eine Jupiter vergleichbare, große Gottheit: sein Priester, der Rex sacrorum, hat in der Priesterhierarchie die erste Stelle inne; das uralte Lied der →Salier feierte ihn als Schöpfergott und ‹Gott der Götter›, das heißt als höchsten Gott. – Neuere Hypothesen sind: 1. In der Person des J. vereinigen sich ein antikes numen des Durchgangs und ein syr. Himmelsgott, den die Etrusker nach Rom gebracht haben (P. Grimal). – 2. Der Gott der Anfänge J. entspricht den indo-iran. ‹Initial›-Göttern (G. Dumézil). – 3. Nach dem Zeugnis der alten Bildwerke und Münzen ist J. vor allem ein allwissender Sonnengott (R. Pettazzoni). H. Le B.

Lit: Fr. Börtzler, J. und seine Deuter, Abh. u. Vorträge d. Bremer wissenschaftlichen Gesellschaft 4, 1930 – P. Grimal, Le dieu J. et les origines de Rome, in Lettres d'Humanité 4, 1945, 15–121 – G. Dumézil, Tarpéia, 1947, 31–113 – R. Pettazzoni, L'onniscienza di Dio, 1955, 242–258 – Ders., Per l'iconografia di Giano, StE 24, 1955–56, 79–90 – R. Schilling, J. Le dieu introducteur. Le dieu des passages, MEFR 72, 1960, 89–131.

Iapetos, Sohn des →Uranos und der Gaia, →Titan (Hes. theog. 134. 507f.; Hom. Il. 8, 479), Vater des →Prometheus, →Epimetheus, →Atlas. Später auch unter den →Giganten genannt.

Darstellung: vermutlich der Zeusgegner im Korfugiebel: Schefold, FS 51. K. Schb.

Japoden, illyrischer, stark keltisch beeinflußter Stamm auf den Karsthöhen von der Grenze Istriens (Kt. 2209 A 3) bis etwa zum San; ein Zweig über die Adria nach Italien ausgewandert. Die J. unternahmen mehrfach Einfälle ins nordöstl. Italien. Unter Oktavian 35–33 v. Chr. endgültige Unterwerfung unter Rom. Mit den →Liburnern bilden sie in röm. Zeit den conventus Scardonitanus. Hauptort Metulum (nicht einwandfrei lokalisiert). Andere Orte: Monetium, Avendo, Arupium. B.S.

Lit: A. Degrassi, Ricerche sui limiti della Giapidia, in: Archeografo Triestino, 1929f. – A. Mayer, De Japodibus populo Illyrico Celtis commixto, Serta Hoffilleriana, 1940 – B. Saria, Rom u. d. Südosten im Altertum, in: Südost-Forschungen XII, 1953.

Japyger. Die illyr. Volksstämme in →Apulien (Kt. 1420), →Daunier, →Peuketier, Choner, Sallentiner, →Kalabrer und →Messapier, werden zuweilen einzeln oder auch zusammenfassend J. genannt. B.A.

Lit: Nissen, I 539f.; II 856f. – Devoto, 149f.

Iasion (Iasios), Kreter (Hes. theog. 969–974) oder als Sohn des Zeus und der Atlastochter →Elektra (2) in Samothrake lokalisiert. Vereint sich mit →Demeter im ‹dreimal gepflügten Brachfeld›, Vater des →Plutos. Dafür von Zeus mit Blitzen erschlagen (Hom. Od. 5, 125ff.). Vielleicht eine alte, vorgriech. Gottheit des Ackerbaus. K. Schb.

Lit: J. Frazer, The golden Bough VII (1890), 1915³, 208ff.

Jason, Sohn der Alkimede, Polymede oder Theognete und des Aison von Jolkos; nach dessen Tod (oder Vertreibung durch →Pelias) von dem Kentauren Chiron auf dem Pelion aufgezogen. Herangewachsen, fordert er von Pelias die Herrschaft. Dieser war durch Orakel vor einem Einschuhigen und vor jedem Aioliden gewarnt. J., der auf dem Weg im Schlamm eine Sandale verloren hat und Enkel des →Aiolos ist, erfüllt beides; Pelias versucht ihn durch Aussendung nach dem Goldenen Vlies des →Phrixos zu beseitigen (Pind. Pyth. 4, 71ff., Apoll. Rhod. 1, 5ff. 3, 66ff.; Apollodor 1, 107ff.). J., von Hera und Athene begünstigt, holt mit den →Argonauten das Vlies aus Aia; →Medea vollzieht die Rache an Pelias. In späterer Sage verstößt J. Medea zugunsten der Tochter des Korinthers Kreon, Glauke. Später findet er den Tod durch ein von der Argo, unter der er schlief, herabfallendes Holzstück (Eur. Med. hypoth.). Nach anderer Version erobert er im Bunde mit →Peleus Jolkos von →Akastos zurück. Bei Ovid (met. 8, 302. 347ff.) und anderen ist J. →kalydonischer Jäger.

Lit: Preller-Robert II 3, 766ff. 865ff. – *Darstellungen:* Ankunft des J. in Jolkos vor allem auf röm. Wandgemälden (Schefold, WP 154. 263). Zum Stierkampf s. auch Herbert, AJA 64, 1960, 76–78; vgl. zu →Argonauten; →Medea. Ferner: A. de Franciscis, Giasone, EAA III, 1960, 887f. K. Schb.

2. **J.,** von Nysa, Tochtersohn und Nachfolger des →Poseidonios an dessen Schule auf Rhodos (also um 50 v. Chr.), schrieb über Rhodos, Biographien berühmter Männer und eine Philosophengeschichte: nur die Titel faßbar. O.G.

3. **J. von Kyrene,** nicht mehr greifbarer Verfasser eines im Stile der hellenistisch-pathetischen →Geschichtsschreibung (I B 6) gestalteten jüd. Geschichtswerkes (5 Bücher; Ende 2. Jh. v. Chr.); hiervon stellt 2. Makk. (um 60 v. Chr. wohl in Alexandria griech. abgefaßt) einen Auszug (ἐπιτομή) dar (vgl. 2, 26. 28), der in der 2. H. des 1. Jh. s v. Chr. nochmals überarbeitet wurde (vgl. 1, 1–2, 10). R.M.

4. **J. von Pherai,** ca. 380–370 Tyrann von →Pherai, Sohn (?) des →Lykophron (3), einigte, zum erstenmal seit dem 6. Jh. und zum letztenmal in seiner Geschichte, 374 mit der Bezwingung von Pharsalos ganz →Thessalien. J.s Heer, zu der Zeit das größte in Griechenland, umfaßte 8000 Reiter und 20000 Mann zu Fuß; er war verbündet mit Makedonien, Athen und Theben. Nach der Schlacht bei Leuktra (371) vermittelte er zwischen Sparta und Theben einen Waffenstillstand. 370 mobilisierte er zu den Pythischen Spielen sein ganzes Heer, der Krieg mit Theben schien unvermeidlich; doch J. wurde ermordet. J. erstrebte die Hegemonie über Griechenland und plante (Isokr. 5, 119) einen Feldzug gegen Persien. In beidem war er Vorläufer, vielleicht auch Vorbild →Philipps II. v. Makedonien und →Alexanders (5) d. Gr. E. Bn.

Lit: H. D. Westlake, Thessaly in the Fourth Cent. B. C., 1935 – M. Sordi, La lega tessala fino ad Aless. M., 1958.

Iasos. 1. Sohn des Triopas oder des → Argos Panoptes, Vater der Io. – 2. Sohn des Lykurgos von Tegea, auch Iasios genannt, Vater der Atalante. K. Schb.

Jaspis (ἴασπις, iaspis). In verschiedenen Varietäten auftretender Halb → Edelstein: smaragdfarben (Indien), meergrün (Cypern), himmelblau (Kaspisches Meer, Persien; vermutlich mit unserem Türkis identisch), wasserblau (Pontus), purpurn (Phrygien), rötlichblau (Kappadokien). Häufiger Gemmenstein. C.K.

Q: Plin. nat. 37,115 – *Lit:* Blümner, Technologie III 254ff.

Jastorfkultur → Germanen A.

Iatrosophista → Cassius.

Iavolenus Priscus (C. Octavius Titius Tossianus), geb. vor 60 n. Chr., lange im Staatsdienst tätig; befehligte Legionen in Dalmatien und Afrika, war iuridicus in Britannien und Statthalter in Germania sup., Syrien und Afrika; 86 n. Chr. Konsul (zu den Belegen vgl. Kunkel, a. O., 138ff.). I. gehörte dem kaiserlichen Consilium an und besaß das ius respondendi (Zweifel an seiner geistigen Gesundheit bei Plin. epist. 6,15). Er war Haupt der Schule der → Sabinianer (nach Caelius → Sabinus) und Lehrer → Julians (4). – Von seinen Werken, deren Auszüge sich auch in den Digesten finden, sind zu nennen: 14 Bücher Epistulae, die Responsa und Quaestiones enthalten; außerdem Bearbeitungen der Posteriores des → Antistius (1) Labeo, des Ius civile des → Cassius (9) und vom Ediktskommentar des Plautius (Krüger, a. O. 177). H. Hb.

Lit: P. Krüger, Gesch. d. Quellen u. Lit. d. röm. Rechts (1888), 1912², 176–179 – W. Kunkel, Herkunft u. soz. Stellung der röm. Juristen, 1952, 138–140 – L. Wenger, Die Quellen d. röm. Rechts, 1953, 502.

Ibbī-Sîn, letzter König der 3. Dynastie von → Ur, ca. 1979 bis 1955. Während seiner Regierung bricht das Reich durch Revolten von Stadtfürsten und Beduineneinfälle zusammen. Išbi'erra, ein Beamter I.s, macht sich zum König von → Isin. Ur wird von Elamitern erobert. I. stirbt in Elam. Vgl. → Mesopot. Reiche B [1]. W. R.

Lit: A. Falkenstein, Ibbīsîn-Išbi'erra, ZA 49, 1950, 59–79.

Iberer (Hiberer) → Spanien.

Ibis. Der in Ägypten beheimatete I., der heilige Vogel des ibisköpfigen Gottes → Thoth, war den Alten gut bekannt, doch außerhalb der ägypt. Religion ohne Bedeutung. Die späte Verbindung mit Hermes folgt der Zuordnung an Thoth. Darstellungen in Pompeji stehen wahrscheinlich in Zusammenhang mit dem Isiskult, in den der I. durch die Tendenzen der Spätzeit gelangte. Vgl. → Fauna. J.W.

Lit: Keller, Tierwelt II 198–202 – G. Roeder, RE 9,1 (1914), 808–815 – S. Morenz, Ägypt. Religion, 1960, 20. 187f.

Ibykos, → Lyriker, 6. Jh. v. Chr., von Rhegion. Wie die Kenntnis sizil. Verhältnisse in einigen Fragmenten zeigt, verbrachte er mindestens einen Teil seines Lebens in seiner Heimat. Im übrigen bleibt an seinem Leben und Werk manches problematisch. Nach der antiken Tradition soll er am Hof der Tyrannen von Samos (des → Polykrates oder seines Vaters) gelebt haben, die Angaben sind aber voller Widersprüche, was die Zeit und die Personen betrifft. Ein auf Papyrus überliefertes Huldigungsgedicht an einen Polykrates (Fr. 1 P.) hat man ihm hauptsächlich wegen dieses Namens zugeschrieben (obwohl es im Ton von den übrigen Fragmenten abweicht), wodurch sich neue Schwierigkeiten ergeben. Aus der Tatsache, daß die ‹Leichenspiele für Pelias› nach Athenaios (4,172D) zwischen I. und → Stesichoros strittig sind, schließt man mit einiger Wahrscheinlichkeit, daß I. Chorlyrik in der Art des Stesichoros (mythologische Erzählung) geschrieben habe (die kleineren Fragmente enthalten auch tatsächlich viel Mythologisches). Andererseits galt I. der späteren Zeit hauptsächlich als Erotiker; die am besten kenntlichen Fragmente (Fr. 5f. P.) schildern denn auch die Wirkung der Leidenschaft mit großer Eindringlichkeit (diese Fragmente möchte man lieber für monodisch halten, wenn das Metrum, lyrische Daktylen, nicht auf Chorlyrik wiese). Die widersprüchlichen Tatsachen und Nachrichten hat man durch die Annahme auszugleichen versucht, daß I. in der Heimat zunächst erzählende Chorlyrik schuf, auf Samos aber unter ionischem Einfluß zum Erotiker wurde (wobei Fr. 1 etwa den Angelpunkt bildet). Das ist sehr unsicher, zumal die erotische Dichtung des → Anakreon, der um die gleiche Zeit in Samos war, einen völlig anderen Charakter hat, auch keine Anekdote von dem Zusammentreffen der beiden Dichter berichtet. Möglicherweise wurde der Aufenthalt auf Samos nur aus der Erwähnung eines Polykrates (sei es in Fr. 1, sei es anderswo) herausgesponnen. Fr. 1, auch wenn nicht von I., ist eines der ältesten Beispiele für triadischen Aufbau (→ Chor, 4; → Perikope), Strophe und Epode sind noch sehr kurz und metrisch einfach. – Die bekannte Anekdote vom Tod des I. (Schiller) ist ein Wandermotiv, das nichts Biographisches zu enthalten braucht. – Anklänge an I. finden sich bei den jüngeren Chorlyrikern (→ Simonides (1), → Bakchylides, → Pindar), noch → Apollonios (11) Rhodios benutzte ihn. Die Alexandriner nahmen ihn in den Lyrikerkanon auf und gaben seine Werke in 7 Büchern heraus. Da er jedoch als schlimmster Vertreter der Knabenliebe galt, wurde er später ignoriert. E.-M. V.

Frg: PMelGr 144ff.

Ichneumon. Der in Ägypten beheimatete I. war Griechen und Römern gut bekannt, doch außerhalb des Niltales ohne Bedeutung in Religion und Mythos. Berühmt war sein Geschick im Kampf mit der Aspis-Schlange, der zu fabelhaften Übertreibungen Anlaß gab. Späte Darstellungen berücksichtigen ihn als Symbol Ägyptens. → Fauna. J.W.

Lit: Keller, Tierwelt I 158–160 – H. Gossen, RE Suppl. 8 (1956), 233.

Ichthyophagen (‹Fischesser›), Völker vom Westufer des arab. Meeres bis zum Indusdelta (Hdt. 3,19; Arrian, anab. 6,28,5; Strab. 2,5,33, 131 C u. ö.). K. Schb.

Ichthys-Formel. Das → Akrostichon *ΙΧΘΥΣ* (*Ἰησοῦς Χριστὸς Θεοῦ Υἱὸς Σωτήρ* = Jesus Christus Gottes Sohn Retter) ist bis ins 2. Jh. zurückzuverfolgen (orac. sibyll. 8, 217ff.; zitiert in: Eus. or. Const. 18; Aug. civ. 18,23); in Verbindung mit der Taufe (Tert. bapt. 1,3) und → Eucharistie (vgl. → Aberkiosinschrift; später Pectoriusinschrift). Vgl. → Fisch [2]. U.F.

Lit: RGG II 968 (Lit) – P. Courcelle, Les exégèses chrét. d. l. IVe eglogue, REA 59, 1957, 294–319 – Vgl. Lit. bei → Fisch.

Icilius, L. (tr. pl. 456 v. Chr.), im → Ständekampf hervorgetretener Plebejer, der die Lex Icilia de Aventino publicando, die der Plebs den Aventin überwies, bei den Centuriatcomitien eingebracht haben soll. Das nach Dion. Hal. 10,32,4 auf einer Bronzetafel aufgezeichnete Gesetz gehört wahrscheinlich einer erheblich späteren Zeit an. R.W.

Ida. – 1. Gebirge im mittleren Kreta, heute Psiloritis (Kt. 1152 F8), 2498 m, mehrere Höhlen mit alten Kulten, darunter die idäische Grotte, die als Geburtsort des → Zeus galt, und die Höhlen bei Kamares (→ Kretisch-mykenische Kultur). – 2. Gebirge der südlichen Troas in Kleinasien (Kt. 1152 G3). E.M.

Idaios von Himera, Naturphilosoph des 5. Jh.s v. Chr., von dem Sextus Empiricus (adv. math. 9,360) aus unbekannter Quelle mitteilt, er habe wie → Anaximenes (2) v. Milet die Luft als Ursprung aller Dinge angesetzt. – Vgl. Vorsokratiker. O.G.

Idas, Sohn des Aphareus und der Arene, mit seinem Bruder → Lynkeus Teilnehmer der → Argonautenfahrt und der → kalydonischen Jagd. Gatte der Marpessa (Hom. Il. 9,557). Diese entführt er nach späterer Sage (Apollod. 1,60f.) auf einem von Poseidon geschenkten geflügelten Gespann ihrem Vater Euenos und spannt dann gegen Apoll, der sie ihm in Messe raubt, den Bogen. Zeus unterbricht den Kampf; Marpessa darf wählen und wählt I., da der Gott sie im Alter verlassen werde. – Weil die → Dioskuren ihnen entweder ihre Bräute Hilareia und Phoibe oder ihre Herden geraubt hatten, wagen I. und Lynkeus den Kampf auch mit diesen; I. tötet Kastor und wird vom Blitz des Zeus, Lynkeus von Polydeukes getötet. L.H.

Darstellungen: Apoll, Marpessa und I. am Kypseloskasten (Paus. 5, 18), dann ebenso wie der Kampf I.–Apoll auf wenigen att. Vasen und etrusk. Spiegeln (J. Beazley, in: Charites, Festschr. E. Langlotz, 1957, 136–139). Vgl. zu → Dioskuren. B. Conticello, Idas, EAA 4, 1961, 86f. K.Schb.

Idealismus. Das Wort ist eine neuzeitliche Prägung, über den scholastischen Begriff ‹idealis› vom platonischen ἰδέα abgeleitet. Der moderne Sprachgebrauch unterscheidet zwei Bedeutungen, die der Sache nach schon auf die Antike zurückgehen: (a) umfassend charakterisierende Bezeichnung der → Lehre Platons von den → Ideen; (b) meist abwertende Bezeichnung einer geistigen Haltung, die den Blick ausschließlich auf Wünschbarkeiten und schöne, wohlgemeinte Theorien heftet und dabei den Kontakt mit der Wirklichkeit verliert. Dieser problematische I. ist vor allem an Platons → Staatstheorie empfunden worden; so hat schon Aristoteles (pol. 2, 6 1265a10–18) formuliert, der sich seinerseits bemüht, nichts zu fordern, was unmöglich und bloßer Wunsch (εὐχή) bleibt. Weitergeführt hat diese (nicht vollständig gerechte) Kritik → Cicero (rep. 2, 21. 52). Von daher gilt auch später Platons Staat als Modellfall eines wirklichkeitsfremden I. Dagegen geht der I. als philosophische Richtung grundsätzlich von der Platonischen Ideenlehre aus und sucht sie weiterzuentwickeln. O.G.

Idee, einer der Hauptbegriffe der → Metaphysik (B 2) → Platons. Während die sinnliche Welt der Wahrnehmung das Schauspiel eines unaufhörlichen Wechsels bietet, worin beständig auf eines das gegenteilige andere folgt, gelingt es dem Denken, darin feste Ruhepunkte zu entdecken, wenn es die Eigenschaften der Dinge für sich selbst betrachtet. Deren Wesen nämlich erweist sich überall, wo es sich zeigt, als ein und dasselbe. Das Wesen, Essenz, Form, für sich selbst betrachtet, ist, was Platon eine I. (εἶδος, ἰδέα) nennt. Weil sie eine reine Wesenheit ist (das Schöne an sich z.B.), ist die I. eines, vollkommen, notwendig und unveränderlich so, wie sie ist, während das sinnlich wahrnehmbare Seiende, welches ja denselben Namen (schön) trägt, vielfach, unvollkommen und veränderlich ist. Platon hat nie an der Realität der Wesenheiten gezweifelt, vielleicht hat er aber nicht sofort auf ihre Transzendenz geschlossen. Diese wird jedoch in den Dialogen der Reifezeit mit Nachdruck behauptet und, soweit wir sehen, in der Folge nicht mehr aufgegeben. Zwischen der I. und den auf diese Weise von ihr geschiedenen konkreten Dingen besteht eine Beziehung, die Platon manchmal als Teilhabe (μέθεξις), manchmal als Nachahmung (μίμησις) darstellt: die Einzelwesen haben teil an dem, was die Idee in Vollkommenheit besitzt, oder sie sind ein mangelhaftes Abbild (εἰκών) eines vollkommenen Urbildes. Diese sog. Ideenlehre stellt schwerwiegende Interpretationsfragen: 1. Sollen die platonischen I.n in einem idealistischen Sinn (als eine Art von Begriffen oder Formen → a priori) oder in einem realistischen Sinn (als reale Wesen) verstanden werden? Die zweite Deutung wird heute vorgezogen und ist wohl die einzige, die sowohl mit dem Wortlaut der Texte als mit dem Geist der antiken Philosophie vereinbar ist. – 2. Wie weit erstreckt sich die Welt der I.n? In seinen Beispielen zeigt Platon eine deutliche Vorliebe für die moralischen, ästhetischen und mathematischen I.n; er schränkt jedoch nirgends ausdrücklich das Prinzip ein, wonach eine Form anzusetzen sei, sooft das Denken eine Einheit in der Mannigfaltigkeit erfaßt, was ihn logisch dazu führen muß, jedem Begriff eine I. zuzuordnen (I.n von Naturwesen, aber auch von künstlichen Gegenständen, von Negationen usw.); doch das bietet Schwierigkeiten. – 3. Welche Beziehungen bestehen zwischen den I.n? Dieses Problem, das Platon im ‹Phaidon› und im ‹Staat› zu beschäftigen beginnt, scheint eine immer größere Wichtigkeit in seinen Augen angenommen und ihn dazu geführt zu haben, immer feinere Teilnahmebeziehungen zwischen den I.n herauszuarbeiten. – 4. War die I.n-Lehre einer Entwicklung unterworfen? Auf diese sehr umstrittene Frage kann man vielleicht vorsichtig so antworten, daß, was auf einer ersten Stufe der Theorie (Existenz unwandelbarer Realitäten, die Gegenstand eines sicheren Wissens sind) als Lösung dargeboten werden konnte, sich in der Folge als Quelle immer schwierigerer Probleme erwiesen hat, die Platon durch Vertiefung und Verfeinerung der ursprünglichen Lehre zu lösen versucht hat. → Aristoteles (metaph. 1, 9. 990a34–991b9) hat sie namentlich wegen des → Chorismos und der unter (2) genannten Schwierigkeiten heftig bekämpft. – Vgl. → Metaphysik B [3]. S.M.

Lit: W.D. Ross, Plato's Theory of Ideas (1951), 1953 – R. Loriaux, L'être et la forme selon Platon, 1955 – R.S. Bluck, Forms as standards, Phronesis 2, 1957, 115–127.

Ideenlehre in der *Rhetorik*, Weiterbildung der Stillehre des → Theophrast von den Aretai und den Charakteres der Rede im 2. Jh. n. Chr., bes. durch → Ps.-Aristeides und → Hermogenes (2) v. Tarsos. → Rhetorik B [10]. H.H.

Lit: L. Radermacher, RE 8, 1 (1912), 871ff., s.v. Hermogenes – D. Hagedorn, Zur I. des Hermogenes, 1964.

Idios logos (‹Privatkonto›, nämlich des Königs), im ptolemäischen und röm. Ägypten Sonderressort der Staatskasse für Verwertung von herrenlosem und konfisziertem Gut, von Nachlässen ohne Erben und bestimmten Strafsummen (erstmals 179 v. Chr. bezeugt). Der die Nachforschung, Einziehung und Verwertung leitende Funktionär, ὁ πρὸς τῷ ἰδίῳ λόγῳ, wurde in röm. Zeit inoffiziell kurz I. genannt und (wohl im 2. Jh. n. Chr.) auch mit der Überwachung der Tempel und Priester beauftragt. Der ‹Gnomon des I.› (auf einem Papyrus des 2. Jh.s n. Chr.) enthält eine Sammlung von Vorschriften aus dem Kompetenzbereich des I. H.H.Sch.

Ed: BGU V 1, 1919; V 2, 1934 – S. Riccobono, Il Gnomon dell'I. 1950 (Lit) – *Lit:* P.M. Meyer, Dioikesis und I., Festschrift O. Hirschfeld, 1903, 131–163 – G. Plaumann, RE 9, 1 (1914), 882–903 – Ders., Abh. Berlin, 1918, Nr. 17 – Rostovtzeff, Hellenist. Welt II 559, 715; III 1326 (Lit).

Idistaviso, 16 n. Chr. Schauplatz eines verlustreichen Sieges der Römer unter → Germanicus gegen die → Cherusker im Wesergebiet (Tac. ann. 2, 16). L.B.-H.

Idmon, Enkel des → Melampus, Seher der → Argonauten, der auf der Hin- oder Rückreise der Argo starb (Apoll. Rhod. 1, 139ff.; 2, 817ff. mit Schol. 2, 1372; 4, 76. Val. Fl. 1, 360; 5, 2ff.). K.Schb.

Idol (εἴδωλον) werden in der vorgeschichtlichen und archäologischen Terminologie stehende, sitzende oder kauernde Statuetten aus Ton, Stein, Bronze, Blei, Elfenbein (Holz) genannt, die eine bewußte Betonung oder schematisierende und reduzierende Gestaltung des menschlichen, vorwiegend des weiblichen Körpers zeigen. Nackte I.e sind häufiger als bekleidete. Die I.e dienten als Weihgeschenke und Grabbeigaben (auch Siedlungsfunde). Nicht ganz klar ist die terminologische Scheidung der I.e von kunstvoll gestalteten Statuetten (etwa kret. Fayence-Figuren), deren Verwendung mit jener der I.e übereinstimmte. Die Benennung der I.e ist nicht immer sicher: eindeutig die der steatopygen weiblichen I.e als ‹Große Mutter› (→ Kybele). Doch sind auch die anderen Typen in der Regel als göttliche Wesen von magischer Kraft zu verstehen. – Im Bereich der griech. Vorgeschichte (→ Griechenland II) und der → kret.-myk. Kultur hatte die I.-Plastik eine erste Blütezeit im Neolithikum. Die fast nur weiblichen I.e – vor allem Ton, seltener Stein – waren kauernd oder stehend und meist, wie ihre paläolithischen Vorläufer, steatopyg wiedergegeben. Daneben (Zwischenperiode) auch schematische Typen. Von bes. Qualität: Marmoridol aus Knossos und Tonidol aus Lerna. In der → Dimini-Kultur auch männliche I.e und bemalte Tonidole größeren Formates. Die frühe Metallzeit führte zu weiterer Schematisierung (etwa ‹Violinidole›) oder zu einer Straffung der Formen auf Kosten der ursprünglichen Plastizität; Material: Ton, Stein, Elfenbein.

Einwirkungen aus dem Orient. Eigener und bedeutendster Zweig dieser Epoche die schönen, marmornen →Kykladenidole, die auch die kret. I.-Plastik beeinflußt haben. Unter den kret. I.en der FM-Periode erste Zeugen der min. Tracht. Die mittlere Bronzezeit leitet auf Kreta (MM I–II) mit Weihgeschenken auf einer Standfläche stehender männlicher und bekleideter weiblicher Tonstatuetten vorwiegend aus Bergheiligtümern (Petsofa bei →Palaikastron) zu der hervorragenden Kleinplastik der Blütezeit (MM III–SM I) über; Material: Fayence, Bronze und Elfenbein, seltener Ton. Von I.en wird hier (s.o.) nicht mehr gesprochen. Dafür kommt diese Bezeichnung wieder einer längeren Reihe spät- und submin. weiblicher Tonfiguren zu, die z.T. größer sind als die meisten voraufgehenden I.e und überhaupt kaum von ihnen beeinflußt sind. Sie wurden in kapellenartigen Heiligtümern (von →Knossos, Ghazi, Karphi, →Gortyn, Prinias und →Gurnia) gefunden und sind auf Grund des →Epiphaniegestus, trotz ihres jeweils gehäuften Vorkommens, als Kultbilder anzusprechen. Schematische Wiedergabe mit zylindrischem oder etwas glockenförmigem Rock, Diademen mit aufgesetzten Mohnköpfen, ‹horns of consecration›, Tauben oder Schlangen. – Auf dem griech. Festland setzt seit etwa 1400 (in Gräbern, Heiligtümern, Siedlungen) ein Typus kleiner, stehender, gelegentlich auch thronender, bemalter weiblicher Ton-I.e ein, der in drei Varianten weite Verbreitung fand. Diese stark schematisierten myk. I.e sind von Kreta unabhängig. Größere und große männliche und weibliche spätmyk. Tonfiguren, deren Verwendung als Kultbilder zum Teil gesichert ist, zeigen einen anderen Zweig der myk. I.kunst. W. Schg.

Abb: Neolith. Marmoridol aus Knossos: AA, 1962, 224, Abb. 2 – Tonidol aus Lerna: F. Matz, Kreta u. frühes Griech., 1962, 22, Abb. 1 – Steinidol aus Ägina: G. Welter, Ägina, 1938, Abb. 8 – Neufunde aus Thessalien: Neue deutsche Ausgr. im Mittelmeergebiet und im Vord. Orient, 1959, 227, Abb. 1; s. auch Ch. Zervos, Naissance de la civil. en Grèce I 1962, II 1963 – Kret. I.e: Ch. Zervos, L'art de la Crète, 1956, Abb. 56–60. 93–97. 104–115. 188–191. 224–235. 246 bis 249. 765–775 – Fragmente aus Keos: Hesperia 31, 1962, Frontsp. u. Taf. 101 – *Lit:* V. Müller, Frühe Plastik in Griech. u. Vorderasien, 1929, 38–59 – Ders., RE Suppl. 5 (1931), 486–488, s.v. Kultbild – G. Karo, RV VI (1926), 31 f. (Lit) – G. Mylonas, *Μυκηναϊκὰ εἰδώλια*, 1954 – Ders., Seated and multiple myc. figurines, in: The Aegean and the Near East, Festschr. H. Goldman, 1956, 110–121 – F. F. Jones, Three myc. figurines, ebd. 122–125 – S. Alexiou, *Ἡ μιν. θεὰ μεθ' ὑψωμένων χειρῶν, Κρητ. Χρον.* 12, 1958, 179–299 – F. Matz, Götterersch. u. Kultb. im min. Kreta, Abh. Mainz, Nr. 7, 1958 – G. F. Baß, Neolith. Figurines from Thespiai, Hesperia 28, 1959, 344–349 – Schefold, Mw 1–2 – Ders. und J. Thimme, AntK 1965, Heft 2.

Idolino, eine berühmte Bronzestatue eines nackten Knaben, die, 1530 in Pesaro gefunden, im 17. Jh. in den Besitz der →Medici überging und schließlich nach Florenz (Uffizien) kam; heute daselbst im Mus. Archeologico; H. 1,48 m. Während die Statue (Kopfreplik in Basalt im Vatikan-Magazin) lange Zeit als gefeiertes griech. Original gegolten hat, wird sie heute meist als ein Werk der Kopistenzeit nach einem nachpolykletischen Vorbild betrachtet. E. Bg.

Lit: R. Kekulé, Über die Bronzestatue des sog. I., 49. BWPr 1889 – A. Rumpf, der I., La Critica d'Arte 4, 1939, 17–26 – L. Vlad Borelli, EAA IV, 1961, 87.

Idomeneus, Herrscher in Kreta, Sohn des Deukalion, Enkel des →Minos, bedeutender Held im →Trojan. Krieg. Kehrt laut Od. 3, 191 f. nach dem Krieg zurück, während er nach anderen Untreue von seiner Frau erfährt, ein Gelübde in Seenot mit seinem Sohn bezahlen muß und nach Unteritalien auswandert (Verg. Aen. 3, 121 ff. 400 f.; dazu Servius). K. Schb.

2. **I. von Lampsakos,** Schüler →Epikurs, von dem es auch Briefe an ihn gab, ca. 325–270 v. Chr.; Verfasser von zwei nicht ungelehrten, aber stark polemischen Werken epikureischen Standpunkts: 1. Eine Geschichte der athen. demokratischen Politiker (Demagogoi) seit 510, um am Beispiele die Sinnlosigkeit politischer Aktivität bes. in der Demokratie zu erweisen. – 2. Eine bes. gegen Platon heftig polemisierende Darstellung der Sokratiker; diese haben er und Phainias für uns als erste zu einer Gruppe zusammengefaßt und anhand der sokratischen Dialogschriftstellerei dargestellt. O. G.

Frg: FGrHist 338.

Idus, Monatsmitte (im Lat. Fremdwort, vielleicht etrusk. Herkunft). 13. Monatstag bzw. 15. im März, Mai, Juli, Oktober. Die I. fielen im altröm. lunaren →Kalender (D 3) auf den Eintritt des Vollmonds. H. Kal.

Idyll →Eidyllion.

Jehu, König von Israel, ca. 845–818. Von dem Propheten Elisa designiert, beseitigte er in einer blutigen Revolution das ganze Haus →Omri und den judäischen König Ahasja. Vgl. →Judentum A [7]. E. W.

Jenseitsführer, verschiedene ägypt. Texte in den Königsgräbern des Neuen Reiches, die topographische Schilderungen der Unterwelt geben, um dem Toten als Führer zu dienen. Sie zeigen sie voller Gefahren und feindlicher Mächte, die es zu überwinden gilt. W. Hk.

Lit: E. Hornung, Das Amduat, 1963.

Jenseitsvorstellungen

[1] Älteste J. – [2] Entwicklung – [3] Mysterien – [4] Aufklärung – [5] Philosophische J. – [6] Spätantike – [7] Röm. J.

[1] Den Glauben der *myk.-minoischen Zeit* kennen wir nicht; immerhin lassen die Monumentalität der Grabanlagen und der Reichtum der Grabbeigaben darauf schließen, daß man sich den Toten als im Grabe selbst hausend vorstellte. Im *ältesten Glauben der Griechen*, den wir fassen können, ist der Tod ein Übergang zu einem schattenhaften Dasein unter der Menschenerde in einem Bereich fern von der Sonne und ihrer belebenden Kraft. Unbestimmt stellt man sich vor, daß die Toten dort weiter treiben, was sie im Leben getrieben haben (der von Nilsson I 640 f. u.a. verwendete Begriff der Iteration, also Wiederholung des Lebens, ist nur z.T. richtig; es ist eine transponierte Fortsetzung), aber ein wirkliches Dasein ist es nicht. Mit der Menschenwelt haben sie nichts mehr zu schaffen, auch wenn die Lebenden ihnen ihren →Totenkult weihen und einen Anteil von ihrer Menschennahrung zukommen lassen. Ein solches Dasein ist zunächst völlig indifferent, kein Gegenstand des Schreckens, noch weniger allerdings ein Gegenstand der Hoffnung. Auf was der Lebende hofft, ist vielmehr und ausschließlich, daß er unter den Nachlebenden nicht vergessen werde und in der eigenen Familie fromme Verehrung (vgl. →Ahnenkult), im Volke Ruhm genieße (so auch noch, nach alter Tradition, bei Heraklit VS 22 B 29).

[2] Noch in früher Zeit belebt sich dies Bild in zwei Richtungen, ohne daß wir die *Entwicklung* im einzelnen verfolgen können. (1) Die Phantasie beschäftigt sich mit dem *Totenland* und stattet es immer reicher mit Einzelzügen aus, die, am Rande des Glaubens stehend, doch noch nicht dem →Mythos zuzurechnen sind. Es entsteht eine Topographie des Totenlandes (am wichtigsten die Unterweltsströme Kokytos, Pyriphlegethon, Lethe, Acheron, Styx; vgl. bes. Od. 10, 508–537 und Od. 11), und allerlei düstere Gestalten werden in ihm angesiedelt (→Kerberos als der Wachthund des Hadeshauses, →Charon als der Fährmann über den Totenfluß). Einflußreich werden Erzählungen von Heroen, die ins Totenreich einzudringen vermochten: →Herakles, →Theseus, →Orpheus u.a. Der Abstieg zum →Hades (→Katabasis) wird zu einem festen Gegenstand erst des Mythos, dann der philosophischen Kritik (Buchtitel des →Protagoras, VS 80 B 8 h; →Demokrit, VS 68 B 1; →Herakleides Pontikos Fr. 71/72 Wehrli). Noch wichtiger freilich ist die Nekyia-Erzählung Homers (Od. 11), die →Odysseus beim Okeanos an den Rand der Totenwelt gelangen und einen Blick in sie tun läßt, während die für die Spätantike nicht minder bedeutsame Erzählung →Vergils (Aen. 6) das homerische Motiv mit demjenigen des Ab-

stiegs zum Hades und einer Wanderung durch den Hades verbindet. (2) Das Jenseits wird nach religiösen und ethischen Kategorien differenziert. Gegeben ist neben dem Hades einerseits schon aus vorhomerischer, aber erst von → Hesiod (theog. 717 ff.) repräsentativ gestalteter Überlieferung der → *Tartaros*, das zutiefst unter der Erde gelegene Gefängnis der besiegten → Titanen, dann aller Götterfeinde überhaupt, andererseits in einer zunächst dünnen (z.T. ursprünglich kretischen?) Überlieferung ein Ort dauernder, heiterer Seligkeit, an den die Lieblinge der Götter unter den Heroen entrückt werden, das → *Elysion* bzw. die *Inseln der Seligen*. Diese Dinge werden verallgemeinert und in ein System der jenseitigen Strafen und Belohnungen für alle Menschen gebracht. – Als Ergänzung schließt sich (3) das *Totengericht* an, unentbehrlich überall, wo die willkürliche Verteilung von Glück und Unglück zum Problem wird und der Mensch nach einem letzten Ausgleich verlangt. Der Od. 11, 568 ff. erwähnte Totenrichter → Minos fungiert freilich nur als Schiedsrichter unter den Toten; jedoch wird er bald zum Richter über die Taten des vergangenen Lebens, und als weitere Richter werden ihm Rhadamanthys, Aiakos, Triptolemos zugesellt (Plat. apol. 41 A; vgl. Gorg. 523 E/524 A u.a.), ohne daß wir erkennen, weshalb gerade diese Gestalten des kret., äginet. und eleusinischen Mythos hierher gezogen worden sind. Daß sich der Volksglaube schon früh bes. den Strafort drastisch ausmalte, ist anzunehmen; die hohe Literatur ist zurückhaltender und nennt in der Nachfolge Homers (Od. 11, 576 ff.) meist nur die großen Götterfeinde des Mythos und deren Strafen: → Tityos, → Tantalos, → Sisyphos, → Ixion, die → Danaiden. Zur Hauptsache von Homer angeregt sind auch die vom 5. Jh. v. Chr. an ziemlich häufig bezeugten bildlichen Darstellungen der Unterwelt und ihrer Schrecknisse (s. zu → Hades).

[3] Für sich stehen die J. der → *Mysterien*. Wir kennen sie nicht im einzelnen, aber daß zunächst die Mysterien von Eleusis, dann andere und von jenen beeinflußte, schließlich die mysterienartigen Verkündigungen, die sich auf → Orpheus oder → Pythagoras beriefen, ihren Eingeweihten und Anhängern ‹gute Hoffnungen› auf das Dasein nach dem Tode machten, ist deutlich. Kern der Mysterien ist ein wie immer geartetes Schauen der Gottheit selbst, dadurch eine Vertrautheit mit der Gottheit, die sich auch nach dem Tode fortsetzen wird (Hauptstellen: Hom. hymn. Dem. 480 ff.; Pind. Fr. 121 Bowra; Soph. Fr. 753 N.); die Vorstellung vom → Elysion kann da hereingenommen werden. Der Uneingeweihte wird dagegen fern von den Göttern ‹im Schmutz› der Erde liegen bleiben (so bes. Plat. rep. 363 C ff.).

[4] Die mit dem 6. Jh. v. Chr. einsetzende → *Aufklärung* hat mit verschiedenen Gründen gegen diese J. gekämpft. Die → Kosmologie der ion. Naturphilosophie (→ Vorsokratiker) ließ möglicherweise am obersten Rand des Kosmos einen Raum frei für die Welt der Götter, schloß aber die Annahme eines Totenlandes unterhalb der bewohnten Erde aus; die Versuche, es in riesigen Höhlen im Erdinnern zu lokalisieren, blieben im wesentlichen Spielereien. – An der Jenseitserwartung der Mysterien stieß die unvermeidliche Ungerechtigkeit ab. Berühmt der Ausspruch des Diogenes, es sei absurd, wenn ein Epameinondas im Schmutze liegen bleibe, weil er nicht eingeweiht sei, der Dieb Pataikion dagegen sich auf die Inseln der Seligen freuen dürfe, weil er geweiht sei (Diog. Laert. 6, 39; Plut. mor. 21 F u.a.). – Endlich empfand der Gebildete die Angst, die durch die Tartarosschilderungen eingejagt werden sollte, als ein der Götter unwürdiges Mittel, vernünftige Menschen zu Frömmigkeit und Tugend zu erziehen: → Epikur, aber auch andere haben so argumentiert (vgl. etwa Cic. Tusc. 1, 10 ff.). – Dazu kam, daß zwar nicht das Elysion, wohl aber die Vorstellung vom Tartaros an die Voraussetzung einer bestimmten, mehr oder minder an den Körper gebundenen Leidensfähigkeit geknüpft war, was nun wiederum → anthropologisch (→ Seele) bedenklich war. Und wer Elysion und Tartaros preisgab, zog den Gedanken, daß mit dem physischen Tode alles zu Ende sei, dem an ein trostloses Scheinleben im Hades vor. Die Auffassung, es sei das beste, aus dem gegenwärtigen Leben so viel zu machen, als man könne, da mit dem Tode doch alles aus sei, wird vom 6. Jh. an überaus weit verbreitet gewesen sein (das vielzitierte angebliche Grabepigramm Sardanapals bei Ath. 336 A u.a. ist für eine Variante dieser Auffassung repräsentativ), auch wenn man mit mancherlei uneingestandener Jenseitsangst selbst bei den Gebildeten wird rechnen müssen (vgl. Diog. Laert. 4, 54; Plut. mor. 223 E).

[5] Diesen Dingen tritt ebenfalls seit dem Ende des 6. Jh.s v. Chr. die neue Vorstellung gegenüber, daß nicht nur Auserwählte zu den Göttern aufsteigen und entrückt werden könnten, sondern daß der Mensch seinem Wesen nach ein Stück Gottheit in sich enthalte; er sei unsterblich, ἀθάνατος, womit für den Griechen weit mehr gesagt ist, als etymologisch im Worte steckt: nicht nur das Freisein vom Tode ist gemeint, sondern die Ebenbürtigkeit mit den Göttern. Nach Hdt. 2, 123 (vgl. 4, 95; Isokr. Bus. 28) soll diese These aus Ägypten zuerst von → Pythagoras übernommen, dann aber auch von den Anhängern des → Orpheus und → Dionysos/Bakchos beansprucht worden sein. Jedenfalls setzen hier die *philosophischen J.* an (vgl. auch → Seelenwanderung). Wenn ein Teil des Menschen göttlich ist, so bedeutet dies, daß er bei den Göttern seine Heimat hat, diese Heimat freiwillig (im Auftrag der Götter) oder unter Zwang (als Strafe) verlassen hat, um für eine Weile angetan mit einem Körper auf der Erde zu wohnen. Den alten Vorstellungen entsprechend wird diese Heimat entweder im fernen Westen jenseits von Sonnenuntergang (Inseln der Seligen, → Elysion, Reich des → Kronos) oder vor allem in der Himmelshöhe gesucht: in oder jenseits der obersten und reinsten Ätherregion oder in der Gestirnwelt. Der Platonismus spielt gerne mit dem Gedanken, daß die Milchstraße der Sitz der seligen Geister sei, später (bei → Poseidonios?) wird das Schema skizziert, daß der Leib der Erde, die alogische Seele dem Monde und der reine Logos der Sonne gehörig sei, von dorther komme und dorthin zurückkehre. – Am einflußreichsten unter den philosophisch durchgearbeiteten Jenseitsbildern sind die Mythen → Platons im Gorgias 523 A ff., Phaidon 108 C ff., Staat 614 B ff. und Phaidros 246 A ff. Wie groß die Wirkung entsprechender Mythen vor allem des → Herakleides (3) v. Pontos und des → Aristoteles (im Dialog Eudemos) gewesen ist, ist schwer abzuschätzen. Immerhin dürften sie die drei großen Jenseitsmythen → Plutarchs (De ser. num. vind. 563 B ff.; De genio Socr. 589 F ff., De facie in orbe lun. 942 D ff.) beeinflußt haben. – Schwierigkeiten bereitete freilich immer die Tatsache, daß die meisten Menschen dem Göttlichen in ihnen nicht den angemessenen Platz einräumen; solchen dieselbe Rückkehr in die Welt der Götter zuzubilligen wie den Weisen wäre ungerecht. Eine Differenzierung in den Jenseitsschicksalen ist die Folge: entweder zeitlich, darin, daß die gottgleiche Unsterblichkeit überhaupt nur den Weisen zukommt, während die Unweisen sich mit einer geringeren Dauer des Lebens nach dem Tode begnügen müssen (Lehre der Stoa: SVF 2, 809–822); oder räumlich, darin, daß nur die Seelen der Vollkommenen zur obersten, göttlichen Kosmosregion geradewegs aufzusteigen vermögen, die anderen dagegen sich mit geringerem Aufstieg begnügen müssen oder gar, von irdischer Mangelhaftigkeit schwer belastet, sich überhaupt nicht erheben können (so, von → Platons Phaidon angeregt, bei Cicero Tusc. 1, 40–45 u.a.). Doch auch wenn durch diesen Automatismus in der Zuteilung der Jenseitsschicksale das allzu mythische Totengericht gewissermaßen umgangen werden kann, so bleibt doch die schwierige Frage nach der Leidensfähigkeit jener Seelen, die zwar unsterblich sind, aber doch in einen unvollkommenen Zustand eingehen, den sie als solchen empfinden müssen. Da-

bei scheinen Unsterblichkeit und Leidensfähigkeit einander auszuschließen. Wie das kaiserzeitliche Denken sich mit dieser Frage auseinandergesetzt hat, sehen wir nicht hinreichend, wohl aber, wie dies unter Benutzung neuplatonischer Theorien im Christentum geschehen ist (wichtig bes. Aug. Civ. 21).

[6] In der →*Spätantike* wird man mit einem extremen Auseinanderklaffen der J. zu rechnen haben. Der Gebildete ist zunächst skeptisch, läßt sich von den Unsterblichkeitsbeweisen und J. der Philosophen gerne erbauen, ohne wirklich überzeugt zu sein. Daneben entsteht aber aus vielen Komponenten eine neue Gläubigkeit. Das wachsende Interesse am Denken griechischer Urzeit (Orpheus, Musaios, Pythagoras) und an der Weisheit der →Barbarenvölker (der ägypt. →Hermes Trismegistos; die →Chaldäer) führt von selbst zu einer Bereitschaft, J., auch solche krass mythischen oder spekulativen Charakters, neu aufzunehmen. Parallel dazu läuft einesteils die Dämonologie der Platoniker, andernteils das Einströmen orientalischer Bevölkerungen in die griech.-röm. Oikumene; diese bringen ihre Kulte mit, die mehr oder weniger grob zu Mysterien des eleusinischen Typs umgestaltet werden. Das Ergebnis ist ein neues Pathos der Jenseitshoffnungen, mit dem dann auch das Christentum zu rechnen hatte.

[7] Die *röm.* →*Religion* (I B 3) bleibt im allgemeinen beim einfachsten Gedanken, daß die Toten im Grabe hausen und umgehen können (→Parentalia). Alle eigentlichen J. sind von den Griechen entlehnt, mit Ausnahme wohl des (unerklärbaren) Begriffs →Orcus. Vgl. →Hades; →Seele; →Seelenwanderung; →Tod. O. G.

Jericho (arab. erīḥā; Kt. 1920a C4), Oasenstadt im Jordangraben, ca. 14 km nordwestl. der Jordanmündung, 250 m unter dem Spiegel des Mittelmeers. Die Besiedelung des alten Stadthügels (tell es-sulṭān) beginnt im Mesolithikum (um 8000 v. Chr.). 1. Blütezeit städtischer Zivilisation im vorkeramischen Neolithikum (7./6. Jt. v. Chr.): Wehrmauer, Turm und Graben. Unbekannte Ursachen führten zum Niedergang im keramischen Neolithikum und Chalkolithikum (5./4. Jt. v. Chr.). 2. Blütezeit von ca. 3000 bis ca. 1580 v. Chr. (frühe und mittlere Bronzezeit), mit einer Unterbrechung um 2000. Das Ende des mittelbronzezeitlichen J. fällt zusammen mit der Vertreibung der →Hyksos aus Ägypten durch die Pharaonen der beginnenden 18. Dynastie (um 1540). In der Spätbronzezeit war J. anscheinend nur eine unbedeutende Ortschaft mit zerstörten Mauern; diesen Zustand trafen die landnehmenden Israeliten im 13./12. Jh. v. Chr. an, die ätiologische Sage Jos. 6 setzt ihn voraus (vgl. →Judentum A 2). Unter der israelit. Herrschaft (1. und 2. Eisenzeit) hatte J. weder politische noch kulturelle Bedeutung; es hat zeitweilig als verwunschene Stätte gegolten (Jos. 6, 26; 1. Kön. 16, 34). In der hellenist.-röm. Epoche verschob sich das Stadtgebiet nach Süden. Zeugnis des neuen Aufschwunges (Mt. 20, 29; Lk. 19, 1 ff.) sind die Ruinen der Winterresidenz →Herodes' d. Gr. auf tulūl abu'l-ʿalā'ik zu beiden Seiten des wādi el-qelt. – Die Lage der byzantin. Bischofsstadt J., deren Vignette auf der Mosaikkarte von Madeba (6. Jh. n. Chr.) dargestellt ist, läßt sich nicht genau bestimmen; vermutlich befand sie sich – wie das J. der Kreuzfahrer – auf dem Gelände der arab. Ortschaft erīḥā. H. Dn.

Lit: E. Sellin-C. Watzinger, J., WVDOG 22, 1913 – J. Garstang, The Story of J. (1938), 1948² – K. Kenyon, Some Notes on the History of J. in the Second Millennium b.C., PalEQ 83, 1951, 101–138 – Dies., Excavations at J., PalEQ 84–89, 1952–57 – Dies., Digging up J., 1957 – J. L. Kelso-D. C. Baramki, Excavations at the New Testament J. and Khirbet En-Nitla, AASOR 29/30, 1955 – J. B. Pritchard, The Excavation at Herodian J., AASOR 32/33, 1958.

Jerobeam I., König von Israel, 926–910, →Judentum A [6]. [7].

2. **J. II.**, König von Israel, 787–747, →Judentum A [8].

Jerusalem (arab. el-quds, ‹das Heiligtum›; Kt. 2196 A6), Stadt auf dem Mittelteil des zentralpalästin. Gebirges ca. 750 m über dem Meeresspiegel, von Tälern umgeben (Kidron, Tyropoion, Hinnom). Wahrscheinlich seit der frühen Bronzezeit (3. Jt. v. Chr.) besiedelt, ist J. (Urusalim) literarisch zuerst in den →Amarna-Briefen bezeugt; ein Beleg in den ägypt. Ächtungstexten der 11. Dynastie ('wš'mm) ist unsicher. Im 2. Jt. v. Chr. Stadtstaat der kanaan. Jebusiter; Aufstieg zu welthistorischer Bedeutung dank dem Entschluß →Davids, dort seine über dem Dualismus der von ihm in Personalunion beherrschten Reiche Juda und Israel stehende stadtstaatliche Residenz einzurichten (um 1000 v. Chr.; 2. Sam. 5, 6–9). Die Überführung der Lade Jahwes nach J. (2. Sam. 6) und der Tempelbau →Salomos verschafften der Stadt sakralen Nimbus und machten sie zu einem der kultischen und religiösen Zentren des Landes; die Kultuszentralisation des Josia (2. Kön. 22. 23; 621/20 v. Chr.) brachte diese Entwicklung zum Abschluß. 587 wurden Tempel und Stadt durch →Nebukadnezar II. zerstört. Nach dem babylon. Exil war J. der geistige Mittelpunkt der Judenschaft innerhalb und außerhalb Palästinas (Bau des 2. Tempels: 520–16; Stadtmauer: Mitte 5. Jh.). Die in der Diadochenzeit einsetzende Hellenisierung J.s gipfelte in den gewaltsamen Eingriffen des →Antiochos IV. Epiphanes (176/5–164 v. Chr.) und löste den →Makkabäeraufstand aus. Die Einnahme J.s durch →Pompeius (2; 63 v. Chr.) leitete die röm. Epoche ein. Es folgte die Glanzzeit J.s als hellenist. Stadt unter →Herodes d. Gr. und den röm. Prokuratoren; das Stadtgebiet wuchs beträchtlich über den alten Umfang hinaus. Jüd. Aufstände führten 70 n. Chr. zur Zerstörung J.s durch →Titus und 135 zur Einrichtung einer röm. Militärkolonie (Aelia Capitolina) durch Hadrian. Die Erhebung des Christentums zur Reichsreligion unter Konstantin d. Gr. (4. Jh.) machte J. endgültig zur christl. Stadt; es nahm einen bedeutenden Aufschwung durch die Errichtung zahlreicher kirchl. Bauten (Konstantin, Eudokia, Justinian). Die Blütezeit endete 614 mit der Zerstörung J.s durch die Perser. Vgl. →Judentum. H. Dn.

Lit: L.-H. Vincent-F.-M. Abel, J., I. II, 1912/26 – G. Dalman, J. und sein Gelände, 1930 – J. Simons, J. in the OT, 1952.

[2] *Altchristl. Bauten.* Pilgerberichte ab 333 n. Chr. bezeugen, daß nach der angeblichen Kreuzauffindung durch Helena (Gattin →Konstantins d. Gr.) 326/327 nicht nur konstantin. →Memorialkirchen wie die →Grabeskirche und die sog. Eleona (von ἐλαιών) auf dem Ölberg entstanden, sondern auch andere durch fromme Wallfahrer gestiftet wurden, wie z. B. die Himmelfahrtskirche, der sog. Imbon (ἐν βωμῷ = ‹auf der Anhöhe›, oktogonaler Kuppelbau mit Impluvium; vgl. Apsismosaik von S. Pudenziana, Rom), oder ein Martyrion des Johannes Prodromos auf dem Ölberg, den bald Mönchszellen bedeckten, während an seinem Fuß die dreischiffige Gethsemanekirche lag (Mosaikfund 1958). Neben kleineren Memorialbauten im Stadtkern (Aelia) erhob sich auf dem W-Hügel, dem ‹neuen Zion›, die ‹Große›, den Aposteln geweihte Gemeindekirche (1. H. 4. Jh.), als ‹mater omnium ecclesiarum› gerühmt; in ihrem Diakonikon wurden die Gebeine des Stephanus vor der Translation nach Konstantinopel aufbewahrt. Im 5. Jh. förderte und inaugurierte →Eudokia viele Bauten, z. B. eine über einem Asklepieion (Grabungsfund 1959–62) und neben einem Doppelbassin errichtete →Basilika, die sowohl die Schaftortradition (Joh. 5, 2) wie auch die der Geburt Mariens (‹Haus der Anna› als Annexbau: Mosaikfund) einte und deshalb ‹Basilica s. Mariae probaticae› hieß. Das Passarion war als Hospiz für Pilger, eine Stephanskirche extra muros für die Beisetzung der Exkaiserin gedacht. Zugleich förderten Bischöfe wie Petrus d. Iberer und Äbte wie der hl. Sabas den Klosterbau in J. So konnte sich →Justinian darauf beschränken, das Bisherige, dessen Baudichte die Mosaikkarte von Madaba (Mitte 6. Jh.) festhält, zu restaurieren (Prokop. aed. 1, 5, 6). Sein Beitrag war die ‹Neue›, der Theotokos geweihte Kirche, der Pilgerhospiz und -hospital angegliedert waren.

Erst die pers. Brandschatzung 614 beendete die altchristl. Baugeschichte J.s; der Neuaufbau unter dem Bischof Modestus (7. Jh.) konnte nur die topographische Tradition festhalten. C. A.

Q: Itineraria Hierosolymitana, ed. P. Geyer, CSEL 39, 1898 – Itineraria et alia Geographica, CChrL 175 – → Prokop (1) – Kyrill v. Scythopolis: s. dazu Altaner, 201 f.; vgl. 204 f. (Pilgerberichte) – M. Avi-Yonah, The Madaba Mosaic Map, 1954 – *Lit:* L. H. Vincent-F. M. Abel, Jérusalem Nouvelle, 1914–1926 – L. H. Vincent, L'Eléona sanctuaire primitif de l'Ascension, RBi 64, 1957, 48–71 – E. A. Moore, Ancient Churches of Old J., 1961 (unzuverlässig) – Grabungsbericht für die Schaftorkirche steht noch aus – *Karte:* F. v. d. Meer-Chr. Mohrmann, Atlas der frühchristl. Welt, 1959, Nr. 39.

Igel. Der im Mittelmeerraum und den Nachbargebieten verbreitete I. (*ἐχῖνος, χήρ*) war in Religion und Mythos ohne Bedeutung. Im Volksglauben galt er als kluges Tier, dessen Stachelkugel auch der Fuchs nichts anhaben kann. Daß man ihn im Haus zur Mäuse- und Schlangenbekämpfung hielt, wird durch Bildzeugnisse bestätigt. Geschätzt war sein Fell in der Wolle- und Tuchbearbeitung. Auf Abwehrkraft weist die Verwendung von I.-Fellen als Kopfbedeckung auf der myk. Kriegervase. Als apotropäisch ist seine Darstellung im Gräberbereich (figürliche Gefäße) zu werten. Vgl. → Fauna. J. W

Lit: Keller, Tierwelt I 17–20 – R. Delbrück, RE 5,2 (1905), 1922 – S. Marinatos, Kreta und das myk. Hellas, 1959, 126, Nr. 232 – K. Schauenburg, Ars Antiqua 5, 1964, 115.

Igeler Säule, das um 250 n. Chr. errichtete, 23 m hohe Grabmal der Sekundinier beim Dorfe Igel (Ldkr. Trier), trägt Reliefdarstellungen aus Mythologie und Alltag im provinziellen Kunststil. Von Goethe mehrfach gewürdigt und beschrieben (Campagne in Frankreich, bes. 23. 8 und 24. 10. 1792). Vgl. → Noviomagus. L. B.-H.

Lit: H. Dragendorff-E. Krüger, Das Grabmal von I., 1924.

Ignatius (*'Ιγνάτιος*, vom alten samnitischen Namen Egnatius), Bischof des syr. Antiochia, einer der sog. → Apostolischen Väter, um 114 n. Chr. in der zur Betonung der röm. Orientherrschaft vermutlich von → Hadrian, damals syr. Legat Trajans, veranlaßten → Christenverfolgung verhaftet; um 115 Märtyrertod in Rom. Auf dem Weg dorthin schrieb I. in Kleinasien sieben von Pathos erfüllte Briefe zur Stärkung der Brüder und Verherrlichung des Leidens an die Christen von Ephesos, Magnesia, Tralleis, Rom, Philadelphia und Smyrna und an Smyrnas Bischof → Polykarp. An sie schlossen viele Fälschungen in Spätantike und MA an. Sein röm. Martyrium (Polyk. 9, 1) soll im Kolosseum erfolgt sein (Iren. adv. haer. 5, 28, 4). B. R.

Ed. u. Lit: → Apostolische Väter; ferner: LThK II, 1960, 611 f. (Lit) – V. Corwin, St. I., 1960 – J. Colson, Agape dans St. I. d'A., 1961 – R. M. Grant, Hermeneutics and Tradition in I. of Antioch, Archivio di filosofia..., 1963, 183–201.

Iguvinische Tafeln → Lateinisch A.

Ikarios. 1. Vater der → Erigone, verbreitet in Attika den Wein. – 2. Sohn des Oibalos und der Bateia oder Sohn des Perieres und der Gorgophone, Bruder des → Tyndareos und wie er von → Hippokoon vertrieben. Von Polykaste Vater der Penelope. Versucht vergeblich, sie und → Odysseus in Lakedaimon zurückzuhalten. K. Schb.

Ikaros → Daidalos.

Ikonographie

A. Griechisch: [1] Allgemeines, Vorgeschichte – [2] Archaische Kunst – [3] Klassik – [4] Spätklassik und Hellenismus – B. Römisch. Christl. Ikonographie: → Kunst II C [4].

Vgl. außer zu den einzelnen ikonograph. Motiven (darunter vor allem den mythologischen Figuren) bes.: → Plastik, → Malerei, → Mosaik, → Vasen, → Münze, → Götterattribute, → Bild.

A. Griechisch. [1] *Allgemeines, Vorgeschichte.* Der unermeßliche Reichtum der antiken Bildwelt ist doch dadurch begrenzt, daß die Griechen auch hier nach Urbild und Gesetz suchen und das Zufällige vermeiden. Was an den ‹Phantasiai› des Theon von Samos gerühmt wurde (Quint. inst. 12, 10, 6), gilt übertragen von der ganzen griech. Kunst: sie gestaltete Ausschnitte aus dem Geschehen so packend, daß man das Ganze vor sich zu sehen glaubte (→ Alexanderschlacht). – Schon die → *kret. Kunst* findet früh mit der → Palmette die ‹Urpflanze›. Sie stellt in Pflanzen und Menschen der Götter ‹lebendiges Kleid› dar, und auch ihre figürlichen Bilder, unter denen Kultszenen vorherrschen, haben einen friedlichen Charakter, im Gegensatz zu den Kampf- und Jagdszenen → *Mykenes.*

[2] Den Grundcharakter der *archaischen* Bildwelt schildern die Artikel → Kunst und → Epos und Bildkunst. Hatte der reife geometrische Stil Grundsituationen des Lebens in heroischer Großartigkeit geschildert (Totenehrung, Kampf zu Land und Meer), so ist das Spätgeometrische vom monumentalen Heldenbild fasziniert (→ Zeus-Typhon, → Heraklestaten, → Iliupersis, → Odysseus; auch Helena als dämonische Ursache großen Geschehens). Das *Früharchaische* schildert hymnisch → Göttergeburten und -züge; Taten des → Perseus, → Bellerophon, Herakles, → Theseus; einzelnes aus dem Trojazyklus, vom → Parisurteil bis zur → Orestie; häufiger aber Fabelwesen, → Tierfriese und Urbilder pflanzlichen Lebens, und begreift in der klaren Ordnung der Bildfriese die Gottheiten, denen dies alles gehört. Aus der orientalischen Fülle von → Mischwesen werden wenige herausgegriffen, die schärfer umrissen werden und ihre feste Stelle im Götterstammbaum finden. – Die *hocharchaische* Kunst (620–570) bereichert und verknüpft diese Bildwelt durch Zusammenhänge im Sinn der → kyklischen Epik; neu sind → Kalydonische Jagd, → Argonauten und → Sieben gegen Theben, ferner in der Zeit Solons bestrafte Frevler (→ Aktaion, → Niobe), → Titanen- und vor allem → Gigantenkämpfe, ein Hauptthema der spätarchaischen und klass. Kunst. – Im *Spätarchaischen* treten neben die nun dramatischer gefaßten Mythen Bilder, die man nicht als Darstellungen des Alltags deuten darf. Es wird nur geschildert, was das Leben dämonisch verwandelt, ein Göttliches aufleuchten läßt. Krieger, in allen Phasen von der Rüstung bis zur Heimbringung der Leiche, können deshalb heroische Waffen tragen, wie sie längst abgekommen waren. Sehr häufig sind um 500 Symposion- und Palästraszenen; bes. auf den → Vasen, die fürs Symposion gedacht waren. Daneben gibt es Kult und Theater, Seewesen, Jagd, Landwirtschaft, häusliches Leben, Handel und Gewerbe; doch fällt gerade bei solchen Szenen auf, daß sie nur eines schönen, jungen Menschen wegen gezeigt werden, der etwa in einer Werkstatt erscheint. All dies sollte die Götter und die Toten erfreuen, denen die Bilder geweiht wurden. So erklären sich auch die Themen, die in der → Plastik neben die Götterbilder treten: Junge Menschen (→ ‹Kuroi› und Koren), in Ionien auch ältere Männer und Frauen werden in ihrem Urbild nicht in zufälliger Individualität dargestellt. So werden sie der Gottheit geweiht, also mythisch aufgefaßt, wie andere Weihegaben, → Löwen, → Sphingen, → Gorgonen, → Sirenen, → Silene, → Heroen und → Nymphen, aber auch Tiere des Hauses und der → Jagd – was alles die heilige Welt der Götter und der Toten umgibt. In diesem Sinn wird auf att. Grabreliefs der Heroenglaube anderer Landschaften vergeistigt; und diesem Vorbild folgen die klass. Reliefs von → Paros.

[3] Die *Klassik* erlebt die Götter nicht mehr als tragende Pfeiler des Seins, sondern als Mächte, die die Welt durchwirken und selbst an ein Höheres gebunden sind. Deshalb sind seit etwa 500 neue Themen die spendenden Götter, → Götterliebe und Gottheiten, die aus der Erde oder dem Meer auftauchen (→ Göttergeburten). Gerne läßt man auf Vasen und Reliefs neben der Statue des Gottes ihn selbst gleichsam in seiner wahren Gestalt nochmals erscheinen oder spielt sonst mit dem Leben des → Bildes, das nun als solches bewußt wird. Bilder, die direkt von der Tragödie abhängig sind, sind selten, aber es wird alles im Geist der Tragödie neu gesehen, am gewaltigsten in den Olympiagiebeln und den Vasenbildern, die wie diese Giebelfiguren

von → Polygnot beeinflußt sind. In anderer Weise werden alte Mythen von Phidias neu verstanden (→ Plastik, 7) und der Fries des → Parthenon als grandios gesteigertes Weihrelief. Überraschend individuelle frühklassische → Porträts (Themistokles, Homer) sind ein Vorklang der spätklass. Blüte der Bildniskunst. Auf weißgrundigen → Lekythen wird seit etwa 470 ein Thema variiert, das seit dem reichen Stil die Grabreliefs beherrscht: der Verstorbene erscheint in der Blüte seines Lebens bei seinem Grabmal und wird in freier Phantasie mit Angehörigen verbunden, zuweilen auf Lekythen auch als mythische Gestalt (Muse, Persephone). Der reiche Stil bannt in ungewöhnliche Motive neues, dämonisches Erfahren des Irrationalen (→ Parrhasios, → Zeuxis, → Nikias (2), → Alkamenes' psychologische Götterbilder).

[4] Die *Spätklassik* verkörpert im neuen Sehen der Götter die reinere Wirklichkeit, von der sich alle äußere abhebt, im Sinn von Platons Ideen. Heroen und Geliebte der Götter erscheinen nicht mehr tragisch, sondern als Erlöste (→ Herakles – oft beim Einzug in den Olymp –, → Eros und Psyche, → Ganymed, vom Adler getragen). Schon seit → Polygnot (Stoa Poikile) treten einzelne Bilder geschichtlicher Ereignisse neben die mythischen (→ Xanthos, Nereidenmonument, Fries des → Niketempels der Akropolis, Satrapensarkophag von → Sidon, → Alexandersarkophag, → Alexandermosaik), aber diese Bilder haben doch mythischen Charakter, indem sie sich nicht an das Äußere der Ereignisse halten, sondern charakteristische Grundzüge herausheben. Im *Hellenismus* folgt auf den Tod Alexanders eine radikale Veränderung der Bildwelt (→ Plastik, 10), zunächst eine neue tragische Auffassung (→ Alexandermosaik, → Achill und Briseïs, → Herakles Farnese von → Lysipp).

B. Römisch. Weniger beachtet als die von der griech. völlig verschiedene röm. Auffassung des → Porträts und des Historienbildes (s. u.) ist die der → Malerei und Idealplastik. Eine unermeßliche Fülle von Kopien und Varianten griech., meist spätklass. und frühhellenist., Statuen und Gemälde wird zur Dekoration aller privaten und öffentlichen Bauten verwendet (→ Kunst), wobei die Themen nach der Bestimmung der Räume ausgesucht werden: in Thermen Heilgötter, Musen und Wettkämpfer, in der Palästra als Vorbild Achill, im Augustusforum mythische Ahnen (vgl. die → Ekphraseis bei Verg. Aen. 1, 466; 8, 225; Prop. 2, 31); im Atrium des Hauses die Penaten, an der Außenwand Gottheiten, die das Gewerbe des Hausherrn beschützen; im Inneren Zyklen, in denen auf Weihe der Mysterien (bes. Dionysos, Aphrodite und Artemis verbunden, hinter denen sich oft → Isis verbirgt), Glück und Verhängnis der Liebe, Bildung und stoische Ideale angespielt wird, ja auf das Vorbild der Diadochen (Herrscherbilder, → Paradeisos). In der Zeit der illusionistischen Wandmalerei von Sulla bis Nero ist die Wand bevorzugter Bildträger; dann die Fußbodenmosaiken, weil die Vorbilder, die Griechen, im Privathaus keine Wandmalerei, nur → Mosaiken kannten. Die → *Sarkophagreliefs* deuten auf Unsterblichkeit: die → Meerwesen, das Gefolge des → Dionysos, des Herrn des Jenseits, dazu Mythen, die mit Diana und Apoll verbunden sind, in deren Sphäre die Seligen weilen; ferner Szenen, in denen die Tugenden des Verstorbenen erscheinen: musische Bildung, Virtus, Clementia, Pietas und Concordia, Unterpfänder der Unsterblichkeit (→ Personifikationen). Diese Tugenden und andere Ideale bestimmen auch die Bildwahl der *Historischen Reliefs* (→ Ara Pacis, → Trajanssäule, → Marcussäule), die gewiß realistischer sind als die griech. → Historienmalerei, aber doch nicht an moderner Geschichtsauffassung gemessen werden dürfen. Davor warnt auch ihr enger Anschluß an Vorbilder des 5. Jh.s v. Chr. (Figurentypen, auf den Säulen auch Bildanordnung in der Art von Bilderbuchrollen: → Illustration). Sie stehen in der Tradition der Gemälde, die bei Triumphen mitgeführt oder entlang der Triumphalstraßen aufgehängt wurden, mit Darstellungen der Taten und Eroberungen, die den Triumph begründeten. Als besondere Gattung hebt sich das kaiserliche Repräsentationsbild heraus. Mit dem gedanklichen Charakter der röm. Kunst hängt die Häufigkeit der allegorischen → Personifikationen zusammen. In der Plastik sind neue Typen die sich dem Raum frei verbindenden, meist einansichtigen plastischen → Gruppen des 1. Jh.s v. Chr. (→ Pasquino, → Laokoon, Torso vom → Belvedere usw.), Toga- und Panzerstatuen mit ihrem Reliefschmuck, die Verbindung von Porträtköpfen mit Körpern, die nach berühmten griech. Kunstwerken gebildet sind (bes. oft wurde der Doryphoros Polyklets, der Hermes Ludovisi, der Ares Borghese, die Aphrodite ‹von Fréjus› verwendet); ferner die Porträt-Hermen (für literarische Persönlichkeiten), reliefgeschmückte Altarumhegungen (→ Ara Pacis) und Ehrenbögen (→ Titusbogen), Reliefsäulen (seit der Jupitersäule in Mainz, → Trajanssäule) und neue Typen des Reliefsarkophags. • K. Schf.

Lit: Pfuhl, MuZ, § 332–345 – P. G. Hamberg, Studies in Roman Imperial Art, 1945 – I. S. Ryberg, Rites of the State Religion in Roman Art, Mem. Am. Acad. 22, 1955 – L. Budde, Die Entstehung des antiken Repräsentationsbildes, 1957 – M. L. Thompson, Programmatic Painting in Antiquity, Marsyas 9, 1960/61, 36–77 – K. Schefold, Griech. Kunst als rel. Phänomen (1959), 1961² – Ders., röm. Kunst als rel. Phänomen, 1964 – Ders., FS, passim.

Iktinos, führender Architekt der att. Klassik (→ Architektur I F), erbaute gemeinsam mit → Kallikrates von 447–438 den Parthenon, über den er, zusammen mit einem sonst unbekannten Karpion (verschrieben aus Kallikrates?) eine Schrift verfaßte (Vitr. 7, praef. 12), lieferte einen Entwurf für das später von → Koroibos verändert ausgeführte → Telesterion von → Eleusis und vielleicht für das verwandte Odeion des Perikles und entwarf, schon gegen Ende des 5. Jh.s, den Apollon-Tempel von → Bassai. I. eröffnet als Schöpfer des att. Baustils (in dem sich dor. und ion. Gut zu sinnvoller Einheit verschmelzen) und als Begründer der Raumarchitektur (umlaufende Innensäulen, weitgespannte, durch Säulen gegliederte Saalbauten) eine neue Epoche. G. Gb.

Lit: C. Weickert, Thieme-Becker, Künstlerlexikon, 1925, s. v. Iktinos (Lit) – A. Mallwitz, Cella u. Adyton des Apollontempels in Bassai, AM 77, 1962, 140–177.

Iktus, Hervorhebung eines Elements im Versschema durch Betonung. Da der griech. → Akzent nicht exspiratorisch ist, braucht die griech. Metrik nicht mit dem I. zu rechnen. Den sonderbaren Weg, den die Verwendung des Wortes I. seit Bentley genommen hat, klärt E. Kapp, Mnemosyne III 9, 1941, 187 ff. auf. Das Verhältnis von I. und Wortakzent ist noch immer sehr umstritten. B. Sn.

Lit: P. Harsh, Lustrum 3. 1958, 226–233 – G. Seel-E. Pöhlmann, Philologus 103, 1959, 237–280.

Ilerda (heute Lérida), Stadt in der Tarraconensis, Hauptstadt der Ilergeten, am rechten Ufer des Sicoris (Nebenfluß des Hiberus; Kt. 2849 D 1). Vorröm. Münzprägung mit der iber. Umschrift ILTIRTA, nach 195 v. Chr. Münzen nach dem röm. Wertsystem. Bei I. zwang → Caesar 49 v. Chr. die pompejanischen Truppen unter L. Afranius und M. Petreius zur Übergabe. J. M. d. M.

Lit: A. Vives, La moneda Hispanica, 1926 – Fontes Hispaniae Antiquae V, 1940 (Schlacht von I.).

Ilia (Rea Silvia), Mutter von → Romulus und Remus.

Ilias → Homer.

Ilias, kleine, kyklisches Epos des trojan. Sagenkreises. Datierung unsicher, meistens dem → Lesches v. Mytilene zugeschrieben (Prokl. chr.), in Fragmenten erhalten. – Die kl. I. erzählte in 4 Büchern die Ereignisse nach dem Tod → Hektors bis zur Einnahme → Trojas. Nach Aristoteles (poet. 23, 1459 b 5) hat sie den Stoff zu mehr als 8 Tragödien geliefert. – Nach Bethe sind die → Iliupersis und die → Aithiopis Untertitel der kl. I. (und nicht Parallel-Epen), die als Zusammenfassung der Posthomerica in 11 Büchern derselben Buchzahl der Kyprien als Antehomerica entsprechen. Vgl. → Kyklos. G.K.

Q.u.Frg: EGF 36–48 – T.W. Allen, Homeri Opera V, OCT, 1912, 106–107. 127–136 – *Lit:* E. Bethe, Homer II 2 (1922), 1929², 212 bis 227.

2. **I. Latina,** eine im Mittelalter weit verbreitete, in über 100 Handschriften überlieferte Übersetzung der I. in 1070 Hexametern. Die Verkürzung ist ungleichmäßig: Buch 1–5 entsprechen 537 Verse, Buch 13 nur 7, Buch 17 nur 4 Verse. Zusätze und Änderungen weisen auf die Benutzung romfreundlicher mythographischer Handbücher. Abgefaßt unter der julisch-claudischen Dynastie, also vor 68 n. Chr. (vgl. 899ff.). Die ersten und die letzten 8 Verse mit den → Akrosticha ‹Italicus› ‹scripsit› deuten auf → Silius (2) Italicus als Autor oder auf Baebius Italicus (genannt im Cod. Vindob. 3509, vielleicht ein Freund des → Germanicus oder der Statthalter von Lykien i. J. 85). B.K.

Ed: PLM III 3–59 – *Lit:* J. Tolkiehn, Homer u. d. röm. Poesie, 1900 – A. Nathansky, Zur I. Latina, WSt 28, 1906, 306–329; 29, 1907, 260–288 – L. Herrmann, Recherches sur l'I. latina, AC 16, 1947, 241 bis 251.

Ilion → Troja.

Ilione, älteste → Priamostochter, Gattin des Thrakers Polymestor, den sie, für ihre Familie Rache nehmend (→ Polydoros, → Deipylos), tötet (Hyg. fab. 109). K.Schb.

Ilioneus, nach Ovid der jüngste Sohn der Niobe: Bezeichnung für eine noch nicht sicher gedeutete und schwer datierbare Statue in München (Glypt. Nr. 270, H. 0,98 m), nach einem Werk des 4. Jh.s v. Chr. (?). E.Bg.

Lit: Brunn-Bruckmann, 432 – Lippold, GrPl 221.

Ilissosrelief, att. Grabmal eines Jünglings. Pentelischer Marmor. H. 1,68 m. Im J. 1874 im Flußbett des Ilissos in Athen gefunden. Athen, Nat. Mus. Nr. 869. – Eines der Hauptwerke der att. Grabmalplastik, um 330 v. Chr. → Relief. E.Bg.

Lit: N. Himmelmann-Wildschütz, Studien z. I., 1956.

Iliupersis, kyklisches Epos des trojan. Sagenkreises in 2 Büchern (Prokl.), vielleicht aus dem 8. Jh., meistens dem → Arktinos zugeschrieben (Prokl., schol. BT Il. 11, 515; Dion. Hal. 1, 69 u. a.), gelegentlich auch → Lesches (Paus. 10, 25, 5) und → Stesichoros (schol. Eur. Andr. 10). In einzelnen Fragmenten erhalten. – Die I. erzählte die Eroberung → Trojas mit Hilfe des hölzernen Pferdes, das Schicksal des → Laokoon und die Flucht des → Aeneas. Die Nacht, in der Troja zerstört wurde, stellte sie evtl. in einzelnen Episoden dar (vgl. Vasenbilder). Sie schließt mit dem Aufbruch der Achäer zur Heimfahrt. – Die I. fügt sich mit der → Aithiopis zur Schilderung der Ereignisse zusammen, die auf das Iliasgeschehen folgen. – Vgl. dazu auch → Ilias, kleine; Epischer → Kyklos. G.K.

Q.u.Frg: EGF 3. 49–52 – Th. W. Allen, Homeri Opera V, OCT, 1912, 107–108. 137–140 – *Lit:* F. G. Welcker, Ep. Cycl. I, 1835, 288–299 – C. Robert, Bild u. Lied, Philol. Unters. 5, 1881 – M. Schmidt, Troika, Diss. Göttingen 1917 – E. Bethe, Homer II 2 (1922), 1929², 211–226 – W. Kullmann, Die Quellen der Ilias, Hermes Einzelschr. H. 14, 1960, bes. 341–379 – M. I. Wiencke, An Epic Theme in Greek Art, AJA 58, 1954, 293ff.

Illustration. Nach Anzahl und Eigenart der erhaltenen Original-Hss. kann aus ihnen allein keine direkte Vorstellung vom ursprünglichen Verhältnis des Bildes zum → Buch [3] gewonnen werden. Papyrusreste, z. T. aus dem 2. Jh. n. Chr., bes. aber die zwei Vergil-Hss. im Vatikan, die Ilias in der Mailänder Ambrosiana, 12 Terenz-Hss., das Lehrbuch des → Dioskurides in Wien, sind die wichtigsten Zeugen für die heidnische, die ‹Quedlinburger Itala›, die ‹Wiener Genesis› und die Josuarolle (Vatikan) für die christl. Spätantike; sie stammen also aus einer Zeit, in der der Pergamentkodex die Papyrusrolle allgemein ersetzt hatte. Aber dieser Wandel des → ‹Buches› (1 f.) erklärt nicht hinlänglich das Wesen der I. in dem uns seither geläufigen Sinn; vielmehr ist es notwendig, den in der Antike gebräuchlichen Unterschied von *Lehr- und Schmuck-I.* zu berücksichtigen (Bethe): *Lehrbücher* waren schon in Ägypten illustriert, ebenso die röm. Komödientexte. Die hellenist. I. anderer literarischer Gattungen hat Weitzmann mit Hilfe der → ‹Homerischen Becher› und der → ‹Tabulae Iliacae› zu erschließen versucht, im Gegensatz zu andern (u. a. Bethe und Schefold), die als deren Quelle reine *Bilderbücher* annehmen, wie sie das alte Ägypten und noch heute der Ferne Osten kennt. Hier sprachen für die nicht Schriftkundigen die Bilder allein oder waren nur durch kurze Texte ergänzt. Solche Bilderbücher vermittelten z. B. den → Etruskern die Kenntnis griech. Mythologie. Parallel dazu entstand das *Musterbuch* als Vorlage für den bildenden Künstler. Der Einfluß dieser Bilderrollen auf die → Historienmalerei und das → Historische Relief versteht sich von selbst angesichts der monumentalen Bildsäulen, wie sie zum erstenmal → Trajan (zwischen den zwei Bibliotheksflügeln am Forum) errichten ließ. Die Verwendung von Bilderbüchern als Vorlagen für die Wandmalerei, für → Sarkophage und → Kleinkunst hat erstaunlichen Umfang. Davon hebt sich das röm. illustrierte Buch als Lehrbuch deutlich ab; seine I. überdauerte neben dem ebenso zäh weiterlebenden hellenist. Autorenbild die Jahrhunderte. Vgl. → Bild [2]; → Buch [3], → Malerei E [3]; [6] f. C.K.

Lit: Th. Birt, Buchrolle in der Kunst, 1907 – A. W. Bijvanck, Spätantike Buchmalerei, AA 48, 1933, 373–382 – E. Pernice, HbArch I, 1939, 306 – E. Bethe, Buch und Bild im Altertum, 1945 – J. Fink, Bilderfolgen zu fünf Szenen in der Kunst der Spätantike, RM 65, 1958, 142–154 – E. Bielefeld, Zum Problem der kontinuierenden Darstellungsweise, AA 71, 1956, 29–34 – K. Weitzmann, I. in Roll and Codex, 1947 – Ders., Ancient Book Illumination, 1959 – Beyen II 298ff. – K. Schefold, Stultifera Naus, 1950, 104ff. – Ders., Vorbilder röm. Landschaftsmalerei, AM 71, 1956, 211–231 – Ders., VP, 78f. u. passim – C. Bertelli, EAA IV, 1961, 111–117.

Illustris → Clarissimus.

Illyrien, gebirgige Landschaft an der Ostküste der Adria mit zahlreichen Inseln nördl. → Epirus (Kt. 2209 BC 3/4). Die indogerman. Illyrer zerfielen in zahlreiche Stämme ohne politischen Zusammenhang, von denen die Dalmater, Liburner, Japuden, Dardaner und Istrer die wichtigsten sind. Vorgeschichtlich auch in weiteren Gebieten Südosteuropas (Ostalpen). In der Zeit der großen Wanderungen um 1200 v. Chr. drangen Illyrer in Griechenland ein, ferner sind möglicherweise die → Philister an der Küste Palästinas Illyrer; in den ersten Jahrhunderten nach 1000 v. Chr. Festsetzung im östl. Italien, wo die Apuler, Japygen und Messapier in Apulien und andere kleine Gruppen als illyrisch gelten (vgl. aber → Illyrisch). Die Illyrer waren als → Seeräuber gefürchtet. Griech. Kolonien an der Küste nur → Apollonia und → Epidamnos, erst im 4. Jh. v. Chr. einzelne Punkte weiter nördl., so die Inseln Issa (Lissa), Pharos (Lesina) und Schwarzkorkyra (Curzola). E.M.

Lit: St. Casson, Macedonia, Thrace and Illyria, 1926 – C. Patsch, Die einstige Siedlungsdichte des illyr. Karstes, SB Wien 215, 3, 1933 – W. Borgeaud, Les Illyriens en Grèce et en Italie, 1943.

[2] Die Griechen gerieten jedoch bald mit den → Seeräuberei betreibenden Illyriern in Konflikt und riefen Rom um Hilfe, dessen Handel gleichfalls beeinträchtigt war. Der erste bewaffnete Konflikt endete 228 v. Chr. mit der Niederlage der illyrischen Königin → Teuta, die den Süden ihres Reiches freigeben mußte. Rom begnügte sich zunächst nur mit einem Protektorat. Erst im 2. Illyr. Krieg (219 v. Chr.) faßten die Römer erstmals in I. Fuß. Auch in der Folge bleibt der Einfluß Roms auf das engste Küstengebiet beschränkt; das Innere von I. bleibt unabhängig, ist auch nicht von der Küste her anzugehen, da von einem mächtigen Gebirgswall von dieser getrennt. Rom mußte erst die Grenzburgen an der Nordostpforte Italiens brechen, wo sich die → Japoden, ein stark keltisch beeinflußter illyrischer Stamm, niedergelassen hatten. Nach verschiedenen vergeblichen Versuchen gelingt dies erst Oktavian (→ Augustus), der Frühj. 35 v. Chr. einen Vorstoß über das japodische Gebiet bis Siscia unternimmt, der Schlüssel-

stellung für weitere Operationen in I. Mit dem Durchbruch durch die Karstsperren ist die Voraussetzung für die Unterwerfung auch des südlichen I. gegeben, die 34 und 33 v. Chr. durchgeführt wird. Erst 14–12 v. Chr. wird auch das nördl. I. bis zur Donau dem röm. Imperium einverleibt. Die ursprünglich senatorische Provinz Illyricum wird alsbald kaiserlich und nach dem großen pannonisch-dalmatischen Aufstand 9–6 v. Chr. geteilt. Für superior provincia Illyricum bürgert sich allmählich die Bezeichnung Dalmatia, für die inferior provincia Illyricum der Name Pannonia ein. Der Gesamtbegriff Illyricum bleibt aber auch danach für die illyrische Zollverwaltung (publicum portorium Illyricum) erhalten, die jedoch auch nichtillyrische Gebiete umfaßt. Seit Diokletian wird der Name Illyricum für zwei Diözesen (Illyricum orientale und Illyricum occidentale) verwendet. B. S.

Lit: G. Zippel, Die röm. Herrschaft in I. bis auf Augustus, 1877 – G. Veith, Die Feldzüge des C. Julius Caesar Octavianus in I. in den J. 35–33 v. Chr., 1914 – E. Swoboda, Oktavian u. I., 1932 – B. Saria, Rom u. d. Südosten im Altertum, in: Südost-Forschungen XII, 1953 – W. D. von Barloewen, Abriß d. Gesch. der antiken Randkulturen, 1961, bes. 83–95 (Lit).

Illyrisch. Da von einheimischen Sprachen der röm. Provinz *Illyricum* keine Schriftzeugnisse und nur wenige → Glossen bekannt sind, begann man vor etwa 50 Jahren, die antiken Orts- und Personennamen zu untersuchen, um so das ‹Illyrische› zu erfassen. Daraus, daß gleiche oder ähnliche Wortstämme und Suffixe in Namen aus fast ganz Europa begegnen, schloß man weiter auf eine vorgeschichtliche Ausbreitung der Illyrier und identifizierte diese mit den Trägern der *Urnenfelderkultur*. Doch sind die sprachlichen Elemente für diese viel zu weitgehenden Schlüsse zu wenig charakteristisch; sie können ebensogut anderen, etwa auch verschollenen, westindogerm. (nach Krahe ‹alteuropäischen›) Idiomen angehört haben, soweit die Übereinstimmungen nicht auf zufälligem Gleichklang beruhen. Seitdem man die Zugehörigkeit zum I. für das *Venetische* und *Messapische* in → Italien (B 2) abgelehnt bzw. in Frage gestellt hat, bezweifelt man neuerdings sogar, daß die vorröm. Sprache von Illyricum selbst überhaupt einheitlich war. Das Bild vom I. (bzw. von den indogerman. Sprachen dieses Raumes) muß wieder neu erarbeitet werden. H. R.

Lit: H. Krahe, Die Sprache der Illyrier I, 1955 – Ders., Vorgeschichtl. Sprachbeziehungen von den balt. Ostseeländern bis zu den Gebieten um den Nordrand der Adria, 1957 – A. Mayer, Die Sprache der alten Illyrier. 1957–59.

Ilos, Sohn des Tros und der Kallirrhoe, Vater des → Laomedon, Gründer von Ilion (Apollod. 3, 142; Diod. 4, 75). In Phrygien erhält er auf Geheiß eines Orakelspruches vom König eine scheckige Kuh mit der Weisung, dort eine Stadt zu gründen, wo die Kuh sich niederlege (vgl. → Kadmos). Sie führt ihn in die Nähe seiner Heimat zum Skamandros, wo sie sich auf einen Hügel legt. I. gründet die Stadt und baut für das von Zeus vom Himmel gesandte Palladion (Kultbild) einen Tempel. H. S.

Imagines maiorum, die wächsernen Gesichtsmasken (Plin. nat. 35, 6) der verstorbenen Vorfahren, die ein kurulisches Amt bekleidet hatten, trugen als Aufschrift die Daten ihrer Ämterlaufbahn (→ Cursus honorum); sie wurden in Schränken im → Atrium (Iuv. 8, 19) aufbewahrt. W. K.

[2] In der *Pompa funebris* eines Vornehmen wurden die Ahnen des Verstorbenen von Schauspielern dargestellt, die bunte Masken (imagines) trugen und in zeitlicher Reihenfolge vorbeizogen; ihnen folgte das Paradebett, auf dem der Tote lag (Polyb. 6, 53; Suet. Vesp. 19, 2). Auf diese Weise war bei jeder Bestattung eines Vornehmen die ganze Geschichte der gens und in ihr die Geschichte Roms gegenwärtig. Vgl. → Bestattung. H. Le B.

Imago clipeata, Bezeichnung für die abgekürzte Darstellung eines → Porträts (oder anderer Bildgestalt) im Schildrund (εἰκὼν γραπτὴ ἐν ὅπλῳ – εἰκὼν ἔνοπλος), in Marmorplastik, Malerei und indirekt auch in der Bronzeplastik belegbar, wohl ursprünglich aus dem Brauch der Schildweihe hervorgegangen und allmählich als bloße Zierform wie das Tondo (Medaillon) verstanden. In Rom werden nach Plin. nat. hist. 35, 12ff. imagines clipeatae schon für die Zeit des App. Claudius (6) Caecus (cons. i. J. 307 und 296) bezeugt, im griech. Bereich sind sie erst seit hellenist. Zeit belegt und werden nicht nur für die Darstellungen von Porträts, sondern auch von Göttern und Heroenköpfen bzw. Büsten verwendet. Sicher datiert sind die Marmorschilder des del. Heiligtums der samothrakischen Götter (101/100 v. Chr.), vgl. ferner die Medaillons vom Heroon von Kalydon. E. Bg.

Lit: J. Bolten, Die I. c., 1937 – A. Salatch, I. c. et εἰκὼν ἔνοπλος, RA 9, 1937, 16–32 – G. Becatti, Due imagines clipeatae ostiensi, Le Arti, 4, 1942, 172–184 – Ders., EAA II, 1959, 718–721 – Vgl. C. Michalowski, Délos XIII, 1932, 9f., Taf. 8 – E. Dyggve-F. Poulsen-K. Rhomaios, Das Heroon von Kalydon, 1934, 47–49.

Imbrex → Licinius.

Imhotep *(Ij-m-ḥtp)*, Baumeister des ägypt. Königs → Djoser, der die Stufenpyramide von Saqqara errichtete, später als Heilgott verehrt. In griech. Zeit war ein Buch von ihm bekannt und ins Griechische übersetzt; sein Inhalt ist ungewiß. Bereits im Mittleren Reich schrieb man ihm auch eine Weisheitslehre zu. Ihm opferten die Schreiber vor Beginn der Arbeit einen Tropfen aus ihrem Wassernapf. W. Hk.

Imitation *literarischer Vorbilder* (über Nachahmung der *Wirklichkeit* → Mimesis und Ästhetik). I. steht – sofern sie nicht in sklavischer Nachahmerei befangen bleibt (vgl. hierüber Hor. epist. 1, 19) – als eine Form geistiger Aneignung nach antiker Auffassung grundsätzlich nicht im Gegensatz zur ‹Originalität› (vgl. Hor. ars 128 ff.). I. ist vielmehr ein ehrenvoller und legitimer Weg künstlerischen Gestaltens; ganz bes. gilt dies von einer Literatur wie der römischen, die an der Begegnung mit der griechischen zu sich selbst findet. Die Praxis antiken Dichtens (und Schreibens überhaupt) ist seit den homerischen Sängern vom Prinzip produktiven Nachahmens beherrscht (über Vergil → Plagiat; vgl. auch Gell. 9, 9; Quint. inst. 10, 1, 85); dementsprechend spielt der Gedanke der Mimesis (imitatio) und das Zelos (aemulatio) auch in der antiken Kunsttheorie eine wichtige Rolle (zur Stufung certare – aemulari – imitari – interpretari vgl. Lucr. 3, 1 ff.; Prop. 2, 34, 31 f.; 4, 6, 1 ff.; Cic. fin. 1, 4 ff.; acad. 1, 3 ff.; leg. 2, 17; Hor. carm. 4, 2, 1; epist. 1, 19, 19 ff.; ars 119 ff.; Phaedr. 2 epil. 4 prol.; Vell. 2, 36, 2; Plin. epist. 7, 30, 5; 1, 2, 2 f.). Lernen geschieht allein im übenden Nachvollziehen *(imitatione optimorum similia inveniendi facultas paratur*, Plin. epist. 7, 9, 2), Originalität liegt im wetteifernden Überbieten (Arellius Fuscus bei Sen. contr. 9, 1, 24, 13; vgl. auch Isokr. paneg. 8), sie soll nicht im Was, sondern im Wie liegen (Hor. ars 128. 47 f.). Daher die hohe Einschätzung der Lektüre (vgl. auch Quint. inst. 1, 8, 5; 10, 1, 10) bei dem Auctor ‹Über das Erhabene› (13); gute Bücher formen die Seele, die dann ihrerseits schöne Gestaltungen hervorbringt (Theon, prog., Spengel II 61, 28). Zur rhetorischen Lehre von der Nachahmung (nicht der Wirklichkeit, sondern literarischer Muster) vgl. außerdem Dionys. imit. fr. 3 (28) p. 200, 24 U.–R.; Ps.-Dionys. ars 10, 19 (394) p. 373, 16 U.–R.; Rhet. ad Her. 1, 3; Quint, inst. 10, 1 und 2 passim. – Vgl. dazu auch → Zitat, → Plagiat. M. v. A.

Lit: A. Reiff, Interpretatio, imitatio, aemulatio, Diss. Köln 1959; vgl. M. Fuhrmann, Gnomon 33, 1961, 445–448 (die Terminologie im Lat. weniger fest, als Reiff glaubt) – W. Kroll, Rhetorik, RE Suppl. 7 (1940), 1113–17 – W. Bühler, Beitr. zur Erklärung der Schrift vom Erhabenen, 1964 – G. N. Knauer, Die Aeneis und Homer, 1965 – Vgl. auch → Plagiat, → Zitat.

Immortelle. Auf die I. bezieht sich wahrscheinlich ἑλίχρυσος zusammen mit χρυσάνθεμον und ἀμάραντος. Die Überlieferung weist in den Bereich der → Hera und der → Artemis, deren Bild zuerst in Ephesos mit den unverwelkbaren Blüten bekränzt wurde. Vgl. → Flora. J. W.

Lit: Murr, Pflanzenwelt, 194f.

Immunitas, Befreiung von Steuern. I. gab es in Rom zu allen Zeiten. Vom → Tributum waren die Proletarier befreit, von der Erbschaftssteuer die nächsten Verwandten des Verstorbenen und die ganz Armen, von den → Zöllen alle Veteranen. Im spätröm. Reich waren Steuerbefreiungen häufig, insbes. mit Rücksicht auf die Politik, die Wirtschaft (bei Naturkatastrophen und Kriegsschäden), die sozialen Verhältnisse (für Soldaten und Veteranen, bestimmte Beamte, Künstler und Wissenschaftler, Witwen und Waisen) und die Staatsfinanzwirtschaft (kaiserlicher Grundbesitz, Kirche und Klerus, Sicherstellung der Versorgung der großen Städte). Auch für die → Munera waren weitgehende Befreiungen vorgesehen. R.Kn.

Imperator, ursprünglich jeden Inhaber des → Imperiums im Felde bezeichnend, später nach siegreicher Schlacht durch Akklamation des Heeres (zuerst anscheinend 209 v. Chr.: Polyb. 10, 40, 5; Liv. 27, 19, 4) oder auch des Senates (Cic. Phil. 14, 11 f.) als Ehrentitel verliehen. Mehrmalige Akklamation durch Zahladverb ausgedrückt (→ Sulla, → Pompeius, 2). Dies jedoch nicht bei → Caesar (1). Daher hier als Namensbestandteil angesehen und durch Senatsbeschluß für vererblich erklärt (Dio. Cass. 43, 44, 2 f.). Von Octavian seit 38 v. Chr. (Sydenham, Coin. Rom. Rep., 1952, Nr. 1329. 1331) mit späterer Billigung des Senates (Dio Cass. 52, 41, 3 f.) als praenomen verwendet, dazu aber auch weiter als Titel mit Zählung der Akklamationen geführt (z. B. Dessau 91). In der Folge als praenomen erst seit → Vespasian ständig gesetzt. Wird durch Kollision mit dem ‹privaten› praenomen wieder zum Titel (vgl. l'empereur). Partizipation des Kaisersohnes (zuerst → Titus, 1) bedeutet Designation zur Nachfolge. Imperatorische Akklamation seit 22 n. Chr. (Tac. ann. 3, 74, 4) auf Princeps und Mitherrscher beschränkt. → Caligula als erster Kaiser vom Senat zum Imperator akklamiert (Act. Arv. p. 81. 111 Pasoli), gewöhnlich aber Initiative der Soldaten. Von der 2. H. des 3. Jh.s ab jährliche Hinzufügung einer Iterationsziffer. – Vgl. → Imperium. H.B.

Lit: L. Wickert, RE 22, 2 (1954), 2278–2281 – D. Kienast, Imperator, ZRG 78, 1961, 403–421 – Bl. Parsi, Désignation et investiture de l'empereur romain, 1963.

Imperium, den höchsten Magistraten (Dictator, Konsul, Konsulartribun, Prätor, Reiteroberst) mit → lex curiata übertragene, durch → fasces symbolisierte besondere Form der Amtsgewalt. Umfaßt als wichtigste Kompetenzen Heereskommando und Rechtsprechung. Die aus der Königszeit überkommene (Mommsen) oder erst im Ständekampf erlangte (Heuß) Schrankenlosigkeit ruft Einführung der → provocatio ad populum für den Bereich ‹domi› 509 (449) bzw. 300 hervor. Als Folge von Kriegen und Gewinnung von Provinzen häufig Verlängerung der üblichen Jahresfrist einerseits, Ausdehnung des Provokationsrechtes auf den Bereich ‹militiae› (2. Jh.) andererseits. Seit → Sulla sind regelmäßig Konsuln und Prätoren nach ihrer Amtszeit Imperiumsträger für eine Provinz. Ihnen ist gelegentlich der Inhaber eines imperium extraordinarium übergeordnet (Cic. Phil. 11, 30). Ein solches imperium maius bildet seit 23 v. Chr. (Erweiterung des 27 für die kaiserlichen Provinzen verliehenen imperium proconsulare) die Grundlage der Machtstellung des → Augustus und der folgenden Kaiser in allen Provinzen, seit → Trajan (CIL XVI 62) titular durch proconsul ausgedrückt. H.B.

Lit: Mommsen, Staatsrecht I passim; II 840–869 – A. Heuß, Zur Entwickl. des I.s der röm. Oberbeamten, ZRG 64, 1944, 57–133 – K.-H. Vogel, I. und Fasces, ZRG 67, 1950, 62–111 – P. de Francisci, Intorno alla natura e alla storia dell'Auspicium Imperiumque, Studi Albertario I, 1953, 397–432 – L. Wickert, RE 22, 2 (1954), 2270–78; 2281–82 – M. Gelzer, Das erste Konsulat des Pompeius (1943), in: Kl. Schr. II, 1963, 184–189.

Impluvium, Sammelbecken für Regenwasser unterhalb des Compluvium im Atrium des röm. → Hauses. C.K.

Improvisation. [1] Innerhalb des *Theaters* zunächst für die Anfänge der Tragödie und Komödie charakteristisch, später dann nur noch in den primär unliterarischen Gattungen des Schauspiels bestimmend, bes. im → Mimus, dessen Wesen geradezu durch die I. mitbestimmt war, daneben teilweise auch in der → Pantomime. E.-R. Sch.

[2] Die I. der *Rede* (*extemporalis* im Gegensatz zur *elaborata oratio*, Quint. inst. 4, 1, 54; vgl. 10, 7, 1) wurde schon von → Alkidamas mit Nachdruck empfohlen. → Rhetorik B [2]. H.H.

Lit: Lausberg, I 158. 547 – Kennedy, Persuasion, 5. 172 f.

Imulae, röm. Siedlung an der 196 v. Chr. angelegten → Via Aemilia (Kt. 1420 D 3; heute Imola). Der Name Forum Cornelii vielleicht im Zusammenhang mit einer Koloniegründung → Sullas (Prud. perist. 9). Einfache Stadtanlage mit Cardo und Decumanus, einem Stück der Via Aemilia. Überreste von Häusern mit kaiserzeitl. Mosaiken. Amphitheater vor der Stadt. B.A.

Lit: F. Mancini-G. A. Mansuelli-G. Susini, I. nell'antichità 1957.

In integrum restitutio, im → Formularprozeß Maßnahme des Gerichtsmagistrats, durch die er Rechtsnachteile infolge Übervorteilung Minderjähriger, Fristversäumung wegen begründeter Abwesenheit (insoweit ähnlich der modernen ‹Wiedereinsetzung in den vorigen Stand›), Zwang, Betrug u. ä. für nicht eingetreten erklärt mit der Folge der Gewährung entsprechender Rechtsbehelfe (iudicium rescissorium, → exceptio). G.J.

In iure. Verfahren in iure und apud iudicem sind im älteren und klassischen röm. → Recht (III B 1) Abschnitte des normalen Zivilverfahrens. G.J.

Inachos, Flußgott, Sohn des Okeanos und der Tethys, ältester König von Argos. Er (oder sein Sohn → Phoroneus) spricht im Streit zwischen Poseidon und Hera dieser Argos zu, wofür Poseidon sein Flußbett austrocknet. K. Schb.

Inaros, libyscher Prinz, Sohn des → Psammetich. Unterstützte i. J. 460 den Aufstand der Ägypter. Nach der schweren Niederlage seiner athen. Verbündeten auf der Insel Prosopitis ergab er sich den Truppen des Artaxerxes unter → Megabyzos (454); dieser nahm ihn gefangen und ließ ihn kreuzigen. G.R.

Inauguratio, Zeremonie, die nach Befragung der Götter durch die Auguren gewissen Personen oder gewissen Stätten einen geweihten Charakter verlieh, ursprünglich Ritus der Machtübertragung. Die I. war nötig für die Tempel, für den Rex sacrorum, die → Flamines maiores und die → Auguren selbst, anscheinend aber nicht für die → Pontifices. Liv. 1, 18 beschreibt archaisierend, aber im ganzen wohl zutreffend die I. aus Anlaß der Einsetzung des Numa als Königs. H. Le B.

Lit: Latte, 141.

Inauna → Ištar.

Incubus oder *Incubo*, eine Art von Dämon, der nachts die Frauen verführte; zuweilen identifiziert mit → Faunus oder → Silvanus (Serv. Aen. 6, 775; Augustin. civ. 15, 23). Bei Petron (38, 8) bewacht ein I. einen Schatz. H. Le B.

Indictio, in der Kaiserzeit bis ins 3. Jh. jede außerordentliche, vom Kaiser ‹angesagte›, in natura zu entrichtende Getreidesteuer (→ Annona). → Diokletian wandelte sie 297/298 in eine jährliche Steuer um, die auf einem alle 5 Jahre zu wiederholenden Census des ländlichen Grundbesitzes und einer alle 15 Jahre (so wenigstens in Ägypten) vorzunehmenden Volkszählung basierte. Der Census ist jedoch wegen der damit verbundenen Schwierigkeiten gewöhnlich auch nur alle 15 Jahre durchgeführt worden. Dieser 15 jährige Zyklus wurde seit 312/313 allgemein bei der Zeitrechnung zugrunde gelegt. Die Steuereinheit hieß caput bzw. iugum. R.Kn.

Indien. Die erste greifbare Vorstellung von Indien bei den Griechen geht auf → Aristeas (1) v. Prokonnesos zurück, der dorthin die die Goldminen bewachenden Greifen versetzt. Um 510 v. Chr. erforschte → Skylax v. Karyanda den Indus, aus dessen Namen die Bezeichnung des Landes abgeleitet wurde. Auf ihm fußen → Hekataios' (3) und → Herodots

Beschreibungen. Durch → Ktesias lernten die Geographen wenig Neues, da er über Indien lieber Fabeln verbreitete, darunter manche aus Aristeas, als glaubwürdige persische Berichte bearbeitete. So erwähnt er vom Ganges, den er zum erstenmal unter dem pers. Namen Hypobaros schildert, nur das Wundervolk der hundsköpfigen Kynokephalen. Erst durch den Zug → Alexanders (5) d. Gr. und die Herrschaft der → Seleukiden, deren Gesandter → Megasthenes sich in → Palimbothra aufhielt, wurde I. für die griech. Geographie wirklich gewonnen. Ihm verdanken wir z. B. die erste Kenntnis der → Brahmanen. Die griech. Herrschaft im Gandhara 175–ca. 30 v. Chr. brachte wenig dazu, hatte aber großen Einfluß auf die ind. Kunst. Die Entdeckung der Seestraße durch → Hippalos öffnete im 1. Jh. v. Chr. dem griech. Handel den Zugang zu den ind. Küsten über die Sokotra-Inseln. Von der Bedeutung dieses Verkehrs zeugen die griech. Siedlungen auf Ceylon, die Funde röm. Münzen auf der Ostküste um Pondichéry und die cingalesische Gesandtschaft in Rom unter Claudius. Durch die engeren Verbindungen mit I. wurde im → Periplus maris Erythraei, bei → Marinos (3) und → Ptolemaios (17) und schließlich kurz vor der Hidschra auch bei → Kosmas (2) Indikopleustes die Darstellung des Landes fortwährend verbessert. F. L.

Lit: W. Reese, Die griech. Nachr. über I. bis z. Feldzuge Alexanders d. Gr., 1914 – W. W. Tarn, The Greeks in Bactria and I. (1938), 1951².

Indigetes, Beiwort für röm. Götter, dessen genaue Bedeutung unbekannt ist; die Beziehung zu indigitare, ‹einen Gott rituell anrufen›, und → Indigitamenta bleibt sehr unklar. Keine der vorgeschlagenen Etymologien vermag zu befriedigen, z. B. die Götter, die ‹im Inneren von etwas› (endo) ‹verweilen› oder ‹wirken› (agitare). – Die Einzahl Indiges ist selten überliefert: für die Sonne (→ Sol Indiges); für einen Jupiter I. oder Pater I., der an den Ufern des Numicus verehrt wurde; für den zum Gott erhobenen Aeneas. Die viel häufigere Mehrzahl bezeichnet eine Art von Göttern, über deren Wesen sich schon die Gelehrten zur Zeit Varros stritten. In gewissen Texten sind die *di Indigetes* anscheinend die Nationalgötter Roms (Liv. 8, 9, 6 mit Tert. nat. 2, 9). G. Wissowa hat I. mit indigenae gleichgesetzt und verwendet, um die alteingesessenen Götter im Gegensatz zu den di → Novensides, d. h. den neueingeführten, zu bezeichnen; aber diese Deutung von Novensides ist umstritten, und daß Indigetes nicht ‹einheimisch› heißt, steht heute fest, so daß Wissowas Versuch, alle römischen Gottheiten in die zwei Kategorien, di. I. und di N., aufzuteilen, dahinfällt. H. Le B.

Lit: G. Wissowa, Religion und Kultus der Römer, 1912, 18 ff. – C. Koch, Gestirnverehrung im alten Italien, 1933, 78 ff. – H. J. Rose, The oath of Philippus and the Di indigetes, HThR 30, 1937, 165–181 – A. Grenier, Indigetes et Novensiles, divinités collectives de l'ancienne religion romaine, in: Miscelânea Coelho, 1949, 192–205 – Latte, 43–45.

Indigitamenta, Verzeichnisse von Götternamen, enthalten in den Büchern der → Pontifices, mit Angaben über die Umstände, unter denen diese Gottheiten angerufen werden sollten (indigitare, ‹die Götter bei ihrem Namen rufen›; die Etymologie aus → indiges wird nicht mehr anerkannt, eine allseitig tragfähige Etymologie ist noch nicht gefunden). Wir kennen eine große Anzahl von solchen Spezialgottheiten: so rief man z. B. bei einem → Opfer für → Tellus und → Ceres zwölf kleine Götter an, deren Namen den landwirtschaftlichen Arbeiten entsprechen: Umwender des Brachfeldes (Vervactor), Erneuerer des Bodens (Reparator), Furchenzieher (Imporcitor), Säer (Insitor), Pflüger (Obarator), Egger (Occator), Zwiebracher (Sarritor), Jäter (Subruncinator), Ernter (Messor), Einbringer (Convector), Der in die Scheune bringt (Conditor), Der aus der Scheune nimmt (Promitor) (Serv. georg. 1, 21 aus Varro, der Fabius Pictor zitiert). Verwandte Reihen haben bes. den christlichen Polemikern als Ziel ihres Spottes gedient (Aug. civ. u. a.). H. Le B.

Indogermanisch

[1] Begriff – [2] Gliederung – [3] Lautbestand – [4] Formenbestand – [5] Grundsprache.

[1] *Begriff. Idg.* oder *Indoeuropäisch* sind zwei gleichwertige, rein linguistische Begriffe (gebraucht, wohl auch geprägt zuerst von J. von Klaproth, 1823, bzw. Th. Young, 1813). Sie bezeichnen: (1) eine bestimmte Reihe von Sprachen, deren Ähnlichkeiten im grammatischen Bau nicht aus unabhängiger Parallelentwicklung erklärbar sind; – (2) die Gemeinsamkeiten im Lautsystem, in der Wort- und Formenbildung, in Wortschatz und Syntax dieser Sprachen; – (3) die durch (2) vorausgesetzte vorhistorische Grundsprache, aus der die historisch bekannten Sprachen (1) hervorgegangen sind.

[2] *Gliederung.* Die idg. Sprachen gruppieren sich um eine gedachte Linie, die Ceylon mit Island verbindet (daher: ‹*indogermanisch*›). Zu ihnen zählen: (1) Indisch (genauer: Indoarisch), (2) Iranisch, (3) Tocharisch, (4) die altanatolischen Sprachen, (5) Armenisch, (6) Griechisch, (7) Albanisch, (8) die italischen Sprachen, (9) Keltisch, (10) Germanisch, (11) Baltisch und (12) Slawisch. (1) und (2) werden, da sie sprachhistorisch sehr eng miteinander verwandt sind, als *Indoiranisch* (oder Arisch) zusammengefaßt. Bei einigen (1.4.6) reichen die Denkmäler bis Mitte des 2. Jt.s v. Chr. zurück, andere beginnen erst Mitte des 2. Jt.s n. Chr. in Erscheinung zu treten (7.11). – Unter (4) vereinigt man jetzt Hethitisch, Luwisch, Palaisch, ferner Lykisch und Lydisch (→ Kleinasiatische Sprachen), unter (8) Lateinisch, Faliskisch, Oskisch, Umbrisch und Venetisch, deren Verwandtschaftsgrad jedoch umstritten ist (→ Italien B 2). Das Material wird im antiken Mittelmeerraum weiter ergänzt durch eine Anzahl von Sprachen, die nur aus dürftigen, z. T. noch nicht sicher gedeuteten Inschriften oder indirekt aus Glossen, Eigennamen und Lehnwörtern bekannt oder erschlossen und in ihrem Verhältnis zu (1) bis (12) schwer bestimmbar sind (→ Phrygisch, → Thrakisch, → Makedonisch, → Illyrisch, → Messapisch, Keltiberisch [→ Iberische Sprachen] und das nur erschlossene ‹Pelasgische› oder → ‹Vorgriechische›). – Eine umfassende, aber im ganzen wenig besagende Gruppierung erlauben die *K*(= *k*, *g*, *gh*)-Laute. Die idg.

Dreiheit *K* ↙ ↘ *K̂* – *Ku̯* (*K*= Velar, *K̂*= Palatal, *Ku̯*= Labiovelar)

ist überall nur als Zweiheit erhalten: Im Westen (6.8.9.10, aber auch 3.4) ist *K̂* > *K* geworden und steht dem *Ku̯* gegenüber (Abb. 104), während sich im Osten (1.2.5.7.11.12) *K*, *Ku̯* > *K* dem *K̂* gegenüberstellt, welches sich in diesen Sprachen zum Zisch- oder Reibelaut entwickelt (Abb. 104). Nach dem lat. bzw. avest. Wort für ‹100› nennt man die erste Gruppe Kentum-, die zweite Satemsprachen.

Idg.		Griech.	Lat.	Ahd.	Altind.	Avesta	Lit.
Palatal *k̂*	*k'm̥tóm* ‹100›	*ἑ-κατόν*	*centum*	*hunt*	*śatám*	*satəm*	*šim̃tas*
Velar *k*	*kreu̯* ‹blutiges Fleisch›	*κρέας*	*cruor*	*(h)rō*	*kravíṣ*	*xrū-*	*kraũjas*
Labio-velar *ku̯*	*ku̯i-*, *ku̯o-* ‹wer›	*τίς* myk. *qis*	*quis*, *quod*	*hwër* *hwaz*	*kaḥ*	*kas*	*kàs*

Abb. 104 Die indogermanischen k-Laute in den Einzelsprachen

Unerwartete *K*-Laute statt Spiranten finden sich vor allem in (11) und (12). – Eine weitere Einteilungsmöglichkeit, die sich jedoch nicht mit der Kentum-Satem-Gruppierung deckt, ergibt sich aus der vor allem über Europa nördl. der Alpen verbreiteten, einheitlichen Gewässernamengebung, die wegen ihrer geographischen Ausdehnung nicht innerhalb *einer* der aus diesem Raum bekannten idg. Sprachen entstanden sein kann und deshalb einer Zeit (ca. 1500 v. Chr.) angehören muß, in welcher 8.9.10.11. (unsicher 12) noch eine (dialektisch untergliederte) Einheit, das sog. *Alteuropäische*, bildeten, während z. B. 1+2.4.6 schon eine eigene, ausgeprägte Sprachindividualität besaßen, d.h. Latein und Griechisch sind zwar beides Kentumsprachen, gehören aber zwei verschiedenen idg. Sprachgruppen an.

[3] *Lautbestand.* Aus den aufgezählten Sprachen läßt sich auf Grund der Tatsache, daß sich das Lautsystem einer Sprache im ganzen regelmäßig *(lautgesetzlich)* verändert, nach Abzug der historischen Sonderentwicklungen eine Reihe von Lauten abstrahieren, die zugleich als Quelle der tatsächlich bezeugten Laute und als zusammenfassende

Idg.		Altind.	Avesta	Griech.	Lat.	Got.	Lit.
bh	*bhrātēr* ‹Bruder›	*bhrā́tā*	*brātā*	*φρά́τηρ*	*frāter*	*brōþar*	*broterē̃lis*
dh	*dhē-* ‹setzen, tun›	*á-dhāt*	*dāt*	*ἔ-θηκε*	*fēcit*	*dē-* (in *gadēþs* ‹Stellung›	*dė̃ti*
gh	*steigh-* ‹steigen›	*stighnómi*	—	*στείχω*	—	*steiga*	*steĩgti* ‹errichten›

Abb. 105 Die indogermanischen Mediae aspiratae in den Einzelsprachen

Formel angesehen werden können. So gewinnt man die idg. *Vokale* ā̆, ē̆, ō̆, ī̆, ū̆, von denen ā̆, ē̆, ō̆ mit *i* und *u* diphthongische Verbindungen eingehen können, ferner vokalische (sonantische, d.h. silbenbildende) *Liquiden* r̥, l̥ und *Nasale* m̥, n̥. An Konsonanten erhält man bei den Verschlußlauten *(mutae)* die *Labiale p, b, bh*, die *Dentale t, d, dh*, dann (vgl. → Gutturale) die *Palatale k̂, ĝ, ĝh*, die *Velare k, g, gh* und die →*Labiovelare kᵘ̯, gᵘ̯, gᵘ̯h*, also je drei Artikulationsarten: stimmlos *(tenues)*, stimmhaft *(mediae)* und stimmhaft aspiriert *(mediae aspiratae;* über diese vgl. Abb. 105); ferner i̯, u̯ (konsonantisches *i* und *u*), die *Liquiden r, l*, die *Nasale m, n* und endlich *s*. Im Zuge einer weiteren, systematisierenden Abstraktion fügte man den Vokalen zunächst einen Murmelvokal ə (schwa indogermanicum), der im Indoiranischen mit *i*, sonst mit *a* zusammenfällt (altind. *pitā*: lat. *pater*), und die langen sonantischen Liquiden und Nasale r̥̄, l̥̄, m̥̄, n̥̄ hinzu. Endlich ging man dazu über, sog. *Laryngale* anzunehmen und z.B. die Langvokale, sofern sie nicht durch Ablaut entstanden sind, als eine Art Diphthonge ($\bar{e} = e\partial_1$, $\bar{a} = e\partial_2$, $\bar{o} = e\partial_3$) aufzufassen. Mit Hilfe dieser Laryngale, die man sich wie semitische Kehllaute ausgesprochen denken kann, glaubt man u. a. die auffallende Seltenheit des idg. *b* erklären und auf den umstrittenen Ansatz von idg. *Tenues aspiratae ph, th, kh* verzichten zu können, da sich griech.-altind. Gleichungen, wie z. B. *οἶσθα* = *vettha*, ‹du weißt›, auf ein **u̯oid-tha* < **u̯oid-tə₂e* zurückführen lassen. Über Zahl, Art und Ansatz der Laryngale ist eine communis opinio jedoch noch nicht erreicht, so daß sich die Struktur des idg. Lautsystems vorerst nicht genauer bestimmen läßt.

[4] *Formenbestand.* Für das Idg. charakteristisch ist eine reiche Formenbildung. Diese erfolgt meistens durch Suffixe, seltener durch Infixe (→ Affixe). Sowohl die Wurzeln als auch die Suffixe und Infixe können in verschiedenen →*Ablaut*-Formen auftreten; z. B. Wurzel *i̯eug-, i̯ug-*: *i̯eug-os*, ‹Gespann›, Lok. *i̯eug-es-i*; *i̯u·ne·g-mi*, ‹ich verbinde›, Plur. *i̯u·n·g-mes*. – Bei der *Nominalflexion* werden drei Genera unterschieden: Masc., Fem., Neutr. Die acht größtenteils bildungsmäßig voneinander unabhängigen Kasus (Nom., Acc., Instrument., Dat., Abl., Gen., Loc., Voc.) werden durch Ablaut und besondere Endungen in drei Numeri: Sing., Plur. und Dual von vokalischen oder konsonantischen Stämmen aus gebildet. Von letzteren sind bes. altertümlich die Heteroklita, d.h. Paradigmen, die sich aus verschiedenen Stämmen (z.B. *r-/n*-Stämme wie in lat. *femur, feminis*, griech. *ὕδωρ, ὕδατος*: heth. *wātar*, Gen. *wetenaš*, ‹Wasser›) zusammensetzen. In jüngeren Sprachstadien nehmen die *ā*- und *o*-Stämme an Zahl und Einfluß auf Kosten der übrigen Deklinationsklassen zu. – Das Pronomen hat teilweise besondere Kasusendungen und einzelsprachlich stark divergierende Stammbildungen. – Grosse Schwierigkeiten bereitet die Rekonstruktion des idg. *Verbalsystems*, da die ererbten Bildungsmittel (Tempus-, Moduszeichen, Personalendungen) zwar stets in der gleichen Reihenfolge an die bedeutungstragende Verbalwurzel (häufigste Struktur: Konsonant + Vokal + Konsonant) angefügt, aber einzelsprachlich zum Aufbau individueller Systeme ausgewählt und verwendet werden. Von den Tempora stellt das Praes. den Verlauf der Handlung dar (‹durativer Aspekt›) und drückt die Art und Weise der Handlung (‹Aktionsart›) mittels verschiedener Affixe (*-n-*, *-sk-*, *-i̯o-* u. a.) aus. Diese fehlen dann im → Aorist, der die Handlung als Ereignis unabhängig von ihrem Verlauf (‹perfektiver Aspekt›) kennzeichnet, und im Perfekt, das den durch die Handlung (am Subjekt) erreichten Zustand bezeichnet; die Tempora dienten also vorwiegend zum Ausdruck von Aspektgegensätzen, nicht von Zeitunterschieden (vgl. → Griechisch C2; → Lateinisch B2). – Der Gegensatz: → thematische-athematische Konjugation, der in älteren Sprachstadien schärfer hervortritt, ist, soweit dem Themavokal nicht konjunktivische Funktion zukam, unerklärt. Ein idg. Futurum läßt sich nicht gewinnen. Die Modalität der Handlung (existent, möglich, gewollt, befohlen, verboten) kann durch eine Anzahl von Modi ausgedrückt werden, die gegenüber dem berichtenden Indikativ besonders gekennzeichnet waren und ursprünglich wohl außerhalb der Aspektoppositionen standen. – Auf Grund ihrer Bedeutung waren manche Verbalwurzeln nicht in allen Tempusstämmen möglich, so daß ihr Paradigma durch andere Stämme ergänzt werden mußte (‹Suppletivismus›; z.B. lat. *sum–fui*, da bei *esse* nur ein durativer Aspekt denkbar ist). Die Personalendungen zeigen außer der sprechenden (1.), der angesprochenen (2.) oder besprochenen (3.) Person, ihrer Ein-, Zwei- oder Mehrzahl auch die Handlungsrichtung (Aktiv-Medium; vgl. → Diathese) und teilweise auch die Zeitstufe an. Im Verlauf der Sprachgeschichte ist die Tempuskategorie fast überall in den Vordergrund gerückt und hat die Aktionsartmarkierungen verblassen, die Tempusstämme sich verallgemeinern und bes. die verschiedenen Praeteritalbildungen verschmelzen lassen. Dem finiten Verbalbau wird eine Reihe von Verbaladjektiva und -substantiva zugeordnet, die dann mit den Tempora eine engere Verbindung eingehen (Partizipia) bzw. zu Infinitiven und Supina erstarren.

[5] *Grundsprache.* Die vergleichende Rekonstruktion erlaubt also (freilich nicht lückenlos), sehr detaillierte Gemeinsamkeiten der idg. Sprachen festzustellen. Diese Tatsache schließt die zuweilen erwogene Möglichkeit einer Annäherung von Einzelsprachen verschiedener Herkunft durch wechselseitige Entlehnungen aus und *zwingt* zum Ansatz einer voreinzelsprachlichen, dialektisch differenzierten *Gemeinsprache*, des *Indogermanischen*, dessen abstraktes Abbild die rekonstruierten Laute, Formen und Wörter darstellen. – Aus dem chronologisch, dialektisch und soziologisch keineswegs einschichtigen idg. Wortschatz läßt sich für ihre Träger die Kenntnis des Haus- und Wagenbaus, der Feldbestellung, der Pferde-, Rinder-, Schaf- und Schweinezucht, gewisser Bäume und Metalle erschließen (ein idg. Wort für Eisen fehlt!). Eine soziale Schichtung der Sprecher des Idg. in Priester, Krieger und Bauern ist wahrscheinlich. Doch alles das reicht nicht aus, Ort (nördl. Mitteleuropa, Südrußland oder Asien?) und

Zeit (4./3.Jt.v.Chr.?) des Idg. festzulegen. Versuche, das Wort für die Buche und für den Lachs auch im Indoiranischen nachzuweisen und damit auch diese östl. Ausläufer des Idg. westl. der von Königsberg nach Odessa verlaufenden Buchengrenze an den den Lachs (*salmo salar*) führenden Flüssen zu beheimaten, sind nicht geglückt und Vergleiche mit den Ergebnissen der Vorgeschichte bisher zwangsläufig erfolglos geblieben. W.P.Sch.

Lit: E.Benveniste, Origines de la formation des noms en indo-européen I, 1935 – J.Kurylowicz, Etudes indo-européennes I, 1935 – J.Kurylowicz, L'apophonie en indo-européen, 1956 – A.Meillet, Introduction à l'étude comparative des langues indo-européennes (1903), 1937⁸ (Nachdr. 1949) – H.Krahe, Sprache und Vorzeit, 1954 – W.P.Lehmann, Proto-Indo-European Phonology, 1952 (Neudr. 1955) – W.Porzig, Die Gliederung des idg.Sprachgebiets, 1954 – A.Scherer, Hauptprobleme der idg.Altertumskunde, Kratylos 1, 1956, 3–21 – J.Pokorny, Idg.Etymolog.Wörterbuch I, 1959 – P. Bosch-Gimperra, El problema indoeuropeo, 1960 – G.Devoto, Origini indeuropee, 1962 – H.Krahe, Indogermanische Sprachwissenschaft, Goeschen I (1942), 1962⁴, II (1942), 1963⁴ (Lit) – Ders., Unsere ältesten Flußnamen, 1964.

Indra, indo-iran. Gott der Kraft, der kriegerischen Funktion und des Militäradels. Er blieb ein Gott in der vedischen Religion, dagegen wurde er zum Dämon im mazdaischen Iran, der die Wesenheit Kšathra, ‹Macht›, an seine Stelle setzte. Vgl. → Varuna (Lit), → Iran. Religion. G.R.

Indus, indischer Strom, dessen Kenntnis den Griechen durch → Skylax um 510 v.Chr. zum erstenmal vermittelt wurde. Die Auffassung, er fließe von Westen (Kaukasus) nach Osten, berichtigte erst → Megasthenes. Seine Quellen, die allgemeine Richtung und das Delta waren in → Marinos' (3) Karte ungefähr richtig dargestellt; Länge, Breite und Tiefe von → Ktesias an bei allen antiken Autoren übertrieben. Vgl. → Indien. F.L.

Industrie → Gewerbe und Industrie.

Infula (meistens in der Mehrzahl), eine Art von Geflecht aus weißen und scharlachroten Wollflocken, die in regelmäßigen Abständen mit einer → vitta zusammengeknüpft waren; sie zeigte an, daß der Träger einer Gottheit geweiht war: → Priester und Priesterinnen trugen sie als Kopfbedekkung, und man schmückte damit den Kopf der Opfertiere (Serv. Aen. 10, 538; Fest. 71. 100 L.). H. Le B.

Ingenuus, röm. Bildhauer, 2.Jh.n.Chr. Signatur auf der Plinthe einer myronischen Hermesstatue im Vatikan (Gall. delle Statue Nr. 417). H.v.H.

Lit: Lippold, GrPl, 138, 5 – EAA IV, 1961, 163 (Red.), Abb. 198.

Inkrustation, Wandverkleidung aus Marmorplatten u.a.; nach Plin. nat. 26, 48 soll zuerst Mamurra die Wände seines Hauses mit *crustae* verkleidet haben (um 60/50 v.Chr.); aus dem Fundbestand zu schließen, ist jedoch die Wandmalerei zumindest bis in neronische Zeit vorherrschend; auch aus späterer Zeit ist I. kaum erhalten, läßt sich aber bisweilen mit Hilfe vorhandener Dübellöcher rekonstruieren. Hingegen bezeichnet Vitr. 7, 5 die Stuckdekoration des sog. 1. pompejan. Stils unrichtig als I.-Stil, da diese die reine Quadertechnik griech. Palastarchitektur imitiert (→ Malerei D 3). Vgl. → Architektur II. C.K.

Lit: O.Deubner, Expolitio, I. und Wandmalerei, RM 54, 1939, 14–41.

Inkubation, das Niederlegen an heiliger Stätte, wodurch Hilfe Suchende (selten Priester: Strab. 14, 1, 44) im Traum in Verbindung zu einem Gott zu treten hoffen. Nach bestimmten Vorbereitungen: Einhalten von Speisegeboten (Strab. 14, 1, 44; Tert. anim. 48: auch Keuschheit), Opfer (Aristoph. Plut. 660 f.; IG² 4, 121, 42; Doppelopfer Paus. 1, 34, 5), Waschung, Salbung (Aristoph. Plut. 656 ff.), legen sich Männer und Frauen getrennt (IG 7, 235) auf dem Boden oder Fell des Opfertieres nieder (Paus. 1, 34, 5; Lyk. Alex. 1050 f., Strab. 6, 3, 9). Den Schlafenden erscheint der Gott in eigener Herrlichkeit oder in Gestalt von anderen (Aristeid. or. 48, 9 K.; als Tier: IG² 4, 121; Details: Iambl. myst. 3, 2) und gewährt Heilung (→ Wunder), Ratschlag, Zeichen, → Orakel jeder Art, auch Strafen. Danach werden Dankopfer und → -spenden, auch Nachbildungen geheilter Gliedmaßen dargebracht (Paus. 1, 34, 4; IG² 4, 121 ff.; Edelstein a.O. 1, 294 ff.). I. ist zuerst wohl in Verbindung mit dem Kult *chthonischer Gottheiten* geübt: → Gaia (Eur. Hek. 70 ff., Iph. Taur. 1259 ff., → Delphi), → Nyx (Paus. 1, 40, 6), → Plutos/Hades (Strab. 14, 1, 44), auch an Hadeseingängen (→ Totenorakel), an Gräbern von Sehern (Strab. 6, 3, 9: → Kalchas). Sie spielt vor allem eine Rolle bei *Heilheroen und -göttern:* → Amphiaraos (bes. in → Oropos: Hdt. 8, 134, Hyp. 3, → Pasiphaë (Thalamai: Paus. 3, 26, 1), → Sarpedon (Tert. anim. 46, 11; in Seleukeia von Apollon verdrängt: Diod. 32, 10, 2), → Podaleirios (Strab. 6, 3, 9) u.a. Bes. Bedeutung hatte die I. in den Heiligtümern des → Asklepios in Trikka (Strab. 8, 6, 15, Einzelheiten wie in), → Epidauros (Paus. 2, 27, 1 ff., IG² 4, 121 ff.), in → Athen, auf → Kos, in → Pergamon (Aristeid. or. 38 ff., 47 ff. K.; vgl. → Galen), Lebena (Inscr. Cret. 1, 17, 8 ff.), Ägypten (Imouthes: Pap. Ox. 1381) und Rom (SIG 1173), später in denen der → Isis (Diod. 1, 25; Aristeid. or. 49, 45 ff. K.) und des → Serapis (Strab. 17, 1, 17; UPZ 1, 77; Inscr. Délos 2105 ff.). Schließlich erscheint I. im Zusammenhang mit → *Orakeln:* → Trophonios kennt allerdings keine I.; dagegen aber andere Götter, die ältere Orakel übernommen haben: → Dionysos (Paus. 10, 33, 11), → Apollon (spät, in → Klaros unter Anpassung an den Zeitgeschmack: Aristeid. or. 49, 12 K.). In der Spätzeit spielt die I. bzw. das Niederlegen zu magischer Traumoffenbarung eine wichtige Rolle; an manchen Orten lebt sie in christl. Gewande fort. C.J.C.

Lit: L.Deubner, De incubatione, 1900 (ebd. 56–109 zum Nachleben der I. im Christentum) – R.Herzog, Die Wunderheilungen von Epidauros, 1931 – E. u. L. Edelstein, Asklepios, 2 Bde, 1945.

Innenraum, *als Motiv der Malerei* nachweisbar seit ca. 300 v.Chr.: wertvollste Zeugnisse sind nach wie vor die originalen sog. → Stelen v. Pagasai und Alexandria (Pfuhl, Abb. 747 ff.), ferner die knappe Charakterisierung eines Bildes des Antiphilos mit Hervorhebung des Lichtspiels im Raum (Plin. nat. 35, 138). Vergleicht man die Entwicklung der → Landschaft, so wird klar, daß das Kontrastieren von Figur und Raum ein bes. Anliegen des frühen Hellenismus gewesen ist. Erst in der röm. → Malerei findet sich die perspektivisch-illusionistische Erweiterung des I.s. → Naiskosbilder, → Perspektive. C.K.

Lit: G.Rodenwaldt, Die Komposition der pompejan. Wandgemälde, 1909 – R.Pagenstecher, Alexandrin. Studien, SB Heidelbg., 1917 – H.Diepolder, Unters. zur Komposition der röm.-campan. Wandgemälde, RM 41, 1926, 1–78 – Pfuhl, 625 f. – H.Beyen, Das Münchner Weihrelief, BAntBeschav, 1952, 1–12.

Innocentius, Feldmesser (→ Agrimensoren), angeblich Verfasser eines Textstücks des → Corpus (1) gromaticorum, das den Titel ‹Casae litterarum› (d.h. mit Buchstaben bezeichnete Typen von Gehöften) führt und durch eine sehr ‹vulgäre› Sprache gekennzeichnet ist. Ob der Verfasser mit dem bei Amm. 19, 18, 8 genannten I. identisch ist, bleibt unsicher. G.B.

Ed: K.Lachmann, Die Schriften der röm. Feldmesser I, 1848, 310 bis 338 – Å.Josephson (s.u.), 1–21 (mit Übers.) – *Lit:* Schanz-Hosius, IV, 4, 303–305 – Å.Josephson, Casae litterarum, Stud. zum Corp. agrim, Rom., 1950 (krit. Ausgabe mit Übers., ausführl. Behandl. der Überlieferung u. der Sprache).

Ino, Tochter des → Kadmos und der Harmonia, Amme des → Dionysos, zweite Gemahlin des → Athamas; auf der Flucht vor ihm in die Meergöttin Leukothea verwandelt, in Rom als Mater Matuta verehrt. K.Schb.

Inschriften

[1] Inschriften als Quellengruppe [2] Inhalt und Aussagewert – [3] Äußere Form – [4] Jüd. und christl. I.

[1] *Inschriften als Quellengruppe.* Im Gegensatz zu den durch mittelalterliche Handschriften tradierten literarischen Quellen gehören die griech. und lat. I. zum unmittelbar überlieferten schriftlichen Erbe des Altertums (wiedergewonnen durch Ausgrabungen oder Zufallsfunde). Die I. als eigene Quellenklasse völlig konsequent und befriedigend von den → Papyri und Legenden auf → Münzen abzu-

grenzen, ist kaum möglich. Die moderne Trennung zwischen I.kunde (Epigraphik), Papyrologie und Numismatik ist weitgehend wissenschaftsgeschichtlich und wissenschaftsorganisatorisch bedingt; von der Sache her ist sie nicht selten gewaltsam, zumal viele I. nur Steinkopien von (nicht erhaltenen) Papyrusoriginalen darstellen. Nach der heute gängigen Einteilung, die sich im wesentlichen an der Art des Schriftträgers orientiert, rechnen unter die I. alle Texte auf Stein, Metall, Gefäßen, Siegeln, Gewichten u. dgl., sowie in Mosaik; dazu die Texte auf Holz, Tonscherben (→ Ostraka) und Wachstafeln außerhalb Ägyptens.

[2] *Inhalt und Aussagewert.* Die I. sind so vielfältig wie das antike Leben selbst; als authentische und zeitgenössische Dokumente bilden sie stets eine unersetzliche Ergänzung der literarischen → Überlieferung, in manchen Bereichen (besonders der Sozial- und Wirtschaftsgeschichte) sogar unsere einzige Quelle überhaupt. Das fast unübersehbare, zeitlich und räumlich freilich ungleich dicht verteilte I.-material läßt sich dem Inhalt nach einigermaßen in bestimmte Klassen und Typen von I. gliedern, bei denen sich häufig auch sprachlich und stilistisch feste Formen entwickelt haben. Die I. öffentlichen Charakters sind Niederschlag der schriftlichen Geschäftsführung in antiken Staaten und Körperschaften: Staatsverträge, Gesetze, Beschlüsse griech. Volksversammlungen oder des röm. Senats, Erlasse hellenist. Könige wie röm. Magistrate und Kaiser, Staatsanleihen, Ehrenbürgerbriefe; weiterhin zahlreiches Aktenmaterial (Abgabenverzeichnisse, Inventare, Beamtenlisten), ‹Militärdiplome› entlassener Soldaten, Verlustlisten, Grenz- und Meilensteine. Wichtig für die kritische Beurteilung dieser Texte bleibt, daß sie fast immer nur die auf Stein veröffentlichte, wörtliche oder auszugsweise Kopie eines im Archiv (auf Papyrus oder geweißten Holztafeln, Leukomata) bewahrten Originals waren; dies gilt auch für einen Teil der Privatinschriften, vor allem soweit sie Rechtskraft haben. Diese Privatinschriften berichten von Gewerbe, Handel, Geschäfts- und Rechtsverkehr (z.B. Kaufverträge, Pachturkunden, Testamente, Handwerkerverzeichnisse, Baurechnungen, Hypothekensteine) wie vom religiösen, sozialen und privaten Leben aller Volksschichten (Pilgerinschriften, Flüche und Verwünschungen, → Weihinschriften, Gelübde, Krankenheilungen, Freilassungsurkunden, Vereinslisten, Stiftungen, Feuerwehr-Stammlisten, Ziegelstempel, → Grabinschriften). Schließlich sind I. entscheidende Zeugnisse für die Geschichte der → Schrift wie für die der griech. und lat. → Sprache.

[3] *Äußere Form.* I. können auf verschiedenartigsten Schriftträgern begegnen (von Felsen und Tonscherben bis zu Statuen und Tempelwänden). Es überwiegen jedoch speziell hergerichtete I.träger: Metallplatten (selten) oder → Stelen, d.h. rechteckige, aufrechtstehende Steinplatten, die mit Profilen, Giebeln oder Reliefs verziert sein können. Abgesehen von den frühen griech. I. bis zur Mitte des 6.Jh.s (wo linksläufig oder → Bustrophedon, abwechselnd rechts- und linksläufig, geschrieben wird) ist die Schreibrichtung stets von links nach rechts. Die Buchstaben sind üblicherweise sorgfältig mit feinem Meißel eingeschlagen; seltener sind geritzte (→ Sgraffiti), gemalte (Dipinti), erhabene oder aus Metall gegossene Buchstaben. Buchstabenformen und Schriftanordnung waren im Lauf der Jahrhunderte in Griechenland wie in Rom größeren Stilwandlungen unterworfen, deren Kenntnis mit zur Datierung von I. beitragen kann. Griech. I. zeigen grundsätzlich keine Worttrennung und möglichst einheitliche Zeilenlänge; extrem verkörpert diesen Drang zur gleichmäßigen, als kunstvolles Muster wirkenden Beschriftung der Steinfläche der → Stoichedon-Stil (sämtliche Buchstaben genau untereinander gesetzt, so daß senkrecht wie waagrecht regelmäßige Reihen entstehen). Bei lat. I. ist dagegen Worttrennung durch Interpunktion oder Zwischenraum von Anfang an Prinzip; auch die Verwendung zahlreicher Abkürzungen wie die Ausbildung eines monumentalen Inschriftenstils sind röm. Ursprungs. F.G.M.

Ed: Inscriptiones Graecae (seit 1873) – W. Dittenberger, Sylloge Inscriptionum Graecarum (1883), 1915–1924³ – Corpus Inscriptionum Latinarum (seit 1863) – H. Dessau, Inscriptiones Latinae Selectae, 1892–1916 – *Lit:* J.E. Sandys, Latin Epigraphy (1919), 1927² – J.J. Hondius, Saxa loquuntur, 1938 (Lit) – J. Kirchner, Imagines Inscriptionum Atticarum (1935), 1948² – G. Klaffenbach, Griech. Epigraphik, 1957 – A.G. Woodhead, The Study of Greek Inscriptions, 1959.

[4] *Jüdische I.*, überall im spätantiken Kulturraum nachgewiesen, waren in Palästina vorwiegend hebräisch bzw. aramäisch (oft als → Sgraffiti), sonst in der Landessprache (vor allem griech., lat., auch zwei- und dreisprachig) verfaßt. Im übrigen unterschieden sie in der Vielfalt ihrer Funktion sich nicht von den *christl. I.* Deren Zahl ist weit größer, zumal bereits die Karolingerzeit (Alkuin), später der Humanismus heute verlorene I. in sog. Syllogen sammelten. Neben → Weihinschriften, musiven I. an den Wänden und auf den Fußböden (Stifternamen) der Kirchenbauten, gelegentlichen I. an Statuen (→ Hippolyt v. Rom, Osterzyklus), Heiligenkalender, zahlreichen I. an devotionalen Geräten und Amuletten bilden → Grabinschriften die Masse des sich laufend vermehrenden Materials, das auch den sprachlichen Auflösungsprozeß des Mittelmeerraumes verfolgen läßt (syr., kopt. I.) und so nicht nur für die Kirchengeschichte, sondern auch für die spätantike Sprachforschung Bedeutung hat. C.A.

Q: H. Grégoire, Recueil des inscript. chrét. de l'Asie Mineure, 1922 – A.L. Delattre, L'épigraphie funéraire chrét. à Carthago, 1926 – L. Jalabert-R. Mouterde, Inscript. grecques et lat. de la Syrie, bisher 5 Bde, 1929–59 – J.B. Frey, Corpus Inscript. Iudaicarum, bisher 2 Bde, 1936ff. – A. Salvagni, Monumenta epigraphica christ. in Italiae finibus, bisher 7 fasc., 1938ff. – H. Lietzmann-G. A. Sotiriou, Corpus der griech. I. von Hellas I, 1941 – S.L. Agnello, Silloge di iscriz. paleocrist. della Sicilia, 1953 – E. Gose, Katalog der frühchristl. I. in Trier, 1958 – E. Diehl-J. Moreau, Inscript. latinae christ. vet., 3 Bde, (1925–31), 1961² (Standardwerk) – *Bibliogr:* Riv. Arch. crist. 25, 1949ff., cap. 8 bzw. 6 – S. Moscati, L'epigrafia ebraica-antica 1935–50, 1951 – *Lit:* C.M. Kaufmann, Handbuch der altchristl. Epigraphik, 1917 (dort Lit. für ältere Q-Werke).

Inschriftenstil, älteste Art griech. Schreibschrift ohne irgendwelche Ligaturen unter weitgehender Vermeidung runder Formen; 4.Jh.v.Chr. Vgl. → Schrift C [2]. H.Hg.

Bsp: Klage der Artemisia in Wien; Timotheos-Papyrus in Berlin; 1962 gefundener Papyrus aus einem Grab bei Thessalonike.

Inscriptio → Titel.

Insekten. Unter den I. (ἔντομα) fürchteten die Alten vor allem Laus (φθείρ, peduculus), Wanze (κόρις, cimex) und Floh (ψύλλος, pulex) als Blutsauger bei Menschen und Tieren. Die Bekämpfung wurde durch die Tatsache erschwert, daß man wohl um die durch Paarung entstandenen Nissen wußte, diese aber nicht allgemein mit der Vermehrung verband. Man dachte an Entstehung aus Fleisch (Laus), Körperfeuchtigkeit (Wanze) und Unrat (Floh). Zum Namen der Laus fügt sich die treffende Vorstellung vom Krankheitsüberträger. Die Wanzenplage im Athen des 5.Jh.s beklagt Dionysos bei der Suche nach einem sauberen Nachtquartier (Aristoph. ran. 114f.). Weniger Abscheu zeigte man gegenüber dem Floh und seiner Springfähigkeit, wie die Bemerkungen der Komödie bekunden. Vgl. → Fauna, → Ameise, → Fliegen, → Heuschrecken, → Käfer, → Spinnen, → Schmetterling. J.W.

Lit: Keller, Tierwelt II 395–401 – H. Gossen, RE 12, 1 (1924), 1030–39 (Quellen!).

Inspirationsmantik, Weissagung auf Grund göttlicher Eingebung, die einem Ratsuchenden, Priester oder Medium spontan oder (meist) unter bestimmten Voraussetzungen zuteil wird (→ Orakel): im Schlaf (→ Inkubation), Wachsein oder in Ekstase (zu deren Formen: Cic. div. 1, 66; 144); ältester Hinweis: Hom. Od. 20, 351ff. C.J.C.

Lit: E.R. Dodds, The Greeks and the Irrational, 1951.

Instauratio, Wiederholung eines Teils oder des Ganzen der → Ludi scaenici oder der → Circusspiele, wenn ein ritueller Fehler bei der Durchführung begangen worden war. I.J. 205 wurden z.B. die → Ludi Romani dreimal und die → Ludi plebeii siebenmal wiederholt (Liv. 29, 11, 12; vgl. 38, 35, 7). H. Le B.

Institutionen → Corpus iuris.

Insubrer, im Anfang des 4. Jh.s in die Poebene eingewanderter Keltenstamm (Pol. 2, 17 Liv. 5, 34; 35) in der Gallia Transpadana mit dem Vorort → Mediolanum (Kt. 1420 C 2). 232–222 v. Chr. im Kampf mit Rom und von diesem besiegt. Im 2. → Pun. Krieg auf seiten → Hannibals. 199–194 von den Römern endgültig unterworfen, erhalten sie 89 v. Chr. → latin., und 49 v. Chr. volles → Bürgerrecht. B. A.

Lit: Nissen, I 477ff.; II 179.

Insulare Schrift, mittelalterliche Schriftformen des angelsächsisch-irischen Raumes (Halbunziale und Minuskel); 8.–12. Jh. Vgl. → Schrift D [5]. H. Hg.

Abb: z.B. H. Hunger, in: Gesch. d. Textüberlieferung I, 1961, 119; 121.

Intaphernes (altpers. Vi[n]dafarnah), Perser, einer der Sieben, die den falschen Smerdis stürzten. Infolge eines mutwilligen Streiches fiel er in Ungnade bei Dareios, der ihn umbringen ließ (Hdt. 3, 118 f.). G. R.

Intarsien → Kleinkunst, → Möbel.

Integration. Bestimmung von Flächen- und Rauminhalten sowie Schwerpunkten durch Zerlegung in infinitesimale Schnitte. Vgl. → Archimedes (Methodenlehre) und → Exhaustionsmethode (diese ersetzt die Integration). H. G.

Intercessio, Einspruchsrecht unter → Magistraten, dadurch Aufhebung der vom gleichgestellten Kollegen begonnenen Handlung, aber auch durch Magistraten mit maior potestas gegen einen geringeren. Wichtig vor allem die I. der → Volkstribunen gegen Magistratsbefehle (gegen einen → Diktator aufgehoben). J. S.

Intercolumnium, lichter Abstand (Zwischenraum) von Säulen (zu unterscheiden vom *Joch:* Achsabstand). Vitruv 3, 3 definiert die Säulenordnungen, wahrscheinlich nach → Hermogenes, nach dem Verhältnis von I. zum unteren Säulendurchmesser als *pyknostyl* (‹dichtsäulig›, I. = 1½ ⌀), *systyl* (‹zusammensäulig›, I. = 2 ⌀), *eustyl* (‹wohlsäulig›, I. = 2¼ ⌀), *diastyl* (‹auseinandersäulig›, I. = 3 ⌀) und *araeostyl* (‹weitsäulig›, I. = 3½ ⌀). – Vgl. dazu → Tempel B [3]. G. Gb.

Interdictum. Verbot oder Befehl eines Gerichtsmagistrats zwecks Erhaltung oder Herstellung einer tatsächlichen Lage, insbes. zum Schutz des Besitzes. Bei Zuwiderhandlung ursprünglich wohl magistratische Zwangsmaßnahmen, später ein Zivilverfahren (→ Recht III B 1). Im → Kognitionsprozeß ein vereinfachtes Verfahren, ähnlich dem modernen Verfahren der Einstweil. Verfügung. G. J.

Interlinearscholien, ‹zwischen die Zeilen› geschriebene grammatisch oder sachlich kommentierende Bemerkungen (vgl. → Scholien). H. Hg.

Intermundien, die Räume ‹zwischen den Welten› nach der Lehre des → Epikur, für den unsere Welt nur eine aus einer unbegrenzten Zahl von Welten ist, die sich im unbegrenzten Leeren verteilen. In den I. lebten die Götter in vollkommener Glückseligkeit und ungestörter Ruhe (Lucr. 3, 18–24; → Theologie). D. J. F.

Internundinum, ‹im Laufe der Woche›, Zeit zwischen zwei → Nundinae = 7–8 Tage. H. Kal.

Interpolation, unberechtigte Änderung eines Textes, meist Zusatz eines Bearbeiters. → Textkritik B [3]; vgl. auch → Kontamination. H. E.

Interpretamenta (Hermeneumata), in der Kaiserzeit (etwa ab 3. Jh.) entstandene zweisprachige Lehrbücher. In der Regel enthielten sie (1) ein griech.-lat. Glossar, (2) ein griech.-lat. Onomastikon, (3) zweisprachige Lesestücke. Die weite Verbreitung hatte vielfache Veränderungen zur Folge. Vgl. → Lexikographie B [3]. H. E.

Interpretatio Graeca (‹griech. Übersetzung, Deutung›), der Gebrauch eines griech. Götternamens zur Bezeichnung einer fremden, nicht-griech. Gottheit bzw. das Wiederkennen eigener Götter in den Gottheiten fremder Völker. Bes. verbreitet ist der Gebrauch des Namens → Zeus für Götter, die in den Religionen ihrer Ursprungsländer eine überragende Stellung einnehmen (z.B. → Ammon, → Sabazios, → Iuppiter u.a.; vgl. → Hypsistos). Sehr häufig werden auch die Namen von → Artemis und → Dionysos im Sinne einer I. G. benutzt; fremde Götternamen werden jedoch beibehalten, wenn ein eigenes Äquivalent fehlt (z.B. → Isis, → Mithras). – Bereits bei der Ausbildung der altgriech. Götterwelt dürfte das Prinzip der I. G. in erheblichem Maße wirksam gewesen sein (→ Religion I E 2). – Vgl. → Synkretismus; → Orient und Antike G [1]. K.-H. R.

Interpretatio Romana. Diese aus Tacitus (Germ. 43, 4) genommene Formel bezeichnet die Gewohnheit der Römer, den fremden Göttern die Namen ihrer eigenen Gottheiten zu geben, wenn irgendeine Wesensähnlichkeit oder -gleichheit dazu Anlaß gab. So nennt z. B. Caesar den Hauptgott der Gallier Mercurius (Gall. 6, 17), und Tacitus (a.a.O.) gibt den Namen zweier german. Gottheiten mit Castor und Pollux wieder. In den Provinzen verbergen die lat. Namen der Inschriften oft einheimische Gottheiten. Dagegen wird unter I. R. nicht der grundlegend wichtige, aber uns im einzelnen völlig dunkle Vorgang verstanden, durch den eine schon in der Mitte des 3. Jh.s v. Chr. festgelegte Liste von Gleichungen zwischen röm. und griech. Göttern entstand. H. Le B.

Lit: G. Wissowa, Interpretatio Romana, ARW 19, 1916/19, 1–49.

Interpunktion. In der Regel bedienten sich die Griechen sowohl auf Inschriften wie in Buchrollen der *scriptura continua*, d.h. bei großer Regelmäßigkeit der Buchstaben und ihrer Zwischenräume wurde keine Wort- und Satztrennung angedeutet, sondern ohne Unterbrechung geschrieben. Das stellte an den antiken Leser und Vortragenden gewisse Anforderungen und setzte Übung voraus. Allerdings gab es I. schon zur Zeit des Aristoteles (Rhet. 3, 5. 1407a 19ff.). Wir kennen auch Papyri und Hss. aus fast allen Jh.en, die das Wort- oder Satzende durch mehr oder weniger große Zwischenräume andeuten. Worttrennung durch Punkt, Doppelpunkt und apostrophartiges Häkchen findet sich ohne jede Regelmäßigkeit sowohl auf Inschriften wie in Papyri und Unzialcodices. Dieses Häkchen erscheint auch in manchen Unzial- und Minuskelhss. im Inlaut, um Silben zu trennen, mit Vorliebe bei Doppelkonsonanten. Die *Paragraphos* hingegen, ein kleiner, waagrechter Strich unten vor Beginn einer Zeile, sollte auf das Ende eines Sinnabschnittes in derselben Zeile hinweisen. Schon Aristoteles kannte sie (Rhet. 3, 8. 1409a 19ff.), und sie findet sich oft, bes. in poetischen Texten. Eine gewichtigere Zäsur bezeichnete die *Koronis* (‹Krähe›), die auf dem Timotheospapyrus (Ende 4. Jh. v. Chr.) in der Gestalt eines stilisierten Vogels, aber auch in verkürzter Form in Inschriften und vielen Papyri erscheint; Demetrios → Triklinios bescherte ihr im 14. Jh. eine kurzlebige Renaissance. Schon → Aristophanes (2) v. Byzanz interpungierte den Homertext mit 3 Zeichen: Punkt (*τελεία στιγμή*), Semikolon (*ὑποστιγμή*) und Komma (*μέση στιγμή*). → Nikanor (2. Jh. n. Chr.) baute das I.system weiter aus. Wenn man aber z.B. die Angaben → Hephaistions (*Περὶ σημείων*, p. 73 f. C.) über die Anwendung von Paragraphos, Koronis und → Asteriskos als I.zeichen für lyrische Texte mit der Praxis des berühmten Bakchylidespapyrus (frühes 3. Jh. n. Chr.) vergleicht, so sieht man, daß sich auch hervorragende Kalligraphen nur teilweise an die Regeln der Grammatiker hielten. Zur Trennung nicht zusammengehöriger Silben verwendete man ein kommaartiges Zeichen (*διαστολή* oder *ὑποδιαστολή*), umgekehrt, um die Verbindung anzudeuten, das Zeichen Hyphen (‿ oder ⌴), das in der byzantin. Notenschrift fortlebte und heute noch als Korrekturzeichen in Gebrauch steht. Trema (Doppelpunkt über Iota und Ypsilon) diente der besseren Erkennbarkeit der Wortgrenzen bei Vokalgruppen (schon in frühkaiserzeitl. Papyri). – Im allgemeinen gilt die Regel, daß die I. der mittelalterl. griech. Hss. mehr oder weniger willkürlich ist und mit keinem der aus der Antike bekannten Systeme koordiniert werden kann. Der Unterschied, bzw. die Setzung oder Vernachlässigung von Punkt, Semikolon, Komma u.a. durch den Schreiber ist daher für den modernen Editor irrelevant. – Vgl. → Schrift (Lit.) H.Hg.

Interrex, nach röm. Tradition (bezweifelt bei Werner, a.O. 256) beim Tod eines Königs ernannt; später bei Tod, Abdankung oder noch nicht vollzogener Wahl der → Konsuln vom Senat für je 5 Tage, bis zur Neuwahl der Konsuln, bestimmt. Der I. mußte Patrizier und Senator sein. A.L.

Lit: R.Werner, Der Beginn der röm. Republik, 1963.

Invektive (Schmähung), lat. vituperatio (invectivus erst mittelalterl.), griech. ψόγος, die beschimpfende Herabsetzung einer Person, ist natürlich Bestandteil aller Polemik, z.B. in der (Alten) → Komödie (I B 2), → Satire, forensischer → Rhetorik. Unter Bezugnahme auf Cicero (De orat. 2, 10f.) und dessen griech. Vorgänger erkennt Quintilian (*et laudes et vituperationes scribebantur*, inst. 3, 4, 3 und 5) die I. (vituperatio), wenn auch widerwillig, als ein rhetorisches Genus an, obgleich er sie lieber unter Epideiktik subsumieren würde; er erklärt jedoch, daß vituperatio, als die Kehrseite von laudatio, laus, encomium (→ Panegyrikos) als selbständiges Genre anzuerkennen sei (3, 7, 1 und 19). – In seinen ‹Progymnasmata› (Kap. 8f.) gibt → Libanios Schulbeispiele für Lob- und Schmähreden. Die Schmähreden richten sich nicht nur gegen Personen des Mythos oder der Geschichte, wie gegen Achilleus (für den auch eine laudatio gegeben wird), Hektor, → Philipp II., → Aischines (2; vgl. die laudatio des → Demosthenes, 1), sondern auch gegen Abstraktionen und Dinge (Reichtum, Armut, Zorn, die Rebe). Beispiele reiner I., also nicht im Rahmen von Satire, suasoria oder eines Plädoyers, sind in der Antike nicht selten: sie vertreten etwa das moderne ‹Pasquill›. Zu nennen wären → Catull, → Ciceros ‹In L. Pisonem›, → Sallusts Invektive gegen Cicero (wahrscheinlich echt) und Ciceros Gegeninvektive (bestimmt unecht: wahrscheinlich eine rhetorische Schulübung), → Ovids ‹Ibis›, → Claudians ‹In Rufinum› und ‹In Eutropium›. Die beiden letzten können nicht zur Satire gerechnet werden, da der Witz fehlt; sie sind eindeutig Schmähgedichte. H.C.S.

Inventio (εὕρεσις), Auffindung der Hauptgesichtspunkte für die rednerische → Argumentation. → Rhetorik B [4] C [1], Abb. 187, 4a. H.H.

Lit: Lausberg, I 146–240 – Kennedy, Persuasion, 87ff. u. ö. – D. Matthes, Lustrum 3, 1959, 114–186.

Io, meist Tochter des → Inachos und der Melia oder Argia genannt, Herapriesterin, Geliebte des Zeus, der sie in eine Kuh verwandelt, um sie vor der Rache der eifersüchtigen Hera zu bewahren. Aber Hera verlangt diese als Geschenk und läßt sie dann durch → Argos Panoptes, der überall Augen hat und alles sieht, bewachen. Hermes tötet im Auftrag des Zeus den Wächter, doch peinigt Hera (nach Aisch. Hik. 291ff. hat sie die Verwandlung selbst vorgenommen) Io nun durch eine Bremse. Auf langen Wegen (daher Aisch. Prom. 561ff. auch am Kaukasos) flieht Io bis Ägypten, wo sie den → Epaphos gebiert und als Isis verehrt wird (Apollod. 2, 5–9; Ov. met. 1, 583ff.). K.Schb.

Lit: Preller-Robert I 2, 253ff. – *Darstellungen:* Literarisch überlieferte Statuen, so auf der Akropolis von Athen, und Wandgemälde (Nikias: röm. Kopien); erhalten zahlreiche Vasenbilder, unter denen ein apulisches schon um 350 die Identifizierung mit Isis voraussetzt. – *Lit. dazu:* E. Paribeni, EAA IV, 1961, 169–171 – K. Schefold, Zur hellenist. Theologie Alexandrias, in: Antidoron, Festschr. Salin, 1962, 170, 8 – K. Schauenburg, AuA 10, 1961, 90–91. K.Schf.

Joas, König von Juda, 840–801 (2. Kön. 11). Gleichnamig der König von Israel, 802–787, Enkel → Jehus, der siegreiche Feldzüge gegen → Damaskos führte. Vgl. Judentum A [7].

Iobates, König von Lykien, Vater der Stheneboia oder Anteia, Gattin des → Proitos → Bellerophon.

Johannes, (west-) röm. Kaiser (Usurpator) 423–425, hingerichtet Mai/Juni 425 in Aquileia. J. wurde als hoher Beamter (primicerius notariorum) nach → Honorius' (1) Tod von Senat und Heer zum Augustus des Westens erhoben; dann von den Truppen → Theodosius' II., die → Galla Placidia und → Valentinian III. nach Italien zurückführten, geschlagen und hingerichtet. H.-J.D.

1a. **J.** der Kappadoker, so genannt nach seinem Geburtsland, stieg von niedrigster Herkunft zum praefectus praetorio per Orientem auf (31. April 531–7. Mai 541 mit Unterbrechung z.Z. des Nika-Aufstandes Jan.–Okt. 532), entscheidend beteiligt an der Finanz-, Verwaltungs- und Kirchenreform → Justinians, gestürzt durch eine Intrige → Theodoras. K.H.Sch.

2. **J. Abbas Biclarensis,** westgot. Bischof von Gerunda (Spanien). Kämpfte gegen die → Arianer und gründete ein Kloster Biclarum, für das er eine von → Isidor (4) sehr gepriesene Regel aufsetzte (vgl. Isid. de vir. ill. 62). Verfasser einer von 567–590/591 reichenden Chronik mit einer Chronologie teils nach den oström. Kaisern, teils nach den westgot. Königen. G.C.

Ed: MG Chron. min. II 207–223 – *Lit:* Jülicher, RE 9, 2 (1916), 1809 – Schanz-Hosius IV 2, 114.

3. **J. Lydos,** zum Christentum bekehrter → Neuplatoniker, 5./6. Jh., dessen erhaltene Schriften reich an antiquarischem Material sind, darunter vielleicht sogar etwas aus den sog. Büchern des Numa. Ph.M.

Ed: K. Wachsmuth, De ostentis, 1897 – R. Wuensch, De mensibus, 1898; De magistratibus populi Romani, 1903 – *Lit:* Überweg-Praechter, 646 – E. Norden, Agnostos theos, 1913 – P. Boyancé, Fulvius Nobilior et le Dieu ineffable, RPh 29, 1955, 172–192.

4. **J. Philoponos** → Philoponos.

5. **J. von Damaskos** (ca. 680–750: unsicher, da die erbaulichen Viten – die älteste, arabische, vom ausgehenden 11. Jh. – kein authentisches Material verwerten), als Laie (Logothet) wie nach seinem Eintritt in das Sabas-Kloster in Jerusalem Verfasser zahlreicher theologischer Schriften. Seine 3 Reden ‹für die hl. Bilder› rechtfertigen die Bilder- und Reliquienverehrung. Sein Hauptverdienst liegt im Kompilieren und Systematisieren des überkommenen Lehrgutes: ein Kommentar zu den Paulus-Briefen und die sog. Sacra Parallela (Authentizität wahrscheinlich), eine umfangreiche Sammlung von Sentenzen und Zitaten vieler (auch verschollener) Väter. Das bedeutendste Werk ist die ‹Quelle der Erkenntnis› (*Πηγὴ γνώσεως*): nach einer ontologischen Einleitung und einer Geschichte der Häresien wird im 3. Teil (*ἔκδοσις ἀκριβὴς τῆς ὀρθοδόξου πίστεως*) der weitausholende Versuch gemacht, eine systematische Dogmatik zu entwickeln, zu der J. die Lehren der anerkannten griech. Väter heranzieht. Neben den Kappadokern (bes. → Gregor (4) von Nazianz) benutzte er vor allem → Dionysios (5) Areopagita und Leontius von Byzanz. Als Zusammenfassung der orthodoxen Lehre erlangte das Werk eine nachhaltige Wirkung. E.G.

Ed: PG 94–96 – P. Voulet, SC 80, 1961 (Hom. sur la Nativ. et la Dorm.) – *Übers:* BKV 44, 1923 (Fid. orth.) – *Lit:* J. Narallah, S. Joh. de. Dam. Son époque, sa vie, son œuvre, 1950 – B. Stauder, Die theol. Arbeitsweise des Joh. Dam., 1956 – G. Richter, Die Dialektik des J. v. D., 1964 – Altaner, 488ff. (Lit).

6. **J. von Gaza,** Grammatiker und Gelegenheitsdichter zur Zeit Justinians (527–565), Verfasser von → Anakreonteen sowie der literar- und kunsthistorisch interessanten Beschreibung eines allegorischen Wandgemäldes im Winterbad von Gaza in sich an → Nonnos anlehnenden Hexametern. E.V.

Ed: P. Friedländer, J. v. G. und Paulus Silentiarius, 1912 (Lit).

Johannes, vgl. auch → Chrysostomos, → Hyrkanos (→ Makkabäer, → Judentum A 9).

Johannisbrotbaum (κερατέα), im östl. Mittelmeergebiet verbreitet, heimisch im Nahen Osten, wo er auch zuerst kultiviert wurde. Man bezeichnete die Früchte als ägypt.

Feigen, im kaiserzeitl. Rom als siliquae Graecae oder Syriacae. In der antiken Mythologie und Religion ist er ohne Bedeutung. Vgl. → Flora. J.W.

Lit: Hehn, 456–460 – H. Gossen, RE Suppl. 8 (1956), 233 f.

Jojakim, König von Juda (608–598 v. Chr.), Sohn Josias, nach der Schlacht von Megiddo von Pharao Necho unter Namensänderung (ursprünglicher Name Eljakim) als König eingesetzt. Ab 605 unter babylonischer Oberherrschaft, gegen die er vergeblich revoltierte. Vgl. → Judentum A [9]. E.W.

Iokaste (bei Homer Epikaste), Gemahlin des → Laios, Mutter und Gemahlin des → Ödipus und, nach den Tragikern, Mutter auch des Eteokles und Polyneikes, der Antigone und Ismene.

Iolaos, ursprünglich böotischer Heros mit Kultstätte in Theben (Pind. Pyth. 9, 79; Isthm. 5, 32); im dortigen Gymnasium und Stadion wurden die Iolaeia gefeiert, später Herakleia genannt. In Athen hatte er im Kynosarges einen Altar (Paus. 1, 19, 3). Später von → Herakles verdrängt, dessen Gefährte er wird: nach der mytholog. Tradition dessen Neffe, Sohn des Iphikles, mit Herakles' erster Gattin Megara vermählt. Teilnehmer des → Argonautenzuges, der → kalydon. Jagd und der Leichenspiele des → Pelias; Helfer der → Herakliden. I. kolonisierte → Sardinien. H.S.

Lit: P. Meloni, Gli Jolei ed il mito di Jolao in Sardegna, Studi Sardi 6, 1942/44, 43–66 – R. Arena, Omerico 'Οἰλεύς, Atti del Sodalizio Glottologico Milanese 8, 1955, 21–40 – B. Conticello, Iolao, EAA IV, 1961, 172.

Iole, Tochter des Eurytos von Oichalia, dem → Herakles versprochen, dann verweigert, bis er sie mit Gewalt erobert.

Darstellungen: mit → Eurytos auf einem korinth. Krater (Schefold, FS, Taf. 60a), att. Vasenbilder. Vgl. B. Conticello, EAA IV, 1961, 172. Brommer 45 f. K. Schf.

Iolkos, Ort in der Landschaft → Magnesia am Golf von → Pagasai an der Stelle des Kastros des heutigen Volo (Kt. 1152 D 3), Ausgangspunkt der Fahrt der → Argonauten. Seit Gründung von → Demetrias κώμη dieser Stadt. E.M.

Lit: E. Meyer, Eine Inschr. von I., RhM 85, 1936, 367–376.

Ion, Sohn Apollons und der Kreusa (Erechtheustochter). Ausgesetzt, wird er Tempeldiener in Delphi. Nach vielen Verwicklungen (vgl. den ‹Ion› des → Euripides, B 11–13) von Kreusa wiedererkannt und von ihrem Gemahl → Xuthos, dem Sohn des → Hellen, adoptiert (att., weitgehend von Euripides ausgeschmückte Sage). Stammvater der → ‹Ionier›. K. Schb.

2. **Ion von Chios,** ca. 490–422 v. Chr., → Tragiker. Mit den Großen seiner Zeit, mit → Aischylos und → Sophokles, vielleicht auch mit → Sokrates und → Perikles bekannt, bes. verbunden mit → Kimon, war I. selbst eine offenbar angesehene Persönlichkeit. In erster Linie war I. Tragiker. 452/449 trat er als solcher erstmalig auf, 428 unterlag er Euripides (Hipp.) und Iophon. Einmal hat er an den großen Dionysien (im tragischen und dithyrambischen Agon) gesiegt. Die Zahl seiner Stücke wird mit 12, 30 und 40 angegeben, erhalten sind 10 Titel und unwesentliche Fragmente. Die Alexandriner nahmen I. neben → Achaios (3) von Eretria und den drei großen Tragikern in ihren Kanon auf, der → Anonymus (4) De sublimitate (33, 5) kennzeichnet seinen Stil im Gegensatz zu Sophokles' Schwung als korrekt, zierlich und schön. Neben Tragödien schrieb I. → Dithyramben, → Mele, → Elegien, → Epigramme, → Päane, → Hymnen, → Skolien, → Enkomien und vielleicht → Komödien, in Prosa eine Gründungsgeschichte (vgl. → Ktiseis) von Chios, verschiedene Memoirenwerke und, in Anlehnung an pythagoreische Lehren, eine philosophische Schrift mit dem Titel Triagmos. – Vgl. → Tragödie A [2]. E.-R. Sch.

Frg: TGF 732–746 – A. v. Blumenthal, Ion v. Chios, 1939 – FGrHist 392 – *Lit:* T. B. L. Webster, Hermes 71, 1936, 263–274 – F. Jacoby, CQ 41, 1947, 1–17.

Ionier, in der späteren Genealogie einer der 4 Hauptstämme der → Hellenen, und zwar nach älterer Auffassung der als erster nach Hellas eingewanderte. Nach neuerer Ansicht haben sich die I. erst Ende des 2. Jt.s v. Chr. im ägäischen Raum aus großenteils vom Festland abgewanderten myken. Griechen gebildet, wie denn auch kein Dialektmerkmal des Ionischen (→ Griechisch B 2) älter als die → Dorische Wanderung ist. Und daß die I. erst in Kleinasien aus verschiedenen heterogenen Stammessplittern, die sich dort festgesetzt hatten, zusammengewachsen sind, überliefert schon Herodot (1, 146). Der Sage nach ging diese Besiedlung (→ Ionische Wanderung) von Athen aus, das die I. später als ihre Mutterstadt betrachteten. Im Mutterland, wo ihre Vorfahren offenbar vor allem um den Saronischen Golf saßen, haben sie Attika und Euböa behauptet, während sie in der Argolis (Troizen) von den Doriern überschichtet wurden. Die Kykladen, mit dem Apollonheiligtum von Delos als zentraler Kultstätte, hatten die Insel-I. inne. Als die I. im engeren Sinne wurden jene an der Westküste Kleinasiens betrachtet, wo sie sich um das ‹Panionion› genannte Heiligtum des Poseidon Helikonios am Mykale-Gebirge im Gebiet von Priene zu einem Kultverband zusammengeschlossen hatten, der im 9. Jh. v. Chr. seine kanonische Zwölfzahl von Mitgliedern erreichte. Milet und Ephesos sowie die Inseln Chios und Samos waren die wichtigsten Poleis dieses → Zwölfstädtebundes, der sich jedoch nie zu einem politischen Faktor entwickelte, weder gegenüber dem lydischen Expansionsdrang seit der Mitte des 7. Jh.s noch bei der Unterwerfung Ioniens durch die Perser 546, noch beim → Ionischen Aufstand zu Beginn des 5. Jh.s. Bis ins 9. Jh. wurden die ion. Städte von Stadtkönigen beherrscht, deren Nachkommen sich später auf sakrale Vorrechte beschränken lassen mußten. Die hohe Zeit der I. war die Epoche der → Kolonisation (A), bei der etwa Milet das Schwarzmeergebiet geradezu zu seiner Domäne machte und Samier im späten 7. Jh. bis in den Atlantik fuhren. Der enge Kontakt mit den Kulturen des Orients hatte zur Folge, daß die I. im 6. Jh. wirtschaftlich wie geistig an die Spitze der Griechen traten. Naturphilosophie (→ Philosophie, → Vorsokratiker), → Geographie und → Geschichtsschreibung nahmen von ihnen ihren Ausgang. Die persische Herrschaft, vor allem der verhängnisvolle → Ionische Aufstand und danach die Loslösung der I. von ihrem Hinterland in der Zeit ihrer Zugehörigkeit zum 1. → Att. Seebund verursachten im 5. Jh. einen wirtschaftlichen Niedergang, der erst im 4. Jh. überwunden wurde, als sie sich zu Pionieren des Hellenismus entwickelten. F. Kch.

Lit: E. Risch, Die Gliederung der griech. Dialekte in neuer Sicht, MH 11, 1955, 61–76 – A. Thumb-A. Scherer, Hb. d. griech. Dialekte II, 1959², 194–284 – M. B. Sakellariou, La migration grecque en Ionie, 1958 – J. M. Cook, Greek Settlement in the Eastern Aegean and Asia Minor, CAH II, 1961², Kap. 38 – F. Bilabel, Die ion. Kolonisation, Philol. Suppl. 14, 1, 1920 – Th. Lenschau, Die Gründung Ioniens und der Bund am Panionion, Klio 36, 1944, 201–237 – C. Roebuck, Ionian Trade and Colonization, 1959 – Ders., Tribal Organization in Ionia, TAPhA 92, 1961, 495–507 – E. Akurgal, The Early Period and the Golden Age of Ionia, AJA 66, 1962, 369–379.

Ionikus, Metron der Form ◡◡––, auch i. a minore genannt, um ihn zu unterscheiden vom i. a maiore ––◡◡. Dieser ist aber nur von Metrikern erfunden (wie der → Antispast), um bestimmte äolische Maße auf ‹Metren› zu reduzieren (Heph. p. 35, 18 C. ‸*gl* + *ba* ––◡◡–◡–◡–– = *io* + *tro* + *sp*). Ganze Gedichte in I. hat schon → Alkman (Fr. 46 Page). I. mit → Anaklasis, d. h. Dimeter mit Umspringen von 2. longum und 3. breve (◡◡–'◡–'◡––) begegnen seit → Sappho (Fr. 87 D.) und sind besonders beliebt bei → Anakreon (→ Anakreonteus). Katalektische Reihen mit ◡◡– im letzten Metron statt ◡◡–– begegnen zuerst bei Phrynichos (Fr. 14 N.). Vgl. → Galliamben, → Metrik B [2]. B. Sn.

Lit: P. Maass, Greek Metre, 1962, § 53 u. ö. – B. Snell, Griech. Metrik (1955), 1962³, 26 ff.

Ionisch. Ionischer Dialekt → Griechisch; ionische Ordnung → Tempel B [8] ff.

Ionische Inseln, moderner Name der Inseln vor der W-Küste Griechenlands im → Ionischen Meer (Kt. 1152): → Zakynthos (Zante), → Kephallenia, → Ithaka, → Leukas, → Korkyra. E. M.

Lit: Philippson-Kirsten II 418–557.

Ionische Wanderung, angeblich unter → Neleus (1), dem Sohn des Königs Kodros v. Athen, nach der → Dorischen Wanderung von dort aus unternommener Kolonisationszug, der zur griech. Besiedlung Ioniens führte. Nach dem archäologischen Befund war dies freilich ein Vorgang, der vom späten 11. bis Mitte 9. Jh. v. Chr. dauerte. F. Kch.

Q: Hdt. 1, 146f.; 5, 65, 3; Paus. 7, 2–4; Strab. 14, p. 632 – *Lit:* T. B. L. Webster, Die Nachfahren Nestors, 1961 – J. M. Cook, Greek Settlement in the Eastern Aegaean and Asia Minor, 1961 – C. Roebuck, Jonian Trade and Colonization, 1959.

Ionischer Aufstand, Erhebung der Griechen Kleinasiens und Cyperns sowie der Karer und Lykier gegen die persische Herrschaft, 500–494 v. Chr. Da die Perser den phönizischen Handel begünstigten, bedeutete die Eroberung Ägyptens durch sie (525) und ihre Festsetzung am Bosporos (513/512) eine – archäologisch nachgewiesene – empfindliche Beeinträchtigung des Handels der Ionier. Hinzu kam, daß das pers. System, sich in den Griechenstädten auf Vertrauensmänner zu stützen, den Griechen als eine Form der Tyrannis immer verhaßter wurde. Trotz verbreiteter Mißstimmung hatte der Aufstand einen ephemeren Anlaß: → Aristagoras von Milet fürchtete nach einem mit pers. Unterstützung unternommenen, aber gescheiterten Versuch, vertriebene Aristokraten nach Naxos zurückzuführen, die Ungnade → Dareios' I. und rief deshalb zunächst die Ionier auf, ihre Tyrannen zu stürzen und die pers. Herrschaft abzuschütteln. Aber schon im Mutterland fand er wenig Resonanz: nur → Athen und → Eretria sandten 499/498 kleinere Flottengeschwader. Planlos wie der Beginn war das weitere Vorgehen der Aufständischen. Zwar bezeugt die Münzprägung eine Art Union aufständischer Griechenstädte, doch militärisch kam man über die – propagandistisch freilich wirksame – Besetzung der Unterstadt von Sardes (499) nicht hinaus. Ohne nennenswerte Gegenaktion der ion. Flotte konnten die Perser zunächst 497 Cypern wieder unterwerfen; und als das vom Aufstand völlig überraschte Weltreich seine Machtmittel mobilisiert hatte, vermochte es sich bald auch in Kleinasien durchzusetzen. Schließlich wurde Milet eingeschlossen und nach der Seeschlacht bei → Lade von den Persern erstürmt und zerstört. Damit war der Aufstand niedergeworfen. F. Kch.

Q: Hdt. 5, 28–6, 32 – *Lit:* P. Gardner, The Coinage of the Ionian Revolt, JHS 31, 1911, 151–160; 33, 1913, 105 – Th. Lenschau, Zur Gesch. Ioniens, Klio 13, 1913, 175–183 – J. A. O. Larsen, Sparta and the Ionian Revolt, ClPh 37, 1932, 136–150 – J. Myres, The Battle of Lade, Greece and Rome I, 1954, 50–55 – G. Walser, Zur Beurteilung d. Perserkriege in d. neueren Forschung, Schweiz. Beitr. z. allgem. Gesch. 17, 1959, 219–240.

Ionisches Meer, der Teil des Mittelmeeres zwischen Griechenland und Süditalien, südl. der Meerenge von Otranto, ursprünglich auch die Adria mitumfassend; darin die → Ion. Inseln. Mit den Ioniern hat der Name nichts zu tun. Durch häufige S- und SW-Winde aufgepeitschtes Meer, die Inseln mit steilen, hafenarmen Gestaden im W. Für den Verkehr zwischen Griechenland und Italien wichtig, bes. die Inseln → Leukas und → Korkyra E. M.

Lit: H. Treidler, Das ion. Meer im Altertum, Klio 22, 1929, 86–94.

Iophon, Tragiker, legitimer Sohn des → Sophokles und der Nikostrate. Er soll 50 Stücke geschrieben haben, davon einige mit Hilfe seines Vaters. Bekannt sind 7 Titel. 428 vor Chr. wurde er 2. Sieger gegen → Euripides (Hipp.) und → Ion von Chios. E.-R. Sch.

Frg: TGF 761 f.

Jordan (arab. šerīʿat el-kebīre; Kt. 2196 A 5), der einzige größere perennierende Fluß Palästinas. Entsteht aus mehreren Quellflüssen vom Süd- und Westfuß des Hermon; durchfließt den ḥūle-See und, nach Durchbrechung einer Basaltbarre, den See Genezareth (baḥret ṭabarīje), dann den ca. 105 km langen ‹gōr› (den palästinischen Teil des syr. Grabens) in zahllosen Mäandern, begleitet von einem unterschiedlich breiten Ufergebüsch (zōr); mündet ins Tote Meer. Er fällt dabei von ca. –200 m bis –392 m ab. Seine wirtschaftliche Bedeutung ist gering; nutzbar ist der Fischbestand. Die Oasen des J. grabens entstehen durch Quellen oder Bäche aus den beiderseitigen Gebirgen. H. Dn.

Lit: N. Glueck, The River J., 1946.

Iordanes (in sekundären Hss. Iornandes, vulgär Iordanis), romanisierter Gote, Geschichtsschreiber, Verfasser zweier Werke, beide 551 n. Chr. abgeschlossen: De origine actibusque Getarum und De summa temporum vel origine actibusque gentis Romanorum. Das erste ist ein Kompendium von → Cassiodors (gest. ca. 575) gleichnamigem, verlorenem Werk in 12 Büchern, das es in gewissem Maße ersetzt und bis zum Tode von → Witiges weiterführt. Das zweite, ebenfalls in einem Buch, eine Art von Weltgeschichte von den Anfängen und Adam an bis zu 551, dem 24. Jahr der Regierung → Justinians, ist Vigilius gewidmet, der zuweilen und (vielleicht zu Recht) mit dem Papst gleichen Namens (538–555) identifiziert wird. In beiden Werken befürwortet I. offensichtlich das Bündnis der Goten mit Byzanz und nimmt Partei für Justinian, den er als den legitimen Vertreter des röm. Reiches betrachtet, dessen Geschichte für ihn Weltgeschichte ist – sehr im Gegensatz zu Cassiodor, der die Goten verherrlichen wollte. Für uns ist vor allem das Kompendium wichtig, da es uns einen wenn auch minderwertigen Ersatz für das verlorene Werk Cassiodors gibt. In der Tat schrieb I. schlecht, ohne eigenes Geschichtsverständnis, Geschichte und Legende vermischend und nicht selten in schlechtem Latein. Von seinem Leben ist wenig bekannt: er war Notarius, bis er wegen einer geistigen conversio, deren Bedeutung vielumstritten ist, sein Amt niederlegte. E. P.

Ed: Augsburg, 1515 (ed. princ.) – B. Rhenanus, 1531 – Th. Mommsen MG V 1, 1882 – *Lit:* C. Schirren, De ratione quae inter Iord. et Cassiodor. intercedat, 1858 – F. Werner, Über die Latinität der Getica des J., 1908 – Kappelmacher, RE 9, 2 (1916), 1908–29 – A. Momigliano, Gli Anici e la storiografia latina del VI sec. d. Cr., Fond. Hardt IV, 1956, 260–276.

Josaphat, König von Juda, 868–851. Unter ihm werden die seit der Aufhebung der Personalunion (926) andauernden Kämpfe zwischen Israel und Juda beendet. Sein Sohn Joram heiratet Athalja, eine Tochter → Ahabs. Vgl. → Judentum A [6] ff. E. W.

Josephus, Flavius, jüd. Historiker, geb. 37/38 n. Chr., mütterlicherseits Hasmonäer (→ Makkabäer), entstammte dem priesterlichen Hochadel Jerusalems. Nach kurzem Studium der Lehren der → Pharisäer, → Sadduzäer und Essener (→ Qumran), schloß er sich 16jährig einem Asketen (Banus) an. Mit 19 Jahren trat er, pharisäisch eingestellt, in den politischen Dienst, reiste 64 nach Rom, um gefangene Priester zu befreien, und wurde bei seiner Rückkehr 66 nach Galiläa abgeordnet, wo ihm der Zelot Johannes von Gischala entgegenstand. Als Oberbefehlshaber in Jotapata eingeschlossen, ergab er sich nach 47tägiger Belagerung Vespasian (67) und weissagte ihm die Kaiserkrone. Freigelassen (daher: Flavius J.), ging er nach dem Fall Jerusalems, das er in röm. Auftrag vergeblich zur Kapitulation aufgefordert hatte, mit Titus nach Rom, lebte als kaiserlicher Pensionär und Grundbesitzer seinem literarischen Werk; er starb, oft angefeindet, unter Trajan (Anf. 2. Jh.). – J.' ältestes Werk, das ‹Bellum Judaicum› (7 Bücher; vgl. Caesar, De bello Gallico), auf einer verschollenen aramäischen Fassung fußend, 75/79 griechisch in Rom erschienen, reicht von Antiochos IV. (175–163 v. Chr.) bis zum Fall von Masada (72 n. Chr.) und macht die Zeloten für die Katastrophe verantwortlich. Die ‹Antiquitates›, abgefaßt 93/94 (20 Bücher; vgl. Dionysius Hal., Antiquitates Romanae), stark apologetisch, führen vom Weltbeginn bis Nero. In der ‹Vita›, nach 100, verteidigt J. seine galiläische Wirksamkeit gegen →Justus von Tiberias; die ‹Apologie› (bzw. ‹Contra Apionem›) richtet sich vornehmlich gegen den →Antisemitismus. – J. gehört der jüd. und hellenist. Welt zugleich an. Wenngleich nicht unkritisch zu verwerten und unter dem dogmatischen Einfluß der Reorganisatoren von Jamnia (→Judentum, B 6) stehend, fußt er vielfach auf wertvollen Quellen (z. B. →Nikolaos (2) von Damaskus) und gehört als Darsteller seiner Zeit zu den bedeutenden antiken Historikern. R.M.

Ed: B.Niese, 1887–90 (Neudruck 1955) – Th.Reinach, Contre Apion, CB, 1930 – *Lit:* RGG III 868f. (weitere Ed., Übers u. Lit).

Josia, König von Juda, 639–609, →Judentum A [9].

Jovian (Flavius Iovianus), röm. Kaiser 363–364, geb. ca. 331 in Singidunum, gest. 17.2.364 in Dadastana. Als primicerius domesticorum nach dem Tod →Julians zum Kaiser gewählt, zeigte er sich als sorgfältiger, aber wenig befähigter Regent. Mit →Šapor II. schloß er 363 einen ungünstigen Frieden. J. betonte seine christliche Einstellung, verhielt sich dem Heidentum gegenüber aber noch maßvoll. H.-J.D.

Iphianassa, (1) Tochter des →Proitos (vgl. →Melampus); (2) Tochter des →Agamemnon.

Iphigenie (Ἰφιγένεια), Tochter des →Agamemnon und der →Klytaimestra (Il. 9, 145. 287 noch nicht als solche genannt). Vor Abfahrt der Griechen aus Aulis verlangte der Seher →Kalchas die Opferung I. an Artemis, um eine Windstille zu beheben, die durch die von Agamemnon beleidigte Göttin verursacht war (A. hatte ein ihr heiliges Tier getötet oder sich gerühmt, ein ebenso guter Jäger zu sein wie sie). Unter dem Vorwand der Vermählung I.s mit Achilleus ließ Agamemnon I. und Klytaimestra ins Lager kommen. Beim Vollzug des Opfers ersetzte die Göttin I. durch eine Hindin und entführte I. zu den Tauriern, wo sie als ihre Priesterin →Menschenopfer vollziehen mußte (→Kyprien, Pind. Pyth. 11, 23; Aischyl. Ag. 184ff.; Soph. El. 563ff.; Eur. Iph. Aul. und Iph. Taur.) Zu ihrer Befreiung vgl. →Orestes. Zur religionsgeschichtlichen Bedeutung →Menschenopfer.

Darstellungen: Die Opferung der I. im Altertum verhältnismäßig selten, berühmt ein Gemälde des →Timanthes (5. Jh. v. Chr.), mit dem man ein pompejan. Wandgemälde (L. Curtius, Die Wandmalerei Pompejis, 1929, 290–293) und eine röm. Ara in Verbindung gesetzt hat (G. Hafner, 113. BWPr 1958). Das Motiv begegnet noch auf einigen weiteren Denkmälern, so einem Mosaik (Ampurias, 1951, 231, Abb. 105). Artemis mit I. und Hirsch auch großplastisch dargestellt (F. Studniczka, Artemis und I., 1926; AA 1935, 552–556). I., →Orest und Pylades in Tauris auf mehreren Vasen des 4. Jh.s (Brommer, 323), auf etrusk. Urnen, röm. Reliefs und Wandgemälden (Robert, SR II 167–171; Sbornik, Filozofske Fakultete 2, 1955, 64, Abb. 5; K. Schefold, WP, passim) und auf einem Silberbecher der frühen Kaiserzeit (Haynes, AntK 4, 1961, 30–36) – *Lit. dazu:* Löwy, ÖJh 24, 1929, 1ff. (I. in Aulis) – Ders., JdI 44, 1929, 86ff. (I. in Tauris) – G. Ambrosetti, Ifigenia, EAA IV, 1961, 93–96. K. Schb.

Iphikles, Sohn des →Amphitryon und der Alkmene und daher Halb(Zwillings-)bruder des →Herakles. Wie jener im Dienst des Eurystheus, begleitete er ihn bei einigen seiner Taten (bes. den Zügen gegen Orchomenos, die Hippokoontiden und Troja), Vater des →Iolaos. L.H.

Darstellungen: Zusammen mit dem die Schlangen würgenden Herakles auf Vasenbildern und röm. Wandgemälden; auf der Eurystheusschale des Panaitiosmalers kommt er Eurystheus zu Hilfe. – *Lit:* B. Conticello, EAA VI, 1961, 92f. – K. Schefold, Gestaltungen des Unsichtbaren, AM 77, 1962, 133f. K. Schf.

Iphiklos, →Argonaut, durch seine Schnelligkeit berühmt, →Melampus deckt den Grund seiner Kinderlosigkeit auf und heilt ihn.

Iphikrates, athen. Feldherr, zeichnete sich ab 393 v. Chr. im →Korinthischen Krieg als Führer eines Söldnerkorps der →Peltasten aus, bes. durch Vernichtung einer spart. Abteilung (390). 388–387 kämpfte er erfolgreich am Hellespont, bis ihm →Antalkidas die Seeherrschaft entriß. Danach ging er in die Dienste des Thrakerkönigs Kotys, dessen Tochter er heiratete. 374 focht er für die Perser gegen das abtrünnige Ägypten. 373 operierte er als Stratege anstelle des abgesetzten →Timotheos (1) in Korkyra und Akarnanien. 370–369 unterstützte er Sparta gegen →Epameinondas. Ab 368 versuchte er vergeblich, Amphipolis zurückzugewinnen, und zog sich, von Timotheos ersetzt, nach Thrakien zurück, kämpfte 360 sogar gegen Athen. Im →Bundesgenossenkrieg (1) wieder attischer Stratege, war er gegen die Schlacht bei Embata (356), wurde vom Mitstrategen →Chares (1) angeklagt, doch freigesprochen. Bald darauf (ca. 353) starb er. I. war ein strenger Söldnergeneral, ein geschickter Heerführer und Neuerer in der Kriegstechnik und Taktik und ein guter Redner. E.Bn.

Q: Nep. Iph. – *Lit:* U. Kahrstedt-Th. Thalheim, RE 9,2 (1916), 2019–22 – Kromayer-Veith, 89.

Iphimedeia, Tochter des Triops, Gattin des Aloeus, von Poseidon Mutter der →Aloaden. Grab in Anthedon (Paus. 9, 22, 5), Kult in Mylasa in Karien (Paus. 10, 28, 8). K. Schb.

Iphitos, Sohn des Eurytos von Oichalia; nahm gegen seinen Vater die Partei des →Herakles, wurde aber von diesem im Wahnsinn getötet.

Ipsos, kleines Städtchen in Zenträlphrygien, genaue Lokalisierung umstritten (heute Çay oder Ishaklı am Sultan Dağ). Berühmt ist I. durch die 301 v. Chr. in der Nähe geschlagene Schlacht, in der →Antigonos I. Leben und Reich verlor. R.F.

Lit: W. M. Ramsay, The cities and bishoprics of Phrygia, JHS 8, 1887, 490–491.

Ipuwer. Die ‹Lehre des I.›, auch ‹Mahnworte eines Propheten› betitelt, schildert in poetischer Form den politischen und sozialen Zusammenbruch Ägyptens nach dem Alten Reich. Vermutlich auch in dieser Zeit verfaßt. W. Hk.

Ed: A. Gardiner, Admonitions of an Egyptian sage, 1909.

Iranier

A. Land – B. Vor- und Frühgeschichte: [1] Überblick, Stämme – [2] Archäologischer Befund – [3] Herkunft – Weitere Geschichte: →Perser, →Meder, →Parther – C. Religion: [1] Abgrenzung, Quellen – [2] Grundzüge – [3] Magier – [4] Einzelgottheiten – [5] Weltschöpfung, Jenseitsvorstellungen – D. Kunst: [1] Allgemeines – [2] Frühiran. Periode – [3] Achämenidenkunst – [4] Parthische Kunst – [5] Sassanidenkunst.

A. Land. Die nach einem alten, auch bei den Indern faßbaren Stammesnamen (Arier) bezeichneten ostindogerman. Kräfte der I. treten zwischen dem 9. und 7. Jh. v. Chr. mit verschiedenen Völkern in das Blickfeld der Geschichte. Ihr weites *Wirkungsfeld* umfaßt die eurasischen Steppen- und Waldgebiete von der unteren Donau bis zum Balkaschsee, den ostkaspischen Raum zwischen Yaxartes (Sir Darja) und den westl. Hindukuschketten, die zusammen mit den Ausläufern des Elburs die Nordgrenze des Hochlandes von Iran bilden. Das nach der pers. Überlieferung vom ‹Land der Arier› (aryanam, mittelpers. ērān) benannte Hochland erstreckt sich vom Zagrosgebirge im W bis zu den vom Pamir südwärts verlaufenden Parallelketten des Soliman Dağ, die Afghanistan und Belutschistan einschließen. Die Südgrenze wird durch den Pers. Golf und den Meerbusen von Oman gebildet. Durch die geographische Lage wird das Hochland von Iran zur wichtigen Brücke zwischen Vorderasien bis zum Mittelmeer, dem eurasischen Steppengebiet bis China und dem ind. Subkontinent. Darauf weisen lange vor der berühmten, unter der Herrschaft der Parther begründeten Seidenstraße Kulturströmungen der Vor- und Frühzeit, die wir bis in das 4./3. Jt. v. Chr. verfolgen können. Wie in geschichtlicher Zeit wirkten sich im weiten Wirkungsfeld der geschichtlichen I. die krassen Landschaftsgegensätze mit den wechselvollen Klimaunterschieden aus.

B. Vor- und Frühgeschichte. [1] *Überblick, Stämme.* Das erste sichere Zeugnis über die I. verdanken wir dem Bericht über den Feldzug, den der Assyrerkönig →Salmanassar III. 845/844 v. Chr. gegen Parsua, das Land der →*Perser* im Gebiet des armen. Urmiasees, unternahm. Acht

Jahre später nahm er Geschenke von 27 Fürsten in Parsua an. Da uns zur Zeit → Sargons II. seit 710 v. Chr. pers. Verbündete → Elams gegen die Assyrer begegnen und ein Teil des von ihnen bevölkerten elam. Gebietes als Parsumaš bezeichnet wird, während das östl. davon gelegene Gebiet Parsa, ‹Perserland›, heißt, dürfen wir mit einer Südwanderung pers. Stämme im Verlauf des 8.Jh.s v. Chr. rechnen. Mitbestimmend für diesen Zug, als dessen Anführer später → Achaimenes aus dem Stamm der Pasargaden erscheint, war die reiche Macht → *Elams*, des ersten, bis in das 3.Jt. v. Chr. zurückreichenden Staatsgebildes im Westen des Iran. → Teispes, der Sohn des Achaimenes, nutzte die elam.-assyrische Feindschaft, so daß er sich ‹König des Landes und der Stadt Anšan› nennen konnte. Anšan, die Brücke zwischen Parsa und Parsumaš, gehörte spätestens seit dem 13.Jh. v. Chr. zum elam. Herrschaftsbereich. Damals nannte sich Untaš-Gal, der mächtige Herrscher im reichen Elam, ‹König von Susa und Anšan›. → Kyros I., der jüngere Sohn des Teispes, sicherte seine Königsherrschaft über Parsumaš dadurch, daß er um 640 v. Chr. dem assyr. General Bel-ibni während dessen Verwüstungszug gegen Elam seinen ältesten Sohn als Geisel anbot. Nach dem Tode des Teispes regierte er über Parsumaš und Anšan, während dem älteren Bruder Ariaramnes das Land Parsa zufiel. Ihm verdanken wir die goldene Inschrifttafel mit dem ältesten pers. Text, in der sich der König des Besitzes von Parsa, reich an Rossen und tapferen Männern, einer Gabe des Gottes → Ahuramazda, rühmt. Die pers. Reichsgründung ging nicht von Parsa aus, sondern von Parsumaš und Anšan, dem alten elam. Bereich unter der Herrschaft Kyros' II., dem Enkel Kyros' I. → Susa, der alte Vorort Elams, erhielt seine Bedeutung zurück. Dareios I. erklärte Susa zur politischen Hauptstadt, zum Sitz der Diplomatie und Verwaltung. Auf den zerstörten Palästen elam. Könige ließ er nach gleichem Grundriß seine Residenz errichten. In der Inschrift der Grabfassade → Dareios' I. bei → Persepolis (Naqš-i-Rustam) ist auch das Elamische berücksichtigt, dessen Tradition entscheidend die pers. Entwicklung in der Frühzeit bestimmt hat. – Gleichzeitig mit den Persern werden im Bericht → Salmanassars III. 836 v. Chr. die → *Meder* erstmalig bezeugt, die am NW-Rand des Hochlandes von Iran und im Gebiet des Urmiasees verbreitet waren. Die Quellen des 8.Jh.s v. Chr. deuten auf eine Ausdehnung bis zu den Ostausläufern des Elbursgebirges und Verbindungen mit den *Ost-I.* Einen med. Feudalherrn Daiaukku und Bundesgenossen des Königs von → Urartu am Vansee verbannte der Assyrerherrscher → Sargon 715 v. Chr. nach Nordsyrien. Es ist möglich, daß der Verbannte identisch ist mit → Deiokes, der in der griech. Überlieferung als Gründer der med. Königsdynastie erscheint. Ihm schrieb man die Gründung der med. Hauptstadt → Ekbatana (Hagmatana, heute Hamadan) zu (Hdt. 1,98–100), mit Residenz inmitten einer stark befestigten Zitadelle nach Vorbildern im assyr. Bereich sowie in den Königreichen von Urartu und Manna (Gebiet um den Van- und Urmia-See), deren Herrscher mit Mederfürsten verbündet waren. Die Stadtgründung erfolgte im Bereich voriran. Völker, die im 3./2.Jt. v. Chr. das Zweistromland bedrohten. Zu ihnen gehören die *Lulubi*, gegen die der akkad. König → Naramsin im 23.Jh. v. Chr. zu Felde zog. Der Lulubifürst Anubanini feierte seine Siege mit Felsreliefs nach sumer.-akkad. Vorbild. Während er seinen Fuß auf den am Boden liegenden Feind setzt, dem die Göttin Ininna auf den Kopf tritt, erhält er von der Gottheit, die ihm Gefangene zuführt, den Ring als Zeichen der Machtbelehnung. (Relief am ‹Tor von Asien›). Andere Fürsten von Lulubi und von Elam folgten dem Beispiel des Triumphreliefs, an das Dareios I. später mit dem berühmten Felsbild von Behistun (→ Bisutun) in Medien anknüpfte. Zu den voriran. Kräften im Zagrosgebirge gehörten auch die → *Guti*, die, von den Sumerern als ‹Drachen des Gebirges› bezeichnet, die Akkaddynastie zerbrachen und bis zu ihrer Vertreibung durch die neusumerische Restauration 2150/2080 v. Chr. im Zweistromland herrschten. Aus dem Zagrosgebirge erfolgte der Vorstoß der → *Kassiten*, die vom 17. bis 12.Jh. ihre Herrschaft über Babylonien behaupteten. Wie bei den im 17.Jh. v. Chr. aus den armen. Bergländern vorbrechenden und bis Syrien verbreiteten → *Churritern* begegnen bei den Kassiten indoar., den I.n verwandte Kräfte, die entscheidend an der Gründung des → Mitannireiches am oberen Euphrat beteiligt waren. Reste der voriran. Bergvölker behaupteten sich in den Königreichen von Urartu und Manna sowie im Zagrosgebirge. Die med. Reichsbildung wurde durch Bündnisse mit ihnen ebenso begünstigt wie die persische durch die elam. Tradition. – Für die dynamische Entfaltung der I. zwischen dem 9. und 7.Jh. v. Chr. spricht der Einbruch der nordiran. Stämme der → *Kimmerier* und → *Skythen* (pers. ‹Saka›) in Vorderasien (Ende des 8.Jh.s). Während das Reich von Urartu durch die Kimmerier (assyr. Gimirrai) als Machtfaktor ausgeschaltet wurde, erlitt die med. Reichsbildung durch die Skythen einen erheblichen Rückschlag. Zunächst mit dem Mederkönig → Phraortes gegen die Assyrer verbündet, wurden die Skythen durch → Asarhaddon (680–669 v. Chr.) gewonnen und fielen Phraortes in der Entscheidungsschlacht gegen → Assurbanipal 653 v. Chr. in den Rücken. Erst dem → Kyaxares, Sohn des Phraortes, gelang die Vertreibung der Skythen, nachdem mit dem Fall von Ninive 612 v. Chr. die assyr. Macht ausgeschaltet war. Die Hauptmacht der Skythen kehrte in die nordpontischen Gebiete zurück, wo wir ihre Ausdehnung in den Donauraum mit Ausgriffen bis Schlesien und Brandenburg verfolgen können. Ihnen folgten im 4.Jh. v. Chr. die stammverwandten *Sarmaten* (Sauromaten), während sich skyth. Restgruppen auf der Krim bis in das 1.Jh. v. Chr. hielten. – Zur weiteren Geschichte: → Perser, → Meder, → Parther.

[2] Der *archäologische Befund* im westl. Hochland von Iran und im armenischen Bergland bestätigt die Schriftquellen über die Ausbreitung der I. im frühen 1.Jt. v. Chr. Beispielhaft sind die Funde in der Nekropole von Sialk B südlich Teheran, wo sich gegenüber dem Inventar der älteren, bis in das 4.Jt. v. Chr. zurückreichenden Schichten charakteristische Neuerscheinungen abzeichnen. Die Gräberausstattung weist auf eine strenge (dreigeteilte?) Gesellschaftsordnung, in der die führende Klasse von Wagenkämpfern und Reiterkriegern gebildet wird. In der bemalten Keramik, die an voriran., auf dem Hochland weitverbreitete Tradition anschließt, tritt das Pferdemotiv bedeutsam hervor. Der Gesamtbefund weist auf neue Kräfte, I., die zu Herren über die alte Restbevölkerung des Hochlandes geworden sind. Ebenso gleichen die Gräber von → Luristan wahren Rüstkammern für Wagenkämpfer und Reiterkrieger; auch hier lebt voriran. und altoriental. Erbe nach. Im armen. Bergland, im Luristangebiet wie in Sialk B begegnen neue megalithische Hausgrabformen, deren Tradition wir in med. und pers. Grabanlagen verfolgen können. Im Königsgrab von Ziwije (Bereich von Sakez, dessen Name auf die Anwesenheit von Skythen weist) sind neben urartäisch-mannäisch-assyr. Einflüssen eindeutig eurasisch-skyth. Motive erkennbar. Eurasische Elemente begegnen auch in den Luristanfunden und im Gräberinventar von Sialk B, so daß sich archäologisch ein Zusammenhang zwischen dem Auftreten der I. und eurasischen Bewegungen ergibt. Für Bevölkerungsverschiebungen zu Beginn des 1.Jt.s v. Chr. spricht auch das auffallende Vorkommen der bis dahin im Hochland unbekannten Kurzschädel im Gegensatz zu den Langschädeln älterer Schichten.

[3] Die zu Beginn des 1.Jt.s in das Blickfeld der Geschichte tretenden I. sind Nachfahren der stammverwandten Indoarier, die für das 2.Jt. v. Chr. in Vorderasien bezeugt sind. Wir wissen, daß ihre Landnahme im Indusgebiet gegen Ende des 2.Jt.s v. Chr. erfolgte, können aber ihre Zugstraßen aus dem eurasischen Raum archäologisch noch

nicht verfolgen, wo die gemeinsame *Herkunft* der Indoarier und I. zu suchen ist. Wahrscheinlich liegt der Ausgang der Bewegungen, die sich über den Kaukasus und die ostkasp. Gebiete entfaltet haben, im ausgedehnten Bereich der Andronovo- und Balkengräberkultur des euras. Steppen- und Waldgürtels. Wichtig ist die archäologisch belegbare und durch die indoiran. Überlieferung bestätigte Tatsache, daß dem für die I. charakteristischen Reiterkriegertum des 1. Jt.s v. Chr. ein indoiran. Wagenrittertum vorausgegangen ist, das die Indoarier des 2. Jt.s v. Chr. kennzeichnet und bei ihnen nach der Landnahme im Indusgebiet beibehalten wird. Die Bewegungen der I. seit Beginn des 1. Jt.s v. Chr. stehen im Zeichen des Übergangs vom Wagenritter zum Reiterkrieger, der sich bis zur med. und pers. Reichsbildung durchsetzt, vor allem ausgeprägt bei den Skythen und den stammverwandten Saken im Steppenraum, deren Überlieferung noch deutlich die ältere Wagenrittertradition erkennen läßt. Durch die Wanderungen wurden die Träger älterer Kulturen im ostkasp. Raum und auf dem Hochland von Iran, deren archäologische Hinterlassenschaft wir in der weitverbreiteten bemalten Keramik und in einer grau-schwarzen Ware bis in das 4./3. Jt. v. Chr. zurückverfolgen können, überschichtet. Daraus resultiert wahrscheinlich das verschiedene Bild, das die *Ost-I.* bieten, unter ihnen Stämme wie die → Massageten, Daher, Parner, Baktrier und Sagartier. Auf Einfluß der I. geht im ostkasp. Raum und im O des Hochlandes von Iran die gesteigerte Pferdehaltung zurück, die nach Ausweis von Felsbildern in Ostiran und Überlieferungen zu hochqualifizierten Ergebnissen führte. I. zähmten erstmalig das im nordöstl. Steppengebiet verbreitete wilde Trampeltier, dessen Domestikation bes. in Baktrien gepflegt wurde. Seine Bedeutung ergibt sich aus der Tatsache, daß das Kamel (iran. uštra) in den Personennamen mit dem Pferd (aspa) konkurriert (Zarathuštra, Vištaspa, Hystaspes) und gleichfalls in der religiösen Überlieferung berücksichtigt wird. Die Darstellung des gezähmten Trampeltiers (→ Kamel) auf dem Obelisken → Salmanassars III., dem wir die erste Erwähnung der Perser und Meder im 9. Jh. v. Chr. verdanken, weist auf Mitwirken von Ost-I.n an der dynamischen Entfaltung der I. zu Beginn des 1. Jt.s v. Chr. Vermittler können die bis in den ostkasp. Grenzraum verbreiteten Meder gewesen sein, deren Vertrautheit mit dem gezähmten Kamel sich noch in der Entscheidungsschlacht → Kyros' II. gegen den Lyderkönig → Kroisos 546 v. Chr. zeigt (Hdt. 1, 80). Südost-I. im Verbreitungsgebiet der Wildform des Haushuhns (→ Haustiere C 3) trugen zur Zähmung und religiösen Bedeutung des Hahns in W-Iran bei, dessen Darstellung ebenfalls erstmalig zur Zeit der Ersterwähnung von I.n auftaucht. Der archäologische Gesamtbefund spricht somit dafür, daß die dynamische Entfaltung der I. zu Beginn des 1. Jt.s v. Chr. nicht nur von Medern und Persern in W-Iran getragen wird. An der Entwicklung sind außer Nord-I.n auch entscheidend stammverwandte Kräfte im O des Hochlandes beteiligt.

Lit: A. Christensen, Die I., HbAW, 1933, 213–309 (Lit) – G. G. Cameron, History of early Iran, 1936 – F. Altheim, Weltgesch. Asiens im griech. Zeitalter I, 1947, 126–176 – R. Ghirshman, Iran from the earliest times to the islamic conquest, 1954 (Neudr. 1961) – Ders., Iran. Protoiranier, Meder, Achaemeniden, 1964 (Lit) – H. H. von der Osten, Die Welt der Perser, 1956 (Lit) – K. Jettmar, Die frühen Steppenvölker, 1964 (Lit).

C. Religion. [1] Die iran. R. bietet ein vielschichtiges Bild, das sich aus der weiten Verbreitung der iran. Stämme und der geistigen Auseinandersetzung mit den Vertretern älterer Kulturen in den Gebieten ihrer Landnahme ergibt. Die *Abgrenzung* des ostindogerman. Erbes gegenüber der fremden Tradition ist schwierig. An *Quellen* steht außer griech. Nachrichten und iran. Inschriften und Bilddenkmälern seit der Zeit des Mederreiches die reiche Überlieferung des Awesta zur Verfügung. Schwierigkeiten bereitet hier aber nicht nur die Zeitbestimmung der Awestateile, sondern auch die Umbildung durch die mit → Zarathustras Lehren verbundene Reformation. Daß im Awesta altiran. Verhältnisse berücksichtigt werden, beweist die dominierende Vorstellung von göttlichen Wagenrittern, vor denen die Bedeutung des Reiters zurücktritt (vgl. o. B 3). Der göttliche Wagenritter Mithra wird in der Kunst der Partherzeit als Reiter dargestellt, ebenso in der Sasanidenkunst → Ahuramazda. Obwohl erst in der Sasanidenzeit die Sammlung der im Awesta vereinigten religiösen Überlieferungen erfolgt ist, ist also die altiran. Vorstellung vom Gott als Wagenritter hier im Gegensatz zur Kunst nicht umgeprägt worden. Trotz sasanidischer Zusammenfassung und Redaktion des Awesta können so auch andere awestische Religionstraditionen ihre ursprüngliche, altiran. Prägung behalten haben.

[2] *Grundzüge*. In die indoiran. Frühzeit zurückreichendes Erbe ist (1) der Glaube an einen lichten obersten Himmelsgott, Ahuramazda (von den Griechen als Zeus bezeichnet, Hdt. 1, 131); (2) die *Bildlosigkeit des Kultes* (s. u. D 1). In der Natur sah man das Wirken göttlicher Mächte, die man bildlos durch Opfer ehrte. Ausdrücklich bezeugt Herodot für die Perser neben dem Kult des Ahuramazda-Zeus Opfer an Sonne, Mond, Erde, Feuer, Wasser und Winde. Er erwähnt die Verehrung einer aus der semit. Religion übernommenen himmlischen Aphrodite (irrtümlich als Mithra bezeichnet), die altiran. Göttin → Anāhitā, die Wesenszüge altoriental. lebengebender Göttinnen aufgenommen hat. Den Einfluß des Alten Orients vor allem auf die Religion der Meder und Perser bezeugen das Bildzeichen des Ahuramazda, das dem assyr. Zeichen des Reichsgottes → Assur nachgebildet ist (eine männliche Halbfigur mit Ring als Herrschaftszeichen, die aus einer Flügelsonne wächst), und die westiran. Zeichen, die wahrscheinlich mit Mithras und Anahita zu verbinden sind. Der Kult beider Gottheiten gewann unter → Artaxerxes II. (405–358 v. Chr.) besondere Bedeutung. Anahita erhielt in dieser Zeit als erste iran. Gottheit Statuen und Tempel, unverkennbar wieder unter altoriental. Einfluß; in der Partherzeit wurde sie wie → Ištar als nackte Göttin dargestellt und auch mit der altsumer. → Inanna von Uruk gleichgesetzt. – Altiran. ist auch die Vorstellung von der Göttlichkeit des Feuers, das in der skyth. Stammessage mit brennendem, vom Himmel gesandtem Gold verglichen wird. Das heilige Gold war der Obhut des skyth. Priesterstammes der Paradaten anvertraut (Hdt. 4, 5–7). Den *Feuerkult* vor bildlosem Herdaltar bezeugen für die Skythen die erstrangige Stellung der Herdgöttin und das Schwurritual am Herd des Königs (Hdt. 4, 59. 68), für die Meder und Perser die Bildreliefs an Grabfassaden und auf Münzen (Entwicklung vom Feueraltar zum Feuertempel, der seinerseits in der sasanid. Epoche mit dem Kult der Anahita verbunden ist). Bedeutende Feuerheiligtümer waren das med. Šiz (Media Atropatene), das in parth. Zeit zum wichtigen religiösen Mittelpunkt wurde, in der Persis und in → Rhagai, wo sich später die an Zarathustra anknüpfende Tradition am reinsten behauptete.

[3] Medien war das Stammland der *Magier*, eines med. Stammes, dessen besondere Aufgabe schon im med. Reich priesterliche Funktionen waren. Die Magier deuteten Träume und waren allein berechtigt, das Opferritual unter Vortragen einer Art Theogonie zu vollziehen. Darin zeigt sich der starke med. Einfluß in der Religion der Perser (Hdt. 1, 101. 132). Ihnen wird der Brauch zugeschrieben, die Verstorbenen den Vögeln und Hunden auszusetzen, wie auch die zoroastrische Lehre fordert. Auch die Perser kennen diese Bestattungssitte, begraben jedoch die Knochen oder überziehen die Leichen vor der Beisetzung mit Wachs (Hdt. 1, 140) – ein Kompromiß zwischen pers. und med. Begräbnisbrauch. Den Vorschriften des zoroastrischen Reinheitsgesetzes steht die Vertilgung von Ameisen, Schlangen sowie anderem kriechendem und geflügeltem

Raubzeug durch die Magier nahe (Hdt. 1, 140). Hunde und Menschen werden dagegen von den Magiern geschützt. Die Überlieferung weist auf die Vorstellung von bösen Mächten der Welt, die in der zoroastrischen Lehre mit → Ahriman, dem Prinzip des Bösen, verbunden werden. Motive in der Achämenidenkunst, die den Großkönig als Vertreter der rechten Ordnung unter dem Schutz des Ahuramazda, des ‹Herrn› und ‹Weisen›, im Kampf gegen dämonische Mischwesen der Tierwelt zeigen, sprechen ebenfalls für ein vom Gegensatz zwischen Gut und Böse bestimmtes Weltbild. Der in der Lehre Zarathustras ausgeprägte Dualismus geht somit auf ältere Vorstufen zurück, wobei die iran. Auseinandersetzung mit der religiösen Tradition des Alten Orients mitgewirkt haben kann. Dafür spricht die charakteristisch altoriental. Darstellung des dämonischen Mischwesens als Gegner des Ahuramazda-Schützlings. Darstellungen von Magiern dürfen wir in achämenid. Bildern von Priestern in Medertracht erkennen, die ein Zweigbündel (Barsom, Barsman) als Symbol der Pflanzenwelt halten und eine Kopfbedeckung tragen, die das heilige Feuer vor dem unreinen Atemhauch des Menschen schützt.

[4] Den Griechen war bekannt, daß bei den iran. Völkern außer dem überragenden Himmelsgott, der mit Zeus gleichgesetzt wurde, zahlreiche *Einzelgottheiten* verehrt wurden, wobei die Rangordnung wechselte und eine Vorrangstellung vor dem Hochgott möglich war. Sowohl die awestische wie die griech. Überlieferung lassen die enge ursprüngliche Beziehung zum elementaren Naturbereich erkennen. Bei den Skythen steht der Kult der Tabiti/Hestia vor dem des Papaios/Zeus. Bei den → Massageten galt die Sonne als höchste und einzige Gottheit, der Pferde als schnellste Kreatur geopfert wurden. Der Kult des altiran. → Mithras reicht in indoiran. Zeit zurück (Erwähnung bei den → Mitanni; Veda, Awesta). Die wachsende Bedeutung des göttlichen Wagenritters können wir im Zusammenhang mit dem → Anahitakult seit Artaxerxes II. bis in die Partherzeit verfolgen. Als Rechts- und Vertragsgott steht Mithras Apollon nahe, mit dem er von den Griechen wie mit Helios gleichgesetzt wurde. Der Befund deutet auf enge Beziehungen Mithras' zum gestirnten Himmel, wie auch die hellenist.-röm. Mithrasreliefs zeigen. Das Bildmotiv Ahuramazdas spricht mehr für eine Gottheit des Taghimmels. Mit Mithras konkurriert der Gott Sraoša, als dessen heiliges Tier der → Hahn als Wahrheitskünder erscheint. In der späteren Überlieferung treten beide Götter an der Činvatbrücke zum Jenseits auf, an der die Seelen der Verstorbenen geprüft werden. Im Gefolge von Sraoša und Mithras begegnen, begleitet von Wasser und den Pflanzen, die Fravašis, die Geister der nach rechtmäßigem Leben Verstorbenen. Mit Sraoša eng verbunden erscheint die lebengebende Göttin Aši, unter deren Schutz die heiratsfähige Jugend und die Tierwelt zur Paarungszeit stehen. Die awestische Überlieferung bezeugt eine heftige Konkurrenz mit der funktionsverwandten → Anahita, deren Kult sich durchsetzte. Dazu fügt sich das Nebeneinander der griech. Bezeichnungen ‹himmlische Aphrodite› (Perser, Skythen, bei denen diese den Namen Artimpasa führt) und ‹persische Artemis›, die von den Griechen geflügelt dargestellt wird. Eine bedeutsame altiran. Gottheit ist Verethragna, Vertreter der unwiderstehlichen Kraft, der in Menschen und Tieren inkarniert gedacht wird, Träger des Machtglanzes (Chwarenah), heldischer Drachenbezwinger der indoiran. Frühzeit, der von den Griechen mit → Herakles gleichgesetzt wurde und sich wahrscheinlich auch im Herakles-Gott der Skythen verbirgt. Verethragna nahe steht die göttliche Personifikation der vom Auge ausstrahlenden Lichtkraft, die Göttin Čisti, Inbild der Erleuchtung und des durchdringenden Schauens, der Sehschärfe. In indoiran. Zeit führt die Überlieferung vom Rauschtrank Haoma, der im Awesta als personifizierter göttlicher Gnadenspender ewiges Leben in der Welt der Seligen neben irdischen Kräften verleiht. Mit dem Unsterblichkeitstrank verbunden erscheint der aus indoiran. Tradition erwachsene urmenschliche König Yima. Der Befund weist ebenso wie das Zeugnis vom Sakralgesang auf eine altiran. Neigung zur Kultekstase, die wir auch bei den Skythen im Hanfrausch und bei den Massageten beobachten. Astrale Züge zeichnen sich in der Überlieferung von Mithras, Anahita und dem Gott Tištrya ab, der Personifikation des Sirius, der auch für die Zeitordnung von Bedeutung ist. Charakteristisch für die iran. Religion ist die Vergöttlichung von Abstraktionen, die wir in den genannten Einzelgottheiten, in der Überlieferung von Ahuramazda als Inbegriff der höchsten Weisheit, aber auch in den Namen Armaiti (Frömmigkeit), Aša (rechte Ordnung), Daena (religiöses Schauen, innerer Schausinn), Vohu Manah (Guter Sinn) finden. An diese frühzeitliche Tendenz knüpft vorwiegend die Lehre Zarathustras an. Sie betrachtete die Einzelgottheiten als Emanationen des einzigen Gottes Ahuramazda, dessen Kampf gegen das in Ahriman verkörperte Prinzip des Bösen mit dem Sieg Ahuramazdas endet. Die Überwindung des Bösen durch das Gute entspricht altiran. Auffassung, die sich in den Bildmotiven der Luristan- und Achaemenidenkunst offenbart, ohne jedoch zoroastrisch zu sein. Vielleicht gehört in diesen Zusammenhang, der ebenso wie die Konkurrenz zwischen den Einzelgottheiten und das Reformwerk Zarathustras auf heftige religiöse Auseinandersetzungen im iran. Bereich deutet, die Tatsache, daß in der indoiran. Überlieferung des 2. Jt.s v. Chr. von den als Asura und Daeva bezeichneten Gottheiten später bei den Indern die Daevas dominierten und die Asuras zu Dämonen wurden, während sie bei den Iranern umgekehrt gewertet wurden.

[5] Vater des Ahuramazda und des Ahriman ist nach altiran. Überlieferung der Himmels-, Zeit- und Schicksalsgott Zurvan. Mit ihm wurde der altiran. Zwillingsmythos verbunden, an ihn knüpft die iran. *Weltschöpfungslehre* an, dualistisch geprägt. Zum Opferritual gehörte der Vortrag einer Art Theogonie (Hdt. 1, 132). Zurvan hat in der Entwicklung der iran. Religion bis zur Sasanidenzeit große Bedeutung. Bei der Prägung des altiran. Weltbildes und der Zeitordnung, faßbar im → Kalender vom Jahre 485 v. Chr. und in der späteren Kalenderentwicklung, hat wesentlich das geistige Erbe der voriran. Bevölkerung mitgewirkt. – Vielschichtig ist im iran. Bereich das Totenritual im Zusammenhang mit den *Jenseitsvorstellungen*. Neben dem bei den medischen Magiern üblichen vorzoroastrischen Brauchtum, den Leichnam Hunden und Raubvögeln zum Fraß vorzuwerfen, um dann die Gebeine zu bergen, ist für die Perser die Wachskonservierung des Verstorbenen, bei den Skythen die Mumifizierung belegt (Hdt. 1, 140; 4, 71–74). Die megalithischen Grabanlagen bezeugen wie die Felsgräber der Achämeniden mit ihren Palastfassaden die Vorstellung vom Weiterleben nach dem Tod. Der Glaube an die Unsterblichkeit der Seelen wird auch durch die awest. Überlieferung bestätigt.

Lit: O. G. v. Wesendonk, Das Weltbild der Iranier, 1933 – H. S. Nyberg, Die Religionen des Alten Iran, 1938 – G. Widengren, Die Religionen Irans, 1965.

D. Kunst. [1] *Allgemeines.* Daß die iran. Kunst im Gesamtbild der antiken Kunst berücksichtigt werden muß, hat bereits 1763 Winckelmann mit treffenden Bemerkungen zur Kunst der Perser und Parther gezeigt. Sie sind grundsätzlich durch die moderne Archäologie bestätigt worden. Die Iranier mußten sich bei ihrer Landnahme zu Beginn des 1. Jt.s v. Chr. mit der weit in die Vorzeit zurückreichenden Formen- und Bildwelt des Alten Orients auseinandersetzen. Die Übernahme der fremden Bildmotive wurde dadurch begünstigt, daß diese in der altoriental. Kunst oft zeichenhaft als Formeln für religiöse Bildgedanken standen, an die wesensverwandte Vorstellungen der iran. Überlieferung anknüpfen konnten. Nicht die Übernahme, sondern die Umprägung im iran. Sinne ist entscheidend. Der komplexe Prozeß erinnert sehr an die Begegnung der den Iraniern verwandten Frühgriechen mit dem vorindogermanischen künstlerischen Erbe im agäischen Raum. Gemeinsam war Iraniern und Frühgriechen die ursprüngliche Bildlosigkeit des Kultes. Sie erklärt das Fehlen von Bilddarstellungen und Kultbauten bei der Landnahme im Bereich der altoriental. Hochkultur mit ausgeprägter Bildwelt und Kultarchitektur. Noch zur Zeit Herodots lehnten die Perser die Verehrung von Gottheiten in Bildern und Tempeln ab (Hdt. 1,131). Der bildlose Kult des Himmelsgottes hat seine Entsprechung bei den Griechen. Der Wagen des Himmelsgottes im Heere des Xerxes war ohne Gottesbild. Dagegen setzte bei Iraniern und Frühgriechen die Darstellung von lebengebenden Göttinnen früh ein, dem vorindogerman. Erbe entsprechend, das Herodot richtig auf die Assyrer zurückführt. Außerdem muß das Nachwirken der altoriental. Kunst im Reich von → Urartu, im Gebiet der Mannäer, im Zagrosgebirge (→ Luristan), in → Elam und im Innern des Hochlandes berücksichtigt werden: charakteristische Metall- und Keramikformen, Gefäßmalerei, reiche Bildmotive (Tierbezwinger, lebengebende Herrin der Tiere, Mischwesen, Tierkampfszenen mit Steinbock als Lieblingsmotiv) und künstlerische Prinzipien (Torsion, antithetische Komposition, Überbetonung von Wesensmerkmalen bei der Figurenbildung, abstrakte Verkürzung und Verschmelzung von Bildmotiven).

[2] *Frühiranische Periode* (10.–6. Jh. v. Chr.). Am stärksten offenbart sich iran. Eigenheit gegenüber der altoriental. Tradition in den *megalithischen Grabanlagen* mit Steinkammern und Giebeldach. Während die Siedlungsplätze aus vergänglichem Material erbaut waren, sind die Totenhäuser betont für ein dauerhaftes Dasein errichtet, oft bevorzugt an Quellen und Wasserläufen. Der Befund erinnert auffallend an die iran. Überlieferung von den Fravaši, der götternahen reisigen Heerschar der Verstorbenen, die eine merkwürdige Beziehung zu unerschöpflichen Quellen haben und als heroenähnliche Beschützer der Lebenden gepriesen werden. Zu dieser Vorstellung fügt sich die reiche Ausstattung der Megalithgräber mit Waffen, Pferdegeschirr und Tiergefäßen, unter denen dem Pferd eine der altoriental. Kunst fremde Bedeutung zukommt. Auch die Hahnsymbolik ist echt iranisch. Beispielhaft für die Verschmelzung iran. und altoriental. Bildgedanken sind die meist aus Megalithgräbern stammenden *Luristanbronzen* mit formelhaften Motivkontraktionen, unter denen Tierstilelemente auf nordiran. Einflüsse (→ Kimmerier, → Skythen) weisen. Daß die skyth. Kunst entscheidend von der Bildwelt des Alten Orients mitgeprägt wurde, zeigt das Fürstengrab von Ziwije-Sakez aus der Zeit des skyth. Aufenthalts in Vorderasien. Die megalithische Grabarchitektur lebt weiter in *med. Felsgräbern*, deren Fassade Formen iran. Holzbaus in Stein umgesetzt zeigt, ebenso im Kyrosgrab von *Pasargadai* und in den Felsengrüften der Achämeniden bei → *Naqš-i-Rustam* nahe dem Palast von → Persepolis. Im Fehlen des *Tempelbaus* vom Typus der → Ziqqurat, der in → Elam nach dem mesopotamischen Vorbild eine Sonderform erhalten hatte (Tšoga Zambil südl. Susa), wirkt sich die ursprüngliche Bildlosigkeit des iran. Kultes aus. Eine Ausnahme zeichnet sich im Bereich der voriran. lebengebenden Göttin ab (Sorch Dum-Luristan), deren enthusiastische Schilderung im → Awesta an die Beschreibung eines Gottesbildes denken läßt (Anahita-Yašt). Durch ein Reliefmotiv der med. Felsgrabkunst (Kizkapan) ist der Vorläufer der bis in die Spätzeit weit verbreiteten *Feueraltäre* bezeugt, die die Hauptform der tempellosen Kultarchitektur I.s bilden. Der Baukunst des Alten Orients fremd sind auch die iran. großräumigen *Terrassenanlagen*, die seit der Landnahme fürstlichen Residenzen dienten. Sie bildeten den Kern der stark altorientalisch bestimmten iran. *Stadtentwicklung*. Beispielhaft ist die von Herodot (1,198 f.) beschriebene med. Residenzstadt → Ekbatana (Hamadan), eine in die Höhe gestaffelte Palastburg mit mehreren Mauerzügen, deren Aufbau die Darstellung der med. Stadt Kišesim auf einem assyr. Relief bietet. *Metall-* und *Keramikformen* bekunden zus. mit Tiermotiven eine wachsende eigene Stilbildung med. Kunst im 7. Jh.

[3] *Achämenidenkunst* (6.–4. Jh. v. Chr.). Nach der Landnahme der → Perser in der Nachbarschaft von → Elam und der Gründung einer eigenen Herrschaft durch → Achaimenes, erhält die großflächige Terrassenplanung megalithisches Gepräge (→ Pasargadai), die dann unter Kyros d. Gr. künstlerischer Werksteinverkleidung weicht. Die Planung von Pasargadai mit Monumentaltor, Audienzhalle (Apadana) und Empfangspalast bahnt mit langen Hallen und überhöhtem, von Säulen getragenem Saal die Entwicklung der Terrassengliederung von → Persepolis an. Wahrscheinlich schließt die Anlage an Formen des iran. Heerlagers während der Zeit der Landnahme an. Assyr. und elam. Vorbildern folgen die reichen Reliefskulpturen, darunter vierflügelige Geniusfiguren, mit ägypt. Krone, die als Torwächter besondere Bedeutung haben. Eine iran. Eigenform bilden die hohen Säulen, deren blockartiges Kapitell aus Tierprotomen besteht. Altoriental. Bildgedanken sind hier in iran. Architektur umgeprägt. Bei Pasargadai befand sich ein Heiligtum mit Feueraltären, in das auch das *Grab des Kyros* einbezogen war. Das sorgfältig gebaute Giebeldachhaus folgt megalithischer Tradition, während der Unterbau von sechs Stufen wahrscheinlich von der elam. Ziqqurat von Tšoga Zambil mitbestimmt ist, die zur Zeit des Kyros noch unversehrt war. Elam. und iran. Erbe verbinden sich auch in *Susa*, der von → Dareios als politischer Hauptstadt erwählten alten Residenz von Elam. Wie in Pasargadai war der Palast mit dem Apadana auf einer Terrasse errichtet. Die bis zu 20 m hohen Säulen mit Kapitellen in Form von Stierprotomen, die assyr.-babylon. Vorbilder völlig umgeprägt zeigen, gaben dem Palast eine dem Alten Orient unbekannte Monumentalität. In der Bauinschrift von Susa, die Material und Künstler nach Herkunft verzeichnet, spiegelt sich die weite Ausdehnung des Achämenidenreiches. Wichtig ist die Teilnahme von Künstlern aus Ionien. Babylon. Handwerker arbeiteten die farbigen Emailziegel des Bauwerks. Neben altoriental. Bildmotiven begegnet die Darstellung der pers. ‹Unsterblichen› (→ Athanatoi), der mit Prachtgewändern, Lanzen und Bogen ausgestatteten Garde. Den Höhepunkt achämenid. Bau- und Bildkunst bildet die großartige Terrassenanlage von *Persepolis*, die Dareios nach der Vollendung des Palastes von Susa errichten ließ. Beim Tode des Herrschers noch größtenteils Baustelle, wurden die Bauten unter → Xerxes u. → Artaxerxes I./II. im Sinn des Gründers vollendet. Hier sollte ein repräsentatives Zentrum des Achämenidenreiches geschaffen werden, wie es vorher in Vorderasien auch in den Hauptstädten der Großreiche nicht vertreten war. Die monumentale Anordnung der Bauten auf der über breiten Freitreppen betretbaren Terrasse mit ihren Palästen und Treppensockeln diente der Feier des → Neujahrsfestes, das als Hochfest des geeinten Reiches in Bildreliefs mit der Darstellung der Völkerschaften des Weltreiches für den Besucher bleibend festgehalten wurde. Gegenüber den ethnisch bestimmten Bildmotiven sind die altoriental. Bildgedanken wie die Tierkampfszenen zurückgedrängt. Unter dem Zeichen des Ahuramazda ist der Großkönig thronend, unter dem Baldachin und als Kämpfer gegen die Ungestalt dämonischer Mischwesen, den Vertretern des bösen Prinzips, an den Türlaibungen dargestellt. Das assyr. Symbol des Gottes → Assur ist zum Bildzeichen für Ahuramazda geworden, ebenso wie das altoriental. Motiv des Tierbezwingers im Sinne der dualistischen Religion der Achämeniden umgeprägt worden

ist. Achämenidisch ist die Bildidee der in mehreren Zonen dargestellten Völkervertreter als Thronstützen. Es fehlt dem Bilderzyklus das gewalttätig Unterwerfende der assyr. Kunst, deren Nachwirkungen deutlich erkennbar sind. Im Stil lassen sich linear bestimmte Tendenzen von schwellend prall gespannten unterscheiden. Deutlich tritt die künstlerische Arbeit mehrerer Werkstätten hervor; die Mitwirkung griech. Meister begünstigt wesentlich die Überwindung der altoriental. Formen- und Bildtraditionen. Iran. und griech. Struktur zeigen sich in der Bildkunst von Persepolis artverwandt. – Nahe Persepolis liegen in einer bereits durch elam. Reliefs ausgezeichneten Felswand, der alten Kultstätte von *Naqš-i-Rustam*, die Gräber des Dareios I., Xerxes, Artaxerxes u. → Dareios II. (?Artaxerxes II.?). Der Grabtyp folgt dem Vorbild des Dareiosgrabes, das med. Tradition fortführt und an die megalith. Totenhausidee anknüpft. Das der iran. Keramik vertraute Ornament des sog. griech. Kreuzes bildet die großflächige Grundlage. Während der Querbalken eine von hohen Säulen getragene Palastfassade vor der Grabkammer zeigt und an die altiran. Holzarchitektur erinnert, stellt das Relief darüber den Großkönig mit dem Bogen vor einem Feueraltar dar; über der Szene schwebt das geflügelte Ahuramazdasymbol. Dareios steht auf einem Treppenpodest, das von einem Thronsessel getragen wird, gestützt von den Völkerschaften des Reiches. Der Bildgedanke vom Großkönig gegenüber dem schwebenden Ahuramazdazeichen knüpft an das Dareios-Relief von Behistun (→ Bisutun) an, das das Gericht des Königs über den Magier → Gaumata und die gefesselten ‹Lügenkönige› zeigt. Den siegreichen König mit unterworfenen Gegnern stellen bereits akkad. und elam. Felsreliefs dar. Die achämenid. Umprägung altoriental. Triumphreliefs an heiligen Felsen der Vergangenheit offenbart sich nicht nur im Inhalt, sondern auch in der Form, indem die Szenen in eine großflächig bearbeitete Felswand gesetzt werden. Die Auseinandersetzung der achämenid. Hofkunst mit dem künstlerischen Erbe des Alten Orients fassen wir auch in reichen Metall- und Steinarbeiten, Kultgeräten und Schmuck, für die der festgeprägte *Tierstil* charakteristisch ist. Wie in den Steinreliefs beobachten wir neben flacher, linearer Stilrichtung die Tendenz zu prall gespannten, schwellenden Formen mit der Vorliebe für Kurven und Torsion, wodurch die Bewegungskräfte der Tierwesen veranschaulicht werden. Oft wird die Wirkung durch farbige Einlagen gesteigert, deren Weiterentwicklung wir im polychromen skyth.-sarmat. Tierstil verfolgen können. Ausgeprägt iran. Motive (Pferd, baktrisches Kamel) finden sich neben altoriental. Bildgedanken (Löwe, Stier, Steinbock, Greif). Bezeichnend für das zähe Nachleben alter Formen sind die Rollsiegel, deren Bildschatz jedoch iranisch ist (Dareios I. auf dem Wagen im Kampf gegen Löwen, der König als Tierbezwinger, Kultszenen vor dem Feueraltar, Reiter und Bogenschützen in nordostiran. Steppentracht: Ärmelrock und langer Hose). Der neue Sinngehalt wird durch das Ahuramazda-Zeichen über der Bildszene angezeigt. Siegel- und Gemmenkunst erfahren eine bemerkenswerte Belebung durch griech. Einflüsse im 5./4. Jh. v. Chr., die auch an zahlreichen Metallgefäßen erkennbar sind.

[4] *Parthische Kunst* (150 v. Chr.–226 n. Chr.). Die *hellenist. Durchdringung der iran. Formen- und Bildwelt* nach der Eroberung durch Alexander d. Gr. bildet eine ebenso wichtige Voraussetzung zum Verständnis der parth. Kunst wie die Kenntnis des Erbes, das die → Parther aus ihrer *nordöstl. Steppenheimat* mitgebracht haben. Die auffallendsten Neuerscheinungen in der von ihnen bestimmten Epoche sind außer eurasischen *Tierstilelementen* (Elch, Hirschkrone des Herrschers) die Darstellungen von König und Gottheit als Reiter im Steppenkleid der nordostiran. Stämme, das zur Hoftracht wird. Beispielhaft ist die Bronzestatue eines Partherfürsten aus Šami neben dem Marmorbild des Königs Uthal von Hatra (2. Jh. v. Chr.). Das Eindringen der neuen Motive in die hellenist.-achämenid. Tradition zeigt auch deutlich der mit Kolossalskulpturen und Reliefs ausgestattete *Grabbau Antiochos' I. von Kommagene* (69–34 v. Chr.) auf dem *Nemrud Dağ*. Bewußt an achämenid. Tradition schließt das Relief → Mithridates' II. am Felsen von *Behistun* an, wo auch → Gotarzes (38–51 n. Chr.) seinen Sieg darstellen ließ: unter griech. Schrift und hellenist. Nikemotiv erscheint der parth. Bildgedanke vom berittenen König, der seinen Gegner vom Pferd sticht. Das auffallendste Merkmal in der Entwicklung der parth. Reliefkunst, das sich auch in der Wandmalerei findet, ist der Bruch mit der achämenid.-hellenist. *Profildarstellung*. Neben ihr gewinnt die *Frontalansicht* an Bedeutung, deren Anfänge wir bereits in der frühiran. Kunst von Luristan beobachten. Altorientalisch bestimmt ist das Motiv der in Vorderansicht dargestellten nackten Göttin (häufig auf parth. Sarkophagen), der lebengebenden → Anahita, deren Bildkult schon in der späten Achämenidenzeit in den Vordergrund trat. Erbe der Steppenheimat dürfte die kreisrunde oder polygonale Planung von *Stadtanlagen* nach dem Vorbild von Nomadenlagern sein (Merv, → Ktesiphon, Hatra). Der Grundriß eignet auch dem in der Partherzeit bedeutsamen altmed. Feuerheiligtum Šiz (Tacht-i-Suleiman). Im *Sakralbau* für den Feuerkult wird die achämenid. Form des Feueraltares zum Feuertempel weitergeführt. Eine Neuform bildet der parth. *Liwanpalast* (Nisa, Assur, Hatra). Er besteht aus drei nebeneinanderliegenden Räumen mit Tonnengewölbe, deren breiterer und höherer Mittelteil nach vorn offen ist. Stuckreliefs und dekorative Wandmalerei schmückten den an Stelle des achämenid. Gliederbaus getretenen Massenbau (Palast von Kuh-i-Chodša auf einer Insel im Hamun-See).

[5] *Sasanidenkunst* (3.–7. Jh. n. Chr.). Der parth. Palasttypus wird in der *Hofarchitektur* der Sasanidenzeit weiterentwickelt. Hauptbestandteil ist der hochgewölbte, an der Vorderseite geöffnete Liwan. Die dem Empfangssaal angegliederten Räume sind von Tonnen und Kuppeln überwölbt (Palast des → Ardaschir in Firuzabad; Taq-i-Kisra in Ktesiphon. Mit einer lichten Weite von über 25 m, einer Höhe von fast 30 m und einer Tiefe von 43 m ist der Taq-i-Kisra eine der größten Bogenhallen der Welt, wahrscheinlich bereits von → Šapur I. errichtet). Charakteristisch ist die Lage der → Sasanidenpaläste in reichen → *Gärten*, die bereits in Persepolis gepflegt wurden. Achämenid.-hellenist. Elemente zeigt die reiche, farbige *Stuckdekoration* der Palasträume, neben der die *Wandmalerei* mit Jagd- und Kriegsszenen, bes. dem parth. Motiv des Reiterkampfes (vgl. Amm. 24, 6, 3; Fresken von → Dura-Europos und → Susa), von großer Bedeutung war. Iran. Umprägung röm. Vorbilder zeigt sich in den *Bodenmosaiken* des Liwan von Bišapur, wo Šapur nach dem Sieg über → Valerian eine Residenzstadt bauen ließ, die nicht dem Grundriß parth. Städte folgt, sondern dem hippodamischen System hellenist. Zeit. Bei der Ausstattung der Paläste spielte die farbige bilderreiche *Textilkunst* eine hervorragende Rolle, vor allem die im Lauf der Sasanidenzeit hochentwickelte Seidenweberei. Unter den Motiven begegnen sasanid. Umprägungen altoriental.-achämenid. Vorbilder (Fabeltiere, Lebensbaum, Tierkampfszenen) neben Reiterjagden und Schlachtbildern. Altoriental. Erbe ist dabei die häufige Anwendung der antithetischen Komposition. Im *Sakralbau* dominieren die Anlagen für den Feuerkult, der mit der Verehrung Anahitas verbunden war. Der Anahitatempel von Bišapur bestand aus einem quadratischen Saal, dessen Balkendach von Stierprotomen getragen wurde, Nachbildungen der achämenid. Architektur von Susa und Persepolis. Von den Feueraltären geben die Münzbilder eine Vorstellung, aber auch die Reste von Kuppelbauten, die nach allen vier Seiten offen waren. Die altiran. Bildlosigkeit des Kultes tritt klar zutage. Die eindrucksvollsten Denk-

mäler der Sassanidenkunst sind die *Felsreliefs*, die achämenid. Gedanken in neuen Motiven weiterführen. Sie zeigen den König zu Fuß oder zu Pferd bei der Belehnung durch den entsprechend dargestellten Gott (Ormuzd = → Ahuramazda), im Triumph über den Gegner, dessen Untergang mit dem Sieg des Gottes über → Ahriman, den Geist des Bösen, verglichen werden kann, im Gefolge des Hofes und bei der Jagd. An parth. Vorbilder knüpft das Motiv des Reiterkampfes an, bei dem der Gegner aus dem Sattel gestochen wird. Auch in der Tracht des Herrschers ist die Beziehung zum Parthischen stärker als zur Achämenidenkunst, an die jedoch die Reliefs in der Profilansicht, in der strengen Gegenüberstellung und Aufreihung der Figuren anschließen. Die Auseinandersetzung mit dem Parthischen offenbart sich auch in den Bildthemen der Reliefs von Firuzabad und Naqš-i-Rustam, die gerade an dieser achämenid. Stätte den Sieg Ardaschirs I. über die parth. Dynastie und die Belehnung des neuen Herrschers zeigen. Hier findet sich auch das mehrfach wiederholte Triumphbild Šapurs I. über den röm. Kaiser Valerian, unmittelbar unter dem Grab Dareios' I. Das Thema dieses Sieges ist in wesentlich erweiterter Form auf einem Relief in Bišapur behandelt, dessen Anlage auf das Vorbild der Trajanssäule und das Mitwirken röm. Steinmetzen weist. Bedeutsam ist die Wiederaufnahme der parth. Frontalansicht in der Darstellung des thronenden Herrschers (Bišapur, Naqš-i-Bahram), die jedoch eine plastische Besonderheit ist und nicht ausschließlich angewandt wird. Die Entwicklung der Reliefkunst, die ihren Höhepunkt in der plastischen Modellierung der Reiterinvestitur Bahrams I. (Bišapur) erreicht, endet mit der Ausgestaltung der Großen Grotte von Taq-i-Bostan durch König Peroz (475/485). Im Mittelteil der als dreifacher Liwan geplanten, aber unvollendeten Anlage sind die Seitenwände mit den Reliefs großer Treibjagden geschmückt, für die der Sasanidenhof so berühmt war. An der Rückwand ist unter der fast freiplastischen Investiturgruppe die fast 4 m hohe Reiterstatue des Königs mit Helm, Panzerhemd, geschulterter Lanze und Schild angelegt, deren blockhafte Wucht den drohenden Eindruck sasanid. Panzerritter veranschaulicht. Die Gesamtanlage ist beispielhaft für die der Sassanidenkunst eigene plastische Ausstattung von Innenräumen. Den Motiven der Felsbilder begegnen wir im reichen *Kunsthandwerk* der Sasanidenzeit, besonders in prachtvollen Arbeiten der Gold- und Silberschmiede, deren hervorragende Technik teilweise in frühiran. Zeit zurückreicht. Der repräsentative Charakter des Formen- und Bildschatzes offenbart sich in der Verherrlichung der Majestät des Königs, der thronend, beim Bankett oder als reitender Bogenschütze auf der Jagd stets mit Krone und vollem Ornat dargestellt wird. Tierszenen und Fabelwesen führen ebenso wie das Motiv des von Tieren flankierten Baumes altoriental.-achämenid. Tradition weiter. Unverkennbar wirken sich im Stil hellenist. Einflüsse aus Baktrien und Indien aus. Die reiche Ikonographie der Gemmen spiegelt die vielschichtigen Elemente der Sasanidenkunst. Von ausgeprägtem Stil sind die Münzen der Sasanidenherrscher, deren jeder seine eigene Krone hatte. Die Rückseite ist meist mit dem Königsnamen um einen Feueraltar ausgestattet. Nach dem Untergang des Sasanidenreiches wirkte die künstlerische Tradition noch lange in der islamischen Welt, in Byzanz, bei den eurasischen Steppenvölkern und im Abendland nach, wo sich iran. Elemente weit in die Kunst des MA verfolgen lassen. J.W.

Lit: K. Erdmann, Die Kunst Irans zur Zeit der Sassaniden, 1943 – H.H. von der Osten, Die Welt der Perser, 1956 – 7000 Jahre Kunst in Iran, Katalog der Ausstellung Villa Hügel, Essen 1962 – E. Will, L'art sassanide, Syria 39, 1962, 45–63 – R. Ghirshman, Iran. Parther und Sasaniden, 1962 – Ders., Iran. Protoiranier, Meder, Achaemeniden, 1964 – J. Wiesner, Die Kunst des Alten Orients, 1963 – Ders., Kunst aus Luristan und Amlasch, Ausstellung Kunstverein Darmstadt 1964/65 – M. Mayrhofer, Die Indo-Arier im Alten Vorderasien (im Druck; Lit).

Irenaeus, ca. 130–ca. 200, Presbyter, seit 177/8 als Nachfolger des in einer Verfolgung (→ Märtyrerakten) gest. Pothinus Bischof v. Lugdunum (Lyon). Aus Kleinasien stammend, wo er in der Jugend noch → Polykarp gehört hatte, wurde I. im Streit um den → Montanismus und ca. 198 im Streit mit Victor v. Rom um den Ostertermin (→ Feste C 2) eine einflußreiche Figur des ökumenischen Ausgleichs im Westen. Euseb, der durch Exzerpte und Schriftenkatalog (hist. eccl. 5, 20. 26) wertvolle Hinweise bietet, rühmt vor allem die 5 Bücher ‹*Entlarvung und Widerlegung der falschen* → *Gnosis*›, für die neben Fragmenten bei Euseb und anderen, ferner armen. und syr. Teilübersetzungen eine vollständige lat. Wiedergabe vorliegt. Da andere antignostische Schriften (‹Gegen Blastus über das Schisma›; ‹Über die Monarchia oder daß Gott nicht Schöpfer der Übel sei›, beides Briefe der → Protreptik; ‹Über die Ogdoas›, eine Abhandlung, mit für das spätantike → Buch interessantem Schluß: Eus. hist. eccl. 5, 20, 2), nur rudimentär erhalten, Werke der → Apologetik (‹Gegen die Hellenen›, d. h. Heiden; ‹Über das Wissen›) nur dem Titel nach bekannt sind und der Buchtitel ‹Verschiedene Reden› für uns Chiffre bleibt (Homiliensammlung?), bildet das Hauptwerk neben der ‹Darstellung apostolischer Verkündigung› (1907 in armen. Übers. wiedergefunden) unsere Hauptquelle. Während er sich hierin an die Gemeinde wendet und das Schema von Weissagung und Erfüllung (→ Exegese) für den Wahrheitsbeweis anwendet, erweist sich I. im sog. ‹*Elenchos*› als gelehrter Theologe, der den spätantiken → Platonismus (Gott als Prinzip des Guten) und schulphilosophische Traktate (z. B. zur Willensfreiheit) gegen die gnostischen Systeme, vor allem → Valentinus aufbietet. Theologische Traditionen Kleinasiens (Problem der sog. Presbytertradition) hingegen formte er in seiner Rekapitulationstheorie zu einer an dem Inkarnationsdogma orientierten und auf das schöpfungsgemäße Telos der ‹Gottähnlichkeit› (Gen. 1, 26) angelegten, die ganze Menschheit umfassenden Heilslehre aus, in die selbst der → Chiliasmus (2) sich einfügte. ‹Glaubensregel› und apostolische Sukzession (berühmtes, Roms Sukzession hervorhebendes Kap. 3, 3, 1 ff.) als weitere Normen orthodoxer Wahrheit nennend, wurde I. so der klassische Vertreter des Altkatholizismus (→ Christentum III A 2). C.A.

Ed: PG 7 – W. Harvey, 1857, anast. 1949 (mit griech. Frg. falscher Zuweisung, ferner den sog. Pfaffschen Frg.: berühmte Fälschung des Gießener Universitätskanzlers, 18. Jh.) – F. Sagnard, SC 34, 1953 (adv. haer. III) – L. M. Froidevaux, SC 62, 1959 (Epideixis) – *Übers:* E. Klebba-S. Weber, BKV 3. 4, 1912 (adv. haer.) – *Lit:* Altaner, 118–125. Ergänzend: W. Bousset, Jüd-Christl. Schulbetrieb in Alexandrien u. Rom, 1915 – A. Benoit, St. I., Introduction à l'étude de sa théologie, 1960 – G. G. Blum, Tradition u. Sukzession, 1963, 161–227.

Iris, Tochter des Thaumas und der Okeanide Elektra. Schwester der → Harpyien, → Personifikation des Regenbogens. Botin der Götter, bes. des Zeus und, mehr noch, der → Hera. Führt goldene Flügel.

Darstellungen: Am ältesten die Thermosmetope (um 620), nur geringe Reste erhalten (AD II, Taf. 52, 3). Hier schon geflügelt, wie später fast stets, doch einige Ausnahmen. Ihr Attribut als Götterbotin das → Kerykeion. Auch als Mundschenkin der Götter dargestellt. Auf Vasenbildern von Satyrn und Kentauren überfallen. – *Lit:* G. Gualandi, Iride, EAA IV, 1961, 220–222. K. Schb.

Ironie (*εἰρωνεία*, ironia, illusio, simulatio oder permutatio), in der → Rhetorik (D) den → Tropen zugerechnet, auch als → Sinnfigur verwendet (Quint. inst. 8, 6, 54; 6, 3, 85), Ausdruck einer Sache durch ihr Gegenteil, z. B. ‹sparsam› für ‹verschwenderisch› (Rhet. Her. 4, 46). → Sokrates; → Praeteritio. H.H.

Lit: Volkmann, 432 ff. 500 ff. – Lausberg, I 302 f. 446–450.

Irrationalität. [1] Daß es Strecken gibt, die kein gemeinsames Maß, d. h. kein Verhältnis wie eine natürliche Zahl zu einer natürlichen Zahl, haben, war für → Platon eine erregende Entdeckung der jüngsten Zeit. Ein arithmetischer Beweis dafür, daß die Seite s und die Diagonale d des Quadrats inkommensurabel sind, findet sich bei Euklid elem. 10, 115a: Hätten s und d ein gemeinsames Maß, so gäbe es zwei teilerfremde ganze Zahlen p, q, so daß $d:s = p:q$, also $d^2:s^2 = p^2:q^2$. Da $d^2 = 2s^2$ ist, wäre $p^2 = 2q^2$. Also wäre p^2 gerade, also auch p gerade (denn das Quadrat einer ungeraden Zahl ist eine ungerade Zahl), etwa $p = 2r$. Dann wäre $2r^2 = q^2$, also auch q gerade; p und q waren aber teilerfremd. – Ein geometrischer Beweis hätte sich auf die → Antanairesis (wechselseitige Subtraktion) zu stützen, das Verfahren, mit dem man das gemeinsame Maß zweier

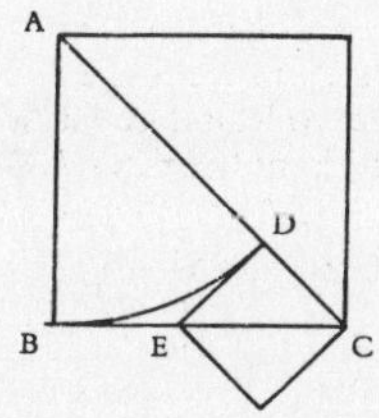

Abb. 106 Irrationalität von Seite und Diagonale im Quadrat

Größen ermittelt. Sei (→ Abb. 106) $AC = d$, $AB = BC = s$, $DC = d - s$, also $EC = 2s - d$. Hätten s und d ein gemeinsames Maß, so hätten DC und EC dasselbe gemeinsame Maß. Das sind aber Seite und Diagonale eines kleineren Quadrats. Das Verfahren läßt sich fortsetzen, und da die Seite des neuen Quadrats $DE = EB < \frac{s}{2}$ ist, führt es zu beliebig kleinen Quadraten, deren Seite und Diagonale dasselbe gemeinsame Maß haben müßten wie s und d. Das ist aber unmöglich. – Dieser Beweis ist aus der Antike nicht überliefert, doch können Bemerkungen von → Theon (4) v. Smyrna (exp. rer. math., p. 43 f. Hi.) und → Proklos (in Plat. rep. II, p. 24 f. Kroll) als Hinweise auf diesen Beweisgang gedeutet werden. – Ähnlich läßt sich beweisen, daß Seite und Diagonale des regelmäßigen Fünfecks kein gemeinsames Maß haben. Vielleicht ist die Existenz inkommensurabler Strecken an dieser Figur entdeckt worden. Dem → Hippasos (2) v. Metapont (um 450 v. Chr.) wird nämlich sowohl die Entdeckung inkommensurabler Strekken wie auch die Konstruktion des regelmäßigen Dodekaeders, das aus regelmäßigen Fünfecken besteht, zugeschrieben.

[2] Eine ausführliche *Theorie der Irrationalitäten* bringt das 10. Buch von → Euklids Elementen. Dort werden die folgenden Bezeichnungen benutzt: Größen (*μεγέθη*) heißen *σύμμετρα* (kommensurabel), wenn sie ein gemeinsames Maß haben, sonst *ἀσύμμετρα* (inkommensurabel). Strecken (*εὐθεῖαι*), die mit einer vorgegebenen Strecke kommensurabel sind, heißen *ῥηταί* (rational), solche, die mit der vorgegebenen Strecke inkommensurabel sind, heißen *ἄλογοι* (irrational). – Die Entdeckung der I. hatte für die griech. → Mathematik weitreichende Wirkungen. Da alle Zahlenverhältnisse durch Streckenverhältnisse ausgedrückt werden können, aber nicht umgekehrt, ist die → Geometrie umfassender als die → Arithmetik. Deshalb wurden arithmetische und algebraische Probleme gern geometrisch behandelt (→ Arithmetik und Algebra, 2 und 3). Auch die → Proportionenlehre mußte neu begründet werden, wie das → Eudoxos (1) v. Knidos durch eine neue, auch irrationale Verhältnisse einschließende Definition der Proportion getan hat. H. G.

Q: Plat. Theait. 147D; leg. 7. 819D, E – *Lit:* K. v. Fritz, The discovery of incommensurability by Hippasos of Metapontum, Annals of Mathem. 48, 1945, 242–264 – S. Heller, Ein Beitrag z. Deutung d. Theodorosstelle in Platons Theaetet, Centaurus 5, 1956, 1–58.

Isagoras, Athener, versuchte nach dem Sturz der → Peisistratiden (510 v. Chr.) die Partei der Pedier neuzubilden und gegen den Widerstand der Paralier unter → Kleisthenes (1) die vorsolonische Oligarchie wiederaufzurichten; 508/507 Archont, konnte er sich gegen Kleisthenes, den Rat und Volk unterstützten, trotz des Eingreifens → Kleomenes' I. von Sparta nicht durchsetzen und ging in die Verbannung. R. V. C.

Isaios, att. → Redner, Ende 5./1. H. 4. Jh. v. Chr. Die antiken Nachrichten über Lebenszeit und -umstände sind spärlich; unsicher ist, ob er att. Bürger oder (wie → Lysias) nur Metöke (aus Chalkis) war. Da er am politischen Leben sich nicht beteiligte, ist das letzte wahrscheinlich. Offensichtlich war er als Anwalt, d. h. Redenschreiber (→ Redner I C), berühmt. Die (teilweise) Erhaltung seiner Werke verdankt er wohl seiner Beziehung zu dem berühmtesten der att. Redner, Demosthenes, dessen Lehrer er war. Aus der überlieferten Zahl von 64 Reden schied schon die antike Kritik 14 als unecht aus, von 56 kennen wir die Titel. Einen (verlorenen) Kommentar zu I. schrieb → Didymos (1). Erhalten sind 11 Reden, alle aus Erbschaftsprozessen, und ein größeres Fragment aus einer Rede über den Zivilstatus eines Mandanten (Euphiletos), dessen Bürgerrecht in Zweifel gezogen worden war. Daneben kleinere Fragmente. Schon die antike Literaturkritik sah die Verwandtschaft im Stil mit → Lysias in der Schlichtheit und Durchsichtigkeit der Gedankenführung, aber auch die Unterschiede: sorgfältige Hiatvermeidung (vielleicht unter Einfluß des → Isokrates), häufige Verwendung von Sinnfiguren, vor allem aber stärkeres Heraustreten der logischen Durcharbeitung. Diese bildet den Übergang zu Demosthenes, bei dem freilich noch die leidenschaftliche persönliche Dynamik hinzutritt. J. H. K.

Ed: C. Scheibe-Th. Thalheim, BT, 1903 – P. P. Roussel, CB, 1922 – *Übers:* K. Münscher, Zeitschr. f. angewandte Rechtswissenschaft 37, 1919, 32–328 – *Komm:* T. C. W. Wyse, Speeches of I., 1904 – *Lit:* Blaß I2, 486–577 – R. C. Jebb, The Attic Orators from Antiphon to I., II (1874), 1892², 486–576 – Zur Überlieferung: → Andokides.

2. **I.,** syr. → Redner (I D 2) attizistischer Richtung; erfolgreicher Improvisator, bemühte sich um äußerste Kürze. I. erregte Aufsehen in Rom (Plin. ep. 2, 3). Seine Schüler: → Dionysios (15) v. Milet, → Lollianos v. Ephesos, Markos v. Byzanz. W. Sp.

Lit: Thalheim, RE 9,2 (1916), 2052 – P. Graindor, La famille du sophiste I., Recueuil travaux fac. philos. et lettres Gand 50, 1922, 69–72 – P. Grimal, Deux figures de la correspondance de Pline, Latomus 14, 1955, 370–383.

Isauricus → Servilius.

Isidoros von Charax (am Persischen Meerbusen), Geograph der augusteischen Zeit. Erhalten: ‹Parthische Etappen› (selbständige Vermessungen des Partherreiches) und Fragmente einer Vermessung der Oikumene. Vgl. → Kartographie. F. L.

Ed: FGrHist 781.

2. **I. von Milet** *(d. Ä.)*, erbaute mit *Anthemios von Tralleis* unter Justinian die → Hagia Sophia in → Konstantinopel (532–558), den bedeutendsten frühbyzantin. Kuppelbau. – Sein Neffe *I. von Milet d. J.* baute die 559 n. Chr. eingestürzte Hauptkuppel der Hagia Sophia mit ca. 10 m höherem Scheitel wieder auf, wodurch sie vom Pendentifteil schärfer abgehoben wurde. G. Gb.

Lit: A. M. Schneider, Die Hagia Sophia, 1939.

3. **I. von Pelusium,** ca. 360/70–ca. 435, Mönchsvater bei Pelusium (Ägypten), wohl auch Abt eines Klosters; Meister des gefeilten Briefstils (ca. 2000 Briefe praktisch-theologischen, vor allem exegetischen Inhalts überliefert); trat gegen den → Arianismus für die Gottheit Christi ein.

Lit: RGG III 905 f. – Altaner, 238. B. L.

4. **I. von Sevilla,** Bischof, ca. 560–636. Als Sproß einer vornehmen romanisierten Familie Cartagenas aufgewachsen im westgotischen Sevilla, wurden ihm durch seinen älteren Bruder und Amtsvorgänger Leander die Wege einer glänzenden Laufbahn geebnet; als kirchl. Autorität im Lande wie wegen seiner großen Gelehrsamkeit auch außerhalb Spaniens hoch geehrt. – Die *literarische Tätigkeit* I.s wollte in erster Linie der wissenschaftlichen und geistlichen Förderung seines heimischen Klerus dienen und bewegte sich auf fast allen Gebieten der Wissenschaft, ohne allerdings originell zu sein. Ihre Bedeutung liegt vielmehr darin,

daß I. als einer der größten Kompilatoren, die es je gab, eine Fülle wichtiger Fragmente antiker Autoren, deren Kenntnis er freilich fast durchweg aus zweiter und dritter Hand bezog, erhalten und kaum weniger als → Cassiodor und → Boethius die Kultur des MA beeinflußt hat, bes. durch seine *Etymologiae* (‹Origines›: Enzyklopädie des gesamten theologischen und profanen Wissens seiner Zeit) und sein aus → Augustin und den ‹Moralia› → Gregors d. Gr. geschöpftes theologisches Hauptwerk, die *Sententiarum libri III* (Dogmatik und Ethik). Außerdem verfaßte er u. a. eine kurze Weltchronik (bis 615 reichend), eine Geschichte der (West-) Goten, eine bes. Spanien berücksichtigende Literaturgeschichte (‹De viris illustribus›), ein liturgisches Handbuch (‹De ecclesiasticis officiis›), eine Mönchsregel sowie mehrere grammatische, naturwissenschaftliche und exegetische Schriften. – Die unter seinem Namen gehende Sammlung vor allem spanischer Synodal→kanones (Coll. Isidoriana oder Hispana) ist schwerlich sein Werk. – Vgl. Christentum V F [2]. M. R.

Ed: F. Arevallo, 7 Bde, Rom 1797–1803 (= PL 81–84) – Zu d. Ausg. u. Übers. d. einzelnen I.-Schriften s. E. Dekkers, Clavis patrum (1951), 1961², Nr. 1186–1229 – *Lit:* J. Fontaine, I. de Séville et la culture classique dans l'Espagne wisigothique, Études augustiniennes XX, 1959, 450; 451–1013 – Isidoriana. Colección de estudios sobre I. de Sevilla, publicados con ocasión del XIV Centenario de su nacimiento, p. M. C. Díaz y Díaz, 1961 – Altaner, 8; 219f.; 458ff.

Isigonos, Bildhauer, um 200 v. Chr. (?) in → Pergamon tätig. Plin. nat. 34, 84 nennt ihn zusammen mit → Antigonos (4), Stratonikos und → Phyromachos unter den Künstlern der Gallieranatheme der pergamenischen Könige. E. Bg.

Lit: Lippold, GrPl, 353 – L. Catteruccia, EAA IV, 1961, 241.

2. **I. von Nikaia,** vor Plin. d. Ä. Verfasser von ‹Apista› und einer Schrift ‹Über die Paliken› (?). W. Sp.

Frg: Paradoxographoi, 162f. – FHG IV 435/437 – *Lit:* K. Ziegler, RE 18,3 (1949), 1155f., s. v. Paradoxographoi.

Isin, Stadt in Babylonien (Ruine Bahrijāt) südlich von Babylon am Euphrat gelegen. Zwei Dynastien von Bedeutung: 1. Dyn. von I. (ca. 1953–1730), löst das Reich von → Ur (3. Dyn.) in der Vorherrschaft über Babylonien ab (König Išbi'erra). Lipitištar von I. (um 1870) verfaßt Reformgesetze. Diese 1. Dyn. von I. wird von → Larsa abgelöst. – 2. Dyn. von I. (ca. 1160–1028). Sie bringt nach der langen Kassitenherrschaft eine Renaissance des Babyloniertums. Bedeutendster König → Nebukadnezar I. → Mesopotamische Reiche B [2]. W. R.

Isis, ägypt. Göttin, die vergöttlichte Macht des Thrones, der als Mutter des Herrschers galt, die ‹Gottesmutter›. Sie gab frühzeitig der klagenden Gottheit im → Osiris-Mythos ihren Namen, wodurch gleichzeitig in diesen das ‹Kind› mit eingeführt wurde, das zunächst nicht dazugehörte und mit dem König, mythisch → Horus, gleichgesetzt worden war. So bildete sich die klassische Osiris-Sage, doch zeigt sich das sekundäre Zusammenwachsen noch darin, daß Horus postum gezeugt wird. Außerhalb der Osiris-Sage spielte I. zunächst keine große Rolle, es sei denn in Achmim als Mutter des Gottes → Min. Sie galt als bes. zauberreich, weshalb sie auch zu den Schutzgottheiten der Toten gehörte. Erst in der Spätzeit entwickelte sich I. zur Weltgöttin, deren Kult über die Grenzen Ägyptens ausstrahlte: Der I.-Tempel von Philai war Kultmittelpunkt der nubischen Stämme und wurde erst von Justinian geschlossen. Die Darstellungen der späteren Zeit nähern das Bild der I. immer stärker dem der → Hathor an, so daß sie wie diese das Kuhgehörn mit der Sonnenscheibe trägt. – Das *Isis-Blut* war ein Amulett in der Form des Lebenszeichens (*ʿnḫ*), ursprünglich ein Knoten, wie ihn in der Spätzeit bes. I. an ihrem Gewandgürtel trägt. W. Hk.

[2] Den *Griechen* ist I. spätestens seit Herodot (Hekataios v. Milet?) bekannt. Dieser bemerkt (2, 41), daß das ägypt. Kultbild der I. eine Frauengestalt mit Kuhhörnern sei, also wie die Griechen → Io abbilden (vgl. Aischyl. Prom. 846ff.), identifiziert aber im übrigen ohne nähere Begründung I. mit Demeter (2, 59; 156). Sie ist diejenige Gottheit, die die Ägypter im Ausland bes. verehrten und die denn auch unter Griechen und Römern selbst weitaus die größte Verbreitung fand (vgl. → Orient und Antike G 1). In Athen hatten schon vor 333/332 die im Piräus ansässigen Ägypter die Erlaubnis erhalten, für sich einen I.-Tempel zu errichten (SIG 280). Vom Ende des 2. Jh.s v. Chr. an erscheint I. auf den Münzen griech. Städte (Athen, Rhodos u. a.). Nach Arrian 3, 1, 5 hat → Alexander d. Gr. bei der Gründung Alexandriens auch den Bau eines I.-Tempels geplant. Auffallend ist die Beliebtheit der I.-Kulte in der Peloponnes: Pausanias verzeichnet Kultstätten für Korinth (2, 2, 3), Akrokorinth (2, 4, 6), Phleius (2, 13, 7), Troizen (2, 32, 6), Boiai in Lakonien (3, 22, 13), Messene (4, 32, 6), Bura in Achaia (7, 25, 9), Aigeira (7, 26, 7) u. a. Doch auch an der ion. Küste und im Westen ist ihr Kult verbreitet, der sich, gefördert durch die Gleichung mit Demeter, in einen Mysterienkult nach dem Modell der eleusin. → Mysterien verwandelte. Wichtigster Zeuge: → Apuleius (met. 11), der in größter Ausführlichkeit, wenn auch nicht in allen Stükken zuverlässig, eine Kultbegehung und Einweihung in die I.-Mysterien in der Nähe von Korinth beschreibt. Daneben hat sich auch die theologische Spekulation ihrer bemächtigt, wie einzelne Teile des → Corpus Hermeticum (→ Hermes Trismegistos) und bes. der inhaltsreiche und eindrucksvolle Traktat → Plutarchs, De Is. et Osir., zeigen. Eigentliche Kulttexte des I.-Kultes vom 3. Jh. v. Chr. bis zum 2. Jh. n. Chr. besitzen wir in den → I. aretalogien.

[3] In *Rom* dringt ihr Kult, getragen zunächst durch ansässige Ägypter, schon in sullanischer Zeit ein (Apul. met. 11, 30). Allerdings ist auch der Widerstand gegen diesen Kult auffallend stark. Mehrmals nacheinander ordnet der Senat die Zerstörung der Kultstätten an: i. J. 59 v. Chr. (Cic. Att. 2, 17, 2), 58 (Tert. apol. 6; nat. 1, 10), 53 (Dio Cass. 40, 46, 3), 50 (Val. Max. 1, 3, 4), 48 v. Chr. (Dio Cass. 42, 26, 6). Ebenso verfolgen → Augustus (Dio Cass. 53, 2, 4) und → Tiberius (Jos. AJ 18, 65ff.) die ägypt. Kulte insgesamt, doch von → Caligula an scheinen die Begehungen des I.-Kultes offiziell zugelassen und anerkannt worden zu sein. Domitian, dann Caracalla haben große I.-Tempel gebaut. Ihr Tempel in Pompeji ist einer der besterhaltenen und wichtigsten dieser Stadt. – Über die Feste und Priesterschaften der I. sind wir gerade aus röm. Zeit recht gut unterrichtet. Die Kalender verzeichnen mehrere I.-Feste. Über die Art der Begehungen geben außer Apuleius auch Min. Fel. 22, 1 und Firm. err. 2, 1–3 guten Aufschluß. Die Priesterschaft scheint in weitläufiger Hierarchie mit leitenden und dienenden Ämtern aufgegliedert gewesen zu sein. – Der I.-Kult ist noch im 4. Jh. n. Chr. lebendig gewesen und hat wohl bis ins 5. Jh. hinein bestanden. O. G.

Lit: Fr. Cumont, Les religions orientales dans le paganisme romain (1907), 1929³, 69–94 – W. Wittmann, Das I. buch des Apuleius, 1938 – A. Alföldi, A festival of I. in Rome under the Christian Emperors of the IVth century, 1937 – P. F. Tschudin, I. in Rom, 1962 – Nilsson II 597–613 – Latte, 282–284 – V. Tran Tam Tinh, Le culte d'I. à Pompéi, 1964 – R. Merkelbach, Die griech. u. röm. I. feste, 1964 – Vgl. → Orient und Antike.

Isisaretalogien. Wir besitzen in zahlreichen inschriftlichen Resten (Kyme/Kleinasien, Ios, Kyrene, Thessalonike) vom 2. Jh. v. Chr. an und in einigen literarischen Zeugnissen (Diod. 1, 27; Corp. Herm. Fr. 23, 65ff. Nock-Festug.; Apul. met. 11, 2. 5. 25) Texte von Hymnen auf Isis, die die von der Göttin vollbrachten Wundertaten aufzählen (sie hat den Menschen die ganze Kultur, Ackerbau, Schiffahrt, Ehe, Recht, Sprache, Schrift geschenkt, sie hat den Kosmos geordnet und beherrscht Wetter, Meere und Schicksal), ihre Tugenden preisen und sie (nicht in allen Texten) mit zahlreichen anderen Gottheiten gleichsetzen. Die Formulierungen sind überall so ähnlich, daß es sich um liturgische, im Isiskult rezitierte Texte handeln dürfte. Der ägypt. Kern ist im einzelnen sehr stark gräzisiert, so daß es unentscheidbar bleibt, ob die Verfasser gräzisierte ägypt. Priester oder griech. Anhänger der ägypt. Göttin waren. Bezeugt sind auch Aretalogien auf → Serapis. O. G.

Lit: W. Peek, Der Isis-Hymnos v. Andros und verw. Texte, 1930 – Nilsson II 600–603 – D. Müller, Ägypten und die griech. I., Abh. Leipzig 53, 1961 – Vgl. → Orient und Antike.

Ismene, Tochter des → Ödipus, Schwester → Antigones. In anderer Sage theban. Heroine, von → Tydeus getötet.

Lit: C. Robert, Ödipus 1915, 123 – Pfuhl, Hermes 50, 1915, 469 – *Darstellungen:* Ihr Tod: Schefold, FS, Taf. V, dazu etrusk. Urne. Mit Antigone auf unterital. Vasen. – Vgl. B. Conticello, EAA IV, 1961, 241 f. K. Schb.

Ismenias, Thebaner, Führer der spartafeindlichen Partei, unterstützte 404 v. Chr. → Thrasybulos (1), kämpfte 395 gegen Sparta und wurde 382 nach der Besetzung Thebens durch die Spartaner auf Betreiben des → Leontiades hingerichtet. E. Bn.

2. **I.,** Freund und häufig Begleiter des → Pelopidas, wohl Sohn des vorigen. E. Bn.

Isodike, Enkelin des Megakles aus Alopeke, Gemahlin des athen. Staatsmannes und Feldherrn → Kimon (1), des Sohnes des → Miltiades (Plut. Kim. 4. 16). F. Kch.

Isokephalie (‹Kopfgleichheit›), archäologisch-forminterpretatorischer Terminus, der die Gleichheit der Höhe verschiedenartiger Figuren eines Bildes besagt; falls so z. B. eine sitzende und eine stehende Figur in demselben Bildgrund die gleiche Höhe einnehmen. Wie der hiermit zusammenhängende Sachverhalt des → Horror Vacui spielt auch die I. ihre größte Rolle in der vorklassischen Flächenkunst (→ Orient und Antike F 2). Im Ganzen der antiken Kunst war die Durchbrechung der starren I. aus formalen Gründen von größerer Bedeutung als die Einhaltung dieses Prinzips; so beruht oft ein wesentliches Kompositionsmerkmal qualitativ hochstehender klassischer Bildwerke gerade auf der leisen und reichen Verschiedenheit der Figurenhöhen. D. Sch.

Lit: R. Demangel, La frise ionique, 1933, 534–543.

Isokolon (*ἰσόκωλον:* Quint. inst. 9, 3, 80; *compar:* Rhet. Her. 4, 27), ‹Gleichgliedrigkeit› im Satzbau nach Ähnlichkeit, Anzahl und Länge der → Kola; umfassender Ausdruck für mehrere rhet. → Wortfiguren wie → Parison, → Homoioteleuton und dgl., Kennzeichen des Stils von → Gorgias d. Ä., → Apuleius, → Longos usw. → Parallelismus, → Rhetorik B [2]. H. H.

Lit: Volkmann, 481–485 – Lausberg, I 359–374; Elemente², 111–117.

Isokrates, att. → Redner aus dem Demos Erchia, 436/35 bis 338. Die Wohlhabenheit des Vaters, Theodoros, ermöglichte gute Erziehung und Ausbildung, u. a. bei → Prodikos und → Gorgias. Auch als Schüler des Sokrates wird I. von der Überlieferung genannt, kaum mit Recht, denn nur in der Zielsetzung der ‹ethischen Erziehung› berührt er sich mit der sokratischen Richtung, in der Erziehungsmethode geht er aber einen anderen Weg. – Nach der Katastrophe des → Pelop. Krieges 404/03 verarmte die Familie durch den allgemeinen wirtschaftlichen Niedergang. I. nutzte seine Ausbildung in Rhetorik, att. Recht und Prozeßverfahren und betätigte sich als Redenschreiber (→ Logograph). Aus dieser Zeit stammen die erhaltenen Prozeßreden (or. 16–21; or. 16 für den Sohn des Alkibiades; or. 18 und 19 sind historisch bedeutungsvoll: Realisierung des Amnestiegesetzes von 403, trostlose Zustände auf den griech. Inseln um 400). Die Logographentätigkeit des I. muß ihm wieder ein Vermögen eingetragen haben, das ihm erlaubte, sie aufzugeben. Um Politiker zu werden, fehlten ihm die Unbekümmertheit und der Wagemut; statt dessen eröffnete er gegen Ende der 90er Jahre eine Schule der Beredsamkeit. Die Programmschrift *Κατὰ τῶν σοφιστῶν* (or. 13) dafür ist, wohl unvollständig, erhalten; sie nimmt polemisch Stellung gegen die Erziehungstendenzen der Zeit, bes. gegen die sokratische Erziehung nur durch philosophische Dialektik und gegen die eng rhetorische Ausbildung zum bloßen Prozeßredner. Gegenüber dieser mehr negativen Abgrenzung tritt die Darlegung des eigenen Wollens stark zurück: Erziehung zu Anstand und Redlichkeit (*ἐπιείκεια*) durch Bemühung um die vollkommene Rede, von deren charakterbildender Wirkung, bes. wenn das Thema dem politischen Bereich entstammt, I. überzeugt ist.

[2] Die aus der Zeit nach der Schulgründung erhaltenen *Reden* des I. haben mehrfache Funktion: für den inneren Schulbereich sind sie formal Musterbeispiele, inhaltlich Mittel zur politischen Bildung durch Stellungnahme zu aktuellen Fragen und prinzipiellen Problemen, nach außen hin stehen sie im Dienste der Werbung für die eigene Schule; darüber hinaus aber suchen sie die öffentliche Meinung im Sinne des Autors zu formen, bilden also politische Traktate in der fingierten Form der Rede. Der ‹Panegyrikus› (or. 4) tritt für eine panhellenische Einigung zum Zwecke eines Feldzuges gegen Persien ein und beansprucht für Athen neben Sparta eine führende Rolle. Im ‹Busiris› (or. 11) entwickelt I. staatspolitische Reformideen, die in die Zeit des mythischen Ägypterkönigs → Busiris zurückgespiegelt werden. Im ‹Prooimion› macht sich die Opposition des I. gegen den radikalen Demokraten und Antisokratiker → Polykrates (2), in dem der ‹Helena› (or. 10) wieder die Polemik gegen Lehrziel und Lehrmethode der Sokratik geltend, die den demokratischen Kräften wegen ihrer nahen Beziehungen zu den oligarchisch-reaktionären Kreisen verdächtig war; I. hält sich zunächst in der Mitte, distanziert sich aber in der Folgezeit mehr und mehr von der Politik der radikalen Demokratie und tritt für die Monarchie im allgemeinen und in Athen für eine Stärkung der politischen Macht der besitzenden Klassen ein. Um das Ideal des monarchischen Fürsten kreisen drei Reden: in einem Sendschreiben an den kypr. Fürsten → Nikokles (*Πρὸς Νικοκλέα;* or. 2) entwickelt er die Pflichten des Monarchen, im ‹Nikokles› (or. 3) fingiert er eine Ansprache dieses Herrschers an seine Untertanen über deren Pflichten; auf dessen verstorbenen Vater schreibt er im ‹Euagoras› (or. 9) ein → Enkomion in Prosa und schafft so eine neue literarische Gattung, eine Leistung, deren er sich stolz bewußt ist. Seiner innenpolitischen Stellungnahme entspricht seine Haltung in der Außenpolitik: im ‹Plataikos› (or. 14) Polemik gegen Theben, den Partner der demokratischen Partei in Athen, im ‹Archidamos› (or. 6) Unterstützung Spartas. Der ‹Areopagitikos› (or. 7) und die Friedensrede (*Περὶ εἰρήνης;* or. 8) aus der Zeit des → Bundesgenossenkrieges (357–55) enthalten die offene Abkehr von dem System der radikalen Demokratie in Athen und ihrer Machtpolitik. I. empfiehlt nun eine vom besitzenden Bürgertum bestimmte gemäßigte Demokratie unter einem → Areopag mit weitgehenden Vollmachten. In → Philipp II. von Makedonien (seit 359) sieht I. den möglichen Vollstrecker der Einigung Griechenlands und eines panhellenischen Kreuzzuges gegen Persien: im ‹Philippos›, einem Sendschreiben in Redeform (or. 5), trägt er ihm seine politischen Ideen vor, die schon auf den Feldzug Alexanders d. Gr. deuten und der promakedonischen Propaganda sehr willkommen gewesen sein dürften. In der ‹Antidosis› (or. 15), einer fingierten Prozeßrede (Nachahmung einer wirklichen Prozeßsituation, in die I. geraten war, da ihm ein Lysimachos durch Anerbieten eines Vermögenstausches die Übernahme einer → Trierarchie zugeschoben hatte; → Antidosis), blickt er auf Leistung und Wesen der eigenen erzieherischen Bestrebungen zurück und grenzt sie nochmals scharf gegen → Platon ab, an dessen Bevorzugung der Mathematik er sich stößt. Der ‹Panathenaikos› (or. 12, die letzte seiner Reden, im hohen Alter von 94 Jahren begonnen und mit 97 vollendet), läßt die straffe Komposition der anderen Reden vermissen.

[3] *Bedeutung und Wirkung.* Von allen Redelehrern hat I. durch seine Lehrtätigkeit – ein Lehrbuch hat es freilich von ihm nicht gegeben – auf die Rhetorik und durch seine

Redenpublikation auf die Gestaltung der griech. Kunstprosa die stärkste Wirkung ausgeübt. Er brachte die Prosaperiode zu höchster Vollendung. Sein hoher, durchweg epideiktischer Stil ist gekennzeichnet durch Klarheit und Ebenmäßigkeit: annähernde Gleichheit in der Silbenzahl der Kola (ἰσόκωλα), Anklänge exponierter Wörter aneinander (παρόμοια), strenge Hiatvermeidung, wohlklingender Rhythmus der Kola und Periodenenden (→ Prosarhythmus). Fast ebenso wichtig ist I.s Einfluß auf die antike Erziehungspraxis (→ Erziehung A 3); er hat die Bestrebungen der Sophistenzeit zusammengefaßt, ihre Auswüchse beschnitten und in der ausgewogenen Harmonie der vollendeten Rede einen erzieherischen Faktor, ja eine den ganzen Menschen formende Kraft entdeckt. Dabei meldet sich in ihm stets der weltoffene Pragmatiker zu Wort, der den Realitäten Rechnung trägt und den drei Erziehungsfaktoren Naturanlage, theoretische Unterweisung und praktische Übung gleichermaßen ihren Rang zuweist, die empirische Erfahrung aus Geschichte und Gegenwart fruchtbar zu machen sucht. Daher muß er dem sokratischen und platonischen Erziehungsintellektualismus und Reformradikalismus mit äußerster Skepsis gegenüberstehen. Allerdings bezeichnet auch er sein Erziehungsideal, worin die kulturelle Überlegenheit der griech. Bildung, bes. aber ihre Geistbestimmtheit und ihre formale Vollendung proklamiert werden, als φιλοσοφία. – Schließlich beeinflußte er stilistisch und gedanklich die hellenist. → Geschichtsschreibung (I A 4). Zur Zeit der 2. Sophistik wurde er erneut bewundert. Noch der hohle byzantinische Bildungsbegriff, ja selbst das formale Bildungsideal des Erasmus lassen seine Einwirkung verspüren. J.H.K.

Ed: G. E. Benseler-F. Blaß, BT (1878–79), 1887–98³ – E. Drerup (nur I. Bd.), 1906 – G. Mathieu-E. Bremond, 3 Bde, CB (1928–42), 1950–56² bzw.³; Bd. 4: Panathen., 1962 – *Index:* S. Preuß, 1904 (Nachdr. 1961) – *Lit:* Blaß II, 8–331 – G. Mathieu, Les idées politiques d'I., 1925 – H. Wersdörfer, Die φιλοσοφία des I. im Spiegel ihrer Terminologie, 1940 – W. Jäger, Paideia III, 1947 – W. Steidle, Redekunst und Bildung bei I., Hermes 80, 1952, 257–296 – E. Mikkola, I., 1954 – A. Levi, Isocrate, 1959 – P. Cloché, I. et son temps, 1963 – Überlieferung: H. Erbse, in: Gesch. d. Textüberlfg. I, 1961, 264f. – F. Seck, Unters. zum I.-Text (mit ed. or. 2), Diss. Hbg. 1965.

Isonomie. Das seit dem Ausgang des 6. Jh.s bezeugte Schlagwort I. (etwa ‹gleiche Verteilung, Gleichordnung›) bezeichnete zunächst nur die freistaatliche Regierungsform, in der Gleichgestellte in freien Abstimmungen und Wahlen entscheiden, im Gegensatz zur Herrschaft eines Einzelnen (→ Tyrannis) oder einer kleinen Gruppe; dabei konnte der Kreis jener Gleichgestellten durchaus auf den Adel beschränkt sein. Aber da die politische Entwicklung vielerorts zur Demokratie hinführte (→ Griechenland III B 2), konnte es nicht ausbleiben, daß man in das Schlagwort I. die (politische) Gleichberechtigung aller Bürger hineindeutete und es so – im Laufe des 5. Jh.s – immer mehr zum demokratischen Schlagwort umprägte. F.G.

Lit: V. Ehrenberg, RE Suppl. 7 (1940), 293–301 – G. Vlastos, Isonomia, AJPh 74, 1953, 337–366.

Isotelie (ἰσοτέλεια zu ἰσοτελής, ‹abgabengleich›), die Gleichstellung eines (in der Regel im Lande wohnhaften) → Fremden mit den Bürgern im Hinblick auf Abgaben und Leistungen. Durch dieses der → Atelie verwandte Privileg wurde etwa in Athen aus den → Metöken die bessergestellte Klasse der Isoteleis herausgehoben. F.G.

Israel → Judentum A.

Israelstele, ägypt. Stele aus dem 5. Jahr des Königs Mernephtah (= 1217 v. Chr.), die seinen Sieg über die Libyer und seine Macht schildert. Dabei wird Israel erwähnt, «dessen Same nicht mehr ist». Einzige Erwähnung Israels im ägypt. Schrifttum (vgl. → Judentum A). W. Hk.

Ed. u. Lit: P. Lacau, Stèles (Cat. gen.) Nr. 34025 – Ch. Kuentz, BIFAO 21, 113 (Dupl.) – *Übers:* ANET 376.

Issos, Stadt am gleichnamigen Meerbusen, dem heutigen Golf von Alexandrette (Kt. 1569 C 2; heute Iskenderun körfezi). 333 v. Chr. Schlacht → Alexanders (5) d. Gr. gegen die Perser. Später bedeutungslos. R.F.

Ištar (akkad.; sumer. *Inanna, Innin*), bedeutendste Göttin des sumer.-akkad. Pantheons. Hauptkultort → Uruk (Heiligtum Eanna, ‹Haus des Himmels›), doch wurde I. wohl an allen Orten verehrt. Besondere Erscheinungsformen: I. von Akkade, Kiš, Ninive, Arbela, Nuzi; Ulmašītu, Aššurītu. – Aspekte: 1. Der erotische als Göttin des Geschlechtslebens (vgl. Hdt. 1, 199), bes. in ihrem Verhältnis zu → Dumuzi (vgl. → Gilgameš-Epos; → Astarte und Muttergottheit). Orgiastische Züge im Kult (Fruchtbarkeitsritus der kultischen → Prostitution) sind wahrscheinlich. – 2. Der kriegerische als ‹Herrin von Kampf und Schlacht›, bes. betont im assyr. Bereich. – 3. Der astrale in der Verkörperung I.s im Venusstern. Symbol deshalb ein sechsstrahliger Stern. Ihr Bestreben, auch in andere Bereiche einzudringen, drückt sich u. a. in folgenden Mythen aus: nach dem babylonischen Lehrgedicht von ‹Inannas (= I.s) Erhöhung› wird die Göttin von → Anu in den Rang einer Gemahlin erhoben, ‹Himmelskönigin›, und als Venusstern (Ninsianna) an den Himmel gesetzt. Nach dem Epos ‹*Ištars Gang zur Unterwelt*›, sumer. und akkad. in teilweise abweichenden Versionen überliefert, steigt I. zur Unterwelt (‹Land ohne Heimkehr›) hinab, wohl um auch dort die Herrschaft anzutreten. Sie muß nackt vor → Ereškigal treten, die sie überwältigt. Alle Fruchtbarkeit auf Erden erlischt. Durch Intervention der Götter wird I. befreit, muß aber → Dumuzi als Ersatz schicken. W.R.

Q: ANET 52–57; 106–109.

[2] Die I., westsemit. ʿAttart ʿ*Aštart*, im AT nach bōšeṯ (Schande) vokalisiert ʿ*Aštōreṯ*, griech. Ἀστάρτη, wurde als Göttin der Fruchtbarkeit, der Liebe (Tempelprostitution), des Himmels (Venusstern), des Krieges und als Stadtbeschützerin verehrt, hatte auch über Akkad, Babylonien und Assyrien hinaus einen weitverbreiteten Kult: in Kleinasien (oft mit Lokalgöttern identifiziert); in → Ugarit (mit → Baal Hadad; in Ugarit und Südarabien ist sie auch in männlicher Form bezeugt: ʿAṯtar); bei den → Phöniziern (Tyros, Sidon; Kultsage der der → Europa ähnlich), wo sie ʾAnat und Aṯirat verdrängt; zahlreiche Terrakotten aus Palästina werden auf sie bezogen; im AT wird sie oft erwähnt, von → Salomo verehrt, von den Propheten angegriffen wie die von ihr verschiedene Ašera. Sie dringt nach Ägypten als Kriegsgöttin (verbunden mit Sachmet; seit → Amenophis IV. Tempel in Memphis: Astarteion) und durch die Phönizier nach Zypern (Kition, Paphos), Kreta, Sizilien (Eryx), Karthago (Tempel mit der → Tanit vom Libanon). Von den Griechen wird sie mit → Aphrodite (A. Urania) gleichgesetzt, deren Wesen sie mitbestimmt, aber nicht unter eigenem Namen verehrt, auch nicht von den Römern; die wenigen Weihungen (Malta, Sardinien: CIS; Kos, Delos; Britannien: IG 14, 2553) stammen meist von semit. Anhängern; in Syrien blüht ihr Kult noch im 4. Jh. (Aphaka). C.J.C.

Lit: RAC I, 1950, 806–810 – WbMythol I, 1961, 249f., 250–252.

Ištartor, nördl. Stadttor von → Babylon an der Prozessionsstraße, erbaut von → Nabupolassar und zweimal erneuert durch seinen Sohn → Nebukadnezar, das wegen der doppelten Stadtmauern (→ Mesopot. Reiche F 5) aus zwei hintereinanderliegenden Toranlagen bestand. Diese wie die Wände der Straße waren in den drei ersten Bauperioden mit reliefierten Tieren geschmückt; in der jüngsten Bauphase waren sie mit schmelzfarbenverzierten Ziegeln (→ ebd. H.) verkleidet, die auf blauem Grund Löwen und Mischwesen zeigten. H.J.N.

Lit: R. Koldewey, Das wiedererstehende Babylon (1913), 1925² – W. Andrae, Alte Feststraßen im Nahen Osten, 1941.

Isthmien, bei Schoinos auf dem Isthmos von Korinth gefeierte panhellenische → Wettspiele. Der Ursprung wurde in mythische Zeit zurückgeführt. Festleiter waren die Korinther, Festgott Poseidon. Gefeiert wurden sie alle 2 Jahre, wohl jeweils im 2. und 4. Olympienjahr. Ehrengäste waren die Athener, ausgeschlossen die Eleer. Die Spiele waren ursprünglich Turn- und Reiterspiele, im 3. Jh. v. Chr. kamen musische Wettkämpfe (Kitharoden, Dichter, Sänger) dazu. Siegespreis soll in ältester Zeit ein Fichtenkranz, dann einer aus σέλινον (→ Sellerie) gewesen sein, später war es ein Palmzweig und Fichtenkranz. O.G.

Isthmos (Landenge), bes. der 6 km breite I. von Korinth (Kt. 1152 D5) mit dem Heiligtum des isthmischen Poseidon (7. Jh., um 480 und vor 394 durch Brand zerstört, dazwischen um 450 mit 6 × 13 Säulen erneuert; bald Wiederaufbau), Ort der ‹Isthmischen Spiele›, überquert von einer Schleifstraße zum Hinüberziehen von Schiffen (Diolkos); mehrfache Versuche zur Durchgrabung (um 600 durch → Periander, um 300 durch → Demetrios I., später → Caligula, ernsthaft erst → Nero 67 n. Chr., nicht vollendet) wegen der Niveaudifferenzen der beiden Meere immer wieder aufgegeben (der Durchstich von 1881–1893 bis zu 80 m tief, 6,3 km lang, an der Sohle 21 m breit). Der I. von großer Bedeutung für den Landverkehr zwischen Mittelgriechenland und der Peloponnes und für den Seeverkehr zwischen dem korinth. und dem saronischen Golf, wichtig als Verteidigungsstellung gegen Angriffe auf die Peloponnes: 480 Mauerbau gegen die Perser, 369 gegen → Epameinondas, 279 v. Chr. gegen die → Gallier, 253 n. Chr. durch → Valerian gegen die Goten. E.M.

Lit: Corinth, results of excavations I, 1932, 49 ff. – Aufsätze in Hesperia 22 ff., 1953 ff. (Ausgrab. des Heiligtums) – Nik. Verdelis, Der Diolkos am I. v. Korinth, AM 71, 1956, 51–59 – Philippson-Kirsten III 71–80.

Istrien. Histria hieß im Altertum die istrische Halbinsel (Kt. 1420 F2) bis auf einen schmalen Streifen am Liburnicus Sinus (Quarnero), der von Liburnern bewohnt war. 221 gerieten die Histrier mit Rom in Konflikt durch Wegnahme eines röm. Getreidetransportes, 181 durch Widerstand gegen die Gründung Aquileias. Daher wurden sie 178/177 von Rom unterworfen, doch wurde 129 unter C. → Sempronius (5) Tuditanus ein neuer Kriegszug gegen sie nötig, besungen von → Hostius. Stärkere Romanisierung erst nach der Grenzverschiebung 42 v. Chr., durch die I. bis zur Arsia (Arsa) zu Italien gerechnet wurde und mit Venetien die 10. Region bildete. 78/79 n. Chr. durch die Via Flavia von → Pola nach → Tergeste erschlossen. B.A.

Lit: Nissen, I 493 ff.; II 237 ff.

Istros, Schüler des → Kallimachos (daher ‹Kallimacheer›), verfaßte gestützt auf die Bibliothek von Alexandria zahlreiche gelehrte Werke vorwiegend historisch-antiquarischen Inhalts, z. T. reine Materialsammlungen: benutzt von Plutarch, Pausanias, den Lexikographen. Wichtigste Titel: ‹Attika›, ‹Argolika›, ‹Eliaka› (alles kulturgeschichtliche Kollektaneen), ‹Atakta› (vermischte Notizen), ‹Kretische Opfersitten›, ‹Über Heliosfeste›, ‹Epiphanien Apollons› und ‹Herakles›, ‹Die Kolonisation der Ägypter›, ‹Über die Liederdichter›. O.G.

Frg: FGrHist 334.

Istros, die Donau, → Danuvius.

Isyllos von Epidauros, lyrischer Dichter, um 300 v. Chr. Erhalten auf Inschriften, im Asklepiosheiligtum von Epidauros gefunden (um 300 geschrieben). I. nennt sich einen Knaben zu der Zeit, als Philipp nach Chaironeia (338) gegen Sparta zog. – Ein Vorspruch bezeichnet die Gedichte als dem Apollon von Malea und dem Asklepios geweiht. Sie enthalten: (1) politische Überzeugungen des I. (trochäische Tetrameter); (2) die Stiftung einer Prozession für Apollon und Asklepios durch I. (daktylische Hexameter); (3) die Weihe eines Altars für Apollon Maleatas durch Malos (1 Distichon, 3 Hexameter). Nach einem weiteren Vorspruch in Prosa (eine Weissagung über das folgende Gedicht betreffend) folgt (4) ein → Päan auf Asklepios und Apollon; (5) Dank (in Hexametern) an Apollon, der Sparta vor Philipp von Makedonien geschützt habe; I. stellt sich hier als Übermittler einer glückverheißenden Botschaft des Gottes an Sparta vor. – Der dichterische Wert der Gedichte des I. ist gering. P.H.

Ed: Coll. Alex. 132 – *Lit:* U. v. Wilamowitz-Moellendorff, I. v. E., 1886 (Phil. Unters. 9).

Italica Colonia Victrix Italicensis, beim heutigen Santiponce am rechten Ufer des Guadalquivir; Kt. 2849 B3). 206 v. Chr. durch Scipio in der Baetica zur Unterbringung verwundeter Soldaten gegründete Stadt. In der Zeit Hadrians umbenannt in Colonia Aelia Augusta Italica. Erhalten sind Ruinen eines großen Amphitheaters, eines Theaters und mehrerer Tempel. Reiche Funde an Skulpturen, Mosaiken usw. (heute Museum von Sevilla und Privatsammlung der Grafen von Lebrija). J.M.d.M.

Q: CIL XI 2699; II 1135 – *Lit:* A. G. Bellido, Ital., Madrid 1960.

Italien

A. LAND. GESCHICHTE: [1] Name und Ausdehnung – [2] Quellen – [3] Besiedlung. Frühe Kulturen – [4] Geschichtliche Zeit – [5] Wirtschaft – [6] Spätantike – B. VORRÖMISCHE SPRACHEN IN I.: [1] Quellen – [2] Sprachgruppen – Zur Geschichte unter röm. Herrschaft → Rom I A. B.

A. LAND. GESCHICHTE. [1] *Name und Ausdehnung.* Der Name hat sich in 5 Schritten über das heutige I. ausgebreitet, das auch Ausonia, Hesperia, Oinotria, Τυρρηνία, ’Οπική genannt wurde. Im 6. Jh. v. Chr. bezeichnete ‹Italia› nur den Landzipfel südl. von Terina und Lagaria, also die SW-Spitze der Halbinsel, nach den ’Ιταλοι, einer Jungmannschaft, die sich beim → Ver sacrum den Jungstier (‹vitalus›) zum Leitgott oder Totem erwählt hatte. Der Name dehnte sich mit der griech. Kolonisation über ganz Süditalien einschließlich Kampanien aus. Nach der Eroberung der Apenninhalbinsel durch die Römer, spätestens nach Beendigung des 1. Pun. Krieges, wurde das gesamte Bundesgebiet, d. h. die eigentliche Halbinsel südl. von Magra und Rubicon I. genannt, während das Pogebiet, die Gallia Cisalpina, erst von → Caesar 45 v. Chr. zu I. gerechnet wurde, das damit etwa seine heutigen Grenzen erhielt, nämlich an dem bei Nicaea mündenden Varus im W, dem Alpenkamm im N und dem die Istrische Halbinsel abgrenzenden Formio im O. Diese Grenzen wurden von Augustus 42 v. Chr. mit einer leichten Verschiebung im O bis zur Arsia in Istrien offiziell bestätigt. Augustus teilte I. in 11 Regionen ein (Plin. nat. 3, 146): (1) Campania und Latium, (2) Apulia und Calabria, (3) Lucania und Brutium, (4) Samnium, (5) Picenum, (6) Umbria, (7) Etruria, (8) Aemilia, (9) Liguria, (10) Venetia und Histria, (11) Gallia Transpadana. → Diokletian führte eine Neueinteilung I.s durch, das zu dieser Zeit seine größte Ausdehnung erreichte, und zwar in die Italia annonaria, die die Steuern für die kaiserliche Hofhaltung in Mediolanum liefern mußte, mit (1) Raetia, (2) Venetia und Histria, (3) Aemilia und Liguria, (4) Alpes Cottiae, (5) Flaminia und Picenum, und die regiones suburbicariae (1) Tuscia und Umbria, (2) Campania und Samnium, (3) Apulia und Calabria, (4) Lucania und Bruttium, (5) Corsica und Sardinia, (6) Sicilia, die dem → vicarius urbis unterstanden und von Rom aus besteuert wurden.

[2] *Quellen.* Nach den frühesten Erwähnungen bei Homer (Od. 20, 383; 24, 211, 304, 307, 366, 389), Hesiod (theog. 1013 ff.), Stesichoros (PLG III 2/2) sind die Hauptquellen für die antike Topographie I.s → Hekataios (3) von Milet, → Ephoros v. Kyme, → Herodot, → Hellanikos, → Thukydides, Ps. → Skylax, → Polybios, → Strabon (5. und 6. Buch), → Ptolemaios (3, 1), → Pomponius (5) Mela (2, 58 ff.) und → Plinius (nat. 3, 38 ff.).

[3] *Besiedlung. Frühe Kulturen.* Die Apenninhalbinsel in zentraler Lage im Mittelmeer, als natürliche Brücke nach Afrika und Riegel zwischen den beiden Becken des Mittelmeers, lag im Kreuzungspunkt der Kulturströmungen und war der Einwanderung vom Kontinent und der Kolonisation vom Meer her ausgesetzt. Mit seinen äußerst ver-

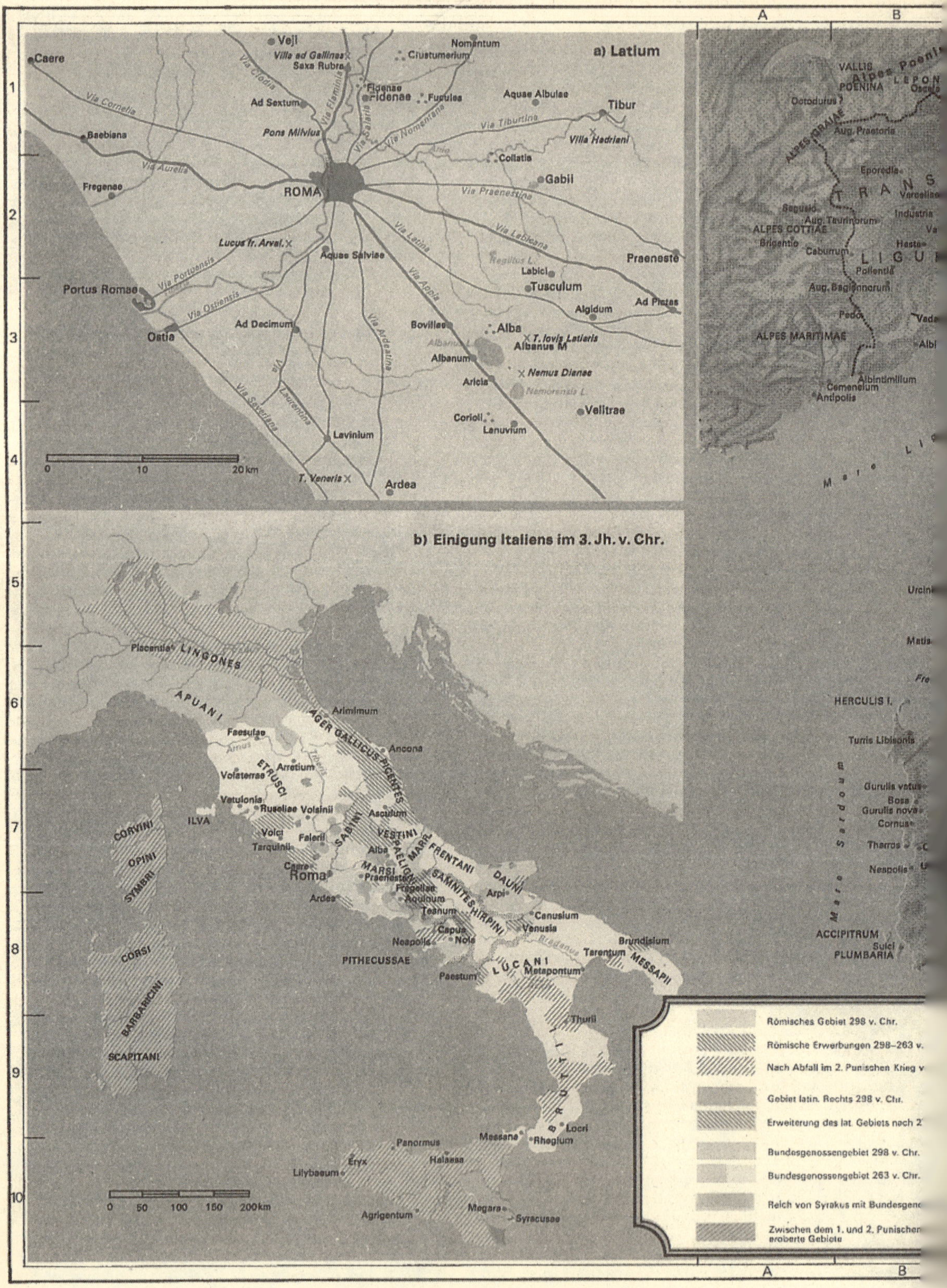
a) Latium
b) Einigung Italiens im 3. Jh. v. Chr.
Caere
Veji
Villa ad Gallinas
Saxa Rubra
Nomentum
Crustumerium
Fidenae
Ficulea
Aquae Albulae
Tibur
Villa Hadriani
Via Cornelia
Via Clodia
Via Flaminia
Via Salaria
Via Nomentana
Via Tiburtina
Ad Sextum
Pons Milvius
Baebiana
Via Aurelia
Fregenae
ROMA
Collatia
Gabii
Via Praenestina
Via Labicana
Via Latina
Via Appia
Lucus fr. Arval.
Aquae Salviae
Praeneste
Labici
Tusculum
Algidum
Ad Pictas
Portus Romae
Via Portuensis
Via Ostiensis
Ostia
Ad Decimum
Via Ardeatina
Bovillae
Alba
T. Iovis Latiaris
Albanus M.
Albanum
Nemus Dianae
Aricia
Nemorensis L.
Velitrae
Corioli
Lanuvium
Via Laurentina
Via Severiana
Lavinium
T. Veneris
Ardea
0
10
20 km
A
B
VALLIS POENINA
Alpes Poeninae
LEPON
Octodurus
ALPES GRAIAE
Aug. Praetoria
Eporedia
TRANS
Segusio
Aug. Taurinorum
ALPES COTTIAE
Brigantio
Caburrum
Industria
Hasta
LIGU
Pollentia
Aug. Bagiennorum
Pedo
ALPES MARITIMAE
Albintimilium
Cemenelum
Antipolis
Mare
Placentia
LINGONES
APUANI
Ariminum
AGER GALLICUS
PICENTES
Ancona
Faesulae
Arnus
ETRUSCI
Arretium
Volaterrae
Tiberis
Vetulonia
Rusellae
Volsinii
ILVA
Vulci
Tarquinii
Falerii
SABINI
VESTINI
Asculum
CORVINI
OPINI
SYMBRI
Caere
Roma
Alba
MARSI
MARR.
PAELIGNI
FRENTANI
DAUNI
Praeneste
Fregellae
Aquinum
SAMNITES
HIRPINI
Arpi
Ardea
Teanum
Capua
Nola
Canusium
Venusia
Neapolis
CORSI
BARBARICINI
SCAPITANI
PITHECUSSAE
Paestum
LUCANI
Metapontum
Bradanus
Tarentum
Brundisium
MESSAPII
Thurii
BRUTTII
Locri
Rhegium
Messana
Panormus
Halaesa
Eryx
Lilybaeum
Agrigentum
Megara
Syracusae
0
50
100
150
200 km
Urcinium
Matisa
HERCULIS I.
Turris Libisonis
Mare Sardoum
Gurulis vetus
Bosa
Gurulis nova
Cornus
Tharros
Neapolis
ACCIPITRUM
Sulci
PLUMBARIA
Römisches Gebiet 298 v. Chr.
Römische Erwerbungen 298–263 v.
Nach Abfall im 2. Punischen Krieg v
Gebiet latin. Rechts 298 v. Chr.
Erweiterung des lat. Gebiets nach 2
Bundesgenossengebiet 298 v. Chr.
Bundesgenossengebiet 263 v. Chr.
Reich von Syrakus mit Bundesgeno
Zwischen dem 1. und 2. Punischen
eroberte Gebiete

Abb. 107 ITALIEN

schiedenartigen und zersplitterten Anbaugebieten im Alpenbergland, in der padano-venetischen Tiefebene, in den meist nordsüdlich verlaufenden Längssenken des Apennins, in den Flußtälern und Küstenstrichen, sowie der apulischen Karsthochebene war I. seit der Altsteinzeit (Lithikum) bewohnt, wenn auch nur dünn besiedelt. In der jüngeren Steinzeit (Keramikum) seit der Mitte des 6.Jt.s wird eine zunehmend dichtere Besiedlung und Differenzierung in bestimmte ethnische und kulturelle Gruppen deutlich, von denen die mittelkeramischen Kulturen von Molfetta und Stentinello in Süditalien, die Felici-Ripoli-Gruppe in Mittelitalien und die Chiozza-Quinzano-Kultur in Norditalien in der 2.H. des 4.Jt.s und im Anfang des 3.Jt.s zu nennen sind, die im Spätkeramikum zwischen ca. 2500 und 1700 v. Chr. durch die Lagozza- und die Remedello-Kultur abgelöst werden, für die westeuropäische Herkunft nachgewiesen ist, während sich in der Zone südl. des Apennins die Rinaldone- und die Gaudo-Kultur ausbilden, mit Beziehungen zur Ägäis (vgl. → Orient und Antike). In der Bronzezeit (Frühmetallikum) von etwa 1600–1200 findet sich in Norditalien die Terramare-Kultur (von terra marna, fettige, fruchtbare Erde verrotteter Pfahlbauten). Unter dem Einfluß der Urnenfelderwanderung um 1200 bis 1000 traten in Norditalien vier Kulturareale hervor, in Piemont und der Lombardei die Golasecca-Kultur, in Rätien die Melauner Kultur, in Venetien die Este-Kultur und in Emilia und Romagna die → Villanova-Kultur, die sich bis nach Mittelitalien erstreckt, wo sich im O die Novilara-Kultur entwickelt. In dieser Zeit des Übergangs von der Bronzezeit (Frühmetallikum) zur älteren Eisenzeit (Mittelmetallikum) fällt die Einwanderung indogermanischer Völkerschaften aus dem Donauraum und Illyrien nach I., die sich in mehreren Wellen vollzieht, zunächst die ‹verbrennenden Italiker›, von denen sich nur die → Latiner und → Falisker im Tibertal halten und in den Westalpen die Euganeer und Camuner, dann um 1000 die große umbro-oskische (gelehrt auch sabellisch genannte) Dialektgruppe des ‹bestattenden Italiker›, die sich durch die Längstäler der Apennins südwärts bewegen und durch die Einrichtung des → Ver sacrum, der Aussendung der Jungmannschaften, in der Form der Unterwanderung allmählich die Berglandschaften des Apennins in Besitz nehmen und von hier aus nach O und W zum Meer drängen: Von solchen durch das Ver sacrum von dem umbrisch-oskischen Muttervolk und von den daraus hervorgegangenen Großstämmen abgespalteten Volksgruppen sind in historischer Zeit noch greifbar die eigentlichen → Umbrer, die → Sabiner, die mittelital. Kleinstämme der → Äquer, → Marser, → Herniker, → Volsker, → Päligner, → Prätuttier, → Vestiner, → Marrukiner, die auch als Sabeller zusammengefaßt werden, und die südl. von diesen wohnenden, oskisch sprechenden Stämme der → Samniten, → Frentaner, → Hirpiner, → Kampaner, → Lukaner und → Bruttier. Der umbro-oskischen Einwanderung folgend, kamen illyrische Stämme aus dem Nordbalkanraum teils zu Lande wie die Liburner und → Veneter, teils über die Adria wie die → Daunier, → Japyger, → Peuketier nach I. und nahmen die Illyrien gegenüberliegende Ostseite der Halbinsel in Besitz. Diese indogermanischen Stämme werden unter dem Namen Itali oder Italici zusammengefaßt im Gegensatz zu den übrigen Bewohnern I.s, den versprengten Resten der Urbevölkerung wie den Ligurern, den Ausonern, Oinotrern und → Sikulern, den seit etwa 900 in mehreren Schüben eingedrungenen → Etruskern und den seit dem 8.Jh. die Küstengebiete von Süditalien (Magna Graecia) kolonisierenden Griechen, schließlich den als letztes Volk erst seit etwa 400 in die Poebene eingewanderten → Kelten. Die Italiker, ursprünglich ein Bauern- und Hirtenvolk mit patriarchalischer Familienordnung mit der Verehrung von Himmelsvater (→ Jupiter) und Erdmutter (→ Tellus mater, → Ceres) und einer lockeren, kultisch begründeten Stammeseinheit, gerieten durch die Etrusker und durch die griech. Kolonisten in den Einflußbereich hellenischer Kultur.

[4] *Geschichtliche Zeit.* Mit der Berührung der Italiker mit der griech. Kultur beginnt eine neue, die geschichtliche Epoche Italiens. Sie ist vom 8. bis zum 5.Jh. gekennzeichnet durch die Ausdehnung der Etruskerherrschaft von Nordlatium (→ Tarquinii und der etrusk. Städtebund) und der Toscana (Faesulae) aus in die Poebene (→ Felsina, → Spina, Melpum) und nach Kampanien (→ Capua) und durch die fortschreitende → Kolonisation Großgriechenlands. Eine neue Epoche leitete das Aufeinandertreffen der etrusk. und der großgriech. Expansion 474 in der Seeschlacht bei Cumae ein. Hier begann der Niedergang der etrusk. Macht, verbunden mit dem Erstarken der italischen Kräfte, die jetzt als Gegner der Griechen in Süditalien auftreten. Zugleich vollzieht sich in Latium der Aufstieg → Roms, das, fast genau in der Mitte I.s gelegen, «seit der etrusk. Einwanderung in den Schnittpunkt aller Bewegungen in Mittelitalien gestellt ist und als ein Extremfall eines auf Verteidigung angewiesenen Kleinstaates der Italiker die militärische und politische Entwicklung beginnt, die es aus I. heraushebt» (Kirsten). Diese Entwicklung wurde durch den Galliereinfall in I. und die Katastrophe von 387/386 eher beschleunigt als aufgehalten. Schon 340–338 erhob sich Rom über die anderen latinischen Stammesgenossen. Durch geschickte Bündnis- und Kolonisationspolitik dehnte es seine Herrschaft nach den Samniterkriegen (343 bis 291), dem Sieg über die Gallier 295 bei Sentinum und dem Krieg gegen → Pyrrhos (280–275) über Mittel- und Süditalien aus. Zu Beginn des 2.Jh.s, nach dem 1. und 2. Pun. Krieg (264–241; 218–201), die Roms Vormacht in I. schwer gefährdeten, wurde auch das gallische Gebiet in Oberitalien röm. Besitz, so daß ganz I. das Kernland des röm. Imperiums wurde. Das Land wurde durch großzügig angelegte, von Militärkolonien gesicherte → Straßen (Karte 3217) aufgeschlossen: 312 Bau der → Via Appia, der Hauptstraße nach S, zunächst bis Capua, dann weiter über Beneventum nach Tarentum und Brundisium. Dem Verlauf der Via Appia an der Küste entlang entsprach die → Via Latina, die im Landesinneren durch das Tal des Trerus (Sacco) nach Kampanien führte. Die Fortsetzung dieser Straßen über Neapolis nach Rhegion war die 132 v. Chr. ausgebaute Via Popilia. 112–117 n. Chr. ließ Trajan eine in Beneventum von der Via Appia abzweigende Straße über Canusium und Barium nach Brundisium anlegen, die im Zusammenhang mit der Via Traiana entlang der erst später entwickelten O-Küste Italiens stand. Diese wurde mit Rom durch die uralte Via Salaria und die 303 v. Chr. begonnene → Via Valeria verbunden. Nach N führte die 299 begonnene, 220 bis Ariminum fortgesetzte Via → Flaminia, an die sich die am Fuß des Nordhangs des Apennins entlanglaufende → Via Aemilia (187 v. Chr.) über Bononia nach Placentia anschloß, während die → Via Postumia (167 v. Chr.) von dort aus über Cremona, Verona, Patavium eine Querverbindung nach Aquileia schuf. Nach Etrurien führten von Rom aus die alten Straßen Via Clodia und Via Cassia; an der W-Küste I.s entlang lief die 177 v. Chr. bis Luna ausgebaute Via Aurelia, die durch die Via Aemilia Scauri (109 v.Chr.) bis Genua und die Via Julia Augusta (13 v.Chr.) bis zu den Seealpen fortgesetzt wurde. Mit diesem Straßennetz war die Voraussetzung für eine zentrale Verwaltung I.s gegeben. Die Romanisierung I.s vollzieht sich durch die italische Wehrgenossenschaft der Römer und ihrer Bundesgenossen, in der die ital. Gemeindestaaten als socii, civitates foederatae, Hilfstruppen und die Gemeinden mit beschränktem röm. Bürgerrecht, civitates sine suffragio, municipia, Soldaten im röm. Heer stellen mußten (→ Italischer Städtebund). Bes. durch die Gründung von → Kolonien als Garnisonen aus röm. Bürgern (coloniae romanae) und Kolonien von nicht-röm. Landesbewohnern ohne röm. Bürgerrecht (coloniae latinae) wurde eine Verein-

heitlichung I.s erreicht, die ihren politischen Ausdruck in der durch den → Bundesgenossenkrieg (3; 91–89 v. Chr.) erkämpften Verleihung des röm. Bürgerrechts an alle socii findet. Nachdem 49 v. Chr. auch die Gallia Transpadana als Gallia Cisalpina röm. Bürgerrecht erhalten hatte, ist I. ein einheitlicher, von Rom aus regierter Staat mit municipaler Selbstverwaltung.

[5] *Wirtschaft.* Erst seit dieser Zeit haben wir auch genauere Nachrichten über das Wirtschaftsleben I.s. Zwar gab es vorher schon seit myken. Zeit Warenaustausch zwischen I. und bes. dem östl. Mittelmeer, der durch Phönizier, Etrusker und Griechen wesentlich gesteigert wurde, aber er blieb doch auf einzelne Zentren beschränkt, unter denen vor allem Etrurien mit der Verhüttung des Eisens von Elba bei Populonia, die Hafenstadt Spina im Podelta am Ende der Bernsteinstraße, Kampanien mit seiner blühenden Landwirtschaft und Tarent mit seiner Luxusgüterindustrie zu nennen sind. Mit dem Frieden, den die augusteische Politik brachte, setzte I. seinen schon in republ. Zeit begonnenen wirtschaftlichen Aufstieg fort. Das günstige, wenn auch durchaus nicht einheitliche Klima (vgl. Varro, rust. 1,2; Colum. passim; Dion. Hal. 1,36 ff.; Verg. georg. 2, 136; Strab. 6,286; Ael. var. hist. 9,16; Plin. nat. 3,4; 37,201) gestattete eine intensive und differenzierte Bodenausnutzung. I. wurde ein einziger großer Garten, mit Villen, die teils der Verwaltung der zunächst nicht übergroßen Güter dienten (villa rustica), teils palastartige Landsitze reicher Städter waren. Bes. in den Bergen um Rom und am Golf von Neapel, später auch im übrigen I. siedelten sich ganze Villenstädte an. Neben den kleineren, intensiv bewirtschafteten Betrieben, die Öl, Wein, Gemüse (Spargel, Kohl, Hülsenfrüchte), Obst (Äpfel, Birnen, Kirschen, Pfirsiche) lieferten, gab es ausgedehnte Weizenfelder im Pogebiet und in Etrurien und Latifundien im S und im Volskerland für die Versorgung im großen. Weizen wurde außerdem aus Ägypten und Sizilien eingeführt. In der frühen Kaiserzeit lebte I. vom Export hochwertiger Agrarprodukte. Auch die Blumenzucht, Bienenhaltung, Wollgewinnung durch riesige Schafherden, die im Winter in den apulischen Ebenen weideten und im Sommer in die samnitischen Berge getrieben wurden, Erzeugung von Harz und Bauholz spielen eine Rolle. In der Industrie war von Bedeutung die Erzverarbeitung, die nach der Abholzung der Wälder von Etrurien an die kampanische Küste mit ihren bedeutenden Häfen und den vorerst unerschöpflichen Wäldern und Holzkohlen Samniums und Lukaniens verlegt worden war, die Keramikindustrie in Cales, Capua, Puteoli, Arretium; die Glasfabrikation in Kampanien, die Metallindustrie in Kampanien und im westl. Potal, weiter die großen Ziegelfabriken, die Marmorgewinnung von Luna, schließlich spezialisierte Heimarbeit, die in der frühen Kaiserzeit von Sklaven, später in kleinen Handwerkerbetrieben ausgeführt und von großen Kaufherren kontrolliert wurde. Die Ausweitung des Welthandels bedingte eine straffe Organisation von Gewerbe und Handel. Baufirmen und Transportunternehmen sowie die großen Häfen → Ostia, Terracina, Puteoli, Brundisium, Ancona, Aquileia erhielten eine neue Bedeutung. Mit dem Aufstieg der Provinzen führte andererseits der Verlust der überseeischen Märkte I.s bes. für Agrarprodukte zu einer Umwälzung in der Landwirtschaft, die, als deutlichstes Symptom, die Latifundienbildung und eine Massierung des kaiserlichen Domänenbesitzes förderte. Der ungestörte Friede der zivilisierten Welt erleichterte gleichwohl auch den kleinen Municipia in I. den Aufstieg, die sich mit Tempeln, Fora, Marktbauten, Basiliken, Thermen, Theatern, Amphitheatern und anderen öffentlichen Bauten schmückten.

[6] *Spätantike.* In der Spätantike verlor I. seit der Reichsreform → Diokletians und durch das mehr und mehr in den Osten (Gründung Konstantinopels 330) verlagerte Schwergewicht des Imperiums an Bedeutung und wurde in der → Völkerwanderungszeit seit den Einfällen der → Alamannen (um 270) und bes. seit der Einnahme und Plünderung Roms durch → Alarich (410) und → Geiserich (455) immer mehr entvölkert, auch durch eine Zunahme der Malaria. 476 wird der letzte Westkaiser → Romulus Augustulus in Ravenna von → Odoaker abgesetzt. Unter der Gotenherrschaft (→ Theoderich) kann sich I. zunächst wieder erheben, wird aber dann in den langen Kriegen, die zur Rückeroberung durch die Byzantiner führten (535–555, → Justinian I.) gründlich verwüstet. Seit 568 folgt die schicksalhafte Teilung I.s in ein byzantinisches Südreich und ein langobardisches Nordreich, welches letztere allein den Namen I. behält.
B. A.

Lit: H. Nissen, Ital. Landeskunde, 1883–1902 – F. v. Duhn F. Messerschmidt, Ital. Gräberkunde, 1924–39 – L. Homo, L'Italie primitive et les débuts de l'impérialisme de Rome, 1925 – J. Beloch, Röm. Gesch. bis zum Beginn der pun. Kriege, 1926 – A. Della Seta, Italia antica, 1928 – P. Ducati, L'Italia antica dalle prime civiltà alla morte di Cesare, 1936 – E. Wiken, Die Kunde d. Hellenen von d. Lande u. d. Völkern der Apenninhalbinsel bis 300 v. Chr., 1937 – F. Altheim, I. u. Rom, 1943 – G. Devoto, Gli antichi Italici (1931), 1951[2] – G. M. A. Richter, Ancient Italy, 1955 – L. W. Taylor, Mycen. Pottery in I, 1957 – L. B. Brea, Sicily before the Greeks, 1957 – E. Kirsten, Röm. Raumordnung in der Gesch. I.s, Historische Raumforschung II, Forschungsber. d. Akademie für Raumforschung u. Landesplanung 10, 1958 – U. Kahrstedt, Kulturgesch. der röm. Kaiserzeit, 1958 – A. Maiuri, Arte e civiltà nell'Italia antica, Conosci l'Italia IV, 1960 – P. Grimal, A la recherche de l'Italie antique, 1961 – F. Biancafiore, La civiltà micenea nell'I. meridionale, 1963 – *Karte:* Edizione Archeologica della Carta d'Italia. Istituto Geografico Militare.

B. Vorrömische Sprachen in Italien (→ auch Etruskisch). [1] *Quellen.* Infolge der späten Ausbreitung des → Lateins ist aus Italien, wenn auch bruchstückhaft, eine größere Anzahl vorröm. Sprachen aus eigener inschriftlicher Überlieferung bekannt. Die Inschriften (Iss.) sind gewöhnlich gut lesbar, da sie, z. T. mit geringen Modifikationen, etrusk., griech. (Süditalien) oder latein. (Zentralapennin, Spätzeit) → Schrift verwenden (umstritten sind einzelne Zeichen in Val Camonica und Südpicenum). Die meisten (Grab-, Besitz-, Weih-Iss.) enthalten nur oder fast nur → Personennamen und sind so ‹verständlich›, aber sprachlich wenig ergiebig. Für das Verständnis längerer Texte ist man auf Kombination angewiesen (→ Etruskisch); bei den indogerman. Sprachen hilft auch die Sprachvergleichung weiter; doch auch hier sind nicht alle Fragen geklärt. Sekundärquellen sind → Glossen, Eigennamen und Lehnwörter in den klassischen und in modernen Sprachen. Ihr Wert ist unterschiedlich; oft bleibt die sprachliche Zugehörigkeit unsicher.

[2] Die deutlichste Vorstellung von Grammatik und Wortschatz ermöglichen die indogermanischen Sprachen der *osk.-umbr.* Gruppe, deren Unterschiede sich erst spät (1. Jt. v. Chr.?) herausgebildet haben. Dazu gehören 1. *Oskisch:* Sprache der → Samniten in Samnium und (seit dem 5. Jh. v. Chr.) in Kampanien (bes. Pompeji, Hauptfundgebiet), Lukanien, Bruttium, Messina (→ Mamertiner, 3. Jh. v. Chr.). Gegen 200, vielfach längere Iss. mannigfachen Inhalts, darunter ein umfangreiches Gesetzfragment (Bantia, ca. 100 v. Chr.). Probe: [1]*eítiuvam* [2]*paam* [3]*vereiiaí* [4]*púmpaiianaí* [5]*trístaamentud* [6]*deded*, «das [1]Geld, [2]das er der [4]pompejanischen [3]Jungmannschaft (?) durch [5]Testament [6]gab». Die Dialekte der Paeligni, Vestini, Marrucini, Frentani im Zentralapennin weichen nur unbedeutend vom Osk. ab. – 2. *Umbrisch:* Hauptzeugnis (daneben einige kurze Iss. aus dem übrigen Umbrien) die 7 Iguvinischen Tafeln (aus Iguvium = Gubbio) mit einem Ritual (3./2. Jh. v. Chr.), das längste der vorröm. Sprachdenkmäler. Probe: [1]*pune* [2]*puplum* [3]*aferum* [4]*heries* [5]*avef* [6]*anzeriatu* [7]*etu*, «[1]wenn man das [2]Volk [3]sühnen [4]will, soll man die (Orakel-) [5]Vögel [6]beobachten [7]gehen». Dem Umbr. nahe stehen die wenigen Sprachzeugnisse der Volsci, Marsi, Aequiculi östl. von Rom. Einem osk.-umbr. Dialekt (oder verschiedenen?) entstammen auch die ‹sabinischen› Glossen. – Drei weitere indo-

german. Sprachen sind aus je ca. 250 Iss. (7./5.–1. Jh. v. Chr.) bekannt: *Faliskisch:* aus Falerii (50 km nördl. Rom) und Umgebung; *Venetisch:* Iss. der Veneter aus den Randgebieten Venetiens (Atria, Este, Padua, Ostalpen, Istrien); *Messapisch:* Sprache der Völker (→ Messapier) im antiken Apulien und Kalabrien. Die meisten Texte sind kurz und stereotyp (Namen), die längeren in der Deutung oft unklar. So läßt sich nur eine beschränkte Anzahl grammatischer Tatsachen bestimmen (Teile der Nominalflexion, einzelne Verbformen). Das Falisk. zeigt engste Beziehungen zum → Latein; die Zugehörigkeit zum → Illyrischen wird heute für das Venet. abgelehnt, für das Messap. in Frage gestellt. – Unter ‹Italisch› faßte man früher die osk.-umbr. und die latino falisk. Gruppe zusammen (s. auch → Lateinisch A 1); heute schließt man vielfach das Venet. ein; von anderen wird ‹Italisch› mit ‹Osk.-Umbr.› gleichgesetzt. – Das anderweitig gut bekannte → *Keltisch*, die Sprache der Gallier Oberitaliens, ist dort durch zahlreiche Personennamen auf lat. Iss., aber nur durch zwei eigene Texte (Briona/Novara; Todi) vertreten. Süditalien und Sizilien haben zahlreiche *griech.*, Sizilien und Sardinien einige *phön.* und *pun.* Iss. geliefert. – Die übrigen Iss.-Gruppen erlauben, wenn überhaupt, nur eine geringe sprachliche Ausbeute. Die Klassifizierung einer Sprache und die Zuordnung zu einem Volk werden oft problematisch. Eine *indogerman.* Sprache enthalten die ca. 80 *lepontischen* Iss. aus dem Umkreis der lombardischen Seen, wohl auch die 10 *südpicenischen* Iss. aus dem Raum südl. → Ancona und die wenigen (z. T. längeren, aber unverständlichen) *sikulischen* Iss. aus Ostsizilien, vielleicht auch die *elymischen* Iss. aus Segesta (Westsizilien; Münzen und, jüngst gefunden, Fragmente auf Vasen) und die ca. 30 Fels-Iss. der *Val Camonica* nördl. Brescia. *Nicht-indogerman.* ist wohl die Sprache der (drei) Iss. von *Novilara* (Pesaro) und die der ca. 50 *rätischen* Iss. um Etsch und obere Adda. Aus

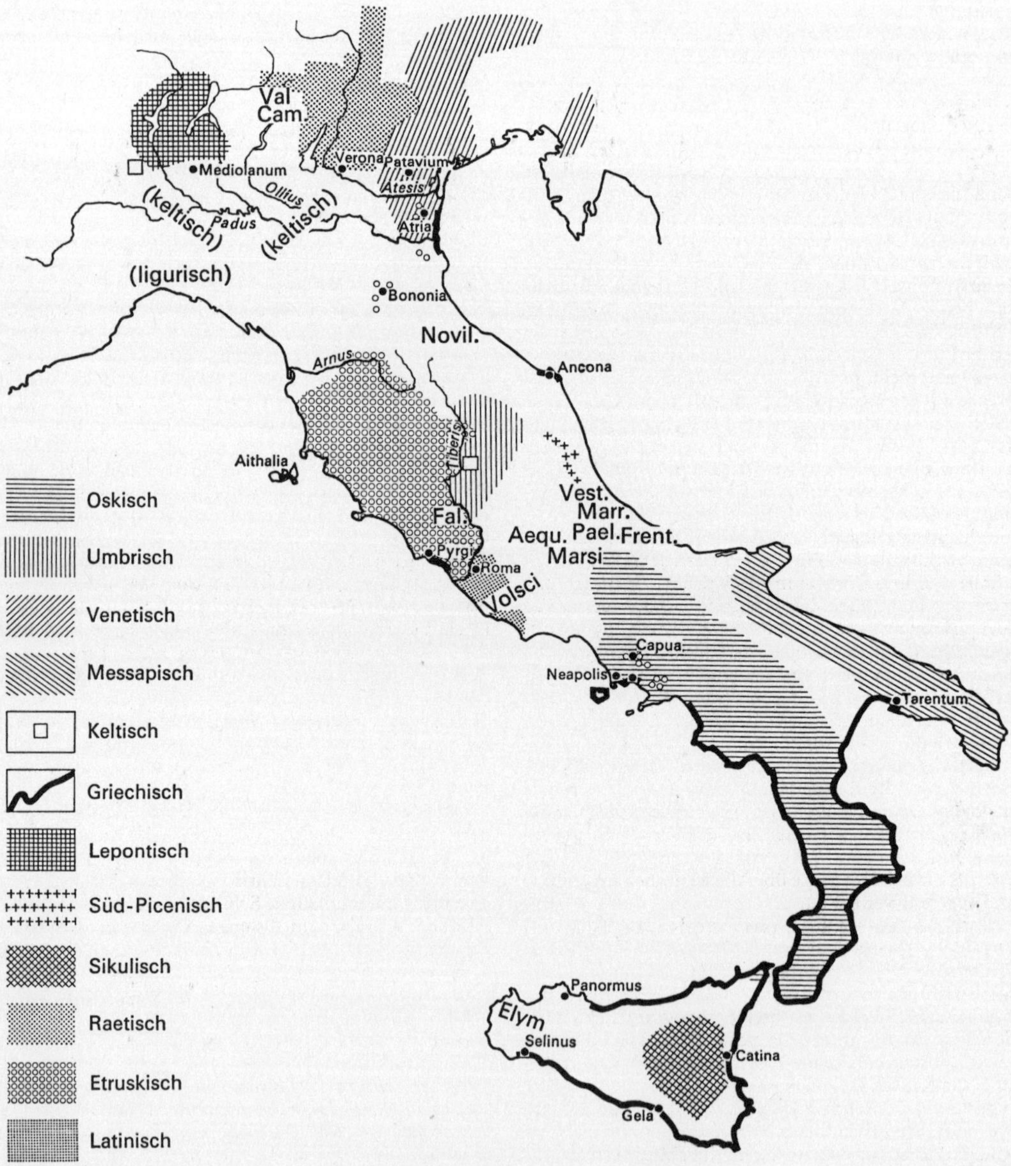

Abb. 108 Die vorrömischen Sprachen in Italien

dem gleichen Gebiet, aus Ligurien, dem Zentralapennin und aus Sizilien sind einzelne Iss. nicht sicher einer Gruppe zuzuweisen. Eine Anzahl nicht-osk., aber indogerman. Iss. von der tyrrhen. Küste Süditaliens bezeichnet man als *ausonisch*. – Für einzelne Gebiete (Oberitalien, Sizilien) erlauben die Sekundärquellen ergänzende Aussagen. Ganz auf sie angewiesen ist man für das sog. ‹*mediterrane Substrat*›, d. h. für die Sprachen, die vor den indogerman. Idiomen in Italien gesprochen wurden; für sie hat man nur einige Wortschatzelemente ermitteln können. H. R.

Q: E. Vetter, Hb. der ital. Dialekte I, 1953 – R. S. Conway-J. Whatmough, The Pre-Italic Dialects of Italy, 1933 – V. Pisani, Le lingue dell'Italia antica oltre il latino, 1953 – G. Devoto, Tabulae Iguvinae (1937), 1963³ – *Lit:* G. Bottiglioni, Manuale dei dialetti italici, 1954 – U. Schmoll, Die vorgriech. Sprachen Siziliens, 1958 – J. W. Poultney, The Bronze Tables of Iguvium, 1959 – J. Untermann, Die venet. Sprache, Kratylos 6, 1961, 1–15 – A. Ernout, Le dialecte ombrien, 1961 – C. de Simone, Die messap. Sprache, Kratylos 7, 1962, 113 bis 135 – G. Giacomelli, La lingua falisca, 1963.

Italischer Städtebund. Der ital. Bund ist der von → Rom in jahrhundertelangen Kämpfen vertraglich erreichte Zusammenschluß der → Latiner, der → Sabeller und → Osker, der → Etrusker und der Griechenstädte Süditaliens (→ Kolonisation, 1) unter der Bezeichnung socii nominisque Latini (Bundesgenossen und Latiner). Da es keine Bundesversammlung oder andere Verbindung unter den Bündnern gab, war die Gefahr, die ein einheitliches Bundesgebilde für Rom bringen konnte, vermieden. Rom bestimmte die Außenpolitik und Heereskontingente der Mitglieder, beließ ihnen aber die eigene Verwaltung. Obwohl die Bündner im 2. Pun. Kriege meist treu zu Rom gehalten hatten, verschlechterte sich im 2. Jh. ihre Lage durch verstärktes Heranziehen ihrer Truppen zu Roms Kriegen, Zurücksetzung bei der Verteilung der Beute und des ager publicus und Übergriffe röm. Beamter. Nach den Versuchen des C. Sempronius → Gracchus (2) i. J. 122, den Latinern das röm. → Bürgerrecht, den übrigen Bundesgenossen das Latinerrecht (→ Latin. Städtebund) zu geben, und des Konsuls M. Fulvius (3) Flaccus (125) und des Volkstribunen M. → Livius (4) Drusus (91), das Vollbürgerrecht allen Bündnern zu verleihen, brach 91 der → Bundesgenossenkrieg (3) aus, in dem → Marser (‹bellum Marsicum›), → Vestiner, → Päligner und → Samniten gegen Rom einen ital. Staat mit eigenen Münzen gründeten, auf denen der samnitische Stier die röm. Wölfin niedertrampelt. Hauptstadt mit dem Namen Italia wurde → Corfinium; ein ital. Senat mit 500 Mitgliedern wurde gebildet, der Marser Q. → Poppaedius Silo und der Samnite C. → Papius Mutilus zu Konsuln gewählt. 8 marsische und 4 samnitische Unterfeldherrn vertraten die 12 Stämme. Nach schweren Niederlagen gestand Rom durch die → lex Iulia i. J. 90 den nicht abgefallenen und durch die → lex Plautia Papiria i. J. 89 den sich unterwerfenden Italikern das röm. Bürgerrecht zu. Damit verschwanden alle Rechtsunterschiede in Italien südl. des Po, alle Gemeinden hatten die Rechtsstellung der municipia civium Romanorum oder der röm. Kolonien. Die letzten Aufständischen, die sogar mit → Mithradates VI. v. Pontos verhandelten und den röm. Bürgerkrieg ausnutzten, wurden 82 von → Sulla bei dem Siege über die Marianer am collinischen Tor Roms vernichtet. H. V.

Lit: K. J. Beloch, Der ital. Bund, 1880 – E. Gabba, Le origini della guerra sociale, 1954 – H. D. Meyer, Die Organisation der Italiker im Bundesgenossenkrieg, Historia 7, 1958, 74–79.

Itazismus (franz. iotacisme), eigentlich Aussprache des Buchstabens *ἦτα (ēta)* als *ita*. In einem weiteren Sinn wird damit allgemein die mittel- und neugriech. Aussprache bezeichnet, die sich bereits im Altertum zu entwickeln beginnt (→ Griechisch C 1). Diese war zunächst auch bei den Humanisten (z. B. Reuchlin) üblich. Die auf Erasmus zurückgehende etazistische, d. h. der altgriechischen näherkommende Aussprache setzte sich in der Schule erst im 18. und 19. Jh. durch. E. R.

Ithaka, gebirgige Insel der Gruppe der → Ion. Inseln östl. → Kephallenia (Kt. 1152 B 4), durch Homer berühmte Heimat des → Odysseus, der auf der Insel kultisch verehrt wurde. Die bes. von Dörpfeld verfochtene Theorie, das homerische Ithaka sei nicht die im Altertum und heute so genannte Insel, sondern → Leukas, ist durchaus unwahrscheinlich. E. M.

Lit: W. Dörpfeld, Alt-Ithaka, 2 Bde, 1927 – Lord Rennell of Rodd, The I. of the Odyssey, BSA 33, 1932/33, 1–21 – A. Shewan, Homeric essays, 1935, 1–105 – K. Schefold, O. H. R., 66 ff. – S. Benton, Aetos, BSA 48, 1953, 255.

Ithome, beherrschender, weithin sichtbarer Kalkklotz in → Messenien, heute Vurkano (Kt. 1152 C 6), 798 m, sagenberühmt als Mittelpunkt des Landes. Von großer strategischer Bedeutung, beherrscht die beiden messen. Ebenen und die Verbindung von → Megalopolis zum Meer. Im 1. und 3. Messen. Krieg Stützpunkt der Messenier. An seinen Abhängen wurde 370/369 die Hauptstadt des befreiten Landes, → Messene (1), angelegt und der Berg in den Befestigungsring der Stadt einbezogen. Kult des Zeus Ithomatas, jährlich Feier der Ithomaien mit musischen Agonen. – Vgl. → Sparta. E. M.

Ithyphallikus, dem Namen nach in phallischen Kultliedern üblicher Vers der Form –∪–∪––, erscheint zuerst in den → Asynarteten des → Archilochos (Fr. 107 ff. D.) nach dem → Erasmonideus und ist vielleicht der 2. Teil eines katalektischen jambischen → Trimeters hinter der Zäsur nach 2. anceps. Erscheint oft als Klausel in jambischen Liedern des Dramas. B. Sn.

Ithyphalloi, Teilnehmer an → Dionysos-Prozessionen, die einen aufgerichteten → Phallos (*ἰθύφαλλος*) mit sich tragen. K.-H. R.

Itinerarbecher. Im Badeort Vicarello beim Braccianosee (Latium) wurden vier zylindrische Becher gefunden, auf denen außen die Städte zwischen Gades und Rom mit Entfernungsangaben verzeichnet sind. Vermutlich handelt es sich um Nachahmungen eines unter Augustus in Gades errichteten, monumentalen Itinerariums und um Weihgaben. F. L.

Itinerarium (vgl. → Pilgerbericht) hieß in der Kaiserzeit ein Handbuch, das Angaben über Landstraßen, Stationen daran, Entfernungen zwischen den Orten, Wegverhältnisse usw. enthielt (vgl. Veg. mil. 3, 6). Solche Itinerarien hießen eigentlich itineraria adnotata, ‹kommentierte Wegebeschreibungen›, im Unterschied von itineraria picta, ‹Wegekarten›. Nur wenig ist uns von dieser sehr wichtigen Literatur erhalten, so nur eine antike Karte, die jetzt in Wien aufbewahrte sog. → Peutingersche Tafel mit dem Straßennetz von Spanien bis Indien, und einige itineraria adnotata: → I. Alexandri, → I. provinciarum Antonini Augusti, → I. maritimum Antonini Augusti und → I. Hierosolymitanum sive Burdigalense. G. B.

Lit: Schanz-Hosius, IV 1, 112–115 – W. Kubitschek, RE 9 (1916), 2308–66.

2. **I. Alexandri,** weniger eine Reisebeschreibung geographischer Art als eine Geschichte → Alexanders (5) d. Gr. mit besonderer Rücksicht auf seinen Feldzug gegen die Perser. Zur gleichen Schrift gehörte ursprünglich auch eine nicht mehr erhaltene Schilderung von den Kriegsoperationen → Trajans im Osten. Beide waren als Anleitung für den Kaiser → Constantius II. verfaßt und ihm gewidmet, als er um 340 n. Chr. einen Krieg gegen die Parther vorbereitete. Quellen waren vor allem → Arrian und → Iulius (20) Valerius. G. B.

Ed: D. Volkmann, 1871 – *Lit:* Schanz-Hosius, IV 1, 112–115 – W. Kubitschek, RE 9 (1916), 2363–66.

3. **I. Hierosolymitanum** (oder *Burdigalense*), aus dem J. 333 n. Chr., gibt eine topographische Beschreibung einer Pilgerfahrt von Bordeaux nach Jerusalem und zurück nach Mailand, mit Angaben von Stationen, Herbergen und Entfernungen. Ziemlich ausführlich werden auch Sehenswür-

digkeiten der heiligen Orte hinzugefügt. «Man sieht hier schon Ansätze zu dem modernen Reisehandbuch» (Schanz). → Vgl. → Pilgerbericht. G.B.

Ed: P. Geyer, CSEL 39, 1898, 1–33 – O. Cuntz, Itineraria Romana I, 1929, 86–102 – *Lit:* Schanz-Hosius, IV 1, 112–115 – W. Kubitschek, RE 9 (1916), 2352–63.

4. **I. maritimum Antonini Augusti,** mit dem → I. (5) provinciarum zusammen überliefert, aber kleiner an Umfang. Es gibt die Entfernungen zwischen den Hafenplätzen und Inseln des Mittelmeers an und enthält auch summarische Notizen über die Inseln. G.B.

Ed: O. Cuntz, Itineraria Romana I, 1929, 76–85 – *Lit:* Schanz-Hosius, IV 1, 112–115 – W. Kubitschek, RE 9 (1916), 2344–52.

5. **I. provinciarum Antonini Augusti,** ein Verzeichnis der größeren Straßen des röm. Reiches zur Zeit → Caracallas, um 300 n. Chr. neu redigiert. Die Schrift ist eine der wichtigsten Quellen für unsere Kenntnis der antiken Topographie. G.B.

Ed: O. Cuntz, Itineraria Romana I, 1929, 1–75 – *Lit:* Schanz-Hosius, IV 1, 112–115 – W. Kubitschek, RE 9 (1916), 2320–44.

Ituräer, syrisch-arabischer Wüstenstamm, ursprünglich in Innerarabien, dann im Ostjordanland ansässig (1. Chron. 1, 31), später Übergang ins nordpalästinische Kulturland. Im 1. Jh. v. Chr. sitzen sie im Gebiet des Libanon und der Bek'a, sowie des Antilibanon. Ihr Hauptort ist Chalkis (Andjar bei Ba'albek). Im 1. Jh. v. Chr. unter König Ptolemaios, der sich 63 v. Chr. bei der Annäherung des Pompeius mit großen Geldsummen loszukaufen suchte. Seinen Sohn und Nachfolger Lysianas ließ → Antonius (2) umbringen. Nach dessen Tod löste sich das Reich in Tetrarchien (darunter die Abilene) auf. R.F.

Lit: R. Dussaud, Les Arabes en Syrie avant l'Islam, 1907.

Juba I., gest. 46 v. Chr., König von → Numidien und → Gaetulum. Mit → Pompeius (2) verband ihn ein *paternum hospitium* (Caes. civ. 2, 25, 4); im Bürgerkrieg stand er auf seiten des Pompeius. 49 besiegte J. zwar → Caesars Anhänger C. → Scribonius (4) Curio bei Utica; aber er war wegen seines Strebens nach eigenen Vorteilen ein unangenehmer Bundesgenosse für die Pompeianer. Nach Caesars Sieg bei Thapsus floh J. nach Zama. Die Einwohner wiesen ihn ab, da er im Falle einer Niederlage die Verbrennung seines Besitzes und aller Menschen in Zama geplant hatte. J. ließ sich daraufhin von einem Sklaven töten. G.G.

2. **J. II.,** König von Mauretanien 25 v. Chr.–23 n. Chr. Sohn → J.s I. v. Numidien, in Rom erzogen, diente im Heer Oktavians, von Augustus in Mauretanien eingesetzt. Unkriegerisch, vor allem Gelehrter und Kunstfreund. Ausbau der Hauptstadt Caesarea (Cherchel) zu einem Kulturzentrum mit Bibliothek und Museum; reiche Kunstschätze auch in Volubilis. Kompilierte viel in griech. Sprache: Geschichte Roms, Schriften über Arabien, Assyrien und Libyen, Vergleich griech. und röm. Sitten, Theatergeschichte u. a. Nur Fragmente erhalten. H.-G.K.

Q und Frg: FGrHist Nr. 275 – *Lit:* F. Jacoby, RE 9, 2 (1916), 2384 bis 2395 – J. Carcopino, Le Maroc antique, 1943, 167–178.

3. **J.,** von Mauretania, 2. Jh. n. Chr., Verfasser einer stark von → Heliodor abhängigen → Metrik. Vertreter der Prototypenlehre.

Lit. u. Frg: O. Hense, De Juba Artigrapho, 1875 – Vgl. GrLat VI 617–646 – *Lit:* Schanz-Hosius, III 172 f.

Judaea, röm. Provinz. Bei der Einrichtung der Provinz → Syria durch Pompeius im Jahre 64 v. Chr. wurde auch J. praktisch annektiert. 57 v. Chr. degradierte Gabinius den letzten Makkabäerkönig Hyrkan zum Hohenpriester, verlegte eine Garnison nach J. und erhob Steuern. 37–4 v. Chr. regierte Herodes d. Gr. als röm. Klientelkönig. 4 v. Chr. erfolgte die Teilung seines Reiches unter seine Söhne. Zunächst regierte von 4 v. Chr. bis 6 n. Chr. Archelaos, des Herodes Sohn, über J. Von 6–41 und von 44–66 n. Chr. regierte ein röm. Prokurator, während in der Zwischenperiode König Herodes Agrippa eingesetzt worden war. Bereits in dieser Zeit machten sich Revolten bemerkbar, bes. die der Sikarier. 66 n. Chr. wurde J. zur selbständigen Provinz erhoben und von einem kaiserlichen Legaten regiert. Schwere Erschütterungen brachten die beiden jüd. Aufstände von 66–70 und 130, wobei besonders der letztere zur fast völligen Entvölkerung J.s führte. R.F.

Lit: J. Juster, Les Juifs dans l'empire romain, 1914 – A. Schlatter, Gesch. Israels von Alexander bis Hadrian (1901), 1925³ – Bo Reicke, Neutestamentl. Zeitgeschichte, 1965.

Judenchristentum. Die vielfältige Differenzierung und Gruppenbildung, die das nachexilische → Judentum (B) durch seine unterschiedliche Reaktion auf die Umwelt erfahren hatte, setzte sich auch in der aus den verschiedenen Graden der Hellenisierung resultierenden Mannigfaltigkeit des J.s fort.

[1] Dies gilt bereits für die Urgemeinde, wo der sog. Kreis der ‹Sieben› (Apg. 6, 1 ff.) einem *hellenist. J.* angehört zu haben scheint, das den Bruch mit jüd. Traditionen nicht scheute. Hiermit sind Nachrichten über die Anfänge der antiochenischen Gemeinde und ihrer Heidenmission (Apg. 11, 19 ff.), wie aber auch die begründete Vermutung (Gal. 2, 11 ff.), daß diese Gemeinde nicht homogen vom hellenist. J. geprägt war, wohl vereinbar. Aus Antiochia ging ferner die Mission des → Paulus hervor, zu dessen heidenchristl. Gemeinden das J. strenger Observanz den Kontakt verlieren mußte. Das zeichnete sich schon im Kompromiß des sog. Apostelkonzils (Gal. 2, 1 ff.) ab und wird durch den Kampf des Paulus gegen Befürworter der pharisäischen Anerkennung des Gesetzes innerhalb seiner Gemeinden (Gal. 3 ff.) erhärtet. Immerhin erhielt sich über die erste Generation hinaus in Westsyrien und Kleinasien ein hellenist. J., dessen Traditionen, aber auch dessen Vielfalt noch im Schrifttum der sog. → Apostolischen Väter greifbar sind. Während der Brief des → Clemens (1) weitherzig popularphilosophische Themen aufgreift, bekundet der → Barnabasbrief eine gesetzeskritische, → Markion verwandte Haltung; dem ‹Hirten des → Hermas› hingegen liegen anscheinend Traditionen des östl. Diasporajudentums zugrunde. Als das orthodoxe Judentum Ende des 1. Jh.s in die Ketzerverfluchung des 18-Bittengebets auch den Namen der Christen aufnahm, blieb für das hellenist. J. nur noch die Wahl, in den heidenchristl. Gemeinden aufzugehen.

[2] Die Konsolidierung jüdischer Orthodoxie mußte aber das *palästinensische J.* noch härter treffen. Es hatte zunächst in der Urgemeinde mit dem Herrenbruder → Jakobus, einem markanten Vertreter gesetzesfrommer Haltung, seinen Anfang genommen. Nach dessen Märtyrertod (62 n. Chr.) scheinen seine Nachfolger von ihm ihre Autorität abgeleitet zu haben. Der neutestamentl. Brief des ‹Judas, Jesu Christi Knecht und Bruder des Jakobus› (kurz nach 100 n. Chr.), zeigt mit seinen Zitaten aus der → apokalyptischen Literatur (Assumptio Mosis und Henochbuch), in welcher religiösen Welt man lebte. Politische Ereignisse trieben jedoch das palästinensische J. in die Isolierung. Im jüd. Aufstand der 70er Jahre floh die Urgemeinde nach Pella im Ostjordanland (Eus. hist. eccl. 3, 5, 2). Palästinensische Restbestände (Eus. hist. eccl. 4, 5 f.), die zunächst vom Fall Jerusalems 70 n. Chr. nicht betroffen gewesen waren, vertrieb nach der endgültigen Vernichtung Jerusalems 135 n. Chr. zusammen mit allen Juden das hadrianische Edikt aus dem Land. Die Vermutung eines Exodus des palästinensischen J.s nach Alexandria als Beginn der Christianisierung Ägyptens ist ebenso unkontrollierbar wie die auf Augustin sich stützende Annahme einer Missionierung Nordafrikas. Hingegen deutet die Beobachtung, daß die → Didachē Traditionen des palästinensischen J.s festhält, auf Ostsyrien als ein späteres Zentrum, das auch in den kleinasiatischen Raum ausstrahlte (→ Quartadezimaner). Diesem *syr. J.* ist das sog. Nazaräer-Evangelium (→ Apokryphen) zuzuweisen. Ursprünglich aramäisch verfaßt, knüpfte es an Mt. an und hatte anscheinend nicht die Vor-

geschichten Mt. 1 f. gestrichen; dem entspricht ein Bericht von Origenes über eine Gruppe des J.s, die an Jungfrauengeburt und Gottessohnschaft glaubte. Primär die Konsolidierung der Großkirche hat diesen Zweig in ein schismatisches J. abgedrängt, von dem ein extremes Zeugnis in den → Pseudoklementinen vorliegt.

[3] Einem *häretischen J.* gehört hingegen das ursprünglich griech. verfaßte sog. Ebionäerevangelium (→ Apokryphen) an, das die Vorgeschichten des Mt. strich, weil es eine gnostisch konzipierte Christologie vertrat. Nach ihr vereinigte sich bei der Taufe ein Himmelswesen (der Geist) mit Jesus zum Gottessohn; sie unterschied sich darin von einer sonst auch im schismatischen J. vertretenen → adoptianischen Christologie (Annahme zum Sohne Gottes durch Geistmitteilung). Altchristl. Nachrichten verlegen die sog. ‹Ebionäer› (→ Ebioniten) ins Ostjordanland, das zweifelsohne auch anderen Häresien Zuflucht bot. So weist die Forschung die Elkesaiten mit ihrem Sektenhaupt Elkesai (‹Der verborgene Gott›), bei denen ebenfalls → Gnosis und häretisches J. sich aufs engste verbanden, diesem Raum zu. Aus dem Raum der kleinasiatischen Diaspora zeigen sich bereits Kol. 2, 16ff. Einwirkungen einer judaisierenden Gnosis auf das Christentum. Hier konnte die Verehrung des ‹höchsten Gottes› (*θεὸς ὕψιστος*, summus deus) von einem synkretistischen Judentum mit einem dionysischen Zeus-Sabazioskult verbunden werden. Aus solchen Beobachtungen hat sich die umstrittene Frage ergeben, ob vielleicht die Urmenschspekulationen der → Gnosis in den Adamspekulationen eines häretischen Judentums ihre Wurzel haben. Vieles spricht dafür, daß einzelne Gruppen des Diasporajudentums bereits eine Verbindung zur Gnosis hatten, als sie zum Christentum übertraten, und daß sie dabei gnostische Traditionen mitbrachten: in den Thomaspsalmen lassen sich diese Stadien deutlich verfolgen. Die Analyse der → Naassener-Predigt (Hippolyt, ref. 5) und der Nachweis einer älteren, jüd.-synkretistischen Grundschrift zeigt zudem, wie das häretische J. eine Brücke auch noch zur ausgebildeten Gnosis geblieben ist. A. A.

Q: Hennecke I³, 75ff., 126ff., 277ff. – *Lit:* H.-J. Schoeps, Theologie u. Gesch. des J.s, 1949 – L. Goppelt, Christentum u. Judentum im ersten u. zweiten Jh., BFChTh II 55, 1954, vgl. dazu: G. Strecker, EvTh 16, 1956, 458–477 – Ders., Das J. in den Pseudoklementinen, TU 70, 1958 – J. Daniélou, Théologie du Judéo-Christianisme, 1958 – A. Adam, Die Psalmen des Thomas als Zeugnisse vorchristl. Gnosis, BZNW 24, 1959.

Judentum

A. Geschichte Israels bis zum Exil: [1] Vor- und Frühgeschichte – [2] Landnahme – [3] Stämmeverband – [4] Staatenbildung; Saul – [5] Großmacht; David – [6] Salomo – [7] Das Nordreich Israel – [8] Untergang Israels – [9] Untergang Judas – [10] Die Religion Israels – B. Vom Exil zur Spätantike: [1] Exilzeit – [2] Persische Epoche – [3] Von Alexander bis Antiochos IV. Epiphanes – [4] Das hasmonäische Priesterfürstentum – [5] Von Pompeius bis Vespasian – [6] Die Reorganisation in Palästina – [7] Das palästinische Judentum vom Zweiten Aufstand bis zum Abschluß der Mischna – [8] Die amoräische Periode in Palästina – [9] Die amoräische Periode in Babylonien – [10] Zur Literaturgeschichte. – Zum Land vgl. → Palästina und die Karte ebd.

Vorbemerkung: Mit dem *Begriff* ‹Judentum› wird traditionell die aus dem ehemaligen Staat Juda nach dem Exil hervorgegangene Gemeinschaft in Palästina und der Diaspora bezeichnet. Die Geschichte vor dem Exil ist die des sakralen Stämmeverbands Israel und der aus ihm entstandenen Staaten Israel und Juda.

A. Geschichte Israels bis zum Exil. [1] Die *Vor- und Frühgeschichte* Israels ist noch immer stark umstritten. Als historische Größe wird Israel – zunächst ein sakraler Stämmeverband – erst nach der Ansiedlung in Kanaan greifbar. Das historische Israel weiß darum, daß es in Kanaan nicht ureingesessen ist, ja es pflegt bewußt und intensiv Traditionen, die in seine vorkanaanäische Zeit weisen. Von einem späteren Standpunkt aus endgültig konzipiert, geben diese Traditionen ein verzerrtes Bild der Frühzeit, indem sie das, was einzelne Gruppen des nachmaligen Israel erlebt haben, als Erlebnis des ganzen Israel darstellen. Deutlich ist jedoch, daß für die Sippen und Stämme des nachmaligen Israel in ihrer vorkanaanäischen Zeit eine halbnomadische Lebensweise am Rand des Kulturlandes charakteristisch war und daß die Einwanderung selber im Zusammenhang mit der sog. aramäischen Wanderung am Ende des 2. Jt.s v. Chr. steht, die auch andere Völkerschaften (→ Aramäer, → Ammoniter, → Moabiter, → Edomiter) in ihre Siedlungsgebiete brachte: als ‹umherirrenden› (d. h. nomadisierenden) ‹Aramäer› bezeichnet das spätere Israel in einem Bekenntnis seinen Ahnherrn (Dtn. 26, 5). Auf Spuren älterer Schichten dieser Aramäer stoßen wir wahrscheinlich in jenen nomadischen und halbnomadischen Verbänden, die in den Tontafeln von → Mari (18. Jh. v. Chr.) am mittleren Euphrat erscheinen, womit die Angaben der Gen. über den Ausgangspunkt Abrahams in jenen Gebieten an Wahrscheinlichkeit gewinnen. (Im übrigen können die Patriarchenerzählungen nicht als historische, für die Rekonstruktion der Frühgeschichte brauchbare Zeugnisse gelten außer für die Struktur der Patriarchenreligion.) Die in ihrem historischen Kern nicht anfechtbaren Pentateuchtraditionen über einen in Frondienst endenden Aufenthalt in Ägypten, die Flucht von dort, die Bundesschließung am Sinai und den Wüstenzug spiegeln Erlebnisse von einzelnen Gruppen, die später in ‹Israel› aufgingen und ihm mit diesen Traditionen für seinen Glauben und sein Selbstverständnis entscheidende Elemente zubrachten.

[2] Die *Landnahme*, die im Buch Josua von späterer Sicht aus als einheitliche, von Josua geleitete kriegerische Eroberung mit anschließender Landverteilung dargestellt wird, vollzog sich in Wirklichkeit im wesentlichen in einem friedlichen, langdauernden (etwa 14.–12. Jh. v. Chr.), von den einzelnen Gruppen (nicht einer – noch nicht vorhandenen – Gesamtheit) getragenen Prozeß. Weidewechsel, der die Gruppen und Stämme jährlich von den Randgebieten im O und S zu den Sommerweiden des Kulturlandes und schließlich zur Ansiedlung führte, bildete sicherlich eine wichtige Form der Einwanderung. Dazu gab die Schwäche der unter dem Ansturm der ‹Seevölker› (um 1200 v. Chr.) zusammenbrechenden oder zurückweichenden Großmächte (→ Hethiter, → Ägypten), unter deren Vorherrschaft Palästina-Syrien bis dahin gestanden hatte, eine günstige Stunde für den Einzug auch größerer Gruppen. Eine so uneinheitliche Bewegung konnte jedoch nicht zur Besitznahme eines geschlossenen Siedlungsgebietes führen, um so weniger, als die in den fruchtbaren Ebenen gelegenen kleinen kanaan. Stadtstaaten kulturell, politisch und militärisch den Einwanderern so eindeutig überlegen waren, daß an ihre Eroberung nicht gedacht werden konnte. So wurden im wesentlichen die gebirgigen Gegenden des West- und teilweise des Ostjordanlandes besiedelt, während die Ebenen den Kanaanäern verblieben, was das ‹negative Besitzverzeichnis› von Ri. 1, 17–23, ausdrücklich festhält. Insbesondere blieben die Stämme Juda und Simeon im S durch die kanaan. Stadtstaaten Jerusalem, Gezer, Ajalon, Saalbim von den mittelpalästinischen Stämmen getrennt. Im übrigen gestaltete sich das – für die kulturelle, religiöse, politische Entwicklung der Folgezeit außerordentlich bedeutsame – Nebeneinander von Kanaanäern und Einwanderern zunächst sehr verschieden – von Frondienst (Issachar: Gen. 49, 14f.) bis hin zu völliger Freiheit und Entfaltungsmöglichkeit.

[3] Die bisher selbständig vorgehenden, aber sich untereinander verwandt fühlenden, teilweise erst in Kanaan aus kleineren Gruppen entstandenen Stämme schlossen sich nach der Landnahme, wahrscheinlich unter der Führung des erst spät eingewanderten und in Mittelpalästina ansässig gewordenen Stammes Joseph, zu einem den Gott Jahwe verehrenden *sakralen Stämmeverband* zusammen, der erstmals den Namen Israel trägt. Vergleichbar mit ihm sind die

→ Amphiktyonien in Griechenland und Italien. Die wohl mit Rücksicht auf den monatlich wechselnden Dienst am Heiligtum gewählte und immer festgehaltene Zwölfzahl der Stämme ist charakteristisch. Möglich ist, daß dem Zwölfstämmebund eine Sechseramphiktyonie vorausging. Zentrales Kultobjekt des Bundes war wahrscheinlich die Lade. Für den Ablauf des – wohl in Abständen wiederholten – Bundesfestes ist ein (nach hethit. Vorbild gestaltetes?) ‹Bundesformular› bezeugt, in dem das Bekenntnis der von Jahwe erwiesenen geschichtlichen Heilstaten und die Verpflichtung auf seinen im Gottesrecht niedergelegten Willen im Mittelpunkt stehen. Das Wissen um seine Herkunft aus einer besonderen, von Gott geleiteten Geschichte und eine aus dieser erwachsenden Verantwortlichkeit kennzeichnet das Selbstverständnis dieser vorpolitischen Gemeinschaft und wird für die ganze innere Geschichte Israels von Bedeutung werden. Das besondere Amt des ‹Richters in Israel›, dem wahrscheinlich die Pflege und Verkündigung des Gottesrechtes oblag, unterstreicht die zentrale Stellung dieses Rechtes im Bund. Wo es in flagranter Weise durch einen der Stämme verletzt wird, kann es sogar zu einer kriegerischen Aktion des Bundes gegen diesen Stamm kommen (Ri. 19f.). Dagegen handelt es sich bei den sonstigen Kriegen der sog. Richterzeit nicht um Unternehmen des Bundes, sondern einzelner Stämme oder Stammesgruppen unter der Führung charismatischer Führer gegen feindliche Nachbarn. Doch zeigt die Weise, in der der siegreiche Kampf israelit. Stämme gegen eine Koalition kanaan. Könige gefeiert und dabei mit dem Stämmebund in Verbindung gebracht wird (Ri. 5, Deboralied), eine Tendenz zur Ausweitung des sakralen Bundes ins Politisch-Militärische und Nationale.

[4] Der entscheidende Schritt vom sakralen Stämmebund zur *Staatenbildung* erweist sich als notwendig unter dem Druck der → Philister, die um 1000 v. Chr. von der südpalästin. Küstenebene aus die Oberherrschaft über ganz Palästina erstrebten. Ihrer militärischen Macht mit schwerer Bewaffnung und Söldnertruppen waren die israelit. Stämme so unterlegen, daß es zu mehreren Niederlagen, dem Verlust der Lade (1. Sam. 4f.), der Zerstörung des zentralen Heiligtums in Silo und einer Entwaffnung der Stämme (1. Sam. 13, 19–22) kam. In dieser Notlage erhob sich der Ruf nach einem König, der nach dem Vorbild der umliegenden Völker die Kriege Israels führen sollte (1. Sam. 8ff.). Als es dem in der Weise der charismatischen Führer auftretenden Benjaminiten *Saul* gelingt, den Ammonitern im Ostjordanland durch Aufbietung des Zwölfstämmeverbandes eine Niederlage zu bereiten, wird er im Heiligtum von Gilgal zum König ausgerufen. Der als ‹Richter›, Gottesmann und Prophet gezeichnete *Samuel* hat offenbar dabei eine wichtige Rolle gespielt, ohne freilich die innere Spannung zwischen dem sakralen Erbe der Vergangenheit – Israel als Gottesvolk unter Jahwes Herrschaft – und dem neuen Königtum auf die Dauer ausgleichen zu können, wie sein Bruch mit Saul (1. Sam. 15) zeigt. Diese innere Spannung sowie die mangelnde militärische Macht haben Saul die Befreiung von der Philisterherrschaft nicht erreichen lassen. Nach anfänglichen Erfolgen gegen philistäische Besatzungsposten erlitt er in der Jesreelebene eine entscheidende Niederlage und gab sich selbst den Tod (1. Sam. 31). So endete dieses kurze Heereskönigtum, ganz im Gegensatz zu dem Erhofften, in einer tiefen Bedrängnis.

[5] Der rasche Aufstieg aus dieser Lage zu einem über Israel weit hinausgreifenden Großstaat knüpfte sich an *David* aus Bethlehem in Juda (1. H. 10. Jh.; Quellen: 1. Sam. 16–1. Kön. 2). Früh in der Umgebung Sauls, aber durch dessen Mißtrauen vertrieben, trat er als Söldnerführer vorübergehend in den Dienst der Philister. Nach der Katastrophe Sauls, an der er nicht beteiligt war, zog er mit seinem Anhang nach dem kalibbitischen Hebron und ließ sich dort von dem ‹Haus Juda›, d. h. den Südstämmen, zum König erheben, während ein Sohn Sauls, Esbaal, als ‹König von Israel› die zehn Nordstämme beherrschte, womit der Name Israel zu seiner bisherigen Bedeutung eine partikulare staatspolitische gewann, die er bis zum Untergang des Nordreiches (722 v. Chr.) behielt. Nach dem gewaltsamen Tode Esbaals wurde David durch einen Vertrag mit den Nordstämmen auch König von Israel, so daß er nun in Personalunion beide Staaten beherrschte. Entscheidende Siege über die Philister brachen deren Vorherrschaft endgültig. In der von seinen Söldnern eroberten Jebusiterstadt Jerusalem, die sein persönlicher Besitz wurde, schuf David ein unabhängiges politisches und – durch die Lade – kultisches Zentrum für Israel und Juda. Die bisher nicht eroberten kanaanäischen Städte konnten den beiden Staaten einverleibt werden, womit besonders Israel an Gebietsumfang gewann, aber auch mit einer gefährlichen inneren Spannung belastet wurde, da der kanaanäischen Bevölkerung offenbar auf vielen Gebieten, auch dem religiösen, ein Eigenleben gestattet wurde. Durch die Unterwerfung auch der angrenzenden Staaten – Moab, Ammon, Edom, die Aramäer von Damaskos – wurde das Reich zur Großmacht, was freilich nur gelingen konnte, weil starke auswärtige Mächte fehlten, die Ansprüche auf Palästina-Syrien geltend machten.

[6] Das von David geschaffene Staatsgebilde war so auf seine Person abgestellt, daß als sein Nachfolger nur einer seiner Söhne in Frage kam. Aus den schon zu seinen Lebzeiten ausbrechenden Streitigkeiten um seine Nachfolge ging *Salomo* (bis ca. 926 v. Chr., nach der Überlieferung regierte er 40 Jahre), von David selbst eingesetzt, als König von Israel und Juda hervor (Quellen: 1. Kön. 1–11). Schon unter ihm deutet sich der Verfall des Großstaates an: Teile Edoms und die Suzeränität über Damaskos gehen, anscheinend ohne militärische Gegenwehr, verloren. Dagegen entfaltet das Königtum in Jerusalem großen Glanz: Palast- und Tempelbauten werden mit Hilfe phön. Bauleute ausgeführt, diplomatische und wirtschaftliche Beziehungen zur Umwelt gepflegt; Handel mit fernen Ländern (Häfen am Golf von Akaba) bringt bis dahin unerhörten Reichtum in das Land. Am Hof findet das geistige Leben eine Pflegestätte; mit der internationalen, bes. der ägypt. Weisheit zieht eine neue Geistigkeit ein. Das Erlebnis großer geschichtlicher Umwälzungen bringt auch den spezifisch israelit. Sinn für Geschichte in literarischen Gestaltungen wie der Darstellung von Davids Aufstieg (1. Sam. 16, 14–2. Sam. 5), von der Thronnachfolge Davids (2. Sam. 9–20; 1. Kön. 1–2) und – wahrscheinlich – dem Geschichtswerk des Jahwisten (Gen. 2, 4b–Ri. 1, jetzt mit anderen Quellenschriften zusammengearbeitet) zu voller und einzigartiger Blüte. Aber dieses Königtum, nach altorientalischen Vorbildern geschaffen und auf empfindliche Abgaben an den Hof angewiesen (dazu Gaueinteilung: 1. Kön. 4, 7–19), fand nicht die innere Zustimmung des Volkes. Nachdem es schon zu Lebzeiten Salomos zu einer Revolte des Ephraimiten Jerobeam gekommen war, fand sich seinem Nachfolger *Rehabeam* (ca. 926–910 v. Chr.) gegenüber Israel nur unter Bedingungen zur Anerkennung seines Königtums bereit (1. Kön. 12). Als diese abgelehnt wurden, setzte sich Israel in *Jerobeam I.* (ca. 926–907) einen eigenen König; das von David begründete Großreich brach damit in die Kleinstaaten Israel und Juda auseinander, die sich auf lange Zeit in Grenzkämpfen befehdeten.

[7] Die damit verbundene Schwächung führte außenpolitisch u. a. zum Verlust von Ammon, zu Grenzkämpfen mit den sich wieder rührenden Philistern, zur Erstarkung des Aramäerreiches von → Damaskos, das bis Anfang des 8. Jh.s ein bedrohlicher Gegner für Israel wurde. Im übrigen hatten beide Staaten ein je eigenes Gepräge. Während man in Juda bis 587 an der einmal von Jahwe erwählten (2. Sam. 7) Dynastie der Davididen festhielt, wurde in *Israel* das Königtum nur da, wo es dem zunächst geltenden, dann in Willkür ausartenden charismatischen Prinzip zum Trotz

zu vorübergehender Dynastiebildung kam (Omri; Jehu), zu einem stabilisierenden Faktor (fast die Hälfte der israelit. Könige wurde ermordet!). Auf dem Gebiet des Kultes schuf schon Jerobeam I. ein Gegengewicht gegen das Zentralheiligtum von Jerusalem, indem er die alten Kultstätten von Bethel und Dan zu Staatsheiligtümern für den Jahwekult (mit Jungstierbildern!) erhob. Eine dauernde Hauptstadt erhielt Israel erst durch den vom Heerbann eingesetzten König → *Omri* (ca. 882–871; Dynastie bis ca. 845, vgl. → Ahab) in → Samaria (vorher Sichem, Pnuel, Thirza), einem königlichen Eigenbesitz wie Jerusalem. Innenpolitisch litt Israel mit seiner starken kanaan. Bevölkerung unter dem damit gegebenen politischen und religiösen Dualismus. Als die Rücksicht auf den kanaan. Bevölkerungsteil und die phön. Freundschaft u. a. zur Errichtung eines Baalstempels in der Hauptstadt Samaria führten, kam es zu einem blutigen Gegenschlag der Israeliten durch den von dem Propheten Elisa designierten *Jehu* (ca. 845–818, Dynastie bis ca. 747; vgl. 2. Kön. 9 f.).

[8] Mitte des 9. Jh.s griff das neuerstarkte assyr. Reich zum erstenmal auf Syrien-Palästina über. Zwar bedeuteten die Züge → Salmanassars III. (859–824 v. Chr.) nur eine vorübergehende Gefahr für Israel (→ Ahab), und die Unterwerfung von Damaskos durch → Adad-nirari III. (810 bis 782 v. Chr.) machte den blutigen Aramäerkämpfen, mit denen bes. → Hasael Israel überzogen hatte, ein Ende, so daß Israel unter *Jerobeam II.* (787–747 v. Chr.) und Juda unter Asarja-Ussia (773–735?) noch einmal eine Blütezeit erlebten, deren Kehrseite – Luxus, Zuchtlosigkeit, soziale Entrechtung – in der Verkündigung der Propheten Amos, Jesaja und Micha sichtbar wird. Als jedoch → Tiglatpilesar III. (745–727) den syr.-palästin. Raum in seine Weltreichpläne einbezog, war es um die Selbständigkeit beider Staaten geschehen. 738 wurde Israel tributpflichtig. Die wiederholten Versuche, sich durch Koalition mit anderen Mächten zu befreien (→ Pekach, → Hosea), endeten mit dem Verlust der Außengebiete (732), der Einnahme Samarias (722) und der Errichtung assyr. Provinzen. Die Oberschicht wurde deportiert, eine fremde Oberschicht angesiedelt. Der Staat Israel hat damit sein Ende gefunden.

[9] Juda, wo sich → Ahas 733 Assyrien freiwillig unterworfen hatte, erlebte seine schwerste Krise, als sich i. J. 705 ff. *Hiskia* (ca. 725–697) führend an einer antiassyr. Koalition beteiligte. Jerusalem wurde 701 von → Sanherib belagert, aber unter Zahlung eines hohen Tributes verschont. Dagegen wurde Juda abgetrennt und philistäischen Stadtstaaten unterstellt, kam aber später wieder an die Davididen. Erst der Niedergang Assurs in der 2. H. des 7. Jh.s lockerte das Abhängigkeitsverhältnis und gab schließlich *Josia* (639 bis 609 v. Chr.) die Möglichkeit zu weitreichenden Restaurationsplänen: er kündigte das Vasallenverhältnis, schaffte den assyr. Staatskult im Tempel von Jerusalem ab und annektierte große Gebiete des ehemaligen Jerusalem. Die Tradition schreibt ihm auch eine eingreifende kultische Reform im Anschluß an das Deuteronomium zu (Abschaffung der Höhenheiligtümer, Zentralisierung des Kultes in Jerusalem). Als Pharao → Necho dem von Babylonien bedrängten Assyrien 609 v. Chr. zu Hilfe eilte, trat ihm Josia bei → Megiddo entgegen, verlor jedoch Schlacht und Leben. Damit unterstand Juda der ägypt. Herrschaft, die 605 von der babylon. unter → Nebukadnezar abgelöst wurde. Versuche, diese abzuschütteln, endeten 597 mit der ersten Einnahme Jerusalems, Deportation des Königs Jojachin und der führenden Schicht. Als der von Nebukadnezar eingesetzte König Zedekia (597–587) wiederum abfiel, wurde Jerusalem 587 eingenommen und mit Tempel und Palast in Brand gesetzt, das davidische Königtum abgeschafft und die Oberschicht deportiert. Damit fand auch die Eigenstaatlichkeit Judas ihr Ende.

[10] Die *Religion Israels* hat darin ihre Eigenart, daß sie die ausschließliche Bindung an den *einen* Gott Jahwe, dessen Wirken man vor allem in geschichtlichen, von erleuchteten Personen gedeuteten Ereignissen sieht und als dessen berufenes Volk sich Israel versteht, proklamiert und unbedingten Gehorsam gegen den sich auf alle Lebensgebiete erstreckenden Gotteswillen, wie er im Dekalog und anderen Gebotsreihen sich ausdrückt, fordert. Wohl führten die Ansiedlung in Kanaan, mit dessen Religion sich Israel in Abwehr und Aneignung auseinandersetzte, die Entstehung eines Staatswesens mit vielfachen altorientalischen Einflüssen und Verflechtungen und die geschichtlichen Bedrohungen des 8. und 7. Jh.s auch in tiefe Krisen des Jahweglaubens. Es ist die Bedeutung der großen *Propheten* (vor allem Elia, Amos, Hosea, Micha, Jesaja, Jeremia), daß sie in den gewandelten Verhältnissen die fortdauernde Gültigkeit des Gotteswillens auf religiösem, sozialem, politischem Gebiet verkündeten und die von den fremden Großmächten heraufgeführten geschichtlichen Katastrophen Israels als Taten des Gottes Jahwe verstehen lehrten, der im Gericht über sein eigenes Volk sich als der heilige und gerechte Gott schlechthin erweist. Ihrem Wirken ist es vor allem zu danken, wenn der Jahweglaube den Untergang des Staates überstand und Israel als Volk in Palästina und der Diaspora in bewußter, religiös begründeter Wahrung seiner Eigenart weiterlebte. E.W.

Q: H. Greßmann, Altoriental. Texte u. Bilder zum AT (1909), 1926² – J. B. Pritchard, The Ancient Near East in Pictures relating to the Old Testament, 1954 – ANET, passim – *Lit:* J. Pedersen, Israel, its life and culture, 4 Bde, 1926–40 – A. Alt, Kl. Schr. zur Gesch. des Volkes Israel, 3 Bde, 1953–59 – J. Bright, A History of Israel, 1959 – O. Eißfeldt, Kl. Schr., 3 Bde, 1962 ff. – G. von Rad, Theologie des AT, 2 Bde (1957–60), I 1962⁴; II 1962³ – M. Noth, Gesch. Israels (1950), 1963⁵ – H. Ringgren, Israelitische Religion, 1963.

B. VOM EXIL ZUR SPÄTANTIKE. [1] Durch das mit dem Untergang der Davididen einsetzende *Exil* wurde keineswegs die gesamte Bevölkerung von Jerusalem-Juda betroffen. Selbst wenn man zu den drei Deportationen von 598 (2. Kön. 24, 12. 15 f.), 587 (Jer. 52, 28 f.) und 582 (Jer. 52, 30) noch die rechnet, die im Anschluß an die Ermordung des ersten Statthalters Gedalja freiwillig nach Ägypten abwanderten (2. Kön. 25, 22 ff.), gilt, daß das Leben weiterlief: Das ehemalige Königreich wurde in die Provinz Samaria eingegliedert; Jerusalem war zwar seiner Wirtschaftsgrundlage als Residenz beraubt, aber der Jahwe-Kult wurde auf dem Zion fortgesetzt, unbeschadet dessen, daß er in späterer Schau als illegitim erschien (Esr. 3, 2 ff.). Andererseits bedeutete die Entstehung einer Emigrantenkolonie (*Gola*) in Babylonien die entscheidende geschichtliche Wende. Die ehemals judäische Führungsschicht verfügte über Traditionen, die – einst mit Palast und Tempel verbunden – nunmehr bewußt weitergepflegt und im Hinblick auf eine lichtere Zukunft ausgebaut wurden; denn da die Babylonier keine fremde Oberschicht im Austausch in Juda angesiedelt hatten, bestand für die Verbannten Hoffnung auf Heimkehr. Zum anderen entstanden neue religiös-politische Konzeptionen, die sich aus dem Verlust des sakralen Zentrums und der Zerstreuung unter ein fremdes, kulturell überlegenes Volk ergaben. Der letzte legitime König Jojachin-Jechonja, 598 zusammen mit der Oberschicht deportiert, nach 37 Jahren von Awel-Marduk (561–560) rehabilitiert, wurde zum Begründer eines davidischen Legitimismus, der sich in Babylonien bis ins 10. Jh. n. Chr. (s. u.) erhielt. Hiermit konkurrierte der Priesteradel, der sich auf Sadok, Salomos Oberpriester, zurückführte und dessen Zukunftsideal auf Tempeltraditionen fußte, wie sie in der vom Deuteronomium geforderten Kultuszentralisation (Dtn. 12, 13 f. u. ö.) zum Ausdruck kommen oder durch den bereits vorisraelitischen Sakralherrscher Melchisedek (Gen. 14, 18 ff.; Ps. 110, 4) symbolisiert werden. Er zielte auf eine Hierokratie ab, die nach Priestern, Leviten und Laien unter Führung eines Hohenpriesters abgestuft war (Ez. 40 bis 48). Schließlich läßt sich eine prophetisch-universalistische Linie feststellen, wie sie Deutero-Jesaja in seinen *Kyros-Liedern* (Jes. 41, 1ff.; 25ff. u.ö.) vertritt. – Die äußeren *Lebensbedingungen* waren für die Exulanten keineswegs ungünstig. Als halbfreie Kolonen hatten sie die Möglichkeit der Gemeindebildung, die wohl sehr schnell auch zu religiöser Organisation führte. So wird man in Babylonien wenigstens einen der Ursprünge für die → Synagoge mit ihrem profan-sakralen Doppelcharakter zu suchen haben. Da man ferner – im Gegensatz zu den Militär-Kolonen von → Elephantine (Ägypten) – auf den Altardienst verzichtete, bildete sich der opferlose Wortgottesdienst heraus. Gleichzeitig wurden Sabbat und Beschneidung zu Unterscheidungssymbolen, die die Gola, später das gesamte J. von seiner Umwelt abgrenzten. Auch waren es Priester der Gola, die – vielleicht angeregt durch babylonische Traditionen – in Gestalt der ‹Priesterschrift› der an Jerusalem als Weltmittelpunkt ausgerichteten ‹Heilsgeschichte› Israels die für die Zukunft verbindliche Form gaben.

[2] Demgegenüber traten die Alt-Judäer und Samarier als geschichtlich treibende Kraft zurück. Als Kyros II. im Rahmen seiner Wiedergutmachungspolitik i.J. 538 Scheschbazzar (Šamaš-apla-uṣur) mit der *Wiederherstellung des Jerusalemer Heiligtums* beauftragte (Esr. 6, 3–5), scheiterte das Unternehmen am Widerstand Samarias. Erst nachdem sich etwa seit 525 eine größere Heimkehrergemeinde (vgl. Esr. 2/Neh. 7) gebildet hatte, deren Führungsanspruch auch die Alt-Judäer anerkannten (Sach. 5, 1–4), konnte der Tempel mit Genehmigung → Dareios' I. 520–515 vollendet werden (Esr. 6, 15). In dieser Zeit standen sich der Davidide → Serubabel (Zer-Babili), mit dem sich für kurze Zeit messianische Erwartungen verbanden, und der erste *Hohepriester* Josua, Enkel des letzten Oberpriesters von Jerusalem, des Sadokiden Seraja (1. Chr. 5, 40; 2. Kön. 25, 18ff.), schroff gegenüber (Sach. 4; 6, 9–15). Mit dem Verschwinden des Davididen war für Jh.e (→ Herodes) der priesterfürstliche Charakter des Jerusalemer Gemeinwesens festgelegt. Die Schaffung der Provinz Juda mit Jerusalem als deren Metropole gelang allerdings erst 445 → Nehemia, der sich als Statthalter von Juda nicht nur gegen Sanballat von Samaria und Tobia von Ammon (Neh. 2, 10), sondern auch gegen die jerusalemische Oberschicht durchsetzen mußte (Neh. 13). Unter seinem Nachfolger (ab 425?), dem Perser Bagohi (Bagoas), kam es im Zusammenhang mit der Wiederherstellung des von ägypt. Chnum-Priestern zerstörten, als Konkurrenz empfundenen Tempels von Elephantine sowie in Verbindung mit einem Mord unter den sadokidischen Hohenpriestern (Jos. ant. 11, 297ff.) zu schweren Auseinandersetzungen. Die Ruhe hat der sadokidische Priester und großkönigliche Staatssekretär → Esra wiederhergestellt (398). Es gelang Esra, Jerusalem-Juda auf ein vom Großkönig bestätigtes und garantiertes Sakralgesetz festzulegen, das, von Gola-Priestern redigiert, wohl im Pentateuch aufgegangen ist und seinen Namen, → ‹Tora›, wie seine Verbindlichkeit auf ihn übertragen hat. – Mit der Neuordnung unter Esra waren die Privilegien des Kultpersonals garantiert (Esr. 7, 13–24). Bei einer kaum 100000 überschreitenden Einwohnerzahl war Jerusalem-Juda wie so manche andere Tempelprovinz im Perserreich relativ autonom. Das ideelle Oberhaupt war der Hohepriester; nach Ausweis neuerer Funde war ihm auch im 4. Jh. ein großköniglicher Gouverneur beigegeben, wenn er auch zeitweilig beide Ämter in seiner Person vereinte. Daneben bestand eine aristokratische Gerusia (→ Synedrion); auch besaß die amtlich als ‹Yehud› bezeichnete Provinz das Münzrecht. Ihr stand wohl schon um 400 v. Chr. eine zahlenmäßig weit überlegene → Diaspora gegenüber, innerhalb deren das geistig und wirtschaftlich rege, aus der ehemaligen Gola hervorgegangene J. Babyloniens eine Sonderstellung einnahm, war doch von dort aus der unter dem Patronat des Großkönigs stehende Tempelstaat geschaffen worden.

[3] Die *makedonische Eroberung* Syriens berührte die Tempelprovinz insofern wenig, als sich Jerusalem – im Gegensatz zu Samaria – kampflos ergab. Die Epoche der *ptolemäischen Herrschaft* (301–198) ist außerordentlich quellenarm; immerhin ist zu erkennen, daß der Hohepriester über seine örtliche Bedeutung hinaus als oberste Gesetzesinstanz für das gesamte J. galt (vgl. Hekataios bei Diod. 40, 3). Jetzt lag der ‹Pentateuch› (→ Tora) abgeschlossen vor (→ Septuaginta). Auch die Sammlung der ‹Propheten›, deren einzelne Bücher man unter jerusalemisch-heilsgeschichtlichem Aspekt redigierte, war um 200 v. Chr. im wesentlichen abgeschlossen. Andererseits machte der Hellenismus des 3. Jh.s vor Jerusalems Toren ebensowenig halt wie einst der Zeitgeist des achämenidischen Universalreiches. So setzt Jesus ben Sira (um 190), selbst ein begeisterter Vertreter der im sadokidischen Priestertum verkörperten Tradition, bei seinen Mitbürgern griech. Bildung und Kultur als selbstverständlich voraus. In der Tat war im 3. Jh. Palästina weithin völlig hellenisiert, und in Alexandria war sehr schnell eine hellenist.-jüd. → Diaspora aufgeblüht, deren Theologie sehr bald das gesamte J. beeinflussen sollte. Demgegenüber bedeutete das Schisma der → Samaritaner (um 300?) eine Konservierung des vorhellenist. Stadiums jüd. Religionsgeschichte. – Durch den Sieg → Antiochos' III. über → Ptolemaios V. Epiphanes bei Paneas (198) gingen Palästina und Phönikien in *seleukidische Herrschaft* über. Für Jerusalem, das sich auf die Seite Antiochos' III. gestellt hatte, bedeutete der Wechsel die Bestätigung der seit pers. Zeit bestehenden Sakralverfassung, verbunden mit einigen neuen Privilegien und Behebung der Kriegsschäden durch den König (Jos. ant. 12, 138ff.). – Jetzt erreichte das Priesterfürstentum – wohl nicht zuletzt unter dem Einfluß des hellenistischen → Herrscherkultes – in dem Sadokiden Simon II. seinen Höhepunkt (Sir. 50). Allerdings begann bereits unter Seleukos IV. (187–175) der Verfall. Im Zuge dynastischer Kämpfe wurde Onias III., Simons Sohn, unter Antiochos IV. i.J. 175 abgesetzt und 170 ermordet. Dessen Sohn, Onias IV., gründete um 160 den Tempel von → Leontopolis, während offenbar andere Sadokiden mit der chasidischen Opposition (s.u.) vor den neuen priesterlichen Machthabern in die judäischen Randgebiete auswichen, wo sie später in und bei → Qumran eine bis 68 nach Chr. bestehende ‹Exilshierokratie› gründeten. Nebenher liefen Richtungskämpfe, in denen sich die schon länger bestehenden Spannungen zwischen altjüdischer Orthodoxie und einem durch die Diaspora angeregten Reformismus (2. Makk. 4, 12) entluden. Antiochos IV. wurde als Patron der Tempelprovinz in diese Händel hineingezogen; Weiterungen ergaben sich, als er 168 den Tempel plünderte und damit einen Aufstand in Jerusalem auslöste. Dieser wurde niedergeschlagen, die Provinz umgestaltet: Jerusalem verlor das Stadtrecht; auf dem SO-Hügel wurde eine mit dem Tempel verbundene Polis (‹Akra›) gegründet, das Gesetz bei Todesstrafe verboten und die Landbevölkerung zum Königsopfer genötigt. Das Heiligtum erhielt einen ‹Himmelsgott›-Altar, und Jahwe wurde auf dem Zion als Zeus Olympios, auf dem Garisim dagegen als Zeus Xenios verehrt (2. Makk. 6, 2).

[4] Das bedeutete Eingliederung in eine Staatsidee, die in der wiederbelebten altsemitischen Himmelsgott-Religion ihren Ausdruck fand (vgl. Dan. 11, 38). Die in sich keineswegs einheitlichen Kreise der Gesetzestreuen (Ἀσιδαῖοι = Chasidim; 1. Makk. 2, 42ff. u.ö.) griffen daraufhin unter Führung des Geschlechts der → *Makkabäer* bzw. *Hasmonäer* zu den Waffen: Judas konnte noch zu Antiochos' IV. Lebzeiten die seleukidischen Truppen schlagen, Judäa mit Ausnahme der Akra erobern und seinen Sieg vertraglich sichern. Ende 164 stellte er den legitimen Jahwe-Kult im Tempel wieder her; im Anschluß hieran feierte man später das Chanukka-Fest. Lediglich die Akra verblieb in seleukidischer Hand. Als Antiochos V. Eupator mit Einsetzung

des Aaroniden Alkimos-Eljakim (162–159) den ursprünglichen Status wiederherstellte, war ein Teil der Chasidim zufriedengestellt, so daß die makkabäische Gefolgschaft stark zusammenschmolz. Nachdem Judas gefallen war (160), ergriff sein Bruder Jonathan die Zügel. Unter Ausnutzung der seleukidischen Thronwirren erlangte er i.J. 152 von → Alexander (10) Balas die fürstliche Würde eines Hohenpriesters (1. Makk. 10, 18ff.). Nach seiner Ermordung folgte ihm Simon (143–134), der die Akra hinzugewann und das judäische Gebiet erweiterte. Da ihm i.J. 141 das erbliche Hohepriestertum durch Volksbeschluß übertragen wurde, ist er der eigentliche Begründer der Hasmonäerdynastie. Nach seiner Ermordung folgte ihm Johannes Hyrkanos I. (134–104), bleibendes Symbol hasmonäischen Sakralherrschertums. Die mit ihm einsetzenden Expansionskriege, die u.a. zur Zerstörung des samaritanischen Tempels (→ Samaria) und zur Judaisierung Idumäas und Galiläas führten, sind nicht als Machtkämpfe, sondern als religiös-partikulare sog. heilige Kriege zu verstehen. Die gleiche Politik verfolgte → Alexander (10) Jannai (103–77), dessen Herrschaftsbereich etwa dem Salomos (s. oben) entsprach.

[5] Allerdings hatten die Hasmonäer, weithin als illegitim angesehen, nicht nur die Sadokiden und ihre Anhänger, sondern auch die → Pharisäer gegen sich, die unter Jannais Witwe und Nachfolgerin Salome Alexandra (76–67) für kurze Zeit im Synedrion dominierten und die das Priesterfürstentum stützenden → Sadduzäer zurückdrängten. Die mit Alexandras Tod unter ihren Söhnen Aristobulos und Hyrkanos II. (63–40) einsetzenden Kämpfe wurden durch die *Römer* zugunsten des letzteren entschieden. Er behielt die Hohepriesterwürde und – bei zunehmender Beschränkung seiner politischen Befugnisse – Judäa, Galiläa und Peräa. Im J. 48 stellte ihm Caesar als politischen Verwalter den Idumäer Antipater zur Seite, der seinerseits seine Söhne Phasael und → Herodes (1) an der Regierung beteiligte. Nachdem Aristobulos' Sohn Antigonos mit Hilfe der Parther nochmals für kurze Zeit die hasmonäische Herrschaft aufgerichtet hatte (40–37), gelangte *Herodes* (37 bis 4 v. Chr.) an die Macht. Er hob die Verfassung der aristokratisch regierten, religiös-partikular bestimmten Hierokratie auf und schuf ein Universalkönigreich, in dem Juden und Griechen gleichberechtigt waren, während der Hohepriester, seiner fürstlichen Würde entkleidet, als ein- und absetzbarer Beamter fungierte. Nach Herodes' Tode veranlaßte die Unfähigkeit des Archelaos (4 v.–7 n. Chr.), der Judäa, Idumäa, Samaria und das Küstengebiet bis Caesarea erhalten hatte, Augustus, die Prokuratur → Judäa mit dem Amtssitz in Caesarea zu gründen und für Jerusalem die alte hierokratische Verfassung wiederherzustellen. Abgesehen davon, daß Herodes Agrippa I. (41–44 n. Chr.) noch einmal über das ganze Reich seines Großvaters herrschte, blieb diese Verfassung bis zum J. 66 in Kraft, wenn auch der Hohepriester seit 50 unter dem Patronat Agrippas II. (→ Herodes) stand. Unter Herodes, mehr noch unter seinen Nachfolgern und infolge der Mißwirtschaft seitens der Prokuratoren entwickelte sich zunehmend eine religiös-partikulare Bewegung, der *Zelotismus*. Mit dem festen Programm der Errichtung des Gottesreiches waren die Zeloten zu einem guten Teil aus dem Pharisäismus hervorgegangen, standen aber als Oppositionsgruppe in scharfem Gegensatz zu dessen religiös-politischer Indifferenz. Da sie einen ungeheuren Zulauf hatten und sich zudem mit dem noch immer fortlebenden Partikularismus der einst von Herodes unterdrückten, prohasmonäischen Priesterkreise (→ Sadduzäer) trafen, wurde der Zusammenstoß mit Rom unvermeidlich. Im Laufe der Unterdrückung des jüdischen Aufstandes (66–70) eroberte, nach anfänglichen Mißerfolgen seitens der Römer, → Vespasian Galiläa, Peräa und Teile von Judäa, darunter auch Chirbet → Qumran. Als sein Nachfolger im Oberbefehl nahm → Titus im August 70 Jerusalem samt dem Tempel ein; 72 fielen die Festungen Herodeion, Machairos und Masada. Infolge des aktiven Auftretens flüchtiger Zeloten in Nordafrika wurde 73 auch der Diaspora-Tempel von → Leontopolis geschlossen.

[6] Die überlebenden Priester setzten zwar in Palästina ihre Traditionen fort; aber die Führung ging nunmehr an die *Weisen* bzw. *Schriftgelehrten* über, bes. an die Schule Hillels, die innerhalb des Pharisäismus sich den Römern gegenüber als loyal erwiesen und vor dem Zelotismus bei Vespasian Zuflucht gesucht und gefunden hatte. Wie in der Diaspora, so wurden jetzt auch in Palästina → Synagoge und Akademie zum Mittelpunkt jüdischen Lebens. Die Reorganisation des J.s ging von der mit Vespasians Genehmigung gegründeten *Akademie in Jamnia* aus. Hier schuf Jochanan ben Sakkai die religiösen und geistigen Grundlagen, die für die Zukunft des J.s entscheidend werden sollten. So wurde bis etwa 100 n. Chr. konziliarisch festgelegt, was – unter Dominanz der pharisäisch-hillelitischen Richtung – künftig allein rechtgläubig sein sollte. Das bis zum Untergang der sadduzäisch bestimmten Hierokratie in verschiedene Richtungen aufgespaltene J. wurde von Grund auf uniformiert. Als heterodox wurden ausgeschieden die ohnehin im Schisma stehenden → Samaritaner und die Judenchristen (→ Judenchristentum) sowie die → Sadduzäer, Essener (→ Qumran) und die Vertreter der alexandrinischen Theologie (→ Philon, 1). Jetzt wurde der nach *Heiligkeit* abgestufte rabbinische Bibelkanon mit seiner Dreiteilung in → *Tora*, *Propheten* und *Schriften* dogmatisch festgelegt; der nach Ausweis der Funde von Qumran noch vielfach fließende (Konsonanten-) Text normativ vereinheitlicht und die sog. Quadratschrift – unter Aufgabe des althebräischen Duktus – als für heilige Texte allein zulässig erklärt. Daraufhin wurde auch in der griechisch sprechenden Diaspora die → Septuaginta durch normative Übersetzungen abgelöst, unter denen diejenige des Aquila ganz auf dem Boden der Schule Akibas (→ Mischna) steht. – Hierzu kam die Ordnung und *Neuformung des Religionsgesetzes*, der ‹Halacha›. Mit den eigenen Schultraditionen übernahm und tradierte man das der Tempeltradition entstammende Gesetzesmaterial. Die Folge war, daß nicht nur der jüd. Alltag neu geordnet wurde und von innen her unsichtbare, feste Grenzen gegenüber der Außenwelt (→ Pharisäer) erhielt, sondern daß fortan die gelehrte Diskussion über das Gesetz weithin rein theoretisch-scholastischen Charakter trug (→ Mischna). Daneben trat die *politische Wiederherstellung*. Nach dem Vorbild des babylon. Exilarchen, der als Davidide an vierter Stelle der parthischen Hofrangliste stand, wurde Gamaliel II., wohl ein Urenkel Hillels (um 20 v. Chr.) und in der weiblichen Linie Davidide, als ‹Ethnarch› (hebr. *naśi*) – hierfür später ‹Patriarch› – eingesetzt. Im Rahmen einer relativen inneren Autonomie, die dem fast königlich auftretenden Patriarchen von Rom zugebilligt wurde, wurde auch ein Oberster Gerichtshof (→ Synedrion) neu errichtet, in dem jetzt allerdings nicht mehr der priesterlich-aristokratische Stand von einst, sondern das pharisäisch-hillelitische Schriftgelehrtentum herrschte. Trotzdem gelang es den Männern von Jamnia nicht, den selbst in ihren eigenen Reihen fortlebenden, durch eine weithin ungebrochene Heilserwartung (→ Apokalyptik) immer neu gespeisten Zelotismus zu überwinden. Als → Hadrian die Beschneidung allgemein verbot und in Jerusalem einen Jupiter-Tempel errichten wollte, brach unter Simon ben Kosiba (→ Barkochba), von Akiba, dem führenden Mann der Synagoge, als ‹Stern aus Juda› begrüßt, der Aufstand los. In dem 132 eroberten Jerusalem wurde der Jahwe-Kult unter einem Hohenpriester Eleasar wiederaufgenommen, und Befreiungs-Münzen wurden geprägt. Während das Patriarchat in dieser Zeit ausgeschaltet war, regierte Simon etwa drei Jahre in Judäa, bis er 135/6 den Römern in Bet-Ter erlag. Das Betreten Jerusalems – nunmehr Aelia Capitolina – wurde den Juden ver-

boten, und Judäa ging in der neugeschaffenen Provinz Philistäa (Palästina) auf.

[7] Eine harte *Verfolgungszeit*, verbunden mit dem Verbot der Beschneidung, der Sabbatfeier, der Ordination (→ Rabbi) und des akademischen Lehrbetriebes, folgte. Als jedoch unter Hadrians Nachfolger Antoninus Pius (138–161) diese Interdikte größtenteils aufgehoben wurden, erfolgte von Uscha in Galiläa aus unter Zurückdrängung des Zelotismus die Reorganisation. Mit dem Hilleliten Simon II. stellte man das Patriarchat und Synedrion wieder her. Unter Jehuda I. (gest. 217) erlebte das J., dem auch → Caracallas Reichsbürgergesetz vom J. 212 zugute kam, eine längere Blütezeit; in langwierigen gesellschaftlichen Kämpfen unterwarfen die Rabbinen die antipharisäisch gesinnte Landbevölkerung, und Jehuda I. faßte die allzu breit dahinfließende religionsgesetzliche Tradition in der → Mischna zusammen, die sich sowohl in Palästina als auch in Babylonien in der 1. Hälfte des 3. Jh.s kanonisch durchsetzte.

[8] Um 220 n. Chr. schließt die *tannaïtische* (→ Rabbi) Periode; der folgende Zeitabschnitt, der sich bis zum Erlöschen des Patriarchats erstreckt, heißt nach den auf der Mischna fußenden und sie kommentierenden Gelehrten *amoräisch*. Im Laufe des 3. Jh.s litt das palästinische J. unter den politischen Wirren des röm. Imperiums; eine grundsätzliche Verschlechterung trat aber erst mit → Konstantin d. Gr. sowie zunehmend unter Theodosius II. und → Justinian ein (→ Antisemitismus). Unter den Lehrstätten Palästinas hat die Akademie von Tiberias die größte Berühmtheit erlangt. Mit dem Ende des Patriarchats i. J. 425 wurde auch sie geschlossen; ihre letzte große Leistung bestand in der Redaktion des palästinischen → Talmuds.

[9] Das J. Babyloniens erfreute sich in parthischer Zeit (bis 226 n. Chr.) einer wirtschaftlich und politisch günstigen Autonomie. Wenn es auch nach 200 die Mischna übernahm und teilweise den Primat des Heiligen Landes anerkannte, so besaß es doch seit je sein Eigenleben, wie es etwa in der bereits um 100 n. Chr. gegründeten Akademie in Neharde'a, dem ‹babylonischen Jerusalem› (zerstört 259) oder in der → Synagoge von Dura-Europos (zerstört 256) zum Ausdruck kommt. In der Zeit der → Sassaniden (224–651) litt es zwar wiederholt unter mazdaistischen Verfolgungen, aber mit seinen berühmten Akademien überflügelte es seit etwa 300 zunehmend die Palästinenser. Aus der Schule des Rab Aschi (gest. 425) in Sura ist der babylonische → Talmud hervorgegangen, der in der 1. Hälfte des 6. Jh.s abgeschlossen wurde, während die jüdische Autonomie bei mancherlei Wechselfällen erst unter dem Islam im 10. Jh. endete.

[10] In der *Literatur* sind zwischen 600 v. Chr. und 500 n. Chr. zwei durch den Reorganisationsprozeß von Jamnia scharf getrennte Perioden zu unterscheiden. Aus der einst reichen Literatur (vgl. → Qumran) haben die Rabbinen nur das anerkannt, was der von ihnen endgültig fixierte Kanon bot. Alles übrige ging – soweit nicht durch Christen übernommen oder außerhalb der offiziellen rabbinischen Linie fortbestehend – verloren. So bedeutete dieser Prozeß eine wohl einzig dastehende Restriktion. Auf der schmalen Basis des Kanons wurde eine neue Literatur aufgebaut, die – teilweise unter Weiterführung älteren Überlieferungsgutes – in → Mischna, → Talmud, → Targum sowie einer umfangreichen Auslegungsliteratur (Midraschim) ihren typischen Ausdruck gefunden hat. R.M.

Lit: RGG III 978–986 – M. Hengel, Die Zeloten, 1961 (Bibliogr. 391–406) – M. Avi-Yonah, Gesch. der Juden im Zeitalter des Talmud, 1962 – P. E. Kahle, Die Kairoer Genisa, 1962 – O. Eißfeldt, Einl. in das AT (1934), 1964³ – R. Meyer, SB Leipzig 110,2, 1965.

Iudex, ‹Richter›, entweder von den streitenden Parteien ausgesucht und dem Gerichtsmagistrat vorgeschlagen, der ihn zum I. bestimmte, oder der Richterliste (album iudicum) entnommen, der zunächst nur Senatoren, seit der lex iudiciaria des C. → Gracchus (2) auch Ritter angehörten. Seit 70 v. Chr. (lex Aurelia iudiciaria) wurden von den Prätoren Jahreslisten geführt. J.S.

Iudicium, Gericht oder Verfahren insbes. im → Formularprozeß das Verfahren → apud iudicem, daneben der Gegenstand des dieses Verfahren einleitenden Dekrets, somit geradezu die → Prozeßformel, schließlich auch wie → actio Bezeichnung einzelner Rechtsbehelfe. → Recht III B. G.J.

Jugurtha, König von → Numidien und → Gaetulum, geb. etwa 160 v. Chr., 104 nach dem Triumph des C. → Marius (1) hingerichtet. Nach dem Tod seines Vaters Mastanabal wurde J. von seinem Onkel Micipsa aufgenommen, der ihm eine standesgemäße Erziehung gab und ihn später als rechtmäßigen Erben neben → Adherbal und → Hiempsal einsetzte. J. knüpfte erste Beziehungen zu vornehmen Römern, als er mit einem Hilfskorps P. → Cornelius (29) Scipio vor Numantia unterstützte (134/133); er zeichnete sich dabei durch Tapferkeit und angenehmes Wesen aus. Nach Micipsas Tod entledigte sich J. der beiden Mitregenten; aber der röm. Senat entschloß sich erst nach Adherbals Hinrichtung (112) zu entschiedenem Handeln. Es gelang J., angesehene röm. nobiles hinzuhalten, mit Versprechungen (und großzügigen Geschenken) zu beruhigen, so daß sie im Senat seine Sache vertraten, oder sie militärisch zu besiegen. Erst Q. → Caecilius (13) Metellus und → Marius (1) konnten J. bezwingen, weil sie sich nicht durch seine listigen Machenschaften überrumpeln ließen und ihm im Krieg überlegen waren. J. hat mehrere Jahre die röm. respublica in Atem gehalten und einen Teil der röm. Nobilität schwer belastet. → Sallust beschreibt im ‹Bellum Iugurthinum› das Verhalten der röm. Nobilität als Zeichen des Verfalls der bewährten röm. Tugenden. G.G.

Q: Sall. Iug.

Julia, Tochter → Caesars und der Cornelia. Geb. ca. 76 vor Chr., verlobt mit einem Q. Servilius Caepio (vielleicht = M. → Brutus, 2), als Caesar sie Ende April 59 → Pompeius (2) zur Frau gab. Die Ehe war sehr glücklich, und J.s vom Vater ererbter Charme trug wesentlich zu Pompeius' Bindung an Caesar bei. 54 starb sie im Wochenbett; sie wurde auf Wunsch des Volkes mit großem Gepränge auf dem Marsfeld beigesetzt. Chr.M.

Lit: R. Syme, Roman Revolution, 1939, 34f. – M. Gelzer, Caesar (1921), 1960⁶, 19. 72. 60 (Lit).

2. **J.,** 39 v. Chr.–14 n. Chr., Tochter des → Augustus und der → Scribonia. 37 verlobt mit → Antonius (6) ‹Antyllus›; 25 Ehe mit ihrem Vetter → Marcellus (1), nach dessen Tod mit → Agrippa (1), dem sie fünf Kinder gebar: C. und L. → Caesar (2, 3), → Julia (3), → Agrippina (1) maior und Agrippa (3) Postumus (Suet. Aug. 63–65; Stammbaum → Jul.-claud. Haus). 16–13 begleitete sie Agrippa in den Orient. 11 Ehe mit → Tiberius (1), der jedoch 6 v. Chr. in freiwillige Verbannung nach Rhodos ging. 2 v. Chr. von Augustus wegen unsittlichen Lebenswandels und politischer Umtriebe nach Pandateria verbannt, fünf Jahre später nach Rhegium, wo sie im Beisein ihrer Mutter elend starb. Die schöne, aber allzu bedenkenlose J., das einzige Kind des Augustus, scheiterte nicht zuletzt durch die rücksichtslose Familienpolitik ihres Vaters. H.T.

Lit: A. Stahr, Röm. Kaiserfrauen, 1865 – J. Carcopino, La véritable J., in: Passion et politique chez les Césars, 1958, 83–142 – J. P. V. D. Balsdon, Roman Women, 1962.

3. **J.,** 19/18 v. Chr.–28 n. Chr., Tochter der vorigen und des → Agrippa (1); 4 v. Chr. Ehe mit L. → Aemilius (12) Paulus, dem sie eine Tochter Aemilia Lepida gebar (Stammbaum → Jul.-claud. Haus). Wegen ihres lasterhaften Lebens 8 n. Chr. nach Trimerus verbannt. Die Zusammenhänge mit der Relegation → Ovids im gleichen Jahr sind ungewiß. H.T.

4. **J.,** um 6–43, Tochter des jüngeren → Drusus (2) und der → Livilla; 20 Ehe mit → Nero (2) Caesar (Stammbaum → Jul.-claud. Haus); um 29 verlobt mit → Sejan. Nach des-

sen Sturz zweite Ehe mit dem Ritter Rubellius Blandus; Tod durch → Messalina. H.T.

5. **J.**, Flavia, um 65–88/89, einziges Kind des → Titus; vermählt mit T. → Flavius (6) Sabinus; lebte seit 80/81 in ehebrecherischem Verhältnis mit → Domitian; Tod durch Abortus. Sie wurde von Domitian konsekriert. H.T.

6. **J. Domna,** gest. 217 n. Chr., Tochter des Sonnenpriesters Bassianus aus Emesa (Syrien), Schwester der → J. (8) Maesa, zweite Gattin des → Septimius (3) Severus, Mutter → Caracallas und → Getas. J. begleitete den Kaiser auf seinen Kriegszügen, zuletzt 208–211 nach Britannien. Sie hatte großen Einfluß am Hofe, der jedoch vorübergend durch den ihr feindlich gesinnten Gardepräfekten → Plautianus eingeschränkt wurde. Für Caracalla führte sie während seiner Kriegszüge die Regierung. 214 residierte sie in Nikomedeia, dann in Antiochia, wo sie sich 217 nach der Ermordung ihres Sohnes den Tod gab. Sie war die erste der sog. Syrischen Kaiserinnen und noch mehr als einst → Agrippina (3) minor wirkliche Mitregentin. J. wurde ungewöhnlich ausgezeichnet: u. a. Ehrentitel: Pia Felix Augusta mater Augusti et senatus et patriae. Sie war philosophisch sehr interessiert und hatte einen Kreis von Gelehrten um sich. H.T.

Lit: E. Kornemann, Große Frauen des Altertums (1947), 1954⁴ – J. Babelon, Impératrices syriennes, 1957.

7. **J. Livilla,** 17–42, Tochter des → Germanicus (1) und der → Agrippina (2) maior, Schwester des → Caligula, 33 Ehe mit M. Vinicius (Stammbaum → Jul.-claud. Haus), Opfer der → Messalina. Wegen eines angeblichen Verhältnisses mit ihr wurde → Seneca wie sie verbannt (Dio 60, 8, 4; Tac. ann. 13, 42). H.T.

8. **J. Maesa,** gest. 225 n. Chr., Schwester der → J. (6) Domna, Gattin des Julius Avitus, Mutter der → J. (10) Soaemias und → J. (9) Mamaea, Großmutter der Kaiser → Elagabal und → Severus (2) Alexander. J. erkämpfte 218 mit J. Soaemias für deren Sohn Elagabal die Herrschaft gegen → Macrinus (Dio 78, 38). Mit ihrer Tochter führte sie für den entarteten Knaben die Regierung; Teilnahme an Senatssitzungen (Dio 79, 17, Hist. Aug. Hel. 12, 3). Als Elagabal als Kaiser nicht mehr tragbar war, verschaffte die energische Frau seinem Vetter Severus Alexander die Herrscherwürde, um die Dynastie zu retten. Ehrentitel: Augusta avia Augusti, mater castrorum et senatus; nach ihrem Tod konsekriert. H.T.

9. **J. Mamaea,** gest. 235 n. Chr., Tochter der → J. (8) Maesa und des Julius Avitus, Nichte der → J. (6) Domna, → Schwester der J. (10) Soaemias, Mutter des → Severus (2) Alexander. Für ihn führte sie seit 222 mit ihrer Mutter, nach deren Tod 225 allein die Regierung (Titel: Augusta mater Augusti et castrorum et senatus et patriae). J. sorgte für eine gute Erziehung ihres Sohnes. Sie ernannte den Juristen → Ulpian zum Gardepräfekten und Ratgeber, 235 im Lager in Germanien mit ihrem Sohn von der meuternden Truppe ermordet (Hdn. 6, 1.8; 9, 1). Gegenüber den Christen verhielt sie sich tolerant, weshalb sie fälschlich selbst als Christin galt (u. a. Orosius 7, 19). H.T.

10. **J. Soaemias,** gest. März 222 n. Chr., Tochter der → J. (8) Maesa und des Julius Avitus, Schwester der → J. (9) Mamaea, Gemahlin des Sextus Varius Marcellus (CIL X 6569), Mutter → Elagabals, dem sie mit J. Maesa und ihrem Geliebten Gannys (Erzieher Elagabals) gegen → Macrinus die Herrschaft errang (Dio 79, 6). J. nahm an Senatssitzungen teil. Titel: Augusta mater Augusti et castrorum. Mit ihrem Sohn von den Soldaten ermordet (Dio 79, 30). H.T.

Julia, vgl. auch → Drusilla.

Julianischer Kalender, benannt nach C. Iulius → Caesar, der ihn einführte (→ Kalender D 5). 4jähr. Zyklus: 1. bis 3. Jahr je 365, 4. Jahr 366 Tage (1 Schalttag im Februar); noch um 11 Min. 14 Sek. länger als das wahre Sonnenjahr. Daher von Papst Gregor XIII. 1582 verbessert: der entstandene Überschuß (10 Tage) wurde übersprungen; der Schalttag wird seither in Säkularjahren nur dann eingefügt, wenn diese ohne Rest durch 400 teilbar sind: so sind die Jahre 1600, 2000 usw. Schaltjahre, nicht aber 1700, 1800, 1900 usw. (gregorian. Kalender: 400jähriger Zyklus). H. Kal.

Julianisches Edikt → Recht III.

Julianus, Präfekt von Ägypten, byzantin. Epigrammatiker der Justinianzeit; etwa 70 wohl schon zum Kranz des → Agathias gehörige unbedeutende und wenig originelle Epigramme erhalten (AP). E.V.

2. **J. Apostata** (Flavius Claudius Iulianus), röm. Kaiser (355) 361–363, geb. Ende 331 in Konstantinopel als Sohn des Julius Constantius, Stiefbruders → Konstantins d. Gr., 26. 6. 363 in Mesopotamien gefallen. Nach dem Tod des Julius Constantius ließ → Constantius II. seinen Vetter sorgfältig überwachen und erziehen; Lehrer wie → Libanios und → Maximus (6) führten ihn in die klassische Welt und den → Neuplatonismus ein. Ab 351 bekannte sich J. zu einem neuplatonisch aufgefaßten Sonnengott, mußte allerdings nach außen Christ bleiben. – Herbst 355 wurde J. von seinen Studien in Athen nach Mailand befohlen und zum Caesar ernannt (6. 11. 355). In Gallien erhielt er ein – hauptsächlich repräsentativ gedachtes – Kommando, entwickelte sich jedoch in harter Selbstzucht zum Feldherrn. Von seiner Residenz Paris aus sicherte er seit 356 die Rheingrenze gegen → Franken und → Alamannen (357 Sieg bei Straßburg). Der stets mißtrauische Constantius II. begann in J. einen Rivalen zu sehen und forderte ihm für einen Perserkrieg Kontingente ab. Die Truppen meuterten jedoch und riefen J. im Februar 360 zum Augustus aus. Im Sommer 361 rückte J. gegen Constantius bis Naissus (Nisch) vor. Von dem sterbenden Constantius zum Nachfolger designiert, zog J. im Dezember 361 als alleiniger Augustus in Konstantinopel ein. – J.s Innenpolitik steht trotz anfänglicher Toleranz gegenüber allen christlichen Richtungen im Zeichen der heidnischen Reaktion (Wiederherstellung des Tempelbesitzes, heidnische Feldzeichen, schließlich heidnische ‹Staatskirche› nach christlichem Vorbild). Der persönlich humane Kaiser stieß bes. bei den Christen im Osten (Antiochia) auf Widerstand und traf daher auch drastische Maßnahmen. Im Frühj. 363 drang J. gegen die Perser bis Ktesiphon vor; in den Kämpfen auf dem Rückzug wurde er am 26. 6. 363 tödlich verwundet. J.s Religionspolitik, die ihm das kirchliche Verdammungsurteil des ‹Abtrünnigen› (Apostata) eintrug – das indes von der Wissenschaft immer wieder überprüft werden muß – scheiterte; die von Konstantin d. Gr. geschaffene Verbindung von röm. Staat und christl. Kirche ließ sich nicht mehr lösen. H.-J. D.

Lit: J. Geffcken, Kaiser J., 1914 – J. Bidez, La vie de l'empereur J. 1930 (deutsch 1940).

[2] *Literarisches Werk.* Es sind erhalten: 1. *Größere Schriften* (nach Hertlein gezählt): or. 1 und 3: Lobreden auf Kaiser Constantius II. (wichtige historische Quelle) und Kaiserin Eusebia, wohl 356/357 verfaßt; or. 2: ‹Über Constantius' Taten oder über die Königsherrschaft›; or. 8: Abschiedsrede (Propemptikos) und Trostschrift an sich selbst bei der Abberufung des Sallustios (Sallutius; → Salustios d. Neuplatoniker), des Quästors J.' in Gallien (wohl 358/359); or. 6 f.: Reden gegen die ‹ungebildeten Hunde› (Verteidigung des Diogenes) und den Kyniker Herakleios (gegen pietätlose Behandlung der Götter; über die Mythen), 362 verfaßt (vgl. epist. 59); or. 4 f.: Reden auf König Helios (→ Poseidonios), an Sallustios gerichtet, und die Göttermutter (Auslegung des → Kybele- und Attismythos), in denen J.' Theologie formuliert wird (vgl. → Iamblichos), 362 verfaßt; Brief an Rat und Volk der Athener, autobiographisch, nach dem Bruch mit Constantius (361) verfaßt (verloren sind die Briefe an Korinth, Lakedaimon und den röm. Senat); Brief an → Themistios (Thema der Königsherrschaft), 361 (?) verfaßt, mit eingeschobenem Brief-Frg. über Reformen zur Hebung des heidnischen Gottes-

dienstes usw.; ‹Symposion oder Kronia› (‹Caesares›), eine vermutlich 362/363 verfaßte Menippea (röm. Kaiser bei einem olympischen Symposion anläßlich der Saturnalia; im Rangwettstreit siegt Mark Aurel); ‹Antiochikos oder Misopogon› (‹Barthasser›), Satire, in Verstimmung gegen Antiochia verfaßt (362/363). – 2. *Briefe* (darunter Unechtes): amtliche Schreiben, Erlasse und Äußerungen; Privatbriefe (an → Libanios, → Oreibasios, → Proairesios, → Maximus, → Priscus u.a.); größere Briefe s.o. unter 1. – Auch *Epigramme* sind überliefert. – 3. *Verloren:* ‹Gegen die Galiläer› (Christen) in 3 Büchern (Buch 1 aus der Gegenschrift des → Kyrill (1) v. Alexandria weitgehend rekonstruierbar), 362/363 verfaßt; eine Schrift über den Alamannenkrieg (vgl. → Libanios, → Ammianus, → Eunapios); Briefe; Reden usw. – J.' vielseitige Schriften enthalten Reminiszenzen an Homer, Euripides, Platon, Demosthenes, Isokrates, Dion v. Prusa, Plutarch, Libanios, Themistios usw.; sie sind wichtiger als Selbst- und Zeitdokumente denn als literarische Kunstwerke. In seinen theologisch-philosophischen Ideen ist J. bes. vom → Neuplatonismus (Iamblichos, Maximus) beeinflußt; auch Diogenes schätzte er. W. Sp.

Ed: P. Martinius Morentinus-C. Cantoclarus, 1583 (ed. princ.; vgl. D. Petavius, 1630, mit Noten; Einzelnes schon ab 1499) – F. C. Hertlein, BT, 1875/76 – J. Bidez, CB, Bd. I, 1932 – G. Rochefort, CB, Bd. II, 1963 ff. – W. C. Wright, LCL, 1913/23 – Epist., leges, poematia, frg. varia: J. Bidez-F. Cumont, 1922 – Epist.: B. A. Groningen, 1960 (Auswahl) – *Frg:* FGrHist 238 – *Lit:* Borries, RE 10 (1918), 63–91 – A. Pincherle, EI 17, 1933, 318–322 (Lit) – A. Ferrua, Epigraphica 1939, 198–202 – K. Gerth, Bursian 272, 1941, 166–175 (Forschungsber.) – Q. Cataudella, Il De pallio di Tertulliano, REC 6, 1955, 51–65 – J. Vogt, J. über Constantin, Historia 4, 1955, 339–352 – K. Gerth, RE Suppl. 8 (1956), 755 f. s. v. 2. Sophistik (Lit). – C. F. Russo, Saggio sul Misopogon, StIt 27/28, 1956, 460–488 – G. Downey, The Emperor I. and the Schools, ClJ 53, 1957, 97–103 – S. Eitrem, Kaiser J. als Briefschreiber, SO 33, 1957, 111–126 – A. J. Festugière, Antioche, 1959, 63–89 – S. H. Nulle, J. and the Men of Letters, ClJ 54, 1959, 257–266 – C. Lacombrade, L'empereur J. et la tradition romaine, Pallas 9, 1960, 155–164 – *Bibliogr:* Überweg-Praechter 231*.

3. **J. von Kappadokien,** Anf. 4. Jh. n. Chr., Rhetoriklehrer in Athen. Schüler: (1) → Prohairesios, (2) Diophantos v. Arabien, Kollege des Prohairesios, dem er die Grabrede hielt, und Lehrer des → Eunapios und → Libanios; (3) Epiphanios v. Syrien, Freund des → Apollinaris (2) von Laodikeia und des Hephaistion, beiden in Athen lehrend. W. Sp.

Lit: Seeck, RE 10, 1 (1918), 92 – K. Gert, RE Suppl. 8 (1956), 747. 754 s. v. 2. Sophistik (Lit).

Julianus → Didius, → Salvius.

Julisch-claudisches Haus, im engeren Sinne die röm. Kaiser → Augustus, → Tiberius, → Caligula, → Claudius, → Nero, im weiteren die vielfach miteinander verwandten Familien. Vgl. den nebenstehenden Stammbaum K. Chr.

Julius, C., cos. 447 v. Chr., vermittelte in den Auseinandersetzungen zwischen den → Volkstribunen und den Patriziern (Liv. 3, 65; 4, 21).

2. **J.** I., Papst 337–352, stellte sich in dem Streit um → Athanasios entschlossen auf dessen Seite; dabei brachte er maßvoll, aber nachdrücklich die Bedeutung des röm. Stuhls zur Geltung. Erhalten sind zwei echte Briefe und viele Fälschungen. H. Kr.

Ed: → Papstbriefe – *Lit:* ebd. u. bei Altaner, 317.

3. **J. Africanus,** aus Gallien stammender → Redner der asianischen Stilrichtung, von → Quintilian (inst. 10, 1, 118) zu den bedeutendsten der frühen Kaiserzeit gezählt. Aus der von ihm überbrachten Glückwunschadresse seiner Heimatprovinz anläßlich der Ermordung → Agrippinas (3) zitiert Quint. inst. 8, 5, 15. → Julius (14) Secundus schrieb seine Biographie (Tac. dial. 14, 4). R. T.

Frg: ORFr (Meyer) 570–572 – *Lit:* Gerth, RE 10, 1 (1918), 114–116.

4. **J. Africanus,** Sextus (?), vornehmer Christ und vielseitiger Literat wohl aus Jerusalem; Freund der Fürsten von Edessa, Gesandtschaftsreise zum Kaiser wegen Emmaus ca. 220; schuf in Rom für → Severus (2) Alexander die Pantheonbibliothek. – *Werke:* 1. ‹Chronik›, ab Weltschöpfung bis ca. 220 n. Chr. in 5 Büchern (Frg.e bei → Eusebios, Synkellos, Kedrenos u.a.). – 2. ‹Kestoi›, ein Severus Alexander gewidmetes Sammelwerk (Kriegs-, Heilwesen, Chemie, Magie, Metrologie, Landbau, Botanik, Paradoxa usw.) in 24 Büchern. Quellen: Ps. Demokrit (→ Bolos), → Aineias (2) Taktikos (? Frage der ‹Excerpta›) u.a. – 3. Aristidesbrief (über die Differenz der Stammbäume Jesu bei Matthäus und Lukas; Frg.e: Eusebios). – 4. Origenesbrief, erhalten (auch Origenes' Antwort), wohl ca. 240 verfaßt (über die Unechtheit der Susannaerzählung im Buch Daniel). W. Sp.

Frg: Chron.: M. J. Routh, Reliquiae sacrae II (1814), 1846^2, 238–509 – *Cest:* cod. Vat., gr. 284. 288, ed. J. R. Vieillefond, REG 46, 1933, 197 bis 203 – Pap. Ox. 3, 1903, 412 – Pap. Holm – Taktika, ed. M. Thévenot, ed. princ., 1693 (reichhaltiger) u. J. R. Vieillefond, 1932 (Einl.; Lit) – Zu weiteren Frg. s. W. Kroll, RE 10, 1 (1918), 118–122 u. Vieillefond, a. O., XVIII–XXV – *Epist.:* W. Reichardt, 1909 – *Lit:* F. Lammert, Bursian 274, 1941, 42–44 – O. Regenbogen, RE 20, 2 (1950), 1464 f., s. v. Pinax – J. Quasten, Initiation aux pères de l'Eglise II, 1957, 164–166 – Altaner, 185 f.

5. **J. Alexander,** Tib., Präfekt von Ägypten 66–69, unter → Vespasian und → Titus Prätorianerpräfekt. Aus reicher und vornehmer jüdischer Familie, Neffe des → Philon (1) v. Alexandria, Schwager der → Berenike (4), der Tochter Agrippas I. (→ Herodes, 1). J. sagte sich vom Judentum los und bekleidete die höchsten Ämter der equestrischen Laufbahn. 42 Epistratege der Thebais, 45–48 Prokurator von Judaea, 63 Generalstabschef des → Corbulo in Armenien. Als Präfekt von Ägypten unterdrückte er einen jüdischen Aufstand in Alexandria. Am 1. 7. 69 rief er, im Einverständnis mit → Mucianus, als erster → Vespasian zum Kaiser aus. Er war unter den einflußreichen Freunden von Vespasian und → Titus. 70 unter Titus Heeresbefehlshaber in Judaea. Auf ihn ist wahrscheinlich Iuv. 1, 129 ff. zu beziehen. U. Wm.

Lit: E. G. Turner, Tiberius I. Alexander, JRS 44, 1954, 54–64 – V. Burr, Tiberius I. Alexander, 1955 – H. G. Pflaum, Carrières procuratoriennes équestres, 1960, Nr. 17.

6. **J. Atticus,** von → Columella (1, 1, 14) als Gewährsmann und Verfasser einer Schrift ‹De vitium cultura› (‹Über Weinbau›) genannt. In den Büchern 3 u. 4 des Columella wird er mehrmals angeführt. Auch → Plinius (1) d. Ä. nennt ihn unter seinen Quellen. G. B.

Frg: R. Reitzenstein, De scriptorum rusticae rei libris deperditis, 1884, 54 – *Lit:* Schanz-Hosius, II 791.

7. **J. Caesar,** L. (cos. 90 v. Chr., cens. 89), hatte im → Bundesgenossenkrieg, der während seines Konsulats ausbrach, den Oberbefehl auf dem südlichen Schauplatz. Nach unglücklichen Kämpfen siegte er entscheidend gegen → Papius Mutilus. Durch seine → lex Iulia wurde den treu gebliebenen Latinern und Italikern das → Bürgerrecht gegeben. 89 (Censur) oblag ihm und P. → Licinius (6) Crassus die Verteilung der neuen Bürger auf einzelne Tribus, um die Aufnahme ins Bürgerrecht zu verwirklichen. C. wurde 87 von Marianern erschlagen. G. G.

8. **J. Caesar,** L. (cos. 64 v. Chr.). 63 duumvir perduellionis im Prozeß gegen C. → Rabirius (1). Am 5. 12. 63 für die Hinrichtung der Catilinarier, obwohl einer davon mit seiner Schwester verheiratet war. 52–49 Legat Caesars; seine Haltung im Bürgerkrieg ist unbekannt. 47 von seinem Neffen → Antonius (2) zum Stadtpräfekten ernannt. Nach 44 neigte er dessen Gegnern zu, 43 deswegen proskribiert, aber gerettet. Verfasser einer Schrift über das Auguralrecht. Chr. M.

9. **J. Caesar,** Sex. (quaest. 48 v. Chr.). Neffe → Caesars, der seinem Onkel 49 als Offizier in Spanien und 47/46 als Statthalter in Syrien diente, dort bei einem Aufstand erschlagen. Chr. M.

10. **J. Caesar,** L. (proquaest. 46 v. Chr.), verhandelte Jan. 49 in → Pompeius' (2) Auftrag mit → Caesar. Nach Thapsus auf Caesars Befehl getötet. Chr. M.

Lit: D. R. Shackleton Bailey, The Confidentials of L. Caesar..., JRS 50, 1960, 80–83 (Lit).

JULISCH-CLAUDISCHES HAUS

[K. Chr.]

I

Ancharia ∞

C. → Octavius (4) gest. 58 v. Chr. ∞ → Atia (1) maior gest. 43 v. Chr.

Octavia maior

M. → Antonius (2) gest. 30 v. Chr. ∞ → Octavia (2) minor ca. 69–11 ∞ C. → Claudius (14) Marcellus gest. 41 v. Chr.

→ Scribonia ∞ C. Octavius = C. Julius C. f. Caesar = → AUGUSTUS 23.9.63–19.8.14 n. Chr. ∞ → Livia Drusilla 58–29 n. Chr. (Nachkommen aus 1. Ehe mit Tib. → Claudius (18) Nero s. unten)

→ Antonia (2) maior geb. 39 v. Chr. ∞ L. → Domitius (6) Ahenobarbus gest. 25 n. Chr

→ Antonia (3) minor 36 v. Chr.–37 n. Chr. ∞ Nero Claudius → Drusus (1) später Germanicus 38–9 v. Chr. (s. unten)

M. → Marcellus (1) 43–23 ∞ → Julia (2)

M. Vipsanius → Agrippa (1) 63–12 ∞ → Julia (2) 39–14 n. Chr. ∞ → TIBERIUS (1) Claudius Caesar

Cn. Domitius Ahenobarbus cos. 32 n. Chr. ∞ → Agrippina (3) minor

Domitia Lepida ∞ M. Valerius Messalla Barbatus

C. → Caesar (2) 20–4 n. Chr. ∞ → Livilla

L. → Caesar (3) 17–2 n. Chr. ∞ Aemilia Lepida

→ Julia (3) 19/18 v. Chr.–28 ∞ L. → Aemilius (12) Paullus

Agrippina (2) maior 14/13 v. Chr.–33 ∞ → Germanicus (1) Caesar

→ Agrippa (3) Postumus 12 v. Chr.–14

L. Domitius Ahenobarbus = → NERO (1) Claudius Caesar Dez. 37–9.6.68 ∞ → Octavia (3), ∞ → Poppaea Sabina, ∞ → Statilia Messalina

Valeria → Messalina ca. 25–48 ∞ Tib. → CLAUDIUS (1) Caesar

→ Nero (2) Caesar 6 n. Chr.–31 ∞ → Julia (4)

→ Drusus (3) Caesar 7 n. Chr.–33 ∞ Aemilia Lepida

GAIUS Caesar (→ CALIGULA) 31.8.12–24.1.41 ∞ → Lollia Paulina ∞ Caesonia

→ Agrippina (3) minor 16–59 ∞ Cn. Domitius Ahenobarbus (s. links) ∞ Tib. → CLAUDIUS (1) Caesar

→ Drusilla 16–38 ∞ L. Cassius Longinus

→ Julia (7) Livilla 17–42 ∞ M. Vinicius

Julia Drusilla

aus 1. Ehe → NERO (1) Claudius Caesar

II

→ Livia Drusilla 58–29 v. Chr. ∞ Tib. → Claudius (18) Nero gest. 33 v. Chr.

→ Julia (2) ∞ Tib. Claudius Nero = → TIBERIUS (1) Caesar Augustus 16.11.42–16.3.37 n. Chr. ∞ Vipsania → Agrippina (1) gest. 20 n. Chr.

Nero Claudius → Drusus (1) später Germanicus 38–9 v. Chr. ∞ Antonia (3) minor

→ Livilla 12/13 v. Chr.–31 ∞ → Drusus (2) Caesar 13 v. Chr.–23

→ Germanicus (1) Caesar 15 v. Chr.–19 ∞ → Agrippina (2) maior (s. oben)

→ Livilla 12/13 v. Chr.–31

Tib. Claudius Drusus Nero Germanicus = Tib. → CLAUDIUS (1) Caesar 1.8.10 v. Chr.–13.10.54 ∞ → Plautia Urgulanilla ∞ → Aelia Paetina ∞ Valeria → Messalina (s. oben) ∞ Agrippina (3) minor (s. oben)

→ Julia (4) ca. 6 n. Chr.–43 ∞ → Nero (2) Caesar ∞ C. Rubellius Blandus

→ Tiberius (2) Caesar Gemellus 19–37

→ Germanicus (2) Caesar Gemellus 19–23

Drusus geb. 20 n. Chr. früh verst.

Claudia als Kind gest.

Claudia Antonia 28–66

→ Octavia (3) ca. 40–62 ∞ NERO Claudius Caesar

Tib. Claudius → Britannicus 41/42–55

11. **J. Caesar Strabo,** C. (aed. 90 v. Chr.), begann als Redner, sprach als Ädil fast täglich in Volksversammlungen (Cic. Brut. 305); 88 erregte er den Widerstand der Tribunen, als er sich, ohne Prätor gewesen zu sein, um das Konsulat bewarb. 87 von den Marianern getötet. G. G.

12. **J. Graecinus,** röm. Senator, Vater → Agricolas (1), 38/39 n. Chr. durch → Caligula hingerichtet (vgl. Tac. Agr. 4), schrieb wie → J. (6) Atticus und in dessen Nachfolge (Colum. 1, 1, 14) über Weinbau, laut Plin. nat. 14, 33 im Anschluß an → Celsus (1). G. B.

Frg: R. Reitzenstein, De scriptorum rusticae rei libris deperditis, 1884, 56 – *Lit:* Schanz-Hosius, II 791.

13. **J. Rufinianus,** röm. Rhetor des 4. Jh.s n. Chr., schrieb einen Traktat De figuris sententiarum et elocutionis, als Fortsetzung und Ergänzung der gleichnamigen Schrift des → Aquila Romanus; er nahm seine Beispiele vorwiegend aus Vergil. → Rhetorik C [4]. H. H.

Q: RhLatmin 38 ff. – *Lit:* B. Gerth, RE 10, 1 (1918), 790–793.

14. **J. Secundus,** aus Gallien stammender → Redner, Schüler seines Onkels Julius Florus, 69 n. Chr. → ab epistulis unter → Otho (Plut. Otho 9), Altersgenosse und Freund → Quintilians (inst. 10, 1, 120; 10, 3, 12), Lehrer des → Tacitus (2), der dem Frühverstorbenen im ‹Dialogus› ein Denkmal setzte; Biograph des → Julius (3) Africanus. R. T.

Lit: Gerth, RE 10, 1 (1917), 800–803 – R. Syme, Tacitus, 1958, passim.

15. **J. Severianus,** röm. Rhetor ungewisser Zeit (2. oder 5. Jh. n. Chr.?). Erhalten sind von ihm Reste eines Kompendiums (Praecepta artis rhetoricae), für die Advokatenpraxis bestimmt; die Beispiele sind sämtlich Cicero entnommen. → Rhetorik C [4]. H. H.

Ed: RhLatmin 353–370 – *Lit:* L. Radermacher, RE 10, 1 (1918), 805 bis 811.

16. **J. Severus,** Sex. → Severus (1).

17. **J. Tiro,** ein in → Suetons Verzeichnis De rhetoribus aufgeführter Rhetor aus der Zeit → Quintilians; vielleicht identisch mit dem Prätor C. Iulius Tiro Gaetulicus (CIL 2, 3661). R. T.

18. **J. Titianus,** 2. Jh. n. Chr., verfaßte Briefe berühmter Frauen im Stile der Briefe Ciceros und wurde deshalb von Anhängern → Frontos als ‹Affe› beschimpft (Sidon. epist. 1, 1, 2). Nach Servius (zu Verg. Aen. 10, 18) bearbeitete er Themen aus Vergil für den rhetorischen Unterricht. Die Zuweisung eines geographischen und landwirtschaftlichen Werkes an Titianus ist unsicher. – Sein *gleichnamiger Sohn* war Lehrer Kaiser → Maximinus' d. J. (hist. Aug. Max. 27, 5); vielleicht mit dem Titianus identisch, der metrisch gefaßte Fabeln → Äsops in lat. Prosa übersetzte. R. T.

Lit: Schanz-Hosius, III 136 ff.

19. **J. Ursus Servianus,** L. (ca. 47–136 n. Chr.), verheiratet mit Aelia Domitia Paulina, der Schwester des späteren Kaisers → Hadrian, cos. I suff. unter Domitian, legatus Germaniae superioris 97/98, legatus Pannoniae 98–100 (wohl dorthin Plin. epist. 3, 17), mit → Licinius (14) Sura cos. II ord. 102, gehörte zu den engsten Beratern → Trajans, der ihn (nach Dio Cass. 69, 17, 3) als regierungsfähig bezeichnet haben soll. Hadrian wählte als Kollegen für sein Konsulat 118 den Schwiegersohn des J., Cn. Pedanius Fuscus Salinator. J. selbst hatte auf die Regierung seines kaiserlichen Schwagers keinen Einfluß. Er wurde zwar cos. III ord. 134, doch ließ Hadrian ihn, den Neunzigjährigen, samt seinem Enkel Pedanius Fuscus Salinator 136 töten. K. H. Sch.

20. **J. Valerius Polemius,** Verfasser einer Übersetzung des griech. → Alexanderromanes in 3 Büchern, die im Itinerarium Alexandri (341/345) schon benutzt ist; Geburt, Taten und Tod → Alexanders (5) d. Gr. bilden den Inhalt des weit verbreiteten, auch in armenischer und syrischer Version erhaltenen Romanes. R. Hl.

Lit: B. Axelson, Zum Alexanderroman des Jul. Val., 1936.

20a. **J. Vestinus,** L., Vorsteher des → Museions in Alexandria, Prokurator der röm. Bibliotheken und Geheimsekretär → Hadrians. Er epitomierte das Glossenwerk des → Pamphilos. Die Epitome trug den Titel Ἑλληνικὰ ὀνόματα, ihr Umfang ist unbekannt (vielleicht 30 Bücher). Sie wurde ihrerseits von → Diogenian verkürzt. Außerdem verfaßte I. zwei attizistische Schriften. Erhalten ist nichts. H. E.

21. **J. Victor,** röm. Rhetor des 4. Jh.s n. Chr., Verfasser einer Ars rhetorica, die auf → Quintilian und anderen Quellen fußt. → Rhetorik C [4]. H. H.

Ed: RhLatmin 371 ff. – *Lit:* L. Radermacher, RE 10, 1 (1918), 872–879 – M. L. Clarke, Rhetoric at Rome (1953), 1962², 139–141.

Julius, vgl. auch → Agricola, → Alexander, → Aper, → Caesar, → Callistus, → Civilis, → Classicianus, → Classicus, → Drusus, → Eurycles, → Frontinus, → Germanicus, → Graecinus, → Hyginus, → Nero, → Paulus, → Pollux, → Sacrovir, → Severus, → Vindex.

Iulus → Askanios.

Iunius Brutus, M. (tr. pl. 83 v. Chr.), verwirklichte vorübergehend ein Anliegen popularer Gesetzgebung: die Gründung einer Kolonie in Capua. 78 auf → Pompeius' (2) Befehl ermordet. Die Optimaten sahen darin eine gerechte Strafe (Cic. leg. agr. 2, 92). G. G.

2. **I. Brutus Albinus,** D. (praet. 45, cos. design. 42 v. Chr.). Vor 49 als Offizier bei Caesar, besonders ausgezeichnet als Flottenpräfekt. 49 erfolgreiche Seekriegsführung bei Massilia, danach Statthalter in Gallia Transalpina. 44 Teilnahme an der Verschwörung gegen Caesar, den er am 15. 3. überredete, in die Curie zu kommen. Ende 44 weigerte er sich, seine Provinz Gallia Cisalpina → Antonius (2) zu übergeben; darauf in Mutina belagert, 43 von Octavian (→ Augustus) und den Konsuln befreit. Dann im Auftrag des Senats Feldzug gegen Antonius in der Transalpina. Durch den Verrat des L. → Munatius (1) Plancus in eine verzweifelte Lage geraten, wird er bei dem Versuch, sich zu → Brutus (2) nach Makedonien durchzuschlagen, von einem Gallier gefangengenommen und auf Antonius' Befehl ermordet. Chr. M.

3. **I. Brutus Callaicus,** D. (cos. 139 v. Chr.; augur), kämpfte von 139 an (bis 136?) in Spanien, triumphierte über die → Kallaiker und → Lusitaner (App. Ib. 73 f.; Liv. perioch. 55; Eutr. 4, 19). I. erbaute einen Marstempel auf dem Marsfeld und stattete ihn prächtig (u. a. mit Werken des → Skopas, 1) aus (Cic. Arch. 27; Plin. nat. 36, 26). 121 kämpfte er gegen C. → Gracchus (2; Oros. 5, 12, 7). A. L.

4. **I. Brutus Damasippus,** L. (praet. 82 v. Chr.), wurde 83 zusammen mit anderen Gegnern → Sullas von Cn. → Pompeius (2) besiegt, als sie versuchten, die Vereinigung der in Picenum gesammelten Truppen mit Sulla zu verhindern. 82 berief er während der Schlacht bei Sacriportus den Senat ein und ließ auf Befehl des jüngeren C. → Marius (2) mehrere angesehene Optimaten töten. Von Etrurien aus versuchte I., Marius in Praeneste zu helfen. Nach der Schlacht am Collinischen Tor floh I., wurde aber ergriffen und auf Befehl Sullas hingerichtet. G. G.

5. **I. Congus,** Freund des → Lucilius, Verf. einer juristischen Schrift De potestatibus, vielleicht auch eines Geschichtswerks.

6. **I. Gallio,** L. (Annaeus), cos. suff. 53/55. Ältester Sohn des → Seneca (1) rhetor, vor der Adoption durch den Redner Iunius Gallio L. Annaeus Novatus genannt. Unter → Claudius (1) Prokonsul von Achaia (51/52: SIG³ 801). I. weigerte sich, die Anklage der Juden gegen → Paulus (1) anzunehmen. Danach Reise nach Ägypten. I. gehörte zu den Freunden des Claudius, den er jedoch nach dessen Tode verspottete. Er diente → Nero (1) als Herold bei dessen Auftreten als Kitharöde. Bald nach dem Sturz und Tod seines Bruders beging er Selbstmord. Von Sueton (Fr. p. 301, 31 Roth) als *egregius declamator* bezeichnet, vielleicht in Verwechslung mit seinem Adoptivvater. → Seneca (2) widmete ihm u. a. die Dialoge 3–5 (De ira) und 7 (De vita beata). U. Wm.

Lit: E. Groag, Die röm. Reichsbeamten v. Achaia, 1939, 32–35.

7. **I. Nipus,** (M.), Feldmesser (→ Agrimensoren), wohl des 2. Jh.s n. Chr.; einige kleinere Schriften erhalten. G. B.

Ed: K. Lachmann, Die Schriften der röm. Feldmesser I, 1848, 285 bis 301 – *Lit:* J. Tolkiehn, RE 10, 1 (1918), 1069f. – Schanz-Hosius, II 803.

8. **I. Otho,** Prätor 22 n. Chr., Redner und Lehrer der Rhetorik, Anhänger → Sejans. Hauptquelle für ihn Sen. contr. (2, 1, 33 ff. u. ö.). U. Wm.

9. **I. Rusticus** → Arulenus (2) I. Rusticus.

10. **I. Silanus,** D. (cos. 62 v. Chr.), Gatte der → Servilia, Schwager → Catos (2). Am 5. 12. 63 in der wichtigen Position des zuerst befragten Senators, stimmte zunächst für die Hinrichtung der Catilinarier, dann aber, nach → Caesars Rede, dagegen. 61 gestorben. Chr. M.

Junius, vgl. auch → Aelius, → Arulenus, → Brutus, → Gallio, → Philargyrius.

Juno, ital. Göttin, früh mit → Hera gleichgesetzt, obschon sie mit → Jupiter in keinem ursprünglichen Zusammenhang zu stehen scheint; jedenfalls führt die Sprachwissenschaft nicht mehr beide Namen auf dieselbe Wurzel zurück, sondern stellt J. zu iuvenis und faßt sie als die Lebenskraft der jungen Frau auf. – Allerdings scheinen die Befunde zu zeigen, daß J. von vorneherein zwei Wirkungskreise besaß, die sich kaum aufeinander reduzieren lassen: 1. Nach einer antiken Theorie (Varros?) stehen sich J. und → Genius gegenüber: Wie jeder Mann seinen Genius, so hat jede Frau ihre J. (Sen. epist. 110, 1; Plin. nat. 2, 16). Konkrete Belege finden sich erst von → Tibull an und verhältnismäßig selten, so daß es fraglich bleibt, ob dies wirklich alter Glaube war. Davon unabhängig ist J. in der Tat eine *Schützerin der Frauen* gewesen. Dies lassen zahlreiche Kultepitheta erkennen: *J. Fluonia* wacht über die Regelmäßigkeit der monatlichen Reinigung, *J. Pronuba* ist eine der Schutzgottheiten der → Hochzeit, *J. Opigena* hilft den Frauen während der Geburt, *J. Lucina* zeigt dem Neugeborenen das Licht und ist die wichtigste Geburtsgöttin (→ Geburtsriten), die die alten → Parzen verdrängt hat. Sie besaß auf dem Esquilin einen heiligen Hain und einen Tempel (Jahrestag: 1. März); bei jeder Geburt wurde der Tempelkasse eine Opfergabe gebracht. Ebenso hieß der Riemen, mit dem an den → Lupercalia die Frauen geschlagen wurden, um fruchtbar zu werden, amiculum Junonis (Fest. p. 75 f. L.). An den Nonae Caprotinae (7. Juli) opferten freie Frauen und Sklavinnen der *J. Caprotina* unter einem wilden Feigenbaum (caprificus), dessen Milch im Fest eine Rolle spielte (Varro ling. 6, 18; Macr. Sat. 1, 11, 36. 40). Die im einzelnen wenig bekannten und schwer deutbaren Riten dieses Festes scheinen auch → Fruchtbarkeitsriten gewesen zu sein. – Wohl von ihrem Charakter als Frauengöttin her ist es zu verstehen, daß J. auch schon früh als Mondgöttin galt. Die mit dem Neumond zusammenfallenden Kalenden waren ihr geweiht; ein Pontifex rief sie als *J. Covella* (Bedeutung unsicher) an; die Anrufung wurde 5- oder 7mal wiederholt, je nachdem die dem ersten Mondviertel entsprechenden Nonen auf den 5. oder 7. fielen (Varro ling. 6, 27; vgl. Plut. qu. Rom. 24; Serv. Aen. 8, 654). – 2. In ganz anderer Richtung wirkt J. als *Stadtherrin.* Als solche ist sie in Mittelitalien so weit verbreitet, daß man diesen Wirkungskreis kaum als sekundär oder Ausfluß des griech. → Herakultes auffassen kann. In Rom tritt sie in der kapitolinischen Trias neben → Jupiter, während ein noch älterer entsprechender Kult sie eher neben → Janus gerückt zu haben scheint. Das Beiwort → *Moneta* zeigt an, daß J. einmal vor großer Gefahr gewarnt hatte. Außerhalb Roms war *J. Populona* (zu populus) Schützerin des ganzen Volkes in Teanum Sidicinum und in Aesernia, angeblich auch als *J. Regina* Stadtherrin von Veii und als solche durch → Evocatio nach Rom übergeführt (Liv. 5, 21, 3; Tempel auf dem Aventin). Unter dem nicht sicher erklärbaren Namen *Cur(r)itis* (Lanzenträgerin?) war sie in Falerii und Tibur Stadtschützerin und hatte sie auch in Rom einen Tempel auf dem Marsfelde (durch Entlehnung oder Evocatio?). Bes. bedeutend war der Kult der *J. Seispes* (Bedeutung unsicher; Variante *Sospita,* die ‹Schützerin›) *Mater Regina* in Lanuvium. Hier war die Göttin als Kriegerin mit Lanze und Schild dargestellt; nach der Annexion der Stadt durch Rom begaben sich die Konsuln alljährlich dorthin, um J. Seispes zu opfern, der außerdem ein Tempel auf dem Marsfeld (194 v. Chr.) errichtet wurde (Liv. 32, 30, 10 und 34, 53, 3). H. LeB. – O. G.

Lit: W. F. Otto, J., Beitr. zum Verständnis der ältesten und wichtigsten Tatsachen ihres Kultes, Philol. 60, 1905, 161–223 – E. L. Shields, J. a study in early Roman religion, 1926 – V. Basanoff, J. falisque et ses cultes à Rome, RHR 124, 1941, 110–141 – M. Renard, Aspects anciens de Janus et de J., RBPh 31, 1953, 5–21 – Latte, 43, 103 ff., 166 ff. – *Darstellungen:* → Hera.

Jupiter (Iuppiter), ital. Gott des leuchtenden Himmels; sein Name setzt sich zusammen aus derselben indogermanischen Wurzel, die sich im Namen → Zeus findet, und dem Wort pater als Beifügung. Auch die Form Diespiter kommt vor; die gleiche Wurzel erscheint im Namen des → Flamen Dialis.

[1] In seiner Eigenschaft als Gott der Himmelshelle sind ihm die → Iden (→ Kalender) geweiht: es sind die Tage, an denen der Vollmond der Sonne folgt, so daß die Nacht taghell bleibt. An ihnen opfert der Flamen Dialis J. ein weißes Schaf; weiß sind überhaupt alle dem Himmelsgott dargebrachten Opfertiere. Der Stiftungstag mehrerer seiner Tempel fiel auf den Tag der Iden: 13. Apr.: J. Victor; 13. Juni: J. Invictus; 13. Sept.: J. Optimus Maximus. J. ist der Gott der hochgelegenen Orte, die dem Himmel nahe sind; seine Kultstätten befinden sich auf Hügeln: auf dem Esquilin (J. Fagutalis, weil er in einem Buchenhain verehrt wurde), dem Viminal (J. Viminius), dem Caelius, dem Aventin (J. Elicius, s. u.), dem Quirinal, wo sich das ‹Alte Kapitol› befand, ein Heiligtum von J.-Juno-Minerva, angeblich älter als der auf dem Kapitol erbaute Tempel (Varro ling. 5, 158). Auf dem Kapitol weihte nach der Überlieferung Romulus dem J. Feretrius (s. u.) den ältesten Tempel Roms (Liv. 1, 10), und auf dem südl. Gipfel dieses Hügels sollen die Tarquinier den berühmtesten der J.-Tempel errichtet haben; auch der Nordgipfel war J. geweiht, befand sich doch dort die Stelle (auguraculum), von wo die → Auguren die Vögel beobachteten, welche die Antwort des Gottes auf ihre Fragen brachten. Als Gott des Blitzes wird er unter den Namen J. Fulgur und J. Lapis (Meteorstein, ‹Blitzstein›) verehrt; das Beiwort → Summanus, das zuerst J. zukam, wurde schließlich der Name eines selbständigen Gottes, dem man die nächtlichen Blitze zuschrieb. Ein vom Blitz getroffener Ort war ‹tabu› (→ Bidental). Augustus erbaute auf dem Kapitol 22 v. Chr. dem J. Tonans einen Tempel. Moderne Interpreten bringen J. Elicius in Verbindung mit dem magischen Ritual des Aquaelicium (→ Wetterzauber im Gegensatz zur antiken Theorie, nach welcher J. Elicius, von Numa magisch auf den Aventin ‹herbeigezogen› (elicere), dem König die Mittel zur Beschwörung des Blitzes verraten hätte (Ov. fast. 3, 285–346; Liv. 1, 20). Auf jeden Fall ist J., wie Zeus, der deus Pluvialis, ‹der den erquickenden Regen schickt›; ihn flehte an den Nudipedalia eine Prozession von Matronen mit bloßen Füßen um Regen an (Petron. 44; Tert. apol. 40, 14). Als Wettergott wird er, unter dem Namen J. Dapalis (von daps, ‹heiliges Mahl›), vom Bauern, der ihm im Frühling eine Schale Wein und Braten darbringt, angerufen (Cato agr. 132). In derselben Eigenschaft ist J. der Herr der → Vinalia und der → Meditrinalia.

[2] Aber J. besitzt, seit der ältesten uns zugänglichen Zeit, noch einen ganz anderen Wirkungsbereich: J. Latiaris ist der Schutzgott des Latinerbundes (→ Feriae Latinae); Romulus weiht ihm als J. Feretrius (Bedeutung ungewiß; Beziehungen zu fero, ‹tragen›, scil. der Beute?) die erste Siegesbeute (→ Spolia opima). J. gilt also von Anfang an als Schutzherr der Römer, die er im Kampfe unerschütterlich macht: nach Livius (1, 12) habe bereits Romulus einen

Tempel für J. Stator gelobt. M. Atilius Regulus erneuerte 294 v. Chr. dieses Gelöbnis und baute J. Stator einen Tempel am Abhang des Palatin; ein anderer Tempel (Liv. 10, 36, 11), ebenfalls für J. Stator, wurde 146 beim Circus Flaminius errichtet (Vitr. 3, 1, 5; Macr. Sat. 3, 4, 2). Als deus Victor (‹Sieger› eig. ‹Siegbringer›) besaß J. einen von Q. Fabius Maximus 295, im Samnitenkrieg, gelobten Tempel (Liv. 10, 29, 14).

[3] Das berühmteste J.-Heiligtum war der prächtige Tempel, den die Tarquinier auf dem Kapitol errichtet und die ersten Konsuln 509 v. Chr. geweiht haben sollen. Dort hatte J. Optimus Maximus (‹der sehr Große und sehr Gute› oder ‹der Beste und Größte› der J.?) zwei Göttinnen neben sich: →Juno und →Minerva. Diese allgemein als etruskisch geltende Trias hat möglicherweise eine andere, ältere, ersetzt: J.-Mars-Quirinus (→Spolia opima), deren Kult nicht mehr zu fassen ist. Die beiden Hera und Athene angeglichenen Stadtgottheiten Juno und Minerva spielten im kapitolinischen Kult nur eine unbedeutende Rolle; dagegen wurde durch den J.-Kult dieses Tempels das →Kapitol die im wahrsten Sinne des Wortes heilige Stätte des röm. Staates (vgl. →Neujahrsfest). Im Tempel des J. Capitolinus mündete der feierliche →Triumphzug (→Prozession). Jeder junge Römer mußte J. Capitolinus opfern am Tage, da er die →Toga virilis anlegte. Die →Ludi Romani im Sept. und die →Ludi plebeii im Nov., die zu den längsten und prächtigsten Festen des Jahres zählten, wurden J. zu Ehren gefeiert. Ein Priesterkollegium, die →Septemviri epulones, war ausschließlich damit beauftragt, das heilige Festmahl des Gottes vorzubereiten.

[4] J. ist nicht nur ein politischer und kriegerischer Gott: als Himmelsgott, der alles sehen kann, wird er zum Eidgott: er wacht darüber, daß die Schwüre eingehalten werden, und sein Blitz bestraft die Eidbrüchigen. Wenn die →Fetiales einen Vertrag abschließen, ruft der pater patratus den J. feierlich an und schlägt das Opfertier mit einem Feuerstein (lapis), den man im Tempel des J. Feretrius aufbewahrte (s. o. J. Lapis). Der →Flamen Dialis bürgte als Zeuge für die Verpflichtungen, welche die Ehegatten durch die confarreatio eingingen (→Hochzeitsriten). J. bürgt ebenfalls für Eide, die von Zeugen vor Gericht abgelegt werden, und ganz allgemein für jede Art von Schwur (vgl. bes. Plaut. Rud. 9 ff.). Er ist mit →Dius Fidius eng verwandt; der Gott des ‹gelobten Vertrags› (vgl. →Fides) ist wohl nicht einfach ein Aspekt J.s, aber die Beziehungen zwischen beiden sind eng und alt (vgl. bes. Varro bei Non. 494). – Für J. Indiges →Indigetes. – Auf dem Kapitol befand sich ein Altar des J. Pistor (=‹Bäcker› in der Gründungssage: Ov. fast. 6, 349–394; vgl. Liv. 5, 48, 4). Die wirkliche Bedeutung des Beiwortes ist unbekannt (vielleicht: ‹der Zermalmer›). H. Le B.

Lit: C. Koch, Der röm. J., 1937 – Fr. Bömer, I. u. die röm. Weinfeste, RhM, 1941, 30–58 – Latte, 79 ff., 126 ff., 149 ff.

Iuridici. 1. *In Italien:* Hadrian setzte wegen Überlastung der stadtröm. Gerichte durch ital. Zivilprozesse 4 Konsulare in 4 Sprengel (i. regionis Transpadanae; i. per Apuliam Calabriam Lucaniam Bruttios; i. per Flaminiam et Umbriam et Picenum; i. per Aemiliam et Liguriam et Tusciam) für die höhere Zivilgerichtsbarkeit ein, seit Mark Aurel Prätorier. Kompetenzen: Ernennung von Vormunden, Entscheidung in Verwaltungsstreitfragen, Berufungsinstanz für ausgeschiedene Decurionen. – 2. *I. Alexandriae*, von Augustus dem Präfekten von Ägypten beigegeben mit bestimmten richterlichen Funktionen. – 3. *Legati i.*, zur Unterstützung oder Vertretung des Statthalters in der Rechtssprechung. J. S.

Iurisconsultus, der in einer Rechtsfrage Befragte. Haupttätigkeit war Beantwortung der Anfragen von Privatpersonen, Richtern oder Beamten vor und während des Prozesses, bes. im Privatrecht. Augustus verlieh den responsa der iuris consulti durch das ius respondendi rechtlichen Boden; damit wurden die Antworten für den Richter verbindlich. J. S.

Ius Aelianum, Civile, Flavianum, Gentium, Honorarium, →Recht III A.

Ius Italicum (Plin. nat. 3, 139; Dig. 50, 15). In der Kaiserzeit wurden einige →Municipien oder Kolonien der Provinzen durch das I. Italicum so gestellt, als ob sie in Italien lägen; ihr abgabenfreier Boden konnte durch mancipatio und usucapio erworben werden. Ob das I. Italicum auch Personen verliehen wurde, ist fraglich. H. V.

Lit: J. Triantaphyllopoulos, Ius Italicum personnel, Jura 14, 1963, 109–138 – Ders., Persönliches ius Italicum (Inschr. Didyma 331), Akte des 4. intern. Kongr. f. griech. u. lat. Epigraphik 1964, 398–403.

2. **I. Latii,** das latinische Recht, die Stellung der latin. Städte nach Auflösung des →Latin. Städtebundes, bes. ihr →commercium und conubium mit Rom. Als Vorstufe zum röm. →Bürgerrecht [2] wurde es der Transpadana (lex Pompeia, 89 v. Chr.) verliehen, in der Kaiserzeit außerital. →Municipien als I. Latii maius oder minus. H. V.

3. **I. primae relationis,** ein erstmalig an →Augustus (23 v. Chr.) verliehenes Recht, einen Antrag im →Senat einzubringen und darüber vor allen anderen Tagesordnungspunkten zuerst abstimmen zu lassen. D. R.

4. **I. trium liberorum.** Die lex Iulia de maritandis ordinibus (vom J. 18 v. Chr.) und die lex Papia Poppaea befreiten Väter und Mütter von mindestens drei (bei Freigelassenen vier) Kindern von den Restriktionen für caelibes und gaben das Recht zur Annahme von Erbschaften; ferner traten Mütter mit I. trium liberorum aus der tutela mulierum aus. D. R.

Iustitium (von iuris stitium, ius sistere), eine im Einverständnis mit dem Senat von Beamten mit →Imperium bei großen Katastrophen, Staatstrauer, akuter Gefahr verfügte Einstellung aller Rechtsgeschäfte, Verschiebung von Senatssitzungen, Schließung des Ärars. D. R.

Justinian I. (Flavius Petrus Sabbatius Iustinianus), röm. Kaiser 527–565, geb. 482 in Tauresium bei Skopje, gest. 11. 11. 565 in Konstantinopel. J. war Balkanrömer bäuerlicher Herkunft; sein Onkel →Justinus (3) holte ihn früh nach Konstantinopel, wo er eine vielseitige Ausbildung erhielt. Justinus stützte sich bald auf den begabten, zum →Patricius und Befehlshaber der Hoftruppen ernannten Neffen und beseitigte die gesetzlichen Hindernisse gegen eine Ehe J.s mit der früheren Schauspielerin →Theodora (525). Am 1. 4. 527 erhob Justinus den J. zum Mitregenten und Augustus und Theodora zur Augusta. Die lange Regierung J.s, dem Theodora bis zu ihrem Tod (548) als faktische Mitregentin zur Seite stand, hat einem ganzen Zeitalter das Gepräge gegeben. – Außenpolitisch strebte J. neben der Sicherung der Nord- und Ostgrenze die Wiedergewinnung des Westreiches an, die er durch die Einigung mit dem Papst 519 (Verzicht auf das sog. Henotikon von 482; →Christentum V F 3) kirchenpolitisch vorbereitete; damit gewann J. auch die Sympathien der katholischen und röm. Bevölkerung in den Völkerwanderungsstaaten. Mit dem Perserkönig →Chosrau I. Anuširwan schloß J. 532 einen ‹ewigen› Frieden. Sein Feldherr →Belisar vernichtete das bereits geschwächte Reich der →Vandalen in kurzem Feldzug (Gefangennahme König →Gelimers Apr. 534). 535 begann die Eroberung des ital. Ostgotenreiches (→Goten). Nach großen Anfangserfolgen Belisars, der 540 den König Witigis in Ravenna gefangennahm, kam es aber zu ernsten Rückschlägen. Da J. wegen der Westfeldzüge die anderen Grenzen entblößt hatte, war das Reich seit 534 auch den Angriffen der →Slawen (Bulgaren), sodann der →Hunnen und →Awaren ausgesetzt. Der Perserkönig zerstörte 540 Antiochia. Nach langjährigen Kämpfen erkaufte J. durch hohe Jahrgelder den Frieden mit den Persern (562). Inzwischen hatte sich das Ostgotenreich unter König →Totila wieder gefestigt; Belisar kämpfte 544–549 ohne entscheidenden Erfolg. Erst →Narses gelang ab 551 die Eroberung Italiens (der geschlossene Widerstand der Ostgoten endete mit dem Tod König Tejas am Vesuv im Okt. 552). Italien wurde wie Nordafrika der byzantin. Verwaltung unterstellt. Während eines Thronstreits im spanischen Westgotenreich (→ Goten) brachte J. seit 552 auch einige Teile Südostspaniens an sich. Dennoch blieb der Versuch, das Reich auch im Westen wiederherzustellen, Stückwerk; die Kämpfe im Westen gefährdeten die Nord- und Ostgrenze; große Teile Italiens wurden ab 568 von den → Langobarden erobert.

[2] Während J. die Kriegführung seinen Feldherren Belisar und Narses überließ, behielt er die Innenpolitik selbst in der Hand. Ab 529 publizierte er mit Hilfe des großen Juristen → Tribonian das → Corpus Juris (Einzelteile: → Codex Justinianus; Pandekten bzw. Digesten; Institutionen; Novellen), das durch den Rückgriff auf die klassische Überlieferung die Neuordnung des Reiches stützen sollte. J.s autokratische Tendenz rief mancherlei Widerstände hervor. Der strenge Fiskalismus der Regierung, der durch die häufigen Kriege und die rege Bautätigkeit J.s (Befestigungsbauten; → Hagia Sophia in Konstantinopel) verschärft werden mußte, führte zu Unruhen wie dem großen Nika-Aufstand von 532, der nur durch Vermittlung Theodoras und die Truppen Belisars niedergeschlagen werden konnte.

[3] J. scheint in seiner persönlichen Frömmigkeit mit Theodora gewetteifert zu haben. Seine Kirchenpolitik trägt bei der Einigung mit Papst Hormisdas (519) den Realitäten Rechnung, ist sonst jedoch durch ein Lavieren zwischen den Orthodoxen und den → Monophysiten und durch Einmischung des Kaisers in theologische und kirchliche Details gekennzeichnet. Stärkte J. durch Bekämpfung der → Arianer (Vernichtung von Vandalen- und Gotenreich) und Heiden (529 Schließung der → Akademie in Athen) sowie durch Privilegierung der Geistlichen die orthodoxe Kirche, so hat er ihr umgekehrt oft seinen Willen aufgezwungen (→ Caesaropapismus). Der Versuch, die im Südosten des Reiches maßgeblichen Monophysiten zu gewinnen, ohne das Chalcedonense preiszugeben, führte zum sog. Dreikapitelstreit (544–553), in dem der Westen J. Widerstand leistete. Papst Vigilius schwankte, war aber gegen die Einberufung der 5. ökumenischen Synode von Konstantinopel (553), auf der J. die ‹Drei Kapitel› endgültig verdammen ließ (es handelt sich um drei kirchliche Schriftsteller und deren Werke). Nach dem Scheitern der Einigungspolitik J.s bildeten sich im byzantin. Reich zwei häretische Nationalkirchen, die → syrisch-monophysitische und die → koptische Kirche.

[4] Trotz der Unausgeglichenheit seiner Regierung, die auch im Werk des zeitgenössischen Historikers → Prokop deutlich wird, gehört J. zu den bedeutendsten spätrömischen Herrschern. «Seine Tat und sein Erfolg waren das letzte Aufbegehren des Altertums gegen das Mittelalter» (W. Schubart). – Seine Stiftermosaiken in der von ihm erbauten Kirche San Vitale in Ravenna sind das großartigste Denkmal der Flächenkunst, das wir von antiker Herrscherrepräsentation besitzen; seine → ‹Hagia Sophia› in Konstantinopel ist die Krönung des antiken und Vorbild des islamischen Gewölbebaus. H.-J.D.

Lit: W. Schubart, J. u. Theodora, 1943 – E. Stein, Histoire du Bas-Empire II, 1949 – G. Ostrogorsky, Gesch. d. byzantin. Staates (1940), 1952² – H. G. Beck, Kirche u. theol. Lit. im byzantin. Reich, 1959 – B. Rubin, Das Zeitalter J.s I., 1960.

Justin *der Märtyrer*, gest. um 165 zu Rom, griech. Herkunft aus Flavia Neapolis (= Sichem) in Samaria.

[1] J. war der erste, der vom Platonismus zum Christentum übertrat, aber er versuchte nicht, beides als vereinbar zu erweisen, er hat nicht ‹platonisiert›. Andererseits verfügte J. als erster unter den Apologeten über das volle Rüstzeug philosophischer (nicht indes stilistisch-rhetorischer) Bildung, die er jedoch der theologischen Sache ganz unterordnete. J. zog als Wanderlehrer im Gewand des Philosophen von Stadt zu Stadt, was ihm die Feindschaft der → Kyniker eintrug. Zu Rom hatte er → Tatian unter seinen Schülern. Um 165 wurde J. um seines Christentums willen enthauptet; der Bericht darüber (BHG 973), ein nüchternes Protokoll, ist glaubwürdig.

[2] Euseb. hist. eccl. 4, 18, 2–7 nennt 8 *Schriften* des J., darunter 2 Apologien. Erhalten ist nur der Dialog mit dem Juden Tryphon und (der Überlieferung nach) 2 Apologien, von denen jedoch die zweite wohl nur den zu Unrecht abgeteilten Schluß der ersten und größeren darstellt. Diese, an den Kaiser → Antoninus Pius gerichtet (zwischen 150 und 155), widerlegt nur zum kleineren Teil Beschuldigungen gegen die Christen; zum größeren Teil ist sie expositio fidei und bringt für altchristl. Gottesdienstordnungen (Taufe, Eucharistie) wichtige Angaben. Vor allem wird hier J.' Lehre vom Logos spermatikos, d.h. einer Teilerkenntnis christl. Wahrheit bei vorchristl. Philosophen (→ Apologetik) entwickelt. Dabei ist für J. das AT vollgültige Offenbarungsquelle. – Der Dialog (zur Aufnahme dieser Form s. → Christentum V C2) mit dem Juden Tryphon (d.i. wohl Rabbi Tarphon) umreißt vor allem die Stellung zum Judentum: Das Christentum darf nicht als Abweichung vom Monotheismus mißverstanden werden (den Juden naheliegender Vorwurf); es öffnet sich aber den Heiden. Vgl. → Christentum; → Apologetik. H.D.

Q: Knopf-Krüger, Ausgewählte Märtyrerakten, 1929, 15–18 – *Ed:* E. J. Goddspeed, Die ältesten Apologeten, 1914, 24–265 – *Lit:* A. v. Harnack, Judentum und Judenchristentum in J.s Dialog mit Tryphon, 1913 – W. Schmid, Frühe Apologetik und Platonismus, Festschr. O. Regenbogen, 1952, 163–182 – C. Andresen, J. und der mittlere Platonismus, ZNW 44, 1952/53, 157–195. – J. H. Waszink, Bemerkungen zu J.'s Lehre vom Logos Spermatikos, Mullus, Klausen-Festschr., 1964, 380–390.

2. **J.** (M. Iunianus J.), Verfasser der ‹Epitoma Historiarum Philippicarum› des → Pompeius (11) Trogus. Über J.' Person und Zeit ist nichts bekannt, Ansatz ins frühe 3. Jh. nach Chr. am wahrscheinlichsten. J.' Auszug bewahrt die Bucheinteilung der Vorlage. O.S.

Ed: O. Seel, BT, 1935 – *Lit:* L. Castiglioni, Studi intorno alle Storie Filippiche di Giustino, 1925.

3. **J. I.**, röm. Kaiser 518–527, geb. ca. 450 in Bederiana (nahe dem heutigen Skopje), gest. 1. 8. 527 in Konstantinopel. J. diente sich in der Gardetruppe empor, wurde Patricius und nach dem Tod → Anastasius' I. Augustus (10. 7. 518). Er verständigte sich mit Papst → Hormisdas und verfolgte den → Monophysitismus. Kurz vor seinem Tod ließ J. seinen Neffen → Justinian zum Augustus ausrufen. H.-J.D.

Iustitia, die göttlich verehrte Gerechtigkeit (→ Personifikation), erscheint zuerst bei den Dichtern, für die sie der griech. → Dike, bes. etwa bei Hesiod und den Tragikern entspricht; am 8. Jan. 13 n. Chr. weihte ihr Augustus ein Heiligtum und ein Standbild (Fast. Praenest.; Ov. Pont. 3, 6, 23–26): diese I. Augusta verkörperte eine der → Tugenden, welche der in der Curie angebrachte goldene Schild offiziell dem Kaiser zusprach (die andern waren → virtus, → clementia und → pietas). Ein Priester der I. Augusta ist CIL VI 2250 (2. Jh.) bezeugt. Sie erscheint auf Münzen des Kaisers → Hadrian. H. Le B.

Justus → Fabius.

Iustus von Tiberias, im 1. jüd. Aufstand Mitstreiter, später Gegner des → Josephus (vita 34ff.; 336ff.); schrieb nach 70 die verschollenen Werke: ‹Geschichte der jüdischen Könige› (von Moses bis Herodes Agrippa II., dem er nach Vespasians Sieg in Galiläa diente) und ‹Jüd. Krieg›. R.M.

Iuturna, ursprünglich etrusk. Quellgottheit. Kultorte: ein Brunnen auf dem Forum Romanum beim Tempel von → Castor und Pollux; auf dem Marsfeld nahe beim Endpunkt der Aqua Virgo (Ov. fast. 1, 463 f.), ein Tempel, der von einem Lutatius Catulus (dem Konsul v. 102 v. Chr.?) am 11. Januar eines nicht bestimmbaren Jahres geweiht worden war (Serv. Aen. 12, 139). Das Wasser der I.-Quellen war heilkräftig (Varro ling. 5, 71). In der Sage erscheint sie als Schwester des → Turnus, den sie mehrfach gegen → Aeneas beschützt. H. Le B.

Juvenal (D. Iunius Iuvenalis), geb. 58 (60?) n. Chr. in Aquinum, gest. 138 (130?). Daten und Lebensumstände sind ungewiß; antike Berichte sind spät, meist aus dem Werk extrapoliert und völlig unzuverlässig bis auf die (aus dem Werk nicht zu erschließende) übereinstimmend berichtete Mitteilung, daß er wegen einiger gegen einen früheren Favoriten → Domitians, einen Tänzer, gerichteten Spottzeilen verbannt worden sei. Verbannungsort war wahrscheinlich eine entlegene Garnison in Ägypten; vermutlich erfolgte statt der milderen Relegatio die mit Vermögens- und Standesverlust verbundene Deportatio. Wahrscheinlich wurde er von → Nerva begnadigt. Von → Plinius (2) d. J. wird er nicht, von seinem Freund → Martial nur als Rhetor erwähnt, so daß die Angabe, er habe sich erst im mittleren Alter der → Satire zugewandt, zumindest auf die 100/128 erfolgte Veröffentlichung zutreffen dürfte. Wir besitzen 15 Satiren und das Bruchstück einer 16.; der Versuch, ihm nicht nur diese letzte, sondern noch mehrere andere (die zweifellos künstlerisch stark abfallen) als unecht abzusprechen, wird heute verneint. – J. ist der vehementeste Satiriker, den eine wahrscheinlich auf persönlicher Enttäuschung beruhende wie auch (ähnlich wie bei → Tacitus) aus dem traumatischen Erlebnis von Domitians Schreckensherrschaft stammende Verbitterung zum schonungslosen Gesellschaftskritiker (bes. der oberen Schichten) machte. Er ist zutiefst pessimistisch, doch bewahrt ihn sein grimmiger Humor, die Brillanz seiner epigrammatischen, in vielen Zitaten fortlebenden Formulierungen sowie seine geniale Gabe für scharf augenfällige, illustrierende Kleinmalerei lebendiger Szenen vor bloßem Predigen in der Art der stoischen → Diatribe. – In sat. 1 entwickelt er sein Programm: Entrüstung treibe ihn, das Laster (ohne Namensnennung lebender Zeitgenossen) anzuprangern. In sat. 2 und 9 beschreibt er in grellsten Farben sexuelle Ausschweifungen; in sat. 3 das nunmehr für einen anständigen Menschen unmöglich gewordene Großstadtleben. Sat. 4 (vielleicht aus 2 verschiedenartigen Entwürfen zusammengefügt) parodiert eine Kabinettssitzung unter Domitian; 5 beschreibt die Demütigungen des ‹Klienten›. Sat. 6, sehr lang und (wenn nicht durch Kopisten in Unordnung gebracht) ungegliedert, ist eine rasend-wütende, mit Obszönität, aber auch mit kaustischem Witz erfüllte suasoria gegen die Ehe und damit gegen die Weiber. 7 klagt über die Abwertung geistiger Berufe; 8 und 9 behandeln rhetorische Gemeinplätze: Belanglosigkeit des Geburtsadels, Nichtigkeit menschlicher Gebete. 11 predigt gegen die Völlerei, 12 gegen Erbschleicherei; 13 tröstet einen Freund über Geldverlust; 14 behandelt zuerst die Kindererziehung und wird dann zu einer Predigt gegen die Habsucht. 15 beschreibt einen in Ägypten erfolgten, von J. angeblich selbst bezeugten Fall von Kannibalismus; 16 begann mit einer satirischen Schilderung soldatischer Arroganz gegenüber dem Zivilisten. – Erst 2000 Jahre später wurde J. wieder ‹modern›: wer ihn als Kronzeugen ‹heidnischer Sittenverderbnis› hinstellt, verkennt das Wesen von Satire und Karikatur. H.C.S.

Ed: S. G. Owen (1903), 1907² – E. A. Housman (1905), 1931² – U. Knoche, 1950 – W. V. Claussen, 1962 – *Übers:* O. Weinreich, Röm. Satiren, BAW (1949), 1962² – *Lit:* G. Highet, J. the Satirist, 1954 u. 1961 (Lit) – Weiteres → Satire.

Iuvencus, spanischer Kleriker, dessen Evangelienharmonie in 3211 Hexametern (ca. 330 n. Chr.) Worttreue gegenüber dem Bibeltext mit Wortentlehnungen bei seinem Vorbild → Vergil zu einen suchte. C. A.

Lit: Altaner, 366f.

Iuvenis, junger Mann, zwischen adulescens und senior. Als Entsprechung des griech. → Epheben erweist sich I. in den Collegia Iuvenum, einer der → Ephebie vergleichbaren Einrichtung im Rom der Kaiserzeit. → Altersklassen. U. Sch.

Iuventas, die göttlich verehrte Jugendkraft (→ Personifikation), besaß eine antike Kapelle im Tempel des → Iuppiter Capitolinus; die jungen Leute opferten ihrer Beschützerin eine Münze, wenn sie die toga virilis zu tragen begannen. I. wurde → Hebe, der Gemahlin des Herakles und griech. Göttin der Jugend, gleichgesetzt; in dieser Eigenschaft erhielt sie 218 v. Chr. ein → Lectisternium, zur gleichen Zeit, da man zu Ehren des → Herkules eine → Supplicatio vollzog (Liv. 21, 62, 9). Ein Tempel wurde ihr i. J. 207 während des Kampfes gegen → Hasdrubal gelobt, verbrannte i. J. 16 v. Chr. und wurde von Augustus erneuert (Mon. Ancyr. 4, 8; Dio Cass. 54, 19, 7). H. Le B.

Lit: V. Spinazzola, Pompei, 1953, 135ff.

Iuxtaposition, Verbindung zweier Buchstaben ohne Schaffung einer neuen Buchstabenform (→ Ligatur). H. Hg.

Ixion, Sohn des → Lapithen → Phlegyas; von Dia Vater des → Peirithoos; ihren Vater Eioneus bringt er, als er den versprochenen Brautpreis holen will, heimtückisch um; den ersten Verwandtenmörder möchte niemand entsühnen. Schließlich tut Zeus es, macht ihn zu seinem Tischgenossen und unsterblich. Zum Dank sucht I. die Hera zu verführen, umarmt aber die von Zeus untergeschobene ‹Nephele› (Wolke): ihre Kinder oder Enkel sind die → Kentauren. Zur Strafe für seinen Frevel wird I. an ein feuriges Rad gebunden, das sich in der Luft oder nach späterer Sage im Hades, wo er einer der großen Büßer ist, immerfort dreht.

Lit: A. B. Cook, Zeus I 1914, 199ff. – Preller-Robert II 1, 12ff. – *Darstellungen:* Der von Schlangen bedrängte I. (eine andere Form seiner Strafe) wurde selten dargestellt. Häufiger begegnet (auf 2 att. und drei unterital. Vasen sowie röm. Wandbildern und Reliefs) der ans Rad geflochtene I. – *Lit. dazu:* Simon, ÖJh 42, 1955, 5–26 – Brommer 367 – C. Caprino, Issione, EAA IV, 1961, 243–245. K. Schb.

Iynx, Tochter des Pan und der Echo oder Peitho. Da sie Zeus zur Liebe zu sich oder der Io verleitete, von Hera in den Vogel I. (Wendehals) verwandelt, der an Rädchen gebunden und im Liebeszauber verwandt wird. Erstmals tat dies → Jason bei Medea (Pind. Pyth. 4, 380; Hesych s. v.).

Darstellungen: des Vogelrades (Iynx): K. Schefold, bei Furtwängler-Reichhold III, 1932, 333f. Vgl. J. de la Genière, REA 1958, 27. K. Schf.

Ka, ägypt. Bezeichnung für die Macht, die von jedem Wesen oder Ding ausgeht. Ursprünglich als sexuelle Kraft des Mannes angesehen, galt schon früh die unfaßbare ‹Wirkung› eines Menschen als sein Ka. Daher schrieb man das Wort mit einem Zaubergestus: den erhobenen, abwehrenden Händen, deren Daumen sich berühren. Zu Beginn des A.R. wurde der König zum alleinigen Träger des Ka, später sind es die Götter, die den Ka verleihen. In den Reliefs folgt gern dem König sein Ka in Menschengestalt, mit seinem → Horus-Namen auf dem Kopf, den der König bei der Thronbesteigung annahm. – Später besitzt jeder Mensch einen (oder zahlreiche) Ka, die nach seinem Tod aus seinen Statuen weiterwirken; ihm opfert man auch. – Das weibliche Gegenstück zu Ka sind die (mit gekreuzten Pfeilen geschriebenen) Hemuset. W. Hk.

Kabiren (*Κάβειροι*), Name einer oder mehrerer (2 oder 3) göttlicher Gestalten, deren Kult in der nördl. Ägäis weit verbreitet war und in Samothrake sein sehr altes Zentrum besaß. Kult und Name sind ungriechisch, wohl phrygisch (Stesimbrotos FGrHist 107 F 20). Der Name ist schon für die Griechen undeutbar gewesen, so daß auch über ihr Wesen nichts Sicheres auszumachen ist; antike wie moderne Spekulationen sind reine Hypothesen. Sie wurden wohl als mächtige Helfer bei der Landarbeit wie zur See angerufen. Der Kult wird in älterer Zeit rein barbarische Formen gehabt haben und erst allmählich gräzisiert worden sein, bezeichnenderweise als Mysterienkult. Das älteste Zeugnis überhaupt ist das Satyrspiel ‹Kabeiroi› des Aischylos (Fr. 95–97 N.), dann Hdt. 2, 51. Vom frühen 4. Jh. v. Chr. an verbreitet sich der Kult der K. von → Samothrake aus, doch panhellenische Bedeutung erhält er erst seit der Zeit → Alexanders d. Gr.; offenbar sind ihm die Könige des nahen Makedonien bes. zugetan gewesen (vgl. Plut. Alex. 2; Aemil. 23. 26; Lact. inst. 1, 15, 8). Von daher erklärt sich auch die schon im 3. Jh. v. Chr. (Plut. Marc. 30) vorgenommene sonderbare Identifizierung der K. mit den Stadtgöttern des alten Troja, die durch → Aeneas als → Penaten nach Rom gekommen sein sollen. Vor allem → Varro hat dies ausgebaut und bes. in der altertümlichen, ursprünglich ungriech. Bezeichnung der K. als *Θεοὶ μεγάλοι, Θεοὶ δυνατοί, Θεοὶ χρηστοί* Anknüpfungspunkte für den röm. Kult gesehen. – Der Kult der K. in Samothrake selbst und in der Nordägäis erhielt sich bis ins 2. Jh. n. Chr. O. G.

Lit: B. Hemberg, Die K., 1950 – B. Cardauns, Varro Curio de cultu deorum, 1960.

Kabirenvasen, Gattung der → böotischen Vasen. Blütezeit um 430–300, vorwiegend im Kabirenheiligtum bei Theben gefunden, häufig steilwandige Trinknäpfe mit Ringhenkeln. Der Dekor füllt meist nur die obere Hälfte des Gefäßes und ist schwarzfigurig. Außer Wein- und Efeuranken erscheinen Kabirenkultszenen, Symposien, Satyrn und Mänaden, burleske Tänze und Theaterszenen, Parodien von Mythen. Der Figurenstil ist karikaturhaft und flüchtig, nur vereinzelt wird hochklassisch-att. Stil nachgeahmt. Die Verwendung der K. war möglicherweise zunächst auf den → Kabirenkult beschränkt. I. Sch.

Lit: P. Wolters-G. Bruns, Das Kabirenheiligtum bei Theben, 1940.

Kachrylion, att. Schalentöpfer, tätig ca. 525–505, beschäftigte u. a. → Oltos, → Euphronios (1) und den → Euergidesmaler; führte als Neuerung das konvexe Profil der Fußplatte ein; schuf die von Euphronios bemalte Leagros-Reiterschale, München 2620. I. Sch.

Lit: H. J. Bloesch, Formen att. Schalen, 1940, 45–50.

Kadirli in Kilikien, das alte *Flaviopolis?* Wenige röm. Reste; ein von einem trib. mil. der Legio VI Ferrata errichteter Grabstein und eine Bronzestatue Hadrians. E.-M. B.

Lit: H. Th. Bossert, U. B. Alkım, Karatepe, Kadirli ve Dolayları, 1947, 17 ff.

Kadmos, Sohn des → Agenor (oder → Phoinix, 2), kommt, auf der – vergeblichen – Suche nach → Europa durch die halbe Welt (daher in Thera, Rhodos, Samothrake, Kreta als Stadtgründer angesehen), bis er in Thrakien seine Mutter Telephassa verliert und in Delphi den Auftrag erhält, einer Kuh zu folgen und dort, wo sie sich niederlege, eine Stadt zu gründen: ‹Kadmeia›, die Burg von → *Theben*, in ‹Boio-tien›. K. erschlägt dort einen heiligen Drachen, der ihm einige Gefährten beim Wasserholen getötet hat, sät auf Rat Athenes dessen Zähne in den Boden, aus dem darauf bewaffnete Männer wachsen (vgl. → Jason), die er sich gegenseitig umbringen läßt, bis auf fünf, die ‹*Spartoi*›, die Stammheroen der Thebaner (darunter Echion). Für den Drachenmord muß K. dem Ares ein (bzw. 4 oder 8) Jahr Sklavendienste leisten, bekommt dann aber dessen und Aphrodites Tochter *Harmonia* zur Frau. Bei der Hochzeit sind alle Götter und die Musen anwesend (Hes. theog. 937. 955 ff.; Pind. Pyth. 3, 90 f.; vgl. → Peleus) und bringen Harmonia Peplos und Halsband als prächtiges Geschenk (es ist aber von Athene und Hephaistos aus Haß auf Aphrodite vergiftet und bringt allen künftigen Besitzern Verderben). Die Kinder: Ino (∞ → Athamas), → Semele, → Agave, Autonoë, Polydoros. Nach glücklicher Regierung (K., der Phönizier, lehrt die Böotier das Alphabet; vgl. Hdt. 5, 59; → Schrift B) überlassen K. und Harmonia → Pentheus die Herrschaft, besiegen mit den Encheleiern die → Illyrier (nach K.' spätgeborenem Sohn Illyrios benannt) und herrschen dort. Später, nach Eur. Bakch. 1330 ff.; Ov. met. 4, 563 ff., in Schlangen verwandelt.

Darstellungen: Tötung des Drachens durch K. mehrfach auf Vasen, bes. auf att. rotfigurigen und italischen (Brommer 339 f.), sowie einem etrusk. Spiegel (Mon. Inst. VI, Taf. 29, 2). Hochzeit von K. und Harmonia auf 2 schwarzfigurigen Vasen (K. Schauenburg, Gymn. 64, 1957, 210–230). K. auch mehrfach auf Münzen (Crusius, ML II, 870 ff., s. v. Kadmos) – *Lit. dazu:* A. de Franciscis, Cadmo, EAA II, 1959, 249 f. – F. Vian, Les origines de Thèbes, 1963. K. Schb.

2. **K. von Milet,** von Dion. Hal., Strabon und Josephus als einer der ältesten griech. Historiker bezeichnet, soll nach → Suidas s. v. eine Geschichte der Gründung von Milet und der Besiedlung Kleinasiens in vier Büchern geschrieben haben. Alles ganz ungewiß; keine Spuren erhalten. K. v. F.

Q. u. Komm: FGrHist 489 – *Lit:* F. Jacoby, RE 10, 2 (1919), 1473–76.

Käfer. Unter den zahlreichen im Mittelmeerraum und in den Nachbargebieten verbreiteten K.-Arten (*κάραβος, κάνθαρος*, scarabacus) ragt an Bedeutung der heilige Mist-K. Ägyptens hervor, der durch Übereinstimmung seines Namens mit dem Wort für die werdende (aufgehende) Sonne zum Symbol des Sonnengottes wird. Damit verbindet sich die Vorstellung, daß der K. durch Urzeugung von selbst aus der zum Schutze der Eier gedrehten Mistkugel entstehe. In der antiken Religion fehlt die für Ägypten charakteristische Bedeutung des Mist-K.s, wiewohl Skarabäen als magische Amulette weit verbreitet waren. Dagegen ist der K. in Sprichwort und Fabel vertreten. Von ihm ist der gemeine Mist-K. (*μηλολόνθη*) zu trennen. Abwehrende Bedeutung hatte auch der Hirsch-K., den man Kleinkindern zum Schutz gegen den bösen Blick anhängte. Als Zeitzeichen für sommerliche Landarbeit galt das Erscheinen des Leucht-K.s. Als Schädling bekämpfte man den Kornwurm (*κίς, τρώξ, σάραξ*, curculio), ebenso die Kanthariden, deren Name verschiedene K. an Reben, Öl- und Obstbäumen bezeichnet, vor allem aber die span. Fliege, deren Gift als Heilmittel galt. Zur Bekämpfung der Kanthariden nutzte man das laute Zirpen des Holzbocks, der an Ölbäumen festgebunden wurde. Oft wurden K.-Larven verwechselt mit den Holzbohrwürmern (*τερηδόνες, θρίπες*, termites), deren Klopfen das nahe Ende von Gebäuden ankündigen konnte. Vgl. → Fauna, → Insekten. J. W.

Lit: Keller, Tierwelt II 406–415 – H. Gossen, RE 10, 2 (1919), 1478–89 (Quellen!) – Ders., RE Suppl. 8 (1956), 235–242 – K. Schefold, Mw, 10.

Käse spielte während des gesamten Altertums eine große Rolle, u. a., weil Milch im warmen Klima anders nicht haltbar war. Die Herstellung wird von Homer in der Polyphem-Episode (Od. 9, 246 ff.) und von den röm. → Landwirtschaftsschriftstellern (Varro rust. 2, 11, 3 f.; Colum. 7, 8) nach den gleichen Richtlinien geschildert. Die Milch wird durch Erwärmen zum Gerinnen gebracht; als Käselab dient teils tierischer Lab (Chymosin) oder Saft vom Feigenbaum. Danach wird der K. von der Molke abgeseiht, die als Schweinefutter Verwendung findet, und auf verschiedene Weise zubereitet: er kann frisch gegessen werden (manu pressus) oder wird in Formen gepreßt und gelagert, geräuchert, gesalzen, evtl. gewürzt. Viele verschiedene Sorten, häufig örtlich geprägt (s. bes. Plin. nat. 11, 240 ff.), waren bekannt. Schaf- und Ziegen-K. wurde dem aus Kuhmilch hergestellten K. vorgezogen. J. E. Sk.

Kaineus, → Lapithe, ursprünglich ein Mädchen (Kainis), von Poseidon als Dank für ihm gewährte Liebe in einen unsterblichen und unverwundbaren Mann verwandelt; → Argonaut. Beim Kampf der Lapithen und → Kentauren mit Felsen und Ästen in die Erde gestampft; nach anderer Sage veranlaßt durch Zeus, weil K., gottlos, nur seinen eigenen Speer verehren wollte.

Lit: Preller-Robert II 1, 10 ff. – Delcourt, RHR 144, 1953, 129 ff. – *Darstellungen* (beliebt): s. zu → Kentauren. K. Schb.

Kairos. Der Begriff *καιρός*, der das richtige Maß, bes. den richtigen (entscheidenden, kritischen) Zeitpunkt, endlich jede qualifizierte Zeitspanne meint, ist Homer noch fremd und erscheint zuerst in einem als isolierte Gnome vielzitierten Vers Hes. erg. 694 (vgl. Theogn. 401–406), von Pindar an sehr häufig. → Personifikation zuerst in einem Hymnos des → Ion (2) v. Chios, der ihn zum jüngsten Sohne des Zeus machte (Fr. 14 B.). In Olympia hatte K. einen Altar (Paus. 5, 14, 9). Ein, freilich ins Spielerische abgleitendes, Kultbild des K. wird auch die berühmte K.-Statue des → Lysippos gewesen sein, von der wir nicht nur Beschreibungen (bes. Poseidipp. AP 16, 275), sondern auch Nachbildungen besitzen: der Gott lief auf den Zehen, mit Flügeln am Fuß, in der rechten Hand ein Messer, mit einem Haarschopf auf der Stirne und kahlem Hinterkopf. Es ist eines der frühesten Beispiele allegorischer Ausgestaltung einer Gottheit. O. G.

[2] In der → Rhetorik (bes. B 2) bezeichnet K. (tempus speciale: Quint. inst. 5, 10, 43, oder occasio: Cic. inv. 1, 40) als ein Hauptgesichtspunkt der → Topik innerhalb der rhetor. → Argumentation die sei es periodisch, sei es unregelmäßig auftretenden Zeitverhältnisse. Der K., von Gorgias bereits beachtet, erhielt durch Theophrast einen zentralen Platz in der Definition der Rhetorik. H. H.

Lit: J. Ch. Th. Ernesti, Lexicon technol. Graec. rhetor., 1795 (Nachdr. 1962), 165 f. – R. Stark, La definizione Teofrastea della retorica, Maia 10, 1958, 101–105 – Lausberg, I 212 f. – Kennedy, Persuasion, 66 f. – H. Hommel, in: Die alten Sprachen 4, 1939, 262 f. (Lit).

Kaisareia → Caesarea.

Kaiser → Caesar, → Princeps.

Kaiserkult → Herrscherkult, → Romkult.

Kaiserzeitliche griechische Dichtung

A. Allgemeine Charakteristik – B. Gattungen: [1] Epos – [2] Lehrgedicht – [3] Lyrik – [4] Epigramm.

A. Allgemeine Charakteristik. [1] Ihren *geschichtlichen Ort* innerhalb der Gesamtentwicklung der griech. Literatur (I A 4) hat die Dichtung der Kaiserzeit zwischen der → hellenistischen und der byzantinischen. Als ungefähre zeitliche Grenzen lassen sich das Aufgehen Griechenlands im römischen Weltreich (seit 27 v. Chr. Provinz) sowie das Ende des weströmischen Reiches (476) bzw. die Regierungszeit → Justinians (527–565), unter dem Byzanz endgültig das Erbe Roms antritt, ansetzen. Dieser in erster Linie durch die politische Geschichte des Mittelmeerraumes nahegelegten Einteilung entspricht jedoch, obwohl die angegebenen Daten im kulturellen Bereich naturgemäß weniger einschneidend sind, auch eine ausgeprägte geistige Eigenart, die es erlaubt, die griech. Dichtung dieser Zeit als eigenständige Erscheinung aufzufassen und darzustellen. Entscheidend ist zunächst, daß im Verlauf der politischen Entwicklung die Bedeutung des griech. Mutterlandes weiter zurücktritt und die Griechenstädte Kleinasiens und Ägyptens, die schon in hellenist. Zeit das literarische Geschehen weithin bestimmt hatten (→ Alexandria), vollends tonangebend werden. Zugleich öffnet sich die griech. Welt immer mehr dem Osten und erfährt von ihm aus starke und tiefgreifende Einflüsse, die zur Entfaltung einer ganz neuartigen, mit orientalischen Elementen durchsetzten Ideenwelt führen. Schreitet einerseits eine natürliche Erstarrung unaufhaltsam weiter fort, so treten auf der anderen Seite, gerade durch die ständige Begegnung mit dem Osten, gewaltige Spannungen auf, die im Gegensatz zur älteren Zeit nicht auf Einzelerscheinungen beschränkt bleiben, sondern das gesamte geistige Leben durchziehen und beherrschen: leidenschaftliche Sinnenfreude und nicht weniger leidenschaftlich verfochtene Askese stehen sich ebenso schroff gegenüber wie dürrer Rationalismus und mystische Spekulation. Die religiöse Dichtung spielt, der Bedeutung der → Mysterienkulte entsprechend, eine große Rolle: orphische Epik (Theogonie, Argonautika) und Hymnen suchen orphische und orientalische Frömmigkeit zu vereinen (→ Orphische Literatur), in → Orakelsammlungen wie den → Chaldäischen und → Sibyllinischen Orakeln treten philosophische Elemente hinzu. Daneben beginnt die Auseinandersetzung des siegreich vordringenden Christentums mit dem zäh sich behauptenden Heidentum immer spürbarer zu werden (→ Sibyllinische Bücher; vgl. → Tübinger Theosophie).

[2] Äußerlich bietet sich in der Dichtung zunächst das Bild einer kontinuierlichen Entwicklung, innerhalb deren bewußt oder unbewußt mit den alten Formen weitergearbeitet wird. Wie schon im Hellenismus, so stehen auch jetzt alle *Literaturformen* nebeneinander (vom Drama der Kaiserzeit wissen wir freilich so gut wie nichts) und entfalten gleichzeitig ein üppig wucherndes Leben. Hatte sich jedoch die → hellenist. Dichtung (A) im Bewußtsein einer erdrückenden Tradition z. T. programmatisch der kleinen und aufs äußerste verfeinerten Form zugewandt (→ Kallimachos, 3), so ist nun ein Zug ins Maßlose und Übersteigerte unverkennbar, der sich nicht nur im Umfang der dichterischen Schöpfungen dieser Zeit, sondern auch in der Wahl der Themen und in der Art ihrer Gestaltung ausdrückt. Das Interesse am Psychologischen wächst, oft bis zur Freude an der Darstellung seelischer Ausnahmezustände, das Erotische in allen Spielarten übt einen unwiderstehlichen und immer wieder ausgekosteten Reiz, und in Spiel oder Pathos erstickt zumeist jede echte Empfindung. Die Entwicklung im einzelnen kann nur im Rahmen einer differenzierenden Gattungsgeschichte (s. u. B.) angemessen dargestellt werden. Gleichwohl läßt sich für gewisse Zeiträume eine einheitliche, alle dichterischen Formen erfassende Haltung aufweisen, so für die archaisierende und klassizistische Bewegung im 2. Jh. (→ Redner I D), die Erneuerungsbestrebungen Julians im 4. Jh. oder die auf der Grenze zum Byzantinischen stehende Renaissance unter Justinian.

B. Geschichte nach Gattungen. [1] *Epos.* Eine Flut von Groß- und Kleinepen ergießt sich über das literarisch interessierte Publikum. Wenn auch mythologische Stoffe weiterhin im Vordergrund stehen, so werden doch auch historische Themen aus Vergangenheit und Gegenwart häufig episch behandelt. Neben Darstellungen des Dionysoszuges nach Indien (→ Soterichos, → Dionysios (3a), → Nonnos) stehen Alexanderepen (→ Arrian (1), → Soterichos). Über hier hergestellte Beziehungen (Zug des Dionysos als mythische Spiegelung des Alexanderzuges) vgl. → Nonnos. Beliebt sind epische Beschreibungen (sog. → Ekphraseis) von Statuensammlungen, Gemälden oder Gebäuden (→ Christodoros, → Johannes (6) v. Gaza, → Paulus (3) Silentiarius). Oft artet das Schaffen dieser Dichter in bloße Spielerei aus, wie in der *Ἰλιὰς λειπογράμματος* des → Nestor (2) v. Laranda, zu der die Odyssee des → Triphiodoros ein Gegenstück bildete. Nestors Sohn → Peisandros (3) gibt mit seinem 60 Bücher umfassenden mythologischen Riesenepos über Liebesverbindungen zwischen Göttern und Heroen die umfangreichste Dichtung des Altertums. All das ist bis auf geringfügige Reste verlorengegangen. Vollständig besitzen wir nur die Posthomerica des → Quintus v. Smyrna (nicht ihrer Bedeutung wegen, sondern lediglich dank des Interesses am Stoff) und die Dionysiaka des Nonnos, die bedeutendste epische Dichtung des ausgehenden Altertums, die in der individuellen Ausprägung einer produktiven Natur alle wesentlichen Züge der Kunst dieser Spätzeit wie Maßlosigkeit in Form und Darstellung, Vorliebe für das Psychologische und eine starke Empfindung für die intimen Reize des Erotischen aufweist. Darin, daß sich fast alle auf Nonnos folgenden Dichter mehr oder weniger eng an ihn anschließen (→ ‹Pamprepios›, Triphiodoros, → Musaios (3), → Kolluthos, Johannes von Gaza, Paulus Silentiarius), verrät sich die Stärke seines Einflusses, aber auch das allmähliche Erlahmen der schöpferischen Kraft.

[2] Das *Lehrgedicht* knüpft zunächst unmittelbar an die in der → hellenist. Dichtung (C 2) ausgebildete Gattung an. Neben echter Lehrdichtung steht das artistische Bemühen, eine sachlich schwierige Materie dichterisch zu bewältigen, aber auch plump dargebotene Populärwissenschaft. Kein Wissensbereich bleibt von der Behandlung ausgeschlossen: Grammatik (→ Philemon (3), → Helladios, 2), Medizin (→ Marcellus v. Side, Nestor von Laranda), Geographie (→ Dionysios (8) Periegetes) und Astronomie (→ Dorotheos (2) v. Sidon) finden ebenso ihre Darstellung wie Zoologie (→ Timotheos, 4), Fischfang oder Jagd (→ Oppian). In gewisser Hinsicht gehören hierher auch die hexametrischen Bearbeitungen von Bibeltexten wie die dem → Apolinaris (2) von Laodikeia zugeschriebene Psalmenparaphrase, → Nonnos' Metabole des Johannesevangeliums oder die (verlorenen) Bibeldichtungen der Kaiserin → Eudokia.

[3] Auch die *Lyrik* lebt in den alten Formen fort. In den wenigen uns erhaltenen Resten herrscht zumeist ein spielerischer Ton vor, so in der Sammlung der → Anakreonteen, die über den Rang des tändelnden → Gelegenheitsgedichts nicht hinausreichen. Wichtig ist die Hymnendichtung, von der wir in den Hymnen des → Mesomedes (z. T. mit Notationszeichen erhalten) einige interessante Stücke besitzen. Bezeichnend für das religiöse Fühlen dieser Zeit und seine Ausdrucksformen ist, neben den → Chaldäischen Orakeln und den → Sibyllinischen Büchern, die → orphische Dichtung, insbes. die Sammlung der orphischen Hymnen, wohl das Kultbuch einer kleinasiatischen orphischen Gemeinde. Am Ende der antiken Hymnendichtung stehen die auf der Grenze zwischen Neuplatonischem und Christlichem sich bewegenden Gedichte des → Synesios und die ergreifenden, von tiefer persönlicher Frömmigkeit getragenen Hymnen des neuplatonischen Philosophen → Proklos.

[4] Am geschlossensten läßt sich das dichterische Schaffen der Kaiserzeit dank der gewaltigen Sammlung der Anthologia Palatina (→ Anthologie) auf dem Gebiete des *Epigramms* überblicken. Insofern es sich hier um eine fest vorgegebene Form handelt, die doch zugleich dem persönlichen Ausdruck einen verhältnismäßig weiten Raum läßt, kann es geradezu als repräsentativ gelten. Am Eingang stehen Männer wie der improvisierende Antikallimacheer → Antipatros (5) v. Thessalonike, der preziös-manierierte → Antiphilos (2) v. Byzanz und der experimentierfreudige Gelegenheitsdichter → Krinagoras von Mytilene. Im 1. Jh. n. Chr. ragen der pointenreiche → Philippos (7) von Thessalonike, der durch seinen Einfluß auf → Martial wichtige Vertreter des Spottepigramms → Lukillios und die Verfasser poetischer Spielereien → Leonidas (3) von Alexandria und → Nikodemos von Herakleia hervor. Im 2. Jh. dichtet → Straton (3) von Sardes seine zahllosen Paiderotika. Vielleicht ins 4. Jh. gehört der Verfasser mathematischer Rätselgedichte → Metrodoros (1). Um 400 n. Chr. erweckt → Palladas mit seinen epideiktischen, protreptischen und skoptischen (d. h. Spott-) Epigrammen die Gattung nach langer Unbedeutendheit zu neuem Leben. Eine letzte Blüte bringen die schon auf der Grenze zur byzantinischen Literatur stehenden Epigrammatiker der Justinianzeit, vor allem Paulus Silentiarius, → Agathias und der Präfekt → Julianus (1) v. Ägypten. E. V.

Lit: Lesky, 862–875 – W. Theiler, Die Wandlung des griech. Denkens, Historia Mundi 4, 1956, 377–396 – P. Friedländer, Vorklassisch und Nachklassisch, in: Das Problem des Klassischen und die Antike, hg. von W. Jaeger (1933), 1961², 33–46 – A. Wifstrand, Von Kallimachos zu Nonnos, 1933. – Heitsch, 11–16.

Kalabrien, im Altertum bis um 670 n. Chr. Name der südöstl. Halbinsel Italiens (Kt. 1420 H I 7), dann erst auf die südwestl. Halbinsel, das heutige K., übertragen. Megalithische Denkmäler des Aenolithikums. Um die Wende vom 2. zum 1. Jt. Einwanderung illyrischer Stämme über See, die in historischer Zeit Iapyges oder Messapii genannt werden und in die Sallentini auf der West- und Calabri auf der Ostseite unterteilt werden. Nach der Gründung → Tarents 706/705 gerät K. unter griech. Einfluß. 272/266 unterliegt es im Kampf mit Rom. 244 Ausbau von → Brundisium als Ausgangshafen nach Griechenland und dem Orient. An weiteren Städten sind zu nennen: Tarent, Caelium, Uria, Manduria, Valesium, Rudiae, Lupiae, Neretum, Hydruntum, Uxentum, Veretum, Leuca. B. A.

Lit: Nissen, II 861 ff.

Kalais und Zethes → Boreaden; vgl. → Argonauten.

Kalamis, Bildhauer panhellenischer Bedeutung, wahrscheinlich aus Böotien. Die Blütezeit des berühmten K. fällt wohl ins 2. Viertel d. 5. Jh.s v. Chr. Denn er hat 467 v. Chr. mit → Onatas zusammen gearbeitet, und sein Ammon in Theben scheint noch vor 460 v. Chr. entstanden zu sein, und seine Aphrodite von der Akropolis steht vielleicht mit dem Kalliasfrieden von 449 v. Chr. in Verbindung. Er hat vor allem in Erz, aber auch in Goldelfenbein und Marmor gearbeitet. Mehrere Werke von ihm standen in Böotien (Ammon, Dionysos und Hermes), der mythische Fürst Iphitos in Phokis; in Athen wird außer dem Apollon Alexikakos eine Sosandra genannt, die vielleicht mit der von Kallias geweihten Aphrodite identisch ist. Weitere Werke in Sikyon, Sparta, Olympia und Delphi, ein Apollon Iatros von 30 Ellen Höhe in Apollonia am Pontos. – Man glaubt, den sog. Omphalos-Apoll (Brunn-Bruckmann 42) auf den Alexikakos des K. beziehen zu können, und schließt daran den ehernen Poseidon vom Kap Artemision in Athen an. Die sog. Aspasia (Lippold, GrPl 102, Taf. 32, 2) kann aber mit der Aphrodite-Sosandra kaum identisch sein, da kein Anlaß besteht, die bei diesem Statuentypus auch epigraphisch beglaubigte Deutung auf die Europa zu bezweifeln. Die Zuweisung des großartigen Kasseler Zeus-Ammon-Typus an denselben K. bleibt infolge der Zeitstufe dieses Werkes (um 440) problematisch. Gewisse Nachrichten haben die Existenz eines jüngeren K. nahegelegt, der freilich kaum vor 400 gearbeitet hätte. E. Bg.

Lit: Lippold, GrPl, 110–112 – Marcadé I 39–44 – J. Frel, Un document nouveau sur l'Apollon de K., Bulletin Bulgare 21, 1957, 203–209 – P. Orlandini, EAA IV, 1961, 291–294 Nr. 1 u. 2 – E. Berger, Antike Kunstwerke in Kassel, 1961, Nr. 3, S. 9–11; 41.

Kalathos, zylinderförmiger, nach oben sich kelchartig öffnender Korb. Durch Frauengemachbilder als Wollkorb bezeugt. Heute Name für Tongefäße dieser Form (Kratere mit Ausguß am Bodenrand), für den Kopfschmuck weibl. Gottheiten und den massiven Kern des korinthischen → Kapitells. I. Sch.

Lit: R. T. Williams, An Attic Red-Figure Kalathos, AntK 4, 1961, 27–29.

Kalaureia, heute Poros, Insel im saron. Golf vor der N-Küste der argol. → Akte (Kt. 1152 D 5), zum Gebiet von → Troizen gehörig. Berühmtes → Poseidonheiligtum, um

520 erbaut, in dem man später das Grab des → Demosthenes (1) zeigte. Mittelpunkt einer sehr alten → Amphiktyonie (Mitglieder: Hermione, Epidauros, Aigina, Athen, Prasiai, Nauplia, Orchomenos). E.M.

Lit: G.Welter, Troizen u. K., 1941.

Kalbträger, archaische Statue eines bärtigen Mannes, der auf den Schultern ein Stierkalb als Votivgabe trägt: nach der Inschrift auf der rechteckigen Basis die Weihung eines (Rh)ombos (der erste Buchstabe des Namens ist nicht erhalten), d.h. also wohl des Dargestellten selbst. Um 570 vor Chr. – H. 1,65 m. Athen, Akropolismuseum Nr. 624. E.Bg.

Lit: Lippold, GrPl 37, Taf. 10,2 – W. Schiering, Der K., in: Opus Nobile 11, 1958.

Kalchas, Sohn des Thestor, Vogelschauer und Seher der Griechen im → Trojan. Krieg. Verlangt die Mitnahme des → Achilleus, in Aulis die Opferung der → Iphigenie, vor Troja die Rückgabe der → Chryseïs, die Einholung des → Philoktet usf., nach späterer hellenist. Dichtung auch die List mit dem hölzernen Pferd (Verg. Aen. 2, 185 f.). Älter das Zusammentreffen auf der Rückfahrt mit dem Seher → Mopsos, der K. im Wettstreit besiegt. K. stirbt darauf aus Kummer.

Darstellungen: mehrfach im Zusammenhang mit der Opferung der → Iphigenie (s.d.). Geflügelt auf dem etrusk. Spiegel bei R. Herbig, Götter und Dämonen der Etrusker, 1948, Abb. 43. K.Schb.

Kalchedon (Chalcedon; Kt. 1152 I1; h. Kadiköy), bithyn. Stadt am Südausgang des Bosporus. Angebliche Gründung von Megara aus. Seit dem Ende des 5. Jh.s enge Beziehungen zu Byzantion; 493 v. Chr. flieht die Bevölkerung vor den anrückenden Persern auf die Schiffe. 365 n. Chr. zerstört Valens die Stadt und baut aus ihren Steinen den Valensaquädukt in Konstantinopel. 451 das Konzil von K. R.F.

Lit: H. Merle, Gesch. der Städte Byzantion und K., 1916.

Kalchu (im AT Kalach; heutige Ruine Nimrud; Kt. 1925 C2), assyr. Stadt, oberhalb des Oberen Zab am Tigris gelegen. Von → Salmanassar I. gegründet, dann lange verlassen. Hauptstadt Assyriens unter → Aššurnaṣirpal II. und → Salmanassar II. Die von Mauern umgebene Stadt erstreckte sich auf einer Fläche von 2100 × 1670 m, die Residenz lag in der SW-Ecke. 6 große Paläste, teilweise mit Reliefplatten geschmückt. Im ‹Burnt Palace› im SO wurden wertvolle Elfenbeinarbeiten geborgen, im Thronraum nahe dem Nabû-Tempel außerdem die großen Tafeln mit den Verträgen → Asarhaddons mit 9 Mederfürsten. Im NW liegt die → Ziqqurrat mit den Tempeln der → Ištar und des → Ninurta. In der SO-Ecke des Stadtgebietes wurde eine große Palastanlage, ‹Fort Salmanassar› genannt, aufgedeckt, die vor allem als königliche Waffenkammer und Lager für alte Möbel diente. Deren Reste, meist die Verzierung aus Elfenbein, geben wertvolle Informationen über den Kulturaustausch, da die teilweise überraschend schönen Stücke jeweils phön., aram. oder assyr. Werkstatt verraten. N. wurde 612 von den Medern erobert und zerstört. Vgl. → Mesopot. Reiche K. W.R.

Kaleb, eponymer Ahnherr des zum Verbande der Kenizziter gehörigen Stammes der *Kalibbiter,* deren Wohnsitze seit dem 13./12. Jh. v. Chr. auf dem südpalästinischen Gebirge um die Stadt *Hebron* (el-ḫalīl) gelegen haben (Num. 13; 14; Dtn. 1, 22–46; Jos. 14, 6–14). In vorstaatlicher Zeit gehörte K. wahrscheinlich zu einem Sechsstämmebund ‹Juda› mit religiösem Zentrum in Mamre (ḥarām rāmet el-ḫalīl). Nach der Staatenbildung unter David war K. Teil des Südreiches Juda. Vgl. → Judentum A [5]. H.Dn.

Lit: M. Noth, Eine siedlungsgeograph. Liste in 1. Chr. 2 und 4, ZDPV 55, 1932, 97–124.

Kaledonien (Caledonia), Bezeichnung für das ‹innere Britannien› (Flor. epit. 1, 45, 18 u.a.), meist aber für Nordengland und vor allem für Schottland jenseits der Bodotria/Firth of Forth (Tac. Agr. 25), in seiner Lage erst von Ptolemaios (2, 3, 8) genau beschrieben. Die kelt. *Kaledonier* wurden von → Agricola geschlagen, nicht aber unterworfen; im Jahre 197 brachen sie einen Vertrag mit Rom und fielen in die Provinz ein; der Nordfeldzug des Severus (209) gegen sie und die sog. Maeaten zwang sie zu bedingungsloser Übergabe, die sie 211 nach neuem Aufstand wiederholen mußten. Später in den Pikten aufgegangen.

Kalendae, 1. Monatstag. Im altröm. lunaren → Kalender (D 3) der Tag, an dem der Pontifex minor zuerst die neue Mondsichel wahrnahm und je nach ihrer Breite durch Abrufen (calare) der Formel ‹*kalo Iuno Covella*› dem vor der Curia Calabra auf dem Kapitol versammelten Volke verkündete, ob 5 oder 7 Tage bis zu den → Nonae zu zählen seien. H.Kal.

Kalender

A. Das ägypt. Jahr – B. Babylon. K. – C. Griech. K. – D. Röm. K.

A. Das ägypt. Jahr. [1] In historischer Zeit ein *Wandeljahr* mit 365 Tagen, umfaßt 12 Monate zu 30 Tagen und – außerhalb des eigentlichen Jahres – die ‹hinzukommenden› 5 Epagomenen, im Alten Reich am Anfang, seit dem Neuen Reich am Ende des Jahres (vgl. Plut. De Is. 12). Tage innerhalb des Monats durchgezählt, ebenso die 4 Monate in den 3 Jahreszeiten: Überschwemmung, Aussaat (Winter), Ernte (Sommer). Ältere ägypt. → Monatsnamen z.T. nach jahreszeitlichen oder landwirtschaftlichen Vorgängen (‹Brand› = Heizperiode?) bezeichnet, die jüngeren (namentlich bezeugt seit dem 16. Jh. v. Chr., später von Griechen und Kopten übernommen) fast ausschließlich nach Monatsfesten (Phamenoth = Fest des vergöttlichten → Amenophis I.).

[2] Ursprünglich bestand der ägypt. K. aus dem *Naturjahr* mit den 3 Jahreszeiten. Dieses dauerte vom Beginn einer Nilschwemme bis zur nächsten, entsprach daher mit etwa durchschnittlich 365 Tagen dem Sonnenjahr, da die Nilschwemme durch Schneeschmelze in Äthiopien verursacht ist. Hinzu kam die Beobachtung, daß der Eintritt der Überschwemmung etwa mit dem Frühaufgang der Sothis (= Sirius) zusammentraf (Sothis ‹schenkt› das neue Jahr: Pyramidentexte der 5. Dyn., ‹Bringer des Nils›: Plut. De Is. 38). Das Naturjahr richtete sich also wie andere → Bauern-K. nach Jahreszeiten und Gestirnen.

[3] *Schematische Unterteilung* desselben (s.o. 1) zu Beginn der historischen Zeit, wohl zu Verwaltungszwecken (das ägypt. Finanzjahr hat 360 Tage): Länge auf 365 Tage fixiert, hierbei die Differenz zum Sirius- und Sonnenjahr (= 365 ¼ Tage), die zunächst kaum bemerkbar war (10 Tage in 40 J.!), vernachlässigt. Dadurch eilt das ägypt. Jahr dem wahren Sonnenjahr um ¼ Tag voraus; Neujahr (1. Thot) löst sich von Nilschwelle und Siriusaufgang, durchwandert rückwärts alle Jahreszeiten und fällt erst nach jeweils 1460 (= 4 × 365) Jahren wieder mit ihnen zusammen. Diese *Sothisperioden* begannen 139/142 n. Chr. (Cens. 21) und (mit astronomisch bedingten Fehlergrenzen) 1320/17, 2780/73, 4231 v. Chr. Die Sothisperiode ist also das Ergebnis der Systematisierung des ägypt. K.s, seine Einführung daher zu Beginn einer solchen, wahrscheinlich um 2772 v. Chr. (ca. Beginn der 2. Dyn.) anzunehmen.

[4] Neben dem bürgerlichen Wandeljahr bestand ein *Mond-K.* für die an die Jahreszeiten gebundenen agrarischen Feste, von Zeit zu Zeit (seit dem 4. Jh. v. Chr. in 25-jährigem Zyklus) interkaliert. Der Sothisaufgang durchlief in 1461 ägypt. Jahren den gesamten K.; das Datum des Wandeljahres für ‹Hervorgehen der Sothis› (Sothisfest) wurde offiziell angesagt; überlieferte ‹Sothisdaten› ermöglichen Absolutdatierungen für das Mittlere und Neue Reich (→ Zeitrechnung A 5b).

[5] Die *Unvollkommenheit* ihres K.s war den Ägyptern bekannt; ein Reformversuch → Ptolemaios' III. Euergetes 238 v. Chr. (Einschaltung eines 6. Epagomenentages alle 4 Jahre) wurde durch die konservative Priesterschaft vereitelt. Der *Vorzug* des ägypt. K.s ist die Regelmäßigkeit, keine Datierungsschwierigkeiten und Schaltungen. Ägypt.

Wandeljahr vielleicht von Persern (neben ihrem babylon.) übernommen, Grundlage des → Julianischen K.s (s. u. D 5; 26 v. Chr. in Ägypten eingeführt); ein ähnliches Jahr im spätantiken Kappadokien und Armenien.

B. BABYLON. K. [1] Der babylon. K. kannte wie der frühgriech. und altröm. K. ein reines *Mondjahr*. Der *Monat* wurde ursprünglich mit dem ‹Neulicht› (erstes Erscheinen der jungen Mondsichel) begonnen, Beobachtungsschwierigkeiten (Bewölkung) führten zu Monaten wechselnder Länge. Da aber nach der Erfahrung 1 Mondperiode 30 Tage hat, konnten die Monatsanfänge unabhängig von der Beobachtung des Neulichts festgelegt werden: Die Sumerer begannen den neuen Monat im 3. Jt. am 30., spätestens 31. Abend (→ Tag). Dies ergab Monate zu 29 und 30 Tagen, die in unregelmäßiger Folge abwechselten. Die → Monatsnamen, großenteils auf jahreszeitliche und landwirtschaftliche Vorgänge hinweisend, gehen zurück auf den K. der Stadt Nippur, der wahrscheinlich unter → Hammurapi andere Lokal-K. (Lagaš, Ur, Umma) verdrängte; sie erscheinen in Ugarit um 1400 und wurden von den Juden seit dem babylon. Exil (ab 587) übernommen.

[2] Die *Tage* innerhalb eines Monats durchgezählt. Existenz der *Woche* unsicher, eine Vierteilung des Monats entsprach den Mondphasen (vielleicht bestand auch Sechsteilung [Sexagesimalsystem] in 5tägige Geschäftswochen).

[3] 12 Monate zu 29 und 30 Tagen bildeten das *Jahr* (Beginn meist mit Nisānu = März/April). Sein Ausgleich mit dem Sonnenjahr erfolgte durch planlose Einschaltung eines 30tägigen Monats in ungleichen Abständen (6 Monate bis 6 Jahre) auf königliche Verordnung (z. B. II. Ulūlu unter Hammurapi). Maßgebende Schaltungsnorm war der jeweilige Zustand der Vegetation, in Babylon bis zum 6. Jh. v. Chr., bei den Juden bis zum 1. Jh. n. Chr., daher blieb der K. durch Jahrhunderte im wesentlichen in Ordnung.

[4] Fortschreitende astronomische Kenntnisse (im 8. Jh. wurde in Babylon auf Grund systematischer Aufzeichnung der Sonnenfinsternisse das Sonnenjahr zu 365,249 Tagen berechnet; um 500 lebte der Astronom Naburimanni [Naburianos], um 314 v. Chr. der Entdecker der → Präzession Kidinnu [Kidenas]) ermöglichten es, die Relation der Tageszahl von Mondmonat und Sonnenjahr ($^1/_{12}$; $^2/_{25}$; $^3/_{37}$; $^8/_{99}$; $^{11}/_{136}$; $^{19}/_{235}$) mit zunehmender Exaktheit festzustellen; durch Regelung der Schaltung mittels bestimmter *Schaltzyklen* wurde periodische Koinzidenz des Mond-K.s mit dem Sonnenjahr erzielt. In Babylon war die den Astronomen schon im 8. Jh. bekannte → Oktaëteris 528–505 in Gebrauch; sie wurde Anf. 5. Jh. oder erst um 380 ersetzt durch die → Enneakaidekaëteris.

[5] Dieser K. wurde von Persern und *Seleukiden* übernommen; → Seleukos I. führte für die syr. (= babylon.) Monate die makedon. → Monatsnamen ein. Im 2. Jh. Verspätung des makedon. K.s gegenüber dem babylon. um 1 Monat, nach Ende der Seleukidenherrschaft in syr. Städten Auseinandergehen der Monatsanfänge, wohl infolge stadtweise verschieden vorgenommener Schaltung. Der syro-makedon. K. wurde auch von den Parthern benützt; in Syrien wurde er 9 n. Chr. durch den julianischen, in Mesopotamien 226–636 durch den sassanidischen ersetzt; er lebt fort im jüd. K.

C. GRIECH. K. [1] Das Jahr ursprünglich ein an Vegetations- und Witterungswechsel orientiertes *Naturjahr*, dessen urtümliche Zweiteilung Winter-Sommer lange nachlebt. Im → Bauern-K. Einteilung der Jahreszeiten nach Feldarbeiten, Zugvögeln, jährlichen Sternenauf- und -untergängen (Homer, Hesiod, Alkman). Zum Jahrbeginn vgl. → Monatsnamen. Die Konzeption des Jahres als Zeitperiode ist nicht alt, voraus geht die Zählung der Monate.

[2] (a) *Monate* ursprünglich reine Mondmonate (*μήν* = Mondperiode), wie im babylon. K. begonnen mit dem Neulicht (*νεομηνία*). Zweiteilung des Monats nach ‹hervortretendem› und ‹schwindendem Mond› (Od. 14, 162; 19, 307; Hes. erg. 798) statt Durchzählung der Monatstage. Sodann Berechnung der Monatsdauer auf rund 29 ½ Tage, Doppelmonat = 59 Tage, daher bürgerliche Monate (*οἱ κατὰ πόλιν*) zu abwechselnd 30 (*πλῆρες*, ‹voll›) und 29 Tagen (*κοῖλοι*, ‹hohl›) genommen (Gem. 8, 3); seitdem werden 1. Monatstag und Neulichttag (*νουμηνία κατὰ σελήνην*: Thuk. 2, 28) unterschieden. – (b) Hiermit hängt zusammen die *Unterteilung* des Monats in *3 Dekaden* (schon bei Hesiod, auch bei primitiven Völkern, Ursprung unbekannt), innerhalb deren die Tage jeweils durchgezählt werden: z. B. in Athen 2.–10. *δευτέρα – δεκάτη ἱσταμένου*, 11.–19. *πρώτη – ἐνάτη ἐπὶ δέκα*, 20. *εἰκάς*, 21. *δεκάτη ὑστέρα*, 22. ff. *δευτέρα μετ' εἰκάδας* usw., in der 3. Dekade auch Rückwärtszählung (in Urkunden nur bis Ende 4. Jh. v. Chr.) vom letzten Tag (*ἕνη καὶ νέα*, ‹alt und neu›): vorletzter Tag *δευτέρα φθίνοντος* usw. Durchzählung sämtlicher Monatstage in hellenist. Zeit. – (c) Die zahlreichen bekannten → *Monatsnamen* zerfallen in mehrere den Dialekten entsprechende Gruppen mit gegenseitigen Übernahmen. Die Existenz myken. Monatsnamen bleibt fraglich. Die griech. Monatsnamen sind jedenfalls jünger als Homer und Hesiod (Monate gezählt; ion. Lenaion in Hes. erg. 504 ist spätere Einlage), eingeführt bei der K.regelung; in deren Anfänge gehören Apollon Numenios als Schutzgott des Neumonds (Od. 20, 156. 278; 21, 258) und die abergläubische ‹Tagewählerei› (Hes. erg. 765 ff.). In hellenist.-röm. Zeit wurden viele Monate nach Herrschern umbenannt.

[3] (a) Das gleichzeitig Sonnen- und Mondlauf berücksichtigende *lunisolare Jahr* war Homer und Hesiod noch nicht bekannt. Da das Mondjahr mit je 6 Monaten zu 29 bzw. 30 Tagen (‹Gemeinjahr› von 354 Tagen) um rund 11 Tage gegenüber dem Sonnenjahr zu kurz war, wurde ein 13. Monat (*ἐμβόλιμος μήν*) zu 30 Tagen interkaliert (Schaltjahr von 384 Tagen), indem ein bestimmter Monat (in Athen meist Poseideon) doppelt gezählt wurde. Da das Schaltjahr zu 13 synodischen Mondmonaten um rund 18 Tage gegenüber dem Sonnenjahr zu lang war, ergab sich früh die Notwendigkeit, die Schaltung zu rationalisieren. (Antike Nachrichten über eine 2jährige [Diëteris: abwechselnd Gemeinjahr zu 12, Schaltjahr zu 13 Monaten, also in 2 Jahren Vorrücken des Jahresbeginns um 7 Tage!] und 4jährige [Tetraëteris] griech. Schaltperiode [Gem. 8, 26; Hdt. 1, 32; 2, 4; Cens. 18] gelten meist als unglaubwürdig.) – (b) Der tatsächlich erste griech. *Schaltzyklus* ist die → Oktaëteris, die, aus Babylon über Ionien vermittelt, im 7. Jh. v. Chr. durch die Priesterschaft von Delphi verbreitet wurde, um «den Göttern zu denselben Zeiten dieselben Jahresfrüchte bringen» zu können (Gem. 8, 6). Ihre Einführung stellt zusammen mit der Fixierung der Monatslänge (s. o. 2) und der Benennung der Monate, zuallermeist nach Festen, ein einheitliches Werk der K.regulierung dar. Die Aufstellung von Opferfasti auf der Grundlage der Oktaëteris ist gleichbedeutend mit der Erstaufzeichnung des K.s (in Athen durch → Solon als Teil seiner Gesetzgebung). Seitdem beruhte der bürgerliche K. der griech. Staaten auf der Oktaëteris. Sie diente noch zur Ermittlung des Osterdatums in der alexandrin. Kirche bis 277 n. Chr. – (c) Nach der Oktaëteris sind auch die *panhellenischen Festperioden* reguliert: penteterisch (alle 4 Jahre) die Olympien (eigentlich nach 50 bzw. 49 ursprünglich abgezählten Monaten, daher Feier abwechselnd im Apollonios und Parthenios) und Pythien (seit 582), d. h. 1 → Olympiade = ½ Oktaëteris), triëterisch (alle 2 Jahre) die Isthmien und Nemeen (= ¼ Oktaëteris).

[4] (a) Anstelle der ungenauen Oktaëteris (Monatsanfänge wären nach 10 Perioden auf Vollmond zurückgefallen) versuchte → *Meton v. Athen* 432 v. Chr. seinen der babylon. → Enneakaidekaëteris ähnlichen 19jährigen Zyklus einzuführen. Anders als sein → Parapegma blieb aber Metons Jahr ($365^5/_{19}$ Tage) vermutlich auf den Gebrauch der Astronomen beschränkt, die es fortwährend verbes-

serten: → *Kallippos* (2) um 330 v. Chr. ($4 \times 19 = 76$jähriger Zyklus zu 27759 Tagen; 1 Jahr = 365 1/4 Tage, 1 Monat nur 22 Sek. zu lang); → *Hipparchos* (3) 145 v. Chr. ($4 \times 76 = 304$jähriger Zyklus minus 1 Tag; 1 Jahr nur 7 Min. zu lang). Der metonische Zyklus liegt bis heute der kirchlichen Osterberechnung zugrunde. – (b) Demgegenüber befanden sich die *bürgerlichen griech. K.* in zunehmender Verwirrung. Verschieden gehandhabte Schaltung führte zur Verschiebung der anfänglich in den griech. Staaten gleichlaufenden Monate, Zusatz von Ausgleichstagen (3 in 8 Jahren zur Behebung des Rückstands von 0,36707 Tagen der 12 K.-Monate gegenüber 12 Mondperioden, oder in 16 Jahren, → Oktaëteris) zu divergierenden Monatsanfängen (z. B. 423 v. Chr. athen. 14. Elaphebolion = spartan. 12. Gerastios, 421 v. Chr. 25. Elaphebolion = 27. Artemisios, Thuk. 4, 118 f.; 5, 19; Aristox. harm. 2, 30), Schaltungen je nach Bedarf willkürlich verordnet (Cic. Verr. 2, 2, 129); Zyklen der Astronomen allenfalls als Regulative.

[5] *Gang des K.s* einigermaßen bekannt für Athen und das ptolemäische Ägypten. *Athen:* 2 Datierungen nebeneinander, nach dem bürgerlichen K. und (vor nach den 307/306) 10 Prytanien des Amtsjahres. Da diese Jahreszehntel mit Ordnungszahl (seit 394) und Tagesdatum (346) angegeben werden, läßt sich erkennen, ob im betreffenden K.jahr interkaliert wurde (384 Tage: 4×39, 6×38 Tage) oder nicht (354 Tage: 4×36, 6×35 Tage). Gegenüber der regellosen Schaltung des K.s blieb im täglichen Leben die Monatslänge durch die Mondphasen erkennbar: daher, bes. im 2. Jh. v. Chr., die Doppeldatierungen nach bürgerlichem K. (*κατ' ἄρχοντα*) und nach dem Mondlauf (*κατὰ θεόν*); letztere wird auch mit dem metonisch reformierten Lunisolar-K. in Verbindung gebracht, der jedoch offiziell allenfalls 338–290 v. Chr. in Gebrauch kam.

[6] Der *makedon. K.*, infolge der Eroberungen → Alexanders (5) d. Gr. am weitesten verbreitet, beruhte ursprünglich wohl auf oktaëterischer Periode (zum Seleukiden-K. s. o. B 5). – Im ptolemäischen *Ägypten* stimmte der K. bis ca. 240 v. Chr. mit dem Mondlauf überein (vielleicht reguliert nach der 25-Jahr-Tafel, einer Hilfstabelle für die Position der Mondmonate in 25 ägypt. Jahren, bekannt im 4. Jh. n. Chr.); unter → Ptolemaios II. Philadelphos wurde jedoch ein 4. Schaltmonat auf 1 Oktaëteris eingeführt (ergibt 4 Schaltjahre und damit Di- bzw. Triëteris, s. o. 3 a). Der makedon. K. wurde als Fest-K. verwendet, in Verwaltungsurkunden neben dem ägypt. K. (Doppeldatierungen), der, im täglichen Leben gebräuchlich, Mitte 3. Jh. auch von den Griechen übernommen wurde. Ende 3. Jh. wurde der makedon. K. aufgegeben; die makedon. → Monatsnamen sind von da an nur Bezeichnung für die ägypt. Monate.

D. Der römische K. [1] *In vorcäsarischer Zeit* hat der röm. K. ein Jahr von 12 Monaten zu insgesamt 355 Tagen (zu Monatsnamen und -tageszahl vgl. Abb. 109). Neujahr: 1. März, seit 153 v. Chr. 1. Januar. Monatserster: → Kalendae. Zählung der Monatstage: rückwärts von den Stichtagen → Nonae, → Idus, → Kalendae, wobei dieser Stichtag und der zu bezeichnende Monatstag mitgezählt werden; z. B. 2. März: a. d. VI Non. Mart. (ante diem VI Nonas Martias); 4. Sept.: pridie Non. Sept.

[2] *Einführung des 12monatigen Jahres* nach der Überlieferung durch Numa oder Tarquinius (Priscus), durch Zufügung von Ianuarius und Februarius aus dem latin. K. zu dem älteren 10monatigen Jahr ‹des Romulus›. Dessen Tagessumme von 304 Tagen ist jedoch fiktiv, da weder zu Sonnenlauf noch Mondphasen stimmend; es könnte allenfalls ein (bei primitiven Völkern belegtes) Arbeitsjahr (nur Monate der bäuerlichen Arbeit gerechnet, Ruhezeit nicht) oder ein Naturjahr gewesen sein, unterteilt wie italische K. in Jahresabschnitte (‹Monate›) regelloser Dauer (bis 39 Tage) und von Frühling zu Frühling laufend (röm. Monatsnamen Martius-Iunius, mit den italischen z. T. gemeinsam, bezeichnen vielleicht ursprünglich Wachstumsstufen).

[3] Der röm. K. war aber ursprünglich ein *Mond-K.*; die Monatsdauer wurde nach dem jeweiligen Mond bemessen.

	Gemeinjahr		Schaltjahr	
	vorcäs.	julian.	vorcäs.	julian.
Ianuarius	29	31	29	31
Februarius	28	28	23 u. 24	29
Intercalaris			27	
Martius	31	31	31	31
Aprilis	29	30	29	30
Maius	31	31	31	31
Iunius	29	30	29	30
Quintilis	31		31	
(Iulius)		31		31
Sextilis	29		29	
(Augustus)		31		31
September	29	30	29	30
October	31	31	31	31
November	29	30	29	30
December	29	31	29	31
Tage im Jahr:	355	365	377 u. 378	366

Abb. 109 Tageszahl der Monate im röm. Kalender

Hierauf führen die Rückwärtszählung der Tage (s. o. 1) von den bevorstehenden Mondphasen (1. Viertel, Vollmond, Neulicht) und die Dauer des röm. Gemeinjahres: 355 Tage entsprechen 12 synodischen Mondmonaten (= Lunarjahr von 354 Tagen); warum dann ein 355. Tag zugesetzt wurde, bleibt ungewiß (Scheu vor der geraden Zahl der Tage oder Verhütung unheilverkündenden Zusammentreffens der → Nundinae mit den Nonae und dem 1. Jan.?).

[4] (a) *Die Schaltung:* das röm. Gemeinjahr eilt dem Sonnenjahr rund 10 1/4 Tage voraus, daher wurden alle 2 Jahre abwechselnd 22 Tage nach dem 23. Febr. (Terminalia) oder 23 Tage nach dem 24. Febr. (Regifugium) eingefügt und ihnen die verbleibenden 5 bzw. 4 Februartage angehängt; der Schaltmonat (mensis intercalaris) hatte damit 27, das Schaltjahr abwechselnd 377 und 378 Tage. (Zur Tageszählung im Schaltmonat vgl. Abb. 110) Schaltregel innerhalb einer *Tetraëteris:* $355 + 377 + 355 + 378 = 1465$ Tage. Die Schaltung bezweckte, den *altröm. Fest-K.* (jahreszeitlich gebundene alte Feste: → Robigalia 25. 4., → Vinalia 23. 4., 19. 8., → Fordicidia 15. 4., → Parilia 21. 4., → Cerealia 19. 4.) mit dem Jahresfortgang in Übereinstimmung zu halten; deshalb wurde jeder Zusammenhang mit dem Mondlauf aufgegeben: 31tägige Monate, Abbruch des Februar mit dem 23. bzw. 24; doch bleibt die Übereinstimmung mit dem Sonnenlauf unvollkommen: 1 Tetraëteris ist 4 Tage länger als 4 Sonnenjahre (1461). – (b) Zusammenfassung von 2 Tetraëteriden zu 1 Oktaëteris mit $2 \times (22 + 23) = 90$

	377 Tage:	378 Tage:
13. Febr.:	Id. intercal.	Id. intercal.
14. Febr.:	a. d. XI Kal. intercal. (od.: a. d. X Terminalia)	a. d. XII Kal. intercal.
23. Febr.:	pridie Kal. intercal. (= Terminalia)	a. d. III Kal. intercal. (= Terminalia)
24. Febr.:	---	pridie Kal. intercal. (= Regifugium)
Schaltmonate:		
1. (Sch.):	Kal. intercal. (= postridie Terminalia)	Kal. intercal. (= tertio die post Terminalia)
5. (Sch.):	Non. intercal.	Non. intercal.
13. (Sch.):	Id. intercal.	Id. intercal.
22. (Sch.):	a. d. VIII Kal. Mart.	a. d. VIII Kal. Mart.
23. (Sch.):	a. d. VII Kal. Mart. (= Regifugium)	a. d. VII Kal. Mart.
24. (Sch.):	a. d. VI Kal. Mart.	a. d. VI Kal. Mart.
27. (Sch.):	pridie Kal. Mart.	pridie Kal. Mart.

Abb. 110 Zählung der Februartage im Schaltjahr (vorcäs.)

interkalierten Tagen ergab 8 Tage Rückstand; erst ein *24jähr. Zyklus* mit Schaltung von je 90 Tagen in der 1. und 2., nur 66 Tagen (Auslassung einer 23tägigen Schaltung und Verkürzung einer anderen auf 22 Tage) in der 3. Oktaëteris hätte der Dauer von 24 Sonnenjahren entsprochen. Beide Zyklen sind jedoch niemals Grundlage des röm. K.s geworden. – (c) *Einführung der Schaltungen* nach Überlieferung in der Königszeit, muß im Rahmen einer K.-regulierung zugleich mit der Festlegung der Monatslängen usw. erfolgt sein. Das röm. Lunisolarjahr und der 4jährige Schaltzyklus beruhen wohl auf einem (modifizierten) griech. Vorbild, übermittelt vielleicht durch Etrusker (‹Aprilis› etrusk. Ursprungs) und mit der Weihe des Jupitertempels auf dem Kapitol (507) in Kraft getreten. – (d) *Interkalationsmaßnahmen* werden auch L. Pinarius und und L. Furius, zwei Konsulartribunen 432 v. Chr., und M. → Acilius (2) Glabrio, Konsul 191 v. Chr., zugeschrieben; jedoch wurden mindestens seit dem 2. Pun. Krieg Schaltungen praktisch ohne feste Regel willkürlich (aus Unkenntnis und aus politischen Gründen) von den Pontifices durchgeführt oder unterlassen, wobei Zyklen höchstens als Regulative dienten (s. o. b). So war (Cic. Att. 5, 21, 14) am 13. Febr. noch nicht bekannt, ob am 23. interkaliert werden würde (daher Datierung: a. d. X Terminalia). Der röm. K. war i. J. 190 dem Sonnenjahr (julian.) um 119 Tage, i. J. 168 74 Tage voraus, i. J. 63 wich er nur mehr wenig ab, doch war 46 wieder ein Fehler von 90 Tagen entstanden.

[5] (a) *Der Julianische K.:* C. Iulius → Caesar beseitigte ein für alle Male die K.verwirrung, indem er den röm. K. überhaupt aufhob. Er interkalierte i. J. 46 90 Tage (wie üblich 23 nach dem 24. Febr., nochmals 67 im Nov. und Dez.) und führte, unterstützt von dem alexandrin. Mathematiker → Sosigenes (1), am 1. Jan. 45 v. Chr. den → Julianischen K. ein, der auf dem ägypt. Jahr zu 365 Tagen beruht und dessen Differenz zum Sonnenjahr (1/4 Tag) durch Doppelzählung des 24. Februar alle 4 Jahre ausgleicht (Schalttag: a. d. bis VI Kal. Mart., daher heißt das 366tägige Schaltjahr in der Kaiserzeit ‹annus bissextus›), die 10 überschüssigen Tage so auf röm. Monate verteilt (vgl. Tabelle 1), daß die Daten für den Beginn der Jahreszeiten und deren Dauer nicht beeinträchtigt werden. 44 v. Chr. wird der Monat Quintilis in Iulius, 8 v. Chr. der Sextilis in Augustus umbenannt. Nach anfänglich falscher Interkalation (alle 3 Jahre) durch die Pontifices lief der Julian. K. von 8 n. Chr. an ungestört. – (b) Allmählich wurde der Julian. K. auch in allen östl. Provinzen eingeführt: die epichorischen K. werden dem Julian. K. angepaßt (z. B. Ägypten: 6. Epagomenentag i. J. 3, 7, 11 usw. n. Chr.); sie haben, als dessen Lokalformen, überall die gleiche Jahreslänge; nur die Jahresanfänge und Monatsnamen bleiben verschieden (z. B. 6. Ianuarius = 11. Tybi = 6. Audynaios = 19. Peritios usw.). Einige Städte behielten bis zum 3. Jh. n. Chr. lunisolare K. Eine Folge der Universalgeltung des Julian. Sonnen-K.s war die rasche Verbreitung des Sonnenkults; seit dem 4. Jh. n. Chr. wird der ‹dies natalis Solis invicti› als Geburtstag Christi gefeiert.

[6] Die *Woche* durchläuft das Jahr unabhängig vom K. Die röm. → Nundinae, deren Tage mit den Nundinalbuchstaben A–H bezeichnet waren, wurde im 3. Jh. n. Chr. verdrängt durch die 7tägige Planetenwoche, in der jeder Tag nach dem Regenten seiner 1. Tagesstunde benannt ist (im Westen seitdem Benennung der Wochentage nach den Planetengöttern); gleichzeitig bürgerte sich vom Osten her die Datierung auch nach Mondtagen ein: z. B. X Kal. Iun. lun. XVIII die Iovis = 23. Mai, 18. Mondtag, Donnerstag (205 n. Chr.). Zählung der Wochentage in der jüd. Woche und im kirchlichen Gebrauch (Orthodoxe, Slawen). Aus der jüd. Woche (deren Ursprung unbekannt ist) wurde die Feier des 7. Wochentages übernommen und i. J. 321 von → Konstantin d. Gr auf den Sonntag (dies Solis) fixiert.

[7] Die → *Indictio* war ein 15jähriger Zyklus (297–312, 313–327 usw.). Diese Zyklen waren wie die Wochen nicht numeriert; die Indiktionszahl eines Jahres diente daher nur zur Ergänzung einer anderen Datierung. Die ‹Indictio› bedeutete ursprünglich eine Steuerauflage (‹-ansage›) und wurde erst später als Zeitangabe verwendet. Seine Entstehung ist unbekannt. Seit dem 5. Jh. war er auch im W gebräuchlich, ‹Römerzinszahl› in MA und Neuzeit. H. Kal.

Lit: Zu A: R. A. Parker, The Calendars of Ancient Egypt, 1951 – J. v. Beckerath, Der ägypt. Urspr. unseres K.s, Saeculum 4, 1953, 1–12 – E. Bickerman, Chronologie (der Antike), (1933), 1963², 21 ff. (Lit) – *Zu B:* B. Landsberger, Der kult. K. d. Babylon. u. Assyrer, 1915 – S. Langdon, Babylon. Menologies and the Semitic Calendars, 1935 – O. Neugebauer, The Exact Sciences in Antiquity (1951), 1957² – E. Bickerman, a. O. 6 ff. 11 f. 13 ff. (Lit) – B. L. van der Waerden, Das Alter d. babylon. Mondrechnung, AfO 20, 1963, 97–102 – *Zu C:* Bischoff, RE 10 (1919), 1568–1602 – W. K. Pritchett–O. Neugebauer, The Calendars of Athens, 1947 – M. P. Nilsson, Primitive Time-reckoning (1920), 1960 (Nachdr.) – B. D. Meritt, The Athenian Year, 1961 – Pritchett-van der Waerden, Thucydidean Time-reckoning and Euctemon's Seasonal Cal., BCH 85, 1961, 17 bis 52 – B. D. Meritt, The Seasons in Thuc., Historia 11, 1962, 436 bis 446 – M. P. Nilsson, Die Entst. u. relig. Bedeutung d. griech. K.s (1918), 1962² – A. E. Samuel, Ptolemaic Chronology, 1962 – E. J. Bickerman, a. O. 6 ff. 11 f. 13 ff. 17 ff. 19 f. 28 ff. (Lit) – *Zu D:* Th. Mommsen, Röm. Chronol. (1858), 1859² – O. Leuze, JAW 227, 1930, 97–139 (Lit) – Latte, 432 ff. (Fest-K.) – E. Gjerstad, Notes on the Early Roman Cal., Acta Archaeologica 32, 1961, 193–214 – E. Bickerman, a. O. 24 ff. 27 ff. 35 f. 50 f. (Lit) – R. Werner, D. Beginn d. röm. Republik, 1963, 33 ff.

Kalkstein (πῶρος, tofus). Der gewöhnliche K. ist weit verbreitet und konnte oft an Ort und Stelle des Bauwerkes gebrochen werden. Bes. beliebt war der leichte, aber dichte Kalk → Tuff vom Piräus (ἀκτίτης λίθος), ein gelblicher → Poros und der seit dem letzten Viertel des 6. Jh.s. gebräuchliche weiße K. vom Hymettos. Im 5. Jh. wurde der dunkelgraue K. von Eleusis gern verwendet. In Messenien brach man einen gelblichen Muschel-K. (Olympia, Bassai), der dem tiburtinischen K. (‹Travertin›) ähnlich ist. Historische Berühmtheit erlangten die ausgedehnten Steinbrüche von → Syrakus. Vgl. → Tuff; → Steine. C. K.

Lit: Blümner, Technologie III 57 ff. – K. Fiehn, RE 3 A 2 (1929), 2248–56, s. v. Steinbruch.

B. Kalkbrennen. Der röm. Kalkofen (fornax calcarius) wird von → Cato (agr. 38, 1) beschrieben: Er soll 6 m hoch, unten 3 m, oben 1 m breit sein und kann ein oder zwei Feuerlöcher haben. Gebrannt werden sollten möglichst weiße (Plin. nat. 36, 174) und einheitliche Steine. Das Kalkbrennen ist beendet (bei Temperaturen über 900° zerfällt Kalziumkarbonat: [Kalkstein, Kreide, Marmor] in Kalziumoxyd und Kohlendioxyd: $CaCO_3 \rightarrow CaO + CO_2$), wenn die obersten Steine gebrannt sind und die Flamme wenig Rauch gibt. W. K.

Kallaiker, einheimisches Volk im NO → Spaniens mit indoeuropäischer Sprache (→ Keltisch), das seit dem 2. Jt. v. Chr. eine eigenartige Kultur (bes. in der Bearbeitung von Bronze und Gold) entwickelte. Im Innern von befestigungsartigen Bauten mit mehreren Mauerringen wohnte die Bevölkerung in runden Häusern. 138 stießen sie zum ersten Male mit den Römern unter → Iunius (3) Brutus zusammen, wurden aber erst unter → Augustus mit dem Ende des Kantabrischen Krieges (26–19 v. Chr.) völlig unterworfen. J. M. d. M.

Lit: Fontes Hispaniae Antiquae IV 136 – Historia de España (hg. von Menendez Pidal) II, 1935.

Kallias, aus dem Priestergeschlecht der Kerykes, der reichste Athener seiner Zeit, spartan. Proxenos und mit → Kimons (1) Schwester Elpinike vermählt (Plut. Kim. 4). Später scheint er sich an → Perikles angeschlossen zu haben. 449 erreichte er, mit unbeschränkter Vollmacht ausgestattet, an der Spitze einer athen. Gesandtschaft in Susa für Athen den nach ihm benannten Frieden mit → Artaxerxes I. von Persien (Hdt. 7, 151; Diod. 12, 4, 5). K. sah darin offenbar einen diplomatischen Erfolg (vgl. Paus. 1, 23, 2), in Athen überwog jedoch die gegenteilige Ansicht, und man stellte ihn vielleicht sogar vor Gericht (Demosth. 19, 273). Doch wurde er bereits 446 wieder als Mitglied der athen. Friedensgesandtschaft zum Abschluß des Dreißigjährigen Friedens nach Sparta geschickt (Diod. 12, 7). F. Kch.

Lit: Ed. Meyer, Forschungen II, 1899, 71–82 – R. Sealey, The Peace of C. once more, Historia 3, 1954/55, 325–333 – Ders., Theopompos and Athenian Lies, JHS 80, 1960, 194–195 – D. Stockton, The Peace of C., Historia 8, 1959, 61–79 – Chr. Habicht, Falsche Urkunden z. Gesch. Athens im Zeitalter d. Perserkriege, Hermes 89, 1961, 1–35 – A. Andrewes, Two Notes on the Peace of K., Historia 10, 1961, 15–18.

2. **K.** (ca. 450–370), Athener aus wohlhabendstem Hause, Sohn des Hipponikos und Enkel des mit → Kimons Schwester Elpinike vermählten → K. (1); seine Mutter war, wohl in zweiter Ehe, mit → Perikles, seine Schwester Hipparete mit → Alkibiades verheiratet. Die Komödiendichter, bes. → Eupolis in den ‹Schmeichlern› und im ‹Autolykos›, haben K. als dem Luxus und den Lastern ergebenen und sein Vermögen verschleudernden reichen Erben verspottet. Doch erscheint sein Haus, das «größte und mit Gütern gesegnetste der Stadt» (Plat. Prot. 337 D), in → Platons ‹Protagoras› und → Xenophons (1) ‹Gastmahl›, deren Schauplatz es ist, in günstigerem Licht. Von politischer Betätigung des K. sind nur einige Gesandtschaften, darunter 371 nach Sparta, bekannt; ferner hat er sich 390 mit → Iphikrates bei der Vernichtung der spartan. Mora als Stratege bewährt. E. Bn.

3. **K.,** Dichter der alten → Komödie (I B); siegte an den Dionysien wohl erstmals 446, führte bis ca. 431 auf; weniger erfolgreich als → Kratinos; sechs Titel bekannt. Th. G.

Frg: FAttCom I 170–181.

4. **K. von Syrakus,** griech. → Geschichtsschreiber, um 300 v. Chr. Verfaßte zum Ruhm seines ‹Brotherrn› → Agathokles wie dessen Bruder Antandros eine panegyrische Geschichte in 22 Büchern, offenbar reich an Exkursen (z. B. über die Anfänge Roms, über Thaumasia u. ä.). W. Sp.

Frg: FGrHist 564 (vgl. ebd. 565 für Antandros) – *Lit:* F. Jacoby, RE 10 (1919), 1628–29 – R. Van Compernolle, RBPh 32, 1954, 399–421 (zum Verhältnis K.–Diodor) – Vgl. zu → Duris.

Kallidike, Königin der Thesproten, von → Odysseus Vater eines Sohnes, des Polypoites (Apollod. ep. 7, 34; vgl. EGF 57 ff.).

Kallikrates, att. Architekt und Bauunternehmer, wirkte nach 460 v. Chr. beim Bau der langen Mauern (→ Athen I B 2) mit, leitete von 447–438 gemeinsam mit → Iktinos den Bau des Parthenon, wurde etwa 448 mit der Errichtung des Nike-Tempels beauftragt, dessen Bau dann aber wegen des Propyläen-Projektes aufgegeben wurde. K. scheint den dafür bestimmten Entwurf eines ion. Amphiprostylos für den wenig später errichteten Demeter-Tempel am Ilissos verwendet zu haben. Im Nikias-Frieden (421) führte endlich K. oder ein Schüler den Nike-Tempel nach dem ersten Modell, jedoch ohne Pronaos und mit gekürzter Cella aus. Wegen auffälliger Anklänge an den Nike-Tempel und den Parthenon ist wahrscheinlich auch der 3. Apollon-Tempel von → Delos dem K. zuzuweisen. G. Gb.

Lit: C. Weickert, in: Thieme-Becker, Künstlerlexikon, 1926, s. v. K. – Berve-Gruben, 179 ff.

Kallikratidas, auf Betreiben der Gegner des → Lysander gegen Ende des → Pelop. Krieges 406 v. Chr. zum spartan. Nauarchen gewählt, betonte er die Zusammengehörigkeit aller Hellenen, was ihn auch zu humaner Kriegführung veranlaßte (Xen. Hell. 1, 6, 13 ff.). Nach dem Bruch mit dem überdies auf Lysanders Seite stehenden pers. Prinzen → Kyros (2) brachte er durch eigene Anstrengungen Spartas Flotte auf 170 Kriegsschiffe. Mit ihrer Hilfe schloß er den athen. Admiral → Konon (1) im Hafen von Mytilene auf Lesbos ein. Der im Sommer 406 herankommenden zahlenmäßig überlegenen athen. Entsatzflotte trat er bei den → Arginusen entgegen. Kurz nach Beginn der Seeschlacht fiel K.; seine Flotte wurde schwer geschlagen. F. Kch.

Q: Xen. Hell. 1, 6, 1–33.

Kallimachos aus Aphidna, athen. Polemarch 490/489 vor Chr. Auf Veranlassung des → Miltiades entschied er sich 490 für den Angriff auf die pers. Stellungen bei → Marathon (Hdt. 6, 109 ff.). Hierbei zeichnete er sich persönlich aus; er fiel im Kampf bei den pers. Schiffen (Hdt. 6, 114). Sein Tod war in der Stoa Poikile dargestellt (Paus. 1, 15, 3). F. Kch.

Lit: W. K. Pritchett, Marathon, in: Univ. of California Publ. in Class. Arch. 4, 1960.

2. **K.,** Bildhauer, Toreut und Maler des späten 5. Jh.s v. Chr., wahrscheinlich von Athen oder Korinth. Nach Vitruv (4, 1, 9–10) hat er das korinthische Kapitell ‹erfunden›, d. h. seine kanonische Form wohl zuerst verwendet. Für den nach 426 errichteten Heratempel in Platää schuf er ein Sitzbild der Hera. Auf der Akropolis wird von ihm eine goldene Lampe mit ehernem Palmstamm als Rauchfang im Erechtheion überliefert (nach 406 v. Chr.), dessen Stil zu den Nachrichten über K. paßt. Plinius nennt die ‹Saltantes Lacaenae› sein Werk und bezeichnet es als eine auserlesene Schöpfung, bei der aber die Sorgfalt die lebendige Anmut getötet hätte. Auch aus den übrigen zahlreichen antiken Stilurteilen geht hervor, daß die formale und technische Seite seiner Kunst berühmt war. Innerhalb der neuattischen Reliefs glaubt man eine oft kopierte Serie von Mänaden auf K. zurückführen zu können und schließt an diesen durch die Schriftquellen vielleicht gestützten Ausgangspunkt hypothetisch auch die sogenannte Aphrodite Fréjus (Louvre-Neapel) an. E. Bg.

Lit: Lippold, GrPl, 222 f. – E. Paribeni, Ancora delle Menadi di K., Bd'A 37, 1952, 97–101 – G. Gullini K., Arch. Cl. 5, 1953, 133–162 – W. Fuchs, Die Vorbilder der neuatt. Reliefs, 1959, 72 ff.; 90 ff. – L. Guerrini, EAA IV, 1961, 298–300 – B. Schlörb, Unters. zur Bildhauergeneration nach Phidias, Diss. Frankfurt 1964.

3. **K.,** Gelehrter und größter Dichter des → Hellenismus. [1] *Leben:* Lebenszeit nicht sicher fixierbar, doch setzt Gell. 17, 21, 41 die Lebenshöhe (= 40. Jahr) nach 264. Geb. also vor 300 v. Chr.? Gest. nach 245, da der Schluß der ‹Aitia› in diese Zeit fällt. Aus vornehmer Familie in Kyrene (Großvater Feldherr; Epigr. 21), kam K. arm (Epigr. 32) nach Alexandria, zunächst als Schullehrer. Ptolemaios II. gab dem Leben durch eine Berufung an die Bibliothek die entscheidende Wende (auch Hoftitel?).

[2] Die *gelehrten Arbeiten* des K. sind außerordentlich in Breite und Umfang. Nach → Suidas mehr als 800 Bände, wovon sehr vieles in diesen Bereich fallen müßte. Von nachhaltigster Wirkung ist der Bibliotheks-Katalog, ‹Verzeichnisse (= *πίνακες*) derer, die in allen Gebieten der Bildung hervorgetreten sind, und dessen, was sie geschrieben haben›. Vorarbeit dazu ist wohl ein Verzeichnis der dramatischen Dichter. Die → Lexikographie (B 2) verdankt K. das erste Sachlexikon ‹Ethnische Benennungen› (mit Untertiteln?). Dazu ethnologische und antiquarische Arbeiten (Barbarische Sitten; Über Nymphen; Über Gründungen und Umbenennungen von Inseln), auch eine ‹Sammlung der Wunder über die ganze Welt hin nach Orten›. Die Schrift ‹Gegen Praxiphanes› ist kunsttheoretischen Inhalts (vgl. zu den ‹Aitia›). Manches zeigt Nähe zum Peripatos (Aristoteles' Didaskalien), die paradoxographischen Bemühungen dagegen sind neu und erhalten lebhafte Nachfolge (→ Antigonos (5) v. Karystos). Über die Qualität des Gelehrten K. sind sichere Aussagen angesichts der ganz kärglichen Überlieferung nicht möglich; s. u. die Gesamtwürdigung.

[3] Von den Dichtungen sind die *Hymnen* neben den Epigrammen das einzige handschriftlich Erhaltene. In der Sammlung (spätestens 13. Jh.) von Götterhymnen, die uns die Hymnen des K. erhielt, ist das Einleitungsgedicht der benutzten K.-Ausgabe (Reihenfolge dort: Hymnen, Hekale, Aitia, Ibis) mit abgeschrieben. Die Hymnen sind zumeist hexametrisch (jedoch Nr. 5 in Distichen); Dialekt: 1–4 ionisch, mit Glossen kunstvoll bereichert; 5. 6 dorisch. Zwei Gruppen: 1. 3. 4 in Anlehnung an die → Homerischen Hymnen, 2. 5. 6 neuer Entwurf: nicht Erzählung und aufzählender Preis des Gottes, sondern (ähnlich dem → Mimos) aus der Anwesenheit bei einem Götterfest gespro-

chene kommentierende und erzählende Worte. Diese höchst subjektive Disposition (bes. im 2. Hymnus umstritten), könnte chronologisch bedeutsam sein: Da 2 auf Ptolemaios III. anspielt und darum sicher spät ist, sind vielleicht auch 5 und 6 spät. 1 ist nach der Anspielung auf die Armut sehr früh, 3 wohl zwischen 270/260. In 1, dem Zeus-Hymnus, ist bes. bemerkenswert die Anmut, mit der die abweichenden Versionen (auch in Anrede an Zeus) erwogen und kombiniert werden. Am Schluß Anspielungen auf den König, wohl auch Gleichsetzung König-Gott bei der Bitte an Zeus um Wohlstand. 3, der Artemis-Hymnus, ist neben dem 3. Buch des → Apollonios (11) Rhodios das wichtigste Zeugnis für die Neigung des Hellenismus, vom Kind zu erzählen (Artemis auf dem Schoß des Zeus, ihre göttliche Aufgabe sich erbittend). 4, der Delos-Hymnos, bietet Schilderung von feinem, überlegenem Humor (Bewegungen der unsteten Insel, Flucht der Landschaften, personifiziert gedacht, vor der Schwangeren, Weissagung des Gottes im Mutterleib, den künftigen König Ptolemaios III. betreffend) und unübersehbarem Ernst (Konflikt mit dem Flußgott Peneios). Drastisch der Zorn Heras, worin sich bes. deutlich zeigt, wie K. die Möglichkeiten erzählerisch entfaltet, die in der Anthropomorphie der Götter liegen. 2, der Apollon-Hymnus, bei einem unbekannten (erdachten?) Apollon-Fest gesprochen, erzählt im Preis des Gottes u. a. von der Gründung Kyrenes, am Schluß beansprucht er ihn für die kunsttheoretische Kontroverse, in der K. stand. 5 widmet sich einem athenischen Fest (Bad der Pallas), wobei K., in Erwartung der Göttin, die der Tragödie verwandte Geschichte von der Blendung des Teiresias erzählt. Diesem Hymnus mit ernstem, ja tragischem Kern steht in 6, dem Demeter-Hymnus, ein heiterer gegenüber (Geschichte vom mit Freßgier bestraften Erysichthon). – Die Hymnen des K., von größter Spannweite der Stimmungen, Gesinnungen des Erzählers, lassen fragen, wieviel an Glauben heitere Erzählung von Göttern (die jedoch niemals herabsetzend-spöttisch ist) noch zulasse. Jedoch ist unmittelbare religiöse Beteiligung ohnehin auszuschließen. Gleichwohl dringt vielleicht eine mehr als ästhetische Offenheit für die alte Sage hindurch (Sinn für deren tragische Aussage!).

[4] Die ‹*Aitia*› (‹Ursachen›), aus beträchtlichen Papyrusfunden kenntlich, sind eine Sammlung von Sagen, die Kultzustände, Riten usf. aus ihren Ursprüngen erklären; 4 Bücher elegischen Maßes. Aus dem ‹Telchinenprolog› (→ Telchinen = mißgünstige Kobolde) ersieht man wohl zu Recht, daß hier ein Alterswerk vorliege; auch findet sich im 4. Buch die Geschichte von der Locke der → Berenike (von → Catull nachgeahmt; Verstirnung einer geopferten Locke der Königin), zweifellos nach 246/5. Pfeiffer (s. u.) dachte an zwei Ausgaben der Aitia. – Die Kontroverse im Prolog geht um das große, epische Gedicht heroischen Themas, das K. aus geschmacklichen Gründen ablehnt, seine Feinde (ob Apollonios darunter, fraglich) aber als das Höchste fordern. In den Aitia erscheint K. selbst als Erzähler und Forscher (z. T. Dialog), in geistreich-selbstironischer Pointierung der Rede. Die von ihm dargebotenen Mythen leiten sich zu einem Teil (wohl Bücher 1. 2) aus einem Traum her, der K. neben Hesiod stellt: wie dieser die Musen des Helikon angeblich sah, träumt K. von ihnen, und in diesem Traum geben sie Auskunft. Berühmteste Geschichte (neben der ‹Locke›): Akontios und Kydippe, 2. Buch. Auch ganz kleine Fragmente bringen den unbeschreiblich reizvollen Ton des Werkes zur Geltung.

[5] Die *Hekale* ist ein → Epyllion (wohl das schönste griechische der Gattung): voller Töne rührender Menschlichkeit (Übernachtung des Theseus bei der Greisin Hekale, Fürsorge für deren Begräbnis, als sie später aus Angst um ihn stirbt). Im nächtlichen Krähengespräch (mit Hekale) Entfaltung des Mythologischen.

[6] Die *Iamben* stehen zu einem Teil in der Nachfolge des → Hipponax, der in 1 aus der Unterwelt heraufkommt, um in das Philologengezänk im alexandrin. → Museion einzugreifen (Erzählung vom Becher, der allen sieben Weisen vergeblich angeboten wird, grob-munteren Tones!). 2 und 4 bringen Fabeln (Übergang der Tiersprache auf die Menschensprache, Streit von Ölbaum und Lorbeer, beides Kritik an Zeitgenossen). Weiterhin Gelegenheitsgedichte (Geburtstag, Reise), auch Aitiologisches. Das Schlußgedicht (13) verteidigt die ‹Vielgestaltigkeit› von K.s Dichten. 1 und 13 sind vielleicht spät zur Rahmung gedichtet (Ausgabe von K. selbst?), die anderen zu verschiedenen Zeiten; Datierung ungewiß. Bemerkenswert die Verbindungslinien zu Horaz.

[7] Unter den weiteren kleinen Werken des K. (‹Nachtfeier›, ‹Vergottung Arsinoes›, ‹Lieder›) ist von besonderem Interesse der ‹*Ibis*› (vielleicht Angriff gegen den ‹Schmutzvogel› Apollonios wegen seines Groß-Epos). Über die *Epigramme* vgl. → Hellenist. Dichtung B [6].

[8] *Würdigung:* K.s Werk bildet den Inbegriff → hellenist. Dichtung (A) zunächst insofern, als es die Früchte gelehrten Sammelns, Forschens (Mythen, historische Geographie usf.) in stärkster Weise in Dichtung Eingang finden läßt. Darin aber waltet außerordentlicher Geschmack, vielfach Ironie. Ferner möchte man auch aus dem Humor der Göttererzählung (ob zu Recht?) erkennen, was ohnehin feststeht, daß K. auf diese Götter nicht mehr angewiesen ist. Vgl. für sein Weltgefühl Epigr. 13; auch 14. Außerordentlich ist neben dem Geschmack der Reichtum der Stimmungen (auch extremer Ernst und tiefe Empfindung, wie Epigr. 2 auf einen toten Freund). In der Ausfeilung der Erzählung zeigt sich die Berechtigung der ‹Kleinen Form›. Die Sprache ist charakterisiert durch Wahl des raren, altertümlichen Ausdrucks, die Metrik durch Verfeinerung der Regeln. – Vgl. → Hellenist. Dichtung. P.H.

Ed: R. Pfeiffer, 2 Bde, 1949. 1953 (grundlegend) – E. Howald u. E. Staiger, Die Dichtungen des K., BAW, 1955 (mit Übers. u. vorzüglicher Einführung) – *Lit:* H. Herter, RE Suppl. 5 (1931), 386–452 – Ders., Bursian 255, 1937, 82–217 – E. Howald, Der Dichter K. von Kyrene, 1943 – A. Körte-P. Händel, Die hellenist. Dichtung, 1960, 354–356 – *Bildnisse* → Anhang I.

Kallimedon, att. → Redner und Politiker, 4. Jh. v. Chr., Anhänger der promakedon. Richtung in Athen. J.H.K.

Kallinikos, von Petra, bekannter syr. Sophist, 2. H. 3. Jh., lehrte in Athen zu gleicher Zeit wie Genethlios. K. schrieb rhetorische Schriften; einen ‹Prosphonetikos an Gallienus›; ‹Gegen die Philosophen›; 10 Bücher über Alexandria (Ptolemäergeschichte; Hauptquelle bei Porphyrios?), wohl der → Zenobia gewidmet, u. a. Frg.e sind erhalten aus *Εἰς τὰ πάτρια Ῥώμης*. A. v. Domaszewski wollte K. Ps. → Aristeid. or. 35 zuschreiben. W. Sp.

Frg: Hinck in der → Polemon-Ausg., BT, 1873, 43 f. – FGrHist 281 – *Lit:* F. Jacoby, RE 10,2 (1919), 1649 f. – PIR II 45.

Kallinos, → Lyriker, von Ephesos, Mitte 7. Jh. v. Chr., schrieb → Elegien, von denen außer einzelnen Versen nur ein größeres Stück mit kriegerischer Paränese erhalten ist. In den nur in Prosareferaten erhaltenen Stücken (Fr. 6–8 B.[4]) müssen auch erzählende Partien vorgekommen sein. Seine Sprache ist der epischen sehr ähnlich. E.-M. V.

Frg: PLG II 3 ff. – Anth. Lyr.[3] 1, 1 ff.

Kalliope → Musen.

Kallippos, einer der frühesten Schüler des → Isokrates (nicht zu verwechseln mit dem Mörder → Dions). Gegen ihn dürfte Apollodor, der Erbe des Bankiers Pasion, die ps.-demosthenische Anklagerede or. 52 gehalten haben, um eine Summe einzutreiben, die K. ihm schuldete. Die Identität ist jedoch strittig (Blaß II 18 f.). J.H.K.

2. **K.,** aus Kyzikos, → Astronom der 2. H. des 4. Jh.s vor Chr., ab 334 in Athen. K. schlug laut dem Bericht des → Geminos statt des 19jährigen → Metonischen Zyklus (7 Schaltjahre mit 13 Monaten; mittlere Jahresdauer: $365\,^5/_{19}$ Tage) die Einführung eines Zyklus von 76 Jahren vor, der den vierfachen Zyklus des Meton um einen Tag verkürzte (mittlere Jahresdauer: $365\,^1/_4$ Tage; → Kalender).–

→ Eudoxos' (1) Hypothese der → homozentrischen Sphären hat K. fortgeführt (→ Astronomie B [2]). S.S.

Lit: A. Rehm, RE Suppl. 4 (1924), 1431–1438 – Th. L. Heath, Greek Astronomy, 1932, 140 – Sarton I 508.

Kallirhoë, mehrere Heroinen, u. a. (1) Tochter des → Okeanos und der Thethys, von Chrysaor Mutter des → Geryoneus u. der → Echidna; (2) Tochter des Acheloos, Gattin des Alkmaion; (3) Tochter des Skamandros, von → Tros Mutter u. a. des Ilos und des → Ganymedes.

Kallisthenes von Olynthos, griech. → Geschichtsschreiber, Großneffe des → Aristoteles, bei dem er aufwuchs und mit dem zusammen er die Pythionikenliste verfaßte. Hofhistoriograph des → Alexanderzuges, jedoch wegen seiner Opposition gegen die → Proskynese im Zusammenhang mit der Pagenverschwörung hingerichtet. – *Werke:* ein → Periplus; → Apophthegmen (wohl echt); Über den Heiligen Krieg; Nachruf auf → Hermias (1) von Atarneus. Die 10 Bücher ‹Hellenika› (für die Jahre 386–356) haben vielleicht die panegyrische Tradition über → Pelopidas und → Epameinondas unter Benutzung böot. Literatur begründet (vgl. FGrHist 67 f.); sie wurden von → Ephoros benutzt. Das Werk über Alexander, das mindestens bis Arbela (331) berichtete, panhellenisch-panegyrisch (Alexander als Zeussohn!) gestimmt, ist die erste selbständige Aufzeichnung des Stoffs, deren Einfluß auf die Tradition (vgl. auch → Alexanderroman) man hoch einschätzt. Alle Schriften enthalten zahlreiche Exkurse geographischen, naturwissenschaftlichen, antiquarischen und philologischen Inhalts. Der K. zugeschriebene → Alexanderroman stammt nicht von ihm. W. Sp.

Frg: FGrHist 124 mit Add. – *Lit:* Jacoby, RE 10 (1919), 1674–1707 – Berve I Nr. 408 mit S. 434 – G. Pasquali, EI 8, 1930, 435 f. – A. Gitti L'unitarietà della tradizione su Alessandro Magno nella ricerca moderna, Athenaeum 34, 1956, 39–57 – F. Pfister, Das Alexanderarchiv und die hellenist.-röm. Wissenschaft, Historia 10, 1961, 49–52.

Kallisto, Jagdgefährtin der → Artemis, von Zeus in Gestalt der Artemis oder Apollons verführt. Beim Bad kommt ihre Schwangerschaft zutage, weswegen die Göttin sie verjagt. Nach der Geburt des Arkas wird sie von Hera in einen Bären verwandelt; als Arkas ihr später begegnet und sie unwissentlich zu erschießen droht, werden beide durch Zeus verstirnt (Ov. met. 2, 405 ff.; fast. 2, 155 ff.). Nach anderer Sage wird K. von Artemis selbst verwandelt (Hesiod bei Ps.-Eratosth. Kat. 1, 2, 8), oder Artemis erschießt sie.

Darstellungen: Mehrere Statuen literarisch überliefert. Die Entdekkung der Schwangerschaft der K. durch Artemis ist Gegenstand von pompejan. Wandgemälden (Curtius, in Festschr. P. Clemen, 1926, 94 ff.). Vgl. E. Paribeni, EAA IV, 1961, 302. K. Schb.

Kallistratos, einflußreicher Staatsmann und → Redner im Athen der 70er und 60er Jahre des 4. Jh.s, bekleidete 373/72 das Strategenamt. Seine Anklage war es, die in einem politischen Prozeß zwar nicht zur Verurteilung, aber doch zur Absetzung des um den 2. → att. Seebund hochverdienten → Timotheos (1) führte, dessen Nachfolge im Strategenamt K. antritt. Auf dem Friedenskongreß in Sparta 372 ist er die führende Persönlichkeit (vgl. seine Rede bei Xen. Hell. 6, 3, 10–18). Seine Sympathien waren auf seiten Spartas, und spartafreundlich, aber thebenfeindlich war die von ihm beeinflußte Politik Athens in den nächsten Jahren. Als sich Theben der wichtigen Stadt → Oropos bemächtigte, wurde der Verlust ihm zur Last gelegt und eine Klage gegen ihn und → Chabrias angestrengt. In einer glänzenden Verteidigungsrede, die auf den jungen → Demosthenes großen Eindruck gemacht hat, rechtfertigte sich K. (365), ging jedoch drei Jahre danach vor einem Prozeß freiwillig in die Verbannung nach Makedonien, später nach Byzanz. Als er 355 die Rückkehr wagte, wurde das gegen ihn ausgesprochene Todesurteil vollstreckt. Demosthenes hat ihn als Staatsmann und Redner hochgeachtet; von seinen Reden ist nichts erhalten. J. H. K.

Lit: A. Schäfer, D. und seine Zeit I (1856), 1885², 11–137 – P. Cloché, La politique étrangère d'Athènes 404–338 a. Chr., 1934.

2. **K.,** alexandrinischer Grammatiker, wie → Aristarch (2) Schüler des → Aristophanes (2) v. Byzanz. Er schrieb von → Didymos (1) nicht selten benutzte Monographien und Kommentare zu Homer, Hesiod, Pindar, Tragikern und Komikern, vor allem zu Aristophanes; ferner ein Buch gegen die Athetesen Aristarchs. Von Bedeutung als Vermittler und Verteidiger der Ansichten seines Lehrers. Auf Originalität scheint er verzichtet zu haben. H. E.

Frg. u. *Lit:* R. Schmidt, De Callistrato Aristophaneo, in Nauck, Aristophanes von Byz., 1848, 309–337.

3. **K.,** röm. Jurist von griech. Herkunft; sein Latein wirkt unbeholfen; er nimmt mit Vorliebe auf die griechischsprachigen Provinzen Bezug (Krüger, a. O. 226). K. war unter Septimius Severus und Caracalla tätig. Überliefert sind 3 Bücher Institutiones, 4 Bücher De iure fisci et populi, die als erste Einzeldarstellung des Finanzrechts gelten, 6 Bücher De cognitionibus; dazu treten 2 Bücher Quaestiones und 6 Bücher Ad edictum monitorium, ein kurzer, dogmatisch orientierter Kommentar zum Edikt. E. Seidl (a. O. 201 ff.) betont seine methodologische Bedeutung, die K. aus der Reihe der späteren Juristen heraushebt. H. Hb.

Lit: P. Krüger, Gesch. d. Quellen u. Lit. d. röm. Rechts (1888), 1912², 225 f. – F. Schulz, Gesch. d. röm. Rechtswissensch., 1961, 238 f. – E. Seidl, Röm. Rechtsgesch. u. röm. Zivilprozeßrecht, 1962, 201–207.

Kalon, Bildhauer von Ägina, einer der ersten uns bekannten aus der berühmten Erzgießerschule. In der Überlieferung Zeitgenosse des → Kanachos und → Hageladas, Schüler des Tektaios und Angelion. In seine Zeit (und Werkstatt?) gehören also die auffallend bronzemäßig gearbeiteten Giebelskulpturen vom Aphaiatempel. Eine Athena aus Holz und ein Dreifuß mit Stützfigur sind für peloponnesische Heiligtümer bezeugt. Auf der Akropolis von Athen ist eine Signatur von K. gefunden worden, die von den Epigraphikern um 500 v. Chr. datiert wird. E. Bg.

Lit: Lippold, GrPl, 97 (zum K. v. Elis aus dem späten 6. Jh. v. Chr. vgl. ebd. 203) – A. E. Raubitschek, Dedications from the Athenian Akropolis, 1949, 91 ff. Nr. 85–87; S. 508 f. – A. Giuliano, EAA IV, 1961, 304.

Kalydon, Stadt an der Küste → Ätoliens am Eingang zum korinth. Golf (Kt. 1152 C4), schon bei Homer oft genannt (Il. 2, 640 u. ö.) und sagenberühmt (→ Meleager; → kalydon. Jagd). In der Geschichte weniger bedeutend, zur Zeit des → Pelop. Krieges selbständig, um 390 achäisch, nach der Schlacht bei → Leuktra ätolisch. Nach der Gründung von → Nikopolis (30 v. Chr.) bedeutungslos, da Octavian (→ Augustus) die Hälfte der Bewohner von K. dorthin verpflanzte. Gut erhaltener Mauerring von 4 km Umfang, Heiligtum der Artemis Laphria mit Tempeln der Artemis und Apollons seit archaischer Zeit, großer Grabbau des 2. Jh.s v. Chr. E. M.

Lit: E. Dyggve, Das Laphrion, der Tempelbezirk v. K., 1948 – E. Dyggve-F. Poulsen-K. Rhomaios, Das Heroon v. K., 1934 – K. Rhomaios, *Κέραμοι τῆς Καλυδῶνος*, 1951.

Kalydonische Jagd, die Eberjagd unter → Meleager, die wichtigste unter den ätolischen Sagen, offenbar einst ähnlich berühmt wie die Argonautenfahrt und wie sie viele große Helden vereinigend: nach den antiken Mythographen außer einigen der → Argonauten noch → Theseus und Peirithoos, → Admet, → Peleus und → Telamon, → Amphiaraos, → Atalante u. v. a. Einzelheiten, Literatur und Darstellungen s. zu → Meleager.

Kalypso, Nymphe, die auf der Insel Ogygia (bei Kreta oder im Westen bei Italien lokalisiert) eine prächtige Grotte bewohnt. Liebt → Odysseus und hält den Widerstrebenden 7 (in späterer Sage 6 oder 10) Jahre zurück, will ihn unsterblich machen. Auf Befehl der Götter, den Hermes überbringt, entläßt sie ihn und hilft beim Bau seines Schiffes.

Darstellungen: auf zwei Gemälden des → Nikias (2). Zu deren Nachklängen in der Kaiserzeit vgl. Lucas, ÖJh 32, 1940, 54–59, und B. Neutsch, Der Maler N. v. Athen, 1940, 68. Mehrere Bilder sind auf Hermes' Besuch bei K. gedeutet (Schefold, FS, Abb. 45). Vgl. C. Caprino, Calipso, EAA II, 1959, 2761. K. Schb.

Kalzedon (*χαλκηδών*, chalcedon), Quarzvarietäten splittriger Struktur und getrübter Farbe: 1. gemeiner K. von mannigfaltigen, meist hellen Farben; antike Bezeichnung unsicher; 2. der rote K., entspricht dem → Karneol; 3. der grüne K., man unterscheidet die Varietäten Chrysopras (Indien), Heliotrop (Äthiopien, Nordafrika, Cypern) und Plasma. Bes. zur Herstellung von → Gemmen verwerteter Halb → Edelstein. C.K.

Q: Plin. nat. 37, 104. 113. 165 – *Lit:* Blümner, Technologie III 256ff.

Kamares, eine Höhle in der Südwand des Ida-Gebirges auf Kreta, dem Palast von → Phaistos gegenüber. Offenbar altarlose Kulthöhle mit reichen Funden von Tongefäßen, deren schönste, gewiß aus Phaistos gekommen, die bedeutendste Gattung der mittelmin. Keramik, die sog. Kamares-Keramik (ca. 2000–ca. 1600), ausmachen. Weiße und rote Ornamente auf schwarzgrauem Grund. W. Schg.

Lit: R. M. Dawkins-M. L. W. Laistner, The Excav. of the K.-Cave, BSA 19, 1912/13, 1–34 – *Abb:* S. Marinatos-M. Hirmer, Kreta u. das myk. Hellas, 1959, 20–23. XII–XIII – E. Reisinger, Kret. Vasenmalerei vom Kamares- bis zum Palaststil, 1912 – A. Zois, Kamares-Keramik. Das Werden und Wesen (Diss. Tübingen 1964).

Kamarina, um 598 von → Syrakus gegründete Stadt an der S-Küste → Siziliens (Kt. 1420 F 10), um 550 Abfall von der Mutterstadt und Zerstörung, nach 492 Neubesiedlung durch → Hippokrates (3) v. Gela, von → Gelon wieder zerstört, Verpflanzung der Bewohner nach → Syrakus, nach 466 Neugründung durch → Gela, 339/338 Neubesiedlung durch → Timoleon, 258 endgültig durch Rom zerstört. Nur sehr geringe Reste. E.M.

Lit: K. Ziegler, RE 10,2 (1919), 1801–07 – B. Pace, Camarina, topografia, storia, archeologia, 1927.

Kambyses I. (altpers. *Kambūǰiya*), ca. 602–559, Vater von → Kyros II., König von Persien und Anšan (Teil des Elam), Gatte der Amytis (= Mandane bei Hdt. 1, 107ff.), der Tochter des Astyages, den er besiegte.

2. **K. II.** (529–522), Sohn → Kyros' II. und der Kassandane. Begleitete seinen Vater auf dem babylon. Feldzug, ließ aus Neid seinen Bruder Bardya / → Smerdis ermorden, heiratete seine Schwestern Atossa, dann Roxane. 525 griff er Ägypten an; er eroberte Memphis, nahm Psammetich III. gefangen und unterwarf die Libyer, die Kyrenäer und das untere Nubien trotz eines heftigen Aufstandes der Ägypter (523); eine Expedition gegen Karthago scheiterte an Meuterei der phön. Matrosen. In Persien gab sich derweil der Magier → Gaumāta als Smerdis und König aus; auf dem Rückmarsch zu seiner Niederwerfung starb K. (vgl. Hdt. 3, 64 und die Inschrift von → Bīsutūn). Wegen Eitelkeit, Grausamkeit und Jähzorn trotz großzügiger Seiten nicht geliebt. G.R.

Lit: Lehmann-Haupt, RE 10,2 (1919), 1810–23 – R. N. Frye, Persien, 1962, 173–177 – Zum Tod K.' II.: J. Duchesne-Guillemin, La religion de l'Iran ancien, 1962, 154, Anm. 4 – W. Brandenstein u. M. Mayrhofer, Hb. des Altpersischen, 1964, 149f., s. v. *uvāmaršiyu-*.

Kameen, in Relieftechnik, also erhaben geschnittene Steine, neben den → Gemmen die Hauptwerke der → Glyptik. Skarabäenrücken waren schon sehr früh in K.technik gearbeitet, die eigentlichen K. entstanden jedoch erst nach Alexander. Bevorzugter Stein für K. ist der Sardonyx, dessen Mehrschichtigkeit es ermöglicht, das Reliefbild meistens weiß herauszuformen und durch Kontrast mit verschiedenen dunkleren Schichten besondere Effekte zu erzielen. Der berühmteste Kameo ist die sog. → Gemma Augustea. In Kameentechnik sind auch ganze Gefäße gearbeitet wie die → Tazza Farnese und die berühmte → Portlandvase. P. Z.

Kameiros (oder Kamiros), eine der drei alten Städte der Insel → Rhodos, an der Westküste (Kt. 1152 H 7), großenteils ausgegraben, aber noch nicht veröffentlicht. E.M.

Kamel. Das K., dem Alten Orient und Ägypten im 3./2. Jt. fremd, gewann gezähmt seit dem 11. Jh. mit beiden Arten Bedeutung, dem Dromedar (*κάμηλος Ἀραβικός*) und dem zweihöckrigen Trampeltier (*κ. Βακτριανός*). Die Verwendung als Reit- und Lasttier im arab. und iran. Bereich wurde durch den Übergang vom Fahren zum Reiten in der → Pferdezucht begünstigt. Wie das Pferd wurde das K. bei den Iranern zur Namensgebung benutzt (Zarathustra). Als K.-Hengst erscheint der iran. Gott Vĕrĕthragna. Ein att. Aryballos zeigt Ende 5. Jh. einen iran. Fürsten oder Gott als Reiter auf einem K. inmitten eines ekstatischen Zuges. Den Griechen war seit dem 6. Jh. die Verwendung des K.s bei Medern und Persern geläufig. Dem Einsatz von K.en verdankte Kyros 546 seinen Erfolg gegen die lyd. Lanzenreiter des Kroisos, deren Pferde vor dem K.-Geruch scheuten. Xerxes führte auf seinem Feldzug gegen Griechenland arab. K.-Reiter und Last-K.e mit. Antiochos verwendete 190 bei Magnesia arab. Bogenschützen auf K.en gegen die Römer. Der Erfolg der → Parther bei Karrhai gegen → Crassus 54 beruhte wesentlich auf dem Einsatz von Last-K.en zur Pfeilversorgung der berittenen Bogenschützen. Zur Verbreitung des K.-Nomadentums in Nordafrika trugen in der Kaiserzeit wesentlich die Blemmyer im Sudan bei. In der kopt. Kunst wurde der heilige Menas Schutzpatron der K.e Vgl. → Fauna. J.W.

Lit: Keller, Tiere, 20–36; Tierwelt I 275–277 – H. Gossen, RE 10,2 (1919), 1824–31 (Quellen!) – R. Walz, ... Domestikation der altweltlichen Cameliden, ZDMG 101, 1951, 29–51; 104, 1954, 45–87 – J. Wiesner, Actes du IVe Congr. intern. des sciences anthrop. et ethnol., T. II, 1955 – K. Schauenburg, Die Cameliden im Altertum, BJbb 155/156, 1955/56, 59–94; 162, 1962, 98–106.

Kamm (griech. *κτείς*, lat. pecten), bereits im vorgeschichtlichen Europa, in Ägypten und im Alten Orient sowie in der griech. Vorzeit bekannt, wird aus hartem Holz, Knochen, Metall, vor allem aus → Elfenbein hergestellt. Einseitig oder (seltener) zweiseitig mit gröberen und feineren Zähnen. Meist reich verziert durch Ritzzeichnungen, Einlegearbeiten oder Reliefdarstellungen. In der griech. Frühzeit zahlreiche Exemplare aus dem Heiligtum der Artemis Orthia in Sparta (mit Relief: Tiere, Tierkämpfe, Parisurteil? u. a.). Die röm. Kaiserzeit hat bes. reich verzierte Kämme hervorgebracht. U.J.

Lit: G. Lafaye, DS IV 1, 363–365, s. v. Pecten – A. Götze u. a., RV VI 198–262 – R. M. Dawkins, The sanctuary of Artemis Orthia, 1929, 222–224, Taf. 126–131 – G. Loud, The Megiddo Ivories, 1939, 15, Taf. 16–18 – H. A. Thompson, Activities in the Athenian Agora, 1955, AJA 60, 1956, 136, Taf. 50, 4 – R. Hampe, Das Parisurteil auf dem Elfenbeinkamm aus Sparta, Festschr. B. Schweitzer, 1954, 77 bis 86, Taf. 11–12.

Kammergrab, in der Ägäis der späten Bronzezeit weit verbreiteter Typus des Familiengrabes (Skelettbestattung). Die in den Fels geschnittene Kammer (manchmal Nebenkammern) wurde durch einen → Dromos erreicht. Die Eingangstüre in die Kammer konnte nach jeder Bestattung verschlossen werden. Grundriß und Größe der Kammer sind wie Länge und Gestalt des Dromos je nach Ausführung und Entstehungszeit unterschiedlich. Die Decke der Kammer wurde flach oder spitz gewölbt. Es gibt auch gemauerte K.er mit ‹falschem Gewölbe› (Isopata nördl. von → Knossos; → Mykene, Schachtgräberbezirk B). Auf Kreta reichen bescheidene Frühformen in die MM-Periode zurück (Mavro Spelio östl. von → Knossos). Eine Abhängigkeit des kret.-myk. vom ägypt. K. anzunehmen ist nicht notwendig. Vgl. → Grab B [1]. W. Schg.

Lit: A. Evans, The Palace of Minos IV 2, 1935, 773 (Kammergrab v. Isopata) – E. J. Forsdyke, The Mavro Spelio Cemetery at Knossos, BSA 28, 1926/27, 243–296 – A. J. B. Wace, Chamber Tombs at Mycenae, Archaeologia 82, 1932 – C. W. Blegen, Prosymna, 1937 – A. J. B. Wace, Mycenae, 1949, 14–16 – G. Daux, Fouilles... (Mycenae), BCH 83, 1959, 615, Abb. 26 – Zur Agora Athen: H. A. Thompson, Hesperia 17, 1948, 154–159 – Vgl. zu → Dendra und → Asine – *Allgemein:* G. E. Mylonas, The Cult of the Dead in hellad. Times, Stud. pres. to D. M. Robinson, 1951, 83–105.

Kampanien, das fruchtbare, meist ebene, aber von vulkanischen Höhen durchsetzte Gebiet um den Sinus Cumanus (Golf von Neapel) etwa vom Mons Massicus im N bis zum Silarus im S am Fuß des Samnischen Berglandes (Kt. 1420 F 6), gegliedert in das Sidicinische Hügelland am

Mittellauf des Volturnus, in die Binnenebene an dessen Unterlauf und die Küstenstriche an den Golfen von Neapel und Salerno mit den Phlegräischen Feldern im N, dem Vesuvgebiet und der Sarnoebene im W, den Montes Lactari (Halbinsel von Sorrent) und dem Picentinischen Bergland im S. Seit paläolithischer Zeit besiedelt; Ende des 2. Jt.s durch vom N kommende Indoeuropäer in Besitz genommen. Im 8. Jh. fanden die griech. Kolonisatoren von → Cumae (757/756) in K. die → Osker vor und gründeten in ihrem Gebiet Palaiopolis (680), das mit der späteren Erweiterung Neapolis den Kern des heutigen Neapel bildet. Im 6. Jh. dehnten die → Etrusker ihr Herrschaftsgebiet nach S aus und brachten die Osker K.s in ihre Abhängigkeit (Palaiopolis 550, → Herculaneum und → Pompeji 530), drangen aber auch über den Sattel von Cava dei Tirreni bis in den südl. Teil K.s vor, wo sich bei Irinum und Pontecagno die südlichsten Fundstellen etrusk. Kulturgutes befinden. 474 wird das Vordringen der Etrusker in der Seeschlacht von → Cumae (das sich 524 nicht zuletzt dank der samischen Gründung von Dikaiarcheia/ → Puteoli i. J. 531 behauptet hatte) aufgehalten, Palaiopolis wird als → Neapolis mit regelmäßigem Stadtplan neugegründet. Um diese Zeit drängen → Samniten aus dem Bergland in die Ebene nach, erreichen 471 → Capua, wo sich um die Mitte des 5. Jh.s aus den verschiedenen Siedlungsgruppen der Osker, Etrusker und Samniten das Volk der Kampaner konstituiert. Die Samniten bemächtigten sich zwischen 438 und 424 der Stadt Capua, erobern 421 Cumae und ersetzen den etrusk. Städtebund durch zwei samnitische. Nach der Mitte des 4. Jh.s geraten die hellenisierten Kampaner in Gegensatz zu den in die Ebene nachdrängenden Bergvölkern. Es gelingt Teanum Sidicinum und Capua, diese mit Hilfe des Latinerbundes abzuweisen (343), doch gerät Capua so in den Einflußbereich Roms, mit dem es 338 ein Bündnis schließt. Von nun an dringen die Römer in K. ständig vor: 334 latinische Kolonie in Cales, 313 Suessa Aurunca, 296 Sinuessa, 327 Bündnis mit Neapolis, das seinen griech. Charakter jedoch bis in die Kaiserzeit bewahren kann. 312 Anlage der → Via Appia von Rom nach Neapel, die 291 bis Beneventum, 268 bis → Venusia verlängert wird. 268 wird ein Volksteil der bezwungenen Picenter in den Ager Picentinus am Golf von Salerno verpflanzt. Nach dem Abfall Capuas im Hannibalischen Krieg 211/210 wird der Ager Campanus als Staatsdomäne konstituiert und eine straffe Romanisierung K.s durchgeführt: 194 Bürgerkolonien Sinuessa, Volturnum, Liternum, Puteoli, K. ist von nun an eine politische Einheit; großer wirtschaftlicher Aufschwung und Blüte der kampan.-hellenist. Kultur. Nach zeitweisem Niedergang im Bürgerkrieg beginnt, bes. nachdem Augustus K. mit Latium zur 1. Region konstituiert hat, eine Blütezeit, die bis in die späte Kaiserzeit anhält. An den Golfen entstehen Villen (→ Lucullus, → Cicero, → Brutus (2), → Augustus, → Tiberius, → Nero) und Kurorte (→ Stabiae und → Baiae), am Kap → Misenum wird von → Agrippa (1) 37 v. Chr. ein mächtiger röm. Flottenstützpunkt eingerichtet. Die Fruchtbarkeit des Bodens machte K. zu einer Kornkammer Italiens, kampan. Rosen wurden in Capua zu Parfüm verarbeitet, dort war auch Metallindustrie, in Puteoli Glasindustrie. Die Umschlaghäfen dort und in Neapel lassen K. zu einer der reichsten Regionen Italiens werden. 476 n. Chr. von den → Goten besetzt, die 555 von den Byzantinern am Vesuv geschlagen werden. 570 Invasion der → Langobarden. An archäologischen Funden eines der reichsten Gebiete Italiens: vgl. → Baiae, → Capreae insulae, → Capua, → Cumae, → Herculaneum, → Misenum, → Neapolis, → Nola, → Nuceria, → Pompeji, → Puteoli, → Pithekussa, → Salernum, → Stabiae. An weiteren Städten Kampaniens sind zu nennen: Abella, Atella, Calatia, Casilinum, Venafrum. B. A.

Lit: Nissen, I 263 ff. – J. Beloch, Campanien, 1890 – Devoto, 137 ff., 285 ff., 313 ff.

Kampanische Vasen, unteritalisch-rotfigurige V.-Gattung des 4. Jh.s v. Chr.; Herstellungszentren im griech. → Cumae sowie in den samnitisch-kampanischen Städten Avella und → Capua. Bevorzugte Formen sind Glockenkrater, Halsamphora und Skyphos. Angestrebte Imitation besserer unterital. V. (→ apulische V.) wird beeinträchtigt durch starke Polychromie und erstarrten, flüchtigen Figurenstil. Auch die Ornamentik ist auf wenige grobe Formen reduziert (Kreisrosetten als Füllornament, Henkel → palmetten, → Voluten, → laufender Hund). – Im späten 4. Jh. treten ähnliche Gattungen in Sizilien (→ Gela, → Leontinoi) auf, und auch eine Gattung unverzierter, glatter, meist schwarzgefirnißter Ware, die sich bis zum Ende der Republik hält, nennt man noch K. V. I. Sch.

Lit: J. D. Beazley, Groups of Campanian Red-Figure, JHS 63, 1943, 66–111 – A. D. Trendall, Paestan Pottery, 1952.

Kanachos, Bildhauer von Sikyon, von panhellenischer Bedeutung; vor und um 500 v. Chr. tätig. Von seinem Hauptwerk, dem Apollon Philesios aus Erz in Didyma, sind einige späte und freie Nachbildungen erhalten: auf Münzen, Gemmen und zwei Reliefs von Milet: Apollon stand hier noch in spätarchaischem Standmotiv, den linken Fuß vorgesetzt, mit Bogen in der gesenkten Linken und Hirsch auf der vorgestreckten Rechten. Dasselbe Motiv erscheint bei einer Bronzestatuette des Brit. Mus. wieder, auch bei einer Marmorkopie des Forum Romanum und in einer jüngeren (nach dem Raub erfolgten?) Fassung bei einer Bronzestatuette von Pompeji. Die Kultstatue wurde von den Persern (wahrscheinlich von → Dareios i. J. 494) geraubt und von → Seleukos I. wieder zurückgebracht. K.' Apollon Ismenios von Theben aus Zedernholz soll gleiche Haltung und Größe gehabt haben. Die übrigen ihm zugeschriebenen Werke (sitzende Aphrodite, Knaben und eine Muse) sind nur literarisch bezeugt. E. Bg.

Lit: C. Carettoni, L'Apollo della Fonte di Giuturna e l'Apollo di K. Bd'A 34, 1949, 193–197 – E. Simon, Beobachtungen zum Apollon Philesios des K., in: Charites, Festschr. E. Langlotz, 1957, 38–46 – G. Carettoni, EAA IV, 1961, 308–309 (mit Abb.) – E. Bielefeld, Ein altanatolisches Motiv bei K., Ist. Mitt. 12, 1962, 18–43 – Zur Bronzestatuette von Pompeji: NSc 5, 1929, Taf. 26.

Kanäle. Die Fruchtbarkeit Ägyptens war seit Urzeiten von einem gut ausgebauten System von Deichen und K.n abhängig. Die Bauarbeiten daran wurden staatlich geleitet und im Frondienst ausgeführt. Als Rom die Herrschaft über Ägypten errang, ließ → Augustus die Deiche und K. in großzügiger Weise instand setzen. Daneben gab es *Schifffahrtskanäle*. Zu den größten Unternehmungen dieser Art gehört der Durchstich der Halbinsel → Athos, den die Perser, nachdem ihre Flotte 492 v. Chr. dort von einem Sturm vernichtet worden war, in dreijähriger Arbeit bewerkstelligten. Der Kanal war so breit, daß zwei Triremen aneinander vorbeifahren konnten (Hdt. 7, 22 ff.; Thuk. 4, 109). In seinen letzten Regierungsjahren begann → Nero (1) mit seinen damals als unausführbar angesehenen und verspotteten Arbeiten am Kanal von Korinth, der schon von → Periander, → Demetrios I. Poliorketes und → Caesar geplant worden war. Bekanntlich konnte dieser Plan erst 1893 verwirklicht werden. Dagegen gelang es → Trajan, die Verbindung des Nils mit dem Roten Meer durch einen Kanal herzustellen. Ebenfalls unter Nero wollte ein Heereskommandant namens L. → Antistius (3) Vetus den bereits von → Drusus (1) begonnenen Mosel-Saône-Kanal fertigstellen, der den Rhein mit dem Mittelmeer verbinden sollte (Tac. ann. 13, 53). Freilich wurde auch dieser Plan nicht verwirklicht. Th. P.

Kanalisation. [1] In der *griech.* → *Stadt* fehlte eine systematische K. bis zum 3./2. Jh. (vorhanden im Theaterviertel von → Delos), doch finden sich großzügige Entwässerungsleitungen öffentlicher Plätze oder Hauptstraßen vereinzelt schon seit dem Anfang des 5. Jh.s (Agora von → Athen, Kanal von 1 × 1 m; auch für → Akragas ist der Bau großer Kanäle nach 480 überliefert). In → Priene lief Regen- und

Abwasser durch offene Straßenkanäle ab. Im fortschrittlichen → Pergamon gab es seit dem 3. Jh. öffentliche Latrinen und unterirdische Kloaken, doch fehlte noch im 1. Jh. z. B. in Smyrna, wie wohl in den meisten griech. Städten, eine Kanalisation gänzlich, so daß es dem Regen überlassen blieb, den Unrat von den Straßen zu spülen. G. Gb.

[2] *Rom.* Die älteste Nachricht über städtische K. betrifft die Cloaca Maxima in Rom, die seit der Königszeit der Trockenlegung und Abwässerableitung zwischen Forum und Tiber diente und in etrusk. Städten Parallelen findet (Marzabotto). Das weitverzweigte Kloakensystem des republikanischen Rom bedurfte schon im 2. Jh. v. Chr. einer kostspieligen Erneuerung (Dion. Hal. 3, 67); die restlose Überwölbung stammt erst aus der Kaiserzeit. Planmäßige Städte erhalten oft schon in Zusammenhang mit dem Straßenbau ein einheitliches K.s-System (vgl. das griech. K.s-Netz von Rhodos). Meistens münden die Abzugskanäle der Nebenstraßen in die der Hauptstraßen. Dieses System ist im westl. Städtebau etrusk.-röm. Tradition einheitlicher verbreitet als im Osten, wo die ursprünglich meist oberirdisch angelegten Ableitungen oft erst nachträglich unter das Straßennetz verlegt wurden. → Stadt II, → Wasserversorgung. C. K.

Lit: Blanchet, Recherches sur les aqueducs et cloaques de la Gaule Romaine, 1908 – J. D. Kondis, Stadtbauplan von Rhodos, AM 73, 1958, 146–158.

Kanarische Inseln, westl. Afrika, die *Fortunatae insulae* bei Plinius (nat. 6, 201–205). Vielleicht schon von den Phöniziern entdeckt. Die Insel Teneriffa hieß Ninquaria, Gr. Canaria schon damals Canara (nach den großen Hunden dort). R. F.

Kandahar, Provinzhauptstadt in Südwestafghanistan, im Gelände eines achämenid. Satrapensitzes Aršada und des späteren *᾿Αλεξάνδρεια ἐν ᾿Αραχώτοις* oder *᾿Αλεξανδρόπολις*. Fundstelle von Ašoka-Edikten aus der Mitte des 3. Jh.s v. Chr. (u. a. griech.-aramäische Bilingue). K. F.

Lit: D. Schlumberger, Une bilingue gréco-araméenne d'Asoka, JA 246, 1958, 1–48 – K. Fischer, Kandahar in Arachosien, WZ Halle – Wittenberg, Ges.-Sprachwiss. Kl. 7, 1958, 1151–1164 – D. Schlumberger, Une nouvelle inscription grecque d'Açoka, CRAI 22, 5, 1964, 1–15.

Kandaules → Sadyattes I.

Kandelaber (lat. candelabrum), ursprünglich Kerzenhalter, dann Lampenständer, um den Leuchtkreis der Öllampen zu erweitern. Bereits im 7. Jh. v. Chr. auf → Cypern, im griech.- und etrusk.-archaischen Bereich bekannt und bis weit in die röm. Kaiserzeit hinein phantasievoll ausgestaltet. Grundform ist eine bis zu 1,5 m hohe Stange, gehalten von einem Dreifuß; oben eine Vorrichtung zum Aufstellen oder Anhängen der Lampe. Material meist Bronze, aber auch Silber, Holz, Marmor. U. J.

Lit: A. Mau, RE 3 (1899), 1461–64 – Blümner, Privataltertümer, 139–143 – G. M. A. Richter, Greek, etruscan and roman bronzes, MMA New York, 1915, 165–376 – W. Lamb, Greek and roman bronzes, 1929, 248 (Index s. v. ‹Candelabra›).

Kandelaberstil. Den Begriff prägte A. Mau zur Bezeichnung des Übergangs vom 2. zum 3. pompejan. Stil (→ Malerei D 4/5). In dieser Periode wird der Kandelaber zum beliebten Kompositionsmotiv der ins Irrational-Flächenhafte sich entwickelnden Wandtektonik. C. K.

Lit: A. Mau, Gesch. der dekorativen Wandmalerei in Pompeji, 1882 – Schefold, VP, 56ff. 60. 141f.

Kaneš (heute Kültepe; Kt. 153 E 3), Stadt (frühe Bronzebis hellenist. Zeit) 20 km nördl. Kayseri in Kappadokien. Daneben altassyr. Handelsfaktorei kārum Kaneš (19./18. Jh.) mit über 20000 ‹Kappadok. Tontafeln›. Ausgrabungen: Hrozný 1925, Türk Tarih Kurumu (T. und N. Özgüç) seit 1948. F. F.

Lit: Letzter Bericht: T. Özgüç, Kültepe-Kanis, 1959.

Kaninchen. Die Zucht des K.s (*κόνικλος*, cuniculus) wurde den Römern bei der Eroberung Spaniens bekannt, die bei den Iberern wie die K.-Jagd sehr beliebt und durch sie auf den Balearen und Korsika verbreitet worden war. Der Name bezieht sich auf den Aufenthalt in unterirdischen Gängen. Infolge der großen Fruchtbarkeit wurden die K. oft zur Landplage, der die Iberer durch Einsatz von Frettchen begegneten. Auf den Münzen des in Spanien geborenen Hadrian erscheint das K. als Wahrzeichen der Provinz Hispania. Vgl. → Fauna. J. W.

Lit: Keller, Tierwelt I 217f. – Hehn, Kulturpflanzen, 460–463 – H. Gossen, RE 10, 2 (1919), 1867f. (Quellen!).

Kanne, Bezeichnung für verschiedene → Vasen-Formen: In geometrischer Zeit ist meistverbreitet die K. mit engem, langem Hals und Kleeblattmündung, ferner die größere K. mit weitem Hals, runder Mündung und Deckel (attisch). In Korinth und Böotien erscheint gegen 700 v. Chr. die sog. Platsch-K. (enger Hals, flach aufliegender, kegelförmiger Körper); in Attika und Korinth bald darauf die *Oinochoë*, eine Weinkanne mit abgesetztem Hals und Kleeblattmündung. Entsprechende K.n in Ostionien sind betont bauchig und tragen Rotellen am Henkelansatz (Rotellen-K.). ‹*Olpe*› oder Schlauch-K. nennt man die K. mit fließender Kontur und meist runder Mündung, ohne daß *ὄλπη* in der Antike für diese Form belegt wäre (→ Vasen, Abb. 245, 4 bis 5). Die 5–10 cm hohen *Choen-K.n*, die Kleinkindern am → Choenfest geschenkt wurden, haben Kleeblattmündung, sind gedrungen und von fließender Kontur. I. Sch.

Lit: P. Jacobsthal, Rhod. Bronzek., JdI 44, 1929, 198–223 – D. Wegener, Beitr. z. Gesch. der Olpe, Diss. Heidelberg 1946, masch.

Kanon, semit. Lehnwort für ‹Stange›.

A. Antiker Begriff. Das Wort K. wurde verwendet für die Meßrute in der Architektur und den Verhältnismaßstab in der Bildhauerkunst (s. u. zu der Schrift Polyklets). Unter K. wird von Theoretikern der griech. → *Musik* (A 9 ff.) seit → Euklid das Monochord verstanden, an dem nach der Tradition → Pythagoras die Konsonanzen experimentell demonstrierte. Der K. ist teils ein künstlerisch unbedeutendes Musikinstrument, teils theoretisches Lehrinstrument, als solches von → Ptolemaios (17) und → Boethius genau beschrieben. Es besteht aus einer über 2 (Halb-)Kugeln (*μαγάδες*) ausgespannten Saite, die nach den zu den Konsonanzen gehörigen Zahlenverhältnissen abgeteilt werden. Wegen der Unhandlichkeit des Monochords tritt auch ein mehrsaitiger K. auf. Doch erweitert sich der Begriffsinhalt in der Musik auf das Tonsystem, in der sophistischen Stilistik auf den maßgerechten Stil, in der Philosophie zur ‹Richtschnur› geistiger Werte. In hellenist. Zeit nimmt K. in der Philosophie bei der Nachahmung persönlicher Vorbilder, in der attizistischen Rhetorik und analogistischen Grammatik sowie in der Kunsttheorie bei der Nachahmung künstlerischer Vorbilder den Sinn des Klassischen an. G. W.

Lit: S. Wantzloeben, Das Monochord, Diss. Halle 1911 – H. Oppel, Kanon, Philol. Suppl. 30, 4, 1937.

[2] Titel einer Schrift von → Polyklet. Sie enthielt die → Kunsttheorie der klassischen Plastik. Erhalten sind uns kurze Inhaltsangaben und 3 Fragmente, die davon sprechen, daß eine Vielzahl von Zahlenverhältnissen, die → Symmetrie, das Gelingen eines Kunstwerkes ausmachen, wobei allerdings ein irrationales Moment (Kairos) entscheidend hinzukommt. Polyklet richtete sich dabei nach dem Normalmaß eines lebenden Menschen; später werden auch Proportionssysteme unter Maßgabe anderer Gesichtspunkte befolgt. Vielleicht schon von Polyklet, jedenfalls aber von Späteren wurde auch die berühmte Statue seines Speerträgers (Doryphoros) K. genannt; in der Tat verwirklicht dieses uns in vielen Kopien überlieferte Erzbild am besten die Normensetzung seiner Theorie. D. Sch.

Q: VS 40 – *Lit:* H. Oppel, Kanon, Philol. Suppl. 30, 4 – D. Schulz, Zum Kanon Polyklets, Hermes 83, 1955, 200–220 – S. Ferri, EAA 2, 1959, 311f. s. v. Canone.

[3] *Kanones* hießen auch die rechtsgültigen Bestimmungen altchristl. → Konzile, daher ursprünglich Bestandteil von → Konzilsakten. Seit Ende 4. Jh. entstanden im Osten

selbständige K.-Sammlungen (z.B. sog. Apostolische K.; verlorenes griech. Corpus canonum); direkt überliefert ist nur die rechtsgelehrte, systematisch angeordnete *Συναγωγὴ κανόνων* des Johannes Scholasticus (ca. 550 n. Chr). Der Westen übernahm die östl. K.-Tradition (→ Dionysios (7) Exiguus), verband sie aber mit den als decreta verbindlichen → Papstbriefen, was die Durchdringung des in Nordafrika und Spanien noch lange lebendigen Synodalrechtes mit dem päpstlichen Dekretalienrecht als ius canonicum widerspiegelt. C.A.

Ed: → Konzil, → K.sakten – *Lit:* Altaner 223 f. – L. Oppel, *κανών*, 1937 – L. Wenger, SB Wien 1942 – ZRG kan. Abt. 63, 1943 – H. Hess, The canons of Sardica, 1958.

B. Kanonsgeschichte des NT. Der Begriff K. wurde um 350 n. Chr. auf die Sammlung der geltenden Bibelbücher übertragen (Athan. Nic. syn. 18, 3: der ‹Hirt des → Hermas› gehört nicht zum K.). Entwicklung, Abgrenzung und Sammlung des NT erfolgten ca. 100–400.

[1] Ausgangspunkte waren das Jesus und seinen Jüngern heilige AT, Herrenworte und die Briefe des Paulus. Um *100 n. Chr.* lagen die Schriften unseres NT vor (→ Christentum, I C), jedoch als Sammlung nur die Paulusbriefe, und daneben wurden andere Bücher, etwa die der ältesten → Apostolischen Väter, als heilige Texte verehrt (z.B. wird 1. Clem. bei Polyk. Phil. 1, 1 als Autorität angeführt). Daß die später kanonisierten Schriften besondere Durchschlagskraft erhielten, beruhte auf ihrer überlieferten Apostolizität (Mt.-, Joh.-, Paulus- und Kirchenbriefe standen unter Apostelnamen; Mk., Lk., Apg. unter dem von Apostelschülern) und noch mehr auf ihrer liturgischen Verwendung im Gottesdienst.

[2] Seit ca. *150* n. Chr. mußte die Kirche dagegen reagieren, daß → Gnostiker synkretistische Schriften z. T. unter apostolischer Autorität einschmuggelten, während → Markion umgekehrt alle Schriften außer denen von Lukas und Paulus verwarf. Zeugnisse dafür sind eine um 175 in Rom entstandene Liste, ‹*Kanon Muratori*› genannt, sowie Zitate vor und nach 200 bei → Irenaeus, → Clemens (2) v. Alexandria und → Tertullian. Nach diesen Belegen wurde damals in allen Hauptzentren, Syrien ausgenommen, den meisten der späteren K.schriften eine Sonderstellung eingeräumt. Die Katholischen Briefe hatten sich nur lokal durchgesetzt, während die → Apostolischen Väter manchmal wie biblisch geachtet wurden. Allgemein nannte man nunmehr die Bücher des Alten und Neuen Bundes (*διαθήκη*, testamentum) abkürzend ‹das AT› (so wegen 2. Kor. 3, 14) und ‹das NT› (so zuerst Clem. Al. Strom. 3, 71, 3; Tert. adv. Marc. 4, 1), wodurch der Begriff einer Einheit befestigt wurde. Die von → Origenes (Stellennachweise: Th. Zahn, Herzog-Hauck, RE 9, 1901, 787 f.) geförderte Erörterung des K.begriffs wurde kurz nach 300 von → Eusebios so zusammengefaßt (hist. eccl. 3, 25, 1–7): 22 Bücher seien anerkannt (Homologumena), Jak. und die vier kurzen Katholischen Briefe aber umstritten (→ Antilegomena). Nachträglich äußerte Eusebios der Apk. gegenüber subjektive Zweifel. Schriften wie Barn. und Did. seien nicht apostolisch, obwohl von einigen noch anerkannt, die meisten → Apokryphen häretisch.

[3] → Athanasios, der den Terminus K. einführte (s. o.), veröffentlichte in seinem Osterbrief 367 die erste bekannte Liste, wo alle 27 Bücher des NT vorbehaltlos angeführt erscheinen (Athan. epist. fest. 39, 3). Sein ägyptisch-orthodoxer Kanon verbreitete sich allmählich überall: nach Italien 382 durch Damasus I. (decret. Gelas. 2, 4) unter Einfluß des → Ambrosius und → Hieronymus, nach Afrika 393 durch → Augustin (brevis statuorum Hipponensium 393, erhalten: Konzilsakten Karthago, 397, can. 39), nach Gallien 405 durch Innozenz I. (epist. 6, 13), nach Syrien 508 durch Philoxenus (syr. Übersetzung). Vorläufig konnte sich in Ostrom die Apk. nicht durchsetzen und wurde erst in byzantin. Zeit allgemein verbreitet. Im fernen Osten blieben die → Nestorianer bei den 22 Schriften des Eusebios; im fernen Süden behielten umgekehrt die Äthiopier ein paar Schriften der → Apostolischen Väter bei. B.R.

Q: E. Preuschen, Analecta I, 1909 – F.W. Grosheide, Textus minores, 1948 – *Übers:* Hennecke³ I 8–31 (Lit) – *Lit:* Vgl. zu → Überlieferung D. – Ferner: E. v. Dobschütz, Die Bibel im Leben der Völker (1935), 1952³ – Feine-Behm-Kümmel, Einl. i. d. NT, 1963, 348 bis 375 (Lit).

Kanopen. [1] In → *Ägypten* (I D 4) setzte man seit den Anfängen des Alten Reiches die Eingeweide, die bei der Mumifizierung dem Leichnam entnommen wurden, in vier Krügen bei, die wir als K. bezeichnen. Der Name ist vom Kultbild des → Kanopos abgeleitet, das man fälschlicherweise in den K. zu erkennen glaubte. Die vier Tonkrüge tragen seit dem Neuen Reich meist die Köpfe der vier → Horussöhne Amset (Mensch), Hapi (Pavian), Kebehsenuf (Schakal), Duamutef (Falke), doch kommen z.B. auch vier K. mit Menschenköpfen vor, die Porträtzüge des Verstorbenen tragen können. Amset sind in der Regel die Leber, Hapi die Lunge, Duamutef der Magen, Kebehsenuf die Organe des Unterleibs zugeordnet. Als Schutzgöttinnen der K. finden sich (auf den K.-Kasten abgebildet oder in Texten erwähnt) → Isis, → Nephthys, → Neith, Selket. Die vier Packungen mit den Eingeweiden (die auch ohne wirklichen Inhalt nur symbolisch erstellt wurden, wenn man z.B. die Eingeweide in der Mumie beließ) bestattete man im K.-Kasten. Seine Form ist in älterer Zeit die eines Sargs; seit dem Neuen Reich in der Regel die eines Schreines. Die Kästen sind mit Götterbildern, Symbolen und Texten reich verziert. P.T.

Lit: G. Reisner, AegZ 37, 1899, 61–72.

[2] Die → *Etrusker* verwendeten von ca. 650–500 bei der → Bestattung eine ‹K.› genannte Urnenform, die durch Umbildung des Deckels zu einem Kopf und Anfügung von Brüsten, Händen und Armen der menschlichen männlichen bzw. weiblichen Gestalt angenähert ist. Zwar nicht Porträts im eigentlichen Sinne, erscheinen doch viele K. als frei modellierte Einzelanfertigungen miz individualisierenden Tendenzen ausgesprochen personhaft. Mit den ägypt. K., von denen der Name entlehnt ist, besteht kein Zusammenhang. Zum Zeichen der Vergöttlichung (Heroisierung) der in ihnen Bestatteten werden die K. auf tönerne oder bronzene Thronsessel gestellt, mit welchen zusammen sie jeweils einzeln in einem großen, die Grabkammer vertretenden Tongefäß eingegraben werden (Ziro-Grab). Als K. sind auch die etwas unterlebensgroßen Steinfiguren hellenisierenden Stils mit abnehmbarem Kopf und für die Aufnahme der Totenasche gehöhltem Brustkasten zu verstehen, die seit der 2. H. 6. Jh. v. Chr. gelegentlich an die Stelle dieser Urnen treten. Sie führen zu den großen Figurengruppen mit Aschenbehältnis, die den Toten mit Frau, in Gesellschaft eines Todesdämons oder umringt von dienenden Gestalten aus dieser und jener Welt darstellen (1. H. 4. Jh. v. Chr.). Mit flüchtig modellierten, halblebensgroßen Sitzfiguren von ihr Haar flechtenden jungen Frauen aus → Terrakotta läuft die Sitte schließlich im 2. Jh. v. Chr. aus (Solaia, Arezzo). O.W.v.V.

Lit: L. A. Milani, Monumenti etruschi iconici d'uso cinerario, Museo Italiano d'antichità classica (D. Comparetti) I, 1885 – Doro Levi, I canopi di Chiusi, La Critica d'Arte 1, 1935/36, 18–26 u. 82–89 – P. J. Riis, Tyrrhenica, 1941, 108–109 – O.W. v. Vacano, Die Etrusker, Werden u. geistige Welt, 1955, 171–173, Taf. 23–36 – J. Thimme, Der Porträtwert etrusk. Bildnisse, in: Festschr. E. Knittel, 1959, 147–163.

Kanopos. [1] Steuermann des → Menelaos, in Gründungssagen mit der ägypt. Stadt K. (s. u.) zusammengebracht. An den Himmel versetzt Stern α des Sternbildes Argo. Plutarch (De Is. 22) deutet das Sternbild wegen des Namenzusammenhangs mit dem Gott K. als Schiff des → Osiris mit K. als Steuermann. P.T.

2. **K.,** griech. Göttername für die in der gleichnamigen Stadt verehrte Sonderform des → Osiris (in ptolemäischer Zeit → Serapis). Das Kultbild hat die Form eines mit heiligem Nilwasser gefüllten, bauchigen Kruges mit Osiriskopf. Ihm wird besondere Heilkraft zugeschrieben. Die

Krugform des Bildes ist in den Darstellungen oft mit der Mumienform des Osiris verwechselt. P.T.

Q: Rufin. hist. 11,26 – *Lit:* Fr.W.v.Bissing, Das Kultbild von Kanopus, Bull.Soc.Alex.24, 1929, 39–59 – Ders., Aeg.Kultbilder der Ptolemäerzeit und Römerzeit, AO 34, 1936, 28f.

Kanopus (*Κάνωβος*, ägypt. Peguati), Stadt westl. Abukir, 22 km von → Alexandria (Kt.29 B1). Sie war berühmt durch den Tempel, in welchem der Gott K. mit den Göttern des Serapiskreises (→ Isis, → Anubis, → Harpokrates) verehrt wurde und in welchem man Heilträume erlangen konnte (unter → Theodosia zerstört). Die Stadt K. genoß aber auch einen etwas zweifelhaften Ruf als mondäner Ausflugsort der Alexandriner. – *Dekret von K.:* Priesterdekret (238 v.Chr.) zu Ehren → Ptolemaios' III. Euergetes, seiner Gattin → Berenike, ihrer Tochter → Berenike und der Eltern → Ptolemaios' II. Philadelphos und → Arsinoe; abgefaßt in → Hieroglyphisch, → Demotisch und Griechisch; publiziert von P.Sethe, Hierogl. Urkunden der gr.-röm. Zeit I, 1904, Nr.30. – Vgl. → Canopus. P.T.

Q: Strab. 17, p. 801 – *Lit:* E.Breccia, Canopo, Monuments de l'Egypte gréco-rom. I, 1926 – B.Porter-R.Moss, Topogr. Bibliography IV, 1934, 2.

Kantabrer, großes, vorkeltisches, indogerman. Volk im N → Spaniens (vgl. Mare Cantabricum; Kt.2849 C1). Unterteilt in mehrere Gruppen, u.a. die Orgenomesker, die Salänier, die Avariginer, die Konkaner, die Vadinienser, die Tamariker und die Morekaner. Während der keltiberischen Kriege unterstützten die K. oft ihre Nachbarn gegen Rom. Sie selbst wurden erst im Kantabrischen Krieg des Augustus (26–19) unterworfen. Die bedeutendsten Städte: Iuliobriga, Octaviolca, Veleia und Tamaria. J.M.d.M.

Lit: A.Schulten, Los cantabros y astures y su lucha con Roma, 1943 – J.Maluquer de Motes, Los pueblos y las tribus celtas de España, in: Historia de España I 3, 1954, 1–194.

Kantharos, Dichter wohl der alten → Komödie (I B); Titel ‹Medea›, ‹Tereus›, ‹Ameisen›, ‹Nachtigallen› überliefert; ‹Symmachia› zwischen ihm und → Platon (2) strittig, wohl kurz nach 417 aufgeführt. Th.G.

Frg: FAttCom I 446–451.

Kantharos, Trinkbecher mit hochgezogenen Schlaufenhenkeln und abgesetztem Fuß (→ Vasen, Abb.247,1). Als Gefäß des Dionysos zunächst vorwiegend kultischer Bedeutung, sinkt er im 4.Jh.v.Chr. zu profanem Gebrauch ab (mit Ringhenkeln). – Athenaeus 11,473 wird für archaische Zeit bestätigt durch den Helmschmuck des inschriftlich bezeichneten Giganten K. im Fries des → Siphnierschatzhauses in Delphi. I.Sch.

Lit: L.Asche, Der K., Diss. Mainz 1956, masch. – P.Courbin, Origines du canthare attique, BCH 77, 1953, 322–345.

Kanzleistil, ausgeprägter griech. Schreibstil der höheren Kanzleien, vor allem auf Papyri der spätantiken Jh.e faßbar; starke Betonung der Senkrechten, gleichmäßig ausgeführte Buchstaben, Eindruck des Gitterwerks (‹Gitterschrift›). Lat. K. findet sich in den merowingischen Königsurkunden. Vgl. → Schrift D [2]. H.Hg.

Abb: z.B. Propyläen – Weltgesch. IV, 1963, Taf. nach S.544.

Kapaneus, Sohn des Hipponoos, Vater des Sthenelos, einer der → Sieben gegen Theben. Vor Theben wegen seiner Schmähungen des Zeus mit dem Blitz getötet (Aischyl. Sept.427ff.; Eur.Hik.496ff.; Phoin.1172ff.). K.Schb.

Kapelos, seßhafter Lokalhändler, der auf dem eigenen Markt verkaufte, in klass. Zeit ohne Unterschied hinsichtlich Groß- oder Detailhandel (deshalb auch Palinkapelos). Im ptolemäischen Ägypten wurde die Bezeichnung weitgehend eingeschränkt auf den Lebensmittelhändler und Gastwirt. → Kaufmann. H.Br.

Kapernstrauch (*κάππαρις*), im Mittelmeergebiet heimisch, wegen seiner Frucht als Gewürz und Heilmittel geschätzt. Vgl. → Flora. J.W.

Lit: Murr, Pflanzenwelt, 181.

Kapitell → Tempel.

Kapitol, einer der 7 Hügel → Roms (IV A; dort über die Bauten) und dessen religiöses Zentrum: auf dem Capitolium (dem Südgipfel des K.s) schufen nach der Überlieferung die Tarquinier eine Kultstätte für die Trias Jupiter-Juno-Minerva, die vordem auf dem Quirinal verehrt worden war. Der von → Tarquinius (3) Superbus erbaute, prächtige Tempel des → Iuppiter Capitolinus soll i.J. 509 v.Chr. durch den ersten republikanischen Konsul geweiht worden sein. Dieser Tempel, mehrmals zerstört und wiederaufgebaut, war der Mittelpunkt des offiziellen Kults: hier opferten die Konsuln bei ihrer Amtsübernahme (→ Neujahrsfest); hier mündete die Pompa Triumphalis (→ Prozession; → Triumph). Das K. war das Sinnbild der Größe und Macht des röm. Staates; eine gewisse Anzahl von Städten, vor allem in Afrika, errichtete zur Kaiserzeit K.e nach dem Vorbild des röm. Tempels. Daneben befanden sich auf dem K. noch die Tempel der Juno → Moneta, des → Veiovis, des → Iuppiter Feretrius und, seit Augustus, auch der des → Iuppiter Tonans. Ebenfalls auf dem Hügel des K.s, zuoberst auf der Burg (Arx), lag das auguraculum, die geweihte Stätte, von der aus die → Auguren den Vogelflug beobachteten (→ Mantik C 1). H.Le B.

Kapitolinischer Agon, Wettspiele, die → Domitian im J. 86 nach dem Vorbild des → Neronischen Agon begründet hatte; diese alle fünf Jahre stattfindenden Spiele, denen der Kaiser in eigener Person vorstand, ließen, ähnlich den griech. → Agonen, Dichter, Musiker, Reiter und Turner zum Wettstreit antreten. Sie fanden im Circus Maximus und in zwei neuen, von Domitian errichteten Gebäuden statt: dem Odeon und dem Stadion (Suet.Dom.4; → Rom IV D 7). Sie standen noch im 4.Jh. n.Chr. in Ansehen (Auson. Prof. 5.5ff.). H.Le B.

Kapitolinische Wölfin, ital.-etrusk. Bronzeplastik aus dem 5./4.Jh.v.Chr., H.0,75 m (Rom, Kons.Pal.). Die Zwillinge sind Renaissancezutat (Pollaiuolo?). Im 10.Jh. beim Lateran, 1471 aufs Kapitol gebracht. Ob mit der von Cic. div. 1,12,20 genannten identisch, ist fraglich. H.v.H.

Abb: H.Stuart-Jones, Cat.Sculpt.Cons.Pal., 1926, 56–58, Taf.17 – F.Willemsen, Die Löwenkopf-Wasserspeier, 1959, 45 – Kähler 47f., Taf.20.

Kapnomantie, Weissagung aus dem Rauch eines Brandopfers (*Pyromantie:* Soph.Ant.1005ff.; Apoll.Rhod.1, 436ff.; → Hieroskopie) oder verbrannten Weihrauchs (*Libanomantie:* Sen.Oed.301ff., Val.Fl.8,248; Stat.Ach.1, 520; Theb.4,412, auch Diog.Laert.8,20; Sonderform am Nymphaion in Apollonia, Dio Cass.41,45,2), dessen Bildung, Richtung (Diph.Fr.61 K.) und Färbung beobachtet wird; in Rhegion gibt es dafür besondere Opferbeamte (IG 14,617f.). C.J.C.

Kappadokien, Landschaft in der Osthälfte des kleinasiatischen Hochlandes (Kt.1567 DE2). Hauptfluß ist der Halys, Südgrenze gegen Kilikien der Tauros. K. war eine Satrapie des Perserreichs, unterwarf sich → Alexander (5) d.Gr. nicht und wurde durch → Perdikkas (4) erobert. Nach längeren Wirren unter der Herrschaft der Seleukiden kam der Nordteil zum Königreich Pontos. Gegen die Seleukidenherrschaft erhob sich Ariaramnes, der Enkel des letzten pers. Satrapen. Um 225 v.Chr. nahm der Sohn des Ariaramnes den Königstitel an als → Ariarathes III. Ihm folgten 220 v.Chr. → Ariarathes IV. Eusebes und 163 v.Chr. → Ariarathes V. Eusebes, ein begeisterter Anhänger griech. Kultur (Schüler des → Karneades) und ein getreuer Anhänger Roms. Nach seinem Tode regierte seine Witwe Nysa, die fünf ihrer Söhne umbringen ließ, um sich an der Macht zu halten. Der sechste bestieg als → Ariarathes VI. Epiphanes den Thron und heiratete Laodike, die Schwester Mithridates' VI. v.Pontos. Dadurch kam K. ganz in den Einflußbereich des M., der 111 v.Chr. Ariarathes VI. ermorden ließ, seine Schwester als Regentin einsetzte und nacheinander auch deren beide Söhne ermorden ließ. Nun mischte sich der röm. Senat ein, zwang M., Kappadokien aufzugeben, und erklärte das Land für frei. Auf Wunsch der Kappadoker ernannte der Senat → Ariobarzanes I., einen kappad. Adligen, zum König, dessen Familie unter röm. Protektorat regierte, bis → Antonius (2) i.J. 36 v. Chr → Archelaos (3) auf den Thron setzte, den Enkel des gleichnamigen Generals des Mithridates. Ihn setzte Tiberius 17 n. Chr. ab und annektierte das Königreich des senil gewordenen Archelaos, zu dessen Lebzeiten bereits ein Prokurator K. regiert hatte. 72 n. Chr. verlegte → Vespasian zwei Legionen in das Gebiet von K. an den Oberlauf des Euphrat, eine davon nach Melitene. Nun wurden Galatien, Paphlagonien, Pontos und Armenia minor unter einen Legaten gestellt. In diokletianischer Zeit wurde K. in zwei Hälften geteilt: die Westhälfte hieß weiterhin K., die Osthälfte wurde zur Armenia secunda. Das verkleinerte K. wurde durch Valens 371/372 abermals geteilt in Cappadocia prima mit der Hauptstadt Caesarea und secunda mit der Hauptstadt Tyana. R.F.

Lit: W.E. Gwatkin, K. as a roman Province, Univ. Mississippi. stud. 5.4, 1930 – A.H.M. Jones, Cities of the eastern Rom. prov., 1937, 175–191.

Karawanen. K. hatten für den → Handel der hellenist. Staaten und des röm. Reiches mit Indien, Arabien und Ostafrika eine erhebliche Bedeutung. Im Hellenismus kontrollierten anfänglich Seleukiden und Ptolemäer fast alle K.straßen aus diesem Bereich, die in Mittelmeerhäfen ihres Herrschaftsbereiches endeten. Erst nach der Entstehung des → Partherreiches gewann die nördl. Seidenstraße nach dem Bosporanischen Reich an Bedeutung. Die K. bedurften fester Stützpunkte, die nicht nur als Rastplätze, sondern auch als Umschlagplätze und Verrechnungsbörsen dienten. Geldgeber und Leiter der K. sammelten sich an diesen Plätzen, aus denen bedeutende Handelsstädte wie → Seleukeia am Tigris, → Petra und → Gerrha in Arabien und vor allem → Palmyra hervorgingen. H.Br.

Lit: M. Rostovtzeff, Caravan Cities, 1932 (ital. 1934) – Ders., Hellenist. Welt, II 1001–03.

Kardinaltugenden. Die als → Arete zu qualifizierenden Verhaltensweisen zum Schema zu ordnen, entspricht dem im 5. Jh. v. Chr. bei den Griechen immer stärkeren wissenschaftlichen Gliederungsbedürfnis (→ Ethik C3). Ob Aischyl. sept. 610 ein schon Aischylos geläufiges Schema (Selbstzucht, Gerechtigkeit, Tapferkeit, Frömmigkeit) vorträgt, ist umstritten. Das Schema Klugheit (Phronesis, prudentia), Selbstzucht (Sophrosyne, temperantia), Tapferkeit (Andreia, fortitudo), Gerechtigkeit (Dikaiosyne, iustitia) mag noch dem 5. Jh. angehören, ist aber erst durch → Platons ‹Staat› klassisch geworden und hat, soweit überhaupt schematisiert wird (Aristoteles in der NE verzichtet darauf), das gesamte Denken der Antike und des Mittelalters beherrscht. Differenzen zeigen sich nur hinsichtlich der Definition, weiteren Aufgliederung und Rangfolge der vier K. Nicht den K. zugehörig ist die Weisheit (Sophia, Sapientia). Von ihnen unabhängig ist auch die Dreiheit der christl. Tugenden Glaube (Pistis, fides), Hoffnung (Elpis, spes), Liebe (Agape, caritas); sie beruhen zunächst auf 1. Kor. 13, 13, stehen aber (schon bei Paulus?) in Beziehung zu bestimmten platonisierenden Gedankengängen. O.G.

Karer, Bewohner der Landschaft → Karien. Erste Erwähnung bei Homer (Il. 2, 867–9; *Κᾶρες βαρβαρόφωνοι* als Bewohner von Milet, Mykale u.a. Orten Kariens; Fem.: *Κάειρα* Il. 4, 142), später u.a. in der Form *Karkā* in den altpers. Inschriften (die Deutung des in hethit. Texten erwähnten Landschaftsnamens *Karkija/-iša* als ‹Karerland› ist bedenklich). Nach der griech. Besiedlung der Küste bahnt sich eine Vermischung mit Griechen an (vgl. die Familie des → Herodot); der Großteil der K. bewahrt seine Nationalität und → Sprache bis ins 4. Jh. Die Kriegstüchtigkeit der K. ist bekannt: Schon im 7./6. Jh. erscheinen sie als Söldner in Ägypten; Herodot (1, 171) schreibt ihnen drei Erfindungen auf dem Gebiet des Waffenwesens zu. Die griech. Wissenschaft betrachtet die K. (ähnlich wie die → Leleger und → Pelasger) als autochthones Volk der ägäischen Inseln (Thuk. 1, 8) und der kleinasiat. Westküste, das später auf Karien zurückgedrängt worden sei. Vermutlich sind die K. verwandt mit → Lydern, → Lykiern und anderen kleinasiat. Völkern und wie diese durch Vermischung einer Urbevölkerung mit östl. Zuwanderern hethit.-luwischer, also indogerman. Sprache (→ Kleinasiat. Sprachen) entstanden.

Lit: W. Aly, K. u. Leleger, Philol. 68, 1909, 428–444.

[2] Karische Sprache. An Texten in k. Sprache und Schrift sind bekannt: (1) aus K. 16 Steininschriften, einige Tontafelfragmente (Labranda) und Münzlegenden; (2) aus Athen eine kurze griech.-k. Bilingue; (3) aus Ägypten 15 Inschriften auf Stelen, Bronzen usw., sowie zahlreiche Sgraffiti k. Söldner. Ein Verständnis der k. Sprache ist erst nach der Entzifferung der k. Schrift, vermutlich einer reinen Buchstabenschrift, möglich. Vielleicht gehört die k. Sprache zur hethit.-luvischen Sprachengruppe. Vgl. → Kleinasiat. Sprachen. A.H.

Q: Friedrich, 90–107 – L. Robert, Inscriptions inédites en langue carienne, Hellenika 8, 1950, 5–21 – L. Deroy, Les inscriptions cariennes de Carie, AC 24, 1955, 305–335 – O. Masson-J. Yoyotte, Objets pharaoniques à inscription carienne, 1956 – *Lit:* W. Brandenstein, RE Suppl. 6 (1935), 140–146 – W.W. Scheworoschkin, Die karische Frage (russ.), Voprosy Jazykoznanija (Ak. Nauk UdSSR) 1962, 5, 93–100 (erste erfolgversprechende Ansätze zur Lesung und Deutung der k. Texte) – Ders., ebd. 1963, 3, 83 f.

Karien, Landschaft in Südwestkleinasien (Kt. 1152 I5). Gegen N schließt Lydien, gegen SO Lykien an. K. ist ein Gebirgsland, das durch drei Flüsse, den Morsynos, den Harpasos und den Marsyas gegliedert ist. Diese drei Flüsse fließen von SO nach NW und münden in den Maiandros, der die Grenze zu Lydien bildet. Die karische Küste der Ägäis ist außerordentlich stark gegliedert; zwischen den gebirgigen Halbinseln von Halikarnassos und Knidos liegt der tief einspringende Golf von Kos mit der Insel Kos. Ein Seitensporn des Vorgebirges von Knidos, die Halbinsel Loryma, zeigt auf die vorgelagerte Insel Rhodos. Im Osten bildet das Tal des tief eingeschnittenen Indus die natürliche Grenze zum benachbarten → Lykien. An der Küste finden sich zahlreiche griech. Koloniestädte, die bedeutendsten sind → Milet und → Halikarnaß, → Knidos und → Priene. Im Binnenlande sind bedeutend: → Magnesia am Maiandros, → Tralleis, → Alabanda und → Mylasa. – K. war seit 545 pers. Satrapie, nahm 494 aufseiten der Ionier am → Ion. Aufstand teil, wurde aber unterworfen und kämpfte in den → Perserkriegen auf seiten der Perser (→ Artemisia I.). Der Satrap → Mausolos regierte K. 377/6–353/2 de facto als unabhängiger Herrscher. Nach → Alexander (5) d. Gr. kam K. über → Antigonos I. an die Seleukiden. 247–239 v. Chr. war die Küste um Halikarnassos vorübergehend ptolemäisch. 188 mußte der Nordteil auf röm. Anweisung an das pergamen. Reich abgetreten werden. Der südl. Teil war bis 167 rhodisch. 129 v. Chr. wurde der ganze Komplex zur Provinz Asia geschlagen. Unter Diokletian wurde K. selbständige Provinz. R.F.

Lit: L. Robert, AJA 51, 1947, 198 – A.H.M. Jones, Cities of the eastern Rom. prov., 1937, 543.

Karikatur. Kaum ein Volk hat die Kunst zu lachen so echt verstanden wie die Griechen, wurde sie doch selbst gegenüber dem Göttlichen geübt; die Olympier selbst brechen in schallendes Gelächter aus; wie sie über den humpelnden Hephaist, so läßt Homer die Helden über die lächerliche Gestalt des → Thersites lachen, die als früheste literarische K. gelten darf (Il. 2, 212 ff.). Mit allen späteren K. hat sie die körperliche Deformation ins Groteske gemeinsam. Als dumm galten Menschen mit dicken Köpfen (*μεγακέφαλοι*), wulstigen Lippen und großen Ohren, deren sich die darstellende K. immer wieder bedient (Binsfeld, 24). Zu grotesker Deformation und Gestik gehört die humoristische Interpretation der Themen, zum bewußten Abweichen vom Normalen das wache Verständnis für das kulturelle

Klima. Oft ist das Lachen ein Abwehren des Dämonischen. Dafür ist bezeichnend, daß die alten Dämonenbilder in der Klassik und im Hellenismus mehr und mehr durch K.en ersetzt werden. All dies kündet sich früh an, bleibt jedoch vor allem auf Mythos und Volksglauben – → Komasten, → Silene, → Satyrn – beschränkt, deren drastisches Treiben zu der maßgebenden Wurzel der att. → Komödie (I A) wurde; diese lieferte ihrerseits der K. reichlichen Stoff, ohne ihr aber je völlige Abhängigkeit aufzuzwingen. Neben der Vasenmalerei hat die Kleinplastik des späten 7. und 6. Jh.s K.en hervorgebracht (Groteskmasken aus Sparta, Silene, Affen); vielleicht schon um 550 ist das außergewöhnliche Köpfchen aus Korinth entstanden (Excav. Corinth. Vol. 15,2, 1952, Taf. 29, Nr. 19,1). Etwa zur selben Zeit sollen die Bildhauer → Bupalos und Athenis ein entstelltes → Porträt des → Hipponax hergestellt haben (Plin. nat. 36,12). einen bedeutenden Aufschwung erfährt die humoristische Darstellung des Alltags im ‹Realismus› des strengen Stils (→ Plastik B 2 f.). Wieder interessiert das Alter, ferner der exotische Typ (z. B. im Busirisabenteuer des Herakles), Zecher in allen möglichen Situationen, unförmige Athleten und Zwergmenschen; hierher gehört die K. des sog. Aesop (Pfuhl, Abb. 495). Eine eigene, mythologische Szenen karikierende Gattung wird seit Ende des 5. Jh.s auf den → Kabirenvasen gepflegt. An den Anfang des 4. Jh.s gehört die meisterhafte K. auf einer tarentinischen Tonplatte mit unverkennbar maskenhaften Zügen (E. Bielefeld, Zur griech. Vasenmalerei, 1952, Abb. 40). Unteritalien bringt im 4. Jh. ebenfalls eine eigene Gattung hervor, die bes. stark vom Theater beeinflußt ist (sog. → Phlyakenvasen). – Sehr beliebt sind Mischwesen, die sich aus Körperteilen verschiedener Tiere zusammensetzen (Binsfeld 13. 20). – Die hellenist. K. wird sich erstmals der ästhetischen Wirkung des Lächerlichen (γελοῖον) bewußt; hierzu Aristot. poet. 1449 a 33 und Theophrasts (verschollene) Schrift *Περὶ γελοίου*. Entsprechend wird die Alte durch die Neue → Komödie (I D) abgelöst, dringt kynischer Geist auch in die K. ein. Zum Bild des Galaton mit einem sich übergebenden Homer vgl. Binsfeld, 27. Typisch hellenistisch und nur in dieser Zeit denkbar ist die Parodie von Großplastiken. – In der großen Malerei fand die K. durch die → Grylloi des Antiphilos Eingang. Hellenist. Mythenk. sind in einem Fries des Menanderhauses in Pompeji erhalten (A. Maiuri, Casa di Menandro, 1932, Abb. 59. 60). Dagegen hält sich das hellenist. großplastische Genrebild auf der Grenze zwischen extremem Verismus und K. (vgl. z. B. den alten Fischer, Encycl. phot. Louvre III, 266 ff.). C. K.

Lit: Champfleury, Histoire de la caricature antique, 1865 – E. Fuchs-H. Krämer, Die K. der europ. Völker vom Altertum bis zur Neuzeit, 3 Bde, 1901–04 – H. G. Oeri, Der Typ der komischen Alten, Diss. Basel 1948 – A. Plebe, La teoria del comico da Aristot. a Plut., 1952 – Ders., La nascita del comico, 1956 – K. Schefold, Zwei Tonstatuetten von Kreissenden in Privatbesitz, AA 69, 1954, 217 bis 223 – W. Binsfeld, Grylloi, Diss. Köln 1956 – G. Becatti, EAA II 342–348, s. v. caricatura – H. Kenner, Weinen und Lachen in der griech. Kunst, 1960.

Karkemisch (hebr. Namensform; in Keilschrifttexten Gargamiš; in griech. Zeit Europos bzw. Hierapolis genannt, daraus jetzt Çarablus, wichtigster Übergang am oberen Euphrat) (Kt. 1920 a D 2). Hier überschritt die Handelsstraße Cypern-Alalach (bzw. Ugarit)-Aleppo-Harran den Fluß, wodurch bald eine bedeutende Stadt erwuchs. Über die ältesten Anfänge fehlen noch Angaben; die ersten Erwähnungen geben die → Mari-Texte z. Z. des → Hammurapi von Babylon (Könige Aplaḫanda, Jatarammi). Während der Auseinandersetzungen des 16.–14. Jh.s v. Chr. ist K. → churritische Festung, zunächst in der Hand der → Mitanni, denen es auch die ägyptischen Könige → Thutmosis I. und III. nicht entreißen können. Auch die → Hethiter kämpfen lange vergeblich darum, bis es als letzter Stützpunkt der Mitanni auf dem Westufer des Euphrat im Todesjahr des Tutenchamun (etwa 1333) durch → Suppiluliuma erobert wurde. Der → Seevölkersturm um 1190 vernichtete auch K., doch erwuchs auf den Trümmern eine neue Stadt späthethitischer Kultur; Reste davon, auch mit hethit. Hieroglypheninschriften, sind gefunden worden. Die Stadt traf aber zuallererst das Ausdehnungsstreben der Assyrer: seit Aššurnasirpal II. (883–59) mußten die Stadtkönige (Sangara, Pisiris) Tribut zahlen. → Sargon II. verwandelte den Staat K. 717 v. Chr. in eine assyr. Provinz. Seitdem ist K. nie wieder selbständig gewesen. 605 v. Chr. entschied die Eroberung K.s durch den babylon. Kronprinzen → Nebukadnezar den Kampf der Ägypter (→ Necho) und Babylonier um das Erbe Assurs zugunsten der Babylonier. Auch in röm. Zeit ist K. (jetzt Europus) ein wichtiger Straßenübergang geblieben. W. Hk.

Karkinos, ‹Krebs›, biß → Herakles während seines Kampfes mit der Hydra in die Ferse, wurde von ihm zertreten, aber von Hera zum Lohn an den Himmel versetzt. L. H.

2. **K. d. Ä.**, Tragiker aus Attika, wahrscheinlich identisch mit dem von Thuk. 2,23,2 genannten Strategen. Er soll ein Drama ‹Myes› geschrieben haben, wurde von der Komödie zusammen mit seinen 4 Söhnen häufig verspottet und erhielt den Spitznamen ‹Krebs›. E.-R. Sch.

3. **K. d. J.**, athenischer Tragiker, Sohn des Xenokles, Enkel K.' d. Ä., Blüte um 375 v. Chr., längerer Aufenthalt in Syrakus. Er soll 160 Stücke geschrieben haben und hat wahrscheinlich elfmal gesiegt. 11 Titel bekannt. Aristoteles erwähnt ihn fünfmal. Überliefert ist der Ausspruch «Die Dichtung des K. ist rätselhafte Dichtung» (Phot. lex. p. 132, 19 P., Suid.). E.-R. Sch.

Frg: TGF 797–800.

4. **K. von Naupaktos**, epischer Dichter, evtl. aus dem 7./6. Jh.; als Verfasser der Naupaktia (Paus. 10,38,11 u. a.) und eines Kataloges berühmter Frauen genannt. G. K.

Q: EGF 198–202.

Karnak (Kt. 29 D 7), Dorf wenig nördl. des heutigen → Luxor, nach dem der große → Amunstempel von Theben benannt wird, am Platz des alten Diospolis magna. W. Hk.

Karneades von Kyrene, → Akademiker, ca. 214–129, Begründer der Neuen (oder dritten) Akademie. K. nahm mit dem → Peripatetiker → Kritolaos (2) und dem Stoiker → Diogenes (4) v. Seleukeia 156/155 an der Philosophengesandtschaft nach Rom teil; es erregte dort Aufsehen, wie er an einem Tage für, am anderen gegen die Gerechtigkeit sprach. Wie → Arkesilaos (5) hat er nichts geschrieben. K. stimmte mit Arkesilaos nur darin überein, daß er die Existenz eines Kriteriums der Wahrheit und damit die ‹erfassende Vorstellung› des → Zenon (3) v. Kition entschieden bestritt. Während jedoch Arkesilaos alle Vorstellungen als gleich unzuverlässig ansah, gab K. den intensiv wahr scheinenden und klaren den Vorrang, da die Wahrscheinlichkeit, daß sie wahr seien, bei ihnen größer sei. An diese ‹verläßlichen› Vorstellungen hat man sich bei allen Entscheidungen zu halten; ihre Sicherheit kann durch den Nachweis, daß die anderen nicht widersprechen, und durch allseitige Prüfung gesteigert werden. Das Disputieren ‹nach beiden Seiten› dient dazu, das Wahrscheinliche (Cicero übersetzt πιθανόν mit *veri simile* oder *probabile*) aufzuweisen. Schon die Anerkennung des Wahrscheinlichen war eine Abweichung von Arkesilaos; darüber hinaus erwog K., ob eine Zustimmung (freilich im Bewußtsein der fehlenden Grundlage) erlaubt sein solle. K. hat mit seinen kritischen Erörterungen, die sich bes. gegen → Chrysipp (2) richteten, sowohl die stoische Philosophie vorangetrieben, als auch selbst zur Klärung philosophischer Fragen beigetragen. Seine Argumentation gegen den stoischen Fatalismus enthält u. a. den Nachweis, daß die uneingeschränkte Gültigkeit des Satzes vom ausgeschlossenen Dritten nicht die Notwendigkeit allen Geschehens nach sich zieht (Cic. fat.). Die kasuistischen Fragen seiner Vorträge in Rom (Lact. inst. 5) verweisen auf grundlegende Probleme der Ethik. Wichtig sind ferner die Liste aller möglichen Lebensziele (Cic. fin. 5) und seine Erörterungen über die Moralität der Götter (Cic. nat. deor. 3). M. S.

Lit: A. Goedeckemeyer, Gesch. d. griech. Skeptizismus, 1905 – *Bildnisse* → Anhang I.

Karneia, ein weitverbreitetes dor. → Fest des Apollon, im Monat Karneios (= att. Metageitnion = Juli/Aug.) wahrscheinlich vom 7.–15. gehalten. Trotz seiner Bedeutung in Sparta sind wenige Einzelheiten bekannt. Apollon hat hier – wie in den → Hyakinthia – anscheinend eine vordor. Gottheit verdrängt, in diesem Fall Karnos oder Karneios (‹Widder›). Die beiden bekannten Kultbräuche sind ein rituelles Mahl, das in einer Art Militärlager verzehrt wurde, und eine rituelle Verfolgung eines bekränzten Mannes, der im Laufen Segen auf den Staat herabwünschte, durch ‹Staphylodromoi›. Der Name der Verfolger verbindet die K. mit der Weinlese, und der bekränzte Mann verkörpert vielleicht den ‹Widder› und ist hier der ‹Erntedämon›. Wegen der K. kamen 490 v. Chr. die Spartaner nicht rechtzeitig zur Schlacht von Marathon (Hdt. 6, 106. 120). F. R. W.

Lit: Nilsson, Griech. Feste, 1906, 118 ff.

Karneïskos, Schüler → Epikurs (Philodemos, Pragmateiai 19, 3 = Epikur. Fr. 110 A.), wohl von den dorischen Inseln der Südwestküste Kleinasiens stammend, widmete seinem Freund Zopyros eine Schrift ‹Philista› (wenigstens 2 Bücher), in der er die epikureische Freundschaftslehre in Auseinandersetzung mit → Praxiphanes entwickelte. W. L.

Frg: W. Crönert, Kolotes u. Menedemos, 1906, 69–74; 179; vgl. F. Wehrli, Die Schule d. Aristoteles, 9, 1957, 93 ff.; 107 f.

Karneol (σάρδιον, sarda, der antike Sard). Man unterscheidet einen männlichen, dunkelroten, und einen weiblichen, blaßroten bis gelben K. Hauptsächliche Fundorte waren Sardes, Babylon, Paros, Assos, Epiros, Indien, Arabien, Ägypten. Weitere Varietäten sind der → Sardonyx (weißgestreifter Sard), der K.onyx (blutrot-weiße Streifen), der K.beryll (weißgelb). Bes. zur Herstellung von → Gemmen und Kameen verwendet. C. K.

Q: Plin. nat. 37, 105.86 – *Lit:* Blümner, Technologie III 257 ff.

Karolingische Minuskel, im Rahmen der sog. karolingischen Renaissance entstandene lat. Buchschrift (Ende 8. bis 9. Jh.); einheitlich stilisierte Minuskel mit gefälligen Proportionen und glücklichem Ausgleich von Rundungen und Geraden. Vgl. → Schrift D [6]. H. Hg.

Abb: z. B. F. Steffens, Lat. Paläographie, 1929, Nr. 47.

Karpokrates, wahrscheinlich keine historische Gestalt (Ursprung im ägypt. → Horus/ → Harpokrates?), oder sein Sohn Epiphanes (Schrift *Περὶ δικαιοσύνης*) gilt als Begründer der Anfang des 2. Jh.s n. Chr. in Ägypten entstandenen christl.-gnostischen Sekte der ‹Karpokratianer›. Nach ihrer Lehre herrschen niedere Engel durch den Zwang der Seelenwanderung (vgl. → Basilides) und das jüd. Gesetz über die Welt. Daraus befreit die wirkliche Gerechtigkeit des Vaters, die in Güter- und Frauengemeinschaft besteht und sich positiv in der Begierde dokumentiert. Zauberpraktiken (Liebestränke!), Mysterienriten und die Verehrung von Bildern Christi und der Philosophen werden berichtet. Vgl. → Gnosis. H. K.

Frg: Völker, 33–38 – *Lit:* H. Liboron, Die Karpokratianische Gnosis, 1938.

Karpos von Antiochia, → Mathematiker, vermutlich 1. bis 2. Jh. n. Chr., nur aus wenigen kurzen Zitaten bei → Pappos, → Proklos und → Simplikios bekannt. H. G.

Lit: J. L. Heiberg, RE 10, 2 (1919), 2008.

Karthago, Stadt an der nordafrikan. Küste (Kt. 61 E 1), heute Carthage. Der Name ‹Karthago› aus phön. Kart Hadašt, ‹Neue Stadt›.

A. Das Phönizische K.: [1] Gründung und frühe Geschichte – [2] Kriege mit Rom – [3] Handel – [4] Bauliche Gestalt – [5] Regierung – [6] Religion – [7] Kultur – B. K. unter den Römern: [1] Republik. Zeit – [2] Kaiserzeit – [3] Bauten.

A. Das phönizische Karthago. [1] K. wurde von → Tyros aus gegründet, der Tradition nach 814 v. Chr., in Wirklichkeit etwas später. Wie andere Kolonien der → Phönizier in Nordafrika, Westsizilien und Sardinien bot es den aus dem Westen Gold, Silber und Zinn einführenden Handelsschiffen Ankerplatz und Versorgungsbasis. Während 200 Jahren blieb K. von Tyros abhängig, überflügelte aber die anderen Kolonien dank seinem besseren Hafen und seiner strategisch günstigen Lage am engsten Teile des Mittelmeeres. Rivalitäten zwischen Griechen und Phöniziern traten im 7. Jh. v. Chr. auf, und K. übernahm die Führung der phön. Kolonien nach 580, als Pentathlos v. Knidos die Phönizier aus Sizilien zu vertreiben suchte und damit der Verlust nicht nur Westsiziliens, sondern auch Sardiniens und des Handels mit → Spanien drohte. Im J. 480 v. Chr. wurde ein von → Hamilkar geführtes Heer, das → Terillos v. Himera gegen → Gelon v. Syrakus beistehen sollte, völlig vernichtet. Die phön. Kolonien in Sizilien und Sardinien behaupteten sich, aber K. war nun isoliert, da gleichzeitig die Macht seiner etrusk. Verbündeten zerfiel und Phönizien selbst von den Persern unterworfen wurde. So gründete es ein eigenes Reich in Nordafrika, eroberte einen großen Teil Nordtunesiens, unterwarf oder versklavte die eingeborenen Libyer und errichtete kleine Kolonien an der Küste von Arae Philaenorum (Golf v. Sidra) bis zu Punkten westl. von Tanger. Der Reichtum des Staates wuchs, aber die zuvor umfangreichen griech. Importe hörten auf. In die sizil. Politik trat K. wieder ein, als sein Verbündeter → Segesta von → Selinus bedroht wurde; → Hannibal (1) zerstörte 409 Selinus und → Himera und nahm nach Flucht der Einwohner → Akragas (406), → Gela und → Kamarina (405). Eine Epidemie beendete Hannibals Belagerung von → Syrakus, doch im Friedensvertrag mit → Dionysios I. v. Syrakus behielt K. seine Eroberungen. In den folgenden Jahrzehnten kämpften K. und Syrakus um die Herrschaft über Sizilien. Unter Dionysios I. gewann dieses die Oberhand und K. verzichtete 392 auf seine Eroberungen; nach einem weiteren Kriege (382–374) wurde der Fluß Halykos als Grenze zwischen dem karthag. und dem griech. Sizilien festgesetzt; sie blieb mit nur kurzen Unterbrüchen für über 100 Jahre gültig. Die Anarchie unter den griech. Staaten nach dem Tode Dionysios' I. (367) begünstigte K.; die Kriege gegen → Timoleon (343–341) brachten wenig Veränderungen. Zwischen 319 und 307 hatte K. gegen → Agathokles von Syrakus zu kämpfen und mußte als gefährlichste Bedrohung seiner Stellung dessen Landung in Afrika abwehren. Eine Folge der Verwicklung K.s in die Angelegenheiten Siziliens war, daß der griech. Import wiederaufgenommen und griech. Kaufleute und Kulte in K. eingelassen wurden.

[2] Der letzte Teil der Geschichte K.s ist beherrscht durch die *Kriege mit Rom*, mit dem es bis dahin durch Verträge der Jahre 508/507, 348, 306 und 278 in freundlichen Beziehungen gestanden hatte. Das Eingreifen Roms zugunsten der → Mamertiner in → Messina, veranlaßt durch übertriebene Vorstellungen von den Notwendigkeiten der Verteidigung Italiens und durch abenteuerliche Hoffnungen auf Beute, provozierte den *1. Punischen Krieg* (264–241), brachte aber schließlich → Hieron II. v. Syrakus auf Roms Seite und erlaubte Rom, die Karthager bis auf Drepana und → Lilybaion zurückzudrängen. Um K. zu besiegen, baute Rom eine Flotte, die bei Mylai (260, unter C. → Duilius), Eknomos (256) und Kap Bon (255) siegte, aber Hunderte von Schiffen und Zehntausende an Mannschaften in Stürmen vor Kamarina (255 und 249) und Panormos (253) und in einer Schlacht bei Drepana (249) verlor. Eine röm. Landung in Afrika 256/255 unter M. → Atilius (4) Regulus mißlang, und → Lilybaion, die karthag. Basis in Sizilien, wurde erfolgreich verteidigt. Nach der Zerstörung seiner Flotte in der Schlacht vor den Ägatischen Inseln (241) mußte K. jedoch um Frieden bitten und Sizilien aufgeben; es wurde besiegt durch die Überlegenheit der Römer an Truppen und Kriegsentschlossenheit und durch seine eigene Unfähigkeit, seine größere Erfahrung im Seewesen zur Geltung zu bringen. – K. wurde weiter geschwächt durch

einen Söldneraufstand in Nordafrika (242–237) und die dadurch notwendig gewordene Abtretung Sardiniens an Rom (237). Um einen künftigen Krieg, der als unvermeidlich angesehen wurde, vorzubereiten, wurde ein Heer unter → Hamilkar (2) nach → Spanien gesandt. In kurzer Zeit wurde die Hälfte der Halbinsel mit den Silbergruben der Sierra Morena erobert. Nachfolger Hamilkars (gest. 229) wurde sein Schwiegersohn → Hasdrubal, der das neue karthag. Reich durch besonnene Diplomatie (226 Vertrag mit Rom: Ebro als Grenze der beiden Machtbereiche) festigte und eine Armee von 50000 Fußsoldaten, 6000 Reitern und 200 Elefanten aufbaute. Nach seiner Ermordung 221 wurde → Hannibal (2), sein 25jähriger Sohn, Oberbefehlshaber. Er verfolgte eine Expansionspolitik und eroberte 219 trotz röm. Warnungen → Sagunt. Rom erklärte daraufhin den *2. Pun. Krieg* (218–201). Allen röm. Angriffsplänen auf Spanien und Afrika selbst kam Hannibal mit seinem berühmten Alpenübergang (218) zuvor. Er gewann vernichtende Siege bei der Trebia (218), am Trasimenischen See (217) und bei Cannae (216), vermochte aber nur einen Teil der ital. Verbündeten Roms zu sich herüberzuziehen. Zur Eroberung ital. Städte reichten Heer und Ausrüstung nicht aus, zumal K. die Unterstützung einstellte (→ Hanno); da die Römer sich nicht zur Schlacht stellten, blieben ihm entscheidende Schlachten versagt, wenn er auch 15 Jahre lang Italien unbesiegt durchzog. Inzwischen eroberten die Römer Spanien von → Hasdrubal (P. → Cornelius (26. 30) Scipio) und Sizilien (Syrakus 212 unter M. → Claudius, 10) zurück; ein Bündnis zwischen K. und Makedonien blieb durch Roms Gegenbündnis mit dem → Ätolischen Bund und infolge der Machtlosigkeit der karthag. Flotte nutzlos. 204 landete P. → Cornelius (30) Scipio Africanus, der Sieger in Spanien, in Afrika und siegte zweimal. 203 wurde Hannibal schließlich zurückgerufen, aber von Scipio bei Zama Regia besiegt (202). – Der Friedensvertrag zwang K., seine Flotte und den größten Teil seiner nordafrikan. Besitzungen aufzugeben, und verbot ihm jede Selbstverteidigung ohne röm. Zustimmung. Dies lieferte K. der Willkür des Numiderkönigs → Massinissa aus, der mit Rom verbündet war, und nur eine Politik sklavischen Gehorsams rettete den Staat. Trotz seiner Verluste gewann K. allmählich einen bescheidenen Wohlstand zurück. Eine röm. Partei unter Führung des älteren → Cato (1) war jedoch von panischer Furcht vor K.s Wiederaufstieg beherrscht, und 149 nahm Rom eine formelle Verletzung des Vertrags zum Anlaß, um den *3. Punischen Krieg* (149–146) zu erklären. Trotz dem Abfall seiner letzten Untertanen leistete K. drei Jahre lang Widerstand. 146 wurde die Stadt völlig zerstört (P. → Cornelius (29) Scipio).

[3] Der *Handel* war für K. wichtiger als für jeden anderen antiken Staat. Er ging hauptsächlich zu den Völkern im afrikan. und span. Hinterland, womit sich das Fehlen einer karthag. Münzprägung bis zum 3. Jh. v. Chr. erklärt. Gold, Silber, Zinn und vermutlich Eisen wurden eingehandelt im Austausch gegen Wein, Stoff und andere wenig wertvolle Waren. Die berühmten Reisen → Hannos (1) und → Himilkos (1) im 5. Jh. v. Chr. waren Handelsexpeditionen: der erste segelte die Westküste Afrikas hinunter, um Goldquellen, der zweite nordwärts von Gades der Küste Spaniens und Frankreichs entlang, um Silber und Zinn zu suchen. K. behauptete ein Handelsmonopol im westl. Mittelmeere und versenkte die Schiffe anderer Staaten, die in dieses Gebiet eindrangen. Produkte griech. Staaten, Ägyptens und Italiens wurden zum Weiterexport an Völker des karthag. Reiches importiert. Vom 4. Jh. v. Chr. an exportierte K. landwirtschaftliche Produkte aus seinem nordafrikan. Besitz. Seine wirtschaftliche Kraft reichte aus, sogar den 2. Pun. Krieg zu überleben.

[4] Von der *baulichen Gestalt* der Stadt K. ist wenig bekannt. Der Bau eines künstlichen Hafens (Kothon) gehört noch in seine Frühgeschichte. Der äußere Teil (500 × 300 m) konnte Handelsschiffe, ein kreisrunder, innerer (∅ 300 m) 200 Kriegsschiffe aufnehmen. Eine massive, über 33 km lange Mauer umgab die ganze Stadt und war auf der Landseite am stärksten (10 m dick). Innerhalb der Stadt lag die Zitadelle (Byrsa), ein geschlossener Komplex (Umfang 3 km). Zwischen ihr und dem Hafen lag das sog. ‹Tophet› oder ‹Heiligtum der → Tanit›. Bis zum 4. Jh. gab es wenige öffentliche Gebäude oder Tempel. Die Straßen waren eng, die Häuser zuweilen 6 Stockwerke hoch und der allgemeine Anblick vermutlich dem einer arab. Stadt des letzten Jh.s ähnlich. Nach Strabo hatte K. 700000 Einwohner, die Bewohner der Halbinsel von Kap Bon offensichtlich eingeschlossen. In der Stadt mögen es 400000 gewesen sein.

[5] Die *Regierung* K.s war oligarchisch. Das Staatsoberhaupt war der → ‹Sufet› (vgl. hebr. *schophet*, ‹Richter›), ursprünglich wohl der Titel des tyr. Statthalters. Im 5. Jh. wurden die Sufeten gewählt (Wiederwahl wohl zulässig), im 3. Jh. jedes Jahr zwei. Reichtum und Vornehmheit waren wichtige Voraussetzungen für die Wahl. Die Sufeten besaßen die exekutive und richterliche Gewalt, doch die Streitmacht war in der Hand gewählter Heerführer, von denen einige in früher Zeit zugleich Sufeten gewesen zu sein scheinen. Die nahezu königliche Macht der Familie der Magoniden wurde im 5. Jh. eingeschränkt, doch blieben sie zusammen mit anderen führenden Familien weiterhin einflußreich. Ein Senat von mehreren hundert Mitgliedern auf Lebenszeit hatte die allgemeine Führung der Geschäfte und beherrschte auch das Gerichtswesen. Senat und Magistrate konnten zusammen regieren ohne Rücksicht auf den Volkswillen, und obschon das Volk bei den Wahlen bestimmte Rechte besaß, war vor dem Aufstieg der Barkiden der Einfluß der Masse der Bevölkerung belanglos. Alle Versuche, eine Tyrannis in K. zu errichten, scheiterten. Die Bevölkerung K.s war zahlenmäßig zu schwach, um die verstreuten Kolonien mit eigenen Truppen zu verteidigen. Von der Mitte des 6. Jh.s an bestanden die karthag. Armeen weitgehend oder ausschließlich aus Söldnern (Libyern, Iberern, Bewohnern der Balearen, später Galliern, Griechen und Kampaniern) unter karthag. Oberbefehl, die der Reichtum K.s in großer Zahl anzuwerben gestattete, ebenso wie es eine Flotte von über 200 Schiffen unterhalten konnte.

[6] Die *Religion* der Karthager war durch Fanatismus und zähes Festhalten an primitiven Vorstellungen charakterisiert. Der oberste Gott war → Baal Hammon (Kronos-Saturn), dessen Kult auch Menschenopfer umfaßte, eine Sitte, die nur langsam verschwand und periodisch wieder aufgenommen werden konnte. Vom 5. Jh. an wurde die Göttin → Tanit (Juno), vermutlich libyschen Ursprungs, mit ihm verbunden. Andere Gottheiten wie Eschmun (→ Aesculapius) und → Melkart (→ Herkules) wurden weithin verehrt. Vom 4. Jh. an drangen einige griech. Kulte, z. B. derjenige der Demeter, ein. Die Eschatologie der karthag. Religion war unentwickelt. Wir hören von Priestertümern und einem ausgebildeten Opfersystem. Die Kultübung fand öfters in heiligen Bezirken als in Tempeln statt.

[7] Die Karthager haben sich niemals wie die Etrusker, Römer u. a. der griech. *Kultur* geöffnet. Ihre Denkart entstammte den alten Traditionen der semit. Völker, was ihnen als einer kleinen Minderheit im westl. Mittelmeerraum ein bes. Zusammengehörigkeitsgefühl verlieh. Ihr lange dauernder Widerstand gegen Rom darf dem raschen Zusammenbruch der hellenist. Monarchien gegenübergestellt werden. Eine Form phön. Sprache und Elemente der karthag. Religion lebten auch nach der Zerstörung der Stadt weiter, und die Organisation der nordafrikan. Landwirtschaft durch Rom hielt sich teilweise an das karthag. Vorbild. Die Lage K.s wiederum war zu wertvoll, um lange unausgenutzt zu bleiben. B.H.W.

Lit: O. Meltzer–U. Kahrstedt, Gesch. der Karthager, 1879–1913 – S. Gsell, Histoire ancienne de l'Afrique du Nord I–IV, 1912–20 – R. Herbig, in: Rom und Karthago, 1943 – G. Picard, Le monde de

Carthage, 1956 – G. und C. Picard, So lebten die Karthager, 1959 – M. Tarradell, L'architecture hellénistique à Lixus, und M. Euzennat, Héritage punique et influences gréco-romaines au Maroc avant la conquête romaine, VIIIe Congrès d'archéologie classique, 1963 – B. H. Warmington, Karthago (engl. 1960), 1963.

B. K. UNTER DEN RÖMERN. [1] *Republik. Zeit.* Die röm. Epoche K.s beginnt mit der Eroberung und Zerstörung der Stadt durch P. → Cornelius (29) Scipio Africanus i. J. 146 v. Chr. Der Zerstörung folgte die formelle Verfluchung des Bodens und das Verbot jeglicher Neubauten an dieser Stelle. Auf Grund der 133 v. Chr. erlassenen Lex Sempronia und auf Antrag des Tribuns Rubrius wurde 123 v. Chr. trotzdem beschlossen, eine Kolonie in Africa zu gründen. C. Sempronius → Gracchus (2) landete im Frühj. 126 v. Chr. mit 6000 Kolonisten in Nordafrika und gründete die Kolonie Colonia K. Iunonia. Im Namen wurde Juno, die alte Schutzgöttin K.s, die die Römer stets mit der einheimischen → Tanit identifizierten, berücksichtigt. Die Gründung war verfrüht. Nach dem Tode des C. Gracchus 121 v. Chr. wurde auf Grund der Rogatio Municia die lex Sempronia und das Gründungsdekret der Colonia Iunonia aufgehoben. Eine neue Etappe beginnt nach Beendigung des Bürgerkrieges in Afrika durch → Caesar 46 v. Chr. Die Aufteilung des Landes in Kolonien (z. B. Uthina, Thuburbo Maius) hatte auch die Gründung der Colonia Iulia Concordia K. auf Geheiß Caesars i. J. 44 im Gefolge. Aus der im Gelände noch nachweisbaren Limitation dieser Kolonie ergibt sich, daß das Zentrum des punischen K. wegen der Verfluchung sorgfältig aus der Kolonie ausgenommen war. Der Triumvir → Lepidus, dem Africa zur Verwaltung zugefallen war, ließ an der cäsarischen Kolonie nach Aussage des → Dio Cassius gewisse Änderungen vornehmen. Sie dürften auch im Zusammenhang mit religiösen Bedenken stehen. 29 vor Chr. sandte nämlich Augustus eine Delegation unter dem Legaten Sentinius Saturninus nach K., um in feierlichem Ritus den Fluch aufzuheben und das neue Zentrum an der Stelle der alten punischen Stadt in seinen Umrissen festzulegen. Die Verlegung des Verwaltungssitzes der Africa Proconsularis von Utica nach K. erfolgte vermutlich 14 n. Chr.

[2] *Kaiserzeit.* Am Ende des 1. Jh.s n. Chr. war K. zu einer der bedeutendsten Städte des Reiches neben Antiochia und Alexandria geworden. Auf → Hadrians Besuch im Jahre 128 n. Chr. wird die Erbauung des großen Aquäduktes aus dem Djebel Zaghouan zurückgeführt. Hadrian soll der Stadt auch den Ehrentitel Hadrianopolis verliehen haben. Unter der Regierung des → Antoninus Pius (138–161) zerstörte eine riesige Feuersbrunst die monumentalen Teile der Stadt. Forum, Curia, Thermen und Tempel fielen den Flammen zum Opfer. Antoninus Pius ließ den Wiederaufbau fördern, bes. den der Thermen, deren Bauinschrift erhalten ist und die Errichtung *ex permissu* Antoninus' erwähnt. → Commodus (180–192) machte K. zum Haupthafen für die Korntransporte zur Versorgung Roms. Die Kolonie nahm nun den Titel Colonia Alexandria Commodiana togata K. an, wobei der Name Alexandria darauf hinweisen sollte, daß K. an die Stelle Alexandrias treten sollte. Anläßlich eines Besuches des Kaisers Septimius Severus erhielt K. 203 das Privileg des → ius Italicum, was einer Befreiung von der Grundsteuer gleichkam. Unter Caracalla wird uns der Kolonietitel inschriftlich als Colonia Felix Iulia Aurelia Antoniniana K. überliefert. Den Beginn des Niedergangs markiert die Eroberung durch die → Vandalen am 19. Oktober 439 n. Chr. Nach einem vergeblichen Rückeroberungsversuch 468 n. Chr. erfolgte der Einmarsch der oström. Armee unter → Belisar erst am 15. Sept. 533. Im J. 535 versammelte sich in der befreiten Stadt ein → Konzil, das die kirchliche Organisation des byzantin. Nordafrika neu organisierte. Eine erste arabische Eroberung K.s erfolgte 696. Nach einer kurzen Rückeroberung durch eine byzantin. Flottenexpedition fiel die Stadt 698 endgültig in arabische Hände. Ihre Mauern wurden systematisch geschleift. Die Entstehung der Nachfolgestadt Tunis fällt in die Jahre unmittelbar nach der arabischen Eroberung. Eine christliche, lat. sprechende Bevölkerung lebte bis zum 11. Jh. in K. und seiner Umgebung weiter. Noch 1073 wird der Erzbischof Cyriacus genannt. Der 1015 in K. geborene Constantinus Africanus war Sekretär Robert Guiskards und später Mönch im Kloster Monte Cassino. – Als kirchliches Zentrum der Africa Proconsularis war K. der Sitz des Erzbischofs. Bes. bedeutend ist Thascius Caecilius → Cyprianus, der seit 248 Bischof von K. war.

[3] *Bauten.* Wegen der starken Zerstörung ist eine Rekonstruktion des Stadtplanes des röm. K. sehr schwer. Die wichtigsten Bauten zogen sich in einer Küstenzone entlang des Golfes von Tunis hin. Dabei gilt es drei Schwerpunkte zu unterscheiden: im Südwesten die Zone des Hafens, dann den Byrsahügel, die alte Akropolis und im Nordosten eine Monumentalzone mit Theater, Odeon und Thermen. Das Straßennetz ließ sich rekonstruieren auf Grund der Kanalisationen. Es basiert auf einem Achsenkreuz, wobei der Cardo maximus parallel zur Küste verläuft und sich mit dem Decumanus maximus auf der Byrsa schneidet. Eine Ummauerung erfolgte erst 425 n. Chr. unter Theodosius II. Ihr Verlauf ist unklar. Die Wasserversorgung geschah durch ein 138 km langes Aquädukt aus dem Djebel Zaghouan, das unter Hadrian errichtet wurde. An mehreren Stellen sind in K. Ruinen großer Zisternen festgestellt worden. Der Hafen K. ist heute noch als Lagunenweiher sichtbar in der Gegend von La Marsa (arab. Hafen). Die Lage des Forums ist unsicher. Der Byrsahügel war von den Tempeln belegt sowie von einer großen, 32×88 m messenden, monumentalen Porticus (schöne Architekturteile, Reliefs mit Victoria und Abundantia im Museum K.). Odeon und Theater bilden eine schon genannte Monumentalgruppe; Zirkus und Amphitheater, beide recht gut erhalten, liegen, eingefügt ins Netz der Stadtstraßen, im Hinterland der Hafenzone. Unmittelbar an der Küste liegen die bedeutenden Antoninusthermen. Außerhalb der eigentlichen Stadt finden sich verschiedene bedeutende christliche Basiliken: Im SW die Basilika von Bir Knissia (die Ruinen sind die einer Rekonstruktion aus dem 6. Jh.), im NO die Basilika des hl. Cyprian, ein siebenschiffiger Bau mit Atrium, und, als zweifellos bedeutendstes kirchliches Monument Nordafrikas, die Basilika Damous-el-Karita. Dieser monumentale Komplex besteht aus einer neunschiffigen Basilika mit halbkreisförmigem Atrium, einer angefügten Taufbasilika, einer kreisförmigen Krypta von 9,15 m Durchmesser sowie weitern Annexen, darunter einem Trikonchus. R. F.

Lit: A. Audollent, Carthage romaine (= Bibl. Ec. fr. Ath. et Rome, XXXII), 1901 – A. L. Delattre, L'épigraphie funéraire chrétienne à Carthage, 1926 – M. Hours-Miédan, Carthage, 1949 – G. C. Lapeyre-A. Pellegrin, Carthage latine et chrétienne, 1950 – G. u. C. Picard, La vie quotidienne à Carthage, 1958 (deutsch 1959) – E. Kirsten, Nordafrikan. Stadtbilder, 1961.

Kartographie

[1] Weltkarte bis Hekataios – [2] Weltkarten des 4. Jh.s – [3] Weltkarte des Eratosthenes – [4] Weltkarten des Marinos und Ptolemaios – [5] Karten zum praktischen Gebrauch – [6] Regionalkarten und Stadtpläne – Vgl. auch → Geographie.

[1] *Weltkarten bis Hekataios.* Die Beschreibung des Schildes des Achilleus in der Ilias (18, 483 ff.) setzt einen Typus von bildlichen Darstellungen der Erde, des Meeres, des Flusses → Okeanos und der Gestirne voraus. Alle diese Elemente können in der → kret.-myk. Kunst mit ‹geographischer› Bedeutung, aber in symbolischer Form festgestellt werden. Eine babylon. Weltkarte, die auf eine Tontafel aus dem 6. Jh. v. Chr. geritzt ist, aber auf ein Vorbild aus dem 9./8. Jh. zurückgeht, stellt die Erde schon als vom Ozean umflossene, kreisförmige Scheibe dar. Die Weltkarte des → Anaximander (um 550), von → Eratosthenes als die erste griech. Karte betrachtet, läßt die eigentliche K. beginnen, indem sie zwei Prinzipien annimmt: (1) die Erde nicht mehr durch ein Symbol, sondern durch den

Umriß der Küsten darzustellen, und (2) diese Zeichnung statt auf eine mythologische Vision der fernen Gegenden auf die von den Seefahrern mitgebrachten Beschreibungen zu gründen. Der Name → Periodos tēs gēs, der gleichzeitig die Karte und die sie begleitende Beschreibung bezeichnet, legt den Akzent auf das Streben nach Dokumentation. Im groben Umriß sind uns die von Anaximander angeregten ionischen Karten aus der Kritik → Herodots (4, 36) bekannt: Sie gaben der von dem als Meer aufgefaßten Okeanos umgebenen Oikumene die Form eines Kreises, dessen Mittelpunkt meist Delphi war. Diese Scheibe wurde diametral von Westen nach Osten durch das Mittelmeer, den Pontos Euxeinos und den Fluß → Phasis geteilt; von diesem nahm man an, daß er seinen Ursprung im Osten, im Ozean hatte. Auf der Weltkarte des → Hekataios (3) v. Milet wurde der nördliche Halbkreis Europa, der südliche Asien zugeteilt. Diese Teilung hatte schwerwiegende Folgen, bes. in der → Ethnographie. Die milesische Karte, die 499/498 nach Sparta gebracht wurde (Hdt. 5, 49), und die von der ps.-hippokratischen Schrift ‹Von der Siebenzahl› benützte Karte stellten die bekanntesten Gegenden durch einen Umriß dar und zeigten Städte und Flüsse.

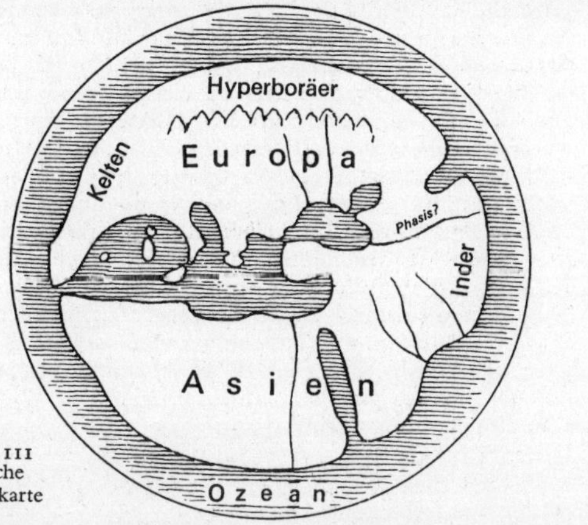

Abb. 111 Ionische Weltkarte

[2] *Weltkarten des 4. Jh.s.* Unter dem Einfluß der Kritik Herodots (4, 36) an der streng kreisförmigen Darstellung der Oikumene und nach Entdeckung der Kugelgestalt der Erde ersetzten die Geographen des 4. Jh.s, → Ephoros, → Eudoxos (1) v. Knidos und → Dikaiarchos, nach dem Vorbild des → Demokrit den Kreis durch ein Rechteck mit dem Seitenverhältnis 3:2 (2:1 bei Eudoxos), das auf einer Seite der Kugel angebracht wurde. Ephoros setzte dieses Rechteck mitten auf das → Diaphragma, das einem Äquator gleichgesetzt wurde, und hielt so an Hekataios' Einteilung Europa-Asien fest. Die Karte des Eudoxos legte das Rechteck als Ganzes nördlich des Äquators und teilte es, darin Herodot folgend, senkrecht von Norden nach Süden durch eine Linie, die durch den → Tanais (Don?) und den Nil ging, derart, daß das östliche Quadrat Asien, das westliche, durch das Diaphragma geteilte, Europa und Libyen zugeteilt wurde. Außerdem scheint Eudoxos, indem er zum erstenmal astronomische Messungen verwendete, gewisse → Klimata bestimmt zu haben (Strab. 9, 1, 2; das Zeugnis ist umstritten) und dadurch den Umriß gewisser Küsten (Griechenland, Kleinasien) korrigiert zu haben. Dikaiarchos ersetzte das Diaphragma durch eine Meere und Festländer durchschneidend gedachte Linie (→ Säulen des Herakles, Sardinien, Sizilien, Peloponnesos, Karien, Lykien, Pamphylien, Kilikien, Tauros, Imaosgebirge oder ‹Himalaja›) und bestimmte auf die gleiche Art den Meridian Tanais-Nil, wobei er die Maße dieser Linien nach Angaben von Reisenden und Seefahrern festsetzte.

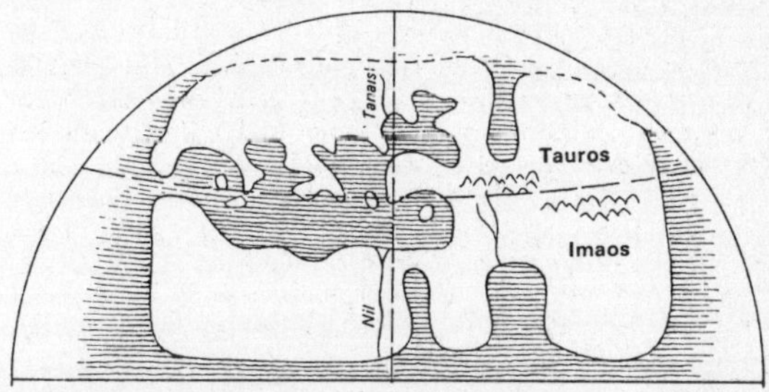

Abb. 112 Das Erdbild des Dikaiarchos

[3] *Weltkarte des Eratosthenes.* Mit Eratosthenes, der als erster die Reisen des → Pytheas und die Feldzüge Alexanders auswertet, erweitert sich die Karte der Oikumene gegen

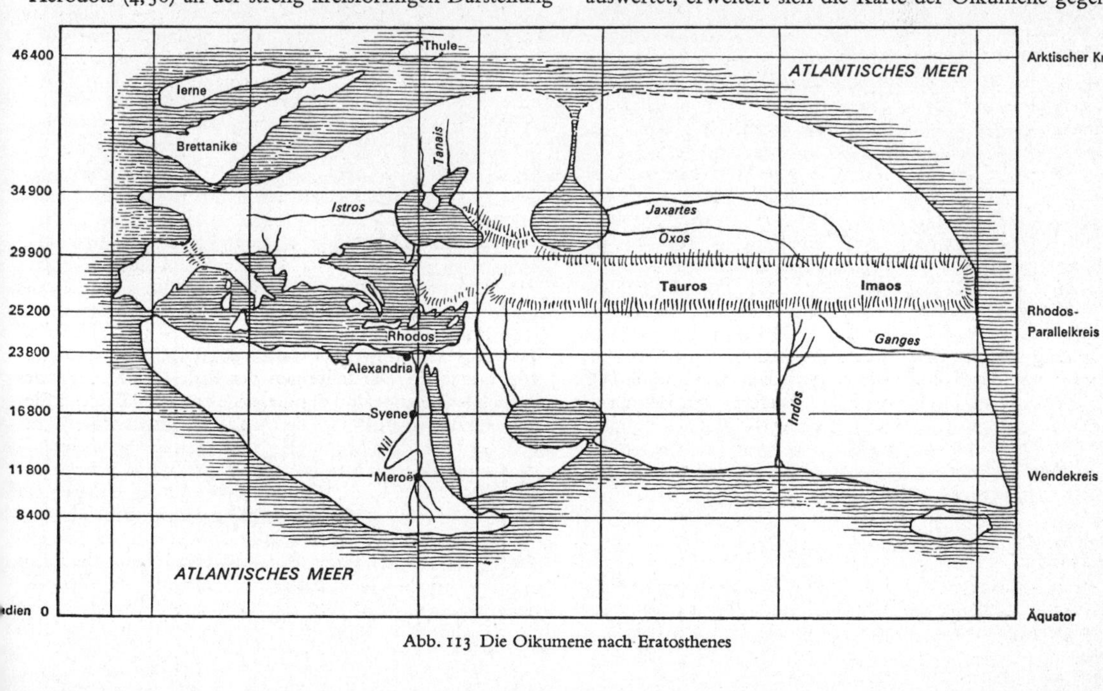

Abb. 113 Die Oikumene nach Eratosthenes

Norden, Osten und Süden und nimmt eine ovale Form an; die Länge Ost-West beträgt 77800 Stadien, die Breite Nord-Süd 38000 (12253,5 bzw. 5985 km; 1 → Stadion = 157,5 m). Auf Grund astronomischer und klimatischer Beobachtungen, die ihm aus zweiter Hand bekannt waren, und der Messungen von Reiserouten der → Bematisten entwirft er ein Netz von 8 Parallelkreisen und 9 Meridianen, gemäß den Erfordernissen der Karte in unregelmäßigen Abständen angebracht, von denen der nicht mehr halbierende Rhodos-Parallelkreis (nach Dikaiarchos) und der Rhodos-Meridian die Bezugsachsen sind; jede Linie teilte einen Gebietsstreifen von 400 Stadien Breite ab. Wenn man die Projektion der Kugel auf die Ebene in Betracht zieht – das Problem wurde von Eratosthenes erkannt, aber nicht gelöst –, grenzt dieses Koordinatennetz ein Schachbrett von Parallelogrammen, sog. Sphragiden (wörtlich: abmarkierte Grundstücke) ein, von denen man annahm, daß sie mehr oder weniger mit den auf der Karte dargestellten Ländern übereinstimmten. In dieser Übereinstimmung liegt die Schwäche des Systems. – → *Hipparchos (3) v. Nikaia* warf der Karte des Eratosthenes ungenügende astronomische Grundlagen vor. Er schlug eine Nord-Süd-Teilung der ganzen Erde in 360° vor, setzte nach der Erdmessung des Eratosthenes (252000 Stadien; → Erde) den Grad auf 700 Stadien fest und führte so das heutige System der Parallelkreise ein. Er selbst bestimmte jedoch nur eine kleine Anzahl von → ‹Klimata› (hier soviel wie Breiten) und entwarf keinerlei Weltkarte. Seine ausschließlich astronomische und mathematische Methode wurde von → Serapion (2) v. Antiochia und bes. → Marinos (3) v. Tyros aufgenommen. Die Weltkarte des *M. Vipsanius* → *Agrippa* (1), etwa i. J. 6 v. Chr. postum an der Wand einer öffentlichen Säulenhalle angebracht, scheint hingegen noch die Karte des Eratosthenes wiedergegeben zu haben, mit einer zusätzlichen Dokumentation chorographischer Herkunft (→ Geographie A 2), die vor allem die divisio (Begrenzung und Abmessung bestimmter Landesgebiete) und die dimensuratio (Abmessung von Meeren) betraf.

[4] *Weltkarten des Marinos und Ptolemaios.* → *Marinos* (3) legte in mehreren jeweils verbesserten Ausgaben eine Karte der Oikumene vor, wobei er acht nach den Prinzipien des Hipparchos gemessene Parallelkreise und 15 Meridiane (die 15 von den 24 Stunden des Sonnenumlaufes oder 225° entsprechen) zugrunde legte. Innerhalb dieses Koordinatennetzes konnte er die geograph. Orte einzeichnen, entweder nach an Ort und Stelle aufgenommenen astronomischen Daten oder nach den Distanzmessungen in Stadien, die ihm die Reisenden lieferten. Die Westküste Europas bis zur Bretagne und Irland, das Kaspische Meer und der Mittlere Osten bis zum Indus war auf seiner Karte mit beachtlicher Genauigkeit wiedergegeben. Er fügte als erster China im Osten Indiens hinzu und ahnte die Ausdehnung Afrikas südlich des Äquators. Das Problem der Projektion löste er durch eine Zylinderprojektion, auf der die Koordinaten sich rechtwinklig schneiden, doch stieß er auf unüberwindliche Schwierigkeiten, als er die Entfernungsmessungen auf der Oberfläche mit den astronomischen Daten in Übereinstimmung zu bringen versuchte. Dieses letzte Hindernis wurde von → *Ptolemaios* (17) überwunden. Seine Karte, in der er, mit einigen Zusätzen, die gleiche Dokumentation wie Marinos verarbeitete, folgt als erste den Prinzipien der konischen Projektion, die später (1558) G. Mercator entwickelt hat. Diese Karte, die wahrscheinlich unabhängig von seiner geograph. Schrift veröffentlicht wurde, ist verlorengegangen und wurde im 4./5. Jh. in den Handschriften durch eine allgemeine Karte und 26 Einzelkarten ersetzt; die letzteren Karten haben einerseits die arabischen Geographen seit dem Beginn des 9. Jh.s beeinflußt, andererseits sind sie der Ausgangspunkt der wissenschaftlichen K. der Renaissance geworden.

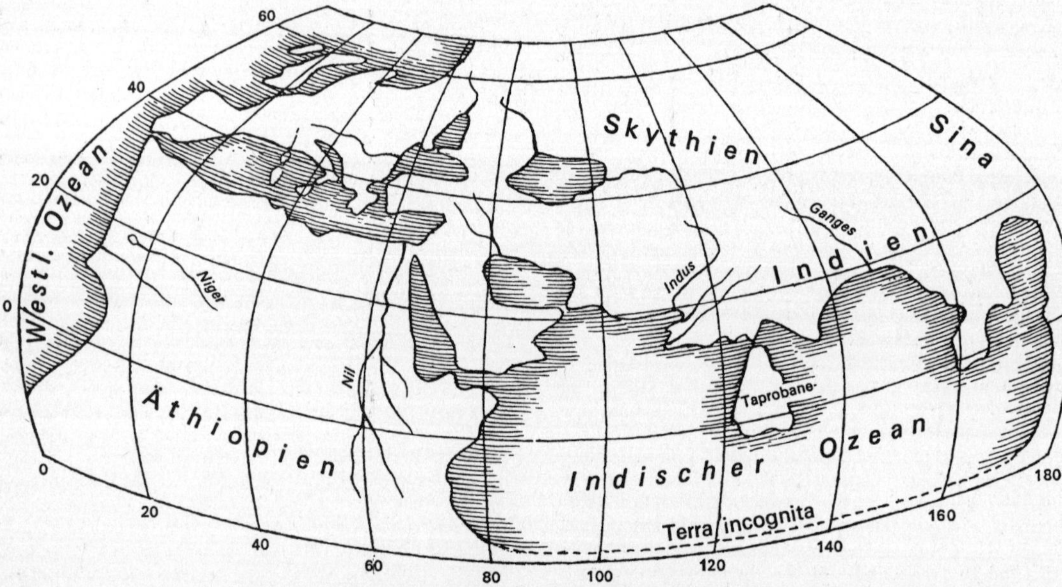

Abb. 114 Die Oikumene nach Ptolemaios

[5] *Karten zum praktischen Gebrauch.* Unabhängig von den eigentlich geograph. Weltkarten gab es Karten, die ausschließlich für praktische Zwecke bestimmt waren. Die → Reiseführer und die röm. → Itinerarien setzen solche voraus. Von denen, die der → Schiffahrt dienten und namentlich alle → Häfen aufführten, wie es später die mittelalterlichen Portolane tun, ist kein Exemplar erhalten. Dagegen gibt die → Peutingersche Tafel über die Vermittlung mehrerer Kopien und mit Zusätzen aus verschiedenen Zeiten eine Straßenkarte wieder, die vielleicht unter Caracalla (198–217) hergestellt worden ist und von der das → Itinerarium Antonini und der sog. Cosmographus Ravennas (um 700) die Beschreibung in Buchform sind. Damit die

ganze Oikumene auf einer handlichen Buchrolle Platz fand, wurden die Meere auf Streifen reduziert, die sich als blaue Bänder von Osten nach Westen hinziehen, die Halb-

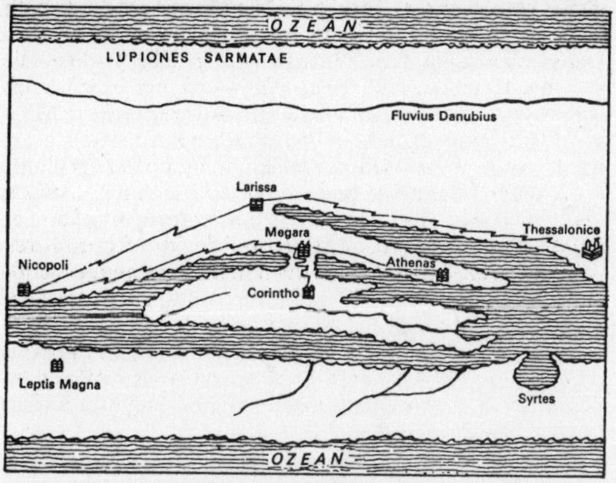

Abb. 115 Peutingersche Karte

inseln auf die Küsten zurückgefaltet und alle Nord-Süd-Linien (Straßen, Flüsse, Grenzen usw.) als Horizontalen oder Diagonalen eingezeichnet (→ Abb. 115).

[6] *Regionalkarten und Stadtpläne*. Neben den umfassenden Karten, die die ganze Oikumene darstellten, gab es Stadtpläne und Regionalkarten. Der Plan der Stadt Piräus, von → Hippodamos v. Milet gezeichnet, war berühmt für seine geometrische Einteilung und seine politisch-soziologische Bedeutung (Aristot. pol. 2, 8. 1267b 22); er ist nicht erhalten. Dagegen besitzen wir große Bruchstücke des auf Marmor gemeißelten Stadtplans von Rom, der unter dem Namen Forma Urbis oder Kapitolinischer Stadtplan bekannt ist (entstanden 198/208 n. Chr.). Die Regionalkarten sind nicht so gut belegt. Sie sind zum erstenmal auf Grund von Anspielungen bei → Eusebios v. Caesarea sicher nachzuweisen, der Karten von Palästina und Ägypten zur Darstellung der Wallfahrtsorte erwähnt. Kriegführung und Provinzverwaltung sind jedoch ohne Landkarten kaum denkbar; das Nebeneinander verschiedener Maßeinheiten in den Distanzangaben der Peutingerschen Tafel (Leugen für Gallien, röm. Meilen für Italien, Stadien für Griechenland, Parasangen für Persien usw.) ist eventuell auf solche Karten zurückzuführen. – Schließlich gab es die → Katasterpläne, von denen einige auf Stein oder Papyros erhalten sind. F. L.

Lit: W. Kubitschek, RE 10, 2 (1919), 2022–2149, s. v. Karten – W. A. Heidel, The Frame of the Ancient Greek Maps, 1937 – → Geographie

Karyatide, an Stelle einer Säule das Gebälk tragende Mädchenstatue (→ Schatzhäuser von Knidos und Siphnos in → Delphi; Erechtheion in → Athen).

Lit: P. Wolters, K., Zeitschr. f. bild. Kunst, NF 6, 1895, 36–44 (Der Sprachgebrauch beruht auf einem Irrtum).

Kasmenai, Kolonie von → Syrakus, 644 v. Chr. gegründet. Von K. aus führte → Gelon v. Gela die aus Syrakus vertriebenen Gamoren zurück und nahm Syrakus ein. Von Orsi ausgegraben, am M. Casale gelegen, mit symmetrischem Stadtplan, Mitte 6. Jh. v. Chr. J. S.

Lit: A. di Vita, EAA IV, 1961, 329–330.

Kašmir, ind. Gebirgslandschaft. In buddhistischen Klöstern der Kuṣaṇa-Zeit von Harvan im Śrinagar-Tal sind Terrakottaplatten erhalten, deren abstrakt geometrische, vegetabilische, zoomorphe und menschengestaltige Muster eine Mischung altoriental., antiker, parth., ind. und chines. Muster darstellen. Während der 2. H. des 1. Jt.s nach Chr. lebten in Hindu-Tempeln wie denen von Avantipur, Martand oder Paṇḍreṇthan verschiedene un-indische Architekturformen fort: kannellierte Säulen mit dor. oder ion. Kapitellen, Umgänge mit Halbsäulen-Vorlagen und verkröpftem Gebälk, Kleeblatt-Nischen, Dreiecksgiebel, Kuppeln unter Pyramidendächern. Die Anregung zu solchen Baugliedern und zu den etwa gleichzeitigen Terrakottaplastiken von Akhnur und Uškur können aus der Tradition von → Gandhara herrühren oder aus einem neuen Kontakt mit Syrien stammen. K. F.

Lit: R. C. Kak, Ancient monuments of Kashmir, 1933.

Kaspisches Meer (*Κασπία θάλασσα*), Binnenmeer im SW des Uralgebirges, heute 424300 km², früher ausgedehnter; auch Hyrkanisches, Skythisches und Albanisches Meer genannt. Seit → Hekataios (2) v. Milet bekannt und beschrieben, genauer von → Herodot (1, 203 f.), der das Vorkommen von Seehunden (Phoca caspica) erwähnt. G. R.

Kassandra (auch Alexandra), Tochter des → Priamos und der → Hekabe. Seherin (Kyprien; Pind. Pyth. 11, 33). Da sie → Apollon ihre Gunst versagt, bewirkt dieser, daß niemand ihren Sprüchen glaubt (Aischyl. Ag. 1056 ff.). Prophezeit fast nur Schlimmes. In späterer Version erkennt sie auch das vom hölzernen Pferd drohende Unheil (Verg. Aen. 2, 246). Bei der Eroberung Trojas reißt der jüngere → Ajas die Schutzflehende vom Bild der Athena, nach späterer Tradition schändet er sie (Lykophr. 358 ff.), die Statue wendet aus Scham die Augen ab (Strab. 6, 1, 14, p. 264). K. folgt → Agamemnon als Sklavin und wird von → Klytaimestra getötet (Od. 11, 421 f.; Aisch. Ag. 1019 ff.). Titelheldin der ‹Alexandra› des → Lykophron.

Darstellungen: Die Prophetin K. auf mehreren kaiserzeitlichen Monumenten (Picard, Mon. Piot 44, 1950, 55–67). Schändung der K. auf zahlreichen Monumenten (s. zu → Ajas der Lokrier), selten die Tötung der K. (AJA 43, 1939, 416, Abb. 6, 7. Jh.; S. Aurigmemma, Museo di Spina, 1936², Taf. 78, rotfigurige Schale). – *Lit:* J. Davreux, La légende de la prophétesse Cassandre, 1942 – Kunze, 161–163 – P. Orlandini, Cassandra, EAA II, 1959, 401–404. K. Schb.

Kassandros, Sohn des → Antipater (1), ca. 355–297, 323 zu Unterhandlungen mit → Alexander (5) d. Gr. an den Hof geschickt. Seine Abneigung gegen den König übertrug er später auf die Dynastie. Unter Antipater Hipparch, hoffte er, Nachfolger seines Vaters zu werden, floh nach → Polyperchons Ernennung zu → Antigonos I., der ihm Truppen und Schiffe zum Einmarsch in Griechenland gab, und besetzte 317 Athen und andere griech. Städte. Von → Eurydike (2) unterstützt, bemächtigte er sich Makedoniens, verlor es aber sogleich an → Olympias und Polyperchon, die das Königspaar und viele seiner Freunde töteten. Doch gewann K. den Großteil des Heeres, das sein Vater lange geführt hatte, für sich, ließ Olympias hinrichten und setzte Roxane und → Alexander IV. gefangen (316). In den nächsten Jahren kämpfte K. (oft von → Lysimachos und → Ptolemaios I. unterstützt) gegen Antigonos, bis er im Frieden von 311 als Statthalter von Europa anerkannt wurde. Bald darauf ließ er Roxane und Alexander ermorden. Nach kleineren Zwischenspielen brach 307 der Krieg mit Antigonos wieder aus: → Demetrios I. ‹befreite› Athen, das K. drei Jahre vergeblich belagerte. Von Demetrios 304/302 schwer bedrängt, schloß er mit den früheren Verbündeten und → Seleukos I. das Bündnis, das zur Niederlage des Antigonos bei Ipsos führte (301). Nach Mißerfolgen im Westen (u. a. gegen → Agathokles (3) v. Syrakus) mußte er den Kampf um Griechenland aufgeben. Er starb 297; seine Dynastie überlebte ihn nicht lange.

Kassiopeia → Perseus.

Kassiten (*Κοσσαῖοι*), Volk im Zagros, unbekannter Herkunft, den → Elamitern, → Guti und Lullubi nahestehend. Möglicherweise ist ihre Urheimat im Kaukasus gelegen. Gewisse Namen ihrer Götter sprechen für eine engere Berührung mit den Ariern, vielleicht waren in ihrer Führerschicht indogermanische Elemente vorhanden. Seit 1570 v. Chr. unterwandern sie als Arbeitskräfte Babylonien und werden nach dem Sturz der → Hammurapidynastie durch die → Hethiter Herren des Landes (ca. 1530–1150 v. Chr.). Babylonien tritt unter ihrer Herrschaft nicht sonderlich hervor. Ihre bekanntesten Denkmäler sind die Kudurrus

(Grenzsteine). Durch die → Elamiter vertrieben. Vgl. → Mesopot. Reiche B [2]. L. Schn.

Lit: G. G. Cameron, History of early Iran, 1936 – C. Huart-L. Delaporte, L'Iran antique (1943), 1952 – A. Moortgat-A. Scharf, Ägypten und Vorderasien im Altertum, 1950 – J. Potratz, Die Kunst des AO, 1961 – Ferner- → Iran, → Mesopot. Reiche.

Kassiteriden (‹Zinninseln›) hießen allgemein alle Zinn produzierenden Länder im Nordatlantik, besonders aber Cornwall und die Scillies. Diese wurden vermutlich von den Phöniziern oder den Karthagern von Gades aus entdeckt und von Nordwestspanien aus angefahren. Sie hielten diese Zinnfahrten geheim, so daß Herodot die Existenz der K. überhaupt bezweifelte (3, 115). Ob ein Grieche namens Midakritos (600 v. Chr.?) wirklich Zinn von den K. mitgebracht hat (so Plin. nat. 7, 197), ist zweifelhaft; Pytheas hat offenbar die Minen von Land's End besucht, aber erst ein P. Crassus (ca. 95 v. Chr.) machte die Zinnroute allgemein bekannt. Strabon kennt zehn K. (in Wirklichkeit sind es 30) und beschreibt die Bergwerke und die Bevölkerung ausführlich. Die Bergwerke von Cornwall verloren im 1. Jh., nach der Entdeckung von Zinnlagern in Spanien, rasch an Bedeutung.

Kastalia, Quelle in → Delphi, deren Wasser der kultischen Reinigung von Tempel und Besuchern diente. Ihr wurde prophetische Kraft zugeschrieben. → Brunnenhaus klass. Zeit vor der Felsschlucht östl. des Heiligtums an der heutigen Straße, später in der Felswand darüber. K. wurde erst von röm. Dichtern zum Wahrzeichen der Dichtung gemacht (Verg. georg. 3, 293). E. M.

Lit: A. Orlandos, La fontaine découverte à Delphes, BCH 84, 1960, 148–160.

Kastanie. Die im Mittelmeerraum seit der Frühzeit verbreitete eßbare und als Nahrungsmittel geschätzte K. wurde ursprünglich *βάλανος* genannt, womit vor der Landnahme nur die Eichel bezeichnet wurde. Die Bekanntschaft mit den besseren Früchten der pontischen K. führte zu Ausdrücken wie ‹sardische› und ‹euböische Nüsse›, oft ohne klare Unterscheidung gegenüber der → Hasel- und → Walnuß, schließlich zu *καστανέα* mit der Frucht *καστάναιον*, also verhältnismäßig jungen Wortbildungen. Diesem Befund entsprechend ist die Verbindung von *Διὸς βάλανος* mit der K. möglich, aber nicht eindeutig. Vgl. → Flora. J. W.

Lit: Murr, Pflanzenwelt, 35–37 – Hehn, 395–404 – Stadler, RE 10, 2 (1919), 2338–42.

Kastor → Dioskuren.

2. **K. von Rhodos,** griech. → Geschichtsschreiber, 1. H. 1. Jh. v. Chr. Verfasser einer Chronik in 6 Büchern von Belos, Ninos, Aigialeus an bis zum Jahr 61/60, mit Listen der Könige von Assyrien, Sikyon, Argos, Athen, Alba, Rom und der röm. Konsuln. Die Darstellung der historischen Zeit war auf Olympiaden (Archonten) aufgebaut. (Ob K. deren Synchronisierung mit den Konsuln versuchte, ist fraglich.) Einfluß auf → Diodor ungewiß. Benutzt von → Varro, → Julius (4) Africanus, → Eusebios u. a. Weitere Werke zur Chronologie, über Thalassokratien u. a. W. Sp.

Frg: FGrHist 250 – *Lit:* V. Costanzi, EI IX, 1931, 382 – O. Regenbogen, RE 20, 2 (1950), 1463 f. – Vgl. zu → Diodoros (2) Siculus.

Kastorion von Soloi, Dichter des Frühhellenismus (→ Hellenist. Dichtung B 5); Fragmente eines Hymnos auf Pan (in Trimetern) erhalten (Ath. 10, 455 A). P. H.

Katabasis, ‹Unterweltsfahrt›. Älteste Erwähnung einer K. Il. 5, 395 (Herakles), älteste Darstellung Od. 11; besondere Bedeutung im Bereich der → Mysterienkulte, der → Orphik und des → Pythagoreismus. Erwähnt wird eine K. von Demeter, Persephone, Antaia, Dionysos, Adonis, Alkestis, Peirithoos, Theseus und Orpheus. Die Nekyia der Odyssee hat häufig zu Nachbildungen angeregt (vgl bes. Vergil, Aen. VI; Dante). G. K.

Katachrēse (*κατάχρησις*, abusio: Quint. inst. 8, 6, 34), den → Tropen zugehörig; Abart sowohl der → Metapher wie der → Metonymie bzw. → Synekdoche. Sie tritt als ‹notwendige Metapher› o. ä. überall da ein, wo ein prägnanter Ausdruck fehlt und daher durch ein sinnbenachbartes Wort ersetzt werden muß, z. B. ‹Handarbeit› für einen handgemachten Gegenstand. → Rhetorik D [1]. H. H.

Lit: Lausberg, I 288–291. 297 f. – Kennedy, Persuasion, 297 f.

Katakomben (*κατὰ κύμβας*, lat. catacumbas = ‹bei der Talsenke›[?], Flurbezeichnung für S. Sebastiano), unterirdische → Coemeterien Roms, aber auch in Neapel, Syrakus, Malta und Tunesien. Einst Wallfahrtsziel (vgl. die Itinerarien), gerieten Roms K. seit dem 10. Jh. in Verfall und bis auf S. Sebastiano in Vergessenheit und wurden erst ab dem 16. Jh. neu entdeckt. Die Erforschung der auf ca. 100 bis 150 km geschätzten Gänge brachte auch jüd. K. (z. B. Villa Torlonia) und solche eines gnostischen (Hypogäum viale Manzoni) bzw. schismatischen Christentums (novatianische K., via Tiburtina) zutage; neueste Funde (1955/1956: K. via Latina; 1960: → Callistgrab K. Calopedi, via Aurelia) zeigen, daß sie noch nicht abgeschlossen ist. Ungeachtet einer geologisch bedingten (Tuffstein) und durch Fusion verschiedener Kerne (z. B. sog. Kallistkatakombe) verursachten Regellosigkeit ist das sog. Rostsystem (Mittelstollen, Seitenarme, die an den Grenzen der area sepulcralis durch 2 zum Mittelstollen parallele Gänge verbunden sind) von dem Zweigsystem (nur ein Hauptstollen mit Abzweigungen, alles weiträumiger) zu unterscheiden. Beide verwenden das Wandgrab (loculus, z. T. als bisomus, trisomus) und das aus der Wand gehauene, ebenerdige Arkosolgrab, das meist zu einem gewölbten Raum (cubiculum) gehört, der auch sepulkralen Riten Raum bot. Wachsende Belegung zwang beim Rostsystem zur Vertiefung der Gänge (stockwerkartige Anbringung der loculi). Die cubicula zeichnet reiche Ausmalung durch Fresko aus, de-

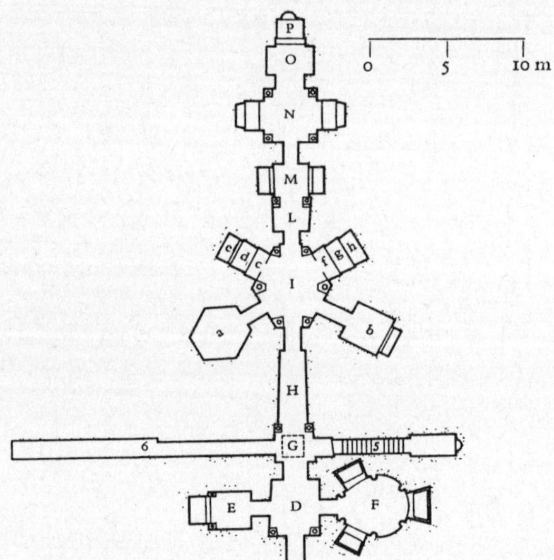

Abb. 116 Katakombenanlagen: Zweigsystem

Katakombe an der Via Latina (nach Ferrua), 1 und 2 Eingang, 3 Querarm, 4 Hauptgang, A B C F Ic L M Cubicula mit christlichen Fresken, E I N mit heidnischen Fresken, O Ia mit heidnischen und christlichen Fresken gemischt.

ren Bilder die Typologie christl. Erlösung, aber auch volksfromme Jenseitsvorstellungen beherrschen; erst später treten die Heiligen hinzu (→Malerei E 2). Das Wandgrab kennt höchstens Marmorepitaph bzw. Depinto mit sepulkralen Daten und Glaubenssymbolen (→Grabinschriften, 2; →Symbolik 3).

[2] Zunächst auf Familiengrüfte wohlhabender Christen (Domitilla, Praetextat, Priscilla) oder einen Beerdigungsverein angewiesen (Aureliorum in Domitilla), hatten die Christen Roms seit 200 n. Chr. einen von Zephyrin (als Grundeigentümer?) an der via Appia erworbenen, für die Armen gedachten Gemeindefriedhof (Regio III S. Callisto); erst seit 236 wurden hier auch Päpste beigesetzt. Schon Ende des 3. Jh.s besaß man mehr als 11 K., wobei der behördlich tolerierte Brauch, Familienbegräbnisse bei Aussterben der gens in private Stiftungen pseudofamiliärer Art umzuwandeln, die etwas unsichere Rechtsbasis bot. In nachkonstantin. Zeit gehörten zu allen Titelkirchen (→Architektur III B 1) der 7 Kirchenregionen an Roms Gräberstraßen K., durch →Coemeterien und Mausoleen sub divo erweitert, da die Märtyrerverehrung die Beisetzung in möglichster Nähe zu Heiligen (retro sanctos) und so die allgemeine Friedhofsbestattung förderte. Der Märtyrerkult hatte allerdings auch Veränderung (Treppen, Lichtschächte, unterirdische Kapellen), ja Zerstörung der K.-Anlagen durch →Coemeterialbasiliken (S. Nereo e Achilleo

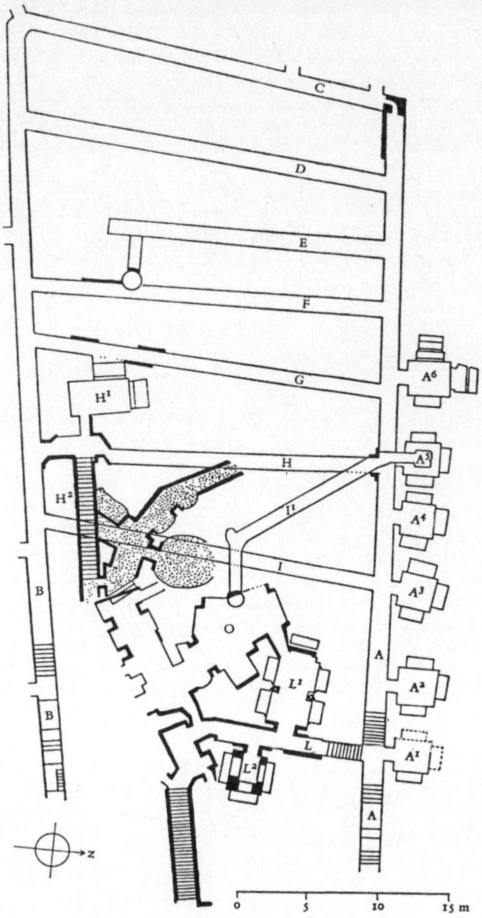

Abb. 117 Katakombenanlagen: Rostsystem

Callistkatakombe: Area I (nach Styger), A B Hauptgänge, C D E F G H I Verbindungswege (I^1 zum Tiefbrunnen), L Gang zur Papstkrypta (L^1), zum sog. Orpheuscubiculum (L^2) und zur Caeciliagruft mit Vestibulum (O). H^1–A^6 sog. Sakramentskapellen.

in Domitilla) zur Folge. Das erschwert heute die für die Frömmigkeitsgeschichte (→Christentum IV) wichtige K-forschung. C. A.

Q: Depositio martyrum, ed. Th. Mommsen, MGAA IX, 1892, 71 – Martyriologium Hieronymianum, ed. H. Delehaye, ASS Nov. II 2, 1931 – Liber pontificalis, ed. L. M. O. Duchesne (1888–92), 1957² – Zu Itinerarien vgl. Testini (s. u.) 38–63 – *Funde:* Roma sotterranea cristiana, hg. von G. B. de Rossi, 1864–77 – Nuova serie, hg. von O. Marucchi, 1909–14; hg. von Pont. Istituto di Archeol. crist., 1936ff. (bisher 3 Bde) – J. Führer-V. Schultze, Altchristl. Grabstätten Siziliens, 1907 – E. Becker, Malta sotterranea, 1913 – H. W. Beyer-H. Lietzmann, Die jüd. K. der Villa Torlonia, 1930 – P. Styger, Die röm. K., 1933 – Ders., Röm. Märtyrergrüfte, 1935 – H. Achelis, Die K. von Neapel, 1936 – D. Mallardo, Ricerche di storia… degli antichi cimeteri di Napoli, 1936 – A. F. Leynaud, Les C. Africaines, 1937 – Vgl. ferner zu →Malerei – *Lit:* P. Styger, Die altchristl. Grabeskunst, 1927 – Ders., Heidnische u. christl. K., in: Pisciculi, Festschr. Dölger, 1939, 266–275 – P. A. Février, Etudes sur les C. romaines, CArch 10, 1949, 1–26; 11, 1950, 1–14 – F. de Visscher, Le régime juridique des… cimetières à Rome, Analecta Bollandiana 69, 1951, 39–54 – A. M. Schneider, Die ältesten Denkmäler der röm. Kirche, Festschrift Ak. d. Wiss. Göttingen II, 1951, 166–195 – P. Testini, Archeol. crist. I, 1958, 92–316 – *Forschungsberichte:* Monographien in: Publicazioni della Società ‹Amici delle C.›, 1933 – Regelmäßige Berichte in Riv. Arch. crist. – C. Barreca, Le C. di Siracusa, 1934 – A. Caterino, Bibliografia sulle C. Napoletana, 1957.

Katalaunen, keltischer Stamm in der heutigen Champagne, mit dem Vorort Durocatalauni (Châlons-sur-Marne). Bei Troyes liegen die *Katalaunischen Felder*, auf denen →Aetius i. J. 451 n. Chr. die →Hunnen unter →Attila in mörderischer Schlacht zum Abzug zwang. L. B.-H.

Lit: s. zu →Kelten, →Aetius.

Katalexe (*κατάληξις*), ‹Abschluß› meist einer Periode (→Klausel) durch ein anderes Metron, zumal durch ein am Ende durch ein Element gekürztes, wie etwa in Daktylen ––|| statt –∪∪ *(da‸)*, in Trochäen –∪–|| *(tro‸)*, in Jamben ∪–– *(ba = ia‸)* usw.; so auch in Anapästen ∪∪–∪∪–∪∪––|| (→Parömiakus = *2an‸*) statt ∪∪–∪∪–|∪∪–∪∪–|, wo 2 brevia, die aber einem longum gleichwertig sind, unterdrückt werden. Sonst heißt Kürzung um 2 Elemente Brachykatalexe, z. B. in Jamben ––|| *(sp)* statt ×–∪– oder Daktylen …–∪∪–| (2*da‸‸*) statt …–∪∪–∪∪. Vgl. →Hyperkatalexe. B. Sn.

Lit: P. Maas, Greek Metre, 1962, § 58.

Kataloge, Aneinanderreihungen gleichartiger Angaben. Seit dem sog. Schiffskatalog in der Ilias (2,484–877) eine dem →Epos eigene Form der aufzählenden Darbietung von Fakten (vgl. auch die genealogischen Angaben Il. 6,152 bis 211; 20,215–240 u. a.). Das erste selbständige Gedicht in K.form sind die dem Hesiod zugeschriebenen →Ehoien (vgl. →Hesiod, B 3). – Bes. beliebt war die K.dichtung in hellenist. Zeit; vgl. die ‹Lyde› des →Antimachos (1), die ‹Ehoien› des →Sosikrates, den Frauenkatalog des →Nikainetos, die ‹Eroten› oder ‹Kaloi› des →Phanokles, die ‹Aitia› des →Kallimachos (3). Die Form des K.s wurde auch von den Geschichtsschreibern übernommen (vgl. Hdt. 3, 90–96; 7,61–99; Thuk. 7,57–58 u. a.). G. K.

Katane, heute Catania, um 729 von →Naxos gegründet, an der O-Küste →Siziliens, am Südfuß des Ätna in bes. fruchtbarer Umgebung (Piana di Catania) gelegen (Kt. 1420 G 10), berühmt durch den Gesetzgeber →Charondas (6. Jh.?). →Hieron I. vertrieb die Einwohner von K. und siedelte 10000 neue Bürger an; Umbenennung in →Aitne; 461 Rückkehr der alten Katanäer, 415 Operationsbasis der Athener, 403 von →Dionysios I. erobert. Ansiedlung kampan. Söldner. 396 bei K. der Seesieg des Mago über →Dionysios I. In der Kaiserzeit röm. Kolonie. Fast keine Reste der griech. Stadt; dagegen ist aus der röm. bes. ein großes Theater mit kleinerem Odeion daneben und ein Amphitheater erhalten. E. M.

Lit: A. Holm, Catania antica, 1925.

Katapult, im weiteren Sinn = →Geschütz (tormentum, *ὄργανον*), im engeren = Pfeilgeschütz, →Euthytonon (Ggs. →Palintonon), mit flacher Schußbahn. Die catapulta hat sich aus dem Bauchspanner, *γαστραφέτης* (≈ Armbrust), scorpio, entwickelt. Ein Metallbogen trieb durch die Sehne den Pfeil auf der Schußrinne nach vorn. Der Metallbogen wurde durch zwei senkrecht stehende Spannsehnenbündel ersetzt, und es entstanden Torsions → Geschütze, die mit Seilwinden und → Flaschenzügen gespannt wurden. W.K.

Q: Vitr. 10, 13–15 – *Lit:* Lammert, RE 10, 2 (1919), 2482–84.

Kataster. Schon in republ. Zeit wurden bei Koloniegründungen Flur- und Grundbücher angelegt, die in der frühen Kaiserzeit, sicher seit → Trajan, gelegentlich auch zu Steuerzwecken benutzt wurden. Ausführlichere K., die der Erhebung der Steuern im ganzen Reich dienen konnten, wurden erst seit der Steuerreform unter → Diokletian eingerichtet. Darin scheint gleichfalls der Wechsel der Vermögensverhältnisse berücksichtigt worden zu sein. Die K. zerfielen in lokale, die die Größe und Qualität (in 2, höchstens 3 Stufen) von Acker- und Weideland und von Weingärten nach iuga registrierten, außerdem die Zahl der Olivenbäume sowie die der Familienmitglieder, Sklaven und Tiere angaben, und provinziale, die die Veranlagung der Vermögenswerte nach iuga und capita enthielten. Weiter gab es die umfassenderen Zentral-K. der Diözesen und Präfekturen und schließlich den zentralen Reichs-K., der nur die Zahl der Steuereinheiten in bestimmter Anordnung auswies. Wegen der in den K.n auf Grund der → iugatio und → capitatio festgestellten iuga und capita sind dieselben im 5. Jh. capitastra genannt worden. Ob das Wort Kataster später daraus entstanden ist, ist nicht sicher. R.Kn.

Katastrophentheorie. Die Vorstellung, daß die Kultur einmal fast völlig durch eine Katastrophe, eine Überflutung oder einen großen Brand zerstört worden sei, geht auf die alten Sagen von → Deukalion und Phaethon zurück und wird in der griech. Philosophie oft aufgenommen. Sie diente zur Beantwortung der Frage, weshalb der Mensch, obwohl der Kosmos ewig besteht, immer noch technologische Fortschritte macht (Plat. Tim. 22C, leg. 3, 677). Aristoteles faßt zuweilen die Mythen als Erinnerungen an ein Wissen, die der Mensch vor einer solchen Katastrophe besessen habe (metaph. 12, 8. 1074 b1). – Die → Stoiker lehrten, daß die Welt in regelmäßigen Abständen von einem großen Weltbrand (→ Ekpyrosis) zerstört werde und sich danach wieder in der alten Gestalt erneuere. D.J.F.

Katavothren (neugriech.), Fels- oder Erdspalten, in denen Flüsse und Seen unterirdisch abfließen. E.M.

Katechetik. [1] Das Verbum κατηχέω, das zunächst u.a. ‹berichten›, ‹unterrichten› bedeutet (vgl. Lk. 1, 4), begegnet im NT bes. im Sinne von ‹Unterweisung im Glauben› (Röm. 2, 18; 1. Kor. 14, 19; Gal. 6, 6; Apg. 18, 25). Paulus unterscheidet dabei den κατηχῶν von dem κατηχούμενος. Von da aus wird κατηχέω Terminus technicus für die Taufunterweisung (2. Clem. 17, 1). Im 2. Jh. bildet sich mit dem Katechumenat auch eine regelrechte K. als Unterricht in den wichtigsten Lehrstücken des christlichen Glaubens aus (vgl. → Tertullian, De baptismo). Im 3. und 4. Jh. entstanden eine Reihe katechetischer Werke (s. u. 2). Bes. wichtig sind Katechesen, die Kyrill von Jerusalem 348 als Presbyter hielt; die letzten fünf Catecheses mystagogicae sind vielleicht Kyrills Nachfolger Johannes zuzuschreiben. Im Abendland hat Augustin in De catechizandis rudibus (ca. 400) grundsätzliche Erwägungen über Aufgabe und Methode der K. angestellt sowie eine längere und eine kürzere Musterkatechese mitgeteilt. Bei ihm hat die Katechese die Form der Erzählung, nicht des Lehrgesprächs. Nachdem zu Anfang des 3. Jh.s die Säuglingstaufe aufgekommen war und sich in der Folgezeit mehr und mehr durchsetzte, kam es zu einem Verfall des alten Taufunterrichts. Doch übernahm später der Erwachsenenunterricht die Aufgaben der früheren K. B.L.

Lit: ThW III 638–640 – RGG III 1175.

[2] *Katechetische Schriften.* Die alte Kirche bediente sich lange eines jüd. Proselytenkatechismus (Zweiwege-Schema: direkt übernommen im Barnabasbrief 18–21 und weiteren Belegen bis 5. Jh.; mit sog. ‹christl. Einschaltung› in der → Didachē 1–6; von den → ‹Apostolischen → Konstitutionen› 7, 1–21 zeitgemäß erweitert). Nur die → Gnosis scheint mit Katechismen des Frage-Antwort-Systems (Clem. Alex., Exc. ex Theod. 78, 1 ff.) Neues geschaffen zu haben; literarische Belege liegen jedoch nicht vor. Literarische Produkte der großkirchl. K. sind seit der Wende 2./3. Jh. Erklärungen zum Vaterunser (→ Tertullian, De oratione; → Origenes, De oratione, vgl. auch → Ambrosius, De sacramentis), zum Glaubenssymbol (Ambrosius, Explanatio symboli; Ps. Augustin, De symbolo ad catechumenos; Kyrill v. Jerusalem, Catech. 6–18, darnach → Rufinus, Commentarius in Symbolum Apostolorum; → Niceta, Explanatio symboli) und der Sakramente (Ambrosius, De mysteriis; Ps. Kyrill, Mystag. Catech. 1–5). Zu dieser Gebrauchsliteratur gehörten ferner die 10 Taufkatechesen des → Chrysostomos; die Katechet. Reden des → Theodoros (10) von Mopsuestia (Nr. 1–10 zum Symbol; Nr. 11 zum Vaterunser; Nr. 12–16 zu den Sakramenten); von → Augustin, De catechizandis rudibus und die sermones 212–215 (PL 38, 1058 ff.), schließlich → Niceta, 6 libelli instructionis. Literarischen Rang verlieh dieser K. erst die, an ‹kirchliche Vorsteher› sich wendende, ‹Oratio catechetica magna› → Gregors (5) v. Nyssa. C.A.

Ed: s. zu den genannten Autoren – A. Minqana, Woodbrook studies 5/6, 1932/3 (für Theodoros) – *Lit:* Monographie fehlt. Vgl. aber P. Lundberg, La typologie baptismale, 1942.

Kategorien. Versteht man unter K. die großen Einteilungen der Realität, kann man schon bei den → Pythagoreern von K. sprechen (Grenze, Unbegrenztes und die 9 anderen Urgegensatzpaare); bei → Platon könnte man die 5 ‹Gattungen› des ‹Sophistes› und die 4 des ‹Philebos› anführen; in der älteren Akademie (→ Xenokrates) die Teilung des Seins in ‹Sein an sich› und ‹relatives Sein›. Eine Theorie der K. besteht aber nur bei → *Aristoteles:* 1. Die *Bedeutung* von κατηγορία als Fachausdruck ist ‹Prädikation›, ‹Prädikat›. – 2. Die ‹Prädikationsformen› oder K. geben eine Einteilung des Seins; die Bedeutungen der Prädikate eines konkreten Subjekts ergeben eine Tafel der höchsten Gattungen, in welche sich die verschiedenen Realitäten einordnen lassen. Diese Tafel hat höchstens zehn Glieder: Substanz, Qualität, Quantität, Relation, Tun, Leiden, Ort, Zeit, Lage, Besitz (die beiden letzten Glieder werden meistens weggelassen). Hauptstück der Theorie ist die Unterscheidung, die zwischen der ersten K., nämlich der Substanz (→ Usia), und den andern getroffen wird: das erste und grundlegende Prädikat eines konkreten Subjekts ist das, welches das *Wesen*, was das Subjekt an sich ist, aussagt. Jedes andere Prädikat bezieht sich auf dieses Subjekt als auf etwas von diesem Prädikat Verschiedenes, kann also nur eine sekundäre Seinsweise angeben: Qualität, Quantität, Relation usw. Daraus folgt, daß die erste K. das Sein im betonten Sinn der Subsistenz definiert, als Inhärenzsubjekt aller andern Seinsweisen. – Die → *Stoiker* haben die K. auf vier reduziert: → Hypokeimenon (materielles Substrat), Qualität, Zustand oder Seinsweise, Relation. S.M.

Lit: K. von Fritz, Der Ursprung der aristotel. K.-Lehre,, Arch. f. Gesch. der Philos. 40, 3, 1931, 449–496 – L. M. De Rijk, The place of the categories of being in Aristotle's philosophy, 1952 – S. Mansion, La doctrine aristotélicienne de la substance et le traité des Catégories, Proceedings of the Xth Intern. Congress of Philosophy (1948), 1949, 1097–1100 – L. Lugarini, Il problema delle categorie in Aristotele, 1955.

Katharmoi, ‹Reinigungsvorschriften› im griech. Kulte. Es gibt ihrer grundsätzlich ebenso viele wie Formen der religiösen → Reinheit, also (1) die für jede Kultbegehung erforderliche Reinheit, wobei viele Kulte nur Waschung und Festkleidung erfordern, andere dagegen auch Enthaltsamkeitsgebote verschiedener Art; (2) die Reinigung von individueller Schuld, bes. Blutschuld; (3) apotropäische Reinigungsmittel, die vorauswirkend gegen Zauber und Einflüsse übelwollender Mächte schützen. – Speziallitertur über K. hat es wohl mehrfach gegeben, uns faßbar sind nur die Reste eines K. genannten Gedichts des → Empedokles (VS 31 B 112–153) und ein Gedichttitel K. unter dem Namen des → Epimenides. O.G.

Lit: L. Moulinier, Le pur et l'impur dans la pensée des Grecs d'Homère à Aristote, 1952.

Katharsis. Als K. bezeichnet Aristoteles in seiner Definition der → Tragödie (poet. 6. 1449 b 27 f.) die Wirkung, die, durch Schauder (Phobos) und Jammer (→ Eleos) hervorgerufen, die Tragödie auf den Zuschauer ausübt. Diese K. ist nicht pädagogisch zu verstehen, also etwa als moralische Läuterung oder ethische Besserung, sondern, ganz im medizinischen Sinn, als Reinigung, Purgierung. Was sie, so verstanden, beseitigt, sind gerade die durch das tragische Geschehen hervorgerufenen Affekte des Schauders und Jammers, bzw. die Leidenschaften, die zu eben diesen Affekten führten. Mit der Purgierung verbunden ist das Gefühl einer befreienden Erleichterung, die der Zuschauer als Lust (*ἡδονή*) empfindet. Diese tragische Lust ist, neben der erkennenden Einsicht in ein Allgemeines (*καθόλου*), das eigentliche Ziel der Tragödie. Vgl. → Eleos (Lit.). E.-R. Sch.

Kathekon (*τὸ καθῆκον*), t. t. der stoischen Ethik, der die ‹Pflichten› bezeichnet, die nicht bloß aus dem Hinblick auf das oberste Ziel des Menschen resultieren, sondern auch aus den partikularen äußeren Umständen, also Alter, Geschlecht, Stand, individuellem Charakter und wechselnden Situationen. Zentral wird der Begriff für die stark römisch orientierte Stoa des → Panaitios und → Hekaton, alte Lebensweisheit und platonische und bes. peripatetische Ethik (die selbst den Begriff K. noch nicht haben) aufnehmend. Das Buch des Panaitios *περὶ τοῦ καθήκοντος* ist von → Cicero (off.) lateinisch bearbeitet und hat dadurch starken Einfluß auf die Entwicklung der europäischen Ethik erlangt. O.G.

Lit: → Stoa, → Panaitios.

Katoptromantie, Spiegelweissagung, der → Hydromantie verwandt (Spart. Did. 7, 10), auch an Quellorakeln geübt (Paus. 7, 2, 12). C.J.C.

Lit: A. Delatte, La catoptromancie grecque et ses dérivés, 1932 – F. Matz, Dionysiake Telete, Abh. Mainz, 1963, 15. 30 ff.

Katreus, Sohn des → Minos und der → Pasiphae, König von Kreta, Vater der → Aërope. Von seinem Sohn Althaimenes irrtümlich getötet (Apollod. 3, 7. 12–16; Diod. 4, 6, 4). K. Schb.

Kaufmann. Nach der Überlieferung (Hdt. 1, 94) ist der Beruf des seßhaften K.s (→ Kapelos) wie das Münzgeld in Lydien entstanden, mit diesem ist er wohl von der griech. Welt übernommen worden. Hier ist in der klass. Zeit eine starke Spezialisierung eingetreten; dem Produzenten, der seine Waren selbst verkaufte (Autopoles), standen die K.s-Berufe des → Emporos und → Naukleros für den Fernhandel, des → Kapelos und des Metaboleus (als Detail-K.) für den lokalen Handel gegenüber. Auch nach Warengruppen trat eine Differenzierung ein, die sich in hellenist. Zeit noch vergrößerte. Die röm. Republik kannte diesen ausgebildeten K.s-Stand nicht; sie übernahm z. T. die griech. Termini (*navicularius*), begnügte sich aber weitgehend mit den Synonyma *mercator* und *negotiator*, worin Fern- und Lokalhandel nicht unterschieden werden. Erst in der röm. Kaiserzeit erreichte der K.s-Stand wieder eine stärkere Spezialisierung; aber gerade im Fernhandel erwuchs aus dem negotiator der unspezialisierte Groß-K. (im Osten Pragmateutes genannt) ohne Begrenzung auf Ware oder Route, Groß- oder Detailhandel, der über einen großen Betriebsapparat verfügte. H. Br.

Lit: J. Hasebroek, Staat und Handel im alten Griechenland, 1928 – E. Ziebarth, Der griech. K. im Altertum, 1934 – M. I. Finkelstein, Ἔμπορος, ναύκληρος and κάπηλος, ClPh 30, 1935, 320–336 – H. Knorringa, Emporos, Data on trade and trader in Greek literature from Homer to Aristotle (1926), 1961.

Kaukasos, das Faltengebirge zwischen Schwarzem und Kaspischem Meer (Kt. 1569 DE 1). Herodot (1, 203) hält ihn für das höchste Gebirge der Welt (Elbrus 5630 m), Aristoteles (meteor. 1, 13. 17) kennt bereits an den Grenzen Indiens den noch höheren Paropamisos (Himalaja). Der K. galt als die Nordgrenze des Perserreiches. R.F.

Kebes, von Theben, nach Platon (Phaid. 61 D ff.) Schüler des Pythagoreers → Philolaos und des → Sokrates; er war beim Tode des Sokrates zugegen (Plat. a. O.; Xen. mem. 1, 2, 48, vgl. Ps. Plat. epist. 363 A). K. soll drei Dialoge verfaßt haben (Diog. Laert. 2, 125), von denen sich einer, ‹Das Gemälde› (*Πίναξ*; das Gespräch geht von einem Gemälde aus), erhalten hat. Der Anlaß der Zuschreibung ist unklar, da der Dialog selbst sich in keiner Weise als Werk des K. gibt und seinem Gehalt nach banale späthellenistische Ethik stoischer Färbung bietet. Einzelnes mag aus älterer, anspruchsvollerer Literatur stammen, doch als Ganzes ist der Pinax eine erstaunlich unbeholfene Nachahmung klassischer Dialogkunst. O.G.

Ed: C. Praechter, BT, 1893 (Cebetis tabula).

Keftiu, ägypt. Bezeichnung für ein fremdes Volk, das mehrmals in Privatgräbern der beginnenden 18. Dynastie dargestellt ist. Tracht und die zugleich dargestellten Gegenstände machen die Gleichsetzung mit *Kretern* sehr wahrscheinlich. W. Hk.

Lit: J. Vercoutter, L'Egypte et le monde égéen préhellénique, 1956.

Kegelschnitte. [1] Die K. scheinen zuerst beim Problem der → Verdoppelung des Würfels aufgetreten zu sein, das → Hippokrates (2) v. Chios in die Aufgabe übersetzt hatte, zu zwei gegebenen Strecken a, b zwei mittlere Proportionale zu finden, d. h. zwei Strecken x, y, für die $a:x = x:y = y:b$ und infolgedessen (1) $x^2 = ay$, (2) $y^2 = bx$, (3) $xy = ab$ gilt. Erfüllen x, y zwei dieser Gleichungen, so erfüllen sie auch die dritte. – Die Griechen werden vermutlich im 4. Jh. v. Chr. beispielsweise (3) etwa so ausgesprochen haben: Sind x, y mittlere Proportionale zwischen a und b, so ist das Rechteck aus x und y dem Rechteck aus a und b flächengleich. Nun kann man aber alle zu ab flächengleichen Rechtecke durch → Flächenanlegung konstruieren, wenn man etwa für x der Reihe nach alle möglichen Strecken wählt. → Abb. 118 deutet die Konstruktion für einen

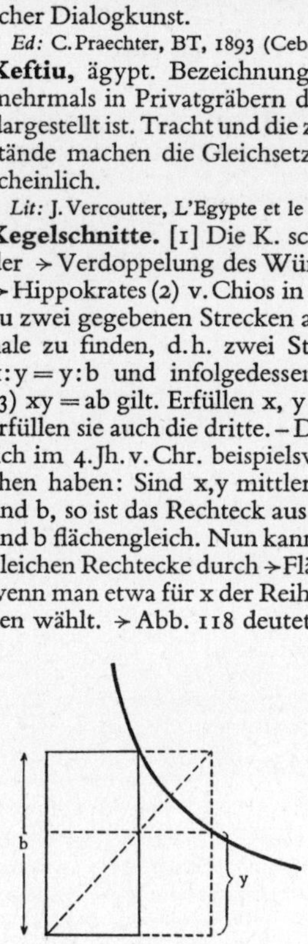

Abb. 118

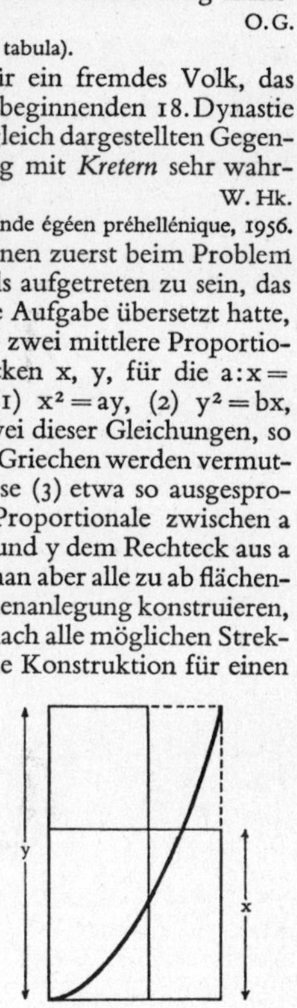

Abb. 119

solchen Wert x an. In ihr ist ferner die Kurve eingetragen, auf der die rechten oberen Ecken aller dieser Rechtecke liegen. Man sagt: die Kurve ist der → geometrische Ort der Punkte, für die (3) – für die Griechen: in geometrischer Formulierung – gilt. – In ähnlicher Weise läßt sich (1) – und ebenso (2) – als geometrischer Ort deuten, der durch Flächenanlegung konstruiert werden kann (→ Abb. 119). → Menaichmos (um 350 v. Chr.) fand x, y als Schnitt dieser beiden Kurven.

[2] → Aristaios (2; kurz vor Euklid) wußte, daß diese Kurven Schnitte des spitzwinkligen (dieser Schnitt tritt bei Menaichmos vielleicht noch nicht auf), rechtwinkligen und stumpfwinkligen Kegels mit einer zur Mantellinie senkrechten Ebene sind (→ Abb. 120). Seine 5 Bücher sowie 4 Bücher von → Euklid über K. sind verloren. Von → Archimedes, der sich auf (diese) ‹Elemente der K.› beruft, wissen wir, daß die Grundeigenschaften der K. zu seiner Zeit be-

kannt waren, darunter als kennzeichnende Eigenschaft (‹Symptom›) der Parabel die Proportion $BD:BF = AD^2:EF^2$ (→ Abb. 121), sowie entsprechende ‹Symptome› für Ellipse und Hyperbel. Archimedes berechnete den Flächeninhalt des Parabelsegments ($^4/_3$ des einbeschriebenen Dreiecks mit der Spitze im Scheitel) und der Ellipse (der Flächeninhalt der Ellipse mit den Hauptachsen a, b verhält sich zu dem des Kreises mit dem Durchmesser d wie $ab:d^2$); der Flächeninhalt der Hyperbel wurde erst zu

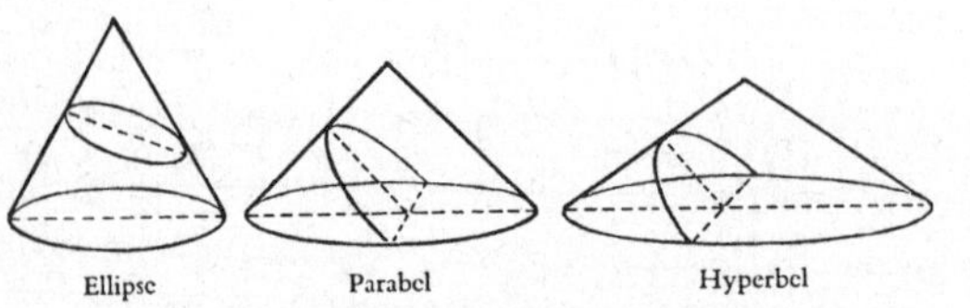

Abb. 120 Schnitte des spitzwinkligen, rechtwinkligen und stumpfwinkligen Kegels

Beginn der Neuzeit mittels der log-Funktion zugänglich. Archimedes bestimmte den Schwerpunkt des Parabelsegments und die Volumina der von den K.n erzeugten Rotationskörper.

[3] Wenig später schrieb → Apollonios (15) v. Perge das klassische Handbuch der Kegelschnittlehre, das bis zur Entwicklung der analytischen Geometrie durch Fermat (ca. 1636) und Descartes (1637) maßgebend geblieben ist. Von seinen 8 Büchern sind 1–4 griechisch, 5–7 auf arabisch erhalten, Buch 8 ist verloren. Apollonios definierte die K. als Schnitte eines beliebigen Kegels und gab ihnen die heute üblichen Namen, weil die ‹Symptome› bei ihm in der folgenden Form erscheinen: *Parabel:* Das Quadrat über der halben Sehne ist gleich dem Rechteck aus dem Abstand vom Scheitel und einer gegebenen Strecke (→ Abb. 122); in moderner Schreibweise $y^2 = ax$ (einfache Flächen-

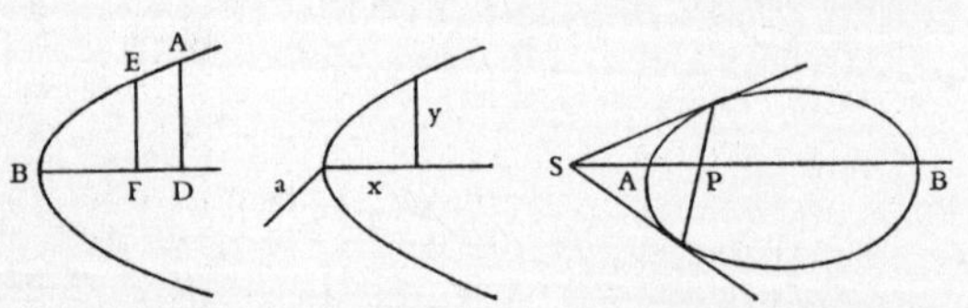

Abb. 121 Abb. 122 Abb. 123

anlegung: παραβολή). *Ellipse:* $y^2 = ax - bx^2$ (Flächenanlegung mit Fehlen: ἔλλειψις). Hyperbel: $y^2 = ax + bx^2$ (Flächenanlegung mit Überschuß: ὑπερβολή). Ferner behandelt Apollonios: Tangenten, Durchmesser, Asymptoten; die Anzahl der Schnitte zweier K.; größte und kleinste Abstände eines Punktes von einem Kegelschnitt, Normalen; ähnliche K. – Einer der schönsten Sätze ist der Satz von Pol und Polare (3, 37): Zieht man durch den Schnittpunkt S zweier Tangenten eines Kegelschnitts eine Gerade, die den Kegelschnitt in zwei Punkten A, B schneidet, so wird die Strecke AB durch S und durch die Verbindungsgerade der Berührungspunkte der beiden Tangenten im gleichen Verhältnis geteilt: $AS:BS = AP:BP$ (→ Abb. 123). H. G.

Lit: H. G. Zeuthen, Kegelsnitlaeren i Oldtiden, 1885, deutsch 1886 (Nachdr. 1963).

Keilschrift, gegen Ende des 4. Jt.s von den → Sumerern erfunden, zunächst eine reine *Bilderschrift,* in der jedem Bild ein Wort entsprach (Ideogramm = Bildzeichen). Da man nicht alles durch Bilder ausdrücken konnte, wurde der Geltungsbereich der Zeichen auf irgendwie zusammenhängende Begriffe erweitert. Die dabei entstehende Mehrdeutigkeit suchte man durch Deutezeichen (Determinative) zu beheben, was aber nur teilweise gelang. Um auch grammatische Zusammenhänge darstellen zu können, löste man die Zeichen von ihren Begriffen und verwendete sie auch für Worte mit gleicher Aussprache, aber anderer Bedeutung. Die Entwicklung zur *Silbenschrift,* durch den Aufbau der sumerischen Sprache erleichtert, in der es viele ähnlich oder gleich klingende einsilbige Wörter gibt, gelangte nicht zum Abschluß, so daß in der Keilschrift Ideogramme und Silbenzeichen stets nebeneinander gebraucht wurden. – Die *äußere Schriftform* ist vom Schriftträger, dem weichen Ton, beeinflußt. Da sich gebogene Linien darin kaum ziehen lassen, zerlegte man sie in gerade. Auch wurde schon früh ein dickerer Rohrgriffel eingeführt, der die typische Keilform der Eindrücke ergab. Die Zeichenformen wurden dadurch immer abstrakter und lassen später nur selten die ursprünglichen Bilder ahnen. Die Zahl der Zeichen ging von anfangs etwa 2000 auf 600 zurück. Da die Wortzeichen z. T. beibehalten wurden, sind fast alle K.zeichen mehrdeutig; der jeweilige Wert muß aus dem Zusammenhang erschlossen werden. Trotz diesem verwickelten Aufbau wurde die K. im Vorderen Orient weithin übernommen, vor allem von den → Akkadern, aber auch von vielen Völkern Syriens und Kleinasiens. Am weitesten war sie im 14. Jh. verbreitet, als sogar die Ägypter sie im Auslandsverkehr benützten (Tafeln von → Tell el-Amarna). Im Laufe des 1. Jt.s v. Chr. wurde sie langsam durch die aramäische Konsonantenschrift verdrängt und schließlich nur noch vereinzelt bis ins 1. Jh. n. Chr. verwendet. H. Hg.

Kekrops, erster att. König, ‹Autochthon›, schlangenfüßig gedacht. Stifter einer Dodekapolis (Philochoros FGrHist 382 F 94) und Kulturschöpfer. Nach einigen Autoren Schiedsrichter beim Wettstreit von → Athene und → Poseidon um Attika. Von Agraulos Vater der Herse, Aglauros und Pandrosos (→ Erichthonios).

Darstellungen: mehrfach auf att. Vasen der 2. H. des 5. Jh.s und einer kyziken. Münze. Auf diesen Denkmälern schlangenbeinig gebildet, auf einigen wenige Jahrzehnte älteren Vasen beim Raub → Oreithyias aber als menschlicher König. Gleiche Bildung bei einer Figur im Parthenonwestgiebel, die wohl auf K. zu deuten ist. Statuen des K. in Delphi und auf der Agora in Athen (Paus. 10, 10, 1; 1, 5, 1). – *Lit. dazu:* F. Brommer, in: Charites, Festschr. E. Langlotz, 1957, 157f. – G. Becatti, Cecrope, EAA II, 1959, 450f. K. Schb.

Kelainai, Stadt in Phrygien (Kt. 1920a B 2). Genaue Lage unklar. Nach Livius einst Hauptstadt Phrygiens. Wichtige Station auf dem Zuge → Kyros (3) d. J. (Xen. an. 1, 2, 7ff.). → Antiochos I. Soter verpflanzte die Einwohner nach Apameia, worauf K. verfiel. Die Sage von Apollon und Marsyas wurde in K. lokalisiert. Heute Dinar Civarında. R. F.

Lit: W. M. Ramsay, Cities and bishopr. of Phrygia I, 1895, 435.

Kelaino (Dunkelheit), eine der → Harpyien; bei Verg. Aen. 3, 211. 245 deren Sprecherin.

Keleos, König von Eleusis, Gatte der Metaneira. Nahm → Demeter in sein Haus auf, ohne sie zu erkennen. Die Göttin wollte nachts den ihr anvertrauten Sohn des K., Demophon, im Feuerbrand unsterblich machen. Von der Mutter, die sie überrascht, mißverstanden, verläßt sie zürnend das Haus. Sie befiehlt, ihr einen Tempel zu bauen und Feiern abzuhalten, und lehrt K. und andere eleusinische Fürsten nach der Einweihung die Mysterien (Hom. hymn. Demeter). K. Schb.

Kelten

A. Name, Frühgeschichte – B. Keltenwanderungen – C. Spätzeit – D. Kultur, Religion – E. Kunst.

A. Name, Frühgeschichte. Die K. gehören zur Kentumgruppe der → Indogermanen, griech. Keltoi, Galatoi, lat. Celtae, Galli, welche Bezeichnungen aus dem K.ischen stammen (bedeutend etwa ‹die Tapferen, Erhabenen›) und alle dasselbe Volkstum meinen. Das Fehlen sprachlicher Zeugnisse aus vorröm. Zeit erschwert die heftige Diskussion um die Herkunft der K. und läßt den urgeschichtlichen Wert der Unterscheidung von angeblich älteren Q-Kelten (equos = Pferd), den sog. Goidelen, und jüngeren P-Kelten (epos = Pferd) problematisch erscheinen. Eine extrem weit zurückgreifende Auffassung sieht bereits in den Trägern der bronzezeitlichen Kulturen Südwestdeutschlands, der Schweiz und Ostfrankreichs K., eine extrem gegenteilige beschränkt die Ausbildung des kelt. Volkstums auf die späte → Hallstatt- und die früheste La-Tène-Kultur des Champagne-Saar-Mosel-Mittelrheingebietes. Mit einiger Wahrscheinlichkeit bildete sich aber auch im erstgenannten Bereich zur Zeit der sog. nordwestalpinen Hallstattkultur das keltische Volk heraus. Dieser Kulturkreis ist gekennzeichnet durch Adelsgräber mit vierrädrigem Totenwagen, reichem Goldschmuck und griechischem und etrusk. Import (→ Grächwil, → Vix). Auf ihn läßt sich die Nachricht des → Hekataios (3) v. Milet (Fr. 55) am ehesten beziehen, nach der das Land der → Ligurer an die Keltikē angrenze. Etwas später weiß → Herodot (2, 33; 4, 49), daß die Donau im Lande der K. entspringt. Mit dem 5. Jh., in der Früh-La-Tène-Zeit, verlagert sich die Fürstengrabsitte in den Champagne-Mittelrheinkreis. Hier erlebt die frühe kelt. Kunst (s. u. E 2) ihre Blüte, hier liegt die dichteste Streuung des südl. Importes im 5./4. Jh. und findet das typisch kelt. Streitwagenkriegertum deutlichsten Niederschlag (Gräber mit zweirädrigem Streitwagen bei Somme-Bionne, La Gorge-Meillet, Waldalgesheim, Kärlich u. v. a.

B. Die Keltenwanderungen. [1] *Ursache* und primäre *Aufbruchgebiete* sind nicht bekannt. Letztere möchte man im Champagne-Mittelrheingebiet als einem bes. kelt. Kraftzentrum suchen. Ein german. Druck aus dem N kann höchstens vermutet werden. Livius gibt in seinem legendenhaften Bericht (5, 34) als Grund Übervölkerung an.

[2] *Die K. im Westen.* Die nach *Italien* eingebrochenen K. plündern nach dem Sieg an der Allia 387 v. Chr. unter → Brennus → Rom (I B 4), ziehen jedoch nach vergeblicher Belagerung des Kapitols, das nach der Legende durch die heiligen Gänse der → Juno gerettet wurde, wieder ab. Zur Ansiedlung kommt es in Oberitalien und an der Adria. → Mediolanum wird Hauptstadt der kelt. → Insubrer, → Bergomum und → Verona gelten als Gründungen der Cenomanen (→ Aulerker), das etrusk. Felsina wird zum kelt. → Bononia der → Boier. An der Adria siedeln bes. die → Senonen. Mit dem röm. Sieg bei → Sentinum (293 v. Chr.) beginnt der Rückgang der kelt. Macht. An die Siege über die Senonen erinnert der Name der röm. Bürgerkolonie → Sena Gallica (Senigallia) und der ‹Ager Gallicus› genannte Küstenstreifen zwischen → Ancona und → Ariminum. 222 wird Mediolanum römisch, und um 150 reicht nach Polyb. 2, 35 der röm. Staat bis zu den Alpen (→ Gallia cisalpina). – Die Meinungen über die Ankunft erster kelt. Gruppen in *Spanien* und auf den *britischen Inseln* gehen entsprechend den verschiedenen Auffassungen über die Ausbildung der K. weit auseinander. Entscheidend waren wohl auch hier die Wanderungen der La-Tène-Zeit. Sie führen zur weitgehenden Keltisierung großer Teile Galliens und im Nordosten des spanischen Hochlandes zur Mischkultur der → Keltiberer. Die britischen Inseln wurden, durch wiederholte Zuwanderungen vom Festland gestärkt, zu überdauernden Außenposten des Keltentums. Im Irischen, Schottisch-Gälischen und im Bretonischen (hervorgegangen aus der Sprache kelt. Briten, die im Frühmittelalter vor den Sachsen aufs Festland geflüchtet sind) lebt die kelt. Sprache bis heute fort.

[3] *Die K. im Osten.* Über Böhmen (→ Boier), Mähren, Ungarn gelangen kelt. Wellen im 4. Jh. v. Chr. bis nach Siebenbürgen, andere über → Noricum bis nach Dalmatien, wo u. a. das kelt.-illyr. Mischvolk der Japoden entsteht. Wohl durch neue Zuflüsse aus dem W ausgelöst, kommt es zu den östl. K.zügen des 3. Jh.s. Nach dem Tode von König → Lysimachos v. Makedonien (281 v. Chr.) stoßen K. i. J. 279, wiederum unter einem Brennus, bis nach → Delphi vor, doch bewahren die zu Hilfe kommenden → Phokier und → Aetolier das Heiligtum vor der Plünderung und zwingen die K. zur Umkehr (Polyb. 9, 30 u. a.). Teile der nach N abziehenden K. gründen Singidunum (Belgrad), das zum Vorort der Skordisker wird, andere gründen in Thrakien das bis 212 v. Chr. bestehende Reich von Tylis bei Adrianopolis, dessen Einflüsse bis in die südrussische Ebene ausstrahlen und zur Entstehung einer kelto-skyth. Mischkultur beitragen. Eine weitere Gruppe, im → bithynischen Erbfolgekrieg von kleinasiatischen Dynasten über den Bosporus gerufen, wird 275 oder 274 von → Antiochos I. Soter mit Hilfe des Einsatzes von Elefanten (Elefantenschlacht) geschlagen und in der phryg. Hochebene zu beiden Seiten des → Halysbogens angesiedelt. → Attalos I. von → Pergamon und einer seiner Nachfolger stellen nach Siegen über dieses nunmehr → Galatia genannte K.gebiet Weihgeschenke auf, von denen einige eindrückliche K.darstellungen in röm. Kopien erhalten sind.

C. Die Spätzeit. Im 1. Jh. v. Chr. gewinnt die sog. Oppidazivilisation an der zuvor überwiegend kriegerisch-bäuerisch bestimmten mitteleuropäischen kelt. Welt wesentlichen Anteil. Von Maiden Castle (Dorset, England), → Gergovia u. v. a. im W über Manching in Bayern, Stradonitz in Böhmen bis Velem St. Vid in Ungarn entstehen vielfach mit ‹murus Gallicus› (→ Avaricum) befestigte Siedlungszentren, die bes. in → Gallien stadtähnlichen Charakter annehmen können. Die Defensivsituation gegen → Germanen und → Daker sowie bes. die Beeinflussung durch die mittelmeerische Stadtkultur und die der kriegerischen Eroberung vorangehende handelspolitische Durchdringung durch Rom haben zur Ausbildung der Oppida beigetragen. Über die innergallischen Stammesfehden der Jahrzehnte nach 100 v. Chr. und das Ende der kelt. Freiheit in Gallien mit dem Fall → Alesias 52 v. Chr. berichtet → Caesar im Bellum Gallicum. Mit der Eroberung von → Noricum, Vindelicien und → Pannonien gerieten zwischen 16 und 10 v. Chr. die letzten selbständigen K.länder des Festlandes unter Rom. – Die K. haben nie *einen* Staat oder einen zusammengefaßten Stammesbund gebildet. Eine Ursache sieht man in einem spezifisch kelt. Weltgefühl der Selbstverschwendung und der Ablehnung jeder vernunftmäßigen Ordnung, von denen die Schlachtberichte der Schriftsteller (z. B. Liv. 22, 46, 6 – Polyb. 3, 114) und die kelt. Kunst (s. u.) einiges erahnen lassen. L. B.-H.

Lit: F. Staehelin, Gesch. d. kleinasiat. Galater (1897), 1907² – J. Werner, Die Bedeutung des Städtewesens für die Kulturentwicklung des frühen K.tums, WG 5, 1939, 380–390 – H. Hubert, Les Celtes et l'expansion celtique jusqu'à l'époque de La Tène (1932), 1950² – Ders., Les Celtes depuis l'époque de La Tène et la civilisation celtique (1932), 1950² – H. G. Wackernagel, Das Ausscheiden der K. aus der Weltgesch., in: Altes Volkstum der Schweiz, 1956, 117–135 – R. Pittioni, Zum Herkunftsgebiet der K., SB Wien 233, 3, 1959 – P. Lambrechts, Gesch. des Westkeltentums u. der Iberer, in: W.-D. v. Barloewen (Hg.), Abriß der Gesch. antiker Randkulturen, 1961 – J. Moreau, Die Welt der K. (1958), 1961³ – C. F. C. Hawkes, The Celts (Report on the study of their culture and their Mediterranean relations, 1942–1962), VIII³ Congr. Intern. d'Archéologie Classique Paris 1963, Rapports et Communications, 1963, 3–23.

D. Kultur, Religion. Die K. hatten bei ihrem Eintritt in die Geschichte eine ausgeprägte Feudalaristokratie, die das in älterer Zeit offenbar bedeutende Stammeskönigtum in steigendem Maße zurückdrängte. Diese Aristokratie war weiträumig und über alle Stammesgrenzen hinweg versippt, aber auch innerhalb der einzelnen Stämme zerstritten und oft verfeindet. Ihre wirtschaftliche Basis war ausgedehnter Grundbesitz, in manchen Fällen auch Anteil an Zöllen und Steuern, dazu kam die Münzprägung großer Herren wie Orgetorix, Dumnorix, → Vercingetorix u. a. Ihre politische Macht beruhte auf der zahlreichen und in vielfachen Abstufungen abhängigen Klientel, deren Gewicht bes. in der Geschichte des Orgetorix hervortritt (Caesar Gall. 1, 4), ihre Hauptbeschäftigungen waren Krieg und Jagd. Diese Gesellschaftsordnung ist archäologisch deutlich zu erschließen aus Burgen (→ Heuneburg) und offensichtlich zugehörigen ‹Fürstengräbern› zwischen mittlerer Loire und oberer Donau in der späten → Hallstattzeit, hatte aber offenbar ältere Wurzeln; sie wurde von dem Ende der Burgen (5. Jh. v. Chr.) nicht wesentlich verändert, als man dann in kleinen Weilern und Einzelhöfen wohnte. – Die Aristokratie war in den seit dem 2. Jh. v. Chr. aufkommenden stadtartigen, befestigten oppida (Beschreibungen bei Caesar), in denen die industrielle Fertigung konzentriert war, aber auch Münzen geprägt wurden, nicht oder nur ausnahmsweise ansässig; gleichwohl besaßen diese Siedlungen Selbstverwaltung offensichtlich allenfalls in Ansätzen. Neben und teilweise über der Aristokratie standen die Druiden, Priester und Erzieher zugleich; ihr gewähltes Oberhaupt schlichtete auch politische Streitigkeiten (dieser Bedeutung wegen sind Tiberius und Claudius energisch gegen die Druiden eingeschritten). Sie lehrten u.a. die Seelenwanderung, ihre Lehre erfolgte ausschließlich mündlich; schriftliche Fixierung war verboten, so daß wir die kelt. Religion nur aus den von griech.-röm. Schriftstellern überlieferten Nachrichten, aus den Denkmälern und Inschriften sowie aus dem Nachklang in der irischen Sage kennen. Der idg. Götterhimmel, der vorausgesetzt werden darf, ist in den Quellen in zahllose Lokalgötter aufgesplittert, deren Funktionen sich oft überschneiden; Caesar spricht von fünf Hauptgöttern. Der Gottesdienst fand unter freiem Himmel statt, in Süddeutschland in ‹Viereckschanzen› oder in viereckigen bzw. polygonalen hölzernen Umgangstempeln, die in röm. Zeit vielfach durch Steinbauten gleicher Art ersetzt wurden. Götterbilder aus Holz sind bezeugt, einzelne rohe Steinbildnisse aus Südwestdeutschland bekannt (das älteste der ‹Kouros› von Hirschlanden b. Stuttgart; vgl. Germania 42, 1964). Daneben vielfach Verehrung heiliger Tiere: Hirsch, Eber (auch häufiges Feldzeichen), Stier u.a., auch in Votivstatuetten belegt. Außer den ‹Tempeln› gab es zahlreiche Quell- und Bergheiligtümer. F.F.

Lit: T. G. E. Powell, The Celts, 1958 – J. de Vries, Keltische Religion, 1961.

E. Kunst. [1] Die kelt. Kunst, auch La-Tène-Kunst, wird greifbar im 5. Jh. v. Chr. Sie ist die schöpferische Reaktion der kelt. Stämme auf die Begegnung mit dem etrusk. und griech. Kunstgewerbe. Ihre bedeutendsten und eigenwilligsten Leistungen liegen im Bereich des metallbearbeitenden Kunsthandwerkes und in der Emaillierkunst, in der Ausgestaltung von Gebrauchs- und Schmuckgegenständen wie Kannen, Wagen- und Waffenbestandteilen, Halsringen (Torques), Armringen, Fibeln, Beschlagblechen u.a. Der Ort der Entstehung der kelt. Kunst ist nicht zu ermitteln, zumal schon zur Zeit der späten → Hallstattkultur mit wandernden Kunsthandwerkern zu rechnen ist; solche mögen im etrusk. Bereich Erfahrungen gesammelt und zur Entstehung der kelt. Kunst beigetragen haben. Für ihren Aufstieg zweifellos entscheidende Auftraggeber waren die kelt. Fürsten des Champagne-Saar-Mosel-Mittelrheingebietes, in deren Gräbern seit etwa 450 v. Chr. reicher südl. Import (etrusk. → Schnabelkannen und → Stamnoi, att.-rotfig. → Vasen) und die besten Erzeugnisse der kelt. Goldschmiedekunst auftreten (z.B. Gräber in Somme-Bionne, Reinheim, Dürkheim, Weißkirchen, Rodenbach, Klein-Aspergle, Waldalgesheim u.a.). Das reichste Ensemble von Goldschmuck der La-Tène-Zeit ist ein beim heutigen Erstfeld (Kt. Uri) im 4. Jh. v. Chr. niedergelegtes Weihe- oder Händlerdepot, gefunden 1962 (unpubliziert). In der kelt. Kunst bietet sich das irrational gespannte, magische Verhältnis des K. zur Welt am sinnfälligsten dar. Wohl ist der kelt. Zierstil angeregt durch die klassische → Palmetten- und → Rankenornamentik, aber diese wird ihres maßvoll pflanzlichen Charakters (→ Ornament B) entkleidet und umgesetzt in schwellende Formen und grenzenlos verfließende Kompositionen von sog. Fischblasen, Schwellbändern, Nieren, Pelten, Leiern u.a. Die kelt. Ornamentik zeigt eine Steigerung des rein Organischen und einen Dynamismus um seiner selbst willen, die gewiß ein Ausdruck sind jenes verströmenden, labilen und widerspruchsvollen Weltgefühls, das schon den Alten an den K. aufgefallen ist.

[2] Die *Stufen des frühkelt. Zierstils* nach Jacobsthal und Schefold: 1. *Früher Stil*, von etwa 450 bis nach 350 v. Chr. mit (a) Strenger Phase (z. B. Goldbeschlag von Klein-Aspergle), (b) Reicher Phase (z.B. Halsring von Besseringen), (c) Kontraststufe (z.B. Kannen von Basse-Yutz bzw. Bouzonville). – 2. *Reifer Stil* oder Waldalgesheimstil (nach dem Goldschmuck aus dem Fürstengrab von Waldalgesheim, Rheinpfalz) bis nach 300 v. Chr. – 3. Der *späte Stil* erscheint in den Ausprägungen des sog. Plastischen Stils und des sog. Ungarischen Schwertstils (benannt nach einem bes. in Ungarn vorkommenden Verzierungsstil von Schwertscheiden). Der frühe Stil ist in seinem Gesamtcharakter additiv, er erfährt aber in den drei Phasen einen Wandel, der offensichtlich dem griech. Stilwandel von Strengem Stil/Hochklassik (a) zum Reichen Stil (b) und Schlichten Stil (c) entspricht. Die Elemente der klass. → Palmette werden bereits auf dieser Stufe ins Fischblasenhafte umgewandelt. Übereinstimmungen mit Skythischem und Persischem zeigen sich bes. in zoomorphen Motiven, ohne daß die Beziehungen bislang befriedigend erklärt werden konnten. Echt keltisch empfunden sind anthropomorphe Masken (sog. têtes coupées), die in allen Stilstufen erscheinen. Der reife Stil übernimmt aus der ital. Spätklassik die Wellenranke und integriert sie dem Erbe der älteren Stufe. Das Ergebnis ist die vollendete keltische Formensprache, deren Rankentypen in jede Paßform beliebig verschoben werden können. Der späte Stil steht analog zum Hellenismus im Zeichen einer Barockisierung. Reifer Stil und bes. später Stil finden entsprechend den kelt. Wanderungen (s. o. B) weiteste Verbreitung.

[3] *Figürliche Großplastik* und *Steinarchitektur* erlangen seit dem 3. Jh. bes. in der südgall. Kontaktzone zur Mittelmeerwelt einige Bedeutung (Porticus von Roquepertuse, von Nages u.a.). Wenige steinerne Stelen im Mittelrheingebiet (z. B. Pfalzfeld) stehen vereinzelt da, doch ist es recht wahrscheinlich, daß solche aus Holz verbreitet waren. Bei einigen figürlichen Darstellungen (z.B. Weihefunde von Neuvy-en-Sullias, Kessel von Gundestrup) schwanken die Datierungen vom 3. Jh. v. Chr. bis tief in die röm. Zeit. Auf den seit dem 2. Jh. v. Chr. auftretenden keltischen *Münzen* werden die Motive der griechischen und römischen Vorbilder bis zur völlig verwilderten, aber vielfach höchst ausdrucksstarken Kompositionslosigkeit aufgelöst. – Die röm. Herrschaft vermochte das kelt. *Formgefühl* nicht auszulöschen; Impulse aus Britannien, wo in den beiden Jh.en um Chr. Geb. eine spezifische La-Tène-Kunst in Blüte stand, bewirken im 2. Jh. n. Chr. im nordalpinen Kunsthandwerk, bes. im Durchbruchstil der provinzialröm. Bronzebeschläge, eine bis in die Spätantike anhaltende Renaissance der La-Tène-Formen. In der irischen Kunst, bes. der Buchmalerei, des frühen Mittelalters, kommt kelt. Formgefühl erneut zum Durchbruch, allerdings in einer charakteristischen Mischung mit Elementen des german. Flechtband- und Tierstils. L.B.-H.

Lit: W.A. von Jenny, Kelt. Metallarbeiten aus heidnischer und christl. Zeit, 1935 – P. Jacobsthal, Early Celtic Art, 2 Bde, 1944 – K. Schefold, Die Stilgesch. der frühen kelt. Kunst, Praehist. Ztschr. 33/34, 1949/50, 11–17 – P. Lambrechts, L'exaltation de la tête dans la pensée et dans l'art des Celtes, 1954 – L. Lengyel, L'art gaulois dans les médailles, 1954 – A. Varagnac, L'art gaulois, 1956 – W. Holmqvist, Keltisch, römisch und germanisch, Atti del VI Congr. Intern. delle Scienze Preistoriche e Protostoriche I, 1962, 329–359 – Siehe auch zu → Gallien.

Keltiberer, antiker Name für die Volksstämme der Hochfläche im Zentrum → Spaniens (Meseta, Kt. 2849). Die indogerman. Sprache dieser → Kelten ist durch Inschriften bekannt. Sie unterteilten sich in zwei Gruppen: Ostkelten (Arevaker, Beller und Titen und die eigentlichen K.) und die Westkelten (Vaceer). Starke verwandtschaftliche Beziehungen bestanden zu den Lusitanern. Gegen Rom leisteten sie in drei längeren Kriegen ausdauernden Widerstand, der erst mit der Zerstörung → Numantias, 133 v. Chr., gebrochen wurde. Obwohl eigentlich Hirtenvölker, hatten sie auch einige größere Städte wie Termantia, Numantia, Lancia etc. J. M. d. M.

Lit: A. Schulten, Numantia I, 1914 – Fontes Hispaniae Antiquae II–VI – P. Bosch, Etnologia de la Península Iberica, 1932 – J. Caro Baroja, Los pueblos de España, 1950.

Kenotaph, leere Gräber, die in Ägypten nur für den Totenkult angelegt wurden. Diese Sitte ist seit dem Mittleren Reich besonders in → Abydos belegt, wo die Toten an den sog. → Osiris-Mysterien teilnehmen wollten. Im K. hielt sich der → Ka des Toten auf. W. Hk.

Kentauren (Name ungeklärt), Mischwesen aus Mensch und Pferd, im thessal. Gebirge (und auf der Peloponnes) beheimatet, Nachkommen von → Ixion und Nephele (später, nach rationalisierender Version, von deren Sohn ‹Kentauros› und Stuten), daher, mit Ausnahme von → Chiron und → Pholos, die eine andere Genealogie haben, wild und lüstern (vgl. noch → Eurytion und → Nessos): als Pholos den → Herakles mit Wein bewirtet, dringen sie ein und beginnen einen hitzigen Kampf mit Herakles, von dem sie aber getötet oder vertrieben werden. Mit den → Lapithen geraten sie, zu der Hochzeit des → Peirithoos als Nachbarn (und Verwandte) eingeladen, in lange, erbitterte Fehde, weil sie sich an ihren Frauen, bes. der Braut, Hippodameia, vergreifen wollen; auch hier werden sie geschlagen, u. a. mit Hilfe des → Theseus und des → Nestor.

Lit: Preller-Robert II 1, 4ff. – *Darstellungen:* Die ersten K.bilder reichen ins 8. Jh. hinauf (AM 55, 1930, Beil. 38f.; dazu sich ständig mehrende geometrische Vasen). Es gibt 3 Typen: (1) Mann mit angefügtem Rumpf und Hinterteil eines Rosses; (2) Pferdekörper mit Oberkörper eines Menschen; (3) wie (1), aber der Mann hat Pferdehufe. (1) findet sich fast nur in der Frühzeit, später noch für → Cheiron und → Pholos, die ‹menschlichen› K. (3) ist auf Randgebiete der griech. Kunst (Jonien, Etrurien) beschränkt. Pferdemenschen können in der Frühzeit auch Typhon und Medusa darstellen (Schefold, FS, Abb. 4, Taf. 15b). Geflügelte und gehörnte K. sind selten, erstere nur in der frühen Zeit nachweisbar. See-K. sind erst hellenistisch, häufig auf Meerwesensarkophagen (Rumpf, SR V, zur Bedeutung vgl. Schefold, VP, 108f.). – *Chiron* wird oft als Jäger (Beazley, BAntBeschav 14, 1939, 6f.; CVA Heidelberg 1, Taf. 37, 6) oder mit dem jungen → Achilleus als dessen Erzieher (Johansen, in: Dragma Nilsson, 1939, 181–205; Brommer, Vasenlisten zur griech. Heldensage, 1960², 249f.; Sichtermann, RM 64, 1957, 98–110) wiedergegeben. – *Pholos* und → *Nessos* sind Lieblingsgestalten der archaischen Vasenmalerei (Brommer 119–123. 135–138). – *Der Kampf der Lapithen und K.* bes. wichtiges Thema der Architekturplastik (Olympia; Parthenon; Phigalia). Oft wählten die Künstler nur den Tod des *Kaineus* als Bildmotiv aus, so schon auf einem Bronzerelief des 3. Viertels des 7. Jh.s (1. Olympiabericht, 1937, Taf. 28) und auf Vasen (Herbig, AM 66, 1941, 96–100; Schauenburg, AA 1962, 745–776 – Ders., Centauri, EAA II, 1959, 468–472). K. Schb.

Keos (Kt. 1152 E 5), eine der westl. → Kykladen, deren Bedeutung in vorgeschichtlicher Zeit durch Ausgrabungen auf der Halbinsel Hagia Irini im NW gerade in letzter Zeit hervortritt: frühkykladische Siedlung und Nekropole, Hausreste der mittleren und späteren Bronzezeit; große myk. Tonfiguren (SH II). W. Schg.

Lit: K. Scholes, The Cyclades in the later Bronze Age, BSA 51, 1956, 11 – J. L. Caskey, Excavations in Keos 1960–61, Hesperia 31, 1962, 263–283 – E. Vanderpool, News Letter from Greece, AJA 68, 1964, 293f. – J. L. Caskey, Investigations at K., 1963, Hesperia 33, 1964, 314–335.

Kephalas, Konstantinos, hoher byzantin. Geistlicher (Protopapa) unter Leo dem Weisen (886–911), vereinigte die ihm bekannten Florilegien antiker Epigrammdichtung in einer großen Sammlung. Sie umfaßt die Bücher 4–7, 9 und 10–12 der heutigen Anthologia Palatina, deren Redaktor das (verlorene) Werk des K. erweiterte. H. E.

Kephalion, Rhetor unter Hadrian, Verfasser eines Werkes ‹Musen› (9 Bücher) in ion. Dialekt, von Ninos und Semiramis bis → Alexander d. Gr. (vgl. Bion: FGrHist 89); keine ernsthafte Geschichte. Benutzer: → Eusebios, Byzantiner. W. Sp.

Frg: FGrHist 93 – *Lit:* F. Jacoby, RE 11 (1922), 191f.

Kephallenia, größte der → Ion. Inseln vor der W-Küste der → Peloponnes (Kt. 1152 B 4/5); antike Städte: Same, Pronnoi, Pale, Krane. 456 durch → Tolmides Athen unterworfen, im → Pelop. Krieg auf seiten Athens, 421 Ansiedlung von Messeniern in Krane. E. M.

Lit: Philippson-Kirsten II 503–527.

Kephalos, Sohn des Phokerkönigs Deion (oder des Hermes, von Herse, oder des → Pandion). Von Eos geliebt und geraubt, von ihr Vater des → Phaethon. Berühmter seine Verbindung mit der Erechtheustochter Prokris. Um die Treue seiner Frau zu prüfen, geht er 8 Jahre fort. Zurückgekehrt, wirbt er verkleidet mit Geschenken um Prokris, die sich ihm schließlich ergibt, worauf er sich zu erkennen gibt. Wieder versöhnt, geht K. oft zur Jagd, so daß Prokris nun ihm mißtraut. Als sie ihn belauscht, hört sie ihn nach Aura (Abendwind) rufen. Im Glauben, dies sei eine Geliebte, läuft sie auf ihn zu, wird aber von K., der im Gebüsch ein Wild zu vernehmen glaubt, durch Speerwurf getötet (Ov. met. 7, 690ff.). In anderen Versionen spielt der unentrinnbare Hund Lailaps neben dem unfehlbaren Speer eine Rolle, Gaben des → Minos, für eine Heilung, oder der Artemis an Prokris und ihr Bestechungsmittel für die Untreue, die diesmal K. mit der unerkannten Prokris begeht (Hyg. fab. 189). K. wird vom Areopag für die Tötung der Prokris verurteilt, geht außer Landes, zieht mit → Amphitryon gegen die Taphier und wird Eponym der Kephallenia.

Darstellungen: Raub des K. s. zu → Eos. Tod der Prokris auf einem Londoner Krater (Beazley, ARV¹ 390, 4). Versöhnung von K. und Prokris auf einer Schale in Enserune (Beazley, ARV¹ 881, 33). K. und Artemis auf einem böot. Skyphos in Tübingen (C. Watzinger, Vasensammlung T., 1924, Taf. 41 F2) – *Lit:* G. Cressedi, Cefalo, EAA II, 1959, 451f. K. Schb.

Kepheus, König von Tegea, mit seinen 20 Söhnen von → Herakles zur Teilnahme am Krieg gegen die Hippokoontiden überredet, in dem sie alle fallen.

Kephisodoros (aus → Kephisodotos verschrieben?), nach Plin. nat. 34, 74 der Bildhauer einer bewundernswerten Statue der Athena Soteira aus dem Disoterion im Piräus (?). Diese Statue wollte man auf einem darauf bezüglichen Urkundenrelief v. J. 325–324 und in einer Marmorreplik des Konservatorenpalastes wiedererkennen. Die eherne, 1959 im Piräus gefundene Athena könnte die des K. sein. E. Bg.

Lit: Brunn-Bruckmann, 553 – D. Mustilli, Museo Mussolini, 1939, 93, Nr. 17 Taf. 54f. – G. Carettoni, EAA IV, 1961, 340.

2. **K. von Theben,** Historiker, Zeitgenosse des → Antipater (1), Verfasser einer Monographie über den → ‹Heiligen Krieg› (356/346), kaum identisch mit dem Rhetor K. von Athen, dem Schüler des → Isokrates, der eine Streitschrift gegen → Aristoteles veröffentlichte. W. Bk.

Frg: FGrHist 112.

Kephisodotos ‹d. Ä.›, Bildhauer aus att. Familie, wahrscheinlich Vater des großen → Praxiteles. Seine Schwester war die erste Frau des 402 geborenen → Phokion. Mit → Strongylion und Olympiosthenes zusammen arbeitete er drei Musenstatuen auf dem Helikon, war also vermutlich schon um die Wende 5./4. Jh. tätig. In sicheren Nachbildungen kennen wir die → Eirene mit dem Plutoskind, die auf der Agora von Athen stand und auf Grund von äußeren Hinweisen meistens in die Zeit um 372 datiert wird, in eine Zeit, in der auch Plinius (nat. 34, 50) die → Akme des K. setzt. Auch von seinem Hermes mit dem Dionysoskind scheinen Kopien nachgewiesen (Typus mit Chlamys: Sevilla-Alexandria). Andere Werke sind zwischen ihm und seinem Enkel (→ K. (2) ‹d. J.›) strittig. E. Bg.

Lit: Lippold, GrPl, 223–325 – Marcadé I 52 – D. Mustilli, EAA IV, 1961, 342–344, Nr. 1.

2. **K.** ‹d. J.›, Sohn und Erbe des großen → Praxiteles. Arbeitete meist mit seinem wohl jüngeren Bruder Timarchos zusammen. Blütezeit 296–293, was mit den sonstigen Anhaltspunkten der Werke beider übereinstimmt. (Nach einer wohl auf K. d. J. zu beziehenden Signatur vielleicht schon 344/343 tätig.) In seinem Œuvre überwiegen die Porträts und die Frauenstatuen. Von den Söhnen des Praxi-

teles stand im Dionysostheater von Athen ein sitzender →Menander, der uns in einer größeren Zahl von Kopien überliefert ist. E.Bg.

Lit: Lippold, GrPl, 299–301 – Marcadé I 53–59 – D. Mustilli, EAA IV, 1961, 344f., Nr. 2 – E. Bielefeld, AA 1964, 122–136.

Kephisos, (a) Hauptfluß von →Böotien, in den Kopaissee mündend (Kt. 1152 D4); (b) Hauptfluß der att. Ebene (Kt. 1152a C1/2), Quelle im →Pentelikon, Mündung in der Bucht von Phaleron; (c) Fluß der triasischen Ebene in Attika (Kt. 1152a B1). E.M.

Keramik. [1] K. (von ὁ κέραμος, der Ton) ist Sammelbezeichnung für alle Arten der Töpferei und ihre Produkte, spielte in der antiken Zivilisation eine wichtige Rolle und gehörte zu den hervorragenden Äußerungen antiker Kunst. Zur Technik der K. allgemein vgl. →Töpferei; zur K. der vorgeschichtlichen Kulturen die Einzelstichworte (bes. →Kykladen, →Villanova; →La Tène, →Hallstatt und Bandkeramik: →Kelten, →Germanen. Die *kret.-myk.* und die *etrusk. K.* ist in den Artikeln zu diesen Kulturen behandelt. Das Schaffen der *griech.* K. ist nach Art der Verzierung der Gefäße (Malerei und Relief) gegliedert in →Vasen (malerei) und →Reliefkeramik.

[2] *Römische K.* Ein reicher Formenschatz sowohl des feinen Tafelgeschirrs wie auch der einfachen Gebrauchsware wird in augusteischer Zeit ausgebildet. In Italien bricht die Linie der hellenistischen Schwarzfirnisware mit den letzten Erzeugnissen der sog. ‹kampanischen Ware› ab zugunsten neuartiger Geschirrsätze der →Terra sigillata (im Folgenden: TS) und dünnwandiger Becher, die scharf profilierten Metallgefäßen nachgeschaffen sind. Diese spezifisch röm. Formen, vermehrt um wenige andere Mittelmeertypen der einfachen Keramik wie Henkelkrüge, Reibschalen, →Amphoren, werden vornehmlich von den Legionen in die Provinzen gebracht und überlagern dort die einheimische Töpfertradition. Deren Grundelement ist im Westen und Norden das von Spanien über Südengland und Böhmen bis in die Donauländer erstaunlich homogene Formgut der ausgehenden →Latènezeit: eine in ihren qualitätvollen Stücken technisch hochentwickelte Keramik in eleganten, weich geschwungenen Formen von Schüsseln, Bechern und henkellosen Krügen mit poliertem, schwarzem Überzug oder geometrischer Bemalung in Weiß-Rot-Schwarz. Demgegenüber trägt die TS einen roten Glanztonüberzug (fälschlich ‹Firnis› oder ‹Glasur›) und kennt als Dekoration nur das aus der Form gepreßte Relief (→Reliefkeramik). Die typologische Entwicklung sowohl der glatten Gefäßformen wie des Reliefstiles der TS in Verbindung mit den zahlreichen Töpferstempeln gestatten eine sehr genaue Datierung, deren Fixpunkte die Etappen des Vordringens der Legionen in den Provinzen sind. Damit ist die TS zu einem erstrangigen Bestimmungsmittel bei Ausgrabungen geworden. Ihre Bedeutung liegt nicht so sehr in ihrer nur teilweise guten künstlerischen Qualität, sondern vielmehr in ihrem Quellenwert als Zeugnis historischer Vorgänge. Zentren der weiträumig exportierenden Massenproduktion (allgemein England bis Ägypten, einmal sogar Indien) sind: in augusteisch-tiberischer Zeit →Arretium und Puteoli; ab ca. 20 n. Chr. übernimmt bereits Südgallien (La Graufesenque) die Führung, während in Italien nur noch einige padanische Betriebe vorwiegend den östlichen Markt beliefern und in Mittelitalien eine mindere Qualität in kleinem Maßstab hergestellt wird. Das 2. Jh. n. Chr. bringt die Blüte der mittel- und ostgallischen Töpfereien (Lezoux, Rheinzabern), worauf schließlich eine Aufsplitterung in viele kleine Betriebe erfolgt. Einzig ein Zentrum in den Argonnen gewinnt im 4. Jh. nochmals übergeordnete Bedeutung in der Herstellung von TS mit Rädchenmustern. Die Produktion im Mittelmeerraum, vor allem in Kleinasien und Spanien, arbeitete für den lokalen Bedarf und hat nicht die Qualität der ersten italischen oder der gallischen Ware erreicht. Seit dem Ende des 1. Jh.s n. Chr. erscheint entlang den Küsten des Mittelmeeres eine hellorangefarbene TS, die sog. ‹TS-chiara›, mit einem einfachen Formenschatz, die dann im Laufe der Entwicklung öfters mit flachen, aufgelegten Reliefs verziert wird. Sie erreicht eine eigentliche Blütezeit im 4. Jh. in Nordafrika in einer mit einfachen Stempelmustern (z. T. christl. Symbolen) verzierten Ware. Interessant ist die Verschmelzung des einheimischen Formengutes mit dem röm.-italischen vor allem in den abendländischen Provinzen, wo sich im Laufe des 1.–2. Jh.s n. Chr. ein eigentlicher Mischstil entwickelt. Auf die ersten Importe folgte sofort die Herstellung von Imitationen der TS-Formen, leicht abgewandelt und vielfach mit dem einheimischen, hochglänzenden, schwarzen Überzug versehen (sog. *Terra Nigra*). Sodann bewahren die feinen Becher latènezeitliche Umrißformen, erstreben jedoch gleichzeitig mit scharfkantiger Profilierung und rötlichen bis schwarzen Glanztonüberzügen ein metallisches Aussehen. Sehr typisch sind dabei Sandbewurf und Kerbverzierung sowie in →Barbotine ausgeführte Jagdszenen mit starken keltischen Stilreminiszenzen, die vor allem in Britannien sehr beliebt waren (sog. *Castor-Ware* des 2. Jh.s). Selten und wahrscheinlich verhältnismäßig kostbar waren mit gelb-grünem Glasurüberzug versehene Gefäße, die zunächst in Kleinasien und Italien, später auch in Gallien – dort vor allem als Salbenbehälter – hergestellt wurden. Häufig tritt echte Glasur erst viel später an groben Gefäßen des 4. Jh.s auf, und zwar vor allem in Noricum-Pannonien. Der große Formenreichtum der röm. K. schrumpfte unter den veränderten historischen Verhältnissen des 4. Jh.s auf wenige Typen zusammen. Ein gewisses Weiterleben ist im frühen MA noch in plumpen Krug- und Schüsselformen sowie durch die sporadische Verwendung von Glanztonüberzügen spürbar, dieser alten Mittelmeertechnik, die erst gegen das 7. Jh. sowohl im Abendland wie im byzantin. Osten gänzlich verschwindet. E.E.

Lit: H. Comfort, EAA, s. v. Terra Sigillata (im Druck) – F. Oswald-T. D. Pryce, An Introduction to the Study of Terra Sigillata, 1920 – E. Gose, Gefäßtypen der röm. Keramik im Rheinland, 1950 – R. J. Charleston, Roman Pottery, 1955 – H. S. Robinson, Pottery of the Roman Period, in: The Athenian Agora V, 1959.

Keration (κεράτιον), kleinste röm. Gewichtseinheit (0,19 g), als Silbermünze unter dem Namen →Siliqua ausgeprägt. W. Schb.

Lit: Babelon, I 574–580 – K. Regling, RE 11 (1922), 266 – Ders., in: v. Schrötter, 303.

Kerberos, Wachhund der Unterwelt (→Hades) mit meist drei (bzw. 1, 2 oder 50) Köpfen, Sohn von →Typhon und →Echidna (Hes. theog. 311, vgl. 769). Wedelt die Kommenden an, läßt aber keinen heraus. Von lebenden Eindringlingen mit einem Kuchen besänftigt. Von →Herakles gefesselt und vorübergehend herausgeführt.

Darstellungen: K. erscheint u. a. mit Herakles (Brommer 70–76; K. Schauenburg, JdI 76, 1961, 66f.), aber auch sonst im Hades (z. B. Beazley, ABV 392, 1). Auf einer frühkorinth. Schale und vereinzelten späteren Denkmälern ist er einköpfig (H. Payne, Necrocorinthia, 1931, 130 Abb. 45; vgl. K. Schauenburg, JdI 68, 1953, 60; G. van Hoorn, Nederlands Kunsthistorisch Jaarboek 5, 1954, 141–150), auf att. Denkmälern hat er meist zwei, auf Caeretaner Hydrien und in der großgriech., etrusk. und röm. Kunst drei Köpfe (K. Schauenburg JdI 73, 1958, 48. 56. 70). Der K. des Serapis hat die Köpfe eines Löwen, eines Wolfs und eines Hundes, sein Leib ist von einer großen Schlange umwunden (J. Lauer-Ch. Picard, Les statues ptolémaïques du Serapieion de Memphis, 1955, passim, v. a. 234–245). K. auch allein als Münzbild (V. Head, Historia nummorum, 1909, 15. 35. 321; Nomisma 5, 1912, Taf. 3, 22) und bei nichtgriech. Gottheiten (G. Kazarow, Die Denkmäler des thrak. Reitergottes in Bulgarien, 1938, 43. 159. Zum gallo-röm. K.: Renard, in: Hommages J. Bidez-F. Cumont, 1949, 279f.) – *Lit:* A. B. Cook, Zeus III, 1940, 405–413. K. Schb.

Keren (Κῆρες), griech. Schaden →Dämonen. Das Wort ist nicht nur in der Mehrzahl, sondern auch in der Einzahl (Ker, Κήρ) geläufig. Zwei Bedeutungsmöglichkeiten stehen nebeneinander (bereits bei Homer): 1. (abstrakt) ‹Tod, Todesart, -verhängnis, -los› (oft in ähnlichem Sinne wie → Moira gebraucht) oder ganz allgemein ‹Verderbnis, Verhängnis, Unglück›. 2. (konkret) sind die K. Todes- und Schadendämonen, die den Menschen von allen Seiten umlauern und ‹umgähnen›. – Es bleibt fraglich, ob sich aus einer abstrakten Grundbedeutung ‹Verderbnis› die Personifikation der blutdürstigen ‹schwarzen Ker› entwickelt hat oder ob umgekehrt die K. ursprünglich zu den dämonischen Schreckgestalten des Volksglaubens gehört haben (vgl. → Anthesterien) und die abstrakte Bedeutung erst sekundär ist. K.-H.R.

Lit: L. Malten, RE Suppl. 4 (1924), 883–900 – U. v. Wilamowitz, Der Glaube der Hellenen I, 1931, 270ff. – Nilsson I 222–225 – H.J. Rose, Keres and Lemures, HThR 41, 1948 – R. Hampe, Ein frühatt. Grabfund, 1960 – G.T. Vrugt-Lentz, *Θυραζε κηρες*, Mnemosyne IV 15, 1962, 238–247.

Keret, mythischer König, Held eines in → Ugarit gefundenen Epos, das wahrscheinlich Erinnerung an die Vorgeschichte der kanaan. Einwohner wiedergibt. Im Mittelpunkt steht die Erzählung vom Zug K.s gegen den König v. Udm und von seiner Hochzeit mit dessen Tochter. G.Wn.

Lit: WbMythol I 292–295 – J. Gray, The krt Text in the Literature of Ras Shamra, 1955 – G.R. Driver, Canaanite Myths and Legends, 1956, 2–5. 28–47.

Kerkidas, Politiker und Dichter, von Megalopolis, ca. 290 bis 220. Als *Politiker* (Freund des → Arat, 1) trat er um 226 v. Chr. in Sachen des Achäischen Bundes hervor; als Führer des Kontingents von Megalopolis nahm er an der Schlacht von Sellasia (221) teil. Auch mit dem Beinamen ‹Gesetzgeber› benannt, möglicherweise in Anspielung auf eine Tätigkeit nach der Tyrannis des Lydiadas in Megalopolis.– Von seinen *Dichtungen* neun Fragmente aus Schriftstellerzitaten erhalten, darunter (Nr. 14 Powell) ein Hinkiambus aus den ‹Iamben›. Anonyme Bruchstücke in Hinkiamben, moralisierenden Inhalts, werden gelegentlich diesem Werk des K. zugeschrieben. A.D. Knox macht K. zum Herausgeber einer Anthologie moralisierender Verse (auch anderer Dichter, → Phoinix [4] v. Kolophon). Von den ‹Meliamben› (= satirischen Dichtungen in lyrischer Form; vgl. → Iambus) sind durch Pap. Ox. 1082 beträchtliche Fragmente erhalten. Hier ist K. Anwalt der Armen, in einer für die griech. Literatur fast einzigartigen Weise (vgl. → Hellenist. Dichtung B 4). K. selbst gehört zur Schicht der Reichen, der er den Spiegel vorhält und Besinnung gebietet. Seine Verehrung gilt → Diogenes (5) v. Sinope (Nr. 1 Powell: «... Zeus' Sproß in Wahrheit und ein ‹Hund› vom Himmel...»), dessen Anschauungen er nachstrebt. Der Stil der → Diatribe ist in den Gedichten vielfach ausgeprägt und verbindet K. mit → Bion (1) v. Borysthenes. Viele Zeugnisse für die Homer-Verehrung des K. (er soll sich mit den ersten beiden Gesängen der Ilias haben begraben lassen). Die Meliamben sind in einem literarischen Dorisch geschrieben. P.H.

Ed: Coll. Alex. 201 – A.D. Knox, Herodes, Cercidas, and the Greek Choliambic Poets, 1929 (mit Abh. u. Lit.).

Kerkis. [1] Weberschiffchen (Schütze) für den Einschlagfaden (Schuß) beim → Weben.

[2] Keilförmige, durch Treppen begrenzte Abteilung des Zuschauerraumes im griech. → Theater (B 1).

Kerkopen, nach dem griech. Volksglauben neckische, schadenbringende → Dämonen, deren Streiche in einem Homer zugeschriebenen Gedichte geschildert worden zu sein scheinen (Harp. s.v); in der → Herakles-Sage affenähnliche, spaßige Kobolde (vgl. auch Hdt. 7, 216). K.-H.R.

Kerkyra → Korkyra.

Kernos, im Eleusinischen Kult verwendetes Gefäß, das einen Kranz kleiner Schalen trägt (→ Vasen, Abb. 246, 1). Jene enthielten Erstlingsgaben von Feld und Herde, welche vom Träger des K. nach der Prozession gespeist wurden. Mit diesem durch schriftliche Überlieferung bekannten K. lassen sich schüsselförmige Gefäße auf hohem Fuß aus Eleusis identifizieren. Sie weichen ab von archaischen Ringgefäßen mit figürlichen Aufsätzen, die möglicherweise aber ähnliche Funktionen hatten. I.Sch.

Lit: O. Rubensohn, Kerchnos, AM 23, 1898, 271–306 – Leonard, RE 11, 1 (1921), 316–326.

Kertscher Vasen, jüngste → rotfigurige Keramik Athens (um 370–320), benannt nach ihrem Hauptfundort in Südrußland (Fürstengräber von Pantikapaion, später Kertsch), von wo Athen im 4. Jh. sein Getreide bezog. – Beliebte Formen sind Hydria, Pelike und Kelchkrater. Im Dekor angeregt durch den plastisch-linearen Stil der spätklassischen Malerei (vgl. → Vasen E 5), wichtig auch wegen ihrer Grabsymbolik. Kein Vasenmaler der drei Generationen, die K.V. hervorbringen, signiert. Allenfalls ist nach Stilgemeinsamkeiten mit signierten Scherben → Panathenäischer Amphoren die Töpferwerkstatt eines Bakchios zu erschließen, der im 4. Jh. führend gewesen sein muß. I.Sch.

Lit: K. Schefold, K.V., 1930 – Ders., Unters. z. d. K.V., 1934 – Ders., O.H.R. 148 – H. Metzger, Les représentations dans la céramique attique du IVe siècle, 1951 – Beazley ARV² 1406–1528.

Keryx (Herold) hieß bei den Griechen seit myken. Zeit der (gewerbsmäßige) Ausrufer und Überbringer von Botschaften im privaten und staatlichen Dienst. An vielen feierlichen, sakralen oder rechtlich bedeutsamen Akten hatte er mitzuwirken. Er eröffnete etwa die Volksversammlung, rief bei Gericht die Parteien auf, verlieh Rechtsgeschäften durch seinen Ausruf Publizität, überbrachte die Kriegserklärung und galt, durch den Heroldsstab (Kerykeion) gekennzeichnet, im Krieg als unverletzlich. F.G.

Lit: K. Murakawa, Demiurgos, Historia 6, 1957, 399–415 (Lit).

Keryx, Sohn des → Eumolpos oder des → Hermes und der → Aglauros oder der Pandrosos. Stammvater der im Dienst der eleusin. Gottheiten stehenden Priesterfamilie der *Keryken.* K.Schb.

Kessel (*λέβης*), großes, bauchiges Gefäß ohne Fuß (→ Vasen, Abb. 244, 5), in Bronze und Ton erhalten; als Weihgeschenk und Kampfpreis bezeugt. In dreifüßigen Ständern diente er als Kochkessel und zum Wasserwärmen (→ Dreifuß), auf massivem Fuß als → Krater. Die Bezeichnung ‹Dinos› trifft für den K. nicht zu, sie bezieht sich nach schriftl. Zeugnissen auf ein Trinkgefäß. I.Sch.

Lit: F. v. Lorentz, RE Suppl. 6 (1935), 218–221.

Kettenkommentare. In der späten alten Kirche stellte man, vom 6. Jh. an (→ Prokop v. Gaza), aus Kommentaren der Kirchenväter K. (*σειρά*, catena) zusammen. Als Vorbild dienten Arbeiten an der antiken Literatur (→ Scholien) sowie manche scholienartig angelegten Bibelkommentare der Kirchenväter. Zu jur. K.n → Catenen, → Recht III. B.L.

Lit: RGG I 1627f. – Altaner 478–481.

Keuschlammstrauch (*ἄγνος, λύγος*), ein im Mittelmeerraum verbreitetes, weidenartiges Gewächs, bes. in Griechenland kultisch bedeutsam. Nach der sam. Überlieferung wurde Hera unter einem K. geboren, dem ältesten aller zur Zeit des Pausanias vorhandenen Vertreter des K.es (Paus. 7, 4, 4; 8, 23, 5). → Artemis Orthia in Sparta führte den Beinamen *Λυγοδέσμα*. Die Kultbilder beider Göttinnen wurden zu bestimmten Zeiten mit K.-Zweigen umflochten und verhüllt. Während des → Thesmophorienfestes legten die athen. Frauen K.-Zweige in ihr Bett oder bestreuten es mit K.-Blättern. Das Brauchtum wurde später mit der Vorstellung von der Enthaltsamkeit erklärt, die man der Wirkung des K.es zuschrieb, so daß der K. zum Symbol der Keuschheit wurde. So erklären sich auch entsprechende Anwendungen in der Heilkunde, in der der K. eine bedeutsame Rolle spielte. Das Bild des Asklepios zu Sparta war aus K. geschnitzt (Paus. 3, 14, 7). Da die biegsamen Zweige zum Fesseln dienten, trug der befreite Prometheus einen Kranz aus K. Auf vorgriech. Brauchtum weist die Überlieferung vom K. als dem altheiligen Kranz der → Karer. Vgl. → Flora. J.W.

Lit: Murr, Pflanzenwelt, 100–104 – Wagler, RE 1, 1 (1893), 832–834, s. v. Agnos.

Keyx, König von Trachis, der dem aus Kalydon flüchtigen → Herakles Asyl gewährt, wie später den → Herakliden.

Kibyra, Stadt in Phrygien (Kt. 1152 K5; beim heutigen Horzom). K. lag im Grenzgebiet der verschiedensten Völker. Seine Einwohner sprachen Pisidisch, Griechisch, Lydisch und Solymisch. K. wurde von Tyrannen regiert. Die Stadt gehörte nicht zum Gebiet, das die Römer von → Attalos III. erbten. Erst 84 v. Chr. kam K. durch L. → Licinius (12) Murena zur Provinz Asia, in der es Hauptort des Conventus Cibyraticus wurde. 23 n. Chr. zerstörte ein starkes Erdbeben die Stadt, worauf Tiberius ihr 3 Jahre Steuererlaß gewährte. K. rechnete seine Ära nach dem Jahre 25 n. Chr. 417 abermals Erdbeben. Unter → Septimius (3) Severus wurde K. Caput viae mehrerer großer Straßen. Bauten: 2 Theater, Tempel, Agora, Nekropole und Wasserleitung. R.F.

Lit: R. Heberdey-E. Kalinka, Ber. über zwei Reisen im südwestl. Kleinasien, Denkschr. Akad. Wien, 45, 1896, 1ff.

Kieselmosaik. Das aus natürlichen Kieseln von unterschiedlicher Farbe ausgeführte K. läßt sich bis ins 5. Jh. vor Chr. zurückverfolgen und wird im 3. Jh. von der heute noch üblichen Technik abgelöst (→ Mosaik B 1). C.K.

Lit: F. v. Lorentz, *ΒΑΡΒΑΡΩΝ ΥΦΑΣΜΑΤΑ*, RM 52, 1937, 165 bis 222 – D. M. Robinson, Olynthus V, 1933, 1–14 – Rumpf, 123f. – K. M. Phillips, Subject and technique in hellenistic-roman mosaics, Art Bull. 42, 1960, 243–262.

Kilikien, das südöstlichste Küstenland Kleinasiens (Kt. 1567 CD3). K. zerfällt in zwei Teile, die morphologisch völlig verschieden sind. Im O eine fruchtbare Küstenebene, von Bergen umgeben, die sog. Kilikia Pedias, im W ein rauhes Gebirgsland, unmittelbar ins Mittelmeer abfallend, das ‹Rauhe Kilikien› (Tracheia, Tracheiotis). Die Hauptflüsse von O nach W: der Pyramos, der Saros und der Kydnos in der K. Pedias; der Kalykadnos in der Tracheiotis. Die bedeutendsten Städte sind: Tarsos am Kydnos, Aphrodisias, Adana am Saros und Mopsuhestia am Pyramos. Gegen Syrien war K. vom Amanus Mons begrenzt. – K. gehörte zum Perserreich, zunächst als Vasallenstaat, dann als Satrapie. Nach → Alexander (5) d. Gr. kam K. zunächst zum Seleukidenreich, war aber dessen verwundbarster Teil. Die Ptolemäer interessierten sich für K. Pedias wegen der Durchgangswege und für K. Tracheia wegen ihrer Holzvorkommen. → Ptolemaios III. eroberte K. Im J. 197 vor Chr. machte sich → Antiochos III. an die Rückeroberung. Nach dem Tod → Antiochos' IV. zerfiel die Regierungsgewalt der Seleukiden über K. rasch. Seeräuberunwesen machte sich derart breit, daß um 101 v. Chr. die Römer ein Spezialkommando, die Provinz Kilikien, einrichteten, um der Mißstände Herr zu werden. 83 v. Chr. eroberte → Tigranes I. v. Armenien K. Pedias; die Seeräuber in der Trachonitis blieben unbehelligt. 67 v. Chr. griff → Pompeius (2) endgültig durch. Die Städte an der Küste wurden als Stadtstaaten organisiert, das Landesinnere wurde einem lokalen Monarchen Tarcondimotos übertragen, der 31 v. Chr. in der Schlacht von Actium auf der Seite des → Antonius (2) fiel. Die Dynastie lebte bis 17 n. Chr. weiter, als K. definitiv als Provinz annektiert wurde. In spätröm. Zeit wurde K. in die beiden Provinzen Cilicia prima und C. secunda geteilt. R.F.

Lit: A. H. M. Jones, Cities of the eastern Rom. prov., 1937, 192–215.

Kikonen, thrak. Volk, im → Trojan. Krieg Verbündete des → Priamos, in den Irrfahrten des → Odysseus die erste Station.

Kimbern, german. Stamm, brachen um 120 v. Chr. infolge einer oder mehrerer Naturkatastrophen von der kimbrischen Halbinsel (Dänemark) und der Hohen Lieth nach S auf, wurden nach mehreren Siegen über die Römer 101 v. Chr. von → Marius bei → Vercellae bis auf geringe Reste vernichtet. L.B.-H.

Lit: K. Waller, Zur Archäologie der Kimbern, Hammaburg 7, 1961, 67–92 – R. Hachmann, Rez. B. Melin, Gnomon 34, 1962, 56–65.

Kimmerier, iran.-thrak. Reitervolk in den südruss. Gebieten nördl. des Schwarzen Meers. Wird im 9./8. Jh. v. Chr. durch den Druck der → Skythen in Bewegung gesetzt (Hdt. 1, 15; 4, 1. 11; 7, 20) und weicht zum Teil nach Südosten über den Kaukasus aus. Die K. bringen das von den Assyrern bedrängte Reich von → Urartu, dessen König Rusas I. sich 714 das Leben nimmt, in eine schwere Krise, der Untergang des → Phrygerreichs wird durch sie verursacht (Tod seines Königs Midas am Anfang des 7. Jh.s v. Chr.). Sie setzen sich in Kappadokien, aber auch in den Schwarzmeerstädten Sinope und Herakleia fest und brechen in Lydien ein, dessen Könige → Gyges, → Ardys und → Alyattes mit ihnen kämpfen: erster Einfall 667–664; zweiter Einfall 652 (Eroberung von → Sardes und Tod des Gyges); dritter Einfall im Bunde mit den thrak. Treren unter → Lygdamis 645: sie besetzen → Abydos am Hellespont, erobern Sardes zum zweitenmal, zerstören das Artemision von Ephesos, nehmen Magnesia a. M. (Archil. Fr. 19 D.) ein und suchen weite Gebiete Ioniens, auch um das Panionion selbst, heim (Hdt. 1, 6). Die Elegien des → Kallinos v. Ephesos spiegeln die Ereignisse wider. Erst dem Lyderkönig Ardys gelingt es, die Gefahr zu bannen. Ein Teil des Wandervolks geht unter Lygdamis im Kampf mit → Assurbanipal von Assyrien in Kilikien zugrunde, in Antandros am Golf von Adramyttion siedelnde Reste werden 575 durch Alyattes vernichtet (Hdt. 1, 16). Funde wie Pferdezeug, Pfeilspitzen sowie der Anteil der K. an der → Luristankultur sind noch umstritten. Brandschichten in → Gordion, → Sardes, → Milet werden mit den K.n in Verbindung gebracht. Anatol. Siedlungen wie das phryg. Boğazköy erhalten damals wieder eine Befestigung. Auf dem att. Krater des → Klitias und → Ergotimos in Florenz (um 560) sind bogenschießende Kimmerioi noch inschriftlich bezeichnet. Homer (Od. 10, 81–86; 11, 14ff.) nennt die K. ein sonnenloses Nordvolk am Okeanos und Eingang in die Unterwelt (*Κερβέριοι* und *χειμέριοι*). Später erinnert der kimm. Bosporos, die Straße v. Kertsch, an die alten Sitze der K. P.Hom.

Lit: C. F. Lehmann-Haupt, RE 11, 1 (1921), 397–435 – Ed. Meyer III 33ff., 71ff., 131ff. – F. Hiller v. Gaertringen, Inschriften von Priene VII, 1906, 195 – M. Rostovtzeff, Iranians and Greeks in South Russia, 1922, 35ff. – K. Bittel, Kleinasiat. Studien, Ist. Mitt. 5, 1942, 54–66 – Ders., Grundzüge der Vor- und Frühgesch. Kleinasiens (1945), 1950², 90ff. – J. Harmatta, Le problème cimmérien, Arch. Ert. 7/8, 1946/48, 107ff. – K. Schefold, HbArch II, 425ff. – T. J. Dunbabin, The Greeks and their Eastern Neighbours, 1957, 68–71 – R. Werner, in: Abriß der Gesch. antiker Randkulturen, 1961, 128–133 – H. Kothe, Die Herkunft der kimmer. Reiter, Klio 41, 1963, 5–37 – R. Ghirshman, Iran, 1964, 281ff. – Vgl. zu → Skythen, → Perser, → Thrakien, → Lydien, → Phrygien.

Kimon, Philaïde, Sohn des → Miltiades und einer thrakischen Fürstentochter, etwa 510–450, eine typische Erscheinung dieser Übergangszeit, noch ein adeliger Herr mit persönlicher Gefolgschaft, sich aber bereits ganz einfügend in die Polis Athen. 480 Verfechter von → Themistokles' Gedanken, Athen müsse Seemacht werden, führte er während des Regiments des → Areopages 479–462 das Programm des → Aristeides (1) weiter, Athen zur dominierenden Militärmacht in der Ägäis zu erheben und sein konservatives Regime durch außenpolitische Erfolge zu stützen. Beiden Zielen diente die Fortsetzung des → Perserkriegs nach 477, und hierbei wurde K., seit 478/477 immer wieder Stratege und seit der Eroberung der pers. Stützpunkte an der thrakischen Küste, bes. Eions am Strymon, der Vertreibung des → Pausanias (1) aus Byzantion und der Überführung der Gebeine des Theseus vom eroberten Skyros nach Athen 476/475 in den Vordergrund getreten, geradezu der ‹Arm des att. Staates›. Nach seiner Mitwirkung beim Sturz des Themistokles sicherten die von ihm auch aus persönlichen Sympathien gepflegten guten Beziehungen zu Sparta Athen den Rücken beim Ausbau seiner Herrschaft. Seine durch Freundlichkeit und Freigebigkeit gewonnene Popularität in Athen erreichte ihren Höhepunkt nach dem See- und Landsieg über die Perser am Eurymedon in Pamphylien

(469/466), der dem 1. Att. Seebund seine größte Ausdehnung einbrachte. Trotz der Bezwingung von Thasos durch K. (465/463) wurde jedoch das System seiner ‹Ära› – Spartas wegen nur lokal begrenzte Machtpolitik und Regiment der Besitzenden mittels des Areopages – allmählich zu künstlich. 462 stürzte → Ephialtes (4) den Areopag während K.s Abwesenheit in Messenien zwecks Unterstützung der Spartaner, und seine dortige Brüskierung durch diese benützten die Demokraten zum Kurswechsel gegen Sparta. K.s politische Niederlage besiegelte seine Ostrakisierung 461. Nach seiner Rückkehr 452/451 nahm er – ohne seinen politischen Einfluß zurückgewonnen zu haben – 450 den → Perserkrieg wieder auf mit dem Ziel der Rückeroberung Cyperns und der Unterstützung des → Amyrtaios (1) von Ägypten, fiel jedoch bei der Belagerung Kitions. F. Kch.

Q: Thuk. 1,98–112; Aristot. Ath. pol. 24–27; Plut. Kim. – *Lit:* Ed. Meyer, Die Biographie K.s, in: Forsch. z. Alten Gesch. II, 1899, 1–87 – G. Lombardi, Cimone, 1934 – H. Berve, Fürstl. Herren z. Z. der Perserkriege, Antike 12, 1936, 1–28 – H. Schaefer, Die att. Symmachie im 2. J.zehnt ihres Bestehens, Hermes 71, 1936, 129–150 (= Probleme der Alten Gesch., 1963, 11–32) – G. Prestel, Die antidemokrat. Strömungen im Athen des 5. Jh.s, 1939, 32–38.

2. **K.,** Stempelschneider (→ Münze) in Syrakus, ca. 420 bis 400. Führender Meister der sizil. Münzkunst. Seine Hauptwerke sind signiert, so die Dekadrachmen – die aus Anlaß der assinarischen Spiele seit 413 geprägt wurden –, die 100-Litren-Stücke in Gold und die Tetradrachmen mit dem Kopf der → Arethusa von vorn, der eine weite und langanhaltende Nachwirkung auf die griech. Münzbilder hatte. Wie sein Rivale → Euainetos zeichnet sich K. durch meisterhafte Führung des Grabstichels aus, aber im Gegensatz zur zeichnerischen Kunst des Euainetos sind seine Schöpfungen von kräftiger Plastik. H. A. C.

Lit: G. E. Rizzo, Monete greche della Sicilia, 1945, Taf. 50–53 – J. H. Jongkees, The Kimonian Dekadrachms, 1941.

3. **K. von Kleonai,** Peloponnes (oder Thrak.?), Maler, 2. H. 6. Jh. v. Chr.; verbesserte nach Plin. nat. 35, 56 die Darstellungsweise des → Eumares durch Beherrschung der Schrägansicht, anatomisches Detail und kunstvolle Faltengebung. Mit solcher Körperperspektive beginnt um 500 die Frühklassik. C. K.

Q: Overbeck, SQ, 377 f. – *Lit:* Brunn II 9 ff. – G. Lippold, RE 11, 1 (1921), 454 f. – Rumpf, 71 f. – M. Cagiano de Azevedo, EAA IV 361.

Kinadon, Spartiate minderen Rechts, der 398 v. Chr. eine Verschwörung der Nichtvollbürger gegen die Vollbürger vorbereitete; diese wurde verraten, K. mit den Mitverschworenen beseitigt (Xen. Hell. 3, 3, 4 ff.). E. Bn.

Kinaithon von Lakedaimon, epischer Dichter, nach → Eusebios um 760, erwähnt als Verfasser der → Oidipodeia, der kleinen → Ilias, der → Telegonie, einer → Herakleia und vielleicht von → Genealogien (Paus. 2, 3, 9). G. K.

Kinder. Griech. K. genossen einen sogar auf das Züchtigungsrecht (Dio. Chr. 15, 18) ausgedehnten Schutz, wie ihn die römischen nicht kannten (Iust. inst. 1, 9; Dion. Hal. 2, 26); umgekehrt war es ihre gesetzliche Pflicht, die Eltern in Krankheit und Alter zu schützen (Poll. 3, 12; Is. 8, 32; Vitr. praef. 6, 3; Plut. Sol. 22). Die röm. K. standen unter strenger Zucht (XII Tab. 4, 2), arbeiteten mit den Eltern (Fest. 350, 32 L.; Gell. 2, 29, 14), erhielten Unterricht vom Vater (Plaut. Most. 126; Nep. Att. 1) oder einem Elementarlehrer (litterator, Suet. gramm. 4), der meist Sklave oder Freigelassener war, später einem Philologen (grammaticus, Apul. flor. 20), und erwiesen den Eltern die Pflichten der Pietas (Val. Max. 5, 4 ff.). Vgl. → Erziehung. W. K.

Kinderbild. Erst der reiche Stil (Choenkännchen) und der → Hellenismus (→ Boëthos, Terrakotten, Friese im Vettierhaus in Pompeji nach alexandrin. Vorbildern, kindliche → Eroten) haben das Kleinkind als solches dargestellt, während noch der späten Klassik am Kind wichtiger ist, daß es ein junger Mensch ist. Dennoch ist gerade die Fülle von Kinderbildern in diesem weiteren Sinne etwas, was die griech. Kunst vor dem Orient auszeichnet, schon seit den Totenklagen geometrischer → Vasen und seitdem des jungen → Achill Übergabe an → Chiron dargestellt wird; zumal aber seit den unzähligen klass. Bildern von → Göttergeburten und Familienbildern, bes. auf weißgrundigen Lekythen und Grabreliefs (→ Relief). Die griech. Liebe zum Kind äußerte sich auch in einer unvergleichlichen Mannigfaltigkeit und Schönheit der → Spiele. Die hellenist. Motive werden in der röm. → Kleinkunst und auf → Sarkophagen (Erotensarkophage) reich variiert; daneben ist neu die Darstellung individueller Kinder, für die Unsterblichkeit erhofft wird. Vgl. → Brauron, spätklassische Mädchenstatuen. K. Schf.

Lit: H. Bulle, Der Schöne Mensch, 1912, 411–416 – A. Klein, Child Life in Greek Art, 1932 – H. I. Marrou, Musikos Aner, 1937 – G. van Hoorn, Choes and Anthesteria, 1951 – M. Bieber, The Sculpture of the Hellenistic Age (1955), 1961², 136–138 – Schefold, PM 188 – Ders., VP 109 f. – S. Karusu, Ἡ τυφλὴ ἄρκτος, Ephemeris 1957 (1960), 68–83.

Kineas, Thessaler, ca. 350–277, Ratgeber des Königs → Pyrrhos (1), glänzender Redner mit epikureisch-philosophischer Schulung, verhandelte 281 mit Tarent, war 279 vergeblich zu Friedensverhandlungen in Rom und bereitete 278 die Überfahrt des Pyrrhos nach Sizilien diplomatisch vor. Er hinterließ militärwissenschaftlich-taktische Studien und Fragmente einer thessal. Sagengeschichte. P. R. F.

Frg: FGrHist 603.

Kinesias von Athen, zu seiner Zeit (etwa 450 bis etwa 390 v. Chr.) der bedeutendste att. Lyriker. Als Dichter von Dithyramben und Urheber der Abschaffung des komischen Chors wurde K. von Strattis in der gleichnamigen Komödie und von Aristophanes verspottet, von Ps.-Plutarch als Verderber der att. → Musik (A 7) betrachtet. G. W.

Frg: PMelGr 398 f. – *Lit:* P. Maas, RE 11, 1 (1921), 479–481.

Kinyras, erster König von Cypern (Il. 11, 20), Stifter des paphischen Aphroditekults. Seher, Sänger, Musiker, Vater der → Myrrha (Ov. met. 10, 298 ff.) und des → Adonis. K. Schb.

Kirchenbau → Architektur III, → Basilika, → Zentralbau.

Kirchenordnung. [1] Eine K. mit rechtlichem Charakter fehlte der urchristlichen Gemeinde. Ihr galt nur lebendige apostolische Autorität, die jedoch nicht völlig undefiniert bleiben konnte (Apg. 1, 21–22; Gal. 2, 9), so daß bald Übergänge von spontaner Autorität zu rechtlichen Institutionen eintraten, z. B. wenn die Apostel Mithelfer bzw. Nachfolger bestellten (Apg. 14, 23; 1., 2. Tim., Tit.). Im 1. Brief des → Clemens (1) ist schon ein festes, wiewohl nicht unumstrittenes Recht sichtbar, dem übrigens eine naturrechtliche Grundlage nicht fehlt (c. 42–44; 37). Nach jüd. Vorbild gab es *πρεσβύτεροι* oder *ἐπίσκοποι* (Phil. 1, 1), aus deren Kreis der monarchische Bischof (→ Ignatius; Anf. 2. Jh.) hervorging; weiter *διάκονοι* (cf. Apg. 6, 1–6), die immer spezifisch und oft sehr wichtige Helfer der Bischöfe geblieben sind. Vgl. → Amt B [3].

[2] Als die *früheste K.* ist die → *Didache* anzusehen: sie beansprucht für sich, wie auch alle folgenden dieser Gattung, apostolische Autorität und regelt den Katechumenat, das gemeindliche sowie das liturgische Leben der Kirche. Sie läßt noch nicht einen prinzipiellen, sondern nur einen organisatorischen Unterschied zwischen dem apostolisch-pneumatischen bzw. charismatischen und dem institutionellen Denken erkennen. In allen K.en bleibt der Geistbesitz immer conditio sine qua non für das Amt, wie die Gebete, die die sakramentale Ordination der Amtsträger immer begleiten, beweisen. Das klassische Beispiel liefert der zweite Teil der Abhandlung *Περὶ χαρισμάτων* des → Hippolytos, anonym als *Apostolische K.* den späteren Rechtsbüchern einverleibt. Auch die syr. → *Didaskalia* ist eine Lehre für das gesamte christl. Leben, gibt Vorschriften für den Bischof, kennt Presbyter und Diakone (‹ordines maiores›), von den ‹ordines minores› nur den Subdiakon und Lektor, und verbreitet sich über Buße und Wiederaufnahme in die Kirche. Die ‹*Apostolischen Konstitutionen*› sind die ausführlichste K.,

auf alle ihre Vorgängerinnen aufgebaut. Zu den ‹ordines minores› gehören jetzt auch der ostiarius und der psaltes. Der Katechumenat und die Anordnung des Kirchengebäudes werden genau umschrieben. Das 8. Buch beruht auf Hippolytos und umfaßt die vollständige sog. ‹Klementinische Liturgie›, schließlich die 85 sog. ‹canones apostolici›. Das → Konzil von 692 (‹Trullanum›) hat sie ihrer arianisierenden Christologie wegen verworfen und nur die → Kanones anerkannt, von denen 50 im Westen von → Dionysios (7) Exiguus schon übernommen waren. – Im Kirchenrecht der ägypt. Monophysiten, ferner der kopt. und äthiop. Kirche sind die *Κανόνες ἐκκλησιαστικοὶ τῶν ἁγίων ἀποστόλων* (auch ‹Apostolische K.› genannt) maßgeblich geworden. Ihre einzelnen Bestimmungen werden den 12 Aposteln in den Mund gelegt; auffallend ist der Unterschied, der zwischen den hl. Schriften und den Anordnungen apostolischer Autorität gemacht wird (c. 15). Diese K. ist griech., kopt., äthiop., arab. und lat. erhalten, soll noch vor Ende des 4. Jh.s entstanden sein und zeigt Verwandtschaft mit den ‹Apost. Konstitutionen›, daher auch mit Hippolytos. – Das *Testamentum Domini nostri Jesu Christi* enthält eschatologische und kirchlich-rechtliche Belehrungen, die der Herr vor seiner Himmelfahrt den Jüngern mitteilt. Es wird hier also die Fiktion apostolischer Herkunft noch übertrumpft. Der 2. Teil ist eine Überarbeitung der ‹Traditio apostolica› des Hippolytos. Entstanden kurz nach 450 im monophysitischen Syrien; syr. Übers. des griech. Originals im syr. Octateuchus Clementinus des 7. Jh.s. Eine andere Bearbeitung sind noch die sog. *Canones Hippolyti*, der sog. Paralleltext des 8. Buches der ‹Apost. Konst.›, in arab. und äthiop. Version erhalten.

[3] Mit den oben erwähnten 85 *canones apostolici* wird ein anderer Typ zum eigentlichen Träger der K. im rechtlichen Sinn. → ‹Kanones› als Bestimmungen der Provinzial- und ökumenischen Synoden oder → Konzilien rekurrieren unmittelbar auf die Rechtshoheit der Kirche und sind für das gesamte institutionelle Leben der Kirche – abgesehen von der Lehre, die in den ‹Symbola› festgelegt wird –, meistens aus akuten Anlässen verfaßt, aber immer auf dem Boden allgemeiner kirchlicher Prinzipien. In ihnen bildete sich das Kirchenrecht, das die → Kirchenzucht einschließt, immer umfassender und geschlossener heraus und entfaltet ein eigenes Leben. Die Synodalkanones fangen mit den Synoden von Elvira (306) im Westen, Ancyra (314) im Osten an. Letztere sind vielleicht schon vor dem IV. ökumenischen Konzil von Chalkedon (451) gesammelt; bekannt ist aber nur die systematisch geordnete *Συναγωγὴ κανόνων* des Johannes Scholasticus (550). Die Kanones mit den staatlichen Kirchengesetzen (vgl. Cod. Theodosianus, Cod. Justinianus und Novellae) zusammen nennt man *Nomokanones*. Im Westen hat es an Sammlungen vor Dionysius Exiguus (gest. 545) den ‹Liber canonum africanae ecclesiae› (nach 419), die ‹Statuta ecclesiae antiqua› (Collectio hispana oder Isidoriana) und die ‹Prisca canonum editio latina› (Ende 5. Jh.) gegeben (von W. M. Peitz abgestritten). Hier sollte dann im päpstlichen Dekretalienrecht ein neuartiger Typ von K. das abendländische Kirchenrecht entscheidend gestalten. J. N. B. v. d. B.

Q: Mansi, Sacr. concil. nova et ampl. collectio, 1759ff. – H. Th. Burns, Canones app. et concil. ss. IV–VII, 2 Bde, 1839 (Nachdr. 1959) – P. A. de Lagarde, Reliquiae iuris ecclesiastici, 1856 – F. Maassen, Gesch. d. Quellen und der Lit. des canon. Rechts im Abendlande I, 1870 – F. Lauchert, Die Kanones der wicht. altkirchl. Concilien, 1896 (Nachdr. 1961) – J. E. Rahmani, Test. Dom. n. J. C., 1899 – W. Riedel, Die Kirchenrechtsquellen des Patriarchats Alexandrien, 1900 – Th. Schermann, Die allgem. K. I, 1914 – E. J. Jonkers, Acta et symbola concil. quae s. IV habita sunt, 1954 – *Lit:* J. V. Bartlet, Church-Life and Church-Order during the first Four Centuries, 1943 – H. E. Feine, Kirchl. Rechtsgesch. I, 1954 – A. Stiegler, Der kirchl. Rechtsbegriff, 1958 – W. M. Peitz, S. J., Dionysius Exiguus-Studien, 1960.

Kirchenzucht. [1] Von Anfang an hat in der christl. Kirche der Zusammenhang, ja die völlige Einheitlichkeit von Glauben und tätigem Leben als Ziel gegolten (z. B. 1. Thess. 4, 1). Jesus hat selbst zum Gehorsam gegen die Gebote aufgefordert (Mt. 19, 17). Daher erklärt Tertullian: ‹doctrinae index disciplina est› (praescr. 43, 2), und Kyrill von Jerusalem (348) betont, daß die sakramentale Kraft der Taufe verlorengehe, wenn der Getaufte die Gebote vernachlässigt (Catech. 4, 17; vgl. 2. Petr. 1, 10). Aus dieser allgemeinen Überzeugung ging dann die K. hervor, die immer die lebendige Mitte zwischen Legalismus und Freiheit finden mußte.

[2] Im frühen Christentum waltete der Rigorismus vor: grobe Sünder waren vom Reich Gottes ausgeschlossen (1. Kor. 5, 1ff.; Gal. 3, 19ff.; Mt. 18, 15ff.), für sie gab es auch keinen Platz in der Kirche. Der vom Glauben Abgefallene besaß keine ‹Hoffnung› mehr (Hebr. 3, 12; 6, 4–8). Das empirische Gemeindeleben aber zwang sehr bald zur Unterscheidung zwischen ‹Sünde zum Tode› und ‹nicht zum Tode› (1. Joh. 5, 16–17), und führte schließlich zur Lehre der sog. zweiten Buße für schon Getaufte im sog. ‹Hirt des → Hermas› (Mand. 4, 3). Daneben hat die Überzeugung von der Einmaligkeit der Vergebung in der Taufe so stark fortgewirkt, daß viele den Empfang der Taufe möglichst lange aufschoben. Die Kirche hat wohl schon im frühen 2. Jh. die Todsünden Abfall (oder Götzendienst), Mord und Unzucht und wahrscheinlich noch mehrere andere (Tert. adv. Marc. 4, 9; pudic. 19, 24) als unvergebbar betrachtet; Origenes nennt Unzucht, Abfall, Habsucht, Häresie die Pforten der Hölle (in Matth. 12, 12); → Hieronymus (in Matth. 3, 19, 34), Leo d. Gr. (epist. 16) und Augustin (fid. et. op. 19, 34) beschränken sich nicht wie Pacian, Paraen. ad paen. 4, auf diese drei.

[3] Im Anschluß an die → Christenverfolgungen gewinnt die Frage besondere Bedeutung, wem das Recht der Absolution zusteht und ob sie Abgefallenen überhaupt gewährt werden kann. → Cyprian verteidigte dabei das ausschließliche Recht des Bischofs bzw. des Klerus wider die Anmaßung der geisterfüllten Confessores oder Märtyrer; er bestand auf rigoroser Bußforderung, war aber bereit, das Sakrament als viaticum für Sterbende und als Stärkung oder Bewaffnung im Hinblick auf bevorstehende neue Verfolgungen zu spenden. → Novatian in Rom verweigerte dies absolut; er wurde Sprecher einer schismatischen Opposition und stiftete eine eigene Kirche der ‹Reinen› (*καθαροί*). Auch der → Donatismus ist aus dem absoluten Rigorismus dem Abfall gegenüber entstanden. Die Kirche mußte deshalb ihre Bußordnung immer weiter entwickeln, wie an der ‹epistula canonica› von → Gregor (2) Thaumaturgos und den Kanones der Konzilien, vorab des Konzils von Ankyra (314) zu ersehen ist. Danach gab es vier Klassen von Büßenden: die *προσκλαίοντες*, *flentes*, außerhalb des Kirchengebäudes; die *ἀκροώμενοι*, *audientes;* die *ὑποπίπτοντες* oder *γονυκλίνοντες*, *substrati* oder *genuflectentes;* die *συνιστάμενοι*, *consistentes*, die die ganze eucharistische Feier ansehen durften, um endlich nach vielen Jahren wieder die ‹Kommunion› mitfeiern zu dürfen. Vgl. → Buße; → Exkommunikation; → Kirchenordnung. J. N. B. v. d. B.

Lit: P. Galtier, De paenitentia tractatus dogmatico-historicus, (1931), 1956³ – Ders., Aux origines du sacrement de pénitence, 1951 – R. Bohren, Das Problem der K. im NT, 1952 – J. Grotz, Die Entwicklung des Bußstufenwesens in der vornicänischen Kirche, 1955.

Kirke, Tochter des → Helios, Schwester des → Aietes und der → Pasiphaë, Zauberin auf der Insel Aia (ia), verwandelt alle Ankömmlinge in Tiere. Von → Odysseus die Mutter des → Telegonos oder, nach anderer Version, des → Latinos. Früh mit Italien verbunden (Hes. theog. 1013. 1016). Circei (vgl. Monte Circeo) soll nach ihr benannt sein (Theophr. hist. plant. 5, 8, 3). Nach ital. Sage soll sie ihren Gatten Picus verwandelt haben (Ov. met. 14, 320ff.; Verg. Aen. 7, 189ff.). In der hellenist. Sage entsühnt sie → Jason und → Medea (Apoll. Rhod. 4, 659ff.). K. Schb.

Darstellungen: s. zu → Odysseus.

Kirschbaum (κέρασος, cerasus), im nördl. Mittelmeerraum seit der Frühzeit wild heimisch, begegnet kultiviert erst spät in der antiken Überlieferung. Ein bedeutsames Zentrum der Kultur lag an der kleinasiatischen Pontosküste bei der Stadt *Kerasos*, nach deren Zerstörung → Lucullus Früchte des veredelten K.s nach Rom brachte. Bekannt war jedoch die K.-Kultur schon zur Zeit des → Lysimachos. Umstritten ist immer noch die Frage, ob die Früchte des Lucullus süß oder sauer waren. Unklar ist auch die Abgrenzung gegenüber dem wilden Cornel-K. (*κράνεια*, cornus, Hartriegel), der im Epos bezeugt ist (Hom. Il. 16, 767; Od. 10, 242). Im Gegensatz zum wilden und kultivierten K. begegnet der wegen seines harten Holzes geschätzte Cornel-K. in der mythischen Überlieferung. Die Speere aus seinem Holz, die → Polydoros töteten, faßten um den Leichnam Wurzel und ließen Blut aus der Rinde strömen, als Aeneas die Schößlinge brechen wollte (Verg. Aen. 3, 19ff.). Cornel-K. hatten die Griechen vor Troja in einem Hain des Apollon für den Bau des hölzernen Pferdes gefällt, doch mußten sie den zürnenden Gott versöhnen, den sie *Καρνεῖος* (nach *κράνεια*) nannten (Paus. 3, 13, 5). Die spätantike Deutung des Götternamens ist konstruiert. Vgl. → Flora. J.W.

Lit: Murr, Pflanzenwelt, 70f. – Hehn, 404–410 – Olck, RE 11, 1 (1921), 509–515.

Kiš (Tell el-Oheimir; Kt. 1925 D 4), Stadt südöstl. Babylon, Sitz mehrerer sumerischer Dynastien (→ Mesopot. Reiche B 1); nach den in der sumer. Königsliste erhaltenen Namen teilweise semit. Herrscher. Nach der Flut soll das Königtum zuerst nach K. herabgestiegen sein, vielleicht mythische Spiegelung einer Einigung des Landes unter Führung des Königs von K. Dafür spricht die Wahl des Titels ‹König von K.› durch spätere Fürsten anderer Städte. Ausgrabungen legten einen Palast (frühdynastisch) und einen Friedhof frei. W.R.

Lit: S. Langdon–L. Ch. Watelin, Excavations at Kish I; III; IV, 1924 bis 1934.

Kissen (*προσκεφάλαιον* oder *τύλη*) spielten im griech. Haushalt seit der Verwendung der *κλίνη* (vgl. → Möbel) als Ruhe- und Speiselager eine große Rolle. Sie waren aus Stoff, oft mit bunten, barbarischen Mustern (Paris CA 453; Arias-Hirmer, Taf. 128) durchwoben, mit Quasten versehen und mit Wolle, Werg u. ä gefüllt. Schlaufen an einem Ende dienten zum Aufhängen. Unter dem versteigerten Besitz von Alkibiades sind *K. κνέφαλλα* erwähnt (Tod, GHI, 80 Z. 22/3). F.E.

Kissoide. Die K. ist im Halbkreis CDB dadurch definiert, daß für ihre Punkte P gilt: (1) CH:HF = HF:HD = HD:HP. Liegt sie gezeichnet vor, so kann man zwei mittlere Proportionale zwischen a, b finden, indem man dafür sorgt, daß CH:HP = a:b wird. Dazu braucht man nur an der Ecke C das rechtwinklige Dreieck mit den Katheten

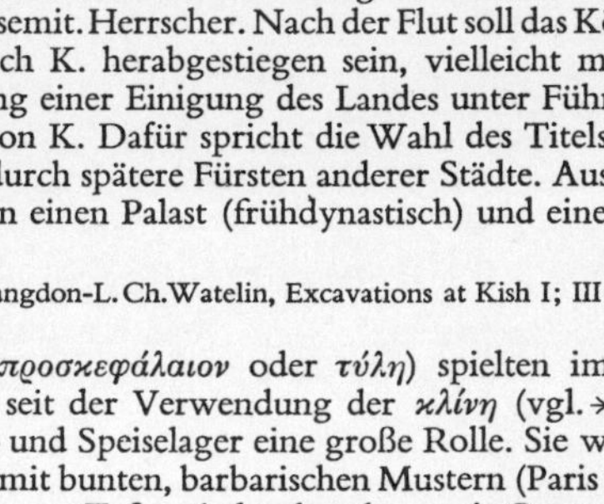

Abb. 124 Kissoide

a, b zu zeichnen (→ Abb. 124). – Die Kissoide ist leicht punktweise zu zeichnen, wenn man bemerkt, daß bei Verlängerung von DP bis zum Schnittpunkt E mit dem Halbkreis die Bögen CE und DF gleich sind. (Aus (1) folgt: ∢ CDP = ∢ DCF). – Vgl. → Diokles (2). H.G.

Kithairon, Grenzgebirge zwischen → Attika, → Megaris und → Böotien (Kt. 1420 D 5), 1409 m. Natürliche Verkehrssperre, Verbindung zwischen Megara und Platää im W über den heutigen Paß von Vilia, im O von Athen nach Platää. Mittelpunkt des → Dionysos-Kultes. Reich an Mythen (→ Pentheussage, → Antiope, Aussetzung des → Ödipus, Tötung der Söhne → Niobes durch → Apollon). E.M.

Kitharephoren (*Κιθαρηφόροι*), Bezeichnung für Silbermünzen des lykischen Bundes (163–43 v. Chr.), mit Apollo und Kithara, in einer griech. Inschrift. W.Schw.

Lit: Babelon, 513 – K. Regling, RE 11 (1922), 528 – Ders., ZNum 29, 1912, 235 – Ders., in: v. Schrötter, 309 – L. Robert, Etudes de num. grecque, 1951, 150–152 – Head, 693 – M. N. Tod, Num. Chron. VI 20, 9.

Klagen des Bauern, Titel einer in 4 Papyri des Mittleren Reiches erhaltenen Erzählung, die als Hauptstück Reden eines Oasenbewohners enthält, der vor einem hohen Beamten der 10. Dynastie sein Recht durchsetzen will. Dabei spielt die Darlegung sozialer Mißstände eine große Rolle. Doch ist die Deutung des schwierigen Textes noch nicht gelungen. W. Hk.

Ed: F. Vogelsang, Komm. zu den ‹Klagen des Bauern›, 1913 – *Lit:* G. Lanczkowski, Altägypt. Prophetismus, 1960.

Klaros, Ort bei → Kolophon (Kt. 1152 H 4/5) mit altem Kult (karisch, kretisch: Funde) und Orakel, später → Apollon gehörend (Sagen von → Kalchas und → Mopsos: Strab. 14, 1, 27; Gründung: Schol. Apoll. Rhod. 1, 308); sicher seit dem 6. Jh. blühend, bes. in hellenist. Zeit (Attaliden), gewinnt es nach kurzer Ruhe (Strab.) in der Kaiserzeit höchstes Ansehen (Tac. ann. 2, 54; → Oinomaos bei Eus. praep. ev. 5, 22; Aristeid. or. 49, 38 K.) in allen Teilen des Reiches (Inschriften; Filiale: Tac. ann. 12, 22), auch in theologischen Fragen (Orig. Cels. 7, 3. 7; Lact. inst. 1, 7; Macr. sat. 1, 18, 19ff.; Pap. Mag. 2, 82ff.). Neben dem Priester aus vornehmer Familie wirkt sicher seit dem 2. Jh. n. Chr. ein umfangreiches Personal für schriftliche Anfragen, → Inkubation, Spiele, Opfer usw. Nach Opfern der Konsultanten steigt der → Prophetes (auch Priester) in eine Grotte (später ins → Adyton) und weissagt nach einem Trunk unmittelbar in Versen oder läßt den Spruch in Verse bringen (Thespioden): Tac. a. O.; Iambl. myst. 3, 11; Ausgrabungen. Spezialwerke → Nikandros (3); → Cornelius (4) Labeo (vgl. Macr. sat. 1, 18, 21). C.J.C.

Lit: Ch. Picard, Ephèse et Claros, 1922 – L. Robert, Les fouilles de Claros, 1953 – Ders., über die ‹Fouilles de C.› jährlich seit 1956 in Türk Arkeologi Dergisi.

Klassisch. [1] Die Übertragung von ‹classici›, ‹Bürger der ersten Vermögens*klasse*›, auf erstrangige Autoren begegnet bei Gellius (19, 8, 15) und Cicero (ac. 2, 73). Früher schon hatten die → Alexandriner einen → Kanon der alten Meister (*ἐγκεκριμένοι*) aufgestellt. Auch Politik und → Rhetorik leisteten durch ihren Kampf gegen stilistische Abirrungen dem Gedanken des Kanonischen Vorschub. Behilflich war dabei ein platonisch-aristotelischer Begriff der Vollkommenheit als Entfaltung aller Gattungsanlagen in dem geglückten Exemplar, das sich durch Angemessenheit (*τὸ πρέπον*) – der Teile zum Ganzen, des Ganzen zu seinem Zweck – auszeichnet. Davon hergeleitet ist die moderne Bedeutung ‹vollkommen›.

[2] Die Aussonderung maßgebender Autoren gewann einen historischen Sinn durch die anerkannte Überlegenheit der attischen Literatur der Blütezeit. Diese wurde zum Vorbild der lat. Literatur, die unter Augustus zu einer ‹klassizistischen›, d. h. durch das griechisch-k.e Vorbild bestimmten Klassik reifte (→ Imitatio, → Aemulatio). Die → Poetik, von Aristoteles im Rückblick auf → Homer und die attische → Tragödie geschaffen, wurde bei dem röm. ‹Klassizisten› → Horaz – ähnlich wie die → Rhetorik bei → Cicero – zum Inbegriff der Regeln des k.en Stils. In abgewandelter Form wiederholte sich das Verhältnis von röm. Nacheiferung und griechischem Vorbild im Abendland, und bis heute ist es ein Element seiner geistigen Einheit. Im Mittelalter überwog das Bewußtsein der kulturellen Kontinuität und die Autorität der spätantiken Autoren. Die Renaissance lernte die griechisch-römische Welt als

ein von der Neuzeit durch das mittlere Zeitalter getrenntes Ganzes zu sehen, und zugleich die Blütezeiten der Epoche des → Perikles und der goldenen Latinität zu unterscheiden. So wurden der moderne Begriff des ‹k.en Altertums› und von k. als ‹zur griechisch-römischen Antike gehörig› (19. Jh.) vorbereitet. Im 17. und 18. Jh. kam das Wort k. als literarischer Normbegriff in Frankreich, dann in Deutschland und England auf. Im späten 18. Jh. brachten die deutsche Klassik und die philosophische Ästhetik eine Wende. Mit dem ästhetischen Begriff von ‹Kunst› wurde der Begriff des K.en über das Literarische hinaus zur ästhetisch-stilistischen Norm. Winckelmanns Verkündung griech. Kunstvollkommenheit, die Grundlage des modernen Klassizismus, trat in fruchtbare Spannung zum historischen Bewußtsein. Dem K.en wurde im Sinne der Rechtfertigung das Moderne als ‹sentimentalisch› (Schiller), ‹charakteristisch› (F. Schlegel) oder ‹romantisch› (Hegel) gegenübergestellt.

[3] Mit der antithetischen Bestimmung des K.en ist der Übergang zum bloß beschreibenden universalen Stilbegriff gebahnt. K. heißt nun die harmonisch-geschlossene gegenüber der ins Unendliche verweisenden Form. In Revision des klassizistischen Griechenbildes werden die nicht-k.en Elemente der Antike betont. So ergab sich, wenn auch nicht als letztes Wort, die im Zeichen Nietzsches stehende Ablösung des K.en von der Antike. H.K.

Lit: Das Problem d. K.en u. d. Antike, ed. W. Jaeger, 1931 – P. Moreau, Le classicisme des romantiques, 1932 – H. Peyre, Qu'est-ce que le classicisme?, 1933.

[4] Als Bezeichnung eines bestimmten Strukturphänomens griech. Geistigkeit ist K. ein Begriff bes. auch der *bildenden Kunst*. Sein zeitlicher Höhepunkt sind die Jahrzehnte etwa von 450–430 v. Chr. (‹Parthenonzeit›); doch nennt man auch die Zeit vom beginnenden 5. bis zum ausgehenden 4. Jh. v. Chr. oder schließlich die gesamte antike → Kunst so. Das Wesen des K.en wird begriffen nur in einer möglichst großen Quantität von als Einheit verstandenen Gegensätzen möglichst großer Qualität, so denen von Rationalität und Irrationalität, Menschlichem und Göttlichem, Nachahmung und Stilisierung, Ganzem und Teil, Freiheit und Notwendigkeit, Tragen und Lasten, Achsen und Oberfläche, aber auch (unendlich) vielen anderen; dieser strukturelle Reichtum, diese Tendenz zu Struktur überhaupt, diese Dialektik machen im Zusammenhang mit einem erstaunlichen Selbstverständnis (→ Kunsttheorie) das Eigentliche klassischer Kunst nach Form und Inhalt aus. D.Sch.

Lit: G. Rodenwaldt, Zur begrifflichen und geschichtlichen Bedeutung des K.en in der bildenden Kunst, Zeitschr. für Ästhetik und allgem. Kunstwissenschaft 11, 1916, 113–131 – F. Matz, Der Begriff des K.en in der antiken Kunst, ebd. 23, 1929, 70–78 – H. Rose, Klassik als künstlerische Denkform des Abendlandes, 1937 – E. Buschor, Vom Sinn der griech. Standbilder, 1942 – E. Langlotz, Griech. Klassik, 1946 – H. Koch, Die klass. Kunst der Griechen, 1948 – E. Langlotz, Antike Klassik in heutiger Sicht, 1956 – B. Ashmole, The Classical Ideal in Greek Sculpture, 1964 – K. Schefold, Das klassische Griechenland, 1965.

Klassizismus, archäologische, auch in der Literaturgeschichte (→ Klassik, 2) angewandte Bezeichnung für einzelne Kunstwerke oder Kunstrichtungen, die sich in bewußte Abhängigkeit zum Ideal der → Klassik stellen, sich dessen Universalität aber weniger annähern als die eigentlich klassische Zeit; nur in bezug auf diese ist K. als Wertbegriff zu verstehen. Der bedeutendste Fall eines K. in der Antike ist die augusteische → Kunst, in der Nachantike die Renaissance. D.Sch.

Lit: K. Bauch, Klassik-Klassizität – K., Das Werk des Künstlers 1, 1939/40, 429–440.

Klausel, Abschluß einer Periode (vgl. → Katalexe). Man nennt ‹männlich› oder ‹stumpf› eine K., deren vorletztes Element kurz ist (...◡–||), ‹weiblich› oder ‹klingend› eine solche, deren vorletztes Element lang ist (...––||). Im → Prosarhythmus werden in der K., d. h. am Ende der Kola, bestimmte Rhythmen vermieden, andere gesucht. B.Sn.

Lit: P. Maas, Greek Metre, 1962, § 58.

Klazomenai, Stadt im nördl. → Ionien am Südufer des Golfs von → Smyrna, z. T. auf einer vorgelagerten, jetzt durch einen Damm mit dem Festland verbundenen Insel beim heutigen Urla (Anf. 5. Jh. aus Furcht vor den Persern dorthin verlegt). Schatzhaus in → Delphi, im → Att. Seebund, 412 Abfall von Athen, heftige Parteikämpfe, 386 im → Antalkidas-Frieden persisch. Eine große Gruppe bemalter Tonsarkophage des späten 6. und des 5. Jh.s v. Chr. heißen ‹*klazomenische*› *Sarkophage*, da sie mit wenigen Ausnahmen dort gefunden sind. E.M.

Lit: Pfuhl, 165–179 – R. M. Cook, A list of Clazomenian pottery, BSA 47, 1952, 123–152.

Klazomenische Vasen, Gattung ostgriech. Keramik schwarzfig. Stils; 2. H. 6. Jh. v. Chr., wahrscheinlich aus Klazomenai oder dem nördl. Kleinasien. Führend ist eine sackartige, plumpe Halsamphorenform. Der Ton ist lederbraun und glimmerhaltig. Man ahmt die att. Technik unter reicherer Verwendung von Ritzung und Farbe nach. – In den Amphorenbildfeldern erscheinen einzelne Tierfiguren, Flügelwesen, tanzende Satyrn; in den Friesen Prozessionen, Reigen, Gespanne. Ornamentaler Schmuck ist selten. Der Figurenstil vereint die Extreme von Starrheit und weicher Gerüstlosigkeit. I.Sch.

Lit: F. Brommer, Bull. Soc. Alex. 33, 1939, 287ff. – R. M. Cook, A List of Clazomenian Pottery, BSA 47, 1952, 123–152 – Ders., CVA, BM 8, 1954.

Kleandridas, Vater des → Gylippos, spartan. Feldherr, der in → Tegea die Aristokraten wieder an die Macht brachte und 446 als maßgeblicher Berater des Königs → Pleistoanax fungierte. Als er wegen Bestechlichkeit angeklagt und zum Tode verurteilt wurde, rettete er sein Leben durch Flucht. 444/443 nahm er an der Gründung von → Thurioi teil und erhielt die Leitung von dessen Kriegswesen. F.Kch.

Kleandros, stürzte ca. 505/504 das oligarchische Regime in Gela (Aristot. pol. 5, 10. 1316a) und regierte als Tyrann, ca. 498/497 ermordet. Sein Bruder → Hippokrates (3) folgte auf ihn als Tyrann von Gela (Hdt. 7, 154f.). R.V.C.

Lit: R. Van Compernolle, Etude de chronol. et d'histor. sicil., 1960, 261–317.

Kleanthes, von Korinth, Maler einer Iliupersis und einer Athenageburt im Tempel der Artemis Alpheiosa bei Olympia. Die Überlieferung von seiner ‹Erfindung› der Umrißzeichnung und von der Darstellung eines Fisches als Attribut für Poseidon verweist ihn in früharchaische Zeit (7. Jh.). Vgl. → Malerei C [1]. C.K.

Q: Overbeck, SQ, 381ff. – *Lit:* G. Lippold, RE 11, 1 (1921), 574f.

2. K. von Assos, → Stoiker, ca. 331–232, Schüler und Nachfolger des → Zenon (3) v. Kition als Schulhaupt, bekannt als Verfasser eines (erhaltenen) Zeushymnos. K. bewahrte im ganzen die Philosophie seines Lehrers. Gegen ihn sah er die Sonne (nicht den Äther) als leitenden Seelenteil des Kosmos an und lehrte (auch anders als nach ihm → Chrysipp), *nicht alles*, was geschieht, geschehe durch die → Heimarmene. In der Auseinandersetzung mit → Diodoros (1) Kronos gab er den Satz auf, alles vergangene Wahre sei notwendig. M.S.

Frg: SVF I 103–139 – *Bildnisse* → Anhang I.

Klearchos, Spartiat, der 411 v. Chr. Byzanz zum Anschluß an Sparta brachte und enge Beziehungen zum Satrapen → Pharnabazos anknüpfte, jedoch 403 in Byzanz ein solches Schreckensregiment begann, daß ihn die Ephoren schließlich zum Tode verurteilen mußten. K. floh zu → Kyros (2), den er darauf in geheimer Verbindung mit Spartas Regierung bei den Rüstungen gegen seinen Bruder → Artaxerxes II. unterstützte. In der Schlacht bei Kunaxa (401) kommandierte er das griech. Söldnerkorps. Nach Kyros' Tod leitete er mit Tatkraft und Umsicht den Abwehrkampf gegen die Perser, wurde jedoch bald bei Waffenstillstandsverhandlungen von Persern umgebracht (Diod. 13, 66f.; 14, 12.23 ff.; Xen. Anab. 1, 1–2, 6; Plut. Art. 18). F.Kch.

2. **K.** aus Herakleia am Pontos, 391–352, Schüler des → Isokrates und → Platon, errang 364/363 die Tyrannis in seiner Vaterstadt, die er bis zu seiner Ermordung mit Härte und Grausamkeit ausübte. Er gründete die erste öffentliche → Bibliothek und beanspruchte für sich göttliche Abstammung. E.Bn.

Lit: Bengtson, 287.348.

3. **K. von Soloi,** → Peripatetiker, Schüler des → Aristoteles, Verehrer → Platons, auf den er ein Enkomion schrieb; verfaßte Monographien über Ethisches (Erotikos, Über Bildung, Über Lebensformen) und Literarisches (Sprichwörter, Rätsel), einen Traktat ‹Über den Schlaf› mit einer Platons Phaidon nahestehenden Seelenlehre und sogar eine Diskussion der mathematischen Theorien in Platons Staat. Die zahlreichen historischen Belege in seinen Werken wurden von → Athenaios (1) ausgewertet. O.G.

Frg: F. Wehrli, 1948 (mit Kommentar).

Kledonomantie, moderne Bezeichnung für Weissagung auf Grund von Aussprüchen. Neben göttlichen Botschaften und Weisungen (Hom. Il. 20, 129f.; Od. 1, 282f.; 14, 89; Il. 2, 41: Traum; daher Zeus' Beiname ‹Panomphaios›, ‹Phemios›) schreibt man auch zufälligen Bemerkungen oder Reden in bestimmter Lage eine Vorbedeutung zu (*κληδών*: Aischyl. Prom. 486f., *φήμη* Xen. mem. 1.1.3; Hom. Od. 2, 33; 20, 105ff.; Hdt. 5, 72; Eur. Ion 1187ff., Plut. Alex. 14, 6ff.; Lukian. laps. 8), bes. die Pythagoreer (Cic. div. 1, 102), später auch bei verschiedenen Orakeln: in Pharai (Hermes), Theben (Apollon Spodios) und Smyrna (Paus. 7, 22, 2f.; 9, 117). C.J.C.

Klee. Der den Alten in mehreren Arten als Futterpflanze bekannte K. (*λωτός, κύτισος, τῆλις*, Erdbeer-, Stein-, Mond-, Bockshorn-K.) wurde wegen seines Wohlgeruchs zu Kränzen verwendet (Plin. nat. 21, 54). Dazu dürfen die ‹Lotos›kränze gerechnet werden, mit denen spartan. Jungfrauen, die Menelaos und Helena das Brautlied sangen, den Baum der → Helena schmückten (Theokr. 18, 43). Auf K. bezieht sich auch der ‹Lotos›, der zusammen mit → Hyakinthos und → Safran unter dem Lager von Zeus und Hera sprießt (Hom. Il. 14, 348). Vgl. → Lotos; → Flora. J.W.

Lit: Murr, Pflanzenwelt, 216 – F. Orth, RE 11, 1 (1921), 585–591 – Steier, RE 13, 3 (1927), 1530–32.

Kleidemos (nicht-attische Namensform: Kleitodemos) von Athen, Historiker, veröffentlichte ca. 350 v. Chr. die erste → Atthis unter dem Titel *Πρωτογονία*, ‹Geschichte des erstgeborenen Volks›, daneben ein Buch ‹Auslegungen› der Rituale (*'Εξηγητικόν*). Ob er mit dem von Aristoteles und Theophrast zitierten Naturphilosophen → K. (2; vgl. VS 62) identisch ist, bleibt unsicher. W.Bk.

Frg: FGrHist 323.

2. **K. von Athen,** Naturphilosoph des späten 5. Jh.s. Die Zitate befassen sich teils mit → Meteorologie und Erkenntnislehre, teils mit praktischer Pflanzenkunde. Ob er eines oder mehrere Bücher geschrieben hat, läßt sich nicht erkennen, ebensowenig, ob und wie er mit dem Atthidographen → K. (1) verwandt war. O.G.

Frg: VS II 50 – FGrHist 323 F 31–36 (Komm. von F. Jacoby).

Kleidung. [1] Der Aussagewert der *Quellen* in Literatur und bildender Kunst ist in den einzelnen Jahrhunderten sehr verschieden. Für die → kret.-myk. Kultur sind die Denkmäler nach wie vor die einzige Unterlage. Im homerischen und früharchaischen Zeitalter überwiegen die Schriftquellen. Nur selten ergibt sich eine echte Koinzidenz; sie betrifft eigentlich nur Trachtwechsel, die mit historischen Ereignissen verbunden sind. Wie die literarischen Quellen sich je nach Gattung und Zeitalter bestimmt zeigen, so erweisen sich auch die Denkmäler der bildenden Kunst als bedingt: das Aufkommen und Verschwinden einzelner Kunstgattungen und ihre Rolle als Bildträger grenzen den Aussagewert ebenso ein wie die Wahl der Themen, ihre Ausprägung zum Bildtyp und der jeweilige Zeitstil. Beide Quellen sind also stets relativ zu bewerten. Ein grundsätzlicher Unterschied der griech. von der uns gewohnten Kleidung besteht darin, daß sie nicht geschneidert und genäht, sondern aus rechteckigen Tuchbahnen drapiert, gegürtet und zusammengesteckt ist.

[2] *Kret.-myk. Kultur.* Wandfresken, plastische Arbeiten aus Ton und Bronze sowie die vielfältigen Erzeugnisse der Glyptik vermitteln hier ein breit fundiertes Bild. Die K. von Männern und Frauen ist jeweils sehr einheitlich, wobei das Festland zunächst ganz im Gefolge der Insel erscheint, bis dann die späteren Zeugnisse eine eigenständige K. aufweisen. Die Männertracht beschränkt sich auf den Lendenschurz, der mit einem breiten Gürtel um die Taille befestigt ist und zwischen den Beinen durchreicht. Es lassen sich Varianten beobachten: so kann die untere Kante horizontal geschnitten sein oder im weiten Bogen die Hüften freilassen. Auch die Form der Borten wechselt; vielleicht sind hier verschiedene Rangstufen angedeutet. Auch die kurze Männerhose mit Rüschen läßt sich beobachten (Dolch aus Mykene, Grab IV: Marinatos-Hirmer, Taf. 36). Das Material scheint Stoff (mit reicher Musterung) oder Leder zu sein. Als Kopfbedeckung dient im Alltag eine flache Mütze (→ Schnittervase: Marinatos-Hirmer, Taf. 103ff.), sonst bei Kultzeremonien eine Federkrone – wenn nicht das kunstvoll geflochtene und frisierte Langhaar die bevorzugte → Haartracht bildet. Die Füße bleiben in der Regel bar jeglicher Schuhe. Nur Krieger tragen lange Schaftstiefel (Prinzenbecher: Marinatos-Hirmer, Taf. 100ff.), sonst Schuhe oder Stiefel mit prononcierter Spitze und mit Bändern um die Fesseln befestigt (tönerner Schuh aus Vula: Marinatos-Hirmer, Taf. 236). Das lange Ärmelgewand des Kitharisten sowie die weißen Fransenröcke der Opferträger auf dem Sarkophag von → Hagia Triada sind sicher Kultgewänder, geben also für die Frage nach der allgemeinen Tracht nichts aus. – Die Frauentracht wird durch den weiten Glockenrock und ein eng anliegendes Jäckchen mit halblangen Ärmeln bestimmt. Die Brüste und Schultern sind frei. Der Rock kann einfach geschnitten, mit Rüschen behängt oder in Etagenfalten gelegt sein. Er ist stets reich gemustert und mit Borten bzw. Fransensäumen geschmückt. Der Kopf bleibt meist unbedeckt. Priesterinnen haben einen hohen, spitzen oder einen flachen Kopfputz. Eine prachtvoll gewundene Bandschleife, im Nacken getragen, scheint Palasttracht zu sein. Ein kräftig genopptes Gewandstück (gehäkelt?) zeigt die Elfenbeingruppe aus Mykene (Marinatos-Hirmer, Taf. 218f.). Vielleicht trug man unter den Röcken pantalonartige Hosen (Goldring aus Mykene: Marinatos-Hirmer, Taf. 206, 5). – Soweit es sich um Prozessionsszenen handelt, zeigt sich das Festland der Insel verpflichtet. Die Männertracht ist auf den Fresken von Mykene (s. u. Lit.) neuartig: Der Ärmelchiton tritt auf. Die Krieger auf der Kriegervase (Marinatos-Hirmer, Taf. 232f.) haben Panzer und Lendenschurz mit Fransen, die verabschiedende Frau zeigt ein langes Ärmelkleid mit gesondertem Umhang. Damit stimmt aufs beste überein, daß in spätmyk. Gräbern des Festlandes bereits Gewandfibeln vorkommen, was auf eine der kret. Frauentracht diametral entgegengesetzte, die spätere griech. Nationaltracht des → Peplos vorwegnehmende Kleidung hinweist.

[3] *Homerische Zeit:* Was die Abstraktion der gleichzeitigen geometrischen Kunst nicht darstellt, die breite Fülle der Gewand- und Trachtformen, beschreibt das alle Lebensalter und Lebensformen, Zeremoniell, Alltag und Arbeit schildernde Epos sehr vollständig. Das Hauptgewand der Männer ist das kurzärmelige Hemd, der → Chiton. Dieser gehört zu den *ἐνδύματα*, wird also angezogen und nicht umgehängt. Er besteht, wie der ursprünglich semit. Name besagt, aus Leinen, daher auch die homerischen Epitheta *λαμπρός, λιπαρός* (Hom. Od. 15, 60; 19, 232); er wurde halblang getragen; war sicher gegürtet, auch wenn dies nur

selten erwähnt wird (Hom. Od. 14, 72). Die Überlieferung des langen Chitons (Hom. Il. 13, 685) wird gewöhnlich als spät angesehen. Gleichwohl ist er als Trachtform, wenigstens im Ionien des 7./6. Jh.s gesichert (Asios bei Ath. 12, 525). Pharos und → Chlaina waren die Obergewänder. Er-

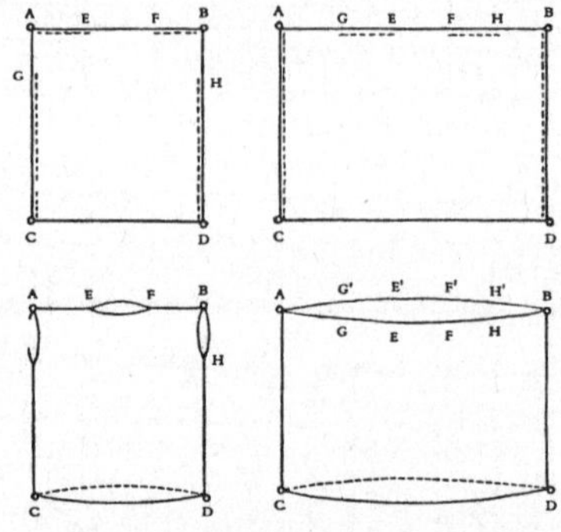

Abb. 125 Grundformen des engen (links) und des weiten Chiton (rechts)

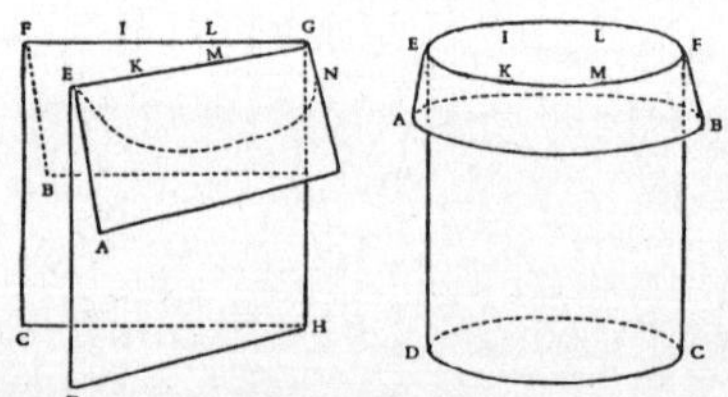

Abb. 126 Grundform und Anlegen des Peplos

steres ein Prunkgewand, das Fürsten, Göttinnen und Nymphen kleidet; letzteres das gebräuchliche Obergewand aus Wolle, einfach oder doppelt gefaltet getragen, z.T. auch mit Nadeln befestigt. Diese Frühform des späteren → Himations diente beiden Geschlechtern. Die Landbevölkerung trägt Felle als Umhang, z.T. auch zum Schutz der Beine in Gamaschenform. Schuhwerk ist ausschließlich die Sandale. – Frauentracht ist der lange, wollene → Peplos, dessen Beiname *ἑανός* die feste Umhüllung des Körpers durch die Tuchbahn umschreibt. Peplos heißen auch die Decken auf Sesseln, Wagen und Möbeln, was auf die gleiche Grundform des ungesteckten Peplos als Gewand hinweist. Dazu tritt noch ein Schulter-Kopftuch, das *κρήδεμνον* (synonym: *κάλυμμα, καλύπτρη*) aus ‹schimmerndem› Leinen; nur als Trauerkleidung ist es dunkel (*κυάνεον*: Hom. Il. 24, 93 f.). Der Peplos ist gegürtet; er läßt Arme und Füße frei. Er wird schon damals seine kanonische Drapierung mit Heftung auf den Schultern, Überfall vorn und hinten und der einen Seitenöffnung gehabt haben, mag auch das ihn charakterisierende Apoptygma nur einmal und auch da nicht zweifelsfrei erwähnt sein (Hom. Il. 5, 315). Reich war seine Färbung und Schmückung durch Web- oder Stickmuster, vielgestaltig die Steck- oder Schließnadeln (Hom. Od. 18, 292; 19, 225). Daneben muß es auch Leinenkleider gegeben haben, da das Linnen als Stoffart erwähnt wird (Hom. Il. 3, 141; 18, 595) und die Tänzerinnen auf dem Schild *λεπταὶ ὀθόναι* tragen.

[4] Für die K. des *archaischen* Zeitalters sind wir wieder ganz auf die Denkmäler verwiesen. Sie sind eine reiche Quelle, die das homerische Bild bestätigt und auch erweitert. Seit Studniczkas Studien wissen wir, daß der homerische Peplos mit dem eng geschlossenen Frauenkleid gleichgesetzt werden kann, das auf Vasenbildern seit dem frühen 7. Jh. in allgemeiner, auf dem Klitiaskrater in feiner und genauer Wiedergabe vorkommt (Arias-Hirmer, Taf. II; 40–46). Eine melische Amphora ergänzt das Bild (ebd., Taf. 22–23): Über dem langen Leibrock (von Artemis und Leto) erscheint noch die eng geschlungene → Chlaina; die Mütter auf dem Halsbild haben außerdem das Schleiertuch über das Haupt genommen. Die Männer tragen als Krieger und Wanderer den kurzen → Chiton; Greise, Wagenfahrer, Fürsten und Götter den langen Chiton, von dessen Pracht die zitierte Äußerung des Asios eine eindrückliche Vorstellung gibt. Aus der sprichwörtlichen Gleichsetzung der Ionier mit dem langen, wallenden Chiton scheint dessen besondere Bevorzugung in dieser Region hervorzugehen. Den ion. Einfluß auf das Mutterland versuchen Kleiderordnungen (→ Solon, → Periander) zu beschneiden, sichtlich aber ohne dauernden Erfolg. Die Denkmäler zeigen eine weite Verbreitung; der Chiton gab auch das Fest- und Staatsgewand ab (Priester, Flötenbläser und Kitharisten), nunmehr durch weite, bauschige Knöpfärmel bereichert. Die Vorliebe für die *ἰωνικὴ τρυφή* tat nun ein übriges: Der lange Ärmelchiton, in vielen plissierten Faltenzügen gebrochen und mit Hilfe der Untergürtung in weite, hängende Bäusche um die Hüften gelegt, ist das bevorzugte Gewand bei Mann und Frau im spätarchaischen Athen. Nur auf diese Kleidung bezieht sich Hdt. 5. 87 f. mit der Nachricht vom Trachtwechsel bei den Athenerinnen, die den wollenen Peplos mit seinen gefährlichen Heft- und Stechnadeln zugunsten des geknöpften Ärmelchitons ablegten. Und wiederum auf den langen Ärmelchiton bezieht sich die zweite Nachricht einer Trachtver-

a *b* *c* *d* *e* *f* *g* *h*

Abb. 127 Chiton, Chlamys und Peplos: *a* Mann im langen Chiton und Himation, *b* Mann im kurzen Chiton, *c* Jüngling mit der Diplax, *d, e* Grundform der Chlamys (nach Bieber), *f–h* Der dorische Peplos, *f* gegürtet, mit kurzem Überschlag; darüber doppelt gelegter Mantel (Diplax), *g* gegürtet mit kurzem Überschlag; Heftung der Gewandteile an der rechten Schulter durch große Einstichnadel, *h* ungegürtet, mit durchgehender Öffnung an der rechten Seite.

änderung (Thuk. 1,6; vgl. Aristoph. equ. 1331; nub. 984), wonach im Zeitalter der pers. Invasionen dieses Kleidungsstück als Männertracht aus der Mode kam (unklar ist dabei, ob *πρεσβύτερος* Altersstufe oder Stand bezeichnet). – Daneben tritt früh auf den Denkmälern der lange Mantel und das schalartige Mäntelchen als schmale Nebenform auf. Beide sind immer Zusatzgewänder, die über den Chiton geschlungen werden. Die Webart kann dicht und fest oder fein und transparent sein. Letzteres nicht nur bei der weiblichen Kleidung (Hera des Cheramyes: Lullies-Hirmer, Taf. 30–31), sondern auch bei Männern (Kalbträger: Lullies-Hirmer, Taf. 22–23). – Die Gürtung erfolgt durch Bänder oder Ledergürtel. Sie kann einfach oder doppelt (über der Hüfte und unter der Brust), sichtbar oder verdeckt vorgenommen werden. Die stattlichen Exemplare von Bronzegürteln sind sicher nicht getragen worden. Sie sind

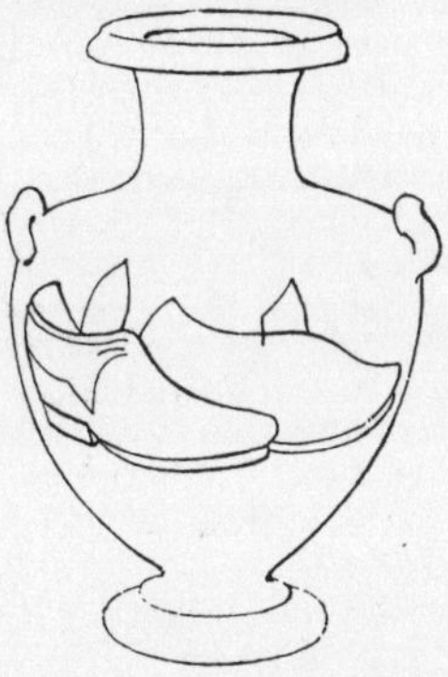

Abb. 128 Ein Paar Halbschuhe mit langer Zungenlasche (als Totengabe), auf hellenistischem Spendegefäß gemalt.

Weihegaben oder Schmuck der Götterbilder (Boardman; Karusu; s. u. Lit.). – Eine Kopfbedeckung in Form von Mütze oder Hut scheinen lange nur die Männer getragen zu haben. Neben der weichen Filzmütze (*πῖλος*) tritt der breitkrämpige Schattenhut (*πέτασος*) auf. Das Schuhwerk weist eine größere Variationsbreite auf: neben den Sandalen, die weiterhin das Gros bilden, erscheinen Stiefel (*κρηπίς*, bis zum Knöchel, und *ἐνδρομίς*, hohe Laschenstiefel bis zu den Knien).

[5] Die Frauenkleidung erfährt *nach den Perserkriegen* erneut einen folgenschweren Wechsel, ohne daß uns dies in der Literatur erwähnt wäre: unter dem bestimmenden dor. Einfluß wird wieder der Peplos getragen, der Chiton nur als Untergewand. Die Bildwerke des Strengen Stils zeigen den Peplos in klarster Ausprägung: Er hat seine alte Grundform beibehalten, jedoch ohne das im 7. Jh. noch beliebte Schulterjäckchen (Statuen v. Auxerre: Lullies-Hirmer, Taf. 6) und ist zunächst ausschließlich, ab 430 wieder zusammen mit dem Chiton die Tracht der Frauen, um dann nur noch beim Kult- und Götterbild zu erscheinen, wo er nahezu ausschließlich das schwere, drapierte Kultgewand, oftmals von dem großen Schultermantel gerahmt, bildet. In der Männertracht herrscht seit den Perserkriegen die *μετρία ἐσθῆς* (Thuk. 1,6,3), d.h. der Chiton ist kurz und schlicht gehalten. Nur Standes- und Kultpersonen tragen noch den langen Chiton mit eng geschlungenem Himation. Die alte Diplax-Form des doppeltgelegten Mantels mit der Heftung auf einer Schulter taucht bei Götterbildern auf. Die Männer im Gegensatz zum Alltag in der Kunst nackt oder nur mit kleinen Mänteln darzustellen, ist heroischer Stil.

[6] Im *4. Jh.* tendiert die Frauentracht nunmehr zum Chiton als dem alleinigen Kleid. Der Mantel wird kunstvoll drapiert, gerafft und um den Körper geschlungen. Die Gürtung wird als eigenes Stilmittel entdeckt. Bei der Männertracht überwiegt mehr und mehr der große Mantel. Die Möglichkeiten, die sich durch seine Drapierung bieten, werden kunstvoll genutzt. – So hält sich die Kleidung bei beiden Geschlechtern im großen und ganzen unverändert bis in den *späten Hellenismus* – lediglich durch importierte Raffinessen bei Webart, Material (Seide) und Färbung bereichert.

[7] Erst das Übergreifen *Roms* nach Griechenland schafft neuen und andersartigen Gewandformen Eingang. Vorher jedoch hatten die westgriech. Pflanzstädte oder die Etrusker griech. Tracht nach Italien gebracht. Das Himation findet in der Toga, im Pallium bzw. der → Palla (für die Frau) Entsprechung, der Chiton in der Tunica. Die röm. Männertracht zeigt in der Vereinigung von → Tunica und → Toga Eigenständigkeit, wenn es auch nicht an Versuchen gefehlt hat, die Toga durch das bequemere Pallium zu ersetzen. National-restaurative Gesinnung ließ sie im 1. Jh. n. Chr. als das Altvätergewand wieder aufleben. Unter den Kaisern wurde sie immer komplizierter und aufwendiger drapiert, bis endlich die kunstvolle Anordnung der Falten (contabulatio) den Haupteffekt der Togakleidung darstellt (vgl. die Vorschriften bei Quint. inst. 11,3,137ff.). Das Schuhwerk ist bei den Römern, vom einheitlichen Soldatenstiefel abgesehen, durch die ständische Ordnung bedingt, von einer reichen Mannigfaltigkeit. Oft sind es nur Unterschiede in Farbe und Beiwerk, die die Abhebung ausdrücken.

[8] Das Verhältnis der griech. zur röm. K. in den *Jahrhunderten v. u. n. Chr.* entsprach ziemlich genau dem Unterschied der beiden Reichshälften in Kultur und Sprache. War die *Ἑλληνικὴ στολή* noch im Jahr 88 v. Chr. ein sicheres Mittel für einen Römer, dem Pogrom der ‹ephesischen Vesper› zu entgehen, so macht sich im weiteren Verlauf ein immer stärkeres Eindringen röm. K. im griech. Osten bemerkbar. Das geht mit der Ausbreitung und Festigung der Reichsgewalt parallel, wird außerdem noch durch eine ausgedehnte und gut organisierte Konfektions-Manufaktur, an der auch die Provinzen kräftig teilnehmen, sehr beschleunigt. Röm. K. dringt bis in die letzten Winkel des Reiches. Daß sie dabei vieles Ursprüngliche abstreift, Neues übernimmt und Fremdes entlehnt, liegt bei einer Reichstracht auf der Hand. Als Amts- und Hoftracht ging sie dann in die Priestertracht des frühen Christentums über und hat sich so bis auf den heutigen Tag erhalten. F. E.

Lit: M. Bieber, Griech. Kleidung, 1928 – Dies., Entwicklungsgesch. d. griech. Tracht, 1965^2 – *Zu* [2]: G. Rodenwaldt, Der Fries des Megarons v. Mykenai, 1921, Beil. 1ff. – Sp. Marinatos-M. Hirmer, Kreta u. d. myk. Hellas, 1959 – H. Müller-Karpe, Die Metallbeigaben der früheisenzeitl. Kerameikosgräber, JdI 77, 1962, 59–129 – *Zu* [4]: R. Lullies-M. Hirmer, Griech. Plastik, 1956 – S. Karusu, *Χάλκινος Ἀρχαϊκὸς ζωστήρ*, Deltion 16, 1960, 60–71 – J. Boardman, Jonian Bronce Belts, Anatolia 6, 1961, 179–189 – *Zu* [6]: H. Weber, Griech. Frauentrachten im 4. Jh., 1938 – *Zu* [7] *u.* [8]: L. H. Wilson, The roman Toga, 1924 – M. Bieber, Romani Palliati, Proc. Amer. Philos. Soc. 103, 1959. 374–417.

Kleinasien (bei den klass. Schriftstellern *Ἀσία*, dies im Sinne von ‹Asien› zuerst bei Oros. hist. 1,2,13.26), die mächtige vom asiat. Kontinent abgetrennte Landmasse zwischen Schwarzem Meer, Ägäis und Mittelmeer.

[1] *Gestalt, Klima.* K. rechtfertigt seinen Namen, indem es gleichsam den Aufbau Asiens wiederholt: Im O K.s liegen wenig gegliederte Gebirgsrümpfe zu einem Hochlande vereinigt. Aus ihm fließen in tief eingeschnittenen Tälern die Ströme → Euphrat und → Tigris gegen Süden ab. Aus diesem Gebirgsland streckt sich K. nach W vor. Zwischen zwei Gebirgsketten liegt eingebettet das inneranatol. Hochland. Das südl. Kettengebirge, der → Tauros, steigt bis zu 3700 m an und verliert sich im W in der Ägäis. Das pontische Gebirge entlang der Schwarzmeerküste ist weniger abrupt. Zwischen diesen beiden Gebirgsarmen liegt das Hochland, das gegen W zu, wo die begleitenden Gebirgsketten an Höhe abnehmen, in Flußtäler übergeht, die sich gegen die Ägäis entwässern (→ Maiandros, → Hermos). Aus dem Innern dieses Hochlandes, dessen Zentrum

der abflußlose Tuz gölü (Salzsee) einnimmt, fließen der → Sangarios und der → Halys gegen N ins Schwarze Meer. Das Hochland des Innern wird durch langgezogene, flache Rücken gegliedert, zwischen denen einzelne vulkanische Kegel von bedeutender Höhe (→ Argaios = Erciyas dağı, 3916 m) aufsteigen. Nach S öffnet sich der Durchlaß der Kilikischen Pforte zur Kilikischen Ebene. Sonst sind, abgesehen vom Schwemmland verschiedener Flußmündungen, die Küstensäume überall schmal. Klimatisch ist der Saum der Schwarzmeerküste dem Pontischen, der Küstensaum im W und S dem Mittelmeerklima zugeordnet, während im übrigen ein Inlandsklima mit häufigen Schneefällen im Winter herrscht. Da der Regen bes. an den Küstengebirgen fällt, ist der Außensaum bes. fruchtbar, während das Innere mit Steppe bedeckt ist, die im Zentrum Anatoliens in eine Salzsteppe übergeht. Kleinasien zerfällt in der Antike in zahlreiche Landschaften, die mit Völkernamen identisch sind. So finden wir an der Westküste von N nach S: → Mysien, → Lydien und → Karien; entlang der Nordküste von W nach O: → Bithynien, → Paphlagonien und → Pontus. Die Südküste nehmen ein: → Lykien östlich Kariens und weiter gegen O fortschreitend → Pamphylien und → Kilikien, an das nach O in die asiatische Landmasse hinein die → Kommagene anschließt. Das Binnenland schließlich wird von → Armenien im O., dann von → Kappadokien und → Galatien im Zentrum eingenommen, während Lykaonien im Hinterland von Kilikien und → Pisidien in ähnlicher Lage zu → Pamphylien liegt. Schließlich nimmt → Phrygien den Übergang vom Hochland zu den nach W streichenden Flußtälern und damit das Hinterland von → Mysien, → Lydien und → Karien ein.

[2] *Vor- und Frühgeschichte.* Aus der geschilderten geographischen Gestalt ergeben sich beträchtliche Schwierigkeiten für den N–S-Verkehr, andererseits dank den Flußtälern eine günstige W–O-Verbindung der Ägäis-Küste zur anatol. Hochebene durch die Täler des Sangarios (Saharya) Hermos (Gediz) und Mäander (Menderes) und durch die Dardanellen und den Bosporus enge Verbindung mit Europa. In der intensiven steinzeitlichen Besiedelung K.s (lokale Stadtstaaten, → Anatolien) sind in der Tat alle Perioden europäischer Prähistorie vertreten. Im Chalkolithikum und der frühen Bronzezeit sind im W Troia I und im O Alişar Hüyük und Alaca Hüyük die wichtigsten Fundorte. Höhere Kultur mit städtischer Ansiedlung findet man zuerst bei den Protoḫattiern – das Protoḫattische (wahrscheinlich Alişar I./II., seit 2600 v. Chr., zuzuordnen) war die alte Sprache O-K.s, im 2 Jt. v. Chr. nur noch Kultsprache bei den → Hethitern. Verbreitung auf der zentralen Hochebene zwischen dem Pontischen Gebirge und dem Taurus vom Halys bis Tegarama (zur vorgeschichtlichen Bedeutung dieses Gebiets vgl. ausführlich → Anatolien). Zu Beginn des 2. Jt.s dringen im Zug der ersten großen indogerman. Wanderung → Indogermanen nach K. ein (ob von O oder W, ist fraglich), deren verschiedene Gruppen nach ihren Sprachen zu scheiden sind (s. u. 4). Größte Bedeutung erlangten die Hethiter, die sich im Halysbogen um → Ḫattušaš (heute Boğhazköy) festsetzen und sich die Kultur der Ḫattier aneignen. Zunächst in konkurrierende Stadtfürstentümer (Zalpa, Nesa, Kuššar) zersplittert, gewinnen sie von der Gründung des älteren Ḫattireiches unter Labaranaš (um 1650) an allmählich die Suprematie über die alten Stadtstaaten. Ausdehnung der Macht unter → Ḫattusilis I. und → Mursilis I. Zur Zeit des mittleren Ḫattireiches, über die fast nichts bekannt ist, beginnt die Expansion der → Churriter (→ Mitanni) von O-K. aus nach Kilikien und bis in den Antitaurus-Wall hinein. Das jüngere Ḫatti-Reich (von etwa 1420 an) bringt nach der Eroberung K.s, der Zerschlagung des → Mitanni-Reiches und der Angliederung von N-Syrien eine weitere Blütezeit. In W-K. treten im Pontosgebiet die Kasker seit dem 14. Jh. v. Chr. auf, die Luvier vor allem in den Arzawa-Ländern. Außerdem erscheinen die Karer, nach Hdt. 1, 171 von den ägäischen Inseln (Delos) aus aufs Festland gekommen, und die Lyker, die von Kreta eingewandert sein sollen. Ihre Sprache ist mit dem Luvischen verwandt. Der Einfluß der minoischen Kultur in K. ist gering (jedoch Funde in Milet), erst die myk. Kultur ist in Troia VI und bes. in → Milet deutlich faßbar. In den Boğhazköy-Texten taucht das Land Aḫḫijawa (→ Achäer) auf. Um 1200 führt die ägäische Wanderung, vom nördl. Balkan ausgehend, zur Zerstörung des Hethiterreiches (durch die → ‹Seevölker›). Die Kasker erscheinen am oberen Tigris. Neue Staatengebilde entstehen: im O um den Vansee zwischen 900 und 600 → Urartu, durch den Ansturm der → Kimmerier im 7. Jh. stark geschwächt, wenige Jahrzehnte danach von den → Skythen vernichtet. Aus dem mittleren Anatolien wandern die → Armenier ein. Die Küste W-K.s wird durch die Griechen besiedelt (um 1000 und später; → Kolonisation), von N nach S durch die Äoler (Kyme), Ioner (Phokaia, Klazomenai, Teos, Kolophon, Milet, Ephesos, Priene), Dorier (Kos, Knidos, Rhodos). Auf der Hochfläche Anatoliens Bildung des Staates der → Phryger, vielleicht erst im 8. Jh. mit der Hauptstadt → Gordion (→ Midas). Im 7. Jh. erlagen die Phryger dem Ansturm der Kimmerier. Ihre Nachfolge traten die → Lyder (1. H. 7. Jh. begründet Gyges die Mermnadendynastie) mit der Hauptstadt → Sardes an. Während sich seit 585 die Meder bis zum Halys ausdehnen, unterwirft Lydien unter → Kroisos die griech. Städte mit Ausnahme Milets. Mit der Niederlage des Kroisos gegen Kyros (547) beginnt die pers. Herrschaft über Kleinasien. Vgl. auch → Iranier. J. S.

Lit: Fr. Schachermeyr, Hethiter u. Achäer, 1935 – K. Bittel, Grundz. d. Vor- u. Frühgesch. K.s (1945), 1950² – A. Götze, K. (1933), 1957² – M. Mayrhofer, Die Indo-Arier im Alten Vorderasien (im Druck; Lit).

[3] *Geschichte von der pers. bis zur röm. Herrschaft.* Nach der Eroberung Lydiens fiel bald ganz Kleinasien unter pers. Herrschaft. Von der Vielfalt der unter ihr vereinigten Völker gibt die auch ethnologisch interessante Beschreibung der kleinasiat. Hilfskontingente im Heere des Xerxes bei Herodot (7, 72–78) ein farbiges Bild: hier tauchen die Völker aller der oben genannten Landschaften auf. Das griech. Element, das, vom Verlust der politischen Autonomie abgesehen, unter der pers. Herrschaft ziemlich unbehelligt geblieben war, errang, seit → Alexander d. Gr. 334 v. Chr. Asien betreten hatte, eine Vorherrschaft weit über die Küstengebiete hinaus (→ Kolonisation C). Der 278/277 vor Chr. erfolgte Einfall der → Galater brachte nochmals eine neue Komponente; sie ließen sich schließlich im alten Phrygien nieder. Nach Alexanders Tod entstanden die → Diadochenstaaten, die nach der Schlacht von Ipsos (301 v. Chr.) ungefähr folgenden Bestand haben: → Phrygien, → Lydien, → Lykien und → Pamphylien gehören zum Reiche des → Lysimachos. → Bithynien hat sich 298 v. Chr. von diesem Reiche selbständig gemacht; → Kilikien gehört zum Ptolemäerreich. → Kappadokien, → Galatien, → Pontus-Paphlagonien und → Armenien stehen unter einheimischen Dynastien. Nach dem Tode des Lysimachos löst sich 281 v. Chr. das → Attalidenreich von → Pergamon aus dem Verbande heraus; es ging durch Testament des letzten Königs 133 vor Chr. an Rom über. Bithynien kam auf dieselbe Weise 74 v. Chr. an Rom. Zur röm. Erwerbung der übrigen Teile s. unter den entsprechenden Landschaftsnamen. Im röm. Kaiserreich war K. vor allem aufgeteilt in die Provinzen → Asia, → Cilicia, → Lycia und → Pamphylia, während Pontus, Kappadokien und Armenien teils als Klientelstaaten, teils zeitweise als Provinzen verwaltet wurden. Die Neuordnung der Provinzen unter → Diokletian brachte zunächst eine Aufteilung in kleinere Einheiten sowie die Zuteilung K.s zu drei verschiedenen Diözesen: Der SW kam zur D. Asia, der NO zur Pontica und der SO zur Orientis. Diese Einteilung blieb bestehen, bis Kaiser Heraklios (610 bis 641) die neue Organisation der Themen (Wehr-

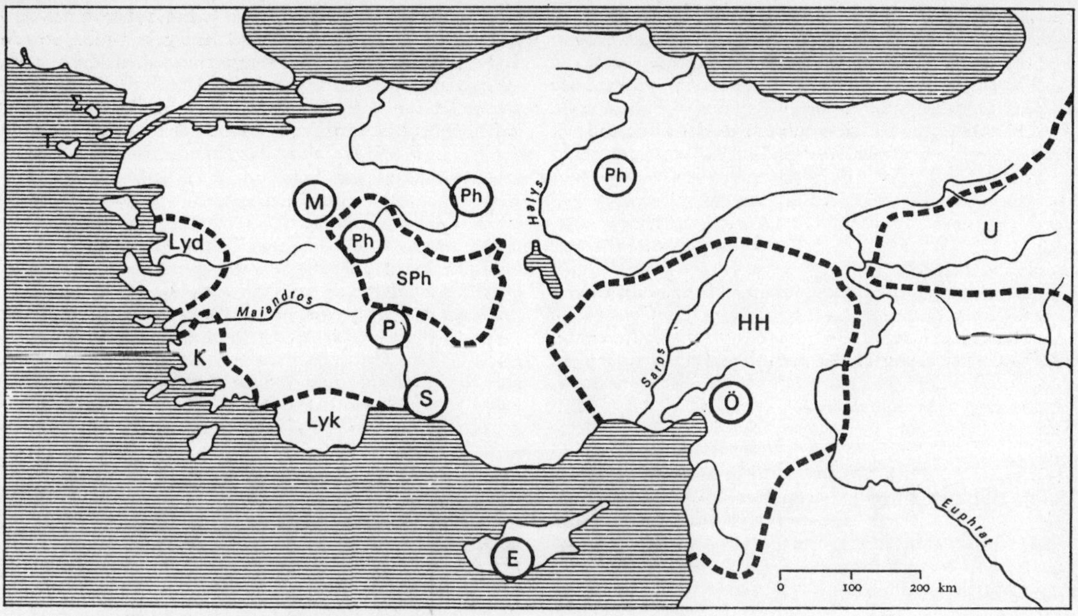

Abb. 129 Die kleinasiatischen Sprachen (Zeichenerklärung im Text)

kreise) mit einem Strategos an der Spitze einführte. K. verblieb beim byzant. Reich bis zur Schlacht von Manzikert oder Malâzgerd in der Nähe des Van-Sees vom Jahre 1071, als Kaiser Romanos IV. Diogenes vom Seldschukensultan Alp Arslan gefangengenommen wurde. Diese Niederlage gab den Weg frei zur türk. Besiedlung K.s. R.F.

Lit: W.M.Ramsay, Hist. Geography of Asia minor, 1890 – V. Chapot, La province proconsulaire rom. d'Asie, 1904 – L. Robert, Villes d'Asie mineure, 1935 – E. Gren, K. in der wirtschaftl. Entwicklung der röm. Kaiserzeit, 1941 – D. Magie, Roman rule in Asia minor, 1950 (Lit).

[4] *Kleinasiatische Sprachen.* Die Keilschriftarchive von Boğazköy lassen für Kleinasien im 2. Jt. außer den unindogerm. Idiomen (Proto-)Hattisch und Hurrisch drei enger zusammengehörige Sprachen erkennen, die den hethit.-luvischen oder anatolischen Zweig des → Indogermanischen bilden: (Keilschrift-) → Hethitisch, (Keilschrift-) Luvisch und Palaïsch. Dieser Sprachengruppe gehören auch mehrere k. Sprachen des 1. Jt.s an: 1. Hieroglyphen-Hethitisch (‹Hieroglyphen- oder Bildluvisch›), dem Luvischen nahestehend (Karte: HH; hierher wohl auch die Sprache der Stele von Ördek Burnu: Ö); 2. → Lykisch (Lyk); 3. → Lydisch (Lyd); vielleicht auch 4. → Sidetisch (S); 5. → Karisch (K); 6. → Eteokyprisch (E). Das unindogerm. Urartäisch (U) in Armenien (9.–7. Jh.) scheint mit dem Hurrischen verwandt zu sein. Andere k. Sprachen des 1. Jt.s gehören den vom 12. Jh. an zugewanderten indogerm. Stämmen an; inschriftlich bezeugt sind (vom Griech. und dem keltischen Galatisch abgesehen): → Phrygisch (Altphryg. Ph; Spätphryg. SPh), → Thrakisch (*Σ*) und → Mysisch (M). Die Stellung des → Pisidischen (P) und des → Tyrsenischen auf Lemnos (T) ist ungeklärt. Die meisten k. Sprachen verschwinden im 1. Jt. und machen dem Griech. Platz. Vgl. → Schrift; ferner → Hethiter (Lit). A.H.

Q: J. Friedrich, Kleinasiat. Sprachdenkmäler, 1932 – *Lit:* J. Friedrich, Hethit. und ‹k.› Sprachen, Gesch. d. idg. Sprachwiss. II 5/1, 1931 – W. Brandenstein, RE Suppl. 6 (1935), 165–181 – G. Neumann, Unters. zum Weiterleben hethit. und luw. Sprachgutes in hell. u. röm. Zeit, 1961 – *Zur Schrift:* V. Gardthausen, RE 11 (1921), 601–612, s. v. k. Alphabete – M. Falkner, in: Frühgesch. und Sprachwiss., hg. v. W. Brandenstein, 1948, 128–132.

Kleinkunst. [1] Unter den *Begriff* K. sind alle diejenigen Kunsterzeugnisse zu rechnen, die relativ klein in ihren Ausmaßen sind. Der Maßstab wird letzten Endes aus der Größe des Menschen und der von ihm angefertigten und verwendeten Geräte gewonnen, wovon ja auch der Begriff des ‹lebensgroßen› und ‹kolossalen› Formates der Großplastik hergeleitet wird. Die Statuen halber Lebensgröße dürften noch zur Großplastik gehören, zur K. hingegen alles, was geringeren Formats ist. Werturteile sind mit dieser Eingliederung in die K. nicht verbunden, da sich auch bedeutende Meister mit der Herstellung kleinster Kunstwerke befaßt haben. Doch ist zu beachten, daß den Meisterwerken der K. (etwa in der att. schwarz- und rotfigurigen → Vasenmalerei, bei den archaischen und strengen Kleinbronzen aus Dodona, bei → Gemmen und griech. → Münzen) eine innere Monumentalität eigen ist, die sie über das Kleinformat hinauswachsen läßt. Die miniaturhafte Anfertigung im Kleinstformat, so vollendet sie im Technischen sein mag und so große Bewunderung sie gelegentlich vor allem bei Laien hervorrufen mag, schafft allein noch nicht das künstlerische Meisterwerk. Zur K. im weiteren Sinne gehören selbstverständlich auch die handwerklichen Erzeugnisse durchschnittlicher oder geringerer Qualität. – Die *Bedeutung* der K. innerhalb der bildenden Kunst wechselt. In den Epochen, in denen monumentale Architektur, Großplastik und Malerei noch nicht oder nicht mehr vorhanden sind, steigen Bedeutung und Aussagekraft der K. (z. B. → kret.-myk. oder griech.-geometrische Zeit). Andernfalls, z. B. in den Jahrhunderten der griech. Klassik, wird die K., sofern sie nicht selbständige und unentbehrliche Gebiete (Gemmen, Münzen) vertritt, in eine Nebenrolle abgedrängt.

[2] Als → *Materialien* der K., die man in → Statuetten und → Geräte (diese wiederum mit zahlreichen Unterabteilungen) aufteilen kann, dienen edle und unedle Stoffe: Gold, Silber, Elektron, Elfenbein, Bernstein, Halbedelsteine, Bronze, Kupfer, Eisen, Blei, Glas, Holz vieler Arten, Ton u. a. m. Da jedes seine eigenen Gestaltungsgesetze und Geschichte hat, werden einige Gebiete der K. nach dem Material (Kleinbronzen, → Terrakotten, → Gläser, → Elfenbein), andere nach Gegenstand und Verwendungszweck (→ Lampen: aus Marmor, Stein, Bronze, Terrakotta; → Münzen: aus Gold, Silber, Elektron, Bronze, Kupfer; → Schmuck: aus Gold, Silber, Bronze, Halbedelsteinen, Bernstein, Elfenbein, Knochen) gegliedert.

[3] Im Gegensatz zu Architektur und Großplastik läßt sich die *Zahl* der Denkmäler der K. nicht übersehen und wächst stetig noch an. Von einzelnen Gattungen sind viele Zehntausende von Exemplaren bekannt. – Die *Geschichte* der so ungeheuer reichen antiken K. kann hier nur angedeutet werden. An der Spitze aller Gattungen stehen nach der künstlerischen Bedeutung die *Kleinbronzen*, die, seit der minoischen Zeit im griech. Raum bekannt, in den geometrischen, archaischen und klassischen Jahrhunderten eine bedeutende Rolle spielen und in der Kaiserzeit eine neue Hochblüte erleben. Ihre Bedeutung liegt darin, daß sie entweder anstelle großplastischer Werke oder in engster Anlehnung an sie, freilich unter Wahrung der Eigengesetzlichkeit, geschaffen wurden. Die Bronze fügt sich durch den Wachs-Erz-Guß (→Metall B) jeder gewünschten Form und gehört damit zum bildsamsten und vielseitigst verwendbaren Material überhaupt (→Statuetten, →Gerät, →Metallgefäße, →Schildbänder, →Kretische Schilde, →Attasche, →Crustae, →Dreifuß, →Greifenkessel, →Kandelaber, →Spiegel). – An Breite der Produktion übertreffen die → *Terrakotten* die Bronzen bei weitem. Die Werkstätten arbeiten, vielfach wohl in engster Verbindung mit den Töpfereien, mit wechselndem Erfolg die ganze Antike hindurch. Wenn die Terrakotten gut gebrannt sind, was nicht immer der Fall ist, ist auch ihre Bemalung (in der Technik der Vasen) gut erhalten, was ihren Reiz beträchtlich erhöht. Inhaltlich sind sie häufig aufschlußreich für mythologische und antiquarische Probleme (vgl. →Statuette, →Campanareliefs, →Lokrische Reliefs, →Ton, →Melische Tonreliefs, →Kleinkunst von Myrina, →Kleinkunst von Tanagra, →Lampen). – Die sog. → *Vasen* (vgl. →Keramik) erreichen auf griech. Boden von der minoischen Zeit an bis zur Klassik in Form und Bemalung hohen, z.T. höchsten künstlerischen Rang, sind aber auch in Epochen geringerer künstlerischer Bedeutung wichtigste historische Dokumente für die Höhe der Zivilisation, politische und kulturelle Beziehungen, Bevölkerungsbewegungen und -art. Durch ihre große Zahl erlauben sie eine sehr genaue Einteilung und Datierung, durch ihre Materialbeständigkeit (gut gebrannter Ton ist säure- und wasserfest und kann eigentlich nur mit Gewalt zerschlagen werden) geben sie originale Zeugnisse in unverändertem Zustand. – Zu weiteren Gebieten der K. vgl. →Elfenbein, →Münzen, →Glyptik, →Schmuck, →Glas, →Lampen. U.J.

[4] Die *christl. Kleinkunst* benutzt →Elfenbein, Gold, Silber, Bronze, Stein und Terrakotta, je nach Werkstatt-Tradition und Zweckbestimmung. – 1. Dem *privaten Bereich* gehören die Amulette an, deren Zeichnung oft jüdischer Provenienz ist wie der Reitertyp (Salomo), den Feind (das Böse) auf dem Boden mit der Kreuzlanze durchbohrend (Belege: Goodenough, Fig. 1054. 1052; Cross, Nr. 60). Auch Gemmen sind in ihrer Glyptik jüdisch beeinflußt (Klauser, Abb. 6), ebenso Goldgläser (Vollbach, 11), deren Boden ein Goldblatt mit eingeritztem oder gemaltem Bild schmückte. Man schenkte sie zu Neujahr und Hochzeit oder weihte sie beim Totenmahl dem Verstorbenen; sie konnten daher auch heidnische Motive (z.B. Herakles) aufnehmen. Nur liturgischen Goldgläsern (z.B. aus Köln: Fremersdorf, Fig. 6f.) eignet christl. Eindeutigkeit. Lampen, als Terrakotta in gängiger Gestalt meistens dem häuslichen oder sepulkralen Bereich zugehörig, zeigen oft apotropäische Zeichen, während Kirchenlampen aus Bronze durch plastische Nachbildungen z.B. des →Symbols des Schiffes oder der Taube (Volbach, 12; Cross, pl. 25–28) ihre Funktion betonen. In der privaten K. wirkte der Stil antiker Toreutik noch lange nach, vgl. die Davidszenen der Silberplatten von Nikosia (Rice, 72f.) und Cypern, die an den Heraklesteller Paris Anf. 7. Jh. erinnern (Volbach, 250f.). – 2. Die *devotionale* K. ist um so eindeutiger. Ampullen für Wallfahrer (Monza und Bobbio), Produkte einer kirchlich gelenkten Industrie des hl. Landes und auch der Menasstadt, Ägypten (→Kopten 2), bringen im festen Zyklus Szenen aus dem Leben Christi, aus dem sich vor allem die mit den hl. Stätten der Anastasisrotunde, Golgathafelsen, Ölberg, Geburtskirche und Ort der Jordanstaufe hervorheben; vgl. hölzerne Reliquienkasten Sancta Sanctorum, Rom um 600 (Morey, Art, Fig. 129). Die Bildmotive sind daher denen der →Malerei und Relief→Plastik analog (These von der Replik der Malerei in den entsprechenden →Memorialkirchen nicht unbestritten). Zwei Goldmedaillons, Konstantinopel 6. Jh. (Rice, 66; kaiserliche Enkolpien?), bilden im dreireihigen Fries das Leben Jesu ab, während ein vergleichbarer Halsschmuck, Washington (Volbach, 248), sich nach Art der Ampullen auf Taufe am Jordan und Marienszenen beschränkt. – 3. *Liturgische Geräte* wie eucharistische Gläser, Silberflaschen und -kannen (Volbach, 52, 96, 121, 246), ferner auch Kelche, darunter der in der Echtheit umstrittene von Antiochia (G. Downey, Ancient Antioch, 1963, Fig. 70–78), bieten weniger Bildfläche als Silberpatenen; vgl. die Beispiele in Leningrad, 6. Jh. (Volbach, 245), mit dem Golgathakreuz auf dem Weltenberg und in Istanbul bzw. Washington (ebd. 247; Cross, 10) mit der sog. Apostelkommunion. Das letzte Bildthema, das auch im Rossanensis erscheint (Volbach, 240) entstammt sichtlich dem Apsisraum und gehört noch in spätbyzantin. Zeit zu dessen festem Bildkanon. Pyxiden aus →Elfenbein oder Silber halten z.T. noch lange an den alten Rettungsthemen fest (vgl. die in Washington und Paris: Volbach, 236, 120), modellieren den von Aposteln akklamierten Christus als lehrenden Philosophen (vgl. Berliner Pyxis um 400; Volbach, 95; so auch Apsismosaik S. Aquilino, Mailand: ebd. 158; Rückseite der Pyxis: Abrahamopfer) oder kennzeichnen sich eindeutig als Produkte des Menaskultes (vgl. London 6. Jh.). Ein anderes Londoner Kästchen von ca. 420 n. Chr. ist der erste Beleg für die Darstellung des Gekreuzigten, des ungläubigen Thomas und des am Baum hangenden Judas (Volbach, 98). Auf dem Elfenbeinkasten von Brescia (Volbach, 85–89; 2. H. 4. Jh., nach Delbrück ca. 320; Gebrauchszweck unbekannt) finden Szenen der apokryphen Literatur Platz. Beide gehören vielleicht dem devotionalen Bereich an. Reliquiare sind im allgemeinen leichter zu erkennen, vgl. Ain Zirara, Numidien 4. Jh. (Morey, Art, 98) und Pola 1. H. 5. Jh. (Buddensieg, 47–51; Apsis- bzw. Triumphbogenbilder der traditio legis und sog. Hetoimasia; Bild eines Presbyteriums mit Architrav auf gedrehten Säulen = St. Peter, Rom?; Blicke ins Kircheninnere und seine Schiffe). Das 382 für Apostelreliquien gearbeitete Silberreliquiar S. Nazaro, Mailand (Volbach, 110–115; neben lehrendem Christus inmitten Apostel, Magieranbetung und 3 Jünglinge, ein Josephsbild und Salomourteil der Bibelillustration), warnt allerdings davor, den ikonographischen Einfluß des liturg. Raumes zu verabsolutieren. C.A.

Q: J. Delattre, Lampes chrétiennes de Carthage, 1890 – H. Forrer, Frühchristl. Altertümer v. Achmin, 1891 – Ch. R. Morey, Gli oggetti di avorio e di osso del Museo Vaticano, 1936 – C. Bonner, Studies in Magical Amulets, 1950 – Ch. R. Morey, Early Christian Art (1943), 1953[2] – R. A. Goodenough, Jewish Symbols II, 1953, 208 bis 295; III, 1953, Bildanhang – H. Menzel, Antike Lampen, RGZMus Mainz Katalog 15, 1954, 84–102 – H. Fremersdorf, Ältestes Christentum in Köln, 1956 – A. Grabar, Ampoules de Terre Sainte, 1958 – E. Coche de la Ferté, L'antiquité chrétienne du Musée du Louvre, 1958 – W. F. Volbach-M. Hirmer, Frühchristl. Kunst, 1958 – Ch. R. Morey-G. Ferrari, The Gold-glass Collectio of the Vatican library, 1959 – D. T. Rice-M. Hirmer, Kunst aus Byzanz, 1959 – M. C. Cross, Catal. of the Byzantine and early mediaeval Antiquities in the Dumberton Oaks Collection I, 1962 – *Lit:* H. Menzel, JbRGZMainz 2, 1955, 253–261 (Amulett mit Reiter) – T. Buddensieg, CArch 10, 1959, 157–195 (Reliquiar Pola) – Th. Klauser, JAC 4, 1961, 128–145 (Zur Entstehungsgesch. der altchristl. Kunst).

Kleinmeisterschalen, Gattung dünnwandiger, kleiner Trinkschalen auf hohem Fuß, beliebt in Attika und Ionien von etwa 560 bis 530. Ihrer Feingliedrigkeit entspricht ein sparsamer, miniaturhafter Dekor, bei dem auch die Inschriften mitsprechen. Die sog. Bandschalen sind dunkel gefirnißt bis auf die figurentragende, bandartig umlaufende Henkelzone. Bei den Randschalen ist auch der Beckenrand ungefirnißt und zeigt den Hauptschmuck: Tiergruppen, Frauenbüsten, selten erzählende Bilder (→ Phrynos, → Klitias). Die Innenbilder der K. sind in Athen meist zungenstabgerahmte Medaillons mit Gorgoneion, Tierfigur oder Zweiergruppe; in Ionien beschränkt man sich häufig auf fein abgewogene konzentrische Kreise. I. Sch.

Lit: J. D. Beazley, Little Master Cups, JHS 52, 1932, 167–204 – E. Kunze, Ion. Kleinmeister, AM 59, 1934, 81–122 – Beazley, ABV, 159ff.

Kleisthenes von Athen, Sohn des → Megakles und der → Agariste, aus dem Geschlecht der → Alkmeoniden, deren Führer er nach dem Tod des Vaters wurde. In der Jugend wahrscheinlich im Exil; nach der Ermordung des → Hipparchos (1) versuchte K. nach Athen zurückzukehren. Durch ihr Eingreifen beim Bau des Tempels von → Delphi erhielten die Alkmeoniden die Unterstützung des delphischen Orakels, das Sparta zum Kampf gegen die → Peisistratiden aufrief (→ Kleomenes I.) und so den Sturz des → Hippias (1) im Sommer 510 v. Chr. bewirkte. K. kehrte nach Athen zurück und warf sich, von den Paraliern zu ihrem Führer ernannt, zum Verteidiger der solonischen Verfassung auf; er wurde dabei der Gegner des → Isagoras, der die Pedierpartei neu bilden und die Oligarchie wieder aufrichten wollte. Nach der Flucht des Isagoras (508/507) mit außerordentlichen Vollmachten ausgestattet, gab er Athen eine neue Verfassung. Um die Macht der vier Stamm → Phylen zu brechen, teilte er Attika einerseits in etwa hundert Territorialkreise (→ Demos), andererseits in drei große Bezirke (*ἄστυ, παραλία, μεσόγειον*, ‹Stadt›, ‹Küstenland›, ‹Binnenland›), die wiederum in je zehn → Trittyen zerfielen; die Bevölkerung gliederte sich in zehn Territorialphylen, deren jede drei Trittyen umfaßte (je eine der Stadt, des Küsten- und des Binnenlandes). Die Mitgliederzahl des Rats erhöhte K. auf 500 (50 je Phyle) und erweiterte seine Zuständigkeit auf Kosten des → Areopags; beide Versammlungen wurden der Oberhoheit der Ekklesia unterstellt. Mit dieser Verfassung wurde K. der Begründer der athen. Demokratie. R. V. C.

Lit: V. Ehrenberg, Neugründer des Staates, 1925, 55–102 – Ders., Staat der Griechen, 1965² – Busolt-Swoboda, 868–887.

2. **K. von Sikyon,** aus dem Geschlecht des → Orthagoras, ergriff ca. 600 v. Chr. in einer Palastrevolution, die dem Tyrannen Isodamos, dem jüngeren Sohn des Orthagoras, das Leben kostete, die Macht und war darauf 31 Jahre lang Tyrann von → Sikyon. Da er aus einer Seitenlinie des Geschlechts stammte, konnte er nur mit Unterstützung der nicht-dorischen Volksmassen an der Macht bleiben; das erklärt die gegen das dorische Element gerichtete Tendenz seiner Politik. K. spielte eine wichtige Rolle im 1. → Heiligen Krieg, aus dessen Beute er Sikyon verschönerte; er war Sieger im Quadrigarennen in Delphi (582 v. Chr.) und Olympia (576 oder 572 v. Chr.) und vermählte seine Tochter → Agariste dem → Megakles v. Athen. Seine Regierung war für Sikyon eine Zeit großen Wohlstandes. R. V. C.

Lit: A. Gitti, C. di Sicione e le sue riforme, MAL 6, 2, 1929, 535 bis 625 – M. F. McGregor, C. of Sicyon, TAPhA 72, 1941, 266–287 – P. de la Coste Messelière, Au Musée de Delphes, 1936, 77ff.

Kleitarchos, griech. → Geschichtsschreiber (I B 3); Datierung umstritten. Sohn → Dinons, vielleicht Schüler des → Stilpon; lebte wohl in Alexandria. Unbekannt, ob K. am Alexanderzug teilnahm. Nach verbreiteter, nicht unbestrittener Ansicht wirkte das effektvolle, romanhafte, vermutlich nach → Onesikritos, → Nearchos und → Polykleitos, aber vor → Ptolemaios (22) Lagu und → Aristobulos etwa gegen Ende des 4. Jh.s verfaßte Werk über Alexander (mindestens 12 Bücher, proptolemäisch) stark auf die ‹Vulgata› der Alexandertradition: → Diodor (Buch 17 gilt meist als direktes, stark kürzendes Exzerpt), → Justinus (2) (11–12), → Curtius (7) Rufus, → Metzer Epitome, ‹Legomena› → Arrians; vgl. auch das Frg. Sabbaiticum (Amyntianos?) Pap. Ox. 1798 (FGrHist 151. 150. 148). K. galt als Vorläufer des → Asianismus; er war noch in Rom viel gelesen. W. Sp.

Kleitomachos von Karthago, → Akademiker, Schüler des → Karneades, Schulleiter 127/126–110. K. soll über 400 Bücher geschrieben haben, meist wohl Nachschriften seines Lehrers. Ob er dessen Philosophie weitergebildet hat, ist fraglich. → Cicero zitiert (Luc. 99) eine Schrift ‹Über die Enthaltung von der Zustimmung› und (Tusc. 3) eine von Karneades angeregte ‹Trostschrift an die Karthager›; daneben verfaßte K. für den Dichter → Lucilius (1) eine Einleitung in die akademische Philosophie (Luc. 102). M. S.

Kleitos, ‹der Schwarze›, Bruder der Amme → Alexanders (5) d. Gr., diente unter → Philipp II.; rettete Alexander am Granikos das Leben, kämpfte bei Gaugamela; nach → Philotas' Tod Kommandant der Hälfte der maked. Reiterei. Als Makedone alter Art mißbilligte er das pers. Zeremoniell des Königs. Bei einem Gelage in Samarkand im Winter 328/327 nach erhitztem Streit von Alexander erschlagen (in den Quellen ausgeschmückt). Alexander drohte, aus Reue Selbstmord zu verüben, bis das Heer K. nachträglich wegen Hochverrats verurteilte. E. Bd.

Lit: Berve II 206ff.

2. **K.,** ‹der Weiße›, in Indien unter → Alexander (5) d. Gr. Kommandant einer Taxis der Infanterie und später Hipparch; unter → Krateros (1) 324 nach Europa geschickt. Besiegte als Reichsadmiral im → Lamischen Krieg 322 die athen. Flotte bei Abydos und Amorgos; in Triparadeisos (→ Antipater, 1) 321 zum Satrapen von Lydien ernannt; nach Antipaters Tod von → Antigonos I. vertrieben, am Bosporos von → Nikanor (2) zu Land und See geschlagen, 318 auf der Flucht getötet. E. Bd.

Lit: Berve II 209.

Kleobis und Biton, Söhne einer argiv. Herapriesterin. Ziehen statt der ausgebliebenen Stiere bei einem Herafest den Wagen der Mutter zum Heiligtum. Auf die Bitte der Mutter, Hera möge den Kindern das Schönste geben, starben diese nach dem Opfer im Schlaf (Hdt. 1, 31).

Darstellungen: Rundplastisch um 600, Statuen in Delphi (Lippold, GrPl 25), später auf argiv. Münzen, einer Ara und einem Sarkophagfrg (Guarducci, in: Studi U. Paoli, 1955, 365–376) – *Lit:* C. Caprino, Cleobi, EAA II, 1959, 713f.; vgl. Dittenberger-Hiller, SIG 5. K. Schb.

Kleombrotos, → Agiade, Sohn des Königs → Anaxandridas von Sparta, nach dem Tod seines Bruders → Leonidas (1) an den → Thermopylen (480 v. Chr.) Vormund von dessen Sohn Pleistarchos. K. befestigte den Isthmos gegen eine pers. Invasion der Peloponnes; er starb noch im gleichen Jahr (Hdt. 9, 10). F. Kch.

2. **K. I.,** spart. König (380–371), unternahm 378 und 376 erfolglose Feldzüge nach Böotien und unterlag 371 dem → Epameinondas bei Leuktra, wo er selbst tapfer kämpfend fiel. E. Bn.

3. **K. II.,** von der Reformpartei in Sparta um → Agis IV. 242 v. Chr. anstelle seines Schwiegervaters → Leonidas II. zum König erhoben; nach dessen Rückkehr (241) ging K. zu → Ptolemaios III. in die Verbannung. F. Kch.

Kleomedes, → Astronom und → Stoiker, lebte zwischen dem 1. Jh. v. Chr. und dem 1. Jh. n. Chr., Verfasser eines Buches, ‹Die Kreisbewegung der Himmelkörper› auf der Grundlage der stoischen Physik und Kosmologie, bes. der des → Poseidonios. Der erste Teil enthält die Beschreibung der Messung des Erdumfanges nach → Eratosthenes und Poseidonios; im zweiten werden die Mondphasen und Mondfinsternisse erklärt. K. bemerkt, daß die Sonne wegen der atmosphärischen Brechung des Lichtes auch unterhalb des Horizonts noch sichtbar sein kann. S. S.

Ed: H. Ziegler, BT, 1891 (mit lat. Übers.) – *Lit:* A. Rehm, RE 11, 1 (1921), 679–694 – Sarton II 304.

Kleomenes I., König von → Sparta (ca. 525–488; Chronologie ungewiß), ältester Sohn des Königs Anaxandridas (doch von dessen zweiter Gattin), Halbbruder von → Dorieus, → Leonidas (1) und → Kleombrotos (1), aus der Familie der → Agiaden. Da er davon träumte, die Macht der Könige wiederherzustellen und die Politik der Eroberungen zu erneuern, und so das Werk des Ephoren → Chilon zerstörte, stieß er bald auf die Gegnerschaft der Ephoren und des Königs → Demaratos aus dem Geschlecht der → Eurypontiden: es gab zahlreiche Konflikte. K. hatte ein Bündnis zwischen Athen und Plataä (519 v.Chr.) befürwortet, in der Absicht, Theben gegen → Hippias (1) zu empören. Da die delphische Pythia, die auf seiten der → Alkmaioniden (→ Kleisthenes, 1) stand, unaufhörlich Sparta gegen die Peisistratiden aufhetzte, fiel nach dem Tod des → Hipparchos (1) das von K. befehligte peloponnesische Heer in Attika ein und machte der Herrschaft des Tyrannen Hippias ein Ende (510). Als jedoch 508/507 K., den der oligarchische Archont → Isagoras (1) zu Hilfe gerufen hatte, von neuem in Attika einbrach, wurde er von den Anhängern des Kleisthenes auf der Akropolis eingeschlossen und mußte das Land räumen. Besseren Erfolg hatte er auf der Peloponnes, wo er Argos, den Erbfeind Spartas, in der Schlacht von Sepeia (ca. 494?) vernichtend schlug. Trotz seiner perserfeindlichen Einstellung hatte K. es 499/498 nicht für nötig gehalten, → Aristagoras v. Milet zu unterstützen. Ca. 491 jedoch unternahm er eine Strafexpedition gegen Ägina, das des Landesverrats verdächtig und ein geschworener Feind Athens war; in seiner Abwesenheit erhob Demaratos verschiedene Anklagen gegen ihn, wurde jedoch mit Hilfe der von K. bestochenen Pythia zugunsten des → Leotychides entthront; K. starb kurz darauf (488?). R.V.C.

2. **K. II.**, Sohn → Kleombrotos' I., spartan. König 370 bis 309/308.

3. **K. III.**, → Agiade, König von Sparta 237–221. Gestützt auf ein in einem erfolgreichen Krieg gegen die → Achaier geschaffenes Söldnerheer, verwirklichte er unter dem Einfluß des Stoikers → Sphairos v. Borysthenes und seiner Gemahlin Agiatis, der Witwe → Agis IV., dessen Sozialprogramm. 227 stürzte er das → Ephorat, das Bollwerk der Reaktion, und verbannte deren 80 Hauptvertreter. Die darauffolgende Schaffung von 4000 Spartiaten- und 15000 Perioikenkleroi (→ Kleruchie) war nicht so sehr als soziale Revolution denn als Wiederherstellung der vermeintlichen sozialen und ökonomischen Gleichheit im frühen Sparta mit dem Ziel einer Erneuerung seiner Größe gedacht. Die Neubelebung der altspartan. Erziehung diente dem ebenso wie die Auffüllung der Bürgerzahl und die Ausrüstung des dadurch gewonnenen Heeres nach makedon. Vorbild. In seiner Regierung orientierte sich K. an den absolut herrschenden hellenist. Königen. Die Sympathien der verarmten Massen in Hellas, die in K. einen revolutionären Führer sahen, ermöglichten ihm zunächst große Erfolge gegen den → Achäischen Bund. Er errang 226 einen bedeutenden Sieg bei Dyme; Mantineia, Tegea, Argos schlossen sich ihm an, schon griff er 225 nach der Hegemonie über die Peloponnes. Doch die übertriebene Angst vor einem sozialen Umsturz trieb die achäische Bourgeoisie unter die Fittiche der eben noch so heftig bekämpften makedon. Militärmonarchie. → Aratos (1) veranlaßte 224 → Antigonos III. Doson zur Intervention. Da K. seine ‹restaurative Revolution›, die Sparta eine so glänzende Zukunft versprach, nicht exportieren wollte, wandten sich die Massen enttäuscht von ihm ab. Argos fiel ihm in den Rücken, als er 224 den Isthmos gegen Antigonos verteidigte. 223 verlor er Arkadien, 222 wurde er bei Sellasia vernichtend geschlagen. Sparta mußte sich Makedonien unterstellen, K.' Staatsbau wurde annulliert. Er selbst floh nach Ägypten, wo er schließlich interniert wurde; bei einem mißglückten Putschversuch fand er in Alexandria den Tod. F.Kch.

Q: Polyb. 2,46–70 – Plut., Agis u. K. – *Lit:* G. Kazarow, Zur Gesch. d. sozialen Revolution in Sparta, Klio 7, 1907, 45–51 – E. Bux, Zwei sozialist. Novellen bei Plutarch, Klio 19, 1925, 413–431 – W.W. Tarn, CAH VII 739–762 – M. Hadas, The Social Revol. in 3rd Cent. Sparta, ClW 26, 1932/33, 65–76 – P. Cloché, Remarques sur les règnes d'Agis IV et de Cl. III, REG 56, 1943, 53–71 – T.W. Africa, Phylarchus and the Spartan Revol., 1961 – A. Fuks, Agis, Cl. and Equality, ClPh 57, 1962, 161 ff.

4. **K.** von Naukratis, von → Alexander (5) d. Gr. 332/331 in Ägypten zum Kommandanten des östlichen Militärbezirks und Steuereinnehmer des ganzen Landes ernannt; spekulierte während einer jahrelangen Teuerung von 330 an skrupellos mit ägypt. Getreide; regierte wenigstens de facto als Satrap; gewann durch überschwengliche Ehrung des toten → Hephaistion (1) wieder des Königs Gnade; nach Alexanders Tod von → Ptolemaios I. als Anhänger des → Perdikkas (4) getötet (322/321).

Lit: Berve II 210 f.

5. **K.**, Name mehrerer athen. Bildhauer der frühen Kaiserzeit: K., Sohn eines Apollodoros, ist aus der Signatur der mediceischen Venus in Florenz bekannt (Inschrift vermutlich Renaissancekopie nach verlorenem Original). – K., Sohn eines Kleomenes (also des vorigen?), hat den sogenannten Germanicus im Louvre signiert (um 20 v. Chr.). – Ein anderer K. hat den Altar mit dem Relief der Opferung der Iphigenie in Florenz signiert, ein anderer eine Statue in Piacenza; von einem K. stammten auch die Thespiaden, die → Asinius (2) Pollio besaß (Plin. nat. 36, 33). K.Schf.

Lit: G.A. Mansuelli, EAA IV, 1961, 369, Abb. 436.

Kleon, athen. Politiker und → Demagoge in der 1. Hälfte des Pelop. Krieges. Als Besitzer einer großen Gerberei gehörte er nicht zu den Athen auch noch in der Ära des → Perikles regierenden aristokratischen Kreisen, sondern zu einer bislang am Regiment noch nicht beteiligten sozialen Schicht. Sowohl → Thukydides wie auch die – konservative – Komödie lehnten ihn deshalb ab und machten ihn nach Möglichkeit lächerlich, weshalb ein gerechtes Urteil über ihn schwerfällt. K. begann seine Laufbahn als Führer der radikalen Opposition gegen den alternden Perikles (Plut. Per. 33; 35) und entwickelte sich nach dessen Tod zum unbedingten Kriegs- und Durchhaltepolitiker, der alle Vorschläge zu einem Kompromißfrieden zu Fall brachte und alles der Erringung des Sieges unterordnete. Nach der Gefangennahme der spartan. Besatzung auf Sphakteria mit Hilfe des → Demosthenes (2) i. J. 425 erreichte sein Ansehen den Höhepunkt. Schon 427 in der Debatte über Mytilene (Thuk. 3, 36, 6 ff.; Diod. 12, 55, 8 f.) als Verfechter eines harten Kurses gegenüber den Bundesgenossen hervorgetreten, setzte er 425/424 durch die sog. Kleonschatzung (IG I² 63) die Erhöhung ihrer Tribute von 460 auf 1460 Talente durch. Im Sommer 422 festigte er die durch → Brasidas angeschlagene athen. Position in Thrakien wieder, doch Ende Okt. wurde er von diesem bei Amphipolis überrumpelt und besiegt, wobei beide Feldherrn fielen (Thuk. 5, 3 ff.). F.Kch.

2. **K. von Kurion**, Epiker (‹Argonautika›), → Hellenist. Dichtung C [1].

3. **K. von Sikyon**, Bildhauer, Schüler des → Antiphanes von Argos, der seinerseits Schüler des → Polykletschülers → Periklytos war. Nach den chronologischen Anhaltspunkten in der 1. H. d. 4. Jh.s tätig; nach der Überlieferung vor allem bekannt durch zahlreiche Athletenstatuen und Porträts. Kopien sind nicht nachgewiesen. E.Bg.

Lit: Lippold, GrPl, 217 – Marcadé I 60–61 – EAA IV, 1961, 371 (Red.).

Kleoneides, zu Anf. des 2. Jh.s n. Chr., Verfasser einer griech. Schrift über Musiktheorie. Quelle für die Lehre des → Aristoxenos. G.W.

Ed: C. v Jan, Musici Scriptores Graeci, 1895 (Nachdr. 1962), 167.

Kleonymos, zweiter Sohn → Kleomenes' II. v. Sparta. Nach dessen Tod (309/308 v. Chr.) zugunsten seines Neffen → Areus von der Thronfolge ausgeschlossen, ging K. 304 als Condottiere im Dienst Tarents nach Süditalien, wo er 303/302 an der Spitze starker Streitkräfte die Lukaner zum Frieden (Diod. 20, 104 f.) und die Römer zu dem Vertrag zwang, nach dem röm. Kriegsschiffe nicht über das Kap

Lakinion bei Kroton nach Norden fahren durften. Trotz dieser Erfolge überwarf sich K. bald mit den Tarentinern. Nach Hellas zurückgekehrt, trat er 279/278 als Gegner → Antigonos' II. Gonatas hervor und schloß sich dann an → Pyrrhos (1) an, den er 273/272 zu einem freilich gescheiterten Versuch bewog, ihn in Sparta als König einzusetzen (Plut. Pyrrh. 26). F. Kch.

Lit: P. Meloni, L'intervento di Cl. in Magna Grecia, GIF 3, 1950, 103–121 – P. Wuilleumier, Tarente, 1939, 95.

Kleopatra, *im Mythos:* 1. Tochter des → Boreas, Gemahlin des → Phineus. – 2. Gemahlin des → Meleager, erhängt sich nach seinem Tode.

2. **K.,** Tochter → Philipps II. und der → Olympias, 355 bis 308 v. Chr., heiratete 336 ihren Onkel, den Molosserkönig → Alexander (1) I., übernahm während dessen Italienzug 334/331 die Regentschaft in Epirus, wurde aber 325 von Olympias verdrängt und ging nach Pella in Makedonien, 322 nach Sardes. In den Machtkämpfen nach → Alexanders (5) d. Gr. Tod warben fast alle → Diadochen um sie, um so ihrer Sache Legalität zu verleihen. → Antigonos I. ließ sie daher 308 in Sardes ermorden. P. R. F.

Lit: Berve II 212 – G. H. Macurdy, Hellenistic Queens, 1932, 22 ff.

3. **K. I.** ‹Syra›, geb. nach 204 v. Chr., Tochter → Antiochos' III. v. Syrien, im Winter 194/193 mit → Ptolemaios V. vermählt (Stammbaum → Seleukiden, → Ptolemäer), dem sie nach späterer ptolemäischer Version Koilesyrien und Phoinike als Mitgift gebracht haben soll. Nach dem Tod ihres Gatten (180) führte sie für ihren unmündigen ältesten Sohn → Ptolemaios VI. bis zu ihrem Tod (etwa 176) die Regierung. H. H. Sch.

Lit: W. Otto, Zur Gesch. der Zeit des 6. Ptolemäers, Abh. München N. F. 11, 1934 – Weiteres → Antiochos III.

4. **K. II.,** Tochter → Ptolemaios' V. (Stammbaum → Ptolemäer), heiratete um 175/174 ihren Bruder → Ptolemaios VI.; 170 Mitregentin. Nach dem Tod ihres Gatten (145) regierte sie für ihren Sohn → Ptolemaios VII., wurde aber 144 zur Ehe mit dem jüngeren Bruder → Ptolemaios VIII. gezwungen, der 142 auch ihre Tochter → K. III. heiratete. Wegen dieser Zurücksetzung führte K. 131–124 wechselvolle Kämpfe gegen Gatten und Tochter, herrschte 131 bis 129 allein, wurde aber 129 nach Syrien vertrieben (Versöhnung erst 124). Nach dem Tod ihres Mannes (116) war K. anscheinend noch Mitregentin; um 116/115 scheint sie eines gewaltsamen Todes gestorben zu sein. H. H. Sch.

Lit: → Ptolemaios VI., → Ptolemaios VIII. – *Bildnisse:* Anhang I.

5. **K. III.,** Tochter → Ptolemaios' VI. und der → K. II. (Stammbaum → Ptolemäer), wurde 142 neben ihrer Mutter Gattin und Mitregentin ihres Oheims → Ptolemaios VIII., verdrängte allmählich ihre Mutter, wurde 131–129 zusammen mit ihrem Mann nach Cypern vertrieben. 116 testamentarisch zur Mitregentin eines ihrer Söhne bestimmt, regierte sie 116–107 mit ihrem älteren Sohn → Ptolemaios IX., den sie 107 zugunsten ihres jüngeren Sohns → Ptolemaios X. vertrieb. K. griff zugunsten ihres Schwiegersohns → Antiochos VIII. in syr. Thronhändel ein. 101 wurde sie von Ptolemaios X. ermordet. H. H. Sch.

Lit: → Ptolemaios VIII.

6. **K. IV.,** Tochter → Ptolemaios' VIII., 115 v. Chr. von ihrer Mutter → K. III. zur Scheidung von ihrem Bruder → Ptolemaios IX. gezwungen, heiratete etwa 114/113 → Antiochos IX. und wurde 112 von dessen Halbbruder → Antiochos VIII. hingerichtet (Stammbaum → Ptolemäer). H. H. Sch.

7. **K. V.** Tryphaina, Schwestergemahlin → Ptolemaios' XII., starb, etwa 69/68 v. Chr., vermutlich bei der Geburt der → K. VII (Stammbaum → Ptolemäer). H. H. Sch.

8. **K. VI.** Tryphaina, Tochter → Ptolemaios XII. und der → K. V., scheint 58 nach der Vertreibung ihres Vaters zusammen mit ihrer Schwester → Berenike IV. die Regierung übernommen zu haben, aber schon 57 gestorben zu sein (Stammbaum → Ptolemäer). H. H. Sch.

9. **K. VII. d. Gr.,** geb. 69 v. Chr. (Stammbaum → Ptolemäer), wahrscheinlich 58–55 Begleiterin ihres Vaters → Ptolemaios' XII. im Exil, nach seinem Tod (51) Königin mit ihrem Brudergemahl → Ptolemaios XIII. 48 durch die Regenten Potheinos und → Achillas vertrieben, wurde sie Geliebte → Caesars, der sie wieder in ihre Rechte einsetzte. Nach dem Tod Ptolemaios' XIII. (47) regierte K. mit ihrem Bruder → Ptolemaios XIV. 46–44 hielt sie sich in Rom auf; angeblich wollte Caesar sie zur rechtmäßigen Gattin erheben. Nach seinem Tod Rückkehr nach Ägypten, wo sie Ptolemaios XIV. angeblich vergiftete und ihren Sohn → Ptolemaios XV. (Kaisarion), den sie 47 dem Caesar geboren hatte, zum Mitregenten erhob. 41/40 Geliebte des → Antonius (2); dieser verließ sie 40, ging aber wahrscheinlich mit ihr 37 in Antiochia eine 2. Ehe (neben Octavia (2) minor) ein. K. gebar ihm 3 Kinder. 37 bestätigte Antonius K. im Besitz von Cypern und schenkte ihr Teile Koilesyriens, Kilikiens und Kretas; 34 proklamierte er sie zur ‹Königin der Könige› (d. h. zur Herrscherin des Ostreichs) und ihre gemeinsamen Kinder zu Königen von Armenien, Medien, Kyrene und der alten Seleukidenlande; diese Schenkungen wurden in seinem Testament bestätigt. Der Entscheidungskampf zwischen Octavian (→ Augustus) und Antonius (32–30) wurde nominell gegen K. geführt. K. stellte eine große Flotte und ungeheure Geldmittel. Nach der Niederlage bei Actium (31) flohen K. und Antonius nach Ägypten. Als Octavian ihre Hoffnung, Ägypten für einen ihrer Söhne retten zu können, enttäuschte, beging sie Selbstmord durch Schlangenbiß. Ihr Bild in der Überlieferung ist durch Furcht und Haß der Römer verzeichnet. K. war eine hochgebildete Frau und beherrschte zahlreiche Sprachen des Ostens. Nach ihren Münzbildern nicht eigentlich schön, aber reizvoll, gebrauchte sie neben allen politischen Winkelzügen bedenkenlos auch ihre Liebe, um sich und ihrem Reich Macht zu verschaffen. H. H. Sch.

Lit: H. Volkmann, K., Politik u. Propaganda, 1953 (Lit) – *Bildnisse:* → Anhang I.

10. **K. Selene,** Tochter → Ptolemaios' VIII., 115–107 v. Chr. mit ihrem Bruder → Ptolemaios IX. vermählt, heiratete 103 ihren Schwager → Antiochos VIII., 96 dessen Halbbruder → Antiochos IX. und nach seinem Tod 95 seinen Sohn → Antiochos X.; gest. 69. (Stammbaum → Ptolemäer, → Seleukiden). H. H. Sch.

11. **K. Thea,** Tochter → Ptolemaios' VI., geb. etwa 165 v. Chr., war mit den syr. Königen → Alexander (7) I. Balas, → Demetrios (4) II. und → Antiochos VII. verheiratet und wurde 121 von ihrem Sohn und Mitregenten → Antiochos VIII. getötet. (Stammbaum → Ptolemäer, → Seleukiden). H. H. Sch.

12. **K. Tryphaina,** Tochter → Ptolemaios' VIII., heiratete 124/123 v. Chr. → Antiochos VIII., den sie ca. 112 zur Hinrichtung ihrer Schwester → Kleopatra IV., der Frau des → Antiochos IX., bestimmte; 111 von Antiochos IX. gefangengenommen und hingerichtet. (Stammbaum → Ptolemäer, → Seleukiden). H. H. Sch.

Kleophantos, alexandrinischer Arzt im 3. Jh. v. Chr., Bruder des berühmten → Erasistratos, widmete sich vor allem der Gynäkologie und Diätetik; behandelte, wie später → Asklepiades, gern mit Wein und Wassergüssen. Von seinen Schriften nichts erhalten. F. K.

Kleophon, aus dem Stand der Gewerbetreibenden stammender einflußreicher Demagoge und radikaler Kriegspolitiker in Athen im letzten Abschnitt des → Pelop. Krieges. Er begann seine Karriere 411 v. Chr. nach dem Ende der oligarchischen Bewegung, erreichte 410 die Zurückweisung des spartan. Friedensangebotes nach der Seeschlacht bei Kyzikos (Diod. 13, 53, 2), führte 410/409 zur Linderung der Kriegsnot die → Diobelie ein (Aristot. Ath. pol. 28, 3) und brachte 406 → Alkibiades nach der Schlappe bei Notion durch eine Verratsklage zu Fall. Zwar hielt er sich im → Arginusenprozeß zurück, doch während der

Blockade Athens 405/404 steigerte er sich zum fanatischen, terroristischen Durchhaltepolitiker. Erst seine Hinrichtung auf Grund einer fadenscheinigen Anklage wegen militärischer Pflichtverletzung (Xen. Hell. 1, 7, 35; Lys. 13, 12; 30, 10–13) führte zu Friedensverhandlungen. F. Kch.

Kleophonmaler, att. Vasenmaler des → rotfigurigen Stils, tätig ca. 445–425, aus der Schule → Polygnots I. hervorgehend (→ Vasen E 5), benannt nach dem neben Megakles II einmal erwähnten → Lieblingsnamen K. – Der Gehalt seiner Bilder entspricht der reifen Parthenonkunst. Opferszenen, → Kriegers Abschied und Dionysisches gehören zu seinen Themen. Er schafft Gestalten von verhaltener Gebärde und ernster Schönheit des Antlitzes. – *Werke:* Stamnos mit Kriegers Abschied, München 2415 (Arias-Hirmer, Abb. 193–95); Pelike mit Rückführung des Hephaist in den Olymp, München 2361 (ebd., Abb. 196–99). – Stamnoi, Kratere, Peliken, Hydrien u. a. m. I. Sch.

Lit: Beazley, ARV in Am. Mus., 181–183 – E. Buschor, GV, 209 – N. Alfieri-P. E. Arias, Spina, 1958, 56, Nr. 82–87 – Beazley, ARV² 1143–47.

Kleophradesmaler, att. Vasenmaler des → rotfigurigen Stils, tätig ca. 500–470, Schüler des → Euthymides, neben dem → Berliner Maler der führende Topfmaler seiner Zeit (→ Vasen E 5). Benannt nach dem Töpfer der Schale in Paris, Cab. de Méd. 536; sein Name Epiktet (Signaturen auf einer Pelike, Berlin F 2170) ist des älteren → Epiktet (1) wegen in der Forschung nicht gebräuchlich. – Im Detail wie im Ganzen bildet der K. große, bestimmte Formen. Die spätarchaischen Gestalten des Euthymides erfüllt er mit Wucht und Monumentalität; ihre Vereinzelung führt zur Auflösung des älteren Dreifigurenbildes auf Bauchamphoren. – *Werke:* Spitzamphora mit Thiasos, München 2344 (Arias-Hirmer, Abb. 122–124); Hydria ‹Vivenzio› mit Iliupersis Neapel 2422 (ebd., Abb. 125); Bauchamphoren, Halsamphoren, Panathenäische Amphoren, Peliken, Kelchkratere, Stamnoi, Psyktere, Schalen u. a. m. I. Sch.

Lit: Leonard, RE 11, 1 (1921), 796–806 – J. D. Beazley, Der K., 1933 – G. M. A. Richter, The Kleophrades Painter, AJA 40, 1936, 100–115 – J. D. Beazley, A Hydria by the Kleophrades Painter, AntK 1, 1958, 6–8 – Beazley, ARV² 181–193.

Kleostratos von Tenedos, griech. Naturphilosoph, 1. H. 5. Jh. v. Chr. K. stellte astronomische Beobachtungen zur Bestimmung der genauen Zeit der Sonnenwende an. Wahrscheinlich übernahm er von den Babyloniern den Schaltzyklus von 8 Jahren: 5 gewöhnliche Jahre und 3 Schaltjahre von 13 Monaten = 99 Monate (von abwechselnd 30 und 29 Tagen) = 8 Jahre von 365¼ Tagen (→ Kalender). S. S.

Lit: Sarton I 178.

Klepsydra (κλεψύδρα; ‹Wasserdieb›), ein den modernen Pipetten ähnliches, mindestens seit dem 5. Jh. v. Chr. allgemein gebräuchliches (vgl. VS 31 B 100, 8 ff.) Gerät zum Entnehmen von Flüssigkeiten (Heber). Die einfachste Form ist eine unten oder in der Mitte bauchige Röhre, deren untere Öffnung meist durch mehrere siebartig angeordnete Löcher gebildet wird. Das in die eingetauchte K. eingedrungene Wasser kann mit dieser gehoben werden, wenn die obere Öffnung luftdicht (mit dem Finger) verschlossen wird; es läuft aus, sobald diese freigegeben wird. K.en dienten den hellenistischen Mechanikern u. a. zum Nachweis der Körperhaftigkeit der Luft. – Vgl. → Mechanik B [3]; Abb. s. zu → Uhren.

[2] Eine hiervon abgeleitete, nur als Auslaufgefäß dienende Form fand in der (attischen) Gerichtspraxis Anwendung. Den einzelnen Parteien wurde die Redezeit in nach → Amphoren bemessenen Mengen von Wasser zugeteilt, das während einer Rede aus der K. ausfloß. – Auf demselben Prinzip sind die K. genannten Wasseruhren der Griechen und Römer aufgebaut; → Uhren [4] (mit Abb.) F. Kr.

Lit: Th. Thalheim, RE 11, 1 (1921), 807–809 – Vgl. ferner → Mechanik, → Uhren.

Kleruchie, attische → Kolonisation B.

Klima (wörtlich: ‹Neigung›), von → Eudoxos (1) v. Knidos (so Str. 9, 1, 2) oder erst → Hipparchos (3) v. Nikaia als t. t. für die astronomisch bestimmten Parallelkreise eingeführt. Die Klimata liegen der späteren Einteilung der Erde in → Zonen zugrunde; daher die heutige Bedeutung. F. L.

Lit: D. R. Dicks, The Κλίματα in Greek Geography, ClQ 49, 1955, 248–255.

Klimax (κλῖμαξ, auch ἐπιπλοκή, gradatio: Rhet. Her. 4, 34; Quint. inst. 9, 3, 54), ‹Steigleiter›, rhetor. → Wortfigur; fortschreitende Weiterführung der → Anadiplose, meist in steigerndem Sinne (umgekehrt: Antiklimax, moderne Neuprägung), also Typ ...x/x...y/y...z/z... usw. *Bsp.:* Matth. 1, 2–16: «Abraham zeugte Isaak, Is. zeugte Jakob, ...» usw.; Epich. Fr. 128 K.: «Aus dem Opferfest wurde ein Schmaus, aus dem Schmaus ein Gelage» usw. über «Nekkerei», «säuisches Benehmen», «Prozeß», «Urteil» bis zu «Verhaftung», «Pranger» und «Geldstrafe»; vgl. Demosth. 4, 19. Heute nennt man K. jede Art von steigernder Aufzählung. H. H.

Lit: Volkmann, 474–476 – Lausberg, I 315–317.

Klio → Musen.

Klitias, att. Vasenmaler des → schwarzfigurigen Stils, um 570 v. Chr. tätig (→ Vasen E 3). *ΚΛΙΤΙΑΣ* wie *ΚΛΕΤΙΑΣ* in den Signaturen lassen vermuten, daß eigentlich ‹Kleitias› sein Name war. Maler der → Françoisvase (Töpfer → Ergotimos), ohne die unsere Vorstellung von seinem Werk gering wäre. Er überträgt auf diesen Krater die auf Schalen gepflegte präzise Miniaturmalerei und vollendet in hieratisch-prächtiger wie humorvoll-leichter Weise den hocharchaischen epischen Stil. – *Werke:* Volutenkrater, Florenz (→ Françoisvase); Kratere, Skyphoi, Schalen. I. Sch.

Lit: M. Robertson, Gordion Cups from Naucratis, JHS 71, 1951, 143–146 – Beazley, Development, 26–37.

Kloster. Die ersten christl. Mönche (→ Anachoreten) lebten in Zellen oder Höhlen. → Pachomios schuf die ersten K. (*μάνδρα, μοναστήριον; κοινόβιον;* lat. monasterium, coenobium, claustrum, davon K.). Anfangs bestanden die K. einfach aus einer Reihe von Zellen sowie einigen Gemeinschaftsräumen. Seit → Benedikt von Nursia kommt die feste K.-Anlage mit Hof und Kreuzgang auf. → Abb. 130. Vgl. → Mönchtum; → Architektur III. B. L.

Lit: RGG III 1671–76 – Katal. Kopt. Kunst, 1963, Nr. 593–596.

Klosterschulen zur Heranziehung des klösterlichen Nachwuchses gab es seit dem 4. Jh. n. Chr. Im Osten, wo die gelehrte heidnische Schultradition nie abriß, stand die K. in deutlichem Gegensatz zur literarischen Bildung. Mehr als Schreiben und Lesen, soviel zum Lesen der heiligen Texte nötig war, vermittelte sie dort nicht. Wichtiger war die K. für den lat. Westen, wo das → Mönchstum der literarischen Tradition aufgeschlossener gegenüberstand. Sie bewahrte einen geringen Rest antik-heidnischer Bildung über die Zerstörung des gelehrten Schulwesens hinaus und wurde so zum Ausgangspunkt für die mittelalterl. Schule. U. Sch.

Lit: H. I. Marrou, Gesch. der Erziehung im Klass. Altertum, franz. 1948, deutsch 1957, 477 f.

Klotho → Moira.

Klymene. 1. Tochter des → Okeanos und der → Thetys, Gattin des → Japetos, Mutter des → Atlas, → Epimetheus und → Prometheus (Hes. theog. 351. 507 ff.); mitunter auch Gemahlin des Prometheus und Mutter von → Deukalion und → Hellen. – 2. Tochter des → Nereus und der Doris. – 3. Tochter des → Minyas. K. Schb.

Klymenos. 1. Sohn des Schoineus v. Arkadien und der Epikaste, Vater der Harpalyke. Diese verführt er und vermählt sie dann mit Alastor, nimmt sie ihm aber wieder weg und zwingt sie, ihm weiter zu Willen zu sein. Von Haß erfüllt, setzt ihm Harpalyke einen Bruder oder Sohn zum Mahl vor. K. tötet sie und sich selbst, als er die Wahrheit erfährt (Hyg. fab. 206. 238. 242. 246. 253). – 2. Vater des → Erginos. – 3. Nachkomme des → Herakles, Gründer der olymp. Spiele. K. Schb.

Klytaimestra, Tochter des → Tyndareos und der Leda. Gattin → Agamemnons, der sie in späterer Sage im Kriege gewann (Eur. Iph. Aul. 1149ff.). Mutter von Orestes, Chrysothemis, Laodike (Elektra), → Iphigenie und Iphianassa. Nach Od. 3, 263 ff. wird K. durch → Aigisthos während der Abwesenheit Agamemnons nach langem Widerstand und nach Entfernung des zu ihrem Schutz bestellten Sängers verführt. An der Ermordung des Agamemnon durch Aigisthos ist sie nicht direkt beteiligt (Od. 3, 194, 303 f. 4, 529ff.; anders 11, 410). Nach Aischyl. Ag. ist K. die Haupttäterin, lockt ihren Gatten ins Bad, fesselt ihn mit einem Netz und erschlägt ihn. Dann vollzieht sie an ihm den Maschalismos und tötet auch → Kassandra. Von Träumen verfolgt, sucht sie seinen Schatten zu versöhnen. Im Auftrag Apollons rächt Orestes den Vater; das Eidolon der Mutter erweckt die im Tempel des delphischen Gottes eingeschlafenen Erinyen zur Verfolgung des Orestes (Aischyl. Eum. 94ff.). In der ‹Elektra› des Sophokles ist K. Peinigerin der Tochter. Sie wollte den kleinen Orestes ermorden und freut sich über die Nachricht seines Todes.

Lit: Preller-Robert II 3, 1021ff. 1292ff. 1302ff. – *Darstellungen:* Tötung der Kassandra auf einem Bronzerelief der Zeit um 650 (Schefold, FS, Taf. 32c) und einer att. Schale (N. Alfieri-P. Arias, Spina, 1958, Taf. 99). Ermordung des Agamemnon durch K. auf einem Schildbandrelief (Kunze 167f.), einem Tonrelief (Schefold, FS, Taf. 33, Abb. 43) und etrusk. Urnen (E. Brunn, I Rilievi d. Urne Etr. I, 1870, 90f.). Tötung der K. oft auf röm. Sarkophagen (Robert, SR II, Nr. 154ff.); vgl. etrusk. Urnen (E. Brunn, ebd. 93ff.; Univ. of Sidney Museum, Bull. 22, Nr. 2, 1958, 11) und unterital. Tonrelief (Zahn, in: Festschr. P. Oxé, 1938, 55 Anm. 26). *Lit. dazu:* L. Guerrini, Clitennestra, EAA II, 1959, 721–723. K. Schb.

[2] *Grab der Klytaimestra* (Bezeichnung willkürlich) heißt das nach dem ‹Schatzhaus des → Atreus› eindrucksvollste → Kuppelgrab in → Mykene, westl. unweit vom → Löwentor. Kuppel neuerdings wieder vervollständigt. Um 1300 v. Chr. Vgl. → Grab B [2]. W. Schg.

Lit: A. J. B. Wace, Mycenae, 1949, 18.

Knabenliebe. Ein deutliches Bild der K. bieten bes. die dorischen Staaten (Ephor. FGrHist 70 F 149; Plat. leg. 1, 636 C; 8, 836 B; Aristot. pol. 2, 10, 1772a). Doch ist sie wohl überhaupt eine Begleiterscheinung der Kriegerkameradschaft und damit an die bestimmte soziologische Form der Kriegergesellschaft gebunden. Daraus erklärt sich ihre Sanktionierung in den dor. Staaten des 4. Jh.s v. Chr., in denen eine archaische Gesellschaftsform durch Gesetz künstlich verewigt war. Im übrigen Griechenland hat sich die K. als fester Bestandteil der Sitte auch noch gehalten, als von einer militärischen Gesellschaft nicht mehr gesprochen werden konnte. Lediglich ihre käufliche Form war in Athen strafbar. Natürlich hat die K. eine eindeutig sexuelle Seite (Inschr. v. Thera, IG 12, 3, 536ff.; 1410ff.). Sie tritt aber in den Hintergrund neben der pädagogischen Wirkung der Beziehung: der Eros äußert sich vor allem in dem Wunsch des Liebhabers (*ἐράστης, εἰσπνήλας*), durch eigene Vorbildlichkeit den Jüngeren zu formen, des Geliebten (*ἐρώμενος, ἀΐτας*), diese vorgelebte *ἀρετή* zu erreichen. Einen Schritt zur völligen Überwindung der sexuellen Seiten des *παιδικὸς ἔρως* stellt Platons Idee des philosophischen *ἔρως* dar (Phaidr., symp.). Die K. ist als griech. Sitte im 3. Jh. vor Chr. in Rom eingedrungen. Hier fehlte die ideale Seite fast völlig, da die pädagogische Komponente in der neuen sozialen Umwelt nicht wirksam wurde. → Erotik. U. Sch.

Lit: H. I. Marrou, Gesch. der Erziehung im Klass. Altertum, franz. 1948, deutsch 1957, 47f.

Knidos, dorische Stadt auf der weit vorspringenden SW-Spitze Kleinasiens, z. T. auf heute landfest gewordener Insel (Kt. 1152 H6). Im → Att. Seebund, 412 Abfall von Athen, 394 in der Seeschlacht bei K. Sieg des Atheners → Konon (1) über die spartan. Flotte. In der Nähe von K. am Kap Triopion das Hauptheiligtum der kleinasiat. → Doris. Aus K. stammte der Astronom → Eudoxos (1). Erhalten sind Stadtmauer, mehrere Tempel, Theater; berühmt das Aphroditeheiligtum (Statue des → Praxiteles). E. M.

Lit: L. Bürchner, RE 11, 1 (1921), 914–921 – G. E. Bean-J. M. Cook, The Cnidia, BSA 47, 1952, 171–212 – H. A. Cahn, Die Münzen von K. (im Druck).

Knochen. Durch Schaben und Schnitzen wurden aus K. Messer, -griffe (Plin. nat. 12, 115; Colum. 12, 45, 5), Keile (Plin. nat. 17, 109), aus Reh- und Esel-K. Flöten (Plin. nat. 16, 183), ferner Nadeln, Spielzeug und aus Knöcheln (*ἀστράγαλος*, talus) Spielwürfel hergestellt. W. K.

Knöchelspielerinnen. Das von einem neuattischen Maler Alexandros von Athen signierte → Marmorbild (Nat. Mus., Neapel) gibt ein Gemälde um 430/20 v. Chr. wieder (→ Schattenmalerei); innerhalb der Rötelzeichnung erhal-

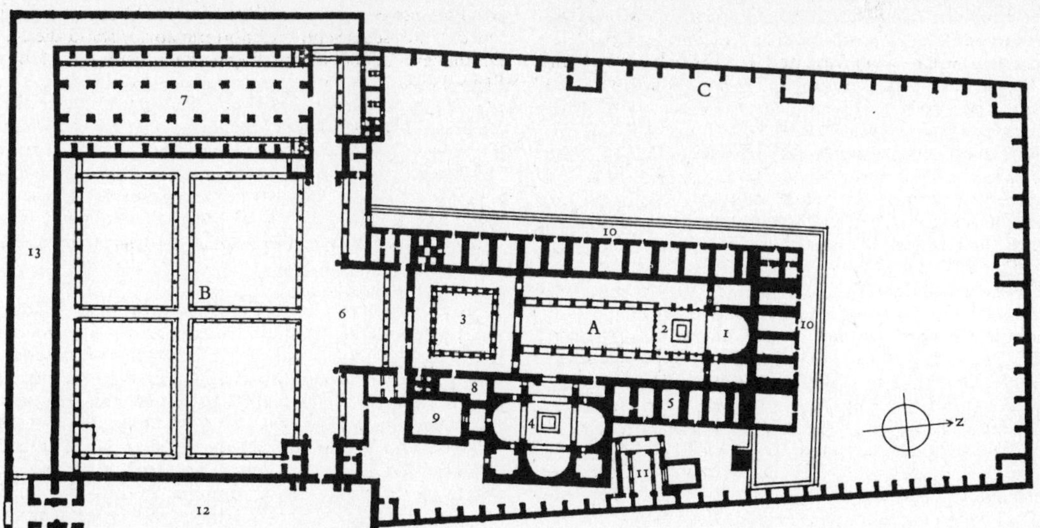

Abb. 130 Plan des Klosters von Theveste. *Älteste Bauten:* Basilika (A) mit Apsis und Pastophorien (1), Altarraum (2), Atrium (3), Grabkapelle (4) und Mönchszellen (5) – *Spätere Bauten:* Südanlage (B) mit Garten und Portikus (6), Pferdestall und Magazine (7), Baptisterium (8), Gräberanlage (9), übrige Mönchszellen (10). Oratorium (11) nach Entstehung der Festungsmauer mit Türmen (C), die Eingangshof (12) und Zugang zum Stall (13) notwendig machte.

tene Farbspuren lassen erkennen, daß es nicht zur Gattung der → Monochromata gehört. Dargestellt ist Phoibes Versuch, die beim Knöchelspiel entzweiten Leto und → Niobe zu versöhnen. C.K.

Lit: C. Robert, Die K. des Alexandros, HWPr 21, 1897 – Pfuhl, Abb. 629 – P. Marconi, La pittura dei Romani, 1929, 17ff. – Rumpf, 122, 5 – M. Cagiano de Azevedo, EAA I 248, s. v. Alexandros.

Knopfhenkelschale, in archaischer und klassischer Zeit vereinzelt auftretende, grazile Trinkschale mit spitz zulaufenden, jeweils mit einem Knopf besetzten Henkeln (‹wishbone›-Henkel). I.Sch.

Knopfsiegel, kreisrunde Stempelsiegel in Ägypten, unterschieden von den → Skarabäen mit ovaler Stempelfläche. Seit dem Mittleren Reich belegt. → Glyptik. W.Hk.

Knossos (Kt. 1152 F8), bedeutendster Ort Altkretas, zwischen dem markanten Juktas und der 6 km entfernten Nordküste im Schnittpunkt der beiden Hauptstraßen, der aus der → Mesara kommenden und der an der Küste nach O führenden. Ein Höhenzug scheidet K. vom Meer (Hafen → Amnisos) und schützt vor kalten Nordwinden. Auf dem Wohnschutt schon neolithischer Siedlungen entstand der Palast, dessen freigelegte Reste auf einer Fläche von etwa 10000 qm vom Zustand des 16. und 15. Jh.s zeugen. – Trotz der lehrreichen und konservatorisch zu rechtfertigenden Wiederherstellungen (in Beton) ist der Eindruck an Ort und Stelle stückhaft. Der einst zweistöckige Aufbau des Westflügels ist nur zum kleinen Teil ergänzt, und von den 4 Stockwerken des Ostflügels sind nur die beiden unteren auf dem Abhang zum Kairatos auch in Einzelheiten gesichert. In den zentralen *Rechteckhof* (50 × 28 m) mündet je ein Zugang von N und von S (repräsentativerer, nur für bestimmte Besucher gedachter Eingang). Letzterer kommt vom Propylon in der SO-Ecke des Westhofes und führt durch den langen, gewinkelten ‹Prozessionskorridor› (Fresken) zunächst zum großen Vestibül. Von dort stieg eine breite Treppe zu den Repräsentationsräumen im Hauptgeschoß des *Westflügels*, das durch eine zweite breite Treppe mit dem Zentralhof verbunden war. Neben dieser Treppe: der Thronsaal, der einzige repräsentative Raum des Sockelgeschosses (→ Thron, → Greifenfresko). Die anderen Räume dort: kryptenartige Kapellen mit Pfeilerstützen, vor allem aber Vorratsräume und die an einem langen Korridor aufgereihten Magazine (→ Pithoi, plattenverkleidete Gruben). Ein Treppenhaus – zugleich Lichthof – im *Ostflügel* (Wohntrakt) stellte die Verbindung zum Hof und zwischen den einzelnen Stockwerken her (erst die Decke des 2. Stockwerkes erreicht das Niveau des Zentralhofes). An den Wohntrakt mit den untereinander vielfach verbundenen Räumen (Pfeilersaal mit Vorhallen, Lichthof und Terrasse, Wohngemach und Badezimmer der Königin, der Toilette und mehreren Nebentreppen) schließen sich im N Werkstätten und Magazine an, von denen eine Treppe zum Kairatostal hinunterführt. – Die durch Sockelverkleidung und Wandputz verschönten Außenseiten des Palastes erscheinen mit ihren Vorsprüngen, Durchlässen, Terrassen, Propyla, Treppen (auch die große, gedeckte Treppe des ‹Stepped Portico› im SW) ähnlich unübersichtlich wie die Raumaufteilung im Inneren. Der Palast ist vom Hof nach außen gewachsen. So ist auch von den Vorstufen der endgültigen Gestaltung vor allem die gleiche Lage von Zentral- und Westhof gesichert. Die Verwendung der Stufen im NW des Palastes als Tribüne bei kultischen Aufführungen war dieselbe wie in → Phaistos. Um den Palast scharen sich weitere Gebäude, u. a. der ‹kleine Palast›, ‹Haus der Fresken› und bes. die ‹Karawanserei› im S. – Die zugehörige *Stadt* hat in der Blütezeit wohl wenigstens 50000 Einwohner gezählt. Unter den Gräbern von K. sind das → Tempelgrab, die → Kriegergräber und ein → Tholosgrab hervorzuheben. – *Kulturell* und *politisch* war K. von Anfang an führend in ganz Kreta, dank der Lage und dem auf das hohe Alter begründeten Ansehen. Seine Verbindung mit der Ägäis führte schließlich zu den – wie immer gearteten – bes. engen Kontakten mit dem myk. Festland (vgl. → Minos). Zur Zerstörung → Kret.-myk. Kultur D[5]. – K. ist der erste wiedergewonnene min. Palast. Die Ausgrabungen von Sir A. Evans und seine große Publikation sind grundlegend geworden für die ganze min. Kulturgeschichte sowie für die gerade in Knossos entwickelte Chronologie (→ Kret.-myk. Kultur, bes. B; D; G). Unter den bedeutenden Funden seien die Überreste der → Freskomalerei, die → Stuckreliefs und die → Palaststilkeramik genannt. W. Schg.

Lit: A. J. Evans, The Palace of Minos I–IV, 1921–36 – J. D. S. Pendlebury, Handbook to the Palace of Minos, 1954 – Ders., The Archaeology of Crete, 1939 – EAA II, 1959, 727–733 (L. Banti) – F. Schachermeyr, Forschungsbericht, AA 1962, 105ff. vgl. Taf. 1 Nr. 62 (S. 108) – BCH 86, 1962, 893-897 – M. R. Popham, The last days of the Palace at Knossos, Stud. in Medit. Archaeol. V, 1964.

Knoxsche Brücke, die von Wilamowitz (Griech. Versk., 289) und A. D. Knox (Philol. 81, 1925, 250; 87, 1931, 20; Proc. Cambr. Phil. Ass. 1926) beobachtete Erscheinung, daß → Archilochos, → Solon, → Semonides in Trimetern und Tetrametern, ferner → Hipponax und → Kallimachos (3) in Hinkjamben gleichartige Wortenden am Schluß des Verses vermeiden: es darf nicht gleichzeitig vor drittletztem und vorletztem longum ein Wort enden (verboten ist also ein Vers wie Aischyl. Cho. 556 .. *κτείναντες* | *ἄνδρα* | *τίμιον* ||) und ebensowenig gleichzeitig *nach* drittletztem und vorletztem longum (wie Aischyl. Pers. 178 ... *οἴχεται* | *πέρσαι* | *θέλων* ||). Diese letzte Regel gilt allerdings nicht für Kallimachos, und auch für die archaischen Dichter nur, wenn man noch öfter als für die 1. Regel zuläßt, daß bei Elision und nach Wörtern wie *οἱ, γάρ, μέν, δέ, μηδέ, οὔτε, οὐδέ, οὐδέν, ἀλλά, ὥστε, ἄλλον* (Solon 24, 9) nicht ‹Wortende› ist. B. Sn.

Lit: P. Maas, Greek Metre, 1962, 95.

Koblanos, griech. Bildhauer, 1. Jh. n. Chr. Seine Signatur auf dem Faustkämpfer in Neapel; frühestes Werk der Schule von → Aphrodisias. H.v.H.

Lit: Brunn-Bruckmann 615 – M. T. Amorelli, EAA IV, 1961, 378, Abb. 446.

Kochen. Ursprünglich und später noch oft auf dem Land war die Küche nicht vom Wohnraum getrennt (Varro rust. 1, 13, 2); in der Stadt lag sie im hinteren Teil des Hauses (Non. 78, 19 L.). Auf gemauerten Herden wurden in größeren Haushalten mehrere Feuerstellen mit meist fast rauchloser Holz → Kohle, jedoch auch stark rauchenden Hölzern betrieben, über die → Dreifüße oder Roste gestellt wurden, welche die bronzenen Kochgefäße (→ Gerät) oder Braten trugen. Cacabus oder olla hieß der normale Kochtopf, cucuma der größere; sie konnten durch Deckel verschlossen werden. Neben Kasserollen gab es Kessel, Pfannen zum Eierbraten, Durchschläge, Siebe, Schöpfer usw. Für das Warmhalten der Speisen verwendete man transportable Öfen, in denen Wasser erhitzt wurde, das die Speisen warm hielt (authepsa). Für Köche wurden große Summen gezahlt (Sall. Iug. 85, 39). W.K.

Q: Isid. orig. 20, 8, 1–6; Hist. Aug. 17, 19, 3.

Kochlias, zylindrische Schraubenlinie, vgl. → Apollonios (15), → Heron (2). H.G.

Kochloide → Konchoide.

Kodros, Sohn des Melanthos, König von Athen. Vater der Eponymen der ion. Königshäuser. Verhindert durch seinen Opfertod auf Grund eines Orakels den Sieg der eingefallenen Peloponnesier über Athen, worauf die Athener ihm zu Ehren beschließen, keinen König mehr zu wählen (Lyk. c. Leocr. 84–87; Vell. Pat. 1, 2; Iust. 2, 6, 16ff.).

Darstellungen: → Statue des K. in einer von Phidias geschaffenen Gruppe in Delphi (Paus. 10, 10, 1). Auf einer Schale in Bologna (Beazley, ARV[1] 739, 1; K. zusammen mit Ainetos). – *Lit:* G. Sgatti, Codro, EAA II, 1959, 739. K. Schb.

Kodrosmaler, att. Schalenmaler des hochklassischen → rotfigurigen Stils, tätig ca. 445–420 (vgl. → Vasen E 5), benannt nach dem Thema des Frühwerks (Bologna PU

273), Lehrer des → Aison (?), feiert einmal den Knaben Xenon. – Die Konzeption seiner Bilder ist einfach und zwanglos; erst auf reiferen Werken entfaltet er ein reiches Gegenspiel von Spannung und Gelöstheit. – *Werke:* Schale mit Aigeus und Themis, Berlin F2538 (Furtwängler-Reichhold, Taf. 140); Schale mit Dionysos und Ariadne, Würzburg 491 (E. Langlotz, Griech. Vasen im Martin-von-Wagner-Museum, 1932, Taf. 159–61); weitere Schalen.

Lit: Ch. Dugas, Aison, 1930, 47–60. I. Sch.

Königsfriede → Antalkidas.

Königslisten, ägypt. Für die Darstellung des Ahnenopfers in ihren Tempeln ließen die Könige des Neuen Reichs Auszüge aus den Annalen anfertigen, die die wichtigsten Königsnamen enthielten; erhalten in Karnak (Thutmosis III.) und Abydos (Sethos I.). Eine weitere Liste kopierte der Schriftgelehrte *Tnr* in seinem Grab in Saqqâra. Am wichtigsten ist der leider sehr fragmentarische ‹Königspapyrus› in Turin, der einst alle Königsnamen bis auf Ramses II. mit Regierungsjahren enthalten hat. W. Hk.

Ed: H. Sethe, Urkunden der 18. Dynastie, 1905ff., 608ff. – A. Mariette, Abydos I, 1869, 43 – Ders., Monuments divers, 1872, 58 – Sir Alan Gardiner, Royal Canon of Turin, 1959.

Königsstraße, Hauptstraße des Perserreiches, wahrscheinlich schon vor den Persern gebaut. Sie führte von Smyrna und Ephesos nach Sardis, dann den Hermus entlang, durch Phrygien und Zentralanatolien ostwärts. Ihr genauer Verlauf ist umstritten (vgl. Hdt. 5, 52–54). → Straßen. Th. P.

Lit: D. Magie, Roman Rule in Asia Minor, 1950, 787–789.

Königtum. In einer seit der Antike fortwirkenden, durch Übersetzung von lat. rex, griech. βασιλεύς gestützten Tradition bezeichnet das Wort König den Träger legitimer monarchischer Gewalt. Da Staatsphilosophie und Geschichtsschreibung die Monarchie als die ursprüngliche, mit der Weltordnung in Einklang stehende Herrschaftsform erkannten (ausführliche Begründung bei Cicero, De re publ. 1, 56ff.), wurde der Begriff bereits in der Antike summarisch und ohne Rücksicht auf besondere Eigenart bes. bei fernen Ländern und Zeiten verwandt. – Drei *Grundformen* des K.s sind bereits dem *Vorderen Orient* bekannt: 1. Im 3. Jt. v. Chr. erfährt das *Gott-K.* seine reinste Ausprägung: in Ägypten ist der → Pharao der menschgewordene → Horus, einziger Mittler zwischen Götter- und Menschenwelt, im Leben wie im Tode Gegenstand kultischer Verehrung; seine Stellung, zu der das Eigentumsrecht an Land und Menschen gehört, wandelte sich später, bes. durch den Einfluß des → Ammon und seiner Priesterschaft, im Sinne einer individuelleren, auf Herrscherqualitäten gestützten Begründung der Macht. In diesem Sinn ist auch der akkadische König Gott, ein durch übermenschliche Leistung erhöhter Mensch. – 2. Die in den sumerischen Stadtstaaten entwickelte *Theokratie*, in der der König als Stellvertreter eines Gottes, dem Land und Leute gehören, diesen gnädig zu stimmen, seinen Willen zu deuten und auszuführen hat, wirkt im babylonischen Bild des Königs, der im Auftrag → Marduks als guter Hirt für die Wohlfahrt des Landes sorgt, sowie im assyrischen vom ersten Krieger → Assurs, der die Herrschaft des Gottes zu verbreiten hat. Beide Formen verlangen vom Untertan jene unbedingte Unterwerfung unter die Autorität des Königs, die die Griechen als Despotismus verabscheuten. – 3. Das indogermanische *Heer-K.*, erstmals bei den → Hethitern, ursprünglich auch bei den → Persern rein ausgeprägt, kennt den von den Kriegern gewählten obersten Kriegsherrn, der auch mit priesterlichen und (soweit das Reich nicht innerhalb des patriarchalischen Gefüges der Sippe bleibt) richterlichen Funktionen ausgestattet ist. Er ist zwar selbst mitsamt seiner Sippe Träger eines besonderen Charisma (Königsheils), doch bleibt er meist vom Adel, seinen Rivalen und seinen Institutionen (Rat) abhängig.

[2] Im einzelnen sind die Erscheinungen vielfältig. Das jüd. K. beginnt als Heer-K. (Übermittlung des Charisma durch die – vom spanischen Westgotenreich und Frankenkönig Pippin 751 wieder aufgenommene – Salbung → Sauls), übernimmt mit → David priesterliche Funktionen und zeigt unter → Salomon und nach der Teilung Tendenzen zu orientalischer Umformung. Der persische ‹König der Könige›, für die Griechen der ‹Großkönig›, der König schlechthin, ist göttlicher Abkunft, ohne Gott zu sein, durch das Zeremoniell als Weltherrscher weit über seine ursprüngliche Stellung emporgehoben.

[3] Bei den Griechen ist das Heer-K. der Wanderungen dem Adel erlegen, der sich in nachmykenischer Zeit ebenfalls auf die Stufe der großen Grundherren emporschwang (vgl. die ‹szeptertragenden Könige›, Od. 8, 41) und das K. evolutionär beseitigte, z. B. in Athen allmählich auf ein sakrales Jahresamt (→ Archon) herabdrückte. Nur der starre Konservativismus → Spartas erhielt ein erbliches Doppel-K. (der → Agiaden und → Eurypontiden) im weisungsgebundenen militärischen Oberbefehl bis zum Ende des 3. Jh.s v. Chr. Das makedonische K., durch Wahlrecht und Gerichtshoheit der Heeresversammlung ebenfalls als Relikt der Wanderungszeit gekennzeichnet, bewahrte sich in hellenist. Zeit kraft Erobererrechts (vgl. auch → Agathokles (1), → Spartokiden) und suchte in orientalischen und griech. Traditionen (→ Herrscherkult) nach neuer Begründung. Dagegen war in Rom, dessen Geschichtsbild die Vertreibung der Könige mit nationaler Befreiung gleichsetzte, das K. für alle Zeiten verfemt (Relikte: → Interrex, → Rex sacrorum). Bei Kelten und Germanen wurde das sakrale Stammes-K. in geschichtlicher Zeit zurückgedrängt und erlebte nur bei den Germanen als Heer-K. der Wanderungen eine neue Blüte.

[4] Gemeinsam ist dem K. der Antike, daß es sich dem Göttlichen durch Abkunft oder andre Formen der Bindung anzunähern versuchte. Äußere Zeichen der Erhöhung, die sich in den Hochkulturen im Lauf der Zeit mehren und z. T. auch tradiert werden, sind der Thronname (Ägypten, Persien), die Tracht, bes. der Kopfschmuck (die Doppelkrone Ägyptens, die iranische Tiara Kamelaukion, das persisch-hellenist. → Diadem) und die Kleidung (persischer Königsornat, purpurne → Toga), ferner Insignien und Zeremoniell (→ Proskynese). E. Bay.

Lit: J. Engnell, Studies in Divine Kingship, 1945 – G. Widengren, Sakrales K. im AT u. Judentum, 1955 – Ders., Das K., Forsch. u. Fortschr. II, 1956 – Ders., The Sacral Kingship in Iran, Numen, Suppl. 4, 1959 – H. Dörrie, Der Königskult des Antiochos v. Kommagene, 1964.

Körbe, aus Weidenruten oder Binsen geflochten, dienten verschiedenen Zwecken. *Κόφινος* ist der Vorratskorb, *τάλαρος* für Trester und Frischkäse (Hom. Il. 18, 568; Od. 9, 247). *Κανοῦν* kann Brotkorb (Hom. Od. 17, 343) sein, ist aber meist hl. Opferkorb für Opfergerste (Hom. Od. 3, 442) und erscheint auch so auf Vasen (Berlin F2171) und Reliefs (Parthenon Ostfries VII 49). *Κάλαθος* meint den Woll- und Arbeitskorb der Frau (Berlin F2289 und Standbild der Penelope-Aidos). F. E.

Körperpflege. Bei den *Griechen* sollten Sauberkeit und Gesundheit erhalten bleiben durch Waschen, Baden, Schwimmen im Meer oder Warmbad (Hom. Il. 10, 572; 16, 746; Od. 6, 224), dessen täglicher Gebrauch den → Phäaken zugeschrieben wurde (Hom. Od. 8, 249). Später wurden private und öffentliche Badestuben errichtet (Poll. 7, 166; Xen. rep. Ath. 2, 10), in denen man sich mit Natron, einer Mischung von Kalk und Holzasche oder Tonerde abrieb und Wechselbäder nahm. Die geölten Körper wurden mit Striegeln abgeschabt oder mit Tüchern abgerieben. – Eine weit wichtigere Rolle spielte das tägliche Bad bei den *Römern*, die ihre anfangs einfachen Badestuben bald zu den riesigen → Thermen entwickelten (Sen. epist. 86). Hier trieb man Gymnastik (Gal. 10, 717; Sen. epist. 56, 1; Isid. orig. 18, 18ff.), badete und schwamm zwischen zwei und vier Uhr (Plin. epist. 3, 1, 8; Cic. Att. 13, 52, 1) oder auch mehrmals täglich (Suet. gramm. 23, 5; Hist. Aug. 7, 11, 5) im bisweilen parfümierten (Plin. nat. 12, 22; Hist. Aug. 17, 19, 8) Warm- und Kaltbad (Plin. epist. 5, 6, 25) oder im Heißluftbad (Sen. epist. 51, 6), um sich dann erneut abzukühlen (Plin. nat. 28, 55; Petron. 28; Mart. 6, 42, 16). Ein Masseur rieb Salben (Iuv. 6, 422) in die Haut seiner Kunden und Kundinnen (Clem. Al. Paed. 3, 5, 32). Auch außerhalb des Bades salbte man sich (Sen. epist. 86, 13), so bei Festen (Hor. carm. 4, 12, 17; 1, 5, 2) und der Morgentoilette (Lukian, am. 39). Gesichtspackungen aus feuchtem Brotteig (Ov. ars 3, 211; medic. 53; Iuv. 6, 461) sollten die Haut so frisch halten wie das Bad der Poppaea in Eselsmilch (Plin. nat. 11, 238). → Schminken gab es in ungezählten Arten. Die Zähne pflegte man mit Pulver (Rezepte bei Plin. nat. 28, 178) oder ersetzte sie durch falsche, die durch Golddraht befestigt wurden (Cic. leg. 2, 24, 60; Mart. 12, 23). Für wohlriechenden Atem sorgten Pastillen (Hor. sat. 1, 2, 27). Die Nägel wurden vom Friseur beschnitten (Hor. epist. 1, 7, 50; Mart. 14, 36), der auch den → Bart durch Rasieren oder Auszupfen (Mart. 8, 47; Suet. Iul. 45, 2) oder andere Mittel (Mart. 3, 74; Plin. nat. 26, 164) entfernte und die → Haartracht mit Schere, Brenneisen (Petron. 102, 15) und Pomade (Mart. 3, 82, 28) besorgte (Tert. cult. fem. 2, 7) und Mittel gegen Haarausfall anbot (Plin. nat. 28, 163–6). Frauen und Weichlinge ließen sich bisweilen alle übrigen Körperhaare entfernen (Lucil. 264 M.). W.K.

Lit: Blümner, Privataltertümer, 420–441 – J. Carcopino, So lebten die Römer während der Kaiserzeit, 1959.

Kognitionsprozeß, Verfahrensart der Kaiserzeit (→ Recht III B 1). Der K. umfaßt die cognitio extra ordinem, die magistratische Untersuchung und Entscheidung eines Rechtsstreits außerhalb des → Formularprozesses kraft kaiserlicher Zuweisung; das provinziale Verfahren in allen Zivilsachen; verschiedene Sonderverfahren. – Vgl. → Recht III B 1. G.J.

Kohl (κράμβη), in verschiedenen Arten als Nahrungsmittel angebaut. Man dachte sich den K. aus den Tränen des Königs → Lykurgos entstanden, vielleicht weil man eine Schwächung des Sehvermögens bei der Berührung der Pupille mit K. beobachtet hatte. Nach alter Überlieferung schrieb man dem K. mantische Bedeutung zu und pflegte bei ihm zu schwören (Ath. 9, 370 A f.). Vgl. → Flora. J.W.

Lit: Murr, Pflanzenwelt, 170 f. – Hehn, 572.

Kohle. Die wichtigste K. (ἄνθραξ, carbo) war die Holz-K. (Hom. Il. 9, 212); sie wurde im Meiler (κάμινος, calyx), gebrannt, indem man gerade Stämme schichtete, mit Rasensoden oder Erde völlig bedeckte und durch einen Kanal entzündete, der wohl auch den → Teer abfließen lassen sollte. Um Rauch und Schwelgase abziehen zu lassen, stieß man während des Brennens Löcher in den Meiler. Bevorzugt wurden saftige Bäume von trockenen Standorten. Für das Hüttenwesen nahm man Eichen (Theophr. hist. plant. 3, 8, 7) oder Kiefern (ebd. 5, 9, 3). Preßkohlen waren bekannt (Theophr. ign. 37). W.K.

Q: Theophr. hist. plant. 5, 9, 2 ff. – Plin. nat. 16, 23 – *Abb:* Singer, Technology II, Abb. 334.

Koine, → Griechisch. Zur sog. dor.-lyr. K. → Lyrik I B [2].

Koinon. Das substantivierte Adjektiv (τὸ) κοινόν, eigentlich ‹das Gemeinsame›, weist auf das hin, was den Verband als solchen – von den Vereinen bis zu den Staaten und → ‹Bünden› – im Gegensatz zu den einzelnen Mitgliedern betrifft. Es bezeichnet je nach dem Zusammenhang etwa das Vereins-, Staats-, Bundesvermögen, die Vereins-, Staats-, Bundesleitung bzw. -regierung und schließlich auch die Gesamtheit (den Verein, Staat, Bund) selbst, und zwar vor allem dort, wo ein gängiger genauerer Ausdruck fehlt. Vom K. einer Stadt ist also selten die Rede, weil hier → ‹Polis› eintritt; häufig dagegen vom K. eines Vereins oder auch (da → ‹Ethnos› in der Anwendung eng begrenzt ist) eines Stammstaates oder ‹Bundes›. (Daher bezeichnen neuere Gelehrte diese vielfach mit Bundesstaaten verglichenen Gebilde gern als Koina.) F.G.

Koische Stoffe (Coae vestes). Nur in röm. Lit. erwähnte Seidenstoffe von besonderer Transparenz aus dem Gespinst (Kokon) der wilden Seidenraupe (ab 1. Jh. n. Chr. aus chinesischer Seide), in → Kos und anderswo hergestellt. Sie hatten in den Geweben von Amorgos und Tarent Vorstufen, zeitweise auch Konkurrenz (deren erste Erwähnung bei Aristot. hist. an. 5, 19. 551 b 13 ff.). F.E.

Lit: G. Lippold, Vahk. Katal. III 2, 411 zu Nr. 5.

Kokytos, Unterweltsstrom, Nebenarm der → Styx, fließt in den → Acheron (Hom. Od. 10, 514). → Hades. K.Schb.

Kolakretai, wahrscheinlich athen. Opferbeamte, die die Schenkel (κῶλα) u. ä. der Opfertiere einsammelten und den Königen und Priestern zuteilten. Schon seit solonischer Zeit waren die K. Finanzbeamte und wurden Vorsteher der Stadtkasse. Nach 411 v. Chr. wurden ihre Funktionen von den → Hellenotamiai übernommen. H.Br.

Kolchis, Landschaft am Ostende des Schwarzen Meeres, zwischen dem Kaukasos, Armenien und dem Meer gelegen (Kt. 1565 I 2). Hauptfluß der Phasis (heute Rion), an seiner Mündung die gleichnamige Stadt mit berühmtem Tempel der Kybele. → Mithridates VI. v. Pontos dehnte seine Herrschaft auf K. aus, das ihm zum Bau einer Flotte Holz und Pech lieferte. Im Winter 66/65 v. Chr. mußte sich → Mithridates VI. vor → Pompeius (2) nach K. zurückziehen, wo ihn dieser im folgenden Jahr angriff und vertrieb. Nach Beendigung des Mithridat. Krieges bestätigte Pompeius den lokalen Herrscher Aristarchos als König von K. → Antonius (2) schlug das Gebiet von K. zu → Polemons I. Königreich → Pontos, einem Klientelkönigtum Roms. R.F.

Lit: D. Magie, Roman rule in Asia minor, 1950, 358 f., 374.

Kolluthos von Lykopolis (Ägypten), spätgriech. Dichter zur Zeit des byzantin. Kaisers Anastasios I. (491–518), Verfasser eines sich in Sprache, Stil und Metrik an → Nonnos anlehnenden Kleinepos (394 Hexameter) über den Raub der Helena (Ἁρπαγὴ Ἑλένης). E.V.

Ed: W. Weinberger, Tryphiodori et Colluthi carmina, 1896 – *Übers:* (engl.) A. W. Mair, Oppian, Colluthus, Tryphiodorus, LCL, 1928 – *Lit:* W. Weinberger, Studien zu Tryphiodor und Kolluth, WSt 18, 1896, 116–59; 161–79 – Weinberger-Kroll, RE 11, 1 (1921), 1098 f.

Kollybos (κόλλυβος), vielleicht eine Art von Korn, volkstümliche Bezeichnung für eine sehr kleine Münze (Poll. Onom. 9, 72). Der attische K. ist wohl ein Achtel → Obol, ein → Hemitetartemorion, und wurde in der 2. H. des 5. Jh.s v. Chr. auch in Form von sehr kleinen Kupfermünzchen ausgegeben. – Später ist K. auch Bezeichnung für Wechselgeld und ‹Aufgeld› (des Wechslers), z. B. Cic. Verr. 2, 3, 181, sowie in kleinasiat. Inschriften (OGI 484. 515). W.Schw.

Lit: Babelon, 466 – K. Regling, RE 11 (1921), 1099; Suppl. 4 (1924), 9, s. v. Agio – Th. Reinach, RN, 1927, 145 ff. – K. Regling, in: v. Schrötter, 314 – M. N. Tod, Num. Chron. VI 5, 1945, 108 ff.; 15, 1955, 125 (Lit) – E. S. G. Robinson, Mus. Notes IX, 1960, 6–8.

Kolon, ein vager Terminus für ein metrisches Gebilde, das größer ist als ein → Metron, aber kleiner als eine → Periode. Die alexandrinischen Grammatiker nennen κωλίζειν das Abteilen von κῶλα beim Umschreiben der ursprünglich wie Prosa geschriebenen Chorlyrik (→ Aristophanes (2) von Byzanz, → Heliodor, 2). Da diese ‹Kolometrie› aber nicht genügend Rücksicht auf die → Pausen nimmt, die allein für die metrische Analyse verbindlich sind, hat sie nur begrenzten Wert. B.Sn.

Lit: U. v. Wilamowitz, Griech. Verskunst, 1921, 70 – P. Maas, Greek (1955), 1962³, 13 ff.; 25 f.

[2] In der → *Rhetorik* (bes. B 2.4) bezeichnet K. (membrum) einen Teil einer Satzperiode (nach Aristot. rhet. 3, 9, 1409 b 16), dann aber auch kurze, selbständige Einzelsätze (Quint. inst. 9, 4, 124 ff.) nach Art des gorgianischen Stils, Kennzeichen der λέξις εἰρομένη. H.H.

Lit: Lausberg, I 460 ff.

Kolonat. Seit den sozialen Wirren und den Sklavenkriegen des 2. Jh.s v. Chr. zeigte die röm. Agrarverfassung Tendenz zur Vermehrung des Großgrundbesitzes bei gleichzeitigem Rückgang des Angebots an → Sklaven. Dadurch wurde auf den → Latifundien und später auf den kaiserlichen Domänen die Entstehung einer Kleinpacht gefördert, die freie ‹coloni› (das Wort bedeutet zunächst nur den ‹Ackerbauer›) gegen Pachtzins übernahmen. Dem akuten Arbeitskräftemangel in der Krise des Reichs seit dem 2. Jh. n. Chr. suchten die Kaiser dadurch zu steuern, daß sie → Germanen in das Reich übernahmen und ihnen in einer den germanischen halbfreien Liten (lat. laeti, auch, sofern sie nicht in eigenem Haus, sondern auf dem Hof des Verpächters wohnten, inquilini) nachgebildeten Bindung an die Scholle Land anwiesen. Beide Formen gingen allmählich ineinander über, bes. seit → Konstantin mit Gesetz vom 30.10.332 auch die Kolonen an die Scholle band, um nach Möglichkeit die Arbeitskraft und die Übersicht über die Steuerkraft (→ Capitatio) zu sichern. In der Spätantike gewann der K. weithin an Boden, obwohl neben den Naturalabgaben dem Grundherrn auch Hand- und Gespanndienste zu leisten waren, weil der senatorische Adel ebenso wie die Domänen Immunität genossen und besseren Rechtsschutz boten als freies Land. Die *servi terrae ipsius, cui nati sunt* (Cod. Iust. 11, 52, 2) gerieten allmählich immer stärker in die richterliche und die militärische Befehlsgewalt ihrer Herren, so daß sich bereits seit dem 5. Jh. n. Chr. bes. in Afrika, Italien und Gallien Grundherrschaften als beachtliche Machtfaktoren ausbildeten, die kontinuierlich in die mittelalterlichen Agrar- und Gesellschaftsformen überleiten. – Vgl. ferner → Arbeit, → Sozialpolitik, → Wirtschaft. E. Bay.

Lit: M. Rostovtzeff, Studien z. Gesch. des röm. K.s, 1910 – A. Dopsch, Wirtschaftl. u. soziale Grundlagen d. europ. Kulturentwicklung (1918/19), 1923/24² – R. Clausing, The Roman Colonate, 1925 – M. Rostovtzeff, A Social and Economic History of the Roman Empire, 1926 (Nachdr. 1957), deutsch 1929 (Nachdr. 1955), ital. 1933 – P. Collinet, Le colonat dans l'Empire Romain (Rec. de la soc. J. Bodin), 1937 – H. Dannenbauer, Die Entstehung Europas I, 1959.

Kolonisation

A. Grosse griechische Kolonisation. [1] *Abgrenzung.* Dieser Artikel behandelt weder die ursprüngliche Niederlassung der Hellenen in Griechenland noch die griech. Wanderung nach den Ägäisinseln, den Küsten Kleinasiens, nach Kreta und Cypern (→ Achäer, → Äoler, → Dorische und → Ionische Wanderung). Er beschränkt sich in diesem ersten Teil auf die große griech. K. der archaischen Zeit (8.–6. Jh.), d. h. auf die Gründung der griech. Apoikien im Mittelmeerraum.

[2] *Begriff der Kolonie.* Die Apoikia (ἀποικία) ist ihrem Wesen nach eine Bevölkerungskolonie. Zur archaischen Zeit ist die griech. Koloniegründung ein Auswanderungsvorgang, einem Schwärmen vergleichbar: Ein Teil der Bevölkerung einer Polis wandert in ein anderes Gebiet aus und begründet dort ein neues staatliches Gebilde, das (im Gegensatz zur Kleruchie der klass. Zeit (s. u. B) und zur röm. colonia, s. u. D) vom Mutterstaat vollkommen unabhängig ist.

[3] Die *Ursachen* der griech. K. waren demographischer Art (relative Überbevölkerung) und sozialer Art (Entstehen eines aristokratischen Regimes mit Konzentration des Großgrundbesitzes und Zerstückelung des Kleinbesitzes); das erklärt den in erster Linie landwirtschaftlichen Charakter der Kolonien; doch zeigen schon im 8. Jh. gewisse Gründungen Handelsinteressen (die Entwicklung der Münzgeldwirtschaft betont sie später noch). Gelegentlich waren auch Mangelzeiten und innere Zwistigkeiten die Ursachen. Die Aussendung von Ansiedlern wurde meist von der → Metropolis beschlossen; diese organisierte die Expedition in allen Einzelheiten und bezeichnete einen → Oikisten. Die Stadt bestimmte in den meisten Fällen die Siedler von Amts wegen (z. B. durch Dezimieren), und diese hatten die Todesstrafe verwirkt, wenn sie der Auswanderung zu entgehen suchten. Darum waren diese Zwangsausgestoßenen oft von Haß gegenüber ihrer Mutterstadt erfüllt, obwohl sie deren Sprache, Religion, Sitten und Einrichtungen beibehielten. Der Reichtum der neuen Ländereien und die Gewinnmöglichkeiten für einen in voller Entwicklung begriffenen Handel ließen neue, für beide Seiten vorteilhafte Verbindungen zwischen Kolonie und Metropole entstehen; es konnte sogar geschehen, daß politische oder andere Interessen gewisse Apoikien veranlaßten, eine Stadt als Metropole anzuerkennen, die es eigentlich nicht war. Den Eingeborenen, die meist den Eroberern ihres Landes militärisch unterlegen waren, blieb nur die Flucht; wenn die Siedler Schwierigkeiten begegneten, fanden sie es aber oft vorteilhafter, sich mit ihnen zu verbünden. Je nach den Umständen und Gegenden entwickelten sich die Beziehungen zwischen Siedlern und Eingeborenen in der Folge zur Zusammenarbeit (Handel und Hellenisation), Unterwerfung (Ausdehnung des Koloniegebietes) oder Feindschaft (bis zur Rückeroberung). Die Beziehungen zwischen den Apoikien gleichen denen zwischen den Poleis. Zweifellos hat das → delphische Orakel in Organisation und Koordination der K. eine Rolle gespielt, aber wohl nicht in allen Fällen und jedenfalls erst vom 7. Jh. an.

[4]–[11] *Hauptgebiete der Kolonisation:* [4] *Chalkidike.* Um die Mitte 8. Jh. v. Chr. kolonisierten die Euböer die Chalkidike: Chalkis beanspruchte die Sithonia (Torone), die Eretrier ließen sich in Pallene (Mende) nieder und westlich des Thermäischen Golfs (Methone). Mit Hilfe neuer Siedler von Euböa durchsetzten diese Städte rasch die ganze Chalkidike mit mehr als 30 Apoikien. Ca. 650 besetzten Siedler aus Andros Akte (Sane, Akanthos, Stageiros); ca. 600 gründete Korinth Poteidaia. 480/479 nahmen die Chalkidier von Torone Olynthos ein.

[5] *Thrakien und Propontis.* Schon Ende des 8. Jh.s v. Chr., vor allem aber im 7. und 6. Jh. wurden im Zuge einer großen Kolonisationsbewegung zahlreiche Apoikien an den Küsten von Thrakien und Propontis gegründet. Die wichtigsten waren: Ende 8. Jh.: Astakos (Kolonie von Megara), Parion (Milet); 1. H. 7. Jh.: Thasos (Paros), Maroneia (Chios), Ainos (Lesbos und Kyme), Kyzikos (Milet), Selymbria und Kalchedon (Megara); ca. 650: Byzantion (Megara); 2. H. 7. Jh.: Alopekonnesos, Sestos, Madytos (Äoler); Abydos, Kardia, Prokonnesos, Kios (Milet); ca. 600: Perinthos (Samos); 6. Jh.: Abdera (Teos); Lampsakos (Milet); Heraion Teichos (Samos).

[6] *Pontos Euxeinos.* Die Griechen waren schon im 8. Jh. v. Chr. ins Schwarze Meer vorgedrungen, aber die (vor allem milesische) K. begann erst ca. 650. Der Gründung von Sinope (Mitte 7. Jh.) an der Südküste folgte die von Tion, Sesamos, Amisos und Trapezus (7./6. Jh.) und die von Kytoros, Kotyora und Kerasos (6./5. Jh.). An der westl. und nordwestl. Küste: Istros und Olbia (Mitte 7. Jh.), Apollonia (Ende 7. Jh.), Tyras (7./6. Jh.), Odessos, Tomoi und Karkina (6. Jh.). Die Kolonien des Taurischen Chersones, des Kimmerischen Bosporos und im NO des Pontos Euxeinos stammen vom Ende des 7. Jh.s (Pantikapaion, Phasis) oder aus dem 6. Jh. (Theodosia, Tanais, Hermonassa, Gorgippia, Pityus, Dioskurias). Im 6. Jh. gründeten die Megarer von Byzantion aus Herakleia am Pontos und Kallatis und die von Kalchedon → Mesembria.

[7] *Sizilien.* Ca. Mitte 8. Jh. v. Chr. gründeten Ioner aus Euböa (Chalkis) und den Kykladen (Naxos) Naxos am

Kap Schisò; zur gleichen Zeit ließen sich Korinther in Syrakus nieder; kurz darauf gründeten Megarer, die sich in Thapsos niedergelassen hatten, mit Hilfe der → Sikuler Megara Hyblaia; die Chalkidier aus Naxos waren ihnen zuvorgekommen und hatten durch die Gründung von Leontinoi und Katane die Ebene des Symaithos an sich gerissen. Ebenfalls in der 2.H. des 8.Jh.s setzten sich Siedler aus Kyme und andere Chalkidier aus Euböa vorwiegend aus Handelsinteressen in Zankle fest. Durch die Gründung von Gela (1.H.7.Jh.) bemächtigten sich Siedler aus Rhodos und Kreta der Ebene des Gelas. Die Syrakusaner besetzten mit der Zeit den Südosten der Insel (Akrai, Kasmenai) und erreichten ca. 600 die Südküste (Kamarina). Die bedrängten Megarer wanderten hierauf weit nach Westen aus, nach Selinus (Mitte 7.Jh.). Gela, das sich rasch entwickelte, gründete ca. 600 v. Chr. Akragas. An der gebirgigen Nordküste kam es nur zu vereinzelten Gründungen: sehr früh hatten sich die Zankleer in Mylai niedergelassen; ca. Mitte 7.Jh. gründeten sie mit Hilfe syrakusanischer Verbannter Himera. Nach und nach dehnten diese griech. Kolonien ihre Herrschaft auch über das Landesinnere aus (→ Duketios). Die Liparischen Inseln wurden durch Siedler aus Knidos u. Rhodos kolonisiert (Anf. 6.Jh.).

[8] *Unteritalien.* Ca. Mitte (1.H.?) 8.Jh. v. Chr. besetzten Euböer (Chalkis und Eretria) die Insel Ischia (Pithekussai) und gründeten Kyme am Rand der kampanischen Ebene. In der 2.H. des 8.Jh.s ließen sich Achäer aus der Peloponnes in Sybaris und Kroton nieder, während die Zankleer mit Hilfe von Siedlern aus Chalkis Rhegion gründeten. Ca. 700 gründeten die Parthenier aus Sparta Tarent. Zu Beginn des 7.Jh.s wanderten Sybariten nach Metapontion aus und Krotoniaten nach Kaulonia. Dann setzten sich Siedler aus Lokris (Ozolis oder Opuntia?) in Lokroi Epizephyrioi fest, während Ionier aus Kolophon Siris gründeten, und unter dem Schutz von Sybaris Poseidonia entstand (1.H.7.Jh.). Nach ihrer Niederlage in Korsika (Schlacht von Alalia, ca. 540) ließen sich die Phokäer in Elea nieder; etwa zur gleichen Zeit gründeten Samier Dikaiarcheia. – Bei einigen Kolonien sind weder Metropole noch Gründungsdatum (6.Jh.?) sicher zu bestimmen: Pandosia, Pyxus, Laos und Temesa (Einflußgebiet von Sybaris); Terina und Skylletion sind wohl Kolonien von Kroton gewesen; Hipponion und Medma von Lokroi. Aus dem 5.Jh. stammen: Neapolis (Chalkis und Athen), die panhellenische Kolonie Thurioi (444/443) und Herakleia am Siris (Tarent, 433/432).

[9] *Akarnanien, Epirus, Illyrien und die Adria.* Um die Mitte 8.Jh. v. Chr. ließen sich Korinther in → Korkyra nieder, woraus sie Siedler aus Eretria verjagt hatten. Zusammen oder getrennt (je nach der Zeit) gründeten Korkyra und seine Metropole im 7.Jh. (und Anf. 6.Jh.?) Kolonien in Akarnanien (Leukas, Anaktorion), in Epirus (Ambrakia) und in Illyrien (Epidamnos, Apollonia), aber diese waren nicht gewöhnliche Apoikien (→ Kypselos; → Periander). Die Gründung von Korkyra Nigra (Siedler aus Knidos) scheint auf den Beginn des 6.Jh.s zurückzugehen. Schon im 6.Jh. trieben die Athener mit Spina Handel. Für das 4.Jh. → Dionysios I.

[10] *Gallien und Iberien.* Um 600 v. Chr. wurde Massalia von Phokäern in Südgallien gegründet. In rascher Folge gründete M. Tochterstädte an den Küsten Iberiens (Emporion, Hemeroskopeion, Mainake), in Korsika (Alalia) und vielleicht in Sardinien (Olbia?), doch schon ca. 540 fielen diese Gegenden in die Hände der Punier (Seeschlacht von Alalia). Die Massalioten hatten mehr Erfolg in Süd-Gallien, wo sie (Daten unbekannt) zwischen Emporion im W und → Monoikos im O Rhode, Agathe, Rhodanusia, Theline-Arelate, Kitharista, Olbia, Antipolis, Nikaia usw. gründeten. Diese phokäische K. diente vor allem dem Handel (silberhaltiges Blei und Kupfer aus Tartessos; Zinn aus Großbritannien).

[11] *Nordafrika.* Ca. Mitte 8.Jh. v. Chr. ließen sich Spartaner in Thera nieder, das schon von Doriern besetzt war. Die Überbevölkerung der Insel verursachte in der 2.H. des 7.Jh.s die Gründung von Kyrene (→ Battos I.), einer landwirtschaftlichen Kolonie, die ihrerseits Barka (565/550; → Arkesilas II.); Apollonia und Taucheira (6.Jh.); Euhesperides (2.H.6.Jh./Anf. 5.Jh.) begründete. In Ägypten haben die Griechen nur Faktoreien besessen (Daphne), wenn man Naukratis ausnimmt (Siedler aus Milet im 7.Jh.; aus andern Städten z.Z. des → Amasis). R.V.C.

Lit: E.H. Minns, Scythians and Greeks, 1913 – M. Rostovtzeff, Iranians and Greeks in South Russia, 1922 – M. Clerc, Massalia, 1927 – G.A. Short, The siting of Greek colonies on the Black Sea coasts of Bulgaria and Rumania, Ann. of Arch. and Anthrop. 24, 1937, 141 bis 155 – Em. Ciaceri, Storia della Magna Grecia, 3 Bde (1924), 1928²; (1927), 1940²; 1932 – V. Besevliev, La colonisation grecque dans le bassin nord de la mer Egée dans l'antiquité (bulgar.), Belomorski Pregled 1, 1942, 157–178 – T.J. Dunbabin, The Western Greeks, 1948 – A. Garcia y Bellido, Hispania Graeca, 3 Bde, 1948 – P. Lisičar, Crna Korkira i kolonije antičkih Grka na Jadranu, 1951 – F. Chamoux, Cyrène sous la monarchie des Battiades, 1953 – J. Bérard, La colonisation grecque de l'Italie méridionale et de la Sicile dans l'antiquité (1941), 1957² – B. Pace, Arte e civiltà della Sicilia antica, 4 Bde, 1935–49 (Bd. 1: 1958²) – L. Pareti, Sicilia antica, 1959 – J. Bérard, L'expansion et la colonisation grecques, 1960 – W. Blavatsky, Développement historique... des Etats antiques situés au nord de la mer Noire, IXe Congrès Intern. des Sc. Histor., II. Antiquité, 1960, 98–116 – R. Van Compernolle, Etude de chronologie et d'historiographie siciliotes, 1960 – J. Seibert, Metropolis und Apoikie, 1964.

B. Att. Kleruchie (=K.). Die K. war eine hauptsächlich von Athen verwendete Form der Militärkolonie: In das Gebiet einer besiegten Polis wurden zu deren Kontrolle und Sicherung athen. Bürger gesandt und erhielten dort Grundstücke (Kleroi) zu erblicher Nutzung. Hierzu meldeten sich natürlich vor allem → Theten, die auf solche Weise zu → Zeugiten aufstiegen. Die Anlage von K.n besaß somit neben dem strategisch-militärischen auch einen sozialpolitischen Aspekt. Zu Beginn des Pelop. Krieges dürfte die wirtschaftliche Existenz von etwa 10000 Athenern auf den K.n beruht haben. Im Gegensatz zu den normalen Kolonisten schieden die Kleruchen aus dem athen. Staatsverband nicht aus, sondern blieben athen. Bürger, wenn sie auch im athen. Heer eigene Truppenkörper bildeten und in ihrer K. eine gemeindliche Selbstverwaltung mit Behörden nach athen. Vorbild besaßen. Im 4.Jh. regierte Athen seine K.n dann durch → Epimeleten. Die wichtigsten athen. K.n wurden angelegt 506 v. Chr. auf dem Hippobotenland von Chalkis (Hdt. 5, 77; 6, 100), auf Skyros nach Versklavung der dortigen Doloper und Pelasger durch → Kimon, in Amphipolis, 452 auf der Chersones, auf Naxos, Andros (Plut. Per. 11), Lemnos und Imbros (443/442), 445 in Histiaia auf Euböa (Thuk. 1, 114), nach 439 auf Samos und 431 auf Aigina, 429 in Poteidaia und 427 in Mytilene auf Lesbos, wo die bisherigen Eigentümer als Pächter bleiben durften, und 417/416 auf Melos. Alle diese K.n gingen Athen 405 verloren. Im Antialkidasfrieden erhielt Athen 387 Lemnos, Imbros und Skyros zurück (Xen. Hell. 5, 1, 31). Bei der Gründung des 2. Att. Seebundes (377) mußte es feierlich versprechen, im Seebundsgebiet keine K.n mehr zu errichten, sandte aber trotzdem schließlich wieder K.n bes. nach Samos und auf die Chersones. F.Kch.

Lit: F. Hampl, Poleis ohne Territorium, Klio 32, 1939, 1ff. – F. Gschnitzer, Abhängige Orte im griech. Altertum, Zetemata 17, 1958.

C. Hellenist. Kolonisation. Eine neue Welle griech. Städtegründungen setzte mit Beginn des Hellenismus ein. Im Gegensatz zur großen griech. K. war diese ‹hellenist. K.› durchweg vom staatlichen, d.h. herrscherlichen Willen gelenkt.

[1] *Motive.* Die Ansiedlungen dienten, bes. in den Ostreichen, zunächst der militärischen Sicherung der königlichen Herrschaft und der Versorgung waffenfähiger und ausgedienter Soldaten (wenn auch wachsender Zustrom von Zivilsiedlern den anfangs rein militärischen Charakter

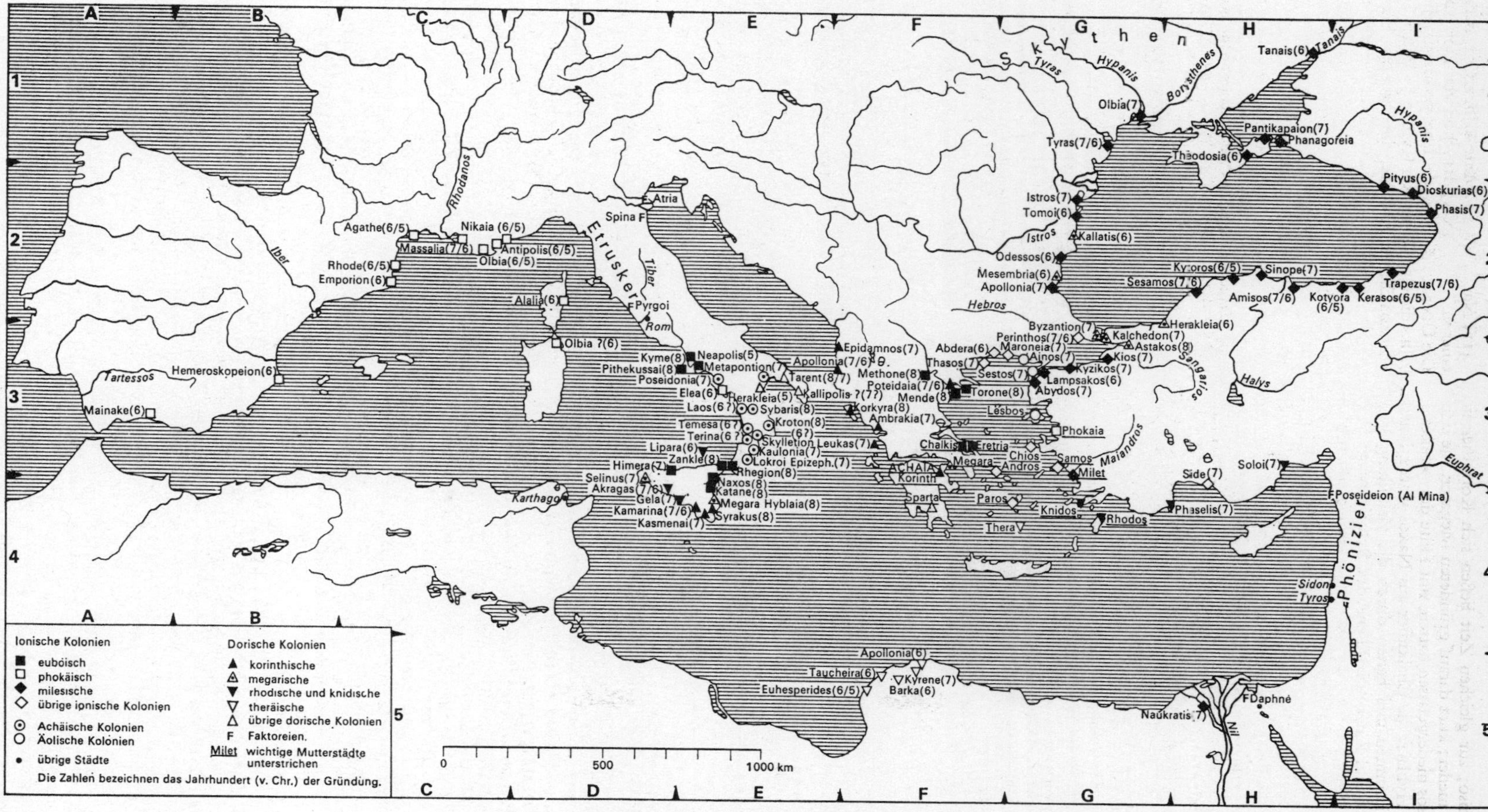

Abb. 131 Die Große griechische Kolonisation

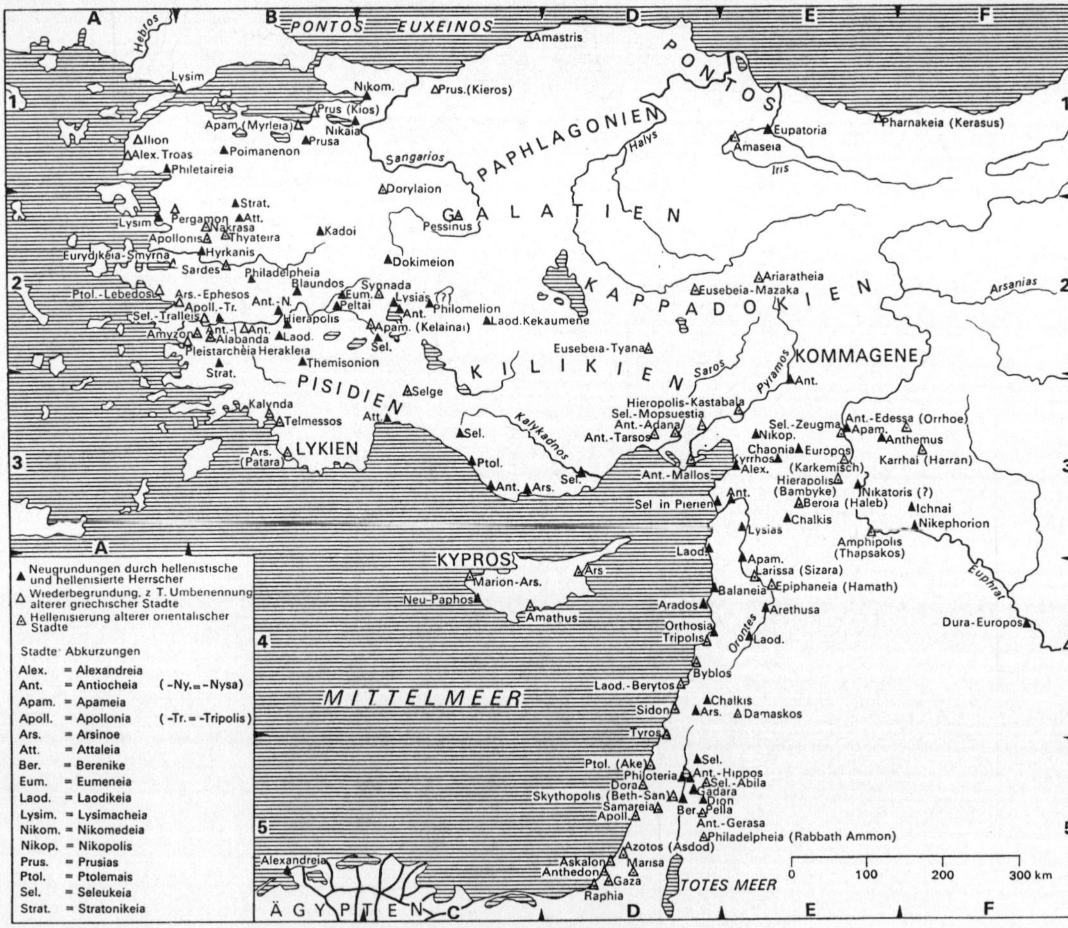

Abb. 132 Die hellenistischen Städtegründungen in Kleinasien

der Siedlungen rasch verändert haben dürfte). Zugleich wurde so im Osten die Entstehung bzw. Verstärkung einer makedon.-griech. Oberschicht, die Grundlage der hellenist. Herrschaft (→ Hellenist. Staat, 5), erreicht. Dazu trat bald als weiteres Motiv der Wunsch der Herrscher, repräsentative Reichs- und Provinzhauptstädte zu errichten und durch Gründung von Städten (in denen sie Gründerkult genossen) ihren Nachruhm zu mehren. Die Fürsten zahlreicher hellenisierter orientalischer Staaten sind diesem Beispiel gefolgt.

[2] *Gründungsvorgang*. Nicht alle Gründungen waren Neuschöpfungen. Im Westen (Hellas, Westkleinasien) wurden häufig bereits bestehende griech. Ansiedlungen durch → Synoikismos zusammengefaßt oder durch neue Siedler verstärkt und umbenannt; im Osten dienten oft orientalische Dörfer und Städte als Kern der hellenist. Siedlungen. Benannt wurden die Städte meist nach dem Herrscher oder anderen Angehörigen der Dynastie, oft auch nach Städten oder Landschaften des Mutterlands (z.B. Europos, Pella, Chalkis). – Den größten Teil der Siedler machten (durch die größeren wirtschaftlichen Möglichkeiten angelockte) Griechen, erst in zweiter Linie Makedonen und hellenisierte Nichtgriechen aus.

[3] *Verfassung*. Im Gegensatz zu den meisten Gründungen der großen griech. K. wurden die neuen Siedlungen nicht souveräne Gemeinden. Zwar erhielten viele Städte griech. Polis-Organisation und damit eine gewisse innere Selbstverwaltung; doch waren sie steuerpflichtig und dem Provinzgouverneur unterstellt oder zumindest durch eigene königliche Statthalter (→ Epistaten, Stadt → Strategen) kontrolliert. Viele Siedlungen erhielten sogar nur Rang von Dörfern, ohne oder mit stark eingeschränkter Selbstverwaltung (s.u. 4); so waren in der ägypt. Chora (→ Ägypten II A 2, 2) alle Orte außer Alexandria und Ptolemais verwaltungstechnisch nur κῶμαι (unter königlichen Beamten). Im → Seleukidenreich erhielten jedoch im 2. Jh. zahlreiche Städte größere Rechte.

[4] *Hellenist. Militärsiedlungen*. In der Organisation der rein militärischen K. zeigen sich große Unterschiede. Die → Seleukiden siedelten, nach Vorbild → Philipps II. und → Alexanders (5) d. Gr., Militärtaugliche in geschlossenen Gruppen an; Wohnung und Grundbesitz wurden z. T. im Gebiet von Städten zugewiesen, häufiger in neuen dörflichen Siedlungen, die erst später z. T. Stadtrechte erhielten. Meist werden die Siedlergruppen bezeichnet als *οἱ ἐν … Μακεδόνες* o.ä.; der in der Forschung häufig gebrauchte Terminus *κατοικίαι* ist bisher nicht gesichert. Aus diesen Ansiedlungen der Militärreserve wurden im Bedarfsfall geschlossene Formationen für das Reichsheer aufgeboten. Diese Organisationsform wurde später vom pergamenischen, vielleicht auch von anderen hellenist. Reichen übernommen. – Im Gegensatz dazu siedelten die → *Ptolemäer* in der ägypt. Chora und Südsyrien auch aktive Soldaten an, und zwar ohne Rücksicht auf Zugehörigkeit zu einer Formation, sondern verstreut, je nach Vorhandensein eines Landloses (System wohl schon von → Ptolemaios I. eingeführt; zur Organisation → Politeuma). Der Ertrag von Hö-

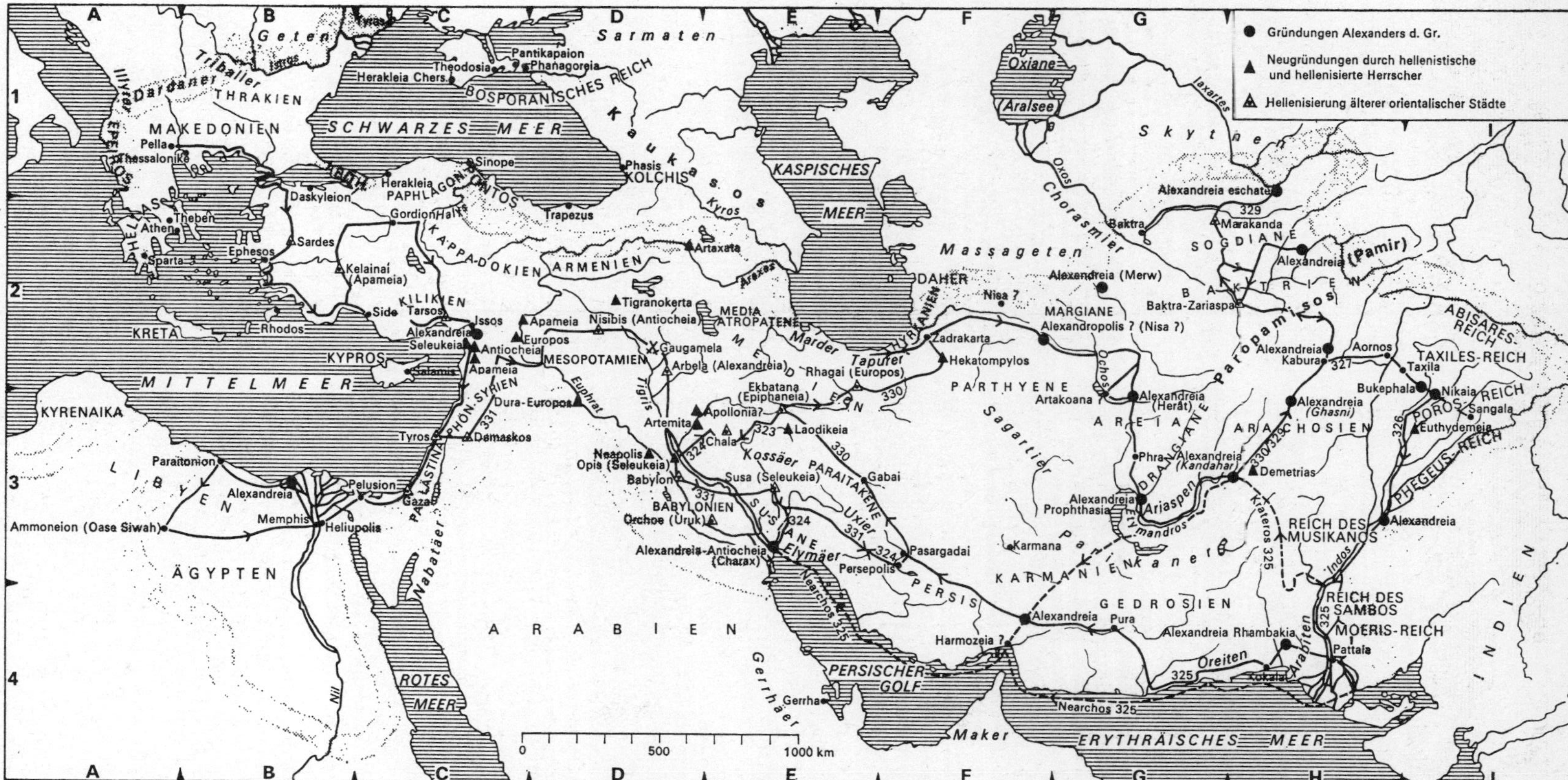

Abb. 133 Die Feldzüge Alexanders d. Gr. und die hellenistischen Städtegründungen (Alexanderreich und abhängige Gebiete)

fen von (je nach Truppenteil und Rang) 20–100 Aruren vertrat die Stelle des Soldes; durch den Dienst an der Bebauung gehindert, verpachteten die Soldaten häufig ihren Hof an eingeborene Bauern. Die Höfe blieben zunächst als Lehen Eigentum des Königs (γῆ κληρουχική), wurden aber bald de facto, im 2. Jh. auch de iure erblich und schließlich sogar veräußerlich. Ihre Besitzer hießen im 3. Jh. Kleruchen; später wurde dieser Name auf die ägypt. Soldaten beschränkt, denen (seit → Ptolemaios IV.) ebenfalls Höfe (kleineren Umfangs) zugewiesen wurden; die privilegierten nicht-ägypt. Soldatenbauern erhielten den Namen Katöken. H. H. Sch.

Lit: V. Tscherikower, Die hellenist. Städtegründungen von Alexander d. Gr. bis auf die Römerzeit, Philol. Suppl. 19, 1, 1927 – M. Rostowzew, Studien z. Gesch. d. röm. Kolonats, 1910 – E. Bikerman, Institutions des Séleucides, 1938, 78–87 – M. Rostovtzeff, Hellenist. Welt (Index s. v. Katoikiai, Kleruchen, Kolonien, Siedler usw.; Lit) – Bengtson, 351 f., 372, 416, 429 f., 435 f. (Lit).

D. Römische Kolonisation. [1] *Republ. Zeit.* In Fortsetzung der Praxis des → Latinischen Städtebundes legt Rom seit 338 v. Chr. an strategisch wichtigen Stellen des eroberten Gebietes ‹Bollwerke seiner Herrschaft› (Cic. leg. agr. 2, 73) an. Röm. Bürger werden bis zum Ende des 1. Pun. Krieges vornehmlich in den sog. coloniae maritimae (Sic. Flacc., Corp. Agrim. Rom. I 1, 99; Verzeichnis bei Liv. 27, 38, 4; 36, 3, 6) unter Befreiung vom regulären Militärdienst zum Schutze der tyrrhenischen bzw. adriatischen Küste des kompakten ager Romanus angesiedelt. Nach dem 2. Pun. Krieg werden coloniae civium Romanorum nicht nur am Meer (Liv. 34, 45, 1–5), sondern auch im Binnenland (Liv. 39, 55, 6–9) angelegt, nunmehr ohne Rücksicht auf den Zusammenhang mit dem von Mitbürgern bewohnten Gebiet. Die von Anfang an nebenhergehende Gründung von Kolonien latinischen Rechts, in die Römer nur unter Verlust ihres Bürgerrechts aufgenommen werden, vervollständigt die militärisch-politische Sicherung des von Rom beherrschten Raumes. Im Gegensatz zu den letzteren autonomen Gebilden sind die Kolonien röm. Bürger territoriale Bestandteile der → Tribusordnung, denen die Mutterstadt zwar in bestimmten Grenzen Selbstverwaltung (unter praetores, Castrum Novum: CIL IX 5145, oder duoviri, Puteoli: CIL I² 2, 698) gewährt, die aber vor allem in der Rechtsprechung (ausgeübt durch praefecti als Vertreter des röm. Prätors) von ihr abhängen. Auch in der Größe differieren die röm. Kolonien von den latinischen. 300 coloni mit je 2 iugera assignierten Bodens erscheinen als Norm (Liv. 8, 21, 11), von der erst bei der Anlage Mutinas und Parmas (183 v. Chr.) eindeutig abgewichen wird (Liv. 39, 55, 7). Dadurch erfolgt eine Angleichung an die schon immer größeren coloniae Latinae, als deren letzte herkömmlicher Art 181 vor Chr. Aquileia gegründet wird (Liv. 40, 34, 2). Die Errichtung von Bürgerkolonien wird um diese Zeit ebenfalls unterbrochen (177 v. Chr.: Luna, Liv. 41, 13, 4); erst die Gracchen nehmen sie unter anderem Aspekt wieder auf. Die Versorgung der Proletarier und seit → Marius (1) und → Sulla der Legionsveteranen (sog. coloniae militares, Vell. Pat. 1, 15, 5) steht jetzt im Vordergrund. Die veränderten Verhältnisse spiegeln sich auch in der Notwendigkeit staatlicher Landbeschaffung (Ackergesetze, Konfiskationen) wider. Koloniegründungen auf Provinzialboden sind noch selten (Carthago 122, Narbo 118). Mit ihrer Verfassung nähert sich die Bürgerkolonie mehr und mehr dem auf höherer Stufe der Selbstverwaltung stehenden → municipium civium Romanorum: Neben die nun jurisdiktionelle Kompetenz erlangenden duoviri treten aediles und quaestores (Grumentum: CIL X 219, 57 v. Chr.) als niedere Magistrate. Die Form der latinischen Kolonie lebt durch Verleihung des kolonialen → ius Latii, vor allem 89 v. Chr. an die transpadanischen Städte (Ascon. in Pis. 3), fort.

[2] *Caesar, Augustus, Kaiserzeit.* Einen neuen Impuls, den stärksten in ihrer Geschichte, empfängt die röm. K. durch → Caesar, der damit beginnt, ein Netz von Kolonien mittelloser Bürger (Suet. Caes. 42, 1) und ausgedienter Legionssoldaten (in geschlossener Formation, Tac. ann. 14, 27, 3) über die Provinzen (bes. Gallien, Spanien, Africa) zu legen, wobei Notwendigkeiten des Augenblicks (Versorgung) und der Zukunft (strategische Sicherung der Provinzen und politische Bindung an Rom) einander durchdringen. Das der Colonia Genetiva Iulia in Spanien 44 v. Chr. gegebene Gesetz (FIR I 21) bezeichnet den Abschluß der inneren Umgestaltung der Bürgerkolonien. Sie sind institutionell jetzt vollkommene Abbilder Roms (Gell. 16, 13, 8 f.). → Augustus führt die Durchdringung der Provinzen mit Veteranenkolonien in großem Umfange fort. Die von ihm erfaßten Provinzen beziffert sein Leistungsbericht (Kap. 28) auf 10; die Streuung der Kolonien lassen die statistischen Angaben bei Plinius (nat. 3–5) erkennen. Häufige Verleihung des → ius Italicum verbessert die Rechtsstellung der auf Provinzialland gegründeten Kolonien. Hinsichtlich der Größe des dem einzelnen Veteranen zuzuweisenden Ackers bildet sich ein festes, auf den Dienstgrad abgestelltes System heraus (Sic. Flacc., Corp. Agrim. Rom. I 1, 120). Die weitere Entwicklung verläuft in den von Caesar und Augustus vorgezeichneten Bahnen, bis mit Trajan (Aurel. Vict. Caes. 13, 4) die Veteranendeduktionen (seit Nero nicht mehr im Rahmen des Truppenverbandes, Tac. ann. 14, 27, 3) aufhören und an ihre Stelle die vorher nur ausnahmsweise angewandte titulare Zuerkennung des röm. Kolonialrechts an peregrine Städte tritt. Gleichzeitig überflügelt der Stadttypus der colonia rangmäßig den des municipium, was dazu führt, daß die Munizipien den höheren Grad zu erlangen suchen (Gell. 16, 13, 4). Unter der severischen Dynastie wird die Form der Titularkolonie mit großem Elan in die östlichen Provinzen getragen, wodurch diese in der Zahl der Kolonien gegenüber dem Westen aufholen. Die Bedeutung der colonia als der höchsten Form des Stadtrechts noch am Ende des 3. Jh.s zeigt die Erhebung Nikomedias zu diesem Rang durch Diokletian (CIL III 326). H. B.

Lit: E. Kornemann, RE 4, 1 (1900), 511–588 – K. J. Beloch, Röm. Gesch., 1926, 488–627 – H. Rudolph, Stadt u. Staat im röm. Italien, 1935 – E. T. Salmon, Roman Colonisation from the Second Punic War to the Gracchi, JRS 26, 1936, 47–67 – A. N. Sherwin-White, The Roman Citizenship, 1939 – M. Grant, From Imperium to Auctoritas, 1946, 205–289 – F. Vittinghoff, Röm. K. u. Bürgerrechtspolitik unter Caesar u. Augustus, 1951 – E. Gabba, Sulle colonie triumvirali di Antonio in Italia, PP 8, 1953, 101–110 – E. T. Salmon, Roman Expansion and Roman Colonization in Italy, Phoenix 9, 1955, 63–75 – L. Teutsch, Das röm. Städtewesen in Nordafrika, 1962 – E. T. Salmon, The Coloniae Maritimae, Athenaeum 41, 196,3 3–38.

Kolonos (‹Hügel›), bes. K. Agoraios, flacher Hügel über der Agora von → Athen mit dem Hephaiostostempel (Theseion), und K. Hippios, kleine Hügelgruppe im NW Athens und Ort (Demos von Athen; Kt. 1152a C2), berühmt durch → Sophokles' ‹Ödipus auf K.› E. M.

Kolophon, wichtige Stadt des mittleren → Ionien, etwa 55 km südl. → Smyrna und gegen 15 km landeinwärts gelegen beim heutigen Değirmendere (Kt. 1152 H4/5), mit dem Hafen → Notion. Blütezeit im 7. Jh. v. Chr.; Heimat des → Mimnermos und des → Nikander. Zeitweise im Besitz des → Gyges v. Lydien. Im → Att. Seebund. Um 298 v. Chr. verpflanzte König → Lysimachos v. Thrakien die Bewohner nach Ephesos, doch wurden später der Hafen (ebenfalls mit Namen K. oder Neu-K.) und die Altstadt wieder neu besiedelt. Ausgedehntes Ruinenfeld mit Akropolis, Theater, Thermen. Ca. 13 km südl. K. und 2 km von der Küste entfernt lag in einem engen Tal das bes. in röm. Zeit berühmte Orakelheiligtum des → Apollon v. → Klaros, ein großer heiliger Bezirk mit einem dor. Haupttempel aus dem 3. Jh. v. Chr., einem zweiten ion. Tempel und weiteren Bauten. Neue Ausgrabungen seit 1950. E. M.

Lit: Adler, RE 11, 1 (1921), 548–552 – Ch. Picard, Ephèse et Claros, 1922 – V. Schultze, Altchristl. Städte u. Landschaften II, Kleinasien,

2. Hälfte, 1926, 74–84 – L. B. Holland, Colophon, Hesperia 13, 1944, 91–171 – L. Robert, Les fouilles de Claros, 1954.

Koloß → Weltwunder.

Kolossai, Stadt in Phrygien, auf dem linken Ufer des Lykos (Kt. 1152 K5; heute Honaz). Auf dem rechten Ufer die Nekropole (Felsgräber). Nach der Gründung des 15 km entfernten Laodikeia rascher Niedergang der Stadt. Mitte 5. Jh. noch Sitz eines Bistums, das im 8. Jh. nach Chonai verlegt wurde. R.F.

Lit: W. M. Ramsay, Cities and bishopr. of Phrygia I, 1895, 208.

Kolotes, Bildhauer, von Herakleia bei Paros oder in Elis, wo die von ihm überlieferten Werke standen. Seine Tätigkeit wird durch seine Mitarbeit am olympischen Zeus des → Phidias in das 3. V. d. 5. Jh.s festgelegt. Er arbeitete vor allem in der Goldelfenbeintechnik (Asklepios in Kyllene/Elis), aber auch in Bronze (Porträts: vgl. Plin. nat. 34, 87). In Olympia stand ein reichverzierter Tisch von ihm. Sichere Nachbildungen sind bis jetzt nicht nachgewiesen. Man hat hypothetisch versucht, seinen Beitrag auch am Schmuck des Zeusthrones von Olympia (Artemisfries) und am → Parthenon zu erkennen. – Nach anderer Tradition (Paus. V 20, 2) wird K. als Schüler des Pasiteles und als gebürtiger Parier bezeichnet. Vermutlich handelt es sich hierbei um einen jüngeren Eponymen. E. Bg.

Lit: Lippold, GrPl, 189 – E. Buschor, Niobidenfriese, SB München 1938, 3–30 – Ders., Phidias der Mensch, 1948 – M. T. Amorelli, EAA IV, 1961, 380f. – P. Mingazzini, Il tavolo crisoelefantino ad Olympia, AM 77, 1962, 293–305.

2. **K. von Lampsakos,** geb. etwa 325 v. Chr., Schüler → Epikurs, dem er bei einer Vorlesung zu Füßen fiel, um ihn wie einen Gott anzubeten. Werke: 1. ‹Gegen → Platons Lysis›. 2. ‹Gegen Platons Euthydemos›. 3. ‹Gegen den Mythos in Platons Politeia›. 4. ‹Daß man nach den Lehren der anderen Philosophen nicht leben kann› (bekannt als Anlaß zu Plutarchs Schrift ‹Gegen Kolotes›). W.L.

Frg: W. Crönert, K. u. Menedemos, 1906, 1–16, 162–174 – *Lit:* R. Westman, Plutarch gegen K., Acta philos. Fennica 7, 1955 – Bildnisse → Anhang I.

Kom Ombo, Ort in Oberägypten nördl. Assuan (Kt. 29 D 8), alt *Nbj. t*, ‹Goldstadt›, weil von hier die Expeditionen zu den Minen der östl. Wüste ausgingen. Aus ptolemäischer Zeit stammt eine Tempelruine, die dem ‹älteren› Horus (Haroeris) und dem Suchos geweiht war. W. Hk.

Komanos, Zeitgenosse und wissenschaftlicher Gegner des → Aristarch (2), 2. Jh. v. Chr. Schrieb u. a. einen Homerkommentar und ein grammatisches Werk. Zitate bei → Apollonios (12) Sophistes und → Apollonios (8) Dyskolos. H.E.

Lit: H. Erbse, Zetem. 24, 1960, 230.

Komaitho, (1) Tochter des → Pterelaos, den sie um → Amphitryons willen verrät, ohne jedoch von ihm erhört zu werden (Apollod. 2, 60); (2) Priesterin der Artemis in Patras, Geliebte eines Melanippos, mit dem sie im Heiligtum zusammenkommt. Den Zorn der Göttin ob dieses Sakrileges und die von ihr geschickte Pest abzuwenden, werden sie geopfert und für jedes folgende Jahr ein junges Paar, bis → Eurypylos die Stadt davon befreit (Paus. 7, 19, 2–4).

Kometen. Die Vorsokratiker zählten die K. zu den Sternen; → Demokritos schrieb ihr verschwommenes Aussehen dem zufälligen Zusammentreffen mehrerer Sterne zu. Demgegenüber erklärte → Aristoteles sie für sublunare bzw. atmosphärische Phänomene, da ihre unregelmäßige Form und Bahn und ihr ephemeres Erscheinen mit der Annahme unvereinbar schien, daß sie Himmelskörper seien. Aus diesem Grunde haben einerseits die antiken Astronomen sich kaum mit den K. beschäftigt, während sie andererseits in der Geschichte des Aberglaubens, vor allem als Vorzeichen herannahender Epidemien und Kriege eine große Rolle spielen. Vgl. hierzu → Senecas (2) Abhandlung über die K. (nat. 7) mit seinen berühmten Worten über den Fortschritt der Wissenschaft. S.S.

Lit: W. Gundel, RE 11, 1 (1921), 1143–93.

Kometes, Sohn des Sthenelos, in dessen Obhut → Diomedes seine Gattin → Aigialeia gibt. Von Aphrodite getrieben, verführt er sie und vertreibt Diomedes bei der Rückkehr aus Troja aus dem Land.

Kommagene, Landschaft im NO Syriens auf der rechten Seite des Euphrats bei dessen Austritt aus dem anatolischen Bergland in die syrische Ebene (Kt. 2640a D2). Im W grenzt K. an Kilikien, im NO an Kappadokien und Armenien. Das Herrscherhaus der Orontiden geht auf persische Satrapen zurück. Nach dem Tod Antiochos' III. v. K. wurde das Land durch → Germanicus zur Provinz Syrien geschlagen. Unter Caligula wurde K. an Antiochos IV. v. K. als selbständiges Reich zurückgegeben, ihm jedoch 72 n. Chr. durch Vespasian wegen des Verdachtes der Partherfreundlichkeit weggenommen und endgültig mit der Provinz Syria vereinigt. Hauptstadt ist Samosata (nach Samos, einem der Orontidenkönige benannt; heute Samsat). Wichtig auch die Stadt Duliche (beim heutigen Gaziantep), bei der das Hauptheiligtum des Gottes der K., des Jupiter Optimus Maximus Dolichenus lag. Auf dem Nemrud Dağ die bedeutenden Ruinen einer Kultstätte der Könige von K. (Inschriften, Reliefs mit Mithridates und Mithras usw.). R.F.

Lit: C. Humann-O. Puchstein, Reisen in Kleinasien und Nordsyrien, 1890, 234ff. – F. K. Dörner-R. Naumann, Forschungen in K., Ist. Forsch. 10, 1939 – D. Magie, Roman rule in Asia minor, 1950, 1239f. – F. K. Dörner, Arsameia, Ist. Forsch. 22, 1963.

Kommentar (commentarius) → Scholien A; vgl. → Catenen, → Kettenkommentare.

Kommentatoren (oder *Postglossatoren*). Das röm. → Recht war im 13. Jh. nicht nur Gegenstand der Forschung, sondern zunehmend Grundlage für die praktische Rechtsanwendung in Italien geworden. Die Juristen waren daher genötigt, das → Corpus (4) iuris diesen aktuellen Bedürfnissen anzupassen, was sie mit keineswegs immer begriffsgerechten Mitteln der Interpretation erreichten. Mit ihren «formallogischen Gedankenspekulationen» (Kaser, a. O. 251) haben sie gleichwohl das röm. Recht zur Grundlage einer neuen mitteleuropäischen Rechtskultur gemacht und insbes. für die Rezeption des röm. Rechts in Deutschland die Grundlage geschaffen. Die literarische Form ist nicht mehr die Glosse, sondern der breiter angelegte Kommentar; daher die Bezeichnung ‹Kommentatoren›, mit der neuerdings die abwertende Bezeichnung ‹Postglossatoren› ersetzt wird. Neben dem Kommentar sind die Consilia eine Literaturgattung, die aus der Gutachtertätigkeit erwächst. – Zu den K. gehören: Bartolus de Saxoferrato (1314–1357, zunächst Richter, dann Professor in Pisa und Perugia) und sein Schüler Baldus de Ubaldis (1327–1400); Cinus de Pistoia (1270–1336), Lehrer des Bartolus, Verfasser eines Codex-Kommentars, zugleich Dichter; Angelus de Ubaldis (gest. 1407, Bruder des Baldus); Paulus de Castro; Jason de Mayno (gest. 1519). – Vgl. → Glossatoren; → Recht III A [10]. H. Hb.

Lit: Fr. C. v. Savigny, Gesch. d. röm. Rechts im MA VI (1831), 1850² (Neudr. 1956) – W. Engelmann, Die Wiedergeburt d. Rechtskultur in Italien durch d. wissenschaftl. Lehre, 1938 – P. Koschaker, Europa u. d. röm. Recht, 1947, 87–105 – M. Kaser, Röm. Rechtsgesch., 1950, 250f. – F. Wieacker, Privatrechtsgesch. d. Neuzeit, 1952, 37–46.

Kommos, nach Aristoteles (poet. 12. 1452 b24f.) Wechselgesang zwischen Chor und Schauspieler in der → Tragödie mit dem Charakter eines Klageliedes (θρῆνος). Dem außeraristotelischen, nicht-terminologischen Gebrauch von K. zufolge sollte man so nur diejenige Form bezeichnen, die durch die Gebärdensprache der Totenklage, das Alternieren kürzester Glieder und den rein jambischen Rhythmus charakterisiert ist, alle anderen Wechselgesänge mit Klagecharakter allgemein als Klage → Amoibaia. Vgl. → Tragödie I A [3]. E.-R. Sch.

Komödie

I. Griechische K. – II. Römische K.

I. Griechische Komödie

A. Ursprünge: [1] Att. K. – [2] Außeratt. K. – B. Alte K.: [1] Aufführungsbedingungen – [2] Inhalt und Titel – [3] Aufbau – [4] Die traditionellen Teile – [5] Sprache – [6] Dichter und Menschenbild – C. Mittlere K.: [1] Abgrenzung und Form – [2] Inhalt und Titel – [3] Aufbau, Verse, Sprache – [4] Dichter – D. Neue K.: [1] Abgrenzung, Aufführungen – [2] Inhalt und Form – [3] Dichter – E. Fortwirkung: [1] Antike Forschung – [2] Komödientheorie – [3] Wirkungsgeschichte – [4] Überlieferung – F. Nebenformen.

A. Ursprünge. [1] *Att. K.* Aus Archivalien (s. u. E 1) wußte man in der 2. H. des 4. Jh.s von der Frühzeit der K. noch, daß vom Staat Aufführungen an den →Dionysien seit 486, an den →Lenäen seit ca. 445/440 organisiert wurden, und kannte Dichter dieser Aufführungen (z. B. →Chionides, →Magnes). Aristoteles bezeugt, daß vor der Zeit der staatlichen Aufführungen solche durch ‹Freiwillige› stattfanden und die K. bereits vor der Zeit der namentlich bekannten Dichter ‹gewisse Formen› angenommen hatte. Über den Ursprung ‹des Prologs, der Schauspielerzahl und derartiger Dinge› weiß Aristoteles hingegen nichts (poet. 5, 1449 b 1 ff.). Möglicherweise sind also die antiken Theorien über den Ursprung der K. (s. u. E 2) reine Konstruktion. Texte lagen in der Alexandrinischen Bibliothek nachweislich aus der Zeit von ca. 450 an (→Kratinos) vor; Magnes, von dem Aristoph. equ. 520 ff. eine genaue Vorstellung hat, ist später als verloren bezeugt. – Der *Name* κωμῳδία wurde von Aristot. poet. 3, 1448 a 37 aus κωμάζειν, ‹ausgelassen schwärmen›, hergeleitet. Die K. kann in der Tat als ein Maskenspiel gelten, das (wie Maskenspiele oft) alte Riten in sich aufgenommen hat; mit den meisten Maskenspielen hat sie die Bindung an Jahreszeitenfeste gemeinsam. Die Feste, an denen die ‹Gesänge eines Schwarms› aufgeführt wurden, vereinen Begehungen und Darbietungen, die allesamt dem →Dionysos unterstellt sind, aber dies bedeutet nicht, daß die K. mit diesem Gott ursprünglich zu tun gehabt haben muß: die Feste haben ja, seit →Peisistratos mit bewußter Politik mehrfach reorganisiert, Begehungen und Darbietungen verschiedenster Herkunft (Kultriten, →kyklische Chöre, →Dithyrambos, →Tragödie, →Satyrspiel) an sich gezogen. – *Herkunft* und Ausbildung der ganzen K. und ihrer Teile sind aber umstritten. Nach einer verbreiteten Theorie ist die alte K. aus Teilen verschiedener Herkunft zusammengewachsen (so zuerst T. Zielinski). Verwandtschaft dieser Teile mit Bräuchen (vor, neben und nach der alten K. bestehend) läßt sich, wenn auch in wechselndem Grade, feststellen. Als *Elemente* selbständiger Herkunft gelten: 1. Prolog und Szenen nach der Parabase (s. u.), Schauspielerszenen, die zumal im Kostüm (ausgestopftes Wanstrikot, Lederphallos), aber auch bisweilen offenbar in der Szenenführung mit der Posse dorischer Gebiete (s. u. A 2) übereinstimmen. Fraglich, ob diese Szenen in Attika autochthon oder dorischer Herkunft sind. Nach Aristot. poet. 3, 1448 a 29 ff. haben die Dorer (aus anderen Gründen) die K. als ihre Errungenschaft beansprucht. – 2. Die Parabase, bestehend aus einer Rede über Angelegenheiten des Dichters und aus Hymnen und Rezitationsversen des Chors. Sie fällt aus der Handlung heraus. Der Chorauftritt ähnelt dem der später noch bezeugten, unmaskierten →Phallophoren und →Ithyphallen. Aus Phallosliedern leitet Aristot. poet. 4, 1449 a 9 ff. die Gesamtk. her und erinnert an die Gebräuchlichkeit solcher Lieder in seiner Gegenwart. – 3. Die Abfolge von Parodos, sog. Agon (s. u.) und Exodos als eines Kernes, um den sich die anderen Darbietungen versammelten. Hier wirken Schauspieler und Chor regelmäßig zusammen (jedenfalls im Agon und seinen Vorszenen). Vermutet ist eine Grundform, in der ein aktiver Chor und zwei Schauspieler über eine Diskussion zu einer Versöhnung kommen, wonach der siegende Schauspieler mit dem Chor abzieht (Exodos). Dieser Kern enthält Elemente hoher Altertümlichkeit, bes. im tanzenden Maskenchor (tanzende Tiermasken aus vorliterarischer Zeit auf Vasen in Athen und anderwärts bezeugt). – Andere moderne Hypothesen über die Entstehung der K. schließen sich der aristotelischen (poet. 4, 1449 a 9 ff.) Theorie einer organischen Entwicklung der K. durch Improvisation aus einem undramatischen Lied zu einem ausgebildeten Spiel an (Herter).

[2] *Außerattische K.* Der Name K. gehört zu einem Spiel mit Chor (κῶμος), also ursprünglich nur zur att. K.; aber schon Platon (Theait. 152 E) und Aristoteles (poet. 3, 1448 a 30 ff.) verwenden ihn für die chorlosen Dramata des →Epicharm, dem Aristoteles (poet. 5, 1449 b 6 ff.) die ‹Erfindung› zusammenhängender Handlung zuschreibt. Außer bei Epicharm (ca. 480/70 v. Chr.) ist die dor. Posse nur noch in den →Phlyaken des →Rhinthon literarisch geworden (ca. 300). Die ital. Phlyaken sind durch Vasenbilder auch sonst am besten bekannt. Sosibios (FGrHist 595 Fr. 7) berichtet, daß in Sparta ‹Deikelisten› in kunstlosem Stil Obstdiebe und fremde Ärzte nachahmten und kennt die Namen von ‹Phallophoren› in Sikyon, ‹Ethelontai› in Theben, ‹Sophisten› andernorts für solche Possenspieler. Im Athen benachbarten Megara wird es auch eine primitive Posse gegeben haben (→Megarische Komödie, →Susarion), und schon die ältesten att. Komiker (→Ekphantides) lehnen ‹megarische Späße› als grob, unanständig und vulgär ab. Daß die dor. Posse, auch die des Epicharm, auf die Gestaltung anderer Teile der att. K. als auf die der reinen Schauspielerszenen gewirkt hätte, ist ganz unwahrscheinlich, unmittelbarer Einfluß (auf Versmaße, Typen, Szenen) überhaupt nicht nachweisbar.

B. Alte K. [1] *Aufführungsbedingungen.* Zur Zeit der alten K. wurden an Dionysien und Lenäen (s. o. A 1) je 5 (während des Pelop. Krieges nur 3) jeweils neue Stücke aufgeführt. Wer eine K. aufführen wollte, hatte sich demselben Verfahren und denselben Bedingungen wie der Tragödiendichter zu unterwerfen (→Theater A 1). Von 486 bis 404 waren an den Dionysien mindestens 32, von ca. 445 bis 404 an den Lenäen etwa 25 Dichter ein- oder mehrmals Sieger. Aber von allen Stücken der alten K. kamen nach Alexandria nur noch 365, nicht einmal alle Werke der ‹Klassiker› →Aristophanes, →Eupolis, →Kratinos.

[2] *Inhalt und Titel.* Charakteristisch für die alte K. ist die zentrale Bedeutung der Rüge an Personen und Institutionen, privaten und öffentlichen, die ganz der Bindung an den Demos des Gemeindestaates Athen entspricht. Im Bewußtsein der Dichter ist der Mut zur Anprangerung des Schlechten und Verkehrten für die K. ebenso wichtig wie die künstlerischen Qualitäten, z. B. der (gelegentlich von den Dichtern selbst erwähnte) Reichtum an Einfällen. Die Dichter dienen nicht einer ‹Partei› oder den Interessen einer Gruppe, sondern sie betrachten es als ihre Pflicht, durch ihren Spott als Hüter des νόμος (der traditionellen Werte) dem Vaterland zu nützen. Als Gegenbild zur Korruption in der Gegenwart wird die gute alte Zeit gelobt; dieselben Politiker und Feldherrn (z. B. Kimon, Perikles, Lamachos) werden zu ihren Lebzeiten verspottet, nach ihrem Tode verherrlicht. Alle Erscheinungen von einiger Bedeutung werden leidenschaftlich diskutiert, so Naturphilosophie und Sophisten (→Sokrates), Tragödie (→Euripides), Dithyrambos und moderne Musik. Die Dichter erfinden ihre Handlungen im Rahmen der Konventionen (s. o. A 1; s. u. B 4) vollkommen frei. Die Handlungsführung scheint oft locker (dem höheren Anliegen der Rüge geopfert?), die Illusion ist ständig durch Zwischenbemerkungen und größere Einlagen durchbrochen. Als Chor können Personen und personifizierte Gegenstände (Lastschiffe, Wolken usw.) und Institutionen (Demen, Bundesgenossenstädte) auftreten, die zur aktuellen Rüge dienen. Aber auch Versetzung der Handlung in paradiesische Urzustände, Mythentravestie, fabelhafte oder mythische Umgebung (Tierreich, Unterwelt o. ä.) hindern nicht am aktuellen Spott (Kratinos, ‹Dionysalexandros›; Aristophanes, ‹Vögel›).

Von den letztgenannten Maskierungen ist vielleicht die eine oder andere (Tierreich?) aus brauchtümlicher Darbietung übernommen. Alle erhaltenen K.n enthalten neben phantastischen Erfindungen Szenen von unübertrefflichem Realismus des alltäglichen Lebens. Die Titel der älteren Zeit sind meist so allgemein, daß sie keinen Schluß auf den Inhalt erlauben. Titel wie ‹Hesiodoi›, ‹Kleobulinai› im ‹kompletiven Plural› (→ Kratinos) bezeichnen eine Hesiodos-K. usw., deren Held eine Person ist. Die meisten K. sind nach dem Chor, einzelne nach verspotteten Personen (→ Platon, ‹Hyperbolos› usw.) oder deren Rolle im Stück (→ Phrynichos, ‹Monotropos›), sogar nach charakteristischen Gegenständen (→ Kratinos, ‹Pytine›) oder einzelnen Episoden (Aristophanes, ‹Frösche›) benannt. Der persönliche Spott entfaltet sich in der alten K. mit ungehemmter Schärfe und richtet sich mit Vorliebe gegen die mächtigsten Männer im Staat (z.B. Perikles, Alkibiades, Kleon, Lamachos). Die Dichter halten die an Dionysosfesten gewährleistete unbeschränkte Rügefreiheit für ihr angestammtes, heiliges Recht (Aristoph. ran. 367 f.). Sie benutzen es als Wohltäter und Erzieher der Stadt. Dieses Recht wurde nur zeitweise, nachweislich wohl zweimal (439–437, während des samischen Aufstandes; ca. 415 Gesetz des Syrakosios, während des Pelop. Krieges) gesetzlich eingeschränkt; worauf sich die Beschränkung genau bezog, ist aber nicht klar ersichtlich. Jedenfalls spielte eine Rolle, daß Angriffe verhindert werden sollten, welche die Autorität der Verantwortlichen bei den Untertanen und Verbündeten Athens beeinträchtigten. Eine große Wirkung dieser Gesetze kann nicht festgestellt werden. Es scheint hingegen, daß sich die Dichter in der Zeit innenpolitischer Labilität und Gewaltanwendung aus persönlicher Vorsicht gefährlicher Äußerungen enthielten (etwa Aristoph. Thesmophoriazusen, i. J. 411) und daß gegen Ende der alten K. und nach der Niederlage Athens das Interesse an den Dingen der Gemeinde allgemein erlosch.

[3] *Aufbau.* Ganz erhalten sind nur elf Stücke des → Aristophanes. Aus ihnen und Fragmenten anderer Dichter (→ Eupolis, → Kratinos) leitet sich die Anschauung ab, daß die alte K. aus traditionellen Teilen besteht, bei denen sich von einer konventionellen Reihenfolge sprechen läßt. Doch besteht zweifellos eine gewisse Freiheit der Anordnung und der Auswahl auch bei Aristophanes. Ferner muß bedacht werden, daß zumal Konventionen der Anordnung über die erhaltenen Stücke des Aristophanes hinaus angesichts des Zustandes der Fragmente schwer nachweisbar sind.

[4] *Die traditionellen Teile* zerfallen in drei Gruppen: 1. Nur dem Chor gehört die ‹Parabase›. Die ‹vollständige Parabase› hat zwei Teile: im ersten folgt dem kurzen metrisch freien ‹Kommation› (einer Aufforderung an den Chor, die Parabase zu beginnen), die ‹eigentliche P.› in Tetrametern (meist → Anapästen). Der Chorführer hält eine Rede, die mit dem Stück meist nichts zu tun hat, im Namen des Dichters, der von sich und seinen Rivalen zum Publikum spricht. Diese Langversrede beschließt ein ‹Pnigos› oder ‹Makron›, ein freieres System desselben Versmaßes. Der zweite Teil, die sog. ‹epirrhematische Syzygie›, besteht aus ‹Ode›, ‹Antode›, ‹Epirrhema›, ‹Antepirrhema›. Die Chorlieder ‹Ode› und ‹Antode› in gehobenen lyrischen Versen enthalten Götterhymnen, Selbstverherrlichung des Chors, selten (zumal in ‹Nebenparabasen›, s.u.) Spott auf Personen. ‹Epirrhema› und ‹Antepirrhema›, fast immer trochäische Tetrameter, haben gleiche, durch vier teilbare Verszahl. Ihr Inhalt ist oft politischer Spott aus dem Gesichtspunkt der Maske des Chors. Die vollständige (‹Haupt-›) Parabase kommt im Stück höchstens einmal vor. Der zweite Teil der vollständigen Parabase ist in der Lysistrate des Aristophanes verdoppelt, gelegentlich erscheint er ein zweites Mal im Stück als sog. ‹Nebenparabase›. – 2. Reine Schauspielerszenen sind der ‹Prolog› und die ‹episodischen Szenen› des zweiten Teiles (nach der ‹Hauptparabase›). Deren jambische Trimeter sind frei gebaut. Im zweiten Teil wird meist die Situation in einem Monolog exponiert, dann fertigt die kasperleartige Hauptfigur (meist der Sieger im ‹Agon›) in fast unverbundenen Szenen Reihen anderer Personen, oft paarweise, kurz ab. Kleine gesungene Strophen des Chors oder der Schauspieler trennen die Szenen. Die Schauspieler spielen hier oft auf den Lederphallos an. – 3. Szenen mit Beteiligung von Chor und Schauspielern sind ‹Parodos›, ‹Agon› und ‹Exodos›. Ihnen sind gemeinsam Tetrameter als Sprechverse des Chors und der Schauspieler, relativ lockere epirrhematische Kompositionen mit meist sehr einfachen Singversen, in denen sich der Chor sehr lebhaft mit Tanz und Gesang an der Handlung beteiligt, und Fehlen des Gebrauchs des Lederphallos. Die ‹Parodos› des Chors, mehrfach ein Kampf zwischen dem Chor und einem Gegner, hat keine feste Form. Gewöhnlich folgt ihr nach freieren epirrhematischen Kompositionen eine Diskussion zwischen dem Feind und einem Freund des Chors in der Form des ‹epirrhematischen Agons› mit 8 (9) festen Teilen: der Chor singt als Einleitung die ‹Ode› in einfachen Versen und fordert mit zwei Tetrametern (meist Jamben oder Anapäste) im ‹Katakeleusmos› einen Schauspieler zum Sprechen auf. Dessen Rede in den gleichen Tetrametern im ‹Epirrhema› wird oft von Glossen anderer Personen unterbrochen. Sie endet im ‹Pnigos› mit einem System des gleichen Versmaßes. Als zweite Hälfte folgen analog ‹Antode› und ‹Antikatakeleusmos› des Chors und ‹Antepirrhema› und ‹Antipnigos› des anderen Schauspielers. Vier Tetrameter des Chors mit Preis des Siegers der Diskussion können als sog. ‹Sphragis› folgen. Die Form des ‹Agons› kommt auch unmittelbar nach der ‹Parodos› ohne Diskussion, als äußere Verkleidung der Rede nur eines Schauspielers (seit der Lysistrate), zuletzt ohne die Anti-Teile vor. Die Agon-Form erscheint ferner in dem Teil nach der Parabase, ebenfalls ohne vorausgehende freiere epirrhematische Kompositionen. In der ‹Exodos› ziehen oft Chor und Schauspieler unter der Führung des Siegers zu einem Jubelliede ab, Sprechvers des Chors sind auch hier Tetrameter. Die gewöhnliche, nicht verbindliche Reihenfolge der Teile ist: ‹Prolog›, ‹Parodos›, ‹epirrhematischer Agon›, ‹Hauptparabase›, ‹episodische Szenen›, ‹Exodos›. – Zahllose eingeschobene Chorlieder und Monodien können jede beliebige traditionelle oder neu geschaffene Form haben, so daß dank der Parodien auf alle Formen der Literatur ein fast unbegrenzter formaler Reichtum herrscht.

[5] Für die alte K. charakteristisch sind als Sprechverse jambische und anapästische Tetrameter, als Singverse päonische Strophen und die oft freie Responsion von Ode und Antode. – Die lebendige, gesprochene *Sprache* aller Volksteile in Athen ist nirgends sonst so rein und so reich belegt wie in der alten K.; allerdings kommen dazu komische Nachahmungen fremder Dialekte, dor. Formen in der → Chorlyrik und in den vielen → Parodien Wörter und Formen aus der epischen, lyrischen und tragischen Poesie. Die Freiheit, neue Wörter, Ableitungen und vor allem Zusammensetzungen zu bilden, ist fast unbegrenzt.

[6] *Dichter und Menschenbild.* Von den zahlreichen Dichtern der alten K. (vor 404/3, vgl. o. A 1, B 1) sind heute nur noch etwas über 40 Namen bekannt. Alle waren attische Bürger. Ihre K.n waren jeweils für ein Fest geschrieben; die augenblickliche Aktualität schafft ihnen Interesse und Erfolg, aus dem Augenblick kommen Spannung und Witz. Die K.n sind vielleicht erst in zweiter Linie Kunstwerke (s.o. B 1). Das Individuum, die große Entdeckung der Sophistenzeit, wird in der alten K. im Gegensatz zur Historiographie (→ Thukydides) als → Karikatur behandelt. Die erhaltenen Darstellungen des → Sokrates (Aristoph. nub.) und → Kleon (Aristoph. equ.) verspotten mit phantastischen Mitteln eine Persönlichkeit des öffentlichen Lebens, die durch notorische Züge dem Publikum kenntlich ist.

Dagegen sind etwa die Dichter Aischylos, Euripides, Agathon, Kinesias oder der Mathematiker Meton nur symbolische Vertreter ihrer Werke, ohne daß wirklich biographische Einzelheiten erschienen. Die erfundenen Helden der Stücke sind kleine att. Bauern und Bürger, deren Reaktionen auf das Bühnengeschehen und die verhandelten Gegenstände typisch sind und die traditionellen Werturteile des att. Demos ausdrücken. In den kleinen Szenen der zweiten Teile kehren Personen von einem Stück zum anderen wieder, um in konventionellen possenhaften Situationen nach Art der commedia dell'arte aufzutreten.

C. MITTLERE K. [1] *Abgrenzung und Form.* Die Scheidung einer ‹mittleren K.› von der ‹alten› und ‹neuen› ist erst nacharistotelisch, aber wohl hellenistisch, und ursprünglich wohl nur ästhetisch, nicht chronologisch begründet. Heute versteht man unter ‹mittlerer K.› die K. der Zeit vom Ende des Pelop. Krieges bis vor → Menander, ca. 400 bis 320. Die einzigen ganz erhaltenen Stücke, Ekklesiazusen (392) und Plutos (388) des → Aristophanes, haben von den alten Chorteilen nur noch eine Art ‹Parodos› (darin wenige Sprech-, kaum mehr Singverse); der ‹epirrhematische Agon› ist nur noch eine formal einteilige Schauspielerszene, im Plutos fehlt die ‹Ode›. Der wesentliche Unterschied der ‹mittleren› von der ‹alten K.› ist die Verkümmerung der Rolle des Chors. Es überwiegt der jambische Trimeter als Dialogmaß; eingelegte szenentrennende Chorlieder (*ἐμβόλιμα*) sind nicht überliefert, in den Handschriften steht nur *χοροῦ*. Der Chor als traditioneller Träger der Rüge im Demos hat keine Funktion mehr, seitdem die Identifikation der Bürger mit Gemeinde und Staat nach 400 einer allgemeinen Skepsis gegenüber der Polis gewichen und vom Interesse für das Individuelle und Private verdrängt ist, wie es sich auch in der zeitgenössischen Philosophie und darstellenden Kunst niederschlägt.

[2] *Inhalt und Titel* der K. zeigen eine deutliche Entwicklung. K.n, die nach lebenden Zeitgenossen benannt sind, erscheinen zwar häufiger als in der alten K., aber es handelt sich kaum um att. Politiker, um auswärtige Regenten nur in → Eubulos' ‹Dionysios› und → Mnesimachos' ‹Philippos›. → Aristophon dichtet einen ‹Platon› (er und seine Schule sowie die Pythagoreer auch sonst in den Fragmenten). Daneben finden sich Lebemänner, Parasiten, Köche und vor allem Hetären. Anspielungen auf Politiker und Politik fehlen nicht, scheinen aber nicht mehr das Interesse gefunden zu haben wie zur Zeit der ‹alten K.›. Auch Poesie und Musik interessieren nicht mehr als moralische Angelegenheit des Demos. Von den traditionellen Stoffen tritt die → Mythentravestie in den Vordergrund, sowohl als unmittelbare Parodie des Mythos (Göttergeburten usw.) wie auch bes. als Parodie bestimmter Stücke der Tragiker (Euripides und Sophokles). Wird von → Aristophanes der materialistische Zeitgeist selber in der Satire auf einen kommunistischen Wohlfahrtsstaat (Ekklesiazusen) und im Lob der Armut (Plutos) ironisiert, so zeigen gegen Ende der ‹mittleren K.› die Stücke des → Antiphanes, die nach Handwerkern und ihren Berufen, Personen von griech. oder barbarischer Herkunft, Charakteren, Gemüts- und Lebensarten benannt sind, schon die Entwicklung zur ‹neuen K.› hin. Die traditionelle Unanständigkeit ist zur Zeit des → Aristoteles (NE 4,14, 1128 a 19 ff.) praktisch eliminiert und damit wohl auch das phallische Kostüm.

[3] *Aufbau, Verse, Sprache.* Sind die beiden K.n des Aristophanes ihrem Aufbau nach noch formal verarmte, infolge eingelegter Genreszenen weniger zusammenhängende Stücke vom Typ der alten K., so leitet das Vorbild der Tragödie mit der Zeit zu autonomen, innerlich geschlossenen Handlungen an, in denen die Motive der Liebe und Eifersucht, Verwechslung, Wiedervereinigung usw. mit Intrigen im Rahmen der bürgerlichen Gesellschaft dominieren. Durchgebildete Charakterkomödien jedoch erscheinen erst am Ende der Entwicklung. – Nach dem Zerfall des Chores bleiben neben dem Trimeter trochäische und jambische Tetrameter, anapästische Systeme, daktylische Hexameter und kümmerliche Reste melischer Strophen. – Die Sprache ist im Vergleich mit der alten K. schlicht und arm geworden, eine gehobene att. Umgangssprache.

[4] Von *Dichtern*, die erst zur Zeit der mittleren K. und vor Menander gedichtet haben, sind rund 50 Namen belegt. Die K.n der späteren Dichter, die z. T. nicht mehr Athener waren, lassen Merkmale einer Massenproduktion erkennen. Manche Stücke sind nur Überarbeitungen früherer eigener oder fremder, ganze Partien werden mehrmals verwendet, allein → Antiphanes soll 280 Stück gedichtet haben. Die Handlungen sind, wie lat. Bearbeitungen (→ Plautus, → Terenz) zeigen, entsprechend schematisch geworden. Im Mittelpunkt steht immer mehr das Interesse an der Herausarbeitung menschlicher Typen in bestimmten Situationen.

D. NEUE K. [1] *Abgrenzung, Aufführungen.* Der Übergang von der ‹mittleren› zur ‹neuen K.› ist fließend. Willkürlich wird der Anfang gesetzt mit → Menander (ca. 342 bis 291), der die ‹neue K.› voll entwickelt hat. Bis ins 2. Jh. sind in Athen neue K.n aufgeführt worden. Die K. ist jetzt völlig losgelöst von ihrer Bindung an den Demos der Athener und zeigt kaum mehr Spuren des Brauchtums der Dionysosfeste. Anstelle einzelner Bürger wird der Staat Chorege, seit etwa 309 leitet ein ‹Agonothet› als Intendant das → Theaterwesen. Chor und Schauspieler gehören einer Berufsgilde an, Dichter sind meist Nichtathener, die für Bühnen vieler Städte Stücke schreiben.

[2] *Inhalt und Form.* Das Dionysische und Phantastische ist abgestreift. Der Chor, im Dialog als Schar trunkener Jünglinge erwähnt, singt Zwischenaktlieder, die mit dem Stück nichts zu tun haben und nicht in die Ausgaben kommen. Persönlichen Spott und politische Pointen gibt es noch, aber als nebensächliche Zugabe im bürgerlichen Lustspiel. Reale Persönlichkeiten treten nur noch selten auf, das Interesse konzentriert sich auf Typen, deren moralische Persönlichkeit, unter dem Gesichtspunkt der Charakterologie (→ Aristoteles; → Theophrast, ‹Charaktere›) gesehen, in sittlicher Bewährung dargestellt ist. Dezenz und Moral stehen in lehrhafter Weise im Vordergrund. Unter dem Einfluß der euripideischen Tragödie entwickeln sich im bürgerlichen Rahmen die Intrigen mit konventionellen Motiven wie Kindesaussetzungen, Erkennungsszenen usw.; eine zentrale Stellung hat das Liebesmotiv. Dieselben Titel kehren bei verschiedenen Dichtern immer wieder. Besonderheiten sagen wenig; Menanders ‹Heros› heißt nach dem Prologsprecher, die ‹Epitrepontes› (‹Schiedsgericht›) nach einer Episode im Stück. Entsprechend gelten schematische Konventionen für die äußere Anlage: Prologsprecher ist oft ein Gott oder eine Personifikation. In der Schlußszene erscheinen Tetrameter; dort auch Auftritt eines Flötenspielers. Das Stück wird mit einer Formel beschlossen. Es ist in fünf Akte eingeteilt (Hor. ars 155. 189 ff.). Nur drei Schauspieler treten gleichzeitig auf. Neben dem jambischen Trimeter sind jambische und trochäische Tetrameter als Dialogverse verwendet, andere Verse, etwa daktylische Hexameter, sind kaum je eingelegt.

[3] Über 70 Namen von Dichtern sind bekannt, von denen einige bis zu 100 Stücken gedichtet haben. Sie haben ihre Handlung frei und selbständig zu erfinden (Antiph. poiesis Fr. 191, 17–22), bleiben aber in sehr konventionellem Rahmen. Bes. seit → Menander ist das Menschenbild bestimmt durch das philosophische Streben nach objektiver, empirischer Menschenkenntnis (Typen vgl. Hor. ars 156 ff.) als Grundlage einer sozialen Pflichtenlehre zum richtigen Zusammenleben in Liebe, Freundschaft und jeglicher Gemeinschaft. Entsprechend erbaulich ist die ‹Moral› der meisten Stücke.

E. FORTWIRKUNG. [1] Die *antike Forschung* beginnt zur Zeit der mittleren K. (sog. Fasti: IG II² 2318, ca. 346 vor

Chr., → Aristoteles nach 334 v. Chr.). Reste der gelehrten Arbeit sind erhalten in den Hypotheseis und Scholien zu erhaltenen Stücken (s. u. E 4) und in Inschriften. Das Interesse der Verfasser der Inschriften galt den Choregen, den Didaskaloi und (seit 458 und allein für die Dionysien) den siegenden Schauspielern in allen Fällen weit mehr als den Dichtern und ihren Stücken. → Aristoteles sammelte Urkunden über K.n-Aufführungen. Aus seiner Schule schrieben → Theophrast (Definition der K.: CGF I 57 K.) und andere über die K. und einzelne ihrer Dichter. Von den Gelehrten der alexandrin. Bibliothek wurden Wort-, Sach-, Verserklärungen zu den Stücken gesammelt. Um die Chronologie war bes. → Kallimachos (3) bemüht; über die alte att. K. schrieb → Eratosthenes, über Dichter der dor. K. → Apollodor (4) v. Athen. In den sog. Prolegomena περὶ κωμῳδίας sind literarhistorische Texte zur K. vereinigt, die nach Herkunft und Quellenwert sehr verschiedenen Wert haben. Darunter befinden sich Stücke von großer Bedeutung.

[2] *Komödientheorie.* Im Zusammenhang mit der Kritik sind ästhetische Definitionen sowie Unterscheidungen der drei Perioden der K. ausgebildet worden. Der ausgewählte → Kanon der Klassiker hat letztlich den Bestand der Überlieferung bestimmt. Als Vertreter der neuen, nicht wie die alte an die speziellen Voraussetzungen des alten Athen gebundenen K. wird → Menander vor → Aristophanes seit alexandrin. Zeit weit bevorzugt (vgl. Hor. sat. 1, 4, 45 f.; epist. 2, 1, 168 f.; Plut. de compar. A. et M. epitoma).

[3] *Wirkungsgeschichte.* Die alte K. hat Spuren in der kynischen → Satire und in der → Paratragodie hinterlassen, blieb sonst aber Sache der Philologen, bes. der → Attizisten. Unmittelbare dramatische Weiterwirkung hat nur die mittlere und neue K. gehabt. Wie schon die griech. (s. o. C 4) haben die lat. Dichter vorhandene K.n bearbeitet und daraus neue gemacht (→ Plautus, → Terenz). Die moralischen Stücke wurden bald Schullektüre; ihre Motive dienten zur Vorlage für andere erotische Poesie, auch für Prosa (etwa Briefe, Romane). Durch die Vermittlung der lat. K. hat die späte griech. K. beispielgebend gewirkt auf das bürgerliche Lustspiel der Renaissance, des Barock, bis zu Molière, Lessing und Kleist.

[4] In Hss. durch das MA *überliefert* sind nur 11 Stücke des → Aristophanes. Die byzantin. Ausgaben gehen letzten Endes auf die gelehrten Editionen der Alexandriner zurück. Sie bieten reiche → Scholien zur → Kolometrie, Wort- und Sacherklärung und in den → Hypotheseis Hinweise zur Chronologie. Papyri zeigen, daß bis ins 6. Jh. n. Chr. noch viele weitere Komödien aller Perioden gelesen wurden. Erstdruck des Aristophanes ist die Aldina des Markos Musuros (Venedig 1498).

F. Nebenformen. Neben der dorischen Posse (s. o. A 2) sind andere dramatische und literarische Gattungen, die institutionell und aufführungsmäßig mit der K. nichts zu tun haben, teilweise von der K. beeinflußt oder ihr in der Wirkung verwandt: → Magodie, → Mimos, → Paratragodie (Tragödie, griech. G), → Silloi, Tragikomödie. Th. G.

Ed: → Aristophanes, → Menander – *Frg:* A. Meineke, Fragmenta Comicorum Graecorum (FCG) I–V, 1839–57 (mit wertvoller Einleitung und Einzelinterpretationen) – T. Kock, Comicorum Atticorum Fragmenta (CAF) I–III, 1880–1888 – J. M. Edmonds, The Fragments of Attic Comedy I–III B, 1957–61 – *Prolegomena:* G. Kaibel, Comicorum Graecorum Fragmenta (CGF), 1899 – R. Cantarella, Aristofane, Le Commedie I (Prolegomeni), 1949 – Dor. Posse: Kaibel, CGF (s. o.) – A. Olivieri, Framm. della C. Greca e del Mimo nella Sicilia e nella Magna Grecia, 3 Teile in 2 Bden (1930), 1946–47² – *Lit:* A. Körte, RE 11, 1 (1921), 1207 ff. – *Zu A:* K. Meuli, Hndwb. d. dtsch. Aberglaubens V 1744 ff., s. v. Masken – H. Herter, Vom dionys. Tanz zum kom. Spiel, 1947 – A.W. Pickard-Cambridge, The Dramatic Festivals of Athens, 1953 – Ders., Dithyramb, Tragedy and Comedy (1927), 1962² (2. Aufl. ed. T. B. L. Webster) – L. Breitholz, Die dor. Farce im griech. Mutterland vor d. 5. Jh. (= Studia Graeca et Lat. Gothoburgensia X), 1960 – *Zu B:* E. Mensching, Zur Produktivität der alten K., MH 21, 1964, 15–49 (Zur Chronologie) – *Zu C:* T. B. L. Webster, Studies in Later Greek Comedy, 1953 – *Zu D:* Ders., Studies in Menander, 1950 – F. Wehrli, Motivstudien z. griech. K., 1936 – *Zu E[3]:* s. zu → Aristophanes – *Zu E[4]:* H. Erbse, in: Gesch. d. Textüberlieferung I, 1961, 237 ff. 278 f.

II. Römische Komödie

A. Allgemeines – B. Die Komödiendichter: [1] Zeit der Republik – [2] Kaiserzeit – C. Überlieferung und Fortwirkung.

A. Allgemeines. Von den verschiedenen *Arten* röm. Lustspiele (→ Atellana, → Palliata, → Togata, → Trabeata) besitzt nur die Palliata durch → Plautus und → Terenz eine reichere Überlieferung: es ist die mit röm. Elementen durchsetzte griech. Neue K. (s. o. I E 3), von der vor der Wiederauffindung einiger Stücke des → Menander (1) nur die lat. Texte ein Bild gaben. Diese Rekonstruktion (und damit jedes Abheben des Römischen vom Griechischen) hat auch heute noch stark hypothetischen Charakter, da die Vielfalt in der Produktion der hellenist. K.n-Dichter bedeutend größer gewesen sein mag, als die umfangreicheren Menander-Papyri gerade zeigen. Ein Vergleich eines ganzen lat. Stückes mit seinem griech. Original ist nirgends möglich. Sicher sind durch → Kontamination z. T. einschneidende Veränderungen vorgenommen worden. Die menschlich-familiäre Thematik wurde jedoch ganz beibehalten (Inhaltsangaben → Terenz, 2). Die bes. an der Umsetzung bei Plautus spürbare Verstärkung des musikalischen Elements (→ Canticum) darf auch für die übrigen röm. K.n-Dichter vorausgesetzt werden, mit Ausnahme des Terenz, der sich auch in Sprache und Stil wesentlich von Plautus unterscheidet. Terenz scheint sich am weitesten von den im Theatermetier üblichen Methoden entfernt zu haben; er schreibt für ein urbanes Publikum mit feinerem literarischem Geschmack, und sein Erfolg bei den breiten Schichten, die bei Darbietungen von Mimen und Atellanen und bei Plautus mehr auf ihre Rechnung kamen, war gelegentlich in Frage gestellt (Hecyra-Prolog). Stärkeres röm. Kolorit findet sich bei → Naevius, der sich sogar Kritik an bedeutenden Zeitgenossen erlaubte, bei Plautus, z. B. im Curculio, und bes. in der Togata, die sich von der Bindung an ein griech. Original ganz zu lösen versucht. Die religiöse Komponente ist für die röm. K. nicht grundlegend, obwohl die Aufführungen an besonderen Festtagen stattfanden (→ Ludi Romani, Megalenses u. a.); zwei Stücke des Terenz (Hecyra und Adelphoe) wurden 160 an den Leichenspielen für L. → Aemilius (10) Paullus Macedonicus aufgeführt. Bühne und Zuschauerraum muß man sich im 2. Jh. improvisiert denken: erst → Pompeius (2) errichtete 55 v. Chr. ein steinernes → Theater (B 4).

B. Die Komödiendichter. [1] *Zeit der Republik.* Epochejahr der Übertragung der Neuen K. nach Rom ist der Tradition nach das Jahr 240 v. Chr.: → Livius (2) Andronicus soll in diesem Jahr zum erstenmal eine lateinische K. in Rom aufgeführt haben. Erst von → Naevius haben wir eine deutlichere Vorstellung (s. o. A). Kann man ihn in vieler Beziehung als Vorläufer des → Plautus bezeichnen, so hat sich dieser doch von den persönlich-politischen Anspielungen seines Vorgängers ferngehalten. Dieselbe Zurückhaltung üben auch die Späteren (nur dem → Mimus [2] bleibt die Freiheit zu politischer Kritik). → Ennius' Leistungen als Komödiendichter scheinen unbedeutend. Das wenige, das von → Caecilius (16) Statius und → Aquilius (1) erhalten ist, zeigt große Ähnlichkeit mit Plautus. Dem Anfang des 2. Jh.s gehört vielleicht auch noch → Trabea an. Eine deutliche Zäsur bringt in den sechziger Jahren der eigenwillige → Terenz, dessen Auseinandersetzung mit → Luscius Lanuvinus um das Recht dichterischer Freiheit auch gegenüber dem großen griech. Vorbild für uns das früheste Zeugnis einer literarischen Diskussion im alten Rom ist. Die Zeit lebendiger Entwicklung der Palliata geht damit zu Ende: → Atilius (1), → Licinius (8) Imbrex und → Turpilius (gest. 103 v. Chr.) vermögen dieser Art der K. keine Bedeutung mehr zu verleihen. Es folgen Experimente mit einem national-röm. Lustspiel (→Togata), das in vielem an Naevius und Plautus anknüpfen konnte, jedoch keine lange Lebensdauer hatte (s. o. A). Der bedeutendste Togatendichter ist →Afranius (2). Die sullanische Zeit machte den Versuch, der italischen Volksposse (→Atellana) literarisches Niveau zu geben; →Pomponius (3) Bononiensis und →Novius schrieben Atellanen. Am Ende der Republik finden wir nur noch den →Mimus (2), der durch →Laberius und →Publilius (2) Syrus eine künstlerisch bedeutsame Ausprägung erhält.

[2] *Kaiserzeit.* Der Mimus verdrängte die anderen, anspruchsvolleren Arten des Lustspiels mehr und mehr vom Theater (→Catullus (2), →Lentulus, →Marullus). In augusteischer Zeit bemühte sich →Melissus (2) um eine Wiederbelebung und Anpassung der Togata, indem er Stoffe aus dem Leben der Ritter verwendet: →Trabeata. An den Anfang des 2. Jh.s gehören →Pomponius (2) Bassulus, der sich ohne Erfolg um die Palliata bemüht, und →Vergilius Romanus, den Plinius d. J. einen geistreichen Verfasser von Stücken nach dem Muster der Alten und Neuen K. nennt. Das letzte Zeugnis antiker Komödiendichtung ist für uns der →Querolus (Verfasser unbekannt).

C. ÜBERLIEFERUNG UND FORTWIRKUNG. Wiederaufführungen von Plautus- und Terenzkomödien sind zu erschließen aus Prologinterpolationen (→Plautus), Notizen in →Didaskaliai (Terenz), wohl auch aus den doppelten Endszenen im Poenulus und in der Andria. Bei Cicero hören wir von berühmten Schauspielern, welche in Plautusstücken agierten (→Roscius, 2). Besonders Terenz wurde wegen seines guten Lateins bald auch in der Schule gelesen und rezitiert. Schon im 1. Jh. v. Chr. beschäftigten sich mit ihm die Philologen (→Fenestella, →Porcius (7) Licinus, Santra); →Varro (1) bemühte sich um die Ermittlung der echten Plautusstücke. →Volcacius Sedigitus stellte einen Kanon der Palliaten-Dichter auf (→Caecilius (16), →Licinius (8) Imbrex). Urteile über Terenz im Vergleich zu Menander werden von Cicero und Caesar überliefert (bei Sueton-Donat). In der Kaiserzeit wandte sich das Interesse den Archaisten (z. B. des →Gellius) den alten K.n-Dichter, zu; was sonst von den kleineren Palliaten-Dichtern, der Togata und der Atellana erhalten ist, verdanken wir fast ganz den Grammatikern, bes. →Nonius (z. B. für Pomponius und bes. Turpilius: 127 von 140 Fragmenten stehen bei Nonius). Plautus und Terenz blieben durch Ausgaben, die man weiterhin veranstaltete, mit ganzen Stücken bekannt. Die Plautusausgabe scheint letzten Endes auf →Varro (1) zurückzugehen; Terenzherausgeber war vielleicht →Probus (2). Im 4./5. Jh. gab es mit lebendigen Szenenbildern illustrierte Prachtausgaben des Terenz (Quelle der hochmittelalterlichen Ter.-Miniaturen), der auch in der Spätantike (wie Vergil) eingehend kommentiert wurde; erhalten sind nur die Werke →Donats (viele wertvolle Erläuterungen) und des →Eugraphius (unter rhetorischem Gesichtspunkt). Ausläufer dieser antiken Interpretationstätigkeit bilden die Scholien zahlreicher Terenz-Handschriften. Metrische Traktate von →Priscian und →Rufin (gramm. III 418–429 bzw. VI 554–565) bezeugen für die späte Antike einerseits reges Interesse für Terenz, andererseits schwindende Kenntnis der altlateinischen Verskunst. – Fortwirkung im Mittelalter: Plautus war nur schlecht bekannt; durch spätantike Bearbeitungen (→Querolus) kam es zu einem gewissen indirekten Einfluß auf die lateinische Komödie in Frankreich (Vitalis v. Blois; →Plautus). Terenz wurde jedoch auch in Klöstern oft gelesen, so daß im 10. Jh. die Nonne Hrotsvith von Gandersheim 6 erbauliche Stücke im Stile des Terenz verfaßte, um diesen aus dem Felde zu schlagen. – Renaissance und Neuzeit: Die frühen Humanisten, die auch Plautus wiederentdeckt hatten, verfaßten Stücke nach antikem Muster (Petrarca: ‹Philologia›, Piccolomini: ‹Chrysis›). Plautus selbst wurde wieder aufgeführt (Aulularia 1484 auf dem Quirinal, Menaechmi 1486 in Ferrara, 5 Stücke 1502 an Lucrezia Borgias Hochzeit in Ferrara). Über die Commedia erudita (Ariosto, Dolce) geht die Wirkung weiter nach Spanien (Juan de Timoneda: Amphitruo, Menaechmi) und Frankreich (Baif: Miles gloriosus, Eunuchus). Weitgehend auf Rotrou (Amphitruo, Captivi, Menaechmi) basierte Molière (Amphitruo, Aularia), der jedoch in vielen Werken letztlich antike Motive verwendete. Auch in England stand das Erwachen dramatischer Produktion im Zusammenhang mit der Plautus- und Terenzrenaissance. Bekannte Beispiele englischer Plautusverarbeitung: Shakespeare ‹The comedy of errors› (Menaechmi), Jonson ‹The case is altered› (Aulularia, Captivi). Wie einzelne Stoffe bis in die Gegenwart wirksam sein können, zeigen Giraudoux' ‹Amphitryon 38› und Wilders Erzählung ‹The woman of Andros›. H. M.

Lit: H. Haffter, Unters. z. altlat. Dichtersprache, 1934 – G. E. Duckworth, The nature of Roman comedy, 1952 (Lit.) – W. Beare, The Roman stage (1950), 1955[2] – A. Thierfelder, Röm. K., Gymnasium 63, 1956, 326–345 – *Zu Überlieferungsgeschichte und Fortwirkung:* K. von Reinhardstoettner, Plautus, Spätere Bearb. plaut. Lustspiele, 1886 – G. Jachmann, Die Gesch. d. Terenztextes im Altertum, 1924 – L. W. Jones–C. R. Morey, The miniatures of the manuscr. of Terence, 2 Bde, 1931 – Ö. Lindberger, The transformations of Amphitryon, Acta Universitatis Stockholmiensis I, 1956.

Komos, ‹fröhlicher Umzug Betrunkener›, ‹Schar schwärmender Zecher› (selten ‹Anlaß, bei dem getrunken wird›); wohl davon abgeleitet ‹Komödie› (→Komödie I A 1); als Sitte vielleicht aus dem Dionysoskult vom peisistratischen Athen her verbreitet; Homer und Sparta haben keinen K.; erste Erwähnung [Hes.] asp. 281. Th. G.

[2] Auf →*Vasen* ist der K. ein häufiges Motiv: auf schwarz- und rotfigurigen Vasen erscheinen die Zecher bekränzt und beschwingt. Fackeln deuten auf die nächtliche Szene der schwankenden Gestalten hin. Hetären und Musikanten begleiten sie. →Thiasos. F. E.

Abb: Arias-Hirmer, Taf. 135–138.

Konchoide (bei →Pappos auch Kochloide). Auf einer beweglichen Geraden seien zwei Punkte A, B festgelegt. Man bewege die Gerade so, daß sie durch einen festen Punkt C geht und der Punkt A eine gegebene Gerade durchläuft. Dann beschreibt B die Konchoide. Sie wurde im 3. Jh. vor Chr. von →Nikomedes (5) gefunden und leistet jede →Neusis, bei der eine der gegebenen Kurven eine Gerade

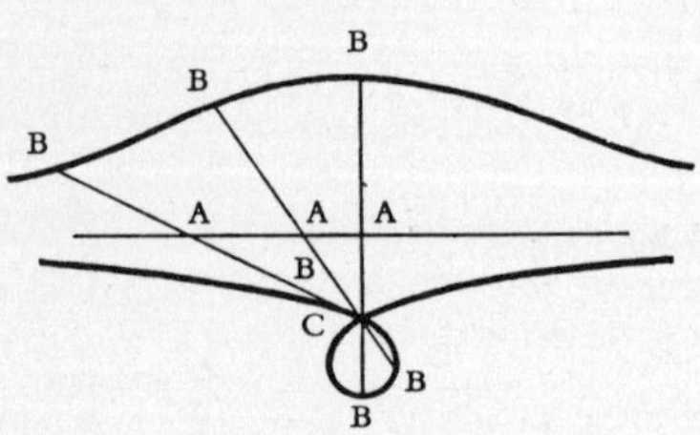

Abb. 134 Konchoide

ist. Mit derartigen Einschiebungen ist die →Verdoppelung des Würfels und die →Dreiteilung des Winkels zu leisten. Ein Instrument zur Zeichnung der Kurve ist bei →Eutokios (als Erfindung des Nikomedes) beschrieben. Abb. 134. H. G.

Q: Eutokios, Komm. zu Archim. sphair. cyl. (Heiberg III 98) – Pappos (Hultsch p. 242 ff.) – Prokl. in Eukl. (Friedlein p. 272).

Konfessionenliteratur, religiöse Ausformung der →Autobiographie, in der der Verfasser sein Leben als durch gnädiges Eingreifen (eines) Gottes aus Irrtum und Sünde zum Heil geführt bekennt. Diese Form der Selbstdarstellung ist nicht spezifisch christlich, wie der sich als autobiographisch gebende Roman des Isisgläubigen →Apuleius zeigt. Die frühesten christlichen Darstellungen dieser Art sind die autobiographischen Skizzen, die act. 23, 3–16 und 26, 4–18 dem Apostel Paulus in den Mund gelegt werden. Der Bericht des →Cyprian von Karthago über seine Bekehrung (ad Donatum 3–4) ist als unmittelbare Vorstufe zu den

‹Confessiones› → Augustins anzusehen; für diese dürfte in weiterem Sinne überhaupt jenes autobiographische Schema der Wahrheitssuche von Bedeutung geworden sein, das sich im paganen Bereich z.B. in der Schilderung des → Dion (2) v. Prusa von seiner Bekehrung von der Rhetorik zur Philosophie (or. 13) und dem Bericht des Arztes → Thessalos findet, aber auch von christl. Autoren adaptiert ist, so von dem → Märtyrer Justin (dial. 2–8), in den → Pseudo-Clementinen (recogn. 1, 1–6; hom. 1, 1–8) und bei → Hilarius von Poitiers (trin. 1, 1–14). Eine bemerkenswerte Parallele besteht fernerhin auch zwischen den Confessiones Augustins und dem Roman des Apuleius: in beiden Werken wird die Verstrickung in Sünde und Unglück durch unbezwingbare ‹curiositas› veranlaßt. Natürlich sind und bleiben die augustinischen Confessiones ein Werk sui generis, dessen komplexe Ganzheit man nur mit Vorbehalten aus Antecedentien ableiten wird: an ihm zeigt sich besonders sinnfällig, daß ein Rekurs der Deutung nur auf die durch die Philosophie herbeigeführte Vertiefung und Steigerung des Innenlebens unzureichend ist, insofern sich hier die Durchführung der autobiographischen Form als realer Akt des religiösen Lebens, als ‹invocatio› nach Art der → Psalmen darstellt (Knauer, a. a. O. passim; ihm wird das Motiv der ‹peregrinatio animae› zum Schlüssel für das Problem der Einheit der Confessiones: Hermes 85, 1957, 216–48). Im 5. Jh. hat das Werk Augustins in unterschiedlicher Weise drei autobiographische Darstellungen beeinflußt: den hexametrischen Eucharisticos des → Paulinus (2) v. Pella, das prosaische Eucharisticon de vita sua des → Ennodius und die Confessio des Irenmissionars Patricius. Vgl. auch → Autobiographie. W. Schm.

Lit: F. v. Bezold, Über die Anfänge der Selbstbiographie, 1893 (= Ztschr. f. Kulturgesch. 1, 1894, 144–71) – A. D. Nock, Conversion, 1933 – A. J. Festugière, L'expérience du médecin Thessalos, RBi 48, 1939, 45–77 – P. Courcelle, Rech. sur les ‹Confessions› de St. Augustin, 1950 – G. Misch, Gesch. d. Autobiographie I, 1950³; II, 1955; III, 1959 – G.-N. Knauer, Psalmenzitate in Augustins Konfessionen, 1955 – H. J. Mette, Curiositas, in: Festschr. B. Snell, 1956, 227–35 – P. Courcelle, Les Confessions de St. Augustin dans la tradition littéraire. Antécédents et postérité, 1963.

Konflikt. Als tragischen K. bezeichnet man einen Zwiespalt, in dem sich der Held einer Tragödie befindet, wenn er vor die Wahl zwischen zwei Möglichkeiten des Handelns gestellt ist, die beide durch in gleicher Weise gültige, einander aber genau entgegengesetzte Ansprüche bestimmt sind und von denen jede, eben deshalb, ins Verderben führen muß. E.-R. Sch.

Lit: A. Lesky, Die griech. Tragödie (1938), 1958², 24ff.

Konglomerat, *structura caementicia* oder *opus caementicium*, Mörtelwerk. Verbindung von Kalk mit Sand, nach Vitr. 2, 5, 1 im Verhältnis 1:2 bei Meersand, 1:3 bei Grubensand, am besten vulkanischem Sand (sog. Puzzolanerde, puteolanus pulvis). Mörtel (*κονία*) tritt in Griechenland sporadisch auf (seit 5. Jh.); in Italien seit ca. 300 v. Chr. (Alba Fucense) nachgewiesen; seit dem Beginn der ‹Römerzeit› um 200 immer allgemeiner verwendet, entsprechend der neuen Auffassung der Mauer als Masse an Stelle des griech. Gliederbaus. Vgl. → Architektur. C. K.

Q: Vitr. 2,4; 5,12,5; 7,3,5 u. 11; Plin. 36, 175 – *Lit:* Blümner, Technologie III 105ff. – Ders, RE 10,2 (1919), 1605–09, s. v. Kalk – R. Delbrueck, Hellenist. Bauten in Latium II, 1912, 85ff. – A. W. Van Buren, RE 18,1 (1939), 821–824, s. v. opus. – G. Lugli, La tecnica edilizia romana, 1957, 363ff.

Konjektur, Abänderung der überlieferten Buchstaben einer Textstelle in eine Wort- oder Satzform, die vermutlich den ursprünglichen Text wiedergibt. → Textkritik B [3]. H. E.

Konon, athen. Admiral, erstmals 414/413 v. Chr. Stratege, 406 als Nachfolger des → Alkibiades von → Kallikratidas im Hafen von Mytilene eingeschlossen, dann aber durch den athen. Seesieg bei den → Arginusen befreit. Nach der Katastrophe von Aigospotamoi 405 entkam er mit 8 Schiffen zu König Euagoras nach Cypern. 397 wurde er von den Persern mit der Aufstellung einer großen Flotte dort und in Phönizien beauftragt, mit der er dann 394 Spartas Seemacht bei Knidos vernichtete (Xen. Hell. 4, 3, 11f.; Diod. 14, 83, 6f.). Mit persischem Geld stellte er 393 die → Langen Mauern wieder her und unternahm erste Schritte zur Erneuerung der maritimen Machtstellung Athens. Doch gelang es den Spartanern, ihn deswegen 392 bei den Persern verdächtig zu machen und seine Absetzung zu erreichen. Er floh abermals nach Cypern, wo er bald darauf starb. F. Kch.

2. **K.,** griech. → Mathematiker und → Astronom, geb. auf Samos, in der 2. H. des 3. Jh.s v. Chr. wahrscheinlich in Alexandria tätig, Zeitgenosse des → Archimedes und Lehrer des → Dositheos (2). Archimedes lobt seine mathematischen Leistungen, von denen aus einer Angabe bei → Apollonios (15) v. Perge nur bekannt ist, daß sie auf dem Gebiet der → Kegelschnitte lagen. K. schrieb 2 Bücher über Astronomie, die u. a. Tabellen der Auf- und Untergänge von Fixsternen und Daten aus eigenen Beobachtungen von Sonnenfinsternissen enthielten. S. S.

Lit: A. Rehm, RE 11,2 (1922), 1338 – Sarton I 86.

3. **K.,** um Chr. Geb., Verfasser von 50 mythologischen Erzählungen, die auszugsweise in der ‹Bibliothekē› des → Photios (Cod. 186) erhalten sind. K. war gleichzeitig Rhetor, was auch aus der Art seiner Darstellung hervorgeht. Wahrscheinlich unmittelbar benutzt: → Ephoros, → Timaios (3), Hegesippos von Mekyberna. M. v. d. V.

Ed: FGrHist 26 – R. Henry, Photius Bibl. Bd. 3, 1961, 8–39 (mit Notizen über die Quellen) – *Lit:* E. Martini, RE 11 (1922), 1335–38.

Konsonanz → Symphonia; → Musik A [9].

Lit: K. Stumpf, Gesch. des K.begriffs, Abh. München 1901.

Konstantin I. d. Gr. (Flavius Valerius Constantinus), Sohn des → Constantius (3) Chlorus und der Helena; Geburtsort Naïssus, Geburtsjahr wahrscheinlich 285 n. Chr. K. lebte als Jüngling am Hof des → Diokletian und gewann hier Einblick in die große → Christenverfolgung. Obwohl schon um 300 mit → Fausta, der jüngeren Tochter des Kaisers → Maximian (1), verlobt, hatte er von einer Konkubine Minervina den Sohn → Crispus. Nach der Abdankung des Diokletian und Maximian wurde er bei der Einsetzung der zweiten Tetrarchie übergangen. K. verließ fluchtartig den Hof des neuen Oberkaisers → Galerius (1), begab sich zu seinem Vater, wurde nach dessen Tod in Eburacum am 25. Juli 306 von der Truppe zum Augustus ausgerufen und übernahm, von Galerius zunächst nur als Caesar anerkannt, den Reichsteil des Vaters. Die Christenverfolgung war hier bereits eingestellt. – K. kämpfte gegen → Franken und → Alamannen, während in Italien Maximians Sohn → Maxentius zum Kaiser ausgerufen wurde und Maximian selbst wieder den Purpur nahm. Maximian suchte Unterstützung bei K. in Gallien, sprach diesem den Augustusnamen zu und gab ihm Fausta in die Ehe. Die Konferenz der Kaiser in Carnuntum 308 machte → Licinius (1) zum Augustus, degradierte K. zum Caesar und schloß Maximian und Maxentius vom Kaiserkollegium aus. Doch K. legte sich eigenmächtig den Augustusnamen zu, Maxentius behauptete sich in der Reichsmitte; Maximian floh zu K., fand aber dann als Hochverräter 310 in Massilia den Untergang durch K. Dieser nahm jetzt mit Berufung auf eine fiktive Abstammung von → Claudius (2) Gothicus das Geburtsrecht als Herrschaftstitel in Anspruch und erwählte Apollo-Sol als Schutzgott. Galerius starb 311 nach Erlaß eines Edikts, das die Duldung der christlichen Religion aussprach. K. eröffnete 312 im Einvernehmen mit Licinius den Kampf gegen Maxentius und marschierte auf Rom. Maxentius stellte sich am 28. Oktober 312 an der Milvischen Brücke zum Kampf, verlor aber Schlacht und Leben. K., vom röm. Senat zum rangältesten Augustus erklärt, war nun Herr im westlichen Teil des Reiches. Nach der christlichen Überlieferung (→ Laktanz und → Eusebios) hat er vor der Schlacht seine Hinwendung zum Gott der Christen vollzogen. Es steht fest, daß er von jetzt an die christliche Religion in den Staat eingeführt hat. – K. einigte sich im Februar 313 in Mailand mit Licinius auf ein religionspolitisches Programm, das für das → Christentum (II B) wie für die heidnischen Kulte Religionsfreiheit vorsah, aber den christlichen Gemeinden besonders entgegenkam. Licinius verwirklichte dieses Programm im Orient, als er 313 den Sieg über → Maximinus Daia gewann. K. hat schon im Winter 312/313 die Christen seines Reichsteils begünstigt; in Rom hat er mit der Laterankirche (→ Basilika B 1) die Errichtung monumentaler Kultbauten eingeleitet. Schwierigkeiten entstanden in Afrika, wo sich eine rigorose Gruppe von Gläubigen, deren Führung später Donatus übernahm, vom karthag. Bischof Caecilian und von der allgemeinen (katholischen) Kirche abgespalten hatte. Der → Donatismus fand starken Anhang bei der ländlichen Bevölkerung. In der Absicht, dem Staat die göttliche Gunst durch den einheitlichen Kult der katholischen Kirche zu sichern, griff K. ein, aber seine Vermittlung scheiterte. Er berief 314 eine Synode der Bischöfe seines Reichsteils nach Arles, doch die Donatisten unterwarfen sich nicht. Es kam zu Unruhen, die staatlichen Behörden mußten eingreifen, es gab donatistische Märtyrer. K. sah sich 321 gezwungen, den Schismatikern bedingte Duldung zu gewähren. Die Großkirche hat K. in diesen Jahren mit staatlichen Aufgaben und Rechten ausgestattet: Freilassung von Sklaven in der Kirche; bischöfliche Schiedsgerichtsbarkeit; Recht der Gemeinden, letztwillige Zuwendungen anzunehmen; Erklärung des Sonntags zum staatlichen Feiertag. Doch wurde das Heidentum nicht unterdrückt, K. blieb Pontifex maximus. – Zwischen K. und Licinius kam es mehrfach zu Konflikten. Der Friedensschluß von 317 brachte die gegenseitige Anerkennung der Söhne als Caesaren. Seit dieser Zeit hielt sich K. zur Abwehr der → Sarmaten und → Goten oft in den Donauländern auf. Der langsam beginnende Zerfall der Doppelherrschaft griff auf die Religionspolitik über: auf Münzen K.s erschienen christliche Symbole; Licinius bedrückte die Christen. Seit 321 gab es keine einheitliche Ernennung der Konsuln mehr. Der Kampf um die Alleinherrschaft wurde zugleich zum Religionskrieg. Licinius wurde im Herbst 324 bei Chrysopolis besiegt und bald darauf als Staatsfeind hingerichtet. – K. hat als Universalherrscher die Verfassung, Verwaltung und Verteidigung nach den Richtlinien des Diokletian weitergeführt. Der Absolutismus des Kaisertums wurde gesteigert, Insignien, Tracht und Zeremoniell glanzvoll ausgestaltet, im → Kaiserkult aber die Darbringung von Opfern untersagt. Der Kronrat erhielt seine endgültige Prägung. Das Amt des → Praefectus praetorio wurde in den Außenbereich verlagert: vier Präfekturen bildeten die obersten Instanzen der Länderverwaltung. In der → Heeresverfassung wurde die Scheidung von Feldarmee und Grenztruppe zur festen Einrichtung. Germanen wurden zahlreich in Dienst gestellt, auch zu höchsten Rängen zugelassen; die Palasttruppe der Scholae palatinae war überwiegend germanisch. In der Münzreform gelang die Schaffung des → Solidus als wertbeständiger Goldmünze. Staatlicher Zwang im Wirtschaftsleben: die Zugehörigkeit zu Stadträten und Berufsvereinen wurde erblich; die → Kolonen waren an die Scholle gebunden. Nach der Hinrichtung des Crispus und der Fausta (326) wurden für die Fortsetzung der Dynastie die Söhne der Fausta → Konstantin (2), → Constantius II. und → Constans und der Neffe Dalmatius in Aussicht genommen. Bald nach 324 hatte K. begonnen, Byzantium als Residenz auszubauen; die Stadt erhielt den Namen → Konstantinopolis und wurde 330 eingeweiht. Diese Gründung eines ‹zweiten Rom› hatte strategische Gründe, bedeutete aber zugleich die Hinwendung zur hellenistisch-christlichen Welt. – K. hielt an der Religionsfreiheit für Christen und Heiden fest, betrachtete es aber stets als seine Aufgabe, die Gnade des Christengottes, dem er seine Siege zuschrieb, dem Reich zu erhalten. Um den von dem alexandrinischen Presbyter Arius erregten dogmatischen Streit über das Wesen des Logos (→ Arianischer Streit) beilegen zu lassen, berief er 325 eine ökumenische Synode nach Nicaea (→ Konzile). Arius wurde von der Versammlung verurteilt, vom Kaiser verbannt. Aber der Streit setzte sich fort, bes. seit → Athanasios Bischof von Alexandria war. Am Ende wurde Arius wiederaufgenommen, Athanasius verbannt. K. nahm für sich eine Art ‹Bischofsamt außerhalb des Gottesdienstes› in Anspruch. Er führte sein Haus dem neuen Glauben zu, hielt Freundschaft mit dem gelehrten Bischof → Eusebios von Caesarea, ließ in seiner Gesetzgebung christliche Anschauungen zur Geltung kommen und förderte den Kirchenbau (bes. → Grabeskirche in Jerusalem, Peterskirche in Rom; → Basilika B 1). Er empfing die Taufe auf dem Totenbett (337) und wurde in dem Mausoleum beigesetzt, das er in Konstantinopel in Verbindung mit der Apostelkirche hatte vorbereiten lassen. Geschichtliche Überlieferung und Legende haben ihn bald zum Vorbild des christlichen Herrschers erhoben. J.V.

Lit: O. Seeck, Gesch. d. Untergangs d. antiken Welt I (1895), 1921/22⁴; II (1901), 1921²; III (1909), 1921² – A. Piganiol, L'empereur C., 1932 – A. Alföldi, The Conversion of Constantine and Pagan Rome, 1948 – H. Dörries, Das Selbstzeugnis Kaiser K.s, Abh. Gött. 34, 1954 – H. Kraft, Kaiser K.s religiöse Entwicklung, 1955 – L. Voelkl, Der Kaiser K., 1957 – E. Stein, Gesch. d. spätröm. Reiches I, 1928 (éd. franç. par J.-R. Palanque I, 1959) – J. Vogt, RAC III 306–379 (Lit) – J. Vogt, C. d. Gr. und sein Jahrh. (1949), 1960² – S. Calderone, Constantino e il cattolicesimo I, 1962 – M. R. Alföldi, Die constantin. Goldprägung, 1963.

[2] Der *Kolossalkopf K.s* (Rom, Kons. Pal., gefunden 1487 in der Konstantinsbasilika, wo er ursprünglich aufgestellt war; H. 2,60 m) gehörte zu einer ca. 10 m hohen Sitzstatue des Kaisers. Entstanden wohl um 313/315 n. Chr. Vgl. → Plastik C [6]. H. v. H.

Abb u. Lit: Kähler 391, Taf. 264 – K. Kraft, Das Silbermedaillon Constantins, JbNG 5/6, 1954/5, 151–178.

2. **K. II.** (Flavius Claudius Constantinus), röm. Kaiser 337–340, geb. 316 in Arles als Sohn → Konstantins d. Gr. und der Fausta (?), fiel 340 vor Aquileia. Seit 317 Caesar; seit 328 Siege über die Germanen. 337 zusammen mit seinen Brüdern → Constantius II. und → Constans zum Augustus (für den gallischen Reichsteil) ausgerufen. C. kam auf einem Feldzug gegen das dem Constans unterstehende Italien um. H.-J. D.

3. **K. III.** (Flavius Claudius C.), (west-)römischer Kaiser (Usurpator) 407–411. Als gewöhnlicher Soldat 407 von den britannischen Truppen zum Augustus erhoben; beherrschte zeitweilig Britannien, Gallien und Spanien, bemühte sich aber vergeblich um die Anerkennung durch Ravenna. C. wurde von Honorius' Feldherrn → Constantius III. 411 bei Arles geschlagen, gefangengenommen und bei Ravenna hingerichtet. H.-J. D.

4. **K. VII. Porphyrogennetos,** literarisch interessierter, aber politisch schwacher Kaiser der makedonischen Dynastie (offiziell von 912, faktisch von 944 bis 959), Literaturkenner und -sammler: er ließ große Enzyklopädien anlegen, die aus Exzerpten in handbuchartigen Sammlungen bestanden und sachlich geordnet waren. Die wichtigste, historischen Inhalts, umfaßte 52 Abschnitte, von denen 4 (teilweise) erhalten sind. Außerdem wurden landwirtschaftliche, medizinische, tierärztliche und tiergeschichtliche Enzyklopädien hergestellt. Die Fragmente enthalten u. a. Exzerpte sonst verlorener antiker Schriften. – K. verfaßte auch eigene (historische und administrative) Schriften, darunter das Zeremonienbuch des byzantinischen Hofes, und förderte die von Caesar Bardes eröffnete Hochschule. Vgl. → Überlieferung (B 4). H. E.

Ed: U. Ph. Boissevain - C. de Boor - Th. Büttner-Wobst, Excerpta Historica iussu Imp. Constantini Porph. confecta, 1905–10 – *Lit:* Krumbacher, 252 – G. Moravcsik, Byzantino-Turcica, 1958, 356.

Konstantinopel, ursprünglich mit dem thrak. Namen Byzantion, als Reichshauptstadt offiziell Nova Roma (*Νέα*

'Ῥώμη), literarisch K. oder wieder Byzantion, volkstümlich bis heute einfach ‹Die Stadt›, aus εἰς τὴν πόλιν Istanbul.

[1] *Geschichte.* 660/659 wahrscheinlich von → Megara oder von → Kalchedon gegründet. Hervorragende Lage der Stadt zur Kontrolle des Bosporus und damit der Getreideeinfuhr aus dem Pontos (Kt. 1152 I 1). 478 von → Pausanias erobert, dann im → Att. Seebund, 411 Abfall von Athen, 409 Belagerung und Einnahme durch → Alkibiades, 403 Schreckensherrschaft des → Klearchos, ca. 390 Rückeroberung durch → Thrasybulos, im 2. Att. Seebund, 357 bis 355 → Bundesgenossenkrieg (1), 340/339 von → Philipp II. v. Makedonien vergeblich belagert, 278 durch die Kelten erobert, 220/219 Krieg mit → Rhodos wegen des Zolls am Bosporus. In den Kriegen Roms gegen → Philipp V. (200 bis 197), → Antiochos III. und → Perseus (2) Bundesgenosse Roms. Die griech. Stadt nahm nur wenig mehr als den Raum des alten Serails der türk. Sultane ein. Reste außerordentlich gering. Zerstört 196 n. Chr. durch → Septimius (3) Severus wegen Parteinahme für → Pescennius Niger, auf Fürsprache → Caracallas wiederaufgebaut. Aus dieser Zeit Anlegung des riesigen Hippodroms, das wie in Rom (Circus Maximus) und Thessalonike neben dem Kaiserpalast lag (400 × 150 m). 258 n. Chr. Plünderung durch die → Goten. Unter → Diokletian war nicht K., sondern → Perinth Hauptstadt der Provinz Europa. Von → Konstantin zur Reichshauptstadt erhoben, vergrößerte sich K. auf etwa das Fünffache. Das amtliche Einweihungsdatum, als Geburtstag der Stadt gefeiert, war der 11. Mai 330. Die Verfassung und die Einrichtungen des ‹Neuen Rom› wurden bis in alle nur möglichen Einzelheiten dem Vorbild des alten Rom nachgebildet, einschließlich der Einteilung der Stadt in 14 Regionen und 7 Hügel.

[2] *Die Bauten.* K. bot zunächst das typische Bild einer Großstadt der röm. Kaiserzeit, mit großartigen öffentlichen Plätzen und Bauten und möglichst geraden, breiten Straßen, wofür vielfach erst durch große Terrassenbauten Platz geschaffen werden mußte. Südl. des alten griech. Byzantion, zwischen Hippodrom und Meer entstand der riesige, gesondert ummauerte Bezirk der Kaiserpaläste. → Theodosius II. (408–450 n. Chr.) erweiterte das Stadtgebiet um 1,5 km nach W. Gesamtumfang danach 20 km, größer als der des alten Rom innerhalb der aurelianischen Mauer. Die von ihm erbaute Landmauer zwischen Marmarameer und Goldenem Horn, noch heute die Stadtgrenze, das gewaltigste heute noch stehende Festungswerk des Altertums, ist fast vollständig erhalten, große Teile der Seemauern, außerdem noch aus vorjustinianischer Zeit Reste der Kaiserpaläste mit schönen Mosaiken und des Hippodroms mit seiner Inneneinrichtung (Schlangensäule, → Theodosius-Obelisk), ein großes Stück des Aquädukts des Kaisers → Valens (364–378), die Reliefsäulen des Konstantin (‹Verbrannte Säule›), → Arcadius (399–408) und → Marcian (450–457). E. M.

Lit: H. Merle, Die Gesch. d. Städte Byzantion u. Kalchedon, Diss. Kiel, 1916 – K. O. Dalman, Der Valensaquädukt in K., Ist. Forsch. 3, 1933 – E. Mambouory-Th. Wiegand, Die Kaiserpaläste v. K., 1934 – G. Bruns, Der Obelisk u. seine Basis auf d. Hippodrom zu K., Ist. Forsch. 7, 1935 – Br. Meyer-Plath-A. M. Schneider-Fr. Krischen, Die Landmauer v. K., 2 Bde, 1938/43 – G. Brett u. a.-D. T. Rice, The great palace of the byz. emperors, 2 Bde, 1947/58 – R. Janin, Constantinople Byzantine, 1950 – A. M. Schneider, Regionen u. Quartiere in K., Ist. Forsch. 17, 1950, 149–158 – G. Giglioli, La colonna di Arcadio a. C., Mem. d. Acc. di arch., lett. e belle arti di Nap. I, 1952.

[3] *Altchristl. Bauten.* Mittelalterliche Behauptungen über eine vorkonstantin. Irenenkirche (Reg. 13, Galata) verdienen kaum Vertrauen, während Nachrichten für die konstantin. u. nachkonstantin. Zeit mindestens topographisch, z. T. auch archäologisch kontrolliert werden können. Neben der von → Konstantin d. Gr. zugleich als Mausoleum gedachten, aber nicht von ihm vollendeten Apostelkirche (Eus. vita Const. 4, 58) sind die ‹Alte› (spätere Irenen-) Kirche als Bischofsbasilika und die ‹Große› Kirche (später → Hagia Sophia) als Palastkirche die bedeutendsten Bauten des 4. Jh.s. Seinem Ende gehören das Martyrion des Carpus u. Paphylus (1935 wiederentdeckt) und das einflußreiche Kloster des Dalmatus (nur literarisch belegt) in der Psamathia an. Das 5. Jh. brachte zahlreiche Bauten, wobei auch Kaiserinnen wie → Pulcheria (Deipara in Blachernis; Deipara Hodigitria? reg. 1) und Verina, Gattin des → Zenon (Deipara in Chalkoprateia) aktiv tätig waren. Neben die zahllosen Martyrien (z. B. Euphemia am Hippodrom, 1939 wiederentdeckt) traten jetzt größere → Memorialkirchen (S. Euphemia beim Philadelphion) und ungezählte Klöster (448 : 23, 518 : 53), unter denen jetzt das Studioskloster in der Psamathia (Prodromoskirche) führend war. Im 6. Jh. verhalfen die Bauten → Justinians, bes. die Neubauten der Hagia Sophia, Apostelkirche (Kreuzkuppelbasilika, Vorbild für S. Marco, Venedig) und Irenenkirche (Kuppelbasilika) neben dem → Zentralbau von Sergius und Bacchus (neben Justinians Palast) neuen Bauformen zum Sieg. Sie haben die Zeit überdauert, während die mit Sergius und Bacchus verbundene Basilica Petri et Pauli (Prokop. aed. 1, 4) und der basilikale Umbau der Wallfahrtskirche Deipara in fonte (außerhalb der theodosianischen Mauer) ihre Opfer wurden. C. A.

Q: → Prokop v. Caesarea – E. Legrand u. Th. Reinach, REG 9, 1896, 32–103 (Ausg. und Komm. der jambischen Beschreibung der Apostelkirche durch Constantinos v. Rhodos; vgl. G. Downey, in: Festschrift A. M. Friend, 1955, 212–221) – Scriptores originum Constantinopolitanarum, ed. Preger, 1901–07 – N. Mesarites, Description of the Church of the Holy Apostles, ed. G. Downey, TAPhA 47, 1957, 885–924 – *Lit:* A. Heisenberg, Grabeskirche u. Apostelkirche II, 1908 (mit Text des N. Mesarites) – A. v. Milligan, Byzantines Churches in C., 1912 – H. Koethe, Das Konstantinsmausoleum, JdI 48, 1933, 185–203 – A. M. Schneider, Byzanz, 1936 (Karte!) – Ders., Das Martyrium der hl. Euphemia, ByzZ 42, 1942, 178–185 – G. Downey, The Builder of the Original Church of the Apostles at C., Dumbarton Oaks Papers 6, 1951, 51–80 (vgl. J. Vogt, Hermes 81, 1953, 111–117) – R. Janin, La géographie ecclésiastique de l'empire byzantin I 3, 1953 (auch für Q u. Lit) – Ders., Constantinople byzantine (1950), 1964².

Konstantinsbogen, dreitoriger → Triumphbogen in → Rom (Kt. 2659), errichtet zur Erinnerung an den Sieg über Maxentius 312 n. Chr., fertiggestellt 315. Zur Ausstattung sind ältere Reliefs verwendet, so Jagdreliefs von einem Bogen Hadrians, Triumphalreliefs Hadrians und Mark Aurels; neu sind schmale Friese, die Taten des Kaisers schildern: die Schlacht an der milvischen Brücke, Ansprache des Kaisers auf dem Forum nach dem Sieg. H. v. H.

Lit: A. v. Gerkan-H. P. L'Orange, Der spätantike Bildschmuck des K.s, 1939 – Nash I 104; 112, Abb. 108–116.

Konstitutionenlehre. Die Begriffe Konstitution, Temperament, Disposition sind in der antiken Medizin nicht exakt getrennt. Konstituierend können die Elemente, die Elementarqualitäten und, speziell medizinisch, die Säfte (→ Säftelehre) sein. Die ideale ‹Mischung› ist das ‹Gleichgewicht› (Gesundheit); Überwiegen eines Faktors ist Krankheit. ‹Besondere› Mischung (ἰδιοσυγκρασία bzw. -ισία) ist also für die Antike pathologisch; die uns geläufigen 4 Temperamente (als ‹normale›) kommen so erst im MA vor. – Vgl. → Medizin. F. K.

Lit: → Säftelehre.

Konsul (wahrscheinlich von cum und salire abzuleiten). Der Konsulat ist ein spezifisch röm. Amt, wenn auch beeinflußt von ähnlichen Erscheinungen in Italien. Entgegen modernen Zweifeln spricht viel dafür, daß gemäß der röm. Tradition (Liv. 2, 1; Pompon. Dig. 1, 2, 2, 16) unmittelbar nach dem Sturz des Königtums zwei gleichberechtigte, in ihrer Amtszeit auf ein Jahr begrenzte Oberbeamte eingesetzt wurden, zunächst vielleicht als → Prätoren, seit ca. 450 als K.n bezeichnet (vgl. auch → Tribunus (3) militum pro consule). Die K.n waren die höchsten und bis → Sulla auch tatsächlich die mächtigsten ordentlichen Magistrate Roms (vgl. Polyb. 6, 12). Auch nach Verlust der Amtsbefugnisse galt es in der Kaiserzeit noch als höchste

Ehre, K. zu sein, und blieb die Benennung des Jahres nach den K.n bestehen. Nur in äußerster Not wurden die K.n, zugleich Vorsitzende des →Senates, in der Staatsführung abgelöst (→Dictator). Die Amtsgewalt der K.n umfaßte →imperium und →potestas. Kraft ihrer maior potestas hatten sie eine Art Aufsicht über die nachgeordneten Beamten, jedoch nur ausnahmsweise positives Weisungsrecht. Durch das imperium kam den K.n vor allem der Oberbefehl im Kriege zu. Von 81 v. Chr. an übten sie das imperium in der Regel erst als Prokonsuln aus. Mit dem imperium war das →auspicium und das Recht des →Triumphes verbunden. Der Konsulat war zunächst nur den →Patriziern zugänglich, seit 367 auch den →Plebejern, aber praktisch nur den reichen. Die konsularischen Familien bildeten mit der Zeit den exklusiven Kreis der →Nobilität (Cic. Mur. 17). Seit etwa 220 wurden fast nur gewesene Prätoren K.n, das Mindestalter war seit 180 auf 43 Jahre festgesetzt. Die Wahl der K.n fand in den Centuriatcomitien (→Comitien) in der Regel unter der Leitung des einen K.s statt. In der Kaiserzeit wurden die K.n durch die Kaiser bestimmt, die häufig selbst den Konsulat bekleideten (der letzte nichtkaiserliche K.: 541 n. Chr.). Neben den consules ordinarii (seit 153 v. Chr. Amtsantritt am 1. Jan.) gab es seit →Augustus durch Ablösung während des Jahres häufig consules suffecti. Jeder K. hatte 12 →Liktoren. A.L.

Lit: T.R.S. Broughton, The Magistrates of the Roman Republic I/II, 1951/52 (Suppl. 1960) – A. Degrassi, I fasti cons. dell'impero romano, 1951 – K. Hanell, Das altröm. eponyme Amt, 1946 – A. Heuss, Das Imperium der röm. Oberbeamten, ZRG 64, 1944, 57–132 – A. Lippold, Consules, 1963 – Ders., RAC III 390–404 – R. Werner, Der Beginn der röm. Republik, 1963.

Kontamination. Mit dem Verb contaminare, ‹antasten, besudeln›, bezeichnen →Terenz und seine Gegner (→Luscius Lanuvinus) das Verfahren, bei der Übertragung griech. →Komödien ins Lateinische einzelne Szenen oder Figuren einer Komödie in eine andere einzufügen, wodurch die griech. Originalkomödien (nicht die lat. Nachdichtungen) ‹angetastet›, kontaminiert werden. Die moderne Philologie überträgt den Begriff von den Originalen auch auf die Bearbeitungen und spricht von kontaminierten Stücken des Plautus (Miles gloriosus, Poenulus) und des Terenz (Andria, Eunuchus, Adelphoe); der Begriff des ‹Kontaminierens› erhält dabei die Bedeutung des ‹Ineinanderarbeitens› verschiedenartiger Elemente. H.M.

Kontinente. Als Darstellung des Kampfes zweier Welten gedeutet, mag die Ilias der erste Zeuge einer Zweiteilung der Erde sein. Der Begriff des Kontinents aber (griech. ἤπειρος: ‹Ufer›, dann ‹Festland› im Gegensatz zu ‹Insel›) und die Namen ‹Asien› (Ἀσίη bezeichnete ursprünglich nur das heutige Kleinasien und wurde dann auf den ganzen Kontinent bezogen) und ‹Europa› (Ursprung des Namens unbekannt) sind frühestens in der ion. →Kartographie des 6. Jh.s v. Chr. aufgekommen. Libyen (ursprünglich die Landschaft um Kyrene) fand Herodot (2, 16) in ion. Karten als dritten Kontinent eingezeichnet. Die Teilung der Oikumene in eine nördl. und eine südl. Hälfte (Europa und Asien), die sich von →Anaximander bis →Ephoros behauptete, war durch den Begriff des →Diaphragma gegeben, demzufolge die Kontinente Inseln waren (→Ozeanographie). Auch als die Vorstellung des Diaphragma bei Eratosthenes durch die des Gegensatzes zwischen kaltem Norden und warmem Süden abgelöst wurde, blieb die Zweiteilung, obgleich Libyen als Kontinent galt, bis zum Ende des Altertums bestehen. Der von →Herodot vorgezogenen Dreiteilung liegt die Trennungslinie Tanais-Nil (bzw. bei Herodot: Kaukasos, Suez) zugrunde. In dieser Aufteilung, die →Eudoxos (1) v. Knidos in seiner Weltkarte dargestellt hat, nahmen Europa und Libyen zu gleichen Teilen die westl. Hälfte der Oikumene ein, Asien allein die östl. Sie hat in dem Gegensatz zwischen der Fruchtbarkeit Indiens und der Unfruchtbarkeit Libyens (→Ethnographie) fortgewirkt. F.L.

Kontorniaten, medaillenförmige Bronzemünzen mit profiliertem Rand (‹contorno›). Die K. hatten keinen Geldcharakter; ca. 340–420 in einer stadtröm. Münzstätte herausgegeben, dienten sie vermutlich der heidnischen Propaganda der röm. Senatskreise. Auf den Vorderseiten der K. erscheinen vor allem Nero und Trajan, andere Kaiser, Alexander d. Gr. und Dichter. Die Rückseiten bringen meist Zirkusspiele und mythologische Szenen. H.A.C.

Lit: A. Alföldi, Die K., 2 Bde, 1943.

Kontraktion, Verschmelzung aneinanderstoßender Vokale zweier Silben zu einem langen Vokal oder Diphthong. Die K. ist im ältesten →Griechisch selten, später häufig, jedoch mit beträchtlichen Unterschieden zwischen den einzelnen Dialekten, z. B. unkontrahiert homerisch Gen. μένεος, kontrahiert ionisch μένευς, attisch μένους (ου = ō). Die K. über die Wortgrenze hinweg nennt man *Krasis* (κρᾶσις, ‹Mischung›), z. B. τὰ ἐμά zu τἀμά. E.R.

[2] In der *Schrift* die Kürzung eines Wortes durch Auslassung innerer Buchstaben, z. B. griech. $\overline{K\Sigma}$ = Κύριος, $\overline{\Pi NA}$ = πνεῦμα. H.Hg.

Kontrapost, archäologische Bezeichnung (aus dem Italienischen) für die Konzeption des formalen Bewegungsmotivs von Statuen, die ihren Ausdruck bes. in der Auseinandersetzung und Harmonie von Spiel- und Standbein findet. Die in jeder Hinsicht klassischen Beispiele dafür bietet die Plastik der Parthenonzeit (→Klassik; →Plastik B 5). – Der Begriff wird auch allgemeiner zur Erfassung anderer dialektischer Formzusammenhänge verwandt. D.Sch.

Konzil

A. Begriff und Ursprung der K.e – B. Entwicklung im 2. u. 3. Jh. – C. 4.–8. Jh.: [1] Ökumenische K.e – [2] Provinz-S. – [3] Orts-S. – K. = Konzil, S. = Synode – Vgl. →Christentum III.

A. Das K. *(concilium)*, bzw. die Synode (ἡ σύνοδος) ist eine Versammlung von Vertretern mehrerer Gemeinden, um Fragen der kirchlichen Lehre und Ordnung zu entscheiden. Die Entwicklung des Synodalwesens ist wichtigste Voraussetzung und Kennzeichen für die Entstehung der altkatholischen Kirche, da Katholizität die Übereinstimmung mit der Überlieferung und der Allgemeinheit in Fragen des Glaubens und der Sitte besagt. Wegen der Abhängigkeit von der gemeinsamen apostolischen Überlieferung sind die Einzelgemeinden von Anfang an bereit, sich gegenseitig zu korrigieren und sich korrigieren zu lassen und so die Probleme in gemeinsamer Beratung zu entscheiden, für die es in der Überlieferung keine eindeutige Antwort gab. Die apokalyptische Hoffnung auf die ‹Sammlung der Zerstreuten›, die verbreitete Überzeugung vom Vorrang der Gemeinschaft vor dem Individuum, und vor allem der Glaube an die Gegenwart Christi in der Versammlung wirken dazu, daß bereits die ersten S.n ihre Beschlüsse als inspiriert verstehen (indirekter Beleg Ende 1. Jh.; Apg. 15, 28) und unbedingte Autorität für sie beanspruchen.

B. *Entwicklung im 2. und 3. Jh.* Diese ersten Synoden treten nach der Mitte des 2. Jh.s in Kleinasien zusammen, als in dem durch den →Montanismus entstandenen →Schisma charismatisch (→Amt) und institutionell verfaßte Gemeiden sich für ihre jeweilige Ordnung auf die Überlieferung und schließlich den Hl. Geist berufen. Ähnlich umgeben sich im 3. Jh. die Bischöfe der hauptstädtischen Gemeinden, wenn sie gewichtige und schwierige Entscheidungen durchsetzen wollen, mit einer Schar von Amtsbrüdern aus den Gebieten, auf die der Einberufende Einfluß hat, durch alte Rechte, durch persönliche Autorität oder durch das Interesse, das er für den Gegenstand zu erwecken versteht. Sonderfälle sind S.n zur Wahl oder Absetzung von Bischöfen. Die anfänglich an den S.n mit teilnehmenden Laien werden im Lauf des 3. Jh.s auf die Zuhörerrolle beschränkt.

C. *Im 4.–8. Jh.:* In diese organische Entwicklung griff →Konstantin ändernd ein. Er hatte in der S. das Mittel erkannt, durch das er die Kirche lenken konnte, ohne ihre Autonomie anzutasten. So entstanden unter seiner Regierung die *ökumenische* S., die *Provinzial-S.* und die *Orts-S.* von Konstantinopel.

[1] Als Konstantin nach der Niederwerfung des → Maxentius in Afrika zwei Kirchen vorfand, von denen jede behauptete, die ‹katholische› zu sein (→ Donatismus), da berief er nach einem vergeblichen Versuch, die Frage durch ein bischöfliches Schiedsgericht entscheiden zu lassen, die Bischöfe seines weströmischen Reiches in *Arles* (→ Arelate; 314) zusammen. Seine ausgesprochene Ansicht war dabei, die Parteien zur freiwilligen Unterwerfung unter einen Beschluß der höchsten Autorität, des Hl. Geistes, zu nötigen. Zugleich wurden auch andere Fragen, an denen ihm besonders gelegen war, bes. solche, die sich durch den neuen Frieden zwischen Kirche und Staat erstmalig stellten, besprochen. – Nach der Erringung der Gesamtherrschaft fand er im Osten eine ähnliche Lage vor, der er wieder durch eine aus seinem ganzen Reich besuchte Bischofsversammlung zu begegnen suchte, mit dem *1. ökumenischen K. in Nicaea* (i.J. 325). Die Hauptaufgabe war hier die Beilegung des → arianischen Streites. Das K. definierte das Verhältnis Gottvaters zu Christus in einer untheologischen Formel, die den Anschauungen der Mehrheit der griech. Bischöfe widersprach. Daneben wurde noch eine Reihe weiterer kirchenrechtlich (→ Metropolit) und liturgisch (→ Bekenntnisse) wichtiger Beschlüsse gefaßt. – Das ‹Homousios› von Nicaea war durch die unzulängliche griech. Übersetzung eines im Abendland rechtgläubigen Ausdrucks (unius substantiae) geeignet, die Kirche in neuen Streit zu stürzen. Der brach nach Konstantins Tod aus und dauerte 40 Jahre; seinen Verlauf bestimmten eine Reihe von S.n (bes. Antiochia, Serdika, Seleukeia und Ariminum), auf denen die Parteien sich nicht nur mit dem kirchlichen Gegner, sondern vor allem mit dem auf Einigung drängenden Herrscher auseinanderzusetzen hatten. Den Ertrag dieser Kämpfe formulierte das *2. ökumenische K. in Konstantinopel* (381), das → Theodosius versammelte. Hier wird die trinitarische Formel von Nicaea in einer theologisch sinnvollen Weise neu gefaßt (sog. Nicaenum; vgl. → Bekenntnisse, 3). Kirchenrechtlich ist can. 3 bes. wichtig, der dem Bischof von Konstantinopel als der neuen Hauptstadt den Ehrenvorrang vor den andern oriental. Bischöfen, gleich nach dem röm. Bischof, zugesteht. Die S., die ihre Beschlüsse vom Kaiser bestätigen ließ, ist mit diesem politisch begründeten Beschluß als Instrument kaiserlicher Kirchenpolitik zu erkennen; diesen Anschein hatte Konstantin absichtlich vermieden. – Daß man in Konstantinopel eine befriedigende Lösung der trinitarischen Frage gefunden hatte, hing mit einer Verschiebung des Grundproblems von dieser auf die christologische Frage zusammen. Im Verlaufe dieses Streits um das Verhältnis göttlicher zu menschlicher Natur in Christus (→ Christentum V E 3) kommen die ökumenischen S.n in Ephesos 431, Chalkedon 451, Konstantinopel 553 und 680–681 zusammen. – Das *3. ökumenische K. von Ephesos 431* ist erst nachträglich von der siegreichen Partei zu diesem Rang erhoben worden. Es legte den Grund für das Schisma der → Nestorianer. – Wichtig ist dagegen das *4. ökumenische K. von Chalkedon*. Ähnlich wie einst in Nicaea wurde auch hier eine, diesmal freilich sachgemäß übersetzte, abendländische Glaubensformel (Zweinaturenlehre; → Leo) beschlossen, durch die das Problem klar formuliert, aber nichts für seine Lösung getan war. Auch hier wurden Rangfragen geregelt, die Iurisdiktionsgebiete und Reihenfolge der großen Bischofsstühle festgelegt und vor allem gegen den Protest Roms die Gleichstellung von Rom und Konstantinopel bestimmt (can. 28; → Patriarch). – Da das *5. und 6. ökumenische K.* in Konstantinopel (553 und 680–1) sich nur mit dogmatischen Fragen befaßten, wurde zur Ergänzung nach der Seite der Kirchenordnung 692 in Konstantinopel das nach dem Tagungsort (einem Kuppelsaal des kaiserlichen Palastes; vgl. τροῦλλος = Kuppel) benannte ‹*Trullanum*› abgehalten; es wurde, da man auch hier unter Berufung auf das 2. und 4. K. Rom keinen Primat zugestehen wollte und auch sonst von der röm. Auffassung abwich, von der röm. Kirche nicht als ökumenisch anerkannt. – Den Abschluß der ökumenischen S.n der Alten Kirche stellt das *7. ökumenische K.* von Nicaea (787) dar. Es schließt die erste Phase des Bilderstreits und legitimiert unmittelbar die Verehrung der Bilder. Mittelbar stellt es aber auch, indem es das Verhältnis von Urbild und Abbild bestimmt, die Antwort auf das alle bisherigen ökumenischen S.n bewegende Grundproblem dar, wie nämlich Gott die Verbindung von göttlichem und menschlichem Wesen herstellt.

[2] Die S. von Nicaea 325 hatte regelmäßige Abhaltung von Provinzial-S.n beschlossen, auf denen kirchliche Angelegenheiten der Provinz selbständig unter dem zuständigen → Metropoliten entschieden werden sollten. Da die Metropolitansprengel sich im allgemeinen mit dem Gebiet der staatlichen Provinzen deckten, gehört dieser Beschluß zu den Versuchen Konstantins, kirchliche und staatliche Verwaltung aufeinander abzustimmen.

[3] Die *Orts-S.* (σύνοδος ἐνδημοῦσα) von Konstantinopel hat darum besondere Bedeutung, weil in der Hauptstadt ständig Bischöfe aus dem ganzen Reich zugegen waren, um ihre Angelegenheiten am Hof zu betreiben. Sie ließen sich unter Umständen rasch zusammenrufen, um im Namen der Gesamtkirche auch schwerwiegende Entscheidungen zu fällen. Die erste derartige S., von der wir wissen, fand um 330 gegen Markell von Ankyra statt. – Ähnliche Orts-S.n an andern großen Kirchen konnten nicht die Bedeutung der hauptstädtischen erreichen. H. Kr.

Q: Ph. Labbe-G. Cossart, Sacrosancta Concilia, 1671 f.; Neuaufl. Coleti, 1728 – J. Harduin, Acta conciliorum... 1704 f. – J. D. Mansi, Sacrorum conciliorum... collectio, 1757–98; ...collectio nova, ed. L. Petit – J. B. Martin, 1899–1927 – F. Lauchert, Die Kanones der wichtigsten altkirchl. Concilien..., 1896 – *Lit:* Altaner, 221–227 (Lit) – Hefele-Leclerq, Histoire des conciles..., 1907 ff. – F. Dvornik, The Ecumenical Councils, 1961 – G. Dumeige-H. Bacht, Gesch. d. ökumen. K.ien, bisher: Bd. I: O. de Urbina, 1964; Bd. II: Camelot, 1963 – M. Ritter, Das K. von Konstantinopel (381), 1965.

Konzilsakten. Die altkirchlichen Synoden traten großenteils im Verlauf von kirchenpolitischen Auseinandersetzungen zusammen. Obwohl sie ihre Beschlüsse als inspiriert ansahen, nahmen sie auf die Möglichkeit späterer Anfechtung bereits bei der Veröffentlichung Rücksicht. Dem Wortlaut der Beschlüsse *(canones)* wurden Synodalbriefe beigegeben, die über Anlaß und Hergang berichteten; wichtige Teile der Verhandlungen, Streitgespräche und vor allem die Beschlußfassung wurden wörtlich protokolliert, die für Vorgeschichte und Verlauf wichtigen Briefe und Reden in Urkundensammlungen festgehalten (dies seit 325). Das Interesse bei solchen Sammlungen war zunächst polemisch, im 4. Jh. und später auch historisch und praktisch (wie etwa bei der Sammlung der wichtigsten griech. Synodalcanones zum *Corpus canonum* in Antiochia, 378). Seit Anfang 5. Jh. spielen auch die Verhandlungsprotokolle eine eigene Rolle, ihre Anlage, der Rückgriff auf sie, aber auch der Vorwurf ihrer Verfälschung und Beseitigung kommen in Rede. Dementsprechend sind – außer jenen älteren Urkunden, Berichten und Sammlungen – eigentliche K.n erst von Ephesos (431) an erhalten. H. Kr.

Q: Die großen Ausg.n der K.n (Labbe, Hardouin, Mansi; → Konzilien, *Lit.*) bringen die einzelnen Urkunden unabhängig von ihrer Überlieferung in dem von den Hg. gemutmaßten historischen Zusammenhang. Die Ausg. von E. Schwartz (Acta conciliorum oecumenicorum, 1914 ff.) spiegelt demgegenüber den Befund der hs.-lichen Traditionen und läßt darum auch noch die Tendenzen erkennen, nach denen die Sammlungen einst angelegt worden waren. Vgl. ferner: I. Rucker, Ephesinische K. in armen. georg. Überlieferung, 1930; ...in lat. Überlieferung, 1931; ...in syr. Überlieferung, 1935 – *Lit:* A. Schönmetzer, Schrifttums-Verz. z. Gesch. des Konz. v. Chalkedon, in: A. Grillmeier-H. Bacht, Das Konzil von Chalkedon, 3 Bde, 1951–54, III 825–865.

Kopaissee, heute trockengelegter See mit nur unterirdischen Abflüssen (→ ‹Katavothren›) in →Böotien (Kt. 1152 D4), genannt nach der Stadt →Kopai. Im Altertum stark wechselnder Wasserstand. Versuche zur Trockenlegung bes. unter →Alexander (5) d. Gr. Seit 1883 ist der See trockengelegt. E.M.

Kopfbinden, bei den *Griechen* vielfach im Gebrauch, aus Wollfäden oder Bändern bestehend, weiß oder purpurn. Als Teil der Priestertracht wohl in weit mehr Kulten als ausdrücklich bezeugt ist, heißen sie *στρόφιον* (Plut. Arist. 5 für den eleusin. →Daduchos, ders. Arat. 53 für Sikyon). Doch tragen zuweilen auch Beamte K. (Philoch. FGrHist 328 F 64). Im Hellenismus ist eine K. Auszeichnung des Königs, schon seit Alexander d. Gr. Nur als solche heißt sie *διάδημα* (Arr. anab. 7, 22, 2). – In *Rom* tragen die Priester grundsätzlich bei den Kulthandlungen das Haupt bedeckt (→Galerus, →Albogalerus, →Apex) oder mindestens das Hinterhaupt mit einem Teil der Toga verhüllt. Immerhin werden zuweilen auch (weiße oder purpurne) K. genannt: *infula* und *vitta* (Fest. 71. 100 L.). Nach Serv. Aen. 10, 538 ist infula die eigentliche Binde, vittae die Wollfäden, die rechts und links herunterhängen. Doch heißen vittae auch Kopfbinden der Opfertiere, Kultstatuen und der Matronen (Serv. Aen. 2, 133; 7, 403). – Vgl. →Bild. O.G.

Koppa, dem lat. q entsprechender griech. Buchstabe (Ϙ) für k vor o und u, der im ionisch-attischen Alphabet fehlt; Zahlzeichen für 90. H.Hg.

Kopreus, Sohn des →Pelops, Herold des →Eurystheus, dessen Aufträge er →Herakles überbringen muß. Von den Athenern getötet.

Kopten. [1] *Koptisches Christentum.* Die später als Kopten (arab. *kibt* aus *Αἰγύπτιοι*) bezeichneten Christen →Ägyptens hatten schon früher dem Monophysitismus (→Christentum, II C 1; →Kyrill (1) v. Alexandria) gehuldigt, bevor das →Konzil von Chalkedon (451) denselben und damit auch das k. Chr. verurteilte, wodurch die Entstehung einer von der byzantin. Reichskirche getrennten k. Nationalkirche gefördert wurde. Hatte bis dahin der Patriarchat Alexandrias zur Unterdrückung des stark häretischen Chr.s der ersten Jahrhunderte (→Gnosis) den Anschluß an die Gesamtentwicklung der griech. orthodoxen Theologie gesucht, so entstand seit dem 5. Jh. ein k. Chr. unter Führung griechenfeindlicher Mönche. Dem entspricht, daß vornehmlich das →Mönchtum der oberägypt. Thebais im saidischen (= ‹im Bergland liegend›) Dialekt eine k. Literatur schuf wie z. B. der Abt Schenute des Weißen Klosters von Atripe (gest. 466), während das unterägypt. Mönchtum das griech.-theologische Erbe auch weiterhin pflegte. Schon seit dem 3. Jh. hatte man für die bodenständige Bevölkerung k. Übersetzungen der hl. Schriften, der Liturgien und Kirchenordnungen im saidischen bzw. bohairischen (= ‹im Seegebiet liegend›) Dialekt geschaffen. Die k. Literatur ist aber nie über den Rang einer Übersetzungsliteratur hinausgewachsen, so bedeutsam letztere auch für die altchristl. Philologie geworden ist. Das k. Chr. hat in erster Linie aus dem Gegensatz zur byzantin. Reichskirche heraus sein eigenes Profil gewonnen, zumal nachdem Justinian (527–565) durch Einsetzung griech. orthodoxer Patriarchen die Zwangseingliederung des →Monophysitismus betrieb und damit die Kluft nur noch vertiefte. So wurde die byzantin. Basiliusliturgie die Normalanaphora des k. Chr.s, um den Gegensatz zu den Anhängern des Chalcedonense, den sog. Melchiten (Königstreuen) zu betonen, ohne daß man bei der k. Übersetzung am Wortlaut etwas änderte. Die Eroberung Ägyptens durch die Perser (619) und Araber (639–641), die zunächst einen monophysitenfreundlichen Kurs ihrer Politik einschlugen, konnte jedoch aus den genannten Gründen das k. Chr. nicht zu theologischer Selbständigkeit befreien. Seine Eigenart als eine Synthese von altägypt.-magischen Vorstellungen und hellenist.-griech. Kultureinflüssen mit altchrist. Monophysitismus spricht ausschließlich aus den Monumenten k. Kunst (s. u.) als den Dokumenten k. Volksfrömmigkeit. C.A.

Lit: S. Morenz, HbOr I 1, 2 (Lit) – B. Spuler, HbOr I 8, 2 – M. Cramer, Das altägypt. Lebenszeichen im christl. (k.) Ägypten, 1955 – J. M. Sauget, Bibliographie des liturgies orientales, 1962, nr. 980–1152 – K. Wessel (Hg.), Christentum am Nil, 1964.

[2] *Kunst.* Die Kunst der K. ist ein Mischstil aus altägyptischen, spätrömischen, byzantinischen und später arabischen Elementen. – Die frühen *Kirchen* des 4. Jh.s sind, soweit nicht altägyptische Tempel umgewandelt wurden (Luxor, Isistempel auf Philae) als christl. Basiliken angelegt (Kirchen der Menasstadt in der Mareotis). Dieser basilikalen Grundform geben die Kirchen der sog. Sohag-Gruppe (Thebais) durch die Dreiapsidenanlage unter nordafrikanischem Einfluß eine charakteristische Ausbildung, ohne das basilikale Grundprinzip (überhöhtes Mittelschiff mit offenem Dachstuhl, niedrige Seitenschiffe) preiszugeben. Die Klosterkirchen des 5. Jh.s hingegen, z. B. das Johanneskloster bei Antinoe und St. Dimiana in Achmim (Thebais), wandeln den longitudinalen Grundriß zum Quadrat; aufgemauerte Pfeiler untergliedern in kleinere Quadrate, die jeweils überkuppelt werden (Vielkuppelbau). Die Wiedergabe von Fassaden altkopt. Kirchen auf Grabstelen im Kopt. Mus., Altkairo, erlaubt es, die Fronten der weithin zerstörten altchristl. Kirchen zu rekonstruieren. – *Klosteranlagen* des 5. und 6. Jh.s sind mit dem Jeremiaskloster bei Saqqâra (Memphis), dem Weißen und Roten Kloster bei Sohag, dem Apollokloster bei Bawīt und den 4 Klöstern des Wādī Naṭrūn, südlich von Alexandria, erhalten, wenn auch teilweise ruinenhaft. – *Skulptur und Relief* vergröbern Motive der röm. Kunst und deuten Themen griech. Mythologie christlich um: Orpheus und Euridike meinen David und die Melodie. Dieser Übergang vom röm. Stil provinzieller Art zur kopt. Volkskunst wird auch an den Säulenkapitellen der Klosterkirchen (Weiterbildung korinthischer und byzantinischer Formen) sichtbar, während Reliefs zahlreicher Grabstelen neben christl. →Symbolik (Kreuz, Taube) altägyptische (Anch = Lebenszeichen) und griech.-röm. Motive (Schlangenbänder, Tierfriese, aus Vasen aufsteigende Weinranken, Wellenranken verschiedenster Art) zeigen; das Hochrelief überwiegt auf Stelen des Fajum. – In der *Malerei* herrscht bis zur Mitte des 5. Jh.s ein Mischstil: altägyptisch ist das überdimensionale Hervortreten der Hauptperson, das Fehlen der Perspektive, der staffelförmige Aufbau von Jagdszenen, römisch hingegen Wandbemalung im pompejanischen (→Malerei D 3 ff.) Genre (Bawīt; Grabmäler der Oase Chargeh). Nach 451 gewinnt auf byzantin. Grundlage langsam der kopt. Volksstil die Oberhand: Christus-, Mönchs- und Mariendarstellungen werden schematisiert; es entsteht das ‹Heiligenbild› herkömmlicher Art. – *Kopt. Kunstgewerbe* bezeugen zahlreiche Keramikerzeugnisse (Menasampullen, in denen Pilger das hl. Wasser des Menas mitnahmen) und Elfenbeinschnitzereien, Gebrauchs- und Kultgegenstände aus Bronze, Leuchter und Rauchfäßer mit bibl. Darstellungen. Die Holzschnitzerei ist hochentwickelt gewesen, allerdings nur wenig belegt (Holztür von St. Barbara, Altkairo). Bei kopt. Stoff-Funden, die im 4. bis 6. Jh. vorwiegend traditionelle Motive griech.-röm. Mythologie und im 6.–7. Jh. sassanidische Muster bringen, wird erst im 7.–9. Jh. der kopt. Stil mit seiner übergangslosen, nebeneinander gesetzten Farbgebung sichtbar. M.C.

Lit: K. Wessel, Koptische Kunst, 1963 (vgl. aber hierzu G. de Francovich, L'Egitto, la Siria e Constantinopoli, RIA N.S. 11/2, 1963, 83–229) – Koptische Kunst. Ausstellungskatalog Villa Hügel, Essen 1963 – M. Cramer, Kopt. Paläographie, 1964 – Dies., Kopt. Buchmalerei, 1964.

[3] Die sog. *koptischen Stoffe* begegnen im 6. Jh. n. Chr.; dabei bevorzugte man das →Weben mit →Leinen als →Kette und farbiger →Wolle als Einschlagfaden (Schuß) in einem Webmuster, das dem Brokat entspricht. Ferner näherten sich die kopt. Weber durch Schlingen-Weben

(Flor), bei dem durch Einschießen eines Drahtes (Samtrute), um den sich die Ketten legten, eine Schlinge entstand, dem Samtgewebe. Muster wurden eingewebt oder aufgestickt, doch sind 95% der 3450 bei Karanis/Ägypten gefundenen Stücke einfachste Weberei. Gefärbt wurde purpurn, rot, amethystfarben und grün (→Farben, 1). W.K.

Lit: Forbes, Technology IV 241–251 – K. Wessel, a.O. 147–152.

Koptischer Stil, bes. Stilisierung der späten griech. Unziale (6.–10. Jh.) mit einzelnen übergroßen Buchstaben (Cod. Marchalianus, Osterbrief aus Alexandria v. J. 719). Vgl. →Schrift D [1]. H.Hg.

Abb: z. B. Jb. Öst. Byz. Ges. 8, 1959, Taf. 1–4.

Koptos (*Kbtjw*, jetzt Kuft), Stadt auf dem Ostufer des Nils in Oberägypten (Kt. 29 D 7), einst Hauptstadt des 5. oberägypt. Gaues, Ausgangspunkt für die Steinbruchexpeditionen im Wādī Ḥammāmāt; verehrt wurde hier →Min als Herr der Wüste. Die wenigen noch stehenden Tempelreste sind aus röm. Zeit. W. Hk.

Korax, aus Syrakus, soll nach 467 v. Chr. die Kunst der politischen →Rhetorik (B 1) ‹erfunden› und als erster in ein System gebracht, auch eine *τέχνη ῥητορική* geschrieben haben. Angeblich Lehrer des →Teisias. H.H.

Q. u. Frg: L. Radermacher, Artium scriptores, 1951, 11 ff. 28 ff. – *Lit:* P. Hamberger, Die rednerische Disposition in der alten *τέχνη ῥητορική*, Rhetor. Studien 2, 1914 – Kennedy, Persuasion, 58 ff.

Kore →Kuros.

Korbflechterei, bei geringerem Arbeitsanfall auf den Gütern betrieben (Varro rust. 1, 22, 1). Es wurden Weiden zu Körben und Sesseln (Colum. 11, 2, 92), das spanische spartum ebenso zu leichteren Gefäßen und Körben (Cato agr. 11, 2) verarbeitet wie die Binse (Colum. 12, 6, 1). Der technische Vorgang ist nicht überliefert, doch unterscheiden sich die auf Denkmälern dargestellten Produkte in nichts von modernen. W.K.

Kordax, spezifischer →Tanz der Komödie, sicher von ausgelassener, burlesker Art. →Choreographie. E.-R. Sch.

Kore (‹das Mädchen›), Göttin des Getreides (‹Kornmädchen›), die der →Persephone gleichgesetzt wurde. Vgl. →Demeter. K.-H.R.

Koriander (*κορίαννον*), eine von den Alten geschätzte, im Orient ursprüngliche Gewürzpflanze, bereits der kret.-myk. Kultur nach dem Zeugnis von Linear B bekannt. Vgl. →Flora. J.W.

Lit: Murr, Pflanzenwelt, 192 – M. Ventris-J. Chadwick, Documents in Mycenaean Greek, 1956, 129. 131. 222. 227. 309.

Korinna, →Lyrikerin, von Tanagra. Von ihrem Leben ist nichts bekannt, ihre Lebenszeit strittig. Sie wird entweder ins 6./5. Jh. v. Chr. gesetzt oder neuerdings ins 2./3. Jh. vor Chr. Da es vor dem 1. Jh. v. Chr. kein Zeugnis über sie gibt, auch die erste Generation der Alexandriner sich offenbar nicht mit ihr beschäftigt hat, setzt der Frühansatz voraus, daß ihre Dichtung über Jh.e nur in ihrer Heimat bekannt war (wo ihre Lieder nach dem 3. Jh. in die neue böotische Orthographie umgeschrieben sein müßten) und erst vom späteren Hellenismus entdeckt wurde. In Fr. 11 P. tadelt sie eine *Myrtis*, die, obwohl Frau, mit Pindar in Wettbewerb getreten sei. Von dieser, M. v. Anthedon, besitzen wir nur die Inhaltsangabe eines Gedichts, das eine böotische Lokalsage (eine Abwandlung des Potipharmotivs) behandelt. K.s Tadel kann sich, da sie selber ihre Stoffe aus der Sage nimmt, nur auf die uns unbekannte Form (Chorlied?) beziehen. Für die Chronologie gibt es nichts aus, das literarische Wetteifern (nur dies kann gemeint sein) konnte zu jeder Zeit stattfinden. Das Verhältnis der drei Personen zueinander wurde vielfältig anekdotisch ausgemalt. K. ist in ihrer Art so eigenständig, daß Stil und Metrum so wenig wie Anklänge ein sicheres Kriterium für die Datierung ergeben.

[2] *Werke.* Zwei Papyri geben einen Eindruck. Der eine (Fr. 2 P.) enthält eine Einleitung, in der sie ankündigt, was sie besingen will; der Titel, früher (aus Heph.) als *γεροῖα* (‹Altweibergeschichten›) gelesen, hat sich jetzt als *Ϝεροια* (Bedeutung unbekannt) herausgestellt. Der andere (Fr. 1 P.) bringt einen größeren Teil aus einem musischen Agon zwischen den Bergen Kithairon und Helikon, ein zweiter Teil handelt von den Asopostöchtern, denen bedeutende Nachkommenschaft prophezeit wird. Der Stil ist schlicht und anschaulich, durch viel direkte Rede belebt. Das Metrum, choriambische Dimeter gleichwertig mit Glykoneen, ist ebenfalls einfach. Ihre Sprache ist die gemeingriech. Dichtersprache in böotischer Färbung. – K. wurde erst später (schol. Dion. Thrax. 21, 19) dem Kanon der 9 Lyriker als 10. hinzugefügt. Bekannt war sie in Rom, wo →Properz (2, 3, 21) sie erwähnt und Ovid (trist. 4, 10, 61) seine Geliebte (→Corinna) nach ihr nennt. E.-M.V.

Frg: PMelGr 326 ff. – *Komm:* D. Page, Corinna, 1953 – *Bildnisse:* →Anhang I (wichtig für die Frage der Lebenszeit).

Korinth (Name vorgriech.), eine der wichtigsten Städte Griechenlands.

[1] *Lage.* Die antike Stadt lag am Fuß des isolierten und sehr steilen Kalkklotzes von Akrokorinth (575 m) auf den ersten Terrassen des Hügellandes am SO-Ende des korinth. Golfs etwa 3,5 km von der Küste entfernt (Kt. 1152 D 5; dort heute nur noch ein kleines Dorf), die moderne Stadt seit 1858 unmittelbar an der Küste. K. besaß zwei Häfen, Lechaion unmittelbar nördl. am korinth. Golf und Kenchreai ca. 9 km östl. am saronischen Golf. Die griech. Stadt ist eine dorische Neugründung vom Anfang des 1. Jt.s v. Chr., wohl von Argos her; in der jüngeren Steinzeit war das Gebiet dicht, im 2. Jt. (Bronzezeit, myken. Zeit) dagegen nicht besiedelt. Die äußerst günstige Verkehrslage in der Nähe des →Isthmos von K. am Schnittpunkt der nord-südl. Landwege Griechenlands und der ostwestl. Schiffahrtsverbindungen über den Isthmos machte K. stets zu einer der mächtigsten und reichsten Handelsstädte Griechenlands. K. war außerdem bedeutend als Handwerksstadt, bes. wichtig Töpferei (protokorinth. und korinth. Vasen) und Metallverarbeitung (berühmt war das korinth. Erz, wohl eine bes. Bronzelegierung).

[2] *Geschichte.* Die geschichtl. Bedeutung K.s wurde nach dem Sturz der Adelsherrschaft der →Bakchiaden begründet durch den Tyrannen →Kypselos und seinen Sohn →Periander (7./6. Jh.). Aufbau eines Kolonialreiches: →Poteidaia, →Epidamnos, →Leukas, →Ambrakia, →Anaktorion, →Apollonia. Nach dem Sturz der Tyrannis um 540 gemäßigte Adelsherrschaft, gutes Verhältnis zu den Kolonien, gemeinsames Eingreifen von K. und →Korkyra zugunsten von →Syrakus gegen →Hippokrates (3) v. Gela vor 492; wegen seiner zentralen Lage wurde K. Mittelpunkt des ‹Korinth. Bundes› zur Abwehr der Persergefahr (→Perserkriege). In der Pentekontaetie war es im Bund mit →Sparta und im Gegensatz zu Athen. 435 Streit zwischen Korkyra und K. wegen der gemeinsamen Kolonie →Epidamnos, Niederlage K.s in der Seeschlacht bei →Leukimme; 433 Sieg K.s über die Korkyräer bei den →Sybota-Inseln. Jährliche Entsendung eines Epidamiurgen nach Poteidaia (→Pelop. Krieg). K. treibende Kraft zur Kriegserklärung an Athen. 415–413 Unterstützung der Syrakusaner. K. widersetzt sich 404 dem Friedensschluß mit Athen und verlangt Vernichtung. In der Folgezeit Politik K.s gegen Sparta gerichtet. 392–386 korinth.-argivischer Doppelstaat, 386 durch den →Antalkidasfrieden aufgelöst. 344–336 Eingreifen K.s in Sizilien durch →Timoleon, großangelegte, von K. organisierte Neukolonisation Siziliens. →Philipp II. v. Makedonien machte K. zum Tagungsort des von ihm 338 geschaffenen ‹Neuen korinth. Bundes›, der später mehrfach erneuert wurde (z. B. 302 durch →Antigonos I. und →Demetrios I.). In hellenist. Zeit bedeutender wirtschaftlicher Aufschwung, bes. durch Westhandel, außerdem wichtige Festung. Im 3. Jh. meist unter makedon. Herrschaft, 243/242 von →Arat (1) v. Sikyon befreit, Mitglied des →Achäischen Bundes, 225 zu →Kleomenes III. v. Sparta übergegangen, 223 wieder makedonisch, 196

nach der Erklärung des → T. Quinctius (3) Flamininus an den Isthmien frei, Vorort des → Achäischen Bundes, seit 150 Verschlechterung der Beziehungen zu Rom, im Aufstand des Achäischen Bundes 146 von den Römern völlig zerstört und danach ein Jahrhundert unbewohnt. → Caesar gründete K. 44 v. Chr. neu als röm. Kolonie (Colonia Laus Iulia Corinthus), zur Hauptsache mit italischen Siedlern; seitdem war K. wieder eine der bedeutendsten und blühendsten Städte Griechenlands und Sitz des Statthalters der Provinz Achaia. Bei der frühen Christengemeinde in K., die stark von Mysterienfrömmigkeit und Gnosis gefärbt war, hielt sich Paulus mehrfach und längere Zeit auf (vgl. 1. und 2. Brief an die Korinther; → Christentum I).

[3] *Die Bauten.* Wegen der völligen Zerstörung 146 vor Chr. sind die Reste der griech. Stadt sowohl der klass. wie der hellenist. Zeit sehr gering. Erhalten sind größere Teile der etwa 10 km langen Stadtmauern bes. auf Akrokorinth, in klass. Zeit ergänzt durch die zwei Schenkelmauern, die K. mit seinem Hafen Lechaion verbanden. Ruine des → Apollontempels mit 6 × 15 Säulen aus dem Ende des 6. Jh.s v. Chr. auf dem Hügel über dem Markt mit noch aufrechtstehenden Säulen. Von den Anlagen der röm. Zeit ist vor allem freigelegt der große, prunkvolle Marktplatz mit einer offenen Fläche von 65 × 160 m, umgeben von vielen Tempeln, Hallen, Marktgebäuden und anderen Anlagen, sowie der Anfang der Prunkstraße vom Markt nach Lechaion mit ihren beiderseitigen Säulenhallen, Tempeln (Apollon-Tempel aus der Kaiserzeit) und anderen Gebäuden (Thermen des 2. Jh.s n. Chr., wohl die Eurykles-Bäder). In der Nähe des Marktes das große Theater (von → Hadrian erbaut mit 15000 Sitzen) und darunter ein kleineres Odeion (um 100 n. Chr.), an der Stadtmauer am Nordrand ein Asklepiosheiligtum (4. Jh. v. Chr.) mit interessanten Anlagen und dem Brunnenhaus der Quelle Lerna. Auch sonst war K. berühmt durch seinen Wasserreichtum: auf Akrokorinth liegt das Brunnenhaus der oberen Peirenequelle, in der Stadt neben dem Markt das ganz aus dem Fels geschlagene Brunnenhaus Glauke und am Beginn der Lechaionstraße die prunkvolle Anlage der Quelle Peirene. Im Aphroditeheiligtum auf Akrokorinth Tempelprostitution mit angeblich bis zu 1000 Hierodulen. E. M.

Lit: A. W. Byvanck-Th. Lenschau, RE Suppl. 4 (1924), 991–1036 – J. G. O'Neill, Ancient C., a guide to the excavations (1928), 1960⁶ – C., results of excavations, 1929ff., bis jetzt 23 Bde, unvollendet – H. Payne, Necrocorinthia, 1931 – F. J. de Waele, RE Suppl. 6 (1935), 182–199 – L. Walker-Kosmopoulos, The prehistoric inhabitation of C. I, 1948 – J. Benson, Die Gesch. der Korinth. Vasen, 1953 – W. Will, Korinthiaka, 1955 – F. J. de Waele, Les antiquités de la Grèce, C. et St-Paul, 1961.

Korinthische Becher → Reliefkeramik C [3].

Korinthische Vasen, die seit dem späten 7. Jh. in Massenproduktion übergehende Keramik Korinths (vgl. → protokorinth. V). Führende Formen sind kugelige → Aryballen, → Alabastra, → Kannen, Kolonnettenkratere, → Amphoren, → Skyphoi. Der spätprotokorinth. Tierfriesstil wird mit dichterer Füllornamentik (Blatt- und Klecksrosetten) und gestreckteren Tierfiguren zunächst fortgesetzt. Aber schon auf mittelkorinth. V. (580–560) ist er von flüchtiger Manier, wesentlicher werden jetzt die erzählenden Bilder (→ Timonidas). Neue Formen sind Kugelaryballos mit Basis und eine Vielfalt an → Pyxiden. – In spätkorinth. Zeit, ab 560, wird das Figurenbild durch starke Farbigkeit und dichte Komposition bestimmt, die Füllornamentik ist aufgegeben. Statt dessen kommen geometrisch-ornamental geschmückte Gefäße auf. Die Farbigkeit att. Vasen wird durch ockerfarbenen Überzug nachgeahmt. I. Sch.

Lit: H. Payne, Necrocorinthia, 1931 – R. J. Hopper, Addenda to Necrocorinthia, BSA 44, 1949, 162–257 – J. Benson, Die Gesch. der Korinth. V., 1953 – D. A. Amyx, The Honolulu Painter and the Delicate style, AntK 5, 1962, 3ff.

Korinthischer Krieg, 395–386, Krieg einer bes. aus → Theben, → Athen, → Korinth und → Argos bestehenden und von den Persern unterstützten Koalition gegen → Sparta, das, nachdem es im → Pelop. Krieg den Griechen Autonomie verkündet, die kleinasiatischen Griechen jedoch 412 den Persern ausgeliefert hatte, nach dem Sieg von 404 umgekehrt die Griechen im Mutterland beherrschen, die kleinasiatischen aber (bes. durch → Agesilaos II.) befreien wollte: Die Spartaner unterlagen 395 unter → Lysander bei Haliartos; sie siegten 394 am Nemeabach und unter Agesilaos bei Koroneia, verloren aber gleichzeitig bei Knidos (vgl. → Euagoras) die Herrschaft auf dem Meere. Der Krieg zog sich über Jahre hin, wobei bes. bei Korinth gekämpft wurde (→ Iphikrates); er wurde 386 durch den → Antalkidasfrieden beendet, der Sparta zum Büttel einer vom Perserkönig diktierten Autonomie machte und Kleinasien preisgab. E. Bn.

Lit: S. Accame, Ricerche intorno alla guerra corinzia, 1951.

Korinthisches Kapitell → Tempel B [11].

Korkyra (oder Kerkyra), nördlichste und zweitgrößte der → Ion. Inseln, vor der Küste von → Epirus (Kt. 1152 A3), heute Korfu (Italienisierung des mittelalterl. Namens Korphus, ‹die Gipfel›, nach den beiden die Stadt überragenden Kastellen). Die Stadt K., Kolonie von → Korinth (8. Jh.), an der O-Seite der Insel gelegen, auf der Halbinsel südl. der heutigen Stadt mit einem äußeren und einem inneren Hafen in der Lagune an der W-Seite der Halbinsel. 664 Seeschlacht gegen Korinth, 435 Krieg mit Korinth wegen der Kolonie → Epidamnos, 432 Bündnis mit Athen (→ Pelop. Krieg), 427 Bürgerkrieg, Intervention der Athener. Spärliche antike Reste, am wichtigsten die Ausgrabung eines Artemis-Tempels im nördl. Teil der antiken Stadt, zu dem die berühmten, hocharchaischen Giebelskulpturen mit einer riesigen Gorgo in der Mitte gehören (Anf. 6. Jh. v. Chr.). E. M.

Lit: G. Rodenwaldt-H. Schleif-G. Klaffenbach, Korkyra, 2 Bde, 1939/40 – R. Matton, Corfou, 1960 – J. Dörig-O. Gigon, Der Kampf der Götter und Titanen, Bibliotheca Helvetica Romana 4, 1961.

Kornosiris. Die alte ägypt. Vorstellung, daß das Aufsprießen der Vegetation über dem Grab das Weiterleben des Toten anzeigte, wurde in der 18. Dyn. wieder aufgenommen, indem man Formen in der Gestalt des → Osiris mit Erde und Samen füllte, die dann im Grab mit beigesetzt wurden und keimten. Auch beim Kult des Osiris stellte man bei dem im Monat Choiak gefeierten Fest solche K. her, um das Wiederaufleben des Osiris vor Augen zu führen. W. Hk.

Koroibos, junger Argiver, der Argos von einem Ungeheuer oder (indem er sich als Opfer anbietet) von einer kindertötenden Pest, Poine, befreit, die Apollon zur Strafe dafür geschickt hatte, daß seine Geliebte Psamathe von ihrem Vater Krotopos, dem König von Argos, umgebracht und ihr Sohn → Linos den Hunden vorgeworfen worden war. Zur Sühne der Tat erhält K. von Delphi den Auftrag, einen heiligen Dreifuß so weit zu tragen, bis er herabfiele, und dort eine Stadt zu gründen. K. gründet so Megara.

Q: Paus. 1, 43, 7f. – Stat. Theb. 1, 570ff.

2. **K.,** Architekt, erbaute nach dem Entwurf des → Iktinos in der 2. H. 5. Jh. das Telesterion von → Eleusis, jedoch mit 42 statt der von Iktinos geplanten 20 Innenstützen. Nach seinem Tod führten Metagenes von Xypete und → Xenokles das Werk fort (Plut. Per. 13). G. Gb.

Koronis, Tochter des Lapithen → Phlegyas, Geliebte Apollons. Von ihm schwanger, gibt sie sich dem Arkader Ischys hin, wovon Apollon durch die damals noch weiße Krähe Kenntnis erhält (bei Pind. Pyth. 3, mit Schol., weiß es der Gott infolge seiner Allwissenheit). Apollon läßt K. durch Artemis töten oder tut dies selbst (Ov. met. 2, 542ff.), gibt aber der geschwätzigen Krähe schwarzes Gefieder. Das noch ungeborene Kind, → Asklepios, entreißt er K. auf dem Scheiterhaufen und gibt es Chiron zur Erziehung. K. Schb.

Lit: F. Klingner, Über Pindars 3. pyth. Gedicht (1937), in: Studien, 1964, 80–88.

Koros (κόρος), der Überfluß, der entweder zu Übersättigung und Ekel (Il. 13, 636 ff.) oder zu → Hybris (Sol. Fr. 5, 9 D.) führt. K. wie Hybris werden zuweilen spielerisch personifizierend in genealogische Beziehung zueinander gebracht: K. Vater der Hybris (Sol. a. O.), Hybris Vater (Orakelspruch des Bakis bei Hdt. 8, 77) oder Mutter des K. (Pind. Ol. 13, 10). Von Kult fehlt jede Spur. Vgl. → Personifikation. O. G.

Korybanten, Göttergestalten kleinasiat. Herkunft, deren in Waffentänzen und orgiastischen Begehungen bestehender Kult sich ziemlich früh in Athen eingebürgert hat (Soph. Fr. 778 N., Eur. Bakch. 123 ff., Aristoph. vesp. 8 ff.; Plat. Kriton 54 D, Ion 533 E, Symp. 215 E u. a.), aber auch in Kleinasien selbst im 4./3. Jh. v. Chr. verbreitet blieb. Ob die K. mit den auf Kreta verehrten → Kureten identisch sind oder nur nachträglich identifiziert wurden, ist nicht zu erkennen, da im einen wie im andern Falle die eigentliche Natur der Gottheiten und des Kultes unklar bleibt. Schon bei Platon ist der Spott über die Erregungszustände, die der Kult der K. erzeugt, unverkennbar. O. G.

Lit: K. Latte, De saltationibus Graecorum capita quinque, 1913.

Korythos. (1) Sohn des Zeus, Gemahl der → Elektra (2), Vater des → Iasion und des → Dardanos, Gründer von K. in Etrurien (Serv. Aen. 3, 170); (2) König von Tegea (→ Telephos); (3) Sohn des → Paris und der Oinone. K. Schb.

Kos, zweitgrößte Insel der südl. dorischen → Sporaden vor der SW-Küste von Kleinasien (Kt. 1152 H6), bes. berühmt durch seine Ärzteschule (→ Hippokrates, 1) und das Heiligtum des → Asklepios. Im → Perserkrieg im Gefolge der → Artemisia I., dann im 1. → Att. Seebund, ebenso im 2. Att. Seebund, 357 Austritt, Bündnis mit Byzantion (→ Bundesgenossenkrieg, 1), 355 Friedensschluß mit Athen. 309 ptolemäisch, 306 an → Antigonos I. verloren, um 288 wieder im Besitz der → Ptolemäer, zwischen 258 und 256 Seeschlacht bei K. zwischen → Antigonos II. und → Ptolemaios II. In röm. Zeit zur Provinz Asia. Berühmte Industrie war die Herstellung durchsichtiger → ‹koischer› Gewänder aus eingeführten Seidenkokons. Die antike Stadt lag am Westende der Insel, wurde aber 366 v. Chr. an die NO-Küste verlegt. Viele Reste freigelegt. 4 km südwestl. von ihr lag das Asklepieion, an der Stelle eines einfachen Haines des → Apollon seit dem 4. Jh. v. Chr. entstanden und in hellenist. Zeit groß ausgebaut. Es steigt in drei großen künstlichen Terrassen an, auf der mittleren ein ion. Tempel aus dem 4. Jh. mit einem berühmten Gemälde des → Apelles, großer Altar und korinth. Tempel des 2. Jh.s n. Chr.; auf der obersten Terrasse der dorische Haupttempel aus dem 2. Jh. v. Chr., später zu einer Kirche umgebaut, ferner Hallenbauten, Thermen u. a. Lebhafte Schilderung im 4. Mimiambos des → Herondas. K. war Heimat und Aufenthaltsort berühmter Dichter und Künstler wie → Philitas und → Theokrit. E. M.

Lit: K. Sudhoff, K. u. Knidos, 1927 – R. Herzog, Ergebn. der deutschen Ausgr. u. Forsch. I: P. Schazmann, Asklepieion, 1932 – A. Neppi Modona, L'isola di C. nell'antichità classica, 1933 – Philippson-Kirsten IV 288–298 – E. Kirsten-W. Kraiker, Griechenlandkunde (1955), 1962⁴, 560–570; 845 (Lit).

Koskinomantie, seit Ende 4. Jh. v. Chr. (Philippides Fr. 37 K.) zuweilen bezeugte Form der Weissagung mit Hilfe eines Siebes (Symbol der Magier: Pap. Mag. 4, 2303), bes. auf dem Lande von Frauen geübt (Theokr. 3, 31 f. mit Schol.; Philostr. vita Apoll. 6, 11, 16, auch 3, 43, 2, großartiger Lukian. Alex. 9), bekämpft von → Artemidor (2, 69). Ob sie eher mit Weissagung aus Mehl (*Aleuromantie, Alphitomantie:* Ael. nat. anim. 8, 5; Poll. 7, 188) oder der aus (schwebenden?) Rückenwirbeln (*Sphondylomantie:* Poll. 7, 188) verwandt ist, ist unsicher. C. J. C.

Kosmas und Damian, nach der Passio des K. und D. zwei Märtyrer in der diokletianischen Christenverfolgung. Später wurde ihnen, z. T. mit → Inkubation verbundene, Verehrung als Heilungspatronen zuteil. → Heiligenkult. B. L.

Lit: LThK VI 566 f.

2. **K. Indikopleustes** (der ‹Indienfahrer›), ägypt., vielbereister Kaufmann, dann Mönch (?). In seiner Topographia Christiana (um 550 n. Chr.) vertritt er gegen Kl. → Ptolemaios (17) auf der Grundlage des AT und NT ein nichtkugelgestaltiges Weltbild. Vgl. → Geographie A [2. 4]. F. L.

Ed: E. O. Winstedt, The Christian Topography of C. Ind., 1909.

Kosmetes, der mit der Leitung der Ephebenerziehung in Athen betraute Beamte (seit dem 4. Jh. v. Chr), dem → Gymnasiarchen in anderen Städten entsprechend. Der K. wurde auf ein Jahr gewählt und hatte als Unterbeamte 10 Sophronistai, je einen aus jeder Phyle. U. Sch.

Kosmologie

[1] Vorphilosophische K. – [2] Die ionische Naturphilosophie – [3] Die Pythagoreer – [4] Die Eleaten, Empedokles, Anaxagoras – [5] Die Atomisten – [6] Die Theorie der Formen – [7] Platons Timaios – [8] Aristoteles – [9] Die Stoa – [10] Die Epikureer – [11] Fortwirkung der aristotelischen K. – [12] Astrologie.

[1] *Vorphilosophische K.* Die Griechen haben als erste eine rationale Theorie des Kosmos zu entwickeln versucht. Doch dürfen zwei Leistungen der älteren vorderasiatischen Kulturen als Vorstufen gelten: die → Astronomie, bes. in Babylon, und der kosmogonische Mythos. Die Babylonier besaßen spätestens von 747 v. Chr. an exakte astronomische Daten und Methoden, mit denen sie die Bewegungen der → Fixsterne und → Planeten mit großer Genauigkeit vorausberechnen konnten. Babylon. Beobachtungen wurden in hellenist. Zeit von griech. Astronomen benutzt, aber es gibt kaum einen Beweis dafür, daß die Babylonier ihre Beobachtungen und Aufzeichnungen selbst für theoretische Zwecke verwendeten. – In den erhaltenen Aufzeichnungen der alten vorderasiatischen Kulturen gibt es mehrfach Beispiele von *Mythen,* die bestimmte Teile des Kosmos personifizieren und die Gestalt der Welt auf die Tätigkeit dieser Personen zurückführen. Regelmäßig wird die Unterscheidung von Erde, Meer und Himmel als ein in einem bestimmten Zeitpunkt vollzogener Akt der Trennung dargestellt. So spaltet etwa im babylon. Weltschöpfungsepos der Gott → Marduk den Körper der Wassergöttin in zwei Teile und macht daraus den Himmel und (annähernd) die Erde; in Gen. 1 zerteilt Jahwe die Gewässer, um das «Firmament» zu machen. Ein gemeinsamer Zug der mythischen Weltbilder des Alten Orients ist es, die Erde als kreisförmig vom Wasser umgeben darzustellen, während der Himmel sich über ihr wölbt; zuweilen befindet sich Wasser auch über dem Himmel und unter der Erde. – Das Weltbild → Homers und Hesiods ist davon nicht sehr verschieden: eine flache, scheibenförmige Erde, vom Okeanos umgeben, darüber ein halbkugeliger Himmel, darunter eine Unterwelt: Hades, Erebos und Tartaros.

[2] *Die ionische Naturphilosophie.* Das Weltbild, das die ersten griech. Naturphilosophen in Milet im 6. Jh. v. Chr. entwarfen, war dem mythischen sehr ähnlich. Was sich grundlegend verändert hatte, war ihr Verhältnis zu diesem Bilde. Sie entfernten die Eigennamen aus den kosmolog. Erzählungen und stellten ihre Gedanken ihren Zeitgenossen zur Diskussion. Die Kosmologien der drei Milesier → Thales, → Anaximander, → Anaximenes (2) stimmten in mehr Punkten überein, als sie sich unterschieden. Thales nahm offenbar an, daß die Erde auf dem Wasser schwimmt und daß sie zu irgendeiner Zeit überhaupt aus Wasser bestanden hatte. Anaximander, über den wir etwas mehr wissen, scheint Thales kritisiert zu haben, weil er die Ursubstanz des Kosmos mit einem seiner gegenwärtigen Teile identifiziert habe. Er hat nun entweder das Wasser des Thales einfach durch sein eigenes ‹Unbestimmtes› (→ Apeiron) ersetzt oder den Ursprung des Kosmos noch weiter zurück verfolgt mit der Frage, woher das Urwasser selbst komme. In jedem Fall ergab das ‹Unbestimmte› einen Ausgangspunkt, aus dem identifizierbare Substanzen sich entwickeln konnten, bes. die Gegensätze Warm-Kalt, Trocken-Feucht. Diese Substanzen werden im Gleichgewicht ge-

halten durch die ‹Gerechtigkeit› (δίκη) wie die entgegengesetzten Interessen in einer menschlichen Gemeinschaft (VS 12 B 2; vgl. → Solon). Die Erde hatte nach Anaximander die Gestalt einer Trommel, unbewegt, weil in gleicher Distanz von allem anderen: Sonne, Mond, Planeten und Fixsterne waren Löcher in der äußeren Umhüllung bestimmter Feuerräder, die sich um die Erde drehten. → Anaximenes, der auf Anaximander folgte, nannte die Luft als die Ursubstanz; er lehrte, die Erde schwimme auf der Luft, und die aus Feuer bestehenden Sterne bewegten sich rings um die Erde, ohne jemals unter sie zu gehen. Für alle drei milesischen Theorien ist es bezeichnend, daß die Körperwelt aus einer einzigen Ursubstanz entwickelt wird, wie etwa ein komplexer Organismus aus einem scheinbar einfachen Samen herauswächst. Die Urmaterie war, sofern sie ohne einen äußeren Bewegungsanstoß den Kosmos hervorbrachte, offensichtlich belebt gedacht. Eine etwas andere Kosmologie wurde von → Heraklit v. Ephesos vorgetragen. Sein Kosmos ist ein «immer lebendes Feuer, entbrennend nach Maßen und verlöschend nach Maßen» (VS 22 B 30), d. h. es gibt keinen einfachen Urzustand, sondern alles in der Welt wechselt unaufhörlich von einem Zustand in den entgegengesetzten hinüber, doch in ausgeglichener Weise, so daß jeder Veränderung eine entsprechende Veränderung im gegenläufigen Sinne entspricht.

[3] *Die Pythagoreer.* Dieser Entwicklung in der ostgriech. Welt stand im Westen mit → Pythagoras und seiner Schule in Süditalien ein neuer Ansatz gegenüber. Die Ionier sahen das Prinzip der Einheit des Kosmos in seiner materiellen Substanz. Die → Pythagoreer verstanden es als ein System von Zahlen. Die Lehren der Pythagoreer zu datieren ist schwierig, doch z. Z. des Aristoteles und vermutlich schon früher hat es eine ausgebildete pythagoreische K. gegeben. Den Mittelpunkt des Systems bildete nicht die Erde, sondern ein → Zentralfeuer, uns unsichtbar, weil unser Teil der Erdoberfläche (die nach der Lehre der Pythagoreer kugelig war) von ihm abgewandt ist. Fixsterne, Sonne, Mond, die 5 Planeten, die Erde und eine unsichtbare → ‹Gegenerde› bewegen sich kreisförmig um das Zentrum, wobei ihre gegenseitigen Distanzen und Schnelligkeiten in bestimmten, einfachen, mathematischen Proportionen stehen. Ihr Umlauf erzeugt Töne, die zusammen die sog. → Sphärenharmonie bilden. – Die Welt der Pythagoreer war in ihrer mathematischen Regelmäßigkeit ein ‹Kosmos› (wörtlich: ‹Ordnung›) par excellence. Es gibt denn auch eine Tradition, nach der Pythagoras als erster der Welt den Namen ‹Kosmos› gegeben hätte.

[4] *Die Eleaten, Empedokles, Anaxagoras.* Bald nach Pythagoras im frühen 5. Jh. v. Chr. wurde die K. durch die Eleaten → Parmenides, → Melissos und → Zenon (2) neuen Problemen gegenübergestellt. Die Eleaten behaupteten, daß die Begriffe Bewegung, Vielheit und Teilbarkeit zu Widersprüchen führten, und zwangen so die Naturphilosophen, diese Begriffe exakter zu fassen. – Vor Platon gab es drei bedeutende Versuche, den eleatischen Thesen zu begegnen. Den ersten machte → Empedokles v. Akragas. Seine Lösung bestand in der Annahme von vier unveränderlichen, unvergänglichen → Elementen (Erde, Wasser, Luft, Feuer), aus deren Vermischung und Trennung die veränderliche Welt besteht. Die Welt ist eine Kugel, erfüllt von den vier Elementen, die ihrerseits der Einwirkung zweier entgegengesetzter Kräfte ‹Liebe› (φιλία) und ‹Streit› (νεῖκος) unterworfen sind. Siegt die Liebe, so sind die vier Elemente vollständig gemischt, regiert der Streit, so sind sie vollständig getrennt; während des Überganges von einem Pole zum anderen tritt unsere Welt in Erscheinung und vergeht dann wieder. → Anaxagoras v. Klazomenai lehrte, daß nicht nur vier, sondern alle natürlichen Substanzen elementar und unvergänglich und beständig miteinander vermischt seien, doch in wechselnden Verhältnissen. Er verband dies mit einer Theorie der unendlichen Teilbarkeit der Materie. Die bewegende Kraft in seinem Weltsystem war der → Nus (νοῦς, ‹Vernunft›), der die Aussonderung einzelner Substanzen des sichtbaren Kosmos aus der anfangs vollständig homogenen Mischung in Gang bringt. A. nahm ferner an, daß unsere Welt nur eine unter zahllosen sei, doch ist nicht klar, ob er an nebeneinander oder nacheinander existierende Welten dachte. – Empedokles wie Anaxagoras leugneten die Existenz eines Leeren in der Welt, wohl weil die Eleaten es als ‹nichtseiend› verworfen hatten.

[5] *Die Atomisten.* Die Atomisten Leukipp und Demokrit führten das Leere zur Erklärung der Bewegung wieder in die K. ein. Ihre Elemente waren unsichtbar kleine, unteilbare, starre, unvergängliche Partikeln homogener Materie (‹Atome›): eine unbegrenzte Zahl solcher Partikeln ist in einem unendlich Leeren in dauernder Bewegung begriffen. Unsere Welt (und zahllose andere) ist das Ergebnis zufälliger Atomverbindungen; solche Verbindungen bilden Kerne, die gleichartige Atome festzuhalten, ungleichartige abzustoßen vermögen. Durch zufällige Verbindungen einerseits und die Anziehung des ‹Gleichen durch Gleiches› andererseits ist der Kosmos entstanden. Die spätere teleologische Naturerklärung hat den Atomisten oft vorgehalten, daß deren zufällige Verbindungen die Geordnetheit des Kosmos nicht hinreichend erklären könnten (Cic. fin. 1, 20). – Die Atomisten verzichteten völlig auf Bewegungsursachen. Die Atome, ihre Bewegung und das Leere bildeten für sie die gesamte Wirklichkeit. Die Qualitätsdifferenzen in der wahrnehmbaren Welt erklärten sie durch die Annahme verschiedener Atomformen und wechselnder Quantitäten des Leeren in den Zusammensetzungen; alle Veränderungen führten sie auf die Bewegung der Atome zurück.

[6] *Die Theorie der Formen.* Die K. des 5. Jh.s war also zunehmend auf die Prinzipien der Materie und der Bewegung gegründet. Das 4. Jh. entwickelte eine andere Art der Erklärung. Dramatisch ist der Unterschied verdeutlicht in Sokrates' Rede bei Plat. Phaid. 96 ff. Sokrates erzählt, wie er zuerst durch die Spekulationen der Naturphilosophen gefesselt, dann aber enttäuscht worden war, weil sie nicht erklären konnten, weshalb die Welt gut und geordnet eingerichtet ist. Er schöpfte Hoffnung, als er von der Theorie des Anaxagoras hörte, nach der der Nus die bewegende Ursache des Alls sei. Doch die Hoffnung wurde enttäuscht: in seiner Darstellung der K. zog Anaxagoras den Nus gar nicht zur Erklärung heran, sondern kehrte zum Prinzip der Materie und ihrer Bewegung zurück. So mußte Sokrates die Erklärung des Guten, Geordneten in der Welt und der unvergänglichen, sie konstituierenden Formen auf einem anderen Weg versuchen: dem der λόγοι. Die Theorie der Formen selbst, die → Platon in seiner ‹Ideenlehre› geschaffen hat, und ihre Weiterentwicklung durch Aristoteles sind die Grundlage der neuen K. Nach dieser Theorie gibt es z. B. die Form des Menschen, die die Erfüllung aller charakteristisch menschlichen Möglichkeiten darstellt. Darum müssen Erläuterungen von Naturprozessen, die mit Formen dieser Art operieren, stets die Phänomene an einer Norm der Vollkommenheit messen; jede Einzelheit muß soweit als möglich als ein Beitrag zur Vollkommenheit des Ganzen gedeutet werden. So entwickelt der menschliche Embryo Hände nicht darum, weil die Bewegung der Materie im Mutterleib zwangsläufig dazu führte, sondern weil die Hände zur vollkommenen Form des Menschen beitragen: ohne Hände könnte ein Mensch nicht das leisten, was für den Menschen charakteristisch ist.

[7] *Platons Timaios.* Platon war bekanntlich mehr daran interessiert, die Beziehungen der Formen untereinander aufzuklären, als daran, sie zur Erklärung der physikalischen Welt zu benützen. Der Timaios, in dem er eine derartige K. darlegt, ist in gewisser Hinsicht ein tief enttäuschendes Werk. Timaios (wohl eine erfundene Gestalt) präjudiziert sofort entscheidende Fragen: er unterscheidet absolut

zwischen dem, was immer ‹ist› und niemals ‹wird›, und dem, was immer ‹wird› und niemals ‹ist›. Der Kosmos gehört zur zweiten Kategorie. Darum muß er eine Ursache haben, die Platon als → ‹Demiurg›, ‹Schöpfer und Vater der Welt› anspricht – doch Timaios erklärt, es sei schwer, ihn zu finden, und unmöglich, ihn für jedermann zu erklären; weder hier noch irgendwo sonst bei Platon findet sich irgendeine eindeutige Aussage über diesen kardinalen Punkt. Weiterhin versichert Platon im Timaios, daß das, was einem ewigen Vorbild nachgebildet sei, besser sei als alles, was ‹das Werdende› nachbilde; da sowohl der Kosmos wie sein Verfertiger gut seien, müsse das Vorbild des Kosmos unvergänglich sein. Da der Kosmos als ein lebender Organismus gilt, wird sodann das Vorbild beschrieben als das ‹allgemeine, vernünftige Lebewesen›, also als eine Form des Lebewesens, die alle untergeordneten spezifischen Formen umfaßt. Doch für eine Erklärung einzelner physikalischer Phänomene hat diese postulierte Form natürlich keinerlei Wert. – Platon beschreibt ausführlich das Vorgehen des Demiurgen bei der Bildung des Kosmos nach diesem Vorbild. Ein interessanter Zug ist die Art, in der zwei Arten von Ursachen zusammenwirken. Das meiste wird als Werk der Vernunft erklärt, wie es von Platons teleologischem Standpunkt her zu erwarten ist. Außerordentlich instruktiv ist, wie Platon die Vierzahl der Elemente des Empedokles damit begründet, daß sie die beste Art der Einheit zustande bringen. Dennoch gibt es neben der Vernunft auch noch die ‹Notwendigkeit› oder ‹die irrende Ursache›. Die Vernunft hat die Notwendigkeit überredet, das meiste der Dinge zum Besten hinzuführen (Tim. 48 A), was impliziert, daß bestimmte Bereiche der Vernunft noch widerstreben, d. h. daß eine vollständige K., wenn auch vorwiegend teleologisch, doch die mechanischen Ursachen nicht gänzlich ausschließen kann. Die Welt ist ein Ergebnis des Zusammenwirkens von Vernunft und Notwendigkeit. Die Notwendigkeit allein ohne die Vernunft erzeugt das Chaos – Platons Beschreibung dieses Chaos wirkt wie das Anfangsstadium einer der vorsokratischen Kosmogonien –: es gibt verschiedene Stoffe und Bewegung, aber keine Ordnung oder festen Proportionen. Alle Ordnung – die die Griechen besonders in der mathematischen Proportion erkannten – ist das Werk der Vernunft; und in der Befolgung solcher mathematisch in Proportionen gefaßten Ordnungen scheint das Gute des Kosmos zu liegen. Schon Platons eigene Schüler wußten nicht sicher, wie der Demiurg und sein Weltschaffen zu verstehen seien. → Xenokrates sah in der Weltschöpfung einen pädagogischen Kunstgriff der Darstellung, während Aristoteles sie wörtlich auffaßte. Die meisten modernen Gelehrten schließen sich an Xenokrates an. – Die Einzelheiten der platonischen K. lassen sich in ihrer Kompliziertheit kaum resümieren. Seine Welt hat eine Seele, die ‹Weltseele›, und einen Körper. Die Seele, Ursache ihrer Bewegung im All, wird als eine Konstruktion von Kreisen beschrieben, die durch mathematische Proportionen miteinander verbunden sind. Die Kreise (oder einige von ihnen) führen die aus Feuer bestehenden Himmelskörper mit sich herum. Die Erde ist innerhalb dieser Kreise angeordnet, nicht ruhend im Zentrum, sondern mit einer rätselhaften Bewegung um die Achse des Alls umschwingend. Die Sterne, Sonne, Mond und Planeten bewegen sich in regelmäßigen Bahnen in ihren Kreisen. Allerdings ist die Beschreibung ihrer Bewegungen im Timaios mythisch und führt nicht zu astronomischen Berechnungen oder physikalischen Erläuterungen.

[8] *Aristoteles* übernahm vieles von Platon: die Begrenztheit des Alls, die Kreisbewegung, die Unvergänglichkeit der Formen, das Prinzip der Teleologie. Doch hatte er für die phantastischen Spekulationen des Timaios wenig Sinn. Der Schlüssel zur K. des Aristoteles liegt wohl in seiner → Bewegungslehre. Er übernahm die vier Elemente des Empedokles, aber gab jedem seine ‹natürliche› Bewegung. Er postulierte ein fünftes Element (den → Äther) mit einer natürlichen Kreisbewegung. Genauer gesagt, haben die Elemente nur die Möglichkeit zur Bewegung; denn nach der Theorie des Aristoteles ist jede Veränderung, also auch die Bewegung, die Verwirklichung einer Möglichkeit; keine Möglichkeit vermag sich aber selbst zu verwirklichen; jede Bewegung setzt einen wirkenden Beweger voraus. Demnach ist keine natürliche Bewegung der Elemente in sich selbst begründet, auch nicht die kreisförmige des Äthers. In komplizierter Beweisführung zeigt er (phys. 8, 4–10), daß die unvergängliche Himmelsbewegung einen unvergänglichen → Unbewegten Beweger voraussetzt. – Die Rolle des *Unbewegten Bewegers* ist, die Ätherkugeln, die die äußere Schale der Kosmoskugel bilden, in Bewegung zu setzen. Aristoteles legte die beste astronomische Theorie seiner Zeit (die des → Eudoxos (1) v. Knidos, dann die des → Kallippos; → Homozentrische Sphären) zugrunde, um zu errechnen, wie vieler Sphären es bedurfte, um die sichtbaren Bewegungen der Sterne und Planeten zu erzeugen unter der Voraussetzung, daß die Sphären konzentrisch sind und die Pole jeder inneren Sphäre an der jeweils äußeren Sphäre fixiert sind. Diese letzte Hypothese war den Astronomen fremd; sie beschränkten sich auf die geometrische Beschreibung der Planetenbahnen. Aristoteles bemühte sich, eine *physikalische* Beschreibung zu geben, und mußte daher erklären, wie die Pole fixiert seien. Zu diesem Zwecke nahm er achsengleiche, gegeneinander wirkende Sphären an, die, rücklaufend, die Bewegung je einer der äußeren Sphären wieder aufhoben. Die Gesamtzahl der dazu nötigen Sphären war 55 oder 47; die Zahl der für Sonne und Mond benötigten Sphären schien Aristoteles nicht sicher feststellbar. Die Planeten selbst waren an ihren Sphären befestigt. Aristoteles nennt sie göttlich und faßt die Sphären selbst als Lebewesen auf: sie haben Seelen und werden durch den Unbewegten Beweger bewegt (metaph. 11, 8. 1073 a 14 ff. sagt Aristoteles, daß es nicht nur *einen* Unbewegten Beweger gibt, sondern je einen für jede Sphäre; dabei sind die Beweger der inneren Sphären dem der äußersten untergeordnet). – Zwischen den Himmelssphären und der Region unterhalb des Mondes besteht ein fundamentaler Unterschied. In der sublunaren Welt gibt es nur geradlinige Bewegungen, die in einem begrenzten Kosmos nicht ewig sein können, und nur die vier Elemente des Empedokles; demnach ist kein Einzelwesen dieser Region unvergänglich; die einzig mögliche Dauer ist die zyklische Wiederkehr der Jahreszeiten, von Tag und Nacht, die aus den Himmelssphären in die sublunare Welt hineinwirkt, und die Konstanz der Arten bei den Lebewesen. – So steht Aristoteles vor der Aufgabe, zu erklären, wie Veränderungen bestimmt sind und, andererseits, wie die Formen von Generation zu Generation konstant bleiben. Die Formen der Dinge müssen nach seiner Auffassung durch die Beobachtung der Erscheinungswelt entdeckt werden. Das wissenschaftliche Ziel des Aristoteles ist es demnach, zu zeigen, wie die einzelnen Teile zum Ganzen der Form beitragen, wie die Materie auf die Form bezogen ist und wie ein bestimmtes Stück Materie zu einer bestimmten, spezifischen Form gebildet wird. – So ist denn die aristotelische Naturphilosophie vorwiegend teleologisch. Die Prozesse werden soweit als möglich interpretiert als auf ein bestimmtes Ziel gerichtet, die vollentwickelte, spezifische Form (was offensichtlich die Philosophie eines Biologen ist). Aristoteles' Teleologie wird oft als ‹immanent› charakterisiert, weil er in der Regel die spezifische Form im Auge hat, die die Entwicklung der Einzelindividuen in der Species bestimmt, nicht die Determination einer Species durch eine andere, etwa den Menschen (vgl. aber pol. 1, 8, 1256 b 15 bis 22).

[9] *Die Stoa.* Die umfassende Teleologie des Aristoteles lebte fort in der Naturphilosophie der Stoa, die jedoch

einige wichtige Korrekturen anbrachte. Nach den → Stoikern ist der Kosmos nicht unvergänglich, sondern er unterliegt periodisch wiederkehrenden Bränden (→ Ekpyrosis). Das Feuer teilt sich dabei in einen aktiven und einen passiven Teil; jener erschafft aus diesem den Kosmos neu, und zwar in genau derselben Gestalt. Die Geschichte der Welt wiederholt sich unendlich oft. Die große Bedeutung des Feuers in der Stoa hob die bevorzugte Stellung des Äthers auf; die Stoa verzichtete konsequent völlig auf ihn. Das Aktive und Passive erinnert an Form und Materie bei Aristoteles, doch ist für den Stoiker beides körperlich wie alles mit Ausnahme des Leeren (das nur außerhalb, nicht innerhalb des Kosmos existiert), der Zeit, des Raumes und des *λεκτόν* (→ Logik). Diese Lehre führte zu einer besonderen Theorie der Mischung, nach der zwei körperliche Stoffe so gemischt sein können, daß kein Prozeß der Teilung den einen vom anderen isolieren kann. – Das aktive Element in der Welt hat den Charakter des göttlichen Feuers. Es dringt durch alles hindurch und bestimmt alle geordneten Prozesse. Alles, was in der Welt geschieht, ist das Werk eines einzigen, vernunftbegabten Bewegers; dies Bewegende, Ordnende nannten die Stoiker ‹Vorsehung› (*πρόνοια*) und ‹Schicksal› (*εἱμαρμένη*). Ihre Kosmologie ist völlig deterministisch (obwohl sie gleichzeitig versuchten, die → Freiheit des menschlichen Willens zu retten).

[10] *Die Epikureer.* Mit der stoischen K. rivalisierte in der Zeit des Hellenismus die der → Epikureer. → Epikur wandte sich gegen die Teleologie, die die Stoiker von Platon und Aristoteles übernommen hatten, und kehrte zum unbegrenzten Universum → Demokrits zurück (→ Bewegungslehre). In seiner Welt existiert nichts außer den im unbegrenzten Leeren sich bewegenden Atomen. Götter existieren, sind aber genauso aus Atomen gebildet wie die übrige Welt und weder für die Ordnung des Kosmos noch für das Schicksal der Menschen verantwortlich. Der Kosmos als Ganzes hat keinen Zweck; seine einzigen Ordnungsprinzipien sind die Regeln, nach denen sich die Verbindungen der Atome vollziehen. An die Stelle des einen, begrenzten Kosmos des aristotelisch-stoischen Weltbildes setzte Epikur eine unbegrenzte Vielzahl von Welten, die alle in einem natürlichen Prozeß aus Atomen entstehen und wieder in sie zerfallen.

[11] *Fortwirkung der aristotelischen K.* Das aristotelische Weltbild war das einzige, das die Antike überlebt hat und, wenn auch nicht unangefochten, bis ins MA gültig geblieben ist. Einzelne Veränderungen wurden zur Diskussion gestellt, andere setzten sich durch. So soll → Herakleides (3) Pontikos gelehrt haben, daß die Sterne unbeweglich seien und die Erde sich um ihre eigene Achse drehe. → Hipparchos (3) modifizierte das aristotelische Schema der konzentrischen Sphären durch die Annahme exzentrischer Kreisbahnen. → Aristarchos (1) v. Samos lehrte anscheinend, daß die Erde eine jährliche Kreisbewegung um die Sonne herum vollziehe. Doch → Ptolemaios (17) verwarf die Erdbewegung; er legte seinem Weltbild, das bis auf Kopernikus das Fundament der Astronomie war, wieder das aristotelische System zugrunde, in dem die Erde im Mittelpunkt der Welt ruht. Das einfachere System der homozentrischen Sphären mußte freilich mit Rücksicht auf die exaktere Beobachtung der Planetenbahnen durch die Annahme von → Exzentern und → Epizykeln kompliziert werden (→ Astronomie B 3), was mit der aristotelischen Physik kaum vereinbar war und zu manchen ungelösten Problemen führte. Doch als rein astronomisches System entsprach die ptolemäische Theorie den Erscheinungen besser als irgendeine frühere Hypothese.

[12] *Astrologie.* Beizufügen ist, daß von hellenist. Zeit an bis zum Ende der Antike die Anschauungen von den Himmelskörpern, bes. den Planeten, durch die → Astrologie mit bestimmt waren. Man erforschte die Himmelserscheinungen nicht nur um ihrer selbst willen, sondern auch, um den Einfluß der Gestirne auf das menschliche Leben zu ergründen. – Vgl. → Astrologie. D.J.F.

Lit: T.L.Heath, Aristarchus of Samos, 1913 – F.M.Cornford, Plato's Cosmology, 1937 – A.-J. Festugière, La révélation d'Hermès Trismégiste, II: Le Dieu cosmique, 1949 – P.Duhem, Le système du monde (1913–17), 1954–59² – F.J.Dijksterhuis, Die Mechanisierung des Weltbildes, 1956 – O.Neugebauer, The Exact Sciences in Antiquity (1951), 1957² – F.Solmsen, Aristotle's System of the Physical World, 1960 – S.Sambursky, Das physikalische Weltbild der Antike (engl. 1956/62), deutsch 1965.

Kosmopolitismus. Es liegt in der Natur der Griechen, gegen sich selbst kritisch zu sein und als Reisende und Forscher an fremden Völkern unbefangen Interesse zu nehmen (→ Ethnographie). Die Bindungen an die angestammte Heimat lockern sich vom 7.Jh. v.Chr. an durch die umfangreiche → Kolonisation, vom 6.Jh. an durch die ständig wachsende Zahl politischer Emigranten, vom späten 5.Jh. an durch den Ekel an der Politik überhaupt, die der Demagogie und bürgerkriegsähnlicher Atmosphäre mehr und mehr verfiel. Daß dem Philosophen auf seine politische Heimat nichts ankomme, scheinen zuerst die Sokratiker → Aristippos und → Antisthenes (1) proklamiert zu haben. Die Erklärung, ‹Bürger des Kosmos› (*κόσμου πολίτης*), also nicht eines einzelnen Staates zu sein, wird bald → Diogenes (Diog. Laert. 6,63), bald dem Kyrenaiker → Theodoros (ebd. 2,99), bald → Sokrates selbst zugeschrieben (Cic. Tusc. disp. 5,108); Cicero (a.O.) zitiert auch aus einer lat. Bearbeitung einer griech. Tragödie: ‹Patria est, ubicumque est bene.› Zu dieser wesentlich negativen Haltung tritt als positiv die These der → Stoa, daß der wahre Staat nicht einer der geschichtlichen Staaten sei, sondern die Gemeinschaft, die die Weisen über den ganzen Kosmos hin untereinander und mit den Göttern verbindet (Cic. fin. 3,64; Sen. dial. 8,4 u.ö.). Die anderen Schulen stehen dem K. reservierter gegenüber. Historisch wird man beachten, daß sich schon vom Ende des 4.Jh.s v.Chr. an die Häupter der Philosophenschulen im weitesten Umkreis aus der gesamten griechisch sprechenden Welt rekrutieren. In gewissem Umfang wird der stoische K. auf die christl. Gemeinschaftsbildung gewirkt haben. O.G.

Kosmos, eigentlich ‹Ordnung›, das (vielfach zehnköpfige) oberste → Magistratskollegium in den Städten auf → Kreta oder auch jedes seiner Mitglieder. – Vgl. auch → Kosmologie. F.G.

Kothon, nach schriftlichen Nachrichten ein Trinkgefäß. Moderne, irrige Bezeichnung einer Frühform der sog. → Plemochoë mit niedrigem Fuß und ohne Deckel, vorwiegend korinthisch. Der *κώθων Λακωνικός*, nach Athenaeus 11, 483 ein Trinkbecher der Soldaten Spartas, ist eher mit einer Becherform der lakonischen Keramik zu identifizieren. Inschriftlich wird in Attika ein kleiner, einhenkliger Napf als K. bezeichnet. I.Sch.

Lit: E. Kirsten, K. in Sparta und Karthago, in: Charites, 1957, 110–118 – O.Broneer, Hesperia 28, 1959, 335, Nr. 9.

Kottabos, Geschicklichkeitsspiel bei → Symposien, bei dem die Neige des Weines auf ein Ziel geschleudert wurde. – Vgl. → Spiele. W.K.

Q: Athenaeus, 15. Buch – *Lit:* K. Schneider, RE 11,2 (1922) 1528–41.

Kotyle → Skyphos.

Kotyto (auch *Kotys*), thrak. Göttin. Ihr orgiastischer Kult, der offenbar Ähnlichkeiten mit dem des → Dionysos aufwies, wurde schon früh (Aischyl. Fr. 57 N.) in Griechenland, später auch in Italien bekannt; vor allem fand er in Korinth Eingang. – Wichtigste literarische Zeugnisse: → Aischylos' Tragödie ‹Edoner›; → Eupolis' Komödie ‹Baptai› (‹Taucher› oder ‹Täufer›); beide Stücke sind verloren. – Häufig wurde K. mit → Artemis identifiziert. – Vgl. → Bendis. K.-H.R.

Lit: Nilsson I 835f.

Kranaos, Autochthon und König in Athen, Nachfolger des → Kekrops, von → Amphiktyon verdrängt (Apollod. 1, 49).

Kranich. Der graue K. (*γέρανος*, grus), neben dem auch der Jungfern-K. bekannt war, war dem Mittelmeergebiet und Ägypten durch seine jahreszeitlichen Wanderzüge vertraut: im November aus dem Skythen- und Thrakerland nach Süden, im Februar zurück. Flugverhalten und Schreien der K.e hatten weisende Bedeutung, bes. für die Seefahrt. In diesen Zusammenhang stellt sich die Überlieferung vom K.-Tanz des Theseus auf Delos nach geglücktem Unternehmen gegen Kreta. Mit der Südwanderung verbindet sich der Mythos vom Kampf der K.e mit den → Pygmäen als den südlichsten Bewohnern der Oikumene (Hom. Il. 3,6f.; Françoisvase). Das Erscheinen der K.e zur Zeit der Wintersaat begünstigte die gelegentliche Verbindung mit dem Bereich der → Demeter. Eine ausgeprägte Kultbeziehung ist nicht bezeugt. Das Fangen von K.en in Netzen und Schlingen war ebenso üblich wie das Halten in Gehegen, vor allem im Thrakerland, wo sie gemästet wurden (→ Mast). Die bekannte Überlieferung von den K.en des → Ibykos, die in der Spätantike sprichwörtlich wurden, wurde erst in der Kaiserzeit auf den Dichter übertragen. Vgl. → Fauna. J.W.

Lit: Keller, Tierwelt II 184–193 – H. Gossen-A. Steier, RE 11,2 (1922), 1571–78 (Quellen!).

Krankenhäuser. Die altgriech. → Asklepieien waren sicherlich keine K., allenfalls den Heiligtümern angeschlossene ‹Polikliniken›. Grundsätzlich fehlte in der vorchristlichen Zeit jede allgemeine stationäre Behandlung, überhaupt jede öffentliche permanente Krankenversorgung (in den Iatreien der Ärzte waren vereinzelt privat Kranke untergebracht). Die röm. Valetudinarien, frühestens in augusteischer Zeit, waren entweder privat (für die Sklaven einer gens) oder militärisch (z.B. Militärlazarett von Novaesium). Erst die Christen schufen, mit allmählicher Umgestaltung von Herbergen (*ξενῶνες*), in den *νοσοκομεῖα* Vorläufer der K. – Vgl. → Medizin. F.K.

Lit: K. Baas, Uranfänge u. Frühgesch. der Krankenpflege, Arch. Gesch. Med. 8, 1915, 146–164.

Krannon (*Κραννών*), Stadt in Thessalia Pelasgiotis mit vorthessal. Namen Ephyra, im Hügelland zwischen Enipeus und Peneios gelegen (Kt. 1152 C 3). Sitz der → Skopaden, deren Herrschaft wohl um die Wende vom 5. zum 4. Jh. v. Chr. gestürzt wurde. Im 4. Jh. unter den Tyrannen von → Pherai. Deinias v. Pherai wurde 369 von → Alexander II. v. Makedonien vertrieben, K. 368 durch Theben wiederum von Alexander befreit. Im Lamischen Krieg 322 Sieg des Antipatros bei K. Geburtsort des Lysimachos. In hellenist. Zeit unbedeutend. J.S.

Krantor von Soloi, 4.–3. Jh. v. Chr., Schüler des → Xenokrates (3) und des → Polemon (1), Lehrer des → Arkesilaos (5). Verfasser des ersten Kommentars zu → Platons Timaios (er bestreitet, daß Platons Kosmogonie und Psychogonie zeitlich zu verstehen seien), einflußreicher Urheber der → Trostliteratur (Leben ist Strafe, Tod Übergang zu besserem Dasein); → Cicero hat sich K.s Trostschrift für seine Consolatio zum Modell genommen. In einem Wettstreit der Lebensformen läßt er Standhaftigkeit über Reichtum, Gesundheit und Lust siegen. Er empfiehlt Metriopathie, nicht Apathie. Ph.M.

Ed: F. Kayser, De Crantore, 1881 – *Lit:* Überweg-Praechter, 101.

Kranz. [1] Bei den *Griechen* ist Bekränzung mit Blumen oder Laub zu festlichem Anlaß seit homerischer Zeit allgemein verbreitet. Symposiasten, agonale Sieger und so auch die Priester bei ihren Kulthandlungen und Prozessionen werden mit K. geschmückt. Kränze erhalten auch Kultstatuen und Opfertiere, und solche aus Edelmetall dienen sowohl als Weihgeschenke für die Götter wie auch als Ehrengaben für verdiente Männer. Im einzelnen wissen wir von zahlreichen Vorschriften, welche Arten von Blumen oder Laub in welchen Kulten zu tragen seien (etwa bei Istros FGrHist 334 F 29). Die hellenistische Gelehrsamkeit hat versucht, den Gebrauch von Kränzen bis in die mythische Urzeit hinein zurückzuverfolgen (vgl. dazu Tert. cor. 13f.). O.G.

Lit: K. Baus, Der K. in Antike u. Christentum, 1940 – A. Alföldi, Geburt der kaiserl. Bildsymbolik, MH 9, 1952, 204–243.

[2] Auch im *röm. Kult* wurden, allerdings wohl meist oder immer nach griech. Vorbild, Blumen- oder Laubkränze oft verwendet, um, wie durch die → Kopfbinden, Priester und Priesterinnen als der Gottheit geweihte zu bezeichnen, ebenso für Götterbilder, Kultgegenstände, Opfertiere usw. H.LeB.

Lit: L. Deubner, Die Bedeutung des K.es im klass. Altertum, ARW 30, 1933, 70–104.

Krater, das von Homer erstmalig genannte Gefäß zum Mischen von Wasser und Wein. Alle K.e sind weit geöffnet, ihre Formen variieren (→ Vasen, Abb. 244, 1.3.4.6): im attisch-geometrischen Stil ist ein monumentaler, bauchiger K. auf hohem Fuß, mit Doppelhenkeln, als Spendegefäß auf Gräbern bezeugt. Auf der Peloponnes und in Ionien erscheint zunächst der Bügelhenkel-K., aus dem sich um 600 v. Chr. der korinth. Kolonnetten- oder Stangen-K. entwickelt (der Bügel wächst mit der Lippe zu einer Platte zusammen, die die Henkel säulenartig stützen). Der lakonische Voluten-K. ist in Ton und Bronze überliefert, er zeigt über der Mündung hochgezogene Volutenhenkel und glockenförmigen Fuß. Kelch-K.e tauchen seit der Mitte des 6. Jh.s in Athen auf und bleiben bis in den Hellenismus gebräuchlich. Eine noch jüngere att. und in Unteritalien beliebte Form ist der Glocken-K. Vgl. → Kessel. I.Sch.

Lit: A. Rumpf, Krater Lakonikos, in: Charites, 1957, 127–135 – Anger, RE 15,2 (1932), 2030–40, s. v. Mischkrug.

Kraterophoren (*κρατηροφόροι*), Bezeichnung für → Didrachmen und → Drachmen der Insel Naxos im 2. Jh. v. Chr. mit dem Rückseitentyp eines → Kraters (samt verschiedenen Beamtennamen) in den delischen Inventaren des 2. Jh.s v. Chr. W.Schw.

Lit: L. Robert, Etudes de num. grecque, 1951, 160–162 – M. N. Tod, Num. Chron. VI 20, 1960, 9.

Krateros, aus der Orestis, Makedone, Taxiskommandant → Alexanders (5) d. Gr., zeichnete sich in den großen Schlachten und vor Tyros aus; vom König mit Vorliebe in wichtigen unabhängigen Kommandostellen verwendet; zumindest seit 326 Hipparch. Am Staatsstreich gegen → Philotas, dessen alter Feind er war, beteiligt; später Gegner → Hephaistions (1). In Susa 324 mit einer königlichen Prinzessin vermählt, dann mit zehntausend Veteranen als Nachfolger des → Antipater (1) nach Makedonien geschickt. Nach Alexanders Tod leistete er Antipater im → Lamischen Krieg nach langem Zögern Hilfe, siegte mit ihm 322 bei Krannon, nahm seine Tochter Phila zur Frau und marschierte mit ihm gegen → Perdikkas (4). 321 von → Eumenes (3) v. Kardia in Kleinasien überraschend geschlagen und getötet. E.Bd.

Lit: Berve II 220f. – M. J. Fontana, Le lotte per la successione di Aless. Magno, 1960, 1–69 (vgl. E. Badian, Gnomon 34, 1962, 383ff.).

2. **K.,** geb. 321 v. Chr., Sohn des Vorigen und einer Tochter des → Antipater (1), daher Halbbruder → Antigonos' II. Unter diesem seit ca. 280 und noch im → Chremonideischen Krieg Stratege von Korinth, mit Oberbefehl auch über Chalkis. Die Identität mit dem ‹Makedonen Krateros› (Plut. Arist. 26), der eine Sammlung athenischer Volksbeschlüsse veröffentlichte, ist unbeweisbar. E.Bd.

Lit: FGrHist 342 (mit Komm.).

Krates, aus Tarsos, als Nachfolger → Polemons (1) Vorstand der → Akademie seit ca. 370 v. Chr. Von seinen Lehren ist nichts bekannt. Ph.M.

Lit: H. v. Arnim, RE 11,2 (1922), 1631–33.

2. **K. von Athen,** Dichter der att. → Komödie (I B); siegte um 450 und später dreimal an den Dionysien, wohl 424 schon tot; Schauspieler, dann Konkurrent des → Kratinos, verzichtete aber nach Aristot. (poet. 5,1449 b 7ff.) im Gegensatz zu jenem auf den persönlichen Spott, hielt nach

Aristoph. equ. 537 ff. als einziger gegen die Launen des Publikums aus als zwar urbaner, aber nüchterner Dichter. Sieben Stücke sollen nach Alexandria gekommen sein, am besten bekannt sind die Märchen- oder Fabelkomödien ‹Theria› (‹Wilde Tiere›) und ‹Lamia›. In der erstgenannten wird ein Goldenes Zeitalter, wohl vom Tierchor, verheißen, das ohne Sklaven auskommt, da die Dinge dem Menschen zu Willen sind. Der Chor fordert, augenscheinlich als Preis, Enthaltung vom Fleischgenuß (nach Pythagoras?). In den ‹Nachbarn› erschienen vielleicht zum erstenmal Trunkene auf der att. Bühne. – K. ist wohl der reinste Vertreter der att. ‹Märchenkomödie› (Zielinski) und damit Gegenpol des → Kratinos. Th. G.

Frg: FAttCom I 152–169.

3. **K. von Athen,** wahrscheinlich 1. Jh. v. Chr., Kultschriftsteller und Lexikograph. Schrieb (a) über die mit Opfern verbundenen athenischen Festlichkeiten; (b) über den attischen Dialekt (→ Lexikographie B 2). H. E.

Frg. u. Komm. u. Lit: FGrHist 362 (Lit).

4. **K. von Mallos,** 2. Jh. v. Chr. Zeitgenosse und wissenschaftl. Gegner → Aristarchs (2), Haupt der grammatischen Schule von Pergamon, Lehrer des → Panaitios, des → Zenodot (3) v. Mallos u. a. (→ Bibliotheken). – K. war ein vielseitiger, aber eigenwilliger Gelehrter, der sein Wissen vor allem in zwei umfangreichen Kommentaren zu den homerischen Gedichten ausbreitete. Er fand in ihnen tiefe Gelehrsamkeit und hielt, von stoischen Anschauungen beeinflußt, Homer für einen großen Geographen und Astronomen. Um das stoische Weltbild (die Kugelgestalt der Erde!) in Ilias und Odyssee erblicken zu können, nahm er seine Zuflucht zu allegorischen Erklärungen und schreckte vor ungerechtfertigten Konjekturen nicht zurück; so deutete er die Schildbeschreibungen der Ilias kosmisch aus und suchte die Reiserouten des Menelaos und Odysseus in dem die Erde umfließenden Weltmeer. Durch diese Ablehnung der gesunden Ansichten des → Eratosthenes geriet er in Gegensatz zur alexandrinischen Schule. Vor allem stellte er deren grundlegendem Prinzip der Analogie das der Anomalie entgegen, ohne damit allerdings auf die Überlieferungsgeschichte oder auf die Homererklärung einen wesentlichen Einfluß gewinnen zu können. Die Nachwelt hat sich nur für seine allegorischen Deutungen interessiert (→ Poseidonios, Ps.-→ Herakleitos (2), → Demo, → Allegorie). H. E.

Frg. u. Lit: H. J. Mette, Sphairopoiia, 1936, und Parateresis, 1952; ein dritter Band in Vorbereitung.

5. **K. von Theben,** ca. 360–ca. 280 v. Chr., wurde von → Diogenes (5) v. Sinope ganz und gar für die kynische Philosophie gewonnen, schenkte sein beträchtliches Vermögen seinen Mitbürgern und führte von da an ein Leben völliger Bedürfnislosigkeit und völliger Verachtung aller Konventionen. Im Gegensatz zu dem harten und spöttischen Diogenes scheint er jedoch liebenswürdig und überall beliebt gewesen zu sein (*θυρεπανοίκτης*, ‹Türöffner›). Ein Mädchen aus wohlhabendem Hause, Hipparchia, folgte ihm als Gattin, als er ihr erklärte, daß er nichts besitze, als was er auf dem Leibe trage. Einen Sohn aus dieser Ehe, Pasikles, erzog er im gleichen Geiste. Er lehnte die Bindung an einen Staat ab und ist wohl der Erfinder des Wortes Kosmopolit. Er soll mehrere Schriften verfaßt haben, darunter auch Elegien und Tragödien. K. v. F.

Q: Diog. Laert. 6, 85–93 – H. Diels, Poet. philos. Frgg., 1901, 207 ff.

Kratesipolis, Schwiegertochter → Polyperchons, klug, kühn und schön, rächte 314 v. Chr. den Tod ihres Gatten Alexandros durch Sieg über die Sikyonier und herrschte dann bis 308 über Sikyon und Korinth. 307 wurde sie von → Demetrios I. Poliorketes in Patras besucht. E. Bn.

Krateuas, *ὁ ῥιζοτόμος* (‹Wurzelschneider›), berühmter Pharmakologe um 100 v. Chr., am Hofe → Mithridates' VI. K. schrieb zwei nicht erhaltene, alphabetisch geordnete Kräuterbücher, deren eines für den allgemeinen Hausgebrauch bestimmt war und Illustrationen enthielt. Die größere Schrift wird der ‹Materia Medica› des → Dioskurides (2) sehr ähnlich gewesen sein und enthielt wissenschaftliche Angaben über Namen, Form und Art und medizinische Wirkung der Pflanzen. Daneben hat K. offenbar noch über die medizinische Wirkung von metallischen Stoffen geschrieben. F. K.

Lit: M. Wellmann, Krateuas, Abh. Gött. N. F. 2, 1897.

Kratineus, nach dem Komiker Kratinos benannter Vers, ähnlich dem → Eupolideus, aber statt *wil lec* || oder *wil wil*‸ || vielmehr –∪∪–×–∪––∪–×–∪–|| = *cho ia lec* || oder –∪∪–×–×––––∪–∪–|| = *cho* ×–×– *wil*‸||. Vgl. Heph. p. 54, 19 ff. C. B. Sn.

Kratinos, Kallimedes' Sohn, neben → Aristophanes (1) und → Eupolis berühmtester Dichter der alten → Komödie (I B; Hor. sat. 1, 4, 6). Lebensdaten ungewiß: ‹Blüte› 454/453 (wohl = erster Dionysiensieg mit ‹Nemesis›), letzte Erwähnung des wohl noch lebenden K. 421 (Aristoph. pax 700 ff., Witz: lebend totgesagt), also geb. ca. 484, gest. nach 421. 6 → Dionysien-, 3 → Lenäensiege inschriftlich bestätigt; 28 Titel von Komödien bekannt, davon 21 (eventuell 24) nach Alexandria gekommen, keine ganz erhalten. Urkundlich sind datiert: ‹Cheimazomenoi› 425, ‹Satyroi› 424, ‹Pytine› 423 (Dionysiensieg über Aristoph. nub.), wahrscheinlich ‹Archilochoi› nach 449, ‹Thrattai› um 443, ‹Dionysalexandros› 430, ‹Panopten› vor 423. Aristophanes nennt ihn 424 (equ. 526 ff.) einen Dichter von ehemals mitreißender Kraft; seine Lieder seien früher sehr beliebt gewesen, jetzt aber sei er ein erledigter Greis und Trinker. Das war dem K. wohl Anlaß, seine geniale Selbstverspottung, die ‹Pytine› (= Flasche), zu dichten. Schon 405 ist er (Aristoph. ran. 356 f.) der klassische Meister seiner Kunst. Sein dichterisches Selbstbewußtsein sehr ausgeprägt (Fr. 237. 306). Antikes Grammatikerurteil (Platonios CGF I p. 6): ungeschminkte Rüge menschlicher Fehler (in den Fragmenten bestätigt!), mit weniger Anmut als Aristophanes; Erfindungsreichtum, aber unausgeglichene Ökonomie in der Handlung. Seine Rüge ist moralisch, zum Nutzen der Stadt gemeint (Fr. 48 a). Die Hypothesis des ‹Dionysalexandros› (Inhaltsangabe von Parabase bis Exodos) sowie Form und Inhalt der Fragmente zeigen für den Aufbau seiner Stücke die bei der alten → Komödie (I B 4) typische lockere Reihung traditioneller Elemente, mit einer Überfülle szenischer Erfindung, mehr als 3 Schauspielern, politischem Schwerpunkt des Spottes. Titel im ‹kompletiven› Plural bezeichnen oft nicht Chor, sondern Einzelpersonen mit Gefolge: ‹Archilochoi› = ‹Archilochoskomödie› und analog ‹Dionysoi›, ‹Kleobulinai›, ‹Odyssēs›. Mythische Figuren, alte Weise (‹Kleobulinai›, ‹Chirones›: Solon), alte Dichter (‹Archilochoi›: Homer, Hesiod und Archilochos) usw. dienen aktuellem Spott auf Politiker, bes. → Perikles (1) im ‹Dionysalexandros› (= als Alexandros-Paris verkleideter Dionysos = Perikles), der um Helenas (= Aspasia, vgl. Aristoph, Ach, 526 ff.) willen den Feind ins Land zieht, sich aber um den Kampf drückt und ausgeliefert werden sollte; (2) in ‹Nemesis›, wo das Ei der von Zeus als Schwan (= Perikles) geschwängerten Nemesis durch Leda in Sparta ausgebrütet wird usw.; weiter auf → Hyperbolos, → Kallias (1), → Kleon (1) u. a.; gelobt wird einzig der tote → Kimon (1). Literarischer Spott, neben Dichterparodie auf: die Komiker → Ekphantides, → Kallias (3), → Aristophanes, erstmals auf die Sophisten in den ‹Panopten› (vor Aristophanes und Eupolis), den Sokratesschüler Chairephon (vgl. Platon apol. 20 E, Aristoph. nub. 104 usw.) u. a., geehrt wird → Sophokles. Reine Mythenparodie wohl ‹Odyssēs (Kyklopie) mit Einfluß auf → Euripides' ‹Kyklops›. K. erfand wohl die rätseldichtende Tochter Kleobuline zu → Kleobulos v. Lindos, die dann in die Novelle der → Sieben Weisen kam. Mit dem geflügelten Wort «Wer Wasser trinkt, wird nichts Rechtes hervorbringen» (Fr. 199, vgl. Paroemiographi I p. 167, Leutsch-

Schn.) ist er Autorität für die ‹dionysische› Dichtung (Hor. epist. 1, 19, 1 ff.). Die antike Literaturtheorie stellt ihn in seiner Gattung → Aischylos an Bedeutung gleich (CGF I p. 7, wohl seit Aristoph. ran. 356 f.). Nach dem 4. Jh. selten gelesen (nur 2 Papyri). Th. G.

Frg: FAttCom I 14–153 – J. Th. M. F. Pieters, Cratinus, Leiden 1946 – *Lit:* A. Körte, RE 11,2 (1922), 1647–54 – Schmid-Stählin I 4, 67–89.

Kratippos von Athen wird als Zeitgenosse und Fortsetzer des → Thukydides einige Male seit dem 1. Jh. v. Chr. genannt; er könnte darum Verfasser der → Hellenika von Oxyrhynchos sein, doch wegen der Seltsamkeit seiner Angaben über Thukydides besteht der Verdacht, daß das Buch des K. eine späthellenistische Fälschung war. W. Bk.

Frg: FGrHist 64.

Kratylos, von Athen, → Sophist des späten 5. Jh.s v. Chr., befaßte sich mit → Lexikographie (Plat. Krat. 383 A), nannte sich Schüler → Heraklits und leitete aus Heraklit mit Hilfe eleatischer Kategorien die These ab, daß alles in ununterbrochener Bewegung stehe und darum, streng genommen, keine Aussage über irgend etwas möglich sei. Der nach ihm benannte Dialog → Platons und sein Auftreten in einem Dialog des → Aischines (1) lassen auf Beziehungen zu den Sokratikern schließen. Mit → Sokrates gilt er als erster Lehrer Platons (Aristot. metaph. A 6. 987a29–b7; Diog. Laert. 3, 6; bei Platon selbst keine Anhaltspunkte). O. G.

Frg: VS II 69 f.

Krebs. Unter den zahlreichen im Mittelmeerraum verbreiteten Arten von K.en, deren Formenreichtum schon den Alten auffiel, waren die Krabben (*καρκίνοι*), Panzer-K.e oder Langusten (*κάραβοι*), eigentliche K.e (Fluß-K., Hummer, *ἀστακοί*) und Garnelen (*καρίδες*) als Speise von besonderer Bedeutung. Darstellungen und Beschreibungen weisen auf eine sehr alte, auf Beobachtung gegründete Erfahrung, die sich in Sprichwort und Fabel niedergeschlagen hat. In der mythischen Überlieferung begegnet die Krabbe, von Hera zur Unterstützung der Hydra im Kampf gegen → Herakles gesandt. Verstirnt bildete sie das Sternbild und Tierkreiszeichen des K.es, mit dem die Sonne den K.-Gang antritt. K.e dienten als Kopfschmuck der Tethys und der Flußgottheiten. Sie waren Wahrzeichen von Seestädten, wie vor allem Münzen bezeugen. Nach dem Hummer war die Stadt Astakos benannt, deren Name ebenso wie Karkinos auch Personen bezeichnen kann. Ausgeprägte Beziehung zu bestimmten Gottheiten oder bes. Bedeutung in der religiösen Überlieferung ist nicht festzustellen. Vgl. → Fauna, → Sternmythen. J. W.

Lit: Keller, Tierwelt II 485–500 – H. Gossen-A. Steier, RE 8,2 (1913), 2538–42; RE 11,2 (1922), 1663–90 (Quellen!) – J. J. Bachofen, Ges. Werke VII, 1958, 547, s. v. Seekrabbe.

Kredit. Im Gegensatz zum griech. Osten blieb die K.-Gewährung in Rom vorwiegend in den Händen reicher Privatpersonen. → Bankwesen. H. Br.

Kreon. Im Mythos (1) Sohn des Menoikeus, Bruder der → Iokaste, mehrfach Regent in Theben: nach dem Tod des → Laios, nach der Blendung (oder Verbannung) des → Ödipus (den er, nach Soph. OK, auf Grund eines Orakels zurückzuholen sucht), nach dem Tod des Eteokles (→ Sieben gegen Theben): dabei der Konflikt mit → Antigone. Bei der Verteidigung Thebens gegen die Sieben soll er auf Geheiß des → Teiresias seinen Sohn Menoikeus (oder Megareus) opfern, sucht dies zu umgehen, doch tötet sein Sohn sich selbst (erstmals bei Eur. Phoin. 911 ff.). Vgl. → Theban. Sagenkreis. – (2) K., König von Korinth, der zunächst → Jason und → Medea aufnimmt. K. Schb.

Kreophylos von Samos, wahrscheinlich Verfasser der → Oichalias Halosis. Lebenszeit unsicher (7. Jh.?). K. soll das Werk von Homer als Dank für Gastfreundschaft erhalten haben (Prokl. chr.). Kallimachos (epigr. 6 Pf.) schloß aus dieser Legende, daß K. das Epos selbst geschrieben habe (Strab. 14, 1, 18 p. 638). G. K.

Q: EGF 60–62.

Kres, Sohn des Zeus und einer Nymphe vom Ida, Stammvater der Kreter, König über die ‹Eteokreter›. K. Schb.

Kresilas, Bildhauer von panhellenischer Bedeutung, aus dem von Ägina besiedelten Kydonia (Kreta). Seine Tätigkeit wird auf Grund der zahlreichen epigraphischen Zeugnisse hauptsächlich in die Zeit zwischen 450 u. 420 v. Chr. fallen. Damit stimmt auch die (anekdotisch ausgeschmückte) Überlieferung überein, K. habe in Konkurrenz mit → Phidias, → Polyklet und → Phradmon für das Artemision von Ephesos eine Amazone geschaffen und den dritten Preis davongetragen. Tatsache bleibt, daß wir aus der 2. H. d. 5. Jh.s Kopien von mindestens drei → Amazonentypen erhalten haben, die in Größe, Thema und Tracht aufeinander bezogen erscheinen. Die Forschung schwankt immer noch, ob in der von Sosikles signierten Amazone oder in dem Typus ‹Sciarra› der Beitrag des K. zu erkennen sei (→ Polyklet). Vom Perikles, der auf der Akropolis stand, kennen wir sichere Nachbildungen des Kopfes. Das Werk wird kurz vor oder wohl eher unmittelbar nach dem Tode des Perikles (429 v. Chr.) entstanden sein. Der von Plin. nat. 34, 74 überlieferte «Verwundete, bei dem man das Schwinden des Lebens sah», darf wohl mit dem von Pfeilen getroffenen «Diitrephes» identifiziert werden, den Paus. (1, 23, 3) auf der Akropolis gesehen hat. (Die Beziehung dieser Statue auf die von Kresilas signierte Basis mit der Weihung des Hermolykos, des Sohnes eines Diitrephes, bleibt jedoch fraglich.) Vielleicht gibt eine Bronzestatuette von Bavae dieses Werk wieder. Zum sog. Protesilaos (New York–London) vgl. → Deinomenes. Die übrigen Werke (u. a. ein Pferd (?) für Hermione; eine Weihung an Athena auf der Akropolis, vielleicht auch ein Doryphoros) sind uns nur durch die erhaltenen Basen oder Schriftquellen bekannt. E. Bg.

Lit: Lippold, GrPl, 172–174 – A. E. Raubitschek, Dedications from the Athenian Akropolis, 1949, Nr. 131–133, S. 510 ff. – Marcadé I 62–64 – V. Poulsen, Die Amazone des K., Opus Nobile 1, 1957 – P. Orlandini, EAA IV, 1961, 405–408 – W. H. Schuchhardt, Bronzestatuette des Merkur von Thalwil, Antike Plastik, Lieferung 1, 1962, 33–38 – E. Bielefeld, Bronzestatuette des Wadsworth Atheneums in Hartford/Connecticut, ebd., 39–40 – G. M. A. Richter, Pliny's five Amazons, Archaeology 12, 1959, 112–115.

Kresphontes, Sohn des Aristomachos, einer der → Herakliden, Herrscher von Messenien, von seinen Untertanen ermordet. Anders in Euripides' ‹K.›: vgl. → Aipytos.

Kresse (*κάρδαμον*) diente den Alten als Gemüse und Heilmittel, bes. gegen Vergiftungen. Daher wächst sie auch im kolchischen Zaubergarten der Hekate. Die Samen wurden wie → Senf gegessen. Der herbe Geschmack führte zum Ausdruck *κάρδαμα βλέπειν* für ein saures, barsches Gesicht (Aristoph. vesp. 455). Vgl. → Flora. J. W.

Lit: Murr, Pflanzenwelt, 181.

Kreta

A. Topographie – B. Geschichte (von ca. 1200 v. Chr. an; zur früheren Geschichte → Kret.-myk. Kultur).

A. Topographie. Bei einer Länge von 245 km mißt K. 8247 qkm. Durch ihre landschaftliche Gestaltung ist die Insel nach N und O hin viel mehr geöffnet als nach S. Von den drei höchsten Gebirgszügen der überwiegend bergigen Insel ist das Ida-Massiv – ein wenig westlich der Inselmitte an der Stelle der größten nordsüdl. Breite gelegen – das für die Besiedlungsgeschichte bedeutsamste. Der Ida (Kulthöhlen: → Kamares, Idäische Grotte) beschirmt im Süden die älteste Kulturlandschaft K.s, die → Mesara; mit seinen östl. Ausläufern bestimmt er den Verlauf des uralten Verbindungsweges zwischen der → Mesara und → Knossos. Östl. dieser Straße folgt nach einem weiten, vielgestaltigen Landstrich mit einer Ebene um Heraklion und dem markanten, kegelförmigen Juktas südl. von → Knossos das kulturgeschichtlich gleichfalls bedeutende Lasithi-Massiv mit seiner fruchtbaren Hochebene (Kulthöhlen: Diktäische und Trapeza-Höhle). Das höchste Gebirge sind die ‹Weißen Berge›, die vom Ida nach W hin etwa ebenso weit entfernt sind wie das Lasithi-Gebirge nach O. Bergig sind auch die beiden Enden der Insel sowie die gesamte Südküste, die nur am Ausgang der → Mesara (bei → Hagia Triada und in Lebena) sowie in Hierapetra Platz für einen natürlichen Hafen bot. Die Nordküste K.s ist nicht allein durch flache, meist den Anschwemmungen der hier zahlreichen Flüsse verdankten Küstenstriche einladender, sondern auch durch große und kleinere Buchten reicher gegliedert: im W vor allem durch die seeartige Suda-Bucht bei Chania, im O durch den in minoischer Zeit bes. dicht besiedelten Golf von Mirabello, der zugleich den tiefsten Einschnitt in die Insel bildet (Isthmos von Hierapetra). Auf die Küste zwischen beiden Buchten verteilen sich die Hafenplätze von Rhetymnos, Heraklion, → Knossos (→ Amnisos) und → Mallia. Ganz im O bot die Bucht von Sitia an der N-Küste und → Palaikastron günstige Häfen. W. Schg.

Lit: A. Philippson-Kirsten, IV 353f.

B. GESCHICHTE. [1] *Bis ca. 1200 v. Chr.* → Griechenland II und → Kret.-myk. Kultur.

[2] *Frühgriech. Zeit* (ca. 1200–ca. 700). Ein bescheidenes Nachleben der von gewissen achäischen Elementen durchsetzten minoischen Kultur läßt sich nach der Zerstörung der Paläste, Villen und Städte (um 1400 v. Chr.) mit ersten Anzeichen eines veränderten Siedlungsbildes in SM III bis ans Ende des 2. Jt.s verfolgen. Um 1200 letzte Zerstörung der wiederbenutzten Palastteile bzw. Häuser in → Knossos und → Mallia. Im 11. Jh. machte sich die → Dorische Wanderung auch auf K. bemerkbar. Das Siedlungsbild hat sich durch Verschiebungen und Neugründungen endgültig gewandelt. Anstoß dazu gaben die Spannungen zwischen den sich noch behauptenden achäischen Bewohnern, den neuen dorischen Herren und der zahlenmäßig weit überwiegenden Urbevölkerung, die ihre Unabhängigkeit zu bewahren suchte. War man im minoischen K. um stratigraphische Gesichtspunkte noch weitgehend unbekümmert, so strebten die neuen Siedlungen Sicherheit auf schwer zugänglichen Bergen und Akropolen an, deren natürliche Abhänge eine Ummauerung überflüssig machten. Sie lagen meist nicht unmittelbar am Meer, doch gern in dessen Sicht- und Reichweite (zugehörige kleine Hafenplätze). Im Inneren der Insel entstanden Orte an wichtigen Verbindungswegen. Der Ackerbau, den zu Füßen der Akropolen die dort angesiedelte Vorbevölkerung betrieb, führte allmählich zum Wohlstand der in sich abgeschlossenen *dor. Städte*. Seefahrt mehrte die Habe nicht nur durch Beutezüge, sondern bald (d.h. wohl schon vor dem 8. Jh.) auch durch einen, nach Aussage der archäologischen Denkmäler, intensiven Handel mit dem Orient. Ist der Wandel in der politischen Struktur bes. dort, wo die dor. Akropolis in unmittelbarer Nähe der in der Ebene ausgebreiteten Stadt des 2. Jt.s geblieben ist (→ Gortyn, → Palaikastron), an den Siedlungsresten verhältnismäßig leicht abzulesen, so zeigen die kret. Kultstätten in Baugestaltung, Kult und Kultbildern (→ Idole) eine mehr oder weniger enge Verquickung des Neuen mit dem Erbe des 2. Jt.s. Lebendig zeigt sich die Tradition in den Kulthöhlen. – Weil in den Äußerungen des Kunsthandwerkes, das vorwiegend Sache der Vorbevölkerung blieb, auch in der geometrischen Epoche (11.–8. Jh.) die min. Ausdrucksweise nicht ganz vergessen war, konnte die in gewissem Grade artverwandte oriental. Kunst im frühgriech. K. bes. leicht Einfluß gewinnen. Bronzearbeiten (kret. Schilde), Vasenornamente und Terrakottaplastik geben davon Zeugnis (→ Orient und Antike E. F.). Die bedeutendste künstlerische Leistung des frühgriech. K., der Anteil an der Entstehung der sog. dädalischen → Plastik (B 2), fällt freilich erst mit der großen Blütezeit im 7. Jh. zusammen. Daß K. jedoch schon vor dieser Zeit eine volkreiche, wohlhabende und auf das Meer gewandte Insel war, bezeugen nicht nur die reichen, vorwiegend aus Gräbern kommenden Funde der geometrischen Epoche, sondern auch die Erwähnungen der ‹hundertstädtigen› Insel bei Homer (Il. 2, 649). – Von zwei Kultgebäuden unseres Zeitabschnittes steht bes. das ältere (in Karphi) noch in minoischer Tradition (das jüngere: in Dreros). Grabformen: → Tholos-, → Kammer- und → Pithosgräber. In der geometrischen Epoche: Leichenverbrennungen. – Hauptfundorte der subminoischen, protogeometrischen und geometrischen Periode (Siedlungen, Höhlen und Gräber von W nach O): Eleutherna, → Hagia Triada, → Phaistos, Idäische Höhle, → Gortyn, Prinias, → Knossos (Fortetsa), → Amnisos, Gurnais, → Mallia, Karphi, Diktäische Höhle, → Arkades, Dreros. Vrokastro, Kavusi, Praisos, → Palaikastron, Zakro. → Keramik. W. Schg.

Lit: E. Kirsten, Die Insel K. in vier Jt.en, Antike 14, 1938, 295–346 – J. D. S. Pendlebury, The Archaeology of Crete, 1939, 303ff. (Postminoan Crete) – G. Karo, RE 11 (1922), 1793–1801 – D. Mackenzie, Cretan Palaces III, BSA 13, 1906/07, 423–445 – V. R. d'A. Desborough, Protogeometric Pottery, 1952 (233–270) – Ders., The last Mycenaeans and their Successors, 1964 – M. R. Popham, The last days of the Palace at Knossos, Stud. in Medit. Archaeol. V, 1964 – *Diktäische* und *Idäische Höhle*: J. Boardman, The Cretan Coll. in Oxford, 1961, 1–75; 79–88 – E. Kunze, Kret. Bronzereliefs, 1931 – *Fortetsa*: J. K. Brock, Fortetsa, 1957 – *Karphi*: J. D. S. Pendlebury-M. B. Money-Coutts, Karphi: A City of Refuge of the early Iron Age in Crete, BSA 38, 1937/38, 57–145 und M. Seiradaki, Pottery from Karphi, BSA 55, 1960, 1–37 – *Dreros*: E. Kirsten, Das kret. Dreros, Antike 14, 1938, 73–77.

[3] *Eteokretische Sprache*. Neben den vorgriech., sog. minoischen Texten des 2. Jt.s v. Chr. kennt man aus Kreta (Praisos, Dreros, Arkades) noch einige verstümmelte Inschriften (6. Jh. v. Chr.) in sog. eteokret. Sprache. Sie sind noch undeutbar; vermutlich lebt in ihnen das *Minoische* fort. A. H.

Q: M. Guarducci, Inscr. Cret. I, 1935, 18f.; III, 1942, 137–142 – M. Lejeune, Étéocrétois ou Crétois? REA 49, 1947, 274–285 – *Lit*: W. Brandenstein, RE Suppl. 6 (1935), 200–206 – P. Kretschmer, Die ältesten Sprachschichten auf Kreta, Glotta 31, 1951, 1–20.

Kretikus, Metron der Form –⏑– (*cr*), tritt als Kürzung des vollen Metrons neben lyrischen → Jamben auf. Reihen von K.ern gab es schon bei → Alkman (Fr. 58 P.), nur aus K. bestehende leichte Tanzweisen bei → Bakchylides (Fr. 15f.). Vgl. auch → Päon. B. Sn.

Lit: U. v. Wilamowitz, Griech. Verskunst, 1921, 294ff.

Kretisch-mykenische Kultur

A. Begriff und Forschungsgeschichte – B. Chronologie – C. Voraussetzungen – D. Kreta – E. Mykene – F. Religion und Kult – G. Kunst – H. Fundorte.

A. BEGRIFF UND FORSCHUNGSGESCHICHTE. Trotz der Wesensverschiedenheit der Kulturträger und des Zeitvorsprunges der kret. vor der myk. Kultur ist vom 16. Jh. an der Begriff ‹Kret.-myk. K.› berechtigt: zunächst wegen der Abhängigkeit der jüngeren von der älteren K. und in der letzten Phase wegen ihrer vom myk. Festland ausgehenden Verschmelzung. – Mit der Entdeckung der → Schachtgräber von Mykene durch H. Schliemann 1876 trat die kret.-myk. K. erstmals in den Gesichtskreis. Ein Zusammenhang der in rascher Folge bekannt gewordenen myk. Zentren (→ Mykene, → Tiryns, → Orchomenos) auch mit Kreta war nach der homerischen Überlieferung zu erwarten und wurde durch die Ausgrabungen immer mehr bestätigt (seit 1900 → Knossos, → Palaikastro, Petsofa: engl.; → Phaistos, → Hagia Triada: italien.; Pseira, → Mochlos, → Gournia: amerikan.; → Mallia: franz.; → Amnisos, → Tylissos: griech.). Kulthöhlen, die zum größeren Teil auch noch im nachminoischen Kreta als solche benutzt worden sind (Zeus-, Kamareshöhle am Ida, Eileithyia-Höhle, Diktäische Höhle) ergaben ebenso wie ländliche Bergheiligtümer (Juktas, Petsofa) Kultrelikte und interessante Kleinfunde. Für die kret. K. brachten neue Grabungen und Entdeckungen vor allem aus Gräbern und aus den tieferen Palastschichten wichtige Funde, für die myk. K. vor allem die neuen Forschungen in → Pylos, → Mykene, Iolkos, Milet, Dodekanes, → Ugarit, auf Cypern, den Liparischen Inseln usw. In der gelehrten Arbeit zur Chronologie, Kunst- und Religionsgeschichte, Verbreitung und Geschichte der kret.-myk. K. ist in letzter Zeit die Auswertung der weithin anerkannten Entzifferung der sog. Linear-B-Schrift (s. u. D4 und → Kret. Schrift) von bes. Bedeutung.

B. Chronologie. Die Chronologie der kret.-myk. K. ruht auf der Einteilung von A. Evans in drei minoische Hauptperioden mit jeweils drei Unterstufen: frühmin. = FM, mittelmin. = MM, spätmin. = SM. Die Denkmäler der myk. K. fallen dabei in die letzte min. Periode, wo sie – nach der festländischen Chronologie – als späthelladisch = SH I. II. III neben den Stufen SM I. II. III stehen. Die Einteilung von Evans ging von der Stratigraphie in Knossos aus. Sie ist zusammengewachsen a) aus den Bau- und Zerstörungsschichten des Palastes und b) aus Evans' Deutung der Geschichte der Keramik. Die Einseitigkeit der Beschränkung auf nur diesen Ort (einzelne Stufen wie der → ‹Palaststil› sind auf Kreta nur in Knossos vertreten) muß wegen der Nützlichkeit dieser Einteilung hingenommen werden. Die Fixierung dieser relativen Chronologie ist dank Verbindungen mit der ägyptischen möglich durch (1) ägypt. Funde und Einflüsse auf kret. und festländischem Boden, (2) kret. und myk. Elemente in Ägypten (auch in Mesopot.). Datierende ägypt. Importstücke auf Kreta sind Stein- und Alabastergefäße, Fayencevasen und -perlen, Siegel (auch Nachahmungen: Knopfsiegel), Skarabäen, eine Diorit-Statuette (des User) sowie Bronze- und Elfenbeinstatuetten; sie reichen von der prädynastischen Zeit bis in die 18. Dyn. Unter den kret. Funden in Ägypten sind bes. Tongefäße der Stufe MM 2 in Fundzusammenhängen der 12. Dyn. (in Abydos) wichtig. Andere gleichzeitige Keramikfragmente kamen in → Ugarit zutage. Die Wandgemälde in Felsengräbern des ägypt. Theben, auf denen → ‹Keftiu› (Kreter) als Träger von Tributen bzw. wahrscheinlicher Geschenken erscheinen, verbinden die dort wiedergegebenen min. Gefäße (SM I bis II) mit der 18. Dyn. So hat man die 6. Dyn. mit FM II, die 12. Dyn. mit MM II und die 18. Dyn. mit SM II gleichgesetzt. Auch die Chronologie der myk. Kultur stützt sich auf ägypt. Funde (Alabaster, Fayence) der 18. und 19. Dyn. auf dem griech. Festland (Argolis, Lakonien, Böotien), myk. Keramik im Echnaton-Palast und den stilistischen Einfluß von Kreta-Mykene auf die Kunst von Amarna.

C. Voraussetzungen. Den Aufschwung Kretas ermöglichte einerseits seine geographische Lage, andererseits die politische Situation in den ersten Jh.en des 2. Jt.s. Die Großmächte (→ Ägypten, Mesopotamien) waren auf ihre eigenen territorialen Belange konzentriert, eine nennenswerte Flotte fehlte. Konnten sich also zwischen ihnen und Kreta auf die kret. Seefahrt begründete Handelsbeziehungen entwickeln, so hatte auch der Einfluß Kretas in der → Ägäis (zumal nach der Katastrophe von → Troja II) freie Bahn, bis Mykene, politisch stark und kulturell saturiert, nach der endgültigen Zerstörung der kret. Paläste (gegen 1400 v. Chr.) die Führung in der Ägäis übernahm. – Die äußeren Voraussetzungen wurden mit einer eminenten organisatorischen, technischen und künstlerischen Begabung und in glücklicher Verbindung der sozialen Ordnung mit dem religiösen Leben genutzt: zentralisierende Verwaltungen und Steuerung der Gewerbe; Fürsten, die an den verschiedenen Orten kraft einer priesterlichen Würde und dank eines freizügigen Zusammenlebens mit weiten Schichten der Bevölkerung Zentren des kret. Lebens schufen; Anerkennung eines Oberherren, vermutlich in → Knossos. Verwaltung und Wirtschaft haben auch vom ägypt. und mesopotam. Vorbild profitiert. Siegelwesen (vgl. → Glyptik) und → Schrift (zunächst Bilder-, dann lineare Silbenschrift; → Kret. Schrift) sind von dort beeinflußt. Kret. Eigenheiten der Organisation sind jedoch erkennbar, bes. das Sammeln der Exportgüter in den Palästen (Magazine für Öl und Wein, Ölmühle, Werkstätten). Von der technischen Begabung zeugen das Straßennetz (Spuren nachweisbar; Verkehr mit vierrädrigen Wagen), der → Brückenbau (neunbogiger Viadukt in Knossos), Entwässerungs- und Kanalisationsanlagen und die hervorragende Konstruktion der Schiffe (aus Siegelbildern bekannt). Unter den künstlerischen Gewerben war das Metallhandwerk führend; daneben Holz-, Elfenbein-, Stein-, vielleicht auch Wollverarbeitung.

D. Kreta. [1] *Frühzeit* (FM; ca. 2600–ca. 2000 v. Chr.): Gräber, die als Sippengrüfte bis zu drei Jh.en benutzt wurden (→ Tholosgräber) lassen auf feste Siedlungen und auf Erblichkeit des Landbesitzes schließen, Siegelfunde auf die Eigentumsansprüche. Das Bekanntwerden der Metalle und ihrer Verarbeitung führte zu raschem Aufschwung des Handwerkerstandes, des austauschenden Handels und damit des Schiffsbaues (erste Segelschiffe) und der Seefahrt. Gegen cyprisches Kupfer, anatolisches Zinn, Edelmetalle, Elfenbein und auch fertige Arbeiten wurden heimische Produkte (außer Öl, Wein, Wolle vor allem Holz) ausgetauscht. Die ältesten Funde ägypt. Herkunft sind auf Kreta prädynastische → Steingefäße, Niederschläge ägypt. Vorbilder die ‹Knopfsiegel›. Kreta steht in dieser Frühzeit kulturell im gleichen Bereich wie die → Kykladen, mit denen es außer durch die Seefahrt durch den Kult der Großen Göttin und den Grabkult verbunden ist (kykladische Marmoridole auf Kreta).

[2] *Erste Palastzeit* (MM I–II ca. 2000–ca. 1700): Die kultgebundene Konzentration auf die Paläste mit zugehörigen Siedlungen bald städtischen Charakters und die vom Palast ausgehende Verwaltung ermöglichte die Ausbreitung des Handels nicht nur nach Süden (Ägypten; von dort ist mit den Anregungen zur kret. Bilderschrift gewiß auch Papyrus nach Kreta gekommen), nach Osten (Siegel der Hammurabi-Zeit auf Kreta gefunden; Ugarit) und nach Westen: (Daidalossage; ‹Grab des → Minos›), sondern am Ende der Periode auch stärkere Kontakte mit dem Norden (Kykladen, griech. Festland). Wie aus der Theseus-Sage zu vermuten, konnte der kret. Einfluß dort bis zur Abhängigkeit führen. Erdbeben haben um 1700 das Ende der ‹älteren Paläste› verursacht.

[3] *Zweite Palastzeit* (MM III bis SM II; ca. 1700–ca. 1400): Rascher Wiederaufbau der Paläste. Erstes lineares Schriftsystem: Linear A (17. Jh.), im 15. Jh. Linear B (s. unten). Ausweitung der Städte (Knossos: wenigstens 50000 Einwohner). Kleinstädte: → Gurnia, Pseira, → Palaikastron, Herrenhäuser in Palastnähe und an gesondertem Platz (→ Amnisos, → Tylissos, Niru Chani). Mit den politischen Veränderungen, die auf dem griech. Festland zu einer unabhängigen Macht und um 1600 zur Epoche der → Schachtgräber geführt haben, war das Interesse Kretas in verstärktem Maße nach Norden gerichtet. Zwischen der Insel und den myk. Herren des Festlandes mußten befriedigende Übereinkommen getroffen worden sein. Gleichzeitig entstanden auf Ägina, Thera, Melos, Rhodos und in Milet kret. Stützpunkte. Der minoische Handel erreichte seine weiteste und intensivste Ausdehnung: im Westen nun bis zu den Liparischen Inseln (Keramikfunde aus dem 16. Jh.); von engen Beziehungen Kretas zu Ägypten zeugen u. a. die Darstellungen der ‹Keftiu› (15. Jh. s. o.), im Osten motivische Einflüsse in der Kunst von → Mitanni. Neue Typen der kret. Bewaffnung (8-förmiger Schild, Helm, Panzer, Beinschienen), die in Zusammenhang mit dem aus dem Osten gekommenen Streitwagen seit dem 16. Jh. auftraten, wirkten auf das griech. Festland ein.

[4] Umgekehrt lassen sich *myk. Einflüsse auf Kreta* erst im 15. Jh., und zwar bisher ausschließlich in Knossos, fassen. Der Schlüssel zur Deutung dieser Verhältnisse scheint bei den Linear-B-Texten zu liegen. Sie fanden sich nach Angabe des Ausgräbers in der gegen 1400 datierbaren Zerstörungsschicht des Palastes von Knossos, und sie stimmen in Schreibweise, Sprache und Inhalt der Texte mit ent-

sprechenden, etwa 200 Jahre jüngeren Funden des griech. Festlandes (vor allem →Pylos) überein. M. Ventris und J. Chadwick haben in diesen Tafeln ein griech. Idiom gelesen. Die daraus gefolgerte Hypothese lautet: Achäer des griech. Festlandes haben im 15. Jh. v. Chr. schon vor der endgültigen Zerstörung des Palastes in Knossos die kret. Linear-A-Schrift für ihre griech. Sprache abgewandelt und in dieser neuen Linear-B-Schrift Inventare usw. schreiben lassen; also muß Knossos bereits im 15. Jh. v. Chr. achäische Herren gehabt haben. Der Einbruch dieser neuen Herren läßt sich mit Zerstörungsspuren zwar nicht verbinden, doch werden stilistische Verhärtungen bes. der knossischen Kunst (→Palaststil, →Greifenfresko) auf derartige Veränderungen zurückgeführt, auf die überzeugender neben den Linear-B-Texten die →Kriegergräber bei Knossos hinweisen. Für die Beschränkung dieser Herrschaft auf Knossos, die Anpassung der festländischen Herren an die in den Raumordnungen so ungewohnten und zudem unbefestigten Paläste, den Fortbestand der übrigen kret. Paläste im 15. Jh., die gleichzeitigen Darstellungen von ‹Keftiu› auf ägypt. Grabmalereien, für die am Ende des 15. Jh.s erfolgte gewaltsame Zerstörung aller Paläste und nicht zuletzt für den Fortbestand der ohne ein priesterliches Oberhaupt undenkbaren kret. Kultgepflogenheiten (Rolle des ins 15. Jh. gehörenden knossischen Thronsaales) werden vorerst vor allem mit Hilfe historischer Analogien Erklärungen gesucht. Von neuen Funden auf Kreta – etwa von Linear-B-Texten inner- und außerhalb von Knossos – ist noch viel Aufklärendes und Berichtigendes zu erhoffen.

[5] *Zerstörung der kretischen Paläste* (Ende SM II; gegen 1400): Man hat diese kriegerische, überraschend erfolgte Zerstörung auf eine Erhebung der Kreter gegen die neuen Herren zurückführen wollen. Da sich aber die Katastrophe auch über die offenbar nicht von Achäern beherrschten Paläste von →Phaistos, →Hagia Triada, →Mallia erstreckt hat, und die Insel nach der Katastrophe zur Bedeutungslosigkeit herabsank, bleibt eine Eroberung durch neue, andere achäische Griechen die wahrscheinliche Erklärung. Kretas Bedeutung unter der Achäerherrschaft des 14. und 13. Jh.s überragte kaum die der anderen myk. Außenposten (Rhodos, Kypros usw.). Zur *subminoischen Periode* und weiteren Geschichte →Kreta (B 2).

E. Mykene. [1] Die Übernahme und Erweiterung der Rolle Kretas im Handel und im Ausbau von Vorposten durch die myk. Kultur des 14. und 13. Jh.s hatte neben einer entscheidenden Stärkung der Flotte auch gemeinschaftliche Interessen und damit eine gewisse *Stabilität der Machtverhältnisse* auf dem griech. Festland zur Voraussetzung. Wenigstens für die Argolis und für Böotien kann man von einem Zusammenschluß der einzelnen Burgherren sprechen. In der Argolis zeigt sich die Führerstellung Mykenes in Lage, Alter und Reichtum der Burg ebenso wie in der Sagenüberlieferung (→Eurystheus, →Atreus, →Agamemnon). Die Bedeutung des späteren argivischen →Heraion mag für den gleichen Ort (Prosymna) auch schon in myk. Zeit auf eine kultische Zusammengehörigkeit der gesamten Argolis hinweisen. Nach glaubwürdiger Überlieferung reichte die Herrschaft →Agamemnons noch weiter bis zum Golf von Korinth und zu den Inseln des Saronischen Golfes. Ein ausgebautes Straßennetz (vgl. Steffen, Karten von Mykene, 8ff.), auch mit Brücken, der Burgenbau mit mächtigen Terrassen und →kyklopischen Mauern, die Errichtung der großen →Kuppelgräber oder der wahrscheinlich gleichfalls schon myk. Deichbauten in Böotien setzen ein großes Aufgebot an Sklaven und Fronarbeitern voraus. Die technischen Leistungen der myk. Kultur (Schiffsbau, Mehrstöckigkeit, falsches Gewölbe, Straßen- und Brückenbau, Kanalisation) gehen auf die kret. Erfinder zurück (s. o. C). In den Quellen Homers und der Sage ist noch manche Erinnerung an das ritterliche Leben des myk. Kriegeradels erhalten, der eine Vielzahl von teils kleinsten Machtbereichen ausgebildet hatte. Von der Freude der myk. Herren am Jagen (auch Frauen nahmen teil) erzählen Siegelringe, Dolchklingen, Schachtgräberstelen und Fresken. Von gegenseitigen Fehden berichtet offenbar die von einem kret. Künstler dargestellte Stadtbelagerung auf einem Silberrhyton aus dem 4. Schachtgrab (F. Matz, Kreta, Mykene, Troja, Taf. 93 b. 94), von Rivalitäten zwischen Mykene und Theben die Sage vom Zug der Sieben gegen Theben. Hauptwaffen neben dem vielleicht aus Kreta, vielleicht auch direkt aus dem Orient übernommenen Streitwagen (Darstellungen schon auf Stelen der →Schachtgräber): Schild (8-förmig, Turm- und, spät, der Rundschild), Helm, Beinschienen, Speer und Kurzschwert.

[2] *Ausdehnungsbereich.* Die myk. Kultur reichte nordwärts bis nach Thessalien (Iolkos), westwärts bis zu den Ionischen Inseln. Mehr oder weniger isolierte Außenposten: Naxos, Melos, Thera, Delos, →Keos, Lemnos, Milet, Samos, Kos, Rhodos, Cypern und Ugarit. Dieser Vermehrung gegenüber den min. Stationen (s. o. A) entspricht die Ausweitung des Handels (nach den Funden myk. Kunstgewerbes): an der kleinasiatischen Küste bes. auf Troja (Troja VI), im Westen außer Sizilien und den Liparischen Inseln nun auch auf Ischia (→Pithekussa) und Unteritalien; ferner nach Norden (Bernsteinfunde im myk. Hellas). Die ägypt. und syr. Beziehungen wurden gleichfalls weiter ausgedehnt. Auch unabhängig von der Ahhijawa-Frage lassen die Ausdehnung des Hethiterreiches nach W, die Stärke myk. Außenposten wie Kypros, Rhodos, Milet, die selbständigen Verbindungen, die von dort aus weitergeknüpft worden sind (Cyprisch-Mykenisches in Ugarit) und die Verbindung Mykenes mit Troja auf enge Kontakte zwischen Achäern und Hethitern schließen. Die myk. Ägäis, in sich mehr oder weniger aufgespalten, war nach den im einzelnen noch unklaren Vorgängen des 16. und 15. Jh.s in ihrer Blütezeit, dem 14. und 13. Jh., eine von den Großreichen anerkannte Macht. Damals haben die Burgen ihre entscheidende, durch Erweiterungen (→Löwentor) noch modifizierte Ausgestaltung erfahren, sind die großartigsten →Kuppelgräber entstanden, hat die myk. Expansion ihren Höhepunkt erreicht. – Die erste, mit den Auswirkungen der →Dorischen Wanderung zu verbindende *Zerstörungswelle* (in Mykene Häuser außerhalb der Burg, in Pylos der unbefestigte Palast selbst) gehört nach dem keramischen Befund in die Phase SH III B (13. Jh.). Weitere Vorstöße im 12. Jh. brachten mit Zerstörung aller Burgen die endgültige Katastrophe.

F. Religion und Kult. [1] *Kreta.* Die besondere Stellung der Frau im höfisch-kultischen Verband des kret. Lebens, ihre Rolle als Zuschauerin im Palasthof (→Miniaturfresken), als Stierspringerin (Fresken) und als Priesterin (Siegelbilder) steht in engem Zusammenhang mit der überragenden Bedeutung der altmittelmeerischen Großen Göttin (→Magna Mater). Diese komplexe weibliche Gottheit (Fruchtbarkeits-, Erd-, Berg-, Tiergöttin) wurde erst spät (subminoisch) in größeren Kultbildern, bis dahin an verschiedenartigen Kultmalen verehrt: Baum, Fels, Stalaktit, Säule oder ‹Kultfassade› als Formel für den sakralen Teil des Palastes. Über die Stellung des männlichen Gegenpols und die Art seiner Verbindung mit dem Stier lassen sich mangels schriftlicher Nachrichten nur Vermutungen anstellen. Die bildliche Überlieferung zeigt die Zusammengehörigkeit von Stier, Kulthörnern und Doppelaxt. Das frühe Vorkommen von Stierdarstellungen mit weiblichen ‹Akrobaten› gibt diesem Kult im Zusammenhang mit der Pasiphaë-Sage gewiß mehr als eine bloß der Großen Göttin und dem Kultopfer untergeordnete Bedeutung. In der Blütezeit war wie die weibliche auch die männliche Gottheit in sich bereits mehrschichtig (→Herr der Tiere, Zeus: Kindheit und Tod). Kultische Verehrung: im Freien (Baumkult), in Höhlen (→Kamares-, Psychro-, Eileithyia-Höhle), auf Bergen (Juktas, Petsofa), in Palastkapellen und

Pfeilerkrypten (Architektur gewordenen Höhlen). Auf Siegelbildern erkennt man die kultische Epiphanie der Gottheit und ekstatische Formen der Götterbeschwörung (→ Epiphaniegestus).

[2] *Mykene.* Im Bereich des Kultischen hat Mykene offenbar weit mehr Äußerlichkeiten (Kultgeräte, Kultsymbole, Stierspiel) als das Wesentliche aus Kreta übernommen. Neben den weiblichen Gottheiten (→ Herrin der Tiere, Palastgöttin) standen bei den krieg- und jagdliebenden Achäern die männlichen gewiß weiter im Vordergrund als in Kreta. So gehörte zu der vielerorts ein myk. Erbe weitertragenden → Hera auch schon im 2. Jt. ein männlicher Gegenpol von sehr ausgesprochenem Charakter. Vollends deutlich wird der Unterschied zum Minoischen im Totenkult: dort Totenbeschwörung, hier (in historischer Zeit fortgesetzt) Heroenverehrung. Mit den kret. Verhältnissen nur entfernt vergleichbar dürfte auch die priesterliche Rolle des myk. Herrschers gewesen sein. Daß sie immerhin bedeutend war, beweisen die griech. Heiligtümer an den Stätten der myk. Paläste.

G. Kret.-myk. Kunst. [1] *Architektur: Kreta.* Von den ältesten Palästen (→ Knossos, → Mallia, bes. → Phaistos: MM I–II) sind nur wenige Spuren erhalten. Die heute sichtbaren Ruinen stammen aus der Zeit vom Wiederaufbau bald nach der Erdbebenzerstörung bis zur wahrscheinlich kriegerischen Vernichtung am Ende von SM II bzw. SM I. Danach vereinzelte und unbedeutende Bautätigkeit, endgültige Zerstörung um 1200 (s. o. D 5). Es gruppierten sich um einen großen Rechteckhof, der teils von Hallen umgeben war, die mehrstöckigen Baukörper in einer mehr zufällig gewachsenen als ordnend geplanten Weise. Im einzelnen kennzeichnen die Palastarchitektur labyrinthisch verwinkelte Eingänge, großzügig angelegte Vorhallen und Treppen, von Stützen getragene Umgänge, Pfeilersäle, repräsentative und geheiligte Räume, Wohnräume, Badezimmer, Treppenhäuser (zugleich Lichtquelle für untere Geschosse), Werkstätten, Korridore und ausgedehnte Magazinkomplexe. Von der Hofseite des knossischen Palastes vermitteln außer den baulichen Resten die → Miniaturfresken eine Vorstellung: farbige Holzsäulen, breite Treppen, Nischen mit Altären und den bekannten Hörnersymbolen. Neben den Palästen fanden sich in deren unmittelbarer Nähe (→ Knossos: ‹Kleiner Palast›; ‹Karawanserei› usw.) oder einzeln an geographisch günstiger Stelle (→ Amnisos, → Tylissos) repräsentative, zum Teil gleichfalls mehrteilige Gebäude (Herrenhäuser), denen freilich der Zentralhof der Paläste fehlt. Den Typus einer minoischen Kleinstadt, mit einem unübersehbaren Gewirr von Häusern und Gassen um einen kleinen Palast geschart, zeigt → Gurnia (ähnlich Pseira, → Palaikastron). Reste einer bedeutenden ostkret. Stadt (mit Palast) fördern die Ausgrabungen in Zakro. Wichtig die frühen kret. → Tholosgräber als Vorstufen des myk. → Kuppelgrabes. → Kammergräber wurden in den Felsen geschlagen oder spitzbogig überwölbt (Isopata). Eine monumentale Grabarchitektur der jüngeren Palastzeit zeigt das → Tempelgrab bei Knossos. – *Mykene.* Die in Kreta unbekannte Festungsmauer umschließt den myk. Palast. Ein nur kleiner Rechteckhof öffnet im Inneren den Blick auf das in der Regel einstöckige und freistehende → Megaron (anders → Pylos). Übersichtliche Zugangswege und Torhallen (Propyla) führen dorthin. Die Mehrstöckigkeit der eigentlichen Wohnbauten, Kanalisation, sanitäre Einrichtungen wurden aber kret. Anregungen (herbeigeholten Kretern?) ebenso verdankt wie die künstlerische Ausgestaltung der Räume (Wand-, Decken- und Fußbodenfresken). Zur → ‹kyklopischen› Bauweise der Mauern gehören die großen Tore mit ihren monolithen Laibungen, Türsturz und ‹Entlastungsdreieck›. Das myk. Haus schließt sich dem → Megarontypus an. Die → Kuppelgräber, die als vornehme Totenstätten neben den → Kammergräbern gegen 1500 die älteren → Schachtgräber ablösen, sind mit → Dromos, Tor und Kuppelraum (‹falsches Gewölbe›) heute die eindruckvollsten Zeugen myk. Architektur.

[2] *Malerei: Kreta.* Die Anfänge der Freskomalerei (→ Fresko) reichen in die MM-Periode. Stuckfragmente zeigen in Freskotechnik nachgeahmte Steinmaserungen. Von den figürlichen Bildern steht der sog. ‹Krokospflükker› (ein Affe in einem Garten) am Anfang. Die Verbindung zur Weiß-auf-Schwarz-Malerei der → Kamares-Keramik ist deutlich. Aus der Blütezeit (MM III bis SM I) stammen Bruchstücke aus → Knossos, → Amnisos, → Tylissos, → Hagia Triada (bes. das Fragment mit der einen Vogel beschleichenden Wildkatze). Pflanzliche Motive umgeben Tiere. Durch Geländelinien, die von allen Seiten ins Bild ragen, wird die Darstellung auf eigenartige Weise umschlossen: ein Bildprinzip, das auch auf Siegeln und Vasenbildern zu beobachten ist. Solche naturnahen Fresken (Affe, Rebhuhnfries, fliegende Fische) stehen neben streng geordneten Kompositionen (→ Amnisos: Lilien vor architektonisch gegliedertem Hintergrund). Die sog. → Miniaturfresken zeigen bes. höfische Feierlichkeiten. Die bekannte ‹Petite Parisienne›, im Format größer, gehört thematisch gleichfalls hierher. Aus der letzten Palastzeit stammen an Fresken: Stierspringer, Prozessionsfriese, die Bilder auf dem Stucksarkophag von Hagia Triada (Nachpalastzeit?) und vor allem das → Greifenfresko (im kleinen Thronsaal) mit seiner klaren, abstrahierenden Ausdrucksweise. – *Mykene.* Die Fresken des Festlandes setzen stilistisch, mit einer nochmaligen Verhärtung, die Spätstufe der min. Fresken fort (älteste Beispiele in Theben und → Tiryns). Die Abhängigkeit der meisten dieser Darstellungen vom kret. Vorbild ist so groß, daß man kret. Künstler vermuten darf. Neben Themen nach kret. Geschmack (Stierspringer, Hofwelt, Prozession, Greifen) stehen solche myk. Eigenart (Kampf, Jagd, Auszug mit dem Wagen, Orpheus?). Die Trachten sind teils kret., teils myk., die Ornamentik ist kret.: Spiralen, Rosetten, ‹böotische› Schilde, Gesteins- und Holzmaserungen.

[3] *Keramik: Kreta.* Aus mehrschichtigen Anfängen (Schnabelkannen usw. mit geometrischer, geflammter oder → Barbotine-Verzierung) wuchs in MM-Zeit mit der → Kamareskeramik eine erste Blüte. Ungemein erfindungsreiche Ornamente sind weiß auf einen fast schwarzen Grund gemalt. Bes. die Verbindungen von Spiralen und → Palmetten haben eine große Zukunft. Die naturnahen Darstellungen der Folgezeit (MM III bis SM I) stehen schwarz auf hellbraunem Grund. Unter den Themen fehlen der Mensch und die meisten Tiere. Den Bewohnern des Meeres (Oktopus, Argonauten, Muscheln, Korallen usw.) galt neben den Pflanzen (Krokus, Lilie, Papyrus, Efeu usw.) die Liebe der Vasenmaler. Der ‹Palaststil› (SM II) blieb auf Knossos beschränkt. Große Amphoren wurden dort in gleichbleibender Technik mit Darstellungen verziert, welche die bekannten Motive zu verhärten beginnen. – *Mykene.* Die Importstücke der Schachtgräberzeit wurden von Nachahmungen und eigenen Weiterbildungen abgelöst. Dabei hat man die zugrunde liegenden Motive bis zur Unkenntlichkeit vereinfacht (‹spätmyk. Koine›); jedoch wurden jetzt auch Menschen (‹Kriegervase›), Pferde, Wagen, Stiere dargestellt. Neue Gefäßformen setzten sich durch (Krater); die alten Vasenformen (Amphoren, Kannen, Bügelkannen, Pithoi) haben immer mehr von ihrem ursprünglich pflanzenhaften Wuchs verloren, dafür aber eine strukturelle Klarheit gewonnen, die auf die protogeometrische Epoche vorausweist. – Neben den Tongefäßen spielten, namentlich in der kret. Frühzeit, → Steingefäße eine wichtige Rolle. Von Ägypten ausgehende Anregungen sind hier selbständig verarbeitet worden.

[4] *Relief- und Rundplastik: Kreta.* Freskomalerei und Stuckrelief verbanden sich in monumentalen Darstellungen (Knossos: Stierspiel, → ‹Prinz mit der Federkrone›). Groß-

plastisch sind auch min. Tierkopfrhyta der Blütezeit (z. B. ein 26 cm hoher Stierkopf im Museum von Heraklion und ein neues, entsprechendes Beispiel von Zakro aus Steatit mit Zusätzen aus anderem Material). Sie wurden bald auch auf das myk. Festland übernommen. Nach hervorragenden neolithischen → Idolen aus Marmor stehen am Anfang der kret. Kleinplastik neben ägypt. beeinflußten Tierbildern (Elfenbein) und primitiven eigenen Versuchen (Ton) auch importierte → Kykladenidole. In der MM-Kleinplastik (meist im Museum von Heraklion) ist das min. Menschenbild selbst bei schlichten tönernen Weihgeschenken (Petsofa bei → Palaikastron) schon vorgestaltet. Der pflanzenhafte Wuchs eines anscheinend knochenlosen Körpers mit betonter Taille wurde bei den Fayence-, Elfenbein- und Bronzestatuetten der Blütezeit nur noch mehr ausgeprägt und verfeinert. Einzigartig im Motiv ist der elfenbeinerne Stierspringer. Von ähnlich ‹schlangenhaftem› Körperwuchs zeugen auch Bronzestatuetten Betender, deren Leiber sich ausdrücklich dem Gestus fügen. Unter den Reliefs kleineren Formats stehen die der Glyptik an erster Stelle (s. u.), eine reizvolle eigene Gattung: Fayencereliefs (säugende Wildziege, ausgeschnittene Meerestiere); schließlich Elfenbein- und Metallreliefs (s. u.). – *Mykene.* Die Idee, ein so großes Relief wie das über dem → Löwentor (13. Jh.) aus Stein zu gestalten, ist myk., Motiv und Oberflächenformung kret. Unabhängigere Leistungen entstanden fast 300 Jahre vorher in den Kalksteinreliefs der Stelen auf den → Schachtgräbern (Streitwagen, Stierfang, Tierkampf). Der 16,8 cm hohe, bemalte Stuckkopf aus Mykene gehörte wahrscheinlich zu einer Sphinx, doch sind aus der myk. Epoche (SH II) in jüngster Zeit auch unter min. Einfluß entstandene Tonstatuen großen Formats gefunden worden (→ Keos). In der Kleinplastik läßt sich stufenweiser Abbau (Verhärtung, Abstraktion, Klärung) verfolgen; es blieben schließlich die unzählig wiedergefundenen schematisierten → Idole aus Ton.

[5] *Glyptik.* Von großer Feinheit und künstlerischem Reiz sind Reliefdarstellungen auf Steatitgefäßen (→ ‹Schnittervase›, Faustkämpfer, Stierspringen, Gesandtschaft, Meerestiere). In die kret. → Siegel (Beginn: FM II) sind lineare (Spirale, Band, Welle, Wirbel, Mäander, Kreuz, Stern) und pflanzliche Ornamente (Rosette, Blatt) sowie figürliche Bilder (Mensch und Tiere), in die Amulette bes. zeichenhafte Bilder in einer aus dem Orient übernommenen Technik eingeschnitten. Ägypt. ‹Knopfsiegel› wurden nachgeahmt. Eigenes Formempfinden und Ornamentgut und die figürlichen Motive des Ostens stehen teils nebeneinander, teils gehen diese in jenem auf. Rein ornamentale Verzierungen, die zunächst im Vordergrund standen, zeigen gern Flächenmuster im ‹unendlichen Rapport›. Die Blütezeit begann auch beim Siegelbild erst am Ende von MM. Der Mensch (in Kult, Jagd, Kampf), auch nur die Profilansicht des Kopfes (Bildnis), steht neben Tieren, Mischwesen (östlichen wie solchen der eigenen Phantasie) und wappenartigen Kompositionen. Auch bei den Siegeln führte die Spätzeit zu einer ordnenden und abstrahierenden Schematisierung.

[6] *Toreutik.* An die steinernen Siegel sind die Goldringe anzuschließen, deren Darstellungen gleichfalls in eine gewölbte Oberfläche eingelassen wurden. Sie setzen erst auf der letzten MM-Stufe ein. Wie eine Anzahl solcher Ringe sind auch andere toreutische Arbeiten im Auftrag der myk. Herren von Kretern auf dem Festland gefertigt worden: so die feinen Darstellungen (Kampf, Jagd) auf den Dolchklingen, die Stadtbelagerung auf einem Silberrhyton oder die Goldbecher von Vaphio. Von min. Goldschmuck (z. B. frühes Bienenpaar: Treibarbeit mit Granulation) lassen sich die myk. Nachahmungen meist leicht unterscheiden. Teils kret., teils myk. in den Motiven ist der goldene Gewandschmuck aus den Schachtgräbern (Oktopus, Altarmotiv ausgeschnitten, Scheibchen mit Spiralornamenten, stilisierten Tieren und Pflanzen). Bei den großen Diademen aus gleichem Zusammenhang tritt die kretische Anregung hinter der mit dem Zirkel arbeitenden Ausführung zurück. – Tönerne Nachbildungen zeigen, daß es feine, getriebene Metallgefäße seit Beginn der Metallzeit im ganzen ägäischen Raum gegeben hat. Neben verhältnismäßig wenigen Funden auf Kreta stehen auch hier einzelne bes. schöne Beispiele (min. und hellad. Form) aus den Schachtgräbern. Selbständige Leistungen einer myk. Toreutik sind die goldenen Gesichtsmasken der → Schachtgräber, die uns gleichzeitig eine gewisse Vorstellung vom Aussehen der myk. Herren vermitteln.

[7] *Bedeutung für die eigentlich griech. Kunst.* Die kret. Kunst zeigt eine derartig unmittelbare Naturnähe, daß sie trotz aller Finesse als eine Frühform künstlerischen Gestaltens bezeichnet werden muß. Die myk. Kunst hat sich durch Beschränkung und Klärung in der Zeit von SM II bis III von der kret. Unmittelbarkeit entfernt, um schließlich dahin zu kommen, wo mit der ersten – der geometrischen – Epoche der griech. Kunst das einstige Abbild der Erscheinungen nicht mehr weiter abgebaut und abstrahiert, sondern vom Kern her neu aufgebaut wurde. Die geschichtliche Bedeutung der kret.-myk. Kunst liegt also darin, als ‹Vorspiel› der griech. eine Etappe künstlerischen Schaffens durchlebt und überwunden zu haben, durch die der Weg zu den neuen Stufen führen konnte. Das zugrunde liegende Erlebnis war in Griechenland trotz des Zustromes frischer Stämme stark genug, um nicht nur gewisse Motive fortleben zu lassen, sondern sich auch wesentlich immer wieder mit dem gestaltenden griech. Geist zu verbinden. Man hat die kret. Kunst die Mutter der griech. genannt. W. Schg.

Lit: Zu A: D. Fimmen, Die kret.-myk. Kultur (1921), 1924² – G. Karo, RE 11 (1922), 1743–1800, s. v. Kreta – H. Th. Bossert, Altkreta (1920), 1937³ – F. Matz, Aegaeis, HbArch II, 1954, 179 ff. – Ders., Kreta, Mykene, Troja, 1956 – Ders., Kreta und frühes Griechenland, 1962 – F. Schachermeyr, Die min. Kultur des alten Kreta, 1964 – EAA V, 1963, 42–102 (D. Leri, s. v. Minoico-Micenea, Arte) – *Zu B:* N. Åberg, Bronzezeitl. und früheisenzeitl. Chronol. IV Griechenl., 1933 – *Zu C:* H. Lehmann, Die geograph. Grundlagen der kret.-myk. Kultur, Geogr. Zeitschr. 38, 1932, 334–346 – *Zu C:* J. D. S. Pendlebury, Aegyptiaca, A Catal. of Egypt. Objects in the Aegaean Area, 1930 (auch zu G 5) – K. Schefold, Unbekanntes Asien in Alt-Kreta, WG 1955, 1–15 – F. Schachermeyr, Ägypten und Kreta, AOF 16, 1, 1952, 81–83 – *Zu D u. E:* Bengtson, 34–48 – F. Schachermeyr, Hethiter u. Achäer, 1935 – Ders., Griech. Gesch., 1960 – B. E. Moon, Mycen. Civilisation Publications, bis 1955 (Univ. London, Inst. of. Class. Stud., Bull. Suppl. 3, 1957) – 1956–60 (Bull. Suppl. 12, 1961) – P. Ålin, Das Ende der myk. Fundstätten auf d. griech. Festland, 1962 – V. R. d'A. Desborough, The last Mycenaeans and their Successors, 1964 – *Zu F:* M. P. Nilsson, Homer and Mycenae, 1933 – Ders., The Minoan-Mycenaenan Religion, 1950 – T. B. L. Webster, From Mycenae to Homer, 1958 – *Zu G:* A. Evans, The palace of Minos, I–IV, 1921–36 – B. Schweitzer, Altkret. Kunst, Antike 2, 1926, 291–312 – G. A. Snijder, Kret. Kunst, 1936 – J. D. S. Pendlebury, The Archaeology of Crete, 1939 – Chr. Zervos, L'art de la Crète néol. et min., 1956 – S. Marinatos-M. Hirmer, Kreta und das myk. Hellas, 1959 – *Zeitschrift:* Etudes crétoises, 1928 ff. – *Zu G[1]:* G. Rodenwaldt-K. Müller, Tiryns II, 1912, III, 1930 – R. B. Seager, Explor. in the Island of Mochlos, 1912 – G. Karo, Die Schachtgräber v. Mykenae, 1930–33 – J. D. S. Pendlebury, A Handb. to the Pal. of Minos, 1933 – L. Pernier (-L. Banti), Il Pal. Min. di Festos I, 1935, II, 1951 – A. J. B. Wace, Mycenae, an Archaeol. History and Guide, 1949 – G. G. Mylonas, Ancient Mycenae, 1956 – J. W. Graham, The Palaces of Crete, 1962 – *Zu G[2]:* vgl. → Fresko, kret.-myk. – *Zu G[3]:* A. Furumark, Mycenaean Pottery, Analysis and Classif., 1941 – Ders., The Chronology of Myc. Pottery, 1941 – F. H. Stubbings, The mycen. Pottery of Attica, BSA 42, 1947, 1–75 – Ders., Mycen. Pottery from the Levant, 1951 – L. W. Taylour, Myc. Pottery in Italy, 1957 – E. T. Vermeule, Mythology in Myc. Art, ClJ 54, 1958, 97–108 – *Zu G[4]:* K. Müller, Frühmyk. Reliefs aus Kreta u. vom gr. Festland, JdI 30, 1915, 242–336 – *Zu G[5]:* F. Matz, Die frühkret. Siegel, 1928 – H. Biesantz, Kret.-myk. Siegelbilder, 1954 – Y. E. G. Kenna, Cretan Seals, 1960 – A. Sakellariou, Les cachets minoens de la coll. Giamalakis, Et. crét. X, 1958 – Diess., Die myk. Siegelglyptik, Stud. in Medit. Archaeol. IX, 1964.

H. Liste der minoischen Fundorte. Die wichtigsten Fundorte verteilen sich (1) auf die → Mesara, (2) auf einen von → *Knossos* bis → *Mallia* reichenden Abschnitt an der

Nordküste (von Anfang an durch eine Straße mit der Mesara verbunden), (3) auf die Lasithi-Hochebene mit den umgebenden Gebirgen, (4) auf den Golf von Mirabello und den Isthmos, der dort die kürzeste Verbindung zur Südküste bildet, und (5) die Sitia und den äußersten Osten. – *Paläste mit zugehörigen Städten bzw. Siedlungen:* → Knossos, → Mallia, → Phaistos, → Hagia Triada, Zakro. – *Villen und Gutshäuser* außerhalb der Palastgebiete: Kannia, → Tylissos, → Amnisos, Niru Chani, Archanes, Vathypetron, Vitsiles, Kephali, Achladia, Piskokephalo, Turtuli. – *Städte* außer den Palaststädten: → Gurnia, → Palaikastron. – *Frühe min. Siedlungen:* Sphungaras, Vasiliki, Psira, → Mochlos und Zakro. *Jüngere und späte min. Siedlungen:* Chania, Heraklion, Hagios Theodoros, Chondros Viannu. – Einzelne *Häuser:* Goniais, Katsamba, Chamaizi (Ovalhaus). – *Höhlenheiligtümer:* Höhlen bei → Kamares, Skotino, Arkalochori, Trapeza, Diktäische Höhle. – Min. *Bergheiligtümer:* auf dem Juktas, in Prinias, Patela und Petsofa (→ Palaikastron). – Min. *Kultstätten:* in Gazi, Katsamba, Russes sowie an den bekannten Orten. Min. *Nekropolen* bzw. *Gräber* verschiedener Typen: in Nähe der genannten Städte und Siedlungen sowie in der → Mesara (Voru, Platanos, Kumasa), in Lebena, Gazi, Zapher Papura, Krasi, Ano Viannos, Pachyammos, Muliana, Hagia Photia. W. Schg.

Lit: s.o. Ferner F. Schachermeyr, AA 1962, 107–170 – *Sitia:* Th. Wronka, BCH 83, 1959, 523–542 – *Höhlen:* P. Faure, BCH 80, 1956, 95–103; 82, 1958, 495–515; 84, 1960, 189–220 – *Zakro:* BCH 87, 1963, 830–836.

Kretische Schilde, eine vornehmlich auf Kreta gefundene Gattung von mit Bronzeblech überzogenen Rundschilden (Gebrauchswaffen, als Votive verwendet). Neben allein etwa 70 ganz oder fragmentarisch erhaltenen kret. Sch.n aus Kreta (bes. Zeushöhle auf dem Ida-Gebirge), stammen andere aus Delphi, ein Fragment auch aus Dodona. Der Durchmesser der kret. Sch. schwankt zwischen 0,5 und 0,7 m. Erhalten sind nur die aus Bronzeblech getriebenen Beschläge, die auf Leder und Holz befestigt waren. Die Schildmitte kann von einer plastischen, weit vorspringenden Adler- oder Löwenkopf → Protome eingenommen werden. In flachem Relief sind in konzentrischen Ringen Sphingen, Tierfriese und Jagdszenen dargestellt, eingefaßt von ornamental verzierten Zonen. Nach dem keineswegs einheitlichen, aber rein oriental. Stil der Darstellungen hielt man die kret. Sch. ursprünglich für orientalisch (A. Furtwängler, F. Poulsen), dann nach der Neupublikation durch E. Kunze für eine kret.-griech. Sondergattung bes. des 8. Jh.s v. Chr. Nachdem der oriental. Import nach Griechenland heute genauer bekannt ist, sich auch einige Parallelen im Orient (Van, Karmir Blur) gefunden haben, ist der oriental. Ursprung, wohl aus mehreren Werkstätten, der kret. Sch. sehr viel wahrscheinlicher geworden. Vgl. → Waffen. U. J.

Lit: A. Furtwängler, Olympia Ergebnisse IV, 1890, 163 – F. Poulsen, Der Orient und die frühgriech. Kunst, 1912, 74–82 (Lit) – E. Kunze, Kret. Bronzereliefs, 1931 (Rez. F. Matz, Gnomon 9, 1933, 457 bis 468) – S. Benton, The Date of the cretan shields, BSA 39, 1938/39, 52–64 – P. Demargne, La Crète dédalique, 1947, 229–238 – F. Canciani, I rilievi bronzei cretesi e il problema dell'arte orientalizzante, Diss. Trieste 1959/60.

Kretische Schrift. Wir unterscheiden in der Bronzezeit auf Kreta in zeitlicher Abfolge eine kret. Hieroglyphenschrift sowie die minoischen Linearschriften A und B. Die Silbenschrift Linear A entwickelte sich nach der Zerstörung der älteren Paläste im Laufe des 17. Jh.s (Funde von → Hagia Triada, → Phaistos, → Knossos u.a.). Linear B (große Archive von → Knossos und → Pylos, kleinere Funde in → Mykene), ebenfalls eine Silbenschrift, ist auf Tausenden von Tontafeln des 15.–13. Jh.s erhalten (vor allem Inventarlisten, Rechnungen, Quittungen u.ä.). → Mykenisch. – Mit diesen Schriften ist auch die sog. cypr.-min. Silbenschrift (auf → Cypern) verwandt (16.–11. Jh., einige Tontafeln, zahlreiche Tonkugeln). → Cypr. Silbenschrift. H. Hg.

Kretischer Sagenkreis. Im k. S. spiegeln sich die engen Beziehungen der Insel zu allen Teilen des Mittelmeeres: → Agenor, König von Tyros oder Sidon, und sein Bruder → Belos (= Baal?) gehören nach Phönizien, von wo → Europa nach Kreta kommt. Die Herrschaft ihrer Söhne von Zeus (auf der Insel des Zeus!), des → Minos, → Rhadamanthys (und → Sarpedon?) ist den historischen Machtverhältnissen auf Kreta und in der Ägäis in kret.-myk. Zeit nicht unähnlich. In den Sagen von → Pasiphaë, → Minotaurus und → Ariadne scheint die Erinnerung an alte Kulte erhalten zu sein.

Kretisch-orientalisierende Vasen, → Pyxiden, → Kannen, → Situlen, Salbgefäße und große, dreifüßige → ‹Pithoi› (Urnen) sind von ca. 700 bis 640 zu verfolgen. Für die Pithoi ist eine bunte Mattmalerei bezeichnend; erst um 650 wird die → protokorinth. schwarzfigurige Technik vereinzelt an kleinen Gefäßen nachgeahmt. Orientalisierende Ornament- und Tiermotive werden frei in subgeometrische Metopensysteme eingefügt. Manche Eigenschaften verraten altminoische Tradition: die eher spannungsreiche als festgefügte Dekoration, häufig auftretende Spiralornamentik und elastisch bewegte, langbeinige Figuren. I. Sch.

Lit: D. Levi, Early Hellenic Pottery of Crete, Hesperia 14, 1945 1–32 – J. K. Brock, Fortetsa, 1957.

Kreusa. 1. Tochter des → Erechtheus und der Praxithea, von Apollon Mutter des → Ion (Eur., Ion). Dann mit Xuthos vermählt. Wegen kinderloser Ehe Wallfahrt nach Delphi; später Mutter des Achaios. – 2. Tochter des → Kreon (2) v. Korinth, auch Glauke mit Namen, zweite Gattin des → Jason, von → Medea umgebracht. – 3. Tochter des Priamos, Gattin des → Aeneas, stirbt bei der Flucht aus Troja (Verg. Aen. 2, 736ff.). K. Schb.

Kriegergräber, fünf Gräber (3 → Kammer-, 2 → Schachtgräber) des 15. Jh.s in der Nähe von → Knossos. Anlage und Inhalt scheinen zu zeigen, daß die mit ihren Waffen (Bronzehelmen, Schwertern, Lanzen) beigesetzten Krieger nicht Kreter, sondern → Achäer des griech. Festlandes gewesen sind (vgl. → kret.-myk. Kultur D 4), die nach der Datierung der Beigaben noch vor Zerstörung von Knossos (Ende des 15. Jh.s) auf der Insel gestorben sind. W. Schg.

Lit: M. S. F. Hood-P. De Jong, Late Minoan Warrior-Graves, BSA 47, 1952, 243–277 – M. S. F. Hood, Another Warrior-Grave, BSA 51 1956, 81–99

Kriegsbrauch. [1] Ein durch Gesetz oder zwischenstaatliche Verträge festgelegtes ‹Kriegsrecht› hat die Antike nicht gekannt. Die Kriegshandlungen folgten dem Gewohnheitsrecht und dem Herkommen, wobei religiöse Vorstellungen und Riten eine wichtige Rolle spielten. Wesentlich bestimmend war in der Monarchie das absolute Herrschaftsrecht des Monarchen, der im Krieg auch Oberbefehlshaber war. In Republiken war der Feldherr Träger einer im Ganzen nicht eingeschränkten Kommandogewalt.

[2] Der Krieg galt nur unter bestimmten *Voraussetzungen* als gerecht und von den Göttern begünstigt. Als Kriegsgründe wurden angesehen: Verletzung eines Vertrages, Bruch eines Bündnisses, Angriff auf einen Bundesgenossen, Verletzung eines Gesandten, ungerechtfertigte Abweisung einer Gesandtschaft, Verletzung einer neutralen Macht, Verletzung der Territorialhoheit, Entheiligung von sakralen Stätten, Verweigerung der Auslieferung wegen politischer oder krimineller Vergehen flüchtiger Personen. Es fehlt natürlich nicht an konstruierten Kriegsgründen. – Im Gegensatz zur Rechtsentwicklung seit dem MA war Krieg nicht nur möglich zwischen souveränen Staaten, sondern auch zwischen Einzelpersonen untereinander und solchen mit Staaten (Cic. off. 1, 2; rep. 1, 25). Der Krieg galt, sofern er nicht Eroberung zum Ziel hatte, der Sühne und Reparation, wobei militärische Sanktionen auch aus religiösen Gründen eine wesentliche Rolle spielten (Xenoph. anab. 7, 1, 29; Polyb. 5, 11; 18, 37; Plat. rep. 5, 47). In sagenhaften Erzählungen wird überliefert, daß er durch stellvertreten-

den Kampf je eines Repräsentanten der Partei (Il. 2, 134ff. 283ff.) oder ausgewählter Scharen (Hdt. 1, 82) abgelöst werden konnte. Der sich darin aussprechenden Wertung des Krieges als Unheil, die später immer stärker hervortritt, steht eine positive Einschätzung (als Bewährung, als Neugestaltung der Verhältnisse) gegenüber. Jedenfalls blieb er unangefochtenes Instrument jeder Machtpolitik.

[3] *Kriegserklärung.* Voraussetzung des Kriegszustandes ist bei den Griechen und Römern das Einhalten eines gewissen Verfahrens vor Beginn der militärischen Aktion. Die Römer verlangten, daß dem Gegner der Kriegsgrund unter Androhung von Sanktionen, mit Fristansetzung (ultimatum) bekanntgegeben werde (Liv. 36, 3). Erst dann erfolgte die Kriegserklärung durch die → Fetialen (Cic. off. 1, 11, 36; rep. 2, 17). Mit der Kriegserklärung, die der Herold überbringt, wird der Krieg bellum iustum, pium et legitimum.

[4] *Kriegführung.* Gewaltanwendung im Krieg ist praktisch unbeschränkt. Sie richtet sich gegen Kombattanten und Nichtkombattanten ohne Unterschied von Geschlecht und Alter. Manchmal schreckte man selbst vor der Schändung des toten Gegners nicht zurück. Bei den Griechen stehen die → ‹Barbaren›, zum Teil aus religiösen Gründen, unter einer schweren Diskriminierung. Das ius talionis war in der früheren Zeit anerkannt, wurde aber weder von allen griech. Staaten noch von Rom allgemein angewandt. Soweit nicht religiöse Überlegungen für eine uneingeschränkte Kriegführung maßgebend waren, wurde die ‹Staatsraison› zum bestimmenden Element. Zeitweise hatte das Delphische Orakel mäßigenden Einfluß. – Eine erstaunliche Einschränkung in der Kriegführung weist das ind. Gesetz Manu (7, 91f.) auf, welches verbot: Verwendung vergifteter Pfeile, die Tötung des sich ergebenden Feindes, entwaffneter Personen, des Landarbeiters auf dem Feld und die Verwüstung der Ernte. Auf griech. Seite läßt sich dazu vergleichen: die auf gegenseitiger Übereinkunft beruhende Beschränkung auf ‹ritterliche› Waffen (keine Wurfgeschosse) im Lelantischen Kriege (→ Chalkis); der Verzicht auf Versklavung von Griechen; die am Abend einer Schlacht gewährte Möglichkeit, die Toten zu bergen u. a. – Die Kriegführung der Römer ist in früheren Zeiten nicht weniger brutal als die der anderen Völker. In späterer Zeit wird sie besonders durch die Umstände eingeschränkt, daß die militärischen Auseinandersetzungen immer größere Staatengebilde betreffen, daß das Beamtentum zum geschulten Berufsstand wird und daß in der Berufsarmee die Disziplin straffer gehandhabt wird als in den Bürgerheeren kleiner Stadtstaaten (Sparta ist eine Ausnahme). – Unterschiede wurden geschaffen durch die Differenzierung zwischen iusti hostes, perduelles und barbari (Cic. off. 3, 107). Die Behandlung des Gegners war im übrigen bei den einzelnen Feldherren verschieden.

[5] Der während der Schlacht oder durch die Besetzung des Landes in *Kriegsgefangenschaft* Gekommene war völlig rechtlos. Die Griechen töteten ihre Gefangenen vielfach auf grausame Weise, behielten oder verkauften sie als Sklaven ohne Unterscheidung nach Kombattanten und Nichtkombattanten, Geschlecht oder Alter. Bei den Römern bedeutet Kriegsgefangenschaft maxima → diminutio capitis, d. h. Verlust des Bürgerrechts, der Nationalität, der ingenuitas (Geburtsstand), Aufhebung der → patria potestas (elterliche Gewalt) und der Ehe (Dig. 18, 15. 19); staatliches und Privateigentum, Grundstücke und fahrende Habe werden Eigentum des Siegers. Oft wurden Gefangene im → Triumphzug mitgeführt. Die Kriegsgefangenschaft konnte vertraglich, etwa bei Kriegsende, durch Unterwerfung unter den Siegerstaat und Eintritt in das Untertanenverhältnis, durch bedingte oder unbedingte Entlassung und bes. durch Loskauf aufgehoben werden. Die Entlassung aus der Kriegsgefangenschaft ist in das freie Ermessen des Siegers gestellt. In Rom legte das ius postliminii fest, wie Personen nach Freilassung wieder in Rechte und Besitz einzusetzen waren. – Der *Verwundete* war ebenso rechtlos wie der kampffähige Feind. Soweit Sanitätsorgane bestanden, dienten diese nur den eigenen Verwundeten und Kranken. Die Heere der Ägypter wurden durch heilkundige Männer, meist Priester, betreut. Die Griechen hatten Wundärzte und ‹Pfeilzieher› zum Ausziehen der Pfeile, Stillen der Wunden und Anlegen der Verbände. In der älteren röm. Republik ist die Sorge um die Verwundeten gering. Caesar hatte Wundärzte in seinem Heere. – Der Sieger verfügte grundsätzlich über Bevölkerung, Territorium und fahrenden Besitz des Besiegten. Bei den Griechen wurde den Göttern ein Zehntel der Beute geopfert.

[6] *Geschützte Personen* waren die Parlamentäre. Zu Waffenruhen (indutiae) gaben im besonderen religiöse Feste Anlaß, ebenso die Bestattung und Verbrennung der Gefallenen. Verletzung der Waffenruhe gab dem Gegner das Recht zur Wiederaufnahme der Kampfhandlungen.

[7] *Neutralisierung.* Griechen und Römer anerkannten weitgehend die Neutralisierung bestimmter Personen, Örtlichkeiten und Objekte, so der Priester (diese begleiteten das Heer ständig, brachten die Opfer dar und nahmen die Heldenehrung vor), Parlamentäre, Herolde, Tempel, Sanktuarien und kultischen Gegenstände. Neutralitätserklärungen von griech. Regierungen sind bekannt. Die imperialistische röm. Expansionspolitik ist gegenüber der Neutralität mit geringen Ausnahmen ablehnend und sucht überall abgestufte Bündnisverhältnisse (liberi, fundi, amici, socii, foederati) zu erlangen.

[8] *Die Beendigung des Krieges* erfolgt durch (1) debellatio, d. h. totale Unterwerfung und Aufhebung der staatlichen Existenz des Gegners, (2) beidseitige Einstellung der Feindseligkeiten und Wiederaufnahme der friedlichen Beziehungen durch einen Vertrag (bei den Römern foedus, geschlossen in einem Akt durch fetialische Gesandte, analog der Kriegserklärung), oder (3) faktische Einstellung der Kriegshandlungen. K. Br.

Lit: H. Delbrück, Gesch. der Kriegskunst im Rahmen der politischen Geschichte, 1900 – F. Bender, Antikes Völkerrecht, vornehmlich im Zeitalter des Polybios, Bonn 1901 – G. F. Schoemann, Griech. Altertümer, 1902 – M. Voigt, Röm. Rechtsgeschichte, 1902 – V. Liszt, Das Völkerrecht, Berlin 1906 – C. Philipson, The Institutional Law and Custom of Ancient Greece and Rome, 1911 – Berber, Lehrbuch des Völkerrechts, II: Kriegsrecht, 1962.

Krinagoras von Mytilene, griech. Epigrammatiker um Chr. Geb.; etwa 50 → Gelegenheitsgedichte erhalten (AP), die zumeist Ereignisse und Gegenstände des täglichen Lebens behandeln. E. V.

Ed: M. Rubensohn, Crinagorae Mytilenaei epigrammata, 1888 – *Lit:* J. Geffcken, RE 11, 2 (1922), 1859–64.

Kriobolium → Attis, vgl. Taurobolium.

Krisa, später Kirrha (Kt. 1152 C4), schon bei Homer (Il. 2, 520) erwähnt, hatte ursprünglich die Vorstandschaft über das delphische Heiligtum; um 590 v. Chr. im 1. → Heiligen Krieg mit Hilfe der → Thessaler zerstört, Gebiet dem delphischen Gott geschenkt, Bebauung für immer untersagt. Stadt des 2. Jt.s lag beim heutigen Dorf Chryso, eine noch ältere Siedlung und das Kirrha der historischen Zeit beim heutigen Itea. E. M.

Lit: L. Dor-J. Jannoray-H. u. M. van Effenterre, Kirrha, 1960.

Kritias, sophistisch und von Sokrates gebildeter athen. Politiker, Gegner der Demokratie und extremer Lakonenfreund. Während der Oligarchie von 411 hielt er sich zurück, da er sie für aussichtslos hielt. Danach beantragte er die Rückberufung des → Alkibiades. Als dessen Anhänger wurde er 406 v. Chr. auf Antrag des → Kleophon verbannt. Er ging nach Thessalien, wo er revolutionäre Bewegungen der Penesten auslöste und Material für seine Verfassungsschriften sammelte. Nach der Kapitulation Athens 404 wie andere Verbannte zurückgekehrt, wurde er sogleich von den oligarchischen Hetairien in ein Aktionskomitee von 5 Ephoren gewählt, das die Wahlen oligarchisch beeinflußte (Lys. 12, 43), und danach in das Kollegium der → Dreißig.

Dort stieg er zum Führer der Ultras und bald zum bestimmenden Mann auf. Nachdem er die Stationierung von 700 spartan. Soldaten auf der Akropolis erreicht hatte, ging er, auf diese, die ‹Ritter›, und 3000 listenmäßig erfaßte oligarchenfreundliche Bürger gestützt, mit blutigem Terror gegen die Demokraten vor. Der übrige Demos wurde entwaffnet und des Schutzes der Gerichte für verlustig erklärt, also der Willkür der Dreißig preisgegeben. Als → Theramenes dagegen opponierte, übergab ihn K. im Herbst 404 in einem Gewaltakt den Henkern (Xen. Hell. 2, 3, 50–56). Seine Schreckensherrschaft gegen alle politisch Verdächtigen, der etwa 1500 Bürger zum Opfer fielen, erreichte hierauf ihren Höhepunkt. Nachdem die ersten militärischen Maßnahmen gegen die sich im Grenzkastell Phyle sammelnden geflüchteten Demokraten gescheitert waren, baute K. Eleusis zur oligarchischen Bastion aus, evakuierte den noch übrigen Demos in den Piräus und behielt Athen den ‹Rittern› und den 3000 vor. Als → Thrasybul die Zitadelle Munichia des Piräus besetzt hatte, drang K. mit seinen Anhängern sogleich in den Piräus ein, fiel jedoch beim Sturm auf Munichia (Xen. Hell. 2, 4, 10–19). Seine Gesinnungsgenossen errichteten ihm ein eindrucksvolles Grabmal (Schol. Aischin. 1, 39). F. Kch.

Lit: H. C. Avery, K. and the Four Hundred, ClPh 53, 1963, 165–167.

[2] Dichterisch trat K. außer als Elegiker als Tragiker hervor. Man schreibt ihm heute allgemein die wohl als Trilogie konzipierten Stücke Tennes (TGF 578), Rhadamanthys (TGF 566f., PSI 12, 1951, Nr. 1286, 2) und Perithoos (TGF 546–550, Pap. Ox. 17, 2078) zu. Dazu gehörte wohl das Satyrspiel Sisyphos (TGF 770–775). E.-R. Sch.

Lit: E. Diehl, RE 11, 2 (1922), 1901–12 – A. v. Blumenthal, Der Tyrann K. als Dichter und Schriftsteller, 1923.

Kritios und Nesiotes, führende Bildhauer des frühen 5. Jh.s v. Chr., wohl Athener, da allein auf der Akropolis mindestens 6 Werke durch Signaturen bezeugt sind. In der Regel werden K. und Nesiotes zusammen genannt; K. wohl der führende. Sie haben → Antenors Hauptwerk, die 480 entführten → Tyrannenmörder, erneuert. Diese 477 auf der Agora von Athen aufgestellte Gruppe des Harmodios und Aristogeiton ist schon früh auf Münzen und Vasen zitiert worden; die Bestandteile sind in mehreren Kopien erhalten; leider ist aber bis heute über die Anordnung der beiden Kämpfer noch keine Einigung erzielt. Die Unterschiede innerhalb der Kopien reichen kaum aus, eine Antenor-Fassung abzuspalten, wenngleich ohne Zweifel auch eine äußere Angleichung an das nur wenig ältere Werk vermutet werden darf. – Aus stilistischen Gründen zugewiesen ist der sog. Kritiosknabe des Akropolismuseums (Nr. 698), der im ‹Perserschutt› gefunden worden ist und evtl. mit einer erhaltenen Basis verbunden werden kann: das erste erhaltene Jünglingsbild, bei dem die Scheidung von Stand- und Spielbeinseite (der → Kontrapost) im ganzen Körper durchgeführt ist. E. Bg.

Lit: A. Raubitschek, Dedications from the Athenian Akropolis, 1949, Nr. 120–123; 160–161, S. 513ff. – Lippold, GrPl, 106–108 – S. Brunnsåker, The Tyrant-Slayers of K. and Nesiotes, 1955 – G. Becatti, I Tirannicidi di Antenore, Arch. Cl. 9, 1957, 97–107 – W. Fuchs, EAA IV, 1961, 410–415 – A. Rumpf, Zu den Tyrannenmördern, in: Festschr. Eugen v. Mercklin, 1964, 131–151.

Kritodemos, → Astrologe, vermutlich 2. Jh. n. Chr., bes. von → Vettius (6) Valens, aber auch von → Plinius (1), → Firmicus Maternus und → Hephaistion (2) benutzt. Von seinem Werk, ‹Schau› (Ὅρασις, nach der Vision, in der ihm die Lehre offenbart wurde), ist eine Inhaltsübersicht erhalten. E. B.

Ed: F. Cumont, CCAG, VIII 3, 102 – *Lit:* P. Schnabel, Berossos, 1923, 118–120.

Kritolaos, 147/146 v. Chr. Stratege des → Achäischen Bundes, hetzte als erbitterter Römerfeind im Frühj. 146 namentlich die unteren Volksschichten gegen Rom auf. Er fand zwar auch in Mittelgriechenland Verbündete, wurde jedoch bald von dem Statthalter Makedoniens, Q. → Caecilius (11) Metellus, in Lokris geschlagen und fiel. Sein Tod bedeutete zugleich das Ende der planvollen Kriegführung der Achäer gegen Rom. F. Kch.

2. **K. von Phaselis,** → Peripatetiker, 2. Jh. v. Chr. Beteiligung (mit → Karneades und → Diogenes (4) v. Seleukeia) an der Philosophengesandtschaft 156/5 nach Rom. K. verteidigte die aristotelische Lehre von der Ewigkeit der Welt gegen die Stoa und versuchte, eine aristotelische Lehre von der göttlichen Vorsehung auszuarbeiten (Einflußbereich der Vorsehung nur bis zum Mond hinunter; göttliche Fürsorge erstreckt sich nicht auf Unwichtiges). Die Auffassung der Seele als ätherischer Substanz stammt vielleicht aus einer Jugendschrift des → Aristoteles. In der Ethik Vorrang der seelischen Güter, doch nimmt er an, daß auch die äußeren zur Glückseligkeit beitragen. Mißtrauen gegen Rhetorik: Redegewandtheit bloße Empirie ohne philosophische Grundlage. P. M.

Q: F. Wehrli, Schule des Aristot. 10, 1959, 45–74.

Kriton, Schüler des → Sokrates, Titelfigur des platonischen Dialogs ‹Kriton›.

2. **K.,** Arzt um 100 n. Chr., Leibarzt des Kaisers → Trajan. K. war vor allem Pharmakologe; Galen hat uns zahl- und umfangreiche Fragmente seines Werkes über Kosmetik aufbewahrt, in welchem (wohl mit Rücksicht auf die kaiserlichen Prinzessinnen und Damen der Gesellschaft) keineswegs nur die rein medizinische Kosmetik abgehandelt war. Die Pharmaka des K. trugen bisweilen marktschreierische Namen (‹Unbesiegt›, ‹Wunderbar›); K. scheint wie → Archigenes ein typischer Modearzt gewesen zu sein. F. K.

Kroiseios (Κροίσειος sc. στατήρ) ist die Goldmünze des Kroisos, des letzten Königs von Lydien (561–546). Erwähnt bei Hdt. 1, 14 und Poll. 3, 87; 9, 84. Der K. wurde in zwei verschiedenen Gewichtseinheiten von ca. 8,1 und 10,8 g aus sehr reinem Golde ausgeprägt und ist auch in Teilstücken von 1/2, 1/3 und 1/12, bzw. 1/3, 1/6 und 1/12 bekannt. Die einseitig bebilderte Münze zeigt Löwen- und Stierprotome einander gegenüber sowie rückseitig zwei vertiefte Quadrate. Bei einem Wertverhältnis von 13 1/3 : 1 von Gold zu Silber kamen 20 silberne → Sigloi von gleichem Typus und 5,4 g Gewicht auf einen K. – Kroiseioi von etwas leichterem Gewichtsstandard, ca. 8,05 g, waren auch nach dem Ende des Lyderreiches (546 v. Chr.) die frühesten Goldmünzen des persischen Großkönigs, der erst um 515 v. Chr. die neue persische Goldmünze, den → Dareikos, und zwar zunächst in einem dem leichten K. identischen Gewicht, einführte. W. Schw.

Lit: Babelon, 468–469 – K. Regling, Klio 19, 101–102, 109–112 – Ders., RE 11 (1922), 1941; Suppl. 3 (1918), 608 – Ders., in: v. Schrötter, 327–328 – Head, 646–647 – J. H. Jongkees, Kroiseios en Dareikos, Vooraziat.-Egypt. geselschap, Jaarber. 9, 1944, 163f. – E. S. G. Robinson, Num. Chron. VI 18, 1958, 187f.

Kroisos, König von → Lydien, 560–547. Geb. 595 als ältester Sohn des → Alyattes und einer Karerin, Schwager des letzten Mederkönigs → Astyages (Hdt. 1, 74). Oheim des Tyrannen Pindaros von Ephesos. 575 von Alyattes als Kronprinz in Adramyttion und dem hypoplakischen Theben am Südfuß des Ida eingesetzt. Nimmt am Heereszug seines Vaters gegen die Karer teil. Als König belagert und erobert er → Ephesos, alle Griechenstädte des Festlands sind ihm zu Abgaben und Heeresfolge verpflichtet, nur Milet bleibt auf Grund des mit Alyattes geschlossenen Bündnisvertrags frei. Ganz Kleinasien bis zum Halys, mit Ausnahme von Lykien und Kilikien, ist K. untertan. Der Bau einer Flotte unterbleibt. Die Priesterschaft von → Delphi, das er wie Ephesos, → Didyma und andere griech. Heiligtümer durch Weihegeschenke ehrt, verleiht ihm Privilegien. Im Tempel von Didyma hat K. größere Geldbeträge deponiert. Gegen die wachsende Bedrohung durch Persien eröffnet er einen Krieg mit → Kyros (1), der 558/557 Astyages gefangengesetzt hatte, wird aber trotz seiner Bündnisse mit Babylon, Ägypten und Sparta östl. des Halys bei Pteria in Kappadokien geschlagen (547/546; Thales von Milet nahm am Feldzug teil). Nach der Einnahme von Sardes durch die Perser wird er am Selbstmord gehindert und begnadigt. Er verbringt die Jahre bis zu seinem Tod (nach 526) in der Umgebung der Großkönige Kyros und → Kambyses, zeitweise in Ägypten. Mit ihm erlischt die Dynastie der → Mermnaden. Sein Reichtum war sprichwörtlich; in der Geschichte von Solon und K. (Hdt. 1, 29–33) sind griech. und oriental. Wesen gegenübergestellt; die Legende erzählt von seiner wunderbaren Rettung vom Scheiterhaufen (vgl. Hdt. 1, 85 ff.). P. Hom.

Lit: F. H. Weißbach, RE Suppl. 5 (1931), 455–472 – C. Roebuck, Ionian Trade and Colonisation, 1959.

Krokodil. Den Griechen wurde spätestens durch Hekataios das Nil-K. bekannt, nach dem auch die in Westafrika und Indien verbreiteten Arten benannt wurden. Wiewohl man über Gestalt und Lebensweise, Jagd, Zähmung und göttliche Verehrung (Tier des Gottes Sobek) gut unterrichtet war und das K. in den Fabelschatz einbezog, ist es in Mythos und Religion der Griechen ohne Bedeutung. Der ägypt. Kunst seit der Frühzeit vertraut, begegnet das K. seit dem Hellenism. als Symbol für Ägypten, gelegentlich mit dem Ichneumon konkurrierend. Vgl. → Fauna. J. W.

Lit: Keller, Tierwelt II 260–270 – H. Gossen-A. Steier, RE 11, 2 (1922), 1947–57 (Quellen!) – S. Morenz, Ägypt. Religion, 1960, 165 – Schefold, WP, 371.

Krone. [1] Die häufigsten unter den verschiedenen Formen *ägypt.* K.n sind die sog. ‹weiße› und die ‹rote› K., die auch als ober- und unterägypt. bezeichnet werden. Die ‹weiße› ist eine hohe Kopfbedeckung mit einem Knauf an der Spitze; wahrscheinlich war sie ursprünglich eine ‹Maske› aus Binsengeflecht. Die ‹rote› ist eine Kappe mit hinten hochgezogenem Ende, nach vorn rollt sich ein ‹Draht›, ursprünglich vielleicht eine Feder. Beide K.n können zur ‹Doppelk.› (*sḫm.t*, griech. Pschent) verbunden werden. – Die ‹Atef›-K. hat als Kern die ‹weiße› K., an die zu beiden Seiten Straußenfedern befestigt sind und die mit Rinder- und Widdergehörn kombiniert werden kann. – Die ‹blaue› K., seit der 18. Dyn. belegt, ist eine mit Metallscheiben benähte Haube. – Königliches Machtzeichen ist auch das Kopftuch, das gefältelt auf die beiden Schultern herabfällt. – Königinnen tragen gern einen kleinen, unseren K.n ähnelnden Kopfschmuck, manchmal mit → Uräen geschmückt. Allein Teje, die Gattin Amenophis' III., wird durch Falkenfedern auf dem Kopf ausgezeichnet, während Nofretete einen singulären, hohen, oben abgeplatteten Kopfschmuck trug. Haremsmädchen wurden durch nachgeahmte Blumenkronen ausgezeichnet. W. Hk.

Lit: Abu Bakr, Unters. über die altägypt. K.n, 1937.

[2] *Griech.* und *röm.* Krone → Diadem.

Kronia, ein fröhlicher Feiertag, in Athen am 12. Hekatombaion (Juni–Juli) begangen, zu Ehren des Kronos (und der Rhea?), bei dem Herren und Sklaven zusammen schmausten wie bei den röm. → Saturnalia. Ähnliche Feste gab es auch sonst in Griechenland, aber nicht alle waren Kronos geweiht. F. R. W.

Lit: Nilsson, I 512–513 – L. Deubner, Att Feste, 1932, 152 ff.

Kronos, Sohn des → Uranos, der bedeutendste der → Titanen. Von seiner Mutter Gaia gegen den Vater angestiftet, den er mit der Sichel entmannt (Hes. theog. 164 ff.). Uranos flucht ihm, daß auch er durch einen seiner Söhne überwältigt werden würde. K. verschlingt daher jedes ihm von seiner Gemahlin Rhea geborene Kind. Als jedoch → Zeus geboren werden soll, geht Rhea nach Kreta, bringt ihn dort zur Welt und läßt ihn in einer Grotte verborgen heranwachsen. Dem K. gibt sie statt dessen einen Stein, den dieser verschlingt. Von dem herangewachsenen Zeus überlistet, speit er ihn jedoch, ebenso wie die älteren Kinder, wieder aus. Zeus errichtet den Stein als Mal in Delphi (Hes. theog. 453–500). Mit Hilfe seiner Brüder sowie der von ihm aus dem Tartaros befreiten → Kyklopen und → Hekatoncheiren sowie der Sippe der Nyx überwindet Zeus in einem 10 Jahre währenden Kampf die → Titanen, die nun mit Ausnahme derer, die nicht auf K.' Seite standen, im Tartaros eingesperrt werden. – In anderer Sage war K. ein milder König, unter dessen Herrschaft das goldene → Weltalter währte (daher in Rom mit → Saturn identifiziert); daran sollte das Fest der *Κρόνια* in Athen erinnern. – Kult des K. sonst in Olympia. Mit K. befaßten sich bes. auch die → Orphiker und → Stoiker, die K. (fälschlich) als *χρόνος*, ‹Zeit›, deuteten. Wichtig auch bei → Euhemeros. Die Sukzessionsmythen von Uranos-K.-Zeus gehören zu den wenigen Mythen, die von orientalischen (vor allem hethitischen) Vorstellungen beeinflußt sein können.

Lit: U. v. Wilamowitz, K. und die Titanen (1929), in: Kl. Schr. V 2, 1937, 157–183 – A. Lesky, Griech. Mythos und Vorderer Orient, Saeculum 6, 1955, 35–52 (Lit.) – H. Schwabl, RE Suppl. 9 (1962), 1433–1582 (Lit.) – *Darstellungen:* vermutet im Korfugiebel (Schefold, FS 51). Einige Vasenbilder und ein röm. Relief zeigen Rhea bei der Übergabe des Steins an K. (Beazley, EVP 95; Stuart Jones, Museo Capitolino, 1912, Taf. 66). In der röm. Kunst häufiger auch einzeln dargestellt auf Münzen oder in der Rundplastik. Stets bärtig, sein Attribut die Sichel. Hinterkopf oft verhüllt. Vor allem der mit Saturn gleichgesetzte nordafrikan. Gott häufiger wiedergegeben (z. B. Marrou, MEFR 50, 1933, 75 f.; Picard, Mon. Piot 52, 1962, 85 f., Abb. 5) – *Lit. dazu:* G. Cressedi, Kronos, EAA IV, 1961, 416 f. – H. Erbse, Philol. 108, 1964, 2 ff. K. Schb.

Kroton, achäische Kolonie an der Ostküste von Bruttium an der Mündung des Aesarus, nördl. von Kap Lakinion (Kt. 1420 H 8), seit 1928 wieder Crotone, gegen Ende des 8. Jh.s gegründet, im 6. und 5. Jh. die mächtigste Griechenstadt Unteritaliens mit sehr ausgedehntem Herrschaftsgebiet von Meer zu Meer, um 530 Sieg K.s im Bund mit Sybaris und Metapont über Siris, danach am Sagras von Lokroi besiegt, um 510 Vernichtung von Sybaris (Chronologie im einzelnen umstritten). Von etwa 530–460 v. Chr. unter der Herrschaft der Sekte der → Pythagoreer. Berühmt damals auch die Ärzte und Athleten von K., in einer Olympiade sollen sämtliche Sieger Krotoniaten gewesen sein. 390 Niederlage am Eleporos gegen → Dionysios I. v. Syrakus. Niedergang der Stadt im Kampf mit den Brettiern, 295 von → Agathokles v. Syrakus eingenommen, 282 röm. Besatzung zum Schutz gegen die Brettier, 280 Abfall zu → Pyrrhos, seit 277 endgültig römisch, 215 im Besitz → Hannibals (2), schwere Leidenszeit der Stadt. Außer kleinen Stücken der Stadtmauer nichts erhalten. Vom Tempel der Hera Lakinia auf dem Kap Lakinion (Capo Colonna) steht noch eine Säule aufrecht. E. M.

Lit: R. Koldewey-O. Puchstein, Die griech. Tempel in Unterit. u. Sizilien, 1899, 41 ff. – A. W. Byvanck, Aus Bruttium, RhM 29, 1914, 143–155 – P. Larizza, Crotone nella Magna Grecia, 1934.

Kryptoportikus, überwölbter Gang im Untergeschoß einer Säulenhalle oder künstlichen Terrasse (basis villae), vgl. → Portikus. C. K.

Ktesias von Knidos, 405–398/397 Leibarzt König → Artaxerxes' II. am pers. Hof, veröffentlichte nach seiner Rückkehr 23 Bücher ‹Persika›, ein aufsehenerregendes, romanhaft fesselndes Werk, das für die Antike das Bild der orientalischen Geschichte weithin bestimmte; erhalten sind ausführliche Exzerpte bei → Diodor (2) und → Photios. K. hatte kein Recht, auf seine Orienterfahrung zu pochen und → Herodot zu kritisieren; das meiste ist erschwindelt oder mißverstanden, allenfalls orientalischer Novelle entsprungen; historisch echt ist höchstens das Milieu der Haremswirtschaft und Palastintrige. K. schrieb ferner eine Spezialschrift über die Tribute im Perserreich, 3 Bücher Geographie und 1 Buch ‹Indika›, aus zweiter Hand geschöpft und mit Mirakulösem überladen, doch immerhin die erste ausführliche Kunde von Indien für die Griechen. W. Bk.

Frg: FGrHist 688 – *Lit:* F. Jacoby, RE 11, 2 (1922), 2023–73.

Ktesibios von Alexandria, → Mechaniker und Ingenieur unter → Ptolemaios II. (1. H. 3. Jh. v. Chr.), Sohn eines Barbiers und wohl selbst ursprünglich ein solcher, weswegen schon die Spätantike neben dem Mechaniker einen in der

2. H. des 2. Jh.s v. Chr. lebenden Barbier gleichen Namens annahm, der gleichfalls über die Wasserorgel geschrieben habe (Aristokles bei Ath. 4, 174 D.). Heute geht man gewöhnlich von Vitruv (9, 9, 2 ff.) aus, dem im Gegensatz zu Aristokles das Werk des K. (‹Commentarii›, Ὑπομνήματα μηχανικά nach → Athenaios (1) dem Poliorketiker) vorlag, und nimmt an, daß alle antiken Nachrichten sich auf den Mechaniker beziehen.

[2] Durch Vitruv wissen wir, daß K. seiner Schrift, wie nach ihm → Philon (4) v. Byzanz und → Heron (2) v. Alexandria ihren Büchern über ‹Druckluftmaschinen›, einen experimentellen Nachweis der Körperlichkeit und Komprimierbarkeit der Luft voranstellte (im Anschluß an → Straton (2) v. Lampsakos). Auf diesen Erscheinungen beruhen auch hauptsächlich die Erfindungen, die ihm mit Sicherheit zugewiesen werden können: Wasserorgel (Hydraulis, → Musikinstrumente (B 7); Vitr. 10, 13; Heron spir. 1, 42), Feuerspritze (Wasserpumpe mittels komprimierter Luft, was die Erfindung der Luftpumpe [auch durch K.?] voraussetzt; Vitr. 10, 12, Heron spir. 1, 28), ein → Aërotonon und ein → Chalkotonon genanntes → Geschütz, bei denen in Zylindern komprimierte Luft bzw. Bronzefedern die Aufgabe der üblichen Sehnenbündel übernahmen (Phil. Mech. bel. 60 ff. bzw. 39 ff.), und Wasseruhren (→ Uhren, 4). Wieweit K. die zugrunde liegenden Phänomene auch theoretisch behandelte, läßt sich nicht mehr feststellen (vgl. jedoch Vitr. 1, 1, 7), gewiß ist dagegen, daß er die praktischen Ausführungen bis in Einzelheiten durchdacht und experimentell geprüft hatte: So berichtet Vitruv (9, 8, 4), daß er als Auslauf für seine Wasseruhren durchbohrte Edelsteine oder Goldplatten benutzte, damit die Öffnung sich nicht durch Abnutzung oder Verschmutzung (Korrosion) verändere. Das und anderes zeigt, daß er das naturwissenschaftliche Wissen seiner Zeit zumindest praktisch voll zur Anwendung brachte. → Mechanik. F. Kr.

Q: bes. Phil. Mech. bel.; Vitr. 9–10; Heron spir. – *Lit:* K. Tittel, RE 9, 1 (1914), 63 ff., s. v. Hydraulis – K. Orinsky, RE 11, 2 (1922), 2074 bis 2076 – A. G. Drachmann, K., Philon and Heron, A Study in Anc. Pneum., 1948 (Lit) – Vgl. ferner → Mechanik, → Technik, → Uhren.

Ktesiphon, Athener, stellte 336 v. Chr. den Antrag, → Demosthenes einen goldenen Kranz zu verleihen, den dieser 330 gegen → Aischines (2) in seiner ‹Kranzrede› glänzend rechtfertigte. E. Bn.

Lit: Berve II 228 f.

Ktiseis, Gründungsgeschichten einzelner Städte, verwurzelt im Lokalkult des Gründers (Heros Ktistes), oft novellistisch ausgestaltet; literarisch zunächst als Dichtung (→ Xenophanes, → Panyassis), dann als Prosagattung (→ Ion v. Chios, → Hellanikos, → Charon, 2), beliebt in der hellenist. Gelehrsamkeit (→ Herakleides (3) Pontikos, Dionysios v. Chalkis, → Polemon (2) v. Ilion, → Kallimachos), auch wieder als gelehrte Dichtung (→ Apollonios (11) Thodios). – Vgl. → Geschichtsschreibung I A [2]. W. Bk.

Ktistes (‹Gründer›), neben → *Oikistes* die Bezeichnung für den wirklichen oder mythischen Gründer einer Stadt, einer Kolonie oder dgl. In den Städten des griech. Mutterlandes, deren Ursprung meist im dunkeln liegt, wurde in der Regel ein Gott oder → Heros als Stadtgründer angesehen und in einem Lokalkult verehrt; man prägte sein Bild auf die Münzen und suchte gegebenenfalls sein Grab zu erhalten (→ Totenkult; → Staatsreligion). Viele Städte glaubten, nach ihrem Gründer benannt zu sein (→ Eponyme); bisweilen rekonstruierte man aus dem Namen der Stadt den ihres Gründers. Der K. galt gleichzeitig als Schutzpatron und oft als mythischer Stammvater der Stadtbevölkerung (→ Archegetes). In der Zeit der großen Koloniegründungen vom 8. Jh. v. Chr. an ist für viele Kolonien der K. eine geschichtliche Gestalt, die bekannt blieb und nach ihrem Tode in ihrer Gründung heroische Ehren erhielt. – Der Beiname K. ist unter den Göttern am häufigsten bei → Apollon (bes. in Pflanzstädten), unter den Heroen bei → Herakles nachweisbar. In hellenist.-röm. Zeit erhalten die Herrscher diesen Titel und die entsprechenden Ehrungen (→ Herrscherkult); bes. → Alexander d. Gr. hatte ja eine große Zahl von Städten gegründet. Vgl. → Heroenkult. K.-H. R.

Lit: F. Pfister, Der Reliquienkult im Altertum, 1909/12.

Kuckuck. Der im nördl. Mittelmeerraum verbreitete K. (κόκκυξ, cuculus) fiel den Alten auf wegen seines sprichwörtlichen Paarungsrufes und der Eigenart, seine Eier in fremde Nester zu legen. Er galt als Frühlingskünder, der im Sommer nur kurze Zeit sichtbar war und im Winter verschwand. In der mythischen Überlieferung wurde er der Hera zugeordnet, die durch einen K. die Argonauten auf der Rhone warnen ließ und auf ihrem Szepter im Heraion von Argos einen K. trug. Hera zuliebe verwandelte sich Zeus in der Brautzeit des Götterpaares in einen K. In Rom galt das Fleisch des K.s als bes. schmackhaft. Vgl. → Fauna. J. W.

Lit: Keller, Tierwelt II 63–67 – H. Gossen-A. Steier, RE 11, 2 (1922), 2099–2103 (Quellen!).

Kümmel (κύμινον, cuminum) war nach Linear B den myk. Griechen bekannt. Die wahrscheinlich in Kleinasien ursprüngliche und dort bes. kultivierte Gewürzpflanze wurde wegen ihres aromatischen Samens geschätzt und als Heilmittel verwendet. Wegen ihrer Heilkraft galt sie als Zauberpflanze, bei deren Aussaat Flüche und Verwünschungen üblich waren. Vgl. → Flora. J. W.

Lit: Murr, Pflanzenwelt, 188 – M. Ventris-J. Chadwick, Documents in Mycenaean Greek, 1956, 131. 136. 227.

Künstler. Die Bedeutung des K.s ist erst den Griechen bewußt geworden; dementsprechend steigt sein Selbstbewußtsein, das schon durch die Art der Weihungen und Signaturen, auch kostbare Weihungen von K.n auf der Akropolis, reich bezeugt wird, in der späteren archaischen Zeit bis zum Höhepunkt in der Klassik. Schon von → Polyklet, → Pytheos und erst recht von K.n des 3. Jh.s sind uns Schriften über ihre Werke bezeugt. Die Alexanderzeit bewundert am K. eine der Natur ähnliche schaffende Kraft. Die Geltung der hellenist. K. wird durch den → Klassizismus verdunkelt, und die K. der Römerzeit sind uns fast nur durch Signaturen bekannt, weil sich die griech. Kunstschriftsteller und ihre röm. Bearbeiter am meisten für die vorhellenist. Zeit interessieren. – Immer war die Kunst Handwerk und an ihre Traditionen mehr gebunden, als es sich der neuzeitliche Geniekult vorstellen mag; auch ist zu bedenken, daß die Dichter → Apollon, die K. dem rußigen und lahmen Handwerker → Hephaistos zugeordnet sind. Aber sie werden auch von Athena beschützt; und diese hohe Schätzung, die in der Klassik kulminiert, ist seit der Renaissance im Abendland Vorbild geworden. K. Schf.

Lit: B. Schweitzer, Der bildende K. (1925), in: Zur Kunst der Antike, 1963, 11–104 – Ders., HbArch I, 1939, 370–372 – Chr. Karusos, Perikalles Agalma, Epitymbion Tsuntas, 1941, 535–578 – M. Guarducci, Ancora sull'artista nell'ant. class., Arch. Cl. 10, 1958, 138 bis 150 – R. Bianchi-Bandinelli, Archeologia e Cultura, 1961, 46–65.

Künstlersignaturen setzen eine Stufe des Selbstbewußtseins voraus, die von den Griechen im 7. Jh. erreicht wurde, im Orient aber fehlt. Für die soziale Wertung des → Künstlers sind K. nur sekundär aufschlußreich. Sie nehmen in der archaischen Zeit, in der der Künstler zunächst schlicht als Handwerker gilt, ständig zu und sind in klass. Zeit allgemein üblich. Erhalten sind sie auf Statuen und noch häufiger auf → Vasen, auch auf → Münzen, → Gemmen und vereinzelt auf Metallarbeiten; vom 4. Jh. v. Chr. bis in die späte Kaiserzeit auf Mosaiken. Statuen und Mosaiknachbildungen tragen in röm. Zeit häufig die K. des Kopisten (vgl. → Dioskurides (4) v. Samos). Seltene Ausnahmen bilden K. auf röm. Wandmalereien. In älterer archaischer und öfters in der Kaiserzeit stehen die K.en auf Teilen der Statue selbst, gewöhnlich aber auf der Vorderseite der Basis. Die Töpfer signieren «X. hat's gemacht» (… ἐποίησεν), die Vasenmaler «X. hat's gezeichnet» (… ἔγραψεν); immer vor dem Brand der Vase. Während alle klassischen plastischen Meisterwerke signiert waren, sind Werke der anderen Kunstgattungen nur zum Teil signiert. Gewöhnlich sollte damit etwas Besonderes gesagt, etwa das Können im Wettbewerb mit andern Künstlern demonstriert werden. Im 4. Jh. verschwinden die Vasensignaturen bis auf wenige Ausnahmen. Die Fabrikantenstempel der röm. Keramik sind keine echten K. C.K.-K.Schf.

Lit: E. Loewy, Inschriften griech. Bildhauer, 1885 – E. Klein, Griech. Vasen mit Meistersignaturen, 1887 – P. Kretschmer, Die griech. Vaseninschriften, 1894 – Chr. Karusos, Perikalles Agalma, Epitymbion Tsuntas, 1941, 535–578 – Beazley, ARV² – Ders., Potter and Painter, 1944 – A. Raubitschek, Dedications from the Athenian Acropolis, 1949 – J. Marcadé, Recueil des signatures de sculpteurs grecs, 1953.

Kürbis (*κολοκύνθη*), den Griechen ebenso wie die → Gurke erst spät bekannt. Die östl. Herkunft geht aus dem häufigen Zusatz *'Ινδική* hervor. In Sikyon verehrte man eine Athena *κολοκασία*, deren Beiname sich auch auf den K.-Anbau beziehen kann. Nach dem K. benannte Seneca seine Spottschrift ‹Apokolokyntosis› auf den Kaiser Claudius, der statt vergöttlicht zu werden unter die K.se versetzt wurde (Dio Cass. 60, 35). Vgl. → Flora. J.W.

Lit: Murr, Pflanzenwelt, 175 f. – Hehn, 316–316.

Kult → Religion I F–I; II D.

Kultbild → Bild.

Kultstätten. [1] Bei den *Griechen* hat jeder Gott einen oder mehrere Orte, wo er zuhause ist, wo man ihn bes. verehrt, wo er durch → Epiphanien u. a. Machterweise seine Gegenwart kundgetan hat und die also auch unter seinem bes. Schutze stehen. Diese Orte muß man kennen, um den Gott im Gebete richtig anreden und zu sich einladen zu können (vgl. schon Hom. Il. 1, 37–39; Sappho Fr. 7 D.). Die reichsten Angaben über K. finden sich bei den → Periegeten (→ Pausanias, → Strabon). Dazu kommen die Ergebnisse der Archäologie und zahlreiche Hinweise von Historikern und Dichtern. Viele K. beherbergen mehrere Götter; oft haben jüngere Götter ältere Besitzer der K. verdrängt. Häufig entstehen im Umkreis großer K. auch Filialkulte. Mächtige Staaten können durchsetzen, daß Untertanen und Bundesgenossen ihren Staatsgöttern K. einrichten. Die Errichtung öffentlicher K. ist Sache des Staates; private (ausländische) Kultgemeinschaften bedürfen einer ausdrücklichen Bewilligung. Die nachfolgende Liste gibt den Stand der griech. Kulte etwa vom 6. bis zum 2. Jh. v. Chr. 1. *Zeus.* Ungriechisch, aber berühmt ist der Kult auf Kreta, urgriechisch derjenige auf Berghöhen (Olympos, Lykaion). Bedeutende K.: Athen, Olympia, Sparta, Tegea, Orchomenos, Theben, Chios, Lesbos, Ephesos, Milet. – 2. *Hera.* Bes. Samos, Argos, Kroton, dazu Olympia, Sparta, Platäi, Paestum. – 3. *Athena.* Namengebende Stadtherrin in Athen, dann Sparta, Theben, Koroneia (A. Itonia), Megara, Troizen, Korinth, Argos, häufig in Arkadien. – 4. *Apollon.* Hier sind die K. gleichzeitig die großen Orakelstätten: Delphi, Didyma, Gryneion, Ptoon, Klaros, dazu Delos und häufig in Lakonien. Hauptgott ist er natürlich in allen Städten des Namens Apollonia. – 5. *Artemis.* Athen, Sparta (Orthia), Epidauros, Aulis, Chios, Kerkyra, Kos, Naxos, Rhodos, Ephesos (z. T. ungriechisch), Syrakus, Byzantion. – 6. *Leto.* Kultzentrum Lykien, sonst größere K. selten und fast immer zusammen mit Apollon und Artemis: Delos, Argos. – 7. *Hermes.* Größere K. in Mittelgriechenland selten (Tanagra), häufiger in der Peloponnes, wo Arkadien als seine eigentliche Heimat gilt: Kyllene, Pheneos, Tegea, Megalopolis, ferner Korinth, Pellene, mehrere K. in Elis. – 8. *Hephaistos.* Heimat und ursprünglich vorgriech. K. im NW und SW Kleinasiens: Lemnos, Troas, Phaselis in Lykien, bedeutende K. sonst nur noch in Athen. – 9. *Poseidon.* Kultzentrum Böotien (Helikon) und bes. die Peloponnes: Korinth (→ Isthmia), Kalaureia, Vorgebirge Tainaron, Sparta, oft in Arkadien (Mantineia, Megalopolis, Pallantion, Phigaleia, Thelpusa, Lykosura), dann Olympia, Aigai, Helike, Patrai. Weiterhin Athen und die ion. Fischereistädte Byzantion, Lampsakos, Mykonos. – 10. *Demeter.* Zu unterscheiden sind hier drei Typen von K.: a) die über ganz Griechenland verbreiteten, die die Basis des Festes der → Thesmophoria bilden, b) Eleusis mit seinen Filialen, c) die für sich stehenden, z. T. hochaltertümlich wirkenden K. in Arkadien: Pheneos, Mantineia, Pallantion, Tegea, Thelpusa, Phigaleia. – 11. *Gaia.* Wenige und vielfach späte K. in Athen, Sparta, Tegea, Olympia, Delphi, Mykonos. 12. *Aphrodite.* Älteste K. auf → Cypern (Paphos), Kythera, Korinth, Sikyon, Panormos (Eryx), dann Athen (bes. Urania), Piräus (Euploia), Sparta (Areia), Elis (Urania), Megalopolis (Urania), Argos (Urania), Aigeira (Urania), auch sonst verbreitet. – 13. *Ares.* K. sehr selten, bes. Athen (vgl. Areopag), Sparta, Geronthrai in Lakonien, Troizen, Hermione, dazu einige wenige in Arkadien. – 14. *Hades.* Kann seinem Wesen nach auf der Oberwelt keine K. haben. Nur aus Elis ist Kult bekannt, wohl auf Grund der Gleichung der Unterweltstore von Hom. Il. 5, 395 ff. mit dem elischen Pylos. – 15. *Kronos.* K. hat er nur in Olympia und Athen als Vater des Zeus; die verbreiteten Kronia sind kein eigentliches Kultfest, darum an keine K. gebunden. – 16. *Asklepios.* Thessalien (Trikka, Pherai), Argolis mit Epidauros als zentraler K. in klassischer Zeit, Athen seit 420 v. Chr., Titane (Sikyon), häufig in Arkadien und Messenien, endlich bes. auf Kos. – 17. *Herakles.* Zweifellos ist dieser überaus volkstümliche Heros durch zahllose Altäre und Weihungen verehrt worden, doch sind große K. selten; einige in Böotien und in der dor. Peloponnes, dann bes. in Sizilien und Süditalien (von dorther Rom) und generell natürlich in allen nach ihm benannten Städten, die über das ganze Kolonialgriechenland verstreut sind. – 18. *Dionysos.* Zentren sind Böotien (Theben, Orchomenos, der Parnassos), dann Delphi, Elis, vereinzelt Sparta, Sikyon, Korinth, Arkadien. Dionysos als Vegetationsgott wird an den → Anthesteria und Lenaia und den zugehörigen K. im ganzen ionischen Bereich gefeiert, bes. in Athen und ganz Attika, dann Naxos, Teos, Andros, Mykonos. – 19. *Dioskuren* (Anakes). Zentrale K. ist Sparta, von da aus Lakonien überhaupt und die dor. Kolonien Siziliens und Süditaliens (von dorther Rom), weiterhin Argos, Thessalien und Athen. – 20. Fast völlig auf Arkadien beschränkt sind die K. des *Pan*, während die K. des *Eros* oder der *Musen* fast ausnahmslos nicht alter Tradition, sondern der durch die Dichtung unterstützten Reflexion über ihr Wirken ihre Entstehung verdanken. O.G.

[2] *Römische K.* Die Orte, an denen man den öffentlichen Kult vollzieht, sind heilige Stätten (→ sacrum), d. h. von den → Pontifices durch die → dedicatio geweiht worden, und gehören nun den Göttern. Man muß sie von den loca religiosa unterscheiden, die Ehrfurcht genießen, ohne sacra zu sein: z. B. Gräber, Kapellen für den Privatkult, Orte, wo der Blitz eingeschlagen hat, gewisse Orte in Rom, wie der lacus Curtius oder die Hütte des → Romulus, und schließlich die Kultstätten der Provinz, die nicht geweiht worden sind. Das allgemeinere Wort für die loca sacra ist *fanum:* «durch die römischen Pontifices einer Gottheit als Eigentum und Wohnung zugewiesene Stätte» (Bouché-Leclercq). Man unterscheidet: 1. Die heiligen Haine, *luci* oder *nemora*, von denen es in Italien und im alten Rom selbst unzählige gab: z. B. die beiden luci, zwischen denen Romulus seine Zufluchtsstätte eröffnet hatte, der heilige Hain der → Fratres Arvales; der Hain konnte Tempel oder Altäre enthalten; jede Arbeit, selbst das bloße Putzen der Bäume, machte Sühnopfer notwendig. – 2. Die *sacella:* in diesen einem Gott geweihten kleinen Heiligtümern stand ein Altar unter freiem Himmel, z. B. die Altäre des → Jupiter Pistor und des → Aius Locutius, der große Altar des → Herkules auf dem Forum Boarium, der Altar der → Pax Augusta usw. – 3. Die *delubra.* Die Bedeutung dieses Wortes ist unklar; nach der bei Servius (Aen. 2, 225; vgl. Isid., diff. 1, 407) vorliegenden Etymologie scheint das delubrum

eine fließende Quelle enthalten zu haben, an der man sich vor den Opfern reinigen konnte (→Reinheit). Die Schriftsteller benützten jedoch diesen Ausdruck in der allgemeinen Bedeutung Tempel, Heiligtum. – 4. Die *aedes sacrae:* sie dienten dem Kult und wurden als die Wohnstätten der Götter angesehen, deren Bilder sie beherbergten. Dies sind die Tempel im gewöhnlichen Sinne des Wortes; aber eine aedes, z. B. diejenige der Vesta, konnte auch kein templum im technischen Sinn sein, d.h. ein von den →Auguren (→Inauguratio) eingeweihter Ort. Doch waren in Rom die meisten aedes sacrae auch templa (Varro ling. 7, 10). – 5. Die Versammlungsorte der dreißig →Curien, wo die →Curionen den Kult vollzogen. – 6. Gewisse *atria,* d.h. quadratische Säle, die dem Raum gleichen Namens im röm. Wohnhaus ähnlich waren: das Atrium Vestae, Wohnung der →Vestalinnen, das Atrium Sutorium, wo das →Tubilustrium stattfand, das Atrium Minervae und das Atrium Caci, über die wir schlecht unterrichtet sind. – Für die Orte, an denen der häusliche Kult vollzogen wurde, vgl. →Herd, →Laren, →Penaten. H.LeB.

[3] Liste der *wichtigsten Kultstätten außerhalb Roms* (die rein griech. Götter sind nicht berücksichtigt; →Janus hat keinen Kult außerhalb Roms): 1. *Ceres:* Latium (mit Cerus), Umbrien (mit Cerfus), Samnium (heiliger Hain von Agnone). – 2. *Diana:* Aricia (Kult des latin. Bundes), Capua (Kult vom Berg Tifata). – 3. *Feronia:* Capena (Etrurien), Tarracina (Latium), Trebula Mutuesca (Sabinerland). – 4. *Flora:* Sabinerland (ein Monat nach ihr benannt), Agnone (Samnium). – 5. *Fortuna:* →Antium und →Praeneste in Latium (auch →Orakelstätten). – 6. *Juno:* Veii (J. Regina), Falerii (J. Curitis) in Etrurien; Lanuvium (J. Seispes oder Sospita, Mater Regina) und Tibur (J. Curitis) in Latium; Teanum Sidicinum und Aesernia (J. Populona) in Samnium. – 7. *Jupiter:* Bundesheiligtum (des J. Latiaris) auf dem Mons Albanus (vgl. →Feriae Latinae); Mons Ciminius (J. Ciminius); Mons Tifata (J. Tifatinus). – 8. *Liber Pater:* Lavinium. – 9. *Mars:* in ganz Italien sehr verbreitet; die →Marser heißen nach ihm. Ein Monat ist, wie in Rom, nach ihm benannt in Alba, Falerii, Aricia, Tusculum, Lavinium, bei den Hernikern, Äquern, Pälignern und Sabinern; Kult in Iguvium (Cerfus Martius). – 10. *Mercurius:* Falerii. – 11. *Minerva:* ebd. – 12. *Vacuna:* Sabinerland. – 13. *Venus:* Ardea; Pompeji. – 14. *Vesta:* Alba und Lavinium in Latium. – 15. *Volcanus:* Ostia. H.LeB.

Kulturgeschichte. Beobachtungen zur K. überwiegen in →Theophrasts ‹Über die Frömmigkeit› und →Dikaiarchs ‹Leben Griechenlands› (vgl. auch die ‹Archäologien› bei den →Geschichtsschreibern); doch sonst dominiert die von der →Anthropologie abhängige Konstruktion. Wird die Schwäche des Menschen betont, so führt ihn die *χρεία* (Not, Bedürftigkeit) vom tierähnlichen Dasein zu einer höheren Stufe (→Protagoras; →Demokrit; →Platon rep. 2, 369 C; →Lukrez 5,925ff.). Die von der Teleologie beherrschte K. läßt den Menschen bereits am Anfang die Gaben besitzen, deren Entwicklung den Fortschritt mit sich bringt (→Anaxagoras, →Peripatetiker, →Stoiker). Der Fortschritt erstreckt sich auf die Sprache (→Sprachtheorie), Religion (→Theologie) und das Zusammenleben, dessen vollkommenste Stufe der Staat ist. Zivilisationserrungenschaften und Künste (→Techne) werden in notwendige und luxuriöse geschieden; für jede Entdeckung wird ein Erfinder (*εὑρετής*) genannt. Vom Fortschrittsglauben weichen bes. ab →Hesiod (doch wird der Abstieg vom Goldenen zum Eisernen →Weltalter durch das wieder aufsteigende Heroenzeitalter unterbrochen; Hes. erg. 174ff.) und →Poseidonios (moralischer Abstieg neben kulturellem Aufstieg; Sen. epist. 90). Von den griech. Theorien abhängig sind die umfassenden Arbeiten →Varros (1). E.Msch.

Lit: W. Uxkull-Gyllenband, Griech. Kultur-Entstehungslehren, Bibl. f. Philos. 26, 1924 – A. Kleingünther, *Πρῶτος εὑρετής*, Philologus Suppl. 26, 1, 1933.

Kultvereine. [1] Wo immer eine Gruppe das Bedürfnis empfand, eine ihr besonders nahestehende Gottheit kultisch zu verehren neben und außerhalb der großen Staatskulte, entstanden K., zunächst um der würdigen und kontinuierlichen Begehung des Kultes willen, dann auch als Form von Interessen- und Lebensgemeinschaften: Berufsverbände, Vereine der Geselligkeit und gegenseitigen Sozialhilfe gaben sich als K.; in älterer Zeit wohl meist auf die kleinen Leute beschränkt, seit dem Zerfall der Polis vom 3. Jh. v. Chr. an sich ungeheuer ausdehnend. Alt ist der K. der Theaterleute in Athen (Dionysische →Techniten), doch auch die platonische →Akademie scheint zunächst die Form eines K.s gehabt zu haben. Der Name ist →Thiasos (*θίασος, θιασῶται*), doch heißen die Mitglieder eines K.s zuweilen auch Orgeones (*ὀργεῶνες* von *ὄργια*). O.G.

Lit: E. Ziebarth, Griech. Vereinswesen, 1896 – E. Poland, Gesch. d. griech. Vereinswesens, 1909.

[2] In der *röm. Kaiserzeit* vermehrten sich die vom Staate zugelassenen religiösen Gemeinschaften, deren Zweck es war, den Kult ihrer Schutzgottheiten zu versehen (bes. durch die jährliche Feier des Stiftungstages des Heiligtums); diese K.e waren oft gleichzeitig →Begräbnisvereine. In Lanuvium bestand z. B. ein Kollegium der Verehrer von →Diana und →Antinous, dessen Reglement die Durchführung eines ‹imaginären› Begräbnisses (nämlich einer Figur, die den Toten darstellte) für den Fall vorschrieb, daß der Herr eines verstorbenen Sklaven dessen Leichnam dem Kollegium nicht übergeben wollte (CIL XIV, 2112). Wir besitzen das Reglement eines K.s von →Aesculapius und Hygieia in Rom (CIL VI 10234): man beging den Geburtstag des Kaisers, man ehrte die Toten am Tage der →Cara cognatio und anläßlich der →Rosalia. Einige dieser K.e verehrten fremde Gottheiten, so z. B. das Kollegium der Isis in Rom (CIL VI 355). H.LeB.

Kumarbi, der Göttervater im →churritischen Pantheon, der nach Alalu und Anu regiert. Er hatte Anu gestürzt und dessen Phallos abgebissen. Der bei den →Hethitern erhaltene Mythos ist die Vorlage für →Hesiods Theogonie. K. wird nach einem anderen Mythos später von seinem Sohn →Tešup gestürzt, den er deshalb durch ein Steinmonstrum Ullikummi verderben will. Nach verschiedenen Fehlschlägen kann Ea, der ursprünglich babylon. Gott der Weisheit, mit dem Messer, das einst Himmel und Erde getrennt hatte, Ullikummi fällen und somit Tešups Herrschaft sichern. W. Hk.

Übers: ANET 120ff. – *Lit:* H. Güterbock, Kumarbi, 1946 – R. Barnett, Epic of Kumarbi and the Theogony of Hesiod, JHSt 65, 1945, 100ff. – Weiteres →Kronos.

Kunaxa (*Κούναξα*), Ort in Nordbabylonien zwischen Euphrat und Tigris; dort spielte sich 401 vor Chr. die Schlacht zwischen →Kyros d.J. und →Artaxerxes II. ab, der durch den Sieg Großkönig blieb. G.R.

Kunst

I. Griechische und römische Kunst – II. Christliche Kunst.

I. Griechische und römische Kunst

[1] Auffassung der K. – [2] Architektur – [3] Keramik und Malerei – [4] Plastik – [5] Kunstlandschaften – Dieser Rahmenartikel soll hinweisen auf die Einzeldarstellungen, bes. zu den *Gattungen* →Architektur, →Plastik und →Relief, →Malerei, →Mosaik, →Vasen und →Reliefkeramik, →Kleinkunst, →Glyptik, →Schmuck; zu den *Epochen* bes. →Kret.-myk. Kultur, →Etrusker, →Hellenismus, →Spätantike; zur *Auffassung:* →Bild, →Ikonographie, →Künstler, →Kunstschriftsteller, →Kunsttheorie, →Ornament, →Symbol; zur *Überlieferung:* →Museum.

[1] Die *Auffassung der K.* bei den Griechen und Römern. «K. ist nicht immer Kunst gewesen», sagt E. Buschor in ‹Vom Sinn der griech. Standbilder› (1942). Die dekorative Auffassung des 19. Jh.s von K. läßt sich allenfalls mit der der frühen und klass. Römerzeit (vgl. dazu →Hellenismus, 5) vergleichen. Jedoch verbirgt sich hinter ihrem Sammeln, Handeln und Kopieren (→Plastik A 1; →Malerei D 1) von

K. ein Transzendieren, das sich in der Transzendenz der → Spätantike (4.–6. Jh.) erfüllt; Buschors ‹Bedeutungswelt›. Im größten Gegensatz dazu steht die archaische ‹Wirklichkeitswelt› (700–500 v. Chr.), der alles Dargestellte volle, greifbare Gegenwart ist. Die Gottheit erweist ihre Wirklichkeit nicht durch Wunder oder Zeichen, sondern in der künstlerischen Form; sie ist eins mit ihrem Bild. Die vorausgehende ‹Ahnungswelt› des geometrischen Stils entwirft in ihrer schwebenden Tektonik gleichsam den Aufriß dessen, was in der archaischen Kunst volles Gewicht erhält; die ‹Schicksalswelt› der Klassik (500–325) begreift den Vorwurf in seinem inneren Gesetz, seiner organischen Einheit. Der Hellenismus (325–100 v. Chr.), die ‹Bildwelt›, vielleicht besser ‹Erlebniswelt› zu nennen, ist subjektiver, sieht Ausschnitte aus der Wirklichkeit, legt das Gewicht vom Sein auf das Erleben. Ähnliche Abläufe weist Buschor in der späteren abendländischen und in der altoriental. Kunst nach. Von dieser fällt Licht auf die Vorgeschichte der griech. K. In den steinzeitlichen → Idolen ist das Göttliche als magische Kraft gegenwärtig. In den schlankeren, schwebenden → Kykladenidolen der frühen Bronzezeit mit ihren enthusiastisch zurückgeworfenen Köpfen wird es geistiger erfahren; in der mittleren und späten Bronzezeit Kretas wird es in mannigfaltigen Visionen des Herrn und der Herrin der Tiere und der Schildgöttin erlebt, und am Ende der myk. Periode sind schon einzelne Kultbilder (→ Bild) nachweisbar (→ Kret.-myk. Kultur). Sonst scheint man bis zur ‹Ahnungswelt› die Gottheiten nur in bildlosen Malen verehrt zu haben, während die genannten Idole als Wesen zwischen Menschen und Göttern gleich den späteren → Nymphen und → Heroen aufzufassen sind. Solche Zwischenwesen, Mittler haben in der Frühzeit eine große Bedeutung; zu ihnen gehören auch die Könige, deren Verehrung in den myk. Burgen, → Schacht- und → Kuppelgräbern monumentale Form gewonnen hat. – Mit dem Sinn der K. wandelt sich die Bedeutung der Gattungen.

[2] In der *Architektur* hat neben Wohn- und → Festungsbau (vgl. → Stadt, → Haus) lange das → Grab den Vorrang vor dem → Tempel, der in Spuren mit dem gestalteten Kultbild im Spätmykenischen nachweisbar ist, aber erst seit der spätgeometrischen und archaischen K. seine Herrschaft beginnt. Dem Visionären der kret. Gottesauffassung entsprechen die dortigen Paläste (→ Haus und Palast), um große Kultplätze gruppiert, auf denen die Gottheit bei Tänzen und Spielen als Vision geschaut wird; während im späteren Hellas Paläste nur in Randgebieten (→ Larisa) und im Hellenismus nachweisbar sind. Dem Vorrang des Gemeinwesens vor dem Privaten entspricht dort die Bedeutung der → Agora, der → Theater, → Gymnasien, → Brunnenhäuser. Erst in der Römerzeit werden Villen und Paläste mit ihren Gemälden, Mosaiken und plastischen Dekorationen führende Bauformen. Am monumentalsten drücken sich die neuen transzendierenden Ideale aber in → Amphitheatern, → Theatern und → Thermen aus, die wie später die mittelalterlichen Kathedralen die Städte dominieren. Der eigentliche Sakralbau erhält erst in der Spätantike wieder die Führung. Schon vorher äußert sich das zunehmende Transzendieren in der Ausgestaltung der Grabarchitektur (→ Sarkophage, → Katakombenmalerei).

[3] *Keramik.* Die Allgegenwart der göttlichen Mächte verleiht der → Keramik der jüngeren Steinzeit einen Rang, der sie auch als ‹Ceramicum› bezeichnen läßt. Seit der mittleren Bronzezeit wird das *Bild auf der Vase* wichtiger; im Kretischen gleichsam ‹der Gottheit lebendiges Kleid›, im Archaischen und Klassischen die scharfumrissene Gestaltenwelt des Mythos und der urbildlichen Szenen des Alltags. Seit der Klassik wird die monumentale → *Malerei*, seit dem Hellenismus auch die *Buchmalerei* (→ Illustration) wichtiger als die Vasenmalerei, die nun vielfach auf Vorbilder jener anderen Gattungen zurückgeht (auch die hellenist. → Reliefkeramik).

[4] Die → *Plastik* erhält monumentalen Charakter mit dem Gestaltwerden der Gottheit; nach myk. Versuchen also im Archaischen. Voraus gehen die genannten Idole, dann kret.-myk. Figuren solcher Zwischenwesen, auch in tänzerisch oder akrobatisch bewegter Haltung, meist aber im → Epiphaniegestus mit erhobenen Armen; aus Elfenbein, Erz, meist aus Ton. Die geometrische Plastik stellt schon Gottheiten im Erscheinungsgestus dar, meist aber geweihte Tiere und auch Menschen. Seit dem Archaischen umfaßt der Umfang des Dargestellten die mythische und menschliche Welt; jedoch nicht in zufälliger Auswahl, sondern in Urbildern, in Werken, die der Gottheit und dem Toten dargebracht werden können. Bes. charakteristisch ist die Auswahl beim → Porträt. Für Kultbilder wird oft Gold und Elfenbein gewählt (→ Farbsymbolik); die Klassik bevorzugt das Erz vor dem Stein (→ Plastik A 2); die Kleinkunst das Erz und, bes. in Randgebieten und im Hellenismus, den Ton. → Reliefs kennt die kret.-myk. Kultur in Gold, Silber, Elfenbein, Erz, Stein, Stuck, Holz und Ton; daneben spielt die → Glyptik eine Rolle, deren Bedeutung sich durch die ganze Antike erhält; im Hellenismus treten neben die Gemmen die → Kameen. Monumentale Reliefs gibt es nach → myk. Vorstufen (Grabstelen, Löwentor) erst wieder seit der archaischen Kunst (→ Giebel-, Metopenfries, Weih- und Grab → Reliefs, → Stelen); daneben in der Kleinkunst solche aus Edelmetall, Erz (→ Schildreliefs), Elfenbein, Knochen, Holz und Ton (vgl. auch → Kleinkunst, → Geräte). Unter den monumentalen Weihbildern sind neben Götterbildern, → Kuroi und Koren Ehrenstatuen hervorzuheben, wie sie seit → Harmodios und Aristogeiton, → Perikles und → Konon (394 erste Ehrenstatue eines Lebenden auf dem Markt von Athen) errichtet wurden und im Hellenismus überaus häufig wurden. → Geräte und → Schmuck aus kostbarem Material wurden ebenso wie die besseren bemalten → Vasen nur den Göttern dargebracht oder nach Nordgriechenland, Italien, Südrußland, auch Nordafrika exportiert. Erst in der Römerzeit gehören sie zum privaten Luxus. Die Statuen verlieren in der Römerzeit ihre plastische Substanz; sie werden der Architektur untergeordnet, an die Wand gerückt, in Nischen gestellt und mit symbolischer Bedeutung beladen. Als Kultbilder werden sie zu Andachtsbildern, hinter denen eine andere Welt sichtbar wird; ja, das Kultrelief (→ Mithras) erhält eine führende Rolle. – Vgl. → Statuenbasis.

[5] Die Mannigfaltigkeit der *Kunstlandschaften* lernen wir am besten durch die Vasen, Bronze- und Tonstatuetten (→ Kleinkunst) kennen. Die erstaunlich einheitliche → kret.-myk. Kunst (G) hat dem friedlichen Charakter der Kultur entsprechend zunächst nur sporadisch nach außen gewirkt (→ Melos, → Milet, → Syrien, → Ägypten) und ist von den myk. Griechen erobert und anverwandelt worden; in einer von Syrien bis Sizilien zunächst homogenen Formenwelt, die nach den Zerstörungen des 13. Jh.s in lokale Stile zerfällt. Die att. Schöpfung des Protogeometrischen scheint über ganz Hellas hin zu wirken. Im Geometrischen bilden sich lokale Stile, die im Archaischen und Frühklassischen eine wunderbare Mannigfaltigkeit hervorbringen. Es führen Athen (bes. seit etwa 620), Korinth (8.–4. Jh.), Kreta (8.–7. Jh.), Sparta (8.–6. Jh.), Argos und Sizilien (8. bis 4. Jh.), Ägina (6.–5. Jh.), Naxos, Milet und Samos (8. bis 6. Jh.), Chios (6. Jh.), Paros (5. Jh.): Diese Zeitangaben lassen erkennen, wie die Vielfalt, zum Teil unter der Wirkung der Perserkriege, aber auch durch die geistige Überlegenheit Athens, reduziert wird, bis das 4. Jh. eine Renaissance Ioniens, besonders in der Baukunst, bringt und im Hellenismus Alexandria, Rhodos und Pergamon Athen die Führung streitig machen. Seit dem 2. Jh. v. Chr. wird neben dem führenden Rom alles provinziell, bis seit dem 2. Jh. n. Chr. Nordafrika, Syrien, Kleinasien und Gallien die K. stärker mitbestimmen, und nach der Gründung Konstantinopels eine griechisch-ästhetisierende Richtung der

(strenger transzendenten) röm. Tradition gegenübertritt. Eine für die byzantinische K. grundlegende Synthese gelingt unter Kaiser Justinian. K. Schf.

Lit: → Bild – Ferner: K. Schefold, Röm. Kunst als religiöses Phänomen, 1964.

II. Christliche Kunst

A. Bestand: Sammlungen. Museen – B. Ausgrabungen – C. Geschichte, Bedeutung – Vgl. → Architektur, → Plastik, → Malerei, → Mosaik, → Kleinkunst, → Spätantike und die topographischen Stichworte.

A. Bestand: Sammlungen, Museen. Als Gegenstand oder Instrument christl. Devotion haben die Zeugen frühchristl. K. auf der einen Seite liebevolle Pflege, auf der anderen jedoch eine wechselreiche Überlieferungsgeschichte gehabt. Die schon im Mittelalter einsetzende Sammlertätigkeit (Schatzkammern der Könige und Kaiser; Reliquienschätze der Kirchen), die in der Barockzeit die Cabinets des antiquités entstehen ließ, bis dann die neuzeitlichen Museen zum zielstrebigen, oft konkurrierenden Ankauf übergingen, haben viele Denkmale von ihrem Ursprungsort weit entfernt; das gilt vor allem für die → Kleinkunst, erst recht für die Numismatik, aber auch für größere Objekte, z. B. das ravennatische Mosaik von S. Michele in Affricisco, heute in Berlin. Ausstellungen (Kataloge!) vereinen das Material nur kurzfristig, machen jedoch auch mit Beständen aus Privatbesitz bekannt. Folgende Museen besitzen wichtige Sammlungen: Kaiser-Friedrich-Museum, Berlin; British Museum, London; Ermitage, Leningrad; Louvre, Paris; Rom (s. u.); Konstantinopel (s. u.); Benaki-Museum, Athen; Koptisches Museum, Altkairo; Dumberton Oaks Collection, Washington DC.; Metropolitan Museum, New York; zu den sonstigen, nicht minder wichtigen Provinzialmuseen s. u.

B. Ausgrabungen. [1] In → *Rom* (IV E 1), das bes. intensiv erforscht wurde, wurden die Ausgrabungsfunde in den päpstlichen Sammlungen des Vatikans und Laterans (soll in den Vatikan überführt werden) und anderen Museen (z. B. Konservatorenpalast; Thermenmuseum; Praetextatmuseum) vereint. Hierdurch wie durch seine Kirchen und → Katakomben bietet es zu allen Gattungen der altchristl. K. die umfangreichste Materialsammlung. – In → *Ravenna* setzte man seit der 2. H. 19. Jh. in fast allen Kirchen den Spaten an, um ältere Anlagen oder ursprüngliches Bodenniveau festzustellen. Restaurationsarbeiten in den 1944 z. T. von Bomben getroffenen Kirchen führten zu neuen Ausgrabungen im Dom, in S. Giovanni Evangelista, S. Apollinare Nuovo und S. Apollinare in Classe (M. Mazzotti, L. Crema u. a.); Erzbischöfliches Museum und Nationalmuseum bergen sonstige Funde. – In *Mailand* (→ Mediolanum) wurde der Zentralbau S. Lorenzo mit seinen Annexen untersucht (G. Chierici), die fünfschiffige Basilika der hl. Thekla entdeckt (A. de Capitani d'Arzago) und in der Basilica Apostolorum (E. Villa) sowie in S. Simpliciano (E. Arslam) gegraben. – In → *Aquileia* wird seit 1893 intensiv gearbeitet (Museo Archeologico und Museo Paleocristiano), vor allem unter dem Dom (K. M. Swoboda, G. Niemann, A. Gnirs, G. Brusin), wo einer der ältesten christl. Kultbauten, eine Doppelbasilika mit ausgedehnten Mosaikböden, gefunden wurde; die Kirchen von Beligna und Monastero sowie mehrere Privatoratorien sind nicht weniger bedeutsam. Weitere *oberitalien.* Ausgrabungen fanden in Grado, Julia Concordia, Ancona, Pavia, Vicenza, Verona, Brescia und Collegno statt. – In *Unteritalien* ist in jüngster Zeit am bedeutendsten die Aufdeckung der Memorialbauten am Grab des hl. Felix in Cimitile bei Nola (G. Chierici). – In den → Katakomben von Neapel kamen neue Grabdenkmäler zutage (D. Mallardo, P. A. Bellucci). Bemerkenswert sind ferner die neuen Katakombenfunde in Agrigent (C. Merculli) und → Syrakus (A. Agnello), die unser Wissen von den zahlreichen, schon von P. Orsi erschlossenen → Coemeterien Siziliens vermehrten.

[2] In *Dalmatien* erwies sich die Metropole → Salona als bes. fundreich, die durch F. Bulić (zugleich Begründer des Museums), E. Dyggve und R. Egger ausgegraben wurde. Das Ergebnis waren eine Fülle von Stadtkirchen (vor allem der geschlossene Baukomplex beim episcopium mit Bischofskirche und Kreuzschiffbasilika) und mehrere Friedhöfe sub divo mit Coemeterialbasiliken (Monastirine, Kapljuć, Marusinać), die für Grab- und → Märtyrerkult wichtig sind. An Sonderformen traten zutage: die einfache Saalkirche ohne → Apsis mit frei im Raum stehender Priesterbank (gilt als älteste christl. Kultbauform); die Doppelkirche, die im ganzen adriat. Küstengebiet zuhause ist (Doclea, Parenzo, Pola, Triest, Aquileia); das zweistöckige Mausoleum mit Märtyrergrab und als bes. Typ des → Memorialbaus die sog. basilica discoperta, bei der das Mittelschiff ungedeckt ist. Weitere Ausgrabungen in Split, Narona, Parenzo und auf dalmatin. Inseln.

[3] Ältere Ausgrabungen in *Österreich*, z. T. vor dem 1. Weltkrieg, in Aguntum (bei Lienz a. d. Drau), Julium Carnicum (Zuglio), Juenna (Hemmaberg), Lauriacum (Lorch-Enns), Teurnia (St. Peter im Holz), Carnuntum, auf dem Grazerkogel und dem Hoischhügel; neuere durch F. Miltner, R. Egger u. a. in Duel, Lavant, auf dem Ulrichsberg, in Wien-Heiligenstadt, in Klosterneuburg, in Imst, Pfaffenhofen und anderwärts. Die aufgedeckten Kirchen zeigen einen engen Zusammenhang mit denen des Adriagebiets: die einfache, apsidenlose Saalkirche mit freistehender Klerusbank wie auch die Doppelkirche. Diese, auch in *Ungarn* (Aquincum; Pecs mit zweistöckigem Mausoleum) nachgewiesenen Typen sind dem Limes entlang nach Norden gewandert.

[4] *In Deutschland*, wo zwischen den beiden Kriegen wichtige Ausgrabungen stattfanden (St. Cassius und Florentius in Bonn, St. Albani in Mainz, St. Viktor in Xanten, St. Severin und St. Ursula in Köln, die Gräberfelder in Trier), wurde seit 1945 erfolgreich weitergegraben. Bedeutender als die Funde in Süddeutschland (Augsburg, Epfach am Lech, Kempten, Regensburg) sind die Ergebnisse im Rheinland. Unter dem Dom und der Liebfrauenkirche von Trier legte Th. Kempf die Reste einer stattlichen Doppelkirche aus konstantin. Zeit frei, deren Nordkirche Ende 4. Jh. um den noch heute erhaltenen Kern des Domes erweitert wurde; der Bau erhob sich auf dem Gelände des Kaiserpalastes, aus dem kostbare Deckenmalereien geborgen wurden (Erzbischöfl. Museum). In St. Gereon zu Köln konnte A. von Gerkan den frühchristl. Baubestand sichern: einen ovalen Zentralbau mit Apsis und 8 Seitenkonchen, der von einem Zeltdach bedeckt war.

[5] Die systematische Durchforschung *Frankreichs* (wichtige Provinzialmuseen: Arles, Musée lapidaire; Marseille, Musée Borély) und seiner Römerstädte seit dem 2. Weltkrieg brachte wichtige Aufschlüsse über vorzugsweise dreischiffige Basiliken und oberirdische Friedhöfe mit Sarkophagen. Ausgrabungen u. a. in Saint-Denis a. d. Seine, Metz (St-Pierre-en-Citadelle), Lyon (Ste-Irénée und St-Laurent), Vienne, Arles, Saint-Remy de Provence (Notre Dame), Angers (St-Martin), Vaison-la-Romaine, Valence, Nevers, Marseille, Saint-Blaise, Lerins und Narbonne. – Ein bedeutender Fund in *Spanien* war die Nekropole von Tarragona i. J. 1916 (J. S. Vilaró) mit mehr als 1000 Gräbern (z. T. mit Mosaik, zahlreiche Sarkophage, massenhafte Inschriften). Jüngere Ausgrabungen legten Kirchen und Friedhöfe in Barcelona (Kathedrale), Rosas, Ampurias, Terrasa, La Alberca, Centcelles, Aljézares, Fraga, Zorita de los Canes, La Cocosa, Santiago de Compostela, Son Bou auf Menorca und anderwärts frei: neben Kreuzkirchen kamen vor allem dreischiffige Basiliken zum Vorschein, die wie die Grabmosaiken nordafrikan. Einfluß verraten.

[6] *In Nordafrika* (Musée Bardo, Tunis; Musée des Antiquités, Algier), wo schon 1843 die älteste bekannte Kirche aus dem J. 324 (Orléansville) entdeckt wurde, wurden die

Ende 19. Jh. begonnenen Ausgrabungen (Delattre, Gauckler, Gsell) nach den Kriegen intensiv fortgesetzt. Wichtigste Fundplätze: Djemila-Cuicul, Dougga, el-Kef, Hadrumetum, Haidra, Hippo (christl. Wohnbezirk mit Bischofsaula und -kirche Augustins), Junca (Basilika mit trikonchem Presbyterium), Karthago (Dermesch, Dammūs-el-Karita: 9schiffige Basilika, Märtyrerkapelle, und Bir-Flouha: angebaute Dreikonchenkapelle), ferner Maktar Mididi (Kirche mit Gegenapsis), Orléansville (5schiffige Basilika mit Gegenapsis), Siagu, Sbeitla (Gegenapsis), Tabarka (Friedhof mit Mosaikgräbern), Thebessa (Klosteranlage), Thibari (Märtyrerkapelle), Tigzir, Timgad (donatistischer Kirchenkomplex, Haus des Optatus), Tipasa (7schiffige Basilika, kreisförmiges Mausoleum, Coemeterialkirche St. Salsa), Upenna (Gegenapsis). – Seit 1925 wird auch in Libyen gegraben, vor allem in Leptis, Sabratha, Ptolemais und Apollonia (R. Bartoccini, P. Romanelli, B. Apollonj-Ghetti, J. B. Ward Perkins u.a.). Eigenarten Nordafrikas sind die von Märtyrerkult und Mönchtum geprägte Architektur sowie die kostbaren Bodenmosaiken in Kirchen, Baptisterien (Cap Bon) und auf Gräbern. – In *Ägypten* sind die Ausgrabungen der Menasstadt (gewaltige Kirchen- und Wallfahrtsanlage) von C. M. Kaufmann 1905 begonnen worden (später J. B. Ward Perkins). Um dieselbe Zeit wurden die Klöster und Nekropolen von Bawit (J. Clédat) und von → Saqqāra (J. E. Quibell) mit interessanten Malereien ausgegraben. Weitere Klöster deckte man nach dem zweiten Weltkrieg bei Heluan (Zaki Saad), Luxor (Ch. Bachatly) und Deir-el-Gazag (J. Doresse) auf. Die christl. Denkmäler Nubiens erschloß U. Monneret de Villard; in Faras sind poln. Ausgrabungen (K. Michalowski) im Gange (→ Kopten, 2).

[7] In *Palästina* lenkten vor allem die Stätten Jesu (Pilgerkirchen!) das Interesse der Ausgräber auf sich, darüber hinaus aber auch Städte wie Mādaba (P. M. Gisler), Sbeita (C. Baly) und → Gerasa (J. W. Crowfoot), wo zahlreiche Kirchen freigelegt wurden, z.T. auch bedeutende Bodenmosaiken. Neben älteren Ausgrabungen wie in El Qubeibeh (1873) sind jüngere zu nennen: Eleonakirche (L. H. Vincent, F. M. Abel) und Himmelfahrtskirche (V. Corbo) auf dem Ölberg, die Basilika von ʿAmwās-Emmaus (L. H. Vincent, F. M. Abel), Kirche von Mamre (A. Mader), Brotvermehrungskirche von eṭ-Ṭābġa (A. Mader, A. M. Schneider), Kirche und Kloster auf dem Rās Siaga (S. J. Saller, B. Bagatti), Kirche von ʿAin Karīm (S. J. Saller), Kirchenanlagen von Abūd (B. Bagatti), S. Lorenzo mit dem Lazarusgrab in Bethanien und Verkündigungskirche in Nazareth (S. J. Saller), ferner Ausgrabungen unter der justinian. Geburtskirche von Bethlehem zum konstantinischen Bau (5schiffige → Basilika mit Oktogon; R. W. Hamilton).

[8] Für → *Syriens* (4) reichen Kirchenbau leisteten die Expeditionen des Marquis M. de Vogüé (1865–67) und der Princeton University um die Jahrhundertwende wertvolle Vorarbeit. In → Antiochia (Museum mit den Bodenmosaikfunden) stellten Amerikaner die große Kreuzkirche von Kaoussié fest; in Brād und Qirq Bīze klärten Grabungen von Lassus und Tschalenko liturg. Fragen des syr. Kirchenbaus; in Apameia ließen belgische Forschungen Einblicke in den Märtyrerkult zu; Ausgrabungen von D. Krencker und R. Naumann in der Pilgerkirche von Qalʿat Simʿān lösten die Rätsel des Oktogons, und in Ruṣāfa, wo J. Kollwitz gräbt, wurden die wichtigsten Kirchen identifiziert. Französische (F. Cumont), dann amerikanische Ausgrabungen in → Dura-Europos erbrachten für die Geschichte der altchristl. Kunst umwälzende Erkenntnisse.

[9] Neben den großen Ausgrabungen klass. Stätten (Basiliken in Olympia, Pergamon, Milet usw.) fanden mit Beginn dieses Jh.s auch im *Ägäisraum* spezifisch christl. Ausgrabungen statt. In *Kleinasien* lag das Schwergewicht auf → Ephesos; hier haben Engländer (R. Heberdey), Griechen (G. Soteriou) und Österreicher (J. Keil, F. Miltner) nacheinander gegraben und bedeutende Funde gemacht: die Konzilskirche 1904ff., die Johanneskirche 1921ff., das Siebenschläfer-Coemeterium 1926. Nicht minder aufschlußreich war die Freilegung der Kirchen von Meriamlik und Korykos in Kilikien (S. Guyer, E. Herzfeld), die syr. Einfluß zeigen. Unter den Ausgrabungen der jüngsten Zeit sind die von Side (A. M. Mansel) hervorzuheben. – In → *Konstantinopel* (Saray-Museum) erfolgten seit dem 1. Weltkrieg in den verschiedenen Stadtteilen systematische Ausgrabungen u.a. im Hebdomon und im Manganenquartier (R. Demangel, E. Mamboury), auf der Saray-Spitze (A. Ogan), in der IX. Region (A. M. Mansel), in der Sophienkirche und Irenenkirche (R. Ramazanoglu). Von bes. Interesse sind die Grabungen im Vorhof der → Hagia Sophia (A. M. Schneider), die der Erforschung des justinian. wie des theodosian. Baus zugute kamen, die Freilegung des Euphemia-Martyrions (A. M. Schneider, R. Naumann) und des großen Kaiserpalastes (G. Brett, D. T. Rice u.a.), wo sich im Peristylhof ein großartiger Mosaikboden fand. – In *Griechenland* sind an ungefähr allen antiken Stätten Kirchen entdeckt worden, teils aus alten Kultdenkmälern hervorgegangen, teils als Neubauten. Letztere zeigen die im Ägäisraum verbreitete dreischiffige sog. hellenistische Basilika mit Narthex, Atrium und Synthronon, häufig mit Emporen und architektonisch gegliedertem Querschiff ausgestattet und von mannigfachen Anbauten (Sakristeien, Baptisterien, Badeanlagen, Hospizen, Wohnhäusern) umgeben. Kirchen dieser Art wurden von G. Soteriou, A. Orlandos, J. Travlos, E. Stikas, P. Lemerle u.a. in Athen (Ilissosbasilika), Korinth, Sykion, Brauron, Theben (Nea-Anchialos), Nikopolis, Philippi sowie auf Thasos, Samos, Lesbos, Chios, Rhodos, Cypern und Kreta ausgegraben. Hypogäen kamen auf Melos und in Thessaloniki zutage. – Wichtige Funde an Kirchen und Nekropolen wurden schließlich in den nördl. *Balkanländern* gemacht: in Makedonien (Stobi, Caričingrad), Bulgarien (Sofia, Sadovec) und schließlich in Rumänien (Tropaeum, Axiopolis, Troesmis, Tomi). E. Sch.

Lit: RGG I 762–765 – Ausgrabungsberichte in allen archäolog. Organen, bes. in RivAC und Röm. Quart. sowie den Akten der Internationalen Kongresse für Christl. Archäologie (Studi di Antichità Cristiana) – *Museumskataloge:* O. M. Dalton, Catalogue of Early Christian Antiquities and Objects from the Christian East... in the BM, 1901 – Musées et Collections archéologiques de l'Algérie et de la Tunisie, 1902ff. – J. Strygowski, Kopt. Kunst, Catalogue général des antiquités égyptiennes du Musée de Caire, 1904 – W. Wulff, Altchristl. und mittelalterl., byzantin. und italien. Bildwerke I = Beschreibung der Bildwerke der christl. Epoche, Königl. Museen zu Berlin III, 1, 1909 – G. Mendel, Catal. des sculptures grecques, romaines et byzantines, 3 Bde, 1912–14 – Catal. del Museo sacro della Biblioteca Apostolica Vaticana, 1936ff. (bisher 3 Bde) – M. Gütschow, Das Museum der Prätextat-Katakombe, 1938 – B. Segall, Katal. der Goldschmiedearbeiten, Museum Benaki Athen, 1938 – J. S. Thacher, The Dumberton Oaks Collection, Harv. Univ. Handbook, 1955 – E. Coche de la Ferté, L'antiquité chrétienne au Musée du Louvre, 1958 – R. Noll, Vom Altertum zum Mittelalter = Führer durch das Kunsthistorische Museum Wien 8, 1958 – M. C. Ross, Metalwork, Ceramics, Glass, Glyptics, Painting = Catal. of the Byzantine and Early Mediaeval Antiquities in the Dumberton Oaks Collection I, 1962 – W. Helbig-H. Speier, Führer durch die öffentl. Slg.en klass. Altertümer in Rom I: Die päpstlichen Slg.en im Vatikan und Lateran, 1963.

C. Geschichte. Bedeutung. [1] Als *Voraussetzung* sei die *christl. Deutung antiker Kunst* kurz skizziert. Während das unmittelbare Fortleben der antiken Religion und Kunst ein vielfältiges Bild bietet und viele Deutungen zuläßt (s. u. 5), ist aus den literarischen Belegen die Stellung des Chr.s zur a.K. (und → Literatur) in der Eindeutigkeit des Für und Wider ablesbar. Schon das älteste Beispiel lehrt, wie das Für nur durch positives Mißverständnis einer Altarinschrift gewonnen werden konnte (Apg. 17). Der religiöse, jede Ästhetik ausschließende Aspekt (Ps. 96, 5!) begünstigte vielmehr das Wider, so daß negatives Mißverständnis vorherrscht (ältester Beleg: Apk. 2, 13: Pergamonaltar = Sitz des Satans). Die → Apologetik benutzte zudem Künstlerkataloge und Skandalgeschichten vorchristl. Religionskritik; nur durch diese trüben Quellen kannte man die Werke von Bryaxis, Phidias, Skopas, Praxiteles u.a. Erst das 4. Jh. gewinnt beim Vergleich christl. und antiker K. eine gewisse Sachlichkeit (z.B. für → Euphranor: Asterios v. Amaseia, hom. 11: PG 40). Die Beschreibung von Statuen, die das Feuer in Konstantinopel zerstörte, durch den → Nonnos-Schüler → Christodoros (Anf. 6. Jh.) bleibt jedoch farblos; er wie → Johannes (6) v. Gaza und → Paulus (3) Silentarius übernehmen nur die Beschreibungsmethoden antiker Kunstliteratur. C. A.

Lit: → Stichworte.

[2] Um die Jahrhundertwende noch als ephemerer Ausklang der klassischen Antike gedeutet (L. v. Sybel), lange durch die einseitige Alternative ‹Rom oder Orient› (J. Strygowski, für oriental. Ursprung; vgl. die Gegenthese von den ‹röm. Quellen› noch bei H. E. Swift) beeinträchtigt, hat der Blick für die neuen Kunstimpulse der Spätantike (G. Rodenwaldt; H. Lietzmann) auch das Verständnis für Genese u. Eigenart der christl. K. gefördert. – 2. Die historische *Wurzel* wie die gleiche negative Einstellung zum Kultbild (vgl. Bildverbot der Synode von Elvira, can. 6; ca. 304) wies das Chr. an die Seite des Judentums. Christl. Gemmen, Goldgläser etc. bringen den Erweis, daß die christl. K. ähnlich wie die jüdische innerhalb der → Kleinkunst ihre Anfänge nahm, wobei beiden die Wahl neutraler, der Umdeutung fähiger Bildtypen paganer Devotion den religiösen Kompromiß erleichterte. Diese Abhängigkeit blieb auch weiter bestehen, zunächst, vermittelt durch die → Katechese, für die Rettungstypen der Katakombenmalerei (Martimort), dann über jüd. Bibelillustrationen (nicht nur durch → Dura-Europos, sondern auch durch Analyse der christl. → Plastik und Mosaiken und vor allem der byzantin. Buchmalerei erwiesen; vgl. Weitzmann u.a). Die christl. K. dürfte daher im Bereich jenes Diasporajudentums hellenist.-röm. Prägung entstanden sein, das in der Adaption der Umwelt ohne Preisgabe religiöser Substanz erfahren war. – 2. Religiöser Bekenntnisstil ist das *Wesen* der christl. K., der es weniger um die künstlerische Gestalt als den Bildgehalt geht. Dieser, in der Spätantike höchstens mit den Monumenten der → Mithrasreligion vergleichbaren Intentionalität war eine stärkere Aneignung der spätantiken K. möglich als dem Judentum, so daß nicht jenes, sondern das Christentum zu deren Tradenten wurde. Ob man außerdem ihre Eigenart auf den Kern des Bekenntnisses (Inkarnationsgedanke) zurückführen darf, um so die Bejahung der K. als Darstellung des Undarstellbaren und die christl. K. als ‹christologische Symbolik› (Grillmeier) zu erklären, ist fraglich. Die christologische Frage (→ Christentum V E 3) spielt nur bei späten Kreuzigungsdarstellungen eine Rolle, ist späte Reflexion über das, was schon immer geübt wurde. Im übrigen hält selbst die späte Eikontheologie mit der Unterscheidung zwischen ‹dem Bilde gezollter Verehrung› und ‹der dargestellten Persönlichkeit› (Johannes (5) v. Damaskus or. 1, PG 94, 1264) an dem Grundtenor der christl. K. fest. Auf die ‹spätröm. Kunstindustrie› (A. Riegl) und damit einen außerkirchlichen Faktor angewiesen, mußte ihr Verhältnis zum Prinzip künstlerischer Vollendung gebrochen bleiben; nicht Ästhetik, sondern Hermeneutik bestimmte das christl. Urteil. Darum gab man dem malerischen ‹Erzählungsstil› den Vorzug und drängte ihn auch der → Plastik (E 2) auf. – 3. Dies erschwert, *Epochen* im Sinne einer kunst- bzw. stilgeschichtlichen Entwicklung aufzuzeigen. Ganz von dem doch recht fragmentarischen Bestand (z.B. große Lücken für so wichtige Zentren wie → Konstantinopel und → Alexandria) abgesehen, läßt sich nur für bestimmte Zeitabschnitte und Regionen (z.B. Rom 3. u. 4. Jh.) das weithin undatierte Material durch Stilanalyse chronologisch einordnen. Die Spätantike prägte jedoch eine Pluralität von Kunstzentren (neben Rom, Byzanz, Alexandria auch → Kopten, Kleinasien und Syrien), die das Entstehen eines einheitlichen, für jeweilige Epochen typischen Stilempfindens unterband. Auch die These von ‹Generations-Stilen› (Gerke) kann dies nicht überwinden. Hingegen ist die Beobachtung, daß jenseits der zyklenhaften Abfolge von Klassizismus, Impressionismus und Expressionismus der vorkonstantin. Stil dem Impressionismus, die noch Ost u. West verbindende Zeit Konstantins und Theodosius' I. dem Expressionismus den Vorzug geben (typisch ein expressionistischer Apostelkopf, Ephesus 4. Jh.: Rice-Hirmer, 4), während hernach in Byzanz der ‹neo-attische Stil› (Morey) herrscht und nach Ravenna ausstrahlt, beachtenswert. Neutralität des Impressionismus und aggressiver Expressionismus sind Stilkorrelate der wechselnden Situation der Kirche, während der Neoattizismus als Ausdruck des byzantin. Spiritualismus im Gegensatz zum westl. Realismus das sich differenzierende Selbstverständnis der Ostkirche widerspiegelt. So empfiehlt sich die behelfsmäßige Periodisierung: (1) vorkonstantinische, (2) konstantinische bzw. theodosianische und (3) justinianische Epoche.

[3] Die *Kunstgattungen* unterliegen nicht minder geschichtlichen Bedingungen (frühe Verwendung der Glyptik, aber späte Aufnahme der verwandten Toreutik) und soziologischen Faktoren (exzeptionell: Freiplastik für Kaiser samt Familie u. Konsuln, Porphyrskulpturen aus eigenen Werkstätten mit konservativem Stil). Hauptgattung ist die → *Malerei*: von den → Katakomben über die → Mosaiken der Kirchen und → Baptisterien einschließlich des Fußbodenmosaiks bis zu den illuminierten Bibeln der Spätzeit entwickelte sie kontinuierliche Bildprogramme. Gleiches gilt von der sepulkralen → *Plastik*, die in Kirchen allerdings durch ihre Verwendung zur Dekoration (→ Ambon, → Ciborium, reliefgeschmückte cancellae der Presbyterien, Formenreichtum der Säulenkapitelle: durch Kämpfer entstandenes Trapez-, ferner Korb- u. Faltenkapitell) stärker eingeengt wird als durch die allgemeine Beschränkung aufs Relief. Die → *Architektur* (III B) kann ihre Aufgaben z.T. mit überlieferten Bautypen erfüllen (→ Basilika für Gemeindekirche und Längsbau; → Thermen für → Baptisterium und Rundbau; → Mausoleum für → Memorien und Kreuzarmbau). Die → *Elfenbeinkunst* der Kaiser- und Konsulardiptychen folgt wieder ihrer eigenen Bildtradition, bei eucharistischen Pyxiden und → Reliquiaren aber der allgemeinchristlichen. Das gilt auch für die Bearbeitung von *Holz* bei Kirchenportalen (S. Ambrogio, Mailand; S. Sabina, Rom; S. Barbara, Kairo), während das Privileg staatlicher Münzen die *Numismatik* isoliert, so daß seit der Erhebung des → Christentums (II B) zur Staatsreligion nur die für Kaiser bestimmten, mehr privaten Medaillons dem kirchlichen Bilderkanon folgen (→ Kleinkunst).

[4] Auch die *Ikonographie* läßt sich nicht für eine Chronologie der christl. K. auswerten, da sie neben dem Beharrungsgesetz auch die Renaissance alter Motive kennt (Ravenna). Doch bietet sie die Möglichkeit zusammenfassender Längsschnitte, wobei gewisse Gesetze der Bildassoziierung und -komposition sichtbar werden. Schon die → Symbolik neigt zur mehrseitigen Ausdeutung der Symbole, weniger bei paganen Anleihen (→ Guter Hirt, → Orante, → Taube, Palme u. Lorbeerkranz: primär auf christl. pietas bezogen) als bei christologischen (→ Ichthysformel und → Fisch, → Lamm, → Pelikan) und ekklesiologischen (→ Haus Gottes, → Schiff). Die typologische Bildinterpretation gewinnt eindeutige Ausrichtung in den Rettungsszenen (Jonas, Noah, Daniel, Susanna, 3 Männer im Feuerofen, Lazarus), die sich zu mehrszenigen Kurzgeschichten erweitern ließen (Jonas, Susanna, Petrustrilogie). Die sakramentale Typologie dagegen (Abrahamsopfer, Quellwunder Moses', Gesetzesempfang, Taufszene, kombiniertes Brot-Wein-Wunder) hält an der Abbreviatur fest; dennoch ordnet der ‹Erzählungsstil› (Weitzmann) sie parataktisch

den verschiedenen Zyklen (z. B. Wunder Christi) bei. Damit ist die Angleichung an die Bilderreihung der dem Text (vor allem Oktateuch) folgenden → Buchmalerei erreicht. Nur die Christologie löst weiterhin eigene, verschiedene Zyklen aus, so der der Geburt (Ankündigung, Krippe, Magieranbetung) oder der Passion (Verhaftung, Dornenkrönung, Verhör vor Pilatus) oder der Erlösung (Kreuzigung, Auferstehung, Himmelfahrt). Daneben stehen die Repräsentationsbilder, die teils Motive des Hofzeremoniells bzw. imperialer Würde aufnehmen (traditio legis, Christus auf der Weltkugel, Akklamierung Christi durch Apostel, Thronrede Christi in der aula caelestis, aurum coronarium der Märtyrer, aber auch leerer Thron-Hetoimasia), teils apokalyptische Visionsbilder sind (maiestas domini: Lamm auf dem Berge, Anbetung des Lammes, Lämmerallegorie der huldigenden Juden- und Heidenkirche, himmlisches Jerusalem, Ezechielvision) und in der Verklärung Jesu (transfiguratio) eschatologische und kultische Epiphanie vereinen. Christologischen Zyklen wie Repräsentationsbildern eignet das kontemplative Element, das später in den Ikonen höchste Intensität gewinnt.

[5] Zweifelsohne erfuhr die *Antike* durch die christl. K. keine Renaissance. Man knüpfte vielmehr an das in der Spätantike an, was ausgesprochen unklassisch war (z. B. Frontaldarstellung, Expressionismus); es waren heidnische Kreise, die betont den Klassizismus pflegten (Silberteller Parabagio, Mailand; Diptychon Nicomachorum, Symmachorum Paris bzw. London: Volbach 107. 90f.). Nur transformiert lebte die Antike in der christl. K. weiter, am intensivsten in der Buchmalerei. Man kopierte nicht nur pagane Werke (Vergil: Vat. lat. 3225, 4./5. Jh.; Ilias Ambrosiana cod. F. 205 inf.), sondern gestaltete auch biblische Szenen mit paganen Motiven, vgl. z. B. Pilatusszene des Rossanensis (Volbach, 239), und ließ in den Taufbildern den Flußgott Jordan fortbestehen, betont in der ‹makedon. Renaissance› z. B. Quellnymphen, Berggötter, Personifikationen der Nacht und des Morgens (Rice-H. Hirmer 87, Taf. IX). Die Josuarolle (Vatikan 9./10. Jh.), in der klassische, biblische und imperiale Motive sich harmonisch vereinen, bezeugt dabei die byzantin. Hofkunst als wichtigen Tradenten, die bei den Bildungskreisen von Byzanz und später in der «karolingischen Renaissance» ein gutes Echo fand. C. A.

Lit: Allgemein: L. v. Sybel, Christl. Antike, 2 Bde, 1906/09 – O. Wulff, Altchr. u. byzant. K., 2 Bde, 1918/24; Erg.heft, 1935 – W. Neuß, Die K. der alten Christen, 1926 – Ch. R. Morey, Early Christian Art (1943), 1953² – D. Talbot Rice, The Beginnings of Christian Art, 1947 (dt.: ‹Beginn u. Entwicklung der chr. K›, 1961) – W. F. Volbach-M. Hirmer, Frühchristl. K., 1958 – D. Talbot Rice-M. Hirmer, K. aus Byzanz, 1959 – D. Talbot Rice, Art of the Byzantine Era, 1963 – Im einzelnen: J. Strygowski, Orient oder Rom, 1901 – E. B. Smith, Early Christian Iconography, 1918 – A. Riegl, Spätröm. Kunstindustrie, 1927 – H. Lietzmann, Das Problem der Spätantike (1927), in: Kl. Schr. I, 1958, 3–24 – G. J. Hoogewerft, Riv. Arch. crist. 8, 1931, 55–82 (Ikonologie) – A. Alföldi, M 49, 1934, 1–118 (Hofzeremoniell) – J. Strygowski, L'art ancien chrét. de la Syrie, 1936 – F. v. Meer, Maiestas Domini. Théophanies de l'apocalypse dans l'art chr., 1938 – K. Weitzmann, The Joshua Roll, 1948 – Ders., Hesperia 18, 1949, 159–210 (Euripides in byzant. K.) – Ders., Greek Mythology in Byzantine Art, 1951 – A. Martimort, Riv. Arch. crist 25, 1949, 105–114 (Katechese u. Katakombenmalerei) – G. J. Hoogewerft, Ikonographie en ikonologie van de oude chr. K., 1950 – G. M. A. Hanfmann, HStClPh 60, 1951, 205–233 (Socrates and Christ) – E. H. Swift, Roman Sources of Christian Art, 1951 – H. P. L'Orange, Studies on the Iconography of Cosmic kingship in the ancient world, 1953 – A. Grillmeier, Der Logos am Kreuz, 1956 – Th. Klauser, Stud. zur Entstehungsgesch. der chr. K., bisher I–V, JAC 1, 1958, 20–51; 2, 1959, 115–145; 3, 1960, 112–133; 4, 1961, 128–145; 5, 1962, 113–124 – M. Sotomayer, RQ 56, 1961, 215–250 (Herkunft der traditio legis) – D. V. Ainalov, The Hellenistic Origins of Byzantine Art, 1961 (russ. Arbeit v. 1901) – J. Beckwith, The Art of Constantinopel, 1961 – A. Grabar, CArch. 11, 1960, 41–71; 12, 1962, 115–152 (jüd. Quellen christl. Kunst) – J. Sp. van Woerden, Christ 15, 1961, 214–255 (Abrahamopfer) – H. Stern, CArch 11, 1960, 99–113 (christl. u. jüd. Ikonographie) – G. Kretschmar, Abraham unser Vater, Festschr. Michel, 1963, 295–319 (jüd. u. chr. K.) – K. Weitzmann, Geistige Grundlagen und Wesen makedon. Renaissance, 1963 – Ders., in: Mullus, Festschr. Th. Klauser, 1964, 401–415 (Einfluß jüd. Bildquellen) – E. Dinkler, Das Apsismosaik von S. Apollinare in Classe, 1964.

Kunstgewerbe. Zum antiken K. (der Begriff nicht ganz eindeutig festgelegt) werden unabhängig vom verwendeten Material alle Gebrauchsgegenstände und alles → Gerät gerechnet, Gefäße (→ Vasen), → Lampen, → Spiegel, → Waffen, → Schmuck, → Münzen, die geschnittenen Steine (→ Glyptik). Nicht eigentlich zum K. gehören die Kunstwerke im Kleinformat, soweit sie selbständig sind, so auch die → Statuetten aus den verschiedensten Materialien, die vielmehr unter den Begriff der → Kleinkunst einzuordnen sind. U. J.

Kunstschriftstellerei. Antike K. ist wesentlich ‹Fachliteratur› ausübender Künstler, geht meistens von der Behandlung einzelner Monumente oder τέχνη-Bereiche aus und ist weniger kunsthistorisch als vielmehr kunsttheoretisch bestimmt. So schrieben schon im 6. Jh. v. Chr. der Kreter Chersiphron und sein Sohn Metagenes über das von ihnen erbaute Artemision in Ephesos, Theodoros von Samos über den Heratempel dieser Insel. Aus den beiden klassischen Jh.en besitzen wir kostbare Reste aus dem → Kanon des → Polyklet; wie er bedachten auch z. B. die Verfasser von Malereibüchern → Melanthios (3), Apelles (1) und → Euphranor bes. die → Symmetrie. Über Theatermalerei handelten → Agatharchos, → Anaxagoras und → Demokrit. Aus hellenist. Zeit nennen wir → Xenokrates (1) v. Athen und Antigonos (5) v. Karystos, deren Wichtigkeit – aber nicht jeweilige Eigenart – sich noch (vor allem durch Plinius) ermitteln läßt. Im antiken und archäologischen Sinne gehören zu dieser Literatur auch durchaus Schriften über technische Probleme, wie z. B. die uns (aus einer umfassenderen Behandlung mechanischer Gegenstände) verhältnismäßig gut erhaltenen Belopoiika (Theorie der Geschütze) des Philon (4) v. Byzanz (→ Taktika). Am besten erhalten ist uns von dieser ‹Fachliteratur› jedoch das Buch des → Vitruv über die Baukunst. – Eine reiche Fülle pragmatischen Wissens barg gewiß die uns bis auf das Werk des → Pausanias (2. Jh. n. Chr.) und wenige kurze Fragmente anderer verlorengegangene und nicht in kunstwissenschaftlicher Absicht geschriebene topographisch-historische Literatur der → Perihegeten (‹Fremdenführer›). – Verhältnismäßig wenige Fakten oder prinzipielle kunsttheoretische Gedanken erfahren wir aus den mehr rhetorischen Beschreibungen von Kunstwerken verschiedenster anderer antiker Autoren; als bezeichnendes Beispiel seien hier nur die Gemäldebeschreibungen der → Philostrate angeführt, bei denen es keineswegs ausgemacht ist, wieweit diese → ‹Ekphraseis› auf tatsächlicher Anschauung beruhen oder aber Fiktion sind. – Einen Sonderfall der K. schließlich stellt → Plinius (1) dar, der in seine enzyklopädische Naturkunde bes. unter dem Gesichtspunkt der Materialien etwas gewaltsam eine Fülle uns bedeutsamer Notizen über antike Künstler und Werke einordnete. D. Sch.

Lit: E. Pernice, HbAW VI 1, 1939, 239–328.

Kunsttheorie. So wenig die Antike eine Kunstgeschichte uns geläufiger Art hervorgebracht hat, so sehr übertrifft sie unsere Zeit in der K. als gedanklicher Durchdringung und Grundlagenerforschung von Kunst bzw. τέχνη; eine Leistung, bei der praktizierende Künstler den entscheidenden Anteil hatten (→ Kunstschriftsteller). Aus hochklassischer Zeit ist die K. des polykletischen → Kanon (A 2), aus den folgenden Jh.en die K. doxographischer Fragmente (bei Plinius, Quintilian, Cicero u. a.) für uns faßbar; bei diesen Notizen ist ein früherer, vor allem mit → Xenokrates (1) von Athen zu verbindender Komplex nur schwer von einem späteren ‹klassizistischen› zu scheiden. Jedenfalls sind alle Kriterien und Leitbegriffe (Rhythmus, → Symmetrie, Auctoritas usw.) auch dieser ‹nachklassischen› K. trotz zunehmender Bedeutung des irrationalen Moments und der ‹optischen› Erscheinung im Naturvorbild (→ Realismus) immer wesentlich → klassisch gewesen; antike Kunst verstand sich selbst so, wie sie heute oft nicht verstanden wird. Vgl. → Ästhetik. D. Sch.

Lit: B. Schweitzer, Xenokrates v. Athen (1932), in: Zur Kunst der Antike I, 1963, 105–164.

Kupfer (χαλκός, aes – das auch → Bronze bedeutet –, cuprum). Als älteste galten die Minen von Cypern (vgl. κύπριος = kupfern); tatsächlich beginnt die Ausbeutung von K. im Alten Orient bereits im 4. Jt. Der Verarbeitung reinen K.s folgt später seine Verhärtung zu → Bronze (Gräber von Ur, 1. H. 3. Jt.), die in den westlichen Kulturen zwar mit Verzögerungen einsetzt, von den Griechen aber fast ausschließlich verwendet wird. Bekannteste K.minen: Sinai, Euböa (Chalkis u. a.), Spanien (Tartessos u. a.), Italien (Temesa), Gallien (Centronen). C. K.

Lit: Blümner, Technologie IV 38 ff. u. passim – Ders., RE 11,2 (1922), 2194–2200.

Kuppel. [1] Die K. ist das Gewölbe über dem Zentralbau, bei dem die allgemeinen Probleme des Wölbens gleichsam in konzentrierter Form auftreten. *Vorformen* sind bes. in holzarmen Gegenden sowohl im Westen (Sardinien, Etrurien) als auch im Osten (Mesopotamien, Kreta, Mykene, Kleinasien, Iran) vorhanden. Solange jedoch *griech.* Formgefühl im Mittelmeerraum vorherrschte, gab es für das ihm grundsätzlich Fremde keine Durchbruchsmöglichkeit. Erst dem Wirksamwerden der *ital.-röm.* Struktur seit dem Beginn der röm. Weltherrschaft war es vorbehalten, diese Diskontinuität im Sinn eines Katalysators uralten Formengutes aufzuheben.

[2] Die *K. über dem Kreis* ist im griech. und etrusk. Bereich Italiens ein später Nachkomme der Tholosgräber der → kret.-myk. Kultur (→ Grab; Krag-K.n in Gräbern von Cumae, Volterra, 3. bzw. 6. Jh. v. Chr.; vgl. auch Zisternen, z. B. auf dem Palatin: → Wasserversorgung). Auch die frühen gemörtelten K.n der → Thermen von Pompeji zeigen noch den charakteristischen konischen Querschnitt. Erst beim sog. Merkurtempel der Thermen von Baiae (⌀ 21,55 m, spätrepublikan. bis augusteisch) verlaufen die Fugen radial im Sinne des echten Gewölbes (→ Architektur II A 4). Die Entwicklung des Grundrisses geht aus vom massiven Kubus (oder Oktogon, z. B. sog. Dianathermen in Baiae) als Widerlager, der zunächst beträchtlich über den K.ansatz hinausgeführt ist und aus dem der kreisrunde Raum gleichsam wie ausgehöhlt erscheint; in den Diagonalen ist er durch Nischen erweitert, die K.kalotte setzt konfliktlos über einem tektonischen Gesims an und ist im Scheitel geöffnet (oculus, Auge). Dagegen ruht z. B. die K. des Pantheon auf kreisrundem Unterbau, der in sich ein komplexes System von Verstrebungen und Entlastungsbögen über den acht Hauptnischen birgt; lichte Höhe und Durchmesser entsprechen sich genau (43,30 m; vgl. Ostia, Pergamon u. a.). Spätestens seit hadrianischer Zeit erhalten Zentralbauten über kubischem oder polygonalem Unterbau eine durch Wandpfeiler verstärkte, hohe Fensterzone (z. B. sog. Venustempel in Baiae mit Schirm-K., in deren Zone die Fenster eingreifen; ⌀ 26,30 m; sog. Apollontempel am Avernersee, ⌀ ca. 37 m). Diesen Aufriß zeigen – über kreisrundem Grundriß – auch die Caldarien der Kaiserthermen sowie spätantike → Grabbauten (z. B. Tibur, sog. Tempio della Tosse; Galeriusmausoleum, Thessaloniki; sog. Tor Pignatara, Rom).

[3] Die *K. über dem Viereck* ist als ‹falsches› → Gewölbe aus Kreta, Kertsch, Etrurien (Vetulonia) bekannt; dieser Typus ist östlich (Sumer, sassanidische Paläste des 3. und christl. Kirchen des 4. Jh.s n. Chr. in Mesopotamien, Syrien, Kleinasien und Ägypten – als echtes Gewölbe). Das Problem der Verbindung von Kubus und K. gehört hier, im Gegensatz zum Westen, zum ursprünglichen Formengut. Die Ecklösungen sind im tektonischen Sinn reiner, die Struktur tritt klarer hervor, während sie im Westen, wo Kreis und Polygon vorherrschen, gern überspielt wird. Es gibt folgende Möglichkeiten, die K. mit dem Viereck zu verbinden: (1) *Außenkreiskuppel:* Der K.fuß umschreibt das Viereck, d. h. die K. legt sich in die Ecken, Wand und Kalotte schneiden sich in Form eines offenen oder geschlossenen Bogens (Arkade bzw. Schildbogen: sog. *Hänge-* oder *Stutz-K.*). Es ist die alte Form der Kragstein-K. (vgl. Basilika in Tolmeta, Gräber in Ruweiḥ, Samaria, Sardes, Thermen von Brād und Cherchel, vermutlich auch Rom, sicher das Untergeschoß der sog. Sedia del Diavolo). – (2) *Innenkreiskuppel:* Der K.fuß ist dem Viereck eingeschrieben, d. h.

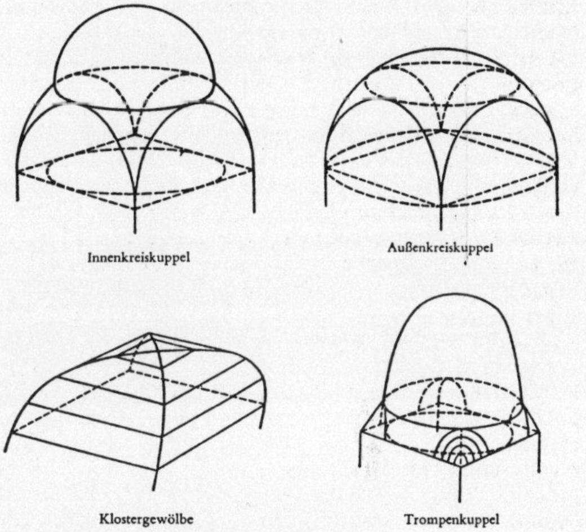

Abb. 135 Kuppelformen

er liegt auf der Mitte der Wände (bzw. Bögen) und kragt in den Diagonalen in den Raum hinein (sog. *dalles plafonnantes* oder horizontale Eckbrücken, Vorstufe zur Pendentif-K.), oder die Ecken werden durch Nischen (Trompen) überbrückt (sog. *Trompen-K.*) oder durch sphärische Dreiecke (Pendentifs) ausgefüllt (sog. *Pendentif-K.*). Für die Eckplattenlösung vgl. z. B. Grab bei Amman, Michaelskirche auf dem Mahaletsch; in Verbindung mit Trompen z. B. Basilika von Hoça Kalesi. Die Trompen-K. ist offensichtlich iran. Ursprungs (sassanid. Paläste) und in frühchristl. Kirchen des Ostens häufig anzutreffen (vgl. verwandte Form in Leptis Magna, Thermen am Meer). Die Pendentif-K. erscheint erstmals in vollendeter Form in der Hagia Sophia in Konstantinopel; nach Einsturz der ursprünglichen Hänge-K. wurde über deren sphärischen Zwickeln (Pendentifs) eine vollständige Halbkugel mit entsprechend kleinerem Radius aufgeführt. Die Pendentif-K. setzt sich somit aus dem unteren Teil einer Außenkreis-K. und einer auf ihr ruhenden Innenkreis-K. zusammen; sie wirkt daher höher als andere K.n (das so ergänzte Obergeschoß der sog. Sedia del Diavolo ist nicht gesichert).

[4] Die *K. über dem Polygon* (in der Regel Oktogon) ist technisch weniger anspruchsvoll; die Raumform ist naheliegend: auch Rundbauten sind meist oktogonal gegliedert; sie lassen sich aber weniger gut in einen größeren Raumkomplex eingliedern. Häufig setzt die K. als achtteiliges Klostergewölbe an (sog. *Melonen-K.*), um erst auf etwa halber Höhe in eine einheitliche Kalotte überzugehen (z. B. Oktogon in der Domus Aurea; einfacher, aber zweigeschossig, das Nymphäum in der Domus Augustana). Diskreter sind die Ecklösungen in den Oktogonen, die zwischen Nischen einen Zwickel bilden, dessen Grat die Raumkanten gegen den K.ansatz hin verschleifen; die Überleitung stellt eine Reduktion des Klostergewölbes dar, die jedoch sowohl dem Prinzip der Trompe als auch des Pendentifs nahesteht (Gordiansvilla, Caracallathermen). Eine elegante Lösung bietet die sog. *Schirm-K.;* der Ansatz geschieht bogenförmig (etwa über Nische oder Fenster) von

Grat zu Grat (Villa Hadriana, Diokletiansthermen). Vereinzelt bleibt die schuppenförmige Struktur der K. über dem Mausoleum Diokletians (Spalato), bei der sich das Lehrgerüst erübrigt.

[5] Die *Halbkuppel* ist häufig über apsidialen Raumteilen (→Apsis) anzutreffen, monumental zuerst im sog. Apsidensaal in Praeneste, wo sie jedoch aus dem anstehenden Fels gehauen ist. Die gewölbte Apsis gehört zum festen Bestandteil röm. →Nymphäen und →Museen; auch zahlreiche Tempel der Kaiserzeit schließen mit apsidialer Rückwand (z.B. Mars Ultor, Venus und Roma in Rom). Sehr beliebt sind überwölbte *Exedren* in Peristylhöfen (z.B. Baalbek), Thermen (z.B. des Caracalla) und Villen (z.B. Tivoli).

[6] *Technisches.* Zur Erleichterung der Gewölbe dient häufig eine Schicht regelmäßig verlegter Ziegelröhren. Die Verlagerung des Druckes auf tragfähige Punkte geschieht oft durch Entlastungsbögen im Innern der Gewölbeschale. Rippen werden selten als Schmuck sichtbar (z.B. Oktogon der Piazza d'Oro, Tivoli), Verstrebungen bleiben in der Mauerstärke verborgen (z.B. Pantheon) oder werden als Wandpfeiler sichtbar (sogenannter Tempel der Minerva Medica). C.K.

Lit: D.Krencker, Entwicklung des K.baues, AA 45, 1930, 192–196 – H.Glück, Der Ursprung des röm. und abendländischen Wölbungsbaues, 1933 – E.B.Smith, The Dome, 1950 – E.Langlotz, Zur Entstehung der Pendentif-K., Festschrift H.Jantzen, 1951, 30–36 – W. Rave, Trompe und Zwickel, ebd. 97–103 – J.Fink, Die K. über dem Viereck, 1958.

Kuppelgrab. Diese Grabform mit →Dromos, Kuppelraum (‹falsches Gewölbe› mit darüber aufgeschüttetem Tumulus) und – ausnahmsweise – Grabkammer ist aus Vorstufen auf Kreta (→Tholosgräber) als Fürstengrab vom späten 16. bis ins frühe 13.Jh. auf dem myk. Festland zu immer größerer technischer und künstlerischer Perfektion gelangt. Sie löst neben dem →Kammergrab die älteren →Schachtgräber ab. Unter den 9 K.ern vor der Burg von →Mykene sind die wichtigsten (in zeitlicher Reihenfolge): ‹Grab des →Aigisthos›, ‹Schatzhaus des →Atreus› und →‹Grab der →Klytaimestra›. Andere myk. K.er wurden in der Argolis (Berbati, →Dendra, Prosymna, →Tiryns), in Lakonien (→Vaphio), Messenien (Malthi, →Pylos), Elis (Kakovatos), Attika (→Marathon, Menidi, Thorikos), Böotien (→Orchomenos), Thessalien (→Dimini, Giorgikon) und Kleinasien (→Kolophon) gefunden. W.Schg.

Lit: A.J.B.Wace, Mycenae, 1949, 16–19 – G.E.Mylonas, Ancient Mycenae, 1957, 83–96 – H.Goldman, Excavations of the Fogg Mus. at Colophon, AJA 27, 1923, 67–68 – Zum Tumulus: W.Taylour, BSA 50, 1955, 209–223.

Kureten, ursprünglich wohl alte kret. →Vegetationsdämonen, führen der Sage nach in Kreta um das →Zeus-Kind einen lärmenden Waffentanz auf, um es vor →Kronos zu schützen. In der Literatur oft mit den →Korybanten, den Dienern der →Kybele, vermischt. K.-H.R.

Kuros bzw. *Kore* (‹Jüngling› bzw. ‹Mädchen›), moderne Bezeichnung für archaische nackte Jünglings- bzw. bekleidete Mädchenstatuen, deren Benennung unmöglich ist, wenn die Basis mit der Inschrift fehlt oder der Ort der ursprünglichen Aufstellung nicht mehr bekannt ist. Die frühere Bezeichnung ‹*Apollines*› für die nackten Jünglingsstatuen wird ebenfalls noch verwendet, obwohl es inzwischen erwiesen ist, daß nur wenige dieser Statuen Apollon selbst dargestellt haben können. Die Griechen haben in dieser Frühzeit das gleiche ‹Zeichen› sowohl für den Gott (vgl. z.B. die kolossalen Kuroi vom Heiligtum von Sunion, die →Hera des Cheramyes) als für den Weihenden (vgl. z.B. den →Kalbträger) als auch für Heroen und hervorragende Sterbliche (→Kleobis und Biton) und schließlich für das Erinnerungsmal des Verstorbenen (vgl. z.B. das Grabmal des Kroisos und des Aristodikos) verwandt. Die Benennung und Deutung ergab sich auch für den Griechen erst unmißverständlich durch die Inschrift und den Ort der Aufstellung und dessen weiteren Zusammenhang. Erst die klassische Zeit begann, die einzelnen Bereiche und Sphären wesensmäßig voneinander abzuheben und in ihrer Eigenart darzustellen. E.Bg.

Lit: E.Langlotz-W.H.Schuchhardt, Die archaischen Marmorskulpturen der Akropolis, 1939 – E.Buschor, Frühgriech. Jünglinge, 1950 – G.M.A.Richter, Kouroi (1942), 1960² – E.Paribeni, EAA IV, 1961, 398–402.

Kurotrophos (‹knaben- bzw. kindernährend›), ursprünglich selbständige, vielleicht von der Urbevölkerung übernommene (?) Gottheit, unter deren Schutz die heranwachsenden Kinder stehen; wird dann zum bloßen Beinamen großer griechischer Göttinnen: →Artemis, →Gaia, →Demeter, →Hekate. K.-H.R.

Lit: Nilsson I 388f.

Kursive, Gebrauchs-, Geschäftsschrift, Schrift des Alltags; benannt nach dem eiligen Verbinden mehrerer Buchstaben (Gegensatz: Buchschrift oder Schönschrift). Vgl. →Schrift C[1]. H.Hg.

Kurvenbauten *in der griech. Vorgeschichte* (→Griechenland II A). [1] *Rundbauten.* Je nach Größe und Ausführung reicht ihre Verwendung in der vorgeschichtlichen Ägäis von der primitiven Holzlehmhütte über FH-Rundspeicher (→Orchomenos, ∅ ca. 6 m, Lehmkuppel auf Steinmauer), die um einen Hof gruppiert werden konnten (‹Kornspeicherpyxis› aus Melos), bis zum mächtigen Wohnturm von →Tiryns (FH, ∅ 26,4 m). Fragment einer kleinen tönernen R. – Nachbildung aus Tiryns zeigt Zeltdach. – Kreta: ‹Hypogaeum› in →Knossos. Vgl. auch →Kuppelgrab. Bekannteste andere R. im Mittelmeergebiet: sardinische ‹Nuraghen› aus der späten Bronze- und frühen Eisenzeit.

[2] *Ovalbauten.* Sie stehen in der mittleren Bronzezeit der Ägäis neben →Megaron und →Apsidenhaus. Beispiele: →Tiryns (12 × 5 m ohne Unterteilung); →Orchomenos, →Kreta (Haus von Chamaizi). Herkunft der O. unsicher. Vgl. ferner →*Apsidenhaus.* W.Schg.

Lit: F.Noack, Ovalhaus und Palast in Kreta, 1908 – H.Bulle, Orchomenos I, 1907, 36–52 – E.Kunze, Orchomenos II, 1931, 7f. – A. Evans, The Palace of Minos I, 1921, 103–107 (‹Hypogaeum›) – Tiryns II, 1930, 80–87, IV. 1938, 107f. (Tonmodell) – F.Matz, Die Ägäis, HbArch II 197.261 – F.Schachermeyr, RE 22 (1954), 1434f. 1459f., s.v. Prähist. Kulturen Griechenlands.

Kyathos, (1) Schöpfkelle mit langem Stiel, aus Metall; (2) Schöpfbecher aus Ton, →Skyphos-förmig, mit über die Mündung hochgezogenem Schlaufenhenkel (→Vasen, Abb. 245, 3); beliebt im 6.Jh. v.Chr. I.Sch.

Kyaxares (altpers. [H]uvaxštra), Mederkönig, Sohn des →Phraortes, Enkel des →Deiokes und Vater des →Astyages, der ihm 585 nachfolgte. Er organisierte das med. Heer in regelmäßige Truppenkörper und war der eigentliche Gründer des Reichs. Seine (nach Hdt. 1, 106) 40jährige Regierungszeit war von Kämpfen gegen Skythen und Assyrer beherrscht. An die Abwehr der →Skythen schloß sich, da diese Zuflucht bei →Alyattes von Lydien gefunden hatten, ein Krieg gegen Lydien an; nach 5jährigen Kämpfen wurde eine unentschiedene Schlacht durch die von →Thales vorausberechnete Sonnenfinsternis (585) beendet und der Friede durch die Heirat des Sohnes des K. mit der Tochter des A. bekräftigt. Von der Skythendrohung befreit, gelang es K., Ninive und den größten Teil Assyriens einzunehmen. – Nach Xen. (Kyrup. 1,4,9–8,5,19, ö.) war ein K. der letzte Mederkönig, angeblich Sohn des Astyages und Mutterbruder des Kyros. G.R.

Kybele (auch Kybebe), eine kleinasiat. Naturgottheit (alter Kultmittelpunkt: Pessinūs im oberen Phrygien), die ‹Große Mutter› alles Erdenlebens. Ihr Wesen ist allerdings keineswegs nur mütterlich-freundlich, sondern es trägt auch drohende und dem Menschen gefährliche Züge. Im griech. Mythos wird K. oft der eigentlich in Kreta beheimateten ‹Göttermutter› →Rheia gleichgesetzt. – K. ist eine gewaltige, in der freien Natur, bes. in Bergwäldern hausende Göttin (vgl. die minoische →Herrin der Tiere);

sie fährt mit einem Löwengespann durch die Lande und wird von den → orgiastisch tobenden → Korybanten (die oft den kret. → Kureten gleichgesetzt werden) begleitet. Ihr Gefolge huldigt ihr in wilder Raserei und mit ekstatischen Tänzen, die von lärmender Musik mit Handpauken (tympanon), Klappern, Zymbeln, Flöten und Hörnern begleitet sind. In höchster Ekstase werden ihre Diener, die *Galloi* (lat. Galli), zur Selbstgeißelung bis zur Selbstentmannung getrieben (vgl. Catull 63). Die Mauerkrone, welche K. auf bildlichen Darstellungen häufig trägt, kennzeichnet sie auch als Begründerin und Schutzgöttin von Burgen und Städten (→ Stadtgöttin). – Der Kult der K. verbreitete sich nach und nach im ganzen Mittelmeergebiet (in Rom hält sie als → Magna Mater 204 v. Chr. ihren Einzug), in Griechenland muß er bereits am Ende der archaischen Zeit eingedrungen sein; denn im 5. Jh. v. Chr. findet die ‹Große Mutter› (*Μεγάλη Μήτηρ*) dort weithin Verehrung (so hat → Pindar ein Lied auf sie gedichtet: Fr. 77 Bowra). In vielen griech. Städten wird K. als ‹Große Mutter› sogar in den Staatskult aufgenommen (ihr Tempel in Athen ist das sog. Metrōon). Dabei wird sie fast völlig hellenisiert; oft der ‹Mutter› von Eleusis angenähert (vgl. → Demeter, → Gaia). Viele barbarisch anmutende Eigenarten ihres Kultes, durch die sich die Griechen abgestoßen fühlten, wurden abgeschwächt oder abgeschafft; allerdings bekommen sie vom Hellenismus an wieder stärkeres Gewicht. – Neben der Muttergottheit K. steht → Attis als ihr männlicher Kultpartner. – Zu K. bei den Römern → Magna Mater, → Ludi Megalenses. K.-H. R.

Lit: F. Schwenn, RE 11,2 (1922), 2250–98 – Nilsson I 725–727 – Siehe auch zu → Attis, → Muttergottheiten.

Kykladen (‹Ringinseln›), die große Inselgruppe in der südl. Ägäis (Kt. 1152), nach antiker Erklärung so genannt, weil sie um die heilige Insel → Delos herumlagen. Tatsächlich bilden die heute K. genannten 24 größeren und vielen kleinen und kleinsten Inseln mehrere von NW nach SO ziehende Bögen in Fortsetzung der mittelgriech. Gebirge. Im Altertum wurden aber die Inseln südl. von → Melos und → Naxos zu den → Sporaden gerechnet. Der größte Teil der K. war von ion. Griechen bewohnt, außer Delos am wichtigsten: → Andros, → Tenos, Mykonos, → Keos, Kythnos, Seriphos, Siphnos, Syros, → Paros, Naxos, Sikinos, Ios und Amorgos. Nur die südlichsten K. sind dorisch: → Melos, → Thera, Astypalaia. Religiöser Mittelpunkt war die Insel → Delos. In frühgeschichtlicher Zeit waren bes. die Insel → Naxos und → Paros an der → Kolonisation beteiligt, im 5. Jh. v. Chr. gehörten die K. zum → Att. Seebund, in hellenist. Zeit bildeten sie den Bund der Inselgriechen (‹Nesiotai›), der zumeist von den Großstaaten Ägypten oder Makedonien abhängig war. E. M.

Lit: W. König, Der Bund der Nesioten, Diss. Halle 1910 – Philippson-Kirsten IV 61–209.

[2] Aus der besonderen geograph. Situation ergaben sich in der vorgeschichtlichen Blütezeit der K. (mittleres 3. bis frühes 2. Jt.) die kulturellen Verbindungen ihrer seefahrenden Bewohner sowohl zu Anatolien (im N bis Troja) als auch zum griech. Festland und zu Kreta, von dem diese Inseln im 2. Jt. abhängig wurden. Nach der kret. Katastrophe Einfluß des Festlandes (zunächst Mykene, dann direkter Bevölkerungszustrom unter den Folgen der → Dorischen Wanderung). Vgl. → Griechenland II B. W. Schg.

Lit: A. Philippson-Kirsten, IV 61–209 – Ch. Zervos, L'art des Cyclades, 1957 – Die Ausgrabungen von Tsountas: Ephem. 1898 f.; Delos: Gallet de Santerre, Délos prim. et arch., 1958 – K. Scholes, The Cyclades in the later Bronze Age, BSA 51, 1956, 9–40.

Kykladenidole, aus Kykladenmarmor gefertigte, überwiegend weibliche → Idole der frühen Metallzeit. Neben äußerst schematisierten Formen (‹Violinidol›), die von einem hockenden, steatopygen Typus abgeleitet sind, gibt es K. von insgesamt durchaus plastischem Charakter. Einzelheiten wurden dabei weniger plastisch (am Kopf meist nur die Nase, gelegentlich die Ohren, ausnahmsweise die Lippen) als durch die ursprüngliche Bemalung (zusätzliche Tätowierung) gekennzeichnet. Auch die untereinander abweichenden Typen der plastischen Art, deren einer durch die klaren Umrisse und Proportionen auf den heutigen Betrachter bes. ansprechend wirkt, unterscheiden sich durch ihren Stil sehr von den typologisch ähnlichen älteren steatopygen Idolen. Die K., die mit etwas zurückgenommenem Kopf (stark fliehende Stirn), vor der Brust verschränkten Armen, zusammenliegenden, im Knie leicht gebeugten Beinen und schräggestellten Fußsohlen nach den einen in ekstatischer Haltung vorgestellt sind, nach andern zum Liegen bestimmt waren, sind von unterschiedlicher Größe (von ca. 15 cm bis ca. 3/4 Lebensgröße). Weiterer Typus: Stehend mit Armstümpfen. K. werden in Siedlungen, bes. aber in Gräbern gefunden. Hauptfundplätze Naxos, Paros, Amorgos und Syros. Ihre Verbreitung reicht nach Kreta und aufs griech. Festland. Zur Kykladenkultur → Griechenland II B. W. Schg.

Abb: Ch. Zervos, L'art d. Cyclades, 1957, Abb. 36–58. 104–115. 157 bis 166. 174–178. 244–255. 293–301 – *Lit:* V. Müller Plastik in Griech. und Vorderasien, 1929, 9–14 – W. Weinberg, Neolith. Figurines and Aegean Interrel., AJA 55, 1951, 127–133 – F. Matz, Die Ägäis, HbArch II 208 mit Anm. 1–4 – Ch. Zervos, a. O. 43–47 – F. Schachermeyr, RE 22 (1954), 1415 f., s. v. Prähist. Kulturen Griech. – H. Erlenmeyer-J. Thimme-K. Schefold, AntK 1965, 2.

Kykladenpfanne, auf Grund der Form – eine Scheibe mit schrägem Rand und doppeltem, griffartigem Ansatz – so benannte tönerne Kultgeräte (vor allem Grabbeigaben) der frühbronzezeitlichen Kykladenkultur (→ Griechenland II B). Nach der Griffbildung, die entfernt an menschliche Beine erinnert, und nach der gelegentlich klar darüber wiedergegebenen weiblichen Scham gehören die K. offenbar noch in den Umkreis der → Idole. Die in den dunklen → Urfirnis-Überzug der Unterseite eingravierte, gestempelte und gekerbte Verzierung wurde weiß inkrustiert (Syros-Gruppe). Sie versinnbildlicht bei einzelnen Beispielen mit Schiff, Fischen und Spiralen den Lebensraum der Kykladenleute. Häufig außerdem Sternornamente. Verbreitung: → Kykladen und griech. Festland (→ Asine). W. Schg.

Abb: Ch. Zervos, L'art d. Cyclades, 1957, Abb. 204–211. 218–228 – *Lit:* W. Zschietzschmann, K.n, AA, 1935, 652–668.

Kykladisch, Benennung der Zeugnisse der Kykladenkultur (→ Griechenland II B) des 3. und 2. Jt.s v. Chr. In Analogie zur Periodisierung des Minoischen (→ Kret.-myk. Kultur) und → Helladischen wird auch die Kykladenkultur in drei Phasen (Früh-, Mittel- und Spätkykladikum) eingeteilt. Innerhalb der wichtigsten ersten Periode (FK) unterscheidet man die grundsätzlich ältere Pelosgruppe (nach einem Fundort auf Melos) und die Syrosgruppe. W. Schg.

Kyklopen, nach ihrem einzigen, kreisrunden Stirnauge so benannt, nach Hes. theog. 139 ff., 501 ff., drei Titanen: Brontes, Steropes, Arges (‹Donnerer, Blitzer, Strahler›), Söhne des Uranos und der Gaia. Gewalttätig, aber kunstfertig, schmieden sie für Zeus Blitz und Donner. Bei Homer sind die K. ein menschenfressendes, rohes, riesenhaftes Hirtenvolk, wie z. B. Polyphem, der die Gefährten des → Odysseus frißt (Od. 9); in späterer Sage plump-grober Liebhaber der zarten → Galatea (Theokr. eid. 11 und oft). Auf die K. werden wegen ihrer riesigen Blöcke die ‹kyklopischen› Mauern (→ Tiryns, → Mykene) zurückgeführt. Die K. sind auch Schmiede des Hephaistos und daher am Aetna, auf den Lipar. Inseln oder Lemnos lokalisiert. K. Schb.

Darstellungen: s. zu → Odysseus.

Kyklopische Mauer, aus der Antike übernommene Bezeichnung für die Festungsmauern der myk. Burgen. Riesige, mehr oder weniger roh behauene Steinblöcke meist unregelmäßigen Umrisses (Kalk- oder Konglomeratstein) sind zu zwei Schalenmauern aufeinandergefügt, die kleinen Lücken und das Innere der Schalen (Gesamtstärke ca. 6 m) sind mit kleinen Steinen und Lehm ausgefüllt worden. Auf den Mauern (H. bis ca. 10 m) ursprünglich Aufbau aus Holz und Lehmziegeln. Die eindrucksvollsten Beispiele: → Mykene und → Tiryns. Von bes. Bedeutung die ‹Pelasgische Mauer› in → Athen (I B 1). W. Schg.

Lit: K. Müller, Tiryns III, 1930, 55–76 – Für Athen: Welter, AA, 1939, 1–9.

Kyklos, *epischer*, zusammenfassende Bezeichnung antiker Grammatiker für die älteren Epen (außer Ilias, Odyssee und den Werken Hesiods), die den gesamten (Kyklos!) Sagenkreis von der Entstehung der Welt an bis zum Tode des Odysseus (Proklos chr.) behandeln, dann, enger gefaßt (schol. Clem. Alex. protr. 2, 30), den Stoff vor und nach dem in der Ilias dargestellten Geschehen. Die Bezeichnung ‹e. K.› stammt nach Schmid aus dem Ende des 4. Jh.s, belegt ist sie zuerst bei → Philostrat (epist. 73) und Proklos (chr. p. 102, 4 Allen). – Die kyklischen Epen sind in wenigen Fragmenten oder nur als Titel erhalten, und auch die spärlichen Testimonien aus der Antike vermitteln selten eine genauere Kenntnis über den Dichter, den Inhalt, die Datierung und Qualität der einzelnen Gedichte. – Zunächst wurde Homer als Verfasser einer Anzahl kyklischer Epen angesehen, aber schon Herodot (2, 117) übte Kritik an solchen Zuweisungen. Die einzelnen Werke wurden auch verschiedenen Dichtern zugeschrieben; diese Angaben sind jedoch z. T. widerspruchsvoll und mögen eine Frucht unsicherer gelehrter Kombination sein: → Eumelos, → Kinaithon, → Stasinos, → Hegesinos, → Arktinos, → Agias, → Eugamon, → Kreophylos, → Lesches, → Karkinos, → Peisandros (2) und → Panyassis, die Dichter der kyklischen Epen sind zum größten Teil nicht greifbar.

[2] Sicherer sind die Angaben über die Vers- und Buchzahl der einzelnen Gedichte, die den Verzeichnissen der Alexandriner entstammen. Unsere Kenntnis des *Inhalts* der kyklischen Epen entnehmen wir großenteils gelegentlichen Nachrichten, mythographischen Quellen, späteren Behandlungen des gleichen Stoffs in der Lyrik und im Drama und den Darstellungen der bildenden Kunst. Sie ist auch da nicht immer zuverlässig, wo uns, wie für die Epen des trojan. Sagenkreises, die Inhaltsangaben aus den Auszügen der Chrestomathie des → Proklos (z. T. in der Bibliothek des Photios, z. T. im Venetus A) zur Verfügung stehen. Schmid zieht wohl mit Recht aus der großen Zahl der Zitate in den älteren Scholiensammlungen den Schluß, daß zwar die Alexandriner und die Gelehrten des 2. Jh.s v. Chr. die Epen noch gekannt haben, daß aber Proklos – auch wenn es sich hier um den Grammatiker des 2. Jh.s und nicht um den Neuplatoniker des 5. Jh.s handelt (vgl. Sicherl, Gnomon 28, 1956, 210 Anm. 1) – diese Gedichte offenbar nicht mehr selbst gelesen hatte, sondern für seine Arbeit Exzerpte aus der mythographischen Literatur benutzte. So bringt er denn auch zuweilen die gängige Überlieferung, wenn andere Quellen zeigen, daß in dem betreffenden Epos eine besondere Variante ausgeführt war. Fraglich bleibt auch, ob der ‹fugenlose Zusammenschluß› der einzelnen Werke das Ergebnis einer abrundenden Zusammenfassung ist oder schon im Konzept der Epen begründet war, d. h. ob diese schon von den Verfassern als Ergänzung der Ilias gedacht waren. – Von den kyklischen Epen sind aus Fragmenten oder Testimonien folgende *Werke* bekannt: (1) aus der Göttergeschichte: → Theogonie, → Titanomachie; (2) aus dem → theban. Sagenkreis: → Oidipodeia, → Thebais (mit ihr vielleicht ‹Amphiaraou Exelasis› identisch), → Epigonoi; (3) aus dem → trojan. Sagenkreis vor dem Geschehen der Ilias: → Kyprien; nach dem Geschehen der Ilias: → Aithiopis, → kleine Ilias, → Iliupersis, → Nostoi, → Telegonie, → Thesprotis. – Die Dichtungen der verschiedenen Sagenkreise bildeten wahrscheinlich einen einzigen Kyklos in der Weise, daß der theban. Stoff dem der Ilias zeitlich vorgeordnet war. Von den Epen außerhalb des Kyklos sind bekannt: → Oichalias Halosis, → Argonautika, Naupaktika, Korinthiaka, → Alkmeonis, Minyas, Atthis, Phokais, Theseis, Danais. – *Sprachlich* stehen die kyklischen Epen den homerischen Gedichten nahe, bringen bisweilen aber jüngere Formen (Wackernagel, anders Kullmann). Größere Unterschiede zeigen sich in der *Darstellungsart:* Neben dem Streben nach Vollständigkeit auch auf Kosten der Gesamtkomposition fällt die Betonung erotischer, romantischer, auch grausamer Züge, der Einfluß von Aberglauben und religiösen Strömungen auf.

[3] Die *Datierung* der kyklischen Epen ist bei dem geringen Umfang des erhaltenen Materials schwierig, die Nachrichten aus der Antike widersprechen einander, und auch die Lebenszeit der angeblichen oder wirklichen Verfasser ist meistens umstritten. Nach Clem. Alex. strom. 1, 22. 132. 1 gehören sie in die Zeit zwischen 800 und 500. – Wenn die kyklischen Epen als stoffliche Ergänzung zu Ilias und Odyssee gedacht werden, so ergäbe sich daraus ein terminus post quem. Die Aithiopis, die nach schol. T Hom. Il. 24, 804 die Ilias voraussetzt, datiert Lesky auch wegen des spürbaren Einflusses der delphischen Mordsühne ins 7. Jh. Die Telegonie gilt allgemein als das jüngste Epos dieser Art und ist nach Eusebios 568/565 entstanden. Neuerdings ist die Priorität der Ilias und der Odyssee, die seit der Antike als mehr oder weniger sicher galt, von Kullmann bezweifelt worden. Er setzt z. B. die → Kyprien, die → Aithiopis und die → Iliupersis vor die Ilias. Meuli betrachtet ein → Argonautenepos als Vorlage für Teile der Odyssee. – Das *Urteil der Antike* über die kyklischen Epen ist schwankend. In älterer Zeit wurden einige von ihnen sehr geschätzt (vgl. für Sophokles Ath. 7, 277 E und für Pindar Ol. 6, 15 sowie Nem. 10, 114 ff.); die Alexandriner, für die Homer als höchste Autorität galt, sahen in ihnen literarisch wertlose Informationsquellen. Bezeichnenderweise erhält bei ihnen das Adj. ‹kyklisch› die Nuance ‹trivial›. – Nach Pausanias stand die Thebais ihrem Wert nach der Ilias und der Odyssee am nächsten. Für die heutige Zeit gilt wohl noch das Urteil des Aristoteles (poet. 23, 1459a; rhet. 3. 1415a), nach dem in den kyklischen Epen das Interesse am Stoff und an der Abrundung des Grundstoffes überwog zu Ungunsten der Raffung, der Dramatik und der künstlerischen Anlage. G. K.

Frg: EGF – T. W. Allen, Homeri Opera V, OCT, 1912, 110–150 – E. Bethe, Homer II 2 (1922), 1929² (troischer Epenkreis mit Kritik und Rekonstruktion) – *Lit:* F. G. Welcker, Der epische Cyclus I, 1835 u. 1865; II 1849 u. 1882 – E. Bethe, Theban. Heldenlieder, 1891 – C. Robert, Oidipus, 1915 – W. Kullmann, Die Quellen der Ilias, Hermes-Einzelschr. H. 14, 1960 (Besprechung der Literatur S. 18–28).

Kyklos (‹Kreis›, moderner Ausdruck; lat. redditio: Aquila rhet. 33), rhetor. → Wortfigur; eine Art Kombination von Anapher und Epipher, also Typ x...x; Einrahmung einer Wortgruppe durch das gleiche Wort oder Satzglied, in gewissem Sinn also die kürzeste Form der → Ringkomposition. *Bsp.:* Schiller, M. St. 4, 5: «Ich will ihn nicht sehn. Sagt ihm, daß ich ihn nicht sehen will.» → Traductio. H. H.

Lit: Lausberg, I 317f.; Elemente², 87f.

Kyknos (‹Schwan›), Name mehrerer Heroen: 1. Sohn des Poseidon, Bundesgenosse Trojas im → Trojan. Krieg. Da unverwundbar, von → Achilleus mit Steinwurf betäubt und fast erwürgt, als ihn sein Vater in einen Schwan verwandelt. – 2. Sohn des Poseidon, Vater des Tenes, Eponyms von Tenedos. – 3. Sohn des Ares und der Pelopia, Wegelagerer (bei Pagasai oder am makedon. Echedoros), von → Herakles getötet. – 4. Freund des → Phaethon, so um ihn trauernd, daß er von Zeus in einen Schwan verwandelt wird. – 5. Viel umworbener schöner Knabe, vom einzig erfolgreichen Bewerber, Phylios, verlassen, seines Schmerzes wegen von Apoll in einen Schwan verwandelt. L. H.

Q: 1. Kyprien EGF p. 19; Pind. Ol. 2, 82 ff.; Ov. met. 12, 72 ff. – 2. Diod. 5, 83 – 3. Ps. Hes. aspis 57 ff. – 4. Ov. met. 3, 367 ff. – 5. Ov. met. 7, 371 ff.

Kylix, bei Weingelagen verwendete, flache Trinkschale mit zwei Horizontalhenkeln und anfangs niedrigem, später hohem Fuß (→ Vasen, Abb. 247, 6), gebräuchlich vom 7 bis zum 4. Jh. v. Chr. (Bezeichnung K. nicht restlos gesichert). Vgl. dazu → Kleinmeisterschalen, → Sianaschalen, → Augenschalen, → Kachrylion, → Euphronios, → Epiktet, → Panaitiosmaler. I. Sch.

Lit: P. Hartwig, Die griech. Meisterschalen, 1893 – H. J. Bloesch, Formen att. Schalen, 1940 – F. Villard, REA 48, 1946, 153 ff.

Kyllene, Gebirge im nördl. → Arkadien, heute Ziria (Kt. 1152 C 5), 2376 m, im Mythos als Geburtsstätte des → Hermes genannt. E. M.

Kylon, Athener, Aristokrat und Olympiasieger; Schwiegerson des → Theagenes (1) v. Megara; besetzte ca. 632 vor Chr. in der Absicht, Tyrann von Athen zu werden, die Akropolis; dort wurde er mit seinen Helfershelfern – jungen Aristokraten und Soldaten, die Theagenes ihm geschickt hatte – von den Athenern unter Führung des Archonten → Megakles (→ Alkmeoniden) belagert. K. gelang die Flucht; seine Parteigänger retteten sich an den Altar der Athena Polias. Obwohl ihnen das Leben versprochen war, wurden alle, sogar die, die sich vor den Altar der *Σεμναὶ θεοί* warfen, auf Befehl des Megakles niedergemacht. K. und seine Anhänger wurden auf Lebenszeit verbannt, das durch den frevelhaften Mord besudelte Geschlecht der → Alkmeoniden durch ein außerordentliches Gericht des Landes verwiesen. R. V. C.

Kymation, wellenartige Profilleiste aus stilisierten, plastischen oder gemalten Blattreihen: a) dorisches K. (→ Tempel B 5), b) ionisches K. (‹Eierstab›) (→ Tempel B 12), c) lesbisches K. Vgl. → Ornament A [3]; Abb. 169. G. Gb.

Kyme, die wichtigste Stadt der kleinasiatischen *Aiolis*: von Lokrern gegründet, mit gutem Hafen. Kolonien, → Cumae und → Side.

2. **K.** in *Kampanien* → Cumae.

Kynaithos von Chios, Rhapsode und Homerinterpolator (schol. Pind. Nem. 2, 1; Eust. prooem. Il. p. 6,39) evtl. aus dem 6. Jh. – K. soll, als Haupt einer Rhapsodenschule (Lesky), als erster homerische Dichtung in Syrakus rezitiert haben, wohl bei deren offizieller Aufnahme in die städtischen Agone (504? – Allen: 704), und wird als Verfasser des → Apollon-Hymnus genannt. G. K.

Q: EGF 196 Anm. 3 – *Lit:* H. T. Wade-Gery, The Poet of the Iliad, 1952, 21–23.

Kyniker, Philosophen, deren Philosophie und Lebensführung sich im wesentlichen von → Diogenes von Sinope, bis zu einem gewissen Grade über diesen hinaus von dessen Lehrer, dem Sokratiker → Antisthenes, herleitet; der Name K. kommt zweifellos von dem Spitznamen des Diogenes: *κύων*, ‹Hund›, und nicht, wie später um der Ableitung von Sokrates willen konstruiert worden ist, von dem athen. Gymnasion → Kynosarges, in welchem Antisthenes gelehrt haben soll. Von den beiden Haupteigenschaften des echten K.s, der völligen Bedürfnislosigkeit und der Schamlosigkeit (*ἀναίδεια*), d. h. der völligen Nichtachtung aller Konventionen, hat Antisthenes zweifellos die erstere gepredigt, aber nicht die zweite; ihr verdankte Diogenes seinen Spitznamen, da der Hund in der Antike als das schamlose Tier *κατ' ἐξοχήν* galt. – Dem Charakter ihrer Philosophie entsprechend waren die K. nie in einer Schule mit einem offiziellen Schulhaupt organisiert. Ebenso gab es kein ausgebildetes Schuldogma oder verschiedene theoretische Richtungen nebst den dazugehörigen Diskussionen. Vielmehr unterschieden sich die K. vor allem durch ihren persönlichen Charakter voneinander und durch den individuellen praktischen Gebrauch, den sie von ihrer Philosophie machten. So wurde → Krates (5) v. Theben, während er die Grundprinzipien seines Lehrers Diogenes, auch das der Schamlosigkeit, völlig beibehielt, ganz im Gegensatz zu dessen spöttisch abweisender Art zu einer Art Seelsorger, während umgekehrt etwas später → Menippos v. Gadara und sein Schüler → Meleager (2) gerade den kynischen Spott des Diogenes weiter pflegten; vorher hatte schon → Monimos das neue literarische Genus des *σπουδογέλοιον* erfunden, dessen Charakteristikum es war, ernsthafte Lebensregeln in heiter-witzigem Gewande zu geben. Ähnlichen Zwecken diente die von → Metrokles von Maroneia erfundene Gattung der *χρεῖαι* (→ Chrien), Sammlungen von Aussprüchen, Maximen und Anekdoten, die man auswendig lernen sollte, um sie immer als Richtschnur des richtigen Verhaltens parat zu haben. Ein anderer Diogenesschüler, → Philiskos (2) v. Aegina, soll → Dialoge und ‹Tragödien› geschrieben haben, die letzteren wohl, um zu zeigen, daß die Menschen nur durch ihren Respekt für nicht in der Natur begründete, konventionelle Vorstellungen in tragisches Leiden geraten. Ein gewisser Eubulides oder Eubulos schrieb einen Diogenesroman, in dem Diogenes als Lebensberater und Erzieher dargestellt wurde. → Onesikritos endlich konnte eine hohe Stellung als Kapitän zuerst des Königs-, dann des Admiralschiffes der Flotte Alexanders d. Gr. einnehmen und sich trotzdem noch als kynischen Philosophen betrachten. Etwas weiter von Diogenes entfernten sich einige kynische Richtungen, die im 3. Jh. v. Chr. aufkamen. Der Begründer der Stoa, → Zenon (3) v. Kition, war durch Krates zunächst sehr stark kynisch beeinflußt (so daß von ihm gesagt wurde, er habe seine Jugendschrift ‹Der Staat› auf den Schwanz des Hundes geschrieben), bevor er in Anknüpfung an Sokrates sein System entwickelte, dem im weitern sein Schüler → Ariston (2) v. Chios wiederum einen mehr kynisch gefärbten Stoizismus entgegensetzte.

[2] Die Predigt völliger Bedürfnislosigkeit, aber auch der nicht durch Scham und Konventionen gehemmten Befriedigung der notwendigen Bedürfnisse gab die Möglichkeit zu einem laxeren, ‹hedonistischen› Kynismus, der das bequeme, einfache Leben pries. Er wird vor allem vertreten durch → Bion (1) v. Borysthenes, der auch eine neue Form der kynischen Predigt bzw. des Lehrvortrages, die → Diatribe, ausgebildet zu haben scheint. Bei dem Staatsmann → Kerkidas (Mitte 3. Jh.) verband sich der Kynismus mit sozialen Reformbestrebungen, die jedoch nicht auf einen möglichst hohen Lebensstandard, sondern auf die Befriedigung der naturnotwendigen Bedürfnisse für alle ausgerichtet war und daher die Reichen lehren wollte, daß Reichtum dem wahren Wohlbefinden nicht förderlich ist. – In der *Kaiserzeit* wimmelte es zunehmend von kynischen Bettlerphilosophen, die mit struppigem langem Bart, schmutzigem Mantel, Ranzen und Knotenstock das Reich durchwanderten. Im 1. Jh. n. Chr. machte der Kyniker → Demetrios (6) durch seine antimonarchischen Reden und Angriffe auf einzelne Kaiser, bes. → Vespasian, von sich reden. Er ebenso wie der jüngere → Dion (2) Chrysostomos, der bis in die Zeit Trajans lebte, vertraten einen stoisch gefärbten Kynismus, während im 2. Jh. die ‹aufgeklärten› K. → Oinomaos v. Gadara und → Demonax v. Cypern die stoische Lehre von der Mantik und von der → Heimarmene bekämpften und der schwärmerische → Peregrinus Proteus, der sich i. J. 167 n. Chr. auf einem Scheiterhaufen öffentlich verbrennen ließ, den Kynismus mit mystischen, z. T. von ind. Philosophie abgeleiteten Elementen verband. – Später ging der Kynismus auch Verbindungen mit dem Christentum und dem Neuplatonismus ein. Aus der 2. H. des 4. Jh.s ist der K. → Maximus (5) v. Alexandria bekannt, der mit → Gregor (4) v. Nazianz befreundet war und zum Bischof von Konstantinopel geweiht wurde, aber auch mit den → Neuplatonikern → Isidoros v. Alexandria und → Proklos verkehrte und an die Mantik glaubte. Vgl. auch → Sokratiker. K. v. F.

Q: Gesamtdarstellung der älteren K. bei Diog. Laert., Buch 6. – *Lit:* K. v. Fritz, Quellenunters. zu Leben u. Philosophie des Diogenes v. Sinope, 1926 – R. Höistad, Cynic hero and Cynic King, 1948.

Kynikerbriefe, eine Sammlung von 51 angeblichen Briefen des → Diogenes (5), 35 des Kynikers Krates (5), wie die Sammlung der Sokrates- und Sokratikerbriefe und die der Haltung nach nahestehenden Sammlungen der Briefe des → Anacharsis und des → Heraklit zur Hauptsache im Späthellenismus (2./1. Jh. v. Chr.) entstanden, zum Zwecke sowohl der philosophischen Erbauung wie auch der historischen Unterhaltung. Das geistige Niveau der Briefe ist bescheiden und ungleich. Ihr Wert besteht darin, daß sie in bedeutendem Umfange für ihre Erfindungen das reiche und wichtige Dokumentationsmaterial der Philosophiegeschichtsschreibung des 4./3. Jh.s v. Chr. ausbeuten. O. G.

Ed: EpistGr 208–217. 235–258.

Kynosarges, dem Herakles geweihtes Gymnasion in Athen, außerhalb der Stadtmauern, bestimmt für den Unterricht unebenbürtiger Bürgersöhne wie → Themistokles und → Antisthenes (1), die ausländische Mütter hatten. Antisthenes lehrte hier, weshalb zuweilen der Schulname der → Kyniker vom K. abgeleitet wurde. O. G.

Kynoskephalai, ‹Hundeköpfe›, heute Karadag, Bergzug im südöstl. → Thessalien s. ö. → Krannon; 365 Schlacht bei K. zwischen den Böotiern unter → Pelopidas, der dort fiel, und → Alexander (19) v. Pherai; in seiner Nähe 197 v. Chr. der entscheidende Sieg des → T. Quinctius (3) Flamininus über → Philipp V. v. Makedonien. E. M.

Lit: F. Stählin, RE 12,1 (1925), 33–35.

Kynuria, Gebirgslandschaft an der Ostseite des → Parnon und Westküste des argolischen Golfs (Kt. 1152 C5), ursprünglich von → Argos beherrscht, aber ständig umstritten zwischen Argos und → Sparta, seit Mitte des 6. Jh.s im Besitz → Spartas, von → Philipp II. v. Makedonien 338 an Argos zurückgegeben. E. M.

Lit: J. Walker, Kynouria, 1936 – Philippson-Kirsten III 480–488.

Kyprien, kyklisches Epos des trojan. Sagenkreises aus dem 8./7. Jh.; in Fragmenten erhalten. Als Verfasser neben → Stasinos von Kypros (Prokl.; Ath. 15,682 D/E u. a.), Hegesines bzw. Hegesias von Salamis und → Lesches (Paus. 10,26,1) genannt. – Die K. erzählten in 11 Büchern die Vorgeschichte der Ilias: Die Hochzeit des → Peleus und der → Thetis, das → Parisurteil, die Entführung → Helenas, die Werbung des → Menelaos zum Kriegszug, die Ereignisse in Aulis und Geschichten aus dem in der Ilias nicht behandelten Kriegsabschnitt. Vgl. → Kyklos. G. K.

Q. u. Frg: EGF 15–32 – Th. W. Allen, Homeri Opera V, OCT, 1912, 97. 98. 102–105. 116–125 – *Lit:* F. G. Welcker, Der ep. Cyclus I, 1835, 300–311 – E. Bethe, Homer II 2 (1922), 1929², 224–225. 227 bis 245. 285–297 – A. Severyns, Le cycle épique dans l'école d'Aristarque, 1928, 245–313 – P. v. d. Mühll, Kyprien-Odyssee, Festschr. Tschudi, 1954, 1–5.

Kypselos, Korinther, 2. H. 7. Jh. v. Chr., Nachkomme der Lapithen durch seinen Vater Eetion und der → Bakchiaden durch seine Mutter Labda; stürzte die herrschende Oligarchie, indem er den letzten Bakchiadenkönig umbrachte und sich vom Demos zum König ausrufen ließ; vertrieb die Bakchiaden und zog ihren Besitz zugunsten der Gemeinde ein. Als Herrscher war K. maßvoll und friedliebend; er reorganisierte die Finanzen durch Einführung der *εἰσφορά;* die korinthische Münzprägung geht möglicherweise auf seine Regierung zurück; K. verfolgte längs der Küsten von Ätolien, Akarnanien, Epeiros und Illyrien eine Kolonialpolitik, die → Periander v. Korinth fortsetzte; doch waren diese neuen korinth. Kolonien eher von der Art der att. Kleruchien als Kolonien vom üblichen Typus. Die Chronologie des K. ist umstritten: 657–627 oder ca. 620 bis 590 v. Chr. L. V. C.

Lit: W. Will, Korinthiaka, 1955, 363–502; 517–571 – J. Ducat, Note sur la chronologie des Kypsélides, BCH 85, 1961, 418–425.

Kypseloslade. Pausanias (5,17,5–19,10) gibt eine ausführliche Beschreibung der von Kypselos oder von den Kypseliden, den Tyrannen von Korinth, gestifteten, also wohl um 600 v. Chr. in Korinth entstandenen Lade oder Truhe (*λάρναξ*), die nach Dio 6, p. 325 R. (der sie *κιβωτός* nennt) im Opisthodom des Heraion von → Olympia stand. Sie war aus Zedernholz gefertigt, hatte Figurenfriese in 5 Streifen (*χῶραι*) übereinander aus Gold, Elfenbein und dem Zedernholz der Truhe selbst. Die erklärenden Inschriften, einige in Versform, waren in altkorinth. Schrift in Windungen und z. T. → bustrophedon beigeschrieben. Pausanias sagt nicht deutlich, ob nur die Vorderseite verziert war oder, wie wahrscheinlicher, mindestens noch die beiden Nebenseiten. Die Form der Larnax ist wohl als rechteckiger Kasten mit Deckel zu verstehen, mit 4 Füßen, wie sie auf Vasenbildern oder → lokrischen Votivpinakes zu sehen sind. Naturgemäß ist nichts erhalten. In Analogie zu den in Delphi gefundenen, à jour gearbeiteten Elfenbeinreliefs (→ Elfenbein) möchte man sich heute die Friese eher in flachem Relief aufgesetzt vorstellen und nicht als Intarsien. Die Darstellungen auf den Friesen sind zwar im einzelnen nicht zu rekonstruieren, doch sind uns die Inhalte als archaische Themen fast alle geläufig und aus der → Vasenmalerei oder von den → Schildbändern her bekannt (Götter- und Heroensagen). Ein einheitliches Programm ist weder beabsichtigt noch in dieser Zeit zu erwarten. U. J.

Lit: W. v. Massow, Die K., AM 41, 1916, 1–117, Taf. 1–4 (= Diss. Leipzig 1922) – G. Lippold, RE 12,1 (1925), 121–126, s. v. Kypselos – G. M. A. Richter, Ancient Furniture, 1926, 89–99 – E. Kunze, Archaische Schildbänder, in: Olymp. Forsch. II, 1950, passim – D. Ohly, Griech. Goldbleche, 1953, 57 – E. Simon, EAA IV, 1961, 472–432, s. v. Kypselos, Arca di.

Kyrenaiker. → Aristipp von Kyrene und seine Anhänger werden als K. von der Doxographie als eine der sokratischen Schulen gerechnet, obschon es sich zweifellos nie um eine Schule im Sinne einer festen Organisation gehandelt hat. Eine Liste der K. gibt → Diogenes (1) Laertios 2,86. Schüler des Sokratikers Aristippos sind (unter Umgehung des Sohnes, vgl. Diog. Laert. 2,81) die Tochter Arete und Antipatros von Kyrene. Schüler der Arete ist ihr Sohn Aristippos ‹der Mutterschüler› (*ὁ μητροδίδακτος*), über den nur der bedenkliche Bericht bei Eus. praep. ev. 14,18, 31–19,8 Näheres zu erzählen weiß; Schüler dieses Aristippos → Theodoros (2) Atheos, dessen Anhänger sich Theodoreer nannten. Schüler des Antipatros ist Epitimides von Kyrene; diesem folgt Paraibates, dessen Schüler → Hegesias (1) und → Annikeris sind; die Anhänger des ersten nennen sich Hegesiakoi, die des zweiten Annikereioi. Die Überlieferung läßt nur z. T. erkennen, worin die Lehrdifferenzen zwischen orthodoxen K.n, Theodoreern, Hegesiakern und Annikereern bestanden haben. Die Tradition der K. im ganzen dürfte gegen Ende des 3. Jh.s v. Chr. erloschen sein. O. G.

Lit: → Aristipp von Kyrene.

Kyrene [1] *Landschaft* und röm. Provinz in Nordafrika (Kt. 1565 F5; die heutige *Kyrenaika*). K. wird im Westen von der großen Syrte, im Osten von Ägypten begrenzt. Im Süden schließt die libysche Wüste an. Nach dem schmalen Küstensaum steigt das Binnenland in zwei Stufen zum sog. Djebel an. K. ist der einzige Ort in Nordafrika, der sich für eine griech. Kolonie günstig erwies. Zentrum ist die griech. Kolonie K. Sie ist eine Gründung aus dem 7. Jh. v. Chr. durch Einwanderer von der Insel Thera unter König → Battos. Das Königshaus der → Battiaden regierte fast 200 Jahre. Der letzte König, → Arkesilaos IV. (Sieger in den Pythien 462 und an der Olympiade 460, vgl. Pindar, Pythien 5), wurde ermordet; eine Kette von Bürgerkriegen folgte. Haupteinkunftsquelle zur Zeit der Battiaden war der Handel mit → Silphion, der königliches Monopol war. Die libyschen Stämme lieferten das Silphion als Tribut ab. Die Städte der Kyrenaika unterwarfen sich → Alexander (5) d. Gr. bei seiner Eroberung Ägyptens. Anschließend ging K. an die → Ptolemäer über, die es nach mehreren Revolten 301 v. Chr. in ihre Hand brachten. → Ptolemaios I. schickte seinen Stiefsohn → Magas als Gouverneur. 274 v. Chr. erklärte sich dieser für unabhängig. Erst → Ptolemaios III. brachte K. wieder unter seine Herrschaft. 163 v. Chr. wies der röm. Senat K. dem Bruder → Ptolemaios' VI. zu, als eigenständiges Königreich. Bei dessen Thronbesteigung in Ägypten als Ptolemaios VII. Euergetes wurden die beiden Reiche wieder vereinigt. Ptolemaios hinterließ K. bei seinem Tode seinem illegitimen Sohn Ptolemaios Apion, der bei seinem

Tode 96 v. Chr. K. an Rom vermachte. Rom übernahm nur das königliche Land und ließ die Städte frei, die sofort in Streit untereinander gerieten. 74 v. Chr. wurde K. als röm. Provinz organisiert, aber wegen seiner Kleinheit nur von einem Quästor verwaltet. Die Provinz wurde bald mit Kreta vereinigt und von einem Proprätor verwaltet. Nach einem kurzen Zwischenspiel, während dessen K. durch Kleopatra Selene, die Tochter des → Antonius (2), verwaltet wurde, vereinigte → Augustus K. erneut mit Kreta und übergab die Doppelprovinz an den Senat. Während der Kaiserzeit gaben sowohl die Stämme des Hinterlandes als auch die große jüdische Kolonie Anlaß zu Unruhen. Unter → Diokletian wurde K. Einzelprovinz unter dem Namen Libya Pentapolis (nach dem alten Fünfstädtebund von Kyrene, Apollonia, Ptolemais/Barke, Teuchiria/Arsinoe und Euhesperidae/Berenike). R. F.

Lit: A. H. M. Jones, Cities of the eastern Rom. prov., 1937, 351–364.

[2] Die *Stadt K.* (621 m ü. d. M.), am Rande des zweiten Djebelplateaus, liegt auf zwei Hügeln und im dazwischenliegenden Tal, durch das die Via principalis verläuft. Auf dem Osthügel lagen der Zeustempel und das Stadion, auf dem Westhügel Agora, Akropolis und Caesareum. Im Osten der Talmulde liegen Zisternen und eine byzantin. Basilika, im Westen Theater, Apollontempel und Thermen. Ein byzantin. Mauerzug umschließt die zentralen Teile. Unter diesen Bauten seien hervorgehoben: der frühdorische Apollontempel, ein hexastyler Pteripteraltempel, das gut erhaltene, in die Felsen eingebaute Theater und die Thermen (erbaut unter → Trajan 98 n. Chr., restauriert 119 durch → Hadrian; hier wurde 1913 die berühmte Venus Anadyomene gefunden). Erwähnt sei auch die ausgedehnte Nekropolis mit zahlreichen Felsgräbern. R. F.

Lit: Documenti di Cirene Antica, RFIC NS 6, 2/3, 161–422 – F. De Visscher, Les édits d'Auguste à Cyrène, 1940 – I. B. Ward-Perkins, Severan art and arch. at C., JRS 38, 1948, 63–80 – F. Chamoux, Cyrène, 1953 – A. Rowe, Cyren. Exp. of the Univ. of Manchester (1955–57), 1959 – E. Kirsten, Nordafrik. Stadtbilder, 1961 (Lit) – R. Goodchild, C. and Apollonia, 1963.

Kyrene, Tochter des Lapithenkönigs Hypseus, große Jägerin. Bezwingt unbewaffnet einen Löwen im Ringkampf, wobei Apollon ihr zusieht und sich in sie verliebt. Nach Libyen entführt, wird sie Mutter des → Aristaios (Hes. Frg. 128; Pind. Pyth. 9, 5 ff.).

Lit: L. Malten, K., 1911 – *Darstellungen:* Löwenkampf der K. am Schatzhaus der Kyreneer in Olympia (Olympia III 19), dann vor allem in der Kaiserzeit (vgl. z. B. E. Paribeni, Catalogo d. Sculture di Cirene, 1959, Taf. 102 f., Nr. 176–178; vgl. Taf. 49, 50) – *Lit. dazu:* F. Studniczka, K., 1890 – G. Sgatti, Cirene, EAA IV, 1961, 960 f. K. Schb.

Kyrill, 412–444 Bischof v. Alexandria, letzte große Figur → alexandrinischer Theologie und Patriarchen. Konflikte mit dem Staat nicht scheuend (z. B. mit Ägyptens Präfekt wegen K.s Aktionen gegen Ketzer und Juden; an der Ermordung → Hypatias war K. unschuldig), löste er seit 428 durch Konspiration mit Rom und dogmatisch-polemischen Streit, später auch Verteidigungsschriften (insges. 14), z. T. das ökumenische Ansehen alexandrin. Osterfestbriefe ausnützend (insges. 29), den christologischen Streit mit dem byzantin. Patriarchen (vgl. zu → Nestorius) aus. Trotz seiner, dem Pyrrhussieg von Ephesus 431 (→ Konzile) auf dem Fuß folgenden Absetzung konnte er sich dabei auf dem Bischofsthron halten. Unter → Athanasios' Namen verbreitete Schriften des → Apollinaris (sog. apollinaristische Fälschungen) vermittelten ihm die christologische Formel von der *μία φύσις* (→ Monophysitismus), die Zeitgenossen (z. B. → Theodoret) ihm verdachten und die noch heute über seine ‹Orthodoxie› debattieren läßt (Diepen); erst nach seinem Tode galt er als ihr Hüter. – *Werke:* Neben ca. 90 Briefen und 5 Homilien (hom. 4: angebliche Konzilspredigt 431, umstritten) sind die 30 Bücher ‹Gegen den gottlosen Julian› (1–10 erhalten) und voluminöse Exegetika zum AT und NT (11 insges.; Kommentare und Homilien) hervorzuheben. In letzteren übt K. eine kombiniert typologisch-allegorische → Exegese (17 Bücher ‹De adoratione et cultu in spiritu et veritate› und 13 Bücher ‹Zierliche Erklärungen› zum Pentateuch), berücksichtigt den historischen Aspekt und zeigt, daß er von der → Antiochenischen Schule lernte, gegen deren Häupter → Diodor (5) v. Tarsos und → Theodor (10) v. Mopsuestia K. literarisch polemisierte. C. A.

Ed: PG 68–77 – E. Pusey, 7 Bde, 1868–77, (Einzelschriften) – B. Chabot, CSCO 70, 1912 und R. M. Tonneau, ebd., 140, 1953 (Lk.-Komm. mit franz. Übers.) – Acta Conc. oecum., ed. Schwartz I 1–5 (dogmatisch-polemischer Nachlaß) – *Lit:* Altaner, 255 ff. – Ergänzend dazu: A. Kerrigan, Studia Patristica I 1, 1957, 354–374 (Wortsinn und spiritualistische Exegese des NT) – C. Molari, Euntes docete 12, 1959, 223–229 (Christologie u. neuplatonische Anthropologie) – H. M. Diepen, Douze dialogues de christologie ancienne, 1960.

[2] *Glossar.* Unter dem Namen des Patriarchen K. v. Alexandria ist in zahlreichen Hss. ein Glossar überliefert, welches im griech. Sprachbereich des MA das am weitesten verbreitete Wörterbuch war. Vermutlich im 5. Jh. n. Chr. entstanden, war es für den gebildeten Christen jener Zeit bestimmt. Die einzelnen, meist kurzen Erklärungen sind aus Glossaren zur Bibel, zu Homer, zu Euripides und anderen Autoren zusammengestellt. Die K.-Artikel liegen mehreren byzantinischen Lexika zugrunde (→ Synagogē, → Suidas, → Photios) und sind in das Lexikon des → Hesych eingearbeitet worden, ihre Kenntnis ist also für die Analyse dieser Schriften wichtig. Die Überlieferung des Glossars hat Drachmann aufgearbeitet, der fertiggestellte Text ist noch immer unveröffentlicht. H. E.

Lit: G. Wentzel, SB Berlin 1895, 478 – A. B. Drachmann, Die Überlieferung des Cyrillglossars, 1936 – K. Latte, Hesychii Lexicon I, 1953, XLIV–LI.

Kyros I. (Kuraš), Sohn des → Teispes, pers. König 645/640 bis 600 v. Chr. Versucht, sich mit Assyrien unter Assurbanipal zu verbinden, muß aber die Oberhoheit der Meder anerkennen.

2. **K. II. d. Gr.,** Sohn → Kambyses' I., pers. König 559 bis 529, dem es gelingt, im Bündnis mit → Nabonid von Babylon, die med. Lehnsherrschaft abzuschütteln, → Astyages zu schlagen und Ekbatana zu erobern; das med. Reich geht an die → Perser über. → Kroisos von Lydien sucht dem Wachsen des Perserreiches zu wehren, wird aber von K. geschlagen, der nach Lydien auch noch die Griechenstädte Westkleinasiens unterwirft, Babylon erobert (539) und so das Perserreich zum Weltreich erhebt. Nach früheren erfolgreichen Zügen gegen die Nachbarstämme im Osten (Unterwerfung von Baktrien und Sogdiane; Anlage von Stützpunkten) fällt er bei einem neuen Kampf gegen die Massageten (529). Seine außenpolitischen Erfolge, seine kluge Verwaltung, seine Toleranz gegenüber Bräuchen, Religion und Verfassung der unterworfenen Völker (z. B. Erlaubnis zum Wiederaufbau des Tempels in Jerusalem, 538) ließen ihn in der Tradition bald zum idealen Herrscher werden, dessen Geschichte, zumal die Jugendgeschichte, von legendären Berichten umwoben wird (Xen. Kyrup. 1, 1–6; Hdt. 1, 107 ff.). Palast und Grab in → Pasargadai.

3. **K. d. J.,** pers. Prinz, Sohn → Dareios' II. und der Parysatis. Seit 408 Karanos (Vizekönig) von Kleinasien, im Besitz der Satrapien Lydien, Großphrygien und Kappadokien, suchte sein Gebiet auf Kosten der Nachbarsatrapien zu erweitern. Unterstützte nachdrücklich die Spartaner im → Pelop. Krieg. Sein eigentliches Ziel war das achämenid. Großkönigtum, da er im Purpur geboren war, obgleich jünger als sein Bruder → Artaxerxes II. Geheimabkommen zwischen Sparta und K. Entsendung eines Heeres durch die Spartaner unter Cheirisophos nach Kilikien zu K. Mit Einverständnis des kilik. Königs überschritt er unangefochten die Tauruspässe. Artaxerxes war durch → Tissaphernes gewarnt worden. Im Herbst 401 kam es bei Kunaxa (nördl. Babylon) zur Schlacht. K. verwundete selbst seinen Bruder, fand aber im Kampfgetümmel den Tod. Damit war das Unternehmen führerlos geworden, und die zehntausend

griech. Söldner mußten auf eigene Faust den Weg nach Griechenland zurück finden (→Xenophon).

4. **K. von Panopolis** (Ägypten), griech. Epiker und Epigrammatiker im 5. Jh. n. Chr., hoher Beamter (u. a. Stadtpräfekt) in Konstantinopel, wurde nach seiner Verbannung zum Bischof von Kotyaeion in Phrygien geweiht, doch mußte er auch dieses Amt später aufgeben. Einige Epigramme erhalten (AP). E. V.

Q: Suidas s. v. u. a.

Kythera, im MA italienisch Cerigo, Insel südl. des Kaps →Malea (Kt. 1152 D7), in der Frühzeit zu →Argos, später als Periökenstadt zu →Sparta gehörend. Im Altertum berühmtes Aphrodite-Heiligtum; Purpurfischerei. E. M.

Lit: R. Leonhard, Die Insel K., 1899.

Kytissoros, Sohn des →Phrixos, verhindert die Opferung seines Großvaters →Athamas an Zeus (Hdt. 7, 197, 3).

Kyzikener (*Κυζικηνοί* od. *Κυζικηνοῦ στατῆρες χρυσίου*), wichtigste Elektronmünze des 6.–4. Jh.s v. Chr., genannt nach dem in Mysien gelegenen Prägeort, der bedeutenden Handelsstadt Kyzikos, dem Umschlagsplatz für den südrussischen Getreidehandel. Die K. wurden für die Bezahlung dieses Getreides geprägt und werden daher auch in Südrußland und in den nördlichen Balkanländern am häufigsten gefunden. Das Gewicht eines K.s war ca. 16,2 g. Xenophon erwähnt den K. als den Monatssold eines griech. Hopliten (Anab. 5, 6, 33; 7, 3, 10), wie der K. und sein gewöhnlichstes Teilstück, die →Hekte (ca. 2,70 g), auch sonst in Inschriften und Quellen des 5.–3. Jh.s v. Chr. häufig genannt wird. Keiner der K. oder seiner Teilstücke – 1/6, 1/12, 1/24 und der minimale 1/48 →Stater – trägt indessen eine Inschrift, und der Bildtypus ist auch nie das von seinem Relief bekannte Stadtwappen von Kyzikos, ein Thunfisch, sondern dieser tritt auf sämtlichen Prägungen regelmäßig nur als Nebensymbol (Beizeichen) auf. Die eigentlichen Prägetypen wechseln hingegen häufig (wahrscheinlich jährlich) und haben uns daher den reichsten Schatz an mythologischen Darstellungen – Gottheiten, Heroen, Fabelwesen, Tiere, Kultgeräte usw. – überliefert, den die griech. Münzprägung kennt. Hier finden sich, neben den ältesten Imitationen bekannter Werke der großen Kunst – Kekrops, Gaia mit Erechthonios, die athen. Tyrannenmördergruppe von der Agora, usw. –, auch einige der frühesten Individualbildnisse unbekannter (verstorbener?) Persönlichkeiten des öffentlichen Lebens von Kyzikos zu Beginn des 4. Jh.s vor Chr. sowie Kopien bekannter Münztypen anderer Städte (wie z. B. Gela auf Sizilien usw.). – Die Rückseiten der K. zeigen stets ein viergeteiltes →Quadratum incusum. Der K. kam im 5. und 4. Jh. v. Chr. einem →Dareikos (= 25 att. →Drachmen) gleich (Xen., a. O.). W. Schw.

Lit: Babelon, I 486–488 – K. Regling, RE 12 (1925), 224–228 – Ders., in: v. Schrötter, 339 – Ders., Münze als Kunstwerk, 1924, 51. 82. 89–91 – Ders., Z. f. N. 41 (1931) 1–46 (Fd. von Prinkipo) – H. von Fritze, Nomisma VII, 1912 – G. F. Hill, Num. Chron., 1925, 10–11 – A. Baldwin Brett, Catalogue of Greek Coins (Museum of Fine Arts, Boston), 1955, 183–204.

Kyzikos, myth. König der Dolionen im Gebiet der gleichnamigen Stadt; nimmt die →Argonauten gastlich auf. Später in irrtümlich entstandenem Kampf von ihnen getötet (Apoll. Rhod. 1, 936 ff.).

Kyzikos (Kt. 1152 H2; heute Balkız), Hagenstadt am Südufer der Propontis am Isthmus der Halbinsel K. K. nahm am ion. Aufstand teil und gehörte dann zum →Att. Seebunde. 410 v. Chr. schlug →Alkibiades die Peloponnesier bei K. vollständig. Im →Antalkidasfrieden ging K. aber an Persien über. Nach Alexander spielte die Stadt in den Diadochenkämpfen wiederholt eine Rolle. Über das →Seleukidenreich kam sie ins →Pergamenische Reich und mit diesem in röm. Besitz. Innerhalb der Provinz →Asia hatte K. den Status einer freien Stadt, der ihr aber 25 n. Chr. unter Tiberius aberkannt wurde. Erdbeben stifteten in K. Schaden unter den Kaisern Hadrian, Antoninus Pius und Justinian. Zur Stadt gehörte ein größeres umgebendes Gebiet. Von den Bauten waren die Häfen bedeutend, Ruinen mehrerer Tempel, eines Theaters und eines Amphitheaters sind erhalten, ebenso Reste der Stadtmauern. R. F.

Lit: Ruge, RE 12, 1 (1925), 228–233 – D. Magie, Roman Rule in Asia Minor, 1950, 901 f. (Lit) – P. Laubscher, Zwei neue Kouroi, Ist. Mitt. 13/14, 1963/64, 73–80.

Labarum (Herkunft und Bedeutung des Wortes ungesichert), aus der röm. Reiterfahne (→ Vexillum) entwickelte Kaiserstandarte mit dem → Christogramm auf der Schaftspitze, seit 326 n. Chr. nachweisbar. E. Bay.

Lit: RGG IV 1104–06 – R. Egger, SB Wien, 234, 1, 1960.

Labdakos, Enkel des → Kadmos von Polydoros (oder jedenfalls Nachkomme der ‹Spartoi›), bei dessen Tod er erst ein Jahr ist. So kommt der Thron erst an Lykos, dann an → Amphion (Apollod. 3, 40–45). Grenzkrieg mit Pandion (vgl. → Tereus). Vater des → Laios.

Labeo → Antistius, → Cornelius.

Laberius, D., → Mimendichter, Zeitgenosse → Caesars; im Alter von mehr als 60 Jahren in einem mimischen Wettkampf von → Publilius (2) Syrus besiegt (V. 127–130). In einem längeren Prolog (V. 98–124) nimmt der Dichter Stellung zu seinem von Caesar geforderten ersten Auftreten als Mime: nach einem langen Leben ohne Tadel *(sine nota)* wird er, der eben noch als Ritter aus dem Haus getreten ist, als Mime zurückkehren. Von seinen Dichtungen sind 43 Titel und ca. 150 Verse erhalten: die Sprache ist volkstümlich, mit kühnen, an altlat. Manier erinnernden Schöpfungen (deshalb das Interesse der Grammatiker an L.); einige politische Anspielungen (z. T. gegen Caesar gerichtet); wenig Sentenzen. H. M.

Frg: CRF 279–302 – *Lit:* Schanz-Hosius, I 257–259.

Labienus, T. (tr. pl. 63 v. Chr.). L. erließ 63 ein Gesetz, nach dem die Bestellung der Priester wieder wie 104–81 bei den → Comitien liegen sollte. Im gleichen Jahr Anklage gegen C. → Rabirius (1) und Ehrenbeschlüsse für → Pompeius (2). Wenig später wohl Prätor. 58/50 Legat → Caesars in Gallien, vielleicht als Vertrauensmann des Pompeius. Bedeutende militärische Leistungen, u. a. im Feldzug gegen die Stämme an der Seine. 50 Caesars Vertreter in der Cisalpina. Bei Beginn des Bürgerkrieges ging L. zu Pompeius über aus Gefolgschaftstreue oder weil er dessen Sache für besser und aussichtsreicher hielt. Er folgte Pompeius nach Griechenland und kämpfte in Africa und Spanien. 45 bei Munda gefallen. Chr. M.

Lit: R. Syme, The Allegiance of L., JRS 28, 1938, 113–125.

2. **L.,** Q. Sohn des vorigen. 43/42 v. Chr. von → Brutus (2) und → Cassius (8) zum Partherkönig geschickt, um dessen Hilfe gegen das → Triumvirat [2] zu gewinnen. War z. Z. der Schlacht bei Philippi noch dort, bewog danach die Parther zum Krieg gegen → Antonius (2), an dem er als Heerführer teilnahm. L. drang siegreich bis Phrygien vor; er schlug Münzen mit dem Titel *Parthicus imp*(erator). 39 von P. → Ventidius Bassus geschlagen, bald darauf umgekommen. Chr. M.

3. **L.,** T., Redner der augusteischen Zeit und Gegner des → Asinius (2) Pollio. L. lebte als überzeugter Pompejaner in beengten Verhältnissen. Als Redner bediente er sich eines neuen Stiles und nahm nicht an öffentlichen Deklamationen teil; wegen seiner rücksichtslosen Invektiven auch ‹Rabienus› genannt. L. beging Selbstmord, als seine historiographischen Schriften gegen Ende der augusteischen Zeit auf Senatsbeschluß verbrannt wurden. Seine Werke wurden, wie die des → Cremutius Cordus und des → Cassius (11) Severus, erst unter Caligula wieder der Öffentlichkeit zugänglich gemacht. Über ihn Sen. contr. 10 pr. 4–8. U. Wm.

Lit: R. Syme, Roman Revolution (1939), 1952², Ind. S. 552.

Labiovelar, mit Rundung der Lippen oder einem *u*-artigen Nachklang gesprochener Velar (Gaumenlaut). Solche L.e werden fürs Indogermanische angesetzt und sind im Latein (z. B. *quis, ninguit*) und im → Mykenischen erhalten. Im historischen Griechisch sind sie meist zu Labialen, vor hellen Vokalen zu Dentalen geworden, vgl. *ποῖ*, ‹wohin?›, *τίς*, ‹wer?›, gegen lat. *quō, quis.* E. R.

Labranda → Mylasa.

Labyrinth. [1] In *Ägypten:* mit L. bezeichneten die Griechen (Hdt. 2, 148; Str. 17, 811) den Totentempel → Amenemhets bei Hawâra, da er mit seinen vielen Räumen an das kret. L. erinnerte. Er ist erst in nachantiker Zeit zerstört worden, dann allerdings gründlich. W. Hk.

[2] Das Wort *ὁ λαβύρινθος* gehört zu dem ins Griechische übernommenen vorgriech. Sprachgut. Für die Griechen verband sich diese Vorstellung mit der von → Daidalos erbauten Wohnung des Minotauros (→ Theseussage) auf Kreta. Die ursprüngliche Gleichsetzung mit dem Palast von → Knossos ist jetzt wieder dank den Ausgrabungen aus der verwirrenden Gliederung dieses Palastes begreiflich. Andere L.e: in Lemnos bzw. Samos, Etrurien. W. Schg.

Lit: R. Eilmann, L., Beitr. zur Gesch. einer Vorstellung u. eines Ornamentes, 1931. Zum Ornament vgl. jetzt Freskofragmente aus → Pylos (AJA 65, 1961, 57–62) – P. E. Pecorella, EAA IV, 1961, 436–440.

Lachares trat nach dem Abzug des → Demetrios (1) Poliorketes aus Hellas 302 v. Chr. in Athen als Führer des Demos und Vertrauensmann des → Kassandros hervor. Zum Strategen der Söldner gewählt, machte er sich 300/297 zum Tyrannen, indem er mit ihrer Hilfe seinem Gegenspieler, dem Strategen → Charias, während innerer Kämpfe die Akropolis entriß. Trotz Aufrechterhaltung einer gewissen demokratischen Fassade gebrauchte L. seine Macht rücksichtslos und beschlagnahmte zur Bezahlung seiner Söldner sogar die altehrwürdigsten Tempelschätze. Während der Belagerung Athens durch Demetrios 295/294 leitete er die Verteidigung mit Energie und Härte, bis eine Hungersnot im April 294 zur Kapitulation zwang. L. entkam nach Böotien, wo er den Tod gefunden zu haben scheint. F. Kch.

Q: Plut. Demetr. 33 f. – Paus. 1, 25, 7 – Polyain. 3, 7 – FGrHist 257a – *Lit:* G. de Sanctis, Lacare, RFIC N. S. 6, 1928, 53–77 – W. S. Ferguson, L. and Dem. Poliorcetes, ClPh 24, 1929, 1–31 – G. Glotz, Hist. gr. IV 1², 1945, 351 ff.

2. **L. von Athen,** Redner und Redelehrer des 5. Jh.s n. Chr., schrieb u. a. über die Rhythmik der Prosarede. H. H.

Q. u. Frg: W. Studemund, Ps.-Castoris Exempla rhetorica, 1888 – H. Graeven, Ein Fragment des L., Hermes 30, 1895, 289–313 – *Lit:* L. Radermacher, RE 12, 1 (1924), 332–334.

Laches, reicher Athener, Anhänger des → Nikias (1), 427 v. Chr. als Stratege mit 20 Schiffen nach Sizilien geschickt, wo er die chalkidischen Städte erfolgreich gegen Syrakus unterstützte und das Bündnis Athens mit Segesta erneuerte. Trotzdem 425 von → Kleon (1) vor Gericht gezogen, wurde er freigesprochen. 421 war L. maßgeblich am Abschluß des Nikiasfriedens und des darauffolgenden Bündnisses zwischen Athen und Sparta beteiligt, 418 fiel er als Stratege des athen. Korps in der Schlacht bei Mantineia. F. Kch.

Lachesis → Moira.

Lachmannsche Regel. Im lat. Hexameter ist Elision in der ersten Hälfte des daktylischen Fußes nur gestattet, wenn der Anfangsvokal des folgenden Wortes nicht die natürlich betonte Silbe eines mehrsilbigen Wortes bildet. J. W. H.

Lit: K. Lachmann, in: Lucretius (ed.), 1871, 196 ff. (zu 3, 954).

Lactantius Placidus, lat. Grammatiker, 6. Jh. n. Chr. (?). Unter seinem Namen sind Scholien zu Stat. Theb. erhalten.

Ed: R. Jahnke, 1898 – *Lit:* Schanz-Hosius, II 537 f.

Lade (Kt. 1152 H 5), Insel vor dem Hafen von → Milet, wo im → Ion. Aufstand 496/495 die Flotte der Ionier durch eigene Disziplinlosigkeit und offenen Verrat von den pers. Seestreitkräften geschlagen wurde (Hdt. 6, 6 ff.). 201 v. Chr. erfocht dort → Philipp V. v. Makedonien einen Seesieg über die Rhodier. F. Kch.

Lit: J. Myres, The Battle of L., GaR 1, 1954, 50–55.

Ladon, rechter Nebenfluß des → Alpheios (Kt. 1152 C 5), heute Ruphias, entspringt in einer starken Quelle nach unterirdischem Ablauf des Sees von Pheneos, galt als der Fluß mit dem schönsten Wasser Griechenlands (Paus. 8, 20, 1; 25, 13). E. M.

Laelius maior, C. (quaest. 202, aed. 197, praet. 196, cos. 190 v. Chr) bewährte sich im 2. → Pun. Krieg von der Einnahme von Karthago Nova i. J. 209 (Liv. 26, 48) bis zur Schlacht bei Zama i. J. 202 (Polyb. 15, 9; Liv. 30, 33) als Flottenpräfekt, Legat und Quästor bei den Feldzügen des

P. → Cornelius (30) Scipio Africanus und wurde dessen engster Vertrauter (Polyb. 9, 1; Vell. 2. 127). 190 beaufsichtigte er die Bürgeransiedlung in Oberitalien (Liv. 37, 46 f.). Gegen 160 übergab L. dem → Polybios (1) seine Aufzeichnungen über Scipios Feldzüge (Polyb. 10, 3. 9). A.L.

Lit: F. Münzer, RE 12, 1 (1924), 400–404.

2. **L.** minor, C. (ca. 190 bis nach 129, praet. 145, cos. 140 v. Chr., augur), stand dem → Terenz nahe (Cic. Lael. 89; Att. 7, 3; Suet. vita Ter.), hatte Kontakte zu den Stoikern → Diogenes (4) v. Seleukeia (i. J. 155 in Rom) und → Panaitios (Cic. de orat. 2, 154 f.; fin. 2, 24; rep. 1, 34) und war Vertrauter des P. → Cornelius (29) Scipio Aemilianus (vgl. bes. den idealisierenden ‹Laelius› Ciceros). Wahrscheinlich in seinem Konsulat (140) versuchte L., die Not der italischen Bauern zu erleichtern (Plut. Tib. Gracch. 8, 5). L. war vor allem auch als Redner berühmt und erhielt später den Beinamen ‹Sapiens› (Cic. Lael. 6; Brut. 82 ff.). A.L.

Laenas → Popillius.

Längenmaße → Anhang.

Lärche (larix), bes. in Oberitalien verbreitet, in Griechenland unbekannt. Man verwendete sie als Bauholz (bevorzugt bei Befestigungen und Mietwohnungen, da sie als brandabweisend galt), zu Tischlerarbeiten und zu Liburner Schiffen. Vgl. → Flora. J.W.

Lit: Stadler, RE 12, 1 (1924), 422 f.

Laertes, Vater des → Odysseus (vgl. bes. Od. 23 und 24).

Laevinus → Valerius.

Laevius, um 100 v. Chr., Vorläufer der → Neoteriker, schrieb mindestens 6 Bücher Erotopaignia (Liebesscherze), denen auch die mit mythischen Namen oder als Polymetra zitierten Dichtungen zugehören dürften: vermutlich Umsetzungen heroischer Liebeserzählungen ins Galante mit Anspielungen auf Zeitgenössisches. Charakteristisch zahlreiche Wortschöpfungen und Mannigfaltigkeit der Metra (Figurengedichte). Von einzelnen mit Laevius Melissus (Suet. gramm. 3) gleichgesetzt. E.Bk.

Frg: FPE 55–62 – *Lit:* H. Bardon, La litt. lat. inconnue I, 1952, 189 ff.

Lagaros (λαγαρός, ‹mit eingezogenen Flanken›, oder σφηκοειδής, ‹mit Wespentaille›), → Hexameter, in dem ein Daktylus die Form –'◡ (Schol. B Heph. p. 289, 24 C.) oder die Form '◡◡◡ hat (App. Dion. ad Heph. p. 326, 1 C.). Wilamowitz nimmt an, daß Hesiod ‹Trochäus im 1. Fuß› des Hexameters auch ohne folgendes Wortende zuläßt. B.Sn.

Lit: U. v. Wilamowitz, Hesiodos Erga, 1928, zu v. 22, 132, 270, 372, 550, 655.

Lagaš, sumer. Stadt, ca. 75 km nördl. von → Ur (Kt. 1925 E 5) an einem Wasserlauf gelegen, der Euphrat und Tigris verband (heute Šatt el-Hai). In der Nähe lag die Kultstadt *Girsu* (modern Tello, nicht mit L. identisch!), wo französische Ausgrabungen Reste von Tempeln und ein Stauwehr (fälschlich als Grabmal gedeutet!) freilegten. Stadtgöttin von L.: Nazzi/Nanše, Gott Ningirsu. Die altsumer. Dynastie von L. begründet durch Urnanše (ca. 2500 v. Chr.), liegt vor allem im Kampf mit Umma (→ Eannatum; Urukagina). Sturz durch → Lugalzaggesi (ca. 2360). Bedeutendster Vertreter der neusumer. Dynastie von L. ist → Gudea. Vgl. → Mesopot. Reiche B [1]. W.R.

Lit: A. Parrot, Tello, 1948.

Lagiden → Ptolemäer.

Laios, Sohn des → Labdakos; solange → Amphion in Theben herrscht, im Exil bei Pelops, dessen Sohn Chrysippos er liebt (als erster Knabenliebhaber), entführt und zum Selbstmord treibt, dadurch den Fluch des Pelops und den Zorn der Hera auf sich ladend. Später, inzwischen König von Theben und Gemahl der Jokaste (oder Epikaste), beim Versuch, Hera (die inzwischen noch die → Sphinx schickte) zu versöhnen, auf dem Wege von seinem Sohn Ödipus getötet. – Unter L.' Namen ging eine Sammlung von → Orakeln.

Darstellungen: Raub des Chrysippos durch L. auf Praenestiner Ciste und apul. Vasen (L. Séchan, Etudes sur la tragédie grecque, 1926, 311 ff.). Tod des L. nur selten auf Denkmälern nachweisbar (Greifenhagen, JdI 75, 1960, 85–87, Abb. 2: rotfigurige Scherbe in Adria; V. Spinazzola, Pompeji alla luce degli scavi nuovi, 1953, Abb. 592 f.: Wandgemälde; Robert, SR II, Nr. 183: Sarkophag; NSc 1931, 310–312: Mosaik). – *Lit. dazu:* L. Rocchetti, Laio, EAA IV, 1961, 458 f. K.Schb.

Lais, Name mehrerer → Hetären. Die ältere L. aus Korinth, die Geliebte des Kyrenaikers → Aristippos, war berüchtigt wegen der hohen Preise, die sie wenigstens in ihrer Jugend verlangte (Athen. 13, 570 b–d). Die jüngere L., die ebenfalls in Korinth lebte, soll die Geliebte u. a. des → Apelles (1) und des → Demosthenes (1) gewesen sein. F.Kch.

Laistrygonen, fabelhaftes Volk von menschenfressenden Riesen, bei denen Tag und Nacht so zusammenstoßen, daß der abends heimkehrende Hirte den morgens ausziehenden trifft. Vernichten des → Odysseus Flotte fast völlig (Od. 10, 81 ff.). Von späterer Sage in oder bei Formiae in Italien lokalisiert. K.Schb.

Lakedaimon, Schwiegersohn und Thronfolger des Eurotas, Stammvater der Lakedämonier, Vater des Amyktas.

Lakedaimon, Lakedämonien → Lakonien, → Sparta.

Lakonien, die vom → Eurotas durchflossene Beckenlandschaft der südl. → Peloponnes zwischen dem → Parnon und dem → Taygetos mit ihren Randgebieten (Kt. 1152 C 5), teilt sich in die fruchtbare innere (lakonische) Ebene um → Sparta und die durch ein breites, mit Buschwald bestandenes Hügelland davon getrennte Küstenebene. Hauptorte außer Sparta im Inland das vordorische Heiligtum von → Amyklai und → Sellasia, an der Küste der Hafen Gytheion. Nur das eigentliche Eurotastal bis zur Küste war im Besitz der Spartiaten, die Randgebiete waren → Periökengemeinden. – Zur Geschichte vgl. → Sparta. E.M.

Lit: F. Bölte, RE 3 A 2 (1929), 1294–1340, s. v. Sparta – Philippson-Kirsten III 412–508 – H. Waterhouse-R. Hope-Simpson, Prehistoric L., BSA 55, 1960, 67–107; 56, 1961, 114–175 – F. Kiechle, L., 1963.

Lakonische Vasen. Geometrische Keramik Spartas ist nur in geringen Mengen erhalten. Hauptfundorte der archaischen L. V. des 7. und 6. Jh.s sind → Sparta, → Samos, → Tarent und → Kyrene. Gefäßformen: Schale auf hohem Fuß, → Hydria, Volutenkrater, Schüssel, → Kanne, → Aryballos, → Kothon. Technik: lederbrauner Ton, schwarze und rot-violette Musterung auf hellem Überzug. Gegen 590 wird die → schwarzfigurige Technik eingeführt, die aber altertümliche → Mäander- und Zickzackstreifen beibehält. Hinzu kommen Knospen- und Sichelornament, vor allem die für L. V. typischen Granatapfelreihen. Im Figurenbild wirkt die Formensprache straff, starr, erst nach 540 lyrischzarter. Die Schalen, außen meist nur mit Ornamentstreifen versehen, tragen im inneren Schalenrund erzählende Bilder, deren Komposition zunächst in abstrakten Systemen der Kreisaufteilung, später durch Gruppenbildung auf einer Segmentlinie (→ Arkesilaosschale) bewältigt wird. I.Sch.

Lit: R. M. Dawkins, The Sanctuary of Artemis Orthia at Sparta, 1929, 50–105 – E. A. Lane, Laconian Vase-Painting, BSA 34, 1933/1934, 99–189 – B. B. Shefton, Three Laconian Vase Painters, ebd., 49, 1954, 299–310 – E. Diehl, Fragmente, AA 1964, 542–579.

Laktanz, L. Caelius Firmianus Lactantius, ca. 260–?, aus Nordafrika, Schüler des → Arnobius, um 290 von → Diokletian als Rhetor in die Residenz Nikomedien berufen, dort vermutlich Lehrer des späteren Kaisers → Konstantin; Übertritt zum Christentum kurz vor Ausbruch der Verfolgung (303), Aufgabe des Rhetorenberufs; Beginn christlicher Schriftstellerei in elegantem ciceronianischen Stil; bald nach 313 im Auftrag Konstantins Erzieher des Prinzen → Crispus in Trier. – *Werke:* verloren sind rhetorische Jugendwerke und metrische, grammatische u. ä. Erörterungen in Briefform; erhalten: 1. *De opificio dei* (303/304), ein nach → stoischem Vorbild geführter Aufweis der Zweckmäßigkeit des menschlichen Organismus, soll die Religionsverpflichtung des Menschen gegenüber seinem Schöpfer begründen. – 2. 7 Bücher *Divinae Institutiones*

(304–311/313, Konstantin gewidmet; vielleicht nach der Ermordung des Crispus 326 unter Streichung der Kaiseranreden und bes. dualistischer Partien in 2. Aufl. hg.), eine ‹ inführende ‹Religionslehre›, gerichtet an die gebildete römische Welt. L. verknüpfte Apologie und systematische Darstellung der christl. Heilslehre, deren Offenbarungscharakter und moralischen Gehalt er betont. Auffällig ist die primitive Theologie (→ Chiliasmus, unkirchlicher Geistbegriff) und ein scharfer Dualismus. – 3. Abriß des Hauptwerks *(Epitome)*. – 4. *De ira dei*, Verteidigung des göttlichen Straf- und Richteramtes gegen den philosophischen Gottesbegriff. – 5. *De mortibus persecutorum* (316/321), aktuelle Verfolgungsgeschichte im Invektivenstil, wichtiges Dokument, u. a. für die Anfänge der christlichen Kaisertheologie. – Bei L. verbinden sich spätantiker Erlösungs- und Offenbarungsglaube (übernommen aus der → hermetischen → Gnosis) mit römischer Religions- und Gottesauffassung. Für die Humanisten war er wegen seines Stils der Cicero christianus. A.W.

Ed: CSEL 19, 1893 u. 27, 1897 – *De mort.:* J. Moreau, SChr 39, 1954 – *De ira:* H. Kraft, 1957 (mit Übers.) – *Übers:* BKV 36, 1919 (Ausw.) – *Lit:* A. Wlosok, L. und die philos. Gnosis, Abh. Heidelb. 1960 – H. v. Campenhausen, Lat. Kirchenväter, 1960.

Lakydes von Kyrene, → Akademiker, Schüler und Nachfolger des → Arkesilaos (5); führte anscheinend die skeptische Philosophie seines Lehrers ohne wesentliche Änderungen fort. Von seinen Werken (‹Über die Natur›) ist nichts erhalten. M.S.

Lalia (λαλιά), als Ergötzung gedachte Form einer freien Ansprache; die Prolalia (προλαλιά) dient speziell zur Eröffnung einer längeren Reihe extemporierter rhetor. Übungen; beide sind durch Kürze und freiere Behandlung unterschieden von der → Epideixis. *Bsp.:* Lukians ‹Dionysos›, ‹Herakles›, ‹Traum›. H.H.

Lit: Volkmann, 360f.

Lamachos, athen. Stratege, ca. 470–414 v. Chr., Kollege des → Perikles auf dessen Expedition in den Pontos (Plut. Per. 20), dann als Kriegspolitiker Anhänger des → Kleon. 425/424 kommandierte er abermals im Schwarzen Meer, 415 wurde er neben → Alkibiades und → Nikias als Stratege mit besonderen Vollmachten an die Spitze des sizilischen Unternehmens gestellt, drang jedoch mit seinem Vorschlag, sogleich einen direkten Angriff auf Syrakus zu unternehmen, bei seinen Kollegen nicht durch und fiel bald in einem Gefecht vor Syrakus (Thuk. 6, 101, 6). F.Kch.

Lamia, Gespenst von grausiger Gestalt (Aristoph. ran. 293 ff.; Ekkl. 1096), kinderraubender Unhold. Tochter des → Belos und der Libye (Diod. 20, 41; Strab. 1, 2, 19). Von Hera wahnsinnig gemacht, da sie Geliebte des Zeus war, tötet sie oder Hera selbst ihre Kinder. Raubt die Kinder anderer Mütter. Durch Zeus hat sie die Gabe beliebiger Verwandlung. Eine Vampyrsage. K.Schb.

Lamischer Krieg. Nach → Alexanders (5) d. Gr. Tod brachten → Leosthenes und → Hypereides Athen zur Erhebung gegen Makedonien (Diod. 18, 8–9). Nachdem Leosthenes den hiervon überraschten → Antipater (1) an den Thermopylen geschlagen und in Lamia eingeschlossen hatte, griff der Aufstand 323/322 v. Chr. auf fast ganz Mittel- und Teile Nord- und Südgriechenlands über und wurde zu einem letzten Aufbäumen der griech. Poleis gegen Makedonien. Bei Krannon in Thessalien wurden sie 322 von → Krateros (1) besiegt (Diod. 18, 17 f.). In den Seeschlachten bei Abydos und Amorgos fand Athens Seemacht für immer ein Ende. Die Aufständischen wurden von Antipater unterworfen, Makedoniens Hauptgegner, wie → Demosthenes (1) und Hypereides, fanden den Tod. Athen schied als Faktor der Politik aus (Plut. Phok. 26 ff.). F.Kch.

Lit: G. Glotz, Hist. gr. IV 1², 1945, 266ff. – E. Lepore, Leostene e le origini della guerra lamiaca, PP 10, 1955, 161–185.

Lamm. [1] Wirtschaftliche und kulturgeschichtliche Bedeutung → Haustiere.

[2] *Christliche Kunst:* Die frühen Katakombenbilder kennen nur das L. auf der Schulter oder an der Seite des → Guten Hirten. Die Übernahme in die altchristl. Ikonographie erfolgte erst Mitte 4. Jh. (Passionssarkophage). Zur gleichen Zeit werden auf Sarkophagen und Mosaiken L.er (= Gläubige) neben die Hauptfiguren gesetzt. Auf Sarkophagen der Zeit des → Theodosius und Apsismosaiken wird das Herrschaftsbild Christi im Fries als L.-Allegorie wiederholt. Christus als Gottes-L. auf dem Paradiesberg und als Richter nach Apk. 5, 6, auch auf dem Thron liegend mit versiegeltem Buch, zeigt steigenden Einfluß des apokalyptischen Epiphaniegedankens. – Vgl. → Symbolik. U.F.

Lit: F. Gerke, Der Ursprung d. Lämmerallegorien i. d. altchr. Plastik, ZNW 33, 1934, 160–196 – F. v. d. Meer, Maiestas Domini, 1938, 29–174.

Lampen. [1] Konstruktion und Gebrauch der antiken L. (griech. λύχνος, lat. lucerna) sind höchst einfach und von den frühesten Zeiten bis zur Spätantike keinem wesentlichen Wandel unterworfen. Als Lichtquelle dient ein Docht aus Hanf oder Flachs, als Brennstoff in den Mittelmeergebieten vor allem Olivenöl. Die L. selbst, der eigentliche Ölbehälter, ist von kleinen Ausmaßen, häufig mit einem Durchmesser von nur wenigen Zentimetern, und ist zum Aufstellen, Tragen oder Aufhängen gedacht. In ihrer einfachsten Form besteht die L. nur aus einem offenen Schälchen mit Randausbuchtung, die dem Docht einen gewissen Halt geben soll. – Diese Grundkonstruktion bleibt zwar immer bestehen, doch wird die äußere Form vielfach abgewandelt. Das offene Schälchen wird abgedeckt oder geschlossen gebildet, die kreisförmige Oberfläche mit Reliefdarstellungen verziert. Schnauzen oder Tüllen können besondere Formen annehmen, Griffe, Füße oder Ständer werden hinzugefügt. Neben der Schälchenform erscheint die L. auch als Kopf, als Schuh, als Häuschen, als Schiff, als mannigfache Tiergestalt von der Schnecke bis zum Elefanten. – Da die Leuchtkraft eines olivenölgespeisten Dochtes begrenzt ist, mußte man, um sie zu steigern, entweder die Zahl der aufgestellten L. (was das übliche war) oder die Zahl der Dochte und damit der Tüllen erhöhen. Am häufigsten sind die eindochtigen L., doch sind auch zwei- und dreidochtige nicht selten. Daneben gibt es gelegentlich L. mit 16 und mehr Brennstellen. – Die Zahl der erhaltenen L. ist unübersehbar groß. Die überwiegende Mehrzahl besteht

Abb. 136 Lampe der klassischen Zeit aus gebranntem Ton

aus gebranntem Ton, doch wurde auch Marmor und Stein, Bronze und Edelmetall zur L.herstellung verwendet. – L. einfacher und einfachster Form finden sich wohl zu allen Zeiten. Höhepunkte stellen die Stein-L. auf hohem Fuß der minoischen Zeit und die mit Kopfprotomen versehenen Marmor-L. des 7. Jh.s v. Chr. dar. Die Hauptmasse der Terrakotta-L. ist hellenist.-röm. Ursprungs. In den reicher ausgestatteten Häusern wurden die L. zur Erweiterung des Lichtkreises auf → Kandelaber gestellt. → Beleuchtung. U.J.

Lit: A. Hug, RE 13, 2 (1927) 1566–1613, s. v. Lucerna – J. D. Beazley, A marble lamp, JHS 60, 1940, 22–49, Taf. 5–7 – M. P. Nilsson. L. u. Kerzen im Kult der Antike. Opusc. Arch. VI, 1950, 96–111 – O. Vessberg, Hellenistic and roman lamps in Cyprus, Opusc. Atheniensia I, 1953, 115–129 – H. Menzel, Röm. L. in Mainz, 1954 – R. H. Howland, Greek lamps and their survivals, in: The Athenian Agora IV, 1958 (Bibl.) – J. J. Bachofen, Röm. Grablampen (1890), in: Ges. Werke VII, 1958, 213–348, Taf. 1–55 – J. Perlzweig, Lamps of the roman period, in: The Athenian Agora VII, 1961 (Bibl.) – P. La Baume, Röm. Kunstgewerbe, 1964, 179–192 (Bibl.).

[2] Im *griech. Kulte* hat die L. nicht entfernt dieselbe Bedeutung wie die → Fackel. In den alten Kulten wird bis in die Spätzeit immer nur diese verwendet. Die L. ist zulässig

nur als →Weihgeschenk, als solches vom 5. Jh. v. Chr. an häufig auftretend. Heimisch ist sie in den oriental. Kulten (Ägypten, Kleinasien) und dringt mit diesen vom 3. Jh. v. Chr. an in Griechenland als Kultgerät ein. Von da aus wird in der Spätzeit die L. überhaupt als Gerät bes. im Privatkult volkstümlicher Götter gebräuchlich. Für *Rom* gilt dasselbe, doch ist bemerkenswert, daß L.en zuweilen auch im Kaiserkult (→Herrscherkult) bezeugt sind. O.G.

Lit: Nilsson, II 374–377 – Ders., L.en und Kerzen im antiken Kult, Opusc. arch. VI, Acta Inst. Rom. R. Sueciae XV, 1950.

Lampon, einflußreicher athen. →Mantis und Exeget (SIG³ 83; Plut. Per. 6, 2; Eup. Fr. 297 K.), hervorragend an der Gründung von →Thurioi 444/443 v. Chr. beteiligt (Kratin. Fr. 49 ff. K.; Aristoph. nub. 332 mit Schol.; Diod. 12, 10, 4), bestätigt als erster Athener den Nikiasfrieden durch Eid (Thuk. 5, 19, 2; 24, 1), oft in der Komödie verspottet (Aristoph. av. 521; 988; vgl. Ath. 344 E). C.J.C.

Lampridius (kurz nach 475 n. Chr. ermordet), Rhetorikprofessor in Burdigala, Freund des →Apollinaris (1) Sidonius, dem zufolge (epist. 8, 11) er als formgewandter Virtuose Reden in ciceronischer und Gedichte in vergilischer und horazischer Manier verfaßte. W.Sch.

Lit: A. Loyen, Sidoine Apollinaire, 1943, 91 f.

Lampsakener (*χρυσοῦ στατῆρες Λαμψακηνοί*), in att. Bauinschriften (IG I 301–311) von 434 v. Chr. an sowie bei Hdt. 6, 37–38 und Xenoph. anab. 7, 8, 3 erwähnt. Hierunter müssen teils die älteren Elektronstatere von Lampsakos mit dem Bildtyp eines halben geflügelten Seepferdes gemeint sein, teils die in IG VII 2425 und 2418, 9 genannten Goldstatere, im Gewicht eines →Dareiken (8,4 g), die im 3. →Heiligen Krieg (355–346) als Subsidienzahlungen von Byzanz an Theben ausgezahlt und mit wechselnden Bildtypen geprägt wurden. Bis jetzt sind 41 verschiedene Typen bekannt, darunter, wie bei den →Kyzikenern, auch Abbildungen nach Werken der großen Skulptur und nach Münztypen anderer griech. Städte, stets mit dem halben geflügelten Seepferd als Rückseitentypus. W.Schw.

Lit: Babelon, I 490–491 – A. Baldwin, The Electrum Coinage of Lampsacus, Am. Num. Soc., Monogr. 1, 1914 – Dies., The Gold Staters of Lampsacos, Am. Journ. Num. 53, 3, 1924, 1–77 – K. Regling, RE 12, 1 (1924), 589 f. – Ders., Die ant. Münze als Kunstwerk, 1924, 91 – Ders., in: v. Schrötter, 341.

Lampsakos, heute Lapseki (Kt. 1152 G 2), um 650 gegründete Kolonie des ion. →Phokaia am asiatischen Ufer des Hellespont, 513 Tyrannis des Hippokles in L., der dem →Histiaios (1) v. Milet zustimmte, die Brücke des →Dareios nicht abzubrechen. E.M.

Lit: W. Leaf, Strabo on the Troad, 1923, 92–97.

Lana, die ‹Wolle›, spielte im röm. (wie schon im griech.) Kulte eine bedeutende Rolle; →infulae und →vittae waren aus Wolle; der →Apex der →Flamines war damit geschmückt. Die Wolle hatte auch ihren Platz in den →Hochzeitsriten: die neuvermählte Frau mußte die Türpfosten von ihres Gatten Haus mit Wolle berühren (Plin. nat. 29, 30). H. Le B.

Lit: J. Pley, De lanae in antiquorum ritibus usu, RGVV IX, 1911.

Lanatus →Menenius.

Landschaft *als Motiv der Malerei:* Nachdem die →kret.-myk. Kunst aus ihrem ekstatisch bedingten Naturverhalten eine bezaubernde Fülle von L.s-Motiven hervorgebracht hatte, verdichtet sich die Erfahrung der Umwelt in geometrischer Zeit zu Kreisen, Mäandern und andern Ornamenten als den Symbolen einer strengen Ordnung (Kosmos), in die, seit spätgeometrischer Zeit, auch Mensch und Tier sichtbar eingefügt sind (→Vasen E 1). Die archaische Kunst sieht die L. nicht nur in knappen Naturandeutungen, sondern auch dämonisch-gestalthaft als Satyrn, Mänaden, Tritone, Nereiden u.a. und entdeckt somit das Wesen der jeweiligen Szenerie. Der Stimmungswert landschaftlicher Motive steigert sich in der Klassik zur Anteilnahme am Schicksal der dargestellten Figuren; →Polygnots (1) sparsame, eng mit der Figur verwobene, aber noch tiefenlose L. wirkt bis ins 4. Jh. nach (Ficoron. Ciste, Pentheusbild; →Malerei C 3). Noch das 5. Jh. sieht die Erfindung der →Schattenmalerei und →Perspektive als Mittel zur klassischen Vereinheitlichung von Figur und L. Werke wie die ‹Kentaurenfamilie› des →Zeuxis künden darüber hinaus ein idyllisches Naturempfinden an, das erst im Hellenismus zum vollen Durchbruch kommt; noch das →Alexandermosaik zeigt L. nur in symbolischer Andeutung. Eine entschiedene Öffnung des Raumes in die Tiefe wird – bei Bewahrung des plastischen Vordergrundes – erst im frühen Hellenismus angestrebt (Gelber Fries im Haus der Livia, →Rom IV D 8), im 2. Jh. jedoch durch einen abermaligen Zusammenschluß der Figuren und plastische Verdichtung der L. abgelöst (vgl. Pinaxprospekte in →Boscoreale). Erst die röm. →Malerei (D) verwirklicht in der Synthese griech. Elemente mit den allgemeinen Tendenzen des illusionistischen 2. Stils die atmosphärische Raumtiefe der L. (→Odysseel.en). Die griech. L.friese, die offenbar Bildrollen als Vorlage benutzten (→Illustration), liegen der Gattung der Architektur- und →Sakral-L.en als Einzelbilder zugrunde, während die Gartenbilder (Paradeisoi) direkt auf hellenist. Vorbilder zurückgreifen (vgl. →Jagdbilder, →Nil-L.). Die Wahl der Motive bezeugt die religiös-erbauende, später transzendierende Absicht der röm. L.malerei; der gleichzeitig zunehmende Verlust an Plastizität und Raumtiefe, der sich erstmals im 3. Stil bemerkbar macht, leitet schließlich bruchlos in die frühchristl. →Kunst (II C 2) über. C.K.

Lit: K. Woermann, L. in der alten Kunst, 1876 – M. Rostovtzeff, Die hellenist.-röm. Architektur-L., RM 26, 1911, 1–185 – Chr. Dawson, Roman-Campan. Myth. L. Painting, YClSt 9, 1944 – K. Schefold, Vorbilder röm. L.s-Malerei, AM 71, 1956, 211–231 – Beyen II, bes. 305 ff. – W. J. T. Peters, Landscape in Romano-campanian mural Painting, 1963 – R. Bianchi Bandinelli, EAA V 816–828, s. v. paesaggio.

Landwirtschaft

A. Überblick: [1] Geschichte – [2] Forschungslage – B. Landwirtschaftliche Schriftstellerei: [1] Griechisch – [2] Römisch.

A. Überblick. [1] *Geschichte.* Bis zum Beginn des maschinellen Zeitalters ist die L. in jeder Kultur der wichtigste Wirtschaftszweig gewesen. Alle Kulturen durchlaufen ein reines Agrarstadium, ehe neue Erwerbszweige wie Handel und Handwerk es ablösen und selbständig neben die L. treten. Die stufenweise Zähmung und Veredelung von Haustieren und Nutzpflanzen ist ein Prozeß, der im Mesolithikum beginnt und noch andauert. Die älteste Stufe der Entwicklung geht für den Bereich der Mittelmeerwelt zurück bis zu vorhistorischer Zeit. In den →ägypt. und →mesopot. Hochkulturen beruht L. auf einem genau ausgearbeiteten →Bewässerungssystem, während man in der griech.-röm. Welt fortdauernde Nutzbarkeit des Bodens durch das sog. dry-field-system zu sichern suchte; nur gelegentlich wird auch hier →Bewässerung angewandt. Unsere ältesten schriftlichen Quellen, die myk. Tafeln mit Inschriften in Linear B (→Mykenisch), bezeugen schon eine hochentwickelte L. mit stark spezifiziertem Ackerbau und Viehzucht. Die homerischen Gedichte geben – bes. in den Gleichnissen – ein abgestuftes Bild einer Anzahl von Einzelphänomenen: Pflügen, Ernte, Dreschen, Weidewirtschaft usw.; das Lehrgedicht des →Hesiod spiegelt das arbeitsame Leben des kleinen Bauern wider. In der gesamten darauffolgenden Literatur findet man praktisch bei jedem Verfasser Schilderungen oder Anspielungen auf die L. – Die kompliziertere wirtschaftliche Struktur der hellenist. Zeit führt auch in der L. zu erheblicher Differenzierung, während sich gleichzeitig die Methoden immer mehr vervollkommnen. Das hängt z. T. mit wachsenden Investitionen in diesem Wirtschaftszweig zusammen – eine Entwicklung, die sich bis zum Athen des 4. Jh.s zurückverfolgen läßt. Bezeichnend hierfür ist die reichhaltige Literatur zur L., die dieses Jahrhundert hervorbringt. Die älteste der erhaltenen Schriften ist →Xenophons Dialog ‹Oikonomikos›. Die hellenist. L.sliteratur ist beinahe gänzlich verlorengegangen, lebt aber weiter als eine der Quellen für die erhaltenen röm. L.stheoretiker (s.u.). – Gleichzeitig mit der Eroberung der hellenist. Welt übernahm die röm. Oberklasse den hellenist. landwirtschaftlichen Produktionsapparat nach Italien, und zahlreiche durch Sklaven betriebene villae rusticae (Einzel→Höfe) verdrängten die Höfe der freien röm. Kleinbauern. In den Jh.en um Chr. Geb. erlebte die L. in Italien und den röm. Provinzen eine große Blüte. Die tonangebenden röm. Klassen waren stark an der L. interessiert, die eine sichere Geldanlage bot und von den Vornehmen auch als Liebhaberei betrieben wurde. Neue Kulturpflanzen wurden importiert und akklimatisiert, die →Haustierrassen wurden durch bewußte Veredelung verbessert. Am Stillstand und Rückgang dieser Entwicklung im Laufe des 2.Jh.s kann landwirtschaftliche Überproduktion schuld gewesen sein, eher hängt es jedoch mit komplizierteren Veränderungen in der Gesamtwirtschaft und sozialen Struktur des röm. Kaiserreiches zusammen. Das Resultat der Expansion der L. blieb jedoch inzwischen eine Veredelung und Ausbreitung vorhandener und neuer Kulturpflanzen, wie sie nur in der arabischen Expansion oder dem reichen Austausch von Nutzpflanzen nach der Entdeckung Amerikas eine Parallele hat. Die Entwicklung der →Viehzucht verlief analog, wenn auch weniger revolutionär. Das Verhältnis der verschiedenen Zweige der L. zueinander war naturgemäß vor allem durch Klima und Bodenbeschaffenheit bestimmt. Historische und wirtschaftliche Entwicklungen (Wachstum von Städten, eingreifende Veränderungen der politischen Szenerie) konnten zwar begrenzte Einflüsse ausüben, im übrigen aber blieb die Kontinuität der Produktion in den einzelnen Zweigen der L. in den verschiedenen Regionen erhalten. Perioden wirtschaftlichen Niedergangs konnten allerdings zur Vernachlässigung des intensiven →Ackerbaus zugunsten extensiver Weidewirtschaft führen, wie es z.B. zur Kaiserzeit in weiten Gebieten Griechenlands der Fall war.

[2] Die Schwierigkeiten bei der *Erforschung* der antiken L. liegen in verschiedenen Punkten: 1. Viele antike biologische Namen lassen sich lexikalisch nicht mit Sicherheit identifizieren, zumal die fortgesetzte Veredelung Charakter und Leistungsfähigkeit der Pflanzen im Laufe der Jahrhunderte verändert hat. Systematische botanische Untersuchungen von Pflanzenresten und Kornabdrucken in Keramik sind noch im Gange. – 2. Archäologische Ausgrabungen haben nur in geringem Maße Reste von kleinen Einzelhöfen hervorgebracht, da hervorragende Fundkomplexe den Vorrang hatten, wohl aber zahlreiche Reste von villae (→Hof). Viele Ruinen werden nun schnell durch die wirkungsvollen Maschinen der modernen industrialisierten L. vernichtet. – 3. Wie in manchen anderen Zweigen der Altertumsforschung fehlt es an statistischem Material: in welchem Grad kann man von einzelnen Erläuterungen auf den allgemeinen Zustand schließen? – Andererseits hat die moderne Forschung neue Methoden gebracht, z.B. die Luftphotographie von Äckern des Altertums und die systematische Katalogisierung und Veröffentlichung von erhaltengebliebenen Resten. Vgl. →Acker- und Gartenbau, →Obst- und Weinbau, →Viehzucht u.a. J.E.Sk.

Lit: V.Hehn, Kulturpflanzen und Hausthiere (1870), 1911[8] – W.E. Heitland, Agricola, 1921 – M.Schnebel, Die L. im hellenist. Ägypten, in: Münchner Beiträge zur Papyrusforschung, 1925 – R.Billiard, L'agriculture dans l'antiquité d'après les Georgiques de Virgile, 1928 – F. Heichelheim, Wirtschaftsgesch. des Altertums, 1938 – G. Papasogli, L'agricoltura degli Etruschi e dei Romani, 1942 – C. Parain, The Evolution of Agricultural Technique, Cambridge Economic History I, 1942, 118–168 – C.E.Stevens, Agriculture and Rural Life in the later Roman Empire, ebd. 89–117.

B. Landwirtschaftliche Schriftstellerei. [1] *Bei den Griechen* gab →Hesiod (erg. 381–617) als erster eine Darstellung l.licher Lehren. Hesiod fordert in seinem Lehrgedicht seinen Bruder, mit dem er in einem Erbstreit liegt, zum redlichen Wettstreit in der Arbeit auf; dabei behandelt er aus eigener Erfahrung lehrend in lockerer Folge die wichtigsten bäuerlichen Arbeiten, die Bestellung des Hauswesens, Beschaffung von Haustieren, Geräten und Kleidung, Gebet, Wetterbeobachtung. Ein sicher fremder Zusatz (V. 765–828) bringt u.a. Anweisungen über die Wahl der Tage für bestimmte Arbeiten, ist also ein Vorläufer der in hellenist. Zeit verbreiteten Mondkalender (Selenodromia), in denen günstige und ungünstige Mondtage verzeichnet waren. – Im *5. Jh.* entstehen die *ersten Prosaschriften* über L., die im allgemeinen ohne umfassende Systematik für die Praxis des Landwirts bestimmt waren. →Platon (leg. 8, 842D) erwähnt ohne Namensnennung Bienenkundler, Aristoteles nennt u.a. Charetides v. Paros und Apollodoros v. Lemnos (pol. 1, 11. 1258b 39ff.), →Theophrast mehrfach einen gewissen Kleidemos als landwirtschaftlichen Schriftsteller. →Xenophons (1) Oikonomikos, der in Dialogform über die häuslichen Pflichten der Frau, Tages- und Arbeitseinteilung, über Getreide- und Olivenbau (Kap. 16–18; 19) belehrt, ist das älteste erhaltene Prosabuch dieser Art. – In *hellenist. Zeit* werden landwirtschaftliche Fachbücher (Titel: *Γεωργικά, περὶ γεωργίας* u.ä.) von →Demokrit, Aristoteles, Theophrast und dem Pythagoreer →Archytas erwähnt; keines davon kann als authentisch gelten. Wohl aber haben die naturwissenschaftlichen Schriften der peripatetischen Schule (Zoologie des →Aristoteles, Botanik des Theophrast, →Biologie) eine begrenzte Bedeutung für die massenhafte Speziialliteratur der hellenist. Zeit gewonnen. Von der l.lichen Schriftstellerei des Hellenismus ist, da sie in röm. Zeit als veraltet unterging, durch →Varro (rust. 1, 1, 8ff.), →Columella (1, 1, 7) und die Quellenverzeichnisse des älteren →Plinius (1) fast nur eine große Zahl von Namen bekannt. Davon seien nur wenige genannt: Androtion, von Theophrast benützt, galt als Autorität für die Baumzucht, Aristomachos v. Soloi und Philiskos v. Thasos für die Bienenkunde, König →Attalos III. v. Pergamon für Gartenbau, speziell für Zucht von Giftpflanzen; →Alexandros (18) v. Myndos schrieb über Herdentiere und Geflügel; Amphilochos v. Athen über Lupine und Baumklee, Paxamos (1.Jh. v. Chr.) wohl als einziger über die Pistazie (Auszug in →Geoponika 10, 12, 3f.). Dichterische Bearbeitungen dieser Stoffe boten u.a. →Menekrates (1) v. Ephesos (4./3. Jh.) und →Nikandros (2) v. Kolophon (2. Jh.) in seinen Georgika und seinem Bienenbuch. – Das umfassende Handbuch des Karthagers →Mago, das →Cassius (2) Dionysius 88 v. Chr. ins Griechische übersetzt hatte, bedeutete einen tiefen Einschnitt, da es Älteres entbehrlich machte und auch in Rom als maßgebliche Grundlage betrachtet wurde.

[2] *In Rom* hatten →Cato (1) und die →Sasernae im 2. Jh. ziemlich unsystematische Hausbücher der Landwirtschaft geschaffen, die auch handwerkliche Vorschriften und Kochrezepte enthielten; inzwischen lag auch bereits die amtliche lat. Mago-Übersetzung vor. Spätere Bearbeitungen des Stoffes standen meist unter dem Zeichen gehobener literarischer Ansprüche; so das verlorene Werk des →Tremellius Scrofa und das erhaltene des →Varro (Buch 1: Feldfrüchte; Buch 2: Baumzucht, Weinbau; Buch 3: Tierzucht). Vielleicht schon für Scrofa, sicher für Varro und das Lehrbuch des →Columella, wohl auch für →Hyginus (1) und für den l.lichen Teil der Enzyklopädie des Cornelius →Celsus (1) war das auf Mago zurückgehende System der Stoffanordnung maßgeblich. Daneben gab es auch Spezialwerke wie die des →Julius (6) Atticus und des Julius →Graecinus über den Weinbau. – Von all diesen Werken hebt sich durch Zielsetzung und Gestaltung →*Vergils* Lehrgedicht ‹Georgica› (4 Bücher) ab; in der Unterweisung des Landwirts wird das bäuerliche Leben zum sittlichen Ideal erhoben. – Ein Sondergebiet der antiken Landschriftstellerei

war die *Veterinärkunde;* alles, was davon erhalten ist, stammt aus zweiter und dritter Hand; so die einschlägigen Abschnitte bei Columella (Buch 6–7), die Mulomedicina des → Vegetius (4./5. Jh. n. Chr.), die sog. → Mulomedicina Chironis (4. Jh. n. Chr.), das Corpus Hippiatricorum Graecorum, eine Exzerptsammlung aus griech. Tierärzten, die im 9. Jh. arrangiert wurde, und die einschlägigen Partien in der Sammlung → Geoponika (10. Jh.). – Vgl. auch → Fachschriftstellerei, → Lehrgedicht. W. Ri.

Lit: s. zu den einzelnen Autoren.

Lange Mauern, die auch als ‹Schenkel› bezeichneten, 461–456 erbauten Mauern von Athen zum Piräus und nach Phaleron, zwischen welchen um 445 noch eine Mittelmauer zum Piräus errichtet wurde. Sie machten Athen-Piräus zu einem für die damalige Kriegskunst uneinnehmbaren Festungskomplex, weshalb Sparta 404 ihre teilweise Niederreißung erzwang und → Konon (1) i. J. 393 die beiden Mauern zum Piräus sogleich wiederherstellen ließ. Sie bestanden dann bis in die 1. H. des 3. Jh.s v. Chr. F. Kch.

Lit: W. Judeich, Topogr. v. Athen (1905), 1931², 155–162 – Th. Lenschau, RE 19, 1 (1937), 88–89, s. v. Peiraieus.

Langobarden, german. Volksstamm, dessen Ursprung nach seiner eigenen Überlieferung auf einer skandinav. Insel, vielleicht Gotland, lag. Um Chr. Geb. waren sie zur südl. Ostseeküste übergesetzt und hatten sich dann an beiden Seiten der unteren Elbe niedergelassen. 5 n. Chr. von → Tiberius auf das östl. Ufer zurückgedrängt, gewannen sie ihren früheren Besitz i. J. 9 zurück. Von der Unterwerfung durch → Marbod und die → Markomannen befreiten sie sich i. J. 17. In der röm. Geschichte spielten sie kaum eine Rolle, bis sie 568 nach dem gemeinsamen Sieg mit den Awaren über die → Gepiden aus dem Donaugebiet nach Norditalien hinabzogen; hier gründeten sie mit Pavia als Hauptstadt ein Reich und blieben zwei Jh.e lang unabhängig, bis sie durch Karl d. Gr. unterworfen wurden. Zum Christentum wurden sie in Niederösterreich um 500 durch Missionare der → Rugier bekehrt. E. A. Th.

Lit: N. Åberg, Goten und L. in Italien, 1923 – L. M. Hartmann, Gesch. Italiens im MA II 1, 1900 – E. Schaffran, Gesch. der L., 1938 – L. Schmidt, Die Ostgermanen (1910), 1941² – F. Beyerle, Die Gesetze der L., 1947.

Lansdowne, Londoner Privatslg., begründet von William Marquis of L. Während einer Reise nach Rom (1771) erwarb er die ersten Antiken, die bes. aus Gavin Hamiltons erfolgreicher Grabung in der Hadriansvilla bei Tivoli (‹Herakles L.› u. a.), aber auch aus röm. Privatbesitz (→ Mattei) stammen. Erst i. J. 1930 wurde die Slg. bei Christie in London versteigert: die meisten Antiken sind auf diese Weise von amerikan. Museen erworben worden, der Rest verteilte sich auf europäische Slg.en. U. R.

Lit: A. Michaelis, Ancient Marbles usw., 1882, 435 ff. – C. C. Vermeule, Notes on a new edition of Michaelis usw., AJA 59, 1955, 139; (mit D. v. Bothmer) AJA 60, 1956, 334; AJA 63, 1959, 330.

Lanuvinus → Luscius.

Laodamas, Sohn des → Eteokles, König in Theben zur Zeit des Kampfes mit den → Epigonen. Von diesen getötet (→ Alkmeon) oder nach Illyrien geflohen. K. Schb.

Laodameia, Gattin des → Protesilaos, Titelheldin einer verlorenen Tragödie des Euripides. L. H.

Laodike, erste Frau → Antiochos' II. v. Syrien, geb. um 260 v. Chr., nach Polyäns (8, 50) wohl irriger Angabe Halbschwester des Antiochos, nach Euseb. chron. I p. 251 Sch. vielmehr Tochter eines Achaios, vielleicht Tante des Vizekönigs → Achaios (2). 246/245 ließ sie → Berenike (3) Syra, zu deren Gunsten sie 253 verstoßen worden war, und deren Söhnchen ermorden und half ihrem Sohn → Seleukos II., die Herrschaft zu gewinnen. Der 3. → Syr. Krieg wurde deshalb schon im Altertum nach ihr benannt. H. H. Sch.

Lit: → Seleukiden, → Syrische Kriege.

Laodikeia, in Syrien (Kt. 1567 D3; heute Latakie), gegründet durch Seleukos I. und mit Antiochia, Seleukia Pieria und Apameia eine der vier großen Städte des Seleukidenreiches, heftigste Rivalin Antiochias, vor der sie zwar nicht den Rang, aber den Vorteil einer weitaus günstigeren Lage voraus hatte (Hafen, Klima, strategische Position). Mit Syrien ging L. in röm. Besitz über. Seine größte Bedeutung erhielt L. 194 n. Chr., als Septimius Severus, um Antiochia zu bestrafen, das für seinen Rivalen Pescennius Niger Partei ergriffen hatte, L. zur Hauptstadt Syriens machte, ihr den Titel Metropolis, das ius italicum verlieh und Antiochia zu einem Dorf im Stadtverbande von L. degradierte. Nachdem Severus Antiochia wieder restauriert hatte, verblieb L. trotzdem der Titel Metropolis. Bauten: bedeutendster Überrest ist ein Quadrifrons, der nach den Untersuchungen Sauvagets den Endpunkt einer Kolonnadenstraße bildete. Der antike Stadtplan von L. besaß vier solche Kolonnadenstraßen, von denen noch Reste in den heutigen Bauwerken erhalten sind. Die Stelle des antiken Theaters ist bekannt, der Leuchtturm am Hafen kann aus Münzbildern erschlossen werden. R. F.

Lit: J. Sauvaget, Le plan de Laodicée-sur-Mer, Bull. étud. orient. (Inst. franç. de Damas) 4, 1934, 81–114; 6, 1936, 51 – Henri Seyrig, Le phare de L. Syria 29, 1952, 54 – A. Giuliano, EAA IV, 1961, 474.

Laokoon, Sohn des Kapys oder Antenor, Apollon- und Poseidonpriester in Troja. Warnt die Troer vor dem hölzernen Pferd und der List der Griechen vergeblich, da die Troer sein Ende als Strafe für sein Zweifeln ansehen: er wird mit einem seiner 2 Söhne (Arktinos, EGF, p. 49) oder beiden (Soph., TGF, p. 211 N.) oder nur seine Söhne (Quint. Smyrn. 12, 454 ff.) von Schlangen getötet. In anderer Version wird L. mit den Söhnen am Meeresufer von den Schlangen überfallen, als er ein Opfer darbringt. Als Grund wird auch genannt, daß L. gegen Apollons Willen heiratete und Kinder zeugte. Bekannteste Schilderung: Verg. Aen. 2, 40 ff. 201 ff.

Darstellungen: am berühmtesten die Gruppe im Vatikan (Belvedere Nr. 74), die 1506 im oder in der Nähe des Palastes des Nero auf dem Esquilin wiederaufgefunden worden ist. – H. 2,42 m, 1. Jh. v. Chr. (?) – Nach der antiken Überlieferung ein Werk der drei rhod. Bildhauer → Hagesandros, → Athanadoros und → Polydoros (2). – Der falsch ergänzte, emporgestreckte Arm des L. (inkl. Schlangenpartie) ist kürzlich entfernt worden und durch den 1905 von Pollak im Kunsthandel entdeckten, einst angestückten ursprünglichen Arm ersetzt worden. Auch die ergänzten ausgestreckten Armteile der beiden Knaben sind entfernt worden. – Bis ins späte 19. Jh. hinein aufs höchste bewundert, seit der Entdeckung der früheren Phasen der griech. Kunst als das Werk einer bereits klassizistisch empfindenden Epoche erkannt. – *Lit. dazu:* M. Bieber, L., The Influence of the Group since the Discovery, 1942 – Lippold, GrPl 384, Taf. 135, 2 – H. Sichtermann, L., Gymnas. 70, 1963, 193–211 – F. Magi, Il ripristino del L., Atti della Pont. Acc. Rom. di Archeol., III, 9, 1960, 5–59, Taf. 1–50 – Vgl. E. Simon, Ixion, ÖJh 42, 1955, 5–26. E. Bg.

Laomedon, Sohn des → Ilos und der Eurydike, König von Troja, Vater des → Priamos, der → Astyoche und → Hesione. Verweigert Poseidon und Apollon, die ihm, zur Strafe für ihre Verschwörung gegen Zeus, ein Jahr Dienst leisten mußten und zusammen mit → Aiakos die Mauer Trojas erbauten, den vereinbarten Lohn (Apollod. 3, 146 u. ö.). Das darauf von Poseidon geschickte Ungeheuer ist nur durch die Opferung → Hesiones zu besänftigen; dem Retter in der Not und Befreier Herakles verweigert aber L. ebenfalls den versprochenen Lohn, die unsterblichen Rosse. H. sammelt ein Heer, erobert Troja und tötet L. und alle Söhne bis auf Priamos.

Darstellungen: Mit Poseidon auf Bronzeciste aus Palästrina, mit Herakles auf pompejan. Wandgemälde. – *Lit:* L. Rocchetti, EAA IV, 1961, 474. H. S.

Laphria, ein recht häufiges griech. → Fest vom Typus des ‹Jahresfeuers›, in Verbindung mit → Artemis als Potnia Therōn, Herrin der wilden Tiere. Tiere aller Art, zuweilen auch Puppen und Früchte, wurden auf einem Holzaltar verbrannt. Die am besten bekannte Feier fand in Kalydon statt, von wo der Kult durch Augustus nach Patrai verpflanzt wurde. F. R. W.

Q: Paus. 7, 18, 8–13 – *Lit:* Nilsson, Griech. Feste, 1906, 218 ff.

Lapis Lazuli (σάπφειρος, sapphirus, Lasurstein, nicht identisch mit dem heute so genannten Saphir, der dem antiken κύανος entspricht). Der goldfarbenen Einsprengungen wegen wurde er mit dem Sternhimmel verglichen. Stammte angeblich aus Medien, vermutlich richtiger aus Tibet. Beliebter Ringstein. C.K.

Q: Plin. nat. 37, 120; Theophr. lap. 8 – *Lit:* Blümner, Technologie III 274ff.

Lapithen, mythischer (und historischer) Stamm Thessaliens, in der Sage Nachkommen des Lapithes, des Sohns einer Tochter des Flußgotts Peneios und des Apollon. Am kanntesten sind → Ixion, → Phlegyas, → Phorbas, → Kaineus, → Mopsos, → Peirithoos, der Freund des → Theseus. Bei der Hochzeit des Peirithoos kommt es zu dem berühmten Kampf mit den → Kentauren. Ferner sind L. an der → Kalydonischen Jagd, der → Argonautenfahrt, dem → Trojan. Krieg und den Kriegen des → Herakles (der im Namen des Aigimios gegen sie Krieg führt) beteiligt.

Darstellungen: s. zu → Kentauren.

Lappius Maximus *(Norbanus)*, cos. suff. 86 und 95 n. Chr., schlug – vermutlich als Legat des niedergerman. Heeres – 89 n. Chr. den Aufstand des obergerman. Legaten → Antonius (16) Saturninus gegen Domitian nieder (Dio Cass. 67, 11, 1; CIL VI 1347), versuchte aber durch Verbrennung der Papiere des Saturninus weitere Mitverschworene vor der Rache Domitians zu schützen. Die niedergerman. Legionen erhielten den Ehrennamen pia fidelis Domitiana. – Identisch könnten sein: Norbanus bei Mart. 9, 84 (vgl. Ps. Aur. Vict. epit. 11, 10), Lappius in CIL XIII 12168, 12171, 12173 und Lappius Maximus, Prokonsul von Bithynien, bei Plin. epist. 10, 58, 6. R.Wg.

Lit: E. Ritterling, Fasti d. röm. Deutschl., 1932, 24f. 59 – PIR I² Nr. 944 u. 949 – R. Syme, CAH XI 172ff. – Ders., Gnomon 29, 1957, 521 – A. Garzetti, A. L. Massimo presetto d'Egitto sotto Domiziano?, Aegyptus 37, 1957, 65ff.

Lara (oder ‹Lala›, griech., die ‹Schwätzerin›), röm. Nymphe, die sich nicht enthalten konnte, aller Welt die Liebe Jupiters zu Juturna zu entdecken. Der Gott riß ihr die Zunge heraus und ließ sie von Merkur in die Unterwelt bringen. Von ihm vergewaltigt, gebar sie Zwillinge, die → Laren. P. Gr.

Q: Ov. fast. 583ff.

Lararium (auch sacrarium, sacellum, aedicula), Heiligtum der → Laren, in Form einer in die Wand eingelassenen Nische, eines Tempelchens (→ Aedicula) auf Sockel oder einer Wandmalerei; seit frühester Zeit im Atrium, wo auch der Herd stand, später in Küche (z. B. Vettierhaus), Peristylhof oder Garten; in Delos meist seitlich des Hauseinganges. In Pompeji ist ein städtisches L. am Forum erhalten. C.K.

Q: Hist. Aug. 4, 3, 5; 18, 29, 2; 31, 4; Cic. Verr. 4, 2, 4; 3, 7; fam. 13, 2; Petr. 29, 8 – Iuv. 8, 3 – *Lit:* Hug, RE 12, 1 (1924), 794f. – G. K. Boyce, Corpus of the L. of Pompeii, Mem. Am. Ac. 14, 1937 – M. Floriani Squarciapino, EAA IV, 1961, 479–485, s. v. Lari.

Laren (Lar, plur. Lares; Etymologie dunkel: etrusk.?), Schutzgottheiten des Bauerngutes und des Hauses. Sie scheinen ursprünglich *ländliche Gottheiten* gewesen zu sein: das Kultlied der → Fratres Arvales wendet sich an sie; Cic. leg. 2, 19 verlegt den Kult der Larengötter aufs Land; ihr Fest, die → Compitalia, wurde an den Kreuzwegen von den Besitzern der angrenzenden Güter gefeiert, später von deren unfreien Verwaltern, so daß die Compitalia ein Sklavenfest wurden (vgl. Cato agr. 5, 3). Die L. wurden später auch als Beschützer der Kreuzwege Roms betrachtet; volkstümliche Kollegien (Collegia Compitalicia) versahen ihren Kult. Augustus erneuerte sie: die L. wurden Augusti (zahlreiche Inschriften), und der → Genius des Kaisers wurde ihrem Kult angeschlossen (→ Herrscherkult). Die L. behüteten nicht nur die Kreuzwege; sie beschützten die Reisenden sowohl auf dem Land (L. viales: Plaut. Merc. 865) als auf dem Meer (L. permarini; Tempel von 179 v. Chr.: Liv. 40, 52, 4). – Die L. drangen ferner ins *Haus* ein; jede familia erhielt einen Lar Familiaris, der den Herd behütete (Plaut. Aul. prol.). Man richtete Gebete an ihn und brachte ihm Gaben an den Kalenden, Nonen und Iden; zu seinen Ehren verbrannte man die Speisen, die vom Tisch auf den Boden gefallen waren; der L. Familiaris war eng mit den großen Ereignissen im Leben der Familie verbunden: mit den Geburten, Heiraten, Todesfällen usw. Ihm opferte man die Schafböcke, welche die ‹Befleckung› der Familie durch einen Todesfall aufhoben. Später hat sich der L. Familiaris verdoppelt; oft findet man in den Hauskapellen zwei L., dargestellt als zwei Tänzer, die Wein in eine Schale gießen. Wie der häusliche Herd hatte auch der Staat seine ‹Schutz›-L., Praestites genannt, die man den → Penaten des Staates vergleichen kann. – Die Hypothese, die L. seien ursprünglich Totengeister und der L. Familiaris der Geist des Ahnherrn der Familie, stützt sich u. a. auf Varro, der die L. entweder den → Manen oder den larvae genannten bedrohlichen Geistern gleichsetzte (bei Arnob. nat. 3, 41). Die Wollpuppen, die man während der → Compitalia an den Kreuzwegen aufhängte (die *maniae*, die mit *Manes* zusammengebracht werden, Festus 108 und 272), würden die im Haus lebenden Personen darstellen; sie wären ein Ersatzopfer, das man den L. brachte, damit sie die Lebenden schonten. Schließlich setzt man die L. noch in Beziehung zur Göttin → Larentia oder → Larunda, die ein Grabopfer erhielt. Die Gleichsetzung der L. mit den Totengeistern verursacht ernsthafte Schwierigkeiten (vgl. Bailey, 102–105; Latte a. O., der die angebliche Ablösung eines Menschenopfers der Compitalia als Lustrationsritus deutet), und diese wird heute im allgemeinen nicht mehr vertreten, ohne daß jedoch eine befriedigende Lösung gefunden worden wäre. H. Le B.

Lit: W. Warde Fowler, Roman Essays and Interpretations, 1920, 56–64 – G. J. Laing, The origin of the cult of the L., ClPh 16, 1921, 124–140 – E. Tabeling, Mater Larum, 1932 – C. Bailey, Phases in the religion of ancient Rome, 1932 – Latte, 90–94 – K. Meuli, Altröm. Maskenbräuche, MH 12, 1955, 206–232.

Darstellungen: meist paarweise als mit → Tunica bekleidete Jünglinge, in der erhobenen Hand ein → Rhyton, in der gesenkten eine Patera haltend. Flatterndes Haar, schwingendes Gewand, Tanzschritt. Häufig auf Altarreliefs, auf Wandgemälden der Lararien Pompejis, unübersehbar oft als Bronze → Statuetten, fast ausschließlich der Kaiserzeit. – *Lit. dazu:* G. Wissowa, ML II (1897), 1891–97 – Boehm, RE 12 (1925), 826–833 – G. K. Boyce, Corpus of the Lararia of Pompei, Mem. Am. Ac. 14, 1937 – K. Meuli, Altröm. Maskenbrauch, MH 12, 1955, 219. 230. U.J.

Larentia, eine alte, kaum bekannte röm. Göttin, der die Pontifices oder der → Flamen Quirinalis am 23. Dezember auf einem Altar am Velabrum (Kt. 2659) ein Opfer brachten: das war das Fest der *Larentalia.* Da das wirkliche Wesen der (mit den → Lares zu verknüpfenden?) Gottheit früh in Vergessenheit geriet, deutete man schon seit Cato (Frg. 16 P.) ihr Fest als Totenopfer auf dem Grab der → Acca Larentia, der sagenhaften Amme von Romulus und Remus (Varro, ling. 6, 23–24; Macr. sat. 1, 10, 15–17; Gell. 7, 7). Vgl. → Larunda. H. Le B.

Largus → Scribonius.

Larisa, Name vieler Orte in Griechenland und Vorderasien, wohl vorgriech. Wort für Burg; so auch Name der *Akropolis von → Argos.*

1. **L. Pelasgis,** Hauptort des nordöstlichen → Thessalien in der Landschaft Pelasgiotis (Kt. 1152 D4) und Sitz des Adelsgeschlechts der → Aleuaden. Meist im Besitz der Tageia. Im 4. Jh. Kämpfe mit → Pherai, dessen Herrscher → Lykophron (3) i. J. 404, unterstützt von Sparta, L. besiegte. Dann herrschte → Jason (4) v. Pherai bis 370 in L., ihm folgten Polydoros und Alexandros. 369 wurde letzterer von dem Makedonenkönig → Alexander (4) II. vertrieben, der sich selbst in den Besitz von L. brachte. 368 Einnahme durch → Pelopidas. 352 versuchten Teisiphonos und Lykophron v. Pherai, die Nachfolger Alexanders, erneut, L. zu erobern. L. von → Philipp II. v. Makedonien unterstützt, damit aber von ihm abhängig, bis 196 makedo-

nisch, dann frei und im neugegründeten Koinon der Thessaler. Nur unbedeutende antike Reste. E.M.

2. **L. am Hermos,** schon vorgriech., dann äol. Stadt, 30 km nördl. → Smyrna an der W-Küste von → Kleinasien (Kt. 1152 G4). Erhalten sind u.a. der Mauerring, ein spätarchaischer Tempel (Athena?) und bes. der große griech.-pers. Herrscherpalast (Paläste um 550, 500, 450, 350 nachgewiesen). Die Stadt wurde zu Anfang des 3. Jh.s v. Chr. verlassen. Vgl. Abb. 85 s.v. → Haus. E.M.

Lit: F. Stählin, RE 12, 1 (1924), 845–871 – J. Boehlau-K. Schefold u.a., L. am Hermos, 3 Bde, 1940–42.

Larsa, Stadt in Südbabylonien (Ruine Senkere; Kt. 1925 D5), Kultort des Sonnengottes (→ Šamaš). 1932/33 von A. Parrot teilweise ausgegraben. Residenz der altbabylon. Dynastie von L. Seit Gungunum (ca. 1868–1842) von → Isin unabhängig, vermag die Dynastie weite Teile Babyloniens zu unterwerfen. Größte Machtentfaltung unter Waradsîn, Sohn des Elamiters (?) Kudurmabuk, und seinem Bruder → Rîm-Sîn. W.R.

Larunda, nach Varro (ling. 5, 74) sabin. Göttin, doch scheint die letzte Silbe ihres Namens etruskisch zu sein. Sie ist vielleicht die gleiche Göttin wie → Larentia. Röm. Gelehrte des 1. Jh.s v. Chr. identifizierten sie mit der Mater Larum, der ‹Mutter der → Laren›, die sie auch Mania nannten und welcher die → Fratres Arvales opferten (vgl. Ov. fast. 2, 599–616, Varro ling. 9, 61; Arnob. 3, 41). H. Le B.

Lit: E. Tabeling, Mater Larum, 1932.

Lasos, → Lyriker, von Hermione, wirkte am Hof des → Hipparchos (1) in Athen; entdeckte die Fälschungen des → Onomakritos. Er war bedeutend hauptsächlich als Musiktheoretiker; nach Suidas s.v. frühester Musikschriftsteller (→ Musik A 8 ff.). Er führte → Dithyramben auf (z.T. in Konkurrenz mit → Simonides, 1) und wirkte maßgeblich bei der Neugestaltung dieser Gattung mit. In einigen seiner Gedichte kam kein Sigma vor. E.-M.V.

Lateinisch

A. ÄUSSERE GESCHICHTE: [1] Herkunft – [2] Geltungsbereich, Gliederung – [3] Entwicklung, Quellen – B. CHARAKTERISTIKA: [1] Lautstand – [2] Formenbestand – [3] Satzbau – [4] Wortschatz – C. SPRACHSCHICHTEN: [1] Schriftsprache – [2] Vulgärlatein – [3] Umgangssprache – D. LATINITÄT DES MITTELALTERS: [1] Grundlagen – [2] Latein der Übergangszeit vom 6.–8. Jh. – [3] Karolingische Zeit – [4] Das scholastische Mittellatein – [5] Abschluß – E. LATEIN IN DER GEGENWART – Vgl. → Italien B; → Literatur II.

A. ÄUSSERE GESCHICHTE. [1] *Herkunft.* Das L. ist eine indogerman. Sprache, d.h. es setzt wesentliche Züge von Wortschatz, Formenbestand und Satzbau der → indogerman. Grundsprache fort. Jahrhunderte einer teils selbständigen, teils im Kontakt mit anderen Sprachen vollzogenen Entwicklung haben aber im L. eine neue, charakteristische Sprachindividualität entstehen lassen. Es ist schwer, den Anfang dieser Entwicklung zu bestimmen. Vieles spricht dafür, daß das L. aus einem der indogerman. Dialekte hervorgegangen ist, die im 2. Jt. v. Chr. (das → Griech. und die → indogerman. Sprachen Asiens waren damals schon selbständig) im mitteleuropäisch-donauländischen Raum gesprochen wurden; wie weit diese voneinander und von der Grundsprache verschieden waren (am wenigsten wohl im Lautstand), bleibt aber ebenso unsicher wie Zeit (Mitte oder Ende 2. Jt. v. Chr.), Weg (Ostalpen, Adria?) und Art der Wanderung (eher kleine Gruppen als ‹Völkerwanderung›), welche die Träger des späteren L. nach Italien brachten. Erst dort, in Latium, wird das L. (genauer: das Latinische) historisch greifbar, zunächst indirekt als Sprache der seit Hes. theog. 1013 (6., möglicherweise 7. Jh. v. Chr.) bezeugten *Latini;* um 600 erscheint dann mit ‹*Manios med vhevhaked Numasioi*›, ‹M. me fecit Numerio›, auf einer Fibel aus Praeneste das erste (rein l.?) Sprachdenkmal. – Auf einer früheren Stufe (Anfang 1. Jt. v. Chr.?) wurde die gleiche Sprache auch in Südetrurien gesprochen; das bezeugt das *Faliskische,* dessen alte Charakteristika (Futur *carefo* = l. *carēbō,* Acc. *med* = l. *mē* aus *mēd)* nur aus einer mit dem L. gemeinsamen Vorstufe erklärbar sind. Nach der Aufspaltung des Sprachraums durch die Etrusker gingen L. und Faliskisch eigene Wege. Eine ältere Zusammengehörigkeit mit dem ‹*Ausonischen*› und *Sikulischen* in Süditalien und Sizilien ist dagegen unerweisbar. Mit dem *Oskisch-Umbrischen* und dem *Venetischen* verbinden das L. eine ähnliche Vorgeschichte und eine Reihe ‹gemeinitalischer›, d.h. in Italien gemeinsam ausgebildeter Spracherscheinungen (*f-* aus *bh-, dh-;* ‹Konj. Imperf.› osk. *fusíd* = l. *foret).* Der auch historisch fragwürdige Ansatz eines ‹Uritalischen› bleibt umstritten. Zum Ganzen vgl. → Vorröm. Sprachen.

[2] *Geltungsbereich, Gliederung.* Im 5. Jh. v. Chr. blieb in Latium gegenüber dem Vordringen der Volsker und Aequer nur Rom als Stadtstaat intakt. Dessen Dialekt, das L. im eigentlichen Sinn, hat dann die *Ausbreitung* der röm. Herrschaft begleitet. Die latin. Idiome der übrigen Städte (am besten bekannt der von Praeneste) wurden bedeutungslos (in Rom als rustik empfunden) und verschwanden allmählich. Bis 90 v. Chr. wurde L. nur im Gebiet von Rom und seiner Kolonien gesprochen; als sich dann die übrigen ‹Italiker› das röm. Bürgerrecht erkämpft hatten, eigneten sie sich auch rasch die Sprache Roms an. Um die Zeitwende hört man in Etrurien, Venetien und Kampanien auf, die einheimische Sprache in Inschriften zu verwenden; von einem Weiterleben in mündlichem Gebrauch ist nichts bekannt. Bis auf einige Gebiete des Südens (Neapel, Rhegion), in denen sich das Griech. behauptete, sprach damals Italien lateinisch. Kampftruppen und Garnisonen, Bürger- und Soldatenkolonien, die röm. Verwaltung und der Verkehr auf den neuen Straßen brachten dann das L. auch in die Provinzen, so daß zu Ausgang des Altertums der Westen des Reiches und die Donaugebiete bis auf geringe Reste (Basken; stellenweise Keltisch) dem L. gewonnen waren; im Osten war es vorwiegend nur Amtssprache. – Auch insofern als das L. keine nennenswerten lokalen *Dialekte* zeigt, ist es die Sprache Roms: ausgegangen von einer einzigen Stadt und auch später – bis zur Neugliederung des Reiches unter → Diokletian – stets an diesem Zentrum orientiert. Abweichungen von der Norm der Hauptstadt (und der Schule) hat es immer wieder gegeben, aber nirgends verdichten sich entsprechende Zeugnisse zum Bild eines selbständigen Dialekts. Auch in der gesprochenen Sprache sind lokale Sonderentwicklungen von einiger Tragweite vor Diokletian nicht wahrscheinlich.

[3] *Entwicklung, Quellen.* Die Entwicklung des L. (sprachliche Einzelheiten s.u. B) verlief in historischer Zeit mit unterschiedlicher Geschwindigkeit; auch hier sind Beziehungen zur Geschichte Roms unverkennbar. Tiefgreifende Veränderungen brachten dem L. das 5. und 4. Jh. v. Chr., in denen Rom schwere innere und äußere Krisen zu bestehen hatte. In diese Zeit gehören die ersten lat. Sprachzeugnisse aus Rom selbst: die Forum-Inschrift (Fragment eines Sakralgesetzes), die Duenos-Inschrift (darauf *duenos* = klass. *bonus)* und die in äußerlich modernisierter Gestalt überlieferten Teile von Gesetzen, vor allem des → Zwölftafelgesetzes (anderes, wie das ebenfalls sehr alte → Carmen Arvale, ist undatierbar). Die Konsolidierung Roms als Vormacht Italiens im 3. Jh. v. Chr. und die beginnende Literatur verlangsamten die Sprachentwicklung; doch zeigen die Quellen der altlat. Periode – die Komödien des → Plautus und → Terenz, die Werke des → Ennius und → Cato, die → Scipionen-Elogien (240–160 v. Chr.), die Bakchanal-Inschrift (186 v. Chr.) u.a. –, daß die Sprache noch in Bewegung war. Als Rom sich 146 v. Chr. durch die Zerstörung von Karthago und Korinth als Weltmacht erwies, hatte auch das L. die Form gefunden, in der es in die Geschichte eingegangen ist, wenn auch erst das Wirken der Klassiker (s.u. C 1) die letzte Präzisierung brachte. Die folgende röm. → Literatur (II) – und das ist ihr größter Teil – verwendet bei allen stilbedingten Unterschieden (etwa in der ‹silbernen Latinität› vor und um 100 n. Chr.)

das gleiche Sprachmaterial. Nur die Volkssprache blieb im Fluß (s. u. C2), ohne sich im Altertum dank dem Einfluß von Schule und Literatur weit von der Hochsprache zu entfernen, wirkte aber ihrerseits stark auf das Latein der späten → Fachschriftsteller. Von entscheidender Bedeutung wurde, daß auch christl. Autoren in ihrer von der Bibelübersetzung weitgehend beeinflußten Sprache volkssprachlichen Elementen, z. T. in bewußter Ablehnung der heidnischen Schultradition, breiten Raum gewährten (s. u. D: Mittellatein).

B. Charakteristika. [1] *Lautstand.* Seine spezifische Prägung hat der lat. Lautstand erst im 5.–3. Jh. v. Chr. erhalten. Wichtig sind dafür: 1. die ‹Schwächung›, bzw. Ausstoßung (Synkope) kurzer Binnensilbenvokale (*facio – perficio – perfectus; dexter* – griech. δεξιτερός); Ursache war eine Druckverstärkung des auf die Anfangssilbe verlagerten Akzents, die sich in allen Sprachen Mittelitaliens im 5./4. Jh. v. Chr. bemerkbar macht, ohne daß ihr Ursprung klar wäre. – 2. Der → Rhotazismus. – 3. Die Vereinfachung ‹schwerer› Konsonantengruppen durch Assimilation (*velle* aus *vel-se)* oder Lautverlust (*iūmenta* aus *iouxmenta* der Forum-Inschrift). Vielfach wurde dabei die Zusammengehörigkeit von Wortsippen verdunkelt: *āridus – ārdeo; locus* (<**stlocos) – īlicō* (<**en stlocōd); āla* (<**akslā) – axilla.* Die Synkope trug dazu bei, daß das L. weniger kurze Silben besitzt als das Griech. In frühliterarische Zeit fällt der Übergang eines Großteils der Diphthonge in Langvokale (stets *ei* zu *ī*, *ou* zu *ū*; meist *oi* zu *ū*); um 180 v. Chr. sind nur *ae, oe* (Diphthonge!) und *au* erhalten, und auch diese nur an bestimmten Stellen im Wort (sonst *ī* bzw. *ū*) und in der Hochsprache (‹rustik› dafür oft *ē* bzw. *ō*). Von Terenz bis Tacitus bleibt das Lautbild des L. fast konstant; erst danach gerät es wieder in Bewegung. *ae* und *oe* werden Monophthonge (Einwirkung der Volkssprache); die bislang grundlegenden Unterschiede der Vokalquantität (Praes. *vĕnit*, Perf. *vēnit)* werden weitgehend durch solche der Vokalfarbe ersetzt; *e* und *i* werden vor Vokalen zu *j* und verändern dabei den vorausgehenden Konsonanten. Im 4./5. Jh. n. Chr. sind, wie Schreibfehler und Grammatiker bezeugen, *c* vor hellen Vokalen und *tj* zu Zischlauten geworden (klass. nur *k* und *ti; Caesar* ergibt das Lehnwort *Kaiser*!). – Der l. Wort-→ Akzent liegt in historischer Zeit auf der vorletzten Silbe, wenn diese prosodisch lang ist, sonst auf der drittletzten (*occīsus, ēditus*; ‹Paenultimaregel›). Der Widerspruch in den Zeugnissen über die Art der Betonung (‹exspiratorisch› – ‹musikalisch›) löst sich vielleicht durch die Annahme, daß der zunächst noch intensive Akzentdruck (→ Jambenkürzung; neue Synkope: *validē – valdē)* in der klass. Hochsprache gemildert wurde, so daß hier allein der (auch vorher schon vorhandene) Tonhöhenunterschied ins Ohr fiel, den die röm. Grammatiker, gewiß unter starkem Einfluß der griech. Grammatiker, lehrten; gegen Ausgang des Altertums hat sich dann der (volkssprachliche?) Druckakzent wieder durchgesetzt. Sicherheit ist aber hierin nicht zu gewinnen. Zum Versakzent vgl. → Iktus.

[2] *Formenbestand.* Der bemerkenswerte Reichtum an Flexionsendungen hängt damit zusammen, daß das L. die syntaktischen Beziehungen durch Veränderung des Wortendes am Wortkörper selbst ausdrückt (vorwiegend ‹synthetische› Sprache). ‹Formwörter› (Kennzeichen ‹analytischer› Sprachen: Englisch!) sind, abgesehen von der Kopula *esse*, selten: der Artikel fehlt ganz (Ansätze im späteren Vulgär-L.), bei eindeutigem Zusammenhang auch ein Subjektspronomen; die Tempora werden ohne Hilfsverb gebildet (Ausnahme: Passiv zum Perfektstamm); die in zunehmendem Maße verwendeten Präpositionen dienen zur Präzisierung räumlich-zeitlicher Angaben, nicht zur Bezeichnung der Kasus (doch im späten Vulgär-L. auch *dē* und *ad* statt Gen. bzw. Dat.). – Spezifisch lat. ist der *Ablativ*, der aber nur im Singular eine eigene Form hat (teilweise lat. Neubildungen). Zu seiner ursprünglichen Funktion (‹Separativus›) hat er auch die des Instrumentalis und Lokativ übernommen (in *vesperī*, ‹abends›, *Rōmae*, ‹in Rom› usw. sind Lokativformen erhalten). Im Ablativ besitzt das L. neben den ‹grammatischen› noch einen rein ‹lokalen› Kasus, wenn dieser auch oft schon durch Präpositionen verdeutlicht wird. – Charakteristisch für das L. ist die Ausbildung des *Verbalsystems.* Während im → Griech. (C2) das indogerman. Verbum ziemlich treu bewahrt ist, hat das L. daraus etwas Neues, Eigenes geschaffen. An die Stelle der drei Verbalstämme, die die ‹Aspekte› des Vorgangs (Praes. den Verlauf; Aorist das Ereignis als Ganzes) bzw. den erreichten Zustand (Perfekt) bezeichnen und nur im Indikativ Gegenwart und Vergangenheit unterscheiden, ist im L. ein parallel aufgebautes Schema aus Praesens- und Perfektstamm getreten, in dem wohl einzelne Kategorien Aspektcharakter haben, das aber als Ganzes der Angabe von Zeitverhältnissen dient. Dieses System ermöglicht es, nicht nur Gegenwart, Vergangenheit und Zukunft, also den Zeitbezug zum Sprechenden, sondern auch die zeitliche Relation verschiedener Vorgänge zueinander, also Gleich-(Nach-) und Vorzeitigkeit auszudrücken (‹consecutio temporum›). – Beim Neubau des Systems wurden die ererbten Ausdrucksmittel vielfach umgedeutet (Fut. *aget* aus einem Konjunktiv) und durch Neubildungen ersetzt (*-b-* im Futur, *-bā-* im Imperf.). Als Perf.-Stämme werden teils alte Perfekte (*meminī* ≈ griech. μέμονα), teils alte Aoriste (*dīxī* formal ≈ griech. ἔδειξα) verwendet. Die Umbildung dürfte schon sehr früh begonnen, aber erst zu Beginn der Literatur ihren Abschluß gefunden haben; noch Plautus verwendet Reste eines älteres Systems wie *advenat* (Konj.), *capsit* (Konj. und Fut.), die später bis auf *fore, forem* und formelhaftes *ausim* beseitigt wurden. – Bemerkenswert ist ferner der schon vorhistorische Zusammenfall von Optativ und Konjunktiv zu einem einzigen Modus der Subjektivität, der dann in steigendem Maße auch das Mittel zur Unterordnung wurde. Reste des alten Mediums, das das ‹Betroffensein› des Subjekts durch die Verbalhandlung betonte, liegen vor im intransitiv-reflexiven Gebrauch des Passivs (*vehor*, ‹ich fahre›; *lavor*, ‹wasche mich›) und in den Deponentia, die nur als Media tantum (*sequitur* ∼ griech. ἕπεται) verständlich sind; im übrigen haben die umgebildeten Medialformen die Bezeichnung des Passivs übernommen.

[3] *Satzbau.* Als synthetische Sprache (oben) braucht das L., um die Funktion der Satzglieder festzulegen, keine starre Regelung der *Wortstellung.* Grundsätzlich kann jedes Wort an jeder Stelle des Satzes stehen (Ausnahme: Enklitika, die die 2. Stelle bevorzugen: *sī quis).* Die Wortstellung kann darum zur Verdeutlichung des Sinnes ausgenutzt werden, z. B. indem betonte Begriffe Anfang und Ende des Satzes einnehmen. – Das einzige indogerman. Mittel der verbalen *Unterordnung*, die Partizipialkonstruktionen, hat das L. in vorgeschichtlicher Zeit aufgegeben (ebenso die Formen bis auf *agēns* und *āctus; āctūrus* und *agendus* sind junge Neubildungen) und erst spät wieder neu erworben (griech. Einfluß?); noch im Altlat. werden Partizipien fast nur adjektivisch gebraucht (kaum nähere Bestimmungen durch Objekte oder Adverbien). Das zweite Charakteristikum des lat. Satzbaus, die reich entwickelte Hypotaxe (abgestufte Unterordnung unselbständiger Sätze unter einen ‹Hauptsatz›), ist wohl erst seit Beginn der Überlieferung entstanden. In den ältesten Gesetzen ist die Ausdrucksweise bei Nebensätzen sehr unbeholfen. Noch Plautus ist im Gebrauch von Nebensätzen 2. Grades zurückhaltend; er zieht überhaupt die Parataxe (Gleichordnung) vor. Erst die klassischen Prosaiker haben sich in ihren vielfach gegliederten Satzgefügen und im Ausbau der Partizip- und Infinitivkonstruktionen ein Mittel zum Ausdruck komplizierter Gedankengänge geschaffen.

[4] *Wortschatz.* Der lat. Wortschatz besteht zum größeren Teil aus Wörtern, die aus dem Indogerman. ererbt (*rēx*,

agere) oder aus Erbwörtern abgeleitet sind *(rēgīna, agitāre).* Für manche Wörter ist es bisher noch nicht gelungen, die Herkunft klarzustellen *(urbs, loquor).* Einblick in Kulturbeziehungen gewähren die Lehnwörter: In Italien hat das L. aus vorindogerm. Sprachen eine Reihe von sog. Mittelmeerwörtern übernommen, Bezeichnungen für Tiere *(asinus),* Pflanzen *(rosa),* Geländeformen *(lapis),* Zivilisationsgüter *(vīnum)* usw. Geschichtlich faßbar sind die (nicht zahlreichen) Entlehnungen aus dem Etrusk. (Termini des Staatswesens wie die Tribusnamen *Ramnes, Tities, Luceres,* später Ausdrücke der Zivilisation wie *persōna,* ‹Maske›) und die aus osk.-umbr. Dialekten (‹Sabiner›! *bōs lupus rūfus* mit charakteristischem *b p f;* echt l. wäre *v qu b).* Das Keltische der Gallier hat u. a. Wörter für Wagen *(carrus)* und Waffen *(gaesum)* geliefert; der Gruß *avē* stammt aus dem Punischen. Seine weitaus wichtigste Bereicherung erfuhr der lat. Wortschatz aus dem Griech., so seit ältester Zeit in den Gebieten von Handel und Technik *(talentum, amphora* mit Diminutiv *ampulla, māchina, balneum),* später vor allem im Bereich der Wissenschaft; die röm. Terminologie in Philosophie, Medizin und Grammatik besteht zu einem guten Teil aus griech. Lehnwörtern und Lehnübersetzungen (dabei auch gewisse Fehler: *accūsātīvus* aus *αἰτιατική,* ‹Kasus des Bewirkten›).

C. Sprachschichten. [1] *Schriftsprache.* Im 2. Jh. vor Chr. macht sich in der politischen und geistigen Führungsschicht Roms die Tendenz bemerkbar, eine besondere Hoch- und Schriftsprache auszubilden, nicht mit neugeschaffenen Sprachmitteln, sondern in konservativem Geist und in straffer Sprachdisziplin durch Auslese und Ausbau des Vorhandenen. Vornehme Zurückhaltung, Ordnungssinn und Streben nach Präzision waren die leitenden Prinzipien. So werden unnötige Fremdwörter vermieden, Synonyma differenziert, aus dem Paradigma fallende Formen (s. o. B 2) ausgeschieden; aus mehreren Konstruktionsmöglichkeiten wird eine einzige ausgewählt (Abl. bei *ūtor,* nicht wie altlat. auch Acc.); die Modi in Nebensätzen werden streng geregelt (Konj. in indir. Fragesätzen und nach *cum* histor.). → Cicero und → Caesar haben als Abschluß dieser Entwicklung die klassische Form der lat. Prosa geschaffen. – Die lat. *Dichtersprache,* deren Tradition noch älter ist als die der Kunstprosa, hat daneben ihre eigenen Gesetze. Sie gestattet etwa Archaismen in der Formenlehre (Inf. Praes. Pass. auf *-ier),* Gräzismen in der Syntax *(sēnsit dēlāpsus,* ‹er merkte, daß er hineingeraten war›, mit Part. statt Inf.) und Neubildungen im Wortschatz (Komposita wie *magnanimus* = griech. *μεγάθυμος,* die dem L. sonst fremd sind). Gerade beim Wortschatz ist die Scheidung Prosa–Poesie am augenfälligsten *(gladius – ēnsis).*

[2] *Vulgärlatein.* Dem an festen Normen orientierten klassischen L. der röm. Oberschicht läßt sich keine ebenso geschlossene Volkssprache gegenüberstellen. Vielmehr wird die Sprache der übrigen Bevölkerungsschichten zunächst dadurch charakterisiert, daß je nach Stand und Bildung des Sprechers einzelne Regelungen der Hochsprache nicht aufgenommen sind, etwa im freien Gebrauch griech. Fremdwörter oder in der Kasus- und Nebensatzsyntax. Daneben finden sich Tendenzen fortgeführt, die in der Hochsprache abgeschnitten wurden, wie die Monophthongierung von Diphthongen (oben B 1) und der Rückgang der Deponentia. Schließlich treten aber in steigendem Maße auch neue Erscheinungen auf, die auf das Romanische weisen; Acc. für Abl. *(cum lībertōs)* oder Nom., *dē* und *ad* für Gen. bzw. Dat., mask. Sing. *(vīnus)* oder fem. Pl. für Neutrum, Sätze mit *quod quia quoniam* für AcJ. Alle diese Abweichungen vom klass. L. lassen sich vom Standpunkt des Altertums aus unter ‹Vulgärlatein› zusammenfassen (für den Romanisten ist Vulgär-L. die Stufe des gesprochenen L., von der die romanischen Sprachen gemeinsam ausgehen, ob sich diese mit dem Klass. deckt oder nicht; nicht für alle Spracherscheinungen liegt diese Stufe auf der gleichen zeitlichen Ebene). Die wichtigsten Quellen dafür sind: die Dialoge der Komödien des Plautus; die Freigelassenengespräche in Petrons ‹Cena Trimalchionis› (Zeit Neros); die ‹Appendix Probi› (300 n. Chr.), ein Traktat, in dem Abweichungen von der klass. Laut- und Formenlehre gerügt sind; die Bibelübersetzungen der Itala und der → Vulgata; die → ‹Peregrinatio Aetheriae›, die Beschreibung einer Pilgerfahrt; dazu zahlreiche Inschriften, bes. die Verwünschungen auf den sog. → Fluchtafeln.

[3] *Umgangssprache.* Von den soziologisch bedingten Unterschieden der Sprachschichten wenigstens theoretisch zu trennen sind die Unterschiede, die sich aus den verschiedenen Sprachsituationen ergeben. Hier stehen sich gegenüber: die Hochsprache, die bei offiziellen Anlässen sowie gewöhnlich – als Schriftsprache – in der Literatur verwendet wird, und die Umgangssprache des täglichen Gebrauchs im vertrauten Kreis oder in Briefen. Deutlich spürbar wird dieser Unterschied allerdings nur bei der obersten Sprach- und Gesellschaftsschicht, deren Angehörige sich in der Umgangssprache (das wichtigste Zeugnis ist neben den Komödien des → Terenz die Korrespondenz → Ciceros) manche Nachlässigkeit gegenüber dem Gebrauch der Schriftsprache gestatteten, woraus ähnliche Erscheinungen wie beim Vulgär-L. resultierten. Merkmale der Umgangssprache sind außerdem gefühlsbetonte Ausdrucksweise, etwa in Interjektionen und starken Bildern, sowie der Hang zur Trivialität *(esse* und *facere* als Ersatz für Vollverben) und zur Sparsamkeit (Ellipse des Verbums). H. R.

Lit: F. Stolz-A. Debrunner, Gesch. der l. Sprache, 1953 – G. Devoto, Storia della lingua di Roma, 1940 – L. R. Palmer, The Latin Language, 1954 – E. Pulgram, The Tongues of Italy, 1958 – V. Pisani, Storia della lingua latina I, 1962 – M. Leumann-J. B. Hofmann-A. Szantyr, L. Grammatik, 1963 – A. Walde, L. etymolog. Wörterbuch, 3. Aufl. von J. B. Hofmann, 1938–1956 – A. Ernout-A. Meillet, Dictionnaire étymologique de la langue latine (1932), 1959/60[4] – *Zu B:* E. Löfstedt, Syntactica, 1928 – *Zu C[1]:* M. Leumann, Die l. Dichtersprache (1947), in: Kl. Schr., 1959, 131–156 – *Zu C[2]:* C. Battisti, Avviamento allo studio del latino volgare, 1949 – K. Voßler, Einführung ins Vulgärlatein, hg. v. H. Schmeck, 1953 – R. A. Haadsma et J. Nuchelmans, Précis de latin vulgaire, 1963 – *Zu C[3]:* J. B. Hofmann, L. Umgangssprache (1929), 1951[3].

D. Latinität des Mittelalters. [1] *Grundlagen.* Der vielschichtige Komplex der mittelalterlichen Latinität, häufig mit dem wenig glücklichen Terminus ‹Mittellatein› bezeichnet, ist trotz zahlreicher Einzeluntersuchungen und mehrfacher Bemühungen um eine Gesamtdarstellung in weiten Bereichen noch wenig erforscht, und selbst über die Grundzüge der Geschichte der mittelalterlichen Latinität und ihre Eigenart in den verschiedenen Epochen, Gebieten und Schichten ist Sicherheit bisher nicht gewonnen. Die folgenden Ausführungen können daher z. T. nur als Entwurf betrachtet werden. – *Voraussetzung und Grundlage* der mittelalterlichen Latinität ist das L.e des ausgehenden Altertums mit seinen zwei Hauptschichten oder -richtungen, der lebendigen, gesprochenen Sprache, der Volkssprache, oder dem sog. *Vulgärlatein* auf der einen Seite, der Schrift- und Literatursprache oder dem sog. *Spätlatein* auf der andern. Der Zusammenbruch des röm. Reiches hat eine allmähliche Änderung der Voraussetzungen für das Leben und den Gebrauch des L.en zur Folge. Die eigentlich tragende Schicht, das Vulgärlatein, entwickelt sich sprachgesetzlich weiter. Infolge der politischen Selbständigkeit und in zunehmendem Maße auch kulturellen Sonderentwicklung der neuen staatlichen Gebilde auf dem Boden des alten Reiches verstärken sich allmählich die schon im Altertum vorhandenen Tendenzen der sprachlichen Differenzierung. Diese schreitet so weit fort, daß aus dem Vulgärlatein schließlich eine Reihe neuer Sprachen hervorgeht, die romanischen Sprachen. Die Zeit, da dieses Stadium erreicht wird, ist geographisch verschieden und nicht genau faßbar; sie fällt im allgemeinen mit der Herrschaft der Karolinger zusammen. Während also das Vulgärlatein als solches im frühen MA aufhört, lebt die spätantike Schriftsprache, das

Spätlatein, noch ein volles Jahrtausend über das Ende des röm. Reiches hinaus im sog. Mittellatein fort. Es entfaltet in diesem Zeitraum neues Leben und einen Reichtum, den die lat. Sprache nie zuvor besessen hat, es wird zum bevorzugten Träger des geistigen Lebens der westlichen Christenheit, zur Muttersprache der abendländischen Welt. Daß das L. weiterleben und diese einmalige Bedeutung für unsere geistige Welt gewinnen konnte, ist das Verdienst der Kirche, die das L. zu ihrer Sprache gemacht hatte. – Das Mittellatein existiert unter anderen Bedingungen als das Spätlatein; hieraus erklärt sich seine Mannigfaltigkeit, seine Eigenart und seine bewegte Geschichte. Latein ist im MA die *Sprache der Gebildeten*, seine Kenntnis ist geradezu Voraussetzung und Merkmal geistiger Bildung. In allen Lebensbereichen, die höhere Bildung erfordern, wird L. gesprochen und geschrieben: in Schule und Wissenschaft, Recht und Verwaltung, vor allem aber ist das L. die Sprache der Kirche, des Gottesdienstes, der kirchlichen Institutionen und Gemeinschaften, in deren Händen seit dem Untergang der antiken Welt bis ins 12./13. Jh. das Bildungswesen fast ausschließlich liegt. Durch die Verkündung des christlichen Glaubens wird es auch in Gebiete verpflanzt, die ehedem nicht zum röm. Reich gehört hatten; seine Verbreitung deckt sich mit dem Gebiet der ‹lateinischen› Kirche. Aber die Latinität des MA ist weder zu allen Zeiten noch an allen Orten dieselbe gewesen. Seit dem Ausscheiden des Vulgärlateins hat das Mittellatein die tragende Unterschicht der Volkssprache verloren, in den neu christianisierten Gebieten hatte es eine solche nie besessen. Niemand mehr kann Latein von Kindsbeinen an, jeder lernt es als eine fremde, mehr oder minder gelehrte Sprache durch Vermittlung kirchlicher Personen und Einrichtungen. Als Sprache ohne Volk wird das Mittellatein getragen von einer geistigen Gemeinschaft, gehalten und immer wieder ausgerichtet durch die Sprache der lat. Bibel, der Liturgie (→ Leiturgia B), der Bücher des kirchlichen Rechts, der Kirchenväter und anderer literarischer Werke, nicht zuletzt durch die Schule. Man hat daher das Mittellatein als Traditionssprache bezeichnet. Je nach Bildung und geistigem Lebenskreis des Einzelnen und einzelner Gruppen kann die Latinität des MA recht verschiedene Färbungen annehmen. Nationale Unterschiede kommen vor, sind jedoch seit der Karolingerzeit, soweit überhaupt vorhanden, sehr gering und nur in besonderen Fällen faßbar. Mit Sicherheit bestanden solche zu allen Zeiten in Einzelheiten der Aussprache. Trotz dieser Mannigfaltigkeit lassen sich in der Latinität des MA mehr oder minder deutlich Entwicklungsstufen erkennen, in denen sich die großen geistigen Bewegungen widerspiegeln.

[2] Das *Latein der Übergangszeit vom 6.–8. Jh.*, das sog. frühe Mittellatein, unterscheidet sich von dem späterer Perioden vor allem dadurch, daß es die Verbindung mit der tragenden Schicht, der Volkssprache, noch nicht verloren hat und deshalb noch manche Züge einer lebenden Sprache aufweist. Die Einflüsse des Vulgärlateins auf die Schriftsprache wirkten um so stärker, als infolge der politischen Verhältnisse das allgemeine Bildungsniveau absank und die literarische Produktion stark zurückging. Dies geschah freilich nicht überall in der gleichen Weise. – In *Italien* setzt sich das Spätlatein zunächst ohne wesentliche Veränderungen fort bis in die Zeit → Gregors des Großen (gest. 604); die frühe Langobardenzeit bringt nicht nur ein starkes Nachlassen der literarischen Tätigkeit, sondern auch kräftige Vulgarisierungstendenzen in die Schriftsprache, wie sie z.B. in den Langobardengesetzen und in Urkunden der Zeit zum Ausdruck kommen. Doch wird die alte Tradition in den Schulen zumal Oberitaliens weiter gepflegt, so daß gerade aus Italien im späteren 8. Jh. Männer hervorgehen wie Petrus von Pisa, Paulus Diaconus, Paulinus v. Aquileia, die als Träger der karolingischen Erneuerung auch zur Reform des Mittellateins maßgeblich beitragen. – *Afrika* geht mit der arabischen Eroberung der lat. Kultur verloren. – Auf der *Pyrenäenhalbinsel* hält sich bis zur Abriegelung vom übrigen Europa nach 711 und darüber hinaus die spätlat. Tradition in Sprache und Literatur; Einflüsse spanischen Vulgärlateins zumal syntaktischer Art machen sich im Urkundenwesen deutlich bemerkbar, dringen jedoch relativ schwach in die Sprache der Literatur ein, die vor allem vom hohen Klerus getragen wird. – Anders in *Gallien*. Infolge des kulturellen Niedergangs unter den Merowingern zieht der machtvolle Vulgarisierungsvorgang schon im Laufe des 6. Jh.s auch die Schriftsprache in seinen Bann. Während bei → Gregor (6) v. Tours (gest. 594) das syntaktische Gefüge des Spätlateins noch weitgehend gewahrt ist und das volkssprachliche Element sich vor allem in der veränderten Aussprache, die sich in der Orthographie spiegelt, geltend macht, wird vielfach schon zu seiner Zeit, vor allem aber im Laufe des 7. und 8. Jh.s mit zunehmendem Verfall der Bildung die Schriftsprache immer weiter der Volkssprache angenähert, so daß aus Unkenntnis die ärgste Verwilderung Platz greift. – Wieder anders verläuft die Entwicklung bei den Völkern, die erst im frühen MA dem Christentum und damit der lat. Kultur gewonnen waren. Hier gibt es keine vulgärlat. Einflüsse. – In *England*, wo die germanische Eroberung von der röm. Kultur so gut wie nichts übriggelassen hatte, haben die Angelsachsen durch die Missionierung unmittelbar das Spätlatein der Zeit → Gregors (1) d. Gr. gelernt; entsprechend den vorzüglich gepflegten Studien nimmt das L. angelsächsischer Schriftsteller eine biblisch-patristische Färbung an, der spätlat. Charakter bleibt durchweg auffallend rein erhalten (bei einem Schriftsteller wie → Beda Venerabilis, gest. 735, in geradezu klassischer Vollendung), auch da, wo sich wie bei Aldhelm von Malmesbury (gest. 709) und den von ihm beeinflußten Kreisen ein bewußt gekünstelter Stil entwikkelt. – Die *Iren*, um die Mitte des 5. Jh.s dem Christentum und der lat. Welt gewonnen, entwickeln eine recht eigenartige Latinität. Die zunächst und bei manchen Schriftstellern auch später noch vor allem biblisch-patristisch gerichtete Sprache gewinnt durch die typisch irische Neigung zum Gelehrt-Absonderlichen, zum Entlegenen, Gesuchten eine wunderlich gelehrte Färbung, durch die Beimengung mehr oder minder entstellter griech. und hebräischer Brocken wie auch von Worten aus der von ihnen geschaffenen halb keltischen, halb lat. gelehrten Geheimsprache, der sog. Hisperica famina, einen manchmal recht anorganischen, abstrusen Charakter. Neben sehr reinem, gepflegtem Spätlatein machen sich in manchen Denkmälern irischen Lateins auch vereinzelt syntaktische Einflüsse geltend, die aus dem Keltischen stammen. – Die wenigen vor- und frühkarolingischen Denkmäler deutscher Herkunft – außer Urkunden besitzen wir nur das literarische Werk des Bischofs Arbeo von Freising (gest. 782/783) – weisen entweder die Merkmale der Sprache der Bildungsstätte auf, wo der Verfasser Latein gelernt hat (bei Arbeo lag sie im Langobardenreich), oder sie sind einfach Zeugnisse elementarer, an Bibel und Liturgie mit Hilfe einer schlechten, spätantiken Schulgrammatik erlernter und durch Lektüre des einen und anderen Kirchenvaters leidlich verbesserter Sprachkenntnisse. – Das frühe Mittellatein weist also deutliche Ansätze auf, in regional verschiedene Sprachformen zu zerfallen. Stärker aber als die Zerfallstendenzen wirken zuletzt die *zentripetalen Kräfte*. Immer und überall gab es feste sprachliche Vorbilder, und sie waren wenigstens zum Teil dieselben: die lat. Bibel, die Sprache der Liturgie, die trotz der Mannigfaltigkeit der Formeln und Formen allenthalben ungefähr dieselben Züge aufweist, der Texte des kirchlichen Rechts und Schriften der Kirchenväter. Diese gemeinsamen Sprachmuster bewirkten, verstärkt durch die Schulen, in denen insbes. spätantike Grammatiken, jedoch von profanantiker Literatur – außer vielleicht → Vergil – nur sehr wenig gepflegt wurden, doch wieder eine gewisse Festi-

gung, so daß es nur der Hebung des Bildungsstandes bedurfte, um der lat. Sprache wieder ein einigermaßen einheitliches Gesicht zu geben.

[3] *Karolingische Zeit.* Dies geschah in der Zeit Karls d. Gr., die die zweite Periode der mittelalterlichen Latinität einleitet. Die geistige Erneuerungsbewegung, die wir als karolingische Renaissance bezeichnen, bedeutet in sprachlicher Hinsicht eine Reinigung des L.s von vulgärlat. Elementen, eine Ausrichtung nach den Mustern gepflegten Spätlateins, wie es in den Schriften der Kirchenväter gebraucht war, und damit eine *Vereinheitlichung des Lateins,* die Ausbildung einer in gewissem Sinne normativen Gemeinsprache, des Mittellateins schlechthin. – Man darf natürlich nicht an eine zentrale Sprachregelung denken, die etwa vom Hof ausgegangen wäre. Der Vorgang ist wohl ähnlich zu denken wie derjenige, der zur Ausbildung der karolingischen Minuskel geführt hat. Zweifellos waren an vielen Orten im Reich und außerhalb Bestrebungen im Gange, die auf eine Hebung der Bildung und damit auch der lat. Sprache abzielten. Dem Bildungswillen kam der Hof entgegen. Der Kreis der Gelehrten und Schriftsteller, die da aus allen Gebieten der lat. Christenheit zusammenkamen, aus Italien und Spanien, aus England und Irland, aber auch aus dem Frankenreich selber, hat ohne Zweifel vorbildlich gewirkt, und die Erlasse Karls d. Gr. zur Hebung der Bildung und des Schulwesens in Klöstern und an Bischofssitzen haben mittelbar die Ausbildung der mittellat. Gemeinsprache kräftig gefördert. *Schulen und Bibliotheken* bekommen trotz aller Verschiedenheit im einzelnen ein in den Grundzügen einheitliches Gepräge. Der Unterricht konzentriert sich zunächst auf die Fächer des Triviums – Grammatik, Rhetorik, Dialektik (→ Artes liberales) – und hier wiederum in auffallend starkem Maße auf die Grammatik, die noch über die Jahrtausendwende hinaus die bevorzugte Disziplin bleibt. Auch das Studium der Texte wurde vorzüglich unter sprachlichen Gesichtspunkten betrieben. Profanantike Literatur wird nun zwar verstärkt herangezogen, spielt jedoch nicht die Hauptrolle. Vor allem macht man keinen Unterschied zwischen klassischen und späten Schriftstellern, und karolingische Klassizisten sind Ausnahmen. Das karolingische Mittellatein ist zur Grundlage der Sprache der folgenden Jahrhunderte geworden. Wohl kam, wie schon bisher, immer wieder einmal das eine und andere neue Wort hinzu, Fremdwörter und Lehnwörter, wohl traten da und dort semasiologische Veränderungen auf, was eben die Entwicklung in den verschiedenen Bereichen des Lebens mit sich brachte; die tieferen Schichten der Sprache wurden jedoch nicht berührt. – Freilich hat sich die Reform nicht überall gleichmäßig und gleichzeitig durchgesetzt. In *Italien* z.B., wo die karolingische Renaissance überhaupt nur zögernd und nie sehr festen Fuß gefaßt hat, beobachten wir um die Mitte des 9. Jh.s auch in der Literatur noch starke vulgärlat. Einflüsse, die vor allem die Syntax betreffen. Doch scheint von solchen Beziehungen keine neue Entwicklung ausgegangen zu sein. Eine solche bahnt sich in der 2. H. des 11. Jh.s an. Tiefgreifende Bewegungen beginnen das Gesicht der abendländischen Welt zu verändern. Der Streit um die Investitur bringt eine Fülle publizistischer Literatur hervor, Streitschriften, Invektiven, Pamphlete, fast durchweg kurzlebige Tagesliteratur. Die lat. Sprache hat sich den bis dahin unerhörten Erfordernissen geschmeidig angepaßt; es gibt manch kühne Neubildung, manch freies Spiel mit Worten, Formen, Namen. Der Abendmahlsstreit und die gegen Ende des Jahrhunderts einsetzende Kreuzzugsliteratur bereichern das Mittellatein durch terminologische Neuerungen, durch Fremdwörter und Lehnwörter aus der Welt des Ostens.

[4] *Das scholastische Mittellatein.* Im Innersten aber wird die lat. Sprache ergriffen von jener neuen Bewegung der Wissenschaft, die nicht nur die Theologie und Philosophie, wo sie am großartigsten in Erscheinung tritt, erfaßt, sondern ebenso die anderen Disziplinen in ihren Bann zieht: der scholastischen Wissenschaft. Ihr Einfluß prägt die dritte und letzte Phase der Latinität des MA, das scholastische Mittellatein. – Dafür gibt es keine verbindliche Form; die scholastische Sprache erscheint nicht als eine feste Größe, so wenig wie z.B. das Vulgärlatein. Sie erscheint vielmehr wie dieses als eine *Richtung* der Sprache. Einstweilen lassen sich nur die wesentlichen Merkmale dieser Sprachrichtung andeuten. – Scholastische Wissenschaft ist Schulwissenschaft, scholastisches Latein also Schullatein, somit auch gesprochenes, lebendiges Latein. Gesprochenes Latein muß in seinem Aufbau überschaubar sein. Diese Forderung wirkt sich aus auf den Satzbau im Streben nach Einfachheit und Durchsichtigkeit. Scholastik ist Wissenschaft, scholastisches Latein daher eine *rational betonte Sprache*, die nach Klarheit und Eindeutigkeit des Ausdrucks strebt und eine starke *Tendenz zum Abstrakten* aufweist. Die scholastisch gewordene Wissenschaft hält fest an der Autorität der Bibel, des Dogmas der Kirche; sie hält fest an ihren juristischen, medizinischen, naturwissenschaftlichen Autoritäten, aber sie strebt über die Tradition hinaus, indem sie sich einer immer mehr sich entwickelnden dialektischen Methode bedient. Die scholastisch gerichtete Sprache bildet die Traditionssprache weiter, indem sie sich der in ihr angelegten Möglichkeiten bedient und sich dem Gesetze der sprachlichen Logik fügt, d.h. der Analogie. Die Wissenschaft der scholastischen Zeit empfing eine gewaltige stoffliche Bereicherung und mannigfache Anregungen durch zahlreiche *Übersetzungen* bes. aus dem Griechischen und Arabischen. Das Mittellatein der scholastischen Zeit nimmt aus den Übersetzungen nicht bloß Fremdwörter und typische Übersetzungsausdrücke auf, sondern wird auch zu zahlreichen Neubildungen angeregt, die allmählich einen Teil der Fremdwörter ersetzen und verdrängen. – Selbstverständlich gibt es mancherlei *semasiologische Verschiebungen.* Am auffälligsten aber sind wohl die *lexikalischen Neuerungen.* Sie treten in so großer Zahl auf, daß sie den Charakter des L.s verändern. Die primär wissenschaftliche Richtung des sog. scholastischen Lateins führt zu einem Vordringen der nominalen Elemente wie nie zuvor in der Geschichte der lat. Sprache. Zahlreiche Substantive werden neugebildet nach dem Prinzip der Analogie durch längst bekannte, aber vorher nur in beschränktem Umfang gebrauchte Suffixe, durch die grundsätzlich von jeher gegebene, jetzt aber nach Bedarf angewandte Möglichkeit der Substantivierung von Adjektiven und Partizipien (auch im Komparativ und Superlativ), von Adverbien und Infinitiven. Auch Adjektive werden bei Bedarf durch Suffixe neu gebildet, desgleichen Verba, doch ist die Zahl der letzteren entsprechend dem Bedarf geringer. Das Wesentliche an diesem sprachschöpferischen Vorgang ist, daß die im L. angelegten Bildungsmöglichkeiten gleichsam freigegeben werden; es kommt nicht mehr darauf an, ob ein Wort früher schon gebraucht war oder nicht, das Wort ist legitim, wenn es korrekt gebildet ist. – Das Streben der wissenschaftlichen Sprache nach Klarheit, Genauigkeit und Eindeutigkeit und die Neigung der gesprochenen Sprache zur Einfachheit und Übersichtlichkeit führt auf syntaktischem Gebiet zu starker Beschränkung im Gebrauch der Partizipialkonstruktionen, die vielfach nur formelhaft verwendet werden. Der Gebrauch mehrdeutiger Konjunktionen wird eingeschränkt oder ihre Bedeutung verengt; andere Konjunktionen treten als Ersatz ein. Die Sprache verliert zusehends an Dichte. – Erheblich war der *Einfluß* der scholastischen Richtung der Sprache *auf das traditionelle Mittellatein*, das nach wie vor weiterlebte, auch zahlreiche neue Wörter, die die kulturelle Entwicklung mit sich brachte, in sich aufnahm. Die Universitäten werden im Laufe des späten MA.s zur vornehmsten geistigen Macht in Europa. Zur gleichen Zeit aber wird das L. aus weiten Bereichen des geistigen und literarischen Lebens mehr und

mehr durch die Volkssprachen verdrängt. Die große Mehrheit derer, die im späteren MA mit literarischen Werken in lat. Sprache hervorgetreten sind, ist irgendwann einmal und meist jahrelang mit der scholastischen Wissenschaft gleich welcher Disziplin vertraut gemacht worden und hat sich an die scholastische Richtung der Sprache gewöhnt. Das macht sich auch dann mehr oder minder stark bemerkbar, wenn der Gegenstand, von dem gehandelt wird, an sich nichts mit scholastischer Wissenschaft zu tun hat. Hier ist ein Vergleich am Platze. Bis in die Karolingerzeit und vereinzelt darüber hinaus war das Mittellatein begleitet von der tragenden Unterschicht des Vulgärlateins, bis dieses sich so weit entwickelt hatte, daß es nicht mehr Latein war, der Einfluß der Volkssprachen sich auf vereinzelte Fälle beschränkte. Mit dem Aufkommen des scholastischen Lateins bahnt sich eine vergleichbare Entwicklung an, nur in umgekehrtem Sinne: nun entwickelt sich aus dem traditionellen Mittellatein heraus eine neue Richtung, diesmal freilich ‹oberhalb› der Gemeinsprache, eine Richtung, die ganz vom Geistigen her bestimmt und geprägt wird. Sie beeinflußt und durchdringt ‹von oben her› das traditionelle Mittellatein ähnlich wie früher das Vulgärlatein ‹von unten›. – Diese Wirkung war nicht ohne Gefahr. Wohl hat die scholastische Richtung der Sprache das Latein bereichert, wie solches nie zuvor geschehen war. Aber die Bereicherung war einseitig rationaler Art. Je stärker sich das Streben nach letzter Eindeutigkeit in der Sprache durchsetzt, um so mehr verengt es den Gehalt der Worte und die Aussagekraft der Sprache. Konsequent durchgeführt würde die scholastische Richtung des L.s zu einer Sprache von bestechender Klarheit und Eindeutigkeit, aber auch von erschreckender Armut und Kälte geführt haben: zu einer Formelsprache, einer mathematischen Sprache, einer unmenschlichen Sprache. – Es ist nie so weit gekommen und konnte nie so weit kommen. Das traditionelle Mittellatein hat trotz vielfach deutlich ‹scholastischer› Färbung weitergelebt und mit dem Gewicht seiner reichen Geschichte die volle Entfaltung der rationalistischen Tendenzen in der Sprache verhindert. In gleicher Richtung wirken jene Kräfte, die auf eine Verinnerlichung im geistigen Leben des späten MA.s abzielen. Die Mystiker entwickeln kein besonderes Mittellatein, nur ihre eigene Terminologie.

[5] *Abschluß.* Das Mittellatein ist eine Sprache, die gleichsam nichts vergißt, die bewahrt und weiterträgt, was im Laufe der Geschichte sich in lat. Rede niedergeschlagen hat. Wiewohl seit dem 12./13. Jh. von den Volkssprachen stark zurückgedrängt, hat es als Gemeinsprache der Gebildeten seine zentrale Stellung bis zum Ende des MA.s bewahrt und ist zu einem Kulturfaktor von einzigartiger Bedeutung geworden. Zumal die im sog. scholastischen Latein geschaffenen Neuerungen und Möglichkeiten haben auch die modernen Sprachen beeinflußt und wirken nach bis heute. – In die gesättigte Sprache des späten MA.s sind die frühen Humanisten hineingewachsen und haben sich ihrer bedient. Als sie sodann in engherziger Beschränkung die klassische Latinität zur allein gültigen Sprachform erhoben, beseitigten sie nicht nur die Gefahren, die der lat. Sprache von ihrer scholastischen Richtung her drohten, sowie manche Auswüchse, sie versetzten dem bis zuletzt lebendig gebliebenen Mittellatein selbst den Todesstoß. Er traf eine Sprache, die befähigt war, alles auszusagen; eine Sprache aber auch, die hergegeben hatte, wessen eine Sprache fähig ist. F.B.

Lit: L. Traube, Vorles. u. Abhandl. II, 1911 – P. Lehmann, MA u. Küchenlatein, in: Erforschung des MA I, 1941, 46ff. – Ders., Vom Leben des L.en im MA, a.O. 62ff. – K. Strecker, Einführung ins Mittellatein, 1923 – K. Strecker-R. Palmer, Introduction to Medieval Latin, 1957 – G. Cremaschi, Guida allo studio del latino medievale, 1959 – W. Bulst, Die mittlere Latinität des Abendlandes, 1946 – Ch. Mohrmann, Latin vulgaire, Latin des chrétiens, Latin médiéval, 1955 – Dies., Etudes sur le latin des chrétiens I–III, 1957/61 – R. Meister, Mittellatein als Traditionssprache, in: Liber Floridus, Festschr. P. Lehmann, 1950, 1ff. – E. Löfstedt, Late Latin, 1959 – W. von den Steinen, Der Kosmos des Mittelalters, 1959, 8, 114ff. («Die Vatersprache») – *Zeitschrift:* Archivum latinitatis medii aevi, Bulletin Du Cange, 1923ff.

E. Das L. in der Gegenwart. Als Unterrichtsfach wird L. an unzähligen humanistischen Gymnasien und an Universitäten gepflegt, auch in Afrika und Asien; die Übersetzung ins Lateinische ist jedoch in fast allen Ländern in der letzten Zeit stark zurückgegangen. Poetische Stilübungen gibt es nur noch in England und Italien. In der röm.-kath. Kirche ist es die Sprache der Lehre und (1964 beschränkt) Liturgie (Acta Apost. Sedis; einige kirchliche Zeitschriften und Veröffentlichungen) und Unterrichtssprache in den Seminaren und an der Universitas Gregoriana; im Protestantismus, u.a. in der Anglikan. Liturgie, ist der Gebrauch beschränkt. Im öffentlichen Leben wird es für Ehrenpromotionen und Ehrendiplome an gewissen westl. Universitäten, für Denkmalinschriften (auch: Gandhi-Denkmal, New Delhi!), Medaillen, Postwertzeichen usw. verwandt. Wichtiges literarisches Medium bes. in der Lyrik (→Literatur II C), aber auch in der Prosa: alljährlich Certamen Capitolinum (Rom), Übersetzungen (Pinocchio, Treasure Island, Le petit prince, Winnie the Pooh) usw. Beschränkter Gebrauch in der Wissenschaft durch die Altphilologie (der Thesaurus Linguae Latinae erklärt in L.; wissenschaftliche Arbeiten in weniger geläufigen Sprachen, z. B. Niederländisch, Tschechisch o.a., haben häufig lat. Zusammenfassungen), Linguisten (z. B. E. Springhetti, Lexicon totius linguisticae et philologiae, Rom 1962; H. Galante, Institutiones linguae Indicae recentioris, New Delhi 1955; Mittler-Boehm-Chang-Kan, Magnum lexicon Sinico-latinum, Hongkong 1957) und für die internationale botanische Fachsprache (Lexicon botanicum ross.-brit.-germ.-gall.-latinum, Moskau 1960), Zoologie, Medizin (A. Herman, Vademecum polyglotticum, Rotterdam 1958), Pharmazie (Pharmacopoea gallica, Paris 1949⁷). Weitere Verbreitung wird gefordert durch Vita-Latina-Kongresse (Avignon 1957, Lyon 1959, Straßburg 1963). In einigen Staaten der USA besteht eine Societas latine loquentium. J.IJ.

Lit: in *Latinitas* (Vatik.), *Palaestra Lat.* (Zaragosa/Span.), *Vita Lat.* (Avignon), *Gymnasium* (Bogota), *Lat. Lingua* (Paola, It.), *Societas Lat.* (München 1932–55); REL (Paris); *Acta diurna* (Societas Orbiliana, Blackpool, England); *Tiro* (Bad Dürkheim) – Ferner: O. Schwieder, Latine loquor (1960), 1963² – G. Beach, Locutionum cottidianarum glossarium, Hartford USA, 1961 (ersteres für den kathol. Schulgebrauch, letzteres für allgemeine Konversation) – K. Barr, Latins Grammatik og Receptlaesning, 1957 (für Apotheker).

La-Tène-Kultur, die ausgeprägt →keltische, auf die →Hallstattkultur folgende Kultur der jüngeren Eisenzeit, von ca. 450 v. Chr. bis rund um Chr. Geb., so benannt nach der Fundstelle von La Tène am Neuenburgersee. Vgl. →Kelten A. E 1. L.B.-H.

Lateranbaptisterium (S. Giovanni in Fonte), →Roms (IV E 2) repräsentatives →Baptisterium, frühestes Beispiel als selbständiger Bau, von Konstantin d. Gr. über röm. Thermenanlage zunächst als einfacher Rundbau mit Holzdach (?) errichtet, von Sixtus III. (432–440) zum Oktogon mit innerem Stützenring von 8 Porphyrsäulen für Kuppel über zentraler piscina und Tonnengewölbe für Umgang umgebaut und mit Vorhalle versehen; heutiger Tamburin mittelalterlich (Abb. 46 s. v. Baptisterium). C.A.

Lit: F. Volbach-M. Hirmer, Frühchristl. Kunst, 1958, 51.

Lateranus →Sextius.

Laterculus Veronensis, spätröm. Provinzverzeichnis (Hs. in Verona), das die von →Diokletian um 297 getroffene neue Reichseinteilung mit Modifikationen wiedergibt, die auf eine Entstehung im frühen 4. Jh. n. Chr. hinweisen. K.F.Str.

Ed: O. Seeck, Notitia dignitatum, 1876 – *Lit:* Th. Mommsen, Verzeichnis der röm. Provinzen, aufgesetzt um 297, Ges. Schr. V, 1908, 561–588 – J. B. Bury, The provincial list of Verona, JRS 13, 1923, 127 bis 151 – A. H. M. Jones, The date and value of the Verona list, JRS 44, 1954, 21–29.

Latifundien. Die Anhäufung von Landbesitz zu riesigen Gütern begann in Italien bereits 1.H. 2.Jh.v.Chr., begünstigt durch die Verteilung des →ager publicus. In Nachahmung der Bewirtschaftung landwirtschaftlicher Großbetriebe in den hellenistischen Ländern mit Hilfe ungeheurer Sklavenmassen, besserer Arbeitsmethoden und der Möglichkeit größerer Investitionen stieg die Rentabilität der L. gegenüber den verschuldeten bäuerlichen Mittel- und Kleinbetrieben, was wiederum das Bauernlegen forcierte. Der Höhepunkt dieser Entwicklung lag im 1.Jh.n. Chr. Bei allmählichem Mangel an Arbeitskräften schritt man zur Weiterverpachtung an conductores und freie coloni, die in der weiteren Entwicklung in völlige Abhängigkeit vom Grundherrn gerieten. – Vgl. →Kolonat. D.R.

Latina →Ilias Latina.

Latinerfest, -spiele →Feriae Latinae.

Latinischer Städtebund. Die latin. Stammesgeschichte wurde durch rivalisierende Städtebünde und die abschließende Hegemonie →Roms bestimmt. Einzelne Gemeinden schlossen sich zu sakralen Verbänden zusammen, die Mittelpunkt politischer Bündnisse wurden. Welche Rolle in dieser Entwicklung der Latinerstadt Rom zukam, ist für die Frühzeit bei der splitterhaften Überlieferung schwer zu ermitteln. In der Königszeit übernahm Rom jedenfalls nach der Zerstörung von →Alba Longa das Bundesheiligtum des →Jupiter Latiaris, für den es etwa gleichzeitig mit dem kapitolinischen Jupitertempel in Rom einen Tempel auf dem Albanerberg erbaute und noch in der Kaiserzeit die →feriae Latinae unter Teilnahme der Latinergemeinden beging. Dieser älteste Latinerbund zerbrach, denn der erste röm.-karthagische Vertrag (Polyb. 3,22,4ff.) nennt nur die Latinerstädte →Ardea, Circei, Tarracina und →Antium ‹Verbündete Roms›. Um 500 gruppierte sich ohne Rom ein Latinerbund mit →Tusculum, →Aricia, Lanuvium, Cora, →Laurentum, →Tibur, Pometia und Ardea um das Dianaheiligtum von Aricia (Cato orig. 58P.). Die Führung dieses Bundes ging wohl mit dem Bau des Dianatempels auf dem Aventin an Rom über. Nach dem Sieg über die Latiner am See Regillus schloß Sp. →Cassius (12) i.J. 493 (diesem überlieferten Datum ziehen manche Forscher das Jahr 358 vor) das foedus Cassianum als Vertrag zu gleichen Rechten mit den Latinern, dem 486 die →Herniker beitraten. Im Kriegsfall stand auf Geheiß des Latinerstammes (*iussu nominis Latini*, Fest. p. 276L.) der Oberbefehl den Römern zu. In der Folge suchte Rom einzelne Bundesgemeinden wie Tusculum durch Sondervertrag enger zu binden und leitete die Anlage latin. Kolonien außerhalb des Stammesgebietes. 358 wurde der Bund mit den nach dem Kelteneinfall 387 abgefallenen Latinern und Hernikern erneuert. Nach dem Latineraufstand 340–338 löste Rom den Stammbund auf. Die am Albanerberg gehaltenen Landtage (concilia populorum Latinorum) und Bündnisse der Städte untereinander wurden verboten. Diese mußten in unterschiedlichen Verträgen Roms Hoheit anerkennen, einige wurden in die civitas Romana aufgenommen, andere zu Verbündeten erklärt, andere mußten röm. Siedlern ein Stück Gebiet abtreten, einigen wurde zeitweilig conubium und commercium miteinander untersagt. Nur die kultische Gemeinschaft der Latiner lebte weiter. Für den Verlust der Selbständigkeit gab Rom den Latinern im →Italischen Bund eine Vorzugsstellung und erleichterte einzelnen Gruppen den Erwerb des röm. →Bürgerrechts. Nach dem →Bundesgenossenkrieg (3) erhielten alle Latiner das röm. Bürgerrecht (89 v.Chr.). Das latin. Recht (ius Latii) wurde losgelöst von seinem Ursprung noch in der Kaiserzeit als Vorstufe des röm. Bürgerrechts an Städte außerhalb Italiens verliehen. H.V.

Lit: K.J. Beloch, Der ital. Bund, 1880 – A. Rosenberg, Zur Gesch. d. Latinerbundes, Hermes 54, 1919, 113–173 – H.U. Instinsky, Die Weihung d. Heiligtums der Latiner im Hain v. Aricia, Klio 30, 1937, 118–122 – E. Meyer, Röm. Staat u. Staatsgedanke (1948), 1964³, 224–229 – A. Alföldi, Early Rome and the Latins, 1965.

Latin(i)us Pacatus Drepanius, Rhetor aus Gallien, mit →Ausonius und →Symmachus (2) befreundet, hielt 389 n.Chr. im Senat einen →Panegyricus (Paneg. 2) auf →Theodosius I., in dem er dessen Sieg über den Usurpator →Maximus (1) feierte; 390 Prokonsul von Africa, 393 Minister für das kaiserliche Privatvermögen (comes rerum privatarum). R.T.

Ed: W. Baehrens, Panegyrici Latini, BT (1874), 1911² – E. Galletier, Panégyriques Latins, 3 Bde, 1949–55 – *Lit:* R. Hanslik, RE 18,2 (1942), 2058–60.

Latinus, König der →‹Aborigines›, Eponyme der →Latiner, schon Hes. theog. 1011ff. (Interpolation?) erwähnt; nach hellenisierender Sage Sohn der Kirke und des Odysseus oder →Telemachos, nach italischer Sage Sohn des →Faunus und der Marica, zuweilen auch des Herakles und der Pallanto. Je nach der Version den unter →Aeneas landenden Trojanern zunächst freundlich gesinnt, dann durch ihre Übergriffe in Krieg mit ihnen geraten und im Kampf gegen sie ebenso wie →Turnus gefallen; oder zunächst gegen die Stadtgründung der Troer eingenommen, aber durch einen Traum bewogen, sich mit ihnen zu verbinden und gegen die Rutuler unter dem Etrusker Turnus zu stellen, gegen die er fällt. Nach der bekanntesten Version, bei Vergil, wünscht L. auf Grund eines Orakels des Faunus dem Fremden Aeneas seine Tochter Lavinia zu geben, ist daher den Troern freundlich gesonnen und nur widerwillig in den Krieg gegen sie hineingezogen worden, den er nach dem Tod von Aeneas' Rivalen Turnus alsbald zu schlichten sucht. L.H.

Latium, ursprünglich Wohnsitz der um die Wende des 2. zum 1. Jt. eingewanderten, seit dem 6. Jh. zu einem Bund mit gemeinsamem Heiligtum des →Jupiter Latiaris auf dem Mons Albanus zusammengeschlossenen Latiner zwischen Albaner- und Sabinerbergen, Anio, Tiber und Tyrrhenischem Meer (Kt. 1420a) mit dem Vorort →Alba Longa und den Bundesstädten →Tibur, →Praeneste, →Gabii, →Fidenae, →Tusculum, Labicum, →Aricia, Lanuvium, →Ardea, →Lavinium, →Laurentum. Weitere Städte: Albulae, Bonillae, Nomentum, Sublaqueum. Zahlreiche Reste der latialen eisenzeitlichen Kultur bezeugen seit dem 10. Jh. enge Beziehungen zu →Rom (I AB), das die Führung in Latium erlangt. Im 6. Jh. ist das ganze Gebiet unter der Vorherrschaft der →Etrusker. Nach deren Vertreibung 510 nimmt die Macht Roms in L. ständig zu. Nach der Schlacht am See Regillus 499 oder 496 soll 493 das Foedus Cassianum geschlossen worden sein, das ewigen Frieden zwischen Rom und dem Latinerbund bestimmt. Das Heiligtum dieses Foedus soll der Dianatempel auf dem Aventin gewesen sein. Allerdings handelt es sich dabei wahrscheinlich um eine Rückprojektion des Bündnisses zwischen Rom und dem Latinerbund von 358, der seine Bundesverhandlung im Hain der ferentinischen Quellen am Fuß der Albanerberge bei Aricia hatte. Im Anschluß an den 1. Samnitenkrieg 343/341 fordern die Latiner unter Hinweis auf das röm. Bündnis mit →Capua, daß einer der beiden röm. Konsuln aus ihren Reihen gewählt wird und daß sie gleiches Stimmrecht erhalten. Die Römer lehnen ab, und es kommt zum Latinerkrieg 340/338, der mit der völligen Eingliederung L.s in den röm. Staatsverband durch Auflösung der Stammeseinheit der Latiner und Bindung an Rom in Einzelverträgen endet. Das Gebiet der →Volsker und →Aurunker wird von nun an zu L. gerechnet, das damit aufhört, ein völkischer Begriff zu sein. Von Augustus wird L. mit →Kampanien in der Regio I zusammengefaßt. Vgl. die Karte bei Sp. 1420. B.A.

Lit: Nissen, I 519ff.; II 555ff. – M. Gelzer, RE 12,1 (1924), 940–963 – A. Alföldi, Early Rome and the Latins, 1964.

Latona, der röm. Name der →Leto; im →Lectisternium, das 399 v.Chr. von den →Sibyllinischen Büchern vorgeschrieben wurde (Liv. 5,13,6), erscheint sie an der Seite ihres Sohnes →Apollo. Sie wurde wie er nach griech. Ritus verehrt (Liv. 25, 12, 13); ihr Kult hatte aber in Rom immer nur geringe Bedeutung. H. Le B.

Latrinen sind mehrfach aus röm. Städten bekannt (meist in Forumsnähe; bes. gut erhalten in Sabratha: apsidialer Raum mit halbkreisförmiger Anordnung der Marmorsitze und Statuenschmuck); sie gehören außerdem zum festen Bestand röm. → Thermen und Privathäuser. C.K.

Lattich (θριδακίνη, θρίδαξ), im Mittelmeergebiet mit zahlreichen Arten vertreten, im → Adoniskult bedeutsam: nach der Überlieferung verbarg sich der Liebling der → Aphrodite zwischen L.-Büschen oder wurde von der Göttin dort verborgen, wo ihn der wilde Eber aufspürte und verwundete. Auch den schönen Jüngling → Phaon versteckte Aphrodite zwischen L. Auf einem Lager von L. bahrte sie den toten Geliebten auf. Daher wurde der L. bei Totenmahlzeiten verwendet, ebenso für die Adonisgärtchen als Symbol der üppig grünenden und schnell verdorrenden Frühlingspflanzen. Begünstigt wurden die Überlieferungen durch die Vorstellung, daß der L. die männliche Zeugungskraft schwäche. → Flora. J.W.

Lit: Murr, Pflanzenwelt, 168–170.

Lauch. *Knoblauch* (σκόρ(ο)δον, allium), *Porree* (πράσον, porrum) und *Zwiebel* (κρόμ(μ)υον, cepa, cepulla) waren schon in frühgriech. Zeit als Nahrungsmittel beliebt. Die Überlieferung offenbart die volkstümliche Bedeutung der Gewächse, die auch in Brauchtum und Kult nicht fehlen. Die ital. Lokrer täuschten die Sikuler dadurch, daß sie K.-Köpfe bei sich trugen und bei diesen schworen (Polyb. 12, 6). In Athen setzte man nach alter Sitte den → Dioskuren Porree, Käse und Oliven vor. Bei den delph. → Theoxenien erhielt der, der die größte Zwiebel (γηθυλλίς) mitbrachte, einen Anteil am Opfermahl. Nach der Überlieferung hatte Leto während ihrer Schwangerschaft bes. danach verlangt. Als Genosse der Demeter wurde die Z., der erdgeborene βολβός, bezeichnet. Auf den Z.-Anbau bezieht sich der Name der megarisch-korinth. Stadt Krommyon mit dem Poseidonsohn Kromos als eponymem Heros. Dagegen schloß der Kult der → Kybele und der libyschen → Aphrodite den Genuß von K. vor dem Betreten des Tempels aus. Z.-Essen war den Priestern des Zeus Kasios zu Pelusium verboten. Auch in der Profanüberlieferung zeichnet sich deutlich eine Abneigung verfeinerten Geschmacks gegenüber den L.-Gewächsen ab (wahrscheinlich wegen des Geruchs sowie der intestinalen Wirkung). Vgl. → Flora. J.W.

Lit: Murr, Pflanzenwelt, 177–180 – Stadler, RE 12, 1 (1924), 986 bis 991 – Hehn, 193–208.

Laudatio funebris, die röm. Grabrede. Die L. funebris der Römer mag Wurzeln lebendiger Rede in der der religiösen Sphäre zugehörenden conclamatio und in der naenia gehabt haben, keinesfalls aber im griech. → Epitaphios. Mehr Bedeutung hatten die tituli und elogia (I It XIII 3) auf hervorragende Männer. Das bedingt, daß sich die L. funebris nur in aristokratischen Kreisen entwickeln konnte. Die Historizität einer L. funebris auf den cos. Fabullinus im J. 480 (Liv. 2, 47, 11) wird man bezweifeln. Sicher wurden solche zu Ende des 3. Jh.s gehalten; die älteste uns faßbare ist die des Q. → Caecilius (6) Metellus im J. 221 auf seinen Großvater (Plin. nat. 7, 139). Die L. funebris wurde auf dem Forum vom Sohn oder einem nahen Verwandten (Polyb. 6, 53, 1), beim Staatsbegräbnis von einem Magistrat (Quint. 3, 7, 2) gehalten. Thema waren die Tugenden und Taten des Verstorbenen, auch die seines Geschlechtes. Die L. funebris war so der → Biographie ähnlich. Noch zu Ciceros Zeit kunstlos (de or. 2, 341), wurden die Reden doch aufgezeichnet und, obwohl oft unzuverlässig, als Geschichtsquellen benutzt (Cic. Brut. 62). Erst seit 102 wurden sie auch Frauen zugestanden (Cic. de or. 2, 44). Ein Verzeichnis der Laudationes funebres bei Durry p. 65 f. Erhalten sind nur Bruchstücke von Reden auf Frauen, die → Laudatio (2) → Turiae, die Laudatio Murdiae (CIL VI 10230) und Hadrians Laudatio Matidiae (CIL XIV 3579). Vgl. → Bestattung. R. Hl.

Lit: F. Vollmer, Jahrb. f. class. Philol., Suppl. 18, 1892, 477 ff. – M. Durry, Eloge funèbre (L. Turiae), 1950.

Laudatio Turiae. Erhalten sind 7 Frg.e einer Inschrift, teils im Original, teils in Abschriften, mit großen Teilen einer → Laudatio (1) funebris auf eine röm. Matrone (CIL VI 1527 [31678]). Gelobt wird eine Ungenannte, die den Tod ihrer ermordeten Eltern gesühnt, 41 Jahre eine harmonische, freilich kinderlose Ehe geführt und ihren Mann vor der Proskription der Triumvirn gerettet hatte. Daß es sich um Q. Lucretius Vespillo, cos. 19 v. Chr., und seine Gattin Turia handelt, ist unwahrscheinlich. R. Hl.

Ed: Th. Mommsen, Abh. Berlin, 1863 (= Ges. Schriften I, 1905, 395–421) – M. Durry, CB, 1950 (vgl. REL 1950, 81 f.) – F. della Corte Il nuovo frammento, Giorn. It. Fil. 4, 1951, 226–230.

‹Laufender Hund›, regelmäßiges Ornamentband aus Elementen, die an das Bild der sich überschlagenden Welle erinnern. Erscheinung je nach Untergrund positiv oder negativ. Vgl. → Ornament (Abb. 171). F.H.

Laurentum, offenbar in → Lavinium (Kt. 1420a) aufgegangene, in der historischen Überlieferung nicht recht greifbare Stadt in Latium. Nach Laurentum ist auch das Gebiet der Tenuten von Castel Porziano und Castel Fusano bei Ostia benannt, wo man zahlreiche Überreste kaiserzeitl. Villen, darunter vielleicht auch das Laurentinum des jüngeren → Plinius (epist. 2, 17), fand. B.A.

Lauriacum, Ort in Noricum an der Mündung der Enns in die Donau (Kt. 2209 A 1; heute Lorch b. Enns). Zunächst Auxiliarlager, nach den Markomannenkriegen Standort der Legio II Italica. Unter Caracalla Stadtrecht (Bruchstücke des Stadtrechts erhalten). Bereits im 4. Jh. Bischofssitz. Letztes röm. Bollwerk an der norischen Donau. B.S.

Lit: A. Gaheis, Lauriacum, 1937 – Forschungen in Lauriacum, 8 Bde, 1953 ff.

Laurion, → Bergwerksbezirk der S-Spitze → Attikas (Kt. 1152a D 4), Silbergewinnung aus silberhaltigem Bleiglanz, bereits von den → Peisistratiden, vor allem aber auf Antrag des → Themistokles zum Flottenbau verwendet. Ausbeute im 5. Jh. v. Chr. stark zurückgegangen; die Besetzung → Dekeleias 413 bewirkte die Flucht der Bergwerkssklaven zu den Spartanern. E.M.

Lit: R. J. Hopper, The Attic silver mines in the 4th cent. B.C., BSA 48, 1953, 200–254 – S. Lauffer, Die Bergwerkssklaven v. L., Abh. Mainz 1955, 12, 1103–1217; 1956, 11, 883–1018.

Laus Pisonis, ein ansprechendes panegyrisches Gedicht in 261 lat. Hexametern, wohl dem 65 n. Chr. bei der Verschwörung gegen → Nero (1) ums Leben gekommenen → Piso (2) gewidmet. Unter → Vergils bzw. → Lucans Namen überliefert, wurde es ohne Beweiskraft → Ovid, Saleius Bassus, → Statius (1) und mit größerer Wahrscheinlichkeit → Calpurnius (13) Siculus zugeschrieben. B.K.

Ed: R. Verdière, Collection Latomus 19, 1954.

Lautwandel. In allen Sprachen lassen sich lautliche Veränderungen nachweisen. Diese vollziehen sich meist nach festen, in einer Sprache zu bestimmter Zeit gültigen *Lautgesetzen*, indem gleiche Laute unter gleichen Bedingungen jeweils gleich behandelt werden; z.B. schwindet in gewissen griech. Dialekten jedes selbständige *h* (→ Psilose) oder wird im Latein jedes stimmhafte *s* zu *r* (→ Rhotazismus). Oft ist ein L. von den benachbarten Lauten abhängig: zwei Laute werden einander teilweise oder vollständig angeglichen (*Assimilation*, z.B. *γραφ-τός > γραπτός, lat. *ad-loquor* > *alloquor*) oder voneinander abgehoben (*Dissimilation*, z.B. lat. *cōnsulāris* statt **cōnsulālis*). Vokale werden zusammengezogen (→ *Kontraktion*), ungewohnte Konsonantengruppen umgestellt (*Metathese*, z.B. *τίτκω > τίκτω), durch eingeschobenen Vokal aufgelockert (*Anaptyxe*, z.B. lat. *pōclum* > *pōculum*) oder sonst vereinfacht (z.B. lat. **porscō* > *poscō*, → *Ersatzdehnung*) usw. Neben lautgesetzlichen Veränderungen kommt auch sporadischer

L. vor, z.B. spätlat. *Aulērius* neben *Aurēlius (Fernmetathese)*. Zu den letzteren gehört u.a. auch die *Haplologie*, die Auslassung einer ganzen Silbe in Nachbarschaft ähnlicher Silben, z.B. lat. **honestitātem* > *honestātem*. E.R.

Lit: E. Schopf, Die konsonantischen Fernwirkungen: Fern-Dissimilation, Fern-Assimilation und Metathesis, 1919.

Lavinia, Tochter des → Latinus und der Amata, von → Turnus umworben, Gattin des → Aeneas, der nach ihr seine Gründung Lavinium benennt, Mutter des Silvius, dem → Askanios die Herrschaft über Lavinium und schließlich, als Erbe, auch seine neue Gründung Alba Longa überläßt.

Lavinium, Stadt in Latium an der Stelle des heutigen Pratica di Mare (Kt. 1420a), nach der Sage von → Aeneas gegründet, der L. nach seiner Gattin Lavinia, der Tochter des Aboriginerkönigs Latinus, benannte. Im 6. und 5. Jh. v. Chr. Bundeshauptstadt der Latiner. Nach dem Latinerkrieg volles röm. Bürgerrecht. Infolge des politisch ausgewerteten Mythos von der trojanischen Abkunft der Römer bedeutendes religiöses Zentrum bis in die späte Kaiserzeit, dessen Kulte der → Vesta, der → Penaten, des → Indiges, auch Pater, Deus, Jupiter genannt, in dem man den Stammvater Aeneas zu erkennen hat, ferner der → Juno, des → Liber, der → Juturna und → Anna Perenna von Rom aus verwaltet wurden, da man nach einer schon im 4. Jh. nachweisbaren Tradition annahm, daß die Penaten aus Troja nach L. gebracht wurden. – Seit 1957 zwei Heiligtümer vor der Stadt ausgegraben, in deren südlichem eine Reihe von dreizehn großen, z.T. bis ins 6. Jh. zurückgehenden Altären und ein Bronzeblech mit lateinischer Weihinschrift an Kastor und Pollux vom Ende des 6. Jh.s gefunden sind. B.A.

Lit: F. Castagnoli, St. e Mat. 30, 1959, 1ff. – Ders., Bull. Com. 77, 1959/60 (1962), 145ff. – A. Alföldi, Early Rome and the Latins, 1964.

Leander → Hero und Leander.

Learchos, Sohn der Ino und des → Athamas, von diesem umgebracht.

Lebensbaum (θυία, citrus), in Nordafrika heimisch. Nach Theophr. hist. plant. 5, 3, 7 von den Griechen wenig beachtet; vgl. aber Dio Chrys. or. 12, 208 M. über das Zeusbild von Olympia. Die Römer schätzten die schöne Maserung bes. der Wurzel; berühmt und begehrt waren Tischplatten aus L. (z.B. Cic. Verr. 4, 17, 37). C.K.

Q: Plin. nat. 13, 91ff. – *Lit:* Blümner, Technologie II 273ff. – EAA IV, 1961, 530–537, s.v. legno.

Lebensmittelversorgung. [1] Die L. war für die gesamte antike Stadtkultur lebenswichtig, bes. aber die Versorgung mit dem als Grundnahrungsmittel unersetzlichen Getreide. Schon seit dem Ende des 7. Jh.s v. Chr. war Athen und in der *klass. Zeit* die Mehrzahl der griech. Poleis auf Getreideeinfuhr angewiesen. Aus dieser Notwendigkeit erwuchs eine staatliche Ernährungspolitik, die → Wirtschaft und Handel förderte. Der L. in Athen dienten bereits das Ausfuhrverbot → Solons, im 5. Jh. v. Chr. die Kämpfe um Cypern, Ägypten und die Seeverbindung zum Schwarzen Meer; nach dem Rückgang der athen. Macht suchte man die L. durch Ehrung fremder Fürsten und Kaufleute zu sichern. Vor allem war den att. Bürgern verboten, Getreide zu einem anderen Bestimmungsort als Athen zu führen, → Seedarlehen für ein Schiff zu geben, das Getreide nicht nach Athen brachte, und ⅔ des Getreides, das im → Piräus einlief, mußte in die Stadt geschafft werden. Die Notwendigkeit des Getreideimports erzwang aber nicht nur eine Sicherung der Getreidequellen, sondern ebenso die Sorge für die Bereitstellung von Exportgütern; sie standen vornehmlich in Öl und Wein zur Verfügung; deren Ausfuhr regte die Herstellung von Tonwaren zur Verpackung sowie als Eigenwert und darüber hinaus überhaupt → Gewerbe und Industrie zur Produktion für den Export an.

[2] In der *hellenist. Zeit* befand sich die Getreideproduktion fast ganz in Händen der hellenist. Könige. Schon die Getreidepolitik des → Kleomenes (4) in Ägypten zeigte, wie stark Griechenland in seiner L. auf deren Wohlwollen angewiesen war. Deshalb entstanden vor allem zu Beginn der hellenist. Zeit einige schwere Versorgungskrisen. Andererseits war für die hellenist. Königreiche der Getreideexport eine Haupteinnahmequelle, die sie in den Besitz von Edelmetallen brachte, nachdem sie vom Import griech. Weins und Öls sowie hochwertiger Manufakturwaren weitgehend unabhängig geworden waren. Ihr Streben, sich den griech. Absatzmarkt zu sichern, hat ihre Politik mitbestimmt und vor allem im 3. Jh. v. Chr. die L. in Griechenland gesichert. Erst beim Niedergang der hellenist. Staaten gewannen die Getreideüberschußgebiete am Schwarzen Meer wieder erhöhte Bedeutung und wurde auch von Sizilien und Numidien Getreide nach Griechenland eingeführt.

[3] Auf den Import aus diesen Ländern war auch *Rom* seit dem 2. Jh. v. Chr. für die L. des Heeres und zunehmend auch der Großstadtbevölkerung angewiesen. Durch die Angliederung Ägyptens wurde die Sorge um die L. der Hauptstadt gemindert. Aber da durch die Gratisverteilungen bzw. den infolge staatlicher Subventionen verbilligten Verkauf von Brot, Öl, Wein und schließlich auch Fleisch an die *plebs frumentaria* (Frumentationen) diese weiterhin anstieg, der Staat jedoch nur mit einem System von Aushilfen arbeitete, führte jede Mißernte größeren Umfangs bereits zu einer Versorgungskrise. Die L. Roms wurde in der Spätantike bes. schwierig, als zu Beginn des 4. Jh.s n. Chr. die ägypt. Getreidelieferungen für Konstantinopel bestimmt werden mußten und im 5. Jh. n. Chr. mit Afrika und Spanien die verbliebenen Versorgungsgebiete in die Hände der Barbaren fielen.

[4] Trotz aller staatlichen Maßnahmen ist es in fast allen Perioden der griech.-röm. Antike zu *Versorgungskrisen* gekommen, da insgesamt im Mittelmeerraum Nahrungsmittel nie im Überschuß produziert wurden und sich deshalb bereits jede Mißernte auswirkte. Mitunter erfaßten sie das gesamte Wirtschaftsgebiet (289–282 v. Chr.; claud.-neron. Zeit). Politische Auswirkungen zeitigten sie in den Großstädten, in denen – namentlich in röm. Zeit – den staatlichen Behörden die Schuld zugemessen wurde und es deshalb zu Hungerrevolten kam. H.Br.

Lit: K. Köster, Die L. der altgriech. Polis, 1939 – D. van Berchem, Les distributions de blé et d'argent à la plèbe romaine sous l'empire, 1939 – M. Rostovtzeff, Hellenist. Welt, II 1004–09 – L. Casson, The grain trade of the Hellenistic world, TAPhA 85, 1954, 168–187 – H. P. Kohns, Versorgungskrisen und Hungerrevolten im spätantiken Rom, 1961 (Lit).

Lebensmüder. ‹Gespräch des Lebensmüden mit seiner Seele› wird ein ägypt. Text aus der Zeit nach dem Alten Reich benannt, in dem über Todessehnsucht und Lebensbejahung diskutiert wird. Hier findet die Verzweiflung, die damals das ägypt. Geistesleben durchzog, klarsten Ausdruck (vgl. → Ägypten I E 1). W. Hk.

Ed: A. Erman, Abh. Berlin 1896, 2 – A. Scharff, SB München 1937, 9.

Lebes, → Kessel. *L. gamikos* (‹Hochzeitskessel›) heißt ein bauchiges Gefäß auf hohem Fuß, mit abgesetztem Hals, Deckel und vertikalen Schulterhenkeln (→ Vasen, Abb. 246, 4), das in Hochzeitsszenen dargestellt und seinerseits mit hochzeitlichen Bildern geschmückt ist. I. Sch.

Lit: D. M. Robinson, A new Lebes Gamikos, AJA 40, 1936, 507 bis 519 – E. Buschor, AM 71, 1956, 205–207.

Lectisternium (< lectus, ‹Bett›, und sternere, ‹hinlegen›), feierliches Göttermahl, bei dem die Statuen der Götter auf Lagern ruhten. Diese Feier griech. Herkunft ist in *Rom* zum erstenmal im Jahre 399 v. Chr. bezeugt und umfaßte in höchst merkwürdiger, durch einen sibyllin. Spruch bestimmten Auswahl 6 Götter: Apollo und Latona, Hercules und Diana, Mercurius und Neptunus (Liv. 5, 13, 5–8). Nach der Niederlage am Trasimenischen See i. J. 217 wurde den zwölf großen Göttern ein L. dargebracht; sie waren paarweise angeordnet: → Jupiter und → Juno, → Neptun und → Minerva, → Mars und → Venus, → Apollo und

→Diana, →Volcanus und →Vesta, →Merkur und →Ceres (Liv. 22, 10, 9). Dies ist das letzte uns bezeugte L. – Zum griech. Göttermahl →Theoxenia. H.LeB.

Lit: J. Gagé, Apollon Romain, 1955, 168–179.

Leda, Tochter des Thestios von Ätolien und der Eurythemis. Gemahlin des →Tyndareos, Mutter der →Klytaimestra, →Helena und der →Dioskuren. Helena galt allgemein, von den Dioskuren meist Polydeukes als Kind des Zeus, der L. in Gestalt eines Schwans verführte (erstmals bei Eur. Hel. 17–22, vgl. Ov. nat. 1, 386). Meist heißt es, L. habe ein Ei gelegt (oder →Nemesis, die es L. übergab), aus dem →Helena oder Helena und die Dioskuren (Serv. Aen. 3, 328) hervorgegangen seien. Zwei Eier (für die Dioskuren und die beiden Schwestern) kennt Script. rer. myth. Lat. 204 (64, 28 Bode). In der Entwicklung der Tradition trat →Nemesis immer mehr zurück.

Lit: F. Chapouthier, Les Dioscures au service d'une déesse, 1937 – Preller-Robert II 306ff. 336ff.; J. Moreau, Das Trierer Kornmarktmosaik, 1960– *Darstellungen:* L. und das Ei ab etwa 425 v. Chr. häufig auf att. Vasen (Beazley, EVP 39–42; Johannowsky, Bd'A 45, 1960, 202–206). Später kommt sie auch auf ital. Vasen vor (K. Schauenburg, AuA 10, 1961, 91ff.). L. und der Schwan Motiv mehrerer großplastischer Schöpfungen, am berühmtesten die des Timotheos (Lippold, GrPl 221; vgl. S. 209 zu einer älteren L.). In der Kaiserzeit begegnet L. mit dem Ei nur relativ selten, wobei manchmal mit →Helena zugleich die Dioskuren geboren werden (J. Moreau, a. O.). Ungewöhnlich verbreitet sind in der röm. Kunst Darstellungen von L. mit dem Schwan, vor allem auf Lampen, Gemmen und in der Wandmalerei (Schefold, WP). Auch Sarkophage (Robert, SR II, Nr. 2–9) und Mosaiken (z.B. D. Levi, Antioch Mosaic Pavements, 1947, 208f.) sind zu nennen. – *Lit. dazu:* A. Giuliano, EAA IV, 1961, 524f. K. Schb.

Leder. Durch das Gerben (βυρσοδεψεῖν, depsere, corium perficere), das schon früh handwerklich betrieben wurde (Hom. Il. 7, 220ff.), sollte die Tierhaut haltbarer gemacht werden, die dazu verschiedenen Arbeitsgängen unterworfen wurde: 1. *Reinigen* der Haut: Diese wurde eingeweicht, die Fleischseite mit dem Schabeisen auf der Gerberbank (θρᾶνος) gereinigt (θρανεύειν: Aristoph. equ. 369), in Urin mit Maulbeerblättern geschwitzt (Plin. nat. 23, 140) und auf der Gerberbank enthaart; vom Schwellen ist nichts überliefert. 2. Für das *Gerben* waren verschiedene Methoden bekannt: (a) Loh-(Rot-)gerberei mit der Gerbsäure (Tannin) von Fichte, Erle (Theophr. hist. plant. 3, 9, 1. 14, 3), Granatapfelschalen, Galläpfeln (Plin. nat. 13, 113; 16, 26) oder Eicheln (Paul. Aeg. 3, 42), die man in die Poren der Haut eindringen ließ (für Sohlen, Riemen, Saffian bzw. Ziegenleder, Juchten); (b) Mineral-(Weiß-)gerberei mit Alaun (alumen, Plin. nat. 35, 190), das ein besonders weiches Leder lieferte (aluta, Caes. Gall. 3, 13, 6), ferner mit Kochsalz (Schol. Aristoph. nub. 1237, für Chevreau, Glacé); (c) Öl-(Sämisch-)gerberei, deren Vorstufe schon Homer kannte (Hom. Il. 17, 389–393: Drehleder), ergab ein geschmeidig-biegsames Leder (Plin. nat. 15, 34, für Waschleder); (d) von ‹Pergamentgerberei› sollte eigentlich nicht gesprochen werden, da das Pergament (aus Kalbs-, Schafs-, Ziegen-, Esels-, Schweinehaut) nur gereinigt, (in Kalk) enthaart, geschabt (gebimst), aber nicht gegerbt wird (→Buch, 2). Das →Färben war bei allen Lederarten möglich, auch beim Pergament (Isid, orig. 6, 11, 4). Weiter verarbeitet wurde das L. zu Waffen, Schilden, Schuhen, Weinschläuchen, Gürteln, Halftern (CIL 12, 4466), Zelten (CIL 6, 5183b. 9053), Segeln (Luk. nav. 4), →Pelzen usw. W.K.

Lit: Forbes, Technology V, 1–77.

Legatus. [1] *Gesandter im völkerrechtlichen Sinn*, gewöhnlich auf Grund eines Senatsbeschlusses bevollmächtigt. Der L. galt als unverletzlich, hatte ein Anrecht auf viaticum, Hilfspersonal und freie Beförderung. Senatoren mißbrauchten diese Rechte gegen Ende der Republik zu privaten Zwecken (legatio libera).

[2] *Adjutant des Feldherrn oder Statthalters.* – 1. Die *legati decem*, eine Senatskommission zur Regelung der Provinzverhältnisse (→Provinz) sind eine Sonderform der legati, die im allgemeinen zur Vertretung der Oberbeamten in zivilen und militärischen Dingen herangezogen werden konnten. Durch die lex Gabinia wurde der Personenkreis auf Senatoren beschränkt, ein prätorisches →Imperium konnte verliehen werden. In der Kaiserzeit wurden die legati immer als l. pro praetore entsandt. In den Senatsprovinzen waren sie dem Prokonsul unterstellt, mit dessen Amtsjahr ihr eigenes übereinstimmte. In kaiserlichen Provinzen, falls nicht eine andere Regelung getroffen war, amtierte der l. Augusti pro praetore als Vertreter des Kaisers mit Oberbefehl über die Truppen in der Provinz. – 2. Die *legati legionis* führen seit →Augustus unter den legati Augusti pro praetore die einzelnen Legionen. Vom Kaiser ernannt, sind sie ohne magistratische Funktion. – Vgl. →Legion. – 3. Die *legati iuridici* unterstützten in den Provinzen als Sonderbeauftragte des Kaisers den Statthalter bei der Rechtssprechung, vor allem bei Spezialfällen. D.R.

Lit: A. v. Premerstein, RE 12, 1 (1924), 1133–49.

Legende, ursprünglich die Vorlesung eines Heiligenlebens, dann jede wunderbar-erbauliche Erzählung aus dem Leben eines Heiligen. Das NT kennt kaum eigentliche L.n. Doch schon die apokryphen Evangelien und Apostelakten enthalten zahlreiche L.n. Ihre eigentliche Blütezeit erlebte die L. in der →Hagiographie. Vergleichbare Erzählungen über antike Kultgottheiten und Heroen, die vielleicht als literarisches Vorbild gedient haben, werden heute gleichfalls als L.n bezeichnet. Vgl. →Helenazyklus. B. L.

Legierung. Die wichtigsten antiken L.en (Plin. nat. 34, 8) sind: →Bronze (aes) aus 80% Kupfer + 20% Zinn (vgl. aber Plin. nat. 34, 97); Messing (aurichalcum: Cic. off. 3, 23, 92) aus 90% Kupfer + 10% Zink (für Münzen des Nero: 81,1% Kupfer + 1,1% Zinn + 17,8% Zink; vgl. Plin. nat. 34, 4); →Elektron (ἤλεκτρον) aus 75% Gold + 25% Silber (Plin. nat. 33, 80). W.K.

Lit: E. R. Caley, Orichalcum and related ancient alloys. Origin, composition and manufacture with special reference to the coinage of the Roman Empire, 1964.

Legion (6 →Cohorten, 30 Manipel und 60 →Centurien), eine sowohl verwaltungstechnisch wie taktisch in sich geschlossene Truppeneinheit der röm. Republik und Kaiserzeit, in der nur röm. Bürger dienten. Wohl zuerst im 4. Jh. v. Chr. gebildet, ermöglichte die L. durch die Gliederung in bewegliche Formationen einen wirkungsvolleren Einsatz als die vorher auch in Rom übliche starre →Phalanx. Zunächst unterstand jedem →Konsul (die in republ. Zeit die L.en führten) eine, im 3. Jh. v. Chr. zwei L.en zu je 4200 Infanteristen und 300 Reitern. In schweren Kriegen wurden Zahl oder Stärke der L.en erhöht (z. B. im 2. Pun. Krieg und in den Makedon. Kriegen). Seit →Marius (1) waren die L.en Berufsheere; seit Augustus an bestimmte Provinzen gebundene stehende Heere (→Heerwesen B 3). In der *Kaiserzeit* schwankte die Heeresstärke zwischen 25 und 30 L.en, die jetzt unter dem Kommando von Legaten (im senatorischen Rang) standen und seit →Gallienus (253–268) nur noch von ritterlichen Präfekten geführt wurden. Diokletian erhöhte dann bei stark herabgesetzter Sollstärke die Zahl der L.en auf etwa 70, doch schon im 4. Jh. verloren die L.en ihre Bedeutung als Kern des röm. Heeres ganz. G.G.

Lit: W. Kubitschek und E. Ritterling, RE 12, 1 (1924), 1186 bis 12, 2 (1925), 1837 – H. M. D. Parker, The Roman Legions (1928), 1958² (Lit).

Legionslager →Castrum.

Legis actio, Legisaktionenverfahren. L. actio heißen die einzelnen Verfahrenstypen des ältesten röm. Prozeßrechts, durch Zusätze individualisiert (l. actio sacramento, l. actio per iudicis postulationem usw.), und die zur Einleitung des Verfahrens vorzunehmenden Formalakte, die im wesentlichen im Sprechen feierlicher Spruchformeln bestehen. Die durch die Verwendung dieser Typen charakterisierte Verfahrensart ist das Legisaktionenverfahren (→Recht III III B 1). G.J.

Lit: H. Lévy-Bruhl, Recherches sur les actions de la loi, 1961.

Lehrgedicht

A. Griech. Lehrgedicht – B. Röm. Lehrgedicht: [1] Allgemeines – [2] Lehrgedichte über die Natur – [3] Lehrgedichte philologisch-literaturwissenschaftlichen Inhalts – [4] Das spielerische und scherzhafte Lehrgedicht – [5] Lehrgedichte zu mnemotechnischen Zwekken – [6] Christliche Lehrgedichte.

A. Griechisches Lehrgedicht. [1] Das griech. L. der *archaischen und klassischen Zeit* enthält (meist) ethische Ermahnungen in poetischer (dem Heldenepos entlehnter) Form und Sprache. Es wurde geschaffen von → Hesiod, der u. a. ein historisch begründetes Göttersystem und eine neue, sittlich vertiefte Lebensauffassung vortrug. Auch andere, meist Hesiod zugeschriebene Spruchsammlungen bedienten sich der Form des L.es – Politischen Charakter tragen die Sinnsprüche des → Phokylides, wie später die des → Theognis, religiösen die Ermahnungen der → Orphiker und die Orakelsprüche von Delphi. Auch die Philosophen wendeten, bes. dann, wenn sie für ihre Lehre werben und sie dem Gedächtnis des Lesers einprägen wollten, die von Hesiod geschaffene Form der Aussage an, so → Xenophanes, → Parmenides, → Empedokles. Die Verfasser dieser und ähnlicher Sammlungen wählten als Metrum meist (nach dem Muster Hesiods) den stichischen Hexameter, später auch das elegische Distichon (Theognis) oder die durch → Epicharm beliebt gewordenen trochäischen Tetrameter. → Das hexametrische L. erlosch im 5. Jh. ganz und lebte erst in hellenist. Zeit wieder auf. Bis dahin übernahm die wissenschaftliche Prosa seine Funktion fast vollständig. H. E.

[2] Zum *hellenist. L.* → Hellenist. Dichtung C [2]; dort auch Lit.

B. Römisches Lehrgedicht. [1] *Allgemeines.* Das lat. L. darf als Fortführung der griech. didaktischen Poesie gelten, wie sie im Hellenismus ausgebildet wurde: auch für die Mehrzahl der lat. Werke dieser Art ist der artistische Ehrgeiz, eine komplizierte fachwissenschaftliche Materie in dichterisch ansprechender Form darzubieten, bezeichnend; der Reiz dieser Schöpfungen beruht auf der Spannung zwischen der mehr oder minder ‹prosaischen› Materie und den Erfordernissen ihrer poetischen, dichtungstechnisch eine wie immer geartete Perfektion erstrebenden Umformung. Darüber hinaus – und eben das ist das Neue gegenüber dem Hellenismus – wird das L. bei → Lukrez und, in seiner Nachfolge, bei → Vergil und → Manilius (3) zum Gefäß einer umfassenden Weltdeutung, ein Wesenszug, der sich mehr oder weniger als Rückgriff auch auf das archaische kosmische Universalgedicht der Griechen darstellt, mit dem die Hellenisten nur die Techne (Katalogdichtung) verbindet. Die folgende Skizze verzichtet bewußt auf eine Darstellung nach der chronologischen Abfolge, ist vielmehr nach bestimmten Typen didaktischer Poesie gegliedert: es empfiehlt sich dies schon deshalb, weil im Zeitpunkt der Rezeption des griech. L.s durch die Römer dessen verschiedene Möglichkeiten bereits ausgebildet sind und somit in der lat. Literatur, anders als in der griechischen, nicht von einer sukzessiven, mit innerer Notwendigkeit sich vollziehenden Entwicklung gesprochen werden kann.

[2] *Lehrgedichte über die Natur.* Wie in der griechischen, so kommt auch in der lat. Literatur solchen L.en die größte Bedeutung zu, deren Thema die Natur bzw. der Kosmos, sei es im Ganzen, sei es in noch so geringen Teilbereichen, bilden: Werke dieser Art sind, sieht man von der Behandlung naturphilosophischer Lehren im ‹Epicharmus› des → Ennius ab, in stärkerem Maße erst in der Zeit der ausgehenden Republik geschaffen worden; damals traten in enger Abfolge → *Ciceros Aratübersetzung*, die – uns nicht erhaltene – Darstellung der Lehren des Empedokles durch (Cn.?) → *Sallustius* (2) und das die Physiologia Epikurs für den lat. Sprachraum erobernde L. ‹De natura rerum› des → *Lukrez* hervor. – Von den genannten drei Werken hat nur *Lukrez* für die spätere Entwicklung der Gattung, ja darüber hinaus, eine starke Wirkung gehabt, eine Tatsache, die er ebensosehr dem literarischen Wert seines Werkes wie seiner philosophischen Bedeutung verdankt; die letztere zeigt sich darin, daß er sehr bald zum Grundbuch des lat. Epikureismus werden sollte, als welches er den Anhängern wie den Gegnern dieser philosophischen Richtung gleichermaßen gilt. Es besteht kein Grund, die Richtigkeit der Selbstaussage des Lukrez in Zweifel zu ziehen, derzufolge neben oder vielmehr vor der Lust an der Bewältigung eines spröden Stoffes die Überzeugung von der erlösenden Kraft der epikureischen Lehre und das daraus resultierende Gefühl des Verpflichtetseins zu ihrer missionarischen Verbreitung die entscheidende Motivation seines Werkes abgibt (Lucr. 1, 931 ff.). Lukrez hat sich also nicht in seinem Stoff ‹geirrt›, wie Mommsen meinte (Röm. Gesch. III[8], 594 ff.), sondern ihn mit innerer Notwendigkeit ergriffen, und ist eben damit über das Verhältnis hinausgewachsen, in dem die Verfasser hellenistischer L.e ihrem Stoff gegenüberstehen. In diesem Zusammenhang beschäftigt die Forschung die Frage der Empedoklesnachfolge des Lukrez (Lobpreis auf Empedokles: Lucr. 1, 716 ff.; zur Problematik im ganzen vgl. W. Kranz, a. O., und J. Bollack, a. O.). Lukrez verdankt Empedokles seine Dichtart, aber nicht seine konkreten philosophischen Inhalte und seinen ‹Glauben› (richtig F. Klingner, Studien, 289); Bollack, a. O. 30, dürfte zu weit gehen, wenn er formuliert, bei Lukrez erscheine die denkerische Affinität zu Empedokles stärker als die doktrinäre Treue zum Heilbringer Epikur. Jedenfalls hat Lukrez das vorsokratische, auf gültige Weltdeutung zielende L. in einer Weise zu erneuern unternommen, die die Hineinnahme wesentlicher Charakteristika des hellenistischen L.s sehr wohl gestattete; auf dieser Verschmelzung zweier Möglichkeiten beruht die besondere Stellung des lukrezischen L.s innerhalb der Gattungsgeschichte und ein guter Teil seiner Wirkung auf einige der späteren Repräsentanten des L.s. Auch durch die besondere Weise, wie Lukrez die einzelnen Bücher mit dichterisch eindrucksvollen, an allgemeinen Gesichtspunkten orientierten → Proömien versah und die spröden Ausführungen des leicht trocken wirkenden Lehrzusammenhangs nach dem Kompositionsprinzip der ποικιλία mittels eingefügter Exkurse auflokkerte (Kroll, Studien 188), ist er für die Folgezeit vorbildlich geworden (vgl. für → Vergil und → Manilius (3) G. Härke, passim). – Ein im Bannkreis des Lukrez entstandenes Werk ist wahrscheinlich das nur durch zwei Fragmente greifbare Gedicht des → *Egnatius* (2) ‹De rerum natura› (abweichende Erwägungen bei A. Traglia, der vorlukrezische Abfassung zumindest für möglich hält: Poetae novi, 1962, 128). Außer seinem Werk scheint auch das durch Quintilian inst. 1, 4, 4 und Laktanz div. inst. 2, 12, 4 bezeugte Lehrgedicht des → Varro von Reate naturphilosophischen Inhalt gehabt zu haben (vgl. Speyer, a. O. 736. 757). – Vielleicht durch Lukrez (3. Buch) inspiriert, hat → *Varius Rufus* einen Teilbereich der epikureischen Philosophie (den zur Physik gehörenden, freilich mit Vorliebe in den Konsequenzen für die Lebensführung behandelten Topos περὶ θανάτου) in seinem Gedicht De morte, wohl im Anschluß an die dem gleichen Thema geltende Schrift des mit ihm befreundeten → Philodemos, gestaltet (etwa um 40 v. Chr.); zur richtigen Einordnung als Lehrgedicht vgl. A. Rostagni, Virgilio minore, 1961[2], 395 f.; durch Bezugnahme auf die politischen Wirren nach Caesars Ermordung (dazu fr. 1 M.) muß dieses Werk von geladener zeitpolitischer Aktualität gewesen sein. – Die Traditionen des artistischen hellenistischen L.s scheint in ciceronischer Zeit → *Varro* (2) *Atacinus* u. a. mit seiner ‹Chorographia› weitergeführt zu haben (wahrscheinlich unter Benutzung des gleichnamigen Werkes des Alexander von Ephesos; zur Quellenfrage und Interpretation vgl. W. Speyer, a. O. 751 ff. und 763 ff.; der Titel eingeordnet bei E. Norden, German. Urgeschichte, 1923, 12 Anm. 1). – In augusteischer Zeit ist diese Richtung durch

→ *Aemilius* (8a) *Macer* vertreten, dessen Stil → Quintilian zwar als *humilis* charakterisiert (inst. 10, 1, 87), den er jedoch in seiner Behandlung der didaktischen Epik zusammen mit Lukrez (a.O.) und Vergil (ebd. 10, 1, 56) nennt. Macer hat ein Gedicht über die Heilkräfte der Kräuter verfaßt, die Theriaca des → Nikandros (2) v. Kolophon nachgestaltet und in der Ornithogonia (wohl nach → Boio) das vermutlich recht hybride Gebilde eines zoologisch-mythologischen L.s gewagt. – An das hellenistische L. knüpft auch *Vergil* in den Georgica in mehrfacher Hinsicht an: schon der Titel weist auf das gleichnamige (nur fragmentarisch erhaltene) Werk des Nikandros zurück, das Vergil auch stofflich benutzt hat (vgl. Macrob. Sat. 5, 22, 9 zu georg. 3, 391), ohne es allerdings als Vorlage im eigentlichen Sinne zu wählen, wie mehrere Fragmente der Georgica des Nikandros zeigen, die bei Vergil keine Entsprechung haben (vgl. Klingner, Studien, 287). Unverkennbar ist weiterhin der Anschluß an Arat (im Katalog der Wetterzeichen georg. 1, 351 ff.) und an den ‹Hermes› des → Eratosthenes (in der Beschreibung der Ekliptik ebd. 231 ff.); in einem Falle zitiert Vergil die in der Nachfolge des Arat stehende ‹Ephemeris› (Konjektur statt ‹Epimenis›, brev. expos. Verg. georg. 1, 397) des soeben erwähnten Varro Atacinus, wie schol. georg. 1, 375 beweist (1, 377 = Varro Atac. fr. 22, 4 M. = fr. 21, 4 Traglia). Eines der Wesensmerkmale hellenistischer Dichtung: die in der Poesie gesuchte Aufhöhung einer geringfügigen, vielfach unansehnlichen Materie, findet sich deutlich ausgesprochen (3, 290 *angustis ... addere rebus honorem*). Ist Vergil so dem hellenistischen L. in mannigfacher Weise verpflichtet, so transzendiert er doch auch wiederum seine Möglichkeiten: schon der Anspruch, ein *Ascraeum carmen* zu dichten (2, 176), weist über Nikandros und Arat hinaus auf → Hesiod und damit auf das universale L. des frühen Griechentums, dessen Tradition nach bereits Bemerktem vor allem mittelbar durch Lukrez auf Vergil hat wirken können (Klingner, Studien, 289). Vergil huldigt Lukrez als dem Sänger des Weltalls (2, 475 ff.) und grenzt zugleich, nicht ohne den Topos der Bescheidenheit anzubringen (2, 486), die eigene Thematik von der lukrezischen ab, die bezeichnenderweise durch Evozierung dichterisch lohnender Naturerscheinungen aus Lukrez Buch 5 und 6 umschrieben wird. Darin, daß Vergils Verzicht auf ein Thema wie das lukrezische (2, 483 ff.) und seine Entscheidung für die ländliche Welt als Stoff seiner Dichtung keine Einbuße an Welthaltigkeit zur Folge hat, ja daß diese bei Vergil reiner und schlackenloser in Erscheinung tritt als bei seinem Vorgänger, ist seine schöpferische Leistung nicht zuletzt begründet. Vergils Georgica sind ein Werk sui generis, das nur partiell, nicht aber als Ganzes nachgeahmt werden konnte: das wird deutlich im Fall des → *Columella*, der das 10. Buch (De cultu hortorum) seines sonst in Prosa abgefaßten Werkes ‹De re rustica› im Anschluß an Vergil als didaktisches Kleinepos gestaltet hat (Vergil hatte das Thema des Gartenbaus ausgespart und ausdrücklich anderen zur Bearbeitung überlassen, vgl. georg. 4, 148), ohne indessen die universale Weite und exemplarische Prägnanz seines Vorbildes auch nur im entferntesten zu erreichen: seine Vergilnachfolge bleibt rein äußerliche Manier, sie ist auf Diktion und Versbau beschränkt (Columella seinerseits dürfte wiederum → Palladius (1) zur dichterischen Abfassung des 14. Buchs, De insitione, seines im übrigen in Prosa gehaltenen Opus agriculturae veranlaßt haben). – Ein nachhaltigeres Echo hat Lukrez gefunden: das in spätaugusteischer und frühtiberianischer Zeit geschaffene, ‹Astronomica› betitelte L. des → *Manilius* (3) gibt sich als bewußte Antithese zur Dichtung des Lukrez: manche der in dieser vorgetragenen Anschauungen werden von Manilius in Abwandlung und Nachgestaltung gerade lukrezischer Verse und Wendungen bekämpft. Auch das Werk des Manilius ist ein den Weltzusammenhang enthüllendes Universalgedicht: sein Thema ist die Selbstoffenbarung der Gott-Natur durch die astrologische Kunst (2, 107 f.), die Verkündigung der schicksalhaften Verkettung aller Dinge und einer den ganzen Kosmos durchwaltenden → Sympathie. In andrer Weise hat Lukrez auf den Autor der pseudovergilischen → *Aetnadichtung* (verfaßt in nachaugusteischer Zeit, doch noch vor 79 n. Chr.) eingewirkt: die dem Nachweis der Berechtigung des eigenen Werkes dienende Entgegenstellung von mythologischem Pseudos und naturwissenschaftlicher Welterklärung (29 ff.) ist ganz von lukrezischem Geiste durchdrungen. Im übrigen grenzt sich der Aetnadichter gleicherweise von der astronomischen Wissenschaft wie von den *leves curae* des Landbaus ab (252 ff.): sein Gegenstand ist die zweckfreie, bewundernde Theoria der pathetisch-dramatischen Hervorbringungen der *artifex natura* (601), die er exemplarisch am Thema des Vulkanismus darstellt. Das Aetnagedicht ist die letzte in ihrer Art noch bedeutende Hervorbringung der den Bereich der natura behandelnden lateinischen Lehrdichtung. Es versteht sich, daß weder die (ihm zeitlich vorausliegenden) Cynegetica des → *Grattius* und die Cynegetica des → *Nemesian* noch das Fragment der pseudoovidischen Halieutica sowie schließlich der auf den älteren Plinius zurückgehende ‹Liber medicinalis› des → *Serenus* (1), von so unterschiedlicher Qualität diese Werke auch untereinander sein mögen, auf Originalität in dem Sinne Anspruch erheben können, wie sie den Schöpfungen des Lukrez, Vergil, Manilius und des Aetnadichters eignet. Dasselbe gilt von den ‹Aratea› des → *Germanicus* und → *Avienus*, wenngleich sie sich durch eine gewisse Selbständigkeit gegenüber der Vorlage auszeichnen (Germanicus nahm Korrekturen entsprechend dem wissenschaftlichen Stand seiner Zeit vor und ersetzte außerdem den einleitenden Zeushymnus durch ein Enkomion auf Tiberius; Avienus arbeitete das umfangreiche Material der Aratscholien ein und gestaltete den Zeushymnus in ein Bekenntnis zur Allgottheit des spätantiken Paganismus um), gilt auch von der einen Periplus in poetischer Form gebenden ‹Ora maritima› des gleichen Avienus sowie von den ziemlich unterschiedlichen Nachdichtungen der Erdbeschreibung des Perihegeten → Dionysios (8) durch Avienus und den Grammatiker → Priscian; nicht erhalten ist die modernisierende Überarbeitung der ‹Aratea› Ciceros durch → Gordian I. Ein Hinweis auf das sprachlich und metrisch korrekte → ‹Carmen de ponderibus et mensuris› (etwa um 400 n. Chr.) sei hier angeschlossen, insofern es verschiedene Angaben macht, die für die Geschichte der Physik nicht ohne Interesse sind. Zu bemerken ist schließlich, daß das rhetorisierende historische Epos des → Lukan naturwissenschaftlich-didaktische Poesie in Form von Exkursen enthält: zu nennen sind hier vor allem der Schlangenkatalog im neunten und die Darlegungen über die Nilquellen im zehnten Buch.

[3] *Lehrgedichte philologisch-literaturwissenschaftlichen Inhalts.* Weniger umfangreich ist die Produktion auf dem Gebiet des philologisch-literaturwissenschaftlichen L.s. Fragmente sind aus den Didascalica des → Accius und den literaturhistorischen Werken des → Porcius (7) Licinus und → Volcacius Sedigitus erhalten. Aus dem 2. Jh. n. Chr. stammen die formgewandten Gedichte des → Terentianus Maurus ‹De litteris, syllabis et metris›. Der Spätantike gehören die versifizierte Vergilvita des → Phocas und das für die Wortfigurenlehre aufschlußreiche → ‹Carmen de figuris› eines Anonymus an. Einen nicht eigentlich dem L. zuzurechnenden Sonderfall stellt der Pisonenbrief des → Horaz, die sogenannte ‹Ars poetica›, dar, in dem in der zwanglosen Form und gleitenden Gedankenführung des sermo im Anschluß an → Neoptolemos (2) von Parion literarästhetische Fragen erörtert werden.

[4] *Das spielerische und scherzhafte Lehrgedicht.* Das mit dem hellenistischen Typus didaktischer Poesie gegebene Element des Spiels kann ins Spielerisch-Witzige gewendet werden. Als frühestes lat. Beispiel des scherzhaften, den Stil

der ernsthafteren didaktischen Poesie parodierenden L.s darf die Nachbildung der Hedyphagetica des → Archestratos durch → Ennius gelten, aus denen Apuleius (apol. 39) ein umfangreiches Fragment mitgeteilt hat. Ihren eigentlichen Höhepunkt erreicht die spielerische Ausprägung der lehrhaften Poesie mit → Ovid: Nachdem dieser sich mit den ‹Medicamina faciei› in der typischen Form des artistischen hellenistischen L.s versucht hatte, schuf er mit der ‹Ars amatoria› und ihrem Gegenstück, den ‹Remedia Amoris›, Muster einer frivol mondänen Didaktik, die formal in bewußtem Anschluß an Lukrez und Vergil, jedoch unter ironischer Umbiegung der nachgebildeten Stellen gestaltet ist (dafür typisch beispielsweise der Abschnitt über die Kulturentwicklung, ars 2,467ff.).

[5] *Lehrgedichte zu mnemotechnischen Zwecken.* Eine anspruchslosere Form der didaktischen Poesie stellen zu mnemotechnischen Zwecken abgefaßte Gedichte dar. Gute Beispiele dieser Art sind manche Stücke aus dem ‹Liber eclogarum› des → Ausonius sowie seine ‹Caesares›. Auch manche Bestandteile der Anthologia Latina gehören hierher (so Anth. Lat. 679, 680, 680a R.). Schließlich sind noch versifizierte Spruchsammlungen zu nennen, deren ältestes Beispiel die (wohl nach einer griech. Vorlage geformten) Sententiae des Appius → Claudius (6) Caecus bilden, von denen sich nur wenige Fragmente erhalten haben. Ob die Praecepta des → Ennius in diesen literarischen Bereich hineingehören, ist kaum zu entscheiden. Aus der Kaiserzeit stammen die → ‹Disticha› und ‹Monosticha Catonis›, in Verse gefaßte volkstümliche Lebensregeln und Maximen.

[6] *Christliche Lehrgedichte.* Die Tradition der paganen didaktischen Poesie wurde von den christlichen Dichtern weitergeführt. Hier lassen sich in der Hauptsache zwei Typen unterscheiden, das ethisch-paränetische und das antihäretisch-dogmatische L.: Der erste wird durch so unterschiedliche Werke wie die ‹Instructiones› des → Commodian und das ‹Commonitorium› des → Orientius repräsentiert, der zweite durch das pseudotertullianische Gedicht ‹Adversus Marcionem›, die ‹Apotheosis› und ‹Hamartigenia› des → Prudentius und das antipelagianische Gedicht ‹De ingratis› des → Prosper Tiro v. Aquitanien. Ein christliches Gegenstück zur heidnischen Spruchdichtung schuf Prosper mit seinen ‹Epigrammata ex sententiis Augustini›. W. Schm.

Lit: W. Kroll, Stud. zum Verständnis der röm. Lit., 1924 (Nachdr. 1964), 185–201 – W. Kroll, RE 12 (1925), 1854–57 – G. Härke, Stud. zur Exkurstechnik im röm. L. (mit Anhang über Manilius), Diss. Würzburg 1936 – E. Paratore, Ancora di Lucrezio e delle Georgiche, Annali della Facoltà di Magistero Messina, 1940, 129–197 – B. Croce, Poesia antica e moderna (1941), 1943², 39–54 – H. Klepl, Lukrez u. Virgil in ihren L.en, Diss. Leipzig 1940 (vgl. W. Schmid, Gnomon 20, 1944, 85–97) – W. Kranz, Lukrez u. Empedokles, Philologus 96, 1944, 68–107 – A. B. Mynors, OCD, s. v. Latin Didactic Poetry – E. Zinn, Die Dichter des alten Rom und die Anfänge des Weltgedichts, AuA 5, 1956, 7–26 – J. Bollack, Lukrez u. Empedokles, Die Neue Rundschau 70, 1959, 1–31 – W. Speyer, in: Dahlmann-Speyer, Varronische Studien II, Abh. Mainz 1959, 745ff. – A. La Penna, Esiodo nella cultura e nella poesia di Virgilio, in: Hésiode et son influence, Fondation Hardt VII (1960), 1962, 215–252 – E. Bickel, Gesch. der röm. Lit. (1937), 1961, 421–430 – F. Klingner, Virgils Georgica, Zürich 1963 – Ders., Virgil. Griech. Einflüsse (1956), in: Studien, 1964, bes. 286–291.

Leichenspiele. [1] *Griechenland.* Bei Homer sind L. feste Sitte bei der → Bestattung bedeutender Helden (Il. 23, 358ff.; Od. 24, 85ff.). Hesiod (erg. 654ff.) erzählt von L.n in Chalkis für Amphidamas, und nach einer in Schol. Pind. 3, 192 (Drachmann) zusammengefaßten Theorie sollen alle panhellenischen → Spiele ursprünglich L. gewesen sein. Dies beweist immerhin die Verbreitung der Sitte, für die historische Zeit bestätigt teils durch lokale L. für → Heroen (in Athen für → Androgeos), teils durch testamentarische Anweisungen hellenist. Zeit, das Andenken eines Toten durch ein Fest mit Opfern und Spielen zu ehren.

[2] *Rom.* L. in der blutigen Form der → Gladiatorenkämpfe sind 264 v. Chr. eingeführt worden, ohne daß wir über Anlaß und Vorbild Näheres erfahren (Val. Max. 2, 4, 7; Liv. perioch. 16). Im späten 2. Jh. v. Chr. verselbständigten sich die Gladiatorenspiele zu reinen Volksbelustigungen, doch erhielt sich die Sitte der L.; reich bezeugt im 1. Jh. vor Chr. (Caesar beim Tode seiner Tochter: Suet. Iul. 26, 2), bleiben sie in der Kaiserzeit der Familie des Princeps vorbehalten. Ihrem Ursprung nach dürften sie auf eine Vermischung von griech. und etrusk. Einflüssen zurückgehen. Als reiche Entfaltungsmöglichkeiten bietendes Thema der Dichtung sind sie in Nachfolge Homers (Il. 23) auch im röm. → Epos (II) sehr beliebt (vgl. bes. Verg. Aen. 5; Stat. Theb. 6). Vgl. → Sport. O. G.

Lit: Stengel, Die griech. Kultusaltertümer (1896), 1920³, 191. 230 – K. Meuli, Der Ursprung der olymp. Spiele, Antike 17, 1941, 189 bis 208 – Latte, 155f. – G. Ploetz, Die Leichenspiele in Statius' Thebais, Diss. Tübingen 1965.

Leim (*κόλλα*, glutinum) wurde durch Sieden am besten aus Stierhäuten (Lucr. 6, 1069; Plin. nat. 28, 243), Lederabfällen (Plin. nat. 28, 236) für die → Holzverarbeitung gewonnen (Plin. nat. 7, 198). Fisch-L. stellte man aus den Schwimmblasen des Hausen, Stör, Sterlet her (Plin. nat. 32, 73). Vgl. → Fische B. W. K.

Leinen. Der Flachs (*λίνον*, linum) wurde gerauft (vellere), an der Sonne getrocknet, mehrere Wochen im Wasser geröstet (macerare), gedörrt (arefacere), mit einem besonderen Hammer gebrochen (frangere), auf einem eisernen Kamm (ferreus hamus) gehechelt, um Rindenreste zu entfernen, wobei die kurzen und äußeren Fasern (*στύπη*, stuppa, Werg) zurückblieben, woraus Lampendochte oder Taue hergestellt wurden. Der gehechelte Flachs wurde durch → Spinnen zu Garn verarbeitet, dann folgte das → Weben. Man schlug die Leinwand (wohl während der Bleiche) und versuchte, ihr durch Mohnsaft (Appretieren mit Dextrin) oder Speckstein (?), *μόροξος*, Glanz und Weiße zu verleihen. Grobes L. hieß *φώσσων*, mittleres *ἡμιφωσσώνιον* (Poll. 6, 18; 6, 161), während *βύσσος*, byssus, entweder feines L. bezeichnete oder wohl auch → Baumwolle (Plin. nat. 12, 38), die sonst auch *κάρπασος* (Strab. 15, 719) hieß: beide Bezeichnungen gehen durcheinander; *σινδών* (vom Fluß Indus: Plin. nat. 6, 71) hieß ein Baumwollgewebe, das dem Musselin (von Mosul) vergleichbar war (vgl. Mart. 2, 16, 3). L. konnte auch mit anderen Fasern gewoben werden (Isid. orig. 19, 22, 17). W. K.

Q: Plin. nat. 19, 14–18 – *Abb:* Singer, Technology II, Abb. 159.

Leiturgia

A. Die griech. Leiturgia – B. Die christl. Liturgie: [1] Das Wort – [2] Anfänge im NT – [3]–[8] Die großen Liturgien im Osten, in Ägypten und im Westen.

A. Die griech. Leiturgia. L. ist für den Griechen ursprünglich jeder Dienst, den der Bürger unmittelbar für sein Gemeinwesen leistet, und umfaßt damit auch die Dienstleistung als Magistrat (→ Arche). Insbes. wurden in Athen im 5. und 4. Jh. v. Chr. eine Anzahl öffentlicher Funktionen ohne Anordnungsbefugnisse reichen Bürgern und → Metöken übertragen. Diese L. im engeren Sinn entsprach, da sie auf dem Vermögen ruhte, einer → Steuer um so mehr, als sie in einigen Fällen ständige öffentliche Funktionen ersetzte, die der Reihe nach (*ἐγκύκλιος λ.*) übernommen werden mußten. Hierzu gehörten die → Choregie, die → Gymnasiarchie, die → Architheorie, die Ausrichtung einer Festmahlzeit (*ἑστίασις*) und die Verpflichtung, für den Kriegsdienst ein Pferd zu unterhalten (*ἱπποτροφία*). Andere Leiturgiai wurden nur im Bedarfsfall besetzt, wie die → Trierarchie. Die Bestellung erfolgte je nach der Funktion durch einen Beamten oder die → Phylen; der Übernahme konnte man sich durch eine → Antidosis entziehen. Neben der persönlichen Dienstleistung waren mit der L. erhebliche Aufwendungen verbunden, zu denen der Staat schon seit dem Ende des 5. Jh.s v. Chr. und noch stärker in der hellenist. Zeit beisteuerte. Jetzt wurde die L. weitgehend zum Zwangsdienst, bes. auch in niederen Magistraturen. Die Immunität von solchen Leistungen konnte als Privileg verliehen werden. – Von bes. Bedeutung wurde die Anwendung der L. im ptolemäischen Ägypten. Sie bedeutete hier «den zwangsmäßig von Staat oder Kommune auferlegten Dienst für das Gemeinwesen» (Oertel, 3) zur Erfüllung ständiger öffentlicher Aufgaben. In hellenistischer Zeit noch selten praktiziert, führte sie in römischer Zeit in Ägypten zu einem allgemeinen Zwangsbeamtentum. H. Br.

Lit: F. Oertel, Die Liturgie. Stud. z. ptol. u. kaiserl. Verwaltung Ägyptens, 1917 – J. Oehler, RE 12,2 (1925), 1871–79.

B. Die christliche Liturgie. [1] Die Septuaginta verwendet das Wort *λειτουργία* vorwiegend im kultischen Sinne, im NT begegnen *λειτουργέω* und Ableitungen verhältnismäßig selten, meist in dem allgemeinen Sinn von ‹Dienen› (vgl. z. B. Röm. 13, 6; 15, 16; Phil. 2, 25). In den ersten Jh.en bedeutet *λειτουργία* meist die gesamte Tätigkeit der Priester und Diakone. Später wird es im Osten terminus technicus für die Messe bzw. den → Gottesdienst. Im Lateinischen (Synonym: ordo, officium) hat sich der Ausdruck ‹L.› erst durch den Humanismus eingebürgert.

[2] Die Anfänge der L. liegen im Dunkel. Im NT begegnen verschiedentlich kürzere oder längere liturgische Formeln, die sich jedoch kaum zu einem Ganzen zusammenfügen lassen. In 1. Kor. 14 strebt Paulus im Gegensatz zu den ekstatischen Vorgängen in Korinth (→ Enthusiasmus) eine feste Ordnung des Gottesdienstes an. Gewisse Einzelheiten der L. werden etwa 1. Kor. 16, 20 ff. und Apk. 22, 14 ff. (Eingangs-L. der → Eucharistie) angedeutet. Vielleicht hatten die noch nicht Getauften besondere Plätze (1. Kor. 14, 16). Aus nachapostolischer Zeit liegen einige liturgische Texte vor: 1. Clem. 59 ff. (ca. 95 in Rom) das ‹allgemeine Gebet›; Didache 9 f. (ca. 100 in Ostsyrien) die Mahlgebete. Seit ca. 150 sind liturgische Quellen in größerem Umfang erhalten: eine Ordnung des → Gottesdienstes bei → Justin (Apol. 1, 65–67); liturgische Formulare bei → Hippolyt (2) in der ‹Apostolischen Tradition› (nach 200), die u. a. den Ritus der Weihe von Bischöfen, Presbytern und Diakonen (→ Amt, B 3), die Ordnung der → Taufe, der Messe (→ Eucharistie) und der → Agapen enthält. Wegen ihres hohen Alters – die mitgeteilten Ordnungen und Gebete dürften in die Zeit des späteren 2. Jh.s zurückgehen – sowie wegen ihres großen Einflusses auf die gesamte spätere L.-geschichte ist diese Quelle von grundlegender Bedeutung.

[3] Aus dem Grundschema der Messe und den regionalen Traditionen, die in beträchtlicher Freiheit der Anordnung der Rubriken und der theolog. Auffassung gestaltet wurden, bildeten sich im 4. und 5. Jh. eine Reihe großer L.n. Abgesehen von vereinzelten Schilderungen der L. bei Kyrill von Jerusalem (Mystagogische Katechesen) u. a., sind die → Apostolischen Konstitutionen (Syrien) die wichtigste liturgiegeschichtl. Quelle des 4. Jh.s. Sie enthalten 8, 6–15 ein vollständiges liturgisches Formular des Sonntagsgottesdienstes, die sog. Clementinische L., in der das Eucharistiegebet Hippolyts verarbeitet ist; in Buch 7 und 8 noch weitere Formulare, die älteren Datums als die Abfassung des ganzen Werkes (ca. 380) sind.

[4] Ins 4. Jh. reichen in ihren Anfängen auch die L.n des → *Chrysostomos* und des → *Basilius* zurück, wenn beide auch erst viel später ihre endgültige Gestalt erhalten haben. Beide entstammen einer Wurzel, die der L. in Apost. Konst. 8 verwandt ist. Möglicherweise gehen einige Gebete dieser L.n auf Chrysostomos und Basilius selbst zurück. Die Basilius-L. ist als L. von Byzanz auch nach Alexandrien gedrungen (neben der Gregorius-L.).

[5] Daneben gibt es im *Osten* eine Reihe von anderen L.n. Die sog. Jakobus-L., die aus Jerusalem stammt, ist seit dem 4. Jh. in Antiochien und Syrien verbreitet. Die L. der Apostel Addai und Mari ist nestorianisch (Ostsyrien; → Nestorius). Eigene L.n. haben weiter die Armenier (die sog. Athanasius-L.), die Maroniten u. a.

[6] Eine eigene L. hat auch *Ägypten* entwickelt. Am wichtigsten ist das Euchologion des Serapion von Thmuis (gest. nach 362) (außer dem Formular für den Sonntagsgottesdienst die Ordnung der Taufe und mancher Weihen). Die ägyptische Normal-L. ist die in Alexandrien entstandene Markus-L. (in Hss. erst aus dem 12.–14. Jh. erhalten; bereits durch byzantinische Einflüsse verändert). Wichtigstes Charakteristikum ist die Geistanrufung (Epiklese) vor der Weihe der Elemente. Im → koptischen Christentum ist sie als Kyrillos-L. in Gebrauch.

[7] Die L.n des *Abendlandes* sind erst in den großen Ritualbüchern seit dem 6. Jh. erhalten. Von den ältesten lateinischen L.n (Afrika! – Rom hatte einen griechischen Text) ist außer einigen Hinweisen bei Kirchenvätern nichts überliefert. Die wichtigsten Typen des Westens sind der römische, der ambrosianische, der altspanische und der altgallische. Der römische Typus liegt in den Sakramentaren (Leonianum; Gelasianum; Gregorianum) jeweils in verschiedenen Entwicklungsstufen vor. Über die Zwischenzeit seit Hippolyt ist nur wenig bekannt. Ca. 370 dürfte der Übergang von der ursprünglich griechischen zur lateinischen Kultsprache abgeschlossen sein. Ca. 600 hat → Gregor d. Gr. eine einschneidende Reform der L. durchgeführt. Die ambrosianische L. (erst seit dem 8. Jh. mit → Ambrosius von Mailand in Verbindung gebracht) hat sich neben der römischen L. zu behaupten vermocht. Die altspanische L., manchmal ‹mozarabisch› (arabisiert) genannt, deren Wurzeln ebenfalls in ältere Zeit zurückgehen, hatte ihre Blüte in der Zeit der Westgotenherrschaft im 7. Jh. Die altgallische L., manchmal ‹gallikanisch› genannt, ist im ganzen nur in einer Spätform vom Ende des 7. Jh.s bekannt.

[8] Der wesentliche *Unterschied* zwischen den morgenländischen und den abendländischen L.n besteht darin, daß jene ein festes Schema für das ganze Jahr haben, während diese das Formular dem jeweiligen Abschnitt des Kirchenjahres anpassen und die Erwähnung besonderer Heiliger usw. einfügen; nur das Grundschema der Messe (Kyrie, Gloria, Credo, Sanctus, Canon usw.) ist im Westen unveränderlich. Ein fester Meßkanon hat sich nur in der römischen und, von ihr beeinflußt, in der ambrosianischen L. gebildet. Schon im 7. Jh. hat sich die römische L. auch im altgallischen Gebiet ausgebreitet und ist in verschiedenen Ländern zur Norm erhoben worden. B. L.

Ed: E. Renaudot, Liturgiarum Orientalium Collectio, 2 Bde, 1716, (Nachdr. 1847) – J. A. Assemani, Codex Liturgicus Ecclesiae universalis, 13 Bde, 1749–66, (Nachdr. 1902) – H. Denzinger, Ritus Orientalium... in administrandis sacramentis, 2 Bde, 1864/5 – F. E. Brightman, Liturgies Eastern and Western I, 1896 (II nicht erschienen) – H. Lietzmann, Das Sacramentarium Gregorianum nach dem Aachener Urexemplar, 1921 (1958) – L. C. Mohlberg, Sacram. Veronense, 1956 (Leonianum) – Ders., Missale Gallicanum Vetus, 1958 – B. Botte, La tradition apostolique, 1963 – *Lit:* A. Baumstark, Liturgie Comparée (1933), 1953³ – H. Dalmais, Les Liturgies d'Orient, 1959 (deutsche Übers. 1960) – RGG IV 401–407; V 1319–21 – Vgl. *Lit.* bei → Gottesdienst.

Lekanis, flache Schüssel mit schwerem Deckel und Horizontalhenkeln (→ Vasen, Taf. 248, 7). Wahrscheinlich diente sie als Speiseschüssel und Behälter von Gewürzen und kleineren Vorratsmengen. – Deckellose, größere Schüsseln wurden *Lekane* genannt. I. Sch.

Lit: D. A. Amyx, The Attic Stelai III, Hesperia 27, 1958, 202–205.

Lekythion, Vers der Form –◡–×–◡–, benannt nach dem Scherz Aristoph. ran. 1208, weswegen es Heph. p. 18, 7 C. auch → Euripideum nennt. Dort ist es das Stück des → Trimeters nach seiner Hauptzäsur. Als solches hat es → Archilochos offenbar nach → Hemiepes in seinen → Asynarteten verwandt (Fr. 118 D.). B. Sn.

Lekythos, allgemeine antike Bezeichnung für Salbgefäß (→ Alabastron, → Aryballos). Heute beschränkt auf Ölkannen mit engem Hals, trichterförmiger Mündung und abgesetztem Fuß (→ Vasen, Taf. 248, 1). Im 5. Jh. v. Chr. sind in Athen kleine ‹bauchige› L. und schlanke L. mit abgesetzter Schulter gebräuchlich, zu letzteren gehören die ausschließlich für den Totenkult verwendeten → weißgrundigen L. Seit dem späten 5. Jh. werden auch monumentale marmorne L. auf Gräber gestellt. I. Sch.

Lit: L. J. Elferink, L., 1934 – C. H. E. Haspels, Attic Black-Figured Lekythoi, 1936 – A. Fairbanks, Athenian White Lekythoi, 1907, 1914.

Lelantischer Krieg. Langer und wechselvoller Krieg (ca. 700–650 v. Chr.) zwischen → Chalkis und → Eretria um die fruchtbare lelantische Ebene zwischen beiden Städten. Der L. Krieg teilte die griech. Welt in zwei Lager; er endete zugunsten von Chalkis. R. V. C.

Leleger, mythischer Volksstamm, von Homer in der Troas lokalisiert. Bei den griech. Historikern gelten die L. (Stammvater Lelex oder Lex) als Autochthonen in weiten Gebieten Mittel- und Südgriechenlands, der ägäischen Inseln und der Westküste Kleinasiens und werden ähnlich beurteilt wie → Pelasger und → Karer. Die antike Tradition über die L. wird von der modernen Forschung meist mit (berechtigter) Skepsis betrachtet, aber auch (wie von P. Kretschmer) zum Anlaß für kühne Spekulationen (Verwandtschaft der L. mit kaukasischen Stämmen) genommen. Daß sich hinter ihr die vage Erinnerung an eine → vorgriech. Bevölkerung der Ägäis verbirgt, ist möglich. A. H.

Lit: W. Aly, Karer und L., Philol. 68, 1909, 428–444 – P. Kretschmer, Die L. u. d. ostmediter. Urbevölkerung, Glotta 32, 1953, 161–204.

Lemnos, Insel vor dem Hellespont (Kt. 1152 F 3), in klass. Zeit zu Athen gehörend, Ansiedlung einer att. Kleruchie, aber noch mit vorgriech. Bevölkerung. Wichtige prähistorische Ausgrabungen (ein Grabstein und andere Inschriften in vorgriech. Sprache). Legendenhafte Ereignisse aus den Kämpfen mit den einheimischen Lemniern ließen ‹lemnisches Unglück› sprichwörtlich werden. L. war vor allem dem → Hephaistos heilig, da auf der Insel ein natürliches Erdfeuer brannte. Zwei antike Orte: Myrina und im N Hephaistia. Eroberung der Insel durch → Miltiades, um 512–479 persisch. Seit 477 im → Att. Seebund, von 404 bis 394/393 frei, 386 im → Königsfrieden Athen zugestanden. Zur Sage: → Hypsipyle, → Argonauten. E. M.

Lit: C. Fredrich, Lemnos, AM 31, 1906, 60–86; 241–2?5 – F. L. W. Sealey, Lemnos, BSA 23, 1918/19, 148–174 – D. Mustilli, La necropoli tirrenica di Efestia, ASAA 15/16, 1932/33, 1–278 – L. Bernabò Brea, L. EAA 4, 1961, 542–545.

[2] Die 1885 bei Kaminia auf Lemnos gefundene Stele trägt 2 Inschriften (A um 600, B um 550 v. Chr.) in sog. *tyrsenischer Sprache* (vgl. → Tyrsener). Zahlreiche Deutungsversuche sind ohne sicheren Erfolg geblieben. Eine gewisse Verwandtschaft mit der → etruskischen Sprache ist nicht unwahrscheinlich. A. I.

Ed: Friedrich, 143–145 – *Lit:* W. Brandenstein, RE 7 A 2 (1948), 1909–38, s. v. Tyrrhener – M. Falkner, in: Frühgesch. und Sprachwiss., hg. v. W. Brandenstein, 1948, 91–109.

Lemuren (lemures). Die L. waren Geister der röm. → Religion (II C 3), die man fürchtete, seien es Schadendämonen, seien es Totengeister; man beschwor sie am 9., 11. und 13. Mai durch die Riten der *Lemuria*. An diesen Tagen blieben die Tempel geschlossen, da die Gespenster durch die Stadt schweiften. Um Mitternacht erhob sich der Familienvater, er blieb barfuß und schnalzte mit den Fingern, um die L. von seinem Wege fernzuhalten; dann wusch er sich die Hände, nahm schwarze Bohnen und warf sie hinter sich, wobei er neunmal, ohne sich umzudrehen, sprach: «Ich werfe diese Bohnen, und damit kaufe ich mich und die Meinen los.» Man nahm an, daß die L. ihm folgten, indem sie die Bohnen auflasen. Nachdem er seine Hände erneut rituell gereinigt hatte, schlug er auf Bronze und wiederholte neunmal die Beschwörungsformel: «Manen meiner Väter, geht von hinnen.» Erst dann durfte er hinter sich sehen (Ov. fast. 5, 429–444). Vgl. → Totenglaube. H. Le B.

Lit: E. Jobbé-Duval, Les morts malfaisants: Larvae, Lemures, d'après le droit et les croyances populaires des Romains, 1924 – Fr. Cumont, Lux perpetua, 1949, 82. 396–398 – J. ter Vrugt-Lentz, Θύραζε Κῆρες, Mnemosyne 15, 1962, 238–247.

Lenaeus, Freigelassener und langjähriger Begleiter des → Pompeius (2), den er in einer Satire gegen → Sallust verteidigte (Suet. gramm. 15); bearbeitete die Materialien → Mithridates' VI. über pflanzliche Gifte und Heilmittel (Plin. nat. 25, 5). E. Bk.

Lit: W. Richter, RE Suppl. 9 (1962), 385 ff.

Lenaia, offiziell die ‹Dionysia beim Lenaion›, am 12. Gamelion und mehreren darauffolgenden Tagen gefeiertes → Fest. Der übliche ion. Monatsname Lenaion (= att. Gamelion), bezeugt die weite Verbreitung und Wichtigkeit des Kults trotz des kargen Belegmaterials. Der Name kann entweder von *λῆναι*, einem alten Wort für ‹Bakchanten›, abgeleitet sein oder von *ληνός*, ‹Weinfaß›, aber das Datum (Dez./Jan.) scheint das letztere auszuschließen. Wie die bakchischen Riten am Parnassos zur Zeit der Wintersonnenwende waren auch die L. ursprünglich orgiastisch, und einige der sog. Lenäenvasen – wenn sie diesem Fest wirklich zugeordnet werden dürfen (so Deubner gegen Nilsson) – zeigen, daß das orgiastische Element nie ganz eliminiert wurde. Andere Beweise dafür gibt es kaum, wenn auch die engen Bande zu den eleusin. Gottheiten, sowohl hier wie in Mykonos, auf der grundsätzlichen Verwandtschaft von Orgien und Mysterien, die beide auf Emotionen ausgerichtet sind, beruhen mögen. Aristoteles spricht allerdings nur von einer Prozession und einem Agon, und der dramatische Wettbewerb, bes. auf dem Gebiet der → Komödie (I A), war sicherlich der in der Öffentlichkeit hervorstechendste Zug der L. in Athen. F. R. W.

Q: Aristot. Ath. pol. 57, 1 – LGS, 1, No. 4 (Mykonos) – Schol. Aristoph. ran. 479 – *Lit:* Nilsson, Griech. Feste, 1906, 275 ff. – L. Deubner, Att. Feste, 1932, 123 ff. – A. Frickenhaus, Lenäenvasen, 72. Winckelmannsprogramm, 1912 – A. Pickard-Cambridge, The Dramatic Festivals of Athens, 1953, 22–40.

Lentulus, bei den Kirchenvätern (Tert. pall. 4; apol. 15; Hier. epist. 147, 3) erwähnter kaiserzeitlicher → Mimendichter (‹Die Leute von Katane›). H. M.

Lentulus, vgl. auch → Cornelius.

Leo I., (ost-) röm. Kaiser 457–474, Thraker, gest. 18. 1. 474 in Konstantinopel. L. hatte sich als Soldat emporgedient und wurde auf Aspars Betreiben am 7. 2. 457 zum Augustus ausgerufen. Der bedeutende, streng orthodoxe Kaiser stürzte Aspar mit isaurischer Hilfe (→ Zenon, 1) und suchte durch sein Eingreifen im Westen eine Suprematie des Ostreiches zu errichten (467 Entsendung des → Anthemius (1); 474 Designation des → Nepos, 1). Der Feldzug gegen die → Vandalen (468) endete mit einer Katastrophe. H.-J. D.

2. **L. II.,** oström. Kaiser 474 n. Chr.

3. **L. d. Gr.,** Papst 440–461, Toskaner, beeinflußte schon als Diakon (ca. 430) Roms Politik. Der Archidiakon (ca. 435) war für Valentinian III. als Mittelsmann in Gallien politisch tätig. Der Kaiser dankte es, indem er im Streit des Bischofs von Rom mit dem Primas der gallischen Kirche die iurisdiktionelle Oberhoheit Roms über die Provinzialkirchen durch staatliches Reskript (Juli 445) anerkannte und hierfür wie auch für die Bekämpfung von Sekten (→ Manichäer-Edikt, Sept. 445) die staatlichen Organe zur Verfügung stellte. Anders hingegen die Kaiser Ostroms! (→ Theodosius II.; → Marcianus). Man ließ L. nur in der dogmatischen Frage des → Konzils von Chalkedon (451) den Triumph, daß seine epistola dogmatica an den byzantin. Patriarchen Flavian und ihre Zweinaturenlehre abendländischer Christologie als normativ anerkannt wurde, was L. auf dem von ihm deshalb als ‹Räubersynode› gegeißelten Konzil von Ephesos (449) nicht gelungen war. Daß er aber unter Bruch bisheriger röm. Tradition im Streit mit Alexandrias Patriarch Dioskoros auf die Seite Konstantinopels trat und so den Sturz des Rivalen am Nil ermöglichte, honorierte man nicht: can. 9, 17 und vor allem 28 wiesen röm. Primatsansprüche (→ Papsttum) ab. L.s Proteste gegen diese → Kanones von 451 blieben erfolglos. Auch die Entsendung eines ständigen Botschafters (apocrisarius) nach Konstantinopel (453) führte nicht zum erstreb-

ten Ziel der Anerkennung der gesamtkirchlichen Suprematie durch Ostrom; die Bestallung des Bischofs von Thessalonike zum apostolischen Vikar von Griechenland blieb reine Proklamation. Nur im Westen, wo L. wegen erfolgreicher Verhandlungen mit → Attila (Mantua 452) und den Vandalen unter → Geiserich (Roms Brandschatzung 455 war von L. als Vergunst erwirkt) als Retter Roms hohes Ansehen genoß, ließ sich das Ideal päpstlicher plenitudo potestatis über die Gesamtkirche vertreten. In 96 Predigten und ca. 120 Briefen hat L. es meisterhaft formuliert, z.T. hierin durch den Sekretär → Prosper Tiro unterstützt. L. hat die spätantike Romidee mit dem Primatsgedanken verbunden und so die Papstidee mit neuen, folgenschweren Gehalten erfüllt. C.A.

Q: PL 54–56 – *Lit:* Altaner, 320–324 – daraus als beste Allgemeindarstellung: T. Jalland, The Life and Times of St.L. the Gr., 1941.

4. **L. Narbonensis,** 5.Jh.n.Chr., hochgestellter Beamter der Westgotenkönige, am Friedensvertrag von Toulouse (475) beteiligt, befreundet mit → Apollinaris (1) Sidonius, der ihn (carm. 23, 446ff.) als Rechtsgelehrten, Epiker und Lyriker rühmt. Als erfolgreichen Redner erwähnt ihn → Ennodius (p. 352, 22 Hartel). W.Sch.

Lit: K.F. Stroheker, Der senat. Adel im spätant. Gallien, 1948, 187.

Leochares, Bildhauer von Athen. Seine Schaffenszeit dürfte etwa von 370–320 reichen. Daß er schon im 2. V. d. 4.Jh.s gearbeitet hat, wird auf Grund der zwar sicher zu hoch angesetzten Akmeangabe des Plinius (nat. 34, 50), einer Erwähnung im 13. platonischen Brief (361 A) und dem vor 356 geschaffenen Porträt des Redners → Isokrates mit gutem Recht angenommen. Seine Tätigkeit in der Mitte des 4.Jh.s wird dann durch seine Mitarbeit an dem in dieser Zeit begonnenen → Mausoleum von Halikarnaß (Westseite) gesichert. In die Zeit nach 338 muß die Statuengruppe im Philippeion von Olympia fallen (mit Statuen der Familie → Alexanders d. Gr.). In das Jahr 318 wird das Anathem des Kreators in Delphi datiert, das L. mit → Lysipp zusammen gearbeitet hat. Es werden fast ausschließlich Götterbilder (allein drei Zeusbilder) von ihm erwähnt, die er meistens für Attika geschaffen hat. – Die überlieferte Adler-Ganymed-Gruppe ist auf Grund der von Plinius (nat. 34, 79) gegebenen Beschreibung innerhalb der Kopien nachweisbar. Der berühmte Apoll vom Belvedere (vielleicht auch die sog. Artemis von Versailles) zeigen einen dem Ganymed sehr verwandten Aufbau. Innerhalb der vorhandenen Alexanderbildnisse schwankt man zwischen dem Typus Erbach und Rondanini. (Zu diesem vgl. eher → Euphranor.) Ein früher Zeustypus wird im stehenden Zeus ‹mit der Ägis› (Kyrene–Ince Blundell) vermutet (Schefold). E.Bg.

Lit: J. Sieveking, Aphroditekopf..., MüJbb 3, 1908, 1–10 – K. Schefold, Ante cuncta laudabilis, RM 57, 1942, 254–256 – Lippold, GrPl, 268–271 – E. Buschor, Maussollos und Alexander, 1950, 24f., 42f., 47f. – K. Schefold, Der Basler Dionysos, ÖJh 39, 1952, 93–101 – G. Kleiner, Über Lysipp, Neue Beiträge zur Klass. AW, Festschr. Schweitzer, 1954, 232f. – G. Donnay, La chronologie de Léochares, REA 1959, 300–309 – P.E. Arias, EAA IV, 1961, 565–566.

Leodamas v. Thasos, → Mathematiker aus dem Kreis → Platons, im → Mathematikerverzeichnis genannt. H.G.

Q: Proklos in Eukl., p. 211 Friedlein.

Leokrates, Athener, der nach der Schlacht von Chaironeia (338 v.Chr.), als die Athener zum Widerstand gegen → Philipp II. v. Makedonien rüsteten, aus Angst nach Rhodos floh und sich so seinen öffentlichen Pflichten entzog. 331/330 nach Athen zurückgekehrt, wurde er von → Lykurgos (3) deswegen angeklagt – die Anklagerede ist erhalten – und entging nur mit knapper Not der Verurteilung. E.Bn.

Q: Rede des Lykurgos gegen Leokrates, ed. F. Durrbach (1912), 1956².

Leon, byzantinischer Philosoph, Mathematiker, Mechaniker, Iatrosophist, geb. ca. 800 in Hypate (Thessalien), Professor am Magnaurapalast, Neubegründer und Leiter der Bardas-Universität (863). Man verdankt L. die besten Handschriften der griech. mathematischen Klassiker. Erhalten sind Vorlesungsnotizen seines Schülers Arethas über das Rechnen mit Verhältnissen; bei arithmetischen Sätzen verwendet L. Buchstaben für allgemeine Zahlen und ist damit seiner Zeit weit voraus. K.V.

Ed: Vorlesungsnotizen in: Euclidis Opera (ed. Heiberg) V, 1888, 714–718 – *Lit:* J.L. Heiberg, Der byz. Mathematiker L., Bibl. Math. NF 1, 1887, 33–36 – K. Krumbacher, Gesch. d. byz. Lit., 1897, 441. 614. 621 u. passim – Sarton I 554 – E.E. Lipsic, Vizantijskij učenij Lev Matematik, Viz. Vremennik 2, 27, 1949, 106–149 – K. Vogel, Buchstabenrechnung u. ind. Ziffern in Byzanz, Akt. d. XI. Intern. Byzant. Kongr. (1958), 1960, 660–664.

2. **L. von Pella** (?), als ‹ägypt. Priester› bezeichneter Verfasser einer Schrift ‹Über die ägypt. Götter›. In einem Brief → Alexanders d. Gr. an seine Mutter als Autorität zitiert. Zeit: doch wohl nach → Euthemeros (4./3.Jh.). W.Sp.

Frg: FGrHist 659 – *Lit:* W. Spoerri, Späthellenist. Berichte, 1959, 195, 33 u. 207, 10 – F. Pfister, Mullus, 1964, 291–297.

Leonidas I., 488–480 König von Sparta, Stiefbruder und Nachfolger → Kleomenes' I. Im Gegensatz zu diesem ordnete er sich dem Ephorat willig unter. Im Juli 480 besetzte er mit 4000 Mann, darunter 300 Spartiaten, die Thermopylen, um zusammen mit der beim Artemision konzentrierten griech. Flotte den Vormarsch des → Xerxes (1) dort vorläufig zum Stehen zu bringen. Nach zweitägigen vergeblichen Angriffen konnten die Perser jedoch mit Hilfe des → Ephialtes (3) L.' Stellung umgehen. In der hierauf ausbrechenden Panik entließ L. die übrigen Truppen und verteidigte, schließlich umzingelt, lediglich mit seinen Spartiaten und den Thespiern die Thermopylen bis zum letzten Mann. Seine Leiche ließ Xerxes entgegen pers. Sitte verstümmeln. F.Kch.

Q: Hdt. 7, 201–228; Diod. 11, 4–11 – *Lit:* F. Miltner, Pro Leonida, Klio 28, 1935, 228–241 – A.R. Burn, Thermopylae and Callidromus, in: Stud. pres. to D.M. Robinson I, 1951, 410–419 – W.K. Pritchett, New Light on Thermopylai, AJA 62, 1958, 203–213 – J.R. Grant, L.' Last Stand, Phoenix 15, 1961, 14–27 – C. Hignett, Xerxes' Invasion of Greece, 1963, 105–148.

2. **L. II.,** König von Sparta, Hauptgegner der Reformpläne seines Mitkönigs → Agis IV., die er 244/243 v.Chr. in der Gerusia zunächst zu Fall brachte. Deshalb 243/242 von der Reformpartei vom Thron gestoßen, floh er nach Tegea, von wo die Reaktionäre ihn 241 wieder nach Sparta zurückholten. Dort wirkte er beim Sturz Agis IV. mit. L. starb 235, sein Sohn → Kleomenes III. wurde sein Nachfolger. F.Kch.

3. **L. von Alexandria,** griech. Epigrammatiker (ursprünglich Astronom und Mathematiker) im 1.Jh.n.Chr.; etwa 40 spielerische Gedichte isopsephen Charakters (d.h. ‹gleichstimmig›: in zwei Distichen muß die Summe der als → Zahlzeichen aufgefaßten Buchstaben die gleiche sein) erhalten (AP). E.V.

Lit: J. Geffcken, RE 12,2 (1925), 2031–33.

4. **L. von Alexandria,** Arzt gegen Ende des 1.Jh.s nach Chr., wahrscheinlich Schüler des → Agathinos, Pneumatiker bzw. Vertreter der sog. episynthetischen Richtung; bedeutender Chirurg (Fragmente bei → Aëtios v. Amida, → Paulos (4) v. Aigina). F.K.

5. **L. von Tarent,** einer der größten griech. Epigrammatiker (frühes 3.Jh.v.Chr.), Hauptvertreter der peloponnesischen Schule (→ Hell. Dichtung B 6; → Epigramm). Sein von Dichterstolz erfülltes eigenes Grabepigramm (AP 7, 715) bezeugt ein leidvolles Wanderleben. Etwa 100 Epigramme erhalten, zumeist Weih- und Grabepigramme, etwa auf → Hipponax (AP 7, 408), aber auch auf kleine Leute (trunksüchtige Alte, AP 7, 455). Dabei bemerkenswert die Neigung zur Schilderung grausiger Todesarten (ob erdacht?) wie AP 7, 506 eines Mannes, der halb vom Hai verschlungen, halb an Land bestattet wurde. Hervorkehrung des Häßlichen bei der Schilderung verlassener Gräber (AP 7, 478). Bes. hat L. die Armut (eigene Erfahrung; vgl. die Anrede an die vergeblich suchenden Mäuse, AP 6, 302, von einem für L. seltenen Humor) zum Gegen-

stand seiner Epigramme gemacht (AP 7, 736 preist sie gegenüber dem Wanderleben). Die Sprache des L. ist gesucht, einen Kontrast von eigentümlicher Wirkung zur Niedrigkeit der Stoffe bildend. In seiner Vorliebe für das Trostlose und Grausige steht L. einzig da. P.H.

Ed: AP – *Lit:* J. Geffcken, L. v. Tarent, Fleckeisens Jbb., Suppl. 23, 1896, 1–164 – E. Bevan, The Poems of L. of Tarentum, 1931.

Leoninische Hexameter, eine Art reimender Hexameter, in der Antike erfunden, aber als eigene Form im Mittelalter entwickelt. Das Wort vor der → Penthemimeres reimt sich in zwei Silben mit dem letzten Wort. Es gibt kompliziertere Typen, mit mehreren Reimen an verschiedenen Versstellen oder zwischen Teilen zweier oder mehrerer Verse. J.W.H.

Lit: D. Norberg, Introduction à l'étude de la versification latine médiévale, 1958, 65–69.

Leonnatos von Pella, Jugendfreund → Alexanders (5) d. Gr., nahm (seit 332/331 als Leibwächter) am asiatischen Feldzug teil; führte in Indien und auf dem Rückmarsch wichtige Aufgaben glänzend aus; 323 Satrap von Kleinphrygien; fiel im → Lamischen Krieg. E.Bd.

Lit: Berve II 232 ff.

Leontiades, Thebaner, lieferte als Polemarch und Führer der spartafreundlichen Partei 382 v. Chr. die Burg von Theben dem Spartaner → Phoibidas aus und erwirkte die Hinrichtung seines Gegners → Ismenias (1). Er wurde 379 nach der Befreiung Thebens getötet. E.Bn.

Leontinoi, heute Lentini, um 730 v. Chr. gegründete Kolonie von → Chalkis im O → Siziliens südl. der großen Symaithosebene (Piana di Catania) südl. des Ätna (Kt. 1420 G 10), Heimat des → Gorgias. Nur unbedeutende antike Reste. E.M.

Lit: P. Orsi, Scavi di L.–Lentini, ASMG 1930, 7–39 – *Neuere Grabungen:* G. Rizzo, NSc 80, 1955, 281–376 – EAA 4, 1961, 561–564.

Leontopolis (Tell el-Jehūdīje), Ort nördl. Heliopolis in Ägypten (Kt. 29 C 3), bekannt durch einen Tempel → Ramses' III. und eine den → Hyksos zugeschriebene Befestigungsanlage. – In L. gründete der aus Jerusalem verdrängte Sadokide Onias IV. (→ Judentum B 3) unter Ptolemaios VI. Philometor um 160 v. Chr. einen jüd. Tempel samt Gemeinde (Jos. ant. 13, 62 ff.), der bis 73 n. Chr. bestand (Jos. bell. 7, 420 ff.). Im Gegensatz zu den Jerusalemer Priesterfürsten (→ Makkabäer) war die Priesterschaft von L. legitim-sadokidisch (vgl. auch → Qumrān). Anscheinend hat Herodes, um die Hasmonäer ideologisch auszuschalten, mit Simon ben Boetos (Stammvater der Boetosäer) aus Alexandrien einen Sadokiden von L. zum Hohenpriester eingesetzt. – Vgl. → Sadduzäer. W.Hk. – R.M.

Leontios, Vater der → Eudokia; wurde auf Betreiben des Olympiodoros (2) Rhetoriklehrer in Athen um 415. W.Sp.

Lit: W. Enßlin, RE Suppl. 8 (1956), 939.

Leopard. Die späte Bezeichnung λεόπαρδος (λεοντόπαρδος) bezieht sich auf den afrikan. L.en und auf den von ihm wenig verschiedenen → Panther. J.W.

Leosthenes, athen. Stratege 324–322. Scharf anti-maked. eingestellt, ermöglichte er den entlassenen Söldnern der Satrapen → Alexanders (5) d. Gr., die dieser in Asien ansiedeln wollte, die Rückkehr nach Hellas, wo sie zusammen mit ehemaligen Söldnern → Dareios' III. ein Element der Unruhe bildeten. Nach Alexanders Tod von 8000 Söldnern am Kap Tainaron zum Führer gewählt, brachte er mit diesen die Ätoler auf seine Seite und riß dann mit seinem Gesinnungsgenossen → Hypereides Athen zum → Lamischen Krieg hin. Als Oberbefehlshaber der verbündeten Griechen bewies L. militärisches Können, wurde jedoch Anfang 322 bei der Belagerung → Antipaters (1) in Lamia tödlich verwundet (Diod. 17, 111; 18, 8–13). Von der Leichenrede, die ihm Hypereides gehalten hat, sind erhebliche Teile erhalten. F.Kch.

Lit: H. W. Parke, Greek Mercenary Soldiers, 1933, 203 ff. – E. Lepore, L. e le origini della guerra lamiaca, PP 10, 1955, 161–185.

Leotychidas, einer Nebenlinie der → Eurypontiden entstammend, wurde von → Kleomenes I. 491/490 anstelle des → Demaratos zum König von Sparta erhoben und war daher zunächst dessen politischer Gefolgsmann. 479 kommandierte er die griech. Flotte, die schließlich nach Ionien fuhr und die Perser bei Mykale zu Wasser und zu Lande schlug. Ein von ihm 477 geleiteter Feldzug nach Thessalien zur Bestrafung der → Aleuaden wegen ihres → Medismos blieb trotz gewisser Erfolge letztlich ergebnislos. Deshalb später in Sparta wegen passiver Bestechung verurteilt, ging er nach Tegea in die Verbannung. Gest. um 469. F.Kch.

Q: Hdt. 6, 65–73; 8, 131 f.; 9, 96–105.

Lepidus (M. Aemilius Lepidus, ca. 90–13/12 v. Chr., praet. 49, cos. 46, 42, triumvir rei publ. const. 43–36), Sohn des M. → Aemilius (3) Lepidus; verheiratet mit → Brutus' (2) Schwester Junia. Im Bürgerkrieg Parteigänger → Caesars, den er 49 zum Dictator ernennt. 48/47 Statthalter in Spanien, 46 Konsul mit Caesar, 46/44 dessen Magister equitum und Vertreter in Rom. Nach Caesars Tod besetzte L. das Forum und unterstützte → Antonius (2), der ihn dafür zum Pontifex Maximus wählen ließ. Danach übernahm er Gallia Narbonensis und das diesseitige Spanien, wo er einen Vergleich mit Sex. → Pompeius (4) herbeiführte. 43 weigerte er sich, Antonius zu bekämpfen, vereinte sich mit ihm in Gallien und wurde deswegen zum Staatsfeind erklärt. Im Herbst schlossen Octavian, Antonius und L. das → Triumvirat [2]. L. erhielt das jenseitige Spanien hinzu und leitete 42 als Konsul die Geschäfte in Rom. Nach Philippi verlor er seine Provinzen (Verdacht der Konspiration mit Pompeius), erhielt aber 40 nach Unterstützung Octavians (→ Augustus) Africa. 36 Teilnahme am Krieg gegen Pompeius. L. versuchte, Octavian unter dem Druck seines Heeres zur Räumung Siziliens und zur Wiederherstellung seiner Rechte als Triumvir zu zwingen, mußte sich aber ergeben; er zog sich danach ins Privatleben zurück, blieb jedoch bis zu seinem Tod Pontifex maximus. L. war ein unsicherer, schwacher Charakter. Chr.M.

Lepontisch → Italien B.

Leptis Magna (Kt. 61 F 2), Stadt in der Africa proconsularis, in der Nähe von Homs. Alte phöniz. Siedlung. Im Jahre 69 n. Chr. Streit mit dem westl. benachbarten Oea (dem heutigen Tripolis), das die Nomadenstämme der Garamanten zu Hilfe ruft. Unter Trajan zur *Colonia Ulpia Traiana* erhoben (110 n. Chr.). Geburtsort des → Septimius (3) Severus (11.4.146); 193 nach dessen Thronbesteigung Verleihung des ‹ius italicum›. – 455 n. Chr. Eroberung durch die → Vandalen, 643 durch die Araber. Der ältere Kern der Stadt gruppiert sich um das Theater und das sog. alte Forum mit Curia aus dem 1. Jh. n. Chr. Die großen Thermen, die unter Hadrian 123–127 errichtet wurden, leiten eine weitere Bauphase ein. Der entscheidende Ausbau erfolgt natürlich unter Septimius Severus. Damals Ableitung des Wadi Lebda durch eine Staumauer außerhalb der Stadt. Anlage des polygonalen Hafenbeckens im Mündungsgebiet des Wadi. Hafenzone und Hadriansthermen durch eine große Kolonnadenstraße verbunden, die auch am neuen Severischen Forum mit unvergleichlich gut erhaltener Basilika entlang führt, welches 216 n. Chr. unter Caracalla vollendet wurde. Darin die skulpierten Pilaster, Musterbeispiele severischer Kunst. Bedeutungsvoll auch der Septimius-Bogen, ein Quadrifrons über der Kreuzung der alten Hauptachse der Stadt mit einer Querstraße, die zu den Hadriansthermen führt, errichtet nach 208 n. Chr. Östl. der Stadt liegen Amphitheater und Circus am Rande des besiedelten Gebietes. Im W der Stadt die sehr wichtigen ‹Hunting Baths›, eine Thermenanlage mit erhaltenen Gewölben. Reduzierte byzant. Stadtanlage mit Ummauerung des Hafengebietes und des alten Forums. Darin auch christl. Kirche. Vgl. → Architektur II. III. R.F.

Lit: B. M. Apolloni, Il foro e la basilica Severiana di L. M., 1938 – R. Bartoccini, Le terme di L. M., Monumenti dell'Africa ital. IV,

1929 – J. B. Ward-Perkins, The Hunting Baths at L. M., Archaeologia 93, 1949, 165–195 – R. G. Goodchild-J. B. Ward-Perkins, The roman and byz. Defences of L. M., BSR 21, 1953, 42–73 – K. Matthews, Cities in the sand, L. M. and Sabratha, 1957 – C. H. Kraeling, L. M., 1963 – R. Bianchi – Bandinelli, L. M., 1964.

Lepton (λεπτόν), Kleingeld in diesem allgemeinen Sinne bei Poll. Onom. 9, 70 oder inschriftlich neben anderen Geldsummen λεπταί δρ(αχμαί), auch zum Unterschied einer leichten von einer schwereren Münzsorte gleichen Namens (Hesych. s. v.). – Als besondere Münze bisher unbekannt. W. Schw.

Lit: Babelon, 465–467 – K. Regling, RE 12, 1 (1925), 2077–79 – Ders., in: v. Schrötter, 350–351.

Lerna, vorgeschichtliche Siedlung auf einer flachen, tafelförmigen Anhöhe am Golf von Nauplia, der Stadt Nauplia (Kt. 1152 D 5) gegenüber. Siedlungsbeginn im Neolithikum: mehrere Bauphasen, Gräber, Keramik- und Terrakottafunde (→ Idol). Blütezeit: FH II (= ‹Lerna III›): Befestigung (Schalenmauer) mit Rundtürmen, Tordurchlaß und Rampe; Herrenhaus (wegen der Bedeckung mit Ton- und Schieferplatten ‹Dachziegelhaus› genannt), → Apsidenhäuser. Nach der Zerstörung (Ende FH II) ohne Befestigung und Hauptgebäude wieder aufgebaut. In ‹Lerna V› (MH) Steinkistengräber innerhalb der Siedlung. Erneute Bedeutung in der Übergangszeit von MH zu SH beweisen zwei → Schachtgräber. Die myk. Siedlungsreste und Keramikfunde reichen bis SH III B. Gewaltsame Zerstörung also etwas vor der der meisten myk. Burgen (SH III C). W. Schg.

Lit: J. L. Caskey, Hesperia 23 ff., 1954 ff. – Zuletzt zusammengefaßt: F. Schachermeyr, AA, 1962, 173 f. 195. 253 f.

Lesbonax, Verfasser einer Schrift über grammatische Figuren (1. Jh. n. Chr.).

Ed: R. Müller, 1900.

2. **L.,** Verfasser von 3 z. T. historischen Deklamationen (im Cod. Crippsianus überliefert) in attizistischem Stil (wohl 2. Jh. n. Chr.); vielleicht der Rhetor L. v. Mytilene, der auch Liebesbriefe verfaßte (Phot. bibl. cod. 74; Lukian. salt. 69 mit Scholion). W. Sp.

Ed: Aldina, 1513 (ed. princ.) – F. Kiehr, BT, 1907 (Noten) – *Lit:* Aulitzky, RE 12, 2 (1925), 2104–06 – Christ-Schmid, II 709. 781. 826– E. Richtsteig, Bursian 211, 1927, 48 (Forschungsber.).

Lesbos, nördlichste und größte Insel vor der Westküste Kleinasiens (Kt. 1152 G 3), Heimat des → Alkaios (1) und der → Sappho. Von → Harpagos 546 der pers. Herrschaft unterworfen, Kämpfe um → Sigeion mit → Miltiades und → Peisistratos. Die wichtigsten Städte → Mytilene (im MA Name der Insel selbst), Methymna, Antissa und Eresos. Im 5. Jh. im → Att. Seebund, 428/427 Aufstand der lesbischen Städte außer Methymna, brutale Bestrafung durch Athen, Ansiedlung att. Kleruchen. Seit 405 v. Chr. unter einem spartan. Harmosten; um 380 v. Chr. gehörten die lesbischen Städte zu den ersten, die wieder mit Athen in Bund traten (vgl. 2. → Att. Seebund). E. M.

Lit: L. Bürchner, RE 12, 2 (1925), 2107–2133 – Philippson-Kirsten IV 233–244.

Lesche (λέσχη, eigentlich ‹Gespräch›), Versammlungsbau, am Markt oder in Heiligtümern (L. der Knidier in → Delphi, rechteckiger Saalbau mit 8 Innensäulen und berühmten Gemälden von → Polygnot), → Oikos. G. Gb.

Lesches, von Mytilene (Prokl. chr.), epischer Dichter, wohl aus dem 7. Jh., allgemein als Verfasser der → Kleinen Ilias angesehen (L. ‹Pyrrhaios›; → Tabula Iliaca = IG XIV 1284, § 10; schol. Aristoph. Lys. 155 ff. u. a.). Gelegentlich werden ihm auch die → Kyprien und die → Iliupersis zugeschrieben und von Plutarch (Conv. sept. sap. 10. 153 C bis 154 A) der zentrale Teil des Certamen Homeri et Hesiodi (96–101), allerdings in einer abweichenden Version. – Vgl. auch → Arktinos v. Milet; → Kyklos. G. K.

Lesedrama, Drama, das nicht für die Aufführung, sondern lediglich für die Lektüre bestimmt ist. Zur Zeit der klassischen → Tragödie unbekannt. Ob → Senecas Tragödien L.en waren, ist umstritten. E.-R. Sch.

Lethe, Unterweltsfluß. Wer aus ihm trinkt, verliert die Erinnerung an das irdische Leben (Plat. rep. 621 A; Phaidr. 248 C). K. Schb.

Leto (lat. → Latona), Tochter von Koios und Phoibe, nach Hes. theog. 404 ff. letzte Gattin des Zeus vor → Hera und von ihm Mutter des → Apollon und der → Artemis. Nach delischer Legende mußte L., von Heras Zorn und dem pythischen Drachen verfolgt, über die ganze Erde irren (nach Aristot. hist. an. 6, 35, 580 a 16 in Wolfsgestalt), bevor sie ihre Kinder in Ortygia (= Delos) gebären konnte, da kein Ort gegen das Verbot Heras, sie aufzunehmen, verstoßen wollte. In Delos – die bis dahin schwimmende Insel wurde nun von Zeus ‹festgemacht› – zeigte man eine Palme, an die L. in ihren Schmerzen sich geklammert haben sollte (Hom. hymn. Ap. 25 ff.; Kallim. hymn. 4; Apollod. 1, 21 ff.; Hyg. fab. 53. 140; Theogn. 5 ff.). Ihre Kinder töteten die Kinder Niobes, die L. beleidigt hatte, und den Riesen Tityos, der ihr nachstellte (Homer, Od. 11, 576; Pindar, Pyth. 4, 90 ff.; Apoll. Rhod. 1, 759 ff.). – L. wurde meist mit ihren Kindern zusammen verehrt, so in Athen, Delphi, Tanagra, aber auch allein wie in Argos und Xanthos. Von U. von Wilamowitz wurde L. mit der lykischen Göttin Lada identifiziert.

Lit: U. v. Wilamowitz, Hermes 38, 1903, 575 ff. – Ders., Glaube der Hellenen I, 1931, 324 f. – Nilsson I 500. 536. 562 – *Darstellungen:* Mehrere Statuen aus der Literatur bekannt (vgl. K. Schunck, JdI 73, 1958, 32–35). Bes. oft auf Vasen zusammen mit Apollon-Artemis. Mehrfach auch mit ihren Kindern auf den Armen dargestellt. Eine Statue dieses Typus ist für → Euphranor bezeugt (Plin. nat. 34, 77), eine andere aus der Mitte des 5. Jh.s in Kopien erhalten (zu Vasen, Statuen, Münzen usw. N. Breitenstein, Acta Arch. 16, 1945, 117 f.; G. Niebling, FuF 24, 1948, 2–4; vgl. auch E. Löwy, JdI 47, 1932, 64 bis 68). – *Lit. dazu:* H. Sichtermann, Latona, EAA IV, 1961, 502 bis 506. K. Schb.

Leuchtturm, Leuchtfeuer für Schiffe (σημεῖα) schon in klassischer Zeit nachgewiesen (z. B. auf 2 Säulen bei der Hafeneinfahrt des → Piräus). Der frühhellenist., ca. 130 m hohe ‹Pharos› von → Alexandria (→ Architektur I H 2) bildete mit seinen abgestuften Geschossen (Quadrat, Achteck, Zylinder, Kegel) das berühmte Vorbild für spätere L.e in Messina, Ostia, Boulogne, Konstantinopel, La Coruna u. a. G. Gb.

Leukaberge (Λευκὰ ὄρη, Albi Montes, so nach dem weißen Gestein der Kalksteingipfelhöhlen; heute Levka Ori), im W Kretas gelegen, schwer zugänglich. Ἁ. Θεωδωρῆς, 2375 m hoch. J. S.

Leukas (‹weiße Insel›), vor der Küste → Akarnaniens (Kt. 1152 B 4), im NW nur durch eine schmale, seichte Meeresstraße und eine seichte Lagune mit einer schon im Altertum gegrabenen künstlichen Durchfahrt vom Festland getrennt, deshalb auch als Halbinsel bezeichnet. An der S-Spitze der Insel das steile, weiße Kalkkliff Leukatas oder Leukas mit einem Apolloheiligtum. Von hier sollen Menschen als Sühneopfer ins Meer hinabgestürzt worden sein oder sich, wie → Sappho, selbst hinabgestürzt haben. L. war Kolonie der → Korinther (7. Jh. gegründet), 435 auf Seiten der Mutterstadt im Kampf gegen → Korkyra. Seit 295 im Besitz des → Pyrrhos, nach seinem Tod (272) von den → Akarnanen gewonnen, Hauptstadt des → Akarnan. Bundes. Berühmt durch die Ithakafrage (→ Ithaka). E. M.

Lit: L. Bürchner-O. Maul, RE 12, 2 (1925), 2213–57.

Leuker, kelt. Stamm am Oberlauf der Mosel und der Mass (Kt. 1057 AB 8). L. B.-H.

Leukippiden → Dioskuren.

Leukippos, Mitte 5. Jh. v. Chr., aus Milet, einer der → Vorsokratiker, der Begründer des Atomismus. Hatte → Parmenides zu beweisen versucht, daß es nur das Seiende gebe und daher weder Werden und Vergehen noch Bewegung geben könne, da diese aus einem Nichtseienden und in ein Nichtseiendes stattfinden müßten, so versuchte L., die Schwierigkeit durch die Annahme zu lösen, daß es einerseits ein vollgültiges Seiendes gebe, nämlich den erfüllten Raum, andererseits aber auch ein wahres Nichts, das trotzdem existiere, nämlich den leeren Raum. Das vollgültig Seiende existiere in der Form von unendlich vielen winzigen, raumerfüllenden Teilchen. Dadurch, daß diese sich zusammenballten und dann wieder zerstreuten, erzeugten sie den Anschein von Werden und Vergehen. Dieses gebe es jedoch nur in bezug auf die Zusammenballungen, während das, woraus diese bestünden, die Atome, ungeworden und unvergänglich seien. Als völlig erfüllter Raum seien die Teilchen auch absolut unteilbar – daher der Name ‹Atome› (*ἄτομα*) –, da in einen völlig erfüllten Raum nichts eindringen kann. K.v.F.

Frg: VS 67 – *Lit:* J.Kerschensteiner, Zu L. A 1, Hermes 87, 1959, 441–448 – Vgl. → Vorsokratiker.

Leukon, Dichter der alten → Komödie (I B); Konkurrent des → Aristophanes mit ‹Presbeis› (‹Gesandte›; Lenäen 422) und ‹Phrateres› (Lenäen 421); ‹Schlauchtragender Esel› nicht datiert. Dionysiensieg frühestens 410. Verspottung des → Hyperbolos. Th.G.

Frg: FAttCom I 792–705.

Leukothea, die in eine Meergöttin verwandelte Gemahlin des → Athamas, Ino. Erscheint hilfreich dem schiffbrüchigen → Odysseus vor Scheria.

Leuktra, Ort im südl. → Böotien, westl. → Theben (Kt. 1152 D4), 371 v.Chr. entscheidender Sieg des → Epameinondas über die Spartaner unter König Kleombrotos (2), damit Vorherrschaft Thebens in Griechenland bis 362. Zum erstenmal kam dabei die → ‹Schiefe Schlachtordnung› zur Anwendung. E.M.

Leviathan, Wesen der kanaan. (-hebr.) Mythologie mit unsicherer Etymologie. In → Ugarit ist L. ähnlich wie im AT und in jüd.-apokalyptischer Literatur die drachenartige, mit dem Urmeer verbundene Verkörperung der (überwundenen) Chaosmacht (→ Tiamat), vgl. z.B. Ps. 74,13f.; Jes. 51,9f.; 27,1. G.Wn.

Lit: RGG IV 337f. – O.Kaiser, Die mythische Bedeutung des Meeres in Ägypten, Ugarit und Israel, 1959, bes. 140–152.

Lex

[1] Definition – [2] Gesetze im Staats- und Privatrecht – [3] Vorlage, Beschluß und Aufhebung der lex rogata – [4] Stil der Gesetze – [5] Geschichte der lex von der Königs- bis zur Kaiserzeit – [6] Liste der wichtigsten Gesetze.

[1] *Definition.* Die Bedeutungsentwicklung des von leg- gebildeten Wortes lex ist umstritten. Da es im Indoiranischen einen r-/n-Stamm im ved. rājani (Lokativ) ‹unter der Leitung› und im aw. rāzar' den Stamm rāzan ‹religiöse Satzung› gibt und im Anlaut des arischen Wortes altes ‹l› vorliegen kann, setzen Ernout-Meillet 354 ein dem awestischen Wort zugrunde liegendes *lēg- (∼lat. lex) als rituelle Satzung an. Tatsächlich begegnet lex in der sakralen Bedeutung in alten Formeln des ver sacrum (Liv. 22, 10, 4 *qui faciet quando volet quaque lege volet facito),* im Rechtsverkehr mit der Gottheit in der legum dictio, der Ansage der Zeichen, die der Augur aufstellt und die Gottheit beantwortet (Serv. Aen. 3, 89), und in verschiedenen Tempelstatuten (leges templorum, dedicationis), z.B. der lex templi Furfensis (CIL I² 756). Dagegen halten Walde-Hofmann 790 und Walde-Pokorny 855 für aw. rāzan- an der Ableitung von *rēg (∼lat. rex) fest. Die Erklärung lex e legendo als Auswahl aus dem ius, der Gesamtheit der Rechtssatzungen, ist als antike Theorie (Cic. leg. 1, 19) unverbindlich. Verwandt mit legare (binden) bezeichnet lex, die feierlich von einem Magistrat gesprochene Formel, jedenfalls die dauernde Bindung zweier Rechtssubjekte durch den in Rede und Gegenrede geschlossenen Vertrag.

[2] *Gesetze im Staats- und Privatrecht.* Das röm. Staatsrecht kennt zwei Arten der Volksgesetze (leges publicae). Die leges rogatae wurden auf Antrag eines → Magistrates von der Volksversammlung beschlossen (Gell. 10, 20, 2 *lex est generale iussum populi aut plebis rogante magistratu*), die leges datae dagegen durch einseitigen Akt eines → Imperiums-Trägers erlassen, der durch Volk oder Senat ermächtigt war, mit konstituierender Gewalt z.B. die Verwaltung einer → Provinz oder eines → Municipiums zu ordnen. Soweit die leges rogatae Verbote aussprachen, unterschied die röm. Rechtswissenschaft vier Formen, die lex imperfecta ohne Sanktion auf Nichtigkeitsfolge und Strafe, die lex minus quam perfecta, die ohne Nichtigkeitsfolge die Zuwiderhandlung mit Strafe bedroht, die lex perfecta mit ausdrücklicher Sanktion auf Nichtigkeitsfolge und die lex plus quam perfecta, die eine Zuwiderhandlung für nichtig und strafbar erklärt (Ulp. reg. 1, 20). Als Sondergruppe stießen die vom Volk beschworenen leges sacratae den Schuldigen mit seiner Habe als den Göttern verfallen aus der Bürgergemeinschaft aus (Liv. 2, 33, 1; 3, 55, 7). Sie dienten besonders dem Schutz der Volkstribunen. Im weitesten Sinn begegnet lex in der lex dicta, dem Vertrag zwischen einer Behörde und einem Unternehmer oder zwischen zwei Personen. So gab der Magistrat die leges contractus, die Vertragsklauseln, für Unternehmer bekannt, die leges censoriae enthielten Formulare mit den Rechtsbedingungen für Pächter der öffentlichen Einnahmen (publicani) und Domänen- und Bergwerksordnungen wurden als leges bezeichnet (lex Manciana, lex metalli). Nach diesem Muster entwickelten sich privatrechtliche Verträge, so die lex locationis conductionis (Miet- und Pachtvertrag), die lex operarum (Dienstvertrag einer Arbeitskraft), die lex venditionis u.a. Dig. 16, 3, 1, 6: *contractus enim legem esse ex conventione accipiunt.*

[3] *Vorlage, Beschluß und Aufhebung.* Der Beschluß einer lex rogata erfolgte in den vier Stufen der legislatio, rogatio, renuntiatio und publicatio. Der zuständige Magistrat, der als lator oder auctor in der Regel mit Einvernehmen des Senats eine lex beantragte, gab ihren Wortlaut durch Vortrag in einer → Contio oder durch → Edikt bekannt (Cic. leg. 3, 4, 11). Zwischen der Ankündigung (promulgatio) und der Abstimmung mußten 3 nundinae (3 × 8 Tage) liegen. Während dieser Zeit konnte die Vorlage nach Worterteilung durch den leitenden Beamten in einer Contio erörtert, empfohlen (suadere) oder abgelehnt (dissuadere) werden (Liv. 10, 8, 12; 34, 4, 20). Am Abstimmungstage wurde nach Einholen der → Auspicien den zunächst zu einer Contio versammelten Bürgern der Gesetzestext mit der Frage vorgelesen: «Ich frage euch, Quiriten, wollt ihr und wollt ihr als Recht setzen, daß...» (*vos rogo, Quirites, velitis iubeatis...*, Liv. 1, 46, 1; Gell. 5, 19, 9). Darauf gliederte sich die Versammlung in die Stimmabteilungen der → comitia centuriata oder tributa, in denen der Bürger mündlich, seit der lex tabellaria Papiria 131 v.Chr. schriftlich mit der Antwort ‹wie du beantragst› (UR = uti rogas) oder ‹ich lasse es beim Alten› (A = antiquo) die allein zählende korporative Stimme seiner → Centuria oder → Tribus festlegte (Liv. 33, 25, 7; Cic. leg. 3, 17, 38). Nach dem Entscheid der Centurien oder Tribus verkündete der Magistrat Annahme oder Ablehnung der Vorlage. Bis zu dieser renuntiatio war die Interzession eines → Volkstribunen zulässig. Die rechtsgültige lex wurde auf Erztafeln oder in Stein festgehalten. In der Einleitung (Praescriptio) des Gesetzes wurde Name des Antragstellers, die beschließende Versammlung, Ort und Tag, die tribus praerogativa und der Name des ersten Wählers protokolliert, wie die lex Quinctia de aquaeductibus (9 v.Chr., Frontin. aq. 129) zeigt: *T. Quinctius Crispinus consul populum iure rogavit populusque iure scivit in foro pro rostris aedis divi Iulii p*(ridie) *K*(alendas) *Iulias. tribus Sergia principium fuit, pro tribu S. Sextius L.f. Virro* [primus scivit]. Diese Form des Volksgesetzes ist in der → Lex Tappula convivalis persifliert. In ihr gibt die Tribus der Satten (Satureia) auf Antrag des Schalksnarren (Tappo) und seiner Amtsgenossen M. Multivorius (Vielfraß), P. Properocius (Eilebald) und M. Mero (Weinert) die Satzungen eines Gelages im Stil des Volks-

gesetzes (Dessau 8761; Fest. 496, 30 L.). Die Aufnahme sachlich nicht zusammengehöriger Bestimmungen in ein und dasselbe Gesetz, eine lex satura, war seit der Gracchenzeit unzulässig und wurde 98 v. Chr. durch die lex Caecilia Didia verboten. Das Recht, ein Gesetz durch ein späteres zu ändern, war im → Zwölftafelgesetz festgelegt (Liv. 7, 17, 12). Daher konnte ein Volksgesetz völlig (abrogatio, Cic. rep. 2, 63) oder nur zum Teil (derogatio, Cic. inv. 2, 134) aufgehoben, es konnte ferner teilweise abgeändert (obrogatio, Cic. rep. 3, 33) oder durch Zufügen einer neuen Bestimmung (subrogatio, Ulp. reg. 1, 3) erweitert werden. Gegen diese Möglichkeiten enthielten manche Gesetze entsprechende Verbote (CIL VI 930, 34 ff., XI 4632, 9; Cic. Att. 3, 23, 2). Beschworene Volksgesetze und unter Eid der Plebejer gefaßte Beschlüsse der Plebs galten als unabänderlich (Mommsen, Staatsrecht III 362 f.).

[4] *Stil der Gesetze*. Die ältesten bekannten leges, die sog. Forumsinschrift, die → Zwölftafelgesetze und das Perduellionsgesetz (Liv. 1, 16, 6; Cic. Rab. 4, 13) zeichnen sich durch spruchartig auf letzte Genauigkeit verzichtende Fassung aus. Sie weicht seit dem 2. Jh. v. Chr. einer umständlichen Formulierung, die jeden Tatbestand erfassen will. So bringt die lex Quinctia de aquaeductibus (9 v. Chr.) statt eines umfassenden Ausdrucks die einzelnen Arten der Beschädigung und Wiederherstellung: *Quicumque ... dolo malo foraverit ruperit foranda rumpendave fecerit curaverit peiorave fecerit, quo minus eae aquae earumve quae queat in urbem Romam ire cadere fluere pervenire duci ... et qui dolo malo quid eorum ita fecerit, id omne sarcire reficere restituere aedificare ponere excidere demolire damnas esto* ... Stilistische Nachbildung der Zwölftafelgesetze findet sich in der lex Ursonensis (CIL I² 594, 44 v. Chr.). Die 3. Person des Singular wird in frühen Gesetzen noch nicht auf eine bestimmte Person bezogen (*si in ius vocat*, ‹wenn es zu Gericht ruft›). Die bedingte Fassung *si quis fecerit* ist älter als die relative *quicumque fecerit*, die eine höhere Technik und Abstraktion zeigt. Die Unterscheidung, daß Gesetze nur die magistratus minores ohne Imperium im Imperativ ansprechen, höhere Magistrate wie den Prätor dagegen im Konjunktiv anweisen, trifft nicht zu. Mit dem Imperativ als Ausdruck seiner Souveränität fordert das Volk unterschiedslos Bürger und Magistrate auf; der Konjunktiv erscheint in Rubriken, die der Übersicht halber in den Text eines beschlossenen Gesetzes eingefügt wurden. Benannt wurden die leges nach dem nomen gentile des oder der Antragsteller oder nach dem Gegenstand des Gesetzes.

[5] *Geschichte der Gesetzgebung*. In die Königszeit setzt die Überlieferung die leges regiae, sakrale, in dem ius Papirianum gesammelte Satzungen, die auf berühmte Könige zurückgeführt wurden und das Familienrecht, die → patria potestas, Mord- und Schuldrecht und Opfervorschriften betrafen (Dig. 1, 2, 2, 2 f.; Wenger 353 ff.). Soweit sie historisch sind, ist ihr Charakter, ob leges datae oder mit Beteiligung des Volkes beschlossen, nicht erkennbar. Mitwirkung des in Kurien gegliederten Volkes kann für die Königszeit bei der lex curiata de imperio angenommen werden, die ursprünglich die Gehorsamspflicht des Volkes gegenüber dem König umschloß. In der Republik bestätigten die comitia curiata mit dieser lex den höheren Magistraten nochmals die mit vollzogener Wahl bereits übertragene Amtsbefugnis. Im übrigen regelten sie familienrechtliche Fragen wie → Adoptionen (lex curiata de adoptione C. Octavii, 44 v. Chr.) und den Übertritt von → Patriziern in die Plebs (lex curiata de arrogatione P. Clodii, 51 v. Chr.). Die eigentliche Gesetzgebung lag in der Republik zunächst bei den → comitia centuriata. Ihre Beschlüsse bedurften zu ihrer Gültigkeit der nachträglichen Zustimmung des → Senates, der patrum auctoritas. Seit der lex Publilia, 339 vor Chr., mußte diese vor dem Einbringen des Gesetzes gegeben werden. Als erste lex der comitia centuriata nennt die röm. Tradition (Cic. rep. 2, 53) die lex Valeria de provocatione, deren historische Existenz jedoch zu bezweifeln ist. Auch das → Zwölftafelgesetz, die erste Kodifizierung des Gewohnheitsrechtes, wurde nach der Überlieferung (Liv. 3, 34, 6; 37, 4; 51, 13) von den comitia centuriata beschlossen. 287 wurden durch die lex Hortensia die Beschlüsse der Plebs (Plebiszite) den leges centuriatae gleichgestellt und erhielten Gesetzeskraft für alle Bürger (Gell. 15, 27, 4; Gaius inst. 1, 3). Daher wurden in der Amtssprache Gesetzesanträge und angenommene Gesetze bisweilen unter der Doppelbezeichnung lex plebive scitum (Gesetz oder Plebiszit) aufgeführt. Seitdem wurden Gesetze, soweit bekannt, bis zur Zeit → Sullas, allein den comitia tributa vorgelegt, da deren Gliederung einfacher war als die der comitia centuriata. Sulla führte 80 die vorherige Genehmigung der Plebiszite durch den Senat ein, daher beginnt die lex Antonia de Termessibus, 71 v. Chr.: *C. Antonius ... tr*(ibuni) *pl*(ebei) *de s*(enatus) *s*(ententia) *plebem* [ioure rogaverunt ...]. Die lex Pompeia Licinia beseitigte diese Beschränkung schon 70. Obwohl die Triumvirn Octavian (→ Augustus), → Lepidus und → Antonius (2) mit ihren leges datae das Gesetzgebungsrecht des Volkes weitgehend ausschalteten, ließen die ersten Kaiser, vor allem → Augustus, ihre Maßnahmen wieder öfters durch von Konsuln beantragte Volksgesetze (leges rogatae) oder durch Plebiszite bestätigen. Das Gesetz, das → Vespasian 69 n. Chr. die gleichen Befugnisse zusprach, die seinen Vorgängern zugestanden hatten, wird ausdrücklich als lex rogata bezeichnet. Das in der Überlieferung nachweisbare letzte Volksgesetz brachte → Nerva 96 n. Chr. für eine Landverteilung ein (Dig. 47, 21, 3, 1). An Stelle der leges traten in der Kaiserzeit Senatsbeschlüsse, die Gesetzeskraft erhielten (Gaius inst. 1, 4), und vor allem die kaiserlichen Konstitutionen als organisch fortgebildete leges datae (Wenger 395) in ihren verschiedenen Äußerungen. *Quodcumque igitur imperator per epistulam et subscriptionem statuit vel cognoscens decrevit vel de plano interlocutus est vel edicto praecepit, legem esse constat* (Dig. 1, 4, 1). Seit → Diokletian werden alle kaiserlichen Entscheidungen als leges bezeichnet. Fallentscheidungen allgemeiner Bedeutung, deren Rechtssatz über den Einzeltatbestand für andere Tatbestände paßte, waren als leges generales im → Consistorium und im Senat zu beraten (Cod. Iust. 1, 14, 3; 1, 14, 8). Nachdem die von → Caesar beabsichtigte Kodifikation des Zivilrechts durch seine Ermordung hinfällig geworden war (Suet. Iul. 44, 2), wurde die Fülle der im Laufe der Zeit erlassenen Gesetze zunächst in privaten Sammlungen wie dem → Codex Gregorianus (294 n. Chr.) und dem → Codex Hermogenianus (295) und dann in amtlichen Werken zusammengefaßt, durch → Theodosius II. und → Valentinian III. im → Codex Theodosianus (438) und abschließend durch → Justinian im → Codex Iustinianus (534), in den → Novellae (Sammlung der nach dem Cod. Iust. herausgegebenen Gesetze) und in den → Digesta, den mit Gesetzeskraft ausgestatteten Auszügen aus den Werken älterer Juristen. Die Römer haben die leges als Rechtsquelle sparsam angewandt. Vom Beginn der Republik um 510 v. Chr. bis zum Ende des 1. Jh.s der Kaiserzeit, also für mehr als ein halbes Jahrtausend, hat Rotondi etwa 800 leges rogatae zusammengestellt. Dieser Zahl gegenüber ist die Klage antiker Autoren über die übergroße Menge der Gesetze (z. B. Liv. 3, 34: *immensus aliarum super alias acervatarum legum cumulus*) unberechtigt und wohl eher aus dem Fehlen einer Gesetzessammlung zu verstehen.

[6] *Liste der wichtigsten Gesetze*. Vollständige Listen und erschöpfende Belege geben die unten aufgeführten Sammelwerke. Das hier angeschlossene Verzeichnis muß sich mit den wichtigsten, vornehmlich staatsrechtlichen leges begnügen. Die Hinweise nennen jeweils die Bezeichnung der lex, den Antragsteller, soweit bekannt, die Zeit, den Inhalt und wenigstens eine Quelle, um die Art der Überlieferung, ob literarisch oder epigraphisch, anzuzeigen.

1. Acilia repetundarum, Volkstrib. M.' Acilius Glabrio, 123 v. Chr., gegen Bestechungen. FIR 1, 7.
2. Aelia Sentia, Konsuln S. Aelius Catus, C. Sentius Saturninus, 4 n. Chr., Beschränkung des Freilassungsrechtes. Gaius inst. 1, 18–20. 38–41.
3. agraria, Volkstrib. Sp. Thorius?, 111 v. Chr., Aufteilung des Gemeindelandes wird eingestellt. FIR 1, 8; Cic. Brut. 136. → Ackergesetze.
4. Antonia, Volkstrib. C. Antonius u. a., 71 v. Chr., Bündnis Roms mit Termessos. FIR 1, 11.
5. Antonia, Konsul M. → Antonius (2), a) de mense Quintili, 44 v. Chr., Umbenennung des Monats in Iulius. Macr. sat. 1, 12, 34; b) de dictatura in perpetuum tollenda, 44 v. Chr., Abschaffung der Diktatur. Cic. Phil. 5, 4, 10; c) de actis Caesaris confirmandis, 44 v. Chr., Bestätigung der Verfügungen Caesars. Cic. Phil. 5, 3, 8.
6. Aurelia, Konsul C. → Aurelius (1) Cotta, 75 v. Chr., Wiederzulassung der Volkstribunen zur Ämterlaufbahn. Ascon. Corn. p. 78 C.
7. Aurelia, Prätor L. → Aurelius (3) Cotta, 70 v. Chr., Teilung der Richterstellen zwischen Senatoren, Rittern und Ärartribunen. Ascon. Corn. p. 67 C.
8. Calpurnia de repetundis, Volkstrib. L. → Calpurnius (11) Piso, 149 v. Chr., Einsetzung ständiger Gerichtshöfe (quaestiones perpetuae) für Erpressungsklagen. Cic. Brut. 106.
9. Calpurnia, Konsul C. → Calpurnius (6) Piso, 67 v. Chr., Ausschluß von Senat und Ämtern bei unlauterer Amtsbewerbung (ambitus). Cass. Dio 36, 38.
10. Canuleia, Volkstrib. C. → Canuleius, 445 v. Chr., conubium der Plebejer mit Patriziern. Liv. 4, 1.
11. Cassia tabellaria, Volkstrib. L. Cassius Longinus, 137 v. Chr., schriftliche geheime Abstimmung bei Gericht. Cic. leg. 3, 35.
12. Cassia, Volkstrib. L. Cassius Longinus, 45 v. Chr., Ernennungsrecht von Patriziern für C. Iulius → Caesar. Tac. ann. 11, 25.
13. Claudia, Volkstrib. Q. → Claudius (4), 218 v. Chr., Verbot von Handelsgeschäften für Senatoren. Liv. 21, 63.
14. Clodia, Volkstrib. P. → Clodius (1) Pulcher, 58 v. Chr., Ächtung des Magistrats, der einen Bürger ohne gesetzlichen Urteilsspruch getötet habe, führte zu → Ciceros Exil. Vell. 2, 45.
15. Coloniae Genetivae Iuliae sive Ursonensis, Diktator C. Iulius → Caesar, 44 v. Chr., Gründung der Bürgerkolonie in Urso. FIR 1, 21.
16. Cornelia, Konsul bzw. Dictator L. Cornelius → Sulla: a) 88 v. Chr., Gesetzanträge der Volkstrib. nur nach Zustimmung des Senats. App. civ. 1, 59; b) 82, Ächtung der Proskribierten und ihrer Nachkommen. Cic. S. Rosc. 125; c) 82. Ausschluß der Volkstrib. von der Ämterlaufbahn. Liv. perioch. 89; d) 81, Erhöhung der Quästorenzahl auf 20. FIR 1, 10; e) 81, Aufhebung der lex Domitia (s. unten), Ergänzung der Priesterkollegien durch cooptatio. Liv. perioch. 89; f) 81, Landanweisungen an Veteranen. Liv. perioch. 89; g) 81, Strafen für Fälschungen von Testamenten, Münzen u. a. Dig. 48, 10.
17. Domitia, Volkstrib. Cn. Domitius Ahenobarbus, 103, Wahl der Priester durch Komitien. Vell. 2, 13, 3.
18. Duodecim tabularum, decemviri legibus scribundis, 451/450 v. Chr., Kodifizierung des Gewohnheitsrechtes. Liv. 3, 34. Dig. 1, 2, 2. → Zwölftafelgesetz.
19. Flavia municipii Malacitani, → Domitian, 82/84 n. Chr., Stadtrecht von Malaga. FIR 1, 24.
20. Flavia municipii Salpensani, → Domitian, 82/84 n. Chr., Stadtrecht von Salpensa. FIR 1, 23.
21. Fufia Caninia, Konsuln C. Fufius Geminus, L. Caninius Gallus, 2 v. Chr., Beschränkung testamentarischer Freilassungen. Gaius inst. 1, 42.
22. Gabinia tabellaria, Volkstrib. A. → Gabinius (1), 139 vor Chr., schriftliche geheime Abstimmung bei Wahlen. Cic. leg. 3, 35.
23. Gabinia, Volkstrib. A. → Gabinius (2), 67 v. Chr., Oberbefehl für → Pompeius (2) im → Seeräuberkrieg. Vell. 2, 31.
24. Hortensia, Diktator Q. → Hortensius (1), 287 v. Chr., Plebiszite mit Volksgesetzen gleichgestellt. Gell. 15, 27, 4.
25. De imperio Vespasiani, 69 n. Chr., Verleihung der kaiserlichen Gewalten an → Vespasian. FIR 1, 15.
26. Iulia, Konsul L. → Iulius (7) Caesar, 90 v. Chr., Bürgerrechtsverleihung an nicht abgefallene Italiker. Cic. Balb. 21.
27. Iulia, C. Iulius → Caesar: a) agraria, 59 v. Chr., Ansiedlung von Proletariern und Veteranen. Cass. Dio 38, 1; b) De repetundis, 59, gegen Erpressung der Provinzialen. Dig. 48, 11; c) frumentaria, 46 Getreideverteilung auf 150000 Personen beschränkt. Suet. Iul. 41; d) municipalis, 45, Verfassung der Munizipien?, Dessau 5406; Dig. 50, 1.
28. Iulia, → Augustus: a) de maritandis ordinibus, 18 v. Chr., Verbot standeswidriger Ehen. Suet. Aug. 34; b) iudiciorum publicorum et privatorum, 17 v. Chr., Gerichtsordnungen. Dig. 43, 16, 1, 2; 48, 2, 12, 2.
29. Licinia Sextia, Volkstrib. C. → Licinius (13) Stolo, L. → Sextius (3) Lateranus, 367 v. Chr: a) Gleichberechtigung der Plebejer bei der Besetzung des Konsulats; b) Höchstmaß (500 iugera) für Grundbesitz aus Gemeindeland. Liv. 6, 3.
30. Manilia, Volkstrib. C. → Manilius (2), 66 v. Chr., Oberbefehl des → Pompeius (2) gegen → Mithradates VI. Dio 36, 43.
31. Ogulnia, Volkstrib. Q. → Ogulnius (1) Gallus, 300 vor Chr., Zulassung auch der Plebejer zu den Priesterstellen. Liv. 10, 6.
32. Papia Poppaea, Konsuln M. Papius Mutilus, C. Poppaeus Sabinus, 9 n. Chr., Ergänzung zur lex Iulia de maritandis ordinibus (s. oben). Cass. Dio 56, 10.
33. Pedia, Konsul Q. → Pedius (2), 43 v. Chr., Sondergerichte gegen die Caesarmörder. Vell. 2, 69, 5.
34. De piratis persequendis, 100 v. Chr., Maßnahmen gegen die → Seeräuber. FIR 1, 9.
35. Plautia Papiria, Volkstrib. M. → Plautius (5) Silvanus, C. Papirius Carbo, 89 v. Chr., → Bürgerrecht für die Italiker. Cic. Arch. 7.
36. Pompeia Licinia, Konsuln Cn. → Pompeius (2) Magnus, M. Licinius → Crassus, 70 v. Chr., Wiederherstellung der Tribunatsgewalt und uneingeschränkten Plebsbeschlüsse. Cic. leg. 3, 22.
37. Pompeia, Konsul Cn. → Pompeius (2) Magnus, 52 vor Chr.; a) gegen Wahlbestechung (ambitus); b) gegen Gewaltanwendung (vis). Ascon. Mil. p. 36 C.
38. Porcia de tergo civium, M. Porcius → Cato (1), 198 oder 195 v. Chr., Provokationsrecht der Bürger gegen Prügelstrafe. Liv. 10, 9, 4,
39. Porcia, Volkstrib. P. Porcius Laeca?, 199? v. Chr., Provokationsrecht auf das Reichsgebiet ausgedehnt.

Lit: E. A. Sydenham, The coinage of the Roman republic, 1952, 78, 571.

40. Quinctia, Konsul T. Quinctius Crispinus, 9 v. Chr., gegen Beschädigung öffentlicher Wasserleitungen. Frontin. aq. 129. Einziges in vollständigem Wortlaut erhaltenes Gesetz.
41. Roscia, Prätor L. Roscius Fabatus, 49 v. Chr., → Bürgerrecht für die Transpadaner. FIR 1, 20.
42. Rubria, Volkstrib. Rubrius, 49 v. Chr., Gerichtsordnung für Gallia Cisalpina. FIR 1, 19.
43. Sempronia, Volkstrib. Tib. Sempronius → Gracchus (1), 133 v. Chr.: a) agraria, Höchstmaß an ager publicus, Bildung von Kleinbauernstellen. App. civ. 1, 9. → Ackergesetze; b) Verwendung des Vermögens → Attalos'

III. v. Pergamon. Liv. perioch. 58; c) Amtsenthebung des Volkstrib. M. → Octavius (2). Cic. leg. 3, 24.

44. Sempronia, Volkstrib. C. Sempronius → Gracchus (2), 123 v. Chr.: a) Verbot der Hinrichtung eines Bürgers ohne Volksbeschluß. Cic. Rab. perd. 12; b) agraria, Ergänzung zu der lex Sempronia agraria seines Bruders (s. oben), → Ackergesetze. Liv. perioch. 60; c) frumentaria, verbilligtes Getreide für die Stadtbevölkerung. Cic. Sest. 103; d) iudiciaria, Übertragung der Repetundengerichte auf den Ritterstand. App. civ. 1, 22.

45. Sulpicia, Volkstrib. P. → Sulpicius (11) Rufus, 88 vor Chr., Aberkennung des Oberbefehls → Sullas für den Krieg gegen → Mithradates VI. Vell. 2, 18, 6.

46. Titia, Volkstrib. P. Titius, 43 v. Chr., Einsetzung des → Antonius (2), Octavian (→ Augustus) und → Lepidus als tresviri rei publicae constituendae. App. civ. 4, 7. → Triumvirat (2).

47. Valeria de provocatione: a) Konsul P. → Valerius (16) Poplicola, 510/509 v. Chr., Cic. rep. 2, 53; b) Konsuln L. Valerius Poplicola, M. → Horatius (1) Barbatus, 449 v. Chr. Liv. 3, 55; c) Konsul M. → Valerius (5) Corvus, 300 v. Chr. Liv. 10, 9.

48. Valeria, Interrex L. → Valerius (7) Flaccus, 82 v. Chr., Diktatur → Sullas. Cic. leg. agr. 3, 5.

49. Valeria Cornelia, Konsuln L. Valerius Messala, Cn. → Cornelius (7) Cinna, 5 n. Chr., neues Verfahren für die der Wahlversammlung vorzuschlagenden Kandidaten für Prätur und Konsulat (destinatio).

Lit: J. Béranger, MH 14, 1957, 216–240 – P. R. L. Brown, JRS 51, 1961, 71–83.

50. Vatinia, Volkstrib. P. → Vatinius, 59, fünfjähriges Prokonsulat in Gallia Cisalpina für → Caesar. Suet. Iul. 22.

51. Villia annalis, Volkstrib. L. → Villius (1), 180 v. Chr., Mindestalter für Führung kurulischer Ämter. Liv. 40, 44, 1. H. V.

Lit: A. E. Astin, The lex annalis before Sulla, 1958.

Lit. zum Gesamtartikel:

Vollständige Verzeichnisse der literarisch und in Inschriften erhaltenen Gesetze: E. Cuq, DS III, 1904, 1107–1174 (nach der Form der Gesetze 1107–22, alphabetisch nach den Namen der Antragsteller 1126–67, nach dem Inhalt, soweit ohne Namen des Antragstellers, 1168–74) – S. Riccobono–G. Baviera–C. Ferrini–G. Furlani–V. Arangio-Ruiz, Fontes iuris anteiustiniani (FIR), 1940–43 – L. Wenger, Die Quellen des röm. Rechts, 1953 – A. Berger, Encyclopedic dictionary of Roman Law, 1953 (nach sachlichen Kategorien 544 bis 546, nach den Namen der Antragsteller 546–561) – G. Barbieri und G. Tibiletti, Dizionario epigrafico de Ruggiero IV, 1956–57, 702–793 (die umfassendste Zusammenstellung; alphabetischer Index der leges 787–792 und Index der nicht sicher datierbaren leges rogatae 763 bis 765) – G. Rotondi, Leges populi Romani, 1912 (Nachdr. 1962) (in chronologischer Folge, leges rogatae 189–486, leges datae 487–507, mit Index der nach dem Antragsteller benannten bzw. namenlosen Gesetze) – *Zu Abschnitt 4:* Typische Wendungen der Gesetze untersucht D. Daube, Forms of Roman legislation, 1956.

2. **L. Romana Burgundionum,** zu Beginn des 6. Jh.s für die röm. Bewohner des burgundischen Reiches erlassen als Zusammenstellung der bei Rechtsfragen zwischen ihnen anzuwendenden Normen. Die röm. Quellen werden nicht im Wortlaut wiedergegeben; z. T. wird burgundisches Recht eingefügt (Krüger, a. O. 360). Nach den Zitaten sind benutzt worden: die Institutionen des → Gaius (2), die Sentenzen des Paulus (2), die Konstitutionensammlungen und Novellen sowie Interpretationen der Werke. Ob die → L. (3) Romana Visigothorum benutzt worden ist, bleibt strittig. H. Hb.

Ed: F. Bluhme, Monumenta Germaniae, Leges III, 1863, 579–624 – Riccobono, 711–750 – *Lit:* O. Karlowa, Röm. Rechtsgesch. I, 1885, 951–953; 983–985 – P. Krüger, Gesch. d. Quellen u. Lit. d. röm. Rechts (1888), 1912², 359f. – A. Berger, RE 12,2 (1925), 2405f. – L. Wenger, Die Quellen d. röm. Rechts, 1953, 558ff. – P. J. Verdam, Een commentaar van Hugo de Groot op de L. Rom. Burg., 1963 – W. Kunkel, Röm. Rechtsgesch. (1952), 1964⁴, 142f.

3. **L. Romana Visigothorum,** Gesetzbuch des Königs Alarich II. (die Bezeichnung Breviarium Alarici ist seit dem 16. Jh. üblich) für die röm. Bewohner des Westgotenreichs mit dem Ziel, angesichts der nicht mehr übersehbaren Quellen eine gewisse Rechtssicherheit herzustellen. Zusammenstellung durch eine Kommission. Annahme durch eine Versammlung von Bischöfen und führenden Persönlichkeiten sowie Inkraftsetzung durch Alarich II. i. J. 506. Benutzt sind die Institutionen des → Gaius (2), die Sententiae des → Paulus (2), die Konstitutionensammlungen und Novellen. Bezeichnend ist, daß die Gesetzesstellen mit einer ‹*Interpretatio*› (Inhaltsangabe oder Umschreibung in eigener Formulierung) versehen sind; man nimmt heute an, daß diese Interpretationes gleichfalls aus vorhandenen Bearbeitungen übernommen wurden. Bei den Gaius-Institutionen ist die Interpretatio an die Stelle des ursprünglichen Textes getreten, wodurch eine Modernisierung der Rechtsinstitute erreicht wurde. – Obwohl als geltendes Recht im Westgotenreich 654 außer Kraft gesetzt, hat die L. Romana Visigothorum für die späteren Jahrhunderte als Quelle des röm. Rechts gedient (vgl. Conrat, a. O.), bis durch die Wiederentdeckung der Digesten eine neue Ära in der Erforschung des röm. Rechts begann. H. Hb.

Ed: G. Hänel, 1849 (Neudr. 1962) – Legis Rom. Vis. fragmenta, ed. *Regia* Hist. Acad. Hispana, 1896 – Die Interpretatio zu den Paulussentenzen, ed. M. Kaser u. F. Schwarz, 1956 – *Lit:* O. Karlowa, Röm. Rechtsgesch. I, 1885, 950f.; 976–983 – M. Conrat (Cohn), Breviarium Alaricianum, 1903 (Neudr. 1963) – P. Krüger, Gesch. d. Quellen u. Lit. d. röm. Rechts (1888), 1912², 350–358 – A. Berger, RE 12,2 (1925), 2407–11 – L. Wenger, Die Quellen d. röm. Rechts, 1953, 555–558 – W. Kunkel, Röm. Rechtsgesch. (1952), 1964⁴, 141f.

Lexikographie

A. Definition – B. Griechische L.: [1] Klass. Zeit – [2] Hellenismus – [3] Kaiserzeit – [4] Byzanz – Röm. L. → Fachschriftstellerei B.

A. Definition. ‹L.› heißt hier Erklärung schwer verständlicher, meist wenig gebrauchter Wörter, Wortformen und Redewendungen in übersichtlich angelegten, entweder sachlich oder alphabetisch geordneten Schriften. Alphabetische Abfolge ist durch Papyrusfunde bereits für die frühhellenist. Zeit nachgewiesen, doch berücksichtigt sie im ganzen Altertum kaum jemals mehr als die drei beginnenden Buchstaben eines Wortes, meist nur den ersten.

B. Griechische L. [1] In *klassischer Zeit*, im athen. Schulunterricht des 5. Jh.s, hat man Wörterbücher bei der obligatorischen Homerlektüre verwendet, in denen ungewöhnliche Ausdrücke des Dichters (wohl in der Reihenfolge der Gesänge) in geläufiges Attisch übertragen waren. Diese Schulerklärung bildete den ältesten Bestand der sog. D- → Scholien zu Homer. → Aristarch (2) bezeichnete ihre unbekannten Verfasser (meist verächtlich) als *Glossographen* (→ Glosse). Ähnliche Wörterlisten muß es für die altatt. Ausdrücke der Gesetze (der ‹Axones› → Solons) gegeben haben. Daß sich so primitive, nur auf den unmittelbaren Nutzen abgestellte Hilfsmittel in etwa 150 Jahren zu einer angesehenen wissenschaftlichen Schriftengruppe entwikkeln konnten, wird dem Einfluß der Philosophen und → Sophisten verdankt. Sie befaßten sich systematisch mit mehreren für die L. grundlegenden Problemen: mit den Fragen nach Ursprung und Zuverlässigkeit der Sprache, mit Etymologie und → Synonymik (→ Demokrit, → Etymologika, → Herakleides (3) Pontikos, → Platon, → Prodikos).

[2] *Hellenismus.* Gleich mit Beginn der Alexandrinerzeit ging die lexikographische Arbeit in die Hände der Gelehrten über. Als Dichter, Editoren und Interpreten bedurften sie entsprechender Indices dringend. Onomastika oder Lexika, die sich einem Gradus ad Parnassum vergleichen lassen, besitzen wir allerdings kaum, doch vgl. Pap. Hibeh 172, ca. 250 v. Chr. Von den ‹Lexeis› des → Antidoros v. Kyme, den → Glossen des → Philitas v. Kos und des → Simias v. Rhodos läßt sich keine ausreichende Vorstellung gewinnen. Diejenigen Werke, die wir näher zu beschreiben vermögen, enthielten Wort- und Sacherklärungen in Lexikonform, und zwar entweder zum Zwecke der bloßen Dichterinterpretation oder zur Befriedigung des steigenden enzyklopädischen Interesses. An dieser Schriftstellerei,

die sich auf alle Wissensgebiete ausdehnte, waren die großen alexandrin. Dichter ebenso beteiligt wie die reinen Philologen dieser Zeit. Als wichtigster Vertreter nach → Kallimachos (vgl. Fr. 403–28. 456–9 Pf.) und → Eratosthenes gilt → Aristophanes (2) v. Byzanz, der den Höhepunkt der Entwicklung bezeichnet und gleichzeitig der Begründer der eigentlichen L. als Wissenschaft ist. Seine ‹Lexeis› wirken in vielen der späteren Werke ähnlicher Art nach. Lexikalische Bücher verfaßten außerdem der Homerphilologe → Zenodot (2), der Dichter → Nikandros (2), der Perihleget → Polemon (2) v. Ilion, ferner → Kallistratos (2) und im 1. Jh. v. Chr. → Artemidoros (1) v. Tarsos, in dessen Zeit auch der Rhodier → Timachidas gehört. → Aristarch (2) schrieb keine ‹Lexeis›, wohl aber müssen seine Schüler → Ammonios (3) und → Apollodor (4) von Athen hier genannt werden; letzterer war von Bedeutung für die etymologische Forschung (→ Etymologika). Eine größere Gruppe von Lexika erläuterte mundartliche Ausdrücke. Das Interesse an solchen *Dialektglossen* geht bis auf die → Sophistenzeit zurück und hat schon die älteste Homererklärung befruchtet. Aus hellenist. Zeit sind Titel und geringe Reste mehrerer Spezialwerke bekannt: → Hermonax schrieb über kretische, → Moschos über rhodische, ein Diodor (genannt ὁ Ἀριστοφάνειος, unbestimmter Zeit) über italische, Amerias über makedonische, → Neoptolemos (2) v. Parion über phrygische → Glossen, die Eigenheiten mehrerer Dialekte berücksichtigten Zenodot (vielleicht der Kratosschüler, → Z., 3), Silenos, Kleitarchos v. Aigina und Parmenion v. Byzanz. Besonders intensiv durchforschte man den att. Sprachgebrauch. Genannt seien die Arbeiten des Homerkritikers → Philemon, des Kallimacheers → Istros, des → Krates (3) v. Athen, des → Demetrios (8) Ixion, Herakleon, eines Theodoros und des → Nikandros (3) v. Thyateira. Diese und ähnliche Schriften bildeten eine wichtige Vorstufe der späteren attizistischen Lexika; → Eirenaios (latinisiert Minucius Pacatus), der älteste Attizist (wohl 1. Jh. v. Chr.), darf schon hier erwähnt werden. – Auch für die etymologischen Wörterbücher und für die Synonymenlexika der Folgezeit hat die Arbeit der hellenist. Gelehrten den Grund gelegt (→ Etymologika, → Synonymik). Außerdem gab es eine medizinische und gastronomische L., die wir ebenfalls nur aus späteren Kompilationen kennen (vgl. unten B 3). Auf den verschiedenen Gebieten der Grammatik schließlich betätigte sich → Tryphon (1. Jh. v. Chr.). Er verfaßte mehrere Schriften lexikalischen Inhaltes, darunter als erster ein Werk mit Beobachtungen über den richtigen Sprachgebrauch (*Περὶ Ἑλληνισμοῦ*).

[3] Die L. der *Kaiserzeit* wird durch imponierende Kompilationen eröffnet: man ist bestrebt, die Fülle der in der Vergangenheit angehäuften Gelehrsamkeit zu sichten und vom Überfluß zu befreien. Vorbildlich für das fortan geübte Verfahren wurde → Didymos (1), dessen lexikographische Werke in den Schriften des → Pamphilos, des → Julius (20a) Vestinus, des → Diogenian und des → Hesych, in jeweils zunehmender Verkürzung, fortlebten. Auch sein Zeitgenosse → Theon (1), der Sohn des → Artemidoros (2), scheint neben seinen Kommentaren ein Lexikon zu Tragödie und Komödie verfaßt zu haben; dasselbe tat später Palamedes v. Elea. Die Sammelarbeit eines weiteren Zeitgenossen des Didymos, die des → Seleukos (5), war wichtig für die Dialektforschung. – In der Folgezeit entstanden für die Sprache fast aller Literaturgattungen *zusammenfassende Lexika:* → Apollonios (12) Sophistes behandelte den homerischen Wortschatz, Klemens, Boethos (1./2. Jh. n. Chr.; Boethos' Buch lag noch dem → Photios vor und ist in der erweiterten → Synagoge benutzt) und → Timaios (1) beschäftigten sich mit platonischen Wörtern, → Caecilius (20) v. Kalakte (august. Zeit) schrieb zwei Lexika zu den att. Rednern, Schriften, die auf das Werk des → Harpokration einwirkten. Die Rednerlexika des Julianos, → Philostratos und Valerius, Diodorus, die Photios (Bibl. Cod. 150) kritisiert, entziehen sich einer genaueren Beurteilung. Ähnliches gilt für ein von → Suidas gerühmtes Lexikon eines Eudemos und für das spätantike Lexikon des Zosimos. Es gab Glossare zu Historikern (Claudius → Didymos), medizinische Lexika (→ Erotianos, → Dioskurides (2) d. J., → Galen, der ja nicht nur Arzt, sondern auch Philologe war und zu attizistischen Streitfragen Stellung nahm, schließlich → Rufus), geographische Nachschlagewerke (eine Städteliste des → Philon (3) v. Byblos und ein Lexikon des → Oros, 5. Jh., wurde von → Stephanos (3) v. Byzanz benutzt, Oros auch von den byzantinischen → Etymologika), ein literaturgeschichtliches Handbuch (den Onomatologos) des → Hesychios Illustrios von Milet (benutzt von → Suidas) und ähnliche Hilfsmittel für andere Gebiete. Ein riesenhaftes Lexikon allgemeinen Inhaltes stellte Dorotheos (1. Jh. n. Chr.) zusammen, ältere Synonymenlexika exzerpierte Philon von Byblos (→ Synonymik). Orthographische Fragen behandelten neben → Oros (5. Jh.) → Johannes (4) Philoponos und Theodoret (beide 6. Jh.). Etwa im 5. Jh. entstand auch das im MA als praktisches Lexikon beliebte Kyrillglossar (→ Kyrill). – Die größte und interessanteste Gruppe sind die sog. *attizistischen Lexika*, fast ausnahmslos aus dem 2. Jh. Ihre Verfasser wollten dem Benutzer die fehlerfreie Handhabung des klassischen Attisch ermöglichen, sie verfolgten also stilistische Zwecke. In Umrissen kenntlich sind die Lexika von → Aelius (3) Dionysius, → Pausanias (4), → Phrynichos (4) sowie die Chrestomathie des → Helladios aus Antinoeia (dieser 4. Jh.); das Onomastikon des → Pollux, die kleine Schrift des → Moiris und der sog. → Philetairos sind erhalten. Dagegen kennen wir die Werke des → Julius (20a) Vestinus, des → Telephos (Ende 1. Jh.), des → Alexandros (16) von Kotyaeion, des Cassius → Longinus, des Grammatikers → Helladios (1) v. Alexandreia (sein Lexikon hatte Photios, Bibl. Cod. 145, noch vor sich) und die anderer Grammatiker nur dem Titel nach.

[4] *Byzantinische Zeit.* Erst am Ausgang der Antike begegnen uns in den Lexika des Methodios und → Orion (2) vorwiegend etymologische Werke. Die L. des MA ist durch sie nachhaltig beeinflußt worden. Die byzantin. Philologen haben sogar ihre großen enzyklopädischen Werke gern als → Etymologika bezeichnet. Neben ihnen stehen die umfassenden (ebenfalls alphabetisch geordneten) Sammlungen des → Photios und des → Suidas. Zu den Leistungen der Byzantiner gehören neben den ‹Epimerismen› (→ Etymologika) auch die ‹Eklogai› (Kompilation des frühen MA aus älteren, vornehmlich etymologischen Schriften, darunter Glossen des → Seleukos). Die attizistische Schriftstellerei der Kaiserzeit setzten Manuel → Moschopulos und → Thomas Magister (um 1300) fort: sie schufen jeder eine erhaltene Zusammenstellung att. Wörter. Wir besitzen schließlich byzantin. Sammlungen verschiedener Art und Provenienz, die bedeutungsvoll sind, da sie, wenigstens teilweise, Material bieten, das anderweitig nicht erhalten ist: das 4. und 5. Bekkersche Lexikon, das Lexikon Cantabrigiense, das Patmische Lexikon (alle vier Werke sind Rednerlexika), das Lexikon Sabbaiticum (wichtig für den Text des Photioslexikons), das Lexikon Vindobonense und schließlich das sog. *Αἱμωδεῖν*-Lexikon (so benannt nach dem Lemma seiner ersten Glosse), in dem Methodios exzerpiert ist. Eine nähere Beschreibung dieser und ähnlicher Kompilationen muß hier unterbleiben. – In der *Renaissance* erlebte die griech. L. nur eine kurze, bedeutungslose Nachblüte (→ Eudokia, → Philemon (3), → Favorinus). H. E.

Lit: L. Cohn, Griech. L., im Anhang zu: Brugmann, Griech. Grammatik, HbAW II 1, 1913, 679 (bester Überblick) – J. Tolkiehn, RE 12,2 (1925), 2432–82 (mit Angabe der Editionen und Fragmentsammlungen) – K. Latte, Glossographika, Philol. 80, 1925, 136–175.

Libanios, → Redner (I D 3), 314–ca. 393, aus angesehener Familie in Antiochia, wo er auch bei Ulpianos v. Askalon und Zenobios v. Elusa studierte; in Athen, wohin er 336 ging, war er Schüler Diophants (wie → Julian, 2). L. lehrte in Athen, Konstantinopel (Privatlehrer; Intrigen des → Bemarchios), Nicaea, Nikomedeia (wohl etwa 344–348/349; es waren L.' schönste Jahre; der spätere Kaiser Julian durfte ihn nicht hören, aber verschaffte sich täglich Abschriften seiner Logoi), wiederum in Konstantinopel (wohin der Kaiser ihn berief und wo → Themistios bes. hervorragte; dort lehnte L. einen Ruf nach Athen ab) und endlich in Antiochia, wohin er wohl 354 übersiedelte; er lebte dort vom kaiserlichen Gehalt und den Honoraren, deren Festsetzung den Eltern der Schüler überlassen wurde. Während → Julians Aufenthalt in Antiochia schloß L. eine enge Freundschaft mit dem Kaiser; nach dessen Tod (363) wollte er sogar Hand an sich legen. Von Valens wurde L. der Konspiration verdächtigt; zu Theodosius I. hatte er nur schriftliche, aber durchaus freundliche Beziehungen. Körperliche Leiden und Kränklichkeit suchten L. den größten Teil seines Lebens heim.

[2] Die unter L.' Namen erhaltenen *Werke* umfassen: 1. *Reden* (im weiteren Sinne): or. 1–5. 29. 62 beziehen sich auf L.' Person (or. 1, Autobiographie; L.' Leben steht unter dem Einfluß der Tyche), or. 12–18. 24. 37 auf Julian (17f.: Trauerreden), or. 19–23 auf den Aufstand von Antiochia (387); or. 59, ‹Basilikos›, auf Constans und Constantius, frühste erhaltene Rede, um 348/349 (vgl. → Themist. or. 1; → Euseb. vit. Const.; → Praxagoras); or. 60/61, Monodien auf den Apollotempel in Daphne (Brand i. J. 362) und auf Nikomedeia (Erdbeben i. J. 358); or. 6–8. 25, Diatriben; or. 11, ‹Antiochikos›, eine Lobrede auf Antiochia, in abgekürzter Form an den Olympien von Daphne vorgetragen (wichtig für Geschichte und Topographie der Stadt; als Quelle gilt Pausanias v. Antiochia); or. 9, Kalendenrede auf den Neujahrstag; or. 64, Verteidigung der Pantomimen gegen Aelius → Aristeides (2). Wie auch z. T. die eben genannten Schriften haben es viele der übrigen Reden mit Theodosios, den Statthaltern und dem Rat von Antiochia und anderen kaiserlichen Würdenträgern zu tun (persönliche und öffentliche Angelegenheiten; L. tritt auch für allerlei menschenfreundliche Zwecke ein), oder sie hängen mit dem Leben in L.' Schule zusammen. – 2. Mythologisch-historische *Meletai*, mit Themen bes. aus dem epischen Kyklos und der att. Geschichte, darunter (decl. 1) eine Apologie des Sokrates (→ Polykrates) und (17–23) ‹Philippische Reden›. Juristische und ethologische Meletai, in Form von Gerichtsreden (für die Typen ist die Komödie benutzt), deren berühmteste der ‹Dyskolos› (26) ist. – 3. → *Progymnasmata:* Mythoi, Dihegemata, → Ekphrasen, → Chrien, → Gnomen, loci communes, Anaskeuai, Kataskeuai, Enkomia, Psogoi, → Synkriseis, → Ethopoiien, → Theseis usw. – 4. *Hypotheseis* (mit Bios) zu den Reden des → Demosthenes, in verstümmelter Gestalt überliefert. – 5. *Briefsteller*, wohl unecht (vgl. → Demetrios, 21). – 6. *Briefe* (über 1500; bes. für die Jahre 355–365; 387–393), unter deren Adressaten alle damaligen Berühmtheiten des Ostens sind. Viel Unechtes ist in die Meletai, die Progymnasmata u. die Briefe eingedrungen (vgl. → Chorikios; → Nikolaos (3) v. Myra; die Echtheit des Briefwechsels L. – Basilius ist fraglich). – *Verloren* sind viele Lob-, Empfehlungs-, Trauerreden u. a., Deklamationen, Briefe.

[3] *Würdigung*. Beherrschung der Logoi war für L. höchstes Ziel; in den Klassikern sehr belesen, verdankte er viel Demosthenes, Isokrates, Platon, Herodot, Thukydides, Homer, Hesiod, Pindar, den 3 Tragikern, Aristophanes usw.; dem Aristeides wollte L. es gleichtun. L. lebte auch für seine Schüler, die aus dem ganzen Orient nach Antiochia kamen (umstritten ist, ob → Basilius, → Gregor (4) v. Nazianz, Iohannes → Chrysostomos und → Theodoros (10) v. Mopsuestia L.' Schüler waren). Das Römische war ihm fremd. L. war eine weiche, aus angeborenem Gerechtigkeitssinn und Milde heraus tolerante Natur; er blieb dem Glauben der Väter treu. Formkünstler der Prosarede (‹der kleine Demosthenes›) im Sinn des Klassizismus, wurde er auch nach seinem Tod bewundert und wirkte weiter, solange griech. Sprache und Kultur fortlebten; seine Schriften wurden viel abgeschrieben (Lektüre, Nachahmung, Widerlegung); bes. war er auch als Briefschreiber bewundert. L.' Reden und Briefe sind wichtig für die Kenntnis des städtischen Lebens in Antiochia. W. Sp.

Ed: ed. princ.: Aldina, 1500 (Teil der Briefe) – Ponticus Virunius, 1501 (Briefsteller) – S. Kapsakis, 1517 (Meletai, Logoi, Pr gymnasmata) – J. Camerarius, 1541 (Progymnasmata, vollst.) – J. Ch. Wolf, 1738 (1. Gesamtausg. der Briefe) – Lat. Übers. einzelner Reden und Deklamationen ab 15. Jh. – F. Foerster-E. Richtsteig, BT, 1903–27 – Pap. Mil. (or. 18): A Traversa, Aegyptus 35, 1955, 155–188 – Or. 11: G. Downey, 1959 (Archäolog. Komm.; zu or. 11: R. Martin bei Festugière, s. u.) – Or. 26: L. Lacussen, 1955 (Übers.) – Or. 30: R. van Loy, 1933 – Or. 45: R. A. Pack, 1935 – Or. 47: L. Harmand, 1955 – Or. 56: O. Seeck, 1920 – Or. 63: M. Schwabe, 1918 – Decl. 1: O. Apelt, 1922 – 52 Briefe: H. F. Bouchery, 1936 – Übersetzungen von Briefen und Reden aus dem Schulbetrieb (mit Noten): Festugière (s. u.) – *Lit:* Foerster-Münscher, RE 12, 2 (1925), 2485–2551 – K. Gerth, Bursian 272, 1941, 176–184 (Forschungsber.) – Ders., RE Suppl. 8 (1956), 757–759 (Lit) – E. Manni, Introd. allo studio della storia greca e romana, 1958, 148 (Lit) – L. Castiglioni, Osservazioni varie a Libanio, Acme 8, 2/3, 1955, 59–65 – P. Petit, La vie municipale à Antioche, 1956 (Lit) – A. F. Norman, Gradations in later municipal Society, JRS 48, 1958, 79–85 – A. J. Festugière, Antioche, 1959 – G. Gualandi, Privilegi imperiali e dualità legislativa nel basso impero alla luce di alcuni testi di Libanio, AG 25, 1959, 5–34 – I. Hahn, Der ideologische Kampf um den Tod Julians, Klio 38, 1960, 225–232 – W. Liebeschütz, Money, Economy and Taxation, RhM 104, 1961, 242–256 – G. Downey, Antioch in the Age of Theodosius the Great, 1962 – Zu den Briefen: C. Giannelli, ClM 17, 1956, 35–46 – A. Luppino, Una redazione inedita di caratteri epistola, AFLN 7, 1957, 145–150 – *Bibliogr:* Überweg-Praechter, 234*.

Libanon, der Mittelteil der nordsüdl. verlaufenden Gebirgskette zwischen der Küste des Mittelmeeres und dem syr. Graben (Kt. 2196 B4); bewaldetes Kalksteingebirge mit Gipfeln bis zu 3000 m Höhe (im N). Die nördliche Begrenzung bildet der Eleutheros (nahr el-kebīr), die südliche der Leontes (nahr līṭāni). Im Altertum war der L. wegen seiner → Zedernwaldungen berühmt (1. Kön. 5, 20ff.; Ps. 29, 5ff.; Hhld. 4, 8ff.). H. Dn.

Libella, ‹kleines Pfund› (→ Libra), ist eine kleine röm. Silbermünze von 0,65 g, ursprünglich $^{1}/_{10}$ des röm.-kampanischen → Didrachmon, dann des → Denars, mit Marskopf, Rückseite Pferdekopf als Bildtypen. Später wird die L. als $^{1}/_{10}$ der Bronzeeinheit (→ Sestertius) in Bronze geprägt mit Kopf des Sol und Mond samt Sternen sowie einer Kugel als Wertbezeichnung. In Bronze gibt es auch 4-, 3-, 2- und $^{1}/_{2}$-Libellen-Stücke (→ Sembella). Die $^{1}/_{4}$ L. war der → Terruncius ($^{1}/_{40}$ → Sestertius). W. Schw.

Lit: Babelon, I 594–595. 757. 759f. – K. Regling, RE 13, 1 (1926), 14–15 – Ders., in: v. Schrötter, 352.

Libellus. Private Bittschreiben an den Kaiser, vgl. → a libellis. – 2. Anklageschrift zur Prozeßeinleitung, vgl. → Recht III B. – 3. Bescheinigung für Christen, die die Götteropfer wieder vollzogen hatten (libellatici). D. R.

Liber Papiensis. In Pavia, dem Sitz des Hofgerichts für den langobardischen Staat und dem Platz einer im 10. und 11. Jh. bedeutenden Rechtsschule, diente das röm. Recht zur wissenschaftlichen Behandlung des langobardischen Rechts; hier findet sich bereits die These, daß das röm. R. im Sinne einer lex omnium generalis subsidiär zum nationalen Recht gelte. So wird die lombardische Rechtsschule als Vorläuferin der Schule von Bologna betrachtet. Unter Heranziehung des röm. Rechts wird hier eine Sammlung langobardischer Königsgesetze glossiert, der sog. L. Papiensis (um 1000). H. Hb.

Ed: A. Boretius, MG, Leges IV, 1868, 290ff. – *Lit:* M. Conrat (Cohn), Gesch. d. Quellen u. Lit. d. röm. Rechts im frühen MA I, 1891, 394–412; 414–420.

Liber Pater, Libera, italisches Götterpaar (kein Ehepaar) der pflanzlichen und tierischen Fruchtbarkeit; vgl. die andern Götterpaare, wie → Faunus und Fauna, Florus und → Flora, Pomo und → Pomona, die ebenfalls in männlicher und weiblicher Gestalt die beiden sich ergänzenden

Aspekte einer gleichen Funktion darstellen. Ihr gemeinsames Fest wurde am 17. März gefeiert (→ Liberalia); es war eines der alten Staatsfeste des sog. Numakalenders. Der Name Liber bedeutet vielleicht ‹der keimen läßt, der Geburt oder Wachstum gewährleistet› (E. Benvéniste). Diese Etymologie paßt genau zu den alten Funktionen des L. Er hatte in Italien und bes. in Lavinium einen phallischen Kult, der die Fruchtbarkeit der Äcker erhöhen und das Unheil von den Feldern abwenden sollte (Varro bei Aug. civ. 7,21). Das Paar förderte anderseits die menschliche Fruchtbarkeit: nach Varros etymologisierender Deutung (ebd. 4,11; 6,9 usw.) gibt es bei Mann und Frau den Samen frei. Schon früh, möglicherweise seit dem 6. Jh. v. Chr., wurde Liber hellenisiert und fast völlig Dionysos-Bacchus gleichgesetzt; er gilt daher meist als Gott der Rebe und des Weines. Libera ihrerseits wurde Kore-Proserpina assimiliert und galt als Tochter der Demeter-Ceres. Liber und Libera bilden seit dem Anf. des 5. Jh.s mit → Ceres eine Trias mit gemeinsamem Tempel, der zu Ehren die → Ludi Ceriales gefeiert wurden. H. Le B.

Lit: A. Bruhl, Liber Pater, 1953 – A. Alföldi, Il santuario federale latino e il tempio di Ceres, St. e Mat. 32, 1961, 21–39.

Liberalia, uraltes röm. → Fest von → Liber-Libera am 17. März; der einzige bekannte Ritus ist: alte Frauen mit Efeukränzen verkauften in den Straßen Roms Honigkuchen (liba), die sie im Namen des Käufers auf kleinen, tragbaren Herden dem Gotte opferten (Varro ling. 6,14; Ov. fast. 3,725–770). H. Le B.

Lit: A. Bruhl, Liber Pater, 1953, 15f.

Liberius, Papst 352/366, stimmte der Verdammung des → Athanasios nicht zu, deswegen 355 von → Constantius II. nach Beroia verbannt. Durch das Exil gebrochen, gab L. Athanasios preis und unterzeichnete ein nicht eindeutig nicänisches Bekenntnis, um nach Rom zurückkehren zu dürfen (358). Gegen Felix II. konnte sich L., Erbauer der Basilica Liberiana, auf dem in seiner Autorität geschwächten röm. Stuhle behaupten. K. H. Sch.

Libertas, die göttlich verehrte politische Freiheit (→ Personifikation), besaß auf dem Aventin (→ Rom IV A) einen Tempel, der ihr von Tib. Sempronius Gracchus, Konsul i. J. 238 v. Chr., aus unbekanntem Anlaß geweiht worden war. Dessen Sohn, Tib. → Sempronius (2) Gracchus, ließ zum Gedächtnis an den Sieg bei Beneventum, den er 214 mit der Unterstützung von Freigelassenen (liberti) errungen hatte, im Heiligtum ein Gemälde ausführen (Liv. 24, 16,19). L. erscheint oft auf kaiserzeitl. Münzen. H. Le B.

Libitina, Begräbnisgöttin vielleicht etrusk. Ursprungs; sie hatte ihr Heiligtum in Rom, in einem heiligen Hain, wo die Leichenbestatter (libitinarii) ihre Geräte aufbewahrten; bei jedem Todesfall entrichteten die nahen Verwandten des Toten eine Abgabe an den Tempelschatz (Piso bei Dion. Hal. 4,15,5). Durch Volksetymologie auf *libido* bezogen, ist L. mit Venus, der Göttin der Lust, gleichgesetzt worden (schon Varro ling. 6,47) und hat sich zu einer ziemlich rätselhaften Venus der Toten entwickelt. H. Le B.

Lit: Gilb.-Ch. Picard, Vénus funéraire et L., MEFR 56, 1939, 121 bis 135 – R. Schilling, La religion romaine de Vénus, 1954, 202–206.

Libius Severus, (west-)röm. Kaiser 461–465, geb. in Lukanien, gest. 14.11.465 in Rom. Ohne Zustimmung → Leos I. durch → Ricimer am 19.11.461 in Ravenna zum Augustus ausgerufen und vom röm. Senat bestätigt. An Stelle des frommen Kaisers regierte faktisch → Ricimer, der S. dann wahrscheinlich vergiften ließ. H.-J. D.

Libo, → Poetelius, → Scribonius.

Libon, von Elis, Architekt, erbaute 470/456 den Zeus-Tempel von → Olympia (→ Architektur I E), den vollkommensten dor. Peripteros aus frühklass. Zeit. G. Gb.

Libra, vgl. → Litra und → As. Wert- und Rechnungseinheit der Römer, die nach Einführung der Münze → As hieß. Das Normalgewicht war wohl anfangs ca. 272,9 g (sog. oskisches Pfund), erst nach Beginn der Silberprägung ist die sog. neuröm. L. von ‹327,45› g theoretischen Gewichts eingeführt worden; eine weitere L. von ca. 341 g liegt einigen → Aes-grave-Ausgaben zugrunde (Luceria, Venusia und eine röm.-kampanische Serie). Diese L. wird von den spätantiken Metrologen als attische, italische und auch ptolemäische → Mine bezeichnet, da sie 100 neronischen → Denaren gleichkam. Das entsprechende Gewicht hatte mit 3,41 g auch der früheste → Victoriatus und die röm.-kampanische → Drachme. W. Schw.

Lit: → Aes grave und → As – K. Regling, ZNum 34, 1924, 378–379 – Ders., RE 13,1 (1926), 116 – Ders., in: v. Schrötter, 353 – R. Thomsen, Early Roman Coinage II, 1961, 22ff. (Lit).

Liburner, illyrische, als Seeräuber berüchtigte Völkerschaft im nördl. Dalmatien von der Arsa bis zum Titiusfluß (Krka) und auf den Inseln. In röm. Zeit in die Provinzen Illyricum bzw. Dalmatien eingegliedert (conventus von → Scardona), ursprünglich vielleicht selbständige Provinz. Nach Plinius (nat. 3,139) in mehrere Stämme geteilt. Hauptort Scardona, andere: Aenona, Burnum, Iader. B. S.

Lit: A. Degrassi, Il confine nordorientale dell'Italia Romana, 1954.

Libye, Tochter des → Epaphos, von → Poseidon Mutter des → Agenor und → Belos.

Libyen (*Λιβύη*, Libya), griech. Name für → Afrika. Zur geographischen Einteilung s. d.; → Geographie, → Kontinente; zur Geschichte vgl. auch → Ägypten, → Kyrene.

Lichas, Gefährte und Herold des → Herakles, nach Überbringung des vergifteten Gewandes von jenem zerschmettert. In Felsinseln, die nachmaligen Lichades, verwandelt (Soph. Tr.; Ov. met. 9,211ff.).

Licinianus → Frugi, → Granius, → Porcius.

Licinius (Valerius Licinianus L.), röm. Kaiser 308–324; geb. ca. 250 in Illyrien; getötet 325 in Saloniki; Offizier unter → Galerius (1), in Carnuntum als Nachfolger des → Severus (1a) unmittelbar zum Augustus erhoben (11.11.308). L. geriet sofort in Konflikt mit → Maximinus (1) Daia. Sein Herrschaftsbereich war zunächst auf Pannonien und Rätien beschränkt. L. hoffte dann, in die Stelle des Galerius einzurücken, und bewog diesen zur Einstellung der → Christenverfolgungen, um die Christen im Machtbereich des Maximinus Daia für sich zu gewinnen. Beim Tode des Galerius konnte er jedoch nicht verhindern, daß Maximinus Daia den Osten bis zum Hellespont an sich brachte (311); L. näherte sich darauf → Konstantin und heiratete dessen Schwester; er schlug den Maximinus Daia bei Adrianopel (30.4.313) und war damit Alleinherrscher des Ostens; die in seine Hand gefallenen Mitglieder der Dynastie ließ er töten. Seine Beziehungen zu Konstantin verschlechterten sich sofort nach Gewinnung des Ostens; ein erster Krieg endete mit der Abtretung des ganzen Balkans außer Thrakien an den Westkaiser (314). L. machte seinen gleichnamigen Sohn zum Caesar (1.3.317). Da die Rivalität zu Konstantin bestehen blieb und dessen Christenpolitik auf die Gewinnung von Anhängern im Osten abzielte, begann L. den Kampf gegen die Christen. Seit 320/321 verschärfte sich die Situation und führte 324 zu einem neuen Kriege; zweimal geschlagen (3.7. Adrianopel; 18.9. Chrysopolis), wurde er gefangengenommen, nach Saloniki verbannt und dort 325 getötet; sein Sohn wurde 336 in Karthago umgebracht. H. D. M.

1a. **L.,** der Caesar, Sohn des → Licinius (1).

Lit: E. Stein, Histoire du Bas-Empire (frz. Ausgabe v. J. R. Palanque) I, 1959 – M. Fortina, La politica religiosa dell'imperatore L., RSC 7, 1959, 245–265; 8, 1960, 3–23 – H. Feld, Der Kaiser L., Diss. Saarbrücken 1960.

2. **L. Crassus,** P. (212 v. Chr. pont. max., 211 aed., 210 cens., 205 cos.), verteidigte als Konsul Unteritalien gegen → Hannibal und nahm 204 an der Schlacht bei Kroton teil. Er starb 183.

3. **L. Crassus,** L. (140–91; tr. pl. 107, cos. 95, cens. 92), berühmter als Redner als durch staatsmännische Leistung (Cic. de orat. 3,7). L. begann seine Laufbahn 119 mit einer

Anklage des C. → Papirius (1) Carbo; 118 trat er für die Gründung der Kolonie Narbo ein, eine *popularis causa* (Cic. Brut. 160). Beide Handlungen und die Beziehung zu seinem Schwiegervater Q. → Mucius (3) Scaevola ‹Augur› lassen darauf schließen, daß L. den Reformgedanken der Gracchen nahestand. 106 verteidigte er allerdings die lex iudiciaria des Q. → Servilius (2) Caepio. 95 war L. Konsul mit Q. → Mucius (4) Scaevola ‹Pontifex›; als Prokonsul verwaltete er mustergültig das diesseitige Gallien. 91 stand L. mitten in den Auseinandersetzungen. Bis kurz vor seinem Tod führte er gegen → Marcius (3) Philippus einen leidenschaftlichen Kampf um die lex iudiciaria, zu der er → Livius (4) Drusus angeregt hatte (Cic. dom. 50). L. war neben M. → Antonius (1) der bedeutendste Redner vor → Cicero. G. G.

4. **L. Crassus,** P. (ca. 86–53), Sohn des vorigen. 58/56 Offizier → Caesars, trug als Reiterpräfekt wesentlich zum Sieg über Ariovist bei, operierte dann mit selbständigem Kommando erfolgreich im Nordwesten Galliens und in Aquitanien. 55 ging er mit seinem Vater in den Krieg gegen die Parther, wo er eine Einheit gallischer Reiter befehligte. 53 bei Carrhae gefallen. L. war eng mit M. → Caelius (2) Rufus und → Cicero befreundet; er hatte eine Tochter des Q. → Caecilius (15) Metellus Pius Scipio zur Frau, Cornelia, die nachmalige Gattin des → Pompeius (2). Chr. M.

5. **L. Crassus,** M., cos. 30 v. Chr., Sohn des M. L. Crassus, quaest. 54, und der → Caecilia (3) Metella, Enkel des Triumvirn → Crassus, Adoptivvater des M. L. Crassus Frugi, cos. 14 v. Chr. Geb. ca. 64. Zunächst Parteigänger des Sex. → Pompeius (4), gelangte vermutlich auf Grund des Vertrages von Misenum (39) zur Quästur. 36 schloß er sich an → Antonius (2) an und war ca. 37–35 Statthalter von Creta-Cyrene. Er trat wahrscheinlich kurz vor Actium auf die Seite Octavians (→ Augustus) und wurde daraufhin Konsul, ohne Prätor gewesen zu sein. Er erhielt den Befehl über die maked. Legionen und unternahm als Prokonsul 29/28 erfolgreiche Feldzüge gegen Balkan- und Donauvölker. Im J. 29 erkannte ihm der Senat bereits Supplikation und Triumph zu. Da L. den König der Bastarner eigenhändig getötet und nach seiner Auffassung den Krieg unter eigenen Auspizien geführt hatte, beanspruchte er darüber hinaus die Imperatorakklamation und das Recht, im Anschluß an den Triumph die spolia opima im Tempel des Iuppiter Feretrius darzubringen. Aus politischen und persönlichen Gründen verwehrte ihm Octavian beides. Der Triumph *ex Thraecia et Geteis* fand jedoch am 4. 7. 27 statt. Möglicherweise führten u. a. diese Ereignisse zur sog. Neuordnung des → Augustus 27 v. Chr. U. Wm.

Lit: R. Syme, Roman Revolution (1939), 1952², Ind. S. 552 – Ders., Piso Frugi and Crassus Frugi, JRS 50, 1960, 12–20.

6. **L. Crassus Dives,** P. (cos. 97 v. Chr., cens. 89), triumphierte 93 über die Lusitaner; im → Bundesgenossenkrieg (90) Legat. 89 mit L. → Julius (7) Caesar Censor. 87 war er unter den führenden Optimaten und beging nach → Marius' (1) Rückkehr Selbstmord. G. G.

7. **L. Crassus Mucianus,** P. (quaest. 152 v. Chr., aed. 142[?], praet. ca. 135, IIIvir agr. iud. assign. 133–130, cos. 131, pont. max. 132–130), leiblicher Sohn des P. → Mucius (2) Scaevola. L. war berühmt als Redner und Rechtslehrer, galt als sehr reich (Gell. 1, 13, 10 = Asell. hist. 8; Cic. de or. 170; Brut. 98; Pompon. dig. 1, 2, 2, 40). L. war scharfer Gegner des P. → Cornelius (29) Scipio Aemilianus und unterstützte die Reformpläne des Tib. → Gracchus (1) (Cic. rep. 1, 31; Plut. Tib. Gracch. 9). Obwohl er pontifex maximus war, erreichte er es, den Oberbefehl gegen → Aristonikos in Kleinasien zu erhalten. Nach einigen Erfolgen unterlag er 130 und fiel dem Feind in die Hände (Liv. perioch. 59; Gell. 1, 13, 11 f.; Frontin. strat. 4, 5, 16). A. L.

Lit: F. Münzer, Röm. Adelsparteien, 1920 – J. Carcopino, Autour des Gracches, 1928.

8. **L. Imbrex,** lat. → Komödiendichter (→ Palliata), von dem nur 2 Verse aus dem Stück ‹Neaera› erhalten sind, im Komikerkanon des → Volcacius Sedigitus (Gell. 15, 24) an 4. Stelle genannt. Möglicherweise ist L. Imbrex (‹Hohlziegel›) mit dem bei Livius (31, 12, 10) genannten → L. (16) Tegula (‹Deckziegel›) identisch. H. M.

Frg: CRF 35.

9. **L. Lucullus,** L. (cos. 151 v. Chr.), als Konsul und Prokonsul in Hispania citerior, überfiel 151 die Vakkeer, 150 die Lusitaner; seine Habgier, Grausamkeit und Heimtücke waren berüchtigt (App. Ib. 49 ff., 59–61; Liv. perioch. 48). L., Großvater des Konsuls von 74, errichtete einen Tempel für Felicitas (Dio Cass. Fr. 76,2). A. L.

Lit: H. Simon, Roms Kriege in Spanien, 1962.

10. **L. Lucullus** → Lucullus.

11. **L. Macer,** C., Vater des neoterischen Dichters C. Licinius → Calvus, kämpfte 73 v. Chr. als Volkstribun gegen die sullanische Verfassung für die Wiederherstellung der tribunizischen Rechte (Sall. hist. 3, 48); ca. 68 Prätor, 66 in einem Repetundenprozeß, bei dem → Cicero den Vorsitz führte, verurteilt, bald danach gestorben. Mit dem Historiker → Sisenna befreundet, schrieb er 16 (?) Bücher sorgfältig ausgearbeitete Annalen von der Gründung Roms an, deren Weitschweifigkeit Cicero tadelt (leg. 1, 7). Die Fragmente verraten Einfluß des asianischen Stils und zeigen noch deutlich die popularen Tendenzen sowie die Bevorzugung der gens Licinia. Durch Benutzung alten Urkundenmaterials, der ‹libri lintei›, versuchte L. zu genaueren Angaben über die Magistrate des 5. und 4. Jh.s zu kommen. → Livius (1) in der 1. Dekade und → Dionysios (16) v. Halikarnaß benutzten ihn als Quelle. R. T.

Frg: HRR I 298–307 – ORFr (Malc.) 356–358 – *Lit:* F. Münzer, RE 13,1 (1926), 419–428 – A. Klotz, Livius u. seine Vorgänger, 1940/41 – P. G. Walsh, Livy, 1961, 110 ff.

12. **L. Murena,** L. (praet. 65, cos. 62 v. Chr.), aus alter prätorischer Familie. Als junger Offizier nahm L. an den Feldzügen seines Vaters gegen → Mithridates VI. (83–81) teil, später war er Legat des → Lucullus im Osten, 69/68 Mitglied der vom Senat bestellten Zehnerkommission zur Ordnung der östlichen Provinzen. Nach der Prätur Statthalter der Gallia Transalpina, vielleicht auch der Cisalpina. Nach der Wahl zum Konsul wegen Wählerbestechung angeklagt, u. a. von M. → Cato (2), von → Cicero verteidigt (Rede Pro Murena) und freigesprochen. Chr. M.

13. **L. Stolo,** C. (tr. pl. 376–367, cos. 364 oder 361), zusammen mit L. Sextius Sextinus Lateranus (tr. pl. 376–367, cos. 366) entschiedenster Vorkämpfer der Plebejer um die politische Gleichstellung mit den → Patriziern. Nach der unsicheren Überlieferung brachten Stolo und Lateranus die nach ihnen benannten drei leges Liciniae Sextiae ein, die die Zulassung der Plebejer zum → Konsulat, die Schuldentilgung und die Beschränkung des Besitzes an Ackerland auf 500 iugera zum Inhalt hatten. Ihre Gesetze, bes. das → Ackergesetz, sind in der Forschung umstritten, gesichert scheint allein das Gesetz über das Konsulat durch die → fasti consulares zu sein. Lateranus, der als gemäßigter galt, wurde 366 als erster Plebejer zum Konsul gewählt. R. W

14. **L. Sura,** L., cos. suff. 97 (?), ord. II 102, III 107. Homo novus aus Hispania Tarraconensis, Freund und Landsmann → Trajans. Falls Dessau 1022 auf ihn zu beziehen ist, senatorische Laufbahn z. T. als Kandidat → Domitians, Legionslegat der I Minervia in Bonn (ca. 93–97), Statthalter der Belgica (ca. 97). Wichtige Rolle bei der Adoption Trajans durch → Nerva. Statthalter von Germania inferior (ca. 98 bis 100/101). Legat und Begleiter Trajans in beiden Dakerkriegen, mit Triumphalornamenten und einer Statue ausgezeichnet. L. starb ca. 110 und erhielt ein Staatsbegräbnis. Als hervorragender Redner verfaßte er Trajans Ansprachen. Er begünstigte die Beziehungen zwischen Trajan und → Hadrian. Gönner → Martials. An ihn sind Plin. epist. 4, 30; 7, 27 gerichtet. Er war reich und gebildet und besaß eine

politische Vorrangstellung seit Domitian. Zu seinem Verhältnis zu Trajan Dio Cass. 68, 15, 3 ff. U.Wm.

Lit: R. Syme, Tacitus, 1958, Ind. 840 f.; App. 85.

15. **L. Tegula,** P., verfaßte 200 v. Chr., wie → Livius (2) Andronicus 207, ein von 27 Jungfrauen gesungenes Sühnelied für Juno Regina (Liv. 31, 12, 9). E.Bk.

Lit: H. Bardon, La litt. lat. inconnue I, 1952, 34–35.

Licinius, vgl. auch → Calvus, → Crassus, → Lucullus, → Mucianus, → Porcius.

Liebeslieder. Ägypt. L. sind nur aus dem Neuen Reich belegt, also einer Zeit, in der die Erotik aussprechbar geworden war. Es ist eine Art ‹Schäferpoesie›, in der die Geliebte gern die Gestalt der Gärtnerin annimmt. Es finden sich schon Typen, die auch später beliebt wurden, wie das Beschreibungs- und das Tagelied. Ausländischer Einfluß ist nicht zu erkennen. W. Hk.

Übers: S. Schott, Liebeslieder, 1950 – *Lit:* A. Hermann, Altägyptische Liebesdichtung, 1959.

[2] Zum griech. und röm. L. → Lyrik, Bukolik.

Lieblingsnamen. Auf attischen Vasen erscheinen seit → Exekias sog. Lieblingsinschriften (z. B. *ΟΝΕΤΟΡΙΔΕΣ ΚΑΛΟΣ*), die besagen, daß der meist aus bedeutender Familie stammende Genannte seiner jugendlichen Schönheit und Begabung wegen allgemein bewundert wird. Die Gefeierten sind Knaben und Jünglinge, so daß sich eine Erwähnung auf rund 10 Jahre beschränkt. Anonyme Vasenmaler werden zuweilen nach dem von ihnen bevorzugten L. benannt. Durch Identifizierung der L. mit historisch faßbaren Persönlichkeiten läßt sich eine annähernde Datierung der wichtigsten L. und der zugehörigen Vasen gewinnen (→ Vasen D):

550–40	Stesias (→ Exekias)
540–30	Onetorides (Exekias)
520–10	Memnon, Hipparchos (→ Oltos, → Epiktet, 1)
515–05	Epilykos (→ Skythes)
510–00	Leagros (→ Euphronios, → Euthymides)
um 500	Megakles I (Euthymides) Athenodotos (→ Panaitiosmaler)
500–490	Panaitios, Chairestratos (→ Panaitiosmaler, → Duris)
490–80	Hippodamos (→ Duris, → Makron)
475–65	Glaukon, Sohn des Leagros (→ Pistoxenosmaler)
470–60	Alkimachos I (Chicago-Maler)
460–50	Diphilos, Sohn des Melanopos (→ Achilleusmaler)
460–45	Euaion, Sohn des Aischylos (→ Euaion-Maler)
um 450	Hygiainon, Alkimedes (Achilleusmaler)
450–40	Alkimachos II (→ Polygnot, 1; Achilleusmaler)
445–35	Axiopeithes (Achilleusmaler)
440–30	Kleophon, Megakles II (→ Kleophonmaler). I. Sch.

Lit: D. M. Robinson–E. J. Fluck, A Study of the Greek Love-Names, 1937 – Beazley, ARV² 1559 ff.

Ligarius, Q. war als Legat in Africa, als P. → Attius (2) Varus 49 v. Chr. dort landete. L. übergab diesem das Kommando und hinderte den rechtmäßigen Statthalter L. → Aelius (9) Tubero an der Landung. Kämpfte gegen Caesar, 46 verbannt. Als man seine Begnadigung betrieb, von Q. → Aelius (10) Tubero, dem Sohn des Lucius, wegen Landesverrats angeklagt. Cicero verteidigte ihn mit Erfolg (Rede Pro Ligario). 44 schloß er sich den Caesarmördern an. Chr. M.

Ligatur, enge Verbindung zweier Buchstaben zu einer neuen Buchstabenform, z. B. griech. ȣ = *ου*. H. Hg.

Ligurer, indogermanisches Urvolk, dessen Stämme (Apuani, Bagienni, Deciates, Ingaunii, Intemelii, Oxybii, Salluvii, Segobrigi, Stoeni, Vedranti) ursprünglich ihre Sitze von den Pyrenäen bis in die obere Poebene und von den Alpen bis ins Arnotal und nach Korsika hatten. Durch die kelt. Einwanderung (→ Kelten B 2) im 4. Jh. auf das Gebiet der Seealpen und den nordwestl. Apennin bis in die Apuanischen Berge beschränkt (Kt. 1420 BC 3). Nach dem 2. → Pun. Krieg wurden die L. in den ersten 20 Jahren des 2. Jh.s durch die Römer unterworfen, die Apuani unter den Konsuln von 181 P. Cornelius Cethegus und M. Baebius (daher L. Baebiani und Corneliani; Plin. nat. 3, 105) in die Gegend von Benevent, den Ager Taurasinus umgesiedelt. Unter Augustus wurde Liguria als 9. Region eingerichtet. B. A.

Lit: Nissen, I 468 ff.; II 131, 814 ff. – N. Lamboglia, Liguria romana, 1939 – Zur Erforschung der L. ist in Bordighera das Istituto di Studi Liguri unter Leitung von C. Lamboglia eingerichtet; Veröffentlichung der Rivista di Studi Liguri, Rivista Ingaunia et Intemelia.

Liktoren, schritten mit den → fasces den röm. Magistraten in der Öffentlichkeit voran, als Repräsentanten magistratischer Macht. Die L. erledigten niedrigere Amtspflichten (wie Ladung, Verhaftung, Geißelung, Hinrichtung), sie mußten von freier Geburt sein (häufig → Freigelassene), ihre Zahl schwankte je nach Rang der Magistrate (Dictator: 24; Konsul: 12; Prätor: in der Stadt 2, in der Provinz 12; Kaiser: 12, seit Domitian 24). Die Institution der L. ist vermutlich etrusk. Ursprungs. A. L.

Lit: G. De Sanctis, I fasci littori, RFIC 57, 1929, 1–9 – K. H. Vogel, Imperium und fasces, ZRG 67, 1950, 99 ff.

Likymnios, der einzige den Taphiern entkommene Sohn des Elektryon. Mit → Amphitryon nach Theben gezogen, ist er eng mit → Herakles und den → Herakliden verbunden. Von → Tlepolemos getötet. L. H.

2. **L.,** → Redner, Ende 5./1. H. 4. Jh. v. Chr., Schüler des → Gorgias; wahrscheinlich mit dem dithyrambischen Dichter gleichen Namens aus Chios identisch. Eine *τέχνη ῥητορική* von ihm erwähnt Aristoteles rhet. 3, 13 p. 1414 b 17 nicht ohne Kritik an seiner Terminologie, welche keine exakten Definitionen nach genus und differentia specifica bringe. Wie es gut zu dem Dithyrambiker paßt, legte er Gewicht auf die Schönheit des Ausdrucks, die er durch dichterischen Wortgebrauch zu erreichen suchte, und achtete auf die Klangwirkung. J. H. K.

Ed: Anth. lyr.² II 131 f. – L. Radermacher, in: Artium scriptores, SB Wien 227, 3, 1951, 117 f. – *Lit:* Blaß I, 85 f.

Lilie (*κρίνον, λείριον*). Unter den L.n-Arten der antiken Überlieferung, die wild und kultiviert als Gartenzierpflanzen bezeugt sind, ist bes. die weiße L. von Bedeutung. Man dachte sie aus der Milch der Hera entstanden, die den Herakles nährte. Dagegen war die L. der Aphrodite verhaßt, die aus Schadenfreude der Blume einen gelben, keulenförmigen Pistill einsetzte und damit an den Phallos des brünstigen Esels erinnerte. (Die Ablehnung der L. im Aphroditekult dürfte dazu beigetragen haben, daß die L. in christl. Zeit zum Keuschheitssymbol wurde.) L.n-Kränze tragen die Musen. L.n waren in den goldenen Mantel des Zeus zu Olympia eingewoben. Das L.n-Motiv ist bereits der kret.-myk. Kunst vertraut, deren Darstellungen auf gepflegte Zierpflanzen deuten, ohne daß wir die Arten botanisch näher bestimmen können. Vgl. → Flora. J. W.

Lit: Murr, Pflanzenwelt, 215 f. – Hehn, 255. 261–263 – Olck, RE 7, 1 (1910), 770 f. 792–796. 802 – S. Marinatos, Kreta u. das myk. Hellas, 1959, 39.

Lilybaion, heute Marsala, an der W-Küste → Siziliens (Kt. 1420 E 9), nach dem gleichnamigen Vorgebirge genannt, von den Karthagern an Stelle des 398 v. Chr. durch → Dionysios I. v. Syrakus vernichteten → Motye gegründet, seitdem stark befestigter Stützpunkt. L. wurde nie erobert (erfolglos belagert 279 von → Pyrrhos, 250–241 von Rom, 218 von Karthago). In röm. Zeit war es eine der

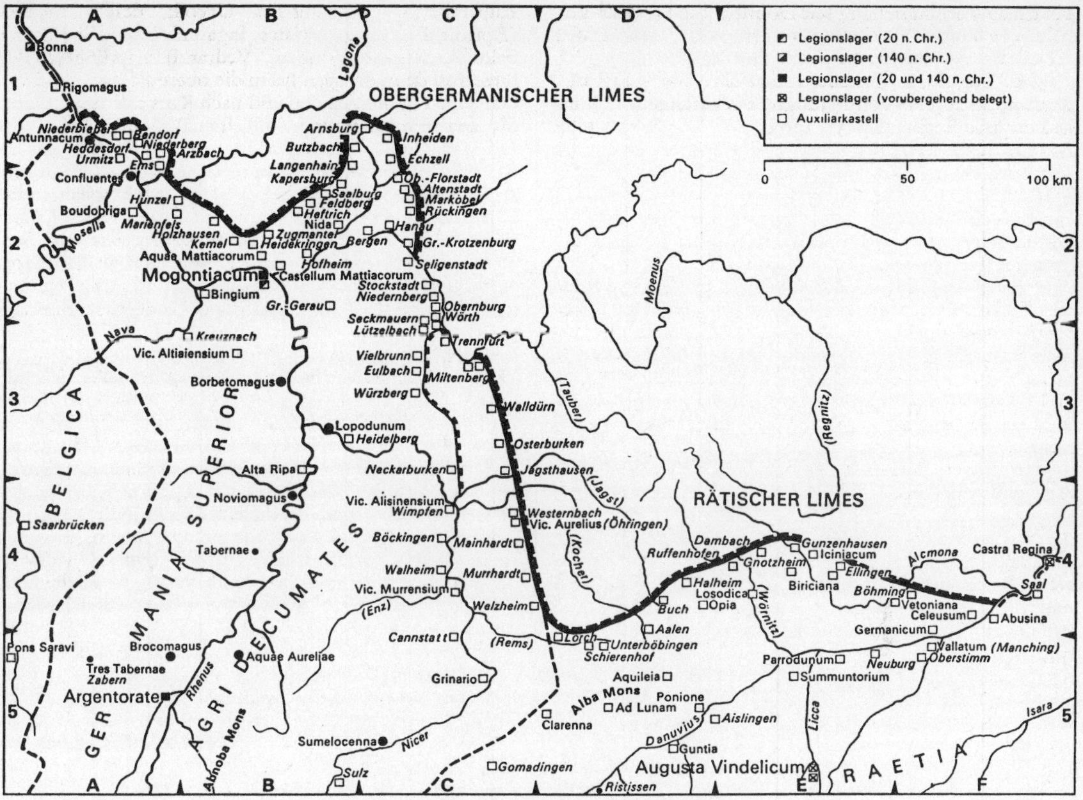

Abb. 137 Der obergermanisch-rätische Limes

Hauptstädte der Provinz Sizilien. Außer Teilen der Stadtmauer, des mächtigen Grabens und des Hafendammes nur unbedeutende antike Reste. Vgl. EAA 4, 1961, 627–630.

E.M.

Limes. [1] Die Römer bezeichneten den Grenzweg zwischen zwei Grundstücken als ‹limes›. Von da wurde das Wort auf den militärischen und staatlichen Bereich übertragen, und für uns wird ‹limes› zuerst bei Tacitus in der Bedeutung ‹Reichsgrenze› gebraucht (die an einem Fluß verlaufende Grenze wird ‹ripa› genannt). Die Reichsgrenze wurde in fast allen Teilen des Reiches seit Ende des 1. Jh.s n. Chr. militärisch gesichert.

[2] In *Obergermanien* ließ Domitian anläßlich des 1. Chattenkrieges entlang der Grenze Beobachtungsstationen (Holztürme) einrichten, die miteinander in Sichtverbindung standen. Außerdem wurden in der Wetterau, am Main (z. B. Hanau) und am mittleren Neckar Kastelle erbaut, wenn auch die meisten Auxiliarkohorten noch im rückwärtigen Gebiet lagen. Unter → Trajan (98–117 n. Chr.) blieb der L. eine offene Grenzscheide. Unter → Hadrian (117–138 n. Chr.) sicherten die Römer die L.-Linie durch eine Holzpalisade, um die Durchgänge in das Provinzialland auf wenige Stellen zu beschränken, unter → Antoninus (2) Pius wurde sie in bescheidenem Umfang noch einmal vorverlegt. Der Palisadenzaun stand in einem kleinen Graben; am L. entlang führte ein Fahrweg. Außer den Auxiliareinheiten, die nun unmittelbar am L. stationiert waren, versahen die neu eingerichteten, beweglicheren Truppen (numeri) den Wachdienst in Berg- und Waldlandschaften. Im 3. Jh. n. Chr. wurde in Obergermanien hinter der Palisade ein Graben mit V-förmigem Querschnitt angelegt und das ausgehobene Erdreich zu einem Wall aufgeschüttet. Gefährdet war die L.-Linie erst unter → Severus (2) Alexander (222–235) durch zahlreiche Einbrüche der Germanen. Um 260 durchbrachen ihn die → Alamannen endgültig.

[3] In *Rätien* sind ebenfalls in trajanisch-hadrianischer Zeit große Teile des L. angelegt worden (Palisaden und Holztürme, später Steintürme). Als z. Zt. → Caracallas (212 bis 217) zum erstenmal → Alamannen gegen den rätischen Limes anstürmten, wurde die Palisade durch eine 1–1,2 m starke und 2,5–3 m hohe Mauer ersetzt. → Gallienus gab schließlich den nördl. der Donau gelegenen L. auf (254 oder 259/260). – Der obergerman.-rätische L. begann am Rhein gegenüber der Mündung des Vinxtbaches zwischen Hönningen und Rheinbrohl und führte über den Westerwald, Taunus, an der äußeren Grenze der Wetterau entlang zum Main (von Hanau bis Miltenberg; vor Antoninus Pius von Wörth/Main über den Odenwald zum Neckar), weiter in südl. Richtung bis Lorch (westl. Schwäb. Gmünd), von dort (Anfang des rät. L.) nordöstl. über Aalen bis Gunzenhausen und dann über die fränkische Alb zur Donau, wo er westl. von Kelheim endete (vgl. Karte 137).

[4] In *Britannien* können zwei Linien sicher als L. bezeichnet werden: 1. Die zunächst von → Agricola (1; 80 n. Chr.) gesicherte und 142 n. Chr. von Antoninus Pius neu befestigte Clyde-Forth-Linie. Sie begann unterhalb von Glasgow und endete auf der Südseite der Forth-Mündung (oberhalb Edinburghs). Die Sperre bestand aus einem Wall und einem davor liegenden Graben. – 2. Die Solway-Tyne-Linie (Hadrianswall). Sie überquerte Nordengland an der engsten Stelle. Charakteristisch für diesen Limes ist eine bis 3,5 m hohe Mauer und ein dahinter liegender Graben, an dessen Rändern zusätzlich Wälle aufgeworfen worden waren. Entlang beider Linien standen zahlreiche größere und kleinere Kastelle (vgl. Karte 502 B1).

[5] Die Grenze der *Donauprovinzen* bildete lange Zeit die Donau. Diese Linie war ähnlich gesichert wie der ober-

german.-rätische L. Außerdem sind Limesanlagen an verschiedenen Stellen links der Donau errichtet worden, die der Erschließung und zeitweiligen Besitznahme des Gebietes dienten: ein Erdwall zwischen Draumündung und Theiß und eine von der Altmündung nach Norden (in Richtung Südkarpaten) führende Befestigungslinie aus der Zeit Hadrians (östl. davon parallel eine Mauerlinie aus der Zeit Caracallas). In west-östl. Richtung verliefen die unter Trajan erbauten Wälle (in der heutigen Dobrudscha) zwischen Donau und Schwarzem Meer. Wie an allen Grenzen sind auch hier die Kastelle ein wesentlicher Teil der Sicherungsanlagen gewesen.

[6] Am häufigsten veränderten sich die *Orientgrenzen*. Dies erklärt u.a. das weitgehende Fehlen einer fortlaufenden Grenzsperre. Allerdings hatten die Römer an den verschiedenen Grenzlinien Kastelle und Legionslager angelegt. Eine befestigte Verbindung bestand vielleicht zwischen Bostra (Busra) und Palmyra. Streckenweise war der Euphrat Reichsgrenze. Außerdem nimmt man an, daß →Septimius (3) Severus die Südostgrenze durch einen L. sichern ließ, nachdem die Provinz Mesopotamia wiederhergestellt worden war. Als L. kann auch die Straße angesehen werden, die von Norden nach Süden das 105 n.Chr. durch Trajan zur Provinz erhobene Nabatäerland (heute Jordanien) durchzog. Sie wurde – wie die Via nova zwischen Bostra und Philadelphia – 111 n.Chr. gebaut und durch Wachtposten gesichert. Unter →Diokletian wurde zum Schutz der dortigen Reichsgrenze die sog. Strata Diocletiana errichtet.

[7] Auch in *Africa* (Numidien, Regio Tripolitana, Mauretania) war die Grenze gleichzeitig mit den Straßenbauten unter den Flaviern geordnet und befestigt worden. Dabei ging es besonders um die Abwehr der aus Wüste und Gebirge von Süden vorstoßenden Barbaren und um die Kontrolle der zur Küste führenden Verkehrswege. Die Militärstationen an den Endpunkten der Karawanenstraßen waren durch bewachte Wege mit den Küstenstädten und zugleich in ost-westl. Richtung untereinander verbunden. Im 2. und 3.Jh. wurden einzelne Stützpunkte in der ganzen Länge der südlichen Grenze bis in die Sahara vorgeschoben. – Die Anlage militärisch organisierter Grenzlinien entsprach der defensiven Haltung, die vor allem die Politik Hadrians kennzeichnet. G.G.

Lit: E. Fabricius, Limes, RE 13,1 (1926), 572–671 – W. Schleiermacher, Der röm.L. in Deutschland (1959), 1961² (Lit) – G.Form, EAA 4, 1961, 630–636.

Limetanus →Mamilius.

Linde (φίλυρα, tilia), den Alten in mehreren Arten bekannt. Nicht sicher verbürgt ist die Verbindung mit der namensgleichen Okeanide Philyra, der Mutter des Kentauren →Cheiron. In eine L. verwandelt wurde Baukis, in eine →Eiche ihr Gemahl →Philemon. Hier vertritt die L. das weibliche Prinzip. Dazu fügt sich die Verwendung von L.n-Blüten zu Kränzen im Dienst der →Aphrodite. Die Verbindung mit der Göttin hat ihre Entsprechung im skyth. Brauchtum, wo die durch Geschlechtswandel gekennzeichneten Enarees als Diener der Aphrodite aus L.n-Bast weissagten (Hdt.4,67). Mit L.-Bast bekränzten sich die Römer nach altem Brauch zum Fest der →Ceres. – Das →*Holz* der L. wurde wegen seiner Weichheit bevorzugt verarbeitet (Truhen, Kästen, Gefäße, Schreibtafeln). Die Rinde verwendete man zu Körben und Dachverkleidung. In der Heilkunde dienten die Blätter, aber nicht die Blüten. Vgl. →Flora. J.W.

Lit: Murr, Pflanzenwelt, 15–17 – Hehn, 598 – A.Steier, RE Suppl. 5 (1931), 594–598.

Lindos, eine der drei alten Städte der Insel →Rhodos, an der Ostküste (Kt.1152 I7). Im 6.Jh.v.Chr. Regierung des Kleobulos; Mitglied des →Att.Seebundes (Rede des →Antiphon, *Περὶ τοῦ Λινδίων φόρου*). Akropolis mit Tempel der Athena Lindia und Nebenbauten aus dem 4.Jh. und später, ein Theater. Bedeutende Inschrift (→Anagraphe) mit Tempelchronik (99 v.Chr. aufgezeichnet). E.M.

Lit: Chr.Blinkenberg, Lindos, fouilles et recherches, bisher 6 Bde. seit 1931 – A. di Vita, L. EAA 4, 1961, 638–644.

Lindum (Kt. 502 B 2, heute Lincoln), befestigtes Lager der Legio IX Hispana bald nach 43 n.Chr. (vgl. Tac.ann. 14,32) im Gebiet der Coritaner, später, nach Auskunft von Grabsteinen, offenbar der Legio II Adiutrix (von 71 bis 86/88). Nach der Verlegung der Legio IX Hispana wurde L. Kolonie, die den Hügel auf dem nördl. Ufer des Withan einnahm und ihre Größe unter röm. Herrschaft verdoppelte. Offenbar ein Verkehrsknotenpunkt, vielleicht Sitz eines Bischofs.

Lit: I.A.Richmond, The Roman city of Lincoln, Arch.Journ. 103, 1947, 26–56.

Linear A, B →Kretische Schrift, →Mykenisch.

Linos. (1) Sohn des Apollon und der Psamathe: →Koroibos; (2) Sohn der Muse Urania und des Amphimaros, von Apoll getötet, weil er mit ihm in der →Musik (A2) wetteiferte (Paus.9,29,6ff.). Nach anderen Lehrer des →Herakles und von diesem, als er ihn strafen will, mit der eigenen Leier erschlagen (Theokr.24,103; Apollod.2,63). Mehrfach auf Vasen dargestellt, auch als Lehrer Iphikles. K.Schb.

Lit: E.Paribeni, Lino, EAA IV, 1961, 644f.

Linse (φακῆ; Frucht: φακός), früh in Ägypten, im Orient und im Mittelmeergebiet angebaut, war in klassischer Zeit Nahrungsmittel der Armen, während sie die Reichen verschmähten (Aristoph.Plut.1004; Ath.4,159; vgl. noch Strab.17,1,34: L.n als Nahrung der Pyramidenarbeiter). Von der griech. Bezeichnung ist lat. lens, lentis grundverschieden, so daß wir für die Italiker eine andere Herkunft annehmen dürfen. Auf altes Brauchtum weist die Verwendung der L. beim röm. Totenmahl (Plut.Crass.19). Vgl. →Flora. J.W.

Lit: Murr, Pflanzenwelt, 163–168 – Hehn, 212–215. 220f.

Lipara, Liparische Inseln (Kt.1420 G9), vulkanische Inselgruppe zwischen Süditalien und Sizilien (der Vulkan von Stromboli heute noch tätig), insbes. Name der Hauptinsel, heute Lipari. Um 575 v.Chr. von griech. Kolonisten aus →Knidos und →Rhodos besetzt, seit dem Tod des →Agathokles (289) karthagisch, seit dem 1.Pun.Krieg römisch. Die Inselgruppe hieß im Altertum auch ‹Inseln des (Windgottes) Aiolos› oder ‹aiolische› Inseln. Neuere Grabungen haben gezeigt, daß die Inseln schon seit der jüngeren Steinzeit bedeutende Siedlungen trugen und im 2.Jt.v.Chr. mit Griechenland in lebhaften Handelsbeziehungen standen; bei Ankunft der griech. Siedler waren sie jedoch unbewohnt. E.M.

Lit: K.Ziegler, RE 13,1 (1926), 719–721 – L.Zagami, L. e i suoi cinque millenni di storia, 1960 – L.Bernabò Brea-M.Chevalier, La stazione preistorica della contrada Diana e la necropoli protostorica di L., 1960 – A.D.Trendall, L., EAA 4, 1961, 648–651.

Liris (Kt.1420 F6; heute Liri, im Unterlauf Garigliano), 158 km langer Fluß im Gebiet der →Marser, →Herniker, →Aurunker. Entspringt westl. vom →Fuciner See, dessen Wasser er durch den claudischen Emissar aufnahm, und mündet bei Minturnae ins Tyrrhenische Meer. Bildet hier seit →Augustus' Regioneneinteilung die Grenze zwischen Latium und Kampanien. B.A.

Lit: Nissen, I 329f.

Lischt, Ort am Faijûmausgang (Kt. 29 C 3), bei dem im Mittleren Reich die Residenz (*Iṯ-tȝ.wj*, ‹Bezwinger der beiden Länder›) lag; sie ist nicht aufgedeckt. Außerdem werden nach L. die beiden von Amenemhet I. und Sesostris I. errichteten →Pyramiden am Wüstenrand benannt. Sie sind, da aus Nilschlammziegeln aufgerichtet, stark zerstört.

Lit: H.Gauthier-G.Jéquier, Fouilles de Licht, 1897. W.Hk.

Litai, →Personifikation der Reue- und Sühnegebete, die auf den angerichteten Schaden (→Ate) folgen, bei Homer Il.9,502–504. Die späteren Anspielungen auf solche L., bes. AP 11,361, gehen alle von dieser Homerstelle aus. O.G.

Literatur

I. Griechische L. – II. Lateinische L. – III. Christliche L.

I. Griechische Literatur

A. Periodisierung – B. Deutung – C. Beurteilung – D. Erhaltungszustand – E. Quellen.

A. PERIODISIERUNG. Stilgrenzen, d.h. Einteilungen historisch gewachsener lit. Phänomene, stehen im Verdacht, willkürlich gesetzt zu sein. Um die griech. L. ist es in dieser Hinsicht besser bestellt: wenigstens in ihrer wichtigsten Phase, in der archaischen und eigentlich klass. Zeit (bis zum Tode Alexanders), gehen die jeweiligen Gruppierungen ungezwungen aus der Sache hervor. Auch in den späteren Jahrhunderten finden sich Epochengrenzen, die nicht nur das politische, sondern auch das geistige Leben spürbar gliedern. Hinzu kommt, daß bestimmte Perioden (das Zeitalter Homers, das 5. und 4. Jh. v. Chr.) als Höhepunkte in der Geschichte der jeweiligen Gattung hervortreten und diese Geschichte artikulieren. Sie dürfen auch dem L.historiker als klassisch gelten, sofern er nur in diesem Attribut Stil- und Epochenbegriff zu vereinigen bereit ist. – Die griech. L. umfaßt vom homerischen Epos bis zum Erlöschen der Alten Welt fast 1500 Jahre (ihren weiteren Weg in MA und Neuzeit können wir hier nicht verfolgen). In der ersten Epoche, die sich vom Beginn bis in das 5. Jh. v. Chr. hinein erstreckt, vollzieht sich die Entwicklung nach Stämmen und Dialekten getrennt. Erst der jungen att. Demokratie ist es gelungen, die bestehenden lit. Formen zusammenzufassen und in bisher unbekannte Gestalten umzuprägen. Damit wurde eine neue Zeit eingeleitet. Wir dürfen also, um die Fülle des Materials leichter übersehen zu können, folgende Grenzen ziehen:

[1] *Archaische Zeit* (etwa 750–450): a) L. in ion. Sprache: → Epos, → Iambus, → Elegie, wissenschaftliche Prosa (vor allem Philosophie und Geschichtsschreibung), → Novelle. – b) L. in äol. Sprache: das lesbische Lied (→ Lyrik I B 1 b), die (nicht erhaltene, vorhomerische) Ballade. – c) L. in dor. Sprache: Chorlyrik (→ Lyrik I B 2), sizil. → Komödie, Phlyaken, Possen (→ Komödie I A 2).

[2] *Klassische Zeit* (etwa 450–323). L. in att. Sprache: → Tragödie, → Komödie, Kunstprosa (→ Rhetorik: politische Rede, Gerichtsrede, Epitaphios, Epideixis, Enkomion), wissenschaftliche → Geschichtsschreibung, philosophischer → Dialog, Lehrschrift, → Brief u.a. – Die in archaischer Zeit ausgebildeten Gattungen bestanden natürlich auch im 5. und 4. Jh. weiter, aber sie mußten vor den überzeugenden Leistungen der att. Schriftsteller zurückstehen.

Unsere Bemerkung, die Entwicklung habe sich nach Stämmen und Dialekten getrennt vollzogen, betrifft nur die jeweiligen Anfänge: schon früh bildete sich in jeder Gattung eine nach lit. Prinzipien geformte Kunstsprache heraus, die vom gesprochenen Dialekt des betreffenden Stammes nicht unerheblich abwich, so die homerische Kunstsprache, die Sprache der ion. wissenschaftlichen Prosa und das Dorisch der Chorlyrik. Diese Ausdrucksmöglichkeiten waren erlernbar, sie wurden in Dichterschulen gepflegt und konnten von Griechen aus allen Distrikten des Landes gehandhabt werden. Es ist also nicht erstaunlich, daß spätestens vom 6. Jh. an vielseitige Künstler ihr Schaffen auf mehrere Gattungen auszudehnen vermochten (→ Xenophanes, → Simonides, → Ion von Chios u.a.). – Gleichzeitig begannen sich die Grenzen dieser überkommenen Gattungen zu verwischen: indem man traditionelle lyrische Formen zu anderen Zwecken verwendete (z.B. die Form des Lobliedes als Schmähgedicht), entstanden zuvor nicht bekannte Gattungen (etwa das Spottepigramm, das von Simonides geschaffen wurde).

[3] *Hellenistische Zeit* (322 bis 27 v. Chr.): neben der Weiterpflege der überkommenen Genera schuf man neue Formen (z.B. das bukolische Idyll). Auf fast allen Gebieten des menschlichen Wissens blühte rasch eine ausgedehnte Spezialliteratur empor.

[4] *Kaiserzeit* (von Augustus bis zum 6. Jh. n. Chr.: a) Der erste Abschnitt *(bis Konstantin)* ist durch eine ungemein reiche Produktion in fast allen Bereichen des Geisteslebens gekennzeichnet. Bemerkenswerte Erscheinungen sind der Typus des allseitig gebildeten Schriftstellers (→ Plutarch) und die Bewegung des → Attizismus (2. Jh. n. Chr.), neue Ausdrucksformen der → Roman, auch der satirische Essay (→ Lukian), von anderen, unbedeutenderen Variationen des bereits Bekannten zu schweigen. – b) Die Zeit *nach Konstantin* muß, obwohl das 4. Jh. nach den Stürmen der vorangehenden Zeit wieder Frieden und Wohlstand sah, als Periode der allmählichen literarischen Erschlaffung angesehen werden. Immerhin blühte die → Rhetorik, noch lange die Schule der → Neuplatoniker und in Ägypten die sog. Dichterschule des → Nonnos.

B. DEUTUNG. [1] Die Forschung hat mehrere Gesichtspunkte aufgestellt, die dazu beitragen können, die eben skizzierte Abfolge zu erklären, die Grenzen zu rechtfertigen und die einzelnen Perioden treffender zu charakterisieren. Solche Versuche sind am besten bei Betrachtung der *archaischen und klassischen Zeit* gelungen. Hier bietet sich die Möglichkeit, die Grundformen lit. Äußerungen, vor allem die Urkategorien der Dichtung (Epos, Lyrik, Drama) in ihrer einfachsten und wohl auch reinsten Form zu studieren und nach den Gründen der Reihenfolge ihrer Entstehung zu fragen. Auf die tatsächliche Entwicklung haben sicherlich viele und verschiedene Faktoren eingewirkt, etwa die politischen und religiösen Verhältnisse, wie sie sich im Übergang von der Adelsgesellschaft über die Tyrannis zur Demokratie (→ Griechenland III C 1–3), vom Bild der heitern, schönen und großen homerischen Götter über Zeus, den Gott der Gerechtigkeit bei Hesiod und Aischylos, zur Unvollkommenheit himmlischer Mächte bei Euripides (→ Religion I E 5) abzeichnen. Aufschlußreicher aber ist eine Betrachtung der Entwicklung des Individuums, bes. seines Selbstverständnisses. Sie beobachtet, daß sich in der Sprache der → Lyrik neue Dimensionen eröffnen, wenn dort, im Gegensatz zu den Konventionen der epischen Welt, seelische Regungen verschiedener Art entdeckt werden. Die wachsende Bewußtheit des Einzelnen erreicht einen vorläufigen Höhepunkt, wenn er vom tragischen Dichter in Pflichten → Konflikte gestellt wird, die ihm schwerwiegende Entscheidungen abverlangen. Nur dieser selbständige, ganz auf sich gestellte Mensch kann um letzte metaphysische Wahrheiten ringen, wie es der platonische → Sokrates tut, nur er vermag unbefangen Geschichte zu beurteilen wie → Thukydides und in überlegener Sicherheit private und öffentliche Verhältnisse in kunstvoller Rede (→ Redner) zu gestalten. Die kritische Betrachtung erkennt also, daß hier wie überall dort, wo sich die wesentlichen Fakten der Beobachtung nicht entziehen, jede Stufe der Entwicklung zugleich Folge früherer Voraussetzungen und Ausgangspunkt weiterer Veränderungen ist.

[2] So kann auch die eigentlich klass. L. als Grundlage der *hellenist. Periode* angesehen werden. Das ist schon deshalb in einem bes. Sinne möglich, weil sich ein wichtiger Zweig hellenist. Gelehrsamkeit, die → Philologie (vgl. → Lexikographie, → Überlieferung) und → Grammatik, recht eigentlich um Erhaltung und Pflege der überkommenen Werke bemühte. Andere Blickpunkte sind freilich aufschlußreicher; denn diese Zeit der interessanten Individuen trägt die Kennzeichen einer bes. Sprache (die → Koine; vgl. → Griechisch B 3), ist beseelt von unbändigem Wissensdrang (Blüte der Einzelwissenschaften), liebt neben dem rauschenden Stil der Bauwerke (→ Architektur H 2) die raffinierte Schlichtheit der Poesie, der sie verfeinerte Formen abgewinnt, um neue Perspektiven menschlichen Empfindens zu gestalten. In ihren lit. Produkten, deren sprachliche Formulierung durch die verbindliche Kunstsprache

des jeweiligen Genus bestimmt ist, wendet sie sich freilich nur noch an wenige Hochgebildete, die solchen erlesenen Ansprüchen gewachsen sein müssen. Unsere Schlagwörter ‹l'art pour l'art› und ‹poésie pure› passen nicht übel auf ihre Werke (vgl. → Hellenist. Dichtung A).

[3] Weitaus schwieriger ist es, die Entwicklung während der *Kaiserzeit* zu erklären. Sicherlich haben die L.geschichten nicht unrecht, wenn sie die zunehmende Unfähigkeit des Griechentums in immer neuen Tönen beklagen. Indessen pflegt man nicht zu fragen, ob der Klassizismus, d. h. die sog. zweite Sophistik (→Redner I D), und in ihrem Gefolge der Attizismus mehr sei als eine wenig bedeutsame Fortsetzung des röm. Philhellenismus, wie er sich etwa bei → Plinius (2) d. J. und bei → Quintilian verspüren läßt. Jene romantische Bewegung erzeugte in der griechisch sprechenden Reichshälfte bemerkenswerte Leistungen, und statt sie nur als einseitig oder gar als verfehlt zu bezeichnen, sollte man sich die Frage wenigstens vorlegen, ob sie nicht als bedeutsames Zeichen eines verdrängten Schaffensdranges, dem echte politische Betätigung nicht mehr möglich war, angesehen werden dürfen; denn die unverwüstliche griech. Genialität wird bei geduldiger Betrachtung auch in ihnen sichtbar. – Auf den Gebieten der Fachwissenschaften hielt während der ersten Jahrhunderte die unaufhaltsame Vermehrung der L. (und mit ihr die Erweiterung des Horizontes) an, und ganze Bereiche (z. B. die Grammatik oder Theorie der Rhetorik) wurden jetzt erst vollständig erschlossen. Zwar kam es zu keinen Meisterleistungen mehr, aber die L. kennt auch jetzt noch Gestalten von so echt griech. Schöpferkraft wie → Plotin und selbst in später Zeit so scharfe Denker wie → Proklos. Das Aufblühen des → Bildungswesens (Pflege von Schulen und Universitäten) hat auch in den Jahrhunderten des ausgehenden Altertums angehalten, bis politische Ereignisse das gesamte Kulturleben zu erschüttern begannen. Statt die griech. L. zu eng mit der römischen zu verknüpfen, von der sie auch nach der politischen Vereinigung (2. Jh. v. Chr.) durch prinzipielle Verschiedenheiten getrennt blieb (→ Kaiserzeitl. Dichtung A), würde man sie nicht ohne Erfolg mit der Entwicklung der christl. (s. u.) konfrontieren, wenigstens um zu erkennen, daß diese um gute Köpfe immer reicher wurde, je mehr die profanen Schriftsteller an Originalität und Schaffenskraft verloren.

C. Beurteilung. [1] Manche fremde L. hat auf die griech. Einfluß gewonnen: man darf vor allem die babylonisch-assyrische nennen, da das Gilgameschepos schon dem Iliasdichter bekannt gewesen sein könnte. Hethit. Mythen glaubt man in Teilen der hesiodischen Theogonie wiederzuerkennen (→ Orient und Antike). Indessen ist eine tiefgreifende Beeinflussung oder gar Wesensveränderung nicht nachweisbar: die griech. L. hat ihre Ursprünglichkeit, ihre natürliche Ordnung, Freiheit und Klarheit in allen Entwicklungsphasen bewahrt. Angeborene, durch stete Zucht gehobene Intelligenz und beinahe unersättlicher Wissensdrang leuchten in allen lit. Leistungen dieses ungewöhnlich begabten Volkes auf. Schon seine erste Schöpfung, das homerische → Epos, enthält charakteristische Züge: vor dem Auge des Lesers entsteht eine geordnete, sinnvolle Welt; sie wird von strahlend-schönen, menschlich empfindenden Göttern beherrscht, denen mit vorzeitlichen, magischen Praktiken nicht mehr beizukommen ist. Große Ziele haben sich die homerischen Menschen gesetzt, für Ehre und Freundschaft zu sterben sind sie bereit, und das Wissen um ihre Vergänglichkeit adelt sie, ohne ihnen sentimentale Stimmungen zu gestatten. Alles, was der Dichter zu sagen hat, ist auf edle Menschlichkeit abgestellt, und ein derartiges Ferment muß jeden fremden Bestandteil von Grund aus verändert haben. – Die Fähigkeit, menschlich gültige Allgemeinheiten in den Erscheinungen zu sehen (bzw. in sie hineinzusehen), haben die Griechen nie verloren, und diese Tatsache mag das erstaunliche Faktum zu verstehen helfen, daß Homer während des Altertums Vorbild alles lit. Schaffens geblieben ist; denn die schon im Epos spürbare Tendenz zum Generellen kehrt, in mehr oder weniger verwandelter Gestalt, fast überall wieder. Sie verleiht der gesamten griech. L. das Gepräge der Idealität. In allen diesen Schöpfungen manifestiert sich außerdem ein edles Maß: Vollendung der äußeren und inneren Form galt den Verfassern mehr als Originalität. Besonderheiten der Neuprägung kommen also vor allem in der Umgestaltung vorgefundener Darstellungsmöglichkeiten zum Ausdruck (Bedeutung der → Mimesis): das Prinzip der schöpferischen Umbildung trägt auch zur Erklärung des Befundes bei, daß sich die einzelnen Kunstformen, vor allem in archaischer und klass. Zeit, eng aneinander angeschlossen haben und geradezu auseinander hervorgegangen sind.

[2] Dessen ungeachtet bleiben natürlich die inhaltlichen (sachlichen) Neuerungen auf allen Entwicklungsstufen, wenigstens in vorchristl. Zeit, schlechthin bedeutend. Der unermüdliche griech. Geist hat sich allen Bereichen des Lebens zugewandt, hat ein Forschungsgebiet nach dem anderen erobert, wo er dann stets prinzipielle Fragen stellte (vgl. →Naturwissenschaft) und die Grundlagen einer fruchtbaren Darstellung legte. So kommt es, daß der Betrachter der griech. L. die Grundfächer der heutigen *Wissenschaften* in ihren entscheidenden Anfängen (gewissermaßen in statu nascendi) studieren kann. – Von noch allgemeinerer Wirkungskraft und von weitaus höherer Bedeutung sind diejenigen lit. Leistungen, die stets als Höhepunkte griech. Produktivität angesehen wurden, die Meisterwerke der *Epiker, Lyriker, Dramatiker, Philosophen, Geschichtsschreiber und Rhetoren*. Kraft ihrer Vorbildlichkeit fordern sie immer wieder zu erneuter Betrachtung heraus. Auch wiederholte und intensive Interpretation vermag die Tiefen ihres Gehaltes nicht auszuloten, und der ihnen eigene Glanz ewiger Jugend teilt sich auch dem heutigen Leser mit. – Die durch solche Mustergültigkeit nahegelegte Frage, ob die griech. L. auch eine *pädagogische Tendenz* aufweise, Hörer und Leser also nicht nur belehren und bilden, sondern auch in bestimmtem Sinne erziehen wollte, wird sich erst nach einer allseitig befriedigenden Definition des Begriffes → Erziehung (→ Pädagogik) beantworten lassen. Wenn man die heute übliche Bedeutung zugrunde legt, hat das Problem vor der Zeit des → Isokrates schwerlich bestanden.

D. Erhaltungszustand. Die oben skizzierten Urteile konnten nicht vom gesamten lit. Werk der Griechen ausgehen. Die erhaltene griech. L. ist zwar viel größer als die römische, sie bildet aber doch nur einen Bruchteil dessen, was einst existierte. Da jedoch der Zuwachs von Werken, die auf Papyri wiedergefunden worden sind, die allgemeine Vorstellung von der Besonderheit der griech. Literatur und L. kaum verändert hat, dürfen wir vermuten, ein im groben zutreffendes Bild gewonnen zu haben. Allerdings muß die Frage nach den Überlieferungsvorgängen, welche zu dem augenblicklichen Textbestand geführt haben, vor jeder Interpretation eines Werkes neu gestellt werden. Ob die uns vorliegenden Reste zufällig erhalten blieben oder ob ihre Existenz einer bewußten Selektion verdankt wird, läßt sich erst nach Erforschung des gesamten Überlieferungsweges, auf den mannigfache und oft sehr verschiedene Faktoren eingewirkt haben, sagen (→ Überlieferung).

E. Quellen. Außer den Werken selbst stehen nur folgende Hilfsmittel zur Verfügung: 1. *Schriftenverzeichnisse*, die meistens über Zwischenstufen auf die ‹Pinakes› des → Kallimachos (3) zurücklaufen. – 2. *Zitate* lit.historischen Inhaltes. – 3. Kritische *Erklärungsschriften*, Kommentare, chronologische Aufzeichnungen (z. B. die Fragmente der Didaskalien des → Aristoteles). Hierher gehören auch vereinzelte Nachrichten auf Inschriften und Papyri. – Antike, von Griechen abgefaßte *L.-Geschichten* besitzen wir nicht. Das Interesse an ihren Problemen erwachte, wenn man von den Bemerkungen des Aristoteles zur Entstehung und Ausbildung von Tragödie und Komödie (poet., bes. cap. 3–12) sowie von Theophrasts doxographischen Arbeiten absieht, erst bei Entstehung der biographischen Literatur im frühen Peripatos (→ Biographie). Viele der mit Interpretation der Texte verknüpften Fragen nahmen die alexandrin. und pergamen. Grammatiker in Angriff. Ihre Feststellungen sind, aufs Ganze gesehen, spärlich, aber meist zuverlässiger als die durch zahlreiche anekdotische Entstellungen verzerrten Nachrichten der Biographen. Die literarästhetischen Schriften des → Dionysios (16) v. Halikarnaß bieten, ähnlich wie die meist thematisch gebundenen Bemerkungen der Römer über griech. Literatur (vgl. bes. Cicero und Quintilian), nur Teilaspekte. H. E.

Lit: Einleitungen der modernen L.geschichten, bes. derjenigen von Schmid (1929) und Lesky (1957/58); hier (733) ein bes. guter Überblick über die Dichtung der Kaiserzeit – *Zu B:* B. Snell, Die alten Griechen und wir, 1962 – Ders., Poetry and Society, 1962 – *Zu C:* Zahlreiche Bemerkungen moderner Schriftsteller, bes. die Goethes (Vgl. E. Grumach, Goethe und die Antike I, 1949, 101–323 – W. Schadewaldt, Goethestudien, 1963) und Nietzsches (Register der Ausg. von A. Oehler, s. v. Griechen) – F. Mehmel, Homer und die Griechen, AuA, 4, 1954, 16–40 – *Zu E:* P. Steinmetz, Gattungen und Epochen in der griech. L. in der Sicht Quintilians, Hermes 92, 1964, 454–466.

II. Römische Literatur

A. Antike. [1] *Allgemeines.* Die röm. L. ist nach ihrem bezeugten Bestand erstaunlich reich, doch das Erhaltene ist trümmerhaft und keineswegs immer bedeutend. Die Kataloge der Redner in Ciceros ‹Brutus›, der Dichter bei Horaz (sat. 1, 10) und Ovid (Pont. 4, 16), des gesamten Schrifttums bei Quintilian (inst. 10) können einen Begriff vom Ausmaß der Verluste geben. Durch den Untergang des → Ennius, der → Tragödie, der älteren → Geschichtsschreibung, der → Satirendichtung des → Lucilius (1) ist nicht nur das Gesamtbild der röm. L. entstellt, sondern auch unser Urteil über ihren Wert erschwert worden. Verhängnisvoller noch für ihre Einschätzung war die allgemeine geistesgeschichtliche Entwicklung (Abwendung von der durch Rom bestimmten europäischen Tradition, Neuentdeckung des Griechentums, romantischer Originalitätsbegriff), die dazu führte, daß man über der offenkundigen Abhängigkeit ihre Selbständigkeit lange nicht erkannte. Die Abhängigkeit ist eine Folge ihrer Entstehung aus der röm. Expansion und der durch sie herbeigeführten intensiven Berührung mit der griech. Welt. Damals hat Rom begonnen, die griech. Literatur zu übersetzen, ihre Formen zu übernehmen und weiterzuentwickeln. Die Originalität beruht (abgesehen davon, daß z. B. Historiographie, Epos und Drama auch an nichtgriech. präliterarische Traditionen anknüpfen) auf der stark ausgeprägten röm. Eigenart, die den Versuch einer Analyse der generellen Struktur der röm. L. nicht aussichtslos erscheinen läßt. Aktualitätsbewußtsein, existentieller Bezug, röm. Willenshaltung, röm. Ordnungs- und Wirkungsdrang, Hang zum Programmatischen, Universalen, Pathetischen, Monumentalen, Rhetorisierung und Lyrisierung, musikalische Bewegungsführung, starkes Gewicht des Persönlichen, des Atmosphärischen, suggestive, pointierte, architektonisch gegliederte Gestaltung der Sprache, ein erstaunlicher Sinn für Komposition, für die Beziehung der Teile des Kunstwerkes auf das Ganze sind ihre Wesensmerkmale.

[2] Die wichtigsten *Epochen* sind die folgenden: 1. *Die Anfänge* (Mitte 3. bis Ende 2. Jh. v. Chr.) liegen bis auf die → Komödie trotz ausgedehnter Fragmente (→ Ennius, → Cato (1), → Pacuvius, → Lucilius (1), → Accius) im Dunkel. Die schöpferische Potenz läßt sich schon an der sprachlichen Gestaltung ermessen. – 2. *Die klassische Epoche* (von den Anfängen → Ciceros bis zum Tode des Augustus). Im Zeitalter der röm. Revolution, das eine Neuordnung aller Lebensgebiete zur Folge hatte, sind die großen Werke der röm. Dichtung (→ Catull, → Vergil, → Horaz, → Tibull, → Properz, → Ovid), Philosophie (→ Lukrez, → Cicero), Geschichtsschreibung (→ Caesar, → Sallust, → Livius) und Gelehrsamkeit (→ Varro, 1) entstanden, Werke, die die wichtigsten Bereiche menschlichen Daseins in gültiger Form darstellten. Auf ihnen beruht in erster Linie die Weltgeltung der röm. Literatur. – 3. *Die ‹silberne Latinität›* (Tiberius bis Hadrian) bringt folgenreiche Werke hervor (→ Seneca (2), → Lukan, → Statius (1), → Martial, → Quintilian, → Tacitus, → Juvenal), in deren Form und Gehalt sich ein gebrochenes Verhältnis zur Welt andeutet und Erkenntnisse anbahnen, die der Klassik noch nicht zugänglich waren. Der Rückwendung der Archaisten (→ Fronto, → Gellius) verdanken wir Texte und Nachrichten zur Literatur- und Religionsgeschichte der Frühzeit. – 4. *In der späteren Kaiserzeit* (Antonine bis zum Ende des weström. Reiches) entwickelt sich eine neue Haltung zur Welt, die sich in der christlichen L. (→ Tertullian, → Minucius Felix, → Cyprian, → Laktanz, → Ambrosius, → Prudentius, → Augustin) und einer platonisierenden Philosophie (→ Apuleius) niederschlägt. Am Ende des 4. Jh.s flammen noch einmal – teilweise in Reaktion gegen das Christentum – literarische Bestrebungen auf, die in der röm.-antiken Tradition stehen (→ Ammianus Marcellinus, → Symmachus, → Claudian; sowie die großen Kommentare, Editionen und gelehrten Werke: → Donat, → Servius, → Macrobius, die zum Verständnis und zur Erhaltung der klassischen röm. L. Entscheidendes beitragen). – 5. *Im ausgehenden Altertum* schlagen Männer wie → Boethius, → Benedikt v. Nursia, → Cassiodor, → Venantius Fortunatus, → Isidor (4) von Sevilla die Brücke zum MA.

[3] *Die einzelnen Gattungen.* Die Einteilung nach Epochen ist nicht die einzig angemessene, weil sie den Zusammenhang der Gattungen zerreißt. Die Geschichte der röm. L. erweist sich als die immer erneute Bemühung um griech. Grundformen, von denen manche wie die Elegie, die Pastorale, das Epigramm (Martial) ein völlig neues Gesicht erhalten. Aber auch die Einteilung nach Gattungen ist problematisch: Elegie und Epigramm, Epos und Geschichtsschreibung gehen ineinander über. Lehrgedicht und Elegie, Elegie und Epistel, Invektive und Iambus (bzw. Satire, Epigramm) usw. können sich überschneiden. Wir lassen eine gedrängte Übersicht nach Gattungen folgen, wobei eine gewisse Willkür in Anordnung und Auswahl unvermeidlich ist. – 1. Das röm. → *Epos* ist – von der Odysseeübersetzung des → Livius (2) Andronicus abgesehen – eine Form der Geschichtsschreibung (Naevius: Bellum Poenicum; → Ennius: Annales; → Cicero: De consulatu suo, De temporibus suis, Marius; Carmen de bello Actiaco; → Lukan: Pharsalia; → Silius Italicus: Punica; die historischen Epen des → Claudian und → Corippus). Auch → Vergils Epos ist voller historischer Anspielungen. Das traditionelle mythologische Epos geht daneben einher (→ Ilias Latina; → Valerius Flaccus; → Statius, 1). → Prudentius entwickelt das theologisch-allegorische Epos, → Iuvencus, → Sedulius, → Arator das christliche. – 2. Das → *Epyllion* ist eine hellenistisch beeinflußte Abwandlung (Catull 64; die untergegangenen Epyllien der → Neoteriker; → Ovids Metamorphosen, die aus einer Reihe kunstvoll zu einem Epos zusammengefügter Epyllien bestehen; Culex, Ciris, Moretum). – 3. Die *Tragödie* (→ Livius (2) Andronicus; → Naevius; → Ennius; → Pacuvius; → Accius; der ‹Thyestes› des → Varius und → Ovids ‹Medea›: nach Quintilian zwei Meisterwerke), die historische → Praetexta ist bis auf Bruchstücke und die → ‹Detavio› untergegangen; ganz erhalten blieben nur die T.n → Senecas (2). – 4. Von der *Komödie* sind nur → Plautus und → Terenz erhalten (verloren → Naevius, → Caecilius). Daneben existierte die → Togata (in röm. Milieu), die oskische Posse

(→Atellana), der →Mimus (D.→Laberius; →Publilius(2) Syrus), →Mimiamben (Cn.→Matius). – 5. *Satire:* →Lucilius, nach Horaz der Begründer der Gattung, gibt ihr die Form des Streitgedichts und macht sie zum Organ der Zeit- und Gesellschaftskritik und der →Selbstdarstellung. →Horaz verfeinert sie, Persius →Juvenal gibt ihr die klassische Form, in der sie von der Neuzeit übernommen wurde. Daneben steht die →Menippeische Satire →Varros (1) und →Senecas (Apocolocyntosis), in der Poesie und Prosa gemischt sind. – 6. *Lyrik:* Neben präliterarischen Formen (Gebete: →Carmen Arvale; →Salierlied; Carmina triumphalia; →Fescenninnen usw.) und Gelegenheitsgedichten, die literarischen Rang erhalten können (religiöse und panegyrische Dichtung; →Paraklausithyron; →Hymenaios; Epikedeion; Trostgedicht; →Propemptikon; →Priapea; Epistel: →Brief), entwickeln sich verschiedene Gattungen: das →*Epigramm* (Liebesepigramme im Kreis um →Lutatius(2) Catulus; →Catull; →Domitius(11) Marsus; →Martial; →Anthologia Latina; →Epigrammata Bobiensia). *Polymetrische Gedichtsammlungen:* →Laevius: Erotopaegnia; →Neoteriker (nur Catull erhalten); Anthologia Lyrica (u.a. das →Pervigilium Veneris enthaltend). Die →*Oden* und →*Epoden (Jamben)* des →Horaz stellen eine Summe der antiken Lyrik und zugleich sehr persönliche Schöpfungen dar. Die →*Elegie* wird bei den Römern zum Bekenntnisgedicht. Die Liebe ist das vorherrschende Thema (→Catull: Allius-Elegie; →Gallus, nach Ovid der Begründer der Liebeselegie; →Tibull und Corpus Tibullianum; →Properz; →Ovid; →Maximian). →*Bukolik:* →Vergil ist der Neubegründer; →Calpurnius; →Carmina Einsidlensia; Nemesianus; christliche Bukolik (→Paulinus v. Nola; →Endelechius). *Christliche Lyrik:* →Ambrosius; →Prudentius; →Paulinus v. Nola. – 7. *Lehrgedicht:* →Lukrez stellt die epikureische Naturphilosophie in einem streng sachlich orientierten Lehrgedicht dar, das sich abschnittweise zu hymnischer Begeisterung und poetischer Schönheit erhebt. →Vergil mildert den Gegensatz zwischen Didaktik und Dichtung, indem er mehr eine poetische Darstellung als eine Anweisung für den Landwirt bietet. Ergänzung der Georgica: →Columella (in die Prosalehrschrift eingefügt); ferner: Horaz: Ars poetica; Ovid: Ars amatoria, Remedia amoris, De medicamine faciei (ironisch parodierende Umformungen der Elegie), Fasten (von →Kallimachos(3) eingeführte, von Properz weiterentwickelte mythologisch-ätiologische Nebenform der Elegie). *Astronomie:* →Cicero, →Germanicus, →Manilius(3), →Avienus. *Cynegetica:* →Grattius, →Nemesianus. *Orts- und Reisebeschreibungen:* →Ausonius, →Avienus, Rutilius →Namatianus. *Spruchsammlungen:* Sententiae des Appius →Claudius(6). →Dicta Catonis, →*Fabel:* →Phaedrus, →Avianus. – 8. →*Geschichtsschreibung:* Aus alten Traditionen (Pontifikalannalen, Fasten, Libri lintei, →Laudatio funebris) entwickelt sich die annalistische Geschichtsschreibung. Sie faßt die gesamte röm. Geschichte als Einheit auf (→Fabius(11) Pictor; →Cato(1); die Annalisten der gracchischen und sullanischen Zeit; →Livius, der die frühere Annalistik zusammenfaßt). Geschichtsabrisse (→Atticus; →Nepos; →Velleius Paterculus; →Florus(2/3); →Eutropius). Universalgeschichte (→Pompeius(11) Trogus). Einzelne Geschichtsabschnitte (→Sempronius(1) Asellio; →Sisenna; →Sallust: Historien; →Tacitus). Monographien (→Coelius(1) Antipater; →Sallust; →Curtius(7) Rufus; Jordanus). Memoiren und →Autobiographien (→Rutilius Rufus; →Lutatius(2) Catulus; →Sulla; →Augustus; →Tiberius; →Agrippina(3) d.J.; →Augustin). →Commentarii als schmucklose Berichterstattung (→Caesar; →Hirtius). →Biographien (→Nepos; →Sueton; →Aurelius(4) Victor; Scriptores →Historiae Augustae; Christlich: →Hieronymus; →Sulpicius(13) Severus; →Gennadius; →Eugippius). Christliche Geschichtsschreibung und -deutung: →Hieronymus; →Augustin; →Orosius. – 9. →*Reden:* Appius →Claudius (gegen den Friedensschluß mit Pyrrhus 280 v. Chr.: die älteste literarisch fixierte Rede); →Cato (Rhodierrede). Die Lehrer u. Rivalen Ciceros (→Antonius(2); →Crassus; →Julius(11) Caesar Strabo; C.→Aurelius(1) Cotta; →Sulpicius(12) Rufus; →Hortensius); →Cicero; →Caesar; →Brutus(2); →Antonius(2) IIIvir; →Messalla; →Plinius d.J. (Panegyricus auf Trajan); →Apuleius (Florida: Glanzstellen aus seinen Reden); →Fronto; →Marius(6) Victorinus; →Symmachus; →Ennodius (Panegyricus auf Theoderich). In der Tradition der röm. Beredsamkeit steht die christliche Apologetik und Predigt: →Tertullian (Apologeticum); →Cyprian; →Laktanz; Sermones des →Ambrosius und →Augustin. – 10. *Rhetorische Schriften* (→Rhetorik): →Cato(1); →Auctor ad Herennium; →Cicero; →Seneca(1) d.Ä.; →Quintilian; →Tacitus. – 11. →*Briefe:* →Cato(1); Cornelia; →Cicero und seine Korrespondenten. Die beiden dem →Sallust zugeschriebenen Briefe an Caesar; →Seneca(2); →Plinius d.J.; →Trajan; →Fronto (in dessen Corpus →Mark Aurel und →Antoninus Pius); →Cyprian und seine Korrespondenten; →Symmachus; →Ambrosius; →Hieronymus; →Paulinus v. Nola; →Sidonius. – 12. →*Roman:* →Petron; →Apuleius. – 13. *Philosophische Schriften* (Hauptformen: →Dialog, Lehrschrift, →Brief): →Cicero. Die Schule des →Sextus; →Seneca(2); Annaeus →Cornutus; →Apuleius; →Marius(6) Victorinus; →Augustin; →Boethius. – 14. →*Fachschriftstellerei:* Enzyklopädische Sammelwerke (→Cato(1); →Varro(1); →Celsus; →Martianus Capella; →Cassiodor; →Isidor). Antiquarische Schriften (→Varro(1); →Plinius(1): Naturalis historia, Kulturhistorisches enthaltend; →Gellius; →Solinus; →Macrobius). Sprach- und Literaturwissenschaft (→Aelius(8) Stilo; →Varro, 1). Lexikalische Werke (→Verrius Flaccus: gekürzt von →Festus und danach von Paulus Diaconus; →Nonius Marcellus). →Grammatik (→Remmius Palaemon: nach der Grammatik des →Dionysius Thrax; →Donat; →Charisius; →Diomedes; →Priscian). Metrik (→Caesius Bassus; →Marius Victorinus). Kommentare (→Asconius Pedianus zu den Ciceroreden; →Marius Victorinus zu Ciceros De inventione und Topica; →Donat zu Terenz und Vergil; →Servius zu Vergil). Editionen und philologische Bearbeitung: →Valerius Probus. →Recht: (→Zwölftafelgesetz; Ius Flavianum; Prozeßformeln; M.→Mucius(4) Scaevola Pontifex: Systematisierung des Rechts; →Cicero, De legibus, →Ateius(2) Capito; →Antistius(1) Labeo; →Gaius; →Cassius(9) Longinus; →Pomponius; →Papinian; →Ulpian; →Corpus Iuris Civilis). Naturwissenschaft (→Nigidius Figulus; →Plinius(1) d.Ä.). →Medizin (Scribonius(5) Largus; →Celsus; →Caelius(1) Aurelianus). Tiermedizin (→Pelagonius; →Mulomedicina Chironis). →Astronomie und →Astrologie (→Hyginus; →Firmicus Maternus). →Mathematik (→Apuleius; →Boethius). →Musik (→Boethius). →Geographie (→Pomponius(5) Mela). Vulkanismus (‹Aetna›). Ethnographie (→Tacitus: Germania). →Landwirtschaft (→Cato(1); →Mago(3); →Varro(1); →Columella; →Palladius). Landvermessung (Agrimensores). →Technik (→Frontinus). →Architektur (→Vitruv). Militärwesen (→Frontinus; →Vegetius). – 15. *Christliche Prosaliteratur:* →Tertullian; →Minucius Felix; →Cyprian; →Arnobius; →Laktanz; →Firmicus Maternus; →Hilarius; →Ambrosius; →Hieronymus; →Augustin; →Rufinus; →Peregrinatio Aetheriae. V. P.

Lit: M. Schanz, Gesch. der röm. Lit. bis zum Gesetzgebungswerk des Kaisers Justinian, neu bearb. v. C. Hosius u. G. Krüger, I (1890), 1927^{4}; II (1892), 1935^{4}; III (1896), 1922^{3}; IV 1 (1904), 1914^{2}; IV 2, 1920 – A. Rostagni, Storia della Letteratura Latina, I (1949), 1954^{2}; II (1952), 1955^{2} – L. Bieler, Gesch. der röm. Lit., Sammlung Göschen, 2 Bde, 1961.

B. Lateinische Literatur des Mittelalters. [1] Eine eigenwertige Lateinliteratur konnte im MA gedeihen, weil das Lateinische nicht bloß äußerlich Sprache der Kirche, Wissenschaft und internationalen Verständigung, dazu bis ins 12 Jh. fast alleinige Schriftsprache war, sondern weil der Gott der Bibel und der Heiligen in ihr sprach und der Gefolgsmann ihm als Beter, Sänger und Denker in ihr antwortete. Die Autoren dieser von keinem Volke mehr gesprochenen ‹Vatersprache› gingen daher vom Spätlatein der Vulgata, Liturgie und Patristik aus, bezogen sich auch gern mehr oder weniger auf die röm. Klassiker, sahen sich aber zu lebendiger Aneignung und, wo der Geist es eingab, zu Neugestaltungen in Vers und Prosa ermächtigt (vgl. → Lateinisch D).

[2] *Formales.* Die *klassische Metrik*, schon in der christlichen Spätantike wenig populär, wird unter der Ägide Karls d. Gr. energisch neu aufgenommen (neben dem Angelsachsen Alkuin am namhaftesten der Lombarde Paulus Diaconus und der Spanier Theodulf v. Orléans) und hat seither in jedem Jahrhundert ausgezeichnete Vertreter, auch wenn sie sich die alte Prosodie auf ihre Weise frei zurechtlegen. Am liebsten pflegt man Hexameter, Distichon und ambrosianische Strophe; auch die sapphische Strophe erscheint nicht selten; für andere Maße geht die Anregung mehr von → Prudentius und → Boethius aus als von → Horaz. Weil aber das Gehör für Längen und Kürzen abgeschwächt ist, schon in der Koinē der Spätantike, wird sie gern durch ‹*rhythmische*› *Dichtung* ersetzt (der ungeschickte Name stammt von → Beda, gest. 735), die statt der Längen und Kürzen die Silben oder entsprechend der Wortbetonung die Takte zählt. So wird aus dem jambischen Dimeter des Ambrosius der Vierheber oder Achtsilber. Ganz außerhalb der Klassik aber geben die *Psalmen* ein melodisch-poetisches Vorbild, aus dem im 2. Viertel des 9. Jh.s die neue Gattung der Sequenz entwickelt wird; überragender Meister Notker der Dichter (oder Balbulus, gest. 912) von St. Gallen. Die Sequenz besteht aus freien Strophen mit jeweils silbengleichen Gegenstrophen, von einem kleinen Doppelchor a cappella vorzutragen. Die Parallelstrophen neigen bald zur inneren Gliederung durch den *Reim*. Dieser, schon in der christlichen Spätantike sich anmeldend (Augustins Psalmus contra Donatistas), greift in der ‹rhythmischen› Dichtung der vorkarolingischen Übergangszeit merklich um sich und wird da von einigen Iren bereits zum vollen Klangzauber entwickelt, um seit dem 9. Jh. unaufhaltsam auch in die Volkssprachen vorzudringen: klares Zeugnis dafür, wie sehr man die alte Sprache als eine tönende pflegte. Mehr und mehr wird über Assonanzen hinaus der volle Zweisilbenreim gefordert; er dringt auch in die klassischen Metren ein (leoninischer Hexameter: *Roma caput mundi regit orbis frena rotundi*, um 1030) und wird in der ‹rhythmischen› Dichtung nun zum Träger neuer, reich blühender Strophenformen (Reimsequenzen seit Ende des 11. Jh.s, berühmtester Meister Adam von St. Victor/Paris, gest. 1192). Auch in der Prosa dringen die Gleichklänge vor; manche Autoren des 10.–13. Jh.s schreiben ganze Bücher in reich stilisierter *Reimprosa*. Die metrischen Klauseln der antiken Kunstprosa (→ Prosarhythmus) werden zunächst (ca. 7. Jh.) so gut wie vergessen. Zu Ende des 11. Jh.s in Italien wiederentdeckt, werden sie nun zum rhythmischen *Cursus* umgestaltet, der in 3 Haupt- und einigen Nebenformen die Prosasätze regelhaft beschließt, bald auch innerhalb der Sätze jeder Atempause, ja jeder Wortgruppe melodisches Gefälle gibt und sich gern mit dem Reim und allen erdenklichen rhetorischen Figuren (repetitio, traductio, accumulatio, antithesis, Isokolie usw.) zu einer raffinierten *Kunstprosa* steigert: Höhepunkt um 1200 in der Kanzlei Papst Innozenz' III., dann in der Kanzlei Kaiser Friedrichs II. durch Peter v. Vinea (gest. 1249). Eine Prosa von anderem, souverän eigenem Gepräge spricht und diktiert Bernhard von Clairvaux (gest. 1153), der größte nachantike Redner des Lateinischen.

[3] *Gattungen.* Die lat. Lit. d. MAs umfaßt alle erdenklichen Gattungen mit vielen Hunderten von z. T. bedeutenden Autoren, neben dem stark vorherrschenden Geistlichen auch Weltliches wie Roman, Novelle, Fabel, Satire, Schwank, neben der meist antikisierenden Epik und der großartigen kirchlichen Hymnik auch Spott- und Kneiplieder (Hugo Primas v. Orléans um 1130; Archipoeta um 1160), Liebesgedichte und andere dem Augenblick entspringende Lyrik. Im 12. Jh. blühen die Vagantenlieder, berühmt durch die – keineswegs nur vagantischen – Carmina Burana (Anthologie aus Benediktbeuern/Oberbayern um 1260). Die Geschichtsschreibung hat Hervorragendes geleistet (Otto v. Freising, gest. 1158). Das geistig Bedeutendste wird in der Theologie (Anselm v. Canterbury, gest. 1109) und Philosophie (Johannes Scotus Eriugena, um 870; Peter Abaelard, gest. 1042) erreicht; es folgt die aristotelisierende Hochscholastik des 13. Jh.s (neben Thomas von Aquino Bonaventura, Duns Scotus; später Wilhelm von Occam), mit der die Wissenschaft selbstgerecht aus dem Lebenskreise der Literatur hinaustritt. Von diesem her fordert noch das *Drama* Erwähnung. Die köstlichen Komödien der Roswit v. Gandersheim (um 960), Heiligenlegenden anstelle des unziemlichen Terenz, bleiben vereinzelt. Dagegen entspringt aus dem Schoße der Liturgie das kirchliche Drama: zuerst (11. Jh.) kleine Osterspiele, alsbald weihnachtliche Propheten- und Dreikönigsspiele, Nikolausspiele usw., im 13. Jh. auch Passionsspiele. Sie werden im 12. Jh. reicher in Versen ausgestaltet, nehmen Volkssprachliches auf, treten aus dem Kirchenchor auf den Vorplatz hinaus und werden zur Keimzelle der späteren Dramatik. Erscheint hier schrittweise die völlige Ablösung von der Alten Welt, so stehen etliche komödienhafte Versnovellen (‹Geta› des Vitalis v. Blois, um 1150) in frischer Beziehung zur Spätantike. Um 1300 greift Albertino Mussato v. Padua mit Lesedramen auf das Vorbild → Senecas (2) zurück, ein früher Schritt auf den Humanismus hin.

[4] Ihren *Höhepunkt* erreicht die mittellat. Literatur im 12. Jh. Ein intensives Gefühl für gesittete Lebenshaltung, schöne Natur und edle Kunst führt zu neuen Begegnungen mit der röm. Antike (Romgedicht Hildeberts v. Lavardin, 1100), läßt die alten Götter als ideelle Sinnbilder verstehen (Carmina Burana), vergegenwärtigt sich auf eigne Weise das Schöpfungsbild des Timaios (Schule von Chartres; Bernhard Silvestris, um 1150), nimmt die Gestalten der Alten Geschichte als Exempel für die eigne Welt (Johann v. Salisbury, gest. 1180), ersinnt sich eine Natur, die den Menschen in irdischer Vollkommenheit will (Alan von Lille, gest. 1202). Viele dichten zugleich in Reimen und in freiströmenden Metren, so Walter v. Chatillon (um 1180), dessen klassisches Epos über Alexander den Großen 400 Jahre lang weit verbreitet war. Galfrid v. Vinsauf schreibt eine Poetria nova (um 1210; die ‹alte› ist die Ars poetica des → Horaz). Man sieht sich also im gleichen Strom, von Rückwendung ist keine Rede. Was von dem großen Erbe neu belebt wird, stellt sich frei, oft führend, in die Welt der höfischen Kultur, ritterlichen Poesie und werdenden Kathedralkunst hinein.

[5] Die alte Vorstellung, die Antike sei erst in der italienischen Renaissance neu erweckt worden, trifft demnach nur halb zu. Wie namentlich E. R. Curtius es herausgestellt hat, führen zahllose Traditionsfäden teils verdeckt, teils offen sichtbar durch das mittlere Jahrtausend zur ‹Wiedergeburt› hinüber (Mittelalter als ‹Vermittelalter›). Indessen, das bald trübere, bald reinere Weitergeben der Tradition ist nur eine Seite; historisch wichtiger ist das organische *Nachleben:* innerhalb der so oder so angeeigneten alten Sprache ein reiches Blühen und Welken neuer Inhalte, Formen (auch Unformen) und Ideen. Der große Unterschied gegenüber der Neuzeit liegt darin, daß ein Kontrast zwischen Christentum und Antike nicht aufkommt: das Christentum gilt als das letzte, nach jeder Seite Maß-gebende Wort der Antike. W. v. d. St.

Lit: M. Manitius, Gesch. der lat. Lit. des MAs, 3 Bde, 1911/31 – F. J. E. Raby, A History of Christian-Latin Poetry (1927), 1953² –

Ders., A History of Secular Latin Poetry in the Midde Ages, 2 Bde (1934), 1957² – *Speziell für Deutschland:* K. Langosch, Die deutsche Lit. des lat. MAs, 1964 – K. Hauck, Mittellat. Lit., in: Deutsche Philol. im Aufriß (1954), 1960² – E. R. Curtius, Europäische Lit. und lat. MA (1948), 1962⁴.

C. NEULATEINISCHE LITERATUR. Die neulat. Literatur hat nach und nach die mittelalterliche ersetzt, als die scholastische Weltanschauung zugunsten der humanistischen (Ideal: Altertum) aufgegeben wurde und mehr klassische ästhetisch-literarische Normen bevorzugt wurden (antike Metrik und Prosodie; Latein, gereinigt von durch Unwissenheit bedingten Barbarismen; eine Anzahl Autoren, z. B. Bembo, verfallen in ciceronischen Hyperpurismus). Diese Renaissance beginnt in Italien vom 14. Jh. an (Petrarca und Vorläufer), nördl. der Alpen erst etwa um 1475. Die neulat. Literatur eroberte ganz Europa (mit Ausnahme des türk. Balkans) und später, in Ansätzen, Amerika. Bis 1525 vorherrschend Renaissance-Geist, 1525–1575 Auseinandersetzungen im Zusammenhang mit der Reformation, im darauffolgenden Jh. Barock und Gegenreformation (Jesuiten). Danach verliert das Latein den Kontakt mit den Nationalliteraturen und seinen Einfluß auf sie, es lebt nur noch in eigenem Umkreis fort: akademisch-klassische Formen und Themen ohne viel Relief. Diese erlöschende Literatur wurde am Leben erhalten durch die Stiftung (1845) des noch heute bestehenden jährlichen Hoeufft-Wettbewerbs für lat. Dichtung in Amsterdam. Seit 1890 haben neue Themen (Pascoli) und Formen (freie Verse, bes. nach 1945, die aber beim Hoeufftianum nicht zugelassen sind) erneuernd gewirkt. Alle Gattungen sind in der neulat. Literatur reichhaltig vertreten, profane und religiöse Lyrik (Pontanus, Politianus, Celtis, Lotichius, Ianicius, Secundus, Buchanan, Sarbiewski, Balde, Leo XIII.), Epik (Petrarca, Sannazaro, Vida, Lemnius), Didaktik (Capece, Palingenius, De Polignac), Epigramm (Cordus, Owen), Bucolica (Mantuanus), Georgica (Landivar), Satire (von Erasmus' Laus Stultitiae bis zu Foscolos Hypercalypsis 1815), Schauspiel [profan, polemisch] Naogeorgus [und pädagogisch (protest. Schuldrama; das Jesuitendrama, bes. in Bayern bis ins 18. Jh.]), Philosophie (Spinoza), Geschichte (Thou), Recht (Grotius, Vico), erotische (Silvius) und politische Romane (Morus' Utopia, Barclai, Holberg), Brief (Erasmus), Rhetorik (Muret); humanistische Schülergespräche; Emblematik. Außerdem sind die meisten neueren Dichter ins Lateinische übersetzt worden. Andererseits hat die neulat. Dichtung die holländische und, teilweise auf dem Umweg über Holland, auch die deutsche Dichtung der Spätrenaissance und des Barocks beeinflußt; auf die Formung der deutschen Barocklyrik hat sie geradezu entscheidend gewirkt. Ebenso stark war der Einfluß der neulat. Dichtung auf die Dichter der franz. Pléiade. In England drängte die frühe Entwicklung der Nationalliteratur die nicht unbeachtliche lat. Literatur zurück. In Italien dagegen blieben gegenseitige Beziehungen noch lange Zeit bestehen. – Viele große Autoren waren zweisprachig: Petrarca, Boccaccio, Ariost, Tasso, Du Bellay, Gryphius, Opitz, Milton, Kochanowski, Holberg, Huyghens, Dugonics, Pascoli usw. J. IJ.

Lit: P. Van Tieghem, Littérature latine de la Renaiss., 1944 – J. IJsewijn-Jacobs, Latijnse Poëzie 20ᵉ eeuw, 1961 – J. IJsewijn, De studie van de Neolatijnse letterkunde, Handelingen van de Zuidnederlandse Maatschappij voor Taal- en Letterkunde en Geschiedenis 17, 1963 (Bibliogr.) – Vgl. ferner G. Ellinger, Geschichte der neulat. Literatur, I–III, 1929–1933 (unvollendet) – C. H. Frèches, Théâtre néo-latin au Portugal, 1964.

III. Christliche Literatur

A. Literarische Formen – B. Christl. Deutung antiker Literatur – Zur christl. Literaturtheorie → Poetik B.

A. LITERARISCHE FORMEN. [1] Die ältesten Dokumente der christl. Literatur, die *Briefe* des → Paulus, die keine literarischen Episteln, sondern aus konkretem Anlaß und zu einem bestimmten Zweck abgefaßte Sendschreiben sind, bedienen sich der verschiedensten literarischen Ausdrucksformen: Predigt, → Hymnus, → Exegese und → Paränese finden sich nebeneinander (womit bereits ein entscheidender Unterschied im Vergleich zur brieflichen Kommunikation der hellenist. philosophischen Seelenführung: etwa zu Epikurs → Briefen [Lit.], gegeben ist). Von dem genannten Typus des ‹echten Briefs› ist der des Scheinbriefes zu unterscheiden: Mahnreden und Predigten in epistolographischer Einkleidung (Jakobus-, Hebräerbrief). Auch in der nachapostolischen Zeit gehört die Epistolographie zu der von den christl. Vätern am meisten gepflegten Literaturgattung (→ Brief F). – Eine genuine Schöpfung des jungen Christentums stellten die *Evangelien* dar, die, wenn auch im einzelnen literarische Formelemente der Umwelt integriert wurden, als Gesamterscheinung ohne Parallelen im jüd. und griech. Raum sind. Dagegen steht die kanonische → *Apostelgeschichte* in der Tradition der hellenist. → Geschichtsschreibung, deren Mittel sich Lukas bedient, um die Ausbreitung des Evangeliums unter einem übergreifenden theologischen Gesichtspunkt darzustellen. Eine derartig einheitliche Konzeption geht den apokryphen Apostelakten (→ Apostelgeschichten, 2) ab, in denen mehrfach theologisch Heterogenes nebeneinander steht. Trotz auffallender Parallelen zum griech. → Roman und zur Philosophenaretalogie (vgl. → Biographie) kann dieses Schrifttum nicht aus den genannten Gattungen abgeleitet werden: es handelt sich um populäre Erbauungsbücher, in denen im Volk tradierte Wunder-, Abenteuer- und Liebesgeschichten in christl. Geist überformt worden sind. Dieses Genos wird im weiteren Verlauf der Entwicklung durch die fabulöse Märtyrer- und Asketenlegende abgelöst; streng von dieser Erbauungs- und Unterhaltungsliteratur der → *Hagiographie* sind die authentischen, auf Augenzeugenberichten oder Verhandlungsprotokollen beruhenden → *Märtyrerakten* zu trennen. Die christl. → *Apokalyptik* führt eine im palästin. Spätjudentum ausgebildete Gattung fort: es handelt sich teils um christl. Überarbeitungen jüd. Apokalypsen (im Falle der ‹Ascensio Jesaiae› gehört freilich der rezipierte jüd. Teil, das Martyrium Jesaiae, nicht zu dieser Gattung), teils um Werke, die im Anschluß an die jüd. Apokalyptik selbständig verfaßt wurden (so die Joh. Apk.). Spätere, teils nur mit Vorbehalt als apokalyptisch zu bezeichnende Offenbarungsschriften lassen Einflüsse der paganen prophetischen Literatur (so die Visionen des → Hermas) und der → Orphik (so die Petrusapokalypse) erkennen. Der Apokalyptik verwandt ist das Genos der → *Sibyllinen*, das die Christen im 2. Jh. vom hellenist. Judentum übernahmen, wobei sie einen jüd. Grundstock überarbeiteten und erweiterten.

[2] Die Auseinandersetzung mit der heidnischen Umwelt und die Verfolgungen, denen das Christentum ausgesetzt war, brachten ein reiches *apologetisches Schrifttum* (→ Apologetik) hervor, das unmittelbar an die Traditionen der Apologetik des Diasporajudentums anknüpft. Es dient sowohl der Selbstverteidigung wie dem Angriff gegen die heidnische Religion auf breiter Front, der unter Benutzung der philosophischen → Mythenkritik vorgetragen wird. Hand in Hand mit der Ausbildung des apologetischen geht die eines umfangreichen dogmatisch-kontroverstheologischen Schrifttums, das aus der Auseinandersetzung mit der Gnosis und innerkirchlichen Lehrdifferenzen erwächst. Die *Formen* der literarischen Einkleidung sind in der apologetischen und kontroverstheologischen Literatur mannigfach: neben dem einfachen Lehrtraktat steht die differenzierte, aus der philosophischen Schriftstellerei übernommene Form des → Dialogs; → Tertullians ‹Apologeticum› gibt sich als ein vor Gericht gehaltenes Plädoyer. – Die der Verkündigung des Evangeliums dienende *Predigt* wird mit fortschreitender Hellenisierung immer mehr zu einer oratorischen Kunstform ausgebildet, die sich in steigendem

Maße den Möglichkeiten der profanen → Rhetorik öffnet – die Homilien des → Gregor (4) v. Nazianz und Johannes → Chrysostomos sind absolute Höhepunkte der christlichen, mit der paganen Rhetorik (vgl. → Redner D) konkurrierenden Prunkberedsamkeit –, aber gerade auch volkstümlichen Stilmitteln keineswegs verschließt (so in den Reimpredigten → Augustins). – Nicht eigentlich die kynisch-stoische → *Diatribe* als Literaturgattung, vielmehr eine bestimmte Grundrichtung ihrer Methodik hat eine reiche Wirkungsgeschichte in der antik-christl. Literatur, und zwar nicht nur in der soeben angeführten Predigt, sondern auch in Abhandlungen mannigfacher Art (vgl. Marrou, RAC III, 1957, 997–1009; zur Sonderstellung von → Tertullians ‹De pallio› vgl. a. O. 1005).

[3] Das in paganen Kreisen der Spätantike beliebte Genre der → *Autobiographie* wird auch von den Christen eifrig gepflegt (→ Acilius Severus; → Nestorius); bei Gregor v. Nazianz stellt es sich in poetischer Einkleidung dar. Eine besondere Spielart dieser Gattung ist die in Augustins ‹Confessiones› zu klassischer Ausprägung gelangende → Konfessionenliteratur. – Die christl. → *Geschichtsschreibung* (III) ist teils Darstellung der Kirchengeschichte (→ Eusebios), teils Umformung der griech.-röm. Universalgeschichtsschreibung unter dem heilsgeschichtlichen Aspekt (→ Orosius). Die seit dem 4. Jh. immer häufiger werdenden Wallfahrten nach Palästina finden ihren Niederschlag in einer Reihe von → *Pilgerberichten* (Itineraria). Unmittelbar praktischen Bedürfnissen dienen die kirchenrechtlichen Sammlungen (→ Kirchenordnungen) und die chronologische Schriftstellerei. Als Folge der Bindung an seine hl. Schriften zeitigt das Christentum schließlich eine gelehrte textkritische und kommentierende Beschäftigung mit diesen Schriften, deren Hochburgen → Alexandria und → Antiochia sind. Die Septuagintarezension des Antiocheners → Lukianos (2), die Hexapla des → Origenes und die Revisions- und Übersetzungstätigkeit des → Hieronymus an der lat. Bibel bezeichnen die Höhepunkte der christl. Philologie (→ Christentum V C 3).

[4] Die älteste Gattung der christl. *Poesie* ist der → *Hymnos*, der zuerst in engem Anschluß an alttestamentliche Vorbilder, dann jedoch zu Zwecken des Gemeindegesangs unter Rückgriff auf volkstümliche Versmaße, später auch als Kunstdichtung im Anschluß an die Hymnenformen der paganen Dichtung gestaltet wurde. – Die literarische *Buchdichtung* des Christentums ist in bewußtem Hinblick auf die heidnische Poesie verfaßt, der man in einem eigentümlichen Zwiespalt gegenüberstand. Sah man sich einerseits genötigt, die polytheistischen und unmoralischen Gehalte der mythologischen Dichtung zu verwerfen, so konnte man sich doch andererseits ihrer ästhetischen Wirkung nicht entziehen. Die in der poetischen und rhetorischen Theorie entwickelten Möglichkeiten einer Unterscheidung von Form und Inhalt erlaubten die Lösung, die im paganen Bereich üblichen Gattungen als solche beizubehalten, aber mit christl. Stoff aufzufüllen. Christl. Dichtungen in diesem Gewande treten durchweg der heidnischen Poesie mit dem Anspruch gegenüber, im Gegensatz zu den *πλάσματα ποιητῶν* (mendacia poetarum) die Wahrheit zu verkünden. Die hergebrachte Imitations- und Ämulationstechnik der klassischen heidnischen Literatur fand in der *interpretatio Christiana* eine neue und originelle Abwandlung. Die Übernahme kleinerer Vers- und Sinnzusammenhänge aus den paganen Dichtern wurde zu einer bewußt und kunstvoll angewandten Technik entwickelt, den neuen Sinngehalt als wirkungsvolle Entgegensetzung zu der ursprünglich mit der entlehnten Stelle verbundenen Aussage erscheinen zu lassen. So mußte auch ein so artifizielles Genos wie die → Centonenpoesie sich dem Christentum in einer ganz neuen Beleuchtung erschließen: der die wichtigsten Ereignisse des AT und NT schildernde Vergilcento der Proba gibt sich als ein ‹*Maro mutatus in melius*›. Im großen werden die biblischen und hagiographischen Epen als bewußtes Gegenstück zur mythologischen Epik abgefaßt (sehr aufschlußreich die metrische Vorrede zu → Juvencus' Evangeliendichtung: dazu E. R. Curtius² 454), die dogmatisch-polemischen und asketisch-moralischen Lehrgedichte als beabsichtigte Entsprechung der didaktischen Poesie des Heidentums entgegengestellt. Stärker noch als im griech. Osten (→ Apollinaris (2) v. Laodicea, → Nonnos) macht sich im lat. Westen die Tendenz geltend, die verschiedenen vom Heidentum ausgebildeten Dichtungsgattungen für das Christentum zu erobern. So hat es auch nicht an Versuchen gefehlt, eine christl. → Bukolik und christl. → Epithalamien zu schaffen. Lediglich das Drama hat, sieht man von frühen, nicht erhaltenen Versuchen im griech. Raume ab, keine Pflege erfahren, was angesichts der ablehnenden Haltung des Christentums dem → Theater gegenüber begreiflich ist. Zu einer der folgenreichsten Neuerungen sollte die Schaffung des allegorischen Epos durch → Prudentius werden, in dem der alte Heldensang von Schlachten und Kriegstaten zu einer Darstellung des Kampfes der Tugenden mit den Lastern transformiert wurde. Eine bemerkenswerte Neuschöpfung stellen auch die Märtyrerdichtungen dieses Dichters dar, die hymnische, epische, didaktische und lyrische Elemente zu einer balladesken Einheit verbinden. W. Schm.

Lit: P. Wendland, Die urchristl. L.formen, HbNT I 3 (1912), 1922/23²/³ – H. Lietzmann, Christl. L., in: Gercke-Norden I 5, 1923 – Chr. Mohrmann, La langue et le style de la poésie latine chrét. (1947), in: Etudes sur le latin des chrétiens I (1958), 1961², 151–168 – E. R. Curtius, Europ. L. und lat. Mittelalter (1948), 1954², 453 ff. (bes. zur Dichtungstheorie) – Hennecke³ – Vgl. ferner zu → Christentum, bes. zu I C und V.

B. Christl. Deutung antiker Literatur. Ungeachtet der Möglichkeit, antike L. durch → Allegorese zu interpretieren, sah man in Homer primär den Theologen der heidnischen Götter (erst recht, wenn man wie → Tatian die Homerallegorese eines → Metrodoros v. Lampsakos explizit ablehnte) und in Hesiod den Theogonen. Beide wie auch die ‹Götter Homers› und der → orphischen Theogonien suchte man durch Zitate aus Homer- und Dichterflorilegien bloßzustellen, und erst → Prokop v. Gaza schrieb eine (verlorene) Homermetaphrase zu Bildungszwecken, nachdem → Basilius d. Gr. (Ad iuvenes) mit dem Bienengleichnis die Lektüre antiker Literatur und Dichtung, bes. Homers, empfohlen hatte (so auch → Isidor (2) v. Pelusium ep. 2, 3; 3, 65). Platon dagegen, der Homer aus seinem Staat verbannte, galt als Vorkämpfer des christl. Monotheismus, ja der Trinitätslehre (3 Weltprinzipien!) und als Prophet des gekreuzigten Gerechten (rep. 2, 361 E); daß er es sein konnte, begründete → Justinus (1) mit der Lehre vom Logos spermatikos, → Eusebios aber mit göttlicher Inspiration (er entschuldigte Platons widerspruchsvolles Verhalten zum Mythos mit der Todesandrohung der Athener). Die Platonvorliebe der Ostkirche bekundete sich ferner in Nachahmung der Dialoge, z. B. bei → Methodios v. Olympos, → Gregor (5) v. Nyssa und Palladios (Dialog über das Leben des Johannes → Chrysostomus, PG 47, 5 ff.). An den Stoikern schätzte man vor allem ihr Ethos: Justin kann z. B. → Musonius als vorchristl. Zeugen der Wahrheit deuten, während er gleichzeitig den ‹wandelbaren Gott› der Stoa, d. h. ihre Metaphysik, verurteilt. Die Epikureer wurden insgesamt als ‹gottlos› bezeichnet, während Lyriker, Vorsokratiker und Historiker nur unter dem Gesichtspunkt der Zweckdienlichkeit ausgebeutet wurden. Im Westen übernahm nach → Irenäus und → Ambrosius vor allem → Augustin, daß Platon bzw. die Neuplatoniker dem Christentum am nächsten stünden; nur → Tertullian polemisierte gegen den ‹Krämer für sämtliche Ketzer› (De anima 23, 5) und → Hippolyt erhob eine ähnliche Anklage generell gegen alle Philosophen. Von den Römern stand vor allem → Vergil wegen der 4. Ekloge und dem 6. Buch der Aeneis in dem Ruf, nicht weit von der Wahrheit entfernt zu sein (→ Lact. inst. 1, 5 neben kritischen Äußerungen). Wie

→Hieronymus hatte Augustin den vielzitierten Dichter des Nationalepos so stark im Ohr, daß er bei ihm Anklänge an die Bibel fand und ihn des Plagiats zieh (civ. 15, 19, gar), das umgekehrt die christl.-lat. Dichtung dauernd übte. Der Westen ahmte zudem den Stil von →Ciceros Reden, die Form seiner Dialoge nach (→Minucius Felix) oder nahm De officiis auch inhaltlich zum Vorbild (→Ambrosius). Während Hieronymus über seine Verehrung Ciceros Skrupel empfand (ep. 22, 29f.: Traumerlebnis), legte sich bei Augustin allmählich die bei der Hortensius-Lektüre aufgeflammte Bewunderung *(noster Tullius)*. Von →Seneca hatte schon Tertullian als von ‹unserem S.› gesprochen; Hieronymus und Augustin bezeichneten ihn sogar als Christen; darauf basiert ein fingierter Briefwechsel zwischen ihm und Paulus (Hier. vir. ill. 12; Arbeit aus christl. Rhetorenschule oder Symmachuskreis? Ende 4. Jh.). C.A.

Lit: C. Schwen, Vergil bei Prudentius, 1937 – K. H. Schelkle, Virgil in der Deutung Augustins, 1939 – G. L. Ellspermann, The Attitude of the early Christian latin Writers toward pagan Literature and Learning, 1949 – E. Benz, Der gekreuzigte Gerechte bei Platon, Abh. Mainz 12, 1950, 1031ff. – A. Kurfeß, Virgils 4. Ekloge bei Hieronymus u. Augustin, Sacris Erudiri 6, 1954, 5–74 – P. Courcelle, Les pères de l'église devant des enfers virgiliens, AHMA 30, 1955, 5–74 – Ders., Interprétations néoplatonisantes du livre VI de l'Enéide, Fond. Hardt III, 1955, 95–136 – C. Becker, Cicero, RAC III, 1955, 104–125 – V. Buchheit, Homer bei Methodios v. Olympos, RhM 99, 1956, 19–36 – M. Testard, Saint Augustin et Cicéron, 1958 – J. Daniélou, Message évangélique et culture hellénistique, 1961, 73–122 (zu Homer und Platon).

Literaturkritik. [1] Die *Anfänge* der L. liegen in den musischen →Agonen (literarische Spiegelungen im →Certamen Homeri et Hesiodi und im Dichterwettkampf in →Aristophanes' (1) ‹Fröschen›) und den →Rhapsodenerklärungen der Epen. *Dichterkommentare* wurden von Sophisten, Peripatetikern und Alexandrinern geschrieben und mündeten schließlich in unsere →Scholien. Daneben entstand die *Monographie* über Leben und Werke einzelner Dichter, deren volkstümlichen Ursprung die Anekdote verrät; aus der Aufreihung von Dichtern ließ sich der *literaturgeschichtliche Abriß* entwickeln (Quint. inst. 10). Neben der künstlerischen Würdigung behauptete sich die ethische (delectare-prodesse), solange die Dichtung dem Jugendunterricht diente.

[2] Bis auf →Demokrit und →Gorgias (1) zurück ist die noch für →Horaz gültige Anschauung belegbar, daß *Dichtertum* sich nach der Erregung bemesse, die sich in erhabener Sprache ausdrücke und dadurch auf den Hörer übergreife; musische Eingebung und Naturanlage wurden nicht geschieden. Die künstlerische Beglückung sah man in der selbstvergessenen Hingabe an Leidenschaft und Phantasie (Hauptzeuge: →Anonymus (4) De sublimitate). In der ganzen Lehre wirkten schamanistisch-ekstatische Traditionen nach. Daß →Platon, der die Bändigung der emotionalen Kräfte verlangte, eine so verstandene Dichtung ablehnte, war unvermeidlich. Z. T. unter seinem Einfluß büßte die Leidenschaft in der Poetik des →Aristoteles an Bedeutung ein, obwohl sonst die große Kunst in ihr maßgebend blieb. Widerspruch gegen die Enthusiasmuslehre erhoben auch die Alexandriner (→Hellenist. Dichtung), die statt Monumentalität das Intime, statt hinreißender Gewalt Formvollendung suchten (natura-ars). Für ihre Erklärung der Klassiker galten diese Prinzipien aber nicht, als Gelehrte halfen sie im Gegenteil dem Klassizismus zum Durchbruch (1. Jh. v. Chr.). Vgl. →Poetik.

[3] Wie die Poetik wurde auch die *rhetorische Theorie* maßgebend von Gorgias bestimmt, und fortan blieben beide Lehren in enger Wechselwirkung. Die gorgianische Prosa mit ihren der Dichtung entliehenen Stilmitteln ging in den sog. →Asianismus über, den die antike L. zutreffend in eine mehr pathetische und mehr spielerische Richtung aufteilte (→Rhetorik B 8f.). Seine Verstiegenheiten lösten im 1. Jh. v. Chr. die Reaktion des →Attizismus aus, der vom dichterischen Klassizismus unterstützt schließlich die Auswahl der uns erhaltenen Autoren mitbestimmte. Im übrigen war er so uneinheitlich und in seiner extremen Form ebenso verspielt wie der Klassizismus. Die attische Umgangssprache als Norm schloß hohe Stilformen aus und verleitete zu einem Archaisieren und einer Glossematik, die dem Gegenteil des eigentlich Gewollten gleichkommen konnten.

[4] Bes. die *röm.* Attizisten, für welche die archaischen Autoren der eigenen Literatur in die Lücke treten mußten, verfielen dieser Gefahr. Zu ihren Vertretern strengster Observanz gehörten →Fronto und →Gellius (1), während →Cicero und →Quintilian eine mittlere Linie einhielten. Diese wahrten das Recht der pathetischen Redekunst mit Hilfe der in der →Sophistik wurzelnden Lehre, daß die Tonhöhe der Rede von Ziel und Umständen bestimmt werden solle. Über die Hauptmittel des Ausdrucks, Wortwahl und Syntax hielt die Stillehre ein reiches Beobachtungsmaterial zur Verfügung. F.W.

Lit: Norden, Kunstprosa – F. Wehrli, Der erhabene und der schlichte Stil..., in: Phyllobolia für Peter Von der Mühll, 1946, 9–34 – J. W. H. Atkins, Literary criticism in antiquity, 1952.

Lithika, orphische →Orphik

Litis contestatio, Akt der Parteien im Legisaktionenverfahren (→legis actio) und im →Formularprozeß am Ende der Verhandlung →in iure. Die wichtigsten Rechtswirkungen des Prozesses (Ausschluß neuen Prozesses und Aufhebung oder Inhaltsänderung des eingeklagten Anspruchs) werden an diesen Akt, nicht an das Urteil geknüpft. Im →Kognitionsprozeß entspricht die l. contestatio dem modernen ‹Verhandeln zur Hauptsache›. – Vgl. auch →Recht III B. G.J.

Lit: G. Jahr, Litis contestatio, 1960.

Litotes (λιτότης), den →Tropen zugehörig; umschreibende Kombination von →Emphase und →Ironie, Ausdruck des Superlativs durch Negierung des Gegenteils, z. B. ‹nicht gering› für ‹sehr groß›; ‹non ignoro› für ‹bene scio› (vgl. Quint. inst. 10, 1, 12). Vgl. →Rhetorik D [1] →Euphemismus. H.H.

Lit: Volkmann, 434f. – Lausberg, I 304f.

Litra (λίτρα), 1 Pfund, ursprünglich sizilische Bronze-Gewichtseinheit, dann als Silbermünze im Wert von $^1/_{10}$ des korinthischen Pegasosstaters, also 0,86 g Silber, ausgeprägt, und zwar in vielen Städten Unteritaliens und Siziliens. In Akragas als *ΛΙ(τρα)* bezeichnet. Die L. zerfällt, wie die ihr entsprechende Bronzemünze von 109 g (in diesem Gewichte in Lipara als Pfundmünze ausgeprägt), in 12 →Unzen (Onkia) und ist im 3. Jh. v. Chr. in Syrakus auch mit XII bezeichnet, während die älteren Silberlitren, wegen ihres geringen Gewichtsunterschiedes zum →Obol (0,72 g), dort durch den Typus der Rückseite, eines Polypen, von dem der Obolen, eines Rades, visuell unterschieden wurden. – Weitere Bronzelitren sind mit XII bezeichnete Münzen von Rhegion, Katane und solche der Mamertiner auf Sizilien (alle im 3. Jh. v. Chr.). – Teilstücke sind →Hemilitron, →Tetras, →Hexas und →Unze, jeweils mit 6, 4, 2 und 1 Wertkugel bezeichnet, in Kroton auch eine →Trias, 3 Unzen, bezeichnet mit *TP(ίας)*, also eine $^1/_4$ L. – Multiplen sind das →Pentekontalitron, das →Dekalitron, →Pentalitron und →Dilitron. W. Schw.

Lit: Babelon, 453–455 – K. Regling, RE 13 (1927), 784–786; 1287 bis 1288 – Ders., in: v. Schrötter, 355–356 – E. Gabrici, La monetazione del bronzo nella Sicilia antica, 1927, 13.

Lityerses, Sohn des →Midas, forderte alle Fremden zum Wettmähen auf und tötete oder versklavte die – immer – Unterlegenen. Von →Herakles besiegt und getötet. Auf Grund des gleichnamigen phryg. Schnitterlieds (Hesych. s. v. L.; vgl. Sositheos, TGF 821 N.) erfunden.

Livia Drusilla, 58 v. Chr.–29 n. Chr., Tochter des M. Livius Drusus Claudianus und der Alfidia. 43 erste Ehe mit ihrem Vetter Tib. →Claudius (18) Nero; 42 Geburt des späteren Kaisers → Tiberius; 40 Flucht mit dem Gatten vor Octavian (→ Augustus) nach Sizilien und Griechenland; 39 Rückkehr nach Rom; 17.1.38 Hochzeit mit Octavian. Geburt des → Drusus (1): nach Suet. Tib. 4 und Dio 48, 44 drei Monate später, nach dem Kalender von Verulae schon 14.1.38 (Stammbaum → Jul.-claud. Haus). – 22 n. Chr. Reise mit Augustus in den Orient, 16 nach Gallien. Die energische, hübsche und kluge Frau wurde von Augustus hochgeschätzt und vielfach ausgezeichnet: u. a. Sacrosanctitas, Bildnisrecht, Alexandrinisches Münzrecht. Testamentarisch wurde sie in die Julische Familie aufgenommen und erhielt den Augustatitel (Tac. ann. 1, 8). Konsekration 42 n. Chr. durch ihren Enkel → Claudius (Dio 60, 5); im Osten schon bei Lebzeiten vergöttlicht. Ihr Streben nach erhöhtem politischem Einfluß nach dem Tod des Gatten führte zu Spannungen mit Tiberius. Die ihr feindlich gesinnte Überlieferung, vor allem Tacitus, bezichtigt sie zu Unrecht des Mordes an vielen Verwandten. H.T.

Lit: A. Stahr, Röm. Kaiserfrauen, 1865 – E. Kornemann, Große Frauen d. Altertums (1947), 1954⁴ – J. P. V. D. Balsdon, Roman Women, 1962 – W. Hatto Groß, Julia Augusta, Abh. Gött., 1962.

Livilla (Claudia Livia), 12/13 v. Chr.–31, Tochter des → Drusus (1) und der → Antonia (3) minor; erste Ehe mit C. → Caesar (2), zweite mit dem jüngeren → Drusus (2), den sie auf Anstiften → Sejans vergiftete. Das führte zu ihrem gewaltsamen Tod 31 n. Chr. (Stammbaum → Jul.-claud. Haus). H.T.

Livius, T., röm. → Geschichtsschreiber, geb. 59 v. Chr. (?) in Patavium (Padua), gest. 17 n. Chr. ebd., wuchs in einer Umgebung auf, die in ihren Lebensformen und Anschauungen noch der alten Tradition verhaftet war. In seiner Jugend erlebte er den Todeskampf der Republik, 28 Jahre zählte er, als mit der Entscheidung von Actium (31 v. Chr.) die Ära der Bürgerkriege ihren Abschluß fand. Die eigentliche Zeit seines Wirkens fällt in die Regierung des → Augustus, den er um drei Jahre überlebte. Von seinen äußeren Schicksalen ist wenig bekannt. Einen großen Teil seines Lebens scheint er in seiner Heimat zugebracht zu haben, einzelne Angaben in seinem Werk bezeugen uns längere Aufenthalte in Rom, wo er auch mit den führenden Männern in Verbindung trat. Fraglich ist, ob er größere Reisen unternommen hat. Politischer Ehrgeiz lag ihm fern. Frei von öffentlichen Pflichten, konnte er sich ganz seiner schriftstellerischen Tätigkeit widmen. Er ist der erste namhafte röm. Historiker, der ohne eigene politische und militärische Erfahrung Geschichte geschrieben hat.

[2] Wahrscheinlich in seiner Jugend hat L., z. T. in Dialogform, *kleinere Schriften* philosophisch-historischen Inhalts verfaßt; doch sind sie ebenso in Vergessenheit geraten wie ein Brief an seinen Sohn aus späterer Zeit, in dem er sich über stilistische Fragen geäußert und dabei → Demosthenes (1) und → Cicero als Vorbilder herausgestellt hat. Bekannt wurde er durch sein großes *Geschichtswerk*, das unter dem Titel ‹Libri ab urbe condita› (‹annales› oder ‹historiae›?) in 142 Büchern die Geschichte Roms von den Anfängen bis zum Tod des → Drusus (1) im J. 9 v. Chr. erzählte. Dabei umfaßte das einzelne Buch (zumindest in den früheren Partien) im Durchschnitt ca. 55 Seiten (Teubner-Text), das ganze Werk mochte also über 7000 Seiten gezählt haben. Erhalten sind davon die Bücher 1–10 (bis 293 vor Chr.), 21–45 (218–167 v. Chr., ab Buch 41 mit z. T. größeren Lücken), ferner ein Palimpsestfragment aus Buch 91 (mit Berichten über die Kämpfe des → Sertorius in Spanien) sowie durch Vermittlung → Senecas (1) d. Ä. aus Buch 120 die Darstellung von Ciceros Tod. Über den Inhalt der verlorenen, etwa drei Viertel des Gesamtwerks umfassenden Bücher informieren die wahrscheinlich im 4. Jh. n. Chr. entstandenen → Periochae (ohne Buch 136 und 137); sie werden ergänzt durch eine in Oxyrhynchos wiedergefundene Epitome (3./4. Jh. n. Chr. geschrieben) mit Resten von Inhaltsangaben aus den Büchern 37–40, 48–55, 58 (?), 87–88, und die wohl aus dem 4. Jh. stammende Prodigiensammlung des → Obsequens für die Jahre 190–11 v. Chr.

[3] Mehr als die Hälfte des gesamten Werkes war der Darstellung der Revolutionszeit gewidmet, Buch 58 setzte 133 mit dem Auftreten des Tib. → Gracchus (1) ein, Buch 117 mit der Ankunft Octavians in Rom im Frühjahr 44, und Buch 133 schilderte die Schlacht von Actium und die Eroberung Ägyptens. Die Steigerung des Umfangs ist wohl vor allem durch die Fülle von Material bedingt, das hier dem Historiker zur Verfügung stand. Demgegenüber fällt auf, daß die eigentliche Regierung des → Augustus 30–9 v. Chr. mit nur neun Büchern (134–142) verhältnismäßig knapp behandelt war. – L. hat etwa um 30 mit seinem Werk begonnen und anscheinend bis zu seinem Tod daran gearbeitet. Der Abschluß mit dem Jahre 9 v. Chr., im Zusammenhang der Ereignisse kaum begründet, könnte darauf schließen lassen, daß das Ganze unvollendet geblieben ist. Die Annahme, L. habe im Jahr etwa drei oder vier Bücher geschrieben, ist zwar nur eine Hypothese, gibt aber eine ungefähre Vorstellung vom Ausmaß seines Schaffens. Die Bücher wurden sukzessive veröffentlicht, die ersten bereits zwischen 27 und 25; die dritte Dekade, wo in Buch 28 der Abschluß der Eroberung Spaniens vorausgesetzt wird, ist nach 19, die letzten Bücher (121 ff.) sind nach Ausweis der Periochae erst nach dem Tod des Augustus erschienen. Zu Beginn seiner Arbeit hatte L. offensichtlich nur eine ungefähre Vorstellung von dem Umfang seines Vorhabens. Der Stoff wuchs ihm unter den Händen, und das Werk erhielt Ausmaße, die ursprünglich nicht vorgesehen waren (vgl. 30, 1, 1 ff.). So wird er auch schwerlich schon zu Anfang einen bis ins einzelne gehenden Plan ausgearbeitet haben. Sollte er daran gedacht haben, jeweils fünf Bücher als in sich geschlossene Einheiten zu veröffentlichen, so hat er das eigentlich nur bei den ersten fünf erreicht; für die nächste Phase, von der Gallierkatastrophe bis 264, brauchte er zehn Bücher; Buch 16 brachte mit der Schilderung der Anfänge → Karthagos die Einleitung zur Epoche der Punischen Kriege, die Bücher 21–30 behandelten die Kämpfe mit → Hannibal. Ab Buch 31 wurde das auf je fünf oder zehn Büchern beruhende Einteilungsprinzip endgültig aufgegeben, Einschnitte bringen weder die Bücher 35, 40 und 45; im weiteren Verlauf wurde die Darstellung des Bürgerkriegs zwischen → Caesar und → Pompejus (2) in acht gesonderten Büchern veröffentlicht. Die uns geläufige Einteilung in Dekaden, wohl aus buchhändlerischen Rücksichten erfolgt, ist erst nach 400 belegt.

[4] Mit seinem Vorhaben fügte L. sich in die Reihe der röm. → *Annalisten* ein; von ihnen übernahm er nicht nur das Thema, sondern auch den Brauch, die Ereignisse Jahr für Jahr zu berichten. Aber die letzten namhaften Annalisten, auf die L. zurückgreifen konnte, zumeist der sullanischen und nachsullanischen Zeit zugehörig, waren in ihren Darstellungen kaum über den Tod → Sullas hinausgekommen; so kam es ihm jetzt zu, unter Benutzung des zeitgenössischen Schrifttums die Linie weiterzuführen und vor allem die Schilderung der chaotischen Jahre zwischen Sullas Tod und Actium mit der der früheren Zeit zu verbinden. Daneben – und das war für ihn mindestens so wichtig – sah er sich vor die Aufgabe gestellt, die röm. Geschichte in einer dem modernen Geschmack zusagenden Weise zu erzählen. Gerade die Entwicklung der röm. Prosa während der Jahrzehnte seit Sullas Tod legte das nahe; schon nach Ciceros Ansicht waren die früheren geschichtlichen Darstellungen eigentlich nicht mehr lesbar, und sein Ausspruch, daß Geschichtsschreibung ein *opus oratorium maxime* (leg. 1, 5) sei, besaß auch für L. volle Gültigkeit. In Stil und Sprachgebrauch nahm er sich im allgemeinen → Cicero zum Vorbild, suchte freilich daneben, trotz der Ablehnung eines betonten → Archaismus, etwas von der Patina des Alten zu wahren. Die ersten Bücher, wo sich Sage und Geschichte berühren, zeigen Anklänge an den Stil des → Epos, in den

späteren, bes. ab Buch 21, treten neben die ausführlichen Schilderungen der großen Begebenheiten die an die alten → Chroniken erinnernden knappen Mitteilungen über die Wahlen, Amtsantritte der neuen Beamten und die Aufzählung der Prodigien. Nicht weniger wesentlich war es, daß er – wobei ihm im einzelnen die jüngeren Annalisten vorangegangen sein mögen – die ursprünglich häufig recht kunstlosen Berichte auf ein höheres Niveau hob; unter dem Einfluß der Geschichtsschreibung der → Peripatetiker faßte er sie zu in sich geschlossenen Erzählungen zusammen, hob ihr dramatisches Moment heraus, gab ihrem Inhalt eine stärkere Prägnanz; dank seiner Fähigkeit, sich in die alten Zeiten hineinzuversetzen, gelang es ihm, längst Vergangenes wieder zum Leben zu erwecken und einem größeren Publikum zugänglich zu machen.

[5] L. war kein Forscher im modernen Sinn. Er ging, zumindest in den erhaltenen Teilen seines Werkes, nicht auf die primären Quellen zurück, setzte sich nicht kritisch mit der Überlieferung auseinander, sondern nahm im allgemeinen die Aufzeichnungen seiner Vorgänger für historische Wahrheit. Voller Ehrfurcht gegenüber der Tradition scheute er sich, überkommene Vorstellungen anzutasten und begnügte sich damit, extreme Ansichten abzuschwächen und allzu drastische Schilderungen zu mildern. Verschiedene Versionen, die er vorfand, merkte er an, äußerte hier und da auch Bedenken, doch häufig ließ er die Dinge in der Schwebe und überließ dem Leser die Entscheidung. Er orientierte sich vor allem an den Autoren, die ihm für den jeweiligen Zeitraum das meiste Material zu bieten schienen; für die Vorgänge in Rom selbst neben dem in der ersten Dekade benutzten Q. → Aelius (12) Tubero vor allem an → Claudius (26) Quadrigarius und → Valerius (2) Antias, in der dritten Dekade griff er auch auf → Coelius (1) Antipater zurück und dann, zumal für die Vorgänge im Osten, auf → Polybios. Unter diesen Umständen hängt die Zuverlässigkeit seiner Angaben wesentlich von der Qualität der von ihm benutzten Schriftsteller ab, und es ist kein Zufall, daß die moderne Forschung sich lange Zeit gerade mit der Frage nach den Quellen des L. befaßt hat.

[6] Auch in seiner *Geschichtsauffassung* brachte L. keine wirklich neuen Aspekte. Er folgte hier einer Tradition, die sich seit dem frühen 2. Jh. herausgebildet hatte. Ebenso wie schon für → Cato (1) war auch für ihn die klassische res publica das Maß der Wertung. Entsprechend galt seine Liebe, wie er schon in der Einleitung betont, den früheren Epochen. Hingegen betrachtete er voller Skepsis die weitere Entwicklung, und eine Reihe von Bemerkungen in den erhaltenen Büchern lassen erkennen, daß er die Revolutionsepoche als eine Zeit des Niedergangs gewertet hat. Im Einklang mit der herrschenden Theorie sah er die wesentlichen Ursachen hierfür im Verfall der alten Sitten, und er glaubte mit der Darstellung der großen Vorbilder zur inneren Erneuerung der röm. Gesellschaft beitragen zu können. Mit diesem Anliegen, das an sich der röm. Geschichtsschreibung seit jeher gegeben war, kam L. den Reformbestrebungen des Augustus entgegen. Und dieser hat den Plan des L. begrüßt und gefördert. Viel spricht dafür, daß L., wie mancher andere, von Augustus eine Wiederherstellung der alten res publica erhofft hat, zumindest in den 20er Jahren. Doch auf die Dauer ließ sich das verklärte Bild der Vergangenheit mit den neuen Realitäten nicht in Übereinstimmung bringen. Auch wenn das dem L. nicht selbst bewußt geworden sein sollte, so ist es ihm zumindest nicht gelungen, in seinem Werk diesen Gegensatz zu überwinden. Die kommenden Generationen, z. B. → Lukan, haben gerade dem Werk des L. die Grundgedanken für ihren ideologischen Kampf gegen die Nachfolger des Augustus entnommen.

[7] Schon zu Lebzeiten wurde L. anerkannt, und hinfort galt er als einer der großen Historiker Roms. Die früheren Annalisten wurden vergessen, und nach ihm hat keiner mehr die republikan. Zeit in adäquater Weise darzustellen vermocht. Sein Werk wurde häufig benutzt, zahlreiche Auszüge und Inhaltsangaben von ihm angefertigt. Ende des 4. Jh.s war es noch in seinem ursprünglichen Umfang erhalten – der Kreis um → Symmachus (2) hat sich damals besonders darum bemüht –, aber dann ging in der Zeit des Übergangs zum Mittelalter das meiste verloren. Als man sich in der Renaissance ihm wieder zuwandte, fand man nur noch das vor, was wir heute besitzen. Die hohe Schätzung, die L. seitdem wieder genoß, wurde seit dem beginnenden 19. Jh. durch die moderne Geschichtswissenschaft in Frage gestellt. Er genügte ihren Ansprüchen nicht mehr, man bemängelte seine Arbeitsweise, das Fehlen einer durchgreifenden Kritik, die Ungenauigkeit seiner Angaben. Aber man hat hier, wie die Untersuchungen der letzten Jahrzehnte immer wieder betont haben, L. nach Kategorien gemessen, die ihm fremd oder zumindest nicht in ihrer vollen Tragweite bewußt waren. Im Zusammenhang der röm. Geschichtsschreibung gesehen, stellt sich das Bild anders dar. Hier bildet er unstreitig einen Höhepunkt, und er ist es vornehmlich gewesen, der die Auffassung der Römer von ihrer großen Vergangenheit für die Nachwelt festgehalten hat. W.H.

Ed: W. Weißenborn-M. Müller-O. Roßbach (1850/51), BT, 1881 ff. (mit Komm.; Nachdr. 1962) – R. S. Conway-C. F. Walter-S. K. Johnson, 4 Bde, 1914–35 (1. u. 3. Dekade; Neudr. 1955 u. 1960) – *Übers:* B. O. Forster-F. G. Moore u. a., 14 Bde, LCL, 1919 ff. (z. T. neu aufgelegt; engl.) – J. Bayet-G. Baillet, CB, im Erscheinen (franz.) – A. Wlosok, I, 1960 (deutsch) – *Lit:* H. Nissen, Krit. Unters. über d. Quellen der 4. u. 5. Dekade, 1863 – A. Klotz, RE 13, 1 (1926), 816–852 – Ders., L. u. seine Vorgänger, 1940/41 (Neudr. 1964) – H. Bornecque, Tite Live, 1933 – E. Burck, Die Erzählkunst des T. L. (1934), 1964^2 – Ders., Zum Rombild des L., Altsprachl. Unterr. 3, 2, 1957, 34–75 – F. Klingner, 2000 Jahre L. (1943), in: Röm. Geisteswelt, 1961^4, 444–468 – W. Hoffmann, L. u. die röm. Geschichtsschreibung, AuA 4, 1954, 170–186 – R. Syme, L. and Augustus, HStClPh 64, 1959, 27–87 – G. Walsh, L., his historical aims and methods, 1961 (Lit).

2. **L. Andronicus,** die erste faßbare, klar umrissene Persönlichkeit der röm. Literaturgeschichte. L. hat für das Drama die Gesetze der Sprechverse festgelegt und in seiner Odusia die erste künstlerische → Übersetzung des Abendlandes geschaffen. – Weder Geburts- noch Todesjahr stehen fest. Doch hat Varro das Datum seiner ersten Aufführung ermittelt: 15.–18. Sept. (→ Ludi Romani) 240 v. Chr. Das Jahr bildet eine Epoche für die röm. → Literaturgeschichte. L. ist bei der Aufführung selbst als Schauspieler aufgetreten (Fest. p. 333 M.). – Im Jahre 207 dichtete L. Andronicus ein Sühnelied, das der Senat nach dem Auftreten von Prodigien beschlossen hatte (Liv. 27, 37). Zum Dank dafür wies der Senat den Dichtern und Schauspielern (→ Collegium scribarum histrionumque) den Tempel der Minerva auf dem Aventin als Amtslokal zu. L. war, wie sein Name zeigt, Grieche (aus Tarent?) und Freigelassener eines Livius; wahrscheinlich des Decemvirn Livius Salinator (Vater des → L. (5) Salinator, cos. 219). Die Lehrtätigkeit des L. (vgl. Suet. gramm. 1) bestand wohl in erster Linie darin, daß er griech. Werke vorübersetzte und dabei seine Erklärungen gab, zum andern darin, daß er seine eigenen lat. Übersetzungen wie die ‹Odusia› oder die Dramen vorlas. L. hat damit den alexandrinischen Schulbetrieb nach Rom verpflanzt. Die Frage, ob die Übersetzung den Dramen vorausging oder nicht, muß offenbleiben. Doch läßt sich das öffentliche Auftreten des L. als Autor leichter erklären, wenn die Autorität der Übersetzung bereits für ihn sprach. Zudem brauchte er sie für den Unterricht. Daß L. vor 200 gestorben sei, weil → Licinius (16) Tegula mit der Abfassung des Sühneliedes des Jahres 200 beauftragt wurde, ist Hypothese.

[2] Offenbar hatte L. eine Vorliebe für die *Tragödie*. Folgende Titel sind überliefert: Achilles, Aegisthus, Aiax Mastigophorus, Andromeda, Danae, Equos Troianus, Hermione, Ino, Tereus. Einige davon hat → Naevius erneuert. Die *Komödien* treten dagegen zurück; nur zwei Titel und

zwei Verse sind bekannt. Gladiolus verspottet dabei wohl den miles gloriosus, der Titel Ludius ist unsicher. – L.' Übersetzung der homerischen Odyssee, die ‹*Odusia*›, war bis zu Horazens Zeit Schulbuch (Hor. epist. 2, 1, 69). Die produktive Leistung dieser Übersetzung in Saturniern, die sich verhältnismäßig eng ans Original gehalten hat, besteht darin, daß L. im Anschluß an vorhandenes poetisches Gut sich eine eigene feierlich erhabene Sprache geschaffen hat, in der Archaismen, Gräzismen, Genealogien, röm. Interpretation der Götter, pathetische Apostrophe usw. die Würde des Mythischen wahren. Zur Wahl der Odyssee vor der Ilias wird beigetragen haben, daß die Odyssee z. T. in Italien spielt; dazu kam das erregende Meererlebnis des 1. Pun. Krieges. K. Bch.

Frg: CRF 3 ff. – TRF 1 ff. – M. Lenchantin De Gubernatis, 1937 – E.H. Warmington, Remains of Old Latin II, 1936 – FPL 7 ff. (Odusia) – *Lit:* S. Mariotti, L. Andronico et la traduzione artistica, 1952 – H. de la Ville de Mirmont, Etudes sur l'ancienne poésie latine, 1903, 5 – F. Leo, Gesch., 1913, 55–75 – E. Fraenkel, RE Suppl. 5 (1931), 598–607 – H. Dahlmann, Studien zu Varro ‹De poetis›, 1962, 8.

3. **L. Drusus,** M. (tr. pl. 122 v. Chr., cos. 112, cens. 109) war durch Herkunft und Bildung einer der einflußreichsten Männer seiner Zeit (Plut. C. Gracch. 8, 5). Im Kampf gegen C. → Gracchus (2) bediente er sich nicht der intercessio oder des gewaltsamen Widerstandes, sondern versuchte, im Auftrag des Senats, ihn durch populare Anträge zu überbieten und aus der Gunst der Masse zu verdrängen. L. trug damit wesentlich zum Sturz des Gracchus bei. L. starb 109 als Censor. G. G.

4. **L. Drusus,** M. (tr. pl. 91 v. Chr.), Sohn des Vorigen. L. stand im Einvernehmen mit sehr angesehenen Mitgliedern des Senats (→ Aemilius (14) Scaurus, L. → Licinius (3) Crassus), die seine gesetzgeberische Tätigkeit anregten und ihn unterstützten (Cic. dom. 50; Ascon. Scaur. 21, 23 f.). Offenbar versuchten Nobilitätskreise auf diese Weise die immer wieder andrängenden Probleme im Sinne des Senats zu lösen. Ein Ausgangspunkt der Politik des L. war die ungerechtfertigte Verurteilung des → Rutilius (3) Rufus durch die Rittergerichte. Zur Beseitigung der Gegensätze zwischen Senatoren- und Ritterstand sollten 300 der angesehensten Ritter in den Senat aufgenommen und die Geschworenenkollegien aus dem erweiterten Senat besetzt werden. Für die Italiker forderte L. das Bürgerrecht; im Interesse der besitzlosen Bürger wollte er die Agrargesetzgebung weiterführen. Aber Teile der Italiker, die große Gebiete des ager Romanus nutzten, fühlten sich durch die Siedlungsgesetze benachteiligt, da sie – im Gegensatz zu → Saturninus' Programm – wieder italisches Gebiet betrafen. Das Bemühen um die Einheit der Stände und Italiens scheiterte am allseitigen Widerstand. Hinzu kam Opposition aus staatsrechtlichen Bedenken, weil L. alle Vorschläge gegen die lex Licinia Didia in *einem* Antrag zusammengefaßt hatte. Noch im Tribunatsjahr wurde L. ermordet. Die Zeitgenossen waren von seiner optimatischen Gesinnung überzeugt (Diod. 37, 10, 1; Cic. Mil. 16; Cluent. 153); in seinem Programm folgte er aber ganz dem von den → Gracchen gezeigten Weg. G. G.

Q: App. civ. 1, 155–164 – *Lit:* F. Münzer, RE 13, 1 (1926), 859–881.

5. **L. Salinator,** M. (cos. 219, 207, dict. 207, cens. 204 v. Chr.), erzogen durch L. → Livius (2) Andronicus, verheiratet mit einer Capuanerin (Liv. 23, 2), kämpfte 219 siegreich gegen → Demetrios (18) v. Pharos (Zon. 8, 20). 218 (?) wurde er wegen ungerechter Beuteverteilung verurteilt (vir. ill. 50; Liv. 29, 37). 207 besiegte er mit C. → Claudius (17) Nero Hannibals Bruder → Hasdrubal (2) am Metaurus entscheidend (Polyb. 11, 1 f.; Liv. 27, 45 ff.; 28, 9). Als Censor war L. sehr aktiv (Liv. 29, 38). A. L.

Löwe. Der in Afrika und Vorderasien verbreitete L. kam nach antiken Zeugnissen auch in Nordgriechenland und Südthrakien vor (Hdt. 7, 125; Aristot. hist. an. 6, 31. 579b7; 8, 28. 606b15). Von der Beurteilung dieser Nachrichten hängt ab, ob wir die mythische Kunde von heldischen L.-Kämpfen auf das Zusammenwirken von oriental.-ägypt. Vorbildern und einheimisch-frühgriech. Erlebnissen zurückführen können. Mit der Darstellung und Deutung des L.n als reißender dämonischer Kraft, die dem Göttlichen nahesteht, war bereits das myk. Frühgriechentum vertraut. Dazu fügt sich neben Sprichwort und Fabel die Überlieferung vom L.n als Symbol von Gottheiten (Rhea, Kybele, Artemis), die in der oriental.-ägypt. Religion zahlreiche Entsprechungen hat. Ein gleiches gilt für den L.n als Sinnbild königlicher Macht. So schmückten Kopf und Pranken des L.n Götter- und Königsthrone, wodurch zugleich die Überwindung des Dämonischen dokumentiert wurde. Diese Vorstellung liegt auch der den Königen und mythischen Helden vorbehaltenen L.n → Jagd zugrunde, deren berühmtester Vertreter → Herakles mit dem L.n-Fell ist. Der Gedanke der Unnahbarkeit offenbart sich in der abwehrenden Verwendung des L.n-Motivs in Kultbezirken und Nekropolen, an Burg- und Stadttoren. Der Herr der Tiere wurde von Zeus als Sternbild an den Himmel versetzt, wo er neben dem → Hund Sirius das Zeichen sommerlicher Gluthitze bildet. → Fauna, → Sternmythen. J.W.

Lit: Keller, Tierwelt II 24–61 – A. Steier, RE 13, 1 (1926), 968–990 (Quellen!) – P. Lévêque, Héra et le lion, BCH 73, 1949, 125–132 – H. Cahn, Die L. des Apollon, MH 7, 1950, 195–200 – F. Willemsen, Die L.kopfwasserspeier, 1959.

Löwentor. Das Haupttor der Burg von → Mykene, zur im frühen 13. Jh. gebauten Erweiterungsmauer gehörig, benannt nach dem Kalksteinrelief im ‹Entlastungsdreieck› über dem Torsturz (H. ca. 3 m). Dargestellt in antithetischer Ordnung zwei Löwen, die sich auf der (zweigliedrigen) Basis einer kret. Säule aufrichten. Die Löwenköpfe waren aus anderem Material angesetzt. Über dem Gebälk auf der Säule ist in der Spitze des Entlastungsdreiecks vielleicht noch ein Vogel zu ergänzen. W. Schg.

Abb: F. Matz, Kreta u. frühes Griechenland, 1962, 186.

Logaöden. λογαοιδικὰ δακτυλικά nennt Heph. p. 24, 1 C. Verse, in denen seiner Meinung nach auf Daktylen ein trochäisches Metron folgt (alkäischer → Zehnsilbler, → Praxilleum), λ. ἀναπαιστικά dagegen (28, 9) das → Archebuleum, dessen Hauptform ihm aus 4 Anapästen + Trochäus zu bestehen scheint. R. Westphal und A. Roßbach (Theorie der Musischen Künste der Hellenen 3, 2, 1889, 560 ff., s. a. Seite L) haben die Bezeichnung Logaöden ausgedehnt auf alle äolischen und die aus ihnen entwickelten Verse, in denen zwischen den longa jeweils ein oder 2 brevia stehen. Heute ist der Begriff nicht mehr üblich. B. Sn.

Logik. *Vorbemerkung.* Wir definieren die L. hier als die Disziplin, die die allgemeinen Bedingungen des gültigen Vernunftsschlusses untersucht, beschränken uns also auf den Teil der L., der später ‹formale L.› genannt worden ist.

[1] *Vor Aristoteles.* Die aristotelische Begründung der logischen Wissenschaft durch die erste Theorie des richtigen Schließens war nur möglich, weil das griech. Denken seiner Zeit in der Praxis der Beweisführung wohl erfahren und sich der damit zusammenhängenden Probleme bewußt geworden war. Schon Parmenides vertraut ganz der Vernunft (λόγος) ohne Rücksicht auf das Zeugnis der Sinne. Um seine paradoxen Thesen zu verteidigen, besitzen seine Schüler keine andere Waffe als den Schluß, den sie ohne Maß verwenden (Paradoxa des → Zenon, 2); die → Sophisten, die sich rühmen, in jeder Streitfrage das Für und das Wider mit gleichviel Erfolg vertreten zu können, folgen ihnen darin. Ihre Leistungen sind meistens Denkspielereien, wenn sie nicht Wortspiele sind, aber haben wenigstens de facto die Frage nach der Gültigkeit des Schlusses aufgeworfen. Die Sophisten haben als erste die Analyse der Sprache (→ Sprachphilosophie) unternommen (Protagoras, Prodikos), ohne anscheinend über grammatische Betrachtungen hinauszugelangen. Einen wichtigen

Schritt vorwärts bedeutet die Suche des → *Sokrates* nach allgemeinen Definitionen, denn damit unterscheidet er faktisch zwischen Aussagen, welche das Wesen einer Sache nennen, und solchen, die ihr irgendein beliebiges Prädikat beilegen. Das ist der erste Ansatz zur aristotelischen Lehre von den Prädikabilien. Unter eleatischem Einfluß zogen einige Sokratiker daraus den Schluß, daß das Setzen eines Prädikates unmöglich sei, oder wenigstens, daß einzig der Begriff der Sache ihr als Prädikat beigelegt werden dürfe (→ Stilpon, → Antisthenes). → *Platon* kennt diese sowie auch alle von der Sophistik geschaffenen Schwierigkeiten. Für ihn kann einzig die Kenntnis der an sich seienden Wesenheiten (→ Ideen) die feste Grundlage eines unumstößlichen Wissens bilden. Warum man eine gleiche Sache verschieden bezeichnen könne, erklärt er durch die Partizipation der Wesenheiten aneinander. Man braucht sich also nicht mehr aus Furcht vor Widersprüchen auf die tautologischen Urteile zu beschränken. Platon hat jedoch das Problem der Aussage als Ganzes nicht untersucht. Sein Beitrag zur eigentlichen L. ist schwer zu bestimmen, denn er besteht weniger aus Lehren, als aus einer Reihe von nicht in ein System gefaßten Verfahren. Doch hat er Aristoteles fast all sein Material geliefert, so daß Bochenski sagen konnte, daß fast das ganze logische Werk des Aristoteles eine reflektierende Ausarbeitung der von seinem Lehrer angewandten Verfahren ist. Indem z.B. Platon den genauen Inhalt der Begriffe festzulegen sucht, wie er es mit der Methode der → Dihärese tut, bereitet er die aristotelische Theorie der Definition vor; indem er die Beziehungen der Teilhabe und Ausschließung zwischen den Ideen untersucht, macht er den Weg frei für die Theorie des Syllogismus.

[2] *Aristoteles.* Von den traditionellerweise unter dem Namen ‹Organon› vereinigten Schriften können wir die ‹Kategorien› beiseite lassen, die ein kleines Werk von zweifelhafter Echtheit und sehr geringer Wichtigkeit für die Logik sind. Übrig bleiben: ‹De Interpretatione›, über den Satz und dessen Teile sowie die Gegensatzverhältnisse zwischen den Sätzen; die ‹Ersten Analytiken›, über die Syllogistik; die ‹Zweiten Analytiken›, die vom Beweis oder dem Syllogismus mit sicherem Schluß handeln; die ‹Topik› und die ‹Sophistischen Widerlegungen›, welche die Theorie des wahrscheinlichen Argumentierens aufstellen (Dialektik). Am Anfang der Analytica priora definiert Aristoteles den Syllogismus: eine Rede, in welcher, indem gewisse Dinge gesetzt werden, etwas anderes daraus notwendig folgt. Die Definition läßt sich auf jeden gültigen Schluß anwenden. Sie umschreibt nicht klar die Form deduktiver Schlußfolgerung, die Aristoteles im Sinne hat und die er in der Fortsetzung des Werkes untersucht, nämlich jener, in der man einen Terminus von einem andern behauptet oder verneint als logische Folge der Beziehungen, die man zwischen diesen Termini und einem dritten hergestellt hat. Die miteinander verknüpften Aussagen bestehen in ihrer einfachsten Form aus einem Subjekt (*ὑποκείμενον*) und einem Prädikat (*κατηγορούμενον*), die miteinander durch ‹ist› oder ‹ist nicht› verbunden sind. Das Verbum ‹sein› hat für sich genommen keine Bedeutung; seine Rolle ist einzig, das Prädikat, mit oder ohne Angabe der Zeit, auf das Subjekt zu beziehen und der Rede so die Eigenschaft, wahr oder falsch zu sein, zu verleihen, je nachdem die ausgesagte Beziehung mit der Wirklichkeit übereinstimmt oder nicht. Die Art der Verbindung zwischen Prädikat und Subjekt eines Satzes hat Aristoteles umfassend untersucht. Je nachdem das Prädikat das Wesen des Subjektes anzeigt oder nicht und mit dem Subjekt vertauschbar ist oder nicht, ordnet sie sich unter eines der vier Prädikabilien: Definition (Prädikat wesentlich und vertauschbar); eigentümlich (Prädikat nicht wesentlich und vertauschbar); → Akzidens (Prädikat nicht wesentlich und nicht vertauschbar); Gattung (Prädikat wesentlich und nicht vertauschbar). Unter dem Gesichtspunkt ihres Umfanges teilen sich die Sätze in vier Klassen, von denen nur zwei für die Theorie des Syllogismus von Bedeutung sind: die Sätze mit allgemein gefaßtem Subjekt (die allgemeinen Aussagen) und die mit partikulär gefaßtem Subjekt (die partikulären Aussagen). Da jeder Satz bejahend oder verneinend sein kann, erhält man vier Arten von Sätzen, deren gegenseitige Gegensatzbeziehungen Aristoteles so definiert: die bejahende allgemeine sowie die verneinende partikuläre Aussage einerseits, und die verneinende allgemeine sowie die bejahende partikuläre Aussage anderseits stehen sich kontradiktorisch gegenüber: notwendig ist die eine wahr und die andere falsch; die bejahende und die verneinende allgemeine Aussage stehen sich konträr gegenüber: sie können nicht zusammen wahr, wohl aber zusammen falsch sein. Die bejahenden und verneinenden partikulären Aussagen ihrerseits können zusammen wahr sein. Aus der Wahrheit eines Satzes kann man also in gewissen Fällen auf die Falschheit eines andern schließen und umgekehrt. Diese Folgerungen beruhen auf zwei Grundsätzen: (1) dem Satz vom Widerspruch (etwas kann nicht von etwas anderem gleichzeitig und unter dem gleichen Gesichtspunkt behauptet und geleugnet werden); für Aristoteles evidenter Grundsatz, der Ausgangspunkt für die andern Axiome ist; er kann nicht positiv bewiesen, doch gegen etwaige Angriffe verteidigt werden (met. 4, 2); (2) dem Prinzip vom ausgeschlossenen Dritten (jeder Satz ist notwendig wahr oder falsch); dieser Grundsatz ist nicht unbedingt allgemeingültig, denn er kann sich, nach Aristoteles, nicht auf Sätze beziehen, die auf zukünftige kontingente Ereignisse Bezug haben (int. 9). Eine andere Art von Folgerung ist die Umkehrung oder Vertauschung des Subjekts und des Prädikates eines gegebenen Satzes. Sie ist bedingungslos gültig für die verneinenden allgemeinen und die bejahenden partikulären Aussagen; für die bejahenden allgemeinen Aussagen ist die Konversion nur gültig, wenn die Quantität des Subjekts der konversen Aussage verändert wird. Nach der Aufstellung dieser Gesetze untersucht Aristoteles den *Syllogismus*, zunächst den einfachen oder assertorischen Syllogismus der *1. Figur*, in welchem, indem ein Terminus von einem andern (dem mittleren), der selber einem 3. zukommt, allgemein behauptet oder verneint wird, auf Vereinigung oder Trennung des 1. und 3. Terminus (den äußeren) geschlossen wird. Schema (wobei Subjekt des Folgesatzes = S, Prädikat = P, der mittlere Terminus = M sei): M-P; S-M; also S-P. Es gibt 4 gültige Formen dieser 1. Figur (später Modi genannt), die als Schluß eine bejahende bzw. eine verneinende allgemeine, eine bejahende oder eine verneinende partikuläre Aussage ergeben. Diese Figur des Syllogismus sieht Aristoteles als vollendet an, weil ihre Gültigkeit intuitiv evident ist (sie ergibt sich unmittelbar aus der Betrachtung der Einschließungs- und Ausschließungsbeziehungen zwischen den Begriffen) und weil sie Schlüsse aller Art erlaubt. In der *2. Figur*, in welcher der mittlere Terminus Prädikat in den beiden Prämissen ist (schematisch: P-M; S-M; also S-P), werden 4 gültige Modi anerkannt, alle mit negativem Schluß. In der *3. Figur* ist der mittlere Terminus Subjekt in den beiden Prämissen (schematisch: M-P; M-S; also S-P); 6 gültige Modi werden erkannt, die alle zu einem partikulären Schluß führen. (Aristoteles hat anscheinend die Gültigkeit der Modi anerkannt, die praktisch zu dem gehören, was später die 4. Figur genannt worden ist [schematisch: P-M; M-S; also S-P], aber er hat dieser keinen Platz in seiner systematischen Einteilung der Syllogismen gegeben.) Um die Gültigkeit der Modi der 2. und 3. Figur zu beweisen, reduziert sie Aristoteles auf die Modi der 1. Figur, indem er die Gesetze der Umkehrung und Gegenüberstellung der Sätze anwendet (an. pr. 1, 5–6). Später wird er darauf aufmerksam, daß die beiden ersten Modi der 1. Figur (‹Barbara› und ‹Celarent› der Scholastiker) oder

sogar die gültigen Modi jeder beliebigen Figur dazu dienen können, die der andern Figuren zu beweisen (ebd. 7; 45). – Neben der Theorie des assertorischen Syllogismus entwickelt Aristoteles ausführlich und nach den gleichen Gesichtspunkten wie diese eine Theorie der modalen Syllogismen. Die Modalitäten, die er unterscheidet, sind die Notwendigkeit und die Möglichkeit, die ihrerseits ‹Nicht-Unmöglichkeit› oder ‹Nicht-Unmöglichkeit verbunden mit Nicht-Notwendigkeit› (Kontingenz) ist. Die Modallogik des Aristoteles ist von Irrtümern oder Verwechslungen nicht ganz frei, aber sie stellt einen höchst wichtigen Beitrag zur Untersuchung der schwierigen Probleme auf diesem Gebiet der L. dar. Aristoteles hat noch viele andere logische Gesetze entdeckt und benützt, die er nicht zu einem ausgebildeten System ausgebaut hat (Bochenski). Wir erwähnen bloß gewisse Gesetze des hypothetischen Syllogismus, der Relationenlogik, des ‹Prädikatenkalküls› und der Logik der nicht analysierten Aussagen.

[3] *Die megarisch-stoische Schule.* Das unter dem Namen der → Stoiker bekannte logische System war das einzige der Antike, das mit der L. des Aristoteles rivalisieren konnte. Die Stoiker haben die L., wie es scheint, bei den → Megarikern gelernt, aber die spärliche Überlieferung von beiden erlaubt uns nicht, genau auszumachen, was jeder dieser Schulen oder gar den einzelnen Denkern zukommt. Unter stoischer L. ist also hier das Ganze dessen, was uns diese Denkrichtung überliefert hat, zu verstehen. Nach den Stoikern ist die L., neben Physik und Ethik, ein integrierender Bestandteil der → Philosophie. Ihr Gegenstand ist durch eine ausgearbeitete semantische Theorie genau definiert. In der Tat werden deutlich die Zeichen (geschriebene oder gesprochene Wörter) einerseits von den Dingen, die sie bezeichnen, und andererseits von der Bedeutung, die sie haben, unterschieden (→ Sprachphilosophie). Letztere, die im Gegensatz zum Zeichen und zum Gegenstand unkörperlich ist, wird *λεκτόν* genannt, die *λεκτά* sind der eigentliche Gegenstand der L. Ein vollständiges assertorisches *λεκτόν* drückt sich in einem Satz aus, der wahr oder falsch ist. Die Sätze teilen sich in einfache und zusammengesetzte; die letzteren werden gebildet aus einfachen, durch eine Verbindungspartikel miteinander verbundenen Sätzen, wobei jene z. B. die Konjunktion, die Disjunktion oder die Implikation (von gewissen Forschern im Sinne der heutigen ‹materialen Implikation› aufgefaßt) anzeigen. Die Stoiker haben sich bemüht, den Wahrheitswert der zusammengesetzten Sätze, ausgehend vom Wahrheitswert der einfachen Sätze, zu bestimmen. Ihre L. ist also eine der nichtanalysierten Aussagen, und die Wahrheitstafeln, die sie für die verschiedenen Arten von zusammengesetzten Sätzen aufstellen, sind denen vergleichbar, die man durch den heutigen Matrizenkalkül erhält. Der Schluß wird definiert als ein aus Prämissen und Folgerungen gebildetes System. Er ist gültig, wenn der Bedingungssatz, der seine Prämissen als Vordersatz und seine Schlußfolgerung als Nachsatz hat, wahr ist. Man unterscheidet zwischen (konkretem) Schluß und Schlußschema (Modus). Die Schlußschemata sind im Grunde Schlußregeln, in denen die Variabeln Sätze sind. Einige dieser Schemata oder Modi werden als grundlegend und unbeweisbar angesehen: die andern Modi können darauf zurückgeführt werden. Sie bilden also die Axiome des Systems, das, wie man sieht, darauf verzichtet, die Analyse über die Beziehungen zwischen den Sätzen hinaus weiterzuführen. Hier, als Beispiel, eines der fünf bekannten Axiome: wenn A, dann B; aber A, also B; das Schema kann wie folgt illustriert werden: wenn es Tag ist, gibt es Licht; nun ist es Tag, also gibt es Licht.

[4] *Letzte Periode.* Die Gegnerschaft zwischen der aristotelischen und der stoischen Schule wird mit der Zeit schwächer. Am Ausgang der Antike gelangt man zu einer Art gemeinsamer Lehre ohne große Originalität. Wir nennen nur → Boethius, dem wir eine vollständige L.-Terminologie in lat. Sprache verdanken und durch welchen die aristotelische L. schon zu Beginn des Mittelalters dem westlichen Denken überliefert wurde. S.M.

Lit: H. Scholz, Gesch. der L., 1931 – W. D. Ross, Aristotle's Prior and Posterior Analytics, 1949 – A. Virieux-Reymond, La logique et l'épistémologie des Stoïciens, 1949 – I. M. Bochenski, Ancient Formal Logic, 1951 – Ders., Formale Logik, 1956 (engl. 1962) – B. Mates, Stoic Logic, 1953 – Ders., Encycl. Brit. XIV, 1957, 315–320, s. v. L., History of... – J. Lukasiewicz, Aristotle's Syllogistic (1951), 1957[2] – G. Patzig, Die aristotelische Syllogistik ([1]1959), [2]1964 – E. Kapp, Der Ursprung der Logik bei den Griechen 1965 (= Greek Foundation of Traditional Logic, 1942).

Logistai, athen. Gemeindebeamte (Kollegium von 10 Mitgliedern), denen die Kontrolle über die staatliche Finanzgebarung übertragen war. Sie überprüften die Rechnungslegung der Beamten (→ Euthyna) und unterstützten insbesondere die → Hellenotamiai. H. Br.

Logistik. [1] Aufgabe der L. ist, die Truppe materiell so zu versorgen, daß Menschen und Gerät einsatzfähig bleiben. Ihre Bedeutung war im Altertum klar erkannt. So forderte Sokrates von den militärischen Führern: «Der Feldherr muß sich darauf verstehen, seinen Soldaten die Verpflegung und allen anderen für die Kriegführung benötigten Nachschub zuzuführen» (Xen. mem. 3, 1). Und → Vegetius stellt fest: «Der Mangel hat öfter ein Heer aufgerieben als der Kampf, und der Hunger ist gefährlicher als das Eisen» (3, 3). Es ist aber kein antikes Werk bekannt, das diese Probleme zusammenhängend behandelt, und es gibt auch keine neuere Gesamtuntersuchung über dieses Teilgebiet der antiken Kriegführung.

[2] Der Hauptbedarf bestand in der *Verpflegung*, die man entweder mitführte oder aus dem Lande beschaffte oder aber aus Magazinen erhielt. Ursprünglich brachte jeder Krieger sie selbst mit, ebenso wie Waffen und Gerät. Das setzte den Operationen zeitlich und räumlich enge Grenzen. Auch wenn die Heere klein waren, konnte man sich nicht immer darauf verlassen, aus dem Lande zu leben. Nachschub mit Pferd und Wagen war wenig leistungsfähig. Man benutzte daher schon früh den Wasserweg. So wurden die *persischen Heere* bei den Feldzügen gegen Griechenland durch Transportflotten versorgt. Für die Reiterei ließ → Dareios besondere Pferdetransporter bauen (Herodot 7, 48, 3 und 95, 1 f.). Die Niederlage der Flotte bei Salamis (480) machte diesen Nachschubweg sehr unsicher; ein erheblicher Teil der Truppen mußte zurückgenommen werden. – Die *griech. Soldaten* erhielten Verpflegungsgeld (gewöhnlich 2 Obolen täglich) und mußten selbst für sich sorgen. Dabei halfen ihnen Marketender, die dem Heer in großer Zahl folgten, wodurch es nicht gerade beweglicher wurde. In befreundetem Gebiet hielt man auch Märkte ab. Gelegentlich forderten die Heerführer, daß ihre Männer Verpflegung für längere Zeit mit sich nahmen. Zusammen mit Küchengerät, Eßgeschirr, Zelten, Waffen und Bekleidung machte das einen umfangreichen Troß nötig, der häufig die Bewegungen verzögerte. – Für logistische Dienste hatte das *spartan. Heer* eine Abteilung Handwerker (*χειροτέχναι*), die sich aus → Perioken rekrutierten, und eine Nachschubabteilung (*σκευοφόροι*) aus → Heloten, ferner Zahlmeister und Verkäufer der Beute. Drei Offiziere im Stabe des Königs hatten sich um das Verpflegungswesen zu kümmern. – In den Heeren der anderen Staaten war die Organisation ähnlich. Eine Höchstleistung auch auf logistischem Gebiet war der Marsch der Zehntausend unter → Xenophon (1). Sie legten in 215 Tagen 6400 km zurück und versorgten sich dabei aus dem Lande so geschickt, daß sie auch lange Strecken durch unbewohntes, gebirgiges Gebiet überwanden. – Die *Kriegsflotten* waren mit ihren starken Besatzungen sehr von der Versorgung abhängig, zumal die Ruderer gut verpflegt sein mußten, um leistungsfähig zu sein. Auf längere Unternehmungen ging daher eine Transportflotte mit, so beim Zug der Athener nach Sizilien i. J. 415 v. Chr. – In *hellenist. Zeit* brachte die neu ein-

geführte Artillerie (→Geschütze) erhöhten Bedarf an Nachschub, dessen Umfang man allerdings nur schätzen kann. In den *makedon. Heeren* war das Nachschubwesen straff geregelt. Beim Vorstoß nach Indien ließ →Alexander (5) d. Gr. sein Heer vielfach in weit auseinandergezogenen Kolonnen marschieren, damit es besser aus dem Lande leben konnte.

[3] Es ist nicht überraschend, daß die *Römer* mit ihrer Begabung für Organisation die Probleme der L. bes. gut durchdachten. Eine Reihe von Stellen in Caesars ‹Bellum Gallicum› zeigt die sorgsame Vorbereitung der Feldzüge. Caesar rühmt, daß die Römer in dieser Kunst den Barbaren überlegen seien. Das begann mit der Ausrüstung und dem Marschdrill des einzelnen Mannes, der sowohl als Kämpfer wie als Träger vorzüglich ausgebildet war. Normalerweise trug der Legionär etwa 26 kg, von denen er 11 beim Troß zurückließ, wenn ein Gefecht bevorstand. Standardverpflegung war Weizen (1–1,25 kg pro Tag). Fleisch gab es offenbar nicht regelmäßig; Öl, Speck, Käse, Wein und Zutaten kaufte der Soldat beim Marketender. Von mehreren Feldherren, wie P.→Cornelius (30) Scipio, Q.→Caecilius (13) Metellus, →Trajan und →Hadrian, wird gerühmt, daß sie mit der Kost der einfachen Soldaten vorliebnahmen. In republikan. Zeit hatte der Mann seine Rationen durch Abzug vom Sold zu bezahlen, wie auch Bekleidung und Waffen. Später wurden zum mindesten die Lebensmittel frei geliefert. – Die Versorgung der Truppe wurde erleichtert sowohl durch das ausgezeichnete →Straßennetz wie durch zahlreiche Magazine und straffe Verwaltung. Die Feldzüge in Feindesland wurden häufig so geführt, daß man zum mindesten mit Getreide auf dem Halm rechnen konnte. In Feindesland fouragierte die Truppe selbst. Die Requisitionen im befreundeten Land sollten sich in tragbaren Grenzen halten, wurden aber im Bürgerkrieg und in den Kämpfen zwischen den Soldatenkaisern zur drückenden Last. Die logistischen Dienste waren gut organisiert. Jede Legion hatte ihre Schreibstuben, Kassenverwaltungen, Intendanturpersonal und technische Spezialisten für die Instandhaltung von Waffen und Gerät, die dazugehörigen Werkstätten und vor allem gute Transporteinheiten. Sie war damit ein sehr bewegliches und höchst leistungsfähiges Kampfinstrument. Dazu gehörte allerdings eine straffe Disziplin. Als diese nachließ, sanken auch die Leistungen. – Die dezentralisierte logistische Vorbereitung einer großen amphibischen Operation schildert Livius beim Zug des P.→Cornelius (30) Scipio Africanus 205 v. Chr. nach Nordafrika (28,45). Umbrer und Sabiner stellten Soldaten und Seeleute, die etrusk. Städte lieferten Getreide (Arezzo allein 120000 Maß Weizen), ferner Holz, Eisen und Pech für den Schiffbau, Leinen für die Segel, sogar die Handmühlen für 40 Kriegsschiffe, dazu große Mengen von Waffen und Pioniergerät aller Art. – Zusammenfassend ist festzustellen, daß vor allem die Römer die logistischen Probleme klar erfaßten und praktisch bewältigten. Das befähigte sie dazu, mit Heeren von einer Größe zu operieren, wie sie erst in der Neuzeit wieder erreicht (und allerdings auch übertroffen) worden ist, und über Strecken, die an Land auch heute noch große Nachschubschwierigkeiten verursachen. F.R.

Logographen, eine seit dem Werke von F. Creuzer (‹Die historische Kunst der Griechen in ihrer Entstehung und Fortbildung›) üblich gewordene Bezeichnung einer Gruppe von frühgriech. Historikern, die auch als ‹Quellen› für →Herodot von Bedeutung sein sollen. Sie beruht jedoch auf dem Mißverständnis einiger Stellen in antiken Autoren (bes. Thuk. 1,21; Polyb. 7,7,1). Die Vorstellung ist irreführend, die Bezeichnung sollte vermieden werden. K.v.F.

[2] *Logographen* (λογόγραφοι, ‹Redenschreiber›) hießen in Athen die Verfasser von Gerichtsreden. Diese mußten zwar von den Prozeßbeteiligten selbst vorgetragen werden, die Abfassung übertrug man jedoch meist einem juristisch versierten und mit den Kunstmitteln der →Rhetorik vertrauten Anwalt. Die meisten der großen att. →Redner (I C) sind auch oder vorwiegend L. gewesen. J.H.K.

Logos. [1] Von λέγειν abgeleitet, das insbes. zählen und sagen heißt, hat das Substantiv L. die gleichen Bedeutungsschattierungen wie dieses Verb. Vor allem in der philosophischen Sprache wird es gern zur Bezeichnung der geistigen Tätigkeit, die der Rede oder dem Zählen entspricht, verwendet. L. bezeichnet das Denken, bes. das diskursive Denken, die Erklärung bzw. Rechenschaftsablegung, dann auch die Fähigkeit zu denken und zu schließen und ihre Betätigung, schließlich den rationalen Charakter der Dinge (z.B. das mathematische Größenverhältnis), den Grund ihrer Intelligibilität. Man kann mit Leisegang (a. O.) in der philosophischen Bedeutungsentwicklung eine logische und eine psychometaphysische Richtung unterscheiden. – 1. *Logischer Sinn.* →Parmenides verwendet das Wort L., um die wahre Erkenntnis den trügerischen Empfindungen gegenüberzustellen (Fr. 7). Bei Platon bezeichnet L. neben der allgemeinen Bedeutung ‹Vernunft› auch den Prozeß des Denkens und seinen sprachlichen Ausdruck: Rede und Vernunftschluß, Aussage, Definition, Terminus und Begriff. Alle diese Bedeutungen sind Aristoteles bekannt und werden von ihm verwendet, doch herrschen die Bedeutungen Begriff und Definition, Vernunft und Vernunftschluß vor. L. behält bei den Stoikern seine gewöhnliche weite Bedeutung; sie scheinen aber das Wort fast als Fachausdruck für den Satz (dessen Teile die Namen, Verben usw. sind) und den Vernunftschluß oder das System von Sätzen, das aus Prämissen und Schluß besteht, verwendet zu haben. – 2. *Psychometaphischer Sinn.* Nach →Heraklit ist der L. die Ordnung der Dinge als kosmisches Prinzip, die in der Welt immanente Vernunft, die in ihrem Werden waltet und die Gegensätze ihrer Vielheit zur Einheit bringt. Der Mensch hat an diesem göttlichen L., der als kosmisches Urfeuer aufgefaßt wird, durch seine Vernunft teil. Unter dem Einfluß der aristotelischen Teleologie wird der L. bei den Stoikern zu einem dynamischen Prinzip, zu einer Art élan vital, einem schöpferischen Feuer, das den Kosmos belebt und dessen Werden ordnet. Diese Weltvernunft, die Gott genannt wird, ist körperlich. Sie legt in jedes Lebewesen einen Keim oder Samen der Vernunft (λόγος σπερματικός), der seine Entwicklung nach einer strengen Gesetzlichkeit bestimmt. Im menschlichen Mikrokosmos entspricht die Vernunft dem göttlichen L.; die Weisheit besteht denn auch für den Menschen darin, gemäß seiner Vernunft in Übereinstimmung mit der Weltvernunft zu leben. →Philon (1) versucht, die stoische Vorstellung des L. mit der Idee eines Schöpfergottes, die er aus der jüd. Religion übernommen hat, in Einklang zu bringen. Er sieht im L., dem Ort der göttlichen Ideen, einen Vermittler zwischen Gott und der Welt, aber auch einen Aspekt des schöpferischen Tuns Gottes. →Plotin verwendet seinerseits ebenfalls die stoische Terminologie, um zu zeigen, wie die Vernunft auf jeder Stufe der Entstehung der Wesen aus dem Einen und ihrer Rückkehr zum Einen am Werke ist. Aber das verändert weitgehend den Sinn der stoischen Theorie: der L. kommt nun von oben, er ist eine leuchtende Ausstrahlung, die gleichzeitig vom Nus und von der Seele, insofern diese sich nach dem Nus richtet, ausgeht (enn. 3,2,16). Er teilt sich in λόγοι σπερματικοί, Ausdrücke der Ideen in der Weltseele, welche sich ihrer bedient, um die Materie von außen zu gestalten. S.M.

Lit: M. Heinze, Die Lehre vom L. in der griech. Philosophie 1872 (1961) – H. Leisegang, RE 13,1 (1926), 1035–81 – B. Mates, Stoic Logic, 1953 – E. Cassirer, L., Dike, Kosmos in d. Entwickl. der griech. Philosophie, 1941 – R. Arnou-A. M. Moschetti, Encicl. Filos., 1957, III 146–147.

[2] *In der Mathematik* ist L. in ältester Zeit die Bezeichnung des in ganzen Zahlen ausdrückbaren Verhältnisses (daher Bezeichnung des →Irrationalen nach dessen Ent-

deckung als ἄλογον) oder noch ursprünglicher des sozusagen in einem Gegenstand steckenden Zahlenbündels, welches seine Struktur bestimmt, später des mathematischen Verhältnisses überhaupt, auch zwischen inkommensurablen Größen. Die seit der 1. H. des 4. Jh.s ausgebildete, allgemein anwendbare → Proportionenlehre beruht auf → Eudoxos' (1) v. Knidos Definition des L. als des Verhältnisses von zwei Größen zueinander, welche vervielfacht einander übertreffen können (Eukl. 5, def. 4). Sie ersetzte oder ergänzte die frühere Nominaldefinition (Eukl. 5, def. 3), nach der L. eine Art quantitatives Verhältnis zwischen zwei homogenen Größen ist. Die Proportion wird ὁ αὐτὸς λόγος (derselbe Logos) genannt. K. v. F.

Logos spermatikos, in der Lehre der → Stoiker ein Aspekt des göttlichen Pneuma, das den ganzen Kosmos durchdringt. Er ist Ursache von Geburt und Wachstum im allgemeinen, und als ein Aspekt der kosmischen Gottheit sorgt er dafür, daß jede Entwicklung dem Plan der Vorsehung (πρόνοια) entspricht. Jedes einzelne Lebewesen hat seinen eigenen L. spermatikos, der als Ursache es in seine spezifische Form hineinwachsen läßt. D. J. F.

Lokri (griech. Λοκροί, beim heutigen Gerace Marina, seit 1934 wieder Locri), bedeutende Stadt an der SW-Spitze Italiens (Kt. 1420 H9), Kolonie von → Lokris um 700 vor Chr., zur Unterscheidung vom Mutterland auch Epizephyrioi genannt nach dem Vorgebirge Zephyrion (Capo Bruzzano). → Zaleukos Gesetzgeber der Stadt. Um 530 Sieg über → Kroton am Sagras. Im 6. und 5. Jh. große Blütezeit, Aussendung der Kolonien Hipponion und Medma, 415–413 Bundesgenosse von → Syrakus gegen Athen, auch unter → Dionysios I. mit Syrakus eng verbunden und gefördert, seit 282 röm. Besatzung in L., nach der Schlacht bei Herakleia am Siris (280) auf seiten des → Pyrrhos, wahrscheinlich 275 wieder unter röm. Herrschaft, 212 zu → Hannibal (2) abgefallen, 205 von Rom wieder eingenommen. Ausgedehnte Reste, Stadtmauer von etwa 7,5 km Umfang, mehrere Tempel. E. M.

Lit: W. A. Oldfather, RE 13,2 (1927), 1289–1360 – A. de Francisci, Ancient L., Archaeology 11, 1958, 206–212 – P. Zancani-Montuoro, Il tempio di Persefone a L., RAL 14, 1959, 225–232.

[2] *Lokrische Tonreliefs,* in der 1. H. des 5. Jh.s v. Chr. in einer lokalen Werkstatt von L. hergestellte rechteckige, bzw. quadratische Votivpinakes aus → Terrakotta mit farbiger Bemalung über weißer Engobe. Durchschnittliche Höhe 0,25–0,30 m. Darstellungen in Flachrelief in unterital.-lokrischem Stil von hoher künstlerischer Vollendung aus dem Götter- und Totenkult (Hermes und Aphrodite, Hades und Persephone, Raub der → Persephone, *Μακάρων νῆσοι*, thronende Götter mit → Adoranten). U. J.

Lit: Q. Quagliati, Rilievi votivi arcaici in terracotta di Lokroi Epizephyrioi, Ausonia 3, 1908, 136–234 – B. Neutsch, *Μακάρων νῆσοι*, Zu einem lokr. Relief in Heidelberg, RM 60/61, 1953/54, 62–74 – P. Zancani Montuoro, Il corredo della sposa, Arch. Cl. 12, 1960, 37–50, Taf. 1–8.

Lokris, das ‹*westliche*› oder ‹*ozolische*› L., Landschaft in Mittelgriechenland an der N-Küste des korinth. Golfs, im NW von → Ätolien, im O von → Phokis begrenzt, überwiegend gebirgig. Hauptorte → Naupaktos, Oiantheia, Chaleion und Amphissa. Das westl. L. hatte nur geringe politische Bedeutung, nach 371 v. Chr. stand es auf seiten → Thebens; seit 338 zum größten Teil ätolisch; erst die Römer befreiten es 167 aus dem Ätol. Bund. Z. T. hatte L. seine ursprüngliche Gauverfassung gewahrt; noch am Ende des 5. Jh.s v. Chr. besaßen die einzelnen Gaue große Selbständigkeit. E. M.

Lit: L. Lerat, Les Locriens de l'ouest, 2 Bde, 1952.

2. **L.,** das ‹*östliche*› L., Küstenlandschaft an der Meerenge von → Euböa, nördl. an → Phokis und → Böotien grenzend, großenteils gebirgig. Es zerfiel wieder in einen westl. Teil, das ‹epiknemidische› oder ‹hypoknemidische› und einen östl., das ‹opuntische› L., die durch das zeitweilig zu Phokis gehörende Daphnus getrennt waren. Hauptorte Opus, Larymna, Thronion, Skarpheia, Nikaia. Das östl. L. war an den Geschehnissen der griech. Geschichte mehr als das westl. → L. (1) beteiligt. Teilnahme an den → Thermopylenkämpfen (480 v. Chr.). Seit 457 Abhängigkeit von Athen, im → Pelop. Krieg stand es auf seiten Spartas, seit 371 auf seiten Thebens, Beteiligung am 3. → Heiligen Krieg und 355 Niederlage gegen die Phoker, seit ca. 269 zum → Ätol. Bund, von dem das östl. L. angeblich 197, de facto erst 167 befreit wurde. Das östl. L. war nach 100 Geschlechtern gegliedert, die Versammlung der 1000 bildete in Opus das Volk. Nationalheros war → Aias. E. M.

Lit: W. A. Oldfather, RE 13,1 (1926), 1135–1288 (auch zu → L., 1).

Lollia Paulina, gest. um 49 n. Chr., wurde 38 dritte Gattin des → Caligula, jedoch bald wieder verstoßen. → Claudius (1) erwog nach dem Tod der → Messalina, sie zu heiraten, weswegen sie später von → Agrippina (3) minor beseitigt wurde (Stammbaum → Jul.-claud. Haus). H. T.

Lollianus von Ephesos, P. Hordeonius, → Redner (I D 2), lebte bis unter Antoninus Pius, Schüler des Attizisten → Isaios (2). Wirkte in Athen, bekleidete verschiedene Ämter (Inschriften) und war erster Inhaber des Lehrstuhls für Rhetorik. Legte in Schrift (eine ‹Techne›: Statuslehre) und Lehre Gewicht auf das Technische. Seine Schüler: → Philagros v. Kilikien, Julius Theodotos v. Melite, der Gegner des → Herodes (2) Atticus und erster staatlicher Rhetorikprofessor in Athen (von Mark Aurel berufen). W. Sp.

Frg: O. Schissel, Philol. 82, 1926, 185–201 – *Lit:* Christ-Schmid, II 694, 927 – O. Schissel, RE 13,2 (1927), 1373–75 – E. Richtsteig, Bursian 238, 1933, 11 f. (Forschungsber.) – PIR IV 98 – Lustrum 3, 1956, 76.

Lollius, M., cos. 21 v. Chr. als homo novus. Von Anfang an in der nächsten Umgebung Octavians (→ Augustus). L. war 25 erster Statthalter von Galatien und kämpfte 19/18 als Statthalter von Makedonien (?) gegen die Thraker. 17 nahm er als XVvir sacris faciundis an den Säkularfeiern teil. 17/16 Statthalter von Gallia Comata. Im Sommer 16 erlitt er eine Niederlage, die sog. clades Lolliana, als die Sugambrer, Usipeter und Tencterer den Rhein überschritten. Von Augustus 1 v. Chr. zum Begleiter und Ratgeber des C. → Caesar (2) im Orient bestimmt. L. intrigierte gegen → Tiberius (1), mit dem er verfeindet war. Er fiel bei C. Caesar in Ungnade, angeblich weil ihn der Partherkönig → Phraates V. der Bestechlichkeit bezichtigt hatte. 2 n. Chr. beging er Selbstmord. Großvater der → Lollia Paulina, deren Reichtum auf ihn zurückging. Von Horaz, der ihm carm. 4,9 widmete, als rechtschaffen, von Velleius (2,97,1) als habgierig, bestechlich und heuchlerisch charakterisiert.

Lit: R. Syme, Roman Revolution (1939), 1952², Ind. S. 553. U. Wm.

2. **L. Bassus** aus Smyrna, in Rom lebender hellenisierter Epigrammatiker der frühen Kaiserzeit (1. Jh. n. Chr.); etwa 10 in den Kranz des → Philippos (7) aufgenommene nicht unselbständige, aber doch recht dürftige Epigramme erhalten (AP). E. V.

3. **L. Palicanus,** M. (tr. pl. 71, praet. 69 v. Chr.), aus Picenum gebürtig, agitierte 71 für volle Wiederherstellung des Volkstribunats und unterstützte die Wahl des → Pompeius (2) zum Konsul. Als er sich 67 selbst um das Konsulat bewarb, erklärte der Konsul C. → Calpurnius (6) Piso, er werde seine Wahl, falls sie erfolge, nicht verkünden. Chr. M.

4. **L. Urbicus,** Q., geb. in Tiddis, in seiner Laufbahn (CIL VIII 6705 f.) trib. mil., quaestor urbanus, danach Legat des Statthalters von Asia, trib. pl., praet., Teilnahme am jüd. Krieg Hadrians (132/135), anschließend cos. suff. und Statthalter von Germania inferior, nach dem Tode Hadrians 139 bis nach 142 n. Chr. Statthalter in Britannien, wo er den Antoninuswall zwischen Edinburg und Glasgow errichtete (→ Limes [4]; Hist. Aug. Pius 5,4; CIL VII 1125. 1041). Nach 142/143 war L. Statthalter in Africa (Apul. apol. 2) und schließlich praefectus urbi (CIL VI 28. 10707; VIII 6705). K. H. Sch.

Lombarda. Im 11. Jh. wird der → Liber Papiensis in der sog. L. nach Ordnung der Institutionen und des Codex systematisiert, zu der in späterer Zeit wiederum Glossen treten. – Vgl. auch → Recht III A. H.Hb.

Ed: F. Bluhme, Liber legis regum Langobardorum, MG, Leges IV, 1868, 235ff. – *Lit:* M. Conrat (Cohn), Gesch. d. Quellen u. Lit. d. röm. Rechts im frühen MA, I, 1891, 394–412; 414–420.

Londinium (Kt. 502 C 3, heute London), zur Zeit des Aufstandes der → Boudicca bereits ein bedeutendes Handelszentrum, wozu es durch seine Lage an der Themsemündung und im Schnitt vieler wichtiger Straßen prädestiniert war. Offenbar erst in röm. Zeit gegründet, zunächst nur ein Vicus der Cantii, bald aber das merkantile und finanzielle Zentrum der Provinz, auch wenn sein politischer Status unklar ist; de facto ist es schließlich Hauptstadt Britanniens, zumindest einer der Provinzen geworden. Zeitweise war es Sitz einer Münze und der Finanzverwaltung; auf dem Konzil von Arles war ein Bischof von L. vertreten. – Die Reste stammen aus der Zeit nach Boudiccas Eroberung, nach der die Stadt vollständig wiederaufgebaut und erweitert wurde: eine größere Basilika (80 n. Chr.), Forum, Stadtmauer (ca. 120 n. Chr.), eine Vorstadt auf dem Südufer der Themse. Neubauten nach einem Brand zwischen 120 und 130 und häufige Verstärkungen der Stadtmauer. Die angelsächsische Eroberung brachte zunächst einen Niedergang (im 7. Jh. war L. nicht mehr Bischofssitz), auch wenn L. möglicherweise nicht zerstört wurde, sondern neben einer angelsächsischen Siedlung weiter existierte.

Lit: R. E. M. Wheeler, London in Roman times, 1930.

Longina → Domitia.

Longinus, Cassius, griech. Rhetor des 3. Jh.s n. Chr. in Athen, Neuplatoniker, Verfasser einer *τέχνη ῥητορική*. Fälschlich wurde ihm die berühmte literarästhetische Schrift der frühen Kaiserzeit Über die Erhabenheit (*Περὶ ὕψους*) zugeschrieben. Vgl. → Anonymos (4) De subl., → Rhetorik B [9]. H.H.

Frg: in O. Jahn-I. Vahlen, Longinus: De sublimitate libellus (1887), 1910[4], 86–92 – *Lit:* Aulitzky, RE 13,2 (1927), 1401–23.

Longinus, s. auch → Cassius.

Longum (sc. elementum), von P. Maas eingeführte Bezeichnung für den Platz im metrischen Schema, an dem eine Länge erscheinen muß. Vgl. → Element. B.Sn.

Longus, Dichter des Schäferromans ‹Daphnis und Chloe› (2. Jh. n. Chr.). Der Roman spielt auf Lesbos und schildert – nach religionsgeschichtlicher Auslegung (→ Roman, 2) – die ‹Erziehung› des jugendlichen Paares zur Liebe und ihre Einweihung in die dionysischen Mysterien. Das Werk hatte seit der Renaissance einen sehr großen Erfolg. Genannt seien die 1. bukolische Ekloge des H. Stephanus (Venedig 1555/6), Tassos ‹Aminta› (1573) und Bernardin de Saint-Pierres ‹Paul et Virginie› (1787). Auch Goethe hat das Werk sehr geschätzt (Eckermann am 20. 3. 1831). R.Mk.

Ed: R. Colomboni, 1598 (ed. princ.) – G. Dalmeyda, CB, 1934 – *Übers:* Annibale Caro, 1537 (ital.) – J. Amyot, 1549 (franz.) – F. Jacobs, 1832 – L. Wolde, 1939 – F. Stoessl, Antike Erzähler, 1947 – O. Schönberger, 1960 (mit Text) – P. Turner, 1956 (engl.) – *Lit:* G. Rohde, RhM 86, 1937, 1–48 – R. Merkelbach, Antaios 1, 1959, 47–60 – H. H. O. Chalk, JHS 80, 1960, 32–51 – A. Hulubei, Comptes Rendus de l'Académie des Inscriptions et Belles-Lettres 1932, 67 (über Stephanus).

Longus, vgl. auch → Manlius, → Servilius, → Velius.

Lorbeer (*δάφνη*, laurus), im alten Mittelmeergebiet wildwachsend weit verbreitet, für profane Zwecke verwendet (Feuerbohrer, Hebebäume, Rebstöcke, Pflugdeichseln) und als Gartenzierpflanze kultiviert, wegen seiner immergrünen Blätter und ihres charakteristischen Aromas geschätzt. Die Eigenschaften begünstigten die enge Verbindung mit → Apollon, der sich nach Tötung des Pythondrachens im thessal. Tempetal mit L. reinigte. Aus L.-Zweigen vom Tempetal wurde das erste Heiligtum hüttenähnlich erstellt. Vom L. her erteilte der Gott seine Orakel; zur Weckung der mantischen Kraft (bestritten von Amandry) kaute Pythia Blätter des L.s. L. gehörte zum Bereich des delphischen Tempels, dessen Eingang regelmäßig mit L.-Zweigen geschmückt wurde. Die enge Bindung (Artemis teilt sie) zeichnet sich auch in entsprechenden Beinamen des Gottes ab. Die mythische Überlieferung von → Daphne, der Geliebten Apollons, deutet darauf, daß der L. schon vor der Verbindung mit Apollon verehrt wurde. Als Zeichen Apollons ist er Attribut der Musen, daher auch der Seher und Dichter, so im Mythos des → Thamyris und des → Musaios (Schefold; zu Unrecht bestritten von Dohrn). Der abwehrenden, kathartischen Kraft des L.s ist die Verbindung mit → Asklepios zuzuschreiben, in dessen Bereich Früchte, Blätter und Öl des L.s zu Heilzwecken verwendet wurden. Mit dem L. verbunden ist nach alter Vorstellung auch → Dionysos, dessen Bild in Phigalia von L. und → Efeu umwuchert war (Paus. 9, 10, 4). Im achaiischen Pharai war ein L.-Hain den → Dioskuren geweiht. Ihnen kam der L. ebenso wie → Zeus und → Jupiter als Siegessymbol zu, wobei der Glaube mitwirkte, daß der L. der einzige von Menschenhand gepflanzte Baum sei, der nicht vom Blitz getroffen wird. Entscheidend wurde die Verbindung des L.s mit Jupiter und dem Triumphator durch den Apollonkult unter Augustus beeinflußt (Plin. nat. 15, 137). Als Siegeszeichen kündete der L. Ruhm und Ehre, Ruhe und Frieden. Die abwehrende Kraft ließ den L. zum Grabschmuck werden, aber auch zum Heilszeichen für die Lebenden. Die religiöse Bedeutung des L. (im Bereich des → Apollon neben der → Palme) wird durch zahlreiche Darstellungen der bildenden Kunst bestätigt. L. charakterisieren Göttergärten, bes. im reichen Stil. Das L.-Motiv ziert auffallend häufig die beim Gelage verwendeten Gefäße der klassischen Zeit, wahrscheinlich als Zeichen der bei Symposien gesungenen Dichtung. Trotz der hervorragenden religiösen Bedeutung verwendete man das Holz des L.s auch für profane Zwecke (Feuerbohrer, Hebebäume, Rebstöcke, Pflugdeichseln). Vgl. → Flora. J.W.

Lit: Murr, Pflanzenwelt, 92–98 – A. Steier, RE 13,2 (1927), 1431–42 – Hehn, 225–230. 234–236 – P. Amandry, La mantique apollinienne à Delphes, 1949 – Schefold, Bildnisse, 59. 61 – T. Dohrn, Der vatikanische ‹Ennius› und der poeta laureatus, RM 69, 1962, 76–95, bes. 81 – D. B. Thompson, Garden Lore of ancient Athens, 1963, Abb. 41 – H. Jucker, Das Bildnis im Blätterkelch, 1961, 210.

Losorakel *(Kleromantie)*. Alte Form des → Orakels mit Hilfe von Zweigen, Stäbchen (*κλῆροι*: Pind. Pyth. 4, 189ff., noch Iambl. myst. 3, 17; Hier. in Ezech. 21, 18ff.) oder Steinchen (*ψῆφοι*), die geworfen werden (Philoch. FGr Hist 328 F 195) oder gezogen (auch Blätter: Eur. Fr. 39 N.; spät: Pap. Mag. 24a), bes. in Kleinasien und in der Spätzeit gepflegt, auch in verschiedenen Abarten (→ Mantik B 1), meist gelöst von den Orakelstätten (Plut. mor. 407 C; → Delphi, → Dodona). Bei den Italikern war das Los-O. (mit Hilfe von beschriebenen Stäbchen) die wichtigste O.methode: → Orakel [4]. C.J.C.

Lotophagen, Volk von ‹Lotosessern›. Die Gefährten des Odysseus vergessen bei ihnen durch den Lotos die Heimkehr (Od. 9, 82ff.) und müssen zur Rückkehr in die Schiffe gezwungen werden. In Libyen (Kyrene) lokalisiert. K.Schb.

Lotos. [1] Mit L. wurden im Altertum verschiedene Pflanzen bezeichnet, → Kleearten, der ägypt. und der ind. L., d. h. Seerosen oder Wasserlilien. Der ind. L. wird bereits von Herodot (2, 92) klar vom ägyptischen unterschieden, indem die ‹Lilien› auf den vom Nil überschwemmten Feldern wegen ihrer roten Farbe mit der Rose, die Fruchtkörper aber mit einem Wespennest verglichen werden. Dagegen wird der andere L. nur als ‹Lilie› bezeichnet und seine Frucht mohnkopfartig genannt; seine Blüten sind weiß und blau. In der Überlieferung erscheint der ind. L. wegen seiner Frucht auch unter dem Namen ‹ägyptische Bohne›. Die Samen beider Arten wurden zur Brotbereitung verwendet. J.W.

[2] In Ägypten galt der L. als Urwesen, das geheimnisvoll mit dem Sonnenlauf verbunden war. So läßt eine Mythe das Sonnenkind im L. geboren werden. Eng mit der Nil-

schwelle verbunden, war der L. Sinnbild unvergänglichen Lebens und daher → Osiris, → Isis und → Horus zugeordnet. Daher vermutlich die Vorliebe der Ägypter für L.-Sträuße, die auch im Totenkult Verwendung fanden. Der religiösen Bedeutung entsprechend, begegnet der ägypt. L. mit weißen und blauen Blüten oft in der Bildkunst, in welcher der indische L. erst während der Spätzeit erscheint. Vgl. auch → Flora. W. Hk. – J.W.

Lit: A. Steier, RE 13,2 (1927), 1515–32 – Hehn, 263 – H. Jucker, Das Bildnis im Blätterkelch, 1961, 178–191.

[3] Von der ägypt. L.pflanze abgeleitetes *Blütenornament* ist schon in minoischer Zeit nach Griechenland gekommen. In der geometrischen Epoche nicht verwendet, taucht es mit dem 7. Jh. wieder auf und gewinnt rasch seine kanonische Form aus Blütenboden und drei Kelchblättern mit eingeschobenen Blütenblättern. Die L.blüte nimmt wie die → Palmette auch in naturalistischem Ornamentzusammenhang kaum realistische Züge auf. Vgl. → Ornament A.C (Abb. 173). F.H.

[4] Der *L.baum* der → *Lotophagen* (Hom. Od. 9,91 ff.) wird seit langem als *Judendorn* gedeutet. Der zu den Faulbäumen gehörige Strauch mit eßbaren, süßlich schmekkenden Früchten, von den Alten mit dem Geschmack der Feigen und Datteln verglichen, ist im südl. und östl. Mittelmeergebiet verbreitet. Die der Frucht zugeschriebene Wirkung der Amnesie geht auf die epische Situation zurück; eine pharmakologische Wirkung dieser Art ist nicht bekannt. In der Überlieferung werden wegen der Ähnlichkeit der Früchte auch der Zürgelbaum und die dem → Ebenholzbaum nahverwandte Dattelpflaume als L. bezeichnet. Vgl. → Flora. J.W.

Lit: A. Steier, RE 13,2 (1927), 1526–30.

Lucca, ligurische Siedlung auf einer Insel im Serchio an der Grenze Etruriens (Kt. 1420 D 4). 218 ziehen sich die Römer nach der Schlacht von Trebia nach L. zurück. 180 latinische Kolonie, 49 Municipium und von Octavian (→ Augustus) noch vor Actium zur Kolonie erhoben. Reste der Mauern und Tore des röm. Castrum sowie ostgotischer Befestigungen noch feststellbar, von ansehnlichen röm. Bauten nur Amphitheater (zu einem mittelalterlichen, ovalen Platz verbaut), Theater und die Substruktionen eines öffentlichen Gebäudes erhalten. B.A.

Lit: A. Custer, Ed. Archeol. della Carta d'Italia, Foglio 105, Lucca, 1929 – O. Cresti Manco, EAA IV, 1961, 705.

Lucceius, L. (praet. 67 v. Chr.), Freund des → Pompeius (2). L. klagte 64 → Catilina erfolglos wegen Ermordung von Proskribierten z. Z. → Sullas an. 60 ging er für die Konsulwahlen ein Bündnis mit Caesar ein, fiel jedoch trotz der Unterstützung des Pompeius durch. Er widmete sich dann der Geschichtsschreibung. Im Bürgerkrieg war er auf Pompeius' Seite, von → Caesar später begnadigt. Chr. M.

Luceres, eine der ältesten → Tribus Roms (neben → Ramnes, → Tities), Name aus dem Etruskischen hergeleitet, lebendig als Name einer der drei Ritterzenturien. D.R.

Luchs. Außer dem nordischen L. und dem südeurop. Pardel-L. war den Alten der afrikan. Wüsten-L. (Karakal) und der ägypt. Sumpf-L. bekannt, wenn auch die Unterscheidung unscharf ist. Der Name (λύγξ) weist auf die charakteristische Eigenschaft, den Glanz der Augen und die Schärfe des Gesichts. Sie ist mythisch personifiziert in der Gestalt des Aphariden → Lynkeus, dessen scharfer Blick sprichwörtlich war. Volksaberglaube führte den Ligurischen Bernstein (λυγκούριον) auf L.-Urin zurück. Mit dem → Panther konkurriert der L. als dämonisch reißendes Wesen im Bereich des → Dionysos. Vgl. → Fauna. J.W.

Lit: Keller, Tierwelt I 81–85 – A. Steier, RE 13,2 (1927), 2474–79 (Quellen!).

Lucilius, C., wohlhabender röm. Ritter aus Suessa Aurunca, geb. ca. 180 v. Chr. (bestritten: auch die Geburtsdaten 162 oder 148 werden vertreten), gest. ca. 102. L. kämpfte als Jüngling vor Numantia; er stand dem Kreis des P. → Cornelius (29) Scipio Africanus nahe. L. war einer der bedeutendsten Vertreter der röm. → Satire, doch sind von seinem ca. 30 Bücher umfassenden Werk nur ca. 1300 Bruchstücke erhalten, meist sogar nur einzelne Worte oder Redewendungen, und zwar bei Grammatikern, die an archaischen Formen interessiert waren; nur ganz wenige zusammenhängende Passagen sind überliefert. – Inhaltlich atmet das Werk, soweit wir urteilen können, die impressionistische Lebhaftigkeit eines Satirikers, der impulsiv zu allgemeinen wie auch aktuellen Fragen – Politik, Erotisches, selbst Orthographie – Stellung nimmt und gelegentlich auch Personen angreift. Auch Fabeln, Literarisches und Philosophisches werden behandelt; treuen Sklaven widmet er Grabinschriften. Eine ‹Reise nach Sizilien› wurde das Vorbild zu → Horazens ‹Iter Brundisinum› (sat. 1, 5). Ohne Zweifel waren es seine gehobene gesellschaftliche Stellung und seine guten Beziehungen, die ihm persönliche Angriffe mit Namensnennung gestatteten – ein Aspekt der Satire, der nach ihm verschwand. – Seine zuerst erschienenen Satiren (jetzt Buch 26–30) waren polymetrisch, die folgenden dagegen in Hexametern; dieser blieb seitdem *das* Versmaß der röm. Satire. Obwohl Horaz die Lässigkeit seines Versbaus tadelte, zollte er ihm doch (wie auch → Persius und → Juvenal es taten) das höchste Lob als einem, der das Laster geißelte. H.C.S.

Ed: F. Marx, 1904 (Komm.) – N. Terzaghi, 1933 – E. H. Warmington, LCL, 1938 – *Übers:* O. Weinreich, Röm. Satiren, BAW (1949), 1962² – *Lit:* O. Weinreich, a. O., p. XXX–XXXVI – U. Knoche, Die röm. Satire (1949), 1957² (beide mit Lit).

2. **L. Iunior,** jüngerer Freund → Senecas (2), der ihm ‹De providentia› (dial. 1), die ‹Naturales quaestiones› und die ‹Epistulae morales› widmete. L. stammte aus Kampanien und war bescheidener Herkunft. Durch einflußreiche Gönner (u. a. → Cornelius (20) Lentulus Gaetulicus) und durch eigene Begabung und Energie erlangte er den equestrischen Rang. Nach dem Militärdienst am Rhein, im Orient und in Africa ca. 63/64 Prokurator in Sizilien. L. widmete sich dem Studium philosophischer Probleme und verfaßte Gedichte, deren Themen → Seneca (2) erwähnt (epist. 8, 10; 24, 19 ff.; 79, 5 ff.; nat. 3, 1, 1; 26, 6). U.Wm.

Lit: H. G. Pflaum, Carrières procuratoriennes équestres, 1960, Nr. 30.

Lucilla, Annia, 149–182, Tochter der → Faustina (2) d. J. und → Mark Aurels, Schwester des → Commodus. 164 Ehe mit → Verus (1); 166 Geburt einer Tochter. Nach dem Tod des Verus 169 gegen ihren Willen mit Tib. → Claudius (20) Pompeianus vermählt. Wegen Teilnahme an einer Verschwörung gegen ihren Bruder nach Capri verbannt und hingerichtet. H.T.

Lucretia, Tochter des Sp. → Lucretius (3) Tricipitinus und Gattin des L. → Tarquinius (1) Collatinus, von Sextus, dem ältesten Sohn des letzten röm. Königs → Tarquinius (3) Superbus geschändet. Nachdem sie den Vorfall ihrem Vater, Gatten und deren zwei Freunden, L. → Iunius Brutus (1) und P. → Valerius (16) Poplicola, enthüllt hatte, gab sie sich den Freitod, der Anlaß zum Sturz des röm. Königtums wird. R.W.

Lucretius Gallus, C. (praet. 171 v. Chr.), versagte 171 als Flottenbefehlshaber im Kriege gegen → Perseus (2). Von griech. Bündnern wegen seiner Grausamkeit angeklagt, wurde er 170 zu einer hohen Geldstrafe verurteilt (Liv. 42, 28. 56; 43, 4 ff.). A.L.

2. **L. Ofella,** Q. (eques Romanus), ging von → Marius (1) zu → Sulla über; belagerte erfolgreich Praeneste (82). Versuchte 81 das Konsulat zu erreichen (als Ritter und ohne Quästor oder Prätor gewesen zu sein), fiel bei Sulla in Ungnade und wurde darauf öffentlich ermordet (Plut. Sull. 33, 5). G.G.

3. **L. Tricipitinus,** Sp. (cos. 509 v. Chr.), Vater der → Lucretia und praefectus urbi des letzten röm. Königs L. → Tarquinius (3) Superbus. L. spielt beim Sturz des Königs und als Konsul nur eine untergeordnete Rolle. R.W.

Lucullus (L. Licinius Luc.; aed. 79 v. Chr., praet. 78, cos. 74). L. war 87 Quästor bei → Sulla, stellte eine Flotte auf, mit der er erfolgreich gegen → Mithridates VI. operierte, und trieb in Asia die von Sulla auferlegte Buße ein. Eigene Münzprägung. Sulla widmete ihm seine Memoiren und machte ihn zum Vormund seines Sohnes. 77 Verwaltung von Africa. Im Konsulat heftige Auseinandersetzungen mit L. Quinctius um die Wiederherstellung des Volkstribunats. Beim Ausbruch des Krieges gegen Mithridates VI. erhielt L. die Provinzen Kilikien und Asien, später auch Bithynien mit außerordentlichen Vollmachten. 74/73 Sieg über das Landheer bei Kyzikos, danach über die Flotte bei Lemnos. Im Winter 72/71 Eroberung von Kabira, Mithridates flieht zu → Tigranes I. 71/70 drastische Ermäßigung der seit Sullas Kontributionen auf den asiatischen Gemeinden lastenden Schulden. L. zog damit die Feindschaft des → Ritterstandes auf sich, dem die meisten Gläubiger angehörten. 70 war ganz Pontos in L.' Hand, 69 zog er gegen Tigranes und eroberte Tigranokerta, 68 siegte er bei Artaxata. Durch Meutereien, Niederlagen und die Erschütterung seiner Stellung in Rom wurde L. dann zum Rückzug, zuletzt zur Untätigkeit genötigt. 66 übergab er sein Kommando an → Pompeius (2). Dessen Freunde verhinderten L.' Triumph, bis endlich Cicero ihn 63 durchsetzte. L. bekämpfte 61 den P. → Clodius (1), 60 und 59 Pompeius und → Caesar. Er war ungewöhnlich reich, gebildet, liebte den raffiniertesten Lebensgenuß. Als Feldherrn hat ihm geschadet, daß er die Soldaten zu streng behandelte. Er starb ca. 57. Chr. M.

Lit: J. van Ooteghem, L. Licinius Lucullus, 1959 (Lit).

Lucullus, vgl. auch → Licinius.

Ludi Apollinares, Spiele zu Ehren → Apolls, i. J. 212, in einem kritischen Moment des Krieges gegen → Hannibal, auf den Rat der → Carmina Marciana hin gestiftet. Dabei erhoffte man, wie Livius (25, 12, 15) auffallend betont, vom Gott ‹nicht Gesundheit, sondern den Sieg›. Die Spiele von 212 dauerten nur einen Tag; 208, nach einer Epidemie, wurden sie zu jährlichen Spielen erklärt und auf den 13. Juli festgesetzt (Liv. 27, 23, 5–7); dann dehnten sie sich auf die vorhergehenden Tage aus; in der augusteischen Zeit begannen sie am 6. Juli. Ursprünglich boten sie einzig Pferderennen im Circus Maximus, doch spätestens seit dem Beginn des 2. Jh.s waren sie unter griech. Einfluß vor allem → l. scaenici. In der Kaiserzeit lebten sie lange fort. H. Le B.

Lit: J. Gagé, Apollon Romain, 1955, 280–296; 395–418.

2. **L. Augustales,** Spiele zu Ehren des → Augustus, die dessen Rückkehr aus dem Orient i. J. 19 v. Chr. feierten; der Jahrestag dieser Rückkehr, der 12. Okt., wurde unter dem Namen Augustalia sofort zum Festtag. Spiele (nach dem Vorbild der → Ludi Apollinares) begann man aber erst i. J. 11 v. Chr. durchzuführen (Dion. Cass. 54, 34, 2); i. J. 14 n. Chr., nach dem Tode des Kaisers, wurden sie als jährliches Fest in den → Festkalender aufgenommen (Tac. ann. 1, 15). Zunächst fanden die L. A. nur am 12. Okt. statt, doch wurden sie dann auf die vorhergehenden Tage bis einschließlich zum 3. ausgedehnt und noch im 4. Jh. (auf wiederum reduzierte Weise) gefeiert. H. Le B.

3. **L. Ceriales,** Spiele der → Ceres; i. J. 202 v. Chr. zum ersten Male beiläufig erwähnt (Liv. 30, 39, 8). Sie wurden durch die plebejischen Ädilen veranstaltet und dauerten in der ausgehenden Republik vom 12.–19. April. Vom 12. bis 18. wurden szenische Spiele (→ ludi scaenici) aufgeführt; der 19. war den → Circusspielen vorbehalten. Außer den üblichen Pferderennen umfaßten diese einen archaischen Ritus: das Loslassen von Füchsen, die brennende Fackeln auf den Rücken gebunden trugen (Ov. fast. 4, 679–712). Man kann die Entwicklung der L. C. folgendermaßen rekonstruieren: das Loslassen der Füchse war ein Teil der Cerialia, des ältesten → Festes der Ceres, das auf dem → Numa zugeschriebenen → Festkalender vermerkt ist: es bildete den Ausgangspunkt der Spiele; seit der staatlichen Anerkennung der plebejischen Trias Ceres-Liber-Libera zu Beginn der Republik feierten die plebejischen Ädilen am 19. April die Circusspiele zu Ehren dieser drei Gottheiten; irgendwann um 175 v. Chr. schließlich führte ein nur aus Münzen bekannter plebejischer → Ädil namens Memmius als erster szenische Spiele auf; diese nahmen nach und nach sieben Tage in Anspruch. H. Le B.

Lit: H. Le Bonniec, Le culte de Cérès à Rome, 1958, 312–341.

4. **L. Florales,** Spiele zu Ehren der → Flora, durch die plebejischen → Ädilen veranstaltet. Sie wurden i. J. 240 (Vell. Pat. 1, 14, 8) oder 238 v. Chr. (Plin. nat. 18, 286) anläßlich der Weihung des Tempels der Göttin begründet und seit 173 (Ov. fast. 5, 327–330) jährlich gefeiert, ursprünglich nur am 28. April, zu Beginn der Kaiserzeit vom 28. April bis 3. Mai. Der letzte Tag war den → Circusspielen gewidmet: man ließ Rehe und Hasen los, auf die man in der Arena Jagd machte (Ov. fast. 5, 183–378; Mart. 8, 67, 4); man warf Kichererbsen, Bohnen und Lupinen unter das Volk (Hor. sat. 2, 3, 182–183 mit Schol.; Pers. 5, 177–179). An den vorhergehenden Tagen fanden szenische Spiele (→ ludi scaenici) statt; man gab mimische Possen, von Dirnen gespielt, die sich am Schluß des Schauspiels auf Begehr des Volkes entkleiden mußten (Lact. inst. 1, 20, 10). Hellenist. Einfluß ist anzunehmen. H. Le B.

5. **L. Latini,** die zu den → Feriae Latinae gehörigen Spiele.

6. **L. Megalenses,** Spiele zu Ehren der → Magna Mater (Kybele), die von den kurulischen → Ädilen durchgeführt wurden, zum ersten Male i. J. 204 v. Chr. anläßlich der Aufnahme der Göttin in den Victoriatempel auf dem Palatin; es waren → Circusspiele (Liv. 29, 14, 13). Bei der Weihung des Tempels der Magna Mater am 10. April 191 (Liv. 36, 36, 4) gab man szenische Spiele (→ ludi scaenici), die man in der Folge jedes Jahr veranstaltete. Der kleinasiat. Charakter der Göttin trat dabei völlig zurück. In der Kaiserzeit dauerten die L. M. sieben Tage, vom Jahrestag der Ankunft Kybeles (4. April) bis zum Jahrestag der Weihung ihres Tempels. Sie waren noch im 4. Jh. n. Chr. lebendig. H. Le B.

Lit: H. Graillot, Le culte de Cybèle, 1912.

7. **L. Palatini,** jährliche Spiele, i. J. 14 n. Chr. durch → Livia begründet, um das Gedächtnis des Augustus zu ehren (Tac. ann. 1, 73; Dio Cass. 56, 46; 59, 16). Sie fanden auf dem Palatin statt und begannen am 17. Jan., dem Jahrestag der Hochzeit Livias mit Augustus. Ursprünglich dauerten sie drei Tage, später sechs Tage; auf den → Festkalendern des 4. Jh.s sind sie vom 17.–22. Jan. erwähnt. «Diese Spiele stellten den Anteil der kaiserlichen Familie am Kult des divus Augustus dar» (J. Gagé). H. Le B.

Lit: J. Gagé, Le calendrier d'Auguste, in: Ed. Res Gestae divi Augusti (1935), 1950², 166.

8. **L. Plebeii,** die ‹plebejischen Spiele›, die zu Ehren → Jupiters gefeiert wurden, werden zum erstenmal für 216 v. Chr. bezeugt (Liv. 23, 30, 17), sind aber gewiß viel älter; Ursprung unbekannt. Sie wurden durch die plebejischen → Ädilen durchgeführt und fanden seit 220 v. Chr. im Circus Flaminius statt. Sie dauerten ursprünglich nur einen Tag, 15. Nov., unmittelbar nach dem Epulum Iovis (→ Septemviri epulones) dem 13. Nov., dehnten sich aber bis zu 14 Tagen aus (4.–17. Nov. in den frühkaiserzeitl. → Festkalendern). Nur noch fünf Tage (12.–16. Nov.) nehmen sie in Anspruch im Kalender des Philocalus (354 n. Chr.). Die L. P. waren → Circusspiele, an denen auch eine probatio equorum (Prüfung der Pferde) stattfand; einleitend fand eine feierliche → Prozession statt, die pompa circensis (vgl. → Ludi Romani). Sehr früh boten die L. P. auch Theateraufführungen (→ Ludi scaenici); man spielte dort i. J. 200 den ‹Stichus› des → Plautus. H. Le B.

Lit: s. zu → Ludi Romani.

9. **L. Romani** oder *Magni*; zu Ehren von → Jupiter Optimus Maximus gefeiert, gehören diese ‹römischen› oder ‹großen Spiele› zu den ältesten überhaupt; zuerst in Erfüllung eines Gelübdes gegeben (wenn man eine Hypothese Mommsens annimmt), wurden sie seit 366 v. Chr. (Einset-

zung der kurulischen → Ädilen als Spielleiter) jedes Jahr durchgeführt. Sie fanden im Circus Maximus statt und dauerten zunächst 4 Tage (Liv. 6, 42, 12), in augusteischer Zeit 16 Tage, vom 4.–19. Sept., im 4. Jh. aber 4, vom 12.–15. Ihnen voran ging eine feierliche Prozession, die *pompa circensis*, die Dionysios v. Halikarnassos (7, 72) nach Fabius Pictor beschreibt: Der Zug ging vom → Kapitol aus und durchquerte das Forum, dann das Forum Boarium, um den Circus zu erreichen. Die spielleitenden Magistraten führten ihn im Gewande von → Triumphatoren an; hinter ihnen zog die Jugend Roms zu Fuß oder zu Pferd; dann kamen die Leute, die an den Spielen teilnehmen sollten: Wagenlenker, Reiter, Ringkämpfer, Tänzer, Musiker; schließlich die Träger von Weihrauchgefäßen oder andern heiligen Gegenständen, die Bahren, auf denen die Bilder der Götter lagen, die Wagen, auf denen deren Attribute ausgestellt waren. – Die L. R. umfaßten Wagen- und Pferderennen; später kamen Ringkämpfe und szenische Spiele (→ Ludi scaenici) hinzu. Am 13. Sept. feierte man ein Epulum Iovis (→ Septemviri epulones). H. Le B.

Lit: A. Piganiol, Recherches sur les Jeux Romains, 1923 – Th. Mommsen, Röm. Forsch. II, 1879, 53.

10. **L. Saeculares** → Säkularspiele.

11. **L. Scaenici.** I. J. 364 herrschte in Rom eine Epidemie; um den Zorn der Götter zu besänftigen, veranstaltete man die ersten ‹szenischen Spiele›; bis dahin kannten die Römer nur → Circusspiele. Man ließ aus Etrurien Schauspieler (ludiones) kommen, die Tänze und Pantomimen mit Flötenbegleitung zum besten gaben. Aber erst 240 ließ → Livius (2) Andronicus ein Theaterstück griech. Typs aufführen (Liv. 7, 2). Von da an sicherte die Gunst des Publikums den L. S. einen wichtigen Platz in den → Ludi Romani, → Plebeii, → Ceriales, → Florales, → Apollinares, → Megalenses. Die L. S. nahmen einen immer profaneren Charakter an, doch wurde ihre religiöse Bedeutung nie ganz vergessen (Aug. civ. 4, 26). Vgl. → Theater A [3]; → Tragödie B [1]; → Komödie II A. H. Le B.

Lit. W. Green, CIW 26, 1932/33, 156.

12. **L. Sevirales,** röm. Spiele, die am 12. Mai im Circus von den sechs Ritterschwadronen dargeboten wurden, denen ihre Befehlshaber, die *seviri* (‹sechs Männer›) vorangingen, von → Augustus wohl 2 v. Chr. begründet. Sie stellten einen Teil der Spiele für → Mars Ultor dar. H. Le B.

13. **L. Taurei** (Taurii), nach der Annalistik von → Tarquinius (3) Superbus nach Befragung der Libri fatales der → Etrusker begründete, historisch zuerst für 186 v. Chr. (Liv. 39, 22, 1) bezeugte Spiele (Serv. Aen. 2, 140). Sie waren den Unterweltsgottheiten gewidmet, ihr Name scheint auf ein ‹Grab› bedeutendes etrusk. Wort zurückzugehen (Fest. 479 L.). Sie boten Pferderennen und wurden zur Zeit → Varros alle fünf Jahre am 25. und 26. Juni im Circus Flaminius gefeiert (Varro ling. 5, 154). H. Le B.

14. **L. Terentini** (Tarentini), im J. 249 v. Chr. zur Sühnung von Prodigien während des 1. Pun. Krieges nach Anweisung der → Sibyllinischen Bücher und im Anschluß an nächtliche Opferfeiern für → Dis Pater und → Proserpina eingeführte Spiele (Val. Max. 2, 4, 5 und Cens. 17, 8). Sie fanden auf dem Marsfeld, an einem Terentum (Tarentum) genannten Ort in der Nähe des Tiber statt und boten Pferderennen; vgl. → Säkularspiele. H. Le B.

Lit: P. Wuilleumier, Tarente et le Tarentum, REL 10, 1932, 127–146 – S. Weinstock, L. Terentini u. Ludi Saeculares, Glotta 21, 1932, 40–52.

15. **L. Victoriae Caesaris,** Spiele, die i. J. 46 von → Caesar nach seinem vierfachen Triumph, anläßlich der Weihung des Tempels für → Venus Genitrix begründet wurden. → Augustus feierte diese Spiele jährlich vom 20.–30. Juli (Dio Cass. 43, 22, 3; 45, 6, 4; 49, 42, 1). Sie erscheinen nicht mehr auf den → Festkalendern des 4. Jh.s. H. Le B.

16. **L. Victoriae Sullanae,** von Sulla i. J. 82 zum Gedächtnis an seinen Sieg am Collinischen Tor begründete Spiele vom Typus der → Ludi Apollinares; sie dauerten vom 26. Okt. bis 1. Nov. (Vell. 2, 27, 6; Cic. Verr. 1, 31). Sie werden in der Kaiserzeit wohl ziemlich bald untergegangen sein. H. Le B.

Ludovisi, in kurzer Zeit von Kardinal Ludovico L. (1595 bis 1632) gebildete Slg. von Antiken in dessen Villa an der Porta Salaria in Rom. Dazu Erwerbung der Slg. Cesarini und von Teilen der 150 Jahre älteren Slg. Cesi. Bedeutende Bildhauer (u. a. Bernini) restaurierten die Skulpturen. Werke wie der ‹Thron L.› und die von Goethe gerühmte ‹Juno L.› sowie der ‹Gallier und sein Weib› machten die Slg. überall bekannt. Sie wurde i. J. 1901 in dem nach ihr benannten Kreuzgang im Thermenmuseum aufgestellt. U. R.

Lit: Y. Bruand, La restauration des sculptures antiques du cardinal L., MEFR 76, 1956, 397–418 – S. Aurigemma, Le Terme di Diocleziano usw. (1946), 1958⁴, 71 ff.

[2] Den sog. *Thron Ludovisi* schmückt ein dreiseitiges Relief mit einer einst wohl giebelförmig begrenzten Hauptseite (L. 1,43 m) und zwei an den Enden im rechten Winkel zurückfliehenden, nach außen leicht abgeschrägten Nebenseiten (L. je 0,72 m). Das Ganze ist aus einem einzigen Marmorblock gearbeitet. – 1887 in der ehemaligen Villa L. im Bereich der Gärten des Sallust gefunden. Um 460 v. Chr. entstanden: ein Meisterwerk eines vielleicht nach Großgriechenland ausgewanderten Inselioniers (Pariers?). – Zweckbestimmung (Altar bzw. Altarflügel, Thron, Einfassung für Opfergrube usw.) und Deutung (Vorderseite: Geburt der Aphrodite, der Kore; Kultbad usw.) immer noch umstritten. Die Probleme hängen einerseits mit der landschaftlichen Einordnung (ionisch-großgriechisch[?]; wenn ja, kultische Epiphanie einer Lokalgöttin möglich), andererseits mit der Beurteilung des sog. Bostoner Thrones zusammen, der trotz der immer wieder ausgesprochenen Verdächtigungen ein antikes Gegenstück (des 1. Jh.s v. Chr.?) darstellt und sowohl architektonisch wie inhaltlich offensichtlich vom Thron L. abhängt. E. Bg.

Lit: E. Petersen, Die Geburt der Aphrodite, RM 7, 1892, 32–80; 14, 1899, 154–162 – F. Studniczka, Das Gegenstück der ludovis. ‹Thronlehne›, JdI 26, 1911, 50–192 – E. Langlotz, Das Ludovis. Relief, 1951 – W. Hahland, Bauform und Größenverhältnisse des Aphroditealtares, ÖJh. 40, 1953, 27–50 – E. Simon, Die Geburt der Aphrodite, 1959 – Zur Echtheitsfrage des Bostoner Thrones zuletzt: E. Nash, Über die Auffindung und den Erwerb des ‹Bostoner Thrones›, RM 66, 1959 – F. Baroni, Osservazioni sul ‹Trono di Boston›, 1963 – H. Jucker, Sachliches, MH 22, 1965, 117–124 – F. L. Bastet, Das Bostoner Relief, BABeschav. 38, 1963, 1–27.

[3] Die Reliefs des sog. *Schlachtsarkophags L.* (Rom, Mus. Naz.; Marmor mit Farbresten; L. 2,48 m. Gefunden Anfang 17. Jh. bei S. Lorenzo f. l. m.; der Deckel heute in Mainz, Röm. Germ. Zentralmus.) zeigen den Sieg des Hostilianus über die Goten (251 n. Chr.). Vgl. → Plastik C [5]. H. v. H.

Abb u. Lit: H. v. Heintze, RM 64, 1957, 69–91, Taf. 13.

Lugalzaggesi, sumer. Fürst von Umma, ca. 2365–2340, der nach einem Sieg über → Urukagina ganz Sumer erobert und in Kriegszügen vom Persischen Golf bis ans Mittelmeer vordringt. Er bezeichnet sich später als König von → Uruk und ‹König des Landes (Sumer)›, wird aber von → Sargon I. überwältigt und gefangengenommen. W. R.

Lugdunum (Kt. 1019 E4; heute Lyon), im J. 43 v. Chr. von → Munatius Plancus gegründete Kolonie, seit → Augustus Hauptstadt der Provinz → *Gallia Lugdunensis*, wirtschaftliches Zentrum des Fluß- und Landverkehrs der drei nahe bei L. aneinander grenzenden gall. Provinzen, ebenso religiöses Zentrum als Standort des auf Lyoner Münzen erscheinenden Altars der Roma und des Augustus, an dem die gall. Stämme jährlich Kaiseropfer und Landtag abhielten. Früh auch kirchliches Zentrum (→ Christenverfolgung 177; vgl. → Irenaeus v. L.). – Röm. Theater vermutlich augusteischer Zeit, Odeon aus dem Anfang und Reste eines Kybeletempels aus der Mitte des 2. Jh.s. Lokalisiert ist das Amphitheater der Tres Galliae. In L. fanden sich Bronzetafeln mit Teilen einer berühmten, auch von → Tacitus (ann. 11,24) referierten Rede des Kaisers → Claudius vom J. 48 n. Chr., in der er für die Aufnahme gall. Adliger in den röm. Senat eintrat. L.B.-H.

Lit: P. Wuilleumier, Lyon, Métropole des Gaules, 1953 – A. Audin, Essai sur la topographie de L. (1956), 1959² – Ders. u. J. Guey, La dédicace de l'amphithéâtre des Trois Gaules, Bull. des Musées Lyonnais 2, 1957/60, 151–167.

2. **L. Batavorum** (Leyden), Hauptort d. → Cannenefaten.

Lukan, M. Annaeus Lucanus, 39 n. Chr. (Corduba)–30. 4. 65. Sohn des röm. Ritters M. Annaeus Mela, Neffe des Philosophen → Seneca (2). Seit 40 in Rom. Ausbildung in Rhetorik und bei dem Stoiker L. Annaeus → Cornutus (1). Im J. 59 Studienreise nach Athen. Von dort durch → Nero in seinen Freundeskreis berufen und durch Quästur und Augurat ausgezeichnet. Erste öffentliche Rezitation 60; die ersten drei Bücher seines Epos 62/63 veröffentlicht. Durch Neid Neros oder Überempfindlichkeit L.s Entfremdung zwischen beiden. L. nimmt an der Verschwörung des C. Calpurnius → Piso (2) teil. Nach ihrer Aufdeckung vergeblicher Versuch, die Schuld auf die Mutter abzuwälzen, und Freitod (Tac. ann. 15,70). Pflege seines Andenkens durch seine Gattin Polla Argentaria (vgl. auch Stat. Silv. 2,7; Mart. 7,21–23).

[2] *Werke:* Reiche literarische Produktion, die – bis auf das Epos – verloren ist. 14 Werke bezeugt, u. a. eine epische Dichtung über Hektors Tod, eine Deklamation über den Brand Roms, Texte für 14 Pantomimen, eine unvollendete Tragödie Medea, eine Gedichtsammlung Silvae, Lob- und Schmähverse auf Nero. Sein *Hauptwerk* ist das Epos vom Bürgerkrieg zwischen → Caesar und → Pompeius (2). Titel nach der Hauptschlacht ‹Pharsalia› (9,985), nicht mit den Handschriften und dem literarischen Gegenstück bei → Petron ‹Bellum civile›. Das Werk ist unvollendet. Es war, wie Komposition, innere Kriterien und die Analogie zu Vergils Aeneis nahelegen, auf 12 Bücher berechnet. Den Schluß sollte die Schlacht von Thapsus und der Tod → Catos (2) bilden; das der epischen Handlung in 1,2 gesetzte Ziel ist damit erreicht. Aufbau in Tetraden: Buch 1–4: Caesars Einmarsch in Italien, Eroberung von Massilia, Siege in Spanien bis zum Untergang der Caesarianer bei Salona und des C. → Scribonius (4) Curio in Afrika (Jahresende 49); Buch 5–8: Kämpfe in Griechenland (Dyrrhachium, Pharsalus); Pompeius' Flucht nach Ägypten und Tod; Buch 9–10,546: Catos Marsch durch die afrikanische Wüste; Caesar in Ägypten. Die einzelnen Bücher sind in große Blöcke gegliedert. – L. wählte den Stoff sowohl aus aktuell politischem Interesse in Opposition gegen die Monarchie wie aus künstlerischem Drang zur Größe des Geschehens und der Persönlichkeiten. Als Quelle dienten → Caesars Bellum civile und Livius, Buch 109–116 (verloren). Doch ist das historische Geschehen auf ein Minimum reduziert; die militärischen Operationen sind nur angedeutet; Ungenauigkeiten und fingierte Situationen fehlen nicht. Geographisch-ethnographische und historische Einlagen verdeutlichen die Größe des Imperiums; mythologische und kultisch-religiöse Exkurse und Ausmalung von Naturkatastrophen steigern das ungeheuerliche Geschehen. Zahlreiche Reden in hohem Pathos mit großer Wucht der Argumentation, vielen Sentenzen und paradoxen Formulierungen charakterisieren Personen und Situationen. – Der Bürgerkrieg wird als Verbrechen am röm. Senat und Volk (Leitworte: *nefas, scelus*) und als Folge der Machtgier Caesars und Pompeius' gesehen. Die Einheit des Epos beruht nicht auf der Gestalt eines Helden, sondern auf der zielgerichteten Handlung, die das widernatürliche und verbrecherische Geschehen zum Sieg führt. Damit wird das Werk zu einer Art ‹Anti-Aeneis›, wie auch L. bei aller Bindung an die epische Tradition (Truppenkataloge, Seesturm, Aristien) oft einzelne Motive ins Gegenteil verkehrt (Unterweltsfahrt des Aeneas – Nekromantie eines röm. Soldaten). – Träger der Handlung sind Caesar, Pompeius und Cato; Soldaten und Volk erscheinen als anonyme, willenlose Masse in der Hand der Führer; Nebenfiguren, selbst die Gattin des Pompeius, haben nur episodische Bedeutung. Die Charakteristik der Hauptgestalten wird auf wenige, intensive Züge konzentriert: Caesar auf stürmisches Vorwärtsdrängen, leidenschaftliche Erregung, dämonische Menschenbeherrschung und -verachtung, skrupellose Machtgier; er ist einsam, aber von der Dienstbarkeit der Fortuna für ihn durchdrungen. L. erkennt seine historische Größe an, aber nur im destruktiven Sinne. Pompeius lebt von der Größe seiner früheren Triumphe, entbehrt der Initiativkraft und wird nur durch die senatorische Repräsentation und die Truppenmassen des Ostens zu einem ebenbürtigen Gegner. Eindrucksvoller Bildvergleich beider (Blitz – alte Eiche) 1,135 ff. Im Tod zeigt er menschliche Größe, ohne daß L. damit – wie öfter vermutet – eine innere Entwicklung im Sinne eines stoischen Reifeprozesses geben wollte. Dagegen ist Cato in der Härte des Widerstands und der Vorbildlichkeit seines Führertums stark dem Idealbild des stoischen Weisen angenähert. – Im Unterschied zur epischen Tradition fehlt eine mit dem irdischen Geschehen verwobene Götterhandlung; Götter treten überhaupt nicht auf. Dieser Verzicht, der schon die Kritik des Zeitgenossen → Petron herausforderte, ist kaum als ästhetische Entscheidung gegen ein überholtes episches Requisit anzusehen oder durch philosophische Hemmungen gegenüber dem alten Götterglauben zu erklären. Er ist wesentlich durch die Thematik selbst bedingt: wo hätte z. B. Jupiter seinen Platz finden sollen? Als Schützer des Verbrechers Caesar oder des unterliegenden Pompeius? Eins ist so schwer ausdenkbar wie das andere. An die Stelle der Götter treten Fatum oder Fortuna, die nicht in die Handlung eingreifen, sondern sie nur in ihren Hauptentscheidungen fixieren. – L. wirkte stark auf die folgende Generation und die Grammatiker der Spätantike, die das Werk kommentierten, auch auf das Mittelalter und die Neuzeit bis ins 18. Jh. Seit einigen Dezennien erleben wir eine L.-Renaissance in der philologischen Welt. E. Bk.

Ed: A. Bourgery-M. Ponchont (mit frz. Übers.) 1926–29 – Editorum in usum von A. E. Housman, 1926 – *Komm:* C. M. Francken, 1896–97 – *Index:* G. W. Mooney, 1927 – *Lit:* R. Helm, Lit.bericht 1925–1942, Lustrum 1, 1957, 163–228 – W. Rutz, Stud. z. Kompositionskunst u. epischen Technik L.s, Diss. Kiel 1950 (masch.) – H. P. Syndikus, L.s Gedicht vom Bürgerkrieg, Diss. München 1956 – W. Metger, Kampf u. Tod in L.s Pharsalia, Diss. Kiel 1957 (masch.) – H. Haffter, ‹Dem schwanken Zünglein lauschend wachte Caesar dort›, MH 14, 1957, 118–126 – O. Schönberger, Zu Lucan, Ein Nachtrag, Hermes 86, 1958, 230–239 – G. Pfligersdorffer, L. als Dichter d. geist. Widerstands, Hermes 87, 1959, 344–377 – O. Schönberger, Unters. zur Wiederholungstechnik L.s, 1961 (masch., bei C. Winter, Hdbg.).

Lukaner, Bezeichnung einer neuen, wahrscheinlich von den osk. Samniten in Kampanien ausgegangenen, durch den Zusammenschluß von Kleinstämmen vergrößerten Volksmacht in dem Gebiet zwischen den Flüssen Silarus (Sele), Bradanus (Bradano) und Laus (Lao), mit den wichtigeren Städten Potentia, Grumentum, → Velia, Pyxus-Buxentum, Laus, Sciagra, → Heraklea. 430 hat → Thurioi mit ihnen zu kämpfen, 390 erobern sie Poseidonia (von nun an → Paestum). → Dionysios I. v. Syrakus bedient sich der L., um den Italiotenbund niederzuhalten. In der 2. H. des 4. Jh.s Kämpfe der L. mit den Söldnerführern der großgriech. Städte, vor allem → Tarents (→ Archidamos III. v. Sparta 340; Alexander der Molosser 334/331; → Kleonymos 303; → Agathokles 295). In dieser Zeit seit 330 im Bündnis mit den Römern, bei dem sie zunächst gezwungen, dann nach dem Ausgang des → Pyrrhos-Krieges 275 freiwillig bleiben. Auf ihrem Gebiet 273 latin. Kolonie in Paestum, 194 Thurioi-Copia als Bürgerkolonie. 159/132 Anlage der → Via Popilia. Von → Augustus mit → Bruttien als 3. Region organisiert. B. A.

Lit: Nissen, I 533 ff.; II 106, 890 ff. – Devoto, 147 ff., 298 ff., 373 ff

Lukian (griech. *Λουκιανός*) aus Samosata (ca. 120–180 n. Chr.), Sophist und Verfasser satirischer Dialoge, bezeichnete sich selbst als Syrer. Hauptquelle für die Biographie sind ‹Somnium› und ‹Bis accusatus›. Aus einer Handwerkerfamilie stammend, schlug er sich nach mißglückter Bildhauerlehre nach Kleinasien durch, erlernte das Griechische und ließ sich als Redner ausbilden. Als sophistischer Wanderredner bereiste er Makedonien, Italien, Gallien und trat mehrfach in Olympia auf. Bei einem Besuch seiner Heimatstadt trug er das ‹Somnium› vor. Etwa vierzigjährig gab er seine Tätigkeit als Prunkredner auf und stellte seine Vortragskunst in den Dienst des satirischen Dialogs. Im Alter hatte er vorübergehend ein Staatsamt inne, doch war er danach wieder als Sophist tätig.

[2] *Werk:* Von den 80 unter L.s Namen überlieferten Schriften – einiges ist unecht, die Chronologie im einzelnen vielfach unsicher – kann nur eine Auswahl angeführt werden. In die frühe sophistische Periode gehören neben den μελέται (Übungsreden) wie ‹Tyrannicida›, ‹Abdicatus›, ‹Phalaris›, die epideiktischen Reden, von denen das ‹Muscae encomion› (Lob der Fliege) die berühmteste ist. Zu Anfang des Vortrages wurden häufig προλαλιαί (Vorreden) geboten. Ein Stück dieser Art ist das autobiographische ‹Somnium› (Traum), in dem L. seinen Landsleuten unter Benutzung der Prodikosfabel von Herakles am Scheideweg erzählt, wie er zur Rhetorik kam. Das ‹Iudicium vocalium› (Gericht der Vokale) handelt von der Klage des Σ gegen das *T* vor dem Gerichtshof der Vokale. Im Alter schrieb L. noch den ‹Hercules›, in dem er seine erneute Tätigkeit als Sophist rechtfertigt. In die Zeit der Abkehr von der Rhetorik fallen die ersten Dialoge, in denen er Elemente der Sokratikerdialoge und der Komödie verwendet. Im ‹Bis accusatus› (Doppelt Verklagter) hat L. sich gleichzeitig gegen die Rhetorik – wegen böswilligen Verlassens – und gegen den Dialog – wegen Vergewaltigung – verteidigt. Fielen schon hier einige bissige Bemerkungen über die Philosophen, so wird im ‹Symposion› eine Philosophenprügelei geschildert. Eine ausdrückliche Absage an die Philosophen erfolgt im ‹Hermotimos›. Der ‹Pseudosophista› steht mit seiner Kritik des übertriebenen Attizismus den späteren ‹Lexiphanes› und ‹Pseudologista› nahe. Die 26 ‹Dialogi deorum› (Göttergespräche), die 15 ‹Dialogi marini› (Seegöttergespräche), die 15 ‹Dialogi meretricii› (Hetärengespräche), der ‹Prometheus› und der nach dem bekannten Menschenfeind benannte Dialog ‹Timon› gehören ebenfalls noch in die Zeit vor 161. Etwa von 161–165 erreicht L. seine volle Meisterschaft in den → Menippeischen Satiren, in denen er die stilistische Eigenart seines Vorbildes auch in der Mischung von Vers und Prosa nachahmt. In dem Dialog ‹Vitarum auctio› (Philosophenversteigerung), in dem die verschiedenen philosophischen Lebensformen auf dem Markt versteigert und entsprechend charakterisiert werden, führt er jetzt seine schärfsten Angriffe gegen die Philosophie, die er im ‹Piscator› aber dahingehend modifiziert, daß er nicht die echten Philosophen angreift, sondern die heuchlerischen Epigonen. Im ‹Philopseudes› (Lügenfreund) sind es die Philosophen, die die unwahrscheinlichsten Spukgeschichten erzählen (darunter die vom Zauberlehrling). Im ‹Icaromenippus› fliegt der Kyniker in den Himmel und beurteilt aus dieser Distanz das Leben der Menschen, wie auch der Götter, mit Pessimismus und Verachtung. Das kynische Thema vom Glück der Bedürfnislosigkeit klingt an im ‹Cataplus› (Hadesfahrt), der ‹Necyomantia› (Totenbeschwörung), den pessimistischen ‹Dialogi mortuorum› (Totengesprächen), im ‹Charon›, im ‹Navigium› (Schiff) und im ‹Gallus› (Hahn). ‹Iuppiter confutatus› (Widerlegung des Zeus), ‹I. tragoedus› (Zeus der Tragödie) und das ‹Deorum concilium› (Götterversammlung), in dem Momos sich über den Andrang neuer Götter beschwert, sind weitere Dialoge der menippeischen Periode. Der Briefform bedient sich L. in der Schrift ‹De historia conscribenda› (Wie soll man Geschichte schreiben?), die sich gegen die zeitgenössische → Geschichtsschreibung (I C 1) richtet. Literarische Parodie findet sich in den zwei Büchern der ‹Verae historiae› (Wahre Geschichten), in denen L. die phantastischen Erfindungen der Abenteuerromane ins Komische übertreibt.

[3] Man hat in L. nur den Spötter, den wendigen ‹Journalisten› (Wilamowitz) sehen wollen, der sich bes. durch die Wiederentdeckung und Erneuerung der menippeischen Satire befähigt sah, alles zu verspotten, was sich ohne Schaden zu einem lächerlichen Effekt ausnutzen ließ. Daneben ist aber bei diesem unsteten und skeptischen Geist, der in seinem von Aberglauben und Rationalismus gleichermaßen geprägten Zeitalter keinen Halt finden konnte, ein deutlicher Zug zum Pessimismus unverkennbar. Allein die Literatur der klassischen Zeit ließ er gelten. Von hier gewann seine Kritik Richtung und Maßstab, hier schulte und bildete er seinen attischen Stil, dessen vollendete künstlerische Beherrschung ihm als Nichtgriechen das Recht gab, den übertriebenen Attizismus seiner Zeitgenossen zu tadeln. G. Ls.

Ed: Ed. princ. Flor. 1496 – C. Jacobitz, 4 Bde, 1836–41 (einzige vollständige Ausgabe) – K. Mras, Die Hauptwerke L.s, Tusc., 1954 (mit Übers.) – *Übers:* L., Parodien u. Burlesken. Auf Grund der Wielandschen Übers. übertr. v. E. Ermatinger u. K. Hönn, BAW, 1948 – *Lit:* R. Helm, L. u. Menipp, 1906 – K. Mras, Sitzungsber. Akad. Wien 157, 1911, 5 – U. v. Wilamowitz-Moellendorff, in: Die Kultur der Gegenwart I 8, 1912, 247–249 – J. Bompaire, Lucien écrivain, imitation et création, 1961.

2. **L. von Antiochia,** Presbyter, gest. 312 als Märtyrer; begründete die Schule der → antiochenischen Theologie. Er vertrat eine → subordinatianische Christologie und stand weniger im Bann philosophischer Logosspekulationen als die zeitgenössischen → Alexandriner. L.s Theologie war stärker auf die Bibel begründet, aus der der Schöpfungswillen Gottes bewiesen wurde, der alles, auch den Logos, erschaffen hat. Es lag in der Linie dieser Theologie, die Bibel mehr im Wortsinn (also weniger allegorisch) zu verstehen. Um solchem Verständnis eine Grundlage zu bereiten, unternahm L. eine Ausgabe des Bibeltextes – sicher bewußt in Konkurrenz zur ‹Hexapla› des → Origenes. H. D.

Lit: RGG IV 463 f.

Lukillios, griech. Epigrammatiker der neronischen Zeit, von dem wir in der AP über 100 meist skoptische (d. h. Spott-) Epigramme besitzen. Seines starken Einflusses auf → Martial wegen hat er eine gewisse Bedeutung. E. V.

Lit: K. Prinz, Martial und die griech. Epigrammatik, 1911 – F. J. Brecht, Motiv- und Typengesch. des griech. Spottepigramms, Philol. Suppl.-Bd. 22, 2, 1930.

Lukillos von Tarrha (Kreta), Grammatiker um 100 n. Chr., Verfasser einer Sprichwörtersammlung in drei Büchern, deren Material er auf Reisen vom Munde des Volkes sammelte. Er benutzte die 13 Bücher umfassenden ‹Paroimiai› des → Didymos (1). Sein Werk wurde (neben dem des Didymos?) von → Zenobios exzerpiert. Neben unbekannteren grammatischen Schriften verfaßte er einen Kommentar zu → Apollonios (11) Rhodios. Nach Linnenkugel (anders Gudemann) mit dem Epigrammdichter identisch. Auch als Rhetor tätig. → Paroemiographie. K. R.

Lit: A. Linnenkugel, De Lucillo Tarraeo, 1926 – A. Gudemann, RE 13, 2 (1927), 1785–91.

Lukios von Patrai heißt der Held des satirischen Romans ‹*Lukios, oder Der Esel*› (1. Jh. n. Chr. geschrieben). Verf. unbekannt. Nur ein Auszug aus dem Buch ist unter den Werken → Lukians (1) erhalten. Eine lateinische Bearbeitung hat → Apuleius verfaßt (Metamorphosen). – L. wird in einen Esel verwandelt, wechselt häufig den Herrn und kommt durch die ganze Welt. Er lernt so alle Verhältnisse von innen kennen, wie im modernen Schelmenroman der Diener, der immer neuen Herren dient. Auf dem Umweg über Apuleius hat das Buch große Wirkungen auf die moderne Literatur gehabt. R. Mk.

Ed: C. Jacobitz, ed. Lucian, 1873, 2, 303–338 (vgl. auch Phot. Bibl. cod. 129) – *Übers:* Chr. M. Wieland, z. B. in: Apuleius, Der gold. Esel, Tusc., 1958 – *Lit:* → Apuleius.

Lukrez (T. Lucretius Carus), Verfasser eines die Physik → Epikurs darstellenden → Lehrgedichts ‹De rerum natura›.

[1] *Leben*. Für die Biographie ist → Suetons Werk De viris illustribus (Unterabschnitt De poetis) die Quelle, doch ist leider keine L.-Vita im Ganzen erhalten, vielmehr muß man sich mit den knappen, jedenfalls im Kern auf Sueton zurückgehenden biographischen Nachrichten begnügen, die in der Chronik des Hieronymus einerseits sowie in einer synchronistischen Angabe der Vergilvita des Donat andererseits enthalten sind (Hier. chron.: Euseb. GCS 47, 149; Donat: Suet. Fr. p. 55 R. = 22 ff. H.). Die Kombination beider Zeugnisse führt im Verein mit der notwendigen kritischen Würdigung darauf, als Geburtsjahr des L. das Jahr 97, als Todesdatum den 10. Okt. 55 v. Chr. anzusetzen (anders A. Rostagni, RIFC 15, 1937, 25 ff., der für das Jahr 53 plädiert). Die Erwägungen, die F. Marx a. O. und ihm folgend z. B. J. Mewaldt, RE, a. O. 1659 f., sowie E. Bickel, a. O. 423, über Herkunft und Heimat des L. anstellen, sind durchaus nicht zwingend; übrigens ist Mewaldts Anschauung, Sueton habe darüber kaum mehr gewußt als Hieronymus, methodisch recht anfechtbar. Was die Hieronymusnotiz über Wahnsinn und Selbstmord des L. betrifft, so ist die Frage, ob diese Nachricht als erlesene Erudition schon des Sueton zu gelten hat, in welchem Falle ein Zweifel an ihr kaum erlaubt wäre, oder ob wir mit der Möglichkeit einer nachsuetonischen christl. Legendenbildung rechnen müssen, die ein Motiv der theologischen Polemik (*delirat Lucretius* bei Lact. opif. 6, 1 o. ä.) in ein biographisches Faktum umgesetzt hat. Erst K. Ziegler, a. O., ist der stringente Nachweis gelungen, daß die zweite Annahme in der Tat zutrifft. Außer den genannten Zeugnissen wichtig noch Cic. ad Q. fr. 2, 9, 3, aus dem folgt, daß Cicero die Dichtung des L. Anfang 54 kannte, also als postumes Werk; daß er ihr zur Publikation verhalf (vgl. bei Hier. *[libros] quos postea Cicero emendavit*), erscheint sehr wohl möglich. Es ist aber gegen weitverbreitete Anschauungen zu betonen, daß Hieronymus um so weniger einen wirklich sicheren Beleg für die Nichtvollendung des Werkes abgibt (nur in diesem Punkt richtig J. Martin, a. O. 327), als das im antiken Wortsinn genommene ‹emendare› der Deutung einen weiten Spielraum läßt; die Frage, ob der Tod dem Dichter den Griffel aus der Hand genommen hat oder nicht, ist nur aus dem Zustand des uns vorliegenden Werkes zu entscheiden (s. u. 3). H. Diels' Auffassung der Sprache des L. als einer ‹vulgär› oder ‹rustik› gefärbten und mit mancherlei Provinzialismen durchsetzten (I praef. XXXII und L.-Studien 5, a. O.) muß als verfehlt gelten und ist von R. Heinze mit Recht zurückgewiesen worden (DLZ 45, 1924, 38 ff.). Wertvoll die Diskussion der die Biographie betreffenden Probleme bei E. Paratore–U. Pizzani (a. O. 8–23) und P. Boyancé (a. O. 16–32); nur Unsicheres bei Della Valle, passim.

[2] *Werk*. Die 6 Bücher umfassende Dichtung des L. behandelt in Buch 1 und 2 die Atome und ihre Bewegung; in Buch 3 die Seele; in Buch 4 Wahrnehmung (Eidola-Theorie), Denken, Begehren; in Buch 5 die Kosmologie (wobei die an die Entstehung der Pflanzen- und Tierwelt anschließende Schilderung der Entwicklung des Menschengeschlechts dem Dichter die Möglichkeit gibt, die Theorie vom Ursprung der Kulturerrungenschaften vorzutragen); endlich in Buch 6 die Naturerscheinungen – bes. solche, die Götterfurcht bewirken (vgl. darüber 6, 50 ff.). Aufbau und Gedankengang der einzelnen Bücher ist aus der der Dielsschen Übersetzung vorangestellten Inhaltsübersicht gut zu ersehen. Glanzstellen des Werkes, in denen das Dichtertum des L. mehr als in der sachlichen Darstellung der beweisenden Partien zur Geltung kommt, sind die → Proömien sowie die Einlagen und Exkurse, die dem auf ‹variatio› lautenden Rezept der Dichtungstheorie zu entsprechen suchen (Bild des versüßten Arzneibechers, 1, 947). Das zugleich die Ouvertüre zum Gesamtwerk bildende Proömium zu Buch 1 ist bes. reich strukturiert (vgl. zuletzt F. Giancotti, a. O., und E. Paratore–U. Pizzani, a. O. 67–135); an die Anrufung der Gottheit, die dem Werke Erfolg schenken soll (Venushymnus 1, 1–43), schließt ein sich als Ansprache an den Adressaten Memmius gebender Folgeteil an (1, 50 bis 149), in dem der Dichter das Werk im Geist schon als fertig schaut und sich bemüht zeigt, seinen Gönner dafür zu gewinnen und dabei festzuhalten (R. Reitzenstein, a. O. 87 ff.); dazu dient nicht zuletzt die Betonung der Bedeutsamkeit des Stoffes (1, 62 ff. Lob → Epikurs als des Kämpfers gegen die Schreckensfratze religio; 1, 80 ff. Gefährlichkeit der Volksreligion, Begründung ex historia: Opferung der Iphigenie; 1, 102 ff. Warnung vor den Priestern). Der Preis Epikurs und seiner Heilslehre bildet dann das Thema der Proömien der Bücher 3, 5 und 6, während das von Buch 2 Wonne des Weisen und Elend der Toren zum Inhalt hat (über seine Topoi und Motive Grilli, a. O.). Merkwürdig ist, daß das am Anfang von Buch 4 stehende Dichterbekenntnis (4, 1–25) sich in seinem ganzen Umfang mit 1, 926–50 deckt, eine Tatsache, die je nach der Stellung des Beurteilers zu den Grundfragen der Lukrezkritik recht unterschiedlich gedeutet wird: Mewaldt (a. O. 290 ff.) z. B. nimmt an, daß L. die Verse zunächst für Buch 4 verfaßte und sie erst später nach Buch 1 rückte (umgekehrt K. Gaiser, a. O. 34), dabei dann aber ihre Tilgung an der ursprünglichen Stelle unterließ. Lachmann (Komm. 61) und Heinze (Komm. 47), denen sich z. B. noch Schmid anschließt (Altes, 349 f.), betrachten die Verse am Anfang von Buch 4 als interpoliert, d. h. sie rechnen nicht damit, daß L. selbst sie in irgendeiner Phase seines Schaffens für den Anfang von Buch 4 bestimmt hatte. Der auf dem Boden der Mewaldtschen Anschauungsweise Stehende kann die Stelle als «bes. eindrucksvolles Beweismittel» für die Unfertigkeit des von L. hinterlassenen Manuskriptes werten (Mewaldt, RE, a. O. 1666), aber auch bei Annahme einer Interpolation ist sie es durchaus – wofern man nicht mit dem Verlust echten lukrezischen Versgutes schon in der Frühphase der Überlieferung rechnen will. Die an die Proömien gewandten Bemühungen der früheren Forschung (J. Vahlen, H. Diels, R. Reitzenstein, F. Jacoby u. a.) hat O. Regenbogen wiederaufgenommen und im Sinne seiner auf die Entstehungsgeschichte des Werkes gerichteten Hypothesenbildung um- und ausgestaltet (vgl. bes. 312 ff.); kritische Distanz zu ihm bei H. Diller (a. O. 5–30); davon abweichend ein Versuch zur Weiterführung der Proömienfrage bei K. Büchner (a. O. 57–120; 197–200; weitere Erwägungen bei Giancotti, a. O., und Gaiser, a. O. 30 ff.). Regenbogen (a. O. 313) ist bestrebt, von seiner Proömienbetrachtung her neues Licht auch auf die Buchschlüsse fallen zu lassen, und rechnet dabei mit der Möglichkeit, daß die Schilderung der athenischen Pest in gewollter Kontraposition zum Venushymnus an den Schluß des Werkes gestellt ist (vgl. auch F. Klingner, Philosophie, 150). Demgegenüber sieht E. Bignone (a. O. 195; bes. 318 ff.) es als ziemlich sicher an, daß die «zerstörenden Kräfte» nach Absicht des Dichters durchaus nicht das letzte Wort behalten sollten; L. habe das 5, 155 gegebene (in dem uns vorliegenden L.-Text in der Tat nicht eingelöste) Versprechen, er wolle später von der metakosmischen, der Vergänglichkeit entrückten und nur im ‹noëtischen Kontakt› erfahrbaren Seinsweise der Götter handeln, nicht mehr wahrmachen können.

[3] *Textzustand*. Weisen sowohl das Ausbleiben der Ankündigung 5, 155 wie die Verhältnisse am Anfang von Buch 4 sowie das mit ziemlicher Wahrscheinlichkeit als unvollendet zu beurteilende Buch 6 auf Unfertigkeit des Werkes hin – eine Unfertigkeit, die über das bloße Fehlen der ultima lima hinausgeht –, so ist es angesichts des Textzustandes des lukrez. Gedichts ein grundsätzlich legitimes Problem zu fragen, ob man gewisse Unstimmigkeiten und

Unzuträglichkeiten auf Überlieferungsschäden (z.B. Versprengung von Versen, Interpolationen oder ähnl.) zurückführen soll oder vielmehr auch sie als Spuren der Nichtvollendung anzusehen hat (etwa als doppelte Entwürfe, uneingearbeitete Zusätze o.ä.). Zu welcher Divergenz der Auffassungen diese Problematik führen kann, zeigt bes. sinnfällig Mewaldts verdienstvoller Nachweis zweier Doppelfassungen am Anfang von Buch 4 (286ff. für 4,26 bis 44 bzw. 45–53), die er selbst als Indizien für das Vorliegen eines früheren und eines späteren Werkplans glaubte ansehen zu dürfen (Annahme eines ursprünglichen Anschlusses der Bilderlehre von Buch 4 direkt an Buch 2, der dann später zugunsten der uns vorliegenden Reihenfolge aufgegeben worden sei); demgegenüber halten W. Schmid (Altes), H. Diller (Proömien) und G. Müller (L.-Text) die kürzere Doppelfassung für interpoliert; vgl. in diesem Zusammenhang auch F. Solmsens Überlegungen über das Verhältnis von Psychologie und Eidolatheorie (Aisthesis in Aristot. and Epic. Thought, 1961, 23f.). Trifft in diesem Falle die Interpolationstheorie das Richtige, so müssen alle seit J. Mussehl vorgebrachten Hypothesenbildungen zur Bücherchronologie, die auf Mewaldts Annahmen als sicherem Fundament aller weiteren Überlegungen aufbauen (so z.B. Büchner, a.O. 200), als fragwürdig gelten. Das Interpolationsproblem bei L. hat in umfassender Weise G. Müller neu durchdacht (L.-Text passim); er wendet sich dabei mit Erfolg gegen die bisher aufgetretenen Formen genetischer L.-Betrachtung und warnt u.a. davor, das Problem der versus iterati vorschnell mit einer der Entstehungsgeschichte des Werkes geltenden Analyse zu verquicken. Übrigens gilt es hinsichtlich der Iteration von Versen oder Versgruppen im einen oder anderen Falle zwei weitere Gesichtspunkte in Rechnung zu stellen: die Neigung des epikureischen Lehrvortrags zur einschärfenden Wiederholung des Wichtigen (dazu A.E. Raubitschek, AJPh 59, 1938, 218ff.) und die mit der epischen Tradition gegebene Möglichkeit der Verswiederholung, die z.B. auch bei Empedokles bedacht sein will, vgl. W. Kranz zu → Emped., VS 31 B 17, 1f. Wie immer man sich im Einzelfall entscheidet, es ist zu berücksichtigen, daß die L.-Ausgabe des → Valerius (18) Probus, auf die unsere Überlieferung gewiß zurückgeht, mit kritischer Notation versehen war (Suet. Fr. p. 138R.), weshalb manche uns narrende Schwierigkeit wie z.B. das Nebeneinander von Inkompatiblem mit dem späteren Wegfall der Semeiose zusammenhängen dürfte (vgl. W. Schmid, Symbola Coloniensia, 1949, 108f.). Die Annahme, daß der L.-Text in seiner Frühphase (vor Valerius Probus) Gegenstand rezensorischer Überarbeitung geworden ist, hat bei dem Grundbuch des lat. Epikureismus nichts Erstaunliches (Bedeutung desselben auch für den philosophischen Schulbetrieb: Lachmanns ‹interpolator philosophus›).

[4] *Verhältnis zur epikureischen Philosophie.* Der Titel des lukrez. Lehrgedichts entspricht dem griech. ‹*Περὶ φύσεως*›. Wenn K.G. Sallmann (Natur 106f.) mit der Möglichkeit rechnet, daß der Dichter als «Präger der Formel rerum natura» anzusehen ist, da er ja der «Eröffner der röm. Tradition» der diesen Titel tragenden Lehrgedichte gewesen sei, so ist diese Annahme wenig wahrscheinlich. Das Problem der Quellenkritik des L. betrifft die Frage, ob seine Darstellung sich dem Hauptwerk des Schulgründers *Περὶ φύσεως* anschließt, und wenn ja, wie eng. An direkte Benutzung → Epikurs denken z.B. P. Von der Muehll, E. Bignone und E. Reitzenstein (dazu P. Boyancé, a.O. 54, mit weiteren Angaben), doch haben sie die u.a. von H. Diels verfochtene These (Elementum, 1899, 9f.), L. folge vorwiegend jungepikureischen Quellen – etwa den Vorlesungen und Darstellungen von Dozenten wie z.B. Zenon oder Phaidros –, nicht zu erschüttern vermocht. Bekanntlich fußen die Auszüge der späteren Epikureer mehr oder weniger auf den Ausführungen des Meisters, weshalb die Quellenfrage für die Beurteilung des Doxographischen zumeist beiseite bleiben kann. Eine klare Einführung in die epikureischen Dogmen, soweit sie für das Verständnis des Gedichts von Bedeutung sind, gibt C. Bailey (I, Einl.); kongenialer freilich der in der Erfassung des Philosophischen unübertroffene Kommentar von C. Giussani. L. hat die übernommenen Lehrgehalte mit einer einzigartigen inneren Dynamik ergriffen und dabei die Subtilitäten der ‹Physiologia› durch ein in seiner Art grandioses Weltgefühl geadelt. Daß es ganz bes. die Elemente der Naturschilderung und Naturanschauung sind, durch die das Lehrgedicht des L. den Zusammenhang mit der Poesie wahrt, zeigt schon Vergils berühmte Bezugnahme auf L. (georg. 2,475ff.) und hat unter den Dichtern der Neuzeit vor allem Goethe gesehen (W. Schmid, L., 209ff.; Zeugnisse: E. Grumach, Goethe und die Antike, 1949, 335ff.). Die Frage nach dem Verhältnis des Dichterischen zum Philosophischen bei L. steht im Zentrum seiner Deutung. Es ist nur zu verständlich, daß die «rhythmisierte Mathematik» (Mommsen) des Dichters leicht als etwas seiner poetischen Intention Entgegenstehendes empfunden wird, doch darf der Antagonismus ‹Dichter–Epikureer› nicht überbetont werden. So konnten z.B. die lukrez. Vergleiche und Bilder auf dem Boden einer Philosophie, für die das Prinzip *ὄψις τῶν ἀδήλων τὰ φαινόμενα* maßgebend war, gut gedeihen: insofern besteht selbst in der bes. abstrakten Prinzipienlehre kein absolut unversöhnlicher Gegensatz zwischen dem wissenschaftlichen Technizismus der von L. dargestellten Doktrin und dem Wunsch des Dichters, im Reich der Anschauung zu verweilen; dies der vielleicht wichtigste Grund, weshalb es sich lohnt, nicht nur an den schon (s.o. 2) erwähnten ‹Glanzstellen›, sondern auch in den beweisenden Partien der dichterischen Kraft des Werkes innezuwerden (C. Giussani, Studi, XXV; W. Schmid, L., 216f.; G. Müller, Darstellung, 41; Büchner, a.O. 202). Für den Einfluß des Empedokles auf L. vgl. → Lehrgedicht (B) und die dort genannten Arbeiten von W. Kranz und J. Bollack. Als Ansatzpunkt für den Aufweis tatsächlicher oder angeblicher Grundantinomien des lukrez. Werkes pflegt man vor allem seit O. Regenbogen (a.O. 380ff.) mit Vorliebe die Zeugnisse für Epikurs Verwerfung der Poesie heranzuziehen (z.B. Fr. 568 U. = Diog. Laert. 10,121), doch übersieht man dann, daß es gerade ein Versuch sein will, den Bund zwischen dem Wahren und dem Schönen zu stiften und so eine im Sinne der epikureischen Ästhetik legitime Dichtung zu schaffen (Lit. dazu bei Waszink, a.O. 243ff., der selbst Epikurs Verdikt nicht genügend begrenzt; vgl. auch L. Ferrero, a.O. 29ff.). Für diese Auffassung spricht nicht zuletzt das schon genannte Dichterbekenntnis des L. (1,921–50; weiteres bei G. Müller, Darstellung, 111ff.). Keinesfalls sollte das im Werk des L. erscheinende Nebeneinander von ‹nüchternem Logismos› (Epikur) und Enthusiasmus aus dem Gegensatz ‹Epikureer–Dichter› abgeleitet werden, wie ein Blick auf die Geschichte des Kepos (→ Epikureer) zur Genüge beweist (vgl. W. Schmid, Epikur, 746–755; treffend E. Paratore–U. Pizzani, a.O. 42, sowie Boyancé, a.O. 288). Dürfen so nicht alle Antinomien, die die literarisch-philosophische Interpretation bei L. aufzuweisen liebt, zu dem Trivialschema des ‹Antilukrez im L.› verfestigt werden, so ist erst recht vor Deutungen zu warnen, die vorschnell den Entwurf eines unepikureischen lukrez. Weltbildes wagen, das hinter dem nur vordergründigen epikureischen Begriffsapparat in tieferen Schichten wenigstens umrißhaft sichtbar werde (vgl. z.B. H. Klepl, a.O. 78–91; ähnlich glaubt Rozelaar, a.O. 192ff., im Werke zwei Stimmen zu vernehmen: die eine des urwesentlichen, des lukrez. L., die andere des gebrochenen, sich selbst befehdenden, des epikureischen L.). Daß sich der Geist, der aus dem Venushymnus spricht, nicht mit dem Hauptdogma der epikureischen Götterlehre vereinbaren lasse, ist eine ganz unbegründete Annahme (vgl. P. Friedländer,

a.O., mit dem passenden Hinweis auf Porphyr. ad Marc. 13). Überhaupt gibt es bei dem Dichter im Gedanklichen recht wenig, was als Abgehen von der epikureischen Linie zu fassen wäre; das Eigene des L. steckt eher in der Art, wie ar mit den epikureischen Gedankenmassen umgeht, sie auswertet und für die eigenen Zwecke ordnend organisiert (F. Klingner, Philosophie, 144; ders., L., 204; P. Boyancé, a.O. 56). Wenn L.' Kampf gegen die Religion eine monomanische Übersteigerung zeigt, die den Schriften des Meisters fremd ist, so wird man das wenigstens teilweise mit dem dämonenfürchtigen Wesen der Römer erklären dürfen. Dagegen braucht nicht zu sprechen, daß L. an sich auf typisch röm.-ital. Religionsübung so gut wie gar nicht Bezug nimmt (eine der wenigen Ausnahmen: die auf Etruskisches anspielenden *Tyrrhena carmina* 6,381; dazu Cic. div. 1,72), eine Tatsache, die in verschiedener Weise erklärt worden ist (vgl. W. Schmid, Epikur, 762f.). Die Stellung des lukrez. Werkes in der epikureischen Gesamtentwicklung sucht zu bestimmen P. De Lacy (a.O.; vgl. auch E. Paratore, L'epicureismo); für die literarische Einordnung des L. vgl. → Lehrgedicht (B); seine Wirkungsgeschichte skizzieren W. Schmid, L. und P. Boyancé, a.O. 316–327. W. Schm.

Ed: Nahezu vollständige Nennung aller Ausg., Komm. u. Übers. bei C.A. Gordon, A bibliography of L., 1962 – *Text ohne Komm:* J. Bernays, 1852 – C. Bailey, ed. minor (1900), 1921² (Nachdr. zuletzt 1957) – H. Diels, mit Übers., 1923, Neudr. nur der Übers. 1957 – A. Ernout, mit Übers. (1920), 1924² (Nachdr. zuletzt 1947) – J. Martin (1934), 1963⁵ – *Text mit Komm:* K. Lachmann (1850), 1882⁴ – H.A.J. Munro (1864), 1884⁴ (Nachdr. 1928) – R. Heinze, Buch 3, 1897 (Nachdr. 1926) – C. Giussani (1896/98), 1921² – W.E. Leonard-St.B. Smith, 1942 – C. Bailey, ed. maior, 3 Bde, 1947 – E. Paratore-U. Pizzani, 1960 (Auswahl mit Interpret.) – *Komm. ohne Text:* A. Ernout-L. Robin, Comm. exégétique et critique, 1925–27 – *Lit:* Reichhaltige Bibliographie bei P. Boyancé, L. et l'épicurisme, 1963, 329–347; dazu die Sammelrezension zur L.-Lit. von W. Schmid, Gnomon 20, 1944, 1–22; 85–100 – Die folgende Auswahl gibt nur die für den Artikel notwendigen Belege: F. Marx, Der Dichter L., NJbb 3, 1899, 532ff. – J. Mewaldt, Eine Dublette in Buch 4 des L., Hermes 43, 1908, 286ff. – H. Diels, L.studien 5, Sitz.ber. Berlin, 1922, 46–59 – R. Reitzenstein, Das erste Proömium des L., NGG 1920, 83–96 – J. Paulson, Index Lucretianus, 1911, 1926 – J. Mewaldt, RE 13,2 (1927), 1659–83 – O. Regenbogen, L. (1932), in: Kl. Schriften, 1961, 296–386 – P. Friedländer, Retractationes II, Hermes 67, 1932, 43ff. – G. Della Valle, Tito L. Caro e l'epicureismo Campano, 1933 – K. Ziegler, Der Tod des L., Hermes 71, 1936, 421–440 – A. Rostagni, Ricerche di biografia lucreziana, RFIC 15, 1937, 25–31 – W. Schmid, Altes u. Neues zu einer L.frage, Philol. 93, 1938, 338ff. – H. Klepl, L. u. Virgil in ihren Lehrgedichten, Diss. Leipzig 1940 – M. Rozelaar, L., 1943 – E. Bignone, Storia della letteratura Lat. 2, 1945, 149–342 – W. Schmid, L. u. d. Wandel seines Bildes, AuA 2, 1946, 193–219 – J. Martin, L. u. Cicero, WüJbb 4, 1949, 1–52; 309 bis 329 – L. Ferrero, Poetica nuova in L., 1949 – C. Brink, OCD, 1949, 516f. – H. Diller, Die Proömien des L., StIt 25, 1951, 5–30 – J.H. Waszink, L. and poetry, 1954 – A. Grilli, StIt 29, 1957, 259ff. – P. De Lacy, L. and the history of Epicureanism, TAPhA 79, 1948, 12–23 – G. Müller, Die Problematik des L.textes, Philol. 102, 1958, 247–283; ebd. 103, 1959, 53–86 – Ders., Die Darstellung der Kinetik bei L., 1959 – F. Giancotti, Il preludio di L., 1959 – E. Paratore, L'epicureismo … nel mondo Latino, 1960 – F. Klingner, L., in: Röm. Geisteswelt, 1961⁴, 191–217 – K. Gaiser, Das 4. Proömium des L. und die lukrez. Frage, in: Eranion, Festschr. H. Hommel, 1961, 19–41 – E. Bickel, Gesch. der röm. Lit. (1937), 1961², 422–426 – W. Schmid, Epikur, in: RAC V, 1962, 681–819 – K.G. Sallmann, Die Natur bei L., 1962 – K. Büchner, L. u. die Vorklassik, Studien I, 1964 – F. Klingner, Philosophie u. Dichtkunst am Ende des 2. Buches des L. (1952), in: Studien, 1964, 126–155.

Luna, die Mondgöttin. Ihr Kult in Rom war sehr alt, hat aber nie eine große Bedeutung besessen. Nach Varro (ling. 5,74) soll sie eine der von → Titus (2) Tatius eingeführten sabin. Gottheiten gewesen sein; doch ist uns das Motiv dieser eigentümlichen Konstruktion nicht bekannt. Auf dem Aventin (→ Rom IV A) hatte sie einen Tempel, dessen Errichtung die Überlieferung → Servius Tullius zuschrieb (Tac. ann. 15,41) und der jedenfalls schon i.J. 182 v.Chr. existierte (Liv. 40,2,2). L. wurde verehrt als die Göttin, die ‹nachts leuchtet› (Noctiluca, wohl nach dem griech. νυκτιφαής), in einem andern Tempel auf dem Palatin, der nachts beleuchtet wurde (Varro ling. 5,68). Im Kaiserreich beschirmte sie, zusammen mit → Sol, die Wagenrennen im Circus Maximus. Die beiden Gottheiten werden oft zusammen auf Münzen und Inschriften dargestellt. H. Le B.

Lunettengemälde, Gemälde oder Dekoration, auf meist halbkreisförmiger Wandfläche (Fresko), die durch Zusammentreffen von Tonne und abschließender Querwand (bzw. Quertonne und abschließender Längswand) entsteht; als solches ist das L. von der Dekoration der darunter befindlichen Wandfläche mehr oder weniger stark abgesetzt und folgt eigenen Kompositionsgesetzen. Da die Form von der Architektur bestimmt ist, tritt sie erst in der röm. Wandmalerei auf (vgl. → Malerei D; Schefold, PM, Taf. 1; Ders., VP, Taf. 88f. 111). C.K.

Lupercalia, Fest des Gottes Lupercus (der ‹Wolf›?), der wohl einen Aspekt von → Faunus verkörpert und in der Grotte des Lupercal am Palatin verehrt wurde. Am 15. Febr. opferten die → Luperci einen Bock und einen Hund; mit einem blutigen Messer berührte man die Stirne zweier L. und wischte das Blut sofort mit in Milch getauchter Wolle ab, worauf die beiden jungen Leute lachen mußten; dann liefen die L. nackt, nur mit einem Schurz aus Ziegenfell bekleidet, um den Palatin; dabei schlugen sie mit Riemen, die aus dem Fell des geopferten Bockes geschnitten waren, die entgegenkommenden Frauen, die dadurch fruchtbar werden sollten (Plut. qu. Rom. 68, Ov. fast. 2,267–452; Serv. Aen. 8,343 u.a.). Nach Ov. fast. 2,282 nahm der → Flamen Dialis an den Riten teil; wir wissen jedoch nicht, welche Funktion er dabei hatte. Die L. sind eines der altertümlichsten Feste der röm. Religion, und ihre Deutung ist sehr umstritten. Anscheinend waren die L. ursprünglich ein Hirtenfest und beschützten die älteste röm. Siedlung auf dem Palatin vor den Wölfen. Der Umlauf um den Hügel (vgl. Tac. ann. 12,24) hatte sicher eine reinigende und unheilabwehrende, die Schläge mit dem Riemen fruchtbar machende Kraft. H. LeB.

Lit: K. Kerényi, Wolf und Ziege am L.fest, Niobe, 1949 – P. Lambrechts, Les Lupercales, une fête prédéiste? in: Hommages J. Bidez-F. Cumont (Latomus 2), 1949, 167–176 – A. Kirsopp Michels, The topography and interpretation of the Lupercalia, TAPhA 84, 1953, 35–59 – Latte, 84–86.

Luperci, alte röm. Brüderschaft (der Name scheint ‹Wolf-Menschen› zu bedeuten), deren Aufgabe es war, am 15. Februar in «urrömischer Hirtentracht» das Fest der → Lupercalia zu begehen. Es gab zwei Sodalitäten, die L. Fabiani und die L. Quinctiliani (Festus 78 L.; vgl. 308 L.); sie vertraten wahrscheinlich die beiden antiken *gentes*, die ursprünglich die Riten vollzogen. → Augustus erneuerte dieses → Priesteramt (Suet. Aug. 31,4) und behielt es den Rittern vor. Später finden sich unter den L. sogar Senatoren. Anscheinend ist die Brüderschaft wie das Fest noch bis ins 5. Jh. n. Chr. hinein lebendig geblieben. H. Le B.

Lupia (Kt. 1057 B–D 4; heute die Lippe; Tac. ann. 1,60 u. a.), in frühröm. Zeit als wichtiger Einfallsweg nach dem Inneren Germaniens durch ein System von Kastellen befestigt (Holsterhausen, Haltern, Oberaden; → Aliso). L.B.-H.

Lupine (θέρμος), im Mittelmeerraum mit mehreren Arten verbreitet, vorwiegend als Futterpflanze kultiviert. Vgl. → Flora; → Haustiere. J.W.

Lit: Murr, Pflanzenwelt, 163 – Hehn, 416.

Lupus → Rutilius.

Luristan, Provinz im NW des Chūzistān, in der Zagros-Bergkette, deren Täler tief und schwer zugänglich sind. Ihr archäologischer Reichtum wurde entdeckt, als gegen 1928–30 Bronzegegenstände auf dem Markt angeboten wurden: Waffen, Teile von Pferdegeschirr, Schmuck-, Votiv- und Kultgegenstände sowie eine Fülle von Tongefäßen, die aus einer ausgedehnten megalithischen Totenstadt stammten. Da es sich bis jetzt meistens um heimliche Ausgrabungen handelte, ist die Datierung schwierig (1200 bis 750 v. Chr.; Meder und Kimmerer scheinen sich gegen Ende 9. Jh. v. Chr. in L. niedergelassen zu haben). Es liegen verschiedene Bestattungsarten vor, was beweist, daß die Bronzearbeiten von mehreren Wanderzügen zu verschiedenen Zeiten ausgeführt wurden. G.R.

Lit: A. Godard, Les bronzes du Luristan, 1931 – L. Vanden Berghe, Archéologie de l'Irān ancien, 1959, 87–97. 175–187 (Lit) – Sept mille ans d'art iranien, Paris 1961, 29–31 – Kunstschätze aus Iran, Zürich 1962, 51–53 (Lit) – J. A. H. Potratz, Iranica antiqua 3, 1963, 124–147 – Y. Maleki, ebd. 4, 1964, 1–35.

Luscinus → Fabricius.

Luscius Lanuvinus, lat. → Komödiendichter, nur bekannt aus polemischen Auseinandersetzungen mit → Terenz (vgl. dessen Prologe): L. und sein Kreis werfen Terenz → Kontamination vor, Terenz jedoch lehnt den engen Anschluß an das griech. Original als *obscura diligentia* (Andria prol. 21) ab. L. übersetzte → Menanders ‹Gespenst› (Phasma) und den ‹Schatz› (Thesauros). Nur ein einziges Fragment erhalten. H.M.

Frg: CRF 83–84.

Luscus → Annius.

Lusitaner, einheimisches Volk im W Spaniens (Kt. 2849 AB 2), berühmt durch seine langen Kriege gegen die Römer (192–137 v. Chr.). Als Bewohner gebirgiger Gebiete unternahmen sie zahlreiche Überfälle auf die reichen und stark bevölkerten Städte der Turdetania. Der berühmteste Führer dabei war → Viriatus, den die Römer 10 Jahre lang vergeblich bekämpften und schließlich nur durch Verrat beseitigen konnten. Die L. errangen ihre großen Siege dank ihrer Guerillataktik überraschender, schneller Angriffe, leicht bewaffnet mit Lanze, Schwert und Caetra (sehr kleinem, rundem Schild) und gut beritten. Nach der Befriedung Gründung der Provinz → *Lusitania.* J.M.d.M.

Lit: A. Schulten, Fontes Hispaniae Antiquae III, 1935.

Lusitania, röm. kaiserliche Provinz im SW → Spaniens, von der ursprünglichen Hispania Ulterior unter Augustus abgetrennt. Umfaßte das Gebiet zwischen den Flüssen Guadiana und Duero. Unter Claudius aufgeteilt in drei Gerichtsbezirke: Emeritensis mit der Hauptstadt Emerita Augusta, Pacensis und Scallabitanus. J.M.d.M.

Lit: E. Albertini, Les divisions administratives dans l'Espagne romaine, 1923.

Lusius Quietus, Maure, Kriegsheld, führt seine Reiter → Domitian zu, erlangt Bürgerrecht und Ritterrang. Zeichnet sich in → Trajans Daker- und Partherkriegen hervorragend aus. 116/117 in den Senat als Prätorier; Konsul, Legat von Judäa. Von → Hadrian beseitigt (118). H.-G.K.

Q: Dio Cass. 68, 30, 1 f. 32, 4 f.; 69, 2, 5 – *Lit:* E. Groag, RE 13, 2 (1927), 1874–90.

Lustratio hieß in Rom eine gleichzeitig sühnende und unheilabwehrende Begehung, deren wichtigster Ritus darin bestand, daß das oder die → Opfer im Kreis um die zu reinigenden Personen oder Sachen geführt wurden: (1) Das sog. *Lustrum* wurde alle fünf Jahre nach der Schatzung (→ Census) der Bürger durch die → Zensoren durchgeführt; *suovetaurilia* (weibl. Schwein, Schaf, Stier) wurden vor dem Opfer dreimal um das versammelte *Volk* im Kreis herumgeführt; (2) Lustration des *Heeres,* auf den Reliefs der → Trajanssäule dargestellt; gleiche Riten; (3) L. der *Flotte,* genau beschrieben von Appianus (bell. civ. 5, 401); (4) L. *Roms* in Form der → Amburbien; (5) L. der Ernten in Form der → Ambarvalien; (6) L. der Feldmark (Cato, agr. 141): Opfer von *suovetaurilia* an → Mars; (7) L. der Waffen: → Armilustrium. Vgl. → Religion II E [1]; → Reinheit [2] und zu Darstellungen, → Domitiusbasis. H. Le B.

Lutatius Catulus, C., besiegte im 1. → Pun. Krieg 242 als Konsul die karthag. Flotte bei den Ägatischen Inseln und schloß darauf mit → Hamilkar (2) den Friedensvertrag. Die Bedingungen wurden durch eine röm. Senatskommission noch verschärft (Polyb. 1, 59 ff.; Zon. 8, 17). A.L.

2. **L. Catulus,** Q. (cos. 102 v. Chr.), hatte wahrscheinlich Verbindungen zum → Scipionenkreis (deshalb von Cicero mehrfach als Teilnehmer in den Dialogen eingeführt, z. B. de orat. 2, 12 und 3, 126 ff.). Nach dreimaliger vergeblicher Bewerbung erreichte L. 102 das Konsulat. Im Herbst 102 kämpfte er an den Veroneser Klausen; er konnte die Kelten nicht aufhalten, aber die zur Flucht geneigten Truppen geordnet zurückführen. 101 besiegten er und → Marius (1) die Kelten bei Vercellae. Schon nach der Schlacht begann der Streit zwischen den Feldherren um den Anteil am Sieg. Diese persönliche Feindschaft, die nicht frei blieb von politischen Gegensätzen, bestand bis zu Catulus' Tod (87). 100 stand L. auf seiten der Senatsmehrheit gegen → Saturninus, 91 verteidigte er die popularen Gesetze des → Livius (4) Drusus gegen → Marcius (3) Philippus. Im Kampf mit → Cinna unterstützte L. den Konsul → Octavius (3) und wurde abgesandt, um → Caecilius (14) Metellus Pius zum Schutze Roms zu rufen. Nach Cinnas Sieg beging L. Selbstmord. Würdigung seiner Person: Cic. Brut. 132–134. G.G.

3. **L. Catulus,** Q. (cos. 78, cens. 65 v. Chr.). Über sein Leben vor dem Konsulat, bes. seine Stellung zu → Cinna, ist nichts bekannt. 79 wurde L. mit Sullas Hilfe Konsul. Sein Konsulat war schwierig durch die Opposition und endlich den Aufstand seines Kollegen M. → Aemilius (3) Lepidus. 77 Niederwerfung des Aufstands durch L. und → Pompeius (2); seitdem galt L. bis zu seinem Tod als der Erste des Senats. Er besaß überlegene Macht als primus inter pares (Cic. off. 1, 109). Bis 70 mühsame Kämpfe gegen die Volkstribunen und den Schlendrian im Senat. 70 bestimmte L. den Senat wohl, Pompeius' Reformen hinzunehmen. 67/66 heftiger Widerstand gegen die Verleihung der großen Kommanden an → Pompeius (2). 65 vereitelte er als Censor die Pläne seines Kollegen M. → Crassus; die Censur blieb ergebnislos. 63 bei der Wahl des Pontifex Maximus kränkende Niederlage gegen → Caesar. Am 5. 12. 63 trug er entscheidend dazu bei, daß der Senat die Hinrichtung der fünf Catilinarier empfahl. Ende 61 gestorben. L. war verschwägert mit Q. → Hortensius (2) Hortalus, L. → Domitius (4) → Ahenobarbus war sein Neffe. Chr.M.

Luterion, zur Körperwäsche verwendetes, großes flaches Becken auf hoher Mittelstütze, oft aus Marmor. Zum Waschen der Füße benutzte man niedrige, dreibeinige Metallbecken (Podanipter). – Dem L. verwandt ist das Perirrhanterion, ein aus mehreren Heiligtümern bekanntes Weihwasserbecken. I.Sch.

Lit: H. Kenner, ÖJh. 29, 1935, 109–154 – R. Ginouvès, Balaneutikè, 1962, 77–99.

Lutetia (Kt. 1019 D 2/3; heute Paris), Vorort der kelt. Parisier auf der Ile de la Cité. Die röm. Stadt lag am linken Ufer der Seine (→ Sequana), auf der die Schifferkorporation der nautae parisiaci den Handel beherrschte; Reste eines Amphitheaters, von Thermen (Cluny) u. a. L.B.-H.

Lit: P.-M. Duval, Paris antique des origines au 3e siècle, 1961.

Lutrophoros, zwei- oder dreihenkliges schlankes Gefäß (→ Vasen, Abb. 247, 5) mit langem Hals, das Wasser für das Brautbad enthielt. Auch im Totenkult verwendet, trägt daher neben Bildern der Hochzeit solche der Totenklage. Seit dem späten 5. Jh. v. Chr. bezeichnen monumentale, marmorne L.en das Grab eines unvermählt Verstorbenen (Demosth., Leoch. 18. 30). I.Sch.

Lit: P. Wolters, Rotfigurige L., AM 16, 1891, 371–405 – K. Friis-Johansen, Afhandlinger tilgnede F. Poulsen, 1941, 67 – R. Ginouvès, Balaneutikè, 1962, 239–282.

Luvier, ein den → Hethitern eng verwandtes, eine indogermanische Sprache sprechendes Volk im Süden Anatoliens. Nach dem Ende des Hethiterreiches, zu dem es immer gehört hat, lebte seine Sprache in den syr. Nachfolgestaaten weiter, wo sie mit heth. Hieroglyphen geschrieben wurde (sog. Hieroglyphen-Hethitisch: vgl. → Kleinasiat. Sprachen). W. Hk.

Luxor, Ort in Oberägypten an der Stelle des alten → Theben (Kt. 29 D 7). Der Name *al-'uqṣur* von den römischen Lagern *(qaṣr)*, die sich später in dem großen Tempel von L. eingenistet hatten. W. Hk.

Luxorius (oder Luxurius), aus Karthago, Verfasser einer um 534 n. Chr. veröffentlichten Sammlung epideiktischer und skoptischer → Epigramme und eines Epithalamium (→ Hymenaios), das in Form eines Vergilcento abgefaßt ist. Seine Identität mit dem im Mittelalter mehrfach zitierten Lisorius ist nicht gesichert. W. Sch.

Ed: Anth. Lat. I 1, Nr. 18. 287–375 – H. Happ, Diss. Tübingen, 1958 (mit Komm.) – M. Rosenblum, 1961 (mit Übers. u. Komm.) – *Lit:* Sc. Mariotti, Luxorius e Lisorius, RFIC 92, 1964, 162–172.

Luxusgesetze. Bei der in Rom vorherrschenden Einfachheit der Lebenshaltung bedurfte es wenig, Anstoß wegen übertriebenen Aufwandes zu erregen. Schon das → Zwölftafelgesetz beschränkte den Aufwand bei → Bestattungen. Die Reihe der eigentlichen L. beginnt aber erst mit der lex Oppia (215 v. Chr.) gegen den Luxus der → Frauen. Schmuck, Kleider und Wagen besteuerte M. Porcius → Cato (1) als Censor rigoros. Die meisten L. richteten sich bei allmählichem Wachstum des Wohlstands gegen den Tafelluxus: die lex Orchia de cenis (171 v. Chr.) beschränkte die Zahl der Gäste, die lex Fannia (161 v. Chr.) setzte eine Höchstgrenze für den Aufwand bei Mahlzeiten, gemildert durch die lex Licinia (131 v. Chr.), die von → Sulla erneuert wurde, nachdem sie zu Beginn des 1. Jh.s v. Chr. abgeschafft worden war. Art und Menge der Speisen schrieb eine lex Aemilia (115 v. Chr.) vor, die allerdings nur kurz gültig war. → Augustus erhöhte die in der lex Licinia vorgeschriebenen Höchstgrenzen. Das Jahrhundert zwischen Actium und dem Regierungsantritt Vespasians ist nach Tacitus (ann. 3, 15) die Periode des größten Reichtums und Luxus. In dieser Zeit, da Kaiser wie → Nero u. → Caligula selbst ungeheure Verschwender waren, hatten Luxusgesetze keinen Platz. Erst der Einfluß → Vespasians und der neuen Senatsfamilien aus den Provinzen wirkte wieder mäßigend. D. R.

Lit: B. Kübler, RE 4A 1 (1931), 901–908 – Friedländer, Sittengeschichte III 1–177 – E. Giraudias, Etudes hist. sur les lois somptuaires, 1910 – J. Carcopino, So lebten d. Römer während d. Kaiserzeit, 1959.

Luzerne (*μηδική*), wurde den Griechen im späten 6. Jh. durch die Perser als hervorragendes Pferdefutter bekannt (Aristoph. equ. 606; Plin. nat. 18, 144). Als Futterpflanze auch in der röm. → Viehzucht bes. geschätzt. → Flora. J. W.

Lit: Hehn, 412–416 – A. Salonen, Hippologia Accadica, 1955, 184f.

Lychnomantie, Lichtweissagung, vielleicht aus der *Pyromantie* (→ Kapnomantie) entwickelt: durch Zauberformeln wird der Dämon in eine Lampe gebannt, aus der er dem Magier verkündet (Einzelheiten: Pap. Mag. 4, 930ff.; 2, 276ff.; Knabe als Medium: 7, 540ff. u. ö. – Abarten: 8, 86ff.; Iambl. myst. 3, 14; Phot. Bibl. c. 242: Heliomantie). C. J. C.

Lit: Th. Hopfner, Griech.-Ägypt. Offenbarungszauber II, 1924, 102–114 – S. Eitrem, Die *σύστασις* und der Lichtzauber in der Magie, SO 8, 1929, 49–53.

Lycoris → Gallus (3).

Lydiadas warf sich 250/243 v. Chr. mit Hilfe der promaked. Partei zum Tyrannen seiner Heimatstadt Megalopolis auf (Plut. Arat. 30). Die Erfolge der Achäer unter → Aratos (1) veranlaßten ihn jedoch, 235 abzutreten und die Stadt in den → Achäischen Bund zu überführen. Seit 234/233 war L. mehrfach Bundesstratege, geriet jedoch bald in Rivalität zu Aratos, die schließlich 227/226 zur Niederlage der Achäer bei Megalopolis gegen → Kleomenes III. v. Sparta führte. L. fiel in der Schlacht. F. Kch.

Lydien, Landschaft im W Kleinasiens (Kt. 1152 H–I 4), wird im N von Mysien durch die Gebirge zwischen Kaïkos und Hermos getrennt. Gegen Karien im S galt in älterer Zeit das Messogis-Gebirge, das das Kaystrostal vom Talbecken des Maiandros trennt, als Grenze, in röm. Zeit wurde es mit L. zu Asia gezählt. Die Landschaft L.s wird durch die drei schon genannten Flußtäler des Hermos, Kaystros und Maiandros gegliedert, die alle an den Rändern des kleinasiat. zentralen Hochlandes entspringend nach W abfließen. Diese Flußlandschaften werden durch bedeutende Gebirgszüge getrennt: das Tmolos-Gebirge zwischen Hermos- und Kaystrostal; in dessen Verlängerung das Mimasgebirge nördlich Erythrai, das den Golf von Smyrna im S abschirmt. Das Messogis-Gebirge zwischen Kaystros und Maiandros bildet das markante Vorgebirge Mykale (und die vorgelagerte Insel Samos). Der Schwerpunkt L.s liegt in seinen Flußtälern. Hier liegen auch die wichtigsten Städte: → Magnesia am Sipylos im Hermostal, an dessen Mündungsgolf → Smyrna, am Paktolos, einem kleinen Seitenfluß des Hermos, → Sardes, die alte Hauptstadt von L.; im Kaystrostal → Larisa und in der Mündungsebene → Ephesos; im Mäandertal → Priene, → Tralleis und → Magnesia am M. Smyrna, Ephesos und Priene gehören aber nicht ursprünglich zu L. R. F.

Lit: Keil und Premerstein, Reisen in Lydien, Denkschr. Akad. Wien 53, 54 und 57, 1910, 1911 und 1915 – Vgl. zu [2] ff.

[2] *Geschichte.* Teile des altkleinasiat. *Volkes* (s. u. 5) sind nach Hdt. 1, 94 vielleicht schon während der Völkerwanderung im 13. Jh. v. Chr. nach Etrurien ausgewandert (→ Etrusker A). Vorher reichte der hethit. Einfluß bis nach L. hinein (Felsreliefs am Karabelpaß südwestl. von Sardes). – Das bei Homer noch nicht genannte L. beginnt seinen *Aufstieg* als politische Macht nach dem Sturz der Heraklidendynastie wahrscheinlich in den 80er Jahren des 7. Jh.s (nach noch nicht völlig geklärter Chronologie) unter den → Mermnaden, nachdem es die Einfälle der → Kimmerier in langwierigen Kämpfen bestanden hatte. Die Grenzen seines Gebiets, das schon unter → Gyges den Hellespont erreicht hatte, werden im O bis zum Halys vorgeschoben, die westkleinasiat. Griechenstädte außer → Milet kommen in ein Untertanenverhältnis. Bündnisse unter Gyges mit Assyrien und Ägypten, seit → Alyattes mit den Medern, unter → Kroisos auch mit Babylon und Sparta. Seit Gyges enge Beziehung zum Orakel von → Delphi. – 547/546 kommt L. unter Kroisos in pers. Gewalt. Sardes wird Sitz des Satrapen des Großkönigs. Iran. Feuerkult und Heiligtümer der pers. Anahita bei Hypaipa (L. Robert, L'Ann. du Coll. de France 62, 1962, 350) und Hierokaisareia (Bürchner RE 8, 2 (1913), 1401–02 s. v. Hiera Kome; Tac. ann. 3, 62. Paus. 5, 17, 5). Pers. → Königsstraße von Sardes über → Gordion nach Susa. 334 Eroberung durch Alexander d. Gr. Bis zur Schlacht von Magnesia (190) dem Seleukidenreich zugehörig, dann pergamenisch, 133 zur röm. Provinz Asia. Drei der Sieben Kirchen der Apokalypse in Sardes, Thyateira und Philadelphia.

[3] *Gesellschaft, Wirtschaft, Kultur.* Die *Struktur* des Reiches mit dem Reiteradel und seiner Pferdezucht und den großen Domänen ist feudalistisch. Die Landbevölkerung arbeitet als Leibeigene auf den Gütern der großen Herren (noch unter den Perserkönigen → Dareios und → Xerxes ist der Lyder Pythios der reichste Mann Kleinasiens, Hdt. 7, 27ff.). Gold wird im Bergbau gewonnen. → Alyattes prägt die ersten → Münzen (Hdt. 1, 94). Die Könige deponieren hohe Geldsummen im Ausland, so Kroisos im Apollontempel in Didyma (Hdt. 5, 36), für das Heer werden Söldner geworben (Karer und Griechen). Der Grabhügel des Alyattes, den Herodot (1, 93) zu Recht mit den ägypt. → Pyramiden vergleicht, scheint mit Steuerauflagen von Teilen der Bevölkerung finanziert worden zu sein. Neben dem Adel tritt ein Stand von Großkaufleuten und Kleinhändlern und in der Hauptstadt von Handwerkern (Verarbeitung von Wolle, Leder, Gold, Elfenbein) hervor. → Gasthäuser und → Würfelspiel gelten als lyd. Erfindung. – *Wirtschaft:* Die Landwirtschaft ist – wie heute noch – reich an Getreide, Mohn, Wein, Oliven, Feigen und Vieh. Dazu kamen Marmor und Hölzer aus den Bergwäldern, bunte Textilien und Teppiche sowie Lederarbeiten (lyd. Schuhe). Gold aus L. ist noch im Palast des Dareios in Susa verwendet. – Die *Kultur*, einschließlich Tracht und Bewaffnung, ist zum Teil griechisch beeinflußt (Hdt. 7, 72ff.). Die Beziehungen zur Äolis scheinen dabei bes. wichtig gewesen zu

sein (→Phokaia, →Larisa; im Thiasos der →Sappho auf Lesbos finden sich auch lyd. Mädchen). Andererseits orientiert sich die Hofhaltung der griechischen Tyrannen (eine lydische Bezeichnung) am Luxus von Sardes. Der in Sparta dichtende →Alkman rühmt sich seiner Herkunft aus dem hohen Sardes (Fr. 13 D.). – *Religion:* Über L. hinaus verbreitet war der Kult der kleinasiat. →Kybele. Der Weingott Baki entspricht dem im lyd.-kar. Nysa aufgezogenen →Bakchos mit seinem Gefolge von →Silenen (vgl. den kleinasiat. →Marsyas), Pldans vermutlich dem ebenfalls ursprünglich kleinasiat. →Apollon. Santas, der lyd. →Herakles, war schon im 2. Jt. in Kilikien verehrt worden. Zur Pferdegottheit Pirva Hanfmann, Lydiaka, HSt ClPh. 63, 1958, 79.

[4] *Kunst.* Die Felsreliefs am Karabelpaß südwestl. von Sardes sind hethitisch (Bittel, AOF 13, 1940, 188), das monumentale Felsbild der kleinasiat. Muttergöttin mit zwei Löwen am Nordhang des Sipylos östl. von Magnesia a. S. ist zeitlich nicht näher bestimmt (Paus. 3, 22, 4). – Die lyd. Kunst der *Mermnadenzeit*, soweit sie durch die noch im Gange befindlichen amerikan. Ausgrabungen in Sardes bekannt geworden ist, steht unter starkem griech. Einfluß, sofern nicht griech. Künstler selbst in lyd. Auftrag gearbeitet haben (silberne Kratere des →Glaukos (3) v. Chios, Hdt. 1, 25, und →Theodoros (11) v. Samos, Hdt. 1, 51, für Delphi. Von Kroisos gestiftete Säulenbasen am ephes. Artemision, Hdt. 1, 92. Farbige Relieffriese aus Ton. Für die Großplastik werden Beziehungen zu Ephesos angenommen, die keramische Produktion ist mehr nach der Äolis (→Larisa) als nach Ionien orientiert. Eine lyd. Gefäßform ist das für den Export der Salbe Bakkaris bestimmte Lydion. Einheimische Technik ist in der das Aussehen von Marmor und Glas vortäuschenden Gefäßbemalung und in farbiger Reifenverzierung zu sehen. Selbständig sind Goldschmiedekunst (goldene Ziegel für den Apollontempel in Delphi, Hdt. 1, 50) und Elfenbeinarbeiten (Hom. Il. 4, 141 ff.; lyd. Elfenbeinschnitzer noch im Palast des Dareios in Susa) und die Herstellung farbiger und golddurchwirkter Textilien und Teppiche. Epochemachend die →Münzprägung in →Elektron seit Alyattes, in Gold und Silber unter Kroisos (Hdt. 1, 94). – Kleinasiatisch ist der Typus des Grabhügels, wie er bes. in der Königsnekropole von →Sardes auftritt. Der Tumulus des Alyattes (Hdt. 1, 93; H 69 m; ⌀ 355 m; Umfang 1115 m) erhebt sich über einer gemauerten Krepis, er ist von 5 steinernen Phallospfeilern bekrönt. Im Innern Grabkammer mit Vorraum in sorgfältiger Quadertechnik. Nachgewiesen sind Tumuli mit und ohne Dromos (vgl. →Grab B 1). Nach der pers. Eroberung L.s 546 arbeiten griech. Werkstätten weiter in pers. Auftrag. Im 2. und 3. Jh. der röm. Kaiserzeit Produktion von Marmorsarkophagen. Zur lyd. *Musik* →Musik A [13]. P. Hom.

Lit: Zu [2] und [3]: J. Keil, RE 13, 2 (1927), 2161–2202 – K. J. Beloch, GG I 1, 342–346. 371 ff. – K. Bittel, Grundzüge der Vor- und Frühgesch. Kleinasiens (1945), 1950², 94 ff., 131 – A. Goetze, Kleinasien, HbAW III, I, 3, 3, 1 (1933), 1957², 206–209 – C. Roebuck, Ionian Trade and Colonisation, 1959 – G. M. A. Hanfmann, Sardis u. L., 1960 – J. Keil, Die Kulte L.s, Anatolian Studies Presented to Sir W. M. Ramsay, 1923, 239 ff. – *Zu [4]:* G. Perrot-Ch. Chipiez, Histoire de l'Art dans l'Antiquité V, 1890, 239–308 – H. Th. Bossert, Altanatolien, 1942, 23–27, Abb. 141–198 – E. Akurgal, Die Kunst Anatoliens von Homer bis Alexander, 1961, 150–159 – Sardis, Publications of the Am. Soc. for the Exc. at S., 1916–32 – *Nekropole:* J. F. M. v. Olfers, Über die lyd. Königsgräber, Abh. Berlin 1858, 539–556 – *Großplastik:* G. M. A. Hanfmann, Anatolia 4, 1959, 55–60, Taf. 9–10 – *Münzen:* E. S. G. Robinson, JHS 71, 1951, 156–167 – *Elfenbein:* R. D. Barnett, JHS 68, 1948, 18–25 – *Tonfriese:* K. Schefold, Larisa am Hermos I, 1940, 152 ff. – *Keramik:* G. M. A. Hanfmann, AJA 49, 1945, 570–581.

[5] *Lydische Sprache.* Quellen für ihre Kenntnis sind 57 im lyd. Alphabet abgefaßte, z. T. kurze Inschriften (meist aus Sardes; 6.–4. Jh.) sowie l. Glossen und Namen aus griech. Überlieferung. Eine aramäisch-l. und 2 kurze griech.-l. Bilinguen haben zum leidlichen Verständnis der Grabinschriften verholfen; 3 längere sakrale Prosatexte und 7 poetische Texte, deren etwa gleichlange Zeilen aufeinander reimen, sind nur z. T. deutbar. Die l. Sprache gehört zur heth.-luv. Sprachengruppe des →Indogermanischen. Vgl. →Kleinasiat. Sprachen. A. H.

Q: W. H. Buckler, Sardis, VI 2, 1924 – Friedrich, 108–123 – *Lit:* P. Kahle-F. Sommer, Kleinasiat. Forschungen I, 1927/30, 18–86 – P. Meriggi, Der indogerm. Charakter des Lyd., in: Festschr. H. Hirt II, 1936, 283–290 – A. Heubeck, Lydiaka, 1959 – R. Gusmani, Lyd. Wörterbuch, 1964.

Lydos, att. Vasenmaler des →schwarzfigurigen Stils, tätig ca. 560–530, benannt nach der Inschrift ... *ΣΕΝ ΗΟLΥ-ΔΟΣ·Ε·ΡΑ* (Kraterfragmente von der Akropolis), die jedoch auch das Ethnikon bezeichnen kann. Der Zeichenstil dieser Fragmente kehrt vorzüglich auf großen Gefäßen wieder, so daß eine Identifizierung mit dem Schalenmaler →Sakonides unwahrscheinlich ist. – L. hat einen korrekten, herben Strich; entsprechend seinem ehernen Figurenstil sind auch seine Kompositionen massiv und festgefügt (vgl. →Vasen E 3). – *Werke:* Kolonnettenkrater mit Thiasos und Rückkehr des Hephaistos, MMA New York, 31. 11. 11. (Rumpf a. O., Abb. 21–23); Kanne des Töpfers Kolchos, mit Herakles und Kyknos, Berlin F 1732 (Rumpf, Abb. 29 bis 31); Kratere, Bauchamphoren, Hydrien, Lekythen, Teller, Pinakes. I. Sch.

Lit: A. Rumpf, Sakonides, 1937 – Beazley, Development, 38–49.

Lygdamis, Naxier; Aristokrat von Geburt, Führer der demokratischen Partei; nach einem Mißerfolg im Kampf gegen die Oligarchie mit seinen Parteifreunden verbannt. In Eretria, ca. 545/540, bot er dem →Peisistratos (2), der damals zum zweiten Male im Exil war, seine Dienste an und half ihm, nach Athen zurückzukehren; Peisistratos wiederum leistete ihm Hilfe bei der Eroberung von Naxos, wo L. eine Tyrannis aufrichtete, und vertraute ihm athenische Geiseln an; später half L. dem →Polykrates (1) bei der Befestigung seiner Tyrannis auf Samos (ca. 533). Später wurde L. von den Lakedämoniern (wahrscheinlich bei ihrer Expedition gegen Polykrates ca. 524) aus Naxos vertrieben, die Oligarchie für kurze Zeit wiederaufgerichtet. R. v. C.

Lygdamus, Verfasser von 6 Elegien im Corpus Tibullianum (3, 1–6), die ihm die Liebe der Neaira zurückgewinnen sollten. Beide Namen sind Pseudonyme. Motive und sprachliche Ausdrucksweise zeigen enge Bindung an →Tibull, →Properz und bes. →Ovid, dessen versifiziertes Geburtsdatum (Trist. 4, 10, 6: *cum cecidit fato consul uterque pari;* zu deuten auf 43 v. Chr., das Todesjahr der Konsuln A. →Hirtius und C. →Vibius (4) Pansa) L. als das eigene Geburtsjahr angibt (5, 18). Hier knüpfen verschiedene Hypothesen an: L. ist Pseudonym des jungen Ovid; Ovid ist Nachahmer des um 20–10 v. Chr. schreibenden L.; L. ahmte Ovid etwa 13–15 n. Chr. nach. Die Geburtsangabe könnte sich dem Wortlaut nach auch auf 69 n. Chr. (Todesjahr der Konsuln →Galba u. Vinius) beziehen. E. Bk.

Ed: F. W. Lenz, Tibullausgabe, 1959 – R. Helm, Tibullausgabe, 1958 (mit Übers.) – *Lit:* W. Kraus, L. u. Ovid, WSt 70, 1957, 197–204 – O. Skutsch, Cum cecidit fato..., Philologus 103, 1959, 152–154 – B. Axelson, L. u. Ovid, Eranos 58, 1960, 92–111; 281–297.

Lykaia, ein bedeutendes →Fest des Zeus mit Spielen, das auf dem Gipfel des →Lykaion, dem Hauptkultort Arkadiens, gefeiert wurde. →Zeus erscheint hier wie gewöhnlich als Wettergott, und in Zeiten der Dürre vollzogen seine Priester die Riten des Regenzaubers. Durch die vermutete Ableitung von Lykaion aus λύκος, ‹Wolf›, wurden Geschichten von Wolfsmenschen mit dem Kult in Verbindung gebracht. Der Tradition nach sind gelegentlich auch Menschenopfer dargebracht worden, aber eine Analyse des großen Aschenaltars hat keine Spur von menschlichen Knochen erbracht. F. R. W.

Lit: W. Immerwahr, Die Kulte und Mythen Arkadiens, 1891 – A. B. Cook, Zeus I, 1914, 63–99 – R. P. Eckels, Greek Wolf-Lore, 1937 – Nilsson, I 396–401 – Ders., Griech. Feste, 1906, 8 ff.

Lykaon, Sohn des Pelasgos und der Meliboia oder Kyllene, arkadischer König. Vater vieler Söhne, die in der Peloponnes Städte gründen. Setzt Zeus beim Mahl einen seiner Söhne vor, um ihn zu erproben (wie →Tantalos). Dies Anlaß der Sintflut. Nach Paus. 8, 2, 3 wird er in einen Wolf verwandelt, da er ein Kind auf dem Altar des lykaischen Zeus opferte.

Lit: Schmidt, RE 13,2 (1927), 2248–52 – L. Rocchetti, EAA IV, 1961, 745.

Lykaonien, Landschaft im mittleren Kleinasien (Kt. 2640a), vom kilikischen Taurus bis zum Lacus Tatta (heute Tuz gölü). Wichtige Orte sind Ikonion (heute Konya) und Laodikeia Katakaumene (heute Yorgan Lâdik). Die Lykaonier bildeten eine unabhängige Bergbevölkerung, die sich um das persische Joch kaum kümmerte. Nach →Alexanders (5) d. Gr. Tod kam L. an das Seleukidenreich (Gründung von Laodikeia Katakaumene), schließlich an →Antiochos III. und nach dessen Niederlage bei Magnesia 189 v. Chr. an →Eumenes II. v. Pergamon. Nach dem Tod des letzten Königs von Pergamon, →Attalos' III., durch Testament an Rom (133 v. Chr.). Rom gab L. sofort an das Königreich Kappadokien weiter. Nach dem Tod →Ariarathes' V. aber verfiel die Macht Kappadokiens, und L. versank in Anarchie. Rom griff ein und schlug um 100 v. Chr. L. zur Provinz Kilikien, einem Militärbezirk zur Bekämpfung des Seeräuber- und Banditenunwesens. 36 v. Chr. schlug →Antonius (2) L. zu →Galatien, zu dessen König er →Amyntas (4) ernannt hatte. Nach dem Tod des Amyntas wurde L. an die Provinz Galatien angeschlossen, später aber unter →Antoninus Pius zusammen mit Isaurien von Galatien losgelöst und zur Provinz Kilikien geschlagen. R.F.

Lit: A.H.M. Jones, Cities of eastern Rom. Emp., 1937, 124ff. – D. Magie, Roman rule in Asia minor, 1950, 455f., 660, 760.

Lykien, Landschaft an der Südwestecke Kleinasiens (Kt. 1152 IK 6). Im Binnenland durch eine hufeisenförmige Gebirgsmasse (Ak dağ) vom übrigen Kleinasien abgetrennt. Im N und NO grenzt Pamphylien an, im W Karien. Der bedeutendste Fluß ist der Xanthos, in dessen Tal die wichtigsten Städte lagen (Tlos, Xanthos, Pinara, Patara). Nach →Alexanders (5) d. Gr. Tod kam L. an →Antigonos I., dessen Ansprüche aber bald durch die Ptolemäer bestritten wurden, die zeitweise L. besetzten. 197 v. Chr. eroberte →Antiochos III. das Gebiet, mußte es aber nach der Niederlage bei Magnesia 189 v. Chr. wieder herausgeben. L. wurde unter rhodische Herrschaft gestellt, deren Härte mehrfach Revolten hervorrief. Durch einen Appell an den Senat in Rom i. J. 178 v. Chr. erreichten die Lykier 169 vor Chr. ihr Ziel und wurden durch Rom für frei erklärt. Die Verwaltung übernahm nun der ‹Lykische Bund› aus 23 Städten, von denen sechs (Tlos, Xanthos, Pinara, Patara, Myra und Olympos) führend waren. An der Spitze stand der Lykiarchos. Im Bürgerkrieg zerstörte →Brutus (2) mit seiner Armee die Stadt Xanthos, doch blieb die Unabhängigkeit L.s erhalten. Erst 43 n. Chr. erklärte →Claudius im Zuge seiner Annexions- und Expansionspolitik L. zur röm. Provinz. L. wurde als kaiserliche Provinz durch einen legatus pro praetore regiert und das benachbarte →Pamphylien dazugeschlagen. 69 n. Chr. wurde Pamphylien wieder zu Galatien geschlagen. Unter Vespasian war L. möglicherweise kurze Zeit nochmals frei, doch sind bereits für die späteren Regierungsjahre Vespasians wieder kaiserliche Legaten in L. bekannt. Nach 164 n. Chr. wurde die Verwaltung von L. an den Senat übergeben im Austausch mit Bithynien, das unter kaiserliche Verwaltung gekommen war. Die diokletianische Provinzeinteilung kennt nur Pamphylien, welches somit auch L. umfassen mußte. In der →Notitia Dignitatum zu Ende des 4. Jh.s erschien L. wieder als selbständige Provinz. – Zur lyk. Kunst vgl. →Xanthos. R.F.

Lit: A.H.M. Jones, Cities of the eastern Rom. Emp., 1937, 96ff. – D. Magie, Roman rule in Asia minor, 1950, 516ff. – Kunst: F. Coarelli, EAA 4, 1961, 616–618.

[2]. *Lykische Sprache.* Quellen für ihre Kenntnis sind 153 Steininschriften (5./4. Jh. v. Chr.) und 50 Münzlegenden im l. Alphabet sowie l. Glossen und Namen aus griech. Überlieferung. Die einfachen Grabinschriften sind dank 6 griech.-l. Bilinguen relativ gut verständlich; die längeren Inschriften (darunter ein historischer Text auf der ‹Xanthos-Stele›: Nr. 44) sind noch fast ungedeutet. Nr. 44 ist teilweise, 55 ganz in einem abweichenden, wohl altertümlichen Dialekt (‹*Lykisch B*› oder ‹*Milyisch*›) abgefaßt. Die l. Sprache gehört zur heth.-luv. Sprachengruppe des →Indogermanischen. Vgl. →Kleinasiat. Sprachen. A.H.

Q: E. Kalinka, Tituli Asiae Minoris I, 1901 – Friedrich, 52–90 – *Namen:* J. Sundwall, Die einheim. Namen der Lykier, Klio, Beih. 11, 1913 – *Lit:* P. Meriggi, Der Indogermanismus des Lyk., in: Festschr. H. Hirt II, 1936, 257–281 – H. Pedersen, L. und Hittitisch (1945) 1949² – E. Laroche, Comparaison du louvite et du lycien, BSL 53/1, 1958, 159–197; 55/1, 1960, 155–185 – P. H. J. Houwink ten Cate, The Luwian Population Groups of Lycia and Cilicia Aspera, 1961.

Lykios, Bildhauer, Sohn und ‹einziger› Schüler des bekannten Bildhauers →Myron aus Eleutherai (Böotien). Es ist bis jetzt noch nicht gelungen, von den Kopien aus eine sichere Brücke zu den überlieferten Werken zu schlagen: zwei Reiterstatuen; verschiedene kultische Dienste verrichtende Knaben; vielfiguriges Weihgeschenk der illyrischen Apolloniaten in Olympia mit dem Zweikampf von Achill und Memnon. E.Bg.

Lit: C. Anti, L., Bull. Comm. 47, 1919 (1921), 55–138 – G. P. Stevens, Architectural Studies concerning the Acropolis of Athens, Hesperia 15, 1946, 82f. Abb. 5 – A. E. Raubitschek, Dedications from the Athenian Akropolis, 1949, Nr. 135; 138, S. 517ff. – Lippold, GrPl, 183f. – L. Guerrini, EAA IV, 1961, 746f.

Lykomedes, König von Skyros, der den jungen →Achilleus verbarg. Nach einzelnen Traditionen Mörder des →Theseus (vgl. Phil. Thes. 35, 6).

Lykomiden, attisches Geschlecht, benannt nach Lykos; eines der Geschlechter, die eine Vegetationsgöttin, eine Demeter, verehrten (vgl. Eleusinische →Mysterien). Die L. hatten in Phlya (im NO Athens) eigene Mysterien; ihr berühmtester Vertreter war →Themistokles. R.V.C.

Lit: Nilsson I 669.

Lykon, Sohn des →Hippokoon, von →Herakles getötet.

2. **L. von Troas,** →Peripatetiker, Nachfolger →Stratons als Schulhaupt (270/68–226/4). Wesentlich an Ethik interessiert, philosophisch unbedeutend, sein Stil ausgezeichnet durch die reiche Ornamentik des →Asianismus. P.M.

Q: F. Wehrli, Schule des Aristot. 6, 1952, 5–26.

Lykophron, →Sophist, wohl Anfang 4. Jh. v. Chr., öfters bei Aristoteles erwähnt, teils als →Eleaten-Schüler im Sinne des →Gorgias (1), →Xeniades und →Kratylos, teils als aufgeklärter Moralist, teils als pompöser Redekünstler. O.G.

Frg: VS II 307f.

2. **L. von Chalkis,** Gelehrter und Dichter, 1. H. 3. Jh. Gehört zu den frühesten Bearbeitern der Schätze der alexandrin. Bibliothek, ordnete die Komödiendichter. Zusammenarbeit mit →Zenodot (1) und →Alexander (9) Aitolos (→Hellenistische Dichtung D). Verfasser einer stattlichen Zahl von Tragödien (‹Kassandreis›, d. h. Leute aus Kassandreia, behandelt wohl Zeitgeschichte, da Kassandreia vom Alexander-Epigonen →Kassander gegründet wurde). In einem Satyrspiel ‹Menedemos› war →Menedemos (2) v. Eretria, Philosoph und L.s Lehrer, mit freundlichem Spott geschildert. Erhalten ist allein die ‹Alexandra›, nächst den ‹Argonautika› des →Apollonios (11) Rhodios die umfangreichste unter den erhaltenen hellenistischen Dichtungen (1474 jambische Trimeter). Alexandra ist Kassandra, die troische Unglücksseherin. Wegen ihrer Sehergabe ist sie in einen Turm eingesperrt; dessen Wächter berichtet Priamos an dem Tag, da Paris nach Griechenland aufbricht, von den Prophezeiungen. Insofern ist das Gedicht ein gewaltig angeschwollener tragischer →Botenbericht. Der Ausblick, den die Seherin nimmt, reicht sehr weit. Beginnend mit den Rüstungen und dem Opfer der Iphigenie, gelangt er über die Landung in Troja zu Hektors Tod und Trojas Zerstörung, zu der Heimkehr der griech. Helden, zum zukünftigen Schicksal der Aeneaden (→Vergil), zu weiteren Aus-

einandersetzungen zwischen Asien und Europa (Xerxes, Alexander). Gelegentlich in kräftiger Sprache zu eindrucksvollen Bildern aufsteigend, liebt L. andererseits eine unerhörte Dunkelheit der Sprache (daher hat der größte Erklärer der alexandrin. Dichter, → Theon (1), im 1. Jh. n. Chr. einen Kommentar geschrieben) und Anspielungen auf entlegenste Sagen. L. ist so der Repräsentant einer bis an die Grenze des Möglichen getriebenen Entfaltung gelehrter Raffinesse in der Poesie. Hochproblematisch sind die Schlußverse des Gedichts. Hier liegt wohl eine Anspielung auf die Niederlage → Philipps V. durch T. → Quinctius (3) Flamininus bei Kynoskephalai (197) vor. Manche Gelehrte haben daraus den Schluß gezogen, der Verfasser der ‹Alexandra› sei nicht der L. aus Chalkis, der an der alexandrinischen Bibliothek mit Zenodot arbeitete. Aber → Aristophanes (2) v. Byzanz zitiert sie als Werk des L. v. Chalkis. Also Athetese der Verse 1446–1450? Andererseits besteht stilistische Übereinstimmung. Vielleicht ist dennoch die Annahme späterer Zudichtung die angemessenste. P.H.

Ed: E. Scheer, 2 Bde, 1881 (Text); 1908 (Scholien) – Mascialino, BT, 1964 – *Lit:* U. von Wilamowitz, Hellenistische Dichtung II, 1924, 143–164 – *Bildnisse:* → Anhang I.

3. **L. von Pherai,** ca. 404–390 Tyrann von → Pherai, versuchte, ganz Thessalien zu einigen, was aber erst seinem Sohn (?) → Jason (4) gelang. L.s Gegner waren die Aristokraten in den anderen Städten Thessaliens, bes. Medios von Larisa. Die Kämpfe verflochten sich von 395 an mit dem → korinthischen Krieg, wobei L. auf seiten der Spartaner und ihres durch Thessalien heimkehrenden Königs → Agesilaos II. stand. E.Bn.

Lit: H.D. Westlake, Thessaly in the Fourth Cent. B.C., 1935 – M. Sordi, La lega tessala fino ad Aless. M., 1958.

Lykortas, aus Megalopolis, Vater des → Polybios (1), als Anhänger des → Philopoimen wie dieser um weitgehende Unabhängigkeit des → Achäischen Bundes von Rom bemüht. 189 v. Chr. forderte er als Gesandter in Rom für diesen das Selbstbestimmungsrecht (Liv. 38, 32, 6–8), 187/186 wandte er sich als Bundesstratege entschieden gegen röm. Einmischung in die achäisch-spart. Auseinandersetzungen (Liv. 39, 36, 5–37, 17), 182 zwang er Messene zur Rückkehr in den Bund. Bei seinem Versuch, das politische Erbe Philopoimens anzutreten, unterlag er jedoch 180 der pro-röm. Partei und wurde politisch kaltgestellt. Nicht gerade weitsichtig trat L. 171/170 für die Neutralität der Achäer im 3. Maked. Krieg und 169/168 entsprechend achäischen Traditionen für achäische Waffenhilfe an die Ptolemäer gegen → Antiochos IV. ein. Seine früher entfernten Standbilder wurden bezeichnenderweise im Jahre 146 v. Chr. bei der Erhebung der Achäer gegen Rom wieder aufgestellt. F.Kch.

Lykos, Name vieler mythischer Helden, u. a. (1) Usurpator von Theben nach dem Tode des → Pentheus oder → Labdakos, Onkel der → Antiope (→ Amphion und Zethos); (2) nur in Eur. Herakl. genannter Usurpator von Theben in Abwesenheit des → Herakles, von Herakles getötet; (3) König der Mariandyner, der die → Argonauten aufnimmt, von ihnen (oder → Herakles) gegen die Bebryker (→ Amykos) unterstützt wird und Leichenspiele für → Tiphys und → Idmon veranstaltet.

2. **L. von Rhegion,** griech. → Geschichtsschreiber, scheint ca. 290 v. Chr. in angesehener Stellung in Alexandria zu sein, Adoptivvater des → Lykophron. Schrieb ein Werk ‹Über Sizilien› (an → Alexander I. von Epirus gerichtet?) und eine ‹Historia› Libyens, beide ethnographisch angelegt und Wundererzählungen enthaltend (→ Buntschriftstellerei). Neben → Timaios (3), von dem er wie von → Kallimachos (3) benutzt wurde, Autorität für Erkundung des Westens. W.Sp.

Frg: FGrHist 570 – *Lit:* E. Manni, Kokalos 7, 1961, 5.

Lykosura, alte Ortschaft im südwestl. → Arkadien (Kt. 1152 C 5) mit einem berühmten Heiligtum der Despoina, mit Tempel aus hellenist. Zeit und mehreren Nebengebäuden. Ausgegraben; Reste eines Kultbildes des Bildhauers → Damophon v. Messene (2. Jh. v. Chr.). E.M.

Q: Paus. 8, 37 ff. – *Lit:* P. Kavvadias, Fouilles de L., 1893 – E. Meyer, RE 13, 2 (1927), 2417–32.

Lykurgos, Sohn des Dryas, König in Thrakien. Gegner des Dionysos, der vor L. fliehen und ins Meer springen mußte, wo ihn → Thetis aufnahm. Zur Strafe wurde L. von Zeus geblendet (Homer, Il. 6, 130 ff.). Nach späterer Sage (Aischylos) tötete er im Wahn Weib und Kinder (Apollod. 3, 34–35). – L. heißt auch der König von Nemea, Vater des → Opheltes, und der König von Tegea, Großvater der → Atalante.

Darstellungen: Selten auf att.-rotfigurigen, häufiger auf unterital. Vasen (Brommer 355). In der Kaiserzeit ist der Mythos auf Gläsern (D.B. Harden-J.M.M. Toynbee, Archaeologia 97, 1959, 179–212), Mosaiken (D. Levi, Antioch Mosaic Pavements, 1947, 178–182; G. Becatti, Ostia IV, 1961, 214–217 mit Lit. zum Mythos), Münzen und Reliefs verbreitet. Tonstatuette aus Vulci in der Villa Giulia in Rom. – L. Guerrini, Licurgo, EAA IV, 1961, 622–624. K.Schb.

2. **L.,** sagenhafter Gesetzgeber → Spartas; als solcher vor Herodot (1, 65) nicht erwähnt; zur gleichen Zeit schrieb Hellanikos (FGrHist 4 F 116) die spartan. Gesetzgebung noch Eurysthenes (→ Agiaden) und Prokles (→ Eurypontiden) zu. L. war wohl ursprünglich ein Gott (man hat in ihm einen Sonnengott gesehen und ihn mit Apollon Lykeios verglichen), aber von Herodot an nennen ihn alle Quellen übereinstimmend den Schöpfer der spartan. Gesetze. Man kann bis heute noch nicht sicher sagen, wann und unter welchen Umständen diese Gestalt erschaffen wurde. Auch die antike Überlieferung hat schon beträchtliche Schwierigkeiten gehabt, ihn in die Geschichte Spartas einzufügen: er konnte unmöglich ein Magistrat sein, da er selbst die Ämter erst geschaffen hatte, und auch kein König, da die Königslisten seit langem festgelegt waren; so machte man aus ihm einen Sohn oder Bruder des Eunomos (→ Eurypontiden) oder einen Sohn des Agis (→ Agiaden) und gab ihm das Amt des Vormundes eines Königs; daraus erklärt sich die Unbestimmtheit der Überlieferung in bezug auf die Zeit, in der er gewirkt haben soll (11. bis 9. Jh. v. Chr.?). In der klass. Zeit schrieb man ihm die Schaffung aller Gesetze und Einrichtungen Spartas zu (z. B. der → Gerusia und bes. des Ephorenamts: → Chilon, → Theopompos, 3). Als → Kleomenes III. sich im 3. Jh. v. Chr. bemühte, die soziale Ordnung der im Niedergang begriffenen Stadt zu reformieren, berief er sich noch auf die Verfassung des L. So bildete sich langsam im Verlauf der Jahrhunderte die Gestalt eines mythischen Gesetzgebers, die die ganze Geschichte der spartan. Einrichtungen beherrscht. – Vgl. auch → Sparta. R.V.C.

Lit: V. Ehrenberg, Neugründer des Staates, 1925, 5–54 – U. Kahrstedt, RE 13, 2 (1927), 2442–45 – N. G. L. Hammond, The Lycurgean reform at Sparta, JHS 70, 1950, 42–64.

3. **L.,** athen. Finanzexperte, Staatsmann und Redner, aus dem Adelsgeschlecht der → Eteobutaden, geb. ca. 390 vor Chr., Schüler → Platons und des → Isokrates, leitete nach der Schlacht von Chaironeia (338) mit viel Geschick die Finanzen Athens; die Einnahmen verwandte er zur Stärkung der militärischen Kraft der Stadt (400 Trieren, Schiffshäuser, Festungswerke usw.) und zu öffentlichen Bauten (z. B. Steinausführung des Dionysostheaters, → Athen I C 6); er ließ Statuen der drei großen Tragiker aufstellen und offizielle Niederschriften ihrer Stücke anfertigen, die später nach Ägypten kamen. Politisch war L., soweit er überhaupt hervortrat, entschiedener Makedonenfeind, somit Gegner des → Phokion, → Demades und → Aischines (2), Anhänger des → Demosthenes (1). 335 verlangte deswegen → Alexander (5) d. Gr. seine Auslieferung, die abgelehnt wurde. 324 sprach sich L. scharf gegen den Antrag des → Demades aus, Alexander göttliche Ehren zu erweisen. Bald darauf starb er an einer Krankheit (wohl 324). L. hat eine Reihe von Prozeßreden veröffentlicht; er-

halten ist nur die gegen → Leokrates, der nach Chaironeia aus Athen geflohen war und sich damit seinen öffentlichen Pflichten entzogen hatte. Der persönlich untadelige, moralisch starre L. wirkte in seinen Reden mit großer Strenge als eine Art Staatsanwalt. E. Bn.

Ed: F. Durrbach (1912), 1956² – *Lit:* Berve II 238f. – Lesky, 658f.

Lynkeus, Sohn des Aphareus und der Arene, mit der märchenhaften Gabe des schärfsten Blickes, der sogar die Erde durchdrang; mit seinem Bruder → Idas einer der → Argonauten, → kalydonischer Jäger; im Kampf mit den → Dioskuren von Polydeukes getötet.

2. **L.,** der einzige Sohn des Aigyptos, der von der ihm verlobten → Danaide, Hypermestra, verschont wurde. Von ihm oder Aphrodite aus der Haft befreit, gebar sie ihm Abas, den Vater des → Akrisios und Proitos.

Lyrik

I. Griechische L. – II. Römische L. (Überblick über die Gattungen).

I. Griechische Lyrik *der archaischen und klassischen Zeit.*

A. Allgemeines. Begriff – B. Entwicklung, Charakteristik – C. Formen – D. Dichter – Zur geistesgeschichtlichen Bedeutung der L. s. → Literatur I A 2 u. B 1 – Zur L. der späteren Zeit s. → Hellenist. u. → Kaiserzeitl. Dichtung. → Metrik, → Musik, → Musikinstrumente.

A. Allgemeines. Begriff. [1] Die *Anfänge* der L. liegen im Dunkeln; zu aller Zeit wird es volkstümlichen Gesang gegeben haben, und sogar die Pflege kunstmäßigen Gesangs kann bis in indogermanische Zeit hinaufreichen. Von der volkstümlichen L. der Griechen haben sich einige Reste erhalten (PMelGr p. 450ff., Anth. Lyr.² 6, 29ff.), einzelne Lieder könnten noch aus vorliterarischer Zeit stammen. Die Überlieferung der Kunst-L. setzt für alle Zweige in der 2. Hälfte des 7. Jh.s v. Chr. ein: Chor- und monodische Lyrik mit → Alkman, Elegie und Jambus mit → Archilochos (etwa gleichzeitig die Elegien des → Kallinos).

[2] Man unterscheidet heute zwischen *monodischer L.* (von einem Einzelnen vorgetragener) und *Chorlyrik.* Da die Musik nicht erhalten ist (die antiken Chöre zudem einstimmig sangen), sind die Unterscheidungsmerkmale nur teils inhaltlich, teils metrisch. *Monodische L.* ist für den Vortrag im kleinen Kreis bestimmt (die frühen politischen Elegien wurden aber auch öffentlich vorgetragen), Metrik und Aufbau sind einfach: fest begrenzte und definierbare Kola stichisch oder in 2–4zeiligen Strophen. *Chorlieder* wurden in der Öffentlichkeit gesungen (Kult, Hochzeits-, Sieges-, Trauerfeiern), metrisch charakteristisch sind längere Strophen und das Prinzip der gleitenden Variation eines rhythmischen Themas (vgl. → Chor 4). Wo diese Kriterien fehlen oder sich widersprechen, ist die Zuordnung unsicher; so kann man sich die Liebeslieder des → Ibykos, die → Enkomia und → Erotika → Pindars und → Bakchylides', deren metrischer Aufbau chorlyrisch ist, kaum öffentlich vorgetragen denken. Die Dichter schrieben meist ausschließlich in der einen oder anderen Art (Ausnahmen vielleicht die Genannten, außerdem → Alkman und → Sappho mit den Epithalamien). – Die antike Kunsttheorie rechnete zur ‹Melik› (= Gesangskunst, von *τὸ μέλος*; ‹lyrisch› ist ein jüngerer Terminus, zunächst nur auf den Kanon der 9 Lyriker angewandt) monodische und Chorlyrik ohne Unterschied, aber mit Ausnahme von → Elegie und → Iambus, da diese früh nicht mehr gesungen, sondern rezitiert wurden.

B. Entwicklung, Charakteristik. [1] *Monodische Lyrik.* a) → *Elegie* und → *Iambus* sind bei ihrem Eintritt in die Geschichte bereits fertig geprägt und ändern sich nicht mehr wesentlich. Für beide ist der ion. Dialekt ihres Ursprungs verbindlich geblieben. Begleitinstrumente: für die Elegie der Aulos, für den Iambus Saiteninstrumente. – b) Die *melische Monodie* umfaßt neben der Stimmungslyrik auch Götterhymnen, Gebete, kurze mythologische Erzählungen. Die beiden Dichter, die für uns fast als erste die Gattung vertreten, → Sappho und → Alkaios (von → Alkman ist nur wenig erhalten), stellen zugleich ihren Höhepunkt dar; die Vielfalt ihrer Metren läßt auf eine längere Vorgeschichte schließen. Bei ihren wenigen Nachfolgern bildete sich der Formenreichtum bereits zurück. – Begleitinstrumente: gezupfte oder geschlagene Saiteninstrumente (Kithara, Phorminx, Lyra, Pektis u. a.). Die Dichter schrieben meist in ihrer einheimischen Mundart.

[2] *Chorlyrik.* Aus antiken Zeugnissen kann man schließen, daß einige Gattungen (→ Päan, → Dithyrambos, → Hymenaios, → Threnos) Vorformen mit Wechselgesang hatten, wobei dem Chor nur der Refrain zufiel. Die Entwicklung von solchen vorliterarischen zu den voll ausgebildeten künstlerischen Formen ist nicht faßbar. Eine entscheidende Rolle fiel vermutlich der mythologischen Erzählung zu, die aus dem Epos, speziell dem hexametrischen → Hymnos, wahrscheinlich über den → Nomos, in den chorischen Gesang aufgenommen und entsprechend umgestaltet wurde. Dabei wirkten vielleicht Zünfte von Kultsängern mit, wie sie später bezeugt sind. – Im Groben ergeben sich folgende Gruppen: a) Das *kultische Chorlied,* hauptsächlich im Mutterland gepflegt. Zu seiner Ausgestaltung haben anscheinend die Meister der sog. 2. Schule in Sparta beigetragen; dorthin wurden 665 v. Chr. für die Organisation der → Gymnopaidien (eines Apollonfestes) mehrere auswärtige Dichter berufen (Ps. Plut. mus. 1134), darunter → Thaletas und → Xenodamos v. Kythera (→ Xenokritos), an deren Namen die ‹Erfindung› des → Päans oder des → Hyporchema geknüpft wurde. In Sparta wirkte etwas später auch Alkman. Die Ausgestaltung des → Dithyrambos erfolgte dagegen erst später (→ Arion). Von der frühen kultischen Dichtung ist außer dem → Partheneion des → Alkman nichts erhalten; dieses enthält schon die drei Elemente Mythos, Gnomik und festlicher Anlaß (das letzte allerdings in der für das Partheneion typischen Form, daß der Chor von sich spricht). Insbesondere wissen wir nichts von der Art des chorlyrischen Götterhymnos, der vermutlich die Grundlage dieser Sonderformen bildete. Greifbar wird die Gruppe erst in ihrer höchstentwickelten Form bei → Pindar (bes. Päane) und → Bakchylides (bes. Dithyramben; s. u.). – b) Die in Großgriechenland (→ Xanthos (2), → Stesichoros, → Ibykos) gepflegte *episch-lyrische* Erzählung, deren Einfluß auf die mutterländische Dichtung sich nicht genau fassen läßt. Die → *Dithyramben* des → Bakchylides sind ebenfalls fast reine Erzählungen. – c) Der → *Hymenaios,* nur bei → Sappho als Chorlied belegt und fragmentarisch erhalten, steht in seiner volkstümlichen Art für sich. – d) Die *Preis- und Trauerlieder* auf Menschen, von → Simonides aus den für den Kult geschaffenen Formen entwickelt. Er nahm vermutlich auch in größerem Umfang Sentenzen auf, so daß die drei Elemente Preis (Anlaß), Mythos, Gnomik etwa gleich stark vertreten waren (greifbar erst bei Pindar und Bakchylides). Stil und Aufbau: s. → Epinikion. – e) Der sog. ‹*jüngere* → *Dithyrambos*›: nachdem die Gruppen a) und d) mit Pindar ihren Höhepunkt erreicht hatten und diese hochentwickelte Kunst unmodern geworden war, traten an ihre Stelle astrophische, stark melodramatische, sprachlich barocke Chorlieder, Textunterlagen für die vorherrschende Musik. – f) Außer den anspruchsvollen kultischen Chorliedern der großen Dichter gab es einfachere für den liturgischen Gebrauch; einige sind erhalten, hauptsächlich auf Inschriften der nachklass. Zeit. – Zur *Metrik:* Die älteren Chorlyriker brauchen viel daktylische oder daktylotrochäische Rhythmen (→ Daktylus); die Nähe zum Epos (Nomos) ist noch deutlich. Simonides hat sie kaum noch, dafür aus verschiedenen Versgeschlechtern komponierte freie Rhythmen. Bei Pindar und Bakchylides überwiegen → Daktyloepitriten, daneben sind aus den → äolischen abgewandelte Metren häufig. – Der chorlyrische *Dialekt* (außer bei Alkman) ist die sog. ‹dorisch-lyrische Koinē›, eine zunächst stark an die epische angelehnte, jedoch von dorischer Lautfärbung bestimmte Sprache, die sich zu einer überdialektischen, nur leicht dorisierten Literatursprache entwickelte.

C. Formen. [1] Die *monodische L.* wird nur nach der Form eingeteilt in a) → Elegie, b) → Iambus (beide Gruppen wurden von den Alten nicht zur L. gerechnet; s. oben A), c) eigentliche → Monodie, von den Alten als μέλη (‹Lieder›) bezeichnet, nach Metrum oder Inhalt geordnet und ohne Unterabteilungen buchweise durchnumeriert. Einzelne Lieder konnten gemäß ihrer Eigenart bezeichnet werden, so bes. die Lieder auf Götter als → Hymnos, → Proömium oder sogar → Päan (Alk. Fr. 307 L.-P. bei Himerios), andere als → Skolion, Stasiotikon (→ Alkaios). Die Lieder der → Korinna trugen Einzeltitel.

[2] *Chorlyrik*, gemäß der Einteilung bei Proklos (s. u.) a) auf Götter: → Hymnos (eigentlich ein Oberbegriff, unter den mehrere Gattungen des kultischen Chorliedes, aber auch z. B. die Epinikien und monodische Lieder fallen), → Prosodion, → Päan, → Dithyrambos, → Hyporchema, b) auf Menschen: → Enkomion (→ Skolion), → Epinikion, → Erotikon, → Hymenaios (Epithalamion), → Threnos, c) auf Götter und Menschen: → Partheneion, → Daphnephorikon. In dieses Schema nicht einzuordnen sind die erzählenden Lieder des Stesichoros (s. u.).

[3] Die heute noch übliche *Einteilung* geht im Wesentlichen (außer der Unterscheidung Monodie-Chorlyrik, s. oben A) auf die *Alexandriner* zurück, die das vorliegende Material für ihre Editionen so ordnen mußten, daß sich buchfüllende Gruppen ergaben. Da Dichtung sich naturgemäß schlecht klassifizieren läßt, ging es dabei nicht ohne Verlegenheitslösungen im Kleinen (am Schluß von Pindars Epinikien steht z. B. ein Gratulationsgedicht zum Amtsantritt, Nem. 11) und im Großen (→ Enkomion und → Erotikon, das Buch ‹Anhang zu den Partheneia› bei Pindar) ab. Die Alexandriner bedienten sich dazu teils alter Termini (Päan, Threnos, Dithyrambos), die, für vorliterarische Formen geprägt, auf die literarischen nicht immer strikt passen, teils allgemeiner Bezeichnungen, die sie terminologisch einengten (Hymnos, Hyporchema, Enkomion), teils neugeschaffener (Epithalamion), während sie andere alte (Hymenaios, Skolion) beiseite ließen; für die mit Einzeltiteln bezeichneten Lieder des Stesichoros erübrigte sich eine Gattungsbezeichnung. Die Termini selbst bezeichnen die Gedichte nach unterschiedlichen Gesichtspunkten, nach dem Refrain (Päan, Hymenaios), der Handlung, die sie begleiten (Hyporchema, Prosodion), dem Inhalt oder Anlaß (Enkomion, Epinikion), dem Chor (Partheneion), dem Metrum (Iambus), oder einfach als ‹Gesang› (Hymnos, Melos). Dies alles bedingt viele Unstimmigkeiten. Die spätere Nomenklatur (und Begriffsbestimmung) fußt auf der alexandrinischen, wie die weitgehende Übereinstimmung etwa der bei Proklos (Phot. Bibl. 319 b 33 ff.) überlieferten Einteilung mit den pindarischen Buchtiteln zeigt.

D. Dichter. In den genannten Gattungen schrieben folgende Dichter (s. jeweils zu diesen): 1) *monodische Lyrik:* a) *Elegie:* Archilochos, Kallinos, Tyrtaios, Phokylides, Mimnermos, Semonides, Solon, Theognis, Anakreon, Simonides (1), Dionysios (6), Chalkus; b) *Iambus:* Archilochos, Semonides, Solon, Anakreon, Hipponax, Ananios; c) *melische:* Alkman, Sappho, Alkaios, Anakreon, Korinna. Anonym: Skolion. – 2) *Chorlyrik:* Thaletas, Xenodamos, Xanthos (2), Alkman, Xenokritos, Stesichoros, Sappho (Epithalamien), Arion, Ibykos, Lasos, Tynnichos, Simonides (1), Telesilla, Pindar, Bakchylides, Timokreon, Praxilla, Diagoras, Antigenes, Ariphron, Timotheos (5), Telestes. Die Alexandriner stellten eine Auswahl *(Kanon)* von 9 Lyrikern zusammen: Sappho, Alkaios, Anakreon, Alkman, Stesichoros, Ibykos, Simonides, Pindar, Bakchylides, als 10. kam später Korinna dazu (die unter 1 a und 1 b aufgeführten Dichter galten für die Alten nicht als Lyriker, s. oben A). E.-M. V.

Ed: Anthologia Lyrica Graeca (Anth. Lyr.), ed. E. Diehl (1922–25), 1934–42^{2}, Suppl. 1942; fasc. 1–3: 1949–52^{3} (enthält alle Lyriker außer Pindar u. Bakchyl.; keine Prosareferate) – Poetae Melici Graeci (PMelGr), ed. D. Page, 1962 (enthält die Dichter unter 1 c, außer Sappho u. Alkaios, und 2, außer Pindar u. Bakchyl.; mit Prosareferaten) – Poetae Lyrici Graeci (PLG), ed. Th. Bergk (1843), 1878–82^{4} (nur hier Prosareferate zu 1 a und 1 b) – → Sappho, → Alkaios, → Pindar, → Bakchylides in Sonderausgaben. – *Lit:* U. v. Wilamowitz, Die Textgesch. der griech. Lyriker, 1900 – H. Fränkel, Dichtung und Philosophie des frühen Griechentums (1951), 1962^{2} – H. Färber, Die L. i. d. Kunsttheorie der Antike, 1936 (zu Einteilung und Termini) – *Übers.* (Auswahl): E. Staiger, Griech. Lyrik, 1961 – H. Rüdiger, Griech. Gedichte, Tusc., 1932.

II. Römische Lyrik

A. Abgrenzung – B. Überblick über die Gattungen.

Vorbemerkung: Unter den Begriff der Lyrik fällt in der röm. Dichtung streng genommen nur die Odendichtung. Im folgenden ist ein Überblick über diejenigen Gattungen der röm. Dichtung gegeben, die wir heute unter unseren weiteren Begriff der Lyrik rechnen würden. Zur Geschichte der einzelnen Gattungen vgl. diese.

A. Abgrenzung. [1] Was wir heute im Gegensatz zu → Epos und Drama als ‹Lyrik› bezeichnen, wurde in der Antike nicht einheitlich gefaßt. Einmal enthält auch das antike Drama lyrische Partien (→ Tragödie A I, Komödie I B 4), dann trennt die antike Theorie beispielsweise auch zwischen L. und → Elegie. Das liegt zum Teil an der engeren Verbindung zwischen Wort, → Musik und → Tanz in der Antike. Ursprünglich ist ‹lyrisch› nur, was zur Begleitung der → Lyra vorgetragen wird. Wir dürfen wohl den Begriff etwas weiter fassen, indem wir ihn gegen die hexametrische Dichtung (Epos) einerseits und rein jambische Stücke (Sprechpartien im Drama) andererseits abgrenzen. Gegenüber diesen Nachbarbereichen verfügt der lyrische über eine Vielzahl von Strophen, Versen und Verselementen. Auch thematisch ergeben sich viele Möglichkeiten: Lobgedichte (Sieges- und Triumphlieder), Geburtstagsgedichte (→ Genethliakon), Hochzeitslieder (→ Hymenaios, Epithalamium, → Fescenninen), Totenklagen (Epikedeion), Trinklieder, erotische Dichtung, Geleit- und Trostgedichte. Eine → Ode enthält regelmäßig Elemente äolischer Lyrik; noch → Venantius Fortunatus, der größte lateinische Dichter der Merowingerzeit, schreibt auf Wunsch → Gregors (6) v. Tours eine sapphische Ode. Aber sonst gilt in Rom nicht mehr die feste Verbindung zwischen Inhalt und Stimmung einerseits und musikalisch-rhythmischem Charakter andererseits, wie sie die Griechen der archaischen und klass. Zeit streng befolgten. Schon im Hellenismus macht sich eine Mischung der Formen bemerkbar; ganz bewußt wird Episches im Stil der Elegie, Dramatisches im Stil der Idylle, → Bukolisches im Stil des → Mimos vorgetragen (→ Hellenist. Dichtung A). – Natürlich hat auch in Rom das Volk lange vor dem Einströmen griech. Formen seine Lieder gehabt: Bauern, Schiffer, Spinnerinnen sangen; doch besitzen wir kaum Spuren davon. Im religiösen Bereich finden wir dagegen früh ausgesprochene Kunstformen, etwa das in saturnischen Lang- und Kurzversen gebaute → Arvallied. Chorlieder braucht die frühröm. → Tragödie (bes. → Livius (2) Andronicus nach griech. Vorbild); die → Cantica der Komödie bilden ein Analogon zur Chorlyrik des griech. Dramas (vgl. den umstrittenen Fischerchor in → Plautus' Rudens.

B. Überblick. Als größte röm. Lyriker gelten → Catull, → Horaz und der Christ → Prudentius. Catull und die → Neoteriker versuchten sich an den alexandrin. Kleinformen, experimentierten aber auch mit anspruchsvollen metrischen Gebilden. Hymnenartig ist das Lied an Diana (Catull 34) für gemischten Kinderchor. Horaz betrachtet sich als ersten röm. Dichter, der ‹äolisches Lied nach römischer Melodie› sang, d. h. die lyrischen Maße des → Alkaios (1) und der → Sappho der lat. Sprache anpaßte (carm. 3, 30, 13 f.). Für Horazens Odendichtung bezeichnend ist die Hinwendung zu einem Du; fast alle Lieder sind an eine gedachte zweite Person gerichtet, die er lebhaft anspricht, ermahnen, überreden will. Horaz hat seine Lieder zweifellos für den musikalischen Vortrag im kleinsten Kreise geschrieben. Im Auftrag des → Augustus dichtet er 17 v. Chr. für die Säkularfeier die Festkantate für Knaben- und Mädchenchor. Nach Horaz finden wir lyrische Dichtungen vor allem bei →Statius (1; in den ‹Silvae›) und →Claudian (Fescenninen zur Hochzeit des Kaisers →Honorius, 1). Unter den Christen sind →Ambrosius, der in seinen Hymnen schon häufig Reime verwendet, und bes. Prudentius (‹Tageszeitenbuch› und ‹Preisgedicht auf die Märtyrer›) zu nennen. G.L.

Lyrkos, Sohn des →Phoroneus. Auf die vergebliche Suche nach →Io ausgeschickt. Bleibt in Kaunos, heiratet Heilebia, die Tochter des Königs Aigialos. Wegen kinderloser Ehe in Delphi anfragend erfährt er, die erste Frau, mit der er zusammenkomme, werde ihm gebären. Auf der Rückkehr Gast des →Staphylos, der ihn, den Spruch ausnutzend, trunken macht und mit seiner Tochter Hemithea zusammenbringt. L. kann daraufhin sein Reich von Aigialos nur mit Gewalt und mit Hilfe der Heilebia zurückgewinnen; der Sohn von Hemithea wird später sein Erbe. – Späte Sage (Parth. erot. I nach Apoll. Rhod.) mit offensichtlichen Parallelen zur →Aigeussage.

Lysander, einer heraklidischen, aber verarmten Spartiatenfamilie entstammend und vielleicht um 455 v. Chr. geboren, wird er erstmals als Nauarch von 407 in der Geschichtsschreibung erwähnt. Nachdem er mit dem neuen pers. Vizekönig in Sardes, →Kyros (2) d. J., sogleich guten persönlichen Kontakt gefunden hatte und die pers. Subsidien deshalb reicher als von →Dareios II. angeordnet wieder flossen, koordinierte er von Ephesos aus die Tätigkeit der Oligarchen Ioniens und schuf eine neue Flotte, mit der er im Winter 407/406 bei Notion nahe Ephesos 22 athen. Trieren versenkte (Diod. 13, 71), was zum Sturz des z. Z. des Angriffs abwesenden →Alkibiades führte. Nach der Katastrophe des von ihm angefeindeten →Kallikratidas auf Bitten der Oligarchen Ioniens 405/404 als Epistoleus wieder mit der Seekriegsführung betraut, sperrte L. mit einer von Kyros' Geld neugebauten Flotte im Spätsommer 405 den der Getreidezufuhr wegen für Athen lebenswichtigen Hellespont. Er vernichtete dabei die nach vergeblichen Versuchen, eine Seeschlacht zu provozieren, nicht mehr gefechtsklare letzte Flotte Athens durch Überfall am Strand von Aigospotamoi (Xen. Hell. 2, 1, 27 f.; Diod. 13, 106). Im Winter 405/404 blockierte L. den Piräus und beteiligte sich an Athens Kapitulationsverhandlungen; im Frühjahr 404 ermöglichte er den →Dreißig (1) Tyrannen dort die Machtergreifung, ähnlich wie er 404 weithin im ehemaligen 1. →Att. Seebund Zehnmännerkollegien an die Macht brachte, die das gemeinsame oligarchische Interesse mit Sparta verband. Bei der Einsetzung von Harmosten und der einseitig militärischen Ausrichtung des neuen spartan. Herrschaftssystems folgte er Spartas Traditionen, wie er sich trotz der ihm von den Oligarchen auf Samos zuerkannten göttlichen Ehren auch nicht eigentlich über den Staat Sparta erhob, weshalb ihn König →Pausanias (2) i. J. 403 mit Hilfe der Ephoren unschwer politisch kaltstellen konnte. Nach Plänen zum Sturz von Spartas Königsgeschlechtern und dem vergeblichen Versuch, an der Seite →Agesilaos' II. 396 in Kleinasien wieder Einfluß zu gewinnen, ist L. 395 als Kommandeur eines Korps bei Haliartos in Böotien gefallen. F. Kch.

Q: Plut. Lys. – *Lit:* J. Smits, Plutarchus' Leven van L., 1939 – H. Schaefer, Alkibiades u. L. in Ionien, WüJbb 4, 1949/50, 287–306 (= Probleme der Alten Geschichte, 1963, 186–211) – D. Lotze, L. u. d. Pelop. Krieg, Abh. Leipzig 57, 1, 1964.

Lysias, einer der bedeutendsten att. →Redner, um 445 bis ca. 380 v. Chr., Sohn eines sizil. Industriellen Kephalos, der unter Perikles nach Athen übergesiedelt war. Im Alter von 15 Jahren wohnte er in der von Athen aus besiedelten unterital. Kolonie →Thurioi. Nach der Katastrophe der sizil. Expedition (413) kehrte er nach Athen zurück, um dort das Gewerbe des Vaters, die Schildfabrikation, weiterzubetreiben. Am Kriegsende verarmt wie →Isokrates, nutzte er wie dieser seine rhetorische Ausbildung und betätigte sich als Redenschreiber (→Logographen [2]). Während des oligarchischen Umsturzes hatte L. die ins Exil gehende und von dort den Sturz der →‹Dreißig Tyrannen› vorbereitende demokratische Parteirichtung finanziell unterstützt, so daß er Anspruch auf ihren Dank nach ihrer siegreichen Rückkehr hatte. Aber die Verleihung des wohlverdienten att. Bürgerrechts scheiterte, da das betreffende Dekret des Thrasybulos wegen eines Formfehlers von Archinos zu Fall gebracht wurde. So blieb er im Stande eines allerdings mit besonderen Privilegien ausgestatteten →Metöken; er wirkte als angesehener Lehrer der Beredsamkeit (vgl. or. 35, den λόγος ἐρωτικός, ein von →Platon in seinen ‹Phaidros› aufgenommenes Prunkstück), vor allem aber im Dienste demokratischer Mandanten (wenn auch nicht ausschließlich) jahrelang als Redenschreiber. Eine aktive politische Betätigung blieb ihm als Metöken versagt.

[2] Unter L.' Namen gab es im Altertum 425 *Reden.* Nur 233 erkannte die alte Kritik als echt an. Erhalten sind 34 Reden (32–34 nur in Resten bei Dionysios v. Hal.) und das von Platon zitierte Prunkstück. Diese Reden sind wichtige Dokumente für die politische, Wirtschafts- und Gesellschaftsgeschichte des beginnenden 4. Jh. s. L.s Redetätigkeit fiel in die Zeit, da sich die Ressentiments der siegreichen demokratischen Partei in einer Verfolgung der früheren innenpolitischen Gegner zu entladen drohten, die durch ihre rücksichtslose Grausamkeit Grund genug zum Haß gegeben hatten. Trotz dem Amnestiegesetz, das für alle Vergehen während des Umsturzes galt, kam es daher noch zu zahlreichen Prozessen. Die 13., 26. und 31. Rede kommen auf Vorgänge während des Umsturzes zu sprechen, in der 12. erhob L. in eigener Sache wegen der Hinrichtung seines Bruders Polemarchos Klage gegen einen der Haupträdelsführer Eratosthenes. Politischen Hintergrund haben auch die Reden in dem Prozesse gegen den jüngeren Alkibiades, dessen Vater die Demokraten als Hauptschuldigen indirekt auch des oligarchischen Umsturzes von 404/03 ansahen. Mit späteren politischen Ereignissen der 90er und 80er Jahre haben es die Reden 19, 28, 29 zu tun. Machenschaften im Bereich der Nahrungsmittelversorgung Athens sind Gegenstand der Prozeßrede gegen die Getreidegroßhändler (or. 22). Die übrigen Prozeßreden spiegeln die bunte Vielfalt des Lebens in Prozessen: wegen Gottesfrevels (or. 7), der in der Beseitigung eines Ölbaumstrunkes auf geweihtem Gelände bestand; wegen Mordes, begangen an einem Ehebrecher, den der Ehemann in flagranti ertappt hatte (or. 1), wegen der Unterstützungsansprüche eines Invaliden (or. 24); wegen Körperverletzung aus Eifersucht in einem Liebeshandel um eine Hetäre (or. 4), wegen Beleidigung (or. 10), wegen ungetreuer Vormundschaftsführung (or. 32), wegen Darlehensschulden (or. 17). – Dem epideiktischen Genos (→Redner I C 1; →Rhetorik B 2) gehören an der →Epitaphios auf die Gefallenen des korinth. Krieges (or. 2) und der ‹Olympikos›, eine Festrede für eine Festversammlung in Olympia, gehalten 388, mit tyrannenfeindlicher Tendenz, gerichtet gegen den sizil. Tyrannen →Dionysios I. Sicher unecht sind die 6. Rede (gegen Andokides) und die 20. (für Polystratos).

[3] Die *Redekunst* des L. stand in der Antike in hohem Ansehen, wo er als der beste Repräsentant des schlichten Stiles galt. Gerühmt wurden seine Klarheit und Treffsicherheit, die unauffällige und deshalb bes. raffinierte Kunst, die sich der rhetorischen Mittel sehr sparsam bedient, vor allem aber seine Ethopoiie, d. h. sein Können, mit dem Charakter des Mandanten die für ihn verfaßte Rede in Übereinstimmung zu bringen und glaubhaft wirken zu lassen. J. H. K.

Ed: Th. Thalheim, BT, ed. maior 1913; ed. minor 1928 – K. Hude, OCT, 1912 – L. Gernet-M. Bizos, CB (1924–26), 1955³ – U. Albini, 1955 (mit Einl., Übers., Anm.) – *Index:* D. H. Holmes, 1895 (Nachdr. 1962) – *Lit:* Blaß I, 91–203 – J. Bruns, Das literar. Porträt d. Griechen, 1896, 427–468 – Zur Überlieferung: H. Erbse, in: Geschichte der Textüberlieferung I, 1961, 267.

Lysimachides, 50 v. Chr./50 n. Chr. (?), Verfasser einer Schrift ‹Über die athen. Monate›, wohl der Gegner des → Caecilius (20) von Kaleakte. W. Sp.

Frg: FGrHist 366.

Lysimachos, von Pella, ca. 360–281, vornehmer Makedone, hoher Offizier unter → Alexander (5) d. Gr. Nach Alexanders Tod fiel ihm Thrakien zu. Zunächst mit Kriegen gegen die benachbarten Barbaren beschäftigt, schloß er sich dem Bund gegen → Antigonos I. an und unterzeichnete den Frieden von 311. Er dehnte sein Reich gegen die Griechenstädte im Norden und die Barbaren aus, nahm 306 den Königstitel an, trat 303 dem neuen Bund gegen Antigonos bei, fiel in Asien ein und schlug 301 gemeinsam mit → Seleukos I. Antigonos bei Ipsos. Erhielt den Großteil von Kleinasien und setzte den Krieg gegen → Demetrios I. fort, bis dieser nach Kassandros' Tod Makedonien gewann. 288 vertrieb er im Bund mit → Pyrrhos (1) Demetrios aus Makedonien, in dessen Besitz sich die Sieger teilten. Nach Demetrios' Niederlage in Asien wandte sich L. gegen Pyrrhos, vertrieb ihn aus Makedonien und breitete seine Herrschaft in Griechenland und Päonien aus. Als er seinen Sohn → Agathokles nach Hofintrigen hinrichten ließ, flohen dessen Anhänger zu Seleukos, der den Krieg gegen L. eröffnete und ihn 281 bei Korupedion vernichtend schlug. L. fiel in dieser Schlacht, und sein Reich brach zusammen.

Lit: Berve II 239–241 – G. Saitta, L. di Tracia, Kokalos 1, 1955, 62 bis 154.

Lysippos, Dichter der alten → Komödie (I B); siegte wohl 440 erstmals an den Dionysien, führte 409 ‹Katachenai› (‹Scherze›) auf; Fragmente nur aus den undatierten ‹Bakchai› erhalten. Th. G.

Frg: FAttCom I 202–297.

2. **L.,** Bildhauer, scheinbar ausschließlich Bronzebildner, Sohn eines Lys[ippos] (?) von Sikyon. Der fruchtbarste und wohl auch bedeutendste Bildhauer der Peloponnes im 4. Jh. v. Chr. Etwa zwischen 370 und 310/300 tätig; er muß also sehr alt geworden sein, was auch in den Schriftquellen bes. hervorgehoben wird. Seine Blütezeit wird von Plinius (nat. 34, 51) in d. J. 328 gesetzt, wie diejenige → Alexanders, der ihn als Künstler und Porträtist bevorzugte. – Sagenhaft war schon im Altertum die Zahl seiner Werke, die für die verschiedensten Orte Griechenlands überliefert werden: auf der Peloponnes für Sikyon, Argos, Olympia, Korinth, Megara; in Böotien für Delphi, Theben, Thespiai; in Ätolien; Akarnanien; Thessalien (Pharsalos); Makedonien, ja auch für Kleinasien (Lampsakos, Myndos); Rhodos, Lindos und Tarent. Weitgespannt und mannigfaltig waren auch die Themen: aus dem göttlichen Bereich Zeus, Poseidon, Helios, Dionysos, Herakles, Eros, Kairos, Musen, ein Satyr; aus dem menschlichen Bereich zahlreiche Porträts führender Staatsmänner: Alexander d. Große und seine Gefährten, Hephaistion, Pelopidas; Philosophen und Dichter: Sokrates, Dichter in Praxilla, Aesop und die sieben Weisen, sowie zahlreiche Sieger in olympischen Wettkämpfen. Auch Tierdarstellungen und Gruppenzusammenhänge, Werke kleinsten und größten Formats, sind von ihm überliefert. Eine solche Fülle plastischer Denkmäler setzt einen umfangreichen und weitgehenden Werkstattbetrieb voraus, war sicher auch der Grund für die Konsolidierung einer weitverbreiteten, berühmten Schule. – Trotz der Fülle der überlieferten Werke sind wenig sichere Identifizierungen gelungen. Mit größter Zuversicht glaubt man den ‹Schaber› (Apoxyomenos: Plin. nat. 34, 62) in der berühmten Marmorkopie des Vatikans wiedererkennen zu können, von der kürzlich eine zweite Replik im Statuettenformat zum Vorschein kam (Fiesole). Auf Grund der L.-Signatur einer Marmorreplik in Florenz, des sog. ausruhenden Herakles Farnese (deren Echtheit allerdings auch schon angezweifelt worden ist), hat man ein zweites Werk erschlossen, das für den Meister sehr typisch zu sein scheint und die Brücke zu zwei weiteren Heraklesstatuen, einem Vorläufer und einem Spätwerk, schlagen ließ: Typus Kopenhagen–Dresden (Schuchhardt) und die freien Zitate nach dem ‹letzten› Werk des L. in Tarent (Dörig). Auch von dem berühmten Alexanderbildnis glaubt man sowohl auf Grund hellenist. Variationen als auch dürftiger kaiserzeitlicher Kopien noch eine gewisse Vorstellung zu haben (Kleiner, s. u.). Auch der Kairos ist wenigstens auf Werken der Flächenkunst nachgewiesen, und von den erhaltenen Eroskopien nach Vorbildern des 4. Jh.s bringt man den sog. ‹Bogenspanner› mit L. in Verbindung. Hinsichtlich des Porträts des Sokrates ist sich die Forschung über den lysippischen Kopftypus, hingegen noch nicht über den zugehörigen Körper einig. Auch die Marmorstatue des Agias von Delphi, in der man eine zeitgenössische Kopie der von L. für Pharsalos geschaffenen Statue erkennen wollte, kann nur eine Vorstellung von der allgemeinen Schulrichtung, nicht aber von der persönlichen Meisterhandschrift geben. – L. war nach den antiken Schriftquellen ein eigenwilliger Meister, der die Technik des Erzgusses (→ Toreutik) zur höchsten Vollendung gebracht hat. Obwohl er → Polyklet als seinen Lehrmeister nennt, ist er der kühnste Neuerer des 4. Jh.s v. Chr., der wie keiner den neuen Tendenzen des → Hellenismus die Wege geebnet hat. Er soll gesagt haben (vgl. Plin. nat. 34, 65), es gälte die Menschen darzustellen, nicht wie sie sind (so Polyklet), sondern wie sie erscheinen. Sein neuer Kanon ist selbst im Spiegel der Kopien noch faßbar: gestrecktere Proportionen, kleine Köpfe, Einbeziehung des Optischen als bewußtes Stilelement. Auch eine Ausweitung des Darstellungswürdigen ist festzustellen. Die Kindes-, Jünglings- und Altersstufe wird mit neuer Sachlichkeit erfaßt und differenziert. Vor allem ist es immer wieder das Bild des mühebeladenen Herakles, in dem der Künstler symbolhaft das eigene Mühen und Ringen gestaltet hat. – Sein Einfluß auf die Zeitgenossen war stark und die Nachwirkung seiner Schule nachhaltig. E. Bg.

Lit: F. P. Johnson, L., 1927 – E. Buschor, Maussollos und Alexander, 1950, 48 f. – Lippold, GrPl, 276–286 – Marcadé I 66–75 – E. Sjöqvist, The early style of L., Opusc. Athen. I, 1953, 87–97 – W. H. Schuchhardt-G. Kleiner, Der junge Lysipp, in: Neue Beitr. z. klass. AW, Festschr. Schweitzer, 1954, 222-226; 227–239 – J. Doerig, L.s letztes Werk, JdI 72, 1957, 19–43 – F. de Visscher-J. Mertens, Il Colosso di Ercole Scoperto ad Alla Fucens, Bd'A 45, 1960, 293–296 – A. Giuliano-S. Ferri, EAA IV, 1961, 654–660 – K. Schauenburg, Athletenbilder des 4. Jh.s v. Chr., Antike Plastik II, 1964, 75–80, Taf. 46 71 – J. Dörig, Lysipps Zeuskoloß, JdI 79, 1964, 257–278.

Lysis, → Pythagoreer aus Tarent oder Kroton, floh als noch ziemlich junger Mann aus Anlaß der antipythagoreischen Aufstände und Unruhen um die Mitte des 5. Jh.s zuerst nach Achaia, dann nach Theben, wo er eine Art Schule gründete, zum Lehrer des → Epameinondas wurde und in hohem Alter starb. Frg.: V S 46. K. v. F.

Mâ, kappadok. Göttin (s. etwa Strab. 12, 2, 3), wurde von den Truppen Sullas nach Rom gebracht (Plut. Sulla 9) und der latin. Kriegsgöttin → Bellona gleichgesetzt. Im J. 48 v. Chr. wurde ihr ein Tempel errichtet, dessen Priester und Priesterinnen Kappadokier (fanatici) waren. Im Verlauf der wilden Tänze, die sie an Festtagen aufführten, verwundeten sie sich selbst mit Messern und steigerten sich zu einer verzückten Raserei, in der sie weissagten (Tib. 1, 6, 43 ff.; Hor. sat. 2, 3, 223; Lact. Inst. 1, 21, 16f.). H. Le B.

Maassche Brücke, die von P. Maas beobachtete Erscheinung, daß Bakchylides in → Daktyloepitriten nach ‹eingeschobenem anceps› unter Umständen Wortende meidet. Des näheren sind es vor allem folgende Brücken: ...×͡e –||, ||×e ͡⏑... und ||e ×͡e... (Barrett) B. Sn.

Lit: P. Maas, Philol. 63, 1904, 298 – Ders., Greek Metre, 1962, § 48 – W. S. Barrett, Hermes 84, 1956, 251.

Maat, ägypt. Personifikation der Weltordnung, dargestellt als Göttin mit dem Schriftzeichen ‹*mꜣʿ.t*›, einer Straußenfeder, auf dem Kopf. Sie galt als Tochter des Re und war Schutzgottheit der Rechtsprechung. Der Vezir trug daher ihr Bild um den Hals gehängt. W. Hk.

Macellum (*μάκελλον*, Lebensmittelmarkt), von → Portikus umgebener Marktplatz mit zentral gelegenem Rundbau (bzw. Oktogonalbau), erstmals für Rom überliefert (Varro, Frg. Non. 6, 2: tholus macelli, nördl. der Basilica Aemilia, seit 179 v. Chr.); ferner das M. Magnum des Nero (Dio Cass. 62, 8; Umbau in S. Stefano Rotondo?). Erhalten sind Macella in Pompeji, Puteoli, Leptis Magna (mit 2 Tholoi), Cuicul (Gémila), Aquincum, Perge, Ephesos, Kremna, Sagalassos. Apsidiale Erweiterung haben die Macella von Timgad, Tuburbo Maius und Thugga. → Stadt. C. K.

Lit: K. Schneider, RE 14, 1 (1928), 129–133 – R. Martin, Recherches sur l'agora grecque, 1951 – Crema, 171 ff. 286f. 512 – R. A. Staccioli, EAA IV, 1961, 1028–31, s. v. mercato.

Macer → Aemilius.

Machanidas, spartan. Feldherr und Staatschef seit 211 vor Chr., kämpfte im 1. Maked. Krieg zunächst nicht ohne Erfolg gegen den → Achäischen Bund, wurde jedoch 207 von dessen Strategen → Philopoimen bei Mantineia geschlagen, obwohl er den originellen Versuch gemacht hatte, Katapulte in offener Feldschlacht einzusetzen (Polyb. 11, 12, 4); M. fiel in der Schlacht. F. Kch.

Machaon, Sohn des Asklepios und der Epione, Bruder des → Podaleirios. Heilt vor Troja → Menelaos und → Philoktet. Von Eurypylos oder → Penthesileia getötet. Bei Verg. Aen. 2, 263 erobert er Troja mit. Von einem seiner Söhne, Nikomachos, wollte → Aristoteles abstammen. M. ist einer der berühmtesten Ärzte de Mythos. K. Schb.

Machon, von Korinth oder Sikyon, Dichter der neuen → Komödie (I D); lebte dauernd in Alexandria und ließ dort, nicht in Athen, seine Komödien aufführen; soll Zeitgenosse des → Apollodor (7) v. Karystos und Lehrer des → Aristophanes (2) v. Byzanz (beide 3. Jh. v. Chr.) gewesen sein. Titel ‹Agnoia› und ‹Epistole› auch bei anderen belegt. Von einer umfangreichen Sammlung ‹Chreiai› (witzige Anekdoten) über att. Hetären, Schlemmer, Schmarotzer, Virtuosen des 4. Jh.s in Trimetern sind 462 Verse bei → Athenaios erhalten. Th. G.

Frg: FAttCom III 284–289 – A. S. F. Gow, 1964 – *Chreiai* in: Athenaios, ed. Kaibel, I–III, 1887–1890; Index: III 635.

Macrianus, T. Fulvius Iunius, gest. 261 n. Chr., Sohn des M. Fulvius Macrianus, trib. mil. unter → Valerian, nach dessen Gefangennahme zusammen mit seinem Bruder T. Fulvius Iunius Quietus Sept. 260 im Orient zum Kaiser erhoben, nachdem der Vater zugunsten seiner Söhne den Purpur zurückgewiesen hatte. Die Herrschaft der Gegenkaiser wurde im Orient und in Ägypten anerkannt. Auf ihrem Zuge nach dem Westen fanden Macrianus Vater und Sohn Ende 261 in Illyrien den Tod, besiegt von den Truppen des → Gallienus unter → Aureolus und Domitian. Vollends brach dann das Usurpatorenregime zusammen, als im Nov./Dez. des Jahres 261 Quietus auf Betreiben → Odaenaths in Emesa ermordet wurde. K. H. Sch.

Q: Hist. Aug. Trig. tyr.

Macrinus (M. Opellius Severus M.), röm. Kaiser 217–218; geb. 164 (166?) in Caesarea; röm. Ritter maurischer Abstammung; seit 212 Prätorianerpräfekt; getötet 8. 6. 218 in Chalkedon. M. entschloß sich aus Notwehr zur Beseitigung des → Caracalla und zur Usurpation (8. 4. und 11. 4. 217). Er ist der erste röm. Kaiser nichtsenatorischer Herkunft. Trotz vorsichtiger äußerer Politik (Friede nach Niederlage gegen die Parther 218) und innerer Maßnahmen (Sparprogramm; Straffung der militärischen Disziplin) konnte er die Herrschaft nicht behaupten. Das Heer, von → Julia (8) Maesa durch Bestechung für → Elagabal gewonnen, vertrieb M., der auf der Flucht getötet wurde. H. D. M.

Lit: H. v. Petrikovits, RE 18, 1 (1939), 540–558, s. v. Opellius – H. Mattingly, The Reign of M., in: Studies pres. to D. M. Robinson II, 1953, 962–969.

Macro, Q. Sutorius (Sertorius) (voller Name: Q. Naevius Cordus Sutorius Macro). Präfekt der Vigiles und Prätorianerpräfekt unter → Tiberius (1). Hatte den Hauptanteil am Sturz des Sejan, dessen Nachfolger als alleiniger Prätorianerpräfekt er wurde. M. lehnte die im Senat beantragten Ehrungen ab. Einflußreich 31–37; er wird als Initiator zahlreicher politischer Prozesse bezeichnet. M. begünstigte die Prinzipatsübernahme des → Caligula, um dessen Gunst er sich schon unter Tiberius bewarb. 38 zum Präfekten von Ägypten ernannt, danach zum Freitod gezwungen. U. Wm.

Lit: F. de Visscher, La carrière et le testament d'un préfet du prétoire de Tibère, Bull. de la Classe des Lettres de l'Académie Royale de Belgique 43, 1957, 168–179.

Macrobius, Ambrosius Theodosius, lat. Autor, ca. 400 n. Chr. Möglicherweise identisch mit einem aus dem → Codex Theodosianus bekannten M., der zwischen 399 und 422 mehrere sehr hohe Reichsämter bekleidet hat. Gehörte dem → Symmachuskreis an. – *Werke:* 1. Die ‹Saturnalia› in 7 Büchern, erhalten, wenn auch mit einigen Lükken. Das in der Tradition der Symposienliteratur (→ Plutarch, → Athenaios) stehende Werk behandelt vermischte Themen röm. Gelehrsamkeit in der Einkleidung von Gesprächen am Vorabend und an drei Tagen der → Saturnalien. Ein großer Teil ist Vergil gewidmet, dessen Beherrschung aller literarischen Kunstmittel, geschickte Nachahmung griech. und lat. Vorbilder und Beschlagenheit auf allen Gebieten des Wissens gerühmt und mit zahlreichen Belegen nachgewiesen werden. Griech. Homererklärung ist Vorbild dieser Betrachtungsweise. Unter den anderen erörterten Themen ist das Saturnalienfest selbst, witzige Anekdoten, Luxus vergangener Zeiten u. a. m. M. entnimmt das Material nach eigener Aussage oft wörtlich seinen Quellen, unter denen wir namentlich Gellius kennen und vergleichen können. – 2. Das ‹Commentum ad Ciceronis Somnium Scipionis›, dem Titel nach ein Kommentar zu der berühmten Partie aus der Schrift über den Staat, dem Inhalt nach mehr eine Serie von an Ciceros Text nur lose angeknüpften Darlegungen neuplatonischer Lehren. Man rechnet mit dem Timaioskommentar des → Porphyrios (der Timaios wird oft erwähnt) als einer direkten oder indirekten Quelle. Themen sind u. a. Träume, Zahlenspekulation, Tugend und Seele, Astronomie und Kosmologie. – 3. ‹De differentiis et societatibus Graeci Latinique verbi›, ein Vergleich der Grammatik des griech. und lat. Verbs, erhalten in 4 verschiedenen Auszügen. D. F.

Ed: F. Eyssenhardt, 1893 – H. Bornecque-F. Richard, CB, 1937 (sat.) – GrLat V 595–655 (die grammat. Schrift) – J. Willis, 2 Bde, BT, 1963 (sat.; somn.; vgl. aber Gnomon 36, 1964, 784 ff.) – *Übers:* (engl.): W. H. Stahl, Commentary on the Dream of Scipio, 1952 – *Lit:* T. Whittacker, M., 1923 – P. Wessner, RE 14, 1 (1928), 170–198 – Pierre Courcelle, Lettres grecques en Occident, 1948, 3–36.

Mäander (*Μαίανδρος*), bereits spätantiker, vom windungsreichen kleinasiat. Fluß → Maiandros abgeleiteter Name für ein rechtwinklig gebrochenes Zierband. Der griech. M. unterscheidet sich vom vorgeschichtlichen durch seine Systematisierung. → Ornament C (Abb. 172). F.H.

Maecenas, C. (der Gentilname Cilnius nur bei Tac. ann. 6,11 und Macr. sat. 2,4,12), einflußreicher Vertrauter und Ratgeber des → Augustus aus Arretium. Herkunft aus etrusk. Königsgeschlecht. Schon früh in der Umgebung Octavians. M. kämpfte bei Philippi, erhielt einen Teil des konfiszierten Vermögens von M. → Favonius. 40 v. Chr. warb er für Octavian um → Scribonia. Vertreter Octavians bei den Verträgen von Brundisium (40) und Tarent (37), 38 in diplomatischer Mission bei → Antonius (2), Stellvertreter Octavians in Rom bei dessen Abwesenheit (u. a. während des Krieges gegen Sex. → Pompeius (4) i. J. 36 v. Chr. und im aktischen Kriege 31/30, als er die angebliche Verschwörung des M. → Aemilius (5) Lepidus unterdrückte). Nach 23 kühlte das Freundschaftsverhältnis ab, vielleicht wegen M.' Indiskretion gegenüber seiner Gattin Terentia anläßlich der Opposition ihres Bruders L. (?) Terentius Varro Murena und wegen Octavians Verhältnis zu Terentia. M. starb nach langer Krankheit 8 v. Chr.; er hatte Augustus zum Erben seines großen Vermögens eingesetzt (u. a. Palast und Gärten auf dem Esquilin, Besitzungen in Ägypten). Trotz luxuriöser Lebensführung und scheinbarer Indolenz umsichtig und tatkräftig, zog den equestrischen Rang einer senatorischen Laufbahn vor. Er war ein namhafter Förderer der Künste, Freund und Gönner bes. des → Horaz, des → Vergil, des → Properz (→ Maecenaskreis). Anläßlich seines Todes entstanden die ‹Elegiae in Maecenatem› eines unbekannten Autors (Anth. Lat. 779f.). Eigene schriftstellerische Tätigkeit ist bezeugt (u. a. Sen. epist. 19,9; 114,5). U.Wm.

Lit: R. Syme, Roman Revolution (1939), 1952², Ind. S. 554 – J. Heurgon, La vie quotidienne chez les Etrusques, 1961, 318–328.

Maecenaskreis → Dichterpatronage.

Maecianus → Velusius.

Mädchens Klage, Des, nach dem großen Papyrologen auch ‹Grenfellsches Lied› benannter → Mimos, in dem ein Mädchen seine Verlassenheit beklagt. Die metrische Komposition erinnert an die Monodien des → Euripides, jedoch ist die sprachliche Form viel schlichter. Die Situation des → Paraklausithyrons, die man in dem Lied oft gefunden hat, liegt vielleicht in Wirklichkeit nicht vor, da das Lied weniger real, mehr als ein Produkt der Vorstellungskraft verstanden werden muß. Das Werk muß von einem großen Dichter stammen. Der terminus ante quem für ihn ist das 2. Jh. v. Chr., die Zeit der Papyrusniederschrift (auf der Rückseite einer Berechnung). P.H.

Ed: Coll. Alex. 179 – *Lit:* U. von Wilamowitz, Kl. Schriften II, 1941, 95–127.

Mäeutik, nach → Platon (bes. Theait. 148C–151D) charakterisierender Name der sokratischen Methode, die den Partner nicht belehrt, sondern gleich einer Hebamme (*μαία*) lediglich dem Partner hilft, sich über sein Wissen, das er latent schon in sich trägt, klar zu werden; gleichnishafte Beschreibung des Anspruchs des → Sokrates, Wissen weder zu besitzen noch im andern ursprünglich zu erzeugen, sondern nur erinnernd zur Aussprache zu bringen. O.G.

Mähmaschine. Die Kornernte wurde gewöhnlich mit der Sichel vorgenommen, doch sprechen die Quellen von einer besonderen M., die in Gallien gebraucht wurde (Plin. nat. 18,296, Pallad. 7,2,2–4). Mehrere Reliefdarstellungen – alle gallisch aus der Kaiserzeit – gestatten eine recht genaue Rekonstruktion: ein niedriger, zweirädriger Wagen, vorn mit Eisenzähnen versehen, durch ein Zugtier vorwärts geschoben, welches umgekehrt an den Wagen gespannt ist. Wenn der Wagen derart durch das Korn fährt, greifen die Zähne um die Ähren, die abgeschnitten werden und in den Wagen fallen, der wohl deshalb vallus (Getreideschwinge) genannt wird. J.E.Sk.

Lit: M. Renard, Technique et agriculture en pays trévire et rémois, Coll. Latomus 18, 1959, 77–109; 307–333.

Maelius, Sp., vornehmer Plebejer, der 440 v. Chr. bei einer Getreideknappheit die Plebejer finanziell unterstützte und deswegen von den → Patriziern des Strebens nach der Alleinherrschaft verdächtigt wurde. 439 im Senat von L. → Minucius (1) angeklagt und vor den Diktator L. Quinctius → Cincinnatus gerufen, wurde M. vom magister equitum C. → Servilius (1) Ahala getötet. Um die Erbitterung der Plebs zu besänftigen, sagten die Patrizier die Wahl von Konsulartribunen für 438 zu. Die Erzählung scheint zur Rechtfertigung des Tyrannenmordes erfunden, die gracch. u. sullan. Annalistik hat sie ausgeschmückt. R.W.

Mänaden (*Μαινάδες*, die ‹Rasenden›) oder *Thyiaden* (*Θυιάδες*), die Frauen im mythischen Gefolge (→ Thiasos) des → Dionysos, des Gottes der → Ekstase und des → Orgiasmus. Nach dessen Beinamen Bakchos werden sie auch *Bakchen* (*Βάκχαι, Βακχίδες*) genannt. Die erhaltenen Schilderungen vom Treiben der M. sind dichterisch-literarisch (z. B. Eur. Bakch.). Häufig sind M. auf Vasenbildern dargestellt: in langwallende Gewänder *(Bassarai)* gekleidet, darüber tragen sie Rehfelle *(→ Nebris)*. Ihr Haar flattert aufgelöst, in den Händen halten sie meist → Thyrsosstäbe. Unter Geschrei, lärmender Musik und Tanz stürmen sie nachts bei Fackelschein durch die Bergwälder. Dieses ekstatische, unheimliche Schwärmen, das in der kultischen Omophagie, dem Verschlingen des rohen Fleisches erjagter Tiere, gipfeln konnte, hat bei den Griechen der historischen Zeit kaum in den offiziellen Kult Eingang gefunden. – Eine Deutung wird man wohl im Zusammenhang mit uralten → Fruchtbarkeitsriten suchen müssen und in dem Bedürfnis der Menschen, einer Gottheit möglichst ähnlich zu werden bzw. in ihr Wesen einzugehen. – Vgl. → Satyrn und Silene, → Enthusiasmus. K.-H.R.

Lit: A. Marbach, RE 14,1 (1928), 561–575 – E. Simon, EAA IV, 1961, 1002–13.

Maenianum. 1. Zuschauergalerie über den → Tabernen am → Forum (→ Architektur II B2) oder im → Amphitheater. – 2. Balkon: → Haus B [8]. C.K.

Lit: Crema, 120.

Maenius, C. (cos. 338 v. Chr., dict. 320, 314, cens. 318), Plebejer, unterwarf als Konsul zusammen mit L. → Furius (5) Camillus Latium in der Schlacht an der Astura, beendete damit den Latinerkrieg 340–338 und triumphierte über Antium, Lavinium und Velitrae. Schnäbel der von M. in Antium erbeuteten Schiffe wurden als Schmuck an der Rednertribüne (Rostra) auf dem Forum angebracht, M. und Camillus durch Errichtung von Reiterstatuen geehrt. In der 2. Diktatur von 314 unterdrückte M. Unruhen in Kampanien; er wurde dann von den Patriziern wegen staatsgefährdender Umtriebe angeklagt, aber freigesprochen. R.W.

Märchen. [1] Wie in jedem Volk, so muß auch im griechischen sich eine reiche mündliche Literatur entfaltet haben; sogar in den klassischen Jahrhunderten werden die redefrohen Griechen überall und ganz bes. in den abgelegenen Orten ihre Lust zu fabulieren nicht oder nicht nur mit der Nacherzählung literarisch geformten Gutes gestillt, sondern auch die altererbten M. und Sagen weitergetragen haben. Von diesen Erzählungen ist uns aber kein Beispiel erhalten; denn die Griechen hatten kein Interesse an der Volksliteratur, wie die Volkskunde überhaupt erst in der neuesten Zeit zu einer Wissenschaft erhoben wurde. Auch die Klassische Philologie hat sich nur zögernd entschlossen, den Spuren dieser anonymen Literatur nachzugehen. Was eine Reihe von namhaften Gelehrten in dieser Richtung bisher geleistet hat, ist zwar aufschlußreich, doch bei weitem nicht ausreichend. So wird in den Anmerkungen von J. Bolte-G. Polivka zu den Kinder- und Hausmärchen der Brüder Grimm (1913/32) das altgriech. Material nur selten herangezogen; dasselbe gilt für den neuen Motif-Index of Folk-literature von Stith Thompson.

[2] Bei dem Mangel an unmittelbar überlieferten M. sind wir erstens auf zufällige Aussagen über deren Existenz,

zweitens auf die zahlreichen M.-Motive angewiesen, die im → Mythos, in der literarisch geformten Heldensage, in der alten → Komödie und anderswo zu finden sind. – Aus dem Altgriechischen liegt uns kein dem deutschen ‹Märchen› entsprechender Terminus vor; denn *μῦθοι* bzw. *λόγοι* bedeuten allerlei Erzählungen (*λόγοι καὶ μῦθοι*, von den Geschichten, die Kindern erzählt werden, zusammengekoppelt bei Aristot. pol. 7, 17, 1336a 30). Wenn aber Platon (rep. 2, 377 und sonst) geringschätzig von Mutter- und Ammen-*μῦθοι* spricht, wird er wohl an echte M. gedacht haben. Bei Euripides (Herakl. 77) tröstet Megara ihre Kinder *μυθεύουσα* (‹indem sie ihnen M. erzählt›, Wilamowitz). M. werden auch die *μῦθοι* sein, die den bei den Oschophorien beteiligten Knaben erzählt wurden (Demon, FGrHist 327F6). Wenn ferner Pausanias (10, 3, 4) berichtet, Phrynichos habe auf die Variante, wonach der Tod des Meleagros durch die Verbrennung des magischen Scheites motiviert wurde, zwar angespielt (Fr. 6), sie aber nicht weiter ausgeführt, weil sie damals schon in der ganzen griech. Welt bekannt gewesen sei, so deutet er damit an, daß es sich um ein weitverbreitetes M. handelte, das übrigens heute noch in Griechenland bekannt ist. – Daß aber die alten Weiber auch von den Taten der alten Heroen gern erzählten, erhellt aus einem Epigramm aus Chios des 2./1. Jh.s v. Chr. (GV I I, 1955, 474). – Gelegentlich werden wir auch über die formelhaften Einleitungsworte eines M.s informiert: «Man pflegte die *μῦθοι* folgendermaßen einzuführen: es waren einmal ein alter Mann und eine alte Frau» (Schol. Aristoph. vesp. 1182; vgl. Aristoph., a. O.; Plat. Phaidr. 237B). Die Anonymität der Helden bürgt dafür, daß es sich um echte M. handelte.

[3] Ein M. besteht aus mehreren Motiven, die zu einem kunstvollen Ganzen komponiert werden. Die einzelnen Motive können aber auch von der Sage benutzt werden: Themisto, Athamas' Frau, will ihre Stiefkinder, die ihr Mann von Ino bekommen hatte, umbringen; sie beauftragt deshalb ihre Sklavin, ihnen dunkle, ihren eigenen Kindern aber helle Nachtgewänder anzuziehen. Die Sklavin, die keine andere als Ino selbst ist, tut aber das Umgekehrte, so daß Themisto unwissend ihre eigenen Kinder bei Nacht umbringt (Hyg. 4, aus Euripides' Ino). Nimmt man die Eigennamen weg, dann verwandelt sich die Inosage in das Märchen der bösen Stiefmutter bzw. des bösen Menschenfressers. Auch das Wunderbare, das dem M. eigen ist, darf die Sage beibehalten, obwohl sie etwas Wahres zu berichten beansprucht. So wurde das M.-Motiv von der Fee, die sich in verschiedene Tiere verwandelt, um sich nicht einem Sterblichen ergeben zu müssen, sowohl in der altgriech. als auch in der neugriech. Volksliteratur mit der Sage verwoben (Thetis' Heirat mit Peleus; die maniatische Familie von Mavromichalis soll eine Fee zur Urahnin haben, die sich einem Sterblichen unter Zwang ergab). – Ähnlich darf man die Grenzen zwischen den M. und den übrigen Gattungen der Volksliteratur nicht scharf ziehen. So hat es sich kürzlich herausgestellt, daß die von Semonides (7D.) und Phokylides (2D.) bezeugte Geschichte von der Abstammung der Weiber aus verschiedenen Tieren einem M. folgt, das heute immer noch in Griechenland bekannt ist, wobei man aber auch von einem Aition, ja auch von einem Schwank sprechen kann. Andererseits ist das Potipharmotiv ausgesprochen novellistisch; die altgriech. Sage hat es häufig benutzt, während es in Ägypten in dem M. von Batu erscheint. – Der Raub des himmlischen Feuers durch Prometheus gehört zu den mythischen Vorstellungen der alten Griechen; die entsprechende neugriech. Fassung zeigt hingegen den Typus eines echten M.s; an Stelle des Titanen ist es ein anonymes altes Weib, das dem Erzengel das Feuer stiehlt. – Unter diesen Umständen ist es nicht zu verwundern, daß sowohl Thompson (a. O.) als auch P. Grimal keine Scheidung zwischen den herkömmlichen Motiven vornehmen.

[4] Von der Fülle der in der griech. Sage steckenden M.-Motive möchten wir hier nur die in der Odyssee vorkommenden aufzählen: Vergessen des früheren Zustandes (9, 94ff.); Blendung des einäugigen Ungeheuers durch List; Selbstgetanmotiv; Flucht mit Hilfe eines Widders (9, 380ff., 408ff., 432ff.); Übertretung des Verbots, etwas Verschlossenes zu öffnen (10, 44ff.); wegweisendes Mädchen und Einkehr bei der Frau des abwesenden Riesen (10, 105ff., 112ff.); Verwandlung in Tiere durch Hexenkünste (10, 235ff.); Unterweltsfahrt (11, 1ff.); wunderbare Schiffahrt (13, 81ff.). J. Th. K.

Lit: Allgemein: F. v. d. Leyen, Das Märchen. Ein Versuch (1898), 1958⁴ – M. Lüthi, Märchen, 1962 – Stith Thompson, Motif-Index of Folk-literature (1955), 1958² – Vgl. P. Grimal, Dictionnaire de la mythol. grecque et rom. (1951), 1958² – *Griech. M.:* A. Hausrath-A. Marx, Griech. M. (1913), 1922² – O. Weinreich, bei Friedländer IV, Anh. X, 89–104 – W. Aly, RE 14, 1 (1928), 254–281 (Lit) – *M.-Motive in d. Od.:* L. Radermacher, SB Wien, 1915.

Märtyrer (‹Zeugen›) heißen Menschen, die wegen ihres Glaubens verfolgt und wegen ihres standhaften Bekenntnisses, also, weil sie ‹Zeugen› sind, hingerichtet werden. Das NT kennt diese technische Bedeutung von M. noch nicht. Vielmehr ist hier *μάρτυς* derjenige, der aus eigener und unmittelbarer Kenntnis bestimmte Tatsachen bezeugen kann, insbesondere vor Gericht. Darüber hinaus bedeutet *μ.* im NT, daß der Zeuge nicht nur Tatsachen bezeugt, sondern auch auf ihre Bedeutung hinweist und für sein Zeugnis glaubende Anerkennung verlangt (vgl. Apg. 1, 8). Der M. bezeugt also nicht nur bestimmte Tatsachen, sondern die Wahrheit schlechthin. In den johanneischen Schriften erscheint Jesus selbst als der wahrhaftige Zeuge (Apk. 1, 5; 3, 14), und der M. soll sein Zeugnis aufnehmen. Im 2. Jh. erhielt der Begriff M. seine technische Bedeutung im Sinne des Blutzeugen, und zwar zunächst in Kleinasien. Sehr folgenschwer wurde es, daß man schon bald an die spätjüdische M.theologie der Makkabäerzeit (2. Jh. v. Chr.) anknüpfte und dem Tod des M.s sühnende Bedeutung zuschrieb. Schon im 2. Jh. galt das Martyrium als Bluttaufe, die die nach der Taufe begangenen Sünden tilgt bzw. bei dem Katechumenen die Wassertaufe ersetzt und schließlich auch der Kirche insgesamt zugute kommt. Daher drängten sich manchmal Christen zum Martyrium. Doch haben Bischöfe und Theologen stets vor einem M.-fanatismus gewarnt. Freilich entwickelte sich schon im 2. Jh. die Märtyrerverehrung in der Form des → Heiligenkults. M. hießen oft auch jene Christen, die der Verfolgung widerstanden, jedoch nicht hingerichtet wurden; manchmal nannte man sie auch – später durchgehend – ‹Bekenner› (*ὁμολογηταί*, confessores). Sie wurden oft ohne weiteres in den Klerikerstand aufgenommen und hatten weithin das Recht, auch Todsünden zu vergeben. Das führte nach dem Massenabfall in der decischen → Christenverfolgung zu Unzuträglichkeiten. → Cyprian (gest. 258) hat dagegen die ausschließliche Vollmacht der Bischöfe zur Wiederaufnahme Abgefallener durchgesetzt und damit die kirchliche Autorität der M. eingeschränkt. Als hervorragende M., über die teilweise → M.akten erhalten sind, seien genannt: der Erzm. Stephanus (Apg. 7); Paulus; Petrus; → Ignatius von Antiochien (gest. ca. 110 in Rom); → Justinus (1; gest. ca. 165); → Polykarp v. Smyrna (gest. ca. 161/8); die M. von Lyon und Vienne (gest. ca. 177/8); die scilitanischen M. (gest. 180); Leonides, Vater des Origenes (gest. 202); Perpetua, Felicitas u. a. (gest. 202 in Karthago); → Origenes (gest. 254 an den Folgen der Folterung); → Cyprian von Karthago (gest. 258). B. L.

Lit: H. v. Campenhausen, Die Idee des Martyriums in der alten Kirche, 1936 – E. Lohse, M. und Gottesknecht, 1955 – E. Günther, Zeuge und M., ZNW 47, 1956, 145–161 – N. Brox, Zeuge und M., 1961 – ThW IV 477–520 – RGG IV 588f.

Märtyrerakten. Drei Gruppen lassen sich unterscheiden: (1) M. im eigentlichen Sinn, wobei die acta oder gesta martyrum, die vielleicht teilweise auf Gerichtsprotokollen beruhen, mit erbaulichen Zusätzen verbunden wurden. (2) Berichte von Augenzeugen der Prozesse oder sonst zuverlässigen Zeitgenossen, meist passiones oder martyria genannt. (3) Märtyrerlegenden, historisch meist ohne Wert, aus späterer Zeit. – Die Literatur der M. kam ca. 160/170 auf. Erste M. sind die Berichte über das Martyrium des → Polykarp (→ Heiligenkult) und → Justin (1). Besonders wichtig sind ferner der Brief der Gemeinde von Lyon und Vienne (177/8) und das Martyrium der Perpetua und Felicitas (202). – Die christlichen M. sind im wesentlichen nicht von jüdischen oder heidnischen M. abhängig. – Schon früh wurde in den M. das Leiden des Märtyrers der Passion Jesu angeglichen. Die späteren M. enthalten oft zahlreiche → Legenden und bilden den Übergang zur → Hagiographie. Außer in M. sammelte man im Westen die Namen der Märtyrer in *Martyrologien*, d.h. Namensverzeichnissen in Kalenderform, die den Gedenktag festhalten sollten (das älteste, das sog. Martyrologium Hieronymianum; nicht von → Hieronymos). Im Osten hatte man dagegen *Synaxarien* oder *Menäen*, d.h. liturgische Bücher mit Auszügen aus Märtyrertexten und Heiligenlektionen. B.L.

Ed: Acta Sanctorum, seit 1643 – Th. Ruinart, Acta primorum martyrum (1689), 1859² – R. Knopf-G. Krüger, Ausgewählte M. (1902), 1929³ – *Lit:* H. v. Campenhausen, Die Idee des Martyriums in der alten Kirche (1936), 1964² – RGG IV 592f.; 848f.; VI 559 – Altaner 192–194.

Märtyrerlegenden → Märtyrerakten, → Hagiographie.

Magadis, Harfe, → Musikinstrumente A [6]; davon *μαγαδίζειν* für unisones Spiel in Oktaven und M. als Überblasevorrichtung lydischer Pfeifen. G.W.

Magas, Sohn → Berenikes I. aus 1. Ehe, Stiefsohn → Ptolemaios' I. (Stammbaum → Ptolemäer), eroberte ca. 298 vor Chr. das rebellierende Kyrene zurück, vom Stiefvater mit der Verwaltung Kyrenes beauftragt, fiel 283/275 von seinem Halbbruder → Ptolemaios II. ab, nahm den Königstitel an und verbündete sich mit kretischen Gemeinden und → Antiochos I. v. Syrien, dessen Tochter Apame er heiratete. Kurz vor seinem Tod (ca. 250) verlobte er seine Erbtochter, → Berenike II., mit dem Kronprinzen der Hauptlinie, → Ptolemaios III. H.H.Sch.

Lit: Beloch, GG IV 2, 186–190 – F. Chamoux, Le roi Magas, RH 216, 1956, 18–34.

Magazin (*ἀποθήκη*, horreum), Vorratsraum, in *kret.* Palästen an einen Korridor nebeneinandergereiht, z.T. mit großen Vorratsgefäßen (→ Pithos). In *Griechenland* gab es M.e in → Heiligtümern zur Lagerung des ‹Zehnten› (Getreide-M. in → Eleusis), städtische Getreidesilos (genaue Bauanweisungen bei → Philon, 4), private Lagerräume seit dem 3. Jh. im Zusammenhang mit Kaufläden hinter den Hallen des Marktes. In → Aigai enthält ein Stockwerk einer dreigeschoßigen Halle nur M.e. Selbständige Lagerbauten für Kriegs- und Flottenmaterial sind die Arsenale im → Piräus (Skeuothek des → Philon 4a; dreischiffiger Saalbau von 132,2 × 18 m; ca. 340 v. Chr.) und → Pergamon. G.Gb.

Lit: K. Jeppesen, Paradigmata, 1960.

Mager (*Μάγοι*) oder *Magier*. 1. Medischer Volksstamm (Inschrift von → Bīsutūn; Hdt. 1, 101). – 2. Priesterkaste, die den Sonnenkult, die Wahrsagung und die Traumdeutung ausübte, im Dienste des Mederkönigs, des Königs von Babylon und in der folgenden Epoche der achämenidischen Könige. Nach Ansicht der Griechen waren sie Spezialisten der Magie (→ Zauber) und → Astrologie und Jünger des → Zarathustra, der selbst oft als M. betrachtet wurde. Im Avesta werden die Priester (außer in einer späten Stelle) nie M. genannt. G.R.

Lit: A. Christensen, Die Iranier, HbAW III, 1, 3, 1933, 289 – J. Duchesne-Guillemin, La religion de l'Iran ancien, 1962, 151. 158. 245f. (hellenist. M.).

Magister, verwendet im Titel verschiedener röm. Staatsbeamter. Hervorgehoben seien:

[1] *M. equitum*, in der Regel ernannt und mit Imperium versehen vom → Diktator, an sich Befehlshaber der Reiterei, in der Praxis Gehilfe und Stellvertreter des Diktators im Felde bzw. in Rom. 217 machte man den erfolglosen Versuch, den m. equitum dem Diktator als Kollegen anzugleichen. Eine ähnliche, jedoch ständige Magistratur ist im ital. Gemeinwesen als m. iuventutis bzw. iuvenum bekannt.

[2] *M. militum*, Reichsfeldherr (‹Heermeister›) der spätröm. Zeit. Das Amt wurde unter → Konstantin I. d. Gr. geschaffen, nachdem der → praefectus praetorio seine militärischen Aufgaben verloren hatte; neben dem m. equitum, der bis auf → Valentinian I. als ranghöher galt (dann umgekehrt), stand der m. peditum. Unter → Theodosius I. erhielten beide den Titel eines m. utriusque militiae. Außer diesen zwei dem Kaiser unmittelbar zur Verfügung stehenden Reichsfeldherren (praesentales) gab es seit → Constantius II. auch Heermeister als Sprengelgenerale in militärisch bes. wichtigen Gebieten (Orient, Gallien, Illyricum). Schon bald nach 370 besaßen die Reichsfeldherrn den Rang eines vir illustris (→ clarissimus), im frühen 5. Jh. wurde dann mit der Stellung des ersten Reichsfeldherrn der hohe Titel eines → patricius verbunden. Nach den Kaisern selbst besaßen diese Männer die stärkste Machtstellung, und so gelang es Reichsfeldherrn, wie → Arbogast, → Stilicho, → Aëtius oder → Rikimer, unter schwachen Herrschern eine an faktisches Selbstregiment grenzende Rolle zu spielen. A.L.

Lit: A. Berger, Encycl. Dict. of Roman Law, 1953, 570ff. – W. Enßlin, Zum Heermeisteramt des spätröm. Reiches, Klio 23, 1903, 306 bis 325; 24, 1931, 102–147. 467–502 – A.H.M. Jones, The Later Roman Empire, 1964 – Westermayer, RE Suppl. 5 (1931), 631–648.

[3] *M. officiorum*, von Konstantin (1) d. Gr. geschaffenes zentrales Hofamt, das neben der obersten Leitung der kaiserlichen Kanzleien (→ officium) noch vielseitige Aufgaben erhielt. So unterstanden dem M. officiorum, der ständiges Mitglied des → Consistoriums war, die kaiserliche Leibgarde der scholae palatinae, der Staatssicherheitsdienst der → agentes in rebus und die Waffenfabriken, er beaufsichtigte als höchstes Kontrollorgan die Verwaltung im Reiche und war für die äußeren Beziehungen zuständig. Rangmäßig war der M. officiorum am Ende des 4. Jh.s bis zum illustris (→ clarissimus) aufgestiegen. K.F.Str.

Magistrate

[1] In griechischen Gemeinwesen – [2] In Rom.

[1] An der Spitze der *griech. Gemeinwesen*, über Rat (→ Bule) und Volksversammlung (→ Ekklesia), stand zunächst der Basileus (‹→ König›, ursprünglich eher ‹Vorsteher›) in lebenslänglicher und meist erblicher Stellung. Seit dem 8. Jh. setzte man in den meisten griech. Staaten an seine Seite, zuletzt in der Regel an seine Stelle Männer, die im Auftrag der Bürgerschaft, unter der Oberleitung zunächst des Rates, später oft auch der Volksversammlung die Geschäfte führen, möglichst aber keine persönliche Macht gewinnen sollten. Wir bezeichnen sie am besten mit dem röm. Ausdruck ‹Magistrate› (die griech. Bezeichnung, → Archonten, wird meist in einem engeren Sinn gebraucht). Sie wurden für eine beschränkte Amtszeit, meist ein Jahr, gewählt oder (später) auch durch das Los bestimmt (damit alle Berechtigten möglichst gleiche Aussicht auf ein Amt hätten). Wiederwahl war nicht immer gestattet. Die M. waren wenigstens in entwickelten Demokratien für ihre Amtsführung verantwortlich, rechenschaftspflichtig und absetzbar. Kein Magistrat hatte alle Geschäfte in der Hand (auch der ranghöchste nicht, der vielfach als → Eponym dem Jahr den Namen gab); stets gab es mehrere, voneinander unabhängige Ämter (*ἀρχαί*), die meisten mehrfach besetzt, wobei die wichtigsten Entscheidungen dem Kollegium als solchem vorbehalten waren. Viele M. waren stark spezialisiert, wie Richterkollegien, Finanzbeamte, Aufseher über Straßen, Markt, Hafen, Brunnen und Wasserleitungen usw. Über ihnen stehen die (ein- oder mehrstelligen) Oberämter, zu denen hier und da das in ein Jahramt um-

gewandelte Königtum, in Athen: der (→Archon) Basileus, zählt. Ihre ursprünglich etwa sakralen Aufgaben, Heerführung, Rechtsprechung, Leitung von Rat und Volksversammlung umfassende Zuständigkeit wurde später vielfach beschnitten, vor allem zugunsten besonderer militärischer Befehlshaber, meist →Strategen genannt, die bald auch wichtige politische Geschäfte in die Hand nahmen und in den meisten Staaten über die alten Oberbeamten hinauswuchsen. – Alle Ämter waren ursprünglich Ehrenämter; in der Demokratie wurden sie vielfach besoldet. Den M. standen nur wenige Gehilfen (ὑπηρέται) zur Seite, etwa Herold (→Keryx), Flötenbläser, Schreiber (→Grammateus, z.T. selbst zum M. aufgestiegen), sowie Gerichtsdiener, →Boten usw.; sie wurden z.T. den Staatssklaven (Demosioi) entnommen. F.G.

Lit: W. Schönfelder, Die städt. u. Bundesbeamten d. griech. Festlandes vom 4. Jh. v. Chr. bis in die Kaiserzeit, Diss. Leipzig 1917.

[2] *In Rom.* Das Wort magistratus bezeichnet das durch Volkswahl verliehene Ehrenamt (honos) und seinen Inhaber. Nach der Wortbildung mit magis (‹mehr›) ist der M. Träger der Staatsgewalt, Herr der Bürger. Die nach und nach entstandenen höheren (maiores) und niederen (minores) Ämter wurden je nach der Wahl in den →comitia centuriata oder tributa in patrizische und plebejische und nach dem Recht der →sella curulis in kurulische (→Konsul, →Prätor, →Censor, kurulischer →Ädil) und nicht-kurulische (→Quästor, →Volkstribun, plebejischer Ädil) eingeteilt. Merkmal der ordentlichen M. war die Annuität (einjährige Dauer) und die Kollegialität. Kumulierung mehrerer M. war ebenso wie die unmittelbar folgende Bekleidung desselben oder verschiedener M. unzulässig, zweimalige oder mehrfache des gleichen Amtes nach einer Zwischenzeit erlaubt. Diese Gewohnheitsregeln, die Reihenfolge der M. (cursus honorum: Quästur, Tribunat oder Ädilität, Prätur, Konsulat), das Mindestalter für ihren Antritt wurden durch die lex Villia annalis von 180 und die lex Cornelia von 81 festgelegt. Nicht ständig waren das Sonderamt der →Censoren und die Ausnahmeämter des →Dictators, des →magister equitum und des →interrex. Mit Ausnahme der Volkstribunen und Ädilen amtierten die M. domi militiaeque (im Stadtgebiet und im Felde). Für längere Feldzüge wurden, um die Annuität der M. nicht zu verletzen, Promagistrate (Stellvertreter ohne Kollegen) bestellt. Der gewesene Konsul handelte dann pro consule, der Prätor pro praetore. Jeder M. besaß die seinem Amt zustehende, durch die gleiche Amtsgewalt des Kollegen und dessen Interzession eingeschränkte Befugnis (potestas). Darüber hinaus hatten die Oberbeamten (Konsuln, Prätoren, Promagistrate, Dictator, magister equitum, interrex) mit dem durch die lex curiata de imperio übertragenen →Imperium die ungetrennte zivile und militärische Befehlsgewalt. Allen M.n stand das Recht der coercitio (polizeiliche Vollmacht gegen die Bürger) und das Recht, →Edikte zu erlassen, zu; das Recht der →Auspizien und der Einberufung des →Senates und der Volksversammlung (ius agendi cum patribus et populo) nur den Imperiumsträgern. In der Verwaltung half den M.en ein Stamm von →scribae und →apparitores. Absetzung eines M.s war ausgeschlossen (die eines Volkstribunen durch Volksbeschluß auf Antrag des Tib. →Gracchus (1) galt als revolutionär), eine gerichtliche Anklage nach seiner Amtszeit möglich. Vom kurulischen Ädilen aufwärts trugen die M. die toga praetexta und saßen auf der →sella curulis. Die Inhaber des imperium begleitete die ihrem Rang entsprechende Zahl von →Liktoren mit den Fasces, dem Symbol der Strafgewalt. Allmählich erhielten alle M. nach Amtsablauf einen Senatssitz. Da das Amt unbesoldet und der Wahlkampf (ambitus) kostspielig war, gelangten meist nur Mitglieder der →Nobilität zu den M.n In der Kaiserzeit wurde die Besetzung der M., die durch die konkurrierende kaiserliche Verwaltung politisch bedeutungslos, aber gesellschaftlich angesehen waren, immer mehr vom Kaiser durch dessen Empfehlungsrecht bestimmt. H.V.

Lit: E. Meyer, Röm. Staat u. Staatsgedanke (1948), 1964³ – T.R. Broughton, The magistrates of the Roman republic, 1951/52; Nachträge: Suppl. to the mag. of the Rom. rep., 1960.

Magna Mater, die ‹Große Mutter› (der Götter) oder →Kybele, kleinasiatische Gottheit, deren Kult i.J. 204 v. Chr. auf Weisung der →Sibyllinischen Bücher in Rom eingeführt wurde; sie versprachen, Hannibal würde aus Italien verjagt, wenn man die Idäische Mutter aus Pessinunt herbeiholte (Liv. 29, 10, 5; 14, 5–14). Der Glaube an den trojan. Ursprung Roms hat die Übernahme wohl gefördert. Der schwarze Meteorstein, der die Göttin verkörperte, wurde in Rom mit großem Pomp empfangen und vorläufig im Tempel der →Victoria auf dem Palatin untergebracht; ihr eigener Tempel dort wurde erst 191 vollendet. Damit drang zum erstenmal eine oriental. Göttin ins Innere des Pomeriums ein; kürzlich entdeckte Votivstatuetten beweisen, daß die M.M. von Anfang an von ihrem entmannten Nebengott →Attis begleitet war. Zu ihren Ehren führte man die →Ludi Megalenses ein, an denen die Patrizier rituelle Gastmähler feierten, ebenso wie die Plebejer durch ihrer Klasse vorbehaltene Festmähler die →Ludi Ceriales begingen. Aber der Kult der Kybele wies beunruhigende orgiastische Züge auf, so vor allem die freiwillige Selbstkastration der Galli genannten Diener der Göttin in der wahnsinnigen Verzückung, in die sie barbarische Musik und ekstatische Tänze versetzten, Kultformen, die der röm. Religion denkbar fremd waren. So wurde die eigenartige Lösung gefunden, den Kult der M.M. und des Attis ins Innere ihrer Tempel zu verweisen und ausschließlich oriental. Priestern anzuvertrauen; den röm. Bürgern wurde die Teilnahme untersagt; die Festzüge und öffentlichen Sammlungen wurden gesetzlich geregelt (vgl. zum Ganzen Lucr. 2, 600–660). – Das Priesteramt der M.M. wurde wahrscheinlich erst unter Claudius den röm. Bürgern zugänglich gemacht (Lyd. mens. 4, 59); die Kastration blieb ihnen natürlich untersagt; in dieser Zeit beginnen vielleicht die vom 2. Jh. n. Chr. an inschriftlich und kalendarisch bezeugten öffentlichen Frühlingsfeiern zum Gedenken an Tod und Auferstehung des Attis, die für die Gläubigen eine Verheißung ewigen Lebens waren: am 15. März Prozession der Schilfträger, danach ein Opfer für die Ernten und eine Buß- und Läuterungswoche; am 22. Einzug der Fichte, des Attis-Symbols, die wie ein Toter mit Bändern umwickelt war; am 24., dem ‹Bluttag›, geißelten sich Galli und Gläubige zum Gedächtnis an die Verstümmelung und den Tod des Gottes; am 25. wurde das frohe Fest seiner Auferstehung gefeiert; nach einem Ruhetag wurde endlich am 27. von einer Prozession das Idol der M.M. zum Almo getragen und dort gewaschen. – Im 2. Jh. n. Chr. verbreitete sich der Kult der M.M. im ganzen Reich. Zahlreiche Gläubige unterzogen sich der Bluttaufe der →Taurobolien, sei es in ihrem eigenen Interesse, sei es für ihren Kaiser. H. Le B.

Lit: H. Hepding, Attis, seine Mythen und sein Kult, 1903 – H. Graillot, Le culte de Cybèle, Mère des dieux, à Rome et dans l'empire romain, 1912 – J. Carcopino, La réforme romaine du culte de Cybèle et d'Attis (1923), in: Aspects mystiques de la Rome païenne, 1941, 49–171 – Fr. Cumont, Les religions orientales dans le paganisme romain (1906), 1929⁴, 43–68 – P. Lambrechts, Cybèle, divinité étrangère ou nationale?, Bull. Soc. belge Anthropol. et Préhist. 62, 1951, 44–60 – J. Perret, Le mythe de Cybèle, REL 13, 1935, 332–357 – P. Boyancé, Une exégèse stoïcienne chez Lucrèce, REL 19, 1941, 147–166 – Ders., Cybèle aux Mégalésies, Latomus 13, 1954, 337–342.

Magnentius (Flavius Magnus M.), röm. Kaiser (Usurpator) 350–353. Barbarischer Herkunft, brachte M. es durch seine Beredsamkeit zum Offizier; er nahm Anfang 350 den Purpur und ließ →Constans ermorden. Drastische Finanzmaßnahmen und Umwerbung der Heiden sowie des Usurpators →Vetranio zur Vorbereitung des Kampfes gegen →Constantius II. Nach anfänglich erfolgreichen Kämpfen beging M. in Gallien Selbstmord (August 353). H.-J.D.

Magnes, von Athen, Dichter der alten → Komödie (I A 1. B). Von → Aristoteles (poet. 3, p. 1448 a 33 f.) sind M. und → Chionides als älteste Komiker nach → Epicharm genannt. Schon in der Jugend sehr erfolgreich: siegte wohl 472 erstmals an den Dionysien, im ganzen elfmal. Im Alter verachtet. Echte Frg.e sind nicht erhalten. Th. G.

Lit: A.W. Pickard-Cambridge (-T.B.L.Webster), Dithyramb, ... (1927), 1962², 190f.

Magnesia, Landschaft und Halbinsel der O-Küste → Thessaliens (Kt. 1152 D 3) mit den Gebirgen → Ossa und → Pelion. Politisch als Periökenvolk dem Tagos von → Thessalien unterstellt, seit → Philipp II. zu Makedonien gehörig. 194 v. Chr. Bildung eines Magnetenbundes, der die Städte → Demetrias, Homoloion und Meliboia umfaßte. Im Krieg gegen Rom (190) auf seiten → Antiochos' III. Deshalb fiel der Bund nach der Niederlage an Makedonien. E.M.

2. **M.** *am Mäander* (Kt. 1152 H 5), genauer: an dessen Nebenfluß Lethaios (heute Naipler çayi), ion. Stadt, von → Gyges eingenommen, um 657 von den → Kimmeriern zerstört, seit 546 unter pers. Herrschaft, 464 bis ca. 460 Residenz des → Themistokles neben Myus und Lampsakos, 400/399 durch → Thibron auf den Vorhöhen des Thorax (heute Gümüş dağ) neu gegründet. In hellenist. Zeit zum Seleukidenreich gehörend, 221 berühmte Epiphanie der Artemis Leukophryene, nach 189 zum pergamenischen Reich, durch → Sulla 84 v. Chr. wegen seines Widerstandes gegen → Mithridates VI. v. Pontos für frei erklärt. Regelmäßige Stadtanlage nach den Himmelsrichtungen orientiert. Ausgedehnte Ruinen, bes. des großen Haupttempels der Artemis Leukophryene aus dem 3. Jh. v. Chr. von 67 × 41 m mit 8 × 15 ion. Säulen. Relieffries mit Amazonenkämpfen (jetzt in Berlin, Paris, Istanbul). E.M.-R.F.

Lit: C. Humann u.a., M. am Mäander, 1904 – O. Kern, Die Inschr. v. M., 1900 – V. Schultze, Altchristl. Städte u. Landschaften II: Kleinasien, 2. Hälfte, 1925, 120–125 – M. Theuer, Der Altar des Artemisions zu M., 1943 – L. Vlad Borelli, EAA IV, 1961, 776–780.

3. **M.** *am Sipylos,* Stadt in Lydien (Kt. 1152 H 4; heute Manisa). Ansiedlung makedon. Veteranen nach dem Alexanderzug. 190 v. Chr. Entscheidungsschlacht zwischen → Antiochos III. und den Römern. Im 1. Mithridat. Krieg auf seiten Roms. Durch → Sulla zur freien Stadt erklärt. Innerhalb der röm. Provinz Asia gehört es zum Conventus von Smyrna. R.F.

Lit: D. Magie, Rom. rule in Asia minor, 1950, 976 (Lit).

Magneten, → Magnesia (1), → Thessalien.

Magnus von Karrhai, Begleiter → Julians (2) und Darsteller von dessen Perserzug (363). Es wird jetzt bestritten, daß M.' Werk die gemeinsame Vorlage für → Zosimos (3, 12 ff.) und → Ammianus Marcellinus (23–25) ist. Exzerpt bei Malalas. W. Sp.

Frg: FGrHist 225/226; 222/223 – *Lit:* W.R. Chalmers, Eunapius, Ammianus, and Zosimus on Julian's Persian Expedition, ClQ 54, 1960, 152–160.

Magnus, s. auch → Cornelius, → Pompeius (2).

Mago, Stammvater der Magoniden, einer mächtigen Adelsfamilie in → Karthago. Nach der Niederlage des Malchos in Sardinien (ca. 550) mit der Reorganisation des Heeres beauftragt (2. H. 6. Jh.), wurde er der Begründer der karthag. Macht. Vgl. → Hamilkar. R.V.C.

Q: Cic. de orat. 1, 249; Iust. 18, 7, 19; 19, 1, 1.

2. **M.,** jüngster Sohn des → Hamilkar (2) Barkas, gest. 203 v. Chr., nahm zunächst in der Umgebung seines Bruders → Hannibal (2) an den Schlachten an der Trebia und bei Cannae teil, ging dann als dessen Gesandter nach Karthago und von dort aus nach Spanien. Nach der Niederlage von Ilipa (206) fuhr er von Gades über die Balearen nach Ligurien, wo er vergeblich versuchte, den Widerstand gegen Rom neu zu entfachen. Auf der Heimfahrt nach Afrika erlag er seinen im Kampf erlittenen Verwundungen. W.H.

3. **M.** aus Karthago, 1. H. 2. Jh. v. Chr., Verfasser des umfangreichsten landwirtschaftlichen Lehrbuches des Altertums (→ Landwirtschaft B). Genaueres über Leben und Familienzugehörigkeit ist nicht bekannt; sein Werk stellte in 28 Büchern alle Gebiete der Landwirtschaft dar. Nach der Zerstörung Karthagos i. J. 146 wurde es auf Senatsbeschluß von Kennern des Punischen, u.a. D. Iunius Silanus, ins Lat. übertragen. Zumal in der 88 v. Chr. von → Cassius (2) Dionysios hergestellten griech. Bearbeitung (Varro rust. 1, 1, 10) hatte das Werk starken Einfluß auf alle späteren Fachautoren (direkt auf Diophanes, Mnaseas, → Varro (1), → Celsus (1), → Graecinus, → Palladius), so daß Columella den M. mit Recht den ‹Vater der Landwirtschaft› nennt. Original und Übersetzungen verloren. W. Ri.

Magodie. Bezeichnung einer Gattung der niederen Unterhaltungslyrik. M. (auch *Lysiodie*) ist ausgelassene, von Pauken und Cymbeln begleitete Darstellung von Weibern, Ehebrechern, Kupplern, betrunkenen Liebhabern mit Tanz. Dagegen soll die *Hilarodie* (auch *Simodie*) ernst und von Saitenspiel begleitet gewesen sein. Mindestens später aber gehen die Bezeichnungen durcheinander. Dem Stoff nach M. (→ Paraklausithyron eines verlassenen Mädchens), dem Stil nach Hilarodie (Verse, ernste Sprache) ist ‹Des → Mädchens Klage› (Pap. des 2. Jh.s v. Chr.). Vgl. auch → Mimos. Th. G.

Ed: Anth. Lyr.² II 6, 197–200 (Lit) – *Lit:* P. Maas, RE 3 A 1 (1927), 159 f., s. v. Σιμῳδοί.

Magula, neugriech., aus dem Slawischen kommende Bezeichnung (Wölbung, Buckel) für die prähistorischen Wohnhügel Thessaliens: → Dimini, → Sesklo, → Griechenland II A. W. Schg.

Abb: Ch. Zervos, Naissance de la civil. en Grèce I, 1962 Taf. 1–9.

Maharbal, karthag. Offizier in → Hannibals (2) Heer, zwang nach der Schlacht am Trasimenischen See (217 v. Chr.) die entkommenen röm. Einheiten zur Kapitulation und vernichtete einige Tage später die Vorausabteilungen der Armee des Konsuls Servilius. Am Abend der Schlacht von Cannae soll er Hannibal aufgefordert haben, sofort gegen Rom zu ziehen. W.H.

Mahlzeiten. Der Grieche nahm nach dem Aufstehen Brot und etwas Wein zu sich. Mittags (Ath. 1, 11 E) folgte ein zweites Frühstück. Die Hauptmahlzeit lag im späten Nachmittag (Lys. 1, 22). Zur Zeit Homers saßen alle (Ath. 1, 17 F), später lagen die Männer zu zweit bei Tisch (Hdt. 9, 16; Xen. symp. 1, 8). Frauen nahmen nur im engen Familienkreis an den M. teil (Nep. praef. 6). Bei den Römern waren die Essenszeiten dieselben; die Tischordnung war streng geregelt (Plut. symp. 1, 3) und wurde durch einen → Nomenclator verkündet (Ath. 2, 47 E). Frauen saßen (Plut. praec. coniug. 15, p. 140 A), seit Augustus lagen auch sie bei der M. (Ov. am. 1, 4, 16; Petron. 67, 5). Nach dem Bad (Mart. 6, 53, 1) begann das Mahl mit Vorspeisen wie Eiern (Hor. sat. 1, 3, 6), Geflügel (Plin. epist. 1, 15; Macr. Sat. 3, 13, 12), Salaten (Hor. sat. 2, 8, 8; Cels. 2, 29). Man aß mit Löffeln (Colum. 12, 14; Mart. 14, 120 f.) und Fingern (Ov. ars 3, 755), die man nach jedem Gang wusch (Petron. 34, 4). Es folgte ein Umtrunk mit ungemischtem Wein (Petron. 34, 1). Die Hauptm. diente der → Ernährung und war ein weites Betätigungsfeld für die Kochkunst (Mart. 11, 31; Petron. 69, 8). Danach wurde den Laren geopfert (Hor. sat. 2, 6, 67). Der Nachtisch bestand aus Früchten (Mart. 5, 78, 11; Hist. Aug. 18, 37, 10), Kuchen (Mart. 3, 17, 1), Nüssen, Quitten, Austern (Petron. 69, 6). Das anschließende Trinkgelage fand nur mit Gästen statt (Eugraph. Ter. Ad. 783; Petron. 65, 3). W.K.

Lit: Blümner, Privataltertümer, 385–419 – J. Carcopino, Das Alltagsleben im alten Rom, 1949, 408–425.

Maia, Tochter des Atlas, Nymphe am arkad. Berg Kyllene, Mutter des → Hermes.

Maiandros, Fluß in Phrygien und Karien (Kt. 1152 HK 5; heute Menderes). Die Antike kennt mehrere Quellflüsse: Marsyas, Orgas. Ausführliche Beschreibung des Laufes bei Strabon 12, p. 577. Der Oberlauf bis Tripolis im Hochlande, bei Magnesia beginnt die Mündungsebene mit dem gewundenen Lauf, der dem Ornament (→Mäander) den Namen gegeben hat. R.F.

Ma'in, südarabischer Staat (Hauptstadt Qarnāwu, Inschriften seit dem 6. Jh.), wie →Saba' ursprünglich wohl theokratisch, später von Königen regiert. In ständigen Kriegen mit Saba' kam M. um 160/130 v. Chr. unter dessen Oberhoheit und verlor im 1. Jh. die Selbständigkeit. G.Wn.

Lit: A. Grohmann, Arabien, 1963.

Majoran, *ἀμάρακος* oder *σάμψυχον*. Wahrscheinlich deuten die beiden Bezeichnungen, die auch für andere duftende, aber nicht sicher bestimmbare Pflanzen verwendet wurden, auf eine einheimische und eine ägypt. Art. Der beste M. kam von Kyzikos und Cypern. Man schätzte den M. wegen seines Wohlgeruches und verarbeitete ihn zu Salbe. Er diente als Heilmittel und wurde als Kranzpflanze bes. bei Hochzeiten verwendet. Dazu fügt sich die Verbindung mit →Aphrodite, der Hauptgöttin von Cypern. Hier wurde Amarakos, der Sohn des →Kinyras, als er ausgleitend mehrere Salben verschüttete, in M. verwandelt. Auf dem cypr. →Idaliongebirge legte Venus den Knaben Ascanius auf einem M.-Lager nieder (Verg. Aen. 1, 693). Abgewiesene Liebhaber suchten die spröde Geliebte durch Salben der Tür mit M. zu gewinnen (Lucr. 4, 1179). Vgl. →Flora. J.W.

Lit: Murr, Pflanzenwelt, 195f. – Wagler, RE 1,2 (1894), 1726–28.

Majorian (Iulius Maiorianus), (west-)röm. Kaiser 457 bis 461 (hingerichtet 2.8.461 an der Ira). M. stammte aus einflußreicher Familie und wurde mit →Leos I. Hilfe 457 Heermeister und Caesar; als Augustus vom Ostreich nicht anerkannt. M. bemühte sich um die Neuordnung der Verwaltung (Steuerwesen). Nach einem ungünstigen Friedensschluß mit den →Vandalen (460) von →Ricimer abgesetzt und hingerichtet. H.-J.D.

Mainake, erste in Spanien bekannt gewordene pun. Handelsfaktorei, dann griech. Kolonie; Identifizierung nicht völlig gesichert. K.Schf.

Lit: H. G. Niemeyer u.a., Eine altpun. Kolonie, AA 1964, 476–493.

Maiotis, heute das Asowsche Meer, 37605 km² groß. Durch den kimmerischen Bosporos mit dem Pontos verbunden. Antiker Name Maeotes lacus, Maeotica palus. Falsche Ansicht einer Verbindung mit dem Kaspischen Meer bei →Strabon (11, 509). Auffassung als Busen des nördl. Ozeans bei Lukan (3, 277). Größe stets überschätzt, die geringe Tiefe dagegen bekannt. R.F.

Majuskel, Zweizeilenschrift, die grundsätzlich keine Ober- und Unterlängen kennt. H.Hg.

Makarios der Ägypter oder d. Gr, ca. 300–380/90, nach den →Apophthegmata Patrum Schüler des →Antonius (8), schon in seiner Jugend Asket, machte später die sketische Wüste neben der nitrischen zu einem Zentrum des ägyptischen →Mönchtums. Obwohl er selbst nicht literarisch hervortrat, wurden ihm später die 431 zu Ephesos (→Konzil) verurteilten mystischen Schriften des Symeon von Mesopotamien zugeschrieben, die auf diese Weise einen großen Einfluß auf die spätere Mystik ausübten. B.L.

Lit: RGG IV 619 – Altaner 235f.

Makedonien, das nördl. Nachbarland Griechenlands (Kt. 1152 B–D 1/2), im S an →Thessalien, im SW an →Epirus und im NW an →Illyrien grenzend. Nördl. benachbart sind die →Paionen.

[1] *Land und Bevölkerung.* Das eigentliche M. umfaßte nur die von den Flüssen →Axios (Vardar) und →Haliakmon (Vistritza) und ihren Nebenflüssen durchflossene Ebene am Thermäischen Meerbusen (Golf von Saloniki) mit den nächsten Randgebieten, Eordaia (Becken von Ostrovo) im W und Pierien im S an der Küste östl. des →Olymp. Die Ebene zwischen Haliakmon und Axios hieß Bottiaia, die Landschaft östl. des Axios Mygdonien. Da bei Hom. Il. 14, 226 Emathia offenbar als Name der makedon. Küste erscheint, wird auch dieser später gelegentlich gebraucht. In den Gebirgstälern lagen die obermakedon. Fürstentümer, die bis zu Philipp II. selbständige Königreiche waren und gelegentlich auch zu dem stammverwandten Epirus gerechnet wurden. Es waren von S nach N: Elimeia am mittleren Haliakmon, Orestis am obersten Haliakmon und Lynkestis im Tal des Eridanos, eines Nebenflusses des Axios (heute Crna Rjeka), im südl. Teil der Ebene von Monastir (Bitolj). Das elimiotische Königshaus war eine Seitenlinie des makedonischen, die beiden anderen durch Heiraten mit ihm verbunden. Die Makedonen galten und betrachteten sich selbst nicht als Griechen, waren aber nach Sprache und Kultur eng mit ihnen verwandt. Der Name ‹Makedonen› ist ebenfalls griechisch und bedeutet anscheinend die ‹Hohen› oder ‹Schlanken›. Das makedon. Königshaus der →Argeaden leitete sich aus →Argos, das von Lynkestis aus Korinth her, beide waren als griechisch anerkannt. Alte Hauptstadt war →Aigai (Edessa, heute Vodena) in herrlicher Lage über dem Westrand der Ebene, seit dem 4. Jh. v. Chr. →Pella in der Ebene. M. war ein wichtiges Durchgangsland für den Verkehr von den Donauländern und dem Adriatischen Meer zur Ägäis. Für den Verkehr von und zur Donau diente die Wardar-Morawa-Furche, und vom Adriatischen Meer gelangte man auf der →Via Egnatia von →Dyrrhachium nach →Thessalonike. M. war für Viehzucht und Ackerbau (Getreide, Wein, Obst), bes. für seinen Holzreichtum, der zum Schiffbau für viele griech. Städte unentbehrlich war, bekannt. Bodenschätze, vor allem Gold und Silber, gewann man in Dysoron, Pangaion und Skaptehyle.

[2] *Geschichte bis zur Einrichtung der Provinz.* Ausgangspunkt des makedon. Volkes war das Bergland im W, von wo aus früh die umliegenden Gebiete bes. in der Ebene erobert wurden. Dabei kamen auch illyrische und thrak. Volksteile zu M. Mindestens seit Anf. 7. Jh. v. Chr. stand M. unter dem erblichen Volkskönigtum der →Argeaden. Vorherrschend war der Adel, der die Hauptwaffe des Landes, die →Reiterei, stellte; doch gab es ein freies Bauerntum, und die makedon. Heeresversammlung hatte das Recht der Königsbestätigung oder Königswahl und diente als Hochgericht. Autonome Städte, ‹Poleis›, gab es außer den griech. Kolonien an der Küste nicht. Von etwa 514–479 v. Chr. stand M. unter pers. Oberhoheit. Im 5. und 4. Jh. wurde das Land vielfach in die Kämpfe der griech. Staaten hineingezogen. Schon seit Anf. 5. Jh. suchte das Herrscherhaus den kulturellen Anschluß an Griechenland zu fördern. Die bedeutendsten Herrscher vor →Philipp II. waren →Alexander I. Philhellen (ca. 495–450/440; er wurde zu den Olympischen Spielen zugelassen) und →Amyntas III. (413–399), der mehrfach in →Thessalien eingriff, das Land kulturell förderte (→Euripides, →Zeuxis), Verwaltung und Heer reformierte. 359 stand das Land vor einer Katastrophe: der König war gegen die Illyrier gefallen; da ein erwachsener Herrscher fehlte, stritten mehrere von auswärtigen Mächten gestützte Prätendenten um die Herrschaft. Da übernahm →Philipp II. (359–336), der Onkel des unmündigen Königs, zunächst nur stellvertretend die Regierung. Philipp schuf das neue makedon. Heer und machte M. in wenigen Jahren zur führenden Macht der griech. Welt und darüber hinaus bis zum Schwarzen Meer. 336 wurde Philipp II. ermordet. Ihm folgte sein Sohn →Alexander d. Gr. (336–323), der mit der Eroberung des pers. Reiches die neue Zeit der griech. Weltherrschaft, des Hellenismus, eröffnete. In den Wirren der Diadochenkriege wechselte das Land mehrfach den Herrscher: bis 319 →Antipater, der →Polyperchon zum Reichsverweser ernennt; dagegen empört sich →Kassandros, Antipaters Sohn; 317 wird Polyperchon abgesetzt, 316 →Olympias, die Mutter Alexanders d. Gr., hingerichtet; 310/309 werden →Alexander IV. und →Roxane, Sohn und Gemahlin Alexanders d. Gr., ermordet; damit waren alle rechtmäßigen Erben auf den Thron M.s beseitigt. 298 Tod des Kassandros,

DIE ARGEADEN

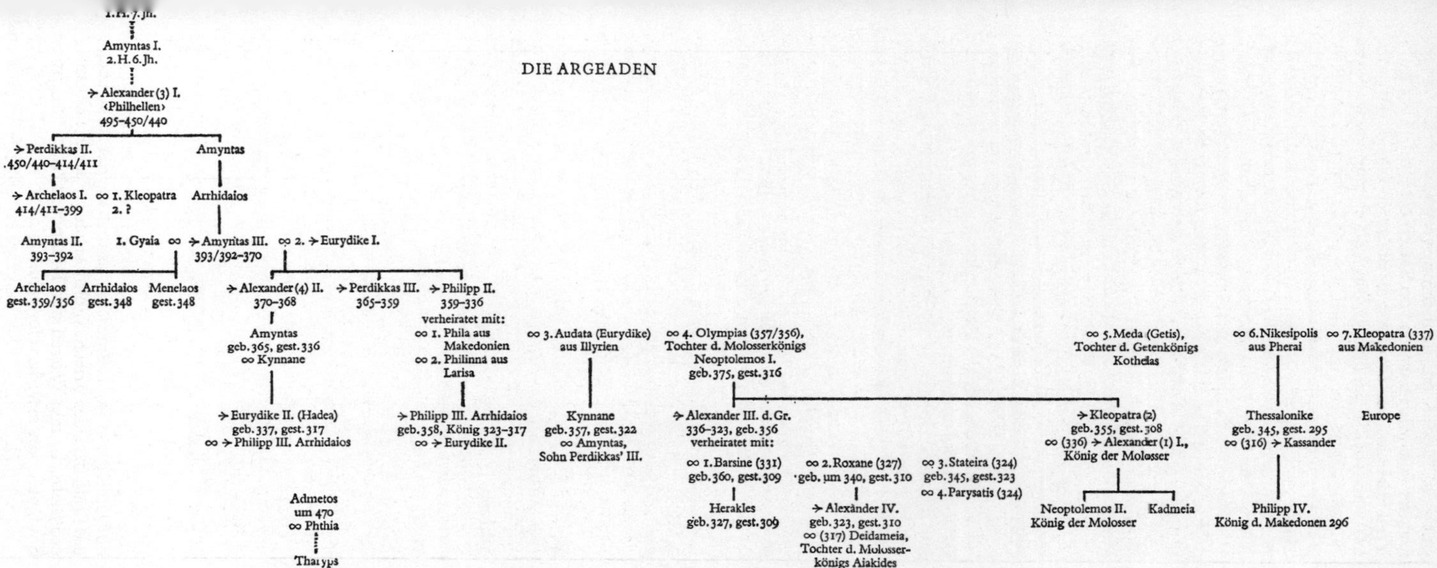

DIE AIAKIDEN

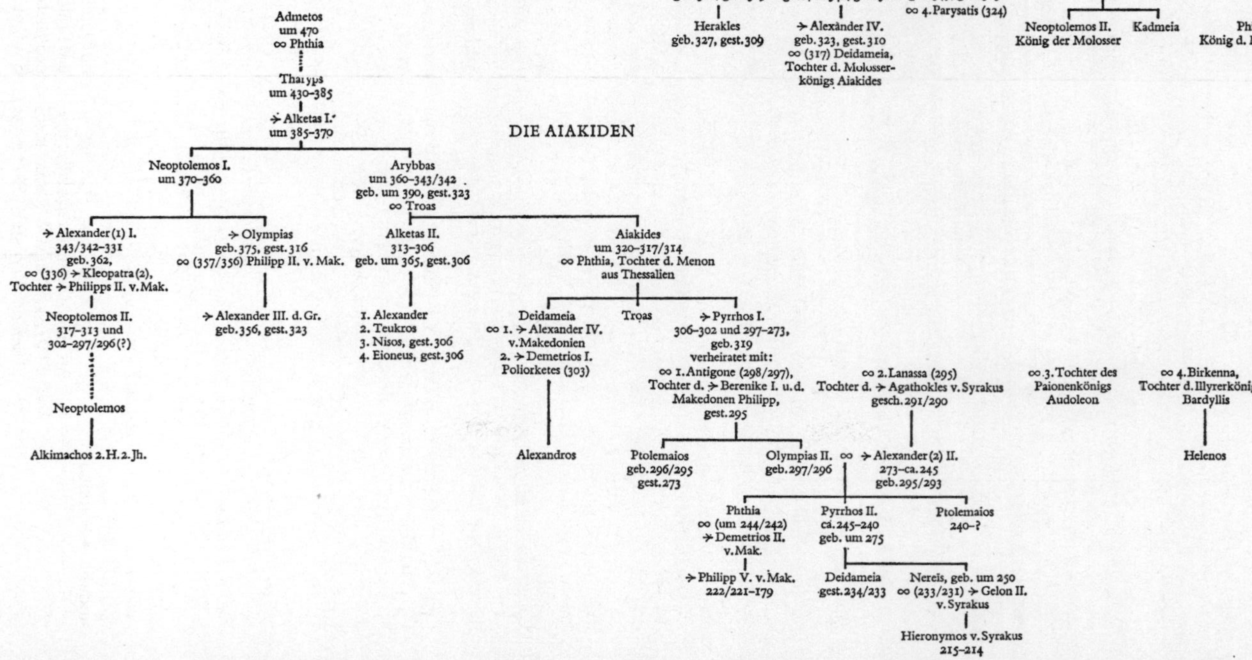

lange Zeit Wirren. 287 teilen sich → Pyrrhos und → Lysimachos M. auf, 280 erwirbt → Ptolemaios (21) Keraunos die Herrschaft über M. (bis 279), 276 sichert → Antigonos II. M. für sich und sein Haus endgültig. Unter → Philipp V. beginnt die Auseinandersetzung Ms. mit → Rom (I C2) im 1. und 2. Makedon. Krieg (215–205; 200–197), der mit der Niederlage bei Kynoskephalai gegen T. → Quinctius (3) Flamininus endet. Nach der Niederlage von Pydna gegen L. → Aemilius (10) Paullus i.J. 168 v. Chr. geriet König → Perseus (2) in röm. Gefangenschaft, das Land wurde zunächst als frei, d.h. zur Republik, erklärt. E.M.

Lit: O. Hoffmann, Die Makedonen, ihre Sprache u. ihr Volkstum, 1906 – L. Schultze, M., Landschafts- u. Kulturbilder, 1927 – Fr. Geyer-O. Hoffmann, RE 14, 1 (1928), 638–771 – Fr. Geyer, M. bis zur Thronbesteigung Philipps II., 1930 – Fr. Granier, Die maked. Heeresversammlung, 1931 – Fr. Hampl, Der König der Makedonen, Diss. Leipzig 1934 – W. A. Heurtley, Prehistoric M., 1939 – R. Paribeni, La M. sino ad Alessandro Magno, 1947 – J. Kalléris, Les anciens Macédoniens, 1954 – P. Cloché, Histoire de la Macédonie, 1960.

[3] *Die röm. Provinz.* Nach dem Sieg über → Perseus (2) teilten die Römer M. in 4 Teile mit den Hauptstädten Amphipolis, Thessalonike, Pella, Pelgonia. Zwischen den einzelnen Teilen bestand weder Ehegemeinschaft noch Niederlassungsrecht. Gewinnung von Gold und Silber war verboten, ebenso das Fällen von Holz zum Schiffsbau. Jeder Bezirk hatte eine getrennte Verwaltung. Nach der Niederschlagung des Aufstandes des → Andriskos, der sich Philipp, Sohn des Perseus, nannte, wurden i.J. 148 v. Chr. die vier Teile M.s zusammen mit → Epirus zur Provinz Macedonia zusammengefaßt. Beginn der makedon. Provinzialära. Die Provinz wurde von einem Prokonsul prätorischen Ranges verwaltet, war seit 27 v. Chr. senatorische Provinz, wurde von 15 n. Chr. bis 44 n. Chr. zusammen mit → Achaia vom kaiserlichen Legaten von → Moesien verwaltet; seit 44 wieder senatorisch. Unter Antoninus Pius kam Thessalien zu M. Hauptstadt der Provinz war → Thessalonike. Vorort des *κοινὸν τῶν Μακεδόνων* war → Beroia. Die Provinz M. umfaßte bis 27 v. Chr. auch Griechenland (→ Achaia, 2), im W reichten ihre Grenzen bis zur Adria, im O zum Nestos. Röm. Kolonien: Dion, Pella, Philippi, Kassandreia; freie Städte waren Thessalonike, Amphipolis, Abdera, Ainos. J.S.

Lit: G. Wesenberg, RE 23, 1 (1957), 1022, s.v. Provincia.

[4] *Die makedonische Sprache* ist kein griech. Dialekt, scheint aber neben ungriech. Merkmalen alte Gemeinsamkeiten mit dem → Griechischen zu besitzen. Unsere einzige Quelle für ihre Kenntnis sind Eigennamen und → Glossen. Deren jüngste Schicht bilden griech. Wörter, die teils unverändert, teils dem mak. Lautsystem angepaßt übernommen wurden, etwa *Βερενίκη* mit *β* statt *φ*. Eine ältere Schicht umfaßt Wörter, die nur im Griech. eine genaue Entsprechung haben, wegen der lautlichen Verschiedenheit aber nicht aus dem historisch bekannten Griech. entlehnt sein können, z. B. *ἀδῆ*, ‹Himmel›, zu griech. *αἰθήρ*, oder *ἀβροῦϜες*, ‹Augenbrauen›, zu griech. *ὀφρύες*. Eine weitere Schicht enthält aus dem Griech. nicht deutbare Wörter wie *ἄλιζα*, ‹Weißpappel› (zu ahd. *elira*, ‹Erle›), oder *κίκερροι*, ‹Erbsen› (zu lat. *cicer*, ‹Kichererbse›). Zahlreiche Glossen sind nicht befriedigend erklärt. – Unklar ist das Verhältnis zum → Illyrischen. H.Sch.

Lit: O. Hoffmann, Die Makedonen, 1906 – A. Mayer, Über das Verhältnis des M. zum Illyrischen, Glotta 32, 1953, 45–89 – J. N. Kalléris, Les anciens Macédoniens (Etude linguistique et historique) I, 1954 (Ausführlich, aber einseitig den griech. Charakter betonend).

Makkabäer, Beiname des jüdischen Herrschergeschlechtes der Hasmonäer (= H.). Ihr Aufstieg wurde durch → Antiochos IV. ausgelöst: anläßlich eines Zwangsopfers in Modein (167 v. Chr.) rief der Landpriester Mattathias gegen die Seleukiden auf. Sein Werk vollendeten: Judas Makkabaios (= der ‹Hämmerer›, daher M.; 166–160; gefallen); Jonathan (160–143; Hohepriester seit 152; ermordet); Simon (143–134; ermordet). Dessen Sohn Johannes Hyrkanos I. (134–104) reihte sich dem Priesteradel (→ Sadduzäer) ein. Nach ihm herrschten Aristobulos I. Juda (104) und – mit dessen Witwe Salome Alexandra verheiratet – Alexander Jannai (103–77; König und Hohepriester) sowie Alexandra selbst (76–67). Von ihren beiden Söhnen behauptete sich Hyrkanos II. (63–30; hingerichtet) gegen Aristobulos II. (vergiftet 49); unter ihm stiegen die Herodeer (→ Herodes, 1) auf. Aristobulos II. hatte 2 Söhne: Alexander (hingerichtet 49), den Vater von Aristobulos III. und Mariamme, sowie Antigonos Mattathias, den letzten H.-Fürsten (40–37; hingerichtet). Mariamme, seit 37 mit → Herodes verheiratet, endete 29 ebenso wie ihre Mutter Alexandra (28) und ihre Kinder Alexander und Aristobulos (7 v. Chr.) durch Palastintrigen. Als letzter Hohepriester seitens der H. hatte Aristobulos III. bereits 29 den Tod gefunden. – Vgl. → Judentum (B 3–5). R.M.

Makron, att. Schalenmaler des streng → rotfigurigen Stils, tätig ca. 495–475 (→ Vasen, E 5), arbeitet für den Töpfer → Hieron (3). Seine nicht häufigen → Lieblingsinschriften erwähnen die Knaben Praxiteles und Hippodamas, ferner Hetären. – Trotz etwas breiter Produktivität gehören einige seiner Werke, bes. Frauenbilder, zu den schönsten Vasen. Einen Mangel an Dynamik ersetzt er zuweilen durch zarten, lyrischen Ausdruck. – *Werke:* Skyphos mit Helenas Entführung, Boston 13186 (Pfuhl, Abb. 435/36); Schale mit Parisurteil, Berlin F 2291 (ebd., 441). – Schalen, Skyphoi, Teller, Salbgefäße. I.Sch.

Lit: P. Hartwig, Griech. Meisterschalen, 1893, 270–306 – J. D. Beazley, An Askos by Makron, AJA 25, 1921, 325–336 – Ders., A Cup by Hieron and Makron, BAntBeschav 29, 1954, 12–15 – Beazley. ARV² 458–481.

Malchos von Philadelphia (Syrien), griech. → Geschichtsschreiber und Sophist, um 500 n. Chr., Christ (?). Setzte mit seinen ‹Byzantiaka› (nach Phot. bibl. cod. 78 die Zeit von 473–480, nach → Suidas s.v. die Zeit von Konstantin d. Gr. bis Anastasios umfassend) die byzantin. Geschichte des → Priscus fort (7 Bücher). W.Sp.

Frg: FHG. 4, 111–132 – Excerpta Constant. de legal., ed. C. de Boor, 1903, 155–169. 568–575 – *Lit:* M. E. Colonna, Gli storici bizantini I, 1956, 72f.

Maleia (oder Malea), südöstlichstes Kap der → Peloponnes (Kt. 1152 D 6), bei Seefahrern wegen Gegenwinden besonders gefürchtet. E.M.

Malerei

A. Überlieferung – B. Technik – C. Griechische Malerei: [1] Vor Polygnot; geometrisch-archaisch – [2] Polygnot und das 5. Jh. – [3] Im 4. Jh. – [4] Früher Hellenismus – [5] Hoher Hellenismus – [6] Späthellenistische M. in Rom – D. Römische Malerei: [1] Allgemeines – [2] Tafelmalerei – [3]–[9] Wandmalerei: [3]–[6]: 1. bis 4. pompejanischer Stil – [7] Hadrianisch-antoninische Zeit – [8] 3. Jh. – [9] Spätantike – E. Christliche Malerei: [1] Überblick – [2]–[3] Anfänge bis Theodosius I. (3./4. Jh.) – [4]–[7] Nachtheodosian. Zeit – Vgl. bes. → Kunst I. II.; → Mosaik; → Vasen; → Ornament – Zu den nur mit Verfassernamen zitierten Abbildungswerken vgl. *Lit.*

A. Überlieferung. Die *literarische* Überlieferung unterrichtet, im Gegensatz zum archäologischen Fundbestand, über M. nicht weniger ausführlich als über Skulptur; aus ihr zu schließen, waren Werke der M. populärer als die Plastik; in ihrer Auswahl ist sie klassizistisch bedingt. Die spätklassischen (Xenokrates) und hochhellenist. Quellen sind durch → Varro den Römern vermittelt worden. Was Plinius (nat. 35) von ihm übernahm (vgl. RE 21, 1 (1951) 403), läßt sich teilweise durch Quintilian (inst. 12) ergänzen; was diesen in Rom zugänglich war, durch das, was Pausanias aus eigener Anschauung in Griechenland beschreibt. Bildbeschreibungen sind auch bei Lukian, Petron und Philostrat erhalten (→ Zeuxis, → Apelles, → Aetion). Echte Kritik ist, abgesehen von Platons und Aristoteles' Kunsttheorien, nur in schwachen Spuren, etwas mehr von den theoretischen Äußerungen der Künstler selbst bewahrt. – *Archäologische* Überlieferung: Die in der Literatur genannten Meisterwerke der Tafel- und Wand-M. sind verloren; unsere Kenntnis bleibt auf Vasenmaler ersten Ranges, auf einige Ton- und Holzpinakes (→ Pinax) und bemalte Metopen, bemalte → Stelen und hellenist. Gräber beschränkt, denen etruskische ergänzend zur Seite stehen. Von unschätzbarem Wert sind einige röm. Kopien griech. M. in Wandgemälden und Fußbodenmosaiken, die in der Hauptsache aus den Vesuvstädten, z.T. aus Rom, seltener aus den Provinzen stammen. Besser sind wir über die griech. originale Mosaikkunst unterrichtet.

B. Technik. Als *Werkzeuge* dienten je nach Bedarf des Verfahrens sowohl Pinsel als Spachtel; → Palette und Staffelei erscheinen auf antiken Darstellungen. Ritzung als Vorzeichnung ist häufig. Motiv und Thema lassen mitunter auf Arbeit nach Bilderbuchrollen schließen (vgl. → Illustration). Über das *Material* zur Herstellung von → Farben berichtet Plinius (nat. 35,29) ausführlich. Dem jeweiligen *Malgrund* entsprechend wurden unterschiedliche Verfahren entwickelt: bis in spätarchaische Zeit überwiegen mit keramischen Farben auf gebrannten Ton gemalte Weihepinakes, Metopen u.a.; M. auf Stein bes. bei tektonischen Teilen und Grab → Stelen, wobei die frühesten Stücke oft nur noch Ritzung, spätere, im enkaustischen Verfahren hergestellte, häufig Farbspuren aufweisen (→ Enkaustik; vgl. → Marmorbilder); Holz, mit oder ohne Stuckschicht, war, auch für große Wandgemälde, der übliche Malgrund. Die kampanische → Freskotechnik, deren Widerstandsfähigkeit wir die meisten Werke antiker M. verdanken, wird auch den Griechen nicht unbekannt gewesen sein, obwohl sie sich bei parallelen etrusk. Zeugnissen nicht feststellen läßt. Neben gewöhnlicher Temperatechnik war ein unserer Öl-M. nahestehendes Wachstemperaverfahren gebräuchlich. M. auf Leinwand ist schon vor der Zeit Neros anzunehmen, aus der wir die erste Nachricht besitzen (Plin. nat. 35,51; vgl. → Mumienbildnisse). Eine eigene Gattung sind einfarbig gehaltene Bilder, sog. → Monochromata. Seit Erfindung der → Schatten-M. ist immer wieder von einer Verfeinerung der Maltechnik und Virtuosität der Pinselführung die Rede, die sich mitunter an Kopien verfolgen läßt (→ Compendiariae). Zeichnungen des → Parrhasios auf Pergament wurden von späteren Malern als Vorlage benutzt. Aus demselben Material sind spätantike Codices mit reicher → Illustration erhalten; desgleichen Papyrusfragmente; bemaltes Leder wurde in Dura-Europos gefunden.

C. Griechische Malerei. [1] *Vor Polygnot; geometrisch-archaisch.* Unsere Kenntnis von der geometrischen und archaischen M. beruht bes. auf der bemalten Keramik; dazu kommen einige Tonschilde, -metopen, Holz- und Tonpinakes (→ Pinax). Auf Grund traditionsgebundener Nähe zur großen M., die ihr erst in frühklassischer Zeit entwuchs, bewahrt die → Vasenmalerei (E 4) noch in ihrem Wetteifer mit der klassischen M. (s.u.) unschätzbares Anschauungs- und Interpretationsmaterial. – Aristoteles nahm an, daß die M. durch Eucheir, einen Verwandten des → Daidalos, nach Griechenland kam (Plin. nat. 7,205). Andere lokalisieren die Erfindung der Monumental-M. in Korinth (→ Kleanthes) oder Sikyon (Kraton, Telephanes). Dazu passen dorische Namensformen auf den ältesten attischen Monumentaldarstellungen der Vasen von Aigina (vgl. Schefold, O. H.R., 139). Aus der Spätphase des geometrischen Stils (nach 750; sog. ‹Idäischer› Stil) stammen die beidseitig bemalten Schilde von Tiryns (um 700; Lorimer, BSA 42, 1947, Taf. 18a), die ersten erhaltenen griech. Monumentalgemälde. Plinius (nat. 35,55) erwähnt ein von Bularchos gemaltes → Schlachtenbild mit dem Untergang der Magneten, das → Kandaules (um 710) mit Gold aufwog. – Im Laufe des 7. Jh.s wird Korinth zum wichtigsten Zentrum für die M. Nicht nur die Namen Aridikes und Ekphantos – dieser galt als Erfinder der → Monochrom-M. und der roten → Farbe und soll in Etrurien tätig gewesen sein –, auch Denkmäler, wie die früharchaischen Tonmetopen von Thermos (Kraiker 147 zu Farbtaf. III) und Kalydon (Rumpf 34,3) weisen darauf hin. Der ‹dädalische› Stil (ca. 700/625) verläßt die ‹schwebende› zugunsten einer ‹strengen› Tektonik der Fläche; nicht die Größe der Gebärde, sondern der feste Bau verleiht überzeugende Monumentalität. Nun entsteht auch Maltechnik auf Stein, bes. auf → Stelen (Prinis, Ithaka; vgl. Rumpf 29,3, Abb. 1) und auf Architekturteilen (Kriegerfries von Samos; vgl. Rumpf 29,4, Abb. 2). – Die M. der hocharchaischen Periode (ca. 625/570) – die Zeit Solons – ist stilistisch gekennzeichnet durch eine spannungsreiche Auseinandersetzung von Grundfläche und Körpervolumen. Die Themen sind vorzugsweise epischer Natur. Früh entsteht die prächtige Gestalt eines Jägers, in farbiger Umrißzeichnung, auf einem von → Timonidas mit → Namensbeischrift versehenen korinth. Ton-Pinax (mit anderen, darunter späteren, aus Pendeskufia: Rumpf, 52,6). Aus Athen stammt das Pinaxfragment mit einem Kitharaspieler (Kraiker, 151 zu Taf. 10). – Spätestens zu Beginn der spätarchaischen Periode (ca. 570/500) übernimmt Attika in der M. eindeutig die Führung (→ Eumares), wie die → Vasen-M. zeigt, die nun durch ein Jh. vielfach den Rang monumentaler Kunst bewahrt. Die in Korinth mitunter zum Schema gewordene strenge Tektonik voluminöser Formen weicht einer elastischen Durchgliederung und dramatischen Belebung. Die nicht keramischen Denkmäler sind auch jetzt selten. In einer Höhle bei Pitsa haben sich vier hölzerne Weihetafeln erhalten, mit leuchtendem Blau, Rot, Braun, Gelb auf weißem Grund, in der Ausführung feiner als der Großteil der gleichzeitigen korinth. Keramik; zu datieren um 600, 530, 480, 470 (Rumpf, 44,6). In Athen malte → Exekias in den 30er Jahren einen in großen Stücken erhaltenen Grabschmuck: Tonpinakes mit Totenklage und → Ekphora (Rumpf, 47,3; Kraiker 147 zu Farbtaf. III). Um 515 entstand ein Pinax in rotfiguriger Technik, vielleicht von der Hand des → Euphronios (Rumpf, Taf. 20,2), etwas später das Bild eines nach links stürmenden Kriegers mit dem → Lieblingsnamen des Megakles (Rumpf 65,5). Die archaische additive → Palette bei Maltechnik auf Marmor läßt sich an einigen Grab → Stelen nachweisen. Wohl gegen Endes des Jh.s weihte → Mandrokles v. Samos angeblich ein Gemälde von der Überquerung des Bosporos durch Dareios (524) im Heiligtum der samischen Hera (Hdt. 4,88). Möglicherweise läßt sich der Stilwandel um 500 mit → Kimon (3) v. Kleonai in Verbindung bringen, der als Erfinder der Verkürzung galt (Körperperspektive). Gegen Ende des Jh.s malte auch Aglaophon von Thasos, der Vater Polygnots. Kurz nach 500 sollen die griech. Maler Damophilos und Gorgasos in Rom tätig gewesen sein (Plin. nat. 35,154).

[2] *Polygnot und das 5. Jh.* Weder von den Werken → Polygnots noch von denen seiner Zeitgenossen → Mikon, → Panainos, Onasias haben wir eine direkte Vorstellung, jedoch kennzeichnet den ‹strengen› Stil der frühen Klassik allgemein die organisch-funktionelle Vereinigung der Bildelemente, die sich in Farbgebung, Körperperspektive und Autonomie des Individuellen äußert. Die Überlieferung berichtet von bedeutenden Aufträgen, beschreibt ausgedehnte Kompositionen, teilweise vermutlich in natürlicher Grösse. Die Themen sind bisweilen historisch, stehen dann aber in mythologischem Zusammenhang, wie in der → Stoa Poikile (→ Panainos), umgekehrt ist Mythologisches höhere Deutung des Zeitgeschehens, und hierin verbindet sich die M. mit der zeitgenössischen Dichtung. Die Antike sah in polygnotischer M. die Verkörperung dessen, was für unsere Vorstellung von klassischer Kunst allgemein verbindlich ist: die Darstellung des Ethos, des Charakters, als schicksalhaft. Der Autonomie des Menschen entspricht die Erfassung des (tragischen) Einzelschicksals; die Komposition (→ Polygnot III) macht die seelische Vorbereitung der Tat bzw. die Auswirkung nach der Tat sichtbar. – Die Auswirkungen der M. auf die → Plastik des stren-

gen Stils sind unverkennbar (z.B. Olympia) und spiegeln sich in der gleichzeitigen Vasen-M. Nach der Jh.mitte treten neue Probleme in den Vordergrund. Seit → Apollodor (3) die Wiedergabe der Erscheinung zum Grundsatz der M. gemacht hatte, konnten die Darstellungsmöglichkeiten polygnotischer Kunst nicht mehr genügen. Über Phidias' Kompositionsweise als Maler sind wir durch Nachbildungen seiner Gigantomachie auf der Schildinnenseite der Athena Parthenos unterrichtet (A. von Salis, a.O.; anders H. Walter, a.O.). Die Möglichkeiten der frühen → Schatten-M. illustrieren einige Lekythen (Kraiker 148 zu Farbtaf. VI – Rumpf 122, 1) und das Marmorbild der → Knöchelspielerinnen. Bezeichnend ist der gleichzeitige Versuch → Agatharchs, Raum mit den Gesetzen der Perspektive zu erfassen (→ Bühnen-M.); jedoch ist ihre Auswirkung auf die Tafel-M. zunächst unwesentlich: Hauptanliegen bleibt die Plastizität der Figur mit illusionistischen Raumandeutungen (vgl. Schefold, PM 199 zu Taf. 44. 52). Damit stimmt die Wahl der überlieferten Themen überein: vorzugsweise psychologisch charakterisierend rücken sie die einzelne Gestalt in den Vordergrund; ausgedehnte Kompositionen werden vermieden. → Eupompos, die Eigenart der Schule von → Sikyon vertretend, sucht formale Beschränkung; die Vertreter des ‹reichen› Stils, → Parrhasios, → Zeuxis, → Pauson, → Timanthes, stellen mehr die geistig-problematische Deutung in den Vordergrund: psychologisches Erfassen der Situation, des Transitorischen im Ausdruck, der abstrakten Idee (so Parrhasios' ‹Athenischer Demos›): gemalte Sophismen (Him. ecl. 13, 5), denen Aristoteles (poet. 1450a) ethischen Gehalt absprach. In der für die abendländische Kunst so folgenschweren Erfindung der → Schatten-M. fand die griech. M. das adäquate Ausdrucksmittel für ihr Verstehen der Erscheinungen (Plin. nat. 35, 60: *species*) als solcher.

[3] *Im 4. Jh.* Die meisten der genannten Künstler waren noch nach der Jh.wende tätig, geistig und künstlerisch typische Vertreter des reichen Stils (ca. 425/380). Zu ihnen gehörte auch → Aristeides (6) v. Theben, dessen berühmtester Schüler → Euphranor die frühe Spätklassik in der att. M. vertritt. In Sikyon setzt → Pamphilos den von seinem Lehrer → Eupompos vorbereiteten strengen zeichnerischen Stil fort, verleiht ihm plastisches Volumen. Sein umfassendes Wissen und den Adel seiner Kunst (‹Chrestographie›) vermittelt er seinen Schülern Melanthios, Pausias, Apelles (s.u.). Näheres über den Stil dieser Zeit entnehmen wir Gravierungen auf Elfenbein und Erz und den → ‹Kertscher› Vasen (dazu Lippold, GK 88; ebd. 70 bzw. 111 zur Datierung der → Marmorbilder des Kentauren und des Apobaten). Zeitgenosse Euphranors war Kydias von Kynthos (SQ 1967ff.); sein Gemälde der Argonauten war vielleicht Vorbild für die Gravierung auf einer Ciste aus Praeneste (Rumpf 129, 3 und Abb. 13). Antidotos, ein sonst nicht bekannter Schüler Euphranors, soll Lehrer des → Nikias (2) gewesen sein, der uns durch zwei Gemäldekopien bekannt ist (um 340/30). – «Mit genialer Einfachheit schafft die neue Plastizität eine gewisse Räumlichkeit, die, von der Raumillusion des reichen Stils völlig verschieden, zur Würde der späten Klassik beiträgt» (Schefold, PM 199 zu Taf. 47. 50b). Diese neue Tendenz folgt der Kritik Platons an der sophistischen Geisteshaltung und ihrer Auswirkung auf die ‹Illusions-M.› des reichen Stils (vgl. z.B. rep. 523B. 602C; leg. 663A; Phaidon 69A); Aristoteles (Pol. 1337 b22) anerkennt seinerseits den erzieherischen Wert des damals von Pamphilos eingeführten allgemeinen Zeichenunterrichtes. Sein Schüler → Melanthios vertrat als direkter Nachfolger des Pamphilos wohl am reinsten die spätklassische Strenge der sikyon. M.; → Pausias bereicherte sie durch Virtuosität des Pinsels, dem genialen → Apelles bot sie die Grundlage, auf der er dorische Würde (*χρηστογραφία*) mit ionischer Anmut (*χάρις*) verband. Als Mensch wie als Künstler war er bereits Panhellene im Sinn des → Hellenismus, den er und seine Zeitgenossen einleiten. Von tiefem Ernst muß die Kunst seines Freundes → Protogenes gewesen sein; Aristoteles hatte sich gewünscht, daß er die Taten Alexanders verherrliche.

[4] *Hellenismus.* Erst nach Alexanders Tod (323) brachte als erster → Philoxenos dessen historische Tat zu bedeutender Darstellung (→ Alexandermosaik, vgl. auch → Aetion, → Helena, 2). Das spätere 4. Jh. galt als Blütezeit der M.; auf diese Periode gehen die meisten röm. Gemäldekopien zurück. Nur wenige lassen sich mit Künstlernamen in Verbindung bringen: Von → Athenion ist ein Lykomedesbild überliefert; zwei andere Gemälde lassen sich auf Werke des → Timomachos, die Mittelgruppe der → Aldobrandinischen Hochzeit auf → Aetion, das Briseisbild auf Athenion vermutungsweise zurückführen (Weiteres: Schefold, PM 176). Da die Synthese der griech. Bildelemente römisch ist, lassen sich nur in seltenen Fällen direkte Schlüsse auf das ursprüngliche Verhältnis von Figur und Raum ziehen. – Die *Spätklassik* kehrte in Reaktion auf die ‹Scheinwelt› des reichen Stils zur Körperperspektive zurück; Raum umgab die Figur als attributives Element. *Die M. des frühen Hellenismus* begreift die Figur im optisch-malerischen Zusammenhang mit der Erscheinungswelt, die Fügung der Elemente ist herb realistisch und dissonierend. Die treuesten Nachbildungen vermitteln eine klare Vorstellung von dem bühnenhaften Charakter der Raumausschnitte, sei es als → Landschaft (→ Alexandermosaik), sei es als → Innenraum. Hierhin gehören die Vorbilder der Schauspielermosaiken (→ Dioskurides v. Samos), der Liebespaare aus der Farnesina (Rumpf 152, 1) und – als Originale bes. aufschlußreich – die bemalten Grab → Stelen von Pagasai, sog. Naiskosbilder (vgl. Beyen I 102ff.). Der zunehmenden Betonung des Optischen entspricht der Wandel zu einer flüchtigeren Malweise; so bleiben die ‹celeritas› (‹Schnelligkeit›) und → compendiariae des → Philoxenos, die ‹facilitas› (‹Leichtigkeit›) des → Antiphilos von Ägypten in Erinnerung, ja der ägypt. Malweise schreibt Petron 2,9 die Schuld am Niedergang der M. zu. Überlieferte Bildbeschreibungen betonen das raffinierte Detail, Glanzlicht und Spiegelung lassen sich als beliebte Darstellungsmittel nachweisen (→ Alexandermosaik; außerordentlich lockere Pinselführung zeigen die originalen Wandgemälde von Kasanlik und Mustapha Pascha; Rumpf, 151, 6. 152, 2). All dies muß zur Aktualisierung und Individualisierung der Darstellung führen.

[5] Der *hohe Hellenismus* (etwa 230–170) ist am großartigsten durch Wandgemälde von → Boscoreale (Neapel und New York) vertreten (Schefold, PM 196). Das Original ist vielleicht in → Pergamon entstanden, das sich unter → Attalos I. (241–197) zu einem Kulturzentrum ersten Ranges entfaltet hatte. Hier war dem griech. Genius zum letzten Mal Gelegenheit geboten, ureigene Kräfte zu entfalten. Gestalten wie ‹Herakles bei Omphale› (Schefold, PM 199 zu Taf. 41) zeugen von der Größe dieser Kunst. Von den Künstlern selbst ist von nun an wenig bekannt (vgl. SQ 2102ff.). Für den Schmuck der Paläste spielte das → Mosaik eine bedeutende Rolle. Neben Tierstück und → Stilleben standen → Jagdbilder und → Schlachtengemälde an bevorzugter Stelle. Aus Alexandria, der bedeutendsten Kulturmetropole des Hellenismus, sind Werke der Grabkunst (Wand- und Deckengemälde, bemalte Stelen) sowie einige Mosaikfragmente bekannt (Rumpf 164); vom künstlerischen Reichtum der Paläste vermitteln die Beschreibungen der Prachtschiffe Ptolemaios' IV. und Hierons II. ein anschauliches Bild (Ath. 5, 204D; 206D; → Mosaik B 1); eine Fülle von Elementen jener Kunst in der späteren röm. Wand-M. bildet nur den sichtbaren Teil eines unabsehbaren allgemeinen Kultureinflusses, der sich bes. mit der Verbreitung der Isisreligion über das ganze Reich ergoß.

[6] Bes. *in späthellenist. Zeit* (etwa seit 170) müssen Künstler aus dem Osten (bes. aus Alexandria und Athen) *in Rom*

tätig gewesen sein. Das → Fischmosaik aus Praeneste ist hierfür eines der bedeutendsten Zeugnisse; die hohe Aufsicht dieser und anderer → Landschaften führt man, im Gegensatz zur weiten Öffnung etwa der frühhellenist. gelben und schwarzen Friese, auf den Einfluß der Topographie des Alexandriners Demetrios zurück (um 200?; SQ 2141 f.). Anders, im griech. Sinn plastischer, wirkt noch die Landschaft nach hellenist. Bühnen-M. im Schlafzimmer von Boscoreale (Schefold, PM 196 zu Taf. 5), das so auffallende Übereinstimmung mit der Nilschiffbeschreibung aufweist (2. Stil, s.u.). In der Wand-M. wird der hellenist. Palaststil bald vorbildlich für die Gestaltung der bürgerlichen Wohnräume, wie sie aus Priene, Delos, Athen bekannt sind (Rumpf 164 f.). Die Wand wird oft mit Nachahmungen von Quadermauerwerk in Stuck verziert (vgl. 1. pomp. Stil). – Hellenist. Künstler wurden durch den → Scipionenkreis gefördert; → Aemilius (10) Paullus brachte mit den ersten Kunstschätzen auch griech. Maler nach Rom (Pydna 168 v. Chr.; Plin. nat. 35, 135). Vielleicht ebenfalls in Italien entstanden ist das Original des ‹Mysterienfrieses› in Pompeji. Etwa um 100 wurde hier Jaja von Kyzikos durch ihre Porträts bekannt. Zur selben Zeit malte Serapion – dem Namen nach ein Alexandriner – auf dem Forum in Rom eine große, figurenlose → Szenaefrons in räumlich-illusionistischer Weise 2. Stils, die zum Ausgangspunkt typisch röm. Dekorationsweise geworden ist (Plin. nat. 35, 113; vgl. → Bühnen-M.). Sein wohl etwas jüngerer Kollege Apaturius von Alabanda stieß mit einem ähnlichen Unternehmen in Tralleis auf heftige Kritik (Vitr. 7, 5, 4); das Beispiel steht gleichsam sinnbildlich für die Situation der damaligen Kunst: in Werken griech. Künstler kommt röm. Formempfinden immer stärker zum Ausdruck; ebenso unaufhaltsam wie die politische wächst die künstlerische Einflußsphäre Roms seit dem letzten Punischen Krieg. Anderseits ist ein bereits im hellenist. Alexandria und Pergamon erwachender musealer Geist für das aus Rom nicht wegzudenkende Kopienwesen mit verantwortlich, dem wir die meisten Kenntnisse von griech. M. verdanken.

D. Römische Malerei. [1] Nach der Niederlage Makedoniens (168) und Karthagos (146) standen Rom alle Wege nach dem Osten offen. Als Hauptstadt der gebildeten Welt wurde Rom auch künstlerisch tonangebend. Das wachsende Selbstbewußtsein hatte sich nun gegenüber den Nachfolgern Alexanders des Großen zu behaupten; sich griechisch zu gebärden wurde zum Lebensstil. Anschaulichstes Zeugnis ist die architektonische und bes. malerische Gestaltung des → Hauses als Synthese von Palast, Pinakothek, Museion und Heiligtum. Italisches Gefühl für das abstrakte Volumen ist eine der Hauptwurzeln für die einheitliche Bewältigung des Raumes in der röm. M.; eine weitere die Darstellung alles Körperlichen von der Oberfläche her, das Fassadenhafte. Der Gestaltung von Raum und Fassade, dementsprechend landschaftlicher Tiefe und körperloser Fläche, wird der ganze Reichtum griech. Elemente unterworfen. Was diese Synthese lebensfähig machte, war der röm. Drang nach repräsentativem Ausdruck. Immer untersteht die Ordnung einem gedanklichen, der Inhalt einem ideellen Prinzip. In diesem Sinn ist das Verhältnis der röm. zur griech. Kunst nicht nur rezeptiver, sondern zugleich auch aneignender Art, ist röm. Kunstgeschichte gekennzeichnet durch die wechselnde Betonung von räumlich-flächiger und körperlich-plastischer Formensprache. Unumgänglich für das Verständnis röm. Dekorationsweise ist die Analyse des Aufbaus der tektonischen Elemente zur repräsentativen Fassade als dem Rahmen für eine gedanklich beziehungsreiche, letztlich religiös-transzendierende Ordnung figürlicher Motive zu bedeutungsgeladenen → Bildzyklen (vgl. → Allegorie).

[2] *Tafelmalerei.* Nach den spärlichen Quellen ist stadtröm. M. vor der Mitte des 2. Jh.s v. Chr. ein Zweig innerhalb der ital. Entwicklung, in frühester Zeit dem etrusk., später mehr dem kampanischen Einfluß offen (→ Oskische M.). Auch soll eine Reihe griech. Künstler seit dem 5. Jh. in Rom tätig gewesen sein (vgl. Brunn II 302). Als erster stadtröm. Maler galt → Fabius (10) Pictor. Plin. nat. 35, 19 erwähnt auch den tragischen Dichter → Pacuvius und einen Plautius (35, 115; aus Kleinasien?) als Maler. Cicero (Tusc. 1, 2, 4) hatte Grund, sich über das geringe Verständnis der Römer für diese Betätigung zu beklagen. Nur durch signierte Tempelgemälde sind die Namen bekannt geworden. – In der Tafel-M. blühte die Gattung der Historienbilder (→ Historien-M.), ein typisch röm. Erzeugnis, das formal wie inhaltlich bes. im → Historischen Relief nachwirkt; eine unmittelbare Anschauung bietet der Teil eines Wandbildes aus einem Grab auf dem Esquilin (Pfuhl, Abb. 751).

[3]–[9] *Wandmalerei.* Unter röm. Wand-M. in engerem Sinn versteht man die aus einer Synthese hellenist. Elemente hervorgegangenen Dekorationssysteme; ihre Aufteilung in vier ‹Stile› umfaßt zeitlich jene durch die günstigen Fundumstände in den Vesuvstädten (bis 79 n. Chr.) erhaltenen, bes. pompejan. Zeugnisse und die ihnen gleichzeitigen; in größerem Umfang sind sie außerdem in Rom vorhanden. Die These von A. Mau, daß diese Stile aufeinanderfolgen, ist zwar bestritten, durch neuere Forschungen aber bestätigt worden.

[3] Der *1. pompejanische Stil* ist als früheste Phase in der Entwicklung der kampanischen Wanddekoration erkannt und nach Vitr. 7, 5, 1 als ‹Inkrustationsstil› charakterisiert worden; die Bezeichnung ist insofern irreführend, als die Dekoration als Nachkomme des hellenist. Palaststils den Aufbau der Quaderwand zunächst nur in Stuck und M. nachahmt (→ Inkrustation); über die Verbreitung im hellenist. Osten s. o. C [5]. Der ital. 1. Stil setzt die Zone der Orthostaten bildhaft über einen Sockelstreifen und bereitet damit die vertikale Dreiteilung späterer Stilstufen vor (vgl. Beyen I, Abb. 3–4). Größere Farbigkeit und Reichtum an tektonischen Motiven verstärken den Eindruck des Malerischen; figürliche M. tritt nur an tektonischen Gliedern auf (vgl. Fries, Curtius Abb. 45); echte Klapptafelbilder zierten die Gesimse, figürliche Mosaiken, sog. → Emblemata, den Fußboden.

[4] *Der 2. pompejanische Stil,* der mit der sullanischen Kolonisation im Jahr 80 v. Chr. in Pompeji eingeführt wurde, schließt bruchlos an den 1. Stil an. H. G. Beyen unterscheidet 5 Entwicklungsstufen. Die erste Stufe bringt die Bereicherung der noch einheitlich geschlossenen Wand mit dionysischen Masken, Girlanden u.a. schon aus Delos bekannten Motiven; neu ist die illusionistische Darstellung eines dreidimensionalen Sockels und eines von Säulen getragenen, vorkragenden Gebälkes (Casa dei Grifi, Palatin). Auf der zweiten Stufe (vgl. bes. die Mysterienvilla in Pompeji) wird die Wand zunächst im oberen Drittel illusionistisch zurückgesetzt und mit Tafelgemälden z. T. verdeckt oder für Ausblicke auf Säulenhallen und Rundtempel (heiligen Bezirk) freigemacht. Einzelne gemalte Statuen (vgl. Vitr. 7, 5, 2: *signorum → megalographia et deorum simulacra*) oder ganze Friese schmücken die Mittelzone, gemalte Karyatiden ersetzen mitunter die Säulen. Der sich ankündigende symmetrisch-dreiteilige Wandaufbau bereitet die 3. Stufe vor, die bes. durch Ausbildung der Szenaefrons und des freien Prospektes gekennzeichnet ist. Der Einfluß des Theaters äußert sich in der freien Wiedergabe der griech. → Paraskenionbühne (Beyen, Typ A) und der durchblickärmeren röm. Szenaefrons vor gleichmäßigem Hintergrund (Typ B). Im Sommer → Triklinium der Villa von Boscoreale ist um 40 ein Höhepunkt in der tektonischen Wanddekoration des 2. Stils erreicht; aus dem Schlafzimmer ders. Villa stammen die bekannten Nachbildungen hellenist. Bühnenprospekte; der Herrscherfries ist eine spätere Parallele zum Mysterienfries. Mit der 4. Stufe setzt die Reaktion ein, die Dekorationselemente werden bild-

artig geordnet. Typisches Beispiel für die gleichzeitige Reduzierung der tektonischen Glieder sind die Wanddekorationen im Bad der Casa del Criptoportico; Durchblicke auf → Sakrallandschaften wirken bildhaft flächig, sind die direkten Vorläufer der zentralen Wandgemälde 3. Stils. Dieser kündigt sich in der zunehmend nur noch ornamental wirkenden Tektonik im Haus des Augustus (Palatin), der sog. Aula Isiaca und der Villa Farnesina bes. deutlich an (5. Stufe). Am Übergang zum 3. Stil steht der sog. → Kandelaberstil. – Die Epoche des 2. Stils (ca. 80/15 v. Chr.) bedeutet den Höhepunkt der röm. Wandmalerei, mit der grundsätzlichen Fähigkeit, Raumillusionen malerisch darzustellen, zu denen die → Architektur (II B 2) der Zeit des 1. Stils die Voraussetzungen geschaffen hatte (axiale Durchblicke in Häusern und Basiliken). Den röm. Prinzipien der illusionistischen Räumlichkeit und der Fassade wird der im vollen Ausmaß übernommene Reichtum griech. Elemente untergeordnet (vgl. noch → Odysseelandschaften, → Aldobrandinische Hochzeit).

[5] *Der 3. pompejanische Stil* bringt in seiner frühen Phase die Wand wieder als reine Fläche zur Geltung, setzt den symmetrisch-dreiteiligen Wandaufbau mit zierlich zeichnerischen Elementen fort, vermeidet so alle raumillusionistischen Werte. Der flächig umrissene Durchblick 2. Stils wird hier zum gerahmten Bild (→ Bildrahmen); dessen Komposition wiederholt die horizontale und vertikale Dreiteilung des Wandaufbaues. Die Wahl der Themen beruht fast immer auf dem Prinzip der → Gegenstücke. – Hellenist. Bilderbücher, als Friese kopiert, werden nun in Einzelbilder zerlegt und landschaftlich ausgestaltet; der bedeutendste Landschaftsmaler zur Zeit des Augustus soll Ludius gewesen sein (Plin. nat. 35, 116; Schefold, PM 186 zu 79). Glanzbeispiel dieses Stils ist die Villa Imperiale in Pompeji (unveröffentlicht); die Reifestufe ist in der Villa des Agrippa Postumus in Boscotrecase am schönsten vertreten (Schefold, VP 59 ff.). Kraftvoller wirken die Details in den Häusern des Sulpicius Rufus und Caelius Iucundus (a. O., Taf. 45 f.). Erst auf einer späteren Stufe füllen die Figuren die Bildfläche wieder aus, öffnen sich Durchblicke zu beiden Seiten der Mitteládikula (Haus des L. Fronto; a. O., Taf. 48). In seiner konsequenten Rückkehr zur Fläche entspricht der 3. Stil keineswegs der klassizistischen Kritik Vitruvs am 2. Stil; die neuen, körperlosen Formen erzeugen vielmehr ein irrationales Moment, in dem röm. Wesen sich mehr als je zuvor offenbart; in seiner Strenge spiegelt sich augusteische Gesinnung wider.

[6] *Der 4. pompejanische Stil*, durch die spielerische Auflösung in claudischer Zeit vorbereitet, läßt sich in Pompeji erst nach dem Erdbeben von 63 nachweisen und wird für → Neros ‹Domus Aurea› geschaffen sein. Der symmetrische Aufbau bleibt bestehn, aber es herrscht nun ein ins Barocke gesteigerter Illusionismus. Vom 2. Stil unterscheidet ihn die Tendenz zur Irrealität, die aus dem 3. Stil nachwirkt. Zu den frühesten Beispielen gehören der große Saal im Vettierhaus, das Peristyl im Dioskurenhaus, das → Macellum (Schefold, VP, Taf. 13, 62 ff. 71). Das theatralische Pathos der Zeit findet in den phantastischen Nachbildungen der → Szenaefrons einen adäquaten Ausdruck (sog. Palästra, Haus des Pinarius Cerealis). Vorbilder klassischer Gemälde werden häufig in ihre figürlichen Bestandteile zerlegt, diese frei vor die Bühnenfront gestellt (z. B. a. O., Taf. 78 f.). Die Phase üppiger Sensualität wird in vespasianischer Zeit (69–96; 79 Verschüttung Pompejis) durch Betonung großer einfarbiger Flächen abermals klassizistisch reduziert (‹Feldermanier›). Aus dieser Zeit stammen die meisten Dekorationen der nach dem Erdbeben vom Jahr 63 restaurierten pompejanischen Häuser. Bezeichnend für diese Reaktion ist die Nachbildung früherer Systeme und Motive (a.O., 140 ff.); eine folgenreiche Neuschöpfung ist die große Bildwand (a. O., Taf. 145 ff.). – Den Wanddekorateuren 4. Stils verdanken wir die getreuesten Kopien griech. Vorbilder; unter ihnen überwiegen Werke des als eigentlich klassisch empfundenen 4. Jh. s. Als ‹antiquis similior› bezeichnet Plinius (nat. 35, 120) den unter Vespasian wirkenden Maler Attius Priscus. Von mehr volkstümlichem Charakter ist die pompejanische → Fassaden-M. – Für die Erstarrung des 4. Stils in vespasianischer Zeit ist die Neubelebung des Mosaiks bezeichnend; auch die häufigere Verwendung der Stuckdekoration an Wänden und Gewölben (Domus Aurea, Thermen in Pompeji) bedeutet nicht nur Rückbesinnung auf ältere Verfahren (Farnesina), sondern zugleich Verdrängung der M. als Mittel der Wanddekoration, für die spätestens seit dem trajanischen Klassizismus die → Inkrustation vorherrschend wird. Aus dieser Epoche (96–117) ist außer Fragmenten vom Palatin (Wirth 60; Borda 91 ff.) und einigen → Mumienporträts kein bedeutendes Zeugnis der M. erhalten.

[7] *Die hadrianisch-antoninische Zeit* (117–192) setzt zunächst den Klassizismus der trajanischen Zeit fort. An erster Stelle stehen die Mosaiken aus der Villa Hadrians in → Tibur, wo sich vereinzelt auch Reste einer klar gegliederten Wand- und → Decken-M. erhalten haben (Wirth 61 ff.; Borda 95 f.). Die Nachblüte der Wanddekoration in antoninischer Zeit ist hauptsächlich durch zweitrangige Beispiele aus Häusern in Ostia, der nahen Nekropole auf der Isola Sacra und Gräbern aus der Umgebung Roms vertreten. Von einer ins Jahr 134 datierten Wand der Villa Negroni sind Fresken nur nach Stichen bekannt (Krieger Taf. 1. 2; Borda 98). – Eine der besterhaltenen Wohnraumdekorationen in Ostia setzt im wesentlichen die Spätphase des 4. Stils fort (Wirth, Abb. 47; vgl. Taf. 25); charakteristisch sind isolierte Einzelfiguren auf großen, einfarbigen Feldern (a. O., Abb. 48 f.; Rumpf 185, 6), seltener Einzelbilder (Wirth, Taf. 36). Die Gattung großer Wandgemälde mit → Meermotiven und → Sakrallandschaft ist in Gräbern an der Via Portuensis (Rumpf 185, 10) und in Caivano (Wirth Taf. 18) vertreten. An Landschaften 3. Stils erinnern die hervorragenden Deckenbilder des Pankratiergrabes, um 150 nach Chr. (Wirth Taf. 16; Rumpf 186, 1; Borda bei 96) und die Einzelbilder aus der Villa der Quintilier in der Villa Albani und aus der Villa unter S. Sebastiano (Wirth Taf. 17. 19 ff.). Vom barocken Stil spätantoninischer Zeit geben die künstlerisch ebenfalls bedeutenden Wand- und Deckengemälde des Nasoniergrabes eine gute Vorstellung (a. O. Abb. 57; Rumpf 185, 9). Die zahlreichen, leider nur z. T. publizierten Funde aus den Provinzen zeigen, daß die Wand-M. noch im ganzen Imperium gepflegt wurde. Eine besondere Blüte erlebt das Porträt im 2. Jh. – Mehr als je zuvor konzentriert sich die Kunst der figürlichen Darstellung auf das Mosaik, das in zahlreichen Beispielen aus Italien und nahezu allen Provinzen durch Funde belegt ist (Rumpf 186 f. 190 f.). Einwirkungen von Wand- und Decken-M. auf das Mosaik sind, bes. seit severischer Zeit, unverkennbar: ‹Tafelbilder›, Frieserzählungen, Einzelfigur, Porträt, ganze tektonische Fassaden sind auf die Fußböden gebannt; zweifellos kontrastiert ihre Vielfarbigkeit mit marmorverkleideten oder durch sog. Streifendekoration (Wirth 134 ff.) gegliederten Wänden, die seit dem 3. Jh. überwiegen. Dagegen sind Mosaiken aus Ostia, wo in antoninischer Zeit die Wanddekoration mit großen Farbflächen vorherrscht, meist schwarzfigurig.

[8] *Das 3. Jh.* Schon das durch Sgraffiti in die Zeit vor Commodus (um 180) datierte Haus des Ganymed in Ostia zeigt eine lineare Verflachung der Wandgliederung, die sich im Dianahaus fortsetzt (a. o., Abb. 51 ff. 58 ff.; Borda 103 ff.). Durch festere Rahmen gefügt sind die severischen Wanddekorationen vom Stadion auf dem Palatin (Wirth, Taf. 32; Borda 115), aus den Vigiles im Trastevere und in Ostia (Wirth, Taf. 33, bzw. Abb. 60 f.; Borda 119), mit denen sich eine Wand aus Eleusis vergleichen läßt (Wirth, Abb. 68; Rumpf 190, 3). Reminiszenzen an den 2. Stil (topiaria) findet man im Haus des Attalos in Pergamon

(Borda 113; vgl. Schefold PM Taf. 11) und in der Palastfassade mit lebensgroßen Gestalten von der Via dei Cerchi (severischer Klassizismus) (Wirth, Taf. 29ff.; Borda 301); das Gemälde war ursprünglich über einer 2,5 m hohen Marmorverkleidung angebracht. – Eine in ähnlicher Weise erstarrte Tektonik zeigen die Mosaiken ders. Zeit aus Antiochia (Levi, Taf. 22ff.). Den Expressionismus des 2. Viertels des Jh.s illustrieren am schönsten die Stücke aus den Häusern ‹of the Mysteries of Isis› und ‹of the Boat of Psyches› (a. O., Taf. 33ff.) sowie die reich ausgemalte Grabkammer in Palmyra (a. O., 550ff.); die Auflösung der Bildkomposition, die für die Katakomben seit der Jh.mitte charakteristisch ist, läßt sich auf weiteren Bildern verfolgen (a. O., Taf. 44ff.); Glanzstück dieser Epoche sind die Mosaiken von → Piazza Armerina. – Dem Lunettengemälde im Grab der Gens Octavia (Wirth, Taf. 38) stehen Fresken in der Casa Celimontana nahe (Borda 120), aus der auch das Gemälde mit Gottheiten vor einer Meereslandschaft stammt (Wirth, Taf. 13.15; Borda 320); ihm schließen sich 2 → Marmorbilder aus Rom an (Borda 354); noch genauer versuchen die Fresken von Tor Marancio ihr klassisches Vorbild nachzuahmen (Marconi, Abb. 137ff.; Dohrn, Taf. 10). Bedeutend ist der figürliche Schmuck des zwischen 212 und 275 entstandenen Aureliergrabes (sog. Gnostische Katakombe: Borda 127; Rumpf 190, 4). Die ausgeprägte Streifendekoration ist charakteristisch für die Wandgliederung in der um 238 datierten Innocentiergruft (Wirth, Abb. 94) und den gleichzeitigen → Katakomben (Rumpf 190, 6–9; Wirth 165ff.; Borda 120ff.). – Eine außerordentliche Vielfalt stilistischer Strömungen kennzeichnet das 3. Jh. n. Chr. als eine an den Schöpfungen früherer Epochen zehrende Spätzeit. Die Thematik steht der der besser erhaltenen und erforschten → Sarkophage nahe. Ein zunehmend sich verdichtender Symbolismus, dem bes. in der Katakomben-M. die christl. → Symbolik (4) parallel geht, führt schließlich den Dogmatismus der Spätantike herauf.

[9] *Spätantike.* Die kubistische Verfestigung der Form in der Zeit Diokletians leitet den schlichten Realismus der konstantinischen Zeit ein (306–ca. 350). Typisches Beispiel für die Frühphase dieses Stils ist die monumentale Wanddekoration (‹opus sectile›) der Basilica des Iunius Bassus, Konsul von 317 (Deubner, Abb. 5; Rumpf 194, 2). Der nur in Zeichnungen erhaltenen Inkrustation lassen sich gemalte Nachahmungen in Gräbern von Hermopolis und Pantikapaion anschließen (Rumpf 194, 4–8). Von den Katakomben des 4. Jh.s ist die des Thraso in Vigna Massima hervorzuheben (Rumpf 195, 3; Borda 349); weiter das Grab des Trebius Iustus in Rom (Borda 344) und die bes. wertvollen Deckenbilder aus Trier (Kähler 20, 78). Den weiblichen Personifikationen sind die ‹Jahreszeiten› des bedeutenden Mosaiks in der konstantinischen Villa in Antiochia (um 325) verwandt. Auf 325 datiert sind die Stifterbildnisse von Aquileia a. O. Vor die Jh.mitte gehören die Mosaiken mit feinen Streumustern (S. Costanza, Uthina), die bald darauf wieder zu geometr. Formen erstarren. – Die 2. H. des 4. Jh.s, die den Rückfall Julians und die Renaissance unter Theodosius erlebt, ist durch einen ästhetisierenden Klassizismus charakterisiert, dessen geistiges Zentrum → Konstantinopel ist. Wieder herrscht in der M. das Mosaik vor (vgl. Levi, Taf. 64ff.), wobei die Wiederaufnahme der Tafelbild- und großen Fassadenkompositionen bezeichnend ist (Hagios Georgios). Bemerkenswert sind die Fresken mit Diana und Nymphen in einem röm. Grab (Rumpf 198, 6), die das bes. beliebte Jagdthema (vgl. Rumpf 196) mythologisch abwandeln; ihnen steht ein Lunettengemälde aus einem Grab in Askalon nahe (Borda 352). Das gemalte → Porträt ist weiterhin reich vertreten; auch die berühmtesten → Illustrationen antiker Autoren gehören dem 4. Jh. an. – Im 5. Jh. führt bes. Antiochia die antik-heidnischen Themen fort (Levi, Taf. 68ff.). Neben den für uns verlorenen Palästen gilt die Aufmerksamkeit jedoch hauptsächlich den christl. Kirchenräumen. Hier findet der Drang der ganzen Spätantike zur reinen Transzendenz seinen gültigsten Ausdruck. C.K.

Q: gesammelt bei: J. Overbeck, Die antiken Schriftquellen, 1868 (= SQ) und A. Reinach, Recueil Milliet, Textes, 1921 – *Lit: Zu A:* H. Brunn, Gesch. der griech. Künstler II, 1859 (vgl. Pfuhl, 23ff.; Rumpf, 5ff.) – A. Kalkmann, Die Quellen der Kunstgesch. des Plinius, 1898 – *Zu B:* H. Blümner, Technologie und Terminologie der Gewerbe u. Künste bei Griechen u. Römern, 1875–87 (vgl. Pfuhl, 611. 967; Rumpf, 10; M. Borda, 412 [Lit]) – *Zu C und D:* P. Herrmann, Denkmäler der M. des Altertums, 1906ff. – S. Reinach, Répertoire des peintures, 1922 – G. Lippold, RE 14, 1 (1928), 881-898 – G. L. Rizzo, La pittura ellenistica-romana, 1929 – M. H. Swindler, Ancient Painting, 1929 – D. Levi, Antioch Mosaic Pavements, 1947 – A. Rumpf, M. u. Zeichnung, HbArch IV 1, 1953 – T. Dohrn, Antike M., 1962 – W. Lepik-Kopaczynska, Die antike M., 1963 – *Zu C:* E. Pfuhl, M. u. Zeichnung der Griechen, 3 Bde, 1923 – A. v. Salis, Die Gigantomachie am Schilde der Athena Parthenos, JdI 55, 1940, 90–169 – G. Lippold, Antike Gemäldekopien (= GK), Abh. München 33, 1951 – K. Schefold, Der Ursprung der späten Klassik (Bericht), AA 69, 1954, 289–304 – H. Walter, Gigantomachien, AM 69/70, 1954/5, 95–104 – W. Kraiker, Die M. der Griechen, 1958 – M. Robertson, Griech. M., 1959 – B. R. Brown, Ptolemaic Paintings and Mosaics and the Alexandrian Style, 1957 – E. Simon, Zum Fries der Mysterienvilla bei Pompeji, JdI 76, 1961, 111–172 – *Zu D:* W. Helbig, Die Wandgemälde der vom Vesuv verschütteten Städte Campaniens, 1868 – Ders., Unters. über die campan. Wand-M., 1873 – A. Mau, Gesch. der dekorativen Wand-M. in Pompeji, 1882 – G. Rodenwaldt, Die Komposition der pompejan. Wandgemälde, 1909 – H. Krieger, Dekorative Wandgemälde aus dem 2. Jh. n. Chr., RM 34, 1919, 24–52 – H. Diepolder, Unters. z. Komposition der röm.-kamp. Wandgemälde, RM 41, 1926, 1–78 – L. Nagy, Die röm.-pannonische dekorative M., ebd., 79–131 – L. Curtius, Die Wand-M. Pompejis, 1929 – P. Marconi, La pittura dei Romani, 1929 – O. Elia, Pitture murali e mosaici nel Museo Naz. di Napoli, 1932 – F. Wirth, Röm. Wand-M. vom Untergang Pompejis bis ans Ende des 3. Jh.s, 1934 – Monumenti delle pitture antiche scoperti in Italia, 1936ff. – H. G. Beyen, Die pompejan. Wanddekoration I, 1938; II 1, 1960 – O. Deubner, Expolitio. Inkrustation und Wand-M., RM 54, 1939, 14–41 – A. Maiuri, L'ultima fase edilizia di Pompei, 1942 – Ders., La Villa dei Misteri (1931), 1947² – W. Drack, Die röm. Wand-M. in der Schweiz, 1950 – K. Parlasca, Cambodunumforschungen, 1953, 93 bis 102 – P. W. Lehmann, Roman Wall Paintings from Boscoreale in the Metropolitan Museum of Art, 1953 – A. Maiuri, La peinture romaine, 1953 – K. Schefold, Pompejanische M., Sinn und Ideengeschichte, 1952 (= PM) – K. Parlaska, Röm. Wand-M. in Augsburg, 1956 – K. Schefold, Die Wände Pompejis, 1957 (= WP) – M. Borda, La pittura romana, 1958 – E. Simon, Zum Fries der Mysterienvilla bei Pompeji, JdI 76, 1961, 111–172 – P. H. v. Blanckenhagen-Chr. Alexander-G. Papadopulos, The Paintings from Boscotrecase, MdI, 6. Erg. Heft, 1962 – K. Schefold, Vergessenes Pompeji, 1962 (= VP) – H. Kähler, Die Stiftermosaiken in der konstantin. Svedkirche von Aquileia, 1962.

E. Christliche Malerei. [1] *Überblick.* Ein Hauptzweig und streckenweise alleiniger Repräsentant der spätantiken M., dokumentiert die altchristl. M. deren stufenweisen Übergang von hellenist.-röm. Illusionismus und Impressionismus zu einer expressiven Darstellungsweise, die den Betrachter energischer einbezieht, zu Frontalität und Flächigkeit neigt und durch Betonen charakteristischer Umrißlinien mehr graphisch als malerisch wirkt. Mit der jüd. Wand-M. (vgl. die Synagoge von → Dura-Europos; um 250) teilt sie die Vorliebe für den ‹erzählenden Stil›, um endlich in den byzantin. Ikonenstil einzumünden. – Unsere Kenntnisse beruhen primär auf → Katakombenbildern, Mosaiken in Kirchen, den wenigen, bes. in Kapellen erhaltenen Fresken und auf Bibelillustrationen, sekundär auf literarischen Nachrichten, spätmittelalterlichen Abbildungen zerstörter Bilder und Bildprogrammen der → Kleinkunst. Das Material läßt einen engen Zusammenhang zwischen Monumental-M. und der gleichfalls von Bibeltexten inspirierten Buch-M. erkennen.

[2] Die *Anfänge* der *Wand-M.* in den Katakomben, die man früher (Wilpert) ins 2. oder gar 1. Jh. datierte, setzt man heute mit A. M. Schneider und F. Wirth aus archäologischen und stilkritischen Gründen um 220 n. Chr. an: Lucinagruft; ‹Capella greca› der Priscilla-Katakombe (Ansatz umstritten), Gennaro-Katakombe (Neapel) gehören zu den ältesten. Reiches Material erbringen die Kata-

komben S. Callisto (ca. 230/400), wo die sog. ‹Sakramentskapellen› die ältesten M.n enthalten, Domitilla (ca. 230/400) – hier am ältesten die ‹Flaviergalerie› –, Pietro e Marcellino (ca. 240/400 nach de Wit) und die neuentdeckte an der Via Latina (wohl ca. 330/400). Mit der regulären Bestattung in Katakomben erlischt auch seit Anf. 5. Jh. ihre M.; von Neapel abgesehen, bringt man später nur noch Kultbilder an. – Aufs Ganze gesehen verläuft ihre *Stilgeschichte* derjenigen der → Plastik parallel. Um 220/230 knüpft man an den hergebrachten Illusionismus damaliger Villen an (Wirth, Textabb. 83): Laubenartige Liniendekoration mit kleinfigürlichen Emblemen, Einteilung der Dekken in konzentrische Kreise und trapez-, rechteck- oder halbkreisförmige Einzelbilder, oft schattenhaft wirkende figürliche Szenen. Ab Mitte 3. Jh. Meisterwerke dieses Illusionismus und Impressionismus in der gnostischen Aureliergruft (Wirth, 46–49a) – ein allmählich großfiguriger werdender, anderwärts manieriert erstarrender Stil. Daneben entsteht seit ca. 260 ein neuer, ausgesprochen malerischer, zunehmend expressiver Stil (Wilpert, 51), der sich in tetrarchischer und konstantin. Zeit (Wilpert, 78–81; 174 bis 176) mit gesteigertem, bisweilen etwas grobschlächtig monumentalem Ausdruckswillen verbindet. Mitte 4. Jh. führt der im ‹weichen› und ‹schönen› Stil kulminierende ‹Neohellenismus› (Ferrua, 105, 118f.) zur Neubelebung des Illusionismus (ebd. 37, 98) und Impressionismus (ebd. 60f.), dessen idealistische Ätherisierung im letzten Drittel des 4. Jh.s in einen graphisch-flächenhaften Linearstil umschlägt (ebd. 103f.) und so zum endgültigen Durchbruch des Expressionismus überleitet (Wilpert, 237, 2; 238). – Ältester, auch später überwiegender *Bilderkreis*, bekenntnishaft im sog. ‹Abbreviaturstil› bzw. in ‹soteriologischer Kurzschrift› (Erika Dinkler) gemalt: Errettungsszenen aus dem AT (bes. häufig zweiteiliger Jonaszyklus; Daniel zwischen zwei Löwen; Noah in der Arche; Opferung Isaaks) oder NT (Auferweckung des Lazarus; Heilung des Gichtbrüchigen – ein Musterbeispiel der Abbreviatur – u. a. Heilungswunder); Hinweise auf die Sakramente (Taufe Christi; Samariterin am Brunnen; Quellwunder des Moses; Weinwunder von Kana; Brotvermehrung). Zu den zum Ausdruck dieser Rettungsthematik übernommenen außerchristl. → Symbolen und Motiven gehören → Guter Hirte, → Orans, Angler und → Fisch mit Brotkorb und Mahlszenen, die nur in Verbindung mit eindeutig Christlichem als christlich gelten dürfen (Klauser). Im 4. Jh. erweitert sich der Bilderkreis (Sündenfall; drei Jünglinge im Feuerofen; Susanna; Hiob; Tobias; Himmelfahrt des Elias; Jonas in der Kürbislaube = Paradies; Christus philosophicus; thronender Christus inmitten der Apostel oder zwischen Petrus und Paulus). Der → Erzählungsstil hingegen findet sich nur in der gnostischen Aureliergruft (u. a. Bergpredigt, Gericht vor der Reinkarnation und Einzug Christi = des Geist-Ich ins himmlische Jerusalem?) und in der Katakombe Via Latina (Fülle biblischer, z. T. in späteren Miniaturen und Mosaiken wiederkehrender Geschichten wie Vertreibung aus dem Paradies, Erzvätergeschichten, Durchzug durchs Rote Meer, Simsons Taten, z. T. unter spätjüd. Einfluß: Halacha). Da die Hauskirche von → Dura-Europos um 232/233 gleiche Themen und ähnlichen Abbreviaturstil wie die Katakomben zeigt (Guter Hirt, Sündenfall, Sieg Davids über Goliath, Heilung des Gichtbrüchigen, Samariterin am Brunnen; darüber hinaus: Seewunder nach Mt. 14 und die Frauen am Grabe), dürfen wir diesen (nicht Erzählstoffe) auch in anderen Kirchen der Frühzeit voraussetzen. Die Auswahl der Rettungsthemen scheinen Gebetsformulare analog zu Ps. Cypr. or. 1 und 2, 2–4 (4./6. Jh.) und der ‹commendatio animae› des röm. Breviers, oder Florilegien wie Constit. Apost. 5, 7, 8ff. u. 26ff. beeinflußt zu haben, während die Bildtradition teils auf das Judentum (→ Kunst II C 2), teils auf antike Vorbilder zurückgeht (Sündenfall, nach Klauser wie Jason und Medea; Jonas in der Kürbislaube wie Endymion, Simsongeschichte wie Heraklesmythos gestaltet, vgl. Ferrua, 109; → Mythendeutung 2).

[3] *Buch-M.* Als Miniaturen des *4. Jh.s* sind nur der trotz Mitberücksichtigung kirchlicher Daten noch durchaus heidnische → Kalender des Filocalus 354 n. Chr., Rom (fast frontale Bilder der beiden Konsuln, personifizierte Hauptstädte, Monate und Tierkreiszeichen; östlich beeinflußte architektonische Rahmen ähnlich den Kanontafeln; Figuren im ‹Schönen Stil›; nur in Kopien des 17. Jh.s nach verlorener Kopie des 9. Jh.s erhalten), und die etwa 2 Jahrzehnte jüngeren Quedlinburger Italafragmente (ca. 380/390) zu nennen. Diese bringen 12, durchweg im Geviert zusammengefaßte Illustrationen zur Geschichte Sauls, Davids und Salomos (1. Sam 10, 2–1. Kön 8, 63). Ursprünglich kam auf etwa 5–6 Textseiten der stark dezimierten Unzialhandschrift im Durchschnitt 1 Bildseite (Degering). Dreizonig entworfen (bräunlich-grüner Vordergrund, graublauer Mittelgrund und Landschaftshintergrund mit rosarotem Horizont und darüberliegendem Himmel), gehören die Bilder stilistisch dem ausklingenden ‹schönen Stil› an. Sie zeigen Verwandtschaft mit dem vatikanischen Vergil (Vat. lat. 3225; nach de Wit ca. 420). Durchscheinende Vorschriften oder Dispositionsskizzen beweisen, daß sie nicht nach Miniaturen kopiert, sondern mit Hilfe antiker Musterbücher komponiert sind (Böckler), d. h. kaum direkt auf jüd. AT-Illustration zurückgehen, auch wenn die nicht immer mit dem Text übereinstimmenden Malvorschriften ihrerseits von spätjüd. Texten (Haggada) oder Bildern abhängig sein können.

[4] Für die *Wand-M.* des *5. und 6. Jh.s* ergibt der lückenhafte Befund nur mit Einschluß der → Mosaiken ein zusammenhängendes Bild. Hellenist. und vorderoriental. Einfluß bleiben treibender Faktor einer Entwicklung, die sich in Byzanz schneller von der Antike entfernt als in Rom. Trotz entweltlichender Tendenz, Linearismus und vorherrschendem Expressionismus werden gewöhnlich impressionistische und illusionistische Stilmittel weiter verwendet. S. Paolo f. le mura, → Rom erhielt ca. 400 27 Fresken zur Gen. und 12 zum Ex. (Wiedergabe des 17. Jh.s durch cod. Barb. lat. 4406), die, wie ein analoger Freskenzyklus des 5. Jh.s in St. Peter, bis ins 14. Jh. auf italien. Wand-M. eingewirkt haben (Garber). Überreste der monumentalen Wand-M. des 5.–7. Jh.s finden sich in Roms Katakomben (Wilpert, 252ff.: Mitte 5. Jh.?; 259, 2: Anf. 6. Jh.?; 262ff.: Mitte 6. Jh.?), in Neapel (z. B. Achelis, 40f.: 2. H. 5. Jh.) und besonders reichlich in Ägypten. An die röm. Katakomben erinnern die Kuppelfresken zweier Grabkapellen von El Bagawat (Oase El Kargeh), bes. die ‹Kapelle des Auszugs› 5. Jh. (Wessel, VI: Adam und Eva; Arche Noah; Jonasschiff als Nilbarke; Opferung Isaaks; Auszug aus Ägypten; Daniel; die Jünglinge im Feuerofen; Guter Hirt; die klugen Jungfrauen; Thekla auf dem Scheiterhaufen; himmlisches Jerusalem). Die M. der zweiten Kapelle (ähnliche Rettungsszenen, Personifizierungen von Frieden, Gebet und Gerechtigkeit) ist mehr im Hellenistischen verwurzelt. Ganz hellenistisch wirkt ein mit der Katakombe von Karmuz bei Alexandria untergegangenes Fresko (Morey, 74: Speisungswunder in locker skizziertem Landschaftsidyll, dabei 2 nackte Frauen als Personifizierungen der Landschaft?; ca. 500?). Doch schon im 5. Jh. kündet sich mit der Darstellung von klobigen Figuren, groben Konturen, glotzenden Augen und abstehenden Ohren (s. u. zur Weltchronik) ein → koptischer Stil an, der sich im 6. Jh. unter byzantin. Einfluß zu hieratischer Steifheit und starrer Frontalität verdichtet, so in den Apsiden von Mönchszellen in Bawit, Ende 6./7. Jh. (Wessel, 99f., VII–IX: Christus Pantokrator in kreisrunder Gloriole auf Thronwagen, flankiert von Engeln, Sonne und Mond; darunter Maria inmitten der Apostel) Ebenso flächig, aber lebendiger und hellenistischer als Bawit, wirken Kindheitsgeschichte und Wunder

Jesu in der Felskapelle von Deir Abu Hennis bei Antinoë (Morey, 75; 6.Jh.?). – Die Wand-M. der nachtheodosian. Zeit in Byzanz hat der Bildersturm vernichtet. Werke der in den Westen geflüchteten Griechen gestatten höchstens Rückschlüsse auf die nachjustinian. Zeit: vgl. z.B. an der ‹Palimpsestwand› von S. Maria Antiqua, Rom, die kaiserlich thronende Maria zwischen zwei Engeln, die ihr Kronen reichen (Wilpert, M.u.M. 4, 134), die noch ganz linearistisch, frontal und symmetrisch im alten Stil gehalten ist.

[5] Die mit dem ansteigenden Heiligen- und Marienkult wachsende Beliebtheit von *Ikonen* kündet sich seit Mitte 4.Jh. mit der zunehmenden Festigung porträthafter Züge Christi, der Hauptapostel Petrus und Paulus (seit 5.Jh. auch Andreas) und einzelner Heiliger wie Johannes' des Täufers und Laurentius' an. Doch erst seit Anf. 6.Jh. gilt dies auch für Maria, wie sich auch erst seit Mitte 6.Jh. mit der massenhaften Verbreitung von Ikonen die radikale Hinwendung zur Frontalität durchsetzt. Künstlerische und technische Nachkommen des spätantiken → Porträts, ähneln sie den ganz oder fast frontalen Mumienporträts aus dem Fayum und sind wie diese gewöhnlich auf Holz und mit erhitzten Wachsfarben (‹enkaustisch›) gemalt. Mit großer Sicherheit gehören den frühesten erhaltenen Ikonen des 6.Jh.s nur zwei aus Kiew an: Johannes der Täufer (Felicetti, 31 B: wie ägypt. Anachoret, vgl. die Maximianskathedra aus → Elfenbein) und Theotokos mit Kind (Felicetti, 31 C; nach Ainalow Bruchstück einer Magieranbetung). Weiteres verwandtes Material ist von Entdeckungen auf dem Sinai (Weitzmann) zu erwarten.

[6] Die Anfänge der *nachtheodosian. Buch-M.* repräsentiert die wohl bald nach 412 illustrierte ‹Alexandrinische Weltchronik› (Papyrusfragmente, jetzt Moskau), deren Bilder den Text rechts und links begleiten. Das Bild von der Zerstörung des Serapeums 391 n.Chr., mit der die Chronik abschloß, zeigt wohl temperamentvolle Gesten, aber einen koptisch-flächigen Linearstil mit dicken Konturen; dichtgedrängte Szenen mit großen, fast kreisrunden oder rechteckigen Figurenköpfen. – Aus Alexandria dürfte nach Morey, Weitzmann u.a. die leider 1731 verbrannte Cotton-Genesis (nur angekohlte Reste sind erhalten) stammen (Fundort Philippi, jetzt London und Bristol), eine Purpur-Pergament-Hs. (Ende 5. oder Anf. 6.Jh.), die nach Weitzmann ca. 330 gerahmte, in den Text eingeschobene Bilder enthielt (noch am besten erhalten 3. Schöpfungstag; Christus mit Adam und Eva; Abrahams Rückkehr nach Ägypten; Abrahams Traum; Erscheinung der 3 Engel; Sarah als besterhaltene Figur; die Engel bei Lot). Stilistische Nähe zur Weltchronik (Neigung zu kräftigen Umrißlinien und quadratischen Figuren mit runden Gesichtern) und vielseitige Berührung mit ägypt. Elfenbeinpyxiden sprechen für alexandrin. Herkunft (Weitzmann). Der Wiener Dioskurides (aus Konstantinopel?), um 512 entstanden (Porträts der Auftraggeberin Prinzessin Juliana Anicia, des Autors → Dioskurides (2), berühmter Ärzte aus Mythos und Vergangenheit, letztere in zweimaliger Siebenergruppe zusammengefaßt), gehört bereits in die justinian. Epoche. Ihr auch wie früher die Purpurhss. Rossanensis, Sinopensis und Wiener Genesis zuzuweisen, ist nach Weigand (Krit. Ber. 3/4, 1930/32, 51 f.) nicht mehr möglich; antikisierender Stil spricht nicht für höheres Alter! Nur im Hinblick auf die Bildtradition können diese Miniaturen aus dem Anfang des 7.Jh.s zur Erhellung der vor ihnen liegenden Zeit benutzt werden. – So wird sie durch das 586 nach Chr. in Nordmesopotamien entstandene syr. Rabbulas-Evangeliar (heute Florenz) zusammengefaßt, das einerseits 7 ganzseitige Bilder, andererseits 19 bes. phantasievoll und abwechslungsreich illustrierte Kanontafeln zu den berühmten ‹canones› (= → Eusebs Zusammenstellungen der Parallelperikopen der 4 Evg.) bringt, auf denen beiderseits der Mitte Evangelienszenen bis zum Verhör bei Pilatus angebracht sind, zusätzlich auf den 12 ersten Tafeln oben auch noch 24 Propheten des AT, auf den zwei nächsten oben die Evangelisten. Schon die Propheten gehören unterschiedlicher Bildtradition an, ebenso wie der bethlehemitische Kindermord sich darin von den anderen Evangelienszenen abhebt, die aber wohl sämtlich nicht zur Kanontafel-Tradition gehören. Bei den ganzseitigen Bildern werden Kreuzigung und Auferstehung, Himmelfahrt, Pfingsten und stehende Gottesmutter von Ikonen stammen, während die Nachwahl des Matthias den profanen Bildtypus der antiken Ratsversammlung verwertet.

[7] *Buch-M. des 7.Jh.s.* Einheitlicher als in dem Rabbulas-Evangeliar fließt der Bildstrom in dem ca. 630 entstandenen Purpurevangeliar von Rossano, zumal hier nur eine Hand am Werke ist. Bei den noch erhaltenen 14 ganzseitigen Miniaturen spielen sich die Szenen, von der Gethsemaneszene abgesehen, die in beachtlichem Realismus als atmosphärisches Landschaftsbild gemalt ist, nach Art einer Stilbühne unmittelbar auf dem Purpurhintergrund ab, der hier dem Goldgrund der Mosaiken entspricht; jeweils 4 Propheten nehmen mit den Schriftkolumnen ihrer Prophetie, hinter der sie wie auf Kathedern zu stehen scheinen, fast überall die untere Bildhälfte ein und weisen mit ausgestreckten Armen auf deren Erfüllung in der Handlung der oberen Bildhälfte hin. Entstehungsort wegen Nähe zur Wiener Genesis (s.u.) wohl Syrien, wahrscheinlich Antiochia. – Ihn hat man auch für das Anf. 7.Jh. entstandene Purpurevangeliar v. Sinope angenommen (jetzt Paris und Mariupol; bis auf 43 Blätter mit 5 illustrierten Seiten verloren), weil es dem Rossanensis ähnelt, vor allem in der interpretatorischen Funktion der zwei jede Szene begleitenden Propheten. Allerdings beschränken sich die Bilder (Festmahl des Herodes und Tod des Täufers; die beiden Speisungswunder nacheinander; Heilung der 2 Blinden; Verfluchung des Feigenbaums) auf einen schmalen Streifen am unteren Rand des Schriftspiegels, so daß die Propheten beiderseits der Handlung (nicht unter ihr wie im Rossanensis) angebracht werden müssen. Im übrigen zeigen sich auch stilistische Unterschiede zum Rossanensis. – Dem syr. Raum, bes. wieder Antiochia, dürfte die zwischen ca. 613 und 630 entstandene Wiener Genesis angehören. Bei dieser reichhaltigsten Purpurhs. (erhalten: 24 Blätter mit 48 Miniaturen; ursprünglich von vierfachem Umfang) war jede Seite illustriert, und zwar unterhalb des griech. Textes. Daß an diesem Prachtband viele Maler bzw. Illustratoren am Werk gewesen sind, ist deshalb von vornherein anzunehmen. Gerstinger unterscheidet (Wickhoff etwas abwandelnd) 4 Gruppen mit insgesamt 8 Malern: den ‹Miniaturisten› als Hauptillustrator mit 2 Gehilfen; den ‹Bukoliker› (liebt bukolischen Landschaftsvordergrund); den ‹Koloristen› und die drei ‹Illusionisten›, die den letzten Teil der Bilder malten. Die vier Gruppen verfolgen ihren eigenen Stil, die Maler jedoch ihren individuellen. Dabei stehen ‹Miniaturist› und ‹Kolorist›, die ihr ‹kontinuierlicher Stil› mit dem ‹Bukoliker› verbindet, im Figuren- und Gewandstil dem Rossanensis sehr nahe (Haseloff). Da die Josephsgeschichte haggadische Einflüsse zeigt (Pächt), ist gerade bei dieser recht späten Buch-M. ein Rückgriff auf spätjüd. Tradition wahrscheinlich, zumal die Wiener Genesis wenig Christliches hat (Ausnahme: der Altar von Bethel im apsidalen christl. Presbyterium). Gerade an ihr wird wieder sichtbar, wie die christl. Buch-M. nicht nur von dem Erbe der Spätantike lebt und darin ein wichtiges Hilfsmittel der Rekonstruktion antiker Illustrierung von Buchrollen und Codices wird (Weitzmann), sondern auch von jüd. Bildüberlieferung zehrt und darin vielleicht auf ältere Septuagintaillustrationen (oder illustrierte Haggadot?) zurückverweist. – Vgl. → Buch. F.-H.K.

Lit: J. Strzygowski, Die Calenderbilder des Chronographen vom Jahre 354, 1888 – J.J. Tikkanen, Die Genesismosaiken von S. Marco, Venedig, u. ihr Verhältnis z.d. Miniaturen der Cottonbibel, 1889 – A. Haseloff, Codex purpureus Rossanensis, 1898 – J. Wilpert, Die M.n der Katakomben Roms, 2 Bde, 1903 – A.v. Premerstein u.a.,

De codicis Dioscuridei… historia, forma, scriptura, picturis, 1906 – A. Munoz, Il codice purpureo di Rossano e il frammento Sinopense, 1907 – C. Stornaiolo, Le miniature della topografia cristiana di Cosma Indicopleuste, 1908 – (= Weltchronik) – J. Garber, Wirkungen der frühchristl. Gemäldezyklen der alten Peters- u. Paulsbasiliken in Rom, 1918 – R. Koemstedt, Vormittelalterl. M., 1929 – J. Wilpert, Die röm. Mosaiken u. M.n der kirchl. Bauten v. 4. bis 13. Jh., 4 Bde, 1916 – H. Gerstinger, Die Wiener Gen., 1931 – H. Achelis, Röm. Katakombenbilder in Catania, 1932 – H. Degering-A. Boeckler, Die Quedlinburger Italafragmente, 1932 – H. Achelis, Die Katakomben von Neapel, 1936 – P. Buberl, Verz. illum. Hss. Österreichs 8, 4, 1937 (Dioskurides u. Wiener Genesis) – C. Nordenfalk, Die spätantiken Kanontafeln, 1938 – J. de Wit, Spätröm. Bildnis-M., 1938 – Ch. R. Morey, Early Christian Art (1941), 1953² – A. Grabar, Les peintures de l'évangéliaire de Sinope, 1948 – K. Weitzmann, MüJbb 3/4, 1952/53, 96–120 (Septuagintaillustration) – Ders., in: Studies in Honor of A. M. Friend, 1955, 112–131 (Cotton-Genesis) – H. Stern, Le calendrier de 354, 1953 – W. Felicetti-Liebenfels, Gesch. d. byzantin. Ikonenmalerei, 1956 – G. Soteriou, Eikones Mones Sina, 2 Bde, 1956/58 – H. L. Hempel, ZAW 69, 1957, 103–131; 73, 1961, 299–302 (Anfänge der AT-Illustration) – C. O. Nordström, Figura NS 1, 1959, 24–47 (Rabbinica in frühchristl. Illustrationen) – C. Cecchelli u. a., Evangeliarii syr. vulgo Rabbulae … ornamenta, 1959 – E. Wellesz, Vienna Genesis, 1960 – P. Pächt, in: Festschr. K. M. Swoboda, 1959, 213–221 (Haggadah u. Wiener Genesis) – W. Wolska, La topographie chrét. de Cosmas Indicopleustes, 1962 – A. Ferrua, Le pitture della nuova Catacomba di via Latina, 1960 – Kl. Wessel, Kopt. Kunst, 1963 – M. Cramer, Kopt. Buchmalerei, 1964 – Vgl. zu → Kunst C; → Illustration.

Malis, das Gebiet der aus drei Teilstämmen (Paralier, Hieres, Trachinier) bestehenden Malier im unteren → Spercheiostal (Kt. 1152 C4), daher der Name des malischen Meerbusens. Ursprünglich reichte M. bis an die → Oite und zu den → Thermopylen, doch ging das Gebiet südl. des Spercheiostals im 5. und 4. Jh. an die → Oitaier verloren. Hauptort war → Lamia. 426 wurde → Sparta zur Gründung von → Herakleia aufgefordert; seit → Philipp II. v. Makedonien abhängig, 323/322 außer Lamia im Krieg gegen → Antipater, 302 durch → Demetrios I. von makedon. Herrschaft befreit, seit ca. 280 bis 189 im → Ätol. Bund, dann → Thessalien unterstellt. E. M.

Lit: Fr. Stählin, Das hellen. Thessalien, 1924, 212–219.

Mallia, kret. Dorf, 22 km östl. von → Knossos (Kt. 1152 F8), nahebei, an einem Küstenvorsprung, min. Palast- und Stadtruinen. Gegenüber den anderen Palästen viel geringere Ausdehnung und übersichtlichere Gliederung. Anfänge in FM-Zeit, das Erhaltene aus der jüngeren Palastzeit. Noch ausgesprochener als in → Knossos erstreckt sich der Hauptteil von einem durch Vor- und Rücksprünge gegliederten, fassadenartigen Abschluß im W (Eingang) bis zur Westseite des rings umbauten Mittelhofes (Orientierung NS). Das Sockelgeschoß zeigt außer einer breiten, zum Hauptgeschoß führenden Treppe, einer Loggia und einer kultisch benutzten Terrasse auch einen größeren Saal mit 2 Pfeilern und Vestibül, in der Westhälfte aber wiederum Magazine, auch kreisrunde Silos. Außer den Verbindungen zum Westflügel und dem gepflasterten Durchgang zum Nordteil hat der Mittelhof mit einem merkwürdigen, etwa im Zentrum liegenden ‹Altar› einen direkten Zugang auch von Süden und Osten. – *Ost- und Nordseite* des Hofes waren durch Säulen- und Pfeilerstellungen begrenzt, hinter denen sich im Osttrakt, bis zu einer starken Abschlußmauer, die Hauptmagazine (bes. zur Öllagerung: Rinnen im Boden, Pithoi, Ölmühle), im Nordflügel aber ein Pfeilersaal, Wohnräume, Hof und wiederum Magazine verbargen. – In die Hauptzugänge münden Straßen der schon zu größeren Teilen freigelegten, auf die Frühzeit zurückgehenden *Stadt* (Mauerring), die den Palast umgab; vom Nordflügel führte auch eine Verbindung zum Meer: dort die Nekropole (u. a. ein ‹Grabpalast›). W. Schg.

Lit: Etudes crétoises, Fouilles exéc. à M. I (1928), II. IV. VII. IX. XI. XII. XIII (1963) – Jüngste Ergebnisse: F. Schachermeyr, AA, 1962, 127ff. 145f.

Malta, antik gewöhnlich Melita, die 237 km² große Insel zwischen Sizilien und Afrika, Stützpunkt der Seefahrt. Neolithische Kultur einer nicht genau bestimmten Urbevölkerung; lange nach 1000 v. Chr. Besiedlung durch die → Phönizier, deren rasch wachsende Kolonie regen Handel trieb und bald auch zunehmend Griechen aufnahm. Vor 330 v. Chr. (vgl. Skylax 111) unter karthag. Herrschaft gekommen, wurde M. im 1. Pun. Krieg unter C. Atilius Regulus geplündert (257), 218 v. Chr. endgültig römisch, civitas foederata; Bürgerrecht erhielt M. vielleicht zugleich mit Sizilien, jedenfalls vor 30 v. Chr. Verwaltet von Sizilien aus, seit Augustus vielleicht unter einem eigenen kaiserlichen Procurator. Nach 476 ostgotisch, später byzantinisch.

Lit: T. Zammit, M., 1930 – J. D. Evans, M., 1959 – F. Biancofiore, EAA IV, 1961, 802–811.

Malteserkreuz → Ornament.

Malve (*μαλάχη*), ähnlich wie → Asphodelos als Nahrungsmittel (Hes. op. 41) und als Aphrodisiacum ebenso wie als Heilmittel verwandt. Man pflanzte sie auf Gräber und legte sie zusammen mit Asphodelos im Tempel des → Apollon auf Delos als Opfergabe nieder zur Erinnerung an die erste Nahrung des Menschengeschlechtes. → Flora. J. W.

Lit: Murr, Pflanzenwelt, 243 – A. Steier, RE 14, 1 (1928), 922–927.

Mamercus, Stammvater der Gens → Aemilia, Sohn des → Numa Pompilius (nach anderen des → Pythagoras).

Mamertiner, ‹Söhne des Mars›, ehemalige Söldner des → Agathokles (3) v. Syrakus, zumeist oskischer Herkunft, setzten sich nach dessen Tod in Messina fest und suchten von dort das mittlere und östliche Sizilien heim. Um 265 v. Chr. durch → Hieron (2) geschlagen, wandten sie sich um Unterstützung an → Karthago und Rom. Das Eingreifen beider Mächte sowie die Besetzung Messinas durch die Römer unter App. → Claudius (7) Caudex lösten den 1. Pun. Krieg aus. W. H.

Lit: A. Heuß, Der 1. Pun. Krieg u. d. Problem d. röm. Imperialismus, HZ 169, 1949, 457–513.

Mamilius, L., Diktator von → Tusculum, kam 460 v. Chr. freiwillig den Römern zu Hilfe, als der Sabiner App. Herdonius das Kapitol erobert hatte, und erhielt dafür 458 das röm. → Bürgerrecht. R. W.

2. **M. Limetanus,** C. (tr. pl. 110 v. Chr.), brachte ein Gesetz ein, nach dem gegen jeden, der in staatsgefährdender Verbindung zu → Jugurtha gestanden hatte, eine Untersuchung eingeleitet werden sollte. Er erreichte die Verurteilung einiger Mitglieder der Nobilität (Sall. Iug. 40). G. G.

3. **M. Tusculanus,** Octavius, bedeutender Tuskulaner und Schwiegersohn des L. → Tarquinius (3) Superbus, suchte nach der Überlieferung nach dem Regifugium die vertriebenen Tarquinier mit Hilfe der Latiner nach Rom zurückzuführen, unterlag aber in der Schlacht am See Regillus. R. W.

Mamurius Veturius, Schmied, der für → Numa die Schilde (→ ancilia) fertigt, im → Salier-Lied erwähnt. Zentralfigur der Winteraustreibung (Mamuralia), deren Alter unsicher ist. C. J. C.

Mana (melanesisches Wort), in der modernen Religionswissenschaft Bezeichnung für eine geheimnisvolle, ungewöhnliche und übernatürliche Macht oder Kraft in Menschen, Tieren und Gegenständen. Vgl. → Heilig, → Tabu. K.-H. R.

Manasse, König von Juda, ca. 696–642. Vasall des Assyrerreiches (→ Mesopot. Reiche B 3), das in dieser Zeit seinen Höhepunkt erreicht. Die als Folge der Abhängigkeit schon von seinem Vater Hiskia in Jerusalem eingeführte Verehrung assyrischer Götter wird im AT einseitig M. zur Last gelegt. E. W.

Mandäer, noch heute im Irak und Iran fortbestehende gnostische (→ Gnosis) Taufsekte. Selbstbezeichnung ‹mandāiā› (von ‹mandā› = ‹Gnosis›, Erkenntnis; älter: ‹naṣōrāiā›, → Nazoräer = ‹Observanten›). Wichtigste Schriften: 1. Ginzā (‹Schatz›); 2. Johannesbuch; 3. Qolastā (‹Auslese›, Gebete und Hymnen für Taufe und Seelenaufstiegszeremonie); 4. Haran Gawaita (s. Bibliogr.). Die Zaubertexte der M. aus Mesopotamien wegen ihres Alters wichtig (Tonschalen des 6. Jh.s, Bleitafeln des 4. Jh.s). Die Schriften 1.–3. wurden im 7.–8. Jh. aus z. T. weit älteren Texten kompiliert, um den M. als ‹ahl al-kitāb› (‹Buchbesitzern›) bei den Muslimen Duldung zu verschaffen. Die Sprache der m. Literatur, heute wohl nur von Priestern verstanden, ist ein ostaramäischer Dialekt. Die m. Schrift hat die engste Parallele in elymäischen Inschriften von Tang-i-Sarwāk (2. Jh. n. Chr.). In Südbabylonien sind die M. durch Theodor bar Kōnī (8. Jh.) zumindest für das 6. Jh. und durch die pers. Märtyrerakten des Šim'ōn bar Ṣabbā'ē für das 5. Jh. belegt. Die Angabe al-Nadīm's (10. Jh.) über die Muġtasila (‹die sich Waschenden›, auch ‹Sabier der Sümpfe›) meint wohl die M. Sie mit den (Hemero-) Baptisten, Masbothäern, Sebuäern der christl. Häresiologen zu identifizieren, ist schwer möglich. Die Thomaspsalmen (3. Jh., → Manichäismus) sind vielleicht von m. Vorstellungen abhängig (T. Säve-Söderbergh). Beziehungen zu den ‹Oden Salomos›, den → Sethianern, Baruchgnostikern des Justinus, Naassenern (→ Ophiten), bes. Markosiern, weisen auf frühe Gnosis. Der Spätansatz der gesamten m. Literatur ist unhaltbar (Baumgartner 407; Rudolph I 28).

[2] Die *m. Religion* verbindet jüd., babylon., iran. und christl. Motive; deutlich ist die gnostische Grundstruktur in Soteriologie und kosmologischem Dualismus: Gegensatz zwischen dem ‹Großen Leben› und der Welt des ‹schwarzen Wassers›, aus welchem eine Lichtemanation in Auflehnung gegen das Lichtprinzip die Erde bildet. Planeten und Tierkreise ein Werk finsterer Dämonen, ebenso der menschliche Leib, in dem jedoch ein ‹Lichtadam› verborgen ist, der durch mehrere nacheinander aus dem Lichtreich gesandte Offenbarer (Sammelname ‹fremder Mann›) mittels Gnosis dorthin zurückgeführt wird (Einsammlung des in der Welt zerstreuten Lichts). Näheres s. RGG IV 710. Die zwei Fundamentalriten: 1. Taufe (Maṣbūtā) in fließendem Wasser (‹Jordan›), heilsnotwendig und ständig wiederholt; daneben gewöhnliche Waschungen. – 2. Seelenaufstiegszeremonie (Masiqtā). Beide mit Brot-Wasser-Mahl verbunden.

[3] Das *M.-Problem.* Wichtig ist bes. die Frage nach dem Ursprung der M. Wiewohl die M. in Babylonien und Südwestiran schon früh bezeugt sind, stammen sie wohl aus dem Westen (Lidzbarski), von (semi-) jüd. Taufsekten am Ostrand Syriens und Palästinas. Dafür sprechen: m. *sb'*, ‹taufen› (westaramäisch) statt *'md* (ostaramäisch); strenge, z. T. überspitzte jüd. Ethik (Gebot ausnahmsloser Einehe!); in der Mythologie starke jüd. Elemente und Beziehungen zu den West- und Nordsemiten; vielleicht die Mirjai- und die Haran-Gawaita-Sage, in denen die (Ur-) M. z. Z. eines Partherkönigs Artabanos (möglich 1.–3. Jh. n. Chr.) nach Haran auswandern. Wohl von dort gelangten sie dann nach Südmesopotamien. Auf eine Trennung vom Judentum weist auch die meist scharfe antijüd. Polemik. Die m. Taufe ist im Kern wohl eine ‹gnostische Interpretation jüd. Waschungsriten›, später unter → nestorianischem Einfluß erweitert (Rudolph I 110 und II 402). Dies und sonstige christl. Elemente (Sonntagsfeier) sind sekundär, die Haltung gegen das Christentum ablehnend (wohl durch Verfolgungen). Die Gestalt Johannes des Täufers in der m. Literatur ist späte Tradition (Rudolph I 70), der Name ‹Johanneschristen› für M. irreführend. Bisweilen wird auch ein Zusammenhang des (Ur-) M.ismus mit solchen gnostischen Traditionen angenommen, deren Widerhall im NT feststellbar ist: starke Anklänge der Bildreden im JohEvg. an m. Offenbarungsreden. R.H.

Ed: J. H. Petermann, 1867 (Ginza) – H. Pognon, 1898, und M. Lidzbarski, 1909 (Zaubertexte) – Ders., 1905–15 (Johannesbuch; mit Übers.) – Ders., 1920 (Qolasta) – E. S. Drower, The Haran Gawaita and the Baptism of Hibil Ziwa, 1953 (Texte zur Auswanderungslegende nach Haran und zur Taufe des ‹leuchtenden Abel›) – Dies., 1959 (The Canonical Prayerbook of the Mandaeans) – *Lit:* H. Schlier, Zur M.frage, ThR 5, 1933, 1–34; 69–92 – E. S. Drower, The Mandaeans of Iraq and Iran, 1937 – H.-Ch. Puech, Le mandéisme, l'histoire générale des religions 3, 1945, 67–83 – T. Säve-Söderbergh, Studies in the Coptic Manichaean Psalm-book, 1949 – W. Baumgartner, Der heutige Stand der M.frage, ThZ 6, 1950, 401–410 – H. Jonas, Gnosis und spätantiker Geist I (1934), 1954² – R. Macuch, Alter und Heimat des Mandäismus nach neu erschlossenen Quellen, ThLZ 82, 1957, 401–408 – E. Segelberg, Maṣbūtā, 1958 – E. S. Drower, The Secret Adam, 1960 – RGG IV 709 – K. Rudolph, Die M., 2 Bde, 1960/61 (neueste Bibliogr.).

Mandelbaum (ἀμυγδαλῆ, amygdala), ursprünglich im Nahen Osten beheimatet, den Griechen im 5. Jh. v. Chr. vertraut, also wohl schon länger eingeführt. Nach Rom gelangte der M. spät durch griech. Vermittlung, wie der Name und der Ausdruck ‹griech. Nüsse› zeigen. Man unterschied bittere und süße Mandeln und kannte die Giftwirkung der ersteren. Berühmt waren die M.e auf Thasos, Naxos, Chios und Cypern. Bezeugt ist Öl aus bitteren, Milch aus süßen Früchten. Auch M.-Gummi war bekannt und diente in der Medizin. Zur oriental. Herkunft fügen sich die mythischen und religiösen Überlieferungen phryg. Ursprungs, die in den Bereich der → Kybele führen und mit den Zeugnissen vom → Granatapfelbaum konkurrieren. Danach begrub Kybele die Hoden des → Attis, der sich unter einer Fichte entmannt hatte. Nach der Auffassung von Pessinus (Paus. 7, 17, 9 ff.; Arnob. adv. nat. 5, 5–7) war der M. aus der Scham des → Agdistis entstanden, der von den Göttern entmannt wurde. Die Blüten des M.s erinnerten an das vergossene Blut, die Früchte an die Hoden. Nana, eine Tochter des Flußgottes Sangarios, wurde durch die Berührung mit der Frucht eines M.s schwanger und gebar den Attis. Auf die rasche Frühblüte des M.s bezieht sich die Überlieferung von Phyllis, der Tochter des Thrakerkönigs Sithon, und Demophon (→ Athamas), dem Sohn des Theseus. Phyllis, die sich verlassen glaubte, erhängte sich an einem M., der bei der Umarmung durch Demophon plötzlich in Blüten prangte. Vgl. → Flora. J.W.

Lit: Murr, Pflanzenwelt, 37–39 – Wagler, RE 1, 2 (1894), 1990–95 – Hehn, 396. 400. 402.

Mandragoras, nichtgriech. Bezeichnung für drei Arten von Nachtschattengewächsen, die in der Heilkunde wie im Volksglauben bedeutsam waren *(Alraun).* Es handelt sich um stengellose Kräuter mit dicken, oft verschlungenen und gespaltenen Wurzeln. Auf den zentral erregenden, sinnverwirrenden, giftigen Wirkstoffen beruhen die Überlieferungen von der Zauberkraft des M.s. M.-Saft wurde als Aphrodisiacum und Narkoticum verwendet, um Schlafstörungen zu beseitigen und operative Eingriffe durchzuführen. Aus dem Glauben an die Zauberkraft der menschenähnlich gedachten Wurzel erklärt sich die Verbindung mit → Hekate, in deren Zaubergarten M. wuchs. Die Bezeichnung *Κιρκαία* weist auf die Zauberin Kirke, während ‹Apollinaris› auf den Trancezustand der delphischen Pythia anspielt. Mandragoritis als Beiname der → Aphrodite erklärt sich aus der Verwendung des M. als Mittel im Liebeszauber. Dem Kult des Zeus Mandragoras kann die Vorstellung von der übermächtigen Kraft der Wurzel zugrunde liegen, wobei bes. an den chthonischen Zeus gedacht werden muß. Das Nachwirken der antiken M.-Überlieferung läßt sich bis in die christl. Mystik des Mittelalters verfolgen. Vgl. → Flora. J.W.

Lit: A. Steier, RE 14, 1 (1928), 1028–37 – Kruse, RE 14, 1 (1928), 1038 – H. Rahner, Griech. Mythen in christl. Deutung, 1957, 284–351.

Mandrokles, Architekt aus Samos; baute für → Dareios I. bei dessen Skythenzug (513/512 v. Chr.) eine Schiffsbrücke über den Bosporos. Von seinem Lohn ließ M. ein Bild malen, das die Brücke darstellte mit Dareios, der von einem Ehrensitz aus dem Vorbeizug seines Heeres zusieht, und weihte es dem Heraion von → Samos. R.V.C.

Manes. *Di Manes* (immer im Plural) ist der zusammenfassende Ausdruck für die Totengeister, in ihrer Beziehung zu den Lebenden; unter griechischem Einfluß als Daimones der Unterwelt schlechthin gedeutet (Serv. Aen. 3,63; vgl. auch 6,743). Die Etymologie des Wortes ist unsicher; die Römer leiteten es her von altlat. manus, ‹gut›, also: ‹die guten Götter› (Serv. Aen. 1,139) andere Etymologie: Festus 146 L. Der Name kann somit ein Euphemismus sein, braucht aber nicht unbedingt so aufgefaßt zu werden, weil aus allem hervorgeht, daß die röm. Religion die Furcht vor schadenstiftender Einwirkung der Toten kaum kennt. Nur wenn man ihren Zorn erregte, z.B. durch eine Freveltat (vgl. Hor. epod. 5) oder Vernachlässigung des Totenkultes (Ov. fast. 2, 54ff.), mußte man ihre Rache fürchten. Die M. haben nämlich die Macht, die Lebenden zu sich zu holen und einem jüngst Verstorbenen entweder den Zutritt zur Unterwelt zu versagen oder ihn freundlich aufzunehmen. Darum wird ihnen auch die Beschützung der Gräber anvertraut: D(is) M(anibus) sacrum auf Grabsteinen heißt: den guten Göttern geweiht, und manchmal findet man die Bitte, einen Feind des Verstorbenen nicht in die Unterwelt aufzunehmen oder den Verstorbenen gut zu empfangen. Seit der 2. H. des 1. vorchristl. Jh.s gibt es Inschriften, wo D.M. (auch dann immer im Plural!) auf einzelne Tote bezogen wird: Dis Manibus sacrum L. Caecili Rufi z.B. könnte dann bedeuten: den Ahnengeistern, oder vielleicht sogar: der Seele des L. Caecilius Rufus geweiht. – Ob die Manes etwas mit dem → mundus zu tun hatten, ist umstritten, obgleich man im allgemeinen annimmt, daß sie an den Tagen des ‹mundus patet› (24. Aug., 5. Okt., 8. Nov.) in der Welt der Lebenden erschienen, um Opfer zu erhalten. J.t.V.

Lit: W.F. Otto, Die M., 1923 – J.P. Jacobsen, Les mânes, 1924 – E. Marbach, RE 14,1 (1928), 1051–60 – F. Bömer, ThLL VIII 2, 1937, s.v. Manes – Latte, 99f.

Manethon (?), von Sebennytos, ägypt. Priester, 1. H. 3. Jh., spielte bei der Rezeption des → Serapis von Sinope eine bedeutende Rolle. Verfaßte in 3 Büchern eine Geschichte Ägyptens von den Götterkönigen an (Fragmente bei → Josephus und christl. Chronographen), die sich auf «heilige Urkunden» berief und (evtl. in einem Sonderwerk?) gegen Herodot polemisierte. Ferner Schrifttum zu Kult und Religion und eine *Φυσικῶν ἐπιτομή* (vgl. → Bolos). Unecht sind ein → Sothis-Buch und ‹Apotelesmata›. W. Sp.

Frg: W.G. Waddell, LCL, 1940 (vgl. BiOr 4, 1947, 99–101) – FGrHist 609 – *Lit:* Kees, RE 3 A 1 (1927), 1234–35 s.v. Sothisbuch – Laqueur-Kind-Kroll, RE 14, 1 (1928), 1060–1106 – G. Farina, EI 22, 1934, 107 – W. Helck, Untersuchungen zu Manetho und den ägyptischen Königslisten, Unters. z. Gesch. u. Altertumskunde Ägyptens 18, 1956 – F. Lüddeckens, Gnomon 31, 1959, 255–262 – G. Fecht, ZDMG 110, 1961, 114–123.

Manichäismus

[1] Entstehung und Ausbreitung – [2] Quellen – [3] System des M. – [4] Kult, Schriften, Fortleben.

[1] *Entstehung und Ausbreitung.* Als Endstufe der → Gnosis hat der M. alle im 3. Jh. vorhandenen gnostischen Gruppen aufgesogen und so Traditionen bewahrt, die für die Erkenntnis mancher frühchristl. Anschauungen bedeutsam sind. Der Stifter, Mani, war Abkömmling eines vornehmen pers. Geschlechtes, 216 in einem Vorort von Seleukia-Ktesiphon geboren; durch seinen Vater wurde er Mitglied einer enkratitisch-gnostischen Sekte in Südbabylonien, wo er die Berufung zur Verkündung einer neuen, umfassenden Religion empfing. Wahrscheinlich hat er eine Zeitlang der christl. Gemeinde in Bēt-Lāpāṭ (bei Susa) angehört. In Nordindien lernte er den Buddhismus und wohl auch den Jainismus kennen. Von dem pers. König → Šapur (242–270) erhielt er die Missions-Erlaubnis und befand sich im Feldzug gegen → Valerian (256–260) im Gefolge des Großkönigs. Die herrschende Priesterkaste der Magier aber ließ ihn unter dem König Bahram einkerkern und um 276 hinrichten. Nach der Überzeugung seiner Anhänger war seine Seele vor der Schindung des Körpers gen Himmel gefahren. Sein Nachfolger hielt sich zunächst in Babylon, nach dem Zunehmen der Verfolgungen in Samarkand auf. Missionierende Kaufleute breiteten den M. ähnlich weit aus wie das Christentum, nämlich im Westen bis nach Spanien und im Osten bis nach China.

[2] *Quellen.* Bis arabische und syrische Quellen bekannt wurden (seit 1870), waren Schriften Augustins die wichtigste Quelle für die Lehre des M.; sie enthalten in der Tat zuverlässige Nachrichten. Dann ergaben die deutschen Turfan-Expeditionen (seit 1895) eine reiche Ernte, die bis heute noch nicht voll ausgeschöpft ist. Im Jahre 1930 kamen ferner koptische Manichaica nach Europa; die Veröffentlichung geriet jedoch bald ins Stocken. Was von den Funden bekannt geworden ist, ermöglicht eine deutliche Anschauung von den Grundzügen des Systems. Freilich ist uns kein Werk Manis vollständig erhalten; wir besitzen nur verkürzte Auszüge einiger Abschnitte in der originalen syr. Sprache, längere Zitate in lat., griech., arab., alttürk. und chinesischer Übersetzung, Fragmente in mittelpers. Übersetzung und Stücke des Šāhpurākān im altpersischen Original. Dieses Buch, dessen Titel wohl bedeutet ‹dem Šapur gewidmet›, ist das einzige in pers. Sprache geschriebene, die vier andern (Das Große Evangelium, auch ‹Lebendiges Evangelium› genannt; Das Buch der Mysterien; Der Schatz des Lebens; Das Buch der Giganten) waren syr. abgefaßt. Von Manis Briefen und Sendschreiben ist bis jetzt nichts im Original gefunden worden.

[3] Mani hat sein *System* auf der Grundlage der Magier-Religion errichtet, die in Babylon damals schon in starkem Maße hellenisiert war. Der Hintergrund ist zervanitisch, also ein transzendentaler Monismus, während die Erscheinungswelt einschließlich ihrer Prinzipien dualistisch aufgeteilt ist. ‹Der Böse› beherrscht die gegenwärtige Welt der Materie, in der die Seele als Teil des guten Gottes in den Körper eingekerkert ist. Aber Emanationen aus dem Lichtreich des Guten sind unablässig in die Welt geflossen, so daß ein ständiger Befreiungskampf zwischen den Mächten des Lichtes und den finsteren Dämonen der Hyle im Gange ist. In diesem Kampfe sind Erlöserprinzipien die ‹Führer›: der Urmensch, der dritte Gesandte, Jesus der Glanz, der Ruf. Der Mensch hat die Wahl, welchem Reiche er angehören will. In drei Zeiten vollzieht sich das Weltendrama: In der Urzeit ruhten die beiden Reiche getrennt übereinander; in der Weltzeit sind sie ineinander gemischt worden; in der mit Mani beginnenden Endzeit ist die Entmischung im Gange. Diese Endzeit dauert 1468 Jahre: wohl zu deuten als $13 \times 100 + 13^2$ Jahre, minus 1 Jahr, um das die Endzeit verkürzt wird. – Mani fühlte sich als den Parakleten, der die Reihe der Propheten von Adam an über Seth, Moses, Zarathustra, Buddha und Jesus abgeschlossen hat; er nannte sich daher ‹das Siegel der Propheten›. Seine Anschauung war ein entschlossener → Synkretismus, der von überall her die ‹Strahlen› der guten Lehre zu einem Lehrgebäude zusammenfügte. In ihm waren die Systeme der christl. → Gnosis, die ihm in einigen griech. Schriften der ägypt. Schulen (in syr. Übersetzung?) vorlagen, ferner iran., babylon., spätjüd. und syr.-christl. Überlieferungen mit Hilfe des spätbabylon.-hellenist. Reihendenkens miteinander verschmolzen. → Ephraïm hat diesen Synkretismus mit einem Zitat gut gekennzeichnet: «Die Manichäer sagen über Hermes in Ägypten, über Platon unter den Griechen und über Jesus, der in Judäa erschienen ist: ‹Sie sind Boten des einen Guten an die Welt.›»

[4] Hatte sich die ältere Gnosis nur in der Form von Weisheitsschulen halten können, so ist Mani der Aufbau einer *Religionsgemeinschaft* gelungen. Er übernahm von → Valentinus und → Markion die Gliederung der Menschheit in Hyliker, Psychiker und Pneumatiker, nannte die Psychiker ‹Hörer› (*κατηχούμενοι*, auditores), die Pneumatiker ‹Gerechte› (*δίκαιοι*, boni homines, ṣaddīkē) oder ‹Erwählte› (*ἐκλεκτοί*, electi) und teilte die Elektenschaft in vier Klassen: die ‹Lehrer›, die ‹Diakone› (auch ‹Bischöfe› genannt), die ‹Ältesten› und die gewöhnlichen ‹Gerechten›. Über

ihnen stand Mani selbst als der Offenbarungsträger und nach seinem Tode als sein Nachfolger der ‹Erzlenker› (ἀρχηγός). – Die *Schriften*, in denen Mani dieses System eigenhändig niedergelegt hatte, wurden als heilige Überlieferung behandelt und in kostbaren Ausgaben vervielfältigt. Im Mittelpunkt des Kultus, bei dem die heiligen Schriften vorgezeigt und wohl auch verlesen wurden, stand das heilige Mahl, bei dem die Elektenklasse das Mysterium der Lichtausläuterung vollzog: Weizenbrot in Form von Mondhörnchen und Sonnenkuchen wurde zusammen mit Gurken und grünen Melonen verspeist, damit das in ihnen gefangene Sonnenlicht befreit und durch Aufstoßen zum Himmel gesandt würde. Diese heiligen Mahlzeiten hatten also mit der christl. Eucharistie nichts zu tun, waren vielmehr Riten der ‹erlösten Erlöser›, d.h. aller Elekten. Ein wesentliches Stück des Kultus war der Psalmengesang, der zur vollen inneren Aneignung der mythischen Vorstellungen des Seelenaufstieges, des Kampfes gegen die Finsternismächte und überhaupt der vollen ‹Gnosis› diente. Hinzu trat die Gebetsübung, in der die Sonne als der Sitz der strahlenden Christuskraft mehrmals am Tage angerufen wurde. – Diese Religion beanspruchte in ihrer ausgebildeten Gestalt eine *Ausschließlichkeit*, die von den verantwortlichen Trägern aller anderen Religionen scharf abgelehnt wurde: der polytheistischen Staatsreligion des Westens (Diokletian), den Mazdayasniern des Ostens (Zarathustrismus), der Magier-Religion (Zervanismus), der Staatsreligion Chinas (Konfuzianismus), den christl. Kirchen jeder Denomination. Nur im uigurischen (alttürkischen) Reich in der Mongolei galt der M. von 763 bis 814 als Staatsreligion. Die Abwehr der christl. Kirchen kam im Osten durch →Ephraïm, im Westen durch →Augustin zum eindrucksvollen Sieg über die gefährlichste aller Häresien. In den kirchlichen Abschwörungsformeln sind die Hauptlehren des M. zusammengefaßt. A.A.

Q: A. Adam, Texte zum M., Lietzmann KIT 175, 1954 – *Lit:* H.-J. Polotzky, RE Suppl. 6 (1935), 241–271 – H.-Ch. Puech, Le manichéisme. Son fondateur, sa doctrine, 1949 – G. Widengren, Mani und der M., 1961 – O. Klima, Manis Zeit und Leben, 1962.

Manilius, M.' (praet. 155 v. Chr., cos. 149; vgl. Cic. rep. 6,9), ein angesehener Jurist seiner Zeit. Von ihm stammen Monumenta in 7 Büchern (vgl. Krüger, a. O., N. 30). Vermutlich hat er kaufrechtliche Rechtssätze aufgestellt, die sog. ‹Manilii actiones› oder ‹Manilianae venalium vendendorum leges› (Cic. de or. 1,246). H.Hb.

Lit: P. Krüger, Gesch. d. Quellen u. Lit. d. röm. Rechts (1888), 1912², 61 – W. Kunkel, Herkunft u. soz. Stellung d. röm. Juristen, 1952, 11f.

2. **M.,** C. (tr. pl. 66 v. Chr.), brachte am 31.12.67 ein Gesetz über die Verteilung der Freigelassenen auf alle → Tribus ein, das dann annulliert wurde. Danach Durchsetzung der bedeutenden lex Manilia, die → Pompeius (2) mit außerordentlichen Vollmachten für den Krieg gegen → Mithridates VI. ausstattete. M. wurde 65 verurteilt und ging ins Exil. Chr.M.

3. **M.,** Verfasser eines astrologischen → Lehrgedichts Astronomicon, das wahrscheinlich noch unter Augustus begonnen, nach seinem Tode beendet wurde und dem Tiberius gewidmet ist. Der Name M. ist nicht sicher belegt. Buch 1 gibt eine Darstellung des Himmels, Buch 2 eine Erklärung astrologischer Grundbegriffe, Buch 3 und 4 die Nativitätslehre und die Lehre vom Einfluß der Tierkreisbilder auf Wesensart und Leben der in ihnen geborenen Menschen, Buch 5 die Lehre von den Paranatellonten, den mit den Tierkreisbildern zugleich aufsteigenden Gestirnen, darunter auch solchen der Sphaera barbarica. Vermutlich sollten in weiteren Büchern auch die Gestirnuntergänge und die Planeten behandelt werden. Die astrologische Grundanschauung beruht im wesentlichen auf stoischem Determinismus und Vorsehungsglauben; starker Einfluß des → Poseidonios ist anzunehmen, möglich auch die Absicht indirekter Polemik gegen → Lukrez, mit dessen Lehrgedicht das Werk des M. der Form nach verwandt ist. E.B.

Ed: Th. Breiter, 1907 – A. E. Housman, 1903–30 (kritisch zu benutzen) – I. van Wageningen, 1915.

4. **M.,** L., soll nach Plin. nat. 10,4 als erster über den Vogel Phönix geschrieben haben. Es muß sich mehr um ein Wunderbuch als um einen Roman gehandelt haben. R.Hl.

Lit: Schanz-Hosius, I 605f.

Manipel, Abteilung der röm. → Legion (= 30 manipuli), z. Zt. des → Polybios 120 bis 200 Mann stark. Vor → Marius (1) die taktische Einheit (→ Cohorte), später nur Bestandteil der administrativen Aufgliederung. G.G.

Manlius, C., Catilinarier. Sammelte im Spätsommer 63 in Etrurien ein Heer von Unzufriedenen und begann im Oktober den offenen Aufstand. Er fiel Anfang 62 in der Schlacht bei Pistoria. Chr.M.

2. **M. Capitolinus,** M. (cos. 392 v. Chr.), Patrizier, der das Cognomen von seinem Wohnsitz auf dem Kapitol trug. Durch Plebejerfreundlichkeit und Tapferkeit ausgezeichnet, erlangte er 392 das Konsulat und errang mit seinem Kollegen L. → Valerius (17) Potitus einen Erfolg über die Äquer. Seine größte Tat soll er 390 bei der Verteidigung des Kapitols gegen die → Kelten vollbracht haben. Später soll er gegen L. Furius → Camillus zurückgesetzt, 385 des Strebens nach der Alleinherrschaft angeklagt und im Jahre darauf hingerichtet worden sein. Die Zusammenstellung des M. mit Sp. → Cassius (12) und Sp. → Maelius lag daher nahe. R.W.

3. **M. Imperiosus Torquatus,** T. (dict. 353 v. Chr., 349, cos. 347, 344, 340), einer der hervorragendsten Vertreter des Geschlechts. Seinen Beinamen Torquatus trug er von einer Halskette, ‹torquis›, die er einem im Zweikampf besiegten Kelten abnahm. Die beiden Diktaturen – die erste wegen des Krieges gegen Caere, die zweite zur Durchführung der Wahlen – sind wenig glaubhaft. In seinen zwei ersten Konsulaten ist M. kaum hervorgetreten. Das 3. Konsulat, in dem M. den P. → Decius (1) Mus zum Kollegen hatte, fällt in das erste Jahr des Latinerkrieges. M. errang bei Trifanum einen entscheidenden Sieg über die Latiner, die sich wie die Kampaner und vielleicht auch Aurunker unterwarfen. Daß M. seinen gleichnamigen als Reiterpräfekt im Heere dienenden Sohn wegen militärischen Ungehorsams hinrichten ließ, ist wahrscheinlich eine Legende, die M. als Prototyp des Imperiumträgers charakterisieren sollte. R.W.

4. **M. Torquatus,** T. (cos. 235, cens. 231, cos. 224, dict. 208, pont. vor 212–202 v. Chr.), triumphierte 235 über die Sarden und schloß dabei die Pforten des → Janustempels zum Zeichen des allgemeinen Friedens (Eutr. 3,3; Varro ling. 5,165). 215 warf er einen Sardenaufstand nieder (Liv. 23,34,40f.). M., der sich gegen den Rückkauf der bei Cannae gefangenen Römer und gegen die Aufnahme von Latinern in den Senat aussprach (Liv. 22,60f.; 23,7), galt später als Verfechter der *prisca ac dura severitas* (Liv. 22,60,5; 26,22,11). A.L.

5. **M. Vulso,** Cn. (aed. 197, praet. 195, cos. 189 v. Chr.), führte 189 einen beutereichen Feldzug gegen die Galater (Polyb. 21,33ff.; Liv. 38,12ff.) und ordnete nach dem Frieden mit → Antiochus III. die Verhältnisse in Kleinasien neu. Im Massenimport östlicher Luxusartikel durch M. sah man später eine Ursache des beginnenden Verfalls (Calp. hist. 34; Aug. civ. 3,21). A.L.

6. **M. Vulso Longus,** L. (cos. 256, 250 v. Chr.) errang im 1. → Pun. Krieg 256 mit M. → Atilius (4) Regulus einen Seesieg über die Karthager bei Eknomos, landete mit Regulus in Afrika und kehrte im Herbst nach Rom zurück. 250 belagerte er Lilybaeum (Polyb. 1,25ff.; 41f.). A.L.

Mantik

A. Begriff – B. Griechenland – C. Rom

A. Begriff. Die M., ‹Weissagung›, versucht das, was anderen Formen der Erkenntnis verschlossen ist, z. B. die Zukunft, zu ergründen und zu verkünden, bes. festzustellen, ob eine geplante Handlung einen glücklichen Ausgang haben wird, dem Willen der Götter entspricht. Sie beruht auf dem Glauben, daß die übernatürlichen Kräfte in bestimmten Formen ihre Billigung oder Ablehnung kundtun und Hinweise auf künftiges oder fernes Geschehen geben. Sofern die Götter nicht unmittelbar mit den Menschen verkehren (wie in der Darstellung des griech. Heroenzeitalters) oder sich ihnen (intuitiv) offenbaren, bemühen sich diese, teilweise nach ausdrücklicher Bitte um ein Zeichen oder einer konkreten Frage, die verschiedensten Phänomene zu beobachten und deutend (induktiv) mit Plänen und Vorgängen des eigenen Lebens usw. in Beziehung zu setzen oder durch Berufene erklären zu lassen.

B. Griechenland. [1] *Methode*. Man sieht Zeichen nicht nur in →Wundern (Hdt. 1, 59; Xen. Hell. 6, 4, 7; Phleg. FGrHist 257 F 36), Erscheinungen (Plut. Dion 55; Paus. 10, 23, 2) und ungewöhnlichen Naturereignissen: Blutregen, Mißgeburten (Hom. Il. 16, 459 f., vgl. 11, 53 ff., Hdt. 7, 57; Paus. 2, 6, 3; Ael. VH 12, 57; Amm. 19, 12, 19), Erdbeben oder Überschwemmung usw. (Hdt. 6, 98, Thuk. 2, 8, 3; 5, 45, 4; Plut. Alex. 17, 4), sondern auch in Unwetter, Blitz, Donner, Finsternis, Regenbogen, Kometen, Meteoren (Hom. Il. 2, 353; 4, 75 ff.; 17, 547 f.; Od. 20, 101 ff.; 21, 413; Thuk. 7, 79, 3; Aristoph. nub. 579 ff.; Xen. ap. 12; Diod. 15, 50, 2; Plut. Dion 24, 1 ff.; Spezialwerke von →Melampus, erwähnt von Artem. 3, 28, und Joh. Lydos: De ostentis; zur späteren Entwicklung →Astrologie), ferner im Rauschen eines Baumes (→Dodona), im Verhalten von Tieren, bes. Vögeln (→Vogelschau), aber auch fast allen anderen, z.B. Bienen (Cic. div. 1, 73; 78; Plut. Dion 24, 4; Ael. VH 12, 46), Wieseln (Aristoph. eq. 792; Theophr. char. 16, 3), Schlangen (Hom. Il. 2, 308 ff.; Paus. 3, 26, 6 ff.; Hdt. 1, 78), auch im Wuchs von Tieren (Curt. 4, 4, 3 ff.) oder Pflanzen (Theophr. caus. plant. 5, 3 ff.; 5, 4, 3; hist. plant. 2, 3; 5, 9, 8) oder Menschen (Aristot. bei Plin. nat. 11, 273 f.): Gestalt, Gliedmaßen, bes. Hände (*Cheiromantie:* Aristot. hist. anim. 493 b, 32 ff., vgl. probl. 896 a 37 ff., Artem. 2, 69; in Verbindung mit der Astrologie, wie die *Morphoskopie* allgemein: Hippol. haer. 4, 1 ff.), auch in ihren zufälligen Regungen: Niesen (Hom. Od. 17, 541 ff., Xen. an. 3, 2, 9; Aristot. probl. 962 a 21 ff.; Parodie: Aristoph. equ. 638 f.), Zucken (Melampus *Περὶ παλμῶν*), Stolpern (Plut. Dem. 29, 2 ff.; Tib. Gracch. 17, 3), in ihren Worten (→Kledonomantie) und →Träumen, selbst in ihrem Namen (Hdt. 9, 91; Artem. 3, 38). Daneben überwacht man die Opfer in allen Stadien oder bringt mantische Opfer dar, zugleich um die Götter zu versöhnen (→Hieroskopie, →Kapnomantie), wie man sich überhaupt bes. in späterer Zeit zahlreicher Hilfsmittel bedient, um den göttlichen Willen zu erforschen, u.U. wiederholt, da ein Zeichen vom Menschen abgelehnt werden kann. Aus dem Hellenismus und bes. der Kaiserzeit sind bezeugt: Lose (alt: →Losorakel), Knöchel oder Würfel (mit denen z.B. Verse ermittelt werden: Paus. 7, 25, 10; SupplEG 3, 544; EpGr 1038, alphabetisch geordnet 1039; 1040; aus Homer: Pap. Mag. 7, 1 ff., Abart: Pap. Mag. 26) oder Buchstaben, gefunden durch einen Meteorstein (Dam. vit. Isid. 203), durch einen Ring (Amm. 28, 1, 29 ff.; vgl. die Zauberscheibe v. Pergamon und Tischorakel: Tert. apol. 23, 1), durch Hähnchen (Zonar. 13, 16), ferner Gerstenkörner, Mehl (Eus. praep. ev. 2, 3, 4 f., Theokr. 2, 18), Käse (Artem. 2, 69), Siebe (→Koskinomantie), Steine (Plin. nat. 37, 155. 168; Orph. lith. 360 ff., Iambl. myst. 3, 17), Eier (→Ooskopie), Beile (→Axinomantie), Lampen (→Lychnomantie), Spiegel (→Katoptromantie), Wasser (→Hydromantie), Schädel (Hippol. haer. 4, 41). Man befragt schließlich auch Tote (→Totenorakel) oder erwartet, daß einem selbst oder einem Medium unmittelbar (intuitiv) durch Inspiration (o. ä.; →Orakel) oder im →Traum (meist an heiliger Stätte: →Inkubation) nach bestimmten Vorbereitungen eine Erleuchtung widerfährt. – Die M. ist also nicht nur für die Deutung an Kundige gebunden (→Mantis, →Chresmologen), sondern für viele Formen an Geräte, für andere an Medien wie →Prophetes, →Pythia, →Sibylle (vgl. auch die sog. Bauchredner wie Eurykles: Plat. Soph. 252 C, Aristoph. vesp. 1019), in der Spätzeit meist Knaben, ferner an bestimmte Lokalitäten und Zeiten, Tage (→Delphi) und Tageszeiten (Nacht, Schlaf, wenn die Seele vom Körper gelöst scheint: Cic. div. 1, 63 f. – dort auch zur Bedeutung der Todesstunde –; vgl. Hom. Il. 16, 851 ff.; 22, 358 ff.).

[2] *Geschichtliche Entwicklung*. Ursprünglich bezieht sich die M. auf einzelne Ereignisse des privaten und öffentlichen Lebens und ist in der induktiven Form überall früh verbreitet; die intuitive scheint später hinzugetreten zu sein. Während die →Orakel, bes. in →Delphi (3), in archaischer Zeit beginnen, Weisungen allgemeiner Natur zu geben und damit eine eigenartige Entwicklung nehmen, erhalten sich die auf den Einzelfall bezogenen Formen der M. im Leben der Staaten (Opferschau zu Beginn eines Feldzuges oder einer Schlacht) wie des Einzelnen, in dem sie eine große Rolle spielen können. Darum werden in hellenist. Zeit für die private M. viele neue Formen entwickelt, oft in enger Verbindung mit der Magie (vgl. →Theokrits Schilderungen). Anderseits wird die M. oft kritisiert oder verhöhnt und bes. von vielen Philosophenschulen abgelehnt oder bekämpft, von mehreren frühgriech. Philosophen, den →Sophisten (Protagoras), den →Kynikern (später: Oinomaos), den →Epikureern, den →Skeptikern (Karneades); nüchtern beurteilt sie →Demokrit, während →Empedokles, wohl auch die →Pythagoreer, sie akzeptieren, mit Einschränkungen →Sokrates, →Platon und →Aristoteles. Anerkannt wird sie von der älteren →Akademie (Xenokrates, Herakleides Pontikos), stärker von der älteren und mittleren →Stoa (Chrysipp, Poseidonios, nicht Panaitios), den →Neupythagoreern, der jüngeren →Akademie und →Stoa, dem mittleren →Platonismus (Plutarch) und vor allem den →Neuplatonikern, bes. →Proklos und →Jamblich, dessen Werk De mysteriis im Vergleich zu Ciceros De div. den Gang der Entwicklung deutlich macht. C.J.C.

Lit: A. Bouché-Leclercq, Histoire de la divination dans l'Antiquité, 4 Bde, 1879–82 – K. Steinhauser, Der Prodigienglaube und das Prodigienwesen der Griechen, Diss. Tübingen 1911 – P. Stengel, Die griech. Kultusaltertümer (1890), 1920³ – Th. Hopfner, RE 14, 1 (1928), 1258–88 – Nilsson I 164–174; II 229–231, 520–534.

C. Rom. Das lat. Wort für M., *divinatio*, bezeichnet «Kenntnis des göttlichen Denkens, das sich entweder durch sinnlich wahrnehmbare symbolische Zeichen äußert oder sich der Seele unmittelbar durch Eingebung oder seelische Erregung übernatürlicher Art mitteilt» (Bouché-Leclercq).

[1] Die in der *induktiven Weissagung* berücksichtigten Wunderzeichen, abwechselnd als prodigia, ostenta, portenta, monstra, miracula bezeichnet (klare Unterscheidung dieser Begriffe nicht möglich; vgl. Varro b. Serv. Aen. 3, 366; Fest. 284 L.; Cic. div. 1, 93; nat. deor. 2, 7), waren dieselben wie bei den Griechen (s. o.). Neben solchen Prodigien, die sich als solche leicht erkennen lassen, weil sie die naturgegebene Ordnung durchbrechen (z.B. Mißgeburten), konnten unzählige Phänomene als zufällige Zeichen gelten (signa oblativa); die offizielle röm. M. (→Auguren) vernachlässigte diese sich von selbst ergebenden Zeichen nicht, doch war sie geneigt, nur jene gelten zu lassen, die sie unter gewissen Bedingungen von den Göttern erbeten und erhalten hatten (signa impetrativa; zur Unterscheidung Serv. Aen. 6, 190). Dazu gehörten: 1. Deutung der instinktmäßigen Handlungen der Vögel, die Vogelschau (Ornithomantie); die Beobachtung des Fluges und der Schreie gewisser Vögel durch die →Auguren, die damit den Willen der Götter zu erfahren suchten. Die Vögel, die auspicia lieferten, waren verhältnismäßig wenig zahlreich; das Augurenritual teilte sie in zwei Kategorien: die alites oder praepetes, deren Flug (z.B. Adler, Geier), und die oscines, deren Schrei man deutete (vgl. Serv. Aen. 3, 361; 1, 394; 3, 246) (z.B. Rabe,

Krähe). Daneben hatte die umsichtige und praktische Art der Römer die Deutung des Verhaltens von in Käfigen gehaltenen heiligen Hühnern zu einem regelrechten System entwickelt. – 2. Deutung der instinktmäßigen Handlungen der Menschen. Unwillkürliche Bewegungen, Ohrensausen, Niesen usw. können Zeichen sein; vor allem aber ist die Sprache bedeutsam: wenn sich durch falsches Erfassen eines Wortes oder Satzes ein neuer Sinn ergibt, so gilt das als *Omen*, d.h. als Hinweis auf die Zukunft (der griech. → Kledonomantie entsprechend). Im Begriffe, nach dem Orient abzureisen, wo ihn Niederlage und Tod erwarteten, hätte Crassus verstehen sollen, daß es ein Omen war, als er den Ruf des Händlers: «Cauneas» («Kaunosfeigen») als «Cave ne eas» («geh nicht!») mißverstand (Cic. div. 2, 84). Wer die Vorbedeutung erfaßte, konnte sie annehmen, ablehnen oder sogar, wenn er schlagfertig war, umdeuten. Diese Art von Weissagung gehörte nicht zum offiziellen Kult. – 3. Weissagung aus den Eingeweiden der Opfertiere: *Extispicina* (Opferschau, → Hieroskopie; → Haruspices). – 4. Weissagung durch das Los, *Kleromantie*, die hauptsächliche Form des röm. → Orakels, wie sie vor allem in → Antium und → Praeneste oder mit Hilfe der beliebten → Sortes Biblicae, Homericae, Vergilianae, Sangallenses geübt wurde. – 5. Die Deutung der himmlischen Zeichen, d.h. bes. der Blitze und Blitzschläge, wurden in Etrurien (→ Haruspices) nach strengen Regeln eifrig betrieben; in Rom nahm sie in der offiziellen Weissagung der → Auguren einen geringen Platz ein.

[2] Alle Formen der *intuitiven Weissagung*, der göttlichen Offenbarung durch unmittelbare Eingebung, die sich in Worten äußert, wie → Träume und Traumdeutung (*Oneiromantie*), Weissagung durch Anrufung der Toten (*Nekromantie*, vgl. → Totenorakel) und Weissagung durch göttliche Begeisterung oder Chresmologie haben in Rom eine weit geringere Rolle gespielt als in Griechenland; bes. hat, im Gegensatz zu Griechenland, Italien wenig gottbegeisterte Seher gekannt; auch eine Pythia hat ihm gefehlt (→ Vates). Freilich spielten die hellenist. Orakelsprüche, die in die → Sibyllin. Bücher eingegangen waren, im offiziellen Kult eine nicht geringe Rolle. H. Le B.

Lit: A. Bouché-Leclercq, a. O. (s. o. zu A.) IV, 1882 – DS II 1, 292–319, s.v. Divinatio – R. Bloch, Les prodiges dans l'Antiquité classique, 1963 (Lit).

Mantineia, Stadt in der östl. Hochebene von → Arkadien, ca. 12 km nördl. des heutigen Tripolis in ebenem Gelände (Kt. 1152 C 5). M. war stets eine der führenden Städte Arkadiens. Zwischen 464 und 459 v. Chr. Synoikismos aus 5 Demoi. 418 Niederlage der Argiver gegen Sparta (→ Agis II.) bei M.; 385 Dioikismos M.s durch Sparta. 370 neugegründet, 362 bei M. Schlacht der Arkader, Athener, Spartaner und Bundesgenossen gegen → Theben. 223 von → Antigonos III. erobert und zerstört, die gesamte Bevölkerung hingerichtet oder versklavt. Die Stadt wurde von Antigonos unter dem Namen Antigoneia neugegründet. Gut erhaltener Mauerring. E.M.

Lit: F. Bölte, RE 14, 2 (1930), 1290–1344 – A. di Vita, EAA IV, 1961, 818 f.

[2] Die sog. *Musenbasis von M.* Von der Basis einer Statuengruppe der apollinischen Trias in M. von der Hand des → Praxiteles sind drei Platten erhalten (H. 0,96 m): die rechte Hälfte der Vorderseite mit Apoll, Marsyas und Skythe; die beiden Nebenseiten mit je drei Musen. Die schönen, aber handwerklichen Reliefs können nur ganz allgemein mit der Werkstatt des Praxiteles verbunden werden. Um 325 v. Chr. Athen, Nat. Mus. 215–217. E. Bg.

Lit: Lippold, GrPl 238, Taf. 85, 1–3.

Mantis, ‹Seher› (Grundbedeutung unsicher, wohl zu *μαίνομαι*, ‹erregt sein›), Bezeichnung für alle, die für die anderen Menschen nicht erkennbare oder sichtbare göttliche Zeichen (→ Mantik) zu erfassen, deuten und verkünden vermögen, denen die Sehergabe verliehen ist (Hom. Il. 1, 72; Od. 15, 252 f.): → Teiresias, → Melampus, → Amphiaraos, → Kalchas, → Kassandra u.a., auch ihre Nachkommen, Seherfamilien wie in Olympia die → Iamiden (Pind. Ol. 6, 43 ff.), Klytiaden (Paus. 6, 17, 6; Cic. div. 1, 91; beide nachweisbar bis ins 2. bzw. 3. Jh. n. Chr.: Inscr. Olymp. 59 ff.) und Telliaden (Hdt. 9, 37 f.), Seher an einem Tempel oder Orakel ebenso wie alle, die Inspirationen zu haben (Plat. apol. 22 C; Ion. 534 C) oder mit der Mantik vertraut zu sein beanspruchen; diese Kunst üben auch → Priester, doch werden z. B. zu Opfern gern M. zugezogen, wodurch sie, im Krieg unentbehrlich, im Staat eine wichtige Stellung einnehmen (Aristot. Ath. Pol. 54, 6), z. B. → Lampon, Stilbides (Aristoph. Pax 1031; Plut. Nik. 23, 7 u.a., auch als Hüter religiöser Traditionen (Asebieprozesse), zugleich angegriffen wegen Mißbrauch und Mißerfolg (Eur. Hel. 744 ff.; Thuk. 8, 1 ff. u. ö.); trotzdem beeinflussen sie das öffentliche und private Leben bis in die Spätantike. Im Blick auf seine Technik, die gestattet, Verborgenes zu erkennen und danach zu raten, wird der M. zuweilen mit dem Arzt parallelisiert (vgl. Solon Frg. 1, 53 ff. D.), in hohem Stile kann sich der Dichter als M. bezeichnen (vgl. → Pindar), während in der Umgangssprache das Verbum *μαντεύεσθαι* zum bloßen ‹Vermuten› absinkt. C.J.C.

Lit: S. Eitrem, M. and *σφαγία*, SO 18, 1938, 9–30 – I. Löffler, Die Melampodie, 1963.

Manto, Tochter des → Teiresias, Seherin wie er. Nach der Zerstörung Thebens durch die → Epigonen führt sie ihren blinden Vater bis Haliartos, wo er stirbt. Nach langem Aufenthalt in Delphi, wohin sie von den → Epigonen geweiht ist, wird sie in Kleinasien Gattin des Kreters Rhakios, Mutter des → Mopsos und Gründerin von Klaros. Oft mit der delphischen Sibylle verwechselt. → Melampus.

Mantua, etrusk. Stadt des Zwölfstädtebundes der Etruria Padna (Kt. 1420 D 2; heute Mantova), benannt nach dem etrusk. Totengott Mantus (Verg. Aen. 10, 198), im 4. Jh. von den Galliern erobert, seit dem Ende des 3. Jh.s röm. Bürgerkolonie. 41 siedelte Octavian seine Veteranen in M. an, wodurch dem aus Andes in der Nähe von M. gebürtigen → Vergil sein Landgut genommen wurde. In der Antike war M. von geringer Bedeutung. B.A.

Lit: N. Degrassi, EAA IV, 1961, 820 f.

Manubiae, ursprünglich die in oder nach der Schlacht ‹mit den Händen› ergriffene Beute, dann der vom Feldherrn den Soldaten überlassene Anteil, den dann jedem Soldaten (nach Verkauf auch in Geldform) die Tribunen zuerkannten. Über die sonstige Beute (praeda), bes. das erbeutete Geld und die aus dem Verkauf der Gefangenen erzielten Summen, konnte der Feldherr frei verfügen, so daß er nach seinem Ermessen das Ganze oder einen Teil im → Triumph in den Staatsschatz (→ Aerarium) brachte, auch den Soldaten zusätzlich ein → Donativum auszahlen ließ und für sich selbst einen Teil als seine M. zurückbehielt. Die M. der Feldherrn wurden stets nur zu gemeinnützigen Zwecken (öffentliche Bauten, Spiele u. dgl.) verwendet (→ Rom III A 2). R.Kn.

Manumissio, die Entlassung eines → Sklaven aus der manus, der Gewalt seines Herrn. Zu vollem → Bürgerrecht führte: 1. *M. vindicta:* vor dem Prätor oder Statthalter. Ein adsertor libertatis stellt fest, der Sklave sei frei, unter Berührung mit einem Stab, was der Herr schweigend anerkennt. – 2. *M. censu:* der Sklave meldet sich, bevollmächtigt von seinem Herrn, als Freier zur Eintragung in die Bürgerliste. – 3. *M. testamento:* der Freilasser gibt die m. des Sklaven im Testament bekannt. – 4. *M. fideicommissaria:* formlose Bitte im Testament, der Erbe möge die m. vollziehen. – 5. *M. in ecclesia:* die kirchliche m., seit Konstantin I. anerkannt. – Zu latinischem Recht führten die m. per epistulam und die m. inter amicos. – Vgl. → Freigelassene. D.R.

Marathon, Ort im S der Ebene von M. an der Nordküste → Attikas (Kt. 1152 a D 1), nicht an der Stelle des heutigen

Dorfs Marathona, berühmt durch den Sieg der Athener über die Perser i.J. 490 v.Chr. (Hdt. 6, 102–117; → Perserkriege). Der Grabhügel (‹Soros›) der 192 gefallenen Athener ist erhalten. Die Geschichte des M.läufers, der nach dem Sieg nach Athen gelaufen und dort mit dem Ruf «Wir haben gesiegt» tot zusammengebrochen sein soll, erst bei jüngeren Schriftstellern, kann aber historisch sein. E.M.

Lit: W.Wrede, RE 14,2 (1930), 1426–30 – B.Bilinski, L'antico oplite corridore di M., 1959 – W.Kendrick-Pritchett, Marathon, 1960.

[2] Als ‹*Knabe von M.*› bezeichnet man die Bronzestatue eines Jünglings, die 1925 im Meer an der Küste bei M. gefunden worden ist. H. 1,30 m. Athen, Nat.Mus.Nr. 15118. Original des mittleren 4.Jh.s v.Chr. (Hermes mit der Schildkröte?) – Vgl. → Praxiteles. E.Bg.

Lit: F.Studniczka, Der Bronzeknabe v.M., Leipz. Winckelmannsblatt, 1927 – W.H.Schuchhardt, Der Jüngling v.M., Antike 6, 1930, 332–346, Taf. 28–32 – Lullies-Hirmer, 78, Taf. 221 f. – Lippold, GrPl 274 f., Taf. 96, 3.

Marbod, König der Markomannen, in Rom erzogen und militärisch ausgebildet. Führt sein Volk ca. 8–6 v.Chr. nach Böhmen. Straffe Herrschaft nach röm. Muster, auch über Lugier, → Semnonen, → Langobarden. Obgleich neutral, wurde sein Reich 6 n.Chr. Ziel der röm. Eroberungspolitik und nur durch pannonischen Aufstand gerettet. Von → Arminius, dem er 9 tatenlos zusieht, 17 mit Krieg überzogen. → Tiberius verweigert Hilfe. 19 Zusammenbruch seiner Herrschaft, Flucht auf röm. Gebiet, lebt noch 18 Jahre in Ravenna. H.-G.K.

Q: Vell. 2, 108 f. 119, 5; Tac. ann. 2, 44–46. 62 f. – *Lit:* A.Stein, RE 14,2 (1930), 1907–1910 – J.Dobiás, King M. as a Politician, Klio 38, 1960, 155–166.

Marcellinus, Arzt, lebte frühestens im 2.Jh.n.Chr.; erhalten eine Schrift über den Puls, mit Polemik gegen die → Empiriker und Verehrung des → Hippokrates (1); interessante, allerdings nicht immer zuverlässige doxographische Angaben. F.K.

Ed: H.Schöne, Festschr. Philol. Vers. Basel, 1907, 448–472.

2. **M.** (*Μαρκελλῖνος*), Verf. einer ausführlichen Biographie des → Thukydides, wohl aus dem 5./6.Jh.n.Chr., wie die gleichzeitigen Platonbiographien altes gutes Überlieferungsmaterial in schulmäßig depravierter und zerfaserter Form für den Schulgebrauch darbietend. Vgl. → Biographie (A). O.G.

Ed: O.Luschnat, in: Thukydides I, BT (1954), 1960², 1–13.

3. **M. Comes,** illyr. Schriftsteller, Kanzler → Justinians vor dessen Thronbesteigung. Wie → Hydatius führte er die Chronik von → Eusebios bis → Hieronymus weiter, und zwar v.J. 379 n.Chr. zunächst bis 518, dann bis zum Zusammenbruch des Vandalenreiches i.J. 534. Das Werk, das er selbst (vgl. praef.) als ein *opus rusticum* bezeichnete, ist in Wirklichkeit sorgfältig und gar nicht ungenau. Es beschränkt sich auf das oströmische Reich, berichtet aber von weltlichen wie kirchlichen Ereignissen. Nicht erhalten ist ein weiteres Werk, das bes. Geographie und Geschichte von Konstantinopel und Jerusalem betraf. E.P.

Ed: PL 51, 917 – Th.Mommsen, MG XI, 1894, 90 – *Lit:* O.Holder-Egger, Die Chronik des M.C. und die oström. Fasten, N.Archiv d. Ges. für ältere deutsche Geschichtskunde 2, 1877, 56 ff.

Marcellinus, vgl. auch → Ammianus, → Cornelius.

Marcellus, M.Claudius, Ädil 23 v.Chr., geb. 42 als Sohn des C. → Claudius (14) Marcellus, cos. 50 v.Chr., u.d. → Octavia (2) min, 39 mit der Tochter des Sex. → Pompeius (4) verlobt. M. nahm 29 am aktischen Triumph, 25 am kantabrischen Feldzug teil. Er kehrte vor → Augustus zurück und heiratete → Julia (2), Tochter des Augustus (Stammbaum → Jul.-claud. Haus). 24 wurde M. zum Ädilen designiert und erhielt das Recht, unter den Prätoriern zu stimmen und sich 10 Jahre vor der Zeit um den Konsulat zu bewerben. Er wurde als Nachfolger des Augustus und Rivale des → Agrippa (1) und des → Tiberius (1) angesehen. Als Ädil gab er mit Hilfe des Augustus prächtige Spiele. M. starb 23 v.Chr. in Baiae. Bei dem öffentlichen Begräbnis hielt Augustus die Leichenrede, und er wurde im Mausoleum des Augustus beigesetzt. Octavia errichtete ihm zu Ehren eine Bibliothek, Augustus in seinem Namen ein Theater (→ Rom IV D 7). Seinem Andenken sind Verg. Aen. 6, 860 bis 886 und Prop. carm. 3, 18 gewidmet. U.Wm.

Lit: R.Syme, Roman Revolution (1939), 1952², Ind. S. 542.

2. **M.,** Ulpius, röm. Jurist, Mitglied des Consilium des Antoninus Pius (Hist. Aug. Antonin. Pius 12, 1) und des Mark Aurel (Dig. 28, 4, 3); bisweilen in Verbindung gebracht mit dem in CIL III 3307 genannten Statthalter von Pannonia inferior (dagegen Kunkel, a.O. 213). Von ihm stammen Digesten in 31 Büchern unter Betonung eigenen Materials; aber auch auf ältere Literatur greift er zurück. Notae dazu von → Cervidius Scaevola und → Ulpian. Letzterer hat wesentliche Teile in seinen Ediktskommentar übernommen. Ferner 6 Bücher Ad legem Iuliam et Papiam, Responsa in einem Buch, sowie für den Staatsdienst ein Werk De officio consulis (vgl. Dig. 40, 15, 1, 4) und möglicherweise De officio praesidis. Krüger (a.O. 214) hebt das scharfe Urteil des M. hervor. Die späteren Juristen, bes. Ulpian, haben M. stark benutzt. H.Hb.

Lit: P.Krüger, Gesch. d. Quellen u. Lit. d. röm. Rechts (1888), 1912², 213 f. – W.Kunkel, Herkunft u. soziale Stellung d. röm. Juristen, 1952, 213 f.

3. **M. Empiricus,** Arzt (?) aus Bordeaux um 400 nach Chr., Verfasser eines Buches De medicamentis, das weitgehend aus der → Medicina Plinii schöpft; interessant als vulgärlat. Quelle (Gallisches); enthält viele Besprechungsformeln. F.K.

Ed: M.Niedermann, CML V, 1916.

4. **M. von Side,** berühmter griech. Arzt, 1.H. 2.Jh.n. Chr., Verfasser eines verlorenen, viel benutzten Epos über Heilmittel in 42 Büchern (Iatrika) und eines fragmentarisch erhaltenen hexametrischen Gedichtes *Περὶ ἰχθύων*. E.V.

Q: Suidas s.v. – AP 7, 158 – *Ed:* E.Heitsch, Die griech. Dichterfragmente d. röm. Kaiserzeit II, 1964, 16–22 – *Lit:* Kroll, RE 14,2 (1930), 1496–98 – M.Wellmann, M. v. Side als Arzt ..., Philol. Suppl. 27,2, 1934.

Marcellus, vgl. auch → Eprius, → Nonius.

Marciana, Ulpia, um 48–112 n.Chr., ältere Schwester → Trajans (Plin. paneg. 84), Mutter der → Matidia d.Ä., Großmutter der → Sabina. Von ihrem Bruder hoch geehrt: u.a. 105 Augustatitel, Ehrenmünzrecht, obwohl sie nicht Gemahlin eines Kaisers war. Sofort nach ihrem Tod konsekriert. Nach ihr sind Marcianopolis und Colonia Ulpia Marciana Thamugadi (Timgad) benannt. H.T.

Marcianus, (ost-)röm. Kaiser 450–457, geb. 396 in Thrakien, gest. 26. 1. 457 in Konstantinopel. M. stieg im Dienst der Heermeister Ardabur und Aspar auf. Nach → Theodosius' II. Tod vermählte sich dessen Schwester → Pulcheria mit M. und ließ ihn zum Augustus ausrufen (25. 8. 450). M. betrieb eine milde Innen- und ziemlich aktive Außenpolitik. Seine gegen den → Monophysitismus gerichtete Kirchenpolitik war stark von Pulcheria beeinflußt. H.-J.D.

2. **M.,** Geograph aus Herakleia (Pontos), zwischen 250 und 450 n.Chr., verfaßte eine als → Periplus gestaltete Epitome des Geographen → Artemidoros (3), einen ‹Periplus maris exteri› (Ergänzung zum vorigen), und eine Epitome des Periplus des → Menippos (2). F.L.

Ed: GGM I 515–576 – A.Diller, The Tradition of the Minor Greek Geographers, 1952, 147–164.

Marcius Censorinus, C., im Bürgerkrieg auf der Seite des → Marius (1). 88 v.Chr. auf Befehl → Sullas getötet.

2. **M. Philippus,** Q. (praet. 188, cos. 186, 169, cens. 164; decemvir seit 180 v.Chr.), hatte 186 mit seinem Kollegen Sp.Postumius gegen Geheimkulte und damit verbundene Umtriebe (die sog. → Bakchanalien) vorzugehen (Liv. 39, 6 ff.; CIL I 581); im gleichen Jahr erlitt er eine schwere Niederlage gegen die Ligurer (Liv. 39, 20). 183 und 172/171

nahm er an Gesandtschaften nach Griechenland und Makedonien teil (Polyb. 23, 2. 4. 8 f.; 27, 1; Liv. 42, 37 ff.). 169/168 führte er ohne große Erfolge den Krieg gegen → Perseus (2) v. Makedonien (Polyb. 28, 13 ff.; Liv. 44, 1 ff.). A.L.

3. **M. Philippus,** L. (cos. 91 v. Chr., cens. 86), war ein nach Herkunft und Bildung geachteter Politiker. Er bewegte sich sehr selbständig zwischen den Fronten: als Konsul bekämpfte er → Livius (4) Drusus und die ihn unterstützende Senatsmehrheit im Sinne der Ritterschaft; versöhnte sich mit seinen Gegnern im Senat von 91 (als es durch Drusus' Politik zum → Bundesgenossenkrieg kam) und hielt sich unter → Cinnas Herrschaft zurück. So konnte M. ohne Prestigeverlust → Sulla unterstützen. Nach 78 war er der führende Mann im Senat und befürwortete die Entsendung des Cn. → Pompeius (2) nach Spanien. Eine Charakteristik des M. bei Cic. Brut. 173. G.G.

4. **M. Philippus,** L. (praet. 62, cos. 56 v. Chr.), Schwiegervater M. → Catos (2); heiratete ca. 58 Caesars Nichte → Atia (1), die Mutter des Augustus. Als Konsul politisch eher zu → Caesar und → Pompeius (2) neigend als neutral. Am Bürgerkrieg nicht beteiligt. 44 riet er seinem Stiefsohn Octavian, Caesars Erbe nicht anzutreten, unterstützte ihn jedoch 43. Chr.M.

5. **M. Rex,** Q. (praet. 144 v. Chr.), erbaute die aus dem oberen Aniotal zum Kapitol führende, für die Versorgung Roms wichtige Aqua Marcia (Frontin. aq. 1, 7. 12 f.; Plin. nat. 31, 41 f.; CIL VI 1244 ff.). A.L.

6. **M. Rex,** Q. (cos. 68 v. Chr.). 67 Nachfolger seines Schwagers L. → Lucullus in der Statthalterschaft von Kilikien. Dessen Bitte um Unterstützung gegen → Mithridates VI. erfüllte er nicht. Ihren gemeinsamen Schwager P. → Clodius (1), der bei Lucullus Meutereien angezettelt hatte, nahm er bei sich auf; die Vorgänge sind im einzelnen undurchsichtig. 66 wurde M. durch Pompeius ersetzt. Als er 63 vor Rom auf den Triumph wartete, wurde er gegen Catilina eingesetzt. Bald darauf starb er. Chr.M.

Lit: G. Downey, The occupation of Syria by the Romans, TAPhA 72, 1951, 149–163 (Lit).

7. **M. Rutilus,** C. (cos. 357 v. Chr., 352, 344, 342, dict. 356, cens. 351), erster plebejischer Diktator und Censor, begründete die Nobilität der plebejischen Marcier. R.W.

Marcius, vgl. auch → Ancus, → Barea, → Coriolan, → Turbo.

Marcomannus, lat. Rhetor des 3. Jh.s n. Chr., der älteste uns bekannte röm. Schriftsteller mit german. Namen und wohl auch von german. (sueb.) Herkunft. Verfasser eines Cicero-Kommentars, aus dem → Chirius Fortunatianus, → Julius (21) Victor und → Sulpicius (14) Victor schöpfen. Wir besitzen davon nur drei Fragmente. H.H.

Lit: O. Schissel, RE 14, 2 (1930), 1637–42.

Marder. Der M. (ἴκτις, feles) ist wahrscheinlich mit dem Tier gemeint, aus dessen Fell der troische Verräter Dolon seine Kopfbedeckung gefertigt hat (Il. 10, 335. 458). Das Fell des als Geflügelmörder gefürchteten M.s wurde im 5. Jh. auch in Athen gehandelt (Aristoph. Ach. 880). In der Überlieferung ist die Abgrenzung gegenüber dem *Wiesel* (γαλέη) unklar, das zum Mäusefang im Haus gehalten und erst spät durch die → Katze verdrängt wurde. Die Volkstümlichkeit dieses halbzahmen Haustieres zeigt sich in Darstellungen und Fabeln. Spät bezeugt ist der Mythos von der theban. Königstochter Galinthias, die Hera wegen ihrer Hilfe bei der Geburt des Herakles in ein Wiesel verwandelte; man feierte ihr zu Ehren das Fest der Galinthiadia. Als ‹Wiesel von Tartessos› bezeichnete man das zur → Kaninchenjagd abgerichtete *Frettchen.* Vgl. → Fauna. J.W.

Lit: Keller, Tierwelt I 160–171 – Hehn, Kulturpflanzen, 462. 465 f.

Mardonios, Sohn des Gobryas, Neffe, Schwager und Schwiegersohn → Dareios' I., pers. Feldherr in den → Perserkriegen. 492 setzte er in Ionien anstelle der den Persern untreu gewordenen Tyrannen als ‹Demokratien› bezeichnete Verfassungen ein und unternahm dann einen Feldzug längs der Nordküste der Ägäis, dessen Ziel vielleicht schon Athen und Eretria waren. Doch erlitten sein Heer durch thrak. Stämme und seine Flotte bei der Umsegelung der Halbinsel Athos durch einen Sturm so schwere Verluste, daß er sich auf die Sicherung der pers. Herrschaft im Norden der Ägäis beschränken mußte. Nach Hdt. 7, 5 war M. dann der geistige Urheber von → Xerxes' (1) Zug gegen Hellas. Ende 480 übernahm er nach dessen Rückkehr nach Asien das Oberkommando in Griechenland. Nach dem vergeblichen Versuch, Athen auf die pers. Seite zu ziehen, fand er im Sommer 479 in der Schlacht bei Plataä den Tod, worauf die Perser diese verloren gaben. F.Kch.

Q: Hdt. 6, 43 f.; 8, 100–9, 64 – *Lit:* H. U. Instinsky, Herodot u. der 1. Zug des M. gegen Griechenl., Hermes 84, 1956, 477–494 (= Herodot, Wege d. Forsch. 27, 1962, 471–494) – W. K. Pritchett, New Light on Plataia, AJA 61, 1957, 9–28 – A. E. Wardman, Tactics and Tradition in the Persian Wars, Historia 8, 1959, 49–60 – C. Hignett, Xerxes' Invasion of Greece, 1963, 264–344.

Marduk, sumer. *Amar-utuk,* ‹Jungrind des Sonnengottes›, Stadtgott von Babylon (Gemahlin Ṣarpanitu). Mit dem Aufstieg Babylons (→ Mesopot. Reiche B 2) wird er die zentrale Gottheit und löst → Enlil ab (M. erhält die ‹Enlilschaft über die Menschen›). Im Lehrgedicht → Enūma eliš erhält dieser Vorgang die theologische Rechtfertigung: M. besiegt → Tiāmat und rettet damit die Götter vor der Vernichtung, die ihm zum Dank eine Vormachtstellung einräumen (Aussprechen der 50 Namen des M.). Symbol des M. ist die Hacke; sein Emblemtier der Schlangendrache Mušchuššu. W.R.

Lit: H. Schmökel, Hammurabi und M., RAssyr. 53, 1959, 183–204.

Mare Adriaticum → Adria.

2. **M. Germanicum,** die Nordsee (Plin. nat. 4, 103). Als erster Erforscher gilt → Pytheas v. Massilia. 12 v. Chr. brachte → Drusus (1) die Rheinflotte durch von ihm angelegte Kanäle (fossa Drusiana) vom alten Rhein über die Vecht und die damals noch geschlossene Zuidersee nach dem M., um gegen Friesen, → Brukterer und → Chauken vorzugehen. In kombiniertem Angriff zu Meer und zu Lande realisierte → Tiberius 5. n. Chr. die Elbegrenze (→ Albis). In diesem Zusammenhang stellte eine Flottenexpedition den Halbinselcharakter Jütlands fest, womit zum erstenmal Nord- und Ostsee (→ m. suebicum) geschieden waren (Plin. nat. 2, 167; Vell. 2, 106). L.B.-H.

3. **M. Suebicum,** die Ostsee (Tac. Germ. 45). In der literarischen Überlieferung ist nur einmal die Anwesenheit eines Römers am M. sueb., eines auf dem Landwege dorthin gelangten, unbekannten Ritters, bezeugt, der für → Nero Bernstein einzukaufen hatte (Plin. nat. 37, 45). L.B.-H.

Marginalien, an den Rand des Schriftspiegels geschriebene, auf den Text bezügliche Bemerkungen. Die erhaltenen → Scholien sind vielfach M. H.Hg.

Margites, fragmentarisch erhaltenes Spottgedicht aus dem 7. oder 6. Jh., das bis ins 3. Jh. Homer (Plat. Alk. II 147 BD u. a.), später gelegentlich dem → Pigres v. Halikarnaß zugeschrieben wurde. – Versmaß: Hexameter mit eingestreuten jambischen Trimetern. – Margites ist die ins Lächerliche verkehrte Gestalt des Odysseus. Nach Aristoteles (poet. 4. 1448 b 34–1449 a 2) hat Homer im M. auch die Formen der Komödie zuerst angedeutet, indem er das Lächerliche dramatisch darstellte. G.K.

Q: EGF 64–69 – T. W. Allen, Homeri Opera V, OCT, 1912, 152 bis 159 – *Lit:* M. Forderer, Zum homer. Margites, Diss. Mainz 1960.

Mari (Ruine Tell Ḥarīrī, Kt. 1925 A 3), am mittleren Euphrat. Bereits in prähistorischer Zeit besiedelt, starke Bautätigkeit in frühdynastischer, altakkad. und Ur-III-Zeit. Tempel der → Ištar (4 Bauschichten), Ištarat, Ninchursanga, des → Šamaš und des Dagān (→ Dāgōn). → Ziqqurrat, 3. Jt. v. Chr. Eine Sehenswürdigkeit war der Palast aus der Blütezeit M.s um 1720. Er enthielt über 300 Räume (Thronsaal mit Freskogemälden). Die altbabylon. Dynastie von M., von → Šamši-Adad I. von Assyrien vertrieben, kann nach dessen Tod (ca. 1716) die Herrschaft zurückerobern (Zimrilim). 1694 durch → Hammurapi gestürzt; 1692 M. zerstört. Das Palastarchiv (ca. 20000 Tafeln) informiert über politische Vorgänge in der Hammurapi-Zeit, vor allem aber über die Einfälle von Eselsnomaden ins babylon. Kulturland und die Gegenmaßnahmen der Regierung (Musterungen). Vgl. → Mesopot. Reiche B. W.R.

Ed: G. Dossin, R. Kupper u. a., Archives royales de M., Bd. I–XI; XV, 1950ff. – *Lit:* A. Parrot, Mission archéologique de M. I; II, 1956–58.

Marianos, spätgriech. Dichter zur Zeit des byzantin. Kaisers Anastasios I. (491–518), setzte nach Suidas hellenistische Dichtungen (→ Theokrit; Argonautika des → Apollonios (11) Rhodios; Hekale, Hymnen, Aitia und Epigramme des → Kallimachos (3); → Aratos (2); Theriaka des → Nikandros, 2) in Jamben um. Vielleicht identisch mit dem Epigrammatiker M. Scholastikos d. → Agathias-Kranzes. E.V.

Lit: Geffcken, RE 14,2 (1930), 1750.

Marinos, geb. in Neapolis (Sichem) in Palästina, Schüler des → Proklos in Athen, seit 484 n. Chr. sein Nachfolger als Schulhaupt der → Akademie, obwohl er wegen seiner peripatetischen Gesinnung Schwierigkeiten hatte. Er schrieb eine Biographie des Proklos. Kommentare zu einzelnen Werken von → Platon und → Aristoteles und eine Einleitung zu den ‹Data› des → Euklid, in der er auseinandersetzt, in welchem Sinne eine mathemat. Größe als ‹gegeben›, d. h. eindeutig bestimmt bzw. konstruierbar anzusehen ist. H.G.

Ed: J.F. Boissonade, 1814 (Proklos-Vita) – J.L. Heiberg-H. Menge, Euklidausgabe VI, 1896 (Einleitung zu den ‹Data›) – *Lit:* O. Schissel, RE 14,2 (1930), 1759–67.

2. **M. von Alexandria,** Arzt in der 1. H. des 2. Jh.s nach Chr., bedeutender Anatom und Lehrer des → Galen, Verfasser einer nicht erhaltenen Anatomie in 20 Büchern, aus der Galen eine ebenfalls nicht erhaltene Epitome in 4 Büchern hergestellt hat. F.K.

3. **M. von Tyros,** → Geograph, verfaßte kurz vor 114 n. Chr. eine ‹Diorthosis Tabulae Geographicae›, uns nur durch ihren Einfluß auf → Ptolemaios (17) bekannt. Das Werk enthielt Angaben und Berichtigungen zur kartographischen Darstellung der → Oikumene, dazu vermutlich eine rechteckige Karte in Zylinderprojektion. Es war die erste konsequent durchgeführte mathematische Anpassung der modernsten Vermessungen an ein Koordinatensystem von 8 → Klimata und 15 Meridianen, wenn sie auch die Schwierigkeiten der Projektion nicht bewältigte. Vgl. → Kartographie. F.L.

Marius, C. (tr. pl. 119 v. Chr., praet. 115, cos. 107, 104–100, 86). Marius, Angehöriger einer Ritterfamilie aus Arpinum, leistete den ersten Kriegsdienst unter → Cornelius (29) Scipio Aemilianus vor Numantia (134) und zeichnete sich dabei durch Tapferkeit aus. Den politischen Aufstieg des M. förderten die Meteller. 109 war M. Legat des → Caecilius (13) Metellus Numidicus im Krieg gegen → Jugurtha. Als jedoch M. sich in Rom für das Konsulat von 107 bewerben wollte, entstand zwischen beiden eine unversöhnliche Feindschaft. In den letzten Generationen hatte die Nobilität die homines novi aus dem Ritterstand vom höchsten Amt ausgeschlossen. Metellus riet dem M. wohlwollend ab. Doch dieser bemühte sich mit noch größerem Eifer um das erstrebte Amt. M. begann sein Talent herauszustellen und verleumdete Metellus bei den in Afrika ansässigen Rittern, die ihrerseits M. in Rom empfahlen. Er erhielt das Konsulat für 107; die Volksversammlung übertrug ihm außerdem den Oberbefehl in Numidien. 105 beendete M. erfolgreich den Krieg gegen Jugurtha. Dank seiner militärischen Erfolge sahen die Römer in ihm den einzigen fähigen Feldherrn für den Kampf gegen → Kimbern und → Teutonen. M. rechtfertigte das Vertrauen durch die Siege bei Aquae Sextiae (102) und Vercellae (101), für die ihm uneingeschränkte Anerkennung zuteil wurde (Cic. Sest. 37f.). Um die Versorgung der entlassenen Soldaten mit Land sicherzustellen, verbündete sich M. 103 mit Appuleius → Saturninus, für den er durch seine zahlreiche Anhängerschaft bei den Veteranen ein nützlicher Helfer war. Allerdings vermochte es M. nicht, während der von Saturninus verursachten Unruhen entschieden zu handeln; er mußte schließlich das senatus consultum ultimum gegen seine politischen Freunde ausführen (100). Nach diesem Prestigeverlust hielt sich M. weitgehend vom öffentlichen Leben zurück. Erst im → Bundesgenossenkrieg hatte er wieder Gelegenheit, sich zu bewähren. 88 erhielt er auf Betreiben des Tribunen → Sulpicius (11) Rufus das Kommando gegen → Mithridates VI., obwohl → Sulla schon längst mit dem Krieg beauftragt worden war. Dies führte zu neuen innenpolitischen Kämpfen, in denen zunächst die Marianer (→ Cinna) Rom verlassen mußten, dann aber gegen die Anhänger Sullas erfolgreich waren (87). Zu Beginn seines 7. Konsulats starb M. (86). M.' hervorragendste Leistung war die Reform des → Heeres (B 3). Über M.' politische Fähigkeiten sind die Ansichten geteilt. Er war ehrgeizig, verschlagen und skrupellos (Cic. Att. 10, 8, 7: *vir callidissimus)*; aber Übertreibungen haben dieses Bild schon in der Antike stark ins Ungünstige verzerrt. Sein Verhalten im Jahre 100 zeigt, daß er den rücksichtslosen Gebrauch von Gewalt vermeiden wollte, um sein Ansehen und seinen Einfluß zu bewahren. M. wollte 100 als Sieger über den Parteien stehen; aber in Wirklichkeit waren die Handelnden Saturninus und auf der Gegenseite der Senat. G.G.

Lit: R. Weynand, RE Suppl. 6 (1935), 1363–1425 – H. Last, CAH IX passim – A. Passerini, C. Mario come uomo politico, 1934 – Th. F. Carney, A Biogr. of C. Marius, Proceed. of the African Class. Ass., Suppl. 1, 1962 (Lit).

2. **M.,** C. (cos. 82 v. Chr.), war ein Sohn des Kimbernsiegers → Marius (1) und Jugendfreund des → Atticus. Für den Entscheidungskampf gegen → Sulla wurde er zum Konsul gewählt. Die Wahl mußte mit Gewalt durchgesetzt werden, weil M. noch nicht das erforderliche Alter hatte (lex annalis). M. wurde bei Sacriportus besiegt und in Praeneste belagert. Nachdem er den Auftrag erteilt hatte, die angesehensten Gegner in Rom zu ermorden, beging er in aussichtsloser Lage Selbstmord. Zum ungünstigen Urteil über ihn vgl. Vell. 2, 26, 1; Plut. Mar. 46, 7; App. civ. 1, 435. G.G.

2a. **M.,** Sex., Besitzer spanischer Bergwerke, reicher Günstling des → Tiberius. 25 n. Chr. erfolglos von einem Landsmann angeklagt, 33 wegen Inzests verurteilt und vom Tarpeischen Felsen gestürzt. Sein Besitz fiel dem → Fiscus zu. U.Wm.

3. **M. Episcopus Aventicensis,** Bischof (Ende 6. Jh.; vielleicht 574–594?) von → Aventicum (Avenches), Verfasser einer Chronik, die das *Chronicon integrum* des → Prosper v. Aquitanien für die Jahre 455–581 fortsetzt. Von seinem Leben sind wir schlecht und nur aus späten Quellen (z. B. Conon, 13. Jh.) unterrichtet; dem Namen nach war M. wohl romanischer und nicht burgundischer Herkunft. Seine Chronik ist nach Konsulaten datiert und behandelt Ereignisse in Italien und im Osten. Die Darstellung ist recht genau und zuverlässig. Die Sprache zeigt den Zerfall des Kasus-Systems. E.P.

Ed: PL 72, 793 – Th. Mommsen, MG 11, 1894, 232 – *Lit:* Elkster, RE 14,2 (1930), 1822f. – W. Arndt, Bischof M. v. Av., 1875.

4. **M. Gratidianus,** M. (tr. pl. 87 v. Chr., praet. 86, 85, 84), gehörte, bevor er sich politisch engagierte, zu den Geschäftsleuten aus dem Ritterstand. Er war dann Anhänger des → Cinna und → Marius (1). Während die Marianer in Rom herrschten (von 87 an), bemühte M. sich durch Einrichtung von Münzprüfstellen und Einziehung minderwertiger Silberstücke um Festigung der wirtschaftlichen Verhältnisse. Das Stadtvolk billigte dieses Bemühen, und er galt als *maxime popularis* (hier: ‹populär›). Nach Sullas Rückkehr (82) wurde M. gefangengenommen und grausam zu Tode gefoltert. G.G.

5. **M. Maximus Perpetuus Aurelianus,** L., Quellenschriftsteller der → Historia Augusta. Er war Statthalter in

der Belgica, Germania inf., Syria Coele, Africa, Asia; praefectus urbi 217/218; cos. II 223 (CIL VI 1450–53; Dessau 2936). M. verfaßte →Biographien der Kaiser →Nerva bis →Elagabal in Fortsetzung und Nachahmung →Suetons. Jeder Biographie waren vollständige Aktenstücke angehängt. R. Hl.

Frg: HRR, 332 – *Lit:* G. Barbieri, Mario Massimo, RFIC 32, 1954, 36–66. 262–276.

6. **M. Victorinus Afer,** ca. 350, Rhetor, →Neuplatoniker, zum Christentum bekehrt, wie →Boethius (der vielfach auf ihm fußt) bemüht, griech. Kultur der römischen einzuverleiben; übersetzte →Aristoteles und ‹Platoniker›, d.h. wohl →Plotin und →Porphyrios; kommentierte →Aristoteles und →Cicero. In seinen antiarianischen Schriften (→Arianismus) interpretiert er vermittels neuplatonischer Begriffe die Trinität als doppelte Dyade: im Vater sind Sein und Form gleich Sohn, im Sohn Leben gleich Christus und Weisheit gleich Hl. Geist unterschieden. Beeindruckte →Augustin (conf. 8, 2–5). Ph. M.

Ed: Sämtliche theolog. Schr.: PL 8, Trinitätsschriften: P. Henry-P. Hadot, 2 Bde, SC, 1960 (mit Komm. u. Lit.; deutsche Übers. in Vorbereitung) – Ars grammatica: GrLat VI – Explanationes in Ciceronis rhetoricam: RhLatmin – De definitionibus: Th. Stangl, Tulliana et Mario-Victoriniana, 1888 – Übers. von Porphyrios' Eisagoge: CSEL 48 (1906) – *Lit:* P. Wessner, RE 14, 2 (1930), 1840–48 – E. Benz, M. V., 1932 – A. Stuiber, LThK 7, 1962, 90f.

Mark Aurel (Marcus Aurelius Antoninus), röm. Kaiser 161–180. Geb. 121 als Sohn des Annius Verus (damit Neffe →Faustinas (1) d. Ä.) und der Domitia Lucilla, wird M. Annius Verus früh von →Hadrian bevorzugt, der auf seine Erziehung Einfluß nimmt und seine Anlagen zu Reflexion und Strenge zu frühreifer Entfaltung bringt. 138 auf Geheiß Hadrians zusammen mit L. →Verus (1) von →Antoninus (2) Pius adoptiert als M. Aurelius Verus Caesar, 145 mit dessen Tochter →Faustina (2) d.J. verheiratet, in beschränktem Maße an der Regierung beteiligt. – Unmittelbar nach seinem *Regierungsantritt* am 7.3.161 läßt er L. Verus zum gleichberechtigten Mitkaiser ernennen. Unablässiger Zwang zur Abwehr größter äußerer Gefahren: 162 Niederwerfung der Chatten in Germanien, der Kaledonier in Britannien. Unter *parth. Offensive* bricht 162 die röm. Herrschaft in Syrien zusammen, Kappadokien bedroht. Trotz unfähiger Gesamtleitung des L. Verus erfolgreiche Gegenstöße unter →Avidius (1) Cassius und Statius Priscus. 165 Eroberung von Seleukeia und Ktesiphon. Die 166 zurückkehrende Armee verbreitet eine Pestepidemie, deren letzte Herde erst 189 erlöschen. – Noch 166 Vorstöße der →*Markomannen* bis Verona, 167 Abwehr von Einfällen in Dakien, um 170 Eindringen der Kostoboken in Griechenland, Zerstörung von Eleusis, Einfall der Bastarner in Kleinasien. Unter größten Anstrengungen (Aufstellung von 2 neuen Legionen, Auflösung des kaiserlichen Haushalts und Versteigerung) 168 Befreiung Oberitaliens, 171 Rätiens und Noricums. Nach dem Tode des L. Verus 169 M. A. an der Donau, vorübergehend →Carnuntum Hauptquartier. 170–174 Kämpfe gegen Markomannen, Naristen, Quaden; 172 erster Donauübergang, Gegenstoß marchaufwärts. Im Quadenfeldzug 174 ‹Regenwunder›, nach christl. Überlieferung durch Gebete christl. Soldaten der 12. Legion, nach heidnischer von ägypt. Magier herbeigeführt. 175 Angriff auf die Jazygen. Das Endziel (?), die Provinzen Markomannia und Sarmatia zu schaffen, durch eine – noch 175 niedergeworfene – Erhebung des Avidius Cassius vereitelt. Nördlich und östlich der Donau unbesiedelter Streifen freigehalten, Vorfeld durch einzelne Kastelle gesichert, Handel und Verkehr in der Grenzzone an feste Wege und Plätze gebunden. Größere Bevölkerungsgruppen auf röm. Ufer umgesiedelt, als Grenzschutz eingesetzt. 176 Reise in den Osten (Ägypten – dort seit 172 Erhebung der ‹Rinderhirten› im Delta –, Syrien). 172 und 177 Einfälle maurischer Stämme über See in Spanien. 178 Ausbruch des 2. Markomannenkrieges. M. A. stirbt am 17.3.180 in Vindobona. →Commodus seit 177 Mitregent und designierter Nachfolger. – *Innere Politik:* eine Kette von Hilfsaktionen, bedingt durch Kriege und Not. Verstärkte kaiserliche Initiative in Verwaltung und Rechtsprechung, Ausbau der Beamtenschaft. 177 (?) Anlage von Registern aller röm. Bürger auch in den Provinzen. Freigebigkeit (850 Denare pro Kopf) und Kriegslasten führen zur Inflation. – Unter M. A. leidet →Polykarp v. Smyrna das Martyrium, 177 →Christenverfolgung in Lyon (Eus. hist. eccl. 5, 2–4). – *Persönlichkeit:* Nach anfänglicher Ausbildung in Rhetorik (→Fronto) Wendung zur Philosophie der →Stoa. «Der Wahrhaftigste», wie ihn Hadrian nannte (Hist. Aug. Capitol. Aur. 1, 10), ein feinsinniger und zarter Mensch, dem jede ursprüngliche Vitalität fehlte, der mit Hilfe der Askese nicht verkaisern wollte, vollbrachte in der Rigorosität seines Bemühens um Selbstbeherrschung eine der größten menschlichen Leistungen auf dem Kaiserthron. Seine ‹Selbstbetrachtungen› geben Zeugnis von seinem Wissen von der Vergänglichkeit alles Irdischen und der Gleichheit aller Freien. K. Chr.

Q: Dio 71–72 – Hist. Aug. Capitol. Aur. – BMC. Emp. 4, 1940 – *Ed:* W. Theiler, 1951 – *Lit:* W. Weber, Rom, Herrschertum u. Reich im 2. Jh., 1937, 282–350.

[2] Das *Reiterstandbild M. A.s* (H. 5,12 m; vergoldete Bronze) von 164/166, im 10. Jh. beim Lateran, wurde am 29.6.1537 auf den Kapitolsplatz gebracht (Postament nach Entwurf von Michelangelo). →Plastik C [5]. H. v. H.

Lit: Kähler 316, Taf. 217 – M. Wegner, Die Herrscherbildnisse in antoninischer Zeit, 1939, 190f., Taf. 22f.

Mark-Aurels-Säule (Columna Centenaria Divorum Marci et Faustinae), 180 n. Chr. dekretiert und bis 193 fertiggestellt, zeigt auf dem Reliefband die Kriege gegen Quaden, Markomannen und Jazygen. 1589 von D. Fontana restauriert und mit neuer Basis versehen. Zum Gehalt und Stil vgl. die →Trajanssäule; jedoch spielen nun Wunder eine Hauptrolle, und alles wird heftiger, barocker vorgetragen. Vgl. →Plastik C [5]. H. v. H. – K. Schf.

Abb u. Lit: M. Wegner, Die kunstgeschichtl. Stellung der Marcussäule, JdI 46, 1931, 61–174 – Nash 276–279, Abb. 327–330 – W. Zwikker, Studien zur Markussäule I, 1941 – C. Caprino u. a., La colonna di M. A., Studi e materiali del Museo dell'Impero Romano 5, 1955 – L. Vlad Borelli, La colonna… 1960.

Markion, stammte aus christl. Hause aus Sinope (Pontus); Geburts- und Todesjahr unbekannt. Nach kurzer theologischer Wirksamkeit in Kleinasien (Begegnung mit →Polykarp?) kam er vor 140 n. Chr. nach Rom, schloß sich dort der christl. Gemeinde an und vermachte ihr sein beträchtliches Vermögen (er war ursprünglich Reeder). Hier verfaßte er seine ‹Antithesen› (verloren) sowie sein ‹Neues Testament› (Rekonstruktion teilweise möglich). Ob er in Rom unter dem Einfluß des syr. Gnostikers Cerdo stand, ist fraglich.

[2] *System:* Erlösung ist für M. Erlösung von der Welt und ihrer Gesetzlichkeit schlechthin. Der ‹fremde Gott›, der sich aus reiner Barmherzigkeit die ihm völlig fremden Menschen durch Christi Blut erkauft, hat mit der Welt, aus der er sie erlöst, nicht das geringste zu tun. Diese ist vielmehr durch den Schöpfergott aus der Materie erschaffen und wird von ihm in bloßer Gerechtigkeit ohne Gnade beherrscht. Der eschatologische Gegensatz von Gesetz und Evangelium des →Paulus, von dem M. ausgeht, ist so zu einem grundsätzlichen Dualismus von Erlösergott und Welt radikalisiert, in dem das Daseinsverständnis der →Gnosis [3] seinen reinsten Ausdruck gefunden hat. Ermöglicht wird die Klarheit dieses Entwurfs durch Voraussetzungen, in denen sich M. sowohl von den Gnostikern wie auch von den kirchlichen Lehrern seiner Zeit grundsätzlich unterscheidet. Als Schrifttheologe, der sich nie auf besondere Offenbarungen beruft, lehnt er als Basis für kosmologische und anthropogonische Spekulationen die synkretistische Mythologie ebenso ab wie die Philosophie, verwirft aber auch die allegorische Auslegung des Alten

Testaments. Es wird, wörtlich und historisch ausgelegt, nicht als Offenbarungsurkunde, sondern als authentische Urkunde des Weltschöpfergottes verstanden und verworfen. An seine Stelle setzt M. mit seiner kritischen Ausgabe des Lukasevangeliums und der paulinischen Briefe (ohne Pastoralbriefe) als erster einen → Kanon des NT.

[3] Die Vorlage seiner Hauptwerke auf der ersten geschichtlich bezeugten römischen Synode führte 144 n. Chr. zum *Bruch mit der Kirche* und zur Gründung der ‹*Kirche der Markioniten*›, die sich in ihrer Praxis, der Lehre M.s entsprechend, von der katholischen Kirche vor allem durch gesteigerte → Askese und Ehelosigkeit unterschied. Nach → Justinus (1) waren die Markioniten bereits ca. 150 n. Chr. über den ganzen Erdkreis verbreitet und haben als ernsthafter Rivale der Großkirche bis in die konstantinische Zeit fortbestanden. Die Schüler M.s haben die theologische und bibelkritische Arbeit ihres Lehrers fortgesetzt. Der bedeutendste, → Apelles, ist wohl für das Einströmen vulgärgnostischer Anschauung verantwortlich. – Vgl. auch → Christentum II C 2. H.K.

Lit: A.v.Harnack, M., Das Evangelium vom fremden Gott (1921), 1924² (Nachdr. 1960) – J.Knox, M. and the New Testament, 1942 – Weitere Lit. zum Problem der Textgesch. bei G.Klein, RGG IV 742 – E.Blackman, M. and his Influence, 1949.

Markomannen, german. Stamm, Teil der → Sueben, gründeten nach 9 v. Chr. unter Marbod in Böhmen (Kt. 1057 E 5/6) ein Reich, das 16 n. Chr. von Rom abhängig wurde. 166–180 n. Chr. der erfolgreiche Krieg → Mark Aurels gegen die aufständischen M. L.B.-H.

Lit: s. zu → Germanen.

Marmor (*λίθος λευκός*; *μάρμαρος* bedeutet jeden großen Felsblock, nur röm. ausnahmsweise M.), eines der beliebtesten → Materiale der antiken Kunst. 1. *Griech. Festland. Pentelischer M.:* Weiß mit gelblichem Stich, feinkörniger als der parische, daher witterungsbeständiger; aus der ‹unteren› Formation des Pentelikongebirges, dessen ‹obere› Formation als *hymettischer M.* bekannt ist; dieser grau, gestreift; daneben die weniger geachtete Art mit grauen und gelben Streifen; ihm entspricht der M. vom *Lauriongebirge.* Weitere Brüche in *Böotien* (bei Lebadeia), *Arkadien* (Parnongebirge: bläulich-grauer M.; bes. für Tegea, Mantinea, Bassai, Olympia). Die *Peloponnes* verfügt über den hellblaugrauen und gelblichen M. vom Dinostal (bes. für Sparta) und den roten M. (rosso antico) im westl. Lakonien. – 2. *Inseln.* Berühmt die weißen, hellgrauen, grünlichen, auch gelblichen und rötlichen Arten des feinkörnigen *M. von Karystos* (Euböa; der bunten Streifen wegen als Cipollino, ‹Zwiebel-M.›, bekannt). Bester *parischer* M. vom Berg Marpessa: von der W-Seite der grobkörnige, hellgraue bis weiße M. für Baumaterial, dazwischen Bänke feinkörniger Art. Bester Statuen-M. von der N-Seite (*λυχνίτης λίθος*), mit sehr gleichmäßigem, mittlerem Korn, halb durchschimmernd, schneeweiß; früh auch für Bauten verwendet. *Naxos:* grobkörnig, weiß oder hellgrau mit dunkleren Partien und Streifen, auch grauen Körnern; stumpf, undurchsichtig. *Thasos:* vorzüglicher weißer Marmor (für Samothrake; später in Rom begehrt). *Lesbos:* bläulich und schwarz. *Skyros* und *Chios:* schwarze und bunte Arten. Für *Rhodos* charakteristisch die goldgelben Adern. – 3. *Kleinasien.* Der ‹kyzikenische› M., schwarz gestreift, aber vorwiegend weiß, sehr viel seit dem 3. Jh. und bes. unter → Justinian verwendet. Auch bei Ephesos und in Karien gibt es guten weißen Marmor. Im *Latmosgebirge* (bei Alabanda, Milet, u.a.) vorwiegend schwarz oder bunt. Bekanntester bunter M. Kleinasiens ist der rötlich geäderte *phrygische* M. von Synnada. In *Syrien* brachen schon die Phönizier den M. von Tyros und Sidon. – *Italiens* weitaus berühmtester M. ist der feinkörnige, weiße oder bunte, ins Bläuliche spielende M. von Luni/Carrara, der das verbreitetste Bau- und Statuenmaterial für Rom lieferte (Strab. 5, 222). – Aus *Afrika* wurden die beliebten bunten M.arten Libyens und Numidiens importiert (Villen Hadrians). Zur Verwendung vgl. → Steine. C.K.

Lit: Blümner, Technologie III 26ff. – G.R.Lepsius, Marmorstudien, Abh. Berlin 1890 – K.Fiehn, RE 3 A 2 (1929), 2256–69, s.v. Steinbruch – G. De Angelis d'Ossat, I marmi di Roma antica, Atti I Congr. Naz. Studi romani, 1928 – Ders., I marmi italiani, 1939 – J.B.Ward Parkins, EAA IV, 1961, 860–870, s.v. marmo.

Marmor Parium, inschriftliche Marmorchronik auf Paros, von Kekrops bis zum att. Archon Diognetos (264/263) reichend, in 2 Fragmenten (A: bis 355/354; B: 336/335 bis 299/298) erhalten. Sie gibt, datiert nach att. Königen und Archonten, eine Auswahl der politischen, kultur- und literarhistorischen Fakten in Hellas (Quellen wohl → Atthiden, → Ephoros u. a.) mit starkem Interesse für Athen. Auch die Ptolemäer sind berücksichtigt. – Vgl. auch → Zeitrechnung. W.Sp.

Frg: Editio princeps von A (seit 1627 bekannt, während B erst 1897 gefunden wurde): J. Selden, 1628 – IG 12,5,1, 1903, Nr. 444 – FGrHist 239 – M.N.Tod, A Selection of Greek Histor. Inscr. II, 1948, Nr. 205 – *Lit:* F.Jacoby, Atthis 1949, 427 – R. Van Compernolle, Etude de chronologie et d'historiographie siciliotes, 1959, 520, 584 – FGrHist III b Nr. LVI Komm. – E.Manni, Fasti ellenistici e Romani, 1961, 62–64.

Marmorbilder, → enkaustische Kopien griech. Gemälde; aus Herkulanum und Pompeji. Das Original der → Knöchelspielerinnen ist das früheste innerhalb der Gattung. Ein Beispiel früher → Schattenmalerei bietet der Kentaurenkampf. Das Votivgemälde eines Apobaten, der müde Silen, die Tragödienszene sind Erfindungen des 4., die Niobiden (aus Pompeji) vom Ende des 3. Jh.s. In der Absicht, antike Originale vorzutäuschen, wirken sie griechischer als die besten der sog. → Naiskosbilder, denen ähnlich sie in Wände augusteischer und flavischer Zeit eingelassen waren. Ihnen nahe stehen Einzelbilder aus dem Haus in der Farnesina (Rumpf 109.117). Ins 3. Jh. n. Chr. gehören 2 Fragmente aus Rom. C.K.

Lit: Pfuhl, 968, s.v. M. – C.Praschniker, Zwei antike Gemälde auf Marmor, ÖJH 28, 1933, 79–101 – *Zum einzelnen:* Kentaurenkampf: C.Robert, Kentaurenkampf und Tragödienszene, HWPr 22, 1898 – Pfuhl, Abb. 630 – Rumpf, 127,3 – Apobat: C.Robert, Votivgemälde eines Apobaten, HWPr 19, 1895 – Pfuhl, Abb. 631 – Rumpf, 127,6 – Silen: C.Robert, Der müde Silen, HWPr 23, 1899 – Pfuhl, Abb. 665 – Rumpf, 158,5 – Tragödienszene: C.Robert, s.o., HWPr 22, 1898 – Rumpf, 136,1 – Niobiden: C.Robert, Niobe, HWPr 24, 1903 – H.Diepolder, Untersuchung z. Kompos. d. röm.-camp. Wandgem., RM 41, 1926, 5 – Pfuhl, Abb. 652 – Rumpf, 157,1.

Marqasi (jetzt *Marʿaš*), die Hauptstadt des spät- → hethitischen Fürstentums Gurgum in → Kommagene. Nach dem Einbruch der → Seevölker (um 1190 v. Chr.) durch luvische Stämme gegründet, wurde Gurgum nach langen Kämpfen gegen die Assyrer unter ihren Fürsten Mutallis, Kalparunda, Tarḫulara, Mutallis II. im Jahr 711 durch → Sargon II. von Assyrien zur Provinz seines Reiches. M. hieß in römischer Zeit Kaisareia Germanike bzw. Germanicia. W. Hk.

Marrukiner, ital., zu den → Sabellern gerechneter Volksstamm am Osthang des Apennins zwischen Aternus (Pescara) und Foro (Kt. 1420 F 5). Seit 304 v. Chr. mit Rom verbündet. Einzige Stadt: Teate (Str. 5.247), die aber erst gegen Ende des 4. Jh.s, als die M. unter röm. Einfluß gerieten, anstelle einer alten befestigten Siedlung am Hang der Maiella (heute Cività Danzica) aufwächst, die fälschlich mit der in der Bronzetafel von Rapino erwähnten Touta Marouca (‹Marrucinervolk›) identifiziert wurde. Das Gebiet der M. wurde in der augusteischen Regioneneinteilung zur 4. Region gerechnet. B.A.

Lit: Nissen, I 518; II 442ff. – Devoto, 126f., 337ff. – V.Cianfarani, Touta Marouca Studi in onore di A. Calderini e R. Paribeni III, 1956, 311 – Die Bronzetafel von Rapino: E.Vetter, Hb. der ital. Dialekte, 1953, 153.

Marruvium, Hauptstadt des einen Unterstamms der → Marser am Ostrand des Fucinersees (Kt. 1420 F 5/6; heute verlassen; vgl. Strab. 5,241; Plin. nat. 3,106; Verg. Aen. 5, 750; Sil. 8. 505). B.A.

Mars (alte Formen Mavors Maurs; Marmar im → Carmen Arvale; osk. Mamers), ital. Gottheit, dem griech. Kriegsgott → Ares gleichgesetzt, aber unvergleichlich wichtiger als dieser: M. ist nach → Jupiter der größte Gott der ital. Völker. Ein Monat (der erste der ältesten Zählung) trug seinen Namen in Rom; desgleichen in Alba, Falerii, Aricia, Tusculum, Lavinium, bei den Hernikern, Äquern, Pälignern und Sabinern (Ov. fast. 3,85–98). Die Marsi leiten ihren Namen von dem des Gottes ab; in Iguvium spielte ein Gott Cerfus Martius eine große Rolle in den Reinigungsriten. Dem M. weihten in der Frühzeit gewisse ital. Völker ihr → Ver sacrum. Von ihm sind auch die Personennamen Marcus, Marcius, Marcellus, Mamercus abgeleitet. – 1. In Rom ist M. der zweite in der archaischen Götterdreiheit Jupiter-M.-Quirinus; sein Priester, der → Flamen Martialis, ist der zweite der großen Flamines. Man bringt ihm die ‹Siegesbeute› der zweiten Kategorie (→ Spolia opima). Seine Feste, die im März und Okt. stattfinden, sind offensichtlich als Eröffnungs- und Abschlußriten des Kriegszuges aufzufassen. (→ Equirria, → Tubilustrium, → Armilustrium, → Ecus October). Die → Salier, die archaisch geformte Schilde trugen und mit Helm und rotem Kriegermantel bekleidet waren (trabea), führten ihre Kriegstänze im März und Okt. auf. Vor Beginn des Kriegszuges mußte der Feldherr mit dem Ruf ‹Wache, Mars› die ‹Marslanzen› schütteln, die das Symbol des Gottes waren und in der Regia aufbewahrt wurden (Serv. Aen. 8,3). Der kriegerische Charakter des Gottes wird durch seine kultischen Beinamen bezeugt: Gradivus (nach der Deutung Varros ‹Kämpfer› [Serv. Aen. 1,292; 3,35]; Etymologie unbekannt); Invictus (‹Unbezwinglicher›). Als Ultor (‹Rächer›) erhielt er einen Tempel auf dem Forum des Augustus zum Dank für die bei Philippi gewährte Rache an Caesars Mördern. Vorher lagen die Heiligtümer des M., wie für den Kriegsgott zu erwarten, außerhalb des → Pomerium: ein Altar, dann ein Tempel auf dem M.-Feld; ein Tempel an der Via Appia, ein anderer im Circus Flaminius. – 2. Neben seinem wesentlich kriegerischen Charakter gibt es einige andere Züge, die auf einen ‹agrarischen› Gott oder sogar auf einen ‹Vegetationsgott› zu weisen scheinen: die → Fratres Arvales riefen ihn mit ihren Gesängen an; das Ritual des → Ecus October hat einen agrarischen Aspekt; sogar die Tänze der Salier, die am Anfang und am Ende des Vegetationszyklus stattfinden, lassen sich als magischer Ritus ähnlich auffassen. Vor allem war M. derjenige, dem man ein Opfer für die Gesundheit des Viehs brachte und den man darum bat, die Tiere und Ernten zu beschützen, ja sogar sie wachsen und gedeihen zu lassen (Cato, agr. 83; 141). Die → Lustration des Bauerngutes geschah unter dem Schutz des M., ebenso die des röm. Volkes auf dem Marsfeld nach der Volkszählung. H. Le B.

Lit: G. Hermansen, Studien über den ital. und den röm. Mars, 1940 – G. Dumézil, Naissance de Rome, 1944, 38–70 – P. Lambrechts, Mars et les Saliens, Latomus 5, 1946, 111–119 – Latte, 66; 114 ff.

Marser, ital., nach → Mars benanntes Hirtenvolk, das sich in einem ‹ver sacrum› von den → Sabinern gelöst hat, zu den → Sabellern gerechnet. Sitze im Becken des Fucinus (Kt. 1420 F6), soweit dies nicht den Aequern gehörte, mit der Hauptstadt → Marruvium und im oberen → Liristal bei Antinum. Die M. beherrschten die Pässe zur Adria und nach Samnium und Apulien. Rom zieht sie daher auf seine Seite, beschützt sie 308 v. Chr. gegen die → Samniten und nimmt sie nach dem 2. Samnitenkrieg als Bundesgenossen an. Im → Bundesgenossenkrieg (3) i. J. 91–89 spielen sie unter → Poppaedius Silo eine führende Rolle (daher auch ‹bellum Marsicum›: Diod. 37,2 Str. 5,241). Dann erhalten sie das → Bürgerrecht und werden von Augustus mit den übrigen Sabellerstämmen zur 4. Region gezählt. B. A.

Lit: Nissen I 515; II 454 – Devoto, 127, 337.

Marsiliana d'Albegna, etrusk. Nekropole des 7. Jh.s vor Chr. am Unterlauf der Albegna mit reichen Funden orientalisierenden Stils, darunter das Elfenbeintäfelchen mit dem in die Anfänge des etrusk. Schreibens führenden ‹Alphabet von M.› Vgl. → Etruskisch. O. W. v. V.

Lit: A. Minto, Marsigliana d'Albegna, 1921 – Å. Åkerström, Studien über die etr. Gräber, 1934, 118–122.

Marsyas, Name mehrerer Flüsse: 1. Einer der Quellflüsse des → Maiandros. – 2. Linker Nebenfluß des Maiandros aus dem Hochlande von Karien (heute Çina Çay). – 3. Nebenfluß des Orontes. R. F.

Marsyas, phryg. Silen und Flußgott, bei Kelainai lokalisiert. Sohn des Hyagnis, Oiagros oder → Olympos (der aber auch als Sohn und Schüler des M. genannt wird). Meister im Flötenspiel, Gefolgsmann → Kybeles. Nach einer att. Sage klassischer Zeit findet M. die Flöten, die Athena, weil das Blasen die Gesichtszüge entstellte, weggeworfen hatte, nimmt sie auf, übt sich und wagt, → Apoll zum Wettstreit herauszufordern. Der Gott siegt aber und schindet M. oder läßt ihm durch einen Skythen die Haut abziehen, die in einer Höhle bei Kelainai (dort die Quelle des Flusses M.) aufbewahrt wurde (Hdt. 7,26; Xen. anab. 1,2,8). Auf dem Forum in Rom stand eine Statue eines Silens mit Schlauch, vom Volk M. genannt. Kopien davon in anderen Orten verbürgten Privilegien.

Lit: C. Jessen, ML II 2, 2439–60 – Gioffredi, SDHI 9, 1943, 275–282 – *Darstellungen:* Der Wettkampf von Apollon und M. tritt erst um 435 in der att. Vasenmalerei auf, woran sich unterital. Vasenbilder anschließen. Berühmt die aus der Werkstatt des Praxiteles stammende Musenbasis aus Mantinea (F. Brommer, MdI 3, 1950, 95–98). Hellenist. Gruppen mit der Schindung des M. Auf röm. Denkmälern, Gemmen, Sarkophagen, Reliefs sind Apollon und M. sehr verbreitet. Berühmtester M. der des → Myron, aus einer Gruppe mit Athene stammend (Andren, Opusc. Arch. 3, 1944, 1 ff.). Olympos ist oft mit seinem Lehrer M. dargestellt (Basilika von Herculaneum) oder bittflehend für ihn bei der Tötung des M. – *Lit. dazu:* E. Paribeni, Marsia, EAA IV, 1961, 876–880 – Schefold, VP 87 – K. Schauenburg, RM 65, 1958, 42–66. K. Schb.

2. **M. von Pella,** Syntrophos (‹Tischgenosse›) → Alexanders d. Gr.; verwandt mit → Antigonos I. Monophthalmos; Seekommando bei Salamis (306). Die nähere Bestimmung seines Werkes, zu dem Makedonika und ein Alexanderwerk gehörten, ist schwierig; mehreres ist zwischen M. und dem ‹jüngeren› M. v. Philippi (Verfasser von mindestens 6 Büchern Makedonika; auch von Mythika?) strittig. W. Sp.

Frg: FGrHist 135/6 – *Lit:* Berve I Nr. 489 – Laqueur, RE 14, 2 (1930), 1995–99.

Martial (M. Valerius Martialis), geb. in Bilbilis (Spanien) 38/41 n. Chr., kam 64 nach Rom; die Eltern scheint er früh verloren zu haben (5,34). Seine ersten Gönner waren wohl seine Landsleute → Seneca (2) und → Lucan; nach deren Tod in Zusammenhang mit der Verschwörung des → Piso (2) protegierten ihn (auf Empfehlung Senecas) L. → Calpurnius (9) Piso und die Witwe Lucans, → Vibius (1) Crispus und → Memmius (3) Regulus, → Plinius (2) d. J. und → Silius (2) Italicus. → Statius (1) und M. erwähnen einander, vielleicht aus Abneigung, nicht. Mit → Juvenal war er befreundet. Bes. förderte ihn die Gunst der Kaiser → Titus und → Domitian: dieser verlieh (oder bestätigte) ihm das → Ius (4) trium liberorum und den Ritterrang. Als → Nerva, dem er eine Neufassung der Bücher 11 und 12 gewidmet hatte, und → Trajan ihm nicht die gesuchte Gunst erwiesen, kehrte er ca. 98 nach Bilbilis zurück, obgleich er in Rom ein Stadthaus und ein bescheidenes Landgut besaß. Plinius schenkte ihm das Reisegeld; Marcella, eine reiche Gönnerin, gab ihm ein Gütchen bei Bilbilis. Dort starb er ca. 102/103; Plinius erwähnt seinen Tod i. J. 104.

[2] *Die Epigramme.* M.s erstes Werk, 33 → Epigramme, in denen er die Einweihung des Kolosseums feierte, erschien i. J. 80/81; um 84 folgten die 2 Bücher ‹Apophoreta› und ‹Xenia› (Buch 14 und 13). Sein Ruhm beruht auf seinen 12 Büchern von Epigrammen, die wahrscheinlich in Jahresabständen herauskamen. Als einziger röm. Dichter, der ausschließlich Epigramme geschrieben hat, gab er diesem Genre seine vielseitigste und geistreichste Form. Seine

witzige (nach heutigen Begriffen manchmal obszöne) Satire greift alle typischen, auch von Juvenal gerügten Großstadtlaster auf: Luxus, Geiz, Protzerei, Erbschleicherei, Gefräßigkeit, sexuelle Verirrungen aller Art; doch Juvenals Gesellschaftskritik liegt ihm fern. Natürlich ist es töricht, M. (und Juvenal) als Kronzeugen für die ‹Dekadenz› des heidnischen Rom hinzustellen, wie dies oft getan wurde: nicht nur gleichen sich Großstädte aller Zeiten, Völker und Glaubensrichtungen in ihrer ‹Lasterhaftigkeit›, sondern M. beschäftigt sich, wie alle Satiriker, gerade mit dem Atypischen, dem Auffallenden, dem Grotesken, während das von der großen Mehrheit gepflegte normal-sittliche Verhalten dem Spott des Satirikers eben kein Material liefert. Eine Reihe seiner Epigramme sind Gelegenheitsgedichte zu Geburtstagen, Heiraten und dgl.; Lob fehlt nicht; Angriffe auf Lebende, wenigstens mit Namensnennung, sind vermieden. Daß er den Kaisern und seinen Gönnern schmeichelte, darf nicht mit heutigem Maß gemessen werden, da alle nicht von Haus aus wohlhabenden Dichter (Vergil, Horaz, Archipoeta, Walther v. d. Vogelweide u. a.) diesem Zwang unterlagen. Auch die → Priapeen (6,49; 6,73; 8,40) waren eine legitime literarische Gattung. Daß er außer beißendem, frechem Witz auch lyrisch-elegische Begabung und tiefes Empfinden besaß (hierin Heine nicht unähnlich) erhellt aus mehreren Stücken, z.B. 5,34; 5,37; 10,61; 10,92 u.a. – M. bevorzugt kurze Epigramme; sein längstes Gedicht (3,58) hat 51 Verse. Sein Werk ist polymetrisch: Außer dem → Hexameter und dem elegischen → Distichon gebraucht er → Choliambus, → Elfsilbler, → Sotadeen. Auch Einzeiler kommen vor. Griech. Worte und die Volkssprache benützt er ungehemmt; seine Prosodie ist die typische der ‹silbernen› Latinität. Wortspiele, die er oft gebraucht, sind niemals Selbstzweck; seine Pointe ist stets scharf und überraschend. H. C. S.

Ed: Frühausg. (zum Teil ad usum Delphini): N. Perotto, Cornucopia, Venedig 1490 – N. Brylinger, Basel 1546 – Mod. Ausgaben: F. G. Schneidewin, 1842 u. 1871 – W. Gilbert, 1886 – L. Friedländer, 1886 (mit Komm.) – W. Heraeus, BT, 1924 – W. M. Lindsay (1902), 1929², Nachdr.e – *Übers:* H. G. B. (anonym), Bohn's Class. Library, 1888 (engl. Prosa u. Vers; die obszönen Stellen in der ital. Übers. von Graglia, 1782/91: Kenntnis des Ital. schützt offenbar vor Sittenverderbnis) – W. Ker, LB, 1947 – A. Berg, 1912 (deutsch) – E. Helm, 1958 (deutsch) – G. Lipparini, 1843 (ital.) – C. Giarratano, 1919 (ital.) – V. Verger, N. A. Dubios, J. Mangeard, 1864 (franz.) – J. H. Izaac, 1930/33 (franz.) – P. Richard, 1931 (franz.) – *Lit:* Zum Fortleben: G. Boissier, Le poète M., Rev. des deux mondes 160, 1900, 241–279 – L. Friedländer, Sittengeschichte Roms IV 290–296.

Martialis → Gargilius.

Martianus Capella (Felix Capella), ca. 2. H. 4. Jh. n. Chr., Verfasser eines Handbuches der 7 → Artes liberales ‹De nuptiis Mercurii et Philologiae› in 9 Büchern. Über sein Leben ist nichts bekannt, zwei Stellen seines Werkes zeigen ihn als Anwalt. In den zwei einleitenden Büchern wird die Hochzeit des Merkur mit der Philologie geschildert; neben den Göttern treten auch allegorische Figuren auf (die vier Kardinaltugenden, die Philologie u.a.). In den folgenden 7 Büchern erscheinen die Artes der Reihe nach als Brautjungfern und tragen ihre Weisheit im Handbuchstil vor, der keine Rücksicht auf die Fiktion des Rahmens nimmt. In den Rahmenpartien schreibt M. dagegen den an → Apuleius geschulten, schwülstigen Stil seiner Zeit. Einige Stücke sind versifiziert, womit M. an die Tradition der → Menippeischen Satire anknüpft. Das 5. Buch *De rhetorica* seines enzyklopädischen Werkes schöpft in dem Abschnitt über die Elocutio aus → Aquila Romanus, während der über die Argumentatio die gleiche Quelle benutzt haben dürfte wie → Chirius Fortunatianus. Aber sie alle fußen letztlich weithin auf Cicero und Quintilian, → Rhetorik B [4]. Im MA war M. einer der meist gelesenen Autoren; dem modernen Leser liegt der Inhalt fern; die Einkleidung kann nur im Hinblick auf die Geschichte der → Allegorie gewürdigt werden. D. F.

Ed: A. Dick, 1925 – *Lit:* P. Wessner, RE 14,2 (1930), 2003–16 – M. L. Clarke, Rhetoric at Rome (1953), 1962², 139ff. – H.-W. Fischer, Unters. über die Quellen der Rhetorik des M. C., Diss. Breslau 1936.

Martin von Tours, 316/17–397, nach Taufe → Exorzist, gründete nach 360 bei Poitiers das erste gallische Kloster (Ligugé). 371 Bischof von Tours; durch Predigten, Wunder und Zerstörung heidnischer Heiligtümer von großem Einfluß; Schutzpatron der Franken. B. L.

Lit: RGG IV 780.

Marullus, → Mimendichter des 2. Jh.s n. Chr.; → Mark Aurel tolerierte seine öffentliche Kritik. Stücke von M. sollen noch Anf. 5. Jh. gespielt worden sein. H. M.

Marxsche Regel. Im lat. Hexameter kann nach der → Penthemimeres ein langes einsilbiges oder pyrrhichisches Wort *gewöhnlich* nicht vor ein spondeïsches Wort gesetzt werden, vgl. Arma virumque cano / Troīaē quī primus (nicht: quī Troīaē). Eine derartige Stellung würde den Vers in zwei gleiche Teile zerlegen. J. W. H.

Lit: F. Marx, Molossische u. bakcheische Wortformen, Abh. Leipzig 37,1, 1922, 197–232.

Marzabotto, etrusk. Stadt südl. von → Bononia mit Nord-Süd/Ost-West orientierten, breiten Straßen (→ Cardo-Decumanus-System). Auf der ‹Akropolis› sind die Unterbauten von Heiligtümern erhalten (6./4. Jh.). O. W. v. V.

Lit: G. A. Mansuelli, in: Mostra dell'Etruria Padana I, 1960, 214 bis 219 – *Bibliogr.:* a. O. II 25.

Masistes (*Μασίστης*; altpers. *Maθišta*), Sohn des → Dareios I. und der → Atossa, befehligte zusammen mit → Mardonios eine der drei Heereskolonnen bei der Durchquerung Thrakiens; empörte sich gegen seinen Bruder → Xerxes, der die Gattin des M. den Mißhandlungen der Amestris preisgegeben hatte (Hdt. 9, 109ff.), und wurde umgebracht, als er gerade die Saken und Baktrier zum Aufstand bewegen wollte. G. R.

Maske (*πρόσωπον*, persona), bei kultischen Umzügen und Tänzen und im Drama von großer Bedeutung: → Religion I F–J; II E (vgl. → Imagines maiorum), → Theater C.

Masoreten (*masora* = Überlieferung), jüd. Gelehrte, die die Textüberlieferung des AT pflegten. C. A.

Massageten, iran. Volk im ostkasp. Raum, den Saken und Skythen verwandt (Hdt. 1,201.204ff.215f.; 4,11.172; Strab. 11, p. 507.512f.). Hauptverbreitung am Unterlauf des Oxos; ein Übergreifen auf das Yaxartesgebiet ist nicht ausgeschlossen, zumal es sich um Nomaden (mit Wohnwagen) handelt. Neben dem Hirtentum mit Milchwirtschaft war der Fischfang von großer Bedeutung. Die M. kämpften zu Roß und zu Fuß. Waffen und Pferdeausstattung (Brustpanzer) waren aus Erz gefertigt und mit Gold verziert. Eisen fehlt. Iran. Vorstellungen entspricht die Verehrung der Sonne als höchster Gottheit, der sie Pferde als schnellste Wesen opferten. Dem skyth. Hanfrausch ähnelt der Brauch, sich am Geruch von verbrannten Früchten in Ekstase zu versetzen (Hdt. 1,202). Mit den Issedonen jenseits des Yaxartes (Hdt. 4,25f.) hatten sie die Sitte gemeinsam, die Alten zu töten und zusammen mit Hammelfleisch zu verspeisen. Dagegen wurden an Krankheit Verstorbene begraben. Trotz Einehe war Frauengemeinschaft üblich, wobei der am Wagen aufgehängte Köcher die Verbindung sanktionierte. Auf eine Sonderstellung der Frau weist die Überlieferung von der Königin Tomyris, an die Kyros II. Schlacht und Leben verlor. Das Gesamtbild sowie die archäologischen Funde im ostkasp. Raum machen eine iran. Überschichtung von älteren Kulturen wahrscheinlich. Das iran. Element wurde nach der Unterwerfung der M. durch → Dareios I. verstärkt. Als kriegerisches Reitervolk begegnen die M. während des Alexanderzuges im Oxos-Yaxartesgebiet (Arr. 4,16f.). → Iranier, → Perser, → Orient und Antike. J. W.

Lit: Herrmann, RE 14,2 (1930), 2123–29 – H. S. Nyberg, Die Religionen des Alten Iran, 1938, 252f. 256f. – E. Will, L'art sassanide, Syria 39, 1962, 45–63 – K. Jettmar, Die frühen Steppenvölker, 1964, 129. 174. 237.

Massalia (Massilia, Marseille; Kt. 1019 E6), um 600 von → Phokaia gegründet. Freundschaftliches Verhältnis zu den benachbarten Ligurern und Rom. Bedeutende Handelsmacht, übte kulturellen Einfluß auf → Gallien aus (griech. Alphabet bei den → Helvetiern zu Caesars Zeiten). Aussendung mehrerer Kolonien, teils selbständig, teils aber auch zum Schutz des Handelsbereichs der Stadt von M. abhängig, z.B. → Hemeroskopeion, → Emporion, → Nikaia, → Antipolis. Berühmte Kaufleute und Seefahrer von M. Euthydemos und → Pytheas. Größte Blütezeit im 4. und 3. Jh. Während des 2. Pun. Krieges treu zu Rom. 154 bekämpfte Rom für M. die Ligurer, 125–121 die Allobroger. Durch Einrichtung der Provinz → Gallia Narbonensis geht der Handel allmählich in röm. Hände über. 49 v. Chr. im Bürgerkrieg von den Caesarianern eingenommen. Damit entscheidende Schwächung der Stadt. M. hatte eine aristokratische Verfassung, die Führung lag in den Händen von 600 τιμοῦχοι. Die antike Stadt lag an der Stelle der mittelalterl. und heutigen Altstadt nördl. des Vieux Port, im Altertum Lakydon; antike Reste spärlich. E.M.

Lit: M. Clerc, M., Histoire de M. dans l'antiquité, 2 Bde, 1927/29 – H. G. Wackernagel, RE 14,2 (1930), 2130–52 – F. Villard, La céramique grecque de M. (VIe–IVe siècle), 1960 – *Neuere Funde und Grabungen:* Zeitschr. ‹Gallia› – F. Benoît, M. EAA IV, 1961, 880–883.

Maße und Gewichte → Anhang V.

Massinissa, griech. Massanasses, König von → Numidien, geb. nach 240, gest. 148, Sohn des Massylerfürsten Gala, nahm seit 212 auf Seite → Karthagos an den Kämpfen in Spanien teil, trat nach 206 zu den Römern über, vertrieb mit ihrer Hilfe seinen Gegenspieler → Syphax und vereinigte seit 201 das östl. und westl. Numidien unter seiner Herrschaft. Hinfort sah er in Karthago seinen eigentlichen Gegner und entriß ihm in den folgenden Jahrzehnten große Teile des ihm noch verbliebenen Territoriums. Karthagos Erhebung gegen ihn löste 149 den 3. Pun. Krieg aus. M. gehört zu den bedeutendsten Herrschern seiner Zeit; er besaß den Blick für das Mögliche und tat bei aller Brutalität viel zur Hebung seines Landes. W.H.

Lit: W. Schur, RE 14,2 (1930), 2154–2165.

Massylier, libyscher Volksstamm an der NW-Küste Afrikas. In der Literatur der Kaiserzeit wird der Name durch die Bezeichnungen → Gätuler und → Numidier verdrängt. R.F.

Mast war am häufigsten bei der Geflügelzucht, bes. bei Hühnern, Gänsen und Tauben (Cato agr. 89, Varro rust. 3,9,19ff.; Colum. 8,7). Die Tiere setzte man einzeln in kleine Bauer und stopfte sie zwei- bis dreimal täglich mit einem dicken Brei, evtl. unter Zusatz von Wein oder Öl. In den letzten Jahrzehnten der röm. Republik wurde eine bes. Technik, die Feigenfütterung, entwickelt, wodurch man die Gänseleber zu enormem Wachstum bringen konnte (Plin. nat. 10,52). Oft scheint die M. ein besonderer Erwerbszweig gewesen zu sein. Andere Tierarten wurden ebenfalls vor dem Schlachten gemästet, aber die Methoden waren offenbar weniger entwickelt. Am berühmtesten waren die M.schweine aus den Waldgebieten der Poebene (Cato Fr. 39). Die normale Dauer der Schweine-M. betrug 60 Tage (Plin. nat. 8,207); auch hierbei wurde mit Feigen gefüttert. J.E.Sk.

Mastaba, moderne Bezeichnung für die rechteckig aufgemauerten Privatgräber des Alten Reiches (→ Grab, A2), da sie an die M. genannten arab. Sitzbänke erinnern. W.Hk.

Mastarna → Etrusker.

Mastigophoroi, in Sparta einige mit der Beaufsichtigung der Jugend betraute junge Männer (Xen. rep. Lak. 2,2), in Athen 404 v. Chr. 30 Männer, die sich die → Dreißig (1) als Wache zugelegt hatten (Aristot. Ath. pol. 35,1). F.Kch.

Mastixbaum (σχῖνος, lentiscus), meist in Strauchform mit wintergrünen Fiederblättern in den Mittelmeerländern heimisch, im Altertum wegen seines wohlriechenden Harzes (μαστίχη) und des aus den Beeren gewonnenen Öles geschätzt. Das beste M.-Harz stammte wie heute noch von Chios. Man verwendete es wegen seiner reinigenden, erfrischenden Eigenschaften zur Mundpflege und als Heilmittel. Die → Nymphen um → Artemis bekränzen sich mit den Zweigen des M.es, der auch als Sitz des Dionysos bezeugt ist. Von einem M. aus beobachtete → Pentheus die Feier der theban. Frauen zu Ehren des Gottes. Den gleichen Namen verwendete man für Harze anderer Pflanzen, vor allem der M.-Distel. Namensgleich ist die Bezeichnung der Meerzwiebel (→ Skilla). Vgl. → Flora. J.W.

Lit: Hehn, 427.430 – Murr, Pflanzenwelt, 66f. – A. Steier, RE 14,2 (1930), 2168–75.

Mastos, griech. Trinkgefäß in der Form einer weiblichen Brust, meist mit einem vertikalen und einem horizontalen Henkel versehen (→ Vasen, Abb. 247,5). Beliebt im Athen spätarchaischer Zeit. I.Sch.

Lit: J.D. Beazley, Greek Vases in Poland, 1928,4 – H. Nachod, RE 14,2 (1930), 2175.

Mater Matuta, ital. Göttin, deren Fest, die → *Matralia*, am 11. Juni gefeiert wurde und deren Tempel auf dem Forum Boarium stand. Für die Alten war M.M. gewöhnlich die Göttin der Morgenröte (z.B. Lucr. 5, 656–657); Gelehrte des 1. Jh.s v. Chr. setzten sie der Meergöttin Ino-Leukothea (→ Athamas) gleich (Cic. Tusc. disp. 1,28 u. nat. deor. 3,48; Plut. Camillus 5 u.a.). Die moderne Forschung versteht M.M. zuweilen trotz der etymol. Beziehung zu mane, matutinus nicht immer als Morgenröte, sondern eher als Wachstumsgottheit (mit Beziehung zu maturus); sie gehört zu den Göttinnen, deren Wesen noch immer umstritten ist. H. Le B.

Lit: M. Halberstadt, Mater Matuta, 1934 – S. ferner zu → Matralia.

Materialien. Die Erhaltung archäologischer Denkmäler ist in mehrfacher Hinsicht abhängig vom M., aus dem sie geschaffen sind. Der größeren Widerstandsfähigkeit des Steines verdanken wir es, daß wir die antike Plastik besser kennen als die gleichzeitige Tafelmalerei, die fast restlos verloren wäre, hätten wesentliche Elemente nicht in der röm. Wand → Malerei und im → Mosaik nachgewirkt (vgl. → Fresko). Anderseits sind Zeugnisse der keramischen Malerei in lückenloser Folge erhalten. Von den Statuen der großen Meister, bes. der Klassik, ist nahezu nichts im Original erhalten, weil die bevorzugten M., Bronze oder Gold und Elfenbein, der Habgier späterer Zeiten zum Opfer fielen. Dagegen haben künstlerisch bearbeitete → Edelsteine und Halbedelsteine (→ Gemmen, → Kameen) in großer Zahl schadlos die Zeiten überdauert. Vgl. im einzelnen: → Stein, → Holz, → Metall, → Bernstein, → Edelstein, → Elfenbein, → Glas; → Terrakotta. C.K.

Lit: A. Léger, Les travaux publics, les mines et la métallurgie au temps des Romains, 1875 – Blümner, Technologie I–IV – A. Rumpf, Archäologie II, 1956 (Göschen 639), 38ff.

Materialismus. Jede vorphilosophische Weltsicht bleibt an die Kategorie des Raums gebunden und begnügt sich naiv damit, im Raume grob wahrnehmbare, sicht- und tastbare Objekte von feiner strukturierten zu unterscheiden, die bloß flüchtig oder nur an ihrem Wirken feststellbar sind. Von diesem elementaren Haften an räumlicher und körperlicher Anschauung ist auch die antike Philosophie nur selten losgekommen. Will man dies M. nennen, so finden sich Spuren davon auch in der ganzen platonischen und aristotelischen Tradition. Etwas ganz anderes ist die Entdekkung der späteren → Vorsokratik, daß am Menschen die den Tod überdauernde Seele und der erkennende Geist sich vom Leib nicht nur durch eine feinere Struktur, sondern prinzipiell unterscheiden. Im 4. Jh. v. Chr. weitet sich dies zur Unterscheidung zwischen Körperlichkeit und Unkörperlichkeit schlechthin. Erst von da an gibt es M. als die systematische Bestreitung der Existenz unkörperlicher Wesenheiten. Der Hellenismus kennt zwei Typen von M.: (a) den aufklärerischen M. → Epikurs, gerichtet bes. gegen → Platon und dessen Lehre von der Unkörperlichkeit des

Seins (der → Ideen) und des Geistes, (b) den M. der Stoa, wesentlich gewonnen aus der Überzeugung, es sei unmöglich, das Zusammenwirken und Ineinandergreifen von Körperlichem und Unkörperlichem in Mensch und Kosmos befriedigend zu erklären; Mensch und Kosmos seien nur als homogene Strukturen verstehbar. Die mächtige Erneuerung eines radikal körperfeindlichen Platonismus vom 3.Jh.n.Chr. an hat beide Formen des M. völlig zum Erlöschen gebracht. O.G.

Maternus → Curiatius, → Firmicus.

Mathematik

A. Orient: [1] Ägypten – [2] Mesopotamien – B. Griech. Mathematik: [1] Anfänge – [2] Pythagoreer – [3] Beweisführung. Konstruktionen – [4] Entdeckung des Irrationalen – [5] Sicherung der Grundlagen. Euklid – [6] Praktische Mathematik – [7] Zusammenfassungen und Kommentare – C. Fortleben.

Vgl. → Arithmetik und Algebra, → Geometrie und Stereometrie, → Kegelschnitte, → Proportionenlehre, → Irrationalität, → Zahlensystem und Zahlzeichen; → Astronomie, → Musik, → Mechanik, → Optik, → Geographie.

A. Orient. [1] *Ägypten.* In Königsinschriften des Alten Reiches finden sich Zahlen, die die Anzahl der getöteten und gefangenen Feinde und des erbeuteten Viehs angeben. Die erhaltenen math. Texte gehen auf die Zeit des Mittleren Reichs zurück. Sie zeigen vollständige Beherrschung der elementaren → Rechentechnik, auch für Brüche, sowie Bekanntschaft mit Quadrat und Quadratwurzel. Es sind Aufgabensammlungen. Man bestimmte eine Unbekannte aus einer linearen Gleichung, man rechnete Aufgaben über das ‹Backverhältnis› von Brot und Bier (das dadurch bestimmt ist, wieviel Laib Brot oder wieviel Krüge Bier aus 1 Scheffel Getreide hergestellt werden); man berechnete Flächen- und Rauminhalte, darunter den Pyramidenstumpf (und zwar nicht angenähert, sondern exakt richtig), ferner die Oberfläche eines Körpers, von dem leider nicht genau feststeht, ob eine Halbkugel oder ein Halbzylinder oder ein korbartig geformter Getreidespeicher gemeint ist. Handelte es sich um eine Halbkugel, so wäre ein wichtiges Ergebnis von Archimedes vorweggenommen. Für die Fläche des Kreises nahm man die Fläche eines Quadrats, dessen Seite $^8/_9$ des Kreisdurchmessers ist. Das ergibt für π die recht gute Näherung $4\cdot\left(\frac{8}{9}\right)^2 = 3{,}16$. Für diese Berechnungen werden die Anweisungen rezeptartig gegeben, das Ergebnis wird meist durch eine Probe bestätigt. Über praktisch erforderliche Rechnungen geht das, was wir von der ägypt. M. wissen, zwar etwas, aber nicht weit hinaus.

[2] *Mesopotamien.* Das überlieferte Material (auf Keilschrifttafeln) ist viel reichhaltiger als das ägyptische. Die meisten Texte stammen aus altbabylon. Zeit, vor und bis zur Kassitenzeit (ca. 1500 v.Chr.), eine kleinere Anzahl aus der Seleukidenzeit (3.Jh.v.Chr.). – Für die Zahlendarstellung wird ein sexagesimales Positionssystem benutzt (→ Zahlensystem). Zum Rechnen waren Multiplikations- und Reziprokentabellen erforderlich, die in großer Zahl gefunden worden sind. Außerdem gibt es Tabellen für Quadrat- und Kubikzahlen, für Potenzen, für $n^3 + n^2$ (die zur Lösung kubischer Gleichungen brauchbar sind) und u.a. eine Tafel von 15 sog. pythagoreischen Zahlentripeln, d.h. Zahlen a, b, c, für die $a^2 + b^2 = c^2$ gilt. Hierin wird man eine Vorstufe, wenn nicht einen Anfang der Zahlentheorie sehen dürfen, d.h. der Untersuchung von Zahlen auf ihre Eigenschaften, zunächst in der Form empirischer Feststellung und Materialsammlung. – In der Algebra beherrschten die Babylonier die quadratischen Gleichungen, lösten einige kubische Gleichungen, auch eine unbestimmte Gleichung kommt vor (→ Arithmetik und Algebra, 4). – In der Geometrie konnten verhältnismäßig komplizierte Figuren berechnet werden, z.B. Gräben oder Wälle mit kreisförmigem Grundriß und trapezförmigem Querschnitt. Bei der Berechnung von Stücken geometrischer Figuren (z.B. des Pfeils h zu einer gegebenen Sehne s in einem Kreis mit gegebenem Radius r; → Abb. 139) wird benutzt, daß der Peripheriewinkel im Halbkreis ein rechter ist (Satz des → Thales, 2) und daß im rechtwinkligen Dreieck das Quadrat über der Hypotenuse gleich der Summe der Kathetenquadrate ist (Satz des → Pythagoras, 2). Das geschieht nicht

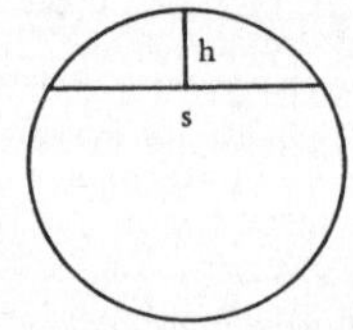

Abb. 139

in der Form, daß ein solcher Satz abstrakt ausgesprochen wird, sondern es wird gesagt, welche Rechenschritte mit den gegebenen Zahlen zu machen sind. In bisher zwei Texten werden die Rechenschritte ohne Angabe bestimmter Zahlen beschrieben.

B. Griech. Mathematik. [1] *Anfänge.* Die Griechen haben viele math. Kenntnisse von den Ägyptern und Babyloniern übernommen. Milet war der Endpunkt einer Handelsstraße aus dem Orient, und hier entstand bei → Thales der Anfang der griech. Wissenschaft. Vielleicht war es die Fremdheit und Vielfalt der Kenntnisse, die die Griechen veranlaßte, nach den Grundlagen zu suchen, auf denen dieses Wissen beruhte. So werden von Thales ganz einfache Sätze überliefert: daß bei zwei sich schneidenden Geraden die Scheitelwinkel gleich sind, daß der Durchmesser den Kreis halbiert und einige ähnliche. Er hat erstmals derartige allgemeingültige Sätze formuliert und ihre Allgemeinheit z.T. auch zu beweisen versucht. Der Begriff des Winkels taucht hier zum erstenmal auf; die Ägypter und Babylonier hatten zwar ein Maß für die Neigung von Flächen, aber nicht den Winkelbegriff.

[2] Die → *Pythagoreer* erkannten, daß die Zahl bei der Erkenntnis der Dinge eine wesentliche, ja unentbehrliche Rolle spielt. «Nichts ist erkennbar ohne Zahl» sagt Philolaos (VS 44 B 11). Sie erkannten ferner, daß die Harmonie der Töne von einfachen Zahlenverhältnissen abhängt (→ Musik A 9ff.). Mathematisch hatte das zur Folge, daß sie nach Eigenschaften der Zahlen fragten und so eine Zahlentheorie und eine Theorie der Zahlenverhältnisse begründeten (→ Arithmetik und Algebra, 1). Die Lehre vom Geraden und Ungeraden am Ende des 9. Buches von Euklids Elementen ist wahrscheinlich ein Stück altpythagoreischer Zahlentheorie. Aus dem logischen Aufbau dieses Stückes – sofern er nicht Euklid zuzuschreiben ist – ließe sich schließen, daß die Pythagoreer damals (etwa Mitte des 5.Jh.s) bereits verstanden, einen math. Satz aus anderen math. Sätzen logisch herzuleiten. Problematisch ist aber, wie das Anfangsstück der Beweiskette zu sichern ist. Später dienten dazu die → Axiome und → Postulate. Im genannten Stück sieht es so aus, als sei der Anfangssatz etwa durch Auslegen von Steinchen (→ Fig. Zahlen) ‹bewiesen› worden.

[3] *Beweisführung. Konstruktionen.* Etwa zu dieser Zeit (5.Jh.) entwickelten sich im Kreise der Eleaten die ersten Grundsätze einer formalen Logik. Man erkannte, was ein strenger Beweis ist, und übte das Beweisen, zunächst vielleicht hauptsächlich den indirekten Beweis. Während das Argumentieren einerseits zur Grundlage der sophistischen → Rhetorik wurde, hat es andererseits in der M. zur sicheren Begründung der Erkenntnisse geführt. Math. Originalschriften sind aus dieser Zeit nicht erhalten. Wir kennen erst wieder die Arbeit des → Hippokrates (2) v. Chios über die → Quadratur der Möndchen, die schon ein fortgeschrittenes Stadium der Entwicklung zeigt. Die elementare → Geometrie der Ebene ist weitgehend bekannt, die Art und Weise des Beweisens ist klar, es wird auch schon davon gesprochen, daß Hippokrates sich einen ‹Anfang› für seinen

Beweisgang zurechtlegte in Gestalt eines Satzes, den er als gültig voraussetzte (Simpl. in phys., p. 54–69 D.). – Man beschäftigte sich mit den drei klassischen Problemen, deren Lösung mit Zirkel und Lineal nicht möglich ist: der → Quadratur des Kreises, der → Verdoppelung des Würfels und der → Dreiteilung des Winkels. An eine Beschränkung der Konstruktionsmittel auf Zirkel und Lineal dachte man noch nicht. Man entwickelte vielmehr eine Reihe von Hilfskonstruktionen, insbes. das Verfahren der Einschiebung (→ Neusis), und Hilfskurven, die nur punktweise – d.h. niemals vollständig – mit Zirkel und Lineal konstruiert werden können, und erdachte Instrumente zu ihrer Herstellung (→ Quadratrix, → Konchoide, → Archytas).

[4] *Entdeckung des Irrationalen.* In der 2. H. des 5. Jh.s haben die Pythagoreer entdeckt, daß es inkommensurable Strekken gibt (→ Irrationalität). Möglich ist diese Entdeckung erst, wenn man nicht unbedenklich mit Näherungswerten rechnet, sondern nach dem exakten Wert z.B. eines Streckenverhältnisses fragt, und wenn man außerdem den indirekten Beweis kennt und beherrscht. Die Folge war eine Neuorientierung der griech. M. Da sich jedes Zahlenverhältnis durch ein Streckenverhältnis ausdrücken läßt, aber nicht jedes Streckenverhältnis durch ein Verhältnis ganzer Zahlen (→ Zahlbegriff), ist die Geometrie umfassender als die Arithmetik, und man bemüht sich darum, arithmetische und algebraische Sätze und Aufgaben geometrisch zu formulieren und geometrisch zu beweisen bzw. zu lösen. Das ist ein Grund für das Entstehen einer geometrischen Algebra (→ Arithmetik und Algebra, 1, 2). – Nachdem die Pythagoreer bereits eine Theorie der Zahlenverhältnisse (λόγοι; → Proportionenlehre) entwickelt hatten, die in Euklids Elementen, Buch 7 – vielleicht in ihrer alten Form –, wiedergegeben ist, war jetzt eine allgemeine Theorie der Größenverhältnisse nötig. Diese Theorie hat Eudoxos gegeben; sie ist in Euklids Elementen, Buch 5, überliefert. Sie entspricht der modernen Einführung der reellen Zahlen mittels des Dedekindschen Schnittes (1872).

[5] *Sicherung der Grundlagen. Euklid.* Mit → Sokrates beginnt eine allgemeine Besinnung auf die Grundlagen der Erkenntnis. Sie ist z.T. eine Gegenbewegung gegen die Sophisten, die zwar viele Weisen des Argumentierens erprobt und geübt haben, andererseits aber auch versuchten, möglichst absurde Aussagen zu beweisen, um ihre Kunst zu zeigen. Wenn das möglich ist, ist der Beweis nicht mehr Kriterium der Wahrheit. Um ihn wieder dazu zu machen, mußte man (1) den Ausgangspunkt des Beweises sichern; das geschah durch genaue Definitionen der eingehenden Begriffe und Formulierung der → Postulate und → Axiome; hier haben Sokrates und → Platon entscheidende Beiträge geleistet; (2) die Regeln des Schließens klarstellen; das haben → Aristoteles (Syllogistik) und die → Stoiker (Aussagenlogik) durchgeführt (→ Logik). In der M. werden in der Folgezeit von Euklid an die Definitionen und Axiome bzw. Postulate stets sorgfältig formuliert, dagegen werden die Schlußregeln nicht ausdrücklich erwähnt. – Nicht nur die logische Methode, auch der Gegenstand und die Aufgabe der M. wurden einer Besinnung unterworfen. Wir haben Erkenntnis, wenn wir die Elemente und die Gründe kennen (Aristoteles, z.B. phys. A 1, 184a 12ff.). Das Element der Zahlen ist die Einheit. Die Zahlen sind aus Einheiten aufgebaut, und alle Eigenschaften von Zahlen müssen letzten Endes auf ihren Aufbau aus Einheiten zurückzuführen sein. Elemente aller Figuren sind Gerade und Kreis. Alle geometrischen Figuren müssen sich aus Geraden und Kreisen aufbauen, und alle ihre Eigenschaften müssen sich aus diesem Aufbau verstehen lassen; das zu zeigen ist die Aufgabe der Geometrie. (Ebenso ist es, nach einer Forderung Platons, Aufgabe der → Astronomie, die Bewegung der Sterne aus gleichförmigen Kreisbewegungen zu beschreiben.) Diese Auffassung Platons ist der Grund für die Beschränkung der Konstruktionsmittel auf Zirkel und Lineal; Platon selbst spricht gar nicht von Zeicheninstrumenten. – Das Ergebnis dieser Klarstellung, wovon die M. handelt und wie sie aufgebaut sein soll, sind die Elemente → Euklids. Mit ihnen ist die Grundlegung der M. abgeschlossen. Auf dieser Grundlage konnte sie sich in den folgenden Jahrhunderten in die Breite entwickeln. Dabei wurde die Beschränkung auf Gerade und Kreis überwunden durch die allgemeinere Fragestellung, welche Probleme mit Hilfe von Geraden und Kreisen zu lösen sind und welche höhere Hilfsmittel erfordern. Das Studium der → Kegelschnitte, einer wichtigen Klasse von Figuren, die nicht aus Geraden und Kreisen bestehen, wurde zu einer großartigen Theorie ausgebaut (→ Aristaios (2), → Euklid, → Apollonios (15) v. Perge). Zur Bestimmung von Flächen- und Rauminhalten wurden auch infinitesimale Methoden benutzt: → Demokrit dachte sich wahrscheinlich zu diesem Zweck den Kegel in ebene Schichten oder Ebenen zerlegt, → Archimedes verwandte derartige Überlegungen heuristisch in der Erkenntnis, daß sie in der damaligen Form nicht beweiskräftig waren. Die strengen Beweise lieferte die → Exhaustionsmethode, die von → Eudoxos (1) begründet und von → Archimedes mit großem Erfolg benutzt wurde. Siehe ferner → Geometrie, → Arithmetik und Algebra.

[6] *Praktische Mathematik.* Neben der theoretischen M. wurde die praktische stets gepflegt, aber selten literarisch überliefert. Man kannte und benutzte die → Rechentechnik der Ägypter und Babylonier, insbes. die Sexagesimalbrüche bei astronomischen Rechnungen. Archimedes hat viel numerisch gerechnet, ohne seine Verfahren (z.B. der → Approximation von $\sqrt{3}$) genauer anzugeben. → Heron (2) hat viele teils exakte, teils approximative Formeln zur Berechnung geometrischer Figuren angegeben. Seine Angaben für regelmäßige Vielecke haben eine auffallende Ähnlichkeit mit kürzlich entdeckten altbabylon. Texten aus Susa. – Die erste Anwendung der M. auf physikalische Erscheinungen war die → Musiktheorie der Pythagoreer. Auf mechanische Probleme soll zuerst → Archytas die M. angewandt haben. Aristoteles hat das Grundgesetz der Dynamik math. zu formulieren versucht: die Geschwindigkeit einer Bewegung ist proportional der Kraft und umgekehrt proportional dem Widerstand des Körpers gegen die Bewegung und dem Widerstand des Mediums. (Die Gültigkeit dieses Gesetzes hängt davon ab, wie hier ‹Kraft›, δύναμις, zu interpretieren ist.) – Aristoteles und seine Schule behandelten auch das Hebelgesetz; Archimedes hat es streng math. begründet. Er hat auch die Grundgesetze der Hydrostatik math. gefaßt. → Ktesibios und → Philon (4) v. Byzanz berechneten die Wirkung eines Geschützes aus seinen geometrischen Abmessungen. Heron berechnete den Wirkungsgrad der einfachen Maschinen (Hebel, Keil, Rad an der Welle, Flaschenzug). – In der Optik kannte man math. das Reflexionsgesetz und wußte perspektivische Verkürzungen und Formänderungen geometrisch zu bestimmen. – Astronomische Anwendungen haben auch zur Weiterentwicklung der M. beigetragen, und zwar zur Kugelgeometrie und → Trigonometrie, aber auch zur Lehre von den höheren Kurven, so bes. die → Epizykeltheorie; → Apollonios (15) v. Perge, → Hipparch (3), → Menelaos (4), → Ptolemaios (17).

[7] *Zusammenfassungen und Kommentare.* Im 1. Jh. v. Chr. hat → Geminos eine Ordnung und Gliederung der M. versucht, von der nur wenig überliefert ist (u.a. in → Proklos' Komm. zu Euklids Elementen). Die Zahlentheorie wurde um 100 n. Chr. von dem Neupythagoreer → Nikomachos (2) v. Gerasa zusammenfassend dargestellt. Die letzte große schöpferische Leistung des Hellenismus ist die Algebra des → Diophantos v. Alexandria um 250 n. Chr. (→ Arithmetik und Algebra, 4). Um 300 n. Chr. schrieb → Pappos v. Alexandria ein großes Sammelwerk der damals schon klassischen M. – Aus der späteren Zeit liegen nur noch Kommentare vor. Zu den wichtigsten gehören

der Kommentar des Proklos zum 1. Buch von Euklids Elementen, der viele historische Angaben enthält, der des → Theon (3) v. Alexandria zu Euklids Elementen und zum Almagest des → Ptolemaios (17) und der des → Eutokios zu Archimedes und → Apollonios (15) v. Perge. Auch die Aristoteleskommentare des Alexandros (15) v. Aphrodisias, → Simplikios, → Proklos und → Philoponos enthalten viele für die Geschichte der M. wertvolle Nachrichten. Quelle ist vielfach eine Mathematikgeschichte des → Eudemos (3) v. Rhodos (um 320 v. Chr.), von der nur die in diesen Kommentaren wiedergegebenen Bruchstücke erhalten sind. H. G.

C. FORTLEBEN. Die Überlieferung der von den Griechen geschaffenen math. Wissenschaft vollzog sich seit dem Niedergang der Studien in Alexandria bis zu ihrer Weiterführung in der Renaissance auf drei Wegen: durch die Römer, die Araber und durch Byzanz. Die *Römer* stützten sich bei der → Kalenderreform und bei der Reichsvermessung auf alexandrinische Gelehrte. Ihr Interesse beschränkte sich auf die praktische M.; bezeichnend ist, daß sie allein auf dem Gebiet der → Feldmeßkunst eine eigene math. Literatur hervorgebracht haben. Immerhin hat → Boethius die Elemente Euklids, die Arithmetik des Nikomachos und einiges aus Ptolemaios und Archimedes übersetzt; diese Überlieferung wirkte im Unterricht der kirchlichen Schulen, im Quadrivium, weiter. Schon früh haben sich die *Araber* dem Studium der griech. M. zugewandt, bes. seit der Zeit des Kalifen al-Ma'mūn (786–833), der zahlreiche griech. Werke, deren Handschriften sich in syrischen Klöstern fanden oder in Byzanz erworben wurden, ins Arabische übersetzen ließ. So blieben manche Schriften, deren griech. Urtext verlorenging, auf arabisch erhalten, wie drei Bücher der Kegelschnitte des Apollonios oder die Sphairika des Menelaos. Um die Mitte des 10. Jh.s waren die Araber im Besitz der gesamten M. der Griechen. Manche arabische Gelehrte (wie z. B. → Anaritius) haben die Schriften kritisch kommentiert und ergänzt und so ihrerseits zur weiteren Entwicklung beigetragen. Die arabischen Übersetzungen gelangten über Sizilien und Spanien nach Europa, wo sie weiter ins Lateinische übersetzt wurden. Gegen Ende des 12. Jh.s standen so den Gelehrten im Westen die Elemente und Data Euklids, die Kegelschnitte des Apollonios, der Almagest, die Sphärik des Menelaos, die Kreismessung des Archimedes u. a. zur Verfügung. Aber es waren alles nur Übersetzungen aus zweiter Hand. Die Überlieferung der Originaltexte selbst konnte nur über *Byzanz* erfolgen. Die Verdienste der Byzantiner um die M. bestanden (mit wenigen Ausnahmen, wie → Anthemios (2) v. Tralleis und → Leon, 1) nicht in einer Erweiterung der Kenntnisse, sondern in der Sammlung und sorgfältigen Erhaltung der alten Texte. Hierfür war schon in der Übergangszeit, als Alexandria von Byzanz als Bildungszentrum abgelöst wurde, manches geleistet worden (von Theon, → Hypatia, Proklos, Eutokios, → Isidoros v. Milet). Die für die Überlieferung wichtigste Zeit aber war das 9. und 10. Jh., nachdem unter → Leon (1) für die gelehrten Studien eine neue Blütezeit begonnen hatte. In dieser Zeit entstanden die besten und schönsten Stammhandschriften der math. Klassiker, auf denen unsere Überlieferung fast ausschließlich beruht. Auch später, bes. in der Palaiologenzeit, wurden die alten Texte eifrig kopiert; freilich standen im Mittelpunkt nicht mehr Archimedes, Apollonios und Diophant, sondern die praktische M.: ‹Heronische› Geometrie (Johannes → Pediasimos), praktische Arithmetik (→ Maximos (4) Planudes, → Nikolaos (1a) Rhabdas, → Barlaam) sowie die anderen Stoffe des Quadriviums, das an den Schulen von Byzanz stets gepflegt wurde. Schon im 12. Jh. waren griech. Texte (Archimedes, Ptolemaios, Euklid, Heron u. a.) z. T. als diplomatische Geschenke an den Normannenhof nach Sizilien und Unteritalien gekommen, wo sie bald übersetzt wurden. Andere Werke kamen mit den zahlreichen Gelehrten in den Westen, die Byzanz angesichts der Bedrohung durch die Türken verließen. So brachte Filelfo 1427 eine Apollonioshandschrift nach Florenz. Jetzt war die Grundlage für das Studium griech. M. an den Quellen selbst geschaffen, während vorher nur die aus dem Arabischen geflossenen Übersetzungen zur Verfügung gestanden hatten. Regiomontanus, der 1463 die Arithmetik Diophants in Venedig entdeckt hatte, beabsichtigte, alle griech. Mathematiker in seiner Nürnberger Druckerei in neuen Übersetzungen herauszubringen. Die Texte waren gesammelt, da vereitelte 1476 der frühe Tod des Vierzigjährigen diese großartigen Pläne. Die Drucklegung der griech. Texte zog sich noch lange hin: Euklids Elemente erschienen 1533, der Almagest 1538, Archimedes 1544, Diophant 1621, Apollonios schließlich erst 1710. K. V.

Lit: Umfassende Darstellungen: Th. Heath, A history of Greek M., 1921 – M. Cantor, Gesch. d. M. I (1880), 1922[4] – J. L. Heiberg, Gesch. d. M. u. Naturw. im Altertum, HbAW V 1,2, 1925 – G. Sarton, Introduction to the history of Science I, 1927; II, 1931 (wichtigstes Nachschlagewerk) – A. Rehm und K. Vogel, Exakte Wissenschaften, Gercke-Norden II 2, 1933[4] – O. Becker und J. E. Hofmann, Gesch. d. M., 1951 – B. L. van der Waerden, Ontwakende Wetenschap, 1950, engl. 1954, deutsch 1956 – O. Becker, Das math. Denken d. Antike, 1957 – R. Taton, Histoire générale des sciences I, 1957 – G. Sarton, A history of Science, 1959–60 – J. E. Hofmann, Gesch. d. M. I (1953), 1963[2] (knappgefaßte Darstellung mit vollständiger Bibliographie) – *Zu A:* O. Neugebauer, Vorgriech. M., 1934 – Ders., The exact sciences in antiquity (1951), 1957[2] – K. Vogel, Vorgriech. M. I, 1958; II, 1959 – A. A. Vaiman, Sumero-vavilonskaja matematica, 1961 (russ.) – *Zu B:* F. Rudio, Der Bericht des Simplicius über die Quadraturen des Antiphon u. des Hippokrates, 1907 – *Zu C:* J. L. Heiberg, Den græske Mathematiks Overleveringshistorie, Overs. over D. K. D. Vidensk. Selsk. Forh., 1896, 77–93 – K. Krumbacher, Gesch. d. Byzant. Litteratur (1891), 1897[2] – M. Steinschneider, Die europ. Übersetzungen aus d. Arab. (1904–05), 1956[2] – Ders., Die arab. Übers. aus d. Griech. (1889–96), 1960[2] – K. Vogel, Der Anteil von Byzanz an Erhaltung u. Weiterbildung d. griech. M., Antike und Orient im Mittelalter (= Miscellanea Mediaevalia I), 1962, 112–128.

Mathematikerverzeichnis. In → Proklos' Kommentar zu → Euklids Elementen (Friedlein, p. 65ff.) findet sich ein Verzeichnis der → Mathematiker von → Thales bis Euklid, das z. T. auf → Eudemos (3) v. Rhodos zurückgeht. Es gibt die Namen mit kurzen Bemerkungen über die Bedeutung der Genannten. H. G.

Mathura, Winterhauptstadt und Dynastenheiligtum der Kuṣaṇas an der Yamuna. Stupas und Klöster der Jainas, Hindus und Buddhisten. In der menschengestaltigen Plastik Züge der zeitgenössischen Kunst von → Gandhara. K. F.

Lit: J.-Ph. Vogel, La sculpture de M., 1930.

Matidia d. Ä., um 68–119, Tochter der → Marciana, Mutter der → Sabina und der jüngeren Matidia, Schwiegermutter → Hadrians. Begleitete → Trajan mit → Plotina 113 in den Orient und war bei seinem Tod in Selinunt anwesend. M. wurde von beiden Kaisern ausgezeichnet: u. a. 29. 8. 112 Augustatitel, Münzrecht. Hadrian ließ sie sogleich nach ihrem Tod konsekrieren, hielt ihr die Leichenrede (CIL XIV 3579) und erbaute in Rom einen Tempel für sie. H. T.

Matius, Cn., einziger lat. Dichter von → Mimiamben (doch → Vergilius Romanus), 1. H. 1. Jh. v. Chr. Die 12 erhaltenen Verse zeugen von metrischem Geschick, sprachlicher Eleganz und sanftem Humor. H. M.

Frg: FPR 281–283 – Bücheler, Herondasausgabe, 1892 – Crusius, Herondasausgabe, 1914 – *Lit:* H. Bardon, Littérature latine inconnue I, 1952, 161.

2. **M.,** C., röm. Ritter, guter Freund → Ciceros und → Caesars. 44 verurteilte er die Ermordung Caesars und unterstützte Octavian (→ Augustus), möglicherweise auch → Antonius (2). Darüber entstand ein aufschlußreicher Briefwechsel mit Cicero (ad fam. 11, 27f.), in dem es um das Problem der Tyrannis Caesars und allgemein das Verhalten gegenüber dem Tyrannen geht. Chr. M.

Lit: A. Heuss, Cicero u. M., Historia 5, 1956, 53–73; 11, 1962, 119–122 – B. Kytzler, M. u. Cicero, Historia 9, 1960, 96–121.

3. **M.,** C., von → Columella (12,46,1) als Verfasser einer Schrift über die Kochkunst genannt, mit den Buchtiteln ‹Cocus› (Der Koch), ‹Cellarius› (Der Kellervorsteher), ‹Salgamarius› (Der Einmacher, d.h. von Früchten u.ä.). Daß dieser M. mit dem durch einen Brief an Cicero (epist. 11,28) ruhmvoll bekannten Freund Caesars identisch sein sollte, ist wenig wahrscheinlich. G.B.

Lit: Schanz-Hosius, I 604f. – F. Münzer, RE 14,2 (1930), 2206–10.

Matralia, Fest der → Mater Matuta am 11. Juni. Die matrones *univirae* (‹einmal verheiratet›) führten eine Sklavin in den Tempel und jagten sie mit Ruten wieder hinaus; anderseits beteten sie zu Mater Matuta, jedoch nicht für ihre eigenen Kinder, sondern für die ihrer Schwestern (Plut. Cam. 5,2; qu. Rom. 16,17; Ov. fast. 6,551–562). Der Sinn dieser geheimnisvollen Riten ist umstritten. H. Le B.

Lit: G. Dumézil, Déesses latines et mythes védiques, 1956, 9–43 (untersucht alle früheren Hypothesen und bietet eine neue Erklärung) – Latte, 97f.

Matres, Matrae, Matronae. Kelt. Muttergöttinnen, die in Gallien, Großbritannien, Germanien und in der Gallia Cisalpina in Gruppen, meistens zu dreien, manchmal auch zu zweien, verehrt wurden. Hie und da wird die Mutter allein dargestellt; für den Kult der Mutter auf kelt. Gebiet charakteristisch ist aber die Mehrzahl. «Was ist hier die ‹Mutter›? Die Erde oder die Natur, die alles Leben erzeugende Kraft; die Frau als Mutter der Menschen; kurz, die Idee der Mutterschaft im weitesten Sinn. Manchmal tragen diese Göttinnen die Symbole der Fruchtbarkeit der Erde, Fruchtkörbe, Füllhorn oder Speiseteller; manchmal werden sie dargestellt, wie sie eigentlich mütterliche Aufgaben erfüllen, so auf dem Relief von Vertault (Côte d'Or), wo die eine auf ihren Knien ein in Windeln gewickeltes Kind herzt, die zweite eine Windel ausbreitet und die dritte ein Gefäß und einen Schwamm hält. Wenn sie allein dargestellt wird, hat die Mutter oft ein Kind an der Brust, oder dieses liegt in einer Wiege auf ihren Knien» (P.M. Duval). Die M. tragen mannigfaltige, oft lokale Zunamen; wie sie in kelt. Sprachen hießen, wissen wir allerdings nicht. Sie werden oft von den Soldaten angerufen; wie → Epona, die → Campestres und die → Suleviae zählen sie besonders zu den Gottheiten, denen die equites singulares der kaiserlichen Garde Weihgaben dargebracht haben. Ihr Kult ist erst zu Beginn der Kaiserzeit faßbar und ist, soweit wir sehen, stets auf kelt. Völkerschaften beschränkt geblieben, aber nie von den Römern übernommen worden. H. Le B.

Lit: P.M. Duval, Les dieux de la Gaule, 1957, 52f.

Matron von Pitane, Ende 4. Jh., wandte in einer Parodie ‹Attisches Mahl› den epischen Vers auf gastronomische Stoffe an. → Hellenist. Dichtung C [2]. P.H.

Frg: P. Brandt, Corpusc. poesis epicae graecae ludibundae, 1888, 53–95.

Mattei, in der Villa M. am Coelius zu Rom im 18. Jh. von Ciriaco M. aufgestellte Antikenslg. Die Nachkommen konnten die Slg. – durch Testament des Ciriaco gebunden – erst nach Genehmigung Clemens' XIV. verkaufen. Einen großen Teil erwarb der Papst selbst für das eben eingerichtete Museum Pio-Clementino i.J. 1770 (u.a. ‹*Amazone M.*›), viele Stücke wanderten durch Gavin Hamiltons Vermittlung nach England (→ Lansdowne). Ein geringer Rest verblieb in der Villa M. am Coelius. U.R.

Lit: A. Michaelis, Ancient Marbles usw., 1882, 79 – L. Hautecœur, La vente de la collection M. usw., MEFR 30, 1910, 57–75.

Mattmalerei, Maltechnik, die für eine bestimmte, weit verbreitete Gattung mittelhelladischer Tongefäße namengebend wurde und ebenso wie die → minyische Gattung in MH II blühte. Die Bemalung steht dunkel (schwarz bis dunkelbraun; am Ende der Periode auch schwarz gefaßte rote Bänder) auf hellem Grund (grünlich, gelb, rot). Verteilung der Dekoration in strenger Verspannung der einfachen Elemente: senkrechte Felder mit Rechtecken (Diagonalkreuze) und Kreisen (Kreuzfüllung), schraffierte Dreiecke, Bogenfelder mit Schachbrettfüllung, Girlanden, S-Spiralen. Unter den Gefäßformen geht nur die → Schnabelkanne auf das FH zurück. Weitere Typen: → Pithoi, → Amphoren, Näpfe, Tassen. Exportierende Werkstätten auf Ägina standen anscheinend in einer gewissen Verbindung mit den → Kykladen. Einzelne Dekorationsmotive (Spiralen) wurden auch von Kreta her beeinflußt. Fundorte: → Ägina, → Eleusis, → Eutresis, → Kirrha, Korakou, Zygouries, Prosymna, → Mykene, → Asea, Malthi; auch → Troja VI. Nachleben der M. in der späthelladischen Kultur (→ Kret.-myk. Kultur E). W. Schg.

Lit: A.J.B. Wace-C.W. Blegen, The pre-mycen. Pottery of the Mainland, BSA 22, 1916–18, 183–186 – A.J.B. Wace, CVA. Classific. 10, 1925 – A. Furumark, The Mycen. Pottery, 1941, 216. 219–235 – F. Matz, Die Ägäis, HbArch II, 262f.

Mauertechnik → Architektur I B; II A [2].

Maulbeerbaum. Der aus Vorderasien stammende M. hieß *συκάμινος* wie die → Sykomore oder *μόρον* wie die → Brombeere, als morus auch von den Römern übernommen. Beliebt war der M. wegen seiner Früchte, die ebenso wie die Wurzelrinde und Blättersaft als Heilmittel dienten. Das widerstandsfähige, leicht bearbeitbare Holz wurde im Schiffsbau und zu Drechslerarbeiten verwendet. Die östl. Herkunft des M.s spiegelt sich in der Überlieferung von → Pyramus und Thisbe. Danach färbten sich die hellen Früchte des über dem Grabe des Ninos wachsenden M.s bleibend schwarzrot nach dem Blute des Jünglings. Begünstigt wurde diese Version durch den Farbwechsel der Früchte von weiß über rot zu schwarz zur Zeit der Reife. Vgl. → Flora. J.W.

Lit: Hehn, Kulturpflanzen, 387–393 – Murr, Pflanzenwelt, 68f. – A. Steier, RE 14,2 (1930), 2331–38.

Maulwurf. Der M. (*ἀσπάλαξ*, talpa) war den Alten in seiner südeuropäischen Art vertraut, deren geschlossene Lider eine winzige, mit bloßem Auge nicht erkennbare Öffnung besitzen. Darauf beruht die Vorstellung von der Blindheit des M.s. Man schrieb dieses Merkmal der Blendung durch Gaia zu, die den M. für die Vernichtung der Feldfrucht strafte, aber auch Helios, der den König → Phineus blendete und mit unersättlicher Freßgier schlug, um ihn dann in einen M. zu verwandeln. Der Mythos spiegelt die allgemeine Vorstellung vom M. als gefräßigem Schädling, dessen Nutzen man nicht kannte. Bei der Bekämpfung suchte man das geschätzte Fell zu schonen. Im Aberglauben galt er als Wesen von schlimmer Vorbedeutung, dessen man sich bei magischem Brauchtum bediente. Vgl. → Fauna. J.W.

Lit: Keller, Tierwelt I 20–24 – A. Steier, RE 14,2 (1930), 2338–42 (Quellen!).

Mauretania, das Land der ‹Moren›, d.h. Nordafrika vom Ampsaga (Oued-el-kebir) bis zum Atlantik. Im 2. Jh. vor Chr. Königreiche des → Bocchus und des → Bogud. Unter der Herrschaft des röm. Klientelkönigs → Juba II. (25 v. Chr. bis 23 n. Chr.) zunehmende hellenist. Einflüsse. Hauptstadt → Caesarea (Cherchel). Der Sohn und Nachfolger Jubas II., Ptolemaios (23–40 n. Chr.), in Rom ermordet. → Suetonius Paulinus erobert M. 41/42 n. Chr. M. Claudius teilt 44 nach Chr. die neue Provinz in die M. Caesarensis mit Caesarea und in die M. Tingitana mit Tingi (Tanger) als Hauptstadt. Grenze ist der Fluß Mulucha (heute Muluya). In der Spätantike ist M. stark reduziert. Die M. Caesariensis umfaßte nur noch ein Küstendreieck um Caesarea, die Tingitana, ohne territorialen Kontakt mit der Caesariensis, nur noch die Spitze des Gebietes um Tingi. M. Tingitana war denn auch verwaltungsmäßig an Spanien angeschlossen. Zwischen die M. Caesariensis und → Numidien schob sich als dritte Provinz die M. Sitifensis mit Sitifis (Sétif) als Hauptstadt. R.F.

Lit: L. Châtelain, Inscr. lat. du Maroc, 1942 – Ders., Le Maroc des Romains, 1944 – Ch. A. Julien, Hist. de l'Afrique du Nord, 1951, 145ff. – J. Carcopino, Le Maroque antique, 1943.

Maurus → Terentianus.

Maus. Die antiken Überlieferungen von der M. beziehen sich vorwiegend auf die Haus-M., die Feld-M. und die Wald-M. Bekannt war neben der ägypt. Stachel-M. auch die libysche Spring-M. Im allgemeinen wurde von den Mäusen die Spitz-M. (μυγαλῆ, sorex) geschieden, die in Ägypten im Gegensatz zur M. als heiliges Tier galt und unter dem Schutz der Göttin von Buto stand. Auf die im Wolga-Don-Gebiet verbreitete Bisamspitz-M. (Desman) bezieht sich teilweise die Bezeichnung Pontische M., die auch für andere m.ähnliche Nagetiere galt. Die Kaspische M. weist auf die Wanderratte, die sich im Abendland erst seit dem Spätmittelalter massenweise verbreitete. Der M. als Schädling begegnete man mit Fallenstellen, Giftlegen und Ausräuchern, vor allem aber durch Einsatz von Wieseln (→ Marder). Der Abwehr von Plagen durch das massenhafte Auftreten der Feld-M. galt der Kult des → Apollon Smintheus, unter dessen Altar zu Hamaxitos (Troas) fünf zahme weiße M.e nisteten. Der Beiname des Gottes führt in vorgriech. Zeit; nach der Ilias (A 39) hat er die Seuche im Griechenlager vor Troja verursacht; dazu fügt sich die Vorstellung von der M. als Krankheitsträger in der biblischen → Philisterüberlieferung (I Samuel 6,5.17). Reich vertreten ist die M. in Sprichwort und Fabel. Im Volksglauben führte das Witterungsvermögen der M. zur Wertung als dämonischem, ahnungsbegabtem Wesen. → Fauna. J.W.

Lit: Keller, Tierwelt I 193–207 – Hehn, Kulturpflanzen, 465–470 – A. Steier, RE 14,2 (1930), 2396–2408 (Quellen!) – *Zur Spitzmaus:* Keller, Tierwelt I 14–17 – A. Steier, RE 3 A 2 (1929), 1816–20.

Maussollos (auch Mausollos und Mausolos), Satrap von Karien (377–353), praktisch souverän, lavierte in den Satrapenaufständen so geschickt, indem er 365, wenn auch lau, die Zentralgewalt, 362 zurückhaltend die Satrapen unterstützte, daß er sein Gebiet vergrößern konnte. 357 stand er Athens abgefallenen Bündnern bei, woraufhin sich die vorgelagerten Inseln, vor allem Rhodos und Kos, unter seine Hegemonie begaben. Nach seinem Tod herrschte seine Schwester → Artemisia II., mit der er nach karischer Sitte vermählt gewesen war. M. stand stark unter dem Einfluß der griech. Kultur. Er förderte die Literatur und schuf sich in → Halikarnassos, das er statt Mylasa zu seiner Hauptstadt erwählt hatte, eine systematisch und großzügig angelegte Großstadt – hierin Vorläufer der hellenist. Herrscher – und ließ sie von den bedeutendsten griech. Künstlern der Zeit mit Bauwerken schmücken, deren berühmtestes das – erst nach seinem Tod fertiggestellte – Grabmal, das Mausoleion (→ Halikarnassos, 2), war, das zu den sieben Weltwundern gezählt wurde. (Vgl. → Grab.) E. Bn.

Lit: U. Kahrstedt, RE 14,2 (1930), 2414–16 – E. Buschor, M. und Alexander, 1950 – *Mausoleen:* L. Vlad Borelli, EAA IV, 1961, 936f.

Maxentius (M. Aurelius Valerius M.), röm. Kaiser 306 bis 312; geb. ca. 280; gest. 28.10.312 bei Rom; Sohn des → Maximian (1), Schwiegersohn des → Galerius (1) seit 293; von seinem Vater vielleicht als Nachfolger ausersehen, aber bei der Neubesetzung der Tetrarchie (1.5.305) mit dessen Zustimmung übergangen. M. wurde dann in Rom von den Prätorianern zum Augustus ausgerufen (28.10.306). Das dynastische Denken der Heere half ihm auch, als → Severus (1 a) ihn im Auftrag des Galerius beseitigen sollte; die Truppen gingen über, und M. konnte Severus gefangennehmen und töten (307). Der zurückgetretene Maximian schloß sich seinem Sohn zeitweilig an und wollte → Konstantin zur Anerkennung bewegen. Seit Galerius 307 ebenfalls den Angriff auf Italien einstellen mußte, weil seine Truppen mit M. sympathisierten, beherrschte M., der sich in Rom als Vertreter der alten Tradition gab, unangefochten Italien und Afrika, zeitweise auch Spanien; innere Unruhen konnte er erfolgreich bekämpfen. Bei der Neuordnung von Carnuntum (308) wurde er weiterhin nicht anerkannt, blieb aber unbehelligt; 309 starb sein Sohn Romulus, den er wohl zum Nachfolger bestellen wollte; 310 verlor er Spanien an Konstantin, konnte aber 311 den Aufstand des L. → Domitius (8) Alexander in Africa noch unterdrücken. Einigungsversuche Konstantins scheiterten; M. verständigte sich vielmehr mit → Maximinus (1) Daia, ohne jedoch daraus Nutzen zu ziehen, als Konstantin 312 in Italien einrückte. Sein Heer wurde an der Milvischen Brücke geschlagen (28.10.312), er selbst kam dabei um. H.D.M.

Lit: W. Seston, Dioclétien et la Tétrarchie I, 1946 – E. Stein, Histoire du Bas-Empire (frz. Ausg. v. J. R. Palanque) I, 1959.

Maximian (M. Aurelius Valerius Maximianus), röm. Kaiser und Mitregent → Diokletians 1.4.286–1.5.305; geb. um 240 bei Sirmium in Pannonien; gest. 310 in Gallien. M. war niederer Herkunft und hat seine Laufbahn als einfacher Soldat begonnen; aus dieser Zeit stammte die Freundschaft mit Diokletian, der er seine Erhebung zum Caesar (285) und Augustus (1.4.286) verdankte. Unmittelbarer Anlaß war der Krieg gegen die → Bagauden in Gallien, dem Kämpfe gegen germanische Völker in den Grenzgebieten folgten (286–293). M. führte den Beinamen Herculius und blieb auch nach der Begründung der Tetrarchie (293) im Westen, zusammen mit seinem Schwiegersohn und Caesar → Constantius (1) Chlorus, den er adoptiert hatte. Bei der Kompetenzverteilung übernahm er Italien, Africa und wahrscheinlich auch Spanien. 296–299 war er in Mauretanien und an der Syrte, zumeist in Kriegen gegen Aufständische. M. war in allem ein loyaler Mitarbeiter des ihm weit überlegenen Diokletian, so auch bei der Durchführung der → Christenverfolgungen im Westen. Nicht ganz ohne Widerspruch dankte er am 1.5.305 zusammen mit Diokletian ab; er kehrte jedoch nach der Erhebung seines Sohnes → Maxentius (306) in die Politik zurück, dankte erneut ab und wurde nach einem Versuch, Südgallien für sich zu gewinnen, von → Konstantin besiegt. Er ergab sich in Marseille und verübte kurz darauf Selbstmord. H.D.M.

Lit: W. Seston, Dioclétien et la Tétrarchie I, 1946 – E. Stein, Histoire du Bas-Empire (frz. Ausg. v. J. R. Palanque) I, 1959.

2. **M.,** lat. Elegiker des 6. Jh.s n. Chr., Zeitgenosse des von ihm (3,48) namentlich erwähnten → Boethius. Von den sechs Gedichten seines sich autobiographisch gebenden Elegienbuches stellt das erste und umfangreichste eine detaillierte und alle Lebensbereiche umfassende Altersklage dar; die übrigen sind mit Ausnahme der epiloghaften sechsten und kürzesten Elegie erotischer Natur. M., der sich in Verstechnik und Stil weitgehend an der augusteischen Poesie, vor allem an → Ovid, orientiert, bevorzugt als erotischer Dichter die Darstellung peinlicher Insuffizienz- und Defektsituationen (so der psychischen Unreife eines Heranwachsenden zum Liebesvollzug in der dritten und der physischen Impotenz eines Alternden in der zweiten und fünften Elegie), die er zuweilen mit krasser Direktheit und einem ausgesprochenen Sinn für das Schlüpfrige und Groteske schildert. Gleichwohl galt er dem MA, das ihn in den Kanon der Schullektüre aufnahm, wegen seiner Altersklage als ethicus. Die zuerst in der 2. Hälfte des 15. Jh.s nachweisbare Identifizierung seiner Gedichte mit den verlorengegangenen Elegien des Cornelius → Gallus (3) vermochte sich, obwohl ihre Fragwürdigkeit schon bald erkannt wurde, bis in die Ausgaben des 18. Jh.s zu halten. Im Anschluß an die Maximianelegien wird in manchen Handschriften ein kleinerer Gedichtzyklus überliefert (Maximiani elegiarum appendix): dieser umfaßt gleichfalls sechs – vielleicht von verschiedenen Autoren herrührende – Gedichte zumeist im elegischen Versmaß (nur das dritte ist rein hexametrisch), von denen zwei der Verherrlichung des Ostgotenkönigs → Theodahad (534/536) gelten. W. Sch.

Ed: Baehrens, PLM V 313–348 – M. Petschenig, 1890 – R. Webster, 1900 (mit Komm.) – J. Prada, 1919 – Die ersten 5 Gedichte der Appendix bei H. W. Garrod, Poeseos saeculi sexti fragmenta quattuor, ClQ 4, 1910, 263–266, das sechste bei W. Schetter, Philologus 104, 1960, 116–126 – *Lit:* F. Wilhelm, M. und Boethius, RhM 62, 1907, 601–614 – F. W. Levy, RE 14 (1930), 2529–33 – L. Alfonsi, Sulle elegie di M., Atti R. Ist. Veneto, Cl. Sc. mor. 101, 1941/42, 333–349 –

G. Boano, Su M. e e sue elegie, RFIC NS 27, 1949, 198–216 – W. Schetter, Stud. zur Überlieferung u. Kritik des Elegikers M. (erscheint 1966).

Maximinus Daia (Daia, als Kaiser: C. Valerius Galerius M.), röm. Kaiser 309–313; geb. in Illyrien; gest. Aug. 313 in Tarsos; niedriger Herkunft; → Galerius (1), dessen Schwestersohn er war und in dessen Heer er als Tribun diente, machte ihn zum Caesar (1. 5. 305). M. erhielt als Kompetenzbereich alle Provinzen südl. des Taurus und Ägypten; in dieser Stellung bestätigt durch die Abmachungen von Carnuntum (308). 309 setzte M. seine Anerkennung als Augustus durch. Er führte im Osten die → Christenverfolgungen auch nach dem Toleranzedikt des Galerius (311) rigoros fort. Nach dem Tode des Galerius ergriff er sofort Besitz von Kleinasien bis zum Hellespont, geriet dadurch in Konflikt mit → Licinius (1), der ihn aber schließlich anerkannte. Seine Stellung wurde jedoch zunehmend gefährdet, seit sich → Konstantin und Licinius nach der Beseitigung des → Maxentius verständigt hatten; M. fiel in das Gebiet des Licinius ein, während dieser in Italien war (Anfang 313); nach anfänglichen Erfolgen wurde er aber bei Adrianopel geschlagen (30. 4. 313) und starb auf dem Rückzug noch im Sommer an einer Krankheit. H.D.M.

Lit: E. Stein, Histoire du Bas-Empire (frz. Ausg. v. J. R. Palanque) I, 1959.

2. **M. Thrax** (C. Iulius Verus M.), röm. Kaiser 235–238; geb. 173 (?) in Thrakien als Bauernsohn; ermordet 10. 5. 238 bei Aquileia; 232 Legionskommandant in Ägypten, 233 Präfekt von Mesopotamia; 234 von → Severus (2) Alexander mit dem Alamannenkrieg beauftragt, März 235 von den Truppen zum Kaiser erhoben. M. beendete den Germanenkrieg siegreich und nahm seinen Sohn Maximus zum Caesar an. 236/237 Kämpfe gegen die → Sarmaten und → Daker an der Donau. M. war nach Herkunft und Wesen Soldatenkaiser; die Erfordernisse des Heeres waren ihm vordringlich. Gegenüber den oberen Schichten war seine Politik terroristisch und provozierend; die Wirtschaft wurde zur Verdoppelung des Soldes rücksichtslos ausgebeutet. 235 → Christenverfolgungen. Diese Politik machte M. Feinde; in Afrika wurden → Gordian Vater und Sohn zu Gegenkaisern erhoben und vom Senat anerkannt; nach ihrer Vernichtung erhob der Senat seine beiden Mitglieder Pupienus und → Balbinus zu Kaisern. Im Kampf mit Pupienus wurde M. mit seinem Sohn von seinen Soldaten bei Aquileia erschlagen. H.D.M.

Lit: G. M. Bersanetti, Studi sull' imperatore Massimino il Trace, 1940.

Maximus (Magnus M.), röm. Kaiser 383–388, geb. in Spanien, hingerichtet 28. 7. 388 in Aquileia. Von den britannischen Truppen im Frühj. 383 zum Augustus ausgerufen. Nach dem Sieg über → Gratian residierte M., zeitweilig sogar von → Theodosius I. anerkannt, in Trier; Verfolgung des → Priscillianismus. M. fiel 387/388 in Italien ein, unterlag aber Theodosius und wurde hingerichtet. H.-J.D.

2. **M.,** wohl 2. Jh. n. Chr., verfaßte ein astrologisches → Lehrgedicht in Hexametern über die Katarchen, Voraussagen über den Beginn eines Unternehmens aus dem Stand der Gestirne. Das Gedicht ist zum größten Teil, eine Prosafassung ganz erhalten. E.B.

Ed: A. Ludwich, 1877.

3. **M. Confessor,** geb. um 580, zunächst Sekretär des Kaisers Herakleios; seit 613 Mönch. M. bekämpfte die → Monophysiten und (seit 642) den → Monotheletismus, an dessen Verurteilung auf der Lateransynode 649 er mitwirkte. Damit stellte sich M. gegen die Ekthesis des Kaisers, der ihn (653/5) gefangensetzen, verurteilen und nach Thrakien verbannen ließ. 662 wurde M. erneut verurteilt, durch Verlust von Zunge und rechter Hand bestraft und nach Lazike in der Kolchis verbannt, wo er 663 starb. In der christologischen Frage hat M.' Entscheidung für die *δύο ἐνέργειαι* den jahrhundertelangen Streit beendet. Hohe Bedeutung gewann seine theoretische Begründung der Mystik. Unter seinen zahlreichen *Schriften* sind bes. zu nennen: Liber asceticus; Capita de caritate; Capita gnostica; Mystagogia; Schol. zu Ps. → Dionysios (5) Areopagita. H.D.

Ed: PG 90–91 – L. Epifanowitsch, Kiew 1917 (neue Funde) – *Lit:* P. Sherwood, St. M. the C., 1955 – U. v. Balthasar, Kosmische Liturgie, M. C. (1941), 1961² – L. Thunberg, Microcosm and Mediator, 1965 – Altaner, 484–486.

4. **M. Planudes** → Planudes.

5. **M. von Alexandria,** christlicher → Kyniker des 4. Jh.s n. Chr., wird um 379/380 in Konstantinopel Freund des → Gregor (4) v. Nazianz, läßt sich heimlich zum Bischof von Konstantinopel weihen, was zum Bruch zwischen Gregor und M. und zu einer z. T. erhaltenen literarischen Polemik führt. Im Auftreten gab er sich ganz als Kyniker mit grobem Mantel, Knotenstock und eiferndem Poltern. Nach → Hieronymus (1; vir. ill. 117) identisch mit → Heron (1) v. Alexandria. O.G.

6. **M. von Tyros,** populärphilosophischer Literat des 2. Jh.s n. Chr., stark vom zeitgenössischen → Platonismus, aber auch von → Aristoteles und der → Stoa beeinflußt. Über seine Themen unterrichten die Titel von einigen seiner 41 Reden. ‹Platons Gottesbegriff› (M. schildert Gott mit Hilfe der Begriffe aus → Aristoteles' Noetik, aber auch als transzendenten Herrscher über Dämonen); ‹Soll man beten?› (Nein – es sei denn nach Philosophenart um innere Vollkommenheit, *ἀρετή*); ‹Herkunft des Bösen› (teils notwendiges Nebenprodukt bei Erzeugung des Guten, teils aus menschlicher Torheit); ‹Soll man Götterbilder errichten?› (Ja, gerade weil Gottes Wesen sinnlich unerfaßbar ist, insofern sie uns an ihn erinnern); ‹Der sokratische Dämon› (Dämonen sind das Mittlere zwischen Gott und Mensch). Mehrere Reden illustrieren sein Geschick im Für-und-Wider-Disputieren. (Ist tätiges dem kontemplativen Leben vorzuziehen? Der Soldat dem Bauern? usw.) Ph.M.

Ed: H. Hobein, M. T. philosophoumena, 1910 – *Lit:* Überweg-Prächter, 176 – G. Soury, Aperçus de philos. religieuse chez M. de T., 1942.

Maximus, vgl. auch → Carvilius, → Fabius, → Lappius, → Marius, → Petronius, → Quinctilius, → Sulpicius, → Valerius, → Vibius.

Mechanema, ein auf einer List basierender Plan einiger Spieler im Drama, der ihnen zur Erreichung eines bestimmten Zieles dienen soll: der Rache an anderen = Rache-M., der eigenen Rettung = Rettungs-M. E.-R. Sch.

Mechanik

A. Allgemeines: [1] Vorgeschichte – [2] Begriff – [3] Umfang und Einteilung – B. Geschichte der Mechanik: [1] Dynamik – [2]–[3] Das Heben von Lasten: [2] ‹Mechanische Probleme› – [3] Archimedes und Heron – [4] Geschützbau – [5] Pneumatik – [6] Hydrostatik – C. Fortwirkung. – Vgl. → Mathematik, → Naturwissenschaft, → Technik.

A. Allgemeines. [1] *Vorgeschichte. μηχανή* ist ursprünglich jede ‹List›, unabhängig davon, ob man sich dabei nur geistiger Mittel bediente oder auf geschickte Weise auch irgendwelcher Werkzeuge (Il. 8, 177). Die Bedeutung verengt sich erst allmählich auf die ‹geschickte Anwendung von Werkzeugen› (Aischyl. Pers. 722; Hdt. 1, 94, 6), dann über (?) das Produkt dieser Anwendung (Aischyl. Pers. 113: Schiffe) zum angewandten ‹Werkzeug› oder einer Verbindung mehrerer: zur ‹Maschine› (über lat. machina, franz. machine) selbst; und zwar fallen unter diese Maschinen zuerst hauptsächlich Kriegsmaschinen (Geschütze u. a.; Hdt. 3, 152 unterscheidet *σοφίσματα* und *μηχαναί*, die Dareios bei der Belagerung von Babylon anwendete; ursprünglich umfaßt *μηχανή* beides), dann auch Hebe- (Hdt. 2, 125) und Theatermaschinen (Aristoph. Pax 174; → Deus ex machina), erst in spätalexandrin. Zeit Wasserschöpfgeräte. Dieser sprachliche Befund legt die Annahme nahe, daß die technische M. sich erst bei den Griechen des 6. und 5. Jh.s v. Chr. zu einer ersten Blüte entwickelte, während sie sich vorher wie Assyrer und Ägypter, für die es erhaltene

Reliefs zeigen, nur einfacher Werkzeuge bedienten (Od. 5, 261). Durch die Kühnheit der Konstruktion und Ausführung werden die griech. Ingenieure ihre barbarischen Zeitgenossen wohl schon damals weit übertroffen haben, so daß sie auch von jenen Aufträge erhielten; aber nur wenige Namen sind bekannt: → Thales und → Hippodamos v. Milet, → Mandrokles v. Samos und → Harpalos, die den Bosporos für Dareios bzw. Xerxes überbrückten (Hdt. 4, 87f.; Laterc. Alex. 8, 8), und → Eupalinos v. Megara, der auf Samos einen Tunnel von beiden Seiten gleichzeitig durch den Berg Kastro trieb (Hdt. 3, 60). Zentren griech. Ingenieurtätigkeit waren Milet, Samos (unter Polykrates), Athen, Syrakus (unter Dionysios d. Ä., dann → Archimedes), Alexandria (unter Ptolemaios I.; vgl. Phil. Mech. 4, 3 p. 50, 37ff.) und Pergamon (unter den Attaliden, → Biton). Meist waren es große Herrscher, die neben anderen Wissenschaften auch die M. an ihren Höfen förderten – jedoch nur die praktische, und hier die kriegstechnische Seite. Darauf bezog sich auch die Haupttätigkeit antiker Ingenieure (Architekten, → Vitruv), jedenfalls werden sie meist nur von den relativ umfangreich erhaltenen → Poliorketikern genannt, und wohl wegen dieser Schriften meint Plutarch (Marc. 14, 6) sogar, die M. habe sich gänzlich von der Geometrie gelöst und sei nur noch ein Gebiet der Kriegstechnik – was tatsächlich jedoch nie der Fall war.

[2] Der *Begriff* M. (μηχανική sc. τέχνη) läßt sich seit Aristoteles nachweisen, scheint jedoch älter zu sein; denn um 400 kommen die ersten einfachen → Automaten auf, und für sie ist die Anwendung gewisser theoretischer und mathematischer Kenntnisse in der M. Voraussetzung. → Archytas soll den ersten Automaten konstruiert (Gell. 10, 12) und gleichzeitig nach Diogenes Laertios (8, 83) die M. zuerst mit Hilfe der Mathematik methodisch behandelt haben. Das bezieht sich *nicht* auf seine ‹mechanische› Lösung des → Delischen Problems, die Diogenes als zweiten Punkt anführt; vielmehr wird man Archytas als den Begründer der theoretischen M. anzusehen haben (Diogenes 8, 82 nennt eine Schrift Περὶ μηχανῆς, die aber teilweise einem anderen Archytas zugewiesen wurde); und wenn Geminos (bei Papp. Coll. 8, 3) Archimedes als den Begründer der wissenschaftlichen M. bezeichnet, so wird sich das auf den axiomatischen Aufbau beziehen. Für Archytas' Zeit spricht in erster Linie die Auffassung, die die Antike und die Folgezeit bis hin zu Galilei von der M. hatte: sie beschäftige sich im Gegensatz zur Physik (→ Naturwissenschaft, C 1–4) mit *unnatürlichen* Vorgängen; denn die Vorstellung, daß ein μηχάνημα etwas Unnatürliches, ja Widernatürliches (παρὰ φύσιν) sei, gehört vornehmlich der 2. H. des 5. Jh.s an. Galt vorher etwa der ‹listenreiche› Odysseus als Vorbild, so war es für die attische Tragödie (als Reaktion gegen die → Sophisten) jetzt das ehrlich-geradlinige, natürliche Verhalten statt der Ränke und Hinterlisten. Ein prägnantes Beispiel für diese Haltung ist der ‹Philoktet› des → Sophokles, in dem Neoptolemos mit seiner natürlichen, aufrichtigen Art (φύσις) erreicht, was alle Ränke (μηχανήματα) des Odysseus nicht hatten erreichen können. Der Gegensatz φύσις – μηχανή und die Wertung, die er in dieser Zeit erhielt (vgl. Ps. Aristot. mech. praef. 847a 11–19), beeinflußte in kaum zu überschätzender Weise das naturwissenschaftliche Denken der Antike: die M. ist nicht Teil der → Naturwissenschaft (Physik); denn sie beschäftigt sich ja mit künstlichen, nicht mit natürlichen Vorgängen. Sie bewirkt ein unnatürliches Verhalten der Dinge, und dieses ist auch von geringerer Art. – Außerdem ist die aristotelische (?) Zurückführung des Hebels und damit aller einfachen Maschinen auf den Kreis (s. u. B 2) älter und geht vermutlich auf Archytas zurück; denn die diesbezüglichen Ausführungen Platons in den ‹Gesetzen› (893 C 7ff.) lesen sich wie ein kurzer Hinweis auf die Einleitung der ‹Mechanischen Probleme› und zeigen, daß deren Erkenntnisse einem älteren Werk entnommen sind (Platon war vorher mit Archytas zusammengetroffen). Auch an anderen Stellen gibt Platon Hinweise auf die schon vollzogene Verbindung von Mathematik und (technisch-praktischer) M. (vgl. Phil. 55 E).

[3] *Umfang und Einteilung*. Die M. bleibt seitdem Teilgebiet der angewandten → Mathematik (C 6). Nach Pappos (Coll. 8, 2) zerfällt sie in die Kunst, große Lasten zu heben (τέχνη τῶν μαγγαναρίων, s. u. B 2. 3), den Bau von Geschützen (τ. τῶν ὀργανοποιῶν, B 4), von → Schöpfmaschinen (τ. τῶν μηχανοποιῶν), von verschiedenartigen → Automaten (θαυμασιουργία) und von Sphären (σφαιροποιία; → Astronomie C 3). Fast die gleiche Einteilung gibt Proklos (in Eucl. p. 41 F.) nach Geminos, und eine ähnliche liegt der Stoffauswahl → Vitruvs zugrunde. → Archimedes scheint sich zumindest praktisch auf allen diesen Gebieten betätigt und → Heron (2) v. Alexandria erstmals über alle geschrieben zu haben, wenn auch die Konzeption wohl auf → Philon (4) v. Byzanz zurückgeht, der das erste ‹Handbuch der Mechanik› (Μηχανικὴ σύνταξις) verfaßte (damals stand jedoch die Kriegstechnik noch stark im Vordergrund). Aus Herons Werken wird deutlich, daß zur antiken M. als Voraussetzung für die praktischen Ausführungen auch stets die theoretisch-mathematische Behandlung der Probleme gehörte; für die Beweise der angewandten mechan. Sätze kann er sich jedoch auf die Schriften des Archimedes berufen, die gleich denen zur reinen Mathematik streng axiomatisch aufgebaut waren, wie die Werke ‹Über schwimmende Körper› und ‹Über Gleichgewicht ebener Flächen› zeigen (seine ausgesprochen mechan. Werke sind verloren). So sind auch die Voraussetzungen für einen Mechaniker nach Heron und seiner Schule (Papp. Coll. 8, 22; wohl im Anschluß an Philon, vgl. Vitr. 1, 1) Kenntnisse in der wissenschaftlichen Theorie (λογικόν) und handwerklichen Praxis (χειρουργικόν); zu den theoretischen Grundlagen gehören Geometrie, Arithmetik, Astronomie und Physik (im antiken Sinne: φυσικοὶ λόγοι), zu den praktischen Grundlagen Erfahrung in den handwerklichen Techniken. (Ähnlich wird auch in der alexandrinischen Ärzteschule des → Herophilos v. Chalkedon die Medizin u. a. in τὸ λογικόν und τὸ χειρουργικόν unterteilt. Es handelt sich also um eine auf alle Bereiche der τέχνη angewandte Unterteilung des Lehrstoffes durch die frühen Alexandriner.) – In jedem Fall behandelt die M. Bewegungserscheinungen an den sinnlich wahrnehmbaren Dingen, soweit sie künstlich erzeugt und deshalb an sich wider die Natur sind. Aristoteles läßt zwar seine Äthersphären sich ‹mechanisch› bewegen, indem jede ihre Bewegung auf die nächstfolgende durch Berührung überträgt, aber es bleiben stets die ihnen natürlichen Kreisbewegungen. Es ist deshalb für die Antike (seit Aristoteles) paradox, von einer ‹Himmelsmechanik› zu sprechen; nur ihre Nachahmung durch eine mechan. Vorrichtung gehört hierher (σφαιροποιία, → Astronomie; zu → Theon (4) v. Smyrna → Naturwissenschaft C 3). Zwar versuchte noch Platon, alle Bewegungsarten einschließlich der nichtörtlichen einheitlich durch die Rückführung auf einfache Bewegungen mathematisch zu beschreiben, und auch die Wirbelbewegung im Kosmos des → Anaxagoras oder → Demokrit würden wir heute – wie Aristoteles es getan hat (jedoch nicht tadelnd; vgl. VS 59 A 47) – als ‹mechanisch› bezeichnen, da sie sich durch Druck und Stoß fortpflanzt (Plat. Tim. 79 A–80 C); doch nach dem erstmals von Aristoteles streng durchgeführten Dualismus ‹irdische – himmlische Vorgänge› können beide nicht mehr verglichen oder gleichartig behandelt werden (dagegen wendet sich später → Philoponos), und dasselbe gilt für ‹natürliche› und ‹unnatürliche› (künstliche) Bewegungen. Auch diese werden erst durch das aristotelische Weltbild aus der eigentlichen Physik verbannt und der M. zugewiesen. Alle Versuche, diese strengen Dualismen wieder auszugleichen, scheiterten dann in der Folgezeit bis Galilei, scheint doch selbst der ‹Physiker› der Antike, → Straton (2) v. Lampsakos, nach den Ausführungen Philons v. Byzanz die Schei-

dung in natürliche und unnatürliche Bewegungen beibehalten zu haben.

B. Geschichte der Mechanik. [1] *Dynamik.* In seinem ‹Staat› (5,477 C f.) entwickelt Platon einen Begriff der Kraft (δύναμις) als Ursache jeder Wirkung und Betätigung (bes. psychischer Art), der auch – nicht explizit genannt – die ‹physikalische› Kraft umfaßt: Kraft sei nur durch das zu bestimmen, was sie bewirke; sei sie auf dasselbe gerichtet und bewirke dasselbe, sei sie dieselbe, anderenfalls eine andere. Schwere und Leichtigkeit (Schwer‹kraft›) ist das Streben eines Körpers zu dem ihm Gleichartigen (Tim. 63 C), zum ‹natürlichen Ort› nach Aristoteles (→ Elementenlehre), sie ist proportional der Größe (‹Masse›) und wird durch einen künstlichen Widerstand (etwa eine Waagschale, wenn die Waage sich im Gleichgewicht befindet) bestimmt. Innerhalb des Gleichartigen, am natürlichen Ort (Luft in Luft usw.), ist ein Körper schwerelos. (Eigenartigerweise nimmt Aristoteles jedoch auch dann ein Gewicht an: luftgefüllt sei ein Schlauch schwerer als leer [cael. 4, 4, 311 b 6 ff.]; zur Kritik daran, die wohl schon auf die älteren Peripatetiker zurückgeht, vgl. Simpl. in cael. p. 710, 14 ff.: Ptolemaios, 17; vgl. unten 6.) Für die (mittlere) Geschwindigkeit der von dieser ‹Schwere› verursachten Fall(Steig)-Bewegung ist für Aristoteles dann die ‹Dichte› des Mediums, das von dem Körper geteilt werden muß, ausschlaggebend. Ist ein Körper schwerer (größer), so setzt es ihm weniger Widerstand entgegen: Die Fall- oder Steiggeschwindigkeit ist entsprechend größer im gleichen Medium; ist das Medium dichter (etwa Wasser statt Luft), so ist sie für denselben Körper kleiner. Fiele das Medium ganz weg, erfolgte die Bewegung zum natürlichen Ort hin für alle Körper momentan. Das widerspräche aber allen Phänomenen, also gebe es kein Vakuum (keinen ‹freien Fall›). (Gegen diesen Begriff der ‹Schwere› richtete schon Hipparchos seine Schrift *Περὶ τῶν διὰ βαρύτητα κάτω φερομένων*, vgl. Simpl. in cael. p. 264, 20 ff. und die ‹Mechanik› des → Ptolemaios, 17). – Das Prinzip dieser Bewegung, das Streben zum natürlichen Ort, das auf kürzestem Wege erfolge (radial vom oder zum Weltzentrum), befinde sich in den natürlichen Körpern selbst; andere Bewegungen bedürften eines ständigen, *direkten* künstlichen Antriebs von außen (ein Trägheitsbegriff fehlt der Antike). Nur solche künstlichen Bewegungen gehören in den Bereich der antiken M. Dynamische Gesichtspunkte, wie sie sich noch im ältesten erhaltenen Lehrbuch, den ‹Mechan. Problemen› des Corpus Aristotelicum, finden, verschwinden jedoch allmählich ganz aus der antiken M., wo keine *natürlichen Kräfte* zur Wirkung gebracht werden.

[2]–[3] *Das Heben von Lasten.* [2] In den ‹*Mechanischen Problemen*›, die älteres Gedankengut enthalten (vermutlich Archytas, s. o. A 2) und mindestens in ihrem Kern auf Aristoteles selbst zurückgehen (ihre jetzige Form wird einem späteren Peripatetiker zuzuweisen sein), wird die Wirkungsweise mehrerer mechan. Vorrichtungen über die des Hebels und der ungleicharmigen Waage auf die ‹wunderbaren› Eigenschaften von verschieden weit vom Mittelpunkt entfernten Punkten auf einer sich drehenden Scheibe (Kreis) zurückgeführt. Denn in einem Kreis bewege sich (bei gleicher ‹Winkelgeschwindigkeit›) ein Punkt der Peripherie schneller und ‹leichter› als ein weiter innen liegender. Da sich der größere Kreisradius (Hebelarm) leichter und schneller bewegen lasse als ein kleinerer, also von einem kleineren Gewicht bewegt werden könne, müsse der kleinere entsprechend von einem größeren bewegt werden. Da beide Bewegungen gleichzeitig erfolgen, verhalten sich die Geschwindigkeiten wie die Wege – denn, was sich schneller bewegt, legt in derselben Zeit eine größere Strecke zurück. Das Produkt von Gewicht und Geschwindigkeit (Weg) sei somit für beide Fälle gleich, wenn Gleichgewicht herrscht. (Im Kern enthält diese Ableitung das spätere ‹Prinzip der virtuellen Geschwindigkeiten›: J. Bernoulli, 1717.) Da die Geschwindigkeiten (Wege) von der Länge des Hebelarms (Radius) abhängen, ist damit auch das Hebelgesetz gegeben (mech. 3), bewiesen wird es allerdings erst von Archimedes (s. u. 3). Von den ‹natürlich› nach unten strebenden Gewichten an den Waagebalken her scheint der Autor dann die Vorstellung zu gewinnen, daß die Tangentialbewegung die natürliche, die zum Mittelpunkt hin gerichtete die unnatürliche Komponente ausmache. Denn die Kreisbewegung setze sich wie alle unnatürlichen Bewegungen aus mehreren zusammen. Stehen die hier wirkenden Einzelbewegungen (äußeren Kräfte) in einem konstanten Verhältnis (Richtung und Größe), so erfolgen sie geradlinig: die Resultierende ist die Diagonale der beiden als gerichtete Strecken gedachten Einzelbewegungen. Dieses ‹Parallelogramm der Kräfte› oder vielmehr der (von in bestimmten Richtungen angreifenden Kräften bewirkten) Bewegungen wird dann für alle Winkel, unter denen zwei Kräfte angreifen können, aufgezeigt, auch für 180° (mech. 23). Es ist übrigens schon Aristoteles in der Meteorologie (1, 4, 342 a 24 ff.) bekannt (vgl. auch die → Homozentrischen Sphären des → Eudoxos (1) v. Knidos, später Heron mech. 1, 8, der sich allerdings wie Geminos auf das rechtwinklige beschränkt). – Deutlich kommt in dieser Schrift – trotz einer teilweise schon sehr weitreichenden Abstraktion – die Anwendung der Geometrie auf die sinnlich wahrnehmbaren Dinge zum Ausdruck, die deren Exaktheit abschwächt: etwas läßt sich schwerer oder leichter bewegen, ein größeres oder kleineres Gewicht ist nötig usw. Die mögliche Arbeitsleistung steht im Vordergrund, führt dadurch aber zu falschen (subjektiven) Berechnungen. Mit Hilfe eines über eine Rolle gelegten Seils sollen z. B. viel größere Lasten bewegt werden können als mit der Hand (mech. 18). Durch die Rolle wird aber nur die Richtung, nicht die Größe der Kraft geändert; praktisch wendet man jedoch eine Rolle gerade deshalb an, damit durch die Richtungsänderung die Kraft geeigneter angreift. Das meint der Autor aber nicht; denn ein Flaschenzug mit 2 Rollen soll eine Last auch «mit *mehr* als doppelter (bzw. entsprechend der Rollenzahl) Geschwindigkeit (= Leichtigkeit)» heben. Hier konnte erst → Archimedes durch die volle Abstraktion das Richtige treffen, allerdings dann unter Preisgabe der dynamischen Ansatzpunkte: Die M. wird reine Statik (vgl. jedoch die Verteidigung der aristotelischen Vorstellung bei Simpl. in phys. p. 1109, 23 ff.).

[3] *Archimedes und Heron.* → *Archimedes* interessiert sich deshalb auch nicht mehr für den Unterschied zwischen labilem, indifferentem und stabilem Gleichgewicht, wie sie in den ‹Mechan. Problemen› (2) aufgezeigt waren, sondern nur noch für das (indifferente) Gleichgewicht als solches – etwa im ‹Gleichgewicht ebener Flächen› (aequil.), wobei die ‹Flächen› für alle Arten von Größen stehen (Gewichte, Körper, Flächen, Strecken), die in ihrem Schwerpunkt aufgehängt gedacht werden. Die Größen (bzw. Verbindungen von Größen) werden als im (gemeinsamen) Schwerpunkt konzentriert betrachtet, der Hebelarm als masselos. Auf diese Weise gelingt Archimedes der streng axiomatische Beweis des Hebelgesetzes (aequil. 1, 6 f.): «Größen sind im Gleichgewicht, wenn ihre Gewichte ihren Hebelarmen umgekehrt proportional sind», was für die Praxis nie gilt. Das Gesetz benutzt er dann auch zur Bestimmung der Schwerpunkte von geradlinig (Buch 1) und durch Parabeln (Buch 2) begrenzten Flächen und wohl schon früh in seiner heuristischen ‹mechan.› Methode (ähnliches gilt für seine Gesetze der Hydrostatik, s. u. B 6). Der Beweis wird einem früheren, verlorenen Werk über die M. entnommen und weiter abstrahiert worden sein. Auch berichtet Heron (mech. 1, 24), Archimedes habe zwischen Schwerpunkt und Aufhängepunkt unterschieden, was hier nicht geschieht. In seinen ‹Elementen der M.› oder in der Schrift ‹Über Waagen› (vgl. Heron, mech. 2, 7) haben wir auch die erste systematische Behandlung der 5 sog. ‹einfachen Maschinen›

(δυνάμεις, ‹Potenzen›; vgl. Heron, mech. 2, 1–6: Wellrad, Hebel, → Flaschenzug bzw. Rolle, Keil und Schraube mit oder ohne Wellrad) zu suchen, die nach Pappos neben Philon v. Byzanz (Buch 2) und Heron v. Alexandria (mech. 2, 7–20, 26; vgl. 1, 34; Vitr. 10, 1, 1; 10, 3) auch Archimedes wie der Autor der ‹Mechan. Probleme› auf verschiedene um denselben Mittelpunkt sich drehende Kreise zurückführte. Mit Ausnahme der Schraube, die als gewundener Keil erklärt wird, wurden die Potenzen auch in den ‹Mechan. Problemen› behandelt; bekannt waren sie schon Assyrern und Ägyptern (→ Ägyptische Schraube). Die Theorie der Schraube (Heron, mech. 2, 5 f., 16) scheint auf Archimedes zurückzugehen; vgl. jedoch → Apollonios (15) v. Perge, *Περὶ τοῦ κοχλίου*, und Geminos bei Proklos (in Eucl. p. 111, 17 ff. F.). Wann das Zahnrad, das die ‹Mechan. Probleme› nicht kennen, erfunden und mit der Schraube verbunden wurde, ist unbekannt; schon Vitruv nennt beide wie Heron im Zusammenhang mit dem → Hodometer. Auch für andere Einzelheiten dieses Zweiges der M. lassen sich oft nur term. post quem (M. Probleme) und term. ante quem (Vitruv, Heron) bestimmen, da die lehrbuchartige Darstellung des Materials durch Heron alle anderen älteren Schriften verdrängt hat, ohne daß er seine Quellen angibt (manches wird sich allerdings einmal durch arabische Quellen ermitteln lassen). Auch die Leistungen *Herons* lassen sich deshalb nur unsicher bestimmen; sein Werk ist es jedoch sicherlich, die archimedische Abstraktion dadurch rückgängig gemacht zu haben, daß er sie einfach auf die Dinge selbst bezog. Er gibt eine Reihe von Lösungen der archimedischen (?) Aufgabe, eine gegebene Last durch eine gegebene (kleinere) Kraft zu heben, die zum großen Teil technisch nicht durchführbar sind (vgl. bes. mech. 2, 25, 29) oder waren, wie der Barulkos (a. O. 1, 1; dioptr. 37). Seine Berechnungen gelten jeweils nur für masselose Hebel und Schwerpunkte, ohne Berücksichtigung der Reibung (vgl. jedoch mech. 1, 20 ff.), des Materials oder der Versetzung des Unterstützungspunktes, sollen es aber für die Praxis. Mech. 2, 35–41 behandelt er die Schwerpunkte gleichmäßig dicker und schwerer Vielecke; denn «von Schwerkraft (?) und Neigung spricht man in Wahrheit nur bei Körpern» (1, 24). – Zur Anwendung vgl. → Hebemaschinen, → Schöpfmaschinen, → Werkzeuge.

[4] *Geschützbau.* Im 4. und 3. Jh. v. Chr. wurden auch die theoretischen Grundlagen für die anderen Zweige der alexandrinischen Mechanik (s. o. A 3), bes. Geschützbau, Pneumatik und Hydrostatik, gelegt und praktisch so weit ausgewertet, daß die spätere Antike nur Unwesentliches hinzufügen konnte. – Der Bau von → Geschützen hatte unter → Dionysios d. Ä. (405–367) eine sprunghafte Entwicklung von den einfachen Angriffswaffen Schleuder und (einteiligem bzw. zweiteiligem) Bogen zu → Monankon (Onager) und Katapulten (→ Euthytonon bzw. Palintonon) genommen, die lange Pfeile oder mehrpfündige Steine über große Strecken trugen. Diese Entwicklung war das Ergebnis weniger Jahre intensiven Experimentierens einer Gruppe der besten Ingenieure, die Dionysios von überall her nach Syrakus berufen hatte, um von ihnen wirksame Waffen zur Abwehr der Karthager konstruieren zu lassen (Diod. 14, 42). 397 v. Chr. konnten sie sich zum erstenmal bei der Belagerung von Motye bewähren. Auch → Pythagoreer aus Unteritalien scheinen unter diesen Ingenieuren gewesen zu sein (Diod. a. O.: ἐξ Ἰταλίας), der Tarentiner Zopyros (Iambl. vit. Pyth. 267), jüngerer Landsmann von Archytas (s. o. A 2), wird jedenfalls von → Biton als Erfinder einer geschützartigen Weiterentwicklung des Gastraphetes genannt. So erklärt sich wohl auch, daß diese Geschütze in allen ihren Teilen durch Zahlenverhältnisse erfaßte Abmessungen hatten, die von den frühen Alexandrinern (wieder nach aufwendigen Experimenten: Phil. Mech. 4, 3 p. 50, 37 ff.) verbessert wurden. Philon (bel., vgl. Vitr. 10, 10 f.) nennt als deren Ergebnis das Ausgangsmaß für die Abmessungen beliebig schwerer Geschütze: $k = 1{,}1 \sqrt[3]{100\,\mu}$ bzw. 1/9 Pfeillänge, wobei k (Kaliber) der Durchmesser des die Sehnenbündel aufnehmenden Spannloches, gemessen in Daktylen, μ das Gewicht des Geschosses in attischen Minen ist. In diese Zeit gehören auch die Erfindungen des → Ktesibios, die ebenso wie die Philons darauf zielen, die Witterungsempfindlichkeit und das Nachlassen der Spannkraft der Sehnen auszuschalten. Sie scheinen sich aber nicht durchgesetzt zu haben, weil sie zu kompliziert waren (→ Aërotonon) oder das Material keine genügende Elastizität aufwies (→ Chalkotonon). Vitruv a. O. kennt nur Geschütze älterer Bauart in Gebrauch, und von einem solchen haben sich auch Reste aus dem 1. Jh. v. Chr. in den alexandrinischen Abmessungen gefunden.

[5] *Pneumatik.* Für das Aërotonon und andere Erfindungen des → Ktesibios ist die Entdeckung der (gewaltsamen) Kompressibilität der Luft Voraussetzung, sie scheint auf → Straton (2) v. Lampsakos zurückzugehen. Jedenfalls wendet er sich mit ihrem experimentellen Nachweis, der sich, um andere Versuche erweitert, in den Einleitungen der erhaltenen Pneumatika (Philon, Heron) findet, gegen die aristotelische Vorstellung, es könne überhaupt kein Vakuum geben. Von Natur aus komme es allerdings nicht vor, wie Experimente mit → Klepsydren (1) und ähnlichen Gefäßen zeigten; was allgemein als ‹leer› gelte, sei von dem Körper Luft erfüllt. Ein kontinuierliches Vakuum könne auch nicht künstlich hergestellt werden; denn Flüssigkeiten würden mit einer Klepsydra gegen die Natur gehoben, wenn keine Luft an die Stelle des Wassers treten könne – Wasser und Luft vermischten sich nämlich nicht. Vielmehr blieben die gemeinsamen Begrenzungsflächen, die die Elemente Wasser und Luft in ihrer natürlichen Lage hätten, auch bei gewaltsamen Prozessen erhalten. Wasser müsse also auch steigen, sauge man aus einem Saugheber Luft ab; ein Vakuum könne dagegen nicht entstehen. (Mit diesem ‹Zusammenhalt›, der auch innerhalb eines Elementes bestehe, werden dann die Wirkungen von gebogenen und Kapselhebern erklärt; denn der atmosphärische Luftdruck ist unbekannt, er widerspräche der Vorstellung vom natürlichen Ort der Luft.) Anders ist es, sobald die Luft nicht an ihr natürliches Nachbarelement grenzt. Aus einem festen, sonst geschlossenen Hohlkörper könne man einen Teil der Luft aussaugen (oder hinzublasen), es entstehe dann ein fein verteiltes, diskontinuierliches Vakuum. Ein solches bestehe in der Luft und in geringerem Maße in anderen Stoffen zwar von Natur aus – sonst müßten Wärme und Licht (korpuskular!) das Wasser- bzw. Luftvolumen vergrößern –, aber es könne nur gewaltsam vermehrt oder vermindert werden. Mit dem Bestreben der Natur, diesen widernatürlichen Zustand wieder auszugleichen (horror vacui), werden dann die Wirkungen von Schröpfköpfen, Saugpumpen u. a. erklärt. – Anwendung fanden diese pneumatischen Phänomene beim Bau von → Automaten, verschiedenen Hebertypen und Vexierbechern, Pumpen usw.

[6] *Hydrostatik.* Fast ebenso deutlich kommt in der Hydrostatik der Antike zum Ausdruck, wie sehr die allgemein herrschende platonisch-aristotelische Auffassung vom natürlichen Ort der Elemente ein weiteres Eindringen in mechan.-dynamische Gesetzmäßigkeiten verwehrte. Das von → Archimedes seiner Schrift ‹Über schwimmende Körper› vorangestellte Postulat besagt mit anderen Worten nichts anderes, als daß das Element Wasser als relativ zweitschwerstes dem Erdzentrum überall gleich weit zustrebt. Deshalb ist eine in Ruhe und Gleichgewicht befindliche Wasseroberfläche, wenn sie nicht durch eine Gefäßwand daran gehindert wird, stets kugelförmig mit dem Erdmittelpunkt als Zentrum (aequil. 1 prop. 2; vgl. schon Aristot. cael. 2, 4, 287 a 30–b 14, dann Strab. 1, 3, 11 f., der unter Berufung auf aequil. gegen Eratosthenes für alle Meere das gleiche Niveau zum Erdzentrum annimmt; kommunizierende Röhren: Heron, pneum. 1, 7; das sog.

‹hydrostatische Paradoxon› ist jedoch unbekannt, s.u.). Druck ist für Archimedes nicht im Gleichgewicht befindliches Gewicht: Ist ein schwimmender Körper leichter als die Flüssigkeit, so taucht er nur so weit ein, bis sein Gewicht dem Gewicht der verdrängten Flüssigkeit entspricht, sich mit ihm die Waage hält (1, prop. 4f.), wird er gewaltsam eingetaucht, so wirkt eine ‹Kraft› (Druck) so lange dagegen nach oben, bis Gleichgewicht herrscht (prop. 6). Diese Kraft sei gleich der Gewichtsdifferenz des Körpers und der verdrängten Wassermenge. Umgekehrt verliert ein eingetauchter (spezifisch) schwererer Körper so viel an Gewicht (gegenüber seinem Gewicht in Luft), wie die verdrängte Wassermenge wiegt (prop. 7). Diese Erkenntnisse sind durchaus richtig, sie beschreiben aber nur geometrisch-quantitativ gewisse Phänomene, ohne ihnen eine angemessene Erklärung zu geben. Der sog. ‹hydrostatische Druck›, der nach *allen Richtungen* gleich groß ist, bleibt unerkannt, folglich auch der ‹Auftrieb›, der sich angenähert aus der Differenz des Drucks an der oberen und unteren Grenzfläche eines eingetauchten Körpers ergibt. Es ist deshalb an sich falsch, bei aequil. 1, prop. 7 vom → ‹Archimedischen Prinzip› im Sinne moderner Physik zu sprechen. Wie wenig Archimedes und die Antike an einen Druck bei Gleichgewicht dachte, wird bes. deutlich bei Heron (pneum. 1, praef. p. 22, 17ff.): Ein Taucher erleide deshalb *keinen* Druck von der großen Wassersäule über ihm, weil diese im Gleichgewicht (am natürlichen Ort) sei. Ersetze man sie nämlich durch einen gleichschweren festen Körper, so würde dieser nach Archimedes weder ein- noch emportauchen. – Wieweit Archimedes diese seine Erkenntnis schon praktisch nutzte, ist unsicher. Bekannt ist seine Bestimmung des Goldgehalts des Kranzes Hierons, die prop. 7 verwertet und eine Definition des spezifischen Gewichts – jedoch noch ohne feste Beziehung zum Gewicht des Wassers – voraussetzt; allerdings scheint Archimedes jeweils nur das verdrängte Wasser gewogen zu haben (Vitr. 9, praef. 11f., vgl. Heron, metr. 2, 20) – eine hydrostatische Wägung erwähnt in diesem Zusammenhang erst das → Carmen (4) ‹De ponderibus› (136–162) um 500 n. Chr. Von diesem stammt auch die erste genaue Beschreibung eines → Aräometers.

C. Fortwirkung. Nach Heron gibt noch einmal → Pappos (coll. 8) eine Zusammenstellung der mechan. Erkenntnisse der Antike, die jedoch nichts wesentlich Neues gegenüber Heron enthält. Auch die Römer scheinen zumindest in der Theorie nichts hinzugefügt zu haben (vgl. jedoch → Heizung). Eine intensive Beschäftigung mit der theoretischen M. (im Anschluß an die Antike) ist dann erst wieder für die Araber durch erhaltene Schriften bezeugt; sie waren es auch, die dem lat. MA etwa seit dem 12. Jh. durch ihre Übersetzungen, die teilweise noch heute unsere einzigen Quellen sind (Philons Pneumatik, Herons Mechanik), das mechan. Wissen der Antike vermittelten (vgl. dazu → Mathematik C); die griech. Originale wurden erst sehr viel später über Byzanz bekannt. – Die entscheidenden Fortschritte verdankt die M. jedoch den italienischen Ingenieuren und Mathematikern der Renaissance; sie knüpfen hauptsächlich an die Erklärung der ‹Mechan. Probleme›, die als aristotelisch galten, und die Schriften des Archimedes an. Auch Galilei ging vom Studium dieser Schriften und ihrer Erklärer aus, doch schon in seiner ‹Mechanik› von 1593 (1610 überarbeitet) vollzog er den Schritt, der dann zur Zusammenführung von Physik und M. im antiken Sinne führte (→ Naturwissenschaft D): Auch bei der Anwendung von Maschinen überliste man nicht die Natur; denn was man an Leichtigkeit (Schnelligkeit) beim Heben schwerer Lasten durch eine kleine Kraft gewinne, verliere man an Weg und Zeit (Langsamkeit). Hebe man 5 Gewichte einzeln, so lege die Kraft hintereinander fünfmal denselben Weg zurück, hebe man sie mit Hilfe einer Maschine zusammen, so den fünffachen auf einmal. Die angewandte Mühe ist dieselbe, der Vorteil einer Maschine besteht nur darin, die ganze Last mit derselben Kraft auf einmal heben zu können. – Die moderne (klassische) M. geht also zwar noch von denselben Problemen aus wie die Antike, und der Name wird deshalb übernommen; er verliert jedoch seine ursprüngliche Bedeutung. Denn eine Kunst zur ‹Überlistung› der Natur ist sie nicht mehr, sie zeigt vielmehr auf, daß auch diese (künstlichen) Vorgänge naturgemäß sind: es wird in jedem Fall dieselbe ‹Arbeit› geleistet. Und dieselben Gesetze gelten für irdische und himmlische Phänomene, wie seit dem Ende des 16. Jh.s allmählich erkannt wird. Beide aristotelischen Dualismen (s. o. A 3) sind damit aufgehoben. F. Kr.

Lit: H. Diels, Antike Technik (1914), 1924³ – J. L. Heiberg, Gesch. d. Mathem. u. Naturwiss. im Altertum, Handbuch d. Altertumswiss. 5. Abt., 1. T., 2. Bd., 1925 (Nachdr. 1960) – K. Orinsky, RE 15, 1 (1931), 10–14 (Lit) – W. Stein, Der Begriff des Schwerpunktes bei Archimedes, QuSt 1, 1929/30, 221–244 – K. Schlayer, Wie lautete das aristot. Fallgesetz?, QuSt 3, 1934/36, 420–433 – E. J. Dijksterhuis, Die Mechanisierung des Weltbildes (holl. 1950), 1955 – A. G. Drachmann, Ktesibios, Philon and Heron. A Study in Ancient Pneumatics, 1948 (Lit) – F. Klemm, Technik. Eine Gesch. ihrer Probleme, 1954 – M. Clagett, The Science of M. in the MA, 1959 – E. Niebel, Unters. über die Bedeutung der geom. Konstruktion in der Antike, 1959 – A. G. Drachmann, The Mech. Technol. of Greek and Roman Ant., 1963 – S. Sambursky, Das physikalische Weltbild der Antike (1954 bis 1962), 1965² – Vgl. ferner → Mathematik, → Technik.

Medaillon, großes, münzähnliches Schaustück der Römerzeit. Die Grenze zwischen Prägungen mit Geldcharakter und reinen Schau- oder Gedächtnismünzen ist schwer zu ziehen. M.s aus Edelmetall wurden als mehrfache Kurantmünzen (z. B. 4facher → Aureus, 10fache Siliqua) geprägt, während Bronze-M.s meist in keinem festen Wertverhältnis zum Bronzegeld standen. Die meisten M.s sind Erzeugnisse der offiziellen röm. Münzstätten, bes. seit Trajan; sie dienten vor allem als Geschenk von Kaiser und Kaiserhof. Großes Format, Bilderreichtum und oft höheres künstlerisches Niveau zeichnen die M.s vor den → Münzen aus. Berühmte Beispiele: Gold-M. des Augustus in Neapel. Gold-M. des Constantius Chlorus in Arras (Rückseite: Einzug des Kaisers in London). Silber-M.s der Konstantinssöhne im Schatzfund von Kaiseraugst. H. A. C.

Lit: F. Gnecchi, I medaglioni romani, 3 Bde, 1912 – J. M. C. Toynbee, Roman Medallions, Num. St. 5, 1944 – M. Grant, Congr. Int. de Num. Paris 1953, Actes, 167.

Meddix, der Obermagistrat bei den oskisch sprechenden Stämmen, entsprechend dem röm. → Diktator mit richterlichen und sakralen Funktionen, Bauherr, Befehlshaber im Krieg. D. R.

Medea (*Μήδεια*), Tochter des Heliossohns Aietes, des Königs von Kolchis, Zauberin, mit deren Hilfe die → Argonauten das Goldene Vlies gewinnen: sie feit Jason gegen Feuer und Waffen; sie verzaubert den Drachen, den Wächter des Vlieses; sie hält Aietes in der Verfolgung auf, indem sie die Glieder ihres Bruders Apsyrtos einzeln ausstreut (nach Apoll. Rhod. u. a. ist er Anführer der Verfolger, wird von ihr durch Hinterhalt getötet und die Verfolgung deswegen aufgegeben). Mit Jason geflohen, bei den Phäaken durch Vermittlung der Arete vermählt und nach Jolkos zurückgekehrt, rächt sie ihn an → Pelias, indem sie dessen Töchter überredet, ihn ihr zur Verjüngung zu übergeben; ihre Zaubermittel dafür hatte sie an einem Widder, den sie zerteilte und aufkochte (nach anderen außerdem an → Aison) erfolgreich vorgeführt, gab sie aber dann für Pelias nicht heraus. Zur Strafe von Akastos vertrieben, kommen Jason und M. nach Korinth. Dort führt M.s Versuch, ihre Kinder unsterblich zu machen (Paus. 2, 3, 6ff.), nach den meisten aber Jasons Heirat mit Glauke/Krëusa, der Tochter des Königs Kreon, zur Trennung. M. schickt der Braut Gewand und Diadem, die sie und ihren Vater verbrennen lassen, und entflieht auf von Helios geschenktem, geflügeltem Wagen; ihre Kinder werden entweder aus Haß von den Korinthern oder – so zum erstenmal von → Euripides dargestellt – von ihr selbst zur Rache an Jason getötet. M. wird in

Athen Gattin des → Aigeus, gebiert Medos und versucht vergeblich, → Theseus zu vergiften, bevor noch Aigeus ihn als seinen Sohn erkennt. M. flieht mit dem Sohn in die alte Heimat, wo M. den → Perses tötet und Eponymos der Meder wird. Literarisch in den → Argonautenepen (bes. Apoll. Rhod., Val. Fl.) und in Dramen des → Euripides, → Ovid, → Seneca u. a. immer wieder dargestellt.

Lit: A. Lesky, RE 15, 1 (1931), 29–65 – D. Page, Euripides Medea, 1936 (Komm.) – K. Brelich, St.e Mat. 30, 1959, 213–254 (Söhne der M.) – W.-H. Friedrich, M.s Rache, 1960 – Sammlung der wichtigsten M.-Dramen, hrsg. v. J. Schondorff, 1963 – *Darstellungen:* Die Tötung des Pelias auf mehreren att. Vasen (meist wird dabei die Verjüngung des Widders vorgeführt) und einem in Kopien erhaltenen berühmten Relief des späteren 5. Jh.s (Brommer 348 f.; H. Götze, RM 53, 1938, 189 ff., vgl. den Sarkophag bei Gütschow, Mem. Pont. Acc. 4, 1938, Taf. 3). Das Motiv auch auf röm. Wandgemälden (Schefold, WP 91. 129. 242). Rache der M. an der Rivalin und Tötung der Kinder auf Vasen (Brommer 349), Wandbildern (Schefold, WP, passim) und Reliefs. Auch Statuen der Kindesmörderin erhalten. Im Zusammenhang mit der Tötung des → Talos, auf der → Meidias-Vase in London (Furtwängler-Reichhold, Taf. 8 f.), beim Stierkampf des Theseus (B. B. Shefton, AJA 60, 1956, 159–163). In der Kaiserzeit sind die M.sarkophage verbreitet (Robert, SR II, Nr. 193–203). – *Lit. dazu:* E. Simon, EAA IV, 1961, 950–957 – Schefold, VP 86. K. Schb.

Medici, von Cosimo M. d. Ä. in Florenz begründete Slg.; nach dem Tod des Lorenzo M. (1492) mehrfach geplündert: damals fielen die Gemmen der Tochter Karls V., Margareta, zu, die durch Heirat mit dem Herzog von Parma die Slg. nach Neapel brachte. Cosimo I. legte im 16. Jh. eine neue Slg. an: Erwerbung der ‹*Chimaira*› und des ‹*Arringatore*›. Ferdinando I., seit 1587 auf dem Thron, hatte als Kardinal in Rom seine Villa auf dem Pincio mit Antiken geschmückt, die erst 1677 (u. a. die ‹Niobiden›, die ‹Ringer› und der ‹Schleifer›) nach Florenz geschafft wurden. Heute ist die Slg. M. auf die Museen in Florenz verteilt, während die wenigen in Rom verbliebenen Mediceischen Antiken seit 1834 in den Louvre kamen. U. R.

Lit: H. Dütschke, Antike Bildwerke usw. III, 1878, S. VII f. – E. Müntz, Les collections d'antiquités de Laurent le Magnifique, RA 1880 II, 257–259 – Ders., Les collections de Cosme Ier de Médicis, RA 1895 I, 336–346.

Medicina Plinii, ein Kompendium der in den Büchern 20–27 der Naturalis historia des Plinius enthaltenen ‹einfachen› Heilmittel (pflanzliche und animalische) in 3 Büchern, verfertigt um 350 n. Chr. nach Art der in der Kaiserzeit recht häufigen *Εὐπόριστα* (Rezeptbücher für Laien); im 6. oder 7. Jh. entstand eine Art erweiterter Bearbeitung davon, die seit der Renaissance unter dem Namen ‹Plinius Valerius› geht. Die M. Plinii hat vor allem dem → Marcellus (2) Empiricus als Quelle gedient. F. K.

Ed: A. Önnerfors, CML (im Druck) – *Lit:* Ders., In medicinam Plinii Studia philologica, Lunds Univ. Årsskr. NF I, 55, 5, 1963.

Medien (altpers. Mada), das von den Medern seit vermutlich dem Ende des 2. Jt.s v. Chr. bewohnte Gebiet im nordwestlichen → Iran, zwischen dem Elbrosgebirge im W, der Salzwüste im O und Persien bzw. Mesopotamien im S. Die Meder, ethnologisch und sprachlich mit den → Persern verwandt (→ Iran), vermutlich teils nomadische, teils befestigte Siedlungen bewohnende Stämme, werden zuerst 836 v. Chr. in assyr. Inschriften (→ Salmanassar III.) genannt. Von der Herrschaft eines den Nordwestiran beherrschenden Reiches Man und vor allem der der Assyrer können sie sich erst zu Beginn des 8. Jh.s allmählich frei machen. Nach Herodot (1, 93 ff.) war es ein → Deiokes, der als erster die med. Stämme einigte, eine gewisse Reichsorganisation aufbaute und das Land von Assyrien befreite (diese Darstellung müßte allerdings als unrichtig gelten, wenn dieser Deiokes mit dem in assyr. Inschriften → Sargons II. erwähnten deportierten Stammeshäuptling Dajukku identisch wäre). Politische Konsequenzen hatte diese Einigung, ob nun von ihm oder erst von seinem Nachfolger → Phraortes (ca. 647–625) durchgeführt, erst unter diesem, und erst dessen Sohn → Kyaxares (625–585) gelang es, die Mediens Existenz bedrohenden, mit Assyrien verbündeten → Skythen abzuwehren. Er vernichtete dann im Bunde mit Babylon auch Assyrien (Eroberung von Assur 614 und von Ninive 612), unterwarf große Teile des Irans, das vormalige → Urartu (Armenien) und schließlich auch Kleinasien bis zum Halys, der nach längeren Kämpfen mit → Alyattes die Grenze gegen Lydien wurde (585 v. Chr.). Von seiner Verwaltung des Reichs ist nur so viel bekannt, daß er das Heer nach dem Vorbild des skythischen reorganisierte und mit neuen Waffen ausrüstete. Sein Sohn → Astyages (585–550) konnte das Reich infolge der Schwächung Babylons noch weiter ausdehnen und die Herrschaft lange Jahre, auch gegenüber den aufstrebenden Persern, behaupten. Die Auflehnung seines Schwiegersohns, → Kyros II., gegen die med. Oberhoheit endet jedoch mit der Niederlage des Astyages (Ištuwegu), der Eroberung der med. Hauptstadt → Ekbatana und dem Übergang des gesamten med. Machtbereichs an die Perser. Zur Religion, Kultur und Kunst der Meder → Iran.

Lit: Ed. Meyer, I 331 ff. – A. Christensen, Die Iranier, HbAW 1933 – R. Ghirshman, L'Iran des origines à l'Islam, 1951 – Ders., Perse, 1964 – Vgl. zu → Perser, → Iran.

Medinet Habu, der große Tempel → Ramses' III. auf dem Westufer von → Theben (Abb. 230), den er für seinen Totenkult errichtet hatte. Daneben liegt der ‹kleine› Tempel von M. H., der, von Hatschepsut errichtet, dem Kult des → Amun als Urschlange (‹Kneph›) galt. W. Hk.

Mediolanum, an der Stelle einer bronzezeitl. ligurischen Siedlung an der Mündung mehrerer Alpentäler in die Poebene (Kt. 1420 C 2; heute Milano, Mailand) zu Anfang des 4. Jh.s v. Chr. von den gallischen Insubrern gegründet, die 396 die bedeutendste Etruskerstadt des Gebietes, Melpum, zerstört hatten. 222 von Cn. → Cornelius (33) Scipio erobert und nach einem Aufstand im 2. Pun. Krieg seit 194 endgültig römisch. 89 latinisches Recht, 49 röm. Bürgerrecht, seit augusteischer Zeit wichtiger Verkehrsknotenpunkt und Tor Italiens nach Gallien, Helvetien und Germanien, Sitz berühmter Bildungsstätten, seit Ende 4. Jh. sogar kaiserliche Residenz und in der Spätantike neben Rom die bedeutendste Stadt Italiens; von Diokletian bis Honorius Sitz des → Vicarius Italiae. 372–397 → Ambrosius Bischof von M. 402 Verlegung der Kaiserresidenz nach → Ravenna. 452 von den Hunnen erobert, 539 in der Gotenzeit völlig zerstört. Von der antiken Stadt sind der Verlauf der augusteischen Stadtmauer und ihrer Erweiterung unter Maximianus noch kenntlich, an baulichen Resten sind zu erwähnen: Theater, Amphitheater, Circus, ein Apsidenbau flavischer Zeit, die von einem Bau des späten 2. Jh.s n. Chr. stammenden Säulen des Atriums von S. Lorenzo, konstantinische Thermen und mehrere frühchristl. Kirchen, bes. die Palastbasilika S. Lorenzo. B. A.

Lit: Storia di Milano I, Le origini e l'età romana, Fondazione Treccani degli Alfieri, 1953 – C. Gerra, Cenni bibliografici di antichità milanesi, Quaderni di Studi romani 4, 1955, 31 f. – Mirabella Roberti, EAA V, 1963, 1 ff – Istituto di Studi Romani, Sez. Lombarda, Ric. della Comm. per la Forma Urbis M. 1–6, 1939–52.

Medismos, als strafwürdig betrachteter Anschluß an die Perser entgegen den Interessen von Hellas, während des Xerxeszuges 480/479 vor allem von den → Aleuaden in Thessalien und den Oligarchen in → Theben vollzogen, später auch dem → Pausanias (1) und Arthmios v. Zeleia vorgeworfen. → Perserkriege. F. Kch.

Lit: H. D. Westlake, The Medism of Thessaly, JHS 56, 1936, 12–24 – E. Balogh, Political Refugees in Anc. Greece, 1943, 95.

Meditrinalia, Fest der *Meditrina* am 11. Okt.; man brachte ein Trankopfer mit dem Most der neuen Ernte, den man auch trank, um sich dank der magischen Eigenschaften des neuen Weins eine gute Gesundheit zu sichern (Varro ling. 6, 21; Fest. 110 L.). Die röm. Grammatiker leiteten den Namen des Festes von medeor (‹heilen, pflegen›) ab und setzten auch eine Göttin M. an, von der freilich unsicher ist, ob sie wirklich existiert hat oder ob sie nur spekulativ konstruiert ist. H. Le B.

Medizin

A. ORIENT – B. GRIECH. UND RÖM. MEDIZIN: [1] Allgemeines – [2] Ärzte und Ärzteschulen – [3]–[10] Einzelfächer: [3] Chirurgie – [4] Diätetik – [5] Anatomie – [6] Physiologie – [7] Pharmakologie – [8] Gynäkologie – [9] Augenheilkunde – [10] Sonstige Fächer – C. DER ARZT – D. MEDIZIN UND PHILOSOPHIE: [1] Vorsokratiker und klass. Zeit – [2] Hellenist. Zeit bis Galen – E. TIERMEDIZIN – F. ÜBERLIEFERUNG UND FORTWIRKUNG.

A. ORIENT. Die älteste M. in *Mesopotamien* läßt, trotz völkischer und politischer Gegensätze, einheitliche Züge erkennen (Hauptquelle: Bibliothek → Assurbanipals): Sie ist religiös-magisch (astrale Einflüsse, Zahlenspekulation, Traumdeutung). Es fehlt der Sinn für Ätiologie (Verwechslung von Symptom und eigentlicher Erkrankung). Einzig die medikamentöse Therapie bietet manches empirisch Gewonnene. – In *Ägypten* schreitet die M. im Laufe der Entwicklung weiter fort, jedenfalls bis zum sog. Neuen Reich (1600 v. Chr.), wie die erhaltenen Quellen (Papyri) zeigen. Symptom und eigentliche Ursache werden etwas mehr auseinandergehalten. Die Chirurgie (Instrumentarium, Verbände) stand offenbar recht hoch; dagegen blieben Anatomie – trotz an sich idealer Sektionsmöglichkeiten (Leichenbalsamierung!) – und Physiologie rein spekulativ, vielleicht auf der Basis einer Säftelehre. Das Spezialistentum hatte sich erstaunlich ausgebreitet (vgl. Hdt. 2, 84). – Die *altindische* Medizin wiederum ist ganz spekulativ, bis auf eine kuriose Ausnahme: die plastische Chirurgie (Abschneiden von Nase oder Ohren war eine Hauptstrafe!). Eine philosophisch untermauerte Lehre von den Säften war die Grundlage. Das Problem der Epochen altindischer M., der Quellenschichtung und Datierung einzelner Lehren ist allerdings äußerst verwickelt und vieles historisch kaum aufzuhellen. – Die Frage nach Zusammenhängen zwischen orientalischer und griech. M. und Philosophie ist oft gestellt worden, z. B. für iranisch-indische Einflüsse auf die knidischen Ärzte (s. u. B 2) oder für die nicht unerheblichen Parallelen zwischen altägypt. und hippokratischer Knochenchirurgie. Doch ist allgemein Vorsicht geboten: Die Brücken möglicher Kommunikation kennen wir meist nicht.

B. GRIECHISCHE UND RÖMISCHE M. [1] *Allgemeines*. Die altgriech. M. entwickelt sich zur Wissenschaft aus drei Gegebenheiten heraus: (1) der einfachen Empirie, die schon in homerischen Zeiten Volksmedizinisches wie primitive chirurgische Eingriffe, Heilkräuter usw. gefunden und erprobt hatte; (2) dem Religiös-Magischen, das sich in Heilgottheiten und -dämonen (→ Asklepios, → Hygieia) spiegelt und sich die Tempel- und Priestermedizin in den Asklepieien geschaffen hatte; und (3) der Spekulation der frühen Naturphilosophen (s. u. D). Das Religiöse bleibt zunächst noch in den alten ärztlichen Familiengemeinschaften abgewandelt bestehen (→ Eid des Hippokrates), schwindet dann aber immer mehr, bis es im → Synkretismus der röm. Kaiserzeit in depravierter Form als magische M. wieder hochkommt (z. B. → Aelius (7) Promotus). Empirie und Spekulation dagegen ziehen sich von Anfang bis zu Ende, teils gegeneinander, teils miteinander, durch die antike M. Diese fassen wir als Einheit und unterscheiden hierbei nicht zwischen Griechenland und Rom, da es eine eigenständige röm. M. nicht gab; höchstens hat die griech. M. nach ihrer Einbürgerung in Rom in manchem spezifischere Konturen bekommen. – Was hebt die antike M. so weit über alle ihre Vorgängerinnen hinaus? Das Vermögen, die Natur des Krankhaften zu erkennen als Zustand des physisch Seienden und es somit naturgerecht systematisch zu erforschen, das ‹Eidetische› des jeweiligen Krank-Seins (Nosos) elementaren Vorgängen zuzuordnen, das Mannigfaltige der Erscheinungen typenhaft zu erfassen; mit einem Wort: Die Ursachen von Gesundheit und Krankheit zu ergründen und damit Grundsätze der Diagnostik und Prognostik sowie der Therapie zu gewinnen.

[2] *Ärzte und Ärzteschulen*. In Unteritalien und Westgriechenland muß im 6./5. Jh. v. Chr. eine in bestimmter Weise ausgeprägte Heilkunde, vielleicht im Zusammenhang mit pythagoreischen Lehren, bestanden haben, der etwa Ärzte wie → Demokedes und Ärztephilosophen wie → Empedokles und → Alkmeon anhingen. Von einer Schule wird man hierbei allerdings kaum sprechen können. Das trifft erst für die ins 5./4. Jh. gehörenden Ärzte von Kos und Knidos zu. Die koische Schule ist an den Namen → Hippokrates (1) geknüpft; die hier im engen Familienverband wirkenden Ärzte (Asklepiaden) gingen von genauen Einzelbeobachtungen am Krankenbett aus und berücksichtigten etwa auch klimatische Gegebenheiten; sie verfuhren, mit einem Wort, bei ihrer Krankheitsauffassung induktiv. Umgekehrt gingen die Ärzte der auf der Nachbarinsel Knidos blühenden Schule – für die der Name → Euryphon repräsentativ ist – deduktiv von starren Krankheitsschemata aus, in welche sie die beobachteten Einzelsymptome zu pressen suchten (‹Lungenentzündung Nr. 1, Nr. 2, Nr. 3› usw.). Wir haben unter den → Hippokratischen Schriften Zeugnisse für beide Schulen, für die Knidier z. B. die gynäkologischen Schriften und einige Bücher ‹Über Krankheiten›. Die Pathologie beider Schulen ist spekulativ (→ Säftelehre); die Knidier scheinen eher von der oben erwähnten westgriech. Heilkunde und darüber hinaus von orientalischer M. und Philosophie beeinflußt zu sein. – Im 4. Jh. v. Chr tendierten Ärzte wie → Diokles (3) v. Karystos und → Praxagoras v. Kos entweder zu westgriech. und knidischen oder zu koischen Lehren, ohne doch einer bestimmten Schule anzugehören; denn der Begriff ‹dogmatische› oder auch ‹logische Ärzte› ist sicher erst viel später, von empirisch-skeptischer Seite her, ganz summarisch auf alle Nichtempiriker angewendet worden, umfaßt also die heterogensten Ärzte und kann überhaupt nicht als eigentlicher Schulbegriff gelten. Um 300 v. Chr. wurden dann in Alexandria neue medizin. Entdeckungen, vor allem in Anatomie und Physiologie, von → Herophilos und → Erasistratos gemacht, die eine Abkehr von bisherigen Lehren mit sich brachten. An die beiden genannten Ärzte knüpften sich eigene Schulen. Daneben entwickelte sich, von Herophilos ausgehend, eine ausgeprägte medizin. Skepsis (→ Empirikerschule). Der mit der Zeit entstehende Schulstreit nahm, begünstigt durch neu hinzukommende ‹Sekten› (→ Pneumatiker, → Methodiker), in den beiden Jahrhunderten vor und nach Chr. Geb. zuweilen sehr üble Formen an und wirkte jedenfalls nicht gerade fördernd auf die allgemeine Entwicklung der M. Wirklich große Ärzte wie → Soranos (2) und → Rufus v. Ephesos haben sich dem ferngehalten, obwohl auch sie bestimmte Schuldogmen vertreten. Man war schließlich in der Kaiserzeit entweder ätiologisch-physiologischem (und manchmal sogar therapeutischem) Nihilismus verfallen, oder man versuchte solcher krassen Skepsis zu entgehen, indem man sich an bestimmte physiologische Dogmen klammerte oder breitesten Eklektizismus trieb. Die Entwicklung gipfelte in → Galen, der die gesamte M. noch einmal auf die Schultern des Hippokrates zu stellen versucht. Seine Lehren, systematisiert, vergröbert und verfälscht, beherrschen dann über das ganze MA bis zur Renaissance, sei es als Galenismus oder Arabismus, die M.

[3]–[10] *Einzelfächer*: [3] Die *Chirurgie* ist wohl das älteste medizin. ‹Fach›. Schon → Podaleirios und → Machaon waren Chirurgen, und früh gab es eine Wund- und Unfallchirurgie. Ausdrücklich Nichtärzten blieb, ebenfalls schon früh (so im → Eid des Hippokrates), das ‹Steinschneiden›, die Blasenoperationen also, vorbehalten (das weist auf die spätere, bis ans 19. Jh. heran dauernde Trennung der ‹Baderchirurgen› von den eigentlichen Ärzten voraus). In den Hippokratischen Schriften ist die Chirurgie noch nicht recht entwickelt, bis auf die orthopädische und Unfallchirurgie (Frakturen, Luxationen), die mit ausgezeich-

neten Erkenntnissen und Behandlungsmethoden eine Sonderstellung einnimmt. Erst mit dem Aufschwung der Anatomie von Alexandria aus sprengt auch die Chirurgie die Fesseln und erreicht bis etwa 100 n. Chr. (→ Pneumatiker, → Antyllos) eine sehr beachtliche Höhe (gewagte Operationen, verfeinerte Technik, differenziertes Instrumentarium).

[4] Die *Diätetik* (d.h. die Lehre von der gesunden Lebensweise, wozu unsere ‹Hygiene› ebenso wie etwa auch die Gymnastik gehört) beanspruchte durch → Herodikos von Selymbria früh einen besonderen Rang innerhalb der M. Platon hat ihr, vor allem in seinen Staatsschriften, hohe Bedeutung zugemessen, und nicht zufällig haben Ärzte seiner Zeit (→ Diokles(3) v. Karystos) die medizin. Diätetik bes. gefördert (die heutigen ‹Terrainkuren›, überhaupt die ganze physikalische Therapie haben dort ihre Vorläufer). Fragen der Ernährung, des geregelten Schlafes, des gesunden Geschlechtsverkehrs usw. spielten gerade auch innerhalb der → Säftelehre eine wichtige Rolle. So haben die Hippokratiker und die späteren Erneuerer des Hippokratismus (→ Pneumatiker, → Galen) immer wieder die Diätetik vorrangig behandelt.

[5] Die *Anatomie* begann, als Ärztephilosophen wie → Alkmeon v. Kroton über Bau und Funktionen des menschlichen Körpers und über sein ‹Zentralorgan› (Herz oder Gehirn) nachdachten. Zunächst wurde Tieranatomie auf menschliche Verhältnisse einfach übertragen, was zu – lange und zäh weitertradierten – Irrlehren führte (so die Anschauung vom mehrkammerigen, mit Saugwarzen versehenen Uterus!). So war es dann bei den Hippokratikern und auch noch im Peripatos (Aristoteles), wo außerdem, trotz vieler hervorragender Einzelerkenntnisse, ausgeprägte Teleologie und überbetonter Funktionalismus innerhalb der Anatomie den Blick nicht unerheblich trübte. Erst die Alexandriner hatten wirklich die Möglichkeit zur wissenschaftlichen Sektion menschlicher Leichen, konnten sich dadurch ganz von der Spekulation lösen und echte deskriptive (‹morphologische›) Anatomie treiben. Die folgenden Jahrhunderte führten aber die Anatomie dann doch nicht wesentlich weiter; erst in den beiden ersten Jahrhunderten n. Chr. (→ Rufus v. Ephesos, → Galen) gelangte sie, nach prinzipiellen Anfeindungen durch → Empiriker und → Methodiker, trotz mancher Rückschritte im einzelnen zu einem großartigen Abschluß.

[6] *Physiologie* und allgemeine Krankheitslehre haben immer mehr oder weniger im Banne spekulativ-philosophischer Anschauungen gestanden, sei es der → Säftelehre, sei es dynamischer Vorstellungen (wozu etwa auch die von der ‹eingepflanzten Wärme› gehört), sei es einer Solidar- bzw. Korpuskularpathologie demokritischer oder epikureischer Prägung, wie sie → Erasistratos und später → Asklepiades (5) v. Prusa und die → Methodiker vertraten. Man suchte nach leitenden Prinzipien für alle Körpervorgänge, nach Zentralorganen, versuchte die Bewegung von Blut und Pneuma, das Problem der Venen und Arterien, der Atembewegung und der Herzfunktion, natürlich auch das Phänomen der Sinnesempfindungen zu verstehen. Dogmatismus und Spekulation, Empirie und großartige anatomisch-physiologische Entdeckungen streiten gerade auf diesem Gebiet durch die ganze antike M. hin besonders heftig miteinander.

[7] *Pharmakologie.* Früh existierten sowohl ‹Volksheilmittel› und magische Medizinen wie auch Kenntnis von heilkräftigen oder betäubenden Kräutern; die bei Homer vorkommenden etwa (z.B. νηπενθές oder μῶλυ) sind freilich meist nicht mehr zu identifizieren. In der frühen wissenschaftlichen M. verwendeten die knidischen Ärzte, gegenüber den Koern, auffällig viele Pharmaka (vgl. den gynäkologischen Komplex der Hippokratischen Schriften, z.B. VIII 366ff. L.); besonders berühmt, auch bei den Koern, war der Nieswurz (ἐλλέβορος). Im 4. Jh. v. Chr. entstanden Kräuterbücher, z.B. von Diokles v. Karystos, die die Erfahrungen der sog. Rhizotomen (‹Wurzelschneider›) verwerteten, und im Peripatos entwickelte sich die (auch für die Pharmakologie unentbehrliche) erste wissenschaftliche Pflanzenkunde (→ Theophrast). Die Ärzteschule der → Empiriker – und schon etwas vor ihr, in Alexandria, → Herophilos und die jüngeren Knidier – baute dann die Pharmakologie aus. In der röm. Kaiserzeit schließlich traten zu den bisher gebrauchten pflanzlichen, mineralischen und animalischen Mitteln auch menschliche Ausscheidungen und Organe sowie rein Magisches (→ Xenokrates(2) v. Aphrodisias). Man sammelte und systematisierte alle bekannten Pharmaka (z.B. Einteilung in ‹einfache› und ‹zusammengesetzte› Heilmittel); das pharmakologische Standardwerk der Antike, mit der größten Wirkung auf spätere Jahrhunderte, ist die ‹Materia medica› des → Dioskurides (2).

[8] Die antike *Gynäkologie* ist, wie andere Fächer auch, von Anfang an durch die Vermischung von praktischer Erfahrung (Hebammen) mit Spekulation (der Uterus als ‹eigenes Lebewesen› und die Vorstellung vom weiblichen Samen in Analogie zum Manne tauchen immer wieder auf) geprägt. Auch hier schuf alexandrinische Anatomie, bes. → Herophilos' und → Eudemos'(1) Erforschung der weiblichen Genitalien, wesentliche Fortschritte; aber doch auch schon in den (knidischen) gynäkologischen Büchern des Corpus Hippocraticum herrscht ein trotz bisweilen abenteuerlicher, allzu differenzierter Medikamente recht hohes Niveau. → Soranos (2) v. Ephesos hat als der Gipfel antiker Gynäkologie zu gelten; hier sind, um 100 n. Chr., die echten anatomisch-physiologischen Erkenntnisse der Vorgänger sowie alle Erfahrungen über weibliche Hygiene, Säuglingsbehandlung und Frauenkrankheiten ausgezeichnet zusammengefaßt.

[9] Die *Augenheilkunde* gehört zu jenen Spezialfächern, die sich eigentlich erst in der römischen Kaiserzeit entfaltet haben, mit eigenen medici ocularii, mit einer Fülle von Operationen und ophthalmologischen Instrumenten usw. In neronischer Zeit ist offenbar auch die maßgebende (nicht erhaltene) Spezialschrift über Augenheilkunde verfaßt worden. Frühere Äußerungen zu diesem Gebiet waren im ganzen eher zufällig und im übrigen zu sehr mit humoralpathologischen Vorstellungen belastet. Die anatomische Kenntnis des Auges wurde durch Herophilos vorangetrieben.

[10] Viele medizin. Spezialfächer, darunter etwa die Geriatrie (Gerokomie) oder sogar ein Fach ‹Stimmkunde›, haben sich in der röm. Kaiserzeit abgezweigt oder jedenfalls den Versuch zur Emanzipierung unternommen. An dieser Entwicklung waren wohl auch die Lebensbedingungen und Anforderungen der großen Städte, bes. natürlich Roms, mit ihren Menschenmassen schuld. Interesse dürfte in diesem Zusammenhang Galens (nur lat. erhaltene) Schrift ‹De partibus artis medicativae› verdienen (ed. H. Schöne, Festschr. Univ. Greifswald 1911).

C. Der Arzt. Schon früh war der Arzt ein hochgeehrtes Mitglied der antiken Gesellschaft; bei Homer heißt er bekanntlich πολλῶν ἀντάξιος ἄλλων (Il. 11, 514). Er übte – sehen wir hier von religiösen Formen ärztlicher Betätigung (Priesterärzten) einmal ab – eine ‹Techne› aus, hatte also am Handwerk wie an der Wissenschaft gleichermaßen Anteil. Es gab sicher schon früh öffentliche, d.h. fest im Dienst eines Stadtstaates stehende Ärzte, daneben freie Ärzte sowie Arztverbände auf Familienbasis (Asklepiaden); manche davon kamen als Wanderärzte (Periodeuten) weit herum. Die hohe ärztliche Standesethik der frühen Zeit ersieht man am besten aus dem → Eid des Hippokrates (Abtreibung z.B. ist streng verboten); bezeichnend ist jedoch, daß in der älteren Antike jede karitative Verpflichtung des Arztes fehlt – erst das Christentum forderte sie geradezu (vgl. → Krankenhäuser). Junge Ärzte erfuhren ihre Ausbildung zunächst im engsten Kreise der Asklepiadenfamilien, später frei bei berühmten Lehrern, etwa im → Museion in Alexandria durch medizin. Kollegs. In hellenist. Zeit scheinen auch die ersten Einführungsschriften über Ausbildung und Pflichten eines jungen Arztes verfaßt worden zu sein; wir besitzen eine solche, ‹Der Arzt›, unter den Hippokratischen Schriften (die sog. deontologischen Schriften des Corpus Hippocraticum, z.B. ‹Über den Anstand›, sind insgesamt jung). Die Anforderungen an den Arzt wachsen dann mit der ökonomischen Entwicklung, so daß es schließlich in röm. Zeit neben vielen Gemeinde-, Hof- bzw. Leib- (Archiater) und Militärärzten auch immer mehr Spezialärzte gibt. Entsprechend wird auch die allgemeinmedizin. Ausbildung immer differenzierter und hat zu Galens Zeit wohl den höchsten Stand innerhalb der Antike erreicht; interessante Einzelheiten darüber in einer neugefundenen, nur arabisch erhaltenen und noch unpublizierten kleinen Schrift Galens ‹De examinando medico› (A.Z. Iskandar, Bull. Hist. Med. 36, 1962, 362–365).

D. Medizin und Philosophie. [1] *Vorsokratiker und klass. Zeit.* Die vorsokratischen Philosophen waren entweder selbst Ärzte (wie → Alkmeon v. Kroton) oder doch, als ‹Physiologen›, Erforscher der Probleme der Natur und des menschlichen Körpers. Diese frühe Ehe zwischen M. und Philosophie ist im Altertum nie völlig getrennt worden, auch von Hippokrates selbstverständlich nicht – wenn auch gerade ihm als dem Vater der europäischen wissenschaftlichen Heilkunde immerhin eine schärfere Grenzziehung nötig erscheinen mochte und wenn auch der röm. Enzyklopädist → Celsus (1), sicher nach älteren doxographischen Formulierungen und ein wenig unklar-vergröbernd, gesagt hat, daß Hippokrates die M. von der Philosophie getrennt habe (Cels. De med. prooem. 8). Spürt man doch etwa in der → Säftelehre, ja sogar in der nun gewiß von vornherein nicht ‹philosophischen› Knochenchirurgie der Hippokratiker, naturphilosophische Theorien und Spekulationen. – Weiterhin hat die Pneumalehre mancher Vorsokratiker (→ Diogenes (2) v. Apollonia, → Empedokles) über die westgriech. Heilkunde (→ Philistion, 1) und die knidischen Ärzte, in Verbindung mit humoralpathologischen Vorstellungen, auf Platon (Timaios), die Akademie und die dieser nahestehenden Ärzte (→ Diokles, 3) gewirkt und ist schließlich in der großen Synthese des Peripatos aufgegangen, der seinerseits in manchem wieder Ärzte wie → Erasistratos beeinflußte. Spezifisch attischer Philosophie (insbes. der *τέχνη*- und *ὑπόθεσις*-Diskussion) stehen Hippokrat. Schriften, z.B. ‹Über die alte Heilkunst›, nahe.

[2] *Hellenist. Zeit bis Galen.* Um 300 v. Chr. setzte dann zwar eine bemerkenswerte Reaktion gegen jede medizinische Spekulation ein, unterstützt und gefördert durch die intensiv betriebene, in vielen Einzelheiten ernüchternde und aufklärende Anatomie. Aber ebenso bemerkenswert ist, daß die nun auf den Schild gehobene ‹Empirie› wiederum der Verknüpfung mit der Philosophie nicht entraten kann; die ausdrückliche *ἐποχή* des Herophilos, sein In-der-Schwebe-Lassen entscheidender Fragen, weist unbezweifelbar auf enge Verbindungen zur gleichzeitig sich entwickelnden skeptischen Philosophie (→ Pyrrhon) hin. Auch die späteren und noch radikaleren → Empiriker verlieren diese Verbindungen nie – schon weil sie letzten Endes doch ein festes Schuldogma brauchen. – Berührungen mit der Atomistik demokritischer und epikureischer Richtung hatten schon bei → Erasistratos zu einer Korpuskularpathologie geführt. Die → Methodiker haben dann im 1. Jh. v. Chr., im Anschluß an den Arzt-Philosophen → Asklepiades (5) v. Prusa, auf der gleichen Basis eine starr systematisierte Lehre in die M. eingeführt. Auch die Stoa (mit der die Medizin schon in alexandrinischer Zeit Kontakte gehabt haben muß), und zwar insbes. die mittlere Stoa (Poseidonios) beeinflußte, ja inaugurierte geradezu im 1. Jh. v. Chr. eine besondere medizin. Richtung, nämlich die der → Pneumatiker; diese übernahmen die stoische Makrokosmos-Mikrokosmos-Konzeption in einer eigentümlich hippokratisierenden Form. Das 1. Jh. n. Chr. bereitete schließlich, in schroffen Fehden oder elastischen Assimilierungsversuchen, einem Eklektizismus den Boden, als dessen Krönung das Riesenwerk → Galens angesehen werden darf. In ihm vereinigen sich M. und Philosophie, hippokratische Beobachtungsgabe und aristotelische Teleologie, Empirie und Spekulation jeder Richtung zur letzten und großartigsten Synthese.

E. Tiermedizin. Die antike Tiermedizin hat sich aus den praktischen Bedürfnissen der Landwirtschaft und den Beobachtungen der Bauern am kranken Tier entwickelt. Schon → Hesiods Erga kommen hierfür in Frage; hinzuweisen wäre etwa auch auf die Äußerungen bei Hippokrates über verstärkte Luxationen bei Rindern im Frühjahr (De articulis 8; mit Berufung auf Homer). Bezeichnenderweise finden sich daher die ersten zusammenhängenden veterinärmedizinischen Ausführungen bei röm. Ackerbauschriftstellern (so Colum. 6; einzelnes schon bei → Cato, 1); auffällig viel Tiermedizinisches bietet übrigens Vergil im 3. Buch der Georgika, sehr sachverständig und vielleicht wenigstens teilweise auf eigener Beobachtung beruhend. Speziell veterinärmedizin. Schriftsteller sind dann aber erst im 4. Jh. n. Chr. zu belegen (→ Apsyrtos, → Pelagonius, → Mulomedicina Chironis). Eine gründliche und fachkundige Darstellung der antiken Veterinärmedizin sowie die sprachliche Aufarbeitung der z.T. sehr interessanten und singulären tierärztlichen Terminologie (2 Beispiele: *ὁ ἱππότιλος*, ‹Pferdediarrhöe›; ferner das eine Gliedversteifung bezeichnende Adjektiv *ὀρθόκυλλος*, ‹geradkrumm›; vgl. Hermes 88, 1960, 502–504) wäre dringend erwünscht.

F. Überlieferung und Fortwirkung. Die antike M. ist dem MA auf zwei Wegen bekannt geworden: (1) durch die (aus mehr oder weniger wörtlichen Exzerpten sich zusammensetzenden) Kompendien etwa des → Aëtios (2) von Amida und des → Paulos (4) v. Aigina sowie die einen grob schematisierten Galen anbietenden byzantinischen Handbücher etwa des Theophilos Protospatharios, welche Arten von Schriften beide die breiteste Wirkung auf die Araber (etwa die Kompendien des Rhazes, Avicenna, Abulkasim) ausübten, die dann ihrerseits wieder bis in die Renaissance hinein kanonisch blieben; (2) durch Übersetzungen originaler Schriften, vor allem des Galen, zunächst ins Syrische und Arabische, dann von dort zurück ins Lateinische. Für die arabischen Übersetzungen hat bes. der Arzt Ḥunain ibn Isḥaq (9. Jh.) verdienstvoll gewirkt (G. Bergsträßer, Ḥunain ibn Isḥaq und seine Schule, 1913); durch diesen sind uns eine Reihe von Galenschriften wenigstens in Übersetzung erhalten geblieben. – Der ‹Arabismus› hat dann langsam immer stärker werdende Gegenströmungen hervorgerufen, die – ohne den Umweg über die Araber – ad fontes strebten und die griech. Autoren (deren Hss. oft wegen der mangelnden Sprachkenntnisse ungenutzt in Klöstern oder Privatbibliotheken lagerten) durch lat. Übersetzungen zu verbreiten suchten. Hier haben der Hohenstaufe Friedrich II. und die sizilischen Könige Wichtiges angeregt, so vor allem die (durch Wörtlichkeit ausgezeichneten) Galenübersetzungen des Arztes Nicolaus v. Reggio (um 1310), welche später in die ersten Galendrucke übernommen worden sind (H. Schöne, Galeni De partibus artis medicativae, Festschr. Greifswald, 1911, 3–11). Im 15. und 16. Jh. hat schließlich eine ‹philologische› M. (z.B. Winter v. Andernach, Leonhart Fuchs) leidenschaftlich für die antike M., als Grundlage schlechthin, gekämpft. Zumindest das philologisch-historische Interesse großer Ärzte für sie hat bis ins 19. Jh. (E. Littré, F.Z. Ermerins, J. Hirschberg u.a.) fortgedauert. F.K.

Lit: Zu A: P. Diepgen, Gesch. d. M. I, 1949 – H. Grapow, Grundriß d. M. der alten Ägypter I–VI, 1954–59 – R.F.G. Müller, Grundzüge altind. M., Bibl. Univ. Haun. VIII, 1951 – *Zu B:* K. Deichgräber, Die

Epidemien und das Corp. Hippocraticum, Abh. Berlin 1933, 3 – J. Ilberg, Die Ärzteschule von Knidos, SB Leipzig 76, 1924 (eine Sammlung aller Cnidica durch K. Deichgräber ist in Vorbereitung) – E. Gurlt, Gesch. d. Chirurgie I, 1898 – L. Edelstein, Die Gesch. der Sektion im Altertum, QuSt 3,2, 1932, 50–106 – P. Diepgen, Die Frauenheilkunde der Alten Welt, 1937 – J. Hirschberg, Gesch. der Augenheilkunde im Altertum, 1899 – *Zu C:* P. Diepgen, Gesch. der M. I, 1949, 134–153 – *Zu D:* J. Schumacher, Antike M., 1940 – M. Michler, Die prakt. Bedeutung des normativen Physisbegriffs in der hippokrat. Schrift De fracturis–De articulis, Hermes 90, 1962, 385 bis 401 – W. Jaeger, Das Pneuma im Lykeion, Hermes 48, 1913, 29–74 – H. Diller, Hippokrat. M. u. att. Philosophie, Hermes 50, 1952, 385 bis 409 – J.-H. Kühn, System- u. Methodenprobleme im Corpus Hippocraticum, Hermes-Einzelschriften 11, 1956 – F. Kudlien, Herophilos u. d. Beginn d. medizin. Skepsis, Gesnerus 21, 1964, 1–13 – F. Heinimann, Die geistigen Voraussetzungen der hippokrat. Medizin, Documenta Geigy, 1964 – *Darstellungen:* H. E. Sigerist, A History of Medicine, I, 1951; II, 1961.

Medon. 1. Ein Sohn des Oïleus, Nachfolger des → Philoktet als Führer der Kämpfer von Methone usw. im → Trojan. Krieg (Hom. Il. 2,716–728). – 2. Herold der Freier der → Penelope, entdeckte ihr deren Anschlag auf → Telemach, von → Odysseus daher verschont (Od. 22,356 ff.). K. Schb.

Medontiden, Königsgeschlecht von Athen, benannt nach Medon, dessen Vater Kodros der letzte König der sagenhaften Dynastie der Erechtheiden war. Durch die Einrichtung der Jahresämter der → Archonten und des → Polemarchen ging ihre Macht langsam auf die Aristokratie über, bis schließlich (ca. 686/685 v. Chr.?) das Amt des Königs auf ein Jahr beschränkt (‹Archon Basileus›) und allen Geschlechtern zugänglich wurde. Vgl. → Solon. R. V. C.

Medum. Nach M. werden Pyramide und Gräberfeld etwa 75 km südl. Kairo (Kt. 29 C 3) am westl. Wüstenrand genannt. Die Pyramide ist wohl zunächst vom König Huni am Ende der 3. Dyn. errichtet, aber dann von Snofru übernommen und umgebaut worden. Die sog. ‹Gänse von M.› sind ein Fragment aus einer Vogelfangszene im Grab des Prinzen *Nfr-mꜣʿ.t* (4. Dyn.), Malerei auf dünnem Stuck über Lehmverputz. W. Hk.

Abb: N. Davies-A. Gardiner, Ancient Egyptian Paintings, 1936, pl. 1.

Medusa → Gorgonen, → Perseus.

Medusa Rondanini, Maske der Gorgo, einst im Palazzo Rondanini, von Goethe entdeckt, 1814 von Ludwig I. für München erworben. Glypt. Nr. 252. – Zahlreiche Repliken erweisen ein berühmtes Urbild; nach Buschor das Schildzeichen der Athena Parthenos von → Phidias (das Original war aus vergoldeter Bronze). E. Bg.

Lit: Lippold, GrPl 173, Anm. 7 – E. Buschor, M. R., 1958 – H. Möbius, Antike Kunstwerke aus dem Martin-v.-Wagner-Museum, 1962, Nr. 1, Taf. 1.

Meergottheiten. Es ist sehr wahrscheinlich, daß die Griechen in ältesten Zeiten noch nicht die Gestalt eines großen und in seinem Element allein mächtigen Meergottes gekannt haben, wie es seit homerischer Zeit → Poseidon gewesen ist. Daher finden wir neben ihm viele Namen von kleineren M., aber keine von ihnen hat allgemeine Bedeutung gehabt. Die meisten werden an Ort und Stelle von der Urbevölkerung übernommen sein, und sie blieben in der Literatur, Kunst und vor allem im Volksglauben in Geltung, wie ja auch nach dem Glauben anderer Völker gerade das Meer von einer Vielzahl von → Mischwesen zwischen Mensch und Tier, → Dämonen und Ungeheuern bevölkert ist. Fast alle M. besitzen die Fähigkeit, ihre Gestalt zu verwandeln (vgl. die → Flußgötter), und manche auch die Gabe der Weissagung; dem Menschen sind sie teils freundlich, teils feindlich gesinnt. In der theogonischen Dichtung (z. B. Hes. theog. 131 ff.; 233 ff.) wird versucht, diese M. unter die übrigen Götter einzuordnen und genealogische Verbindungen zwischen ihnen herzustellen. – *Die Namen der populärsten Meergottheiten:* → Glaukos, → Nereus (der freundliche ‹Meergreis›, Vater der Nereiden; die bekanntesten von ihnen sind → Thetis, die Mutter des Achilleus, und → Amphitrite, die Gemahlin des Poseidon), → Phorkys, → Proteus, → Triton (auch in der Mehrzahl), → Leukothea (Ino), → Palaimon (Melikertes), die Okeaniden (Meernymphen, Töchter des → Okeanos und der → Tethys). Vgl. → Flußgötter, → Nymphen, → Dioskuren.

Lit: s. zu → Poseidon – *Darstellungen:* s. zu → Nereus. K.-H. R.

Meermotive. Die Griechen haben ihrem von jeher engen, vertrauten Verhältnis zum Meer, das für sie lebensnotwendig war, in einer bunten Fülle von Motiven früh gestalthaften Ausdruck gegeben: neben den schon in der → kret.-myk. Kunst häufigen Seetieren aller Art umschwärmen Tritonen und Nereiden die Götter (Aphrodite, Dionysos) und Heroen (Theseus, Europa, Galathea, Phrixos und Helle), die gefahrlos die ‹tödliche Salzflut› durchfahren. Dem göttlichen Jäger ähnlich (→ Jagdbilder) galt die fischende Aphrodite als Herrin des Meeres, aus dem sie geboren. Mit dem Aufstieg der hellenist. → Mysterienreligionen trat sie in Gestalt der → Isis ‹Euploia› den Siegeszug ins röm. Imperium an (vgl. Schiffbilder im Isistempel in Pompeji) und befruchtete die röm. Kunst mit dem Reichtum alexandrin. Motive; → Nillandschaft und → Fischmosaik zieren die Heiligtümer der Fortuna-Isis in → Praeneste. Die göttliche Wirklichkeit der griech. Meerwesen wird den Römern zur → Allegorie des über den Tod Erhabenen; denn über den Okeanos führt der Weg zu den Inseln der Seligen (Meerwesen → Sarkophage; vgl. → Mythendeutung). C. K.

Lit: A. Rumpf, Die Meerwesen auf den antiken Sarkophagen, 1939 – O. Walter, Darstellung von Meerwesen auf röm. Sarkophagen, Ephemeris 1953/54, 81–86 – K. Meuli, in: J. J. Bachofen, Ges. Werke VII, 1958, 505 – Schefold, PM, 185 zu 63 – Ders., Die Bedeutung d. kret. Meerbilder, AntK 1, 1958, 3–5 – Beyen II 344

Meerstrands-Melde (ἄλιμος), zur artenreichen Gattung Atriplex der Gänsefußgewächse gehörig, unseren M.-Arten verwandt. An der Küste des Mittelmeeres weit verbreitet und als Kochgemüse verwendet, bei den Ägyptern und den Griechen in Ägypten als Kranz des → Osiris bezeichnet. In Griechenland und Rom ist sie ohne religiöse Beziehung. Vgl. → Flora. J. W.

Lit: Murr, Pflanzenwelt, 182.

Mefitis, ital. Göttin der schwefligen und verpesteten Ausdünstungen; ihr Kult war bei den Oskern, bes. in den vulkanischen Gebieten, verbreitet (vgl. Plin. nat. 2,208). Sie besaß in Rom einen heiligen Hain und eine Kapelle auf dem Esquilin (Varro ling. 5,49; Fest. 476 L.); dieser wurde als Begräbnisstätte verwendet, und vor der Schaffung der Gärten des Maecenas war dort die Luft ungesund. Vom Ende des 1. Jh.s v. Chr. an verschwindet die Göttin völlig. Es bleibt nur (nach Verg. Aen. 7,84) die Verwendung ihres Namens als Appellativum. H. Le B.

Lit: Latte, 190 f.

Megabazos. 1. Ein Feldherr → Dareios' I., stellte dessen Herrschaft im Hellespont und in Thrakien nach dem Skythenfeldzug wieder her (513). Nach Herodot Vater von Oibares, Daskyleion (6,33), Bubares (7,22) und Pherendates (7,67). – 2. Sohn des Megabates, Admiral des → Xerxes i. J. 480. – 3. Pers. Gesandter, der vergeblich versuchte, die Spartaner gegen Athen aufzuwiegeln (458). G. R.

Megabyzos (oder Megabyxos; altpers. Baga-buxša). 1. Pers. Fürst, Vater des → Zopyros, einer der Sieben, die den falschen → Smerdis stürzten. – 2. Sohn des Zopyros, Enkel des vorigen. Befehligte i. J. 480 eine der drei Heereskolonnen des Xerxes; ihm ergaben sich 454 die Athener und ihr Verbündeter → Inaros auf der Insel Prosopitis (→ Perserkriege). Er wurde anläßlich der Verschwörung des → Artabanos gegen → Artaxerxes I. schwer verletzt, aber von Apollonios von Kos geheilt. Er starb im Alter von 76 Jahren. G. R.

Megaira → Erinyen.

Megakles, Athener aus dem Geschlecht der → Alkmeoniden; Sohn Alkmeons II.; vermählt mit → Agariste, der Tochter des → Kleisthenes (2) von Sikyon; Vater des → Kleisthenes (1) v. Athen; Urgroßvater des → Alkibiades. M. war Führer der Paralier nach dem Staatsstreich des Damasias (583/582); er mußte ins Exil gehen, als → Peisistratos die Macht an sich riß (561/560); von der eigenen Partei ausgeschlossen, trat er nach der ersten Verbannung des Peisistratos in Verhandlung mit ihm und willigte ein, seine Rückkehr zu begünstigen, wenn dieser seine Tochter heirate. Das Bündnis zerbrach, und der Tyrann mußte erneut ins Exil gehen; nach seiner zweiten Rückkehr ging M. endgültig in die Verbannung. M. wird zuweilen irrtümlich mit dem Archonten von ca. 632 v. Chr. (→Kylon) identifiziert; anderswo wird auch zwischen M., dem Schwiegersohn des Kleisthenes, und M., dem Schwiegervater des Peisistratos, unterschieden. R.V.C.

Lit: U.Kahrstedt, RE 15,1 (1931), 125–126 – F.W.Mitchel, Megacles, TAPhA 88, 1957, 127–130.

Megalographie. Die Bedeutung des Begriffes, der erst bei Vitruv und Plinius überliefert ist, hat G. Rodenwaldt erschlossen; demnach ist M. gleichbedeutend mit ‹pictura magna› im Gegensatz zur ‹pictura minor›, die ihrerseits im Gegensatz zur ‹pictura nobilis› steht, indem sie ‹humilia› nachbildet. Je nach Zusammenhang kann im Begriff der M. das Gegenständliche oder Formale vorwiegen; so wird M., ästhetisch gesehen, zum Prinzip kritischer Einteilung der Malerei. In der Regel meint M. das Großformat, das großen Gegenständen bzw. Inhalten (‹nobilia›) zusteht, während ‹humilia› (etwa Blumen, ‹libidines› u.a.) gewöhnlich im Kleinformat dargestellt werden. C.K.

Q: Vitr. 7,4–5 – Plin. nat. 35, 112 – *Lit:* G.Rodenwaldt, M., RM 29, 1914, 194–199 – Pfuhl, 962, s.v.M., bes. S. 887 – R. Bianchi-Bandinelli, EAA IV, 1961, 961f.

Megalopolis (‹Große Stadt›), Hauptstadt des westl. →Arkadiens (Kt. 1152 C5), in ebener Lage beiderseits des →Helisson, eines Nebenflusses des →Alpheios ca. 366 durch Synoikismos gegen Sparta gegründet. Versammlungsort des →Arkad. Bundes. Heimat des →Philopoimen und des →Polybios. Um 266–255 Tyrannis des Aristodemos und seit Mitte der 50er Jahre des →Lydiadas, der die Herrschaft nach 10 Jahren niederlegte, danach Eintritt in den →Achäischen Bund. 223 von →Kleomenes III. geplündert. Erhalten sind ein großer Mauerring von fast 8 km Umfang, ein großes Theater aus der Mitte des 4. Jh.s für ca. 20000 Zuschauer, Reste des Sitzungsgebäudes des Arkad. Bundes, einer fast quadratischen Pfeilerhalle von 66 × 52 m (‹Thersileion›, von Thersilos gestiftet). E.M.

Lit: E.A. Gardner u.a., Excavations at M., 1892 – G. Colonna, EAA IV, 1961, 963f.

Megalopsychia, an berühmter Stelle bei →Aristoteles (NE 4,7f.) als ‹Großgesinntheit› die Tugend des Weltmannes im höchsten Sinne, ihres Wertes bewußt, von falscher Bescheidenheit ebenso weit entfernt wie von Überheblichkeit, äußeres Ungemach verachtend, aber auch entschlossen, sich durchzusetzen und den Ruhm zu beanspruchen, der ihr gebührt. Die Stoa macht sie zu einer Unterabteilung der Tapferkeit, doch erhält sie bei →Panaitios (Cic. off. 1) noch einmal ihre aristotelische Bedeutung zurück (lat. magnitudo animi, magnanimitas). O.G.

Megara, Stadt auf der Landverbindung zwischen →Attika und der →Peloponnes, noch heute mit gleichem Namen an gleicher Stelle (Kt. 1152 D5), ursprünglich bötisch, in geschichtlicher Zeit dorisch. In der Frühzeit als Seemacht bedeutend, mehrere Kolonien, z.B. →M. Hyblaia, →Kalchedon, →Byzantion, →Herakleia Pontike (→Kolonisation). Ende 7. Jh. Tyrannis des →Theagenes (1), im 6. Jh. durch innere Wirren und Kämpfe mit Korinth und Athen geschwächt. Ende 6. Jh. Eintritt in den →Pelop. Bund, Beteiligung an den Schlachten am →Artemision, bei →Salamis und →Platää gegen die Perser. 461 Konflikt mit Korinth, von Sparta nicht unterstützt, Austritt aus dem Pelop. Bund, Anschluß an Athen, das M. selbst und die Häfen Nisaia und Pagai besetzt, bis M. 446 wieder in den Pelop. Bund eintritt. 432 ‹Megarisches Psephisma› des →Perikles (Handelssperre gegen M., jährlich zweimal Einfall Athens in das Gebiet von M.), einer der Anlässe des →Pelop. Krieges. M. war während des Krieges auf spartan. Seite, von Athen oft angegriffen, die Hafenstadt Nisaia von 424–410 von Athen besetzt. Im 4. Jh. wirtschaftlicher Aufschwung, zunächst unter spartan. →Harmosten. Unter →Kassandros makedonisch, seit 308 ptolemäisch, 307 Belagerung, Eroberung und Plünderung durch →Demetrios I., seit 301 frei, 276 bis 243 makedonisch, 243 Anschluß an den →Achäischen Bund, 224–192 an den →Böotischen Bund, dann wieder an den Achäischen Bund. Die Stadt lehnt sich an zwei niedrige Akropolen an (ca. 70 und 98 m). Erhalten: Reste des Zeustempels und →Brunnenhaus (des ‹Theagenes›) vom Ende des 6. Jh.s. Im 5. Jh. war die Stadt mit ihrem Hafen Nisaia durch Mauern verbunden. E.M.

Lit: E. Meyer, RE 15,1 (1931), 152–205 – E.L. Highbarger, The history and civilization of ancient M., 1927 – K. Hanell, Megar. Studien, 1934.

2. **M. Hyblaia,** um 728 gegründete Kolonie von →M. (1) an der O-Küste →Siziliens, ca. 20 km nordwestl. Syrakus (Kt. 1420 G10), zum Unterschied von der Mutterstadt nach dem einheimischen Namen der Gegend auch Hybla genannt; ‹Hyblaia› ist erst modern. Um 482 von →Gelon von Syrakus zerstört, die Bevölkerung nach →Syrakus verpflanzt. Fast 70 Jahre lag der Ort verwüstet; 414 Anlage einer Befestigung durch Syrakus, ohne Bedeutung. Antike Reste gering. E.M.

Lit: K. Ziegler, RE 15,1 (1931), 205–215 – *Ausgrabungsberichte:* P. Orsi-F. S. Cavallari, Mon. Ant. 1, 1892, 689–950; 27, 1922, 109–180; MEFR 63ff., 1951ff. – G. V. Gentili, EAA IV, 1961, 967ff.

Megariker, die Anhänger der von dem Sokratiker →Eukleides (2) v. Megara zu Anfang des 4. Jh.s v. Chr. begründeten, später sich auch auf andere Städte ausdehnenden Philosophenschule, oft auch *Eristiker* und *Dialektiker* genannt (wie gewisse Akademiker und Stoiker auch). Sie haben einen nicht unbedeutenden Einfluß auf Aristoteles' Logik sowie auf →Zenon (3), den Begründer der stoischen, und auf →Pyrrhon von Elis, den Begründer der →skeptischen Schule, ausgeübt. Ihre bedeutendsten Vertreter außer Eukleides waren →Diodoros (1) Kronos und →Stilpon von Megara. K.v.F.

Q: Diog. Laert. 2, 106–120.

Megaris, das Gebiet der Stadt →Megara auf der Landbrücke zwischen →Attika, →Böotien und dem eigentlichen →Isthmos von Korinth, mit dem Geraniagebirge (Kt. 1152 D5). E.M.

Megarische Becher →Reliefkeramik B [3].

Megarische Komödie, dorische Stegreifposse (→Komödie I A 2) in Megara, auf →Susarion als Erfinder zurückgeführt, in Athen schon bei →Ekphantides, aber auch bei späteren Komikern als derb und gemein abgelehnt, aus anderen Quellen nicht direkt bezeugt. Th.G.

Megaron, aus östl. und nördl. Anregungen erwachsener ägäischer Haustypus mit rechteckigem Grundriß. Er besteht aus Vorhalle und Hauptraum (mit Herd). Die Vorhalle bestimmt an der einen Schmalseite mit zwei Holzstützen (Säulen) zwischen den →Anten den Eingang. Vorhalle und Hauptraum können durch einen weiteren Raum verbunden sein. Ältestes Vorkommen auf dem griech. Festland (→Griechenland II A) in der →Sesklokultur, in →Troja von der 1. Siedlung an (bes. Troja II). Gleichzeitig in →Thermi, →Samos und Poliochni (auf →Lemnos). Die stattlichsten Beispiele stammen aus der myk. Kultur →(Mykene, →Tiryns, →Pylos), die das M. auch nach Kreta brachte. In griech. Zeit bes. geschlossene, für chthonische Kulte bestimmte Tempel ohne Peristasis und meist auch ohne offene Vorhalle (→Architektur I D 2); außerdem dem myk. M. ähnlicher und bes. in Kleinasien vorkommender →Haus-Typus mit offener Vorhalle. W. Schg.-G. Gb.

Lit: K. Bittel, Kleinasiat. Studien, 1942, 138–149 – B. Schweitzer, M. und Hofhaus, BSA 46, 1951, 160–167 – F. Matz, Die Ägäis, HbArch II, 197. 212f. 261 – F. Schachermeyr, RE 22,2 (1954), 1375f., s.v. Prähist. Kulturen Griechenlands (mit Plan 4).

Megasthenes, Gesandter → Seleukos' I. bei dem indischen König → Sandrakottos 303/292 v. Chr. In seiner ‹Indika› beschrieb M. die Landschaften und Völker Indiens. Vom heutigen Bengalen aus sammelte er Material zur Geographie und → Ethnographie Ost- und Südindiens; im übrigen spann er meist griech. Wundererzählungen (→ Buntschriftstellerei) mit indischen Erzählungen von Wundervölkern, -tieren und -pflanzen weiter aus. Im Lob der → brahmanischen Philosophie, die er auf den Dionysoskult zurückführt und mit zeitgenössischer gr. Philosophie vergleicht, ist auf die unzureichende Darstellung der Tatsachen eine rein griech. Deutung aufgebaut. F. L.

Frg: FGrHist 715.

Megiddo (arab. tell el-mutesellim; Kt. 1920a C 4), im S der Ebene von M. in Palästina. Seit dem 4. Jt. v. Chr. besiedelt und seit dem Beginn des 2. Jt.s unter ägypt. Einfluß, hat M. seine Selbständigkeit als kanaan. Stadtstaat bis auf → David behauptet. Die Ebene von M. ist das klassische Schlachtfeld Palästinas, z. B. Schlachten des → Thutmosis (15. Jh.), der Debora (12. Jh.?) und → Nechos gegen → Josia (→ Judentum A 9). Die Besiedlung des alten Stadthügels endet in pers. Zeit; röm. Nachfolgesiedlung und Militärstation wurde das benachbarte el-leǧǧūn. H. Dn.

Meidiasmaler, att. Vasenmaler des späten 5. Jh.s, benannt nach seinem Töpfer; Vertreter des spät → rotfigurigen ‹Reichen Stils› (→ Vasen E 5). – Er dekoriert in locker verteilten, hochgestaffelten Figurengruppen, deren Anmut im Spätwerk zur Pose erstarrt. Virtuos beherrscht er eine dichte, körpermodellierende Gewandstrichelung, mit der er die malerische Auffassung der Zeichenkunst einleitet. Seiner zarten Formensprache entspricht der Gehalt seiner Bilder, die Leben und Gefühlswelt der Frau zum Thema haben. – *Werke:* Hydria mit Leukippidenraub und Herakles bei den Hesperiden, London, Brit. Mus. E 224 (sog. Meidias-Vase; Arias-Hirmer, Abb. 214–15); Hydria mit Phaon und Demonassa, Florenz 81947 (ebd., Abb. 216–17); Hydrien, bauchige Lekythen, Pyxiden, Lekaniden. I. Sch.

Lit: G. Nicole, Meidias, 1908 – G. Becatti, Meidias, Un manierista antico, 1947 – L. Curtius, Vermächtnis der Antiken Kunst, 1950, 117 ff. – Beazley, ARV^2 1312–14.

Meilensteine. Schon die Assyrer unter → Sargon I. (8. Jh. v. Chr.) scheinen M. aufgestellt zu haben, vereinzelt auch Griechen und Perser. In Rom stammen die frühesten uns bekannten M. aus dem 3. Jh. v. Chr., in der Kaiserzeit werden die öffentlichen → Straßen regelmäßig mit M.n versehen. Die röm. M. sind bis zu 3 m hohe Steinsäulen mit dem Namen und der Titulatur des Kaisers, teils auch dem Namen des Statthalters, und der Entfernung zu der nächsten Stadt oder Provinzgrenze. Über 5000 röm. M. sind bekannt. Th. P.

Lit: O. Hirschfeld, SB Berlin 1907, 165–201 – K. Schneider, RE Suppl. 6 (1935), 395–431, s. v. Milliarium.

Mela → Pomponius.

Melampus, Sohn des Amythaon, Seher, Wunderarzt, Gründer des Dionysoskults (Hdt. 2, 49) und allgemein Religionsstifter (Diod. 1, 97, 4). Schlangen reinigen seine Ohren, so daß er die Sprache der Tiere versteht. Aus Thessalien zieht er mit seinem Bruder Bias und → Neleus in die Peloponnes. Bias bewirbt sich um Neleus' Tochter Pero, muß ihm aber als Preis die Rinder des Iphiklos bringen. M. übernimmt die Aufgabe, wird gefangengenommen, erhält aber später wegen seiner Sehergabe – er findet den Grund für Iphiklos' Kinderlosigkeit – die Freiheit und die Rinder (Od. 15, 225 ff.; Apollod. 1, 98–102). M. heilt auch die vom Wahnsinn befallenen Töchter des → Proitos, heiratet Iphianassa (Kinder: Mantios und Manto) und erhält als Lohn zwei Drittel vom Reich des Proitos. K. Schb.

Lit: J. Löffler, Die Melampodie, Beitr. z. Kl. Philol., H. 7, 1963.

Melanippides von Melos, bedeutender Kitharöde und Dithyrambenkomponist, ca. 480–ca. 400, starb am Hof Perdikkas' II. von Makedonien. M. erhöhte die Saitenzahl der Lyra (→ Musikinstrumente A 2) und führte in die Musik des → Dithyrambos Neuerungen ein, durch die er zum Vorgänger der Neuerer → Kinesias, → Phrynis und → Timotheos geworden ist. So ist er der erste bekannte Verfasser längerer Gedichte, deren antistrophische Responsion durch lyrische Sologesänge (ἀναβολαί) ersetzt ist. Dithyramben ‹Marsyas›, ‹Danaiden›, ‹Persephone› u. a. G. W.

Frg: PMelGr 392 ff. – *Lit:* P. Maas, RE 15, 1 (1931), 422 f.

Melanippos, Sohn des → Astakos. Tötet bei der Verteidigung Thebens gegen die → Sieben den → Tydeus. Dessen Feind → Amphiaraos schlägt M. den Kopf ab und schleudert ihn dem sterbenden Tydeus zu, der das Gehirn ausschlürft und wegen dieses Greuels von Athena nicht unsterblich gemacht wird (Apollod. 3, 75–76).

Lit: Preller-Robert II 3, 929 f., 938 f. – *Darstellungen:* Tydeus mit dem Kopf des M. auf zwei att. Vasen des 5. Jh.s (J. D. Beazley, JHS 67, 1947, 1–9); etrusk. Urnen (F. Baroni, EAA IV, 1961, 982). K. Schb.

Melanthios, Ziegenhirt des → Odysseus, auf seiten der Freier der Penelope und darum von Odysseus grausam getötet (Od. 17, 212 ff.; 22, 474 ff.). L. H.

2. **M.,** Elegiker und Tragiker, 5. Jh. v. Chr. Soll eine ‹Medea› geschrieben haben, wurde von Aristophanes und anderen Komikern häufig verspottet. E.-R. Sch.

Frg: TGF 760; Fr. adesp. 390.

3. **M.,** von Sikyon (?), Maler, Schüler des → Pamphilos (1). Verfasser theoretischer Schriften über Malerei. Bild des Tyrannen Aristratos, an dem u. a. auch → Apelles mitwirkte. Seine Forderung an die Kunst: αὐθάδεια (Herbheit) und ξηρότης (Trockenheit) im Gegensatz zum reichen Stil. War in der Mitte des 4. Jh.s v. Chr. tätig. C. K.

Q: Overbeck, SQ, 1754 ff. – *Lit:* Brunn II 142 ff. – Pfuhl, 730 – G. Lippold, RE 15, 1 (1931), 431 f. – Rumpf, 132, 5 – L. Guerrini, EAA IV, 1961, 982.

4. **M.,** von Athen (?), schrieb eine → Atthis und ‹Über die eleusin. Mysterien›; schattenhaft. Ca. 350–270 (?). W. Sp.

Frg: FGrHist 326 mit Add. – *Lit:* F. Jacoby, Atthis, 1949.

Melantho, untreue Magd des → Odysseus, frech gegen den Bettler und wie die übrigen Mägde von ihm aufgehängt.

Melanthos, Sohn des Andropompos und somit Nachfahr des → Neleus, König in Messene. Von den → Herakliden vertrieben, kommt er nach → Attika und wird (laut einigen Versionen nach siegreichem Zweikampf mit König Xanthos von Theben) König von Athen, Vater (oder Bruder) des → Kodros, Heros Eponymos von Melainai (Hdt. 5, 65; Paus. 2, 18, 9; Strab. 9, 1, 7 p. 393; 14, 1, 3 p. 633). K. Schb.

Meleagros, Sohn des → Oineus und der → Althaia. Als Oineus bei einem Erntefest vergißt, die Artemis zu ehren, läßt diese aus Zorn sein Land durch einen Eber verwüsten. M. vereint eine große Zahl berühmter Heroen, die sog. kalydon. Jäger, und bezwingt das Untier. Nach *homer. Version* (Il. 9, 529 ff.) tötet er dann bei einem Streit um Kopf und Fell des Ebers zwischen Ätolern und Kureten die Brüder seiner Mutter, die ihn deshalb verflucht. M. bleibt daraufhin grollend dem noch anhaltenden Kampf fern, so daß die Kureten immer mehr Erfolge erringen, bis seine Gattin Kleopatra von ihm erreicht, seiner Heimatstadt zu helfen. Darauf werden die Feinde besiegt. – In *anderer* (und verbreiteterer) Version der Sage rächt sich Althaia für den Tod der Brüder, indem sie ein Holzscheit ins Feuer wirft, an das die → Moiren bei seiner Geburt sein Leben gebunden hatten (Bakchyl. 5, 94 ff.; Aisch. Cho. 602–611; Apollod. 1, 64–73; Ov. met. 11, 273 ff.). – Durch *Euripides* kommt die Liebe des M. zu Atalante hinzu; daß M. ihr, die als erste den Eber getroffen hat, dessen Fell gibt, löst den Streit mit den Brüdern Althaias aus. – Die um den Bruder trauernden Schwestern, die *Meleagriden,* werden in Vögel verwandelt (so schon bei Sophokles: Plin. nat. 37, 40 f.); Althaia begeht Selbstmord.

Lit: Preller-Robert II 1, 85 ff. – V. d. Kolf, RE 15, 1 (1931), 446–478 – Zur umstrittenen Frage, ob die homerische Version Erfindung Homers sei, vgl. Lesky, 38 (Lit) – *Darstellungen:* Die kalydon. Eberjagd war von der Zeit des sikyonischen Monopteros in Delphi an (um 570) ein wichtiges Motiv der Architekturplastik (P. De la Coste Messelière, Au Musée de Delphes, 1936, 120–152; F. Eichler, Die Reliefs vom Heroon in Gjölbaschi-Trysa, 1950, 19. 57; Lippold, GrPl 250: Tegea) und Lieblingsthema der archaischen Vasenmalerei (Brommer 235–238; Schauenburg, AA 1962, 765–776; Schefold, FS 71f.; vgl. auch die Elfenbeinreliefs bei P. Amandry, BCH 61, 1939, 105, Taf. 36). Berühmt eine skopasische Statue des M. (P. Arias, Skopas, 1952, 127–131). In der Kaiserzeit waren die M.sarkophage sehr verbreitet (Robert, SR III 2, 268–359; vgl. → Mythendeutung). M. und Atalante auch auf vielen Wandgemälden (Schefold, WP, passim), etrusk. Urnen und Spiegeln sowie röm. Mosaiken (D. Levi, Antioch Mosaic Pavements, 1947, 68–71) – *Lit. dazu:* F. Brommer, EAA IV, 1961, 983–985. K. Schb.

2. **M. von Gadara,** Dichter und Philosoph, ca. 140 bis ca. 70 v. Chr. Seine → Menippeischen Satiren popularphilosophischen Inhalts verloren. Von seinen Epigrammen besitzen wir etwa 130, zumeist erotischer Art. Seine eigentliche Bedeutung hat M. nicht als Dichter, sondern als Sammler von Epigrammen: er veranstaltete die erste für uns faßbare Sammlung unter dem Namen *στέφανος* (‹Kranz›), in deren Einleitungsgedicht (jetzt AP 4, 1) er die Dichter mit je verschiedenen Blumen und Pflanzen verbindet. Weiteres → Anthologie. P. H.

Ed: AP – *Lit:* H. Ouvré, M. de Gadara, 1894 – K. Radinger, M. v. Gadara, 1895.

Meletios, Bischof von Lykopolis, wurde 306 abgesetzt, weil er während der diokletianischen Verfolgung 303 in die Rechte des geflüchteten Bischofs Petros von Alexandria eingegriffen hatte. Da sich trotz dieses Unrechts nicht wenige confessores der letzten Verfolgung auf die Seite des M. stellten, weil ihnen Petros gegen die lapsi zu milde zu sein schien, kam es zum sog. *Meletianischen Schisma,* das sich somit an ähnlichen Problemen entzündete wie der Streit → Cyprians mit Rom oder der → Donatismus. Auf dem Konzil von Nikaia bemühte man sich vergebens um die Beilegung; das melet. Schisma, von → Athanasios verfolgt, wurde zur Sekte, die bis in die Zeiten der arab. Eroberung Ägyptens bestand. H. D.

Lit: Ed. Schwartz, Die Quellen über den m. Streit (1905), in: Ges. Schr. III, 1959, 87–116 – F. H. Kettler, Der m. Streit in Ägypten, ZNW 35, 1936, 165–193 – RGG IV 845f.

Melesermos, athen. ‹Sophist› unbekannter Zeit, der viele Bücher, Briefe und Symposiaka schrieb. W. Sp.

Lit: Schissel, RE 15, 1 (1931), 495.

Meliamben, von → Kerkidas gebrauchte → Asynarteten: er fügte die durch die Zäsuren des Hexameters entstandenen Stücke → Hemiepes und → Erasmonidēus so zu den durch die Hauptzäsur des Trimeters entstandenen Stücken ×–◡–× und –◡–×–◡–, daß immer ein mit longum beginnendes und ‹männlich› ausgehendes vor einem mit anceps beginnenden und ‹weiblich› ausgehenden steht, also:

–◡◡–◡◡–| } { ×–◡◡–◡◡–×|
–◡–×–◡–| } { ×–◡–× B. Sn.

Lit: P. Maas, BPhW 31, 1911, 1011 u. 1214 – Ders., Greek Metre, 1962, §68.

Melidi (Milid, Militene; heute Arslantepe) bei Orduzu nordöstl. Malatya (Kt. 2319 F 3), befestigte Hauptstadt des späthethit. Königreiches Kammanu. Torbau mit Portallöwen und Orthostatenreliefs (11.–9. Jh.), Königsstatue (8. Jh.). Ausgrabungen 1932–39 (L. Delaporte). E.-M. B.

Lit: L. Delaporte, Malatya, 1940 – K. Bittel, AA 1943, 225–250 – E. Akurgal, Späthethit. Kunst, 1949.

Melikertes, Sohn des → Athamas und der → Ino, mit ihr in eine Meergottheit, *Palaimon,* verwandelt, der zu Ehren → Sisyphos die → Isthmischen Spiele stiftet.

Melinno, lyrische Dichterin. Durch Stob. 7, 13 ein dorischer Hymnos auf Rom in sapphischen Strophen (Stob. nennt M. vielleicht deswegen eine Lesbierin) erhalten, weil Stob. Ῥώμη (Rom) mit ῥώμη (Stärke) verwechselte. Datierung sehr umstritten. Die Annahmen schwanken von der Zeit der Punischen Kriege bis zur Kaiserzeit. An die Republik ist gedacht worden, da jeder Hinweis auf einen princeps fehlt. P. H.

Ed: Anth. Lyr.[2] 2, 315 – *Lit:* W. A. Oldfather, RE 15, 1 (1931), 521 bis 523.

Melische Vasen, große Grab → Kratere, → Amphoren, → Teller und Schüsseln orientalisierenden Stils (um 660 bis 590). Nach bedeutenden Funden auf → Melos ‹melisch› genannt, nach anderen Funden auf → Paros, → Delos und in der parischen Kolonie Thasos scheint Paros das Herstellungszentrum gewesen zu sein. Typisch für die M. V. sind üppige Füllornamentik, reiche Musterung der Gewänder und eine Bevorzugung der Spirale. Die Formensprache schwankt zwischen kantiger Flächigkeit der Figuren und elastischem Ornamentstil. Ritzung wird in der farbenreichen Pinselmalerei kaum angewandt. Die Thematik erscheint mit Göttergespannen, Zweikampf- und Reitergruppen betont ritterlich. I. Sch.

Lit: A. Conze, Melische Thongefäße, 1862 – Expl. Arch. de Délos X: Ch. Dugas, Les vases de l'Héraion, 1928, Taf. 1–6 – N. M. Kontoleon, Theräisches, AM 73, 1958, 133–137 – F. Salviat-N. Weill, Un plat du VIIe siècle à Thasos, BCH 84, 1960, 347–386.

Melissa, Name bestimmter Arten von → Nymphen, dann der → Priesterinnen in bestimmten Kulten, so der → Demeter (Kallim. hymn. 2, 110), der → Persephone (Theokr. 15, 94 mit Schol.), des delphischen → Apollon (Pind. Pyth. 4, 60), der Göttermutter (Lact. div. inst. 1, 22, 20; → Kybele vgl. Porphyr. antr. 18). Der Name wird allgemein als ‹Biene› verstanden und mit mannigfachen erstaunlichen Eigenschaften dieses götternahen Tierchens in Verbindung gebracht, fraglich ob mit Recht. – Vgl. → Biene. O. G.

Melissos, von Samos, 1. H. 5. Jh., Schüler des → Parmenides. Während des Aufstandes von Samos gegen Athen (442–440 v. Chr.) siegreicher Stratege. Die verhältnismäßig umfangreichen, schwerfällig formulierten Fragmente seines in Prosa geschriebenen Werkes zeigen, daß er die Lehre des → Parmenides gegen die → Atomisten mit ihrer Annahme der Existenz eines leeren Raumes sowie gegen → Empedokles und → Anaxagoras mit ihrer Mischungslehre zu verteidigen suchte. Er weicht von Parmenides darin ab, daß er das Seiende für unendlich (*ἄπειρον*) erklärt.

Frg: VS 30. K. v. F.

2. **M.,** C., geb. in Spoletium, Freigelassener des → Maecenas, Bibliothekar unter → Augustus. Tendenzen seiner Zeit zur Hebung des → Ritterstandes folgend, erfindet M. die → Trabeata, eine Gattung der röm. → Komödie (II B 2), die ihre Motive dem Leben der Ritter entnimmt. Sueton (gramm. 21) erwähnt auch 150 Bücher ‹Ineptiae› (‹Scherze›), ein Sammelwerk, dessen Reste im 2. Buch der Saturnalien des → Macrobius vorliegen. H. M.

Meliton, Bischof von Sardes, gest. vor 190; Polykrates v. Ephesos lobt ihn (bei Eus. hist. eccl. 5, 24, 5 mit dem Beiwort M. *ὁ εὐνοῦχος!*) als standhaften → Quartadecimaner. → Hieronymos (vir. ill. 24) rühmt ihn als ‹elegans et declamatorium ingenium› (ein Urteil, das die neuen Funde vollauf bestätigen), erwähnt aber auch den Tertullian entlehnten Tadel, M. habe unter Christen als ‹propheta› gegolten. Euseb (hist. eccl. 4, 26) gibt ein (nicht ganz intakt überliefertes) Verzeichnis der Schriften des M. und eine Reihe von Exzerpten, namentlich aus der 177 dem Kaiser Mark Aurel überreichten Verteidigungsschrift für die Christen. Dank den Funden der letzten 30 Jahre (Homilie zum Osterfest in vier Bezeugungen: syr., lat., 2mal griech., noch nicht völlig ausgewertet) wird M. als Stilist und als Theologe weit besser kenntlich als zuvor. H. D.

Ed: E. J. Goodspeed, Die ältesten Apologeten, 1914, 306–313 (die zuvor bekannten griech. Fr.) – I. Rucker, Florilegium Edessenum, H. 5, 1933 (Osterhomilie, syr.) – F. Kenyon, Chester Beatty Biblical Papyri, fasc. 8, 1941 (Osterhomilie, griech., mit Faksimile) – B. Lohse, Die Passa-Homilie des Bischofs M. von Sardes, Textus minores, 1958 – Auf Grund eines neuen Pap.-Fundes: M. Testuz, L'homélie de M. sur la Pâque, Pap. Bodmer XIII, 1960 (mit Rez. von K. Treu, DLZ 82, 1961, 603–607; dort Überblick über die Überlieferung) – H. Chadwick, A Latin epitome of M.s Homily on the Pascha, JThSt 11, 1960, 76–82 – *Lit:* B. Lohse, Das Passafest der Quartadezimaner, Diss. Göttingen 1953 (Lit).

Melos, südwestlichste Insel der → Kykladen (Kt. 1152 E6), vulkanisch, mit großen Obsidian-Vorkommen, schon in prähistorischer Zeit bedeutende Siedlung, in historischer Zeit dorisch. Nicht im → Att. Seebund, 426 Behauptung der Selbständigkeit gegen → Nikias(1), 416 aber brutal von Athen unterjocht (‹Melierdialog› bei Thuk. 5, 83–113). Von M. stammt die berühmte ‹Venus v. Milo› (Louvre) aus hellenist. Zeit. – Vgl. → Melische Vasen. E.M.

Lit: C.J. Karouzos, An early classical disc relief from M., JHS 71, 1951, 96–110.

[2] Auf M. stellte ca. 475–440 v. Chr. eine lokale Werkstatt zur Ausfuhr bestimmte Terrakottareliefs her, die auf Holzkästen genagelt wurden, sog. *Melische Tonreliefs.* Durchschnittliche Höhe 0,10–0,20 m. Die Reliefs sind aus Formen gewonnen und üblicherweise à jour gearbeitet. Farbige Bemalung über weißer Engobe (weiß brennendem Überzug wegen des geringen Tons). Weite Verbreitung über die ganze griech. Welt, aber die Heimat M. durch die Fundumstände und den provinziell kykladischen Stil belegt. Darstellungen aus Mythos und Sage von teilweise ausgefallenen Szenen: → Orest und Elektra am Grabe Agamemnons, Triton und → Theseus, → Eos und Kephalos, → Peleus und Thetis, → Bellerophon und die Chimaira, → Aphrodite und Eros mit Greifenwagen, Fußwaschung des → Odysseus u. a. U.J.

Lit: P. Jacobsthal, Die mel. Reliefs, 1931 – B. Shefton, BCH 82, 1958, 27–45 – J. W. Graham, AJA 62, 1958, 313–319.

Melpomene → Musen.

Melqart, ‹Herr der Stadt›, d.h. wohl der Unterwelt (Albright), semit. Fruchtbarkeitsgott (Erweckungsfest Men. Eph. Frg. 1), dann → Baal von Tyros (Tempel ohne Götterbild), auch in den tyrischen Kolonien (Thasos, Cypern, Sizilien, Karthago: CIS) und auf Delos verehrt, oft als Herakles (Nordafrika, Spanien), mit dem die Griechen ihn gleichsetzen (daher das Opfer Alexanders: Arr. anab. 2, 24, 6), im späten Synkretismus dem Himmelsgott angeglichen. C.J.C.

Lit: F.W. Albright, Die Religion Israels, 1956, 96.

Memmius, C. (tr. pl. 111 v. Chr., praet. 104) führte als Tribun einen erbitterten Kampf gegen die Macht der Nobilität und verhinderte durch seine Reden vor dem Volk, daß der Senat die Ermordung → Adherbals durch → Jugurtha ungesühnt ließ (Sall. Iug. 27). 100 bewarb er sich um das Konsulat und war ein gefährlicher Rivale des → Servilius (5) Glaucia. Aus Furcht, er könne wegen seiner Volkstümlichkeit gewählt werden, stifteten Glaucia und → Saturninus bei den Wahlen einen Tumult an und ließen M. zu Tode prügeln (App. civ. 1, 142). G.G.

2. **M.,** C. (praet. 58 v. Chr.). M. verhinderte 66 als Volkstribun im Interesse des → Pompeius (2) den Triumph des L. → Lucullus. 59/58 heftige Opposition gegen → Caesar und Pompeius; M. versuchte, den Senat zur Verurteilung Caesars zu bewegen. 57 hatte er als Statthalter Bithyniens die Dichter → Catull und C. → Helvius (2) Cinna in seinem Gefolge. → Lukrez widmete ihm sein Werk. 54 als Konsulatsbewerber von Pompeius und Caesar gefördert, scheiterte er durch eine skandalöse Bestechungsaffäre. 53 wurde er verurteilt und ging ins Exil nach Athen. 49 zurückgekehrt, vor 46 gestorben. M. war verheiratet mit → Sullas Tochter Fausta. Durch seine wechselnden politischen Engagements, mehrere Ehebruchsgeschichten und seine weitgespannten geistigen Interessen war er typisch für seine Generation. Chr.M.

3. **M. Regulus,** P., homo novus (aus Gallia Narbonensis?), Quästor des → Tiberius, cos. suff. 31 n. Chr. M. leitete als Konsul die Senatssitzung am 18. 10. 31, in der → Sejan gestürzt wurde. 35–44 Oberstatthalter der Provinzen Moesia, Macedonia und Achaia. Prokonsul von Asia ca. 48/49. Mitglied dreier Priesterkollegien. In zweiter Ehe mit → Lollia Paulina, der späteren Gattin des → Caligula, verheiratet. Gest. 61. Bei Tiberius und Nero angesehen. U.Wm.

Lit: R. Syme, Tacitus, 1958, Ind. S. 842; App. 82.

Memnon, Sohn der → Eos, König der → Äthiopen. Im → Trojan. Krieg (→ Aithiopis) tötet er den Nestorsohn → Antilochos und fällt durch → Achilleus (vgl. Od. 4, 187f.; Hes. theog. 984f.). Eos verschafft ihm Unsterblichkeit. Die Psychostasie vor dem Kampf mit Achill bei Aischylos behandelt (TGF 88). Im 5. Jh. galt Kissien, Susa oder Ägypten (daher die Sage von den → M.kolossen: s. u.) als seine Heimat (vgl. → Äthiopen). Es hieß auch, daß auf die Bitte der Eos die Asche des M. oder seine Gefährten in Vögel verwandelt wurden, die jedes Jahr um sein Grab kämpften (Ov. met. 13, 576; Quint. Smyrn. 2, 642ff.). K. Schb.

Lit: Preller-Robert III 1, 1180ff. – *Darstellungen:* Häufig der Kampf mit Achill, oft kenntlich an den Heldenmüttern; am schönsten die Klage der Eos auf Amphora des Vatikan und Duris' Schale, auf der Eos M. wegträgt (Schefold, FS, Taf. 10. 76c; Pfuhl, Abb. 290. 466; Red., EAA IV, 1961, 999f.). K. Schf.

2. **M.** ‹**von Herakleia**›, vielleicht Zeitgenosse → Plutarchs (46 bis nach 120), Verfasser eines Werkes über Herakleia, das teilweise (Buch 9–16, d. h. ab Beginn der Tyrannis, 364/3, bis Caesars Zeit) aus Phot. bibl. cod. 224 bekannt ist. Mit dem Übergang → Alexanders nach Asien erweiterte sich die Stadt- zur Universalgeschichte (Diadochen, Rom). – Quellen: → Theopomp (?), → Nymphis, Domitios Kallistratos (?), Werke über Herakleia und Samothrake (FGrHist 433). W. Sp.

Frg: FGrHist 434 – *Lit:* A. Momigliano, EI 22, 1934, 829 – Dzagourova, *Μέμνονος Περὶ Ἡρακλείας* (russ. Übersetzung mit Einleitung), VDI 35, 1951, 281–316.

3. **M. von Rhodos,** jüngerer Bruder → Mentors (2); kämpfte auf Seiten des → Artabazos; floh 353 v. Chr. mit ihm nach Makedonien; kehrte 342 mit ihm in den pers. Dienst zurück, wohl mit Nachrichten über die Pläne → Philipps II., dessen Angriff auf den Hellespont 340 die Perser vorauswußten. Als Oberkommandierender in Kleinasien leistete er 336 der Invasion des → Parmenion Widerstand, wurde aber des Befehls enthoben und durfte seine Strategie der ‹verbrannten Erde› gegen → Alexander (5) d. Gr. nicht ausführen. Nach der Schlacht am Granikos wieder mit dem Oberbefehl betraut, hielt er Halikarnaß, besetzte u. a. Chios und Methymna und plante, mit der Flotte nach Griechenland vorzustoßen. Sein Tod (333) befreite Alexander von dieser Gefahr und dem einzigen großen Gegenspieler. E. Bd.

Memnonis, Titel einer vermuteten älteren Fassung des epischen Sagengutes um den Aithiopenfürsten → Memnon, die der → Aithiopis zugrunde gelegen und auch dem Iliasdichter bei der Gestaltung wichtiger (mit der Aithiopis gemeinsamer) Motive Anregungen gegeben haben könnte. Keine Fragmente erhalten. G.K.

Memnonskolosse. Die Griechen bezeichneten die beiden 17,9 m hohen Sitzstatuen → Amenophis' III. in West-Theben als M., was wohl auf den Namenanklang Memnon: Nimmuaria (= Amenophis III.) zurückzuführen ist. Sie wurden erst seit dem Erdbeben von 27 v. Chr. berühmt, als der nördl. zerbrach und an der Bruchstelle durch die Erhitzung am Morgen Partikeln klingend absprangen. Mit der Wiederherstellung unter Septimius Severus 199 n. Chr. hörte das Tönen auf. W. Hk.

Abb: K. Lange-M. Hirmer, Ägypten, 1955, Taf. 162/3.

Memoria (*μνήμη*), das ‹Gedächtnis›, Objekt der rednerischen Ausbildung im System der officia oratoris (→ Rhetorik, Abb. 187, 4d). Man unterschied eine naturalis und eine artificiosa memoria (Rhet. Her. 3, 28f.). Die starke Beachtung der zweiten hat eine eigene Technē hervorgerufen, die → Mnemotechnik. Vgl. → Theodektes. H.H.

Lit: Volkmann, 567ff. – Lausberg, I 525–527 – Kennedy, Persuasion, 12. 266. 304 – Für die Spätzeit: H.-W. Fischer, Unters. über die Quellen der Rhet. des Mart. Capella, Diss. Breslau 1936, 95–101.

Memoria, Memorialkirche. Dem sepulkralen Begriff gemäß (μνήμη = ‹Totengedächtnis›; μνῆμα, μνημεῖον = ‹Grab›, vgl. Grabformel: μνήμης χάριν) wurden in *Memorien* auf den → Coemeterien die jährlichen Märtyrerfeiern (anniversaria) begangen, weshalb sie auch μαρτύρια hießen. Pagane Grabbauten wirkten auf sie ein: mensa sub divo, → Apsis, cella trichora, → Heroon, → Hypogäum, → Portikus, → Triclinium (z.B. Cassii et sociorum, Bonn; St. Victor, Xanten; Centumcellae bei Tarragona; Rom: m. Petri in Vaticano; m. Apostolorum, S. Sebastiano, S. Symphorosa, via Appia; Friedhöfe bei Salona; Pècs, Ungarn; Konstantinopel: Carpi et Papyli; Bin-bir-Kilissi, Lykaonien; Syrien; Abu Mina und El Bagawat, Ägypten; Tipasa, Afrika). Dem Bemühen, der Vielfalt kleinerer Memorien der Apostel bzw. der Märtyrer Einhalt zu gebieten (Konzil v. Karthago 438, can. 34; Karte → Lit.), geht die kirchliche Förderung der *Memorialkirche* parallel. In enger oder loser Verbindung mit dem Märtyrergrab gestaltete man sie als → Basilika (St. Peter Konstantins; St. Felix in Nola, Kampanien, vgl. → Paulinus v. Nola epist. 31; carm. natale 9; poema 27f. passim; → Grabeskirche; St. Eleona, Ölberg), wobei die M. im Hl. Land auch an Patriarchengräbertradition anknüpften (Mamre bei Hebron; Anlage auf dem Nebo), oder verband sie mit → Coemeterialbasiliken (so Rom, ferner Abu Mina). Auch das vier- bzw. rechteckige Mausoleum in 2 Etagen wurde übernommen (Syrien; Marusinac bei Salona: M. des Anastasios) oder sonstige Formen des → Zentralbaus verwandt (Umwandlung eines Kaisermausoleums in H. Georgios, Saloniki). Letztere konnten sich als Apsis mit einer Basilika verbinden (Geburtskirche, Bethlehem; Apostelkirche von Konstantinopel 1. Bau). Als spezifisch christlich empfand man die kreuzförmige M., die man bei kleineren Bauten mit einem inneren Oktogon (Projekt des → Gregor v. Nyssa, epist. 25; Bin-bir-Kilissi nr. 8; Hauran), bei größeren mit einem nach außen sichtbaren Oktogon, z.T. überkuppelt, kombinierte (S. Philippus, Hierapolis; neugefundenes Oktogon in Philippi); Wallfahrtskirchen zeichneten sich durch lange Kreuzarme aus (S. Babylas, Koussie/Antiochia; Jakobsbrunnen, Sichem; Kal'at Sem'an bei Antiochia). Der freistehende Kreuzarmbau, entweder als crux immissa, d.h. latein. Kreuz (Johanneskirche I, Ephesos; S. Nazario, Milanum) oder crux quadrata (Kreuzschiffbasilika, Salona) oder crux commissa, d.h. T-förmig gestaltet (S. Stefano, Verona; Querschiffbasilika Abu Mina), war im Westen auch Gemeindekirche. Die östl. M. bevorzugte jedoch den Kreuzarm-Viereckbau (Propheten, Apostel und Märtyrer, Gerasa; Hosios David, Saloniki), der zur byzantin. Kreuzkuppelbasilika führte (→ Architektur III B 4). Die M. sollte als Trikonchos für Seitenkapellen und Mönchsbauten im Westen noch lange verwandt werden (Lerinum), ja als Katholikon griech. Klöster (Griechenland) noch länger fortleben. C. A.

Funde: F. v. den Meer-Mohrmann, Atlas der frühchristl. Welt, 1959, Karte 31 – St. Gsell, Les monuments antiques de l'Algérie, 1901 – H. Heisenberg, Grabeskirche und Apostelkirche, 1908 – W. Ramsay-G. L. Bell, The thousand and one Churches, 1909 (Bin-bir-Kilissi) – C. M. Kaufmann, Die Menasstadt, 1910 – A. Xyngopoulos, Deltion 12, 1929, 142–180 (Hosios David) – H. Lehner, RQ 38, 1930, 133 bis 151 (Bonn) – J. Lassus, Bull. d'études orientales de l'Institute franc. de Damas 1, 1931 (Hauran) – W. Bader, Germania 18, 1934, 112–117 (Xanten) – H. Christ, Riv. Arch. crist. 12, 1935, 293–311 (T-Form St. Peter) – W. H. Harvey, Structured Survey of the Church of the Nativity, 1935 – A. M. Schneider, Byzanz, 1936 (S. Carpi et Papyli) – J. Lassus u. G. Downey, in: Antioch-on-Orontes II, 1938, 4–48 (S. Babylas) – D. Krencker, Die Wallfahrtskirche des Simeon Stylites in Kal'at Sim'an, 1939 – S. Saller-H. Schneider, The Memorial of Moses on Mont Nebo I–III, 1941–50 – F. Benoit, Riv. Arch. crist. 25, 1949, 129–154 (Lerinum) – A. M. Schneider, ZDPV 58, 1951, 211 bis 234 (M. von Garizim) – A. Fakhry, The Necropol of El-Bagawat, 1951 – F. Tolotti, Memorie degli Apostoli in Catacumbas, 1953 – P. Verzone, CArch 8, 1956, 37–61 (Hierapolis) – H. Vincent, RBi 64, 1957, 48–71 (St. Eleona) – E. Mader, Mamre, 1957 – H. Schlunk, Untersuchungen im frühchristl. Mausoleum von Centcelles, 1959 – G. Bovini, VII corso di culture... Ravennate, 1961, 97–118 (S. Nazaro) – Vgl. zu → Salona, → Gerasa, → Ephesos – *Lit:* A. Grabar, Martyrium, Recherches sur le culte des reliques..., 2 Bde, 1946 – F. Cumont, Lux perpetua, 1949, 133–135 (aeterna memoria) – S. Guyer, Grundlagen mittelalterl. Baukunst, 1950.

Memphis (Kt. 29 C 3). Seit Beginn der Geschichte lag die ägypt. Residenz in M., damals ‹weiße Mauer› *(inbw ḥd)* genannt. Der Stadtgott war → Ptah. Später wuchs diese Anlage mit den Stadtanlagen zusammen, die die Könige des Alten Reiches für ihren Pyramidenkult anlegten; daher wird der Ort in der → Herakleopolitenzeit nach der Stadt der Teti-Pyramide *Ḏd-iśw.t*, bald aber nach der Phiops' I. *Mn-nfr* (: Memphis) genannt. Im Mittleren Reich wurde M. als Residenz durch → Lischt abgelöst, war aber in der 18. Dyn. Sitz des Kronprinzen als Oberkommandierenden des Heeres. Seit → Tutenchamun galt es wieder als Königsresidenz. Die wenigen erhaltenen Baureste stammen aus der Ramessidenzeit, in der der Ptahtempel reich ausgebaut wurde. In M. waren auch Kulte ausländischer Götter (→ Astarte, → Baal-Saphon). In ptolemäischer Zeit war M. religiöses Zentrum, wo auch die Königsfeste gefeiert wurden. Es wurde aber dann von → Alexandria zurückgedrängt. W. Hk.

Lit: Ahmed Badawi, M. als zweite Landeshauptstadt im Neuen Reich, 1948.

Mēn, aus Phrygien stammender Gott, in Kleinasien verehrt (vgl. z.B. Strab. 12, 3, 31; 8, 14, 20) und im 4./3. Jh. v. Chr. als Sklavengott auch nach Attika gelangt. Von seinen zahlreichen Beinamen ist Tyrannos (‹Herr›) besonders alt und weit verbreitet. Im → Synkretismus wird M. häufig mit anderen Göttergestalten vermischt (bes. mit → Attis) und gewinnt offensichtlich bis hin nach Italien in den unteren Volksschichten Anhänger (z.B. in Rom und Ostia als Attis Menotyrannos bezeugt). – Ob M. ursprünglich ein Mondgott war (Darstellungen mit der Mondsichel hinter seinen Schultern) oder in Phrygien ursprünglich Manes hieß und Μήν (‹Mond› bzw. ‹Monat›) eine gräzisierte Namensform ist, läßt sich nicht eindeutig klären. K.-H. R.

Lit: A. Lesky, RE 15, 1 (1931), 689–697 – Nilsson I 838.

Menäen → Märtyrerakten.

Menaichmos, Mathematiker → der Mitte des 4. Jh.s, Schüler des → Eudoxos (1) v. Knidos. Er stand der Akademie nahe, wahrte aber seine Unabhängigkeit als Mathematiker, indem er im Gegensatz zu → Speusipp Lehrsätze und Konstruktionen gleichermaßen als ‹Problemata› bezeichnete und ihren Unterschied voneinander genauer zu bestimmen suchte (Prokl. in Eucl. 78F.). Die bedeutendste von ihm berichtete Leistung ist die Lösung des Problems der → Verdoppelung des Würfels mit Hilfe von Kegelschnitten sowie die damit verbundenen ersten Ansätze zu einer Lehre von den Kegelschnitten überhaupt. K. v. F.

Lit: B. L. Van der Waerden, Erwachende Wissenschaft, 1956, 266ff. und 313f.

Menander (Menandros)

A. Leben – B. Werk – C. Die erhaltenen Stücke – D. Charakteristik – E. Fortwirkung, Überlieferung.

A. Leben. M., Diopeithes' Sohn, Athener aus dem → Demos Kephisia, ist der berühmteste Dichter der neuen → Komödie (I D), dessen Auftreten die neue Epoche einleitet. Geb. 342/341 aus wohlhabender, angesehener Familie. War 322/321 mit dem Philosophen → Epikur Ephebe, studierte im Peripatos unter → Theophrast und wurde der Freund von dessen Schüler, dem etwas älteren Philosophen, Schriftsteller und Gouverneur von Athen (317–307) → Demetrios (17) v. Phaleron, dessen Sturz ihn in persönliche Gefahr brachte. Berufungen nach Makedonien und von → Ptolemaios I. nach Ägypten lehnte er aber ab und blieb in Athen. Wohl 291/290 beim Schwimmen im → Piräus ertrunken. Sein Auftreten soll von gepflegter Eleganz gewesen sein. Die Geschichten um seine Liebschaft mit Glykera sind wahrscheinlich, diejenige mit → Thaïs sicherlich erfunden.

B. WERK: erste Aufführung wohl 321 ‹Orge› (‹Der Zorn›). Erfolge insgesamt bescheiden mit wohl fünf Dionysien- (erster 315) und drei Lenäensiegen (darunter ‹Dyskolos› 316). Von seinen 109 oder 108 Komödien (→ Apollodor (3) hatte davon 105) können viele nur außerhalb von Athen oder nicht zu M.s Lebzeiten aufgeführt worden sein. 96 Titel bekannt. Es lassen sich Jugendstücke und reifere Werke unterscheiden (Chronologie s. u. C). Eine Entwicklung wurde schon im Altertum beobachtet (Plut. comp. Ar. et Men. 853 f.): nämlich an seiner Sprache, dem lebendigen, gebildeten Attisch seiner Zeit, das M. in späteren Stücken der Individualität der Sprecher angepaßt habe. In den frühen Stücken finden sich noch buntere Metren neben dem Trimeter: in 17 Stücken trochäische Tetrameter; im Finale des ‹Dyskolos› jambische Tetrameter mit Flötenbegleitung; wenige anapästische Systeme; aber praktisch keine lyrischen Verse. Die Stücke sind in die von der Theorie geforderten fünf Akte (Hor. ars 189 f.) eingeteilt. Der Chor singt nur noch → Embolima zwischen den Akten. Es treten nur drei Sprecher gleichzeitig auf. In den frühen Stücken ist neben dem formal Traditionellen auch das Possenhafte noch stärker erhalten. → Mythentravestie fehlt aber ganz.

C. DIE ERHALTENEN STÜCKE. Von M. als einzigem Dichter der neuen Komödie sind Originalstücke erhalten, die das Wesen von M.s Kunst gegenüber den röm. Bearbeitungen des → Plautus und → Terenz (vgl. → Diphilos, → Philemon (1), → Apollodor (7) v. Karystos) deutlich erkennen lassen, obschon kein unmittelbares Vorbild für jene darunter ist. Am wichtigsten sind die beiden fast ganz erhaltenen: der ‹Dyskolos›, ein Jugendwerk, und die ‹Epitrepontes›, ein reifes Meisterwerk.

[1] Schon der ‹*Dyskolos*› (‹Der Unfreundliche›, Nebentitel ‹Misanthropos›, ‹Der Menschenfeind›) des 25jährigen M. ist eine Charakterkomödie. Pan spricht den Prolog. Er leitet das Geschehen an unsichtbaren Fäden: Der reiche junge Sostratos aus der Stadt hat sich auf der Jagd in Phyle in ein Mädchen verliebt und will sie heiraten. Doch sie ist die Tochter des Menschenfeindes Knemon, der nicht mit sich reden läßt. Mit Hilfe ihres Halbbruders Gorgias versucht S. vergeblich, bei der Feldarbeit trotzdem an ihn heranzukommen. Knemon stürzt unerwartet in seinen Ziehbrunnen. Gorgias rettet ihn. Dieser Schreck bringt die Wende: Knemon erkennt, daß er nicht allein leben kann, und vertraut sich und seine Tochter dem Gorgias an. Pan hat der Mutter des Sostratos einen Traum geschickt, und sie versammelt seine Familie in Pans Grotte in Phyle. Dort erreicht S. von seinem Vater, daß er das arme Mädchen, das Gorgias ihm nun gern gibt, heiraten darf und sogar daß der arme Gorgias seine reiche Schwester zur Frau erhält. Zum Fest der doppelten Verlobung wird Knemon von den Sklaven in einem burlesken Nachspiel mitgeschleppt. Diese einfache Liebesgeschichte dient zur Darstellung des in der Komödie traditionellen Charakters des ‹Dyskolos› (vgl. →Pherekrates, ‹Agrioi›, →Phrynichos, ‹Monotropos›, →Antiphanes, ‹Timon›; Shakespeares, ‹Timon of Athens›; Molière, ‹Le Misanthrope›, Hofmannsthal, ‹Der Schwierige›) und einiger Nebenpersonen. Damit sind die moralischen Probleme des Ausgleichs von Stadt und Land, von arm und reich, der Treue in Freundschaft und Familie verbunden.

[2] Von den nicht fest datierten ‹*Epitrepontes*› (‹Das Schiedsgericht›, wohl nach 304) sind etwa drei Viertel erhalten. Das Stück, eine Wiedererkennungsgeschichte, heißt nach der Szene, in der Smikrines, Vater der Pamphile, als zufällig berufener Schiedsrichter, ohne Kenntnis der wahren Zusammenhänge, dem Vormund des ausgesetzten Sohnes der Pamphile die diesem mitgegebenen Erkennungszeichen zuspricht, darunter einen Ring seines Schwiegersohnes Charisios, den Pamphile ihrem Knaben mitgegeben hatte. Ihr eigener späterer Ehemann Ch. hatte sie am Tauropolienfest, ohne daß beide einander kannten, im Rausch vergewaltigt, sich aber nach Entdeckung der illegitimen Geburt des Kindes zurückgezogen. Er lebt nun im Hause eines Freundes mit der Hetäre Habrotonon. Den Grund für dieses Verhalten des Charisios versucht Smikrines zu Beginn des Stückes zu erfahren. Später entdeckt Habrotonon, als Zeugin des Vorfalles am Feste mit Hilfe eines Ringes den Vater des Knaben, versöhnt mit Zartgefühl die Gatten und erlangt als Lohn die Freiheit. Verwicklungen entstehen dabei noch dadurch, daß Smikrines Habrotonon für die Mutter des Kindes hält. Auf konventionellen Grundlagen gestaltet M. ein fein nuanciertes Spiel, in dessen Verlauf die Personen viel differenzierter als im ‹Dyskolos› charakterisiert werden: Smikrines als der geizige, harte, aber gerechte Vater, Pamphile als zarte Frau, die in der Bedrängnis ihrem Mann die Treue hält, Charisios als temperamentvoller, aber rechtschaffener Jüngling, Habrotonon als Mädchen von natürlichem Adel. Die Sklaven sind weniger burlesk als früher. Die Moral ehelicher Treue und familiärer Pflichterfüllung ergibt sich ohne Aufdringlichkeit aus dem Handeln der Personen. Von den einstigen Versmaßen ist nur noch der gesprächsnahe Trimeter übrig.

[3] Ganze Szenen oder größere zusammenhängende Fragmente sind noch aus 16 (17?) weiteren Stücken erhalten. Nicht von allen ist eine deutliche Vorstellung zu gewinnen. Das erhaltene Drittel der ‹*Perikeiroomene*› (‹Die Geschorene›, wohl etwa 313) läßt erkennen, daß darin der Typ eines unbeherrschten, aber im Grunde rechtschaffenen Soldaten Polemon mit einem edlen Mädchen Glykera konfrontiert wird, in einem Wiedererkennungsstück nach Kindesaussetzung mit einer Prologfigur ‹Agnoia› und mit burlesken Sklavenszenen, also eher noch in der Art des ‹Dyskolos›. Wiederfinden der Eltern und Darstellung des Charakters eines alten Mannes Demeas sind schon in der ‹Samia› (ca. 321–316) verbunden. Auch der ‹Heros› (vor 315, nach der Prologfigur benannt) ist ein Wiedererkennungsstück nach Vergewaltigung und Kindesaussetzung. Eine Heirat ist auch das Motiv im ‹Georgos› (nach 314), verbunden mit der Befreiung einer Hetäre im ‹Kolax› (um 312), und der Gewinn der Liebe einer Gefangenen im ‹Misumenos› (‹Der Gehaßte›, vor 310). Befreiung einer Hetäre wohl auch im ‹Kekryphalos› (‹Das Haarnetz›, nach 317; Textzuweisung unsicher). Von den Römern haben nachgebildet: Terenz die ‹Perinthia› (ca. 319–317, in seiner ‹Andria›), Plautus die ersten ‹Adelphoi› (im ‹Stichus›), ‹Dis Exapaton› (‹Der zweimal täuscht›, in ‹Bacchides›) und wohl ‹Apistos› (‹Der Untreue› in ‹Aulularia›, diese drei wohl 317/307). Später als die bisher genannten Stücke (aber vor 304) sind wohl ‹Theophorumene› (‹Die Gottbegeisterte›) und ‹Phasma› (‹Das Gespenst›) und der wohl von Plautus (im ‹Poenulus›) nachgebildete ‹Karchedonios›. Eine Reihe von Stücken aus der Spätzeit M.s hat gleichnamigen Stücken des Terenz zum Vorbild gedient: ‹Andria› (um 304, von Terenz mit der früheren ‹Perinthia› kombiniert), die zweiten ‹Adelphoi› (nach 304, mit einer Szene aus → Diphilos kombiniert), ‹Eunuchos› (ebenfalls nach 304), ‹Hautontimorumenos› (‹Der sich selbst Bestrafende›, um 298). Nach einem unbekannten Stück M.s verfaßte Plautus die ‹Cistellaria›.

D. CHARAKTERISTIK. M. soll als Freund des Komikers → Alexis von diesem die Kunst der Komödie gelernt haben. Über die traditionelle Routine ist er aber mit seinen reifen Werken weit hinausgewachsen. Seine Menschendarstellung beruht auf seiner philosophischen Bildung im → Peripatos. Lebensführung und Charakter hatte schon → Aristoteles (NE, bes. 8.9) eng verbunden. Mit den ‹Charakteren› von M.s Lehrer → Theophrast sind Berührungspunkte erkennbar. Stehende Probleme sind: Pflichtenlehre, übertriebene Charakterfehler sowie ihre Folgen, Leidenschaften und ihre Beherrschung. In den reifen ‹Epitrepontes› sind die Mittel der komischen Bühne der Darstellung der Charaktere vollkommen untergeordnet und äußerliche Effekte eliminiert. Das Wesen der Personen wird allgemein durch die Schilderung scharfer Beobachter (z.B. Gorgias zu Sostratos über Knemon, Dysk. 323 ff.), vor allem aber durch die Reden der Personen selbst offenbar, worunter sich unvergleichlich humane Worte beginnender Einsicht befinden: so Knemon im Dysk. 702 ff., noch bewegender Charisios, Epitr. 588 ff. Seine sprachliche Meisterschaft ließ M. stets die angemessenen Worte finden (vgl. Plut. glor. Athen. 347 E/F). M. ist ein Inbegriff griech. Humanität (vgl. seine Gestalt der ‹edlen Hetäre›); Terenz hat im Anschluß an M. formuliert: *homo sum, humani nil a me alienum puto* (Haut. 25).

E. Fortwirkung, Überlieferung. Wurden von den Zeitgenossen → Philemon und → Diphilos dem M. gleichgestellt oder vorgezogen, so übertraf sein Nachruhm bald alle anderen Dichter der neuen Komödie. Wohl bald nach seinem Tode wurde eine von den Söhnen des → Praxiteles geschaffene Bronzestatue, die ihn sitzend zeigt, in das Dionysostheater geweiht (Repliken erhalten). Schon im 2. Jh. wurden seine Stücke wiederaufgeführt. M. entsprach der peripatetischen Definition: Kunst sei Nachahmung des Lebens. So lobte ihn → Aristophanes (2) v. Byzanz: «Oh, Menander und Leben, wer von euch hat den anderen nachgeahmt?» – Seine Sprache wurde (Demetr. eloc. 193) als Sprechstil im Gegensatz zu → Philemons (1) Lesestil erkannt. – Bis → Plutarch und → Quintilian (inst. 10, 1, 69 ff.) war man sich einig über seinen absoluten Vorrang unter den komischen Dichtern. Die antike Philologie (vgl. → Komödie E 1) beschäftigte sich schon gleich nach seinem Tode (Lynkeus v. Samos) mit M. Berühmt waren seine ‹Gnomen› die, früh gesammelt, nur in stark erweiterter und veränderter Form überliefert sind. Der → Attizismus stellte das Attische des → Aristophanes über das des M. Aber → Lukian, → Alkiphron, → Aelian u.a. ahmten M. nach, und seine Stücke wurden bis ins MA gelesen. Unter den Römern haben → Caecilius (16) Statius (‹Plokion›), nachher → Plautus und → Terenz (s.o. C 3) M. nachgebildet. Echte Kenntnis von M., dessen bürgerliches Lustspiel über die Römer bis Shakespeare, Molière und Lessing nachgewirkt hat, gibt es erst wieder seit der Entdeckung der Papyri (‹Epitrepontes› publiziert 1907, ‹Dyskolos› 1958). Th.G.

Ed: A. Körte-A. Thierfelder, 2 Bde, 1947/53 (ohne ‹Dyskolos›) – Epitrepontes: U.v. Wilamowitz-Moellendorff, 1925 (Neudr. 1958; mit Übers. u. Komm.) – Dyskolos: H. Lloyd-Jones, OCT, 1960 – Ferner: D.L. Page, Greek Literary Papyri I, 1942, 242–260 – *Komm:* W. Kraus, SB Wien 234,4, 1960 – *Übers:* Dyskolos: B. Wyss, Inselbücherei Nr. 740, 1961 – *Lit:* A. Körte, RE 15,1 (1931), 707–761 – T.B.L. Webster, Studies in M. (1950), 1960² – Ders., Studies in Later Greek Comedy, 1953, 184–204 – L.A. Post, AJPh 80, 1959, 402–415 (z. Dyskolos; brillante Charakterisierung) – *Illustrationen seiner Stücke:* G.M.A. Richter, Portraits..., 1965, 225 – *Darstellungen:* → Anhang I.

2. **M.,** König des gräko-indischen Reichs, offenbar kein Angehöriger der Dynastie des → Euthydemos (6), bemächtigte sich um 160 (?) der Herrschaft in Nordwestindien; als er kurz vor 140 (?) auf einem Feldzug starb, soll er die Region zwischen (etwa) Kabultal und Nerbuda, Arachosien und mittlerem Ganges, vielleicht sogar Teile Baktriens beherrscht haben, offenbar mit Hilfe mehrerer Unterkönige, die durch Münzfunde bekannt sind. Die Beherrschung des Gangesgebiets wurde schon im Altertum bezweifelt. M. begünstigte den Buddhismus, vermutlich ohne selbst Buddhist zu sein; legendär lebt er fort im Milindapanha (‹Fragen des M.› an die ind. Weisen). H.H.Sch.

Lit: W.W. Tarn, The Greeks in Bactria and India (1938), 1951², bes. 225–269 – F. Altheim, Weltgesch. Asiens im griech. Zeitalter II, 1948, 66–87 – A.K. Narain, The Indo-Greeks, 1957, bes. 74–100 (Lit) – *Bildnisse:* → Anhang I.

3. **M. von Ephesos** (Pergamon), griech. → Geschichtsschreiber, ca. 200 v. Chr., Schüler des → Eratosthenes (?). Verfaßte eine ‹Griechen- und Barbarengeschichte› nach Königen, die sich auf epichorische Quellen berief. Fragmente bei → Josephus (über Tyros) u.a. W.Sp.

Frg: FGrHist 783 – *Lit:* R. van Compernolle, Etude de chronologie et d'historiographie siciliotes, 1959, 141 ff., 584.

4. **M. von Laodikeia** (Phrygien), Rhetor des 3. Jh.s n. Chr. Erhalten sind zwei Traktate über die Theorie der epideiktischen Beredsamkeit (dazu → Rhetorik B; Abb. 187, 3 c). → Propemptikos). H.H.

Ed: RhGr III 329–446 – *Lit:* L. Radermacher, RE 15,1 (1931), 762 bis 764.

Menapier, Stamm der → Belgen an der Nordsee zwischen Rhein und Schelde (Kt. 1019 D 1), machten → Caesar (Gall. 3, 28 f.) bei der Eroberung der → Belgica in den unzugänglichen Wäldern und Sümpfen ihres Landes schwer zu schaffen. L.B.-H.

Mendes (jetzt et-Tmei und Tell el-Rub'; im nordöstl. Delta), einst Hauptstadt des 16. unterägypt. Gaues. Stadtgott war ein als Schöpfergott verehrter Widder *(bꜣ n Ḏd*, daher der spätere Stadtname M., assyr. Binṭeti; der ältere ägypt. Stadtname war *'npt* oder *Ḏd)*. Aus M. stammte die 29. ägypt. Dynastie (399–379). W. Hk.

Menedemos, → Kyniker (Enkelschüler des → Metrokles) um 260 v. Chr., ursprünglich Schüler des → Epikureers → Kolotes (2); die Trennung führte zu einer ebenso ausgedehnten wie heftigen literarischen Polemik. Von den Streitschriften des Kolotes ist einiges in den Pap. Herc. erhalten, aus ihnen wiederum kann auf die Schriften des M. zurückgeschlossen werden. M. wird in ihnen dem Epikureer vor allem das kynische Lebensideal vorgehalten haben, dazu Widersprüche in der Lehre Epikurs selbst. In der Reihe der Kynikerbiographien des → Diogenes (1) Laertios ist M. der letzte (6, 102). O.G.

Lit: W. Crönert, Kolotes u. M., 1906.

2. **M. von Eretria,** 339/337–265/263 v. Chr., wurde im Alter von ca. 20 Jahren als eretrischer Besatzungssoldat in Megara von seinem älteren Freund → Asklepiades (2) v. Phleius zunächst für die Philosophie des Megarikers → Stilpon gewonnen, ging aber dann mit seinem Freunde nach Elis, wo er die Phaidonschüler Anchipylos und Moschos hörte, deren Schulnachfolge er dann übernahm. Später verlegte er dann die Schule nach seiner Heimatstadt Eretria, wo er nach anfänglichen Schwierigkeiten großes Ansehen, hohe Ämter und entscheidenden Einfluß auf die Politik der Stadt gewann, bis er 273 v. Chr. von der radikalen Partei gestürzt wurde und sich zuerst nach Oropos, dann, auch von dort vertrieben, an den Hof des → Antigonos Gonatas nach Makedonien begab. Dort soll er sich später das Leben genommen haben. – Über die *Lehre* des M. ist wenig bekannt. Er scheint den größten Wert auf die Ausbildung des Intellekts (acies mentis, vgl. Cic. ac. 2, 129) gelegt zu haben, aus welcher das richtige ethische Handeln von selbst hervorgehen werde, und im übrigen die Lehren Stilpons ausgebaut zu haben. K.v.F.

Q: Diog. Laert. 2, 125–144.

Menekles von Barka, Zeitgenosse → Apollodoros' von Athen, vielleicht einer der unter Ptolemaios VIII. i.J. 145/144 aus Alexandria vertriebenen Gelehrten. Verfasser von libyschen Geschichten (*Λιβυκαὶ ἱστορίαι*), von Glossen, einer ‹Synagoge›, vielleicht auch eines (unter dem Namen *Καλλικράτης ἢ Μενεκλῆς* zitierten) Werkes über Athen.

Frg: FGrHist 270.370. W.Sp.

Menekrates von Ephesos, 2.H. 4. Jh. v. Chr., Verfasser von ‹Erga› nach Hesiod und eines Lehrgedichtes (→ Hellenistische Dichtung C 2) über Bienenzucht. P.H.

Frg: H. Diels, Poetarum Philos. Graec. Fragmenta, 1901, 171 f.

2. **M. von Xanthos,** griech. → Geschichtsschreiber des 4. Jh.s (?), jedenfalls nach 424. Verfasser von ‹Lykiaka› in ion. Dialekt. W.Sp.

Frg: FGrHist 769.

Menelaos, Sohn des → Atreus, in späterer Überlieferung des → Pleisthenes, Bruder des → Agamemnon. M. flieht vor → Thyestes aus Mykene und gewinnt → Helena samt Sparta, dem Reich des → Tyndaros. Nach dem Raub der Helena erhält er die Unterstützung aller ihrer Freier für den → Trojan. Krieg. Dort, trotz wackerer Taten (Gesandtschaft mit → Odysseus nach Troja: Il. 3, 203 ff.; Zweikampf mit Paris, Il. 3, 21 ff.; Rettung der Leiche des → Patroklos), nur im zweiten Rang der Helden. Mit im hölzernen Pferd, tötet er bei der Iliupersis den → Deïphobos und führt Helena zu den Schiffen. Auf der Heimfahrt durch Verlust seines Steuermanns Phrontis von Diomedes und Nestor getrennt und vom Kap Maleia aus nach Kreta, dann nach Ägypten verschlagen, wo er lange bleibt (und nach Stesichoros u.a. erst die wahre Helena wiederfindet). Zwingt den Meergott → Proteus, ihm den Weg in die Heimat zu weisen (Od. 4, 364 ff.). Dort vermählt er gerade seinen natürlichen Sohn Megapenthes mit der Tochter des Alektor und Helenas einzige Tochter → Hermione (s. dort andere Versionen) mit → Neoptolemos, als → Telemachos ihn aufsucht, um Odysseus' Schicksal zu erfragen. Nach dem Tod mit Helena im Elysium (Eur. Hel. 1676). – *Kult*, neben der Helena, in Therapne (Paus. 3, 19, 9).

Darstellungen: bes. im Zusammenhang mit → Helena von archaischer Zeit an ungemein häufig. Die Pasquinogruppe (Florenz-Rom) stellt M. mit der Leiche des Patroklos dar. – *Lit:* L. Ghali, Les enlèvements et le retour d'Hélène, 1955 – Brommer 290–298 – Kunze 163–167 – Schefold, FS, Abb. 13. 32 – E. Paribeni, EAA IV, 1961, 1018–1022. K. Schb.

2. **M.**, röm. Bildhauer, vielleicht identisch mit → Cossutius (3) Menelaos. H. v. H.

3. **M. von Aigai**, Epiker (‹Thebais›), → Hellenist. Dichtung C [1]. P. H.

4. **M. von Alexandria**, → Astronom und → Mathematiker. Ptolemaios erwähnt Beobachtungen, die M. im 1. Regierungsjahr Trajans (98 n. Chr) in Rom gemacht hat.

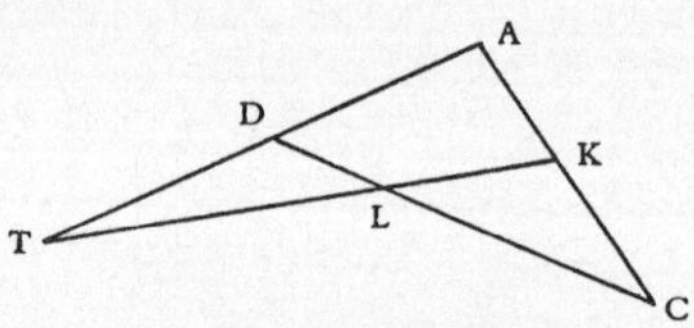

Abb. 140 Satz des Menelaos

Ein Werk Über Geraden im Kreise ist verloren, ein Werk Sphärik in arab. Übersetzung erhalten. M. überträgt die Begriffe Dreieck, Seite, Winkel von der Ebene auf die Kugel und entwickelt die Grundlagen einer sphärischen Trigonometrie. Der ‹Satz des M.› lautet (→ Abb. 140):

$$\frac{CK}{KA} = \frac{CL}{LD} \cdot \frac{DT}{TA}$$

Er wird in der ‹Sphärik› zum Beweis des entsprechenden Satzes auf der Kugel benutzt und hier als bekannt vorausgesetzt. H. G.

Lit: A. A. Björnbo, Studien über M.' Sphärik, Abh. z. Gesch. d. math. Wiss. Heft 14, 1902.

Menenius Lanatus, Agrippa (cos. 503 v. Chr.) soll als Konsul die → Sabiner besiegt und 494 bei der ersten → secessio plebis die Plebejer zur Rückkehr nach Rom bewogen haben. R. W.

Menes, ältester bekannter König in den ägypt. Königslisten, wahrscheinlich mit dem durch Denkmäler bekannten ‹Horus ʿḥ3› gleichzusetzen, etwa um 2925 v. Chr. Er schloß die Einigung → Ägyptens ab und verlegte die Residenz nach → Memphis. Sein Grab liegt in → Abydos. W. Hk.

Menesthes, Architekt, erbaute in Abhängigkeit von → Hermogenes (1) den Apollon-Tempel von Alabanda als Pseudodipteros (Vitr. 3, 2, 6). G. Gb.

Menestheus, Urenkel des Erechtheus, von den → Dioskuren in Abwesenheit des → Theseus zum König von Athen eingesetzt, dessen Kontingent er im → Trojan. Krieg führt. Später in Melos oder gar Gründer von Skylletion (Unteritalien).

Menestor, wohl Mitte 5. Jh. v. Chr., von → Iamblichos unter den → Pythagoreern von Sybaris genannt. Sonst nur von Theophrast erwähnt, der ihn oft als einen älteren Forscher anführt, der den Lehren des Empedokles über Tiere und Pflanzen folgte. Seine Pflanzenbeschreibungen sind die ältesten von solcher Ausführlichkeit. Die Pflanzen variieren an Wärme: die wärmeren sind die fruchtbareren, tragen früher Blüten und Früchte, sind immergrün. Dies sind Efeu, Lorbeer und Pinie und alle, die gut brennen. Die rechte Mischung von Warm und Kalt ist notwendig; deswegen leben warme Pflanzen an kalten Orten oder im Wasser (wie die Fische bei → Empedokles). Der Geschmack des Fruchtsafts (χυμός) kommt von der Fäulnis (σῆψις) des Baumsaftes (VS 32). D. M. B.

Menippeische Satire, so benannt nach → Menippos (1) v. Gadara (1. H. 3. Jh. v. Chr.), der im ‹ernst-komischen› Stil (σπουδαιογέλοιον) Prosa mit Verseinlagen (‹Prosimetrum›) schrieb. Allerdings ist von ihm nichts erhalten außer einigen Titeln, so daß nicht feststeht, ob er Zitate oder eigene Verse verwendete. Kennzeichen der Gattung ist, daß die Verseinlagen mit der Handlung organisch verbunden sind und diese weiterführen. → Varro (1) importierte die M. Satire; ihr bestes Beispiel ist die Seneca zugeschriebene sog. ‹Apokolokyntosis›. Auch das ‹Satyricon› des → Petron ist formal eine M. Satire. – Aus der spätlat. Literatur wäre das Werk des → Martianus Capella zu nennen. H. C. S.

Lit: → Satire.

Menippos von Gadara (Phönizien), philosophischer Literat kynischer Richtung der 1. H. des 3. Jh.s v. Chr. → Diogenes (1) Laertios (6, 99–101) erwähnt eine Schriftensammlung in 13 Büchern. Erhalten sind nur Titel (‹Unterweltsfahrt›, ‹Himmelfahrt›, ‹Götterbriefe›, ‹Symposion›, ‹Geburtslegende Epikurs›, ‹Verkauf des Diogenes› u. a.), doch sind seine grellfarbigen Erzählungen, → Parodien homerischer und philosophischer Mythen (→ Platon!) und skurrilen Weiterbildungen sokratischer Dialoge teilweise aus späteren Nachahmungen rekonstruierbar. Seine Thesen werden allgemein kynische gewesen sein: Spott über die Torheiten der Menge und den Wissensdünkel der Philosophen, Lob des einfachen Lebens und grobschlächtige Karikatur des traditionellen Götterglaubens. Die philosophische → Protreptik geht in literarisches Feuerwerk über. Der Hellenismus verachtet ihn, wie Diogenes Laertios' Bericht zeigt. Sein Ruhm beginnt damit, daß M. Terentius → Varro (1) ihn in seinen Saturae Menippeae in großem Stile nachahmt, es folgt → Seneca (2) mit der ‹Apocolocyntosis Divi Claudii›, endlich → Lukian, dessen Schriftstellerei weitgehend Motive des M. auswertet, umformt und weiterspinnt. Ob → Horaz durch Varro auf M. aufmerksam wurde und in den Sermones von ihm beeinflußt ist, ist ungewiß. – Vgl. → Satire. O. G.

Lit: R. Helm, Lukian und M., 1906.

2. **M. von Pergamon,** → Geograph, verfaßte kurz vor 26 v. Chr. einen → Periplus des Mittelmeers einschl. des Schwarzen Meeres in 3 Büchern mit dem Hauptgewicht auf der Vermessung der Küsten. M. ist bekannt aus der Epitome des → Marcianus (2) und aus Bearbeitungen des Periplus des Schwarzen Meeres. F. L.

Lit: GGM I 370–423. 563–573.

Meniskos (μηνίσκος, ‹Möndchen›), Bezeichnung für die sichelförmige (oft dreizackartige oder nur stiftförmige, auch scheibenförmige?) Vorrichtung über Köpfen antiker Statuen, die man nach Aristoph. av. 1114 ff. als Vogelabwehr gedeutet hat. M.-Reste sind erhalten z. B. auf den Köpfen der archaischen Koren von der Akropolis, ferner an exponierten Stellen der architektonischen Plastik. E. Bg.

Lit: E. Petersen, Vogelabwehr, AM 14, 1889, 233–239 – A. Trendelenburg, AA 13, 1898, 230–234 – DS III 1718–20.

Menodoros, gest. 35 v. Chr., Freigelassener und Flottenkommandant des Sex. Pompeius (4), eroberte Sardinien

(40) und verwaltete es, bis er, bei Pompeius in Mißkredit geraten, 38 mit Provinz und Flotte zu Octavian (→ Augustus) überging. Von diesem zum Ritter erhoben, siegte M. als Legat unter → Calvisius (1) Sabinus in der Seeschlacht bei Cumae, ging 36 wieder zu Pompeius über und fand, abermals auf Octavians Seite, 35 bei einem Schiffskampf vor Siscia den Tod. K.H.Sch.

Menodotos v. Nikomedeia, empirischer Arzt und skeptischer Philosoph, vielleicht um 100 n. Chr., war bedeutend innerhalb der → Empirikerschule und wirkte bes. stark auf Galen (alle Nachrichten über ihn bei diesem); heftiger Polemiker (mit originellen Wortbildungen, wie z.B. τρίβαξ = Routinier). F.K.

Lit: A. Favier, Un médecin grec du IIe siècle ap. J.-C., 1906.

Menoikeus, Sohn → Kreons, opfert sich auf einen Spruch des Teiresias für Theben (Eur. Phoin. 911 ff.), nach anderen von der → Sphinx getötet. K.Schb.

Menoitios, Sohn des Aktor und der → Aigina, gelegentlich in der Liste der → Argonauten, gibt seinen Sohn → Patroklos dem → Peleus zur Erziehung.

Menon, Schüler des → Aristoteles, Verfasser einer *'Ιατρικὴ συναγωγή* (auch *Μενώνεια* genannt), d.h. einer medizinischen Doxographie; diese liegt dem ersten Teil des sog. → Anonymus Londinensis, eines bedeutenden medizinisch-doxographischen Papyrus, zugrunde. F.K.

Mens, die göttlich verehrte verständige Einsicht (→ Personifikation) ist eine der Gottheiten der → Indigitamenta, aber der Senat errichtete ihr erst i.J. 217 v.Chr., nach der Niederlage am Trasimenischen See, einen Tempel auf dem Kapitol (Liv. 22, 9, 10; 23, 31, 9). Der Stiftungstag war der 8. Juni (Ov. fast. 6, 241–248). Die Römer baten sie, ihnen zum Kampf gegen → Hannibal die nötige umsichtige und entschlossene Klarheit zu verleihen. In republikan. Zeit spielt der Kult kaum eine Rolle, doch finden sich in der Kaiserzeit nicht selten Weihungen, fast ausschließlich von Sklaven und Freigelassenen an Bona Mens, wobei allerdings offenbleibt, ob kultisch damit nicht eine ganz andere Gottheit gemeint ist. H. Le B.

Menschenbild. A. Griech. Literatur. *Vorbemerkung.* Das M. der Antike ist nicht einheitlich. Wandlungen der gesellschaftlichen Ordnung und der religiösen Vorstellungen (→ Theologie, → Religion I B; II B) bedingen ein jeweils anderes Selbstverständnis des Menschen, das sich sowohl in den anthropologischen Kategorien (→ Anthropologie) als auch in den verschiedenen Möglichkeiten der Menschendarstellung ausprägt.

[1] Auf der Stufe des *Epos* ist der Mensch so gut wie ganz von der Gesellschaft, in der er lebt, bestimmt. Die menschliche Welt ist mit der Welt der Götter unauflösbar verflochten, und auch das M. → Homers ist vom Götterbild unabtrennbar. Die Götter sind (mit ganz geringen Ausnahmen, die zugleich den Fortschritt zeigen, der in der homerischen Göttervorstellung liegt) sowohl in ihrer Gestalt als auch in ihrem Handeln anthropomorph vorgestellt. Das Götterbild ist gesteigertes M. Daß die Götter als menschliche Gestalten erfahren werden, hat seinen Grund im Selbstverständnis des Menschen, für den Erscheinung und pragmatische Wirksamkeit ganz im Vordergrund stehen. Die Götter sind so – anders als später auf Grund eines gewandelten M.s – nicht als ‹seelische›, ‹geistige› Potenzen, sondern als Personen gedacht, die sich in gewisser Hinsicht im Sinne einer menschlichen Typologie verstehen lassen. Dabei hat die Göttergestalt, indem sie Lebensbereiche bezeichnet und beherrscht, die Funktion des Vorbilds und des Urbilds, von dem alles sich herleitet; die Aussage darüber wechselt in ihren Formen und darf keineswegs immer wörtlich gepreßt werden (z.B. «von Zeus die Könige, von Apoll und den Musen die Sänger und Kitharaspieler», vgl. Hes. theog. 94–96): genealogische Ableitung, Begabung (Athena ‹lehrt› Kunstfertigkeit), Ähnlichkeit (ein junges Mädchen gleicht der Artemis) oder Gefolgschaft (Krieger = ‹Mannen des Ares›) seien als Beispiele genannt. In dieser Gegebenheit, die zugleich weitestgehende Abhängigkeit alles Menschlichen mit einschließt, gründet die Götternähe des homerischen M.s wie auch das Fehlen alles eigentlich Individuellen. Dieses findet sich am ehesten bei der Darstellung des Häßlichen (Thersites), wobei aber nicht Individualität, sondern die Abweichung von dem Ideal der götternahen heroischen Erscheinung intendiert ist. Charakteristisch ist für das homerische M. ferner die Vorstellung, daß die Lage, in der ein Mensch sich befindet (der ‹Tag›, den Zeus schickt), sein Wesen (den ‹Sinn›) ganz bestimmt.

[2] Die Kritik an Einzelzügen dieses M.s, das auch der Stilisierung einer glanzvollen Vergangenheit entspringt, der die Menschen, so wie sie jetzt sind, nicht gleichkommen, setzt früh ein. Für → Hesiod ist die Anschauung von der ursprünglichen Götternähe des Menschengeschlechts (im ersten und – in geringerem Maße – auch im vierten, dem heroischen → Weltalter) und die Begründung des augenblicklichen Zustands mit dem Verfall menschlicher Sitte, die bloßem Faustrecht zustrebt, wesentlich; auch der Verweis auf die Arbeit als von den Göttern über die Menschen verhängte Notwendigkeit. Für → Archilochos, der auch sonst sich gegen adelige Normen auflehnt, ist der Protest gegen ein adeliges Schönheitsideal, das dem homerischen gleichkommt, charakteristisch. Und etwa → Theognis zeigt uns den Adeligen, der beim Zusammenbrechen der Ordnung, die ihn getragen hat, verzweifelt daran festhält, daß ihn seine Abstammung als den Guten von den Schlechten abgrenzt, denen immer mehr Macht und Ansehen zufällt. Ferner bringt die archaische Zeit immer wieder die Hilflosigkeit und Abhängigkeit des Menschen zum Ausdruck. Das knüpft auch an Homerisches an, wie z.B. im Apollonhymnus, der die Pracht der Ionier bei ihrem Fest in Delos in die Nähe göttlichen Glanzes rückt und dann in einem Gegenbild dazu die Götter im Olymp von der Ausweglosigkeit und Hilflosigkeit des menschlichen Daseins singen läßt.

[3] Auch in der Folgezeit ist das M. noch immer aus dem Kontrast zum Gottesbild zu verstehen, das zunehmend ethisiert und dämonisiert wird. Die Tendenz zur Ethisierung ist deutlich schon im Anfang der Odyssee, wo die Frage nach der Schuld der Götter an den Übeln, die die Menschen befallen, das Problem der menschlichen Verantwortung mit einschließt, und in analoger, nur noch gesteigerter Weise bei Hesiod sowie in einer konkreten politischen Situation bei → Solon. Die Tendenz zur Dämonisierung impliziert das Zurücktreten der gestalthaften Göttervorstellung und das Hervortreten anonymer bzw. allgemeiner Bezeichnung des göttlichen Wirkens (→ Religion I C4). Eine der wichtigsten Ideen ist dabei diejenige vom Neid der Götter (→ Phthonos Theōn), der es dem Menschen verwehrt, über seine Grenzen hinauszugehen. Politisch ist diese Idee, die ihre bekannteste Ausprägung in der delphischen Mahnung zum Maßhalten gefunden hat, dadurch wirksam geworden, daß sie eine theologische Interpretation der Macht (im Sinne der homerischen ‹zeusgeliebten Könige›, die das Volk ‹wie einen Gott› verehrt) ausschließt. Dagegen wird der Sturz der griech. → Tyrannen und das Scheitern des Xerxes gegenüber den Griechen als notwenige Folge der → Hybris gedeutet, da die Götter so großes Glück nicht dulden (→ Herodot). Die athen. Demokratie hat in dem damit gegebenen M. eine ihrer wesentlichen Grundlagen (→ Polis).

[4] Die Gestalten der att. → Tragödie können nur von der Situation her gesehen werden, in die ihr → Daimon sie stellt; und daß so gut wie ausschließlich Begebenheiten des Mythos zur Darstellung gelangen, bestätigt dies. Bei → Aischylos steht das allgemeingültige Problem der notwendigen Verknüpfung des Handelns mit Schuld und Leid im Vordergrund, indessen weisen die dargestellten Ereignisse der Vorzeit bei ihm oft auf eine Gegebenheit, die Heil

bedeutet und, wie bes. die ‹Eumeniden› es zeigen, in der Ordnung der Polis noch fortwirkt. Bei →Sophokles ruht das tragische Geschehen stärker in sich selbst und lebt bestimmter von der Eigenart der handelnden Gestalt, die auch durch den Kontrast hervorgehoben wird. So «steht neben Aias Tekmessa, neben Antigone Ismene, neben Oidipus Iokaste und neben Elektra Chrysothemis. In diesen Gestalten, denen die Schwachen, Ausweichenden als Kontrast und Verführung gesellt sind, ist eine großartige Entschlossenheit» (Lesky, Die trag. Dichtung der Hellenen, 1964^2, 146). Bei →Euripides wird ein bes. Interesse an psychischen Zuständen kenntlich und ein Umwerten traditioneller Auffassungen von Stoff und Gestalten. Seine Götter stehen in eigenartigem Zwielicht. Daß dabei die →Sophistik eingewirkt hat, ist nicht zu verkennen. In ihr ist ein völlig neues M. aufgekommen, das in dem Satz des →Protagoras vom Menschen als dem Maß der Dinge hervortritt; der zweite Satz, der offenläßt, ob die Götter existieren oder nicht, muß dazugenommen werden. Er enthält mit dem Zweifel das Eingeständnis, daß Götter nicht mehr als wirksam erfahren werden, und dies ist zugleich Ausdruck des neuen menschlichen Selbstverständnisses. Der Mensch gilt nun nicht mehr als das hilflose, sondern als das in allen Lagen findige Wesen, dessen Wirken – hier freilich mit dem Vorzeichen der darin beschlossenen Gefahr – Soph. Ant. 333 ff. geschildert ist. Dem einstigen *ἀμήχανος* und *ἀφραδής* zur Bezeichnung menschlichen Wesens tritt jetzt das Bild vom *περιφραδὴς ἀνήρ* entgegen, der in allen Bereichen und Lagen, selbst noch im Angesicht tödlicher Krankheit, sich Rat und Hilfe weiß. Menschliches Selbstvertrauen und rationales Erfassen der Welt führen zu dem Optimismus, den etwa Kulturentstehungslehren (→Kulturgeschichte) zeigen, nach denen an die Stelle des Alten immer wieder das Bessere und Neue getreten ist. Das führt zu einem Bruch mit alten Bindungen, der auf der einen Seite größeren Selbstbehauptungswillen des Einzelnen und auf der anderen Seite größere Toleranz gegenüber dem Persönlich-Eigentümlichen zur Folge hat.

[5] Wie bei diesem Prozeß das Individuum in den Vordergrund tritt, kann nicht im einzelnen dargestellt werden. Der Perikles des →Thukydides rühmt die athen. Gesellschaft, weil sie Vielfalt und Buntheit der Eigenarten ohne die Mißgunst des Nachbars zuläßt, und die Prozeßreden, etwa des →Lysias, liefern den Beleg dazu. Selbstverständlich geht es dabei nicht um Charakterbilder, sondern um die möglichst sympathische Darstellung des jeweiligen Klienten und seines Falls. Im Rahmen der Gerichtsrede steht auch →Platons Biographie des Sokrates, die ‹Apologie›, und Platons Dialoge lassen sich z.T. auch unter dem Aspekt sehen, daß sie Meinungen und Ansichten jeweils im Zusammenhang mit ihrem Verfechter zur Darstellung bringen, also das Ethos der Person und ihren Logos einander bewußt zuordnen. Das Interesse ist hier freilich weitgehend auf Demaskierung (etwa der Sophisten) und Widerlegung gerichtet, und Platons Werk ist zu einem guten Teil auch Protest gegen ein isonomisches Werten, das alles gleichberechtigt nebeneinander bestehen lassen will. Ferner ist sein Nachdenken über den Staat (→Gesellschaftstheorie, →Staatstheorie), das sich charakteristischerweise an einem Modell der Seelenkräfte des Menschen orientiert, nur ein Beleg dafür, wie weitgehend sich der Einzelne aus der traditionellen organisch gewordenen Polisordnung bereits gelöst hat. Das M. wird seit Platon (vorausgehen →Heraklit und in anderer Weise →Empedokles) in weitem Maße durch das Nachdenken über die →Seele bestimmt.

[6] Die hier angedeuteten Tendenzen kommen in der hellenist. Zeit zur Vollendung. Für sie ist charakteristisch, daß wie in der Politik so auch in der →Geschichtsschreibung der bestimmende Einzelne sich in den Vordergrund schiebt; ferner stellt sich mit der politischen Entmachtung der Polis die Bereitschaft wieder ein, den mächtigen Einzelnen in den Bereich des Göttlichen zu rücken (→Herrscherkult). Der tätige und wirkende Gott (→Logos) bestimmt denn auch die philosophischen Systeme (das →Epikurs durch den Widerspruch), wobei vor allem die →Stoa den Menschen als das den Göttern verwandte Vernunftwesen auffaßt und Bürger in der vernunftdurchwalteten Ordnung des Kosmos (der Kosmopolis) sein läßt. Das stoische M. und sein Ideal, der Weise, enthält gewiß einen stark utopischen Ansatz, aber das Ideal vermochte dem Einzelnen Kraft zum Widerstand zu geben und verpflichtete ihn zugleich zu einem Dasein in Aktivität und sittlicher Verantwortung. Der Rückzug auf den privaten Zirkel kennzeichnet dagegen den Epikureismus. Es entspricht das aber einer allgemeinen Tendenz der Zeit. So spielt etwa die Neue →Komödie (I D) ganz im Bereich des Privaten, setzt nur allgemein-menschliche und bürgerliche Zustände voraus. Ihre Gestalten sind ‹Charaktere› auch im Sinne des →Theophrast (der an Aristotelisches anschließt; vgl. rhet. 2,12, 1388b31ff.) und zeigen bei aller Typik den geschärften Blick für das Eigentümliche. Das Interesse an der →Biographie, die vor allem im →Peripatos ihren Anhalt hat, gehört auch hierher: ihr Ziel ist es, Leben und Handeln als Entfaltung eines bestimmten Ethos darzustellen. Zur Bewertung der Arbeit und Berufe →Arbeit, →Anthropologie, →Aristoteles; zur Anschauung der Griechen von ihrer Kultur und Eigenart →Barbaren. H. Schw.

Lit: I. Bruns, Das literar. Porträt d. Griechen im 5. und 4. Jh. v. Chr., 1896 – Ders., Die Persönlichkeit in der Geschichtsschreibung der Alten, 1898 – G. Pasquali, Omero, il brutto e il ritratto (1940), in: Terze pagine stravaganti, 1942, 139–166 – V. Ehrenberg, The People of Aristophanes (1943), 1951^2 (deutsch voraussichtl. 1966) – E.R. Dodds, The Greeks and the Irrational, 1951 – B. Snell, Die Entdeckung des Geistes (1946), 1955^3 – A. Dihle, Studien zur griech. Biographie, 1956 – A. Lesky, Göttl. u. menschl. Motivation im hom. Epos, 1961 – H. Fränkel, Dichtung und Philosophie des frühen Griechentums (1951), 1962^2 – R. Harder, Eigenart der Griechen (1949), 1962, vgl. auch: Kleine Schriften (1960), 1–38 – B. Schweitzer, Das M. in der griech. Plastik, 1944 – Weiteres →Porträt.

B. RÖM. LITERATUR. [1] *Allgemeines.* In →Ciceros und →Senecas philosophischen Schriften finden wir Stellung und Wesen des Menschen gelegentlich in der Mitte zwischen Tieren und Göttern fixiert: jenen durch die Vernunft übergeordnet, diesen durch die Unvollkommenheit unterlegen. Solche Erwägungen sind griechischer Herkunft. Ihnen steht in Rom die konkrete Zuordnung des Menschen zu den drei großen Ordnungs- und Aufgabenbereichen von Haus, Staat und Kult gegenüber. Die Griechen haben das M. philosophisch geprüft und dabei auf die allgemein menschlichen Bezüge abgezielt. Die Römer haben es in seinen sachbezogenen Wirkungszusammenhängen von der Empirie und Praxis her entwickelt und sind dabei meist von der staatlichen Bindung des Individuums ausgegangen; Rombild und M. hängen aufs engste zusammen. Von entscheidender Bedeutung für seine Erfassung sind →Epos und →Geschichtsschreibung, dazu die →Satire als ein für das latente Idealbild aufschlußreicher Gegenpol, ferner vom Ende der Republik an die bildungstheoretischen Schriften. Die anderen literarischen Genera hatten eine zeitlich begrenzte Wirkung. Schließlich sei vermerkt, daß erhebliche Teile der Literatur, z.B. →Plautus und →Terenz, vorwiegend griech. Menschen und Sitten widerspiegeln.

[2] *Das altröm. Menschenbild.* Die gängige Vorstellung vom alten Römer als einem hervorragenden Politiker, Soldaten und Bauern findet weitgehend ihre Bestätigung in der älteren lat. Literatur. Eine konzentrierte Darstellung bieten – mit leichten Varianten – die →Scipionenelogien, die ältesten Triumphalinschriften, die Leichenrede des Q. →Caecilius (6) Metellus i.J. 221 auf seinen Vater (Plin. nat. 7,139), das Lob der Alcumena auf ihren Gatten (Plaut. Amph. 644ff.), die röm. Führergestalten in den Epen des →Naevius und →Ennius und die Reste von →Catos (1) Reden und ‹Origines›. Die bestimmenden Komponenten für die Wertung des Menschen sind die Amtsstellungen, die

Leistungen im Kriege, die Priesterämter, die Geltung im Senat durch Autorität, politische Einsicht und Kraft der Rede, die Leutseligkeit gegenüber Untergebenen, die Ordnung des Familienverbandes und die anständige Mehrung des Besitzes. In der Reflexion über die röm. Erfolge in den beiden ersten Punischen Kriegen hat der erste röm. Historiker Q. → Fabius (11) Pictor dargelegt, wie die Römer sich nur zu gerechten Kriegen entschlossen und beim Friedensschluß Gerechtigkeit und Milde hätten walten lassen. Diese – oft sehr selbstgerechte – politische Ideologie hat weithin die späteren Darstellungen der röm. Geschichte und das in ihnen gültige M. beherrscht (Gegenbild in → Sallusts Historien – Brief an Mithridates – und in der Calgacusrede in Tacitus' Agricola, s. u. 9). Diese Wertordnung ist bestimmt durch die Achtung vor den Vorfahren und die Sicherung des Ruhms bei den Nachfahren.

[3] *Griech. Einflüsse.* Die politischen und wirtschaftlichen Umschichtungen und der zunehmende Einfluß des Griechentums haben seit der Mitte des 2. Jh.s gewisse Modifikationen des gültigen Wertekanons herbeigeführt. Noch immer blieben die politischen und militärischen Verpflichtungen die höchsten Aufgaben, aber das Privatleben wurde neuen Normen unterstellt. Wir lesen diese Wandlung am Leben des P. → Cornelius (29) Scipio Africanus minor und seines – mit → Polybios (1) und → Panaitios auch Griechen einschließenden – → ‹Scipionenkreises› ab, dessen geistiges Erbe bes. → Cicero bewahrt hat. Der Wert der → Humanitas macht die neue geistige Wendung aus. Dieser vielschichtige Begriff bezeichnet im Umgang mit anderen Menschen eine liebenswürdige Auflockerung des Verkehrs und einen leichten, oft schalkhaften Umgangston. Kein starres Verharren auf dem Recht, sondern Billigkeit der Maßstäbe. Diese ‹menschliche› Haltung wird gestärkt durch das Studium der griech. Literatur und Kunst, das im ‹Otium› zugleich Entspannung, Geschmack und Urteilskraft einbringt. In den Komödien des → Terenz, in denen das Wort ‹humanus› häufig vorkommt, finden wir die ersten Andeutungen des neuen M.s, das sich in den Satiren des → Lucilius (1) die dem Scipionenkreis adäquate Form schuf. In seiner Nachfolge hat → Horaz mit seinen Satiren und Episteln diesem Ideal der von griech. Geistigkeit durchstrahlten Humanitas in der Verbindung von sittlicher Reife, menschlichem Takt und sprachlicher Grazie den reifsten Ausdruck verliehen.

[4] *Cicero.* Die erste umfassende theoretische Fundierung eines neuen M.s gab in der Zeit stärkster politischer und geistiger Umwälzungen Cicero in seinen Bildungsschriften. Beherrschend bleibt auch hier die Ausrichtung auf den leitenden Staatsmann, selbst wenn Cicero in kurzen Phasen einem nur der Philosophie gewidmeten Leben den Vorrang gibt. Die sittlichen Werte der Altrömer erleben durch ihn eine neue Erweckung, und aus dem Scipionenkreis wird die Verpflichtung zur griech. Bildung, bes. zur Philosophie, übernommen. Dazu tritt die Forderung nach gründlicher Rechts- und Geschichtskenntnis sowie nach tieferen Einblicken in die Disziplinen der ‹enzyklopädischen Bildung› und die unablässige Schulung in rednerischen Übungen. Das Leitbild, das Cicero lehrte und selbst zu verwirklichen strebte, ist der allseitig gebildete Redner, der sich vor dem Senat, den Gerichten und der Volksversammlung zu bewähren vermag. – In starkem Gegensatz zu Cicero stehen Lebensstil und M. der → *Neoteriker* und der → *Elegiker*. Diese lehnen jede staatliche Tätigkeit ab; sie leben für ihre Dichtung, an die sie strengste Maßstäbe anlegen, und für den geistigen Austausch im Freundeskreis. Die Liebe ist das zentrale Thema ihrer Dichtung in einer bis dahin für Rom unbekannten Feinheit der Empfindung. Der Liebhaber, der seine Liebe meist als Qual oder Krankheit auffaßt, gefällt sich im sklavischen Dienst für seine Herrin und substituiert seinem Liebesverhältnis die tragenden Werte der röm. Ehe. Sein Stolz gründet sich auf sein Dichtertum, das er gegen die traditionsbedingte Würde des röm. Politikers, Offiziers und Ritters ausspielt.

[5] *Das röm. Epos.* Trotz seiner Bindung an die Neoteriker in der Jugend hat → Vergil in seiner Aeneis ein ganz anderes M. geschaffen. Im Rückgriff auf diesen schon von Naevius bearbeiteten Stoff übernimmt er im vordergründigen äußeren Geschehen für Aeneas und Turnus die Kennzeichen des durch Tapferkeit und Zähigkeit ausgezeichneten altröm. Heldenideals und des wegen Überheblichkeit und ungebändigter Leidenschaften zum Untergang bestimmten Landesfeindes. Ähnlich erscheinen auch bei → Livius (1) die Römer und ihre Gegner. Aber Vergil stößt tief ins allgemein Menschliche vor. Im Schicksal des Flüchtlings, der eine neue Heimat sucht, in der frommen Unterordnung unter eine ihm vom Schicksal auferlegte und nur langsam sich enthüllende Sendung, in der Verstrickung in Schuld (Dido), in der äußeren und inneren Not des Krieges und Blutvergießens, aber auch in der Einsamkeit seiner Entscheidungen offenbaren sich Leid und Größe der menschlichen Existenz schlechthin. Turnus aber wird durch die Erkenntnis seiner Schuld und seine Bereitschaft zur Sühne geadelt. – Das Bild des Aeneas hat wie das Rombild Vergils für die Kaiserzeit, bes. für das → Epos, normgebende Kraft gehabt. Die Gestalt Jasons in den Argonautica des → Valerius (10) Flaccus hat ebenso wie Scipio in den Punica des → Silius (2) Italicus wesentliche Züge mit Aeneas gemeinsam – verstärkt durch einzelne stoische Elemente –, wie umgekehrt der Caesar → Lucans in provokatorischer Umkehrung vieler altröm. Führerqualitäten manche Verwandtschaft mit Turnus aufweist. In seiner Thebais hat → Statius (1) die brudermörderischen, menschliches und göttliches Recht mißachtenden Kräfte in der vom eigenen Vater verfluchten Herrschaft des Eteokles und Polyneikes zum teuflischen Widerspiel des altröm. Menschen- und Gemeinschaftsideals, der ‹Pietas›, gemacht.

[6] Demgegenüber hat die von Cicero entwickelte Konzeption des enzyklopädisch und rhetorisch gebildeten Staatsmanns trotz ihrer andersartigen politischen Voraussetzungen auch im Prinzipat verpflichtende Bedeutung behalten. Die Akzentuierung verschiebt sich gelegentlich, wie auch der Glaube an die Realisierbarkeit dieses Ideals schwankt. Aber die Grundbestandteile kehren sowohl bei → Quintilian wie im ‹Dialogus› des → Tacitus wieder. Sie finden sich auch noch bei → Augustin, ausgerichtet auf das neue Ziel, alle diese Bildungselemente in den Dienst des Verständnisses der Heiligen Schrift und der Heiligung des eigenen Lebens zu stellen (De doctrina christiana).

[7] Wesentliche Einblicke in Lebensziel und Lebensstil nach oben gelangender Mittelstands- und Handwerkerkreise, bes. unter den Freigelassenen, die durch geschickte Manipulationen in der Kaiserzeit häufig zu Geld und Ansehen gelangten, bieten (trotz mancher karikierenden Zuspitzung) die → Satiriker, bes. → Petron, der im Gastmahl des reichen und angeberischen Trimalchio souverän den raffinierten Tafelluxus mit der Hohlheit der Gespräche kontrastiert. Auch bei → Juvenal und → Martial fallen scharfe Streiflichter auf das geltungssüchtige, halbgebildete Protzertum einzelner hochgekommener Individuen.

[8] Der *Frau* kommt in dem vorwiegend auf den Staat ausgerichteten röm. M. zunächst eine nebengeordnete Funktion zu. Sie ist auf den Bezirk des Hauses verwiesen und wird vielfach nur generell charakterisiert: im altröm. Sinn als keusche, gehorsame und treue Gattin, sparsam und fleißig, als pflichtbewußte Mutter der Kinder und Hüterin der häuslichen Ordnung; bei den Elegikern als schöne und ihrer Schönheit bewußte, sinnenfrohe und äußeren Verlockungen leicht erliegende, musisch begabte, oft launenhafte Herrin; in epischer Dichtung häufig im Affekt und im Widerstreit starker Leidenschaften, dem auch die wahrhaft herrscherliche Dido in tragischer Verstrickung erliegt. Epos und Geschichtsschreibung der Römer sind gleichwohl

reich an eigenständigen, stark differenzierten Frauengestalten, bei deren Betrachtung auch die Göttinnen, bes. bei Vergil, nicht vernachlässigt werden dürfen. Das Bild und die Rolle der Frau in der Literatur entspricht jedoch nur bedingt der Bedeutung, die sie in Rom, nach einer schon im 3. Jh. v. Chr. beginnenden Emanzipationsbewegung, im gesellschaftlichen und politischen Leben, zumal der Kaiserzeit, besitzt (vgl. → Laudatio (2) Turiae, → Cornelia, → Sempronia, → Hortensia, → Sulpicia, u. a.). – In der röm. Liebesdichtung beginnt überdies jene Erhöhung der Geliebten zur Göttlichkeit, die keimhaft schon auf die mittelalterliche und neuzeitliche dichterische ‹Vergötterung› der Frau vorausdeutet.

[9] Wie düster sich das Bild des röm. Menschen im Lichte des Hasses der Unterworfenen ausnahm, hat H. Fuchs eindringlich dargestellt. Zwar sind Frömmigkeit und Gerechtigkeit schon früh von auswärtigen Beobachtern als Kennzeichen des Römertums anerkannt worden; häufiger aber werden von Griechen, Juden, Syrern u. a., aber auch von röm. Autoren Falschheit, Macht- und Habgier, Raub- und Mordlust angeprangert: «Raubende Welteroberer, deren Zerstörungstrieb kein Land mehr findet, durchsuchen sie nun den Ozean, habgierig, wo der Feind reich ist, ruhmgierig, wo er arm ist, weder im Osten noch im Westen zu sättigen... Rauben, Morden, Stehlen heißt bei ihnen mit falscher Bezeichnung ‹Herrschaft›, und wo sie eine Wüste schaffen, ‹Friede›» (aus der Rede des Britannerkönigs Calgacus bei Tac. Agr. 30). Aus dem Arsenal dieses «geistigen Widerstandes gegen Rom in der antiken Welt» haben sich noch die romfeindlichen Tendenzen in der Darstellung des Römertums bei einigen neueren Historikern und Geschichtsphilosophen (Herder!) ihr Rüstzeug geholt. E. Bk.

Lit: H. K. Schulte, Orator, Frankf. Stud. z. Religion u. Kultur d. Antike 11, 1935 – H. Fuchs, Der geistige Widerstand gegen Rom in der ant. Welt, 1938 – Ders., Enkyklios Paideia, RAC V, 365–398 – H. Strasburger, Gnomon 14, 1938, 181–188 – E. Burck, Röm. Wesenszüge d. augusteischen Liebeselegie, Hermes 80, 1952, 163–200 – Ders., Das M. im röm. Epos, Gymnasium 65, 1958, 121–146 – F. Klingner, Humanität u. Humanismus (1947), in: Röm. Geisteswelt, 1961⁴, 690 bis 732 – U. Knoche, Der röm. Ruhmesgedanke (1934), Gymnasium, Beih. 2, 1962, 13–30 – Ders., Der Beginn d. röm. Sittenverfalls (1938), ebd. 99–123 – G. Lieberg, Puella divina, 1962.

Menschenhandel. Krieg und Menschenraub haben in der ganzen Antike die → Sklaven zu einem wichtigen Handelsartikel gemacht; schon in archaischer Zeit wurden durch die Phönizier Sklaven aus dem Schwarzmeergebiet nach Griechenland eingeführt. Der erhöhte Bedarf hat in klass. Zeit den M. aus den nördl. und östl. Grenzgebieten der griech. Welt erheblich anwachsen lassen und sich bereits in Chios, Byzanz und Athen große Sklavenmärkte geschaffen. Aber erst als im 2. Jh. v. Chr. Rom zusätzlich als Abnehmer auftrat, hat der M. mit dem Hauptumschlagsplatz in Delos erschreckenden Umfang angenommen. Während die östl. Mittelmeerwelt ihren Nachschub an Sklaven vornehmlich weiter aus dem Schwarzmeergebiet erhielt, hat sich Rom aus Kleinasien und Syrien, in der Kaiserzeit hauptsächlich über die Donauprovinzen und über Nordafrika (Neger) und Ägypten mit Sklaven versorgt. H. Br.

Menschenopfer. [1] Die Frage, ob es richtig sein könne, daß der Mensch seinesgleichen den Göttern opfere, und ob den Göttern ein solches Opfer wohlgefällig sein könne, taucht bei den *Griechen* so früh auf, daß alle mythischen oder historischen Erzählungen von M.n davon beeinflußt sind. Neben einmaligen M.n in Situationen äußerster Not (berühmtester, wohl historischer Fall das athen. M. im Jahre 480 v. Chr. Plut. Them. 13. Arist. 9) und tiefster Trauer (Mythos: Hom. Il. 23, 174 ff., historisch: Plut. Philop. 21) stehen die regelmäßigen im Kulte verankerten M., von denen sich kaum feststellen läßt, ob und in welchen Epochen sie wirklich dargebracht wurden: so das Opfer von zwei → Pharmakoi in Athen (→ Thargelien), Ephesos, Abdera, Massilia, das berühmte M. für den Zeus Lykaios in Arkadien (Ps.-Plat. Minos 315 C; Paus. 8, 38, 7 u. a.), das Königsopfer in Halos in Thessalien (Hdt. 7, 197. Ps.-Plat. Minos, a. O.) und die für den Dionysoskult genannten M. (Plut. qu. Graec. 38, Ael. hist. an. 12, 34, Porph. abst. 2, 55). Die hellenist. Gelehrsamkeit hat zuweilen systematisch nach Spuren urtümlicher M. geforscht und im griech. wie im röm. Bereich bereitwillig alte, schwer deutbare Riten als Substitutionen von ursprünglichen M.n gedeutet. Grundsätzlich hat das griech. Denken die M. als barbarisch und frevelhaft und nur in seltensten Fällen entschuldbar aufgefaßt. O. G.

[2] Gewisse Überlieferungen, die von Ersatzopfern berichten, lassen vermuten, daß in der ältesten *röm.* → *Religion* (E 1) M. üblich waren (z. B. die Binsenpuppen, die bei der → Argeiprozession in den Tiber geworfen wurden: Ov. fast. 5, 621 ff.; die lebenden Fische, die während der → Volcanalia ‹anstelle menschlicher Opfer› ins Feuer geworfen wurden: Varro ling. 6, 20; Fest. 276 L.). In historischer Zeit, i. d. J. 226, 216 und endlich 114 v. Chr., wurde je ein griech. und ein gall. Paar auf dem Forum Boarium lebendig begraben; dieses von den → Sibyllinischen Büchern angeordnete Vorgehen bleibt uns ein Rätsel. Die M. wurden durch Senatsbeschluß i. J. 97 v. Chr. verboten (Plin. nat. 30, 12) und das Verbot für das ganze Reich mehrfach erneuert (Tert. apol. 9; Lact. inst. 1, 21, 1). H. Le B.

Lit: F. Schwenn, Die Menschenopfer bei den Griechen und Römern, RGVV 10, 1915.

Mentor, Sohn des Alkios aus Ithaka, enger Freund des → Odysseus und väterlicher Berater des → Telemachos (in dieser Rolle sprichwörtlich geworden). In seiner Gestalt erscheint oft Athena. K. Schb.

2. **M. von Rhodos,** Schwager des → Artabazos, dem er von 366 v. Chr. an mit seinem Bruder → Memnon (3) zuerst auf Seiten → Artaxerxes' II., dann im Aufstand gegen → Artaxerxes III. diente. Nach Artabazos' Flucht setzte er den Aufstand fort, half aber 350 bei der Übergabe Sidons an den König und wurde begnadigt. An der Wiedereroberung Ägyptens führend beteiligt, erhielt er 342 das Oberkommando in Kleinasien, versöhnte Memnon und Artabazos mit dem König und beseitigte die Freunde der Makedonen (→ Hermias, 1). Bald darauf starb er, Memnon wurde sein Nachfolger. E. Bd.

Mercedonius, nicht-offizielle Bezeichnung des Novembers als Monat der Pachtgeldbezahlung, sodann offenbar übertragen auf den im altröm. → Kalender nach dem 23. Februar eingefügten Schaltmonat als letzten Termin zur Regelung geschäftlicher Angelegenheiten. H. Kal.

Meridiankreis, vertikaler, mit Teilung versehener Metallring, der in die Ebene des Meridians eingestellt werden kann. Der M. ist eine einfache Form der → Armillarsphäre und diente vor allem zur Bestimmung der Meridianhöhe der Sonne. S. S.

Merikare *(Mrj-kꜣ-Rꜥ)*, König der 10. Dyn., etwa 2025 v. Chr., dessen politisches Manifest, die ‹Lehre für M.›, seinem verstorbenen Vorgänger in den Mund gelegt, auf politischem, religiösem und ethischem Gebiet sehr fortschrittliche Ideen vertritt. W. Hk.

Lit: A. Volten, Zwei altägypt. politische Schriften, 1945.

Merimde, Ort am Rande des Westdeltas des Nils (Kt. 29 B2), wo eine vorgeschichtliche Siedlung aufgedeckt worden ist. W. Hk.

Lit: H. Junker, Anz. Wien 1929; 1930; 1932; 1933; 1934; 1940.

Merkur, der röm. Schutzgott der Kaufleute und des Handels (bezeichnender Text: Plaut. Amph. prol. 1–16). ‹Mercurius› ist nach merx, ‹Ware›, mit einem vielleicht etrusk. Suffix gebildet. – M. ist untrennbar von → Hermes, dem er sehr früh gleichgesetzt wurde, oder gar dieser selbst unter einem lat. Namen. Im sog. Numakalender ist er nicht aufgeführt; es wird oft angenommen, sein Kult sei von griech. Kaufleuten nach Rom gebracht worden. Ein Tempel, dessen Stiftungstag auf den 15. Mai fällt, wurde ihm nach der

Überlieferung i.J. 495 v.Chr. geweiht; er stand außerhalb des Pomerium (→Rom IV C 1), nahe beim Circus Maximus. Nach Livius (2, 27, 5–6) gab die Einweihung Anlaß zu einem Streit zwischen Patriziern und Plebejern; die Ehre, den Tempel zu weihen, sei vom Volk einem Plebejer zuerkannt worden. Die Anekdote ist unglaubwürdig, zeigt aber, daß der M.-Kult deutlich plebejisch gefärbt war; deshalb wird M. beim Lectisternium (→Göttermahl) vom J. 217 v.Chr. →Ceres, der plebejischen Göttin im wahrsten Sinne des Wortes, beigesellt. Der →Handel lag in der Tat vorwiegend in den Händen der Plebejer. Mit der Weihe des Tempels bringt Livius die Gründung eines Kollegiums der Kaufleute in Zusammenhang. Bei der Porta Capena gab es eine M. geweihte Quelle, wo die Händler am 15. Mai mit einem ins heilige Wasser getauchten Lorbeerzweig sich selbst und ihre Waren gleichsam segneten (Ov. fast. 5, 673–680). Kollegien von M. verehrenden Kaufleuten, die Merkurialien, sind in einer ganzen Anzahl von südital. Städten und in →Delos bezeugt. Der Name M. ist durch →Interpretatio Romana einem der größten Götter Galliens (dessen einheimischen Namen wir nicht kennen) gegeben worden. H. Le B.

Darstellungen: →Hermes.

Mermnaden, altlyd. Adelsgeschlecht, das auf die Dynastie der →Herakliden folgend mit →Gyges um 680 an die Macht kommt. Unter seiner Herrschaft tritt →Lydien (1) in die Geschichte ein. Nach Gyges gehören dem Geschlecht die Könige →Ardys, →Sadyattes II., →Alyattes und →Kroisos an. P. Hom.

Lit: J. Keil, RE 15, 1 (1931), 1038 – G. M. A. Hanfmann, Sardis u. Lydien, 1960, 18–29 – Vgl. zu →Herakliden (2).

Merobaudes, aus Trier gebürtiger Franke, magister militum praesentalis unter →Valentinian I., Initiator der Kaiserproklamation →Valentinians II., von größtem Einfluß unter →Gratian, dem er nach der Usurpation des →Maximus (1) treu blieb. Juli 387 n.Chr. wurde M. (cos. 377, 383, cos. des. für 388) von Maximus (Hochverratsprozeß?) zum Selbstmord getrieben. K. H. Sch.

Lit: E. Vetter, Das Grab des Flavius M. in Trier, RhM 103, 1960, 366–372.

2. **M.** (Flavius M.), Spanier, vir spectabilis, comes sacri consistorii, Soldat, Redner und Dichter im Dienst des →Aëtius, 435 n.Chr. durch eine Statue auf dem Trajansforum ausgezeichnet. Erhalten sind Fragmente seiner panegyrischen Werke und ein Christushymnus. W. Sch.

Ed: F. Vollmer, MGAA 14, 1905, 1–20 – Inschrift der Statue: CIL VI 1724 (= Dessau 1, 2950).

Meroë (Kt. 2103). Um 300 v.Chr. verlegten die Könige →Nubiens ihre Residenz südl. der Atbaramündung und gründeten M., wo vorher bereits ein Sonnentempel des Königs Aspalta lag (Hdt. 2, 29 erwähnt). Reste eines →Amun- und eines Apezemek-(Löwengott-)Tempels sowie die kgl. Nekropole mit Pyramiden sind erhalten. W. Hk.

Merope, (1) eine der →Pleiaden, Gattin des →Sisyphos; (2) Gemahlin des →Herakliden Kresphontes, dann von dessen Mörder Polyphontes, bis ihr Sohn →Aipytos zum Rächer herangewachsen ist.

Mersin, türk. Ortschaft. Auf dem nahegelegenen Yümük Tepe Ansiedlung von neolithischer bis islamischer Zeit. Bedeutende neolithische Steinindustrie, mächtige chalkolithische und bronzezeitliche Schichten. Wichtige Untersuchung durch J. Garstang 1937–39 und 1946–47. F. F.

Lit: J. Garstang, Prehistoric Mersin, 1953.

Merula →Cornelius.

Mesara, die fruchtbarste und weiteste Ebene →Kretas, im N vom Ida (Kt. 1152 F 8), an dessen Abhang die →Kamares-Höhle. Im S gegen das Meer durch die Kophinosberge begrenzt. In min. Zeit von den Herren von →Phaistos, in historischer Zeit von →Gortyn beherrscht. Hafenplatz →Hagia Triada. Von einer wohlhabenden bäuerlichen Kultur schon am Ende des 3. Jt.s zeugen die →Tholosgräber. W. Schg.

Mesolab, von →Eratosthenes eingeführtes Gerät zur Bestimmung zweier geometrischer Mittel, also zur →Verdoppelung des Würfels. Beschrieben von →Pappos (collectio 3, Hultsch p. 54ff.) und →Eutokios (Archimedis op. ed. Heiberg, III 90ff.). H. G.

Mesomedes von Kreta, berühmter griech. Lyriker und Musiker (Kitharöde), 1. H. 2. Jh. n. Chr., von dem uns mehrere, z.T. mit antiken Notationszeichen (→Musik A 11) versehene Hymnen (u.a. auf Helios, Nemesis, die Physis, Isis) erhalten sind. Vgl. →Musik (A 11; C 5). E. V.

Frg: Heitsch, 24–32 (Lit).

Mesopotamia, die *röm. Provinz.* (Zur Geschichte Mesopotamiens, das nach der Eroberung durch die Perser die Geschicke des →Perserreiches teilte, von →Alexander d. Gr. erobert wurde, nach seinem Tode an die →Seleukiden kam und nach deren Verlagerung nach Westen zum Grenzgebiet zwischen Seleukiden und →Arsakiden wurde, vgl. die genannten Stichworte.) Das Gebiet zwischen den Oberläufen von Euphrat und Tigris wurde von Trajan 115 n.Chr. erobert, doch mußte Hadrian die neu errichtete Provinz M. wie →Assyria bei seinem Regierungsantritt wieder aufgeben. Lucius Verus (162–165) und Septimius Severus (195–199) unternahmen erneute Vorstöße zur Wiedergewinnung M.s, ohne die lokale Dynastie in der Landschaft →Osrhoene anzutasten. In der Provinz M. standen zwei Legionen, doch war das Gebiet seit der Regierungszeit Gordians ein ständiger Zankapfel zwischen den Römern und den →Parthern. In der diokletian. Neuordnung ist die M. auf das Gebiet der ‹V gentes trans Tigridem› reduziert, 363 muß Jovian →Nisibis aufgeben, doch kennt die ‹Notitia Dignitatum› zu Ende des 4. Jh.s noch die Provinzen Osrhoene und M. R. F.

Lit: A. H. M. Jones, Cities of the eastern rom. prov., 1937, 216–226 – G. C. Susini, EAA IV, 1961, 1048f.

Mesopotamien, Mesopotamische Reiche

A. Land, Klima, Urbevölkerung – B. Geschichte: [1] Sumer und Akkad – [2] Babylon – [3] Assyrien – C. Staat und Gesellschaft: [1] Regierung – [2] Recht – [3] Sozialstruktur – [4] Kalender – [5] Handel – [6] Technik und Wissenschaft – [7] Musik – [8] Heer – D. Religion: [1] Götter – [2] Kultus – E. Literatur: [1] Quellen, Perioden – [2] Gattungen – F–L: Kunst: F. Allgemeine Charakteristik – G. Architektur: [1] Allgemeines – [2] Wohnhaus – [3] Tempel – [4] Palast – [5] Befestigungsanlagen – [6] Städtebau – [7] Grab – [8] Details – H. Plastik: [1] Rundbild – [2] Relief – I. Malerei – K. Keramik – L. Kleinkunst: [1] Terrakotten – [2] Einlegearbeiten – [3] Stickereien – [4] Siegel – [5] Elfenbeinarbeiten – [6] Schmuck.

A. Land, Klima, Urbevölkerung. [1] Seit Alexander d. Gr. wird das Alluvialland zwischen →Euphrat und →Tigris südl. des Dschebel Hamrīn ‹Mesopotamien› genannt. Im O wird es durch das iran. Bergland mit wenigen Pässen begrenzt, im W ist es gegen die Syr. Wüste offen. Der Pers. Golf im S reichte im Altertum weiter ins Land, →Eridu und →Ur lagen an der Lagune. – Subtropisches *Klima* bringt von Mai bis September starke Hitze, im Winter mäßige Temperaturen und etwas Regen. Die Landwirtschaft ist auf Bewässerung angewiesen. Regenbau ist im nördl. angrenzenden Assyrien möglich, wo in den Flußtälern der Zuflüsse der Ströme (Chabur, Unterer und Oberer Zab, Dijala) günstige Lebensbedingungen herrschen. Durch Zagros und Tauros ist dies Land nach O und N abgeschirmt, im W aber Fortsetzung des ‹Fruchtbaren Halbmonds›.

[2] *Urbevölkerung.* Im Zagros bei Schanidar wurden Skelette aus dem Paläolithikum gefunden. Wichtiger ist jedoch Dscharmo (nördl. Kerkuk), wo der Übergang von der Jagdkultur zur Ackerbaukultur (um 4700 v.Chr.) nachgewiesen werden kann. Im 4. und 3. Jt. sind nach der Keramik folgende Kulturkreise bzw. -schichten zu unterscheiden: →Tell Hassuna (neolithisch); →Tell Halaf, teilweise gleich-

zeitig mit → Samarra (frühes Chalkolithikum); diese alle im nördl. M. Im S entspricht den letzten Kulturen teilweise eine durch Keramik aus → Eridu und Hadschi Mohammed bestimmte Kultur. Darauf folgt die Kultur von → El-Obēd (mittleres und spätes Chalkolithikum), an die sich die → Uruk-Kultur anschließt. Mit der Schrifterfindung in der frühen → Djemdet Naṣr-Zeit (Uruk IVa) Übergang zur Frühgeschichte. Keramik und Artefakten lassen keine Schlüsse auf die ethnische Zugehörigkeit ihrer Erzeuger zu. Ortsnamen und Lehnwörter im Sumer. lassen auf eine Urbevölkerung schließen, zu der sich schon früh → Semiten gesellt haben dürften.

B. Geschichte. [1] *Sumer und Akkad.* Die frühe Hochkultur im südl. M. (→ Uruk V–III) wird mit der Einwanderung der Sumerer (= S.) in Zusammenhang gebracht. Sichere Beweise fehlen, doch läßt das System der Schrift, die um 3000 v. Chr. geschaffen wurde, auf S. als ihre Schöpfer schließen. S. haben auch die straffe, städtische Organisationsform geschaffen, ohne die die Nutzung des Bodens durch Be- und Entwässerung undenkbar wäre. Über die Geschichte der frühdynastischen Zeit (ca. 2750–2350) sind wir ungenügend unterrichtet (mythisch-epische Überlieferung), einzelne Stadtstaaten geringer räumlicher Erstrekkung bestanden nebeneinander (von der sumer. Königsliste nacheinander geordnet). Vor allem → Uruk, → Ur (1. Dynastie, früheste Texte von Mesanepada, Aanepada) und → Kiš (Inschrift des Enmebaragesi um 2600) bedeutsam. Bes. reiche Überlieferung aus → Lagaš, wo um 2550 eine Dynastie zur Regierung kommt, deren Herrscher Urnanše, → Eannatum, Entemena und Lugalanda besser bekannt sind. Unter → Urukagina geht die Herrschaft an das rivalisierende Umma (→ Lugalzaggesi) über, dann wird die altsumer. Epoche durch das Reich von → *Akkade* beendet: im nordbabylon. → Kiš hatten Semiten die Herrschaft an sich gerissen und unternahmen von da aus weite Kriegszüge (→ Sargon I., Narām-Sîn). War diese Dynastie auch nicht von langer Dauer (ca. 2350–2170), so zeigt sie doch ein wesentliches Element mesopot. Geschichte: die ständige Bedrohung der seßhaften Bevölkerung durch das Eindringen von Nomaden aus der Steppe. Ein bes. starker Zustrom zu den schon im Lande seßhaften Semiten (einige Könige der 1. Dynastie von Kiš tragen akkad. Namen) dürfte zur Dynastiegründung geführt haben. Am Ende der Akkad-Zeit drangen die barbarischen → Gutäer vom Gebirge her plündernd ins Land ein. Sie besetzten es nicht, sondern unternahmen Raubzüge ins Fruchtland. Dennoch gelang es einem Fürsten wie Gudea von → Lagaš, seinem Volke Ruhe und wirtschaftliche Blüte zu sichern. → Utuchengal von Uruk konnte die Gutäer endgültig vertreiben, wurde aber bald von → Urnammu entthront, der die 3. Dynastie von Ur begründete (ca. 2070–1950; Herrscher: → Šulgi, → Amar-Su'ena, → Šū-Sîn, → Ibbī-Sîn) und eine Renaissance des Sumerertums erreichte. Aber schon die semitischen Namen dieser Könige (Šū-Sîn; Ibbī-Sîn) zeigen, daß Semiten, diesmal die → Amoriter, immer zahlreicher ins Land eindrangen (bei Sippar und in der Gegend von → Mari). Sie begründeten zahlreiche Dynastien, die oft nebeneinander bestanden und nur in wechselnden Koalitionen einige Macht entfalteten, so vor allem → Isin (Nachfolgestaat von Ur III) und → Larsa. Erstmals griffen jetzt die Assyrer, gleichfalls akkad. Semiten (s. u.), die vorher zeitweilig von Sumer abhängig waren, in die Geschichte ein: Ilušumma von Assur machte um 1830 einen Streifzug nach Babylonien.

[2] *Babylon.* Um 1720 v. Chr. beherrschen die Fürsten von Assur (→ Šamši-Adad I.), Ešnunna, Larsa (→ Rīm-Sîn), wenig später auch → Mari die Szene, bis es → Hammurapi von Babylon (um 1700) gelingt, ein einheitliches Reich zu schaffen. Unter → Samsu-iluna setzt zwar bereits der Verfall ein, dennoch gilt die Zeit dieses Reiches immer als die klassische Babyloniens. – Diese *1. Dynastie von Babylon* findet ihr Ende durch die → Kassiten, ein aus dem iran. Bergland eingewandertes Volk, dem durch den Zug des Hethiterkönigs → Mursilis nach Babylon (ca. 1530 v. Chr.) der Weg freigemacht wird. Sie übernehmen die babylon. Kultur und regieren meist friedlich (Hauptstadt Dūr-Kurigalzu = Aqarqūf). Diplomatische Korrespondenz der Könige Kurigalzu I. und Burnaburiaš II. mit → Amenophis III. und IV. von Ägypten. Im Zusammenstoß mit dem mittelassyr. Reich unter → Tukultī-Ninurta I. unterlag Kaštiliaš IV. (um 1235), Babylon wurde zerstört, aber erst die → Elamiter unter Šutruknachchunte I. versetzen den Kassiten den Todesstoß. Ca. 1160 kommt in Babylonien mit Marduk-kabit-achchēšu die *2. Dynastie von Isin* (ca. 1159–1028) an die Macht; bedeutendster König → Nebukadnezar I. Danach geht das Gesetz des Handelns an Assur über, das seit → Adadnirāri II. (909–889) auch Babylonien in das Reich einbezieht, teils unter eigenen Königen, teils unter Statthaltern. Verschiedene Aramäerstämme streiten um den Vorrang, Revolten führen zu Strafexpeditionen der Assyrer (→ Sanherib; 689 Zerstörung Babylons). Die *Dynastie der* → *Chaldäer* hilft schließlich → Kyaxares von Medien tatkräftig bei der Vernichtung Assyriens (612) (→ Nabupolassar) und erbt dessen Reich. Babylonien ist unter Nebukadnezar II. (604–562) noch einmal Weltmacht (Schlacht von → Karkemisch, Eroberung von Syrien und Palästina; Vermittlung zwischen Lydern und Medern 585). Noch → Nabonid (555–539) hält das gesamte Gebiet in seiner Hand und versucht, es durch einen Zug nach Arabien zu erweitern, muß es aber nahezu kampflos den Persern unter → Kyros d. Ä. überlassen. Damit endet Babylon als selbständiger Staat.

[3] *Assyrien* tritt als selbständige Macht zunächst nicht in Mesopotamien, sondern in Kleinasien in Erscheinung, wo auf dem → Kültepe (nahe Kayseri) die Korrespondenz einer altassyr. Handelskolonie (*kārum* von Kaniš) gefunden wurde (andere Fundorte: Boğazköy, Alişar). Dorthin unterhält um 1850 v. Chr. und zur Zeit → Šamši-Adads I. (ca. 1749 bis 1717) Assyrien Handelsbeziehungen ohne politische Einflußnahme. Šamši-Adad I. dehnt seine Macht bis nach Nordbabylonien aus (→ Mari), nach seinem Tode okkupiert zunächst → Hammurapi von Babylon Teile des Landes, wenig später bringen die → Churriter (Reich von → Mitanni) Nordmesopotamien, Ostkleinasien, Syrien und Palästina unter ihre Herrschaft (als → Hyksos in Ägypten). Angriffe der → Hethiter und die Verteibung der Hyksos aus Ägypten unter Ahmose (um 1540) schwächen dieses Reich, doch erst der hethit. König → Suppiluliuma kann es entscheidend schlagen; unter dem Namen Chanigalbat ist es Ziel des unter Adadnirāri I. (1297–1265) aus der Abhängigkeit befreiten Assur, das es unter → Salmanassar I. (1265 bis 1235) zur assyr. Provinz machen kann. Dieser König hat erstmals gegen → Urartu in Armenien zu kämpfen, dessen Fürsten durch Jahrhunderte Erbfeinde der Assyrer bleiben. Unter → Tukultī-Ninurta I. (1234–1198) schließlich wird Assyrien erstmals Großmacht. Sein Reich umfaßt zeitweilig ganz M. und Nordsyrien (Hauptstadt: → Assur und Kār-Tukultī-Ninurta). Nach seinem gewaltsamen Tode erfolgt ein Rückschlag, erst → Tiglatpileser I. (1115–1078) kann in gewaltigen Kriegszügen bis zum Van-See und zum Mittelmeer vordringen und den babylon. König Marduk-nādinachchē besiegen. Er muß sich bereits mit einer neuen Welle von Nomaden, den Aramäern, auseinandersetzen, die nach seinem Tode die Unterwanderung des nur von schwachen Königen beherrschten Landes fortsetzen. – Die Feldzüge der ersten Herrscher des *neuassyr. Reiches,* Aššurdān und → Adadnirāri II., richten sich deshalb vor allem gegen die Aramäer in Chanigalbat, Nordsyrien, aber auch in Babylonien. → Aššurnaṣirpal II. kann in grausamen Kriegszügen die Ausdehnung des Reiches unter Tiglatpileser I. wiedergewinnen (Hauptstadt: → Kalchu). → Salmanassar III. (858–824) fügt dem noch Teile Babyloniens hinzu, hat

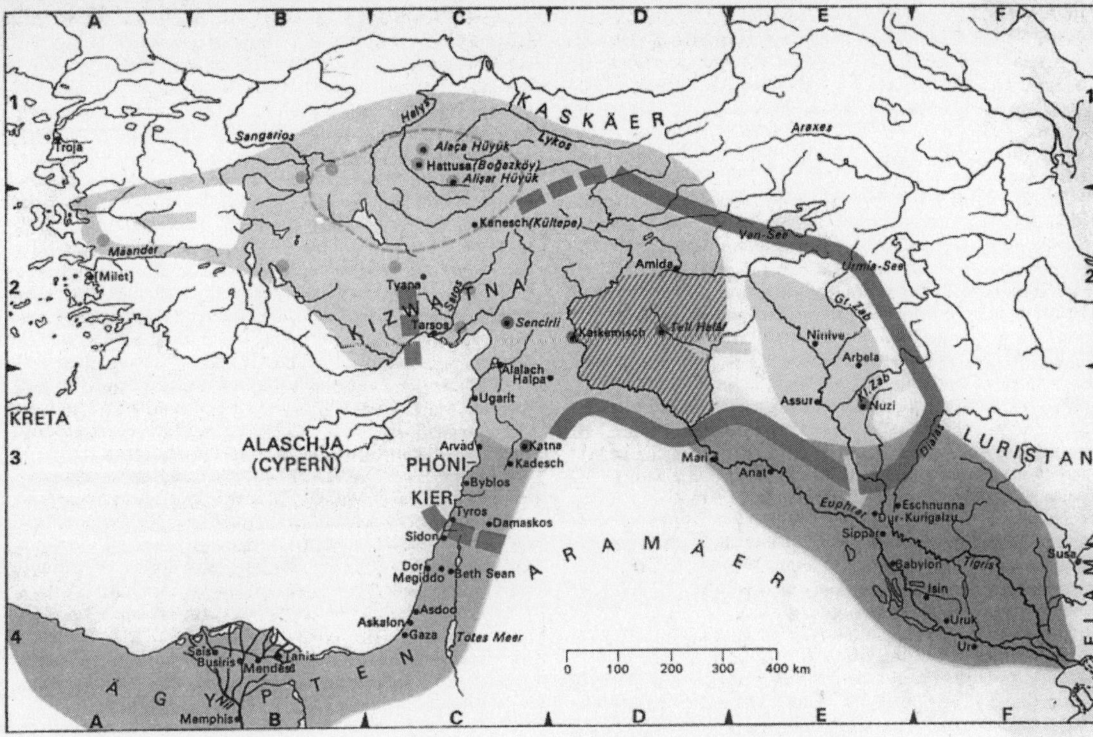

Abb. 141 Vorderasien um 1350 v. Chr.

- Hethitisches Kernland um 1500
- Hethitischer Macht- und Einflussbereich um 1350; wichtige Funde der hethit. Grossreichzeit
- spätere Eroberungen
- Grösster Macht- und Einflussbereich des Mitanni-Reichs (um 1450); wichtige Fundorte der Mitanni-Kultur
- Hethitischer Vasallenstaat Mitanni um 1350
- Assyrisches Reich (im Wiederaufstieg)
- Kassitenreich in Babylonien
- Ägypten (Neues Reich)

- Ausgangsbasis der Achämeniden (unter med. Oberhoheit)
- Medisches Reich (–552/50)
- Lydisches Reich (–547)
- Neubabylon. Reich (–539)
- Kilikien (–547)

(Medisches Reich, Lydisches Reich, Neubabylon. Reich, Kilikien: Eroberungen Kyros' II. d. Gr. (559–529))

- weitere Eroberungen des Kyros
- Ägypten (–525); Eroberung durch Kambyses II (529–522)
- Eroberungen Dareios I. (521–486) bis etwa 500 v. Chr.

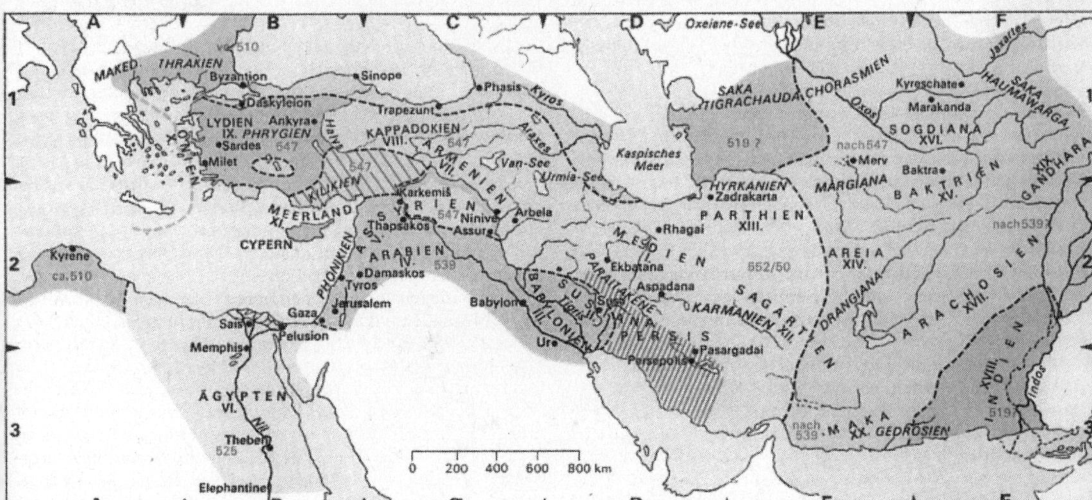

Abb. 141 a Das Wachsen des Perserreichs

aber in Syrien und gegen Urartu schwere Kämpfe zu bestehen. Unter seinen Nachfolgern → Šamši-Adad V. und → Adadnirāri III. wird das Gebiet des Reiches nur wenig erweitert, nach einer kurzen Schwächeperiode kommt → Tiglatpileser III. (744–727) auf den Thron, der die Staatsverwaltung reformiert, zahlreiche unterworfene Staaten (darunter Israel und Juda) als Vasallen und Babylonien durch Personalunion mit Assur verbindet. → Salmanassar V. und → Sargon II. (Hauptstadt: → Dūr-Šarrukīn) können dieses Reich halten, letzterer Urartu 714 den entscheidenden Schlag versetzen (Tušpa erobert, König Rusa I. verübt Selbstmord). → Sanherib (Hauptstadt: → Ninive) hat vor allem gegen Aufstände in Babylon und gegen Elam zu kämpfen, bis 689 Babylon dem Erdboden gleichgemacht wird. Unter → Asarhaddon (680–669) macht sich im Norden der Druck der → Kimmerier und → Skythen stärker bemerkbar, Asarhaddon gibt eine Tochter dem Skythenkönig Bartatua zur Frau. Die → Meder werden durch Verträge gebunden. 671 gelingt die Eroberung Ägyptens. Sein Sohn → Assurbanipal muß dort noch zwei Schlachten schlagen, verlor es aber 655 doch. Nach dem Kampf mit seinem Bruder Šamaš-šum-ukīn kann er 639 noch → Elam zerschlagen, wird aber in seinen späten Jahren offenbar von seinen Söhnen entthront, und das innerlich zerrissene und durch zahllose Kriege geschwächte Land fällt den Medern unter → Kyaxares und den Babyloniern unter → Nabupolassar zum Opfer (612 Ninive zerstört).

C. Staat und Gesellschaft. [1] Die *Regierungsform* war im allgemeinen die absolute Monarchie. In sehr früher sumer. Zeit dürfte neben dem Stadtfürsten, der gleichzeitig Oberpriester war, noch ein ‹Rat der Alten› gestanden haben. Schon früh entwickelte sich eine vielschichtige Beamtenschaft, später in staatliche und klerikale Beamte geschieden. Statthalter, ein Vezier, ein Schatzmeister, Stadtvögte, Bürgermeister usw. herrschten über kleinere Beamte wie Vermesser, Arbeitsaufseher usw. Bes. straff war die Organisation des neuassyr. Reiches. Der Verkehr zwischen den Dienststellen war oft schriftlich, deshalb gab es in fast allen größeren Städten Archive mit Tontafeln (bes. → Mari, Uruk, Nippur, Ninive, Assur).

[2] *Recht*. Oberster Gerichtsherr war ebenfalls der König. Er war Gesetzgeber (‹Reformgesetze› → Urukaginas; Kodex → Urnammu; Kodex Lipitištar; Kodex → Hammurapi; Gesetze von Ešnunna; mittelassyr. Rechtsbuch; neubabylon. Gesetzesfragment) und Appellationsinstanz. Die Rechtsprechung lag in Händen der Richter, denen Älteste zur Seite standen. Die Rechtspraxis war zeitlich und regional verschieden. Prinzipiell galt die schriftliche Fixierung aller Rechtssachen, die gewöhnlich vor Zeugen verhandelt wurden, deren Siegel und Namen die Kontrakttafel dann trug.

[3] *Sozialstruktur*. Es gab freie Bürger und Sklaven, altbabylon. auch eine dritte Gruppe, wahrscheinlich eine Art Klienten. Das Sozialgefüge verschob sich vom altsumer. ‹Tempelstaat› (bereits Arbeitsteilung) über die bürgerliche Gesellschaft altbabylon. Zeit zu einem Feudalsystem mit scharf ausgeprägten Standes- und Klassenunterschieden; vom Allgemeinbesitz an Grund und Boden zu Privatbesitz und später Großgrundbesitz mit starker Abhängigkeit der Bauern. Die Familie wurde im allgemeinen patriarchalisch geleitet, Söhne waren als Erben und Spender von Totenopfern, Töchter als Arbeitskräfte geschätzt.

[4] Der → *Kalender* beruhte auf dem Mondmonat (Beginn: Neumondstag), 12 im Jahr (beginnend im März/April). Den Ausgleich mit dem Sonnenjahr stellten Schaltmonate her. Es gab zahlreiche lokale Kalender. Die Jahre wurden in Babylonien in neusumer. und altbabylon. Zeit nach besonderen Ereignissen benannt (Datenlisten), später als Regierungsjahre der Könige gezählt. In Assyrien wurde jedes Jahr nach einem Eponymen (Eponymenlisten) benannt, in altassyr. Zeit noch Unterteilung durch ‹Fünftelmonats-Beamte› (vgl. → Zeitrechnung). – Zu *Maßen und Gewichten* s. E. Unger, RV IV 1,315–318; VIII, 58–60.

[5] Der Reichtum Babyloniens beruhte auf seinem *Handel*, der schon früh bis ins Industal, nach Südarabien, Kleinasien, Armenien und Syrien führte. Importiert wurden alle Metalle, Steine und Hölzer als Rohmaterialien, exportiert die daraus gefertigten Gegenstände, ferner Stoffe. Die durch Be- und Entwässerung blühende *Landwirtschaft* erzeugte vor allem Weizen, Gerste, Sesam, Datteln, alle Milchprodukte, Rinder, Kleinvieh, Federvieh. Brot, Öl und Bier waren Hauptnahrungsmittel. Der Handel erfolgte meist durch Zwischenstationen (z.B. im Persischen Golf), nur die Assyrer errichteten zu Beginn des 2.Jt.s in Kleinasien eigene Handelskolonien. Der Verkehr mit Trageseln, seltener Wagen, ging auf unbefestigten, aber meist festgelegten Straßen vonstatten, flußabwärts auch auf → Euphrat und → Tigris oder in breiteren Kanälen auf Schiffen (Kielboote oder runde Guffa) oder Flößen (aus aufgeblasenen Tierhäuten). – Das → Nachrichtenwesen beruhte auf Boten, zuweilen auch auf Feuerzeichen.

[6] *Technik und Wissenschaft*. Die Technik war schon in altsumer. Zeit auf manchen Gebieten (Baukunst: echte Gewölbe; Gipsbetonguß; Metallverhüttung) hochentwickelt. Technische Großtaten vollbrachten bes. die Assyrer (Transport von Stierkolossen auf dem Tigris; Aquädukt von Dscherwān). Die Kanalisierung des Landes erforderte eine ausgebildete Technik der → Bewässerung, aber auch gute Kenntnisse der Landvermessung, die bald auch zur Entwicklung der → Mathematik (Berechnung des Rauminhalts von Kanälen, Mauern usw.) führte: in → Arithmetik (3) und Algebra (Gleichungen mit mehreren Unbekannten, quadratische Gleichungen) und → Geometrie (Flächen- und Volumenbestimmungen) waren ihre Leistungen bis in die späteste Zeit hochbedeutend. Die → *Astronomie* entwickelte sich erst im 1.Jt. aus einem Zweig der Omenliteratur, obgleich schon vom Ende der altbabylon. Epoche (um 1560) ein Text mit genauen Beobachtungen der heliakischen Auf- und Untergänge der Venus überliefert ist. Erst um 480 stand der reinen Beobachtung auch eine mathematische Theorie zur Seite, die u.a. eine exakte Schaltung der Lunarmonate möglich machte. Die berühmten Schulen des Naburianos (Nabû-rīmanni, um 500) und des Kidenas (Kidinnu, um 380) vermittelten ihre Kenntnisse auch an die Griechen. Sie befanden sich in → Babylon und → Uruk (aus Sippar bisher keine Texte bekannt, trotz Plin. nat. 6,123, vgl. auch 2,39; Strab. 16,1,6; Vett. Val. 9,11). Die später als ‹Weisheit der → Chaldäer› zu Recht geschmähten Künste waren jedoch wieder Reste des Prodigienwesens.

[7] Hochentwickelt war schon früh die *Musik*, die, immer in Verbindung mit dem gesprochenen oder gesungenen Wort, als Klagelied oder Lobeshymne im täglichen Kult, bei Festen und Begräbnissen ausgeübt wurde. Es gab einen eigenen Musikerstand, der die Instrumente (Harfen-Leiern, verschiedene Trommeln, Klangstäbe und Rohrflöten) bediente. Über die Melodik sind wir nicht unterrichtet; es ist ungewiß, ob es eine Notenschrift gab. Die sumer. Hymnen sind aber bezeichnenderweise nicht nach literarischen Gattungen, sondern nach den Begleitinstrumenten benannt.

[8] Das *Heer* rekrutierte sich lange Zeit aus Bürgern und Bauern. Die Sumerer kämpften in geschlossener Front mit Speer, Keule, Schwert, Bogen und (selten) Netzen, der Fürst und hohe Beamte vom vierrädrigen Streitwagen aus. Die Akkader bevorzugten die offene Formation. Um 1500 übernahm man von den → Churritern den leichten, zweirädrigen Streitwagen, mit Pferden bespannt. Auch das assyr. Heer, das bes. gut ausgebildet und organisiert war (Anführer neben dem König ein ‹General›), hatte als Kerntruppe Kampfwagen, daneben leichte und schwere Infanterie, Pioniere und Kavallerie (seit Aššurnaṣirpal II., erst

bei → Sargon II. von größerer Bedeutung). Abgesehen von einer zahlenmäßig begrenzten Elitetruppe als Leibwache gab es erst seit ca. 900 v. Chr. ein stehendes Heer, so daß jetzt auch länger währende Belagerungen (mit Belagerungsmaschinen) unternommen werden konnten. Seit → Tiglatpileser III. wurde das Heer durch Söldner aufgefüllt.

D. Religion. [1] *Götter*. Eine einheitliche ‹babylon. Religion› gab es nicht, es muß vielmehr zwischen sumer. und akkad. Religion geschieden werden, während die assyr. Gottesvorstellung von der babylon. nur in Einzelheiten verschieden ist (Reichsgott → Aššur). – Jeder der *sumer*. Stadtstaaten besaß ursprünglich seinen Stadtgott samt Familie und Hofstaat. Mit der Bildung von Zentralgewalten wurden auch die Götter zueinander in Beziehung gesetzt, gewöhnlich durch Annahme von Verwandtschaftsverhältnissen, die Götterkreise verschmolzen. Da aber im Bereich einer Stadt die alte Tradition daneben erhalten blieb, entstand ein sehr vielschichtiges Religionssystem. Die großen Götter wie → Anu, → Enlil, → Enki/Ea, Inanna/→ Istar u. a. hatten ihre Funktion im Kosmos, kleinere dagegen konnten sich auch der Menschen und ihres Schicksals annehmen (Schutzgottheiten) oder deren Nöte einer Hauptgottheit vortragen. – Das Tun der Götter ist nach sumer. Auffassung vor allem von den *me*, den die göttlichen und irdischen Bereiche positiv wie negativ beeinflussenden ‹göttlichen Kräften› bestimmt. Ebenfalls auf Götter wie Menschen wirksam ist *nam*, etwa ‹Schicksal›. – Die semit. *Akkader* haben die sumer. Götterkreise großteils übernommen, ihnen aber neue Inhalte und teilweise andere Aspekte gegeben. Eine relativ geringe Rolle spielen jetzt die Götter des Himmels (→ Anu), der Erde (→ Enlil) und der Wassertiefe (Ea; nur noch Herr der Weisheit). Bevorzugt werden astrale Gottheiten wie → Šamaš (Sonne; Symbol: Sonnenscheibe), → Sîn (Mond; Symbol: Mondsichel), → Ištar (Venusstern; Symbol: sechsstrahliger Stern). Unter den Naturmächten spielten Adad/→ Hadad (Gewittersturm; Symbol: Blitzbündel), → Ninurta (Jagd und Krieg), Gibil/Girru (Feuer), Nusku (Licht; Symbol: Lampe) eine Rolle, ferner Sumuqan (Herr der wilden Tiere), Nisaba (Getreide). Allgemein können die Göttinnen den Typ von Muttergottheiten ohne genauere Spezifizierung vertreten. An Nationalgöttern treten → Marduk (Symbol: Hacke) und → Aššur (Symbol: Flügelsonne) bes. hervor, in jüngerer Zeit auch → Nabû (Symbol: Tontafel und Griffel). In altbabylon. Zeit wurde vor allem in → Mari der kanaan. Gott Dagān (→ Dāgōn) verehrt. Die Unterwelt schließlich wurde von Nergal und seiner Gattin → Ereškigal beherrscht. Hierher gehörten auch Erra (Pestgott), ferner Ningizzida und die Halbgötter → Dumuzi und → Gilgameš. – Die babylon. *Gottesvorstellung* war anthropomorph. Die Götter haben Familie, eine monarchische Ordnung, menschliche Verhaltensweisen (Furcht, Rache, Prahlerei, Hunger usw.), ihre Bilder tragen stets menschliche Züge (selten janusköpfig oder mit 4 Gesichtern). Als Symbol göttlicher Macht tragen sie die Hörnerkrone. Könige können im Kult beim → Neujahrsfest die Stelle des Gottes einnehmen, nach ihrem Tode oder noch bei Lebzeiten vergöttlicht werden (Ur III und altbabylon. Zeit) oder sich selbst vergöttlichen (Akkade-Könige). – Daneben gab es zahlreiche *niedere Gottheiten* von örtlich und zeitlich begrenzter Bedeutung, ferner gute und böse *Dämonen*. Böse Dämonen: Utukku, Gallû (Unterwelt), die Lamaštu (Kindbettfieber), Lillû und Lilītu (Nachtdämonen), Asakku (Krankheitsdämon), Pazūzu, Namtar (Todesbote) und Etemmu (Totengeist). Gute Dämonen Šēdu und Lamassu (Stierkolosse an Palasttoren). – Die *Jenseitsvorstellung* kannte kein Totengericht. Die Richter der Unterwelt fällten nur den endgültigen Todesspruch. Auch Götter sind dann dem Tode verfallen und können nur durch eine Ersatzperson ausgelöst werden. Die Unterwelt ist dunkel, voller Staub; die Toten essen bitteres Brot, trinken brackiges Wasser, die Hinterbliebenen spenden deshalb Totenopfer. Der Totengeist eines nicht Beerdigten schweift ruhelos über die Erde.

[2] *Kultus*. Der tägliche Kult wurde von einer großen *Priesterschaft* (30 Klassen Priester, 20 Klassen Priesterinnen) geleistet, der an jedem Tempel ein Oberpriester vorstand. Die Priester brachten die Speis-, Trank- und Räucheropfer dar und versahen Reinigungs- und Sühneriten. Dabei trugen sie eine bestimmte Tracht, bei Sühneriten z. B. rote Gewänder. In der Frühzeit gab es kultische Nacktheit. Hervorzuheben: 1. Der *āšipu*, ‹Beschwörungspriester›, beherrschte alle Praktiken der Magie. Mit Hilfe von Beschwörungen, Amuletten, Symbolhandlungen und medizinischen Mitteln versuchte er, die Einflüsse böser Dämonen und der Hexer und Hexen, die gewöhnlich zu Krankheit führten, zu bannen oder durch → apotropäische Figuren usw. von vornherein fernzuhalten. Hier gingen Magie und Medizin Hand in Hand. – 2. Der *bārû*, ‹Opferschaupriester› beherrschte die verschiedenen Arten der *Mantik*. Aus Leber, Lunge, Gedärmen von Opfertieren, deren Zuckungen beim Schlachten wurde die Zukunft nach kasuistischen Lehrbüchern gedeutet. Ferner wurden dazu astrale, atmosphärische Erscheinungen, das Verhalten von Tieren, monströse Geburten und Träume (mehrere Traumbücher sind bekannt), schließlich die Becherweissagung ausgewertet. Nach einem festen Kanon hatten auch die Tage innerhalb des Monats ominöse Bedeutung. – 3. Auch *Propheten* (Ekstatiker) konnten gelegentlich auftreten und Wünsche der Gottheit verkünden. – Vom *Begräbnisritual* ist wenig bekannt. Könige wurden in Mausoleen oder Grüften beigesetzt, Privatpersonen meist innerhalb des Hauses. Beisetzung ist üblich, Verbrennung sehr selten. Die Beigaben (Geräte, Schmuck, Waffen, ein Boot zur Überquerung des Unterweltflusses) sind meist bescheiden. – Ein großer *Festkalender* gewährte jedem Gott einen eigenen Festtag, der mit außergewöhnlichen Opfern, Prozessionen (teilweise zu Schiff), dramatischen Rezitationen und mit allgemeinem Jubel begangen wurde. Neben den Mondphasen waren später Aussaat, Flurumgang und Ernte besondere Anlässe zu Festen. Längstes und wichtigstes war das → Neujahrsfest.

E. Literatur. [1] *Quellen, Perioden*. Die Literatur der Sumerer und Babylonier ist in → Keilschrift (gemischte Wort- und Silbenschrift) auf Tontafeln geschrieben. Die Schreiber, in den ‹Tafelhäusern› herangebildet, sind bes. geachtet. Neben den Zehntausenden von Briefen, Rechts- und Verwaltungsurkunden sind die eigentlich literarischen Texte an Zahl gering. – Eine *Geschichte* der sumer.-akkad. Literatur zu schreiben ist schwierig. Ein großer Teil der Dichtungen ist anonym, wohl aus längerer, meist mündlicher Tradition erwachsen und erst abschließend in einheitliche Form gefaßt. Deshalb muß die Entstehungszeit der meisten Texte aus inneren Indizien erschlossen werden. 3 *Perioden* lassen sich unterscheiden: (1) Ur-III-Zeit bis altbabylon. Zeit: Blüte und Fixierung der sumer. Dichtung; (2) altbabylon. Periode bis Kassitenzeit: Blüte und Kanonisierung der babylon. Dichtung; (3) Neuassyr. Zeit (Bibliothek Assurbanipals): Sammlung und letzte Zusammenfassung der jüngeren akkad. Literatur.

[2] *Gattungen*. – 1. *Mythen:* Zu den sumer. Schöpfungsmythen im weitesten Sinne gehören die mit → Enki verbundenen: Enki und Ninchursag; E. und Ninmach; E. und die Weltordnung. → Enlil tritt nur in ‹E. und Ninlil› auf, dagegen sind die Mythen um Inanna/→ Ištar zahlreich: I. und Enki; I.s Erhöhung (Himmelskönigin); → I.s Gang zur Unterwelt; I. und Bilulu; I. und Šu-kal-e-tuda. Akkad. Mythen: → Adapa-M.; → Atrachasis-M.; → Erra-M.; → Etana-M.; Labbu-M.; M. von der Mondfinsternis; Nergal und Ereškigal; Anzu-M. – 2. *Epen:* Zur Heldendichtung gehören vor allem die sumer. Erzählungen um Gilgameš, die später im akkad. → Gilgameš-Epos verarbeitet wurden. Weggelassen ist dort die Erzählung ‹G. und Agga

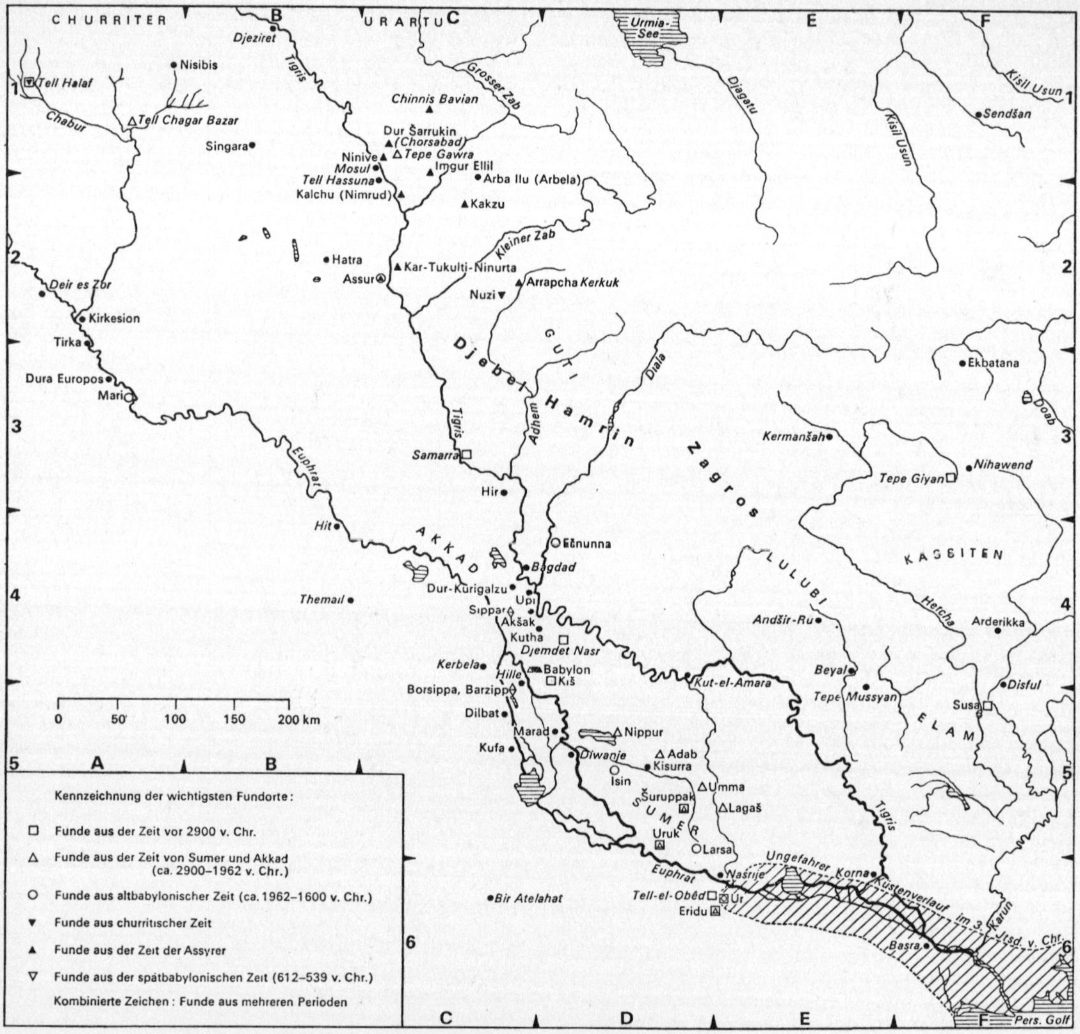

Abb. 142 Fundstätten im Zweistromland

von Kiš›. Ferner verdient das Lugalbanda-Epos Erwähnung. Selbständige akkad. Schöpfungen sind außerdem das Epos um den ‹König der Schlacht›, → Sargon I., und das Tukultī-Ninurta-Epos. – 3. *Lehrgedichte:* Der theologischen Literatur sind die Lehrgedichte wie das sumer. von der ‹Hacke› (Schöpfungsmythe), die zweisprachigen Gedichte um → Ninurta und das akkad. → Enūma eliš zuzurechnen. – 4. *Weisheitsliteratur* ist in Sumer wie Akkade reich ausgestaltet worden. Gattungen: ‹*Streitgespräche*› über die jeweiligen Vorzüge einer Spezies. Sumer.: Dumuzi und Enkimdu (Hirte und Bauer); Mutterschaf und Getreide; Sommer und Winter; Edelmetall und Kupfer; Holz und Rohr; Hacke und Pflug; Fisch und Vogel. – Akkad.: Tamariske und Dattelpalme; Gerste und Weizen; Stier und Pferd; Kornelkirsche und Pappel. Hierher gehört auch das Gespräch zwischen Herr und Diener, das vielleicht als Burleske zu deuten ist. – *Fabeln:* Gattungsmäßig nicht streng von den Streitgesprächen zu trennen. Die wohl oft nur mündlich tradierten Stoffe fanden selten literar. Niederschlag. Fabel von Adler und Schlange im → Etana-Mythos; ferner die Fabeln vom Fuchs, vom Reitesel. Spuren auch in den zahlreichen fabulösen Anekdoten. – *Sprichwörter:* Bereits sumerisch zu Sammlungen vereinigt. Akkad. teilweise übersetzt, teilweise neu geschaffen. – *Weisheitslehren:* Lehre des Šurruppak (fragmentarisch); Counsels of Wisdom; Instruktion für einen Prinzen. – ‹*Babylon. Theodizee*›, ein akrostichisches Gedicht in Dialogform aus relativ junger Zeit. – ‹*Babylon. Hiob*›, die Erzählung vom leidenden Gerechten ist in einer schwer verständlichen altbabylon. Version und dem jüngeren *Ludlul bēl nēmeqi*, ‹Ich will preisen den Herrn der Weisheit (d.h. Marduk)›, überliefert. – 5. Rein *erzählende Literatur* ist wenig bekannt, neuerdings die Burleske vom ‹Armen Mann zu Nippur›. – 6. *Historische Literatur:* Geschichtsschreibung im engeren Sinne fehlt. Historische Tatbestände stellen (oft tendenziös) dar: Sumer. wie akkad. *Königslisten;* in weiterem Sinne gehören dazu auch die Datenlisten und Eponymenlisten (assyr.). *Chroniken:* meist aus jüngerer Zeit, darunter auch die synchronistische Geschichte (assyr.-babylon. Synchronismen). Aus kurzen Weihinschriften für Tempelbauten entwickelte sich – vor allem in Assyrien – die reiche Gattung der *Königsinschriften:* durch einen mit ‹als damals› eingeführten Satz werden Berichte über Feldzüge eingeschoben, ebenso über Tribute, besondere Bauten und schließlich Jagdschilderungen. Eine bes. Art der Berichte der Könige über ihre Taten stellen die sog. Gottesbriefe dar. – 7. *Lexikalische Texte:* Aus dem Versuch der Sumerer, die Erscheinungsformen ihrer Umwelt in Listen zusammenzufassen, entstand mit der Adaption dieser Listen durch die Akkader (Zweisprachigkeit der Kultur) die ‹Listenwissenschaft›, vor allem als Lexikographie. – *8. Religiöse Dichtung* im engeren Sinne ist sehr vielgestaltig. Haupttypen: a) Hymnen und Gebete: Götterhymnen, Hymnen auf Tempel; Hymnen auf (vergöttlichte) Könige (nur sumer.); Klagen um Götter (Dumuzi) oder Städte (über die Zerstörung von Lagaš, von Ur, von Akkade), Bußpsalmen. – b) Beschwörungen gegen Dämonen, z. B. Lamaštu, Pazuzu, ‹Böse Sieben› usw.; gegen Zauberei (Serien Maqlû, Šurpu). – c) Omina (Weissagung aus Leber, Lunge, Eingeweiden des Opfertieres u.a.). – d) Rituale (z.B. Inthronisation des Königs; Akītu-Fest). W.R.

Lit: Zu B: A. Olmstead, History of Assyria, 1923 – S. Smith, Early History of Assyria, 1928 – A. Scharff-A. Moortgat, Ägypten und Vorderasien im Altertum, 1950, 193 ff. – W. von Soden, Herrscher im Alten Orient, 1954 – H. Schmökel, Gesch. des Alten Vorderasien, HbOr II 3, 1957 – *Zu C:* B. Meißner, Babylonien und Assyrien, 2 Bde, 1920/25 – H. Schmökel, Kulturgeschichte des Alten Orients, 1961 – *Zu C* [2]: G. R. Driver-J. C. Miles, The Assyrian Laws, 1935 – Dies., The Babylonian Laws, 1955/56 – *Zu C* [6]: W. von Soden, Leistung u. Grenze sumer. u. babylon. Wissenschaft, 2, 1936, 411–464; 509–557 – O. Neugebauer, The Exact Sciences in Antiquity (1952), 1962², Kap. V – *Zu C* [7]: F. W. Galpin, The Music of the Sumerians and their immediate Successors, the Babylonians and Assyrians (1937), 1955² – H. Hartmann, Die Musik der sumer. Kultur, Diss. Frankfurt/M. 1960 – *Zu D:* C. J. Gadd, Ideas of Divine Rule in the Ancient East, 1948 – J. Bottéro, La religion babylonienne, 1952 – D. O. Edzard, Mesopotamien, in: H. W. Haussig, Mythologisches Wörterbuch I, 1962, 17–139 – *Zu E:* B. Meissner, Die babylonisch-assyrische Literatur, 1928 – E. Dhorme, La littérature des Babyloniens et Assyriens, 1937 – W. G. Lambert, Babylonian Wisdom Literature, 1960.

F.–L. KUNST: F. ALLG. CHARAKTERISTIK. [1] ‹Mesopot. Kunst› ist ein Sammelbegriff für die ca. von 4000 bis 540 v. Chr. im Zweistromland aufgetretenen Kunstperioden. Obwohl sie von verschiedenen Völkerschaften getragen wurden, sind sie dank dem sumer.-akkad. Geisteserbe durch eine gewisse Kongenialität zu einer Einheit verbunden, ohne jene Homogenität zu erreichen, die die ägypt. Kunst (→ Ägypten I G. H) kennzeichnet. Periodeneinteilung: (1) Vorgeschichtliche Zeit (Hassuna-, Tell Halaf-, Samarra-, El-Obēd-Stufe); (2) Frühgeschichtliche Zeit (Uruk-IV-, → Djemdet Naṣr-, Mesilim-Stufe); (3) Geschichtliche Zeit (Ur-I-, Akkad-, Ur-III-, Isin-Larsa-, Altbabylonische, Kassiten-, Assyrer-, Neubabylonische Zeit). In (1) sind anonyme, in (2) und (3) sind namentlich bekannte Völker die Gestalter der mesopot. Kunst. Sie zeigt im ganzen einen hohen Grad von Eigenständigkeit, doch sind selbstverständlich Einflüsse und Anregungen von außen – vornehmlich aus Iran und Anatolien – in verschiedener Intensität wirksam gewesen. Bei weitem stärker jedoch ist die Ausstrahlungskraft der mesopot. Kunst. Nicht nur die Nachbarvölker, sondern auch die Griechen und das Abendland, bes. die Romanik, gestalteten ihre religiösen Motive: Lebensbaum, guter Hirt, Tierkampf, Heiliges Mahl, Überwindung der bösen Mächte, nach. → Laufender Rapport, Wappenkomposition, Fries, → Isokephalie, Historienbild, politisches Denkmal, Petschaft in Form des Stempel- und Rollsiegels (→ Glyptik, 1), Mosaik werden ihr verdankt, und das Tierbild wurde im besonderen Maße gepflegt. Die Kunst sucht das Ewige in stereometrischen Formen von Bau und Bild und wendet sich ab vom Vergänglichen der Erscheinungen. Die Kleinkunst tritt, außer der Glyptik, mehr zurück als in der klass. Welt, als ob kleines Format vor dem Verlangen nach Größe und Ewigkeit nicht bestehen könnte. Die Bildhauerei in hartem Gestein (Diorit, Basalt) stand, obwohl es in M. nicht ansteht, schon früh in hoher Übung. Auf dem Gebiete der Baukunst (s. u. G) schuf die mesopot. Kunst, inspiriert vom Iran, den gestrichenen oblongen Ziegelstein, dessen Rohmaterial M. in Übermaß besitzt. Mit ihm wurden die heute noch gültige Technik des Mauerbaus, ebenso das Tonnengewölbe und die gewölbte Decke (→ Architektur II A 3 f.) geschaffen. Diese folgenreichen Leistungen gehen zum größten Teil auf die Sumerer zurück, die in den Akkadern begabte Schüler und Nachfolger fanden; nicht weniges erwuchs einem urgeschichtlichen Keim. Ein sprechendes Beispiel dafür ist der Hochtempel, die ‹Ziqqurrat›, der aus seiner in Eridu zutage getretenen kleindimensionalen Protoform des frühen Chalkolithikums (um 3600) zu dem seit dem 3. Jt. bestehenden Monumentalbau ausgebildet wurde.

[2] Die ältesten Schöpfungen der mesopot. Kunst brachten die frühchalkolithischen Kulturen des Nordens (→ Tell-Hassuna-, → Tell-Halaf-, → Samarrakultur) hervor. Etwa am Ausgang der → Tell-Halaf-Kultur beginnt die Kunsttätigkeit auch im Süden und damit die für die mesopot. Kunst charakteristische Zweipoligkeit von Nord und Süd. Bei annähernd gleichem Sujet und gleichstufigem technischem Fortschritt werden lokal verschiedenartige Werke geschaffen. Für beide Kunstkreise bezeichnend ist die starke Verpflichtung gegenüber Religion und Kult. Im mittleren- und späten Chalkolithikum (Stufe Obēd I und II) kommt es mehr und mehr zu einer Verdichtung der Leistungen im Süden, und nach 3000 beginnt, hervorgebracht von den Sumerern, die Monumentalkunst, die, wie die gesamte sumer. Hochkultur, in Uruk ihren Vorort besessen haben dürfte. Das Schwergewicht bleibt nun bis um 1550 v. Chr. trotz aller politischen, kulturellen und völkischen Veränderungen (s. o. B) im Süden. Mit der Verselbständigung der weltlichen Macht tritt gegenüber der Sakralkunst die Staats- und Hofkunst in den Vordergrund: Befestigung, Palast und politisches Monument werden in zunehmendem Maße von der mesopot. Kunst verlangt, die von nun an auch in ihrem Aufgabenbereich durch eine Art Zweipoligkeit und mitunter rivalisierende Kräfte bestimmt ist. Die Suprematie des Südens und die zugleich über 1000 Jahre währende erste Glanzzeit der mesopot. Kunst endet mit dem Sturz der altbabylon. Hammurapi-Dynastie durch die Hethiter. Unter den Kassiten verlagert sich das künstlerische Hauptgewicht in den Norden; gleichzeitig verschaffen sie syrischen, ägyptischen, ägäischen, möglicherweise sogar altnordmesopotamischen, natürlich auch eigenen Elementen Geltung. Die seit 1250 kraftvoll aufkommende Kunst Assyriens wird durch die Könige gefördert, die sie geradezu als staatserhaltend ansahen, und sie verpflanzten nicht wenige fremde Künstler in ihre Metropolen. Diese zweite Glanzperiode, in der u. a. das Triumphalbild in Relief und Malerei die Taten des Herrschers auf dem Schlachtfelde und auf der Jagd verherrlicht und zu seinem künstlerischen Höhepunkt emporsteigt, außerdem die Führerstellung der mesopot. Kunst in Vorderasien zurückgewinnt, erlischt mit dem Untergang des Assyrerreiches 612 v. Chr. Fast einseitig auf die Architektur beschränkt, lebt die mesopot. Kunst in Babylon bis zur Eroberung durch die Perser (539) kurzlebig wieder auf. Mit ihnen und später mit Griechen, Parthern und Sassaniden setzt sich fremdes Gut fest. In Uruk jedoch werden in historisierender Weise im 3. Jh. v. Chr. noch einmal Tempel mesopot. Bauart errichtet. Es war ihnen aber nur ein kurzes Leben beschieden. L. Schn.

Lit: E. Unger, Sumerische und akkadische Kunst, 1926 – Ders., Assyrische und babylonische Kunst, 1927 – G. Contenau, Manuel d'archéologie orientale, 1927–1947 – W. Andrae, Handbuch der Archäologie I 3, 1938 – V. Christian, Altertumskunde des Zweistromlandes, 1940 – W. Andrae, Propyläen-Kunstgesch. II: Der Alte Orient (1925), 1942³ – A. Parrot, Archéologie mésopotamienne, 1946 bis 1953 – Ders., Sumer, Die mesopot. Kunst von den Anf. bis zum 12. Jh., 1960 – Ders., Assur, Die mesopot. Kunst vom 13. Jh. bis zum Tode Alexanders d. Gr., 1961 – L. Curtius, Ägypten und Vorderasien, Hb der Kunstwissenschaft I (1923), 1960³ – E. Strommenger, Mesopotamien, 1962.

G. ARCHITEKTUR. [1] *Allgemeines.* Wie überall ist Bauweise und -form auch in M. vom Klima und den vorhandenen Baustoffen bestimmt. Im S führt das Bemühen um Schutz vor Hitze und Staub über Schilfhütten inmitten von Einfriedungen zu einem Haustyp, dessen Außenwand nur von einer Türe durchbrochen wird, während alle Räume sich auf den Innenhof öffnen. Im N werden ältere Hausformen – Rundzelte und Holzbauten – in Stein und Ziegel übersetzt. Holzarchitektur mit ihrem Wechsel von dicken Stützen und dünneren Wänden dazwischen ist wohl auch das Vorbild für die ‹Rillenarchitektur›, mit der hauptsächlich Außenwände von Tempeln gegliedert sind. Das Fehlen von bequem erreichbaren Steinbrüchen (im SW erst am Rand der arab. Tafel, im N erst von Assur an) und geeignetem Bauholz (Palmstämme sind bedingt nur zur Überdachung der Räume brauchbar) führte zur Verwendung von Lehm in der Form von Stampflehm, Patzen und schließlich Ziegeln. Letztere bilden an der Luft getrocknet oder gebrannt (selten) das Hauptbaumaterial. Als Mörtel findet ebenfalls Lehm oder bei durch Wasser gefährdeten Bauteilen Bitumen Verwendung. Abgesehen von einigen Rundhäusern in der Vorgeschichte sind die Grundrisse rechteckig.

[2] *Wohnhaus.* Während beim babylon. Hofhaus der Hof auf allen Seiten von Räumen umgeben ist, liegt er beim assyrischen an einer Außenmauer. Die Bauweise ist gleich: über aus Lehmziegeln errichtete Wände werden Palmstämme gelegt; darüber Zweige oder Schilf mit einem Lehmbelag, so daß ein begehbares Dach entsteht. Zu diesem, das in der heißen Zeit zum Schlafen diente, führten die in vielen Häusern vorhandenen Treppen, die damit nicht unbedingt auf ein 2. Stockwerk schließen lassen, wenn Zweistöckigkeit auch nachgewiesen ist. Die Wände waren mit Lehm verputzt und oft getüncht. Die Böden bestanden normalerweise aus festgestampftem Lehm, nur in Bädern und Toiletten mit einer Bitumenschicht versehen. Den Mittelpunkt des Hauses bildete der Herd, der meist im Hauptraum stand. An den Wänden herumlaufende Lehmbänke, die zum Sitzen, möglicherweise auch zum Schlafen dienten, sind die einzigen uns erhaltenen ‹Möbel›.

[3] *Tempel.* Aus einräumigen Kultbauten, die seit der → El-Obēd-Zeit (→ Eridu und Tepe Gawra) nachgewiesen werden können – daß die Rundbauten von Tell Arpatschīje der → Tell-Halaf-Zeit Kultbauten waren, ist ungesichert –, entwickelten sich in den verschiedenen Kulturprovinzen M.s Tempeltypen, die sich durch die Form ihres Kultraumes (Breit- oder Langcella) oder durch die Lage ihres Eingangs (an der dem Altar gegenüberliegenden oder einer ihm benachbarten Seite) unterscheiden (z. B. Uruk). Sie dienen meist dem Kult einer einzelnen Gottheit, jedoch konnten auch mehrere Kulträume für zusammengehörige Götterpaare oder -gruppen in einem Baukomplex vereinigt werden. Da der Tempel von der Zeit der frühen Hochkultur an das Zentrum der wirtschaftlichen Macht war, wurden die eigentlichen Kultbauten und die Priesterwohnungen mit ausgedehnten Wirtschaftsgebäuden und Speichern umgeben. Hier befand sich auch die Schreiberschule. Neben ebenerdigen finden sich in der Frühzeit häufig auf künstlichen Terrassen angelegte Tempel; aus diesem Typ entwickeln sich von der Zeit der 3. Dyn. von Ur an die → Ziqqurrate. Am bekanntesten sind die Tempel von Eanna von → Uruk, die Anlagen von → Ur und der Komplex von → Babylon, dessen Ziqqurrat der berühmte ‹Turm von Babel› war.

[4] *Palast.* Die Anlagen M.s bis zur neuassyr. Zeit (Paläste von → Kiš, Eridu, → Ešnunna, des Sînkāšid in Uruk und von → Mari) sind durch Zusammenfügen mehrerer Hofhäuser entstanden, die um einen oder mehrere Haupthöfe gruppiert sind (Mari). Erst die neuassyr. Paläste von Assurnasirpal II. an (Nimrūd/→ Kalchu, Chorsabad/ → Dūr-Šarrūkīn, und Kujundschik/→ Ninive, Arslan-Tash) zeigen im sog. Thronsaalkomplex, der offizielle und private Gemächer verbindet, ein eigens für den Palast und dann für andere große Profanbauten (z. B. die sog. Residenzen F, K, L, M in Chorsābād) konzipiertes Schema. Ebenfalls in diesen Palästen tritt eine andere neue Grundrißform, das → Bīt Hilāni auf, das aus Nordsyrien kommt. Die Wände dieser Paläste waren mit Malereien und Reliefplatten geschmückt (s. u. I).

[5] *Befestigungsanlagen.* Seit dem 2. V. des 3. Jt.s (Frühdynastische Zeit) wurden → Städte mit Mauern (Uruk; Tell'Eğreb) und, wie besser erhaltene Beispiele (→ Assur, Ur) zeigen, Graben umgeben. Die Mauern sind durch Türme in mehr oder weniger regelmäßigen Abständen gesichert, die Tore (meist mehrere hintereinander gelegte Torkammern), als die schwächsten Stellen, von 2 starken Türmen flankiert. Bei den im Altertum berühmten Stadtmauern von Babylon stand vor der Hauptmauer eine niedrigere Vormauer derselben Bauweise. Ihre Gesamtlänge betrug knapp 20 km, die Dicke der Hauptmauer 6,5 m (die Zahlenangaben bei Herodot 1,178: 65 km/25 m sind übertrieben).

[6] *Städtebau.* Die meisten Städte sind aus dörflichen Siedlungen natürlich gewachsen; ihre Lage und ihr Plan richtet sich nach wirtschaftlichen und natürlichen Gegebenheiten. Von der Mitte des 2. Jt.s an gründeten einzelne Herrscher neue Städte als Residenzen (Dūr-Kurigalzu/Aqarqūf, Kār-Tukultininurta/Tulūl Akīr, Dūr Šarrūkīn/Chorsābād), die uns das damalige Ideal einer Stadt zeigen. Die Stadtmauer umschreibt ein Viereck, dessen Seiten in unregelmäßigen Abständen von Toren durchbrochen werden. Der Palast liegt an einer Seite oder bildet einen Teil von ihr. Vgl. auch → Stadt I A.

[7] *Grab.* Neben den üblichen Bestattungsarten (Umhüllung des Toten durch Matten, Holz-, Tonsärge, Bestattung in Pithoi) finden sich erstmals um 2550 gemauerte Kammern für Bestattungen (die sog. Königsgräber von Ur), dann die noch gut erhaltenen Gräber der 3. Dyn. in Ur (ca. 2060–1955). Die seit der Zeit der 3. Dyn. von Ur übliche Bestattung unter dem Boden des Wohnhauses führt im 1. Jt. zu gemauerten Familiengrüften mit Eingang in einem besonderen Raum des Hauses (Grüfte von Assur, vor allem die Königsgrüfte im sog. ‹Alten Palast›).

[8] *Details:* 1. *Gewölbe.* Die ältesten, aus Eridu, stammen aus der Uruk-Periode. Aus der späteren Zeit sind uns wegen des meist fragmentarischen Zustandes der Bauten fast nur die Gewölbe von Grabbauten erhalten (Königsgräber von Ur, Grüfte von Assur). Dabei kommen jeweils echte und Kraggewölbe gleichzeitig vor. – 2. Die *Säule* hat in der mesopot. Architektur nie eine große Rolle gespielt, obwohl sie schon seit der ältesten Zeit bekannt ist (Säulenhalle von Uruk um 3000 v. Chr., Palast von Kiš um 2600, Ištartempel von Mari um 2400). Einen festen Platz in der Architektur erhält sie erst nach Einführung des → Bīt Hilāni aus Nordsyrien (nach 750), das eine Säulenvorhalle besitzt.

H. Plastik. [1] *Rundbild.* Abgesehen von den Terrakotten (s. u. L 1) kennen wir plastische Werke erst seit der Zeit der frühen Hochkultur (um 3000 v. Chr.). Meist sind es sog. *Beterstatuen*, Statuen, die ein Herrscher oder eine hochgestellte Persönlichkeit sich anfertigen lassen, mit denen er sich nicht durch Porträtähnlichkeit, sondern, seit der frühdyn. Zeit, durch Inschrift identifiziert. Im Tempel vor dem Gott aufgestellt, hat sie die Aufgabe, dauernd für das Leben des Stifters vor dem Gott zu beten. Dies zeigt außer den schriftlichen Hinweisen auf diese Funktion der Statuen die Gebetshaltung an, zu der die Hände vor der Brust zusammengelegt sind. Zu dieser Art gehören eine Statue aus Uruk (um 3000), die Statuen aus dem Dijālā-Gebiet (um 2600), aus Mari (um 2500) und die Statuen Gudeas von Lagaš (um 2100). Einfachstes Merkmal: Beter haben keine Schuhe an. Meist stehen die Figuren; jedoch sind auch Sitzstatuen bekannt, sogar auch Paare (aus Mari und Nippur, beide um 2500 v. Chr.). *Kultstatuen* sind uns nicht mit Sicherheit bekannt. Vielleicht gehörte die sog. ‹Dame von Warka›, ein halbplastischer, fast lebensgroßer Kopf, der ehemals an der Wand angebracht war, zu einem Kultbild. Die sog. ‹wasserspendende Göttin› aus Mari (um 1750) ist wahrscheinlich hierher zu setzen. – *Herrscherstatuen*, die zur Verherrlichung des Dargestellten dienten, sind schon in akkad. Zeit (Standbild des Maništusu) in Mari und im alten Assur bekannt. Es sind die Statuen der neuassyr. Zeit (9. Jh.) von → Assurnasirpal II. und → Salmanassar III., die am Palast oder im Tordurchgang (Ort der Rechtsprechung) aufgestellt waren. Sie zeigen stets den Herrscher in vollem Ornat mit den Insignien seiner Macht: Streitkolben und Krummstab. Freistehende Bauplastik ist wegen der geringen Bedeutung der Säule kaum vertreten. Erst in der neuassyr. Zeit (im Nabû-Tempel von Chorsābād, Zeit → Sargons II.) finden wir – wahrscheinlich unter nordsyr. Einfluß – wasserspendende Gottheiten als Karyatiden. Teils plastisch, teils reliefiert waren die Torlaibungsfiguren gearbeitet, die in den neuassyr. Palästen – wahrscheinlich auf nordsyr.-anatolischen Einfluß – begegnen. Es sind mächtige, geflügelte Stiermenschen oder Löwen, die apotropäische Funktion hatten. Dieselbe Aufgabe hatten vermutlich die freistehenden Löwenplastiken, die vor Tempeln aufgestellt waren (der Löwe von Eridu, um 2100, die Löwen von Mari und Tell Ḥarmal, 18.–17. Jh.).

[2] Das *Relief* hat in der mesopot. Kunst eine weitaus größere Verbreitung gefunden als die Rundplastik. Nach der äußeren Form können wir zwei Arten unterscheiden: auf freistehenden Steinen angebrachte Reliefs und solche auf fest eingebauten Steinplatten, von denen die erstere die ältere zu sein scheint. Diese dienten entweder als *Grenzsteine* zwischen den Territorien benachbarter Stadtstaaten, z. B. die sog. Geierstele des Eannatum von Lagaš (um 2430) zwischen Lagaš und Umma. Sie zeigt auf zwei Seiten in mehreren Friesen Kampfdarstellungen und hat ihren Namen daher, daß auf einem Fries Geier Teile gefallener Feinde wegtragen. Oder aber es handelt sich um *Dokumentensteine*, die, etwa um Gesetze (→ Hammurapi-Stele) oder Grenzen (die sog. Kudurrus) zu garantieren, im Tempel aufgestellt wurden. Wahrscheinlich reliefierte Stelen dienten auch kultischen Zwecken im Tempel (vgl. den Bericht → Gudeas, Stele des Ur-Nammu aus Ur; Stele Assurnasirpals II. mit Altar) und im Freien (vgl. die Darstellung am Bronzetor von Balāwāt). Welche Funktion die sog. Löwenjagdstele von Uruk aus der → Djemdet-Naṣr-Zeit (um 2800), das älteste bekannte Relief, oder die berühmte Siegesstele des → Narām-Sîn hatten, ist unklar, da über ihren ursprünglichen Aufstellungsort nichts bekannt ist. Die Macht oder die Präsenz der einzelnen Herrscher darzutun, war wohl die Aufgabe der zahlreichen Stelen aus neuassyr. Zeit, die jeweils den betreffenden Herrscher im Profil zeigen. Dies gilt auch für die *Felsreliefs*, die von Narām-Sîn von Akkade (2270–34) z. B. in Darband-i-Gawr (Südkurdistan) und vor allem von den neuassyr. Königen an den entferntesten Stellen ihrer Eroberungszüge (z. B. am Naḥr el-Kelb nördl. von Beirut) oder an Orten, wo sie Besonderes leisteten (z. B. die Reliefs an der vermeintlichen Tigrisquelle oder am Beginn der Wasserleitung nach Ninive in Bawiān), angebracht wurden. – Die frühesten fest am Bau angebrachten Reliefs sind die aus der Zeitspanne Frühdyn. bis 3. Dyn. von → Ur stammenden sog. *Weihplatten*, bis zu 50 × 50 cm große Steinplatten, in 2–3 Register eingeteilt, mit einem Loch in der Mitte, die als der an der Wand befindliche Teil des Türverschlusses zu deuten sind. Das bekannteste Beispiel ist das sog. Familienrelief Urnanšes von Lagaš (um 2550), neben anderen Stücken aus Ḫafādjī, Ur und Nippur. Aus Formziegeln besteht die reliefierte Fassade des Tempels des Kara'indaš aus Uruk (um 1400), die 1,30 m hohe, abwechselnd männliche und weibliche, wasserspendende Gottheiten zeigt. – Die höchste Blüte der Reliefkunst liegt aber in der neuassyr. Zeit. Der nordsyr.-anatol. Baukunst entlehnt, werden die unteren Teile der Mauern der Paläste mit etwa 2 m hohen Kalksteinplatten (sog. ‹Mōsul-Alabaster›) versehen, die ursprünglich dem Schutz der Mauersockel gegen dagegenspritzendes Traufwasser dienten. Parallel zu der damals einsetzenden Annalistik (s. o. E 2), werden auf diesen Orthostaten die Taten der Herrscher im Bilde festgehalten. Gemäß dem oft ausgesprochenen Wunsche, dem Staatsgotte Assur ein großes Reich zu erobern, stehen die Berichte von Kriegszügen im Mittelpunkt (bekannt ist der Bericht über die Belagerung von Lachiš in Palästina durch → Sanherib). Sie werden mit großer Liebe zum Detail ausgeführt und manchmal mit Genreszenen ausgeschmückt, wodurch wir gut über viele Einzelheiten, vor allem die Ausrüstung des assyr. Heeres, unterrichtet sind. Daneben stehen Szenen kultischen Charakters und Jagdszenen, deren Tierdarstellungen uns am unmittelbarsten ansprechen, da der assyr. Künstler dabei offenbar nicht an die Abbildungsschemata gebunden war, die er bei der Darstellung von Menschen beachtete. Man jagte Onager und Antilopen sowie Vögel, vor allem aber Löwen, worüber uns mehrfach berichtet wird (→ Assurbanipal). Typisch für die assyr. Flachbildnerei sind auch die oblongen, mit einer stufenturmartigen Bekrönung versehenen ‹Obelisken› (ältester O. Tiglatpilesers I.; bekannter O. Salmanassars III. u. a. mit der Darstellung des Tributs Jehus von Israel), die den gleichen Zwecken dienten wie die Stelen. – Eigentlich zur *Toreutik* gehören die bronzenen Torbeschläge → Assurnasirpals II. und → Salmanassars III. vom Tempel in Balāwāt, die auf beiden Türflügeln (je etwa 2,29 m breit) in je 16 Streifen die Kriegszüge und Siege dieser Herrscher zeigen. Die Figuren sind zunächst aus dem Metall getrieben und dann fein ziseliert.

I. Malerei. Außer der bemalten Keramik (s. u. K) beschränkt sich unsere Kenntnis hauptsächlich auf die Wandmalerei, die, den ungünstigen Witterungsverhältnissen zur Folge, selten erhalten ist. Daher stammen, obwohl Malereien aus Anatolien aus dem Neolithikum (Çatal Hüyük) und aus Palästina vom Ende des Chalkolithikum (Teleilat Ghassul, um 3500) bekannt sind, die frühesten in M. selbst erst aus der Djemdet-Naṣr-Zeit (um 2900; Tempel von Tell ʿUqēr). Die Farben sind weiß, schwarz und rot. Großartige Gemälde, die einen Wandteppich nachahmen, kamen im Palast des Zimrīlim in → Mari (um 1750) ans Licht. Die Hauptszene, umgeben von Fabelwesen und Genreszenen, zeigt die Verleihung der Insignien der Macht an den König durch die Göttin Ištar. Zum ersten Male werden hierbei auch Blau und Grün verwandt. – Wie die Reliefkunst gewinnt auch die Wandmalerei in der neuassyr. Zeit an Beliebtheit; da wir von Farbresten auf einzelnen Reliefs schließen können, daß diese einst über und über bemalt waren, ist der Zusammenhang klar: wo keine bemalten Reliefs aufgestellt werden konnten, wurden die Darstellungen der Annalen direkt auf die Wand gemalt (Palast von Til Barsib, 8. Jh.). Daneben wächst die Bedeutung der *Schmelzfarbenmalerei* (eine Art von Glasur), mit der, auf einer Seite von gebrannten Ziegeln angebracht, ganze Gebäude verkleidet werden (z. B. die Wände des Thronsaales des Palastes von Chorsābād → Dūr-Šarrūkīn oder das Ištartor von Babylon).

K. Keramik. Fast seit dem Beginn der Keramikherstellung (spätes Neolithikum) gibt es nebeneinander verzierte – geritzte oder gemalte – und unverzierte Keramik. Es überwiegen eindeutig keramische Formen. Henkel sind selten (nur → El-Obēd-Zeit bis frühe Hochkultur), Tüllen etwas häufiger (El-Obēd-Zeit bis zur Dyn. von Akkade). Rundböden und Standflächen kommen mit wechselnder Häufigkeit nebeneinander vor. Um Flüssigkeiten aufzubewahren, mußte man, da → Glasur bis ins 1. Jt. unbekannt blieb, auf Stein- oder Metallgefäße zurückgreifen. – Die bemalte Keramik der letzten urgeschichtlichen Epochen M.s ist oft ihre einzige künstlerische Hinterlassenschaft; deshalb sind diese Epochen durch das Vorwiegen einer bestimmten Verzierungsweise definiert. Auf die monochrome, geometrische Bemalung von → Tell Ḥassuna (um 4500) folgt im N die polychrome von → Samarra und → Tell Ḥalaf (um 4000), die beide naturalistische Formen mehr oder weniger abstrahiert aufnehmen. Die im S gleichzeitige → Eridu-Keramik bleibt – monochrom mit geometrischen Mustern – in der älteren Tradition (Ḥassuna) und führt weiter in die ebenfalls monochrome, mit geometrischen Mustern bemalte Obēd-Ware (um 3500). Nur die nördl. Obēd-Keramik übernimmt daneben von ihren Vorgängerinnen die Technik, die Gefäße polychrom zu bemalen. In der Folgezeit verschwindet die Gefäßmalerei fast völlig und taucht erst wieder in der → Djemdet-Naṣr-Zeit (um 2900) bei polychrom überwiegend geometrisch bemalten Gefäßen auf. Bis auf die polychrome, mit überwiegend naturalistischen Motiven versehene Keramik der frühen frühdyn. Zeit (um 2800), die aber auf das Dijālā-Gebiet beschränkt ist, hört damit die Gefäßbemalung in M. bis auf Einzelfälle auf. Die Farben sind schwarz, dazu rot von rotbraun über scharlach- bis krapprot.

L. KLEINKUNST. [1] *Terrakotten* von Menschen und Tieren sind seit dem Frühchalkolithikum bekannt. Sie sind sowohl naturalistisch als auch abstrakt modelliert. Als eine unmittelbare Vorstufe der späteren Großplastik können sie nicht angesehen werden. Sie spielen ohne Zweifel eine Rolle in magischen oder kultischen Praktiken, erlauben jedoch keine Rückschlüsse auf religiöse Vorstellungen (wie z.B. ‹Kult der Muttergöttin›). Eine Sonderstellung nehmen die altbabyl. Terrakottareliefs ein, etwa handgroße Täfelchen, die neben Göttern und Dämonen auch Szenen aus dem täglichen Leben zeigen.

[2] *Einlegearbeiten* mit figürlichen Darstellungen sind uns hauptsächlich aus der frühdyn. Zeit bekannt (Figuren aus Kiš, Melkerfries aus El-Obēd, Standarten aus Ur und Mari). Aus verschiedenfarbigem Material (Muschel, Lapis-Lazuli) wurden Figuren ausgeschnitten und in Bitumen gedrückt.

[3] *Stickereien.* Zwar sind uns, wie Stoffe überhaupt, keine Beispiele erhalten, doch wissen wir von den neuassyr. Reliefs, daß zumindest die Königsgewänder reich mit Ornamenten und kultischen Szenen bestickt waren.

[4] *Siegel.* Mindestens von der → Tell-Ḥalaf-Zeit an kennen wir Amulette, die an ihrer Unterseite Einkerbungen aufweisen und wohl auch als Siegel Verwendung fanden. Sie führen zu den in M. bis zur frühen Hochkultur und in den Randgebieten darüber hinaus verbreiteten Stempelsiegeln. In M. selbst brach diese Entwicklung durch die Erfindung des → Rollsiegels ab (vgl. → Glyptik, 1).

[5] *Elfenbeinarbeiten.* Vielleicht auf nordsyr. Anregung entstand im Assyrien des neuassyr. Weltreiches eine reiche Elfenbeinkunst. Die Erzeugnisse dienten meist als Verzierungen und Einlagen von Möbeln. Sie sind in großer Zahl in Til Barsib und vor allem in Nimrud/Kalchu zutage getreten.

[6] *Schmuck.* Zu allen Zeiten waren Halsketten aus verschiedenfabigen und in verschiedene Formen geschnittenen Steinen in Gebrauch. Dabei wurde die Mitte des öfteren durch größere Stücke oder metallene Anhänger betont, mitunter auch durch ein eingefügtes Rollsiegel, obwohl dies gewöhnlich an einer Schnur am Handgelenk getragen wurde. Haarnadeln mit verzierten Enden, Kämme aus Knochen und Diademe aus Edelmetallen, Ohrringe, die bis auf die Schulter herabreichen konnten, und Armreifen vervollständigen die weibliche Toilette. Die reichsten Funde dieser Art wurden im sog. Königsfriedhof von Ur gemacht. Die neuassyr. Herrscher tragen zu reich bestickter Kleidung um Oberarm und Handgelenk bis zu dreimal gedrehte Metallreifen, die in Tierköpfen endigen. H.J.N.

Lit: L. Curtius, Ägypten und Vorderasien (Handb. d. Kunstwissenschaft) 1923, 1960³ – RV und RLAss zu den einzelnen Stichworten – *Zu G:* W. Andrae, Das Gotteshaus und die Urformen des Bauens, 1930 – H. Frankfort, Art and Architecture of Ancient Orient, 1954 – Ders., Town Planning in Ancient M., Town Plann. Review 21, 1950 – E. Heinrich, Die Stellung der Uruk-Tempel in der Baugesch., ZA N.F. 15, 1950, 21–44 – Ders., Bauwerke in der altsumer. Bildkunst, 1957 – H. J. Lenzen, Mesop. Tempelanlagen von der Frühzeit bis zum 2. Jt., ZA 17, 1955, 1–36 – *Zu H[1]:* B. Meißner, Grundzüge der bab.-assyr. Plastik, 1915 – L. Schnitzler, Frühe Plastik im Zweistromland, 1959 – J. Potratz, Die menschl. Rundskulptur in der sumero-akkad. Kunst, 1960 – Ders., Die Kunst des Alten Orients, 1961 – E. Strommenger, Das Menschenbild in der altmesop. Rundplastik... bis Hammurapi, BaM 1, 1960, 1–103 – *Zu H[2]:* L.W. King, Bab. Boundary Stones and Memor. Tablets, 1912 – C. J. Cadd, The Stones of Assyria, 1936 – W. Bachmann, Felsbilder in Assyrien, 1927 – R. D. Barnett, Assyr. Palastreliefs, 1960 – *Zu I und K:* W. Andrae, Farbige Keramik aus Assur, 1923 – H. Frankfort, Studies in Early Pottery I, 1924 – A. Perkins, Comparative Archaeol. of Early M., 1949 – A. Moortgat, Altvorderasiat. Malerei, 1959 – *Zu L:* R. D. Barnett, A Catalogue of the Nimrud Ivories, 1957 – R. Opificius, Das altbab. Terrakottarelief, 1961 – Ch. Ziegler, Die Terrakotten von Uruk, 1962.

Mesotes (‹Mitte›), Stichwort einer ethischen Theorie, daß jede Tugend die Mitte zwischen zwei Schlechtigkeiten, einem Zuviel (Hyperbolē) und einem Zuwenig (Elleipsis) darstelle, klassisch formuliert von → Aristoteles (NE 2 und 3, 9–5, 13). Wegen der Schwierigkeit, sie auf alle Tugenden anzuwenden, ist sie nur im → Peripatos wirklich heimisch geblieben, hat freilich recht weit ausgestrahlt (bes. Cic. off.; Hor. carm. 2, 10, 5). Historisch erwächst sie aus drei Ursprüngen: (1) der uralten, dem Orakel von → Delphi zugeschriebenen Lebensweisheit: ‹Maß ist das beste›; (2) aus der Gegensatzlehre der vorsokratischen → Kosmologie und platonischen → Metaphysik (die Gliederung der Dinge nach Gegensatz und Mitte spielt bes. in der Spätphilosophie Platons eine bedeutende Rolle, dann auch bei Aristoteles, der über die Gegensatzlehre eine in Fragmenten faßbare Monographie geschrieben hat); (3) aus der medizinischen Erfahrung, daß Übermaß und Mangel an Nahrung und Gymnastik die physische Gesundheit schädigen. O.G.

Lit: F. Wehrli, Ethik und Medizin, MH 8, 1951, 36–62 – H. J. Krämer, Arete bei Platon und Aristoteles, 1959.

Messalla Corvinus, M. Valerius, cos. 31 v. Chr., geb. 64 v. Chr. als Sohn des M. → Valerius (15) Messalla Niger, cos. 61. Studierte in Athen, wurde 43 auf Antrag des → Antonius (2) proskribiert. M. floh zu → Brutus (2), blieb auch nach Streichung seines Namens aus der Proskriptionsliste im Gefolge des → Cassius (8). Als eine der angesehensten Persönlichkeiten unter den Republikanern Befehlshaber des rechten Flügels bei Philippi. Er lehnte eine Fortsetzung des Kampfes unter seiner Führung ab und begab sich zu den Siegern. Zunächst Anhänger des Antonius. Wegen angeblicher Spannungen mit → Kleopatra (9; nach 40?) zu Octavian (→ Augustus) übergetreten. M. kämpfte gegen Sex. → Pompeius (4). In den Jahren 35–33/32 militärische Unternehmungen gegen Japuden und Pannonier (Paneg. in Mess. 106 ff.). 31 v. Chr. an Stelle des Antonius mit Octavian Konsul. Flottenbefehlshaber Octavians bei Actium, Teilnahme am alexandrinischen Feldzug und an der Verwaltungsneuordnung im Osten. 29/28? Unterwerfung der Salasser (Tal von Aosta); 27 Triumph ex Gallia infolge seines Sieges über die Aquitaner. Erster praefectus urbi (27/25?), legte das Amt bereits am sechsten Tage nieder, weil die Befugnis nicht verfassungsgemäß sei, tatsächlich wohl infolge der Senatsopposition. Erster curator aquarum 11 v. Chr. M. trug dem Augustus 2 v. Chr. im Senat den Beinamen ‹pater patriae› an. Er starb nach langer Krankheit 13 n. Chr. Obwohl er sich eine gewisse Unabhängigkeit bewahrte, konnte er doch als *inter Antonium et Augustum bellorum praemiis refertus* (Tac. ann. 11, 7) bezeichnet werden. Als Redner und Schriftsteller ebenso bedeutend wie als Militär und Staatsmann. Patron des sog. M.-Kreises, dessen bedeutendste Vertreter → Tibull und → Ovid waren. Der sog. → Panegyricus (2) Messallae und Tibull 1, 3, 7 sind ihm gewidmet. In erster Ehe mit einer Calpurnia, in zweiter Ehe wohl mit einer Aurelia verheiratet. Seine Söhne waren M. → Valerius (14) Messalla Messallinus, cos. 3 v. Chr., und M. Aurelius Cotta Maximus (Messallinus), cos. 20 n. Chr. Seine Tochter (Valeria) Messalina Gattin des T. → Statilius

Taurus, cos. 11 n. Chr. Verwandter des Q. → Pedius (2), cos. suff. 43 v. Chr. – M.-Kreis → Dichterpatronage. U.Wm.

Lit: R. Syme, Roman Revolution (1939), 1952², Ind. S. 566 – W. Schmitthenner, Augustus' span. Feldzug u. der Kampf um d. Prinzipat, Historia 11, 1962, 29–85.

Messalla, vgl. auch → Valerius, → Vipstanus.

Messalina, Valeria, um 25–48, Tochter der Domitia Lepida und des M. Messalla Barbatus, Urenkelin der → Octavia (2) minor; 39/40 dritte Frau des → Claudius (1), dem sie zwei Kinder gebar: → Britannicus und → Octavia (3, Stammbaum → Jul.-claud. Haus). Wird als ungewöhnlich ausschweifend, skrupellos, intrigant und habgierig geschildert (u. a. Dio 60, 18.22.31; Tac. ann. 11, 12.26–38; Suet. Claud. 26; Iuv. 6, 115–132; 10, 329–345). Eine Reihe unbequemer Personen fielen ihr zum Opfer (→ Julia (4), → Julia (7) Livilla, → Valerius (3) Asiaticus u. a.). An der Verbannung → Senecas trug sie die Hauptschuld. Den willensschwachen Kaiser beherrschte sie mit Hilfe der Freigelassenen völlig. Nach ihrer Hochzeit mit → Silius (1), die Teil einer Verschwörung gewesen sein soll, auf Initiative des → Narcissus beseitigt. H. T.

Lit: J. P. V. D. Balsdon, Roman Women, 1962.

Messalina, vgl. auch → Statilia.

Messallinus → Valerius.

Messapier → Kalabrien. *Messapisch* → Italien C.

Messe → Eucharistie.

Messene, Hauptstadt des 369 v. Chr. aus der Herrschaft → Spartas befreiten → Messenien (Kt. 1152 C6), an den Abhängen der → Ithome, und seither eine der stärksten Festungen Griechenlands. Der ca. 9 km lange Mauerring ist eines der großartigsten und besterhaltenen Beispiele griech. Stadtmauern. Im Inneren weitere Ausgrabungen, bes. um den alten Markt. E. M.

Lit: Ergon, zuletzt 1962, 119–132 (Grabungsberichte).

2. **M.,** heute Messina, ursprünglich Zankle, ‹Sichel› nach der Hafenbucht (Kt. 1420 G9), Kolonie von → Chalkis (2. H. 8. Jh.), später auch samische und andere Siedler. Mutterstadt von → Himera (ca. 648 v. Chr.) und → Mylai (8./7. Jh.). Der Tyrann → Anaxilaos (1) des gegenüberliegenden Rhegion (ca. 494–476 v. Chr.) führte neue Siedler in die Stadt und gab ihr nach der griech. Heimat seiner Familie den Namen Messana, ion. Messene. 396 wurde M. von Karthago zerstört, dann von Syrakus neu besiedelt. 288 besetzten kampanische Söldner (→ ‹Mamertiner›) des → Agathokles v. Syrakus die Stadt; das Hilfegesuch, das sie 264 nach ihrer Niederlage gegen → Hieron II. an → Rom und → Karthago richteten, führte zum 1. Pun. Krieg und zur Eroberung der Stadt durch Rom. Nur geringe antike Reste. E. M.

Lit: H. Philipp, RE 15, 1 (1931), 1214–31 – G. V. Gentili, EAA IV, 1961, 1084–86.

Messenien, die fruchtbare südwestlichste Landschaft der → Peloponnes (Kt. 1152 C6), bestehend aus der messenischen Ebene, die ihrerseits in eine ‹obere› Ebene (Stenyklaros) und die Küstenebene zerfällt, und dem westmessen. Hügelland. Hauptfluß der Pamisos. Vorgeschichtlich dicht besiedelt, in der dor. Wanderung von den Dorern besiedelt, nach langen, sog. → messen. Kriegen im 8. und 7. Jh. (Umkämpfung der Bergfestung → Ithome) von → Sparta erobert und größtenteils, außer einigen Periökengemeinden (Kyparissia, Methone, Asine, Korone, Pharai), zu unfreiem Helotenland gemacht. Befreiung durch die Thebaner 369 v. Chr., Gründung der neuen Hauptstadt → Messene. E. M.

Lit: Reincke, RE 15, 1 (1931), 1231–1241 – C. A. Roebuck, A history of M. from 369 to 146 b. C., 1941 – Fr. Kiechle, Messen. Studien, 1959 – W. A. McDonald-R. Hope-Simpson, Prehistoric habitation in Southwestern Peloponnese, AJA 65, 1961, 221–260.

Messius → Arusianus.

Meßwerkzeuge. Längenmaße hat man gewiß wie heute an Meßstäben und -bändern abgenommen. Eine Gerade wurde durch die Richtschnur, σχοῖνος, linea (AP 6, 103, 6; Cic. Q. fratr. 3, 1, 2), markiert, nachdem die Schnur mit Rötel oder Kreide (Gell. praef. 11) bestrichen worden war. Das Richtscheit, → Kanon, regula (Eur. Tr. 6; Plin. nat. 36, 188), trug wohl – wie unser Lineal – einen Maßstab. Versah man das Richtscheit mit einer Wasserwaage, libra aquaria, Hilfsloten und zwei Visieren (Kimme und Korn), so entstand ein Nivellierinstrument, z. B. für Aquädukte, der chorobates (Vitr. 8, 5, 1). Das Lot, κάθετος bzw. στάθμη (Plut. Aem. 15; Hom. Il. 15, 410), perpendiculum (Caes. Gall. 4, 17, 4), galt als Erfindung des → Daidalos (Plin. nat. 7, 198) und hatte ein Gewicht aus Blei oder Bronze. Mit ihm verwandt ist die Blei- oder Setzwaage, διαβήτης bzw. σταφύλη (Poll. 10, 147; Hom. Il. 2, 765), libella (Lucr. 4, 515 bis 519), welche aus einem Holzgestell in Form eines A bestand. Stimmte das Lot mit der Markierung des Querbalkens überein, war die Standfläche waagrecht. Das Winkelmaß, γωνία bzw. γνώμων (Plut. Marc. 19; Theogn. 543), norma (Vitr. 3, 5, 13), bestand aus Holz oder Eisen, und es war nicht leicht, genau einen rechten Winkel zu treffen (Vitr. 1, 1, 4). Für die Landparzellierung wurde dieser mit der groma (Grom. vet. 170, 5) gemessen, indem man über je zwei der drei oder vier an einem Rahmen oder Kreuz rechtwinklig angebrachten Lote visierte. Der Zirkel, τόρνος, circinus (Theogn. 80, 5; Vitr. 9, 7, 2), bestand aus Bronze und hatte fast die heute üblichen Formen. Vgl. → Waagen. W. K.

Metabolē (μεταβολή: Quint. inst. 9, 3, 37, *variatio:* Carm. de fig. 169), ‹Abwechslung›, von Dion. Hal., comp. 19 im allgemeinen Sinn als Stilqualität grundlegend erörtert; im speziellen eine rhetor. → Wortfigur, heute vielfach *Inkonzinnität* genannt (nach Suet. Aug. 86?). Sie besteht im Wechsel der Konstruktionen bei gleichartigen Satzteilen und wurde von → Thukydides mit Meisterschaft gehandhabt. *Bsp.:* ‹im Schlaf oder wenn ich wache› statt ‹im Schlaf oder im Wachen›. Vgl. auch → Peripetie. H. H.

Lit: J. C. T. Ernesti, Lex. technol. Graec. rhetor., 1795 (Nachdr. 1962), 211 – Lausberg, I 327f. – J. Ros, Die M. (variatio) als Stilprinzip des Thukydides, 1938.

Metagenes, Hedylos' Sohn, von Athen, Dichter der alten → Komödie (I B); siegte spätestens 413 an den Lenäen. Fünf Titel überliefert, am besten bekannt die ‹Philothytai› (‹Opferliebhaber›), wohl ca. 414 aufgeführt. Th. G.

Frg: FAttCom I 838–847.

2. **M. von Knossos,** Sohn des → Chersiphron, Baumeister des archaischen Artemision von Ephesos. G. Gb.

Metalepse (μετάληψις), (1) = lat. *constitutio translativa*, Klärung der Zuständigkeit des Gerichtshofs in der → Stasislehre (Lausberg, I 66f.; → Rhetorik B 8; Abb. 187, 6d); (2) = lat. *transumptio* (Quint. inst. 8, 6, 37), den → Tropen zugehörig, Übergangsform zwischen → Metonymie und → Metapher; Setzung eines an sich ungeeigneten Synonyms, z. B. ‹scharfe› für ‹schnelle› Gangart u. ä. – Auch gramm. t. t. für Konstruktionswechsel oder für Deutung eines schwierigen Begriffes (Übersetzung). H. H.

Lit: Volkmann, 426f. – Lausberg, I 295 – Kennedy, Persuasion, 297f.

Metall. A. Gewinnung. [1] *Gold* konnte entweder in → Goldwäschereien (χρυσοπλύσια) oder in → Bergwerken (χρυσωρυχεῖα, aurifodinae) gewonnen werden. Während das Flußgold kaum einer weiteren Aufbereitung bedurfte, wurden die in Quarz usw. eingesprengten Goldadern herausgebrochen, das goldhaltige Gestein (Erz) gefördert, in Mörsern auf Erbsengröße zerkleinert und in Handmühlen zu Pulver zermahlen, das mit Wasser und Schwämmen geschlämmt und gesiebt (Poll. 7, 97) wurde. Dieses so gewonnene Gold war noch mit anderen Metallen (meist Silber) gemengt und mußte durch die Läuterung (ἕψειν, coquere, conflare) gereinigt werden. Das geschah durch ein Verschmelzen mit Blei, wodurch das restliche Gestein getrennt wurde; darauf folgte ein erneutes Einschmelzen mit Blei und Kochsalz: das Gold wurde so vom Chlorsilber getrennt. Zu dieser Trennung verwendete man auch Misy und Alaun (Plin. nat. 34,121; 35,183). Die Amalgamation, d.h. die Scheidung von Gold und Silber durch eine → Legierung von Quecksilber und Silber, war bekannt (ebd. 33, 99). Die Reinheit des Goldes prüfte man durch den Probierstein (βασανίτης λίθος, coticula), einen Kieselschiefer, auf dem man mit dem zu prüfenden Golde einen Strich zog (der heute mit HNO_3 betupft wird), dessen Farbe mit solchen bekannten Goldgehaltes verglichen wurde (Theophr. lap. 4; 46; Plin. nat. 33,126) und aus der Experten den Gehalt des Goldes an Silber oder Kupfer ablesen konnten.

[2] *Silber* fand man entweder gediegen (was Plinius nicht erwähnt) oder gewann es durch Verhüttung. Die wie beim Golde gewaschenen Erze wurden mit Blei, silberhaltiger Bleiglanz (PbS) allein verschmolzen, wodurch blasiges Werkblei (stagnum, stannum) entstand. Dieses wurde in Treiböfen (offenen Kesseln) unter Sauerstoffzufuhr geschmolzen, wodurch das Blei in rote Bleiglätte PbO überging und das Silber rein abfloß. Die Reinheit wurde durch Erhitzen geprüft: Reines Silber blieb weiß, unreines verfärbte sich je nach Legierung mit Blei und Kupfer (Plin. nat. 33,127). Die Öfen hatten unten eine Feuerung, oben eine Öffnung oder einen hohen Schornstein (Strab. 3,146), durch welche Rauch und Arsendämpfe abziehen konnten; in der Mitte einen Verschluß, hinter dem wohl ein Treibofen zu vermuten ist.

[3] *Kupfer* kommt gediegen in Europa nicht vor; in Ägypten wurden hauptsächlich oxydische Erze wie Malachit $CuCO_3 \cdot Cu(OH)_2$ verhüttet. Die schwefelhaltigen Erze (Pyrite) wurden zunächst geröstet (Diosk. 5,119), indem man sie in Schichten mit Brennmaterial abbrannte und so in Oxyde überführte. Die hohen Schmelzöfen (Diosk. 5, 85), welche 1100° erzeugten, wurden von oben mit Kupfererz und Holz → Kohle beschickt, und man gewann Kupfer, das durch mehrfaches Umschmelzen gereinigt, abgestochen und (wohl durch Wasser) in Plattenform zum Erstarren gebracht wurde.

[4] *Zinn*. Die in Cornwall (→ Britannien) und → Spanien gefundenen Zinnerze (Zinnstein SnO_2) wurden über einem Holzfeuer erhitzt und reduziert, das metallische Zinn ausgeschmolzen und oft in → Legierungen gebraucht.

[5] *Zink* war in reiner Form der Antike unbekannt, wurde aber als Galmei (Zinkkarbonat $ZnCO_3$) mit Kupfer seit hellenist. Zeit zu Messing, aurichalcum, legiert (Paul. Fest. 8,15 L.) oder hoch erhitzt und zu Zinkoxyd ($2\,Zn + O_2 = 2\,ZnO$), der Maler → Farbe Zinkweiß (Cadmia: Diosk. 5,84; Plin. nat. 34,2.100) verbrannt.

[6] *Blei*. Die Gewinnung stimmt zunächst mit der des Silbers überein, nur daß man das Werkblei noch einmal umschmolz, um es zu reinigen.

[7] *Eisen*. Über seine Gewinnung – vom Meteoreisen abgesehen (Plin. nat. 2,147) – ist kaum etwas Technisches überliefert. Roheisen war unbekannt, da hierzu 1225° nötig gewesen wären; wohl aber kannte und benutzte man Schmiedeeisen und → Stahl, da die Reduktion der Eisenerze schon bei 700° beginnt. Die mit Erzen (ob Magnet-, Rot-, Braun-, Spateisenstein oder Eisenkies ist unbekannt) und Holz → Kohle beschickten Schmelzöfen hatten – wie alle anderen – ein Gebläse (→ Blasebalg) und schmolzen die Rohluppen aus, die gehandelt und weiterverarbeitet wurden. Berühmt war das Eisen aus → Noricum (Kärnten).

Q: *Zu* [1]: Plin. nat. 33,59ff. – Diod. 3,11ff. – *Zu* [2]: Plin. nat. 33, 95ff. 127 – *Zu* [3]: Plin. nat. 34,94ff. 135 – *Lit*: R. J. Forbes, Metallurgy in Antiquity, 2 Bde (1950), 1964² (= Technology VIII u. IX) – L. Aitchison, A History of Metals, 2 Bde, 1960 (mit umfangreicher Literatur S. 622–627 und zahlreichen Analysen antiker Werkstücke) – *Abb*: Singer, Technology II, Abb. 1 (Bergwerk); I, Abb. 239 (Treibofen).

B. Metallverarbeitung. [1] *Guß*. Das im Schmelzofen abgestochene, flüssige Metall (meist Bronze; Paus. 3,12,10: Eisen) konnte entweder direkt oder nach dem Umgießen in vorbereitete Formen gegossen werden. Beim Vollguß konnten diese aus Stein (Vitr. 2,7,4; Plin. nat. 36,168), Sand, Metall sein, worin das Negativ vertieft eingearbeitet war. Beim Kastenguß mußten neben Eingußtrichtern ‹Windpfeifen› angebracht werden, durch welche die eingeschlossene Luft entweichen konnte; beim Hohlguß wurde ein Kern grob modelliert, mit Wachs (in der beabsichtigten Metallstärke) überzogen und fein durchgearbeitet (Hemd); darum wurde der Mantel (Poll. 10,189) aus geschlämmtem Ton erst dünn, dann dicker aufgetragen. Metallstifte verbanden Mantel und Kern nach dem Ausschmelzen des Wachses durch das Einfüllen der Schmelze.

[2] *Schmieden*. Eisen konnte mit Hammer, Amboß und Zange heiß geschmiedet werden (Hom. Il. 18,468ff.; Verg. Aen. 8,416), wobei ein Blasebalg das Feuer auf die erforderliche Temperatur brachte. Das erstaunlichste Schmiedestück ist die Kutubsäule bei Delhi/Indien um 310 n. Chr., die 7 m über der Erde aufragt, aus einzelnen Blöcken geschmiedet zu sein scheint, deren Analyse 99,72% Eisen, 0,08% Kohlenstoff, 0,046% Silizium, 0,006% Schwefel, 0,114% Phosphor zeigt. Das Härten erfolgte in der → Stahlschmiede.

[3] *Löten*. Zwei gleich- oder verschiedenartige Metallstücke durch ein drittes Metall (Lot) zu verbinden, ist entweder durch Zinn (-legierungen) = Weichlot oder durch Kupferlegierungen = Hartlot möglich, wenn Lötmittel (Alaun; heute Salmiak NH_4Cl) eine Oxydation der Lötstelle verhindern (Plin. nat. 33,94: verworren). Für das Goldlöten nahm man ein Lot aus Gold, Silber und Kupfer, wobei dieses aus Malachit (chrysocolla) gewonnen wurde.

[4] *Blech* wurde auf dem Amboß durch Ausschlagen hergestellt; das Auswalzen war anscheinend nicht bekannt. Eine Weiterbearbeitung erfolgte durch Treiben und Ziselieren (→ Toreutik). Schichtete man Goldblech (Zainen) in Lagen mit Kupferblech oder Pergament und hämmerte diese ‹Form› vorsichtig, gewann man Blattgold (Diosk. 5, 91; Plin. nat. 33,61) von 0,03 mm Stärke.

[5] *Stanzen*. Mit einer Eisen- oder Stahlstange, welche das vertieft gearbeitete Muster trug, wurde das Blech auf einer Bleiunterlage mit kurzen, harten Schlägen verziert. Es konnte ein Muster auch auf der Unterlage erhaben, in der Stanze vertieft gearbeitet sein: das Blech lag zwischen beiden. Vergleichbar ist das Prägen von → Münzen. Mit der Lochstanze wurden gleichförmige Blättchen ausgestanzt (Goldschmuck der Königsgräber von → Ur, etwa 2600 v. Chr.). W. K.

Lit: s. o. – *Abb*: Singer, Technology I, Abb. 383 (ägypt. Gießerei); II, Abb. 446 (Prägestock); vgl. Abb. 451.

C. Verwendung. Obwohl die Gewinnung und Verarbeitung von Metallen im Altertum mit nicht geringen Schwierigkeiten verbunden war (s. o.), ihr Wert dementsprechend hoch lag, gehörten sie zu den im künstlerischen Bereich verbreitetsten Werkstoffen. Dies gilt bes. für die → *Bronze* (im 4./3. Jh. dreimal soviel wert wie heute), deren spezifische Qualität in der materialgerechten Bearbeitung durch die Griechen am konsequentesten erkannt wurde. Kleinbronzen wurden auf griech. Boden schon in kret.-myk. Zeit, dann bes. wieder seit geometrischer Zeit gegossen, während die früharchaische Großplastik zunächst aus Blech gehämmert wurde (Kultbilder aus Dreros, Statuette von Samos). Die Erfindung des Hohlgusses in großem Format (→ Theodoros (11) v. Samos, um 550) hatte eine ungewöhnliche Verbreitung der Bronzearbeit zur Folge, der sich bes. die Meister der frühen und hohen Klassik widmeten, weil Erzstatuen freier bewegt werden können; auch die großen Meister des 4. Jh.s arbeiten z. T. noch in Bronze, daneben mehr und mehr in Marmor, der neue, verfeinerte Polychromie erlaubte. In der Kaiserzeit kopierte man die klassischen Erzwerke größtenteils in Marmor, wobei der Bronzecharakter nicht völlig verlorenging. Zahlreiche Kopien im ursprünglichen Material barg z. B. die Villa der Pisonen in Herculaneum. Andere, z. T. klassische Originale sind entweder durch Meeresfunde (Antikythera,

Marathon, Eleusis, Artemision, Mahdia) oder als seltene Einzelfunde auf uns gekommen (Wagenlenker, Köpfe von der Akropolis und Olympia, Mars von Todi, Arringatore, Chimaira von Arezzo, Faustkämpfer, Thermenherrscher u.a.); dazu kommen eine Reihe röm. Kaiserstandbilder. Bes. berühmt war das korinth. Erz. Vgl. → Gußverfahren. – Reicher sind Werke der → Toreutik aus fast allen Epochen der Antike erhalten, deren eigentliche Metalle neben Bronze → Silber, → Gold bzw. → Elektron sind; → Blei ist für künstlerische Zwecke kaum verwendet worden, ebensowenig → Eisen, das bes. für die Herstellung von Waffen und praktischen Geräten wertvoll war. Die 7 Metalle, welche eine antike Spekulation mit den 7 Erdzeitaltern verband, standen in der Reihenfolge: Gold, Silber, Kupfer, Zinn, Blei, Eisen, Quecksilber. C.K.

Q: Theophr. π. μετάλλων (verloren); vgl. Plin. 33, 1 ff; 34, 1 ff. – *Lit:* A. Neuburger, The Technical Arts and Sciences of the Ancients, 1930 – T. A. Rickard, Man and Metals, 1932 – R. J. Forbes, Metallurgy in Antiquity, 1950 – C. Singer u.a., A History of Technology, 1954–58 – L. Aitchison, A History of Metalls, 1960 – C. Panseri, EAA IV, 1961, 1087–94, s.v. metallurgia.

Metalla. Die im 2. Jh. v. Chr. für die Finanzen Roms so wichtigen spanischen Silberbergwerke waren im 1. Jh. vor Chr. erschöpft. In der Kaiserzeit flossen die durchweg verpachteten Einkünfte aus den Gold-, Silber-, Kupfer-, Blei- und Eisenbergwerken in die kaiserliche Kasse (den → Fiscus), während die Marmorbrüche (die lapicidinae) zum Teil auch Privateigentum des Kaisers waren. R.Kn.

Metallgefäße spielen in der Antike eine hochbedeutende Rolle; Gold- und Silbergefäße gehören in den griech. Jahrhunderten zu den Tempel- und Fürstenschätzen, in der röm. Kaiserzeit auch zum Haushalt des reichen Bürgers; Bronzegefäße sind zu allen Zeiten weit verbreitetes Gebrauchsgerät. Die M. stehen an Wert und Wertschätzung weit über dem Tongeschirr (→ Keramik), das üblicherweise zum täglichen Gebrauch diente. – Die Geschichte der M. beginnt (von Ägypten und dem Alten Orient abgesehen) bereits in vorgeschichtlicher Zeit mit Gefäßen aus reinem Gold. Die kret.-myk. Werkstätten haben eine reiche Zahl kostbarer Gold-, Silber- und Bronzegefäße hervorgebracht (Goldbecher von Vaphio, Bronzekessel von Tylissos) mit phantasievollem Formenschatz. Aus den griech. Jahrhunderten kennen wir zu jeder Gefäßform auch die Ausführung in Metall, vor allem aus Bronze. Mit 1,64 m Höhe ist der archaische Bronzekrater von Vix (Frankreich) das größte erhaltene M. der Antike. Naturgemäß ist die große Masse der M., bes. der Gold- und Silbergefäße, nicht erhalten, dennoch müßte nach den Ausgrabungsfunden die bisher noch fehlende Geschichte der M. geschrieben werden können. – Zu einzelnen M. und M.typen liegen Untersuchungen vor: Geometrische → Dreifußkessel, früharchaische → Greifenkessel, archaische und spätere → Kratere, → Amphoren, → Hydrien, → Oinochoen, Griff→ Phialen, → Aryballoi, Teller, frühhellenist. → Rhyta. Das figürliche Beiwerk aller dieser M. ist reich: → Protomen, → Attaschen, aufgesetzte Reliefs aller Art; ferner an Füßen, Rändern, Henkeln, Griffen usw. Ornamente, figürliche Friese usw. – Von griech. Vorbildern angeregt, entfalten auch die → etruskischen Werkstätten eine ungeheuer reiche Produktion von M.n, die ebenfalls aufs vielfältigste mit Ornamenten und Figuren versehen sind. Die röm. Kaiserzeit ist bes. reich an M.n. Neben unendlich vielen Bronzegefäßen fand bes. das silberne Tafelgeschirr weiteste Verbreitung. Schatzfunde sind in allen Teilen des röm. Imperiums gemacht worden, so in → Boscoreale, → Pompeji, → Tarent, → Hildesheim, → Augusta Rauricorum (Schweiz), Mildenhall (England), Hoby (Dänemark), Berthouville (Frankreich). Auch bei den kaiserzeitl. M. ist die Ausstattung mit figürlichem oder ornamentalem Schmuck außerordentlich reich, gelegentlich geradezu überladen. Vgl. → Ornament. U.J.

Lit: A. Héron de Villefosse, Le trésor d'argenterie de Boscoreale, 1895 – H. Willers, Die röm. Bronzeeimer von Hemmoor, 1901 – E. Pernice-F. Winter, Der Hildesheimer Silberfund, 1901 – F. Drexel, Alexandrin. Silbergefäße der Kaiserzeit, BJbb 118, 1909, 176 – E. Babelon, Le trésor d'argenterie de Berthouville, 1916 – H. B. Walters, Catalogue of silver plate (greek, etruscan and roman) in the BM, 1921 – K. A. Neugebauer, Reifarch. Bronzevasen mit Zungenmuster, RM 38/39, 1923/24, 341–440, Taf. 8 – B. Filow, Die arch. Nekropole von Trebenischte am Ochrida-See, 1927 – J. D. Beazley, Aryballos, BSA 29, 1927/28, 212–215 – P. Jacobsthal, Rhod. Bronzekannen aus Hallstadtgräbern, JdI 44, 1929, 198–223 – W. Lamb, Greek and roman bronzes, 1929, 11–17; 133–140 (Bronze Vases) – P. Wuilleumier, Le trésor de Tarente, 1930 – L. Politis, *Χαλκῆ ὑδρία ἐξ Ἐρετρίας*, Ephem. 1936, 147–174, Taf. 1–4 – A. Radnóti, Die röm. Bronzegefäße aus Pannonien, 1938 – U. Jantzen, Griech. Bronzeteller, AM 63/64, 1938/39, 140–155, Taf. 25–48 – H. Luschey, Die Phiale, Diss. München 1939 – M. Gjödesen, Bronze paterae with anthropomorphous handles, Acta Arch. 15, 1944, 101 – R. Joffroy, La tombe de Vix (Côte-d'Or), Mon. Piot 48, 1954, 1–68, Taf. 1–32 – U. Jantzen, Griech. Greifenkessel, 1955 – J. W. Brailsford, The Mildenhall treasure (1952), 1955² – F. Willemsen, Dreifußkessel von Olympia, Olymp. Forsch. III, 1957 – U. Jantzen, Griech. Griff-Phialen, BWPr 114, 1958 – H. Küthmann, Beiträge zur späthellenist. und frühröm. Toreutik, 1959 – E. Simon-H. A. Cahn, Der Goldschatz von Panagjuriste, AntK 1, 1960, 3–29, Taf. 1–7 – R. Laur-Belart, Der spätröm. Silberschatz von Kaiseraugst, 1963 – C. Vermeule, Augustan and Julio-Claudian Court Silver, AntK 6, 1963, 33–40 – P. La Baume, Röm. Kunstgewerbe, 1964 (Bibl., 317–320).

Metamorphosen (‹Verwandlungen›). Aus der → Hellenist. Dichtung sind eine Reihe von Lehrgedichten bezeugt, in denen Verwandlungssagen dargestellt waren, bes. von → Nikandros. Ob diese Gedichte einen erheblichen und erfreulichen Anteil poetischer Erzählung aufwiesen, können wir nicht sagen. Der röm. Nachfolger → Ovid mag die hellenist. M. darin weit übertroffen haben. M. heißt auch der Roman des → Apuleius, dessen Held in einen Esel verwandelt wird. – Zu Phänomen und Wirkungsgeschichte der M. vgl. Hegels ‹Ästhetik› und J. Burckhardts ‹Griechische Kulturgeschichte›. P.H.

Metapher (*μεταφορά, metaphora, tralatio:* Cic. de orat. 3, 157), der häufigste aller → Tropen; Kurzform des Vergleichs (Quint. inst. 8, 6, 8). *Bsp.:* ‹Löwe› für ‹Held› (vgl. Quint. inst. 8, 6, 9) oder Schiller von Aias, «der ein Turm war in der Schlacht». → Rhetorik B [4]. D [1]. H.H.

Lit: Volkmann, 417–421 – Lausberg, I 285–291 – Kennedy, Persuasion, 107 ff. 297 f. u.ö.

Metaphysik

A. Die Vorsokratiker – B. Die klassische M.: Sokrates, Platon, Aristoteles – C. Die nacharistotelische M.

Vorbemerkung. Aristoteles' ‹Metaphysik› ist die erste Schrift dieses Titels. Zu Beginn des Werkes definiert Aristoteles die M. als die Lehre von den ersten Ursachen des Wirklichen. Diese Definition ist weit genug, um schon auf die Spekulationen der ersten Naturphilosophen über den Urgrund der Dinge zu passen, die Aristoteles als ersten Entwurf einer Antwort auf sein Problem angesehen hat.

A. Die Vorsokratiker. [1] Die Ansichten der ältesten griech. Philosophen entsprechen einer undifferenzierten Wißbegierde gegenüber der Wirklichkeit und einem allgemeinen Wunsch, diese zu begründen. Mehr philosophisch als wissenschaftlich verdienen sie daher zur M. (im oben angegebenen Sinne) gerechnet zu werden. Die Einzelheiten ihrer Theorien sind hier unwichtig. Für die Geschichte der M. bedeutsam ist es jedoch, daß diese Erklärungsversuche seit → *Thales* aufeinanderfolgen, wobei jeder die vorhergehenden im Namen strengerer Vernunftforderungen verbessern oder bekämpfen will: diese Denker hatten also das Bewußtsein, an der gleichen Aufgabe zu arbeiten, nämlich daran, die Mythen der Urzeit durch eine für die Vernunft zusammenhängende Weltschau zu ersetzen. Zu diesem Zweck dachten sie zuerst die unendliche Verschiedenheit des Weltalls, die statische der Vielheit wie die dynamische des Werdens, auf eine gewisse Einheit zurückzuführen, die sie zunächst in der Identität eines Urstoffes zu finden glaubten (für Thales das Wasser, für → Anaximander das Unendliche, für → Anaximenes die Luft). Aber sehr früh schon hat man das Bedürfnis verspürt, dazu noch ein Entwicklungsprinzip anzunehmen, das die Verwandlung dieses einzigen Stoffes in die unendlich mannigfaltige Welt verständlich machen konnte (z. B. als Verdünnung und Verdichtung bei Anaximenes). Schon bei → *Heraklit* beginnt ein solches Prinzip als Grund der Einheit der Welt bedeutsamer zu werden als die Materie: so ist das Feuer, aus welchem alles stammt und zu welchem alles zurückkehrt, vor allem als Maß und Verhältnis Prinzip, → Logos, Gesetz des Gleichgewichts zwischen gegensätzlichen Kräften. Trotz seiner Vorstellung einer ewigen Bewegtheit gelangte Heraklit zu einer einheitlichen Weltschau, aber diese Einheit ist nicht mehr so einfach wie die, welche die ersten Naturphilosophen im Kosmos entdeckten, da sie Vereinheitlichung der Mannigfaltigkeit und Stabilisierung des Bewegten ist. – Die mathematische ‹M.› der → *Pythagoreer* ist nicht ohne Analogie mit der Lehre des Heraklit; indem sie erklären, daß alles Zahl sei, begründen sie nämlich die Natur der Dinge weniger durch die Elemente, aus denen sie aufgebaut sind, als durch die zahlenmäßigen Verhältnisse der Elemente untereinander.

[2] Mit → *Parmenides* macht das metaphysische Denken einen Sprung vorwärts. Zwar hat er die Frage nach der wirklichen Natur der Wesen nicht neu gefaßt: noch immer geht es um Erklärung und Begründung des sichtbaren Kosmos. Aber die Antwort, die er sozusagen gezwungenermaßen, aus einer Art rationaler Intuition gegeben hat, stellte die M. vor eine Aporie, die sie für lange Zeit bestimmte, nämlich vor die Entscheidung, ob man (von dem, was ist) sagen wolle, daß es ist oder daß es nicht ist. Das zweite kann man offensichtlich nicht wählen; denn was nicht ist, ist nicht denkbar. Also muß man sich fest an das erste anschließen und sich wohl hüten, wie die gewöhnlichen Menschen einen Mittelweg zwischen beiden einzuschlagen und Bejahung und Verneinung zugleich anzuerkennen. Der Gegenstand dieser unausweichlichen Seins-Bejahung wird nicht genauer definiert; aber klar scheint einerseits, daß Parmenides von der ‹Wirklichkeit› im gewöhnlichen Wortsinn sprechen will (namentlich weil er seine Bejahung, die der Weg zur Wahrheit ist, einer kosmogonischen Welterklärung von der traditionellen Art gegenüberstellt, die der Weg der Meinung und des Irrtums ist), und andererseits, daß das ganze Weltall notwendig mit dem bejahten Sein identisch ist, weil neben diesem für nichts anderes mehr Platz ist. Das Sein ist eins und unveränderlich; es schließt unbedingt jede Vielheit und jedes Werden aus, denn diese würden das Nichtsein darin einführen. Aus dem gleichen Grund ist es begrenzt (die Idee des Unendlichen schließt für Parmenides die eines Mangels ein) und ist der Masse einer wohlgerundeten Kugel vergleichbar. Die Frage, ob das Sein des Parmenides damit stofflicher Art sei und man den Eleaten als Materialisten bezeichnen müsse, hat keinen Sinn für eine Zeit, in der der Begriff einer nichtstofflichen Wirklichkeit noch nicht erarbeitet worden ist. Jedenfalls war sich Parmenides bewußt, einzig durch die Kraft der Vernunft, wobei er das Zeugnis der Sinne verachtete, zu seinen Schlußfolgerungen gelangt zu sein. Sein Schüler → Melissos (1) spricht sich in einem wichtigen Punkt anders aus als er: das eine Sein ist unendlich ausgedehnt in Zeit und Raum. Damit suchte er wahrscheinlich Einwänden zu begegnen, die sich gegen Parmenides' Begriff des Seins erhoben oder erheben konnten, wenn dieses als ein räumlich begrenztes vorgestellt wurde. Um anderen Einwänden auszuweichen (Teilbarkeit des Seins), erklärt er es für unkörperlich und ohne Dichtigkeit (VS 30 B 9). Es ist schwierig, beide Behauptungen miteinander zu vereinen; vielleicht aber sollte man darin eine noch unbeholfene Bemühung sehen, eine andere Art von Realität als die stoffliche zu denken.

[3] Der Einfluß der eleatischen Schule ist in der Folge bei allen Vorsokratikern spürbar. → *Empedokles*, → *Anaxagoras* und die Atomisten → *Leukippos* und → *Demokritos* versuchen jeder auf seine Art, den Forderungen des Parmenides zu entsprechen und doch gleichzeitig das Zeugnis der Sinne anzuerkennen. Doch geht das nie ohne Kompromiß ab; sie reduzieren Wechsel und Mannigfaltigkeit auf ein Minimum (bei Empedokles: vier ewige ‹Wurzeln› aller Dinge, Leugnen des qualitativen Werdens und der Entstehung; bei Anaxagoras: Mischung aller Dinge im Anfang, Werden reduziert auf örtliche Bewegung kleinster Teilchen; bei den Atomisten: Wesensidentität der Atome, Verschiedenheit und Wechsel erklärt durch Unterschiede der Größe, Form, Lage und Anordnung der Atome), ohne zu bemerken, daß der Monismus des Parmenides unangetastet bleibt, solange man nicht den Widerspruch aufhebt, der, nach ihm, auf jedem Wechsel und jeder Vielheit liegt, welcher Art diese auch seien. In *Anaxagoras'* System muß aber ein Gedanke, den er neu in die M. einführt, hervorgehoben werden: die Nuslehre. Obschon Anaxagoras den Wesensunterschied zwischen Vernunft (*νοῦς*) und Stoff noch nicht unzweideutig auszudrücken wußte, ist damit doch der folgenreiche Versuch gemacht, zur Begründung der Weltordnung eine Ursache anderer Art als die mechanischen Ursachen heranzuziehen und diese Ursache mit dem Geist zu identifizieren. Andererseits hat er seine Entdeckung nicht ausgewertet: die Rolle des Nus beschränkt sich nach ihm auf das Inbewegungsetzen physischer Kräfte.

B. Die klassische Metaphysik. [1] Zur Zeit des → *Sokrates* wechselt das philosophische Erkenntnisstreben ganz offensichtlich sein Ziel: statt des Weltganzen ist es nun der Mensch. Sokrates selbst ist vor allem ein Moralist, der sich wenig um M. zu kümmern scheint. Aber seine Suche nach einem Prinzip der Einheit und Erkennbarkeit des Mannigfaltigen ist wichtig, ebenso daß er Platons M. der Wesenheiten vorbereitet hat, indem er die Aufmerksamkeit auf die allgemeinen Definitionen gelenkt hat (Aristot. metaph. 1, 6. 987 b 1–4). Die Suche nach den Ursprüngen im vorsokratischen Sinne hatte sich als unzulänglich erwiesen; die Vielfalt der Systeme, die Unfähigkeit, aus der Sackgasse des Parmenides herauszufinden, auf die Dialektik der Eleaten und die Spitzfindigkeiten der Sophisten zu antworten, waren ebenso viele Beweise dafür. Sokrates suchte daher die wirkliche Natur der Dinge nicht mehr auf seiten der Materie, sondern auf seiten ihrer Form, d.h. in den gemeinsamen Zügen, in der einen gleichen Eigenschaft an einer Menge verschiedener und einander ablösender Einzelwesen. Diese Einheit ist dann nicht einfach materielle Identität eines oder mehrerer Elemente, sondern steht über der Vielheit der Einzelwesen und ist nur geistig erkennbar.

[2] Sokrates hat auf dieser Grundlage kein Weltsystem errichtet; es genügte ihm, die Erkenntnis so gut fundiert zu haben, daß er darauf eine nicht mehr vom Relativismus gefährdete Moral gründen konnte. Es war → *Platon*, der den so eröffneten Weg durch die Ideenlehre im Sinne einer M. ausbaute. Vielleicht kommt die eigentümliche Verhärtung der sokratischen Lehre, die man bei Platon in der ‹Trennung› (*χωρισμός*) der Formen bemerkt, wirklich daher, daß Platon der ihm durch → Kratylos vermittelten (Aristot. metaph. 1, 6. 987 a 32 ff.) Lehre des Heraklit zu entgehen trachtete, wonach es keine Wissenschaft vom sinnlich Wahrnehmbaren geben könne, weil dieses sich in beständigem Fluß befinde. Andererseits verdankt die Ausarbeitung der platonischen M., bes. in der letzten Periode, dem (uns nur schlecht bekannten) pythagoreischen Mathematismus sehr viel. Die Ideenlehre, wie sie in den ersten Dialogen vorbereitet und in denen der Reifezeit (Phaid., symp., rep., Phaidr.) mit Klarheit dargestellt wird, will auf eine gleichzeitig epistemologische und ontologische Frage antworten; man muß sich immer vergegenwärtigen, daß die platonische Idee zugleich die wirkliche Ursache der Wesen und die feste Grundlage der Erkenntnis sein soll, da beides nach Platons Überzeugung notwendig zusammenfällt. Will man die wichtigste Frage des Sokrates, die nach

dem Was, dem wahren Wesen eines jeden Dinges beantworten, so muß man sich entschließen, den Gegenstand an sich zu betrachten (das Schöne, das Gerechte an sich) und von den Varianten, die er der konkreten Erfahrung bietet, abzusehen. Das unveränderliche Wesen der Dinge ist also nicht identisch mit den Dingen, die wir durch die Sinne wahrnehmen. Es ist nicht einfach, was diese Einzeldinge in ihrer konkreten Realität sind, sondern das, was macht, daß sie so sind, wie sie sind. Platon hat aus dem immer klarer erkannten Unterschied zwischen einem rein erfaßten Wesen und den vielfältigen Dingen schließlich geschlossen, daß diese Wesenheiten die sinnlich wahrnehmbare Welt transzendieren und gleichzeitig die Eigenschaften dieser Welt begründen: was alle schönen Dinge schön macht, ist das Schöne an sich, und das Schöne ist die wirkliche Ursache ihrer Schönheit. Zwischen den sinnlich wahrnehmbaren Wesen und den Essenzen, Formen oder Ideen besteht also ein Partizipationsverhältnis (μέθεξις), indem diese auf jene eine formelle und exemplarische Kausalität ausüben. Der ontologische Rang der beiden Welten, der sinnlich und der geistig wahrnehmbaren, läßt sich leicht von da aus bestimmen. Deshalb hat man die Wesenheiten ‹getrennt› setzen müssen, weil die Einzeldinge nicht vollkommen verwirklichen, was diese Wesenheiten sind: kein schönes Ding ist die ganze und absolute Schönheit, keines besitzt sie ausschließlich und für immer. Dieses Seiende, das also nicht wirklich ist, was es ist, steht halbwegs zwischen Sein und Nichtsein. Die Ideen können im Gegensatz dazu nur als das wirkliche Sein begriffen werden. Sie sind ewig, vollkommen, unwandelbar und wahrhaft seiend, weil sie rein sind, was sie sind. Nur durch das Denken erreichbar, und nur wenn dieses sich so weit als möglich in sich selbst, weit weg von der sinnlichen Wahrnehmung, zurückzieht, sind sie übersinnliche, unstoffliche und nur geistig erkennbare Wesenheiten. Dieser letzte Punkt führt von selbst zu einem zweiten Aspekt der Ursächlichkeit der Ideen neben der formalen Kausalität: sind einerseits Form und intelligible Ursache äquivalent, so ist andererseits eine noch tiefere Äquivalenz zu finden zwischen der intelligiblen Ursache und dem Ziel oder dem Guten; denn die Zweckursache ist die einzige, die dem Geiste durchsichtig ist (vgl. Phaid. 96 A bis 99 C). Ist also die Welt der Ideen die intelligible Welt, muß sie durch das Gute beherrscht werden. Nicht nur aus dem formalen Grunde, daß die Idee des Guten (das seinem Wesen nach Vortreffliche) das Vollkommenste ist, sondern auch aus dem tieferen, daß es alle Dinge ordnet, muß das Gute den höchsten Rang im Weltall einnehmen. Die Ideen ordnen sich hierarchisch auf das Gute zu, und durch ihre Vermittlung wirkt dessen finale Kausalität auf die sinnlich wahrnehmbare Welt. In den Dialogen der Reifezeit nur skizziert, werden diese Ansichten in der Folge ausgeführt. Im ‹Timaios› beschreibt Platon, wie der Demiurg, das ewige Vorbild der geistigen Welt vor Augen, die Materie zum schönen Kunstwerk der sichtbaren Welt gestaltet. Diese «wahrscheinliche (‹mythische›) Erzählung» von der Entstehung der Welt hat kein anderes Ziel, als überall die Ursächlichkeit des Besten am Werk zu zeigen und so die Welt als eine vernünftige Schöpfung darzustellen. In den metaphysischen Dialogen beschäftigt Platon vor allem die Frage, wie die Ideen untereinander anzuordnen seien. Nachdem er zu grobe oder zu phantasievolle Vorstellungen der Ideen und ihres Verhältnisses zu den sinnlich wahrnehmbaren Dingen abgewiesen hat (‹Parmenides›), versucht er im ‹Sophistes› und im ‹Philebos› die Vielheit der Ideen zu rechtfertigen und ihre wechselseitigen Beziehungen festzulegen. Das erste kann nur durch Preisgabe der eleatischen Lehre erreicht werden; will man nämlich jeder Form ihre Eigentümlichkeit erhalten und die intelligible Welt vor Verworrenheit bewahren, ist man gezwungen, das Nichtsein innerhalb des Seins selbst anzuerkennen. Zwischen den Formen der Bewegtheit und der Ruhe z. B. kann es keine wirkliche Gemeinschaft geben. Nur in Ausdrücken der Negation können deren Beziehungen gefaßt werden: die eine ist nicht die andere; in ihnen und in jeder Form besteht also, insofern sie deutlich getrennt sind, ein gewisses (relatives) Nichtsein, dessen Vorhandensein zu behaupten man sich nicht scheuen darf und das ‹das Andere› heißt. Nach Anerkennung dieses Prinzips kann man (zum zweiten Punkt) beschreiben, welche Formen sich gegenseitig ausschließen und welche sich miteinander verbinden, d.h. die Teilnahmebeziehungen der Ideen untereinander zu bestimmen suchen. Dabei muß man vom Komplexesten zum Einfachsten, vom Vielen zum Einen aufsteigen. Nach dem ‹Philebos› setzt eine gültige Erklärung des Bestehenden voraus, daß man für alles Wirkliche die genaue Anzahl Stufen, die es vom reinen Einen trennen, und in diesem den genauen Anteil des Einen und des Vielen bestimmt hat. Man sieht, daß die M. der letzten Dialoge sich auf die mathematisch bestimmten Spekulationen, die nach → Aristoxenos (harm. 30, 16–31, 3) Platons geheimnisvolle mündliche Lehre erfüllten, zu bewegt. Nach Aristoteles (metaph. 1, 6. 987 b 18 ff.) war diese ungeschriebene Philosophie das Ergebnis von Platons Bemühung, die Prinzipien oder letzten Elemente der Ideen und, durch sie hindurch, die alles Wirklichen zu entdecken. Diese Elemente waren das Eine – das Formprinzip – und die unbestimmte Zweiheit (→ Aoristos dyas), ein unbestimmtes Vielheitsprinzip, das eine ähnliche Rolle wie bei Aristoteles die Materie spielte. So wurden die Ideen gewissermaßen auf Zahlen ‹reduziert›, die ihr eigentliches Wesen ausdrückten. Aber auch auf dieser letzten Stufe verliert die platonische M. nicht ihren ursprünglichen Charakter einer M. des Guten, denn das Eine ist mit dem Guten identisch. In der ordnenden Kraft des Guten treffen gleichsam Form- und Zweckursache zusammen.

[3] Während bei Platon die Erkenntnis des Seins, die er Dialektik nennt, als einzige Anrecht auf den Namen Wissenschaft hat, ist die, an deren Begründung → *Aristoteles* in seiner ‹Metaphysik› arbeitet, eine Wissenschaft neben den andern: sie ist die höchste der theoretischen Erkenntnisse und steht über Mathematik und Physik. Die Bezeichnung ‹M.› – welches auch ihr Ursprung und ihre Bedeutung sein mögen – scheint allerdings erst nach Aristoteles aufgekommen zu sein. Dieser verwendet, um die höchste Erkenntnis zu bezeichnen, nur die Termini ‹erste Philosophie› und ‹Theologie›, was ‹Wissenschaft vom Übersinnlichen› bedeutet. Da die ‹Metaphysik› sich aber auch mit den sinnlichen Wesen beschäftigt, gilt es zunächst, sich an den Inhalt des Wortes zu halten. Die von Aristoteles gesuchte Wissenschaft ist die von den letzten Ursachen der Wirklichkeit, von denen er eine vollständige Theorie geben will: vier Bedeutungen kann das Wort Ursache haben, und wie ihm die Geschichte der Philosophie beweist, gibt es keine andern: Stoff, Form, Bewegungsursache und Zweck sind die Seinsprinzipien, die über das Sein und das Werden der Dinge Aufschluß geben. Trotz ihrer Verschiedenheit fallen sie unter eine Wissenschaft, insofern sie Gegenstand einer Forschung nach den letzten Ursachen werden, die nicht diese oder jene besondere Eigenschaft der Dinge betrachtet, sondern ihr Sein selbst. Die Einheit der M. beruht also darauf, daß sie das Seiende untersucht, insofern es ist: sie ist Ontologie. Aber diese Begriffsbestimmung der M. ist in einigen wichtigen Punkten zu ergänzen: Das Wort ‹sein› wird in verschiedenen Bedeutungen gebraucht (weil er das nicht beachtete, war Parmenides dem Monismus verfallen). Will man dennoch die Einheit einer Wissenschaft vom Sein erhalten, muß man nachweisen, wie sie alle aus einer Grundbedeutung entspringen. Dieses Sein im eigentlichen Sinne soll dann Hauptgegenstand der M. werden. Unter den verschiedenen Bedeutungen, die Aristoteles für den Ausdruck ‹sein› anerkennt, sind die die M. betreffenden das Sein als Aktualität und Potentiali-

tät (→Energeia und Dynamis) und das Sein gemäß den →Kategorien. Aktualität und Potentialität sind Seinsweisen der Dinge. Die Aktualität ist der starke, erfüllte Zustand; die Potentialität muß in Beziehung auf sie definiert werden: sie ist die Fähigkeit zur Aktualität; im Vergleich zu ihr verhält sie sich wie die Möglichkeit zu dem, was die Aktualität wirklich ist. Da Aktualität und Potentialität nur Modalitäten des Seienden sind, teilen sie das Sein, ohne zu sagen, was es ist. Dieses Bedeutungspaar des Wortes ‹ist› muß also den Bedeutungen des für sich genommenen Seins, das heißt der Kategorientafel, untergeordnet werden. Die erste dieser Kategorien, die der Substanz (→Usia), hat den Vorrang über alle anderen und ist das Sein im absoluten Sinn. Mit ihm soll sich die M. zuerst beschäftigen, und was von diesem Sein einfach, d.h. ohne weitere Bestimmungen (als *εἶναι ἁπλῶς*) gesagt wird, kann nachher im entsprechenden Verhältnis auf das angewendet werden, was nur in einem relativen Sinn ist (*εἶναί τι*). Die Ontologie des Aristoteles wird so ‹Usiologie›. Die Kategorientheorie bildet den Rahmen für die Erforschung der Substanz. Sie gibt von der Usia eine so allgemein gefaßte Bestimmung, daß die Forschung von diesem Ansatzpunkt aus weitergehen kann. Die Substanz ist das letzte Substrat aller Attribute, das selbständig bestehende Subjekt, das durch sich selbst seine Wesensbestimmung besitzt und auf welches jede andere Art von Sein (Qualität, Quantität usw.) bezogen wird. Daran, daß solche Realitäten im sinnlich Wahrnehmbaren bestehen, zweifelt Aristoteles keinen Augenblick. Einer der fundamentalen Vorwürfe, die er Platon macht, ist gerade der, daß dieser das Vorhandensein von authentischen ‹Wesenheiten an sich› in dieser Welt nicht habe anerkennen wollen. (Der Mensch an sich kann nur ein nutzloses Doppel des konkreten Menschen sein.) Aber noch bleibt die Frage übrig, woher gewissermaßen die Substantialität dieser konkreten Substanzen stammt. Aus ihrer Materie (die anscheinend wirklich das allen Bestimmungen zugrunde Liegende ist)? Oder aus ihrer Form (die ihnen die Wesensbestimmung gibt)? Am Ende einer langen und mühseligen Analyse (Bücher Z und H) kommt Aristoteles zum Schluß, daß die Materie nur potentiell Substanz ist und daß die Substantialität der Usiai aus ihrer Form stammt, die also die Aktualität der Substanz ist. Aber er hält daran fest, daß die Form der sinnlichen Substanzen – die er von deren Was-Sein kaum unterscheidet – nicht von der Materie getrennt bestehen kann. Materialursache und Formursache haben jede ihre eigene, wenn auch nicht gleich wichtige Rolle zu spielen: die Materie ist nur eine Bedingung, die Form aber das, was die Substantialität der körperlichen Wesen ausmacht. – Durch die Auffassung, wonach in der sinnlichen Substanz Substrat und Was-Sein innerhalb eines gleichen Wirklichen zusammenfallen, hat Aristoteles den Gegensatz zwischen vorsokratischer Philosophie und Platonismus zu überwinden geglaubt. Aber neue Probleme tauchen auf, denn in einer aus Materie und Form zusammengesetzten Substanz ist die Identität zwischen dem Was-Sein und dem Substrat nicht vollkommen. Nun würden die Formen ohne Materie, worin diese Identität notwendig realisiert wäre, besser als die sinnlichen Substanzen der Vorstellung der Usia entsprechen. Bestehen solche ‹getrennten›, immateriellen Substanzen? Diese Frage, die beständig am Rande von Aristoteles' Gedankenkreis sichtbar wird, kann man, wie er meint, nicht entscheiden, wenn man von der Formursache ausgeht, denn das hieße in die ausweglosen Schwierigkeiten des Platonismus zurückfallen. Um die Existenz von materielosen Substanzen zu beweisen, muß man von der Zweckursache ausgehen. Schon in der ‹Physik› wird das Vorhandensein eines ersten unbeweglichen und unkörperlichen Bewegers bewiesen. Der Beweis wird im Buch 11 der Metaphysik wieder aufgenommen. Wesen und Wirkung dieser ewigen Ursache der Bewegung sind hier entschieden metaphysisch gefaßt: die finale, ordnungstiftende Ursächlichkeit des ersten Bewegers wird betont als die einzige einem unbewegten Beweger zukommende Wirkung. In diesem höchst vollkommenen Wesen (das Aristoteles Gott nennt), werden die Intelligenz und das Intelligible identisch, so daß es das Denken seines eigenen Denkens wird; es ist seinem Wesen nach reine Aktualität ohne jede Beimischung von Potentialität. Gott ist also nicht nur deshalb Prinzip, weil er das Weltall bewegt, sondern er hat, weil er eine rein aktuelle Substanz ist, in einem tieferen Sinne den Vorrang in der Ordnung der Substanzen. So ist die aristotelische M. in der Tat Theologie, und doch bewahrt sie ihre universale Tragweite: nicht nur ist ihr spezifischer Gegenstand «das Prinzip, an dem Himmel und Natur hängen», sondern dieser Gegenstand ist in seiner Eigenschaft als letztes Prinzip nur in einer über alle partikulären Seinsweisen hinausreichenden Sicht zu erfassen.

C. Nacharistotelische M. [1] Weder im →*Epikureismus* noch in der →*Stoa* sieht die Einteilung der Wissenschaften eine Erforschung der Wirklichkeit vor, die über das Physische hinausginge, also keine M. als Wissenschaft des jenseits der Natur Gelegenen. Soweit sie eine umfassend gedachte Weltschau bieten, gehören sie dennoch hierher. Der Epikureismus ist ein von Demokrit angeregter Materialismus, der aber seiner selbst bewußt ist, denn er verwirft entschieden alle anderen als die mechanischen Ursachen. Der Glaube der Stoiker an den göttlichen und vernünftigen Charakter der Welt, der jedoch in ihren Augen die Existenz einer transzendenten Vernunft nicht miteinbegreift, kann am ehesten als Pantheismus bezeichnet werden.

[2] Man muß bis zum Wiederaufleben des Platonismus bei →*Plotin* gehen, um den metaphysischen Atem wieder zu fühlen, der die großen Gebäude von Platon und Aristoteles beseelte. Das höchste Prinzip des Weltalls ist für Plotin das Eine. Das Eine ist die Quelle, aus welcher, durch Emanation und ohne Verlust an Vollkommenheit, alles, was besteht, entspringt. Dieser Vorgang geschieht in aufeinanderfolgenden Schritten, wobei jede Seinsstufe an der früheren teilnimmt, ohne jedoch die gleiche Vollkommenheit, d.h. die gleiche Einheit wie diese zu besitzen. Die unterste Stufe ist die Materie, die reine Vielheit, die dem Nichtsein nahekommt. Unmittelbar unter dem Einen, der ersten Hypostase, steht die Intelligenz (→Nus), die gleichzeitig der intelligiblen Welt Platons und dem sich selbst denkenden Denken bei Aristoteles ähnlich ist. Sie ist nicht vollkommen eins, weil in ihr bereits die Dualität des Intelligiblen und des Intelligenten gegeben ist. Unter dieser zweiten Hypostase hat die dritte, die Weltseele, noch weniger Einheit, denn sie denkt diskursiv. An dieser dritten Hypostase nehmen die Einzelseelen unmittelbar teil. Sie sind also vom Einen durch zwei Zwischenstufen getrennt. Sie können jedoch hoffen, sich am Ziel eines langen Aufstiegs auf die Quelle hin – so wird das philosophische Leben definiert – mit dem Einen vereinen zu können. In dieser mehr mystischen als nüchtern rationalen Philosophie wird der Akzent kühn auf die Transzendenz des höchsten Prinzips gelegt. Plotin erklärt, das Eine sei jenseits des Seins, jenseits des Wesens und jenseits des Denkens. Die einzig mögliche Art, von ihm zu sprechen, ist zu sagen, was es nicht ist, denn es ist recht eigentlich unaussprechlich. Das Eine mit einem positiven Begriff erfassen wollen, würde nämlich bedeuten, ihm eine Form zuzuschreiben, die es, indem sie es bestimmte, begrenzen würde. Im Gegensatz zu den platonischen Formen und der ersten Substanz des Aristoteles ist das Eine Plotins also unendlich, und das vermöge der Transzendenz seiner Vollkommenheit. S.M.

Lit: G. Calogero, EI 23, 1934, 19–20, s.v. Metafisica – M. Wundt, Gesch. der M., 1931 – J. Maréchal, Le point de départ de la Métaphysique I (1923), 1944³ – L. Robin, La pensée hellénique (1923), 1948² – C.J. de Vogel, Greek Philosophy, 3 Bde, 1950–59 – W.D. Ross, Plato's Theory of Ideas (1951), 1953 – G. Di Napoli, La concezione dell'essere nella filosofia greca, 1953 – G. Martin, Einleitung in die allgemeine M., 1957 – G. S. Kirk-J. E. Raven, The Presocratic Philosophers, 1957 – O. Gigon, Grundprobleme der antiken Philosophie, 1959 – W. Kranz, Die griech. Philosophie (1941), 1962⁵ – H. J. Krämer, Der Ursprung der Geistmetaphysik, 1964.

Metaplasmus (*transformatio*), Abweichung von der korrekten lautlichen Zusammensetzung eines Worts, z. B. poetisch archaisierendes *gnatus* für *natus*; eine Abart des → Barbarismus. H.H.

Lit: Lausberg, I 259ff.

Metapont, bedeutende achäische Kolonie, am Tarentinischen Golf, ca. 40 km südwestl. von Tarent (Kt. 1420 H7). Anf. 7. Jh. v. Chr. gegründet. Mauerumfang etwa 6 km, Theater, dor. Tempel des Apollon Lykeios. Nördl. außerhalb der Stadt dorischer Tempel vom Ende des 6. Jh.s vor Chr., von dem noch 15 Säulen stehen (Tavole Paladine). Schatzhaus in → Olympia. M. war neben → Kroton Sitz der → Pythagoreer, und → Pythagoras war hier begraben. 415 mit Athen gegen → Syrakus, im 2. Pun. Krieg von 212–207 auf seiten → Hannibals (2). In röm. Zeit bereits verödet. E.M.

Lit: M. Mayer, RE 15,2 (1932), 1326–67 – G. Schmiedt-R. Chevalier, Caulonia e M., 1959 – Berve-Gruben, 207.

Metella → Caecilia.

Meten, ägypt. Gaubeamter am Ende der 3. Dyn. Die Kultnische seines *Grabes* in Saqqara wurde als Beispiel früher ägypt. Reliefkunst ins Berliner Museum gebracht. W. Hk.

Meteore. Die Erklärung der M. in der griech. → Astronomie folgte der der → Kometen: Während die Vorsokratiker sie für Sterne hielten, oder, wie → Anaxagoras, für glühende Sternsplitter, die durch die schnelle Kreisbewegung der Himmelssphäre abgeschleudert wurden, erklärte → Aristoteles sie für sublunare oder atmosphärische Erscheinungen. Berühmt geworden ist der im Jahre 468/467 v. Chr. bei Aigospotamoi niedergegangene große Meteor, von dem Anaxagoras vermutete, daß er von einem Himmelskörper infolge eines Bebens weggeschleudert und auf die Erde gefallen sei. S.S.

Meteorologie. [1] Die Naturphänomene in der Atmosphäre und am Himmel (τὰ μετέωρα: was sich ‹in der Schwebe›, ‹oberhalb der Erde› befindet; erst im 5. Jh. v. Chr. belegt, aber wohl älter) regten die Griechen früh zu umfassenden Beobachtungen an (glänzende Beispiele bei Homer und der → Medizin des 5. Jh.s), die das Bedürfnis nach einer praktischen Wetterkunde in Gang hielt. Entscheidend wurde für die Begründung einer wissenschaftlichen M., daß bereits die → Vorsokratiker die Kunde von diesen Phänomenen zu einem Hauptstück jonischer Physik machten. So trat die M. (μετεωρολογία erstmals Platon Phaidr. 270 A) sogleich in Verbindung mit den ersten Entwürfen zur → Kosmologie, zur Theorie der → Elemente, aber auch Klimatologie und → Ethnologie; sie wurde zu einem Experimentierfeld der neuen rationalen Welterklärung gerade an Phänomenen, die bis dahin in besonderem Maße von göttlicher Einwirkung zu zeugen schienen (Regen, Gewitter, Regenbogen, Erdbeben usw.). Dies ließ sie im Athen des → Perikles den konservativen Gegnern der neuen Naturwissenschaft verdächtig werden; → Anaxagoras und → Sokrates wurden wegen → Asebie angeklagt und verurteilt. Verhöhnungen von meteor. Theorien (z. B. Aristoph. nub. 376ff., 404ff.) zeigen freilich in ihrer Plastik und Präzision, mit welchem Interesse die Rationalisierung des Weltbildes auch von ihren Gegnern begleitet wurde. – Frühe *Quellen* sind die Fragmente der → Vorsokratiker (gerade dies Sachgebiet hat → Theophrasts grundlegendes Werk ‹Über die Lehren der Physiker› stark hervortreten lassen); die erste Spezialschrift ist → Aristoteles' → Meteorologika, das wichtigste einschlägige Werk des Altertums; weitere in Fragmenten faßbare Einzelschriften sind bezeugt von Theophrast, → Epikur (vgl. → Lukrez 6), → Poseidonios u. a.; fast ganz erhalten die interessanten ‹Naturales Quaestiones› → Senecas.

[2] Vier Epochen der *Problemgeschichte* können unterschieden werden. Die Grundlinien der antiken M. wurden bereits von den *Vorsokratikern* gezogen, was für die Problemstellungen noch mehr gilt als für die Lehrinhalte. → Anaximander, → Anaximenes (2), → Demokrit, → Diogenes (2) v. Apollonia treten dabei besonders hervor; indirekt (über die Physik der Elemente) waren auch Anregungen → Heraklits folgenreich. Die Leistung dieser schöpferischen Epoche besteht (a) in der Verknüpfung der einzelnen Erscheinungen mit dem Werden des Kosmos, (b) in der Annahme der Einheit des Geschehens zwischen Erde und Fixsternsphäre und dem Entwurf eines entsprechenden Erklärungszusammenhangs. Schon Anaximander verstand es, alltägliche Naturbeobachtungen systematisch zu nutzen; so konnte er aus der Verdunstung des Feuchten auf der Erde unter der Wirkung der Sonne Wolken, Regen, Wind und das organische Leben einheitlich erklären. Aus der Differenzierung eines einheitlichen Substrats versuchte bes. Anaximenes, in dessen Physik der Atmosphäre die Verdichtung bzw. Verdünnung der Luft eine Hauptrolle spielt, eine einzige Ursache (αἴτιον) den verschiedensten Naturerscheinungen anzupassen. Durch Abhebung der bes. fein verdünnten, stoßkräftigen Luft (Pneuma) innerhalb der Atmosphäre konnte man atmosphärische Kräfte wie Blitzfeuer und Donner (Ausbruch des Pneuma aus der Wolke) erklären. – In → Anaxagoras gipfelt die voraristotelische M. Sie glaubt sich furchtlos allen naturwissenschaftlichen Fragen gewachsen, vom Erdbeben und dem Grundwasserproblem bis zur Entstehung des Regenbogens und der Nebensonne (Sonnenstrahlen von einer dichten gegenüberliegenden Wolke reflektiert). Die beherrschende Rolle der Sonne im meteoren Geschehen hat Anaxagoras klarer als alle Vorgänger erkannt. – Solches meteorol. Wissen finden wir gegen Ende des 5. Jh.s nicht nur in den engeren Kreisen der Physiker, sondern auch in der → Medizin wirksam, der an der Kenntnis der Gesetzmäßigkeiten im atmosphär. Geschehen gelegen war (Hippok. aer. 8f.).

[3] Die M. des → *Aristoteles* (Buch 1–3; Echtheit von 4 umstritten) ist dem Material der Vorgänger sehr verpflichtet; seine Prinzipien jedoch sind denen der Vorsokratiker diametral entgegengesetzt. 1. Indem Aristoteles den Gestirnraum als den Ort des ungewordenen, unvergänglichen ‹Ersten Körpers› der irdischen Stofflichkeit entrückt, engt er den Raum der M. bedeutend ein; ihr Feld ist fortan nur noch die Welt unter dem Monde. Aristoteles folgte hier neuen astronomischen Forschungen des → Eudoxos (1), die die riesigen Abstände der Gestirne von der Erde erkennen ließen, und der Lehre der platonischen Akademie, der die Gestirne als göttlich galten. Dementsprechend stufte Aristoteles Phänomene wie Sternschnuppen, Kometen, Nordlicht und Milchstraße aus dem siderischen Raum, wo sie von Früheren ganz richtig lokalisiert worden waren, herab in die sublunare Welt. Diese spekulativ überformte Physik, die keinerlei Veränderungen am Himmel und noch nicht einmal die Feurigkeit der Sonne anerkennt, hat bis zu Galileis Kampf mit der Spätscholastik gewirkt. – 2. In Aristoteles' M. der Region unter dem Monde tritt scharf der Grundsatz heraus, die Faktoren der Vorgänge genau zu bestimmen und sie mit dem ewigen, weil in sich geschlossenen Kreis des Naturlebens zu verknüpfen, also jeden Gedanken an eine Kosmogonie abzuweisen. Das führt zu einer großzügigen Theorie des Feuchten in der Atmosphäre und auf der Erde, so daß die Schrift auch das wichtigste Dokument der aristotelischen → Geographie darstellt. Charakteristischer noch ist die Lehre von der warmtrockenen Ausscheidung der Erdoberfläche, die im Luftraum wie in der Erdtiefe (als Motor des Windes, des Blitzes und Donners bzw. des Erdbebens) wirkend gedacht ist; sogar der Salzgehalt des Meeres wird mit ihrer Hilfe erklärt. – Das Werk zeigt öfters deutlich die biologische Blickweise des Autors; andererseits steht es fest innerhalb seines allgemein physi-

kalischen Systems, das ihm eine durchdachte, sehr praktikable Elemententheorie an die Hand gab.

[4] In *hellenist.* Zeit gewann die M. der → *Peripatetiker*, wie überhaupt ihre Naturwissenschaft, die unbestrittene Führung; auch schriftstellerisch wirkte sie jetzt in die Breite. Es blieb bei den Erklärungsprinzipien des Aristoteles (dessen göttliches Himmelselement man jedoch preisgab), doch wurden sie differenziert und den Formen des in Hellas bes. dramatischen atmosphärischen (und seismischen) Geschehens feinsinnig angepaßt. Leider sind uns von allem nur Spuren kenntlich. Ein einigermaßen faßbares Stück wie → Theophrasts Lehre von Schnee und Hagel (unter bestimmten Umständen verursacht durch Abkühlung und Verdichtung des Feuchten) zeigt Beobachtung und Theorie in bewundernswertem Gleichgewicht. – Die antike M. vollendet sich im Werk des Stoikers → *Poseidonios*. Er ist den Vorsokratikern nicht weniger verpflichtet als dem Peripatos und rechnet wie sie mit der einen, nicht dualistisch gespaltenen Welt. In der atmosphärischen Physik unterscheidet er sinnreich zwischen substantiellen Veränderungen und bloß optischen Eindrücken; den Gestirncharakter der Kometen erkannte er freilich ebensowenig wie Aristoteles. Die vier Elemente erscheinen bei ihm als Träger einer eigenständigen Lebenskraft (Sen. nat. 2); der Theorie des meteorischen Raums, des gemeinsamen Schauplatzes ihrer Wirkungen, mußte dies besonders zugute kommen. Die Reflexe seiner (sämtlich verlorenen) einschlägigen Schriften zeigen denn auch, daß gerade Schilderungen des Ineinandergreifens elementarischer Kräfte, wie es bei den Gezeiten des Meeres, bei Erd- und Seebeben, bei Vulkanen zutage tritt (Strabon 1, 57ff.), stark fortgewirkt haben. Auf großen Forschungsreisen ging Poseidonios diesen Problemen nach. Seine M. ist Teil einer umfassenden Kosmostheologie, die die nüchterne Wissenschaftlichkeit der aristotelischen Schule unverkennbar überschreitet.

[5] In der *Kaiserzeit* zeigte sich auch auf dem Gebiet der M. der rasche Verfall des Wissenschaftsethos. Das Denken wandte sich dem theologisch zu erhellenden Hintergrund der Welt zu; die naturwissenschaftlichen Texte des Hellenismus dienten noch eine Zeitlang dazu, die bunte Schauseite des Kosmos vor Augen zu führen (vgl. Ps. Aristot. De mundo 4; 1. Jh. n. Chr.). In → Senecas (2) Naturales quaestiones herrscht innerhalb des kosmophilosophischen Rahmens über weite Strecken noch echte Naturkunde; → Plinius (1) d. Ä., der noch viel meteorol. Literatur gelesen hat, ist gleichwohl weit mehr am Mirakulösen interessiert, an dem «immerfort auf neue Weise im Naturleben hervorbrechenden Numen» (nat. 2, 208). In wachsendem Maße tritt in die M. die Astrometeorologie ein, der die Atmosphäre als von den Bewegungen der Gestirne beherrscht gilt. H. Str.

Lit: H. Diels, Doxographi Graeci, 1879 – O. Gilbert, Die meteorol. Theorien d. gr. Altertums, 1907 – W. Capelle, RE Suppl. 6 (1935), 315–358 – F. Solmsen, Aristotle's System of the Physical World, 1960.

Methapos von Athen, Weihepriester und Kultorganisator wohl des späten Hellenismus. Er hat die Kabirenmysterien in Theben sowie die Demetermysterien in Phlya und Andania in Messenien reorganisiert, vermutlich, um sie den Mysterien von Eleusis gegenüber konkurrenzfähiger zu machen (Paus. 4, 1, 7–9). O. G.

Methexis (μέθεξις), ‹Teilhabe›. In der → Metaphysik (B 2) → Platons wird von den sinnlich wahrnehmbaren Dingen ausgesagt, sie hätten an den → Ideen teil, weil diese ihnen etwas von der Bestimmung, die sie essentiell besitzen, mitteilten. In Ausdrücke der M. faßt Platon auch die Beziehungen zwischen den Ideen, die den logischen Inklusionsbeziehungen zwischen den Begriffen entsprechen. Der Begriff der M. spielt eine große Rolle in der Philosophie → Plotins und im ganzen → neuplatonischen Denken. S. M.

Methodiker, Ärzteschule im 1. Jh. n. Chr. (→ Themison v. Laodikeia, → Thessalos v. Tralleis); knüpft an → Asklepiades (5) v. Prusa an; basiert auf Solidarpathologie, unterscheidet 3 ‹Kommunitäten› (status strictus, laxus, medius) für alle körperlichen Zustände; Therapie durch ‹Umstimmung›; simplifizierend-praktisch (Anatomie und Physiologie ganz abgelehnt!). → Medizin. F. K.

Lit: Th. Meyer-Steineg, Das med. System der M., Jenaer med.-hist. Beitr. 7/8, 1916.

Methodios, von Olympos, der Tradition nach Bischof in Lykien und Märtyrer in Chalkis (311), bleibt biographisch für uns ein Schemen; Textkritik beanstandet zudem den Dialog ‹Aglaophon oder über die Auferstehung› (Buchheit). Neben dem gegen die → Gnosis → Valentins gerichteten Dialog ‹Über die Willensfreiheit› ist deshalb das ‹Gastmahl oder über die Jungfräulichkeit› unsere Hauptquelle für den hellenisch gestimmten Asketen, der Platon imitiert. Die Synthese ist nur durch oft recht abstruse Allegorie möglich und selbst das Schönste, der Christushymnus am Schluß (Abecedarius, 24 Strophen mit Refrain, aber in Jamben), der das akzentuierende Prinzip der → Psalmen mit der Quantitätszählung des → Hymnus vermengt, bekundet den Zwiespalt von Form und Inhalt bei Methodios. C. A.

Ed. u. Lit: Altaner, 1907 – V. Buchheit, Studien zu M. v. O. (Diss. München 1952), TU 69, 1958.

2. **M.,** → Lexikograph, 5. Jh. n. Chr., Verfasser eines streng alphabetisch geordneten, umfangreichen etymologischen Lexikons (nicht erhalten). Auszüge aus dem Buchstaben α im Etymologicum Genuinum (→ Etymologika), in den Oxforder Homer → Epimerismen (Cramer, Anon. Ox. 1, 71, 10–1, 85, 19) und im sog. *Αἱμωδεῖν*-Lexikon (617, 30–619, 14 Sturz, hinter seiner Ausgabe des Etymologicum Gudianum, 1818). Vorlagen des M.: Scholien, Lexika, Epimerismen. H. E.

Lit: C. Wendel, RE 15, 2 (1932), 1380–81.

Metis (‹Weisheit, guter Rat›), Tochter des → Okeanos und der Tethys, erste Gemahlin des Zeus. Als M. mit Athene schwanger ist, erhält er ein Orakel, M. werde eine ihm an Kraft und Weisheit gleiche Tochter, dann einen ihm überlegenen Sohn gebären. Daher verschlingt Zeus die M. (Hes. Theog. 358. 886ff.), und → Athene wird später aus seinem Haupte geboren (→ Göttergeburten). K. Schb.

Metöken (‹Mitwohner›) hießen in Athen die ständig wohnhaften (freien) Nichtbürger. Aus der Masse der → Fremden waren sie durch besondere, uns im einzelnen nicht sicher faßbare Vorrechte herausgehoben, die sie in ein dauerndes Nahverhältnis zum athen. Staat brachten. Dafür mußten sie eine niedrige Kopfsteuer, das Metoikion, zahlen und einen Bürger als Patron (Prostates) namhaft machen, auf dessen Beistand sie vor allem vor Gericht angewiesen waren. Zum Kriegsdienst und zu Leistungen aus dem Vermögen wurden sie im ganzen ebenso wie die Bürger herangezogen. Ihre Zahl kam etwa einem Drittel der Bürgerschaft gleich. In ihren Händen lag, da der Erwerb von Grundbesitz ihnen wie allen Nichtbürgern versagt war, ein großer Teil des Handels, des Gewerbes und der freien Berufe; viele brachten es zu großem Vermögen und zu gehobener gesellschaftlicher Stellung. – Eine ähnliche Sonderstellung nahmen, z. T. unter anderen Namen und in mehrfacher Abstufung, die ständig an einem Ort wohnhaften Fremden auch anderswo in der griech. Welt ein. F. G.

Lit: A. Aymard, Les étrangers dans les cités grecques aux temps classiques, in: L'étranger (Recueils de la Société Jean Bodin IX), I, 1958, 134ff. (Lit).

Meton von Athen, Astronom und Geometer, stellte 433/432 in Athen ein Heliotropion (Sonnenzeiger zur Feststellung der Sonnenwende) und, gemeinsam mit → Euktemon, ein → Parapegma auf. Er schlug einen 19jährigen Schaltzyklus vor, dessen 1. Periode er mit dem Sommersolstitium 432 beginnen ließ. Der metonische Zyklus beruht auf der Gleichsetzung von 19 Sonnenjahren mit 235 synodischen Mondmonaten; er umfaßt, auf 12 Gemein- und 7 Schaltjahre (Reihenfolge unbekannt) verteilt, 110 ‹hohle› Monate zu 29 Tagen und 125 ‹volle› zu 30 Tagen, insgesamt 6940 Tage. Sein mittleres Jahr gegenüber dem wahren daher noch ca. ½ Stunde zu lang. → Kalender C[4]. H. Kal.

Metonymie (*μετωνυμία*, bei Cic. orat. 93 auch *ὑπαλλαγή*; *verba translata*: Cic. orat. 92), den → Tropen zugehörig; Verwendung eines Worts in einer anderen, ihm nahestehenden Bedeutung (nicht jedoch im Sinne eines Vergleichs: → Metapher). *Bsp.*: ‹Venus› für ‹Liebe›, ‹Bacchus› für ‹Suff›. → Rhetorik D, → Emphase, → Synekdoche. H. H.

Lit: Lausberg, I 292–295 – Kennedy, Persuasion, 297f.

Metope, glatte oder reliefgeschmückte Tafel zwischen den Triglyphen, → Tempel B[3].

Metragyrten. Mit dem Eindringen oriental. Götterkulte in Griechenland verbreitete sich auch das Treiben der *Agyrten*, der Bettelpriester und -wahrsager, die im Lande herumziehen und Weihungen, Reinigungen, Beschwörungen, Krankenheilungen und Zauberei aller Art ausüben. Am bekanntesten sind die M., die – wie ihr Name (< *μήτηρ*) besagt (zuerst Aristot. rhet. 1405a20; auch Komödientitel des → Antiphanes) – im Dienste der ‹Großen Mutter›, → Kybele, stehen. K.-H. R.

Metrik

A. Grundbegriffe: [1] Quantitierende Metrik – [2] Perioden, Zäsuren, Brücken – [3] Metren – [4] Sprech- und Singverse – B. Die einzelnen Versmasse: [1] Nach Metren gebaute – [2] nicht nach Metren gebaute Verse – [3] Asynarteten – [4] Pindar und Bakchylides – [5] Drama – C. Kompositionsformen der Lieder: [1] Monodische Lieder – [2] Strophen der Chorlyrik – [3] Strophen des Dramas – D. Antike Theorien der Metrik: [1] Vers-‹Füße› – [2] ‹Grund-Metren› und Derivation – E. Die griech. Masse im Lateinischen: [1] Rezeption. Akzent – [2] Überblick – F. Zeichen und Abkürzungen.

A. Grundbegriffe. [1] *Quantitierende Metrik*. Die griech. M. der klassischen Zeit ist quantitierend, d.h. die dichterische Sprache wird geregelt nach einem jeweils vorgeschriebenen Wechsel von langen und kurzen Silben. Der → Akzent des klassischen Griechisch ist ‹musikalisch›, d.h. die akzentuierte Silbe wird nicht wie etwa beim deutschen ‹exspiratorischen› Akzent lauter, sondern höher gesprochen und hat keinen Einfluß auf die Metrik (→ Iktus). Allen griech. Versmaßen liegt daher ein Schema zugrunde, das den Wechsel von (→ Element) ‹*longa*›, d.h. Plätzen für lange Silben, von ‹*brevia*›, d.h. Plätzen für kurze Silben, und ‹*ancipitia*›, d.h. Plätzen, an denen entweder eine lange oder kurze Silbe stehen kann, festlegt. Man bezeichnet die longa durch –, die brevia durch ᴗ, die ancipitia durch ×. So ist etwa das Schema des jambischen Trimeters:

× – ᴗ – × – ᴗ – × – ᴗ – ||
ϑεοὺς μὲν αἰτῶ τῶνδ' ἀπαλλαγὴν πόνων.

Welche Silben lang, welche kurz sind, lehrt die → Prosodie.

[2] Die metrischen Einheiten, von denen die Analyse der Verse auszugehen hat, sind die → *Perioden*, die durch → *Pausen* (bezeichnet: ||) voneinander getrennt sind. In der Pause ist → Wortende gefordert, → Hiat erlaubt, und das letzte Element einer Periode, das als lang anzusehen ist, kann auch durch eine Kürze ausgefüllt werden, ist also anceps oder, genauer gesagt: ‹(syllaba) brevis in (elemento) longo› ist erlaubt. – In vielen Versgattungen sind die Perioden dadurch gegliedert, daß an bestimmten Stellen *Wortende* entweder gefordert oder jedenfalls gesucht ist (→ Prosodie B). Gefordertes Wortende bezeichnet man durch |, gesuchtes durch ⁞. – In manchen Versgattungen sind Wortenden an bestimmten Stellen verboten oder gemieden. Solche Stellen heißen → Brücken.

[3] Griech. Verse sind ‹*nach* → *Metren*› (*κατὰ μέτρον*) oder ‹*nicht nach Metren*› gebaut. Die nach Metren gebauten bilden Perioden dadurch, daß sie ein bestimmtes ‹Metron›, wie wir heute sagen, wiederholen. Eine Periode von zwei Metren heißt → Dimeter, eine von 3 → Trimeter, eine von 4 → Tetrameter, eine von 5 → Pentameter (obwohl dieser Terminus gewöhnlich in ungenauem Sinn verwandt wird), eine von 6 → Hexameter. Das letzte Metron vor einer Pause ist oft gekürzt (→ *Katalexe*).

[4] Man unterscheidet *Sprechverse*, die, zumal in der klassischen Zeit, rezitiert werden, und Singverse, die, bes. in der archaischen → Lyrik (I A 2) und im → Chorlied des klassischen Dramas, gesungen werden. Sprechverse sind ‹nach Metren› gebaut. Die wichtigsten sind der daktylische → Hexameter, der jambische → Trimeter und der trochäische → Tetrameter. Sie werden → stichisch verwandt, d.h. die gleiche Periode ist beliebig oft wiederholbar. Bei solchen Sprechversen ist ‹Vers› als Bezeichnung einer metrischen Einheit unverfänglich; bei Lyrik soll man das Wort möglichst vermeiden: auszugehen ist von den → Perioden; was in unseren Texten als Vers (d.h. Zeile) erscheint, ist oft willkürlich gesetzt (→ Kolon).

B. Die einzelnen Versmasse. [1] ‹*Nach Metren*› *gebaute Gedichte* gibt es in → Daktylen, vor allem im epischen → Hexameter als Sprechvers, aber auch in der Chorlyrik; in → Jamben, vor allem im Trimeter als Sprechvers, aber seit → Alkman auch in Liedern; in → Trochäen, im → Tetrameter als Sprechvers, in der Lyrik aber ebenfalls schon seit Alkman; in → Anapästen (ᴗᴗ–ᴗᴗ–), die sich als das einzige nach festem → Takt gebaute Versmaß für Marschlieder eignen, aber nur selten als Sprechvers vorkommen (anapästischer katalektischer Tetrameter in der Komödie). Nur in Singversen kommen *κατὰ μέτρον* gebaut vor → Joniker (ᴗᴗ––), → Choriamben (–ᴗᴗ–), → Kretiker (–ᴗ–) und → Bakcheen (ᴗ––); die 3 letzten mischen sich häufig mit → Jamben.

[2] ‹*Nicht nach Metren gebaute*› *Verse* finden sich in der uns seit → Sappho und → Alkaios (1) kenntlichen → äolischen Metrik, in der bestimmte, nicht nach Metren analysierbare Grundmaße (→ Glykoneus, aber auch → Pherekrateus und → Hipponakteus) nach bestimmten Regeln, aber offenbar nach Analogie von *κατὰ μέτρον* gebauten Versen (Daktylen, Choriamben, Jamben) erweitert werden. In naher Beziehung zu den äolischen Maßen stehen die sog. choriambischen Dimeter (→ Wilamowitzianus).

[3] Ferner sind nicht *κατὰ μέτρον* gebaut solche *Gedichte, die verschiedene Versmaße kombinieren*. So fügt → Archilochos in seinen → Epoden und → Asynarteten daktylische und jambische Sprechverse und deren durch Zäsur oder Dihärese abgeschnittene Stücke zu neuen Einheiten zusammen. Ähnlich vereint Alkman in seinen Strophen gelegentlich verschiedene Metren miteinander, wie Daktylen, Trochäen, Jamben; dazu treten dann aber auch ‹nicht nach Metren› gebaute Stücke, z.B. aus der äolischen Metrik der → akephale → Hipponakteus (Fr. 1 P.) oder der akephale → Glykoneus (Fr. 3 P.) und der nach den Prinzipien der archilochischen → Asynarteten gebildete → Enkomiologikus (Fr. 3 P.). Dergleichen findet sich dann auch bei → Stesichoros und → Ibykos.

[4] → Pindar und → Bakchylides vermeiden es, Stücke aus verschiedenen Versmaßen in einer Strophe zu vereinen, entwickeln aber die Versmaße entschlossen in der Richtung, daß sie den *κατὰ μέτρον*-Aufbau verwischen. So entstehen aus den Asynarteten die → Daktyloepitriten, aus den äolischen Versmaßen sehr frei gebildete Variationen und aus jambischen Gefügen Lieder, deren Elementenfolgen zwar denen von jambischen Metren entsprechen, die sich aber nicht in jambische Metren aufteilen lassen (Pind. Ol. 2 *Ἀναξιφόρμιγγες ὕμνοι*, Bakchyl. 17).

[5] Noch freier kann das attische Drama des 5. Jh.s die Verse behandeln. Für die Mischung verschiedener Versgattungen und den Wechsel von der einen zur anderen ist charakteristisch, wie ambivalente Glieder und gleitende Übergänge geschaffen werden können.

C. Kompositionsformen. [1] *Monodische Lieder* können aus stichisch wiederholten Perioden bestehen (vgl. z.B. → Asklepiadeische Strophe 1 und 5). Doch scheinen die alten Lyriker solche Reihen paarweise verwandt zu haben, denn wo bei Sappho und Alkaios ganze Gedichte der Art kenntlich sind, bestehen sie aus einer geraden Anzahl von Versen. Häufig ist aber auch triadischer Bau a || a || b ||| (vgl. z. B. → sapphische und → alkäische Strophe).

[2] Die ältesten *Chorlieder*, die Alkmans, zeigen noch sehr kurze Strophen. Im Pariser Partheneion (Fr. 1 P.) ist die Strophe triadisch gegliedert. Das setzt sich, als die Strophen länger werden, für die Chorlieder durch (Strophe A′ ||| Antistrophe A′ ||| Epode A′ ||| Strophe B′ ||| Antistrophe B′ ||| Epode B′ |||...), während die für den Einzelvortrag bestimmten Lieder die gleiche Strophe wiederholen (Strophe A′ ||| Strophe B′ |||...).

[3] Im *Drama* respondieren üblicherweise die Strophen einander paarweise. Ein nicht respondierendes Stück (*ἄστροφον*) kann Strophenreihen abschließen. Schema: Strophe A′ ||| Antistrophe A′ ||| Strophe B′ ||| Antistrophe B′ |||... (Epode). Gelegentlich treten solche Astropha auch zwischen die respondierenden Strophen (Mesoden) oder auch davor (Prooden).

D. Antike Theorien der M. [1] → Hephaistion (3), dessen metrisches Handbuch die einzige uns erhaltene zusammenhängende Darstellung der griech. Metrik ist, geht bei der Analyse der Verse nicht von → Metren aus, sondern von Versfüßen: er erklärt (p. 15, 17 C.), daß in jambischen Reihen an den ‹ungeraden› Stellen (also dort, wo anceps + longum anzusetzen ist) Iambus (◡–), Tribrachys (◡◡◡), Spondeus (––), Daktylus (–◡◡) oder Anapäst (◡◡–) stehen könne, an den ‹geraden› Stellen (also wo breve + longum im Normalschema steht) aber Iambus, Tribrachys oder auch, zumal in der Komödie, Anapäst. So faßt er, was wir Iambus nennen (× – ◡ –), nicht in seiner Einheit, sondern als ‹Doppelfuß› (Dipodie). Diesen «verhängnisvollen Schritt» (Wilamowitz, Griech. Verskunst, 60) hat offenbar schon → Damon getan und damit das Verständnis für die Metren, mit Ausnahme der Daktylen, bei denen Fuß und Metron zusammenfallen, verbaut.

[2] Es fehlen die nötigen Vorarbeiten, um aus der metrischen Terminologie, aus verstreuten Bemerkungen bei Komikern, Grammatikern und Rhetoren, aus den Dichterscholien, aus den auf Papyri erhaltenen Fragmenten und aus den lateinischen metrischen Traktaten usw. eine Geschichte der antiken metrischen Theorien zu rekonstruieren. Ich gehe daher nur kurz auf 2 Systeme ein: (1) das des → Heliodor (2), das Hephaistion weitgehend übernimmt. Er versucht, die Verse auf *μέτρα πρωτότυπα* zurückzuführen, unter denen dann auch der → Antispast auftaucht. Damit wird ein Prinzip, das für *κατὰ μέτρον* gebaute Verse gültig ist, zu Unrecht auf andere Verse, z. B. äolische (s. o. B 2), übertragen, für die es gerade typisch ist, daß sie sich nicht in bestimmte feste Metren aufteilen lassen, wie denn auch deren ‹Erweiterungen› nach Analogie *verschiedener* Metren geschehen. (2) Die sog. Derivationstheorie, die die verschiedenen Metra durch *ἀφαίρεσις, προσθήκη, ἀλλοίωσις* auseinander abzuleiten versucht. Dies System hat eine gewisse Berechtigung bei der → äolischen Metrik, wo Kürzungen bei → Katalexe und → Akephalie auftauchen, wo man Zufügungen bei der → Hyperkatalexe und Abänderungen etwa beim → Wilamowitzianus annehmen könnte. Aber als universales Rezept ist es genauso untauglich wie das erste. Fr. Leo hat das 1. System auf die alexandrinischen Grammatiker, das 2. auf die (pergamenische) Rhetorik zurückgeführt. B. Sn.

E. Die griech. Masse im Lateinischen. [1] *Rezeption und Akzent.* Mit der möglichen Ausnahme des → Saturniers, dessen Entstehung und Wesen umstritten sind, beruhen alle lat. Versformen auf Formen, die bereits von griech. Dichtern benutzt wurden. Die literar. Verwendung des Saturniers in der lat. Literatur endet recht früh; schon → Ennius (Fr. 213–217 V.) hielt ein historisches Epos des → Naevius in diesem Versmaß für reichlich roh und ungestalt. – Das Problem, wie der lat. Dichter die griech. Versformen seiner Sprache anzupassen vermochte, ist sehr umstritten. Die Natur des lat. *Wortakzentes* war unzweifelhaft von der des griechischen verschieden, der wesentlich musikalisch war (selbst wenn auch der musikalische Akzent ein gewisses Maß von Druck implizieren sollte, ist doch ein Einfluß dieses angenommenen Druckelementes auf die metrische Struktur der altgriech. Poesie bisher nicht nachgewiesen). Dagegen deuten sprachwissenschaftliche Erkenntnisse über das Lateinische auf ein starkes Druckelement (Palmer, a. O. 211 ff.); die Tonhöhe war eine Nebenerscheinung. Im klassischen Latein wurde der ursprüngliche, indoeuropäische, freie Tonhöhenakzent durch einen Akzent (im wesentlichen Druckakzent) ersetzt, der auf die vorletzte Silbe fiel, falls diese lang war, und auf die drittletzte, wenn die vorletzte Silbe kurz war (sog. ‹Paenultima-Gesetz›). Die Annahme, daß zu der Zeit, als die frühen Dramatiker die griech. Versformen übernahmen, der lateinische Akzent sich noch im Stadium dieser Umformung befand, ist anziehend, aber unhaltbar (Sturtevant). Die Vertreter der Ansicht, daß der Versakzent (ictus) und der Wortakzent von den lat. Dichtern in Beziehung zueinander gebracht worden und daß ihr Zusammen- oder Auseinanderfallen in der metrischen Struktur beabsichtigt seien, sind nicht in der Lage, ihren Standpunkt zu beweisen, da es bis jetzt für sie unmöglich gewesen ist, die Möglichkeit auszuschalten, daß dieses Zusammen- oder Auseinanderfallen lediglich aus dem Bau des lat. Wortes und der Natur der Verse folgt, die bestimmte Einschnitte erforderten (M. Leumann, a. O. 188). Wenn das Paenultima-Gesetz für die geschriebene lat. Literatur im allgemeinen gültig war, dann ist offensichtlich, daß der Römer durch Verschiebungen in der Stellung des Wortakzentes (vgl. dúcimus und ducámus) viel weniger gestört gewesen sein dürfte als der Deutsche (bei dem der Wortakzent fest auf der Wurzelsilbe liegt). Lat. Prosodie und Metrik zeigen ein allgemeines Phänomen, das sich nicht im Griechischen findet, das sog. Gesetz der *brevis brevians* oder → Jambenkürzung. Sie wird oft als ein Ergebnis des lat. Druckakzentes betrachtet, aber verschiedene Umstände legen nahe, daß sie eine metrische Konvention ist: 1. Brevis brevians läßt sich mit Sicherheit nur in der altlat. Dichtung (d. h. in der Zeit des Plautus und Terenz; die Kürzung auslautender Vokale, z. B. mĭhĭ, ămŏ, rŏgŏ usw., ist vom JKG zu unterscheiden) nachweisen und verschwindet in der späteren Literatur fast vollständig. – 2. Das Jambenkürzungsgesetz ist nicht bindend; es wird nur im Notfall angewendet. – 3. Brevis brevians wirkt über die Wortgrenzen hinweg und kann deshalb schwerlich ein rein linguistisches Phänomen sein. Außerdem hinterließen diese Kürzungen im lat. Vokabular keine Spuren. Die beste Arbeitshypothese bleibt daher, daß der lat. Vers wie der griechische (1) quantitierend ist und (2) den Wortakzent nicht beachtet.

[2] *Überblick: 1. Sprechverse.* Der wichtigste, wohl nicht der früheste Sprechvers der lat. Dichtung ist der daktylische *Hexameter* (6 da‸ ||), der zuerst von → Ennius übernommen wurde. Obwohl von späteren Dichtern wie z. B. → Horaz kritisiert, blieb sein Einfluß, etwa auf Lukrez und Vergil, sehr spürbar. Von der frühen Periode bis zur goldenen Latinität unterlag der lat. Hexameter einem Wandel, der dem von der homerischen zur alexandrinischen und späteren Dichtung entspricht. Zum einzelnen → Hexameter. – Die Sprechverse des lat. Dramas, → *Senar* und *Septenar*, gehen beide auf griech. Originale zurück, den → Trimeter und (katalektischen) → Tetrameter der Komödie, nicht der Tragödie, mit der zusätzlichen Freiheit, daß im 3. und 7. Element des Senars (2., 6. und 10. Element des Septenars) ein longum für ein breve stehen kann; das 11. Element des Senars (14. des Septenars) ist immer ein reines breve. Zum einzelnen → Senar. – 2. *Singverse.* Die Verse der lyr. Poesie können wie im Griechischen grob in Verse (1) ‹nach Metren› und (2) ‹nicht nach Metren› unterteilt werden,

die zweite Gruppe weiterhin in a) Nachahmungen →äol. Verse (bes. bei →Horaz, der seinerseits von Seneca in den lyrischen Partien seiner Tragödien imitiert wurde); b) einen Verstyp, der verschiedene Versformen (→Epoden und →Asynarteten) umfaßt (z.B. Hor. Oden und Epoden) und c) die Cantica des →Plautus und Seneca im gemischten Rhythmus (lyrische Metren werden bei Terenz spezifisch gebraucht nur in ‹Adelphoe› und ‹Andria›); sie sind die röm. ‹Äquivalente› der griech. Chorlyrik (→Lyrik I A 2). – Die wichtigeren *Unterschiede* zwischen griech. und röm. Lyrik sind im wesentlichen zwei: (1) Griech. dramatische Lyrik ist für Chorgesang geschrieben, die cantica des röm. Dramas dagegen (mit möglicherweise der Ausnahme von Senecas Chören; vgl. →Rezitation) bestehen aus Einzelgesängen, in die sich bis zu fünf Personen teilen können. Die für die griechische Chorlyrik so charakteristische strophische →Responsion kann – wenn überhaupt – nur selten in den plautinischen Cantica gefunden werden. Der lyrische Vers des Plautus überrascht durch seinen Reichtum an Formen und enthält Strukturen, in denen eine Versform (z.B. Anapaeste) dominiert oder Mischungen verschiedener Metren innerhalb der Periode zusammengebracht werden. Z.B. finden sich im Rudens, 185–196, versus reiziani vermischt mit →Jonikern, →Chorjamben und →Bakcheen. – (2) Die monodische Lyrik der lat. Poesie war wohl eher zum Sprechen als zum Singen bestimmt (vgl. aber →Musik C 5). Im Endergebnis finden wir in der äol. Lyrik des Lateinischen eine Zäsur nach dem ‹5. Element› (z.B. sapphisch, allgemein: *integer vitae* |; asklepiadeisch: *Maecenas atavis* |), eine Zäsur, die sich nicht im griech. äol. Vers, wohl aber im lateinischen Hexameter und Senar findet (beobachtet von R. Bentley, Schediasma de metris Terentianis, 1727², **verso). Der Gebrauch der Zäsur und das Vermeiden von Monosyllaben an bestimmten Stellen des Verses scheinen sich nach Wortgruppierungen zu richten, deren Ursprünge im lat. →Hexameter gesehen werden können. Es entwickelt sich auch die Tendenz, die ancipitia der griech. äol. Verse durch longa zu ersetzen. Auch die Strophenlänge tendiert im Lateinischen dazu, eine feste Form anzunehmen, wie bei Horaz, wo alle Oden (ausgenommen 4, 8) in vierzeilige Strophen geteilt werden können (= Meinekes Gesetz). J.W.H.

F. Zeichen und Abkürzungen (im Anschluß an Maas)

–	longum (Platz für eine Länge)
⏑	breve (Platz für eine Kürze)
×	anceps (Platz für Länge oder Kürze)
⏒	anceps (Länge häufiger als Kürze)
⏓	anceps (Kürze häufiger als Länge)
⏕	longum, wo auch 2 Kürzen erscheinen
⏖	2 brevia, wo auch Länge erscheint
oo	2 ancipitia, wo selten Doppelkürze
^	Fehlen eines Elements: →Akephalie oder →Katalexe
|||	Strophenende
||	Periodenende (Pause)
|, ⁞	regelmäßiges, bzw. gesuchtes Wortende
⁀	Brücke (Wortende verboten oder vermieden)

Grundmaße	×–⏑–	*ia*	Iambus
	–⏑–×	*tro*	Trochäus
	–⏖	*da*	Daktylus
	⏖⏕⏖⏕	*an*	Anapäst
	–⏑–	*cr*	Kretikus
	⏑––	*ba*	Bakcheus
	⏑⏑––	*io*	Ionikus
	–⏑⏑–	*cho*	Choriambus
	×⏕–⏓– (o.ä.)	*δ*	Dochmius
Epodenmaße	–⏑–×–⏑–	*lec*	Lekythion
	–⏑–⏑––	*ith*	Ithyphallikus
Äolische Maße	oo–⏑⏑–⏑–	*gl*	Glykoneus
	oo–⏑⏑––	*pher*	Pherekrateus
	oo–⏑⏑–⏑––	*hipp*	Hipponakteus
	oo–×–⏑⏑–	*wil*	Wilamowitzianus
	gl^d, $pher^{2c}$		hochgestelltes c oder d bezeichnet ‹innere› Erweiterung (→äolische Metrik) durch *cho* oder *da*
In Daktyloepitriten	–⏑⏑–⏑⏑–	D	
	–⏑–	e	
	–⏑–×–⏑–	E	
	–⏑⏑–	d¹	
	⏑⏑–	d²	

B. Sn.

Lit: Zu A–D: O. Schroeder, Aeschyli...; Sophoclis...; Euripidis..., Aristophanis Cantica (1901), 1916²; 1907 (1910), 1928² (1909), 1930² – U. v. Wilamowitz-Moellendorff, Griech. Verskunst, 1921 – P. Maas, Griech. Metrik (Gercke-Norden I 7), (1923), 1929² – Ders., Greek Metre, 1962 – B. Snell, Griech. Metrik (1955), 1962³ – *Zu D:* F. Leo, Hermes 24, 1889. 248 – Ders., Abh. Göttingen 1897, 17, 65 – Ders., NGG 1899, 505 – Wilamowitz, a.O., 58–79 – J. Irigoin, Les scholies de Pindare, 1958 – C. del Grande, La metrica greca, Enciclopedia Classica, Sez. II vol. V, 1960, 145–152.
Zu E: F. Vollmer, Röm. M., 1923 – L. Nougaret, Traité de métrique latine classique (1948), 1956² – P. Harsh, Lustrum 3, 1958, 215–250 – J. Halporn-M. Ostwald, Lat. M., 1962 – R. Getty, Lustrum 8, 1963, 103–160 – L. P. Wilkinson, Golden Latin Artistry, 1963 – *Zu E[1]:* M. Leumann, Lat. Laut- und Formenlehre, 1926–28 – E. Sturtevant, The Pronunciation of Greek and Latin (1920), 1940² – L. Palmer, The Latin Language, 1954 – *Zu E[2] (Lyrik):* F. Leo, Die plautin. Cantica, AGG N.F. 1, 7, 1897 – Ders., Die Komposition der Chorlieder Senecas, RhM 52, 1897, 509–518 – Wil. Marx, Funktion u. Form der Chorlieder in den Seneca-Tragödien, 1932 – E. Haecker, Zum Aufbau plautin. Cantica, 1936 – O. Seel-E. Pöhlmann, Quantität u. Wortakzent im horazischen Sapphiker, Philol. 103, 1959, 237–280 (vgl. dazu: H. Drexler, Quantität u. Wortakzent, Maia N.S. 12, 1960, 167–189) – E. Fraenkel, Plautinisches im Plautus, 1922 (ital. 1960) – R. Heinze, Die lyr. Verse des Horaz (1918), jetzt in: Vom Geist des Römertums (1938), 1960³, 227–294 – G. Maurach, Untersuchungen zum Aufbau plautin. Lieder (= Hypomnemata 10), 1964.

Metrische Dehnung. In Wörtern, deren Silbenfolgen sich dem Hexameter nicht fügen, kann aus ‹Verszwang› eine Silbe gedehnt werden: ἀθανάτων = –⏑⏑– statt ⏑⏑⏑–. Strittig ist, ob und wieweit auch mit metrischer Kürzung gerechnet werden darf: φοινικόεσσα = –⏑⏑–⏑ statt ––⏑–⏑. B. Sn.

Lit: W. Schulze, Quaestiones Epicae, 1892 – E. Schwyzer, Griech. Gramm. 1, 1939, 103 f. – P. Maas, Greek Metre, 1962, § 119; 127 f. – H. Happ, Glotta 40, 1962, 41 – *Zur metr. Kürzung:* A. Debrunner, Rev. des Etudes Indo-Européennes 1 (1938), 174 ff. – R. Sjölund, Metr. Kürzung im Griech., Diss. Uppsala 1938.

Metrodoros, griech. Epigrammatiker unbestimmter Zeit (4. Jh. n. Chr.?), von dem wir eine Reihe mathematischer Rätsel in Versform besitzen (AP 14). Kaum identisch mit dem Grammatiker gleichen Namens und Verfasser von AP 9, 360 und 712. E.V.

Lit: J. Geffcken, RE 15, 2 (1932), 1475.

2. **M. von Chios,** um 400 v. Chr., Schüler des →Demokrit. Die aus den oft zitierten Anfangssätzen (VS 70 B 1) seines Werkes abgeleitete, weit verbreitete moderne Meinung, er sei ein vollständiger Skeptiker gewesen, beruht ebenso wie für →Demokrit aller Wahrscheinlichkeit nach auf einer mangelnden Unterscheidung zwischen Sicherheit der Erkenntnis im einzelnen Falle, an der M. zweifelte, und im allgemeinen, d.h. über die Struktur der Wirklichkeit, an die er glaubte. Auf diesem Gebiet hat M. die atomistische Naturerklärung weiter auszubauen versucht. K.v.F.

Frg: VS 70.

3. **M. von Lampsakos,** ionischer Naturphilosoph, Schüler des →Anaxagoras, ca. 460–390. Bezeugt ist nur ein Buch ‹Über Homer›, das als erstes die Ilias planmäßig allegorisch in Naturphilosophie umdeutete (Achilleus wird zur Sonne, Hektor zum Monde, Agamemnon zum Äther usw.). Seine philosophische Beziehung zu Anaxagoras und sein Einfluß auf die spätere Homer→Allegorese bleiben unklar. Fragmente: VS II 49 f. O.G.

4. **M. von Lampsakos,** 331/330–278/277, der engste Freund und bedeutendste Schüler → Epikurs, mit dem er aus seinem Heimatort nach Athen übersiedelte. Epikur widmete ihm die Schriften ‹Eurylochos› und ‹Metrodoros› und bestimmte das in der Schule am 20. jeden Monats übliche Kultmahl zur Gedächtnisfeier für sich und M. Unter den vier geistigen Vätern (*καθηγεμόνες*) der → Epikureer nahm M. nach Epikur den zweiten Platz ein, obwohl ihn Epikur nicht zu denen rechnete, die aus eigener Kraft die Wahrheit finden könnten. Bestätigt wird dieses Urteil durch die uns bekannten Titel und Fragmente seiner Schriften. Sie vertraten die Lehre Epikurs polemisch und dürften nur wenig Individuelles enthalten haben. W.L.

Frg: A. Körte, JKlPh Suppl. 17, 1890, 529–570 – Zu Pap. Herc. 831 → Demetrios (9) Lakon.

5. **M. von Skepsis.** Jacoby (s.u.) trennt mit guten Gründen einen älteren Skepsier M. (Akademiker, Rhetor) von einem – jüngeren – romfeindlichen, der zunächst Günstling des → Mithridates war, später aber (70 v. Chr.) von ihm beseitigt wurde. Er war Verfasser eines Werkes über Tigranes, einer Historia (?) und, als typischer ‹Vielwisser›, möglicherweise auch einer Periegese (oder Wunderbuchs) und weiterer Schriften über Tierpsychologie und Aleiptike (Kunst des Trainierens). Bei → Strabon benutzt. W.Sp.

Frg: FGrHist 184 – *Lit:* Bux-Kroll, RE 15, 2 (1932), 1481 f.

6. **M. von Stratonikeia,** erst → Epikureer, dann Schüler des → Akademikers → Karneades. Von Schriften ist nichts bekannt. M.S.

Metrokles, von Maroneia, durch seine Schwester Hipparchia Schwager des Kynikers → Krates (5), von dem er, nach anfänglichem Studium bei → Theophrast, für die kynische Philosophie gewonnen wurde. Er ist von Bedeutung vor allem als Erfinder der Literaturgattung der → Chrien (*χρεῖαι*), d.h. Sammlungen von Anekdoten, Aussprüchen und Maximen, die man als ‹Lebensbedarf› für alle Wechselfälle des Lebens mit sich tragen konnte. K.v.F.

Q: Diog. Laert. 6, 94 f.

Metronomen hießen in Athen die mit der Aufsicht über → Maße und Gewichte betrauten → Magistrate [1]. F.G.

Metropolis (‹Mutterstadt›), griech. Polis, die wegen Übervölkerung einen Teil ihrer Bewohner in einem andern Land ansiedelte, wo diese dann eine neue und von der M. ganz unabhängige politische Einheit bildeten (→ Kolonisation A 2. 3). R.V.C.

Metropolit. Die Entwicklung des Christentums zur Staatskirche unter und nach → Konstantin erforderte die Ausbildung eines kirchlichen Verwaltungsorgans für die Verhandlungen und die Angleichung der kirchlichen an die staatliche Provinzverwaltung. Höchstwahrscheinlich auf direkte Veranlassung des Kaisers beschloß das → Konzil von Nicaea (325) die Einrichtung des M.amtes und der M.-synoden. Diese waren zuständig für die Bischofswahlen, Revisionsinstanz für von Bischöfen verlangte Exkommunikationen, später auch geistliches Gericht für Anklagen gegen Bischöfe. Der M. hatte das Recht, die Bischofswahlen zu bestätigen, später auch das, die Wahlsynode zu berufen und die Neugewählten zu weihen. → Christentum III B [1]. H.Kr.

Lit: Lietzmann, KG – K. Müller (-H. v. Campenhausen), KG I 1 (bes. bei § 45) – H. Kraft, Kaiser Konstantin und das Bischofsamt, Saeculum 8, 1957, 32–43 – H. Grotz, Die Hauptkirchen des Ostens, 1964.

Metrum (*μέτρον*): Wir bezeichnen heute als M. eine Einheit, deren Wiederholung eine → Periode bildet. Die wichtigsten Metren sind → Iambus (×–⏑–, bezeichnet *ia*), → Trochäus (–⏑–× *tro*), → Daktylus (–⏑⏑, genauer –⏔ *da*). → Anapäst (⏑⏑–⏑⏑–, genauer ⏔⏕⏔⏕ *an*), → Kretikus (–⏑– *cr*), → Bakcheus (⏑–– *ba*), → Ionikus (⏑⏑–– *io*), → Choriambus (–⏑⏑– *cho*). Die antike Theorie rechnet weitgehend nicht mit Metren, sondern mit Füßen (*πόδες*), → Metrik, D 1 und F. Das letzte M. vor der Pause zeigt oft → Katalexe. B.Sn.

Mettius Fufetius, letzter Diktator von → Alba (2) Longa, muß nach dem Sieg der → Horatier Roms Oberhoheit anerkennen, versucht während einer Schlacht von der röm. Herrschaft abzufallen und wird dafür von → Tullus Hostilius grausam gestraft. C.J.C.

Metzer Alexanderepitome. Durch eine Metzer Hs. ist ein Stück aus einer Alexandergeschichte überliefert, das vom Tod des Dareios bis zur Ankunft am Ozean in Indien reicht. Zusammen mit dieser Epitome ist eine kleine Schrift ‹Alexanders letzte Tage› erhalten, die das angebliche Testament Alexanders mitteilt. Das Alter der Metzer Alexanderepitome ist unbestimmt. R.Mk.

Ed: P.H. Thomas, 1960 (Lit).

Mezentius, etrusk. König von → Caere, von → Turnus gegen → Aeneas und die Trojaner als Bundesgenosse gewonnen, nach der ältesten greifbaren Version (Cat. orig; Ov. fast. 4, 877 ff.) durch das Versprechen der Hälfte der Weinernte. Doch → Aeneas, der dasselbe Jupiter gelobt, bleibt siegreich; M. und Turnus fallen. Nach anderer Version (Dion. Hal. 1, 64 ff.) von den Rutulern erst nach dem Tode ihres Königs Turnus gerufen; gegen die Troer, die nach Entrückung des → Aeneas unter → Askanios kämpfen, siegreich, fordert er die ganze Weinernte als Bedingung für einen Waffenstillstand. Wieder gelobt Askanios dasselbe dem Jupiter, macht einen erfolgreichen Überfall, tötet Lausus, den Sohn des M., gewährt aber M. freien Abzug. Von alledem ist in der dritten Version (Verg. Aen. 7–9, 11) nichts erwähnt: M., von seinen eigenen Untertanen aus Caere vertrieben, schließt sich Turnus an, fällt aber bald nach Lausus von der Hand des Aeneas.

Micipsa → Numidien.

Midas, König in Makedonien oder Phrygien. Erkennt den trunkenen Silen, der ihm gefesselt vorgeführt war, feiert ihn und schickt ihn → Dionysos zurück. Als Dank erfüllt der Gott ihm die Bitte, daß alles von ihm Berührte zu Gold werde. Da er nun weder essen noch trinken kann, badet er auf Rat des Dionysos im Paktolos, der seither Gold führt. Bei einem musikalischen Wettstreit zwischen Apoll und Pan (oder Marsyas?), in dem Tmolos dem Kitharaspiel des Apoll vor dem Flötenspiel des Pan den Preis zuerkennt, tadelt er das Urteil und erhält deshalb von Apoll Eselsohren, die er unter einer Tiara verbirgt. Sein Barbier spricht das Geheimnis in eine Grube, aus der Schilf wächst, das bei Wind die Geschichte bekanntmacht (Ov. met. 11, 85 ff.).

Darstellungen: Die Gefangennahme des Silen im Auftrag des M. vom 6.–4. Jh. auf Vasen (F. Brommer, AA 56, 1941, 36–55; D. v. Bothmer, JHS 71, 1951, 40 f.). M. auch auf phryg. Münzen (BMC, Phrygia 361, 2; 363. 15). Vgl. auch P. Wuilleumier, Les médaillons d'applique de la vallée du Rhône, 1952, Nr. 48. K.Schb.

2. **M.,** phryg. König, Sohn des Gordios, regiert nach Eusebios bereits 738 v. Chr. (so nach der armen. Übersetzung, 741 nach der Version des Hieronymus), hat eine Griechin aus Kyme zur Frau und schickt einen Thron als Weihgeschenk nach Delphi. Beim Ansturm der → Kimmerier 696/695 v. Chr. (nach Julius Africanus 676) gibt er sich selbst den Tod. Identisch mit Mita von Muški, dem Feind → Sargons II. von Assur. E.-M.B.

Lit: W. Kroll, RE 15 (1932), 1526–40.

Midea, mykenische Burg auf steilem Hügel im O der Argolis. Außer der zugehörigen Nekropole bei → Dendra wenig erforscht. Burgmauer in einer Stärke von 5–6 m bis zu 5 m Höhe erhalten. W.Schg.

Lit: E. Meyer, RE 15, 2 (1932), 1540–43.

Mietshäuser, Häuser, die zur gewerblichen Nutzung durch Vermietung der Räume erbaut wurden, waren in der Alten Welt überall, bes. aber in Städten, in denen sich die Bevölkerung zusammenballte, anzutreffen. Schon am Ende der Republik führten in Rom Grundstücksspekulation und kapitalistische Nutzung des Hauseigentums zu enormem Mietzins, der – trotz gelegentlicher Erlasse durch Caesar und Augustus – noch weiter anstieg, als der Baluxus der Kaiser das Areal für M. verringerte. M. bis zu

30 m Höhe (zur Höhenbeschränkung in Rom → Stadt II D 1) gab es auch in anderen Großstädten, z. B. Karthago, Antiochia, Konstantinopel. → Haus, → Stadt. H. Br.

Lit: R. Pöhlmann, Die Übervölkerung der antiken Großstädte, 1884 – G. Calza, Le case d'affitto in Roma antica, 1916.

Mikon, Sohn des Phanomachos, athen. Maler und Bildhauer. Name auf zwei Statuensockeln (ca. 470 bzw. 450) in Olympia und Athen. Als Maler tritt er mehrmals neben → Polygnot auf, so im kimonischen Theseion in Athen, dessen Gemälde Pausanias (1, 17, 2) wohl versehentlich ihm allein zuschreibt (→ Polygnot, 1); im Anakeion stellt er ein Bild von der Heimkehr der Argonauten der Dioskurenhochzeit des Polygnot gegenüber; schließlich malt er in der Stoa Poikile neben ihm und → Panainos seine (zweite?) Amazonenschlacht. C. K.

Q: Overbeck, SQ, 1080ff. – *Lit:* Brunn II 46f. – Pfuhl, 635ff. 659f. – G. Lippold, RE 15, 2 (1932), 1557–61 – Rumpf, 94f. – A. E. Raubitschek, Dedications, 1949, 519f. – P. Bocci, EAA IV 1125–28.

Milet, bes. in der Frühzeit bedeutendste und größte Stadt → Ioniens, am Südrand der Ebene des → Mäander, im Altertum unmittelbar am Meer, heute etwa 8 km landeinwärts gelegen (Kt. 1152 H 5). Name vorgriechisch. Die Stadt lag ursprünglich auf einer nach N vorspringenden hügeligen Halbinsel, die heute vom Mäander umflossen wird. Sie besaß 4 Häfen, eine Hafenbucht im O und 3 Häfen im W, von N nach S die 260 m tief einschneidende, von zwei Löwen flankierte ‹Löwenbucht›, der spätere Kriegshafen, die ‹Theaterbucht› und eine flache Bucht weiter südlich. Schon seit der Mitte des 2. Jt.s lag im Hügelgebiet südl. der Theaterbucht eine befestigte Siedlung, aus der sich ohne Bruch die Stadt der frühgeschichtlichen Zeit entwickelte. Die *Glanzzeit M.s* war das *7. und 6. Jh.*, in der M. als die bedeutendste Stadt der griech. Welt bezeichnet werden kann, nicht nur in Philosophie, Wissenschaft, Literatur und Kunst (z. B. → Thales, → Anaximander, → Anaximenes, → Hekataios, 3), sondern bes. auch in der großen Bewegung der zweiten → Kolonisation. 90 Kolonien soll M. gegründet haben, z. B. → Tomi, → Istros, → Tyras, → Olbia, → Theodosia, → Pantikapaion, → Phasis, → Amisos, → Sinope, → Kios, → Kyzikos, → Abydos. Diese archaische Stadt lag mehr südl. und westl. als die spätere, begann etwa an der Theaterbucht und reichte nach S gut 800 m weiter als diese mit Einschluß des hier liegenden 63 m hohen Kalabaktepe. Außer zahlreichen Straßen, Häusern, Tempeln sind auch Teile der Stadtmauer ausgegraben. Im 6. Jh. v. Chr. hielt M. den Angriffen der lydischen Könige stand (→ Thrasybulos); M. war mit → Kroisos vertraglich verbunden. Zusammen mit dem lydischen Reich kam M. 546 unter pers. Herrschaft. Der Versuch, im → Ion. Aufstand (500–494) diese Herrschaft abzuschütteln, mißlang und führte zur schwersten Katastrophe in der Geschichte M.s. Die Stadt wurde von den Persern zerstört, die Bewohner in die Sklaverei verkauft. – In der *klass. Zeit* hatte M. nur geringe Bedeutung. Auch archäologisch ist aus dieser Zeit kaum etwas bekannt. Die wieder erstandene Stadt gehörte dem → Att. Seebund an, nach seinem Zusammenbruch wieder dem Perserreich. 334 eroberte → Alexander (5) d. Gr. M. und gab ihm die Freiheit. M. wurde etwas weiter nördl. neu angelegt, in großzügiger Planung mit regelmäßigen, quadratischen Häuserblocks zwischen rechtwinklig sich schneidenden Straßen. Dieses System ist mit dem Namen des aus M. stammenden Architekten → Hippodamos (um 450; → Stadt I D) verbunden. Ob es in M. selbst bereits für den Wiederaufbau der Stadt nach der pers. Zerstörung von Hippodamos geschaffen war oder erst ganz der hellenist. Stadt angehört, ist strittig. Eine Stadtmauer von ca. 5,5 km Umfang umgab die neue Großstadt ringsum. – In der *Kaiserzeit* war M. eine freie Stadt und erhielt großzügige Förderung, wie die prunkvollen Bauten der Zeit zeigen. Nach dem Ausgang der Antike verödete der Platz; heute liegt an der Stelle das kleine Dorf Balad.

[2] Die deutschen *Ausgrabungen* haben das Bild der hellenist. Stadt weitgehend geklärt, doch sind nur wenige Bauten aufrecht erhalten; die Orientierung ist durch das Gelände und die hohe Vegetation sehr erschwert. Die Haupthäfen waren von geraden, breiten, gepflasterten Quais mit Säulenhallen eingefaßt, in der Mitte der Stadt und an den Häfen waren mehrere große, von Hallen und anderen Gebäuden umgebene Marktplätze, von denen z. B. der Südmarkt einen offenen Hof von 200 × 164 m mit einem Flächenraum von 33 000 qm (16 Häuserblocks) besaß. Das Hauptheiligtum der Stadt war der große Bezirk des Apollon Delphinios, ferner sind u. a. mehrere Thermen, Gymnasien, weitere Heiligtümer, das Gebäude des Stadtrates (Buleuterion), ein 230 m langes hellenist. Stadion, monumentale Grabbauten ausgegraben. Unter den noch aufrechtstehenden Ruinen ragen die Pfeiler der riesigen, prunkvollen Thermen der → Faustina (2) hervor und das riesige, noch über 30 m hoch stehende, ungewöhnlich vollständig erhaltene Theater aus röm. Zeit, das etwa 30 000 Besuchern Platz bot. Es wurde in byzantin. Zeit zu einer Festung ausgebaut (‹Palati›, danach der türk. Ortsname Balad). Das reich ausgestattete, großartige Markttor des Südmarktes aus dem 2. Jh. n. Chr. ist im Berliner Pergamonmuseum wieder aufgebaut. 20 km südl. M. lag das berühmte Orakelheiligtum des Apollon v. → Didyma. E. M.

Lit: B. Haussouillier, Etudes sur l'histoire de M. et du Didymeion, 1902 – Milet, Ergebnisse d. Ausgrab., seit 1908, bisher 11 Bde, unvollendet – A. G. Dunham, The history of M., 1915 – Fr. Hiller v. Gärtringen-M. Mayer, RE 15, 2 (1932), 1586–1655; 2519f. – J. Röhlig, Der Handel von M., Diss. Hamburg 1933 – C. Weickert, Neue Ausgr. in M., in: Neue deutsche Ausgr. im Mittelmeergeb. u. im Vord. Orient, 1959, 181–196 – G. Colonna, EAA IV, 1961, 9–33 – Ist. Mitt.

Miliarense (μιλιαρήσιον), spätröm. Silbermünze von $^{1}/_{1000}$ Goldpfund. Da 72 → Solidi auf ein Pfund gingen, kamen ungefähr 14 M. einem → Solidus gleich. Seit dem Edikt von 397 werden offenbar nur 12 M. auf den Solidus gerechnet, wobei das M. zwei → Siliquen oder einem → Dikeraton gleichkam. Als größere Silbermünze wurde das M. von Konstantin I. bis Arcadius und Honorius in gleichem Gewicht wie der → Solidus (ca. 4,55 g) ausgegeben. Nach dem M. wurde das Amt zur Verrechnung des gemünzten Silbers ‹scrinium a miliarensibus› genannt. W. Schw.

Lit: Babelon, I 566–573. 576. 579 – K. Regling, RE 2 A 1 (1921), 903; 3 A 1 (1927), 63f. – W. Kubitschek, Num. Zeitschr. 44, 1911, 185. 191ff. – H. Mattingly, Roman coins (1928), 1960², 220. 247 – K. Regling, in: v. Schrötter, 390.

Militiae tres, seit → Claudius (1) die Dienststellungen der normalen Karriere des röm. Truppenoffiziers aus dem Ritterstand. Die Stufen des (1) praefectus cohortis, (2) tribunus militum, (3) praefectus alae werden erst unter → Hadrian nach Zahl und Reihenfolge verbindlich. Wenig später tritt als vierte Stufe (quarta militia) die Stelle des praefectus numeri hinzu. Im 3. Jh. n. Chr. verschwindet diese Ordnung der Laufbahn mit der raschen Überfremdung des röm. Heeres und den Reformen unter → Gallienus. E. Bay.

Lit: A. v. Domaszewski, Die Rangordnung d. röm. Heeres, BJbb 117, 1908, 1–275.

Milon, berühmter Athlet aus Kroton (2. H. 6. Jh. v. Chr.), vielfacher Sieger im Ringkampf: sechsmal in Olympia, sechsmal in Delphi, zehnmal am Isthmos und neunmal in Nemea; eine Niederlage gegen Timasitheos in Olympia machte seiner Laufbahn ein Ende. M. soll sich im Kriege zwischen Kroton und Sybaris ausgezeichnet haben; sein Leben wurde mit Legenden ausgeschmückt. R. V. C.

Miltiades, Athener, geb. ca. 550 v. Chr., Sohn des Kimon Koalemos, eines Halbbruders Miltiades' d. Ä., aus der Seitenlinie des Geschlechts der → Philaiden. M. heiratete Hegesipyle, die Tochter des thrak. Königs Oloros, die ihm den → Kimon gebar. Ca. 520/515 sandten ihn die → Peisistratiden in die thrakische Chersones, damit er die Nachfolge seines Bruders Stesagoras antrete; diesen hatte der

Kolonisator und Tyrann M. d. Ä., der keine Kinder hatte, zu seinem Nachfolger bestimmt. 513/512 nahm M. am Skythenzug → Dareios' I. teil, später aber, als er sich unmittelbar von den Persern bedroht fühlte, schloß er ein Abkommen mit Athen, das die Umtriebe des → Hippias (1) in Sigeion zu überwachen wünschte: M. eroberte Lemnos und Imbros, und die Athener konnten Kleruchen dorthin schicken. Nach dem Fall von → Milet kehrte M. der sich auf der Chersones nicht mehr sicher fühlte, nach Athen zurück, wo seine Gegner sich vergeblich bemühten, ihn wegen tyrannischen Betragens gegenüber den Kleruchen verurteilen zu lassen (493): er wurde zum Strategen gewählt. Seinem Scharfblick und seiner umsichtigen Führung verdankten die Athener weitgehend ihren Sieg über die Perser bei Marathon im Sept. 490 (→ Perserkriege). Die wilde Opposition des Demokraten → Xanthippos (1), der in M. einen möglichen Tyrannen sah, bedrohte seine Popularität. M. suchte seine Stellung durch einen Zug gegen → Paros zu festigen; doch mißlang dieser vollkommen: M. kehrte schwer verletzt zurück, ohne den geringsten Erfolg errungen zu haben. Xanthippos klagte ihn an, das Volk betrogen zu haben, und er wurde zu einer Geldbuße von 50 Talenten verurteilt. Kurz darauf starb er am Wundbrand (Hdt. 6, 132ff.). R. V. C.

Lit: H. Berve, Miltiades, Hermes-Einzelschrift. 2, 1937.

Mimesis, Grundbegriff der antiken Kunsttheorie. Sein weiter Umfang schließt die Extreme des bloßen Nachmachens und der schöpferischen Nachgestaltung ein. Die herkömmliche Wiedergabe durch ‹Nachahmung› ist nicht selten irreführend; oft ist ‹Darstellung› die passendere Entsprechung. Im eminenten Sinne mimetische Kunst ist das Drama. Der Philosophie → Platons dient der M.-Begriff zur psychologischen Verdächtigung und vor allem zur ontologischen Abwertung der Künste (Politeia 3 und 10), während in der ‹Poetik› des → Aristoteles der Dichtung in ihrem mimetischen Charakter Realitätsbezug und idealer Gehalt gesichert sind (→ Poetik). Die Phantasie des bildenden Künstlers wird bei → Philostrat gegen und über die M. gestellt (vita Apoll. 2, 22). Der Gedanke, daß die künstlerische M. nicht an den sinnlich wahrnehmbaren Naturdingen haftet, sondern zum Intelligiblen aufsteigt, taucht bei → Plotin auf (Enn. 5, 8, 1). – Zu trennen von dem kunsttheoretischen Terminus ist die M. als Nachahmung musterhafter Vorbilder in der → Rhetorik (→ Imitation). R. K.

Lit: H. Koller, Die M. in d. Antike, 1954 – G. F. Else, ‹Imitation› in the fifth cent., ClPh 53, 1958, 73–90. 245 – Vgl. B. Schweitzer, M. u. Phantasia, Philol. 89, 1934, 286.

Mimiambus heißen Gedichte (zumeist dialogisch) im Hinkiambus des → Hipponax, in denen nach Art des → Mimos (vgl. → Komödie I B 6) Lebensabbilder geschaffen werden. Weiteres s. zu → Herodas. P. H.

Mimnermos, → Lyriker, von Kolophon, 2. H. des 7. Jh.s v. Chr., hat wahrscheinlich die Kämpfe zwischen den kleinasiatischen Städten und den Lydern miterlebt (Fr. 13 B.[4]). – *Werk:* Bekannt sind nur → Elegien, ein Band wurde später ‹Nanno› betitelt, nach einer Flötenspielerin, die er darin erwähnt haben soll; die daraus stammenden Fragmente unterscheiden sich nicht von den übrigen. Wie → Tyrtaios hat er die Geschichte seiner Stadt erzählt (Fr. 12 D.); Fr. 13 D. schildert die beispielhafte Tapferkeit eines Kriegers, wohl als Exempel in einer Kriegsparänese. Die meisten seiner Fragmente gelten einem anderen Thema: der Hinfälligkeit des Menschen, da die Jugend und mit ihr der Liebesgenuß, die allein das Leben lebenswert machen, so bald vergehen. Seinen Wunsch, mit 60 Jahren ohne Leid zu sterben (Fr. 6 D.) hat → Solon (Fr. 22 D.) getadelt. – Auch für mythologische Erzählungen hat er, vielleicht als erster, das elegische Versmaß verwandt (Fr. 9. 11. D.; Fr. 22 B.[4]). Wenn er in hellenist. Zeit als ‹Erfinder› der Elegie gelten konnte, so war damit wohl die (von der → hellenist. Dichtung hauptsächlich gepflegte) erzählende Elegie gemeint; auf diesem Gebiet könnte er als Vorbild gewirkt haben, was sich aber wegen der spärlichen Überlieferung nicht greifen läßt. Einige seiner Verse gingen in die → Theognissammlung über. E.-M. V.

Frg: PLG II 25ff. – Anth. Lyr.[3] 3, 48ff.

Mimos. [1] *In Griechenland.* Entsprechend dem natürlichen Trieb zur Nachahmung entwickelt sich bei den meisten Völkern der mimische → Tanz als Nachahmung von charakteristischen Bewegungen eines Tieres oder eines Menschen, die mimische Rede als Imitation solcher Laute. Der M. beruht auf scharfer Beobachtung des Besonderen und auf virtuoser Gabe zur Nachahmung der Wirklichkeit. Die ältesten in Griechenland erwähnten mimischen Tänze scheinen aus dem dor. Bereich zu stammen: die wohl mimische ‹Pyrrhiche› (ein Waffentanz), der ‹Kranich-›, ‹Eulen-› und ‹Löwentanz›. Mimische Elemente enthielt auch die dor. Posse, die allerdings mehr mit den Schauspielerszenen der → Komödie (I A) als mit dem M. zusammenhängt, und die → Magodie und Hilarodie. Der Name *μῖμος* stammt aus Sizilien; die Mimen des → Sophron waren die ersten literarisch überlieferten. Ihr Inhalt ist heute kaum mehr erkennbar. Aus den Nachahmungen des → Theokrit und den → Mimiamben des → Herodas läßt sich erschließen, daß gewisse Typen und Situationen häufig vorkamen, etwa Erzählungen von Besuchern eines Festes, von Träumen, Beschwörungen, ferner Handwerker mit besonderen Waren, unverschämte Diebe, Kuppler, Schulmeister, Ehebrecherinnen, Gerichtsszenen. Sprache wohl eine vulgäre Volkssprache mit vielen eingestreuten Sprichwörtern, ohne Vermeidung des Obszönen. Der lebendige M. war eine ganz unliterarische, großenteils improvisierte Volksbelustigung, nicht selten beinahe ohne Bühnenausstattung. Die Schauspieler waren oft zugleich auch Jongleure und Gaukler (*θαυματοποιοί*). Als Spaßmacher (*γελωτοποιοί*) genossen sie keine große Achtung. In → Xenophons Symposion tritt (während der → Panathenäen) ein Syrakusaner mit einer Flötenspielerin, einer Tänzerin und einem Knaben auf. Die Tänzerin und der Knabe spielen den M. von Dionysos und Ariadne. → Philipp (1) v. Makedonien hielt an seinem Hofe Mimen in hohen Ehren, und der Tyrann → Agathokles trat selber wie ein Mime auf. Etwa seit 300 erobert der realistische M., der der → peripatetischen Theorie, Kunst sei *μίμησις τοῦ βίου* (Nachahmung des Lebens), entspricht, die Bühne. Die Mimen trugen bereits von der Komödie geformten Stoff vor, besonders Szenen mit einzelnen Charakterrollen. Es gab Mimen, in denen eine bekannte Fabel von einer Hauptperson und mehreren Nebenpersonen gespielt wurde, neben Solovorträgen, bei denen ein Schauspieler mehrere Rollen spielte. So muß man sich wohl auch die erhaltenen Mimiamben des → Herodas (3. Jh. v. Chr.) vorgetragen denken. An den Höfen der → Diadochen spielten Mimen eine gewisse Rolle. In der Kaiserzeit dichtete → Philistion (2), von dem keine Stücke erhalten sind, berühmte Mimen. Großen Einfluß gewann der M. in Rom. → Caesar ließ 46 an seinen Spielen Mimen auftreten, darunter → Laberius und → Publilius (s. u. 2). Mehrere Kaiser förderten die Minen, die Kaiserin → Theodora war Mimin, bevor sie die Gemahlin → Justinians wurde. Die christl. Kirche lehnte den M. als unsittlich und heidnisch ab. Vgl. → Pantomime. Th. G.

Lit: H. Reich, Der Mimus, 1903 – E. Wüst, RE 15, 2 (1932), 1727 bis 1764.

[2] In *Rom* sind Darsteller seit dem frühen 2. Jh. v. Chr. bezeugt (Protogenes: CIL I[2] 1861). Damals wurde der M. ein fester Bestandteil der → Ludi (4) Florales (27. April/ 2. Mai); er erscheint auch als Zwischenakt- und Nachspiel bei Theateraufführungen (→ Komödie II, → Tragödie II). Mimographen und Mimenspieler gehörten zu den Günstlingen von → Sulla (Plut. Sulla 2 und 36), → Caesar (→ Publilius (2) Syrus) und → Antonius (2; → Nucula). Nach dem Versuch des Cn. → Matius (1), die alexandrinische → Mim-

iamben-Dichtung (→ Herodas) in Rom einzuführen, erhielt der M. zur Zeit Caesars durch → Laberius und → Publilius erstmals literarischen Rang. Cicero (Cael. 65) erwähnt den lockeren dramatischen Bau: wenn sich gerade kein Schluß findet, entflieht plötzlich jemand, die Klappern schlagen, der Vorhang wird gezogen. Die Sprache des M. ist volkstümlich (→ Laberius), die Figuren meist stereotyp (Ehebrecher, Geizhals, Berufs- und Volkstypen, Themen aus Komödie und → Atellana); Gesang und Tanz variété-ähnlich (→ Musik C 2 f.). M. und → Pantomimus verdrängten etwa seit der Zeitenwende die übrigen szenischen Darbietungen. Der M. erfreute sich größter Popularität, unter deren Schutz manche politische Kritik gewagt wurde (sogar zur Kaiserzeit, → Marullus). Die Kirchenväter protestierten gegen Obszönität und Verspottung des Göttlichen: ihre Berichte geben uns wertvolle Schilderungen, z. B. der Bühnenwirkung (Joh. Chrys. 7, 114 C = PG 57, 80). Der M. ließ sich jedoch nie unterdrücken; in Einzelheiten lebte er weiter bis zur commedia dell'arte (Figur des Sannio; buntes Narrengewand: centunculus). H. M.

Lit: L. Friedlaender, II 113 ff.

Min, ägypt. ithyphallischer Gott, in altertümlicher Weise mit geschlossenen Füßen dargestellt, in erhobener Hand eine ‹Geißel› haltend. Er war ein Fruchtbarkeitsgott, der besonders in Achmim und Koptos verehrt wurde. Sein Hauptfest war das ‹Tennenfest›, bei dem der König die erste Garbe überreicht bekam; doch sind auch zahlreiche Riten aus dem Thronbesteigungszeremoniell hinzugekommen. Reliefs zeigen M. gern vor einem Garten (‹Lattichfeld›) und einer Rundhütte (*šḥnt*), vor der ein Rinderschädel aufgerichtet ist. Diese Hüttenform weist ebenso auf Herkunft aus den s. ö. Steppengebieten, wie das Fest des ‹Kletterns für Min›, ursprünglich das Aufschlagen der Hütte, bei dem federgeschmückte Männer an Stricken einen aufgerichteten Mast hinaufklettern. M. galt auch schon in früher Zeit als Herr der östl. Wüste. – Sein Bild hat das des → Amun von Theben sehr beeinflußt, besonders dessen Form als ‹Stier seiner Mutter›. In Achmim wurde er mit → Horus gleichgesetzt, wodurch → Isis dort zur Mutter des M. wurde. Den Griechen galt er als Pan (Achmim = Panopolis), Herodot als Perseus. W. Hk.

Lit: H. Gauthier, Fêtes du dieu Min, 1931.

Minaer → Ma'in.

Mindaros, spartan. Nauarch 411/410. M. verlegte den Hauptkriegsschauplatz des → Pelop. Krieges von Ionien an Athens Lebensader, den Hellespont, blieb dort aber im Sept. 411 in einer Seeschlacht bei Kynossema südlich → Sestos im Nachteil (Thuk. 8, 99 ff.) und wurde im Oktober bei Abydos von → Alkibiades schwer geschlagen (Xen. Hell. 1, 1, 3–7). Im folgenden Jahr wurde seine Flotte bei Kyzikos, das er im Winter mit Hilfe des pers. Satrapen → Pharnabazos erobert hatte, von Alkibiades vernichtet. M. fand dabei den Tod (Xen. Hell. 1, 1, 14 ff.). F. Kch.

Lit: A. Andrewes, The Generals in the Hellespont, JHS 73, 1953, 2–9.

Mine (*μνᾶ*, mina), Gewichtseinheit des alten Orients; in Griechenland später $^1/_{60}$ des → Talentes; sie zerfiel bei der Münzprägung in 60 → Schekel oder in 100 → Drachmen. Es liefen indessen eine große Zahl lokaler M.n und daher gleich viele Münzfüße nebeneinander her. W. Schw.

Lit: K. Regling, in: v. Schrötter, 391.

Mineralogie *(und Geologie).* [1] Die Beschreibung der natürlich vorkommenden Elemente und chemischen Verbindungen (Mineralien) geht anfangs ausschließlich von Merkmalen (chemischen und physikalischen Eigenschaften) aus, deren Kenntnis die Praxis jeweils schon beim Suchen, Gewinnen und Verarbeiten (→ Bergbau, → Metalle, → Materialien, → Chemie) der Mineralien gewonnen und ausgewertet hatte. Diese praktisch-empirischen Kenntnisse waren z. T. schon Jahrtausende alt, bevor es zum ersten Versuch einer systematischen Beschreibung und Unterteilung des – zuvor als tote Materie zusammengefaßten – Mineralreichs nach chem. und physikal. Eigenschaften und auf genetischer Grundlage kommen konnte (zu den Voraussetzungen → Naturwissenschaft).

[2] Dieser Versuch stammt von *Platon* (Tim. 58 C 5 bis 61 C 2) und dient ihm als Stütze seiner → Elementenlehre, in der die ‹Erde› (Würfel) nicht in die → Polyeder der anderen Elemente überführt werden kann. Er wies die als rein (‹gleichartig›) oder fast rein angesehenen Metalle (die kleine Menge beigemischter ‹Erde› sondere sich als Rost ab) nicht – wie üblich – dem festen Element ‹Erde› zu, sondern als «schmelzbare Wasser» (*χυτὰ ὕδατα*) dem Element ‹Wasser›. So konnte er erstmals ihre Schmelzbarkeit getrennt von der anderer Mineralien (die er als Mischungen mehrerer Elemente auffaßte) erklären. Diese ‹Wasser›, durch Felsen gesickert und mehr oder weniger geläutert und zusammengepreßt, schmelzen, wenn die spitzen Pyramiden des ‹Feuers› (Erhitzen) in die leeren Räume zwischen die Ikosaeder des ‹Wassers› eindringen und damit die Dichte und Gleichartigkeit der Metalle aufheben; nach ihrem Austreten (Abkühlen) tritt der alte Zustand wieder ein (Erstarren). Die anderen Mineralien entstehen aus mit ‹Wasser› vermischter ‹Erde›; ihre Art und Festigkeit hängt von der noch in ihnen verbliebenen ‹Wasser›menge und der Gleichartigkeit der Polyedergrößen ab. Die lockeren ‹Erd›arten (Erden, Soda und Kochsalz) sind nur durch Wasser auflösbar, die dichteren (*πέτρα*, ‹Steine›, wobei aus gleich großen Polyedern die Edelsteine entstehen) und die noch mit ‹Wasser› vermischten (Glasartiges und ‹schmelzbare Steine›, Wachs und Räucherwerk) nur durch die z. T. die einzelnen Flächen der Polyeder selbst zerstörenden (chemisch zersetzenden) Feuerpyramiden. – Diese Gedanken über die Mineralbildung enthalten zugleich die ersten Ansätze zu einer theoretischen M., Geologie und → Chemie [1], die im wesentlichen von → Aristoteles und → Theophrast erweitert wurden.

[3] *Aristoteles'* Vorstellung über *Geologie* finden sich in seiner Meteorologie (1, 14; 2, 7 f.): Wie die Lebewesen altert auch die Erde und wird schwach, nur in sehr viel größeren, von Menschen und selbst von Völkern nicht übersehbaren Zeiträumen und nicht überall zugleich, wodurch es zu Senkungen mit Überschwemmungen und entsprechenden Hebungen mit Austrocknungen, zu Abtragungen und Anschwemmungen durch die Flüsse komme. Die schon lange beobachteten Fossilien von Meerestieren in höheren Lagen (meist kosmogonisch mit dem immer weiteren oder periodischen Austrocknen des Meeres erklärt: → Anaximander, → Herodot, → Theophrast u. a), die Deltabildungen, die vulkanische Tätigkeit (auch das Entstehen vulkanischer Inseln wurde in der Antike beobachtet) und die häufigen Erdbeben mit ihren Begleiterscheinungen, für die zum Teil ansprechende Erklärungsversuche aus der gesamten Antike vorliegen (man unterschied schon zwischen vulkanischen und Einsturzbeben), gaben die stark verallgemeinerten empirischen Grundlagen für diese modern anmutenden Deutungen. Neben Bemerkungen zur → Kosmologie, → Geographie (vieles findet sich bei → Strabon) und Mineralgenese finden sich in der Antike nur verstreut Deutungen von Phänomenen, die man heute der Geologie zuweisen würde: vgl. z. B. Plat. Kritias 110 C 3 ff. (Oberflächenstruktur Attikas und ihr Entstehen).

[4] Ähnlich wie die Phänomene der → Meteorologie führt Aristoteles die Bildung der *Mineralien* auf 2 Arten von (in der Erde eingeschlossen bleibenden) Ausdünstungen zurück: auf die trockene, rauchartige und die feuchte, dampfartige (meteor. 3, 6, 378 a 15 ff.). Letztere sondert die Metalle (*μεταλλευτά*; *μεταλλεῖα* schon Plat. leg. 3, 2, 678 D) ab, bes. in den Steinen (Metalladern; Erze = Gemenge?), erstere erzeugt alle erdigen (‹Staub›) Mineralien und die aus diesen gepreßten Steine (*ὀρυκτά*, danach lat. ‹fossilia›). – Das in der Antike teilweise unter Aristoteles' Namen zitierte Buch ‹Über die Metalle› (das sog. ‹Steinbuch des Aristoteles› ist

eine arabische Fälschung des 9. Jh.s) ist mit dem – nicht erhaltenen – gleichnamigen Werk Theophrasts (vgl. lap. 1) identisch; dessen Buch ‹Über die Steine› ist dagegen als ausführliches Exzerpt erhalten. Auf Grund dieser beiden Schriften kann *Theophrast* als der eigentliche Begründer der M. angesehen werden. Die Zweiteilung der Mineralien erfolgt bei ihm im Anschluß an Platon (‹Wasser›: Metalle; ‹Erde›: übrige Mineralien, wobei die ‹Farberden›, mit Aristoteles, aus trockenen Dämpfen entstehen sollen). Nach allgemeinen Bemerkungen über Bildungsweise, spezielle und generelle (physikal.) Eigenschaften, Lagerstätten und Häufigkeit der Mineralien werden mit Hilfe dieser Unterscheidungsmerkmale zuerst die ‹Steine›, dann die im allgemeinen weniger unterscheidbaren ‹Erden› (deshalb nur die als → Farben gebräuchlichen) beschrieben. Die Steine (und Erden) selbst werden auf Grund einer Kritik an Platon (?) in (a) durch Feuer (das seien jedoch nur die wenigsten) und (b) nicht durch Feuer veränderbare (→ Edelsteine, dazu Perlen, Korallen) unterteilt, dann folgen die Steine «metallischer Natur», die Erze. Bei den ‹Farberden› ist interessant, daß Theophrast in vielen Fällen neben dem natürlichen Mineral auch ein künstliches (synthetisches) kennt: Die künstliche Bildung aus einem anderen Mineral durch Feuereinwirkung (Erhitzen) werde durch die natürliche Bildung, wo immer Feuer wirke, bestätigt; wenn man überhaupt den künstlichen und den natürlichen Vorgang als gleich oder ähnlich bezeichnen dürfe, fügt er vorsichtig hinzu (lap. 54; → Naturwissenschaft C 1, 2; → Chemie, 3). Tatsächlich besitzen diese Mineralien meist nur die gleiche Farbe. – Heute holt man sich oft umgekehrt aus der Synthese Auskunft über die Mineralbildung.

[5] *Plinius d. Ä.* erwähnt mehrere griech. Werke über Mineralien (meist Steinbücher, sog. ‹Lapidarien›) aus der Zeit nach Theophrast; wir ersehen aber aus dem, was er diesen Werken entnimmt, daß die nüchterne wissenschaftliche Beschreibung immer mehr durch orientalischen Einfluß von dem Glauben an magische Kräfte der Steine verdrängt wurde, wie er in späteren Lapidarien bes. des arab. und lat. MAs vorherrscht. Mit beeinflußt worden sein mag dieser Glaube durch die (teils auch legendäre) Heilwirkung vieler Mineralien (sie spielten schon in der antiken Pharmakologie eine große Rolle: → Medizin (A 2), → Dioskurides); auch verlangte die hellenist. (und röm.) Prunksucht nach immer selteneren und exotischeren Steinen (und Baumaterialien), deren Wert natürlich mit der Zahl der ‹Kräfte› wuchs (s. u. 6; Plinius berichtet von mehreren großen Stein-[Gemmen-]Sammlungen in Rom), und so erklärt sich auch das große Interesse am Vorkommen von Edelsteinen und -metallen in den ‹Reiseführern› dieser Zeit (bes. bei → Strabon und → Dionysios (8) Periegetes). Das Plinius für seine Beschreibung des Mineralreichs schließlich vorliegende Material war so umfangreich (und widersprüchlich), daß trotz einer kritischen Auswahl eine systematische Ordnung mit den damaligen Mitteln der Physik und → Chemie fast unmöglich war. Er wendet deshalb im großen das gelegentlich schon von Theophrast herangezogene Ordnungsprinzip nach der Verwendung an: Die Bücher 33 und 34 behandeln die Metalle und Erze (Vorkommen, Verhüttung, Verarbeitung), Buch 35 die Mineralfarben, Buch 36 die als Baumaterialien (→ Materialien) verwendeten → Steine und Erden, Buch 37 endlich die Edelsteine (und ihre Fälschungen). Zur Unterteilung dieser Gruppen dient meist das gemeinsame Vorkommen, gleiche Verwendung und gleiche Eigenschaften (bes. Farbe, Härte), wodurch es Plinius oft gelang, tatsächlich Verwandtes zusammenzufassen. Den Abschluß bilden als eine der wichtigsten Aufgaben antiker M. Bemerkungen über generelle Eigenschaften der echten Edelsteine zur Unterscheidung von ihren Fälschungen.

[6] In der Folgezeit überwucherte der magische Anteil immer mehr den mineralogischen der Steinbücher. Das ging so weit, daß im MA teilweise die echten Steine als Fälschungen angesehen wurden, weil sie nicht die versprochenen Wirkungen zeigten. Erst der sich von der Medizin (s. o. 5) her für Mineralien interessierende Georg Agricola (1494–1555) begründete (nach arab. Ansätzen), erstmals von einer berg- und hüttenmännischen Praxis ausgehend, in einem kritischen Rückgriff bes. auf Theophrast und Plinius wieder eine wissenschaftliche M., von der sich im Laufe der Jahrhunderte Kristallographie (der Antike waren wohl nur die Kristallformen des Berylls, Bergkristalls und Diamanten als solche bekannt), Petrographie, Geologie und Paläontologie als selbständige Wissenschaften abspalteten. F. Kr.

Q: H. O. Lenz, M. d. alten Griechen u. Römer, deutsch in Auszügen aus deren Schriften, 1861 (überholt) – E. R. Caley-J. F. C. Richards, Theophrastus on Stones, 1956 (mit Übers. u. Komm.) – *Lit:* K. Mieleitner, Gesch. der M. im Altertum und MA, Fortschritte der M., Kristallogr. u. Petrogr. 7, 1922, 427–480 (unzureichend) – J.-E. Hiller, Die Minerale der Antike, Arch. f. Gesch. d. Mathem., Naturwiss. u. Technik 13, 1930/31, 358–402 – F. D. Adams, The Birth and Development of the Geological Sciences (1938), 1954², 8–50 – Vgl. ferner → Chemie, → Edelsteine, → Metalle, → Technik.

Minerva, Schutzgottheit Roms und Schirmherrin der Handwerker. Ihr Name gilt oft als italisch (aus der gleichen Wurzel wie mens), aber manche Forscher halten ihn für ursprünglich etruskisch. M. wurde so früh → Athene gleichgesetzt, daß wir ihre ursprüngliche Natur kaum fassen können. Sie erscheint zum erstenmal in Rom als → Stadtgöttin in der Trias Jupiter-Juno-Minerva, welche die Etrusker aufs → Kapitol gebracht haben sollen. Als Beschützerin des Staates hat sie aber nur eine untergeordnete Rolle gespielt. Populär geworden ist sie unter stärkstem griech. Einfluß als Schutzherrin der artifices (Handwerker und Künstler); ihr Tempel auf dem Aventin (Entstehungszeit unbekannt, jedenfalls vor dem 3. Jh. v. Chr.) wurde während des zweiten Punischen Krieges (207 v. Chr.) der Sitz der Schreiber- und Histrionengilde. M. beschützte auch die Dichter und die Lehrer. Die → *Quinquatrus*, ihr Hauptfest, war ein schulfreier Tag. Eine M. Medica (‹Heilerin›) besaß ein Heiligtum auf dem Esquilin; sie war die Schirmherrin der Ärzte. Eine *M. Capta* hatte ein Heiligtum auf dem Caelius; das Kultbild stammte aus Falerii (einem alten Zentrum des M.kultes), das 241 v. Chr. von den Römern erobert worden war, was das Beiwort erklärt. H. Le B.

Lit: Latte, 163–166 – *Darstellungen:* → Athene.

Minerva, Kap (Promuntorium Minervae, Kt. 1420 F7; Punta della Campanella), äußerste Spitze der Halbinsel von Sorrentum mit altem, nur aus der Überlieferung bekanntem Minervatempel, dessen Gründung → Odysseus zugeschrieben wurde (Strab. 5, 247, Stat. silv. 3, 2, 24). B. A.

Lit: Nissen, II 767 – P. Mingazzini, Ed. Archeol. della carta d'Italia, Foglio 196, Vico Equense, 1931, 29.

Miniaturfresken, → Fresken im Obergeschoß am Nordende des Palastes von → Knossos. Um 1600 (MM III). Zwei Szenen, annähernd sicher ergänzt, sind auch inhaltlich interessant: Frauen und Männer sitzen in Gruppen dicht gedrängt auf Tribünen (im Palasthof bzw. der sog. Theaterzone), einmal um einen Altar, einmal als Zuschauer eines Tanzes (Bäume werfen Schatten). M. auch in → Tylissos und → Mykene. Vgl. → Kret.-myk. Kultur G [2]. W. Schg.

Abb: F. Matz, Kreta, Mykene, Troja, 1956, Taf. 36–37 – Tylissos: 'Εφημ. 1912, Taf. 19 – Mykene: H. Th. Bossert, Altkreta, 1937³, Abb. 44.

Minius (heute Mino), in den Atlantik mündender Fluß Spaniens, berühmt durch die reichen Goldvorkommen, welche die Römer, alten, vorgeschichtlichen Anlagen folgend, ausbeuteten. J. M. d. M.

Lit: A. Schulten, Iber. Landeskunde, 1955, 354, 356.

Minoisch → Minos, → Kret. Kultur, → Knossos.

Minos. Mit diesem Namen, der ursprünglich evtl. Titel des kret. Königs war, verband die griech. *Sage* (für uns zuerst bei Homer) Königtum, Kultur, Sitten und Gesetzgebung im Kreta (→Knossos) des 2. Jt.s. Nach ihr ist M. Totenrichter, Sohn von Zeus und Europa, Bruder des →Rhadamanthys (und des Sarpedon), Gatte der Pasiphaë, der Tochter des Sonnengottes, und Vater von →Ariadne, →Deukalion, →Phaidra, →Androgeos, →Glaukos u.a. Von Poseidon im Zorn darüber, daß er einen schönen, aus dem Meer gesandten Stier nicht, wie er gelobt, opferte, mit der unnatürlichen Liebe der Pasiphaë zu diesem Stier gestraft (sie gebar ihm den →Minotauros, der dann im von →Daidalos erbauten →Labyrinth eingesperrt wurde). Wegen der Ermordung des →Androgeos bekriegt M. Megara (→Nisos) und macht Athen tributpflichtig, bis →Theseus es davon freimacht. Auf einem Kriegszug nach Sizilien (um →Daidalos zurückzuholen) von den Töchtern des Königs Kokalos hinterlistig getötet; das Grab wurde in Herakleia Minoa gezeigt. *Historische Gehalte* der Sage: Verteilung (Dreiteilung: Minos und Brüder) der Herrschaft auf Kreta (Paläste); Thalassokratie; gewisse Herrschaft über die Ägäischen Inseln; die Verbindung mit Sizilien durch den Tod des M. (Keramikfunde des 16. Jh.s auf den →Liparischen Inseln).

Lit: EAA V, 1963, 102–104.

Minotauros, halb Mensch, halb Stier, Sohn der →Pasiphae und des Stiers, im →Labyrinth eingesperrt. Ihm werden die att. Jünglinge und Mädchen geopfert, bis →Theseus ihn im Labyrinth tötet. →Minos. K. Schb.

Darstellungen (sehr häufig): Vgl. zu →Theseus, →Daidalos.

Minucianus d. Ä., von Athen, Redelehrer und Prozeßredner aus der Mitte des 2. Jh.s n. Chr., der sog. Zweiten Sophistik (→Redner I D) zugerechnet. Verfasser von in Fragmenten erhaltenen rhetor. Schriften, bes. einer Techne, nachmals von →Hermogenes (2) v. Tarsos bekämpft. →Rhetorik B [10]. H. H.

Lit: W. Stegemann, RE 15, 2 (1932), 1975–86 – D. Matthes, Lustrum 3, 1959, 76.

Minucius Augurinus, C. (tr. pl. 187 oder 184 v. Chr.) klagte L. →Cornelius (31) Scipio Asiaticus wegen Unterschlagung von Staatsgeldern an (Gell. 6, 19). Ungewiß ist, ob →Cato (1) diese Anklage betrieb (so Scullard). A. L.

Lit: H. H. Scullard, Roman Politics, 1951, 297f.

2. **M. Esquilinus Augurinus, L.** (consul 458 v. Chr., decemvir 450–449), Plebejer und deswegen in die Fasten der frühen Republik eingeschwärzt (sein Cognomen Augurinus stammt aus der Zeit nach 300 v. Chr.). M. soll als Konsul von den Äquern auf dem Algidus eingeschlossen und vom Diktator L. Quinctius →Cincinnatus befreit worden sein. Die Einschließung wird von M. als Dezemvir berichtet. 440/439 verbilligte M. als praefectus annonae das Getreide; die auf Jahr 439 datierte Anklage des Sp. →Maelius durch M. scheint gelehrte Kombination zu sein. R. W.

3. **M. Felix,** M., (um 200?), Autor des Dialogs ‹Octavius› (nur in einer Hs. überliefert als 8. Buch der Apologie des →Arnobius) zwischen dem Heiden Caecilius und dem Christen Octavius, der mit der Bekehrung des Heiden endet. Caecilius vertritt den röm. Standpunkt, der das Christentum aus politischen und moralischen Gründen verurteilt: Absonderung vom öffentlichen Leben und sittliche Vergehen wie Inzest und Ritualmord bei ihren Zusammenkünften machen für ihn die Christen zu einer staatsfeindlichen Gemeinschaft. Theologie, wie sie die Christen trotz ihrer Unbildung betreiben, lehnt er unter Berufung auf die →Skeptiker ab und fordert Anerkennung der Götter, denen Rom seine Größe verdanke. Octavius antwortet mit der philosophisch abgeleiteten Bestimmung des Menschen zur Gotteserkenntnis, stoisierendem Providenz- und Gottesbeweis, einer →euhemeristischen Göttererklärung (→Euhemeros), die er durch einen Katalog lächerlicher und skandalöser Mythen stützt, und legt die sittliche Reinheit und politische Zuverlässigkeit der christl. Gemeinden dar. Der Dialog, formell eine gelungene Cicero-Imitation, zeichnet sich durch klare Sprache, straffe Komposition und anmutige szenische Einkleidung aus. Ort des Gesprächs ist Ostia; der Autor, als Schiedsrichter beteiligt, ist Advokat in Rom; Octavius kommt von Übersee (Africa?), die christenfeindliche Rede des →Fronto wird vorausgesetzt, doch ist eine sichere Datierung des Dialogs nicht möglich. Da er sich so eng mit den Apologien →Tertullians berührt, daß literarische Abhängigkeit zwischen beiden angenommen werden muß, bleibt auch die vielbehandelte Frage der Priorität offen, zumal die Methode der vergleichenden Interpretation nicht weiterführt. A. W.

Ed: J. P. Waltzing, 1903 (Komm.); 1926 – M. Pellegrino, CPar 15, 1950 – *Übers:* BKV 14, 1913 – *Lit:* C. Becker, Tertullians Apologeticum 1954, 307ff. (Lit) – R. Helm, WZ Rostock 1952/3, 88–91.

4. **M. Fundanus,** C., cos. suff. 107 n. Chr., procos. Asiae ca. 125, hochgebildet, Freund →Plutarchs (Dialogpartner bei Plut. De cohib. ira) und des jüngeren →Plinius (2; epist. 1, 9; 4, 15; 5, 16; 6, 6; 7, 12), wurde als procos. Asiae Adressat von →Hadrians Christenreskript, das →Justinus (1) uminterpretiert und an seine Apologie (68, 5–10) angefügt hat. K. H. Sch.

Lit: E. Groag, RE 15, 2 (1932), 1820–26 – W. Schmid, The Christian Re-interpretation of the Rescript of Hadrian, Maia 7, 1954, 1–10.

5. **M. Pacatus Eirenaeus,** lat. Grammatiker der augusteischen Zeit, Schüler des Metrikers →Heliodor (2).

6. **M. Rufus,** M. (cos. 221, mag. equ. 217, dict. 217 vor Chr.), wurde 217 magister equitum des Dictators Q. →Fabius (9) Maximus, opponierte jedoch gegen dessen Ermattungsstrategie. Als die Unzufriedenheit mit Fabius wuchs, wurde M. neben ihm zum Dictator ernannt; doch ordnete er sich, nachdem nur das Eingreifen des Fabius ihn vor einer schweren Niederlage bewahrt hatte, diesem wieder unter (Polyb. 3, 87ff.; Liv. 22, 8ff.). 216 fiel M. bei Cannae (Liv. 22, 49). A. L.

7. **M. Rufus,** Q. (cos. 110 v. Chr.), triumphierte 106 nach Siegen über die Skordisker (am Hebros) und Triballer. Aus der Beute stiftete er die Porticus Minucia (im Süden des Marsfeldes), wo vor allem Getreideverteilungen stattfanden. G. G.

Minuskel, Vierzeilenschrift mit vielen Ober- und Unterlängen. H. Hg.

Minyaden, die Töchter des *Minyas* von Orchomenos (Alkithoe, Leukippe, Arsippe). Nehmen nicht an der Dionysosfeier teil, obwohl →Dionysos sie in Gestalt eines Mädchens auffordert. Durch den Gott wahnsinnig gemacht, töten sie den Sohn der Leukippe, Hippasos, als Opfer an den Gott und stürmen ins Gebirge, wo Hermes sie in Nachtvögel verwandelt (Ov. met. 4, 1ff.). K. Schb.

Minyer, nach dem sagenhaften Gründer von →Orchomenos, Minyas, benannter, schon bei Homer erwähnter Volksstamm, der in Böotien und Thessalien (Iolkos: die Argonauten werden M. genannt) lokalisiert wurde. Herodot (4, 145–148) zählt Nachkommen der M. auch andernorts auf. Ein →Kuppelgrab in Orchomenos hieß ‹Grab des Minyas› (Paus. 9. 38, 2). Die →minyische Keramik ist älter als das Kuppelgrab und die M. der Sage. Zu den ‹Deichbauten der M.› →Kret.-myk. Kultur E [1]. W. Schg.

Lit: H. Bulle, Orchomenos, 1907, I 115ff., Taf. 7 (zu den Deichen) – RE 15, 2 (1932), 2015–18.

Minyisch, Bezeichnung für die neben der →Mattmalerei bedeutendste mittelhelladische (→Griechenland II A) Keramikgattung, nach den Funden in →Orchomenos benannt. Durchgeschmauchter Ton mit gleichfarbiger, seifig glänzender Oberfläche. Nach Farbe, Oberfläche, Drehtechnik usw. lassen sich drei vor allem lokal bedingte Untergruppen scheiden: (1) die ins SH hineinreichende grauminyische Hauptgruppe mit dem Zentrum in Mittelgriech., (2) das kurzlebigere peloponnesische Schwarzminyische (gelegentlich mit Ritz-, Stempel- und Kerbschnittverzierung) und (3) das späte Gelbminyische, das in der hellgrundigen myk. Keramik von SH I weiterlebte. Eine vierte rotminyische Gattung steht etwas abseits. Die ganz vorwiegend auf der

Drehscheibe entstandenen präzisen Gefäßformen (konische Schalen auf hohem Fuß, Becher, → Kantharoi) weisen mit ihren kantigen Umrissen und sicher verteilten horizontalen Riefen auf toreutische, offenbar anatolische Vorbilder. Ausgangspunkt der auch in → Troja VI und VIIa verbreiteten m. Keramik ist noch nicht sicher zu ermitteln. Fundorte: → Eutresis, → Kirrha, Prosymna, → Asea, Malthi. Auf den → Kykladen Import und Nachahmungen. W. Schg.

Lit: A. J. B. Wace-C. W. Blegen, The pre-mycen. Pottery of the Mainland, BSA 22, 1916–18, 180–182 – A. J. B. Wace, CVA. Classific. 10, 1925 – F. Matz, Die Ägäis, HbArch II, 262f.

Minze. Die im Mittelmeergebiet verbreiteten, sehr zahlreichen M.-Arten wurden mit dem vorgriech. Wort *μίνθη* (menta) bezeichnet, das in Linear B begegnet. Außerdem finden sich die Namen *ἡδύοσμον, σισύμβριον, καλαμίνθη, γλήχων* (*βλήχων*), die sich u. a. auf die Wasser-, Wald-, Polei- und Katzen-M. beziehen, ohne daß wir im Einzelfall immer eine sichere botanische Bestimmung vornehmen können. Die Pfeffer-M. gehörte vielleicht gar nicht zum Pflanzenbestand des Altertums. Wegen ihres angenehmen Geruches war die M. als Gewürzpflanze beliebt. Wir finden sie als hervorragendes Hausmittel gegen Krankheiten. Geschätzt war sie vor allem als Kranzpflanze. Mit M. bekränzte sich der Bräutigam, da man der Pflanze der Liebesgöttin aphrodisische Wirkung zuschrieb. Nach mythischer Überlieferung wurde die Nymphe Minthe, eine Tochter der Peitho, von Hades geliebt und daher von Persephone in die Pflanze verwandelt (Schol. Nik. alex. 375; Ov. met. 10, 729; Strab. 8, 344). Eine Verbindung mit Hades legt auch der M.-Berg bei Pylos nahe, wo sich ein Heiligtum des Gottes befand. Die Beziehung zur Unterwelt wie zum Bereich der Aphrodite hat die M. mit anderen stark riechenden Pflanzen gemeinsam. Vgl. → Majoran, → Myrrhenbaum, → Myrte, → Flora. J.W.

Lit: Murr, Pflanzenwelt, 243f. – A. Steier, RE 15, 2 (1932), 2020–28 – M. Ventris-J. Chadwick, Documents in Mycenaean Greek, 1956, 131. 227.

Mirabilien → Buntschriftstellerei.

Miran, Siedlung und buddhistische Kultstätten an der Südroute der Seidenstraße zwischen Kašgar und Tun-huang. Wand- und Deckengemälde vermutlich des 3. Jh.s n. Chr. unter Nachwirkung des → Gandharastils. K.F.

Lit: T. Akiyama, The painted Dado of Cella M.V. at Miran site, Bijutsu Kenkyu 212, 1960, 138–143.

Mischna (‹Wiederholung›, griech. *δευτέρωσις, παράδοσις*) umfaßt Kanon und Einzelsatzung des jüd., seit ca. 400 vor Chr. auf der Basis der → Tora in Verbindung mit Recht und Brauch der Umwelt erwachsenen Gewohnheitsrechtes (Halacha). Ihre Entstehung verdankt sie der Tendenz der → Pharisäer, die fließende Überlieferung in Form des dogmatisch-fiktiv von Moses hergeleiteten ‹mündlichen Gesetzes› normativ zu fixieren (→ Judentum B 6). Auf Akiba (gest. 135) und Meïr (um 150) zurückgehend, stellt die von Jehuda I. (gest. 217) redigierte, nach seinem Tode überarbeitete M. eine Stoffauswahl dar. 63 Traktate in 6 Ordnungen: (1) Saaten (Landbau usw.); (2) Feste (Sabbat, Feiertage usw.); (3) Frauen (Eherecht); (4) Schäden (Zivil- und Strafrecht); (5) Heiliges (Opfer usw.); (6) Reines (rituelle Unreinheit). Als außerkanonisch stehen daneben die Tosefta (= ‹Zusatz›), 59 Traktate, redigiert von Chijja bar Abba (nach 200); und die Baraitot (Einzelaussagen) der als Tannaïten (→ Rabbi) bezeichneten Schriftgelehrten des 1. und 2. Jh.s. Verbindlich sind die anonymen, bzw. durch die Mehrheit der ‹Weisen› autorisierten Sätze. Wegen des in ihr enthaltenen alten Tempelrechtes hatte die M. von Anfang an nur begrenzten praktischen Wert. Ihre mittelhebräische Sprache – mit griech. und lat. Lehnwörtern durchsetzt – steht im Schatten der aram. Koinē. R.M.

Lit: H. L. Strack, Einl. in Talmud und Midras (1887), 1921⁵.

Mischwesen, aus Teilen des menschlichen wie tierischer Körper zusammengesetzte, frühzeitlich überall verbreitete Bildvorstellungen dämonischer Kräfte, schon der ind. Harappakultur vertraut. Im Nahen Osten und Ägypten ab dem 3. Jt. reich ausgebildet (→ Orient und Antike), drangen M. im frühen 2. Jt. in die minoische Kunst ein, wo ihr Sinn meist unklar ist. Erneut in die Bildkunst des 8. Jh.s aufgenommen und höchst variabel geformt, verkörpern sie oft Todesmächte (→ Harpyien, → Sirenen, → Sphinx = die homerische → Ker), unheilabwehrende Kräfte (→ Gorgo, → Greifen), natürliche Vorgänge wie Vulkanausbrüche (Chimäre, vgl. → Bellerophon) oder Orkane (als geflügelter Mann mit Fischschwanz), Gottheiten (→ Triton; der letztlich undeutbare ‹Dreileibige› eines Tempelgiebels der Akropolis; ab etwa 500 → Pan) oder mythische Fürsten (→ Kekrops). Seit sich die anthropomorphe homerische Religion durchsetzte, beschränkt sich die Vielzahl der M. vorwiegend auf in Sagen lebendig gebliebene Fabelwesen (Chimäre und Pegasos → Bellerophon; Gorgo, Ketos → Perseus; → Kentauren → Herakles; Sphinx → Ödipus). Das 4. Jh. benutzt wieder manche M. in der Bildkunst als Todesdämonen (Sirene, Sphinx). Wenige M. verdanken ein kurzlebiges Dasein wohl momentanen politischen Einflüssen (→ Hippalektryon) oder Augenblickseinfällen der Dichter, etwa der Komiker (z. B. das aus Pferdeleib und männlichem Glied statt Kopf bestehende ‹Phallostier› auf att. Vasen um 500). Die bildnerische Phantasie konnte solche M. mitunter zukunftsreich prägen: Hippokampen wie andere Meeresdämonen schuf wohl → Skopas so ideenkräftig, daß die hellenist. und röm. Kunst sie immer lebhafter nuancierte. Die provinzial-röm. Religion bildete erneut manche nichtröm. Götter derart: die Gallier den mit Hirschgeweih versehenen ‹Hirschgott›, die Syrier den → Aion als geflügelten Mann mit Löwenkopf. Manche literarisch beschriebenen, grausigen M. wie → Echidna widerstrebten dem ästhetischen Empfinden und wurden daher nicht dargestellt. E. Bf.

Lit: G. Unger, RV 8, 1927, 195–216, s. v. Mischwesen – S. Eitrem, RE 6 A 1 (1936), 862–921, s. v. Tierdämonen – Harappakultur: H. Mode, Indische Frühkulturen, 1944, 67f., Abb. 147 – Minoische Siegel: Nilsson I, Taf. 20, 22 – Sturmdämonen: B. Schweitzer, Herakles, 1922, 57, Abb. 16 – Phallostier: H. Licht, Sittengesch. Griechenlands III, 1928, 79.

Misenos, nach Strab. 1, 2, 18 (p. 26) Gefährte des → Odysseus, vor der Küste Italiens verunglückt. Nach Verg. Aen. 6, 162ff. (vgl. Serv. Aen. 3, 239) Gefährte des → Aeneas; er maßte sich an, besser Trompete zu blasen als irgendeiner der Unsterblichen, wurde vom beleidigten → Triton ins Meer gestürzt und von Aeneas am dann so genannten Kap Misenum bestattet.

Misenum (Kt. 1420 F7; heute Miseno), an der Nordwestspitze des Golfs von Puteoli, die gegenüber von Cap Minerva den großen Doppelbogen des Sinus Cumanus abriegelt. Mit seinen beiden Hafenbecken, dem durch eine Mole geschützten äußeren Hafen und dem durch einen Kanal damit verbundenen inneren, heute Mare morto, war M. der günstigste Naturhafen an der kampanischen Küste. Von Octavian (→ Augustus) 37 v. Chr. unter der technischen Leitung → Agrippas (1) mit Einbeziehung Cumaes und der Seen in den phlegräischen Feldern zu einer gewaltigen Flottenbasis ausgebaut. Deren bedeutendster Rest ist die riesige Piscina Mirabilis, eine fünfschiffige Zisterne für 12600 m³ Wasser, das durch den Aquädukt des Serino herbeigeleitet wurde. Auf dem Vorgebirge von M. lagen Villen wie die von → Marius (1) angelegte, dann von → Lucullus erworbene und schließlich in kaiserlichen Besitz übergegangene, in der → Tiberius 37 n. Chr. starb. Der bekannteste Kommandant des kaiserlichen Flottenstützpunktes war C. → Plinius (1) Secundus, der 79 n. Chr. von M. aus den vom Vesuvausbruch bedrohten Städten Hilfe brachte und selbst dabei ums Leben kam. B. A.

Lit: A. Maiuri, I campi flegrei, 1958.

Mistel (*ἰξία*), den Alten in zwei Arten bekannt, die man meist nicht unterschied oder verwechselte (weiße M., echte Eichen-M.). Die weiße M., benannt nach der Farbe der Beeren, ist immergrün, die andere Art mit gelbroten Beeren verliert im Winter das Laub. Letztere schmarotzt auf verschiedenen → Eichenarten und auf der Edel → Kastanie, erstere auf → Apfelbäumen, Kiefern und → Tannen. Aus den Beeren der Eichen-M. gewann man den Vogelleim (ἰξός, viscum) und Klebemittel in der Medizin. Auch als nahrhaftes, kräftiges Futter für Rinder und Zugtiere nach der Ernte wurde die M. geschätzt. Eine mythische oder magische Bedeutung der M. ist der griech. und röm. Überlieferung fremd. Der goldene Zweig, der → Aeneas den Weg in die Unterwelt öffnet, wird von Vergil mit der M. nur verglichen (Aen. 6, 205 f.). Dagegen wurde die M. von den kelt. → Druiden als Himmelsgeschenk betrachtet und hoch verehrt. Am Neujahrstag wurde die M. mit einer goldenen Sichel von einem Priester in feierlichem Ritual abgeschnitten. Unter dem Opfer von zwei Stieren wird um Glück für die Gottesgabe gebetet. Der M.-Trank galt bei den Kelten als Mittel gegen jegliches Gift und als Fruchtbarkeitssymbol. Vgl. → Flora. J.W.

Lit: Hehn, 407. 409 – A. Steier, RE 15,2 (1932), 2063–74.

Mitanni, Selbstbezeichnung des → churritischen Staates, der sich, von Kerta gegründet, nach Zusammenbruch der → Hyksosherrschaft (1542) im oberen → Mesopotamien bildete. Die anderen Staaten nannten dieses Reich die Ḫurri-Länder, Nahrina oder Chanigalbat. Hauptstadt war Wassuganni am oberen Chabur. Zur Geschichte vgl. → Churriter. W. Hk.

Mithräum, Heiligtum des → Mithras, im 2. Jh. n. Chr. im ganzen röm. Reich verbreitet (Wien, Frankfurt, London u. a.). Nach Porph. antr. 5 vollzieht sich der Kult vorzüglich in Naturgrotten, deren Gewölbe als Himmelszelt gestaltet ist (→ Deckenmalerei) und die über eine natürliche Quelle (fons perennis) verfügen (Schwarzerden, Bourg-St-Andéol); künstliche Grotten (Anbringung von Bimsstein, Wasserzufuhr) z. B. in Ostia und London. Die übliche Form ist ein meist unterirdisch angelegter, langgestreckter Saal mit Vorhalle (vestibulum). Die Längswände sind von tiefen Bänken begleitet (praesepia), mit stufenförmigem Absatz zum Aufstellen der Speisen für das rituelle Mahl; in der Achse befindet sich ein Brunnen, an der Rückwand die Kultnische mit einer Statue, häufiger einem Relief, seltener einer Malerei (z. B. Rom, M. Barberini). Daneben gelegentlich sakristeiartige Nebenräume (apparatoria). Wandmalerei und Bodenmosaiken (bes. in Rom und Ostia) beziehen sich auf die Initiationsriten. Die Räume befinden sich in Privathäusern, beanspruchen kleine Kapellen oder große Tempel. Zu den größten gehört das M. der Caracallathermen, ein Saal von ca. 23 × 9,7 m Fläche. C.K.

Lit: M.J. Vermaseren, De Mithrasdienst te Rome, 1951 – G. Becatti, Scavi di Ostia II, I Mitrei, 1954 – M.J. Vermaseren, EAA V, 1963, 117, s.v. Mithra e Mitrei – Ders., The Excavation of the Church of S. Prisca in Rome (im Druck).

Mithras, indoiran. Gott, der schließlich zu einem der größten Götter des röm. Reichs wurde. Nach Plut. Pomp. 24 hätten von → Pompeius besiegte kleinasiat. Seeräuber die M.-Mysterien nach Italien gebracht. Tatsächlich «begann deren wirkliche Ausbreitung erst unter den Flaviern gegen das Ende des 1. Jh.s n. Chr. Sie drangen in antoninischer und severischer Zeit immer weiter vor und blieben bis zum Ende d. 4. Jh.s der wichtigste Kult der heidnischen Welt» (Cumont, Les religions orientales, 130). → Nero und → Commodus ließen sich einweihen; i. J. 307 erkannten → Diokletian, → Galerius und → Licinius M. als den ‹Beschützer ihres Reichs› an. Die Kaufleute und bes. die Soldaten waren die Verbreiter des M.-Kults, von dem zahlreiche Heiligtümer in den Häfen, in den Grenzprovinzen und auch in Rom entdeckt wurden. – Die Lehre der Mysterien war sehr komplex und ist uns erst teilweise bekannt. Der *iran.* Gott M. war schon vielen Einflüssen ausgesetzt gewesen, als die Römer ihn kennenlernten: der Dualismus des → Zoroaster hatte ihn zum Verbündeten des → Ahura-Mazdah, des Gottes des Guten, im Kampf gegen → Ahriman, den Gott des Bösen, gemacht; andererseits war die alte Lichtgottheit M. zum Sonnengott geworden, der bald dem Unbezwinglichen Sonnengott (vgl. → Sol Invictus) gleichgesetzt, bald von ihm unterschieden wurde. Er hatte seine Legende, deren Episoden in den Heiligtümern dargestellt waren: er war am 25. Dezember aus einem Fels zur Welt gekommen, und Hirten hatten ihm Gaben gebracht. Ein anderes Bild zeigt ihn, wie er mit dem Sonnengott eine Art Bündnis schließt. Die bestbekannte und am meisten dargestellte Episode ist die Tötung des heiligen Stiers: M. bezwingt ihn, führt ihn in seine Höhle u. tötet ihn auf Befehl der Sonne. Es war eine Darstellung der ‹Schöpfung des Ahura-Mazdah›: aus dem Leib und dem Sperma des Opfers entstanden sämtliche Pflanzenarten und Tierrassen, allen Anstrengungen des Skorpions und der Schlange, der Bundesgenossen des Ahriman, zum Trotz. «Durch die Tötung des heiligen Stiers war M. zum Schöpfer geworden, aber damit war seine Aufgabe noch nicht zu Ende. Wieder zum Himmel emporgestiegen, wurde der ‹unbezwingliche Gott› der allmächtige Beschützer seiner Anhänger im unaufhörlichen Kampf, den sie gegen die Kräfte des Bösen zu führen hatten. Er half ihnen, die Wahrheit zu achten, Gerechtigkeit zu üben und die Reinheit, nach der das Leben des Eingeweihten in beständigem Kampf gegen alle niederen Instinkte streben sollte, zu bewahren. Es war auch seine Aufgabe, die Seelen seiner getreuen Diener nach dem Tode in die Gefilde der Seligen zu führen» (Cumont, DS s. v. M., p. 1953). Diese legten ihre Begierden ab, während sie die Planetensphären durchquerten, und erreichten das unendliche Licht, in dem sie wohnen sollten. Am Ende der Zeiten sollte M. auf die Erde zurückkehren, die Menschen auferstehen lassen, den Guten Unsterblichkeit verleihen und die Bösen sowie Ahriman vernichten. Es ist verständlich, daß eine solche Lehre eine starke Anziehungskraft ausübte. Die Eingeweihten trugen heilige Titel, wie Rabe, Löwe, Soldat usw., die einer strengen Hierarchie entsprachen. Um aufzurücken, mußten sie gewisse Prüfungen bestehen. Manche Riten: → Taufe, Konfirmation, mystisches Mahl (vgl. → Eucharistie), waren den Sakramenten im → Christentum (IV 2) ähnlich. H.LeB.

Lit: Fr. Cumont, Textes et monuments figurés relatifs aux mystères de M., 2 Bde, 1896–99 – Ders., Les mystères de Mithra (1899), 1913[3] – Ders., Les religions orientales dans le paganisme romain, 1929[4], 125–149 – Wikander, Etudes sur les mystères de M., Lund 1951 – G. Dumézil, Mitra-Varuna (1940), 1948[2] – P. Thieme, Mitra and Aryaman, 1958 – M. Vermaseren, M., de geheimsinnige God, 1959 – Vgl. zu → Iranier C [4].

Mithridates I. (offizielle Namensform auf Inschriften und Münzen: Mithradates; Mithridates nur bei den Autoren), → Partherkönig (171–138/137), Begründer des arsakidischen Großreiches, dehnte in großen Kriegen seine Herrschaft nach Osten und Westen aus (Eroberung Mediens um 160; Mesopotamiens 141; Fall Seleukeias am Tigris; 140 Gefangennahme → Demetrios' II.). M. machte die → Arsakiden als Erben der → Seleukiden zu Herren Irans und nahm wahrscheinlich den Titel ‹Großkönig› (βασιλεὺς μέγας) an. D.T.

Lit: E. Breccia, M. I. il Grande di Parthia, Klio 5, 1905, 39 – N. C. Debevoise, Pol. Hist. of Parthia, 1938, 19ff. – *Bildnisse* → Anhang I.

2. **M. II.,** → Partherkönig (123–88/87), der große Organisator des → Partherreiches, nahm wahrscheinlich nach achämenidischem Vorbild den Titel ‹König der Könige› an. Unter ihm erste röm.-parthische Begegnung. D.T.

Lit: W.W. Tarn, CAH IX, 582ff. – E. Herzfeld, Sakastan, Arch. Mitt. aus Iran 4, 1932, 43f., 70 – *Bildnisse* → Anhang I.

3. **M. (I),** Herrscher von Kos (337/6–302/1); von ihm leiten sich die pontischen Könige ab (Diod. 20, 111, 4). D.T.

4. **M. II.** Ktistes, Sohn oder Neffe des M. von Kos, gründete nach der Schlacht von Ipsos (302 v. Chr.) in Paphlagonien und im nördlichen Kappadokien (→ Pontos) eine eigene Herrschaft (zunächst wohl unter Oberhoheit des → Lysimachos), seit 281 König (bis 266). M. schloß Bünd-

nisse mit Byzanz, Chalkedon und Herakleia; war griechisch gebildet und Freund des → Demetrios I. Poliorketes. D.T.

Lit: Beloch, GG, 214–216.

5. **M. III.**, Enkel M.' II., König von → Pontos (ca. 250 bis 185), suchte seine Herrschaft im Bunde mit den → Seleukiden und unter Ausnutzung des seleukidischen Bruderkrieges (→ Antiochos (8) Hierax) zu vergrößern. Ein Versuch, Sinope zu nehmen, mißlang ihm 220. M. leistete wie andere Fürsten Rhodos nach dem Erdbeben von 227 Hilfe (Polyb. 5,90,1). D.T.

Bildnisse → Anhang I.

6. **M. IV.** Philopator Philadelphos, Sohn M.' III., Bruder → Pharnakes' I., König von → Pontos (ca. 170–150), half 156 → Attalos II. gegen → Prusias II. und war als erster pontischer König ‹Freund und Bundesgenosse› der Römer (Dessau 30). D.T.

Bildnisse → Anhang I.

7. **M. V.** Euergetes, Sohn M.' IV., König von → Pontos (ca. 150–120, ermordet), setzte die Expansionspolitik seiner Vorgänger, bes. → Pharnakes' I., fort. Als Freund und Bundesgenosse half er den Römern im 3. Punischen und im → Aristonikos (1)-Krieg; danach suchte er vergeblich durch Bestechung statt → Nikomedes' II. Großphrygien zu erhalten. Andere politische Ziele waren: → Paphlagonien (Erbvertrag mit dem letzten Herrscher Pylaimenes), → Kappadokien (vorübergehend besetzt, dann Einflußnahme durch politische Heirat) und → Phrygien. M. residierte in Sinope. Durch Aufbau einer Kriegsflotte und eines Söldnerheeres (Strab. 10,477) schuf er die militärischen Voraussetzungen für die Kriege seines Sohnes → M.' VI. D.T.

Lit: Th. Reinach, M. Eupator, 1895 – M. Rostovtzeff, CAH IX, 211 ff.

8. **M. VI.** Eupator Dionysos, geb. ca. 132 v. Chr., König von → Pontos (120–63). Nach der Ermordung seines Vaters M.' V. entfloh M. den Nachstellungen seiner Mutter. Durch eine Palastrevolution (etwa 112) Alleinherrscher geworden, nahm er die Expansionspolitik seines Vaters im großen Stil wieder auf: Hilferufe der Griechenstaaten Bosporos und Chersonesos führten zur Unterwerfung der Halbinseln Krim und Taman und einer pontischen Vormachtstellung in Südrußland (SIG 709); dazu Eroberung von Kolchis und Kleinarmenien. Wiederholte Versuche, direkt oder indirekt Paphlagonien, Galatien und Kappadokien anzugliedern, scheiterten am Einspruch Roms, dem sich M. in entscheidenden Fällen fügte. Erst die Provokation des Legaten M.' → Aquilius (3) veranlaßte M. im Vertrauen auf seine Rüstungen, seine Verbündeten (App. Mithr. 53 f.) und den röm. → Bundesgenossenkrieg (2) (Diod. 37,2,11), die Offensive zu beginnen. – Der 1. Krieg gegen Rom (89 bis 84) begann mit einem Siegeszug durch Kleinasien und Griechenland; nach → Sullas Erscheinen zwangen vernichtende Niederlagen M. zum Frieden von Dardanos (Preisgabe aller Eroberungen; Kriegsentschädigung; Schiffstellung). – Es folgte ein labiler (nicht schriftlich festgelegter) Friede, unterbrochen durch einen Einfall Murenas (83–81). – Die Einziehung Bithyniens (→ Nikomedes IV.) war Anlaß zum 2. Krieg gegen Rom, den M. im Vertrauen auf neue Rüstungen und Bündnisse begann (73; Chronologie strittig). Nach anfänglichen Erfolgen mußte M., von → Lucullus mehrfach geschlagen, nach Pontos, schließlich nach Armenien fliehen. Der Vormarsch des Lucullus nach Armenien scheiterte nach glänzenden Siegen über → Tigranes I. schließlich an einer Meuterei der Legionen: M. konnte noch einmal nach Pontos zurückkehren und ein röm. Heer schlagen. Erst Lucullus' Nachfolger → Pompeius (2) unterwarf Pontos und Armenien endgültig. M. floh nach Bosporos und fand 63 den Tod durch eine Erhebung seines Sohnes → Pharnakes II., der seine Leiche an Pompeius auslieferte.

[2] Trotz weiten politischen Horizonts und großer Kenntnisse hatte M. kein wirkliches Verständnis der röm. Macht. Eine Natur von vielseitiger Begabung und rastloser Energie, blieb er ein nur äußerlich hellenisierter Barbar, dessen Ziel sich in der mit aller Grausamkeit und Verschlagenheit erstrebten Ausweitung seiner Despotie erschöpfte. Der Untergang seiner Herrschaft (unter ungeheuren Verwüstungen und Menschenopfern in Griechenland und Kleinasien) bedeutete das Ende der seit 188 in Kleinasien bestehenden Ordnung und begründete mit der Ausdehnung der röm. Herrschaft bis nach Armenien im Osten das politische System der Kaiserzeit. D.T.

Lit: Th. Reinach, M. Eupator, 1895 – Mommsen, Röm. Gesch. III (1856), 1922[13] – F. Geyer, RE 15,2 (1932), 2163–2205 – M. Rostovtzeff-H. A. Ormerod, CAH IX. 225 ff. – D. Magie, Rom. Rule in Asia Minor, 1950 – *Bildnisse* → Anhang I.

Mittel (*μεσότητες*), Bestimmungen von Größen, welche auf bestimmte Weise zwischen zwei anderen Größen liegen. Schon den Pythagoreern der 1. H. des 5. Jh.s v. Chr. waren das arithmetische Mittel $\frac{a-b}{b-c} = \frac{a}{a} = \frac{b}{b} = \frac{c}{c}$ oder $b = \frac{a+c}{2}$, das geometrische Mittel $a : b = b : c$ oder $b = \sqrt{ac}$, und das harmonische Mittel $\frac{a-b}{b-c} = \frac{a}{c}$ oder $b = \frac{2\,ac}{a+c}$ bekannt. Im Laufe der Zeit wurden 8 weitere M. hinzugefügt, die von → Nikomachos (2) v. Gerasa (ar. 2,28) und von → Pappos (3,102 f. H.) behandelt wurden. K.v.F.

Mnaieion (*μναιεῖον, μναεῖον*), Minenstück, das ptolem. → Oktadrachmon in Gold von ca. 27,74 g. Das M. hatte den Wert einer → Mine von 100 → Drachmen in Silber, repräsentierte also ein Verhältnis von Gold zu Silber wie 12½ : 1. – Das M. wurde zuerst unter Ptolemaios II. mit den Doppelporträts der beiden ersten lagidischen Herrscherpaare, später mit denen der Arsinoë II. und Berenike II. sowie anderer ägyptischer Herrscher vermutlich bis ins 1. Jh. v. Chr. mit Doppelfüllhorn oder Adler auf Blitz auf den Rückseiten geprägt. Vgl. → Oktadrachmon. W. Schw.

Lit: Babelon, 445–446 – K. Regling, ZNum 33, 1922, 70–73 – Ders., in: v. Schrötter, 395 f. – Ders., RE 15,2 (1932), 2245 f.

Mnasalkes, von Sikyon, Epigrammatiker, 3. Jh. Heißt in einer spöttischen Grabinschrift des → Theodoridas ‹Elegiendichter›, seine Muse ‹ein Splitter vom Ruder des Simonides›. (Vorwurf des Plagiats?) Von Elegien des M. besitzen wir nichts, wohl aber einige Epigramme. P.H.

Ed: AP.

Mnemones. *μνήμων* ist wörtlich ‹einer, der etwas im Gedächtnis hat›, im besonderen ein Privater oder (in der Regel) ein Magistrat, der die Erinnerung an ein Rechtsgeschäft, eine Gerichtsverhandlung, ein Urteil oder auch etwa einen Rats- oder Volksbeschluß in seinem Gedächtnis oder in seinen Aufzeichnungen festhält und damit die Urkundlichkeit aller dieser rechtlich bedeutsamen Akte gewährleistet. So finden wir M. in den griech. Städten in äußerlich ganz verschiedenen Funktionen, etwa als Urkundspersonen bei wichtigen Rechtsgeschäften, als lebendes Archiv oder Grundbuch, als Sekretäre der Magistrate usw.; die Geschäftsführer des Rates heißen mancherorts Promnamones, die Verwalter von Heiligtümern → Hieromnemones. F.G.

Lit: K. Latte, Heiliges Recht, 1920, 30 Anm. 4 – E. Weiß, Griech. Privatrecht I, 1923, 252–254. 360–363 – Ders., RE 15,2 (1932), 2261–64.

Mnemotechnik (auch Mnemonik; *μνημονικὸν τέχνημα*, ars memoriae), System der Gedächtnisausbildung (→ Memoria) in der antiken → Rhetorik (B 6), entwickelt von → Theodektes. Es beruht auf einer fest im Gedächtnis einzuprägenden Reihe zahlreicher Örter (*τόποι*, loci), in welche die Phantasiebilder der jeweils wechselnden Merkgegenstände, die *εἴδωλα* (imagines), von Fall zu Fall einzutragen waren und wieder gelöscht werden konnten (Vergleich mit Wachstafel und Schrift). Diese Lehre wurde bis ins späte

MA und vereinzelt auch weiterhin tradiert; sie liegt noch manchem heute angepriesenen mnemotechnischen System zugrunde, obwohl sie auf die mehr eidetische und weniger abstrakte Denkveranlagung des antiken Menschen zugeschnitten war (übrigens auch Kritik erfuhr, z.B. Cic. de orat. 2, 360; Quint. inst. 11, 2, 23 ff.). → Topik. H.H.

Q: Rhet. Her. 3, 28–40; Cic. De orat. 2, 350–360; Quint. inst. 11, 2, 11–26 – *Lit:* Lausberg, I 525–527; II 747 – D. Matthes, Lustrum 3, 1959, 211–213 – Kennedy, Persuasion, 317f. – H. Hommel, Die Bildkunst des Tacitus, Würzb. Stud. z. Altertumswiss. 9, 1936, 141–144 – H. Blum, Die antike M., Diss. Tübingen 1964.

Mnesikles, neben → Iktinos, dessen Schüler er gewesen zu sein scheint, der bedeutendste Architekt der att. Klassik, nach Plut. per. 13 Erbauer der Propyläen (437–431). Vgl. → Propylon; → Architektur I F. G.Gb.

Mnesimachos, Dichter der mittleren → Komödie (I C); erster Lenäensieg kurz nach dem ersten des → Antiphanes (1), ca. 365/360; dichtete bis mindestens 343. Sieben Titel bekannt, davon → ‹Philippos› nach dem Makedonenkönig, zwei Mythentravestien, sonst Typen aus dem täglichen Leben, ‹Dyskolos› wohl Charakterkomödie (vor → Menander). Th.G.

Frg: FAttCom II 360–369.

Moabiter, Stamm der (Nord-)West → Semiten, seit dem 13. Jh. v. Chr. in der Hochebene östl. des Toten Meeres ansässig (wādi el-ḥesa südl. Grenze gegen die → Edomiter) und schon vor Israel (→ Judentum H 1) zur Herrschaftsform des Königtums übergegangen. Nach Übergriffen auf westjordan. Gebiet (Ri. 3, 12–30) kommt es unter → David (2. Sam. 8, 2) zur Abhängigkeit der M. von Israel (Vasallenkönigtum), nach 926 vom israelit. Nordreich (→ Omri). Unter ihrem König Mesa (mēšaʿ) erneut selbständig (Stele Mesas in Dībōn), werden die M. im 8. Jh. Vasallenstaat der Assyrer (701 Tributzahlung an → Sanherib), dann der Neubabylonier und erliegen im 6. Jh. den Einfällen der → Nabatäer. G.Wn.

Lit: Noth, passim – Ders., Israels Stämme zwischen Ammon und Moab, ZAW 40, 1944, 11–57 – A.H. van Zyl, The M., 1960 – Stele: Galling, Textb. z. Gesch. Israels, 1950, 47 ff.

Mocholos, kleine, felsige Insel (ursprünglich Halbinsel) auf der Ostseite des Golfes von Mirabello (Ostkreta). Bekannt durch die vorwiegend frühminoischen Funde (bes. → Steingefäße) in den dortigen Gräbern: in den Fels gesetzte, rechteckige Grabhäuser mit korridorartigem Eingang (vgl. → Grab B 1). W.Schg.

Lit: R.B. Seager, Explor. on the Island of M., 1912.

Moderatus von Gades, → Neupythagoreer, 2. H. 1. Jh. n. Chr. (Plut. mor. 727 B), interpretierte die pythagoreische → Zahlenmystik als bloß symbolische Ausdrucksweise für die Grundbegriffe eines metaphysischen Systems, das Platon von den Pythagoreern übernommen habe: das höchste ‹Eine› jenseits des intelligiblen Seienden, der Ideen; darunter als 3. Stufe die Seele, die als Harmonie von Zahlenverhältnissen die ungestalte Materie formt (Simpl. in Phys., CAG IX 230, 30 ff.; Porph. vit. Pyth. 48–52; Stob. 1, prooem. 8 f.; 1, 49, 32). Die → Neuplatoniker studierten M. (Porph. Plot. 20 f.; Euseb. hist. eccl. 6, 19, 8; Hieron. adv. Ruf. 3, 39). W.Bk.

Modestinus → Herennius.

Modulatio bezeichnet im Unterschied zu der modernen speziellen Bedeutung des Wechsels zwischen den Tonarten in der lat. Literatur viel allgemeiner die musikalische Gestaltung in Rhythmus und Harmonie. Daher Definition der Musik als *scientia bene modulandi*, des Tonsetzers als *modulator* (Hor. sat. 1, 3, 130). G.W.

Lit: C.J. Perl, Aurelius Augustinus, Musik (1937), 1962³, 285.

Möbel. Die Möblierung des antiken Hauses war schlicht und auf die elementarsten Bedürfnisse des Lebens ausgerichtet. Drei Arten von M.n lassen sich unterscheiden: zum Sitzen (Gespräch, Essen und Beratung), zum Ruhen (Schlaf) und zum Verwahren von Gegenständen (Gerät, Wäsche usw.). Im allgemeinen haben die M. in der Antike ihre ursprüngliche Zweckbestimmung und Formgebung beibehalten, da sich die Lebensgewohnheiten kaum änderten. Nur *ein* Wechsel ist zu verzeichnen, als die asiat. Sitte des Essens im Liegen auf der Klinē (κλίνη) durch die Ionier auch im Mutterland heimisch wurde (6. Jh. v. Chr., vgl. → Mahlzeiten). Fortan galt die Klinē nicht nur als Ruhe-, sondern auch als Speiselager und wurde entsprechend verbreitet und ausgestaltet. Die Sitzmöbel sind: 1. *Stuhl* (δίφρος), aus vier Pfostenbeinen und einem Sitzrahmen bestehend, ohne bes. Verstrebung zwischen den Beinen. Diese sind meist gedrechselt und von anmutigen Formen (Siphnierschatzhaus, Delphi, W-Fries). Neben diesem Stuhl für freies Sitzen stellt der δ. ὀκλαδίας eine Sonderform dar: ein Klappstuhl, dessen Beine in Tierklauen enden, gut zum Transport geeignet. – 2. Der große *Lehnstuhl* (κλισμός) hat nur Rückenlehne, oft in Zierform (Palmette, Tierkopf) endend. – 3. Der feierliche *Thron* (θρόνος) hat Rücken- und Seitenlehne, endet auch in Zierform und hat eigene Senkrechtstütze. Seine Beine laufen meist in Löwenklauen aus. Er ist der Sitz der Götter und Verstorbenen. – Ruhe- und Speiselager schlechthin ist die Klinē: Bett und Couch in einem. Pfostenbeine und Rahmen bestehen meist aus Holz, auch Bronze, ja Gold und Silber sind bezeugt (Hdt. 9, 82). Gurten aus Leder oder Hanf tragen die Matratzenlage (τύλη); das Kopfende ist erhöht oder schräg. Die Beine sind gedrechselt oder mit Intarsien verziert. Steinklinen in Gräbern und Heiligtümern geben uns die ursprüngliche

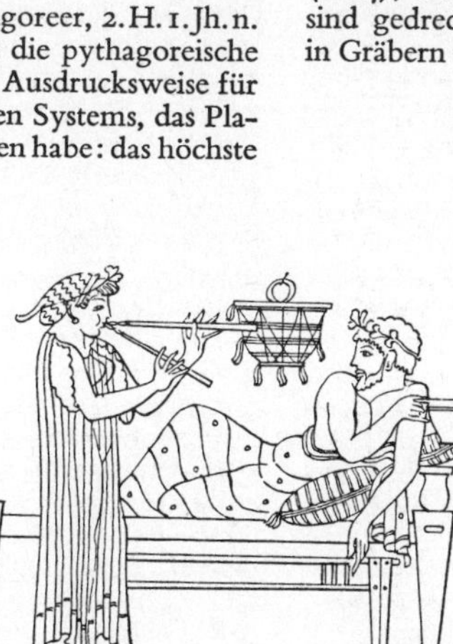

Abb. 144 (links) Thron mit Schemel Abb. 145 (Mitte) Kline mit niedrigem Kissen und dreibeinigem Tisch. An der Wand ein Speisekorb Abb. 146 (rechts) Lokrisches Tonrelief: Reichverzierte Truhe (Intarsien und erhabene Reliefs, zwei Metopenfelder), in die ein Mädchen ein zusammengelegtes Gewand legt. Hinter ihr ein Thron mit Rücken- und Seitenlehnen (zwei Kissen, reich gedrechselte Füße). An der Wand von links nach rechts: Weidenkorb für Wolle, Spiegel, Salbgefäß (Lekythos), Trinkbecher (Kantharos).

Länge (1,60–2,50 m). Milet hatte berühmte Manufaktur von Klinen. Das röm. Bett (lectus) bewahrt die Grundform der Klinē, ist jedoch überwiegend in Bronze gearbeitet und reich verziert (Seitenteile und Pfosten). – Das Essen

Abb. 147 Nachbildung einer Truhe mit Küchengerät in Terracotta

Abb. 148 *Oben:* Klappstuhl und Lehnstuhl *Unten links:* Nachbildung eines Stuhls in Terracotta, *rechts:* Nachbildung eines Tisches in Marmor

wird auf kleinen *Tischen* (*τράπεζα*) serviert: dreibeinig, dreieckige Tischplatte, mit Verstrebungen, meist aus Holz, seltener Bronze. Der röm. Tisch (mensa) hat mehr Formen: Klapptisch, Drei- oder Vierbeintisch, rund oder oblong; sogar Prunktische aus Marmor. – Ein kleiner *Schemel* (*θρῆνυς*), ursprünglich Teil des Thrones und des Kultbildes, wird eigenes M. und Teil der Symposionausstattung. – Wäsche und Gerät werden in der *Truhe* (*κιβωτός, λάρναξ*) verwahrt; kleinere *Kästchen* (*χηλός*) bargen Schmuck oder Geld. Die Wandungen waren fest gefügt und verzargt, ein Klappdeckel im Scharnier beweglich. Holzsärge bewahren Form und Technik. Reiche Verzierung an Wänden und Deckel durch Relief oder Intarsien (vgl. → Kypselos-lade). Schränke für Bücher (armarium), Gerät und Dokumente tauchen erst spät auf. F.E.

Lit: G. Richter, Ancient Furniture, 1926 – E. Budde, Armarium und κιβωτός, 1940.

Mönchtum

[1] Ursprünge – [2] Eremitenkolonien – [3] Kloster-M. – [4] Entfaltung im Osten und Westen.

[1] Das christliche M. ist im Verlauf einer längeren Entwicklung entstanden. Die Wurzel des M.s ist zunächst die altchristl. → *Askese*, später das Eremitentum. Im 2. Jh. erhielt das asketische Ideal großen Auftrieb. Besonders scharf trat → Markion für die Askese ein. Er verlangte von jedem Getauften die Verpflichtung zur Ehelosigkeit bzw. den Verzicht auf den ehelichen Verkehr. Markion ist damit der erste, der ein Gelübde zur Einhaltung der Keuschheit forderte. Die Großkirche hat diese Sitte später von ihm übernommen, wenn auch nur für die freiwilligen Asketen. Bereits → Clemens (2) Alexandrinus und → Tertullian (um 200) kennen Gelübde. In der Theologie und im Leben des → Origenes (gest. 254) – er lebte ehe- und besitzlos, in steter Meditation und unter zahlreichen Bußübungen – sind bereits alle für das M. wesentlichen Momente vorhanden. Es fehlte nur noch die äußere Trennung von der Welt. Mit der Einführung dieser Trennung entstand kurz nach seinem Tode das eigentliche M.

[2] Schon seit dem frühen 3. Jh. gab es in Syrien wandernde Asketen. In Ägypten verließen in der 2. Hälfte des 3. Jh.s zahlreiche Asketen die Welt, um als → Anachoreten in der Wüste zu leben. → Antonius (8) ist der erste gewesen, der *Eremitenkolonien* gründete. Diese stellen bereits den Übergang von dem freien Anachoretentum zum Kloster-M. dar. Bei Antonius selbst sind Eremitentum und gemeinsames Leben miteinander verbunden, insofern er nach der Belehrung Ratsuchender stets wieder in die völlige Einsamkeit ging. Im übrigen machte er für das im Entstehen begriffene M. den festen Rhythmus von Gebet und Arbeit zum Grundsatz und setzte auf diese Weise einer übertriebenen Askese Grenzen. Daher hat man ihm zu Recht den Namen ‹Vater der Mönche› gegeben. In der Folgezeit bildeten sich zahlreiche Kolonien von Eremiten in Ägypten, die sich jeweils um einen Abbas als ihren geistlichen Vater scharten, der auch das Maß der Askese bestimmte; so in Leontopolis (Nildelta) unter Hierakas, in der nitrischen Wüste unter Amun, in der sketischen Wüste unter → Makarios dem Ägypter, in Oberägypten unter Palaimon (→ Pachomios).

[3] Das *Klostermönchtum* ist von → Pachomios geschaffen worden. Ca. 320 hat er in Tabennisi in der Thebais ein Kloster gegründet, dessen Abt er blieb. Als er später weitere Klöster stiftete, hat er auch ihre Leitung als ‹Generalabt› übernommen. Die Ansätze eines gemeinsamen Lebens in den Anachoretenkolonien des Antonius weiterführend, hat er seine Mönche zu gemeinsamem Wohnen, Essen und Arbeiten verpflichtet. Die Gottesdienste waren schon in den Eremitenkolonien gemeinsam gehalten worden, wurden aber jetzt durch gemeinsame tägliche Andachten vermehrt, neben denen die privaten Gebetsübungen in den Zellen ihr Recht behielten. Pachomios schuf für seine Klöster eine Mönchsregel. Zweimal im Jahr fanden Kapitel statt, zu Ostern eine gemeinsame Feier der Passion und im August eine Rechenschaftsversammlung. In den Klöstern herrschte eine militärisch strenge Gehorsamspflicht. Unmittelbar oder mittelbar hat die Regel des Pachomios die späteren Regeln bzw. Anweisungen des → Basilius, → Cassianus, → Benedikt von Nursia beeinflußt. Vor allem aber breitete sich das M. in den Formen des Eremitentums, der Anachoretenkolonien und des Könobitentums von Ägypten in die übrigen Mittelmeerländer aus. Noch für lange Zeit hatte das ägyptische M. eine ganz überragende Bedeutung. Viele Mönche anderer Länder reisten für kürzere oder längere Zeit dorthin, um Anregungen für ihr eigenes M. zu erhalten (so u. a. Basilius d. Gr. ca. 357, → Rufinus ca. 373, → Hieronymus 385, → Palladius 388–99, → Cassianus 390–400). Auch übte die Vita Antonii des → Athanasios (→ Hagiographie) mit ihrem neuen Heiligkeits- und Vollkommenheitsideal einen ganz überragenden Einfluß auf das gesamte M. aus.

[4] Einen neuen Abschnitt in der Geschichte des M.s bedeuten die Klostergründungen und Regeln des Basilius (gest. 379). Sie haben bis heute dem griech. M. ihren Charakter aufgeprägt und durch ihre Weite das Entstehen besonderer Orden verhindert. Basilius unterscheidet sich hinsichtlich des Mönchsideals als solchen kaum vom ägyptischen M. Auch für ihn stehen Askese, Tötung des Eigenwillens und Gehorsam im Mittelpunkt. Aber er hat doch, was Pachomios noch nicht getan hatte, das Eremitentum

und Anachoretentum zugunsten des Kloster-M.s abgewertet. Der Mensch ist stets auf Gemeinschaft angewiesen. Er kann sein Charisma als Einsiedler nicht entfalten. Vielmehr sind die Charismen dazu gegeben, daß sie im Verein miteinander wirken. So wird für Basilius das Kloster zur idealen Gemeinde, die das Vorbild der idealisierten Urgemeinde nachahmt. Tatsächlich sollte dem Kloster-M. die Zukunft gehören. Freilich haben sich neben ihm die beiden anderen, älteren Formen des M.s noch lange gehalten, vor allem im Osten. Teilweise kam es sogar zu asketischen Spitzenleistungen wie bei den → Säulenheiligen (der Syrer Symeon 390–459). Das Stylitentum fand bis ins 10. Jh. Nachfolger. – Im späteren 4. und im 5. Jh. gewann das M. auch im Westen immer mehr Anhänger. → Hieronymus hat das M. leidenschaftlich propagiert und gegen vereinzelt laut werdende Kritik (Helvidius) verteidigt. Die Mariologie wurde dabei in asketischem Sinne erweitert (Maria als semper virgo). → Augustin, der seit seiner Bekehrung als Mönch lebte, hat M. und kirchliches Amt durch die monastische vita communis der Kleriker eng miteinander verbunden. → Cassianus übertrug die wesentlichen Ideale des ägyptischen M.s nach Gallien, wo sich bei Marseille ein monastisches Zentrum bildete. → Benedikt von Nursia übernahm viele Gedanken von Cassianus, faßte sie jedoch in die strengere Form einer festen Ordensgründung, die für die gesamte spätere Tradition des M.s im Abendlande vorbildlich wurde. B.L.

Lit: O. Zöckler, Askese und M., 2 Bde (1863), 1897² – St. Schiwietz, Das morgenländische M., 3 Bde, 1904–38 – H. B. Workman, The Evolution of the Monastic Ideal from the Earliest Times down to the Coming of the Friars (1913), 1927² – St. Hilpisch, Gesch. des benedikt. M.s, 1929. – K. Heussi, Der Ursprung des M.s, 1936 – Ph Schmitz, Gesch. des Benediktinerordens, 4 Bde, 1947–60 – A. Adam, Grundbegriffe des M.s in sprachl. Sicht, ZKG 65, 1953/54, 209–239 – A. Vööbus, History of Asceticism in the Syrian Orient, 2 Bde, 1958 bis 1960 – Lietzmann, KG IV, 116ff. – Sammelband: Théologie de la vie monastique, 1961 – B. Lohse, M. und Reformation, 1963.

Moenus (Kt. 1057 CE 6; heute der Main; Tac. Germ 28 u. a.), in röm. Zeit ein wichtiger Verbindungsweg nach dem Inneren → Germaniens (C); dem M. folgte der → Limes von Miltenberg bis Großkrotzenburg. L.B.-H.

Moesia, röm. Provinz am Unterlauf der Donau, grenzt im W an Dalmatien bzw. ein kleines Stück an Pannonia sup., im S an Makedonien und Thrakien, im O an das Schwarze Meer (Kt. 2209 CD 4). Im N bildet ursprünglich die Donau die Grenze, nach der Eroberung Dakiens diese Provinz. Grenzen im Laufe der Zeit verändert. M. umfaßt vor allem entlang der Donau fruchtbare Gebiete – noch im 3. Jh. wird M. als horreum Cereris bezeichnet –, im W sind die Gebirge z. T. erzreich. Die ursprünglich einheitliche Provinz wurde unter Domitian in zwei konsularische Provinzen geteilt: M. sup. im W, im O die alte ripa Thraciae, M. inferior. Die Grenze verlief westl. des Ciabrus. Zum Bereich des Statthalters von M. inferior gehörte auch die Überwachung der Schwarzmeerküste bis zur Halbinsel Krim. In der Spätantike neuerliche Teilung (s. u.). An Straßenzügen sind die durch das Vardar-Morawa-Tal führende Straße von Thessaloniki zur Donau sowie die Limesstraße (Tabula Traiana am Kasanpaß) zu nennen.

[2] *Geschichte:* Nach mehreren Feldzügen ohne nachhaltige Wirkung gelang es M. Licinius → Crassus, in den Jahren 29–28 v. Chr. das Gebiet von M. zu unterwerfen. Doch wurde es zunächst nicht als Provinz organisiert, sondern von Makedonien aus verwaltet. Die Einrichtung einer Provinz erfolgte wahrscheinlich bei Gelegenheit der Übernahme von Achaia und Makedonien in kaiserliche Verwaltung, wobei alle drei Teile zu einem großen Militärgouvernement vereinigt wurden. Einer der bedeutendsten Statthalter war Tib. → Plautius (7) Silvanus Aelianus, dem es gelang, mehr als 100000 Menschen mit ihren Königen und Sippenhäuptern aus dem transdanubischen Gebiet in M. anzusiedeln und die skythischen Gebiete nördl. von M. zu unterwerfen. Unter → Domitian erfolgte wohl infolge der Vorbereitungen zum Dakerkrieg die erste Teilung. Nach → Trajans Dakerkriegen, in denen M. Aufmarschgebiet war, wird nördl. der Donau die Tiefebene östl. der Aluta der Verwaltung von M. inferior unterstellt. M. war mit nahezu 1000 km Reichsgrenze ständig feindlichen Angriffen ausgesetzt und daher militärisch stark besetzt; die Romanisierung, die von den großen militärischen Zentren an der Donau ausging, daher sehr stark. Von den Griechenstädten an der Schwarzmeerküste her, die zunächst ihre Autonomie beibehielten, machte sich auch griech. Einfluß bemerkbar. Kaiser → Aurelian gründete nach der Aufgabe Dakiens auf dem Gebiet von M. seine Provinz Dacia. Unter Diokletian neuerliche Teilung in M. I und M. II, Dacia ripensis und mediterranea, sowie Scythia. In den Stürmen der Völkerwanderung wurde M. immer wieder von Germanen überschwemmt, doch hielten sich die Städte bis ins 6. und 7. Jh. Aus dieser Zeit stammen die mächtigen Wallanlagen in der Walachei. B.S.

Lit: A. v. Premerstein, Die Anfänge d. Provinz M., ÖJh 1, 1898, 146–197 – A. Stein, Die Legaten von M., 1940 – C. Patsch, Aus 500 Jahren vorröm. und röm. Gesch. Südosteuropas I, 1932 – V. Pârvan, Dacia, 1928¹ (engl.), 1958²(rum.) – Istoria Rominiei I, 1960 (rum.) – D. M. Pippidi, Epigraph. Beitr. z. Gesch. Histrias in hellenist. u. röm. Zeit, 1962.

Mogontiacum (Kt. 1057 C6; heute Mainz), Doppellegionslager auf dem Kästrich angelegt von der 14. und 16. Legion zwischen 18 und 13 v. Chr. Nach der Eroberung des Dekumatenlandes (→ Germanen C2) nur mehr mit Teilen einer Legion belegt und Sitz des Statthalters der Germania superior. Zivilsiedlung auf der Niederterrasse am Rhein erhält Stadtmauer im 4. Jh. nach Aufgabe des Legionslagers. Erhalten der ‹Eigelstein› (Grabturm, vielleicht Kenotaph des → Drusus, 1), Pfeiler eines Aquäduktes. Nachgewiesen u. a. Lagerthermen, Theater, Rheinbrücke. Die dem Heil des Nero geweihte Jupitersäule stand in der Nähe des Hafens. L.B.-H.

Lit: H. v. Petrikovits, Das röm. Mainz, MZ 58, 1963, 27–36.

Mohn (*μήκων*, papaver). Der unter den mittelländ. M.-Arten wichtige Schlaf-M. war schon in vor- und frühgriech. Zeit von Bedeutung, wie kret.-myk. Darstellungen von Göttinnen mit M. bezeugen. Die Verbindung weist auf einen lebengebenden Sinngehalt der samenreichen Pflanze. Nahe Beziehungen zeichnen sich zum Bereich der → Demeter ab, die den Jüngling Mekon in M. verwandelt, als er die Göttin während ihrer Suche nach der verlorenen Tochter zu trösten suchte. Mit dem Genuß von M.-Körnern unterbrach Demeter nach ihrer Ankunft in Eleusis ihr langes Fasten bei den Töchtern des Keleos. Mit M. in der Hand trat die Göttin vor den Frevler → Erysichthon (→ Pappel), ebenso dachte man sich die Erscheinung der Demeter Aloas an ihrem Fest (Theokr. eid. 7, 156). Zuerst hatte → Sikyon den M. von der Göttin empfangen und hieß daher ursprünglich Mekone. Hier treffen wir auch auf M. in der Hand der Aphrodite des → Kanachos (Paus. 2, 10, 5). Auf die Bindung an diese Göttin bezieht sich das mit M.-Blättern durchgeführte Liebesorakel *τηλέφιλον*. Außerdem ist das M.-Attribut für → Hera und → Kybele verbürgt, deren mütterlicher Charakter dadurch veranschaulicht wird. M. kennzeichnet das Bild des → Agathodaimon (Plin. nat. 34, 77). Mit der einschläfernden, betäubenden Wirkung des M.-Saftes (*ὀπός, ὄπιον*), dessen Gefährlichkeit bekannt war, dürfte die Zuordnung an Hermes als *ὑπνοδότης* und *ὀνειροπομπός* bzw. an → Nyx, → Hypnos und → Thanatos zusammenhängen. Unsicher bleibt, ob das von der Ägypterin Polydamna an Helena gegebene *φαρμακὸν νηπενθές*, das alles Leid vergessen ließ, M.-Saft enthielt (Hom. Od. 4, 220ff.), der in der antiken Medizin eine wichtige Rolle spielte. Vgl. → Flora. J.W.

Lit: Hehn, 316 – Murr, Pflanzenwelt, 183–186 – A. Steier, RE 15,2 (1932), 2433–46 – S. Marinatos, Kreta u. das myk. Hellas, 1959, Abb. 130f. 207.

Mohrrübe (ἀσταφυλῖνος, σταφυλῖνος, δαῦκος, pastinaca, daucus), den Alten wild und kultiviert bekannt, außer als Gemüse auch als Heilmittel verwendet, galt im Volksglauben als Aphrodisiacum (φίλτρον). Vgl. → Flora. J.W.

Lit: Murr, Pflanzenwelt, 180 f. – H. Gossen, RE 18, 3 (1949), 2103–06.

Moira, Moiren. Die Wörter *Moira* (μοῖρα), *Moros* (μόρος) und *Aisa* (αἶσα) werden – im allgemeinen ohne erkennbaren Unterschied – im älteren Griechisch zur Bezeichnung des notwendigen ‹Schicksals› gebraucht (daneben begegnen unpersönliche, verbale Ausdrücke mit der Bedeutung ‹es ist vom Schicksal bestimmt›). Die Grundbedeutung der genannten Substantiva ist ohne Zweifel ‹Teil, Anteil, Portion›, sie bezeichnen also eigentlich den ‹Anteil› des Einzelmenschen am Gesamtschicksal, die ‹Portion› der Geschehnisse (Nilsson), die ihn persönlich betrifft. An eine konkrete, persönliche Gottheit ist dabei zunächst nicht gedacht (vgl. → Daimon), jedoch nicht ausgeschlossen, daß ein Mensch die Überzeugung hatte, sein ‹Schicksalsanteil› sei ihm persönlich von den Göttern oder von einem einzelnen bes. mächtigen Gott – vor allem von → Zeus – zugewiesen. Andrerseits konnte die M. selbst – ähnlich wie der Daimon – als eine handelnde Gottheit aufgefaßt werden (damit ist also die Bedeutung ‹Anteil› umgebogen und aktivisch als ‹Zuteiler› gefaßt). Da der Tod die unabänderlichste und endgültige Gegebenheit des Lebensschicksals ist, wird bei Homer bes. oft von der ‹M. des Todes› (μοῖρα θανάτοιο) gesprochen. – Offenbar bestand also zunächst die Vorstellung, jeder einzelne Mensch habe seine eigene M., die ihm bei der Geburt zugeteilt ist (daher konnten die Moiren bei den Römern mit den → Parzen identifiziert werden; vgl. das Märchenmotiv von den Feen, die an der Wiege eines Neugeborenen erscheinen, um sein Lebenslos zu bestimmen). Damit ergab sich eine Vielzahl von Moiren, die wir aber bereits bei Hesiod (theog. 217, 904) auf die Dreizahl beschränkt und personifiziert finden (als Töchter der Nacht oder des Zeus und der Themis). Seit Homer stellt man sich die Moiren in der Regel als Spinnerinnen vor, bei späteren Dichtern wird dieses Bild in verschiedener Weise weiter ausgemalt, z.B.: *Klotho* spinnt den Lebensfaden, *Lachesis* teilt das Lebenslos zu, und *Atropos* (die ‹Unabwendbare›) durchschneidet den Faden. – Die M. verkörpern die Schicksals-‹Ordnung›, nach der ein Menschenleben abläuft (κατὰ μοῖραν, ‹nach der Moira›, kann ganz allgemein bedeuten ‹nach Gebühr›, ‹wie es sich geziemt›). Daß diese Ordnung nicht als blinde Notwendigkeit verstanden wird, läßt sich aus manchen Formulierungen ersehen, z.B. kann ein Mensch zuweilen etwas ‹über seinen (Schicksals-) Anteil hinaus (ὑπὲρ μόρον)› tun oder sich aneignen, dann muß er aber auch für diese Störung der Ordnung die Folgen tragen (vgl. → Hybris, → Nemesis). – Das Problem, in welchem Verhältnis unpersönliches Schicksal und der Wille persönlicher Götter in der älteren griech. → Religion (I C 2) zueinander gestanden haben, ist viel diskutiert worden. Offenbar bestehen hier zwei Auffassungen über den Ablauf der Ereignisse unabhängig nebeneinander, und ein Ausgleich von eventuell auftretenden Widersprüchen bzw. deren logische Klärung wird in der älteren Zeit kaum versucht. Einen Schicksalsbegriff in dem Sinne, wie er dann in der Spätantike geprägt wird (→ Heimarmene, → Tyche, → Pronoia; vgl. → Stoa, → Epikur), kennt die ältere griech. Literatur nicht. K.-H.R.

Lit: S. Eitrem, RE 15, 2 (1932), 2449–97 – U. Bianchi, DIOS AISA, 1943 – W. C. Greene, Moira, Fate, Good, and Evil in Greek Thought, 1944 – Nilsson I 361 ff. – *Darstellungen:* C. Caprino, EAA V, 1963, 143 f.

Moiris, Verfasser eines attizistischen Lexikons unbestimmter Zeit, vielleicht 3. Jh. n. Chr. In den nach dem ersten Buchstaben alphabetisch geordneten → Glossen ist das als attisch bezeichnete korrekte Wort dem entsprechenden Ausdruck der hellenist. Prosa oder der kaiserzeitlichen Umgangssprache in der Regel vorangestellt. Das kleine Werk sollte ein Hilfsmittel für alle diejenigen sein, die fehlerfreies Attisch schreiben wollten. – Quellen vor allem → Aelius (3) Dionysius, Herennios → Philon (3), → Phrynichos (4). Berührungen mit → Philemon (5). Fehler und Ungenauigkeiten sind besonders dort entstanden, wo M. gut attische Wortpaare (etwa Synonyma) in sein Schema 'Ἀττικοί – Ἕλληνες' gepreßt hat. – Das Lexikon, das bis in spätbyzantin. Zeit hinein benutzt wurde, ist im Coisl. graec. 345 (10. Jh.) überliefert, von dem alle anderen Hss. abhängen. Vgl. → Lexikographie B [3]. H.E.

Ed: I. Bekker, 1833 (hinter dem Lexikon des Harpokration) – *Lit:* C. Wendel, RE 15, 2 (1932), 2501–12 – K. Latte, Hesychii Lexicon, 1953, XIV 1.

Moiro (Myro), Dichterin eines Fluchgedichtes (‹Arai›). Fragmente einer ‹Mnemosyne› (in Hexametern) und von Elegien erhalten. (→ Hellenist. Dichtung C 1.) P.H.

Frg: Coll. Alex. 21.

Molionen, die Zwillingsbrüder Eurytos und Kteatos, Söhne des → Aktor bzw. des Poseidon und der Molione, aus einem silbernen Ei gekrochen und entweder zusammengewachsen oder als zwei Kämpfer (diese vermenschlichte Form Il. 11, 709 ff., vgl. 2, 621 u. ö.) am Krieg der Epeier von Elis gegen Neleus beteiligt (von → Nestor fast getötet) und Helfer des Augias im Krieg gegen → Herakles, erst erfolgreich, dann von ihm getötet (Pind. Ol. 10, 26–38). Hampe (a. O.) macht jedoch wahrscheinlich, daß die Aktorionen (Gegner des Nestor) von den Molionen (Gegnern des Herakles) zu trennen sind.

Darstellungen: R. Hampe, Frühe griech. Sagenbilder, 1936, 87 – Schefold, FS 21.

Moloch. In der Vokalisation ‹moloch› gibt die → Septuaginta anscheinend den Namen eines im AT hebr. mōlek̲ (nach hebr. bōšeṯ, ‹Schande› für hebr. melek̲) genannten kanaan. Gottes wieder. Diesem sollen noch in der Königszeit im Ben-Hinnom-Tal bei Jerusalem Kinderopfer dargebracht worden sein, wogegen → Josia eingeschritten ist (2. Kön. 23, 10; vgl. auch Jer. 7, 31–32; 19, 6; Lev. 18, 21; 20, 2–5; u. ö.). Es ist jedoch fraglich, ob es sich an diesen Stellen wirklich um einen Gottesnamen handelt. Obwohl die Gottesbezeichnung ‹mlk› in einigen semit. Religionen (→ Semiten D) nachweisbar ist, handelt es sich im AT wohl kaum um eine solche, sondern um einen → Opfer-Terminus; hebr. ‹l-mlk› wäre dann ‹als molek-Opfer› und nicht ‹dem Moloch› zu übersetzen. Aus pun. Inschriften, von denen die wichtigsten bei Ngaus (röm. Nicivibus) bei Constantine gefunden wurden, kann glaubhaft gemacht werden, daß hier der dem Hebr. verwandte Begriff ‹mlk› zur Bezeichnung von Opfern dient, die dem → Baal-Hammon dargebracht werden (‹Darbringung›) und die entweder in der Weihung von Menschen oder aber von Ersatztieren anstelle derselben (pun. molchomor = ‹Lamm-Opfer›) bestanden; dies wird durch die lat. Formeln ‹agnum pro vicario›, ‹anima pro anima, sanguis pro sanguine, vita pro vita› in drei Inschriften gestützt. – Die Darbringung von Menschenopfern im phön.-karthagischen Bereich bezeugen u. a. Phil. Bybl. 10, 33. 44; → Porph. abst. 2, 56; vgl. auch Curt. 4, 14; Plut. superst. 12; Min. Fel. 30, 2. Zu einem Massenopfer vornehmer Kinder soll es z. B. in Karthago 310 v. Chr. nach der Niederlage von Tunis gekommen sein, als → Agathokles (3) vor den Mauern der Stadt stand (Diod. 20, 14). Erst in röm. Zeit wurde offiziell gegen diese Menschenopfer eingeschritten (Tert. apol. 9; vgl. → Lact. inst. 1, 21, 1). G.Wn.

Lit: J. Hastings-J. A. Selbie, A Dictionary of the Bible, Suppl. 5, 1957, 1337–1346 – RGG IV 1089 f. – L. Poinssot-R. Lantier, Un sanctuaire de Tanit à Carthage, RHR 87, 1923, 32–68 – J. Carcopino, Survivances par substitution des sacrifices d'enfants dans l'Afrique romaine, RHR 106, 1932, 592–599 – O. Eißfeldt, Molk als Opferbegriff im Punischen, 1935 – K. Dronkert, De Molochdienst in het OT, 1953 – E. Dhorme, Le Dieu Baal et le Dieu M. dans la tradition biblique, Anatolian Studies 6, 1956, 57–62.

Molon (genauer: Apollonios, Sohn des Molon), von Alabanda (Karien), war wie der ältere → Apollonios (13) v.

Alabanda, mit dem er vielfach verwechselt wurde, ein Schüler des Menekles. Auch er kam, wohl gegen Ende des 2. Jh.s v. Chr., als Lehrer der Rhetorik nach Rhodos, wo ihn noch Cicero i. J. 78 hörte. Er genoß großes Ansehen in Rom, wo er 87 und 81 als Gesandter von Rhodos auftrat und im Senat die Erlaubnis erhielt, sine interprete griechisch zu reden. Vorliebe für zugespitzte Sentenzen soll seinen Stil gekennzeichnet haben. Sein Unterricht war vor allem auf die Praxis des Stils (elocutio) und des Vortrags (actio) ausgerichtet. → Rhetorik C [1], → Rhodische Schule (mit Lit.).

Lit: Kennedy, Persuasion, 326f. H.H.

Molossos, Sohn des → Neoptolemos und der → Andromache, von ihr mit Mühe vor den Nachstellungen der Hermione mit nach Epirus gerettet und dort Nachfolger des → Helenos (→ Molosser). Vgl. → Euripides, Andr.

Molossus (*μολοττός*, d.h. nach der Erklärung von Choir. ad Heph. p. 217, 14 C. *διὰ τὸ μέγιστος εἶναι* – wohl gegenüber anderen 2- oder 3silbigen Füßen): Versfuß aus 3 longa (–––), von antiken Metrikern wohl unnötigerweise als selbständiges Maß angenommen wie → Antibakcheus und → Antispast. Gelegentlich erscheint der M. als Variante von oder gar in Responsion mit → Bakcheus (⏑––). B. Sn.

Molottis (auch Molossis) → Epirus, → Molosser.

Moly, das magische Kraut, das Hermes dem → Odysseus zur Abwehr gegen den Zauber der → Kirke gibt (Hom. Od. 10, 302ff.). Man versuchte es bereits im Altertum botanisch zu bestimmen und dachte an eine → Lauch- oder Zwiebelpflanze. Zugrunde liegt ebenso wie bei der späteren Deutung als → Nieswurz die Annahme, daß M. eine wirkliche Pflanze sei. Die unbestimmte Überlieferung deutet vielmehr auf ein märchenhaftes Zauberkraut, dessen Bedeutung sich bis in die christl. Mystik verfolgen läßt. Vgl. → Flora. J.W.

Lit: Hehn, 201f. – A. Steier, RE 16,1 (1933), 29–33 – H. Rahner, Griech. Mythen in christl. Deutung, 1956, 232–283.

Monarchianismus. Monotheistisch die ‹Monarchie› Gottes betonend sah (1) der *dynamistische M.* in Christus den von Gottes ‹Kraft› (*δύναμις:* Lk. 1, 35) gezeugten und durch sie besonders ausgestatteten Menschen, den Gott später ‹adoptiert› (→ Adoptianismus; → Paulus v. Samosata); (2) der *modalistische M.* hingegen in Christus den Vater selbst, der verschiedene Offenbarungsweisen *(modi)* besitze (Noet v. Smyrna bei → Hippolyt. ref. 9, 7, 10; 10, 27; Contra Noetum und vielleicht auch → Sabellius, beide Wende 2./3. Jh. in Rom wirksam). C.A.

Lit: G.L. Prestige, God in Patristic Thought (1936), 1952².

Monas, ‹Einheit› (vgl. → Hen). (1) in mathematischer Bedeutung der Grundbestandteil, aus dem sich die Zahlen zusammensetzen; (2) in philosophischer Bedeutung: einheitliches Ding, alles, dessen Wesen einheitlich ist (vgl. Plat. Phil. 15 B). Die → Neupythagoreer unterscheiden unter den Urprinzipien der Dinge zwischen dem Einen (→ Hen) und der M., dem Begrenzungsprinzip, sind sich jedoch nicht einig, welchem von beiden der Vorrang gebühre. S.M.

Lit: E. Zeller, I 2 (bearb. v. R. Mondolfo, 1950²), 461, Anm. 2.

Monatsnamen

Attisch-Ionisch

Athen	*Milet*	*Delos*
1. Hekatombaion[1]	Panemos[5]	1. Hekatombaion
Metageitnion	Metageitnion	Metageitnion
Boëdromion[2]	Boëdromion	Buphonion
Pyanepsion	Pyanopsion	Apaturion
Maimakterion	Apaturion	Aresion
Poseideon*	Poseideon	Poseideon
Gamelion[3]	Lenaion	Lenaion
Anthesterion	Anthesterion	Hieros[7]
Elaphebolion[4]	Artemision	Galaxion
Munichion	1. Taureon[6]	Artemision
Thargelion	Thargelion	Thargelion
Skirophorion	Kalamaion	Panamos*[5]

Inseldorisch		Peloponnes
Rhodos	*Kos*	*Epidauros*
Panamos[8]	Panamos[8]	1. Azosios
Karneios[9]	Dalios[10]	Karneios[9]
Dalios[10]	Alseios	Praratios
1. Thesmophorios	1. Karneios[9]	Hermaios[8]
Diosthyos	Theudaisios	Gamos
Theudaisios	Petageitnyos[11]	Teleos
Pedageitnios[11]	Kaphisios	Posidauos
Badromios	Badromios	Artamitios[12]
Sminthios	Gerastios[13]	Agrianios[8]
Artamitios[12]	Artamitios[12]	Panamos[8]
Agrianios[8]	Agrianios[8]	Kyklios
Hyakinthios	Hyakinthios	Apellaios[8]

Mittel- und Nordgriechisch

Delphi	*Ätolien*	*Thessalien*
1. Appellaios[8]	Laphriaios	Phyllikos
Bukatios	Panamos	1. Itonios
Boathoos	1. Prokyklios	Panemos[8]
Heraios	Athanaios	Themistios
Dadophorios	Bukatios	Agagylios
Poitropios*	Dios*	Hermaios[8]
Amalios	Euthyaios	Apollonios*
Bysios	Homoloios[14]	Leschanorios
Theoxenios	Hermaios[8]	Aphrios
Endyspoitropios	Dionysios	Thyios[15]
Herakleios	Agyieos	Homoloios[14]
Ilaios	Hippodromios[14]	Hippodromios[14]

Makedonisch	Babylonisch (jüdisch)	
Loios	Du'ūzu	(Tammūz)
Gorpiaios	Abu	(Āb)
Hyperberetaios[16]	Ulūlu	(Elūl)[21]
1. Dios[17]	Tišrītu	(Tišrī)[22]
Apellaios[18]	Araḫsamna	([Mar]ḥešwan)
Audnaios	Kislīmu	(Kislēn)
Peritios	Ṭebētu	(Ṭēbēt)
Dystros	Šabāṭu	(Šĕbāṭ)
Xandikos[19]	Adāru	(Adār)*
Artemisios	1. Nisānu	(Nisān)
Daisios[20]	Ajaru	(Ijjār)
Panemos	Simānu	(Sīwān)

Ägyptischer Kalender

(Altägyptisch)	*Alexandria*	
Trunkenheit	1. Thot[23]	(= 29. 8.)
Bekleidung	1. Paophi	(= 28. 9.)
Hathor	1. Athyr	(= 28. 10.)
Sachmet (Var.: k'-ḥ-k')	1. Choiak	(= 27. 11.)
Schwellen des Speltes (Var.: Min)	1. Tybi	(= 27. 12.)
Großer Brand	1. Mechir	(= 26. 1.)
Kleiner Brand	1. Phamenoth	(= 25. 2.)
Renenutet	1. Pharmuthi	(= 27. 3.)
Chons	1. Pachon	(= 26. 4.)
Chentechthai	1. Payni	(= 26. 5.)
'Ipt-hmt	1. Epiphi	(= 25. 6.)
Re-Harachte	1. Mesore	(= 25. 7.)

5 Epagomenentage (24. 8.–28. 8.)

Hellenistische Kalender

Antiochia[24]		*Provinz Asia*[25]	
1. Hyperberataios	= Okt.	1. Kaisarios	= 23. 9. (31 Tg.)
Dios	= Nov.	1. Apellaios	= 24. 10. (30 Tg.)
Apellaios	= Dez.	1. Audynaios	= 23. 11. (31 Tg.)
Audynaios	= Jan.	1. Peritios	= 24. 12. (31 Tg.)
Peritios	= Febr.	1. Dystros	= 24. 1. (28 Tg.)

Dystros	= März	1. Xanthikos	= 21.2.	(31 Tg.)
Xanthikos	= April	1. Artemisios	= 24.3.	(30 Tg.)
Artemisios	= Mai	1. Daisios	= 23.4.	(31 Tg.)
Daisios	= Juni	1. Panemos	= 24.5.	(30 Tg.)
Panemos	= Juli	1. Loos	= 23.6.	(31 Tg.)
Loos	= Aug.	1. Gorpiaios	= 24.7.	(31 Tg.)
Gorpiaios	= Sept.	1. Hyberberataios	= 23.8.	(30 Tg.)

* Gewöhnlicher Schaltmonat. – [1] Monatsnamen mit vorangestellter 1. = Jahresbeginn. Hekatombaion = ca. Juli/August. Obige Reihenfolge der Monate (nicht immer gesichert) der ion., dor., mittel- und nordgriech., makedon., babylon. Kalender ist nach dem att. Kalender gegeben (Parallelisierung z. T. hypothetisch). – [2] Gemeinionisch sind: Boëdromion, Pyanopsion, Apaturion, Poseideon, Lenaion, Anthesterion, Artemision. – [3] In Athen statt gemeinionisch Lenaion. – [4] Gemeinionisch Artemision entspricht in Athen Elaphebolion oder Munichion, beide nach Artemisfesten benannt. – [5] Verbreiteter dor. Monat, entlehnt auch in Priene und den miles. Kolonien Kyzikos, Olbia, in Samos und der Kolonie Perinthos. – [6] Jahresbeginn seit Alexander d. Gr., früher wohl im Boëdromion. – [7] Monat der Delischen Feier, statt gemeinionisch Anthesterion. – [8] Gemeinsamer Grundstock der nichtion. Kalender: Panamos (auch in Sparta, Korinth, Megara, Böotien), Agrianios (auch in Sparta, Messene, Kalymna, Syme, Byzantion, Böotien, Lesbos), Hermaios (auch in Argos, Böotien), Apellaios (auch in Olus [Kreta], Öta [Thessal.]). – [9] Gemeindor. Monat (vgl. Thuk. 5, 54): auch in Sparta, Argos, Nisyros, Byzantion, Syrakus, Tauromenion, Gela, Akragas. – [10] Bezeugt Verbindung mit Apollonkult auf Delos. – [11] Entlehnt aus ion. Kalender, auch in Kalymna, Chalkedon, Kallatis. – [12] Auch in Sparta, Kalaureia, Thera, Knidos, Byzantion, Korinth und Kolonien, Megara und Kolonien. – [13] Auch in Sparta, Troizen, Kalymna, Kalaureia. – [14] Auch in Böotien. – [15] Auch in Böotien und Elis. – [16] Zusammenhängend mit den Hyperberetaia, Fest der hyperboreischen Erntegaben. – [17] Entlehnt aus nordgriech. Kalendern (Ätolien). – [18] Apellaios, Artemisios, Panemos wie in den nichtion. Kalendern. – [19] Zusammenhängend mit den Xanthika = Lustrationsopfer des makedon. Heeres. – [20] Zusammenhängend mit Theudaisios in Rhodos, Kos. – [21] Schaltmonat im 17. Jahr einer → Enneakaidekaëteris, sonst Adāru. – [22] Gleichung Tisrītu = Dios seit → Seleukos I. Vom 2. Jh. v. Chr. an (infolge Einschaltung weiteren Monats) Verschiebung: Tisrītu = Hyperberetaios. – [23] Infolge zweier Angleichungen des makedon. an den ägypt. Kalender (zuletzt unter Euergetes II. 131/0–119/8) ist für Alexandria 1. Thot = 1. Dios, für Gaza = 1. Gorpiaios (dort Neujahr 1. Dios = 1. Athyr), für Askalon = 1. Loos. In Ephesos lunisolare Jahresform bewahrt. Bei Übernahme des julian. Kalenders 26 v. Chr. Fixierung des ägypt. Neujahrs 1. Thot = 29. August. – [24] Nach Einführung des solaren julian. Jahres in Antiochia, Lykien, Sidon Kalender mit julian. Monatsanfängen. Antioch. Neujahrsmonat Hyperberataios (Okt.) = Loos in Lykien und Sidon (jedoch Neujahr lyk. 1. Dios = 1. Jan.). In Tyros Neujahr 1. Dios = 18. 11., die folgenden (makedon.) Monate wechseln zwischen 30 und 31 Tagen. In Antiochia 458–485 Neujahrstag verschoben auf 1. Sept. – [25] Jüngerer Kalender der Provinz Asia: Neujahr = Natalis des Augustus = 23. Sept., seit Einführung des Julian. Kalenders 9 v. Chr., so auch in Smyrna, Bithynien, Kreta, Kypros (Paphos). – Vgl. → Kalender (Lit). H. Kal.

Mond. Viele Vorsokratiker nahmen an, daß der M. aus einer erdartigen Substanz bestehe. Parallel dazu setzte sich die Erkenntnis durch, daß der M. kein Eigenlicht besitzt, sondern von der Sonne beleuchtet wird. → Anaxagoras erklärte auch, daß die M.-Oberfläche teils eben, teils gebirgig sei, und gab eine richtige Erklärung der M.-Phasen und der → Finsternisse. Nach → Platon stellt der M. eine Mischung aus Erde und Feuer dar, während er nach der Lehre der → Stoiker eine inhomogene Mischung aus Luft und ‹zartem› Feuer ist, wobei die Konzentration von Luft die dunkeln Flecken auf dem Monde hervorruft (vgl. Plutarchs De facie in orbe lunae). → Philolaos lehrte als erster, daß der M. der erdnächste Himmelskörper ist, und von → Aristoteles an galt die Sphäre des M.es als die Scheidegrenze zwischen der unveränderlichen Himmelsregion und der Veränderungen unterworfenen sublunaren Sphäre. Über die relativen Größen und Abstände von M. und → Sonne hat → Aristarchos (1) Berechnungen angestellt; nach → Eratosthenes ist er 780000 Stadien (das sind 40% des richtigen Wertes) von uns entfernt. → Poseidonios' Schätzung, die fast genau dem richtigen Wert entspricht, ist ein Zufallstreffer. → Hipparchos (3) und → Ptolemaios (17) wandten wissenschaftlich ernstere Methoden an, kamen jedoch nur zu ungenauen Ergebnissen. Die höchste Stufe wissenschaftlicher Präzision auf dem Gebiete der M.theorie erreichte die antike Astronomie in der Beschreibung der M.bewegung und seiner Umlaufzeit, sowohl bei den Babyloniern vom 3. Jh. v. Chr. an als auch bei den Griechen etwa 100 Jahre später von Hipparchos an. – Vgl. auch → Astronomie. S. S.

Lit: W. Gundel, RE 16, 1 (1933), 76–105 – Th. L. Heath, Greek Astronomy, 1932 – *Darstellungen:* → Selene.

Mondglaube. Der Mond hat in Griechenland ursprünglich keinen Kult und nur geringe Bedeutung im Mythos (Selene); er gilt als Zeitmesser, und sein Einfluß auf das Wetter und zahllose organische Vorgänge (Tau, Wachstum, Menstruation), von Philosophen und Medizinern anerkannt und in der Stoa systematisch erklärt, ist zentral im Aberglauben und Zauber (→ Hekate), durch die Verbreitung der Astrologie noch gefördert: bei Mondfinsternissen (thessalische Zauberinnen) Liebeszauber und Totenbeschwörungen, zugleich auf Grund der Vorstellung, der Mond sei Sitz der Verstorbenen (→ Pythagoreer, s. auch Plut. Mor. 943 A ff. und 509 B ff.; auch → Totengericht). In hellenist. Zeit dringt der phryg. → Men ein; Zeugnisse für Kult der → Selene sind spät. C. J. C.

Monergismus, Parallelerscheinung zum → Monotheletismus; Lehre von der *einen* Wirkungsweise (ἐνέργεια) des Willens im Gottmenschen (→ Maximus Confessor). C. A.

Moneta, Epitheton der → Juno, von den röm. Gelehrten auf monere bezogen: ‹die Mahnende›; die Etymologie ist ungewiß. Juno M. hatte einstmals die Römer ‹gemahnt›, sie sollten durch das Opfer einer trächtigen Sau ein Erdbeben sühnen (Cic. div. 1, 101). Ihr Tempel auf der Arx in Rom war im Jahr 345 v. Chr. durch den Diktator L. → Furius (4) Camillus im Verlaufe einer Schlacht gegen die Aurunci gelobt worden (Liv. 7, 28, 4–6). Der Stiftungstag war der 1. Juni (Ov. fast. 6, 183–186; Macr. Sat. 1, 12, 30). Da man in diesem Tempel → Münzen prägte, hat *moneta* die Bedeutung ‹Prägung› und ‹Münzgeld› erhalten. Ein Filialtempel wurde 168 v. Chr. auf dem Albanerberg errichtet (Liv. 45, 15, 10). H. Le B.

Monimos, von Syrakus, kynischer Philosoph. Seine Lebensgeschichte bei Diog. Laert. 1, 82–83, ist so eng mit dem Roman von dem Verkauf des → Diogenes (5) v. Sinope in die Sklaverei verknüpft, daß sich Wirklichkeit und romanhafte Erfindung kaum mehr voneinander trennen lassen. Er soll das menschliche Leben mit Traumbildern oder den Phantasien eines Wahnsinnigen verglichen haben. Er galt als Erfinder des literarischen Genus des σπουδογέλοιον, d. h. einer Literatur, welche in scherzhaftem Gewande ernsthafte philosophische Gedanken und Maximen zu verbreiten suchte. K. v. F.

Monochromata. Plin. nat. 35, 15 nennt so die Malerei mit jeweils nur einer einzigen → Farbe und führt ihre Erfindung auf Ekphantos zurück (→ Malerei C 1). Später wurde Zinnober, schließlich Rötel oder Sinopis das bevorzugte Farbmittel. Durch unterschiedliche Tönung der Lokalfarbe konnte plastische Wirkung erzielt werden. In der röm. Malerei sind Einzelbilder als gelbe, braune, rote und weiße M. behandelt (vgl. die M. ‹ex albo› des → Zeuxis), grün und braun auch ganze Wände (vgl. → Marmorbilder). C. K.

Lit: Pfuhl, 498. 689 – Rumpf, 169. 181 – Schefold, VP, 128 ff., Taf. 5, 2. 12 – G. Lippold, RE 16, 1 (1933), 130 f.

Monodie. [1] In der → *Lyrik* ein von einem Einzelnen zu Instrumentalbegleitung vorgetragenes Lied (Gegensatz: Chorlyrik); vgl. → Lyrik I A. E.-M. V.

[2] In der → *Tragödie* lyrischer ‹Einzelgesang› eines Schauspielers. Von → Aristophanes (pax 1013, Thesm. 1077, ran. 849, 944, 1330) als depravierte Form des Wechselgesanges zwischen mehreren Schauspielern, vgl. → Amoibaion (Lit.), spöttisch getadelt. E.-R. Sch.

Lit: G. Henn, Unters. z. d. M.n des Eur., Diss. Heidelb. 1959 (masch.).

Monolith (μονόλιθος, scil. ἀνδριάς usw), aus einem einzigen Steinblock gearbeitete Skulptur. E. Bg.

Monolog, die als ‹Selbstgespräch› gehaltene Rede eines Schauspielers in der → Tragödie. Der Sprechende muß nicht allein auf der Bühne sein; es genügt, daß er, in Gegenwart anderer, sein Alleinsein imaginiert. E.-R.Sch.

Lit: W.Schadewaldt, M. und Selbstgespräch, Neue Philol. Unters., 2, 1926.

Monophysitismus, innerhalb der → alexandrinischen Theologie seit → Kyrill, nach Annahme der Zweinaturenlehre durch Chalkedon (451; → Konzile) auch vom syr. und ägypt. → Mönchtum vertretene Christologie, die Christus nach der Menschwerdung nur *eine*, die göttliche Natur (*μία καὶ μόνη φύσις*) zusprach. C.A.

Monopol. Bereits das griech. Wort M. (‹Alleinverkauf›) bezeichnet die Vereinigung des Gesamtangebotes einer Ware, seltener der Nachfrage, in einer Hand, die dadurch das Verhalten auf dem Markt bestimmt. Träger des M.s war in der Antike durchweg der Staat, der zum eigenen fiskalischen Vorteil den Wettbewerb verbot. Voll-M.e waren in der vorhellenist. Zeit selten; das Münz- und Wechsel-M., das Athen im → Pelop. Krieg für sein Reichsgebiet errichtete, ist wohl am bedeutendsten. Vor allem Handels-M.e sind aus den Poleis des 4.Jh.s v.Chr. überliefert, die damit ein Aushilfsmittel gegen momentane Geldnot ergriffen. Bedeutung erlangten die M.e für den Fiskus erst in hellenist. Zeit, bes. in Ägypten, wo von altersher durch das Obereigentum des Königs am Boden die ganze landwirtschaftliche, aber auch ein erheblicher Teil der gewerblichen Produktion von diesem betrieben oder gelenkt wurde. Staats-M.e bestanden hier für Salz, Aromata, Öl, Bier, Metalle, Soda, Textilien, Papyrus, für das Bankwesen u.a. Die röm. Kaiserzeit brachte demgegenüber eine deutliche Auflockerung des M.wesens selbst für Ägypten. Seit dem 3.Jh. n.Chr. beanspruchte der röm. Staat durch Zwangslieferungen zwar mitunter einen so hohen Anteil an der Warenproduktion, daß er damit faktisch ein M. für diese Waren ausübte, aber die wirklichen M.e dieser Zeit, wie Purpur- und Waffen-M., waren nicht wirtschaftlich, sondern politisch bedingt. H.Br.

Lit: F.Heichelheim, RE 16, 1 (1933), 147–199 (Lit).

Monopteros, baldachinartiger Säulenbau ohne Cella, der als Schirmdach von Kultmalen, Altären und Heroengräbern verwendet wurde (z.B. M. über der ‹Säule des Oinomaos› in Olympia, Paus. 5,20,6; M. über der frühesten Kultbildbasis in Samos). Auch die beiden locker angefügten Hallen des Erechtheion (→ Architektur I F5), die Korenhalle über dem Kekrops-Grab und die Nordhalle über dem Dreizackmal sind typologisch hier einzuordnen. Der Peripteros entstand möglicherweise durch eine Verschmelzung des → Megaron mit der Bauidee des Baldachins, die den M. bestimmt. G.Gb.

Lit: H.Drerup, Zur Entstehung der griech. Tempelringhalle, in: Festschr. Matz, 1962, 32–38.

Monosyllabon, ‹einsilbiges Wort›, wird weitgehend am Periodenende vermieden. B.Sn.

Monotheismus. Vorauszusetzen ist, daß für ursprünglichen Glauben (1) die in einer bestimmten Situation helfende oder zerstörende Gottheit immer Eine ist, (2) der seiner Schwäche bewußte Mensch sich in einer Welt findet, in der «alles voll von Göttern ist» (bei Diog. Laert. 1,27 → Thales zugeschrieben, auch sonst viel zitiert). Homer und Hesiod bieten ein System von Göttern: Ein Götterkönig regierend über eine Vielzahl von Göttern, von denen jeder seinen besonderen mehr oder minder eng umgrenzten Machtbereich besitzt. Diese Form von *Polytheismus* setzt voraus, daß der Begriff ‹Gott› verhältnismäßig unbestimmt bleibt und lediglich Ewigkeit (im Sinne des Nicht-Sterbenmüssens), Glückseligkeit und eine dem Menschen überlegene Kraft meint, keineswegs aber eine Allmacht im strengen Sinne. Schon ein wichtiger, dem → Xenophanes zugeschriebener und in jedem Falle noch dem 5.Jh.v.Chr. angehörender Text (VS 21 A 28 ist ein peripatet. Referat) stellt fest, daß eine allmächtige Gottheit (*ἁπάντων κράτιστος*) logischerweise nur eine einzige sein könne. Dementsprechend bezeichnet Xenophanes seinen obersten Geist-Gott ausdrücklich als einen einzigen (21 B 23). Doch haben wir Grund zu vermuten, daß er neben diesem auch untergeordnete Kräfte als Götter im weiteren Sinne bezeichnet hat. Dieselbe Position haben im Prinzip auch → Platon (neben dem einen Demiurgen die unteren Götter, denen jener bestimmte Aufgaben delegiert: Tim. 28Aff. und 40Aff.), → Aristoteles (der eine unbewegte Beweger und nach ihm die ewig bewegten Gestirngötter) und die → Stoa (die eine alles durchdringende Gottheit und die durch die Namen des Mythos durchscheinenden untergeordneten göttlichen Kräfte) eingenommen, woraus folgt, daß die Alternative M.–Polytheismus für das antike Denken in gewisser Weise gegenstandslos wird. Wird der Begriff *θεός* strikte gefaßt, so ist die Religion des philosophisch gebildeten Griechen und Römers als M. zu bezeichnen. Doch läßt gerade dieser Gebildete unbedenklich auch einen sehr weiten Gottesbegriff gelten. Schon vom 5.Jh.v.Chr. an redet der Grieche gern von *οἱ θεοί, οἱ κρείττονες, τὸ θεῖον, τὸ δαιμόνιον*, wenn er von göttlicher Macht überhaupt sprechen und sich nicht festlegen will, welche und wie viele Götter an einem Geschehen beteiligt sind. Bezeichnenderweise sind dem sogar christl. Autoren zuweilen gefolgt mit dem Zugeständnis (z.T. erleichtert durch das AT), daß die Engel in gewissem Sinne Götter genannt werden könnten (Aug. civ. 9,23; 12,25). – Für sich steht die Schule Epikurs, für die der Gottesbegriff von vornherein nicht die Omnipotenz umfaßt, so daß sie nicht nur den traditionellen Polytheismus gelten lassen kann, sondern auch implicite gegen den M. einwendet, daß nur eine Vielheit gleichgeordneter Götter jener Glückseligkeit teilhaft werden kann, die aus dem geselligen Umgang gleichgestimmter Freunde erwächst (vgl. Cic. Hort. Fr. 40 M.). Daß dieser Gedanke auch anderswo vorkommt, zeigt Plut. mor. 423CD. – Radikaler M. ist der Antike überhaupt fremd. Die Sprachgewohnheit verbietet die Reduktion des Begriffs *θεός* auf den einen obersten Gott, und von der Sprachgewohnheit ist die Kulttradition, die zahllose *θεοί* kennt, nicht ablösbar. Den olympischen Göttern den Namen *θεός* zu verweigern, empfindet auch der im philosophischen M. lebende Grieche als unnötig unduldsam und pedantisch. Von daher begreift sich die Reaktion gegen den kompromißlosen M. erst des → Judentums, dann des → Christentums: das philosophische Anliegen wird anerkannt, die Folgerung für Sprachgebrauch und Kult als zerstörerische Engstirnigkeit abgelehnt. Auf der andern Seite hat der hellenist., später der röm. Herrscherkult die Neigungen zum M. verstärkt (‹Ein König im Himmel, Ein König auf Erden›); die untern Götter werden mit den Beamten des Königs parallelisiert. – Wenn im → Synkretismus der Spätantike viele Mysterienreligionen ihren Gott als den einen preisen, der unter unzähligen Namen immer derselbe sei, so verbindet sich da ein Ausschließlichkeitsanspruch, wie er virtuell schon den Mysterien von Eleusis und dann allen späteren von Eleusis beeinflußten Mysterienkulten eigen ist, mit dem philosophischen M. vor allem der Stoa (und des Platonismus) und einzelnen orientalischen Elementen. Die Stärke des Judentums und Christentums im ganzen war die Radikalität, mit der der M. verfochten und damit die Alternative zwischen M. und Polytheismus überhaupt erst grundsätzlich zur Diskussion gestellt wurde. O.G.

Monotheletismus, unter Anerkennung der Zweinaturenlehre von Chalkedon (→ Konzile) entwickelte christologische Konzeption von dem *einen* Willen (*θέλημα*) des Gottmenschen; kaiserlich geförderter Versuch des 7.Jh.s, den syr. und ägypt. → Monophysitismus für die byzantin.-orthodoxe Kirche zu gewinnen. C.A.

Montanismus. [1] In Phrygien/Kleinasien bes. lebendige Enderwartungen des → Chiliasmus steigerte Mitte des 2.Jh.s ein gewisser *Montanus* (spätere Polemik machte ihn zum früheren Priester Apollos bzw. Kybeles) zu einer ekstatischen Bewegung unmittelbarer Naherwartung. Während seine Prophetinnen Maximilla (gest. 179) und Prisca in Ekstase Orakelsprüche der ‹neuen Prophetie› verkündeten (Beispiele überliefert), bezeichnete er sich selbst als Inkarnation des ‹Parakleten› (Joh. 14,26; 16,7) und Künder der Lehre von den 3 Formen eschatologischer Existenz: letzte und höchste Stufe werde die Seligkeit in den ewigen Palästen des Lichtes in unmittelbarer Gottesnähe sein, die zweite hingegen sei das den Märtyrern und vollkommen Gerechten vorbehaltene neue Paradies und die erste das neue Jerusalem, dessen Bürgerrecht allen wahren Christen verheißen sei. Die Herabkunft des himmlischen Jerusalems (Apk. 21, 9ff.) und damit der Auftakt zum 1000jährigen Reich wurde für zwei nahe gelegene, phryg. Städtchen (Pepuza und Tymion) bzw. ihre Mustergemeinden erwartet. Durch strenge Askese bereitete man sich hier auf das baldige Weltende und den Geistempfang vor.

[2] Gegenüber der schnellen Ausbreitung des M. blieben *kirchliche Gegenmaßnahmen* (exorzistische Aktionen gegen die ‹Prophetinnen›; erste → Synoden des Episkopats; zahlreiche, weithin verlorene, antimontanistische Traktate: Exzerpte aus einem bei Eus. hist. eccl. 5, 16ff.) wirkungslos. Um 170 n. Chr. gibt es Gemeinden des M. in Gallien, Rom und Nordafrika. Allerdings blieb dem M. nicht das Fiasko enttäuschter Naherwartung erspart. Doch der Montanist → Tertullian (ab 207) vermittelt ein Bild festgefügter Gemeinden, die sich als ‹pneumatici› von der Großkirche (‹psychici›) losgesagt haben und sich von ihr durch rigorose Heiligkeitsforderungen (Verbot der zweiten Ehe; der Flucht in der Verfolgung; verschärftes Fasten), die z. T. durch Parakletsprüche sanktioniert wurden, unterschieden. Sonstige dogmatische Unterschiede bestanden nicht; erst 230 n. Chr. verwarf eine Synode von Ikonium die Taufe des M. als schismatisch. Wie weit man Nachrichten über ihn aus späterer Zeit (Hieronymus, ep. 41, 3f.; Augustin; Epiphanios) als Beweis für ein Fortbestehen in nachkonstantinischer Zeit heranziehen kann, ist umstritten. – Die frühere Ableitung des M. aus phryg. Kulten (Schepelern) wird heute überwiegend abgelehnt. A. A.

Q: N. Bonwetsch, Texte zur Gesch. des M., Lietzmann KIT 129, 1914 – *Lit:* W. Schepelern, Der M. u. die phryg. Kulte, 1929 – H. Kraft, ThZ 11, 1959, 249–271 – K. Aland, Kirchengesch. Entwürfe I, 1960, 105ff.; 149ff. – Hennecke³ II, 485–488.

Montanus, vgl. auch → Curtius, → Votienus.

Monumentum Ancyranum, Bezeichnung für eine 1555 gefundene Abschrift des Leistungsberichtes des → Augustus, die in lat. Sprache in der Vorhalle und in griech. Übersetzung auf einer Außenwand des Augustus- und Romatempels zu Ankyra (Ankara) eingemeißelt war. Fragmente zweier anderer Kopien wurden 1914–1930 in den pisidischen Städten Apollonia und Antiocheia gefunden. Der (noch nicht aufgefundene) Originaltext war auf zwei Pfeilern vor dem Mausoleum des Augustus eingraviert (Suet. Aug. 101, 4). Das von Augustus in hohem Alter angefertigte Verzeichnis seiner Taten (Index rerum gestarum) berichtet in überlegener Sachlichkeit von seinen Ämtern und Ehrungen, den Aufwendungen für den Staat und den Ereignissen seiner Regierung in Krieg und Frieden. R. T.

Ed: Th. Mommsen, Res gestae divi Augusti (1865), 1883² (mit 11 Lichtdrucktafeln) – Handausgabe: H. Volkmann, Res gestae divi Augusti (1957), 1964⁴ – *Lit:* M. Schede-H. S. Schultz, Ankara u. Augustus, 1937 (Übers.) – G. Misch, Gesch. d. Autobiographie I (1907), 1949³, 284ff. – W. Weber, Princeps I, 1936.

Mopsos. [1] Seher der → Argonauten, → Lapithe, Teilnehmer an der → kalydon. Jagd, der am Schlangenbiß starb, heroische Ehren und ein Orakel erhielt.

[2] Mythischer Seher aus Südwestkleinasien, bes. verbunden mit dem Apollonorakel in Klaros, als dessen Gründer er zuweilen erscheint. Nach dem ältesten Zeugnis bei → Kallinos (Frg. 8 B.) ist er Genosse des → Kalchas und besiedelt Pamphylien (nach Plin. nat. 5, 96 hat diese Landschaft ursprünglich Mopsopia geheißen). Auch die historisch bedeutende Stadt → Mopsuestia wird von M. abgeleitet (Theopomp FGrHist 115 F 103). Nach Euphorion (bei Serv. ecl. 6, 72) sind M. und Kalchas Konkurrenten in der Seherkunst, und dieser stirbt aus Kummer über eine Niederlage im Seherwettstreit. Die Genealogie macht M. zum Sohn der Manto, Tochter des Teiresias. Unklar bleibt, wieso der Name auch in Thessalien und in Attika erscheint (Hieronymos v. Kardia, FGrHist 154 F 17; vgl. Strab. 9, 1, 18) und schließlich in der hellenist. Bukolik als Hirtenname auftritt (Verg. ecl. 5). – Als Mukstuš (hethit.) bzw. Mupsh (phöniz.) wird dieser M. ähnlich wie → Azitawadda auf einer Bilingue in Karatepe faßbar. O. G. – W. Schg.

Lit: V. R. d'A. Desborough–M. G. L. Hammond, The end of Myc. civ. and the dark age, CAH I/II (1924), 1962², H. 13, 23f.

Mopsuestia (Kurzform *Mopsos*, nach dem mythischen Gründer gleichen Namens, im 2. Jh. v. Chr. vorübergehend *Seleukeia*, heute Misis) in Kilikien (Kt. 1567 D 3). Siedlungshügel chalkolith.-byzant. Zeit. Antike Stadtmauer, Stadion, Theater. Bedeutendes Fußbodenmosaik um 400 n. Chr. Ausgrabungen 1955–60 durch H. Th. Bossert. E.-M. B.

Lit: H. Th. Bossert, AfO 18, 1957/58, 186–189 – H. v. Aulock, AA 1963, 231–277.

Morpheus wird in hellenist. Zeit (aus griech. Tradition zuerst bei Ov. met. 11, 635) bisweilen ein → Dämon genannt, der dem Menschen im Schlaf die verschiedenartigen, wechselnden Traumgestalten sendet (sein Name ist abgeleitet von μορφή, ‹Gestalt›). Er gilt als Sohn des → Hypnos (‹Schlaf›). K.-H. R.

Mormo, ein Schreckgespenst wie → Lamia, → Gorgo, → Gello, → Ephialtes. Anspielungen ziemlich selten, zuerst bei Aristophanes (av. 582; equ. 693; pax 474) und Xenophon (Hell. 4, 4, 17). Vgl. → Dämonen. K.-H. R.

Mosaik

A. Technik – B. Griechisches und Römisches M.: [1] Bis zum Hellenismus – [2] Pergamon und Delos – [3] Pompeji und Rom – [4] 2. und 3. Jh. – [5] Spätantike – C. Christliches M.: [1] Fußboden-M. – [2]–[4] Monumentalmosaik: [2] Anfänge (3./4. Jh.) – [3] Entfaltung (5./6. Jh.) – [4] Nachwirkungen (7.–9. Jh.) – Vgl. bes. → Kunst, → Malerei, → Ornament, → Symbol (jeweils mit Lit.). – Zu den nur mit Verfassernamen gegebenen Abbildungsnachweisen vgl. unten Lit.

A. Technik. Unter M. versteht man die ornamentale oder figürliche Auslegung von Fußböden, Wänden und Decken mittels kleiner Steinchen oder Glasstücken von je nach Bedarf und Art der Technik unterschiedlicher Form und Farbe. Nach Vitr. 7, 1 besteht der Aufbau des ‹*opus tessellatum*› aus drei Unterlagsschichten von unterschiedlicher Zusammensetzung und einer Mörtelschicht, in die die Steinchen (tessellae) eingedrückt werden; häufig bildet es nur die Umfassung eines in der subtileren Technik des figürlichen ‹*opus vermiculatum*› (‹gewürfelt›) ausgeführten → Emblema (vgl. Varro, rust. 3, 2, 4). Dagegen scheint der umstrittene Begriff des ‹*Lithostroton*›, das sich nach Plin. nat. 36, 189 aus kleinen Marmorplättchen (‹*parvulis crustis*›) zusammensetzt, ähnlich dem ‹*opus sectile*› und ‹*opus Alexandrinum*›, der Technik der → Inkrustation anzugehören. Ein umfassender Begriff wie ‹musivum› u. ä. ist erst seit dem 3. Jh. n. Chr. überliefert. Vorzeichnung ist bisher nur an späten M.en nachgewiesen, andrerseits spricht auch bei den älteren Emblemata nichts zugunsten einer negativen Kartonsetzung; der Mörtel wird der Bildoberfläche entsprechend gefärbt, also in kleinen Abschnitten aufgetragen, die Steinchen nach Vorlage versetzt und glattgeschliffen. Aus diesem Verfahren erklären sich nicht selten auftretende Unstimmigkeiten bes. bei Kopien nach Meisterwerken. Die Technik des M.s war auch im Alten Orient bekannt.

B. Griech. und röm. M. [1] *Bis zum Hellenismus.* Die älteste, nur archäologisch faßbare Form des griech. M.s, das

→ *Kieselmosaik*, ist aus dem natürlichen Kieselzuschlag des Fußbodenestrichbelages (pavimentum) entwickelt worden, in Ornament und Motiven von der Teppichweberei beeinflußt. Früheste Beispiele stammen aus Kalydon und Delphi. Vor 397 v. Chr. ist das große M. mit Tierkämpfen aus Motya datiert. Zahlreiche, teils fünffarbige M.en stammen aus Häusern des 348 zerstörten → Olynth, einzelne aus Korinth, Athen, Assos, Olympia, Alexandria. Noch vor Ende des 4. Jh.s sind die meisterhaften, z. T. von Gnosis signierten Stücke in Palästen von → Pella entstanden (Arch. Deltion 16, 1960, 72). Nur Fürsten und auf dem Alexanderzug reich Gewordene konnten sich solchen Luxus leisten (Ath. 13, 542D). Um die Mitte des 3. Jh.s *Übergang zur eigentlichen M.-Technik*. Wichtigste Fundorte sind Morgantina (Sizilien), Alexandria, Pergamon und Delos (vgl. Ath. 5, 204D; 209B, über den M.schmuck im schwimmenden Palast → Hierons II., den dieser → Ptolemaios III. schenkte).

[2] *Pergamon und Delos*. Künstlerischen Höhepunkt bilden die M.en aus den Palästen → Eumenes' II. (197/159) in Pergamon; das Stück in einem Gemach des Palastes V trägt die Signatur des Hephaistion (Altertümer von Perg. V, 1930, Taf. 8ff.; vgl. dazu A. Ippel, AM 27, 1912, Taf. 27). Bis in röm. Zeit bleiben die Werke des → Sosos bekannt. – Bedeutendster Fund aus dem 86 v. Chr. zerstörten → Delos (Délos VIII 397; Mon. Piot 14, 1908, 185; Pernice 22) ist das sog. → Tigerreiter-M. Gegen Ende des 2. Jh.s arbeitet → Dioskurides. – M.kopien von Gemälden schmücken in der Zeit des sog. 1. pompejanischen Stils (→ Malerei D 3) in Form von → Emblemata die Fußböden der Häuser und Villen.

[3] *Pompeji und Rom*. In noch größerem Ausmaß als bereits auf Delos ahmen vermögende Hausbesitzer bes. in Kampanien die kunstvolle Ausstattung hellenist. Paläste nach. Das M. wird zum beliebtesten Bodenbelag und ist, angefangen mit einfarbigen, punktweise oder linear über zweifarbige, geometrisch-ornamentale bis zu prunkvollen, vielfarbigen figürlichen Motiven in nahezu jedem Haus vertreten. Aus Pompeji stammen die bekannten → Fisch-, Löwen-, Katzen-, → Tauben-, Masken- und → Stilleben-M.en (Pernice, 149ff.), bes. das → Alexander-M.; andere aus Sizilien (Jagd-M. aus Palermo; Löwen-M. aus Terano), dem benachbarten Malta und aus Pergamon. Wenige M.en sind in Rom selbst, um so bedeutendere in der republikan. Villa in → Tibur (→ Tauben-M.) und in → Praeneste (→ Nillandschaft und → Fisch-M.) gefunden (Pernice 19). Mit der Schöpfung der illusionistischen Wanddekoration um 80 v. Chr. werden die Fußböden schlichter; erst unter den Flaviern beginnt die für die folgenden Jh.e charakteristische Blüte figürlicher M.en, also seit der klassizistischen Verhärtung des 4. Stils (Gartentriklinien und Nymphäen in Pompeji und Herculaneum, vgl. z. B. A. Maiuri, Ercolano, 1958, Abb. 332ff.); das M. erobert sich vereinzelt auch Wände und Gewölbe.

[4] *2. und 3. Jh.* Das M. ist von nun an immer wieder von Motiven der älteren Wandmalerei beeinflußt (vgl. z. B. Levi, Taf. 25ff.), während in der Wanddekoration die Malerei mehr und mehr durch die → Inkrustation verdrängt wird. So ist unsere relativ geringe Kenntnis von der gleichzeitigen Malerei nicht nur durch den schlechten Erhaltungszustand bedingt; eine Kunstgeschichte der kaiserzeitlichen und spätantiken → Malerei (D 7–9) ließe sich ohne M.en nicht durchführen. – Die bedeutendsten farbig-figürlichen Beispiele hadrianischer Zeit stammen aus Tibur (Rumpf, 183f.; Wirth 74). → Aquileia tritt mit kraftvollen ornamentalen Stücken hervor; → Ostia ist reich an figürlichen M.en in Schwarzweißtechnik hadrianisch-antoninischer Zeit; Syrien, bes. → Antiochia (Levi; vgl. chronolog. Tabelle ebd., 624), Nordafrika (Rumpf, 187), Gallien und Germanien (zunächst bis 260/75) sind mit Stücken aus allen Epochen vertreten. Diokletianisch sind die M.en von → Piazza Armerina.

[5] *Spätantike*. In konstantinischer Zeit setzt in allen Provinzen des Reiches abermals eine Blüte des M.s ein. Einzelfunde aus Kleinasien, Nordafrika, Gallien, Germanien, Britannien bei Rumpf, 193ff. Von besonderer Qualität sind die z. T. durch Münzen datierten Funde aus Antiochia (Levi, Taf. 52ff.); aus Spanien das kürzlich wiederhergestellte Mausoleum Constantius' II. in → Centum Cellae (Th. Hauschild-H. Schlunk, Vorbericht, MM 2, 1961, 119 bis 182). – Thematisch sind bes. → Jagdbilder und die sog. Paradeisoi (vgl. die Orpheus-M.en: G. Guidi, Orfeo, Liber Pater e Oceano, Afr. It., 1935, 121), neben Bildern vom Landleben (vgl. Gewölbe von S. Costanza, um 350) Szenen aus dem Circus (Rumpf, 193, 10; 194, 1; 196, 15f.) beliebt. Seine reichste Entfaltung aber erfährt das M. im Innern christl. Grab- und Kirchenbauten (s. u.). C.K.

Lit: P. Gauckler, Musivum opus, DS III 2 (1905), 2088 – Inventaire des mosaïques de la Gaule et de l'Afrique, 1909ff. – B. Nogara, I mosaici ant. conserv. nei Palazzi Pontifici, 1910 – S. Aurigemma, I mosaici di Zliten, 1926 – E. Krüger, Röm. M.en in Deutschland, AA 48, 1933, 656–710 – F. v. Lorentz, RE 16, 1 (1933), 328–343 – Ders., *ΒΑΡΒΑΡΩΝ ΥΦΑΣΜΑΤΑ*, RM 52, 1937, 165–222 – F. Wirth, Röm. Wandmalerei..., 1934 – E. Pernice, Pavimente und figürliche M.en, 1938 – M. E. Blake, Pavements of Roman Buildings, Mem. Am. Ac. 8, 1930, 7–159 – Dies., Roman Mosaics of the sec. cent. in Italy, ebd., 13, 1936, 67–214 – Dies., Mosaics of the Late Empire in Rome and vicinity, ebd., 17, 1940, 81–130 – D. Levi, Antioch Mosaic Pavements, 1947 – B. Pace, I Mosaici di Piazza Armerina, 1955 – P. C. Sestieri, Tombe dipinte di Paestum, RIA, 5/6, 1956/57, 65–110 – B. R. Brown, Ptolemaic Paintings and Mosaics, 1957 – G. V. Gentili, Piazza Armerina, I mosaici figurati, 1959 – K. Parlasca, Die röm. M.en in Deutschland, Röm.-Germ. Forsch. 23, 1959 – H. P. L'Orange-P. J. Nordhagen, M., Von der Antike bis zum MA, 1960 – S. Aurigemma, Tripolitania, I mosaici, 1960 – Recueil général des mosaïques de la Gaule, 1960ff. – V. von Gonzenbach, Die röm. M.en der Schweiz, 1961 – H. Kähler, Die Stifterm. in der konstantin. Svedkirche von Aquileia, 1962 – D. Levi, EAA V, 209–239.

C. Christliches Mosaik. [1] *Fußboden-M.en* des 4. bis 6. Jh.s erinnern in der Synthese spätantiker Bildformen mit biblischer Gottes- und Geschichtsauffassung an Synagogen (dort waren Figuren auf Fußböden seit dem 4. Jh. erlaubt: vgl. R. Meyer, Judaica 5, 1949, 20ff.). Gleiche Themen, z. B. der Auszug der Tiere aus der Arche in der Synagoge von → Gerasa, 1. H. 5. Jh., und in der Kirche von Misis-Mopsuestia, ca. 400 (Kanael 59 und Budde) oder die Opferung Isaaks, z. B. in der Synagoge Beth-Alpha, 6. Jh. (Kanael 60) lösen die Frage nach den jüd. Wurzeln der christl. → Kunst aus (Grabar). Hier wie dort sind biblische Szenen ziemlich selten, während antikes Gut (geometrische Muster, Ranken, Tiere, → Landschaften, → Jagd- und → Meeresszenen), sogar kosmologische Figuren (Helioswagen, Erde, Zodiakos, Jahreszeiten, Monate und Winde) bevorzugt sind, z. B. in Beth-Alpha und Beth-Shean, aus dem 6. Jh. (Kanael 61; Crowfoot 19) und im 6. Jh. dionysische Weinteppiche beliebt werden, z. B. in Beth-Shean (Crowfoot 20f.); ein synagogales Gegenstück in Ma'on (Kanael 67). In Aquileja jedoch ist ein geradezu schroffer Unterschied des ornamentalen Fußboden-M.s der Synagoge (Zovatto 127–33) zum figürlichen Programm der Doppelbasilika, Anf. 4. Jh., (a. O., 58–100), der Basilika von Beligna und Oratorien späterer Jh.e (a. O., 109–25) festzustellen. Kirchen des 6. Jh.s in Grado (a. O., 137–161) kehren zu rein geometrischen Formen zurück. Für Baptisterien bietet der eingetiefte M.-Taufbrunnen von Kelibia (Tunis; 5./6. Jh.) ein guterhaltenes Beispiel (L'Orange, 71). Eigenart Palästinas ist die Darstellung heiliger Orte (Landkarte v. Madaba, ca. 600; s. u. → Lit).

[2]–[4] Im *Monumental-M.* bringt die unbeschränkte Verwendungsmöglichkeit der Glastesserae (plastisch, facettiert oder rasterartig eingesetzt) spezifisch christl. Transzendenz als Transparenz zur vollen Entfaltung: [2] Die *Anfänge* liegen im Dunkel; heidnisches Vergleichsmaterial aus Kultbauten fehlt fast völlig. Zeichnungen des 17. Jh.s einer Lupercal-Kapelle mit M.en im Altarraum und am Triumphbogen (L'Orange, VII) und das Nischen-M. eines

Mithräums in Ostia mit → Silvanus (3.Jh.; L'Orange, 38) lassen jedoch eine den Fußboden-M.en analoge Anknüpfung an antike Vorbilder erahnen. Dementsprechend tritt in vortheodosianischen, durchweg weißgrundigen M.en das typisch Christliche noch zurück, weder in dem impressionistischen Helios-Christus (→ Christusbild) mit eingewobenen Katakombenthemen der Juliergruft in Rom (ca. 300; L'Orange, 39) noch in den dekorativen, an Aquileja erinnernden Gewölbe-M.en von S. Costanza, Rom (320/30; L'Orange, 42f.); deren verlorene Kuppel-M.en verbanden sogar biblische und bacchische Themen mit einer → Nillandschaft, während gleichzeitige Kuppel-M.en in → Centumcellae, Spanien, biblische Rettungsszenen (nach Art der Säulensarkophage untergliedert) und antikes Gut (Hirschjagd, Jahreszeiten) streng nach Zonen trennte (L'Orange, IX). Noch um 432/440 war die ursprüngliche Apsiswölbung von S. Maria Maggiore, Rom, nur mit → Nillandschaft, Putten, → Akanthos und Muschel ausgefüllt.

[3] Seit Ende 4.Jh. tritt anstelle des bisherigen Eklektizismus ein geschlossenes Programm triumphaler Darstellung Christi als Herrschers in paradiesischer Umgebung und mit himmlischem Hofstaat. Es bemächtigt sich zunächst der Apsiden, Triumphbögen und Kuppeln, um dann auch die Mittelschiffswände der Kirchen zu erobern. *Der byzantinische Stil* tendiert zu vollem Goldgrund, Flächenhaftigkeit trotz transzendierender Tiefenwirkung, nach Entmaterialisierung und idealistischem Ästhetizismus; seine visionär-phantastische Prachtliebe treibt die Entwicklung entscheidend voran. *Beispiele:* S. Georg, vorher → Galerius-Mausoleum, in Saloniki; Kuppel-M. in 3 Zonen (unterste erhalten, mit an den 4. pompejanischen Stil anklingender Architektur → Malerei) und Gewölbe-M.en (ca. 400; Volbach, 122–7); ebd., Apsis-M. von S. David, ein Visionsbild der Maiestas Domini (Mitte 5.Jh.; Volbach, 133–5). – *Der römische Stil* ist nüchterner, kräftiger und konservativer; er liebt naturalistische Szenen, Monumentalität und plastische Gestaltung. *Beispiele:* Nischen-M.en von S. Costanza, ca. 380 (?), mit Schlüsselübergabe an Petrus bzw. Bestallung der Apostelfürsten durch Christus auf Himmelskugel bzw. Paradiesberg (Volbach, 33; vgl. → Symbol, 4); Apsis-M. von S. Pudenziana, ca. 400, mit Christus auf Kaiserthron im himmlischen Jerusalem und Triumphkreuz auf Golgathafelsen (Volbach, 130); goldgrundiger Triumphbogen von S. Maria Maggiore, 432/440, mit Kindheitsgeschichte Jesu und Maria als Kaiserin (L'Orange, 56); Langschiffwände ebd., 2. Viertel 5.Jh., mit Heilsgeschichte von Abraham bis Josua unter noch impressionistischer Goldverwendung (Volbach, 128f.); Apsis-M. von S. Cosmas und Damian, 526/530: auf Blaugrund Christusepiphanie in den Wolken, auf Goldgrund → Lämmer-Apostel-Allegorie mit zentralem Gotteslamm (L'Orange, 64B). – In Mailand und Ravenna herrscht ein *Mischstil*, der röm. wie byzantin. Einfluß offensteht; ihm gehört die Mehrheit des erhaltenen Materials an. *Beispiele:* ehem. Baptisterium S. Aquilino, Mailand um 390 (?) mit Christus philosophicus auf Goldgrund (Volbach, 138); ehem. Baptisterium, Neapel Anf. 5.Jh. (?) mit → Christogramm im Zenit, Blaugrund (L'Orange, 49). – Aus → Ravenna: sog. Mausoleum der → Galla Placidia, vor 450 (Deichmann, 2–31); Baptisterium der Orthodoxen, ebd. vor 450, Kuppel-M., 2. und 3. Zone wie S. Georg, Saloniki; Ineinandergreifen von M. und Stuckreliefs (Deichmann, 37–95); Baptisterium der Arianer 2.H. 5.Jh. ähnlich, nur kleiner (2 Zonen) und strenger, ganz im Goldgrund (Deichmann, 249–73); erzbischöfl. Kapelle um 500 mit Vorhalle (Deichmann, 216–45); erste Ausschmückungsperiode der ehem. Palastkirche Theoderichs, S. Apollinare Nuovo, 500–526: sog. christologischer Zyklus, anscheinend nach norditalien. Perikopenfolge der Fasten- und Osterzeit angeordnet (Nordström), Apostel und Propheten zwischen den Fenstern, in Apsisnähe die Theotokos bzw. Christus zwischen vier Engeln, in Eingangsnähe Classe mit Hafen bzw. das Palatium von Ravenna mit Kaiserempfang; zweite Phase von S. Apollinare Nuovo 556–565: Tilgung der Theoderichreminiszenzen (Spuren: Deichmann, 110), Märtyrerkronen darbringende Prozessionen zur Theotokos bzw. Christus im byzantin.-flächigen und ‹rhythmisch-monotonen› Stil (Bovini; Deichmann, 98–213); S. Vitale (526–547) fortschreitend unter byzantinischem Einfluß, der mit den Kaiserbildern (Justinian und Theodora) zum Abschluß kommt, aber bei gleichmäßiger Beteiligung von Ost und West in der Bildtradition (Deichmann, 311–75); Apsis-M. von S. Michele in Affricisco um 545, stilistisch S. Vitale verwandt (Abb. bei Wessel); S. Apollinare in Classe (549 eingeweiht) mit dem eschatologischen Epiphaniekreuz der Apsis, das auch die metaphorische Verklärungsszene beherrscht, und östlicher Bildtradition; M.en der Apsiswände vom Ende des 7.Jh.s kopieren S. Vitale (Deichmann, 383–413). – Trotz Mannigfaltigkeit der Einzelausführung beruht das nachtheodosianische Programm der M.en auf einer begrenzten, immer neu abgewandelten und ausgeweiteten Zahl von Bildelementen. Sie hängen teils mit der Apk. zusammen (z.B. → Lamm = Christus, bzw. Lämmerallegorie, Thronbereitung = Etimasia, himmlisches Jerusalem = lauteres Gold; vgl. Apk. 5,6; 21f.), teils mit dem antiken → Herrscherkult (z.B. Thronen bzw. Stehen auf der Himmelskugel = Kosmos; Apotheose durch Krönung oder Clipeus mit Niken = Engel), teils mit dem Hofzeremoniell (z.B. Engel oder Apostel als vorstellende Hofchargen; Darbringung von Kronen = aurum coronarium; Märtyrerinnen = Hofdamen; Apostel = Senatoren mit clavi und Pallium). In Kreuz oder Christogramm auf dem Firmament wirken Platons Weltseele (Tim. 36B) und gnostische Vorstellungen (z.B. Act.Joh. 19,98) nach.

[4] Der *Bildersturm* (8.Jh.) zerstörte wertvolle M.en des Ostens, so die Theotokos aus der Apsis der Hagia Sophia, Konstantinopel (A.P. 1,1 vgl. Mango, BZ 47, 1954, 395 bis 402 u. Grabar, L'Iconoclasme byz., 1957, 184–192). Reste aus der Koimesiskirche von Nikaia (6./7.Jh.; Rice, 76f.), aus S. Demetrius, Saloniki (7.Jh.; Volbach, 216f.) und der Venantiuskapelle des Lateran (7.Jh.; L'Orange, 80–83) lassen aber das Urteil zu, daß im 7.–8.Jh. die byzantin. Tendenz zu Flächigkeit und Entweltlichung (Spiritualisierung, Transparenz der Figuren, geometrische Abstraktheit der Gewänder, äußerster Schwund an Plastizität) ihren Höchstgrad erreichte. Der Bildersturm brach diese Entwicklung abrupt ab. So konnte die sog. *makedonische Renaissance* des 9.Jh.s im Gleichgewicht von Monumentalstil und Spiritualisierung an das antik-christl. Erbe der M.en des 4. bis 6.Jh.s wieder anknüpfen. Beispiele: Zenokapelle S. Prassede, Rom; S. Maria in Domnica, Rom (Anf. 9.Jh.; L'Orange, 90–93); Sophienkirche, Saloniki (2.H. 9.Jh.; L'Orange, 94–98); Tympanon der Mitteltür Hagia Sophia, Konstantinopel (Ende 9.Jh.; Abb. bei Mango). Daraus sollte sich die mittelalterliche Glanzzeit der Monumental-M.en von Byzanz im 10.–14.Jh. entwickeln. F.-H.K.

Lit: J. Wilpert, Die röm. M.en u. Malereien, 4 Bde, 1916 – M. v. Berchem-E. Clouzot, Mosaïques chrétiennes, 1924 – F. v. d. Meer, Majestas domini, 1938 – J. W. Crowfoot, Early Churches in Palestine, 1941 – O. Demus, Byzantine Mosaic Decoration, 1947 – C. O. Nordström, Ravennastudien, 1953 – Kl. Wessel, Das ravennat. M. in den staatl. Museen Berlin, 1953 – O. Perler, Die M.en der Juliergruft, 1953 – M. Avi-Yonah, The Madaba Mosaic Map, 1954 – G. Bovini, Die M.en von Ravenna, 1956 – C. Cecchelli, I mosaici della basilica di S. Maria Maggiore, 1956 – F. W. Deichmann, Frühchristl. Bauten u. M.en von Ravenna I, 1958 – W. F. Volbach, Frühchristl. Kunst, 1958 – D. T. Rice, Kunst aus Byzanz, 1959 – H. P. L'Orange-P. J. Nordhagen, M., 1960 – Ch. Ihm, Die Programme der christl. Apsismalerei, 1960 – B. Kanael, Die Kunst der antiken Synagoge, 1961 – A. Grabar, CArch 11, 1960, 41–71; 12, 1962, 115–152 (zu jüd. Wurzeln) – J. Beckwith, The Art of Constantinople, 1961 – L. Budde, Phaidon 1961, 118–126 (zu Misis-Mopsuestia) – C. Mango, Materials for the study of the mosaics of St. Sophia at Istanbul, 1962 – B. L. Zovatto, Mosaici paleocristiani delle Venezie, 1963 – E. Dinkler, Das Apsis-M. von S. Apollinare in Classe, 1964.

Mosaikgläser → Glas.

Moschion, Tragiker (4. oder 3. Jh. v. Chr.? → Hellenist. Dichtung D). Bezeugt: ein ‹Telephos›, ‹Themistokles› und ‹Pheräer›, also mythische und historische Stoffe. P.H.

Frg: TGF 812–816.

Moschopulos, Manuel, ca. 1265–1315, Schüler und Freund des → Planudes, angesehener Philologe. Schrieb ein grammatisches Lehrbuch (Ἐρωτήματα γραμματικά, Umarbeitung einer nicht näher bekannten byzantinischen Vorlage), das in der Humanistenzeit sehr beliebt war, und, für den Unterricht, ein Verzeichnis attischer Wörter. Edierte und kommentierte Werke von Homer (die ersten 2 Bücher der Ilias, eine schülerhafte Jugendarbeit), Hesiod, Pindar, Aischylos, Sophokles, Euripides, Theokrit, Philostrat, von byzantinischen Schriftstellern, vielleicht auch von Aristophanes. Widmete sich dabei vor allem der Exegese und Worterklärung, seltener grammatischen Fragen. H.E.

Lit: Krumbacher, 546. Vgl. → Thomas Mag.

Moschos, von Syrakus, Dichter, um 150 v. Chr., Schüler des → Aristarch (2). Drei Fragmente (oder vollständige Gedichte?) aus den ‹Bukolischen Gedichten› bei Stobaios: darunter ein Vergleich zwischen dem Bauern und dem Fischer. Die anderen: kleine Liebeslieder ohne eigentlich bukolische Elemente nach Art der Gelagepoesie. – ‹Eros der Entlaufene› ist eine Kundmachung der Aphrodite, nach dem Muster der Kundmachungen bei entlaufenen Sklaven. – ‹Megara› heißt ein (unechtes?) dialogisches Gedicht nach der Gattin des Herakles, die hier mit dessen Mutter Alkmene über die Mühsal des Helden spricht. – Über die ‹Totenklage für → Bion› s. d. – Mit 166 Versen ist das → Epyllion ‹Europa› nicht ganz vollständig erhalten. Die Erzählung beginnt mit dem Traum der Europa und dem Weg des Mädchens mit ihren Gespielinnen zum Meere (dabei Beschreibung des Blumenkorbes: → Epyllion): dort gesellt sich zu ihnen Zeus, in einen Stier verwandelt. Beschreibung des anmutigen Tieres, die das Göttliche ahnen läßt und kaum merklich das Perverse streift. Prunkvolle Erzählung der Meerfahrt des Mädchens auf dem Rücken des verwandelten Gottes nach Kreta. Am Ende des unverstümmelten Textes wohl eine Erklärung für den Namen des Erdteils Europa. – Sämtliche Gedichte im Hexameter, zum Teil (jedoch nicht die ‹Europa›) nach → Kallimachos' Regeln. P.H.

Ed: U. v. Wilamowitz-Moellendorff, Bucolici Graeci (1905), 1910² – A. S. F. Gow, Bucolici Graeci, 1952 – *Lit:* W. Bühler, Die Europa des M., 1960 (Hermes-Einzelschr. 13).

Mōt (semit. ‹Tod›), ugaritisch-palästinensischer Gott der sommerlichen Dürre, dessen Kult durch Namen im AT und Funde aus → Ugarit bekannt ist. Ein dort entdecktes Epos, das einen Vegetationskult belegt, berichtet vom Siege M.s über → Baal und dessen Erweckung durch die Göttin → ʿAnat, die M. tötet. G.Wn.

Lit: WbMythol I 261–264. 300–302 – G. R. Driver, Canaanite Myths and Legends, 1956, 10–21. 72–120.

Motye, phönik. Kolonie an der W-Spitze Siziliens auf der Insel San Pantaleo in einer Lagune 8 km nördl. Marsala, durch einen schmalen Damm mit dem Festland verbunden (Kt. 1420 E9). 398 v. Chr. durch → Dionysios I. von Syrakus erobert und geplündert, danach aufgegeben und durch → Lilybaion ersetzt. E.M.

Lit: J. J. S. Whitaker, Motye, 1921 – K. Ziegler, RE 16, 1 (1933), 387 bis 407 – V. Tusa, EAA V, 1963, 249f.

Mucia Tertia, Tochter des Q. → Mucius (4) Scaevola (cos. 95 v. Chr.). Heiratete ca. 80 → Pompeius (2), der sich 62 wegen ihrer intimen Beziehungen zu Caesar von ihr trennte. Danach zweite Ehe mit M. → Aemilius (15) Scaurus. 39 versuchte sie zwischen ihrem Sohn Sex. → Pompeius (4) und Octavian (→ Augustus) zu vermitteln. Chr.M.

Mucianus, C. Licinius, cos. suff. vor 67 n. Chr., II 70, III 72. Homo novus, vielleicht aus Spanien. Unbeständige politische Anfänge unter → Claudius (1). Unter → Nero (1) Legat von Lykien. Legat von Syrien seit ca. 67. Nach anfänglichen Differenzen mit → Vespasian Versöhnung durch → Titus. M. ließ seine Legionen zunächst auf → Otho und → Vitellius (1) schwören, wurde dann aber Protagonist der Anwartschaft Vespasians. Zum Befehlshaber des flavischen Heeres gegen die Vitellianer ernannt. Auf dem Marsch nach Italien bekämpfte er Daker und Sarmaten. Verstimmungen mit → Antonius (15) Primus, der ihm bei den Kämpfen in Italien und Rom zuvorgekommen war. Nach dem Einmarsch in Rom zog er als Stellvertreter Vespasians alle Macht an sich und verdrängte Antonius Primus. Auch nach dem Eintreffen Vespasians blieb er dessen einflußreichster Ratgeber. Starb ca. 77. M. war gebildet und als Schriftsteller tätig. Von → Plinius als Quelle benutzt (Plin. nat. 1, 37, ind. auctor. 2–13. 16. 19. 31. 33. 35f.). U.Wm.

Lit: R. Syme, Tacitus, 1958, Ind. S. 840; App. 85.

Mucianus → Licinius.

Mucius Scaevola (Cordus), C., versuchte Rom durch Ermordung des Etruskerkönigs → Porsenna von der etrusk. Belagerung zu befreien, tötete aber anstelle des Königs nur seinen Schreiber. Der angedrohten Folter spottete er durch Verbrennung seiner rechten Hand, weshalb er Scaevola ‹Linkshand› genannt wurde. Die Beendigung der Belagerung erreichte er durch die Enthüllung einer röm. Verschwörung gegen das Leben Porsennas. R.W.

2. **M. Scaevola,** P. (tr. pl. 141 v. Chr., praet. 136, cos. 133) gehörte zu den reformfreundlichen Senatoren, die den Tib. → Gracchus (1) in seinen Absichten ermutigten. In den Auseinandersetzungen um diesen i. J. 133 widersetzte sich M. der Forderung des → Cornelius (36) Scipio Nasica Serapio nach Gewalt, solange Gracchus nicht einen Volksbeschluß gegen das Gesetz durchbringen wolle. Nach Gracchus' Ermordung erkannte er allerdings die Haltung der Senatsmehrheit an. 129 opponierte er im Senat gegen → Cornelius (29) Scipio Aemilianus. G.G.

[2] M. war ein bedeutender *Jurist* (Cic. de or. 1, 212). Bekannt sind von ihm 10 Libelli (Pompon. dig. 1, 2, 2, 39); Cicero überliefert 5 Entscheidungen von ihm, je eine Iavolenus Priscus (Dig. 24, 3, 66 pr.), Modestinus (?, vgl. Dig. 49, 15, 4) und Pomponius (Dig. 50, 7, 18). Als Vertreter der Begriffsjurisprudenz wird er von E. Seidl (a. O. 131) kritisiert. H.Hb.

Lit: P. Krüger, Gesch. d. Quellen u. Lit. d. röm. Rechts (1888), 1912², 62 – E. Seidl, Röm. Rechtsgesch. u. röm. Zivilprozeßrecht, 1962, 131.

3. **M. Scaevola,** Q. ‹Augur› (praet. 120 v. Chr., cos. 117), war ein bedeutender Jurist, bei dem auch der junge → Cicero in Rechtsfragen Rat einzuholen pflegte (Brut. 306). Er hatte Sympathien für die populare Gesetzgebung, verabscheute aber alle Radikalität, gleich von wem sie ausging. So stand er i. J. 100 gegen → Saturninus auf seiten des Senats (Cic. Rab. perd. 21), war aber 88 der einzige, der → Sullas Forderung widersprach, den Kimbernsieger → Marius (1) zum Staatsfeind zu erklären (Val. Max. 3, 8, 5). Schon vor 129 war M. in das Augurenkollegium gewählt worden. Er neigte zur stoischen Philosophie. G.G.

4. **M. Scaevola,** Q. ‹Pontifex› (cos. 95 v. Chr.), war ein Altersgenosse des L. → Licinius (3) Crassus. Beide brachten im Konsulat die lex Licinia Mucia ein, durch die alle Italiker aus Rom verwiesen wurden; das Gesetz soll eine wesentliche Ursache des → Bundesgenossenkrieges gewesen sein (Ascon. Corn. 59f.). Als Prokonsul in Asia (94) erließ er ein Provinzialedikt, das den Nachfolgern vom Senat als Maßstab empfohlen wurde (Val. Max. 8, 15, 6). M. enthielt sich der Bedrückung der Untertanen und Schädigung der Staatskasse (Diod. 37, 5, 1ff.). In den Wirren der 80er Jahre blieb er in Rom und wurde ein Opfer des Optimatenmordes unter C. → Marius (2) i. J. 82. G.G.

[2] M. war einer der gefeiertsten *Juristen* der Republik. Sein Liber singularis ὅρων ist als Vorläufer der ‹Definitiones› und ‹Regulae› späterer Zeit anzusehen (Krüger,

a. O. 64). Er gibt den Anstoß zur Bildung von genera und ist für die Systementwicklung von entscheidender Bedeutung. Dies trifft insbesondere auf die 18 Bücher ius civile zu, die noch von → Gaius (2) kommentiert wurden und von denen sich Auszüge in zahlreichen späteren Werken finden. Überliefert sind ca. 50 Textstellen. Von Bedeutung ist bes. die Testamentsauslegung in der causa Curiana (vgl. E. Seidl., a. O. 133); ferner die Cautio Muciana (vgl. E. Seidl, a. O.). – Vgl. → Recht III A [4]. H. Hb.

Lit: P. Krüger, Gesch. d. Quellen u. Lit. d. röm. Rechts (1888), 1912², 64f. – L. Wenger, Die Quellen d. röm. Rechts, 1953, 481f. – E. Seidl, Röm. Rechtsgesch. u. röm. Zivilprozeßrecht, 1962, 132 bis 136 – W. Kunkel, Röm. Rechtsgesch. (1952), 1964⁴, 95.

Münze

A. Definition, Technik. [1] *Definition.* Die M. ist ein handliches Metallstück, das ein Staat als → Geld in Umlauf setzt und dessen öffentliche Geltung durch Bild und Schrift gewährleistet wird.

[2] *Herstellung der M.: 1. Verfertigung der Stempel.* Der Stempelschneider bearbeitete den Stempel (Bronze oder gehärtetes Eisen) mit Grabsticheln, Rundbohrern und Punzen. Punzen, d. h. geschnittene positive Teilformen (Buchstaben, Ornamente, Köpfe), wurden von den Griechen vereinzelt, von den Römern oft verwendet. Die Mehrzahl der griech. Stempel sind von Hand direkt graviert worden, wie → Gemmen. – 2. *Zurichten der Metallstücke (‹Schrötlinge›).* Sie wurden vor der Prägung meist zu Kügelchen gegossen. Die wichtigsten M.metalle waren → Gold, → Elektron, → Silber, → Bronze, vereinzelt Nickel, Eisen. Nur Gold und Elektron wurden einzeln genau vorgewogen (‹al pezzo-Justierung›), sonst erfolgte die Gewichtskontrolle der Schrötlinge in großen Quantitäten (‹al marco-Justierung›). So erklären sich die Gewichtsschwankungen der M.n aus Silber und unedlen Metallen. – 3. *Prägung der M.* Der konkave Vorderseitenstempel (ἀκμονίσκος) wurde im Amboß befestigt. Darauf legte man den meist nicht erhitzten Schrötling, auf diesen den oft konvexen Rückseitenstempel (χαρακτήρ). Ein oder mehrere Hammerschläge auf den Rückseitenstempel vollzogen die Prägung. Manche M.n haben ein so hohes Relief, daß die Prägung mit mechanischer Kraft (Fallhämmer?) erfolgt sein muß. Fehlprägungen sind häufig, bes. im 5. und 4. Jh.: die Qualität der Ausführung entsprach oft nicht dem hohen Rang der Stempelschneidekunst. Ausnahmen: einseitig, auf flacher Unterlage geprägte M.n (Etrurien, Cypern), gegossene Bronze-M.n in Gallien, Mittelitalien (→ Aes grave), Sizilien, Südrußland.

B. Geschichte. [1] Schon Xenophanes (VS 20 B 4) und Herodot (1, 94) schreiben die *Erfindung der M.* den Lydern zu. Tatsächlich steht auf primitiven Elektron-M.n, gefunden im Artemision zu Ephesos, der Name des → Alyattes in lyd. Schrift. Sie tragen bereits ein Vorderseitenbild. Ihnen gehen primitivere Stufen voraus: bildlose, tropfenförmige Elektron-M.n, Vorderseite geriefelt, Rückseite vertiefte Quadrate. Solche ‹Urmünzen› sind spätestens in der 2. H. 7. Jh. v. Chr. an der kleinasiat. Küste und in → Lydien entstanden. Sie unterscheiden sich von prämonetären Geldformen wie Barren, Ringe, Gerätegeld (→ Obol) durch den staatlichen Stempel und die handliche Gestalt.

[2] Die M. muß einem Bedürfnis nach handlichen Zahlungsmitteln entsprochen haben, denn sie verbreitete sich schnell. Am *Ende des 7. Jh.s* entsteht im Mutterland die erste Silberprägung. Die Silberstatere der ägäischen Inseln, bes. die äginet. ‹Schildkröten›, sind die mutterländisch-gestalthafte Antwort auf die Elektron-M.n des Ostens. Aristoteles (Ath. pol. 10) berichtet, daß Solon i. J. 593 eine M.-reform durchführte, bei der er ‹die M.n vergrößerte›: dies müssen die Tetradrachmen mit Athenakopf und Eule sein, deren älteste Gruppe auch stilistisch in die Zeit um 590 gehört. Ihnen voraus gingen in Athen Silberstatere im äginäischen Münzfuß mit dem Bild einer Amphora, einer um 600 blühenden Vasenform. Die Chronologie der frühesten mutterländischen Prägungen, bes. von Athen, ist indessen umstritten.

[3] Im *weiteren 6. Jh.* setzt die M.prägung in der ganzen griech. Welt ein. Neben Hauptprägungen, z. B. von Korinth, Ägina, Athen, Thasos, Milet, Syrakus, münzen unzählige Städte für eigenen Bedarf und den lokalen Umkreis, in den verschiedensten Gewichtsfüßen. Neben dem Gold der Perserkönige (→ Dareiken), dem Elektron Kleinasiens überwiegt das Silber. Die weitgehende Stückelung der Münzwerte bis zu Teilen des → Obols bekundet, daß Kleingeld von Hand zu Hand ging, daß der tägliche Gebrauch der M. jeden an einer rasch ausgebildeten Geldwirtschaft teilnehmen ließ. Im 6. Jh. bereits kommt die M.kunst zu voller Entfaltung. Halten sich Städte wie Athen, Korinth, Ägina wegen der Verbreitung ihrer M.n streng an einen festen Typus, so beginnen andere wie Kyzikos, Kyrene, Syrakus früh mit reicher Variierung des M.-bildes. Auffallend ist der hohe Rang der Prägungen peripherer Gebiete wie Unteritalien, Sizilien, Nordgriechenland, Kyrenaika. Auch in der Technik werden Fortschritte erzielt, die Stempel erhalten durch Härtung längere Lebensdauer, und die Kunst, zweiseitige M.n mit hohem Relief zu schlagen, wird ausgebildet. Dargestellt werden Stadtwappen, Embleme oder Tiere der Hauptgötter und die Götter selbst, als Köpfe und in ganzer Gestalt. Immer sind die M.bilder bezogen auf die Kulte der Prägeherren: das Maß, die Einheit sind göttlichen Ursprungs und werden von den Göttern gewährleistet.

[4] Das *5. Jh.* erlebt eine weitere Verbreitung des M.-wesens; die ganze Mittelmeerwelt nimmt daran teil. Zu Gold, Elektron, Silber tritt nun Bronze, zunächst im Westen (in Sizilien seit ca. 480), allmählich das Kleinsilber ersetzend. Athen errichtet in seinem Imperium ein M.monopol: das Dekret des → Klearchos (449/448) verbietet u. a. den Bundesgenossen, eigene M.n zu prägen und außeratt. als Zahlung anzunehmen. Tatsächlich beobachtet man in den meisten Städten des athen. Reiches eine Prägelücke von 450–430, in Athen selbst eine Zunahme der Emission der Eulen-M.n, für die → Laurion das Silber lieferte. Auch sonst werden die Währungen vereinheitlicht. Neben dem att. führen der äginet. und der phön. M.fuß. Ins 5. Jh. fällt die höchste Blüte der M.kunst. Die kühnsten Schöpfungen sind wiederum nicht den Handelszentren, die an feste Typen gebunden waren, sondern vor allem Sizilien und Nordgriechenland zu verdanken. In Sizilien treten Künstlersignaturen auf, was auch für die gehobene soziale Stellung der Graveure spricht. → Kimon (2) und → Euainetos sind fest umrissene Künstlerpersönlichkeiten höchsten Ranges, ihre Zeitgenossen Eumenes, Eukleidas, Phrygillos, Herakleidas, Prokles stehen ihnen kaum nach. Im Inhalt befreien sich viele M.reihen vom Grundtypus, Städte wie Kyzikos, Mytilene, Abdera ändern alljährlich ihr M.bild, andere wie Tarent, Ainos, Syrakus erstreben größte Variation des gegebenen Themas.

[5] Im *4. Jh.* ersetzt Kupfer weitgehend das Kleinsilber; seitdem hat Kupfer als Kleingeld gedient, wobei Größe und Gewicht nur noch annähernd genormt wurden (‹Kreditmünze›). Die M.kunst erlebt eine letzte Freiheitsblüte in den Städten Unteritaliens, Nordgriechenlands, der Peloponnes, Kretas und Kleinasiens. Nach dem Vorbild Athens, aber erfolgreicher, monopolisieren Philipp und Alexander d. Gr. das M.wesen mit ihren Gold- und Silberprägungen. Im Reiche → Alexanders prägt man von Pella bis Babylon und Alexandrien einheitliche M.n, die die Sendung des Königs verkünden. In der ersten Diadochengeneration tritt das Herrscherbildnis an die Stelle des Götterkopfes, nachdem vorher nur einzelne pers. Satrapen ihr Bildnis auf den M.n verewigt hatten.

[6] Die Königs-M.n bestimmen das Bild des *hellenist. M.wesens.* Große und kleine Königreiche in Osten und

Westen bilden ihre Herrscher ab, nur die Lagiden und die Attaliden konzentrieren sich auf die Bildnisse der Dynastiegründer. Weit im Osten, in Baktrien und Indien, prägen die Könige eine M.reihe, die erst nach Jahrhunderten ihren griech. Charakter verliert. Ähnliches gilt für alle die Reiche, die Rom nicht eroberte. Das M.wesen der Poleis blüht nur dort weiter, wo die politischen Verhältnisse eine gewisse Autonomie ermöglichten, so bes. in den mächtigen Staatenbünden des Mutterlandes (z.B. Thessaler, Ätoler, Achäer)

[7] *Rom* tritt spät mit eigenen Münzen auf. Das aus dem Rohmetall- und Barrengeld der Italiker herauswachsende → Aes grave (gegossenes Bronzegeld) erwies sich in dem Augenblick als unhandlich, als Rom sich in den Welthandel einschaltete: in der Zeit der Pyrrhoskriege und des 1. Pun. Krieges. Die ältesten M.n im Namen Roms, in allen drei Metallen, sind wohl in großgriech. M.stätten geprägt worden, kaum vor 280 v. Chr.; sie tragen röm. Bilder in griech. Stil. Die eigentlich röm. M.prägung entstand in der Notzeit des 2. Pun. Krieges. Es wird der Silber → Denar im Wert von 10 → Assen geschaffen, um ihn gliedern sich, mit deutlicher Wertangabe, die anderen Nominale (→ Quinar, → Sesterz, → As usw.). Seitdem ist das röm. M.wesen, von wenigen Krisen ausgenommen, das Muster einer straff aufgebauten, zentralen Großorganisation. Zunächst wiederholen sich einheitliche M.bilder der Hauptgötter wie Romakopf/Dioskuren für den Denar, Januskopf/Prora für den As. Gegen Ende des 2. Jh.s v. Chr. beginnen die M.-meister, Schrift und Bild zu bestimmen und so die M. zum symbolreichen Verkünder ihrer Familienpolitik zu machen, wie z.B. der Sohn Sullas mit der Huldigung des Bocchus und des Jugurtha, ein Marcier mit dem Kopf des → Ancus Marcius und den Bögen der Aqua Marcia. Erst im Laufe des 1. Jh.s v. Chr. übernimmt Rom im M.wesen der gesamten Mittelmeerwelt die Führung, beschränkt oder unterdrückt die autonomen Prägungen oder übernimmt diese und setzt sie fort (z.B. → Cistophor). – Die M. als rasch verbreitetes Mittel politischer Aussage wurde von den Führern der Bürgerkriege intensiv ausgestaltet. → Caesar läßt sich durch Senatsbeschluß als erster das Recht geben, sein Bildnis auf die stadtröm. M.n zu setzen. Darin folgen ihm Octavian, M. Antonius und ihre Paladine, aber auch Brutus und Sex. Pompeius.

[8] *Augustus* läßt dem Senat formell das Prägerecht für Kupfer; Silber- und Goldprägung wird kaiserliches Privileg, unter seiner Regierung meist noch außerhalb Roms ausgeübt, vor allem in westl. M.stätten. Im Laufe des 1. Jh.s n. Chr. konzentrieren die *Kaiser* die Reichsprägung immer mehr in Rom. Schon unter → Augustus setzt die einzigartige Bildnisreihe des Kaisers und seiner Angehörigen ein, die die kaiserzeitlichen M.n zu den wertvollsten Bildnisdenkmälern macht. Unter Nero beginnt dann auch ein unerschöpflicher Reichtum an M.bildern, in denen die Kaiser ihre Taten und ihr Programm dem ganzen Orbis Romanus verkünden. So z.B. schuf die kurze Regierung → Galbas (68/69: 7 Monate) allein für die Sesterzenprägung 40 verschiedene Rückseitenbilder, abgesehen von zahllosen Varianten in Inschrift und Vorderseitenbild, alles in der technischen Vollendung, in der stilistischen Eleganz, die auf Jahrhunderte die röm. M. auszeichnet. Die M.stätte zu Rom war eine riesige staatliche Fabrik. Als i.J. 274 ihr Personal gegen Aurelianus rebellierte, kamen in den Kämpfen 7000 Legionäre um, und das Leben in Rom war auf Wochen gelähmt.

[9] *Außerhalb Italiens* hat Rom die lokale Prägung nicht ganz unterdrückt; man griff nur dort ein, wo, wie in Gallien, im M.wesen Chaos herrschte. Sonst bewies Rom große Elastizität, so z.B. in den M.emissionen der Procuratoren von Judäa, die auf die Bildnisfeindschaft der Juden Rücksicht nahmen. Die Kupferprägung unzähliger Städte in Griechenland und im Osten wurde gefördert. Die Bilder dieser Städte-M.n vermitteln ein einzigartiges Panorama der Kulte und Bauten in den Provinzen. Auch Silberprägung ließ Rom in einzelnen Zentren wie Antiochia, Tyros, Caesarea (Cappadocia) zu.

[10] Gegen die *Mitte des 3. Jh.s* verursachten das riesige Geldbedürfnis der Truppen und die Zerrüttung der Wirtschaft eine Inflation, die zur Massenemission schlechten Geldes führte. Unter Gordianus III. verschwindet der Denar, unter → Gallienus alles Silber: unter seiner Regierung und den gallischen Gegenkaisern wird ein Tiefstand erreicht, dem erst Reformen des → Aurelianus und des → Probus (1) zu steuern versuchen. Die M.emission bleibt auf Kupfer mit geringer Silberbeimischung (‹Billon›) beschränkt; bedeutsam ist die Verteilung der Prägung auf M.stätten im ganzen Reich. Erst die radikale *M.reform* → *Diokletians* i.J. 294 führt zur zeitweisen Gesundung des M.wesens, stellt es wieder auf die Basis der drei Metalle, dezentralisiert es für immer in über 15 Reichsmünzstätten und beschränkt die M.bilder von Silber und Kupfer auf wenige Grundtypen. → *Konstantin* d. Gr. führt den Goldsolidus ein, der bis tief ins MA Rom überdauern sollte. Die ersten christl. Zeichen auf M.bildern erscheinen unter Konstantins Regierung. So haben die beiden Schöpfer des spätröm. Staates noch einmal eine Ordnung des Münzwesens zustande gebracht, die erst am Ende des Westreiches zerfiel. H. A. C.

Lit: Allg. Numismatik: E. Babelon, Traité des monnaies grecques et romaines, I–III, Paris 1901/32 (unvollendet) – K. Regling, M.kunde, in: Gercke-Norden^4 II, 1930 – Ders., Artikel über antike Numismatik in: F. v. Schrötter, Wörterbuch der Münzkunde, 1930 – Neuere Forschungsberichte und Bibliographien: Congrès International de Numismatique Paris 1953, I (Rapports) – Congresso Internazionale di Numismatica Roma 1961, I (Relazioni) – *Griech. Numismatik:* B. V. Head, Historia Numorum (1887), 1911^2 – C. Seltman, Greek Coins (1933), 1955^2 – Literaturüberblicke dazu (Einzelgebiete): JbNG 5/6, 1954/55, 179–228 (K. Christ: Sizilien); 7, 1956, 75–138 (P. R. Franke: Epirus-Makedonien); 8, 1957, 58–120 (H. Chantraine: Peloponnes); 9, 1958, 20–56 (H. Chantraine: Euboea); 10, 1959/60, 91–164 (F. Kiechle: Mysien, Troas, Aeolis, Lesbos); 11, 1961, 76–155 (G. K. Jenkins: Spain); 11, 1961, 158–188 (D. Kienast: Cistophoren); 12, 1962, 113–198 (D. Kienast: Ionien) – E. T. Newell, Royal Greek Portrait Coins, 1937 (Neudr. 1962) – *Röm. Numismatik:* H. Mattingly, E. A. Sydenham u.a., The Roman Imperial Coinage I–V. IX, 1923 bis 1951 – H. Mattingly-R. A. G. Carson, Coins of the Roman Empire in the BM I–VI, 1923–1962 – E. A. Sydenham, The Coinage of the Roman Republic, 1952 – H. Mattingly, Roman Coins (1928), 1960^2 – R. Thomsen, Early Roman Coinage I–III, 1957–1962.

Mulomedicina Chironis, veterinärmedizinisches Konglomerat aus verschiedenen Quellen; eine verlorene griech. Fassung (wohl aus dem 4. Jh. n. Chr.) ist in der lat. Übersetzung eines Cl. Hermerus (um 400 n. Chr.) erhalten. Wertvolle Quelle für die vulgärlat. Sprache. F. K.

Ed: E. Oder, 1901.

Mumie. [1] Da es für das Weiterleben nach dem Tode für den Ägypter notwendig war, daß der Körper erhalten blieb, begann man schon früh, die Leichen künstlich zu trocknen *(Mumifizierung)*. Dazu entfernte man Eingeweide und Gehirn und behandelte den Körper 70 Tage lang mit festem Natron. Danach wurde er gewaschen und eingeölt, die Höhlungen mit Harz gefüllt. Endlich wurde er mit langen Tuchstreifen umwickelt, wobei im Alten Reich Gesicht und Glieder in Leinen nachmodelliert wurden. Später legte man eine Gesichtsmaske auf. Die Eingeweide wurden in sog. ‹Kanopen-Krügen› (meist 4) gesondert beigesetzt; nur das Herz als Sitz des Denkens blieb im Körper. Die Mumifizierung ist bereits in der 3. Dyn. voll ausgebildet; genaue Beschreibungen geben Herodot (2,86–88) und Diodor (1,91).

[2] *M.portrait.* Seit der Eroberung Ägyptens durch Augustus wurde es Sitte, über dem Gesicht der eingewickelten M. Portraits des Toten anzubringen. Sie gehen zurück auf das Bestreben schon der alten Ägypter, die Gesichtszüge des Toten bes. zu bewahren, damit sein individuelles Wesen erhalten bleibe. Sie wurden auf Holz (selten auf Leinwand) in Temperamalerei oder in Enkaustik (Auftragen erhitzter

Wachsfarben) aufgemalt und zeigen den Kopf des Toten, meist etwas zur Seite gewendet, und ein Stück des bekleideten Oberkörpers. Die Frisuren folgen der damaligen Mode, wodurch die Datierung der M. ermöglicht wird. Die Farbgebung entwickelt sich deutlich von naturalistischer Bemalung, mit differenzierten Tönen bei den älteren M.portraits zu grellen und grellsten Farben bei den spätesten M.portraits. Die Zahl der erhaltenen M.portraits nimmt bis in die Zeit der Antoninen zu, sinkt dann schnell ab; seit Konstantin wieder in Massen erzeugt, verdrängen sie die bisher ebenfalls benutzten M.masken. 2.H.4.Jh. n.Chr. endet aber die Herstellung von M.portraits, wahrscheinlich hervorgerufen durch den Sieg des Christentums wie auch die wirtschaftliche Not dieser Zeit. Die meisten M.portraits wurden in den griech. Siedlungen des → Fajūm gefunden, doch sind sie auch aus anderen Fundorten in ganz Ägypten bekannt. W. Hk.

Mummius Achaicus, L. (praet. 153, cos. 146, cens. 142 v. Chr.), kämpfte 153/152 mit wechselndem Erfolg gegen die → Lusitaner (App. Ib. 56f.). 146 nahm er nach dem Endsieg über die Achäer Korinth, zerstörte es und schleppte zahlreiche Kunstschätze weg (Paus. 7, 15f.; Iust. 34, 2; Zonar. 9, 31; Cic. Verr. 1, 55; CIL VI 626ff.). M. führte noch weitere Strafgerichte gegen einzelne Städte durch und richtete gemeinsam mit einer Zehnerkommission des Senats Griechenland als Provinz Achaia ein (Polyb. 39, 14. 16f.; Paus. a. O.). A.L.

Munatia Plancina, Enkelin des → Munatius (1) Plancus, cos. 42 v. Chr., Gattin des Cn. Calpurnius → Piso (1), cos. 7 v. Chr., den sie 18 n. Chr. nach Syrien begleitete. Angeblich in geheimem Einverständnis mit → Livia, ihrer Freundin, forderte sie → Agrippina (2) durch ihr Verhalten heraus. → Germanicus (1) beschuldigte sie des Mordanschlages, den sie mit Hilfe der Giftmischerin Martina begangen haben sollte. Sie ermutigte Piso bei dem Versuch, sich wieder Syriens zu bemächtigen, begleitete ihn nach Rom (20) und wurde mit ihm angeklagt. Während des Prozesses distanzierte sie sich zunehmend und wurde durch die Protektion Livias freigesprochen. 33, nach dem Tode Livias, wurde sie zum zweiten Male angeklagt und beging Selbstmord. U.Wm.

Munatius Plancus, L. (cos. 42 v. Chr.). Legat Caesars in Gallien und im Bürgerkrieg. Ende 46 Stadtpräfekt, 45 Prätor. Bald nach dem 15. 3. 44 trat er seine Statthalterschaft in Gallia Comata an. Dort gründete er, wohl nach Caesars Plan, Lugudunum (Lyon) und Colonia Raurica (Augst). Sept. 44–Aug. 43 Briefwechsel mit Cicero (ad fam. 10): M. bekennt sich zur Republik, kommt aber dem Befehl, Truppen gegen M. → Antonius (2) zu führen, nur zögernd nach. 43 verrät er D. → Brutus (2) und geht zu Antonius über. 42 Konsul, 41 Unterstützung des L. → Antonius (3), Flucht zu dessen Bruder M. → Antonius (2), für den er Asia und (35) Syrien verwaltet. 32 nach einem Streit wegen → Kleopatra VII. Übergang zu Octavian (→ Augustus). M. beantragte 27, diesem den Titel Augustus zu verleihen. 22 war er Censor. Er gehörte damals wohl zu den führenden Senatoren. Chr. M.

Lit: G. Walser, Der Briefwechsel des L. M. Plancus mit Cicero, 1957 (Lit) – P. Sattler, Augustus u. d. Senat, 1960.

2. **M. Plancus Bursa,** T. (tr. pl. 52 v. Chr.), Freund und Nachahmer des P. → Clodius (1). Führend beteiligt an den Unruhen nach dessen Tod, drängte er auf Verurteilung des T. → Annius (2) Milo. 51 von → Cicero angeklagt und trotz der Fürsprache des Pompeius schuldig gesprochen. M. ging zu Caesar, mit dem er 49 nach Rom zurückkehrte. 43 auf Seiten des → Antonius (2) im mutinensischen Krieg gegen die Caesarmörder. Chr. M.

3. **M. von Tralleis,** wenig sorgfältiger Theokritkommentator, 2. Jh. n. Chr. Von → Theaitetos (2) benutzt. H. E.

Munda (heute Montilla; Kt. 2849 B 3), Stadt in der Hispania Ulterior. In ihrer Nähe schlug Caesar 45 v. Chr. entscheidend das pompejan. Heer unter Cn. und Sext. → Pompeius (3. 4). J. M. d. M.

Q: Bell. hisp. 29 – *Lit:* P. Bosch, Historia de España II, 1935 – L. Pericot, España primitiva romana, 1945.

Mundöffnung. Da eine Statue dem Ägypter als lebendes Wesen galt, mußten ihre Körperfunktionen in Tätigkeit gesetzt werden. Dazu gebrauchte man das ‹Mundöffnungs›-Ritual, in dem die handwerkliche Herstellung feierlich wiederholt und eine Speisung angeschlossen wurde. Damit war die Statue ‹belebt›. Dieses Ritual wurde auch auf die Belebung der Mumie übertragen; ferner öffnete man auch am Morgen den Götterstatuen den Mund, um sie speisen zu können. Der Text des Rituals ist in zahlreichen Gräbern des Neuen Reiches, aber auch auf Papyri erhalten. Vgl. → Ägypten I D [2] und G [1]. W. Hk.

Lit: E. Otto, Das ägypt. Mundöffnungsritual, 1960.

Mundus (→ Religion II E 1), im Boden ausgehobene Grube, Zugang zur Unterwelt. Man unterscheidet den M. des → Romulus, der bei der Gründung Roms ein für alle Male zugeschüttet wurde, nachdem er ein rituelles Opfer erhalten hatte, und den M. der → Ceres (Lage unbekannt), den man am 24. August, am 5. Oktober und am 8. November öffnete (mundus patet; Varro bei Macr. Sat. 1, 16, 18 und Fest. 144f. L.); diese drei Tage waren → dies religiosi, an denen man gewisse Dinge nicht tun durfte (einen Feldzug unternehmen, sich verheiraten usw.); solange das Tor zur Unterwelt offenstand, konnten nämlich die Geister der Toten sich in der Stadt aufhalten. Das Problem des M. ist ungelöst; so bleibt insbesondere die Wahl der drei Öffnungstage rätselhaft, obwohl versucht wurde, sie durch gewisse Agrarriten, die mit Ernte und Aussaat zusammenhängen, zu erklären. H. Le B.

Lit: St. Weinstock, Mundus patet, RM 45, 1930, 111–123 – H. J. Rose, The Mundus, St. e Mat. 7, 1931, 115–127 – L. Deubner, Mundus, Hermes, 68, 1933, 276–287 – H. Le Bonniec, Le culte de Cérès, 1958, 175–184.

Munera, unentgeltlich zu leistende, seit dem 2. Jh. n. Chr. in steigendem Maße von den Bürgern verlangte Dienste für öffentliche und soziale Zwecke. Die M. wurden später eingeteilt in personalia (persönlich zu leistende), patrimonii (mit Geldleistungen verbundene) und mixta (gemischte) und wurden, wie die griech. → Leiturgia, von allen dazu Verpflichteten der Reihe nach je auf ein Jahr übernommen. U. a. gehörte dazu auch die Reparatur der öffentlichen Straßen, Brücken und Wege. R. Kn.

Munichia, flache, breite Anhöhe (87 m) östl. des antiken → Piräus (Kt. 1152a B 2), noch innerhalb des Mauerrings, heute von der modernen Stadt überbaut (Kastella), mit gleichnamigem Hafen (Phanari), zuerst von → Hippias (1) befestigt, wichtig in den Kämpfen von 403 (→ Thrasybulos), bes. aber in der Zeit der makedon. Besatzung (mit Unterbrechungen 322–229). E. M.

Municipium bezeichnet das Rechtsverhältnis des munera capere, das Übernehmen von Pflichten bes. der Truppenstellung gegenüber → Rom durch nichtröm. Gemeinden, deren Bewohner dafür das röm. → Bürgerrecht in unterschiedlichem Ausmaß erhalten, und diese latin. und mittelitalischen Orte selbst. Die municipia civium Romanorum zerfielen in Vollbürgergemeinden wie → Tusculum und → Aricia und Halbbürgergemeinden (civitates sine suffragio). Letztere, in conubium und commercium mit Rom gleichgestellt, hatten kein Stimmrecht in röm. Volksversammlungen; sie besaßen entweder wie → Capua und → Cumae volle Selbstverwaltung oder waren wie Fundi und Formiae mit beschränkter Eigenverwaltung von Rom eingesetzten praefecti unterstellt. Die M.en hatten verschiedene einheimische Behörden, Tusculum einen Diktator und Ädilen, kampanische Gemeinden → meddices, sabinische octoviri, andere Prätoren. Die allmähliche Umwandlung der Halb- in Vollbürgergemeinden wurde 89 durch die im → Bundesgenossenkrieg (3) erzwungene Verleihung des röm. Bürgerrechts an alle Italiker beendet. Seit 89 gab es in Italien neben röm. Kolonien nur noch M.en. Ihre Verfassung wurde einheitlicher; unter einem Kollegium von 4 jährlich gewählten Beamten (quattuorviri) stand der Gemeinderat der Dekurionen und die Bürgerversammlung der plebs. Ob die nur einmal inschriftlich (CIL V 2864) erwähnte lex Iulia municipalis von → Caesar oder → Augustus stammt und sich grundsätzlich mit der Stellung der M.en befaßt oder nur mit der Gründung einer bestimmten Bürgergemeinde, ist umstritten. Erstmalig verlieh Caesar den Rechtsstand eines M. an Orte der Provinz, so 41 an alle latin. Kolonien der Transpadana und an Gades in Spanien. Die Kaiser, bes. Augustus, → Vespasian und die Adoptivkaiser, erhoben bereits städtisch organisierte und mit röm. Lebensart vertraute Gemeinwesen zu M.en röm. Bürger und förderten so die Romanisierung und Urbanisierung im Westen des Reiches. Im griech.-hellenist. Osten wurde keine Polis in ein M. verwandelt. Mitunter wurde als Vorstufe das Latin. Recht (ius Latii, → Latin. Städtebund) verliehen, so entstand die Sonderart des municipium iuris Latini. Beim ius Latii minus erhielten nur gewesene Beamte des M. das röm. Bürgerrecht, beim ius Latii maius auch die Gemeinderäte. H.V.

Lit: E. Kornemann, RE 16, 1 (1933), 570–638 – H. Rudolph, Stadt u. Staat im röm. Italien, 1935 – F. Vittinghoff, Röm. Kolonisations- u. Bürgerrechtspolitik unter Caeser u. Augustus, 1951.

Munigua, bedeutende röm. Stadt mit großartigem Terrassenheiligtum nördl. von Sevilla. K. Schf.

Lit: W. Grünhagen, Die Ausgrabungen..., in: Neue Deutsche Ausgrabungen 1959, 329–343 – H. Nesselhauf, Zwei Bronzeurkunden in M., MM 1, 1960, 142–154 – J. Untermann, Zum Namen von M., MM 2, 1961, 107–117 – EAA V, 1963, 252f.

Murena → Licinius.

Murrinische Gefäße (vasa murrina, ‹mit Myrrhe versetzt›, wohl nach dem Myrrhengeschmack des Materials; Schreibweise auch Murrh-, Myrr-, Myrrh-), Trinkgefäße aus Flußspat. Seit dem 1. Jh. v. Chr. im griech.-röm. Bereich bekannt. Ihr Besitz galt als Zeichen des größten Luxus. Zwei dieser seltenen Gefäße, ein Kantharos und ein Becher, sind erhalten. U.J.

Lit: A. I. Loewental-D. B. Harden, Vasa murrina, JRS 39, 1949, 31 bis 37, Taf. 5–7 – W. H. Groß, RE 7, 1 (1955), 432–435.

Mursilis, Name → hethitischer Könige: M. I., Sohn → Ḫattusilis' I., etwa 1550–28, eroberte Aleppo und stieß 1531 bis Babylon vor, wo er die Dynastie des → Hammurapi beseitigte und die Kassiten ihre Herrschaft aufrichten ließ (→ Mesopot. Reiche B 2). – M. II., etwa 1325–1310, Sohn des → Suppiluliuma. Unter ihm wütete eine Seuche in Hatti, die schwere Verwüstungen hinterließ (vgl. ‹Pestgebete des M.›). Doch konnte er in harten Kämpfen bes. im Westen und Norden Anatoliens den Besitzstand wahren. Seine Taten sind in Annalen erhalten. W. Hk.

Lit: A. Götze, Die Annalen des M., 1933 – Ders., Die Pestgebete des M., Kleinasiat. Forsch. I, 1929, 161ff.

Mus → Decius.

Musa → Antonius.

Musaios, wohl erdichtete Gestalt mit verschiedenen Genealogien, verbunden mit Thrakien (→ Orpheus) und Athen (→ Mysterien von Eleusis); zahlreiche Schriften → orphischen Inhalts werden ihm zugeschrieben (→ Theogonie; Weihelieder u. ä.: Plat. Prot. 316 D, rep. 363 C), auch → Hymnen (Paus. 1, 22, 7) und bes. Orakel (Hdt. 9, 43; 8, 96; Aristoph. ran. 1033), die schon Onomakritos bearbeitet und ergänt haben soll (Hdt. 7, 6). C.J.C.

Q: VS 2 – *Lit:* Schefold, Bildnisse 60.

2. **M.** (Grammatikos) nannte sich ein spätgriech. Dichter aus der Nachfolge des → Nonnos, Verfasser eines berühmten Epyllion (Kleinepos), das, auf hellenistische Vorbilder zurückgreifend, die tragische Liebe → Leanders zu der schönen Aphroditepriesterin Hero beschreibt. Der Stoff hat in der Weltliteratur stark gewirkt (u. a. Versnovelle des 13. Jh.s, episches Fragment von Marlowe, Ballade Schillers, Tragödie Grillparzers). E.V.

Ed: Venedig (Aldus) 1494 (ed. pr.) – A. Ludwich, 1912 – *Übers:* H. Färber, Tusc., 1961 – *Lit:* R. Keydell, RE 16, 1 (1933), 767–769 – K. Kost, Krit.-exeg. Kommentar zu Musaios, 1966 – G. Schott, Hero und Leander bei Musaios und Ovid, Diss. Köln 1957 – *Nachwirkung:* M. H. Jellinek, Die Sage von Hero und Leander in der Dichtung, 1890.

Museen. Das Wort Museum (s. u.) bezeichnet seit der Renaissance gelehrte Sammlungen aller Art. Im Altertum gab es Vorbilder für diesen Gebrauch des Wortes. Eine Sammlung von Büchern war schon das M. von Alexandria (s. u.; vgl. → Überlieferung). Jedoch wurden Sammlungen von Kunstwerken zunächst nicht Museen genannt: Die in den griech. Heiligtümern geweihten Kunstwerke waren z. T. in Schatzhäusern (Thesauroi; darunter die ‹Pinakothek› der Akropolis von Athen) aufbewahrt. Die Könige von Pergamon sammelten klassische Statuen und Gemälde, auch Kopien von solchen, entsprechend der Auswahl der → Kunstschriftsteller. Bei den Römern wird das Sammeln und Kopieren zu einem Grundzug der Kultur; jeder Vornehme wollte griech. Statuen und eine Pinacotheca besitzen (Petron. 83). Die Nachbildung solcher Kunstwerke wird zu einem Grundmotiv der Dekoration, bes. der Wandmalerei. Die so ausgestattete Villa kann auch ganz oder teilweise als M. aufgefaßt werden. Wenn Cicero (Att. 1, 4, 3) sein Tusculum Akademia nennt, schwingt die Vorstellung mit, daß Platons Akademia ein Musenheiligtum war. ‹Musaea› nannte man nach Plin. nat. 36, 42 (154) künstliche Grotten in Villen, in denen man auch speiste, wie die Musenfreunde im M. von Alexandria. → Varro (rust. 3, 5, 9) besaß in seinem Park ein M. – → Asinius (2) Pollio öffnete seine Sammlungen dem Publikum. Agrippa forderte in einer Rede auf, alle griech. Meisterwerke dem Volke zugänglich und zum Staatsbesitz zu machen (Plin. nat. 35, 26). Im MA waren in Rom bes. auf dem Quirinal, am Lateran und auf dem Kapitol Antiken aufgestellt. 1471 wurde das Museum auf dem Kapitol, 1506 das im Belvedere des Vatikan begründet. Daran schlossen sich Sammlungen der Kardinäle und andere Privatsammlungen von Antiken, bes. im England des 18. Jh.s und in der Schweiz seit 1940. 1677 wurde die Sammlung der → Medici in Florenz, 1731 in Neapel die der → Farnese zum Grundstock des Museums. 1770 begann die großartige Ausgestaltung der vatikanischen Museen. In Paris hatte Heinrich IV. einen Antikensaal im Louvre einrichten lassen; zum großen Museum röm. Plastik wurde er 1798 durch Napoleon. Seit 1753 wurde das Britische Museum in London zur Heimat griech. Kunst, zumal durch die Erwerbung der → Elgin Marbles (1816); in kleinerem Maß die Münchner Glyptothek durch die Aigineten (1830); München, Berlin und Würzburg auch durch hervorragende Vasensammlungen (nach Vorläufern bes. 1829, 1832 und 1872). Die Berliner Museen erhielten ihre universelle Bedeutung seit 1877 (→ Pergamonaltar), die Ermitage in St. Petersburg seit 1852 durch Ausgrabungen in Südrußland (vgl. → Campana). Seither sind Antikensammlungen in den klassischen Ländern überall entstanden; im engl. Sprachgebiet bis Südafrika und Australien. Die bedeutendsten neueren Schöpfungen sind das Österr. Museum Wien (1865), das Nationalmuseum in Athen (1866–89), das Akropolismuseum (1878), die M. von Palermo (1866) und Syrakus (1879), die Glyptothek in Kopenhagen (seit 1879), das Museum of Fine Arts in Boston (1870), das Metropolitan Museum in New York (1906) und das Antikenmuseum in Basel (1965). Die Museen und Privatsammlungen verzeichnet der Katalog des Deutschen Archäolog. Institutes in Rom (s. u.). Zu den Privatsammlungen vgl. → Albani, → Aldobrandini, → Barberini, → Barracco, → Blundell, → Borghese, → Campana, → Castellani, → Chigi, → Colonna, → Este, → Farnese, → Giustiniani, → Hope, → Landsdowne, → Ludovisi, → Mattei, → Medici, → Pembroke, → Torlonia. K. Schf.

Lit: A. Furtwängler, Über Kunstsammlungen in alter und neuer Zeit, 1899 – A. Michaelis, Ein Jahrhundert kunstarchäologischer Entdeckungen, 1908 – A. Mau und E. von Mercklin, Katalog der Bibliothek des D. Arch. Inst. Rom I, 1914, 1192–1344; dazu 1. Suppl., 1930, 415–468 – Th. Wiegand, HbArch I, 1939, 131–133 – Schefold, PM, 44ff. 29ff. – Ders., VP, 17f., 35f. 44 – G.-F. Koch, Kunstausstellungen in der Antike, WZ Rostock 1954, 3 – R. Düll, Zum Recht der Bildwerke in der Antike, in: Studi in onore di E. Betti III, 1961, 131–153 – E. Berger, Kunstwerke der Antike (Sammlung R. Käppeli), 1963 – T. Lorenz, Galerien von griech. Philosophen- und Dichterbildnissen bei den Römern, 1964 – Zu den Hss.-Sammlungen → Anhang II.

Museion. [1] Musenheiligtum, einfache Naturheiligtümer mit Altar, aber ohne Tempel, wie das M. am Helikon, wo die Beziehung zu den Künsten durch die dort aufbewahrten Manuskripte → Hesiods und durch Statuen von Künstlern deutlich wird. Bes. wurden Schulen durch einen Altar den Musen zugeeignet. Ein M. bildete deshalb das Zentrum von Platons Akademie und Aristoteles' Lykeion. G. Gb.

[2] Nach diesen Vorbildern entstand 280 v. Chr. das berühmte M. in → Alexandria [3], begründet von → Ptolemaios I. Soter auf Rat des → Demetrios von Phaleron. Mit dem Königspalast verbunden, im Brucheion untergebracht, beherbergte das M. zahlreiche Gelehrte und Künstler aller Gebiete, die dort gemeinsam lebten und arbeiteten. Sie bildeten einen religiösen Verein (*θίασος τῶν Μουσῶν*) unter Leitung eines vom Landesherrn ernannten Priesters und durften sich in völliger Freiheit ihrer Forschung widmen. Mit Nachdruck wurden von Anfang an die für die Überlieferung der Texte bedeutsamen philologischen Studien (Textkritik, Edition und Exegese) betrieben. – Seine größte Blüte erlebte das M. unter Ptolemaios II. Philadelphos, einen vorübergehenden Niedergang unter Ptolemaios Euergetes II. (145–116) und einen Wiederaufstieg unter Augustus. Es litt durch die Unruhen unter Caracalla (216). Im Jahre 269 oder 273 wurden die Gebäude verwüstet. Das M. bestand im Serapeion bis zu dessen Zerstörung (389) fort. Sein letzter Gelehrter (Theon, der Vater der → Hypatia) starb 415. H. E.

Lit: Müller-Graupa, RE 16, 1 (1933), 797–821.

[3] Zu den *musaeum* gen. Grotten → Nymphäum.

Musen (*Μοῦσαι* < *Μόντιαι*, die ‹Erinnernden›), Töchter des Zeus und der Mnemosyne oder Harmonia oder auch des Uranos und der Gaia. In Pierien am Olymp geboren und dort sowie am Helikon, später auch in Thespiaia, verehrt. Ihre Kultstätten (→ Museia) waren auch sonst verbreitet, aber nirgendwo sehr bedeutend. Oft als Quellnymphen betrachtet. Ursprünglich ist die Dreizahl, aber sie wie andere Zahlen werden von der Neunzahl verdrängt (so schon Od. 24, 60). Die M. sind Göttinnen des Gesangs und des Wissens, der Erinnerung. Die Dichter (von Hesiod und → Archilochos an) werden von ihnen inspiriert. Ihr Führer (Musagetes) ist → Apollon. Menschliche Herausforderer im Gesang überwanden sie weit und bestraften sie hart: → Thamyris, die Pieriden (Töchter des Pieros und der Euhippe). Die Neunzahl und die Namen stammen von Hesiod (theog. 77–79); die nie völlig einheitliche Individualisierung der M. ist späthellenistisch: Klio (Epos), Urania (Astronomie), Kalliope (heroischer Gesang, Elegie), Melpomene (Tragödie), Euterpe (Aulodie), Erato (Hymnen, Liebeslied, Tanz), Terpsichore (Chorische Lyrik), Thalia (Komödie), Polyhymnia (Pantomime, Tanz). In der → Mythendeutung der Kaiserzeit hatten die M. besondere Bedeutung.

Lit: H. Kees, RE 16, 1 (1936), 680–757 – F. Cumont, Recherches sur le symbolisme funéraire des Romains, 1942, 253ff. – Picard, Nederlands Kunsthistorisch Jaarboek 5, 1954, 101ff. – W. F. Otto, Die M. und der göttliche Ursprung des Singens und Sagens, 1955 – *Darstellungen:* M. erstmals auf dem Françoiskrater (Furtwängler-Reichhold, Taf. 2: Neunzahl!) und einem Frg. desselben Malers (Beazley, ABV 682). Im 5. Jh. auf Vasen oft mit Apollon, dann mit → Thamyris, → Marsyas, → Musaios oder allein. Um 325 die Musenbasis aus Mantinea (F. Brommer, MdI 3, 1950, 95). Hellenistisch mehrere Gruppen von M. (Lippold, GrPl 301. 333. 383). Kaiserzeitlich zahlreiche M.-Sarkophage (H. Marrou, *Μουσικὸς ἀνήρ*, 1937). Vor dem Hellenismus ist die Neunzahl der M. in der Kunst selten belegt – *Lit:* M. Wegner, EAA V, 1963, 286–297 – Schefold, VP 135, 264. K. Schb.

Musenanruf, Bitte des Dichters (immer im Imperativ) an die Musen, ein von ihm genanntes Thema zu besingen, d. h. ihn zu unterweisen (Od. 8, 481ff.). Ein solcher Anruf ist seit Ilias und Odyssee eine besonders in der ep. Dichtung häufige Einleitung eines Werkes (vgl. Hes. erg.; kyklische Thebais) oder bedeutsamer Abschnitte (Hom. Il. 2, 484. 761; Hes. theog. 104 u. a.). Der M. beruht auf der Überzeugung, daß die Musen, die als Götter allem Geschehen beiwohnen, im Gegensatz zu den Menschen, die nur Gerüchte vernehmen, das richtige Wissen haben (Hom. Il. 2, 484ff.). Mit der Anrede im Plural, ‹Musen›, wendet sich der Dichter an alle Musen gemeinsam, wie die homerischen Gedichte auch sonst meistens zusammenfassend von den neun (Hom. Od. 24, 60) Musen sprechen, deren Namen Hes. (theog. 77ff.) angibt, ohne die Funktionen der einzelnen gegeneinander abzugrenzen. – Die Anrede im Singular, ‹Muse› oder auch ‹Göttin›, ist weitaus seltener (Hom. Il. 1, 1; 2, 761; Od. 1, 1; kyklische Thebais: Allen, Homer V p. 113), und schon im Altertum ist die Frage aufgeworfen worden, wen sie bezeichne. Eustathios (p. 9) bezieht den Singular, wohl nach Hesiod (theog. 79), auf Kalliope (vgl. auch schol. D Hom. Il. 2, 484). Die moderne Philologie gibt verschiedene Deutungen des Singulars (vgl. Mocker): (1) er bezeichne die Muse, zu der der Dichter eine persönliche Bindung hat, (2) er stehe in älteren Teilen, d. h. er stamme aus einer Zeit, die nur eine Muse kannte, (3) er sei ein Kollektivbegriff, habe also stellvertretende Kraft. G. K.

[2] In der *röm. Dichtung* fand der M. eine blühende, in der Kunst der → Imitation bei → Vergil ihren Höhepunkt erreichende Fortwirkung. Vgl. → Epos II.

Lit: L. Schmidt, Ethik der alten Griechen I, 1881, 60ff. – G. Br. Mocker, De Musis a poetis Graecorum in componendis carminibus invocatis, Diss. Leipzig 1893 – O. Falter, Der Dichter und sein Gott bei den Griechen und Römern, Diss. Würzburg 1934 – A. Kambylis, Die Dichterweihe und ihre Symbolik, 1964 (Lit) – E. R. Curtius, Europ. Literatur und lat. Mittelalter (1948), 1954².

Musik

A. Griechenland: [1] Vor- u. urgriech. M.kulturen – [2] Homerische Zeit – [3] Olympos – [4] Terpander u. Sakadas – [5] Lyrik – [6] M. u. Drama – [7] Die neue Kunst – [8] M.begriff und M.anschauungen – [9]–[14] Musiktheorie: [9] Intervallenlehre – [10] Melodie. Rhythmus – [11] Tonskalen – [12] Transposition – [13] Transpositionsskalen – [14] Harmoniebegriff – [15] Notation – [16] Tondenkmäler – [17] Quellen – B. Etrurien: [1] Quellen – [2] Instrumente – [3] M.gebräuche – C. Rom: [1] Lage der Forschung – [2] Urtümliche Periode – [3] Epoche des Aufschwungs – [4]–[6] Epoche der Hellenisierung: [4] Überblick – [5] Dichtung und M. – [6] M.theorie – [7] Kaiserzeit – D. Frühchristl. M. – Zum Begriff → Musikē.

A. Griechenland. [1] *Vor- und urgriech. M.kulturen.* Leier, Harfe, Doppelaulos und Sistrum waren schon vor der dor. Wanderung bekannt; ihre Reste beweisen die Existenz vordorischer M.kulturen: 1. Aus der älteren *Kykladenkultur* (Ende 3. Jt.) zeigen Marmorstatuetten Harfe und kurzen Doppelaulos. – 2. Älteste *minoische* Zeugnisse sind zwei Leiern auf Siegelabdrücken des 19./18. Jh.s mit schräggestelltem Joch und wohl 8 Saiten. Ein Reliefgefäß aus Hagia Triada um 1500 zeigt ein ägypt. Bügelsistrum, 2 Darstellungen großer Leiern von dort haben gewundene Jocharme und 7 Saiten, die mit den Fingern und dem Plektron gespielt werden; eine dieser Leiern ist zusammen mit einem Doppelaulos dargestellt. Eine dritte kretische Leier aus Palaikastro ist nur in Hauptzügen angedeutet. – 3. *Mykenisch* sind Reste zweier Elfenbeinleiern aus dem Kuppelgrab von Menidi bei Athen, prunkvolle Grabbeigaben, deren achtfache Durchbohrung am Joch auf 8 Saiten schließen läßt. Eine zerbrochene kleine spätmykenische Leier aus dem Amykleion mit sichelförmigem Schallkasten und geraden Jocharmen zeigt Reste von mindestens 5 Saiten. – Ein Zusammenhang dieser M.kultur mit der eigentlich griechischen, deren historische Entstehung und Frühgeschichte bis zum 5. Jh. dunkel sind, ist wahrscheinlich. Einflüsse der hochentwickelten M.kulturen Mesopotamiens, Ägyptens, Syriens, Palästinas sind teils anzunehmen, teils nachweisbar.

[2] In der *homerischen Zeit* ist die M. unmittelbare Lebensäußerung in den verschiedensten Bereichen. Den Helden der Ilias dient der Gesang von → Päanen dem persönlichen Ausdruck seelischen Erlebens, und Achilleus spielt zur Beschwichtigung seines Grolls die Phorminx. Götter, Helden und Menschen erfreuen sich an der M., und Hom. Od. 1,352 zeigt die besondere Begehrtheit neuer Gesänge als Tatsache allgemeiner Erfahrung. Neben der Bezauberung durch singende Fabelwesen wie die Sirenen und Kirke in der Odyssee hört man vom Auftreten von Apollon und den Musen inspirierter Aoiden wie → Demodokos und → Phemios, die aufs höchste verehrt wurden. – Als früheste *musikalische Formen* erscheinen der phorminxbegleitete Winzergesang (Linos, Hom. Il. 18,570), der Hymenaios (ebd. 493), Päan und Threnos. Der *Linos*, musikalisch fortgesponnen aus dem einfachen Ruf ‹Ailinon›, ist ein schwermütiges Volkslied über das Scheiden des Sommers; später wurde Linos als sein Erfinder personifiziert, das Festlied zum Trauerlied. Der → *Päan*, zunächst Name des Götterarztes und Beiname des Apollon, ist der begeisterte Hymnus auf die Gottheit, den die Sieger über der Leiche Hektors anstimmen, aber auch flehentliches Sühnelied während der Seuche. Hom. Od. 19,457 bewährt sich die magische Heilkraft der Musik an Odysseus. Hom. Il. 24,719 bietet die *Totenklage* um Hektor als kunstvolles Stück mit wechselnden Einsätzen der Aoiden, der Verwandten und der Frauen ohne Instrumente; um Achilleus stimmen die Musen selbst den → *Threnos* an (Hom. Od. 24,60). Wie das gesungene Wort den Klang bestimmte, so drückte der Tanzschritt den Rhythmus aus. In Szenen auf dem Schild des Achilleus tanzen Mädchen und Knaben zum Gesang eines Sängers (Hom. Il. 18,593), blasen Hirten die Syrinx (ebd. 525). → Thamyris, der als Sänger in Hybris die Musen selbst zum *Wettkampf* herausforderte und von diesen zur Strafe geblendet wurde, ist das früheste Beispiel des im antiken Musikleben bedeutsamen agonalen Prinzips.

[3] *Olympos*. Auf diese dichterisch gestaltete Welt, deren musikalische Erscheinungsformen reale Verhältnisse widerspiegeln dürften, folgt die Epoche des *Olympos*. Als phrygischer Aulet eine Sagengestalt, symbolisiert er die Vermischung kleinasiatischer und griech. M. Er gilt als Schöpfer der frühesten *Nomoi* für Aulos und damit einer musikalischen Form, die historisch auf Phrygien zurückzuführen ist. Seine Weisen übten nach der musikgeschichtlichen Tradition teils berauschende, teils beruhigende Wirkung auf die Seelen der Hörenden aus. Spätere Theoretiker der medizinischen und ethischen Wirkung der M. berufen sich auf dieses Beispiel. Olympos gilt als Erfinder der frühesten, von den Griechen nur mühsam angenommenen, aber aus Pietät bewahrten Enharmonik (s. u. A 9), die mit der späteren sicher nicht identisch ist. Freilich ist ihre Gestaltung umstritten. Als sein Schüler lebt → *Thaletas* in der Überlieferung fort. An den Namen dieses aus Gortyn auf Kreta stammenden Musikers knüpft sie die Einführung der aulodischen M. des kretischen Apollonkults in Sparta. Das chorische Singen, das er aufgebracht haben soll, war nach Hom. Il. 18,591 in Kreta heimisch. Thaletas soll auch die enthusiastischen Rhythmen Paion und Kretikos aus der auletischen Kunst des Olympos in die Gesangsmusik eingeführt haben. In der Legende von Spartas Befreiung von einer Seuche durch Thaletas erkennt man die praktische Anwendung der Vorstellungen von der medizinischen Wirkung der M. Mit dem Aulos wurde die von ihm begleitete elegische Totenklage eingeführt; Opfer und Prozessionen geschahen unter Aulosmusik, die böse Geister vertreiben sollte (→ apotropäische Wirkung der M.). Daß die Vermischung kleinasiatischer und griech. M. zwischen rivalisierenden M.richtungen stattfand, symbolisiert die Legende vom Wettstreit des Apollon und → *Marsyas* (→ M.-instrumente B 1).

[4] *Terpander und Sakadas*. Den Beginn der eigentlichen M.geschichte bezeichnet um 675 → *Terpander* aus Lesbos, der führende Vertreter der ältesten Kitharöden, der Homer nicht mehr rezitierte, sondern sang, und dem die Einführung der siebensaitigen Leier zugeschrieben wurde. Terpanders Bezeichnung als Nomothetes hat doppelten Sinn. Er hat nicht nur die Spartaner zur Bewahrung der politischen Gesetze angehalten, sondern ihnen auch in der Musik *Nomoi* geschaffen, den äolischen, böotischen, trochaischen und orthios Nomos. Die Gliederung dieser Nomoi in die 7 Teile Archa, Metarcha, Katatropa, Metakatatropa, Omphalos, Sphragis, Epilogos mag mit der Siebenstufigkeit von Instrument und Tonleiter zusammengebracht werden und weist gleichzeitig auf die durch die Etymologie von νέμω ‹einteilen› empfohlene Deutung des → Nomosbegriffs. Die ungerade Anzahl der Teile ermöglichte ihre symmetrische Anordnung um ein Kernstück. In die Rhythmik wurde der dionysische → Iambus und → Trochäus eingeführt. – Der von dem Auleten *Sakadas* aus Argos an den → Pythien 586 errungene Sieg bedeutet eine weitere Stufe in der Geschichte des musikalischen Nomos, der zuerst die Gesangsweise von der Rezitation abgehoben hatte und nun schon vielteiliges Kunstwerk war. Jetzt stellte der pythische Nomos im Apollonkult den Kampf des Gottes mit dem Drachen in fester musikalischer Form und fünfteiliger Struktur unter berechneter ethischer Wirkung dar. Solistische wie chorische Nomik setzte einen geregelten Vortrag und eine geordnete Haltung der Ausführenden voraus, deren Nomostreue von späteren Theoretikern der gefährdeten bürgerlichen Ordnung zum Vorbild gesetzt wurde. Berühmt waren der Athena-, Ares- und Wagennomos und der νόμος πολυκέφαλος. Sakadas hat dreimal, also mit drei musikalischen Fassungen desselben mythischen Stoffes, gesiegt. Sein Stil wurde damit zum künstlerischen ‹Gesetz› für die Gestaltung dieser Sage. So war die Nomenkomposition wesentliche Leistung der griechischen M., die Jahrhunderte lebendig, wenn auch später nicht mehr verbindlich blieb.

[5] Mit der musikalischen → *Lyrik*, die von → Archilochos von Paros um 650 begründet wurde, brach die Glanzzeit der griech. M. an. *Archilochos* eroberte mit den jambischen und trochäischen Trimetern den Dreitakt und dessen volkstümliche Wirkung für die Kunstmusik. Der Jambenvortrag ist nicht nur rein vokal, sondern auch instrumental begleitet, dabei teilweise melodramatisch zu denken. Die Erfindung dieser melodramatischen παρακαταλογή (Begleitung zur Rezitation) wurde Archilochos zugeschrieben. Im Unterschied zur Begleitung durch gezupfte Phorminxtöne entfernte sich die κροῦσις ὑπὸ τὴν ᾠδήν (Begleitung durch Anschlagen der Saiten zum Gesang, Ps. Plut. mus. 28), in Klang und Rhythmus heterophon (s. u. A 9) von der Gesangsmelodie. – → *Sappho* und → *Alkaios* (beide um 600) traten hinzu, dieser als Dichter politischer Kampflieder, jene als Dichterin eines weiblichen, von Eros, Schönheit, Musik und Tanz erfüllten Lebenskreises. Sapphos Sprache ist erfüllt von Klängen der Empfindung; ihre → Monodien sind zur Vertonung bestimmt, für die bes. Barbitos und Pektis in Frage kamen. → *Alkman* (2. H. 7. Jh.) von Sardes schuf in Sparta auf der von Thaletas geschaffenen Grundlage chorischen Singens seine chorlyrischen Päane, Prozessionslieder, Jünglings- und Jungfrauenchöre. Der Chorgesang (→ Chor) nahm unter ihm den Aufschwung, der ihn zur tragenden Säule der Tragödie werden ließ. Auf → *Tyrtaios* (7. Jh.) wurden die heimischen Marschlieder (Embateria) zurückgeführt. – Nationale *Festspiele* wie die → olympischen und delphischen, die → Panathenäen und → Dionysien, die → Gymnopädien und → Karneen boten bes. Gelegenheit zur Entfaltung dieser, bes. der chorischen, M. Häufige musikalische Wettbewerbe bestätigten die ur-

alte Freude am Agon. Die Verehrung der Götter geschah unter musikalischer Begleitung, wobei Tympana und Krotala der → Kybele, Tympana und Kymbala der → Aphrodite, Tympana, Krotala, Aulos und Barbitos dem → Dionysos bes. zugehörig waren. Wie dem Dionysos der → Dithyrambos zukam, so gebührte Apollon der → Päan, der zur Kithara gesungen wurde, für Apollon von Männerchören, für Artemis von Mädchenchören. → Hymnus ist zunächst Oberbegriff für Päane, Dithyramben usw., dann Inbegriff des feierlichen Lieds. Unter den Festliedern sind → Hymenaios, → Hyporchema und → Skolion hervorzuheben. Der Hymenaios ist das Hochzeitslied beim Brautzug, das Hyporchema das saitenspielbegleitete Tanzlied, das Skolion das Trinklied, von Aulos oder Barbitos begleitet, das reihum gesungen wurde. – → *Pindar* brachte die Krönung der griech. Lyrik. Seine Hymnen, Dithyramben, Trinklieder, Klagelieder, Tanz- und Prozessionslieder, bes. die uns erhaltenen Siegeslieder (Epinikien) auf Sieger der nationalen Agone, erlauben trotz fehlender musikalischer Überlieferung durch textliche Gliederung und Sprachrhythmik Einblicke in die musikalische Struktur. Pindar komponierte diatonisch und vermied orientalische *πολυχορδία* (Vielsaitigkeit), wodurch er Vorbild wurde.

[6] *M. und Drama.* Zu den musikalischen Elementen, die nach antiken Nachrichten bei der Entstehung der → *Tragödie* (I A) mitgewirkt haben, gehören u. a. der Dithyrambos auf Dionysos, den → Arion (um 600) zur chorlyrischen Kunstform gemacht zu haben scheint, dann die Improvisation der Vorsänger, denen dieser Chor antwortend gegenübersteht, weiter das Heroenkultlied, das mit dem Dionysosdienst verbunden wurde. So ist die att. Tragödie musikalisches Kunstwerk, vor allem dank ihren straff geformten Chorgesängen; dazu kamen durchkomponierte ariose Teile. Beim Gesang wechselten teils Chorteile untereinander, teils Chorführer, Einzelsänger, Schauspieler und Chor miteinander ab. Zu den wichtigen musikalischen Formen gehören Einzugslied (Parodos), Standlied (Stasimon), Auszugslied (Exodos), Chortanz (Hyporchema), lyrischer Dialog (Kommos). Als Harmoniai (s. u. A 9) sind Phrygisch, Lydisch, Äolisch und Iastisch bezeugt, Mixolydisch wegen seines schmerzlichen Ethos und Dorisch wegen seines würdevollen Charakters bevorzugt. Das in der Kitharistik verbreitete chromatische Klanggeschlecht wurde gemieden. Die melodische Durchsetzung der Stücke war nach Autoren verschieden. Die lyrisch-pathetischen Stücke des → Aischylos und → Phrynichos (2) mit ihrer oft schwerverständlichen Sprache und ihren vielen Chorgesängen erforderten reichere musikalische Ausgestaltung als die des → Sophokles. Von → Euripides wurde der Chor eingeschränkt und das Pathos dem durchkomponierten Sologesang des Schauspielers übertragen, für den die Musik des neuen Dithyrambos Vorbild wurde. Die Wirkung dieser M. zeigt sich an der lebendigen Tradition ausgewählter euripideischer Soli und Wechselgesänge in hellenist. Zeit. – Der Theater → Chor trat in der → Orchestra unter Aulosbegleitung auf; Orchester gab es nicht. – Die → *Komödie* kritisierte nicht nur Politiker und Dichter, sondern auch die M. Ihre musikalischen Anspielungen reichten weit in die M.geschichte zurück, parodierten Klassiker wie musikalische Neuerer von der Art des Euripides, dessen Koloraturen etwa Aristoph. ran. 1348 durch Wiederholungen der Anfangssilbe eines Worts aufs Korn nimmt. Wie schon bei Phrynichos, Aischylos und Euripides, fand auch in der Komödie die Melodik schlichter Volkslieder Eingang; musikalische Archaismen zeitigten besondere Wirkung. Von der M. der klassischen Zeit scheint sich nichts durch die alexandrinischen Ausgaben erhalten zu haben; die zum Orestfragment (s. u. A 11, 1) erhaltenen Noten können späterer Zeit entstammen.

[7] *Die neue Kunst.* Euripides spiegelt auch das Aufkommen des Berufsvirtuosentums und die Einengung des Musikbegriffs auf die heutige Tonkunst. *Phrynis* von Mytilene ersetzte die sparsamen musikalischen Mittel des alten Nomos durch Aufwand und gesteigertes Pathos (‹Wirbelwind›, nach einer Komödie von 430). Vermehrung der Kitharasaiten, willkürliche Verwendung von Harmoniai und unruhige Melodieführung (*καμπαί*) führten zu stilistischer Buntscheckigkeit (*ποικιλία*), beweisen aber auch gesteigerte Ansprüche an den Tonumfang und sprechen für die Befreiung von der allen Neuerungen feindlichen Ethoslehre (s. u. A 8). *Melanippides* von Melos (5. Jh.) wurde nun als bloßer *μελοποιός* (Melosbildner), wegen Mangels an dichterischem Gehalt verschrieen. Hauptvertreter des damals aufkommenden, Euripides beeinflussenden, neuen Dithyrambos, der mit dem älteren, kultischen nur den Namen gemeinsam hatte, waren → Kinesias (ca. 450–390), → Philoxenos und → Timotheos. → *Philoxenos von Kythera* (436/435–380/379) liebte Chromatik, *μεταβολαί* (s. u. A 9) und virtuose Sologesänge und kehrte so das Verhältnis von Wort und Ton zugunsten der M. um. Aristot. pol. 1341 b weist auf den sozialen Faktor als Mitursache solcher musikalischer Neuerungen hin. Der Tadel einsichtiger Kritiker richtete sich darum auch nicht gegen das Virtuosentum an sich, sondern gegen dessen Auswüchse. → *Timotheos* (5) *von Milet* (um 400), Schüler des Phrynis, soll Tonbereich und Saitenzahl noch stärker erweitert haben. Durch Einbeziehung von Chören in den kitharodischen Nomos setzte er die Formenmischung fort. Manieristische Verzierungen und Programm-M. (wie der Schlachtenlärm von Salamis in den ‹Persern›) erhöhten die Buntscheckigkeit. Von der Komödie und von Platon wurde dieser Modernismus als exaltiert verabscheut. Trotzdem setzten sich künstlerische Ursprünglichkeit, schöpferische Freiheit und gestalterischer Reichtum der Neuerer durch. Dies ist bei der Beurteilung der *hellenist. M.* zu beachten, welche die gewonnene Freiheit in verschwenderischer Fülle ausmünzte, in virtuoser Solokitharistik und Auletik, in der Orchesterm. und bei Massenaufgeboten von Musikern, endlich auf mechanischen Instrumenten wie der Orgel neue Betätigungsformen fand, Repertoirestücke aus dem Drama neu vertonte, die solistische und chorische Liedkunst weiterführte und in → Musikervereinigungen neue Traditionen pflegte, ohne den klassischen Stil völlig zu verdrängen.

[8] *Musikbegriff und Musikanschauungen.* Der Begriff der Musenkunst (*μουσικὴ τέχνη*) umfaßt bei den Griechen über unsere heutige M. im engeren Sinne hinaus auch die Dichtkunst und die Geistesbildung überhaupt mit; er wurde auf den heutigen Begriffsumfang erst mit der Ausbreitung des virtuosen Berufsmusikertums seit der Mitte des 4. Jh.s verengt. Die Musenkunst (→ Musikē) war so eng mit Tanz, Religion, Moral, Erziehung, Politik und Medizin verknüpft, daß ihr schon deswegen höchste Beachtung und Verehrung zuteil wurde. Die Literatur über M. war die umfangreichste innerhalb der kunsttheoretischen Literatur der Griechen. Die von → Damon (2) systematisierte, von → Platon zu einem Modell des musikalischen Kritikeramts ausgestaltete, endlich von → Aristoteles (pol. 8,5) auf die Erziehung beschränkte Ethoslehre wurzelt in alten magischen Heilbräuchen und in den Wundergeschichten von der Macht der M. bei → Orpheus, → Linos, → Amphion, → Arion. Damit, daß → Pratinas Harmoniai als ‹gehörig› empfahl und ebenso den Aulos verwarf, wurde der M. dann ethische Bedeutung zugemessen, und Pindar inaugurierte, indem er jedem Gott eine charakteristische Musik zuwies, eine musikalische *Ausdruckslehre.* Die Erfahrung von der Macht der M. wurde von den → Pythagoreern psychotherapeutisch und -hygienisch ausgewertet. Damon aber faßte alles in eine Lehre vom Ausdruck des Seelischen in der M.: Wie Gesänge aus einer Bewegung der Seele entstehen, hat umgekehrt das Musizieren unterschiedliche seelische Wirkungen. Nach dieser Grundmaxime wirken die Qualitäten von Harmonia und Rhythmos auf das Ethos der Seele, besitzen

sie selbst Ethos. So wurden Tugenden als das Ergebnis guter, an Lyra und Kithara in dorischer und phrygischer Harmonia erfolgender musischer Erziehung angesehen. Umgekehrt drohte schlechte M. die Jugend zu gefährden und Entartung zu bewirken, weshalb Neuerungen verdächtig waren. M.erziehung wurde damit Bestandteil der moralischen, nicht wie heute der ästhetischen Erziehung, und die politische Bedeutung der Begriffe ‹Nomos› und ‹Metabole› wurde mit ihrer musikalischen parallelisiert und dadurch vertieft. Die alte Anschauung von der medizinischen Wirkungsweise der M. tritt in der Philosophie in drei verschiedenen Theorien der Seelenheilkunde auf. Nach den Pythagoreern wirkte die M. allopathisch, indem musikalische Elemente entgegengesetzten Charakters schädliche Affekte der Seele zu hemmen hatten. Nach der aristotelischen → Katharsislehre wirkte die M. homöopathisch, hatte also durch musikalische Elemente gleichen, orgiastisch-pathetischen Charakters die Affekte bis zu deren lustvoll befreiender Entladung zu steigern. Platon (leg. 790D) trennt die homöopathische Methode von der kathartischen Entladung und zeigt, wie unruhige Kinder und Rasende gerade durch Bewegung von außen beruhigt werden. – Die theoretische Gegenströmung gegen die Ethoslehre, in der modernen Forschung unter dem Begriff der ‹*Formalisten*› zusammengefaßt, vertreten u.a. durch die → Hibehrede um 400 und → Philodemos von Gadara im 1. Jh. vor Chr., lehnte die einheitliche seelische, erzieherische und politische Wirkung der M. mit empirischen Argumenten ab und leitete ihre Wirkungen von dem mit der M. verbundenen Logos oder der von ihr ausgehenden, subjektiv verschiedenen Lust her. Zwischen beiden Richtungen suchte schon Aristoteles (pol. 8,5, 1339a11ff.) einen Ausgleich herbeizuführen, indem er neben der Erziehung auch andere Zwecke der M., ‹Spiel› und ‹Unterhaltung› (*παιδιά* und *διαγωγή*), anerkennt, es also vermeidet, die nach ethischen Wertmaßstäben der Pädagogik auszuscheidenden Instrumente und Darstellungselemente ganz zu verwerfen.

[9]–[14] *Musiktheorie:* [9] *Intervallenlehre.* Die → *Pythagoreer* entdeckten früh die Abhängigkeit des musikalischen Intervalls (*διάστημα*) von *Proportionen der Saitenlängen* und gründeten darauf eine umfassende Weltansicht, welche die mathematische Harmonie im ganzen Kosmos bis zu den Gestirnbewegungen wirksam fand. Diese Anschauung von der *Harmonie der Gestirnsphären* wurde von Aristoteles widerlegt, aber von späteren Autoren wie Cicero aufgenommen und von Nikomachos, Martianus Capella und Boethius systematisch ausgebaut: die Himmelskörper bewegen sich um das Zentrum des Alls in proportionierten Abständen, woraus nach akustischen Gesetzen verschiedene Tonhöhen resultieren, die sich zu harmonischen Intervallen vereinigen. Daß diese Harmonien noch niemand gehört hat, wird mit dem psychologischen Argument erklärt, daß das menschliche Gehör sich an diesen lauten Schall wie bei einem Nachhall gewöhnt habe. Hatten sich die Pythagoreer den Raum von der Erde bis zum Himmel dabei wie eine ausgespannte Saite vorgestellt, deren Teile um so tiefer klingen, je länger sie genommen wird, so begründet Cicero die gegensätzliche Anschauung, wonach sich die äußeren Himmelskörper schneller und mit höheren Tönen bewegen. So ergeben sich in der Zuordnung der einzelnen Gestirne zu den Tönen harmonischer Skalen zwei Grundrichtungen. Außerdem werden bei unterschiedlichen Umfängen der angenommenen Leitern die Intervalle verschieden angegeben. – In der Theorie der M. wurde von → Hippasos der *Intervallbestand* über die Oktave (Diapason, 2:1) bis zur Duodezime (3:1) und Doppeloktave (4:1) ausgedehnt. → Philolaos teilte die Oktave harmonisch in Quinte (Diapente, 3:2) und Quart (Diatessaron, 4:3) mit der Differenz des Ganztons (Tonos, 9:8). Ähnlich ergab sich bei der Teilung des Ganztons der kleinere (Dihesis, 256:243) und der größere Halbton (Apotome, 2187:2048), deren Differenz er Komma nannte. Die weitere Teilung der Dihesis in 2 Diaschismata und des Komma in 2 Schismata bei → Philolaos ist inkonsequent. → Archytas demonstrierte die Terz (5:4) als Grundlage der Enharmonik. Solche → Proportionen wurden von den *Kanonikern* wie → Eukleides (2) am Monochord (→ Kanon) demonstriert. Davon abweichend teilte → *Aristoxenos* nach dem Gehör die Oktave in 6 Ganztöne, den Ganzton in 2 Halbtöne. Platon (rep. 531 A) lehnte dieses Verfahren sensualistischer Atomisten ebenso wie die pythagoreische Zahlenbestimmung gehörter Konsonanzen ab, da er nach apriorischer Erkenntnis der Proportionen und Konsonanzen strebte. Daß die Kanoniker abweichend von der heutigen Intervallenlehre Oktave, Quinte und Quart, nicht aber die Terz für Konsonanzen (*συμφωνίαι*) hielten, zeigt das Überwiegen der rationalen vor der empirischen Welterklärung. Erst → Ptolemaios (17) (harm. p. 13,25 D.) galt die Terz als zum Melos passend (*ἐμμελής*).

[10] *Melodie. Rhythmus.* Die Fachausdrücke der abendländischen M.theorie wie Melodie, Harmonie, Enharmonik, Chromatik, Diatonik, Rhythmik haben wie der M.begriff selbst einen Bedeutungswandel erfahren, der heute genaue Definitionen dieser Termini erfordert. – Zu den eigentümlichen Stilmerkmalen der griech. Musik gehört ihr melodischer Charakter, der keine Mehrstimmigkeit im heutigen Sinne zuließ. Der einstimmigen *Melodie* ging mit dem Fehlen dieser harmonischen Entsprechung auch jede potentielle harmonische Bindung ab. Doch war sie nicht amorph, sondern nach den Anweisungen der Ethoslehre (s.o. A8) streng geregelt. Bestandteile des Melos waren Textwort (*λόγος*), Melodie (*ἁρμονία*) und Rhythmus (*ῥυθμός*). Die instrumentale Begleitung (*κροῦσις*) der Gesangsmelodie erfolgte in freier melodischer Variation ohne Bindung an die Häufigkeit, Notenwerte und Tonhöhen der Melodietöne *(Heterophonie*; vgl. Plat. leg. 812D). Das Bestreben, akzentuierten Silben gegenüber unbetonten einen höheren Melodieton zu geben, ist spürbar, aber nicht starre Norm. – Nach den ‹Elementen der Rhythmik› des → Aristoxenos wird der Rohstoff des ‹rhythmizomenon› durch den *Rhythmus* verschieden geformt. Die ‹rhythmizomena› zerfallen in *λέξις* (Sprachtext), *μέλος* (Tonfolge) und *κίνησις σωματική* (tänzerische Körperbewegung); Chortanz (*χορεία*) ist gesungener und getanzter Vers zugleich. Statt des modernen Prinzips der vorgegebenen leeren Zeit, die rhythmisch unterteilt und mit konkreten Notenwerten gefüllt wird, galt das Prinzip der rhythmischen Gestalt, die von vornherein die Zeit erfüllt und sich aus Kürzen und Längen (im Wert von Doppelkürzen) addiert. So bestand weder ein rhythmisch-metrisches Taktschema, noch war eine besondere musikalische Rhythmik mit schriftlicher Fixierung nötig, da sich der Rhythmus aus dem Metrum des Texts ergab. Die verschiedenen Rhythmen wurden nach den Gesichtspunkten der Ethoslehre (s.o. A8) ausgewählt und bewertet.

[11] *Tonskalen.* Da die Griechen die abwärts verlaufende Melodiebewegung als natürlich empfanden, sind ihre Tonleitern in absteigender Form angeordnet. Der höchste Ton war Ausgangspunkt der grundlegenden Viertonreihe (des *Tetrachords*), die dann der Tiefe zustrebte. Diese Tendenz der antiken Melodik führte auch zur Ausbildung der drei Tongeschlechter mit ihrer verstärkten ‹Leitton›-Wirkung nach unten. Die beiden Grenztöne des Tetrachords bleiben unveränderlich (*ἑστῶτες*), die beiden mittleren Töne sind veränderlich (*κινούμενοι*) je nach dem angewandten Tongeschlecht; in Chromatik und Enharmonik werden sie so gestimmt, daß die beiden unteren Intervalle im Tetrachord zusammen kleiner sind als das obere allein. Wo sich um den tiefen, unveränderlichen Zielton die beiden veränderlichen Töne mit den beiden geringen Intervallen stauen, liegt das ‹Pyknon› (*πυκνόν*, die Verdichtung) des Tetrachords. So

unterscheiden sich vom *diatonischen Klanggeschlecht* (mit den Abständen a, g, f, e) das *chromatische* (a, fis, f, e) und das *enharmonische* (a, f, f–¼, e):

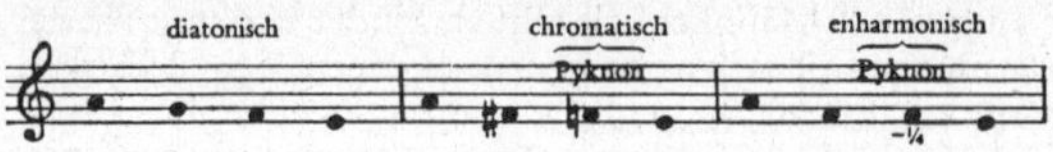

Die Anreihung eines Tetrachords an ein benachbartes konnte in doppelter Weise geschehen, getrennt und verbunden. So entsteht das Tetrachord *διεζευγμένων*, das vom darunterliegenden Tetrachord *μέσων* getrennt ist, und das Tetrachord *συνημμένων*, das mit dem Tetrachord *μέσων* verbunden ist

Die Töne, deren Namen von den Saiten (*ὑπάτη*, höchste Saite) und der Spieltätigkeit (*λιχανός*, Zeigefinger) hergenommen sind, heißen darin:

Die Notenumschrift ist für das diatonische Klanggeschlecht angegeben. Die veränderlichen Töne sind im oberen Tetrachord Paranete und Trite, im unteren Lichanos und Parhypate. Der Schritt zwischen den beiden getrennten Tetrachorden heißt Diazeuxis, die Verbindung der verbundenen Tetrachorde Synaphe. Beim Pyknon handelt es sich um die Ausschnitte Lichanos-Hypate im Tetrachord meson, Paranete-Paramese im Tetrachord diezeugmenon und Paranete-Mese im Tetrachord synemmenon. Wichtigster Ton ist die Mese. – Die Theoretiker des 4. Jh.s haben diese Skalen nach oben und unten durch je ein zusätzliches Tetrachord zu zwei ausgedehnten Leitersystemen *erweitert*, nämlich dem ‹unveränderlichen vollkommenen System› (*σύστημα τέλειον ἀμετάβολον*):

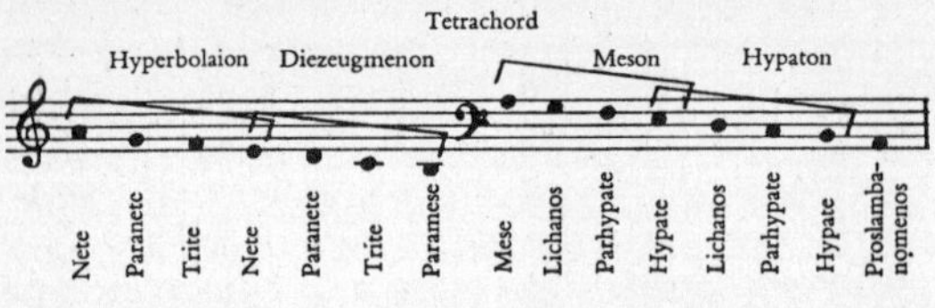

und dem ‹kleineren vollkommenen System› (*σύστημα τέλειον ἔλαττον*):

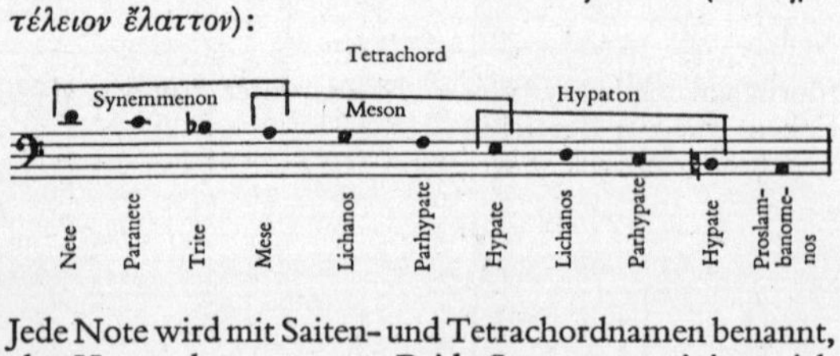

Jede Note wird mit Saiten- und Tetrachordnamen benannt, also Hypate hypaton usw. Beide Systeme vereinigen sich zum ‹veränderlichen vollkommenen System› (*σύστημα τέλειον μετάβολον*). Es heißt ‹modulations›fähig, da es den einfachsten Übergang (Metabole) zur Unterdominante veranschaulicht. Trotzdem ist auch dies noch eine Abstraktion, da es die beim Wechsel der Tongeschlechter in den veränderlichen Noten eintretenden Veränderungen vernachlässigt.

[12] *Transposition.* Über der Grundskala des vollkommenen Systems bauen sich dann die ‹Töne› (*τόνοι*, d.h. Spannungen, Stimmungen) als *Transpositionsskalen* derselben Leiter von verschiedenen, höheren oder tieferen, Stufen aus auf, von den modernen Tonleitern schon dadurch verschieden, daß nicht die Oktaven, sondern die Tetrachorde als stehende Größen fungieren. Man versteht also unter den Tonoi zusammenhängende Doppeloktavleitern in allen drei Klanggeschlechtern über den aufeinanderfolgenden Stufen der grundlegenden Notenreihe. Diese Transpositionsskalen dienen aber nicht wie beim modernen Transponieren der Gewinnung höherer oder tieferer *absoluter* Tonräume, denn nichts berechtigt zur Annahme feststehender absoluter Tonhöhen nach Art unseres Kammertons. Vielmehr dienen sie zur *relativen* Tonhöhenbestimmung innerhalb eines gleichbleibenden Tonraums. Da nämlich das Saiteninstrument nicht über genügend Saiten verfügte, um die Haupt- und Nebenskalen in ihrem vollen Umfang wiederzugeben, war ein Umstimmen der Instrumente im Spiel notwendig. Den Vorgang zeigt folgendes Beispiel:

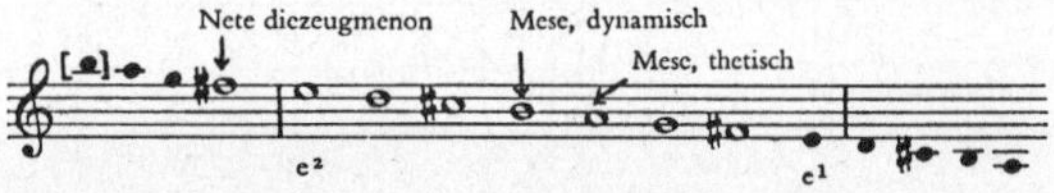

Diese Skala zeigt das Systema teleion im diatonischen Klanggeschlecht, um einen Ganzton höher transponiert. Das zentrale Doppeltetrachord e^2–e^1, zwischen den Taktstrichen an seinem ursprünglichen (thetischen) Platz, erfüllt nun die im Schema unausgefüllt gelassenen Noten, wobei zwei Töne (c und f) erhöht werden müssen und zum ursprünglichen Bestand oben eine Note angefügt werden muß, unten eine überschüssig ist. Das System ist hier behandelt als statischer Tonraum, um den herum die typische Skalenform durch die umwandelnden Tonoi getragen wird. Es hat zweifachen Sinn, nämlich a) die Anordnung der Noten (Thesis) im Grundsystem, b) die Anordnung der Noten in der Transposition, bei der es auf die Funktion (Dynamis) ankommt. a^1 bleibt thetische Mese, h^1 wird durch Transposition dynamische Mese. Die Gleichsetzung der dynamischen Mese h^1 mit der thetischen Paramese h^1 ist zwar richtig, aber nicht auf allen Stufen möglich, da feststehende und veränderliche Töne ihren Platz verändert haben und dabei Veränderungen der Tonhöhen erfolgt sind. Beispielsweise gelangt die Nete diezeugmenon (thetisch e^2) bei dieser Aufwärtstransposition nicht an den Platz der nur einen halben Ton entfernten Trite hyperbolaion (f^2), sondern einen Ganzton höher zu fis^2, das thetisch in dieser Form gar nicht vorhanden war. Die Nete diezeugmenon kommt also nur in diesem Tonos so vor. Daher mußten die Tonoi benannt und in ihren relativen Abständen fixiert werden. Während unsere Tonleitern auf der jeweils eponymen Tonika aufgebaut sind, projizierten die Griechen ihre Tonoi in die zentrale Tonlage, worin sich jeder Tonos mit einem anderen Ausschnitt zeigt und die relativen Positionen besser vergleichbar sind.

[13] *Transpositionsskalen.* Die untransponierte Gestalt des Systems hieß *dorisch;* sie weist dieselben Intervalle auf wie die moderne, nach oben verlaufende Durtonleiter, bei der ebenfalls abwechselnd nach 2 und 3 Ganztönen ein Halbton eingeschaltet wird. Die Höhertransposition unseres Beispiels mit der im Ausschnitt e^2–e^1 erscheinenden Intervallfolge 1 ½ 1 1 ½ 1 entspricht dem *phrygischen* Tonos. Das *Mixolydische* ergibt sich durch Herauftransposition des Dorischen um drei Stufen, wozu Saite h^1 auf b^1 herabgestimmt werden muß, das *Hypolydische* durch Herabtransposition um eine Stufe (5♯) usw. Durch diese Tonoi (antik auch

Tropoi) entstehen die sieben Gestalten der zentralen Tonlage e^2–e^1 nach folgendem, aus Ptol. harm. 2, 10 p. 64 D. entwickeltem Schema:

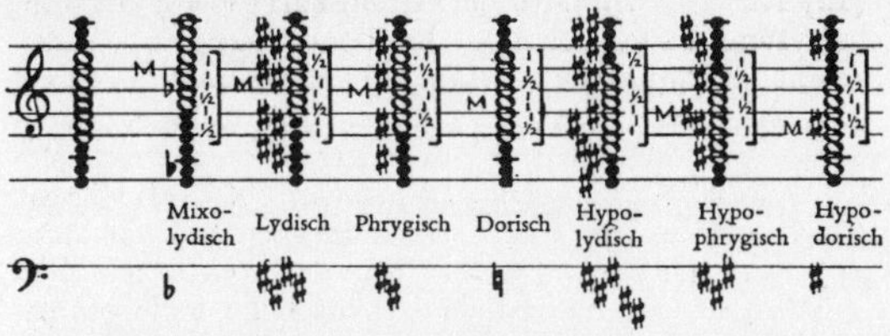

Die Bezeichnung und die Zahl der Tonoi wechselte: → Kleoneides (p. 203 J.) gab als aristoxenisch 13 mit sämtlichen Halbtönen der Oktave als Ausgangspunkten; im spekulativen Streben nach gleichmäßigen Triaden ergaben sich als Höchstzahl folgende 15:

Hyperlydisch	mit Mese	fis¹	3 ♯
Hyperäolisch		f¹	4 ♭
Hyperphrygisch		e¹	1 ♯
Hyperiastisch	(dis¹)	es¹	6 ♯ = 6 ♭
Hyperdorisch (Mixolydisch)		d¹	1 ♭
Lydisch		cis¹	4 ♯
Aiolisch		c¹	3 ♭
Phrygisch		h	2 ♯
Iastisch		b	5 ♭
Dorisch		a	♮
Hypolydisch		gis	5 ♯
Hypoaiolisch		g	2 ♭
Hypophrygisch		fis	3 ♯
Hypoiastisch		f	4 ♭
Hypodorisch		e	1 ♯

[14] Der *Harmoniebegriff* wurde in viel weiterem Sinn als heute angewandt, wenn sich auch seine etymologische Grundbedeutung (‹Fügung›) erhalten hat. → Harmonia bezeichnet nicht notwendig ein gleichzeitiges Zusammenklingen von Tönen, sondern auch deren geordnetes Nacheinander, also die Melodie. Der Begriff hat allerdings Wandlungen erfahren. → Lasos verband damit Stammesname und Tonlage. → Pratinas empfahl die Mittellage äolischer vor der schrillen und iastischen Harmonia, schrieb aber anderwärts dorische. Pindar brachte es fertig, dieselbe Musik dorisch und äolisch zu nennen. Harmonia hat also mit der Tonlage zu tun, gleichzeitig aber auch mit Melodie und Stimmung, sogar mit dem Rhythmus. Dieses Ergebnis erlaubt eine Fixierung eines einheitlichen Gebrauchs ebensowenig wie der Terminus des *enharmonischen* Tongeschlechts. Das doppelte enharmonische Tetrachord war für Aristoxenos das Anschauungsbeispiel der großen klassischen Stile und wurde wohl deshalb als harmonisch betrachtet, weil damit die dorische Harmonie verbunden war. Die Rolle, die das alte Phrygische daneben spielte, ist aus den Texten nur zu vermuten. – Dann wurden die Harmoniai zu Modellen für die abwärts gerichtete Melodik, und sie wurden mit besonderen Charakterisierungen verbunden: die Neuordnung der Benennung dieser wichtigsten *musikalischen Dialekte*, die → Damon vorgenommen haben soll, mag der Verbreitung ursprünglich lokaler Dialekte durch die Dichter entsprechen. Doch haben diese Harmoniai mit den Volksstämmen, nach denen sie benannt sind, nichts mehr zu tun; Ansichten des → Herakleides (3) Pontikos über ihre charakterliche Entsprechung zu den eponymen Stämmen sind spekulativ, und für orientalische Einflüsse etwa auf das Phrygische dieser Zeit besteht kein Anhalt. Platon (rep. 398) verbietet für seinen Staat mixo- und syntonolydische Harmoniai als *θρηνώδεις* (jämmerlich), iastische und lydische als *χαλαραί, μαλακαί, συμποτικαί* (schlaff, trinkselig) und beläßt nur Dorisch und Phrygisch als die musikalischen Ausdrucksformen der Besonnenheit und Männlichkeit. Er verbindet also mit diesen Harmoniai, die wir nicht genauer kennen, den Gedanken an musikalische Gelegenheiten und an den Ausdruck von Stimmungen und Leidenschaften. Dorisch und Phrygisch waren nun die Hauptstile der ernsten Musik, durch ihren Charakter, Festigkeit bzw. Ekstase, deutlich unterschieden. – Als die alten Harmoniai außer Gebrauch gekommen waren, wurden ihre Namen den neuen Transpositionsskalen (s.o.) mit den sie begleitenden Oktavgattungen (*εἴδη*, modi) zugeteilt. Oktavgattungen sind Ausschnitte aus einem festen System, die in verschiedener Höhe angesetzt werden und dadurch verschiedene Intervallfolgen bekommen. Transpositionsskalen (*τόνοι, τρόποι*) dagegen sind feste, die erste Oktavengattung beibehaltende Systeme mit gleichbleibender Intervallfolge, die in der Tonhöhe gegeneinander verschoben (transponiert) sind. Daß die Herausbildung der Oktavgattungen gegenüber den Tonoi sekundär ist, zeigen die Bezeichnung des lydischen Tonos als hoch und die ‹*Hypo*› *transpositionen*, die richtig eine Quart *tiefer* als ihre Stammsysteme liegen, während in den Oktavgattungen das Verhältnis umgekehrt wurde, so jedenfalls nach der Anordnung der Oktavgattungen bei → Bakcheios (p. 308 J.), der Mixolydisch auf den Tonraum h–h, Lydisch auf c–c, Phrygisch auf d–d, Dorisch auf e–e, Hypolydisch auf f–f, Hypophrygisch auf g–g, Hypodorisch auf a–a ansetzt. Hyperoktavgattungen scheint es nie gegeben zu haben.

[15] Die griech. *Notenschrift*, die aus den Denkmälern (s.u. A 16) bekannt und dank Theoretikern wie → Alypios zu entziffern ist, gab weder Notenfunktionen noch Intervallgrößen an, wie dies sonst durch Notennamen bzw. Zahlenproportionen geschah. Man unterscheidet zwei Notenschriften: 1. Die (zeitlich spätere) *Vokalnotenschrift* für die reine Vokalmusik bietet eine Kernoktave f'–f (möglicherweise entsprechend der späteren Höherstimmung) mit sämtlichen Zwischenstufen, welche durch das ionische

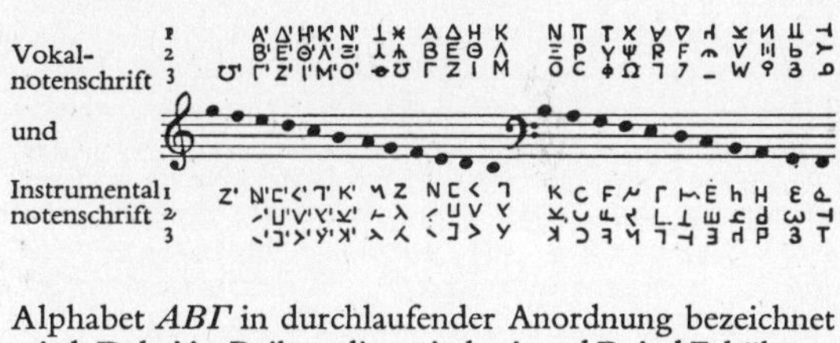

Alphabet *ABΓ* in durchlaufender Anordnung bezeichnet wird. Dabei ist Reihe 3 diatonisch; A und B sind Erhöhung bzw. Doppelerhöhung von *Γ*. Eine erste Erweiterung auf die Stufen a' und g' verwendete umgelegte oder modifizierte Zeichen für g und f. Für den Tonraum e–F wurde das ganze Alphabet in umgelegter oder modifizierter Form noch einmal benützt, zuletzt für den Tonraum g^2–h^1 die Folge der Zeichen von g^1–h mit einem diakritischen Strich eingesetzt. – 2. Die (frühere) *Instrumentalnotenschrift* verwendet im Tonraum a'–A des Systema teleion 15 Zeichen eines altdorischen Alphabets von A–N (darunter *Ϝ* und 2 *Λ*-Zeichen), die zur Bezeichnung der Zwischenstufen abgewandelt oder umgelegt werden. Jedes Zeichen der 1., diatonischen Reihe bildet mit seinen Abwandlungen für Erhöhung und Doppelerhöhung eine Triade. Die Stufen G und F tragen weiter modifizierte Vokalzeichen, und der Tonraum g^2–h^1 verwendet wie bei der Vokalnotenschrift die Zeichen für g^1–h mit diakritischem Strich. Das deutet auf Übernahme aus der Vokalnotenschrift, während diese umgekehrt das Prinzip der Dreiergruppen mechanisch übernahm. Der Primat der nichtmodifizierten Stammzeichen (Reihe 1) der Instrumentalschrift, der auf eine Griffschrift zu deuten scheint, wird dabei allerdings in den vokalen Triaden an die Zeichen der Reihe 3 abgegeben, wodurch diese Notation an Anschaulichkeit einbüßt. – Rhythmische Zeichen fehlen für die Kürze; der Punkt (στιγμή) steht für die → Arsis, das → Hyphen (◡) für die melismatische Verschleifung mehrerer Noten unter einer Textsilbe, der Disemos (–) für die 2 Kürzen entsprechende Länge (vgl. → Metrik A), entsprechende Zeichen für noch stärkere Dehnungen (⌴ ⊔ ⊔⊔), das Leimma (ΛΩ) für Pause bzw. rhythmische Dehnung.

[16] Die überlieferten *Tondenkmäler* bieten für das klassische 5. Jh. kaum Anschauungsmaterial, und auch für die hellenist. und kaiserzeitlichen Stücke geben sie über Instrumentierung und Vortragsweise keine Auskunft; meist sind sie in Vokalnotation aufgezeichnet. Gefälscht ist u. a. die Musik zu Pind. Pyth. 1, 1–8 (1650 durch Athanasius Kircher). Echt sind: (1) Papyrusbruchstück Rainer G 2315 aus dem 1. Stasimon von Eur. Or. 338–344 in Wien mit lückenhafter instrumentaler Tonfolge aus dem 3. Jh. v. Chr.; (2) und (3): zwei am Athener-Schatzhaus in Delphi eingemeißelte Hymnen auf Apollon: *Κέκλυθ', Ἑλικῶνα βαθύδενδρον*, vokal, 138 v. Chr., und *Ἴτ' ἐπὶ τηλέσκοπον*, instrumental, 128 durch Limenios in Athen komponiert; (4) Seikiloslied, 1883 auf einer Grabsäule bei Tralleis in der Türkei entdeckt, einziges rein lyrisches Stück mit ansprechender, wohl nicht klassischer Melodie in 4 Zeilen zu je 12 rhythmischen Einheiten:

(5) Berliner Papyrus 6870 mit 12 Zeilen eines Päans, (6) mit 4 Zeilen eines Gesangs auf den Selbstmord des Aias, (7/8) mit 2 Instrumentalstücken und (9) einem Fragment eines tragischen Gesangs; Aufzeichnung nach 156 n. Chr. schließt frühere Entstehung nicht aus; (10) Zenonpapyrus 59533 Kairo um 250 v. Chr., wenige Worte mit Vokalnoten; (11) bis (13) drei literarisch überlieferte Hymnen angeblich des → Mesomedes: Musen-, Helios- und Nemesishymnus, sämtlich mit geringen Lücken, streng diatonisch mit anmutiger Linienführung; (14) Christlicher Hymnus von → Oxyrhynchos, Pap. 1786, aus dem 3. Jh. n. Chr., mit inbrünstig bewegter Melodik; (15) Instrumentalnotenbeispiele im Anonymus Bellermanni § 97 f.; (16) Papyrus Oslo 1413 a–m mit (nebst wertlosen Bruchstücken) 2 tragischen Stücken in 19 Zeilen mit Vokalnotation und rhythmischen Zeichen aus der Zeit um 100 n. Chr, publ. 1955; (17) Pap. Ox. 2436 Oxford aus dem frühen 2. Jh. n. Chr., Vokalmonodie; (18) Pap. Rainer G 29825 a–f, publ. 1962; (19) Pap. Michigan 2958 aus dem 2. Jh. n. Chr., unpubl.; (20) *Ἡ κοινὴ ὁρμασία*, kitharodisches Stück, vokal-instrumental im Wechsel, handschriftlich überliefert; endlich (21) Ms. des 10. Jh.s zu Ter. Hec. 861 mit Zeichen, deren Deutung als griech. Noten zweifelhaft ist.

[17] *Quellen.* Die schriftlich nicht fixierten Lehren des → *Pythagoras* sind durch die Pythagoreer → Archytas und → Philolaos, die Philosophen Platon und Aristoteles, die Alexandriner → Eratosthenes und → Didymos (1), die Kanoniker Eukleides (2), → Ptolemaios (17) und → Boethius bekannt geworden. → *Lasos v. Hermione* gilt als erster Verfasser einer uns verlorenen Musiktheorie, → *Glaukos* (4) *von Rhegion* als erster Musikhistoriker. Die von *Damon* ausgebildete Ethoslehre ist fragmentarisch bei Platon und → Aristides Quintilianus erhalten. Von ihm angeregt, stellte *Platon* der Musik als philosophischer Kritiker strenge Normen, bes. im ‹Staat› und in den ‹Gesetzen›. Sein Schüler *Aristoteles* schränkte diese auf die Erziehung ein (in den ‹Politika›) und ließ dem Ästhetischen seinen Eigenwert. Die in ihrer 5., 11. und bes. 19. Sektion ergiebigen Pseudoaristotelischen ‹*Problemata*› aus dem 3. Jh. basieren auf → *Aristoxenos*, dem bedeutendsten antiken Fachtheoretiker der Musik. → *Didymos* (1) hat in *περὶ διαφορᾶς τῆς Πυθαγορείου μουσικῆς πρὸς τὴν Ἀριστοξένειον* Aristoxenos mit den den Pythagoreern folgenden Kanonikern verglichen. Der konsequent ästhetische Standpunkt führte zur Ablehnung der Ethoslehre beim Verfasser der → *Hibehrede* (um 400) und bei *Philodemos* (1. Jh. v. Chr.; s. o. A 8). Quellenwert haben außerdem *Ps. Plutarch* (De mus.), der auf → Glaukos zurückgeht, und → *Aristides Quintilianus*, die nachchristl. Leitfäden des → *Kleoneides*, *Claudius Ptolemaios* (mit Kommentar des → *Porphyrios*), *Nikomachos*, → *Gaudentius*, *Bakcheios*, → *Alypios* (4. Jh.) und die lat., ganz auf den griech. beruhenden Musiktheoretiker (→ C 4. 5).

B. Etrurien. [1] *Quellen.* Für die Bedeutung der M. bei den → Etruskern zeugt vor allem ihre Nachwirkung in der öffentlichen und sakralen M. der Römer (s. u. C). Doch ist der Zugang zur etrusk. M. durch das Fehlen von zeitgenössischen und eigenen etrusk. Schriftquellen, von Noten und M.instrumenten erschwert. Nur über spätere Schriftstellernotizen und bes. über bildliche Darstellungen der Malerei und Reliefkunst läßt sich etwas gewinnen. Freilich sind diese Darstellungen oft ungenau oder der griech. Kunst motivisch so sehr verpflichtet, daß ihr Quellenwert zweifelhaft wird.

[2] *Instrumente.* Das Zurücktreten der Saiteninstrumente auf Abbildungen, das Fehlen von Nachrichten über etrusk. Saitenspiel entspricht einer Vorliebe der Etrusker für *Blas-M.* Wenn diese bei Poseidonios (FGrHist 87 F 119) als Erfinder von Trompeten gelten, so dürfte sich das auf die Sonderformen des Lituus und Cornu beziehen, da die Salpinx bereits voretruskisch ist (→ M.instrumente B). Aus ihrem kleinasiatischen Herkunftsgebiet scheinen sie den Aulos nach Italien mitgebracht zu haben. Die Querflöte, deren ältestes Zeugnis der Volumniersarkophag aus Perugia ist, wurde von ihnen eingeführt. Das Vorkommen der Syrinx ist zweifelhaft, da die vereinzelten Darstellungen auf bloßer Bildtradition beruhen können. Als Schlaginstrumente begegnen Krotala mit der Sonderform der Stabklappern, die ohne griech. Vorbild sind, und Kastagnetten. Von den griech. Leiern fanden Lyra, Kithara, selten das Barbiton Aufnahme; Laute und Harfe fehlen.

[3] Einiges Wichtige ist uns von den etrusk. *Musikgebräuchen* bekannt. Zu dem bedeutenden Einfluß der etrusk. Kultur auf die Römer gehört vor allem das kultische Tibiaspiel (Verg. georg. 2, 193), das durch die etrusk. subulones (Varro ling. 7, 3, 35) vermittelt wurde. Im Gewändertanz der späteren latinischen tibicines lebt das Zunftgewand etrusk. Musiker, der bis zu den Füßen reichende kurzärmelige → Chiton, fort. Diese subulones traten bei Opfern, Festzügen und Begräbnissen, der Cornubläser bei festlichen Umzügen von Beamten auf (Londoner Steinsarkophag; ‹große Besetzung›, nämlich Cornu, Lituus, Wiegenkithara und Aulos, auf einem Steinsarkophag aus Caere im Vatikan, Mitte 5. Jh.). Bei Triumph- und Leichenzügen sind die Metallblasinstrumente häufig doppelt besetzt. Ein Steinsarkophag aus Nenfro in Boston zeigt als Hochzeitsmusikanten eine Kitharistin hinter der Braut, einen Cornubläser und eine Aulosspielerin hinter dem Mann. Hochzeitssänger kamen aus Fescennia in Etrurien und regten auch die Römer zu Scherzliedern an (→ Fescenninen; Liv. 7, 2, 7). – Durch das Vorbild etrusk. Kult-M. ist die Theater-M. der Römer (s. u. C 3) inspiriert worden. Bei der Pest 364 v. Chr. wurden etrusk. Tänzer (ludiones) und Pfeifer zur Sühnung des göttlichen Zorns nach Rom geholt. Auch können die etrusk. Waffentänze als Vorläufer der römischen angesehen werden. Farbenprächtige Gemälde an den Wänden bes. der alten Etruskergräber aus dem 6. und 5. Jh. aus → Tarquinia

zeigen Tänzer und Musikanten mit Aulos, Lyra und Wiegenkithara in ausgelassener Fröhlichkeit. Auf den Gemälden der Tomba del Triclinio drehen sich Tänzer und Tänzerinnen zwischen Lorbeer- und Myrtenbäumchen zum Vogelsang ähnlich, wie später Tibull 1, 3, 59 die M. des Jenseits beschreibt. M. war offenbar bei vielen Tätigkeiten beliebt (vgl. Alkimos, FGrHist 560F3). Die musikalische Kultur der Etrusker muß auf beträchtlicher Höhe gestanden haben.

C. Rom. [1] *Lage der Forschung*. Der Mangel an musikalischen Primärquellen ist bei der röm. Musik so fühlbar wie bei der etruskischen. Können so allein Musikleben, -charakter und -anschauungen skizziert werden, so ist selbst hierin die Frühzeit dunkel. Einer gerechten Würdigung des Überlieferten steht aber seit dem 19. Jh. außerdem das kulturhistorische Gesamtbild der Antike entgegen, das die röm. Kultur nur als Fundgrube griech. Originalvorbilder auszuwerten lehrte und selbst heute in der Musikgeschichte erst langsam verblaßt. Es ist jedoch ein solch umfangreiches Belegmaterial bereitgestellt, daß ein vorurteilsloses Studium zu sehr viel günstigeren Ergebnissen kommt, die sich mit der musikgeschichtlichen Bedeutung Italiens überhaupt erst jetzt in Einklang bringen lassen.

[2] *Urtümliche Periode*. Bei aller Unsicherheit der Überlieferung über die Königszeit muß doch die Stiftung der Kultgenossenschaft der → Salier mit ihrem Tanz und Gesang (Liv. 1, 20, 4) als Hinweis auf früheste einheimische Lieder verstanden werden. Wenn bei den regelmäßigen Wiederholungen bis in späteste Zeit die Musik so bewahrt blieb wie der mittlerweile unverständlich gewordene Text, so zeugt dies besonders für die Festigkeit der Tradition in der röm. M. Da nur der vorsingende Vates sämtliche Lieder erlernte, ist der Vortrag dieser ‹axamenta› responsorial zu denken. Diente der Saliergesang militärischer Entsühnung, so sangen die → *Arvalbrüder* beim Flurumgang alternierend zu magischer Schadenabwehr (→ Religion II C 3). Daneben ist das volkstümliche ‹kunstlose› Singen musikalischer Eigenbesitz der Römer. Schollenhackertänze am Faunusfest, Schnitterlieder am Ceresfest und Winzerlieder beim Weinlesefest zeigen Tradition und religiöse Sanktionierung solcher musikalischer Formen. Das Spiel auf der Syrinx, Wanderlieder und das Jodeln wurden gepflegt, letzteres später von den Kirchenvätern als Vorform des melismatischen Jubilierens anerkannt. Bei aller typisch italischen Lärmfreude äußerte sich in diesen Formen echte Musikalität; die Angebote der Verkäufer und die Bitten der Bettler auf den Straßen formten sich zur → *modulatio*. Aus besonderen Situationen entstanden Tisch-, Schlaf-, Ammen-, Kinder-, Ahnen-, Triumph-, Geburtstags-, Hochzeits-, Schelt-, Spott-, Freuden- und Liebeslieder. Bei den *Scheltliedern* reicht die Bezeugung mit dem Zwölftafelgesetz weit in die vorliterarische Zeit hinauf. Bei den *Triumphliedern* schlossen sich an den Ruf ‹io triumphe› kunstlose alternierende Stegreifimprovisationen an (Liv. 4, 53, 11; Dion. Hal. 7, 72, 11). Texte von *Liebesliedern* sind aus Inschriften und Bühnenspielen bekannt, aus denen sie ins Volkslied eindrangen (Ov. fast. 3, 535). Die Verbreitung solcher ‹*cantica diabolica, amatoria et turpia*› (Caes. Arel. serm. 303, 3) erforderte noch in spätester Zeit kirchliche Verbote. Die röm. Sitte (belegt), bei *Gastmählern* reihum das Lob berühmter Ahnen zu singen, wandelte sich mit steigendem Luxus zu Vorträgen (‹acroamata›) engagierter Berufsmusiker. Die *Klagelitaneien* des → Bestattungsrituals (neniae, lamentum, letale carmen, exequiae, mortualia) sind religiösen Ursprungs. Ihre Herkunft aus dem magischen Beschreien, der ‹incantatio›, wird durch Hor. epod. 17, 27ff. bestätigt. Zum ‹ululatus› trat die → ‹laudatio› durch Leidtragende oder berufsmäßige Klagefrauen (praeficae) hinzu. – Die röm. *Kultmusik* ist pietätvoll beibehalten worden. Diese Musik, die während der Kulthandlung nicht unterbrochen werden durfte, sollte weder, wie aufgeklärtere Zeiten (Cens. 12, 2) meinten, der Lust der Götter dienen noch das Gebrüll der Opfertiere übertönen, die bei unblutigen Opfern ja fehlten, sondern ihre magische Kraft sollte unheilvolle Dämonen und Geräusche fernhalten (Plin. nat. 28, 2, 11); nur den Manen wurde ohne Musik geopfert. – Mit der Unentbehrlichkeit der Tibiabläser im Kultus hat sich die *Tibia* als röm. Nationalinstrument durchgesetzt. Die Angehörigen des ‹collegium tibicinum Romanorum› wurden im kapitolinischen Jupitertempel öffentlich gespeist (→ Musikervereinigungen). Weitreichende Standesfunktionen bei Opfern, Spielen, Begräbnissen, Triumphen befestigten ihre geachtete Stellung. – Die *Lyra* ist im Kultus wohl erst seit dem 4. Jh. mit den Götterspeisungen heimisch geworden, fand dann in die Supplikationen Eingang und unterstützte oder ersetzte die Opfertibia. Dem entsprach ein collegium tibicinum et fidicinum. – Die Signalinstrumente Tuba, Lituus und Cornu ermöglichten *militärische Kunstmusik*. Es muß ein größeres Repertoire an Marschmelodien gegeben haben (Dio Cass. 56, 22, 3); die antike Theorie (Quint. inst. 1, 10, 14) sah unbedenklich in der Kriegs-M. etwas von der moralischen Macht der M. am Werk. Außerhalb des militärischen Bereichs blieb die *Tuba* Staats- und Kaiseropfern vorbehalten; Tuba- und Cornubläser schritten den Leichenzügen voran. Bei Gebet, Beschwörung, Schwur, Verfluchung, Weissagung, Vertrag und Kriegsansage waren rhythmisch geformte *carmina* verbreitet.

[3] *Epoche des Aufschwungs*. Mit 364 v. Chr., dem Geburtsjahr der röm. *Theatermusik*, beginnt eine zweite Epoche des Aufsteigens zu musikalischen Großformen. Nach Liv. 7, 2, 3 ff. wurden damals zur Sühnung einer Seuche → ‹ludi scaenici› eingeführt, bei denen sich etrusk. Tänze (pantomimisch) und Tibiamelodien mit Scherzliedern der Römer vereinigten – der sicherste Beweis für die ursprüngliche Verwurzelung der M. in Rom. Die Jugend wiederholte solche Darbietungen mit Gesang; allmählich bürgerten sie sich ein. Endlich ersetzten einheimische ‹histriones› die kunstlosen Wechselgesänge durch schriftliche Komposition und Choreographie. Während so der gesangliche Bestandteil des → *Canticum* auf volksliedhafte Ursprünge zurückgeht, zeigt sich im übrigen die Kraft produktiver Aneignung und die Herausbildung eines Virtuosenstandes. Die Einführung des *griechischen Dramas* durch den tarentinischen Griechen → Livius (2) Andronicus 240 v. Chr., den Dichter, Darsteller, Komponisten und Musikerzieher, förderte diese Entwicklung. Bes. → *Plautus* hat seine Komödien zu Singspielen gestaltet und den musikalischen Neigungen seines Publikums durch die Verwandlung attischer Dialogpartien in Gesänge entsprochen. Der Verlust der Chorgesänge wurde durch solistische → cantica wettgemacht, deren Partien noch bei Terenz die gesprochenen → diverbia an Umfang übertrafen. Während für die Neue → Komödie der Griechen die Musik nebensächlicher wurde, ist sie für die röm. Komödie also gerade charakteristisch. Seit Plautus waren an ihrer Gestaltung besondere *Komponisten* beteiligt, von denen die Sklaven Marcipor und Flaccus namentlich bekannt sind. Obgleich die Texte der röm. *Tragiker* verloren sind, sind uns cantica auch hier bekannt. Die Fabula praetexta brachte Chöre von Soldaten, Hirten, Sabinerinnen, die erhaltene ‹Octavia› (→ Seneca d. J.) einen chorus Romanorum auf die Bühne. Seit dem Ausgang des 3. Jh.s bestand um den Minervatempel als Kultzentrum eine → Musikervereinigung. – Zur gleichen Zeit kam es auch in der Kultmusik zur Schöpfung größerer *Gesangsoratorien:* 207 v. Chr wurden Jungfrauen-, 190 auch Knabenchöre in die Sühneprozessionen eingeführt (Liv. 27, 37, 13 f.). Livius Andronicus ist der erste namentlich bekannte Komponist solcher Lieder an Juno, Proserpina und Ceres gewesen, die er, wie später Horaz das Säkularlied, selbst einstudiert hat. In den damals eingeführten → *Mysterienreligionen* der → Kybele (seit 204), des → Bacchus (186 v. Chr., sofort verboten) und der → Isis hatte die Musik wegen ihrer dämonenab-

wehrenden Kraft die Reinigungszeremonien zu begleiten und die Gläubigen in Ekstase zu versetzen.

[4]–[6] *Epoche der Hellenisierung:* [4] Mit den in den Siegen im Osten seit 167 v. Chr. und besonders nach Korinths Zerstörung 146 v. Chr. erbeuteten Sklaven erreichte das siegreiche Rom ein bedeutender Zuwachs an griech. M., die das röm. M.leben *hellenisiert* hat. Doch hat die fortdauernde Ausbreitung des Weltreichs dank einer umfassenden Aneignungsfähigkeit Vertreter *sämtlicher* damals lebendiger M.kulturen in der Hauptstadt zusammengeführt. Von da ab waren die Berufsschauspieler und damit wohl auch die Bühnenkomponisten meist *Sklaven*, die ihre provinziellen Musiziergewohnheiten, Instrumente und Melodien mitbrachten und sie mit den Gegebenheiten der herrschenden M.kultur zu vereinigen hatten. Die Römer waren übrigens nicht nur verläßliche Kenner und gewandte Nachahmer (Ov. ars 3, 317), sondern auch gefürchtete Kritiker (Cic. de orat. 3, 25, 98) der bei ihnen zur Aufführung gebrachten Theatermusik. Im Gefolge der Sieger erschienen ‹psaltriae sambucistriaeque› (Liv. 39, 6, 8) sowie ‹cantores Graeci› in Rom. Die nationale Reaktion erwirkte zwar 115 v. Chr. ein zensorisches Verbot der ‹ars ludicra›, von dem nur der altlatinische, vom Pfeifer begleitete Gewändertanz ausgenommen war, richtete aber in der Praxis wenig aus. Der allgemeine Luxus ermöglichte nun auch im privaten Leben Hauskonzerte und Tafelmusiken, zu denen Sklaventruppen oder Unterhaltungsmusiker aufspielten (→ Geselligkeit).

[5] Bei der völligen Trennung von Poesie und Musik (Cic. de orat. 3, 44, 174) hatte der *Kunstgesang* gegenüber dem Text Bewegungsfreiheit. Zu den frühesten erhaltenen Gedichttexten, die gesungen worden sind, gehören die Elegien des → Valerius (1) Aedituus, → Porcius (7) Licinus und Q. → Lutatius (2) Catulus aus dem Anfang des 1. Jh.s v. Chr. Von den Dichtern, aus denen gesungen wurde, ist als erster *Catull* ganz erhalten. Nach ihrer Form, für die strophische Gliederung, lyrisches Versmaß und das Auftreten von Kehrversen wichtig sind, waren bes. die carmina 34. 61. 62. 64 (V. 323–381) 11. 51. 41. 23. 33 und 57 zum Singen geeignet. Wenn Horaz sat. 1, 10, 18 f. zum ‹cantare Catullum› gegen Tigellius und Demetrius Stellung bezieht, so ist auch zu Catulls Lebzeiten eine Vertonung von manchen seiner Lieder anzunehmen, bes. soweit für die kunstvollen literarischen Schöpfungen die volksliedhaften Grundlagen der Schelt- und Hochzeitslieder und die Parallele der kultischen Hymnen in Betracht kommen. Für → *Vergils* Bucolica tritt zur volkstümlichen Grundlage des Hirtensangs und zu den aus der literarischen Form erschließbaren Indizien die ausdrückliche Nachricht «*ut in scaena quoque per cantores crebro pronuntiarentur*» (Don. vita Verg. 26). Ähnlich erging es Vergils Turnus und Ovids Heroiden, und der musikalische Vortrag von Partien aus Aeneis und Thebais ist wahrscheinlich. Martial hatte sich sogar gegen den Gesang seiner Epigramme zu wehren. Für den Gesang der Hendekasyllaben des jüngeren → Plinius (2) gibt es zwei Selbstzeugnisse. – In diesem Umkreis bedeutete die Wiederbelebung der klassischen griech. Lyrik durch die Oden des *Horaz*, deren musikalische Bestimmung in der Forschung unnötig bezweifelt wird, einen Höhepunkt. Nicht nur mittelalterliche Neumen und neuzeitliche Vertonungen zeigen, daß es sich um singbare Texte handelt, sondern bereits für lat. Theoretiker ist der Begriff der → Ode mit dem instrumental begleiteten Gesang verbunden, und Horaz selbst drückt seine musikalischen Absichten in lesbischer Tradition in eindeutigen Formulierungen (epist. 2, 2, 86) aus. Diese dichterisch-musikalische Leistung brachte → Horaz 17 v. Chr. den Auftrag des Augustus, das *Säkularlied* zu dichten, zu komponieren und einzustudieren. Literarisch an → Catulls Dianahymnus anklingend, wuchs es als Standlied und Höhepunkt des Fests über die musikalische Tradition der alten Prozessionslieder hinaus. Das Säkularlied ist durch die Inschrift CIL 6, 32323 und das Begleitcarmen 4, 6 als musikalische Schöpfung des Horaz gesichert, für den es nach epist. 2, 1, 32 den Höhepunkt der röm. M.geschichte und nach carm. 4, 3, 22 die offizielle Bestätigung als ‹Romanae fidicen lyrae› gebracht hat.

[6] Röm. *Musiktheorie*. Das musiktheoretische Erbe der Griechen haben die Römer treu bewahrt. Nachdem der sakrale M.unterricht von Livius Andronicus (Ausgang 3. Jh.) an belegt ist und die terenzische Komödie den Begriff der ‹ars musica› eingebürgert hatte, trat die M. als Teil der allgemeinen Bildung etwa seit der Gracchenzeit in Erscheinung. *Varros* verlorene, aber teilweise rekonstruierbare Schrift ‹De musica› faßte also bereits Bekanntes zusammen, als sie aus Aristoxenos und Theophrast sowie aus röm. Erfahrung Bedeutung, Wesen und Elemente der M. behandelte. Bei Varro und seinen Nachfolgern ist die M. als ‹ars liberalis› teils mit den mathematischen, teils mit den sprachlichen Fächern verbunden. In seiner Satire vom Leieresel (Ὄνος λύρας) verteidigte Varro die M. außerdem humorvoll gegenüber utilitaristischen Angriffen. *Lukrez* förderte als Philosoph die Gebiete der Akustik und M.psychologie. *Cicero* empfahl schon wegen des ‹cantus obscurior› (‹verborgenen Gesangs›) in der Rhetorik musikalische Bildung für den Redner; sämtliche Richtungen griech. M.anschauung kommen in seinen theoretischen Schriften zu Wort. *Vitruv*, der als Architekt Theaterakustik und Orgelbau beschreibt, setzte sich für eine die M. mit umfassende allgemeine Bildung ein. Vor allem haben die Römer die M.-theorie *praktisch* in der Kriegstechnik, Medizin und Stimmbildung angewandt. – In der M.theorie der Kaiserzeit (s. u.) verankerte später → Quintilian als Anhänger der musikalischen Ethoslehre (s. o. A 8) die M. im Unterricht der Rhetorenschule.

[7] In der röm. *Kaiserzeit* setzte sich der Aufstieg der Virtuosen fort. Die Tragödien schrumpften zu cantica von Gesangssolisten zusammen, die meist einen besonderen pantomimischen Darsteller neben sich hatten. Der → *Pantomimus* beerbte die Tragödie, indem er die Kernstellen eines tragischen Mythos in lyrische Soli zusammenfaßte und den Pantomimen mehrere Rollen nacheinander spielen ließ. Bereits 22 v. Chr. ersetzte Pylades hier den Einzelsänger durch den Chor und stellte dem Solobläser ein Orchester von Syringen, Becken, Kitharen und Lyren zur Seite, dessen Takt durch das Scabellum geschlagen wurde. In der Kaiserzeit kam auch der → *Mimus* als burlesk-realistische Posse mit eingelegten Couplets auf. In einer von Petron 53 geschilderten → Atellanenaufführung weist der Ausdruck ‹Latine cantare› auf das Weiterleben nationaler Eigenheiten der röm. M. hin. Unter Kaiser → *Nero*, der selbst Einzelszenen aus Tragödien vortrug, als Virtuose an Wettkämpfen teilnahm und auf Vortragsreise ging, veranlaßte die Theaterbegeisterung sogar Männer und Frauen senatorischen Ranges dazu, im Theater Tragödien zu tanzen. – Im → *Amphitheater* feuerte Tibia-M. die → Gladiatoren an, Metallblasinstrumente spielten zusammen mit der Wasserorgel auf. Gerade die Orgel war bei den Römern der Kaiserzeit sehr beliebt; sie verbesserten sie technisch und verbreiteten sie in den Provinzen. Umgekehrt strömten nun in Rom *fahrende Musiker* aus aller Welt zusammen, aus Ägypten, Syrien (die ‹ambubaiae›, Tympanon- und Harfenspielerinnen), Spanien (gaditanische Kastagnettentänzerinnen), Lydien und Phönizien (Zymbelschlägerinnen). Obwohl rechtlos, erfreuten sich die hervorragenden Virtuosen der Gunst aller Schichten, gewannen Ruhm bei den unter Nero und Domitian gestifteten → Agonen und wurden durch Privilegien und Geldgeschenke vielfach geehrt. Daneben stand die private, für M.- und Tanzlehrer einträgliche M.pflege, die bis zur Spitze der Gesellschaft, zu den Kaisern, reichte. Deren Kunstverständnis und Freigebigkeit zogen so berühmte Virtuosen wie Tigellius, Demetrius, Princeps, Terpnus, Menekrates, Diodoros, Canus, Apelles, Pammenes und Komponisten wie Mesomedes an den Hof.

Auch die *Hymnodenvereinigungen* nahmen großen Aufschwung.

D. FRÜHCHRISTL. MUSIK. An heidnische Hymnenchöre mögen frühchristl. Hymnensänger angeknüpft haben, zumal als der Gemeindegesang mehr und mehr durch Sängerchöre verdrängt wurde (bes. berühmt im Rom und Mailand des 4. Jh.s). Mit der Zeit traten christl. Tisch- und Grabgesänge neben die heidnischen. So wurzelt die frühchristl. *Kirchenmusik* stark im M.leben der Kaiserzeit, wie der Kampf der Kirchenväter gegen Rückfälle ins Heidnische zeigt. Die gebräuchlichen Saiteninstrumente sind wohl auch bei Gottesdienst und Hausandacht, sicher bei Vigilien erklungen. In Horazens Nachfolge versuchte → Hilarius von Poitiers, dessen lyrische Maße in das christl. Strophenlied einzuführen. Erfolgreicher war die Hymnendichtung des → Ambrosius, und mit → Apollinaris (1) Sidonius und → Venantius Fortunatus erlebte die musikalische Lyrik des Horaz eine Nachblüte. Hymnen des → Prudentius, → Sedulius, → Martianus Capella und → Boethius erhielten sich im M.leben des MA.s und teilweise noch länger lebendig. Auch nach der allgemeinen Christianisierung bestanden bes. in der volkstümlichen M.pflege heidnische Reste fort, und Bühnen- wie Unterhaltungs-M. überlebten den Untergang der Antike. – Die frühe christl. Bildungstheorie (→ Clemens (2) Alexandrinus, → Origenes) nahm die musica mit den → artes liberales auf, soweit sie dem Erziehungsziel der pietas dienten. → Censorinus, Martianus Capella, → Albinus, → Macrobius, → Favonius Eulogius, Boethius, → Cassiodor und → Isidor von Sevilla sammelten und tradierten den Wissensstoff, → Augustins ‹De musica› aber vereinte antike Theorie und christl. Theologie in gedankentiefer Weise und bot mit seiner Behandlung von Metrik, Rhythmik und M.psychologie eine einzigartige, originale Leistung. G.W.

Lit: Zu A: O.J. Gombosi, Die Tonarten und Stimmungen der antiken Musik, Kopenhagen 1939 – M. Wegner, Das Musikleben der Griechen, 1949 – H. Koller, Die Mimesis in der Antike, 1954 – W. Vetter, MGG V, 1956, 840ff., s.v. Griechenland – I. Henderson, Ancient Greek Music, New Oxford History of Music I, 1957 – R.P. Winnington-Ingram, Ancient Greek Music 1932–57, Lustrum 3, 1958 (Forschungsbericht) – Th. Georgiades, Musik und Rhythmus bei den Griechen, 1958 – E. Moutsopoulos, La musique dans l'œuvre de Platon, 1959 – E. Pöhlmann, Griech. Musikfragmente, 1960 – C. del Grande, Cenni sulla musica Greca, Enciclopedia classica II, V, 1960, 401ff. – H. Husmann, Grundlagen der antiken und orient. M.kultur, 1961 – L. Richter, Zur Wissenschaftslehre von der M. bei Platon und Aristoteles, 1961 – H. Hunger-E. Pöhlmann, Neue griech. M.fragmente, WSt 75, 1962, 51–78 – G. Wille, Rhythmisch-musikalische Heilpädagogik in der Antike, Orff-Jb. 1962, 41–52 – H. Koller, Musik und Dichtung im alten Griechenland, 1963 – *Schallplatten:* F.A. Kuttner, The theory of classical Greek music, Musurgia Records A1, 1955 (mit → A 16, 4.12.2) – E. Wellesz, Ancient and Oriental Music, History of Music in Sound I, 1957 (mit → A 16, 2.4) – *Zu B:* M. Wegner, MGG III, 1954, 1595ff., s.v. Etrurien – F. Behn, Musikleben im Altertum... 1954, 130ff. – G. Fleischhauer, Bucina und Cornu, WZ Halle, 1960, 501–506 – G. Wille (s.u.), 564ff. – *Zu C:* H. Abert, Die Musik, Friedländer Sittengesch. II[10] 1922, 163ff. – G. Wille, Die Bedeutung der Musik im Leben der Römer, masch. Diss. Tübingen 1951 – Ders., Singen und Sagen in der Dichtung des Horaz, in: Eranion, Festschr. H. Hommel, 1961, 169–184 – Ders., MGG XI, 1963, 656ff., s.v. Rom A. – Vgl. → Musikervereinigungen.

Musikē (*ἡ μουσικὴ* scil. *τέχνη*) heißt zunächst im 5. Jh. v. Chr. jede Betätigung, die im Sinne der Beschreibung der Musen bei → Hesiod (theog. 36ff.) dem Leben Freude und Schönheit verleiht, also nicht der Lebensnotdurft dient, sondern als etwas Besonderes (*περιττόν*) darüber hinausgeht und (gemäß der Sprache der Philosophie) ihren Zweck in sich selbst besitzt. So kann unter M. jede Art von geistiger und künstlerischer Aktivität verstanden werden. An berühmter Stelle hat Platon (Phaid. 61 A) sogar die Philosophie als M. bezeichnet. Indessen setzt schon im 4. Jh. v. Chr. die Verengung des Begriffs ein: er meint dann nur noch die im gebundenen Wort, Ton und Tanz gestaltete Kunst. In → Aristoteles' Abhandlung über die pädagogische Bedeutung der M. (pol. 8, 5–7) liegt der Akzent schon entschieden auf der eigentlichen Tonkunst. Von ihr etwas zu verstehen gehört zur allgemeinen Bildung. Die inneren Gesetze der Tonkunst zu erforschen ist die Aufgabe der Harmonielehre, die schon im 5. Jh. v. Chr. als ein Teil des mathematischen Quadriviums bezeugt ist; die psychologischen Wirkungen der M. (die heilsamer oder auch schädlicher Natur sein können) untersucht die Philosophie (vgl. → Musik A 8). – Spezialschriften über die M. (*Περὶ μουσικῆς*) sind seit → Herakleides (3) Pontikos und → Aristoxenos bezeugt, erhalten sind Schriften des Ps.-Plutarch, → Aristeides (3) Quintilianus, → Boethius u.a. O.G.

Lit: W.F. Otto, Die Musen, 1955 – H. Koller, Musik u. Dichtung im alten Griechenland, 1963, 5ff.

Musikervereinigungen. Als die modernen Kompositionen im 4. Jh. v. Chr. die technischen Anforderungen an die Musiker erhöhten, bildete sich ein besonderer Virtuosenstand heraus, dessen gesellschaftliche und finanzielle Stellung zunächst sehr niedrig war. Um diese zu heben und um Veranstalter mit dem nötigen Personal zu versorgen, kam es seit dem Beginn des 3. Jh.s v. Chr. zum genossenschaftlichen Zusammenschluß in den Vereinen der dionysischen → Techniten (*σύνοδοι τῶν περὶ Διόνυσον τεχνιτῶν*), welchen die für die Abhaltung der szenischen Agone und Festspiele erforderlichen Künstler, hauptsächlich Choreuten, Sänger, Auleten, Auloden, Kitharisten, Kitharöden, Trompeter angehörten. – In Roms Frühzeit traten die Salier und Arvalbrüder als vornehme Priestersodalitäten mit Kultgesängen hervor (→ Priester B 2). Das ‹collegium tibicinum Romanorum, qui sacris publicis praesto sunt› bildete sich wohl nach Analogie etrusk. Handwerkerkollegien. Es war durch öffentliche Speisung im kapitolinischen Jupitertempel ausgezeichnet; der Versuch, sie abzuschaffen, führte nach Liv. 9, 30, 5 zu dem legendären Musikerstreik, zu dessen Gedächtnis das jährliche Festtreiben mit Gewändertanz am 13. Juni eingeführt wurde. Die ‹cornicines tubicinesque› bildeten in der Verfassung der frühen Republik zwei → Centurien in der 5. Klasse. – Entsprechend den griech. ‹synodoi› besaßen Dichter und Schauspieler und damit auch die Musiker ihre genossenschaftliche Vertretung um den Minervatempel auf dem Aventin. Seit → Memmius (146 v. Chr.) übernahmen die Römer die Schutzherrschaft über die griech. Verbände, während sich in Italien Vereinigungen von Bühnenkünstlern als ‹parasiti Apollinis› organisierten. Später kamen Truppen von Unterhaltungs- (‹synhodus magna psaltum›, ‹collegia ambubaiarum›) und Orchestermusikern (‹collegia scabillariorum›) hinzu. Griech. Hymnodenvereinigungen, die im Kaiserkult auftraten, bestanden meist nicht aus Berufsmusikern. Seit → Septimius (3) Severus durften sich auch Militärmusiker nach besonderer ‹lex collegii› organisieren. – So förderten die M. die Arbeits- und Lebensbedingungen, wahrten aber auch die musikalische Tradition gegenüber virtuoser Entartung. Über Organisation und Vereinsämter, Privilegien und Ehrungen, Kontrakte und Honorare unterrichten zahlreiche Inschriften. G.W.

Lit: G. Fleischhauer, Die Musikergenossenschaften im hell.-röm. Alt., masch. Diss. Halle 1959 – R. Benz, Unfreie Menschen als Musiker und Schauspieler in der röm. Welt, masch. Diss. Tübingen 1961.

Musikinstrumente

A. SAITEN-, – B. BLAS-, – C. SCHLAGINSTRUMENTE.
Eine systematische Beschreibung der in der klassischen Antike gebräuchlichen M. geht zweckmäßig von dieser Einteilung aus. Doch gehören die Saiteninstrumente nach antiker Systematik und Spielpraxis zu den Schlaginstrumenten.

A. SAITENINSTRUMENTE. [1] Die *Phorminx*, gespielt von Achilleus (Hom. Il. 9, 186) und gleichzeitig im 8. Jh. auf spätgeometrischen Vasen nachweisbar, ist eine viersaitige Leier mit segmentförmigem Schallkörper, zwei senkrechten Armen und einem geraden Joch. Sie begleitet den Gesang; ihr Klang wird von Homer als ‹schrill›, von Pindar als ‹süß-singend› oder ‹mannigfaltigtönend› bezeichnet; das Spiel heißt (Hom. Il. 18, 570) κιθαρίζειν, der Spieler κιθαριστής, als Sänger κιθαρῳδός (Kitharöde). Wie Monumente, Mythos und Geschichte zeigen, wurde die Phorminx im 7. Jh. in zwei Richtungen, nämlich zur Lyra und zur Kithara, weiterentwickelt.

[2] Die *Lyra* wurde nach dem homerischen Hermeshymnus von → Hermes erfunden und aus einer ausgeweideten

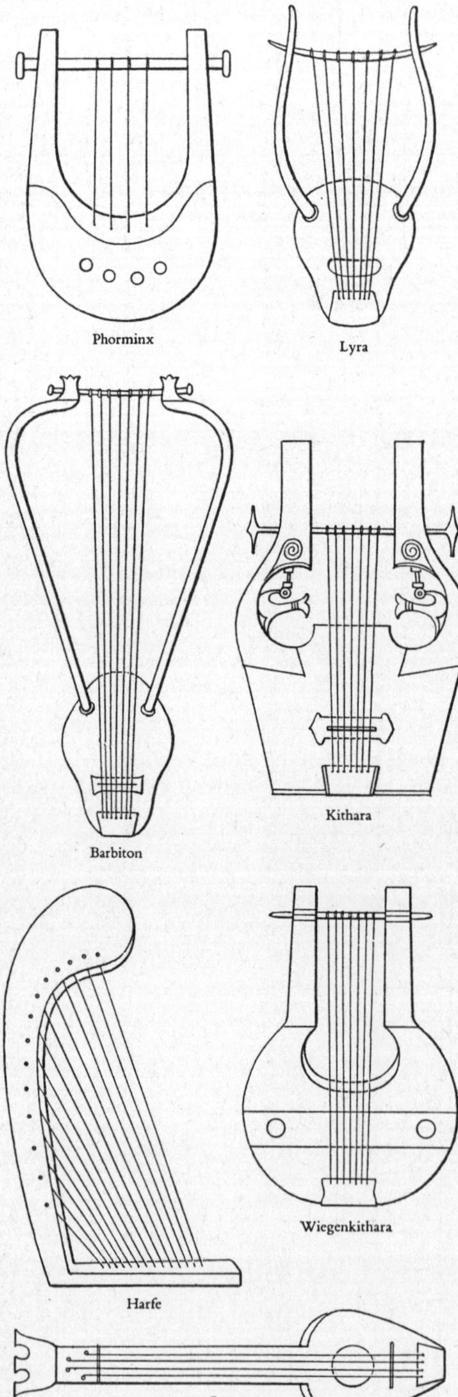

Abb. 159 Saiteninstrumente

Schildkrötenschale erbaut, woher sie den Namen Chelys (χέλυς, testudo) trug (selbst später, als der Schallkörper aus Buchs hergestellt wurde, wurde dieses Aussehen durch Schildpatt bewahrt. Die Identifizierung von Chelys und Lyra ist durch die Beischrift des Namens Lyra auf einer Vase mit Darstellung des im Hymnus geschilderten Typus gesichert). Hermes bildete aus Rohr den Saitenhalter am Rücken der Schale, überzog ihre Öffnung mit Kuhhaut, setzte an den Schallkörper zwei Arme wie Ziegenhörner an, verband diese durch das Querjoch, spannte daran 7 Schafdarmsaiten und spielte das Instrument durch Anreißen mit dem Plektron. In der Zeit der Ausbildung dieses Mythos soll nach historischen Nachrichten → Terpander das siebensaitige Instrument eingeführt haben.

[3] Die *Barbitos*, auch das *Barbiton*, ist eine Sonderart dieses Typs leichter Saiteninstrumente. Sie teilt mit der Lyra den Schallkasten, wogegen die Arme sehr viel länger und oben annähernd waagerecht aufeinander zugeführt sind, so daß das Ganze schlanker, geschmeidiger wirkte. Während die Lyra als apollinisch gelten kann, kam die Barbitos dem dionysischen Kreise zu (so bei Anakreon, nicht mehr bei den Etruskern).

[4] Die *Kithara*, nach Ps. Plut. mus. 6 von Terpanders Schüler Kepion zur neuen Form gestaltet, ist das mächtigere, volltönende Instrument mit großem, kastenförmigem Schallkörper, der unten gerade abschließt, vorne flach und hinten ausgebaucht ist. Hohe Jocharme sind zunächst ausgeweitet und gebogen, oben verkröpft und verstrebt. Das Joch (ζυγόν), mit Schraubgriffen an seinen Enden, verbindet die Arme an ihrem geraden Oberteil. Die Saiten (χορδή, σφίδη = fides, nervus) sind am unteren Ende des Schallkörpers befestigt, werden über einen Steg (χορδότονον) geführt und am Joch mit Wirbeln (κόλλοπες) aus Rinderschwarte festgedreht und gestimmt. Bei der gleichmäßigen Saitenlänge konnten Tonhöhenunterschiede nur durch verschiedene Dicke und Spannung der Saiten erzielt werden. Die Schraubgriffe an den Jochenden dienten der groben Gesamtumstimmung. Für die Feinstimmung einzelner Saiten wurde wohl ein kreuzförmiger Stimmschlüssel verwendet, um den die freien Saitenenden herumgeschlungen und angezogen wurden. Der Spieler hält die Kithara stehend, seltener sitzend, mit der Linken gegen seine linke Körperseite, wobei der Unterarm durch ein Trägerband gesteckt ist, das um den oberen Rand des Schallkörpers so herumgeführt ist, daß der Arm das Instrument heranzieht und die Finger die Saiten zum Spielen greifen können. Während der Gesangsbegleitung werden die Saiten durch die Linke gezupft, durch die Rechte mit dem Plektron auf die gewünschte Tonhöhe gespannt. Bei Zwischenspielen ohne Gesang dagegen ist der Anschlag (κρούειν) durch die Rechte mit dem Plektron üblich. Mit dem Durchstreichen (ἐπίκρουσις, percurrere) der gesamten Besaitung durch den rechten Daumen oder das Plektron verbindet sich die Quint. 1, 12, 3 beschriebene Behandlung (trahere, continere, praebere) der Saiten durch die Linke. Apollon und die Kitharöden tragen festliche Tracht.

[5] Die *Wiegenkithara* teilt mit der Phorminx den kreisbogenförmigen Schallkörper und zeigt damit die unmittelbare Herkunft von dieser noch deutlicher an. Auf etrusk. Darstellungen überwiegt die Wiegenkithara in verschiedenen, wohl nur z. T. tatsächlich verbreiteten Formen.

[6] Die *Harfe* (wohl πηκτίς) zeigt sich seit der → Kykladenkultur; in historischer Zeit erst wieder Mitte des 5. Jh.s im Gebrauch, verbreitete sie sich vor allem in Großgriechenland. Es handelt sich um Winkelharfen, bei denen Resonanzkörper und Saitenhalter im Winkel aneinander gefügt und die Öffnungen der Winkel nach außen entweder durch die längste Saite oder durch ein starres Zwischenstück zum Dreieck geschlossen sind. Daher versteht sich die Bezeichnung Trigonon, die (Aristot. pol. 1341 a 41) zusammen mit Heptagonon und Sambyke oder (Ps. Ari-

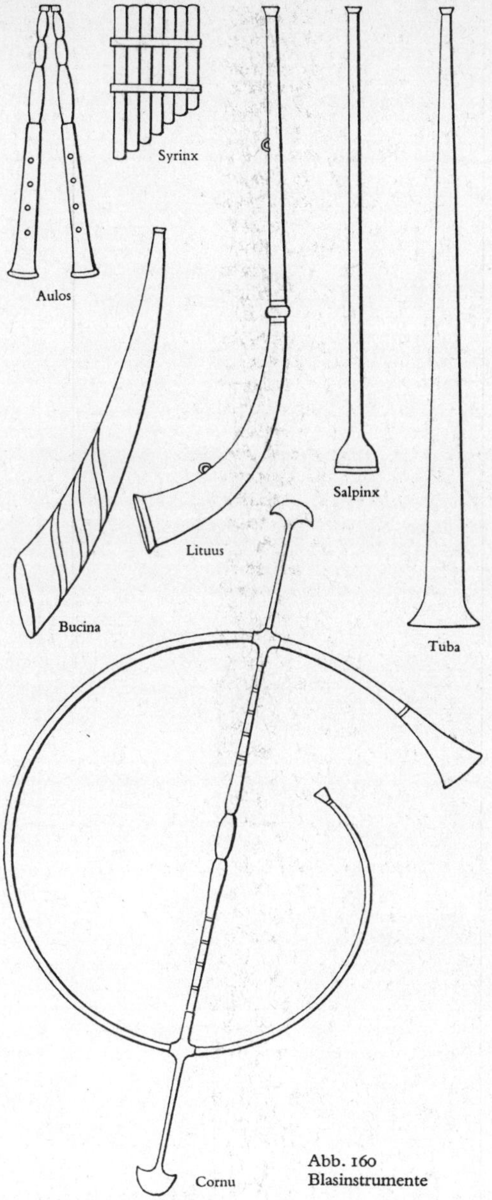

Abb. 160
Blasinstrumente

stot. probl. 919 b 12) mit Psalterion auftritt, ebenso ‹chordae obliquae› (Iuv. 3, 63). Abgesehen von einzelnen Spielarten, ist die griech. Harfe kleiner als die moderne. Der Saitenhalter liegt als Unterteil auf dem Schoß des sitzenden Spielers, der Schallkörper ist an seine Schulter gelehnt, die tiefste Saite am weitesten vom Spieler entfernt. Abbildungen mit umgekehrter Haltung können falsch sein. Die Saiten werden mit den Fingern, nicht mit dem Plektron gerissen, die hohen meist von der rechten, die tiefen von der linken Hand. Als vielsaitig (*πολύχορδα*) von großem Tonreichtum, erforderten die Harfen große, vor allem Spielerinnen eigene Fingerfertigkeit, die sie Zeiten der Verfeinerung und Virtuosität zuweist. Während sich bei den Etruskern nur auf einer Pränestiner → Ciste eine Bügelharfe abgebildet findet, fand dieses Instrument in Rom seit der Unterwerfung des griech. Ostens von dort her Verbreitung (→ Musik C 4). Eine Harfenart, auf der man in Oktaven spielen konnte, ist wohl die *Magadis*. Die *Nabla* ist wohl identisch mit dem hebr. Saiteninstrument Nebel.

[7] Die *Laute* ist das späteste, bildlich erst im 2. Drittel des 4. Jh.s v. Chr. nachweisbare Saiteninstrument der Griechen. Ihre wahrscheinlichen Bezeichnungen, Trichordon und das Fremdwort ‹pandura›, sind sogar erst nacharistotelisch. Sie besteht aus einem kürbisförmigen Schallkasten und länglichen Hals, auf dessen Vorderseite das Griffbrett zum Greifen der wenigen Saiten angebracht ist. Die Lauten haben vom Alten Orient her bei den Griechen Eingang gefunden, fehlen den Etruskern, begegnen dann häufig auf röm. Sarkophagdarstellungen. ‹Pandurizavit› berichtet die Hist. Aug. von Kaiser → Elagabal (32, 8).

[8] Folgende sonstige Saiteninstrumente sind nur dem Namen nach überliefert: *ἰαμβύκη, ἐπιγόνειον, κινύρα* (hebr. Kinnor, achtsaitig), *κλεψίαμβος,* (*λυρο-*) *φοῖνιξ* (*λυροφοινίκιον*), *πολύφθογγον, σιμίκειον, σπάδιξ* und *σκινδαψός*.

B. Blasinstrumente. [1] Der *Aulos* wurde aus Schilfrohr (daher *κάλαμος*), Lotos- (daher ‹libyscher Lotos›) und Sykomorenholz, Knochen (daher ‹tibia›), Elfenbein, gelegentlich aus Erz hergestellt. Er ist keine Flöte, sondern unserer Oboe vergleichbar: ein langes, zylindrisches oder leicht konisches Rohr (Bombyx; dies auch Bezeichnung des Ganzen) mit einem kunstvoll gedrechselten doppeleiförmigen Ansatzstück (*ὅλμος*), in das die Zungenplättchen (*γλῶτται, γλωττίδες*) gesteckt wurden und das seinerseits am *ὑφόλμιον* ins Rohr eingefügt war. Den 5 Fingern einer Hand entsprechen 4 Löcher (*τρυπήματα*) an der Oberseite und ein fünftes für den Daumen an der Rückseite eines Rohres. Das Doppelrohrblatt, ein flachgepreßter Strohhalm oder gespaltenes Rohr, das wegen seiner paarigen Anordnung *ζεῦγος* hieß, wurde außerhalb des Spiels in einem Behälter (*γλωττοκομεῖον*) aufbewahrt, welcher der Aulostasche als Kästchen anhing. Die Auloi wurden fast stets paarig (als Doppelaulos) verwendet, doch sind sie nicht starr verbunden, sondern besitzen sogar getrennte Mundstücke. Die Mundbinde (*φορβειά*, capistrum) bestand aus Bändern, die sich von den Lippen, wo sie für die Mundstücke einen Schlitz freiließen, über die Wangen zum Hinterkopf und quer über den Scheitel zogen. Sie sollte den Druck auf Wangen und Lippen beim Aufblasen der Backen lindern, den Ton mäßigen. Die Charakterisierung des Aulosklangs wechselt zwischen ‹scharf› und ‹volltönend›, ‹schönrufend› und ‹süß›. Platons Ausdruck (*πολύχορδος* ‹vielsaitig›) deutet auf reiche harmonische Möglichkeiten. – Nach Ath. 14, 634 gab es je nach Stimmlage vier Aulosgrößen. Die röm. Autoren unterschieden ‹tibiae pares›, nämlich ‹duae dexterae› oder ‹Lydiae›, angeblich mit den ‹serranae› identisch, und ‹tibiae

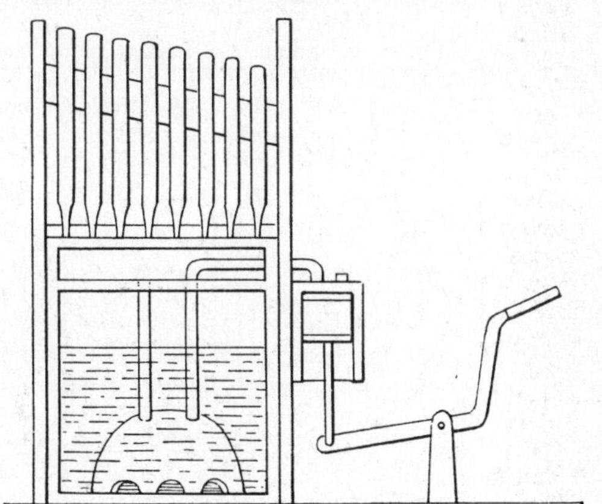

Abb. 160 a Hydraulis (Wasserorgel)

impares›, nämlich ‹dextra et sinistra› oder ‹Phrygiae› mit dem tieferklingenden, gebogenen phrygischen →Elymos als auswechselbarem linkem Rohr. Von den beiden Rohren war das eine intonierend (‹t. incentiva›), das andere begleitend (‹t. succentiva›). Die einfache Form der tibia (Hor. ars 203) bekam mit der Zeit weitere Zungen (Plin. nat. 16, 36, 171 f.), drehbare Metallringe (Hor. ebd.) und damit größere Lautstärke und erweiterte harmonische Möglichkeiten. – Als Erfinder nennt der Mythos teils Athena, teils →Marsyas, als Schöpfer der Aulosmusik den Phryger Olympos (→Musik A 3). Galten die Auloi bei Homer noch als etwas Fremdes, so tauchen sie nach 700 vereinzelt auf Vasen auf, haben sich also im 7. Jh. von dem phrygischen Kleinasien her eingebürgert. Ein göttliches Gegenstück zu den Saitenspielern Apollon und Dionysos fehlt in der Sage, und wie Athena im Mythos, so empfanden die Athener lange Abscheu vor dem Instrument, das dann Platon aus ethischen Gründen ablehnte, während es bei den Etruskern und Römern an erster Stelle stand.

[2] Der *Monaulos* ist wohl mit der altägypt. Langrohrpfeife identisch, bei den Griechen seltener als bei den Römern, zitiert Soph. Frg. 220 N. und Mart. 14, 63, 2, dargestellt auf dem Kölner Dionysosmosaik.

[3] Die *Querflöte* (Plagiaulos, ‹calamus obliquus›, alexandrin. *φῶτιγξ*) ist zuerst bei den Etruskern auf dem Volumniersarkophag aus Perugia, bei den Griechen erst im 4. Jh. nachweisbar.

[4] Das *Tonarion* (fistula Gracchi) ist die besondere Stimmpfeife für die Intonation der Redner und Sänger.

[5] *Abarten* der Auloi sind das kleine ägypt. *γιγγλάριον* (*γίγγρας, νίγλαρος*), die *ἱππόφορβος* und die *τιτύρινος*; ein unbekanntes Blasinstrument ist die Aristoph. Lys. 1245 erwähnte *φυσαλλίς*.

[6] Die *Syrinx* (avena, calami, cicuta, fistula, stipula) besteht aus einer Folge von Pfeifen verschiedener Länge, Dicke oder Höhlung, die floßförmig aneinander gefügt, gebunden oder geklebt wurden. Die Pfeifen wurden ursprünglich aus Rohr verfertigt, später wohl auch künstlich aus Holz, Bein oder Metall; ihre Zahl beträgt auf älteren Abbildungen 5, 7 oder 9, später auch mehr. Als Erfinder dieses uralten Hirteninstruments gilt der Hirtengott Hermes, nach dessen Sohn sie Panspfeife (→Pan) heißt. In Rom wurde die S. als Orchesterinstrument im →Pantomimus künstlerisch verwendet, außerdem bei Pfeifkonzerten in politischen Versammlungen.

[7] Die *Wasserorgel* (hydraulis) bedeutete eine Mechanisierung des Syrinxblasens, wobei der Luftstrom in einem besonderen Kasten durch Wasser erzeugt wurde. Sie ist eine Erfindung des Mechanikers →Ktesibios von Alexandria (Mitte 3. Jh.). Als Beschreibung blieb nicht die wenig spätere →Philons (3) von Byzanz, sondern die jüngere →Herons von Alexandreia und die des augusteischen Architekten →Vitruv 10, 13 erhalten. Die Orgel wurde seit der ausgehenden Republik in der Arena gespielt, wo ihre ‹grandisona cantilena› das Getöse untermalte, aber auch im Theater als künstlerisches Begleitinstrument. Die Römer haben sie technisch bes. durch den Bau mehrerer Register weiterentwickelt, in die Provinzen verbreitet und in die Hausmusik eingeführt.

[8] Die *Sackpfeife* (Askos, tibia utricularis, vielleicht ‹symphonia›), gespielt vom Askaules (utricularius), ist ganz selten in röm. Zeit bezeugt.

[9] Die *Trompete* (Salpinx, tuba) ist ein langgestrecktes, leicht konisches Bronze- oder Eisenrohr mit Hornmundstück (*γλῶττα ὀστίνη*) und glockenförmigem Schalltrichter (Kodon, auch Bezeichnung des Ganzen); beim Blasen wurde die Phorbeia (→B 1) angelegt. Die Salpinx kommt seit Homer zwar vor, aber nicht in der regelmäßigen kriegerischen Verwendung, die sie bei den Römern annimmt, zu denen sie als ‹tyrrhenische Tuba› (Verg. Aen. 8, 526) gelangt ist: bei taktischen Bewegungen der Legionen (Alarm, Angriff, Rückzug), beim Dienst (Wecken, Wachablösung, Zapfenstreich), bei Aufzügen, Opfern und Spielen. Ihr Klang (clangor, strepitus) heißt acris, gravis, raucidus und daher auch terribilis, horridus und minax. Als kultisches Trompetenreinigungsfest fanden die →Tubilustrien statt. Tubicines waren als Unteroffiziere geachtet. Neben dem kriegerischen steht der künstlerische Gebrauch.

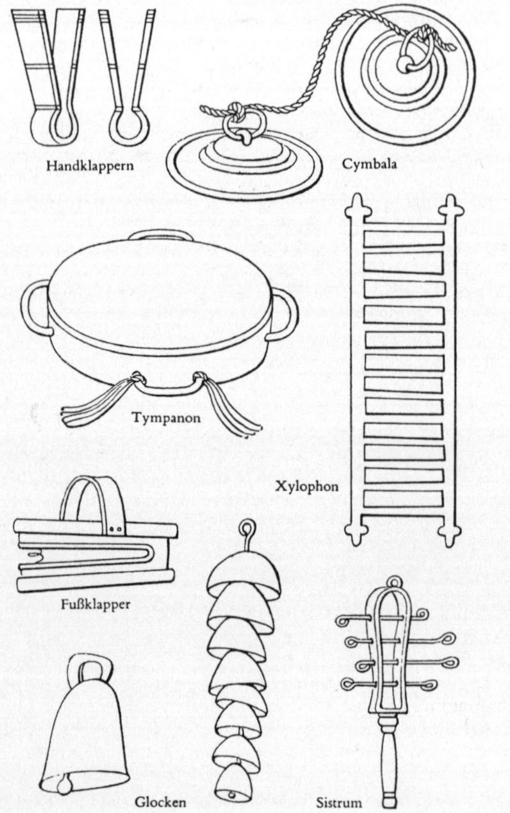

Abb. 161 Schlaginstrumente

[10] Der *Lituus*, ein gerades, konisches Rohr mit hakenförmig umgebogenem, nur mäßig erweitertem Schallbecher (‹incurvus, aduncus›) von hellem Klang (‹acutus clangor, stridor, tinnitus›), ist eine etrusk. Weiterentwicklung der Tuba, der sie auch in der Verwendung im ganzen gleicht.

[11] Das *Cornu*, kreisförmig gebogen (‹flexum, curvum›) mit querverbindender Griffstange, von dumpferem Klang (‹raucum murmur›), ist ebenfalls eine etruskische Weiterentwicklung der Tuba, verwendet bei Aufzügen, militärisch bei taktischen Bewegungen der Feldzeichen, hervorragend am classicum beteiligt.

[12] Die *Bucina* tritt in der Form des gekrümmten Stierhorns und als kreiselförmige Muscheltrompete (Kochlos, concha) mit den akustischen Charakterisierungen ‹rauca, gravis, tremula› in der Hand von Bauern, Hirten, Schiffern und Tritonen auf und gingen von da in öffentlich-militärische Verwendung bei der Diensteinteilung und dem Zeitblasen über.

C. Schlaginstrumente. [1] Die *Handklappern* (Krotala, crepitacula, crepundia, testae) bestanden aus zwei beweglichen Schenkeln von gespaltenem Rohr, Ton oder Erz, die mit den Fingern aneinandergeschlagen wurden. Sie begegnen bei den Etruskern auch in der Sonderform der Stabklappern ohne griech. Vorbild. Sie werden bes. von Satyrn und Mänaden im Gefolge des Dionysos, aber auch in Darstellungen alltäglicher Tanzszenen gespielt, dienen in der Landwirtschaft dem Locken der Bienen, außerdem als Kinderklappern (die πλαταγή des Archytas: Aristot. pol. 1340b 25).

[2] Die *Becken* (Kymbala, auch Krembala) bestanden aus hohlen Metallplatten, die paarweise mit beiden Händen aneinander geschlagen wurden, wobei ein gellender Klang entstand. Sie sind im Kreis von → Dionysos, → Kybele und → Isis heimisch und bis ins hohe 6. Jh. nachgewiesen.

[3] Die *Rahmentrommel* (Tympanon) ist zweiseitig mit Tierhaut bespannt; sie wurde mit den Fingern der rechten Hand getrommelt. Das Tympanon gehört in dieselben orgiastischen Kulte wie die Kymbala, tritt im letzten Viertel des 5. Jh.s in der att. Vasenmalerei, dann wieder in Rom auf.

[4] Das *Xylophon* oder apulische Sistrum, ein leiterartiges Instrument von Plättchen unbekannter Beschaffenheit, ist nur bildlich, nur für Großgriechenland und erst seit dem 4. Jh. nachgewiesen. Die Anzahl von 14 Klangstäbchen weist es als spätes, vieltoniges Instrument aus.

[5] Die *Fußklapper* (Krupezion, scabellum), zwei mit Scharnier verbundene Holz- oder Eisenplatten, deren obere an der Fußsohle des Spielers befestigt war, ist erst seit dem 3. Jh. bildlich nachweisbar, aber bereits im 4. Jh. (nach Demosth. 21, 17) zum Einüben im Gebrauch. Ihr Klang wurde später durch das Anbringen von Bronzeschellen verstärkt, so daß sie zur geräuschvollen Bezeichnung des Takts in röm. Orchestern geeignet war.

[6] Das *Sistrum*, bestehend aus einigen durch ein gebogenes Blech gesteckten Metallstäbchen, das bereits für Altkreta und Altägypten belegt ist, ist das Kultinstrument der → Isisreligion, die sich in Rom verbreitete; häufig bildlich und literarisch belegt.

[7] *Glocken* (Kodon, tintinnabulum), die durch Funde für das Zweistromland und Ägypten belegt sind, dienten der Geisterbannung (→ Religion, → Glocke; daher etrusk. Grabbeigaben), als Schellen für Türhüter und als Bäderglocken.

[8] *Oxybapha* (acetabula) waren tönerne, topfförmige Schlaginstrumente, für die uns die Anschauung fehlt.

[9] *Schallbecken* (Echeia, vasa aerea), die als harmonisch abgestimmte Resonatoren zur Schallverstärkung in Theater eingebaut wurden, beschreibt Vitr. 5, 5. G.W.

Lit: M. Wegner, Das Musikleben der Griechen, 1949 – F. Behn, Musikleben im Altertum... 1954 – MGG V, 1956, 865.

Musonius Rufus, C., römischer, aber griechisch schreibender → Stoiker (ca. 30–108 n. Chr.). Aus Volsinii in Etrurien gebürtig, dem Ritterstand angehörend (Tac. hist. 3, 81), beginnt er in neronischer Zeit zu lehren, wird 65 n. Chr. von → Nero (1) nach Gyaros verbannt (Tac. ann. 15, 71), 69 wohl von → Galba zurückgerufen, bald nach 71 von → Vespasian erneut verbannt und 81 von → Titus zurückgerufen (Dio Cass. 66, 13 und Hier. chr., unter dem Jahr 2095). Nach sokratischem Vorbild hat er sich auf den mündlichen Lehrvortrag beschränkt; überliefert sind uns jedoch Schriften der Schüler, bes. des Lucius. Eine Schülerliste bietet → Fronto ep. Ver. 1, 1; bes. zu nennen der jüngere Plinius (epist. 3, 11), C. → Minucius (4) Fundanus (cos. 107), → Dion (2) und vor allem → Epiktet. – Neben verstreuten Äußerungen bei Epiktet, → Plutarch und A. → Gellius (2) und einer nicht strikte beweisbaren, aber möglicherweise ausgedehnten Benutzung durch → Clemens (2) Alexandrinus paid. 3 besitzen wir bei → Stobaios Exzerpte aus 21 Lehrvorträgen in der Publikation des (sonst unbekannten) Lucius. Daß in ihnen die philosophische Systematik vollkommen zurücktritt hinter den praktischen Anweisungen zu einem rechtschaffenen, edelgesinnten Leben, zeigen schon die Titel: ‹Daß auch die Frauen philosophieren sollen›; ‹Ob man die Töchter gleich erziehen soll wie die Söhne›; ‹Daß die Verbannung kein Übel ist›; ‹Ob der Philosoph einen anderen wegen Beleidigung verklagen wird›; ‹Was die Hauptsache bei der Ehe ist›; ‹Ob man seinen Eltern in allem gehorchen soll›; ‹Wie man sich in Ernährung, Kleidung, Hausrat und Haarschnitt verhalten soll› usw. – Die Konzentration auf die Praxis hat die Aneignung solcher Ethik durchs Christentum entscheidend erleichtert.

Ed: O. Hense, BT, 1905. O.G.

Mustio (nicht Muscio oder Moschion), Arzt im 6. Jh. nach Chr. in Afrika, wie seine Landsleute → Caelius (1) Aurelianus und → Cassius (3) Felix als Übersetzer tätig; hat das gynäkologische Werk des → Soranos (2) v. Ephesos exzerpiert und in populärer Form ins Lateinische übertragen.

Ed: V. Rose, 1882. F.K.

Mutilus → Papirius.

Mutina, 183 an der Stelle einer prähistorischen ligurischen und gallischen Siedlung angelegte röm. Kolonie an der → Via Aemilia (Kt. 1420 D 3; heute Modena), wegen ihrer Lage am Zugang zu drei Apenninenpässen eine feste, häufig umkämpfte Stadt, in der sich 78 → Pompeius (2) gegen M. → Iunius (1) Brutus, 72 C. → Cassius (6) Longinus gegen → Spartacus, 44/43 → Brutus (2) gegen → Antonius (2) verteidigte (bellum Mutinense). 312 Schlacht zwischen → Konstantin und → Maxentius. Nur verstreute antike Reste und Einzelfunde. B.A.

Lit: M. Corradi-Cervi, Mutina, in: Stud. e Doc. della R. Dep. Stor. patria per l'Emilia e Romagna, Sez. di Modena 1, 1937, fasc. 3, 137 bis 664 – N. Alfieri, EAA V, 1963, 137f.

Muttergottheiten spielen als Verkörperung der Erdfruchtbarkeit neben den männlich gedachten Himmelsgöttern in vielen Religionen eine wichtige Rolle. Groß war offenbar die Bedeutung, die solchen M. in der religiösen Vorstellungswelt des Vorderen Orients und der vorindogermanischen Bevölkerung des Mittelmeerraumes zukam. Auch viele bei den Griechen und Römern verehrte Göttinnen tragen mehr oder minder stark ausgeprägte Züge einer M.: vgl. → Demeter, → Persephone, → Gaia, die ‹Große Mutter› → Kybele (vgl. auch → Aphrodite, → Artemis), → Rheia, → Terra Mater, → Tellus, → Mater Matuta, → Anahita, → Mâ, → Ištar, → Isis (Einfluß auf die christl. Marienverehrung?). K.-H.R.

Lit: A. Dieterich, Mutter Erde (1905), 1925³ – A. W. Persson, The Religion of Greece in Prehistoric Times, 1942 – E. O. James, The Cult of the Mother-Goddess, 1959.

Mutuli, bohlenartige Platten unter dem dor. Geison, → Tempel B [4].

Muwatallis, hethit. König, etwa 1310–1285, Nachfolger Mursilis' II.; schlug 1285 Ramses II. in der Schlacht bei → Qadeš und gewann damit das abgefallene Amurru zurück. Ihm folgte sein Sohn Urḫi-Tešup, der nach siebenjähriger Regierung von seinem Onkel → Ḫattusilis III. gestürzt wurde. W. Hk.

Myiagros, im griech. Volksglauben ein → Heros, der Fliegen abwehrt (Paus. 8, 26, 7; Plin. nat. 10, 75). Vgl. den fliegenabwehrenden Zeus Apomyios; ähnlich → Apollon Smintheus. K.-H.R.

Mykale, Vorgebirge an der Westküste Kleinasiens (Kt. 1152 H 5), 479 v. Chr. Seesieg der Griechen unter → Leotychidas und → Xanthippos (1) über die Perser (→ Perserkriege). E.M.

Mykene (*Μυκήνη*, auch plur. *Μυκῆναι*, Kt. 1152 D 5). Im «Winkel von Argos» (Od. 3, 263) gelegene, bedeutendste Burg der Epoche, der sie den Namen gab (→ Kret.-myk. Kultur). Geschützt von den umgebenden Bergen (H. Elias, mit myk. Wachtturm und Zara) bot sie selbst den besten Überblick über die Argolis mit den anderen Burgen (→ Midea, → Tiryns, → Argos) bis hin zum Golf. Daher schon im Neolithikum und in der frühen Bronzezeit besiedelt (geringfügige Reste). – Auf einer teils künstlich geschaffenen Felsterrasse entstand, etwas unterhalb der höchsten Erhebung, der Palast der Burg: ein Propylon, daneben der Thronsaal, davor nach O Hof und Megaron (2-Säulen-Vorhalle, Vor- und Hauptraum, um dessen Rundherd [Altar?] 4 Säulen das Gebälk trugen; Fußbodenstuck mit Kalziteinfassung, Wandfresken). Nach N wurde dieser Komplex durch die Wohnräume im Obergeschoß des mit dem Gelände ansteigenden Nordtraktes begrenzt. Auf der höchsten Erhebung sind die Spuren eines älteren Palastes (15.–14. Jh.) beim Bau des Athenatempels fast ganz beseitigt worden. – Zum Propylon nördl. neben dem Thronsaal kam man auf einem durch kyklopische Stützmauern gehaltenen Rampenweg (darunter zwei ältere Pflaster) vom Haupttor (→‹Löwentor›) aus. Die ihn ursprünglich begleitenden myk. Häuser sind durch hellenistische verdrängt. Innerhalb des Ostteiles (wohl auch als Fluchtburg verwendet) liegt in einem Winkel der Südmauer die Häusergruppe um das ‹Haus der Säulen›, auf etwa gleicher Höhe das Nordtor der Burg und schließlich ganz am Ostende hinter der älteren Abschlußmauer eine Erweiterung der Burg mit zwei spitzbogigen Ausfallpforten und der berühmten ‹Perseia› (unterirdische Brunnenkammer außerhalb der Mauer, in die das Wasser der nahen Quelle geleitet wurde; zugänglich über einen langen, gewinkelten, spitzbogigen Treppengang). – Die sichtbaren myk. Gebäudereste gehören in die 2. H. des 14. und das frühe 13. Jh. Während dieses Abschnittes wurden auch die →Schachtgräber (Bezirk A) mit einem Plattenring umgeben und in die Burgmauer eingeschlossen. Zwischen ihnen und dem →Löwentor finden sich Grundmauern vom Wachraum (Kornspeicher), südl. entlang der Mauer etwa hundert vornehme Häuser. Außerhalb der Burg liegen außer den →Kuppel- und →Kammergräbern (1) der zweite →*Schachtgräberbezirk* (B), älter als der Schliemannsche, (2) die Häuser der *Stadt* (entlang und nördl. der heutigen Straße freigelegt): ‹Haus der Schilde›, ‹des Ölhändlers›, ‹der Sphingen›, ‹des Weinhändlers›, Töpfereien usw. Brandzerstörungen dieser Häuser schon am Ende der Periode SH III B. Die Burg selbst ist erst in der folgenden Periode (SH III C) beim zweiten entscheidenden Ansturm der neuen Einwanderer vernichtet worden. Vgl. →Kret.-myk. Kultur (bes. E), →Stadt I B. W. Schg.

Lit: A. J. B. Wace u. a., Excav. at M., BSA 25, 1921–23, 1–434 – Ders., M., 1949 – Ders., M., 1950, JHS 71, 1951, 254–257 – E. P. Blegen, Archaeolog. News, AJA 55, 1951, 163–165 – G. Mylonas, Ancient M., 1957 – Tsountas-Haus: AJA 55, 1951, 163f. – JHS 71, 1951, 254 – Neue Grabungen: Wace u. a., BSA 48, 1953 bis 52, 1957 – Perseia: Karo, AJA 38, 1934, 123–127 – Jüngste Ergebnisse: F. Schachermeyr, AA 1962, 233–250 – H. Wace-Ch. Williams, Mycenae Guide, 1962.

Mykenisch. [1] *Die Schrift.* Die von Sir A. Evans so benannte minoische Linearschrift B ist erhalten auf mehreren tausend Tontafeln, teils in Form von Palmblättern, teils von Buchseiten, aus →Knossos (1901–04; Evans), etwa 1400 Tafeln aus →Pylos (1939 und seit 1952; C. Blegen), ferner mehreren Dutzend aus →Mykene (seit 1952; Alan J. B. Wace). Vereinzelte Inschriften sind ferner aus →Theben, →Eleusis und →Tiryns bekannt. Die pylischen Tafeln stammen aus dem Ende des 13. Jh.s, die knossischen evtl. aus der 2. H. des 15. Jh.s (?), die restlichen sind wohl nur etwas älter als die pylischen. Bei diesem Schriftsystem werden grundsätzlich zwei Arten von Zeichen unterschieden: rund 90 Silbenzeichen und etwa 120 Ideogramme (Sinnzeichen für die häufigsten Gegenstände und Stoffe, inkl. Symbole für Maße und Gewichte). Im Gegensatz zu den →orientalischen Schriften werden letztere aber nur zusammen mit Ziffern verwendet. Die Entzifferung der Silbenschrift – von den Ideogrammen waren verschiedene schon vorher gedeutet – gelang 1952 dem Engländer Michael Ventris (1922–1956). Diese kennt nur Zeichen für offene Silben, entweder bloße Vokale *a, e, i, o, u*, oder Konsonant + Vokal (z. B. *na, ne, ni, no, nu*), z. T. auch 2 Konsonanten + Vokal (z. B. *pte, nwa, dwo, rja*), →Abb. 162. Bei andern Konsonantengruppen schrieb man entweder einen ‹stummen› Vokal (z. B. *ko-no-si-ja Κνωσσία*) oder ließ den 1. Konsonanten weg (z. B. *pe-mo σπέρμο*, ‹Getreide›). Regelmäßig weggelassen wurden die silbenschließenden Konsonanten *r, s, n*. Die Mehrdeutigkeit wird noch dadurch erhöht, daß zwischen *r* und *l* und bei den Verschlußlauten zwischen Tenues, Mediae und Aspiratae nicht unterschieden wurde; nur für *d* gibt es besondere Zeichen.

Abb. 162 Die Silbenzeichen der mykenischen Schrift
(Die noch nicht gedeuteten Zeichen kommen nur selten vor)

[2] *Die Sprache* dieser Texte, das sog. *Mykenische*, ist ein griech. Dialekt, der fast 500 Jahre älter als Homer ist und daher gegenüber dem historischen →Griechisch verschiedene Altertümlichkeiten aufweist. So sind die →Labiovelare noch als selbständige Reihe vorhanden, z. B. *-qe*, später *τε*, ‹und›, *qo-u-ko-ro*, später *βουκόλος*, ‹Kuhhirt›. Von allen späteren Dialekten steht das Arkadisch-Kyprische dem M.en am nächsten (→Griechisch B2). Die Übereinstimmungen mit Homer sind kleiner, als man zunächst annahm. Manches ist einfach Altertümlichkeit, wie z. B. der Gen. Sing. auf *-οιο*, *Di-wo-nu-so-jo*, ‹des Dionysos›, oder der lebendige Gebrauch eines Instrumentals auf *-φι*, *a-ni-ja-pi*, ‹mit Zügeln›. Die erhaltenen Texte selbst sind Eintragungen in Register, Buchungen, Inventare und ähnliche Notizen. Ihre Deutung ist z. T. deshalb schwierig, weil

diese Schrift einen griech. Dialekt nur ungenau wiedergeben kann. Ein großer Teil aller Wörter sind Personennamen, z.B. *Te-se-u*, ‹Theseus›, *A-re-ku-tu-ru-wo E-te-wo-ke-re-we-i-jo*, ‹Alektryon, Sohn des Eteokles (᾿Ετεϝο-κλέϝης)›, *Te-o-do-ra*, ‹Theodora›, oder Ortsnamen, z.B. *Pu-ro*, ‹Pylos›, *Pa-i-to*, ‹Phaistos›, *Pe-re-u-ro-na-de*, ‹nach Pleuron›. Es ist sehr fraglich, ob die Schrift auch für literarische Zwecke verwendet wurde. Daher ging offenbar ihre Kenntnis mit dem Sturz der mykenischen Herrschaft und dem Untergang ihrer Reichsverwaltung verloren.

[3] Mit den anderen → *Kretischen Schriften*, vor allem mit der Linearschrift A, ist Linear B eng verwandt. Nach ver-

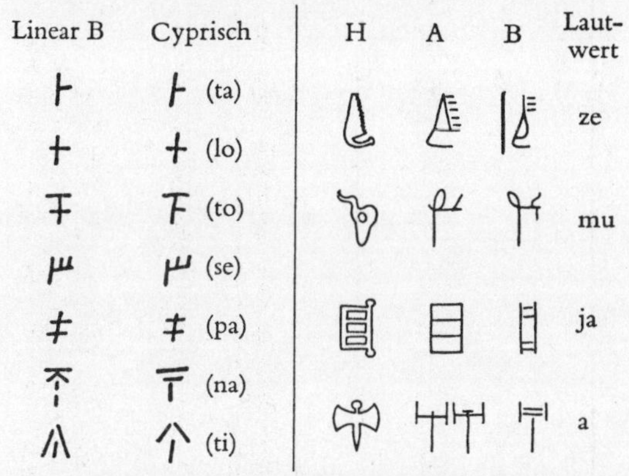

Abb. 162a *Links:* Vergleich von Zeichen in Linear B und im klassischen Cyprischen. *Rechts:* die Entwicklung einiger Zeichen der kretischen Schrift. H Hieroglyphen, A Linear A, B Linear B.

schiedenen ihrer Besonderheiten, wie z.B. dem Fehlen einer Unterscheidung zwischen *r* und *l*, ist sie für eine nichtgriech. Sprache geschaffen worden. Man nimmt an, daß auch die Werte der einzelnen Zeichen in beiden Schriften gleich sind. Die Deutung der ‹Minoisch› genannten Sprache von Linear A ist aber strittig: man hat das Luwische (→ Kleinasiatische Sprachen), aber sogar auch das Semitische zum Vergleich herangezogen. Jedenfalls ist sie nicht griechisch. E.R.

Q: E. Bennett-J. Chadwick-M. Ventris, The Knossos Tablets, 1959 – C. Gallavotti, Inscriptiones Pyliae, 1961 – E. Bennett-J. Chadwick, The Mycenae Tablets, II/III, 1958/1963 – *Lit:* M. Ventris and J. Chadwick, Evidence for Greek Dialect in the Mycenaean Archives, JHS 73, 1953, 86–103 – Dies., Documents in Myc. Greek, 1956 – J. Chadwick, The Decipherment of Linear B, 1958 (Übers. v. H. Mühlestein, 1959) – A. Thumb-A. Scherer, Hb. d. griech. Dialekte II (1909), 1959², 314–361 – E. Vilborg, A Tentative Grammar of Mycenaean Greek, 1960 – L. R. Palmer, Mycenaeans and Minoans, 1961 – Louis Deroy, Initiation à l'épigraphie mycénienne, 1962 – A. Morpurgo, Mycenaeae Graecitatis lexicon, 1963 – J. Chadwick-L. Baumbach, The Mycenaean Greek Vocabulary, Glotta 41, 1963, 157–271.

Mykerinos (*Mn-kꜣw-Rꜥ*, 2488–70), ägypt. König der 4. Dynastie, Erbauer der kleinsten der drei Pyramiden von → Giza. Aus dem Taltempel dieser Anlage stammen mehrere Statuen von ihm. Historische Tatsachen sind aus seiner Zeit nicht bekannt; Anekdoten bei Hdt. 2, 129–134. W. Hk.

Mylasa (*τὰ Μύλασα*), kar. Stadt (Kt. 1152), in fruchtbarer Hochebene, berühmt durch seine Marmorbrüche. Nach Namensform und urtümlichen Kulten, bes. des kar. → Zeus mit Doppelaxt, sowie in der näheren Umgebung gemachten Funden des 2. Jt.s in vorgriech. Zeit zurückreichend. Die Einwohner betrachteten sich später als Verwandte der Kreter. – Die Siedlung der archaischen Zeit mit der Burg der einheimischen Herrscher wird heute auf Pecin, südl. von Milas angesetzt. Seit der pers. Eroberung fungieren kar. Dynasten als Satrapen. Trotzdem nimmt M. unter dem Karer Herakleides 497 am → Ion. Aufstand teil. 450 bis 440 Mitglied im → Att. Seebund. Unter Maussollos, dem Sohn des Hekatomnos, wird die Residenz nach → Halikarnaß verlegt. Damals scheint auch Pecin zugunsten des heutigen Milas aufgegeben worden zu sein. 334 in der Gewalt Alexanders. Später lange Zeit seleukidisch. Während der Auseinandersetzung der Römer mit → Antiochos III. steht M. auf röm. Seite, erhält im Frieden von Apameia die Freiheit. Zerstörung durch → Labienus 40 v. Chr. Die in M. bekannt gewordenen Bauten reichen kaum in vorhellenist. Zeit zurück: korinth. hellenist. Tempel des Zeus auf mächtigem Terrassenunterbau, des Augustus und der Roma (bis 1740 noch aufrechtstehend), Prunktor für die Prozessionsstraße zum Heiligtum nach Labranda, der monumentale, in altkar. Tradition stehende Grabbau aus der Zeit Mark Aurels. Heiliger Bezirk des Zeus Osogo (auch Zenoposeidon) im SW der Stadt (Terrassenmauern, Inschriften); Tempel des Zeus Labraundeus 60 Stadien nordöstl. im Gebirge; das in geometrische Zeit hinaufreichende Heiligtum des kar. Gottes Sinuri bei Pecin (reiche Inschriftenfunde aus der Hekatomnidenzeit). Ein weiteres kleines Terrassenheiligtum östl. von M. auf dem Gencik Tepe weist neben kar. auch spätmyk. Überreste auf. P. Hom.

Lit: W. Judeich, Kleinasiat. Studien, Unters. zur griech.-pers. Gesch. des 4. Jh.s v. Chr., 1892 – Ch. Picard, RA 1939 I, 133 – W. Ruge, RE 16, 1 (1933), 1046–64 – L. Robert-P. Devambez-E. Haspels, Le sanctuaire de Sinuri près de M., 2 Bde, 1945/59 – A. und T. Akarca, Milas, Istanbul 1954 – Labranda, Swedish Excav. and Researches, I 1: K. Jeppesen, The Propylaea, 1955 – I 2: A. Westholm, The Architecture of the Hieron, 1963 – A. Laumonier, Les cultes indigènes en Carie, 1958 – J. M. Cook, Some sites of the Milesian Territory, BSA 56, 1961, 90–101.

Mylitta, nach Herodot (1, 131; vgl. 199) ‹die assyr. Aphrodite›, wahrscheinlich Gräzisierung des Beinamens *muallidatu* (‹Gebärerin›) der → Ištar, die auch Züge einer Muttergottheit trägt, bes. im Zusammenhang mit dem Fruchtbarkeitsritus der kultischen Prostitution. W.R.

Myrina, Hafenstadt an der Westküste Mysiens, zum → Äolischen Bund gehörig. Nach den Funden in der Nekropole von M. (aufbewahrt in Paris, Istanbul und Athen) ist die *Kleinkunst* von M. benannt: eine in hellenist. Zeit blühende → Terrakottakunst mit reicher Produktion der verschiedensten Typen, mehr aus der Sphäre der Volks- als der hohen Kunst: Stehende, tanzende, musizierende Mädchen, Puppen, fliegende oder musizierende Eroten, Knaben und Kinder mit Tieren, Schauspieler und Grotesken, Satyrn und Mänaden. Als Einzelstatuetten und als Gruppen. U.J.

Lit: E. Pottier-S. Reinach, La nécropole de M., 1887 – D. Burr, Terra-cottas from M. in the Mus. of Fine Arts Boston, 1934 – G. Kleiner, Tanagrafiguren, 15. Erg.-H. z. JdI, 1942 – S. Mollard-Besques, Catalogue raisonné... Mus. du Louvre 2, Myrina, 1963.

Myrina, → Amazone, Eponyme der Stadt Myrina. Grab einer Amazone M., meist mit der äolischen identifiziert, vor Troja (vgl. Hom. Il. 2, 814). Sie galt als Tochter des → Teukros und Frau des → Dardanos. K. Schb.

Myron von Eleutherai, Bildhauer von panhellenischer Bedeutung, vor allem Erzgießer. Vielleicht Athener geworden, da er als solcher des öfteren von Pausanias genannt wird. Plinius (nat. 34, 57) nennt als Lehrer → Hageladas, was infolge des zu großen Zeitabstandes kaum zutreffen kann, und setzt seine → Akme in d. J. 420, was zu spät erscheint (und im besten Fall die unterste Zeitgrenze bezeichnen könnte). Nach dem Stil der identifizierten Werke und den übrigen chronologischen Anhaltspunkten war er etwa zwischen 460 und 430 tätig. Von den zahlreich überlieferten Werken sind zwei unter den Kopien sicher nachgewiesen: der Diskobol und die Athena-Marsyas-Gruppe. Der Diskobol, das ältere, wohl noch kurz vor der Jahrhundertmitte entstandene Werk, ist auf Grund zahlreicher Marmorkopien, einer Kleinbronze und Gemmenbilder (u.a. mit Aufschrift Hyakinthos) bekannt. Die Athena-Marsyas-Gruppe von der Akropolis konnte anhand der vorhandenen Kopienbestandteile auf Grund von Münzbildern und freien Zitaten der Flächenkunst fast vollständig rekonstruiert werden. Es besteht keine stilistische Diskrepanz zwischen dem Stil der Athena und dem des Marsyas, die Unterschiede liegen einerseits in der pointierten Gegenüberstellung der beiden Gestaltbereiche, anderseits in der verschiedenen Kopistentradition der einzelnen Gruppenelemente. Die Gruppe ist älter als die → Parthenongiebel (438–32 v. Chr.), vielleicht kurz vor 447 entstanden. Es ist bei diesem Werk wiederum ein bedeutsamer ‹Augenblick der Ruhe› zwischen den gegengesetzten Bewegungen festgehalten. Von diesem gesicherten Ausgangspunkt hat man immer wieder versucht, weitere, durch Kopien überlieferte Werke M. zuzuweisen. Es ist zwar gelungen, die gleichen stilistischen Eigentümlichkeiten an einer Reihe anderer Werke zu erkennen, weitere Identifizierungen der durch die Schriftquellen überlieferten Werke sind jedoch nicht mehr erwiesen worden. Der Bezug des berühmten Perseuskopfes (Brit. Mus.–Konservatorenpalast) auf die Statue des M. von der Akropolis von Athen bleibt so lange fraglich, bis der dazugehörige Körper sicher erkannt worden ist (der letzte Versuch von Langlotz, s. u., vermag eine Zuweisung an M. kaum zu stützen). Die von Amelung entdeckte und rekonstruierte Pankratiastenstatue ist keineswegs sicher vom gleichen Meister; sie wurde u. a. auch M.s Rivalen → Pythagoras (2) zugewiesen (Buschor). Vgl. hingegen einen Kopf in Boston (Nr. 639). – Von den verschiedenen mit M. verbundenen Heraklesstatuen-Typen lassen sich vielleicht einige mit überlieferten Werken in Verbindung bringen. Ob die Erechtheus-Eumolpos-Gruppe der Akropolis in den Figuren der Vorhalle des Odeions kopiert ist (Berger), bleibt fraglich, ebenso die mit der Kolossalgruppe von Samos (Zeus, Athena, Herakles) in Verbindung gebrachten Bestandteile (Buschor). Für die beiden Apollonstatuen von Ephesos und Akragas sei auf einen Kopf in Kopenhagen: Glyptothek Nr. 64, und auf den bekannten Statuentypus Mantua-Neapel hingewiesen. Von den berühmten Tierbildern (Kuh des M.) sind noch keine überzeugenden Nachbildungen nachgewiesen. – Unbeweisbar, wenn auch nicht unwahrscheinlich, ist M.s Mitarbeit am Parthenon. In der antiken Kunstkritik wird bei M. die große Mannigfaltigkeit und Naturwahrheit seiner Gestalten gerühmt, u. a. auch im Hinblick auf den ‹Kanon› des → Polyklet. Sein Interesse habe mehr der körperlichen als der seelischen Situation eines bestimmten Vorwurfes gegolten. Auch Einzelheiten, wie z. B. seine altertümliche Haarbehandlung, werden hervorgehoben. Wir können die Bewandtnis dieser Aussagen nur mehr teilweise verstehen. E. Bg.

Lit: S. Mirone, Mirone di Eleutere, 1921 – H. Klöter, M. im Lichte neuerer Forschungen, Diss. Giessen 1934 – P. E. Arias, M., Quaderni per lo Studio dell'Archeologia, 2, 1940 – Lippold, GrPl, 136–141 – J. F. Crone, Der Kopf von Brescia, ein Original des M., Commentari dell'Ateneo di Brescia, 1959, 67–80 – P. E. Arias, EAA V, 1963, 111–115 – *Zum Einzelnen:* zur Mitarbeit (?) am Parthenon vgl. E. Buschor, Phidias der Mensch, 1948, 91f. – E. Berger, Vorbemerkungen zu einer Rekonstruktion des Parthenon-Ostgiebels, 1958, 34 – Zum Perseus: E. Langlotz, Perseus, SB Heidelb. 1, 1951, 15ff. – Zur Samischen Gruppe: E. Buschor, Gruppe des M., AM 68, 1953, 51–59 – Zum weiteren Umkreis: E. Berger, Das Urbild des Kriegers aus der Villa Hadriana ..., RM 65, 1958, 15–17.

1a. **M. von Priene,** griech. → Geschichtsschreiber, 3. Jh. v. Chr. (?). Seine ‹Messeniaka›, eine rhetorisierte Spezialgeschichte, sind vielleicht bei → Diodor (Buch 8; 1. Messen. Krieg) benutzt; vgl. → Pausanias (Buch 4); → Rhianos. Wohl mit dem Autor über Rhodos identisch. W. Sp.

Frg: FGrHist 106 – *Lit:* O. Regenbogen, RE Suppl. 8 (1956), 1022 bis 1026 – L. Pearson, The Pseudo-History of Messenia and its Authors, Historia 11, 1962, 397–426.

2. **M. von Theben** (?). Ein Bildhauer namens M. wird auf zwei Inschriften (von Pergamon und Rom) als Thebaner genannt. Es erscheint nicht ausgeschlossen, daß mit diesem Ethnikon der bekannte M. v. Eleutherai (Grenzort zwischen Attika und Böotien) gemeint ist. – Plinius (nat. 36, 22) erwähnt als Marmorwerk des berühmten Erzbildners die Statue einer trunkenen Alten in Smyrna. Die Zuweisung dieser Statue an einen jüngeren Eponymen ist nicht notwendig. Die Identifizierung eines bekannten, um 200 v. Chr. geschaffenen Statuentypus (München-Kapitol-Paris-Vatikan) mit dem Pliniuszitat schwebt darum in der Luft. Ganz ausgeschlossen scheint eine Verwechslung durch Plinius allerdings nicht, da außer dem sog. M. v. Theben auch noch andere, jüngere Eponymen durch Inschriften als Bildhauer gesichert sind. E. Bg.

Lit: Lippold, GrPl, 317; 322; 367 – L. Alscher, Die griech. Plastik IV, 1957, 100–103.

Myronides, den konservativen Kreisen zuneigender Feldherr Athens, der die athen. Außenpolitik 459–453 maßgeblich mitbestimmte. Er schlug 458 mit dem letzten athen. Aufgebot die Korinther im Gebiet von Megara und errang 457 den großen Sieg bei Oinophyta über die Böoter; 454 leitete er eine allerdings erfolglose athen. Expedition nach Thessalien. F. Kch.

Lit: V. Ehrenberg, RE Suppl. 7 (1940), 512–514.

Myrrhenbaum. Der strauchartige, dornige M., in Südarabien, Erithrea und Abessinien beheimatet, lieferte das in Ägypten und im Alten Orient im 2. Jt. v. Chr. für kultische und profane Räucherzwecke wohlbekannte, aromatische Harz, das auch für wohlriechende Öle (M.-Wein) und Salben verwendet wurde. μύρρα (murra) ist ein semit. Lehnwort, das neben σμύρνη steht. Auf die östl. Vermittlung des begehrten, kostbaren Harzes weist auch die Überlieferung von der Verwandlung der assyr. Königstochter Myrrha oder Smyrna in einen M. zur Strafe für die der Aphrodite versagte Ehrung; aus dessen Rinde entstand Adonis. Myrrha galt auch als Tochter des cypr. Königs → Kinyras, die vor Aphrodite floh und in → Saba in den M. verwandelt wurde. Das bittere Harz betrachtete man als die Tränen der von der Göttin Gestraften. Genaue Kunde vom M. hatten die Griechen durch fremde Gewährsmänner. Das aromatische Harz diente im Kult zu Räucherungen. Unter den Aromata für den Scheiterhaufen (→ Bestattung C) stand es bei den Römern an erster Stelle. Vgl. → Flora. J.W.

Lit: Murr, Pflanzenwelt, 76f. – A. Steier, RE 16, 1 (1933), 1134–46 – *Darstellungen:* Wandbild Neapel: W. Helbig, Wandgemälde der vom Vesuv verschütteten Städte Campaniens, 1868, 1390 – Herrmann-Bruckmann, Taf. 127 – Myrrha: Ovid, Metamorphosen 10, 298–502.

Myrsilos, aus Mytilene. Nach dem Sturz des Tyrannen Melanchros gelang es M. gegen den Widerstand der Aristokratie, die Tyrannis in Mytilene an sich zu reißen (Ende 7. Jh. v. Chr.). M. ist nur aus der haßerfüllten Polemik des → Alkaios bekannt (Frg. 326. 332 L.-P.). Er starb wahrscheinlich eines gewaltsamen Todes. R. V. C.

Myrte (μύρτος, μυρρίνη, μυρσίνη), ein ursprünglich im Nahen Osten beheimateter Strauch oder strauchartiger Baum mit immergrünen Blättern und weißen Blüten, wurde wahrscheinlich schon den frühen Griechen bekannt und rasch verbreitet. In Rom führte man ihre Anpflanzung bis in die Gründungszeit zurück. Man schätzte sie als Zierpflanze. Beliebt war das M.n-Öl, das als Würzmittel für Wein wie die → Myrrhe verwendet wurde und als Heilmittel diente. Größte Bedeutung hatte die M. als Kranzpflanze wegen ihres Wohlgeruches. M.n-Zweige begegnen in zahlreichen Kulten. Wie der nahöstl. → Ištar ist sie vorwiegend der Aphrodite heilig, der im lyd. Temnos → Pelops ein Bild aus M. geweiht hatte, um die Gunst der Göttin bei der Bewerbung um Hippodameia zu gewinnen (Paus. 5, 13, 4). In einem M.n-Gebüsch verbarg sich die Göttin, als sie dem Meer entstiegen war. M. schmückte sie nach dem Parisurteil. Mit der → Myrrhe konkurriert die M. in der Überlieferung von der Tochter des cypr. Königs → Kinyras, die in eine M. verwandelt wurde und den → Adonis entstehen ließ. Auf dem Schiff des von Paphos ausfahrenden Herostratos aus Naukratis bildete sich um das Bild der Göttin eine M.n-Fülle, die den Sturm besänftigte. Nach den in Naukratis für → Aphrodite niedergelegten M.n-Zweigen hieß der Naukratiten-Kranz. Dem Bereich der Göttin steht die Verwendung eines riesigen M.n-Kranzes, Hellotis genannt, am Feste der Hellotien zu Ehren der Europa nahe.

Auf die Verbindung von Aphrodite und Hermes weist die Verhüllung phallischer Hermesbilder mit M. Mit → Iakchos und → Demeter ist die M. in Eleusis verknüpft. In Attika führte man die Entstehung der M. auf die Verwandlung der Nymphe Myrsine durch Athena zurück. M.-Schmuck gehörte zum → Panathenäenfest, verbarg → Harmodios' Schwert. Für → Apollon ist die M. auch durch den Beinamen *Μυρτῷος* bezeugt. Dagegen ist die M. dem Kultbereich von → Hera und → Artemis fremd. Der der Artemis verwandten → Diktynna galt sie als verhaßt. Phaidra durchlöcherte aus Rache an → Aphrodite die M. im Heiligtum der Göttin von Troizen, weil sie keine Macht über den an → Artemis gebundenen Hippolytos gewinnen konnte. Wie bei der → Lilie spiegelt sich in der Überlieferung die tiefverwurzelte Konkurrenz zwischen den verschiedenen Kulten. Gut bezeugt ist die Verwendung der M. als Gräberpflanze und im Totenritual, begünstigt durch die lebengebende Bedeutung im Bereich der Aphrodite. Auch in der röm. Überlieferung ist die M. der Venus geweiht. Als Fruchtbarkeitssymbol erscheint sie in Verbindung mit Faunus und Fauna. Dagegen wurde sie im Kult der → Bona Dea vermieden. Einen M.n-Kranz trug der röm. Feldherr bei der → Ovatio. Als Triumphzeichen konkurrierte die M. mit dem Lorbeer. Vgl. → Flora. J.W.

Lit: Hehn, 223–225 – Murr, Pflanzenwelt, 84–91 – A. Steier, RE 16, 1 (1933), 1171–83 – D. B. Thompson, Garden lore of ancient Athens, 1963, Abb. 43.

Myrtilos (Name hethit., vgl. → Mursilis), Wagenlenker des → Oinomaos.

2. **M.**, von Athen, Dichter der alten → Komödie (I B); siegte an den Lenäen 427; Bruder des → Hermippos. Th. G.

Frg: FAttCom I 474–477.

Myrtis, griech. Dichterin (→ Lyriker), wohl der Zeit Pindars, dem sie sich nach Korinna (Fr. 15 D) zu einem Agon stellte. Demzufolge vielleicht auch Chorlyrikerin, während Plutarch sie *ποιήτρια μελῶν* (~Einzellieder) nennt (Qu. Gr. 40, 300 f.). E.-M.V.

Mys → Apollonios (8) Dyskolos.

Mysien, Landschaft in Nordwestkleinasien (Kt. 1152 HI 3). Gebirgsland, gegliedert durch die Täler des Rhyndakos und des Maistos, die vereint in die Propontis fließen. Die mysische Küste der Ägäis beginnt im N mit der Troas, der Küstenebene des Skamander. Weiter südlich folgen der Golf von Adramytteion im Schutz der Insel Lesbos und die Mündungsbuchten der Flüsse Kaïkos und Hermos, die in die Ägäis münden. Alle diese Flußtäler sind durch markante Gebirgsketten getrennt, die das Land in verschiedene territoriale Einheiten auflösen. Der Bergzug zwischen den Tälern des Kaïkos und des Hermos galt in der Antike als Südgrenze Mysiens. Unter den Städten ist neben → Troja an erster Stelle → Pergamon im Kaïkostal hervorzuheben. Seit 280 v. Chr. ist M. das Kernstück des Königreiches Pergamon, das 133 v. Chr. durch letzte Verfügung Attalos' III. an Rom überging und zur Provinz Asia wurde. R.F.

Lit: D. Magie, Roman Rule in Asia Minor, 1950, 35 ff.

[2] Aus dem mys.-phryg. Grenzgebiet stammt eine Inschrift in sog. *mysischer Sprache* (4./3. Jh. v. Chr.). Erkennbar sind Namen und Verwandtschaftsbezeichnungen; sonst undeutbar. Vgl. → Kleinasiat. Sprachen. A.H.

Q: Friedrich, 140 f. – *Lit:* J. Friedrich, RE 20, 1 (1941), 881 f.

Mysterien. [1] *Name, Begriff, Merkmale.* Das Wort *μυστήριον* ist erstmalig bei Herodot (2, 51) belegt; die Etymologie ist ungeklärt, der Zusammenhang mit dem Verb *μύειν* (‹die Augen› bzw. ‹die Lippen schließen›) unsicher. Als *μυστήρια* können sowohl die Gegenstände eines Geheimdienstes als auch dessen rituelle Handlungen bzw. Lehren bezeichnet werden. In ähnlichem Sinne werden oft auch die Wörter *Orgia* (*ὄργια*, wörtlich rituelle ‹Handlungen›, so z. B. schon Hom. hymn. Dem. 273. 476) und → *Teletai* (*τελεταί*, ‹Weihen›) gebraucht. – M. sind kultische Feiern, deren Teilnehmer sich ‹einweihen› lassen müssen; Ungeweihte dürfen keinen Zutritt zu den heiligen Handlungen bzw. keine Kenntnis über deren Inhalt haben. Die M. sind nicht im eigentlichen Sinne Geheimkulte, vielmehr sind sie überall in der griech. Welt nicht nur offiziell anerkannt, sondern gelten durchaus als Begehungen besonderer Art innerhalb der in den einzelnen Staaten üblichen Formen der Götterverehrung. Die offizielle Religion vermochte offenbar den religiösen Bedürfnissen des Volkes nur teilweise gerecht zu werden (bes. bei der immer stärkeren Ausbreitung individualistischer Geisteshaltung seit dem 5. Jh. vor Chr.; vgl. → Religion E 6); nur der in die M. Eingeweihte tritt zu einer oder einzelnen Gottheiten in eine persönliche Beziehung (ursprünglich wohl unter starker Betonung der Zugehörigkeit zu seinem Geschlechtsverband; vgl. → Theoi Patrioi). In der höchsten Einweihungsstufe wird dem Mysten das Wirken der Gottheit zur persönlichen Gewißheit, er wird zum Teilhaber am Geschick (vgl. → Mythos) und an den Gaben des Kultgottes. Die damit verbundene Hoffnung auf individuelles Wohlergehen konzentriert sich mehr und mehr auf die Erwartung eines glückseligen Fortlebens der Seele nach dem Tode (schon Hom. hymn. Dem. 480 ff., vgl. Pind. Fr. 137 B.[4]; Soph. Fr. 753 Nauck u. a.). Dabei taucht die schwierige Frage auf, ob bzw. in welchem Maße von dem Mysten auch eine sittliche Lebensführung erwartet wurde. Es darf als sicher gelten, daß die griech. M.-Kulte vorgriech. Ursprungs sind und wohl meist aus uralten → Fruchtbarkeitsriten hervorgegangen sind. Ihre religiöse Vorstellungswelt dürfte also im allgemeinen älter sein als die von Homer geprägte Zeus-Religion (→ Religion E 3); das → chthonische Element tritt in den M. besonders hervor. – Es liegt im Wesen der M., daß wir über sie im einzelnen nur sehr unvollkommen Bescheid wissen. Da die Mysten ihre Schweigepflicht im allgemeinen streng gewahrt haben, beruhen unsere Informationen im wesentlichen auf Anspielungen bei Dichtern und polemischen Äußerungen meist aus sehr später Zeit (bes. bei christl. Schriftstellern). Daher sind endgültige Urteile über Inhalt und tiefere Bedeutung einzelner M.-Kulte, über den Sinn von liturgischen Formeln und den genauen Verlauf einzelner Kulthandlungen nicht möglich.

[2] *Einweihungsgrade und Kulthandlungen* (unter besonderer Berücksichtigung der M. von Eleusis). Der eigentlichen Einweihung ging in der Regel eine kultische → Reinigung (*κάθαρσις*) voraus. Der erste Einweihungsgrad, mit dem sich die meisten Menschen bereits begnügten, ist die Myesis (*μύησις*). Erst die ‹Schau› (Epoptie, *ἐπόπτεια*) ist die höchste Stufe, sie ist die ‹Einweihung› im engeren Sinne (*τελετή* bezeichnet bisweilen nur die Kulthandlungen, welche die eigentliche ‹Schau› vorbereiten). Nur wer schon vorher an der Myesis teilgenommen hat, wird zur Epoptie zugelassen. Erst der Epoptes (‹wer geschaut hat›) hat die Gewißheit, des göttlichen Heiles teilhaftig zu sein: er hat nicht nur die Wortverkündigung (*λεγόμενα*, ‹das Gesagte›) gehört, sondern er hat auch die heiligen Kultsymbole (*φαινόμενα*, ‹das Gezeigte›) und Kulthandlungen (*δρώμενα*), in denen die Gottheit vergegenwärtigt wird, ‹gesehen›, er ist damit Teilhaber an dem eigentlichen Kultgeheimnis geworden. Darauf erstreckte sich auch die Schweigepflicht, während der Kultmythos und die Hoffnungen des Einzelnen offenbar nicht unter das Gebot der absoluten Geheimhaltung fielen.

[3] *Bedeutende griech. Mysterien.* 1. → *Eleusis* (über Inhalt, Kultmythos und religiösen Gehalt siehe → Demeter, → Persephone). Die M. werden jährlich im Monat Boedromion (Sept./Okt.) gefeiert. Die Teilnehmer sind meist schon in die sog. Kleinen M. von *Agrai*, einer Vorstadt Athens, eingeweiht. Die eleusin. M. beginnen mit einer Vorfeier im sog. Eleusinion in Athen; es folgt die große Prozession auf der Heiligen Straße von Athen nach Eleusis (20 km); sie wird von jubelnden Rufen der Teilnehmer (→ Iakchos), von → Tanz und kultischen Begehungen be-

gleitet. Nach Ankunft am Abend findet die eigentliche M.-feier, die ‹Schau›, bei Nacht in dem von Fackeln erleuchteten → Telesterion statt. Der dem att. → Eumolpiden-Geschlecht angehörige → *Hierophant* (‹Zeiger des Heiligen›) ist der höchste Kultbeamte; ihm steht der → *Daduch* (‹Fackelträger›) zur Seite. – Die M. von Eleusis sind zwar immer ein Lokalkult geblieben, doch genossen sie im ganzen Altertum größtes Ansehen (z.B. haben sich viele bedeutende Römer einweihen lassen) und haben die Struktur anderer M. öfters stark beeinflußt; erst Alarich zerstörte 395 n.Chr. den Tempel. – Demeter-M. gab es außerdem in Phlya (Attika), Andania (Messenien) und einigen anderen Orten der Peloponnes. – 2. Über die *M. der → Kabiren auf Samothrake* sind wir leider nur unzureichend informiert. Sie waren offenbar schon in spätarchaischer Zeit in Griechenland bekannt (vgl. Hdt. 2, 51). Berühmt und vielbesucht wurden sie dann erst in der nachklass. Zeit. – 3. *M.-Kulte des → Dionysos* sind uns im wesentlichen erst aus hellenist. und röm. Zeit bezeugt, und zwar in sehr großer Zahl. Sie waren an keinen Ort gebunden, sondern erstreckten sich, von Kleinasien ausgehend, über die ganze Mittelmeerwelt. Dem Wesen des Gottes entsprechend, überwiegt in ihnen das ekstatische Element, das allerdings im offiziellen Kult inzwischen zurückgetreten war (→ Enthusiasmos; → Bacchanalien). – 4. Mit den Dionysos-M. sind die (freilich schwer faßbaren) ‹*Weihen› des → Orpheus* verwandt. Diese → Orphik scheint bes. gekennzeichnet durch strenge, das ganze Leben des Eingeweihten (des Orpheotelesten) bestimmende Reinigungs- und Enthaltsamkeitsgebote (→ Askese). Beziehungen zur pythagoreischen Lebensform bestehen, doch bleibt deren Natur unbestimmbar.

[4] Als ‹*M.-Religionen*› bezeichnet man außerdem eine Reihe von Religionen aus der Zeit des spätantiken → Synkretismus, deren Anhänger durch die Teilnahme an einer Einweihung und geheim gehaltenen Kultbräuchen ‹Erlösung› und ‹Heil› (*σωτηρία*, salus) zu erlangen hofften. Es sind dem Ursprung nach Volksreligionen des Vorderen Orients, welche sich aber vom Boden ihres Volkstums gelöst und im ganzen Mittelmeerraum Anhänger gefunden haben, die in festen Gemeinden zusammengeschlossen sind. In diesen M.-Religionen sind die mythischen Schicksale des Kultgottes den Mysten Vorbild und Symbol zur Erlangung der eigenen Seligkeit. – Denk- und Kultformen dieser Religionen haben u.a stark aufs → Christentum (IV) und → Judentum (B) gewirkt. Vgl. → Isis, → Osiris, → Kybele, → Attis, → Taurobolium, → Adonis, → Sabazios, → Mithras, → Gnosis. K.-H.R.

Lit: P. Stengel, Die griech. Kultusaltertümer (1890), 1920^{3}, 168–190 – R. Reitzenstein, Die hellenist. M.-Religionen (1910), 1927^{3} – O. Kern, Die griech. M. der klass. Zeit, 1927 – F. Cumont, Die oriental. Religionen im röm. Heidentum (1906), 1931^{3} – L. Deubner, Att. Feste, 1932 (Nachdr. 1956), 69–91 – O. Kern-T. Hopfner, RE 16,2 (1935), 1209–1350 – W.F. Otto, Dionysos (1933), 1939^{2} – T. v. Scheffer, Hellen. M. und Orakel, 1940 – G. Bornkamm, ThW IV, 1942, 809 bis 820 – S. Eitrem, Orakel und M. am Ausgang der Antike, 1948 – R. Bultmann, Das Urchristentum im Rahmen der antiken Religionen (1949), 1964^{2}, 174–180 – K. Deichgräber, Eleusin. Frömmigkeit und homer. Vorstellungswelt, 1950 – Nilsson I 653–678; II (s. Register) – J. Leipoldt, RGG IV, 1960, 1232–36 – E.G. Mylonas, Eleusis and the Eleusinian mysteries, 1961 – K. Kerényi, Die Mysterien von Eleusis, 1962.

Mystik. [1] *In griech. Religion.* Der Begriff *μυστικός* ist zunächst auf die Mysterien von Eleusis bezogen und meint alles, was diese und die Eingeweihten (*μύσται*, nach schon antiker Theorie mit *μύω*, ‹die Augen schließen›, verbunden; der sachliche Hintergrund dieser Eymologie ungeklärt) angeht. Zusammen mit der ganzen Mysterienterminologie wird er aber schon früh metaphorisch verwendet und bezeichnet dann ernsthaft oder ironisch die Dinge, über die nicht gesprochen werden darf (häufig bei Platon). Erst im Spätneuplatonismus erscheint M. als Name der Philosophie, soweit es sich um die nur wenigen mitteilbare Einsicht in die höchsten Dinge handelt. Demgegenüber ist es eine Begriffsverschiebung, wenn M. ‹das Einswerden der Seele mit Gott› bezeichnet, was zwar auch nur wenigen erreichbar ist, aber als Vorgang sowohl von der Schau der Gottheit in den → Mysterien, wie auch von der theologischen Lehre von der göttlichen Natur der Seele, bzw. des Geistes unterschieden werden muß. M. als ‹Vereinigung› ist selten ohne eine erotische Komponente; die wörtlich aufgefaßte Eros-Metaphorik → Platons (bes. Symp.; Phaidr.) hat zweifellos zur Entstehung spätantiker und mittelalterlicher M. bedeutend beigetragen. Wie weit man umgekehrt die weitverbreitete Spekulation, daß die partikularen Seelen dereinst in die Weltseele aufgehen werden, M. nennen mag, ist eine Ermessensfrage. Eigentliche M. als die von einem einzelnen erlebte Vereinigung mit dem höchsten und jenseitigsten Einen ist jedenfalls in der Antike sehr selten gewesen, möglicherweise bei → Plotin anzuerkennen. Anders steht es mit dem Christentum, wo nicht nur an die Stelle des Einen die Person Christi tritt, sondern auch bestimmte Texte (das Hohelied des AT u.a.) zu Neuorientierung führen. Die moderne Literatur versäumt meist die notwendigen geschichtlichen Unterscheidungen. O.G.

[2] Die älteste *röm. Religion* kennt keinerlei Mysterienkulte. Sämtliche Kulte solcher Art sind aus Griechenland oder dem Orient entlehnt worden: vgl. → Ceres (hellenisierter Kult), → Bacchus und Bacchanalien, → Magna Mater, → Isis, → Osiris, → Serapis, → Mithras, → Sonnenglaube, → Taurobolien, Erlösungsglaube. Umgekehrt sind schon seit dem 2. Jh. v. Chr. viele Römer bes. nach Athen-Eleusis und nach Samothrake gefahren, um sich in die dortigen Mysterien einweihen zu lassen. Stark gefördert wurde seit dem 1. Jh. v. Chr. in Rom bei den Gebildeten das Interesse an M. und Mysterienkulten zuerst durch die Stoa des → Poseidonios, dann durch den erneuerten Platonismus und den sog. Neupythagoreismus. H. Le B.

[3] Das *Christentum* des 1. und 2. Jh.s kannte unter spätjüd.-apokalyptischem Einfluß anfänglich nur die prophetische → Ekstase (2. Kor. 12, 1–4; Apk. 1, 9ff.; Topos der Entrückung auf dem Offenbarungsberg in der gnostisch-apokryphen Literatur). Später löste die → Exegese des Hohenliedes, in spätjüd. Nachfolge zunächst auf das Verhältnis Christus–Kirche bezogen, eine Brautmystik aus (vgl. → Origenes), die → Gregor (5) v. Nyssa ins Asketische steigerte (De virg. neben Komm. in Cant.). Spuren neuplatonischer Erkenntnis-M. finden sich bei → Augustin (conf. 7, 10, 16–17, 23; dazu vgl. Vision von Ostia, conf. 9, 10, 23–11, 27), zugleich mit personalem Liebesmotiv verbunden; Aufnahme platonischer Seinsmystik in Synthese zum christlichen Sakramentalismus bei Ps. → Dionysios (5). C.A.

Lit: J.A. Hendrikx, Augustins Verhältnis zur M., 1936 – D. Lerch, ZThK 54, 1957, 257–277 (Hoheliedauslegung) – E. v. Ivánka, Plato christianus, 1964.

Mythendeutung. [1] *Griech. und röm. M.* Seit dem 6. Jh. suchte man Mythen, die neuen religiösen oder philosophischen Vorstellungen nicht mehr entsprachen, als → Symbol oder → Allegorie zu erklären; später übten diese M. bes. die Stoiker und die Neupythagoreer. Die allegorische M. hat hauptsächlich drei Aufgaben, nämlich die als moralisch anstößig empfundenen Mythen (z.B. Homers) zu rechtfertigen, in mythischem Gewande moralische Vorbilder zu geben (z.B. Herakles am Scheidewege) und philosophische Lehren mit der Autorität Homers zu stützen. Die Ausbreitung des → Isiskultes setzt die Technik der → Interpretatio Graeca fremder Götter voraus und hüllt sich in griech. Gewand, verbirgt Serapis in Dionysos, Isis in Aphrodite, Artemis, Tyche u.a. (→ Orient und Antike). In Griechenland hat dieses Denken erst spät unmittelbar auf die Kunst gewirkt (→ Pergamonaltar); in der Römerzeit aber wird es grundlegend für Auswahl und Zusammenstellung der Bilder. Von Neuplatonikern, Neupythagoreern und Christen werden bes. im Anschluß an die Mythen → Platons (Phaidr., rep., Tim.) viele Mythen als Bilder für die mythischen Erlebnisse der Seele verstanden. Allegorisch interpretiert werden Platon, Homer, das AT und NT als mythische Bücher inspirierter Weisheit verstanden. Sammelbecken und Höhepunkt der allegorischen Dichterinterpretation ist der Neuplatoniker → Proklos. Wie in der darstellenden Kunst werden in Dichtung (z.B. philosophische → Hymnen des → Kleanthes, → Lukrez, → ‹Orpheus› u.a.) und Prosa (z.B. Leben des → Pythagoras von → Iamblichos) Mythen als symbolische Bilder moralischer oder mystischer Wahrheiten gestaltet. Daß Paris der Aphrodite den Preis gibt, deutet → Sallustios (16 N.) auf die Schau der vollkommenen Schönheit, die Unsterblichkeit verleiht. Im Streit von Apoll und Marsyas sah man den Gegensatz himmlischer Lyra und irdischer Flötenmusik; jene entspricht der Harmonie der Sphären (Arist. Quint. 2, 19, p. 66, 25 ff. Jahn; Cic. rep. 6, 18), die noch bes. durch die Musen verkörpert wird, zumal Bildung überhaupt unsterblich macht. Die Sirenen, bei den Griechen die Musen des Jenseits, können in der Römerzeit als Feinde der Musen erscheinen (Porphyr. VP 39), aber auch als Symbole der Bildung (Cumont 329 ff.). Das Netz, das Hephaistos über Ares und Aphrodite warf, wurde von den Pythagoreern mit dem Netz verglichen, in das sich die Seele bei ihrer Inkarnation verstrickt; Ares mit dem Körper, Aphrodite mit der Seele, Hephaist mit dem Demiurg (Arist. Quint. 2, 17, p. 64 Jahn). Die Sarkophagbilder der Szene deuten also auf Tod und Unsterblichkeit. Analog sind die Bilder von Daidalos und Pasiphae zu erklären. Ganymed bedeutet den Aufstieg der Seele zu den Sternen (Cumont 97); Hades das irdische Leben, in dem die Menschen gequält werden, und Persephones Befreiung die der Seele (Sallust. 10 N.). Die milden Winde blasen die Toten zu den Inseln der Seligen (Cumont 111), oder sie werden von den Meerwesen dorthin gebracht, die den Sieg über die tödliche Salzflut bedeuten (Nereiden, Tritonen, Thetis, usw.). Da die Verstorbenen in der Mondsphäre wohnen (Cumont 177 ff.), sind von Diana begünstigte Helden auf Sarkophagen so häufig, bes. Endymion (Cumont 246 ff.) und Meleager, der Lieblingsheld der Grabkunst. Dazu kommen die Amazonen, Aktaion, Adonis und Hippolytos. Die Toten steigen weiter zur Sonne auf. Artemis und Apollon gehören die Niobiden, Apollon-Helios Medea, Admet, Ödipus, Orest und Phaethon. Diesen hatten schon die Stoiker auf den Weltenbrand gedeutet, in dem sich das Leben erneuert (vielleicht auch → Bellerophon so zu verstehen?). Manche Themen wurden vielleicht als Beispiele der Virtus gewählt, die unsterblich macht. Vielfach werden Bilder zusammengestellt, die Virtus, Concordia, Clementia, Pietas u.a. Tugenden allegorisieren, z.B. Protesilaos im Kampf (virtus), mit Laodameia verbunden (concordia), und diese beim frommen Bacchusdienst (pietas). Die Symbole können Verschiedenes bedeuten; ihr Sinn ergibt sich oft nur aus dem Zusammenhang. Medea, Helena und Phaedra können unter Augustus Beispiele verhängnisvoller Liebe sein; schon unter den Claudiern erscheinen sie neben anderen Beispielen der Apotheose wie den Dioskuren, Achill, Odysseus, Herakles (Sen. dial. 2, 2, 2). Die Dioskuren symbolisieren aber häufiger, wie die Jahreszeiten, die Ewigkeit. In diesem Sinn kann die Wölfin, Mutter von Romulus und Remus, Symbol der Roma aeterna, sich zu ihnen gesellen (Cumont 92, 1. 161, 1); die Aeneassage bekommt so ihre besondere Bedeutung; auch Mars' Liebe zu Rhea Silvia. Die meisten Themen kommen auch in der profanen Malerei vor, in der sie analog Steigerung des Lebens und Hoffnung auf Unsterblichkeit bedeuten. So findet → Petrons Encolp (sat. 83) in einer Pinakothek drei Beispiele von den Göttern geliebter Knaben gegenübergestellt, die entrückt werden: Ganymed, Hylas und Hyakinthos. Im gleichen Sinn findet man in der Wandmalerei auch Europa, Kyparissos, Amymone und Narkissos gegenübergestellt. Obwohl die Elemente der röm. Kunst alle griech. sind, ist ihre Synthese neu und meist durch den Symbolsinn der Bilder bestimmt. Diese Umprägung der griechischen Bildwelt aus römischen Ideen zu erforschen ist eine neue Aufgabe. K. Schf.

Lit: A. I. Friedl, Die Homerinterpretation des Neuplatonikers Proklos, Diss. Würzburg 1932 – F. Cumont, Recherches sur le symbolisme funéraire des Romains, 1942 – A. D. Nock, Sarcophagi and Symbolism, AJA 50, 1946, 148–170 – F. Buffière, Les mythes d'Homère et la pensée grecque, Thèse lettres Paris 1955 – H. Kenner, Die Götterwelt der Austria Romana, ÖJh 43, 1956/58, 88 (bes. zu Hercules) – J. Pépin, Mythe et allégorie, 1958 – J. C. Joosen-J. H. Waszink, RAC I, 283 bis 293, s. v. Allegorese – EAA I, 1958, 261–265, s. v. Allegoria (Red.) – E. Auerbach, Mimesis, 1946 – K. Schefold, VP, 73 ff. – Ders., La force créatrice du symbolisme funéraire des Romains, RA 1961 II, 178–209.

[2] Christl. M. übte einerseits scharfe Kritik, indem sie auf den → Euhemerismus und spätantike Mythologien zurückgriff oder dieselben als Nachahmung (scil. des Heilsgeschehens) durch die Dämonen deutete (z.B. bei Justin: Geburt der → Athena aus Zeus = Zeugung des präexistenten Logos; → Bellerophontes = Himmelfahrt Christi). Der Versuch → Justins, durch eine analog alttestamentlicher → Exegese heilsgeschichtlich begründete Typologie antiker Mythen, vor allem der Halbgötter, positiv auf Christus zu beziehen, sollte durch den Gegenschlag heidnischer Polemik (→ Celsus: Frg. 3,22 ff. Bader) im Keim erstickt werden. Gleichzeitig drangen aber mythische Elemente, vor allem aus dem orphischen und dionysischen Kreis, in die Jenseitsvorstellungen der Christen ein (Petrus- und Paulusapokalypse: → Apokalypsen; Acta Perpetuae et Felicitatis: → Märtyrerakten). Antike Mythen ungeachtet der Kritik bewußt aufzunehmen und als hermeneutischen Stoff zu verwenden, gestattete nur → Allegorese. Dies gilt bes. für großkirchliche Autoren (z. B. bezieht → Origenes, Cels. 4, 39, den Mythos von Poros und Penia in Plat. Symp. auf die Paradiesgeschichte). In der → Gnosis tritt hingegen die Kritik zurück (typisch die Naassenerpredigt, auch die Ausdeutung der Zeus- und Heraklesmythen beim Gnostiker Justin), so daß die Nähe zur Allegorese der Neuplatoniker (→ Porphyrios) bes. deutlich wird. Am ungebundensten verwertet die Mythen gnostische Malerei, z.B. in der sog. gnostischen Katakombe, Rom, deren anthropologische Ausdeutung des Odysseus-Mythos Traditionen neupythagoreischer Allegorese aufnimmt (Carpocino). Nicht nur die christ. Reaktion auf die Aufwertung antiker Mythen durch → Julianus Apostata (vgl. die gegen ihn gerichteten Werke → Gregors (4) v. Nazianz und → Kyrills von Alexandria), sondern vor allem auch das Abklingen der platonischen Metaphysik innerhalb der Theologie erklären das spätere Zurücktreten spekulativer M. Ihr Fortleben begünstigte nun viel stärker jene literarische Metaphorik, die, schon von → Clemens (2) Alexandrinus angewandt (z.B. Christus der neue ‹Orpheus›, der ‹wahre Herakles›), später vor allem in → Catenen zu Psalmen beliebt war und auch im Westen Anklang fand (bei → Paulinus v. Nola: Christus als ‹Apollo› und ‹Amor›; vgl. → Prudentius). Sie förderte die Aufnahme antiker Mythen in das spätchristl. Bildungsgut (mit der Götterwelt tändelnde → Epigramme des → Johannes (6) v. Gaza, PG 3, 1080 ff.; Schulreden über Mythen von → Ennodius) und war für die Tradierung ins Mittelalter und in die Renaissance ebenso wichtig wie die kryptoheidnischen Dichtungen eines → Nonnos oder → Claudianus. – Vgl. → Christentum C [2]. [3]. C. A.

Lit: M. R. James, A manual of mythology in the Clementines, JThSt 33, 1932, 262–265 – F. J. Dölger, Amor u. Christus, AuC 3, 1932, 225 f. – O. E. H. Burmester, Egyptian mythology in the Coptic apocrypha, Orientalia 7, 1938, 355–367 – J. Seznec, La survivance des dieux antiques, 1939 – H. Rahner, Griech. Mythen in christl. Deutung (1945), 1956² – J. Guielkén, Prudenzio y la mitologia, Helmantica 1, 1950, 273–299 – M. Simon, Hercule et le christianisme, 1955 – J. Carpocino, De Pythagore aux Apôtres, 1956 – E. Petersen, Die ‹Taufe› im Acherusischen See (1955), in: Frühkirche, Judentum und Gnosis, 1958, 310–332.

Mythentravestie (von ital. travestire, ‹verkleiden›), Verspottung des Mythos (Götter- oder Heldensage), z. T. satirisch. Erhabene Gestalten der Mythologie werden in Situationen gezeigt, die ihrer nicht würdig sind, oder werden als Träger unwürdiger Eigenschaften dargestellt. Der dabei entstehende komische Effekt beruht auf dem Kontrast zum ernsthaften Mythos. M. kann Hand in Hand gehen mit der Parodierung von Dichtwerken, die den Mythos benutzen (z. B. in den späten Stücken des →Aristophanes). Überhaupt ist eine deutliche Abgrenzung zur →Parodie nicht immer möglich. Ursprünglich ist die M. volkstümlicher Spott. Boshafte Polemik gegen die Götter ist nicht beabsichtigt, doch können persönliche und politische Angriffe in den mythologischen Stoff eingeflochten sein (vgl. die Hypothesis zum ‹Dionysalexandros› des →Kratinos). – Die *älteste* Verulkung von Göttern begegnet in der Odyssee (8,226ff.; Ares und Aphrodite werden von Hephaistos überrascht). In der →‹Batrachomyomachia› (‹Frosch-Mäuse-Krieg›) wird die Heroenwelt der Ilias ins Lächerliche gezogen. Für die *Komödie*, in der die M. eine besondere Rolle spielt, ist sie zuerst bei →Epicharm bezeugt (Odysseus als listiger Feigling, Herakles als Fresser und Säufer, vgl. →Euripides' ‹Alkestis›). In Athen führte hauptsächlich →Aristophanes Komödien mit M. auf (z. B. ‹Frösche›, ‹Vögel›). Als dort zeitweilig unverhüllter politischer Spott verboten war (→Komödie I B 2), dürfte der M. besondere Bedeutung zugefallen sein. In der sog. Mittleren →Komödie (I C) ist sie ziemlich häufig anzutreffen, wobei meistens auf eine Tragödie (häufig Euripides) zurückgegriffen wurde, in welcher der mythologische Stoff schon eine spezifische Formung erfahren hatte (vgl. auch →Rhinton v. Syrakus). Die Neue →Komödie (I D) hat M. nur noch in dem Sinne, daß ein alltäglicher Charakter sich zeitweise heroisch gibt, z. B., wenn in →Menanders ‹Synaristosai› (vgl. ‹Cistellaria› des →Plautus) Alkesimarchos den Aias spielt. Boshafte Satire gegen die Götter der Volksreligion findet sich in ausgeprägter Form erst bei →*Lukian* im ‹Ikaromenipp›, der ‹Widerlegung des Zeus›, der ‹Götterversammlung›, ‹Totenbeschwörung› u. a. – Bei den *Römern*, die den Mythos erst von Etruskern und Griechen übernommen haben, ist M. nicht so häufig und meist satirischer Art, so, in der Komödie, im ‹Amphitruo› des Plautus. Bei →Lucilius wird im 1. Satirenbuch eine Götterversammlung parodiert, die dem röm. Senat sehr ähnlich sieht, wie später bei →Seneca (2) in der ‹Apocolocyntosis›. In der Erbschleichersatire (2, 5) treibt auch →Horaz seinen Spott mit dem Mythos, wenn Odysseus sich von Charon raten läßt, wie man am besten zu Reichtum gelangt. Bilder: →Karikatur. G. Ls.

Lit: O. Mößner, Die Mythologie in der dor. und altatt. Komödie, Diss. Erlangen 1907 – W. Nestle, Vom Mythos zum Logos, 1942, 120ff. – Vgl. auch Realencyclopädie der Deutschen Literaturgeschichte II, 1926/27, s. v. Parodie, bes. 632.

Mythographi Vaticani, drei mittelalterliche lat. Mythendarstellungen, von A. Mai aus vatikanischen Hss. ediert, die erste nach →Orosius, die letzte im 9./10. Jh. verfaßt, alle aus →Servius (1) und andern Kommentaren schöpfend, aber auch andere Quellen beiziehend (Nr. II vgl. →Fulgentius, 1). Nr. III wird einem Albericus zugeschrieben und hat weiter noch →Macrobius, →Martianus Capella, Remigius von Auxerre benutzt. F. Pf.

Ed: G. H. Bode, Script. rer. mytholog. latini III, 2 Bde, 1834 – *Lit:* O. Gruppe, Gesch. der klass. Mythologie u. Rel.-gesch., 1921, S. 9ff. Schanz-Hosius IV 2, 242ff.; Manitius II 656ff.

Mythographie

A. GRIECHISCH – [1] Ursprünge – [2] Handbücher – [3] Monographien – B. RÖMISCH.

A. GRIECHISCH. [1] Die ältere M. sah ihre Aufgabe darin, die in der epischen Dichtung gegebene mythologische Überlieferung, die als historische Darstellung der ältesten griech. Vergangenheit galt, in systematischer Form und chronologischer Ordnung kritisch darzustellen, und zwar in Prosa. Vorausgegangen war bereits die →Hesiodeische Dichtung, bestimmt von der Überzeugung, daß die alte Überlieferung durchaus nicht lautere Wahrheit sei: die Theogonie, mit dem Versuch einer systematischen Darstellung der in drei Generationen sich abspielenden Göttergeschichte, und, daran anschließend, der Frauenkatalog. So hat dann →Akusilaos in engem Anschluß an Hesiod eine Kosmogonie, Theogonie und Heroengeschichte geliefert, →Hekataios (3) und →Pherekydes (1) eine Geschichte der Heroen. Zur Begründung einer festen →Zeitrechnung (B 1) dienten die Stammbäume, die ja eine ununterbrochene Geschlechterfolge bis zur Gegenwart lieferten, z. B. 31 Generationen von Herakles bis →Leonidas. Da Hekataios die Generation mit 40 Jahren berechnete, setzte er die Lebenszeit des Herakles, umgerechnet, um 1330–1290, den Fall Trojas um 1250 (später durch →Eratosthenes auf 1184 datiert), die dorische Wanderung um 1170 an. →Hellanikos, der den mythologischen Stoff in einzelnen Monographien darstellte, zählte 3 Generationen für ein Jahrhundert und schloß auch die Geschichte der eigentlich historischen Zeit an. Vgl. →Genealogie.

[2] Inzwischen hatte sich auch die →Tragödie des mythologischen Stoffes bemächtigt, ihn vielfach umgestaltet und dadurch der M. neues Material geliefert. So gab →Asklepiades (6) v. Tragilos eine systematische Darstellung der von den Tragikern behandelten Mythen. Daneben wurden aus dem epischen →Kyklos Prosaauszüge veranstaltet, die wir aus den Exzerpten des →Proklos kennen und unter deren Einfluß die →Tabulae Iliacae und die sog. →Homerischen Becher geschaffen sind. Auch →Dionysios (9) Skytobrachion und →Dionysios (18) von Samos schrieben einen solchen mythographischen Kyklos. Eine Zusammenfassung aller dieser Arbeiten bietet das mythologische Handbuch, das unter dem Namen des Apollodor geht (→Apollodori Bibliotheca); auch →Diodor (2), für den natürlich die Mythen historische Überlieferung bedeuteten, benutzte ein solches Handbuch, ebenso die alexandrinischen Grammatiker in ihren Kommentaren; daher sind uns in den späteren →Scholien noch zahlreiche Reste der älteren M. erhalten.

[3] Daneben gab es, wie ja schon bei Hellanikos, *Einzeldarstellungen*. So lieferte →Herodoros eine ausführliche Heraklesgeschichte, →Hegesianax (2) eine Geschichte des trojanischen Krieges, →Parthenios stellte für den Gebrauch der Dichter mythische Beispiele unglücklicher Liebe zusammen, →Konon (3) eine Sammlung mythologischer Erzählungen, →Antoninus Liberalis Verwandlungssagen.

B. RÖMISCH. Die Römer lernten die griech. Mythen literarisch genauer vom 3. Jh. v. Chr. ab kennen, als →Livius (2) Andronicus seine latein. Bearbeitung der Odyssee und einzelner Tragödien schuf. In augusteischer Zeit ist die Masse der griech. Mythen in Rom bekannt und die Benützung eines griech. mythologischen Handbuchs durch Ovid in seinen Metamorphosen nachweisbar. Ihm entnahm er die chronologische Folge und einzelne Sagen. Ein solches Handbuch, ähnlich der →‹Apollodori Bibliotheca›, lag auch dem Fabelbuch des →Hyginus (3) zugrunde. Ein großer Teil der mythographischen Überlieferung ging in die Vergilkommentare ein, am meisten in die sog. Scholia Danielis, wo Fabeln um ihrer selbst willen ohne Beziehung zum Vergiltext erzählt werden (vgl. →Fulgentius, 1). Aus dieser Scholienmasse schöpften auch die drei →Mythographi Vaticani. F. Pf.

Ed: FGrHist I – *Übers:* L. Mader, BAW, 1963 – *Lit:* C. Wendel, RE 16,2 (1935), 1352–74 – A. Söder, Quellenunters. zum 1. Buch der Apollod. Bibl., Diss. Würzburg 1939 – F. Pfister, Klio 15, 1918, 195–197 – Ders., Götter- und Heldensagen, 1956, 237ff.

Mythos

I. Griechische L. – II. Lateinische L. – III. Christliche L.

A. GRIECHISCH. [1] *Ursprünge*. Ansatz echter Religion ist, daß eine Gottheit in einer bestimmten Situation sich auf bestimmte Weise, vor allem strafend oder helfend, manifestiert. Die Erinnerung an solches Eingreifen wird, damit man sich später darauf berufen kann, bewahrt, zuweilen in einem ständigen Kult, dessen Priester die Machterweise des Kultgottes sammeln und den Besuchern zu Trost und Erbauung vortragen. Daraus entstehen die ‹Heiligen Reden› (ἱεροὶ λόγοι), die wohl an jedem größeren griech. Kultorte zu hören waren. Ihnen stehen Familientraditionen von Machterweisen an den Vorfahren (Verbindung eines Gottes mit der Ahnherrin u. ä.) und Erzählungen von schrecklicher Strafe an Gottesverächtern nahe. Dies alles ist noch grundsätzlich Sache des Glaubens.

[2] *Vom ἱερὸς λόγος zum Mythos.* Wesentliche Schritte darüber hinaus sind: 1. Es wird nicht mehr nur nach den einzelnen Machterweisen des Kultgottes gefragt, sondern ihre Reihe zu einer in sich geschlossenen Biographie des Gottes umgeformt; der im griech. Denken überhaupt angelegte → Anthropomorphismus zieht nun alle Konsequenzen und sucht sich die Geburtsumstände, Jugend und Heranwachsen, die Liebesbeziehungen, physisches Aussehen, Charakter und Lebensart jedes einzelnen Gottes anschaulich vorzustellen. 2. Die Kultorte und ihre Heiligen Reden treten immer mehr miteinander in Kontakt; nach Analogie der menschlichen Familie, dann des Staates wird daher ein System von Göttern gebildet, die auf die verschiedenste Weise miteinander verwandt sind und von einem König regiert werden; dieses System stellt aber nicht nur die Gesellschaft der Kultgötter dar, sondern auch das Göttliche im Kosmos, was teils zur Umdeutung gegebener Kultgötter, teils zur Ausfüllung von Lücken im System durch Gestalten führt, die als Kultgötter kaum oder überhaupt nicht überliefert waren. In diesem Augenblick haben wir es nicht mehr mit Glauben, sondern mit M. zu tun. Im Worte M. (μῦθος) liegt zunächst nur, daß es sich um gesprochene Rede beliebigen Inhalts handelt. Es entwickelt sich aber im Gegensatz zu → Logos, der immer Wahrheit zu sagen beansprucht, zum Begriff der unverbindlichen dichterischen Erfindung; und es gehört zu den Leistungen der modernen Forschung, bes. von Wilamowitz an, in Auseinandersetzung mit dem romantischen (stark von Platons auf bes. Voraussetzungen ruhender Mythopoiie beeinflußten) Begriff des M. zwischen Glaube und M. scharf unterschieden zu haben, auch wenn es klar ist, daß im einzelnen der Übergang fließend war. Paradox sind vor allem die Fälle, in denen ein anerkanntermaßen von einem Dichter geschaffener M. sekundär einen Kult beeinflußt hat (→ Hippolytos-Kult in Troizen, und wohl noch anderes vom 3. Jh. v. Chr. an).

[3] Schon für das 5. Jh. v. Chr. steht es fest, daß der griech. Götter-M. von den Dichtern *Homer* und *Hesiod* erfunden worden ist und daß alle späteren Entwicklungen auf diesen beiden aufbauen (Xenoph. VS 21 B 10/11; Hdt. 2, 53). In der Tat ist schon bei ihnen der M. voll ausgebildet: als ausgewogene Systematik, die jedem einzelnen Gotte seinen Platz im genealogischen Gefüge (mit Eltern, Geschwistern, Kindern), seinen bestimmten Wirkungsbereich (τιμή: s. Hes. theog. 885) im Kosmos und in der Welt der Menschen und schließlich sein Aussehen und seinen Charakter zuweist; sodann in souveräner Vermenschlichung des Götterdaseins mit seinen Freuden und Sorgen, Affekten und Überlegungen, Siegen und Enttäuschungen. Im einzelnen ist es freilich oft schwer zu erkennen, wie weit bei Homer und Hesiod die freie Erfindung geht und wie weit der M. ältere, dem Glauben angehörige ἱεροὶ λόγοι aufgegriffen und umakzentuiert hat, desgleichen, wie weit Erzählungsgut der kret.-myk. und der altorientalischen Welt übernommen ist: solange wir im ersten Fall keine die Deutungen der Archäologie bestätigenden Texte besitzen, im zweiten Falle die Wege nicht verfolgen können, die von Mesopotamien und dem Innern Kleinasiens zum M. der Griechen führen, muß dies alles in der Schwebe bleiben (vgl. → Orient und Antike F 1). Noch weniger besteht Klarheit darüber, wie diese Dichter das Verhältnis des M. zum Kulte verstanden und bei ihren Hörern verstanden wissen wollten: Wie hat sich etwa der Kult von → Zeus und → Hera mit dem in Il. 1, 493–611 erzählten Ehestreit, wie derjenige von → Aphrodite, → Ares und → Hephaistos mit Od. 8, 266–366 vertragen? Wir wissen es nicht und konstatieren nur, daß zwar von → Xenophanes an die Proteste gegen die Unsittlichkeit und Gottlosigkeit des M. nicht fehlen (vgl. unten 5; → Mythentravestie), die Geltung Homers und Hesiods und der von ihnen angeregten Dichtung (bes. der Tragödie) aber dadurch bis zum Ende der Antike in keiner Weise erschüttert wird.

[4] *Weiterentwicklung des M.:* 1. Allgemein kommen in der von Homer und Hesiod vorgezeichneten Weise bis zum Ende des Hellenismus immer neue Mythen dazu, wobei die Proportion zwischen transformiertem ἱερὸς λόγος und freier Erfindung sehr verschieden sein kann. Die att. Tragödie wie die hellenist. Epik und Kurzdichtung spüren unablässig noch unbekannten Kulttraditionen und Legenden nach und beuten zu diesem Zwecke Kultschriftsteller, Periegeten und Historiker aus; sie scheuen sich aber auch nicht vor der Erfindung neuer Figuren, Handlungsabläufe, Charaktere und Motivierungen. Noch in Ovids Metamorphosen sind beide Komponenten gleichmäßig wirksam. – 2. Der M. transformiert nicht nur den Glauben in Quasi-Geschichte, sondern führt mit seiner entschieden anthropomorphistischen Tendenz schon von Homer an zur Elimination aller superstitiösen Momente. Er verdrängt sowohl → Mischwesen aus Mensch und Tier wie auch alles Phantastische, Zauberische, Gespenstische der Handlungsabläufe. Was er nicht verdrängen kann, biegt er ins betont Spielerische um. So ist seine Tendenz bei den Griechen zugleich rationalistisch, und diesen Weg ist er bis zu Ende gegangen. Das 5. und 4. Jh. v. Chr. (bes. charakteristisch → Herodoros v. Herakleia, FGrHist 31) ist voll von rationalistischen Reduktionen mythischer Gestalten (→ Atlas wird zum Astronomen, → Aiolos zum Meteorologen, → Herakles zu einem Heerführer klassischen Stiles, die → Sirenen zu redegewandten Hetären usw.); das Ende ist folgerichtig die These des → Euhemeros, wonach die olympischen Götter nichts anderes als vergöttlichte Fürsten und Helden der Vorzeit seien. Dies ist dann allerdings der Tod des M. überhaupt. Parallel damit läuft eine fortschreitende Zentrierung des M. auf psychologisch ergiebige Situationen. Typische Motive kannte schon der frühe, den ἱεροὶ λόγοι nahestehende M., bes. die Bewährung im Kampf gegen Ungeheuer und Bösewichter, abenteuerliche Fahrten in ferne Länder (schließlich auch ins Totenland), dann auch Brautwerbungen, Kämpfe um eine Frau usw. Vom 5. Jh. v. Chr. an treten aber immer mehr die Situationen hervor, die ein bes. psychologisches Interesse beanspruchen: Vater- und Muttermord, unerlaubte Liebe und Ehebruch in allen denkbaren Varianten, Grenzformen der Selbstaufopferung, der Freundschaft, der Heimtücke und der Grausamkeit. Die Namen der Handlungsträger beginnen beliebig und auswechselbar zu werden: die durchexperimentierten Situationen dagegen befruchten vielfach die Diskussion der philosophischen Ethik. – 3. Eigens zu nennen sind die von Hesiods Theogonie ausgehenden vielfachen gelehrten Bemühungen, die Massen des M. zu katalogisieren. Dabei ist der Akzent bald mehr auf die Kulttraditionen, bald mehr auf die Erfindungen der Dichter gelegt. Repräsentativ ist für die erste Richtung das nur in Fragmenten erhaltene, aber vermutlich in seiner Wirkung weitreichende Werk des → Apollodor (4) v. Athen Περὶ θεῶν (FGrHist 244 F 88–153), für die zweite Richtung des → Asklepiades (6) v. Tragilos Τραγῳδούμενα (FGrHist 12). Gesamterzählungen des griech. Mythos, Götter und Heroen umfassend, muß es viele gegeben haben, von sehr verschiedenem Niveau und Umfang. Zu nennen sind → Pherekydes (1) v. Athen

(FGrHist 3), → Hellanikos v. Lesbos (FGrHist 4), beide noch aus dem späten 5. Jh. v. Chr. (vgl. → Genealogiai), dann ein erhaltenes späthellenist. Handbuch → Apollodori Bibliotheca, schließlich (wesentlich dürftiger) die Fabulae des → Hyginus (vgl. → Mythographie).

[5] *Mythenkritik*. Die geistige Auseinandersetzung mit dem M. beginnt zur Hauptsache mit dem scharfen Angriff des → Xenophanes. Aufgenommen wird er durch → Platon, der den durch Homer und die Tragiker repräsentierten M. als verlogen und unsittlich aus seinem Idealstaat ausschließt (rep. 376 E–403 C). Da aber im realen Leben der M. seinen Platz behauptet, sucht die nachplaton. Philosophie andere Wege, ihn zu entgiften: entweder wird er als reines Spiel behandelt, das mit der wirklichen Gottheit überhaupt nichts zu schaffen hat, also die philosoph. Theologie auch nicht ernsthaft gefährden kann (so der → Peripatos), oder er wird systematisch umgedeutet als bildlicher Hinweis auf naturphilosophische und ethische Wahrheiten (so die → Stoa mit → Zenons Auslegung der Theogonie Hesiods als Muster: SVF 1, 100 ff.; vgl. → Allegorese). Die Tatsache, daß die Götter des M. und diejenigen des Kultes dieselben Namen trugen, blieb freilich bestehen, was den Neuplatonismus zu einem dritten Wege führte: er ordnete die Kultgötter mitsamt ihrem M. theologisch dem Zwischenbereich der → Dämonen ein, die mit dem obersten eigentlichen Gott die Unsterblichkeit, mit den Menschen die πάϑη, also Liebe, Haß, Neid, Zorn usw. gemeinsam haben. Der M. spiegelt diese ihre bedenkliche Natur und kann geradezu als ihr Werk bezeichnet werden. Darauf baut dann weitgehend die christl. Polemik gegen den M. auf, auf theologischer Ebene unerbittlich, auf der Ebene der Schule dagegen merkwürdigerweise trotzdem das dichterische Spiel des M. als Element der allgemeinen Bildung zulassend (→ Mythendeutung, 2). O. G.

Lit: U. v. Wilamowitz, Glaube der Hellenen I, 1931, 1 ff. 41 ff.

B. Römisch. [1] Weniger erfinderisch als die Griechen, zeigten die *Lateiner* für die Schaffung von M.en wenig Begabung. Im Unterschied zur griech. → Religion (B 2. C 5), deren mythologischer Reichtum bezeichnend ist, entbehrt die alte röm. Religion praktisch des M.: ‹die Riten erscheinen ganz entblößt, ohne auch nur den Schatten eines mythischen Gedankens› (Bayet, a. O. 46). Die röm. Götter haben keine Lebensgeschichte: man berichtet weder von ihrer Geburt noch von ihrem Tod, sie heiraten nicht, haben keine Kinder und sind nicht die Helden erotischer oder heldischer Abenteuer; auch bilden sie nicht, wie die homerischen Götter, eine von einem König regierte Gesellschaft. Durch Dichter und Künstler wurde der griech. M. spätestens im 4. Jh. v. Chr. in Rom bekannt und eroberte Dichtung und bildende Kunst, aber im röm. Kult spielte er immer nur eine unbedeutende Rolle: man fuhr z. B. fort, → Ceres auch dann noch nach dem einheimischen Ritual zu verehren, als sie → Demeter angeglichen worden war; der Entführung und Auffindung der → Proserpina gedachte man in einer gesonderten Feier, die von griech. Priesterinnen begangen wurde. Begegnen wir in Rom heiligen Zeremonien, die eine göttliche Geschichte durch Handlungen wiedergeben, so handelt es sich um fremde, namentlich um orientalische Kulte (→ Isis, → Osiris, → Magna Mater). – Immerhin lassen sich nach den Forschungen von G. Dumézil vielleicht in Rom die Überreste gewisser indogerman. M. feststellen; aber diese sind ‹entheiligt›, ‹vergeschichtlicht› und in die Sage eingebaut: so wäre z. B. die Erzählung vom Sieg der Horatier über die Kuriatier die Übertragung eines kriegerischen Initiationsmythos. H. Le B.

Lit: J. Bayet, Histoire politique et psychologique de la religion romaine, 1957, 46.

[2] Eine eigentlich *röm. Mythologie*, die von fremden, vor allem den übermächtigen griech. Einflüssen noch unberührt wäre, ist uns nicht unmittelbar faßbar: bereits in sehr alter Zeit dringen durch die Etrusker und die griech. → Kolonien aus dem Orient stammende Sagen ein. Mit der Angleichung der heimischen Götter an die griech. werden auch deren Sagen übernommen; die homerischen Zyklen, die Ilias, die Irrfahrten usw. werden mit Italien verbunden, so → Diomedes mit Lokri, → Odysseus mit Latium usw. Damit ist die um die Mitte des 3. Jh.s v. Chr. beginnende literarische Assimilation vorbereitet (→ Tragödien des → Livius (2) Andronicus und → Naevius, → Epen wie die ‹Odusia› des Livius Andronicus, das Bellum Punicum des Naevius, die Annalen des → Ennius), durch die die griech. Mythologie endgültig eingebürgert wurde. Nur durch Vergleich mit kelt. und indoiran. Mythen mag es möglich sein, im griech. Gewande noch einen gewissen röm. Kern aufzudecken (G. Dumézil; s. o. 1) – In klassischer Zeit gibt es eine aus verschiedenen Bestandteilen zusammengesetzte röm. Mythologie, in der man folkloristische Elemente, kunstvolle literarische Fassungen und entstellte Fragmente uralter religiöser Berichte aus vorröm. Zeit finden kann. Am bedeutendsten sind die durch Dichter und Historiker zum nationalen M. erhobenen Zyklen der → Romsage und der → Aeneassage. P. Gr.

Lit: Preller-Jordan, passim – J. Carcopino, La louve du Capitole, 1925 – G. Dumézil, Jupiter, Mars, Quirinus, 1941 – Ders., Les mythes romains, 3 Bde, 1942–47 – Ders., Naissance de Rome, 1944 – Ders., L'héritage indo-européen à Rome, 1949 – Latte, passim.

Mytilene (später auch Mitylene), Hauptstadt der Insel → Lesbos, im SO der Insel (Kt. 1152 G 3), im MA Name der Insel selbst, im 6. Jh. heftige innere Kämpfe und Tyrannis des Penthilos, Melanchros, → Myrsilos; Beilegung der Streitigkeiten durch → Pittakos als Aisymnet. Zur gleichen Zeit Kampf um → Sigeion mit → Athen, seit 546 unter pers. Herrschaft, 525 Heeresfolge im Krieg Persiens gegen Ägypten, 513 mit → Dareios gegen die Skythen, Beteiligung am → Ion. Aufstand, 480 bei Salamis auf seiten der Perser, im → Att. Seebund, 428 Abfall von Athen und grausame Bestrafung (427), 405 Befreiung unter einem spartan. Harmosten, um 380 wieder Annäherung an Athen, im 2. → Att. Seebund, 333 Belagerung durch → Memnon (3) und Eroberung, aber bald von → Alexander (5) d. Gr. befreit. Seit 316 unter Oberhoheit → Antigonos' I., seit 301 unter → Lysimachos, 281–261 ptolemäischer, 261–246 seleukidischer, 246 bis ca. 200 wieder ptolemäischer Einfluß. 190 v. Chr. Bundesgenosse Roms im Krieg gegen → Antiochos III., autonome Polis. 88 v. Chr. auf seiten → Mithradates' VI., 80 v. Chr. von Minucius Thermus erobert, wobei → Caesar sich die → Corona civica verdiente. Von → Pompeius (2) dem → Theophanes zuliebe mit der Freiheit beschenkt. Die Stadt lag auf einer vorgelagerten Insel, jetzt Halbinsel, und besaß zwei Häfen. Nur unbedeutende antike Reste, Teile einer Stadtmauer, ein Theater. Führende Stellung M.s im griech. Geistesleben. Philosophie, Rhetorik, Musik und Dichtkunst machten die Stadt zum beliebten Aufenthaltsort gebildeter Römer. Aus M. stammen der unter die 7 Weisen gerechnete Pittakos, die Geschichtsschreiber → Hellanikos und → Theophanes und der Dichter → Alkaios. E. M.

Lit: R. Koldewey, Die ant. Baureste d. Insel Lesbos, 1890, 3–16 – R. Herbst RE 16,2 (1935), 1411–27 – E. Vanderpool, AJA 66, 1962, 390; 67, 1963, 282 – G. Colonna, EAA 5, 1963, 122–124.

Myus (Μυοῦς, heute Afşar Tepe), kleine ion. Stadt etwa 15 km nordöstl. → Milet in der → Mäanderebene, im Altertum noch am Meer, heute weit landeinwärts (Kt. 1152 H 5), schon in hellenist. Zeit zu Milet gehörig. Im 5. Jh. zeitweise Residenz des → Themistokles wie auch → Magnesia und → Lampsakos. Wunderbare Reste archaischer ionischer → Architektur (I D 3) erhalten. E. M.

Lit: W. Ruge, RE 16,2 (1935), 1430–37.

Naassener, gnost. Sekte, → Ophiten; → Christentum VI C.

Nabis, einer Seitenlinie der → Eurypontiden entstammend, riß 207 v. Chr. in Sparta die Macht an sich und erneuerte, auf Söldner gestützt, zu deren Stärkung in radikalerer und brutalerer Form die soziale Revolution → Kleomenes' III., was zum Ruin der alten Oberschicht und durch Masseneingliederung befreiter → Heloten und Söldner zu völliger Umgestaltung des Spartiatentums führte. Im Gegensatz zu Kleomenes III. trug N. sein radikales Programm über Lakonien hinaus in die Argolis, die Philipp V. ihm 197 überlassen hatte, um ihn als Verbündeten zu gewinnen. Doch N. schloß sich wenig später Rom an, das ihn als König und Bundesgenossen anerkannte, solange es ihn brauchte. Aber die Angst der → Achäer vor Spartas steigender Macht und seiner Rolle als Hochburg von Revolution und Terror veranlaßten Rom 195, einen allgemeinen Befreiungskrieg gegen N. zu erklären. Auf die unteren Volksschichten gestützt, behauptete er sich in Argos und Sparta zwar besser als erwartet, mußte sich aber doch 194 von T. → Quinctius (3) Flamininus einen Frieden diktieren lassen, der ihn auf Binnenlakonien beschränkte und außenpolitisch lahmlegte. Als er 193 als Wegbereiter → Antiochos' III. Südlakonien zurückeroberte, zwangen ihn Rom und die Achaier 192 zur Erneuerung des Friedens von 194. Wenig später wurde er als lästiger Verbündeter von aitolischen Hilfstruppen meuchlings ermordet. F. Kch.

Lit: J. Mundt, N., König v. Sparta, Diss. Münster 1903 – M. Hadas, The Social Revolution in 3rd-Cent. Sparta, ClW 26, 1932/33, 65 bis 76 – V. Ehrenberg, RE 16,2 (1935), 1471–82.

Nabonid, letzter babylon. König, 555–539 v. Chr. Er wird als schon älterer Mann als Nachfolger des schwachen Labaši-Marduk wahrscheinlich von einer Priestergruppe zur Macht gebracht. Im Norden und Osten durch → Kyros (1) an die Grenzen gebunden, versucht er, sein Reich durch einen 10jährigen Feldzug nach Arabien (bis Yaṯrib = Medīna) zu erweitern. Dieser Zug mißlingt, und die durch seine Bevorzugung des Mondgottes von Harrān (Karrhai) aufgebrachte babylon. Priesterschaft ruft Kyros ins Land, der N. kampflos entthront und nach Karmanien verbannt. Vgl. → Mesopot. Reiche B [2]. W. R.

Lit: W. Röllig, Erwägungen zu neuen Stelen König N.s, ZA 56, 1964, 218–260.

Nabû, babylon. Gott der Schreibkunst, Sohn des → Marduk. Kultort Borsippa, Tempel Ezida. Als Schreiber der Schicksalstafeln rückt er unter die großen Götter auf und erhält als Weisheitsgott auch Züge des → Enki/Ea. Besonders in neuassyr. und neubabylon. Zeit ist sein Kult bedeutsam. W. R.

Nabupolassar, babylon. König, 625–606, befreit in wechselvollen Kämpfen Babylonien von assyr. Vorherrschaft. Im Bündnis mit den → Medern wird Assyrien endgültig vernichtet, 612 → Ninive erobert. In den folgenden Jahren Stabilisierung der Macht in Babylonien, ständig Kämpfe mit Ägypten, teilweise vom Kronprinzen → Nebukadnezar II. geführt. → Mesopot. Reiche B [2]. W. R.

Nachrichtenwesen

[1] Militärisches N. – [2] Optische Signale – [3] Boten- oder Postsysteme – [4] Öffentliche Verbreitung von Nachrichten – [5] Nachrichtendienste, Spitzel – [6] Schnelligkeit der Übermittlung.
Vgl. auch → Post, → Boten, → Brief, → Zeitungen, → Verkehr, → Propaganda, → Spionage.

Im Vergleich mit der modernen Technik des N.s mit Post, Telegraph, Telephon, Radio, Fernsehen, Zeitungen und Nachrichtenagenturen ist der Stand des N.s in der Antike sehr niedrig. Dennoch dürfen wir ihre Leistungen keineswegs unterschätzen, wie z. B. die äußerst leistungsfähige Organisation der röm. Staatspost (→ cursus publicus) zeigt.

[1] *Militärisches Nachrichtenwesen.* Die Anfänge des N.s sind wahrscheinlich beim Heer zu suchen. Einerseits mußten die eigenen Truppen miteinander und mit dem Heereskommando, bzw. mit dem Hinterland, in Verbindung stehen, andererseits wollte man Aufstellung, Stärke und Bewegungen des Feindes auskundschaften. → Xenophon berichtet wiederholt von Einheiten, die speziell diese Aufgabe hatten. Die vorausgeschickten Einzelpatrouillen (σκοποί) waren im Heere → Alexanders (5) d. Gr. bereits zu einer festen Vorhutformation ausgebildet, den Patrouillendienst versahen die πρόδρομοι. Der Erkundungsdienst ist hauptsächlich Aufgabe der Reiterei, auch unter den → Diadochen. In Rom wurde diese Heeresgattung erst von → Caesar richtig ausgebildet, indem die exploratores in Gruppen, die speculatores einzeln vorausgeschickt wurden. Außerdem gab es immer → Spionage. Die zwischen den Staaten verkehrenden Botschafter sammeln Nachrichten, ebenso die Kaufleute: kein Wunder, daß Spione oft als Kaufleute getarnt im Feindesland erscheinen. Außerdem bediente man sich der Überläufer. Die von den Kundschaftern gemachten Beobachtungen wurden zunächst durch Rufe (→ Rufpost) oder Trompetensignale dem nachrückenden Heer übermittelt. Der Feldherr erteilte wohl auch während der Schlacht Befehle mit Trompeten, doch reichten akustische Zeichen nur über kurze Entfernungen.

[2] Bereits im 5. Jh. v. Chr. kannte man die Taubenpost; wichtiger jedoch waren die verschiedenen *optischen Signale,* die in erster Linie bei den Griechen verwendet wurden. → Flaggensignale konnten bei klarem Wetter aus ziemlicher Entfernung wahrgenommen werden. Noch weiter sichtbar waren freilich bei Nacht die → Feuersignale, die tagsüber als Rauchsignale gegeben wurden. Bei entsprechender Zahl von → Relaisstationen konnten auch sehr große Distanzen bedient werden: Aischylos beschreibt im ‹Agamemnon› die Übermittlung der Nachricht vom Falle Trojas aus Kleinasien nach Mykene (280 ff.). Diese Systeme hatten den Nachteil, daß nur im voraus abgemachte Meldungen weitergegeben werden konnten; um diesem Mangel abzuhelfen, erfand man eine → Fackelschrift, die jedoch wegen ihrer Schwerfälligkeit kaum verwendet wurde.

[3] Nur ein fest organisiertes *Boten- oder Postsystem* mit Läufern (→ Hemerodromoi) oder berittenen Boten konnte die Schwierigkeiten meistern. Kürzere Strecken konnten so leicht bedient werden. Wesentlich schwierigere Probleme stellten sich in einem Staat von der Ausdehnung des → Perserreiches der → Achämeniden. Die Großkönige organisierten eine staatliche → Post mit Stationen in Abständen von je einem Tagesritt, Pferden und Personal, über die amtliche Berichte sofort weitergeleitet werden konnten. Die griech. Staaten der klass. Zeit verwendeten eher Schiffe, wie auch später ein Teil der röm. Staatspost mit Postschiffen (naves tabellariae, Sen. epist. 77, 1, oder naves tesserariae) befördert wurde. Die persische Organisation scheint auch von den → Antigoniden übernommen worden zu sein; besser kennen wir die ptolemäische → Post, mit täglich mehrmals verkehrenden Briefträgern und Postbüchern an den Stationen, in die die Sendungen eingetragen wurden. In Rom richtete Augustus eine Staatspost (→ cursus publicus) zwischen der Hauptstadt und den Provinzen ein. Die Postboten erhielten ein → Diplom mit kaiserlichem Siegel, das sie zur Benützung der in regelmäßigen Entfernungen an den Hauptstraßen bereitgestellten Pferde und Wagen berechtigte. Dieser Dienst beförderte, wie auch die persische und die ptolemäische Post, nur amtliche Sendungen; die Lasten der Organisation wurden größtenteils von der Provinzialbevölkerung getragen (→ Angareia). Als ‹Briefpapier› dienten Holz- und Metalltäfelchen, Tonscherben (→ Ostraka), Leinen, Leder, → Papyrus, das teure → Pergament, bei den Römern auch → Wachstäfelchen (vgl. auch → Buch, 1). Die Briefe wurden zusammengerollt und versiegelt, von den Täfelchen je zwei mit der Schriftfläche aufeinandergelegt, zusammengebunden und ebenfalls versiegelt, außen stand die Anschrift. Briefe werden mit dem

Datum versehen, kaiserliche sogar mit der Stunde der Absendung, um die Schnelligkeit des Postdienstes genau überwachen zu können (Suet. Aug. 50). – Da amtliche Mitteilungen oft geheim waren und bes. im Krieg in Feindeshand geraten konnten, erfanden schon die Griechen verschiedene → Geheimschriften. → Aineias (2) Taktikos (4. Jh. v. Chr.) zählt bereits 16 solche Systeme auf. – Private → Briefe wurden entweder durch eigene Sklaven oder Freigelassene versandt oder durch Bekannte, die gerade auf Reisen gingen. Die Steuerpächtergesellschaften (→ publicani) scheinen einen eigenen Postbotendienst ausgebaut zu haben; ob dieser auch Privatsendungen – eventuell gegen feste Gebühren – zur Beförderung annahm, ist nicht zu entscheiden. Die nichtamtliche Korrespondenz, blühend zur Zeit → Ciceros, verliert in der Folgezeit an Umfang, hauptsächlich weil einige Kaiser (vor allem → Nero) die Briefe einer geheimen Zensur unterwarfen.

[4] *Öffentliche Verbreitung von Nachrichten.* Nachrichten, die allgemein bekanntgemacht werden sollten, konnte man durch Herolde (κήρυκες, praecones) vor der versammelten Bevölkerung auf dem Marktplatz ausrufen lassen. Zur Zeit der Bürgerkriege in Italien zogen Herolde von Ort zu Ort, um Mitteilungen oder Verfügungen der Konsuln zu verkünden. Zuverlässiger, wenn auch langsamer, waren schriftliche Bekanntmachungen. In Griechenland wurden am Rathaus oder an wichtigen Heiligtümern geweißte Tafeln (λευκώματα) aufgehängt, auf denen die Beschlüsse des Rates oder der Magistrate aufgeschrieben wurden. Texte von Staatsverträgen, Ehrenbeschlüssen u. ä. wurden nachträglich auch in Bronze oder in Stein verewigt (→ Inschriften). Die → Ptolemäer verwendeten statt der geweißten Tafel → Papyrus. Die Veröffentlichung der → Edikte erfolgte in Rom ebenfalls ‹in albo› d. i. auf einer weißen Holztafel (→ Album), und zwar meist auf dem Forum. Auf dem album senatorium konnte man die Liste der Senatoren lesen, Mitglieder eines Vereins oder der Lokalbehörden (album decurionum) waren auch außerhalb von Rom und in den Provinzstädten öffentlich verzeichnet, nicht selten in Form von Steininschriften. Die äußeren Häuserwände in → Pompeji sind mit einer Unmenge von Bildern, Inschriften und → Sgraffiti bedeckt. Neben Wahlplakaten findet man → Reklame, bes. von → Gasthäusern, Ankündigungen von Gladiatorenspielen, Beschreibungen von vermißten Gegenständen mit Angabe des Finderlohns. An mehreren Häusern und Grabdenkmälern steht die Bitte, hier keine Aufschriften anzubringen. – Am Hofe → Alexanders d. Gr. wurden königliche Tagebücher, → Ephemeriden, geführt (→ Eumenes (3) v. Kardia), die aber nur dem kleinen Kreis der höchsten Beamten zugänglich waren. Im republ. Rom führte der → pontifex maximus → Annalen (‹Jahrbücher›), eine Art historischer Chronik, die die Namen der höchsten → Magistrate und in knapper Form die historischen Ereignisse enthielten. Diese Einrichtungen dienten nicht dazu, dem Volk über die neuesten Ereignisse Auskunft zu geben; dies geschah erst vom J. 59 v. Chr. an, als → Caesar die → acta diurna einführte, ein öffentlich aufgestelltes offizielles Nachrichtenbulletin, welches zunächst über die Verhandlungen im → Senat und in den → Comitien berichtete. Das ist der Beginn des → Zeitungswesens, das seit → Augustus in immer stärkerem Maße der kaiserlichen → Propaganda diente. Anfangs wurden diese Aufzeichnungen wohl von privaten Unternehmern abgeschrieben, mit sonstigen stadtrömischen Ereignissen erweitert und in die Provinzen geschickt: aus den Briefen → Ciceros wissen wir, daß viele Leute diese Zeitungen regelmäßig erhielten und lasen. Aus Furcht vor der Zensur wurden diese acta diurna oder acta urbis (Stadtanzeiger) in der Kaiserzeit streng wortgetreu vervielfältigt und so versandt. Der Unterrichtung der Bevölkerung dienten auch bildliche Darstellungen, bes. der Kriegstaten, die in Triumphzügen mitgeführt und gezeigt wurden; Bildnisse der Kaiser hat man in die Provinzen geschickt. Der kaiserlichen Propaganda dienten auch die Bilder und Legenden der Münzen.

[5] *Nachrichtendienste, Spitzel.* Doch nicht nur die Bevölkerung sollte orientiert werden, auch der Kaiser war neugierig zu wissen, wie es um die politische Stimmung seiner Untertanen bestellt war. In düsteren Farben schildert → Tacitus die Tätigkeit der Spitzel und der agents provocateurs, vor denen niemand in Sicherheit war (vgl. → Delatio). In den Provinzen bediente man sich zu diesen Zwecken besonders ausgebildeter Militärpersonen (→ frumentarii, → agentes in rebus). Die Geschichte der Spitzelei können wir allerdings noch weiter zurückverfolgen. Cicero scheint sich in der Entdeckung der → Catilina-Verschwörung gewerbsmäßiger Angeber bedient zu haben. Diejenigen, die in Athen gegen → Solons Feigenausfuhrverbot verstoßende Personen anzeigten, nannte man → Sykophanten (σῦκον, ‹Feige›); mit diesem Namen bezeichnete man dann allgemein die zahlreich tätigen Denunzianten in Griechenland. Das Übel überschattete das politische Leben der griechischen Polis.

[6] Für die *Schnelligkeit* sowohl der amtlichen als der privaten Nachrichtenübermittlung vgl. → Verkehr [4]. Nach neuer Berechnung ist die Geschwindigkeit des röm. → cursus publicus täglich kaum mehr als 50 Meilen (= 75 km). Briefe aus Rom erreichen Ägypten, Syrien oder Kilikien gelegentlich erst nach 50 Tagen, mit günstigem Winde sind sie in 2–3 Tagen in Karthago. Aus den Angaben des Tacitus kann errechnet werden, daß der Abfall der Mainzer Legionen 69 n. Chr. nach 7 Tagen bereits in Rom bekannt war. Diese und einige weitere von antiken Schriftstellern verzeichnete Rekordleistungen wurden in freilich nur bes. dringenden Fällen erzielt. Th. P.

Lit: W. Riepl, Das Nachrichtenwesen des Altertums, 1913 – G. Reincke, RE 16,2 (1935), 1496–1541.

Nacht, ägypt. Astronom → Thutmosis' IV. Sein *Grab* (Nr. 52 in der thebanischen Nekropole) ist wegen der gut erhaltenen Farben und dem handwerklichen Können des Malers ein gutes Beispiel für die Malerei kurz vor der Amarnazeit. W. Hk.

Nähen. Da zumeist in einem Stück gewebte Gewänder (→ Himation, → Toga; vgl. → Kleidung) getragen wurden, kam dem N. nicht die heutige Bedeutung zu (vgl. Plat. Politikos 279 E); → Chiton, Exomis, → Tunica, Ärmelgewänder, Kapuzen, Borten, Fransen, → Schuhe aber mußten genäht werden. Die Nadel, ῥαφίς oder ἀκέστρα (für Segel: Lukian. dial. mort. 4, 1), acus, bestand aus Bronze, Eisen, Elfenbein oder Knochen; auch der Fingerhut, vielleicht δακτυλήθρα, digitale (CGL 2, 49, 30), wurde wie heute benutzt. W. K.

Naevius, Cn., der kraftvollste und ursprünglichste Dichter der ältesten Zeit. Als Dramatiker hat N. die Grundlagen für die → Komödie des Plautus geschaffen; das röm. Drama verdankt ihm das Spiel im röm. Gewand und mit röm. Stoff (fabula → praetexta). Eine ungeheure poetische Tat war sein → Epos über den 1. Pun. Krieg.

[1] N. ist Kampaner, vielleicht aus Capua selbst. Da er bis zum Ende des 2. Pun. Kriegs gelebt und sein Epos im hohen Alter geschrieben hat, ist er wahrscheinlich 280/270 geboren. N. hat am 1. Pun. Krieg teilgenommen (Gell. 17, 21, 45). Nach dem Krieg ist er zunächst mit → Tragödien und → Komödien hervorgetreten. Er begann damit fünf Jahre nach → Livius (2) Andronicus i. J. 235 v. Chr. (Gell. 17, 21, 45). Offene Kritik an den Metellern (→ Caecilius) führte 206 zu seiner Festnahme (Cic. Verr. 1, 29; Gell. 3, 3, 15), aus der die Volkstribunen ihn wieder befreiten. Gestorben ist N. in Utica nach Ende des 2. Pun. Krieges (201).

[2] In der *Komödie* hat Naevius sich durch Vermehrung des metrischen Formenbestandes, Kontamination, Herausstellung der Sklavenrolle vom griech. Original befreit. Wenn Naevius auch den Schritt zur → togata nicht getan hat, so kann man doch von einer Umformung ins Römische

sprechen. Von den 34 (35?) Stücken, von denen wir Titel und Fragmente haben, können wir nur bei der ‹Tarentilla› eine Handlung rekonstruieren. Mit freien Äußerungen und politischen Anspielungen hat N. sich von der Bühne aus für Freiheit und das Rechte eingesetzt: *libera lingua loquemur ludis Liberalibus* (fr.inc. 5 M.). – Der Titel ‹Satyra› weist nicht auf eine Komödie, sondern auf das alte Improvisationsspiel der Satura. – Neben den *Tragödien*, in denen der trojanische Sagenkreis vorherrscht, sind die → *Prätexten* hervorzuheben. Der Sieg des M. → Claudius (10) Marcellus über die Gallier (222 v. Chr.) war Gegenstand der Prätexta ‹Clastidium›. Die beiden andern Prätexten (‹Romulus› und ‹Lupus›) stellen die Anfänge Roms dar. So schließen sich Tragödien und Prätexten als Dienst am römischen Mythos und am römischen Ruhm zusammen.

[3] Das gleiche gilt vom → Epos des N. Es war im ererbten Versmaß des → Saturniers geschrieben. Die Einteilung in sieben Bücher besorgte Ende 2. Jh. v. Chr. Octavius → Lampadio, doch muß ein starker Einschnitt zwischen dem mythischen Teil und der Darstellung des Krieges gewesen sein. Das Bewußtsein, Zeitgenosse weltgeschichtlicher Ereignisse gewesen zu sein, und das hellenist. historische Epos mögen zu dem Entschluß, der Odyssee des Livius ein Epos über die Taten des römischen Volkes an die Seite zu stellen, beigetragen haben. Das röm. Volk, mit seinem Sinn für Größe und Ehre, ist der eigentliche Held des Epos. Während man im historischen Teil des Epos von Chronikstil sprechen kann, herrscht im mythischen Teil eine andere Sprache und die Menschlichkeit der leidenden Eigengeschöpfe des Dichters. Die Götter handeln, Anchises ist der geistliche Führer; solenne Formeln, röm. pietas, Sinn für Genealogie drücken röm. Wesen rein aus. N. hat den Mythos dadurch bereichert, daß er Aeneas zu Dido nach Afrika kommen ließ. Der Konflikt zwischen Dido und Aeneas begründet die Feindschaft der Völker, die zum 1. Pun. Kriege führt, im Mythos. Naevius denkt noch mythisch. – Darum gehört der Mythos vor das historische Ereignis. Es wäre unvorstellbar, daß sich ein Stilwechsel wie der zwischen mythischem und historischem Teil zweimal vollzöge; daher ist die Hypothese, daß N. zuerst die beiden ersten Jahre des Krieges erzählt und dann die mythischen Ereignisse von dem Auszug aus Troja bis zur Gründung Roms als Einlage eingefügt habe, unhaltbar. N. hat in den drei ersten Büchern den Mythos, in den vier letzten den 1. Pun. Krieg erzählt. Das Epos scheint vor der Geschichtsdarstellung des Q. → Fabius (11) Pictor entstanden zu sein. Nicht zu überschätzen ist der Einfluß des N. auf Vergils Aeneis. K. Bch.

Frg: M. Barchiesi, Nevio Epico, 1962 – E. V. Marmorale, N. poeta (1945), 1950² (Dramen) – *Lit:* L. Strzelecki, 1959 (Bell. Pun.) – L. Strzelecki, De Naeviano Belli Punici carmine quaestiones selectae, 1935 – Ed. Fraenkel, RE, Suppl. 6 (1935), 621–640 – K. Büchner, Der Anf. des Bell. Poen. des N., in: Humanitas Romana, 1957, 13–34 – W. Richter, Das Epos des Cn. N., 1960 – V. Buchheit, Vergil über die Sendung Roms, 1963 – H. Dahlmann, Stud. zu Varro ‹De poetis›, 1962.

Naiskosbilder. Als N. bezeichnet man jene durch Rahmen in Form eines Naiskos (Tempelchens, Diminutiv von ναός) eingefaßten Bilder, die bes. als Grabstelen erhalten sind (vgl. → Stelen von Pagasai). Häufig dient dieser Rahmen als äußerer Abschluß eines dargestellten → Innenraumes, bzw. schließt dieser mit einem gemalten N. nach vorn ab. Aus diesem Zusammenhang ist die Übertragung des Begriffes auf Innenraumdarstellungen ohne Naiskosrahmen (z. B. die N. Herculaneum) zu verstehen. C. K.

Lit: Pfuhl, 962 – Beyen I 102ff. – W. Kraiker, Das Stuckgemälde aus Herculaneum, RM 60/61, 1953/54, 133–149.

Naissus, Stadt in Moesia sup., im Gebiet der illyrischen Dardaner (Kt. 2209 D 4; heute Nisch). Vor der Verlegung der Truppen an die Donau Legionslager. 268 n. Chr. schlägt hier Kaiser → Claudius (2) II. Gothicus die Goten. Geburtsort → Konstantins d. Gr. Bischofssitz. 441 n. Chr. von den Hunnen zerstört. In der Spätantike gehörte N. zur Dacia mediterranea. Ende des 6. Jh.s von den Slawen eingenommen. B. S.

Namatianus (Rutilius Claudius N.), aus galloröm. Adel, praef. urbi 414 n. Chr. (Chastagnol, a. O. XIX u. ö.; anders Lana, a. O. 15ff.). Er verfaßte in elegischen Distichen ein → Itinerarium seiner Reise von Rom nach Gallien, die er im Spätherbst 417 zur Besichtigung seiner durch die Goteneinfälle verwüsteten Ländereien unternahm (zur Datierung der Reise vgl. Carcopino, a. O., und danach Courcelle, a. O. 104ff., abweichend Lana, a. O. 27ff.). Buch 1 ist am Anfang verstümmelt; von Buch 2 sind die ersten 68 Verse erhalten (es war beträchtlich länger, vgl. 2, 1ff.). Der geläufige Titel De reditu suo ist kaum authentisch; er scheint aus 1, 1 herausgesponnen. In den erhaltenen Teilen wird die der Küste entlang führende und durch mehrfache Landungen unterbrochene Seereise von Portus Romae bis Luna beschrieben. Der Bericht wird durch Exkurse aufgelockert (z. B. Besichtigung von Sehenswürdigkeiten: 1, 249ff. 475ff.; Besuch bei Freunden: 1, 465ff. 541ff.). Zugleich ist das Gedicht von starker zeitpolitischer Aktualität (dazu Fuchs; Alfonsi; Knoche, a. O.). Bes. berühmt der in Form eines Gebetes an die dea Roma eingekleidete Lobpreis der Ewigen Stadt, in dem der Glaube des spätantiken Paganismus an die zentrale Stellung und die Ewigkeit Roms eindrucksvoll formuliert ist. Dieser Passus ist um so bemerkenswerter, als er mehrere Jahre nach der Eroberung Roms durch → Alarich (410) abgefaßt wurde; die von N. geradezu als Lebensgesetz Roms bezeichnete Fähigkeit zum *renasci* und *crescere posse malis* (1, 140) muß auf dem Hintergrund dieser Katastrophe gesehen werden. Daß N. militanter Heide war, lehren auch seine Ausfälle gegen das → Mönchtum (1, 439ff.) und einen zum Monastizismus konvertierten Standesgenossen (1, 519ff.) sowie seine Invektive gegen → Stilicho, der die → Sibyllinischen Bücher verbrennen ließ (2, 41ff.). Der betont nationalröm. konservativen Haltung des N. entspricht im künstlerischen Bereich seine Orientierung an den klassischen Dichtern Roms. Die musivische, kunstvoll synthetische Technik des N., bes. deutlich z. B. im Enkomion auf Rom, brilliert durch die geradezu raffinierte Einpassung literarischer Reminiszenzen (Schmid, a. O.); die Qualität des Versbaus erscheint der des → Claudian zumindest ebenbürtig. W. Schm.

Ed: Baehrens, PLM, V 3–30 – J. Vessereau, 1904 (mit Übers., Komm. u. Abh.) – G. Heidrich, 1911 – R. Helm, 1933 (mit Komm.) – J. Vessereau-F. Préchac, 1933 (mit Übers.) – J. W. u. A. M. Duff, Minor Latin Poets, 1935, 751–829 (mit Übers.) – E. Merone (mit Komm.), 1955 – *Spezialkomm.:* O. Schissel v. Fleschenberg, 1923 (zu 2, 31–60) – *Übers:* Itasius Lemniacus (A. v. Reumont), 1872 – *Lit:* F. Vollmer, RE 1 A (1920), 1249–54 – J. Carcopino, A propos du poème de R. N., REL 6, 1928, 180–200 – H. Fuchs, Zur Verherrlichung Roms u. der Römer in d. Gedicht des R. N., Basler Zeitschr. f. Gesch. u. Altertumskunde, 42, 1943, 37–58 – K. F. Stroheker, Der senatorische Adel im spätantiken Gallien, 1948, 193 f. – L. Alfonsi, Significato politico e valore poetico nel ‹De reditu suo› di R. N., Studi Romani, 3, 1955, 125–139 – A. Chastagnol, La préfecture urbaine à Rome dans le Bas-Empire, 1960 – W. Schmid, Loci similes in R. N., in: Studi L. Castiglioni, 1960, 879–887 – I. Lana, R. Nam,. 1961 – U. Knoche, Ein Sinnbild röm. Selbstauffassung, in: Vom Selbstverständnis der Römer, 1962, 125–143 – P. Courcelle, Hist. littéraire des grandes invasions germaniques (1948), 1964³.

Namengebung. Am 10. Tag nach der → Geburt und nach den → Amphidromien erhielt das griech. Kind in festlichem Rahmen (Hom. Od. 19, 402) von Vater (Eur. Ion 800), Mutter (Hom. Od. 18, 5), beiden (Aristoph. nub. 62) oder Verwandten (Polyain. strateg. 6, 1, 6) seinen Namen (Aristoph. av. 922). Das röm. Mädchen erhielt den Vornamen zu dem vorgegebenen Namen und Zunamen am 8. Tage nach der Geburt, der Junge am 9. (Macr. Sat. 1, 16, 36; Suet. Nero 6, 2) von Vater oder Onkel (Suet. Nero 6, 2). Erst seit Mark Aurel wurden offizielle Geburtslisten geführt (Hist. Aug. IV 9, 7). *Namensform* → Personennamen. W. K.

Nanâ, babylon. Göttin mit Zügen, die auch → Ištar eigen sind. Auch in Syrien und im Iran verehrt. W. R.

Naophor, ägypt. Statue, die einen → Naos mit einem Götterbild vor sich hält. N.en sind besonders in der Spätzeit beliebt. W. Hk.

Naos (ναός). [1] In *Ägypten* ein Schrein in der Form einer Kapelle, in der das Götterbild aufbewahrt wurde. Mit dem Öffnen des N. am Morgen begann der Gottesdienst. Naoi wurden gern aus einem Stein hergestellt. W. Hk.

Napata, Ort am 4. Nil-Katarakt am Fuß des Gebel Barkal (Kt. 2103), Grenzpunkt des ägypt. Reiches im Neuen Reich, in der Zeit der nubischen Könige Residenz bis 300 v. Chr. (dann → Meroë). Mehrere dem → Amonre geweihte Tempel sind noch erhalten. W. Hk.

Naqš-i Rustam, achämenidische Nekropole in der Nähe von Persepolis. In die Felswand eingeschlagen sind vier gleichartige Felsengräber (für → Dareios I., → Xerxes, → Artaxerxes I. und → Dareios II.) mit kreuzförmiger Fassade. Im oberen Teil befinden sich Reliefs, von denen eines die vollständigste religiöse Darstellung aus dieser Zeit ist; darunter acht Reliefs aus sassanidischer Zeit, u. a. der Triumph des Šāpūr I. (241–272) über den röm. Kaiser → Valerian bei Edessa (260). Vor dem Grab des Artaxerxes erhebt sich auf einer dreistufigen Terrasse ein großes, quadratisches Gebäude, das einen einzigen Raum umschließt; dreisprachig (parthisch, pahlavi, griechisch) sind darauf die res gestae Šāpūrs I. eingemeißelt; der Zweck des Gebäudes ist umstritten: Feuertempel oder, nach Henning, Aufbewahrungsort der Urkunden und heiligen Schriften, bes. des → Avesta. G. R.

Lit: A. Christensen, Die Iranier, HbAW III 1. 3, 1933, 286 – K. Erdmann, Das iran. Feuerheiligtum, 1941, 11–13, Taf. I–III – L. Vanden Berghe, Archéologie de l'Irān ancien, 1959, 24–26. 148–158 (Lit) – J. Duchesne-Guillemin, La religion de l'Iran ancien, 1962, 155.

Narām-Sîn, König von → Akkade, ca. 2270–2234, Enkel → Sargons I. Schlägt Revolten in Babylonien nieder und zieht dann in gewaltigen Kriegszügen bis nach Kurdistan und ans Mittelmeer. Vergöttlicht sich selbst (N.-Stele aus Susa). Das Ende seiner Regierung dürfte nach späteren Berichten von Mißerfolgen begleitet gewesen sein. W. R.

Narbo Martius (Kt. 1019 D 6; heute Narbonne), als erste außeritalische Bürgerkolonie der Römer und als Hauptstadt der zwischen 117 und 120 v. Chr. eingerichteten Provinz Gallia *Narbonensis* im J. 118 am Platze eines alten, des einzig sicheren Mittelmeerhafens der aquitanischen Pforte gegründet. Nach dem Brand der Stadt (vor 149 n. Chr.) verliert N. seine Stellung an → Nemausus. L. B.-H.

Lit: s. zu → Gallien.

Narbonensis → Gallien.

Narcissus, Freigelassener und ab epistulis unter → Claudius. N. gelangte durch seine Klugheit und Loyalität zu großem Einfluß und außergewöhnlichem Reichtum. Angeblich war er für viele Gewalttaten und Justizmorde verantwortlich. 43 wurde er nach Gallien geschickt, um eine Meuterei der britannischen Truppen beizulegen. Er führte 48 den Sturz der → Messalina herbei, wofür er mit den quästorischen Insignien belohnt wurde. Von → Agrippina (3) gefürchtet, weil er die Heirat des Claudius mit → Aelia Paetina befürwortet hatte und die Interessen des → Britannicus wahrzunehmen suchte. 54 wurde er unmittelbar nach → Neros Regierungsantritt in den Tod getrieben. U. Wm.

Lit: V. Scramuzza, The Emperor Claudius, 1940, Ind. S. 323.

Narkissos. [1] N., Sohn des böot. Flußgotts Kephissos, weist die Liebe der → Echo zurück; zur Strafe verliebt N. sich in sein in einem Quell erblicktes Spiegelbild und wird in die nach ihm benannte Blume verwandelt (Ov. met. 3, 341 ff.). Ohne Echo oder mit anderen Motivationen Konon narr. 24; Paus. 9, 31, 6.

Lit: W. Frazer, The Golden Bough III, 1911, 94 – *Darstellungen:* außergewöhnlich häufig auf Wandbildern (Schefold, WP, passim, vgl. Syria 31, 1954, 200 ff.). Auch auf Reliefs, Mosaiken (D. Levi, Antioch Mosaic Pavements, 1947, 60–66, 136 f.). Mehrere Statuen wurden auch auf N. gedeutet (Lippold, GrPl 165; Schefold, zuletzt in: Charites, Festschr. E. Langlotz, 1957, 191 Anm. 29). Vgl. L. Guerrini, Narciso, EAA V, 1963, 350–352. K. Schb.

[2] Auf den betäubenden Wohlgeruch der Blume bezieht sich der Mythos von der Entführung der → Persephone durch → Hades. Ihm zuliebe hatte Gaia die sinnverwirrende Blume sprießen lassen, die von Persephone gepflückt wurde. Ihr und → Demeter war der altheilige Kranz von Eleusis geweiht, der aus einem üppigen N.-Geflecht bestand. In den vorgriech. Bereich führt wie der Name νάρκισσος, so der Beiname Akakallis, nach der Minostochter, mit der Apollon den Naxos und Miletos, Hermes den Kydon zeugte. Der durch bleiche Farbe und betäubenden Geruch mitbestimmten mythischen Todesbeziehung der Narzisse entspricht ihre Verwendung im Gräberkult. Vgl. → Flora. J. W.

Lit: Murr, Pflanzenwelt, 246–250 – Olck, RE 17, 1 (1910), 794 f. – Eitrem, RE 16, 2 (1935), 1721–33.

Narmerpalette, große, in den Tempel von Hierakonpolis geweihte Prunkschminkpalette des letzten Königs vor Menes, Narmer, die seinen Sieg über die Mareotis, das Gebiet am Rande des NW-Deltas, verewigt. W. Hk.

Abb: K. Lange-M. Hirmer, Ägypten, 1955, Taf. 4/5.

Narnia, Stadt in Umbrien (Kt. 1420 E 5; heute Narni), 299 v. Chr. als latin. Kolonie gegründet, Geburtsort → Nervas.

Narses, Feldherr → Justinians, geb. um 480 in Persisch-Armenien, gest. 574 in Rom. Als Eunuch seit den Anfängen Justinians im Hofdienst in Konstantinopel, Günstling der → Theodora, machte er sich bei der Niederwerfung des Nika-Aufstandes (532) verdient und stieg zum Leiter der kaiserl. Hofhaltung und Befehlshaber der Leibwache auf. 551 nach der Abberufung seines Rivalen → Belisar aus Italien (549) mit der endgültigen Niederwerfung der → Ostgoten unter → Totila betraut; mit starken, bes. german. Truppen schlug er → Totila, der selbst fiel, bei Taginae in Umbrien (552), → Teja 553 am Vesuv. N. blieb als → Patricius zur Reorganisation der ital. Verwaltung; schon 553/554 mußte er Italien gegen die → Alamannen verteidigen. 567 Niederwerfung einer Empörung des Herulers Sindwald. In den kirchlichen Auseinandersetzungen, die zum Schisma in Oberitalien geführt hatten, hielt sich N. zurück. Nach dem Tode Justinians (565) wurde die Stellung des wenig beliebten N. mehr und mehr erschüttert; von Justinus II. wurde er 568 abberufen, etwa zur gleichen Zeit, als die Langobarden in Oberitalien einfielen, was zu dem Gerücht Anlaß gab, N. selbst habe sie aus Rache herbeigerufen. K. F. Str.

Lit: L. M. Hartmann, Gesch. Italiens im MA, I (1897), 1923² – E. Stein, Stud. z. Gesch. des byz. Reiches, 1919 – Ders., Histoire du Bas-Empire II, 1949 – E. Caspar, Gesch. des Papsttums II, 1933.

Narthex (νάρθηξ), eine im Mittelmeergebiet verbreitete Doldenpflanze mit knotigem, markreichem Stengel. Im hohlen Schaft des hochgewachsenen Stengels entwendete → Prometheus den Göttern das Feuer; dazu fügt sich die Verwendung des N.-Markes als Zunder, der die harte Rinde nicht zerstört. Im Kult des Dionysos war der → Thyrsos ursprünglich ein N.-Stengel mit üppiger Dolde. Daher bezeichnete man den Gott wie die Bakchantinnen als N.-Träger (ναρθηκοφόρος). Vgl. → Flora. J. W.

Lit: Murr, Pflanzenwelt, 231 f. – A. Steier, RE 16, 2 (1935), 1765–70.

[2] Erst von → Prokop (1) v. Caesarea (aed. 1, 4, 7) für die Vorhalle christl. → Basiliken gebrauchte Bezeichnung. Im Westen war diese Form der Abteilung einer Vorhalle vom Kirchenraum unbekannt; man zog den → Portikus als Eingang vor. In Emporenkirchen diente der N. zur Fortführung der Tribüne über die westl. Schmalseite, was bei den Kuppelbasiliken zur Unterscheidung zwischen innerem (Eno-) und äußerem (Eso-)N. führte; sie gehört aber erst dem byzantin. MA an. C. A.

Lit: A. K. Orlandos, He Xulostegos Basilikē, 1952, 130–151 – P. Testini, Archeologia crist., 1958, 565–567 – LThK VII 795.

Nāsatya, indo-iran. Zwillingsgötter der Fruchtbarkeit (Jugend, Fülle, Gesundheit usw.). Sie blieben Gottheiten in der vedischen Religion, wo sie auch Aśvin genannt werden; sie wurden zum Dämon Nāonhaithya im mazdaischen Iran, der die Wesenheiten Haurvatāt und Amərətāt an ihre Stelle gesetzt hat. → Varuna (Lit); → Iran. Religion. G.R.

Nasica → Cornelius.

Natalis dies, γενέθλιος ἡμέρα, der ‹Geburtstag›, seit früher Zeit allmonatliches *Privatfest,* galt bei den Griechen dem Agathos Daimon, bei den Römern dem Genius des Mannes, der ‹Iuno› der Frau, und wurde auch nach dem Tode fortgesetzt; in Vereinen und Philosophenschulen wurden die Geburtstage der Stifter gefeiert; *öffentlich* die verdienter Bürger, der hellenist. Könige (nach ihrer Konsekration auch der Todestag als Geburtstag des neuen Gottes; → Herrscherkult), des Diktators → Caesar, der N. des Kaisers Augustus (erstmals 30 v. Chr.) am 23. Sept., der in den Ostprovinzen sogar als Jahresbeginn galt. Ebenfalls gefeiert wurde nach hellenist. Vorbild der Tag des Regierungsantritts ‹dies imperii› (oder ⟨primus⟩ dies principatus), später N. imperii. Der Gründungstag einer griech. Stadt wurde im Zusammenhang mit dem → Heroenkult für den Gründer begangen, in italischen Städten der unter dem Schutz eines Genius stehende N. urbis (civitatis, coloniae), bes. in Rom am 21. April (ursprünglich → Parilia als privates Sühnefest für Hirten und Herden) seit 121 n. Chr. Göttergeburtstage wurden in Griechenland aus mythologischen Gründen allmonatlich (Apollon an jedem 7.), später auch alljährlich (Artemis am 6. Thargelion) gefeiert, im röm. Sakralrecht war diese Feier als alljährliches Fest mit der Dedikation des Heiligtums an die Gottheit (N. templi) identisch. H.Kal.

Natura (von nasci; geboren werden), ursprünglich Bezeichnung für die Gebärpforte der Tiere; das lateinische Äquivalent von → Physis: der Charakter oder Bau eines Wesens oder die Gesamtheit aller Dinge, die nicht vom Menschen geschaffen sind. D.J.F.

Naturwissenschaft

A. Voraussetzungen – B. Allgemeine Fragestellungen – C. Methoden – D. Wirkungsgeschichte. – Vgl. → Philosophie, → Kosmologie, → Mathematik und unter den einzelnen Wissenschaften.

A. VORAUSSETZUNGEN. Woraus und wie antike N. entstand, liegt größtenteils im dunkeln, doch läßt sich aus ihrem Wesen und ihrer Geschichte ablesen, welche Ansatzpunkte und Faktoren u. a. (in wechselseitiger Beeinflussung) für ihr Entstehen notwendige Voraussetzung waren.

[1] Erst die ausgebildete Fähigkeit zur Abstraktion ermöglicht eine rationale Naturbetrachtung und naturwissenschaftliche Begriffsbildung; sie kann von diesem bestimmten, konkret vorliegenden Einzelding oder -vorgang (stoffliche, qualitative, quantitative, artspezifische u. a.) Merkmale, die sie mit anderen gemeinsam haben, ablösen und zusammenschauend erfassen, dann selbst als Dinge (das Wasser, Warme, Lebewesen, der Kreis usw.) auffassen. Ein diesen Prozeß förderndes Ausdrucksmittel für den Denkvorgang schuf sich der Grieche erstmals im generellen Artikel, der allmählich über den speziellen aus dem Demonstrativpronomen entwickelt wurde. Ein zweiter sprachlicher Ansatzpunkt war die Kopula, die nach der Ausbildung rückwirkend auf die *bewußte* Frage nach dem Sein (Bleibendes in Naturprozessen, Substanz und Wesen der Dinge: Art, dann Gattung) wies, ein dritter ist die allen Sprachen eigene Metapher, die ursprünglich wohl dem anthropomorphen Veranschaulichen von Vorgängen in der außermenschlichen Natur dient, dann rückwirkend im Vergleich von Merkmalen auch der Illustrierung nicht mit Wörtern faßbarer, irrationaler Vorgänge im Innern des Menschen (homerische Gleichnisse), woraus sich als rationales Erkenntnismittel der Analogieschluß (s. u. C2) entwickelt. Der Abstraktionsprozeß erfaßt und fixiert also nicht nur neue Bereiche, sondern auch bisher unfaßbare. Die Dinge werden unter immer neuen Aspekten verglichen und erkannt, sich als brauchbar erweisende Aspekte werden weiter benutzt, die anderen verworfen, um später eventuell wieder aktuell zu werden; und selbst vorher nicht beachtete Dinge des sinnlich wahrnehmbaren Bereichs werden durch das jeweils neue Sehen entdeckt. Dieses Wechselspiel zwischen abstrahierendem Sehen und Sehbereich, in diesem Ausmaß nur auf Grund einer schriftlichen Fixierung (→ Schrift) und weiten Verbreitung des so Fixierten (ursprünglich durch → Rhapsoden) möglich, fand bei → Platon und → Aristoteles durch die bewußte Synthese der früheren Sehweisen einen vorläufigen, schwer überwindbaren Abschluß, der zwar weitgehenden Spekulationen Einhalt gebot, aber auch zu Systematisierung und Dogmatisierung in Schulen führte.

[2] Ein äußerer Faktor ist der Siedlungsraum, der für die wegen der Unfruchtbarkeit des Bodens nötige Expansion einer jeweils dünnen Oberschicht der Stadtstaaten nur die → Kolonisation offen ließ, die sie zur Seefahrt (→ Entdekkungsfahrten) zwang, aber auch zur geistigen Auseinandersetzung mit dem sie umgebenden Kulturgut. Solche Einflüsse sind selten faßbar, doch läßt sich heute nach der Entzifferung neuer Quellen ermessen, welches auf Erfahrung beruhende und deshalb reproduzierbare mathematische und astronomische Wissen von Babyloniern und Ägyptern übernommen werden konnte. Es waren zwar keine fertigen Wissenschaften, sondern Sammlungen von Beobachtungsdaten und Rechenregeln ohne jede Erklärung und jeden Beweis, aber diese waren z. B. für die Himmelsphänomene so genau, daß die Griechen (wohl nach ihrer Nutzung für die Navigation) durch sie zu einer theoretischen Deutung angeregt wurden und sie dazu als sichere Grundlagen benutzen konnten.

[3] Diese Übernahme war aber wohl nur möglich, weil die geographisch und geschichtlich bedingte Zersplitterung die Griechen über die Welt ursprünglich so verschieden denken ließ, daß nur starke Abstraktion ein einheitliches Weltbild entstehen ließ (zuerst bei Hesiod), in das dann ebenso Nichtgriechisches einbezogen werden konnte: Die Götter schienen ähnlich wie bei ihnen selbst von anderen Völkern nur anders benannt und verehrt zu werden; die Welt galt überall als dieselbe, weil sie von denselben Göttern beherrscht wurde. Fremdes Wissen über diese Welt ließ sich also, soweit es auf Erfahrung beruhte, übernehmen. Andererseits konnte aber auch die einheitlich gesehene Welt überall unter denselben Aspekten betrachtet werden: Es gelten überall dieselben ‹Gesetze›.

[4] Erst wenn so das Gemeinsame an den Dingen und Vorgängen gesehen wird, können auch die Unterschiede erfaßt werden, die dann zu Versuchen einer Erklärung der Ursachen für diese Abweichungen von der ‹Norm› reizen, zum Aufsuchen eines allgemeinen (kausalen oder geschichtlichen) Zusammenhangs zwischen ihnen ohne direkten göttlichen Einfluß – herrschen doch allerorts dieselben Götter. Dieser hat dann für alle vergleichbar erscheinenden Dinge und Vorgänge zu gelten. Die ganze natürliche Welt (einschließlich der Götter) bleibt dem Griechen aber stets eine organische Einheit, ein Kosmos, d. h. die N. hatte alle Erscheinungsformen mit denselben Prinzipien zu erklären: Theologie, Philosophie und N. sind ursprünglich eine Einheit und unterscheiden sich später nur durch verschiedene Akzentuierung. Dasselbe gilt auch innerhalb der N.: Aus Kosmogonie entstehen → Astronomie (→ Kosmologie), → Biologie (→ Medizin, Zoologie, Botanik) und Physik, die jeweils den Akzent auf eine andere ‹Lebensform› legen – wozu deren Unterschiede aber erst entdeckt werden mußten (s. u. B7; C2).

[5] Ursprünglich sahen auch die Griechen die Dinge als Götter oder Dämonen an, die ein anthropomorph gedeutetes Eigenleben führen. Doch schon in der Ilias wird diese

Vorstellung von dem Bestreben unterdrückt, Ding oder Lebewesen von der Gottheit, die darin oder dadurch wirkt, zu trennen: Ding und Gott werden nicht mehr identifiziert, für die Vielheit der Gottheiten können solche treten, die alle gleichartigen Dinge zugleich sind oder zugleich an ihnen wirken. Weitere Abstraktion führt zu der Vorstellung, *ein* Gott (später ganz rational: die [göttliche] Natur) sei alle Dinge oder wirke in allen Dingen. Alle Veränderungen in der Welt können also auf den Willen und das Denken eines höchsten Wesens zurückgeführt werden. – Bei → Homer schon ist → Zeus der Gott des Geistes, und bereits → Xenophanes faßt seinen einzigen Gott als reinen Geist; dieser bleibt auch später in griech. Philosophie (oft ausschließlich) das Wesen des Gottes. Der Geist des Menschen kann als Abbild des göttlichen, da Gleiches Gleiches erkennt, dessen Wirkungen in der Natur erkennen (vgl. hierzu bes. die Weltseele des platonischen Timaios), d.h. N. treiben. Es hängt dann von der → Erkenntnistheorie des einzelnen Denkers ab, wie weit Erkenntnis ihm Erfahrung voraussetzt, wie weit also sinnlich wahrgenommene Phänomene als Ausgangspunkt oder zur Verifizierung der Naturerkenntnis dienen können. Für eine rationale Naturbetrachtung ist jedenfalls am Anfang eine solche rationale Gottesauffassung Voraussetzung; denn nur sie gewährt eine Erkennbarkeit der Natur und den Glauben an ihre Einfachheit (Gott tut nichts Überflüssiges) und die örtlich und zeitlich unbegrenzte Geltung des an ihr Erkannten – Voraussetzungen, die auch für die moderne N. (meist unbewußt und unreflektiert) gelten, weil sie sich als brauchbar erwiesen und (noch) nicht durch Phänomene widerlegt wurden.

B. Allgemeine Fragestellungen. [1] Griech. N. (philosophia naturalis) bleibt bis Platon ausschließlich, später im wesentlichen auf das Ganze des Kosmos gerichtet (s.o. A 4 und 5). Sie ist ursprünglich reine Kosmogonie; deren Ursprung ist die Theogonie. In Form von Göttergenealogien, deren Glieder mehr oder weniger Hypostasen von Naturgewalten sind, besitzen sie alle Völker. Grundsätzlich bestehen zwei Möglichkeiten: Der höchste Gott ist auch der älteste, oder er ist der jüngste. Die Griechen hatten beide Vorstellungen; zur Keimzelle der N. konnte jedoch nur die zweite werden, dargestellt in der Theogonie → Hesiods. Diese umfaßt alle Erscheinungen in der Welt und stellt ihren jetzigen Zustand als eine schrittweise in Göttergenerationen (jeweils neue Bereiche vom handgreiflich stofflichen zum geistig ordnenden vertretend) erfolgte Vervollkommnung dar, vom Uranfang, als Chaos (das ‹Klaffende›) allein da war, bis zur vom Geist des Zeus geordneten Fülle (Kosmos) der Erscheinungen. Der hier vorgezeichnete Weg vom Anfang des Ungestalteten bis zur vollkommenen (jetzigen) Weltordnung enthält schon beantwortet die 3 Hauptfragen griech. N. nach den Prinzipien (Chaos), dem Werden und der Veränderung (Genealogie) und nach der Struktur der beständigen Welt, dem Sein und Kosmos und ihren Gründen (Zeus).

[2] Auf alle diese Fragen gaben auch die → Vorsokratiker schon unter den verschiedensten Aspekten Antworten, wobei → Anaximander unmittelbar an Hesiod anknüpft. Sein ‹Apeiron› scheint nichts anderes zu sein als eine prägnante Wiedergabe der bei Hesiod das Chaos beschreibenden Verse; es ist nicht stoffliches Prinzip, sondern genealogisches: Es *gebiert* auf Grund ewiger Bewegung das Warme und das Feuchte (Feuer- und Wasserartige), wobei das Wasser die (wohl wie bei Hesiod *spontan* nach dem Apeiron zuerst entstandene) feste Erde umhüllt, dieses das Feuer. In das periodische Wechselspiel der Qualitäten Feuer und Wasser, welches durch dessen Einwirkung allmählich in eine zwischen Erde und Feuer befindliche Nebelhülle ‹verdampft›, werden konsequent alle Lebensprozesse mit einbezogen: Alle Lebewesen (einschließlich des Menschen) lebten ursprünglich im Wasser und werden mit dem jeweiligen ‹Kosmos› zugrunde gehen, sobald alle Feuchtigkeit der Erde entzogen ist. Wie sich bei Hesiod die Generationen auf Kosten der vorherigen durchsetzen (sich schuldig machen) und deshalb von den folgenden unterdrückt werden, so ähnlich hier alle Dinge (VS 12 B 1). Die Frage nach der Struktur des gegenwärtigen Kosmos beantwortet er mathematisch, jedoch im Anschluß an Hesiod; nur wählt er nicht dessen ‹absolute› Maße (theog. 720ff.: Entfernung Himmel–Erde = 9 Tagesfallstrecken eines Meteors), sondern Verhältnismaße: Der Durchmesser der Himmelskugel beträgt 9 Erddurchmesser, der des Mond- und Sonnenringes (jeweils einen Erddurchmesser dick) außen 2 × 9 bzw. 3 × 9 Erddurchmesser; die Erdscheibe ist 1/3 Erddurchmesser dick und verharrt im Zentrum des Kosmos. Die Wahl dieser Maße hängt wohl ursächlich mit seinen Versuchen zusammen, in verkleinertem Modell die Welt darzustellen (→ Himmelsgloben, → Kartographie), bleibt aber auch für spätere Spekulationen unter Einfluß der Planetenabstände (→ Astronomie) bis zur Bestimmung absoluter Entfernungen (→ Aristarch, 1) maßgeblich.

[3] Am Anfang steht also ein kühnes, gegenüber Hesiod den materiellen Bereich betonendes, umfassendes kosmogonisches Gedankengebäude, das die Beobachtungen stark verallgemeinert und analogisiert, noch ohne jede Trennung zwischen physischem, biologischem und mathematischem Bereich. Die Nachfolger können es an den Phänomenen messen und berichtigen, fehlende Aspekte ergänzen und unsachgemäß erscheinende ausmerzen. – Dieser Weg führt erst bei → Empedokles, dann bei Platon und Aristoteles wieder zu einem vergleichbar geschlossenen und umfassenden naturwissenschaftlichen Weltbild, jetzt unter Berücksichtigung des inzwischen unter verschiedenen Aspekten in Einzelfragen Erarbeiteten. Die N.en der letzteren bestimmen dann auch im wesentlichen das naturwissenschaftliche Denken der Antike; denn die Atomistik als solche blieb trotz zahlreicher Vertreter (→ Leukippos, → Demokrit, → Epikur, → Lukrez u.a.) in der Antike ohne großen Einfluß, da sie in den Augen ihrer Kritiker nur die erste der drei Fragen beantwortet und damit alle beantwortet zu haben meint. Sie war als eine die eleatische Ontologie berücksichtigende Konsequenz eines Relativismus entstanden, der sich unreflektiert schon bei → Anaximenes findet (Erde, Wasser und Feuer Anaximanders seien nur mehr oder weniger ‹dichte› Erscheinungsformen des auch materiell gedachten Apeiron Luft). Alles Relative sei nicht qualitativ zu fassen, sondern werde durch eine räumlich, zahlen- und lagemäßig verschiedene Anordnung unveränderlicher Partikel (Atome) verursacht. Sein Mehr oder Weniger sei also quantitativ durch Zählen, Messen und Wägen erkennbar. Diese uns modern anmutende Vorstellung ließ aber zu viele bisher erarbeitete Aspekte unberücksichtigt, vor allem jede Begründung.

[4] Wie sollen sich diese nur materiellen Prinzipien z.B. → Demokrits stets zu gleichen Dingen verbinden können? Platons Antworten: 1. Die 4 Elemente, deren Zahl und Qualitäten er von Empedokles übernimmt, verwandeln sich sichtbar ineinander; ihre Bausteine sind Urdreiecke, die sich immer wieder zu denselben 4 → Polyedern als Elementen zusammensetzen. Allerdings spielt der Würfel (Erde) eine Sonderrolle, für ihn sind Dreiecke anderer Form nötig. Aber die Erde ist auch für Platon in den Kreislauf der Elemente einbezogen. Die mathematische Deutung muß also falsch sein, schließt Aristoteles: Mathematik ist reines Gedankengebäude, und man darf nicht *mathematische* Prinzipien zur Erklärung *natürlicher* Dinge heranziehen; die Seinsbereiche müssen getrennt bleiben. – 2. Nicht Zufall liegt der jeweiligen Mischung der Elemente zugrunde, sondern (im Anschluß an eleatische Ontologie) ein bestimmter Plan, eine ewige Idee, an der die sinnlich wahrnehmbaren, vergänglichen Dinge einer Art nur formal ‹teilhaben›, materiell bedingt bleiben sie verschieden. Die Abstraktion

dieser Ideen geht zwar von bestimmten Merkmalen der Dinge aus, benutzt sie aber (etwa in Astronomie und Elementenlehre) nur zur Ableitung mathematischer Strukturen, die sich dann nicht mehr an den Dingen selbst verifizieren lassen, weil die Mathematik einen höheren Seinsbereich bildet als die sinnlich wahrnehmbare Welt, von der gar keine Erkenntnis möglich ist, weil sie sich (nach → Heraklit) stets verändert. Diese (von Platon übermäßig abstrahierten, ihm über ihre mathematische Struktur erkennbaren) Ideen verlegt dann Aristoteles in die Dinge selbst, sie mußten entmathematisiert werden: Sie lassen sich wie die anderen Prinzipien als Form und Wesen an den Dingen selbst ablesen; und damit genügte Aristoteles auch der von ihm vertretenen empirischen Betrachtungsweise, die sich gegen Ende des 5. Jh.s bes. in der Medizin, die auf Grund ihrer Materie der reinen Spekulation stets mehr widerstrebte, herausgebildet hatte.

[5] Wichtiger als diese beiden Prinzipien (Form, Materie) und das des Bewegenden, das er schon im Eros Hesiods vertreten sieht, erscheint Aristoteles unter dem Einfluß sokratisch-platonischer Ethik (und Ideenlehre) ein viertes, der Zweck (causa finalis). Es klingt uns paradox, Form, Materie und bes. Zweck ‹Ursache› und Grund (causa) zu nennen. Der Begriff Ursache ist jedoch heute durch die sich auf Erfassung der causa efficiens (bewegende Ursache/Wirkung) beschränkende Physik Newtons (durch Kant philosophisch fundiert) künstlich eingeengt.

[6] Ein ähnlich geschlossenes naturwissenschaftliches Weltbild wie das aristotelische gibt noch einmal → Poseidonios durch eine innige Verknüpfung im wesentlichen aristotelischer N. (und Methodik) mit den Ergebnissen der Zwischenzeit bes. auf den Gebieten mathematischer Astronomie und Optik. Über ihn und andere Stoiker lernten die Römer (→ Cicero, Seneca) griechische N. kennen. Als N. im eigentlichen Sinne gilt aber Poseidonios nur der philosophisch-spekulative Oberbau, der für die Beantwortung der naturwissenschaftlichen Fragen zwar Ergebnisse der in unserem Sinne naturwissenschaftlichen Disziplinen (mathematischen Hilfsdisziplinen) weitgehend berücksichtigt, sich aber zwanglos über sie erhebt. Nur dieser Oberbau interessiert deshalb den Römer, für den Unterbau beschränkt er sich auf das enzyklopädische Sammeln des von den Griechen ja schon Erarbeiteten (bes. → Plinius (1) d. Ä.), was unter dem Einfluß des → Neuplatonismus, dem nur die intelligible Welt ‹Natur› ist, im wesentlichen ebenso für die Griechen der Spätantike gilt.

[7] Die Fragen griech. N. wollen stets die gesamte Natur umfassen; bald wird der Makrokosmos analog zum Mikrokosmos gesehen, bald umgekehrt. Nach einer Unterscheidung zwischen beseelter und unbeseelter Natur konnten bes. von der Medizin innerhalb des beseelten Bereichs physiologische Vorgänge in Pflanzen und Tieren spez. zur Verdeutlichung und Erklärung solcher im menschlichen Körper herangezogen werden (s. u. C2). Fragen der Botanik und Zoologie (→ Biologie) wurden jedoch erst als eigenständig angesehen, als man nach der Unterscheidung verschiedener Seelenteile (vegetative, sensibile, noetische; → Psyche) einen wesensgemäßen Unterschied zwischen den Lebensformen Pflanze, Tier, Mensch und Gott (Kosmos) sah. Aristoteles konnte so unter Benutzung seiner Logik und Prinzipienlehre an den biologischen Phänomenen selbst unvoreingenommen eine Betrachtungsweise erarbeiten, die für andere Bereiche nur eine Synthese der früheren war. Dem Ergebnis (in der Botanik von → Theophrast erweitert) hatte dann auch die Nachwelt bis tief in die Neuzeit außer einigen Ergänzungen (in der Antike nur physiologische) nichts Wesentliches hinzuzusetzen. Es heißt heute oft, Aristoteles sehe die ganze Welt als Biologe, sein Denken werde biologischen Dingen gerechter. Das liegt nur z. T. hierin begründet; denn die Biologie hat sich bisher noch nicht überall wie andere naturwissenschaftliche Disziplinen von seiner Denkweise gelöst. Teleologisches Denken z. B. ist aber biologischen Phänomenen nicht mehr oder weniger angemessen als anderen auch.

C. METHODEN. [1] Die durch Erfahrung gewonnene Erkenntnis muß sich für Aristoteles an der Erfahrung wieder verifizieren lassen. Diese sog. induktive Methode benutzt auch die moderne N. Daß Aristoteles (und seine Nachfolger) – ebenso wie die deduktiv-spekulative N. Platons und der Neuplatoniker, für die keine Verifizierung an den Phänomenen möglich ist, weil erkennbare Natur für sie nur der intelligible Bereich ist – trotzdem zu anderen Ergebnissen kam, liegt z. T. daran, daß seine N. eine Synthese aller vorhergehenden ist, daß ihn deshalb oft spekulative, philosophisch ‹begründete› Vorstellungen (teils unbewußt) leiteten, in erster Linie aber daran, daß N. für den Griechen wirklich *Natur*wissenschaft ist, d. h. eine Wissenschaft, die das *natürliche* Verhalten der Dinge und das darin zum Ausdruck kommende Göttliche erkennen will. Die *Natur* eines Dinges ist aber nur faßbar, wenn es als Ganzes in seiner natürlichen Umgebung gesehen wird; denn der Kosmos ist eine organische Einheit. Greift der Mensch künstlich (gewaltsam = naturwidrig) in einen natürlichen Vorgang ein, so kann er nicht mehr die *Natur* betrachten, sondern nur noch *Kunst*(-griffe), d. h. er treibt → Mechanik und → Technik, aber keine N. Das verifizierende und heuristische Experiment im modernen Sinne kann also in antiker N. keinen Platz haben, da es einzelne idealisierte Eigenschaften künstlich isoliert.

[2] Vor Aristoteles und Platon gab es jedoch vereinzelt auch eine Art naturwissenschaftlicher Experimente zur analogen Deutung bes. physiologischer Vorgänge. Solche ‹Experimente› (Erfahrungsstatsachen; etwa mit der → Klepsydra: Emp., VS 31 B 100) dienen nicht der Beobachtung oder Deutung des Experiments selbst, sondern der Veranschaulichung eines analog dem wohl zufällig Beobachteten gedeuteten nicht sichtbaren Vorgangs meist im menschlichen Körper. Sie müssen deshalb allgemein bekannt sein, verdeutlichen aber nicht den Verlauf eines Vorgangs, sondern nur seinen Ausgangs- und Endpunkt (s. u. 5). Später (etwa beim Autor von Ps.-Hippokr. genit., nat. puer. und morb.) werden sie auf Grund eines voreiligen Induktionsschlusses auch zum Beweis solcher Deutungen herangezogen; d. h. letztlich hätte durch solche Analogien alles bewiesen werden können. Hier exakte logische Grundlagen geschaffen zu haben, ist das Verdienst von Platon und Aristoteles. Die Geltung eines Induktionsschlusses wurde eingeschränkt: Nur was stets oder meist eintritt, gilt als Tatsache; Analogien können nur noch zwischen gleichartigen Dingen desselben Bereichs bestehen. Selbst hier hatte die sokratisch-platonische Logik gezeigt, daß sich Entsprechendes nicht *dasselbe* ist (so bei Emp. VS 31 B 82: Dasselbe sind Haare, Blätter, Federn und Schuppen), sondern nur *Ähnliches;* es erfüllt dieselben Aufgaben (Aristot. hist. anim. 1, 1: Was den Vögeln die Federn, sind den Fischen die Schuppen; die Analogie zu Blättern gilt nicht mehr). Das Erfassen solcher analoger Funktionen ist seitdem Ansatzpunkt für eine vergleichende Morphologie (bes. in Aristot. part. anim. und gen. anim.) und Klassifikation in der Biologie. – Diese Präzisierung hatte zur Folge, daß nicht nur ein Vergleich zwischen Vorgängen in der beseelten und unbeseelten Natur abgelehnt wurde, sondern auch zwischen solchen verschiedener Lebensformen (s. o. B7), bes. aber zwischen *natürlichen* und *künstlichen* (experimentellen). Dadurch wurde der Antike zwar manches Erkenntnismittel moderner N. – wo ein genereller Unterschied zwischen natürlichen und künstlichen Vorgängen nicht mehr besteht (s. u. D) – entzogen, aber auch allzuweit gehende Spekulation erstmals unterbunden (uns sinnvoll erscheinende Analogien vorattischer N. sind unter den schon von der attisch geprägten Tradition ausgewählten nur wenige), und nur so war ein Fortschritt in der Erkenntnis der Natur möglich. Das

Experiment bleibt dann, jedoch unter Berücksichtigung des Gesamtphänomens, der Mechanik und Technik als Künsten vorbehalten, und hier hat die Antike auch aus moderner Sicht Großes geleistet.

[3] Da die Natur göttlich ist, läßt sie sich auch in Einzeldingen nicht vom Menschen nachbilden, nur nachahmen. Solche Nachahmungen im Modell, wie sie seit Anaximander üblich sind, können also nicht zur *Natur*erkenntnis beitragen, sie bleiben reine Demonstrationsgeräte der Kinematik (→Himmelsgloben), als heuristische oder Beweismittel sind sie griech. naturwissenschaftlichem Denken fremd, weil sie keinen Grund angeben können (s.u. 4). Die einzige Ausnahme scheint →Theon (4) v. Smyrna zu machen, der im Anschluß an ein Bild des Kosmos als von Gott gefertigten Kunstwerks (→Theologie B 5) mit Hilfe der mechanischen Konstruierbarkeit zwischen Exzentern und Epizykeln im reellen Planetensystem (→Astronomie) entscheiden will. Diese recht modern anmutende Modellvorstellung bleibt jedoch in der Antike ohne Wirkung.

[4] Exakt mathematische N. ist nur als Beschreibung eines ideellen Bereichs möglich, wie ihr antiker Vertreter Platon stets betont. Sie setzt also voraus, daß dieser ideelle Bereich als die *Natur* gilt, die Phänomene dann nur als ihr unfaßbares Abbild. Sieht man aber im Anschluß an Aristoteles und frühere Empiriker den phänomenalen Bereich der Dinge als die Natur an, so kann die Mathematik nur als statistisches und approximatives Hilfsmittel der Beschreibung dienen, nie aber der Erklärung und Begründung eines Phänomens; diese hat die antike N. sich aber bes. seit Platons Phaidon zur Aufgabe gestellt – und zwar sollen nicht nur die unmittelbaren, sondern auch die letzten Gründe aufgezeigt werden, eine Forderung, die ebenfalls für die Geschichtsforschung in dieser Zeit erhoben wurde (→Thukydides). Deshalb galten die Ergebnisse etwa mathematischer Astronomie und Optik der antiken N. nach Platon als nur die Phänomene mehr oder weniger genau beschreibende Hypothesen. Sie mußten zwar von naturwissenschaftlichen Prinzipien (für die Astronomie z.B. der Kreisbewegung um die ruhende Erde) ausgehen und die Phänomene mit diesen beschreiben – weshalb Aristarchs heliozentrische Hypothese auch ohne Wirkung blieb –, konnten aber auf das naturwissenschaftliche Weltbild nur Einfluß nehmen, solange sie mit allen geltenden Prinzipien der N. in Einklang blieben, bzw. so schwerwiegend waren, daß sie zur Abänderung dieser Prinzipien führen mußten. Die N. des aristotelischen Weltbildes war aber so geschlossen, daß dies weder →Straton (2), →Poseidonios, →Sosigenes, →Theon (4) v. Smyrna, →Ptolemaios (17) und →Philoponos noch einem Denker des Mittelalters gelang, sondern erst der beginnenden Neuzeit – wenn auch zunächst nur in anorganischen Disziplinen, was zu einem noch heute unüberwundenen Bruch in der modernen N. führte. – Eine ebenso strenge Abgrenzung gilt auch für die →Mathematik (B 5), die sich für den Beweis keiner mechanischen Hilfsmittel bedienen darf (vgl. →Mechanik A 2).

[5] Griech. N. bleibt also seit Aristoteles, soweit sie die Phänomene erklärt, bewußt qualitativ – auch weil sie den Bewegungsbegriff weiter als moderne N. faßt: Bewegung ist neben Ortsbewegung auch qualitative, quantitative und substantielle Veränderung eines Dinges. Alle diese ‹Bewegungen› sind nur qualitativ faßbare Zustandsänderungen. Abgesehen davon, daß eine quantitative Auffassung (Atomistik) das Bewegende (den *Grund)* nicht berücksichtigt, müßte die Bewegung, um überhaupt erkennbar zu werden, am Bewegten in *statische* Quanten aufgelöst werden, was einer *Bewegung* für die Antike aber widerspricht und womit →Zenon (2) sie ja auch widerlegen wollte; denn erkennbar ist dem Griechen nach eleatischer Ontologie nur das Seiende, das Unveränderliche, d.h. sich *nicht* in Bewegung Befindliche. So betrachtet die Antike nicht den Bewegungsablauf (Kinematik), sondern die Endzustände des Bewegten (Statik). Für Aristoteles z.B. ist Bewegung die erstrebte (teleologische) Verwirklichung der in dem natürlichen Ding angelegten Möglichkeit, einen seiner Zustände in einen anderen (erstrebten) der gleichen Qualität zu verändern: Die Qualität der (natürlichen) Ortsbewegung ist das Oben und Unten; die himmlische Materie ist unveränderlich, hat also kein Oben und Unten, d.h. sie bewegt sich in Kreisen um das Zentrum.

D. Wirkungsgeschichte. Neuzeitliche N. setzt weder da an, wo antike aufhörte, noch bildet sie etwas Neues, das sich erst spät und nur mühsam gegen antikes Denken durchsetzen konnte. Sie entstand vielmehr auf der Grundlage scholastischer Denkmethoden und des in Kompendien (→Quadrivium, bes. →Boethius, →Isidor (4) v. Sevilla) übermittelten mathematischen Wissens der Antike (→Mathematik) als eigenartige Synthese antiken naturwissenschaftlichen Denkens (ursprünglich durch die Araber übermittelt, später aus den in Byzanz erhaltenen Originalschriften selbst entnommen) und jüdisch-christl. Natur- und Gottesauffassung neuplatonischer Prägung (bes. auf Grund der lat. Timaios- und Cicerokommentierung durch →Calcidius bzw. →Macrobius). Die Welt galt nicht mehr als *organische* (göttliche) Einheit, sondern als eine Schöpfung Gottes, von ihm nach «Maß, Zahl und Gewicht geordnet» (AT: Spr. 11,21); d.h. sie ist ‹*künstlich*› von Gott als machina mundi konstruiert, läßt sich also – wenn auch unvollkommen – auch künstlich vom Menschen nachkonstruieren (Modell, Experiment). So kommt es, nachdem die Mechanik schon im 13. Jh. in die →Artes liberales aufgenommen worden war, im 16. Jh. zu einem bewußten Zusammenfassen erstens antiker Mechanik (Archimedes, Ps.-Aristoteles) und N. (philosophia naturalis) und zweitens idealistisch-mathematischer (Platon) und empirischer (Aristoteles) Betrachtungsweise. – Das jüdisch-christl. Verhältnis zwischen Gott und Mensch (Sündenfall) führte nach der Konfrontierung mit den verschiedenen Ansätzen antiker N. zu der wohl zuerst von Nikolaus von Kues ausgesprochenen Ansicht, daß Gott allein die *Gründe* kenne und daß der Mensch sich mit der Beschreibung der Phänomene (dem Lesen im Buche der Natur) bescheiden müsse – wie es dann auch bei Kepler, Galilei und Newton vorwiegend geschieht. Eine Deutung der jetzt im Gegensatz zu Platon und im Sinne des Aristoteles an den Phänomenen selbst abgelesenen mathematischen Gesetzlichkeiten und ein Aufsuchen ihrer Gründe wird bewußt abgelehnt. – Dieser Beschränkung auf das mathematisch Beschreibbare an den Phänomenen verdankt die moderne N. ihre Fortschritte, wenn sie damit auch der komplexen Erscheinung der Natur nicht mehr gerecht werden kann – ein Umstand, der z.B. Goethe zur strikten Ablehnung Newtonscher Physik veranlaßte und zu seiner Zeit den Anstoß zur Erforschung der *Grundlagen* antiker N. gab. Auch für die N. unseres Jahrhunderts ist die Einheit und Komplexität antiker N.en wieder das erstrebte Vorbild geworden. F. Kr.

Lit: G. de Santillana, The Origins of Scientific Thought, 1961 – *Zu A:* B. Snell, Die Entdeckung des Geistes (1946), 1955³, bes. 258 bis 319, 412–421 – *Zu C:* O. Regenbogen, Eine Forschungsmethode antiker N. (1930), in: Kl. Schr., 1961, 141–194 – E. Schrödinger, Nature and the Greeks, 1954 (dt. 1955 u.ö.) – *Zu D:* A. C. Crombie, Augustine to Galileo, 2 Bde, 1959 (dt. 1. Bd., 1964) – F. Klemm, Der Beitrag des Mittelalters z. Entwicklung d. abendl. Technik, 1961 – R. Hooykaas, Das Verhältnis v. Physik u. Mechanik in histor. Hinsicht, 1963 – F. Heinimann, Die geistigen Voraussetzungen der hippokrat. Medizin, Documenta Geigy, 1964 – Weiteres unter den Einzelwissenschaften und den Autoren.

Nauarchen, ‹Befehlshaber der Schiffe›, hießen in mehreren griech. Staaten die mit dem Befehl über die Flotte betrauten Magistrate. Historisch bedeutsam war bes. die Stellung der lakedämonischen N. im →Pelop. Krieg, die seit 412 v. Chr. auf dem entscheidenden kleinasiatischen Kriegsschauplatz selbständig operierten. Da sie jährlich wechselten und Wiederwahl unzulässig war, mußte man 405 den früher schon im Amte bewährten →Lysander der Form nach als Epistoleus (Stellvertreter) des N. Arakos mit dem Oberbefehl betrauen. F.G.

Naucellius, Iunius (oder Iulius), ca. 305/310–400/405 n. Chr.; durch Symm. epist. 3, 11. 13 als Verfasser von epigrammata und eclogae sowie als Übersetzer eines griech. Prosawerkes antiquarischen Inhalts (Exzerpte aus den Politien des → Aristoteles oder dem staatsphilosophischen Werk eines hellenistischen Philosophen?) bekannt (zum archaisierenden Stilideal des Prosaschriftstellers N. vgl. Symm. epist. 3, 11; dazu Schmid, a.O. 358). In den → Epigrammata Bobiensia ist ein kleinerer Gedichtzyklus des N. (Epigr. Bob. 2–9) erhalten (unsichere Kombinationen über etwaige weitere N.-Gedichte in den Epigr. Bob. bei Speyer, N. und sein Kreis). Er besteht aus Epigrammen zumeist autobiographischen und privaten Inhalts (so auf das Landhaus des N. in Spoletium), die einen starken Einfluß des → Ausonius erkennen lassen. Daß N. Heide war, lehrt sein Gebet an Saturn (Epigr. Bob. 9). W. Sch.

Ed: → Epigrammata Bobiensia – *Lit:* W. Kroll, RE 16, 2 (1935), 1898 – W. Speyer, N. u. sein Kreis, 1959 (dazu W. Schmid, Gnomon 32, 1960, 340–360) – Sc. Mariotti, RE Suppl. 9 (1962), 411–415.

Naukleros, seit dem 5. Jh. v. Chr. Bezeichnung für den Händler im Besitz eines eigenen Schiffes, der auf diesem, gewöhnlich in eigener Person, seine Fernhändlertätigkeit ausübte, mitunter auch mit Speditionsgeschäft verbunden. Diese ναύκληροι spielten im Handel des ptolemäischen Ägypten eine große Rolle, und ihre Verpflichtung zu staatlichen Transporten wurde in der späteren Kaiserzeit in großem Umfang übernommen *(Navicularii)*. → Kaufmann. H. Br.

Naukrarien, die 48 (?) Sprengel der (Kollegien der ?) Naukraren im archaischen → Athen. Die Naukraren hatten, wie schon ihr Name verrät (ναύκραρος > ναύκληρος, ‹Schiffshaupt›), zunächst Schiffe aufzubringen. Die ihnen dafür zugewiesenen Einnahmen mußten sie im allgemeinen für den Bedarfsfall zurücklegen, und so verfügten sie früh über vergleichsweise ansehnliche Kassenbestände und zwangsläufig auch über einen gewissen Verwaltungsapparat. Das ließ sie über ihren ursprünglichen Aufgabenbereich hinauswachsen: der Staat betraute sie mit verschiedenen Geschäften und bestritt andererseits Ausgaben aller Art aus ihren Geldern. Wie allerdings die Angabe Herodots (5, 71), in alter Zeit hätten «die → Prytanen der Naukraren Athen verwaltet», zu verstehen ist, ist umstritten. F.G.

Lit: H. Hommel, RE 16, 2 (1935), 1938–52 – F. R. Wüst, Zu den πρυτάνεις τῶν ναυκράρων und zu den alten att. Trittyen, Historia 6, 1957, 176–191.

Naukratis (Kt. 29 B 2), die ‹Stadt *(nw.t)* des Krates› wurde zu Beginn der 26. Dyn. (ca. 650) von griech. Kaufleuten, zunächst Milesiern, als Stapelplatz gegründet. Seit → Amasis war N. der einzige Handelsplatz, der den Griechen in → Ägypten (4) offenstand. Die Zolleinnahmen flossen dem → Neith-Tempel der Residenz → Saïs zu. In N. befand sich eine bekannte Fayence-Industrie, auch Münzprägung. Mehrere griech. Tempel sind nachgewiesen. W. Hk.

Lit: E. Paribeni, EAA 5, 1963, 360–362.

Naukydes, Bildhauer von Argos. Zu dem schwer überschaubaren genealogischen Zusammenhang vgl. → Polyklet: Sohn des → Patrokles und Bruder des → Daidalos und des jüngeren Polyklet (II), als dessen Lehrer er auch genannt wird. Es ist nicht notwendig, die Existenz zweier Bildhauer dieses Namens zu postulieren. Von dem Siegesdatum des Cheimon (448 v. Chr.) abgesehen, das aber nur einen ‹terminus post quem› geben kann, lassen sich alle notwendig einzubeziehenden chronologischen Anhaltspunkte mit einem von etwa 420–370 tätigen Bildhauer gut in Einklang bringen. Diese Arbeitszeit wird durch die → Akmeangabe des Plinius (400 v. Chr.) und die mit großer Wahrscheinlichkeit unter den Kopien nachgewiesenen Werke bestätigt. Die von Plin. nat. 34, 80 N. zugeschriebenen Werke: der Hermes, der Diskobol und der ‹Immolans arietem› (mit dem von Pausanias auf der athen. Akropolis erwähnten Phrixos gleichzusetzen?) scheinen in mehr oder weniger zuverlässigen Kopien erhalten zu sein: Diskobol = Typus Konservatorenpalast (Brunn-Bruckmann 682–65; Lippold, GrPl 199 Anm. 10); Hermes = Typus Pitti (ebd. 178); ‹Immolans arietem› = Typus Troizen (ebd. 200, Anm. 1; vgl. ferner JdI 1, 1887, Taf. 9); sofern mit Phrixos identisch vgl. Bronzestatuette, ehemals Privatbesitz München, jetzt Privatbesitz Amerika: H. Bulle, MüJbKw 1, 1906 I 36. Der Kopftypus ist vielleicht in einer vorzüglichen Hermenreplik erhalten (s.u.). – Von der Hekate und Hebe in Argos, die neben Werken des → Polyklet standen, sind noch keine Kopien nachgewiesen. Auch von der Erinna, die auf Grund der vermuteten Lebenszeit dieser Dichterin ein Spätwerk darstellen müßte, können wir nichts Bestimmtes aussagen, es sei denn, ein Kopf aus der Villa Hadriana, ehemals Slg. Landsdowne (EA 3060–62), könnte darauf bezogen werden (E. Berger). E. Bg.

Lit: B. Ashmole, Notes on the sculptures of the palazzo dei conservatori, JHS 42, 1922, 238–242, Taf. 8 – Lippold, GrPl, 199 – F. Willemsen, ‹Mercurio et Discobolo... Censetur›, AA 72, 1957, 25–31 – Zum Hermenkopf: Ars Antiqua AG Luzern, Auktion 1, 1959, Nr. 31 (E. Berger) – B. Conticello, EAA V, 1963, 362–365.

Naumachien, Darstellungen von Seeschlachten im → Amphitheater, die dem Volke wohl nach hellenist. Vorbild zur Unterhaltung dargeboten wurden; die Darsteller waren Kriegsgefangene oder Verbrecher, die wirklich miteinander kämpften. N. sind von → Caesar bis → Domitian bezeugt; i.J. 2 v. Chr. z.B. veranstaltete → Augustus eine N. zur Einweihung des Tempels des Mars Ultor. H. Le B.

Nauplia, kleiner Hafenort der → Argolis, heute Nauplion (Kt. 1152 D 5), am Fuß des 85 m hohen Itch-kale, an dem Burgmauern aus hellenist. Zeit erhalten sind, als selbständiger Ort zur → Amphiktyonie von → Kalaureia, schon früh von → Argos erobert, N. nur noch als Hafen von Argos erwähnt. Bedeutend erst in MA und Neuzeit, bes. unter den Venezianern (Napoli di Romania), die auf dem 216 m hohen Palamidi eine starke Festung anlegten. 1829–1835 Hauptstadt des befreiten Griechenland. E.M.

Lit: G. Gerola, Le fortificazioni di Napoli di Romania, ASAA 13/14, 1930/31, 346–410 – W. Schaefer, Das Stadttor von Akronauplia, Neue Ausgr. im Nahen Osten, Mittelmeerraum u. in Deutschland, 1959, 18–24.

Nauplios, Sohn des → Poseidon und der Amymone, Stadtgründer von → Nauplia.

2. **N.,** Nachfahr des Vorigen, Sohn des Klytoneos, Steuermann der → Argonauten nach Tiphys' Tode; als Meister in diesem Beruf von Aleios gebeten, die Tochter → Auge im Meer zu versenken, ebenso von Katreus die Töchter → Aerope und Klymene. Statt dessen verkauft er die erste, vermählt die zweite mit → Atreus und heiratet selbst Klymene. Vater des → Palamedes; rächt dessen Ermordung an den Griechen vor Troja, indem er ihre Frauen zur Untreue verführt und die heimfahrende Flotte durch falsche Feuerzeichen auf Klippen lockt (Apollod. 2, 23; epit. 6, 7 ff.).

Nausikaa, Tochter des Phäakenkönigs → Alkinoos, die → Odysseus auffindet, versorgt und in die Stadt bringt. Heldin von Hom. Od. 6 und eines Entwurf gebliebenen Schauspiels von Goethe.

Nausiphanes von Teos, Philosoph der Richtung → Demokrits, zugleich Schüler → Pyrrhons v. Elis, ca. 360–300. Bezeugt und in Zitaten in → Philodems (1) Rhetorik teilweise faßbar ist nur eine Schrift ‹Der Dreifuß›. Die Reste behandeln Fragen der Erkenntnistheorie, der Ethik, des Verhältnisses von Philosophie und Rhetorik. Wichtig – wenn auch undurchsichtig – ist seine Beziehung zu → Epikur. Gegner Epikurs haben diesem Plagiate an N. vorgeworfen; die Schulhistorie macht ihn zum Vermittler zwischen Demokrit und Epikur; Epikur selbst streitet in seinen Briefen jede Schülerschaft bei N. ab. O.G.

Q: VS II 246–250.

Nautodikai, eine mehrköpfige Magistratur des älteren attischen Rechts, zuständig für die gerichtliche Einführung (→ Recht I B5b) von Zivilprozessen aus Geschäften des Seehandels und von Strafprozessen wegen Anmaßung des Bürgerrechts (*γραφὴ ξενίας*; → Recht I H2b). Näheres ist nicht bekannt. Im Laufe des 4. Jh.s ging ihre Kompetenz auf die → Thesmotheten über. H. J. W.

Navigium Isidis, ‹das Schiff der Isis›, war der Name eines ursprünglich ägypt., aber von Griechen und Römern spätestens im 2./1. Jh. v. Chr. übernommenen Frühlingsfestes, das am 5. März den Wiederbeginn der Schiffahrt anzeigte (griech. *πλοιαφέσια*). Eine feierliche → Prozession ging zum Ufer und ließ ein Schiff zu Wasser, das der Göttin, Schutzherrin der Seeleute, geweiht war. → Apuleius (met. 11, 8–12) hat den prunkvollen und malerischen Festzug in allen Einzelheiten beschrieben: Verkleidete, Fackelträger, Sänger, Flötenbläser und → Sistrumspieler, schließlich die Eingeweihten und die Priester in Leinengewändern nahmen daran teil. Man hielt vor Ruhealtären an, wo die Gläubigen heilige Gegenstände verehrten. Ein vielumstrittenes Problem ist, ob unser Karneval, wenn von carrus navalis abzuleiten, von diesem Feste herstammt. H. Le B.

Naxische Vasen, eine im 8. und 1. H. 7. Jh. zu fassende Stilgruppe kykladischer Vasen von grobem, dunkelrotem Ton und grün-weißem Überzug (Fundorte: → Naxos, → Thera, Rhenaia u. a.). Vorherrschende Gefäßformen sind Bauchhenkel → Amphora, → Kanne, → Skyphos. Auf geometrischen N. V. ist Metopenschmuck mit konzentrischen Kreisen beliebt, im frühen 7. Jh. kommt es zu subgeometrischen Dekorationssystemen unter sparsamer Verwendung orientalisierender Tiergruppen und Ornamente (→ Flechtband, → Lotosknospenfries). Gegen 670 entstehen in lichter Umrißzeichnung und farbenreicher Pinselmalerei auch erzählende Figurenbilder. I. Sch.

Lit: Expl. Arch. de Délos XV: Ch. Dugas, Les vases préhell. et géom., 1934, Taf. 18/19; 34/41; 43/44 – Chr. Karousos, Eine nax. Amphora des früheren 7. Jh.s, JdI 52, 1937, 166–197.

Naxos, größte → Kykladen-Insel (Kt. 1152 F6), schon im 2. Jt. dicht besiedelt, im 7. Jh. Kämpfe mit der Nachbarinsel → Paros (→ Archilochos). Seit ca. 550 bedeutende Machtstellung unter dem Tyrannen → Lygdamis, der 524 von Sparta vertrieben wird, 500 vergeblicher Angriff des → Aristagoras v. Milet auf N. (→ Ion. Aufstand), 490 von → Datis und → Artaphernes eingenommen, im 1. → Att. Seebund, 453 att. Kleruchen, 404 frei, zeitweise im 2. Att. Seebund, in hellenist. Zeit zum → Nesiotenbund. Berühmt durch Weinbau, daher Hauptkult des → Dionysos (→ Ariadne); große Marmorbrüche. Nur geringe Reste, am auffallendsten die noch heute aufrechtstehende Türumrahmung eines unvollendeten Tempels des 6. Jh.s v. Chr. auf der kleinen Insel vor dem Hafen. E. M.

Lit: Th. Saucius, N., 1914 – N. M. Kondoleon, Theräisches, AM 73, 1958, 117–139 – G. Colonna, EAA 5, 1963, 354 f.

2. **N.,** Stadt an der O-Küste Siziliens (Kt. 1420 G9), ca. 735 von Siedlern aus → Chalkis und → N. (1) gegründet, galt als älteste griech. Kolonie in Sizilien. Die Bevölkerung wurde um 476 v. Chr. durch → Hieron I. v. Syrakus nach → Leontinoi verpflanzt und durch dorische Siedler ersetzt; nach dem Sturz der Deinomeniden (466) Rückkehr der alten Bewohner. 403 wurde N. durch → Dionysios I. von Syrakus endgültig zerstört. Seine Tradition setzte das 358 v. Chr. auf der Höhe darüber gegründete → Tauromenion fort. Geringe antike Reste auf Capo Schisò. E. M.

Lit: K. Ziegler, RE 16,2 (1935), 2064–79 – H. Cahn, Die Münzen d. sizil. Stadt N., Diss. Basel 1944 – G. V. Gentili, EAA 5, 1963, 383 f.

Nazarius hielt 321 n. Chr. eine Rede auf → Konstantin (Paneg. 4) anläßlich des Sieges des Kaisers über → Maxentius. Vgl. → Panegyrikos [2]. R. T.

Ed: W. Baehrens, Panegyrici Latini BT (1874), 1911² – R. A. B. Mynors, XII Panegyrici Latini, OCT, 1965 – *Lit:* W. Kroll, RE 16,2 (1935), 1105 – K. Ziegler, RE 18,3 (1949), 571–581.

Nazoräer, (1) in der synoptischen Tradition titularer Beiname Jesu (*ὁ Ναζωραῖος* z. B. Mt. 2, 23; bei Mk. durchweg *Ναζαρηνός*, z. B. Mk. 1, 24) sowie einmal (Apg. 24, 5) der Christen; – (2) Selbstbezeichnung syrischer Judenchristen im syrisch-arabischen Sprachbereich; – (3) Selbstbezeichnung der → Mandäer. Es ist umstritten, ob (3) und (2) nach (1) gebildet und (1) im Sinne von ‹aus Nazareth› zu verstehen ist oder ob (3) und (2) parallel auf die Selbstbezeichnung einer vorchristlichen Taufsekte zurückgehen und die Bezeichnung *Ναζωραῖος* für Jesus als ein in der christl. Überlieferung fast verwischter Hinweis auf eine ursprüngliche Zugehörigkeit Jesu zu dieser Sekte aufzufassen ist. U. W.

Lit: H. H. Schaeder, Th IV 879–884 – RGG IV 1385 (Lit).

Neandria, kleine äolische Stadt in der Troas (Kt. 1152 G2/3) mit gut erhaltener Stadtmauer und anderen Resten, bes. Tempel aus dem 6. Jh. v. Chr. ohne Ringhalle mit nur einer inneren Säulenreihe mit äol. Kapitellen. Ende 4. Jh. v. Chr. in das neu gegründete Alex. Troas umgesiedelt. E. M.

Lit: R. Koldewey, Neandria, 1891 – K. Schefold, Das äolische Kapitell, ÖJh 31, 1938, 42–52 – N. Bonacasa, EAA 5, 1963, 385–387.

Neanthes, von Kyzikos, hellenist. Literat um 200 v. Chr., schrieb u. a. → Biographien ‹Über berühmte Männer›, vorzugsweise, wenn nicht ausschließlich Philosophen behandelnd, bes. Pythagoras und die Pythagoreer; sein Interesse gilt ausschließlich den Lebensschicksalen, nicht den Lehren.

Ed: FGrHist 84. O. G.

Neapolis (*Νέα Πόλις*), bedeutende Hafenstadt in Kampanien am Sinus Cumanus (Kt. 1420 F7; heute Neapel), hervorgegangen aus der um 680 v. Chr. von Cumae aus gegründeten Kolonie Parthenope (nach einer Sirene, deren Grab göttliche Ehren erhielt), der späteren Palaiopolis, (Altstadt) auf dem Pizzofalcone und einer Erweiterung nach O um 470, der namengebenden N. (‹Neustadt›), an der sich neben Cumae auch Syrakus beteiligte. Um 420 erhielt sie Neubürger aus dem von Kampanern eroberten Cumae sowie auch kampanische Zuwanderer. Seit 327 mit Rom verbündet, behielt N. doch bis in die Kaiserzeit griech. Charakter (Tac. ann. 15. 13). Der regelmäßige Stadtplan ist in der Straßenführung der heutigen Stadt noch erkennbar. Auch der Zug der Mauern der Zeit um 470, die in der 2. H. des 5. Jh.s erweitert und um die Mitte des 4. Jh.s verstärkt wurden, läßt sich noch feststellen, aber die wenigen Überreste antiker Bauten wie Dioskurentempel, Theater, Odeion und Thermen an der Via Anticaglie sowie das Archeion und Aerarium an der Via dei Tribunali, wo sich die griech. Agora befand, und weitere Thermen an der Via Carminiello di Mannesi stammen aus röm. Zeit. Der Hafen von N. stand in Rivalität zu dem von → Puteoli und war einer der größten des antiken Italien. Seit der späten Republik siedelten sich an den Rändern der Stadt Villen an, so das berühmte Pausilypon (von griech. *παυσίλυπον*, ‹sorgenfrei›, vgl. Sanssouci) des Vedius Pollio auf dem danach benannten Vorgebirge Posillip. Durch dieses ließ L. Cocceius Nerva 37 v. Chr. einen ersten Tunnel (Grotta di Seiano) zu militärischen Zwecken, → Claudius (1) einen zweiten (Grotta di Posillipo) zu Verkehrszwecken anlegen. Auf einem Vorsprung des Pizzofalcone befand sich ein von → Lucullus angelegtes Kastell, das spätere Castel dell'Ovo, in dem → Romulus (2) Augustulus 476 Aufenthalt fand. In den Gotenkriegen war N. heftig umkämpft und wurde 536 von → Belisar, 543 von → Totila eingenommen. B. A.

Q: Strab. 23, 246 – *Lit:* M. Napoli, Napoli greco-romana, 1959 – W. Johanowski, Problemi archeologici napoletani, 1960.

2. **N.** (heute Kavalla, Parthenosheiligtum mit reichen Vasenfunden.

Lit: EAA 5, 1963, 328 (Red.).

Nearchos, von Amphipolis, Jugendfreund → Alexanders (5) d. Gr., 334 v. Chr. Satrap von Lykien, seit 329 wieder Offizier im Hoflager, in Indien Flottenkommandant; auf dem (bis dahin wenig bekannten) Seeweg vom Indos zum Euphrat geschickt, vom König ausgezeichnet und zum

Admiral für die arabische Expedition bestimmt. Nach Alexanders Tod Satrap und Offizier → Antigonos' I., 312 (?) gefallen. Sein Bericht über Indien und die Fahrt zum Euphrat bei → Arrian (Ind.) z.T. (FGrHist. 133) erh. E.Bd.

Lit: L. Pearson, The lost histories of Alex. the Great, 1960, 112–149.

2. **N. von Athen,** Töpfereibesitzer, signiert als Töpfer und Maler, ca. 560–540, Lehrer des → Exekias (?); sorgfältiger, auch den Miniaturstil beherrschender Meister der → schwarzfigurigen Malweise (→ Vasen E 3). Als seine Söhne signieren Tleson und Ergoteles, zwei Töpfer von → Kleinmeisterschalen. Im Alter weihte N. eine Marmorstatue auf der Akropolis, falls die dort erhaltene Weihinschrift (um 520) auf ihn bezogen werden darf. – *Werke:* Großer Kantharos mit Wagenanschirrung Achills, Athen, Acr. 611 (Frg.; Pfuhl, Abb. 236–37); Kantharoi, Aryballoi, Schalen, Pinakes. I. Sch.

Lit: G.M.A. Richter, An Aryballos by N., AJA 36, 1932, 272–275 – Beazley, Development, 40–41 – A.E. Raubitschek, Dedications from the Athenian Acropolis, 1949, Nr. 197 – Beazley, ABV 82–83.

Nebris (‹Rehkalbfell›), gehört zur charakteristischen Tracht des → Dionysos und der → Mänaden. K.-H.R.

Nebukadnezar I., babylon. König, ca. 1128–1106, 4. und bedeutendster König der 2. Dynastie von → Isin. Kämpft erfolgreich gegen Feinde im Innern und die Elamiter im Osten. Ein Treffen mit Aššur-rēš-iši von Assur endet wahrscheinlich unentschieden.

2. **N. II.,** 605–562, größter König der → Chaldäerdynastie, unternimmt mehrere Feldzüge nach Syrien (16.3.597 Einnahme Jerusalems). Vermittelt im medisch-lydischen Streit. Wirtschaftlicher Aufschwung des nach assyr. Muster organisierten Reiches. Großartige Bauten, vor allem in → Babylon (Prozessionsstraße; Marduktempel). Die Legenden des AT (Dan. 1–4) übertragen wahrscheinlich Züge aus der Volkstradition über → Nabonid auf N. Vgl. → Mesopot. Reiche B [2]. W.R.

Nechepso und Petosiris, vielleicht fingierte Namen eines ägypt. Königs und eines Priesters, unter denen im 2. Jh. vor Chr. ein reichhaltiges Lehrbuch der → Astrologie zusammengestellt wurde. Die Behandlung der Bahngröße der Planeten und ihre Anordnung nach der Umlaufszeit zeigen astronomische Kenntnisse. Die Einführung der Planetenwoche geht vielleicht auf N. und Petosiris zurück. Weitere Themen: die Wirkung der Kometen und der Finsternisse, der Mikrokosmos, die Lehre von den Dekanen, die der Planetenverbindungen, der Einfluß der Planeten auf die Lebensdauer, die Lehre von den Schicksalsjahren, die Iatromathematik, astrologische Krankheitsprognosen. Neben der griechischen ist auch die Sphaera barbarica berücksichtigt. Das Werk wird von späteren Autoren oft ohne Verfassernamen als das der ‹Alten› angeführt. E.B.

Ed: E. Riess, Philologus, Suppl. 6, 325–394 – Viele Einzelkapitel in CCAG.

Necho, (*Wḥm-ib-Rʿ*, Niku, 610–595), 2. König der 26. ägypt. Dynastie aus → Saïs. N. verlor Syrien im Kampf mit → Nabupolassar und → Nebukadnezar von Babylon, begann den Bau eines Kanals vom Nil zum Roten Meer und schuf eine schlagkräftige Flotte (vgl. Hdt. 2, 158 f.). W. Hk.

[2] Die erste gelungene Umsegelung Afrikas, von phön. Schiffen vom Roten Meer aus, in drei Jahren durchgeführt, ging auf eine Anordnung N.s zurück. Die von Herodot hervorgehobene Beobachtung, daß die Sonne auf der Rückfahrt auf der rechten Seite stand, hat als unglaubwürdig auf die spätere Geographie nicht fortgewirkt. F.L.

Negade, Ort in Oberägypten nördl. Luxor auf dem westl. Nilufer (Kt. 29 D 7), wo ausgedehnte vorgeschichtliche Nekropolen gefunden wurden, deren Kultur (N. I und II) unmittelbar der geschichtlichen Zeit vorausgeht und nach dem Ort bezeichnet wird. Außerdem fand sich hier ein großes → Mastaba-Grab aus der Zeit des → Menes. W. Hk.

Nehemia, babylonischer Jude, Mundschenk Artaxerxes' I. (465–425), Begründer und erster Statthalter (445–ca. 425) der aus der Provinz → Samaria herausgelösten Tempelprovinz Juda (→ Judentum B 2). Zu seinen erfolgreichen Kämpfen gegen Nachbargouverneure und auch Judäer, seinen sozialen und religiösen Maßnahmen vgl. die *N.-Denkschrift* (Neh. 1–7, 5; 11, 1 f.; 12, 27–13, 31). R.M.

Neikos, bei → Empedokles der ‹Streit›, die kosmische Kraft, die die Elemente voneinander trennt (→ Kosmologie [4], → Philia). D.J.F.

Neith (eigentlich *Nr.t*, die ‹Schreckliche›), ägypt. Personifizierung der Pfeile, Ortsgöttin von Saïs. Sie genoß an der Residenz des Alten Reiches hohe Verehrung als mythische Mutter des Königs. Später galt sie als Mutter des Krokodilsgottes Suchos und Urmutter, weshalb man sie sich sogar doppelgeschlechtlich vorstellte. Neben → Isis, → Nephthys und Selket ist N. auch Schutzgöttin der Toten. Die Griechen setzten sie mit Athena gleich (Hdt. 2, 59). W. Hk.

Nektar → Ambrosia.

Neleus, Sohn des Poseidon und der Tyro, Zwillingsbruder des → Pelias, mit ihm ausgesetzt und von einer Stute aufgezogen. Nach gemeinsamer Rache an Sidero, die Tyro schlecht behandelt hatte, zerstreiten sich die Brüder um die Herrschaft. Neleus bekommt Messenien, gründet Pylos. Von Chloris Vater von 12 Söhnen, die bis auf → Nestor gegen → Herakles fallen, da N. sich geweigert hatte, die Tötung des Iphitos zu sühnen. (Apollod. 1, 90–95.)

2. **N. von Skepsis** in der Troas, ca. 340–260, Schüler des → Aristoteles und → Theophrast, von → Theophrast durch Testament (Diog. Laert. 5, 52) zum Erben seiner Bücher und damit zum Nachfolger bestimmt. Als die Schule statt seiner → Straton (2) zum Schulhaupt wählte, ging N. zurück nach Skepsis; die Bücher Theophrasts und Aristoteles' nahm er mit. Nach Athenaios (3 A) verkaufte er sie an → Ptolemaios II., nach Strabon (13, 1, 54) lagerten sie in einem Keller in Skepsis, bis sie um 90 v. Chr., stark beschädigt, von N.' Nachkommen dem Apellikon von Teos verkauft wurden; danach lagen sie der → Peripatetiker-Edition des → Andronikos zugrunde. O.G.

Nelke, im Mittelmeergebiet mit zahlreichen Arten vertreten, wahrscheinlich mit der Bezeichnung *Διὸς ἄνθος* (*διόσανθος*) gemeint; die für Kränze kultivierte Pflanze gehörte also in den Bereich des Zeus, vielleicht schon ursprünglich Kreta. Vgl. → Flora. J.W.

Lit: Murr, Pflanzenwelt, 268 f. – Olck, RE 5, 1 (1903), 1082 f. 1099 f. – RE 7, 1 (1910), 789.

Nemausus (Kt. 1019 D 5; heute Nîmes), Vorort der kelt. Volcae Arecomici, um oder kurz vor 16 v. Chr. von → Augustus zur Kolonie erhoben (Colonia Augusta N.) mit Ansiedelung griech.-ägypt. Veteranen, daher Krokodil auf den Münzen von N. Nach dem Brand von → Narbo (vor 149 n. Chr.) wird N., dessen bis heute erhaltene bauliche Pracht schon die Alten rühmten (Mela 2, 75), Hauptstadt der → Narbonensis. Von der 6 km langen augusteischen Stadtmauer ist die nach → Arelate führende Porte d'Auguste teilweise erhalten; in die Mauer einbezogen wurde die ältere, 30 m hohe Tour Magne, erbaut vielleicht nach dem Vorbild des → Pharos von → Alexandria, deren Bedeutung nicht bekannt ist (Siegesmal?). Die genau Nord-Süd-orientierte ‹Maison carrée›, ein nach 20 v. Chr. von → Agrippa erbauter, später seinen Söhnen C. und L. → Caesar (2.3) geweihter → Pseudoperipterostempel gehört zum Kapitol. Das Amphitheater datiert wohl aus dem späteren 1. Jh. Im heiligen Bezirk des namengebenden Quellgottes N. standen einst Thermen, ein Theater, ein Tempel und ein Nymphäum. Von letzterem ist ein größerer Saalbau mit Tonnengewölbe, der sog. ‹Temple de Diane›, erhalten, in seiner heutigen Gestalt zur Hauptsache aus dem 2. Jh. n. Chr. Einzigartig das Castellum Divisorum, ein rundes Verteilerbecken, in welches das vom → Pont du Gard herkommende Wasser einlief, um nach fünf verschiedenen Stadtbezirken geleitet zu werden. L.B.-H.

Lit: E. Espérandieu, L'amphithéâtre de N., 1933 – R. Naumann, Der

Quellbezirk von N., in: Denkmäler antiker Architektur IV, 1937 – J.Ch.Balty, Etudes sur la Maison carrée de N., 1960 – G.Roux, La Tour Magne, Delta (Rev.économ. et litt. du Delta du Rhône) 7, 1962, 11–18.

Nemea, kleines Tal etwa 15 km südwestl. von →Korinth (Kt. 1152 D 5), ursprünglich zu dem nahen Kleonai gehörend, seit dem 5.Jh. zu →Argos. Heiliger Bezirk des Zeus Nemeios mit dorischem Tempel des 4.Jh.s v.Chr. und weiteren Gebäuden. Schauplatz der alle zwei Jahre gefeierten →Nemeen. In der Sage ist N. mit →Herakles (‹Nemeischer Löwe›) und dem Zug der →Sieben gegen Theben verknüpft. E.M.

Lit: E.Meyer-K.Hanell, RE 16,2 (1935), 2310–37 – Berve-Gruben, 156ff.

Nemeen, panhellenische →Wettspiele. Als mythische Gründer galten bald die →Sieben gegen Theben (Bakchyl. 9,10ff.), bald →Herakles. Festleiter waren zuerst die Kleonaier, dann Argos. Gefeiert wurden sie alle 2 Jahre im Hochsommer auf der Grenze des 1. und 2. und des 3. und 4.Olympiadenjahres. Die Spiele waren Turn- und Reiterspiele (auch Wagenrennen), vom 3.Jh.v.Chr. an kamen musische Wettkämfe (Kitharoden) dazu. Vgl. die Einsetzung der N. bei →Statius, Theb.6. O.G.

Nemesianus (M.Aurelius Olympius N.), aus Karthago, didaktischer und bukolischer Dichter des ausgehenden 3.Jh.s n.Chr. Sein →Lehrgedicht über die Jagd (Cynegetica), von dem nur der Anfangsteil erhalten ist (325 Verse), ist auf Grund der Apostrophe der Kaiser Carinus und Numerianus (63ff.) zwischen 283 und Sept.284 zu datieren. In der →Historia Augusta (Car. 11,2) wird N. weiterhin als Verfasser von Halieutica und Nautica genannt; doch sind diese Werke verloren. Der Unechtheit verdächtig sind zwei kürzere Fragmente eines Gedichts über den Vogelfang (De aucupio), die Gybertus Longolius in seinem Dialogus de avibus (Köln 1544) dem N. zuweist. Vollständig erhalten haben sich 4 bukolische Gedichte des N., die zusammen mit den Hirtengedichten des →Calpurnius (13) Siculus überliefert werden. Sowohl in dem Bruchstück der Cynegetica wie in den bukolischen Gedichten erweist sich N. als ein beachtliches Talent. In den letzteren gelingt es ihm, die bukolische Dichtung im Anschluß an →Vergil und Calpurnius Siculus erfolgreich weiterzuführen. Bemerkenswert ist die Einbeziehung dionysischer Themen in den bukolischen Bereich in ecl.3 (Schmid, a.O.107ff.), aber auch die vierte Ekloge mit ihrer Doppelklage der beiden Sänger um einen Geliebten und eine Geliebte. Gelegentlich unterscheidet sich N. durch biotisch veristische Züge von seinen lat. Vorgängern, wie bes. ein Vergleich zwischen den dezenten Andeutungen bei Vergil ecl.3,8f. mit der rüden Vorgeschichte der Liebesklage von zwei Burschen um dasselbe Mädchen in der zweiten Ekloge des N. zu lehren vermag. W.Sch.

Ed: Baehrens, PLM III 174–204 – J.W.-A. M. Duff, Minor Latin Poets, 1935, 451–515 (mit Übers.) – D.Martin, 1917 (Cyneg. m. Komm.) – P.v.d.Woestijne, 1937 (Cyneg.) – H.Schenkl, 1885, 49–70 (Ecl.) – C.Giarratano (1910), 1943³, 69–95 (Ecl.) – *Lit:* M. Haupt, Opuscula I, 1875, 358–406 – F.Lenz, RE 16 (1935), 2229 bis 2237 – J.Hubaux, Les thèmes bucoliques dans la poésie latine, 1926, 243–247 – W.Schmid, Tityrus Christianus, RhM 96, 1953, 101–165 – B.Luiselli, L'identificazione del Melibeo di N. e la data di composizione della 1ª ecloga, Maia 10, 1958, 189–208 – Ders., Il proemio del Cynegeticon di Olimpio N., StIt 30, 1958, 73–95 – F.Capponi, Alcune osservazioni sul secondo frammento ‹De Aucupio›, Latomus 18, 1959, 348–365.

Nemesios, Bischof von Emesa, verfaßt um 400 einen Traktat *Περὶ φύσεως ἀνθρώπου*, in dem herkömmliche griech. Naturlehre, vor allem Anthropologie, mit christl. Dogma harmonisiert wird (→Christentum V E 2). Die Schrift ist wegen der darin verarbeiteten mittel- und neuplaton. Quellen wichtig. H.D.

Ed: PL 40, 508–818 – W.Jaeger, N.v.E., 1914 – H.Dörrie, Porphyrios' Symmikta Zetemata, 1959 – *Lit:* W.Telfer, Cyrill v. Jerusalem und N., 1955.

Nemesis (*νέμεσις*), von *νέμειν* (zuteilen) abgeleiteter, in seiner Bedeutung außerordentlich vielseitiger, sowohl der hohen Sprache von Kult und Religion wie auch der gängigen Konversationssprache angehörender Begriff. Zunächst ‹Zuteilung dessen, was einem zukommt›, bes. gerechte Strafe, Tadel, Unwille, dann geradezu Zorn und Rache der Götter, aber auch die Mißbilligung, mit der man unverdientes Glück anderer Menschen betrachtet. Als Person begegnet N. zuerst in der Dichtung bei Hes.theog.223 als leidbringende Tochter der Nacht, in den Erga 197–201 dagegen mit →Aidos als die beiden Mächte, deren Entweichen in den Olymp das Eiserne Zeitalter unter den Menschen einleitet: im ersten Falle scheint sie geradezu die Mißgunst, im zweiten etwa die wachsam ordnende Gerechtigkeit zu meinen. In den Kyprien des →Kyklos ist N. seltsamerweise Mutter der →Helena, was damit begründet wird, daß sie die Liebe des Zeus abweist, weil sie vor ihm sowohl ehrerbietige Scheu (Aidos) wie auch Unwillen über seine Zudringlichkeit (Nemesis), der sie schließlich doch nachgeben muß, empfindet. Die Erfindung wird nachhesiodisch sein (Ath.334B–D). Bei Pindar (Pyth.10,44) ist N. die Macht, die unter den Menschen für die Vollstreckung des Rechtes sorgt, bei Herodot (1,34) ist sie (kaum personifiziert) die Vergeltung, die von den Göttern her Kroisos trifft, weil er sich für den glücklichsten der Menschen gehalten hat, bei Platon (leg.717D) endlich Botin der →Dike. – Bedeutenden *Kult* hat N. an zwei Orten: 1.→*Smyrna*, wo Paus.1, 33,7 (vgl.7,5,3; 9,35,6) uralte Kultbilder von zwei Nemeseis bezeugt, ohne daß wir erkennen, wie es zu dieser Zweiheit kommt. Der Kult hat im 3./2.Jh.v.Chr. bes. geblüht, scheint damals nach Alexandria und anderswohin verpflanzt worden zu sein und hat sich bis zur späten Kaiserzeit erhalten. – 2.→*Rhamnus* in Attika nordöstl. von Marathon, mit zwei Tempeln, einem kleinen archaischen und einem größeren aus dem 5.Jh.v.Chr. Berühmt waren die Kultbilder des →Agorakritos und des →Phidias. Im 5./4.Jh.v.Chr. scheint der Kult recht aufwendig gefeiert worden zu sein mit ansehnlicher Priesterschaft, gymnischen Agonen und Fackelprozessionen (Lampadephoriai). Der Charakter der Göttin selbst, die als Tochter des →Okeanos, zuweilen gar als Mutter des →Erechtheus galt, neben sich einen Kult der →Themis hatte und deren Kultbild dem Typus der Aphrodite entsprach, die aber sekundär auch mit der Mutter Helenas identifiziert wurde, bleibt freilich sehr unbestimmt. Wie weit Kulte der N. in Epidauros, Olympia, Patrai von Rhamnus abhängen, wissen wir nicht. Jedenfalls war auch dieser N.-Kult bis tief in die Kaiserzeit lebendig. O.G.

Lit: B.Schweitzer, Dea Nemesis Regina, JdI 46, 1936, 195ff.

Nemesis →Tibull.

Nemi-See, Kratersee in den Albanerbergen (Kt.1420a; lat. lacus nemorensis oder speculum Dianae, Serv.Aen.7, 516), an dem ein berühmtes, uraltes →Dianaheiligtum und röm. Villen lagen. Im See versenkt fanden sich zwei große röm. Schiffe mit kostbarer Ausstattung aus der Zeit Caligulas, die wohl bis zur Zeit Neros zu feierlichen Zeremonien auf dem See verwendet wurden. Nach vergeblichen Versuchen seit dem 15.Jh. wurden die Schiffe 1927–32 durch Senkung des Wasserspiegels gehoben; im 2.Weltkrieg durch Kriegseinwirkung weitgehend zerstört. B.A.

Lit: G.Ucelli, Le navi di Nemi (1940), 1950².

Neodamoden hießen im →Sparta des 5. und 4.Jh.s v.Chr. einige Tausend freigelassene →Heloten, die in großer Zahl zum Kriegsdienst, bes. zum langjährigen Dienst auf entlegenen Kriegsschauplätzen, herangezogen wurden. Der Name ‹Neodamoden› (etwa: ‹neue Angehörige des Damos, Neubürger›) deutet wohl darauf hin, daß sie der Bürgerschaft (im weiteren Sinn, wie die →Periöken) angehörten. F.G.

Neokoroi, mehrfach belegter Name untergeordneter Sakralbeamter (Tempelaufseher, Sakristane), so in Athen, Delphi, Epidauros. – In der Kaiserzeit wird *Neokoros* ein vom Senat verliehener Ehrentitel von Städten, die sich um den Kaiserkult bes. verdient gemacht haben; bisher nur für die Ostprovinzen belegt. O.G.

Neophron von Sikyon, Tragiker, 4. Jh. v. Chr. (?); soll 120 Stücke verfaßt und Sklavenfolterung (an sich nur in der Komödie vorhanden) und Pädagogenrolle eingeführt haben. Autor einer ‹Medea›, die trotz der anderslautenden Angabe der Hypoth. Eur. Med. wohl später als die des → Euripides und von dieser abhängig ist. E.-R. Sch.

Frg: TGF 729–732 – *Lit:* D. L. Page, Euripides Medea, 1938, XXX – A. Lesky, Die trag. Dichtung der Hellenen, 1956, 163 – K. v. Fritz, Antike und moderne Tragödie, 1962, 334.

Neoptolemos (eigentlich Pyrrhos; Serv. Aen. 2, 469), Sohn des → Achilleus, nach der Ilias ein des Vaters würdiger Kämpfer und späterer Gemahl der → Hermione. In späterer Sage Sohn der Lykomedestochter Deidameia, von → Odysseus und → Phoinix aus Skyros geholt, weil nach einem Orakel nur mit seiner Hilfe Troja genommen werden konnte (Soph. Phil. 343 ff.). Mit im hölzernen Pferd, erschlägt er bei der Iliupersis → Priamos und Astyanax, opfert → Polyxena und erhält → Andromache als Kriegsbeute. In Epiros oder Phthia von → Orestes oder (so Eur. Andr. 1085 ff.) in Delphi auf Anstiften des Orestes, dem → Hermione ursprünglich versprochen war, erschlagen. In Delphi als Heros verehrt (Paus. 10, 24, 6). Von ihm soll der Tanz Pyrrhiche stammen (Lukian, salt. 9). K. Schb.

Darstellungen: betonen die drei Frevel des N., für die die Griechen bei der Heimkehr büßen mußten, die Ermordung von Priamos, Astyanax und Polyxena – die der Brygosmaler genial in einem Bild verbunden hat (Pfuhl, MuZ, Abb. 420) – auf Schildbändern (Kunze 154–161) und Vasen (Schefold, FS, Abb. 40 f., Taf. 78 b; Brommer 331 f.; vgl. auch Relief Boston bei Lippold, GrPl 211, 3). Tod des N. auf Praenestiner Ciste und röm. Wandbild (nach Vorbild um 300 v. Chr.). – *Lit. dazu:* L. Rocchetti, Neottolemo, EAA V, 1963, 417 bis 419. K. Schf.

2. **N. von Parion,** Gelehrter und Dichter, 3. Jh. v. Chr. An Dichtungen bezeugt eine ‹Dionysias› (Dionysos-Epos, Ath. 3, 82 D), weiterhin ein Titel ‹Trichthonia› (?; konjiziert wurde Erichthonis oder Erichthonias), für den auch → Euphorion als Verfasser genannt wird. Hochbedeutsam ist N.s literarische und philologisch-grammatische Arbeit: ‹Über Epigramme›, ‹Über die Formen des Witzes› (περὶ ἀστεϊσμῶν) und eine *Poetik*. Nach → Porphyrio hat → Horaz in der ‹Ars poetica› ‹zwar nicht alle, aber die hervorragendsten Vorschriften› des N. vereinigt. Insbesondere stammt von N. die Formel, Dichtkunst wolle ‹erfreuen und nützen›. Mit diesem Werk dürfte N. auf dem Boden der älteren peripatetischen Literaturkritik stehen. Ein Werk ‹Über die Glossen bei Homer› brachte ihm den Beinamen ‹Glossograph› ein. P.H.

Frg: Coll. Alex. 27.

Neos, ‹Jüngling›, vom 18. Jahr aufwärts; die Neoi treten in hellenist. Zeit korporativ als älteste Gruppe der studierenden Jugend auf. → Schule. U. Sch.

Neoteles, griech. Grammatiker, vielleicht Schüler → Aristarchs (2), Verfasser eines Kommentars zur Ilias, der von → Didymos zu Il. 24, 110, von → Nikanor und → Porphyrios (Qu. Hom. p. 1, 123, 11 Schr.) zu Il. 8, 325 zitiert wird. In 8, 325 interpungierte er nach den Worten *ἀνερύοντα παρ' ὦμον* und meinte, Teukros habe die skythische Art des Bogenspannens angewendet. H.E.

Lit: C. Wendel, RE 16, 2 (1935), 2477–78 (nicht fehlerfrei, Lit).

Neoteriker (*νεώτεροι*, die ‹Neueren›), eine Gruppe von röm. Dichtern, die der Zeitgenosse Cicero bald die ‹Modernen› (orat. 161; Att. 7, 2, 1), bald, nach einem ihrer alexandrinischen Vorbilder, die ‹Sänger à la → Euphorion› (Tusc. 3, 45) nennt. Zu diesem Kreis gehörten neben → Catull und → Calvus: → Caecilius (1), → Cornificius (1), → Helvius (2) Cinna, → Furius (3) Bibaculus, → Ticidas. Etwas am Rand stehen Cornelius → Gallus (3) und Cornelius → Nepos (2). Das keltische Element überwiegt: aus Oberitalien stammen Catull, Caecilius, Helvius Cinna (auch → Valerius (4) Cato), aus Südfrankreich Cornelius Gallus. Als junger Mann gehörte noch → Asinius (2) Pollio zu dem Kreis. Catull ist der einzige, dessen Gedichtsammlung uns erhalten ist. Die Bedeutung der N. für die röm. Dichtung ist nicht zu unterschätzen. Zum erstenmal wird Literatur als solche ganz ernst genommen; seit → Sappho findet sich in der Lyrik zum erstenmal wieder bei Catull der unbedingte Anspruch einer starken Leidenschaft auf den ganzen Menschen – anders als in den verspielten Amouren der Alexandriner oder den graziösen Versen vornehmer Dilettanten wie des Q. → Lutatius (2) Catulus. Die dritte treibende Kraft ist die Freundschaft (und natürlich der Haß gegen die ‹anderen›). Nach dem frühen Tod von Catull (nach 54 vor Chr.) und Calvus (47) verblaßt der Glanz des Kreises sehr rasch. Mit ihren hohen Anforderungen an Sprache und Metrum sind die N. Wegbereiter der → Augusteischen Dichtung gewesen, mag auch → Horaz über ihre Manierismen spotten. Gallus und Helvius Cinna waren mit dem jungen → Vergil befreundet, dem schon in der Antike zwei ihrem Wesen nach völlig neoterische Werke, Culex und Ciris, zugeschrieben wurden (heute in der → Appendix Vergiliana) und der in seinen Eklogen die Wendung von der Neoterik zur Klassik vollzieht. Mit den N.n kam die exklusive Eleganz der Alexandriner nach Rom. Wie → Kallimachos (3), → Philitas u. a. lehnen sie das große Epos im heroischen Stil ab und pflegen die Gattungen der Kleinkunst: → Epyllion, → Elegie, → Epigramm. Ihre Dichtung ist gelehrt und zieht entlegenste Dinge aus griech. Mythologie und Poesie heran; selbst ihre ‹Kleinigkeiten› (*nugae*, Catull 1, 1) sind mühsam gefeilt, auch wenn sie sich als Improvisationen geben. Neben poetischen Kabinettstücken (Catull 68) finden sich wilde Haßausbrüche gegen politische und persönliche Feinde und tolldreiste Obszönitäten. Auch diese Kontrastwirkung ist beabsichtigt. Wenn die neoterische Dichtung in Rom im Vergleich zur alexandrinischen eine großartige neue Kraft und Frische zeigt, so mag das auch damit zusammenhängen, daß manche dieser Römer in die schweren politischen Kämpfe ihrer Zeit leidenschaftlich eingegriffen haben, während jene Griechen in der Stille ihrer Musenakademien wirkten. G.L.

Lit: L. Alfonsi, Poetae novi, 1945 – H. Bardon, Litt. lat. inconnue I, 1952, 325 ff.

Nephele, ‹Wolken›fee. 1. Erste Gattin des → Athamas. – 2. Das von Zeus dem → Ixion anstatt der → Hera unterschobene Scheinbild.

Nephthys, die ‹Hausherrin› *(Nb.t-ḥw.t)*, eine zur Isis künstlich geschaffene Komplementfigur, die bes. bei der Beweinung des → Osiris auftritt. Mythologisch ist N. Gattin des → Seth, sie gebar aber dem Osiris den → Anubis. N. wird als Göttin mit ihrem Schriftzeichen auf dem Kopf dargestellt. W. Hk.

Nepos (Iulius N.), (west-)röm. Kaiser 474–475 bzw. 480, gest. April/Mai 480 bei Salona. 468 Heermeister für Dalmatien; zog im Frühj. 474 im Auftrag → Leos I. nach Italien und nahm → Glycerius gefangen. Im Juni 474 zum → Augustus proklamiert, mußte er bereits im August 475 vor dem Patricius Orestes nach Dalmatien fliehen; später auf Betreiben des Glycerius ermordet. H.-J.D.

2. **N.,** Cornelius, ca. 100–24 v. Chr., röm. → Biograph, Insubrer, befreundet mit → Catull (c. 1), → Cicero (Att. 16, 5, 5), → Varro (Char. gramm. I 59, 15) und T. Pomponius → Atticus. N. hat kein senator. Amt bekleidet. Er schrieb, abgesehen von erotischen Gedichten, vor 54 v. Chr. (1) *Chronica* in 3 Büchern (Catull. 1; Auson. epist. 16, 1 p. 164 Sch.), in denen er die Chronika des → Apollodor (4) v. Athen als Vorlage benutzt, aus anderen Quellen auffüllt und bis zu seiner Zeit fortführt; nach 43 v. Chr. (2) *Exempla* in 5 Büchern (Gell. 6, 18, 2), eine nach dem Muster der hellenist. Paradoxographie zusammengestellte Sammlung von Merkwürdigkeiten aus Geschichte, Physik, Geographie (Quelle für → Valerius (12) Maximus, → Plinius (1) d. Ä.,

→Gellius u. a.). Auf Anregung des →Atticus verfaßte er zwei →Biographien, von →Cato (1) und →Cicero (Nep. Cat. 3, 5; Gell. 15, 28, 1); beide sind verloren. Das biographische Hauptwerk des N. in mindestens 16 Büchern ist die Schrift (3) ‹*De viris illustribus*› (Gell. 11, 8, 5) eine Biographiensammlung nach dem Vorbild von Varros ‹Imagines› (Char. gramm. I 141). Hier sind bedeutende Römer den Griechen oder anderen Nichtrömern gegenübergestellt: Könige, Feldherren, Dichter, Redner, Historiker, Grammatiker werden verglichen. Erhalten ist nur ein Buch mit Biographien von 23 nichtröm. Feldherrn, und aus dem Buch über lat. Historiker die Biographie des →Cato (1), die ein Auszug aus der großen Monographie ist, und die des Atticus (mit den Briefen der →Cornelia). Geschrieben ist das Werk für einen Leserkreis, den der Autor unterhalten, nicht wissenschaftlich verläßlich unterweisen wollte. Dieses Ziel hat N. in verschiedenen Formen erreicht: in chronologischer Darstellung oder deren Gegenteil (Timotheus); in der Form des Enkomions (Epaminondas); die Atticusvita nimmt Darstellungsweise und Disposition des Sueton vorweg. R. Hl.

Ed: E. Malcovati, CPar (1934), 1945² – A. M. Guillemin, CB, 1961 – Fragm. in HRR II, 1906, XL und 23 – *Komm:* C. Nipperdey-K. Witte, 1913 – L. Voit, 1947 (Auswahl) – *Übers:* H. Färber, Tusculum, 1952 (mit Fragmenten) – *Lit:* Schanz-Hosius, I 351 f. – A. Kurfeß, Bursian 269, 1940, 70 ff. – K. Fleischer, Zu Corn. N., Festschr. Snell, 1956, 197–208 – R. Rahn, Die Atticusbiogr. u. die Frage der 2. Auflage d. Biographiensamml. des Corn. N., Hermes 85, 1957, 205–215.

Nepos, vgl. auch Caecilius.

Neptunus, dessen etymologisch nicht ganz geklärter Name vielleicht die Vorstellung von Feuchtigkeit ausdrückte, war der Gott des Süßwassers, bevor seine Angleichung an →Poseidon ihn auch zum Gott des Meeres werden ließ. Sein Fest, die *Neptunalia*, wurde am 23. Juli begangen; es gehörte zur Reihe der alten Feste (→Festkalender); alles, was wir davon wissen, ist, daß Laubhütten gebaut wurden (Varro ling. 6, 19; Fest. 519 L.) und daß es noch im 3. Jh. n. Chr. in Übung war. Vermutlich hatten die mitten in den Hundstagen gefeierten Neptunalia zum Zweck, den Gott um Schutz vor der Trockenheit zu bitten. Beim ersten →Lectisternium von 399 v. Chr., in dem er neben →Merkur erscheint, ist N. schon Poseidon gleichgesetzt (vgl. Liv. 5, 13, 6; Dion. Hal. 12, 9, 2). Neben dem Circus Flaminius besaß er einen Tempel, der 206 v. Chr. schon stand, dessen Entstehungszeit aber unbekannt ist (Liv. 28, 11, 4). H. Le B.

Darstellungen: →Poseidon.

Neratius Priscus stammte aus Saepinum in Samnium aus einer dort führenden Familie (vgl. Kunkel, a. O. 144 f.) und hat unter Trajan und Hadrian eine bedeutende Rolle gespielt. Konsul 87 n. Chr., Statthalter von Pannonien ca. 96/98; Mitglied des Consilium unter Trajan und Hadrian; Trajan soll ihm so dankbar gewesen sein, daß man glaubte, er habe in ihm seinen Nachfolger gesehen (Hist. Aug. Hadr. 4, 8). N. war Vorsteher der Schule der →Proculianer. Als seine Werke werden 15 Bücher Regulae, 3 Bücher Responsa und 7 Bücher Membranae (zum Streit um die Bedeutung des Titels vgl. Krüger, a. O. 188, N 67) sowie kleinere Schriften erwähnt. Die meisten späteren Juristen nehmen auf ihn Bezug. H. Hb.

Lit: P. Krüger, Gesch. d. Quellen u. Lit. d. röm. Rechts (1888), 1912², 187 f. – W. Kunkel, Herkunft u. soz. Stellung d. röm. Juristen, 1952, 144 f.

Nereus, Meergreis. Wohnt in der Meerestiefe zusammen mit der Okeanide Doris und ihren gemeinsamen Kindern, den *Nereïden*. Sohn des Pontos und der Gaia (Hes. theog. 233; Apollod. 1, 10). Seher, von →Herakles trotz mancher Verwandlung gezwungen, ihm den Weg zu den Hesperiden zu sagen. – Unter den *Nereïden* (Kataloge: Hom. Il. 18, 38 ff.; Hes. theog. 243 ff.; Apollod. 1, 11–12; Hyg. fab. praef.) bes. hervorzuheben: →Amphitrite, Poseidons Gemahlin, →Thetis, die Führerin der Nereïden, und →Galatea. Kult der Nereïden bes. bei Seeleuten. Die N., →Tritone und andere Meerwesen spielen auch im Jenseitsglauben (Reise zu den Inseln der Seligen) eine Rolle.

Lit: Picard, Annales de l'Ecole des Hautes Etudes de Gand 1938, 125 ff. – Walter, Ephem. 1953/54(55), 81 ff. – Déonna, Rev. d'Arch. de l'Est 10, 1959, 286. – *Darstellungen:* Vom 7. Jh. ab sind in der Kunst fisch- und schlangenleibige Meerwesen nachweisbar, deren Benennung zunächst offenbleiben muß. Im 6. Jh. sind sie als Nereus, Triton oder Acheloos inschriftlich gekennzeichnet oder durch den Mythos (→Herakles-Acheloos) eindeutig bestimmt. Im Kampf mit Herakles wird N. frühzeitig in seinen Verwandlungen dargestellt. Etwa von 570 an ist dann der fischleibige Gott als Gegner des Herakles oft nachweisbar, vor allem auf Vasen. In ihm ist jetzt Triton zu erkennen; N. wird nun rein menschlich gebildet. Er wird als Herrscher gefaßt, reitet auf dem Hippokampen. Von spätarchaischer Zeit an finden sich Tritonenpaare, in spätgriech. und röm. Kunst Tritonenherden. 480/70 begegnet N. auf einem Münchner Stamnos nochmals fischleibig (CVA München 5, Taf. 259–262 ff.). Spätarchaisch sind erstmals auch ‹Meerfrauen› belegt, die auch Dionysos tragen können. Die Nereiden sind stets menschlich gebildet. Sie sind in der Kunst außerordentlich häufig nachweisbar, z. B. beim Kampf des →Peleus mit →Thetis (Brommer 242–249; Schauenburg, Perseus, 52 Anm. 344). Später auch häufig mit →Perseus-Andromeda dargestellt (Schauenburg, s. O. 55–77). Berühmt eine Gruppe des →Skopas: Poseidon, Thetis, Nereiden mit den Waffen des Achilleus (Plin. nat. 36, 26). Das Thema der Gruppe – doch ohne Poseidon – ungewöhnlich häufig wiedergegeben (K. Schauenburg, BJbb 161, 1961, 221–223). Sehr verbreitet in der Kaiserzeit die Nereidensarkophage, Sarkophage mit dem Meerthiasos (A. Rumpf, SR V). – *Lit. dazu:* E. Buschor, Meermänner, 1941 – H. Sichtermann, Nereo e Nereidi, EAA V, 1963, 421–423. Vgl. zur Bedeutung →Ara des Domitius Ahenobarbus – R. Lullies, Vergoldete Terrakottaapplíken aus Tarent, 1962, 77 f. K. Schb.

Nero (Nero Claudius Caesar), röm. Kaiser 54–68, geb. 37 in Antium als L. Domitius, Sohn des Cn. Domitius Ahenobarbus und der →Agrippina (3), 50 von →Claudius adoptiert, 53 mit dessen Tochter →Octavia (3) verheiratet (Stammbaum →Jul.-claud. Haus). Dank Agrippina kann N. 54 den Thron einnehmen. Regierung zunächst in den Händen von →Seneca (2) und →Burrus. Milde (clementia) ist die Parole der ersten Phase; demonstrative Betonung der augusteischen Form des Prinzipats. Senat stärker eingeschaltet. Besonnene Maßnahmen (Überwachung des Steuereinzugs, Anlage von →Kolonien), gute Rechtsprechung und Verwaltung lassen N.s erstes Jahrfünft als ideale Zeit erscheinen; →Lukan (1, 33 ff.) u. a. erwarten ein goldenes Zeitalter. N. versucht sich, zumeist dilettantisch, in Musik, Dichtung, Malerei, Bildhauerei, zuletzt bes. als Kitharöde und Wagenlenker. Bald erstrebt er jedoch rücksichtslos seine volle Unabhängigkeit. →Britannicus, als möglicher Prätendent eine Belastung, wird 55 vergiftet, Agrippina isoliert und 59 ermordet. Als 62 Burrus stirbt, Seneca sich zurückzieht, N. von Octavia geschieden wird und →Poppaea Sabina heiratet, die den Platz der früheren Geliebten Claudia →Acte eingenommen hatte, ist N. frei von allen Bindungen. Seine Kreaturen, die Prätorianerpräfekten →Ofonius Tigellinus und Faenius Rufus gewinnen an Einfluß, die kaiserliche Gerichtsbarkeit mit Hilfe des →Consilium an Bedeutung. 59 erste Auftritte als Wagenlenker und Kitharöde in geschlossenen Gesellschaften, Stiftung des musischen →Kapitolinischen Agons (Juvenalia), 61 Einführung des Neronischen Agons, Stiftung eines Gymnasiums in Rom. 64 erster öffentlicher Auftritt als Kitharöde in Neapel, 65 in Rom. Höhepunkte der künstlerischen Aktivität die Griechenlandtournee 66/67: 1808 Siegeskränze. Zugleich Abgabenfreiheit und volle Selbstverwaltung für →Achaia; Projekt eines Kanals von Korinth. – Stand hinter N.s Tun je die Absicht, eine im griech. Sinne ideale, gymnastisch-künstlerische, musische Kultur im ganzen Reich einzuführen, so stießen die bizarren Auftritte des Kaisers ab. Selbstherrliches Verhalten, Verbrechen und Verstöße gegen die röm. Tradition provozieren die *Opposition*. Seit 62 neue →Majestätsprozesse. Der Brand Roms 64 vom Volk N., von ihm den Christen zur Last gelegt (Tac. ann. 15, 44). Erste systematische →Christenverfolgung in Rom. Großzügiger Wiederaufbau der

Stadt, Goldenes Haus Neros (→Rom IV D 8). 65 Verschwörung →Pisos (2) entdeckt, der u. a. →Lukan, →Seneca, →Petron zum Opfer fallen. 67 Beseitigung des Domitius →Corbulo und der beiden Scribonii, der Statthalter in Germanien. 68 Erhebung des →Vindex in Gallien, des →Galba in Spanien und →Clodius (5) Macer in Afrika. Abfall der Garde, Ächtung durch den Senat, 9.6.68 Freitod des Gehetzten in einer Villa vor Rom.

[2] *Grenzpolitik, Kriege:* Im Vertrag von Rhandeia fällt *Armenien* an →Tiridates (4), formell unter röm. Oberherrschaft. 66 nimmt Tiridates in Rom das Diadem entgegen. – Ostpontus und →Alpes Cottiae in Provinzialstatus überführt, an der unteren Donau angeblich 100000 Transdanuvier übergesiedelt. Feldzugspläne nach Äthiopien und zum Kaspischen Meer nicht ausgeführt. Seit 66 Jüdischer Krieg, vgl. →Vespasian. – In Britannien 61 Aufstand der →Boudicca, durch →Suetonius Paulinus niedergekämpft.

[3] Das ‹frühheidnische› *N.bild* (bei Seneca, Tacitus, Sueton) geißelt N.s Verbrechen, im jüdischen z.T. (bes. Orac. Sib. 4.5) Rückkehr N.s als Ankündigung der Endzeit verheißen. Bei einzelnen christl. Autoren (vgl. Lact. mort. pers. 2, 8f.) ist N. der Antichrist, allgemein der erste Verfolger. Für das späte Heidentum verdichtet sich in N. z.T. nochmals die Welt der Spiele und der hellenischen Kultur (→Kontorniaten). Zahlreiche N.legenden. K. Chr.

Q: Tac. ann. 13–16 – Suet. Nero – Dio 61–63. Weiteres → Claudius – *Lit:* E. Hohl, RE Suppl. 3 (1918), 349–394 – K. Heinz, Das Bild Kaiser N.s bei Seneca, Tacitus, Sueton und Cassius Dio, 1948 – M. A. Levi, N. e i suoi tempi, 1949.

2. **N.** (N. Iulius Caesar), ca. 6–31 n. Chr., ältester Sohn des →Germanicus (1), heiratet 21 →Iulia (4), die Tochter des →Drusus (2) minor (Stammbaum →Jul.-claud. Haus). 26 (?) Quästor. Nach dem Tode des Schwiegervaters hat N. Aussichten auf die Thronfolge, was ihm die Feindschaft →Sejans zuzieht, der 29 N. verleumdet und seine Verbannung nach Pontia erwirkt. 31 stirbt er dort den Hungertod, um der Hinrichtung zu entgehen. K. Chr.

Neronischer Agon, ein alle fünf Jahre stattfindender Wettstreit, den Nero i.J. 60 n. Chr. begründete. →Sueton betont, diese Spiele seien für Rom neu gewesen; sie waren den griech. →Agonen nachgebildet und umfaßten Athleten- und Reiterprüfungen sowie musische Wettkämpfe (Musik, Poesie, Rhetorik). Der Kaiser gab Konsularbeamten den Vorsitz und ließ sich selbst als besten Redner, Dichter lat. Sprache und Zitherspieler krönen (Suet. Nero 12; 21; Tac. ann. 14.20). Den Tod des Kaisers haben diese ‹Neronia› wohl kaum überlebt. H. Le B.

Nerva (Marcus Cocceius Nerva), röm. Kaiser 96–98. Geb. 8.11.30 (?) in Narnia. In der Gunst →Neros, um die Niederwerfung der Verschwörung des C. Calpurnius →Piso (2) verdient. Konsul 71 und 90. – Nach →Domitians Ermordung am 16.9.96 vom Senat, dem N. sich durch vornehme Abstammung, Bildung und Kinderlosigkeit empfahl, zum Kaiser ausgerufen. Der Bürge senatorischer ‹Freiheit› bekennt sich zur ‹Vorsehung des Senats› und schwört, keinen Senator töten zu lassen. Im Mittelpunkt der Politik N.s stehen Hilfsmaßnahmen für Italien: Erziehungsbeihilfen für bedürftige Kinder (→alimenta), Landverteilung im Werte von 60 Mill. Sesterzen an arme Bauern, Abschaffung der Gespannabgabe für Dienstpost, Ausbau der röm. Getreide- und Wasserversorgung. – Beseitigung der Mißstände im fiscus Iudaicus, Maßnahmen gegen die Finanzkrise. Allgemeines Regierungsprogramm: Wohlfahrt, Billigkeit, Gerechtigkeit. – Als Nicht-Militär wirbt N. vergeblich um die Anerkennung der →Domitian ergebenen Armee. Die Prätorianergarde erzwingt 97 die Hinrichtung der Mörder Domitians. So bedrängt, adoptiert N. im Herbst 97 →Trajan (Hintergrund für Tac. hist. 1,15f.). – Gest. 25.1.98. K. Chr.

Q: Dio 67–68 – Plin. paneg. – *Lit:* A. Garzetti, Nerva, 1950.

Nerva, vgl. auch →Cocceius.

Nervier, Stamm der →Belgen zwischen Ardennen und Schelde (Kt. 1019 D 2), leisteten →Caesar in der Schlacht an der Sambre i.J. 57 v. Chr. erbitterten Widerstand (Gall. 2, 16ff.). L. B.-H.

Nesiotenbund (κοινὸν τῶν νησιωτῶν), Zusammenschluß von Inseln der Ägäis, namentlich der Kykladen. Der N. entstand vermutlich 315/314 v. Chr. unter dem Protektorat des →Antigonos I. Monophthalmos und ging um 286 nach dem Sturz des →Demetrios I. Poliorketes in die Schutzherrschaft der →Ptolemäer über. Das Wachstum der makedon. Seegeltung (seit Mitte des 3. Jh.s) bewirkte Spaltung und Zerfall des N.s. Um 200 lebte er unter rhodischem Protektorat wieder auf und überdauerte noch das Ende der rhodischen Macht (um 168); um 160 ist er letztmals bezeugt. Der N. war ein Bundesstaat mit Bundesbürgerrecht, befehligt von einem durch den Protektor ernannten Nesiarchen (unter den Ptolemäern) bzw. Archonten (unter den Rhodiern). H. H. Sch.

Lit: W. König, Der Bund der N., Diss. Halle 1910 – A. Th. Guggenmos, Die Gesch. des N.s bis zur Mitte des 3. Jh.s v. Chr., Diss. Würzburg 1929 – W. Schwahn, RE 4 A 1 (1931), 1262–66; RE 17,1 (1936), 74–77 – Rostovtzeff, Hellen. Welt III 1101 (Lit).

Nessos, einer der →Kentauren, flieht von →Pholos vor →Herakles zum Fluß Euenos, wo er den Fährmann macht. Als Herakles und Deianeira später den Fluß überqueren wollen, trägt er Deianeira und versucht, sich an ihr zu vergreifen; daraufhin erschlägt ihn Herakles mit der Keule. Nach anderer Version (vgl. Soph. Tr. u.a.) von Herakles mit dem Pfeil getroffen, gibt er ihr sterbend den verderblichen Liebeszauber (s. →Herakles).

Nestor, Sohn des →Neleus, Vater des →Antilochos, Herrscher von →Pylos. Nach vielen Heldentaten – im Kampf gegen →Herakles überlebt er als einziger von 12 Söhnen; erfolgreiche Kriegszüge gegen die Epeier; nach späteren Berichten am Kampf der →Kentauren und Lapithen und an der →Kalydon. Jagd beteiligt – ist er im →Trojan. Krieg ein Greis im 3. Menschenalter, immer noch ein guter Kämpfer, aber vor allem durch seinen Rat bedeutend (Il. 1., 2., 9., 11). Glücklich in die Heimat zurückgekehrt, empfängt er dort noch →Telemachos. Sein Alter, seine Weisheit und Beredsamkeit waren sprichwörtlich und noch spät in der Rhetorik gerühmt. K. Schb.

Darstellungen: Auf spätgeometr. Kanne vielleicht sein Kampf gegen die →Aktorione (Schefold, FS, Taf. 7a), auf ehernem Dreifuß (a. O., Abb. 28) zuerst bei der Gesandtschaft an Achill; dabei und beim Aufbruch Achills oft auf Vasen (Johansen 153f.), auf apul. Vase auch Telemachs Besuch in Pylos. – *Lit. dazu:* A. Rumpf, EAA V, 1963, 431f. K. Schf.

[2] *Nestorbecher,* von H. Schliemann auf die Ilias (11,632 bis 637) gegründete Bezeichnung eines myk. Goldbechers aus dem 4. →Schachtgrab. W. Schg.

Abb: S. Marinatos-M. Hirmer, Kreta u. das myk. Hellas, Taf. 188 – *Lit:* S. Marinatos, Der ‹N.›, in: Neue Beitr. z. Kl. Altertumsw., 1954. 11–18.

2. **N. von Laranda** (Lykaonien), griech. Epiker zur Zeit des Kaisers Septimius Severus (193–211), Verfasser einer Ἰλιὰς λειπογράμματος (in jedem der 24 Gesänge fehlte der den betreffenden Gesang bezeichnende Buchstabe; →auch Triphiodoros), einer Metamorphosendichtung, eines Alexanderepos und zweier Lehrgedichte über die Heilwirkungen bestimmter Pflanzen (Alexikepos) und über Heilmittel (Panakeia). E. V.

Q: Suidas s. v. – *Lit:* R. Keydell, RE 17,1 (1936), 125f.

Nestorios, ca. 381–nach 451, wohl Schüler des →Theodoros (10) v. Mopsuestia und damit der →antiochenischen Theologie, 428 Patriarch von Konstantinopel, aber schon 431 (→Konzil v. Ephesos) auf Betreiben seines Feindes →Kyrillos (1) v. Alexandria abgesetzt; starb im Exil in Oberägypten. Zum Häretiker stempelte ihn der Ansatz zweier ὑποστάσεις in Christus. Wohl wird N. eine ἕνωσις dieser zwei Hypostasen in neuplatonischem Sinne gelehrt haben (N. sah sein Bekenntnis als orthodox an); aber sein rühriger Gegner → Kyrillos (1) verstand es, ihn ins Unrecht zu setzen. – Seine Anhänger, die *Nestorianer*, wanderten ins Perserreich aus; 484 trennten sich die im Perserreich wohnenden Christen mit dem Bekenntnis zur Christologie des N. von der Großkirche. Die Nestorianer, deren Kirche noch heute am Urmiasee und in den USA besteht, haben erfolgreich in Zentralasien und in China missioniert. H.D.

Ed: F. Loofs, Nestoriana 1905 (mit der autobiograph. *Τραγῳδία*) – Liber Heraclidis (2. Autobiogr.): P. Bejan, 1910 – F. Nau, 1910 (franz. Übers.) – *Lit:* L. Abramowski, Unters. z. literarischen Nachlaß des N., Diss. Bonn 1956 – Dies., LThK VII 885–889 (Lit).

Netosmaler, att. Vasenmaler des späteren 7. Jh.s, Hauptmeister der → altatt. Malerei (→ Vasen E 2). Er gibt die Pinselmalerei seiner Vorgänger auf und leitet durch konsequente Ritzung der Konturen zum hocharchaischen → schwarzfigurigen Stil über. Seine Formensprache ist großflächig und etwas ungeschlacht, die mythologische Erzählung noch nicht aus dem früharchaischen Tierfigurenstil befreit. – *Werke:* Halsamphora mit Herakles und Netos, eponym, Nat. Mus. Athen 1002 (Arias-Hirmer, Abb. 18 bis 20); Kratere, Bauchamphoren, Lekaniden, Pinakes. I. Sch.

Lit: H. Diepolder, Eine Frauenkopfamphora von der Agora, in: Festschrift für C. Weickert, 1955, 111–120 – S. Karouzou, *Ἀγγεῖα τοῦ Ἀναγυροῦντος*, 1963, 15–24; 123–136 – Beazley, ABV 4–7.

Neuattische Kunst. [1] Der *Begriff* des ‹Neuattischen› wird in der Archäologie nicht ganz einheitlich verwendet. Hch. Brunn hat den Begriff geprägt, indem er die von Attikern seit ca. 150 v. Chr. in Rom und Griechenland signierten Werke als ‹neuattisch› den Werken des alten, klassischen Athen gegenüberstellte. Auf Grund des besonderen Charakters dieser Werke wurde dann in der Folgezeit mit dem Begriff auch etwas Inhaltliches verbunden: nämlich eine klassizistische und eklektizistische Note. Es bestand dann zeitweilig die Tendenz, alle ‹dekorative› Kunst vom 1. Jh. v. Chr. an ‹neuattisch› zu nennen. Werner Fuchs hat versucht, den Begriff wieder klarer abzugrenzen und «von seinem Ursprung her, nämlich der Reproduktion und dekorativen Verwertung klassischer Werke in Athen, zu begreifen».

[2] Die *Voraussetzung* für die Entstehung der N.K. liegt in der (während des Hellenismus in wachsendem Maß spürbar werdenden) Entwurzelung der griech. Kunst, in der Loslösung des Kunstwerkes aus seinem ursprünglichen Zusammenhang, seiner nationalen und religiösen Bindung. Den äußeren Anstoß dazu gaben die neuen Kulturansprüche der → Diadochenstaaten, vor allem Pergamons und Alexandrias. – Die erhaltenen *Denkmäler* zeigen vom 2. Jh. v. Chr. an eine klassizistische und eine hellenistische Richtung, die nebeneinander hergehen und sich gegenseitig beeinflussen. Der ersteren gehören z. B. in → *Pergamon* die ‹Kopie› der → Parthenos von → Phidias an sowie die Athena mit der Kreuzägis und die sog. Hera (Vorbild: Prokne des → Alkamenes), in *Athen* etwas später die Werke des Eubulides, auf der *Peloponnes* diejenigen des → Damophon und Eukleides. Um ‹Kopien› im strengen, späteren Sinn handelt es sich hierbei allerdings noch nicht; die Kluft zwischen Zeitstil und Vorbild bleibt noch mehr oder weniger bewußt unterdrückt. Im Laufe des 1. Jh.s v. Chr. treten dann die ‹neuattischen› und ‹hellenistischen› Spielarten schon unvermittelter auf und gehen (allerdings nur scheinbar) antithetisch nebeneinander her. Die noch vor der Zerstörung von Delos geschaffene Kopie des → ‹Diadumenos› → Polyklets in Delos zeigt beispielsweise schon im frühen 1. Jh. v. Chr. einen weitgehenden Verzicht auf eine zeitgenössische Assimilierung des zugrunde gelegten Meisterwerkes. Auch bei den bewußten Umbildungen werden die einzelnen Bestandteile allmählich strenger voneinander abgehoben; vgl. z. B. den sog. Germanicus des → Kleomenes (5) von Athen (im Louvre), bei dem ein zeitgenössischer Kopf mit einer Hermesfigur d. 5. Jh.s v. Chr. (Hermes Ludovisi) verbunden ist, und zwar ohne daß dabei ein Versuch einer Angleichung dieser heterogenen Elemente unternommen worden wäre. – Auch die ‹Neuschöpfungen› der N.K. (vgl. z. B. Pasquinogruppe, Achill-Penthesilea-Gruppe (?), Dornauszieher, Gruppe von Ildefonso) und die archaistischen Rückgriffe werden als solche nun bewußt kenntlich gemacht. Der Träger dieses bis in antoninische Zeit stufenweise zu verfolgenden neuattischen Klassizismus ist (nach Ausweis der Denkmäler und Inschriften) *Athen*, so daß der Begriff ‹N.K.› durchaus beibehalten werden darf. Allerdings hat der röm. Machteinfluß nicht nur viele griech. Bildhauer nach Italien verpflanzt, sondern auch durch seine neue Programmatik die Entwicklung und Ausrichtung weitgehend bestimmt. Auch die Wahl der Vorbilder blieb nicht auf Athen beschränkt. E. Bg.

Lit: Brunn I 542–549 – F. Hauser, Die neuatt. Reliefs, 1889 – E. Löwy, N.K., 1922 – G. Becatti, Attika, RIA 7, 1940, 1–116 – W. Fuchs, Die Vorbilder der neuatt. Reliefs, 1950 – Ders., EAA V, 1963, 413–417 – G. A. Mansuelli, Il torso Gaddi nella galleria degli Uffizi, Bd'A 43, 1958, 1–12.

Neujahrsfest. [1] *Im Orient.* Das N. (babylon. *zagmukku*) wurde bes. in Babylon festlich begangen, wobei das → Enūma eliš rezitiert (oder dargestellt?) und der *ἱερὸς γάμος* vollzogen wurde. Ferner Kulthandlungen mit Demütigung des Königs, der anschließend die Hände → Marduks ergriff und an einer Schiffsprozession zum → Akītu-Haus außerhalb der Stadt teilnahm. Sinn des Festes war wohl ein Fruchtbarkeitsritus. Ein Zusammenhang mit den *Σάκαια* (Ath. 14, 639 C) läßt sich nicht nachweisen. – Vgl. → Kalender. W.R.

[2] In *Rom.* Am 1. Jan. jeden Jahres (seit 153 v. Chr.) traten die → Konsuln ihr Amt an; von ihren Freunden begleitet, gingen sie feierlich in der → Toga praetexta von ihrem Haus zum Tempel des → Jupiter Capitolinus; ihnen voraus schritten Liktoren mit Rutenbündeln; im Tempel opferten sie Jupiter zwei weiße Ochsen, das Gelübde erfüllend, das ihre Vorgänger im letzten Jahr abgelegt hatten, dann machten sie selbst ein Gelübde zum Wohl des Staates. Die Privatleute tauschten Glückwünsche und verschiedene Geschenke aus, wie wir es auch heute noch tun. H. LeB.

Lit: A. Müller, Die Neujahrsfeier im röm. Kaiserreiche, Philol. 22, 1909, 464–487.

Neunheit. Die ägypt. kosmologischen Götter von Heliopolis (Atum, Geb und Nut, Schu und Tefnut, Osiris und Isis, Seth und Nephthys) wurden unter der Bezeichnung ‹N. von Heliopolis› zusammengefaßt. Sonst bezeichnet man gern die Gruppe der Nebengötter eines Tempels als ‹N.›, ohne daß es genau 9 zu sein brauchen. W. Hk.

Neuplatoniker, → Plotin und die von ihm mehr oder weniger beeinflußten Platoniker. Das Ende des Neuplatonismus im Osten kann konventionellerweise mit dem J. 642, d. h. der arabischen Eroberung von Alexandria, das im Westen mit dem J. 529, d. h. der Schließung der → Akademie in Athen, angesetzt werden; doch blieb der N. in der islam. und der byzantin. Welt am Leben, und im lat. Westen setzte er sich sowohl im röm. Reich wie auch in dessen Nachfolgestaaten fort. Er absorbierte fast alle anderen philosophischen Schulen des Altertums und darf als Erbe des gesamten geistigen Lebens der Antike angesehen werden. Die N. hielten sich für orthodoxe Platoniker und wurden als solche jahrhundertelang angesehen, bis im 17. Jh. eine Reaktion einsetzte, so daß schließlich im 19. Jh. Platonismus und Neuplatonismus scharf unterschieden wurden. Gegenwärtig sind Bestrebungen im Gange, die Schroffheit der Unterscheidung zu mildern, hauptsächlich unter Berufung auf → Aristoteles' Darstellung des platonischen Systems und den Platonismus der Alten Akademie (→ Akademiker).

[2] *Einteilung der Schulen.* Nach der Begründung der neuplaton. Philosophie durch → Plotin, seinen Lehrer → Ammonios (2) Sakkas und seinen Mitschüler → Origenes teilte sich der Neuplatonismus in die folgenden Hauptrichtungen (nach Überweg-Prächter): 1. die metaphysisch speku-

lative und innerhalb derselben (a) die hauptsächlich durch → Porphyrios repräsentierte Schule des Plotin, (b) die syrische Schule des → Iamblichos, (c) die athenische Schule; – 2. die magisch-theurgische Schule von Pergamon; – 3. die ‹gelehrte› Schule in Alexandria; – 4. den lat. Neuplatonismus.

[3] *Die metaphysisch-spekulative Richtung:* 1. Während Plotin Aristoteles' Kategorienlehre ablehnte, adoptierte sie → *Porphyrios* und bürgerte überhaupt das Studium des Aristoteles im Platonismus ein, bis es schließlich als Einleitung zur ‹höheren› Weisheit Platons betrieben wurde. Bitterer Feind des Christentums, beeinflußte er doch aufs tiefste die mittelalterliche Philosophie durch Aufstellung der fünf Grundbegriffe: Gattung, Art, artbildende Differenz, wesentliches Merkmal, unwesentliches Merkmal (die sog. quinque voces) und durch die Erörterung des Problems, ob Gegenstände der Begriffe (Universalien) wirklich oder nur in unseren Gedanken existieren (Streit zwischen Begriffsrealismus und Nominalismus). An Fragen der Religion, bes. des Seelenheils und der Heilsmittel, lebhafter interessiert als Plotin, schätzte er die sog. → Chaldäischen Orakel als Quelle philosophischer Weisheit und auch wegen deren theurgischer Heilsmittel. Daß er die letzteren in anderen Schriften kritisierte, wird manchmal dem vergeistigenden Einfluß Plotins zugeschrieben. Wie andere N. verfaßte Porphyrios viele rein gelehrte Werke. – 2. Sein Schüler *Iamblichos* teilt Porphyrios' religiös-theurgische Interessen. In der Nachfolge des → Nikomachos (2) von Gerasa ‹theologisiert› er Zahlen, die er mit Gottheiten des Heidentums identifiziert. Seiner Platoninterpretation legt er die platonisch-aristotelische Dreiteilung der Wirklichkeit in Metaphysisches (Theologisches), Psychisch-Mathematisches und Physisches zugrunde und bezieht nun jeden Dialog als Ganzes in allen seinen Teilen auf eines dieser drei, fühlt sich aber auch berechtigt, jede Einzelstelle auf die anderen zwei zu beziehen. Energischer als Plotin suchte er den pythagoreisch-platonischen Prinzipiendualismus (Eins – Unbestimmte Zweiheit; → Aoristos Dyas) durch Ansetzung eines höheren, gegensatzlosen Eins mit Monismus zu kombinieren. Die plotinischen Hypostasen spaltet er auf, so daß sie ineinander kontinuierlich übergehen. – 3. Die *Schule von Athen*, d.h. die nachplotinische Phase der → Akademie Platons. Ihr erstes uns faßbares Schulhaupt, → Plutarchos (2) v. Athen, ist uns hauptsächlich als Interpret der aristotelischen Intelligenzlehre (*νοῦς*) bekannt, die ja schon im sog. Mittelplatonismus und bei Plotin mit dem Platonismus verschmolzen wird. Sein Nachfolger → Syrianos verteidigt die → Pythagoreer und Platon gegen die Angriffe des Aristoteles. Die Schule kulminiert in → Proklos, dem wir die geschlossenste Darstellung des Neuplatonismus verdanken. Wie er ihn interpretiert, wird er zugleich zum philosophischen System des Polytheismus: alle Gottheiten sind als Momente des Emanationsprozesses erklärbar. Seine Methode auf jüdisch-christliche Religionsgehalte anzuwenden und dadurch das MA tief zu beeinflussen, blieb dem sog. → Dionysios Areopagites vorbehalten. Wohl nicht als erster beschreibt Proklos den Emanationsvorgang, indem er ihn in die drei Momente des Heraustretens, Verbleibens und Rückwendens zerlegt: das Niedrigere entfremdet sich nie gänzlich dem Höheren und vollendet sich in seiner Rückkehr zu ihm, und alles ist in allem enthalten, wenn auch immer auf eigentümliche Weise. Das plotinische Emanationsschema bereichert Proklos, indem er der ‹vertikalen› Emanationsrichtung eine ‹horizontale› hinzufügt: die Eins entläßt ‹vertikal› die Intelligenz (*νοῦς*), ‹horizontal› aber die ‹Einse› (Henaden, identisch mit den höchsten Gottheiten); die Intelligenz entläßt vertikal die Seele, horizontal Intelligenzen usw. Das erste Glied jeder horizontalen Emanationsreihe transzendiert alle Glieder der nachfolgenden, die übrigen immanieren in immer zunehmendem Maß den ihnen entsprechenden Gliedern der niedrigeren Horizontalreihe. Im ganzen ist Proklos viel optimistischer als Plotin; im eigentlichen Sinn existiert ein Übel nicht. Beim letzten Schulhaupt, → Damaskios, erscheint der im Platonismus von Anfang an latente Agnostizismus (der aber nicht etwa in Skeptizismus endet, sondern zur Annahme einer überrationalen, nicht erkenntnisartigen ‹Einsicht› führt) aufs stärkste gesteigert: nicht nur ist das oberste Prinzip (die Eins) unerkennbar, sondern auch sämtliche Schritte und Resultate des Emanationsprozesses, da sich sogar Begriffe wie Identität und Unterschied, Früher und Später usw. auf dieselben nur in sehr uneigentlichem Sinn anwenden lassen. Zeitgenosse des Damaskios ist → Simplikios, der die bei manchen vorplotinischen Platonikern vorhandene Tendenz, Platon und Aristoteles zu harmonisieren, auf die Spitze treibt: Aristoteles polemisiere nie gegen Platon, sondern nur gegen Mißinterpretationen seiner Philosophie.

[4] *Die magisch-theurgische Richtung.* Die pergamenische Schule, ein Zweig der jamblichischen, ist uns hauptsächlich durch Kaiser → Julian und durch → Sallustios (4) bekannt. Der letztere ist Verfasser einer allgemeinverständlichen Schrift, in der u.a. Göttermythen philosophisch gedeutet werden.

[5] *Die Schule von Alexandria,* die wir etwa mit → Hierokles (3), einem Schüler des Plutarchos v. Athen, beginnen lassen mögen, knüpft in vielem an vorplotinischen Neuplatonismus an; ihre Interpretationsweise ist im Vergleich mit der des Iamblichos viel nüchterner und ‹philologischer›, ihre Interessen oft rein gelehrter Art. Im Unterschied zur athenischen Schule, die bis zum Schluß Hochburg des Heidentums geblieben ist, ist die alexandrinische bereit, sich mit dem Christentum auszugleichen (wie wohl später mit dem Islam). Unter ihren Vertretern finden wir (konvertierte oder geborene) Christen, wenn es auch manche nur der Form nach gewesen sein werden. Es ist bezeichnend, daß der Athener Simplikios, obwohl durch die alexandrinische Schule gegangen, aufs heftigste gegen seinen alexandrinischen Zeitgenossen Johannes → Philoponos polemisiert.

[6] *Im lateinischen Neuplatonismus* finden wir sowohl überzeugte Heiden (→ Symmachus; → Macrobius) wie auch Christen; → Marius (6) Victorinus, im reifen Alter konvertiert, wendet als erster neuplatonische Begriffe auf die Trinität an. → Boethius, stark vom Alexandriner → Ammonios (1) Hermeiou beeinflußt, wird manchmal als letzter antiker und erster scholastischer Philosoph bezeichnet. Seine philosophischen Schriften, Übersetzungen und Kommentare gehören zu den Hauptquellen mittelalterlicher Bildung; sehr einflußreich sind auch seine theologischen Abhandlungen. Das bekannteste seiner Werke, ‹Philosophie als Trösterin›, unter Umständen geschrieben, unter denen er als Christ, so würde man denken, sich christlich-religiöser Trostgründe bedienen würde, enthält auffallenderweise nur solche, die der griech. Philosophie entnommen sind.

[7] *Überlieferung.* Was sich an neuplatonischen Schriften erhalten hat, übertrifft um ein Vielfaches alles, was sonst aus antiker Philosophie auf uns gekommen ist. Ph.M.

Lit: Überweg-Prächter, 590–655 – Zeller III 2, 687–931 – E. Zeller-R. Mondolfo-G. Martano, La filosofia dei Greci, 1961 – W. Totok, Handb. d. Gesch. d. Phil. I, 1964.

Neupythagoreer. Die Schule des → Pythagoras gilt im 4. Jh. v. Chr. als erloschen (Aristoxenos Fr. 18/19 Wehrli); im 3. und 2. Jh. sind keine → Pythagoreer nachweisbar, wenn auch die Verbreitung apokrypher Schriften (→ Pseudopythagoreer) für ein fortlebendes Interesse an ihrer Lehre zeugt. Seit dem 1. Jh. v. Chr. treten in Rom und im griech. Osten wieder Pythagoreer auf; sie üben die Askese des ‹pythagoreischen Lebens›, suchen das Wissen des Pythagoras wiederzugewinnen, sammeln Gleichgesinnte und Schüler. Eine pythagoreische Schule als dauerhafte Institution kam jedoch nirgends zustande. Religiöse und magische Tendenzen verschlingen sich mit philosophischen Impulsen. →Nigidius Figulus, →Vatinius (Cic. Vat. 14), App. →Claudius (25) Pulcher, dann Anaxilaos v. Larissa sammeln und erproben okkultes Wissen aller Art, →Astrologie, →Mantik, Magie. Im Osten wird der wandernde Asket zum Propheten, Wundertäter, Gottmensch: →Apollonios (16) v. Tyana, →Alexander (13) v. Abonuteichos. Soweit philosophische Lehren formuliert werden, handelt es sich um Neubelebung platonischer Metaphysik im Anschluß an →Speusipp und →Xenokrates (3) mit Einbeziehung stoischer Lehren; vgl. →Poseidonios und →Antiochos (9) v. Askalon. Platon galt den N.n als treuer Schüler des Pythagoras; eine im Kern platonische Metaphysik schreibt schon die hellenist. Doxographie dem ‹Pythagoras› zu (Aëtios; Photios bibl. Nr. 249; Sext. Emp. adv. math. 10, 248 ff.). Weiterführende Interpretationen gaben →Moderatus und →Numenios, während →Nikomachos (2) v. Gerasa die mathematischen Wissenschaften als Hinführung zur pythagoreischen Metaphysik behandelte. Grundlage des Systems ist der Gegensatz von Einheit (Gott) und ‹unbestimmter Zweiheit› (Materie), aus deren Ineinanderwirken die weltgestaltende Zahlenordnung entspringt (→Zahlenmystik); die Tendenz geht dahin, das ‹Eine› immer weiter über die Welt hinauszuheben, die Überwelt in Stufen zu gliedern: das ‹Eine› ist ‹jenseits des Seienden›, Numenios trennt von ihm radikal den Weltschöpfer; die Seele, bei Moderatus gestaltgebende Vermittlerin beider Bereiche, ist für Numenios in erster Linie gefallen, erlösungsbedürftig. In der Abfolge der Seinsstufen, in der Verbindung mit Zahlensymbolik und in der Seelenlehre bestehen enge Beziehungen zur →Gnosis. Die philosophischen Ansätze gehen schließlich auf im →Neuplatonismus. →Plotin stellt sich bewußt zu Platon; doch →Iamblich setzt entschieden Platonismus und Pythagoreismus gleich, eine Gleichsetzung, die bis zum Ende der Antike gültig blieb. W. Bk.

Lit: E. Zeller, Die Philosophie der Griechen III 2, 92 ff.

Neusis (νεῦσις, ‹Einschiebung›). Manche Konstruktionsaufgaben, die mit Zirkel und Lineal allein nicht lösbar sind, können mit Hilfe eines Lineals, auf dem zwei Punkte markiert sind, gelöst werden. Es ist damit möglich, durch einen gegebenen Punkt eine Gerade so zu legen, daß sie zwischen zwei gegebenen Kurven eine Strecke gegebener Länge abschneidet. Dieser Konstruktionsschritt heißt N., d. h. Neigung (der Geraden zu dem gegebenen Punkt hin). Bei der von Zeuthen angegebenen Übersetzung ‹Einschiebung› ist an das Einpassen der Strecke zwischen die beiden Kurven gedacht. – Beispiel: →Dreiteilung eines Winkels. Um den

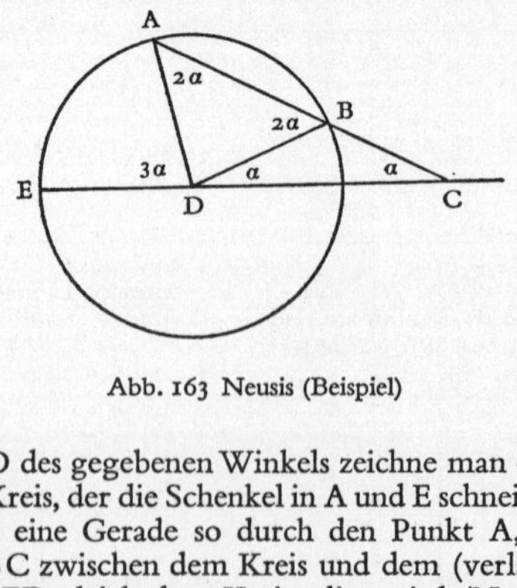

Abb. 163 Neusis (Beispiel)

Scheitel D des gegebenen Winkels zeichne man einen beliebigen Kreis, der die Schenkel in A und E schneide. Dann lege man eine Gerade so durch den Punkt A, daß die Strecke BC zwischen dem Kreis und dem (verlängerten) Schenkel ED gleich dem Kreisradius wird (Neusis). Mit Hilfe des Satzes vom Außenwinkel am Dreieck sieht man, daß $\sphericalangle a = \sphericalangle BDC = \frac{1}{3} \sphericalangle ADE$ ist (Archim. liber assumptorum 8, Heiberg II 518). – Eine N. ist erstmals bei →Hippokrates (2) v. Chios überliefert. →Archimedes benutzte das Verfahren öfter. →Apollonios (15) v. Perge hat zwei Bücher über Neuseis geschrieben, von denen wir durch →Pappos wissen (coll. 7, Hultsch 670 ff., 770 ff.). Vgl. auch →Konchoide. H. G.

Lit: H. G. Zeuthen, Kegelsnitlaeren i Oldtiden, 1885, deutsch 1886 (Nachdr. 1963), 261.

Nicaea, Stadt in Bithynien (Kt. 1567 B 1; heute Iznik), griechisch um 300 v. Chr. nach der Frau Lysimachos' II. Nikaia benannt, doch als Ort des Konzils (→Synoden) von 325 n. Chr. bekannter unter dem lat. Namen. Nach dem Mithridat. Krieg mit ganz Bithynien an Rom gefallen. In der Kaiserzeit bedeutend. 29 v. Chr. richtet →Augustus einen heiligen Bezirk für Roma und Caesar ein. Starke Gegensätze zu Nikomedia, der Hauptstadt Bithyniens. Zerstörungen durch Erdbeben in den Jahren 32, 120, 362 und 368 n. Chr. Regelmäßige Stadtanlage. Erhaltene Bauten: Mauerring, Wasserleitungen, Theater. Die Koimesiskirche von den Türken zerstört. R. F.

Lit: A. M. Schneider-W. Karnapp, Die Stadtmauer v. I., Ist. Forsch. 9, 1938 – A. M. Schneider, Die röm. u. byzantin. Denkmäler von I.-Nikaia, Ist. Forsch. 16, 1943 – N. Bonacasa, EAA 5, 1963, 452 f.

Niceta von Remesiana (Serbien), gest. ca. 415, Dichter von →Psalmen, deren gottesdienstlichen Gebrauch er mit dem Sermon ‹De psalmodiae bono› empfahl; deshalb gerne als Autor des →Te deum bezeichnet. Verfasser von theologischen Traktaten und →Katechesen. C. A.

Q und *Lit:* Altaner, 352.

Nicomachus Flavianus, Virius, ca. 334–394, Sohn des Volusius Venustus (vicarius Africae 363 n. Chr.), hochgebildeter, militanter Heide, Verfasser u. a. eines von →Ammian benutzten Geschichtswerkes, 382 quaestor sacri palatii, bis Herbst 383 und 390/392 praef. praet. Italiae, Illyrici et Africae, in diesem Amt zum drittenmal 393 unter →Eugenius, als dessen Parteigänger er sich in seinem Konsulatsjahr 394 tötete. K. H. Sch.

Lit: O. Seeck, RE 6 (1909), 2506–2511 – A. Momigliano, The Conflict between Paganism and Christianity in the Fourth Century, 1963 – A. Rostagni, Storia della lett. latina II, 1955, 714–716; 727.

2. **N. Flavianus,** Sohn des vorigen, procos. Asiae 383, unter →Eugenius und nochmals (nach seiner Bekehrung zum Christentum) 399–401 und zwischen 402 und 408 praef. urbi, 431–432 praef. praet. Italiae, wie sein Vater literarisch tätig, verheiratet mit einer Tochter des Q. Aurelius →Symmachus (2); sein Sohn aus erster Ehe (oder Neffe?) Appius N. Dexter, praef. urbi um 430. K. H. Sch.

Niello (Opus nigellum) →Schmuck.

Nieswurz (Germer; ἐλλέβορος), in Wurzel und Saft wirksame Heilpflanze, wobei eine schwarze und weiße Art unterschieden wurden. Die schwarze N. wurde nach →Melampus auch Melampodion genannt. Man kannte die Giftwirkung der N. bei Tieren, die die N. mieden, und verwendete vorwiegend die Wurzel wegen ihrer purgierenden (kathartischen) Kraft u. a. bei Leberleiden, Melancholie, Epilepsie und Manie. Als charakteristische Erscheinungen wurden Erbrechen und Niesen beobachtet. Die Anwendung konnte wegen der Giftigkeit nur in kleinsten Mischdosen erfolgen. Vgl. →Flora. J. W.

Lit: Murr, Pflanzenwelt, 228 – Stadler, RE 8, 1 (1912), 163–170 – O. Geßner, Gift- und Arzneipflanzen, 1931, 61–64.

Niger →Bruttedius, →Pescennius, →Trebius, →Valerius.

Nigidius Figulus, P., berühmtester →Neupythagoreer in Rom; geb. ca. 98, Senator, Prätor 58, nach 49 im Exil, gest. 45. Freund →Ciceros, hochgelehrt, wenn auch im Schatten →Varros. N. sammelte einen Freundeskreis; Weissagungen, magische Experimente, Totenbeschwörungen werden ihm zugeschrieben; neben einem umfangreichen grammatischen Werk behandelte er theologisch-okkulte Themen, in denen Hellenistisch-Orientalisches, Römisches und Etruskisches verschmilzt: Götter- und Auguralwesen, Opferschau, Blitzzeichen und →Astrologie, geheime Gesetze des menschlichen und tierischen Organismus. W. Bk.

Frg: A. Swoboda, 1889 – *Lit:* W. Kroll, RE 17, 1 (1936), 200–212.

Nigrinus → Avidius.

Nikagoras von Athen, Sophist (→ Redner I D 3), der unter seinen Ahnen → Plutarch und → Sextus hatte, Großsohn des → Minucianus d. Ä., Lehrer des Genethlios und → Porphyrios (?). Hierokeryx der eleusin. Mysterien, kaiserl. Rhetorikprofessor in Athen (wohl ca. 230), Freund → Philostrats II. und des → Longinus. N. schrieb *βίοι ἐλλογίμων*, eine Gesandtschaftsrede an Philippus Arabs (wohl nicht Ps. Aristeid. 35 K.) u. a.; er verehrte Xenophon und hielt die Tragödie für ‹die Mutter der Sophisten›. W. Sp.

Lit: W. Stegmann, RE 17, 1 (1936), 216–218 – K. Gerth, Bursian 272, 1941, 220 (Forschungsber.) – Ders., RE Suppl. 8 (1956), 762 s. v. 2. Sophistik.

2. **N. von Cypern,** Naturphilosoph oder Periheget wohl des 5. Jh.s, von dem → Aristoteles eine Theorie über die Entstehung der → Nilschwelle mitteilt. O. G.

Frg: Aristot. Fr. 248 R.

Nikaia, Name mehrerer Städte, u. a. N. in Bithynien: → Nicaea.

Nikainetos von Samos oder Abdera (das eine vielleicht der Geburtsort, das andere der spätere Aufenthaltsort), Dichter, wohl 2. H. 3. Jh. v. Chr. Verfasser verschiedener epischer Werke: eines ‹Lyrkos› (Parth. 1; mit Lyrkos ist die Geschichte von Kaunos verbunden, welcher → Apollonios (11) Rhodios ein Epos widmete) und eines *Frauenkataloges* (Ath. 13, 590 B). Daneben einige Epigramme erhalten.

Frg: Coll. Alex. 1–4. P. H.

Nikandre, eine Naxierin, weihte nach Ausweis der Inschrift eine überlebensgroße, weibliche Marmorstatue, noch stark an den alten Xoanontypus angelehnt, mit enganliegendem, gegürtetem Gewand, an die delische Artemis, diese wohl selbst darstellend. – Um 650/640 v. Chr. Athen, Nat. Mus. Nr. 1. H. 1,75 m. E. Bg.

Lit: Brunn-Bruckmann, 57, 1 – G. Rodenwaldt, Die Kunst der Antike (1927), 1938³, Taf. 190 – E. Homann-Wedeking, Anfänge der griech. Großplastik, 1950, 51 f. (zur Inschrift) – Lippold, GrPl 43, Taf. 11, 2 – L. Alscher, Griech. Plastik I, 1954, 72 f. u. 110 f., Abb. 64.

Nikandros von Kolophon, in einer delph. Inschrift (SIG 452) Mitte des 3. Jh.s genannter Dichter von Epen und Lehrgedichten; wohl nicht identisch mit → N. (2), vielleicht dessen Vorfahr. P. H.

2. **N. von Kolophon,** Verfasser von Lehrgedichten, wahrscheinlich 2. Jh. v. Chr. Zwei Lehrgedichte ganz erhalten: ‹Theriaka›, über Schlangen und andere Gifttiere und die besten Gegenmittel gegen ihre Bisse, ‹Alexipharmaka›, über pflanzliche, mineralische und tierische Gifte und deren Gegengifte. Die Quelle ist die Prosaschrift des Apollodoros Iologos (frühes 3. Jh.). Von N. sind als Titel ferner ‹Georgika› (Landbau), ‹Melissurgika› (Bienenzucht), ‹Heteroiumena› (→ Metamorphosen, Verwandlungssagen), ‹Prognostika in epischer Form› (Versifikation einer Schrift aus dem Corpus Hippocraticum) bezeugt. N. ist der (erhaltene) Repräsentant der Richtung hellenist. Lehrdichtung (→ Hellenist. Dichtung C 2), die in der Versifikation abseitiger Stoffe Ruhm sucht. Die erstaunliche Tatsache, daß seine wenig ansprechenden Werke erhalten sind, erklärt sich aus N.s Neigung zu sprachlicher Altertümelei, die die Aufmerksamkeit der Grammatiker anzog. Daher auch N.-Scholien. P. H.

Ed: A. S. F. Gow–A. Scholfield, 1953 (mit engl. Übers. und Komm., auch Lit.).

3. **N. von Thyateira,** schrieb über die att. Demen und ein Werk über att. Glossen in mindestens 18 Büchern. Das erste Werk ist nicht vor 226/220 erschienen. W. Sp.

Frg: FGrHist 343.

Nikanor, Grammatiker aus Alexandria, 2. Jh. n. Chr. Schrieb ein (verlorenes) Werk über Interpunktionsfragen sowie einen Kommentar zu Ilias und Odyssee, in dem alle mit der Zeichensetzung verknüpften Interpretationsprobleme behandelt waren: Teil des sog. Viermännerkommentares (→ Scholien C 2). H. E.

Frg: L. Friedländer, Nicanoris *Περὶ Ἰλιακῆς στιγμῆς* reliquiae emendatiores, 1850 – O. Carnuth, Nicanoris *Περὶ Ὀδυσσειακῆς στιγμῆς* reliquiae emendatiores, 1875.

2. **N. von Stageira,** Adoptiv- und Schwiegersohn des → Aristoteles, mit → Alexander (5) d. Gr. in Asien, verlas auf den Olympischen Spielen 324 v. Chr. eine Proklamation, in der Alexander vor allem ankündigte, er werde die (bereits früher geforderte) Rückberufung der Verbannten in die griech. Städte notfalls mit Gewalt durchsetzen (Diod. 18, 8, 4). Nach Alexanders Tod Kommandant des → Kassandros in Attika, dann Admiral in der Seeschlacht gegen → Kleitos (2); von Kassandros im Jahre 318 als Verräter hingerichtet.

Nikarchos, griech. Epigrammatiker im 1. Jh. n. Chr., Verfasser von im wesentlichen skoptischen (d. h. Spott-) Epigrammen im Stil des → Lukillios (etwa 35 erhalten: AP, bes. 11). Wahrscheinlich ist neben ihm ein gleichnamiger hellenist. Verfasser epideiktischer Epigramme (AP 6, 31. 285; 7, 159. 166; 9, 330) anzunehmen. E. V.

Lit: J. Geffcken, RE 17, 1 (1936), 278–280.

Nike, griech. Göttin, die den Sieg personifiziert (vgl. die röm. → Victoria). Homer kennt sie noch nicht, wohl aber Hesiod (theog. 384). Bes. durch die bildende Kunst ist diese blasse Personifikation zu einer ausgeprägten göttlichen Persönlichkeit geworden (geflügelt dargestellt; Attribute: Kranz, Palme und dgl.). Nike ist nicht selbst die Verleiherin, sondern nur die Überbringerin des Sieges; meist erscheint sie daher als Begleiterin bzw. Attribut von großen siegspendenden Göttern, vor allem von → Zeus und → Athena. Sie bringt den Sieg nicht nur im ernsten, kriegerischen, sondern auch im friedlichen Wettkampf (→ Agon). Kulte der N. als einer selbständigen Gottheit scheint es erst in der hellenist. Zeit gegeben zu haben: offenbar haben Alexander d. Gr. und seine Nachfolger auf die Verehrung dieser Gottheit besonderen Wert gelegt (bezeugt durch Münzen); auch verherrlicht man gern einen Herrscher, indem man N. als seine ständige Begleiterin feiert. Griech. Kulte der N. sind u. a. bezeugt in Ilion, Tralleis, Aphrodisias, Olbia (teilweise wohl beeinflußt durch den röm. → Victoria-Kult). – In einem Sonderkult auf der Akropolis von → Athen (N.-Tempel) trägt die Stadtgöttin Athena selbst den Beinamen N. Berühmte Statuen der N. befanden sich u. a. in → Olympia (von → Paionios) und auf → Samothrake. – In der Kunst begegnet bisweilen – ähnlich wie bei → Eros – eine Mehrzahl von Niken. K.-H. R.

Lit: Bernert, RE 17, 1 (1936), 285 ff. – W. Fuchs, EAA 5, 1963, 461 ff.

2. **N. von Samothrake,** 1863 auf der Insel → Samothrake gefunden. Parischer Marmor. H. 2,45 m. Paris, Louvre, Nr. 2369. – Die Basis (aus rhod. Stein) der Göttin ist als Prora (Vorderteil eines Schiffes) gestaltet, auf der Nike, eben herabgebraust, heftig ausschreitet. Das Monument ist vielleicht in Verbindung zu bringen mit dem Sieg der Rhodier gegen → Antiochos III. von Syrien (222–187 v. Chr.), um 190 v. Chr. E. Bg.

Lit: H. Thiersch, Die N. v. S., Nachr. Göttingen, 1931, 337–356 – Lippold, GrPl 360, Taf. 126, 4 – J. Charbonneaux, La main droite de la Victoire de Samothrace, Hesperia 21, 1952, 44–46, Taf. 12 f. – Lullies-Hirmer, 88 f., Taf. 262.

Nikebalustrade. Der Niketempel auf der Akropolis, → Athen (I C 3), erhielt im letzten Viertel des 5. Jh.s (wohl um 408 v. Chr.) eine den Nikepyrgos umrahmende Balustrade von 1,06 m hohen Marmorplatten. Diese waren auf der Außenseite mit herrlichen → Reliefs verziert, von denen etwa ein Drittel in Bruchstücken wiederaufgefunden worden ist. Dargestellt sind geflügelte Niken, z. T. mit Opferstieren, die sich zu einem Siegesfest der Athena rüsten. Athen, Akropolismuseum. E. Bg.

Lit: R. Carpenter, The Sculpture of the Nike Temple Parapet, 1929 –

Lippold, GrPl 193 f. – Schefold, Agorakritos als Erbe des Phidias, in: Freundesgabe R. Böhringer, 1957, 570–582 – Lullies-Hirmer, Taf. 189–191.

Nikephoros Blemmydes, byzantin. Polyhistor, 1197 bis 1272, Verfasser einer ‹Synoptischen Geographie›, die auf → Dionysios (8) Perihegetes zurückgeht, und eines Aufsatzes über die Größe der Erde und der → Oikumene. Vgl. → Geographie C. F.L.

Ed: GGM II 458–470.

Nikeratos, Bildhauer, Sohn des Euktemon, Athener, aber bes. für die ersten Dynasten von → Pergamon tätig. Obwohl von diesem Bildhauer zahlreiche Werke von Plinius und Tatian genannt und durch Inschriftsignaturen (aus Pergamon und Delos) gesichert sind, ist noch keine sichere Identifizierung innerhalb der monumentalen Überlieferung gelungen. Auch über die Lebenszeit sind sich die Gelehrten noch nicht einig, obwohl feststeht, daß er u. a. mit → Phyromachos gearbeitet hat. E.Bg.

Lit: A. Mahler, N., JdI 20, 1905, 26–31 (Anf. 2. Jh. v. Chr.) – A. Schober, Zur Geschichte pergamenischer Künstler, ÖJh 31, 1939, 142–149; ders. a. O. 32, 1940, Beiblatt 73–82 (2. Jh. v. Chr.) – B. Schweitzer, Zur frühpergamenischen Kunst, AA 1939, 405–414 (3. Jh. v. Chr.) – Ch. Picard, REG 56, 1943, 206–213 (3. Jh. v. Chr.) – Lippold, GrPl, 320 (280–230 v. Chr.) – Marcadé II 79–82 – B. Conticello, EAA V 1963, 475 – Zu dem zeitweise fälschlich mit der delischen Basis des Denkmales für den Galliersieg eines Philetairos verbundenen Kriegertorso vgl. → Agasias.

Niketes von Smyrna, → Redner (I D 1), 2. H. 1. Jh. n. Chr. N. pflegte einen barocken Stil, liebte paradoxe Gedanken. Lehrer → Skopelians; denselben N. hörte wohl auch → Plinius d. J. N. machte sich um die städt. Anlagen in Smyrna verdient. W.Sp.

Lit: L. Radermacher, RE 17, 1 (1936), 319–321.

Nikias, reicher Silberbergwerksbesitzer zu Laureion, athen. Feldherr und Politiker im Pelop. Krieg. Geb. vor 469 v. Chr., trat er nach dem Tod des → Perikles in den Vordergrund als Führer jener besitzenden Kreise Athens, die zwar auf dem Boden der Demokratie standen, aber in deren Rahmen für eine konservative Politik und daher für einen Kompromißfrieden mit Sparta eintraten. Als Stratege äußerst vorsichtig, operierte er erst seit 425 energischer, um nicht → Kleon gegenüber politisch ins Hintertreffen zu geraten. 425 schlug er die Korinther, 424 entriß er Sparta die Insel Kythera. 423 erreichte er einen einjährigen Waffenstillstand mit Sparta und im April 421 den nach ihm benannten Frieden. Seine folgende Politik korrekter Vertragserfüllung und der Freundschaft mit Sparta wurde freilich schon 420 von → Alkibiades torpediert, gegenüber dem N. – trotz vorübergehender politischer Allianz gegen → Hyperbolos – rasch in den Hintergrund trat. Auch mit seinen Warnungen vor Alkibiades' Sizilienabenteuer drang er nicht durch. 415 wurde er neben diesem und → Lamachos zum Strategen mit besonderen Vollmachten hierfür gewählt. In Sizilien bald alleiniger Oberbefehlshaber, mißglückte ihm trotz eines Sieges über die Syrakusaner Ende 415 und der Eroberung der Hochfläche Epipolai anfangs 414 die Einschließung von Syrakus. Obwohl sich seine Lage hierauf dauernd verschlechterte, versäumte er 413 aus Aberglauben und Angst vor den politischen Folgen in Athen auch noch die letzte Möglichkeit zum Rückzug aus Sizilien. Nach der militärischen Katastrophe ließ sich N. am 8. Oktober 413 gefangennehmen, worauf er in Syrakus hingerichtet wurde. F.Kch.

Q: Thuk. 3, 51–7, 86 passim; Plut. Nik.; zum N.-Frieden: Staatsverträge des Altertums II, 1962, Nr. 188 – *Lit:* G. De Sanctis, La pace di N., in: Problemi di Storia antica, 1932 – B. D. Meritt, The Battle of the Assinarus, ClPh 27, 1932, 336 ff. – L. Kirtland, N., his Family and the Tradition of his Great Wealth, Diss. Princeton, 1939 – H. D. Westlake, N. in Thucydides, ClQ 35, 1941, 58–65.

2. **N.,** von Athen, Maler, Enkelschüler des → Euphranor. Plinius datiert ihn in die Alexanderzeit. Als junger Künstler bemalte er die reifen Werke des → Praxiteles. Auf der Höhe seines Schaffens soll er ein ungewöhnlich hohes Angebot → Ptolemaios' I. für seine ‹Nekyia› abgelehnt haben. Seine Vorliebe galt der Darstellung von Jünglingen (Dionysos, Hyakinthos) und Frauen (Nemea, Artemis, Kalypso, Io, Andromeda); ihre Qualität lag in der besonderen Beachtung von Licht und Schatten und plastischer Wirkung (Plin. nat. 35, 130). Das Bild der Io besitzen wir vermutlich in mehreren röm. Wiederholungen, deren Verwandtschaft mit einer ebenfalls in röm. Kopien erhaltenen Andromeda zu einer annähernden Kenntnis der Koloristik des 4. Jh.s – außerhalb der → Vierfarbenmalerei – geführt hat. C.K.

Q: Overbeck, SQ, 1811 ff. – *Lit:* Brunn II 194 ff. – Pfuhl, 751 ff. – G. Lippold, RE 17, 1 (1936), 338–341 – Ders., GK, 93 – B. Neutsch, Der Maler N., Diss. Jena 1939 – Rumpf, 143 ff. – Schefold, PM, 196 ff. zu Taf. 9. 35. 36. 38 – G. Becatti, EAA V 476–482.

Nikkal, sumer. Mondgöttin, Gemahlin des Mondgottes Nanna (akkad. → Sîn) und Mutter des Sonnengottes → Šamaš. Ihr Kult ist in Syrien seit dem 3. Jt. heimisch, ein in → Ugarit gefundener Hymnus feiert ihre Hochzeit mit dem westsemit. Mondgott Yrḫ. G.Wn.

Lit: WbMythol I 302 f. – E. Dhorme, Les religions de Babylonie et d'Assyrie (1945), 1949[2], 58–60. 84–86 – G. R Driver, Canaanite Myths and Legends, 1956, 23–5, 124–7.

Nikochares, von Athen, Dichter der ausgehenden alten und der mittleren → Komödie (I B. C.); Sohn des Komikers → Philonides; erster Lenäensieg wohl 407; acht sichere Titel meist von mythologischen Stücken bezeugt. Th.G.

Frg: FAttCom I 926–935.

Nikodemos von Herakleia (Bithynien), griech. Epigrammatiker am ehesten zur Zeit des → Leonidas (3) von Alexandria (1. Jh. n. Chr.); eine Reihe sog. anakyklischer oder palindromer Epigramme, die auch rückwärts gelesen werden können, erhalten (AP 6, 314–320. 323; 9, 53). E.V.

Lit: J. Geffcken, RE 17, 1 (1936), 347 f.

Nikokles, König von Salamis auf Cypern, Sohn und Nachfolger (374/373 v. Chr.) → Euagoras' I., nach → Isokrates, der ihm die Reden 2, 3 und 9 widmete, gerecht, mild, bildungsbeflissen, aber unkriegerisch, nach anderen charakterlos, maßlos und verschwenderisch. N. starb vor 354. E.Bn.

Lit: Blaß, II 269 ff. – The Swedish Cyprus Exped. IV 2, 1948, 496 f.

2. **N. von Sparta,** Grammatiker, auch für Rhetorik interessiert; durch → Libanios bekannt, den er nach Konstantinopel lockte. Mit Hekebolios (Christ; asianisch) Lehrer Kaiser → Julians (2) in Konstantinopel; einflußreich unter Julian und → Theodosios I. W.Sp.

Lit: O. Seeck, Die Briefe des Libanius, 1906, 221 f. – W. Stegemann, RE 17, 1 (1936), 352 f. – P. Wolf, Vom Schulwesen der Spätantike, Diss. Basel 1951, 37–39.

Nikolaos, Gesandter Spartas bei → Dareios I. vor Ausbruch der Perserkriege (Hdt. 1, 157).

2. **N. von Damaskos,** griechischer → Geschichtsschreiber (I C 1), aus angesehener Familie, ca. 64 v. Chr. geb.; nicht (wie oft angenommen) Jude. Lehrer der Kinder → Kleopatras und des → Antonius (2). Vertrauter, Ratgeber, Hofhistoriograph und Philosoph (Aristoteliker) → Herodes' I. Sehr beliebt bei → Augustus, wo er für Herodes I., etwa 8 v. Chr., und auch noch für dessen Nachfolger, Herodes Archelaos, 4 v. Chr., eintrat. Blieb dann in Rom (?). – *Werke:* 1. Weltgeschichte (144 Bücher), mindestens bis gegen Ende 1. Jh. v. Chr. (bis zum J. 4?). Die wichtigsten Fragmente entstammen den Büchern 1–7 (oriental., griech. Frühzeit). Quellen: → Ktesias, → Xanthos, → Hellanikos, → Ephoros, → Herodot. – 2. Leben des Augustus (Frg.e über Augustus' Jugend bis 45, seine Rückkehr von Apollonia bis zur Aufstellung eines Heeres in Kampanien, Caesars Ermordung). Die Darstellung ist sehr tendenziös. Als Hauptquelle gilt Augustus' Autobiographie (bis zum J. 25). – 3. Eine Autobiographie (Alterswerk; Bios nach aristotelischer Ethik dargestellt). Die genannten Werke des N. sind Primärquelle für die Herodestradition (→ Josephus AJ, BJ), er benutzte wohl auch königliche Hypomnemata (FGr

Hist 236). – 4. Ἐθῶν συναγωγή Sammlung seltsamer Völkersitten (Frg.e bei → Stobaios), Herodes gewidmet. – Ferner, den Arabern bekannt, Philosophisches, Naturwissenschaftliches (Über die aristotelische Philosophie – davon auch syr. Frg.e –, Ethik, Pflanzengeschichte u. a.). W. Sp.

Histor. Frg: FGrHist 90 – Augustusbios: C. M. Hall, 1923 (Noten, Übers.) – *Lit:* R. B. Motzo, EI 24, 1934, 763 – Laqueur, RE 17 (1936), 362–424 – C. Brutscher, Analysen zu Suetons Divus Julius und der Parallelüberlieferung, Noctes Romanae 8, 1958, 131–134 – Zum *Philosophischen:* Überweg-Praechter 238* – Zeller-Wellmann III 1 (1852), 1923⁵, 651 – R. Walzer, Greek into Arabic, 1962, 255.

3. **N. von Myra** (Lykien), Sophist und Rhetor des 5. Jh.s n. Chr. Studium in Athen, Professur in Konstantinopel. Erhalten sind seine breit angelegten → Progymnasmata, getrennt nach (1) Theorie (auch allgemein für die → Rhetorik wichtig) und (2) Musterbeispielen. H. H.

Ed: (1) I. Felten, BT, 1913 – (2) Walz, RhGr I 262–420 – *Lit:* K. Orinsky, De Nicolai Myrensis et Libanii quae feruntur progymnasmatis, Diss. Breslau 1920 – W. Stegemann, RE 17, 1 (1936), 424 bis 457.

Nikomachos, Sohn des → Aristoteles, Schüler → Theophrasts; jung gest. Der Titel der ‹Nikomachischen Ethik› scheint sich irgendwie auf ihn zu beziehen. O. G.

1a. **N.,** wohl von Theben (?), Maler, Enkel des → Aristeides, Sohn und Schüler des Ariston d. Ä. Plin. nat. 35, 108 datiert den Höhepunkt seines Schaffens in die Jahre um 330 v. Chr. (vgl. → Malerei C 4) und erwähnt seine Tätigkeit für Antipater und den Tyrannen Aristratos, in dessen Auftrag er das Grabmahl des Dichters Teletes gemalt habe. Bewundertes und anekdotisch überliefertes Hauptmerkmal seiner Kunst war die ‹celeritas› (‹Schnelligkeit›) in der Arbeitsweise, worin ihn sein Schüler → Philoxenos von Eretria noch übertraf. Von seinen Werken sind ein Odysseus (angeblich erstmals mit Pilos), Apoll und Artemis, die Göttermutter auf dem Löwen, von Satyrn beschlichene Mänaden und eine Skylla nur namentlich, eine Nike mit Viergespann, der Raub der Persephone (später in Rom) und das unvollendete Bild der Tyndariden vielleicht in Nachbildungen überliefert (vgl. Lippold, GK, Abb. 83–85). C. K.

Q: Overbeck, SQ, 1771 – *Lit:* Brunn II 168ff. – G. Lippold, RE 17, 1 (1936), 464–467 – EAA (Red.) V 483 f.

2. **N. von Gerasa,** → Neupythagoreer, 1. H. 2. Jh. n. Chr., behandelt die mathematischen Wissenschaften im Geist des → Pythagoras. *Werke:* 1. Arithmetik (Ἀριθμητικὴ εἰσαγωγή), metaphysisch verstandenes Spiel mit den Eigenschaften der Zahlen (gerade und ungerade, → vollkommene Zahlen, → Polygonalzahlen u. a.); vielbenutztes Schulbuch, kommentiert u. a. von → Iamblichos und → Philoponos, ins Lateinische (→ Apuleius, → Boethius) und Arabische übersetzt. – 2. ‹Theologie der Arithmetik› (Ἀριθμητικὰ θεολογούμενα), Deutung der Götternamen auf die Eigenschaften der Zahlen; erhalten ist ein Abriß bei Photios (bibl. Nr. 187), umfangreiche Exzerpte bei → Iamblichos (theol. arithm.). – 3. ‹Pythagoreische›, auf Zahlenproportionen aufgebaute Musiktheorie (→ Musik A 9): erhalten ist ein ‹Handbüchlein› (Ἐγχειρίδιον) und Exzerpte einer größeren, von → Boethius benutzten Darstellung. – 4. Eine gelehrte Pythagorasbiographie, rekonstruierbar aus → Porphyrios und → Iamblichos. W. Bk.

Ed: R. Hoche, BT, 1866 (Arithm.) – MusGr, 1895, 209–282 – Engl. Übers.: M. L. D'Ooge, 1926 (Arithm.).

Nikomedeia, Stadt an der → Propontis, Hauptstadt von → Bithynien und der röm. Provinz Bithynia (Kt. 1567 C 1; heute Izmit), Gründung → Nikomedes' I. um 264 v. Chr. an Stelle der älteren Stadt Astakos. 29 v. Chr. Einweihung eines Tempels für → Augustus, in dem auch die Landtage der Provinz stattfanden. N. wurde häufig von Erdbeben heimgesucht und 258 von den → Goten erobert und zerstört. R. F.

Lit: G. Perrot und E. Guillaume, Exploration de la Bithynie, 1872 – J. Sölch, Bithyn. Städte im Altertum, Klio 19, 1925, 140–188 – W. Ruge, RE 17, 1 (1936), 468.

Nikomedes I., König von → Bithynien (ca. 280–250), behauptete die von seinem Vater Zipoites begründete Herrschaft über Bithynien in schweren Kämpfen vor allem gegen → Antiochos I., gegen den er sich mit → Antigonos II. Gonatas und Herakleia verbündete. Als Antigonos mit Antiochos Frieden schloß (279), nahm er gallische Söldner in seine Dienste. Diese folgenschwere Entscheidung führte zur Festsetzung der → ‹Galater› in Kleinasien. Mit Hilfe der Gallier besiegte er seinen Bruder Zipoites und unterwarf ganz Bithynien. Gründete → Nikomedeia. D. T.

Bildnisse → Anhang I.

2. **N. II.** Epiphanes, König von → Bithynien (ca. 150 bis 128), der nach langjährigem Kampf gegen seinen Vater → Prusias II. (der ihn nicht als Nachfolger wollte: Iust. 34, 4, 1) zur Herrschaft kam. Als ihm mit Hilfe → Attalos' II. und der Bithynier das Land zufiel, ließ er Prusias in Nikomedeia töten (App. Mithr. 9–12). Die Römer, die vergeblich Vermittlungsversuche gemacht hatten, suchte N. durch Willfährigkeit zu beschwichtigen; er half ihnen im → Aristonikos (1)-Krieg, erhielt aber dafür nicht, wie gehofft, Großphrygien. D. T.

Bildnisse → Anhang I.

3. **N. III.** Euergetes, König von → Bithynien (128 bis ca. 95; seine Identität früher umstritten), suchte teils im Bunde mit, teils in Konkurrenz zu → Mithridates VI. seine Herrschaft über Paphlagonien und Kappadokien auszudehnen, mußte aber beide Länder auf röm. Befehl wieder räumen (Iust. 38, 2). N. beschwerte sich in Rom über die Verschleppung seiner Untertanen durch römische Sklavenfänger (Diod. 36, 3, 1 f.). D. T.

4. **N. IV.** Epiphanes Philopator, Sohn und Nachfolger N.' III., König von → Bithynien (ca. 95–75). → Mithridates VI. vertrieb ihn unter dem Vorwand, die Ansprüche eines Halbbruders zu unterstützen. Als er mit röm. Hilfe zurückkehren konnte, bestimmte ihn der Statthalter M.' → Aquilius (3) zu einem Einfall nach Pontos (App. Mithr. 32–37; Anlaß zum 1. Mithridat. Krieg). Von → Archelaos (2) besiegt, ging Nikomedes nach Italien (Strab. 12, 562). → Sulla ließ ihn 84 nach Bithynien zurückführen. Er vermachte sein Reich testamentarisch den Römern. Dem jungen Caesar wurde ein Verhältnis zu N. nachgesagt (Suet. Iul. 2; Plut. Caes. 1; Dio 43, 20, 2–4). D. T.

Lit: G. Vitucci, Il regno di Bitinia, 1953.

5. **N.,** → Mathematiker, vermutlich 2. Jh. v. Chr., → Konchoide, → Quadratrix. H. G.

Lit: Th. Heath, A hist. of Greek Math. I, 1921, 238ff.; II, 1921, 379 f. – F. Kliem, RE 17, 1 (1936), 500–504.

Nikophon, von Athen, Therons Sohn, Dichter der ausgehenden alten und der mittleren → Komödie (I B C); erste Dionysien- und Lenäensiege um 410; von sechs erhaltenen Titeln sind fünf mythen- und tragödienparodisch.

Frg: FAttCom I 934–943. Th. G.

Nikopolis, Stadt in Pontus am Flusse Lykos (Kt. 2640 a D 1; heute Şarkî Karahisar), an der Stelle von → Pompeius' Sieg über → Mithridates (66 v. Chr.). Hier gründete er eine Kolonie aus Veteranen, Verwundeten und Eingeborenen. Bei N. wurde 47 v. Chr. Caesars Legat Domitius durch → Pharnakes geschlagen. Später erhielt die Stadt das Ius italicum und war Metropolis von Klein → Armenien. R. F.

Lit: A. H. M. Jones, Cities of the eastern roman prov., 1937, 158, 172.

Nikosthenes, att. Töpfer spätarchaischer Zeit (→ Vasen E 4), tätig um 535–515, stellte in großen Mengen die für ihn charakteristischen schlanken Halsamphoren mit ausladenden Bandhenkeln her, ferner → Kyathoi und → Augenschalen. Er beschäftigte schwarz- und rotfigurig arbeitende Vasenmaler. I. Sch.

Lit: J. C. Hoppin, A Handbook of Greek Black-Figured Vases, 1924, 177–297 – H. J. Bloesch, Formen att. Schalen, 1940, 9–12.

Nikostratos d. Ä., Dichter der mittleren → Komödie (I C), vielleicht (oder → Philetairos, (2, ?) Sohn des Komikers → Aristophanes. 20 Titel bekannt, davon ‹Antyllos› und

‹Oinopion› auch dem Philetairos zugeschrieben. Persönlicher Spott ist selten. Th.G.

Frg: FAttCom II 28–43.

2. **N. d. J.,** Dichter der neuen → Komödie (I D); erster Lenäensieg nach den ersten von → Diphilos und → Philippides, nach 321 und vor 311; wohl 311 zweiter Preis mit dem ‹Teratoskopos› (‹Zeichendeuter›); Name des N. unsicher, Titel der Komödie in wahrscheinlicher Ergänzung auf IG II² 2323a). N. führte auch 280 noch auf. Fest steht nur der Titel ‹Ornitheutes› (‹Vogelfänger›), vielleicht auch ‹Basileis› (‹Die Könige›). Th.G.

Frg: FAttCom III 182f.

3. **N. von Makedonien,** T. Aurelianus (?), ein Sophist, (→ Redner I D2), der als Klassiker des ‹lieblichen› und ‹schlichten› Stils lange gelesen wurde. Vor 184 gest.? N. schrieb Romane, ‹Eikones› (wohl die ersten uns genannten prosaischen Gemäldeekphrasen), eine ‹Dekamythia› (Fabelsammlung in 10 Büchern), eine ‹Polymathia›, ‹Thalattourgoi› (Mimen oder mimische Briefe), ein Enkomion auf Kaiser Marcus Antoninus usw. W.Sp.

Lit: W. Stegemann, RE 17,1 (1936), 551–553 – PIR I 292f.

Nil, einziger Fluß und Lebensader Ägyptens, durch dessen Überschwemmung (Höhepunkt im September) das Land jährlich befruchtet wurde: infolge der Regen in Abessinien schwellen der Blaue Nil und der Atbara an und führen die fette Tonerde mit sich, deren Ablagerungen das Niltal in 100 Jahren um 10 cm erhöhen und das fruchtbare Delta haben entstehen lassen (im Altertum 7 Arme, jetzt nur noch 2). In griech. Zeit galt eine Überschwemmung von 16 Ellen als normal; vor Bau der Staudämme stieg in Kairo das Wasser um 7 m. Der N. wurde mit großen Segelbooten befahren und war immer wichtigste Verkehrsstraße. In religiösen Vorstellungen der Ägypter hielt sich die alte Überzeugung, die Nilquellen lägen im 1. Katarakt bei → Elephantine, wo Chnum das Wasser aus einer Höhle herausfließen lasse. Eine zweite Quelle dachte man sich, der Dualität des Landes zuliebe, beim jetzigen Alt-Kairo. Der Ägypter ist sich seiner Abhängigkeit vom Nil immer bewußt gewesen; er brachte ihm Opfer dar, errichtete ihm aber keine Tempel, da er ihm ja unmittelbar begegnete. Man stellte den ‹Nil› gern dar als fetten Mann, der dem König seine Gaben bringt. Daß das Ertrinken im Nil ein seliger Tod sei, ist Glaube der Spätzeit, weil auch die Leiche des Osiris ins Wasser geworfen worden sei. W. Hk.

[2] Die sommerliche N.überschwemmung wurde seit → Thales wegen ihrer Bedeutung für zentrale Fragen der Naturwissenschaft häufig untersucht. Über die Geschichte des Problems berichten u. a. Herodot (2,20–26), Seneca d. J. (nat. 4,2) und der mittelalterliche Auszug De inundacione Nili aus einem umfangreichen Nilbuch des Aristoteles. Am häufigsten wurde die N.schwelle aus den gleichzeitigen → Etesien erklärt: sie stauen das Wasser des Stroms durch Zurücktreiben (Thales), durch Anhäufung von Sandbarren vor der Mündung (anonym um 500 v. Chr.) oder durch Anschwellung des sich in den Nil ergießenden → Okeanos (→ Euthymenes, → Entdeckerfahrten; dann → Hekataios (3) v. Milet und vielleicht → Dikaiarchos); sie treiben Wolken von Norden her, die sich an den äthiopischen Bergen abregnen (→ Thrasyalkes, um 500; → Demokritos) aus rein meteorologisch-physischen Ursachen (Aristoteles, → Theophrast, → Kallisthenes, → Eratosthenes) oder weil sie dort als warme Ausdünstungen der durchsommernden → Oikumene gegen die kalte Luft der gleichzeitig durchwinternden Antoikumene reagieren (→ Eudoxos (1) v. Knidos) oder weil die dort herangeführten sommerlichen Ausdünstungen des Weltmeers (→ Ozeanographie) in der Nacht niederfallen (→ Poseidonios). Sonst wurden angeführt: die Schneeschmelze in den (libyschen?) Bergen (→ Anaxagoras); die Nilquelle in der ‹Antoikumene› (→ Nikagoras, um 350 v. Chr?); der Überschuß an Wasser in den Quellgebieten, während die Sonne im Sommer nördlicher steht (Herodot); abnehmende Erdwärme (→ Oinopides), Schwitzen der Erde (→ Ephoros) usw. F.L.

Lit: W. Capelle, Die Nilschwelle, NJbb 1914, 317–361 – A. Rehm, RE 17,1 (1936), 571–590, s. v. Nilschwelle – *Darstellungen:* F. Bonacasa, EAA 5, 1963, 489–493.

Nillandschaft. Das sogenannte ‹Barberinische Mosaik› aus dem sullanischen Apsidensaal in → Praeneste, das, ähnlich dem benachbarten → Fischmosaik, nach einer alexandrin. Vorlage entstanden ist, schildert den Reichtum der Flora und Fauna, die bunte Fülle des Lebens zur Zeit der Nilüberschwemmung. Das verheißungsvolle Land der → Isis-Fortuna, seit Alexander dem Hellenismus neu erschlossen (vgl. die N. auf der Schwelle zum → Alexandermosaik), wurde den Römern zum Symbol eines glücklichen Daseins. Vgl. → Landschaft, → Mosaik. C.K.

Lit: M. Rostovtzeff, Sozial- und Wirtschaftsgesch., 1955/56, Taf. 38. 40,2 – Pfuhl, 860 – G. Guidi, La villa del Nilo, AfrIt 1, 1933, 1 – E. Pernice, Pavimente, 1938, 167f. – G. Gullini, I mosaici di Palestrina, 1956 – Schefold, VP, 217, s. v. Pygmäen, Taf. 146f. – Beyen II 311 – F. Bonacasa-A. M. Roveri, EAA V 489–493, s. v. Nilo – Vgl. zu → Landschaft.

Nilpferd (ἱπποπόταμος), in der ägypt. Kunst seit der Frühzeit dargestellt, war den Griechen spätestens seit → Hekataios (3) bekannt. Im ägypt. Mythos wurde Setech als N. von → Horus besiegt. Im ägypt. Himmelsbild vertrat das N. die Sternfigur des Großen Bären. Trächtig, oft mit Krokodilkopf und Löwenbeinen, vertrat es im Volksglauben die Göttin Toeris als Schutzherrin der Wöchnerinnen. In der antiken Religion und im Mythos war das N. ohne Bedeutung. Bis in die Ptolemäerzeit im Deltagebiet verbreitet, wurde es wegen der dicken Haut und der Zähne gejagt. In röm. Amphitheatern zeigte man Kämpfe zwischen N. und → Krokodil. Vgl. → Fauna. J.W.

Lit: Keller, Tiere, 202–210; Tierwelt I 406f. – A. Steier, RE 17,1 (1936), 567–571 (Quellen!) – G. Roeder, Die ägypt. Götterwelt, 1959, 20. 161 – Ders., Mythen u. Legenden um ägypt. Gottheiten u. Pharaonen, 1960, 52. 60. 90f. 99. 101. 129. 141 – Schefold, WP, 371.

Nimbus (Heiligenschein). In der Antike seit 5. Jh. v. Chr. als Zeichen der Erhabenheit bei Göttern, Herrschern und Heroen weit verbreitet, wurde der N. in der altchristl. Kunst erst in konstantinischer Zeit benutzt, zunächst für Christus allein. Später trugen ihn auch Kaiser und Angehörige, sogar vorchristliche, auf christl. Mosaiken. Im 5. Jh. wurden biblische Gestalten und Heilige damit ausgestattet, während Christus (auch das Christuslamm) seit Ende 4. Jh. den Monogramm-N. und Kreuz-N. bekam. Kreuz-N. trug ferner die Geisttaube, endlich auch → Phönix. Später gab man auch lebenden kirchlichen Würdenträgern einen rechteckigen N. U.F.

Lit: K. Keyßner, RE 17,1 (1936), 591–624 – M. Collinet-Guérin, Histoire du N., 1961 – Ders., EAA 5, 1963, 493–497.

Nimrod → Ninurta; Nimrud → Kalchu.

Ninive (akkad. Ninua; Ruinenhügel Kujundschik u. Nebi Junus, Kt. 1925 C1), seit → Sanherib Hauptstadt Assyriens, am Tigris dicht bei Mossul. Dort lag bereits eine prähistorische Siedlung (5 Schichten, ca. 5000–2800 v. Chr.). Die assyr. Stadt grenzte im O an den Tigris, im W war sie durch einen doppelten Mauerring mit 10 Toren geschützt. Nur Kujundschik konnte seit 1846 ausgegraben werden. Im S liegt ein ausgedehnter Palast → Sanheribs. Nördl. davon der → Ištar-Tempel Emašmaš, dessen älteste Baustufen noch in die Akkade-Zeit reichen (Fund des *Bronzekopfes von N.;* Inschrift → Šamši-Adads I.) und der von → Aššurnaṣirpal II. und → Assurbanipal restauriert wurde. Etwas weiter nördl. Reste eines Palastes (Aššurnaṣirpal II.?), westl. davon die des Nabû-Tempels, der von verschiedenen Königen von → Tukultī-Ninurta II. bis Assurbanipal gebaut bzw. restauriert wurde. Ganz im N schließlich der ausgedehnte Palast Assurbanipals. Hier und im Palast Sanheribs fand sich die ‹Bibliothek›, die alle Gattungen an Keilschrifttexten in sorgfältigen Abschriften enthielt. Die Paläste waren reich mit Reliefplatten (Kriegszüge, Jagdbilder, kultische Darstellungen; vgl. Löwenjagd des → Assurbanipal) geschmückt. Infolge früher unsystematischer Raubgrabungen sind die Grundrisse der Gebäude oft nicht mehr sicher feststellbar. Ferner zerstörten die Meder und Babylonier N. 612 außerordentlich gründlich. W.R.

Ninnius Crassus verfaßte (noch im 1. Jh. v. Chr.?) eine lat. Übersetzung der Ilias. 2 Verse erhalten. B.K.

Frg: PRF 283 – FPL 51.

Ninos-Roman. Auf Papyrus (Schrift des 1. Jh.s n. Chr.) sind längere Fragmente eines Romans ans Licht getreten, dessen Helden Ninos und → Semiramis sind. Sie zeigen große Ähnlichkeit mit den erhaltenen (durchweg jüngeren) Liebesromanen (→ Roman). Der Zusammenhang des Ganzen ist nicht kenntlich. R.Mk.

Ed: U. Wilcken, Ein neuer griech. Roman, Hermes 28, 1893, 161 bis 193 – F. Zimmermann, Griech. Roman-Papyri u. verwandte Texte, 1936, No 1 – PSI 1305 – *Übers:* F. Zimmermann, Aus der Welt des griech. Romans, Antike 11, 1935, 294–296.

Nintu, sumer. Muttergöttin wie Ninchursanga und Ninmach; als solche auch im (fragmentarischen) sumer. Bericht von der Flut genannt. Kultort Keši. W.R.

Ninurta (sumer. ‹Herr der Erde›, im AT Nimrod), sumer.-akkad. Gott der Vegetation, der Jagd und des Krieges (gegen Feindländer). Zwei Lehrgedichte schildern N.s Taten, ein akkad. Mythos N.s Sieg über den Sturmvogel Anzû. In Assyrien genoß N. bes. seit → Aššurnaṣirpal II. Verehrung. → Sanherib wurde im Tempel des Nimrod (= N.) ermordet (2. Reg. 19, 37; Jes. 37, 38; lies so!?). W.R.

Niobe, Tochter des → Phoroneus und einer Nymphe (Teledike, Kerko, Peitho), die ‹erste Sterbliche› Geliebte des Zeus, von ihm Mutter des Argos und Pelasgos.

2. **N.,** Tochter des → Tantalos, Gattin → Amphions. Rühmt sich ihrer vielen Kinder (bei Homer, Il. 24, 602 ff., 6 Söhne und 6 Töchter, sonst je sieben, zehn oder nach Sappho (205 L.-P.) je neun gegenüber → Leto, die nur zwei habe, worauf Artemis die Mädchen und Apollon die Knaben mit dem Bogen tötet. Am 10. Tag danach bestatten die Götter bei Homer die Toten. N. trauerte, bis sie in einen Stein verwandelt wurde, der weiter Tränen vergoß: den einer weinenden Frau gleichenden ‹N.felsen› am Sipylos (Paus. 1, 21, 3; Quint. Smyrn. 1, 293 ff.). Es heißt auch, sie zerfließe aus Kummer in Regengüssen. K.Schb.

Lit: Preller-Robert II 1, 119 ff. – A. Lesky, RE 17, 1 (1936), 644–706 – W. Schadewaldt, Die N. des Aischylos (1934), in: Hellas und Hesperien, 1960, 141–166.

Niobiden in der Kunst. Im Sinne von → Solons Ethik werden um 565 v. Chr. neben andern bestraften Frevlern zum erstenmal die N. dargestellt, wie auch später immer als Opfer der Pfeile von Apollon und Artemis. Die häufigen hochklassischen Bilder deuten göttliches Walten, das über alles Begreifen geht; ein melisches Relief (vermutlich nach polygnotischer Malerei), der ion. N.giebel (Thermen- und Neues Museum Rom, Kopenhagen, Berlin) um 440, → Phidias' und → Kolotes' Friese am Thron des Zeus von Olympia (Buschors geniale Rekonstruktion jetzt durch die Leto einer Kopie von → Isthmia zu ergänzen?), Metopen des Nemesistempels von Rhamnus, ein Relief von Kyrene und Vasenbilder. Erst in dem um 325 zu datierenden Vorbild der Florentiner Gruppe, das hier barock, in der berühmten Niobide des Vatikans klassizistisch kopiert ist, wird das Einzelschicksal der Kinder unter das Leid der Mutter untergeordnet, also klassische Einheit erreicht, eine Auffassung, die auf röm. Wandbildern und Sarkophagen nachwirkt. Selbständiger sind hellenist. Tonfriese und etrusk. Sarkophage. In feiner röm. Kopie ist ein Gemälde um 430 mit dem Streit von Leto und Niobe erhalten; ein unteritalisches Vasenbild des 4. Jh.s zeigt Niobe am Grab ihrer Kinder. K.Schf.

Lit: E. Buschor-J. Sieveking, N., MüJbb 7, 1912, 111–143 – E. Buschor, Die Oxforder Niobe, ebd. 9, 1914/15, 191–206 – A. Lesky, RE 17, 1 (1936), 673–706, s. v. Niobe – E. Buschor, Zwei N.meister, SB München 1938, 3 – Schefold, Mw, 76–79 – G. A. Mansuelli, EAA V, 1963, 517–524 – Ch. Clairmont, N., AntK 6, 1963, 23–32 – Helbig[4], Nr. 139. 555. 572. 598. 620. 1129 – E. Langlotz, Kunst der Westgriechen, 1963, 83 f. – Schefold, FS, 60 f., Taf. 53 – R. M. Cook, N. and her Children, 1964.

Niobidenmaler, att. Vasenmaler des → rotfigurigen frühklassischen Stils, tätig um die Mitte des 5. Jh.s (→ Vasen E 5), Zeitgenosse des → Penthesileiamalers. Wie dieser strebt er Würde des Ausdrucks an und wählt erhabene Themen: Heroenkämpfe, Spendeszenen, Göttergestalten. Höhenstaffelung der Figuren, Geländelinien, Dreiviertel-Ansichten weisen auf Einflüsse der großen Malerei hin, ohne daß sich allerdings bestimmte Gemälde des → Polygnot als Vorlagen nennen ließen. – *Werke:* Volutenkrater mit Amazonenschlacht, Neapel 2421 (Furtwängler-Reichhold, Taf. 26–28); Kelchkrater mit Herakles unter Heroen, Tod der Niobiden, sog. ‹Argonauten›-Krater, eponym, Paris, Louvre G 341 (a. a. O., Taf. 108); Kratere, Peliken, Amphoren. I.Sch.

Lit: T. B. L. Webster, Der N., 1935 – N. Alfieri-P. E. Arias, Spina, 1958, 39–46 – Beazley, ARV² 598–612.

Nipsus → Iunius.

Nireus, Sohn des Charopos, einer der Freier der → Helena, von sprichwörtlicher Schönheit. Fällt vor Troja durch → Aeneas oder Eurypylos (Qu. Smyrn. 6, 372–89). K.Schb.

Nisos, Sohn → Pandions, König in Megara. An eine purpurne oder goldene Locke des Haares war die Behauptung von Megara geknüpft. Bei der Belagerung der Stadt durch → Minos schnitt die in Liebe zu ihm entflammte Tochter des N., Skylla, dem Vater die Locke ab (vgl. Aisch. Choeph. 612–622). Nach dem Sieg band Minos sie ans Steuer seines Schiffes, und sie wurde in einen Seevogel (oder das Ungeheuer → Skylla) verwandelt. Vgl. ähnlich → Amphitryon und Komaitho. K.Schb.

Nisus und Euryalus, zwei junge Gefährten des → Aeneas, nach der Landung in Latium von den Troern als Boten zu → Aeneas, der bei Euander weilt, ausgeschickt. Bei dem Versuch, die Linien der Rutuler zu durchqueren, wird E. ergriffen und getötet, und N. findet den Tod, als er E. aus den Händen der Rutuler retten will (Verg. Aen. 9, 176 ff.; 5, 294 ff.). L.H.

Nitokris *(Neith-iḳr.t)*, ägypt. Königin um 2152, von der Herodot (2, 100) berichtet, sie habe die Mörder ihres Bruders (nach ägypt. Quellen Merenre II.) getötet und Selbstmord begangen. Mit der Königin N. endete die 6. ägyptische Dynastie. W. Hk.

Nobilität. ‹Nobilis› (‹bekannt›) bezeichnet in Rom allgemein den Adel, spätestens seit Anfang des 2. Jh.s bes. die oberste Stufe des Senatsadels (→ Senatorenstand): die Konsuln und ihre Nachkommen in männlicher Linie. – Der Senatsadel war, zumal seitdem die → Magistrate den Plebejern zugänglich waren, allmählich aus den führenden patrizischen und plebejischen Geschlechtern entstanden. In ihm bildeten die, die einen kurulischen Magistrat bekleidet hatten, samt ihren Nachkommen eine führende Schicht mit besonderen Rechten (u. a. dem Recht, Ahnenbilder im Hause aufzustellen und im Leichenzug mitzuführen, → Ius (7) imaginum). Vermutlich galt die Bezeichnung N. zunächst diesem weiteren Kreise, aus dem sich die konsularischen Familien wohl erst nach der Vermehrung der Prätorenstellen seit ca. 200 v. Chr. heraushoben. In der Kaiserzeit galten nur die Nachkommen der Konsuln der Republik sowie vielleicht der augusteischen Zeit (jetzt auch in weiblicher Linie) als nobiles. Daß die Bekleidung eines Amtes zum Kriterium des höchsten Adels wurde, kennzeichnet die Disziplinierung der röm. Aristokratie im Dienst der Republik. Die N. war sehr exklusiv, ergänzte sich jedoch ständig aus dem Senatsadel, selten aus ‹Neulingen› (→ Homo novus). Sie hat schon früh das Staatswesen stark geprägt (→ Senat, → Cliens); ihr Regime hat sich in einer von ungewöhnlichen Erfolgen reichen Geschichte so sehr bewährt, daß es noch in seiner Krise von unbestrittener Selbstverständlichkeit war. Chr. M.

Lit: E. Meyer, Röm. Staat u. Staatsgedanke (1948), 1964³, 514 Anm. 4 (Lit) – M. Gelzer, Kl. Schr. I, 1962.

Nofretete *(Nfr.t-ij.tj)*, Königin Echnatons, unbekannter Herkunft, berühmt durch mehrere aus → Amarna stammende lebensnahe Büsten (bes. Modellbüste aus bemaltem Kalkstein, H. 50 cm, Staatl. Mus. Berlin). Sie scheint vor ihrem Gatten gestorben zu sein. W. Hk.

Abb: K. Lange-Hirmer, Ägypten, 1955, Taf. 178/9; 181.

Nola, alte Stadt Kampaniens an der 159 angelegten Via Popilia zwischen Capua und Nuceria (Kt. 1420 F6). Oskische Gründung (Polyb. 2, 17, 1). N. stand unter der Herrschaft der kampanischen Etrusker, hatte aber Freundschaft mit dem griech. → Neapel und Beziehung zu den Chalkidiern. Reiche Funde griech. und kampanischer Vasen in den Nekropolen. 313 von Rom erobert. 90/80 in Händen der → Samniter. Von → Sulla zurückerobert und als Stützpunkt benutzt. Die Kolonie N. eine Stütze der Macht des → Augustus (Plin. nat. 3, 63), der hier im väterlichen Haus 14 nach Chr. starb. In der Kaiserzeit große Ausdehnung. In der Spätantike Bischofssitz. → Paulinus (1) von N., Bischof 409 bis 431, soll die Kirchenglocken eingeführt haben. 455 von → Geiserich zerstört. B. A.

Lit: G. Chierici, EAA V, 1963, 537ff.

Nomarch (νομάρχης). Der ‹Gaugraf› leitete im pharaon. und persischen Ägypten Militär- und Zivilverwaltung des Gaues (νομός). Unter → Alexander (5) d. Gr. wurde die Kompetenz des N.en zugunsten des → Strategen, im 3. Jh. zugunsten des → Oikonomos auf die Landwirtschaft beschränkt; im 2. Jh. scheint das Amt mit der Gaustrategie verbunden worden zu sein. In größeren Gauen gab es anscheinend untergeordnete N.en und Nomarchien (Bezirke). Im röm. Ägypten war der N. als Steuereinheber dem Strategen unterstellt. H. H. Sch.

Lit: R. Seider, Beitr. zur ptol. Verwaltungsgesch., 1938 – H. Bengtson, Die Strategie in der hellenist. Zeit III, 1952, 20–27, 37f., 43–46.

Nomen Latinum, der latin. Stamm, in amtlichen Formeln die Bezeichnung der latin. Gemeinden innerhalb des → Ital. Städtebundes, die unter Roms Bundesgenossen an erster Stelle standen. H. V.

Nomenclator, Diener, der bei → Mahlzeiten die Platzverteilung und die Speisen (Petron. 47, 8), bei der → Salutatio (Sen. epist. 19, 11) und auf der Straße (Cic. Att. 4, 1, 5) seinem Herrn die Namen der zu Grüßenden nannte. Ein N. rief die Bürger zum → Census. W. K.

Nomina sacra, 15 heilige Namen, die im Griechischen von der frühchristlichen Zeit an gekürzt geschrieben wurden. H. Hg.

Nomophylakes oder Thesmophylakes, ‹Gesetzesbewahrer›, hatten zahlreiche griech. Städte unter ihren Magistraten. Der ursprünglichen (namengebenden) Vorstellung nach sollten sie offenbar die Gesetze aufbewahren und zugleich über ihre Einhaltung wachen; von hier aus konnten sich dann ihre Stellung und ihr Aufgabenbereich sehr verschieden entwickeln. So finden wir sie vielfach (z. B. in Athen im ausgehenden 4. Jh. v. Chr.) als hochgestellte Verfassungswächter und Kontrollbeamte, andernorts etwa (den → Mnemones vergleichbar) als Archiv-, Beurkundungs- und Vollstreckungsbeamte. F. G.

Nomen → Personennamen.

Nomos. [1] νόμος, wohl ebenso wie νομός (Weideplatz, Wohnbereich, Region) mit νέμω, ‹zuteilen›, verwandt, bezeichnet zunächst ‹Brauch›, ‹Gewohnheit›, daher sowohl ‹Bräuche›, ‹Sitten› von Ländern (z. B. bei Hdt.) wie ‹festgesetzte Weise› in der → Musik (A 3 f.).

[2] Seit archaischer Zeit bezeichnet N. die Rechtsordnung, das Gesetz (→ Recht I A 3, 4). Insbes. hießen so die (meist in einer Gesetzessammlung vereinigten) als allgemeingültig und bleibend gedachten ‹Gesetze› im Gegensatz zu den einfachen ‹Volksbeschlüssen› (→ Psephismata), die diese Gesetze ähnlich wie unsere ‹Verordnungen› für den Einzelfall ergänzen, ihnen aber nicht zuwiderlaufen sollten. Denn die Gesetze, nicht menschliche Willkür (auch nicht der Wille der augenblicklichen Volksmehrheit) sollten nach griech. Auffassung im Staat herrschen. In der Praxis war die Unterscheidung allerdings schwer durchzuführen, auch Sicherungen, wie die athen. (γραφὴ παρανόμων) Gesetzwidrigkeitsklage, konnten umgangen werden; und vor allem mußte man, ob man wollte oder nicht, die Gesetze selbst von Zeit zu Zeit abändern. Doch galt im allgemeinen das Prinzip, daß hierfür der einfache Volkswille, wie er sonst in gesetzlichen Formen zum Ausdruck kommen konnte, nicht genügte und daß nur ein mehrstufiges Verfahren mit Einschaltung besonderer gesetzgebender Kommissionen (etwa Nomotheten oder Nomographen genannt), das z. T. einem Gerichtsverfahren angenähert wurde, neues Gesetzesrecht schaffen konnte. F. G.

Lit: E. Weiß, Griech. Privatrecht I, 1923, 86ff. (Lit) – A. R. W. Harrison, Law-Making at Athens at the End of the Fifth Century B. C., JHS 75, 1955, 26–35 (Lit).

[3] *In der Philosophie* begegnet der Begriff des N.: (1) als *Weltgesetz* gemäß einer Analogisierung von kosmischer und politischer Ordnung, faßbar zuerst bei → Heraklit (VS 22 B 114) und von dorther in der Stoa, (2) als *Naturgesetz*, nur gelegentlich in peripatetischer und epikureischer Tradition, (3) in der *Ethik* als Gegenbegriff zur Natur. Das Paar N.-Physis taucht im späten 5. Jh. v. Chr. auf und spielt von da an eine große Rolle. N. wird da Inbegriff der bloßen Konvention, die künstlich und aus fragwürdigen Motiven zustande kommt und sich angesichts der immer und überall gültigen Natur als nichtig erweist. Die philosophische Ethik beginnt geradezu als die Suche nach einer naturgemäßen Wertordnung jenseits des N. (4) In der *Staatstheorie* ist N. der Gegensatz zu Willkür und Gewalttat: nicht nur der Illegalität aller Tyrannis gegenüber, sondern als die Objektivität einer unpersönlichen Ordnung, die zunächst jeder noch so wohlwollenden personalen Regierung überlegen scheint; freilich gilt auch, daß der N. seiner Natur nach nur allgemeine Regeln enthält, so daß im partikularen Fall doch auf die persönliche Verantwortung des Einzelnen zurückgegriffen werden muß. Der Einzelne muß dann als Person gewordener N. (*ν.* ἔμψυχος) handeln. O. G.

Lit: F. Heinimann, N. und Physis, 1945 – M. Gigante, N. Basileus 1956 – K. Reich, Der histor. Ursprung des Naturgesetzbegriffs, in: Festschr. E. Kapp, 1958, 121–134.

Nonae, 5. Monatstag bzw. 7. im März, Mai, Juli, Oktober. Die N. fielen im altröm. lunaren → Kalender (D 3) auf das 1. Mondviertel, dessen Eintritt vorherverkündet wurde (→ Kalendae). Der Name N. bezeichnet den 9. Tag vor den → Idus (zur röm. Zählweise der Monatstage vgl. → Kalender D 1). H. Kal.

Nonius Marcellus, ca. 4. Jh. n. Chr., Verfasser eines lexikonartigen Werkes ‹De compendiosa doctrina›. Von den 20 sog. Kapiteln bieten 12 (96% des Werkes umfassend) Sammlungen von Wörtern nach grammatischen (z. B. Wörter zweifelhaften Geschlechts), die übrigen nach sachlichen (z. B. Kleidung, Geräte, Waffen) Gesichtspunkten. Bis auf Kapitel 16 ist das ganze Werk vollständig erhalten. Die mechanische Art, in der N. seine Quellen exzerpierte, ermöglicht uns, die 41 Bücher, die er benutzt hat, noch genau festzustellen. N. gibt Lemma, Erläuterung und Belege. Die letzteren nehmen den größten Raum ein, und allein auf ihnen beruht der Wert des Werkes für uns. N. ist Archaist (→ Archaismus) und zitiert reichlich die für uns sonst verlorenen Dichter der Republik, dagegen z. B. Ovid nie, Horaz nur ausnahmsweise. Unsere Kenntnis des Lucilius und der Menippeischen Satire → Varros beruht überwiegend auf N. D. F.

Ed: W. M. Lindsay, 3 Bde, 1903 – *Lit:* W. v. Strzelecki, RE 17, 1 (1936), 882–897 (Lit) – F. della Corte, La poesia di Varrone ricostruita, 1938.

Nonnos, von Panopolis (in der Thebais), bedeutendster griech. Epiker der Kaiserzeit, 5. Jh. n. Chr., unter dessen Namen uns die *Dionysiaka*, ein großes mythologisches Epos in 48 Büchern, sowie eine hexametrische Paraphrase *(Metabolē)* des Johannesevangeliums erhalten sind.

[1] Die *Dionysiaka* schildern die Geschichte des Gottes → Dionysos von der Geburt bis zur Apotheose (Buch 1–12 Vorgeschichte und Jugend, 13–24 Zug nach Indien, 25–40, 291 Kampf mit den Indern, 40, 292–48 Rückkehr nach Phrygien und Zug nach Europa). Die im Mittelpunkt stehende ausführliche Darstellung des Feldzuges nach Indien ist als mythische Spiegelung des Alexanderzuges angelegt. Als Quelle der Erzählung kommt die gesamte vorausliegende dichterische, bes. epische Tradition, vor allem Homer, in Betracht, daneben vielleicht auch mythographische Handbücher (umstritten). Die wenig straffe Komposition erscheint häufig durch die Überfülle des Stofflichen gesprengt. «Das Ziel des Dichters ist nicht der Zusammenhang des Ganzen, sondern die Wirkung des Einzelnen, nicht Klarheit der Linie, sondern Intensität der Farbe» (Keydell). Die wenig anschauliche Sprache (auch Gleichnisse sind selten) ist in Aktion und Ausdruck maßlos. Homerisches Kolorit ist, trotz zahlreicher sprachlicher Entlehnungen, bewußt gemieden. In äußerster Verfeinerung des kallimacheischen Hexameters ist der epische Vers völlig neugestaltet.

[2] Die *Metabolē* setzt das Johannesevangelium in eine hexametrische Dichtung um. Weder metrisch noch stilistisch reicht sie an die Dionysiaka heran, zu denen sie gleichwohl in so enger Beziehung steht, daß die Autorschaft des Nonnos heute, zumal nach den umsichtigen Untersuchungen von Golega, als gesichert gelten kann. Das Verhältnis zur Vorlage ist freier als in der Psalmenparaphrase des (Ps.-) → Apollinaris (2) von Laodikeia.

[3] Wenn es auch der sehr verschiedenartigen Wirkung des Dichters nicht gerecht wird, von einer ‹Schule› des Nonnos zu sprechen, so steht doch alle auf ihn folgende Dichtung (→ ‹Pamprepios›, → Triphiodoros, → Musaios (2), → Kolluthos, → Johannes (6) v. Gaza, → Paulus Silentiarius) mehr oder weniger stark unter seinem Einfluß, der erst im 7. Jh. nachläßt, um dann so gut wie völlig aufzuhören. E.V.

Ed: R. Keydell, 1959 (Dionysiaka) – A. Scheindler, 1881 (Metabole) – *Übers:* Th. v. Scheffer, 1925–33 (Dionysiaka) – *Lit:* R. Keydell, RE 17, 1 (1936), 904–920 (Lit) – A. Wifstrand, Von Kallimachos zu Nonnos, 1933 – E. Simon, Nonnos und das Elfenbeinkästchen Veroli JdI 79, 1964, 279–336.

Norbanus, C. (tr. pl. 103 v. Chr., quaest. 102, praet. 88 oder 87, cos. 83), stammte aus der latinischen Stadt Norba und hatte persönlich das röm. Bürgerrecht erworben. Als Tribun erreichte er die Verurteilung des → Servilius (2) Caepio. 94 wurde N. wegen seines Verhaltens gegen Caepio angeklagt und von M. → Antonius (1) erfolgreich verteidigt. Er war Antonius' Quästor gewesen und stand von da her in einem besonderen Treuverhältnis zu ihm. Als Konsul versuchte N. vergeblich, Sulla an der Rückkehr nach Italien zu hindern. 82 wurde er bei Faventia besiegt, floh nach Rhodos und beging dort Selbstmord. G.G.

Noreia, Schutzgöttin der Provinz Noricum, nur aus Inschriften der Kaiserzeit bekannt. Es sind oft Soldaten, die ihr Weihgaben bringen; eine von diesen, in Rom, stammt von den equites singulares (CIL VI 31179). Sie wird oft mit → Jupiter, → Mars, → Hercules oder → Victoria vereint und mehrmals Isis gleichgesetzt. Hie und da trägt sie den Zunamen Augusta. N. war eine bedeutende Göttin, aber ihr Wesen ist kaum faßbar. H. Le B.

Lit: C. Praschniker, Bäderbezirk von Virunum, 1947 – A. Barb, in: Festschr. Egger, 1952, 159 – H. Kenner, EAA 5, 1963, 556 f.

Noricum, röm. Provinz in den Ostalpen südl. der Donau, schließt im O an Pannonien, im W an Rätien, im S an Italien an (Kt. 2209 AB 1/2). Der Alpenhauptkamm (Hohe Tauern, Großglockner 3798 m, und Niedere Tauern) trennt N. in 2 Teile, die in der Spätantike als eigene Provinzen organisiert wurden (N. mediterraneum im S und N. ripense im N). N., insbes. das Gebiet südl. der Alpen, ist reich an Bodenschätzen (Gold, Silber, Eisenerz, Salz). Die flacheren Gebiete im O (Vindobona, Carnuntum, Scarbantia, Savaria, Poetovio, Emona) wurden spätestens bei der Provinzialisierung Pannoniens abgetrennt und zu dieser Provinz geschlagen. Alter Hauptort vermutlich am Magdalensberg bei Klagenfurt, Name nicht bekannt, wird unter Claudius in die Ebene (Virunum) verlegt. Weitere Städte: Aguntum, Teurnia, Celeia, Boiodurum, Juvavum, Ovilava, Lauriacum, Cetium, Flavia Solva. Die von Aquileia ausgehenden Straßen nach N. führten einerseits über Plöckenpaß nach Aguntum bzw. durch das Fellatal nach Virunum und über den Radstädter Tauern nach Juvavum, andererseits über Emona nach Celeia und weiter an die Donau (Bernsteinstraße). Dazu kommt die Limesstraße an der Donau, die die Lager verband.

[2] *Geschichte:* Die illyrische Grundschicht wird etwa seit 400 v. Chr. von Kelten überschichtet. Die wichtigsten Stämme sind Taurisker und Noriker. Letzteren gelingt die Einigung aller norischen Stämme in einem Königreich mit eigener Münzprägung, dessen Hauptort wohl die stark befestigte Stadt auf dem Magdalensberg, ein bedeutender Handelsplatz für den Eisenhandel, war. Frühzeitig Einsetzen von Handelsbeziehungen mit Rom, denen ein Bündnisvertrag folgt. Als der Konsul Papirius Carbo 113 v. Chr. gegen die eingedrungenen Kimbern und Teutonen zu Hilfe eilt, wird er bei Noreia geschlagen. Auf dem Durchmarsch durch N. belagern die Bojer Noreia. Norische Reiter kämpfen zu Beginn des Bürgerkrieges auf seiten → Caesars. Um 15 v. Chr. kommt es zur friedlichen Besetzung N.s durch Rom, das das Land zunächst auch weiterhin als regnum Noricum seinem Reiche eingliedert. Unter Claudius, wohl nach dem Tode des letzten nominellen Königs, Umwandlung in eine prokuratorische Provinz. Gleichzeitig Verlegung der Hauptstadt in die Ebene, nach Virunum. Die Markomannenkriege unter → Mark Aurel berühren N. nur am Ostrande und an der Donau, über die vor allem die Narister vordringen und die Grenzbezirke verwüsten. Infolgedessen wird erstmals eine Legion, die II Italica, nach N., zuerst nach Lotschitz b. Cilli, dann an die Donau nach Albing und schließlich nach Lauriacum verlegt, damit in Verbindung Umwandlung in eine kaiserl. Provinz unter einem Legatus Augusti pro praetore. Unter Diokletian Teilung in N. ripense und N. mediterraneum. Um die Mitte des 4. Jh.s n. Chr. ist die christl. Kirche in N. bereits organisiert. Die Diözesen unterstehen Aquileia. Um 400 setzen die Germaneneinfälle ein, zumal um diese Zeit die westl. Nachbarprovinz Rätien verlorengeht. Alamannen, Heruler, Rugier und andere Stämme dringen von N her ein, Vandalen von O. → Alarich versucht aus N. eine germanische Grenzmark bzw. ein Gotenreich zu bilden. Segensreiches Wirken des hl. Severin unter den bedrängten Romanen, die von → Odoaker schließlich abgezogen werden. Um 600 wird N., insbes. der Süden, von den Slawen überflutet. – Das bereits im Niedergang befindliche keltische Volkstum in N. war der Romanisierung sehr aufgeschlossen, wobei Aquileia eine ausschlaggebende Rolle spielte. Das zeigt sich auch in der Kunst, wie z. B. in den Skulpturen aus dem Bäderbezirk von Virunum oder der bedeutenden Grabmalplastik aus dem südl. N. (Umgebung von Celeia). Vgl. → Noreia. B.S.

Lit: R. Egger, Kärnten im Altertum, 1941 – Ders., Frühchristl. Kirchenbauten im südl. N., 1916 – Ders., Die Stadt auf d. Magdalensberg, Ein Großhandelsplatz, 1961 – C. Praschniker-H. Kenner, Der Bäderbezirk v. Virunum, 1947 – A. Schober, Die Römerzeit in Österreich (1935), 1953².

Nortia, etrusk. Göttin, von röm. Gelehrten wohl richtig mit Fortuna zusammengeordnet, also Glücksgöttin (Schol. Iuv. 10, 74; Mart. Cap. 1, 88); in ihrem Tempel in → Volsinii wurde jedes Jahr ein Nagel eingeschlagen; das gleiche tat man an den Iden des September im Tempel des Jupiter

Capitolinus (Liv. 7, 3, 5–7). Dieser Ritus muß eine unheilabwehrende Bedeutung gehabt haben; es erscheint wenig glaubhaft, daß die Nägel, wie Livius sagt, einzig dazu dienen sollten, die Jahre zu zählen. Einen eigenen Kult scheint N. in Rom nie gehabt zu haben (vgl. Varro bei Tert. apol. 24). – Vgl. → Religion II C 2 f. H. Le B.

Nossis von Lokroi, Dichterin von Epigrammen, um 300 v. Chr. Ihre Dichtung steht in Zusammenhang mit dem Aphroditekult ihrer Heimat (offizielle und private Weihgedichte). Auch aus diesem Grunde fühlt sich N. → Sappho nahe (AP 7, 718). N. ist für die Welt des Kindes besonders interessiert (→ Hellenist. Dichtung A). P. H.

Ed: AP.

Nostoi, kyklisches Epos des trojan. Sagenkreises in 5 Büchern (Prokl. chr.), wohl aus dem 7. Jh.; Verfasser → Agias v. Troizen. – Die in einzelnen Fragmenten erhaltenen N. stellen eine Ergänzung und Erweiterung der → Telemachie und der Nekyia (Odyssee) dar. Sie erzählen die Heimkehr weiterer Helden, wobei sie → aitiologische Sagen heranziehen, und schließen mit der Heimkehr der Atriden, → Agamemnons Ermordung und → Orests Rache. – Den gleichen Stoff behandeln: in chorlyrischer Form → Stesichoros, in Prosadarstellungen Antikleides v. Athen und Lysimachos v. Alexandria, vielleicht auch → Eumelos v. Korinth. Vgl. → Kyklos. G. K.

Q. u. Frg: EGF 52–56 – Th. W. Allen, Homeri Opera V, OCT, 1912, 108–109, 140–143 – *Lit:* F. G. Welcker, Der ep. Cyclus I, 1835, 278 bis 287 – U. v. Wilamowitz-Moellendorff, Homer. Untersuchungen, Philol. Unters. 7, 1884, 173–182 – E. Bethe, Homer II 2 (1922), 1929², bes. 262–283 – A. Hartmann, Unters. über die Sagen vom Tod des Odysseus, 1917, 97–105.

Notitia dignitatum (omnium tam civilium quam militarium). Spätröm. Staatshandbuch, das die zivilen und militärischen Ämter sowie die Truppenformationen in der östl. und der westl. Reichshälfte aufführte. Die einzelnen Abschnitte sind mit Bildschmuck versehen (Insignien der betr. Beamten, Schildzeichen der Truppenteile usw.). Das erhaltene Exemplar wurde wahrscheinlich um 430 zusammengestellt, aber nicht systematisch auf den Stand dieser Zeit gebracht. Eine Anzahl damals bereits veralteter Angaben scheint auf eine frühere Redaktion der Zusammenstellung am Ende des 4. Jh.s hinzuweisen. Die handschriftl. Überlieferung geht auf einen einzigen, im 17. Jh. verlorenen Speyerer Codex aus karoling. Zeit zurück, auf dem alle vorhandenen Abschriften beruhen. K. F. Str.

Ed: O. Seeck, 1876 – *Lit:* J. B. Bury, N. dignitatum, JRS 10, 1920, 133 ff.; 13, 1923, 149 ff. – F. Lot, La Notitia dignitatum utriusque imperii, REA 38, 1936, 285–338 – E. Polaschek, RE 17, 1 (1936), 1077–1116 – A. W. Byvanck, Antike Buchmalerei, Mnemosyne, III 8, 1940, 186 ff. – A. H. M. Jones, The Later Roman Empire, 1964.

Notos, Sohn des Astraios und der → Eos, Gott des Südwinds.

Novatian. Nach der decischen → Christenverfolgung (249/250) wurde der Presbyter N. von der strengen Gruppe der röm. Gemeinde, die eine Wiederaufnahme der Verleugner ablehnte, weil die Kirche keine Vollmacht zur Vergebung von Todsünden habe, zum Gegenpapst gegen den von → Cyprian gestützten Cornelius erhoben, blieb aber im Anschluß an → Tertullian bei einer orthodoxen Dogmatik. Die Novatianer, die noch lange als schismatische Gruppe an vielen Orten, sogar innerhalb der syr. Kirche, weiterlebten, nannten sich *καθαροί*, da sie die (von Todsünden) ‹reine› Kirche darstellen wollten. Der Name ist zu unterscheiden von dem der Katharistai, einer verrufenen Sondergruppe des → Manichäismus, die in den manichäischen Schriften *καθάριοι* (‹die sich Reinigenden›) genannt wird, und hat nichts mit der mittelalterlichen Sekte der ‹Katharer› zu tun. A. A.

Q und *Lit:* Altaner 151 f.

Novelle. [1] Eine *literarische Gattung* ‹Novelle› hat es im Altertum nicht gegeben. Was die moderne Forschung unter N. zusammenfaßt, sind in die Literatur gelangte Stücke aus mündlicher Tradition. Die Geschichtenerzähler versorgten die antike Gesellschaft mit Unterhaltungsliteratur: neben Erzählungen, die man als N. klassifizieren kann, brachten sie Fabeln, Rätsel, Schwänke, sybaritische und milesische Geschichten (→ Aristides (5) von Milet), erbauliche Erzählungen (→ Aretalogie) von der Macht der Götter und Bestrafung der Sünder. Meist zeigt sich eine bewundernswerte Sicherheit in der Wahl der Mittel und der Berechnung des Effekts.

[2] In den Hafenstädten *Ioniens* muß es bes. brillante Erzähler gegeben haben. Die Vorbedingungen waren ideal: «Der scharfe Blick für die eigentümlichen Verhältnisse des Lebens, die Lust am Witzigen, Kecken, ja ruchlos Selbstsüchtigen virtuoser Persönlichkeiten, eine spöttisch überlegene Betrachtung des menschlichen Treibens, dazu ein nicht ganz geringer Zug faunischer Lüsternheit, zu allem die blühendste, reichste, geübteste Phantasie» (Rohde). Man ließ traditionelle Wertungen nicht unbesehen gelten, hatte eine gewisse phäakische Leichtigkeit des Lebens, hörte das Neueste aus aller Welt: Die Verhältnisse waren ähnlich denen der italienischen Frührenaissance, in der die Gattung N. geschaffen wurde. – Zahlreiche novellenartige Erzählungen finden sich bei → *Herodot* (Ring des Gyges, Kroisos, Ring des Polykrates) und bei den attischen Autoren. Vorzügliche kurze Geschichten stehen bei → *Petron* (Witwe von Ephesos) und → *Apuleius*. Berühmt sind die Braut von Korinth (→ Phlegon von Tralleis, cap. 1), die Geschichte von der Liebe des Sohnes zur Stiefmutter (Antiochos und Stratonike, App. Syr. 59), die Traumliebe der Odatis und des Zariadres (→ Chares (4) von Mytilene bei Ath. 13, 35, p. 575). Auch in den Fabeln des → *Aesop* und → *Phaedrus* kommen novellenartige Erzählungen vor.

[3] Viele erfolgreiche Geschichten sind *gewandert*, teils mündlich, teils auf dem Umweg über Bücher, nach Westen und nach Osten. Novellen des Apuleius (9, 5–7; 9, 14–32) finden sich wieder bei Boccaccio (7, 2; 5, 10) und Lafontaine (Contes 4, 13), eine andere (4, 22 ff.) bei Lesage (Gil Blas I 9 f.). Die Geschichte von dem Haus in Agrigent, in dem sich junge Männer so betranken, daß sie glaubten zu Schiff zu fahren (Ath. 2, 5, p. 37) hat das mittelhochdeutsche Gedicht ‹Der Wiener Meerfahrt› angeregt. Perry, Aesopica 420 entspricht der Kleistschen Anekdote ‹Wilhelm der Eroberer›. Vita Aesopi 74–76 kehrt bei Balzac (Contes drôlatiques Nr. 14), die Geschichte von den drei Liebhabern (Iamb. Bab. 8) in zwei Varianten im Papageienbuch wieder (9. u. 24. Abend). Den Meisterdieb des Herodot (2, 121) hat E. S. v. Kamphoevener als türk. Märchen erzählt. R. Mk.

Übers: A. Hausrath-A. Marx, Griech. Märchen, 1922 – F. Stoessl, Antike Erzähler, 1947 – *Lit:* W. Aly, Volksmärchen, Sage und Novelle bei Herodot, 1921 – O. Weinreich, Fabel, Aretalogie, Novelle, SB Heidelb. 1930/1, 7 – S. Trenkner, The Greek Novella in the Classical Period, 1958 – E. Rohde, Der griech. Roman (1876), 1961⁴, 578 ff. – F. Wehrli, Einheit u. Vorgesch. d. gr. R. lit., MH 22, 1965, 133–154.

Novellen → Corpus iuris.

Novensides, Novensiles, sabin. Epitheton (nach Varro ling. 5, 74); es bezeichnet eine Kategorie von Göttern, die Livius in der archaisierenden → Devotionsformel (8, 9, 6) vor den Di → Indigetes erwähnt. Man nimmt oft an, das Wort bedeute die ‹Neueingesessenen› (von novus und insideo), d. h. die z. B. von den Griechen entlehnten Götter. Doch ist diese Bedeutung sehr unsicher: sie wäre nur überzeugend, wenn Indigetes ‹eingeboren› hieße; dann wäre es aber merkwürdig, daß die N. in der genannten Formel vor den I. angerufen würden. Die Alten gaben dem Wort manchmal die Bedeutung ‹die neun Götter› *(novem)*, aber sie waren sich nicht einig darüber, wer sie waren (Arnob. nat. 3, 38). Das Rätsel bleibt ungelöst. H. Le B.

Lit: → Indigetes.

Noviodunum, Name zahlreicher gall. (und german.) Örtlichkeiten mit Bedeutung ‹Neuburg›. Der Vorort N. der belgischen Suessiones (→ Belgen), vermutlich das heutige Soissons (Kt. 1019 D 2), wurde 57 v. Chr. von Caesar mit Erfolg belagert (Gall. 2, 12). L. B.-H.

Noviomagus (Kt. 1057 D6; heute Neumagen), zwischen Trier und Bingen mit spätröm. Kastell, in dessen Fundamenten sich zahlreiche Grabmäler der Zeit von 100 bis 250 n. Chr. fanden mit Darstellungen aus dem Alltag der röm. Mosellande (Weinbau, Handel, Schulszenen u. a.) im provinziellen Kunststil (vgl. → Igeler Säule). L. B.-H.

Lit: W. v. Massow, Die Grabmäler von N., 2 Bde, 1932.

Novius, → Atellanendichter (→ Komödie II), Zeitgenosse des → Pomponius (3) Bononiensis. Über 100 Verse und 44 Titel sind erhalten, z. B. ‹Hercules als Geldeintreiber›, ‹Die Huhn-Komödie›, ‹Des Pappus Wahlniederlage›, ‹Maccus als Wirt›, ‹Der Taube›, ‹Die Soldaten aus Pometia›, ‹Die Verhandlung über Tod und Leben› (das Motiv des Wettstreits zwischen Leben und Tod schon bei → Ennius). H. M.

Frg: CRF 254–272.

Nubien, von den Griechen *Αἰθιοπία* genannt, das Niltal südl. von Elephantine. Die Ägypter bezogen aus dem ‹Land der Nubier› *(nḥśj)* wichtige Rohstoffe wie Gold,

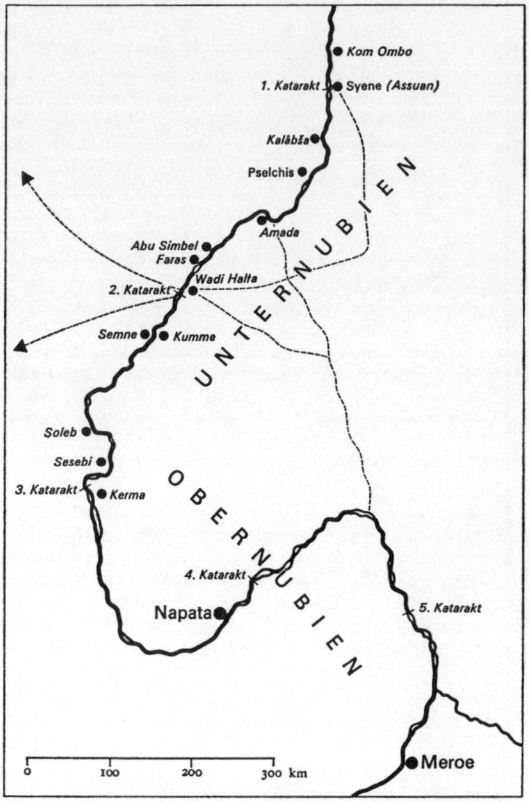

Abb. 164 Nubien (mit den wichtigsten Karawanenstraßen)

Ebenholz, Elfenbein, und verwandten die Bewohner als Soldaten und Polizisten. Diese hamitischen N. waren in der Zeit des Alten Reiches in mehrere Fürstentümer aufgespalten *(W3w3.t, Irṯ.t, Sṯw, I3m)*, während in der Ostwüste die Stämme der *Mḏ3j*, in der Westwüste libysche Gruppen lebten. Die Ägypter trieben mit diesen Fürsten Handel. Erst im Mittleren Reich aber betrieben die Könige (12. Dyn.) die Eroberung N.s, da ihnen an einer sicheren Beherrschung der Goldgruben gelegen war. Zudem war eine unruhige Bevölkerungsgruppe vom Süden her eingewandert (sog. C-Gruppe), die es niederzuhalten galt. Die Grenze lag beim 2. Katarakt (Semneh). Zum Schutz des Verkehrsweges auf dem Nil, aber auch an den Abzweigungen in die Wüste zu den Goldminen, wurden starke Festungen angelegt. Dem Handel diente vielleicht eine Niederlassung südlich des 3. Katarakts bei Kerma. In der Zeit der → Hyksos wurde N. selbständig und mußte von den ersten Königen der 18. Dyn. in schweren Kämpfen erneut unterworfen werden. Seit → Thutmosis III. lag die südl. Grenze des ägypt. Kolonialgebiets am 4. Katarakt bei Napata (Gebel Barkal). Die Verwaltung unterstand einem ‹Königssohn›, dem für die beiden Provinzen *W3w3.t* und *Kwš* je ein ‹Stellvertreter› zugeteilt war. Mit dem Ende der 20. Dyn. wurde N. wieder selbständig, ohne daß wir aber über die Zeit zwischen 1050 und 750 etwas wissen. Dann tritt uns eine starke n. Dynastie entgegen, die sogar Ägypten eroberte und mit den Assyrern kämpfte. Die Kultur des Landes war damals stark ägyptisiert; man schrieb Ägyptisch, verehrte → Amun als höchsten Gott und hielt sich streng an die Kultvorschriften. Nachdem aber die n. Herrschaft um 656 in Ägypten zu Ende gegangen war, zog sich die n. Kultur immer mehr auf sich selbst zurück. Mit der Verlegung der Residenz von → Napata nach → Meroë um 300 v. Chr. begann man die einheimische Sprache mit einer dafür entwickelten Schrift zu schreiben, das sog. ‹Meroïtische›. Aber auch als Ägypten längst christl. geworden war, hielt man noch an den alten Göttern fest, so daß der Tempel von Philai bis ins 6. Jh. n. Chr. noch offengehalten werden mußte. W. Hk.

Lit: T. Säve-Söderbergh, Ägypten u. N., 1941 – A. J. Arkell, A History of the Sudan from the earliest Times to 1821, 1955.

Nuceria, strategisch wichtiger Ort Kampaniens am Paß zwischen Vesuv, Apennin und Mons Lactarius an der späteren → Via Popilia zwischen Nola, Pompeji, Benevent im N und dem Golf von Salerno im S (Kt. 1420 G7; heute Nocera). 308 von den Römern erobert, denen es trotz Zerstörung durch → Hannibal (2) i. J. 216 und trotz Repressalien der Bundesgenossen i. J. 89 treu bleibt. Von den aufständischen Sklaven 73 v. Chr. niedergebrannt. Um die Mitte des 1. Jh.s erhält N. das röm. Bürgerrecht und wird Veteranenkolonie. Trotz weiterer Ansiedler 57 n. Chr. ständig sinkende Bedeutung. Heimat der Vitellier (Suet. Vit. 1, 2). Der Streit der Nuceriner mit den Pompejanern im Amphitheater von Pompeji (Tac. ann. 14, 17) ist auf einem pompejan. Wandbild in Neapel dargestellt. B. A.

Lit: H. Philipp, RE 17, 1 (1936), 1235–37 – M. Stettler, Das Baptisterium zu Nocera Superiore, RAC 1940, 1–62 – *Zu dem Gemälde:* S. Reinach, Rép. de Peint. gr. et rom., 1924, 272, 2 – C. L. Raghianti, Pittori di Pompei, Abb. 85 – W. J. Peters, Landscape in romano-campanian Mural Painting, 1963, 182.

Nucula, lat. → Mimendichter, Vertrauter des M. → Antonius (2); Mitglied einer Siebenerkommission für Landverteilung (was Cic. Phil. 11, 13 höhnisch kritisiert). H. M.

Numa Pompilius, nach der → Romsage der zweite König (aus Cures), bemüht, die kriegerischen Römer zu Recht, Sitte und Gottesfurcht zu erziehen; er verteilt Äcker, schafft Zünfte, regelt den Marktverkehr und die Spiele, vor allem stiftet er Tempel und Altäre, prägt den Dienst an den Göttern durch vielfältige Zeremonien und setzt → Pontifices, → Flamines, → Fetiales, die → Salier und → Vestalinnen ein und unblutige Sühnopfer für Blitze, dabei stets von → Egeria beraten. Später wird er mit → Pythagoras verbunden. C. J. C.

Numantia, keltiberische Stadt des Stammes der Arevaker am Oberlauf des Duero (heute Muela de Garray; Kt. 2849 C1), 67 m über dem Fluß, Ausgangspunkt der Erhebung gegen die Römer (143 v. Chr.); 10 Jahre lang hielt sie sich in einem tapferen und siegreichen Kriege gegen die röm. Legionen. Bei verschiedenen Anlässen boten die Römer Frieden an, der von N. angenommen wurde, aber vom röm. Senat nie bestätigt wurde. 134 v. Chr. griff P. → Cornelius (29) Scipio die Stadt an; nach langer Belagerung und verzweifeltem Widerstand mußte sie sich wegen Hungersnot ergeben und wurde 133 dem Erdboden gleichgemacht. Trotz des Sieges fiel den Römern keine Beute in die Hände. Der Fall N.s beendete die keltiberischen Kriege. J. M. d. M.

Lit: A. Schulten, Numantia I–IV, 1914–29 – A. García y Bellido, EAA 5, 1963, 583 f. (Lit).

Numen (lat.), der Wille und die Macht eines Gottes *(quasi nutus dei et potestas:* Fest. 179 L.), als Wort erst bei → Accius und → Lucilius belegt, also verhältnismäßig spät. Im klassischen Latein wird das Wort nur mit dem Genitiv des Besitzers gebraucht: N. deorum, N. Iovis. Zur Kaiserzeit ist N. oft gleichbedeutend mit ‹deus›. Manche moderne Forscher sehen darin ein Äquivalent des melanesischen Ausdrucks → mana, doch ist diese Deutung sehr anfechtbar. Vgl. → Heilig. H. Le B.

Lit: G. Dumézil, *Numina deorum* dans L'héritage indo-européen à Rome, 1949, 49–65 – Latte, 57.

Numenios von Apameia, → Neupythagoreer, 2. H. 2. Jh. n. Chr., sucht in Platon die Weisheit des → Pythagoras und zugleich der Orientalen, bes. der Juden, zu fassen: Platon ein «Moses, der attisch spricht». Seine Philosophie, mit der → Gnosis eng verwandt, verschärft den Dualismus → Platons: dem höchsten Gott, der ‹Einheit›, steht die ‹unbestimmte Zweiheit›, die Materie, ungeschaffen und ‹gleichewig› gegenüber; der Schöpfer (Demiurg) wird als ‹zweiter Gott› vom ersten abgespalten, ein ‹dritter Gott›, das ‹Geschöpf› – die Weltseele? –, ist ihm unterstellt. Der Mensch, zwischen Gott und Materie, hat geradezu ‹zwei Seelen›, die miteinander kämpfen; die göttliche Seele, von Stufe zu Stufe in diese Welt herabgesunken, soll auf gleichem Weg wieder zum Ursprung aufsteigen. Die Werke des N. wirkten stark auf den beginnenden → Neuplatonismus (→ Plotin). W. Bk.

Frg: E. A. Leemans, N. van Apamea, 1937 – *Lit:* E. Beutler, RE Suppl. 7 (1940), 664–678 – E. R. Dodds, N. and Ammonius, Fond. Hardt 5, 1957, 1–61.

Numerian (M. Aurelius Numerius Numerianus), röm. Kaiser 283–284; jüngerer Sohn des → Carus; von diesem 282 zum Caesar gemacht und am Perserkrieg beteiligt; nach dem Tod des Carus mit seinem Bruder → Carinus zum Augustus erhoben; auf dem Rückmarsch aus dem Osten von seinem Schwiegervater, dem Prätorianerpräfekten Aper ermordet (ca. Aug. 284). H. D. M.

Numerus, seit dem Ende des 1. Jh.s v. Chr. allgemeine Bezeichnung für eine Truppeneinheit, «die weder Legion noch Ala noch Cohorte ist». Seit Hadrian nichtröm. Hilfstruppeneinheit mit nationaler Bewaffnung und Kommandosprache unter einem praepositus, bes. im Grenzdienst verwendet. In der Spätantike wird mit der zunehmenden Überfremdung des röm. Heeres N. zur allgemeinen Bezeichnung für jede beliebige Feldtruppe. E. Bay.

Lit: Th. Mommsen, Ges. Schr. VI, 1910, 103 – H. T. Rowell, RE 17,2 (1937), 1327.

Numidien, ursprünglich das Land der afrikan. Nomaden westl. und südl. des Gebietes von Karthago. Zur Zeit des 2. → Pun. Krieges bildeten sich die Stammesbünde der Masaesyli unter Syphax und der Massyli unter Masinissa heraus. Die weiteren numid. Herrscher sind: → Micipsa (148 bis 118 v. Chr.), → Adherbal (118–112 v. Chr.), → Jugurtha (118–106 v. Chr.), → Hiempsal (106–60 v. Chr.), → Juba I. (60–46 v. Chr.). Pompeius entthronte i. J. 46 v. Chr. diese Dynastie und schuf die ephemere Provinz Africa nova. 30 bis 25 v. Chr. wurde sie dem Klientelkönig Juba II. anvertraut. Augustus schlug sie zur → Africa vetus, nun Africa proconsularis genannt. Weitgehend ein Militärterritorium, wurde N. von der Legio III Augusta (zunächst in → Theveste, später in Lambaesis; von dort aus Veteranenkolonien in Madauros und Thamugadi) und ihrem Legaten kontrolliert. Septimius Severus erhob 198 n. Chr. N. zur Provinz mit Lambaesis als Hauptstadt. In der diokletian. Reform wurde N. geteilt in N. Cirtensis mit Cirta und N. Militiana mit Lambaesis als Hauptstadt. R. F.

Lit: Ch. A. Julien, Histoire de l'Afrique du Nord, 1961, 144 et passim – H. G. Kolbe, Die Statthalter Numidiens von Gallien bis Konstantin, 1962.

Numitor, König von → Alba (2) Longa, Großvater von → Romulus und Remus.

Nummus (νόμος, später durch Rückübertragung des lat. nummus νοῦμμος). Die Bedeutung des N. ist wechselnd. N. ist ursprünglich Münze im allgemeinen: N. aureus, argenteus usw. Noch im 10. Jh. n. Chr. wird νούμμιον in diesem allgemeinen Sinne verwendet. Das griech. Nomos bedeutet ursprünglich Brauch, Regel, Gesetz, dann Münze im Sinne von Münzeinheit (CIG 5774, 123, um 325 v. Chr.). Ihr Gewicht ist in Unteritalien aus einer delphischen Inschrift (Syll.³ 240, 1, 14) auf ca. 7,78 g Silber zu errechnen, was durch Wägungen tarentinischer und herakleischer → Statere bestätigt wurde. Dieser N. ist jedoch schon seit Beginn der Münzprägung in Unteritalien um die Mitte des 6. Jh.s v. Chr. in beträchtlich höherem Einheitsgewicht in 6 Kolonien in Großgriechenland geprägt worden. Möglicherweise ist er aus der Abschwächung der korinthischen → Poloi von ca. 8,5 g entstanden, die mitunter in den unteritalischen Kolonien auch überprägt worden sind, wo sie wie auf Sizilien in ziemlicher Menge umliefen und auf der Insel gewichtsmäßig in 10 → Litren zerfielen oder auch in 12 → Obolen (mit praktisch geringem Gewichtsunterschied zur → Litra) unterteilt wurden und durch die Bildtypen visuell unterschieden werden konnten. Tarent hielt seinen N. praktisch bis zu den pyrrhischen Wirren 282 vor Chr. fast unverändert bei und reduzierte ihn, später als andere Städte, erst dann auf das röm.-kampan. Normalgewicht von ca. 6,82 g, das bis 212 v. Chr. beibehalten wird. – Das griech. νοῦμμος wird in den Quellen meist für den → Sestertius gebraucht, wenn das Wort nicht anstelle des alten N. falsch übernommen ist. Die byzantin. Spätzeit nennt wohl das 40-Nummien-Stück, den → Follis der anastasischen Reform, νούμμος, während die Rechnungseinheit νούμμιον heißt. Auch im speziellen lat. Sprachgebrauch bedeutet N. den → Sestertius, dessen Name, als der der üblichsten Rechnungsmünze, auch öfters hinzugefügt wird. N oder N. I auf den schweren Bronzemünzen von Teate und Venusia bedeutet ebenfalls N., wozu noch ein mit N. II bezeichnetes Doppelstück hinzukommt; die Teilstücke werden hier in 10 Einheiten mit einer entsprechenden Anzahl von Kugeln, als Wertbezeichnung für je eine → Uncia, versehen. W. Schw.

Lit: Babelon, I 390–394. 400 f. 406. 450–453. 550 f. 615–618. 753 f. – K. Regling, in: v. Schrötter, 461 f. 464. 466 – W. Schwabacher, RE 17,2 (1937), 1456–60.

Nundinae, Anfangstag der 8tägigen altröm. Woche (nundinum), später ebenfalls Bezeichnung für diese, ursprünglich der 9. Tag vor den → Kalendae, Markt- und Festtag, bes. der Bauern, Komitial- und Gerichtstag (→ Trinundinum). Vgl. → Kalender D [6]. H. Kal.

Nuragen, kegelförmige Turmbauten (Jungsteinzeit und Bronzezeit) mit Innenräumen in ‹falschem› → Gewölbe. Sardinien, Korsika, Süditalien.

Nus (νοῦς), ‹Geist, Vernunft›. 1. Für die → *Vorsokratiker:* a) menschlicher Geist, entweder eins mit der Seele oder von ihr geschieden; b) göttlicher Geist, Gott (→ Xenophanes). Nach → Anaxagoras gibt es einen mit der Materie ‹nicht vermischten› N., der das Weltall ordnet und die Ursache von dessen Entwicklung ist. 2. *Platons* Aussagen lassen nicht erkennen, ob er den göttlichen N. als ein bestimmtes Wesen dachte; das Weltall erscheint ihm aber so zweckmäßig, intelligibel und vernunftgemäß, als sei es das Werk eines Geistes (Phil. 28 D–E). 3. Für → *Aristoteles* ist Gott der immer wirkende (ἐνεργείᾳ) N. Der menschliche N. ist ‹das, wodurch der Mensch denkt›, unbestimmt, ob eine bloßes Seelenvermögen oder eine auf geheimnisvolle Weise mit den menschlichen Seelenkräften verbundene Vernunft an sich. – 4. N. nennt → *Plotin* die 2. Hypostase, die mit dem Intelligiblen identische Intelligenz, die unmittelbar aus dem Einen hervorgeht. Vgl. → Metaphysik. S. M.

Nuzi, *Nuzu* (älterer Name Gasur; Ruine Jorgan Tepe, Kt. 1925 C 2), 15 km sw. der heutigen Stadt Kerkük. Größte Bedeutung im 15. Jh. v. Chr. als Provinzhauptstadt des

→Mitanni-Reiches. Tempel- und Palastanlagen, sowie Wohnhäuser reicher Kaufleute. Tontafelarchiv in akkad. Sprache, darunter Brief des mitann. Königs Sauššatar mit Abdruck seines Siegels. Gut erhaltene Wandmalereien, reiche Funde an Siegelabrollungen und polychrom bemalter Keramik (‹*Nuzi-Keramik*›). Amerik. Ausgrabung 1925 bis 1931 unter E. Chiera, R. F. S. Starr, R. H. Pfeiffer. B. Hr.

Lit: R. F. S. Starr, Nuzi I/II, 1937–39 – Abrollungen: E. Porada, AASOR 24, 1947 – Texte: Vgl. A. Parrot, Archéol. Mésopotam. I, 1946, 436f.

Nymphäum (nympheum, nimphium), privater oder städtischer Prachtbrunnen nach hellenist. Vorbild (vgl. auch Tonmodelle von Locri), in Gärten (z. B. Pompeji), kaiserlichen Villen (Domus Transitoria, Villa Hadriana u. a.), an Straßenkreuzungen und auf Plätzen. Die Schaufassaden vom Typ der röm. Scenaefrons (→Szene) lassen zwei Gruppen erkennen: (1) dreiteilige Fassade mit Nischen und Ädikulen, 2–3geschossig im Aufbau (Antiochia, Aspendos, Kremna, Milet, Side, Sagalassos, Claudianum und ‹Septemzonia› in Rom und Lambaesis); (2) Axiale Exedra mit seitlicher Säulen- und Nischengliederung oder vorgelagerter Halle (Athen: N. des Herodes Atticus, Leptis Magna, Bostra, Amman, Gerasa; Rom: Aqua Iulia). C. K.

Lit: G. Lugli, Nymphaea sive Musaea, Atti IV Congr. Stud. Rom. 1935, I, 155–168 – S. Meschini, EAA V, 1963, 505–512, s. v. ninfei e fontane – Crema, 122ff. 429ff. 545ff.

[2] Von diesem bes. in Afrika und Kleinasien heimischen Typ unterscheidet sich das im Westen verbreitete sog. N., eine architektonisch gestaltete Grotte, für das die antike Bezeichnung nicht N., sondern *musaeum* ist (vgl. hingegen Plin. nat. 36, 154). Dieses war eine natürliche, häufig künstliche, oft auch in den Fels getriebene Grotte, als kühler Aufenthaltsort in Villen und Palästen beliebt. Die Räume sind entweder rechteckig geschlossen, apsidial erweitert, mit einer Tonne überwölbt und architektonisch gegliedert, häufig noch dem 1. Jh. v. Chr. angehörend (‹Nymphäum› di S. Antonio, Tivoli; in der sog. Villa des Cicero bei Formia; sog. Ninfeo Dorico am Albanersee; sog. Bibliothek in der republikan. Villa bei Tivoli; sog. Auditorium des Maecenas; sog. Dianaheiligtum in Nîmes) oder, bes. in der Kaiserzeit, zentral gebildet (Villa in Minori; Domus Augustana; Horti Sallustiani; sog. Tempel der Minerva Medica in Rom). C. K.

Q: Sen. dial. 11, 9, 2; epist. 55, 6 – *Lit:* s. o. zu [1].

Nymphen, menschengestaltige, weibliche Naturdämonen, die im Volksglauben und in der Mythologie der Griechen eine bedeutsame Rolle spielen. *νύμφη* bedeutet eigentlich ‹junge Frau› oder ‹Braut›; in diesem Sinne wird das Wort bei Homer mehrfach von menschlichen Frauen gebraucht, doch findet sich daneben bereits bei ihm die Vorstellung von N. als Göttinnen der freien Natur voll entwickelt. – Wo immer in Wald und Flur Leben ist, wohnen und wirken N. Auch andere Völker kennen ähnliche Naturdämonen, bei den Griechen verkörpern sie sich als liebliche, stets jugendliche Mädchen; sie haben ein langes Leben, werden aber trotz ihres göttlichen Wesens nicht immer als unsterblich angesehen (z. B. die Baum-N.). Ursprünglich haben sie keine Eigennamen und treten als Gruppe auf, oft im anmutigen Reigen oder als Gefolge von anderen in der Natur wirkenden Gottheiten, bes. von →Artemis, →Hermes und →Pan (im Hom. hymn. 19, 34 gilt er als Sohn des Hermes und einer N.). Im →Thiasos des →Dionysos sind die N. – neben den →Mänaden – das weibl. Äquivalent der →Satyrn und Silene, die ihnen gern begehrlich nachstellen (beliebtes Thema in der Vasenmalerei). In nachhomerischer Zeit unterscheidet man in genauerem Wortgebrauch nach den verschiedenen Bereichen der Natur mehrere Gattungen von N.: N. der Quellen und Gewässer (*Najaden*), N. der Bergwälder (*Oreaden*) und Bäume (*Dryaden, Hamadryaden;* es ist bemerkenswert, daß schon Hom. hymn. Aphrod. 264ff. von einer engen Verbindung der N. mit ihrem Baum spricht: sie wird mit ihm geboren, lebt in ihm und stirbt auch mit ihm); die *Nereiden* und *Okeaniden* (→Meergottheiten) gelten als Meernymphen. – Vielleicht sind auch die →*Musen* ursprünglich Quellnymphen gewesen. – Dem Wesen der N. entspricht es, daß sie bei der einfachen Landbevölkerung sehr populär waren; schlicht und bescheiden waren auch ihre zahlreichen Kultstätten (Quellen, Grotten, Haine und dgl.), bedeutendere Kulte gab es z. B. in Theben (Pind. Pyth. 11, 5) und Syrakus (Diod. 4, 23, 4 und viele Münzbilder). In volkstümlichen Erzählungen spielen N. eine große Rolle; ein beliebtes Sagenmotiv sind ihre Liebesverbindungen mit einem Menschen (schon bei Homer sind N. häufig Mütter von Lokalheroen). Die einfachen Landleute wandten sich in ihren Nöten meist lieber an die ihnen vertrauten niederen göttlichen Wesen (vgl. →Heroenkult) als an die ihnen ferner stehenden großen und erhabenen olympischen Götter. Dadurch erweiterten sich die Funktionen der N. über die von bloßen Naturgottheiten hinaus; bes. nahe standen sie natürlich den Frauen. Doch oft können N. einem Menschen, der ihnen näher tritt, auch gefährlich werden; z. B. wurde im Volksglauben überschwengliche Begeisterung, aber auch Wahnsinn offenbar von ihnen hergeleitet (*νυμφόληπτος*, eigentlich ‹von einer N. ergriffen›, bekommt die Bedeutung ‹begeistert, verzückt› und ‹wahnsinnig›). – Über die religionsgeschichtliche Herkunft des N.-Glaubens wissen wir nichts Zuverlässiges. Ohne Zweifel begegneten sich hier gleichartige Vorstellungen bei der griech. und der vorgriech. Bevölkerung, ja sogar bis in die Gegenwart hinein ist in Griechenland – wie Nilsson u. a. zeigen konnten – der Glaube an solche weibliche Naturwesen erhalten geblieben. K.-H. R.

Lit: Herter, RE 17, 2 (1937), 1527–81 – W. F. Otto, Die Musen, 1955 – Nilsson, I 244–255 – B. Neutsch, Tas nymphas emi hiaron, Abh. Heidelbg. 1957^2.

Darstellungen: Wenn man von den individualisierten N. wie →Kirke, →Kalypso und →Echo (dazu D. Levi, Antioch Mosaic Pavements, 1947, 60ff.) absieht, treten die N. vorwiegend im Verein, bes. der Dreizahl, auf. So schon auf der ersten inschriftlich gesicherten Darstellung der Françoisvase (Furtwängler-Reichhold, Taf. 11f.), wo freilich nur zwei erhalten sind. Da sie sich von anderen Dreivereinen, wie etwa den Chariten, bis in die hellenist. Kunst nicht unterscheiden (z. B. Ch. Picard, Etudes Thasiennes VIII, 1962, 50 Abb. 16: Torrelief), ist die Deutung oft schwierig (vgl. Chr. Clairmont, Das Parisurteil in der antiken Kunst, 1951, 91ff.). Die N. erscheinen, wie auch später, fast stets stehend, oft schreitend oder in Tanzbewegung, und tragen langes Gewand. Nach vereinzelten Vorläufern vom späteren 5. Jh. ab sehr verbreitet, bes. in Attika, aber auch auf den Inseln und in Kleinasien, Weihreliefs an die N. (R. Feubel, Die att. N.reliefs und ihre Vorbilder, 1935; vgl. Travlos, Deltion 1960[62] Chron. Taf. 41 – Blümel, in: Theoria, Festschr. W. Schuchhardt, 1960, 23 bis 28). Diese wirken auch in neuatt. Kunst nach (W. Fuchs, Die Vorbilder der neuatt. Reliefs, 1959, 20ff.). Die N. sind auf den Reliefs bes. oft mit Pan, Acheloos, Hermes und den Stiftern vereint. Seltener Verbindung der N. mit Kybele-Attis (Fuchs, AM 71, 1956, 71 Beil. 46) und Apollon (Fuchs, AM 77, 1962, 242ff.; Guarducci, ASAA 30/32, 1952/54 [55], 184–189). Zur Deutung der Reliefs wichtig: N. Himmelmann-Wildschütz, *ΘΕΟΛΗΠΤΟΣ*, 1957. N.reliefs auch noch in späthellenist.-röm. Zeit (Blümel, a. O.; Robert, Anatolia 3, 1958, 103–107; H. Metzger, Catal. des monuments votifs du musée d'Adalia, 1952, 65–68; Zontschew, ÖJh 40, 1953, 225f.: Relief mit liegender N.); nun sind die N. oft halbnackt und halten eine Muschel oder Schale vor dem Schoß (L. Forti, RendAccNapoli 26, 1950/51, 161–191). Dieser Typus auch rundplastisch belegt, meist als Brunnenfigur verwandt. In mythologischem Zusammenhang bes. beim →Perseusabenteuer (A. Rumpf, Chalkid. Vasen, 1927, Taf. 15: P. u. die Najaden), mit →Hylas (W. Grünhagen, Der Schatzfund von Groß-Bodungen, 1954, 47f. 53–57), im →Bellerophonmythos (Schauenburg, JdI 71, 1956, 88 Anm. 84; ders., AA 1958, 22 Anm. 1) und im Kindheitsmythos des →Dionysos (Beazley, ARV^2 256, 2; 589, 3; Sieveking, AA 1916, 68; Rhyton-Frg. H. Fuhrmann, JdI 65/66, 1950/51, 103–134; Fuchs, Vorbilder der neuatt. Reliefs, 1959, 140; L. Curtius, Die Wandmalerei Pompejis, 1929, 287 Abb. 169; vgl. ebd. 92f. Abb. 64f.: Pan bzw. Dionysos unter N.). Hermes mit N. schon im 6. Jh. (Beazley, ABV 184 unten. 281, 7(?). 321. 603, 62). Auf Münzen kommen N. bes. als lokale Gottheiten vor (für die griech. Kunst L. Lacrois, RBN 99, 1953, 5–21). Kaiserzeitliche Reliefs der N. in Gestalt der drei nackten Grazien (G. Lippold, Vatikankatalog III 1, 1936, zu Nr. 550a). K. Schb.

Nymphidianus von Smyrna, Sophist, Bruder des Philosophen → Maximus und Sekretär Kaiser Julians. W. Sp.

Lit: Gerth, RE Suppl. 8 (1956), 763 s. v. 2. Sophistik.

Nymphidius Sabinus, C., Sohn der Nymphidia, Tochter des Freigelassenen C. Iulius → Callistus; beanspruchte, illegitimer Sohn des → Caligula zu sein. N. wurde von → Nero (1) nach der Unterdrückung der Verschwörung des → Piso (2) und dem Sturz des C. Faenius Rufus i. J. 65 n. Chr. neben → Tigellinus zum Prätorianerpräfekten ernannt und mit den Konsularinsignien ausgezeichnet. N. veranlaßte 68 die Prätorianer, sich für → Galba zu erklären, zwang Tigellinus zum Rücktritt und beanspruchte die alleinige Präfektur auf Lebenszeit. Nach Ernennung des Cornelius Laco zum Prätorianerpräfekten machte er Anstalten, sich zum Imperator ausrufen zu lassen. Er stieß jedoch auf den Widerstand der Prätorianer und wurde getötet. Vor 65 anscheinend Militärdienst in Pannonien. U. Wm.

Lit: A. Passerini, Le coorti pretorie, 1939, 282f.

Nymphis von Herakleia (Pontos), 1. H. 3. Jh. v. Chr., angesehener Bürger, der 281 nach Ende der Tyrannis und Lysimachos' Tod aus der Verbannung zurückkehrte; ca. 250 Führer der Gesandtschaft an die → Galater. Schrieb (1) eine Universalgeschichte in 24 Büchern über Alexander, Diadochen, Epigonen, in der er bis zu Ptolemaios III. gelangte; (2) eine Lokalgeschichte über Herakleia in 13 Büchern (die Archäologie des Werkes wurde maßgebend für die antike Erklärung des → Apollonios (11) Rhodios), ähnlich wie → Memnon (2) von Herakleia (vgl. auch → Pompeius (11) Trogus). W. Sp.

Frg: FGrHist 432 m. Add.

Nysa, im Mythos der Ort, an dem → Dionysos aufwuchs. Später wurde der Name auf zahlreiche Orte mit Weinkultur übertragen; vgl. bes. N. in Aithiopien und Karien.

Nyx, die ‹Nacht›, Tochter des → Chaos, Schwester des → Erebos, mit dem sie Aither (‹Himmel›) und Hemera (‹Tag›) erzeugt (Hes. theog. 123ff.). Auch Mutter der Hesperiden. Als unheilvolles Wesen Mutter des Moros, → Hypnos, → Thanatos, der → Ker und anderer dämonischer Wesen (theog. 211ff.), nach → orphischer Sage auch noch des → Eos, der aus einem von ihr gelegten Ei entsprang. Bei Homer eine Göttin (Il. 14, 259ff.). K. Schb.

Lit: G. Ramnoux, La nuit et les enfants de la nuit dans la tradition grecque, 1959 – *Darstellungen:* Auf der Kypseloslade hielt sie Schlaf und Tod im Arm (Schefold, FS, Abb. 26); später wird sie oft als Wagenlenkerin von der Reiterin Selene unterschieden. Vgl. E. Paribeni, EAA V, 1963, 615f. K. Schf.

Oasen. In altägypt. Zeit unterschied man 6 Oasen (*wḥ3.t*, ‹Kessel›): el-Chargeh (*Knm.t*), mit el-Dachleh zur ‹südl. O.› zusammengefaßt; el-Bahrijeh (*dsds*), Farafra (‹Kuhland›), Wadi Natrun (‹Salzfeld›) und Siwa (‹Baumfeld›). Von hier kamen Matten, Wein und andere landwirtschaftliche Produkte. Die Verwaltung wurde erst im Neuen Reich straffer; vorher waren die O. Zufluchtsort von Flüchtlingen aus Ägypten. Auch wurden größere Tempelbauten erst spät durchgeführt (Hibis unter Dareios I./II.; Siwa in 30. Dyn.; → Ammoneion). Die Bewohner waren meist Libyer. W. Hk.

Obelisk (‹Bratspießchen›), griech. Bezeichnung hoher, sich nach oben verjüngender und in eine Spitze auslaufender, monolither und freistehender Bauteile der Architektur → Ägyptens (I F). Ursprünglich eine Steinsetzung zur Bezeichnung des höchsten Punktes eines ‹Urhügels›, wurde der O. bald zum Sonnensymbol. Ein O. bildete den Mittelpunkt der Sonnen-→ Tempel der 5. Dyn. Später errichtete man sie meist paarweise vor Göttertempeln, oft zur Erinnerung an ein → Sedfest. W. Hk.

Obeliskos, Obelos (ὀβελίσκος, ὀβελός), Bratspieß aus Eisen oder Bronze, der bei den Griechen als Gerätgeld (→ Geld) gedient hat, zumal in Sparta (dort bis ins 4. Jh. vor Chr.). In Argos in Gräbern und im argivischen Heraheiligtum als Votiv gefundene Obeliskoi sind neuerdings als solches Gerätegeld zweier durch Gewicht und Größe unterschiedener Entwicklungsstufen des 8. und 7. Jh.s v. Chr. erkannt worden (P. Courbin). Die zweite Stufe gehört wohl in die 2. H. des 7. Jh.s, möglicherweise die Zeit des legendären Königs → Pheidon und damit in die Zeit des Auftretens des frühesten geprägten Silbergeldes, der → Chelonai von der Insel Aigina (Marm. Par., Poll. 9, 83 und Ephor. bei Strab. 8, 376). Da 6 der eisernen Gerätgeld-Obeloi mit der Hand umfaßt werden konnten (→ Drachme), behielt der sechste Teil der Silberdrachme den später in → Obolos übergegangenen Namen Obelos bei. W. Schw.

Lit: Babelon, 426 – K. Regling, RV IV, 1926, 218f. – Ders., in: v. Schrötter, 407 (wo irrtümlich noch eine ‹Demonetisierung› des Gerätgeldes durch Pheidon – daher das Votiv! – angenommen wird) – H. T. Wade-Gery, in: H. Payne, Perachora I, 1940, 257ff. – M. Guarducci, RFIC 72/73, 1944/45, 171ff. – M. N. Tod, Num. Chron. VI 7, 1947, 1ff.; 15, 1955, 125f. – P. Courbin, Valeur comparé du fer et de l'argent lors de l'introduction du monnayage, Annales (Economies, Sociétés, Civilisations) 14, 1959, 209ff. (Lit).

Obelos, kritisches, wohl ausschließlich in poetischen Texten (erstmals von → Zenodot) angewandtes Zeichen (—) für einen vom Herausgeber als unpassend empfundenen Vers. Der O. stand links von diesem. H. E.

Oben. Die Bürgerschaft → Spartas zerfiel in → Phylen und O. Alles Nähere ist umstritten. F. G.

Lit: G. L. Huxley, Early Sparta, 1962, 24; 47ff. – F. Kiechle, Lakonien u. Sparta, 1963, 119ff.

Obolos (ὀβολός), gleichzusetzen mit ὀβελός, Bratspieß (→ Obeliskos), ist das Sechstel der → Drachme (Poll. Onom. 9, 60). Im attisch-euböischen Münzfuß hatte der O. daher das Gewicht von ca. 0,72 g Silber. In Gold erscheint der O. in Schatzinventaren von Eleusis (CIGAtt IV 834 B) und gelegentlich auch in der Münzprägung (Korinth; Num. Chron. 1935, 1f.). – Ursprünglich wird der O. in nahezu allen Währungen in Silber ausgeprägt und nach dem jeweiligen Münzfuß benannt. In Athen wird er durch den Rückseitentypus von vier Mondsicheln visuell kenntlich gemacht zum Unterschied von den noch kleineren Nominalen mit 3 Mondsicheln (→ Tritetartemorion) und nur einer (→ Tetartemorion); in Syrakus durch ein Rad zum Unterschied von der schwereren → Litra, die den Tintenfisch zeigt. – Mit der Wertbezeichnung O. prägen mitunter Sikyon, Zakynthos, Phokis und Lokris. ὀβελός ausgeschrieben findet sich, neben O., auf Bronzemünzen von Metapont aus der 2. H. des 4. Jh.s v. Chr., in der Kaiserzeit in Chios; in Seleukeia (Syriae) gelegentlich ὀβο. W. Schw.

Lit: Babelon, 425–432 – K. Regling, in: v. Schrötter, 468 – W. Schwabacher, RE 17,2 (1937), 1738f. – M. N. Tod, Num. Chron. VI 7, 1947, 1ff.; VI 15, 1955, 125–126.

Obrimos, Verfasser von Reden, aus denen Stobaios zitiert; vielleicht 4. Jh. W. Sp.

Lit: W. Stegmann, RE 17,2 (1937), 1740 – K. Gerth, RE Suppl. 8 (1956), 752. 763 s. v. 2. Sophistik.

Obsequens, Julius, sonst unbekannter Verfasser eines Liber prodigiorum, nach dem streitbar heidnischen Charakter zu urteilen, wohl im 4. Jh. n. Chr.: Exzerpte aus → Livius, genauer: aus dessen Epitoma. Der Titel der kleinen Schrift verheißt einen Bericht über die Wunderzeichen vom Jahre 505 a. u. c. an (= 249 v. Chr.; damals begannen evtl. die Pontifices die prodigia systematisch aufzuzeichnen); der Bericht setzt jedoch erst 190 ein und reicht bis 12 v. Chr. Möglich, daß ein erster Teil verlorengegangen ist. E. P.

Ed: Aldina, 1508 (ed. princ.) – O. Rossbach, T. Livi periochae, 1910 – *Lit:* F. Luterbacher, Prodigienglaube und Prodigienstil der Römer, 1904 – Fiehn, RE 17,2 (1937), 1743f.

Obsidian (λιπαραῖος? ἀνθράκιον?, lapis obsidianus), glasartig erstarrtes Eruptionsgestein, schwarz, bisweilen durchsichtig. Stammte aus Indien, Äthiopien, Samnium und Spanien und wurde zur Herstellung von → Gemmen, → Spiegeln und Statuetten verwendet. C. K.

Q: Plin. nat. 36, 196; 37, 177 – *Lit:* Blümner, Technologie III 273f.

Obst. Außer Wein und → Ölbaum wurden in Griechenland seit uralter Zeit eine Reihe von O.bäumen angebaut. Homer nennt Apfel, Granatapfel, Birne und Feigen (Od. 7, 114f.; 11, 589f.). Einen Teil dieser Bäume findet man wildwachsend im größten Teil Europas; der Feigenbaum scheint schon in vorhistorischer Zeit vom Nahen Orient eingeführt worden zu sein. Von dort stammt auch eine Reihe später eingeführter Obstbäume, Quitte und Pflaume, die vom 7. Jh. v. Chr. an genannt werden, Mandel, Kirsche sowie verschiedene Nüsse seit dem 5./4. Jh. In Italien sind die meisten dieser Bäume schon früh eingeführt; Kult und Mythe um den ficus Ruminalis auf dem Forum Romanum zeigt das Alter des Feigenbaumes an, und Cato kennt alle genannten Obstbäume. Der intensiven Landwirtschaft der folgenden Jahrhunderte entspricht das starke Interesse an der Einführung und Akklimatisierung neuer Baumsorten: Lucullus soll i. J. 73 v. Chr. den Kirschbaum von Kleinasien mitgebracht haben (Plin. nat. 15, 102), Pfirsich und Aprikose werden zuerst von Columella genannt (5, 10, 20; 10 v. 404). Die vom Orient her so bekannte Dattelpalme wurde erst als Zierbaum eingeführt, da sie im europäischen Klima keine Frucht trug. Nur in Spanien gelang der Anbau; aber die spanischen Datteln galten nicht als gut (Plin. nat. 13, 26). Doch spielte die Dattelpalme seit alter Zeit eine Rolle in einigen Kulten, z. B. dem Apollokult auf Delos (vgl. Hom. Od. 6, 163ff.). Die Dattelpalme darf nicht mit der Zwergpalme, lat. gleichfalls ‹palma›, verwechselt werden: diese ist wildwachsend in großen Teilen Südeuropas verbreitet. Unter den angebauten Obstbäumen nennen die Quellen außerdem Citrus (Citrus Medica), Brustbeere (Ziziphus vulgaris), Azarol (Crataegus Azarolus), Johannisbrot (Ceratonia siliqua), Mispel (Mespilus germanica) und Kastanie (Castanea vulgaris) u. a. Bildliche Darstellungen, bes. in der pompejan. Wandmalerei, besagen nicht unbedingt, daß alle dargestellten Früchte zu der Zeit in Italien wirklich angebaut wurden. – In der Kaiserzeit verbreiteten sich die angebauten Obstbäume überall im röm. Reich, wo sie sich akklimatisieren ließen: es gab eine gallische Pfirsichsorte und Kirschen in Britannien (nat. 15, 39; 102). – Durch bewußte Veredlung erreichte man einen verblüffenden Reichtum innerhalb der einzelnen Sorten. Macrobius zählt 30 Birnensorten auf (sat. 3, 19, 6), Plinius 43 (nat. 15, 53ff.). Da die meisten Obstbäume durch Samenvermehrung degenerieren (Verg. georg. 2, 47), wandte man die Vermehrung durch Stecklinge oder Ableger an, ebenso war Pfropfen hoch entwickelt (Col. 4, 29). Die antike Fachliteratur nennt häufig das Pfropfen auf artfremden Baum (z. B. Col.

arb. 27, 2: Aufpfropfen von Oliven auf Feigen). Nach modernen Versuchen kann es nicht ausgeschlossen werden, daß die antike Pfropftechnik so etwas möglich machte, doch wirtschaftliche Bedeutung hatte das natürlich nicht. Okulieren, d. h. Transplantierung von Knospen, ist schon bei → Theophrast (hist. plant.) belegt. Obstanbau ist wohl niemals in solchem Umfang betrieben worden wie Wein- und Olivenanbau, doch bilden getrocknete und konservierte Früchte einen Teil der Kost außerhalb der eigentlichen Fruchtsaison (→ Mahlzeiten). Obstverkäufer, ‹pomarii›, kommen ab und zu in Inschriften vor, in Pompeji erscheinen sie ein einziges Mal als Korporation in einem Wahlaufruf ‹pomarii universi› (CIL 4, 202). J. E. Sk.

Lit: Hehn, passim – R. Billiard, L'agriculture dans l'antiquité, 1928 – D. Casella, La frutta nelle pitture pompeiane, Pompeiana 1950, 355–386.

Ocresia, vornehme Kriegsgefangene aus Corniculum, vom Herdgeist der Tarquinier geschwängert, Mutter des → Servius (2) Tullius. C. J. C.

Ocriculum, umbrische Siedlung auf einer Anhöhe über dem linken Tiberufer (heute Otricoli). 308 und 297/295 mit Rom verbündet, 90 v. Chr. Municipium. Im → Bundesgenossenkrieg (3) zerstört. Weiter unterhalb der alten Siedlung wurde eine neue Stadt wiederaufgebaut, das röm. O. Von Theater, Amphitheater, Thermen sind noch stattliche Reste vorhanden, während die mit Statuen, darunter dem berühmten Zeus von Otricoli (Kopie nach einem Werk des → Bryaxis, jetzt im Vatikan), geschmückte dreischiffige Basilika claudischer Zeit nur aus den Berichten über die Ausgrabungen von G. Pannini (1778/81) bekannt ist. B. A.

Lit: C. Pietrangeli, Ocriculum, 1943 – Ders., Lo scavo pontificio d. Otricoli, Rend. Pont. Acc., 1942, 47.

Octavia maior, Stiefschwester des → Augustus, Tochter des C. → Octavius (4) und der Ancharia, Mutter des Sex. Appuleius, cos. 29 v. Chr, Großmutter des Sex. Appuleius, cos. 14, und der Appuleia Varilla. U. Wm.

2. **O.** minor, ältere Schwester → Octavians (→ Augustus), geb. ca. 69 v. Chr. O. heiratete C. → Claudius (14) Marcellus, cos. 50 v. Chr. Aus dieser Ehe stammen M. Claudius → Marcellus (1), der spätere Schwiegersohn Octavians, und zwei Töchter. Nach dem Tode ihres Mannes heiratete sie anläßlich des Paktes von Brundisium (40 v. Chr.) den Triumvirn M. → Antonius (2). Aus dieser Ehe gingen → Antonia (2) maior und → Antonia (3) minor hervor (Stammbaum → Jul.-claud. Haus). 39/38 und 38/37 mit Antonius in Griechenland. O. vermittelte bis zum Vertrag von Tarent zwischen Antonius und Octavian. 35 versuchte sie, dem Antonius Verstärkungen zuzuführen, wurde von ihm jedoch nach Rom zurückgesandt. Trotz zunehmender Entfremdung befolgte sie nicht Octavians Anordnung, das Haus des Antonius zu verlassen, bis sie 32 den Scheidebrief erhielt. Sie lebte danach zurückgezogen und widmete sich der Erziehung ihrer Kinder und Stiefkinder. Der Tod ihres Sohnes M. Marcellus traf sie schwer. Sie starb 11 v. Chr. und wurde im Mausoleum des Augustus beigesetzt. Vgl. Octavius (1). Von allen Mitgliedern des julisch-claudischen Hauses genoß sie die größte Sympathie. U. Wm.

Lit: R. Syme, Roman Revolution (1939), 1952², Ind. S. 556.

3. **O.,** Claudia, Tochter des → Claudius (1) und der → Messalina (Stammbaum → Jul.-claud. Haus), geb. ca. 40 n. Chr. Bald nach ihrer Geburt mit C. Iunius Silanus, dann (49) mit → Nero (1) verlobt, 53 mit ihm verheiratet. Nero, dem sie mißfiel, vernachlässigte sie sehr bald, ließ sich 62, nach → Agrippinas (3) Tod, von ihr scheiden, um → Poppaea Sabina zu heiraten, und schickte sie unter militärischer Bewachung nach Kampanien. Wegen öffentlicher Kundgebungen zu ihren Gunsten wurde sie nach Pandateria relegiert (auf Grund einer fingierten Anklage wegen Ehebruchs und Hochverrats) und dort am 9. 6. 62 auf Befehl Neros ermordet. Ihr Schicksal in der Praetexta ‹Octavia› dargestellt (→ Seneca, 2). U. Wm.

Octavius, Cn. (aed. 172, praet. 168, cos. 165, 169–162 vor Chr. decemvir sacr. fac.). Als Befehlshaber der röm. Flotte verfolgte er 168 den bei Pydna geschlagenen Makedonenkönig → Perseus (2) und erzwang auf Samothrake die Kapitulation (Liv. 44, 35; 45, 5 f.). 163/162 führte O. eine röm. Gesandtschaft nach Griechenland und Kleinasien, dabei wurde er 162 in Laodikeia (Syrien) ermordet (Polyb. 31, 12 ff., 32, 4 ff.). O. erbaute die Porticus Octavia (Festus p. 178). A. L.

2. **O.,** M. (tr. pl. 133 v. Chr.), Freund des Tib. → Gracchus (1). Auf Drängen einflußreicher Optimaten interzedierte O. – wie es hieß, im eigenen Interesse, da er viel Gemeindeland besaß (Plut. Tib. Gracch. 10, 7) – gegen das Ackergesetz des Tib. Gracchus. Als nach der Interzession O. seinen Widerstand nicht aufgab, ließ Gracchus ihn seines Amtes entheben. 123 forderte C. → Gracchus (2), einen aus dem Amt entfernten Bürger von jeder weiteren Bewerbung auszuschalten; er ließ von seinem Antrag erst ab, als seine Mutter → Cornelia (40) für O. bat. G. G.

3. **O.,** Cn. (cos. 87 v. Chr.), widersetzte sich den Absichten des Mitkonsuls → Cinna, die ins Bürgerrecht aufgenommenen Italiker auf alle Tribus zu verteilen und die geächteten Marianer zurückzurufen. Das führte zu heftigen innenpolitischen Kämpfen; O. entschloß sich zu bewaffnetem Eingreifen. In einer blutigen Straßenschlacht wurde Cinna vertrieben und viele Neubürger getötet. Die Rückkehr der Gegner nach Rom konnte O. nicht verhindern; aber er hielt es trotz der drohenden Rache Cinnas für eines Konsuls unwürdig, Rom zu verlassen. Ohne Gegenwehr erwartete er auf der sella curulis seine Mörder (App. civ. 1, 326 ff.). G. G.

4. **O.,** C. (praet. 61 v. Chr.), aus reicher ritterlicher Familie stammend. 60–59 ausgezeichnete Verwaltung und Kriegführung in Makedonien. O. hatte gute Aussicht auf ein Konsulat, als er 59/58 starb. Er war in erster Ehe mit Ancharia, in zweiter mit Caesars Nichte → Atia (1) verheiratet; seine Kinder waren → Octavia (1) maior, Octavia (2) minor und Octavian, später → Augustus (Stammbaum → Julisch-claud. Haus). Chr. M.

5. **O. Titinius Capito,** Historiker, Dichter, Rezitator und Mäzen; Freund des jüngeren → Plinius (2; epist. 8, 12; 5, 8); unter → Domitian, → Nerva und → Trajan Leiter der kaiserlichen Kanzlei (ab epistulis: CIL VI, 1, 798). R. T.

Lit: Stein, RE 17, 2 (1937), 1856.

Octavius, vgl. auch → Lampadio.

Odaenathus (Septimius O.), Fürst von → Palmyra in Syrien; begründete um 250 n. Chr. mit seinem Vater die Vorrangstellung seines Hauses in Palmyra; übernahm in der Zeit der Krise der röm. Herrschaft den Grenzschutz im Osten und wurde faktisch selbständig. Im Auftrage des → Gallienus bekämpfte O. die Anhänger der Usurpatoren → Macrianus und Quietus; er verhinderte nach der Niederlage des → Valerian das weitere Vordringen des Sassaniden → Šapur I. Die Titel (u. a. corrector totius Orientis), die er von Gallienus erhielt, lassen seine Loyalität, aber auch seine Selbständigkeit erkennen. O. dehnte seine Herrschaft über Arabien, Mesopotamien, Syrien und Kilikien aus; er wurde wohl bei einem Feldzug gegen die in Kleinasien eingefallenen Goten von einem Verwandten ermordet. Seine Herrschaft hinterließ er seiner Gattin → Zenobia (266/267). H. D. M.

Ode. Das Wort wird nachklassisch auch im Lateinischen für → Carmen, ‹Lied›, ‹lyrische Dichtung› verwendet. Als eigentliche Odenmaße oder -systeme gelten die → asklepiadeischen, die → sapphischen, das → alkäische, → alkmanische, → archilochische und → hipponaktische. G. L.

Lit: K. Viëtor, Gesch. d. deutschen Ode (1923), 1961².

Odeion, überdeckter Saalbau für musikalische Aufführungen. Das bedeutendste O. wurde 445 von Perikles mit ähnlichem Grundriß wie das klassische Telesterion von → Eleusis als Zentralraum erbaut: ein quadratischer Saal von über 60 × 60 m, dessen Zeltdach von 9 Säulenreihen getragen wurde; es blieb der größte überdeckte Raum griech. Zeit. Später werden Odeia als kleine, meist überdachte → Theater ausgebildet (O. des Agrippa und des Herodes Atticus in → Athen). G.Gb.

[2] Das früheste O. (odeum) auf *ital.* Boden ist das sog. *Theatrum tectum* in Pompeji (80–75 v.Chr.), ein nahezu quadratisches Gebäude mit eingebautem, muschelförmigem Zuschauerraum, Podium und gemalter Scenaefrons (→ Szene), im griech. Bereich dem → Buleuterion verwandt (ca. 1500 Zuschauer). Von kleinen → Theatern unterscheidet sich das röm. O. oft nur durch ein weniger tiefes Podium und bescheidenere Ausführung der Scenaefrons, denn das Halbrund des Zuschauerraums kann, wie dort, auch nach außen sichtbar sein (z.B. Taormina, Gortyn, Thasos, Coroglio, Catania, die zwei letzteren, wie jene von Vienne, Lyon, Pola, Korinth, in unmittelbarer Nähe eines Theaters). Umgekehrt können kleinere Theater rechteckigen Grundriß aufweisen (Aosta, Turin, Industria), wobei für die Überdachung allenfalls eine Holzkonstruktion anzunehmen ist (vgl. Philostr. Vita Soph. 2, 1, 5). – Im Typus ähnlich, in den Proportionen jedoch bescheidener (ca. 200–600 Zuschauer) sind die *auditoria* (Termessos, Knidos, Kretopolis, Aperlate); vgl. auch die O. in den kaiserlichen Villen von Pausilypon und Tivoli. C.K.

Lit: Crema, 92f. 202f. 425 – Vgl. → Theater.

Odoaker, der erste barbarische König von Italien, 476–493, entweder → Skire oder → Rugier, jedenfalls Germane. Mit seinen barbarischen Gefolgsleuten stürzte er 476 den jungen Kaiser → Romulus Augustulus und wurde daraufhin von seinem Heer zum König ausgerufen. Er erkannte die Oberhoheit des oströmischen Kaisers an, wurde vom röm. Senat unterstützt und führte nur wenige Änderungen in der Verwaltung Italiens durch, obwohl seine Armee germanisch blieb. Friedliche Landverteilung an seine Truppen. Obwohl selbst Arianer, stieß er kaum mit der kathol. Kirche zusammen. Er verteidigte Italien geschickt gegen andere Barbaren, und als die Ostgoten → Theoderichs 489 in Italien eindrangen, leistete er hartnäckigen Widerstand. Schließlich mußte er seine Hauptstadt Ravenna übergeben und wurde von Theoderich verräterisch umgebracht (493). E.A.Th.

Lit: L. Schmidt, Die Ostgermanen (1910), 1941² – W. Enßlin, Zu den Grundlagen von O.s Herrschaft, in: Serta Hoffilleriana, 1940 – Ders., Theoderich d. Gr. (1947), 1959² – R.L. Reynolds-R.S. Lopez, O., German or Hun?, Amer. Hist. Rev. 52, 1946/47, 36–53 – A.H.M. Jones, The Constitutional Position of O. and Theoderic, JRS 52, 1962, 126–130.

Odrysen → Thrakien.

Odyssee → Homer.

Odysseelandschaften. Der auf einer Länge von ca. 14 m erhaltene Fries (Höhe ca. 1 m) stammt aus einer Villa auf dem Esquilin und befindet sich heute in der Vatikanischen Bibliothek, das Sirenenfragment im Thermenmuseum. Eine Pilasterdekoration 2. Stils (um 40 v.Chr.) gliedert die fortlaufende Szenerie in Einzelbilder, von denen das 5. perspektivisch als Mitte hervorgehoben ist; die Friesteile sind dem Schema des Wandaufbaues untergeordnet und erscheinen am traditionellen Aufstellungsort der Tafelbilder über einer Scherwand von ca. 3,5 m Höhe; die in der → Landschaftsmalerei übliche hohe Aufsicht (dagegen Froschperspektive im Mittelbild) widerlegt die Deutung als eines eigens für diese Wand geschaffenen illusionistischen Durchblickes. – Eine von Felsen zerklüftete, heroische Landschaft bildet den Hintergrund, vor dem sich die Abenteuer des Odysseus und seiner Gefährten im Lande der Lästrygonen (1–4), vor dem Palast der Circe (5; 6 zerstört) und in der Unterwelt (7–8; 9 verschollen?) abspielen: Ulixis errationes per topia (Vitr. 7, 5, 2). – Die Bedeutung der O. liegt in der für die Antike bisher unbekannten perspektivischen Vereinheitlichung landschaftlicher Elemente mittels subtiler Farbeffekte zur Erzeugung einer atmosphärischen Raumtiefe, inmitten der die menschliche Figur in untergeordneter Stellung erscheint. Hier wird röm. Empfinden deutlich; Bildelemente und kontinuierlicher Stil hingegen sind griechisch, wie nicht nur die Inschriften, sondern auch die lysippisch gebildeten Gestalten verraten, deren volle Körperlichkeit und Größe sich der angestrebten Einordnung in die Landschaft zu widersetzen scheinen (→ Illustration; eine griech. Bilderrolle ist als Vorbild anzunehmen). Im Rahmen der bildlichen Abfolge sind sie einer Zeitlichkeit unterworfen, die in diesem Maße griech. Empfinden ebenfalls fremd sein mußte. In diesem Sinn dürften etwa die Friese aus dem Liviahaus und der Farnesina ihren Vorbildern näher stehen. Obwohl die O. von keiner zentral angelegten → Perspektive beherrscht sind, spricht aus ihnen doch ein grundsätzlich neues und hier auf einmaliger Höhe verwirklichtes Verständnis für die Gesetzlichkeit des freien Raumes, ohne die die abendländische Kunst nicht denkbar wäre. C.K.

Lit: B. Nogara, Le Nozze Aldobrandine, etc., 1907 – Pfuhl, 883ff. – Rumpf, 160ff. – Schefold, PM, 196 zu Taf. 6.7 – Beyen II 260ff. – Helbig⁴ I, 1963, 355–360.

Odysseus (Etymologie ungeklärt), König von Ithaka.

[1] In der *Odyssee* der Sohn des → Laertes und der → Antikleia. Muß von allen Heimkehrern des → Trojan. Krieges die wechselvollsten Irrfahrten bestehen: den → Kikonen entkommt er mit geringen Verlusten; von den → Lotophagen bringt er seine vom Lotosgenuß berauschten Gefährten kaum mit Gewalt fort. Wißbegierde treibt ihn auf die Insel der → Kyklopen und in die Höhle des Schafhirten Polyphem, der die Höhle mit überschwerem Fels verschließt und insgesamt sechs der Gefährten auffrißt, bevor O. ihn mit Wein von den Kikonen trunken machen und sein Auge mit spitzem, glühendem Pfahl blenden kann; unter den Schafen, die der Blinde am Morgen herausläßt, festgeklammert entweicht O. mit den übrigen Gefährten, höhnt vom Schiff aus Polyphem, der den Fluch seines Vaters → Poseidons auf ihn herabruft. – Danach von Aiolos, dem Gott der Winde, freundlich aufgenommen und mit einem Schlauch voll Winden beschenkt, die, kurz vor Ithaka von den neugierigen Gefährten herausgelassen, die Schiffe zu Aiolos zurücktreiben, der weitere Hilfe verweigert. O. verliert alle Schiffe bis auf eines an die menschenfressenden → Laistrygonen; auf Aiaia wird eine vorangeschickte Schar von → Kirke in Schweine verzaubert. O. erhält aber von Hermes ein Schutzkraut, bedroht Kirke, bekommt die Gefährten zurück und bleibt ein Jahr bei ihr. Fahrt zum Hades, wo er → Teiresias und seine Mutter über sein künftiges Schicksal und die Zustände in der Heimat befragt. Abermals bei Kirke, die ihm die weiteren Gefahren ankündigt: → Skylla und → Charybdis, die → Sirenen, die → Symplegaden, die er alle überwindet, während er auf Thrinakia den Frevel der Gefährten an den Rindern des → Helios nicht verhindern kann. Der daraus folgenden Sturmkatastrophe entgeht O. allein und gelangt auf einer Planke nach Ogygia zur Nymphe → Kalypso. Diese hält ihn 7 Jahre, verspricht Ehe und Unsterblichkeit, aber er schlägt sie aus um Penelopes willen und wird auf Befehl der Götter auf selbstgezimmertem Floß von ihr entlassen. Abermaliger Schiffbruch durch den Zorn Poseidons; mit Hilfe Leukotheas erreicht er nackt Scheria. Wird von → Nausikaa gefunden, bekleidet und in die Stadt der → Phäaken geleitet, von → Alkinoos gastfreundlich aufgenommen, ja (wie auch von → Demodokos im Lied) gefeiert und auf märchenhaftem Schiff nach Ithaka gebracht. O. erkennt die Heimat nicht. Athene weist sie ihm und gibt weiteren Rat. Von ihr zum Bettler verwandelt, trifft er bei → Eumaios seinen Sohn → Telemachos. Unerkannt und verhöhnt betritt er seinen Palast, in dem die immer noch erfolglos werbenden Freier der → Penelope sein Gut verprassen; auch weiterhin nur von der Amme → Eurykleia und → Philoitios, nicht von Penelope, der er von O. erzählt, erkannt, bringt er beim Wettschießen seinen Bogen an sich

und ermordet im vorher von Waffen geräumten Megaron alle Freier. Erkennungsszene mit Penelope. Soweit die Odyssee; alle anschließenden Berichte differieren stark voneinander: Kampf mit den Angehörigen der Freier, den Athene verhindert; Versöhnung des Poseidon durch einen Tempel an einem Ort, wo man Ruder mit Worfelschaufel verwechselt (Orakel des Teiresias); Heirat mit Kallidike, Königin der Thesproten (Sohn Polypoites); Tod, bei der Rückkehr nach Ithaka, durch → Telegonos, seinen Sohn von Kirke.

[2] In der Irrfahrtenerzählung (diese wahrscheinlich jünger als die → Argonautensage und z.T. von ihr beeinflußt) hat O. wohl seinen ursprünglichen Platz. Gleichwohl spielt er auch in der *Ilias* eine bedeutende Rolle: war auf Gesandtschaft und Kundschaft in Troja, hält die Flucht des Heeres auf (Il. 2), geht mit zu Achilleus (Il. 9), ist wichtig im Rat. Auch hier ist, wie in der Odyssee, sein Bild, gerade als des Listenreichen, durchaus positiv.

[3] In den Epen des → *Kyklos* und bes. in der *Tragödie* wird er dagegen zunehmend zur negativen Gestalt: als sein Vater gilt jetzt der Erzfrevler → Sisyphos, vom Großvater, dem Meisterdieb → Autolykos, kurz vor ihrer Hochzeit mit Laertes mit → Antikleia zusammengebracht. O. ist Freier der → Helena und regt den Freiereid an, sucht sich selbst aber durch geheuchelten Wahnsinn dem → Trojan. Krieg zu entziehen. → Palamedes, der ihn entlarvt, bringt er später selbst oder durch böse Intrige zu Tode. O. entdeckt → Achilleus, rät zur Opferung → Iphigenies, die er durch falsche Versprechen nach Aulis lockt; veranlaßt die Aussetzung → Philoktets, den er doch später, wiederum durch Lug und Trug, vor Troja holt, ebenso wie → Neoptolemos aus Skyros. Mit → Diomedes überfällt er → Rhesos und stiehlt das heilbringende Palladion aus Troja. L.H.

Lit: E.Wüst, RE 17,2 (1937), 1905–1996 – P.v.d.Mühll, RE Suppl. 7 (1939), 695–768 s.v. Odyssee – W.B.Stanford, The Ulysses Theme (1954), 1963² (Wirkungsgesch., nicht fehlerfrei).

Darstellungen: Lieblingsgestalt trojan. Sagenbilder. Oft beim Raub des Palladions (K. Schauenburg, BJbb 161, 1961, 216,4; F. Brommer 306) oder dem Streit um die Waffen des → Achilleus, der Tötung des → Dolon und → Rhesos (Brommer 317). Sehr beliebt, vom 6.Jh. ab, das Kirkeabenteuer (Brommer 308–310; Beyen II, Abb. 104), die schon im 7.Jh. auftretende Blendung Polyphems und die Flucht aus seiner Höhle (Brommer 314ff.) sowie das vom 6.Jh. an nachweisbare Sirenenabenteuer (Ars Antiqua A.G., Auktion IV, 1962, zu Nr. 130). Seltener die Heimkehr nach Ithaka und der Freiermord (Brommer 307ff.; F. Eichler, Die Reliefs des Heroon von Gjölbaschi-Trysa, 1950, Taf. 6f.). Vereinzelt Darstellungen des O. im Hades (Brommer 320). O. trägt meist den Pilos und ist bärtig, auch in der Plastik (EA 2519f.; W. Amelung, Vatikankatalog I 790f. zu Nr. 704; Polyphem-O.: AA 1941, 204, Abb. 10). – *Lit. dazu:* F. Müller, Die antiken Odyssee-Illustrationen, 1913. K. Schb.

Oea (Kt. 61 F2; heute Tripolis, arab. Tarabulus-el Gharb), in Libyen. Phön. Emporium, unter Augustus Municipium, Kolonie unter Septimius Severus. Im 4.Jh. Niedergang im Kampfe gegen die Berberstämme des Hinterlandes. 533 gerieten Stadt und Land in byzantin. Hand und wurden nach den drei Städten (Sabratha, Leptis M. und Oea) Tripolitania genannt. 642 Eroberung durch die Araber. – *Bauten:* Quadrifrons Mark Aurels, 163 n.Chr. datiert. Vgl. → Architektur II. III. R.F.

Lit: S. Aurigemma, L'arco di M. Aurelio a Tripoli, 1938 – Ders., I mosaici, 1960 – Ders., Le pitture, 1962 (L'Italia in Africa, 1).

Oecus, Räume zu beiden Seiten des → Tablinum in der röm. Domus (→ Haus B 4) bzw. repräsentativer Saal der röm. Villa (ebd. 4); vgl. → Oikos. C.K.

Ödipus (*Οἰδίπους*, antik als ‹Schwellfuß› erklärt), Sohn des → Laios und der Jokaste (bei Homer Epikaste), Hauptfigur des → Theb. Sagenkreises. Da Delphi Laios den Tod durch seinen Sohn prophezeit, wird Ö. nach der Geburt mit durchstoßenen Füßen (‹Schwellfüßen›) ausgesetzt, von Hirten auf dem Kithairon gefunden, dem König Polybos von Sikyon gebracht und von ihm und Periboia erzogen. Erwachsen, erfährt er, daß dies nicht seine Eltern sind, und in Delphi, daß er seinen Vater töten und seine Mutter heiraten werde. Meidet darauf Korinth, erschlägt aber bei *Σχιστὴ ὁδός* unwissentlich Laios. Befreit Theben von einem Ungeheuer, der → Sphinx, indem er ihr Rätsel löst (früher: mit ihr kämpft?), und erhält Jokaste und Reich. Sie erkennt bald danach an den Waffen den Mörder ihres Gatten, nicht aber den Sohn und schweigt. Eine Pest bricht aus, zu deren Abwendung der Mörder des Laios gefunden werden muß. Durch einen der Hirten kommt alles ans Licht. Jokaste tötet, Ö. blendet sich. Nach frühester Version (die kykl. ‹Oidipodeia› bei Paus. 9, 5, 10ff.; vgl. Od. 11, 271ff.) hat er dann von Euryganeia, nach späterer Version (Tragiker) noch von Jokaste die vier Kinder → Polyneikes, → Eteokles, → Antigone und → Ismene. Lebt im Innern des Palastes weiter (→ Kreon Regent) und verflucht seine Söhne, als sie erst eine Vorschrift, dann seine Ehre vernachlässigen, zur Uneinigkeit und zu gegenseitigem Tod (Aisch. Sept. 770ff.; Soph. OK 1375ff.; Eur. Phoin. 872–877). Nach einer att. Sondertradition wurde Ö. verbannt (so Eur. und nach ihm Soph.), findet mit → Antigone Schutz im Hain von Kolonos und hinterläßt dem ihn freundlich aufnehmenden → Theseus bei seinem Tod oder Entrückung sein Grab zum Schutz für das Land (Soph. OK).

Lit: C. Robert, O., 1915 – F. Deubner, Ö.probleme, 1942 – M. Delcourt, O. ou la légende du conquérant, 1944 – F. Dirlmeier, Der Mythos von König O., 1948 – *Darstellungen:* Kindheit des Ö. auf homer. Becher (U. Hausmann, Hellenist. Reliefbecher, 1959, 55, 24). Sein Leben auf röm. Sarkophag (Robert, SR II, Nr. 183). Euphorbos mit Ö. als Kind auf einer Halsamphora (Beazley, ARV¹ 634, 4). Außerordentlich häufig Ö. mit der → Sphinx auf Vasen (Lullies, in: Festschr. B. Schweitzer, 1954, 140–146; Brommer 340–342) und Gemmen, seltener Lampen, auf Wandbildern. G. Cressedi, Edipo, EAA III, 1960, 217–219. K. Schb.

Ölbaum. [1] Der wahrscheinlich aus einer mittelländischen Wildform (*ἀγριελαία, κότινος*) kultivierte Ö. (*ἐλαία*, olea) war nach Linear B und Darstellungen der kret.-myk. Kunst den frühen Griechen gut bekannt. Außer seiner wirtschaftlichen Bedeutung (Ölgewinnung, Verwendung von Holz und Blättern) ist die religiöse reich überliefert. Vor allem wird → Athena mit dem Ö. in Verbindung gebracht, die im Streit um das att. Land den Ö. gegen → Poseidons Salzquell entstehen ließ (Darstellung im Westgiebel des Parthenon; häufige Verbindung mit der → Eule der Göttin; bes. auf att. Münzen seit Marathon ist Athena mit Ölzweig bekränzt). Von dem heiligen Ö. (*μορία*) auf der Akropolis nahm → Theseus den mit Wolle umwickelten Zweig vor der Fahrt nach Kreta als Opfer an → Apollon. Wahrscheinlich stammt von ihm auch die Eiresione in der Jahresprozession am 7. Pyanopsion. Von den Persern verbrannt, entfaltete er schon am nächsten Tag wieder lange Triebe (Hdt. 8, 55). Auch die Ö.e (*μορίαι*) der → Akademie gingen auf ihn zurück. Frevel ihnen gegenüber galt ursprünglich als todeswürdiges Verbrechen, da Zeus Morios oder Kataibates sie mit seinem Blitzstrahl schützte (vgl. → Halirrhotios). Die Verbindung des Ö.s mit Zeus ist mehrfach verbürgt. Der Zeus des Phidias in Olympia war mit einem Ö.-Kranz geschmückt (Paus. 5, 11, 1). Von att. Ö.en stammte das Holz, aus dem die Epidaurier auf Weisung des Delphischen Orakels die Statuen der → Damia und → Auxesia fertigten. Mit der → Palme und dem → Lorbeerbaum konkurriert der Ö. in der Überlieferung von Delos, wonach sich Leto in ihren Wehen an einem Ö. festgehalten habe. An einem Ö. ruhte → Demeter auf ihrer Suche nach der verlorenen Tochter in Eleusis aus. Der wilde Ö. wurde mit → Apollon Nomios verbunden, dessen Sohn → Aristaios die Veredelung des Ö.s gelehrt hatte. In Argos zeigte man den Ö., an den → Hera → Io gefesselt hatte. Aus dem Lande der → Hyperboreer brachte → Herakles den wilden Ö. nach Olympia, wo die Sieger der Spiele mit Zweigen des Ö.s bekränzt wurden; aus dem Holz dachte man sich die Keule des Herakles. Poseidons Gegnerschaft zum Ö. offenbart außer dem att. Mythos die

Überlieferung von Troizen, daß sich die Zügel des → Hippolytos in die Zweige eines wilden Ö.s verfingen, als sein Wagen stürzte. Der dichte Befund der Mythen spricht für eine sehr alte, hohe Bedeutung des Ö.s im frühen Griechentum; die vorgriech. Verbreitung veranlaßte landschaftlich verschiedene Mythenbildungen. Der Ö.-Zweig ist Symbol des Sieges und Friedens, der wilde Ö. Inbild langdauernder Stärke und Kraft. Dieser Sinngehalt läßt sich auch im röm. Brauchtum erkennen, das eng an Minerva und Jupiter gebunden ist. Auf dem Forum stand ein heiliger Ö. neben → Feigenbaum und → Weinstock als Zeichen der Beständigkeit. Lebengebende Bedeutung darf der Verwendung von Ö.-Zweigen bei Geburt, Hochzeit und Tod zugeschrieben werden. Vgl. → Flora. J.W.

Lit: Hehn, Kulturpflanzen, 103–122 – Murr, Pflanzenwelt, 40–48 – Pease, RE 17,2 (1937), 1998–2022 – M. Ventris-J. Chadwick, Documents in Mycenaean Greek, 1956, 128–132, 217–221. 272f. 303. 308 – *Darstellungen:* J. Liegle, Zeus des Phidias, 1952, 182–186 – Nash I 397 – F. Matz, Kreta, Mykene, Troja, 1956, Taf. 37 – Schefold, Mw, 293 Nr. 457–459 – H. Cahn, Auktion 22, 1961, Nr. 176 – D. Thompson, Garden lore of ancient Athens, 1963, Abb. 31f.

[2] Die Hauptquellen für die Methode des Anbaus sind Columella (5,8–9) und Plinius (nat. 15,1ff.). Der Baum, der in vielen Sorten vorkommt, wird wie andere Obstbäume vermehrt (→ Obst). Da er nur jedes zweite Jahr reichlich Frucht tragen kann, müssen die Kulturen derart angelegt werden, daß die Hälfte der Bäume das eine Jahr, die andere Hälfte das andere Jahr trägt. Da der Ö. nur ein sehr langsames Wachstum hat, hat das Umhauen von Pflanzungen im Kriege katastrophale Wirkungen und war oft gesetzlich verboten (vgl. Dtn. 20,19f.). Die Bäume verlangen nur geringe Pflege, aber das Beschneiden von Zweigen wie auch Wurzeln ist notwendig. J.E.Sk.

[3] *Ölgewinnung*. Die Oliven wurden entweder grün (olivae albae; sie lieferten das beste Öl) oder halbreif (variae) oder reif (nigrae) möglichst mit der Hand gepflückt (Varro rust. 1,55), sonst mit einem Stock (schwarzfig. Vase Beazley, ABV 273) abgeschlagen. Nach einer Ölprobe wurden die Früchte in einem warmen Raum (*ληνεών*, torcular) in einer verstellbaren Mühle (mola olearia) zerquetscht, ohne die Kerne zu zerbrechen, die dem Öl schadeten. Das konnte auch durch die Ölquetsche (trapetum)

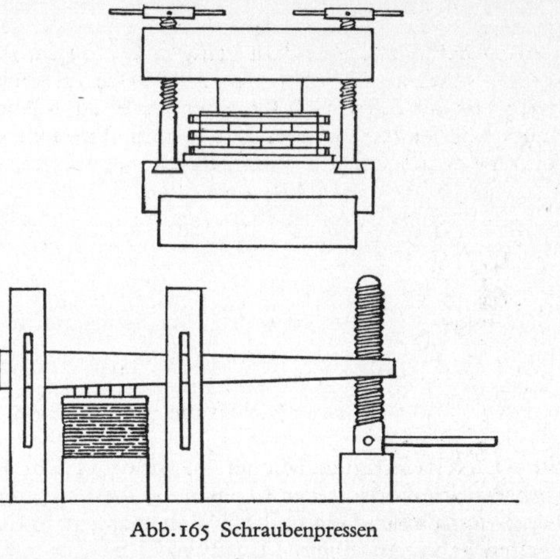

Abb. 165 Schraubenpressen

geschehen. Waren die Kerne vom Fleisch (sampsa) getrennt, wurde dieses gepreßt (*ἐκπιέζειν*, premere). Das geschah in der Kelter (torculum), bei deren einfachster Form die Früchte zwischen Holzplatten lagen, auf die von oben durch die Hebelwirkung des Preßbaums (prelum) ein Druck ausgeübt wurde, den man durch einen Flaschenzug und eine Seilwinde noch verstärkte. Um 50 n. Chr. wurde die Schraubenpresse erfunden, bei welcher die Schrauben mit starken Bohlen direkt auf die Fruchtmasse drückten. Das gewonnene Öl wurde oft mit Salz, Most, Essig, Honig usw. versetzt. W.K.

Q: Plin. nat. 15,5ff; Colum. 12,51f.; Cato agr. 20–22; 135,6 (Ölquetsche: Maße) – *Abb:* Blümner, Technologie I, Abb. 116 (Ernte) – Forbes, Technology III, Abb. 28 (Kelter).

Officium, seit der frühen Kaiserzeit die Kanzlei eines kaiserlichen Beamten oder eines Offiziers (vom → tribunus laticlavius an aufwärts) und das dort tätige Personal. Die Offizialen wurden zunächst der kämpfenden Truppe (→ Beneficiarius) oder dem kaiserlichen Hausgesinde entnommen, später, bes. seit der Vermehrung der Officia unter → Diokletian, bildeten sie einen eigenen pseudomilitärischen Subalternbeamtenstand mit 20jähriger Dienstzeit. Benannt sind die officia nach den Beamten, denen sie unterstellt sind, oder nach der Tätigkeit, die officia des Hofes allgemein palatina. Die Leitung liegt bei den drei ersten officiales: princeps, cornicularius, primiscrinius. Bei den höheren officia wurde der princeps aus den → agentes in rebus bestellt. Anstellung durch kaiserliches Reskript auf Lebenszeit, später Erbzwang. E.Bay.

Ofilius, A., stammte vermutlich aus dem samnitischen Unteritalien (vgl. Kunkel, a. O. 29); er gehörte dem Ritterstande an und war mit → Caesar befreundet. Von Pomponius (Dig. 1,2,2,44) werden als grundlegende Werke hervorgehoben: De legibus vicensimae und Ad edictum praetoris. Gaius (Dig. 50,16,234,2) erwähnt ein Werk Ad Atticum, womit der Freund Ciceros gemeint sein kann. Die Auswirkung des O. auf die spätere Zeit ist bedeutsam. Zu seinen Schülern gehörte Q. → Aelius (10) Tubero. H.Hb.

Lit: P. Krüger, Gesch. d. Quellen u. Lit. d. röm. Rechts (1888), 1912², 68f. – W. Kunkel, Herkunft u. soz. Stellung d. röm. Juristen, 1952, 29f.

Ofonius → Tigellinus.

Ogulnius, Q. und Cn. (trib. pleb. 300 v. Chr., aed. cur. 296), zwei Brüder aus einem etruskischen Geschlecht, von denen Q. wegen seiner Kenntnisse der etrusk. und griech. Religion, Bildung und Kunst der bedeutendere war. Die tribunizische Lex Ogulnia des Q. eröffnete 300 den Plebejern den Zugang zu den Priesterämtern. 296 ließen sie zusammen aus den Strafgeldern von Wucherern mehrere Kunstwerke aufstellen. Q. ging 292 als Gesandter nach Epidauros zur Übertragung des → Asklepioskultes nach Rom, nahm 273 an der ersten röm. Gesandtschaft nach Alexandria teil, wurde 269 Konsul und 257 Diktator. R.W.

Ogygos, böotischer Autochthon, Sohn des Boiotos oder Poseidon. Als einziger überlebte er eine große Flut. Nach ihm als Stammvater wird Theben oder ganz Böotien ogygisch genannt. In att. Sage Vater des Eleusis. K.Schb.

Oichalias halosis (*Οἰχαλίας ἅλωσις*), nicht sicher datierbares, wohl jüngeres Epos aus dem Kreis der → Heraklessagen. Verfasser wahrscheinlich → Kreophylos v. Samos (Strab. 14,638; Cramer, Anecdota Oxoniensia I, 1835, 327), auch Homer und → Panyassis werden genannt (vgl. u. a. Eust. 330,43–331,3; Clem. Alex. strom. 6,2,25,1). In einzelnen Fragmenten erhalten. – Inhalt: Niederlage der Söhne des Königs Eurytos von Oichalia im Bogenwettkampf gegen Herakles, ihr Tod, die Zerstörung Oichalias und Entführung der Schwester Iole, des vormals verweigerten Siegespreises (Nachklänge in → Sophokles' ‹Trachinierinnen› und → Ions ‹Eurytiden›). G.K.

Q. u. Frg: EGF 2.60.62 – Th. W. Allen, Homeri Opera V, OCT, 1912, 144–147 – *Lit:* P. Friedländer, Krit. Unters. z. Gesch. der Heldensage, RhM 69, 1914, 335–341 – Schefold, FS 36.

Oidipodeia, kyklisches Epos des → theban. Sagenkreises, wahrscheinlich aus dem 8. Jh., dem → Kinaithon v. Lakedaimon zugeschrieben (Tabula Borgiaca = IG XIV 1292), nur in wenigen Fragmenten erhalten. – Die O. erzählte in 6600 Versen die Entführung Haimons durch die Sphinx, die Lösung des Sphinx-Rätsels durch → Ödipus, dessen Inzestehe und Tod. – Nach der O. blieb Ödipus wahrscheinlich König in Theben (anders in der Tragödie) und fiel später im Kampf gegen die Minyer (vgl. Hom. Il. 23, 679f; Od. 11, 271ff.). G.K.

Q: EGF 4.8–9 – Th.W. Allen, Homeri Opera V, OCT, 1912, 111 bis 112 – *Lit:* E. Bethe, Theban. Heldenlieder, 1891, 1–28. 141–145 – C. Robert, Oidipus, 1915, 149–169 – L. Deubner, Oidipusprobleme, SB Berlin 1942/44, 27.

Oikistes → Ktistes, → Heroenkult.

Oikles, Sohn des Antiphates oder Mantios, Gemahl der Hypermestra, Vater des → Amphiaraos. Fällt auf Herakles' Zug gegen Laomedon (Apollod. 1, 68. 2, 134). K. Schb.

Oikonomos, Beamter im hellenist. Ägypten, dem die Finanzverwaltung eines Gaues unterstand (ebenfalls Titel seiner Unterbeamten). Im 2. Jh. v. Chr. wurde das Amt nach Geld- und Naturalverwaltung aufgeteilt. H. Br.

Oikos, allgemein ‹Haus›, speziell geschlossener Versammlungsbau einer bestimmten Kultgemeinschaft in einem größeren → Heiligtum, z. B. der Naxier-Oikos in → Delos (Anf. 6. Jh., zweischiffiger, langgestreckter Raum, 8 ion. Innensäulen), Oikoi in → Labranda (um 340). G. Gb.

Oikumene. Das Wort bezeichnet als geographischer Begriff spätestens von → Xenophanes an die bewohnte Erdoberfläche, dann die zivilisierte Welt. Auf der ion. → Weltkarte deckte die O. ungefähr die ganze Erdscheibe. Die Einteilung der Erde in → Zonen und die Kunde von unerträglichen Klimaten außerhalb der gemäßigten Zone führten im 5. Jh. v. Chr. zur Annahme unbewohnter Segmente nördl. von Skythien und im südl. Libyen (Hdt. 4, 31 und 185), und, unter Voraussetzung der Kugelgestalt der Erde, zur rechteckigen O. des → Demokritos (→ Kartographie). Aus der Kugellehre schloß man auf die Bewohnbarkeit der gemäßigten Zone rings um die Erde und auf andere, dem unseren entsprechende Wohnbereiche (Plat. Phaid. 109 A ff.; → Ozeanographie). Diese Hypothese führte zur Annahme einer von → Antipoden bewohnten ‹Perioikumene› auf der uns gegenüberliegenden Seite der nördl. (→ Philolaos?) und einer ‹Antioikumene› auf der südl. (→ Nikagoras v. Cypern um 350, → Eudoxos (1) v. Knidos) Halbkugel, schließlich einer uns diametral entgegengesetzten ‹Antiperioikumene›. Ob diese Erdteile durch den Ozean oder durch unbewohnte Wüsten getrennt waren, blieb strittig. Von → Hipparchos (3) v. Nicaea an wurde auf solche Vorstellungen in der wissenschaftlichen → Geographie verzichtet und immer mehr nach Form und Ausdehnung der O. geforscht. Als Begriff der zum augusteischen Weltreich gehörigen und damit der christlichen Predigt unterstellten Welt begegnet das Wort ‹Oikumene› bereits im NT (Lk. 2, 1; Mt. 24, 14). F.L.

Oineus, König von → Kalydon, von → Dionysos mit der Rebe beschenkt, Vater von → Meleager, → Tydeus und → Deianeira.

Oinochoë → Kanne.

Oinomaos, Sohn des Ares, König von Pisa in Elis, Gatte der Sterope, Vater der Hippodameia. Verlangt von den Freiern seiner Tochter, daß sie sich mit ihm im Wettfahren messen. Mit seinen ihm von Ares geschenkten Rossen überholt er alle Bewerber und durchsticht sie dabei von hinten mit dem Speer. 13 (18) hat er ermordet und die Häupter der Getöteten an der Palastfassade aufgehängt, als → Pelops erscheint (Pind. Ol. 1, 128 mit Schol.; Philostr. im. 1, 17; Paus. 6, 21, 10f.). Hippodameia, in Pelops verliebt, oder Pelops selbst bestechen (nach manchen durch das Versprechen primi coitus mit Hippodameia) den Wagenlenker des O., Myrtilos, so daß er die eisernen Pflöcke in den Achsen des königlichen Wagens durch solche aus Wachs ersetzt (sowohl erstmals Soph. ‹Oinomaos›, TGF p. 233 N.[2]) oder sie ganz wegläßt (Pherekydes, Euripides). Im Wettrennen stürzt O. und wird von den Pferden zu Tode geschleift oder von Pelops getötet, der auch Myrtilos umbringt, als er seinen Lohn fordert.

Lit: Preller-Robert II 1, 206ff. – K. Scherling, RE 16, 1 (1933), 1152 bis 1164 – *Darstellungen:* s. zu → Pelops. K. Schb.

2. **O. von Gadara,** → Kyniker des 2. Jh.s n. Chr., von dessen Schrift ‹Entlarvung der Schwindler›, einer heftigen Polemik gegen die traditionelle Mantik und die mit dieser verbundene stoische Lehre von der universalen Schicksalsbestimmtheit, größere Fragmente bei Eusebios erhalten sind. Er scheint auch sonst in kynischer Aufgeklärtheit den herkömmlichen Götterkult verspottet zu haben, was ihm noch im 4. Jh. n. Chr. die Feindschaft Kaiser → Julians (2) eintrug, der sich in seiner 7. Rede leidenschaftlich gegen ihn wendet. Nach Julian (or. 7, 209B) hat er auch in der Nachfolge des → Diogenes (5) philosophisch-aufklärerische Tragödien verfaßt. O.G.

Oinopides von Chios, → Mathematiker und → Astronom, Mitte bis 2. H. des 5. Jh.s v. Chr. In der *Mathematik* wird ihm die Lösung der Konstruktionsaufgaben, an einer gegebenen Strecke in einem gegebenen Punkt einen gegebenen Winkel anzutragen und von einem gegebenen Punkt außerhalb einer Geraden auf diese ein Lot zu fällen, zugeschrieben. Die Betonung dieser einfachen Konstruktionen hängt wahrscheinlich mit der Beschränkung der Konstruktionsmittel auf Zirkel und Lineal zusammen. Auch scheint O. systematisch die Konstruktionsanalyse eingeführt zu haben. – In der *Astronomie* soll er die Schiefe der Ekliptik «gefunden» haben, was wahrscheinlich bedeutet, daß er sie durch die Seite des regelmäßigen 15-Ecks zu bestimmen suchte, eine Bestimmung, die jedenfalls in seine Zeit fällt und im übrigen eine recht gute Annäherung darstellt. Er soll in Olympia einen astronomischen → Kalender auf Grund eines 59-Jahre-Zyklus aufgestellt und die Länge des Jahres auf $365^{22}/_{59}$ Tage bestimmt haben, was → Meton bald darauf auf $365^{5}/_{19}$ verbesserte. Auch eine Theorie der Nilschwellen scheint er aufgestellt zu haben (Diod. 1, 41, 1 aus Aristoteles, De Nilo). K. v. F.

Frg: VS 41.

Oinopion, Sohn des → Dionysos (oder → Theseus) und der Ariadne. König in Chios, einer der Erfinder des Weinbaus (Diod. 5, 79, 1; 84, 3). Blendete den → Orion.

Darstellungen: auf einer Exekiasamphora (Beazley, ABV 144, 7) und einigen weiteren Denkmälern, F. Magi, ASAA NS 1, 1939 (1942), 63–83. Vgl. A. Gallina, EAA V, 1963, 628f. K. Schb.

Oitaia, kleine Landschaft im → Oitegebirge (Kt. 1152 C4), seit dem 5./4. Jh. v. Chr. auch die südl. Teile der → Malis bis zum → Spercheios umfassend. Hauptort seit 371 → Herakleia (4) Trachinia, außerdem Antikyra, Dryope, Anthele. 280–168 ätolisch. E.M.

Lit: Fr. Stählin, Das hellen. Thessalien, 1924, 205–212 – Philippson-Kirsten I 329–339; 658ff.; 674ff.

Oite, Gebirge zwischen Mittelgriechenland und Spercheiostal (Kt. 1152 C4), 2152 m; auf einem Hauptgipfel (Xerovuni) Heiligtum des → Herakles (kleiner dorischer Tempel des 3. Jh.s v. Chr.), andere Gebäude und Brandopferaltar (Pyra), wo Herakles sich selbst verbrannt haben soll. E.M.

Okeanos, Sohn des Uranos und der Gaia, → Titan, Gemahl der Thethys. Vater der 3000 Okeaninen (Meernymphen) und der Flüsse, auch des → Styx (Hes. theog. 337ff. 364). In der Ilias (14, 201; 246) heißt O. *θεῶν γένεσις*. Er ist der Weltstrom (Il. 18, 607; Od. 11, 639), der die Weltscheibe umfließt, aus dem und zu dem täglich Helios und Eos kommen und in dem die Sterne baden (in späterer Vorstellung nicht mehr ein Fluß, sondern das die Erdteile oder die Erde umfassende Meer). Am O. sind → Hesperiden, → Geryoneus, → Gorgonen wohnhaft gedacht. – Während des Titanenkampfes verbirgt er Hera. – Seine nur noch in Spuren faßbare ursprüngliche große Bedeutung erlangte O. auch in Orphik, Mithraskult und anderen Systemen nicht wieder, doch nahm er in der Lehre des → Poseidonios eine fast zentrale Stelle ein.

Lit: Gisinger, RE 17, 2 (1937), 2308ff. – *Darstellungen:* erstmals auf dem → Françoiskrater in Florenz (Furtwänger-Reichhold, Taf. 1–3; E. Buschor, Meermänner, 1941, 27), hier als wagenfahrender Mann mit Stierkopf. Auch am Pergamonaltar, doch ist umstritten, welche Figur auf ihn zu beziehen ist (H. Kähler, Der große Fries von Pergamon, 1948, 49ff., mit der wahrscheinlichsten Deutung). In der Kaiserzeit sehr oft, vor allem auf Sarkophagen, jetzt meist als liegende, bärtige Figur mit nacktem Oberkörper und Hummerscheren im Haar gebildet. Verbreitet auch Masken des O. (Mosaiken, Silberteller von Mildenhall). – *Lit. dazu:* H. Sichtermann, Oceano, EAA V, 1963, 619–621. K. Schb.

Okeanos als geographischer Begriff → Ozeanographie.

Okkelos von Lukanien, angeblicher Altpythagoreer (→ Pseudopythagoreer); erhalten ist ein Buch ‹Über die Natur des Alls› (*Περὶ τῆς τοῦ παντὸς φύσεως*), verfaßt wohl im 2. Jh. v. Chr., das unter Ausbeutung von Aristoteles' De generatione et corruptione und verwandten Texten die Ewigkeit des Kosmos verficht. W. Bk.

Ed: R. Harder, 1926.

Oktadrachmon (*ὀκτάδραχμον*), das Achtdrachmenstück, ist in archaischer Zeit im Gewicht von ca. 28 g Silber aus Thrakien (Abdera, Ichnai) und aus Makedonien (Bisalten, Derronen, Edonen und Orresker) bekannt, wo außer diesen Stämmen auch Alexander I. (498–454 v. Chr.) solche schwere Silbermünzen in ‹phönizischem› (nordgriech.) Münzfuß geprägt hat. Weiter im Osten kommt das O. ferner in Sidon (Phönizien) und in Ägypten vor, wo Ptolemaios I. und V. Silbermünzen dieses Gewichtes ausgegeben haben. – Von Ptolemaios II. bis wahrscheinlich ins 1. Jh. vor Chr. wird das O. dort in gleichem Gewicht in Gold als das sog. → Mnaieion zunächst mit den Doppelporträts der ersten beiden lagidischen Herrscherpaare, später mit denen der Arsinoë II., der Berenike II., des Ptolemaios III., IV. und V. sowie der Arsinoë III. geprägt. Diese Goldmünzen kamen 100 phönizischen Silberdrachmen gleich, woraus sich ihr Name Mnaieia erklärt (→ Mine). W. Schw.

Lit: Babelon, 412–413 – K. Regling, in: v. Schrötter, 471 – W. Schwabacher, RE 17,2 (1937), 2387 – M. N. Tod, Num. Chron. VI 20, 1960, 17.

Oktaëteris, 8jähriger Schaltzyklus mit 5 Gemeinjahren zu 12 und 3 Schaltjahren (3., 6. und 8. Jahr) zu 13 Monaten, insgesamt 99 Monaten oder 2922 Tagen. Die O. stimmt also ungefähr zum Sonnenlauf, doch bleiben die Monatsanfänge bereits nach 1 Periode ca. 1 ½ Tage vom Monde zurück, da 99 Lunationen um dieselbe Differenz länger als 8 Sonnejahre sind. – Vgl. dazu auch → Kalender B [4]; C [3]; D [4]. H. Kal.

Oktobol (*ὀκτώβολον*), das Achtobolenstück, ein seltenes griech. Münznominal, das aus der archaischen und aus der hellenistischen Prägung von Chalkis, Eretria und Histiaia auf Euboia bekannt ist. Es wurde dort als Drittel des → Tetradrachmons im Gewicht von ca. 5,5 g Silber ausgegeben. W. Schw.

Lit: K. Regling, in: v. Schrötter, 471 f. – W. Schwabacher, RE 17 (1937), 2393 – M. N. Tod, Num. Chron. VI 7, 1947, 18 f.

Oktonar, ein lat. Metrum, bestehend aus acht jambischen oder trochäischen Füßen. 8 *ia P* ||: ⏕ ⏔, ⏕ ⏔, ⏕ ⏔, ⏑ –, ⁞ ⏕ ⁞ ⏔, ⏕ ⏔, ⏕ ⏔, ⏑ ⁞ – ||; 8 *tro P* ||: ⏔ ⏕, ⏔ ⏕, ⏔ ⏕, ⏔ ⏓, | ⏔ ⏕, ⏔ ⏕, ⏔ ⏕, ⏔ – ||. Der jambische O. ist in der römischen → Komödie häufiger als die trochäische Form des O.s. J.W.H.

Lit: F. Crusius-H. Rubenbauer, Röm. Metrik (1929), 1961⁶, 70. 74 – Halporn-Ostwald, 21. 23.

Olbia (die ‹Reiche, Blühende›), Name mehrerer griech. Städte. Am bedeutendsten die milesische Kolonie (Ende 7. Jh. gegründet) an der N-Küste des Schwarzen Meeres an der Einmündung des Hypanis (Bug) in den Borysthenes (Dnjepr; Kt. 1565 G1), wichtige, blühende Handelsstadt, gute Beziehungen zu den → Skythen im Hinterland. E.M.

Lit: W. Ziebell, Olbia, Diss. Hamburg 1938 – E. H. Minns, Scythians and Greeks, 1913, 450–489 – Ders., Thirty years of work at Olbia, JHS 65, 1945, 109–112 – EAA 5, 1963, 630–633 (Red.).

Oleander (*νήριον, ῥοδοδάφνη, ῥοδοδένδρον*), im Mittelmeergebiet heimisch, erst spät als Zierpflanze gebraucht, weil man seine Giftwirkung an Tieren beobachtet hatte. Er diente als Arzneimittel, war aber in Mythos und Kult ohne Bedeutung. J.W.

Lit: Hehn, 416–420 – Murr, Pflanzenwelt, 108 f. – O. Geßner, Gift- und Arzneipflanzen, 1931, 135–137 – D. B. Thompson, Garden lore of ancient Athens, 1963, Abb. 27.

Olen, nach Hdt. 4, 35 aus Lykien, nach Paus. 10, 5, 7 Hyperboreer, wird neben → Orpheus, → Musaios, → Pamphos und → Melampus als vorhomerischer → Hymnendichter genannt. Fragmente sind nicht erhalten. – Herodot berichtet, O. habe alte delische Hymnen – z. B. auf → Arge und Opis – geschrieben, die noch gesungen würden (4, 35). Pausanias erwähnt Hymnen auf Eleithyia (8, 21, 3), auf Achaia (5, 7, 8), auf Hera (2, 13, 3) und sagt (10, 5, 7), daß die delische Lokalüberlieferung ihm die Erfindung des Hexameters zuschreibe. Schmid sieht in dieser Angabe eine Vermischung der delischen und der delphischen Tempellegenden. – In der Angabe, delische Jünglinge sängen allabendlich einen Nomos, den der Priester O. aus Lykien mitgebracht habe, stellt Kallimachos O. offenbar als Vertreter des aus Lykien stammenden Apollonkultes dar (hymn. 4, 304 ff.). G.K.

Lit: Schmid-Stählin I 1, 53 – Weiteres: → Hymnos.

Oligarchie, die ‹Herrschaft der Wenigen› im Gegensatz zur → Demokratie. Vgl. → Griechenland III B 3, → Staatstheorie. F.G.

Olpe → Kanne.

Oltos, att. Schalenmaler des früh → rotfigurigen Stils (→ Vasen E 4), tätig um 530–500, Schüler des → Andokidesmalers (?), arbeitete für die Töpfer → Pamphaios und → Kachrylion. Nur zwei signierte Schalen erhalten, nach deren ausgeprägtem Stil man weitere 123 zugewiesen hat. Seine → Lieblingsinschriften erwähnen Memnon. – In seiner Frühzeit, der die → Augenschalen angehören, malt er noch schwarz- und rotfigurig und komponiert streng symmetrisch. Der trockene Zeichenstil seiner Schalenbilder erreicht selten die Feinheit der wenigen Bilder auf großen Gefäßen. – *Werke:* Schale mit Götterversammlung, Tarquinia RC 6848 (Arias-Hirmer, Abb. 100–104); Stamnos mit Herakles und Acheloos, BM E 437 (Pfuhl, Abb. 361). Schalen, nikosthenische Amphoren, Skyphoi, ein Psykter. I. Sch.

Lit: A. Bruhn, O., 1943 – Beazley, ARV² 53–69.

Olybrius (Anicius O.), (west-)röm. Kaiser 472, gest. 2. 11. 472. Aus vornehmer Familie, mit → Geiserich verschwägert, Thronanwärter der → Vandalen. April 472 von den Truppen → Ricimers vor Rom zum Augustus ausgerufen. Seinen Gegner → Anthemius (1) überlebte er nur um wenige Monate. H.-J.D.

Olymp, Name vieler Berge und Gebirge in Griechenland und Kleinasien, bes. bekannt das vielgipflige höchste Gebirge Griechenlands (Hauptgipfel Mytika 2918 m), das als Wohnung der olymp. Götter galt (Kt. 1152 C2/3). E.M.

Lit: E. Oberhummer-J. Schmidt, RE 18,1 (1939), 258–321 – H. Scheffel, Eine antike Opferstätte auf dem O., AM 47, 1922, 129 f.

2. **O.,** Berg in Mysien gegen Bithynien zu (Kt. 1152 I2; heute Ulu dağ), 2493 m. An seinem Fuß die Stadt Prusa. Die dichten Wälder lieferten wertvolles Schiffsbauholz, waren aber auch Schlupfwinkel für Räuber. Zur Unterscheidung vom → O. (1) in Griechenland als Mysischer Olymp bezeichnet. R.F.

Olympia, das berühmte Heiligtum des olympischen → Zeus in der Landschaft → Pisa und ursprünglich unter Leitung der Pisaten, am rechten Ufer des → Alpheios, in den am Westrand des Heiligtums von N her der Kladeos mündet, etwa 20 km von der Küste entfernt; seit etwa 570 v. Chr. zu → Elis gehörend (Kt. 1152 C5; vgl. Abb. 166).

[1] *Geschichte.* An der Stelle des Heiligtums lag im frühen 2. Jt. v. Chr. ein kleines Dorf, das aber keine Beziehungen zum späteren Heiligtum besitzt. Der Kult in O. scheint in myken. Zeit (2. H. 2. Jt. v. Chr.) zu beginnen und gilt zunächst → Pelops, der später als Heros angesehen wird. Nach dem Mythos gehen die ältesten olympischen Wettkämpfe zurück auf die Wagenrennen, die König → Oinomaos von

den Bewerbern um seine Tochter → Hippodameia verlangte und in denen schließlich Pelops über Oinomaos siegte. Dieses Wagenrennen ist im Ostgiebel des Zeustempels in seinen Vorbereitungen dargestellt, und viele Weihgeschenke in Form von kleinen, bronzenen Zweigespannen belegen diese Wettkampfform noch im frühen 1. Jt. v. Chr. Siegespreis war anscheinend ein Dreifuß aus Bronze, wie sie zahlreich gefunden und bei Homer Il. 11, 798 ff. genannt sind. Kultstätte des Pelops war ein flacher Hügel von etwa 30 m Durchmesser in der Mitte des Heiligtums, der später als sein Grab galt; ganz in der Nähe stand die hölzerne ‹Säule des Oinomaos›, wohl ein altes Kultmal, das später als Rest des durch den Blitz des Zeus zerstörten Hauses des Oinomaos erklärt wurde. Auch Hippodameia besaß einen eigenen Kult in O. im Hippodameion, bisher nicht gefunden, aber wohl vor dem Eingang des des 7. Jh.s, noch ohne Ringhalle; im frühen 6. Jh. ersetzt durch den noch heute erhaltenen Bau mit Ringhalle von 6 × 16 dor. Säulen, die ursprünglich aus Holz waren und mit der Zeit einzeln durch steinerne ersetzt wurden bis auf eine Säule im Opisthodom, die man wohl aus Pietät noch im 2. Jh. n. Chr. aus Holz beließ. Der Oberbau bestand stets nur aus Lehmziegeln und Holz, nur Fundament und Orthostatenschicht waren aus Stein. Im 6. Jh. v. Chr. wurde auf einer Terrasse am Fuß des Kronoshügels eine Reihe von Schatzhäusern verschiedener Staaten zur Unterbringung kostbarer Weihgeschenke gebaut. → Pausanias (3) zählt von W nach O zehn Schatzhäuser auf: (1) Sikyon (das jüngste), zwei darauf folgende sah Pausanias offenbar nicht mehr, (2) Syrakus, (3) Epidamnos, (4) Byzantion, (5) Sybaris, (6) Kyrene (ältestes Schatzhaus), (7) Selinunt, (8) Metapont, (9) Megara, (10) Gela. Für die Wettkämpfe wurde

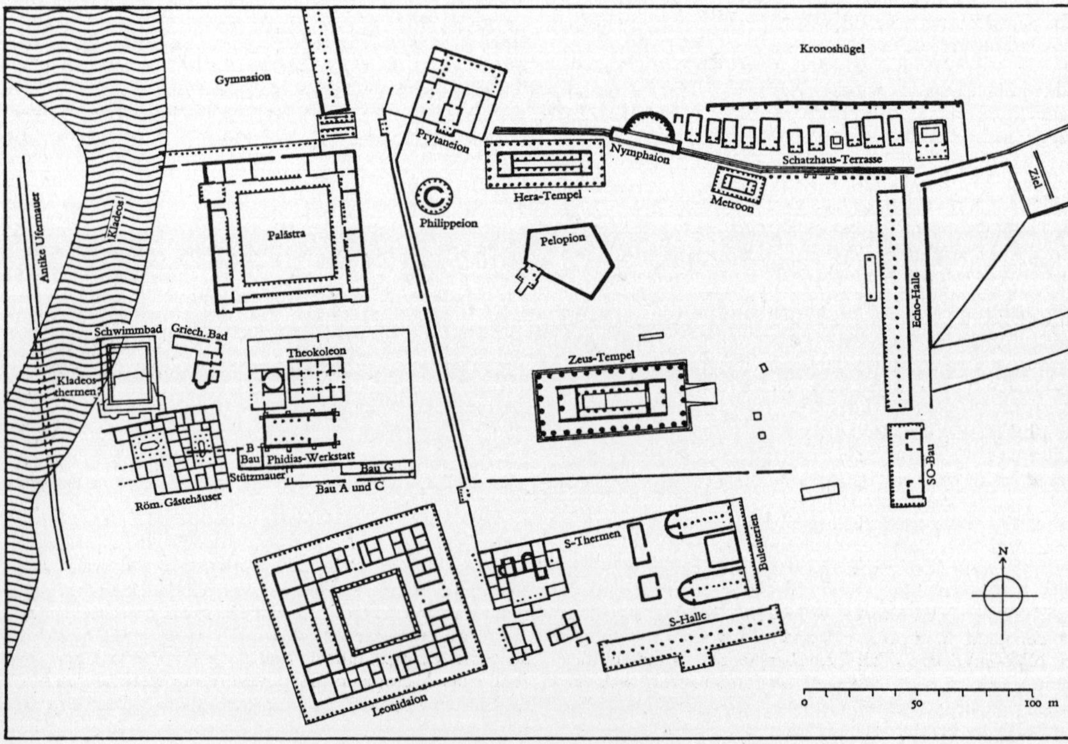

Abb. 166 Lageplan von Olympia

Stadions. – Die Begründung des *Zeuskultes* geht in den Anfang des 1. Jt.s v. Chr. und auf die in der → Dor. Wanderung eingewanderten Nordwestgriechen zurück. Die Wettkämpfe wurden ganz neu gestaltet (→ Olympien).

[2] *Bauten und Anlagen bis zum 5. Jh.* O. ist stets ein offenes, in dem breiten Tal des Alpheios am Fuß des Kronoshügels liegendes Heiligtum geblieben. Eine Ortschaft O. hat sich nicht entwickelt, die Besucher der Festspiele lagerten im Freien oder in Zelten. Zunächst war es nur ein einfacher, offener Hain (elisch ‹Altis› blieb immer Name des heiligen Bezirks), in dem an Altären geopfert und Weihgeschenke niedergelegt oder aufgehängt wurden. Diese sind in großen Mengen gefunden, zumeist Bronzefigürchen verschiedener Art, daneben bronzene Dreifußkessel, erbeutete Waffen u. a. Der große Hauptaltar des Zeus als Mittelpunkt lag wie alle alten Anlagen im Nordteil des Heiligtums; er war ganz aufgebaut aus der Asche von Opfern und vom heiligen Herd der Hestia (s. u.). Hier bestand auch ein Orakel aus dem Befund an Opfertieren. Der älteste größere Bau war der Tempel der Hera am Fuß des Kronoshügels aus der Mitte ein Stadion mit Erdwällen eingerichtet, dessen Ziel sich dicht vor dem Zeusaltar befand. Heiligtum und Stadion wurden zum bevorzugten Aufstellungsplatz größerer Weihgeschenke. Der Hügel des Pelopion erhielt eine Umfassungsmauer, an den Rändern des heiligen Bezirks entstanden die ersten Verwaltungsbauten, im N das Prytaneion, in dem auch die Sieger der Wettkämpfe und hohe Festbesucher bewirtet wurden; es enthielt den heiligen Herd der Hestia, auf dem ein ewiges Feuer brannte. Im S lag das eigenartige Buleuterion, der Sitz des olympischen Rats: zwei parallele Bauten mit innerer Säulenreihe und apsidalem Abschluß; der ‹Südostbau›, nach neuerer Vermutung das bei Xen. hell. 7, 4, 31 genannte Heiligtum der Hestia. – *Der Zeustempel:* Zeus, in O. vor allem als Gewitter- und Blitzgott und daher im Freien verehrt, erhielt erst im 5. Jh., 200 Jahre später als Hera, einen Tempel, der deswegen auch räumlich ohne Beziehung auf den Altar ist. Zwischen 471 und 456 v. Chr. wurde der gewaltige dor. Bau aus dem einheimischen Muschelkalk 64 × 27,5 m mit 6 × 13 Säulen errichtet; für ihn schuf um 430 → Phidias das

goldelfenbeinerne Kultbild des thronenden Zeus, etwa 12,5 m hoch, das gefeiertste Kultbild des ganzen Altertums (von Paus. 5,11 ausführlich beschrieben). Die Giebelfiguren des Tempels stellten im O die Vorbereitung des Wagenrennens zwischen Oinomaos und Pelops, im W die Hochzeit des Peirithoos mit dem Kentaurenkampf dar, und die Metopen mit den Heraklestaten sind die bedeutendsten Denkmäler des ‹Strengen Stils›. Die neuen Grabungen haben erwiesen, daß der einfache Rechteckbau im W außerhalb des eigentlichen heiligen Bezirks wirklich die Werkstatt des Phidias war, wie er im Altertum hieß. Außer der Werkstatteinrichtung sind viele Werkzeuge, Tonformen und Matrizen für den Schmuck der Statuen und viele Abfallreste (u.a. Elfenbeinspäne) davon gefunden, auch ein Trinkgefäß des Phidias mit dem eingeritzten Namen des Besitzers. In der Nähe entstanden einfache Badeanlagen mit Schwitzbad, Kaltbadehaus und großem offenem Schwimmbecken, in späteren Jahrhunderten vielfach um- und neugebaut.

[3] *Im 4. Jh.* schloß eine tiefgreifende Umwandlung die bisher noch wenigen und lose verstreuten Bauten zu einem architektonischen Ganzen zusammen. Zunächst wurde der heilige Bezirk durch eine niedrige Mauer abgegrenzt, im S entstand außerhalb davon die ‹Südhalle› mit Front nach S, vielleicht für Empfänge; das Hestiaheiligtum und das Buleuterion erhielten eine Säulenvorhalle. Dazu trat im W das Theokoleon, das Wohnhaus der drei höchsten Priester O.s. Vor der nun durch eine abgetreppte Mauer gestützten Schatzhausterrasse wurde die Reihe der – später 16 – ‹Zanes› (‹Zeusfiguren›) aufgestellt (seit 388 v. Chr.): Bronzestatuen des Zeus, die aus den Strafgeldern von Athleten geweiht wurden, die sich gegen die Wettkampfregeln vergangen hatten; daneben wurde als dritter Tempel O.s das kleine Metroon erbaut, dorisch mit 6 × 11 Säulen, der Göttermutter geweiht, deren Kult auch alt ist. Gegen Ende des Jahrhunderts verschob der stärkste Eingriff das Stadion weiter nach O und trennte es durch einen Wall und eine Mauer im W vom heiligen Bezirk. Der damals erreichte und heute äußerlich wiederhergestellte Zustand (nur mit Erdwällen, ohne größere Steinbauten) blieb im wesentlichen durch das ganze Altertum erhalten. Nach W wurde der Abschlußmauer des Stadions die 96,5 m lange ‹Echohalle› vorgelegt, die fortan den monumentalen Ostabschluß der Altis bildete. An ihrem Nordende befand sich der später überwölbte Haupteingang zum Stadion. In der NW-Ecke der Altis beherbergte der Rundbau des Philippeions, von → Philipp II. begonnen, von → Alexander (5) d. Gr. vollendet, die von → Leochares geschaffenen Goldelfenbeinbilder der Familie Philipps. Im SW stiftete außerhalb der Altis der Naxier Leonidas das große, auf allen vier Seiten von Säulen umgebene Leonidaion als Unterkunftshaus für vornehme Gäste (80 × 74 m), in der Kaiserzeit stark umgebaut. Der Ausbau des Heiligtums war damit zur Hauptsache abgeschlossen.

[4] Die *hellenist. Zeit* fügte außer notwendigen Reparaturen nur noch die großen Bauten für Unterbringung und Übungen der Athleten hinzu, Gymnasion und Palästra im W, außerhalb der Altis. In der Kaiserzeit erforderte zunächst der Besuch des kaiserlichen Olympiakämpfers → Nero im J. 67 n. Chr. einige Neubauten. Die ganze Altis erhielt eine Umfassungsmauer, die im W nur 2 m, im S 20 m außerhalb der alten lief und 5 Tore hatte, von denen das SO-Tor als röm. Triumphtor gestaltet wurde. Der ‹Südostbau› wurde zur kaiserlichen Villa umgebaut. Auch sonst wurden die profanen Zwecken dienenden Bauten wie Theokoleon, Leonidaion, Badeanlagen, Sportanlagen den gesteigerten Bedürfnissen angepaßt, im SW neue Gästehäuser und im S und N neue Thermen gebaut. Den letzten großen Bau in O. stiftete der reiche Athener → Herodes (2) Atticus: eine monumentale Brunnenanlage am W-Ende der Schatzhausterrasse, die mit Statuen der Kaiserfamilie und der eigenen geschmückt wurde (Exedra, ca. 155–160 n. Chr.). Nicht näher bekannt ist der Hippodrom, der unmittelbar südl. an das Stadion anschloß und eine berühmte Starteinrichtung für die Wagenrennen besaß. – Zu den genannten Bauten kam ein ganzer Wald von Weihgeschenken aller Art, Altäre, Siegerstatuen der Sieger in den Wettkämpfen aus Bronze hinzu, die den freien Raum der Altis dichtgedrängt ausfüllten und aus allen Jahrhunderten vom 6. Jh. v. Chr. bis in die Kaiserzeit stammten.

[5] Die *Zerstörung* beginnt mit dem Jahrzehnt 260/270 n. Chr. Aus Furcht vor den in Griechenland eingefallenen → Herulern wurde zum Schutz des Zeustempels eine Festungsmauer gebaut, die den Raum zwischen Zeustempel und Südhalle einschloß, aber aus den Steinen der dafür abgerissenen Gebäude errichtet wurde. 394 wurde die Weiterführung der olympischen Spiele durch ein Edikt → Theodosius' I. verboten und das Zeusbild des Phidias nach Konstantinopel ins Lauseion gebracht, wo es 476 verbrannte. Aus der Werkstatt des Phidias wurde schließlich eine byzantin. Kirche. Brände und schwere Erdbeben vollendeten das Zerstörungswerk, ein bescheidenes kleines Dorf lagerte sich im SW über die Ruinen, bis auch dieses aufgegeben wurde und die Anschwemmungen von den umliegenden Hügeln die Gebäudereste mehrere Meter hoch zudeckten. Die deutschen Ausgrabungen in O. in den Jahren 1875–1880 waren die ersten modernen staatlichen Ausgrabungen großen Maßstabes; sie wurden 1936 wiederaufgenommen und werden seit dem Jahre 1952 weitergeführt. E. M.

Q: Paus. 5,7–6,21,3 – *Lit:* O., Die Ergebnisse d. von d. Deutschen Reich veranstalteten Ausgrabungen, hg. v. E. Curtius u. F. Adler, 5 Bde u. 4 Tafelbde, 1 Foliomappe, 1890–97 – W. Wrede-E. Kunze u. a., Ber. über d. Ausgrabungen in O., bisher I–VII, 1937–61; Olymp. Forschungen, bisher I–V, 1944–64 – E. Kunze, in: Neue deutsche Ausgrabungen im Mittelmeergebiet u. im Vord. Orient, 1959, 263–310 – J. Wiesner-L. Ziehen, RE 18, 1 (1939), 48–174 – F. N. Gardiner, O., its history and remains, 1925 – W. Hege-E. Rodenwaldt, Olympia, 1936 – Berve-Gruben, 10–21; 118–128 – H. Riemann, Die Bauphasen des Heraions von O., JdI 61/62, 1946/47, 30–54 – E. Buschor-R. Hamann, Die Skulpturen des Zeustempels zu O., 1924 – E. Kunze, Neue Meisterwerke griech. Kunst aus O., 1948 – J. D. Kontis, *Τὸ ἱερὸν τῆς 'Ολυμπίας κατὰ τὸν Δ' π. X. αἰῶνα*, 1958.

[6] Die *Skulpturen*. Die architektonischen Skulpturen des (nach einer höchstens 15jährigen Bauzeit) 456 v. Chr. vollendeten Zeustempels in Olympia haben erst in unserem Jahrhundert ihre gebührende Würdigung gefunden (am nachhaltigsten durch Buschor). Sie wurden größtenteils in deutschen Ausgrabungen von 1875–81 gefunden und sind (von einer Metope und Fragmenten im Louvre abgesehen) im Museum von Olympia aufgestellt. – H. (der Metopen) 1,60 m, der Giebel 3,30 m (deren Länge 26,40 m). Die Metopen (je 6 an der vorderen und rückwärtigen Außenwand der Cella) hatten den Dodekathlos des Herakles zum Thema, in der kanonischen Auswahl, an der Westseite beginnend, jedoch mit dem betonten Abschluß des elischen Abenteuers (der Reinigung des Augiasstalles). Der *O-Giebel* stellt die Parteien des Pelops und Oinomaos vor der verhängnisvollen Wagenfahrt dar, mit Zeus in der Giebelmitte: ein Zustandsbild von höchster dramatischer Dichte und Anspannung. Der *W-Giebel* schildert den Kampf der Lapithen gegen die Kentauren mit Apollon in der Giebelmitte: ein wildes Kampfgeschehen auf seinem Höhepunkt. An den Giebelfiguren sind bei der endgültigen Aufstellung verschiedene Korrekturen notwendig geworden; auf Grund einer späteren Beschädigung des Baues mußten mindestens 3 Figuren aus den Ecken des W-Giebels durch Kopien ersetzt werden. – Es ist u. a. vermutet worden, daß der entwerfende Hauptmeister ein Peloponnesier war, der durch → Polygnots Gemälde in Athen angeregt war. E. Bg.

Lit: s. o. Ferner: E. Buschor, Die O.meister, AM 51, 1926, 163–178 – G. Becatti, Il maestro d'O., 1943 – Lippold, GrPl 119–122 – H. Möbius, Die Mittelgruppe des O-Giebels von O., in: Studies pres. to D. M. Robinson I, 1951, 626–637 – Lullies-Hirmer, 56–58, Taf. 107 bis 125 – G. Becatti-U. Jantzen, EAA 5, 1963, 656–661.

Olympiade, 4 Jahre umfassender Zeitraum, entstanden durch periodische Wiederholung der Olympischen → Spiele in jedem 5. Jahr, nach der Überlieferung erstmalig gefeiert im Hochsommer 776 v. Chr. Die fortlaufende Zählung der O.n von 776 an (772, 768 usw.) heißt Olympische Ära. Vgl. → Kalender C [3] c; → Zeitrechnung B [4] c. H. Kal.

Olympias, Tochter des Molosserkönigs Neoptolemos I., 375–316 v. Chr., heiratete 357/356 → Philipp II. v. Makedonien, dem sie 356 → Alexander (5) d. Gr. und 355 → Kleopatra (2) gebar. Mit ihrer Hilfe wurde ihr Bruder → Alexander (1) I. 343/342 König der Molosser. Die Ehe Philipps mit einer anderen Makedonin führte zum Bruch mit O., die nach Epirus ging und dort gegen den König intrigierte. Bei der Hochzeit der → Kleopatra (2) mit Alexander I. wurde Philipp ermordet; O. war zumindest als Mitwisserin daran beteiligt. Ränkevoll und herrschsüchtig, suchte sie während des Alexanderzuges Einfluß auf ihren Sohn und selbst mehr Macht zu gewinnen, scheiterte aber an → Antipaters Treue und an Alexander, der seine Mutter nur zu gut kannte. Sie zog sich abermals nach Epirus zurück, wo sie und Kleopatra nach dem Tode Alexanders I. sehr bald wegen ihrer despotischen Herrschaft verhaßt waren. 317 unterstützte sie → Polyperchon gegen Antipaters Sohn → Kassander und gewann dank der Verehrung, die die Makedonen ihr als Mutter Alexanders stets entgegenbrachten, bald das Land für sich, ließ den jungen → Philipp III. ermorden und ihren Enkel → Alexander IV. zum König ausrufen. Ihrem Haß fielen viele Makedonen zum Opfer, so daß sich schließlich das Volk von ihr abwandte und Kassander zurückkehren konnte. Die makedon. Heeresversammlung verurteilte O. 316 zum Tode. Das Urteil wurde von Verwandten des Kassander vollstreckt, weil die Makedonen sich weigerten. P. R. F.

Lit: Berve II 283–288 – G. H. Macurdy, Hellenistic Queens, 1932, 22–45.

Olympien, angesehenstes der panhellenischen → Wettspiele, im Tale des Alpheios bei → Olympia gefeiert. Festgott war Zeus, Festleiter zuerst die Pisaten, dann die Eleer, dann abermals die Pisaten und seit 360 v. Chr. endgültig die Eleer. Sie stellten den leitenden Ausschuß von 9–12 Hellanodikai, die die Meldungen der Wettkämpfer entgegennahmen, die Kämpferlisten aufstellten, die Preise zuerkannten und die Siegerehrungen organisierten. Gefeiert wurden die O. alle 4 Jahre. Die im 4. Jh. v. Chr. vorgenommene Rekonstruktion und Publikation der Siegerlisten (→ Hippias, → Aristoteles) führte auf das Jahr 776 v. Chr. als erste errechenbare O.feier (Sieg des Eleers Koroibos im Stadion) und zur → Olympiadenrechnung. Das Wettkampfprogramm wurde allmählich um die verschiedensten → Sportarten (Faustkampf, Wettreiten, Pankration, Rennen mit Maultiergespannen usw.) erweitert; als Kämpfer kamen zu den Männern auch die Knaben. Die vornehmste Disziplin blieb immer der Wettlauf der Männer im Stadion. Dem folgte der Fünfkampf (Sprung, Schnellauf, Diskos, Speerwurf, Ringen: Xen. Hell. 7, 4, 29), dann Faustkampf und Pankration, endlich die Wettkämpfe mit Pferden als Höhepunkt. Die Sieger erhielten einen Kranz vom heiligen Ölbaum, ein Festmahl und oft reiche Ehren und Geschenke nach der Rückkehr in die Heimatstadt. Musische Agone scheinen mindestens in klass. Zeit nie einbezogen worden zu sein, doch hören wir oft von Schriftstellern, die die Gelegenheit der O. benutzten, um ihre Werke vor panhellenischem Publikum vorzutragen (Herodot, Anaxagoras, Gorgias, Hippias, Prodikos, Lysias, Isokrates). Im 2./1. Jh. v. Chr. verfiel das Fest, blühte unter röm. Protektion später zeitweilig wieder auf und wurde 393 n. Chr. vom christl. Kaiser Theodosius I. ausdrücklich und endgültig verboten. O. G.

Olympiodoros, athen. Feldherr und Politiker, errang 304 bis 302/301 im Zusammenwirken mit den Ätolern Erfolge über → Kassandros; nach dem Sturz des → Lachares (1) war er 294–292 Archon. Seine Bemühungen um eine Versöhnung der Parteien in Athen führten 292/291 zur Rückkehr der 307 verbannten Oligarchen. Nach der Vertreibung des → Demetrios (1) Poliorketes aus Makedonien erklärte sich Athen, von → Ptolemaios I. ermutigt, 287 unter Führung des O., der die maked. Besatzung aus Athen vertrieb, für frei. Ein Handstreich auf den von → Antigonos II. Gonatas gehaltenen Piräus mißglückte zwar 287/286, doch 281/280 dürfte O. auch diesen unter Ausnutzung der Wirren in Makedonien zurückgewonnen (Paus. 1, 26, 3) und damit Athens Unabhängigkeit für kurze Zeit wiederhergestellt haben. Für seine Leistungen erhielt O. von den Athenern höchste Ehren. F. Kch.

Lit: G. de Sanctis, Atene dopo Ipso, RFIC N. S. 14, 1936, 134–152 – B. D. Meritt, Greek Inscriptions, Hesperia 4, 1935, 576ff. – Ders., ebda 7, 1938, 103 – A. Momigliano, Atene nel III secolo a. C., RSI 71, 1959, 535–556.

2. **O.,** griech. → Geschichtsschreiber aus Theben (Ägypten); Heide, der Schule des Alchemisten → Zosimos (1) zugehörig, schrieb 22 Bücher über bes. weström. Geschichte (407–425), etwa → Eunapios fortsetzend. Das Werk war → Theodosios II. (bis 450) gewidmet. Es enthielt viel Detail, teils aus eigener Erfahrung (Gesandtschaft zu den Hunnen, um 412/413); daneben Geographisches, Curiosa. Benutzt von den Historikern → Zosimos (2), → Sozomenos, Philostorgios und von → Photios (bibl. cod. 80). W. Sp.

Frg: FHG IV 57ff. – *Lit:* G. Moravcsik, Byzantino turcica I (1942), 1958², 468–470.

Olympos, meist als Liebling und Schüler, vereinzelt als Vater des → Marsyas genannt. Am mysischen Berg Olympos beheimateter, berühmter Flötenspieler. Von → Pan im Syrinxspiel unterrichtet. In Altertum und Neuzeit oft als historische Person, Erfinder aulodischer Weisen, angesehen (vgl. → Musik A 3).

Lit: Weizsäcker, ML III 1, 860–866ff. – *Darstellungen:* → Marsyas – Ferner: Schefold, Mw 20, 132. K. Schb.

Olympos, vgl. auch → Musik A [3].

Olynth (Ὄλυνθος), zunächst autochthon, seit 479 griech.-chalkid. Stadt auf der → Chalkidike am Ende des westl. Golfes zwischen den Halbinseln Sithonia und Pallene etwa 2,5 km landeinwärts auf einem flachen, langgestreckten Hügel gelegen (Kt. 1152 D 2). 432 v. Chr. durch Zusiedlung der benachbarten Dörfer vergrößert und Vormacht der zu einem Einheitsstaat zusammengeschlossenen Chalkidike, 382/379 v. Chr. durch Sparta belagert und erobert, trotzdem weiterhin Vormacht der Chalkidike, 349/348 durch → Philipp II. v. Makedonien erobert und zerstört (vgl. → Demosthenes (1), Olynth. Reden), nicht wieder aufgebaut. Stadt großenteils ausgegraben, die einzige griech. Stadt des 5./4. Jh.s, von der wir fast das ganze Straßensystem und einen großen Teil der Privathäuser kennen. O. bestand aus einem älteren südl. Teil und dem jüngeren nördl. Teil, der nach dem von → Hippodamos begründeten System der sich rechtwinklig schneidenden Straßen und quadratischen Häuserblocks angelegt ist. → Stadt I D. E. M.

Lit: D. M. Robinson, Excavations at O., 1929ff., bisher 13 Bde, unvollendet – M. Gude, A history of O., 1933 – D. M. Robinson, RE 18, 1 (1939), 325–342 – Ders., Olynthos, the Greek Pompeii, Archaeology 5, 1952, 228–235 – G. Scidrilone, EAA 5, 1963, 661–667.

Omophagie, ‹Verzehren des rohen Fleisches›, ein primitiver, ursprünglich zweifellos nichtgriech. Brauch des Dionysoskultes, bezeugt für Chios, Tenedos, Lesbos, allgemein als Element der Dionysosfeiern bezeichnet von Arnob. nat. 5, 19; der Gott kann daher Omestes, Omadios, Omophagos heißen. Ob und wie weit die O. des Opfertieres an die Stelle eines kannibalischen → Menschenopfers getreten ist, ist nicht zu erkennen. Die Antike hat das mehrfach angenommen, und bestimmte Varianten der Sagen von → Orpheus, → Pentheus, den → Proitostöchtern und den → Minyaden beruhen auf dieser Voraussetzung; in der Theogonie der → Orphik wird Dionysos selbst von den

Titanen zerrissen und verzehrt. Vorsicht bei der Auswertung ist geboten. O.G.

Lit: → Menschenopfer.

Omphale, Königin von Lydien, in deren Dienst → Herakles für ein Jahr treten mußte.

Omri, König von Israel, 882–871, → Judentum A [7].

Onager, schweres → Geschütz; ‹Wildesel›, angeblich, weil es wie dieser Steine schleuderte (Amm. 23, 4, 7); früher hieß es scorpio (Amm. 23, 4, 4), bei den Griechen *μονάγκων*, Einarm (Phil. Mech. Bel. 91, 35 f.). In einem horizontalen Spannsehnenbündel steckte der einzige, aufwärts gerichtete Wurfarm (daher auch scorpio), der durch Torsionskraft gewaltige Steine schleuderte (Amm. 31, 15, 12). Eine besondere Bettung war nötig, um den starken Rückstoß aufzunehmen (Amm. 23, 4, 5). → Vegetius (mil. 2, 25) rechnete 10 O. und 55 carroballistae je → Legion. W.K.

Lit: Lammert, RE 18, 1 (1939), 399–402.

Onasandros, angeblich Platoniker (→ Suidas s. v.); Verfasser eines ‹Strategikos› betitelten Traktates über die Pflichten des Generals (Adressat: Q. Veranius, wohl der cos. ord. des Jahres 49 oder dessen Vater). Die wenig originelle Schrift war in der Renaissance beliebt. W. Sp.

Ed: Ed. princ. N. Rigaltius, 1598/99 – Übers. ab 15. Jh. – W. A. Oldfather, LCL, 1923 (Lit) – E. Korzenszky-R. Vári, 1935 (Index) – *Lit:* F. Lammert, Rez. von Onosandri Strategicus, ed. E. Korzenszky et R. Vári (Syll. Tacticorum Graecorum I 1, 1935), PhW 58, 1938, 881 bis 883 – L. W. Daly-W. A. Oldfather, RE 18, 1 (1939), 403–405 – E. Bayer, O.: Die Entstehungszeit des Strategikos, WüJbb 2, 1947, 86–90 – E. A. Gordon, RE 8 A (1955) 955–959 s. v. Q. Veranius Nr. 3.

Onasimos. Vermutlich vermischt → Suidas einen Historiker O. v. Cypern (den Verfasser der Vita des Kaisers → Probus?) mit dem Sophisten O., Sohn des → Apsines (wohl von Gadara?) und Vater des Apsines (von Sparta?), der rhetor. Schriften (über die Antirrhesis u. a.), Meletai, Progymnasmata, Enkomia u. a. verfaßte. W. Sp.

Lit: W. Stegemann, RE 18, 1 (1939), 406–408 – FGrHist 216 – PIR I 191.

Onatas, Bildhauer aus Ägina, Sohn (und vielleicht Schüler) des Mikon (oder Smikon). Seine Tätigkeit umfaßt mindestens den Zeitraum von 480–465 v. Chr., fällt also mit der letzten Blütezeit und Selbständigkeit Äginas (Ende 458 v. Chr.) zusammen. Werke von ihm werden außer für seine Vaterstadt in Olympia, Phigalia, Delphi und Athen überliefert. Besondere Wertschätzung genoß sein kolossaler Apoll (Paus. 8, 42, 7: s. u.), der später in Pergamon stand und dorthin wahrscheinlich als Beutestück von der Einnahme Äginas i. J. 210 v. Chr. kam. In Olympia stand außer einem kolossalen Herakles und einem widdertragenden Hermes eine mehrfigurige Votivgruppe der Achaier (Paus. 5, 25, 8) vor der Ostfront des Zeustempels, von der Teile der halbkreisförmigen Basis anscheinend wiedergefunden worden sind. Dargestellt waren neun achaiische Helden, die um den Zweikampf mit Hektor losen, mit Lanzen und Schilden gerüstet. Gegenüber diesem Bathron stand auf einer besonderen Basis Nestor, mit dem Helm, der die Lose enthielt, in der Hand. Homann-Wedeking hat versucht, eine Statuenkopie mit seitlicher Pferdeprotome auf die Demeter Melaina von Phigalia zu beziehen. Leider ist aber die Überlieferung dieses Statuentypus nicht einheitlich und auch der Kopftypus bisher noch nicht sicher nachgewiesen. Ein Athenakopf aus Ägina im Louvre, aus O.' Zeit, paßt zum Kopf des delphischen Wagenlenkers, einem Weihgeschenk eines der sizil. Fürsten, die vor allem Ägineten beschäftigt haben. – Ein bedeutender Apollonkopf in London (BM Nr. 208, vgl. K. A. Pfeiff, Apollon, 1943, 73–75, Taf. 19–23; Lippold, GrPl 122, Anm. 8), von dem es kleinasiatische Terrakotta-Nachbildungen gibt, könnte auf den obenerwähnten Apoll, der Krieger Somzée (Lippold, GrPl 130 Anm. 6) auf die obenerwähnte Gruppe der achaiischen Helden von Olympia zurückgehen (E. Berger). E. Bg.

Lit: E. Homann-Wedeking, Zu Meisterwerken des strengen Stiles, RM 55, 1940, 208–218 – E. Hafner, Theoria, Festschr. W. H. Schuchhardt, 1960, 79–87 – Schefold, O. H. R., 114 f. – Lippold, GrPl, 98 – S. De Marinis, EAA V, 1963, 691 f.

Onesas, hellenist. → Gemmenschneider, uns bekannt durch die signierte gelbe → Glaspaste in Florenz, Mus. Arch., mit der Darstellung einer Leierspielerin, und einen Karneol, ebd., mit dem Kopf des Herakles. Beim Sard im BM mit der auf ihren Schild gestützten Athena ist die Echtheit der Signatur umstritten. P.Z.

Abb: Furtwängler, Gemmen I, Taf. 34, 43; 35, 23, 26.

Onesikritos, von Astypalaia, 380/375–305/300 v. Chr., hörte als schon reiferer Mann in Athen → Diogenes (6) v. Sinope und wurde von ihm für die kynische Philosophie gewonnen. Er nahm am Zug Alexanders bis nach Indien teil und verkehrte dort durch Dolmetscher mit den ind. Weisen. Auf der Fahrt den Indus hinunter war er Kapitän des Königsschiffes und hatte auch bei der Flottenexpedition unter → Nearchos eine leitende Stellung unmittelbar nächst diesem, wurde auch gleich ihm von Alexander mit einem goldenen Kranz ausgezeichnet. Die antike Überlieferung kennt nur den Titel eines Buches des O.: ‹*Πῶς ὁ Ἀλέξανδρος ἤχθη*›, ‹Wie Alexander geführt (erzogen?) wurde›, anscheinend eines Parallelwerkes zur ‹Kyrupaedie› Xenophons. Ob die Fragmente des O. über seine Erlebnisse in Indien (Verknüpfung ind. und griech. Philosophie, Idealstaat des Musikanos) und auf der Fahrt von der Induszur Euphratmündung, die bes. → Arrian erhalten hat, aus diesem Werk stammen, erscheint zweifelhaft. K. v. F.

Frg: FGrHist 134.

Onesimos, att. Schalenmacher des streng → rotfigurigen Stils (→ Vasen E 5), tätig um 490–480, arbeitet für den Töpfer → Euphronios (1). → Lieblingsinschriften erwähnen Panaitios, Lykos, Erothemis und Aristarchos. – O. setzt den Stil des → Panaitiosmalers fort, gibt aber dessen dichte Flächenfüllung zugunsten einer Autonomie der Figur auf. Seine schlanken, behutsam sich bewegenden Gestalten verraten ein stilleres Temperament. – *Werke:* signiert nur die Schale mit Reitern, Louvre G 105 (P. Hartwig, Griech. Meisterschalen, 1893, Taf. 53); weitere Schalen. I. Sch.

Lit: W. Technau, Eine Schale des Onesimos im Berliner Museum, RM 46, 1931, 189–197 – Beazley, ARV² 313–334 (mit Panaitiosmaler identisch).

Onomakritos, Athener; Chresmologe, stellte die Orakel des Musaios zusammen; eng mit den → Peisistratiden verbunden, an deren Hof er lebte. → Hipparchos (1) entließ ihn, als → Lasos von Hermione ihn überführt hatte, daß er ein Orakel, nach dem die Lemnos benachbarten Inseln ins Meer versinken würden, in die Musaios-Sammlung eingeschmuggelt hatte. Später versöhnten sich die Peisistratiden mit ihm; als → Hippias (1) 510 v. Chr. aus Athen verjagt wurde, nahm er O. mit nach Susa; 486/485 war O. noch am Hof des Großkönigs und versuchte Xerxes durch Orakel zu bestimmen, gegen Griechenland zu ziehen. Auch → orph. Schriften werden ihm zugeschrieben. R. V. C.

Lit: O. Kern, Orphicorum Fragmenta, 1922, 53–56.

Onomarchos, bedeutender Feldherr und Politiker der → Phoker, entschied sich als Nachfolger des → Philomelos (355 v. Chr.) für Fortsetzung des 3. → Heiligen Krieges. Er übte über die Phoker eine Art Diktatur aus, prägte Münzen in seinem Namen, warb mit Hilfe der delphischen Schätze mehr als 20000 Söldner an und kämpfte gegen die Lokrer, Böoter und in Thessalien, wo er zweimal → Philipp II. von Makedonien besiegte. 354–353 war er die führende Persönlichkeit in Griechenland. 352 unterlag er Philipp auf dem ‹Krokosfeld›; er selbst fiel. E. Bn.

Ontologie → Metaphysik.

Ooskopie, Weissagung mit Eiern, angeblich von → Orpheus behandelt (Orph. Test. 223 K.), im 3. Jh. v. Chr. vom Stoiker Hermagoras von Amphipolis (Suidas s. u.); Einzelheiten: Schol. Pers. 5, 185. Vgl. → Mantik. C. J. C.

Opaion, Lichtöffnung im Dach eines → Tempels (B 5), selten. Vgl. → Telesterion von Eleusis.

Opfer

A. Griechisch – B. Römisch – Zur Bedeutung der Opfer im Kult vgl. → Religion I F–I. II D.

A. GRIECHISCH. [1] Einen zentralen Teil des griech. Kultes haben seit jeher die O. gebildet, verstanden als Bitte um Beistand und Segen (allgemein und regelmäßig wiederholt oder vor bes. Unternehmungen), Abwehr von befürchtetem oder hereingebrochenem Unheil, Dank für den Erfolg im einen wie im andern Falle, → Reinigung vor bestimmten Handlungen, → Sühnungen von Vergehen und schließlich als Huldigung vor der Übermacht der Götter überhaupt. Grundsätzlich wird ein Teil von dem geopfert, was dem Menschen selbst wichtig und wertvoll ist; Verschiebungen treten dadurch ein, daß der Mensch vielfach nur wertlose Repräsentanten des wertvollen Gutes, das er meint, opfert, aber auch dadurch, daß die O.sitten den Wandel der profanen Lebenshaltung nicht mitmachen, also oft bis in späte Zeit uralte Kulturgewohnheiten widerspiegeln. Vom 6. Jh. v. Chr. an bedroht die → Theologie den Sinn der O. vom Menschen wie von der Gottheit her: Frömmigkeit ist augenscheinlich nicht an reichen Gaben, sondern nur an frommer Gesinnung zu erkennen, und die Gottheit, die den Kosmos verwaltet, bedarf der Gaben des Menschen in keiner Weise. Das O. hat dann nur noch den Sinn einer durch die Tradition gebotenen Huldigung, über deren inadäquaten Charakter sich vom 4. Jh. v. Chr. an wohl jeder Gebildete im klaren war.

[2] Die *Formen* der griech. O. sind unübersehbar mannigfaltig. Oft sind die spezifischen Beziehungen zur Art der Gottheit, der man opfert, zum Anlaß des O.s und zur Eigenart der Opfernden nach Geschlecht, Lebensalter, Berufs- und Stammeszugehörigkeit deutlich zu erkennen. Die wichtigsten Unterscheidungen sind: 1. *Unblutige O.*, die Feldfrüchte: Getreide, Hülsenfrüchte, Nüsse, Oliven, Trauben, Zwiebeln, Lauch (Listen: Ath. 478 B; Porph. abst. 2, 7), und zwar entweder nur eine Sorte oder von allem etwas (Pankarpeia: Soph. Fr. 366 N.; Eur. Fr. 912 N.; Ath. 473 C). Es kann auch aus bestimmten Früchten ein Brei (Pelanos) mit Getreidemehl, Milch, Honig, Öl (zuweilen auch Wein) oder aus Brei ein Gebäck (Popanon) zubereitet werden, das als O. verbrannt wird (bezeugt in vielen Kulten: Zeus, Apollon, Asklepios, dann im Totenkult). Unter den Flüssigkeiten wird unterschieden zwischen den Spenden ohne Wein (*νηφάλια*) und solchen mit oder aus Wein. Zu den ersten gehören zuweilen Wasser-O. (Ath. 409 F), dann bes. Spenden aus Milch und Honig bzw. einer Mischung von beiden (Melikraton). Selten sind Spenden reiner Milch, noch seltener solche aus Öl. Überaus weit verbreitet sind dagegen die Weinspenden, teils für sich im Staatskult wie bes. im Privatkult am Anfang wie am Ende jedes Festes, beim Mahle und Symposion, teils als Element des blutigen O., wobei der Wein über das brennende O.fleisch gegossen wird. – Außerordentlich wichtig müssen schon in frühester Zeit nach Ausweis des Sprachgebrauches (*θύω, θυμίαμα*) die → Rauch-O. gewesen sein, doch sind da die einheimischen Räucherwaren verhältnismäßig schon früh durch Import aus dem Osten ergänzt bzw. ersetzt worden: → Zimt, → Myrrhe, bes. → Weihrauch (Hdt. 3, 107 ff.; Theophrast hist. plant. 9, 4, 2 u. a.). – 2. *Blutige O.* → Menschen-O. sind in extremen Situationen gelegentlich vorgekommen, als fester Bestandteil eines Kultes nur selten bezeugt, ohne daß es sicher ist, wieweit und in welchen Epochen sie tatsächlich vollzogen wurden und wieweit sie bloße Schlußfolgerungen folkloristischer Gelehrsamkeit des Hellenismus sind. – Dem Sinn des O.s (s. o. 1) entsprechend, den Göttern an der kostbarsten Nahrung des Menschen Anteil gebend, betreffen Tier-O. in der Regel nur die zur Nahrung dienenden Tiere: Rind, Schwein, Schaf, Ziege, Huhn, Gans, dazu gelegentlich Wildbret (Hirsche, Hasen) und Fische (Aale: Ath. 297 D), nur äußerst selten aus bestimmten Gründen andere, nicht eßbare Tiere: Hunde für Hekate (Plut. qu. Rom. 52. 68. 111; Paus. 3, 14, 9), Pferde für Poseidon (Paus. 8, 7, 2) und Helios (Paus. 3, 20, 5). Im einzelnen gab es vielfache Vorschriften. Die Tiere müssen physisch untadelig sein; den olympischen Göttern werden weiße oder rötliche, den Unterirdischen und den Heroen werden schwarze Tiere geopfert (→ Farbensymbolik); die männlichen Götter erhalten in der Regel (so Zeus, Poseidon, Asklepios, Herakles; Ausnahmen: Apollon, Hermes) männliche Tiere, die weiblichen in der Regel (so Hera, Athena; Ausnahmen: Demeter, Gaia) weibliche. Unterschieden werden weiterhin ausgewachsene Tiere und Jungtiere (Lämmer und Ferkel begegnen als O. sehr oft); zuweilen wird ein bestimmtes Alter gefordert.

[3] Unterschieden werden die *Speise-O.* (*θυσία*) als Teilnahme der Götter am Mahle der Menschen (so meist bei den Olympiern) und die anderen O., die vollständig verbrannt und den Göttern überantwortet werden (*σφάγια*): dies sind alle O. für die Unterirdischen, die Toten, die Eid-, Sühn- und Reinigungsopfer. – Über die O.-Handlungen im einzelnen sind wir nur z. T. unterrichtet (bes. durch Hom. Il. 1, 447 ff.; 2, 440 ff.; Od. 3, 329 ff., dann Aristoph. av. 850 ff.; 896 f.; 958 ff.). Die Etappen beim Speise-O. sind: Wahl, Reinigung und Schmückung des Tieres, Waschung, Kleidung und Bekränzung der Teilnehmer, Bereitstellung des Opfergeräts (Korb mit Opfergerste, Messer, Becken mit Waschwasser); dann als Einleitung der eigentlichen Handlung (a) die rituelle Waschung der Hände und (b) das Herausnehmen und Hinwerfen der Gerste, ferner (c) das → Gebet mit Responsion der Teilnehmer (*ὀλολύζειν* der Frauen, *παιανίζειν* der Männer). Mittelpunkt ist die Schlachtung des Tieres, die nicht der Priester, sondern ein bes. Tiertöter mit dem Beile vollzieht; die Halsschlagader wird so geöffnet, daß das Blut über den Altar fließt. Darauf wird das Tier zerlegt, die für die Gottheit bestimmten Teile werden herausgenommen, ins Altarfeuer gelegt und mit Wein übergossen. Weitere Teile für die Gottheit werden auf einem Speisetische hinter dem Altar deponiert. Vom übrigen wird ein Anteil der Priester ausgesondert, ebenso vielfach derjenige der Magistrate. Generell kann der Anteil der Menschen entweder gleich als O.mahl gemeinsam verzehrt oder nach Hause mitgenommen oder schließlich verkauft werden. Bei den *σφάγια* scheint nicht nur die Art der Schlachtung eine andere gewesen zu sein, sondern das Tier muß ganz beseitigt werden, darf also nicht genossen werden (*θυσίαι ἄγευστοι*). Die Beseitigung geschieht durch Vergraben oder Verbrennung. – Für sich stehen die O., die der Zukunftserkundung dienen. Sie sind prinzipiell *σφάγια*, doch wird bei ihnen ausdrücklich teils auf die Entwicklung und Form der Flamme teils auf die Beschaffenheit bestimmter Eingeweideteile (Galle, Leber) geachtet; doch spielt dies bei den Griechen eine viel geringere Rolle als in der etrusk. Religion (→ Haruspices). O. G.

Lit: P. Stengel, Die O.-Bräuche der Griechen, 1910 – S. Eitrem, O.ritus und Voropfer der Griechen und Römer, 1915 – J. v. Fritze, De libationibus vet. Graecorum, 1893 – Ders., Die Rauch-O. der Griechen, 1894 – Fr. Schwenn, Gebet u. O., 1927 – K. Meuli, Griech. Opferbräuche, Phyllobolia, 1946, 185–288.

B. RÖMISCH. Das Wort der *Römer* für O., *sacrificium*, bedeutet → sacrum facere, d. h. ein Lebewesen oder eine Sache dem profanen Bereich entziehen und als das Eigentum einer Gottheit erklären. Aber im gewöhnlichen Gebrauch hatte das Wort eine engere Bedeutung: «Es fand ein sacrificium statt, jedesmal wenn ein Lebewesen oder eine Sache, die der Gottheit durch eine Einzelperson oder eine kollektive Gruppe, Familie, gens, Vereinigung, Gemeinwesen dargebracht wurden, entweder in der Nähe eines Altars oder auf dem Altar selbst getötet, verbrannt oder irgendwie ganz oder teilweise vernichtet wurden» (J. Toutain). Die → Weihgaben wurden dagegen sorgfältig in den Tempeln aufbewahrt. Man unterscheidet traditionellerweise die unblutigen O., die zu Unrecht für älter gehalten wurden, und die blutigen O. Die üblichsten *unblutigen O.* waren die Erstlinge der Ernte, das gesalzene Mehl (mola salsa), das von den → Vestalinnen zubereitet wurde; die geweihten Mahlzeiten (dapes) wie → Epulum Jovis, → Göttermahl; Milch und Wein als Trankopfer; Wohlgerüche, die durch das Verbrennen gewisser Pflanzen (Lorbeer, Weihrauch) hervorgebracht wurden. *Blutige O.:* → Menschen-O. fanden nur ganz ausnahmsweise statt, sie wurden als ‹unrömisch› betrachtet. Die tierischen O. waren Rinder, Schafe und Schweine; in seltenen Fällen Pferde (→ Ecus October), Fische (→ Volcanalia), Hunde (→ Lupercalia, → Robigalia). Die Tiere mußten gewissen Bedingungen in bezug auf Alter, Farbe und Geschlecht genügen. Im allgemeinen, doch ohne daß es wirklich Vorschrift gewesen wäre, opferte man den Göttern männliche und den Göttinnen weibliche Tiere, den himmlischen Gottheiten weiße und den unterirdischen schwarze oder dunkle; jede Gottheit hatte ihr bevorzugtes O.tier, Ceres z.B. das Mutterschwein, und manchmal nahm sie das O. eines andern Tieres nicht an. Das O.tier mußte kultisch rein sein, d.h. ohne Fehl; die Ochsen durften das Joch nicht getragen haben. Das mit → infulae und → vittae geschmückte Tier wurde zum Altar geführt; sträubte es sich oder entfloh es, so bedeutete das, daß das O. nicht angenommen worden war. Das Tier wurde der Gottheit geweiht durch die immolatio: man schüttete über seinen Kopf die mola salsa (s.o.) und ein Wein-O.; der Priester sprach die rituellen → Gebete. Dann wurde es durch besondere Diener getötet und zerlegt; die → Haruspices untersuchten die exta (Leber, Lunge, Herz, Gallenblase, Darmnetz), entweder einfach um zu erfahren, ob das O. der Gottheit genehm war, oder um daraus Aufschluß über den göttlichen Willen zu erhalten, falls das O. dargebracht wurde, um die Götter zu ‹konsultieren› (→ Mantik B 1). Die in Stücke geschnittenen exta wurden mit gewissen anderen Teilen des Opfertieres nach sehr genauen Vorschriften gekocht, auf dem Altar dargebracht und verbrannt: das war der Anteil der Gottheit. Der Rest, d.h. das Fleisch, wurde durch die Priester und die Teilnehmer verzehrt. H.LeB.

Lit: K.Latte, RE 9,1 (1914), 1112–33, s.v. Immolatio – Krause, RE Suppl. 5 (1931), 236–282, s.v. Hostia – S.Eitrem, O.ritus u. Voropfer der Griechen u. Römer, 1915.

C. Im Christentum. Im Gegensatz zum Heidentum und Judentum gibt es in der christlichen Kirche seit den Anfängen kein kultisches O. Zwar hat Jesus den O.kult nicht angegriffen (vgl. Mt. 5,23f.), doch liegt der Akzent seiner Predigt ganz auf der Ankündigung der Gottesherrschaft und der Forderung des gehorsamen Glaubens; der O.kult tritt dagegen völlig zurück. Seit Jesu Kreuzigung und Auferstehung lehnt die Urgemeinde jeglichen O.kult radikal ab. Jesu Tod wurde als das endgültige O. angesehen, das alle anderen O. außer Kraft setzt (Hebr.) und die Menschen mit Gott versöhnt. Es gilt daher immer im übertragenen Sinn, wenn die Heilskraft des Todes Christi oft mit O.begriffen beschrieben (z.B. Röm. 3,25; 1. Petr. 1,18f.), wenn von den Christen der praktische O.dienst, d.h. die volle Selbsthingabe, gefordert wird (Eph. 5,2) und wenn mit dem Abendmahl O.gedanken verbunden werden (1. Kor. 10,16ff.). – Der bildliche O.begriff bleibt auch in der Zeit nach dem NT erhalten. Daneben bahnt sich freilich ein anderes Verständnis an: das Abendmahl wird als das O. der Kirche angesehen. Wird diese Aussage zunächst noch bildlich gemeint (Didache 14,1f.), so führt der Vergleich der kirchlichen Amtsträger und der Riten mit den Priester- und Opfervorschriften des ATs (1. Clem. 40ff.) sowie anscheinend auch der Einfluß der heidnischen Umwelt zu einem buchstäblichen Verständnis des O.s. Nach → Irenäus (gest. ca. 202) sind Leib und Blut Christi das von der Kirche darzubringende ‹Opfer des Neuen Testaments› (adv. haer. 4, 17,5). – So kennt die Kirche seit dem 2. Jh. einen O.begriff. Im Osten ist dieser jedoch nicht stark ausgeprägt worden. Seine eigentliche Bedeutung erhielt der O.begriff in der Abendmahlslehre des Westens. → Eucharistie. B.L.

Lit: Seeberg, DG I 150, 171ff., 457ff., 655ff. – ThW III 180–190 – RGG IV 1647–53.

Opferschau → Hieroskopie.

Ophellas, Makedone, Sohn des Seilenos, Feldherr → Ptolemaios' I., eroberte 322 Kyrene und wurde Statthalter der Kyrenaika, machte sich spätestens 309 selbständig. 309 schloß er mit → Agathokles (3) v. Syrakus ein Bündnis gegen Karthago, worin ihm Afrika zugesprochen wurde. O. kam seinem Bündner mit großem Heer zu Hilfe, wurde von ihm aber bald überfallen und fiel im Kampf. Kyrene kam daraufhin wieder an Ägypten. H.H.Sch.

Lit: V.Ehrenberg, Ophellas v. Kyrene (1938), in: Polis u. Imperium, 1964, 539ff.

Opheltes, Sohn des → Lykurg von Tegea; von seiner Amme → Hypsipyle für kurze Zeit verlassen, wird er von einer Schlange getötet. Vielleicht ursprünglich ein kindlicher Gott.

Ophion, → Titan, nach einigen Autoren mit → Eurynome der erste Weltherrscher, von → Kronos gestürzt (Apoll. Rhod. 1,503). K.Schb.

Ophiten (ὄφις, Schlange), alter Sammelbegriff für mehrere, über den Orient und Ägypten verbreitete Richtungen der → Gnosis, welche die Schlange entweder positiv als Symbol der ‹Erkenntnis› und Erlösung oder negativ als Symbol des Weltdrachens (so Diagramm der O., schon von → Celsus beschrieben) werteten. → Hippolyt (ref. 5) faßte unter O. mehrere Gruppen zusammen, darunter die *Nassener* (hebr. nāḥāš) und übermittelte die *Naassenerpredigt* mit der synkretistischen Auslegung eines Attishymnus und dem vielzitierten, für gnostische Erlösungssehnsucht typischen N. → Psalm. Die schon bei → Irenäus feststellbare Aufnahme des Sophiamythos durch die O. weist auch die → Pistis Sophia dieser mythologischen Gnosis zu. Der Papyrusfund von Nag-Hammadi (→ Gnosis, 2) wird weiteres Material erbringen. C.A.

Q: Völker – *Ed:* der kopt. gnost. Schriften im Gang – *Lit:* bei W.Förster, ThLZ 79, 1954, 377–384 und J.Leipoldt, ebd. 82, 1957, 825–834 (Forschungsber.) – RGG IV 1659 – Zum Fund von Nag-Hammadi: W.C. van Unnik, Evangelien aus dem Nilsand, 1960.

Opimius, L. (praet. 125 v. Chr., cos. 121), einflußreich im Senat, Gegner des C. → Gracchus (2) und seiner Politik. 121 erhielt O. vom Senat diktatorische Vollmacht, um die Ordnung wiederherzustellen. Er lehnte jede Versöhnung mit C. Gracchus ab und trieb ihn und viele seiner Anhänger in den Tod. 120 wurde O. angeklagt, weil er Bürger ohne gerichtliches Verfahren habe hinrichten lassen, aber freigesprochen. Nach Auffassung der Optimaten hat er den Senatsbeschluß gegen C. Gracchus zum Heil des Staates erfüllt (Cic. de orat. 2,106; 132; 134). G.G.

Opisthograph, auch auf der Rückseite beschriebener Beschreibstoff (Rolle, Blatt). H.Hg.

Oppian von Korykos (Kilikien), griech. Epiker im 2. Jh. n. Chr., schrieb ein uns erhaltenes hexametrisches Lehrgedicht über Fischerei (Halieutika) in 5 Büchern. Von ihm zu trennen ist der Anf. 3. Jh. n. Chr. lebende gleichnamige, aus Apameia am Orontes gebürtige Verfasser eines Epos über die Jagd (Kynegetika) in 4 Büchern (sog. Pseudo-Oppian). E.V.

Ed: A.W. Mair, Oppian, Colluthus, Tryphiodorus, LCL, 1928 – *Lit:* R.Keydell, RE 18,1 (1939), 698–708.

Oppius, C., setzte 215 v. Chr. als Volkstribun ein Gesetz gegen den Aufwand der Frauen durch, das 195 gegen den heftigen Widerspruch → Catos (1) wieder aufgehoben wurde (Liv. 34,1ff.). A.L.

2. **O.,** C. Verfasser einer → Biographie Caesars, die bei Plut. Pomp. 10,4, Caes. 17,7, Suet. Caes. 53 Spuren hinterlassen hat. Von einer Biographie des P. → Cornelius (30) Scipio Africanus maior (Gell. 6,1,1f.) weiß Char. gramm. I 147,3. Er verfaßte ferner Broschüren gegen den Caesar-

mörder → Cassius (8) und gegen → Kleopatra VII. – Vgl. auch → Biographie B. R.Hl.

Ed: HRR, II 48f. – *Lit:* F. Münzer, RE 18, 1 (1939), 729ff.

Ops, *O. Consiva*, *O. Mater*, göttliche Verkörperung des Erntesegens, dann Göttin des Überflusses und Reichtums überhaupt. Ihr Kult war mit dem des → Consus eng verbunden; das beweisen das Beiwort *Consiva* und die zweimal jährlich aufeinanderfolgenden Feste der O. und des C.: → *Consualia* am 21. August, *Opiconsivia* am 25. August; *Consualia* am 15. Dezember, *Opalia* am 19. Dezember (→ Feste B 4). O. wachte zusammen mit Consus über die Ernten; die → Fratres Arvales riefen sie bei den → Volcanalia am 23. August zusammen mit → Volcanus gegen die Brandgefahr an. Sie war auch mit dem Kult des → Saturn verbunden; als dieser Gott mit → Kronos gleichgesetzt wurde, wurde O. als → Rhea dessen Gemahlin. Den Titel *Mater* dagegen erhielt sie wegen der Identifikation mit Terra Mater (Varro ling. 5, 64). Ein geheimer Kult der O. Consiva fand in einer Kapelle der Regia in Rom statt, die einzig die → Vestalinnen und der → Pontifex Maximus betreten durften (Varro ling. 6, 21). O. besaß zwei Tempel; der eine, vielleicht aus dem 3. Jh. stammende, stand auf dem Kapitol, der andere, der Ende 2. Jh. v. Chr. geweiht wurde, auf dem Forum. Ein Altar der *O. Augusta* wurde i. J. 7 n. Chr. geweiht. H. Le B.

Optatianus Porfyrius (Publilius Optatianus P.), unter → Konstantin (1) verbannt, 325 oder kurz danach zurückgerufen, nachdem er dem Kaiser eine Sammlung panegyrischer Gedichte übersandt hatte, 329 und 333 praefectus urbi. Die Sammlung besteht aus Figurengedichten, in denen sich aus dem Gesamtkontext der einzelnen Gedichte durch kunstvolle Anordnung der Buchstaben und unterschiedliche Farbgebung geometrische Muster und figürliche Ornamente herausheben, die ihrerseits wieder zusammenhängende Verse ergeben. Einige Gedichte gestalten im Schriftbild gegenständliche Figuren wie Orgel und Altar nach. In der → Anthologia [2] Latina ist ein anakyklisches Gedicht des O. überliefert (Anth. Lat. 81). W. Sch.

Ed: E. Kluge, 1926 – *Lit:* G. Chieml, Unters. zu P. Opt. Porf., Diss. München, 1930.

Optik

[1] Begriff und Unterabteilungen – [2] Anfänge – [3] Die Optik des Euklid – [4] Die Katoptrik des Archimedes – [5] Die Katoptrik des Heron von Alexandria – [6]–[10] Die Optik des Ptolemaios: [6] Das Werk – [7] Sehen mit einem Auge – [8] Sehen mit beiden Augen – [9] Reflexion – [10] Brechung – [11] Die Euklid zugeschriebene Katoptrik – [12] Geometrie des Lichtes.

[1] *Begriff und Unterabteilungen.* Bei Aristoteles ist die O. ein Zweig der angewandten Mathematik. *Grundlegende Hypothese:* das Auge sendet einen Kegel von Sehstrahlen aus (ὄψεις oder ἀκτῖνες), welche über einen Abstand hinweg Gegenstände wahrnehmen und uns über deren Farbe, Lage, Größe und Gestalt unterrichten; in einem durchsichtigen, homogenen Medium gehen diese Strahlen in gerader Linie fort, bis sie auf undurchsichtige und rauhe Gegenstände stoßen; berühren sie undurchsichtige und glatte Gegenstände, so werden sie zurückgeworfen; sie werden gebrochen, wenn sie von einem durchsichtigen Medium in ein anderes übergehen. *Unterabteilungen:* Die eigentliche *Optik* (ὀπτικά) beschränkt sich auf das Sehen, bei dem der Sehstrahl keinerlei Ablenkung erfährt, und versucht, die visuelle Wahrnehmung des Raumes und die perspektivischen Erscheinungen zu erklären; der *Katoptrik* (κατοπτρικά) weist man jene Fälle zu, in denen der Sehstrahl gebrochen wird (Reflexion und Refraktion).

[2] *Anfänge:* Wir wissen praktisch nichts über die Anfänge dieser beiden Wissenszweige, die zu Euklids Zeit schon ziemlich entwickelt waren. Die eigentliche O. entstand wahrscheinlich aus Abhandlungen über die Perspektive der Theaterdekorationen (σκηνογραφία), die → Agatharchos, → Demokrit und → Anaxagoras zugeschrieben werden (→ Bühnenbild). Die Katoptrik, die Anwendung der durch eine neue Hypothese ergänzten Methoden der O. auf den Sonderfall der Spiegel, war in ihren Anfängen vielleicht nicht von der eigentlichen O. getrennt. Wir wissen nicht, wann sie sich zur unabhängigen Disziplin ausgebildet und die Brechungserscheinungen aufgenommen hat.

[3] *Die Optik des → Euklid* (4.–3. Jh.) behandelt ausschließlich die Linearperspektive. Euklid schließt nicht nur die Wahrnehmung der Entfernung davon aus, sondern auch jeden physischen oder psychologischen Aspekt des Sehens. Sein Vorbild ist das Lehrbuch der reinen Geometrie und seine Methode die der ‹Elemente›. Er geht von einigen Postulaten aus: die Sehstrahlen bilden einen Kegel, der seinen Scheitel im Auge hat; sie pflanzen sich über große Entfernungen fort, wobei der Abstand zwischen ihnen wächst, und geben uns Auskunft über die relative Richtung der Gegenstände im Verhältnis zu ihrem Ausgangspunkt; die scheinbare Größe ist Funktion des Winkels im Sehstrahlenkegel, dessen gegenüberliegende Seite der Gegenstand bildet. Von diesen Postulaten ausgehend, erklärt Euklid in einer Reihe von traditionell formulierten Lehrsätzen auf rein deduktivem Weg verschiedene perspektivische Eindrücke: fortschreitende Abnahme der scheinbaren Größe mit der Entfernung und Verschwinden des Gegenstandes in der Ferne; scheinbares Zusammenlaufen der Parallelen; scheinbare Erhöhung oder Herabsetzung der entfernteren Teile von waagrechten Ebenen, die tiefer oder höher liegen als der Beobachter; scheinbares Rundwerden eines Quadrats in der Ferne; Reduktion eines immer mehr geneigten Kreises erst zur Ellipse und schließlich zur Geraden. Euklid bestimmt den sichtbaren Teil einer Kugel, eines Zylinders, eines Kegels; den Ort der Augenstellungen, von welchem aus ein Gegenstand die gleiche scheinbare Größe beibehält usw. Die ‹Optik› des Euklid ist im 4. Jh. n. Chr. durch → Theon (3) v. Alexandria, nur der Form nach abgeändert, neu herausgegeben worden. Für die dem Euklid zugeschriebene ‹Katoptrik› s. u. [11].

[4] *Die Katoptrik des → Archimedes* (3. Jh. v. Chr.). Die wenigen erhaltenen Zitate lassen erkennen, daß Archimedes nicht nur eine geometrische Theorie der ebenen und sphärischen Spiegel gegeben, sondern auch das Problem der Brechung wenigstens für ebene Trennungsflächen erörtert hat. Die späte Erfindung, Archimedes habe im 1. Pun. Krieg bei der Belagerung von Syrakus die röm. Flotte mit Hilfe von Spiegeln in Brand gesteckt, geht wahrscheinlich darauf zurück, daß in seinem Werk ein oder mehrere Lehrsätze den Brennspiegeln gewidmet waren. Das optische Werk des Archimedes zeigt deutlich, daß die Katoptrik schon damals sehr weit fortgeschritten war. Man hat allen Grund anzunehmen, daß er versucht hat, das Gesetz von der Gleichheit der Einfalls- und Reflexionswinkel des Sehstrahles experimentell zu beweisen.

[5] *Die Katoptrik des → Heron v. Alexandria* (1. Jh. n. Chr.?). Wir besitzen von diesem Werk nur Auszüge in einer mittelalterl. lat. Übersetzung. Erhalten sind Bruchstücke einer Einführung in den Gegenstand und die Unterabteilungen der O., mechanische Betrachtungen über die geradlinige Fortpflanzung des Lichtes, ein theoretischer Beweis des Satzes von der Gleichheit der Einfalls- und Reflexionswinkel, der auf dem Prinzip des kürzesten Weges beruht, eine experimentelle Untersuchung des Reflexionspunktes des Sehstrahles auf einem ebenen Spiegel. Es folgt eine Reihe von Vorschlägen betreffend Vexierspiegel und Spiegelkombinationen. Der Text ist in kläglichem Zustand, verrät aber eine deutliche Neigung zu Beobachtung und Experiment.

[6]–[10] *Die Optik des → Ptolemaios* (2. Jh. n. Chr.). [6] *Das Werk*, das ursprünglich aus 5 Büchern bestand, ist nur in einer lat. Übersetzung aus dem Arabischen überliefert, in der Buch 1 (über das Licht, die Farben und den Sehstrom) und der Schluß von Buch 5 (über brechende sphärische Flächen) fehlen. Es handelt sich um eine Zusammenfassung

der gesamten O., in welcher der Verfasser zwischen Eigenem und Übernommenem nicht unterscheidet und in der die drei Satzreihen betreffend das direkte Sehen (Buch 2), die Reflexion (Buch 3 und 4) und die Brechung (Buch 5) einander angeglichen werden. Die O. ist aus dem zu engen Rahmen der angewandten Geometrie ausgebrochen. Ptolemaios greift immer auf die geometrischen Beweisführungen zurück, aber er ist bestrebt, die Postulate in Erfahrungsgesetze umzuwandeln und seine theoretischen Schlüsse mit den beobachteten Tatsachen zu vergleichen, um die physiologischen und psychologischen Faktoren der visuellen Wahrnehmung berücksichtigen zu können.

[7] *Sehen mit einem Auge.* Ptolemaios hat die gleichen Postulate wie Euklid, aber der Sehstrom ist ein Kontinuum, und die Sehstrahlen unterrichten uns durch ihre Länge über die Entfernung der Gegenstände vom Auge. Ferner werden die andern vom Sehkegel vermittelten Angaben nicht etwa unbesehen hingenommen, sondern interpretiert und miteinander sowie mit den Angaben der andern Sinne verglichen. Der Gesichtswinkel bestimmt immer noch die scheinbare Größe, ist aber nur noch der Ausgangspunkt für eine Schätzung, welche die wirkliche Größe in Funktion der Entfernung wiederherstellt. Durch das Bewegungsgefühl des Körpers werden die scheinbaren Bewegungen eines unbewegten Gegenstandes, die sich aus der Ortsveränderung des Beobachters ergeben, psychologisch aufgehoben. Im übrigen sind Richtung und Länge der Sehstrahlen und die eingeschlossenen Sehwinkel Gegenstände anderer Ordnung als ihre geometrischen Darstellungen. Die Längen- oder Öffnungsunterschiede bestehen für den Sehsinn nur unter der Bedingung, daß sie das wahrnehmbare Mindestmaß überschreiten: zwei mathematisch ungleiche Größen können daher subjektiv den Eindruck von Gleichheit hervorrufen. Ein entfernter Gegenstand verschwindet nicht deshalb, weil er in den Zwischenraum zwischen zwei Sehstrahlen fällt, sondern weil er einen Winkel bildet, der unter dem erfaßbaren Mindestmaß liegt. Alle von Euklid untersuchten perspektivischen Täuschungen bleiben bestehen, aber nur wenn die Entfernungsunterschiede unter das Wahrnehmungsminimum fallen. Ptolemaios versucht außerdem eine große Anzahl verschiedenartiger optischer Täuschungen zu erklären, wie die Mischung der Farben auf der sich drehenden Scheibe, die zufällig entstehenden Bilder, die Farben- und Luftperspektive, das umgebende farbige Licht, die scheinbaren Bewegungen usw.

[8] *Sehen mit beiden Augen.* Euklid betrachtete nur einen einzigen Sehstrahlenkegel. Für Ptolemaios ist das binokulare Sehen eine Verschmelzung und nicht einfach ein Nebeneinanderbestehen der Angaben des monokularen Sehens. Eine erste, mit einem Maßstab und zwei senkrechten Zylindern durchgeführte Versuchsreihe führte ihn zum Schluß, daß die Wahrnehmungen zweier einander entsprechender Sehstrahlen auf den beiden Sehkegeln zu einer Einheit verschmelzen (er führt zu diesem Zweck den Begriff der Gesichtsachse ein). Aus drei andern Versuchen, die darin bestehen, daß er innerhalb des Gesichtsfeldes senkrechte Zylinder verschiebt, schloß er, daß der Ort der einfach gesehenen Punkte für einen gegebenen Schnittpunkt der Sehachsen die durch diesen Punkt geführte Parallele zu den Augen ist. Die Ergebnisse stimmen nur annähernd, aber die Anlage der Versuche braucht einen Vergleich mit der heutigen Experimentalpsychologie nicht zu scheuen.

[9] *Reflexion.* Mit einem Apparat, der aus einer Scheibe mit Gradeinteilung, einer → Dioptra und einem farbigen Objektpunkt besteht, maß Ptolemaios direkt die Einfalls- und Reflexionswinkel des Sehstrahles. Er beweist auch durch Beobachtung die zwei andern Gesetze, die zur geometrischen Konstruktion des Bildes nötig sind: (1) der Bildpunkt erscheint auf dem einfallenden Sehstrahl oder auf dessen Verlängerung; (2) er liegt ebenfalls auf dem Einfallslot vom Objektpunkt auf den Spiegel. Von diesen Gesetzen ausgehend, bemühte er sich, Lage, Größe und Gestalt des Bildes geometrisch festzulegen, und zwar nacheinander für ebene und für konvexe oder konkave sphärische Spiegel. Eine Gleichung, welche die Elemente des Bildes mit den entsprechenden Elementen des Gegenstandes verbindet, stellt er einzig für die ebenen Spiegel auf; für die anderen Fälle muß er sich damit begnügen, eine erkennbare Wiedergabe des Beobachteten zu erhalten: (1) ebene Spiegel: das Bild ist virtuell, aufrecht, spiegelverkehrt und gleich groß wie der Gegenstand; (2) sphärische Konvexspiegel: virtuelles, aufrechtes, spiegelverkehrtes und verkleinertes Bild; (3) sphärische Konkavspiegel: virtuelles, immer vergrössertes Bild, aufrecht und spiegelverkehrt; reelles, verkleinertes, gleich großes oder vergrößertes Bild, je nach der Entfernung des Gegenstandes vom Spiegel, aber immer spiegelverkehrt und umgekehrt. Die halbzylinder-, pyramidenförmigen, konischen und vielflächigen Spiegel werden im Anhang behandelt. Die Lehrsätze sind oft nicht sehr streng abgefaßt, doch so, daß sie den vorher beobachteten Tatsachen entsprechen.

[10] *Brechung.* Mit Hilfe eines Kreises mit Gradeinteilung und drei farbigen Zeigern mißt Ptolemaios die Ablenkung des Sehstrahles beim Übergang aus Luft in Wasser, aus Luft in Glas und aus Wasser in Glas. Er stellt so drei Tabellen auf mit den Brechungswinkeln für Einfallswinkel, die ein Vielfaches von 10° betragen, gemessen im weniger brechenden Medium. Abgeleitete Gesetze: (1) beim Übergang in ein dichteres Medium nähert sich der Sehstrahl der Senkrechten, im gegenteiligen Fall weicht er davon weiter ab; (2) die Stärke der Brechung ist Funktion des Dichteunterschiedes zwischen den beiden Medien; (3) für zwei gegebene Medien, wenn im Medium A einem Einfallswinkel a ein Brechungswinkel b im Medium B entspricht, so entspricht einem Einfallswinkel b in B ein Brechungswinkel a in A. Ptolemaios nimmt außerdem als bewiesen an, daß der Bildpunkt da liegt, wo sich der einfallende Sehstrahl und das Einfallslot vom Objektspunkt zur Brechungsoberfläche schneiden. Von diesen beiden Grundsätzen aus unternimmt er die geometrische Untersuchung des Bildes für ebene, sphärisch konvexe und konkave Trennungsflächen. Der Verlust des Schlusses von Buch 5 hat uns nur die Ergebnisse für eine Ebene vollständig überliefert: das Bild eines Gegenstandes, das in ein dichteres Medium getaucht wird, ist bestimmt, vergrößert und angenähert. Ptolemaios macht seine einleitenden Beobachtungen an zylindrischen, mit Wasser gefüllten Glasröhrchen, in die er farbige Maßstäbe taucht; diese Tatsache läßt die Hypothese wenig wahrscheinlich erscheinen, daß der verlorene Teil die Brechung durch Linsen behandelte.

[11] *Die → Euklid zugeschriebene Katoptrik* ist nur eine späte Kompilation (vielleicht des → Theon v. Alexandria, 4. Jh. n. Chr.), die veraltete (evtl. einer echten euklidischen Katoptrik entnommene) und neuere Lehrsätze (die mit der *Katoptrik* → Herons (2) fast identisch sind) mit schwachen Lehrsätzen und Postulaten verbindet, das Flickwerk eines Epigonen.

[12] *Geometrie des Lichtes.* Es steht fest, daß die Optiker dem Licht die gleichen mechanischen Eigenschaften zuschrieben wie den Sehstrahlen (geradlinige Ausbreitung, Reflexion, Brechung) und daß sie, vom Begriff des Lichtstrahles ausgehend, geometrische Beweise entwickelt hatten, namentlich für die Form des Schlagschattens, die Brennspiegel und vielleicht die Brenngläser. Über die letzteren sind uns nur Bruchstücke von geringer Bedeutung überliefert, während die Brennspiegel in den erhaltenen Werken des → Archimedes und → Diokles (2) und vielleicht auch von → Apollonios (15) v. Perge untersucht worden sind. Die Ausgrabungen haben kein einziges Stück Glas zutage gefördert, von dem sich mit Bestimmtheit sagen ließe, es sei eine Linse. A. Lj.

Ed: I.L.Heiberg, Euclidis Optica, Opticorum recensio Theonis, Catoptrica, 1895 – L.Nix-W.Schmidt, Heronis Alexandrini Opera, Die Mechanik, Die Katoptrik, 1900 – L'optique de Ptolémée, ed. A.Lejeune, 1956 – *Lit:* A.Lejeune, Euclide et Ptolémée, deux stades de l'optique géométrique grecque, 1948 – Ders., Recherches sur la catoptrique grecque, 1957.

Optimaten, röm. Adelsbezeichnung (entsprechend griechisch *ἄριστοι:* ‹die Besten›), soweit ersichtlich, für den gesamten Senatsadel (→ Nobilität); wegen des zugleich ständischen und ethischen Gehalts des Wortes bes. geeignet, den politischen Führungsanspruch des Adels auszudrücken. Vor allem seit der Zeit der → Gracchen bezeichnen sich die Verfechter der Senatspolitik gern als O. Die unbestrittene Geltung des Senatsregimes (→ Senat) gab diesem Anspruch Kraft und Berechtigung. Die → Popularen sprachen dagegen statt von O. lieber von Nobilität und Faktion, womit sie – wohl zu Unrecht – behaupteten, daß die Senatspolitik nur von einer kleinen Clique ausgehe. Vgl. auch → Popularen. Chr.M.

Lit: H.Strasburger, RE 18,1, (1939), 773–798.

Optio, meist Gehilfe des → Centurio; in der Verwaltung der Truppe tätig (bes. beim Versorgungswesen); bisweilen führte er selbständig eine Abteilung. Einen O. gab es auch im Stab der höheren Offiziere und in der Zivilverwaltung (o. des → praefectus urbi). G.G.

Opus caementicium usw. → Architektur II A 2; *o.nigellum* → Schmuck.

Orakel, Hinweis einer göttlichen Macht auf zukünftiges oder räumlich entferntes Geschehen oder, häufiger, göttlichen Willen (Billigung, Ablehnung), meist als Auskunft an einem bestimmten Ort (auch dieser selbst wird als O. bezeichnet; oft in Verbindung mit einem Kult; Feste) auf eine konkrete Frage in festgelegten Formen, teilweise durch Medien erteilt, von Deutern erklärt, auch durch Mahnungen ergänzt.

[1] *Griechische Orakelstätten.* In → Dodona tut Zeus seinen Willen durch den Wind im Rauschen der heiligen Eiche kund, in → Olympia durch die Opferflamme (Pind.Ol. 8,1ff., → Hieroskopie), anderswo durch zufällige Worte (Panomphaios; Phemios; → Kledonomantie), ebenso → Apollon (Paus.9,11,7) und → Hermes (Paus.7,22,2f.; Kleëdonios), dem sonst das alte, weniger geachtete → Los-O. zufällt (Apollod.3,115). Unsicher ist, ob sich Gaia seiner in → Delphi bediente oder Apollon, der dort sicher durch Inspiration orakelte wie an vielen anderen Orten: → Argos, → Didyma, → Klaros, Patara, ebenso → Dionysos (Hdt.7,111; Paus.10,33,11), während → Trophonios dem Fragenden selbst erscheint, wieder anders die Nymphen (Plut.Arist.11,4; ähnlich → Pan: Suppl.EG 3,406). → Amphiaraos, → Asklepios u.a. bevorzugen die → Inkubation; die fremden O., die die Griechen befragen, haben ihre eigenen Formen (→ Amun). Neben den genannten O.stätten (siehe auch → Gryneia, → Alexandros (13) v. Abonuteichos, → Toten-O.) seien erwähnt die O. des Apollon auf → Delos (Hom.hymn.Ap.80ff., früh eingegangen), in Abai (Hdt. 1,46,2), in Korope (SIG 1157) und am Ptoion (Hdt.8,135), viele andere, bes. in Kleinasien, übergangen.

[2] Bei aller Verschiedenheit der Götter und ihrer O. sind zahlreiche *gemeinsame Züge* bemerkenswert (→ Delphi): O. sind an bestimmte Jahreszeiten, Monate und Tage gebunden (Hdt.1,182; Plut.Alex.14,6) und werden nicht auf alle Fragen erteilt; sie entscheiden oft Alternativfragen (ob es besser ist, dies oder das zu tun) über Kulte, Versöhnung der Götter, Blutrache, Seuche, Krankheit, die beste Verfassung, Koloniegründungen, geplante Unternehmungen, auch persönliche Nöte (SIG 1160ff.; Entartungen: Plut.mor.413B). Der Fragende muß verschiedene Reinlichkeitsvorschriften beachten (Fasten, Enthaltsamkeit, Bad), bes. wo er das O. selbst empfängt (→ Trophonios), und verschiedene Opfer und Spenden darbringen (Plut. mor.435Bff.). Die weissagende Kraft wird oft durch einen Trunk verliehen aus einem Brunnen oder einer Quelle (in einer Grotte): in Hysiai jedem (Paus.9,2,1), dem Medium in → Klaros (Max.Tyr.8,1b), beim Dionysos in Thrakien (Wein: Macr.Sat.1,18,1), in Argos (Lammblut: Paus.2, 24,1), vielleicht auch in Didyma (Iambl.myst.3,11) und Delphi (vgl. allgemein Lukian. Bis acc.1), auf geheimnisvolle Weise in Patara, wo die Priesterin nachts eingeschlossen wird (Hdt.1,182). Erscheint der Gott nicht selbst, werden die Fragen gern schriftlich gestellt (SIG 1157; 1164ff.; Lukian.Philops.38), auch versiegelt (Plut.mor.434D) und die Fragenden in bestimmter Folge vorgelassen; wird die Antwort nicht verweigert (Hdt.1,19), gibt sie das Medium unmittelbar (Hdt.8,135), oder seine Äußerungen werden neu formuliert bzw. auch in Verse gebracht und aufgezeichnet (SIG 1157; → Prophetes), oft in schwer verständlicher Sprache.

[3] Während die → Mantik überall gepflegt wird, sind O. ursprünglich an feste Orte gebunden und gewinnen verschiedene Bedeutung; im Gegensatz zu zahllosen lokalen O. beginnt → Delphi einen überragenden Einfluß auszuüben, seit Apollon seinen O. allgemeine Lehren und Mahnungen beigibt: vom Einzelfall gelöst werden sie in → O.-*sammlungen* vereinigt, die auch ergänzt oder ganz neu geschaffen mit alten Namen verknüpft werden und die man überall befragt (→ Bakis, → Chresmologen, auch → Sibyllen), wodurch die O.stätten überflüssig werden und das Weissagen überhaupt in Mißkredit gerät; es wird zugleich von einigen Philosophen kritisiert (→ Mantik). Damit geht der große moralische Einfluß Delphis zurück, statt dessen beginnen seit Ende des 5.Jh.s die Heil-O. aufzublühen, bes. in → Epidauros; in hellenist. Zeit überragt Delphi die anderen O. noch, weil es häufig offiziell befragt wird, doch treten auch die kleinasiat. O. stärker hervor, bes. in röm. Zeit: → Klaros, → Didyma, Mallos (Mopsos); daneben gewinnen neue Götter mit O.n Bedeutung: → Isis, → Serapis, → Magna Mater; auch spontane O. (FGrHist 257 F 36), bes. aber Konkurrenten wie die → Astrologie (Sternorakel), die gefährlicher sind als jede scharfsinnige Kritik (Karneades), zumal sie stärker auf die persönlichen Anliegen des Einzelnen eingehen. Auch einige O.stätten suchen den neuen Bedürfnissen zu entsprechen: (→ Trophonios, → Alexander (13) v. Abonuteichos, → Inkubation) und kommen so in der Kaiserzeit zu neuer Blüte (auch → Delphi), ebenso zahllose lokale O. (Lukian.deor.conc.12), wandernde Seher (Orig. Cels.7,9), neue → Orakelsammlungen und die → Mantik allgemein. Diesen Neuerungen, teilweise auch der Kritik (→ Sextus (2) Empiricus; → Celsus (2); → Oinomaos) oder dem Spott (→ Lukian) und schließlich dem Christentum sind die O. trotz der Förderung durch die → Neuplatoniker vom 4.Jh.n.Chr. an erlegen. C.J.C.

Ed: R.Hendess, Oracula Graeca, Diss. Halle 1877 – J.Pomtow, Quaestionum de oraculis caput selectum, Diss. Berlin 1881 – Weiteres → Delphi – *Lit:* S. zu den Orakelstätten; → Mantik – K.Latte, RE 18,1 (1939), 829–866 – M.P.Nilsson, Cults, Myths, Oracles, and Politics in Ancient Greece, 1951.

[4] Der *O.glaube* im engsten Sinne, also das Ansehen der großen O.stätten, bes. Delphis, hat stark geschwankt: Höhepunkt des Ansehens war das 7.–5.Jh.v.Chr.; das 5.Jh. bringt Diskussionen, die dem delphischen Orakel politische Parteilichkeit vorwerfen oder gar Fälle von Korruption (Hdt.6,66) ans Licht ziehen; dem Ansehen Delphis im ganzen hat dies kaum Abbruch getan; erst vom 4.Jh. vor Chr. an zeichnet sich ein Rückgang ab, aufgehalten durch das Interesse der Römer, dann der Neuplatoniker. Katastrophal wirkten auch die Verwüstungen, die gerade die größten Orakelstätten vom 4.Jh.v.Chr. an erleiden mußten. Mit dem Sieg des Christentums erlischt der O. im griech. Sinne. O.G.

[5] Weder *Rom* noch *Italien* haben jemals O. gekannt, die denen Griechenlands vergleichbar wären. Nie wurde → Faunus, der doch ein prophetischer Gott war, regelmäßig in einer O.stätte befragt, wie z.B. Apollo in Delphi. Als O. kannten die Italiker fast nur die *sortes*, d.h. Eichen- oder

Bronzetäfelchen, auf denen Inschriften eingraviert waren: es genügte, eines zu ziehen, nachdem sie gemischt worden waren, um eine Antwort auf die gestellte Frage zu erhalten. Die beiden berühmtesten O. dieser Art waren die der Fortuna Primigenia von → Praeneste und der beiden Fortunae von → Antium. Sortes sind ebenfalls in → Caere und → Falerii bezeugt (Liv. 21, 62, 5; 22, 1, 11), in Forum Novum, bei den → Hirpini (CIL XI 1129), im Tempel des Flußgottes → Clitumnus (Plin. epist. 8, 8, 5), in der Nähe von Patavium, wo sich ein (wohl alteinheimisches, sekundär an griechischen Mythos geknüpftes) Geryon-O. befand (Suet. Tib. 14, 4). Wir besitzen eine gewisse Anzahl von Bronzetäfelchen, deren Herkunft umstritten ist (Patavium?); sie sind durchbohrt, so daß sie auf eine Schnur aufgereiht werden konnten, und tragen banale Antworten in wenig korrektem Latein (CIL I^2 2173–89). Sie stammen aus dem Beginn der Kaiserzeit. Ein Los konnte von selbst sprechen, in dem es herunterfiel, wenn der Ring, an dem es hing, abgenutzt war: im J. 217 war in Falerii vor der Schlacht am Trasimenischen See ein Täfelchen herausgefallen, das die Inschrift trug: «Mars schüttelt seine Lanze» (Liv. 22, 1, 11). Später löste sich das Losorakel von den O.stätten und konnte überall vorgenommen werden; man benützte dafür einzelne Sätze aus Texten: → Sortes Biblicae, Homericae, Vergilianae, Sangallenses. Über die anderen O.techniken → Toten-O., → Carmina Marciana, → O.sammlungen, → Sibyllin. Bücher, → Vates, → Mantik. H. Le B.

Lit: A. Bouché-Leclercq, Histoire de la divination dans l'Antiquité IV, 1882, 145–159.

Orakel, vgl. auch → Chaldäische Orakel, → Sibyllinische Bücher, → Tübinger Theosophie.

Orakelsammlungen. [1] Als die → Orakel begannen, durch ihre äußere und innere Form allgemeine Gültigkeit zu beanspruchen (→ Delphi), entstanden Sammlungen, die berühmten Wundermännern (teilweise der Vorzeit) zugeschrieben wurden: Euklos (Paus. 10, 12, 11; 24, 3), → Orpheus, → Musaios, → Amphiaraos (Paus. 1, 34, 4), Lykos (Paus. 4, 20, 4), → Abaris (Apollon. Mirab. 4), → Epimenides, vgl. ferner die Sammlung des → Laios (Hdt. 5, 43), des → Peisistratos (Hdt. 5, 80) u. a., die auch zu politischen Zwecken benutzt (Hdt. 5, 93) oder mißbraucht wurden (→ Chresmologen; Aristoph. eq.; Plut. Nik. 13, 1). In hellenist. Zeit lebt die *Orakelpoesie* wieder auf: politische, antirömische Tendenz zeigen ägypt. (Töpferorakel: Pap. Ox. 2332) und jüd. O. (Or. Sib. 3), später religiös-philosophische Tendenz griech. O. sowie die → Chaldäischen Orakel des Theurgen Julianos (Zeit Mark Aurels), erläutert vor → Jamblich und → Proklos von → Porphyrios, der aus O. religiöse Praktiken erklären will, ähnlich wie die christl. Theosophie heidnische O. zusammenträgt, in denen sie biblische Gedanken wiederfindet (einige Teile erhalten, andere in späten Auszügen und abhängigen, ergänzten Sammlungen). C. J. C.

Lit: G. Wolff, Porphyrii de philosophia ex oraculis haurienda librorum reliquiae, 1856 – W. Kroll, De oraculis chaldaicis, 1894 (dazu E. R. Dodds, The Greeks and the Irrational, 1951, 283–311; H. Lewy, Chaldaean Oracles and Theurgy, 1956) – H. Erbse, Fragmente griech. Theosophien, 1941.

[2] *Rom* besaß eine offizielle O., die → Sibyllinischen Bücher, denen man die → Carmina Marciana hinzugefügt hatte. Daneben wimmelte es, wie in der griech.-röm. Welt überhaupt, von O. aller Art, bes. in Krisenzeiten. I. J. 213 v. Chr., mitten im Krieg gegen Hannibal, ließ der Senat alle jene konfiszieren, die im Volk verbreitet waren (Liv. 25, 1, 12). Später ließ → Augustus mehr als 2000 griech. und lat. Orakelbücher verbrennen (Suet. Aug. 31). H. Le B.

Oranten (orantes: ‹Bittende›). Die auf Münzen und in heidnischer Plastik bei der Darstellung der O. zutage tretende Ambivalenz (personifizierte Frömmigkeit und individuelle Person) setzt sich in der altchristl. Kunst fort. Auf Sarkophagen O. häufig in Verbindung mit dem → Guten Hirten (Klauser: Personifikation der Gottes- und Nächstenliebe) oder auch in Philosophenszenen (christl. Ethik). Ab 5./6. Jh. bevorzugte Darstellungsform für Personifikation der Kirche oder für Maria auf Himmelfahrtsbildern. U. F.

Lit: Th. Klauser, Entstehungsgesch. d. chr. Kunst, JAC 2, 1959, 115 bis 145; 3, 1960, 112–133 (Lit).

Orbilius Pupillus, (L.), lat. Gramm., 1. Jh. v. Chr. Lehrer des Horaz (vgl. epist. 2, 1, 70: plagosus). D. F.

Q: Suet. gramm. 9.

Orbona, röm. Gottheit, von *orbus,* ‹kinderlos› abgeleitet und dann vielfach (mit Recht?) erklärt als böse Macht, die den Eltern die Kinder raubte; um sie zu besänftigen, hatte man ihr ein Heiligtum nahe beim Larentempel geweiht (Cic. nat. deor. 3, 63; Plin. nat. 2, 16; Tert. nat. 2, 15, 2). Arnob. nat. 4, 7 nennt sie freilich die Schirmgöttin der Eltern, die ihre Kinder verloren haben. H. Le B.

Orchester, im klassischen Drama nicht bekannt, kam erst in hellenist.-röm. Zeit auf, bes. im → Pantomimus; Monstreorchester liebte u. a. Kaiser Carinus. G. W.

Orchomenos, vorgeschichtliche und griech. Stadt am NW-Rand des Kopaisbeckens (Kt. 1152 D 4). Größte Bedeutung in myk. Zeit (vgl. → Kret.-myk. Kultur), aus der die Sage vom Reichtum ihrer Herren weiß (Il. 9, 381). Als Gründer der Stadt gilt → Minyas (vgl. Il. 2, 511). Ein → Kuppelgrab, wahrscheinlich vom gleichen Architekten wie das ‹Schatzhaus des → Atreus›, wurde Pausanias (9, 36) als ‹Schatzhaus des Minyas› gezeigt. Wie der Eingang zu diesem Kuppelgrab haben auch verstreute Gebäudefundamente und vor allem Teile der weiträumig angelegten, zum Fort auf dem Hypantheion steil ansteigenden hellenist. Befestigungsmauer die Lage der Stadt schon immer erkennen lassen. Nach der Freilegung des Kuppelgrabes und weiteren Versuchsgrabungen durch H. Schliemann (1880) förderten Grabungen 1903 und 1905 auf dem gleichen südwestl. Auslauf des Hypantheion von dem Herrensitz der myk. Zeit außer Freskofragmenten und Keramikfunden zwar nichts mehr, jedoch für die älteren Perioden eine klare stratigraphische Abfolge der reich mit Keramik angefüllten Kulturschichten und eine Übersicht über die Baugeschichte. – Unter den vorgeschichtlichen Keramikgattungen gehört die nach dem Fundort benannte → minysche erst der 3. (MH) Siedlungsphase von O. mit rechtwinkligen Hausgrundrissen an. Voraus geht die frühbronzezeitliche Schicht mit der → Urfirniskeramik und gekrümmten (elliptischen und apsidialen) Hausgrundrissen sowie runden Lehmhütten – wahrscheinlich Speichern –, von denen sich die gerade ansteigenden Steinsockel erhalten haben. Der Verwendungszweck mit Asche angefüllter ‹Bothroi› der gleichen Epoche ist noch nicht geklärt. – Für eine neolithische Besiedlung von O. sind bis jetzt nur zahlreiche Keramikfunde (schwarz- und rotpolierte Ware, neolithischer → Urfirnis, mit linearen Mustern verzierte ‹Chaironeiagattung›) nachzuweisen. – Das Fehlen baulicher Reste der myk. Blütezeit von O. ist auf Zerstörungen in der byzantin. Epoche zurückzuführen. Partnerstädte bzw. Rivalen von O. im myk. Böotien waren → Arne und → Theben. Letzteres hat O. überflügelt. Ein Rückgang des Wohlstandes von O. erklärt sich vielleicht aus einer Erweiterung des → Kopaissees, um dessen Trockenlegung man sich wahrscheinlich schon in myk. Zeit (‹Deichbauten der Minyer›) bemüht hatte. – Erst → Alexander (5) d. Gr. suchte dann der alten Rivalin Thebens wieder zu größerem Ansehen zu verhelfen. Vgl. → Griechenland II A. W. Schg.

Lit: H. Schliemann, Expl. of the Boeot. O., JHS 2, 1881, 122–163 – A. de Ridder, Fouilles d'O., BCH 19, 1885, 137–224 – H. Bulle, O. I: Die älteren Ansiedlungsschichten, 1907 – E. Kunze, O. II: Die neol. Keramik, 1931 – Ders., O. III: Die Keramik der frühen Bronzezeit, 1934 – S. Lauffer, Frühe Siedlungen im Kopaisgebiet, VI. internat. Kongr. Berlin 1939, 304 f. – O. Walter, Archäol. Funde, AA, 1940, 183 f.

Orcus, röm. Todesdämon, als bärtiger Riese dargestellt. Zunächst kaum von der Unterwelt selbst unterschieden, wird er dann hellenisiert und mit → Hades, Pluton identifiziert. O. war in der Umgangssprache ein Name für den Tod. P. Gr.

Oreibasios von Pergamon, Leibarzt des → Julian (2) Apostata, ältester und zuverlässigster der 3 erhaltenen medizinischen Enzyklopädisten (neben → Aetios v. Amida, → Paulos (4) v. Aigina); Verfasser von *Ἰατρικαὶ συναγωγαί*, die (mit Lücken und einigen libri incerti) erhalten sind, eine Fülle von im wesentlichen wörtlichen Exzerpten aus berühmten Ärzten bringen und eine der wertvollsten medizinhistorischen Quellen darstellen. Erhalten ferner eine ‹Synopsis an Eustathios› (Exzerpt aus dem großen Werk) und ein pharmakologisches Kompendium ‹An Eunapios›. Anderes verloren; es existieren auch Pseudepigrapha, z. B. ein Aphorismenkommentar. F. K.

Ed: J. Raeder, CMG VI 1 – 3, 5 Bde, 1926/31.

Oreithyia, Tochter des → Erechtheus, vom Windgott → Boreas nach dessen Wohnsitz in Thrakien entführt (Plat. Phaidr. 229 B; Aischyl. Frg. 281 N.; Hdt. 7, 189), Mutter der Boreaden.

Darstellungen: Raub der O. ab 480 in der att. Vasenmalerei. Vgl. zu → Boreas. K. Schb.

Orestes, Sohn von → Agamemnon und → Klytaimestra. Des Kindes O. bemächtigte sich → Telephos, um von den Griechen die Heilung zu erzwingen. Bei der Ermordung des Vaters wurde O. von → Elektra nach Phokis zu Strophios gerettet, von ihm erzogen und so Freund des Pylades, Strophios' Sohn. Durch Apollon zur Rache für die Ermordung seines Vaters angetrieben (so Aischyl. Choeph. 269 ff. 1028; Eur. El. 87; nach Soph. El. 32 ff. dagegen erkundigt sich der von sich aus zur Rache entschlossene O. bei Apollon um die Möglichkeiten der Ausführung). Kehrt unerkannt heim, gibt sich am Grabe des Agamemnon seiner Schwester → Elektra zu erkennen. Mit Pylades tötet O. dann → Aigisthos und → Klytaimestra (so bei Aischyl. und Eur.; bei Soph. erst die Mutter). Nach dem Muttermord ist O. verstört und wird von den → Erinyen verfolgt, denen er erst entgeht, als ein Gericht auf dem Areopag ihn bei Stimmengleichheit freispricht. Apollon und bes. Athene unterstützen O. Athene weist den Erinyen (nun ‹Eumeniden›) einen Sitz unterhalb der Akropolis an (Aischyl. Eum.). Abweichend davon wird berichtet, daß O. in Lakonien (Paus. 3, 22, 1) oder Arkadien (Paus. 8, 34, 1) entsühnt wurde oder daß Apollon dies selbst tut. Im ‹O.› des Euripides wird O. als Muttermörder von den Argivern geächtet; vor dem Tode rettet ihn, nach aufregenden Verwicklungen, nur das Eingreifen Apolls. Schließlich erzählt Eur. Iph. Taur., O. sei von Apollon nach Tauris geschickt worden, um durch den Raub des alten Kultbilds der Artemis Heilung zu finden. In Tauris ist die Schwester des O., → Iphigenie, Priesterin der Artemis unter König Thoas und muß alle Fremden der Göttin opfern. Sie und O. erkennen sich jedoch und können mit Hilfe Athenas unter mancherlei Gefahren gemeinsam nach Athen fliehen, wo das Artemisidol in Halai (auch andere Orte nahmen den Besitz der Statue für sich in Anspruch) aufgestellt wird. O. heiratet → Hermione, Tochter des Menelaos, nach Ermordung ihres Bräutigams → Neoptolemos (bei Eur. Andr. 993 ff. ist O. selbst der Mörder). Ihr Sohn ist → Teisamenos. O. ist dann König in Mykene, Argos und Sparta. Sein Grab in Tegea (Paus. 8, 54, 4). Seine Gebeine wurden im 6. Jh. nach Sparta übergeführt (Hdt. 1, 67).

Lit: Preller-Robert II 3, 1302 ff. – A. Lesky, RE 18, 1 (1939), 991–997 – M. Delcourt, O. et Alkméon, 1959 – *Darstellungen:* Telephos mit dem kleinen O. auf dem Arm auf mehreren att. und ital. Vasen (Brommer 334 f.). O. und Elektra am Grab des Agamemnon bes. auf melischen Reliefs (P. Jacobsthal, Die melischen Reliefs, 1931, 1–16; 80–85; 181 f.) und unterital. Vasen (Brommer 322 f.). Die Rachetat des O. auf Schildbändern (Kunze 168–170), Vasen und röm. Sarkophagen (s. zu → Klytaimestra und → Aigisthos). Der wahnsinnige O. in Delphi auf einigen att. und zahlreichen unterital. Vasen (Brommer 324 f.), dabei auch die Entsühnung durch Apollon oder die voraufgehende Bedrohung durch die Erinyen. Der erschöpfte, von Pylades unterstützte O. ist auf einem Relief im Lateran, das auf ein Original des 5. Jh.s zurückgeht, zu erkennen (G. Becatti, Problemi Fidiaci, 1951, Taf. 68). Das Gericht auf dem Areopag, bes. die abstimmende Athene, vor allem auf röm. Sarkophagen, Lampen und einem Silberbecher dargestellt (G. Hafner, 113. BWPr 1958). O. in Tauris Thema mehrerer Vasen (Brommer 323), Reliefs, Wandgemälde, Gemmen (E. Löwy, JdI 44, 1929, 86–103). Die Tötung des → Neoptolemos durch O. zeigt eine apul. Amphora (A. B. Cook, Zeus II, 1925, Abb. 117). – *Lit. dazu:* L. Guerrini, Oreste, EAA V, 1963, 741–743. K. Schb.

Orgeonen, vorzugsweise in Athen gebräuchliche Bezeichnung zunächst der Teilnehmer an den Begehungen (Orgia) des Mysterienkultes von Eleusis, dann der Teilnehmer am Dionysoskult, wodurch zum Begriff der Orgia und des Orgiasmos (→ Enthusiasmus) die Vorstellung von wild ausschweifenden Zuständen hinzutritt, die ihm von Hause aus keineswegs eigen ist. O. G.

Orgetorix, helvetischer Adliger, der nach der Alleinherrschaft strebte (vor 60 v. Chr.) und zur Erlangung seiner Ziele die → Helvetier zur Auswanderung bewegen wollte (Caes. Gall. 1, 2 ff.). Infolge seines vorzeitigen Todes wurde der drohende Bürgerkrieg verhindert und die Auswanderung um zwei Jahre aufgeschoben. L. B.-H.

Orient und Antike

A. Das Problem – B. Überblick über die historischen Begegnungen – C.–H. Die Epochen: C. Stein- und Bronzezeit – D. Kret.-myk. Kultur – E. Die geometrische Periode – F. Die archaische Periode – G. Klassik und Hellenismus – H. Italien und der Orient – O. = Orient; o. = orientalisch; A. = Antike.

A. Das Problem. Solange man geistige Erscheinungen aus Einflüssen zu erklären trachtete und sich des Klassizismus zu erwehren hatte, suchte man hinter den griech. Mythen und Kulten uralte verborgene o. Weisheit (Creuzer, Bachofen; gegen Creuzer: Lobeck). Daß der Meister der Bauforschung, Dörpfeld, noch 1935 die mykenische und kretische Kunst als phönizisch zu erweisen versuchte, war ein Anachronismus, aber die Abgrenzung griech. und vorderasiat. Kunst ist bei einzelnen Gattungen auch heute umstritten, vgl. → Kretische Schilde, → Phryger, → Urartu, → Greifenkessel. Für eine ältere Stufe der Forschung charakteristisch ist die Bezeichnung «orientalisierender» Stil für den früharchaischen. Heute sehen wir ihn nicht durch solche Bildinhalte, sondern durch seine Bedeutung in der Geschichte der griech. Form gekennzeichnet. Ebenso hat sich die Auffassung des Verhältnisses der röm. Kunst zum O. und zum → Hellenismus gewandelt. Nur ihre Elemente sind griechisch, die Synthesen aber aus den röm. Verhältnissen zu erklären. Darüber hinaus suchten um 1900 viele die Verwandlung der klass. in die spätantike Kultur aus östl. Einflüssen zu erklären («Hellas stirbt in des O.s Umarmung»: Strzygowski; Cumont); andere behaupteten dagegen die Eigenständigkeit der A., manchmal aus nationalistischer Gesinnung oder Rassenwahn. In solchen Kontroversen hat sich wieder gezeigt, daß mit Verallgemeinerungen nichts erreicht wird; gerade im Gegensatz dazu lernte die Forschung die individuellen historischen Phänomene schärfer zu sehen, und es zeigte sich, daß die Anverwandlung fremder Elemente die Stärke einer Kultur ist.

B. Überblick über die historischen Begegnungen. Die geographische Lage bewirkt, daß Hellas zunächst eng mit Kleinasien verbunden ist; die in historischer Zeit dort bekannten → Karer sollen vor den Griechen in Hellas gewohnt haben; auch von → Pelasgern wußte man hier wie dort. Durch Handel ist → Kreta seit dem 3. Jt. mit → Ägypten verbunden (vgl. → Kret.-myk. Kultur C); ebenso seit etwa 1600 Mykene. Myken. ‹Achäer› (→ Aḫḫijawa) sind anscheinend in hethit. Urkunden genannt, ebenso das von Kreta aus gegründete → Milet. Historisch bezeugt sind dann die Einfälle der → Seevölker, zu denen anscheinend Griechen gehörten, in Ägypten (13./12. Jh.); ferner die ion. Wanderung (→ Ionier) und die → Kolonisation, die bes. seit dem 8. Jh. Hellas in engen Kontakt mit → Phrygien, → Lydien, → Karien, → Lykien, → Phönizien und in neuen Kontakt mit Ägypten bringt; seit dem späten 7. Jh. kommen die → Skythen Südrußlands und im 6. Jh. die → Meder und → Perser hinzu. Die Zwischenstellung von → Cypern und die vermittelnde Rolle Phöniziens sind reich bezeugt. Der Zug → Alexanders d. Gr. bringt den Kontakt auch mit dem Inneren Vorderasiens, → Indien und Äthiopien. Noch stärker hat das röm. Reich auch nach Osten über seine Grenzen hinausgewirkt (→ Gandhara, → Turfan). Daß Etrurien (→ Etrusker) seit dem 8. Jh. so eng mit dem O. verbunden ist, hat zu der Sonderstellung Italiens im Ganzen der antiken Welt beigetragen.

C.–H. Die Epochen: C. Stein- und Bronzezeit. [1] In der Steinzeit sind → Griechenland (II) und Anatolien (→ Kleinasien, 2) durch die Buntkeramik eng mit Vorderasien verbunden; gemeinsam ist eine mutterrechtliche Ackerbaukultur. Eine vorindogerm. Sprachschicht ist in → Griechenland (II C) und auf dem westl. Kleinasien schon damals an geographischen und Kulturnamen kenntlich. Den Übergang zum Gebrauch von → Metallen in der frühen Bronzezeit als Ursache geistiger Wandlungen anzusehen, war allzu materialistisch; m. E. ist er auf eine veränderte geistige Haltung zurückzuführen, die sich mannigfaltig äußert. Die ersten geschichtlichen Staatenbildungen in → Mesopotamien und → Ägypten finden in der frühen Bronzezeit Entsprechungen in der Ägäis, die wir aus den ältesten kret. Palästen, dem Rundbau von Tiryns, ferner aus dem Gebrauch von Siegeln und bald auch aus der Anlage von Städten erschließen können. Die älteste sumer. Bilder→ Schrift (A) scheint die ägyptische (→ Hieroglyphen) angeregt zu haben, die daneben schon im Alten Reich Buchstaben verwendet; Mesopotamien hat auch die → kret. (Linear-)Schrift des 2. Jt.s angeregt, die eine Silbenschrift blieb. Erst um 1500 wurde in Syrien die reine Buchstabenschrift ausgebildet, die dann spätestens im 8. Jh. von Griechen und Phrygiern übernommen wurde, durch Vokalzeichen bereichert (→ Schrift B 1). Der in Ägypten erfundene → Kalender ist erst von → Caesar (1) in seiner strengen Form im röm. Reich eingeführt worden, aber man hat in der Ägäis, seit es geschichtliche Überlieferung gibt, Kultkalender gehabt, die vermutlich vom O. angeregt sind. Das Rad (→ Wagen) ist wohl schon im 3. Jt., die Töpferscheibe (→ Töpferei) um 2000 aus dem O. übernommen worden; seit etwa 1500 kennen wir in der kret.-myk. Kultur geschriebene Inventare nach o. Vorbild. Der Streitwagen als Kampfmittel ist um 1700 von Phönizien, wo er damals auch neu war, nach Griechenland gekommen, wird aber in klassischer Zeit nur noch vereinzelt gebraucht (Cypern, Eretria, vgl. → Haustiere B 4); Sichelwagen sind nur orientalisch. Die Decke von Hallen baldachinartig mit → Säulen zu stützen, ist eine Bauidee, die vermutlich auf die Bergländer nördl. von Mesopotamien zurückgeht und vom Nomadenzelt angeregt ist; sie hat dann für das alte Ägypten und Griechenland eine größere Bedeutung gewonnen als für → Mesopotamien (G 8), das den geschlossenen Baukörper bevorzugt.

[2] An der Wende zur Bronzezeit läßt sich in Kleinasien und Griechenland eine *religiöse Bewegung* beobachten, die in der ekstatischen Haltung der Marmoridole von den Kykladen und in ihren Bildern von Harfnern und Flötenden am deutlichsten wird und in der altkret. Kultur die schönste Blüte gezeitigt hat. Die Gefäße erhalten mit Füßen und Schnäbeln, ja Gesichtern eine köstliche Lebendigkeit, die oft durch schräggestellte Verzierungen gesteigert wird. Man wird bei dieser ‹dionysischen› Kultur an Schamanismus erinnert. Sie hat schon vaterrechtlichen Charakter, wenn sich daneben in bestimmten Gebieten auch mutterrechtliche Vorstellungen lange gehalten haben (Kreta, Lykien). – Das Gemeinsame am Wandel von der Stein- zur Bronzezeit in Griechenland, Mesopotamien und Ägypten ist noch zu wenig erforscht; deutlicher sind scharfe Unterschiede, die nun hervortreten. Der Glaube an ein Fortleben nach dem Tode ist allgemein. Während sich aber die Ägypter das ewige Leben genau vorstellen und durch die Idealität ihrer Jenseitsvorstellungen auch dem irdischen Leben Vorbilder geben, haben die griech. → Jenseitsvorstellungen (2) etwas märchenhaft Poetisches. Die Grabbeigaben der Bronzezeit scheinen schon – wie die späteren griechischen – → Nymphen und → Heroen, Zwischenwesen zwischen Menschen und Göttern, zu meinen. Am deutlichsten ist die Heroenvorstellung in den klassischen Gräbern Tarents. Wenn solche Gestalten mit göttlichen Attributen ausgestattet werden, ist wohl nur gemeint, daß sie göttergleich sind (vgl. → Apotheose); deshalb sind solche scheinbare ‹Götterbilder› in Gräbern auch so selten. – Die myk. → Kuppelgräber sind aus dem Himmelssymbol des Gewölbes zu verstehen; die Herrschaft wird als kosmische aufgefaßt. Ähnliche Ideen mögen sumer. und syr. Grabgewölben zugrunde liegen; letztere lassen zum Teil myk. Vorbilder erkennen. Daß dem König, wie in Gräbern von → Ur, das ganze Gefolge geopfert wird, findet sich auch bei den → Skythen; in Griechenland wird von → Menschenopfern nur als von uralten Ausnahmen berichtet. – Zu den anatolischen Elementen der etrusk. Kultur gehört es, daß dort wie bei den → Hethitern der Tote verbrannt und in einer Aschenurne auf einem Thron beigesetzt werden kann.

D. Kretisch-mykenische Kultur. [1] Die erste Hochkultur Griechenlands, die altkretische, ist durch Handel mit *Ägypten* und *Mesopotamien* verbunden; von hier kommen → Rollsiegel und Wappenkompositionen, von dort → Stein-, besonders → Alabastergefäße, → Elfenbein, → Fayence und Straußeneier. Aber es ist bezeichnend, daß die kret. Steingefäße nicht wie die gleichzeitigen ägyptischen einfarbig, sondern bunt sind, und daß die Maserung möglichst schräg gelegt ist, so daß die für → kret. Kunst charakteristische Torsion angedeutet wird. Das Gesetz der → Frontalität (nach dem eine durch die Mittelachse des aufrechten Körpers gelegte Ebene nach keiner Seite gebeugt werden darf), das in Ägypten und Mesopotamien herrscht, ist Kreta, den Bergländern nördl. von Mesopotamien und dem alten Indien fremd – und damit Monumentalität überhaupt. Dennoch hat der Handel zwischen Ägypten und Kreta auch zu tieferen Einwirkungen geführt. Auf dem um 1400 bemalten Sarkophag von → Hagia Triada ist Kenntnis des ägypt. → Osirisdienstes nachzuweisen, und das → Sistrum auf der dort gefundenen → Schnittervase deutet ebenfalls auf religiöse Einwirkungen. – Die wichtigste *asiat. Wurzel* der kret. Kultur hat Matz (s. u.) zuerst an den frühkretischen Siegeln (→ Glyptik, 2) nachgewiesen, die in Form und Verzierung eng verwandt sind mit kleinasiat. und nordsyr. Stempelsiegeln, also dem taurisch-iran. Kreis, der selbst wieder mit den Induskulturen des 3. Jt.s verbunden ist. Der ganze Gürtel dieser Kulturen ist durch das Tänzerisch-Ekstatische charakterisiert, das bis in unsere Tage in den tanzenden Derwischen nachgelebt hat: statt der monumentalen Kunst Ägyptens und Mesopotamiens und ihrer feierlichen Ruhe findet man hier überall bewegliche → Kleinkunst (3) mit tordierenden Umrissen, tanzende und hockende → Statuetten, Göttinnen mit Vögeln, Stierspiele, Kultsymbole wie die → Doppelaxt, das → Malteserkreuz, unendliche Rapportmuster, Stempelsiegel statt der mesopot. Rollsiegel, alten Schamanismus. Ein Asien, das das Geheimnis des Lebens in Rausch und Ekstase, in der flüchtigen Erscheinung, im Einsgefühl mit der Natur erfaßt, reicht in Altkreta befruchtend nach Europa herein. Man kann die kret. Kultur die Mutter der griechischen nennen, so wie das indogerman. griech. Volk ihr Vater ist.

[2] Die Verbindung der kret. Kultur mit Vorderasien kommt auch in der Sage zum Ausdruck. → Zeus, der vorderasiatische Stiergott, entführt → Europa, die ‹Weitäugige› (2), also die syr. Fruchtbarkeitsgöttin → ʿAnat, die ‹Augenhafte›, von Phönizien nach Kreta. Die Befreiung der → Andromeda, von den Griechen in Joppe in Palästina lokalisiert, bewahrt einen ägypt. und syr. Mythos vom un-

ersättlichen Meer, das man durch Entsendung der Göttin zu befrieden sucht, bis ihr Partner den Meergott bezwingt. → Apollon, → Artemis, → Leto stammen aus Kleinasien; → Hephaistos von Lemnos hat Züge eines alten o. Schmiedegottes; → Aphrodite stammt von Cypern als eine der Erscheinungen der universell verehrten Herrin des Lebens; → Ares von Thrakien; → Dionysos ähnelt dem kleinasiatischen → Sabazios. – Man sieht immer deutlicher, daß die hellenische Stadtkultur nur in ihrer Verbindung mit der vorderasiatischen zu verstehen ist und achtet auf die Verwandtschaft griech. und o. epischer Dichtung (→ Ugarit). In den homerischen Epen, die erst ins 8.–6. Jh. gehören, aber myk. Erinnerungen bewahren, ist der O. immer selbstverständlich gegenwärtig und wird nicht als fremd geschildert, so wenig die Trojaner wie ihre anatolischen Verwandten, die kunstfertigen Phönizier und Ägypter. Wie sich das Bewußtsein o. Ursprungs der Kultur darin äußert, daß Könige von Argos und Theben in der Sage ägypt. und phön. Ahnen haben, so stammen von griech. Göttern und Heroen Trojaner, Lydier, Lykier, ja Phönizier und Perser. Homer kennt das ganze westl. Anatolien, ja Phrygien, Paphlagonien, Karien, ferner die Phönizier, bes. die Sidonier und die Ägypter, die man sich freilich weit entfernt denkt (Od. 3, 83). Im ganzen werden diese Völker eher als den Griechen überlegen geschildert, nur selten durch Eigenheiten abgehoben (ungegürtete Chitone der Lykier, Il. 16, 149), sonst wegen Kunstfertigkeit gerühmt (Elfenbeinarbeiten der Lydier und Karier, Il. 4, 141–144; ägypt. Badewannen, Dreifüße, Spindel und Wollkorb im Hausrat des Menelaos aus Ägypten, Od. 4, 125–132; ein phön. Kranz aus Gold und Bernstein, Od. 15, 460; sidon. Kratere, Il. 23, 741–745; Od. 4, 615–619. 15, 115–119; und Gewänder, Il. 6, 289–292; ein cypr. Panzer, Il. 11, 19–20). Herodot (5, 59–61) sah Dreifüße mit Inschriften in ‹kadmeischer› Schrift im Apollonheiligtum von Theben. Die Phönizier sind verschlagene Kaufleute, die Kreta, Lemnos, Ithaka und Syrien besuchen und sich durch kostbare Geschenke die Gunst der Herrscher sichern, aber bei Gelegenheit auch Menschen und Waren stehlen (Od. 13, 273; Il. 13, 745; Od. 15, 482; Il. 23, 745); durch sie waren wohl die → Pygmäen bekannt geworden (Il. 3, 6). Die Phönizier sind außerdem bezeugt, nicht als Siedler, sondern als Händler und Seefahrer in → Cypern, → Rhodos, → Kreta, → Kythera und → Thasos, wo das Heraklesheiligtum mit dem des tyr. → Melkart verbunden wird. Neben den Zeichen, Namen und der Reihenfolge der Buchstaben übernahmen die Griechen Lehnwörter von Semiten, am ehesten den Phöniziern (Byblos, Buch; Kados, Krug; Kinnamon, Zimt; Chiton, Hemd; Chrysos, Gold), aber auch Kultformen (z.B. die → Hierodulen von Korinth), während die Zurückführung der griech. Götter und Orakel aus Ägypten erst von der Isisreligion behauptet wird (s. u. G 1). An Mesopotamien erinnern die Metall- und Fayenceverkleidung, die an Alkinoos' und Menelaos' Palästen gerühmt wird (Od. 7, 86; 4, 71), und die schweren, hohen, sehr reichen Möbel. Das myk. Archivwesen, das wir jetzt durch die Entzifferung der Linear-B-Schrift kennengelernt haben, entspricht der o. Palastverwaltung.

[3] Spätestens seit dem Mittleren Reich *wirkt Kreta auf Ägypten*, z.B. im Import von → Kamareskeramik und in der Spiralornamentik mittelägypt. Felsgräber. Handel der → Hyksos mit Kreta wird u.a. durch ein Steingefäß mit Inschrift des Königs Chian bezeugt. Geschichtlich bedeutsamer ist die Einwirkung → Mykenes; die myk. Elemente der Waffen usw. im Grab der Ahhotep, der Mutter des Königs Ahmoses, der Ägypten im 16. Jh. von den Hyksos befreit hat, lassen vermuten, er habe myk. Söldner gehabt, wie es später (seit dem 7. Jh.) viele griech. Söldner in Ägypten gegeben hat. Grabbilder der älteren 18. Dynastie stellen kostbare myk. Tongefäße dar, und zahlreiche → Bügelkannen sind durch Ägypten bis nach → Nubien hinauf gefunden worden. Man vermutet, das Abweichen der → Amarnazeit von der im O. allgemein verbreiteten Polygamie gehe auf myk. Anregung zurück. Wie Ägypten die Nachbarschaft der ägäischen Kultur für sich fruchtbar gemacht hat, wird noch zu wenig gesehen; es tritt in der Amarnazeit ganz deutlich hervor; Motive wie → Greifen, → Fliegender Galopp und Landschaftselemente sind nur äußere Anzeichen. Umgekehrt gibt es in Mykene ägypt. Elemente, so → Nillandschaften auf Dolchen. – Auch auf *die phön. Kunst* hat die mykenische gewirkt, und so indirekt auf die assyrische; so ist die → Palmette, die um 2000 zuerst in Kreta auftritt, nach Assyrien gekommen. Verkümmerte myk. Spätformen haben in der phön. Kunst eine neue Strenge erhalten, und diese Umbildungen sind zu Vorbildern für archaische griech. Palmetten geworden (vgl. → Ornament C 2). Von ca. 1350 an findet man Angehörige der sog. → Seevölker auf ägypt. Denkmälern (vgl. → Fremdvölker), teils als Feinde, teils als Söldner: Philister, vermutlich Sardinier, Sizilier und Danaer (Griechen?). Im Zusammenhang mit der Wanderung der Seevölker steht die Eroberung großer Teile Griechenlands durch die → Dorier, Kleinasiens durch die → Phrygier.

E. Die geometrische Periode. Mit der → Dorischen Wanderung beginnt die griech. Kultur ihre eigene Form zu finden und dem O. mit neuem strengem Auswählen gegenüberzustehen, das sich bes. in der geometrischen Keramik (→ Vasen E 1) manifestiert. Diese Keramik ist aber schon bis nach → Syrien exportiert worden, und umgekehrt verwenden vornehmste griech. Gattungen des 9. und 8. Jh.s assyr., urartäische und phön. Vorbilder: die Bronzeschilde aus der Zeusgrotte am Ida, die Goldbänder und Elfenbeinstatuetten att. Gräber; daneben werden phön. Metallschalen, Elfenbein und Fayence, cypr. Kleinplastik, → Luristanbronzen u.a. importiert. Griech. Ringhallentempel und Säulensäle verwenden anatolische Anregungen, wie Drerup gezeigt hat (‹Baldachine›). Am wichtigsten ist die Anverwandlung der phön. → Schrift (B 1). Die geometrische Kunst ist nach ihrem eigenen Gesetz zuletzt zu monumentaler Form gereift und hat dabei die o. Elemente nur verwendet, soweit sie sie brauchte. Das gilt erst recht von der folgenden archaischen Periode, deren Beginn man zu Unrecht ‹orientalisierend› nennt.

F. Die archaische Periode. [1] Bei den Nomaden und Halbnomaden des taurisch-iran. Kreises ist die *Wurzel vieler griech. Mythen und mythologischer Motive* zu suchen; von dort stammen z.B. der → Greif und vermutlich die → Mischwesen überhaupt; Nomaden haben mehr Zeit als Ackerbauern und sind deshalb reicher an künstlerischer Phantasie. Bes. wichtig war der Nachweis der Herkunft des Mythos vom Wandel der Göttergeschlechter (Theogonie, → Hesiod B 1; → Kronos), aus Kleinasien (→ Hethiter, 3), der Herkunft der Paradies-, → Schöpfungs- und → Sintflutmythen aus → Mesopotamien (E 2). Das meiste Bildgut ist über Mesopotamien und Phönizien zu den Griechen gekommen: so der von mächtigen Wesen flankierte → Lebensbaum, Wappenkompositionen, → Isokephalie, allerlei Symbole, darunter Tierkampfgruppen, → Götterattribute (Blitz, Blüte, Waffen) und vor allem die → Mischwesen aus Löwe und Vogel (Greif), Löwe und Menschenkopf (→ Sphinx), Vogel und Menschenkopf (→ Sirene), Mensch und Pferd (→ Kentaur, → Silen), Mensch und Schlange (→ Typhon), vielköpfige Schlangen (→ Hydra), Schreckgesichter in Vorderansicht (→ Gorgo), Menschen mit Fischschwänzen (→ Triton), Flügellöwen und Flügelpferde. Jedoch greift die archaische Kunst aus der unendlichen Vielfalt der o. Mischwesen wenige heraus, die immer schärfer umrissen werden und ihre feste Stelle in der Sage finden, im gleichen Stammbaum mit Göttern und Helden. Immerhin gibt es auch bei den Griechen neben den gewöhnlichen weiblichen auch männliche bärtige Sphingen, solche mit Pferdebeinen und Löwenschwänzen, Löwenkentauren und Löwen mit Männerkopf. Aber das sind relativ seltene Bildungen, die später verschwinden, und die phantastischste Verbindung unter den griech. Mischwesen, die Chimäre (→Bellerophon) aus Löwenleib, Ziegenprotome und Drachenschwanz wird zur festen mythologischen Gestalt, die keine weiteren Varianten zuläßt wie die o. Vorbilder. Dort gibt es auch Stierkentauren, Fischkentauren, Ziegenfische und Baummischwesen; ferner alle Arten von Verbindungen von Menschen mit Gliedern von Löwen, Stieren und Adlern. Jedoch treten all diese Mischbildungen in Mesopotamien erst relativ spät auf, was die Vermutung bestätigt, diese Vorstellungswelt stamme aus den Bergländern. – Nicht immer ist die Kontinuität der Vorstellungen von der mesopot. zur griech. Kunst gesichert; so besteht zwischen dem vom Adler in die Lüfte Getragenen der babylonischen →Etana-Mythe und dem Raub →Ganymeds durch den Adler keine bildliche Kontinuität.

[2] *Ägypt. und mesopot. Anregungen.* Die ägypt. *Papyrusrolle* (→Buch 1), als beweglicher Schriftträger den schweren vorderasiatischen Tontafeln überlegen, ist den Griechen mit der Erschließung Ägyptens durch →Psammetich I. um 650 bekannt geworden; nun erst war es möglich, umfangreiche Dichtungen aufzuschreiben, wie sie uns in Ilias und Odyssee (→Homer) erhalten sind. Auch →*Bilderbücher* ohne Text, wie sie von griech. Vasen vorausgesetzt werden, haben ägypt. Vorbilder, ebenso die →Illustration von Lehrbüchern. – Seit etwa 650 wird der ägypt. Typus des stehenden Mannes für das archaisch-griech. Jünglingsbild, den →‹*Kuros*› verwendet. Nun erst wird kolossales Format nach o. Vorbild möglich. – Tiefer als mit der ägypt. ist die einfache archaisch-griechische mit der *mesopot. Tektonik* verbunden. Im Gegensatz zur magischen Phantasie der ägypt. Götterbilder verbindet Hellas und →Mesopotamien (F 1) ein Sinn für urbildliche Einfachheit, Klarheit und Wahrheit. Der logische und tektonische Sinn der Griechen ergriff mit Eifer mesopot. Wappenkomposition und →Isokephalie, die stereometrische Geschlossenheit der Gewandfigur, das Motiv der tektonischen Tragfigur, hethit. und assyr. Löwen- und andere Tierbilder, das Motiv des →figürlichen Gefäßes, andere Gefäßtypen, die →Glasfabrikation und →Ornamentmotive; bes. kehrt nun die →Palmette nach Griechenland zurück. – Aus Ägypten stammt dagegen der →Spiegel mit Mädchen als Griffen, ein gelagerter Löwentypus, die Waage auf der →Arkesilaosschale und, durch phön. Vermittlung, Löwenbeine von →Möbeln. Die Übereinstimmung der dor. mit ägypt. Säulen ist zufällig, aber die Bekrönung von Säulen mit Volutenkapitellen (→äolische, →ionische Säule) ist durch assyr. und phön. Vorbilder angeregt, die freilich ihrerseits die palmettengefüllte Doppelvolute aus der kret.-myk. Kultur übernommen hatten. – In der archaisch-griech. →Philosophie sind iran. Elemente nachweisbar; die griech. →Mathematik und →Astronomie setzen die mesopotamische voraus.

[3] *Griech. Wirkungen.* Die griech. Besiedlung des westl. →*Kleinasien* hatte schon im mittleren 2. Jt. begonnen, war nach der →Dor. Wanderung zu einer wahren Kolonisation geworden, aber die weiteste Ausbreitung Griechenlands nach Osten begann erst um 700 mit der Gründung einer Kette von Kolonien vom Schwarzen Meer bis Ägypten (→Kolonisation). Schon im 7. und noch mehr im 6. Jh. sind deutliche Wirkungen der Griechen in der →phryg., →lyd., →skyth. und →lyk. Kultur zu fassen; griech.-skyth. Formen haben bis China gewirkt; der chines. Drache ist ein →Greif; die Lykier beginnen unter griech. Einfluß Akropolen zu bauen. Jedoch ist durch die amerikan. Ausgrabungen in der phryg. Hauptstadt →Gordion deutlich geworden, daß dort im 8. Jh. mesopot. und urartäische Vorbilder in eigenartiger Weise assimiliert und den Griechen vermittelt wurden. Der Ausgräber R. Young bestreitet die Herleitung des phryg. vom griech. Alphabet (→Schrift B 1) und nimmt gemeinsame Herkunft an. – Der *Perserkönig* →Kyros (1) läßt sich in →Pasargadai ein Grab in kleinasiatisch-griech. Formen erbauen (ähnliche Bauten bei Phokaia und Sardes) und Paläste, deren ion. Baumeister griech. Elemente genial der achämenidischen Synthese einfügen (→Iranier D 3). – In den Dareiospalästen von Persepolis wird das griech. Element noch stärker eingeschmolzen, ist aber nicht nur durch die überall gebrauchten Gewandfalten bezeugt. Nach der Schlacht bei Marathon (490) wird der Apadanapalast riesenhaft als beherrschender Hauptbau ausgeführt wie gleichzeitig der erste Parthenon auf der Akropolis von Athen. Auch sonst gibt es manche Übereinstimmungen; vgl. unten G 3. Der Perserkönig prägt Münzen (→Dareiken) für seine griech. Söldner. Bes. deutlich ist das griech. Element in den achämenidischen →Gemmen (umgekehrt baute der griech. Tyrann von →Larisa/Hermos um 540 einen Palast von pers. Grundriß).

G. Klassik und Hellenismus. [1] *Die Isisreligion als Bindeglied.* Herodot (2,37) nennt die Ägypter die gottesfürchtigsten unter allen Menschen. Sein Ägyptenbuch zeigt, daß ägypt. theologisches Denken auf die Griechen gewirkt hat, seitdem sie im 7. Jh. in großer Zahl als Söldner und Händler ins Land gekommen sind. Das religiöse Verlangen der Griechen muß damals schon der ägypt. Herrin des Lebens eine Bedeutung gegeben haben, die über das Land hinaus reichte: →Demeter und →Io gelten als →Isis, →Apollon als →Horus, →Dionysos als →Osiris, →Artemis als →Bastet; ja die →Orakel wurden auf Ägypten zurückgeführt (s. bes. →Dodona). Freilich konnten die Ägypter auf die Griechen auch komisch wirken, wie besonders die Geschichte von →Busiris und Herakles zeigt. – Die Ausbreitung der Isisreligion im ganzen Mittelmeergebiet beginnt schon vor →Alexander d. Gr. und geht nicht auf Ägypter zurück, sondern auf die Griechen, die die Göttin seit dem 7. Jh. in ein griech. Gewand gehüllt hatten und ägyptisierende Motive nur verwendeten, weil das Land der Isis als das Heilige Land galt, bevor Palästina so genannt wurde. Die Griechen in Ägypten verbanden das religiöse Erbe des Landes mit ihren eigenen Anliegen zu einer neuen Einheit, so daß die bisher in sich abgeschlossene ägypt. Kultur ihre weltgeschichtliche Wirkung entfalten konnte. Es muß auf dieses griech. Denken zurückgehen, daß König →Amasis, der Bundesgenosse des →Polykrates v. Samos und Freund der Griechen, den ersten Tempel der Isis in Memphis erbaut hat, und seine große Stiftung für den Neuaufbau des Apollontempels in →Delphi erklärt sich am besten, wenn er in Apollon Horus sah. Seit dem späten 6. Jh. ist auf Delos die Verehrung ägypt. Götter nachgewiesen. Die aus Akanthoskelchen aufsteigenden Gestalten gehen auf die ägypt Vorstellung des Gottes auf der Blume zurück; der Ersatz des →Lotos durch den Akanthoskelch muß in Ägypten schon um 400 vorgenommen worden sein. Isis ist im Piräus bald nachher bezeugt und →Serapis in Athen schon zur Zeit Alexanders (Diog. Laert. 6,63). Isismotive kennt man im spätklass. Unteritalien, die Ptolemäerkannen im ganzen Mittelmeergebiet. Von der Schätzung des ‹Heiligen Landes› zeugen eine unermeßlich reiche ägyptisierende Kunstwelt, →Landschaftsfriese, →Mythendeutungen und Kultsymbole (→Religion I E 6). Alexander d. Gr. hat mit der Gründung von →Alexandria diesen Verbindungen eine großartige Mitte gegeben, aber schon die wiederholte Zusammenarbeit Athens mit Ägypten (Bündnis von 460–454) in dem gemeinsamen Freiheitskampf gegen die Perser im 5. und 4. Jh. zeigt, was für Athen das Griechentum in Ägypten damals bedeutete, das eine Vormacht Griechenlands war; nicht zufällig sind auch die seit 450/449 erhaltenen att. Urkundenreliefs formal von ägypt. Stelen abhängig.

[2] Um 360 hat Platon in den ‹Gesetzen› das Bewahrende und Fromme ägypt. Formen als Vorbild den heimischen gegenübergestellt und einen kardinalen Zug Ägyptens tief

begriffen: das Streben zum objektiven Sein statt zum subjektiven Schein, also zum Wesen der Dinge. Ein analoges Streben hatte im archaischen Griechenland anderen Ausdruck gefunden; aber im reichen Stil war eine Krise im Verhältnis von Sein und Erscheinung deutlich geworden. – Das → mystische Element im Denken und Glauben der Griechen geht nicht auf o. ‹Einfluß› zurück, sondern weil es bei ihnen so tief wurzelte, haben sie ägypt. und andere o. Traditionen in diesem Sinn gedeutet. Von Homer bis zur Klassik herrschte zunächst eine realistische und rationale Religiosität, die die Götter in klaren Bildern verehrte, ohne über das Schicksal, das über den Göttern ist, zu spekulieren. Jedoch gibt es Ansätze dazu bei Homer, Hesiod und Pindar, und vor allem Aischylos und Sophokles gehen darüber hinaus, indem sie in Zeus den Herrn des Schicksals ahnen. Aber diese plastische Klarheit beginnt seit der Zeit Platons jenem mystischen Verlangen zu weichen, das sich zunächst in den → Mysterienkulten äußert und später über den gestalthaften Göttern irrationale Schicksalsmächte sucht und in Lehren wie denen der Isis findet. Bei den Griechen in Ägypten muß diese Haltung schon vor Herodot überwogen haben. Der sog. → Synkretismus, das In-Eins-Sehen scharf geprägter Gestalten, hat eine starke Wurzel im ägypt. theologischen Denken und wurde von den Griechen übernommen, wie Herodot und die synkretistischen Motive klassischer und hellenist. Kunst bezeugen. Bezeichnenderweise wird später die Vorstellung der Dreieinigkeit in Alexandria geprägt: Vater, Sohn und Heiliger Geist sind eines und behalten doch ihre eigene Gestalt. In der mittleren Kaiserzeit verliert sich das Individuelle der alten Götter vollends in einem irrationalen religiösen Suchen nach dem Einen hinter den vielen Göttern.

[3] *Wechselwirkungen in der Klassik.* Von größter Bedeutung ist es, daß die griech. Geschichtsschreibung nun über die o. Nachbarn berichtet; erhalten ist bes. → Herodots großes Werk mit den eingehenden Darstellungen der Ägypter, Perser, Lydier und Skythen, erwachsen aus echter geschichtlicher Begegnung. Die → Tragödie hat den Gegner mit einer beispiellosen Achtung gestaltet. Den Hintergrund des tragischen Spiels bildete die → ‹Skene›, vielleicht angeregt durch ein pers. Königszelt, wie es die Griechen in der Schlacht bei Plataä erbeutet haben, und der Darsteller des Tyrannos, der heroische König, trug pers. Tracht. Auch in vielen Tragödienthemen ist der O. gegenwärtig; Persien in → Phrynichos' ‹Phoinissen›, in → Aischylos' ‹Persern›, Ägypten in seinen ‹Hiketiden›, der Kaukasos und die Fahrten der Io im ‹Prometheus›, von Troja zu schweigen. Bei → Euripides werden die o. Farben bunter (‹Bakchen›) und wird die Verweichlichung der Orientalen von den Griechen abgehoben (Sklave im Orestes), aber auch das Wunderbare gesteigert (Medea, Phaethon). – Ion.-pers. Baukunst scheint → Iktinos und → Mnesikles in der Raumspannung baldachinartiger Hallen und in der Verwendung von schwarzem → Stein neben → Marmor (vgl. → Materialien) angeregt zu haben (Propyläen, Telesterion Eleusis, Odeion des Perikles). In → Dionysos empfand man immer mehr den großen Gott des O.s, vielleicht weil man ihn in → Sabazios wiedererkannte, dessen Kult → Aristophanes mit dem anderer fremder Götter, die man damals in Athen zu verehren begann, verspottet. Sein Tier, der Löwengreif, wird in der Alexanderzeit zum Symbol der Herrschaft über den Osten. Damit wird es zusammenhängen, daß orientalisierende Teppiche und Gewänder in ganz Griechenland beliebt wurden, wie die Nachahmung ihrer Motive auf → Mosaiken, → Vasen und Holz → Sarkophagen zeigen. Umgekehrt ließen sich pers. → Satrapen in griech. Stil auf Münzen darstellen.

[4] Gegenüber dem Orientalisieren des reichen Stils besann sich die *Spätklassik* auf das hochklassische Erbe; → Isokrates rief zum Kampf gegen die → Barbaren (1) auf; die kleinasiat. Lehensleute der Perser gebärdeten sich möglichst griechisch (→ Maussollos v. Halikarnaß; → Hermeias (1) v. → Atarneus; → Larisa am Hermos). Die Hellenisierung von Teilen des Perserreichs hatte schon in archaischer Zeit begonnen und zum → Ion. Aufstand geführt, dann mit dem Zug der Zehntausend unter dem jüngeren Kyros gewaltigen Auftrieb erhalten. → Alexander d. Gr. vollzog politisch eine Durchdringung des O.s, die sich kulturell seit Jahrhunderten vorbereitet hatte. Der König wollte eine Völkerhochzeit vollziehen.

[5] *Hellenismus.* Demgegenüber hat sich das Griechentum in den folgenden Generationen zunächst von den umgebenden Barbaren schärfer abgegrenzt. – Alexander und die → Diadochen betrachteten sich als Nachfolger der Perserkönige. Daraus ergaben sich zwei Folgerungen. Die iran. Staaten, die aus dem Zerfall des Seleukidenreiches hervorgingen, bes. die → Parther, wurden stark von den Diadochen beeinflußt. Diese selbst hatten manche pers. Sitten übernommen (Hofzeremoniell, z.B. → Proskynese, Königszelt, Tiergärten) und wurden ihrerseits wieder Vorbilder für den röm. Adel, wie die Dekoration der erhaltenen röm. Paläste mit Büsten und Gemälden hellenist. Herrscher und ihrer Tiergärten zeigt (s. u. H. 1). Erst seit Alexander wirkt das o. → Gottkönigtum als Vorbild auf die klassische Welt, in scharfem Gegensatz zur heroisch-tragischen Auffassung des Königtums, die der griech. Mythos schon für die → myk. Zeit bezeugt. Herrscherschicksale wie das Agamemnons und Odysseus' sind dem O. fremd. Wie in der archaischen, so sind in der klassischen und hellenist. Philosophie o. Elemente zu erkennen. Platon hat ägypt. Religion und Kunst hoch verehrt; das Iranische bei Platon ist umstritten. Orientalisches ist jedenfalls in der Lehre des Semiten → Zenon (3) v. Kition von dem über allem waltenden Schicksal (vgl. oben 15,25). Waren die Menschen seit Euripides immer mehr erschüttert von Wandelbarkeit und Unberechenbarkeit der Schicksalsgöttin, so gab neben der Isisreligion die Stoa die weltgeschichtlich bedeutendste Antwort: in grandioser Umkehr wurde das scheinbar Zufällige als Notwendigkeit, als Vorsehung gedeutet. Damit sind wir biblischer Lehre nahe, mit der sich Stoisches immer wieder verbunden hat. – Weltgeschichtlich bedeutender und mächtiger als die Wirkung des O.s auf Hellas war die umgekehrte. Die von Alexander d. Gr. und seinen Nachfolgern angelegten Kolonien hatten ihre griech. Theater (so → Babylon, → Seleukia am Tigris). Dort wurden die gleichen Agone abgehalten wie im Mutterland; nach diesem Vorbild mieteten parth. Könige griech. Schauspieler (berühmt ist die Aufführung der ‹Bakchen› des Euripides, bei der als Pentheus' Haupt das des eben besiegten Crassus diente). Ein armen. König, → Artavasdes, dichtete griech. Tragödien; ind. Lustspiele sind nicht ohne das Vorbild der neuen Komödie zu denken (Kalidasa, Sakuntala). – Den hellenist. Juden Alexandrias verdanken wir nicht nur die Übersetzung des AT ins Griechische, die → Septuaginta, an sich schon eine große sprachliche Leistung. Für die Durchdringung der Kulturen ist noch charakteristischer, daß ein → Ezechiel in einer Tragödie nach Euripides' Vorbild den Auszug der Kinder Israel aus Ägypten, ein → Philon (1) und ein Theodotos jüd. Geschichte in Epen darstellten. Solche Traditionen muß man hinter der hohen dichterischen Kraft von Teilen der Evangelien sehen, wie es Bethe an der Leidensgeschichte bei Marcus gezeigt hat. – Die Durchdringung griech. und orient. Elemente im NT ist noch umstritten. So stark die hebr. Wurzeln des Evangeliums sind, ist es doch griechisch in einer Griechisch sprechenden Umwelt verkündet worden, als Antwort auf die ewige griech. Frage nach einem neuen Leben aus der Wahrheit, mit der Forderung eines Lebens aus dem Geiste und der Verheißung einer Auferstehung in eben diesem Leben. Die Forderung und Verheißung aus dem Mund eines Gottessohnes, der wirklich auf Erden gelebt hat, unterscheidet das Christentum am tiefsten von den Mysterienreligionen,

die damals Erlösung versprachen. Die Liebe, die Christus und die Jünger verbindet, hat kein o. Vorbild, sondern erinnert an die griech. Philosophen, an Sokrates und Epikur. Die Ausrichtung auf die Gestaltung des Lebens verbindet griech. und alttestamentl. Erbe. Von jenem stammt die stete Bereitschaft, die Welt bildend zu durchdringen; von diesem die Führung durch den Herrn. Vereinfachend hat Morenz gesagt: für griech. Frömmigkeit ist die Nähe der Gottheit, für den Menschen der östl. Mittelmeerwelt aber ihre Distanz kennzeichnend; im Christentum begegnen sich beide Auffassungen.

[6] Im ganzen darf man sagen, daß die Griechen die Nachbarkulturen in ihrer Eigenart eher verstanden und in Kraft und Ausprägung gesteigert haben, im Gegensatz zu der röm. Kultur, die nach den Pun. Kriegen ihre eigene Form gewinnt und die Nachbarkulturen überlagert, indem sie sich wie eine Heilslehre ausbreitet. (Erst jetzt beginnt sich die relativ einheitliche Kultur herauszubilden, die Griechen und ‹Barbaren› vereint; sie wird oft fälschlich → ‹hellenistisch› genannt, aber dieser Begriff sollte der Zeit von Alexanders Tod bis zum Beginn der röm. Weltherrschaft um 150 v.Chr. vorbehalten werden.) In Mesopotamien entstehen neben den hellenist. großartige spätbabylon. Bauten; der Hellenismus geht dort mit einer Restaurationsepoche der einheimischen Tradition zusammen. Dagegen ist für die → parth. und die → sassanidische Kunst die Synthese einheimischer und griech.-röm. Traditionen charakteristisch (→ Hatra). So übernehmen die Sassaniden den röm. Typus der Unterwerfung vor dem Kaiser. Daß in der sassanid. Kunst das Westliche mehr zurückgedrängt wird, hängt damit zusammen, daß das Orientalische zum Medium einer transzendierenden Haltung wird, parallel zur → Kunst (II) der christl. → Spätantike, deren strenge symmetrische Flächigkeit ebenfalls eine Affinität zu Orientalischem hat. – Mit der geschilderten Eigenart der röm. Kultur mag es zusammenhängen, daß die Wirkung der griech. Kunst auf → Indien in der → Ghandarakunst erst in der Römerzeit manifest wird; aber es ist doch die griech. Grundlage, die hier durch achämenidische Vermittlung seit Aschoka zum erstenmal monumentale Kunst entstehen läßt. Die neugefundenen griech. Inschriften von übersetzten Texten Aschokas bezeugen am besten die geistige gegenseitige Durchdringung. Durch die buddhistische Wanderung nach China wird dann auch dort die Entstehung monumentaler Kunst mit klassischen Elementen angeregt. Besonders deutlich ist die griech. Einwirkung in Pakistan und Afghanistan.

H. Italien und der Orient. [1] Italien und bes. Sizilien sind schon seit der neolith. Buntkeramik mit dem O. verbunden, stärker in der frühen Bronzezeit (→ Schnabelkannen, Sanduhrgefäße, Knochenleisten mit runden Reliefscheiben wie in Troja, Werkzeuge und Waffen). Sehr stark ist dann das myk. Element, bes. auf den liparischen Inseln, aber auch in Süditalien (Tarent). Mit der myk. Herrschaft mag es zusammenhängen, daß Phönizisches an der Ostküste Siziliens fast fehlt. Die → *Etrusker* sind durch die Nachrichten über ihre Herkunft, wie man sie auch beurteilen möge, mit Kleinasien verbunden; Bestätigung bringen Bestattungssitten (s. oben C[2], 2148), während der reiche urartäische und phön. Import der frühen Etruskergräber auch anders erklärt werden könnte. «Gold und Silber, Elfenbein und kostbare Hölzer, arabische Wohlgerüche und Spezereien, Straußeneier, Purpurgewebe, Edelgestein, auch in verarbeiteter Form (Skarabäen), Bergkristall und Arbeiten aus Glas und Glasfluß, Geparden und Affen und gewiß viele andere Herrlichkeiten aus dem Morgenland konnte der griech. Zwischenhändler niemals so günstig liefern wie der Schiffsherr aus Karthago oder Tyros» (v. Duhn). Noch den Römern war eine pun. Handelsstation am Meer bei Caere bekannt (Punicum). – Die Etrusker gebrauchen Kragstein- und Keilsteingewölbe, wie sie in Mesopotamien und Ägypten seit dem 3. Jt. nachweisbar sind, häufiger als die Griechen, doch werden sie rasch von der griech. Kultur so sehr beeindruckt, daß ihre eigene bald zu einer Provinz der griech. wird. Dabei bezeugt aber die Häufigkeit der Aeneasbilder im arch. Etrurien, daß man sich einer o.-trojanischen Herkunft bewußt war. Phryg. Mützen sind in etrusk. Tradition auch noch in der röm. republikan. Kunst häufig. – Der italische Sinn für das Räumliche bricht wieder durch, sobald mit der röm. Weltherrschaft nach dem 2. Pun. Krieg das griech. Vorbild seine normative Kraft verliert. Nun verwenden umgekehrt die Griechen im Dienst der Römer das → Gewölbe immer freier, schaffen gewaltige axialsymmetrische Platzanlagen, wie wir sie aus Ägypten kennen, und Terrassierungen nach ägypt. und pers. Vorbild. Pers. Baldachinmotive und Paradeisoi (Tiergärten, → Jagd) werden durch hellenist. Vermittlung Grundmotive röm. Wanddekoration (→ Malerei D 3ff.), die auch in erstaunlichem Umfang ägyptisierende Motive verwendet.

[2] Für Italien war es immer charakteristisch gewesen, sich an einer höheren Nachbarkultur zu bilden. So hatten sich die Etrusker zu den Griechen verhalten, und die Römer folgten ihnen, konnten sich nun aber nach den pun. Kriegen nicht mehr an eine hohe zeitgenössische griech. Kunst anschließen, wie einst die Etrusker, sondern mußten sich wie die damaligen Griechen selbst der klassischen Vergangenheit zuwenden. Dieser → *Klassizismus* ist charakteristisch für einen idealisierenden, ja transzendierenden Zug röm. Wesens, der sich in der Transzendenz der christlichen Antike erfüllt und sich zunächst der o. Religionen als Medien bedient. Ihr emotionelles und irrationales Element entsprach ihm mehr als die geistig so hoch überlegene klassische Religion. Wichtiger als der phryg. → Kybelekult, der schon 204 v. Chr. in Rom offiziell eingeführt wurde, war die Ausbreitung der → Isisreligion, die literarisch zunächst mehr für untere Schichten bezeugt ist, aber nach dem Zeugnis der röm. Fußboden- und Wanddekoration schon im 1. Jh. v. Chr. bei den Gebildeten die geläufigsten Symbole für das Verlangen nach Weihe des Daseins ergab – wohl weil das Beispiel alexandrin. Herrscher wirkte und noch mehr, weil die alexandrin. Isistheologie das ganze klassische geistige Erbe in ihren Dienst gestellt hatte.

[3] Gern folgten die Römer *in Asien einheimischen Religionen*, nicht den dort ansässig gewordenen griechischen; so in Kleinasien der → Kybele statt der olympischen Götter, in Syrien der → Dea Syria und des → Baal. Das Heiligtum von → Baalbek ist sofort nach der röm. Eroberung Syriens in der großartigsten Weise angelegt worden, an einem Ort, wo es keinen bedeutenden hellenist. Kult gegeben hatte. So wurde auch der jüd. Kult, den die späten → Seleukiden bekämpft hatten, zunächst begünstigt, bis religiöser Eifer zum Aufstand und zur Zerstörung von Jerusalem führte (70 n. Chr.; vgl. → Judentum B 5). Seit dem 2. Jh. n. Chr. wurde wichtiger als der Isiskult der vor allem im Heer verbreitete des → Mithras.

[4] Die röm. Anverwandlung der o. Religionen bedeutete also in keiner Weise eine Orientalisierung Roms; im Gegenteil gewinnt die *Kunst* nicht nur in Griechenland ‹röm.› Charakter, sondern auch im Gebiet des Alexanderreichs, und sie wirkt, wie schon angedeutet, weit nach Asien. So findet man in Baalbek nur wenige einheimische Elemente wie den Turmaltar vor dem Jupitertempel. Durch o. Zeitlosigkeit stärker modifiziert wird das klassische Erbe im Parthischen, das wir am besten aus → Palmyra kennen, und im Sassanidischen, auch in Nordafrika. Dadurch entsteht eine Betonung der Frontalität, deren spätantike Form, wie Will gezeigt hat, nicht im O., sondern in der klassischen Welt wurzelt und erst durch die Verbindung mit dem strengen stereometrischen Gefüge o. Tradition einen neuen, wirkungsvollen Charakter erhält. Solche orientalisierenden Kultreliefs wurden mit ihren

Kulten im Reich verbreitet, aber die Ausbildung der spätantiken Form geht aus folgerichtiger röm. Entwicklung hervor und nicht auf o. ‹Einfluß› zurück. Überraschend stark ist die Wirkung Roms auf → Ägypten (II C) im 1. Jh. v. Chr., schon bevor es 30 v. Chr. röm. Provinz wurde. Während sich der Berliner → ‹Grüne Kopf› noch als spätklassisch-organische Umbildung ägypt. Tradition deuten läßt, sind ägypt. Porträts des 1. Jh.s von röm. Bildauffassung geprägt, wie die unter → Tiberius (oder erst in claudischer Zeit?) beginnenden → Mumienporträts: es ist italisch, wie realistisch gerade die Züge des Antlitzes festgehalten werden sollen, so ägyptisch auch der Körper balsamiert und bandagiert wird. Die röm. Einwirkung versteht man besser, wenn man bedenkt, daß der Alexandriner → Lykophron (2) schon im 3. Jh. v. Chr. in seiner Alexandra die Größe Roms prophezeit hatte. – Umgekehrt werden mit der Isisreligion (s. o.) auch ihre Kunstmotive in Rom seit dem 2. Jh. begierig aufgenommen. Damals ist der erste Isistempel in → Puteoli bezeugt. Der großartigen Ausgestaltung des Fortunaheiligtums von → Praeneste im 2. Jh. folgt unter → Sulla eine Erweiterung mit ägyptisierenden Mosaiken. In der Folge herrschen ägyptisierende Motive in der Wanddekoration (→ Malerei D 4). Sie bezeugen, welche Emotionen sich in weiten Kreisen mit diesen Vorstellungen verbanden, sogar solange der Isiskult unter Augustus und Tiberius offiziell verboten war. In der späten Republik wurden sie auch in der politischen Propaganda verwendet (Münzen) und sind ein beliebtes Motiv der Dichtung (Hor. carm. 3,26,9; Ov. am. 3,6 und oft). Die → Tazza Farnese setzt die Räumlichkeit der röm. Dekoration ‹zweiten Stils› voraus; ihr Relief ist die kostbarste röm. Verherrlichung Ägyptens, die wir besitzen; sie könnte eine Weihung des → Antonius (2) sein. War die ägypt. Formenwelt von den Griechen im Sinn ihrer organischen Körperauffassung umgedeutet worden, so wird sie in der Römerzeit transzendierend interpretiert. Mit der Wiedererrichtung ägypt. → Obelisken (zuerst jetzt für Cornelius → Gallus (3) im Forum Iulium in Ägypten selbst bezeugt) übernehmen die Römer ein uraltes Hoheitssymbol, so wie auch die Pyramidenform für → Gräber (E 2) schon im Hellenismus in Syrien und in der Cestiuspyramide in → Rom (IV D 11) selbst übernommen worden ist. Die Errichtung der Obelisken muß mit der direkten Unterstellung Ägyptens unter den Kaiser zusammenhängen.

[5] Während die einheimischen Bildtraditionen mehr oder weniger überlagert werden, bewahrt die Macht der Isisreligion ägypt. Bauformen und Bildmotive, obwohl sie dem Gehalt der neuen Lehre längst nicht mehr entsprachen. Sie verschwinden plötzlich mit dem Sieg des *Christentums*, waren sie doch zu bloßen Zeichen einer Lehre geworden. Aber Ägypten als Idee, wie es besonders bei Plutarch hervortritt, behält für das Abendland geheimnisvollen Zauber. Wichtiger ist die Nachwirkung ägypt. theologischen Denkens in der → neuplatonischen Philosophie und bes. in der christl. → Alexandrin. Theologie. Platons Anliegen der Explikation des Vielen aus dem Einen findet sich bei dem aus Oberägypten stammenden → Plotin in der Weise ägypt. Theologie modifiziert. Im christl. → ‹koptischen› Ägypten freilich erhält sich nur noch die Sprache, die nun aber auch mit griech. Buchstaben geschrieben wird, ergänzt durch einige Zeichen für charakteristische ägypt. Laute; ferner das hieroglyphische Zeichen für Leben. Durchgebildete Hierarchie (seit Bischof Demetrios um 180) und hochentwickelte Theologie lassen auf lange Entwicklung schließen, die sich in Lehrern wie → Clemens (2) und → Origenes und in Patriarchen wie → Athanasios und → Kyrill großartig fortsetzt. Das Klosterleben der Kopten hat durch seine Regeln (von → Hieronymus übersetzt) und den Grundzug tätigen Schaffens (das in der Tradition ägypt. Tempelwerkstätten steht) das abendländische → Mönchtum entscheidend beeinflußt. Neben Alexandria waren andere, ebenso wichtige Zentren altchristl. Theologie → Kappadokien, mit → Konstantinopel verbunden, und → Syrien, bes. → Antiochia (vgl. → Christentum V E 3). Jedoch haben sich hier die einheimischen Elemente viel weniger ausgewirkt. K. Schf.

Lit: Zu A und B: F. Creuzer, Symbolik und Mythologie der alten Völker, 1810–11 – J. Strzygowsky, O. oder Rom, 1901 – Ders., Hellas in des O.s Umarmung, 1902 – Ders., Kleinasien, ein Neuland der Kunstgesch., 1903 – F. Cumont, Die orient. Religionen im röm. Heidentum (1906), 1914² – W. Dörpfeld, Alt-Olympia, 1935, 290 bis 395 – J. J. Bachofen, Ges. Werke, 1943 ff. – *Zu C:* J. Wiesner, Grab und Jenseits, 1938 – K. Sethe, Vom Bilde zum Buchstaben, mit Nachwort von S. Schott, 1939 – R. von Heine-Geldern, China, die ostkasp. Kultur u. die Herkunft der Schrift, Paideuma 4, 1950, 51–92 – J. von Beckerath, Der ägypt. Ursprung unseres Kalenders, Saeculum 4, 1953, 1–12 – Schefold, Mw 1–3 – *Zu D [1]:* A. Debrunner, Griechen, RV IV, 1926, 517–528 – F. Matz, Die frühkret. Siegel, 1928 – J. D. S. Pendlebury, Aegyptiaca, 1930 – H. Mode, Ind. Frühkulturen, 1944 – K. Schefold, Unbekanntes Asien in Altkreta, WG 15, 1955, 1–15 – F. Schachermeyr, Die ältesten Kulturen Griechenlands, 1955 – J. Vercoutter, L'Egypte et le monde égéen préhellénique, 1956 – F. Schachermeyr, Die min. Kultur, 1964 – *Zu D [2]:* F. C. Movers, Die Phönizier, 1841–1859 – H. Frankfort, Notes on the Cretan Griffin, BSA 37, 1936/37, 106–122 – W. Baumgartner, Israelit.-griech. Sagenbeziehungen, Schweiz. Arch. f. Volksk. 41, 1944, 1–29 – K. Schefold, Die Bergvölker, Hellas und Palästina in frühgeschicht. Verbindungen, Schweiz. Beitr. z. allg. Gesch. 4, 1946, 236–246 – H. G. Güterbock, Mythen vom churrit. Kronos, 1946 – H. J. Kantor, The Aegean and the Orient in the second Millennium, 1947 – H. Cahn, Die Löwen des Apollon, MH 7, 1950, 185–199 – F. Dornseiff, Antike und Alter Orient (1950), in: Kl. Schr. I, 1956 – R. D. Barnett, Nimrud Ivories, 1957 – A. Dessenne, Le Sphinx, 1957 – Ders., Le Griffon, BCH 81, 1957, 203–215 – H. Herter, Die Ursprünge des Aphroditekultes, in: ‹Eléments orientaux dans la religion grecque ancienne›, 1960, 61–76 – R. D. Barnett, Some Contacts between Greek and Oriental Religions, ebd. 142–153 – D. Harden, The Phoenicians, 1962 – S. Morenz, Die oriental. Herkunft der Perseus-Andromeda-Sage, FuF 36, 1962, 307–309 – J. Dörig, Der Kampf der Götter und Titanen, 1962 (vgl. aber H. Erbse, Oriental. u. Griech. in Hesiods Theogonie, Philol. 108, 1964, 2–28) – *Zu E und F [1]:* F. Poulsen, Der Orient und die frühgriech. Kunst, 1912 – E. Kunze, Zu den Anfängen der griech. Plastik, AM 55, 1930 – Ders., Kret. Bronzereliefs, 1932 – P. Demargne, La Crète dédalique, 1947 – Schefold, O. H. R., 30 ff. – G. Unger RV VIII, 1924, 202 (Mischwesen) – H. Sichtermann, Ganymed (ca. 1949), 64 – D. Ohly, Griech. Goldbleche, 1953 – T. B. L. Webster, From Mycenae to Homer, 1957 – E. Iversen, The Egyptian Origin of the Greek Canon, Mitt. Kairo 15, 1957, 134–147 – M. Sakellariu, La migration grecque, 1958 – C. Roebuck, Ionian Trade and Colonization, 1959 – Ch. G. Starr, The Origins of Greek Civilisation 1100–650, 1961 – R. D. Barnett, Orient. Infl. on arch. Gr., in: The Aegaean, 1956, 212–238 – H. Drerup, Zur Herkunft des griech. Ringhallentempels, in: Festschr. F. Matz, 1962, 32–38 – *Zu F [2]:* E. Bethe, Buch und Bild im Altertum, 1945 – K. Weitzmann, Ancient Book Illumination, 1959 – K. Levin, The Male Figure in Egyptian and Greek Sculpture of the Seventh and Sixth Centuries B. C., AJA 68, 1964, 12–28 – *Zu F [3]:* H. Frankfort, Achaemenian Sculpture, AJA 50, 1946, 6–14 – G. M. A. Richter, Greeks in Persia, AJA 50, 1946, 15–30 – J. Boehlau und K. Schefold, Larisa I, 1940 – A. W. Lawrence, Acropolis and Persepolis, JHS 71, 1951, 111–119 – O. Amandry, Toreutique achéménide, AntK 2, 1959, 38 bis 56 – R. Young, Gordion of the Royal Road, TAPhA 107, 1963, 348–364 – *Zu G [1] und [2]:* K. Schefold, Zur hellenist. Theologie Alexandrias, in: Antidoron, Festschr. E. Salin, 1962, 167–181 – R. Anthes, Affinity and Difference between Egyptian and Greek Sculpture, and Thought in the 7th and 6th cent. B. C., TAPhA 107, 1963, 60 ff. – S. Morenz, Die Begegnung Europas mit Ägypten, (im Druck) – *Zu G [3]:* F. Lorentz, Barbaron Hyphasmata, RM 52, 1937, 165–222 – O. Broneer, The Tent of Xerxes, Univ. of Calif. Publications in Class. Arch., 1944, 305–312 – A. Alföldi, Gewaltherrscher und Theaterkönig, Studies in Honor of A. M. Friend, 1955 – G. M. A. Richter, Greek Portraits of the 5th century, Rend. Pont. Acc. 34, 1961/62, 53–57 – Helen H. Bacon, Barbarians in Greek Tragedy, 1961 – R. Lullies, Vergoldete Terrakottaappliken aus Tarent, 1962, 83 ff. – *Zu G [4] und [5]:* F. Studniczka, Das Symposion Ptolemaios' II., Abh. Leipzig 30,2, 1914 – E. Bethe, Die griech. Dichtung, 1924, 324. 374–378 – Schefold, O. H. R., 133 – Ders., Hellenist. Theologie, a. O. (s. o. zu G [1]) – F. K. Dörner und R. Naumann, Forschungen in Kommagene, 1939 – J. Kerschensteiner, Platon und der Orient, 1945 – C. Schneider, Geistesgesch. des antiken Christentums, 1954 (dazu die von K. Schefold, Griech. Kunst als rel. Phänomen, 1959, 131, verzeichneten Rezensionen) – M. Wheeler, Rome beyond the Imp. Frontiers, 1954 – S. Morenz, Herk. u. Frühgesch. d. Christentums, ThLZ 80, 1955, 525–533 – F. Taeger, Charisma, 1957 – L. Cerfaux et M. Tondriau, Le culte des souverains, 1957 – B. Rowland, Ghandara, 1960 – D. Schlumberger, Descendants non méditerr. de l'art grec,

Syria 1960, 131–318 – E.Will, L'art sassanide et ses prédécesseurs, Syria 1962, 45–63 – Mémoires de la délégat. arch. en Afghanistan, 1928ff. – D.Schlumberger, Surkh Kotal, Proc. Brit. Acad. 47, 1962, 77–95 – Ders., Une nouvelle inscription grecque d'Acoka, CRAI 1964, 1–15 – J.H.Young, Commagenian Tiaras: Royal and Divine, AJA 68, 1964, 29–34 – H.Möbius, Alexandria und Rom, Abh. München N.F. 59, 1964 – *Zu H[1]–[3]:* F.Cumont, Die oriental. Religionen im röm. Heidentum (1906), 1914² – F.von Duhn, Italien und der Orient, RV VI, 1926, 113–121 – A.Alföldi, Die trojan. Urahnen der Römer, 1957 – L.Bernabò Brea, Sicily before the Greeks, 1957 – P.Merlat, Iuppiter Dolichenus, 1960 – R.van Compernolle, L'hellénisation de la Sicile, 1961 – F.Biancofiore, La civiltà micenea nell'Italia meridionale, 1963 – M.J.Vermaseren, Etudes préliminaires aux religions orientales dans l'empire romain, 2 Bde, 1961/62 – Ders., Mithras, 1963 – H.Jucker, Aegyptiaca, Jb. Mus. Bern 1961/62, 289 bis 330 – P.F.Tschudin, Isis in Rom, 1962 – Schefold, VP – Ders., Röm. Kunst als rel. Phänomen, 1964 (verzeichnet S. 112 die Arbeiten von A.Alföldi und H.P.L'Orange zu den o.Wurzeln des monarchischen Zeremoniells und der kaiserlichen Bildsymbolik) – V.Tran Tam Tinh, Le culte d'Isis à Pompéi, 1964 – O. Kosmokratorvorstellung in Rom: O.Brendel, Gnomon 36, 1964, 504–506 – *Zu H[4]:* P.Collart, L'autel monumental de Baalbek, 1951 – H.Ingholt, Parthian Sculptures from Hatra, 1954 – E.Will, Le relief cultuel gréco-romain, 1955 – K.Michalowski, Palmyre, 1959 – R.Ghirshman, Iran. Parther und Sassaniden, 1962 (dazu K.Erdmann, Gnomon 36, 1964, 485) – G. von Kaschnitz-Weinberg, Die Baukunst im Kaiserreich, 1963 – *Zu H[5]:* M.Krause, Ägypten, in: Reallex. zur byz. Kunst I, 1963, 61–90 – S.Morenz, Fortwirken altägypt. Elemente in christl. Zeit, in: Koptische Kunst, Katalog der Ausstellung Essen, 1963.

Orientalisierend, archäologische Bezeichnung der auf die → geometrische Zeit folgenden Stilperiode der → griech. Kunst vor allem im 7.Jh.v.Chr., die bes. auf bemalten Vasen, Gold-Elfenbein- und Erzreliefs erhalten ist. Der Begriff spricht für die vielen und vielschichtigen Beziehungen zwischen griech. und orientalischer Kunst (→ Orient und Antike E. F 1). D.Sch.

Lit: P.Bocci, EAA 5, 1963, 749–760 s.v. Orientalizzante, arte.

Orientius (Oriens), erster gut bezeugter Bischof von Auch (Aquitanien), um 400 n.Chr., im hohen Alter 439 als Gesandter → Theoderichs I. bei → Aetius und Litorios tätig. Verfaßte ein paränetisches Lehrgedicht in Distichen (sog. Commonitorium; 2 Bücher) und 24 Gebete in Versen (nur 2 erhalten). C.A.

Ed: PL 61, 974–1000 – CSEL 16, 191–261 – C.A.Rapisarda, Catania 1958 – *Lit:* C.A.Rapisarda, Introduzione critica ad Orienzio, 1958.

Origenes, 185–253/4, bedeutendster Gelehrter der frühchristl. Zeit. O. trat (ca. 203) mitten in der Verfolgung durch → Septimius Severus (Märtyrertod seines Vaters Leonidas 201/2) die Nachfolge des → Clemens (2) in der Leitung der Katechetenschule in Alexandria an. Nicht gesichert ist, ob diese offiziell dem Bischof von Alexandria unterstand (so Hier. vir. ill. 54). Auf jeden Fall wurden O. die guten Beziehungen verübelt, die er zum Bischof von Caesarea Pal. hergestellt hatte; dort predigte O. 215, obwohl er nicht Presbyter war; und er wurde 230 zum Presbyter geweiht, obwohl er sich im Übermaß asketischen Bemühens selbst entmannt hatte. Der Bischof von Alexandria forderte daraufhin Aberkennung der Presbyter-Würde und setzte die Ausweisung des O. aus Alexandria durch. O. siedelte nach Caesarea über, wo seine kirchliche Würde anerkannt blieb. In der hier begründeten Schule vermittelte er jungen Theologen die für die Auseinandersetzung mit griech. Philosophie und → Gnosis notwendige gründliche hellenist. Bildung; er legte denGrund zur textkritischen Durcharbeitung des AT mit den Methoden der Homer-Forschung eines → Zenodot oder → Aristarch und mit ähnlicher Wirkung für die Fixierung des Textes: In sechs Kolumnen (daher: ‹*Hexapla*›) wurde der hebr. Text (original und in griech. Transskription) den Übersetzungen der → Septuaginta, des Symmachos, des Akylas und des Theodotion gegenübergestellt. Die von → Aristarch eingeführten kritischen Zeichen wiesen auf Wiederholungen (= Doppelfassungen) und in ihrer Echtheit verdächtige Stellen hin. Hand in Hand damit ging die Erklärung des AT: 1. Die *Scholien* waren vermutlich nicht zur Veröffentlichung bestimmt; es sind knappe Notizen zu einzelnen Stellen, die z.T. zur Kenntnis einzelner Autoren (→ Irenaeus, → Eusebios) gelangten oder in Katenenwerken mitgeführt werden. – 2. Solche Scholia konnten sich zu (annähernd) kontinuierlichen *Kommentaren* zusammenschließen, die auch gegen andere Erklärer abgrenzten (so im Komm. zu Joh. gegen den Gnostiker Herakleon). Die im ganzen nüchterne, meist historisch-antiquarische Erklärungsweise kann sich mit kühner → Allegorese verbinden. Wohl ist O. bestrebt (vgl. Komm. in Joh. 10, 3), ein System zu entwickeln, wann und warum natürlich (buchstäblich), ethisch oder mystisch erklärt werden soll (Lehre vom dreifachen Schriftsinn); vor allem dient ihm jedoch die mystische = allegorische Erklärweise dazu, anstößige Stellen des AT ‹richtig› zu verstehen. – 3. Gegenüber Scholien und Kommentaren dienen an die 600 *Homilien* der Texterklärung für den Laien; meist mündlich vorgetragen, wurden sie von Stenographen mitgeschrieben; auf griech. erhalten sind nur mehr 21, in der lat. Übersetzung des → Rufinus weitere 174. – Vom *dogmatischen Werk* ist nur die Schrift *Περὶ ἀρχῶν* (de principiis) in der abmildernden lat. Übersetzung des Rufinus erhalten, dazu eine Sammlung derjenigen Stellen, die in der zweiten Phase des → origenistischen Streites als häretisch inkriminiert wurden; weitere Stücke bietet die von → Basilius und → Gregor v. Nazianz angelegte ‹Philokalia›. Es ist insofern eine christl. Dogmatik, als der philosophische Ertrag der Glaubenslehre herausgearbeitet wurde; später wurde der durchaus legitime Versuch ‹verketzert› (s.u.). – Fast gänzlich verloren sind O.s Schriften über die Auferstehung und seine ‹Teppiche› (*Στρωματεῖς*), die offenbar das gleich betitelte Werk des → Clemens (2) fortführten. Auch von den über 100 Briefen ist bis auf geringe Reste nichts erhalten. – Auf die Praxis gerichtet sind die Werke über das Beten (*Περὶ εὐχῆς*) und die Mahnschrift, in der Verfolgung standzuhalten. – Den Gipfel → *apologetischen Schrifttums* stellt das Werk gegen den einflußreichen *ἀληθὴς λόγος* (um 180) des Platonikers → Kelsos dar; gegenüber dem Vorwurf, die Christen besäßen weder den wahren Logos noch den wahren Nomos, lösten sich aus der kulturellen Einheit der damaligen Welt heraus, beruft sich O. auf die Priorität der mosaischen Überlieferung, auf den höheren Wert jüd.-christl. Ethik; scharf rechnet er mit der ahistorischen Logos-Philosophie des Platonikers ab, der kein allen darum Bemühten erreichbares Heil aufzuzeigen vermag. Die Polemik gegen die Transzendental-Philosophie Platons erreicht in 7, 42 ihren Höhepunkt (vgl. → Christentum V C 4). – O. hat die Entschiedenheit seines christl. Bekenntnisses mehrfach mutig bewiesen: zuerst 202 in der Verfolgung unter Septimius Severus, dann 235/6 unter → Maximinus Thrax, zuletzt 249/50, als man ihn während der Verfolgung unter → Decius gefangenhielt und folterte. Dieses Eintreten und seine hohe Wertschätzung der kirchlichen Lehre zeigen ihn als Christen, nicht als Platoniker. In platonischer Philosophie gebildet wie → Clemens (2) und → Eusebios, hat er sie im Gegensatz zu ihnen nicht mit dem Christentum vereinbar gehalten und sich im Grundsätzlichen wie im Einzelnen gegen sie abgegrenzt, z.B. gegen ihren Gottesbegriff (abstrakt, gestuft, nur wenigen erkennbar). Wohl aber erschien ihm möglich und nötig, daß die universale Lehre des Christentums ihren Ausdruck nicht nur im AT und NT, sondern auch in philosophischer Form fände; diesen von der → alexandrinischen Theologie übernommenen Ansatz hat O. zu seiner größten, nie wieder erreichten und bald mißverstandenen Höhe geführt.

Q: Hier. vir. ill. 54 – Eus. hist. eccl. 6, 19ff. – → Greg. Thaumat. In Orig. – *Ed:* PG 11–17; im CGS bisher 12 Bde., in den SC Homilien zum Cant. (1954), Jos. (1960), Lk. (1963) – Rekonstruktion der Hexapla: F.Field, 2 Bde, 1871/5 – C. Dibonitis-A.v.Harnack, Der Scholienkommentar des O. zur Apk. des Joh., TU 38, 3, 1911 (Sammlg. von Einzelscholien) – J.Scherer, L'entretien d'O. avec Héraclide, SC 67, 1960 – *Lit:* E. de Faye, O., 3 Bde, 1923–28 – W.R.Inge, O., 1946 – A.v.Harnack, Der kirchengesch. Ertrag der exeget. Arbeiten des O., 1920 – Hal Koch, Pronoia und Paideusis Studien über O. und sein Verhältnis zum Platonismus, 1932 – A. Lieske, Die Theologie der Logos-Mystik bei O., 1938 – C. Andresen, Logos und Nomos, Die Polemik des Kelsos wider das Chr., 1955 – H. Crouzel, Théologie de l'image de Dieu chez O., 1956 – Ders., O. et la ‹connaissance mystique›, 1959 – Weiteres siehe Altaner, 180ff. – Bibliographia Patristica, 3ff., 1958ff.

[2] Der *origenistische Streit*. Während die Anerkennung des → Christentums (II B, V D 2) als Staatsreligion und die Konsolidierung der Orthodoxie gegen Ende des 4. Jh.s die übrige christl. Literatur der Kampfzeit vor 300 unwichtig werden ließ, forderte das hohe Ansehen des Origenes eine Auseinandersetzung mit seinen dogmatischen Formulierungen, die mit dem ὁμοούσιος von Nikaia nicht vereinbar waren. Der so entstehende origenistische Streit hat zwei Phasen: in der *ersten* (393–404) waren → Epiphanios von Salamis und Theophilos von Alexandria die Wortführer. Einzig → Rufinus verteidigte das Ansehen des O., mußte freilich zu der These Zuflucht nehmen, seine Schriften seien von Häretikern interpoliert und entstellt; er gab einige von ihnen in entsprechend ‹gereinigter› Form heraus. Inzwischen wurde die Lektüre der Schriften des O. zunächst von einer Synode in Ägypten, dann von Papst Anastasios I. und endlich durch kaiserliches Edikt verboten (400–402). – *Zweite Phase:* In den Sabas-Klöstern südl. von Jerusalem war O. in vollem Ansehen geblieben; von hier ging um 543 eine origen. Bewegung aus, die Bedeutung erlangte, weil sie Vertrauensleute am Kaiserhof hatte. → Justinian verdammte jedoch (Brief an Menas) die Häresie des O., dies Verdammungsurteil wurde 553 auf dem (5.) Konzil zu Konstantinopel wiederholt. – In beiden Phasen spielten neben der Grundsatzfrage kirchenpolitische Intrigen eine große Rolle. Vgl. → Christentum II E. H. D.

Lit: K. Holl, Die Zeitfolge des 1. o. S. (1916), in: Ges. Aufs. II, 1928, 310–350; vgl. A. Jülicher, SB Berlin 1916, 256–275 – F. Diekamp, Die o. Streitigkeiten im 6. Jh., 1899 – Vgl. → Rufinus – Dict. Théol. Cath. XI, 1565–88, s. → Origénisme – Dict. Apologétique III 1228–58.

2. **O.,** → Neuplatoniker, 3. Jh. n. Chr., wie → Plotin Schüler des → Ammonios (2) Sakkas. Von seinen Lehren hauptsächlich faßbar, daß er (gegen → Numenios oder → Plotin) behauptet, es gäbe über dem Demiurgen (νοῦς) kein höheres (überseiendes) Prinzip. Die immer wieder versuchte Identifizierung mit dem Christen → Origenes (1) ist wohl unmöglich. Ph. M.

Lit: K.-O. Weber, O. der Neuplatoniker, 1962.

Orion, in Böotien verehrter großer Jäger. Eigenartige Geburtssage (Ov. fast. 5, 495ff. mit Komm. von F. Bömer, 1957). Seine erste Gattin Side wird von Zeus in den Hades geworfen, weil sie mit Hera wetteifern wollte. O. wirbt um oder bedroht Merope, die Tochter des → Oinopion, der ihn daraufhin blendet. O., durch einen Knaben in den fernsten Osten geführt, gewinnt durch einen Sonnenstrahl das Augenlicht zurück. Zurückgekehrt, wird er von Artemis getötet, entweder aus Eifersucht auf Eos, die ihn liebte (Hom. Od. 5, 121ff.; 11, 572ff.), oder weil er sie im Diskuswurf herausforderte oder weil er einem Mädchen ihres Gefolges, Opis (Apollod. 1, 25–27), oder gar Artemis selbst nachstellt (Arat. 634ff.). Die letzte Sage, in der er durch einen *Skorpion* getötet wird, ist wie die andere, daß er Pleione und ihre Töchter von Atlas, die *Pleiaden* verfolgte, aus der Nachbarschaft dieser Sternbilder zu dem seinen herausgesponnen. Vgl. → Sternsagen.

Lit: F. Wehrli, RE 18, 1 (1936), 1065–82 – *Darstellungen:* neben Apollon auf einer verschollenen Amphora (Beazley, ARV¹ 350, 11), vielleicht als Jäger auf einem Londoner Schalenfrg. (Beazley, ABV 168, 1) und einer Thermosmetope (Schefold, FS, Taf. 21). Wahrscheinlich zu erkennen auf dem Unterweltsbild der Odysseelandschaften (Beyen II, Abb. 150b; vgl. aber P. Zancani-Montuoro, Rend. Pont. Acc. 35, 1962/3, 67–77). – *Lit. dazu:* S. de Marinis, EAA V, 1963, 760–762. K. Schb.

2. **O.,** Grammatiker aus Theben (Ägypten), 5. Jh. n. Chr., verfaßte neben anderen Schriften ein Etymologikon, das in mehreren Auszügen überliefert und von den byzantin. → Etymologika oft exzerpiert worden ist. Der Wert des Lexikons besteht in der getreuen Wiedergabe guter Vorlagen. O. hat das bei den einzelnen Gewährsmännern vorgefundene Material zu Glossenreihen zusammengeordnet, die er unter jedem Buchstaben in annähernd gleicher Abfolge aneinanderfügte. Ihm haben u. a. vier Schriften des → Philoxenos (1) vorgelegen. H. E.

Ed: F. W. Sturz, 1820, 1 und 174 – Ders., Et. Gudianum, 1818, 611. – Eine Neuausgabe bereitet T. Rüsing vor – *Lit:* H. Kleist, De Philoxeni grammatici Alexandrini studiis etymologicis, Diss. Greifswald 1865 – C. Wendel, RE 18, 1 (1939), 1083–87.

Ornament

Vorbemerkung – A–C. Griechisches O.: A. Bauornament – B. Plastik und Gerät – C. Vasenmalerei – D. Römisches O. – Vgl. → Dekorative Kunst.

Vorbemerkung. Für griech. O.ik bezeichnend ist der evolutionäre Charakter, die periodische Erneuerung und Umwandlung des O.bestandes (worin sie sich von oriental. O.ik unterscheidet), die von gleichsam abstrakt geometrischen Motiven und Ordnungsschemata durch Aufnahme pflanzlicher Elemente stufenweise zu organisch-pflanzlicher O.ik führt. Das Ziel ist aber nicht die Pflanze, sondern die durch die pflanzlichen Bestandteile ausdrückbare organische Gestalt und Bewegung. Der O.bestand enthält stets nur eine kleine Zahl erstrangiger Typen und ein wachsendes Repertoire abgesunkener, auswahlweise verwendbarer ‹Muster›. Für die röm., bes. kaiserzeitl. O.ik gilt im allgemeinen, daß sie in einer gewissen veräußerlichten Umkehr des Entwicklungsganges bei auf die Spitze getriebenem Naturalismus im Detail doch weniger an organ. Gestalt des O.s interessiert ist, vielmehr das dem O. stets wesenseigene Ordnungsprinzip nach außen kehrt und in Kompositionen spielerischer Art mit großer Variationsbreite umsetzt, die beliebig in Architektur, Malerei (Wandmalerei) und aller Art von Gerät Anwendung finden kann. Die Aussage liegt im griech. O. wohl allein im Formalen, in der in ihm ausgedrückten Ordnung, Gliederung usw. Am deutlichsten spricht hier das geometrische O., da es die vorherrschende Form künstlerischer Äußerung der Zeit ist; aber auch später sichert der ausgesprochene Systemcharakter dem O. stets seinen Eigenwert. So ist es zu scheiden von nur dekorativ verwendeter Pflanzendarstellung (z. B. in Girlanden-, Efeu-, Ährenfriesen etc., die sich von figürl. Friesen nur im Thema unterscheiden). Ein Symbolgehalt des griech. O.s ist bislang zwar öfters vermutet, aber nicht nachgewiesen worden. Das röm. O. kann mit Bedeutsamkeit beladen sein, wie z. B. für die Ara Pacis Augustae nachgewiesen ist und auch sonst gelegentlich auf der Hand liegt, doch darf da wohl nicht verallgemeinert werden (s. u. D). Die antike O.ik ist selbständige Form. Sie ist nicht von handwerklichen Techniken (wie Weben, Knüpfen, Flechten etc.) herleitbar. Tier-O.ik (vgl. german. O.e) ist ihr fremd.

A. Bauornament. Es findet sich vom bloßen Zierat (z. B. Akroter, Kassettenfüllung) bis zur Stufe der Identität von O. und Bauglied (z. B. lesbisches Kyma).

[1] *Akroter.* Das Mittelakroter ist den Seitenakroteren an Bedeutung stets überlegen. Es ist, da zur Gebäudefront gehörig, streng frontal, da dem Treffpunkt zweier Giebelschrägen entwachsend, stets zweiteilig-seitensymmetrisch und durch die krönende Palmette zusammengefaßt. Die archaische Periode kennt neben figürlichen Akroteren Scheiben- und Anthemienakrotere (Abb. 167). Nur letztere sind im antiken Sinne Akrotere, da erstere, je nachdem sie stehen oder hängen, nur dekorativ gesteigerte Frontverkleidungen von Firstziegeln oder -balken sind. Scheibenakrotere haben Schachbrett-, Schuppen- und dgl. Muster in konzentrischen Bahnen, als Abschluß meist Blattstab. Bemalung braun, rot, blau auf hellem Grund. Anthemienakrotere sind in Ionien verbreitet. Über zwei gegenbewegten einfachen oder stehenden S-förmigen Voluten krönende

Palmette. Die Klassik bringt Anfang 5. Jh. das Rankenakroter (Abb.), bei dem zwei Rankenstämme den Aufbau bestimmen. Aus der logischen Abfolge von Bodenblättern, Stämmen, Nebenästen, Verjüngung und geflammter End-

Abb. 167 Akrotere: 1 Scheibenakroter vom Heraion (Olympia), 2 Anthemienakroter (Assos), 3 Akroter vom Parthenon (Athen).

palmette wie der bewegten Linienführung gewinnt dieses A. eine Dynamik, in der das im Bauwerk wirkende Kräftespiel gleichsam befreit sich darstellt; das ausgeprägt pflanzliche Element kontrastiert zur Strenge der Architekturform. Älterer Typus: die Ranken reliefhaft auf geschlossener Platte (Sunion, Apollonia) oder laubsägeartig ausgeschnitten (Ägina, Kaulonia); ausgearbeitet nur die Front. Jüngerer Typus: gegen 430 für den → Parthenon geschaffen. Außer weiterer Angleichung an pflanzliche Formen (kannelierte Stämme, Stengelknoten mit Hüllblättern, Akanthisierung u.a.) bringt es vollplastische Ausbildung. Diese Form bleibt, im einzelnen bereichert, bis Ende des 4. Jh.s

Abb. 168 Sima: 1 Palmetten-Lotos-Sima, 2 Sima-Anthemion, 3 Ranken-Sima.

gültig. Zugehörig halbe Seitenakrotere. Sonderform: am Rundbau in → Epidauros bilden mehrere mit dem Rücken gegeneinander gesetzte Akroterhälften ein dem Bau gemäßes allansichtiges Akroter. Mit dem Hellenismus geht die Einheitlichkeit des Typus verloren. Neben Rundkompositionen stehen frontale, neben detailreich wuchernden Pflanzen ornamental unorganische. – Vereinfachte Kleinformen der Akrotere sind *Firstziegelreiter* und *Stirnziegelblenden*, bzw. *Sima-Anthemien* (Abb. 168, 2).

[2] *Sima* (Gesims). Die Traufsima unterscheidet sich von der Frontsima durch Wasserspeier und aufgesetzte Anthemien. Techniken von Bemalung bis Hochrelief und ausgeschnittener Arbeit. Die archaische Periode verwendet erst verschiedene Muster in Zonen übereinander, zuoberst Blattstab; dann in der auf eine Hauptzone vereinfachten Sima alternierende und gegenständige Palmetten-Lotosketten in Relief oder à jour. In der reifen Klassik Erneuerung der Dekoration durch die Rankensima: Rankenstämme, gleich denen des klass. Akroters organisiert und bewegt, durchwirken kleinere Simaabschnitte von einem Zentrum aus in der Horizontalen in genauer Seitensymmetrie. Höhepunkt dieser Form im 4. Jh. mit fast vollplastischen Ranken, welche die S. verschleiern. Der Hellenismus bildet teils die Ranken weiter, teils bevorzugt er Palmettenketten in sehr flachem Relief. Im Römischen ist daneben Reihung stehender Blattformen, wechselnd mit Palmetten etc. beliebt, bei naturalistischer Formgebung und zunehmend auf hell-dunkel-Wirkung zielender Arbeit.

[3] *Profile*. Bes. häufig sind dorisches, ionisches (Eierstab) und lesbisches Kyma (Abb. 169), in denen Ornament und

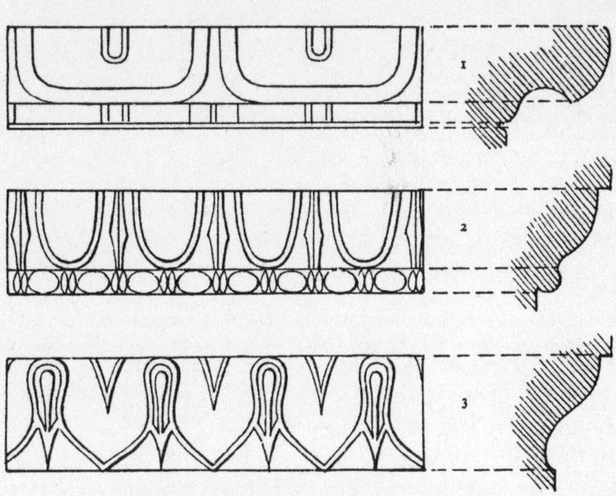

Abb. 169 Kymatien mit Querschnitt: 1 dorisch, 2 ionisch (Eierstab), 3 lesbisch (äolisch)

Funktion des Baugliedes sich decken: gereihte, stehende ‹Blätter› (nur beim lesbischen Kyma durch Umrißlinie verbunden), vertikal axialisiert und gleichsam durch Druck zwischen Lager und Auflager kurvig ausgeschwungen, veranschaulichen sie dynamische Verhältnisse im Bauwerk. Seltener sind Schilfblattreihen u.ä., horizontale → Flechtbänder und Blattgebinde u.a. – *Zu Kapitellformen* vgl. → Tempel D [3]. [10]f.

[4] Für *Friese* verwendet die archaische Periode Palmetten-Lotosketten, die Klassik fügt die Ranke hinzu und vegetabilisiert. Später, bes. in röm. Zeit, sind Blütenranken bevorzugt, daneben Mäander und andere Muster. Die häufigen Früchtegirlanden, → Bukranien-, Masken-, Opfergerätfriese u.a. sind zwar Dekoration, aber nicht Ornament.

[5] Noch mannigfaltiger sind Füllungen von *Schranken* und dgl. (vgl. vor allem → Ara Pacis Augustae); *Kassetten* haben erst gemalte Sterne und achsenbezogene Palmetten-Lotoskreuze, dann Rosetten und andere Blüten in Relief. *Soffitten* (Zierleisten) enthalten meist Blütenranken, Blattgebinde, auch Flechtband u.a. – *Giebel* sind erst in röm. Zeit mit reichen Blütenranken gefüllt.

B. Plastik. [1] *Stelenbekrönung*. Seit Anfang des 6. Jh.s dienen zwei stehende S-Voluten oder eine Lotosblüte als Zwischenglied zwischen Stele und Aufsatz, z.B. mit hokkender Sphinx (Abb. 170, 1.2). Die spätarchaische Zeit bevorzugt bei horizontalem Abschluß der Stele zwei einfache Voluten, bei giebelartigem zwei schrägstehende S-Voluten, jeweils von Palmette überragt (Abb. 170, 3). Der Palmettenumriß ist zunächst ein Kreisbogen, die Blätter stehen starr. Dann wächst gegen Ende 6. Jh. die Palmette stark in den mittleren Blättern, die seitlichen bleiben kurz und fal-

Abb. 170 Stelenbekrönungen: 1–2 als tragende Zwischenglieder, archaisch (610–625 v. Chr.), 3–6 als Aufsätze: 3.4 archaisch (530–500 v. Chr.), 5.6 klassische Stelenanthemien (5. und 4. Jh.).

len zurück. Dieser Akrotertypus ist in Attika und Ost-Ionien bes. verbreitet. Das 5. Jh. entwickelt die Voluten aus gemeinsamem Zentrum (Abb. 170), das Vorbild des reifklass. Tempelakroters bringt Verpflanzlichung, mehrstökkige Bodenblattkelche, Akanthisierung), ab 4. Jh. Doppelstämmigkeit und niedrige Seitenarme, die zu Seitenakroteren werden können, verschiedene Blüten und Blattformen; Dynamisierung durch bewegte Linienführung (Flammenpalmette). Die Krönung ist je nach Kostbarkeit in flachstem Linienrelief oder freiplastisch und stets nur frontseitig ausgearbeitet. Die üppig wuchernden Akanthusblätter, die aus den in Vasenbildern dargestellten Grabstelen häufig auswachsen, hat es an den Stelen selbst nie gegeben. Selten ist simaartiger Stelenabschluß mit Palmetten-Lotosband. Mit Ende der att. Produktion im späten 4. Jh. fällt die Stelenornamentik in verarmte Typik.

[2] In der übrigen Plastik hat das O. bes. in hellenist. und röm. Zeit ein fast unübersehbares Anwendungsgebiet an allen Arten von Gerät aus Metall, Holz, Glas und bes. Stein wie Dreifüßen, Kandelabern, Tischstützen, Sesseln, Prunkgefäßen, Brunnenschalen, Urnen, Sarkophagen, Pflanzensäulen u. a., aber auch in Stuckaturen, ohne daß sich auf einzelne Gattungen beschränkte O.-Typen herausgebildet hätten. → Akanthos und sonstige realistische Pflanzenmotive herrschen vor.

C. Vasenmalerei. [1] Der *geometrische Stil* bildet O.e nur aus einfachen, aber ausdrucksgeladenen Charakteren, deren eventueller Dingsinn unbekannt ist: Kreis, Dreieck, Raute; hell, dunkel. Es gibt dabei kein festes Verhältnis von Grund und Aufgemaltem; im Schachbrett z. B. wirkt beides zusammen, beim Mäander gilt das Aufgemalte. Die O.e sind stets von Rahmenleisten eingeschlossen. Die protogeometrische Stufe bringt schon alle wesentlichen Elemente: Raute, Dreieck, Schachbrett, Gitterung, Bänder wechselnd schräger Strichgruppen, Zickzack, Zinnen- und Hakenmäander. Nebeneinandergereiht, dienen diese auch zur Füllung hoher Zonen. Bevorzugtes O. sind zumeist

Abb. 171 1 Laufender Hund, 2–3 einfaches und doppeltes Flechtband

paarweise Scheiben mit dem Zirkel gezogener, konzentrischer Kreise. Bei Amphoren ist zwischen den Henkeln lokkeres Wellenband häufig. Die geometrische Stufe bereichert den Bestand um gefüllte Quadrate und Rauten, schraffierte Wellenbänder, Lanzettblätter und ‹Blattsterne›. Der Mäander mit seinen Steigerungsformen wird Haupt-O. Wichtiger ist die Ordnung der O.e nach Charakter und Wert: Ein Haupt-O. erhält mehrere Rahmenstreifen; durch symmetrische Zuordnung von Nebenbildern entstehen umfangreiche Kompositionen; die O.e erscheinen getrennt nach der Regel: Flächen-O.e (wie Schachbrett, Blattstern, → Suastika usw.) gehören in die Felder zwischen den Henkeln, fortlaufende und reihende Bänder in die henkelfreien Umlaufzonen; der Mäanderausschnitt kann Felder füllen. Erst die Spätzeit verwischte diese Grenzen. Das Leit-O. des geometrischen Stiles, der noch immer rätselvolle Hakenmäander, ist ein durchweg gleich breites, rechtwinklig, aber überschneidungslos in Längs- und Querstrecken geknicktes, in unverändert wiederholter Figur fortlaufendes Band; er hat Richtungstendenz, da die Längsstrecken überwiegen; er scheint sich der Aufschlüsselung in Einzelglieder zu entziehen, da er ge-

Abb. 172 Mäanderformen: 1 Hakenmäander, 2 konzentrischer Mäander, 3 mehrstöckiger Mäander, 4 Treppenmäander

lenklos ist und weder Anfang noch Ende hat; er drückt für unser Auge weder unten noch oben aus (die meisten Formen sind umkehrgleich) noch auch Rhythmisierung durch Schwellung oder Einziehung und dgl.

[2] Die *archaische Periode* ersetzt das geometrische O. durch ein aus dem Osten übernommenes vegetabilisches, dessen Elemente Ranke, Palmette, Lotosknospe und -blüte (Abb. 173 f.) sind. Die att., korinth. und chalkid. Keramik bindet diese in axial stets aufs strengste verspannte und ausgewogene Kreuz- oder Sternkompositionen (Palmetten-Lotoskreuz) und Bänder, die innerhalb der Grenzen der Axialsymmetrie erweiterungsfähig sind. Pflanzenteile und

schematische Ordnung stehen in auffallendem Spannungsverhältnis. Es gibt nur je einen Blüten-, Knospen- und Palmettentypus mit starren Blättern. Die wenigen gleichartigen Kompositionen sind beliebig in Fries wie Bildfeld, bes. als Mitte von antithetischen Gruppen und unter den Henkeln verwendet. In der 2.H. des 6.Jh.s wandern sie meist in die Henkelzone, wo sich jetzt auch große, vielmals ein-

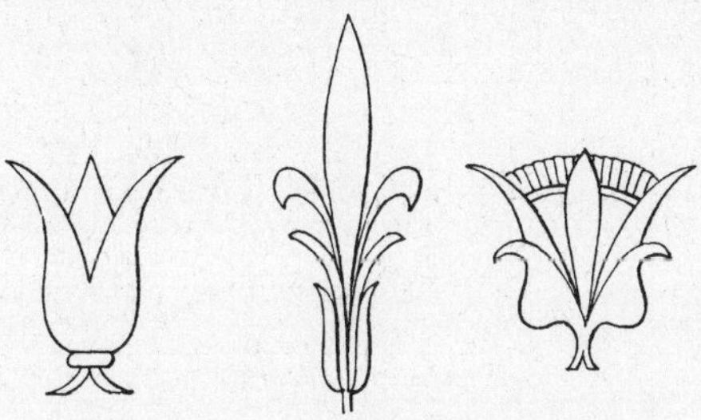

1 2 3

Abb. 173 Lotosformen: 1 archaische Lotosknospe, 2 klassische Lotosknospe, 3 Lotosblüte.

gerollte Spiralranken mit Zwickelpalmetten finden, öfters mit dem Henkelansatz verbunden. Das O. hat jetzt erstmals deutlich nur O.wert gegenüber den weit überlegenen figürlichen Bildern, denen es als seitlicher Rahmen dient. Aus den O.en wohl auszuschließen ist die sog. Füllornamentik (meist in Tierfriesen eingestreute Rosetten, Kreuzchen, Rauten und dgl.) bes. in korinth. und ostion. Malerei, die mehr Naturbedeutung zu haben scheint. Die Insel- und ostionische Ornamentik ist vielgestaltiger: neben Knospen-, Blüten-, Palmettenketten und Spiralranken gibt es in reicher Variation Felder mit Mäander-, Suastika-, Kreuz-, Haken-, Stern-, Rosettenfüllung u.a.; Flächen- und Bandmäander, zopfartige Flechtbänder, Reihen sichelförmiger Bögen u.a., also den geometrischen ähnelnde, nichtdingliche Muster, die allerdings zukunftslos sind in einer schrittweise der Erfassung des Organischen sich nähernden Entwicklung.

[3] Die *Klassik* des 5. und 4.Jh.s zeigt ein vereinheitlichtes Bild, da die att. Keramik nach Verdrängung der meisten Konkurrenten richtungweisend wirkt. Schon die Übergangszeit zum 5.Jh. befreit Ranke, Knospe, Blüte und Palmette aus der Bindung der archaischen Systeme und führt sie in organischen Zusammenhang über. Bezeichnende Neuschöpfung ist die Palmettenwellenranke (Abb. 174): die in scheinbar freien Kurven schwingende Ranke, die Blätter und Knospen treibt, formt das Ornament, wobei lebendige Beweglichkeit gleichmäßig der ganzen Ranke eignet. Gesuchte Unregelmäßigkeit wie unerschöpfliche Formenvielfalt scheinen Ausdruck des Widerspruchs gegen die archaische Typik und Ordnung sowie neu erlebter körperlicher Einheit. Diese Ranke erfährt im 2. Viertel des 5.Jh.s bezeichnende Durchformung: sie erhält Ursprung und Ende, wird aus Stamm oder kräftigem Palmettenzentrum entwickelt, gegliedert durch Gelenkstellen (kleine Spiralen), an die zudem die Beweglichkeit gebunden ist, wodurch sich abhängige Gliederfolge vom Zentrum nach außen ergibt. Gewichtsverhältnisse und Wachstumsrichtung im O. werden dargestellt; die Einzelglieder neigen sich, streben auf usw. Der in der logischen Gliederfolge veranschaulichten Dynamik des Aufbaus folgt das Detail; es wird achsialisiert; die Palmette erhält lang vorschießende Mittel- und kürzere, zurückfallende Seitenblätter. Damit hat das klass. O. seine Gestalt gewonnen, die Formenvielfalt schwindet rasch auf nur zwei im Grunde gleiche Kompositionstypen (Abb. 175). Der ‹organisch-pflanzliche› Aufbau dieser O.e ist allgemein als Ausdruck hier nicht weiter zu benennender Anschauungen der Zeit zu verstehen, nicht aber naturalistisch. Ihre Gestalt ist abhängig vom Gefäß, dessen Wand sie sich im Aufstreben wie in Wahrung strenger Flächigkeit anpassen. Mehrfarbigkeit wie in den figürlichen Bildern kommt nicht vor. An bloßen Rahmen-O.en kennt die Klassik Reihung umschriebener Palmetten, alternierende und gegenständige Palmetten-Lotosketten, auch Mäander und Blattstab. Die großgriech. Vasenornamentik ist erst ganz von der attischen abhängig, nimmt mit dem reifen 4.Jh. aber räumliche Effekte, Farbe und naturalistisches Detail auf und entwickelt im ganzen üppiger wuchernde Kompositionen. – Die *hellenistische* Vasenmalerei gibt den klassischen O.bestand auf. Verwendung von ‹geometrischen› Mustern wie Schachbrett, Mäander u.a. in oft illusionistisch-räumlicher Darstellung und realisti-

Abb. 174 Palmetten- und Rankenformen: 1 Klassisches Palmetten-Ornament, 2 Palmetten-Wellen-Ranke, 3 Strenge Palmettenform

Abb. 175 Flammenpalmette

scher Pflanzenmotive wie Girlanden und Zweige, die oft wie dem Gefäß umgelegt erscheinen, findet sich auf den Gefäßen nebeneinander. Die Farbe ist jetzt von großer Bedeutung. F.H.

Lit: M. Meurer, Vergleichende Formenlehre des O.s, 1909 – M. Schede, Antikes Traufleistenornament, 1909 – C. Weickert, Das lesb. Kymation, 1912 – P. Jacobsthal, O.e griech. Vasen, 1927 – E. Buschor, Die Tondächer der Akropolis I: Simen, 1929; II: Stirnziegel, 1933 – H. Möbius, Die O.e der griech. Grabstelen klass. und nachklass. Zeit, 1929 – K. Volkert, Das Akroter in der antiken, bes. der griech. Baukunst, I: Archaische Zeit, 1932 – P. Meyer, Zur Formenlehre und Syntax des griech. O.s, Diss. Zürich 1945 – D. Ohly, Griech. Goldbleche, 1953 – H. Kähler, Die Ara Pacis, JdI 69, 1954, 71f. – K. Schefold, Griech. Kunst (1959), 1961², 20–27.55 – H. Gropengießer, Die pflanzl. Akrotere klass. Tempel, 1961 – G. M. A. Richter, The archaic Gravestones of Attica, 1961 – N. Himmelmann-Wildschütz, Der Mäander auf geometr. Gefäßen, MarbWPr, 1962, 10ff. – L'Orange, Ara Pacis augustae, in: Acta ad archaeol. et art. hist. pertinentia I 1962, 7–16 – A. Riegl, Stilfragen, 112ff.

D. Römisches O. Vorbild war in Motiven und Verwendung an Bau und Gerät das griech. O.; aber die Synthese und Bedeutung der Elemente wird wie immer in der röm. Kunst seit dem 2. Pun. Krieg völlig verändert. Während das griech. O. aus Urbildern des Lebens besteht, also nichts anderes als das Dargestellte bedeutet, ist das röm. O. durchaus allegorisch. So spielt es in der Wanddekoration auf das Glück an, wie es die Mysteriengötter verleihen, mit einem unerschöpflichen Reichtum dionysischer und der Isisreligion entnommener Motive; an Staatsmonumenten auf das Heil, das vom Kaiser kommt: zwischen den Pfeilern der → Ara Pacis steigen Ranken auf, wie Gewächse, die in einem heiligen Hain den Altar umgeben. Sie gehören zur Vor-

Abb. 176 Ranke von der Ara Pacis

stellung des Glücks, das der Frieden des Kaisers verleiht. Die wunderbar mannigfaltige Flora und Fauna ist in märchenhafter Weise zusammengestellt und großen, flächigen, symmetrischen Systemen unterworfen, gemäß der Ordnung und der transzendierenden Idealität der neuen Herrschaft. Häufig wird das röm. O. durch realistische Details, Früchte und Tiere bereichert, welche die Griechen dem urbildlichen Gesamtcharakter untergeordnet hatten. Auf Grabmonumenten spielen Girlanden, Bukranien und Unsterblichkeitssymbole auf Frömmigkeit und Jenseitserwartungen an. Auch in der Kleinkunst äußert sich die veränderte religiöse Haltung: griech. Gefäße bilden eine organische Einheit mit ihrem Schmuck, römische werden durch den Schmuck geweiht, über den bloßen Gebrauchszweck erhoben. Die Griechen hatten, wie in allem, so auch im Gefäß göttliches Leben empfunden. Deshalb gliedert sich seine plastische Form in O.en, sie verzweigt sich in mannigfaltigen Ranken und Blüten, und sie verdichtet sich in Gestalten. Der röm. Schmuck dagegen transzendiert die Bestimmung der Vasen. Die Tänien und Kränze erhalten in der Dekoration viel mehr Gewicht, sie betonen die religiöse Weihe. Die Motive ähneln denen der gleichzeitigen Malerei und werden im gleichen Sinn verwendet. Es geht um Mysterien, um Bildung und philosophische Ideale. Dieser Bedeutung entsprechend bedeckt das röm. O. oft sehr viel größere Flächen als das griechische. – Der Stilwandel der röm. Kunst läßt sich nirgends deutlicher als im O. beobachten: der überwältigende Reichtum des 1. Jh.s v. Chr. wird im Augusteischen zu flächigen Rankensystemen gebändigt, die seit der Frührenaissance so begierig nachgeahmt worden sind, später, bes. unter Nero, unvergleichlich verfeinert, in der Spätantike in parataktische Elemente zerlegt, die als farbige Muster von einer transzendenten Wirklichkeit zeugen. K. Schf.

Lit: P. H. von Blanckenhagen, Flavische Architektur und ihre Dekoration, 1940 – Th. Kraus, Die Ranken der Ara pacis, 1953 – M. Wegner, O. kaiserzeitl. Bauten Roms: Soffitten, 1957 – H. P. L'Orange, Ara Pacis Augustae, La zona floreale, Acta ad arch. pertinentia 1, 1962, 7–16 – K. Schefold, Röm. Kunst, 1964, 33–37. 46–50.

Orodes I., → Partherkönig (80–76/75).

2. **O. II.** (auch Hyrodes, Herodes), → Partherkönig (57 bis 37), wehrte 53 einen röm. Angriff unter → Crassus siegreich ab (→ Surenas). Darauf folgten parth. Invasionen nach Syrien und Kilikien unter O.' Sohn → Pakoros I. (52–50). Die von → Pompeius (2) erbetene Hilfe gegen → Caesar scheiterte an der von O. dafür geforderten Abtretung Syriens (Dio 41, 55, 5); O. war aber als Feind der Cäsarianer, die Rache für Crassus suchten, der natürliche Verbündete der Republikaner (Iust. 41, 4, 6). So eroberten 40 Pakoros und der republikanische Renegat Q. → Labienus (2) Syrien und Kleinasien, erlagen aber 38 dem Feldherrn des → Antonius (2), → Ventidius Bassus (Schlacht bei Gindaros, Pakoros fällt). O. gelang die Behauptung der Euphratgrenze gegen den röm. Imperialismus, jedoch blieben auch seine eigenen Expansionsversuche erfolglos. D.T.

Lit: Th. Lenschau, RE 18, 1 (1939), 1135–1142 – D. Timpe, Die Bedeutung d. Schlacht v. Carrhae, Mus. Helv. 19, 1962, 104–129 – *Bildnisse* → Anhang I.

Oroites, pers. Satrap von Sardes, der → Polykrates (1) von Samos in eine Falle lockte und umbrachte; beunruhigte → Dareios durch sein selbstherrliches Gebaren, was er mit dem Leben bezahlte. Sein Schatz wurde nach Susa gebracht; als einer seiner Sklaven gelangte so der Arzt → Demokedes an den pers. Hof. (Hdt. 3, 125ff.) G.R.

Oropos, Ort an der N-Küste → Attikas, ständig zwischen → Athen und → Böotien umstritten, bes. bekannt der Überfall Athens auf O. und Ausplünderung des Ortes von 156 v. Chr. O. wandte sich an Rom um Beistand, Sikyon von Rom als Schiedsrichter eingesetzt, 500 Talente Strafe für Athen, daraufhin ‹Philosophengesandtschaft› Athens (→ Karneades, → Diogenes (4) v. Seleukeia, → Kritolaos) 156/155 nach Rom. Herabsetzung der Strafe auf 100 Talente. Berühmtes Orakelheiligtum des → Amphiaraos mit dor. Tempel (4. Jh. v. Chr.), großem Altar und der heiligen Quelle daneben, Theater und Schlafräumen für die Orakelbesucher aus dem 3. Jh. ausgegraben. E.M.

Lit: Chr. Karusos, Τὸ Ἀμφιαραῖον τοῦ Ὠρωποῦ, 1926 – E. Fiechter, Das Theater in O., 1930 – L. V ad Borelli, EAA 5, 1963, 770f.

Orosius, Paulus, span. Presbyter des 5. Jh.s n. Chr., schrieb außer polemischen Schriften auf Anregung → Augustins und dessen geschichtstheologischer Konzeption folgend ein Geschichtswerk ‹Historiae adversum paganos› (7 Bücher). Dank seines profanen Stoffes (1,1,14: *ab orbe condito usque ad urbem conditam, dehinc usque ad Caesaris principatum nativitatemque Christi ex quo sub potestate urbis orbis mansit imperium*) im MA als → Universalgeschichte gern benutzt, hat das Werk den Begriff «in den Tagen des Heils» (7,5,4) für die christl. Epoche populär gemacht. Vgl. → Geschichtsschreibung C. K. St.

Ed: C. Zangemeister, CSEL 5, 1882 – Ders., BT, 1889 (nur Historiae) – G. Schepss, CSEL 18, 1889, 149–157 (eine Schrift gegen Priscillian und Origenes) – *Lit:* K. A. Schöndorf, Die Geschichtstheologie des O., Diss. München 1952.

Orpheus, undeutbarer (nichtgriech.?) Name eines mythischen Sängers, als dessen Heimat meist Thrakien gilt. Die ältesten Zeugnisse verherrlichen ausschließlich seine Sangeskunst, die sich sogar im Hades bewährt (s. u. 2). Ein hexametrisches Gedicht, das seine Hadesfahrt beschrieb, scheint der Ansatzpunkt umfangreicher theogonischer und kosmogonischer Dichtungen geworden zu sein, die auf seinen Namen gestellt sind: im Kern entstammen sie wohl dem 7./6. Jh. (die Absicht, die Theogonie → Hesiods zu übertrumpfen, ist zuweilen deutlich), haben aber niemals Eingang in die hohe Literatur gefunden und sind bis in die röm. Kaiserzeit immer wieder umgearbeitet und ergänzt worden. Davon wohl abzutrennen sind Gedichte, die dem Leser Hoffnungen auf ein seliges Jenseits erwecken und Anweisungen geben, wie ein solches Jenseitsleben zu erlangen sei. Damit gerät O. in den Umkreis der → Mysterien, wird zum Verkünder eines orphischen Lebenswandels und schließlich zum Mittelpunkt frommer Vereinigungen, die eben diesen Bios pflegen. Im Gegensatz zu den theogonischen Dichtungen ist allerdings diese Tradition sehr schwach bezeugt, so daß wir weder erkennen, welche Rolle die Person des O. dabei spielt, noch wie weit diese Orphik neben den unverkennbaren Einflüssen des alten → Pythagoreertums auf der einen, der Mysterien von → Eleusis auf der anderen Seite als eigenständiges Gebilde gelten kann. O. G.

Q und Lit: → Orphik.

[2] In der *Sage* ist O. Sohn des Thrakers Oiagros (Pind. Frg. 128c, 10) oder Apollons (Pind. Pyth. 4, 313) und der Muse Kalliope, großer Sänger und Musiker, der sogar wilde Tiere, Pflanzen und Steine bezaubert. Stifter der orphischen Mysterien und eifriger Anhänger des → Dionysos. Seher, Erfinder von Buchstaben. Teilnehmer an der → Argonautenfahrt. Als seine Gattin, Eurydike, auf der Flucht vor → Aristaios von einer Schlange gebissen worden und gestorben ist, steigt O. in die Unterwelt und erreicht bei Hades-Persephone durch seinen Gesang, daß sie zurückkehren darf, wenn er sich beim Rückweg durch den Hades nicht nach ihr umsehe. O. tut es und verliert sie für immer. Da O. seither nur noch Helios-Apollon, nicht mehr Dionysos ehrt, wird er von thrak. → Mänaden zerrissen (so bei Aischylos, ‹Bassarai›). Nach anderen erleidet er dasselbe Schicksal durch Thrakerinnen, weil er zum Weiberfeind geworden ist oder den Frauen die Männer abspenstig machte. O. wird von den Musen bestattet, sein Haupt und seine Leier schwimmen nach Lesbos (wo es nach Ov. met. 11, 1 ff. ein O.-Orakel gab), die Leier nach manchen verstirnt. Entgegen der im Altertum sehr verbreiteten Meinung, O. habe vor Homer gelebt, ist ältester sicherer Gewährsmann erst → Ibykos (Frg. 17 D.).

Lit: W. Guthrie, O. and greek religion, 1952² – K. Ziegler, RE 18, 1 (1939), 1200–1316 – *Darstellungen:* Als Teilnehmer am Argonautenzug am delphischen Monopteros der Sikyonier (ca. 570 v. Chr.; Schefold, FS, Taf. 63a). Auf einer schwarzfigurigen Oinochoe besteigt ein Sänger, dem der Name O. beigeschrieben ist, ein Bema (P. Mingazzini, Vasi Castellani, 1930, Taf. 82, 6). Im 5. Jh. ist der Tod des O. in der att. Vasenmalerei überaus verbreitet (Brommer 355 bis 357), vereinzelt auch noch in der unterital. Vasenmalerei (Brommer 357). Dort findet sich auch mehrfach O. im Hades bei der Bitte um Rückgabe der Eurydike (K. Schauenburg, JdI 73, 1958, 64–78). Ein berühmtes, in Kopien erhaltenes Relief des späten 5. Jh.s zeigt O. und Eurydike sowie Hermes beim Rückweg aus der Unterwelt (L. Curtius, Interpretationen von 6 griech. Bildwerken, 1947, 83–105; Robinson, in: Hommages Bidez – Cumont, 1949, 303–311). O. unter den Tieren ist ein Lieblingsthema röm. Künstler (K. Schauenburg, BJbb 155/56, 1955/56, 85 f.; Stern, Gallia 13, 1955, 39 ff.; Thirion, MEFR 67, 1955, 149 ff.; FA 1954, 5327; Picard, RA 1960, 118 f.). Vielleicht ist das Motiv schon auf einem ital. Krater und zwei hocharchaischen Vasen zu erkennen (K. Schauenburg, JdI 73, 1958, 76 Anm. 96). In Olympia stand eine berühmte Statue des O., die Dionysios von Argos gearbeitet hatte. Ihr Kopf vielleicht in Kopien erhalten (Lippold, GrPl 103, Taf. 33, 1). Zum orakelnden Haupt des O. vgl. A. B. Cook, Zeus III, 1940, 99 ff.; Beazley, ARV¹ 859, 1. Weiteres für O. in der Kunst bei Ziegler (s. o.) und K. Schefold, in: Theoria Festschr. W. Schuchhardt, 1960, 209–215. – *Lit. dazu:* H. Stern, The Orpheus in the Synagogue of Doura, JWI 21, 1958, 1 ff. – A. Bisi, Orfeo, EAA V, 1963, 744–747. K. Schb.

Orphik. Die moderne Forschung pflegt unter O. zu verstehen (1) die ziemlich zahlreichen Reste theogonisch-kosmogonischer Dichtungen (s. u.); (2) eine nur in Spuren faßbare Lehre vom Schicksal der Seele und von den Mitteln, durch geziemenden Lebenswandel eine jenseitige Seligkeit zu erlangen: beide werden auf den mythischen Sänger → Orpheus zurückgeführt, stehen untereinander in Wechselbeziehungen, obschon man sie methodisch wird auseinanderhalten müssen.

[1] Weitaus die meisten Angaben scheinen auf ein einziges Werk, die ‹Heiligen Reden› (ἱεϱοὶ λόγοι) in 24 Büchern zurückzugehen (Reste: Fr. 60–235 K.). Im Kern aus dem 7./6. Jh., war der Text, da er nie der hohen Literatur zugerechnet wurde, nie geschützt, lief wohl schon früh in zahlreichen Varianten um und war bis zur Spätantike Verstümmelungen, Ergänzungen und Umarbeitungen ausgesetzt. Die Hauptmasse der Zitate liefern die Platoniker der Kaiserzeit, bes. die spätesten → Neuplatoniker, die hier urzeitliche Vorahnungen platonischer Metaphysik fanden, und manche Zitate mögen überhaupt erst in der Kaiserzeit fabriziert worden sein. Doch belegt ist ein Gedicht dieser Art schon für das Ende des 6. Jh.s (→ Onomakritos wird mit ihm verbunden: vgl. Hdt. 7, 6; Sext. Emp. Pyrrh. hyp. 3, 30; Paus. 8, 37, 5), sodann durch Hellanikos v. Lesbos (FGrHist 4 F 87), Platon (bes. Krat. 402 B; Phileb. 66 C), Aristoteles (De an. 410 b 19; gener. an. 734 a 16), Xenokrates (Fr. 20 H.), Eudemos v. Rhodos (Frg. 150 W.) und den Stoiker Chrysippos (bei Cic. nat. deor. 1, 41). Freilich handelt es sich durchwegs um flüchtige Anspielungen. Die Rekonstruktion etwa einer maßgebenden Fassung des Gesamtgedichts ist unmöglich. Nach Xenokrates (bei Olymp. in Phaed. 2, 21–29; vgl. 85, 1–2 Norv.) erzählte das Gedicht von vier Generationen von Götterkönigen: Uranos, wie bei Hesiod von Kronos verstümmelt und entthront, dann Zeus und als vierter → Dionysos. Gegen ihn hetzte Hera die Titanen auf, die ihn überwältigten, zerrissen und von seinem Fleische aßen. Darüber ergrimmte Zeus. Er schleuderte den Blitz auf sie, so daß sie verbrannten. Doch der Rauch, der von den Getöteten aufstieg, verdichtete sich, und daraus entstanden die Menschen, die also in ihrer Natur sowohl die Göttlichkeit des Dionysos wie auch die Ruchlosigkeit der Titanen (vgl. Plat. leg. 701 B f.) besitzen. – Damaskios (princ. 1, 316, 18–319, 11 R.: Orph. Fr. 28. 54. 60 Kern) berichtet über *drei Fassungen* der orphischen Theogonie, in die er neuplatonische Ontologie hineininterpretiert. Die *erste:* am Anfang stehen Chronos (die Zeit), dazu der Aither und das Chaos und schließlich das Ur-Ei (ᾠόν). Dieses Ei befruchtet nun sich selbst, und aus ihm springt heraus → Phanes, der weltschaffende Gott und Vater aller Dinge: neben ihm stehen → Metis (vgl. Hesiod theog. 886 ff.) und schließlich Erikepaios, der einen undeutbaren, ungriech. Namen hat. Das Ur-Ei, Phanes und Erikepaios sind nach Ausweis auch aller andern Zeugnisse von Anfang an die für die orphische Theogonie am meisten charakteristischen Gestalten gewesen. – Die *zweite Fassung* schreibt Damaskios letztlich dem Hellanikos zu: Am Anfang stehen Wasser und Erde. Aus ihrer Verbindung ent-

springt ein Mischwesen, eine Schlange mit den Köpfen eines Stiers und eines Löwen und in der Mitte dem Antlitz eines Gottes und Flügeln auf den Schultern. Ihr Name ist ‹Alterslose Zeit› (*Χρόνος ἀγήραος*) und ‹Herakles›. Neben diesem Chronos stehen Ananke und Adrasteia. Aus Chronos werden der Aither, das Chaos und das Erebos, weiterhin das Ei, das die Natur des Männlichen und des Weiblichen in sich vereinigt, und schließlich ein Gott mit goldenen Flügeln, Stierköpfen an den Flanken und über seinem Haupt eine gewaltige Schlange. Er heißt Protogonos oder auch Zeus. – Aus der *dritten Fassung*, derjenigen des Eudemos, wird nur mitgeteilt, daß hier die Nacht den Ausgangspunkt der Theogonie bildete (vgl. Aristot. met. 1071 b 26). – Auf sonstige Berichte ist nicht einzugehen. Im Mittelpunkt stehen immer wieder teils die Göttergenealogie als solche, teils die Erzählung von der Zerreißung des Dionysos durch die Titanen und von der Entstehung des Menschen aus den Resten der getöteten Titanen. Die Beziehungen zu Hesiod sind offenbar, z. B. auch das Bestreben, durch Aufnahme hochaltertümlicher, phantastischer (Ei, Mischgestalten) oder grausiger Motive (zur Entstehung des Menschen vgl. Hes. theog. 184ff.) Hesiod zu übertrumpfen. Dies kam dem Geschmack der kleinen Leute entgegen, während es die Gebildeten abstieß und nur durch massive Umdeutung erträglich gemacht werden konnte. Den Einfluß dieser Dinge darf man nicht überschätzen.

[2] Mit der Erzählung von der Entstehung des Menschen hängt die *praktische Lehre* der O. zusammen. Es hat orphische Weihepriester (Orpheotelesten) gegeben, die Orakelsprüche über das Schicksal der Seele verkündeten, die Einweihung in Mysterien anboten und den Eingeweihten ein seliges Leben im Jenseits zusicherten. Nach den grundlegenden Zeugnissen Platons (rep. 364 B–365 A; Krat. 400 C; leg. 829 D) haben diese Wanderprediger gelehrt, die menschliche Seele müsse im Leben für Untaten büßen, die sie früher begangen habe, haben Bücher des Musaios und Orpheus mit Reinigungsvorschriften verkauft und erklärt, wer ihnen nachlebe und sich nach diesen Vorschriften einweihen lasse, habe ein seliges Leben, wer dies nicht tue, dagegen ein schreckliches Schicksal nach dem Tode zu erwarten. An solchen Vorschriften nennt schon Hdt. 2, 81 das Verbot, wollene Kleidung zu tragen, spätere Tradition das Verbot von Fleischgenuß. Da kommt allerdings der orphische Bios dem pythagoreischen so nahe, daß eine direkte Beziehung zu vermuten ist. Alles weist darauf hin, daß die O. vom Pythagoreertum abhängt; sie wird im Gegensatz zu jenem von den alten Autoren Platon, Theophrast (Char. 16, 11), in der frühen Apophthegmatik (Diog. Laert. 6, 4 und Plut. mor. 224 E) mit entschiedener Geringschätzung behandelt. Doch hat es zweifellos unter den kleinen Leuten orphische Gemeinden mit eigenen Begehungen gegeben. O. G.

[3] *Weitere Literatur der O.* Die erhaltene, frühestens aus dem 2. Jh. n. Chr. stammende Sammlung von 87 ‹*orphischen Hymnen*› (weitere Bruchstücke Fr. 304–308 Kern) ist mit großer Wahrscheinlichkeit das Kultbuch einer kleinasiatischen orphischen Gemeinde. An Epiklesen reiche Hymnen feiern die verschiedensten Gottheiten, neben griechischen auch kleinasiatische wie Mise (42), → Sabazios (48) und Hipta (49). Mit ihren Angaben, welche Rauchopfer jeweils darzubringen sind, ist die Sammlung ein liturgisches Buch im engeren Sinne; einzelne Stücke mögen alt, andere nicht vor dem 2. Jh. n. Chr. entstanden sein. Orphisches im spezifischen Sinne der orph. Theogonie ist merkwürdigerweise kaum vorhanden. Der orph. Literatur zugerechnet werden weiterhin die ‹Argonautica› und die ‹Lithica›, beide vollständig erhalten. Bei den ‹*orphischen Argonautika*› (Datierung unsicher; jedenfalls jünger als → Quintus (2) Smyrnaeus) handelt es sich um eine dem Orpheus in den Mund gelegte und um seine Gestalt kreisende Darstellung des → Argonautenzuges in 1376 Hexametern. Die sog. ‹*orphischen Lithika*› (spezifisch orphisches Gedankengut enthalten sie nicht) behandeln in 774 Hexametern die wundertätige Kraft und Wirkung von Steinen. Verfasser und Entstehungszeit unbekannt. E. V.

Ed: Noch immer wichtig: G. Hermann, Orphica, 1805, und Chr. A. Lobeck, Aglaophamus, 1829 (Nachdr. 1961) – Argonautika: G. Dottin, 1930 (mit franz. Übers.) – Hymnen: W. Quandt (1941), 1962³ – Lithika: E. Abel, Orphica, 1885, 101–135 – *Frg:* O. Kern, Orphicorum fragmenta, 1922 (unveränderter Nachdr. 1963) – *Übers:* J. H. Voß, 1806 (Argonautika; zus. mit Hesiod) – K. Seidenadel, 1873–76 (Argonautika, Lithika) – J. O. Plaßmann, 1928 (Hymnen) – *Lit:* R. Keydell-K. Ziegler, RE 18, 2 (1942), 1321–1417 – Zur Rhapsodischen Theogonie: H. Schwabl, RE Suppl. 9 (1962), 1433–1582.

[4] *Bedeutung:* Allgemein ist die O. als ein Sammelbecken abgesunkener religiöser, mythologischer und kosmologischer Traditionen am ehesten mit der allerdings wesentlich jüngeren Hermetik (→ Hermes Trismegistos) zu vergleichen. Wie diese dient sie vor allem der Erbauung der kleinen Leute, breitet sich in wild wuchernder Literatur aus und hat ein eigentümliches Verhältnis zum Platonismus. Die Hermetik zehrt von platonischem Gute, die O. ward zwar von Platon selbst verachtet, doch vom Neuplatonismus hochgeschätzt, so sehr, daß noch die moderne Religionshistorie Mühe hat, sich von diesem Urteil freizumachen. O. G.

Lit: (außer der oben zu [3] genannten): Nilsson I 642–662.

Orthagoras, Sikyoner, wahrscheinlich aus aristokratischer Familie. Zum Polemarchen ernannt, gelang es O., in Sikyon die Tyrannis aufzurichten (ca. 655/654 oder ca. 630/620 vor Chr.); seine Nachfahren, die Orthagoriden, herrschten dort als Tyrannen bis zur Vertreibung des Aischines (ca. 555 oder ca. 510 v. Chr.) durch Eingreifen Spartas; der berühmteste Vertreter der Orthagoriden war → Kleisthenes (2). R. V. C.

Lit: N. G. L. Hammond, The family of O., ClQ 50, 1956, 45–53 – M. White, The dates of the Orthagorids, Phoenix 12, 1958, 2–14 – D. M. Leahy, Chilon and Aeschines again, Phoenix 13, 1959, 31–37.

Orthostat, hochkant stehender Quader.

Orthros, Sprößling des → Typhon und der → Echidna, Hund des Geryoneus (Hes. theog. 309), von → Herakles getötet.

Oschophoria, ein att. Weinlesefest, vom Geschlecht der Salaminioi ausgerichtet und im Monat Pyanopsion = Sept. bis Okt. (wahrscheinlich am 6.) gefeiert. Eine Prozession geleitete zwei junge Männer, die Büschel von reifen Trauben trugen (Oschophoroi), und Frauen, die Brotlaibe mitführten (Deipnophoroi), von Athen zu dem Kultbild der → Athena Skiras in Phaleron; Tänze und ein Wettlauf waren ebenfalls Bestandteil des Rituals, das trotz seines landwirtschaftlichen Charakters gemeinhin mit der Geschichte von → Theseus und dem kret. Tribut in Verbindung gebracht wurde. Die Rolle des → Dionysos bleibt in diesem Kult problematisch. F. R. W.

Q: Plut. Thes. 22–23 – *Lit:* W. S. Ferguson, The Salaminioi of Heptaphylai and Sounion, Hesperia 7, 1938, 1–74, bes. 36–41 – L. Ziehen, RE 18, 2 (1942), 1537–1543 – L. Deubner, Das att. Weinlesefest, Abh. Berlin, 1943, 12, 1944.

Osiris, ursprünglich ein im östl. Nildelta verehrter Gott, der zu den im Ostmittelmeerraum häufigen Gottheiten gehörte, die, als Hirten im Kampf gegen die wilden Tiere gefallen, von einer Frau beklagt und dadurch zum Leben in der Unterwelt erweckt wurden; die Verbindung zur sterbenden und wiedererwachenden Vegetation war schon früh hergestellt worden. – [1] In *Ägypten* wurde die Gestalt des O. zur Verkörperung des Fruchtlandes umgedeutet, das im Wasser ertrank. Allerdings blieb auch die alte Vorstellung vom Mord durch einen Feind erhalten, so daß der Mythos zunächst verschiedene Formen haben konnte. Bedeutsam wurde O. aber in dem Augenblick, als man Tod und Wiederbelebung des O. zum Präzedenzfall für Tod und Auferstehung des Königs nahm. Damit wurde O. auch zum König der Toten, der nun das Wohlergehen der Verstorbenen in der Unterwelt sicherte. Im Laufe der Zeit entwickelten sich verschiedene neue Anschauungen: einmal wurden toter König und O. gleichgesetzt; jener wurde zu O. Bald hoffte jeder Ägypter, O. werden zu können. Andererseits wurde aus O. als Herrn der Toten ein Totenrichter. Beide sich eigentlich ausschließenden Vorstellungen gehen in der Folgezeit nebeneinander her. – Seit dem Mittleren Reich verdrängte → Abydos den älteren Kultort → Busiris und wurde zum Mittelpunkt des O.-Glaubens. Hier wurde das große O.-Mysterium durchgespielt, das im Grunde das Begräbnisritual der in Abydos beigesetzten ältesten Könige war: das Bild des O. wurde von seinem Tempel feierlich in die Wüstennekropole *Pqr* gebracht und dort beigesetzt. In der Nacht aber erschien es neu im Tempel und wurde mit großem Jubel begrüßt. An der Prozessionsstraße legte man Kenotaphe an oder stellte Stelen auf, damit die Seele, wenn O. dort vorbeizog, mit in seine Tragbarke aufgenommen würde und mit dem Gott die Auferstehung miterlebte. – Der ursprüngliche O.-*Mythos* hat durch verschiedene Einflüsse, bes. den Königsmythos, Veränderungen und Zusätze erfahren: der Mörder erhielt den Namen des → Seth, der als Gott der Wüste dem als Fruchtland verstandenen O. gegenüberstand. Die klagende Frau wurde zu → Isis, seitdem O. als toter König in den Königsmythos hineingezogen wurde; in diesem mußte er zum Vater des regierenden Königs, mythisch des → Horus, werden, als dessen Mutter Isis galt. Hier sind zwei Mythenkreise sekundär verbunden worden (vgl. → Isis): in der ursprünglichen O.-Mythe war kein Platz für einen Sohn. – O. wurde seit dem M.R. an fast allen Tempeln des Landes verehrt, wo man ‹*Osiris-Gräber*› errichtete, in denen man die verschiedenen Glieder des Gottes beigesetzt glaubte. – Die sog. *Osiris-Pfeiler* (d.h. Pfeiler, vor die eine Statue des Königs als O. gestellt ist; der Architrav liegt dabei allein auf dem Pfeiler) finden sich bes. in den offenen Höfen von Tempeln des Neuen Reiches, sind aber bereits im Mittleren Reich nachzuweisen. W. HK.

[2] Den *Griechen* ist O. spätestens seit → Herodot (Hekataios v. Milet?) bekannt. Für ihn ist O. zusammen mit → Isis die einzige in ganz Ägypten verehrte Gottheit; die Gleichsetzung von O. mit → Dionysos kennt er schon als feste Überlieferung, ohne Quellen und Begründung anzugeben (2,42.144.156). Bemerkenswert ist, daß er bestimmte Riten verzeichnet, bei denen der Name des O. nicht genannt werden darf, obschon er der gemeinte Gott ist (2,86.132.170). Bei Diodor 1,13–27 (Hekataios v. Abdera?) ist O. ebenfalls Dionysos, aber gleichzeitig kulturschaffender, städtegründender und kriegerischer Urkönig Ägyptens. An der Ausdehnung der ägypt. Kulte über die griech. Welt seit dem Ende des 4. Jh.s v. Chr. (→ Orient und Antike G 1) nimmt O. einen geringen Anteil. Seine Kulte treten hinter denen der Isis und des Serapis stark zurück. Nur zufällig erfahren wir von einem Kultverein der ‹Osiriasten› in Kos (2. Jh. vor Chr.) und von O.-Mysterien in Thessalonike etwa aus dem 2. Jh. n. Chr. An den Isiskulten hat er immer seinen Teil, aber wesentlich passiv als der Getötete, in Stücke Zerrissene, Aufgesammelte und neu zum Leben Erweckte. – In *Rom* begingen Priester und Gläubige der ägypt. Religion etwa von der Mitte des 1. Jh.s v. Chr. an jedes Jahr im Okt./Nov. (in der späteren Kaiserzeit 28. Okt.–3. Nov.) die Feier der trauervollen Suche und der freudigen Wiederauffindung des O. Das Schicksal des Gottes verbürgte den Anhängern eine jenseitige Seligkeit (anders die theologische Spekulation → Plutarchs, De Is. et Os.). Unter → Caligula scheint das Fest zum Staatsfest erhoben und in die Kalender aufgenommen worden zu sein. O. G.

Lit: Th. Hopfner, Plutarch, Über Isis und Osiris, 2 Bde, 1940/41 (Text und Komm.).

Osker, älteste Namensform: opscus, wohl das Volk der Göttin → Ops, griech. ὀπικοί. Ostital. Bergvolk indoeuropäischer Abstammung, das aus seiner Heimat im Bergland des oberen Sagrus (Sàngro) nach Kampanien (Kt. 1420 F6/7) einwandert und dort um die Mitte des 8. Jh.s zur Zeit der griech. Kolonisation von Kyme (→ Cumae) schon ansässig war (Thuk. 6,4,5), aber bald von den → Aurunkern, dann im 6. Jh. von den → Etruskern und im 5. von den stammverwandten → Samniten überfremdet wurde, so daß es von dieser Zeit an kein Volk der O., sondern nur noch die osk. Sprache gab (→ Italien B2). B. A.

Lit: Nissen, I 522ff. – Devoto, 18f., 158ff.

[2] Die sog. ‹*Oskische Malerei*› ist bekannt aus Gräbern des osk. Sprachgebietes: Kampanien (Cumae, Nola, Capua), Lukanien (Paestum, Albanella, Altavilla Selentina), Samnium (Allifae); ferner Apulien (Ruvo, Gnathia). Die Wände der Felskammern oder aus Quadern errichteter Zimmer mit Dach sind horizontal gegliedert in Sockel (ca. 1/3), Hauptzone und abschließende Schwarz-Weiß-Rot-Streifendekoration, ohne Verwendung architektonischer Elemente. Die Darstellung erscheint auf hellem Grund; häufig ist noch die gelbe Vorzeichnung sichtbar, die im zweiten Arbeitsgang teils durch die Innenfarbe einer noch archaisch anmutenden → Palette (Rot für männliches, die Grundfarbe für weibliches Inkarnat; Gelb für Waffen und Schmuck; Grau für Silber; Blau für andere Metalle. Grün fehlt!), teils durch die schwarze Umrißlinie verdeckt wurde. Ritzung ist selten (→ Kampanische Vasen). Die frühesten Beispiele der oskischen Malerei (Anfang 5. Jh.) sind ohne etrusk. Einfluß nicht denkbar. Wie bei den → Etruskern (C 3) ist das griech. Formengut vorbildlich, von dem sich die osk. Malerei zugunsten eigener Art bald entschiedener entfernt als die gleichzeitige Vasenmalerei. Schwach durchgegliedertes Volumen, porträthafte Züge, nationale Kleidung prägen den landschaftlichen Charakter. Dargestellt werden Szenen bei Tod und Begräbnis, mit Totenklage und → Leichenspiel, bes. der hier heimischen → Gladiatoren; dann Szenen aus dem Weiterleben im Jenseits bei Mahl, Brettspiel, Musik und Tanz; aus dem diesseitigen Leben häusliche Szenen, Abschied und Heimkehr der Krieger, Beutestücke. Die Gräber gehören zum überwiegenden Teil dem 4. Jh. an und reichen kaum über die Zeit des beginnenden röm. Einflusses hinaus. C. K.

Lit: F. Weege, Osk. Grabmalerei, JdI 24, 1909, 99–162 – R. Pagenstecher, Grabgemälde aus Gnathia, RM 27, 1912, 101–123 – Pfuhl, 796f. – A. Maiuri, La peinture romaine, 1953, 15ff. – A. de Franciscis, EAA II 335f., s. v. Capua.

Osrhoes (Chosroes, Osdroes), → Partherkönig (ca. 110 bis 128/29), konnte der röm. Eroberung unter → Trajan wegen des Bürgerkrieges im Partherreich nicht standhalten und floh 116 nach der Einnahme Ktesiphons (Erbeutung des Arsakidenthrones) durch die Römer. Ein Aufstand gegen die röm. Herrschaft (117, von O. inspiriert?) und die politische Wendung unter → Hadrian (Aufgabe der direkten Herrschaft über Armenien und Nordmesopotamien, Zurückziehung des von Trajan eingesetzten parth. Vasallenkönigs) ermöglichten O. die Rückkehr. D. T.

Lit: N. C. Debevoise, Pol. Hist. of Parthia, 1938, 216ff.

Ossa, steiler Kalkkegel, heute Kissavos, 1978 m, südl. des Tempetals dem → Olymp gegenüber und oft mit diesem genannt. Zur Sage → Aleuaden. E. M.

Osterburken, Kohortenkastell aus der Zeit des → Antoninus Pius am obergerman. → Limes (Kt. 1733 C3). In der Nähe fand sich ein Kultbild des → Mithras, das wegen der zahlreichen Einzeldarstellungen auf dem Umfassungsrelief eines der wichtigsten der Gattung ist. L. B.-H.

Ostia, Hafenstadt Roms an der Tibermündung mit von der Lage abgeleitetem Namen (os = ‹Mündung›; Kt. 1420a). Sagenhafte Gründung durch → Ancus Marcius ist eine propagandistische Vordatierung der röm. Expansion in die Königszeit. Tatsächlich wurde O. gegen Ende des 4. Jh.s als → Castrum am Ausgangspunkt der Salzstraße von den Salinen des Mündungsgebietes und zur Sicherung des beginnenden röm. Seehandels begründet. Bald Erweiterung zur Kolonie, die als älteste röm. Kolonie galt. Die Mauern des 193 × 120 m großen Castrum im Kern der Stadt noch bis über 3 m Höhe erhalten. Das Forum mit Capitolium, Tempel der Roma und des Augustus und Basilica liegt an der alten Stelle am Schnittpunkt von Cardo und Decumanus des Castrum. Die sich rasch vergrößernde Hafenstadt wurde im Bürgerkrieg 87 v. Chr. zerstört, aber von → Sulla wiederaufgebaut und auf der nicht vom Tiber geschützten Seite mit einem 2,8 km langen Mauergürtel in opus incertum, mit Türmen in opus quadratum und mit drei Toren versehen. Die Stadt hatte mit ca. 100 ha Wohnfläche in republ. Zeit schon die Grundzüge ihres kaiserzeitlichen Stadtplans. Aus dem Achsenkreuz des Castrum heraus hatten sich in der Mitte und im Osten der Stadt die Straßenzüge rechtwinklig zu dem parallel zum Tiber verlaufenden Decumanus entwickelt; im Westen und Süden aber liegen die Vici annähernd rechtwinklig zu einer in spitzem Winkel dazu verlaufenden vorröm. Landstraße, die sich in einer Gabelung des Decumanus vor dem Westtor des alten Castrum und darin, daß auch der Cardo in spitzem Winkel von der Südseite des Forums nach Osten abbiegt, ausdrückt. Die seit 1802 durch mehr oder weniger unsystematische päpstliche Ausgrabungen, seit 1909 durch methodische staatliche Ausgrabungen aufgedeckte Stadt kann eine Vorstellung von einer Großstadt der Kaiserzeit geben. Außer den erwähnten Gebäuden am Forum sind an öffentlichen Bauten Thermen im Südosten desselben, das Theater mit dem anschließenden Platz der Korporationen zu nennen sowie die übrigen Zentren des merkantilen Lebens, Klubhäuser bedeutender Handelsgesellschaften wie die sog. Schola del Traiano und die Statio Mensorum, die die Kontrolle des durch die Annona eingeführten Getreides unter sich hatten. Im Osten der Stadt lag eine Feuerwehrkaserne. O. bietet mit seinen Ziegelbauten ein vollständiges Bild großstädtisch-röm. Wohnformen vom republikan. Atrium-Peristylhaus über das mehrstöckige Haus mit Arkadenhof zur Mietskaserne und zum Wohnblock, dem das spätantike einstöckige Privathaus mit verfeinertem Wohnluxus gegenübersteht. Einen besonderen Charakter bekommt die Stadt durch die mit dem Hafen verbundenen Getreidespeicher, Wein- und Ölmagazine, die Handelshöfe und Geschäftshäuser sowie durch kleine handwerkliche Betriebe. Das Macellum und eine ganze Reihe von Lebensmittel- und Fischläden, von Garküchen, Schenken und Gasthäusern sorgte für das leibliche Wohl der vielleicht 80000 Einwohner. Die Ausgrabungen haben auch eine klare Vorstellung von dem lebendigen Nebeneinander verschiedener sowohl ital.-röm. als auch orientalischer Kulte und Religionen ergeben. Eigentümlich für O. ist der sehr alte Kult des → Volcanus. Nennenswert sind die Kulte der → Dioskuren, des → Hercules, des → Silvanus, der → Bona Dea. Im W der Stadt lag ein republikan. heiliger Bezirk mit einem Jupitertempel und vier kleinen Sacella, die Venus, Ceres, Fortuna und Spes zugesprochen werden. Besondere Bedeutung hatten die orientalischen Kulte der → Magna Mater, der → Mâ-Bellona, der → Isis und bes. des → Mithras. Nicht weniger als 19 Mithräen sind in O. gefunden. Die Christen hatten in O. eine Basilika und mehrere Kapellen. Kürzlich ausgegraben wurde am Westtor eine Halle mit großartiger, auf das Jahr 387 datierter Wand- und Deckeninkrustation in opus sectile mit christlichen Darstellungen, ähnlich derjenigen der Basilika des Junius Bassus in Rom. An den Ausfallstraßen und auf der Isola Sacra zwischen O. und Portus liegen die Nekropolen mit ihren ausgemalten und mit Mosaiken und Reliefsarkophagen geschmückten Grabbauten. Die reichen Funde an Kunstwerken in O., die nach den früheren Ausgrabungen in alle Welt zerstreut wurden, werden seit 1909 in einem örtlichen Antiquarium gesammelt. Ihre Bedeutung erhielt die Stadt durch die Häfen, den alten Flußhafen in der Tibermündung und, als dessen Versandung drohte, den von Kaiser → Claudius (1) bei Portus etwa 3 km nördl. O. angelegten und durch Molen geschützten Hafen, den → Trajan durch ein künstliches, sechseckiges Becken ergänzte. Die Stadt, die in der Spätantike durch Völkerwanderungsscharen heimgesucht und bes. durch die Malaria allmählich entvölkert wurde, verfiel und versandete, diente aber während des ganzen Mittelalters als Steinbruch und bietet daher einen weit ruinöseren Anblick als die mit einem Schlag verschütteten Vesuvstädte. B.A.

Lit: Scavi di O., 1 ff., 1954 ff. – H. Schaal, Ostia, 1957 – R. Meiggs, Roman O., 1960 – M. Fl. Squarciapino, Bd'A 46, 1961, 326–337 (Synagoge).

Ostraka (*ὄστρακον*), ‹Tonscherben›, die in Ägypten in allen Jh.en neben dem oft teueren → Papyrus für briefl. Mitteilungen und kleinere Urkunden (Quittungen u. ä.) verwendet wurden; literarische Texte auf O. sind selten (z. B. Sappho Fr. 2 L.-P.). H.Hg.

Ostrakismos hieß in Athen eine zuerst 488/487 (und zuletzt 417) durchgeführte, angeblich schon von → Kleisthenes (1) gesetzlich verankerte Form der Volksabstimmung. Jeder Teilnehmer hatte den Namen eines Mannes auf eine Tonscherbe (→ Ostraka) zu schreiben; der Mann, auf den die meisten Stimmen entfielen, mußte für 10 Jahre außer Landes gehen, behielt aber sein Vermögen und alle seine Ehren und Rechte. Der O. war also nicht etwa eine Strafe für irgendeine Verfehlung, sondern einzig und allein eine Maßnahme der politischen Zweckmäßigkeit, die den Mann, den man aus dem politischen Leben der Stadt entfernen wollte, nicht härter als nötig treffen sollte. Nach dem Sinn des Gesetzgebers sollte er wohl innere Streitigkeiten so glimpflich wie möglich abschneiden und die jeweils stärkere Richtung und ihre Führer in der Regierung befestigen helfen; und in der Tat verdanken die Großen der athen. Geschichte des 5. Jh.s, vor allem → Themistokles und → Perikles, die Festigkeit ihrer Stellung nicht zuletzt dem O. Seinem Mißbrauch sollten die erschwerenden Bedingungen vorbeugen, an die er geknüpft war. Alljährlich durfte nur einmal ein O. stattfinden, und zwar nur, wenn sich die Volksversammlung einige Zeit vorher dafür entschieden hatte; die Abstimmung selbst mußte von den neun → Archonten und vom Rat (→ Bulē) geleitet werden, und mindestens 6000 Bürger mußten an ihr teilnehmen. – Dieses Verfahren fand auch in anderen Städten Eingang, so vor allem in → Syrakus unter dem Namen *Petalismos* (von den Olivenblättern, *πέταλα*, deren man sich hier statt der Ostraka bediente). F.G.

Lit: J. Carcopino, L'ostracisme athénien (1909), 1935² – F. Jacoby, Komm. zu FGrHist 324 F 6 u. 328 F 30 – R. Werner, Die Quellen zur Einf. des O., Athenaeum 36, 1958, 48–89 – D. Kagan, The Origin and Purpose of Ostracism, Hesperia 30, 1961, 393–401.

Otacilius Crassus, T. (praet. 217, 211; pont. ?–210 v. Chr.; augur?), war im 2. Pun. Krieg von 217 bis 210 Befehlshaber im westl. Sizilien und hatte eine Flotte zur Küstensicherung unter sich (Liv. 22, 10. 31. 37; 23, 21; 24, 7 ff. u. ö.). A.L.

Otanes (altpers. Utāna). 1. Der Sohn des Thukra (Hdt. 3, 68 irrtümlich: des Pharnaspes), einer der Sieben, die den falschen → Smerdis stürzten (nach Hdt. Anstifter der Verschwörung, auf der Inschrift von Bīsutūn aber als zweiter aufgeführt). Er nahm bei Hof eine bevorzugte Stellung ein und wurde Schwager des → Kyros sowie Schwiegervater des → Kambyses und später des → Dareios I. – 2. Sohn des Sisamnes; nach Hdt. 5, 25 gegen 513 Nachfolger des → Megabazos als Anführer der ‹Küstentruppen›; er stellte die Herrschaft des Dareios in der Troas wieder her und unterwarf Lemnos und Imbros. G.R.

Lit: Th. Lenschau, RE 18, 2 (1942), 1866–69.

Otho (Marcus Salvius Otho), röm. Kaiser 15. 1. 69–16. 4. 69 n. Chr. Geb. 32, Freund des → Nero, Gemahl der → Poppaea Sabina, 58–68 Statthalter von Lusitanien, schließt sich → Galba an, mit dem er zurückkehrt und den er – weil nicht selbst von ihm adoptiert – am 15. 1. 69 stürzt. Gibt sich als Erbe Neros, auf dessen Anhang er baut; daneben Verwendung von Rittern in führenden Stellungen. Teilweise anerkannt, bes. von den Heeren an der Donau, in Ägypten und Afrika, nicht bei der Rheinarmee des → Vitellius (1), die ihren Vormarsch auf Italien fortsetzt. Da Otho das Eintreffen der illyrischen Verstärkungen nicht abwartet, wird er im April 69 bei Betriacum geschlagen. Sein anschließender Selbstmord in der Überlieferung verklärt. K. Chr.

Q: Tac. hist. 1–2, 49 – Suet. Otho – Plut. Otho – *Lit:* F. Klingner, Die Gesch. Kaiser O.s bei Tacitus (1940), in: Studien, 1964, 605–624.

Otho, vgl. auch → Roscius.

Othryadas, Spartaner. Als ca. 550 v. Chr. Spartaner und Argiver sich um den Besitz der Thyreatis stritten, kamen sie überein, die Entscheidung des Krieges je dreihundert Männern der beiden Kriegsparteien zu überlassen; als der einzige Überlebende der dreihundert Spartaner schämte sich O., nach Sparta zurückzukehren, und gab sich auf dem Kampfplatz selbst den Tod. Sparta bemächtigte sich Thyreas. R.V.C.

Othrys, ca. 75 km lange und 45 km breite Gebirgskette in → Achaia Phthiotis südl. → Thessalien (Kt. 1152 D4). Im W der 800 m hohe Furkapaß wichtigste Verbindung zwischen Thessalien und Mittelgriechenland. Höchste Erhebungen: H. Ilias (1694 m), Mavrika (1578 m), Jerakovnni (1726). Im NW des H. Ilias wurden Kupfererze abgebaut, antike Stollen und Schutthalden gefunden. E.M.

Ova, ein auf der Spina, nahe der Meta im → Circus angebrachtes Gerüst mit 7 Holzeiern, diente zur Abzählung der beim Wagenrennen gefahrenen Runden. Die Rennfahrer sollen sich mit diesem Brauch den aus einem Ei geborenen Dioskuren geweiht haben. C.K.

Ovatio, Ehrung eines Feldherrn, der einen → Triumph nicht feiern konnte, etwa weil er ohne das Heer nach Rom zurückgekehrt war oder einen vollständigen Sieg nicht errungen hatte. Der Sieger zog zu Pferd oder zu Fuß, begleitet vom Senat, durch Rom (Gell. 5, 6, 27). G.G.

Ovid (P. Ovidius Naso). A. LEBEN. Nach der Autobiographie (trist. 4, 10) ist O. am 20. 3. 43 v. Chr. zu Sulmo im Pälignerlande geb.; er stammte aus dem Ritterstande. Rhetorische Ausbildung in Rom bei → Arellius Fuscus; daneben Einfluß des Rhetors M. → Porcius (6) Latro (Sen. contr. 2, 2, 8). Studienaufenthalt in Athen (trist. 1, 2, 77). Reisen nach Kleinasien (vgl. fast. 6, 423) und Sizilien (Pont. 2, 10, 21 ff.). O. erhielt die Anwartschaft auf die senatorische Laufbahn; er wurde triumvir (capitalis oder monetalis) und decemvir (stlitibus iudicandis; vgl. fast. 4, 384), später Mitglied des Centumviralgerichts und Einzelrichter in Zivilsachen (trist. 2, 93 ff.). Um die Quästur bewarb O. sich nicht; er zog sich aus dem öffentlichen Leben zurück. Als Dichter wurde er von M. Valerius → Messalla Corvinus gefördert (Pont. 1, 7, 27 f.; 2, 3, 75 ff.; → Dichterkreise). Mit dem jüngeren Sohn desselben, M. Aurelius Cotta Maximus, blieb O. freundschaftlich verbunden. Mit → Tibull und → Vergil kam O. nur flüchtig in Berührung, → Properz und → Horaz trugen ihm ihre Dichtungen vor. – O. war dreimal verheiratet. Der zweiten Ehe entstammte wohl seine einzige Tochter. Die dritte Gemahlin, die O. im Hause des Paullus → Fabius (5) Maximus kennenlernte, hatte aus erster Ehe eine Tochter (vielleicht Perilla, trist. 3, 7). Im J. 8 n. Chr. verhängte Augustus durch Edikt (trist. 2, 135 ff.) über O. die relegatio auf Lebenszeit (Bürgerrecht und Vermögen blieben ihm erhalten). Vorwand war die ‹Liebeskunst›; als eigentlichen Grund vermutet man Mitwisserschaft bei der Skandalaffäre zwischen der jüngeren → Julia (2) und D. Iunius Silanus oder politische Ursachen im Zusammenhang mit → Agrippa (3) Iulius Caesar Postumus oder → Germanicus (1) Iulius Caesar. Noch im J. 8 n. Chr. fuhr O. nach Tomis am Schwarzen Meer, wo er im J. 9 ankam und im J. 17 oder 18 n. Chr. starb.

B. DIE WERKE. Das Werk O.s gliedert sich in drei Gruppen: (a) die sog. Liebesdichtungen, (b) die großen erzählenden Dichtungen, (c) die Verbannungsgedichte. Eine Sonderstellung nimmt die verlorene Tragödie ‹Medea› ein.

[1] O.s Erstlingswerk (trist. 4, 10, 57 ff.) sind die ‹*Amores*› (Liebeselegien). Die (verlorene) erste Auflage umfaßte fünf (nacheinander erschienene) Bücher, die (erhaltene) zweite drei Bücher, die zusammen herausgegeben wurden. Datierbar sind: am. 3, 9 (nach 19 v. Chr.), 1, 14 (nach 16 v. Chr.), 1, 15 (nach 19 und vor dem Tod des Properz und des Horaz, also zwischen 19 und 15 v. Chr.). 2, 18 ist Zusatz der zweiten Auflage. Für eine späte Datierung der zweiten Auflage (etwa gleichzeitig mit der ars) spricht u. a. die Tatsache, daß die Neuausgabe eine Frucht gereifter ästhetischer Selbstkritik ist. Die Amores blieben für O. in gewissem Sinne sein Hauptwerk (trist. 3, 3, 73; 4, 10, 1). Trotz affektierter Unordnung waltet der Kunstverstand auch in der Anordnung der Gedichte, thematische Verwandtschaft (oder Gegensätzlichkeit) bestimmt oft die Reihenfolge. Ein autobiographischer ‹Roman› läßt sich nicht aus dem Werk herauslesen; andererseits ist die Geliebte Corinna (die wohl in der ersten Auflage eine bedeutendere Rolle spielte) bei aller Farblosigkeit doch wohl mehr als nur eine Fiktion. An die Stelle subjektiven Ergriffenseins vom Erlebnis ‹Liebe› (→ Gallus (3), Catull, Tibull, Properz) setzt O. in ironischer Distanzierung eine objektivierende Darstellung des Phänomenbereichs ‹Liebe›, analysiert als geistvoller, stets heiterer Beobachter die verwickeltsten psychologischen Paradoxa mit rationaler Schärfe in thematisch einheitlicher, geschliffener Form. Virtuos spielt er die Themen der Liebeselegie zu Ende. Das Streben nach Objektivation führt weiter zum Drama, zur fiktiven Epistel, zum Lehrgedicht und zu den erzählenden Dichtungen.

[2] Die Tragödie ‹*Medea*› erschien kurz nach der ersten Ausgabe der Amores (vgl. am. 3, 1). Ein Fragment zeigt, daß O. (wie später → Seneca, 2) Medea als eine Rasende dargestellt hat. Übereinstimmungen zwischen O.s 12. Heroide und Senecas ‹Medea› gehen wohl auf Ovids ‹Medea› zurück. Ovids dramatisches Talent (vgl. Tac. dial. 12, 6 und Quint. inst. 10, 1, 98) spricht auch aus den erhaltenen Dichtungen.

[3] Die *Heroiden* (Epistulae, Epistulae Heroidum): 1–14: Briefe mythischer Frauen an ihre Gatten oder Geliebten; 15: Brief Sapphos an Phaon; 16–21 (Frauenbriefe mit Antworten der Männer). An der Echtheit des Sappho-Briefes (vgl. am. 2, 18, 34 mit epist. Sapph. 181) wurde oft gezweifelt. Nach ars 3, 345 ist die erste Reihe der Heroiden vor der ars verfaßt (vgl. auch am. 2, 18, 19 ff.). Metrische Indizien (und die innere Form) beweisen, daß die Doppelbriefe später gedichtet sind, sicherlich aber noch vor der Verbannung. – Die Gattung ist von O. neu geschaffen (ars 3, 346), Anregungen boten (neben rhetorischen Ethopoiien) Properz (4, 3) und → Sulpicia. – Quelle war die mythologische Vulgata und die griech. Dichtung (zum Teil in röm. Brechung): Homer (epist. 1, 3), die Tragiker (epist. 4. 8. 9. 11. 13. 14. 16. 17) und alexandrinische Dichter (2. 5. 6. 10 [Catull 64]. 18–21). Der Dido-Brief folgt Vergil, der Sappho-Brief einer Biographie. – Die Briefform ist nicht naturalistisch durchgeführt (zahlreiche Unwahrscheinlichkeiten der äußeren Lage), sie ist Mittel zur dramatischen Darstellung des Seelischen in dialektischer Analyse der inneren Situation. In den Heroiden wird *ein* Thema (die liebende Frau) immer neu variiert. Dieses Prinzip (vgl. auch ars 2, 128) gilt auch für die Metamorphosen, deren Thema die Verwandlung, und für die Verbannungsgedichte, deren Gegenstand das eigene Schicksal ist.

[4] Das kurze Lehrgedicht über die Gesichtspflege (Medicamina faciei femineae) geht der Ars amatoria voraus.

[5] *Ars amatoria* (Liebeskunst). Die ersten beiden Bücher (Lehren für die männliche Jugend) erschienen 1 v. Chr., das dritte Buch (Lehren für Mädchen: Reprise und Umkehrung von 1 und 2) wenig später (wobei die Überleitung 2, 745 f. hinzukam). O. verbindet in der ars die Tradition des → Lehrgedichts mit der der Liebeselegie zu einem neuen Ganzen (das Didaktisch-Paränetische ist der Elegie nie

fremd gewesen, für die Liebeselegie vgl. Tib. 1, 7); als weitere Bereicherung kommen (wie schon am. 3, 6 und 3, 10) erzählende Einlagen hinzu (diese ‹elegischen› Erzählungen beziehen bewußt auch ‹Episches› mit ein, ebenso wie die ‹epische› Erzählung der Metamorphosen auch ‹Elegisches› aufnimmt: nicht schulmäßige Isolation, sondern produktive Wechselwirkung der Gattungen!). Neu für O. ist die Großform, die er in klarem Aufbau bewältigt. Die Ars setzt die Tendenzen der Amores fort: Typologie statt des einmaligen Erlebnisses, ‹Rolle› des Liebhabers (ars 1, 439. 611): ‹Liebeskunst› (ars amatoria) eine Technik wie die ‹Redekunst› (ars oratoria): beide beginnen mit der ‹Auffindung› (inventio) usw. Berührungen mit grobschlächtigeren ‹Liebeslehren› sind geringfügig; bestimmend sind (wie schon in den Amores) die gesellschaftlichen Forderungen der Liebenswürdigkeit und Rücksichtnahme bis hin zum reizvoll karikierten, bewußten Selbstbetrug (die Urbanität solcher Poesie bleibt ohne Berücksichtigung der gesellschaftlichen Bezogenheit unverstanden). Ernsthafte Leidenschaft wird als störend empfunden.

[6] Von ihr befreien die *Remedia amoris* (Heilmittel gegen die Liebe, entstanden kurz nach 1 v. Chr.). Sie sind somit keine Palinodie der ars, sondern ihr geistesverwandtes Pendant. Auch hier schöpft O. aus → Komödie, → Epigramm, → Elegie. Zum Thema ‹Befreiung von Leidenschaft› kann an → Lukrez (Buch 4), → Philodemos (vgl. Hor. sat. 1, 2, 121) und → Cicero (Tusc. 4, 74 f.) erinnert werden.

[7] Die *Metamorphosen* (etwa 250 Verwandlungsgeschichten in ‹chronologischer› Reihenfolge von der Erschaffung der Welt bis auf Augustus). Ovid schaltet sehr frei mit dem Stoff, den er (neben Handbüchern) folgenden Dichtungen entnehmen konnte: ‹Ornithogonie› des → Boios oder der Boio, nachgebildet von → Aemilius (8a) Macer (trist. 4, 10, 43), ‹Heteroiumena› des → Nikandros (2) v. Kolophon (uns erhalten in Auszügen des → Antoninus (1) Liberalis), ‹Metamorphoseis› des → Parthenios v. Nikaia. ‹Verwandlungen› sollen auch Theodoros (E. Diehl, RE 5 A, 1934, 1809), Didymarchos und Antigonos d. J. von Karystos verfaßt haben (dieser vielleicht erst später als O.). Im einzelnen waren auch Kleinepen maßgebend: → Kallimachos' ‹Hekale›, → Ciceros ‹Alcyones›, Ciceros und → Cornificius' ‹Glaucus›, → Helvius (2) Cinnas ‹Smyrna›, → Licinius → Calvus' ‹Io› und die pseudovergilische ‹Ciris› (→ Appendix Vergiliana). Im ganzen stand Pate der Entwurf (oder Reflex?) einer kosmogonisch-erotisch-mythischen Sammeldichtung in Vergils 6. Ekloge. – O.s Eigentum ist die chronologische Anordnung des Stoffes nach dem Vorgang hellenistischer Universalgeschichte (z. B. → Diodors (2) v. Sizilien): auf eine philosophisch-physikalische Kosmogonie folgt die Mythologie (met. 1–11) und (bruchlos) die eigentliche Geschichte (12–15). Wie Vergil läßt O. die Weltgeschichte im augusteischen Rom gipfeln, während am Anfang (Kosmogonie) und gegen Ende (Pythagorasrede) des Werkes lukrezische Töne erklingen: den beiden großen röm. Vorgängern stellt sich die neuartige Universaldichtung selbstbewußt an die Seite. Eingangs erhebt O. den Anspruch, ein fortlaufendes episches Gedicht (1, 4) zu schreiben (in bewußtem Gegensatz zu Kallimachos Fr. 1, 3). Doch wird der chronologische Plan und die Zeitkontinuität nicht mit der Gewissenhaftigkeit eines → Apollonios (11) Rhodios eingehalten, vielmehr werden die Mythen auch durch andere Mittel verknüpft: Ort, Person, Antithese, Sentenz (vgl. Quint. inst. 4, 1, 77) und (zum Teil mehrfache) Schachtelung (Rahmentechnik). Die Enden der Bücher werden mit Vorliebe überbrückt, in der Darstellung wechselt (hellenistisch-asymmetrisch) Knappheit mit Fülle. Neben ‹Epischem› (→ Gleichnissen, Kampfschilderungen, Götterszenen, einem Seesturm, Beschreibungen von Kunstwerken) erinnert einzelnes an → Lehrgedicht (Buch 1 und 15), → Hymnus (4, 11 ff.; 5, 341 ff.), → Bukolik (13), Heroidenbrief (9, 530 ff.), → Epigramm (2, 327 f.; 14, 443 f.; 9, 794), Drama (die zahlreichen Monologe), → Elegie (psychologische Vertiefung, erotische Thematik), → Rhetorik (nicht nur das Redenpaar Aiax-Ulixes in Buch 13). Schulung und Begabung vereinigen sich in der einmaligen, plastischen Anschaulichkeit der Darstellung; besondere Glanzpunkte sind die Schilderungen des Verwandlungsvorgangs und der ‹allegorischen Ortsbeschreibungen›. In starker ‹Vergegenwärtigung› (röm. Alltag und röm. Recht wird in die Vorzeit projiziert) wird der Mythos bis zur Travestie ‹verbürgerlicht›. Andererseits werden ‹elegische› und ‹novellistische› Stoffe (Cephalus und Procris in Buch 7, Ceyx und Alcyone in Buch 11) durch epische Gestaltung ‹heroisiert›. In diesem eher ‹unheroischen› und nur wenig ‹ideologischen› Epos gewinnt so das rein Menschliche (bes. die Liebe als schicksalhafte Bindung) selbständigen Eigenwert und universale Größe (vergleichbar der Tragödie des Euripides). – *Publikation:* Zunächst in privaten Abschriften verbreitet, wurden die Metamorphosen nach Ovids Verbannung ‹ohne letzte Feile› veröffentlicht (trist. 3, 14, 23; 1, 7, 24 f.). Mit dieser Art der Publikation hängt möglicherweise das schwierige Problem der ‹Doppelfassungen› zusammen.

[8] Von den 12 Büchern *Fasti* (einer dichterischen Bearbeitung des röm. Festkalenders) hat O. die sechs ersten vollendet; das erste Buch arbeitete er in der Verbannung um (Widmung an → Germanicus (1) statt an Augustus). Als röm. Aitien-Dichter steht O. in der Nachfolge des ‹röm. Kallimachos› → Properz (Prop. 4, 1, 64. 69). Als Quellen kommen u. a. Varros ‹Antiquitates› und → Verrius Flaccus in Betracht. Kallimacheisch ist die Einkleidung (Musengespräche) und der subjektivere Erzählton. Von den parallelen Erzählungen in ‹Metamorphosen› und ‹Fasten› gilt das zu den Einlagen der ‹Ars› Bemerkte.

[9] *Die Verbannungsdichtungen:* 1. Das erste Buch der ‹*Tristien*› ist noch auf der Reise nach Tomis verfaßt; auch die weiteren Bücher (Buch 2 eine Apologie an Augustus) sind einzeln nacheinander erschienen. In den Tristien werden die Adressaten nicht genannt, wohl aber in den (2) *Epistulae ex Ponto* (die drei ersten Bücher wurden zusammen, das vierte gesondert veröffentlicht). Die Bedeutung der immer noch zu wenig beachteten Verbannungsgedichte liegt in der neuen ‹Erlebtheit›, die O.s elegisches Dichten hier gewinnt. In diesem Sinne ist nicht nur trist. 4, 10 eine ‹Selbstdarstellung›. O. entdeckt die Poesie der Sehnsucht, des Vermissens (desiderium), des schmerzlichen Getrenntseins von Rom. Diese modern anmutende Entdeckung (Isolation des Dichters von der Gesellschaft) wurde O. vom Schicksal aufgezwungen. Hier liegt die menschliche Grundmelodie jener ‹Zweckpublizistik›, die sich auf den ersten Blick in endlos variierten Klagen und Bitten zu erschöpfen scheint. – 3. *Ibis* (ein Schmähgedicht, frei nach Kallimachos) und (4) *Halieutica* (Bruchstück über Fische) sind echt, (5) Nux zweifelhaft, (6) Consolatio ad Liviam unecht.

[10] *Wirkungsgeschichte.* In seiner Vielseitigkeit hat O. die röm. Literatur um neue Gattungen und die Sprache um neue Wörter und Verbindungen bereichert, die bei aller Gewähltheit den Stempel der Natürlichkeit tragen. Man hat in O. mit gleichem Recht einen Vorläufer der Poesie der Kaiserzeit gesehen, wie man ihn auch einen Ahnherrn des mittelalterlichen und auch des neuzeitlichen Dichtertypus nennen könnte. Neben der literarischen (einige Gipfel: aetas Ovidiana im MA; Ariost; Goethe; Grillparzer; Puschkin) steht seit der Renaissance eine überreiche ikonographische Wirkungsgeschichte. M. v. A.

Ed. principes: Franc. Puteolanus, 1471 – C. Suueynheym-A. Pannartz, 1471 – *Gesamtausgabe:* R. Ehwald-F. Lenz, 1888–1922 – *Einzelausgaben und Übers.: am. med. ars, rem.:* E. J. Kenney, 1961 – *am.:* F. Munari (1951), 1959^3 – P. Brandt (Komm.), 1911 – Übers.: R. Harder-W. Marg (1956), 1962^2 – *epist.:* R. Giomini, 1958 (epist. 1–10) – H. Bornecque, 1928 – A. Palmer (Komm.), (1874), 1898^2 – Übers.: H. Gerlach (1939), 1960^2 – *med. rem.:* F. W. Lenz, 1960 – Übers.: J. Eberle, 1959 – *rem.:* Komm. G. Némethy, 1921 – *ars:* H. Bornecque, 1924 – C. Marchesi (1918), 1933^2 – P. Brandt (Komm.), 1902 –

Übers.: W. Hertzberg (1854), 1959² – *met.*: H. Magnus, 1914 – G. Lafaye, 1928/30 – Krit. Apparat: D. A. Slater, 1927 (enthält auch die Narrationes des sog. Lactantius Placidus) – Neue Ausg. zu erwarten v. F. Munari – Komm.: M. Haupt-R. Ehwald, 1915f. – Übers.: H. Breitenbach (1958), 1964² – *fast.*: Text, Übers., Komm.: F. Bömer, 1957 – *trist. Ib. Pont.*: S. G. Owen (1915), 1951² – Komm.: *trist. 2*: S. G. Owen, 1924 – *trist 4*: Th. J. de Jonge, 1951 – *trist. 5*: J. Th. Bakker, 1946 – *Trist. Pont.*: G. Luck und W. Willige, 1963 (mit Übers.) – *Ib.*: A. La Penna, 1957 – *Schol. Ib.*: A. La Penna, 1960 – *Hal.*: J. A. Richmond, 1962 (m. Komm.) – *Hal. fr. Nux, Consol.*: F. W. Lenz (1939), 1956² – *Lit*: W. Kraus, RE 18,2 (1942), 1910–18 – H. Fränkel, Ovid, 1945 – L. P. Wilkinson, O. Recalled, 1953 – S. d'Elia, Ovidio, 1959 – *Forschungsbericht*: W. Kraus, AnzAW 11, 1958, 120–146; 16, 1963, 1–14.

Ovinius, Volkstribun, der kurz vor 312 v. Chr. durch Gesetz (Lex Ovinia) den → Censoren die Aufstellung der Senatorenliste übertragen ließ. R. W.

Oxos (Ὄξος, Ὦξος), Fluß im heute russischen Turkestan, jetzt Āmūdarjā; entspringt im Pamir und mündet mit einem Delta im Aral-See. Bis zu Alexander d. Gr. bekannt als → Araxes, der das Reich des → Kyros vom Land der Massageten trennte. Strabon (11, 512f.) gibt uns das älteste, Ammianus Marcellinus (13, 6, 59) das beste Zeugnis. G. R.

Lit: A. Herrmann, RE 18,2 (1942), 2006–17 – B. Spuler, Encycl. Islam I², 1957, 467–470 – O. M. Dalton, The treasure of O. (1905), 1964⁴ – D. Schlumberger, Ai' Khanoum, RA 1964, II 196f.

Oxymoron (ὀξύμωρον), rhetor. → Sinnfigur; enge syntaktische Verbindung sich widersprechender Begriffe zu einer Einheit, also Sonderform der → Antithese. *Bsp.*: *παλίντροπος ἁρμονία* (Heraklit. Fr. 51) = *concordia discors* (Hor. epist. 1, 12, 9). H. H.

Lit: Volkmann, 434f. – Lausberg, I 398 – H. Büchner, Das O. in der griech. Dichtung..., Diss. Tübingen 1951 (masch.).

Oxyrhynchos, wichtige Stadt in Mittelägypten am Westufer des Baḥr Jūsuf, etwa 300 km südl. von Alexandria, heute el-Bēnesa. Bereits im Ptolemäerreich Sitz einer griech. Kolonie (→ Satyros, → Herakleides Lembos), seit dem 2. Jh. n. Chr. halbhellenistische Stadt, seit Anfang des 4. Jh.s Hauptstadt der Provinz Arcadia und Residenz eines Bischofs. Zahlreiche Tempel, darunter ein Serapisheiligtum, später zwei christl. Kirchen, ferner ein großes Theater und ein Gymnasium. Die gebildeten Griechen von O. (z. B. der Lexikograph Valerius Pollio; vgl. Pap. Ox. 2192) standen in ständiger Verbindung mit Alexandria und besaßen z. T. stattliche Bibliotheken. – O. ist heute bekannt als eine Hauptfundstätte von Papyri, vor allem aus röm. Zeit (engl. Grabungen von Grenfell und Hunt in der Zeit von 1896 bis 1907, italien. von Pistelli 1910 und 1913/14 und Breccia 1927/28). Die englischen Funde werden in der Editionsreihe The O. Papyri, London 1898ff. veröffentlicht, der wichtigsten und umfangreichsten aller Papyruspublikationen (bisher 30 Bände). Vgl. → Überlieferung A. H. E.

Lit: H. Kees, RE 18,2 (1942), 2043–46 – E. G. Turner, O. and its papyri, GaR 21, 1952, 127–144.

Oxytonese, Hochtonigkeit (zumal der Endsilbe), → Akzent, → Barytonese.

Ozeanographie. [1] → ‹Okeanos› bezeichnet ursprünglich den Fluß, der rund um die – als Scheibe vorgestellte – Erde fließt und sie von der Totenwelt trennt. → Homer betrachtet ihn als Gott, Ahnen der anderen Götter und Vater aller Lebewesen (Il. 14, 201. 246); → Hesiod nimmt ihn als Sohn des Himmels und der Erde und Vater aller fließenden Gewässer in seine Theogonie auf (theog. 20. 337). Diese Mythen spiegeln eine kosmogonische Konzeption wider, die vom Autor der Genesis I geteilt wird und nach der das flüssige Element vor der Entstehung der Welt als eine Art Wasserdampf das ganze Universum erfüllt hätte.

[2] Aber ebenfalls seit Homer wird der Fluß Okeanos vom Standpunkt der → Geographie aus betrachtet. Er umspült die phantastischen Gegenden an den Grenzen der Erde: → Äthiopien im Süden (Il. 1, 423), das Land der → Kimmerier im Norden (Od. 11, 14), die Insel der → Kirke im Westen oder im Osten (Od. 10, 135). Auf dem Schild des Achilleus umschließt er die scheibenförmige Erde (Il. 18, 607). Hesiod, der weiß, daß das Mittelmeer ein geschlossenes Meer ist, während Homer es von den westlichen Küsten Italiens an mit dem Ozean verwechselt, verlegt den Okeanos hinter den Atlas (theog. 274. 517). → Stesichoros stützt sich auf die Herakleslegenden, die im Laufe des 7. Jh.s entstanden, und verlegt ihn an den Ausgang der → Säulen des Herakles, jenseits von Tartessos (fr. 4 u. 6 D.). Eine babylon. Weltkarte aus der gleichen Zeit, deren Vorbild aus dem 9./8. Jh. stammt, stellt auf einer Tontafel die Erde in Gestalt eines mit dem Zirkel gezeichneten Kreises dar und den Okeanos als einen rings die Erde umfließenden Strom mit dem Namen ‹bitterer Fluß›, dessen anderes Ufer den Himmel berührt; den Kreis von Norden nach Süden teilend, geht der Euphrat vom Ozean aus, wohin er sein Wasser durch die Sümpfe des ‹Meerlandes› auch wieder zurückbringt. Auf der Weltkarte des → Anaximander, die im übrigen ein ähnliches Bild bietet, ist der Okeanos zum erstenmal als ein Meer dargestellt. Diese Auffassung, die schon von → Thales vertreten wurde, geht wahrscheinlich auf Reiseberichte der ersten griechischen Seefahrer zurück, die die Säulen des Herakles durchfahren hatten (Kolaios v. Samos, um 660? Hdt. 4, 152). → Euthymenes nennt den Ozean ‹Atlantisches Meer› wegen des → Atlas-Mythos, → Hekataios (3) v. Milet ‹Äußeres Meer› im Gegensatz zum ‹Inneren Meer› (Mittelmeer); letzterer unterscheidet darin Teilmeere: das Erythräische (Rote) Meer, das Persische Meer, wahrscheinlich auch das Kaspische Meer (nach Herodot 1, 202 ein geschlossenes Meer). Durch das Mittelmeer, den Pontos Euxeinos und den Fluß → Phasis, der den Ozean mit dem Pontos Euxeinos verbinden sollte (Prokop. Goth. 4, 6), teilten die ionischen Geographen wie die babylon. Karte die Erde in zwei Halbkreise, jedoch von Westen nach Osten. Diese Vorstellung eines sog. → Diaphragma (‹Abtrennung›) machte aus den so abgegrenzten → Kontinenten Europa und Asien Inseln im Ozean.

[3] Die Vorstellung eines Ozeans ohne jenseitiges Ufer, die in der archaischen Konzeption lag, wird durch die Theorie der Kugelgestalt der → Erde aufgehoben. Es stellte sich nun die neue Frage, ob der Ozean die Kontinente umfasse oder ob er von ihnen umfaßt werde. Platon, bei dem wir zuerst auf dieses Problem stoßen, glaubt an die Existenz anderer Kontinente auf der der Oikumene entgegengesetzten Seite der Erdkugel und nimmt an, daß zwar die Oikumene und → Atlantis Inseln seien, der Ozean aber, der sie umgibt, seinerseits von den Kontinenten der andern Seite umgeben werde (Tim. 24 E). Aber er legt auch die (pythagoreische?) Theorie dar, nach der der Ozean aus zwei sich rechtwinklig schneidenden Gürtelmeeren besteht, von denen eines den Äquator bedeckt, das andere durch die Pole hindurchgeht, so daß die Erdkugel vier inselartige Kontinente zählt (Phaid. 109 A ff.). Eine dritte Theorie, die Aristoteles erwähnt (cael. 2, 298 a 9 u. meteor. 2, 362 b 21), ließ als einzigen Kontinent die Oikumene gelten und nahm an, Indien sei von Iberien und Mauretanien durch ein einziges, verhältnismäßig schmales Meer getrennt. → Pytheas tritt in der Schrift Über den Ozean, die er nach seiner Reise zur Nordsee veröffentlichte, für die 2. Theorie ein, indem er versichert, daß Europa im Norden umschiffbar sei – was übrigens die erste Theorie nicht bestritt, wahrscheinlich aber die dritte – und verbreitet den Begriff des Weltmeers, der in der sphärischen Geographie die alte ionische Konzeption erneuert. Dieser Begriff, der in der hellenist. Geographie und Philosophie bereits fest eingebürgert war, führt → Eratosthenes dazu, einerseits das Kaspische, Persische und Erythräische Meer und das Mittelmeer als Golfe des sog. ‹Äußeren Meeres›, d. h. des Ozeans, zu betrachten, andererseits die Inselnatur der Oikumene durch Zeugnisse nachzuweisen, wonach Ebbe und Flut, ein dem Ozean eigentümliches Phänomen, sich gleichmäßig auf ihrem gan-

zen Umkreis zeigen, und durch die Behauptung, daß die Oikumene von Norden und Süden her umschifft worden sei. Diese beiden Beweise sind in der Folgezeit von → Hipparchos (3) v. Nicaea angegriffen worden, doch hat sich die Weltmeertheorie, von → Poseidonios popularisiert, gleichwohl in der landläufigen Meinung durchgesetzt. Von Rom und Byzanz den Geographen des Mittelalters überliefert, sowohl im Abendland als in der arabischen Welt, hat sie bis zur Entdeckung Amerikas die Oberhand behalten, während die von Hipparchos, → Polybios, → Marinos v. Tyros und → Ptolemaios vertretene Hypothese, nach der der Ozean durch eine Kette von Kontinenten, die durch den Nordpol gehen, in einen östlichen und einen westlichen Ozean geteilt werde, vergessen wurde.

[4] Die naturwissenschaftlichen und philosophischen Konsequenzen der Weltmeertheorie sind bes. von Poseidonios ausgenützt worden. Vor ihm hatte Thales mehrere Phänomene, namentlich die Erdbeben, der Tatsache zugeschrieben, daß die Erde auf dem Ozean schwimme. Auch für das Problem der → Nilschwelle spielt in der archaischen Zeit der Ozean als Weltmeer eine bedeutende Rolle. Poseidonios führt in seiner Schrift ‹Über den Ozean und die anliegenden Gebiete› einen Gedanken fort, der zuerst bei Thales(?), Anaximander und → Xenophanes auftritt und dann von Aristoteles und bes. → Straton (2) v. Lampsakos zu einer Theorie ausgebaut wurde. Poseidonios beweist, daß das Meer ursprünglich auch die Kontinente bedeckte und sich langsam zurückgezogen hat. Dabei seien Spuren der Überschwemmung zurückgeblieben: daraus die Muschelschalen in der Libyschen Wüste, die Salzlager im Rhonedelta usw. Seismische und vulkanische Bewegungen seien für die Veränderungen der Erdoberfläche verantwortlich, indem sie einmal Becken wie das des Mittelmeers einsinken lassen, ein andermal neue Küsten und Inseln aufwerfen. Nachdem er ferner in Gades den Einfluß des Mondes auf Ebbe und Flut des Ozeans entdeckt hat, behauptet er, daß die Gezeiten der Erde die Bewegungen der Gestirne vermittelten und sie so am Leben des Kosmos teilnehmen ließen. So wird der Ozean zum Vermittler zwischen den Gestirnen und der Erde, und durch ihn ist diese mit der Weltsympathie verbunden (vgl. auch → Sympatheia, → Kosmologie). F. L.

Lit: V. Burr, Nostrum Mare, 1932 – F. Gisinger, RE 17,2 (1937), 2308–49, s. v. Okeanos – A. Lesky, Thalatta, 1947.

Pachomios, ca. 292–346, aus der oberen Thebais (Ägypten), wurde jung Christ, trat in die Asketenkolonie des Palaimon ein, gründete und leitete ca. 320 in Tabennisi in der Thebais ein Kloster, dem er eine Regel gab: neben Arbeit zum Zwecke des Unterhalts bestimmten Gottesdienste das Leben der Mönche. P. gründete weitere 8 Männer- und 2 Frauenklöster mit insgesamt ca. 5000 Mönchen, die er als ‹Generalabt› leitete. → Mönchtum. B.L.

Q: A.Boon, Pachomiana Latina, 1932 – F.Halkin, Sancti P. Vitae Graecae, 1932 – *Lit:* H.Bacht, Antonius u. P., Von der Anachorese zum Cönobitentum, Studia Anselmiana 38, 1956, 66–107 – RGG V 1f. – Altaner 234.

Pachymeres, Georgios, 1242–ca. 1310, größter Polyhistor seiner Zeit, Förderer auch der mathematischen Studien nach der Restauration in Byzanz, wo er (trotz Inanspruchnahme durch hohe Ämter) Vorlesungen hielt. P. las über mathematische Stellen bei Aristoteles, kannte neben Euklid und Nikomachos auch Diophant und hinterließ ein *Quadrivium,* das beste der uns bekannten. K.V.

Ed: P.Tannery-E.Stéphanou, Quadrivium de Georges P., Studi e testi 94, 1940 – J.L.Heiberg, in: Abh. Gesch. Math. 18, 1904, III, 37–44 (Math. Stellen bei Aristoteles) – *Lit:* K.Krumbacher, Gesch. d. byz. Lit., 1897, 288–291 – Sarton II 972–973.

Pacuvius, M., geb. 220 v. Chr. in Brundisium, lernte die dramatische Technik von seinem Onkel → Ennius in Rom; stand dem → Scipionenkreis nahe; trat 140 gleichzeitig mit → Accius auf; gest. ca. 130 in Tarent. – P., der zugleich Maler war, schrieb als erster unter den röm. Dramatikern ausschließlich → Tragödien; von seinen → Satiren sind nur Spuren erhalten. – Von den Dramen sind ca. 14 Titel und 400 Verse bekannt. Im Unterschied zu → Ennius ahmt P. nur einmal (in der Antiopa) → Euripides direkt nach; ‹Armorum Iudicium› scheint von → Aischylos; Chryses, Hermione, Niptra, Teucer von → Sophokles abhängig zu sein. Die übrigen Stücke sind nach dem Vorbild nachklassischer Dichter geschrieben: Atalanta, Dulorestes, Iliona, Medus, Periboea. Charakteristisch sind entlegene Stoffe, oft Nebenlinien der von Euripides gestalteten Mythen. Die Praetexta ‹Paulus› feierte wahrscheinlich den Sieg des → Aemilius (10) Paulus bei Pydna. – Stoffwahl, Sentenzenreichtum, Kühnheit und Sorgfalt des Stiles begründen den Ruf des P. als *doctus senex* (Hor. epist. 2, 1, 56); Varro (bei Gell. 6, 14) nannte ihn den Meister des hohen Stils; Cicero, der noch mehrere Wiederaufführungen des P. erlebte, schätzte ihn sehr; noch in der frühen Kaiserzeit gehörte P. zur Bildungslektüre (Persius 1, 77). K.A.

Frg: TRF 75–136; 280–281 – *Lit:* O.Ribbeck, Die röm. Trag., 1875, 216–339 – F.Leo, Gesch. d. röm. Lit., 1913, 226–232 – M.Valsa, M.Pacuvius, Poète tragique, 1957 – R.Argenio, M.Pacuvio, I frammenti dei drammi, 1959 – I.Mariotti, Introduzione a Pacuvio, 1960.

Padus (Kt. 1420 B–E 2/3; heute Po); bei den einheimischen Ligurern am Oberlauf Bodencus, ‹der Grundlose›; venetisch, vielleicht auch keltisch Padus, griech. Ἐρίδανος, 652 km langer, größter Fluß Italiens in der oberitalienischen Tiefebene. Von → Polybios (2, 16, 6ff.) zuerst richtig beschrieben. Frühere Autoren nahmen eine Verbindung von P. und Rhone an oder verwechselten die beiden Flüsse (Apoll. Rhod. 4, 596. 610. 628). Da → Atria im Mündungsgebiet ein Handelsplatz für Bernstein war, wurde am P. die Sage von → Phaethon lokalisiert, den seine Schwestern mit Bernsteintränen beweinten. Der P. entspringt in einem Gletscher der Cottischen Alpen am Mons Vesulus, die beiden Duria werden als Quellflüsse angesehen. 37 Nebenflüsse (Plin. nat. 3, 118: 30). In der Antike von → Augusta (3) Taurinorum an schiffbar. Mündung mit weitverzweigtem Delta (Mela 2, 62; Plin. nat. 3, 110: 7 Mündungsarme) zwischen Altinum und Ravenna in die Adria. Das Podelta hat sich seit der Antike durch Anschwemmungen und durch teils künstliche, teils auf Grund von Überschwemmungen bewirkte Umleitungen der Poarme stark verändert, die Küstenlinie durch Lagunen- und Marschenbildung um 5 bis 10 km hinausgeschoben. Die Überschwemmungen wurden schon im Altertum durch Deichbauten bekämpft; Kanäle wurden angelegt, um die unsicheren natürlichen Flußläufe durch kontrollierbare Wasserstraßen zu ersetzen. In der fruchtbaren Poebene Eichenwälder mit Schweinezucht, Anbau von Flachs, Bohnen, Rüben, Hirse. In der röm. Kaiserzeit ausgedehnte Weizenfelder. Im Lagunengebiet Fischfang und Salzgewinnung. B.A.

Lit: Nissen, I 190ff.

Päan. [1] P. ist bei Homer der Name eines Götterarztes (Il. 5, 401. 899), später Beiname des Apollon (hymn. Ap. 277 u.a.). Nach dem darin enthaltenen Anruf *ἰὴ Παιήων* (*Παιᾶν*) hießen P. die Bitt- und Danklieder an Gottheiten, bes. → Apoll und → Artemis. Gesungen wurde der P. als Siegeslied (Il. 22, 391, Apoll nicht erwähnt), später auch zu Beginn der Schlacht, als Bitt- und Sühnegebet an Apoll (Il. 1, 471ff., oft bei den Tragikern), zur Spende nach dem Mahl (Alkm. Fr. 89 P.), zur Hochzeit (Sappho Fr. 44, 34 L.-P.; Aristoph. Th. 1034f.). Dem P. der Männer entspricht die ‹Ololygē› der Frauen (Sappho a. O., Bakchyl. 17, 127). Von der Form dieser P.e wissen wir nichts. – Bei der Ausbildung des kunstmäßigen P.s sollen (Ps. Plut. mus. 1134) die Männer der sog. 2. Schule in Sparta eine Rolle gespielt haben, bes. → Thaletas, → Xenodamos, → Xenokritos; allerdings war bereits im Altertum strittig, ob ihre Lieder als P.e zu bezeichnen seien.

[2] Der früheste bekannte P. ist der des → Tynnichos. Erhalten sind (Papyrus-)Fragmente erst aus dem P.-Buch → Pindars; davon sind 4 P.e einigermaßen kenntlich (zwei Prozessionslieder, ein Bittgesang anläßlich einer Sonnenfinsternis, einer mit mythologischem Mittelteil). Der → Refrain ist bei Pindar weder obligatorisch noch an einen bestimmten Platz gebunden. Die P.e sind meist triadisch (→ Perikope) aufgebaut, → Daktyloepitriten scheinen seltener zu sein als bei den → Epinikien. Von → Bakchylides haben wir Reste eines P.s (Fr. 4) ohne Refrain, zwei (16 und 17), die Mythenerzählung enthalten, stehen unter seinen → Dithyramben. Liturgische P.e sind inschriftlich erhalten, ein anonymer Anth. Lyr.^{2} 6, 109ff., ferner, in *hellenist. Zeit,* P.e von → Ariphron (auf Hygieia), → Philodamos (auf Dionysos), → Isyllos, → Aristonoos, → Limenios. P.e (= ‹Loblieder›) wurden später auch auf Menschen gedichtet, der älteste bekannte P. dieser Art ist der auf → Lysander (Anfang erhalten, Anth. Lyr.^{2} 6, 103). E.-M.V.

Pädagogik

[1] Begriff – [2] Spezialschriften – [3] Kategorien der antiken P. – [4] Sokrates – [5] Sophistik – [6] Platon – [7] Isokrates – [8] Kennzeichen der antiken P. – [9] Christl. P. – Vgl. → Bildung, → Erziehung, → Schule.

[1] *Begriff.* Wenn man P. definiert als die Lehre von den Maßnahmen, die für eine → Erziehung getroffen werden oder getroffen werden sollen, so setzt die antike P. später ein als die antike Erziehung. Zwar zeugt schon die Formulierung eines Erziehungsideals (frühestes Zeugnis Homer; z.B. Il. 6, 208 u.ö.) für ein Bewußtsein pädagogischer Aufgaben, doch kann man von P. im ganzen erst sprechen, wenn sich derartige Anschauungen zu einem System verdichten; wie die Erziehung, so ist auch die P. abhängig von der Lebensweise und -form derjenigen Gruppe, für die sie P. und Erziehung sind. Das System der P. antwortet (häufig der realen Entwicklung der Erziehung erst nachfolgend) auf jede Änderung der Gruppenstruktur, die ein Problem aufwirft. Die antike P. ist dabei die (für das Abendland) früheste Form einer P. überhaupt; sie entstand, wie die anderen Einzelwissenschaften, als ein Zweig der → Philosophie.

[2] Ist die Geschichte der Erziehung im ganzen die Geschichte der realen Institutionen, so ist die Geschichte der P. eine Geschichte von Personen und ihren Werken. Die frühesten, durch ihren Titel (*Περὶ παίδων ἀγωγῆς*) ausdrücklich als pädagogisch gekennzeichneten Werke sind

verloren. Bezeugt sind derartige Schriften bei den Griechen von → Archytas v. Tarent, → Demokrit, von den → Sokratikern → Aristipp und → Antisthenes (1), den → Stoikern → Zenon, → Chrysipp, → Klearchos (3), → Kleanthes (2), → Plutarch (erhalten) und später von → Jamblich, → Stobaios, → Hieronymus (1); bei den Römern von → Cato (1) d. Ä. (De liberorum educatione) und → Varro (1). Erhalten sind Zeugnisse (etwa) dreierlei Art: (a) die Systeme, teils als Systeme fixiert, wie bei → Platon, teils rekonstruierbar, wie bei → Isokrates; (b) theoretische Äußerungen, die im Zusammenhang mit anderen Sachgebieten oder anderen Problemdarstellungen gegeben wurden; so etwa bei Aristoteles und Cicero; (c) Zeugnisse praktischer Art, wie Techniken, Lehrschriften, Schulbücher, Kommentare, Schülerübungen, in denen die tägliche Praxis sich spiegelt; vieles davon verdanken wir → Papyrusfunden.

[3] *Kategorien der antiken P.* Drei Kategorien: (a) Anlage (*φύσις*); (b) Übung, Training, Gewöhnung (*μελέτη, ἄσκησις*); und (c) Unterweisung, Belehrung (*διδαχή*) sind für die gesamte antike P. bestimmend. Der Physisbegriff, der zuerst im 6. Jh. v. Chr. auftritt, gehört in das Erziehungsdenken der Adelsgesellschaft; den Übungsgedanken hat die Sophistik eingeführt (z. B. Protag. VS 80 B 3. 10); Reflexionen über die Lehre finden sich seit Demokrit (VS 68 B 33. 183). Gering ist auch die Zahl der → Bildungsziele, die die Antike formuliert hat; das mag damit zusammenhängen, daß das antike → Menschenbild in seinen wesentlichen Zügen sich gleich blieb. Um so größeres Gewicht legt die Theorie der P. auf die Erörterung der Methodenfragen: Was ist lehrbar? Wie ist das Lehrbare lehrbar? Was soll gelehrt werden und wie soll gelehrt werden?

[4] *Sokrates.* Eine singuläre Stellung nimmt der erste Pädagoge ein, von dem wir wissen, der Athener Sokrates. Wenn man die Darstellung Platons auch als Zeugnis für sein Selbstverständnis interpretieren darf, kennzeichnen ihn sein undogmatisches Verfahren, sein Verzicht auf die geschriebene Lehre, der Umstand, daß er unentgeltlich ‹lehrt›, die Rigorosität, mit der er traditionelle sittliche und religiöse Normen auf ihre Wahrheit prüft, die Überzeugung, daß es möglich sein müsse, sich im Streit der Meinungen auf ein zwischen den Sprechenden liegendes, von der Vernunft als allgemein gültig anerkanntes Allgemeines zu einigen, und die Methode des mäeutischen Befragens. Für die Geschichte der P. dokumentiert die Person des Sokrates zum ersten Male, wieviel die Übereinstimmung von Lehre und Leben für die pädagog. Wirkung bedeutet (vgl. z. B. Apol. 33; Euthyphr. 3 B u. ö.; Prot. 345 D u. ö.; Theait. 149 B ff.).

[5] *Sophistik.* Einige Überzeugungen teilt Sokrates mit der → Sophistik, die in der Geschichte der P. als erste pädagog. Bewegung aufgefaßt werden kann. Auch die Sophisten setzten voraus, daß der Mensch bildsam sei, daß es prinzipielle Grenzen des Denkens und Erfahrens nicht gebe, daß Institutionen und institutionelle Bräuche bloße Konventionen seien, daß die Sprache Instrument nicht nur des Denkens, sondern auch des Handelns sei, daß das Individuum nicht nur das Recht, sondern auch die Kraft habe, sich gegen das Urteil der Mehrheit (die geltende Norm) zu wehren. Die Sophisten unterscheiden sich von Sokrates allgemein in der Lebensform durch ihre Unabhängigkeit von einer Polis, durch ihre Honorarforderungen, den zusammenhängenden Lehrvortrag, das erklärte Ziel, auch dann zu überzeugen, wenn der Zuhörer nicht zum Einverständnis geführt werden kann, und damit ihren Verzicht auf eine Bindung an allgemeine, von allen als gültig anerkannte Normen. Gegenüber der früheren, stark ständisch und immer politisch gebundenen Erziehung bringen die Sophisten neue Erfahrungen auf neue Begriffe: (a) die Einsicht, daß Bildung nicht nur Anlage ist, sondern auch Schulung; (b) die Erfahrung, daß Können (gleichviel welcher Art) Kapital bedeuten kann; (c) die Überzeugung, daß der Mensch der Selbstbestimmung fähig sei; d. h. daß er Normen nicht nur erkennen muß, sondern auch setzen kann; (d) das Theorem, Zwiespältigkeit und Widersprüchlichkeit des menschlichen Daseins seien als Chance des Überlegenen zu begrüßen (vgl. z. B. Protag. VS 80 B 10; A 1; B 1; B 3; B 6a u. 6b; Antiphon, VS 87 B 2; B 60).

[6] Von → *Platon* stammt das erste uns überlieferte theoretische System einer P. Freilich kann man auch Platons System nicht als rein pädagog. System bezeichnen; dafür ist es zu eng mit den politischen, psychologischen und spekulativ-metaphysischen Thesen dieses Denkers verflochten. So finden sich in vielen seiner Schriften Hinweise und Sätze zum Problem der Erziehung, auch wenn das jeweilige Thema an einen anderen systematischen Ort gehört; vor allem geben sich die beiden Hauptschriften, ‹Staat› und ‹Gesetze›, als staatstheoretische Untersuchungen. Darin zeigt sich deutlich, daß in der Antike Erziehung zunächst immer nur im Wechselbezug des Einzelnen zur (Polis-) Gemeinschaft gedacht werden kann. Anderseits hat Platon mit der Einrichtung seiner → Akademie selbst eine reale Institution von lange währender Dauer und historischer Wirksamkeit geschaffen. Unbestreitbar ist, daß Platon einen Platz in der Geschichte der P. beansprucht: Theorie und Praxis sind bei ihm zu einer, uns freilich nicht mehr in allen Einzelzügen greifbaren, komplexen Identität verschmolzen. Der von Platon konzipierte Erziehungsgang weicht in der Dauer, der Methode, in einigen Lehrgegenständen und bes. in der Zielsetzung beträchtlich von dem üblichen ab. Die rigoroseren Ansprüche erhebt Platon im ‹Staat›; die detaillierteren Vorschriften gibt er in den ‹Gesetzen›. Im einzelnen sieht das System vor: In den ersten Jahren bleibt das Kind bei den Eltern; doch soll es von Anfang an vor schädigenden Einflüssen geschützt und an fordernde Ansprüche gewöhnt werden (leg. 1). Jungen und Mädchen bedürfen gleicherweise der Erziehung; doch wird Koedukation abgelehnt. Vom 7. bis zum 10. Jahr sollen Gymnastik, vom 10. bis zum 13. Grammatik, danach Musik und Mathematik gepflegt werden, bis im 18. bis 20. Jahr eine (der → Ephebie vergleichbare) militärische Ausbildung einsetzt. Die Unterschiede liegen hier nicht so sehr in der Abfolge und den Gegenständen (obwohl die starke Betonung der mathematischen Bildung neu ist), sondern im Geist, in dem sie betrieben werden sollen. Bezeichnend ist die Polemik gegen die (traditionell gepflegte) Dichterlektüre: alle Dichtungen, die einer sittlichen Norm nicht genügen, werden aus dem Unterricht gestrichen (vgl. bes. die Homerkritik, rep. 10, 595 ff.; 2, 377 ff.). Nach dem 20. Jahr geht die Erziehung weiter: vom 20. bis zum 30. Jahr folgt die Ausbildung in Mathematik, die auf das Studium der ‹Dialektik›, der spekulativen Philosophie (von 30–35 Jahren), vorbereiten soll. Nach anschließender 15jähriger Bewährung in der politischen Praxis ist der 50jährige am Ziel der Studien: er ist fähig zum Erfassen des wahrhaft Seienden (das sich im Staat als die Einheit des Guten, Wahren und Schönen darstellt). Von pädagog. Belang ist an dieser Erziehungsutopie (a) die Einteilung des Lehrganges in Altersstufen; (b) die strenge Bindung des ganzen Systems an sittliche Normen; (c) der Gedanke des Stufenganges, der (d) gekoppelt ist mit dem Ziel einer Elitebildung: nicht jeder Mensch ist fähig, jede Stufe möglichen Wissens zu erreichen; (e) die Überzeugung, daß geistige Gegenstände prägende und erweckende Kraft haben, verbunden mit der Einsicht, daß der Gegenstand jahrzehntelange Anstrengung fordert; (f) der → Utopiecharakter des ganzen Systems, der seine pädagog. Prinzipien bes. klar hervortreten läßt. Platon entwirft eine totalitäre P., die als Gegenbild zur (damaligen oder jeweiligen) Realität sowohl die Mängel des Praktizierten als auch die Schwächen dieses (und jeden) umfassenden Entwurfs deutlich macht. Mindestens gleichwertig gegenüber den Einsichten, die das System bietet, sind die in der Lehrerfahrung gewonnenen

Erkenntnisse Platons über fundamentale Tatsachen der Erziehung; dazu gehört, was er über die erziehende Kraft des Eros und des Schönen sagt (bes. im Symposion), über die Wechselwirkung von Sprechen und Denken und über das Geheimnis des unsagbaren Letzten, das sich nicht mehr der Lehre, sondern höchstens einmal dauernder gemeinsamer Bemühung offenbart (7. Brief).

[7] *Isokrates.* Demgegenüber nimmt sich die bei → Isokrates auf einen Lehrgang von 3–4 Jahren begrenzte, an ein Ideal des ‹Vorzüglich-Sprechen-könnens› (z. B. Antid. 253 ff., Nik. 5 ff.) gebundene Erziehung zunächst überaus bescheiden und pragmatisch aus. Sie ist jedoch historisch wenigstens ebenso wirksam geworden und pädagogisch ebenso wertvoll. Wie Platon begrenzt Isokrates seinen Schülerkreis (auf etwa 5 Schüler je Lehrgang); auch er setzt den bisherigen Erziehungsgang voraus und führt ihn nur durch eine Art Erwachsenenbildung fort; auch bei ihm ist die Erziehung politisch orientiert; aus seiner wie aus Platons Schule sind fähige Politiker hervorgegangen. Hinzu kommt, daß beide nebeneinander lehrten und sich gegenseitig beeinflußten (→ Rhetorik B 3). Der deutlichste Unterschied zwischen Platon und Isokrates zeigt sich im Ziel der Erziehung (z. B. Panath. 30): Gebildet sein heißt bei Isokrates, sich der Sprache in vollkommener Weise bedienen können (z. B. Antid. 293 ff.); die Normen des Sprachgebrauchs gelten bei ihm zugleich als Normen des ästhetischen Geschmacks und der Moral. Die Rhetorik ist zugleich Ethik, die Ethik zugleich Ästhetik und Politik. Die Gegenstände des Lehrgangs sind Muster, die Isokrates z. T. selbst erst schafft: z. B. die sog. Prunkrede (*ἐπίδειξις*, z. B. paneg.); die Lobrede (z. B. Euag.) und der sog. Fürstenspiegel (z. B. ad Nik.). Durch Isokrates werden die von der Sophistik eingeführten methodischen Kategorien des Beispiels (*παράδειγμα*) und der Nachahmung (*μίμησις*) endgültig kanonisiert. Zugleich erwerben die Schüler des Isokrates wenigstens in der Theorie die Zugehörigkeit zur kulturtragenden Oberschicht: die Beherrschung der Sprache öffnet den Zugang zur Kultur (z. B. paneg. 50).

[8] *Kennzeichen der antiken P.* Am Beispiel des → *Quintilian* und seiner Institutio zeigt sich, daß die Gleichsetzung von Rhetorik und Bildung, wenigstens bei allen mit ihr Befaßten und von ihr Beeinflußten, unangefochten in Geltung blieb; dasselbe beweist von der entgegengesetzten Seite der Umstand, daß Philosophen, Fachwissenschaftler und Enzyklopädisten (→ Fachschriftstellerei) ihre Themen literarisch, d. h. rhetorisch bearbeiten. Pädagog. Neuland im eigentlichen Sinne wird nicht gewonnen. Wie bei der Erziehung, so lassen sich auch für die P. der Antike einige konstitutive Züge zusammenfassen. Antike P. orientiert sich immer am Fernziel, an der Gestalt des Erwachsenen; zwar nimmt sie Rücksicht auf die geringere Leistungsfähigkeit des Kindes, doch nicht auf seine psychischen Eigenheiten; im ganzen ist sie eher kinderfeindlich. Entsprechend liegt der größere Nachdruck der theoretischen Überlegungen stets auf den Problemen der höheren Altersstufen. Die Methoden sind, am heutigen Maßstab gemessen, rigoros, teilweise brutal (bes. in der Prügelstrafe); bei der Aufbereitung des Stoffes elementar und wenig differenziert; ein gewisses Korrektiv mögen das stets angestrebte Meister-Jünger-Verhältnis und die gegenüber heute geringere Frequenz der Kurse geboten haben. Die Dauer der Ausbildung scheint, auch gemessen an der Fülle des Gebotenen, überaus lang und bes. für die Elementarstufen als wenig effektiv; der Grund dafür liegt einmal in der Sozialstruktur (Berufsausbildung gab es nicht, ein Berechtigungssystem war unbekannt), zum andern in dem Prinzip der Elitebildung. Daraus erklärt sich auch, daß das einmal ausgebaute System zwar im Laufe der Zeit erweitert, aber nie ernstlich in Frage gestellt oder von Grund aus reformiert wurde: das Bild der P. auch in der Spätantike bleibt in erstaunlichem Maße einheitlich. G. P.

[9] *Christliche P.* An diesem Bild änderte sich selbst dann wenig, als sich das Christentum im hellenist.-röm. Kulturbereich durchsetzte. Jedenfalls hat die Christianisierung der Antike aufs ganze gesehen keine Revolution der P. im Gefolge gehabt. Wie die Bibel kein neues Erziehungssystem, wohl aber ein neues Menschenbild (→ Anthropologie) enthielt, in dem in einer für antikes Denken unvorstellbaren Weise das menschliche Leben wesentlich von Sünde und Gnade her verstanden war und alle menschlich-natürlichen Maßstäbe und Bindungen gegenüber dem einen ‹Ziel› göttlichen Erziehungshandelns am Menschen (→ Erziehung, E) verblaßten, so hat auch das spätantike Christentum keine neue, ‹christliche› P. entwickelt. Vielmehr hat es im allgemeinen das hellenist.-röm. → Schulsystem übernommen, ohne daß darüber die herkömmliche P. nach Lehrgegenständen und -methoden auch nur die leiseste Umformung erfahren zu haben scheint. Lediglich für den Nachwuchs der Klöster (→ Mönchtum) und später auch des Weltklerus wurden vom 4. Jh. an, zuerst in Ägypten, eigene Klosterschulen eingerichtet mit einem im Verhältnis zur klassischen Schule völlig gewandelten Programm und einer durchaus eigenständigen Methodik und P., vgl. die Regeln des → Pachomios (reg. Pach. 139 f.), des → Basilius v. Caesarea (Basil. reg. fus. tract. 15), vor allem des → Benedikt v. Nursia (bes. Kap. 1. 2. 48. 63); vgl. ferner → Hieronymus (epist. 107. 128). Es war eine eher geistliche als geistige Ausbildung, die hier intendiert wurde, eine Erziehung, von der die weltlichen Wissenschaften und Künste ganz ausgeschlossen sein sollten. Sie hatte ihr Zentrum im Studium der Bibel, die bereits für die ersten Lese- und Schreibübungen diente und dann in systematischer Ordnung ganz angeeignet, d. h. auswendig gelernt werden sollte. Nicht minder kennzeichnend für diese neue P. war, daß in den Mönchen bzw. Weltpriestern, denen die Erziehung des geistlichen Nachwuchses oblag, die Gestalt des Vaters und des Lehrers eine Synthese eingingen, wobei das Vateramt bestimmend war. Der Lehrer war hier ‹geistlicher› Lehrer, der ebenso erzog wie lehrte, und zwar nicht wie in der Psychagogie platonischer Tradition als ‹Gleichgestimmter›, sondern ausschließlich in Verantwortung vor Gott und den Erziehungsbefohlenen zur Hilfe, die sich von der Eigenart der je einzelnen Seele her begriff und ihr auf ihrem Weg zum Heil behilflich sein sollte. – Vgl. → Bildung, → Erziehung, → Schule. M. R.

Lit: → Erziehung.

Päderastie → Knabenliebe.

Päligner, ital., zu den → Sabellern gerechnetes Gebirgsvolk in dem grünen, vom Knie des Aternus (Pescara) durchströmten Becken (Conca Peligna) zwischen den mächtigsten Gebirgsstöcken des Zentralapennin, Mons Fiscellus (Gran Sasso) im N, dem Morrone und der Maiella im O und S und dem Mons Imeus (Apennino Abruzzese) im W, treffend als festungsartiges Gebirgsviereck bezeichnet (Kt. 1420 F 5). Die P. siedelten hauptsächlich in dichtgestreuten Pagi. Von den Hauptorten → Corfinium, Superaequum, → Sulmo ist nur der letztere noch heute bewohnt. Um die Mitte des 4. Jh.s im Bündnis mit den Römern, das 305/304 noch enger gestaltet wird. Von nun an treue Bundesgenossen Roms, bes. in den → Pun. Kriegen. Im → Bundesgenossenkrieg (3) Zentrum des Aufstandes: an der Stelle der Stadt Corfinium, wo sich fünf wichtige Straßen kreuzten, wurde Italia, eine neue, romfreie Bundeshauptstadt der Italiker geplant. Nach dem Zusammenbruch des ital. Aufstandes 87 erhielten auch die P. das röm. Bürgerrecht. Von der nun einsetzenden Romanisierung und Bautätigkeit zeugt ein großes, spätrepublikanisches Terrassenheiligtum (sog. Poteche di Ovidio) am Hang des Morrone, das seit 1957 ausgegraben wird.

Lit: Nissen, I 516; II 445 ff. – B. Andreae, AA, 1959, 236–238. B. A.

Paenula (*φαινόλης*), pelerinenartiger Übermantel aus Filz, Wolle oder Leder, über Toga und Tunika getragen.

Die P. bedeckte den Körper ganz, hatte Ausschnitt nur für den Kopf, teilweise mit Kapuze (cucullus). Sicher nordalpiner Herkunft (Gallien und Noricum). Häufig auf Reliefs in diesen Gebieten dargestellt, ist die P. Tracht der Bauern, Soldaten und Handwerker. → Kleidung. F.E.

Päon (παιών). Heph. p. 40, 3 C. nennt als 3 Formen des P. → Kretikus, → Bakcheus und → Palimbakcheus, führt dann aber als spezielle Formen Kretiker mit geteilten longa auf (vgl. p. 11, 20): den ‹ersten P.› (–◡◡◡) und den ‹vierten P.› (◡◡◡–). B. Sn.

Päonie (παιωνία, ‹Pfingstrose›), benannt nach dem schon durch Linear B bezeugten Götterarzt Paieon, der ihre Heilkraft entdeckte und den von → Herakles verwundeten → Hades damit heilte. Nach anderer Überlieferung schenkten die Götter die P. → Apollon als Heilgott, Paieon oder Paian, der sie seinem Sohne → Asklepios als breit wirkende Heilpflanze übergab. Als Zauberpflanze und ‹Königin der Kräuter› wuchs die P. im Garten der → Hekate. Auffallend tritt in den Beinamen der P. die Beziehung zum Mond zutage und zu den Erkrankungen, die man durch ihn ausgelöst glaubte. Man grub daher die Wurzeln nur nachts. Nach ihrer Fingerform hießen sie auch δάκτυλοι Ἰδαῖοι (nach den im Gefolge der Rhea gedachten kret. Daktylen, denen zauberkräftiges Wirken nachgesagt wurde). Der Befund weist auf ein hohes Alter der medizinischen Verwendung, die sich über das Altertum hinaus noch lange behauptete. Vgl. → Flora. J.W.

Lit: Murr, Pflanzenwelt, 226f. – O. Geßner, Gift- und Arzneipflanzen, 1931, 244.

Pässe. Viele Alpenpässe wurden bereits in der Antike ausgebaut. Diese → Straßen waren äußerst schmal und erklommen die Paßhöhe sehr steil und mit wenig Kurven. Daß sie im Winter nicht befahrbar waren, versteht sich von selbst, doch auch im Sommer bargen sie ungeahnte Gefahren, wie es aus den dramatischen Schilderungen bei Ammianus Marcellinus (15, 10, 4f.) und Claudius Claudianus (26, 340ff.) hervorgeht. Kein Wunder, daß man auf der Höhe des Großen St. Bernhard zahlreiche Statuetten, Inschriftentäfelchen und Münzen der Römerzeit gefunden hat, die dem Gott des Passes, dem → Jupiter Poeninus, geweiht worden sind. Diesem Gott wurde hier auch ein Tempel, der höchste in ganz Europa, erbaut. An einigen Orten wurden Felsen durchbrochen oder künstliche Geleise in den felsigen Boden eingeschnitten. Th. P.

Lit: F. Stähelin, Die Schweiz in röm. Zeit (1927), 1948³, 337–388.

Paestum (Ποσειδωνία), ital. Paiston, achäische Kolonie an der Westküste Lukaniens (Kt. 1420 G 7), in einer weiten Ebene liegend, im O von Bergen begrenzt, im W vom Meer, ohne Akropolis. 1. H. 7. Jh. von → Sybaris gegründet, schon um 400 v. Chr. von den einheimischen Lukanern erobert, 273 röm. Kolonie latin. Rechts. Berühmt durch die Reihe der fast vollständig erhaltenen dorischen Tempel des 6./5. Jh.s v. Chr.: von S nach N (a) die sog. Basilika mit 9 × 18 Säulen und einer inneren Säulenreihe von 8 Säulen; (b) sog. Poseidontempel mit 6 × 14 Säulen, beide jetzt für Hera gesichert; (c) der jüngere italische Tempel, 3.–1. Jh. v. Chr. mit 4 × 8 Säulen; (d) sog. Cerestempel (in Wahrheit der Athena) mit 6 × 13 Säulen. Gut erhalten die Stadtmauer im ganzen Umfang von 4,7 km mit 4 Toren; in Luftaufnahme sehr deutlich und z. T. ausgegraben das rechtwinklige Straßensystem mit langen, rechteckigen Häuserblocks. Ausgegraben ferner das große Forum mit den Säulenhallen und anderen öffentlichen Gebäuden, Fundamente von 11 weiteren kleinen, der Hera zugeschriebenen Tempeln verschiedener Zeit, weitere Heiligtümer, Altäre, Amphitheater, Nekropolen außerhalb der Stadt. – Vgl. → Architektur I C 2, → Tempel D 3 ff. E.M.

Lit: F. Krauß-R. Herbig, Der korinth. Tempel am Forum von P., 1939 – H. Riemann, RE 22, 1 (1953), 1230–54, s. v. Poseidonia – P. Cl. Sestieri, Paestum (1950), 1956⁴ – B. Neutsch, AA 71, 1956, 373–444 (neuer Grabungsber. mit Plan) – F. Krauß, Die Tempel von P., I 1, 2 Bde, 1959 – Berve-Gruben, 81; 200–207.

Paetina → Aelia

Paetus, L. Caesennius, cos. 61. Im J. 61/62 Legat von Kappadokien. Kämpfte ohne Erfolg in Armenien gegen die Parther. Von → Vespasian 70 zum Statthalter von Syrien ernannt. 72 Krieg gegen Antiochos v. Kommagene; nach dessen Gefangennahme Annexion des Landes. Seine Gattin Flavia Sabina war vermutlich eine Verwandte Vespasians. Sein Sohn L. Iunius Caesennius Paetus war 63 Militärtribun unter → Corbulo. U.Wm.

Paetus, vgl. auch → Aelius, → Autronius, → Thrasea.

Paganalia oder *feriae paganicae*, bewegliches Fest der Bewohner des pagus (Landbezirk) nach Abschluß der landwirtschaftlichen Arbeiten; über dieses Fest sind wir schlecht unterrichtet; es wird oft zu Unrecht mit den → Sementivae verwechselt; wir wissen bloß, daß bei diesem Anlaß die Schutzgötter des pagus angerufen wurden (Varro ling. 6, 24 und 26; Dion. Hal. 4, 15, 3). H. Le B.

Lit: L. Delatte, Recherches sur quelques fêtes mobiles du calendrier romain, 1937.

Pagasai, Hafenstadt in → Thessalien (Kt. 1152 D 3), der Golf von P. heute Golf von Volo; im Besitz von → Pherai, Blütezeit im 4. Jh. unter → Alexander (19) v. Pherai, 352 von → Philipp II. v. Makedonien eingenommen. Große Teile des Mauerrings südl. → Demetrias erhalten. Die sog. bemalten *Stelen von P.* gehören zu → Demetrias. E.M.

Pagus. In den ländlichen Bezirken erhielt sich der P. in seiner ursprünglichen Bedeutung als Gau mit kleineren und größeren Siedlungen und dem zentralen Heiligtum, das auch dem dabei gelegenen Flecken (vicus) zu Bedeutung verhalf. Die Versammlungen der pagani (Gaugenossen) erledigten administrative Aufgaben, als Beamte fungierten magistri oder aediles. Wo sich im Lauf der Zeit größere Städte bildeten, sank der P. zum Flurbezirk des städtischen Territoriums herab. Die Bezeichnung paganus erhält später die übertragene Bedeutung von Zivilist (der im Kriegsfall im P. bleiben darf) und von Heide (da das → Christentum zunächst lange auf die Städte beschränkt blieb). D.R.

Paidagogos, ein Haussklave, der den Schulkindern bis ins → Ephebenalter zur häuslichen Aufsicht und zum Schutz auf der Straße beigegeben wurde. Oft wurde seine dauernde Betreuung zur sittlichen Erziehung. So steigt er im Hellenismus vom niedrigen Sklaven zum geachteten Hofmeister auf. U. Sch.

Paidonomen (Knabenaufseher) hießen die schon früh in → Sparta und Kreta, später auch anderswo mit der Aufsicht über die Knaben (und etwa auch das Schulwesen) betrauten → Magistrate [1]. F.G.

Paidotribes, staatlich angestellter und bezahlter Turnlehrer der → Epheben, auf ein oder mehrere Jahre, seit dem 2. Jh. n. Chr. auf Lebenszeit gewählt. Mit dem Zurücktreten der militärischen Ausbildung wird der P. zum wichtigsten Lehrer im Ephebengymnasion. → Sport C, → Gymnastik. U. Sch.

Paignion (eig. Spielzeug), literarischer t. t. für rhetorische Deklamation über fingiertes Thema (zuerst bei → Isokrates, später vor allem im → Asianismus), auch für Komödie oder laszive Novelle, dann überhaupt für poetische Kleinigkeit (→ Philitas), bes. für ein bukolisches Gedicht. Paignia (modern: *Technopaignia*) heißen auch die glossen- und rätselreichen Figurengedichte der Alexandriner (fingierte [?] Aufschriften auf die im Titel genannten Gegenstände): ‹Flügel›, ‹Axt› und ‹Ei› des → Simias (vielleicht Erfinder der Gattung), ‹Syrinx› des → Theokrit (?), ‹Altar› des → Dosiadas, dieser im 2. Jh. n. Chr. nachgeahmt im ‹Altar› des Besantinos (?). Imitation bei den Römern: ‹Phoenix› des → Laevius, ‹Orgel› (20), ‹Altar› (26) und ‹Syrinx› (27) des P. → Optatianus Porphyrius. In allen Technopaignia ist das Metrum so gewählt, daß das Schriftbild den Titelbegriff darstellt. H.E.

Ed: *Technopaignia:* Buc. Gr., ed. A. S. F. Gow, 1952, 171–185 – Ph. E. Legrand, Bucoliques grecques I, 1925, 220 (Syrinx); II, 1927, 220 bis

235 (mit franz. Übers.) – *Laevius:* Frg. Poetarum Latinorum, ed. W. Morel, 1963, 60 – *Porphyrius Optatianus:* E. Kluge, BT, 1926 – *Lit:* A. v. Blumenthal, RE 18, 2 (1942), 2396–98 – P. Maas, RE 5 A 1 (1934), 103–104 (Lit).

Paionien, nördl. an → Makedonien grenzende Landschaft (Kt. 1152 CD 1), schon bei Hom. Il. 2, 848 als Bundesgenosse der Troer genannt. Um 500 Züge des → Megabazos in Thrakien, einige paionische Stämme nach → Phrygien verpflanzt, von denen ein Teil während des → Ion. Aufstandes zurückkehrte. Seit → Philipp II. zu Makedonien gehörend, bald nach → Alexanders (5) d. Gr. Tod (323) wieder selbständig, seit → Antigonos II. Gonatas wieder zu Makedonien. Die Paionen waren Thraker oder Illyrier oder ein Mischvolk aus beiden. E.M.

Lit: B. Lenk, RE 18,2 (1942), 2403–08.

Paionios, Bildhauer von Mende (auf der Chalkidike), etwa von 450–410 v. Chr. tätig. Berühmt durch die im Original erhaltene Nike, die in Olympia gegenüber der Ostseite des Zeustempels auf einem 9 m hohen (ebenfalls teilweise daselbst wiedergefundenen) Pfeiler stand: Nach Aussagen der Messenier (die Paus. 5, 26, 4 nicht für richtig hält) eine Weihung für ihren Sieg über die Spartaner im Archidamischen Krieg (um 425–421 v. Chr.). In der Weihinschrift heißt es (in einer erst später hinzugefügten Zeile), daß P. bei dem Wettbewerb um die Ausführung der Akrotere (des Zeustempels) den Sieg davongetragen hatte. Die Angabe (Paus. 5, 10, 8), P. habe am Zeustempel den Ostgiebel, → Alkamenes den Westgiebel ausgeführt, kann aus stilistischen und chronologischen Gründen nicht stimmen, beruht vielleicht auf einer Verwechslung mit dem genannten Auftrag der Akrotere, die (wie der Zusatz der Inschrift schließen läßt) später als die Nike ausgeführt worden sind. Ob ein ähnliches Pfeilerdenkmal der Messenier in Delphi ebenfalls eine Nike des P. trug, bleibt fraglich. Denn die Abweichungen der vorhandenen Kopien des Nikekopfes reichen kaum aus, zwei unabhängige Schöpfungen zu postulieren. – Die weiteren Zuweisungen, die sich auf keine literarischen Quellen mehr stützen können, bleiben hypothetisch (Skulpturenschmuck des Apollontempels von Phigalia, sog. Aura von Rom, → Nikebalustrade, Nereiden von Xanthos). Vielleicht hat P. am → Parthenon (Westfries und -giebel) mitgearbeitet. E.Bg.

Lit: Lippold, GrPl, 205 – Ch. Hofkes-Brukker, EAA V, 1963, 844 bis 848 – Zur hypothetischen Zuweisung des Apollon von Ince an P. vgl. Br. Sauer, JdI 21, 1906, 163–176.

2. **P.,** von Ephesos, und *Demetrios*, der Tempelsklave, Architekten des Artemision von → Ephesos. Nach Vitr. 7, praef. 16 und Plin. nat. 35, 95 vollendeten sie den vor 550 von → Chersiphron begonnenen Bau. Da aber P. mit → Daphnis (2) v. Milet auch das gegen 300 begonnene → Didymaion erbaute, muß er das nach dem Brande des archaischen Dipteros 356 mit gleichem Grundriß errichtete jüngere Artemision entworfen haben, das als eines der → Weltwunder galt. → Architektur I D [3]; G. G.Gb.

Pais, Kind, gewöhnlich bis zum 14. Jahr; als Korporation die jüngste Gruppe der Schuljugend. → Schule. U.Sch.

Pakoros I., → Arsakidenprinz, Sohn und Mitregent → Orodes' II., fiel 38 v. Chr. gegen die Römer.

2. **P. II.,** Partherkönig (nach 78 n. Chr). Zeit und Bereich seiner Herrschaft sind unsicher, seine Gegner waren → Artabanus IV., vielleicht → Vologaeses II. und → Osrhoes. P. war es anscheinend, der 89 einen falschen Nero an → Domitian auslieferte. D.T.

Palaemon → Remmius.

Paläographie → Schrift.

Palästina. Der Schauplatz der Geschichte Israels wird seit altchristl. Zeit im Anschluß an die röm. Provinzbezeichnung ‹Palästina› (Philisterland) genannt; im AT heißt es ‹Land Israel› oder ‹Kanaan› (nur Westjordanland; Ostjordanland: ‹Gilead›). Es erstreckt sich von Libanon und Antilibanon im N bis zur Wüste Negeb im S, vom Mittelmeer im W bis zur syr.-arab. Wüste im O. Der tiefe Jordangraben (südl. Endpunkt das Tote Meer, mit –392 m die tiefste natürliche Einsenkung der Erde), trennt das Gebiet in einen west- und ostjordanischen Teil. Das tafelförmige Ostjordanland (Durchschnittshöhe 800–900 m) wird durch

Abb. 177 Palästina und Syrien

die tief eingefressenen Flußbette des Jarmuk, Jabbok und Arnon in die Gebiete (von N nach S) dschōlān (fruchtbare Lavaerde), ʿadschlūn (waldreich), el-belqa und el-kerak geteilt. Das Westjordanland wird von N nach S von einem Höhenzug durchzogen, der in Obergaliläa etwa 1100 m erreicht, dann abfällt und in die breite Ebene von Jesreel (ca. 60 m) übergeht. Nach S wieder ansteigend (Jerusalem 790 m), folgt einer Höhe von über 1000 m bei Hebron Abfall und Übergang in das Wüstengebiet des Negeb. Dem westjordanischen Gebirge ist von S bis auf die Höhe von Jerusalem ein Hügelgelände (im AT ‹Schephela›) vorgelagert, diesem die Küstenebene, die immer schmäler wird und beim Karmel endet – beides fruchtbare Gebiete. – Klimatisch gehört Palästina zur subtropischen Zone, hat aber infolge der großen landschaftlichen Kontraste bedeutende Unterschiede in Temperatur und Niederschlag. Die reiche landschaftliche Gliederung war einer politischen Einigung nicht günstig, und die Lage als Durchgangsland zwischen O und W, N und S ließ eine selbständige Entwicklung nur zu, solange nicht auswärtige Großmächte (Ägypten, Hethiter, Assyrien, Babylonien u. a.) die Oberherrschaft über dieses Gebiet beanspruchten. E.W.

Lit: H. Guthe, Bibelatlas (1911), 1926² – Ders., P., Monographien zur Erdkunde 21, 1927 – R. Koeppel, P., 1930 – K. Galling, Bibl. Reallexikon, 1937 – G. E. Wright-F. V. Filson, The Westminster Historical Atlas to the Bible, (1945) rev. ed. 1959 – M. Noth, Die Welt des AT (1940), 1962⁴.

Palästra, ‹Ringplatz›, dann allgemein jede größere Sportanlage. P. ist seit dem 4. Jh. v. Chr. gleichbedeutend mit Gymnasion, bezeichnet jedoch zunächst nur einen Teil davon, den quadratischen Peristylhof. U. Sch.

[2] *Anlage.* Die *griech. P.* war fest dem → Gymnasium eingegliedert. Die *röm. P.* wurde aus diesem Zusammenhang isoliert übernommen oder den → Thermen angegliedert, die die Funktion der griech. Gymnasien gewissermaßen auf breiterer Ebene fortsetzten; selbständige Anlagen dienten ausschließlich sportlichen Übungen der Jugend; die kaiserzeitlichen Ludi übernahmen später diese Form für Übungsplätze der Gladiatoren. Die älteste selbständige P. röm. Typs befindet sich beim Theaterviertel in Pompeji (3seitige → Portikus mit Auskleideräumen). Aus augusteischer Zeit stammt die große P. nahe des Amphitheaters ebd.; in der Achse des 142 × 107 m messenden Peristylhofes befindet sich ein rechteckiges Schwimmbecken (natatio, 34 × 22 m; vgl. die P. in Herculaneum mit kleiner und großer, kreuzförmiger Natatio von 55 bzw. 31 m Armlänge). Für die Peristylhöfe der ältesten Thermen ist die Bezeichnung P. inschriftlich gesichert (z. B. Stabianerthermen in Pompeji, vgl. CIL I 2, 1635); an diesen gemessen sind die P.en der Kaiserthermen verhältnismäßig klein, hingegen erscheinen sie in axialsymmetrischen Anlagen häufig in zweifacher Ausführung; oft sind sie ihnen, Prachtplätzen ähnlich, vorgelagert (Leptis Magna, Trier u. a.). C.K.

Lit: G. Carettoni, EAA V, 1963, 882–887.

Palaikastron, ostkretische Hafenstadt mit Siedlungs- und Gräberfunden aus früh- bis spätminoischer und aus griech. Zeit (architektonische Terrakotten des mittleren 6. Jh.s vom Tempel des Diktäischen Zeus). Bes. stattliche Gebäudereste aus SM I (Haus B mit Badezimmer[?] und Treppen). Wie in → Gurnia Weiterbestand der Siedlung auch nach der Katastrophe der großen Paläste gegen 1400. Zahlreiche Keramik- und Terrakottafunde. Vgl. → kret.-myk. Kultur. – Auf einer Anhöhe südl. von P. das kleine, ländliche Bergheiligtum von *Petsofa.* W. Schg.

Lit: R. C. Bosanquet u. R. M. Dawkins, Excav. at P. I–V, BSA 8–12, 1901/02–1905/06; 40, 1939/40, 38–40 – Dies., The unpubl. Objects from the P.-Excav., 1902–1906, ebd. Suppl. Paper 1, 1923 – *Petsofa:* BSA 9, 1902/03, 356–387, Tafel 7–13 – A. Evans, The Palace of Minos I, 1921, 151; BCH 87, 1963, 824–828.

Palaiphatos, pseudonymer Verfasser mythographischer Werke, 2. Hälfte 4. Jh. v. Chr.; erhalten ist im Auszug *Περὶ ἀπίστων,* ‹Über unglaubliche Geschichten›, worin mit oberflächlichem Rationalismus ein natürlicher Kern der ‹unglaublichen› Mythen konstruiert wird. W. Bk.

Ed: Mythogr Gr. III 2 – *Frg:* FGrHist 44.

Palamedes, Sohn des Euböers Nauplios und der Philyra oder Klymene, einer der großen mythischen Erfinder (Erfindung der Buchstaben, Zahlen, Astronomie, geschriebener Gesetze und des Brettspiels wird ihm zugeschrieben). So listig wie → Odysseus, den er entlarvt, als er sich wahnsinnig stellt, um dem Zug nach Troja zu entgehen, und ebenso klug im Rat. Zur Rache von Odysseus und → Diomedes getötet oder nach einer von O. angezettelten Intrige hingerichtet. Der Stoff von → Aischylos, → Sophokles und → Euripides sowie von → Gorgias behandelt. K. Schb.

Palast, ägyptischer. Da die P.bauten aus Ziegeln bestanden und meist im Fruchtland lagen, sind sie für uns verloren. Bekannt sind nur der P. → Amenophis' III. in → Theben-West (Molgata), der Echnatons in → Amarna und der → Ramses' III. an seinem Totentempel in → Medinet Habu. Danach zerfielen die P.e in einen privaten (bes. Harem, Magazine) und einen offiziellen Teil (bes. eine große Thronhalle); zu jedem P. gehörte ein ‹Erscheinungsfenster›, in dem der König sich bei feierlichen Anlässen zeigte. Zum *mesopot. P.* → Mesopotamien G 4, zum *griech.* und *röm. P.* → Haus; vgl. → Stadt. W. Hk.

Palaststil, Bezeichnung für die bemalte Keramik der letzten Periode vor Zerstörung des Palastes von → Knossos. 15. Jh. (SM II). Auf Knossos beschränkt. In den Darstellungen (Pflanzen, Meerestiere) auf großen Amphoren sind die stilistischen Verhärtungen gegenüber der vorangegangenen Blütezeit deutlich erkennbar: Einwirkung vom myk. Festland? Vgl. → kret.-myk. Kultur D 4; G 3. W. Schg.

Abb: etwa S. Marinatos-M. Hirmer, Kreta u. das myk. Hellas, 1959, Abb. 91–94.

Palatua, Ortsgöttin des Palatin (Palatium) in Rom, wovon ihr Name abgeleitet ist; sie hatte einen Flamen (Varro ling. 7, 45), und das Sonderopfer (Palatuar), das ihr anläßlich des Septimontium-Festes gebracht wurde (Labeo bei Fest. 476 L.), beweist die Wichtigkeit ihres alten Kultes. Doch war sie zu Varros Zeit ganz vergessen. H. Le B.

Palermostein, Teil einer Steinplatte in Palermo, auf der die Jahresannalen der ägypt. Könige von → Menes bis Neferirkare (5. Dyn.) aufgezeichnet waren. Andere Fragmente in Kairo und London (University). Zeit der Niederschrift unbekannt; dennoch sind diese Annalen unsere wichtigste Geschichtsquelle für das Alte Reich. W. Hk.

Ed. u. Lit: H. Schäfer, Abh. Berlin 1902, 1 – H. Gauthier, Le Musée égyptien 3, 1914, 29 – W. M. Petrie, Ancient Egypt, 1916, 119.

Pales, Göttin der Hirten und Herden. 267 v. Chr. wurde ein Tempel für sie gebaut; Jahrestag der Stiftung war der 7. Juli, was sehr erstaunlich ist, da das Fest, das als Fest der P. gilt, die → Parilia, auf den 21. April fällt. Außerdem erwähnt der republikanische Kalender von → Antium für den 7. Juli ein Fest der ‹beiden Pales›. Es wird allgemein angenommen, es handle sich um einen männlichen Pales und eine weibliche P.; doch hat G. Dumézil nachgewiesen, daß beide P. weiblich waren und daß sie miteinander das Groß- und Kleinvieh beschützten. Das Problem wird noch verwickelter durch einen männlichen Pales, der zu den etrusk. → Penaten gehörte (Serv. georg. 3, 1; Arnob. 3, 40). Das Rätsel scheint noch nicht ganz geklärt zu sein. H. Le B.

Lit: J. Heurgon, Au dossier des deux Palès, Latomus 10, 1951, 277 bis 278 – G. Dumézil, Les deux Palès, REL 40, 1962, 109–117.

Palette. Ihr Gebrauch zum Mischen der → Farben ist zwar nicht literarisch, dafür aber auf Darstellungen, in Form einer ovalen Holztafel, bezeugt. – Die Antike kannte neben der bunten die einfarbige (→ Monochromata) und die vierfarbige P. (→ Vierfarbenmalerei). C.K.

Palicanus → Lollius.

Palikoi (die *Paliken),* ein göttliches Zwillingspaar, das die Naturerscheinungen personifiziert, durch die ihre einzige Kultstätte, der Lago dei Palici auf Sizilien, ausgezeichnet ist (Schwefelausdünstungen und dgl.); bekannt zur Hauptsache durch Aischyl. Fr. 6 ff. N. Ihr Heiligtum wird häufig als Eidstätte erwähnt. K.-H. R.

Pali(m)bothra, Hauptstadt des indischen Königs → Sandrakottos, zuerst von → Megasthenes, der sich dort etwa 303–292 aufhielt, besucht und beschrieben. Name und Lage am Zusammenfluß von Ganges und Son entsprechen dem heutigen Pataliputra (Ruinen) in der Nähe von Patna. Die Stadt hatte die Form eines Parallelogramms und war durch einen hölzernen Wall geschützt (FGrHist 715 F 18). F.L.

Palimpsest (griech.-lat. palimpsestus, < *πάλιν + ψάω,* ‹kratzen›), zum zweitenmal verwendetes → Pergament (seltener Papyrus), dessen erste Beschriftung vorher getilgt wurde; früher versuchte man die untere Schrift durch chemische Mittel, heute durch UV-Strahlen-P.-Photographie lesbar zu machen. H.Hg.

Palinodie, Lied, das einen Widerruf enthält; so wurde das zweite Lied des → Stesichoros auf Helena seit Isokr. 10, 64, Plat. Phaidr. 243 A genannt. E.-M.V.

Palintonon, → Geschütz aus der Gruppe der → Katapulte. Der Unterschied zwischen P. und → Euthytonon beruhte wohl auf der Verschiedenheit der Sehnenspannung, ist aber sonst nicht klar; das P., λιθοβόλον, war ein Steil-, das Euthytonon ein Flachgeschütz. W.K.

Q: Phil. Mech. Bel. 91, 36; Hero Bel. 74. 104.

Palinurus, Steuermann des → Aeneas, auf der Fahrt von Sizilien nach Italien vom Gott Somnus überwältigt, ins Meer gestürzt, nach drei Tagen an die Küste Lukaniens getrieben, wo er von Barbaren erschlagen und unbestattet zurückgelassen wird. Durch eine Seuche bestraft, ehren sie ihn durch Heroenkult und Benennung des Kaps → Palinurus nach ihm (Verg. Aen. 5, 814ff.; 6, 337ff.). L.H.

Palinurus, von Plinius (nat. 3, 72) als promuntorium Palinurum erwähntes, stürmereiches Vorgebirge südl. von Paestum (Kt. 1420 G7; heute Palinuro), das seinen Namen von dem hier von Bord gestürzten Steuermann des Aeneas (Verg. Aen. 5, 833ff.) haben soll. Röm. Flotten scheiterten hier 253 und 36 v. Chr. Ausgrabungen seit 1957 haben eine Ansiedlung und Nekropole des 6./5. Jh.s von Oinotrern festgestellt, die im Handelsaustausch mit Griechen standen. Griech. Münzen (→ Statere) der 2. H. des 6. Jh.s tragen die Prägung einer Doppelstadt Palinuros und Molpa. B.A.

Lit: R. Naumann, Palinuro, 1958.

Palla, das Obergewand der Frauen im 2. und 1. Jh. v. Chr. Entspricht dem → Himation (Pallium) der Männer. Vgl. → Kleidung. F.E.

Palladas von Alexandria, fruchtbarer spätgriech. Epigrammatiker um 400 n. Chr.; etwa 150 vorwiegend epideiktische, protreptische und skoptische Epigramme in Hexametern, Distichen und jambischen Trimetern erhalten (AP). Vor ihrer Aufnahme in die Ausgabe des → Kephalas bildeten sie eine eigene Sammlung, die vielleicht auch Epigramme anderer Dichter enthielt. E.V.

Lit: A. Franke, De P. epigrammatographo, Diss. 1899 – W. Peek, RE 18, 3 (1949), 158–168 – G. Luck, P. – Christian or Pagan?, AJPh 63, 1958, 455–471.

Palladion, etymologisch zu → Pallas Athene gehörig, also Kultbild dieser Göttin, und zwar eines ikonographisch bestimmten Typs (→ Athene in altertümlicher Darstellung stehend mit Schild und gehobener Lanze). Das P. ist schon früh in den Mittelpunkt einer einzigartig reichen mythologischen Spekulation getreten: sein Besitz garantiert den Bestand der Stadt, die es birgt; es ist vom Himmel heruntergefallen (Pherek. FGrHist 3 F 179). Im besondern ist es das (von → Dardanos aus Samothrake gebrachte) Kultbild des Athenetempels in Troja, das nach dem epischen → Kyklos von → Odysseus und → Diomedes geraubt wurde, damit Troja eingenommen werden könnte. Nach anderer Version wird es von → Aeneas gerettet und wird seit dem 3. Jh. v. Chr. mit den → Penaten des röm. Staates identifiziert. Ein P. gibt es daher sowohl im Vestatempel Roms wie in demjenigen von Lavinium (Dion. Hal. 1, 67, 3–69, 4; Strab. 6, 1 14; Cic. Scaur. 48 u. a.). Wie dieses röm. P. ausgesehen hat, wird freilich nicht mitgeteilt. O.G.

Lit: Nilsson, I 347f. 433–437.

Palladius (Rutilius Taurus Aemilianus P. vir illustris), wahrscheinlich Mitte 4. Jh. n. Chr., Verfasser eines landwirtschaftlichen Lehrbuches (→ Landwirtschaft B 2). P.' Lebensumstände sind nicht bekannt, doch verrät der Name den Mann in öffentlicher Stellung, der häufige Hinweis auf eigene Erfahrung den Gutsbesitzer. Sein Werk ‹De re rustica› umfaßt 14 Bücher: Buch 1: Anlage und Ausstattung des Gutes; Buch 2–13: die jeweils in einem Monat anfallenden Arbeiten; Buch 14 (neu entdeckt): Veterinärwesen. Das Material stammt überwiegend aus früherer Fachliteratur, bes. aus → Columella; die Darstellung verzichtet bewußt auf Eleganz (1, 1). P. widmete sein Werk einem sonst unbekannten Pasiphilus, dem er eine Elegie (85 Distichen) mit Darstellung des Baumpfropfens beilegte (früher als 14. Buch bezeichnet). Im Mittelalter wurde das Werk viel benützt. W.Ri.

Ed: J. C. Schmitt, BT, 1898 – J. Svennung, 1926 (Buch 14) – *Lit:* H. Widstrand, P.-Studien, 1926 – J. Svennung, Unters. zu P. u. zur lat. Volks- u. Fachsprache, 1935.

2. P., von Methone, 1. H. 4. Jh. n. Chr., Sophist (→ Redner I D 3); die Gleichsetzungen mit den bei → Libanios erwähnten P. sind unsicher. P. soll auch über die röm. Feste geschrieben haben. W.Sp.

Lit: W. Stegemann, RE 18, 3 (1949), 202 – FGrHist 837.

3. P., ca. 364–vor 431, Mönch in Ägypten und Palästina ca. 388–399, Schüler des → Euagrios Pontikos, später Bischof von Helenopolis in Bithynien. Veröffentlichte 419/20 die Historia Lausiaca, eine für die Geschichte des älteren → Mönchtums wichtige Sammlung von Mönchsbiographien. Zur Verteidigung des → Chrysostomos, der in Konstantinopel Hofintrigen zum Opfer fiel (gest. 407), verfaßte er nach dem Vorbild von Platons Phaidon den Dialogus De vita S. Io. Chrysostomi (ca. 407/8). Die als von P. überlieferte Schrift ‹Über die indischen Völker und die Brahmanen› ist, wenn überhaupt, nur im ersten Teil von ihm. B.L.

Ed: C. Butler, The Lausiac History of P., 2 Bde, 1898–1904 – *Übers:* BKV 5, 1912 – *Lit:* RGG V 32 – Altaner 199f.

Pallas, Sohn des Euander; nach Vergil (Aen. 8, 104ff.; 10, 480ff.) fällt als junger Freund des → Aeneas gegen → Turnus.

2. P., Beiname des → Apollon und der → Athene.

3. P., M. Antonius, Freigelassener der → Antonia (3) min., Bruder des → Felix (1); gab vor, seine Abstammung auf die arkad. Könige zurückzuführen. P. überbrachte Tiberius 31 den Brief, in dem die angebliche Verschwörung des → Sejan enthüllt wurde. Unter → Claudius (1) a rationibus. Er empfahl Claudius 48 die Ehe mit → Agrippina (3), setzte sich 50 für die Adoption des L. Domitius Rhenobarbus (später → Nero, 1) ein und galt als Liebhaber der Agrippina. Auf Antrag des → Barea Soranus wurden ihm 52 die prätorischen Insignien bewilligt. Nach dem Tode des Claudius war er noch bis 55 einflußreich, mußte dann aber auf Drängen Neros sein Amt niederlegen. Eine gleichzeitig erhobene Anklage wegen Verrats war erfolglos. 62 soll er von Nero, dem er sein großes Vermögen vermacht hatte, vergiftet worden sein. Die Inschrift seines Grabmales an der via Tiburtina ist bei Plin. epist. 7, 29; 8, 6 erwähnt und mit Entrüstung kommentiert. Seine hochfahrende Art wird bei Tac. ann. 13, 2. 14. 23 und Dio Cass. 61, 3, 2; 62, 14, 3 erwähnt. U.Wm.

Lit: S. I. Oost, The Career of M. Antonius Pallas, AJPh 79, 1958, 113–139.

Palliata (fabula palliata), wichtigste Gattung der röm. → Komödie (II), benannt nach dem Pallium, dem lat. Namen für den Überwurf der Griechen (ἱμάτιον), in dem die Schauspieler auftraten. Im Gegensatz zur griech. Komödie wurden in der P. (bis in die Zeit nach Terenz) keine Masken, sondern Perücken (galerus) getragen. Die P. entnimmt ihre Stoffe im Unterschied zur → Togata der griech. Neuen → Komödie (I D). Durch die 26 Stücke des → Plautus und → Terenz haben wir ein relativ deutliches Bild von dieser Gattung (und damit auch von der Neuen Komödie). Die P. hat viel zur Verbreitung hellenist. Gedankenguts in Rom beigetragen. H.M.

Lit: A. Thierfelder, Röm. Komödie, Gymnasium 63, 1956, 326–345 – A. Traina, Comoedia, Antologia della P., 1960.

Palma (Kt. 2849 E2; heute P. Mallorca), Siedlung im Jahre 123 durch Q. → Caecilius (7) Metellus (Strab. 3, 5, 1; Mela 2, 124) nach der Eroberung der → Balearen auf Mallorca gegründet. Von der alten Stadt sind nur wenige epigraphische Zeugnisse erhalten. J.M.d.M.

Lit: A.G.Bellido, La Península Iberica, 1953.

Palma Frontonianus, Cornelius A., gest. 118 n.Chr., cos. I ord. 99, Statthalter der Hispania Tarraconensis 101/102 (Mart. 12,9), ab 104 Legat von Syrien, unterwarf 105/106 das Königreich der Nabatäer und schuf daraus die Provinz Arabia. Für diese Verdienste wurden ihm Triumphalornamente verliehen, 109 wurde er cos. II ord. P., der zu den einflußreichsten Männern der Zeit gehörte, stand vielleicht schon zu → Trajans Lebzeiten in einem gespannten Verhältnis zu → Hadrian (Hist. Aug. Hadr. 4,3), jedenfalls wurde er bei dessen Regierungsantritt der Konspiration verdächtigt und in Tarracina hingerichtet (Hist. Aug. Hadr. 7,2f.; 9,3; Dio Cass. 69, 2,5f.), zur gleichen Zeit, da auch L. Publilius Celsus, C. → Avidius (2) Nigrinus und → Lusius Quietus als Verschwörer beseitigt wurden. K.H.Sch.

Palme. Die Dattel-P. (φοίνιξ), deren Name auf phön. Vermittlung weist, muß von der im westl. Mittelmeer heimischen Zwerg-P. (palma) getrennt werden, deren Name später auf die Dattel-P. übertragen wurde. In Ägypten und im Orient wurde die P. wegen der wirtschaftlichen Bedeutung der Dattel früh kultiviert. Schon im Alten Reich begegnet sie als Symbol des Friedens. Als Bauholz ungeeignet, wird ihre Form in die Säulenarchitektur der Baukunst der 5. Dyn. aufgenommen. In der altoriental. Kunst erscheint die Dattel-P. als Lebensbaum. Den frühen Griechen war die Dattel-P. bekannt, wie die Darstellungen der kret.-myk. Kunst bezeugen. Dazu fügt sich die Erwähnung der P. am Altar des Apollon auf Delos bei Homer (Od. 6, 162; vgl. → Leto; häufig auf Bildern aus dem Bereich des Apollon, bes. auf Delos; → Ölbaum). → Theseus hatte nach der Vernichtung des Minotauros zu Ehren des delischen Gottes Kampfspiele gefeiert und die Sieger mit Zweigen dieser P. geehrt. Daran knüpfte das Brauchtum, P.-Zweige oder Kränze als Siegeszeichen bei den großen Festen zu tragen. Nach anderer Überlieferung hatte → Herakles nach der Rückkehr aus der Unterwelt die P. erblickt und sich mit ihren Zweigen bekränzt. Als erster erhielt von ihm die Sieges-P. der arkad. Held Iasios (Paus. 8,48,1). → Kypselos stiftete im 7. Jh. v. Chr. eine eherne P. nach Delos, Athen nach dem Sieg am Eurymedon (Paus. 10,15,3). Der Befund spricht für eine enge Beziehung der P. zum lichten Siegesgott. Aus seinem Bereich dürfte die P. der → Artemis zugekommen sein, deren Hain fruchttragende Dattel-P.n besaß (Paus. 9,19,5). In Nemea wuchs schon zu Pindars Zeit eine P. Gegen das Pflanzen von Dattel-P.n wandten sich die → Pythagoreer, weil ihnen die Verwendung der Zweige als Siegeszeichen vermessen erschien. Mit dem Apollonkult gelangte die P. auch nach Italien, wo sie ebenfalls Siegessymbol war. Die von den → Etruskern übernommene tunica palmata war als Zeichen der Obrigkeit mit Palmmotiven bestickt, die wir auch aus der griech. Kunst als hervorragendes → Ornament kennen. Die sieghafte Bedeutung der P. wirkte nach antiken und oriental. Vorbildern in der christl. → Symbolik nach. Vgl. → Flora. J.W.

Lit: Murr, Pflanzenwelt, 44 – Hehn, 270–286 – S. Marinatos, Kreta und das myk. Hellas, 1959, Abb. 74. 198f. – W. Wolf, Die Kunst Ägyptens, 1957, 18. 82. 123f. – E. Strommenger-M. Hirmer, Fünf Jahrtausende Mesopotamien, 1962, Abb. 22. 65 – D.B. Thompson, Garden lore of ancient Athens, 1963, Abb. 38f.

Palmette, im frühen 7. Jh. v. Chr. von orientalischen Vorbildern übernommenes → Ornamentglied aus fächerförmig angeordneten Blättern über einem Kern, der aus dem Berührungspunkt zweier Spiralen kommt. Die P. ist meist seitensymmetrisch gebaut. Es gibt aber auch Halbpalmetten. Die Flammenpalmette hat züngelnd gebildete Blätter. In der griech.-röm. Antike fand die P. einen schier unbegrenzten Anwendungsbereich in Architektur, Plastik, Malerei sowie an Geräten (Attaschen u.ä.). Abb. 174. F.H.

Palmyra (Kt. 2640 H5; heute Tadmōr), in Syrien, Oase 165 km östl. Emesa (heute Ḥoliṃṣ), 230 km von → Damaskos. Ziemlich genauer Mittelpunkt der Strecke Mittelmeer-Euphratknie bei Deir-ez-Zor und damit der Karawanenstraße durch die Senke von Homs zum Euphrat. – *Geschichte:* Frühe Erwähnungen auf Täfelchen von → Kaneš-tepe und aus dem Archiv von → Mari. Dann Erwähnung bei Josephus (AJ 7,6,1). Seit dem Beginn des 1. Jh.s nach Chr. der auf Grund einer falschen Etymologie (Tadmar tamar, ‹Palme›) von palma abgeleitete Name P. M. → Antonius (2) sucht es 41 v. Chr. vergeblich zu erobern. – Die Weihe des großen Beltempels am 6.4.32 n. Chr. ist auf einer Inschrift bezeugt. Unter → Germanicus schließt sich P. an das römische Reich an. – Im Jahre 129 n. Chr. von Hadrian besucht, nennt sich die Stadt Hadriana Palmyra und wird freie Stadt. 211 Erhebung zur röm. Kolonie durch Caracalla; P. gehört zur Provinz Syria Phoenicia. Während der Wirren in der Mitte des 3. Jh.s n. Chr. steigt Odainath zur Würde eines Fürsten von P. auf (Rāš Tadmōr), der, von → Gallienus zum ‹Corrector totius orientis› ernannt, die → Sassaniden bedrängt. Nach seinem Tode regiert → Zenobia für ihren unmündigen Sohn Wahballāt. Als sie sich zur Augusta erklärt hatte und damit in offene Rebellion übergegangen war, eroberte → Aurelian 273 P.; unter Diokletian wird eine Legion nach P. gelegt und die Stadt ummauert. Unter Justinian Verstärkungsarbeiten an den Mauern. 634 Eroberung durch Ḫāled ibn al-Walīd. 1132/33 Umbau des Beltempels in eine Zitadelle. – *Bauten:* Beltempel mit großer Peribolos, zwei Thalamoi in der Cella und rituellem Bassin nebst Altar im Hof. Geweiht 32 nach Chr. – Baal-Schamin-Tempel, in einem ältern Heiligtum mit Bankettsaal aus dem 1. Jh. n. Chr. 131 n. Chr. als kleiner prostyler Tempel errichtet. – Agora, in deren Ostportikus der auf 137 n. Chr. datierte Zolltarif P.s (jetzt Mus. Leningrad) aufgestellt war. – Kolonnadenstraßen mit Triumphbogen. – Theater. – Principia des diokletian. Legionslagers (urspr. Palast Zenobias?). – Mehrere christl. Basiliken aus der Zeit Justinians. – Unter den Gräbern drei Gruppen: Grabtürme, Grabtempel, unterirdische Gräber (Dreibrüdergrab mit bedeutenden Malereien). R.F.

Lit: J. Starcky, Palmyre, 1952 (letzte Zusammenfassung, Lit).

Pammenes, Thebaner, in dessen Haus → Philipp II. von Makedonien als Geisel lebte, schloß sich an → Epameinondas an und war nach dessen Tod (362 v. Chr.) Thebens bedeutendster Heerführer. 354 unterstützte er mit 5000 Söldnern den aufständischen Satrapen → Artabazos. E.Bn.

Pamphaios, att. Töpfer, tätig um 530–495, Schüler des → Nikosthenes. Erhalten sind hauptsächlich Schalen, für die er den hohen Fuß einführte, ferner Amphoren nikosthenischer Form und ein Stamnos (→ Oltos). I.Sch.

Lit: H.J. Bloesch, Formen att. Schalen, 1940, 62–69.

Pamphila aus Epidauros, neronische Zeit, vielleicht Tochter des Grammatikers Soterides. Gelehrte Verfasserin eines 33 Bücher umfassenden Werkes, betitelt Ὑπομνήματα ἱστορικά. Hiervon las und beschrieb Photios (9. Jh.) noch acht (Bibl. Cod. 175), außerdem sind nur 10 Fragmente erhalten. Das Werk umfaßte in lockerer Anordnung Erinnerungen an Gespräche und Auszüge aus Büchern, war also eine Mischung verschiedenartigen, vor allem historischen und anekdotenhaften (meist biographischen) Materials. Es repräsentierte die sog. Buntschriftstellerei und wurde von späteren Autoren dieser Gattung gern benutzt. H.E.

Frg: FHG III 520 – *Lit:* O. Regenbogen, RE 18,2 (1949), 309–328.

Pamphilos, von Amphipolis, Maler, 1. H. 4. Jh. Lehrte als Nachfolger des → Eupompos in → Sikyon außer Malerei auch Arithmetik und Geometrie; verfaßte theoretische Schriften und begründete die sikyonische Chrestographie, die seine Schüler → Melanthios (3) und → Apelles fortführten (vgl. → Malerei C3). Werke: Schlacht bei Phlius (366), Odysseus auf dem Floß, ein Familienbild. C.K.

Q: Overbeck, SQ, 1746ff. – *Lit:* Brunn II 132ff. – Pfuhl, 728f. – G. Lippold, RE 18,3 (1949), 351f. – Rumpf, 132,4 – G. Pesce, EAA V 919.

2. **P.**, Grammatiker, vor allem Lexikograph, 2. H. 1. Jh. n. Chr. Lehrte zu Alexandria. Bekannt als Verfasser eines großen Glossenwerkes in 95 Büchern. P. erklärte darin seltene Wörter aus den verschiedensten Gebieten, vermutlich in alphabetischer Reihenfolge (vgl. Suid. π 142) oder nach alphabetisch geordneten Sachgruppen. Als Quellen standen ihm Spezialwörterbücher des Hellenismus, u. a. die ‹Lexeis› und ‹Lakonischen Glossen› des → Aristophanes (2) von Byzanz sowie die Werke des → Didymos (1) zur Verfügung. Das Werk wurde epitomiert von L. → Iulius (20a) Vestinus. P. verfaßte außerdem ein Wörterbuch zu Nikandros, ein Verzeichnis von Pflanzennamen (Vorlage des sog. alphabetischen → Dioskurides), unter dem Titel *Λειμών* eine Exzerptensammlung (→ Sueton) sowie grammatische Schriften. Vgl. → Lexikographie B [3]. H. E.

Lit: C. Wendel, RE 18, 3 (1949), 336–349.

Pamphos, → Hymnendichter, der Überlieferung nach jünger als → Olen, älter als Homer (Paus. 9, 27, 2; 8, 37, 9), der den Athenern die ältesten Hymnen geschrieben habe (7, 21, 9: auf Demeter, Artemis, Poseidon, die Chariten und Linos), auch einen Hymnos auf Eros für die Lykomiden, das bedeutendste altatt. Geschlecht, dessen Gentilmysterien große Bedeutung hatten. – Die Paus. 7, 21, 9, Philostr. her. 3, 39 (p. 301) überlieferten Verse hält Maas für hellenist. G. K.

Lit: P. Maas, RE 18, 3 (1949), 352–353 – Weiteres: → Hymnos.

Pamphylien, Landschaft an der Südküste Kleinasiens (Kt. 2640 c B 2), im W von Lykien, im O von Kilikien begrenzt. Im Binnenland schließt Pisidien an. Die wichtigsten Flüsse Eurymedon und Melas, die bedeutendsten Städte Attaleia, Aspendos, Perge, Side und Olbia. P. kam nach → Alexanders (5) d. Gr. Tod an das Seleukidenreich, vorübergehend an die Ptolemäer und schließlich an → Antiochos III., der es nach der Niederlage bei Magnesia 189 vor Chr. durch die Römer herausgeben mußte. Im Gegensatz zu Pisidien und Lykaonien, die durch Senatsbeschluß an → Eumenes II. v. Pergamon gelangten, wurde P. wahrscheinlich zunächst frei; doch wurde der Anschluß bald darauf doch vollzogen, so daß nur die Städte Aspendos und Side, die von diesem Datum an eigene Münzen prägten, frei blieben. Nachdem der letzte pergamen. König → Attalos III. i. J. 133 v. Chr. seine Staaten den Römern vermacht hatte, ist das Schicksal der Südprovinzen seines Reiches unklar. Teilweise schenkte Rom sie den anstoßenden Königreichen; so kam z. B. Lykaonien an Kappadokien. P. wurde Zentrum eines ausgedehnten Seeräuberunwesens. Rom mußte 100 v. Chr. eingreifen und schuf die Provinz Kilikien, einen Militärbezirk, von dem aus die Seeräuber bekriegt wurden. 36 v. Chr. wurde P. durch → Antonius (2) an Galatien abgetreten, mit dem zusammen es nach dem Tod des → Amyntas (4) röm. Provinz wurde. 43 n. Chr. wurde es zu der von → Claudius neugeschaffenen Provinz Lykien geschlagen, 69 von dieser vorübergehend getrennt und erneut mit Galatien vereint. Seit Vespasian gehörte Lykien wieder zur Provinz P. R. F.

Lit: A. H. M. Jones, Cities of the eastern Rom. prov., 1937, 125 ff. – D. Magie, Roman rule in Asia minor, 1950, 285. 301. 320 ff.

Pamprepios von Panopolis (in der Thebais), griech. Dichter und politischer Abenteurer, 2. H. 5. Jh. n. Chr. Ob er der Verfasser einiger auf Papyrus erhaltener Bruchstücke in nonnianischen Hexametern (u. a. Beschreibung eines Spätherbsttages und Enkomion auf den Patrizier Theagenes) war, ist umstritten. E. V.

Frg: Heitsch, 108–20 – *Lit:* R. Asmus, BZ 22, 1913, 320–347 – R. Keydell, RE 18, 3 (1949), 409–415.

Pan ist ursprünglich ein arkad. Hirtengott (vgl. → Hermes), der noch lange ausgeprägte theriomorphe Züge trägt (vgl. → Gottesvorstellungen): er hat Füße und Kopf eines Bockes, später allerdings einen Menschenkopf mit Bocksbart und -hörnern. Als Mischwesen zwischen Mensch und Tier besitzt P. große Ähnlichkeit mit den → Satyrn und Silenen; oft erscheint er zusammen mit ihnen im Gefolge des → Dionysos. Gern stellt er den → Nymphen nach; Lüsternheit gehört zu seiner Bocksnatur. Es ist nicht verwunderlich, daß ein solcher halbtierischer Naturdämon nicht grundsätzlich eine Einzelgestalt gewesen ist, sondern daß manchmal auch eine Mehrheit von Panen – ähnlich wie bei den Satyrn und Silenen – auftritt. – Wenn in sommerlicher Mittagshitze Mensch und Tier ruhen, schreckt P. sie gern durch unerwartete Laute (‹panischer Schrekken›). Gleich den Hirten bläst er die Flöte (die sog. ‹Pansflöte›, Syrinx: → Musikinstrumente B 6), in der → bukolischen Dichtung spielt er daher eine große Rolle. – Seinem Wesen nach blieb P. eigentlich immer der arkad. Hirtengott (Homer kennt ihn nicht), obwohl sich sein Kult weiter verbreitete. In Athen erhielt er nach der Schlacht bei Marathon eine Kultstätte als Dank für die Hilfe, die er den Athenern hatte zuteil werden lassen (vor der Schlacht war er dem athen. Läufer Philippides bei Tegea erschienen, Hdt. 6, 105). Zu welchem Ansehen P. gelangte, kann man u. a. daraus ersehen, daß → Aischylos ihn einmal (Ag. 56) neben Apollon und Zeus nennt. – Auf Grund der Wortgleichheit zu pān (*πᾶν*), ‹alles›, ‹All› (schon im Hom. hymn. 19, 47 wird darauf angespielt, vgl. Plat. Krat. 408 C), wurde P. in theologisch-philosophischen Spekulationen der → Orphiker und → Stoiker sogar zum ‹Allgott› erhoben (Orph. Fr. 36; 48; Orph. hymn. 11; 34, 24 ff.; Apollod. Fr. 44 b; Cornut. 27) und mit entsprechenden nichtgriech. Göttern (z. B. dem ägypt. Chnum) identifiziert (vgl. → Interpretatio Graeca). – Eigenartig ist die Geschichte vom ‹Tode des Großen Pan› bei Plutarch. K.-H. R.

Q: (Tod P.s) Plut. de def. or. 17 – *Lit:* F. Brommer, Satyroi, 1937 – R. Herbig, P., 1949 – F. Brommer, RE Suppl. 8 (1956), 949–1008.

[2] Der *Mythos* macht über P.s Abstammung die buntesten Angaben: Sohn des Hermes und einer Tochter des Dryops, oder anderer Götter, oder aller bzw. einiger Freier der Penelope. Viele Liebesabenteuer: er lockte → Selene mit einem schönen Wollvlies (Verg. georg. 3, 391 ff.), verfolgte die Nymphe Syrinx, die in das Schilfrohr verwandelt wurde, aus dem er die erste Panflöte, ‹Syrinx› (→ Musikinstrumente), machte (Ov. met. 1, 689 ff.), eine andere, Pitys, wurde gleichfalls in einen Baum, die nach ihr benannte Fichte (*πίτυς*), verwandelt (Nonn. Dion. 42, 258 ff.); die Nymphe → Echo ließ er, als sie ihn nicht erhörte, von Hirten im Wahnsinn zerreißen, daß nur ihre Stimme blieb (Theokr. Syrinx 5). Im Wettstreit mit Apoll, jener die Leier, P. die Flöte spielend, unterlag P. nach Meinung des Schiedsrichters Tmolos, nicht aber nach Ansicht des → Midas, dem Apoll zur Strafe Eselsohren anhexte (Ov. met. 11, 146 ff.). L. H.

Darstellungen: Gesicherte Darstellungen vor der Schlacht bei Marathon kaum vorhanden. Eine archaische arkad. Bronzegruppe von 4 aufrecht tanzenden Böcken muß jedoch mythische Wesen oder als solche verkleidete Menschen meinen (F. Brommer, MarbJb 15, 1949/50, 7, Abb. 1). Dazu kommen Bleifiguren aus Sparta, die ins 7. Jh. datiert wurden (Ders., a. O., Abb. 2; R. M. Dawkins, Artemis Orthia, 1929, 262. 269, Taf. 184, 19. 189, 23–25), eine Tonstatuette in Korinth und einige archaische Weihinschriften an P. Auf einer Amphora erscheint P. noch um 500 als aufrecht stehender Bock (J. Boardman, Greek Vases in Cape Town, 1961, Taf. 2) und um 490 auf einer Kraterscherbe (Brommer, a. O. 14 f., Abb. 14: P. flötend beim Symposion des Dionysos, menschliche Arme). Die großartigste Darstellung in der Vasenmalerei gibt ein Bostoner Krater des Panmalers um 470 (Caskey-Beazley, Vases Boston II, 1954, Nr. 94, Taf. 47 f.), auf dem P. einen Hirten verfolgt. Kopf, Schwanz und Füße sind noch die des Bockes, doch gibt es in der Folgezeit, bes. im 4. Jh. in Italien, fast ganz vermenschlichte Panfiguren. – Von Anfang an tritt P. oft nicht als Einzelfigur, sondern in mehrfacher Gestalt – wie die Silene – auf. Häufig findet sich ein solcher Chor von ‹Panen› bei der Anodos einer Göttin (Persephone, Aphrodite, Pandora; vgl. Brommer, RE Suppl. 8 (1956), 958 f.). – Sonst ist P. von Anbeginn eng mit dem Thiasos des *Dionysos* verbunden. Auf einem Londoner Askos begattet er ein Tier (Brommer, MarbJb 15, 1949/50, 17, Abb. 18), auf einer Scherbe in Narbonne hat er sich auf der Jagd in einer Falle gefangen (Brommer, ebd. 36, Abb. 47). Besonders oft als aposkopeuon. – Etwa ab 450 ist er häufig unbärtig. Sein Instrument ist die Syrinx. Eine große Rolle spielt P. in der unterital. Vasenmalerei (Schauenburg, RM 69, 1962, 27–42). Oft ist er hier bis auf kleine

Hörnchen und ein Schwänzchen menschlich gebildet und schwer von Silenen zu trennen. P. wird hier mit zahlreichen Mythen verbunden. Seine Attribute sind sehr verschiedenartig. – Unter den *Statuetten*, die P. wiedergeben, ist eine Berliner Bronze die bedeutendste. Kopf, Rücken und Unterkörper sind tierisch geformt (R. Herbig, P., 1949, Taf. 1f; die Bronze stammt aus Lusoi und ist um 450 zu datieren). Eigenartig P. an einem Kerykeion (J. F. Crome, AM 63/64 1938/39, Taf. 20, 1), nicht wesentlich später als 490. – Auch auf *Münzen* erscheint P. vom 5. Jh. ab. Eine große Rolle spielt er auf *Weihreliefs* von etwa 420 ab (RE, Suppl. 8, 980ff.; Deltion 16 1960 [62], Chron., Taf. 41), wobei es sich meist um Nymphenreliefs handelt. Diese Weihreliefs setzen sich bis in den Hellenismus fort. Aus dieser Epoche auch die Gruppe der P. mit dem Pantoffel bedrohenden → Aphrodite (M. Bieber, The Sculpture of the Hellenistic Age, 1955, 147, Abb. 629f.) sowie P. mit → Daphnis (Lippold, GrPl 323, Taf. 113, 2). Bes. reizvoll ein *Spiegel* mit Aphrodite und P. beim Würfelspiel (W. Züchner, Griech. Klappspiegel, 1942, Taf. 15: um 375). – Vom 4. Jh. ab zahlreiche *Terrakotten*, die P. darstellen. – In der *Kaiserzeit* ist das Bild des P. ungemein verbreitet, vor allem auf dionysischen Sarkophagen, Mosaiken, Gemälden und Münzen. Auch Statuetten und freiplastische Wiedergaben in großer Zahl erhalten. – Die *Paniske*, der weibliche Pan, vielleicht auf einer kampan. Scherbe in Tübingen (Herbig, a. O. 87 Anm. 93, Taf. 36, 3) und sicher vom Hellenismus an (Brunn-Bruckmann, Taf. 391, Statue der Villa Albani, Dionysische Sarkophage). – *Lit. dazu:* R. Herbig, P., 1949 – Brommer, MarbJb 15, 1949/50, 5–42 – Ders., RE, Suppl. 8 (1956), 949–1008 – Schauenburg, RM 69, 1962, 25ff. – H. Sichtermann, Pan, EAA V, 1963, 920–922. K. Schb.

Panainos, Maler, Mitte 5. Jh. v. Chr., Bruder (Paus. 5, 11, 6) oder Neffe (Strab. 8, 354 C) des → Phidias. Jüngerer Zeitgenosse des → Polygnot (1). Überliefert ist u. a. seine Marathonschlacht in der → Stoa Poikile und seine Mitarbeit am Kultbild des Zeus von Olympia (Dekoration des Mantels und 9 Gemälde mit je 2–3 Figuren an den ‹Schranken› im Tempel; vgl. → Dreifigurenreliefs). C. K.

Q: Overbeck, SQ, 1094ff. – *Lit:* Brunn II 47ff. – Pfuhl, 660ff. – G. Lippold, RE 18, 3 (1949), 417f. – Rumpf, 95, 4.

Panaitios von Rhodos, → Stoiker, ca. 180–110 v. Chr. P. war der erste griech. Philosoph, der bewußt und in großem Stile für einen röm. philhellenischen Leserkreis schrieb und zugleich problemgeschichtlich die ‹Rückkehr zu den Alten›, den Klassikern des 4. Jh.s v. Chr. (Platon, Aristoteles und deren Schüler) begründete, die für die nachfolgenden Generationen charakteristisch wurde. Über sein Leben sind wir durch seine Schüler → Poseidonios v. Apameia und Stratokles v. Rhodos ziemlich gut informiert. Zu seinem umfangreichen Freundeskreis gehören P. → Cornelius (29) Scipio Aemilianus, C. → Laelius (2), Q. → Aelius (11) Tubero, P. → Rutilius (3) Rufus, Q. → Mucius (3) Scaevola u. a.

[2] *Werke:* 1. *Über die Vorsehung.* Wie weit es von → Cicero nat. deor. 2 benutzt ist, ist stark umstritten. Vermutlich gehören ihm die drei auffallendsten Sonderlehren des P. an: (a) Es ist möglich, daß der Kosmos nicht gemäß stoischer Doktrin sich in Feuer auflöst, sondern vielmehr nach Aristoteles ewig und unvergänglich ist; (b) Der Wert der Seherkunst ist zweifelhaft (auch aristotelisch?); (c) Ausdrücklich gegen → Platons Phaidon (den er für philosophisch wertlos erklärte), aber in der Linie → Dikaiarchs und Aristoteles' hat er die Vergänglichkeit der Seele statuiert. – Ungewiß ist, wie weit die Schrift eigentliche Kosmologie enthielt, ebenso, wie weit sie Poseidonios beeinflußt hat. – 2. *Lehrbriefe an Q. Aelius Tubero* sowie eine *Trostschrift*, wohl anläßlich des Todes seines Oheims Scipio Aemilianus (129); vermutlich benutzt von Cicero Tusc. 2. – 3. *Über die Gesetze*, in Anlehnung bes. an → Theophrast und → Demetrios (17) v. Phaleron. – 4. *Über Wohlgemutheit* (*Περὶ εὐθυμίας*), z. T. benutzt in der gleichnamigen Schrift → Plutarchs. – 5. *Ein doxographisches Werk* über die sokratischen Schulen, bes. bemüht, mit wissenschaftlicher Methode echte von unechten Schriften zu sondern und ein authentisches Bild der Lehre der Sokratesschüler zu bieten. – 6. *Über das richtige Handeln* (*Περὶ τοῦ καθήκοντος*), sein berühmtestes, von Cicero für ‹De officiis› benutztes und umgearbeitetes Werk: eine straff aufgebaute, für die Praxis des Lebens bestimmte Ethik, den Rigorismus und die Paradoxa → Chrysipps völlig zurückdrängend, dagegen unter stärkstem Einfluß → Platons, z. T. → Xenophons (1) und bes. des → Aristoteles. Schon im → Scipionenkreis, dann durch Cicero hat es Wesentliches zur Entwicklung einer spezifisch römisch getönten Ethik und Humanität beigetragen. O. G.

Frg: M. van Straaten, 1952 – *Lit:* L. Labowsky, Die Ethik des P., 1934 – M. Pohlenz, Antikes Führertum, 1934.

Panaitiosmaler, att. Schalenmaler des → rotfigurigen Stils, tätig um 500–485, in der Töpferwerkstatt des → Euphronios (1) arbeitend, identisch mit → Onesimos (?). Seine → Lieblingsnamen sind Leagros, Athenodotos (Frühzeit) und Panaitios (Reifezeit). – Der P. wirkt bahnbrechend für die Schalenmalerkunst des 5. Jh.s; auf Innen- wie Außenbildern nehmen seine Figuren in neuem Rhythmus auf die gekrümmten Standlinien Bezug. Ausdruck des Umrisses verbindet er mit einer in die Zukunft weisenden Bewegungsdynamik und Körperperspektive (vgl. → Vasen E 5). – *Werke:* Schale mit Theseus-Taten, Louvre G 104 (Furtwängler-Reichhold, Taf. 5 u. 141); Schale mit Komasten, Boston 95.27 (P. Hartwig, Griech. Meisterschalen, 1893, Taf. 47 u. 48, 1); Schalen und Kyathoi. I. Sch.

Lit: Beazley, ARV in Am. Mus., 1918, 82–88 – E. Buschor, Griech. Vasenmalerei (1913), 1925³, 169–170 – Beazley, ARV² 313–334 (mit Onesimos identisch).

Panaitolika, die erste, im März stattfindende Bundesversammlung des → Ätolischen Bundes (neben den → Thermika im September zu Thermoi). F. Kch.

Panathenäen, das Hauptfest von Athen, jährlich am ‹Geburtstag› der Göttin, dem 28. Hekatombaion (Juni–Juli), gefeiert. Der Tradition nach sind → Erichthonios oder → Theseus oder beide seine Gründer; ca. 565 v. Chr. wurden die Großen P., die alle vier Jahre abgehalten wurden, gestiftet. Das Fest begann mit einer Pannychis (Nachtfeier) am Vorabend des 28., zu der junge Männer und Frauen auf der Akropolis tanzten und sangen. Die Prozession, die bei Tagesanbruch begann, war der Mittelpunkt der Feier sowohl in religiöser Hinsicht wie als Symbol der Größe Athens; der Parthenonfries führt Pracht und Vielfalt dieses Zugs großartig vor Augen. Bei den Großen P. bestand der Höhepunkt in der Überreichung des neuen Peplos an Athena Polias, mit dessen Weben neun Monate vorher, bei den → Chalkeia, begonnen worden war; in der Prozession war er am Mast eines Schiffswagens ausgestellt. Das alle vier Jahre stattfindende Fest war auch ein Anlaß für die verschiedenen Wettspiele, nicht nur in den einzelnen Abteilungen der Athletik, sondern auch in Literatur und Musik. Viele Preise bestanden in Öl von den heiligen Olivenbäumen in den bekannten → Panathenäischen Amphoren. Von unterworfenen Städten und Verbündeten wurde erwartet, daß sie Opfer oder Geschenke sandten. F. R. W.

Lit: L. Ziehen, RE 18, 3 (1949), 457–489 – J. A. Davison, Notes on the Panathenaea, JHS 78, 1958, 23–42 – L. Deubner, Att. Feste, 1932, 22ff.

Panathenäische Preisamphoren, seit der Einführung der → Panathenäen (566) bis in das späte 2. Jh. v. Chr. nachweisbar. Die Form ähnelt der Hals- → Amphora; typisch sind kleiner Fuß, enger, kurzer Hals und ein plastischer Wulst, der Hals und Schulter voneinander absetzt (→ Vasen, Abb. 246, 3). Nur wenn Inschrift und Bildschmuck auf die Bestimmung hinweisen, liegen echte p. P. vor, die mit Öl gefüllt als Kampfpreise verliehen wurden. Die Bemalung ist stereotyp und bleibt schwarzfigurig: bewaffnete Athena mit der Inschrift *τῶν ᾿Αθήνηθεν ἄθλων*, später zwischen Säulen und mit datierender Archonteninschrift; auf der Rückseite Sportbilder, vereinzelt auch musische Agone, wohl auf den Sieg des Empfängers Bezug nehmend. I. Sch.

Lit: G. v. Brauchitsch, Die Panath. P.n, 1910 – K. Peters, Studien zu den Panath. P.n, 1942 – J. D. Beazley, AJA 47, 1943, 441–465 – D. A. Amyx, The Attic Stelai III, Hesperia 27, 1958, 178–186.

Panda, kaum bekannte Gottheit, von der wir eigentlich nur wissen, daß ihr Name mit *pandere* zusammenhängt; sie hatte also die Aufgabe, irgend etwas zu ‹öffnen›; für Arnobius (nat. 4, 3) war sie diejenige, die → Titus (2) Tatius den Weg zum → Kapitol geöffnet hat. Da Varro und Aelius Stilo (bei Non. p. 44 L.; vgl. Serv. georg. 1, 7) sie zu → Ceres in Beziehung setzten, hält Latte sie für eine Agrargöttin, die vielleicht das Öffnen der Hülsen beim Ausdreschen des Getreides gewährleistete. H. Le B.

Lit: Latte, 51.

Pandareos, Sohn des Merops aus Milet, stiehlt den goldenen Hund des Zeus, den Wächter seiner heiligen Grotte auf Kreta, den er → Tantalos übergibt. Von Zeus darauf in einen Felsen verwandelt oder, auf der Flucht nach Sizilien, getötet. Die verwaisten *Töchter des P.*, von Aphrodite, Hera und Athene beschützt, werden von den → Harpyien geraubt und den Erinyen als Dienerinnen übergeben. L. H.

Q: Hom. Od. 20, 66ff. – *Lit:* v. d. Kolf, RE 18, 3 (1949), 499–504 – *Darstellungen:* auf einer Sianaschale (Beazley, ABV 66, 54; vgl. die Pyxis BCH 22, 1898, 586, Abb. 1). K. Schb.

Pandekten → Corpus iuris.

Pandion, König von Athen, Vater einerseits von → Erechtheus und Butes, → Prokne und Philomele, andererseits von → Aigeus, Pallas, Nisos und Lykos. Daher bei Apollod. ein P. I., Sohn des Erichthonios, Gatte der Zeuxippe, mit → Labdakos im Kriege (3, 190–193), und ein P. II., Sohn des Kekrops (3, 204–206), unterschieden. Letzterer wäre der aus Athen von den Metioniden vertriebene Gatte der Pylia, später König von Megara. L. H.

Darstellungen: in einer Statuengruppe in Delphi und einer weiteren auf der athen. Agora (Paus. 10, 10, 1; 1, 5, 1), außerdem auf einigen att. Vasen aus dem letzten Drittel des 5. Jh.s (Brommer 202f.) – *Lit:* E. Paribeni, EAA V, 1963, 929f. K. Schb.

Pandora, von Hephaistos und Athene im Auftrag des Zeus, der durch sie → Prometheus und den Menschen schaden wollte, erschaffene erste Frau. Von ‹allen› Göttern mit ihren ‹Gaben› ausgestattet (daher der Name) und zu Epimetheus geschickt, der sie entgegen den Warnungen des Prometheus bei den Menschen aufnahm, wo sie zur Stifterin allen Übels wurde. Dieses nach ursprünglicher Vorstellung wohl dadurch, daß sie den Deckel vom Vorrats-Pithos hob und alle Güter, bis auf die Hoffnung, entweichen ließ (Hes. theog. 570ff.; erg. 60ff.); nach späterer Vorstellung dadurch, daß sie eine ‹Büchse› mitbrachte, aus der sie die Übel verstreute. – P. wurde auch mit der gleichnamigen Erdgottheit, der Mutter Erde, identifiziert; auf Vasenbildern ist auch ihr Aufstieg aus der Erde bezeugt. L. H.

Lit: F. Krafft, Vergleichende Untersuchungen zu Homer und Hesiod, Hypomnemata 6, 1963, 98–112 (Lit.).
Darstellungen: Geburt der P. auf mehreren Vasenbildern im Schema der Anodos. Auf einem Oxforder Volutenkrater (um 450) steht der Name P. neben der aus der Erde steigenden Göttin, vor ihr Epimetheus. Ein mehr mit Hesiods Erzählung übereinstimmender Typus (stehende Frau, die geschmückt wird) auf einem Londoner Teller, der aber die Beischrift Anesidora zeigt. Verwandtes Schema wahrscheinlich auf der Basis der Athena Parthenos des Phidias (G. Becatti, Problemi Fidiaci, 1951, 53–70). – *Lit. dazu:* E. Simon, Pandora, EAA V, 1963, 930–932. K. Schb.

Panegyrici latini, Sammlung von 12 panegyrischen Reden in zwei Gruppen: (1) der Panegyricus des → Plinius (2) als Muster; aus dem 3./4. Jh. n. Chr. → Latinius Pacatus, → Claudius (9) Mamertinus, → Nazarius; (2) sechs Reden unbekannter gallischer Rhetoren, chronologisch geordnet (Nr. 5–7 auf → Konstantin d. Gr. aus den Jahren 307/311; Nr. 8 auf → Constantius I. Chlorus 297; Nr. 10–11 vor → Maximianus (1), 289 bzw. 291 in Trier gehalten); die Rede des → Eumenius (Nr. 9 vom Jahre 297); als Nachtrag (Nr. 12) ein P. auf Konstantin anläßlich seines Sieges über Maxentius (gehalten 313, vermutlich in Trier). R. T.

Ed: W. A. Baehrens, 1911 – R. A. B. Mynors, 1964 – E. Galletier (mit franz. Übers.), 1949–1955 – *Lit:* K. Ziegler, RE 18, 3 (1949), 571–581 – Schanz-Hosius, III 138–153.

Panegyrikos. [1] *Griechisch.* Als πανηγυρικός (sc. λόγος) wurde eine Rede vor einer Festversammlung (πανήγυρις) bezeichnet. Bekannte Reden solcher Art aus klass. Zeit sind der ‹Olympikos› des → Gorgias (VS 82 B 7–8 a, nicht erhalten) und der des → Lysias (or. 33), der ‹Panegyrikos› (or. 4) und der ‹Panathenaikos› (or. 12) des → Isokrates. Das Adjektiv πανηγυρικός erhielt im Hellenismus die Bedeutung ‹festlich› (im abfälligen Sinn ‹prahlerisch›). Man hat jedoch im griech. Sprachbereich (anders als im lateinischen) mit P. nie eine bloße Lobrede bezeichnet: der Einfluß des berühmtesten und erstmals so benannten P., des isokrateischen, mag diese Bedeutungsverengerung verhindert haben. – Hingegen benutzte die rhetorische Theorie spätestens seit der aus Philodems Schriften bekannten epikureischen Rhetorik die Verbindung εἶδος πανηγυρικόν (neben γένος ἐπιδεικτικόν) als t. t. zur Bezeichnung der dritten Redegattung (→ Rhetorik). → Hermogenes (2) verschaffte der neuen Titulatur allgemeine Geltung. Den Vorschriften der Theoretiker zufolge wies das εἶδος πανηγυρικόν zunächst noch starken symbuleutischen Charakter auf, beschränkte sich indessen seit der Kaiserzeit darauf, Götter, Herrscher, Länder, Städte, Tugenden u. a. zu preisen. Ziel eines solchen → Enkomion ist das καλόν; zur uneingeschränkten Beachtung der Wahrheit ist der Redner nicht verpflichtet. Berühmte Panegyristen der Kaiserzeit waren Aelius → Aristeides, → Himerios u. a. (→ Redner D) H. E.

Lit: K. Ziegler, RE 18, 3 (1949), 559–571 (wertvolle Zusammenstellung der Zeugnisse aus den Schriften der Theoretiker).

[2] Die Grundlage der sog. *röm. Panegyrik*, die Verbindung von Ideen der hellenist. Staatsphilosophie mit den Vorstellungen des röm. Prinzipats, wurde im Scipionenkreis (→ Panaitios, → Polybios) geschaffen. Der Beginn der Monarchie bringt mit → Ciceros Caesarianae die ersten Beispiele röm. Panegyrik. In dem Appell an Caesars clementia verknüpft Cicero die Huldigung mit der Mahnung; sein Preis scheint gelegentlich Form der Kritik, sein ‹Rühmen› eine Art der ‹Daseinsbewältigung›, die nicht mit (Selbst-)Betrug verwechselt werden darf. Die gesamte augusteische und kaiserzeitliche Dichtung, soweit sie höfischen Charakter hat, ist die nächste Stufe. Typisch durch den zugleich panegyrischen und pädagogischen Charakter und für die Folgezeit wichtig ist Senecas ‹Fürstenspiegel› De clementia. – Vgl. → Laus Pisonis. – Die Ausbildung des Kaiserkultes und des höfischen Zeremoniells im 1. Jh. vergrößerte die Aufgaben und Ausdrucksmöglichkeiten des P.; zu den moralischen Tugendreihen (z. B. Gerechtigkeit, Weisheit, Tapferkeit) kommen sakrale Prädikationen (vgl. → Martial, → Statius (1); → Plinius (2), → Fronto). Die Blüte der panegyrischen Dichtung liegt in der Spätantike; sie entwickelt neben dem eigentlichen, meist zum Amtsantritt gehaltenen P. eine eigentümliche Verbindung von P. und historischem Epos (vgl. → Claudian, Sidonius → Apollinaris (1), Flavius → Merobaudes, → Cresconius Corippus). Daß die Kaiser sich nicht immer nach den Ideen ihrer Panegyristen und Philosophen richteten, ist offenkundig; doch haben die Panegyristen die Fühlung mit der politischen Wirklichkeit nie ganz verloren; außerdem sind auch die Ideale einer Gesellschaft, wie sie sich in der Lobtopik darstellen, von historischer Bedeutung. Die Kenntnis des Rezeptes für den λογός βασιλικός (Menander) darf jedenfalls nicht dazu verführen, dem konkreten Fall die politische Substanz abzusprechen. – Durch die spätantike Dichtung, Rhetorik und Gelehrsamkeit (z. B. Isid. diff. 2, 4, 5) wurden die Topoi der Lobrede den Goten (→ Ennodius, → Cassiodor), Merowingern (→ Venantius Fortunatus) und vor allem den Karolingern tradiert. Das Ideal eines musische Bildung mit kriegerischer Tüchtigkeit vereinigenden Herrschers lebte seitdem in den mittelalterlichen Kulturen des Orients und Okzidents. – Vorbehalte der Christen (vgl. schon Aug. conf. 6, 6, 9), Ablehnung des Absolutismus und Polemik des Liberalismus in der Neuzeit

sowie moderne Vorstellungen von Personenkult und Propaganda erschweren das Verständnis des röm. P. H. Cc.

Lit: L. Born, The perfect prince according to the Latin panegyrists, AJPh 55, 1934, 20ff. – Th. Nissen, Histor. Epos u. P. in der Spätantike, Hermes 75, 1940, 298ff. – L. Wickert, RE 22, 2 (1954), 2222 bis 2296, s. v. Princeps – E. R. Curtius, Europ. Lit. und lat. MA (1948), 1961³, 164–190.

2. **P. auf Messalla** (M. Valerius → Messalla Corvinus), in 212 Hexametern (Corpus Tibullianum 3,7): Preis seiner Rede- und Kriegskunst; Voraussage seiner späteren Leistungen (mit Exkursen). Verfasser unbekannt, als Dichtung schwach. Datiert meist auf 31–28, nach D. van Berchem auf 3 v. Chr., nach L. Alfonsi auf 3–7 n. Chr. E. Bk.

Ed: F. W. Lenz, Tibullausgabe, 1959 – R. Helm, Tibullausgabe, 1958 – *Lit:* D. van Berchem, Messalla ou Messalinus?, MH 2, 1945, 33–38 – L. Alfonsi, A. Tibullo, 1946, 88.

Pangaion, Gebirge in Makedonien, heute Bunar Dagh, nördl. Amphipolis, 1956 m, mit im Altertum berühmten Goldminen und Goldwäschereien. E. M.

Panhellenen, Bezeichnung, die wie der Name → Hellenen selbst von den thessal. Ἕλληνες ausgehend auf die ‹Gesamtheit der Griechen› ausgedehnt wurde (zuerst Hes. erg. 528), so wie der Zeus Panhellenios von Dodona zum Gott aller Hellenen und als solcher auf Ägina (Fest ‹Panhellenia›) verehrt wurde. Der Begriff P. gewann an politischer Bedeutung, als die Konfrontation mit den → Barbaren in den → Perserkriegen den Griechen ihre Eigenart und die Notwendigkeit gemeinsamen Handelns stärker als zuvor bewußt machte. Im Namen des Panhellenismus beanspruchte Athen die geistige und politische Hegemonie (vgl. → Isokrates) oder griffen → Philipp II. und → Alexander d. Gr. als ‹Schiedsrichter› in die innergriech. Streitigkeiten ein.

Panionia, ein → Fest des → Poseidon Helikonios, vom Ion. Bund in Mykale im Gebiet von Priene begangen. Homer (Il. 20, 403–405) erwähnt den Kult und spielt auf den Brauch an, das Opfertier, einen Stier, an den Hörnern um den Altar zu zerren, wobei sein Brüllen als günstiges Omen betrachtet wurde. F. R. W.

Q: Hdt. 1, 143. 148; Strab. 8, 384; Diod. 15, 49 – *Lit:* Nilsson, Griech. Feste, 1906, 74ff. – L. Ziehen, RE 18, 3 (1949), 601–605.

Panionion, Bundesheiligtum der zwölf Gemeinden der → Ionier an der Westküste Kleinasiens: Milet, Priene, Samos, Ephesos, Kolophon, Lebedos, Teos, Chios, Myus, Erythrai, Klazomenai, Phokaia. Es lag im Gebiet von Priene auf dem Nordabhang des Mykalegebirges und dem Poseidon Helikonios geweiht, dessen Kult aus Helike stammte. Die Bundesversammlung der Ionier und das Bundesfest der Panionia hatten hauptsächlich religiösen Charakter; fanden jedoch bei ernsten Anlässen auch um politischer Entscheidungen willen statt. R. V. C.

Lit: G. Kleiner, Entdeckung ... des P., in: Neue dt. Ausgr., 1959.

Panmaler, att. Vasenmaler des streng → rotfigurigen Stils (→ Vasen E 5), tätig um 480–460 v. Chr., benannt nach dem Bildthema eines Kraters (Pan verfolgt Hirten), das nicht nur beim P., sondern in der früheren Vasenmalerei überhaupt einmalig ist. Auch andere Themen des P.s sind ungewöhnlich. – Er zeichnet in subarchaisch manieriertem Stil, ohne es aber an frischen Einfällen fehlen zu lassen. Linien wie Figurenbewegung erfüllt er mit elastischer Spannung. – *Werke:* Glockenkrater mit verfolgendem Pan und Tod des Aktaion, Boston 10.185 (eponym; Pfuhl, Abb. 475–76); Pelike mit Herakles und Busiris, Athen 9683 (Beazley a. O. 7–10), Peliken, Kolonettenkratere, nolanische Amphoren, Hydrien, Lekythen u. a. m. I. Sch.

Lit: J. D. Beazley, Der P., 1931 – H. Diepolder, Ein neues Werk des P., MüJbb 9/10, 1958/59, 7–14 – Beazley, ARV² 550–561.

Pannonien (Pannonia), röm. Provinz zwischen Ostrand der Alpen und Donau; schließt im W an Noricum an, im S

Abb. 178 Die römischen Provinzen im Donauraum

an Italien, Dalmatien und Moesia sup. Im N und O bildet die Donau die Grenze. Der Grenzverlauf gegenüber Moesia sup. umstritten. Bei der Organisierung der Provinz wurde die Grenze nach W verschoben, wodurch Emona, Poetovio zu P. kamen, desgleichen wurden nach Beendigung des pann.-dalm. Aufstandes im N Vindobona und Carnuntum zu P. geschlagen. Die nach einem illyrischen Stamm benannte Provinz ursprünglich mit Dalmatien als Provinz → Illyricum vereint, nach dem Aufstand von 9–6 v. Chr. wird der nördl. Teil zunächst als inferior provincia Illyricum, für das sich allmählich der Name P. einbürgert, abgetrennt. P. umfaßt zumeist das flache oder leichthügelige sog. ungarische Transdanubien sowie das nördl. Kroatien. Hauptflüsse Danuvius (Donau), Dravus, Savus. Dazu der Balaton-Plattensee (Lacus Pelso).

[2] *Geschichte:* Ein Eingreifen der Römer in den mittleren Donauraum versperrten vorerst die japodischen Grenzburgen am Karst. Erst Oktavian (→ Augustus) gelingt es, in den illyrischen Kriegen 35 v. Chr. die Sawelinie zu erreichen und in den folgenden Jahren das südl. Illyricum zu unterwerfen. Der nördl. Teil, die pannonische Tiefebene, bleibt noch außerhalb von Oktavians strategischen Plänen. Erst 14–12 v. Chr. wird auch dieses Gebiet von der Sawelinie aus unter M. → Vinicius (1) und M. → Agrippa (1) unterworfen. 9–6 v. Chr. kommt es unter den beiden → Bato zu einem großen Aufstand der illyrischen Stämme, der hauptsächlich den Süden von P. berührt. Illyricum wird jetzt geteilt. Für den nördl. Teil setzt sich die Bezeichnung P. durch. Von den großen militärischen Zentren an der Donau her (Vindobona, Carnuntum, Brigetio, Aquincum usw.) setzt jetzt mit Veteranenansiedlungen u. dgl. eine intensive Romanisierung ein. Die unter einem Legatus Augusti pro praetore stehende Provinz mit Carnuntum als Sitz des Legaten und Savaria als Sitz der Zivilämter gewinnt immer größere Bedeutung für das Reich. 69 n. Chr. wird in Poetovio Vespasian zum Kaiser ausgerufen. Um 103 wird P. in Pannonia superior und Pannonia inferior geteilt. Die Markomanneneinfälle verheeren die Provinz vor allem im W an der Durchgangsstraße von Carnuntum nach Italien. Der Verlust Dakiens gefährdet P. wieder stärker. Unter Diokletian erneute Teilung: Pannonia superior in P. prima und P. ripensis, P. inferior in die Provinz Valeria und P. secunda (Sirmiensis). Mit dem Zusammenbruch des pannonischen Limes im Wiener Becken um 400 n. Chr. ist auch das Schicksal von P. besiegelt. Die Provinz Valeria geht zuerst verloren, 433 die im W angrenzende Pannonia prima. Hunnen und germanische Stämme überfluten P. Pannonia secunda wird 510 dem Reiche → Theoderichs angegliedert. Unter seinen Nachfolgern gelingt es Rom, sich wieder in Sirmium festzusetzen. Bis zum Fall dieser Festung in den Awarenkriegen geht der Kampf um das südl. P. – Die Denkmäler in P. weisen nicht jenen künstlerischen Hochstand auf wie im benachbarten Noricum, abgesehen von den großen militärischen Anlagen etwa in Carnuntum oder Aquincum (Legatenpaläste usw.). B. S.

Lit: G. Zippel, Die röm. Herrsch. in Illyrien bis auf Augustus, 1877 – A. Alföldi, Der Unterg. der Römerherrsch. in P., 1924/1926 – W. Reidinger, Die Statthalter des ungeteilten P. und Ober-P., 1956 – M. Mócsy, Die Bevölkerung v. P. bis zu d. Markomannenkriegen, 1959 – J. Fitz, Legati Augusti pro praetore Pannoniae Inferioris, AAnt Hung 11, 1963, 245–324.

Panoplie. Die → Waffen eines → Hopliten umfaßten Schild, Helm, Brustpanzer (?), Beinschienen, Schwert und Lanze (Hdt. 4, 180; vgl. 1, 60; Thuk. 3, 114) mit einem Gewicht von 26 kg (Plut. Dem. 21). W. K.

Lit: A. D. Fraser, The panoply of the Ethiopian warrior, AJA 39, 1935, 35–45 – Ph. J. Kakridis, Achilleus' Rüstung, Hermes 89, 1961, 288–297.

Panormos, Name zahlreicher Hafenstädte, bes. bedeutend das heutige Palermo, eine der drei phönizisch-karthagischen Städte Siziliens (Kt. 1420 F9), 254 v. Chr. von den Römern im 1. Pun. Krieg erobert. Erhalten sind aus pun. Zeit nur Gräber in der Umgebung, aus röm. Zeit einzelne Hausreste mit Mosaiken und Gräbern. E. M.

Lit: K. Ziegler, RE 18, 2 (1942), 660–678.

Pansa → Vibius.

Pansflöte → Musikinstrumente.

Panspermie → Fruchtbarkeitsriten.

Pantheion, Pantheus. Als im Hellenismus das Bewußtsein der Einheit göttlicher Macht die Einzelgötter verblassen läßt, werden ‹alle Götter› (seit Homer oft bei Anrufung eines Einzelnen bekräftigend hinzugefügt) gemeinsam verehrt *(Pantheion)* durch bes. Priester und Tempel (Pergamon, auch in Rom: Agrippa), oder ein einzelner wird zum Allgott erhoben durch Häufung zahlreicher Götternamen, -epitheta oder -attribute (panthea signa, bes. → Isis) oder bes. im Westen durch den Beinamen *Pantheus* (Juppiter, Silvanus/Pan, Serapis, Liber, Priapos), der auch allein vorkommt. C. J. C.

Lit: M. Zepf, Der Mensch in d. Höhle u. das Pantheon, Gymnasium 65, 1958, 355–382.

[2] Das früheste Zeugnis in der röm. → Religion sind Münzen um 55 v. Chr. und pompejan. Wandgemälde mit Isis P. Vom 2. Jh. n. Chr. an werden auf den Inschriften eine ganze Reihe von Gottheiten als P. bezeichnet: → Jupiter, → Liber, → Serapis, → Silvanus, → Fortuna, → Tutela. Pantheus selbst, das ‹Ganze›, wird zu einem Gott: Divus P., P. Augustus, Deus magnus P. Wir kennen Darstellungen des P., auf denen sich die Attribute der verschiedensten Gottheiten häufen: auf einem Relief im Vatikan z. B. erhält Silvanus P. die Strahlen der Sonne, den Köcher → Apollos, die Keule des → Herkules und den Caduceus → Merkurs usw. Manchmal wird der Gott von einer Reihe kleiner Büsten verschiedener Götter umgeben; im äußersten Fall wird die Gottheit P. lediglich noch durch eine Gruppe von Attributen symbolisch bezeichnet. Vgl. → Synkretismus. H. Le B.

Lit: K. Schefold, Zur hellenist. Theologie Alexandrias, in: Antidoron, 1962, 169.

Pantheismus. Wenn P. bedeutet, daß die Gesamtheit des Seienden selbst Gott sei, so wird dabei stillschweigend stets der Mensch selbst und seine alltägliche Umwelt ausgenommen, da sonst der Gedanke als solcher unvollziehbar wird. So ist schon der berühmte, bezeichnenderweise von einem Christen (Clem. Alex. Strom. 5, 129, 1) zustimmend zitierte Pindarvers: «Was ist Gott? Das All» (Fr. 129 Bowra; vgl. auch Aischyl. Fr. 70 N.) im Prinzip nicht anders zu verstehen als Hesiods Theogonie, für die letztlich auch alles bis hinab zu Gewässern und Bäumen göttlich ist außer dem, was der Mensch selbst ist und tut. Annäherungen an den reinen P. gibt es freilich, vor allem von folgenden Voraussetzungen her: 1. Sofern der Bereich der Gestirne und des Aither als göttlich gilt (bes. bei → Aristoteles), umgreift das Göttliche als geschlossene Kugel die Menschenwelt. – 2. Wo der Kosmos in Analogie zum Menschen als beseelter Körper verstanden wird, dringt die göttliche Weltseele durch den ganzen Weltkörper hindurch und verwaltet ihn von innen (bes. → Stoa). – 3. Wichtig wird ferner der spekulative Gedanke, daß die Gottheit ihrem Wesen nach nicht an einen Ort im Raume gebunden ist, sondern allgegenwärtig ist, ein Gedanke, der sich freilich neben den Gegebenheiten der Kultreligion nur mühsam durchsetzt (vgl. etwa Xen. mem. 1, 1, 19). – 4. Wo schließlich die vielen Götter des Kultes und Mythos im Sinne der → Stoa (→ Zenons Kommentar zu Hesiods Theogonie) als verschiedene Manifestationen der einen, alldurchdringenden und alles vorsehenden Gottheit gedeutet werden, kann man von einer Tendenz zum P. sprechen. Der Angriff der Epikureer (Cic. nat. deor. 1, 24) und der Neuen Akademie (Cic. nat. deor. 3, 43–52, Sext. Emp. adv. math. 9, 182–189) zielt auf eben diesen Punkt: wenn der gesamte Kosmos Gott ist, dann folgt, daß Gott in den Tropen schwitzt und in der Arktis friert und daß nicht nur die Meere, sondern jeder Bach, nicht nur die Erde, sondern jeder einzelne Stein

Gott ist. – Die Theologie des Neuplatonismus (Lehre von den Seinsstufen) schließt jede Art von P. völlig aus. O.G.

Panther. Der P. (πάνθηρ, πάρδος) war in Afrika (Leopard) und Vorderasien verbreitet. Da er auch für Kleinasien bezeugt ist, kann er den Thrakern und Frühgriechen schon kurz nach der Landnahme bekannt geworden sein. Der kret.-myk. Kunst vertraut, begegnet die Darstellung des P.s bis in die Spätantike. Er galt als Inbild blutgierig reißender Wildheit von dämonischer Kraft. Eng ist er mit dem Bereich der großen Göttermutter Rhea-Kybele und der Artemis verbunden. Bes. nahe steht er dem Kult des Dionysos, dessen orgiastischem Charakter die ungestüme Natur des P.s bes. angemessen war. Dionysos und seinem Gefolge eignet das P.-Fell, das die Wesenseinheit zwischen Gottheit und Tier offenbart. Das als Jagdbeute hochgeschätzte P.-Fell begegnet auch im ägypt. Kult und als Tracht der Priesterinnen auf dem kret. Sarkophag von Hagia Triada. In der Fabel tritt der P. vor dem → Löwen als König der Tiere wegen seines Ungestüms zurück. Große Bedeutung hatte der P. zusammen mit dem von ihm wenig verschiedenen afrikan. Leoparden bei den röm. Tierhetzen. → Fauna. J.W.

Lit: Keller, Tiere, 140–154; Tierwelt I 62–64 – F.Wotke-H.Jereb, RE 18,3 (1949), 747–776.

Pantikapaion (Kt. 1565 H 1), Kolonie von → Milet, um die Mitte des 6.Jh.s v.Chr. an der Stelle des heutigen Kerč am Kimmerischen Bosporus gegründet. Der Name ist ungriechisch, vom Flusse Pantikapes abgeleitet, unter dem die Griechen die von ihnen irrtümlich als Fluß angesprochene und auch mit dem → Tanais gleichgesetzte Meerenge von Kerč verstanden. Er wurde später in Bosporos geändert und hat sich in dieser Form gehalten. Am Ostende des Mithridat-Berges (antike Gebäudereste) gelegen, beherrschte P. die Meerenge und wurde zum wichtigsten Hafen (Getreide, Sklaven) und zur Hauptstadt des → Bosporanischen Reiches mit – allerdings noch wenig erforschtem – gewerblichem und künstlerischem Leben. R.W.

Lit: W. von Barloewen, Abriß d. antiken Randkulturen, 1961.

Pantomime (παντόμιμος), Darsteller und Darstellung einer Handlung, die allein durch Bewegungen des ganzen Körpers geschieht, vom P.n selbst also, im Gegensatz zum → Mimus, weder durch Sprechen noch Gesang begleitet wird. – *Entstehung, Geschichte:* nach mehreren Zeugnissen (Ath. 1,20D; Hier. chron. a. Abr.; Zos. hist. 1,6,1) soll die komische P. 22 v.Chr. von Bathyllos aus Alexandria, einem Freigelassenen des Mäcenas, die tragische P. von Pylades aus Kilikien, einem Freigelassenen des Augustus, begründet und als neues Genos des Schauspiels in Italien eingeführt worden sein. Diese Nachrichten können nur dadurch entstanden sein, daß Bathyllos und Pylades so überdurchschnittliche Leistungen in der P. vollbrachten, daß man ihnen die Schöpfung der P. schlechthin zuschreiben zu müssen meinte, die historische Wahrheit treffen sie kaum. Schon in Griechenland war die P. mindestens seit 400 v.Chr. durchaus bekannt. Sie wurde zwar noch nicht mit diesem Namen bezeichnet, sondern hieß lediglich mimetische Tanzkunst (ὀρχηστικὴ τέχνη), hatte aber – der Form nach aus teils kultischen, teils bereits vom Kult gelösten mimetischen Tänzen, dem Inhalt nach aus der mythischen Welt der Tragödie erwachsen – bereits die Gestalt, die man später dann immer als für sie charakteristisch angesehen hat: sie war von Musik und Gesang abgesonderte, rein mimetische Darstellung einer bestimmten mythischen Handlung. Auch in Rom wird diese Trennung von Musik und Tanz und damit die eigentliche P. mindestens seit → Plautus (vgl. Stich. 757) bekannt gewesen sein. Bathyllos und Pylades können also höchstens zu besonderer Vollendung gebracht haben, was bereits lange vor ihnen existiert hatte. – Die *Stoffe* der P. stammten von Beginn an fast ausschließlich aus dem primär durch die griech. Tragödie vermittelten Mythos; die reichste Aufzählung von P.themen gibt → Lukian (‹De saltatione›). – *Aufführung:* In der Regel gab es bei jeder P. jeweils nur einen Spieler. Seine Kunst bestand darin, alle verschiedenen in einem Mythos vorkommenden Personen als Einzelner, allein durch seine Gestalt und Bewegungen, darzustellen. Die einzige Hilfe dabei boten ihm die verschiedenen → Masken, die er auswechselte, sobald er eine neue Person darstellte, und durch die er somit wenigstens äußerlich den Rollenwechsel verdeutlichen konnte. Begleitet und dadurch interpretiert wurde die P. von Gesang, Musik (meist Flöte, selten Kithara, später ganzes → Orchester) oder beidem zusammen. Allerdings war diese Begleitung durchaus sekundär, primär wichtig war grundsätzlich die stumme Darstellung des P.n. Weibliche Rollen wurden nach Lukian (salt. 28) wie im Drama von Männern übernommen, spätestens im Rom der Kaiserzeit aber werden auch Frauen zur P. zugelassen gewesen sein. Wie die männlichen P.n rekrutierten auch sie sich aus dem Sklavenstand. P.n-Agone hat es wohl erst in nachchristl. Zeit gegeben. Die P. bestand bis ins 6.Jh. n.Chr. fort. E.-R.Sch.

Lit: E.Wüst, RE 18,3 (1949), 833–869.

Panyassis, von Halikarnaß, auch Samier genannt (vielleicht, weil er, wie sein Neffe Herodot, als Verbannter in Samos lebte, vgl. Rhod. Inschr. AM 2, 1896, 61), epischer Dichter des 5.Jh.s, nach → Suidas (π 248) 460 gestorben im Kampf gegen den Tyrannen Lygdamis. Verfasser einer → Herakleia und vielleicht von Ionika, die in 3000 Distichen die Gründungen der ion. Kolonien seit Kodros und Neleus darstellten (Fr. 24.25 K.) und – evtl. nach der ‹Gründung von Kolophon› und der ‹Kolonisation von Elea› des → Xenophanes – als das früheste geschichtliche Epos gelten. Sie verwenden erstmalig die elegische Form für die erzählende Dichtung. Inhaltlich ist P. Vorbild für → Choirilos (3) v. Samos, formal folgt er dem → Mimnermos. – Die Antike schätzte P. hoch: er verbinde die Vorzüge → Hesiods mit denen des → Antimachos. Im Ausdruck erreiche er zwar keinen von beiden, übertreffe aber den einen an Fülle des Stoffes, den anderen in der Kunst der Stoffgliederung (Dion. Hal. de imit. 2, Quintil. inst. 10,1,54). P. galt als Neuerer der Poesie (Suid.) und neben Homer, Hesiod, Peisandros und Antimachos als der fünfte Klassiker des Epos (Prokl. chr.; Andronikos in Bekk. Anecd. Gr. p. 1461 u.a.). G.K.

Q.u.Frg: EGF 248. 253–265 – *Lit:* F.Stoeßl, RE 18,3 (1949), 871 bis 922.

Papagei. Der P. (ψίτταχος), nach seinem ind. Namen benannt, wurde im Mittelmeerraum und in den Nachbargebieten erst im 4.Jh. v.Chr. durch → Ktesias bekannt. Die ersten lebenden P.en lernte man nach dem Alexanderzug kennen. Ptolemaios II. Philadelphos ließ P.n als seltene Vögel im Festzug des Dionysos mitführen. Erst seit der späten Republik wurde der P. in vornehmen röm. Häusern beliebt und dargestellt. Man schätzte ihn wegen seiner Farbenpracht und der Fähigkeit, menschliche Stimmen nachzuahmen. In Religion und Mythos war er ohne Bedeutung. Vgl. → Fauna. J.W.

Lit: Keller, Tierwelt II 45–49 – F.Wotke-H.Jereb, RE 18,3 (1949), 926–934 – Zum P.enmosaik aus dem Königspalast von Pergamon vgl. Pergamon V 1, Taf. 15.

Paphlagonien, Landschaft an der N-Küste Kleinasiens (Kt. 1567 CD 1). Von Amisos im N bis zum Flusse Bilaios (heute Filyos Çay) gegen Bithynien. Im S an Galatien anstoßend. An der Küste griech. Kolonien, z.B. → Sinope. P. kam unter lydische Herrschaft, fiel nach deren Zusammenbruch 547 v.Chr. ans pers. Reich, behielt aber seine einheimischen Fürsten. Als → Xenophon (1) mit seinen 10000 durch P. zog, regierte dort König Korylas. Um 370 v.Chr. straffere pers. Oberhoheit (Münzen des Satrapen Datames von Sinope). Nach → Alexander (5) d.Gr. kam P. zunächst an → Eumenes I. Zu Beginn des 3.Jh.s v.Chr. dehnte sich das Pontische Reich in Richtung auf P. aus, daneben hielten sich einheimische Stammesherrscher. → Pompeius (2) ordnete die Verhältnisse so, daß er die westlichen Teile zu Bithynien zog, die Teile östl. des Halys sowie die im Binnenland einheimischen Fürsten, den Pylaimeniden, übergab. Der letzte Pylaimenide wurde 5/6 n. Chr. abgesetzt; sein Land wurde zur Provinz → Galatien geschlagen. In der diokletianischen Reform wurde P. selbständige Provinz. R.F.

Lit: D. Magie, Roman Rule in Asia Minor, 1950, 1234f. – G. Doublet, Inscript. de P., BCH 10, 1889, 293.

Papias, Bischof von Hierapolis (Phrygien) um 130 (Eus. hist. eccl. 3, 36, 2), einer der sog. → Apostolischen Väter. Er hat nicht den Apostel Johannes gehört (so erst Irenaeus adv. haer. 5, 33, 4), aber ehemalige Bekannte der Herrenjünger (so P. selbst bei Eus., a. O., 3, 39, 4), deren Aussagen er in 5 Büchern ‹Nachrichten über Herrenüberlieferungen› (*Λογίων κυριακῶν ἐξηγήσεις*) edierte. B.R.

Ed: → Apostolische Väter; ferner: E. Preuschen, Antilegomena (1901), 1905², 91–99 – M. Buccellato, P. di Hierapoli, 1936 – *Übers:* Hennecke², 1297; vgl. II³, 45 – *Lit:* F. Wotke, RE 18, 3 (1949), 966–976 – J. Munck, Presbyters and Disciples of the Lord in P., HThR 52, 1959, 223–244 – Altaner, 90 (Lit).

Papinianus, Aemilius, röm. Jurist, Zeitgenosse des Septimius Severus und des Caracalla; mit Severus soll er durch dessen zweite Frau → Julia (6) Domna aus Syrien verschwägert gewesen sein (Hist. Aug. Carac. 8, 2); daher wird bisweilen vermutet, Papinian sei Syrer gewesen (kritisch W. Kunkel, a. O., 225 ff.). P. soll seine Laufbahn als advocatus fisci begonnen haben, war dann assessor der praefecti praetorio, magister libellorum (Dig. 20, 5, 12, pr.) und von 203 an praefectus praetorio. 212 (Kunkel, RG, 111: erst 213) wurde er von Caracalla hingerichtet, angeblich weil er sich weigerte, die Ermordung → Getas zu rechtfertigen.

[2] *Hauptwerke:* 1. *Quaestiones* (37 Bücher, entstanden 193–198), die sowohl Kasuistik als auch dogmatische Ausführungen enthalten; weitgehend wird die Meinung älterer Juristen berücksichtigt. – 2. *Responsa* (19 Bücher, Anf. 3. Jh., Buch 4 ff. erst nach 206). Der Titel entspricht nicht dem Charakter des Werkes, da die Trennung zwischen Frage und Antwort nicht gewahrt ist, sondern lediglich Tatbestand und Entscheidung nebst Gründen angeführt werden. Auch hier wird auf Auffassungen früherer Juristen sowie auf kaiserliche Dekrete und Konstitutionen Bezug genommen. Die Responsa wurden von → Paulus (2) und → Ulpian neu herausgegeben und erläutert. – 3. *Definitiones* (3 Bücher), ein Abriß des geltenden Rechts (ihre Authentizität durch E. Seidl, a. O. 196 bezweifelt). – Ferner existierten Monographien, eine griech. Darstellung der Amtsbefugnisse der Straßenpolizei (*Ἀστυνομικὸς μονοβίβλος*) und 2 Schriften De adulteriis (zeitliche Einordnung nicht möglich). – In die Digesten haben rund 1000 Stellen aus P. Eingang gefunden. Papinian ist von der Nachwelt als der größte unter den Klassikern des röm. Rechts betrachtet worden. Er versucht in kritischer Einstellung zu seinen Vorgängern eine selbständige, verfeinerte Auffassung zu erreichen, wobei er sich von begrifflicher Deduktion freihält (zur Methode vgl. Seidl, a. O. 195 ff.). – Vgl. → Recht III A [6]. H.Hb.

Lit: Th. Mommsen, in SZ 11, 1890, 30–33 – E. Costa, Papiniano, studio di storia interna del diritto romano I, 1894 – P. Krüger, Gesch. der Quellen und Lit. des röm. Rechts (1888), 1912², 220–224 – W. Kunkel, Herkunft u. soz. Stellung der röm. Juristen, 1952, 224–229 – L. Wenger, Die Quellen des röm. Rechts, 1953, 512 ff. – E. Seidl, Röm. Rechtsgesch., 1962, 195–200 – W. Kunkel, Röm. Rechtsgesch. (1952), 1964⁴, 111.

Papirius Carbo, C. (tr. pl. 131 v. Chr., cos. 120), wird der stürmischste Beschützer und die leuchtendste Fackel der ‹seditio› des Tib. → Gracchus (1) genannt (Val. Max. 6, 2, 3). Sein Antrag, die wiederholte Bekleidung des Tribunats zu ermöglichen (Liv. perioch. 59, Cic. Lael. 96), kam nicht durch. 121 trennte sich P. von C. → Gracchus (2) und vertrat die Politik der optimatischen Senatsmehrheit. Unter Verleugnung der eigenen Vergangenheit verteidigte er L. → Opimius. Einer Anklage wegen seines beständigen Wankelmuts im popularen Handeln entzog er sich durch Selbstmord (Cic. Brut. 103). G.G.

2. **P. Carbo,** Cn. (cos. 85 v. Chr., 84). → Cinna ernannte ihn für 85 und 84 zum Mitkonsul, und beide bereiteten vor allem den Krieg gegen → Sulla vor. Dabei brachten sie die Neubürgergemeinden auf ihre Seite. 82 befehligte P. auf dem nördlichen Schauplatz; bei Faventia wurde er entscheidend geschlagen. Er floh, wurde aber in Sizilien gefangengenommen und getötet. Wie andere populare oder radikale Politiker wird auch P. von den Optimaten als *seditiosus* bezeichnet (Cic. Verr. 1, 37), als einer, der die Einheit der respublica zerstörte. G.G.

3. **P. Cursor,** L. (cos. 326 v. Chr., 320, 319, 315, 313, dict. 325, 310–309), der bedeutendste Angehörige des Geschlechts. P. trat im großen → Samniten Krieg 326 304 bes. mit militärischen Leistungen hervor und triumphierte dreimal. Er war Konsul im Jahre des Kriegsbeginnes, schloß das Bündnis mit den Lukanern und wurde nach der Niederlage bei Caudium (321) wieder zum Konsul gewählt, als der er Luceria und Fregellae eroberte. 319 nahm er Satricum, in seiner zweiten Diktatur 310–309 Longula. Zu dem Streit mit seinem magister equitum (325) vgl. Q. → Fabius (8) Maximus Rullianus. R.W.

4. **P. Cursor,** L. (cos. 293 v. Chr., 272, praet. 292), Sohn des vorigen, siegte 293 über die → Samniten bei Aquilonia (Lage unbekannt) und beendete 272 zusammen mit Sp. → Carvilius Maximus den Tarentinischen Krieg. R.W.

4a. **P. Fabianus,** röm. Redner und Philosoph augusteischer Zeit (ca. 35 v. Chr.–35 n. Chr.), augenscheinlich in der Gefolgschaft der griechisch durch → Poseidonios, lateinisch durch → Cicero inaugurierten Richtung. Seine Anfänge als Redner, dann seine Schülerschaft bei Q. → Sextius (2) sind bei → Seneca (1) erwähnt (contr. 2 praef.). → Seneca (2; epist. 100, 1 ff.) nennt von ihm ‹Libri civilium›, also wohl über Staatsphilosophie, und bemerkt, er habe noch mehr philosophische Werke geschrieben als Cicero. Naturwissenschaftliche Abhandlungen von ihm werden vielfach von → Plinius (1) benutzt. Zitiert werden ‹Causae naturales›, also *Αἴτια φυσικά* peripatetischen Stiles, sowie ‹De animalibus›, also ein zoologisches Werk in der Tradition des Aristoteles. Daneben scheint er über Kosmologie, Anthropologie, Medizin und Mineralogie geschrieben zu haben. O.G.

5. **P. Mutilus,** C., aus Samnium, führte mit dem Marser → Pompaedius Silo im → Bundesgenossenkrieg (3) die Bundesgenossen gegen Rom. Zunächst erfolgreich, dann von → Julius (7) Caesar (90 v. Chr.) und → Sulla (89) besiegt. Nach dem Krieg sympathisierte P. mit den Marianern. Er endete 80, von Sulla verfolgt, durch Selbstmord. G.G.

6. **P. von Fregellae,** L., unterstützte in einer Rede die Forderung seiner Vaterstadt und anderer latinischer Kolonien auf Verleihung des röm. → Bürgerrechts (Cic. Brut. 170). Die Datierung der Rede ist umstritten (177 oder 125 v. Chr.). R.T.

Frg: ORFr (Malc.) 99–100.

Pappel. In der mythischen und religiösen Überlieferung der Griechen ist sowohl die Schwarz-P. (S.-P., *αἴγειρος*) als auch die Weiß-P. (W.-P., *λεύκη*) von Bedeutung. Beide Bäume (populus) sind eng mit den → Nymphen verbunden, die die feuchten Standorte der P. als Lieblingsplätze wählten. Einen Nymphen-Altar in einem S.-P.-Hain kennt bereits das Epos (Od. 17, 208 ff.). Auch der Demeter-Hain, wo → Erysichthon zuerst die S.-P. fällte, ist Tummelplatz der Nymphen; diese haben nach der Sage (Antonin. Lib. 32) Dryope, die Tochter des Dryops, am Oeta in die S.-P., ihre Gefährtinnen in → Tannen verwandelt. Vereinzelt bleibt die epische Verbindung mit Athena (Hom. Od. 6, 291 f.). Eng ist die Beziehung zur Unterwelt. Die Haine der Persephone bestehen aus S.-P. und → Weide (Hom. Od. 10, 509 f.). In die Blätter der S.-P. hüllten die Pythagoreer ihre Toten ein. Als Trauerbaum erscheint die S.-P. in der Sage von den Heliaden, die → Phaethon beweinten und in S.-P.n verwandelt wurden, wo ihre Tränen als Harz erschienen. Auch die W.-P., deren Blätter unten silberweiß, oben dunkel sind, zeigt Beziehungen zur Unterwelt. Die Vorstellung wurde durch die dunkle Blattseite begünstigt. Die W.-P. erklärte man aus der Verwandlung der Okeanostochter Leuke, einer von Hades entführten Nymphe. Mit einem Kranz aus W.-P. kam → Herakles aus der Unterwelt zurück (Augusteischer Herakles-Altar mit W.-P.-Zweigen, Rom, Thermenmuseum: Helbig³, Nr. 1465). Die W.-P. galt als sein Lieblingsbaum (*populus Alcidae gratissima*, Verg. ecl. 7, 61). Auf ihn wurde der Brauch in Olympia zurückgeführt, die Zweige wie die des → Ölbaums zu Siegerkränzen zu verwenden. Auf einem von Herakles dem Zeus gestifteten Altar in Olympia verbrannte man nur das Holz der W.-P. Dies, wie die Siegerkränze aus Zweigen der W.-P. am Feste der Halia zu Ehren des Helios auf Rhodos, ging offenbar von der Silberseite des Blattes aus. Vgl. → Flora. J.W.

Lit: Murr, Pflanzenwelt, 17–23 – H. Gossen, RE 18, 3 (1949), 1081–84 – D. B. Thompson, Garden lore of ancient Athens, 1963, Abb. 40.

Pappos von Alexandria, → Mathematiker um 300 nach Chr. Über sein Leben ist nichts Näheres bekannt. Sein Hauptwerk ‹Synagogē› (Collectio) ist eine Sammlung zahlreicher Ergebnisse früherer Mathematiker, von denen wir vielfach nur durch P. Kenntnis haben. Es ist weder eine Kompilation noch ein Kommentar, sondern eine selbständige Darstellung, die oft neue Beweise und eigene Erweiterungen bringt. Von den 8 Büchern ist das erste verloren, Buch 2 ist teilweise, Buch 3–8 sind ganz erhalten. Aus dem Inhalt: Einteilung der geometrischen Probleme in (a) ebene, (b) körperliche, (c) lineare (γραμμικά), je nachdem zur Lösung (a) nur Lineal und Zirkel, (b) Kegelschnitte oder (c) höhere Kurven erforderlich sind. Lösungsmethoden für die Probleme der → Verdoppelung des Würfels und der → Dreiteilung des Winkels (körperliche Probleme) und die → Quadratur des Kreises mittels höherer Kurven. Das → isoperimetrische und das entsprechende räumliche Problem. Die halbregelmäßigen → Polyeder des → Archimedes. Die Methode der geometrischen Analyse nach Schriften von → Aristaios (2), → Euklid und → Apollonios (15). Ziel und Einteilung der theoretischen Mechanik, Beschreibung der einfachsten Maschinen nach → Heron (2). Hilfssätze zur → Astronomie. Das ‹Problem des Pappos›, das für Descartes ein wichtiges Beispiel für die Tragweite seiner analytischen Geometrie wurde, steht in Buch 7 (Hultsch p. 678). Etwas vereinfacht lautet es: Gegeben seien $2n$ Geraden; die Abstände eines Punktes von ihnen seien mit $p_1, p_2, \ldots, p_{2n}$ bezeichnet. Gesucht wird der geometrische Ort derjenigen Punkte, für die $p_1 \cdot p_2 \ldots p_n = p_{n+1} \cdot p_{n+2} \ldots p_{2n}$ ist. Die Lösung ist eine Kurve n-ten Grades. – *Weitere Werke:* Von einem Kommentar zum Almagest des → Ptolemaios (17) sind Teile erhalten. – Ein Kommentar zu → Euklids Elementen wird von → Proklos und → Eutokios erwähnt, Proklos gibt Stücke davon wieder; der Kommentar zum 10. Buch ist in der arabischen Fassung von al-Dimisqi (10. Jh.) erhalten. – Erwähnt werden auch Kommentare zur Harmonik des Ptolemaios sowie zu den Data → Euklids (was sich jedoch auch auf ein Stück der Synagoge beziehen könnte). → Suidas nennt eine Erdbeschreibung, ‹Über die Flüsse Libyens› und ein Werk über Traumdeutung. H.G.

Ed: F. Commandino, Pesaro 1588 (Synagoge, lat.) – F. Hultsch, 1876–78 (Synagoge, griech. u. lat.) – Anonym, Basel 1538 (Almag. Komm.) – A. Rome, 1931 (Almag. Komm.) – F. Woepke, 1855 (Euklidkomm.) – *Übers:* P. VerEecke, 1933 (Synagoge, franz.) – H. Suter, 1922 (Euklidkomm., deutsch) – G. Junge – W. Thomson, 1930 (Euklidkomm., arab.-engl.).

Papstbriefe gewannen seit dem 4. Jh. als Dekretalien im Westen gleichen Rang wie Konzils → Kanones. Lat. Kanonessammlungen (sog. Prisca canonum editio latina: PL 56, 747ff.; collectio Quesnelliana: PL 56, 359ff.; beide Ende 5. Jh.) stellen deshalb das für die Geschichte des → Papsttums wichtige Dekretale von Siricius (384–99) an den Bischof von Tarragona an den Anfang oder hängen P. den östl. Kanonessammlungen an wie → Dionysius Exiguus (2. Bearbeitung seiner Sammlung: PL 67, 139ff.). Erste selbständige Sammlung von P.n ist die sog. collectio Avellana, die 243 P. und Kaiserbriefe vereinigt (Privatarbeit 2. H. 6. Jh., Rom); sie beweist, daß schon früher Päpste in dogmatischen und iurisdiktionellen Kontroversen Aktensammlungen von P.n zu publizistischen Zwecken verwerteten. Erst → Gregor (1) d. Gr. führte ein amtliches Briefregister ein und schob so privater Edition wie auch den P.-Fälschungen einen Riegel vor; von seinen 854 Briefen geht die Überlieferung der Masse (848) in 3 Sammlungen auf das Urregister des Lateran zurück. Fortan wurde der persönliche Briefstil bedeutender Päpste wie → Leos (3) d. Gr., → Gelasius' I. durch die Sekretäre (dictatores, → Prosper Tiro) und ihren Kanzleistil, eine gehobene Prosa röm.-rhetorischer Tradition, noch stärker eingeengt. C.A.

Ed: Epp. Romanorum Pontificum, ed. A. Thiel, 1868; ... ineditae, ed. S. Löwenfeld, 1885; ed. O. Guenther, 1895–98 = CSEL 35 (collectio Avellana); ... ad Vicarios per Illyricum, ed. C. Silva-Tarouca, 1937 – Ed. Schwartz, Publizist. Sammlungen zum Acacianischen Schisma, Abh. München NF 10, 1934 – C. M. Basti-P. M. Gasso, Pelagii I Epp. quae supersunt, 1956 – *Lit:* H. Getzeny, Stil u. Form der ältesten P., 1922 – F. di Capua, Il ritmo prosaico delle lettere dei papi, 3 Bde, 1937–48 – DACL 8, 2942–82 – Altaner 105f.; 221–223; 317–320; 426–429.

Papsttum

[1] Begriff und Ursprünge – [2] Ausdehnung und Grenzen nach außen – [3] Ausbau nach innen.

[1] Der volle *Begriff des P.s* (→ Petrus von Christus als Haupt der sichtbaren Kirche eingesetzt; ununterbrochene Sukzession seiner Nachfolger auf dem römischen Stuhl – vgl. → Amt [4] –, daher Anspruch des röm. Bischofs auf volle und oberste Jurisdiktion über die ganze Kirche) hat sich in den ersten Jh.en schrittweise ausgebildet. Das Wort *Papst* (πάπας, lat. papa) drückt als Anrede eine besondere Ehrerbietung aus, die seit Anfang des 4. Jh.s den Bischöfen von Rom und Alexandria von seiten ihrer Amtsbrüder erwiesen wird. Der → *Primat* des röm. Bischofs ist erheblich älter; schon der 1. Brief des → Clemens (ca. 96/97) zeigt, daß die röm. Gemeinde bewußt in die apostolische Nachfolge eingetreten war, um der korinth. Gemeinde autoritative Weisung zu erteilen; nach einem ca. 80 Jahre jüngeren Zeugnis hat jene diesen Anspruch rückhaltlos anerkannt. Mit dem Aufkommen des monarchischen Episkopates (→ Amt, 3) verkörpern sich die Führungsansprüche der röm. Gemeinde in ihrem Bischof, begründet mit dem apostolischen Ursprung der röm. Gemeinde, mit den röm. Apostelgräbern und mit der lückenlosen apostolischen Sukzession.

[2] Seit Ende des 2. Jh.s stoßen die Versuche der röm. Bischöfe, ihre Autorität auszudehnen, auch auf Widerstand; Beispiele sind der ‹Osterstreit› Viktors mit den Kleinasiaten um die Berechnung des Passahtermins (→ Feste C 2), der ‹Ketzertaufstreit› Stephans mit → Cyprian von Karthago um die Wiedertaufe von Häretikern (→ Taufe), und der ‹Streit der Dionyse›, des römischen mit dem alexandrinischen, um die rechte Interpretation der antisabellianischen Formeln des letzteren. Etwa seit → Konstantin zeichnen sich die *Grenzen* ab, innerhalb deren die Autorität der Päpste Anerkennung finden kann; es sind die des lat. Abendlandes. Mehr als einen Ehrenvorrang (→ Christentum III B 2) wollen die Griechen dem → Patriarchen des Westens nicht zugestehen. Trotz der – faktisch bedingten – Anerkennung durch Einzelne ist die Ostgrenze der päpstlichen Autorität bis ins MA zwar in ihrem Verlauf umstritten, aber grundsätzlich unüberschreitbar. Denn das oström. und byzantin. Kaisertum beansprucht selber die kirchliche Jurisdiktionsgewalt (→ Cäsaropapismus) und schließt damit den päpstlichen Führungsanspruch aus.

[3] Wie die äußere Expansion der päpstlichen Gewalt sich mit den konkurrierenden Mächten des Kaisertums und der östl. → Patriarchen auseinanderzusetzen hatte, so waren auch im Innern Hindernisse zu überwinden (→ Papstbriefe). Dabei kam es dem P. zustatten, daß es seit Konstantin als Verkörperung der theokratischen Autonomie der Kirche erschien; es wurde in erster Linie seine Sache, die Eingriffe weltlicher Mächte in die Kirche abzuwehren, und dementsprechend nahm seine kirchliche Macht zu. Dieser Machtgewinn mußte auf Kosten der bischöflichen Selbständigkeit, der → Metropoliten und vor allem der von alters her als oberste kirchliche Instanz sich verstehenden Synode (→ Konzil) vor sich gehen. Die Entwicklung wurde dadurch vorangetrieben, daß im Lauf des 4. Jh.s beide, Kirche und Kaiser, auf die Ausbildung eines Systems der geistlichen Gerichtsbarkeit hinwirkten, das im P. seine Spitze fand. Parallel dazu entsteht der Anspruch auf Allgemeinverbindlichkeit für die päpstlichen Entscheidungen. Eine erste Zusammenfassung findet die Idee des P.s durch → Leo I. (440–61), der nun auch ausdrücklich die ganze Fülle kirchlicher Autorität für den Stellvertreter Petri beansprucht und persönlich oder durch Vikare ausübt, und einer seiner Nachfolger, → Gelasius I. (492–6), hat durch die Lehre von den zwei Gewalten, der priesterlichen und der ihr an Rang unterlegenen königlichen, auch die Unabhängigkeit des P.s von jeder weltlichen Macht proklamiert. H. Kr.

Q: C. Mirbt, Quellen zur Gesch. des P.s und des röm. Katholizismus (1901), 1934[5] – *Lit:* E. Caspar, Gesch. des P.s I, 1930; II, 1933 – Altaner, 287 (Lit).

Papyriensis → Sextus.

Papyrus, *der* Beschreibstoff der Antike, aus dem Mark der Papyrusstaude durch Aneinanderkleben feiner Streifen in 2 senkrecht zueinander stehenden Lagen gefertigt. Vgl. → Buch [1], → Überlieferung und bes. → Anhang III. H. Hg.

[2] *Bedeutung der Papyri als Quellen.* Als unmittelbare Zeugnisse des täglichen Lebens (Briefe, Geschäftspapiere, Verträge, Eingaben, Verwaltungsakten, Gerichtsurteile usw.) kommen die P.-Urkunden den → Inschriften an Aussagewert gleich und sind ihnen an Frische und Anschaulichkeit oft noch überlegen. Für Ägypten, dessen Klima sie zu Tausenden erhalten hat (Hauptsprachen: Ägyptisch in hieratischer, demotischer und koptischer Schrift, Aramäisch, Griechisch, Lateinisch, Arabisch), sprechen sie vom Alten Reich bis in die arabische Epoche; für die nachpharaonische Zeit bilden sie die bei weitem wichtigste Quellengruppe. Kleinere, aber gleichfalls aufschlußreiche Kollektionen besitzen wir aus Vorderasien; unter ihnen sind die wichtigsten die in Dura-Europos am Euphrat ausgegrabenen Urkunden (2. Jh. v. Chr.–3. Jh. n. Chr.) und die palästinensischen Funde vom Toten Meer (röm. Kaiserzeit) und von Nessana im Negev (6./7. Jh. n. Chr.). – Die sachliche Ausbeute der P. liegt weniger auf dem Gebiet der politischen Geschichte als auf dem der Kulturgeschichte, namentlich derjenigen Ägyptens. Von dem Reichtum der durch sie vermittelten Erkenntnis mag die folgende Auswahl einiger besonders wichtiger Materien eine Vorstellung geben: Bis in kleinste Details gewähren sie Einsicht in die Verwaltungsorganisation und ihre alle Epochen und historischen Wandlungen überdauernde vorwiegend fiskalische Ausrichtung mit ihren Folgen für das Wirtschaftssystem des Landes. Von überragender Bedeutung sind sie für die Geschichte von Prozeß- und Privatrecht (→ Recht II), nicht weniger ergiebig aber auch für die allgemeine Bevölkerungsgeschichte und die mit dieser verbundenen Phänomene der gesellschaftlichen Struktur, der Kulturmischung und der religiösen Entwicklung (→ Serapiskult, → Christentum). H. J. W.

Lit: U. Wilcken-L. Mitteis, Grundzüge u. Chrestomath. der P.-Kunde, 1912 – W. Schubart, Einführung in die P.-Kunde, 1920 – W. Peremans-J. Vergote, Papyrologisch Handboek, 1942 – A. d'Ors, Introducción al estudio de los documentos del Egipto romano, 1948.

2. **P. Ebers,** ägypt., 20 m langer medizinischer Papyrus aus dem Anfang der 18. Dynastie, in der Hauptsache eine Rezeptsammlung. W. Hk.

Ed: G. Ebers, Der P. Ebers, 1875 – B. Ebbell, The P. Ebers, 1937.

3. **Pap. Harris.** Nach dem Tode → Ramses' III. stellte sein Nachfolger → Ramses IV. alle Stiftungen seines Vaters an die Tempel Ägyptens zusammen, um dessen Frömmigkeit zu belegen. Es ist einer der längsten Papyri (40,5 m), wurde 1855 bei Medinet Habu gefunden und von dem Engländer Harris gekauft. Wichtige wirtschaftsgeschichtliche Quelle. W. Hk.

Ed: W. Erichsen, The Papyrus Harris I, 1933.

4. **P. d'Orbiney,** auch ‹Geschichte von den zwei Brüdern› genannt, letztlich eine Göttermythe (→ Anubis und Bata), in der geschildert wird, wie es dem jüngeren Bruder gelingt, den Anschlägen zweier Frauen zu entgehen. Hier erscheint u. a. auch schon das ‹Potiphar›-Motiv. W. Hk.

Parabasis. Festgeformter Teil der alten → Komödie (I B 4); meist ohne Zusammenhang mit der Handlung des Stücks; wurde ausschließlich vom → Chor und wohl vom Chorführer, ohne Schauspieler, vorgetragen. Die schon von den Philologen des Altertums in Form und Funktion richtig erkannte P. ist von → Hephaistion (p. 72 ff. C., dort die weiteren antiken Belege) gut beschrieben. ‹παράβασις› heißt ursprünglich nur die Rede des Chorführers (ἡ ὁμωνύμως τῷ γένει καλουμένη π., ‹eigentliche P.›, Heph. p. 73 C.), der erste Teil der ‹vollständigen P.› (τελεία π., Heph. p. 72 C.). Die modernen Termini ‹Hauptparabase› und ‹Nebenp.› (vgl. → Komödie I B 4), in der jener Teil nie vorkommt, sind falsch gebildet (Körte). Th. G.

Lit: A. Körte, RE 11, 1 (1921), 1248, s. v. Komödie – W. Kranz, RE 18, 2, 2 (1949), 1124–26.

Paradeisos → Garten, vgl. → Haus, → Jagd.

Paradoxographie → Buntschriftstellerei.

Paränese, ethische Ermahnung, das Wichtige nicht dem Unwichtigen, das Dauerhafte nicht dem Flüchtigen, die inneren Güter nicht den äußeren aufzuopfern. Die P. war wesentliches Element der sokratischen Erziehungskunst, aber auch sonst jeder Ethik, der es vorzugsweise um Seelenführung und Läuterung des Einzelnen zu tun ist. Vgl. → Protreptik. O. G.

[2] P. als *rhetor. Begriff* im Bereich des genus deliberativum (→ Rhetorik, Abb. 187, 3 b) ist erst spät belegt. Auch die Nutzanwendung der Fabel heißt P. (→ Aphthonios, 1). H. H.

Q: Syrian: RhGr IV 763 – *Lit:* Volkmann, 294, Anm. 1 – K. Gaiser, Protreptik u. P. bei Platon, 1959, 148 ff. – Lausberg, I 533 f. (zur Fabel).

Paraklausithyron. Das Lied ‹bei der geschlossenen Tür› singt der Liebhaber vor dem Hause des Mädchens. In der → Hellenist. Dichtung (B 3) finden sich, im Gegensatz zur röm. Zeit, keine reinen Beispiele. Das κῶμος (‹Schwärmen›) genannte Eid. 3 des → *Theokrit* spielt in bukolischer Landschaft: der Hirt singt vor der Grotte, in der das Mädchen weilt. (Parodie einer ‹städtischen› Art des P. durch Theokrit ist nicht anzunehmen.) Das berühmte Grenfellsche Lied, → *Mädchens Klage*, ist durch Einordnung unter die P.a in seinem Wesen kaum erfaßt. In der → Anthologia Palatina etwa ein Dutzend Epigramme, die aus der Situation des P. stammen, z. B. 5, 23 (→ Kallimachos?), 5, 145 (→ Asklepiades). Das erste zeigt den ausgeschlossenen Liebhaber in der Kälte der Nacht auf der Schwelle ruhend, das zweite, wie er die (vom Gelage mitgebrachten) Kränze an die Tür hängt: beides charakteristische Motive. Das röm. Muster ist Horaz (Od. 3, 10); weitere Verwendung des P. in der röm. → Elegie. P. H.

Parallelenpostulat. → Euklids Postulat 1, 5 besagt: Wenn zwei Geraden von einer dritten so geschnitten werden, daß die Summe der Innenwinkel auf einer Seite $< 2R$ ist, so schneiden sich die Geraden auf dieser Seite. – Daß diese Aussage nicht selbstverständlich ist, betont → Geminos, indem er darauf hinweist, daß die Hyperbel und ihre Asymptoten sich nähern, ohne sich zu treffen. «Wäre so etwas nicht auch bei Geraden möglich?» – Die Umkehrung (wenn die Summe der Innenwinkel = 2R ist, sind die Geraden parallel) ist beweisbar (Euklid elem. 1, 28). Deshalb hält →Proklos auch das P. selbst für – wenn auch schwer – beweisbar. Beweisversuche legen eine andere Definition von Parallelen (Geraden gleichen Abstands; Geminos) oder ein weiteres Axiom zugrunde, so Proklos das Axiom des →Aristoteles: Wenn von einem Punkte aus zwei winkelbildende Geraden ins Unendliche verlängert werden, so übertrifft ihr Abstand jede begrenzte Größe. Proklos diskutiert auch einen Beweisversuch von →Ptolemaios (17). H.G.

Q: Proklos, in Eucl. zum 5. Post. und zu § 29 (Friedlein 191ff., 364ff.).

Parallelismus, moderner Ausdruck für die in der antiken →Rhetorik (B2), vor allem von →Gorgias d. Ä., gepflegte formale oder inhaltliche Übereinstimmung in benachbarten Wortgruppen oder Satzteilen, sowohl den →Wort- wie den →Sinnfiguren zuzurechnen. *Bsp.:* Gorg., Fr. 6D.: «Könnte ich doch ausdrücken, was ich wünschte, und wünschte ich, was ich soll!» H.H.

Lit: Fr. Zucker, Der Stil des Gorgias ... (1956), in: Semantica, Rhetorica, 1963, 85–95.

Parapegma, ‹Steckkalender› (ursprünglich auf Steintafeln, in literarischen Formen Bestandteil der antiken →Astronomie und →Meteorologie), stellte Zusammenhang zwischen Sonnen- und lunisolarem Kalenderjahr dar. Das P. enthielt für das ganze Sonnenjahr nach dem Sonnenlauf durch die Tierkreiszeichen geordnete Tagesnotate über Sternphasen und Witterungswechsel und neben oder unter diesen 365 Löcher, in die jedem Zodiakaltag das Tagesdatum des bürgerlichen Kalenders ‹beigesteckt› wurde (P. aus Milet um 100 v. Chr. u. a.). Röm. Parapegmata sind eigentlich immerwährende Kalender. Vgl. →Meton v. Athen. →Euktemon. H. Kal.

Paraphrasis, rhetor. Schulübung innerhalb der →Progymnasmata, bestehend in abwandelnder Wiedergabe des Textes einer Vorlage (Quint. inst. 10, 5, 4f.). H.H.

Lit: Lausberg, I 530ff., vgl. 415ff.

Parasit, verarmter →Klient, der alles mögliche unternahm, um zum Essen (Don. Ter. Phorm. 339) eingeladen zu werden; Typ besonders der Neuen Komödie. W.K.

Q: Athenaeus, 6, 234 C ff. – *Lit:* A. Hug, RE 18, 3 (1949), 1381–1405.

Paratragodie (nur das Verb παρατραγῳδεῖν antik). Ganze Tragödien, Einzelszenen, einzelne Stellen sowie Sprache, Verse, Lieder und Stil der →Tragödie werden schon in der alten →Komödie (I B) zur Belustigung nachgebildet. Die ‹Thesmophoriazusen› des →Aristophanes leben fast ausschließlich von →Euripidesparodie. Von →Anaxandrides, →Alkaios (2) und Deinolochos, Dichtern der mittleren →Komödie (I C), ist geradezu der Titel ‹Komodotragodia› überliefert. Daneben andere Titel, die auf Tragödiensprache deuten, bei vielen Dichtern dieser Zeit. Die neue →Komödie (I C) gleicht sich in ihrem ganzen Wesen mehr der Tragödie an. Auch in anderen literarischen Genera wird die Tragödie parodiert, so in der Hilarotragodia des →Rhinthon, in den →Phlyaken, im →Mimos und in der Hilarodie (→Magodie). Die ‹Buchstabentragödie› (*γραμματικὴ τραγῳδία*) des →Kallias (3) war eine spielerische Nachbildung tragischen Stiles. Die P. ist oft schon an der gehobeneren Sprache und am strengeren Metrum kenntlich. – Vgl. →Parodie. Th.G.

Parentalia, neuntägige Andacht für die Toten der Familie (vgl. →Totenkult) vom 13.–21. Febr., dem letzten Monat des alten röm. Jahres. Diese *dies parentales* begannen am 13. mit einem offiziellen Opfer durch die →Virgo Vestalis Maxima; der 21. war der Tag der *Feralien*, deren Namen die röm. Gelehrten mit fero (bringen) in Zusammenhang brachten, da man an diesem Tage auf den Gräbern Brot, Wein, Salz und Kränze darbrachte (Ov. fast. 2, 533–570). Während dieser neun Tage blieben die Tempel geschlossen, die Beamten legten ihre Amtsinsignien ab, und Hochzeiten waren untersagt. Fr. Cumont hat den Unterschied zwischen den P. und den →Lemurien klar gefaßt: «Die P. sind den →Manen der Vorfahren, deren Überreste in den Gräbern liegen, geweiht: auf dem Grab wird deshalb das Mahl abgehalten, an dem diese teilnehmen sollen, und sie bleiben dort in Ruhe, wenn die Gaben, die sie friedlich stimmen sollen, ihnen dargebracht werden. Die L. dagegen sind das Fest der Geister, die in der Luft schweben, der luftigen Seelen, die zu gewissen Tagen ihre ehemaligen Wohnstätten besuchen. In diesen Wohnungen werden denn auch die Riten ausgeführt, die sie befrieden sollen. Die L. fanden nachts statt, die P. am Tag, und die Kalender führen die L.-Tage als nefasti an, die P.-Tage hingegen nicht.» H. Le B.

Lit: Fr. Cumont, Lux perpetua, 1949, 397.

Parenthese (*παρένθεσις, interpositio* oder *interclusio:* Quint. inst. 9, 3, 23), rhetorische →Sinnfigur; konstruktionsfremde Einschaltung eines Satzes (und Gedankens) in einen anderen Satz, also eine Art von Gedanken-→Hyperbaton, Schema A_1–p–A_2. *Bsp.:* Ov. met. 6, 193: «ich bin glücklich – wer wird es leugnen? – und bleibe auch glücklich.» H.H.

Lit: Volkmann, 437f. – E. Schwyzer, Die P. ..., 1939 – Lausberg, I 427f.; II 771. 870 – M. v. Albrecht, Die P. in Ovids Metamorphosen ..., Spudasmata 7, 1964.

Parfüm, *Salben, Essenzen.* Als Träger teuer importierter (Plin. nat. 6, 101; 12, 84) Duftstoffe wurden Oliven-, Nuß-, Mandelöl, Lanolin, oesypum (Ov. ars 3, 213; Plin. nat. 29, 35; 30, 28; Diosk. 2, 84) u. ä. verwendet; Essenzen gewann man aus ätherischen Ölen von Rosen, Balsam, Lilien, Kardamom, Narden (Lavendel?) usw. (Theophr. hist. plant. 9, 4), die in Öl mazeriert und ausgepreßt wurden. Das Destillationsverfahren scheint noch nicht praktiziert worden zu sein (doch vgl. Aristot. meteor. 2, 3. 358 b 16: Meerwasser; Diosk. 1, 95: Terpentinöl; Scrib. Larg. 40). Zur Salbenherstellung wurden die Öle nie direkt über dem Feuer, sondern stets in einem Wasserbad gekocht und eingedickt, wobei man ihnen Harze und Gummi zusetzte, um den Duft besser zu binden, während etwas Salz die Öle und Fette haltbarer machen sollte. Um 70 n. Chr. war am beliebtesten das P. ‹metopium› aus Bittermandelöl und einem Zusatz von Öl aus grünen Oliven (omphacium), Kardamom, Binsen, Honig, Schwertlilien, Wein, Myrrhe, Balsamen, Galbanum, Terpentinharz (Plin. nat. 13, 8). W.K.

Q: Theophr. od. 14–31; Plin. nat. 13, 4–19; 15, 30f.; Diosk. 1, 52–76 – *Lit:* Forbes, Technology III 1–49.

Parilia, Fest der →Pales am 21. April. Die Annalistik hat anscheinend in Pales die Gottheit des Palatin gesehen und ihr Fest zum Gründungstag Roms gemacht (Plut. Rom. 12; Cic. div. 2, 98 u. a.). Es war ein Reinigungsfest (→Reinheit) der Hirten und ihrer Herden; Ovid beschreibt es (fast. 4, 721–782) in allen Einzelheiten: die →Vestalinnen teilen dem Volk alles zu einer Räucherung Nötige aus: die Asche der an den →Fordicidia geopferten Kälber, das Blut eines Pferdes (möglicherweise das des →Ecus October) und Bohnenstroh. Der Hirte besprengt und fegt den Stall, räuchert seine Herde, um sie zu reinigen, bringt Pales ein unblutiges Opfer, nämlich Kuchen und Milch, und richtet endlich ein Gebet an sie: P. möge ihm die rituellen Fehler verzeihen, die er begangen haben mag, und den Tieren Gesundheit und Fruchtbarkeit schenken. Hatte er, gegen Osten gewendet, dieses Gebet viermal wiederholt, sprang er über die Flammen reinigender Strohfeuer. Wie die P. als Staatsfest begangen wurden, wissen wir nicht (s. Varro bei Schol. Pers. 1, 72). H. Le B.

Lit: Latte, 87f.

Paris (Alexandros), Sohn des →Priamos und der →Hekabe, die ihn wegen eines unheilvollen Traumes aussetzen läßt. Von Hirten aufgezogen und selbst Hirt (vgl. Apollod. 3, 148–150), wählen ihn die infolge des Zankapfels der →Eris um den Preis der Schönheit wetteifernden Göttinnen

Hera, Athene und Aphrodite zum Schiedsrichter, jede andere Gaben versprechend. Paris entscheidet für Aphrodite, die ihm →Helena versprochen hatte (Kyprien p. 102, 16 All.; Eur., Iph. Aul. 1284 ff.; auch Il. 24, 28 ff. schon vorausgesetzt). – Dank auffälligen Siegen bei Wettkämpfen in Troja (vgl. Eur. ‹Alexandros›; nicht erhalten) erkannt und wiederaufgenommen, fährt P. nach Sparta, gewinnt durch Geschenke und Aphrodites Hilfe →Helena und entführt sie in Abwesenheit des →Menelaos (Il. 3, 442 ff.; Kyprien). – Im →Trojan. Krieg – P. verweigert hartnäckig, Helena herauszugeben – meist Bogenschütze, aus dem Zweikampf mit Menelaos nur durch Aphrodite gerettet, von →Hektor oft als feige gescholten. Tötet, mit Apolls Hilfe, →Achilleus durch Schuß in die verwundbare Ferse (Aithiopis, p. 106, 8 All.; vgl. Il. 22, 359) oder, nach späterer Überlieferung, bei einer Liebesszene mit →Polyxena. Stirbt durch →Philoktet. – Nach Ov. her. 5, Quint. Smyrn. 10, 259 ff. u. a. verstößt er um Helenas willen seine bisherige Geliebte Oinone, die ihm dafür ihre Heilmittel verweigert, als er, von Philoktet verwundet, ihre Hilfe sucht; sie gibt sich aber nach seinem Ende selbst den Tod. L. H.

Lit: K. Reinhardt, Das Parisurteil (1938), in: Trad. u. Geist, 1960, 16–36 – F. Scheidweiler, Philol. 97, 1948, 321–335 (zu Eur. ‹Alexandros›) – W. Kullmann, Die Quellen der Ilias, 1960, 236 ff. – *Darstellungen:* Seit der →Chigikanne und einem spartan. Elfenbeinkamm ist das Urteil des P. überaus häufig, auch seine Vorbereitungen (etrusk. Amphora); schon spätgeom. vielleicht die Entführung der →Helena; protokorinthisch der Pfeilschuß auf Achill; ebenso selten wie dieser P.' Rückkehr nach Troja (Brygosschale). Die Klassik bevorzugt die Begegnung von P. und Helena; im Hellenismus kommt das Motiv der unglücklich liebenden Oinone dazu; in der Kaiserzeit neuplaton. Deutung des Parisurteils (Sallustios, De deis 4). – *Lit. dazu:* Schefold, VP 87. 167 – E. Paribeni, Paride, EAA V, 1963, 949–953 – Hampe-Simon, 35–40. K. Schf.

Parische Vasen, nicht sicher lokalisierte kykladische Vasengattung des späten 8. und frühen 7. Jh.s (Bauchhenkel-→Amphoren, →Kannen). Bezeichnend ist eine subgeometrische, schlichte Parallelstreifendekoration mit solitären Tierfiguren im Schulterbild. Der Figurenstil ist von elastisch-gespannter Umrißzeichnung. – Tatsächlich parisch sind mit größerer Wahrscheinlichkeit die sog. →melischen Vasen. I. Sch.

Lit: E. Buschor, Kykladisches, AM 54, 1929, 142–163 – H. Payne, Cycladic Vase Painting, JHS 46, 1926, 203–212 – P. Bocci, Ricerche sulla ceramica cicladica, Studi Misc. 2, 1959/60.

Parison (*πάρισον, prope aequatum:* Aquila rhet. 24), ‹ungefähr gleiche› Wort- oder Silbenzahl in gleichartig gebauten Sätzen; rhetor. →Wortfigur. Vgl. →Isokolon, →Rhetorik B [2]. H. H.

Parma, 183 gegründete röm. Kolonie an der →Via Aemilia an der Stelle einer Terremare-Siedlung (Kt. 1420 D 3), später selten erwähnt, doch zeugen die Reste von Theater und Amphitheater sowie die Funde mehrerer Mosaikfußböden von einer gewissen Blüte. B. A.

Lit: N. Alfieri, EAA V, 1963, 960.

Parmenides, von Elea, ca. 515–ca. 445 v. Chr., einer der bedeutendsten →Vorsokratiker. In der Einleitung seines Lehrgedichts wird P. in einem schnellen Wagen zu der ‹Göttin› getragen, die verspricht, ihm zuerst die untrügliche Wahrheit zu enthüllen und dann die Grundlagen des Wähnens der Menschen. Im ersten Teil ihrer Offenbarung hämmert sie ihm immer wieder ein, daß es das Nichtseiende auf keine Weise geben kann und daß es daher weder ein Werden noch ein Vergehen noch überhaupt eine Bewegung geben kann, da alles dies aus einem Nichtseienden oder in ein Nichtseiendes hinein stattfinden müßte, was jedoch unmöglich ist, da es das Nichtseiende eben auf keine Weise gibt. Geistiges Erfassen (*νοεῖν*) und das Sein des geistig Erfaßten sind identisch, da ein geistiges Erfassen von einem Nichtseienden unmöglich ist. Der zweite Teil des Gedichtes schildert nicht die tatsächlichen Meinungen (*δόξαι*) der Menschen, sondern gibt vielmehr eine Kosmogonie und Kosmologie, welche nach den Grundvorstellungen der Menschen ganz und gar (wahr-)scheinlich ist. Bei dem schlechten Erhaltungszustand dieses Teils ist unsicher und umstritten, was der Grundirrtum der Menschen, die Ursache der bloßen Scheinbarkeit ihrer Weltauffassung ist. Deutlich ist, daß in der Kosmogonie die Welt aus dem Urgegensatz von Licht und Nacht hervorgeht. Der Wortlaut der wichtigsten Stelle (28 B 8, 53 ff. D.) scheint dafür zu sprechen, daß die Annahme der *Existenz* der Nacht neben dem Licht als der Grundfehler bezeichnet werde. Aber das würde bedeuten, daß die Nacht ‹nicht ist› und – da die Nacht doch jedenfalls in der Vorstellung der Menschen existiert – daß es ein Nichtseiendes in irgendeiner Weise gibt, was gerade auf das energischste verneint wird. Es ist daher wahrscheinlicher, daß die Göttin des P. vielmehr den Irrtum darin sah, daß die Menschen die Nacht als etwas dem Licht Entgegengesetztes, ein ‹anderes›, betrachten, während in Wirklichkeit beide eins sind (vgl. Heraklit Frg. B 57 D.). – Die *Wirkung* der Gedanken des P. war sofort eine ungeheure, nicht nur auf seine Anhänger, wie →Melissos und →Zenon, sondern auf die ganze Philosophie der Folgezeit. Die philosophischen Systeme der →Atomisten sowie des →Empedokles und des →Anaxagoras sind alle Versuche, das durch die Argumente des P. gestellte Problem der Möglichkeit der Vielheit, des Werdens und Vergehens, sowie der Bewegung, zu lösen. K. v. F.

Frg: VS 28 – *Lit:* K. Reinhardt, P., 1916 – W. Kullmann, Zenon und die Lehre des P., Hermes 86, 1958, 157–172 – Vgl. →Vorsokratiker.

Parmenion, bester General →Philipps II., 336 mit dem Einfall nach Kleinasien betraut; erkannte 334 →Alexander (5) d. Gr. als König an und bekleidete mit seinen Söhnen und Vertrauten die ersten Stellen in dessen Armee. In den großen Schlachten kommandierte er den linken Flügel. Von Alexander allmählich zurückgesetzt, wurde er 330 zum Schutz des Reichsschatzes und der Verbindungslinien in Ekbatana zurückgelassen und dort nach dem Tod seines Sohnes →Philotas, da ein Prozeß ihm nicht gemacht werden konnte, auf Befehl des Königs ermordet.

Lit: Berve II 298 ff. – E. Badian, The death of P., TAPhA 91, 1960, 324–338.

Parmeniskos, alexandrinischer Grammatiker um 100 v. Chr. Befaßte sich mit Homer und Euripides, außerdem mit mythologischen, geographischen und astronomischen Problemen. Seine Kenntnisse der Sternkunde bezog er aus dem Gedicht des →Kleostratos von Tenedos (6. Jh.). Erhalten sind 22 Fragmente, aber nur ein Buchtitel (‹Gegen Krates›; vermutlich nur homerische Fragen). H. E.

Frg: M. Breithaupt, De P. grammatico (= Stoicheia 4), 1915 – *Lit:* C. Wendel, RE 18, 3 (1949), 1569–72.

Parmenon von Byzanz, Dichter, wohl 1. H. 3. Jh. Seine (Hink-) Jamben, in Fragmenten erhalten, sind realistisch-moralisierender Art. P. H.

Frg: Coll. Alex. 237.

Parnassos, vielgipfliges Gebirgsmassiv in →Phokis (Kt. 1152 CD 4), 2457 m; am Südabhang über →Delphi die korykische Grotte, 1360 m, Pan und den Nymphen geweiht. Wegen des →Apollonheiligtums in Delphi am Südabhang wird der P. metaphorisch zum heiligen Berg der Dichtkunst. Berühmt als Aufenthaltsort des Dionysos und der Thyiaden. E. M.

Lit: J. Schmidt, RE 18, 2 (1942), 1573–1663.

Parnes, Grenzgebirge zwischen →Attika und →Böotien (Kt. 1152 a B 1), Hauptberg Ozea (1413 m), noch heute bewaldet, im Altertum wildreich. E. M.

Parnon, Gebirge östl. von →Sparta, heute Malevos (Kt. 1152 D 6), 1935 m, heute Name für den ganzen Gebirgszug im O von Lakonien, der im Kap →Maleia endet. E. M.

Parodie. [1] *Ursprung.* Das Wort stammt aus der griech. ‹musikalischen› Terminologie und bedeutet ursprünglich nicht etwas Inhaltliches, die komisch übertreibende, verspottende Imitation eines früheren Dichters, sondern ein stilistisches, formales Vorgehen der musikalischen Aufführungspraxis, das Singen gegen die ᾠδή (vgl. Eur. Iph. Aul. 1147; Aristot. poet. 2. 1448 a 12: die zwei frühesten Belege). Diese Bedeutung des Terminus ist noch bei Quintilian faßbar (inst. 9, 2, 35: *Incipit esse quodammodo παρῳδή, quod nomen ductum a canticis ad aliorum similitudinem modulatis abusive etiam in versificationis ac sermonum imitatione servatur*), der jedoch auch die abgeleitete Bedeutung des Ausdrucks kennt (inst. 6, 3, 96 f.: *adiuvant urbanitatem et versus ... ficti notis versibus similes, quae παρῳδία dicitur*). Aber ursprünglich ist ein «Wandel in der Musikalität des Liedes (z. B. prosaische Vortragsweise von Hexametern; → Hegemon v. Thasos), nicht aber die spätere, vorzugsweise inhaltlich bestimmte» gemeint. «Die παρῳδή kann nur auf dem Hintergrund der alten Musiké verstanden werden» (Koller). P. als rhetorischer und inhaltlich verstandener Ausdruck ist Spottdichtung, verwandt mit → Travestie und → Satire. Die P. verzerrt bekannte Einzelheiten oder Inhalte größeren Umfanges einer ernsten Literaturgattung unter Beibehaltung ihrer äußeren Form zum Zweck komischer, kritischer oder polemischer Wirkung. Schon das Altertum hat sich mit ihr als einem literarischen Genos beschäftigt. → Polemon (2; bei Ath. 15, 698 f.) sah, vermutlich zu Recht, als ihren Begründer → Hipponax v. Ephesos (6. Jh.) an.

[2] *In der griech. Literatur.* Das erste Beispiel ist für uns → Hipponax, der den Stil des hohen → Epos parodiert (fr. 77 D). Leider besitzen wir von ähnlicher Poesie der ältesten Zeit nur spärliche Reste. Die → Batrachomyomachia, die wohl nur ganz kurze Zeit nach Hipponax entstanden ist, verspottet homerische Szenen durch die Schilderung heroischer Kämpfe zwischen Fröschen und Mäusen; im ganzen ist das Travestie, freilich oft mit parodischen Einzelheiten. Ähnlich steht es mit dem → Margites. Die Weiterentwicklung der P. vollzog sich im Schoße der dorischen Komödie. So läßt → Epicharmos (fr. 123) die Sirenen in daktylischen Hexametern reden und parodiert damit das hohe Epos. Die Paratragodia nimmt von ihm ihren Ausgang, da schon er → Aischylos parodiert hat. Die altattischen Vasenbilder kennen noch keine Mythenparodie. Im → Satyrspiel werden bekannte ernste mythologische Szenen in verzerrendes Licht gerückt. Die altattische → Komödie parodiert Sprache, Einzelverse und größere Szenen aus dem Epos oder der Tragödie, auch Sprichwörter. Auf voller Höhe steht → Aristophanes. In den ‹Vögeln› (693 ff.) parodiert er die orphische Kosmogonie; seine P.n des → Euripides bringen erst die ganze Gewalt und Bedeutung dieses Tragikers zu Bewußtsein. Doch finden sich Euripides-P.n auch in der Mittleren Komödie (wie bei → Eubulos Fr. 10), desgleichen in der Neuen, wo etwa → Menander im Dyskolos 630 und 639 einen Tragiker, 946 einen Komiker parodiert; allerdings ist die Neue Komödie an P. wenig ergiebig. Bald wurde die P. zu einer eigenen Gattung; Aristoteles (poet. 2, 1448 a 12) nennt → Hegemon v. Thasos aus dem 1. Drittel des 5. Jh.s als Verfasser von (selbständigen) Parodien, etwa einer ‹Gigantomachie› oder eines ‹Gastmahles›, eines parodischen Typos, der zu den Ἡδυπάθεια des → Archestratos v. Gela (um 330) geführt hat und über → Matron v. Pitane in alexandrin. Zeit, dessen Ἀττικὸν δεῖπνον zu Beginn Hom. Od. 1, 1 parodiert, zu den Römern gekommen ist. Wie die Komödie hat auch der → Mimus die P. in seinen Bereich gezogen; hexametrische P.n finden wir bei Euboios v. Paros (4. Jh.). – Doch nicht nur die Dichtung, sondern auch die *Prosa* hat sich der P. bedient, bes. die der Philosophen. Hier lag der vorzüglichste Nährboden der polemischen P., etwa bei Platon, Prot. 315 B–C; 334 A–C. Insbes. war die P. für die → Kyniker ein wichtiges Hilfsmittel zur polemischen Kritik an den menschlichen Verkehrtheiten aller Art. Kynische Homerparodien und P.n von → Solons Musengebet sind von → Krates (5) v. Theben, dem Schüler des → Diogenes (5) v. Sinope, erhalten (poet. philos. fragm. p. 216 ff. Diels). Der Schüler des Krates, → Bion (1) v. Borysthenes (4./3. Jh.), hat den parodischen Spott in breitem Maß in die Prosa getragen und in seinen Diatriben gegen menschliche Verkehrtheit und Vorurteile polemisiert. Diese parodische Diatribe lebt weiter bei → Teles. P.n von philosophischen Lehren selbst wieder hat der Skeptiker → Timon (2) v. Phleius (320–230) in seinen ‹Sillen› geboten. Die weitere Entwicklung in der griech. Literatur kann nur angedeutet werden: sie führt zur Nekyia des → Menippos (1) v. Gadara in Phönizien und zu → Lukian v. Samosata (ca. 120–ca. 185). Menippos hat in seiner ‹Nekyia› Homer und Aristophanes parodiert; wenig läßt sich über seine ‹Himmelfahrt› sagen. Sein Symposion parodierte philosophische Lehren, der ‹Arkesilaos› das Wohlleben in der Akademie. Menippos selbst wurde bei den Römern von Varro (1), → → Horaz und → Seneca (2), in der griech. Literatur am ausgiebigsten von Lukian (bes. in den satirischen Dialogen, wie Menippos, Ikaromenippos) parodiert.

[3] *In der röm. Literatur.* Bei den Römern hat zwar Plautus als Vorlagen Stücke der Mittleren oder Neueren Komödie benutzt, steht aber in der P. dem ihm unbekannten Aristophanes sehr nahe und ist gerade in ihr originell; der hohe Stil der Komödie erhält seinen witzigen Charakter häufig durch bewußtes Paratragodieren. Die verschiedenen Schattierungen der Gebetsparodien bei Plautus verzerren typisch röm. Gebetsformen (Capt. 768 ff.; Curc. 96 ff.; Pers. 251 ff. 753 ff.; Rud. 906 ff.). Das röm. Epos, → Naevius und → Ennius, wird von → Lucilius in der Götterversammlung seines 1. Buchs parodiert; sein Gastmahl des Ausrufers Granius (Buch 20) führt zu → Horaz sat. 2, 8 und zu → Petron. → Catull carm. 4 wird parodiert durch Ps. Vergil, catal. 10. Seine Invektivenpoesie verwendet parodische Elemente. P. im Inhalt verrät die Ciris, den epischen Stil parodiert das Moretum (→ Appendix Vergiliana). In Horazens Epoden (5 und 17) und Satiren blitzt P. immer wieder auf; vor allem das 2. Satirenbuch ist voll von P.n auf stoische Moralprediger (sat. 2, 3), während epische P. in sat. 2, 1, 13 ff. aufklingt. Die Tierfabeln des → Phaedrus verzerren durch die Träger der Handlung das genus sublime. Viele parodische Elemente enthält die Verulkung der Apotheose des Kaisers Claudius in der ‹Apokolokyntosis› des → Seneca (2), einer richtigen satura Menippea. Den Roman des → Petron hat man als P. einer Priaparetalogie aufgefaßt, die Einlage des Epyllion vom ‹Bellum civile› darin ist P. des → Lukan. Die Cena Trimalchionis stellt den Höhepunkt aller Gastmahlparodien dar. Hoher Gebetston bei niederem Inhalt erweist die parodische Absicht in den → Carmina Priapea, vor allem 37, 8 ff. oder 85. Die Invektivenpoesie des → Martial erzielt durch P. (etwa 5, 24) ebenso Wirkung wie die Satirendichtung → Juvenals. Gleiche Kraft parodischen Spottes hat von den christl. Autoren nur → Tertullian besessen. Das Weiterleben der P. im MA hat P. Lehmann verfolgt. R. Hl.

Lit: P. Brandt, Corpusculum poesis epicae ludibundae, 1888 – J. Geffcken, NJbb 27, 1911, 393 ff. – F. Guglielmino, La p. nella comedia greca antica, 1928 – H. Kleinknecht, Gebetsparodie, Tüb. Beitr. 28, 1937 – P. Householder, ClPh 39, 1944, 1 ff. – F. J. Lelièvre, The Basis of Ancient P., GaR 1, 1954, 66–81 – H. Koller, Die Parodie, Glotta 35, 1956, 17–32 – P. Lehmann, Die P. im MA (1922), 1963².

Parodos, Einzugslied des → Chores in der → Tragödie, gesungen beim Eintritt in die → Orchestra, also die erste Chorpartie im Drama (Aristot. poet. 12. 1452 b 22 f.); entweder rein chorisch (anfangs oft in Marschanapästen) oder in Form des Wechselgesangs zwischen Chor und Schauspieler (so immer häufiger in der Spätzeit), in dieser Form meistens ein → Kommos (kommatische P.). Innerhalb des dramatischen Ablaufs dient die P. der meist bereits im → Prolog begonnenen Exposition des Stückes. Vgl. → Eisodos. E.-R. Sch.

Parömiakus (‹Sprichwortvers›) wird oft der katalektische anapästische Dimeter (→ Anapäst) genannt (⏖–⏖–⏑⏑––). Wilamowitz, Griech. Versk., 376 ff. setzt ihn mit dem → Enoplius gleich. B. Sn.

Parömiographie, die wissenschaftliche Beschäftigung mit den Sprichwörtern. [1] Bei den *Griechen* wurde sie von

→ Aristoteles begründet, der von der These ausging, in den Sprichwörtern seien Reste menschlicher Urweisheit, also der Vorstufe der Philosophie, erhalten geblieben (Frg. 13 Rose: vgl. auch Ath. 60 D f.); auch als Zeugnisse altgriech. Zustände und geschichtlicher Ereignisse hat er sie vielfach verwendet. Er hat auch als erster eine Spezialschrift *Παροιμίαι* verfaßt (Diog. Laert. 5, 26), gefolgt von seinen Schülern → Theophrast (Diog. Laert. 5, 45) und → Klearchos (3) v. Soloi (Frg. 63–83 Wehrli). Während man bei diesen Peripatetikern mit einer historisch behutsamen Sprichwortexegese rechnen darf, wird der Stoiker → Chrysipp (2) in seinem umfangreichen Werk *Περὶ παροιμιῶν* wesentlich gewalttätiger die Sprichwörter für seine philosophischen Zwecke umgedeutet haben (SVF III p. 202). Neben den Philosophen, aber zweifellos unter dem Einfluß des Aristoteles hat schon um 300 v. Chr. der Historiker → Demon (2) ebenfalls über Sprichwörter in wenigstens 2 Büchern geschrieben (FGrHist 327 F 3.7–21). Daß die Gelehrsamkeit des Hellenismus auch die Sammlung und Interpretation weiter gefördert hat, ist selbstverständlich. Zu nennen sind → Aristophanes (2) v. Byzanz, der in gesonderten Werken über metrische und unmetrische Sprichwörter schrieb, und am Ende der Epoche → Didymos (1), der in 13 Büchern nicht nur Sprichwörter sammelte, sondern nach Ausweis des Titels: *Πρὸς τοὺς περὶ παροιμιῶν συντεταχότας* gegen die gesamte ältere P. polemisierte. Inhalt und Absicht des Werks sind uns kaum faßbar. Teilweise wohl ein Auszug daraus müssen die 3 Bücher des → Lukillos von Tarrhai gewesen sein (1. Jh. n. Chr.). Dieses wiederum wurde in der 1. H. des 2. Jh.s n. Chr. (vielleicht mit einzelnen Rückgriffen auf das ältere Werk des Didymos) durch → Zenobios, ebenfalls in 3 Büchern, exzerpiert. Die Anordnung war in allen diesen Werken systematisch, sofern der Reihe nach die in den verschiedenen Literaturgattungen auftretenden Sprichwörter behandelt wurden. Ein Auszug aus Zenobios liegt u. a. im Cod. Athous (Paris. Graec. suppl. 1164 ed. E. Miller, Mél. litt. grecque, 1868) vor. Als Verfasser von Sprichwörtersammlungen tauchen in der byzantin. Überlieferung noch → Plutarch, Diogenianios (Zeitgenosse des Zenobios) u. a. auf, doch bleiben die Zuweisungen unsicher. Etwa im 9. Jh. wurden ein Auszug aus Zenobios, eine angeblich von Plutarch stammende Sammlung ‹Sprichwörter der Bewohner von Alexandria› und anderes zu einem Corpus vereinigt, das nun handbuchmäßig alphabetisch angeordnet war. Dieses ist die Vorlage unserer mittelalterlichen Hss., die in 3 Klassen (1. Zenobius Parisinus, 2. Zenob. Bodl., 3. Zenob. Diogen.) zerfallen. Die Sammlungen des Gregorios von Cypern (13. Jh.), Makarios Chrysokephalos und Apostolios (beide 15. Jh.) bearbeiten lediglich ältere Sammlungen und ergänzen sie aus → Suidas und anderen.

[2] Daß die P. auch von den *röm.* Grammatikern übernommen wurde, ist von vornherein zu vermuten, doch scheinen keine Spezialtitel überliefert zu sein. Sprichworterklärungen hat es aber bes. bei → Varro und M. → Verrius Flaccus gegeben, in der Erläuterung älterer Literatur von → Plautus an wie im Bestreben, altröm. Sitte darzustellen. Bes. häufig wird in der Erklärung von Sprichwörtern der Grammatiker → Sinnius Capito (Zeit des Augustus) zitiert, so daß sich die Annahme eines Spezialwerks aufdrängt. Unter den erhaltenen Autoren befassen sich am häufigsten mit Sprichwörtern: → Festus, → Gellius, → Macrobius und der Vergilkommentator → Servius. O. G. und K. R.

Ed: E. L. A. Leutsch-F. G. Schneidewin, Corpus Paroemiographorum, 2 Bde, 1839. 1851; Nachdr. mit 1 Erg.bd., der vor allem die einschlägigen Arbeiten von O. Crusius und L. Cohn enthält, 1958. 1961 – O. Crusius, Plutarchi de proverbiis Alexandrinorum libellus, 1887. 1895 (auch im CPG-Suppl., s. o., III^{a}–III^{b}) – *Lit: Zu [1]:* Außer dem genannten Sammelband: K. Rupprecht, RE 18, 3 (1949), 1735 bis 1778 – K. von Fritz, RE Suppl. 6 (1935), 87–89, s. v. Gnome – *Zu [2]:* A. Otto, Die Sprichwörter und sprichwörtl. Redensarten der Römer, 1890 – C. Weyman, Beiträge zur Gesch. d. christl.-lat. Poesie, 1926 – M. Hertz, Sinnius Capito, 1844, 21 f. – R. Reitzenstein, Verrianische Forschungen, 1887 – A. Klotz, RE 3 A 1 (1927), 246 f., s. v. Sinnius Capito.

Paronomasie (*παρονομασία*, lat. *annominatio:* Rhet. Her. 4, 29 ff.; Quint. inst. 9, 3, 66 f.), den → Wortfiguren zugehörig; ein Wortspiel, das sich geringer Veränderungen im Wortkörper bedient. *Bsp.:* Ter. Heaut. 77: *homo sum, humani nil a me alienum puto*, «ich bin ein Mensch, nichts Menschliches ist mir fremd». Vgl. → Rhetorik D [2], → Alliteration. H. H.

Lit: Volkmann, 479–481 – Lausberg, I 322–325.

Paros, Insel der mittleren → Kykladen (Kt. 1152 F6), in vorhistorischer Zeit bereits dicht besiedelt, berühmt durch den feinkörnigen, für Bildwerke vorzüglich geeigneten → Marmor. Im 1. Viertel des 7. Jh.s Gründung der Kolonie → Thasos. Heimat des Dichters → Archilochos, 489 vergebliche Belagerung durch → Miltiades; im → Att. Seebund. 385/384 Gründung von Pharos. Eine wichtige Geschichtsquelle ist das → ‹Marmor Parium›. E. M.

Lit: F. Jacoby, Das Marmor Parium, 1904 – O. Rubensohn, RE 18, 3 (1949), 1781–1872 – Ders., Das Delion v. P., 1962.

Parrhasios, Sohn und Schüler des (Bildhauers?) Euenor von Ephesos, Maler, blühte um 420 v. Chr. Weiteren Anhalt bietet sein Entwurf (Kentaurenkampf) für den Schild der Athena ‹Promachos› des Phidias. Die Wahl der Themen ist bezeichnend für seine Eigenart: Charakterdarstellungen, so im Bild des personifizierten athen. Demos, und psychologische Situationen, wie die des leidenden Philoktet (vgl. Lippold, GK 16) oder des Wahnsinn heuchelnden Odysseus. Einen Hermes soll er nach seinen eigenen Zügen gemalt haben. Im Rom der frühen Kaiserzeit standen seine ‹libidines› hoch im Kurs. Gerühmt wurde die Feinheit der Linienführung und malerisch-plastische Wirkung seiner Gestalten, der Verzicht auf Buntheit (‹versicolora›. Vgl. Rumpf 115, 7: Lekythen des reichen Stils). Daß P. die Grenzen der Malerei erreicht zu haben glaubte, charakterisiert ihn nicht nur als Menschen, vielleicht auch als die → Schattenmalerei ablehnenden Künstler; daß Sokrates sich über seine ‹Seelenmalerei› äußert (Xen. mem. 3, 10, 1), zeugt jedenfalls von der Aktualität seiner Kunst. C. K.

Q: Overbeck, SQ, 1692 ff. – *Lit:* Brunn II 97 ff. – Pfuhl, 689 ff. – A. E. Raubitschek, Dedications, 1949, Nr. 172 – G. Lippold, RE 18, 3 (1949), 1874–80 – Rumpf, 115 ff. – Ders., P., AJA 55, 1951, 1–12 – M. Cagiano de Azevedo, EAA V, 1963, 963–965.

Partheneion, von einem Mädchenchor gesungenes Lied (so Aristoph. Av. 919). Über Umfang und Abgrenzung dieser Gattung wissen wir sehr wenig. Erhalten ist ein größeres Stück (Schluß) aus einem P. des → Alkman, offenbar ein Prozessionslied für Artemis. Von → Pindar gab es 2 Bücher Partheneia und ein Buch ‹Anhang zu den Partheneia›. Aus den Partheneia haben wir nur zwei größere Fragmente: eines (Fr. 94 a) handelt von der Unsterblichkeit, ein längeres (Fr. 94 b) stammt aus einem → Daphnephorikon. Ein Lied auf Pan, von dem fast nichts erhalten ist (Fr. 95–104) stand in dem ‹Anhang›. Alkm. Fr. 1 und Pind. Fr. 94 b haben gemeinsam, daß der Chor viel von sich spricht. Metrik: bei Pindar kurze Triaden (→ Perikope) in → choriambischen und → äolischen Metren, bei Alkman monostrophisch in Trochäodaktylen. Partheneia des → Bakchylides werden erwähnt, erhalten ist nichts. E.-M. V.

Parthenier. Name der Spartaner, die nach dem 1. Messen. Krieg ihrer Bürgerrechte beraubt wurden: nach Antiochos (FGrHist 555 F 13) der Söhne von Spartiaten, die nicht am Krieg teilgenommen hatten und daher zu Heloten herabgesetzt wurden; nach Ephoros (FGrHist 70 F 216) der Kinder der jungen Spartiaten, die man zehn Jahre nach Kriegsausbruch nach Sparta schickte, um auch während des Krieges eine genügende Anzahl von Geburten sicherzustellen (diese Kinder galten später als illegitim); nach Aristoteles (pol. 5, 6. 1306 b 29) einer Gruppe von Spartiaten, die sich gegen den Staat verschworen hatten; nach Diodor

(8,21; auf Timaios zurückgehend?) sind die P. mit den →Epeunakten identisch. In ganz Griechenland geächtet, zettelten die P. eine erfolglose Verschwörung gegen den spartan. Staat an. Auf Befehl des delphischen Orakels gründeten sie ca. 700 →Tarent. R.V.C.

Parthenios von Nicaea, kam 73 v.Chr. als Kriegsgefangener nach Rom, dann freigelassen. Im Altertum als elegischer Dichter berühmt, jedoch ist von diesen Dichtungen fast nichts erhalten. Wir besitzen das Prosabuch ‹Liebesleiden›, dem Gönner →Cornelius Gallus gewidmet als eine Stoffsammlung für epische und elegische Dichtungen: 36 Geschichten unglücklichen Ausgangs; entlegene Stoffe. Die Geschichten sind ihrerseits früheren Quellen (→Philitas, →Hermesianax) entnommen, die die Scholien nennen.

Ed: E.Martini, MythogrGr II 1, Suppl., 1902. P.H.

Parthenoi (παρθένοι sc. κόραι) werden bei Poll. Onom. 9, 74–76 die attischen Münzen wegen ihres Hauptbildes, der jungfräulichen Athena, genannt. W.Schw.

Lit: Babelon, 506–507 – K.Regling, in: v.Schrötter, 487.

Parthenonskulpturen. Der Schmuck des 448–432 erbauten Parthenon in →Athen (IC 2) gehört zu den bedeutendsten Resten antiker Skulptur. Der Hauptbestand befindet sich heute im BM London (sog. Elgin Marbles). Ursprünglich 92 Metopen: je 14 an den Frontseiten, je 32 an den Längsseiten. Nur die Metopen der S-Seite sind in größeren zusammenhängenden Abschnitten noch erhalten. Um die Cella lief ein 160 m langer und 1,06 m hoher Fries (erhalten etwa zwei Drittel). In den (in der Mitte 3,46 m hohen) Giebelfeldern waren mindestens 40 überlebensgroße Figuren untergebracht, ferner zwei Zweigespanne und die Pferdeköpfe zweier Viergespanne (erhalten die Torsen von etwa der Hälfte des Bestandes). →*Phidias*, der nach Plutarch (Per. 12,4–7; 13,1–9) die Oberleitung über die perikleischen Bauten innehatte und das Kultbild der Athena Parthenos schuf, hat ohne Zweifel auch das großartig aufeinander abgestimmte Bildprogramm des Tempelschmuckes und dessen Gestaltung in den allgemeinen Zügen festgelegt. Sein Ruhm als Marmorbildner (Aristot. NE 6,7, 1141 a 10) kann sich nur auf die Parthenonskulpturen beziehen. Die *Themen:* Fries: Der Panathenäenzug. S-Metopen: Kentaurenkämpfe; in der Mitte unterbrochen durch die (fast nur durch die Zeichnungen von Carrey noch überschaubare) Darstellung einer noch nicht sicher gedeuteten att. Lokalsage. N-Metopen: Einnahme Trojas. W-Metopen: Kämpfe der Griechen mit den Amazonen (oder Persern?). O-Metopen: Kämpfe der Götter mit den Giganten. O-Giebel: Geburt der Athena. W-Giebel: Wettstreit der Athena und des Poseidon um das att. Land. – Die Ausführung dieses gigantischen Bildprogrammes muß der leitende Meister weitgehend den zeitgenössischen Bildhauern Athens überlassen haben; seinen eigenen bildhauerischen Anteil wird man zunächst an den zentralen Stellen der Ostseite, der Hauptfront des Tempels, suchen. Außer für größere Teile der S-Metopen läßt sich für die einzelnen Abschnitte ein einheitlicher Entwurf feststellen, der aber vom leitenden Meister kaum bis ins Detail festgelegt worden ist. Den großen Schülern und Rivalen des Phidias (→Myron, →Alkamenes, →Agorakritos, →Kolotes, →Paionios usw.) sind wohl größere Abschnitte, wenn nicht sogar die Darstellung ganzer Seiten zur Detailplanung anvertraut worden. Nach dem stilistischen Befund und den Abrechnungsurkunden führt der zeitliche Ablauf von den Metopen (448–442) über den Fries (seit 442) zu den Giebeln (bis 432). Innerhalb dieses Ablaufs scheint die Arbeit von O nach W vorangetrieben zu sein. E.Bg.

Lit: B.Schweitzer, JdI 53, 1938, 1–89; 55, 1940, 170–241; 72, 1957, 1–18 – E.Langlotz, Phidiasprobleme, 1948 – E.Buschor, Phidias der Mensch, 1948 – Lippold, GrPl 148–154 – E.Berger, Parthenon-O-Giebel, 1958 – Lullies-Hirmer, 62–64, Taf. 142–171 – F. Brommer, Die Giebelskulpturen des P., 1963.

Parthenopaios, entweder Arkader, Sohn der →Atalante von →Meleager, Melanion oder Ares (Apollod. 3,63; 109), oder Argiver, Sohn des Talaos (Apollod. 1,103) und Bruder des →Adrast. Einer der →Sieben gegen Theben (Apollod. 3,68), als schöner, mutiger Jüngling dargestellt, der gegen den Willen der Atalante, die seinen Tod voraussieht, auszieht. Fällt durch Periklymenos, Dryas o.a. L.H.

Darstellungen: E.Simon, Der Goldschatz von Panagjuriste, AntK 3, 1960, 15 (vgl. aber G.Roux, a.O. 7, 1964, 34); E.Paribeni, EAA V, 1963, 966. K.Schf.

Partherreich, orientalisches Großreich, das nach 250 v. Chr. südöstlich des Kaspischen Meeres im Kampf gegen die Griechen des Ostens und Westens (Baktrer, →Seleukiden) begründet und im 2. Jh. durch die Einverleibung der alten iranischen Landschaften Träger der iranischen Reaktion gegen den Hellenismus und ideeller Nachfolger des Achämenidenreichs wurde. Die von den →Arsakiden geführten Eroberer, die nach der zuerst eroberten Satrapie den Namen Parther annahmen, sind ethnisch nicht zu fassen und gingen offenbar bald im iranischen Volkstum auf. Das P. übernahm iranische Traditionen in Herrschafts- und Gesellschaftsaufbau (Satrapien, Vasallenkönigtümer, Feudalstruktur), im Heereswesen und war iranisch geprägt in Religion und Sprache; es bewahrte aber auch das hellenist. Erbe (Sonderstellung der griech. Städte, Griechisch als eine Art Reichssprache, seleukidische Verwaltungspraxis). – Durch die Westexpansion unter →Mithridates I. verschob sich das Schwergewicht des Herrschaftsgebietes nach Westen (Hauptstadt →Ktesiphon am Tigris; im 1. Jh. n. Chr. Verlust der östlichen Stammländer des P.s); sie kam Ende des 2. Jh.s v. Chr. zum Stillstand, was vermutlich wesentliche innere Veränderungen zur Folge hatte. Bestimmend wurde seither das Verhältnis zum röm. Reich, gegen dessen Weltherrschaftsansprüche sich das P. besonders unter →Orodes II. zu wehren hatte; erst →Augustus gab diese praktisch auf und erkannte die Euphratgrenze an. Die Schwäche der parth. Zentralgewalt (Prätendenten in Rom, →Phraates IV.) und die Einflußnahme auf Armenien provozierten aber immer wieder röm. Eingreifen, bis →Trajan noch einmal eine imperialistische Generallösung versuchte. Diese führte zur dauernden Festsetzung der Römer in Nordmesopotamien, wo der Einfluß des P.s immer mehr zurückging. Die großen Kriege unter L. →Verus (1) und →Septimius (3) Severus beförderten den Zerfall des P.s. Es erlag Anfang des 3. Jh.s der als nationalpersische Reaktion verstandenen Erhebung der →Sassaniden. – Das P. ist für uns so gut wie stumm; außer durch die reiche Münzprägung ist seine Geschichte im wesentlichen nur in Zeugnissen der Nachbarn (Griechen, Römer, Chinesen) festgehalten; historische Urteile und Bewertungen bleiben deshalb unsicher. Nach späterer, von den Sassaniden begründeter Anschauung des Orients galt das P. wie das Seleukidenreich als Fremdherrschaft und Übergang zwischen Alt- und Neupersern. D.T.

Lit: W.W.Tarn, CAH IX, 574ff. – M.Rostovtzeff, CAH XI, 104ff. – N.C.Debevoise, Pol.Hist. of Parthia, 1938 – U.Kahrstedt, Artabanos III. u. seine Erben, 1950 – J.Wolski, Remarques critiques sur les institutions des Arsacides, Eos 46, 1952/53, 59–82 – Ders., L'empire de Rome et les peuples avoisinants du Proche-Orient, ebd. 50, 1959/60, 61/68 – K.H.Ziegler, Rom und P., 1964.

Parusie bezeichnet die ursprünglich judenchristl. Vorstellung von der endzeitlichen Herabkunft des erhöhten Christus zur Sammlung und ewigen Errettung der Christen (1. Kor. 15,23f. und bes. 1. Thess. 4,15ff.). Ein Bewußtsein der *P.verzögerung* zeigt sich in späteren Schichten der synoptischen Tradition (z.B. Mk. 9,1; 13,30; Mt. 25,1ff.), deutlich dann bes. 2. Petr. 3. Das Problem wurde theologisch bewältigt bes. in der heilsgeschichtlichen Konzeption in Lk. und Apg. (→Christentum I B 8). Die Menschwerdung wird als P. erst im 2. Jh. bezeichnet (seit →Ignatius); entsprechend ist dann von der endzeitl. P. als der ‹zweiten› P. bzw. der ‹Wiederkunft› Christi die Rede. U.W.

Lit: E.Grässer, Das Problem der P.-Verzögerung in den synoptischen Evangelien u. in der Apg., BZNW 22 (1956), 1960².

Parysatis, jüngste Tochter → Artaxerxes' III; → Alexander (5) d. Gr. soll sich außer mit → Stateira auf der Hochzeitsfeier von Susa 324 auch mit ihr vermählt haben. E. Bd.

Parzen (*Parcae*, von parere), ursprünglich drei über den menschlichen Geburten waltende Gottheiten; die beiden ersten, Nona und Decima (Neunte und Zehnte), haben nach Varro (bei Gell. 3, 16, 10) ihren Namen von den beiden Monaten, in denen die Entbindung als normal galt; die dritte hieß, nach dem Zeugnis des Gelehrten Caesellius Vindex (ebd.), Morta; eine Inschrift aus Lavinium schreibt davon abweichend Maurtia, was manche als Martia deuten und zu Mauors (Mars) stellen. Für K. Latte (a. O. 53) handelt es sich um ‹die Macht, die über der tödlich verlaufenden Geburt waltet› (vgl. mors). Die P. und die Fatae scheinen vertauschbar zu sein (→ Fatum). Die P. wurden seit dem 3. Jh. v. Chr. mit den griech. Moiren gleichgesetzt. An den → Säkularspielen des Augustus hat man den Moerae, das heißt den griech. P., geopfert. H. Le B.

Lit: M. Guarducci, Tre cippi latini arcaici con iscrizioni votive, Bull. Com. 72, 1946/48, 3–10 – St. Weinstock, Parca Martia u. Neuna Fata, Festschr. A. Rumpf, 1952, 151–160.

Pasargadai, wahrscheinlich **Pārsa garda*, ‹Perserlager›, königliche Residenz nahe bei → Persepolis, zwischen 559 und 550 von → Kyros II. (dessen Grab sich dort befindet) gegründet, seine Hauptstadt sowie die seines Sohnes Kambyses II. Ruinen mehrerer Paläste, eines quadratischen Gebäudes ähnlich dem von → Naqš-i Rustam und eines Tempels mit zwei Feueraltären. G. R.

Lit: K. Erdmann, Das iran. Feuerheiligtum, 1941, 13–15, Taf. IIb – R. Ghirshman, L'Iran des origines à l'Islam, 1951, 114–118 – L. Vanden Berghe, Archéologie de l'Irān ancien, 1959, 20–22. 147–148 (Lit) – Ders., Annuaire des amitiés belgo-iraniennes 1, 1963, 39–43 – J Duchesne-Guillemin, La religion de l'Iran ancien, 1962, 153 – H. Treidler, RE Suppl. 9 (1962), 777–799.

Pasiades, att. Töpfer → weißgrundiger → Alabastra, tätig im späten 6. Jh. v. Chr.; als Maler auf einer jüngeren, weißgrundigen Lekythos bezeugt. I. Sch.

Lit: R. Demangel, Un nouvel alabastre du peintre Pasiadès, Mon. Piot 26, 1923, 67–95.

Pasicles → Crassicius.

Pasion, Sklave, dann Freigelassener, schließlich attischer Bürger, von ca. 400 v. Chr. bis zu seinem Tod (370) der bekannteste Bankier Athens, zugleich Schildfabrikant. E. Bn.

Pasiphaë, Tochter des → Helios und der Perseis, also Schwester des → Aietes und der → Kirke und wie diese und → Medea mit Zauberkraft begabt. Gattin des → Minos. Von Poseidon oder Aphrodite in unnatürliche Liebe zu dem von Poseidon aus dem Meer gesandten Opferstier (vgl. → Minos) versetzt, die zu befriedigen sie sich von → Daidalos in eine künstliche Kuh einschließen ließ. Gebar den → Minotauros. In den (verlorenen) ‹Kretern› des Euripides (Fr. 471 f. N.) behandelt. – Kult u. a. in Lakonien.

Darstellungen: s. zu → Daidalos.

Pasiteles, Bildhauer und Toreut, röm. Bürger aus griech. Stadt Unteritaliens, schrieb 5 Bücher über berühmte Werke. Plinius (nat. 35, 156) erwähnt eine Statue des Jupiter aus Goldelfenbein und eine des Schauspielers Q. Roscius Gallus in Silber. Erhielt 89 v. Chr. das röm. Bürgerrecht. Erhalten ist nur eine Statue seines Schülers → Stephanos.

Lit: Lippold, GrPl, 386, Taf. 36, 3. H. v. H.

Pasquino, Bezeichnung (unsicheren Ursprunges) der Renaissance für eine stark verstümmelte Marmorgruppe beim Palazzo Braschi. Sog. → Menelaos-Patroklos-Gruppe (in anderen Repliken vollständiger erhalten). Urbild wohl 1. Jh. v. Chr. E. Bg.

Lit: B. Schweitzer, Vers. einer Wiederherstellung der P. gruppe, Abh. Leipzig 43, 4, 1936, 164–250 – Ders., Die Menelaos-Patroklos-Gruppe, Antike 1938, 43–72 – Lippold, GrPl 362 f., Taf. 122, 2 – G. Bermond Montanari, EAA V, 1963, 985.

Passienus, → Redner und Rhetor der frühaugusteischen Zeit; → Augustus schätzte ihn, der ältere → Seneca (1) bezeichnet ihn als den bedeutendsten Redner seiner Zeit (contr. 2, 5, 17) und hat einiges aus seinen Reden bewahrt. – Sein Enkel: C. → Sallustius (6) Crispus Passienus. R. T.

Frg: ORFr (Meyer) 531–533 – *Lit:* W. Kroll, RE 18, 3 (1949), 2096.

Passienus, vgl. auch → Sallustius.

Pasticcio (‹Pastete›, > ‹wirres Zeug›), als kunsthistorischer Begriff Bezeichnung für ein Werk, das Elemente aus verschiedenen Epochen (ohne einheitliche Assimilierung) benützt. E. Bg.

Pastophoroi, ‹Kapellenträger›, in Ägypten nicht als Priester anerkannte Prozessionshelfer, die das Götterbild (z. B. → Ammon, → Osiris, → Thot, → Isis, → Serapis) in seinem Gehäuse tragen, in Kollegien zusammengefaßt mit eigenem Raum am Tempel (Pastophorion, später als Zelle an Gläubige vermietet); außerhalb Ägyptens im Isiskult häufig (Apul. Met. 11, 17. 27. 30). C. J. C.

Lit: W. Otto, Priester und Tempel I, 1905; II, 1908.

Patara, Küstenstadt in Lykien nahe der Xanthos-Mündung (Kt. 1152 K6; heute Gelemiş). Hafen von → Xanthos. Nach → Alexander (5) d. Gr. kam P. an die Ptolemäer, die ihr den Namen Arsinoe gaben. Mitglied des Lykischen Bundes, der in P. seine Bundesakten liegen hatte. 42 v. Chr. durch → Brutus (2) erobert. Im 3. Jh. n. Chr. enge Verbindung mit Myra. P. soll Geburtsort des hl. Nikolaos sein. Bedeutend war das Orakel des Apollon, der im Sommer in Delphi, im Winter in P. zugegen sein sollte. Bauten: Mauerring, Apollontempel, gut erhaltenes Theater, Horrea. R. F.

Lit: E. Kalinka, Tituli Asiae Minoris II, 1930, 141 ff. (mit Lageplan) – N. Bonacasa, EAA V, 1963, 987.

Patavium (Kt. 1420 E2; heute Padova, Padua), Gründung der Veneter, in die sich nach alter Sage Antenor mit einem Teil seiner Leute aus Troja rettete (Verg. Aen. 1, 241 ff.; Strab. 5, 213; Liv. 1, 1; Mela 2, 60). 301 von → Kleonymos v. Sparta angegriffen, in ständiger Verteidigung gegen die Gallier, daher seit 225 auf seiten Roms. 49 v. Chr. Municipium. Geburtsort des Historikers → Livius (1). Das antike Straßennetz und die Anlage des Flußhafens mit Magazinen sind noch kenntlich, vom Amphitheater stehen ansehnliche Reste aufrecht, zahlreich sind die Funde von Mosaikfußböden in röm. Privathäusern dieser im Altertum als wohlhabend geltenden Stadt. Zu Beginn des 7. Jh.s n. Chr. von den Langobarden zerstört. B. A.

Lit: C. Gasparotto, Ed. Archeol. della Carta d'Italia, Foglio 50, Padova, 1939 – Dies., Patavium dalle origini al 601, in: Padova, Guida ai Monumenti e alle Opere d'Arte, 1961 – B. Forlati Tamaro, EAA V, 1963, 813 ff.

Pater patriae, von der Benennung → Ciceros (Pis. 3, 6) und → Caesars (Liv. perioch. 116) als parens patriae hergeleiteter Ehrentitel des Augustus, durch Senat, Ritterstand und Volk am 5. 2. 2 v. Chr. in der Kurie verliehen (Fast. Praen. CIL I² p. 233; Mon. Anc. 35). Als Ausdruck einer alle umfassenden → patria potestas (Sen. clem. 1, 14, 2; Dio Cass. 53, 18, 3) oder als Vaterschaft über das Menschengeschlecht (z. B. Greek Inscript. BM IV 894) verstanden. Von Tiberius abgelehnt (Tac. ann. 1, 72, 1), von den folgenden Kaisern im 1. und 2. Jh. meist erst im Laufe der Regierung, seit → Pertinax gleich bei Regierungsbeginn angenommen (Hist. Aug. Pert. 5, 5). Noch auf Münzen → Theodosius' II. (Eckhel, Doctr. num. vet. VIII², 1828, 182). H. B.

Lit: A. Alföldi, Geburt d. kaiserl. Bildsymbolik, MH 9–11, 1952–54.

Pathos, als P. definiert Aristoteles eine Handlung des tragischen Helden, die verderben- oder schmerzbringend ist (poet. 11. 1452 b 11 f.) und durch die, als Grundvoraussetzung jeder → Tragödie, die mit → Eleos und Phobos bezeichnete tragische Wirkung im Zuschauer hervorgerufen wird. Zu den verschiedenen möglichen Arten des P. vgl. Aristot. poet. 14. 1453 b 14 ff. E.-R. Sch.

Patrai (Kt. 1152 C4; heute Patras), Hafenstadt im westl. → Achaia, seit röm. Zeit wichtig für die Überfahrt nach Italien (→ Brundisium). Von P. ging 280 v. Chr. der Anstoß zur Gründung des → Achäischen Bundes aus. 14 v. Chr. durch → Augustus zur röm. Kolonie (Colonia Augusta Aroe Patrensis) erhoben und vergrößert. Die antike Stadt lag im Gebiet der heutigen Oberstadt um das mittelalterliche Kastell; die heutige Stadt entstand erst im 19. Jh. an der Küste. Gut erhaltenes röm. Theater (Odeion). E.M.

Lit: E. Meyer, RE 18,2 (1942), 2191–2222.

Patriarch, Patriarchate. Nach Einrichtung der → Metropolitanverfassung konnten nur noch die bedeutendsten Mutterkirchen, Rom, Alexandria und Antiochia, ihre älteren Rechte (Jurisdiktions- und Weihegewalt) erhalten und z.T. ausbauen. Hinzu kamen 381 (→ Konzil von Konstantinopel) der Bischof des ‹Zweiten Rom› (Konstantinopel), 451 (→ Konzil von Chalkedon) der von Jerusalem. Diese Oberbischöfe, im Chalcedonense *Exarchen* genannt, erhielten im 5. Jh. den früher auch gewöhnlichen Bischöfen eigenen Titel P. → Christentum III B [2]. H.Kr.

Patricius. Seit → Konstantin I. d. Gr. verliehen die Kaiser – zuerst nur sparsam, später häufiger – den Titel eines P., der mit dem früheren röm. → Patriziat nur noch den Namen gemein hatte, als vornehmsten, aber nur personalen Rang an hohe Reichswürdenträger der zivilen und militärischen Laufbahn. Im Westen verband sich der Titel seit dem frühen 5. Jh. mit der Stellung des ersten Reichsfeldherrn (→ magister militum), und in ihrer Nachfolge erhielten ihn auch die unter kaiserlicher Oberhoheit in Italien regierenden germanischen Könige → Odoakar und → Theoderich d. Gr. Der Vandalenkönig → Gelimer hoffte bei seiner Kapitulation 534 vergeblich, den begehrten Rang für sich auszuhandeln.

Lit: B. Kübler, RE 18,3 (1949), 2231–32. K.F.Str.

Patrimonium Caesaris, das private Erbgut der julisch-claudischen Kaiser, seit → Galba (68 n. Chr.) unter staatlicher Verwaltung, seit → Septimius (3) Severus (193–211) mit dem → Fiscus Caesaris vereinigt (→ Rom III B 1). R.Kn.

Patrokles, Statthalter → Seleukos' I. in Babylon. P. erforschte kurz vor 281 v. Chr. zu militärisch-geographischen Zwecken die Ostküste des Kaspischen Meeres von Süden her bis zur vermeintlichen Mündung des → Oxos (ehemaliger Oxos-Arm?), der in Wirklichkeit in den Aralsee einfließt. Sein Reisebericht, über dessen Form nichts bekannt ist, enthielt präzise Angaben über die von ihm ebenfalls verfehlt identifizierte Jaxartesmündung (Syr-Daria) und Schlüsse auf die Nichtgeschlossenheit des Kaspischen Meeres. Die spätere Geographie der kaspischen Gebiete beruht fast ausschließlich auf diesen von früheren Erdbildern beeinflußten Mißdeutungen. F.L.

Frg: FGrHist 712.

Patroklos, Sohn des → Menoitios und der → Sthenele, im Hause des → Peleus erzogen, folgt → Achilleus als sein engster Freund in den → Trojan. Krieg, vollbringt in dessen Rüstung gewaltige Heldentaten, bis er von → Hektor getötet wird. Achills Trauer ist maßlos. Prächtige Leichenspiele (Il. 23). Mit Achilleus am Hellespont als Heros verehrt. Ob P. erst Erfindung Homers ist, ist umstritten. L.H.

Lit: W. Schadewaldt, Ilias u. Memnonis (1951), in: Von Homers Welt u. Werk, 1951², 155–204, bes. 178 ff. – *Darstellungen:* Unter den Metopen vom Heraheiligtum bei Paestum scheint eine den Tod des P. darzustellen (um 550). Häufiger als der Aufbruch des P. wird er in der Gesandtschaft an Achill dargestellt; dann der Kampf um die Leiche, die → Menelaos birgt, und die Leichenspiele. Vgl. Johansen, Abb. 9–11. 32 f. 37; L. Guerrini, EAA V, 1963, 990–992. K. Schf.

Patronomen (etwa: ‹väterliche Regenten›) hießen seit → Kleomenes III. die (wohl 6) Mitglieder des vornehmsten Magistratskollegiums in → Sparta. Ihr Vorsitzender war → eponym. F.G.

Paulina → Lollia.

Paulinus von Nola, Meropius Pontius, ca. 353/354 in Bordeaux geboren, aus gallo-röm. Adel, Schüler des → Ausonius. Gelangt bereits 378 zu einem kurulischen Amt (wie man aus Auson. 410,3 p. 181 Sch.; 24 p. 268 P. zu folgern pflegt), bekleidet schon in jungen Jahren die Statthalterschaft in Kampanien, zieht sich nach dem Sturz → Gratians 383 in seine Heimat zurück, die er später mit Spanien vertauscht. Ca. 393 entschließt er sich, mit Einwilligung und Unterstützung seiner Frau, Asket zu werden: er verschenkt seine Güter, bricht mit seinen alten Freunden, wird ca. 394/395 in Barcelona zum Priester ordiniert, begibt sich 395 nach Nola in Kampanien, wo er am Grabe des hl. Felix, unter dessen Schutz er zu stehen glaubt, ein Kloster gründet. Von hier aus steht er mit den führenden Geistern der christl. Welt, so mit → Augustinus und → Hieronymus, in brieflichem Kontakt. Um 410 Bischof von Nola, wo er bis zu seinem Tode (431) wirkt. P. repräsentiert in paradigmatischer Weise ein Menschentum, das von der paganen Bildungswelt herkommend sich einem substantiellen Christentum öffnet. Ist er somit für den Zeitgeist ungemein typisch und aufschlußreich wie wenige ekklesiastische Autoren, so erreicht er doch nicht den Rang, der den bedeutendsten Individualitäten der christl. lat. → Literatur (III) der Zeit zukommt. Als Vertreter eines ins Christliche gewendeten Freundschaftskultes ist P. von Fabre beschrieben worden. – Der in dem poetischen Briefwechsel mit → Ausonius energisch ausgesprochene Bruch mit der paganen Kultur bedeutet keinen Bruch mit ihrer Formensprache. In epist. 16 und carm. 22, beide für die christl. Literaturtheorie lehrreich, fordert P. die Adaptation des traditionellen Formengutes an christl. Gehalte und sucht dem selbst mit der Schaffung des → Epithalamium und → Propemptikon unter christl. Vorzeichen zu entsprechen. Auf derselben Ebene liegen seine mit Klassikeranklängen durchsetzten hexametrischen Psalmenparaphrasen; in dem epischen Gedicht auf Johannes den Täufer und mehreren seiner 13 Natalicia auf den hl. Felix stellt er die poetische Panegyrik in den Dienst seiner hagiographischen Poesie, die eine Fundgrube für den → Heiligenglauben der Epoche ist. W. Schm.

Ed: CSEL 29. 30, 1894 – P. de Labriolle, La correspondance d'Ausone et de P. de Nole, CB, 1910 – Spezialausg. d. Gedichte, in denen die Kirchen von Nola beschrieben werden: R. C. Goldschmidt, P.' Churches at Nola, 1940 – *Lit:* G. Rizza, Paolino da Nola, 1947 – P. Courcelle, P. de Nole et Saint-Jérôme, REL 25, 1947, 250/280 – P. Fabre, St. P. de Nole et l'amitié chrétienne, 1949 – Fr. Leo, Zum Briefwechsel des Ausonius u. P. (1896), in: Ausgewählte Kl. Schriften II, 1960, 319–331 – S. Prete, The textual tradition of the Correspondence between Ausonius and P., in: Collectanea Vaticana in honorem Albareda II, Studi e Testi 220, 1962, 309–330 – P. Courcelle, Les confessions de Saint-Augustin dans la tradition littéraire, 1963, 559–607 – Ders., Histoire littéraire des grandes invasions germaniques (1948), 1964³, 283–291.

2. **P. von Pella,** 376–ca. 460, Enkel des → Ausonius, schuf im hohen Alter mit seiner Autobiographie (616 Hexameter) ein anschauliches Bild vom Niedergang des Römerreiches in seinen Tagen. C.A.

Ed: CSEL 16, 263–334 – *Lit:* G. Misch, Gesch. d. Autobiographie I (1907), 1931², 445–451 – P. Courcelle, Un nouveau poème de P. de Pella, VChr 1, 1947, 101–113.

Paulinus, vgl. auch → Suetonius.

Paullus → Aemilius, → Lepidus.

Paulus, der Apostel, → Christentum I E.

Lit: M. Dibelius–W. G. Kümmel, Paulus (Sammlung Goeschen Nr. 1160) (1951), 1956² – H. J. Schoeps, Paulus, 1959 – G. Bornkamm, RGG V 166–190 (Lit) – Zur Theol. d. Paulus: A. Schweitzer, Die Mystik des Apostels P. (1930), 1954² – L. Cerfaux, Le Christ dans la théologie de St-Paul, Lectio divina 6 (1951), 1954² – R. Bultmann, Theol. des NT (1948–53), 1961⁴, 187–353.

2. **P.** (Julius P.), ungewisser Herkunft, Schüler des → Cervidius Scaevola, bei → Papinian Assessor; später magister memoriae, unter Septimius Severus oder Caracalla (so aus Dig. 4, 4, 38 pr. und 29, 2, 97 geschlossen), aber auch unter Alexander Severus, Mitglied des Consilium; unter Alexander Severus, vermutlich neben Ulpian, praefectus praetorio (vgl. Hist. Aug. Alex. Sev. 26, 5). – Als juristischer Schriftsteller war P. außerordentlich fruchtbar; neben Notae zu Werken anderer (u.a. zu → Julian (4), → Neratius Priscus, Vitellius) werden 89 Schriften erwähnt, die das gesamte Rechtsgebiet umfassen. Dem Privatrecht sind 18 Bücher Ad Plautium und 78 Bücher Ad edictum sowie ein kurzer Kommentar von 23 Büchern (Breve

edictum) und 16 Bücher Ad Sabinum zuzurechnen. In einer Reihe von Einzelschriften wird die Behandlung von Fragen der Kommentare vertieft (Einzelnachweise bei Krüger, a.O. 231ff.). Neben die Kommentierung treten Entscheidungssammlungen, 25 Bücher Quaestiones und 23 Bücher Responsa, und darüber hinaus Entscheidungssammlungen aus Appellationsverfahren, an denen P. als Mitglied des Consiliums mitgewirkt haben mag, Decreta und Imperiales sententiae (vgl. Dig. 35, 1, 113). – Auch für den Rechtsunterricht schrieb P.; hierhin gehören 2 Bücher Institutiones, 6 Bücher Regulae und ein Liber singularis regularum. – Über das Privatrecht hinaus hat P. Verfahrens- und Strafrecht behandelt und Aufgabenbereiche der Beamten (z.B. De officio proconsulis) erläutert. In der wissenschaftlichen Beurteilung wird er vornehmlich als Sammler charakterisiert. Er zeigt jedoch eigenständige Meinungen; E. Seidl (a.O. 225) bemerkt, daß er die sozialen Auswirkungen einer Entscheidung zu erfassen wußte. Auf seine Tätigkeit als Lehrer weist Krüger (a.O. 239) hin. – In die Gesetzgebung Justinians sind die Sententiae nicht aufgenommen; für sie wird die Autorschaft des P. bestritten. Sie genossen jedoch großes Ansehen. Schon →Konstantin I. bestimmte, daß sie neben seinen sonstigen Schriften maßgebend sein sollten (Cod. Theod. 1, 4, 2, 3). Für ihre Bedeutung spricht auch die Berücksichtigung in den Gesetzgebungen der Germanenreiche, nämlich in der →Lex (2.3) Romana Burgundionum und Visigothorum sowie im →Edictum (3) Theoderici. Vgl. →Recht III A [7]. H. Hb.

Lit: O. Karlowa, Röm. Rechtsgesch. I, 1885, 744–750 – P. Krüger, Gesch. d. Quellen d. röm. Rechts (1888), 1912², 227–239 – F. Schulz, Das Ediktssystem in d. P.sentenzen, in SZ 47, 1927, 39–52 – M. Kaser, Röm. Rechtsgesch., 1950, 175f. – W. Kunkel, Herkunft u. soz. Stellung d. röm. Juristen, 1952, 244f. – L. Wenger, Die Quellen d. röm. Rechts, 1953, 516–518 – E. Seidl, Röm. Rechtsgesch. u. röm. Zivilprozeßrecht, 1962, 222–225.

3. **P. Silentiarius,** griech. Dichter zur Zeit Justinians (527–565), Christ, älterer Zeitgenosse und Freund des →Agathias, von dem uns (in AP) etwa 80 zumeist erotische Epigramme sowie eine literar- und kunsthistorisch wichtige Beschreibung (→Ekphrasis) der von Justinian neu errichteten Hagia Sophia erhalten sind. E. V.

Ed: P. Friedländer, Johannes von Gaza und P. Sil., 1912 (Lit) – W. Peek, RE 18, 3 (1949), 2366–72.

4. **P. von Ägina,** griech. Arzt im 7. Jh. n. Chr., Verfasser einer medizinischen ‹Pragmatie› (ohne Titel) in 7 Büchern, die als Handbuch für den praktischen Arzt gedacht war; im MA viel benutzt; Inhalt mehr oder weniger wörtliche Exzerpte aus berühmten Vorgängern. F. K.

Ed: J. L. Heiberg, CMG IX 1.2, 1921/24.

5. **P. von Alexandria,** verfaßte um 378 eine Einführung in die →Astrologie, ‹Isagogica›, in der neuplatonische Züge erkennbar sind. Er gibt eine Erklärung der Grundbegriffe der Astrologie, z.T. mit astronomischen Erläuterungen, und bringt die Lehre von den Schicksalslosen nach der ‹Panaretos› des →Hermes Trismegistos, die noch in Goethes ‹Urworten orphisch› nachklingt, die Lehre von den 12 Orten, deren jeder einen Lebensbereich bestimmt, und die von den Schicksalsjahren und den →Planeten als Herren in den Tierkreishäusern und Zeitbeherrschern. Das Werk scheint früh nach Indien gelangt und dort übersetzt worden zu sein. E. B.

Ed: E. Boer, 1959 (mit astron. Erläut. v. O. Neugebauer).

6. **P. von Samosata,** Bischof von Antiochia (seit etwa 260); seit 264 wegen seiner Hinneigung zum →Adoptianismus scharf angegriffen. Obwohl von der Synode seines Bistums 268 als Häretiker abgesetzt, hielt sich P. bis 272 als Parteigänger der Königin →Zenobia von Palmyra. P. vertrat die These, der Logos wohne Christus wohl der Qualität, aber nicht dem Wesen nach inne; mithin kann die Göttlichkeit Christi nur mit starker Einschränkung vertreten werden. Inwieweit die nachmalige →antiochenische Theologie auf die Konzeptionen P.' zurückgeht, bedarf der Klärung. H. D.

Q: H. de Riedmatten, Les actes du procès de P., 1952 (vgl. F. Scheidweiler, ZNW 46, 1955, 116–129) – *Lit:* M. Richard, Malchion et P., EThL 35, 1959, 325–338 – G. Downey, A history of Antioch in Syria, 1961 (passim) – LThK VIII, 213 (Lit).

Pausanias, Spartiat, nach dem Tode seines Vaters →Kleombrotos (1) seit Ende 480 Regent für seinen Vetter Pleistarchos, den Sohn →Leonidas' I. Daher ‹Führer der Hellenen› (SIG 31; Thuk. 1, 132, 2) zu Lande, schlug er 479 die Perser unter →Mardonios bei Platää. Seiner hierdurch errungenen ungewöhnlichen Geltung in und außerhalb Spartas war er jedoch innerlich nicht gewachsen. 478 eroberte er an der Spitze einer griech. Flotte den größten Teil Cyperns und dann Byzanz, nahm dort Verbindung mit den Persern auf und stieß zugleich durch Hochmut die übrigen Griechen ab, was Athen 478/477 zur Gründung des 1. →Att. Seebundes ausnützte. Von Sparta abberufen und politisch kaltgestellt, ging er eigenmächtig nach Byzanz zurück und dann, 476 von →Kimon (1) von dort vertrieben, in die Troas, wo er den Kontakt mit den Persern erneuerte. Von den Ephoren 469 (?) zurückgerufen, gehorchte P. unvorsichtigerweise und wurde in Sparta eingekerkert, aber aus Mangel an konkretem Anklagematerial wieder freigelassen. Doch vermochte er nicht mehr in die strenge spartan. Ordnung zurückzufinden. Er konspirierte mit den Heloten und soll ihnen Freiheit und Bürgerrecht versprochen haben, um durch einen allgemeinen Umsturz wieder an die Macht zu kommen. 467 (?) verraten, floh er ins Asyl der Athena Chalkioikos, wo ihn die Ephoren einmauern und verhungern ließen. Sein Sturz bedeutete den endgültigen Sieg des Regiments der →Ephoren in Sparta. F. Kch.

Q: Hdt. 9, 10–88; Thuk. 1, 128–134; Paus. 3, 4, 9; 17, 7–9 – *Lit:* E. Kirsten, Athener u. Spartaner in d. Schlacht bei Plataiai, RhM 86, 1937, 50–66 – H. Schaefer, RE 18, 3 (1949), 2563–78 – J. Wolski, P. et le problème de la politique spartiate, Eos 47, 1954, 75–94 – C. Hignett, Xerxes' Invasion of Greece, 1963, 264–344.

2. **P.,** Enkel des vorigen, Sohn des →Pleistoanax, König v. Sparta 408/407–395/394. 405 wirkte er bei der Blockade Athens zu Lande mit, 403 griff er nach dem Sturz der →Dreißig (1) Tyrannen unter Beiseiteschiebung des →Lysander in die inneren Kämpfe in Athen ein und erlaubte die Wiederherstellung der Demokratie (Xen. Hell. 2, 4, 29–39). Im J. 395 räumte er nach Lysanders Tod bei Haliartos ohne Schwertstreich Böotien; deswegen in Sparta angeklagt (Xen. Hell. 3, 5, 23 ff.), ging P. nach Tegea, von wo aus er propagandistisch auf den Sturz der Lykurgischen Ordnung und des Ephorats hinarbeitete (Strab. 8, 366; Aristot. pol. 1301 b 19 ff.). Nach 390 starb er dort im Exil. F. Kch.

Lit: V. Costanzi, Il re P. nei politici d'Aristotele, AeR 14, 1911, 30 bis 38 – S. Accame, La battaglia presso il Pireo del 403 a. Chr., RFIC N.S. 16, 1938, 346–356.

3. **P.,** genannt ‹der Perieget›, geb. um 115 n. Chr. (Lydien? Damaskus?), Verfasser einer Periegese Griechenlands in 10 Büchern. Das Werk, ca. 170/180 n. Chr. verfaßt, beschreibt in literarischer Form die Städte und Sehenswürdigkeiten Griechenlands. Nacheinander werden Attika und Megara, Korinth und Argolis, Lakonien, Messenien, Achaia, Arkadien, Böotien, Phokis mit Delphi ausführlich behandelt. Aufbau und Ordnungsprinzip des Ganzen ist eine bestimmte Reise des P., wenn auch Erinnerungen von anderen Reisen und Benützung anderer topographischer Werke die Route nicht immer leicht erkennen lassen. Gelehrte Exkurse über Geschichte, Kunstgeschichte und Mythologie entsprechen dem Stil der →Perihegese, zeigen jedoch durch ihren außergewöhnlichen Umfang bes. Interesse für das Altertum. Wirkliches Kunstgefühl kommt selten zum Ausdruck, Empfindung gegenüber Landschaften fast nie. Die Kunstwerke sind sorgfältig beschrieben. Einzelne Werke, wie der thronende Zeus des →Phidias und die →Kypseloslade in Olympia, sind ausführlich behandelt (5, 11. 17–19), während andere, nicht weniger bedeutende,

nur kurz berührt werden. Das persönliche Element tritt auch in der Darstellung der Geschichte deutlich hervor. P. blickt mit Sehnsucht auf die Größe des alten Hellas zurück, dessen Verfall er mit dem Verlust seiner Freiheit unter der makedon. Herrschaft beginnen läßt. Deshalb ist auch das Werk, obwohl P. mehrere andere Länder bereiste, ausschließlich dem griech. Mutterland gewidmet. F.L.

Ed: H.F.Hitzig u.H.Blümner, 1896–1910 – F.Spiro, 1903 – *Übers:* E.Meyer, Pausanias, BAW, 1954 – *Lit:* O.Regenbogen, RE Suppl. 8 (1956), 1008–97 – Vgl. → Kunstschriftsteller.

4. **P.**, der Zeitgenosse des → Aelius (3) Dionysius, unbekannter (syrischer?) Herkunft. Verfasser eines alphabetisch geordneten attizistischen Lexikons, das vor allem dem Verständnis attischer Schriftsteller dienen sollte. Im Gegensatz zu Aelius D. interessierte sich P. mehr für kulturgeschichtliche als für sprachliche Probleme. Quellen und Überlieferung wie bei → Aelius (3) Dionysius. H.E.

Frg: → Aelius (3) Dionysius – *Lit:* C.Wendel, RE 18,3 (1949), 2406–16.

5. **P. von Caesarea** (Kappadokien), Schüler des → Herodes (2) Atticus, Professor der Rhetorik in Athen und Rom (vgl. → Aelian; → Aspasios (4) v. Ravenna). W.Sp.

Lit: W.Stegemann, RE 18,3 (1949), 2405f. – A.Diller, The Authors named P., TAPhA 86, 1955, 270–273.

Pause in der Metrik: der Einschnitt zwischen zwei → Perioden. B.Sn.

Pausias, → Enkaustiker und Kassettenmaler der Schule von → Sikyon. Neben kleinen Tafelbildern (Blumenkränze, Knaben, ‹libidines›) sind überliefert: ein Bildnis seiner Geliebten, Glykera, ein Gemälde in der Tholos in → Epidauros (um 350); an der Darstellung eines Stieropfers bewunderte man die plastische Tiefenwirkung des ohne Glanzlicht in Vorderansicht wiedergegebenen schwarzen Tieres, an seiner Methe, wie man sie durch das Glas scheinen sah, aus dem sie trank. Vgl. → Malerei C [3]. C.K.

Q: Overbeck, SQ, 1760ff. – *Lit:* Brunn II 144ff. – Pfuhl, 731ff. – G.Lippold, RE 18,3 (1949), 2417–19 – Rumpf, 132,6 – Schefold, VP, 101.163 – G.Pesce, EAA V, 1963, 997f.

Pauson, von Athen (?), Maler. Öfter verspottet von Aristophanes (z.B. Ach. 854, um 425). Aristoteles (poet. 1448a) meinte, daß er die Menschen schlechter gemalt habe, als sie seien, und zog seiner ganzen Kunst ein Bildchen von → Zeuxis oder → Apelles vor. Charakteristisch für die Effekte des reichen Stils (→ Malerei C2): sein sich im Staube wälzendes Pferd schien, wenn man das Bild umdrehte, zu galoppieren. C.K.

Q: Overbeck, SQ, 1110ff. – *Lit:* Brunn II 49 – Pfuhl, 699f. – G. Lippold, RE 18,3 (1949), 2425f. – L.Guerrini, EAA V, 1963, 998.

Pax, der göttlich verehrte Friede (→ Personifikation), erscheint zum erstenmal auf einer Münze → Caesars i.J. 44 v.Chr.; ihr Kult begann mit der Weihung der → Ara Pacis Augustae auf dem Marsfeld am 30.Jan. 9 v.Chr.; der Senat hatte dessen Errichtung am 4.Juli 13 beschlossen, bei der Rückkehr → Augustus' aus Gallien und Spanien, wo er im Verlaufe dreier Jahre die Ruhe wiederhergestellt hatte. An diesem Altar wurde am 30.Jan. und am 4.Juli der Kult der Pax begangen. → Vespasian baute i.J. 75 n.Chr. einen Friedenstempel. Seit Augustus tragen die Münzen oft die Inschrift Pax Augusta oder Augusti. Einfluß der griech. → Eirene ist bes. ikonographisch (und vielleicht über die Staatsphilosophie) anzunehmen, während im übrigen die programmatische Vergöttlichung des Friedens durchaus röm. Empfinden entspricht. H. Le B.

Pech wurde aus Kiefern und Fichten gewonnen (Plin. nat. 14,122; 16,38ff. u.ö.). Wie beim Brennen der → Kohle wurde ein Meiler errichtet, der auf glattem Grund stand und eine Grube mit Abflußkanal in der Mitte hatte. In dem völlig abgedeckten Meiler (Theophr. hist. plant. 9,3,1), aus dem keinerlei Rauch oder gar Flammen schlagen durften (Oxydation), schwelte das Holz, dessen oberste Schichten durch trockene Destillation (Erhitzung ohne Luftzutritt) P. bzw. → Teer lieferten, der nach unten tropfte, um durch den Kanal in eine Grube zu fließen. Er wurde mit einem Zusatz von Essig gekocht, um das ‹Bruttische P.› zu gewinnen. Außer in Meilern gewann man das P. auch in (einer Art von Muffel-)Öfen (Plin. nat. 16,52). P. wurde zum Abdichten von Fässern (Plin. nat. 14,134), Amphoren, Schiffen (ebd. 16,56.158) und als Rostschutzmittel verwendet (ebd. 34,99; Paus. 1,15,4). W.K.

Pectoral, Brustschmuck, in Ägypten sehr beliebt, meist in rechteckiger Form, mit religiösen Darstellungen verziert. W. Hk.

Peculium, das vom Familienvater Kindern oder Sklaven (Dig. 15,1,5,4) zur selbständigen Verwaltung übergebene oder von diesen ersparte (Sen. epist. 80,7; Ter. Phorm. 43; Apul. met. 10,14) Gut an Geschäften oder Geld blieb zwar rechtlich in seinem Besitz, tatsächlich aber in dem der Belehnten. Sklaven (Varro rust. 1,17,5) konnten gegen Dritte Verpflichtungen in Höhe des P. eingehen und aus dem mit dem P. erzielten Gewinn (Plaut. Asin. 540; Varro rust. 1,17, 7) ihre Freilassung erkaufen (Sen. epist. 80,4; Verg. ecl. 1, 32; CIL 11,5400). W.K.

Pecunia, generelle lat. Bezeichnung für → Geld, schon bei Festus (s.v. abgregare) von pecus, ‹Vieh›, abgeleitet, das vor der Einführung der → Münze ja eine häufige Form des → Geldes gewesen war. Bes. in Mittel- und Unteritalien, aber auch in Griechenland, war diese Geldform bis ins 4.Jh. v.Chr. weit verbreitet, wie die Festsetzung von Strafen in Ochsen und Schafen, neben dem Metallgeld, lehrt (Cic. rep. 2,35,60; Dionys. Hal. 10,50 usw.). Noch Varro sagt: *Multa etiam nunc ex vetere instituto bubus et ovibus dicitur* (rust. 2,1,9). – Ähnlich dürfte sich z.B. auch die moderne ‹Rupie› von der Sanskritbezeichnung ‹rûpa› für Vieh, die englische ‹Guinea› von der in Neu-Guinea üblichen Bezeichnung für Baumwollstoff herleiten. – Vom 3.Jh. nach Chr. an scheint P. als Bezeichnung für das schlechte (Billon-)Silbergeld und für Bronzemünzen angewandt worden zu sein. Von Diokletian an wird die größere Kupfermünze pecunia maior genannt, und im Cod. Iustin. 12,24,7 und anderen gleichzeitigen Texten wird das Büro des Scrinium a pecuniis (Bronzemünzen) klar von denen der Scrinia auri ad responsum (Gold) und a miliarensibus (Silber) unterschieden. W.Schw.

Lit: Babelon, I 397–399. 860. 865 – K.Regling, in: v.Schrötter, 492.

Pedianus → Asconius.

Pediasimos, Johannes, 13./14.Jh., Mathematiker und Philosoph, Haupt der Schule an der Sophienkirche, Verfasser einer *Geometrie,* die sich eng an → Heron anschließt, einer *Schrift über Zahlenverhältnisse* der Intervalle, von unedierten Scholien zur Sphära des → Kleomedes sowie einer physiologisch-mystischen Abhandlung über Frühgeburten, in der alte pythagoreische → Zahlenmystik wiederauflebt. K.V.

Ed: G.Friedlein, Die Geometrie des P., Progr. Ansbach 1866 – H. Vincent, *'Επιστασίαι μεριкαί,* Not. et extr. 16, 2. part., 1847, 289 bis 315 (zur musikal. Abh.) – F. Cumont, *Περὶ ἑπταμήνων καὶ ἐννεαμήνων,* RBPh 2, 1923, 5–21 – *Lit:* K.Krumbacher, Gesch. d. byz. Lit., 1897, 556–558 – Sarton III 682–683 – *Zu den Scholien* siehe Ptolemaei opera (ed. Heiberg) II, 1907, CXXVI.

Pedius, Q., praet. 48, cos. suff. 43. Sohn eines Ritters, wahrscheinlich Neffe (nach Suet. Caes. 83 Großneffe) → Caesars. P. nahm als dessen Legat am gallischen Krieg und an den Bürgerkriegen teil; er unterdrückte 48 den Aufstandsversuch des → Annius (2) Milo im Gebiet von Thurii. Nach der Statthalterschaft von Hispania citerior feierte er Dez. 45 den Triumph ex Hispania. Von Caesar mit L. Pinarius zum Erben eines Viertels des Nachlasses eingesetzt, stellte er seinen Anteil Octavian (→ Augustus) zur Verfügung. Mitkonsul Octavians i.J. 43. P. brachte die lex Pedia zur gerichtlichen Verfolgung der Caesarmörder ein. Er starb bald nach Antritt des Konsulats, angeblich infolge der Aufregungen, die ihm der Beginn der Proskriptionen verursacht hatten. U.Wm.

Lit: Broughton, Ind. S. 599 – R. Syme, Rom. Revol. (1939), 1952², Ind.

2. **P.**, S., röm. Jurist, zeitlich schwer einzuordnen, vielleicht Zeitgenosse → Julians (4) (zustimmend Kunkel, a. O. 168). Stand und Ämterlaufbahn bleiben unbekannt. Erwähnt werden ein Kommentar zum Edikt und ein Werk De stipulationibus. Benutzt haben ihn → Paulus (2) und → Ulpian. H. Hb.

Lit: P. Krüger, Gesch. d. Quellen u. Lit. d. röm. Rechts (1888), 1912², 189f. – W. Kunkel, Herkunft u. soz. Stellung d. röm. Juristen, 1952, 168f. – L. Wenger, Die Quellen d. röm. Rechts, 1953, 504f.

Pedo → Albinovanus.

Pegasos, Flügelroß, Sohn der Medusa (→ Gorgonen), von → Bellerophon gezähmt, sonst im Dienst des Zeus.

2. **P.**, röm. Jurist, Konsul bzw. Praefectus urbi unter Vespasian und Domitian; vermutlich aus einfachem Stande (vgl. Kunkel, a. O. 133). Er folgte auf → Proculus als Haupt der Schule. Seine Schriften sind im einzelnen nicht bekannt, obwohl er von den späteren Juristen häufig angeführt wird. H. Hb.

Lit: P. Krüger, Gesch. d. Quellen u. Lit. d. röm. Rechts (1888), 1912², 170 – W. Kunkel, Herkunft u. soz. Stellung d. röm. Juristen, 1952, 133f.

Peirithoos, Sohn des Zeus oder Ixion und der Dia, Fürst der → Lapithen, Teilnehmer an der kalydonischen Jagd, Gemahl der Hippodameia, Tochter des Adrast. Bei der Hochzeit führen Ungehörigkeiten der → Kentauren (unter Eurytion) zum Kampf mit den Lapithen. P. siegt – nach einigen schon mit Hilfe des → Theseus, dessen engster Freund er nach anfänglicher Rivalität wird (Od. 21, 295ff.). Zu den gemeinsamen Abenteuern → Theseus. K. Schb.

Peiros oder *Pieros*, auch Acheloos im Gebiet von Dyme genannt, heute Kamenitsa, Fluß im westl. Achaia, Quelle an der N-Seite des Erymanthos (heute Olonos), Mündung in den Golf von Patras zwischen Dyme und Olenos. J. S.

Peisandros, athen. Politiker, 415 in den Untersuchungsausschuß zur Klärung des → Hermenfrevels berufen. Danach schloß er sich immer mehr der oligarchischen Richtung an, für die er 411 im Auftrag des → Alkibiades offen Propaganda machte. Nach dem Mißlingen des oligarchischen Umsturzes im Juni 411, an dem er maßgeblich beteiligt war, floh er im Herbst 411 in das von den Spartanern besetzte Dekeleia. F. Kch.

2. **P. von Kameiros,** epischer Dichter, wohl des 6. Jh.s, jedenfalls vor → Panyassis, der ihn voraussetzt (Pan. Fr. 7 K. und Peis. Fr. 5 K.), wahrscheinlich Verfasser einer → Herakleia. – In der Antike wurde P. zu den 5 Klassikern des Epos gerechnet (Prokl. chr.). G. K.

Frg: EGF 248–253, dazu Ath. 11, 783c – *Lit:* R. Keydell, RE 19, 1 (1937), 144–145.

3. **P. von Laranda** (in Lykaonien), Sohn des → Nestor (2) v. L., griech. Epiker zur Zeit des Kaisers → Severus Alexander (222–235), Verfasser eines verlorenen mythologischen Epos über Liebesverbindungen zwischen Götter- und Heroenwelt, das mit 60 Büchern die umfangreichste Dichtung der gesamten griech. Literatur war. E. V.

Frg: Heitsch, Suppl. 6 (= II 44–47) – *Lit:* R. Keydell, RE 19, 1 (1937), 145f.

Peisistratidische Redaktion, in der modernen Philologie zuerst von Fr. A. Wolf, jetzt wieder von R. Merkelbach und R. Sealey auf Grund antiker Quellen angenommene, endgültige Redaktion der homerischen Epen unter Peisistratos, d. h. die Sammlung und schriftliche Fixierung der vorher angeblich mündlich überlieferten Gedichte. Die Zeugnisse hierfür sind jedoch spät und unbestimmt, die Annahme der P. R. ist also unglaubhaft. Erste Erwähnung bei Cicero (de orat. 3, 137). Besser verbürgt ist die Nachricht von einer dem Solon oder Peisistratos zugeschriebenen Verordnung, die homerischen Gesänge im Zusammenhang vorzutragen (Isokr. or. 4, 159; Ps.-Plat. Hipparch 228B; Lykurg in Leocr. 102; vgl. Diog. Laert. 1, 57), evtl. auch von einer Veränderung des Textes (bes. Il. 2, 546–558) zugunsten der Athener (Hereas bei Plut. Thes. 20; Dieuchidas bei Plut. Sol. 10), um deren Anspruch auf Salamis Megara gegenüber als historisch begründet hinzustellen. G. K.

Lit: Fr. A. Wolf, Prolegomena ad Homerum, 1795 – R. Merkelbach, Die pisistratische Redaktion, RhM 95, 1952, 23–47 – J. A. Davison, Peisistratus and Homer, TAPhA 86, 1955, 1–21 – R. Sealey, From Phemios to Ion, REG 70, 1957, 312–351 – F. Krafft, Vergleichende Unters. zu Homer und Hesiod, Hypomnemata 6, 1963, 11–24 (Lit).

Peisistratos, Sohn des → Nestor, begleitet Telemach nach Sparta.

2. **P.**, Athener, Sohn des Hippokrates; seine Familie stammte aus der Diakria. Die Reformen → Solons (594/593) hatten niemand zufriedengestellt. Während die Großgrundbesitzer (→ Eupatriden) die timokratische Verfassung verteidigten, die auf dem Bodenertrag fußte und ihnen faktisch das Monopol der hohen Staatsämter sicherte, waren die Kleinbauern und die Gewerbetreibenden erklärte Gegner dieser Ordnung. Nach dem Staatsstreich des Archonten Damasias (583/582) kam es zum Kompromiß: die timokratische Verfassung blieb bestehen, doch lagen der Klassenordnung fortan alle Erträge, nicht mehr nur die Bodenerträge, zugrunde. Diese Reform führte zu einer Umbildung der politischen Parteien. Die Eupatriden und die reichen, aber nichtadligen Bauern bildeten die Partei der Pedier mit Lykurg, einem → Eteobutaden, an der Spitze: sie strebten die Erneuerung der aristokratischen Regierung an; die Gewerbetreibenden, Kleinbauern und Seeleute verteidigten die neue timokratische Verfassung: um den Alkmeoniden → Megakles geschart, bildeten sie die Partei der Paralier; P. schließlich vereinigte alle Unzufriedenen, darunter bes. die Bergbewohner, in der Partei der Diakrier. Ca. 565 zeichnete sich P. im Krieg gegen Megara aus, was seine Popularität noch steigerte. Den Zwist zwischen Pediern und Paraliern ausnützend, bemächtigte er sich der Akropolis und wurde Tyrann von Athen (561/560). Zweimal zwang ihn das Bündnis der Pedier und Paralier zur Flucht, aber jedesmal brachen, kaum daß er fort war, die Kämpfe wieder aus, und er konnte zurückkehren (die Chronologie der Verbannungen des P. ist umstritten). Ca. 545–540 (?) ergriff er mit Hilfe des → Lygdamis von Naxos und argivischer Söldner (→ Timonassa) die Macht zum drittenmal und behielt sie bis zu seinem Tode i. J. 528/527. Seine Gegner gingen in die Verbannung (→ Megakles, → Alkmeoniden, → Philaiden). Die Tyrannis des P. war gewiß nicht despotisch, wie die demokratische Propaganda nach dem Sturze des → Hippias (1) behauptete; nach Aristoteles regierte P. «mehr als guter Bürger denn als Tyrann» (*πολιτικῶς μᾶλλον ἢ τυραννικῶς*: Ath. pol. 14, 3). Seine Innenpolitik war gemäßigt. Obwohl mit Hilfe der Diakrier an die Macht gelangt, behielt er die timokratische Verfassung bei, was viele Paralier mit ihm versöhnte. Er verbesserte das Los der armen Bauern, indem er den mittleren und den Kleinbesitz durch Aufteilungen und Kredite unterstützte und den Rebbau in der Diakria förderte, und das der Arbeiter durch zahlreiche Bauten. Um diese Ziele zu erreichen, reorganisierte er die Staatsfinanzen und das Steuersystem. Außenpolitisch pflegte er gute Beziehungen zu allen Ländern, um den athen. Handel auszuweiten (Ausfuhr von Öl, Wein, Keramik). Durch die Wiedereroberung von → Sigeion (das er dem Hegesistratos, seinem Sohn aus der Ehe mit → Timonassa, anvertraute) und die Unterstützung des verbannten älteren Miltiades (→ Philaiden) bei der Kolonisierung der Chersonesos öffnete er die Verbindung zu den Getreidegebieten des Pontos Euxeinos. Er schmückte Athen mit zahlreichen Bauwerken, förderte die Künste (Aristion v. Paros, → Alxenor v. Naxos, → Theodoros (11) v. Samos, → Amasismaler; → Exekias; Nearchos; → Nikosthenes; → Andokidesmaler); gab den → Panathenäen einen panhellenischen Charakter und stiftete die Großen → Dionysien und den Tragödien-Agon (→ Thespis). Seine Religionspolitik ist gekennzeichnet durch die erhöhte Bedeutung, welche die ländlichen Lokalgottheiten gewan-

nen. Als er starb, ging seine Macht an die Söhne aus erster Ehe, →Hippias (1) und →Hipparchos (1), über. R.V.C.

Lit: Fr. Cornelius, Die Tyrannis in Athen, 1929 – Fr. Heidbüchel, Die Chronol. d. Peisistratiden in d. Atthis, Philol. 101, 1957, 70–89 – *Darstellungen:* → Anhang I.

Peitho (*Πειθώ*), griech. Göttin der Überredung, in Religion, Kult, Dichtung und bildender Kunst meist eingeschränkt auf die erotische Sphäre der →Aphrodite und ihres Kreises, auch als Beiname von Aphrodite und Artemis belegt; bei Alkman Fr. 64, 1 P. Schwester der Eunomia. In der sophistischen Aufklärung des 5. Jh.s v. Chr. löst sich sodann der Begriff der P. als Appellativum aus der religiösen Sphäre und wird zum Schlüsselwort der Überredungskunst in der Rhetorik (*πειθώ*, persuasio). Das Bindeglied bilden die ‹Erotikoi logoi› der frühen → Sophistik. Vgl. →Rhetorik A. B [1]ff. H.H.

Lit: O. Jahn, P., 1846 – Voigt, RE 19, 1 (1937), 194–217 – Fr. Lasserre, Erotikoi Logoi, MH 1, 1944, 167–178.

Peithon, aus Eordaia, Leibwächter →Alexanders (5) d. Gr., nach dessen Tod Satrap von Medien, 321 an der Ermordung des →Perdikkas (4) beteiligt. Schlug sich nach Mißlingen des Versuchs, die östlichen Satrapien zu gewinnen, auf die Seite →Antigonos' I.; nach dem Tod des →Eumenes (3) v. Kardia ließ Antigonos ihn hinrichten. E.Bd.

Pekach, König von Israel, ca. 734–732. Seine antiassyr. Politik, die er auch →Ahas von Juda aufzuzwingen sucht, endet 732 mit dem Verlust der israelit. Außengebiete; P. selber wurde von dem Usurpator →Hosea gestürzt. Vgl. →Judentum A [8]. E.W.

Pelagius, christl. Theologe, geb. 354 (?) in Britannien, aus der christl. Familie eines röm. Verwaltungsbeamten stammend (?); kam ca. 380 (?) nach Rom, um dort Jura zu studieren (?). Nach seiner Taufe (382?) führte er als Laie ein asketisches Leben, hielt ‹Vorlesungen› über die Hl. Schrift ab (Expositiones in Epistulas Pauli) und machte mit beidem auf die vornehmen Kreise Roms, darunter die gens der Anicier und die Patrizierin Demetrias (der auch →Hieronymus und →Augustin schrieben), starken Eindruck. Erst als seine Anschauungen in Nordafrika und Palästina bekannt wurden, wohin er vor Alarich geflohen war, kam es zu heftigen Auseinandersetzungen, bes. mit Augustin. Nach mehreren Synoden in Nordafrika und Palästina wurde P. auf der Synode von Karthago 419 endgültig verurteilt. Aus Palästina verjagt, mußte er in einem ägyptischen Kloster (?) seine letzten Jahre verbringen. – Leitmotiv seines Denkens war der Begriff der Gerechtigkeit Gottes. Gott ist nur dann gerecht, wenn er auch gibt, was er fordert. Deshalb hat der Mensch einen freien Willen in völliger, durch keinen Sündenfall beeinträchtigter Unversehrtheit. Der Mensch kann Gottes Gebote halten – das ist das eigentliche Geschenk göttlicher Gnade. Für P. charakteristisch ist, wie sein sittlicher Rigorismus sich mit röm.-stoischem Humanismus verbindet. Theologiegeschichtl. Bedeutung gewann er nur dadurch, daß Augustin in Auseinandersetzungen mit ihm seine eigene Gnadenlehre vertiefte. P.L.

Ed: A Souter, TSt 1922; 1926; 1931 (Expositiones) – PL 30, 15–45 (Epistola ad Demetriadem) – *Lit:* G. de Plinval, Pélage, ses écrits, sa vie et sa réforme, 1943 (zum Problem weiterer 19 kleiner, P. zugeschriebener Schriften) – Altaner, 336–338.

Pelagonius, Veterinärarzt im 4. Jh. n. Chr., Verfasser einer unvollständig erhaltenen Ars veterinaria, die sich im wesentlichen mit Pferden beschäftigt (viel Abergläubisches).

Ed: M. Ihm, 1892. F.K.

Pelanor (*πέλανος*), Barren in Form von Eisenfladen, nach Hesychius und Photios das Eisengeld der Spartaner im ungefähren Gewicht einer aiginetischen →Mine. W.Schw.

Lit: Babelon, 876 – K. Regling, in: v. Schrötter, 493 – Ders., RV IV, 1926, 233.

Pelasger. Für die meisten Gebiete Griechenlands, der Ägäis und Italiens wird von den antiken Autoren eine alte P.-Bevölkerung angesetzt. Wegen der Inkonsequenz, mit der der P.-Name von Homer bis Isidor von Sevilla zum Träger verschiedenster Inhalte wird, ist schon für frühe Zeiten nur noch mit literarischer, nicht mehr realer Kenntnis der P. zu rechnen. Vermutlich haben die ‹echten› P. dereinst in der ostthessal. Pelasgiotis gesessen; über Volkstum und Sprache ist nichts Sicheres auszumachen. Heute wird der Begriff *p. Sprache* oft im Sinn von vorgriechischer Sprache verwendet. A.H.

Lit: F. Lochner-Hüttenbach, Die P., 1960; dazu G. Neumann, Gnomon 34, 1962, 370–374.

Pelasgos, meist als Autochthone bezeichnet, Stammvater der Pelasger. Nach *arkadischer* Sage Sohn des Zeus und der Niobe, der erste Mensch in Arkadien. Mit Hüttenbau, Fellkleidung, Pflanzenkost der Begründer der ersten Anfänge der Kultur (Apollod. 2, 2; 3, 96; Paus. 8, 1, 4) und nach Hyg. fab. 225 der Erbauer des ersten Zeustempels in Arkadien. Vater des →Lykaon und der →Kallisto. – Nach *argivischer* Sage Sohn des Triopas und also Nachfahr des Phoroneus, nimmt →Demeter gastlich auf und errichtet der ‹Demeter Pelasgis› einen Tempel. Vater der Larissa (Hyg. fab. 145; Paus. 1, 14, 2; 2, 24, 1; vgl. Strab. 13, 3, 4 [p. 621]). – Nach *thessalischer* Sage Sohn der Larissa, der mit seinen Brüdern Achaios und Phthios die Peloponnes verläßt und sich mit ihnen in die nach ihnen benannten Landschaften des nördlichen Griechenlands teilt (Dion. Hal. 1, 17, 3).

Pelekys (*πέλεκυς*), →Doppelaxt oder Doppelbeil; Opfergerät und Waffe. Als Zahlungsmittel verwendet, gehörten Äxte und Beile zum Nutz-, bes. zum Gerätgeld (→Geld). Vielleicht dürfen bereits Hortfunde von Steinbeilen aus vorgeschichtlicher Zeit so gedeutet werden. In homerischer Zeit ist die Geldeigenschaft der metallenen zweischneidigen P. und des einschneidigen →Hemipelekon durch ihre Aussetzung als Kampfpreise (10 St.) sowie durch die Erwähnung der 12 Beile beim Bogenschuß des heimkehrenden Odysseus gesichert. – Als göttliches Symbol und Sinnbild der Herrscherwürde wird P. unter dem Namen →Labrys (→Labyrinth, Haus der Doppeläxte) aus der altkret. und kar. Kultur in den Kult des →Zeus (Zeus Labraundos) übernommen. Er trägt die P. auf Münzen von Mylasa und auf Prägungen der kar. Dynasten. In Karien, Lydien und Phrygien ist die P. auch häufig selbständiges Münzbild; ferner vereinzelt in Thessalien (→Alexander (19) v. Pherai, 369–357 v. Chr.) und Thrakien (Odrysenkönige). – Als Parasemon erscheint sie vor allem auf den Münzen von Tenedos. W.Schw.

Lit: K. Regling, RV IV, 1926, 212, 220–224 – Ders., RE 12, 1 (1924), 286–307 – Ders., in: v. Schrötter, 66. 154. 494.

Peleus, Sohn des →Aiakos von Aigina, thessal. Heros. Ermordet mit seinem Bruder →Telamon den dritten Bruder, Phokos, aus Neid und muß fliehen. Eurytos (-ion) von Phthia entsühnt P., wird aber bei der →Kalydon. Jagd versehentlich von ihm erschlagen. Dafür entsühnt ihn →Akastos in Jolkos, dessen Gattin, Astydameia (oder Hippolyte, vgl. Pind. N. 5, 26), ihn zu verführen sucht. Zurückgewiesen, verleumdet sie ihn als untreu bei seiner Gattin, die sich darauf erhängt, und als Verführer bei Akastos (Potipharmotiv). Der will P. auf dem Pelion umkommen lassen, aber Hephaistos' Jagdmesser oder das durch →Chiron wiedergefundene Schwert rettet ihn vor den →Kentauren (Pind. N. 4, 54). Später (mit →Jason und den →Dioskuren) furchtbare Rache an Akastos und Astydameia, deren Söhne ihrerseits P. im Alter ermorden oder wenigstens vertreiben. – Berühmt ist P. durch seine Verbindung mit →Thetis, die er im Ringkampf bezwingt, obwohl sie die verschiedensten Gestalten annimmt (Pind. Isthm. 8, 30ff.). An der Hochzeit nehmen die Götter teil (vgl. Cat. 64). Beider Sohn ist →Achilleus, den Thetis unsterblich machen will, indem sie ihn in ein Feuer oder in Wasser der →Styx taucht (sieben frühere Kinder hatten ähnliche Versuche getötet); da P. dazwischenkommt, bleibt die Ferse des Achilleus verwundbar. – Außer an der →Kalydon. Jagd war P. am →Argonautenzug, an den Leichenspielen für → Pelias (er ringt mit → Atalante) und am Zug des → Herakles gegen Troja beteiligt.

Darstellungen: Ringkampf mit Thetis vom 6. Jh. an sehr oft, bes. auf Vasen (Brommer 242–248; K. Schauenburg, Perseus, 52). Mehrfach auch der Ringkampf mit → Atalante und der Hochzeitszug mit Thetis auf Vasen (Brommer 240f.). P. bei → Cheiron schon im 7. Jh. (Brommer 249f.). Vgl. H. Walter, Eine neue Pelike, MüJbb NF 11, 1960, 7–10. K. Schb.

Pelias, Sohn des → Poseidon und der Tyro, Enkel des → Salmoneus, Bruder des → Neleus, Halbbruder des → Aison, den er in Jolkos vom Thron drängt. Vater des Akastos und der → Alkestis, sendet → Jason aus, um das Goldene Vlies zu holen (→ Argonauten). Aus Rache dafür von → Medea und seinen nichtsahnenden Töchtern unter Vorspiegelung eines Verjüngungszaubers getötet. Die → Leichenspiele für ihn versammelten eine große Zahl von Helden und waren sehr berühmt. K. Schb.

Lit: Preller-Robert II 3, 865ff. – *Darstellungen:* Die Leichenspiele zuerst auf hocharch. Vasen (Schefold, FS, 73) und der Kypseloslade. Die Begegnung mit Jason auf röm. Wandbildern nach frühhellenist. Vorbild. P. bei Admetos' Werbung auf röm. Stuckrelief, bei der Übergabe des Vlieses auf unterital. Vase, bei der Verjüngung Aisons schon auf schwarzfigurigen Vasen. – *Lit. dazu:* K. Scherling, RE 19, 1 (1937), 323–326 – Schefold, VP, 91f. K. Schf.

Pelikan. Der der ägypt. Kunst früh vertraute P. (*πελεκάν*) war auch im Mittelmeerraum verbreitet, doch ohne Bedeutung in Religion und Mythos. An die antike Überlieferung, daß der P. seine Brut durch Flügelschlag vor dem Ausräuchern durch Jäger zu retten suche und dabei sich selbst opfere, knüpft die spätantike Legende an, daß der P. sich die Brust aufreiße, um die Jungen mit seinem Blut zu ernähren. – Dadurch wurde der P. zum christlichen Symbol. Vgl. → Fauna. J.W.

Lit: Keller, Tierwelt II 237–239 – H. Gossen, RE Suppl. 8 (1956), 467f.

Pelikē, in der Antike allgemeine Bezeichnung für Schüssel oder Krug, heute gebräuchlich für ein zweihenkliges Vorratsgefäß, der Bauch- → Amphora verwandt, aber auf breitem Fuß und von gedrungeneren Proportionen (→ Vasen, Abb. 243, 3). Im späten 6. Jh. v. Chr. eingeführt, noch im 4. Jh. sehr verbreitet. I. Sch.

Lit: D. v. Bothmer, JHS 71, 1951, 40–47.

Pelion, langgestreckter, waldiger Gebirgszug der Halbinsel → Magnesia (Kt. 1152 D3), 1618 m, auf dem Gipfel Zeusheiligtum; im Mythos Heimat des → Chiron. – Zur Sage vgl. → Aleuaden. E.M.

Pella, in der Ebene ca. 40 km nordwestl. → Thessalonike gelegen (Kt. 1152 C2), von → Archelaos (1) v. Makedonien (413–399) anstelle von → Aigai zur Hauptstadt → Makedoniens gemacht (bis 168), berühmt durch das Schloß des Archelaos mit Fresken des → Zeuxis. Geburtsort → Philipps II. Bei der Neuordnung Makedoniens durch die Römer nach der Schlacht bei Pydna (168) Vorort der 3. regio. In röm. Zeit abnehmende Bedeutung, da Thessalonike Sitz des röm. Statthalters war. Seit 30 v. Chr. röm. Kolonie. Die im Altertum offene Verbindung zum Meer heute verlandet. Neuerdings sind Mosaiken von Häusern des makedon. Adels gefunden worden. E.M.

Lit: E. Oberhummer, RE 19, 1 (1937), 341–348 – Ch. Makaronas, *Ἀνασκαφαὶ Πέλλας* 1957–1960, Deltion 16, 1960, 72–83 Archaeol. 1964.

2. **P.** (Kt. 2196 B5; heute *Ḥirbet Faḥil)*, Stadt im Ostjordanland, seit dem 19. Jh. v. Chr. als *Pa/iḥil* in ägypt. und einheim. Quellen genannt, 1479 durch → Thutmosis III. ägyptisch, nach Ramses II. (13. Jh.) literarisch nicht mehr bezeugt, doch weiter bewohnt, zu unbekanntem Zeitpunkt als *Πέλλα* hellenisiert, zunächst ptolemäisch, 218 durch Antiochus III. d. Gr. erobert (Polyb. 5, 70, 12), doch 217 (Schlacht von Raphia) wieder verloren, um 195 sicher seleukidisch, um 83 von → Alexander (10) Jannai dem jüd. Staat angeschlossen (Jos. BJ 1, 3, 8), 63 durch Pompeius autonom (Jos. AJ 14, 4, 4), Glied der Dekapolis, während des jüd. Krieges (66–70 n. Chr.) angeblich Exil der Christen von Jerusalem (Eus. hist. eccl. 3, 5, 3). M.W.

Lit: E. Schürer, Gesch. des jüd. Volkes im Zeitalter Jesu Christi II (1874), 1907⁴, 173–176 – W. F. Albright, Two Little Understood Amarna Letters from the Middle Jordan Valley, BASOR 89, 1943, 7–17 – R. W. Funk-N. H. Richardson, The 1958 Sounding at P., The Bibl. Archaeologist 21, 1958, 82–96.

Pelopidas, Thebaner, flüchtete 382 v. Chr. als Anhänger des → Ismenias (1) nach Athen und leitete 379 den Handstreich, der zur Befreiung Thebens führte. Von da ab war er enger Mitarbeiter seines Freundes → Epameinondas und zeichnete sich mehrfach in den Kämpfen gegen die Spartaner und zur Festigung der theb. Herrschaft in Böotien aus, bes. als Anführer des Elitekorps der → ‹Heiligen Schar› bei Tegyra (375) und Leuktra (371). 370–369 zog er mit Epameinondas in die Peloponnes, 369 wirkte er in Thessalien (gegen → Alexander (19) v. Pherai) und Makedonien, 368–367 war er mit → Ismenias (2) Alexanders Gefangener. 367 siegte er bei den Verhandlungen in Susa, beim ‹Wettkriechen› (Beloch) vor dem Großkönig, u. a. über → Antalkidas, und erreichte ein Hinwenden der Perser von Sparta zu Theben. 364 fiel P. gegen Alexander von Pherai bei Kynoskephalai im Augenblick des Sieges. P. war Patriot, Draufgänger, guter Heerführer, geschickter Unterhändler und eine gewinnende Persönlichkeit. E. Bn.

Q: Plut. Pel. – Nep. Pel. – *Lit:* G. Reincke, RE 19, 1 (1937), 375–380 – G. M. Bersanetti, Pelopida, 1949.

Peloponnes (*ἡ Πελοπόννησος*, ‹Insel des Pelops›), die südl. Halbinsel Griechenlands (Kt. 1152), im MA, auch schon in der Spätantike, Morea genannt, Bedeutung und Herkunft dieser Bezeichnung unsicher. Zu den Landschaften vgl. → Griechenland I B[2], zur Geschichte vgl. bes. → Sparta, → Argos, → Korinth. E.M.

Lit: A. Philippson, Der P., 1892 – Der P., Landsch., Gesch., Kunststätten, hg. von einem Generalkommando, 1944 – A. Bon, Le Péloponnèse byzantin jusqu'en 1204, 1951 – *Zeitschrift: Πελοποννησιακά*, 1ff., 1956ff.

Peloponnesischer Bund. ‹Die Peloponnesier› hießen im volkstümlichen Sprachgebrauch die amtlich als ‹die Lakedämonier und ihre Bundesgenossen› zusammengefaßten Staaten inner- und außerhalb der → Peloponnes, die sich seit dem 6. Jh. v. Chr. zu einem Kampfbund (→ Symmachie) wechselnden Umfangs zusammengeschlossen hatten. Der einzige Zweck dieses Bundes war die gemeinsame Kriegführung unter dem Oberbefehl (der → Hegemonie) → Spartas. Die bei gegebenem Anlaß von Sparta einberufene Bundesversammlung, auf der alle Teilnehmerstaaten durch Gesandte vertreten waren, konnte Mehrheitsbeschlüsse fassen, die nach der alten Satzung des Bundes für alle verbindlich sein sollten, «soweit nicht von seiten der Götter und Heroen etwa ein Hindernis im Wege stehen würde» (Thuk. 5, 30, 1). Auf diese Weise konnten Bundeskriege beschlossen und die militärischen und finanziellen Lasten der Kriegführung durch allgemeine Ordnungen auf die einzelnen Staaten verteilt werden. Im Rahmen dieser Ordnungen konnte Sparta uneingeschränkt über die Streitkräfte und Geldmittel des Bundes verfügen. Die Wirksamkeit des Bundes war auf den Kriegsfall beschränkt. Wenn einmal der Bundeskrieg beschlossen war, bildete der Bund eine festgefügte Einheit; solange der Bund nicht Krieg führte, waren die einzelnen Staaten in ihrer Außenpolitik völlig frei, sie konnten auf eigene Faust sogar untereinander Krieg führen. Seit den letzten Jahren des 5. Jh.s freilich erlaubte sich das übermächtig gewordene Sparta auch den Bundesgliedern gegenüber Übergriffe. Allgemeine Unzufriedenheit war die Folge, und nach der Schlacht von → Leuktra (371), in der Sparta → Theben unterlag, brach der Bund rasch zusammen. Die letzten Bundesgenossen mußten 366 mit Zustimmung Spartas, das sie nicht mehr zu schützen vermochte, einen Sonderfrieden schließen. Obwohl Sparta bald darauf wieder Bundesgenossen fand, mußte es auf Erneuerung der alten Bundesordnung verzichten. F.G.

Lit: U. Kahrstedt, Griechisches Staatsrecht I, 1922 – J. A. O. Larsen, Sparta and the Ionian Revolt, ClPh 27, 1932, 136–150 – Ders., The Constitution of the P. League, ebd. 28, 1933, 257–276; 29, 1934, 1–19 – L. Moretti, Ricerche sulle leghe greche, 1962, 5ff.

Peloponnesischer Krieg. Der auf der Grundlage der Respektierung der beiderseitigen Machtsphären 446/445 zwischen Athen und Sparta geschlossene 30jährige Friede konnte nur Bestand haben, wenn beide Seiten daran ehrlich interessiert waren. Das war bei den Peloponnesiern der Fall (Thuk. 1, 118, 2). In Athen gewann jedoch damals eine aus sophistischen Lehren hervorgegangene Philosophie der Macht Geltung, die eine Koexistenz zweier rivalisierender Großmächte für auf die Dauer unmöglich hielt: Die ältere Großmacht – Sparta – könne den Aufstieg der jüngeren – Athen – nur bis zu einem gewissen Grad zulassen (Thuk. 1, 23, 6) und müsse dann im Interesse ihrer Selbsterhaltung zu einem Präventivkrieg schreiten, den → Perikles schon ‹von der Peloponnes herankommen› sah (Plut. Per. 8). Athen könne deshalb ohne Hemmungen diesem zuvorkommen, wenn es sich in vorteilhafter Position befand, was nach Perikles' Ansicht Ende der 30er Jahre des 5. Jh.s v. Chr. der Fall war (Thuk. 1, 141ff.; Ephoros, FGrHist 70F196). Unbedenklich (Thuk. 1, 44, 2) zerstörte er deshalb 433 durch das Bündnis mit dem bislang neutralen Korkyra (Korfu) das 446/445 geschaffene Kräftegleichgewicht und bedrohte hierdurch zugleich Korinths lebenswichtige Verbindungslinien nach dem Westen, fügte dann dieser Provokation sogleich (Thuk. 1, 56, 1) eine zweite hinzu durch ein Ultimatum an die korinthische Kolonie Poteidaia und setzte 432 einen athen. Volksbeschluß gegen Megara durch, der dieses Mitglied des Pelop. Bundes von allen Häfen und Märkten des ‹Attischen Reiches› ausschloß und Sparta nur noch die Wahl zwischen kampfloser Selbstauflösung seines Bundes oder dem Griff zu den Waffen ließ. Nachdem Perikles dessen diplomatische Interventionen durch Ausspielen latenter Komplexe der jungen Großmacht Athen gegenüber Spartas angeblich angemaßter Schiedsrichterrolle (Thuk. 1, 140, 5) zum Scheitern gebracht hatte, begann der Krieg 431. Da Athen finanziell und zur See ebenso eindeutig überlegen war wie die Peloponnesier zu Lande, lief Perikles' Kriegsplan in Abkehr von der überkommenen agonalen Kriegführung darauf hinaus, letzteren Attika preiszugeben und seine gesamte Bevölkerung hinter die bei der damaligen Belagerungstechnik unbezwingbaren → Langen Mauern zu evakuieren, dagegen durch Seeoperationen gegen die Peloponnes diese zu isolieren und die Peloponnesier allmählich zu zermürben. Diese in ihrem deduktiven Rationalismus großartige Erschöpfungsstrategie mußte freilich bei der vorgesehenen längeren Kriegsdauer – zumal sich zum machtpolitischen Gegensatz noch der innenpolitisch-weltanschauliche zwischen den von Athen unterstützten Demokraten und den mit Sparta sympathisierenden Oligarchen gesellte – geradezu zum Ruin von ganz Hellas führen. Darüber hinaus ließ sie keinen Raum für unvorhergesehene Entwicklungen und spontane menschliche Reaktionen. Ersteres wurde deutlich, als 430 bei der in der Festung Athen-Piräus zusammengedrängten Bevölkerung Attikas eine Seuche ausbrach, die das Potential Athens empfindlich schwächte und zu Perikles' Sturz führte; letzteres zeigte sich, als Athen, nach Perikles' Tod 429 dessen Kriegsplan weiterführend, Sparta bis 424 in eine sehr ernste Lage gebracht hatte. Dies hatte nämlich zur Folge, daß der von Perikles gewissermaßen eingeplante hilflose Immobilismus von dessen Oligarchie der Energie jüngerer Kräfte Raum geben mußte. → Brasidas gelang es, das attische Machtgebilde vom Land her entscheidend anzugreifen und auf der Chalkidike und in Thrakien weitgehend zum Einsturz zu bringen (424–422), was 421 zum Frieden des → Nikias im wesentlichen auf der Grundlage des Besitzstandes vor dem Krieg führte. Für Sparta, das 431 die ‹Befreiung der Hellenen› von der Unterdrückung durch Athen, also die Zerschlagung des ‹Attischen Reiches› als Kriegsziel proklamiert hatte, bedeutete ein solcher Friedensschluß freilich einen schweren Prestigeverlust. Aus den hierdurch verursachten Auflösungserscheinungen im Pelop. Bund vermochte Athen jedoch infolge seiner zunehmenden politischen Führungslosigkeit keinen dauernden Gewinn zu ziehen, und durch den Sieg bei Mantineia 418 stellten die Spartaner ihre frühere Position wieder her. Der aus persönlichem Ehrgeiz entstandene abenteuerliche Plan des → Alkibiades, auch das Potential Siziliens dem ‹Attischen Reich› anzugliedern, worauf gestützt man die Peloponnesier vielleicht doch noch würde niederzwingen können, endete 413 mit der Vernichtung der athen. Expeditionsstreitkräfte vor Syrakus, nachdem Alkibiades durch Intrigen der athen. Demagogen schon 415 zu Fall gekommen und schließlich nach Sparta geflohen war. Nicht zuletzt unter seinem Einfluß begannen die Spartaner 413 einen neuen Anlauf zur Niederringung Athens und überwanden ihre früheren, aus panhellenischen Gefühlen resultierenden Hemmungen, mit den Persern zusammenzugehen. Eine schon im Samischen Krieg 440/439 aufleuchtende Konstellation war damit Wirklichkeit geworden. Freilich bedeutete das nunmehr die Preisgabe der Griechen Kleinasiens an den Großkönig, den Verzicht auf eines der wichtigsten Ergebnisse der → Perserkriege. Daß Sparta infolge finanzieller Unterstützung durch Persien dem überdies durch den Aderlaß auf Sizilien geschwächten Athen nunmehr auch zur See ebenbürtig entgegenzutreten vermochte, ließ dessen Ende nur noch zu einer Frage der Zeit werden. Zwar entfalteten die Athener seit 411 trotz einer dauernden spartan. Operationsbasis in Attika (Dekeleia), trotz massenhaften Abfalls der Seebundsmitglieder noch eine bewundernswerte Energie und Opferbereitschaft, doch hinderte sie ihre durch die Anspannung und Not des Krieges immer mehr gesteigerte politische Hysterie daran, hierdurch eine vollständige Niederlage abzuwenden. → Lysandros gelang es schließlich infolge seiner engen Verbindung mit → Kyros (2) d. J., die persische Hilfe für Sparta so zu forcieren, daß er 404 den Krieg durch die praktisch bedingungslose Kapitulation Athens zu beenden vermochte. F. Kch.

Q: Thuk. 1–8; Xen. Hell. 1–2, 2, 23; Diod. 12, 38–14, 3; Plut. Per., Nik., Alk., Lys. – *Lit:* B. W. Henderson, The Great War between Athens and Sparta, 1927 – H. Brauer, Die Kriegsschuldfrage in d. geschichtl. Überlieferung des P. Krieges, Diss. Münster 1933 – H. Nesselhauf, Die diplomat. Verhandlungen vor dem P. Krieg, Hermes 69, 1934, 286ff. – F. Kiechle, Ursprung u. Wirkung der machtpolit. Theorien im Geschichtswerk des Thukydides, Gymn. 70, 1963, 289–312 – H. W. Parke, The Development of the 2nd Spartan Empire, JHS 50, 1930, 37–79 – J. A. R. Munro, The End of the P. War, ClQ 31, 1937, 32–38 – H. Schaefer, Alkibiades u. Lysander in Ionien, WüJbb (1949/50), in: Probl. d. Alten Gesch., 1964, 186–211 – A. Andrewes, The Generals in the Hellespont 410–407, JHS 73, 1953, 2–9 – D. Lotze, Lysander u. der P. Krieg, Abh. Leipzig 57, 1, 1964.

Pelops, Sohn des → Tantalos (Name der Mutter sehr verschieden angegeben), beheimatet in Kleinasien (nach Schol. Pind. Ol. 1, 35 im achäischen Olenos). Als Kind von Tantalos, der die Allwissenheit der Götter prüfen wollte, zerschnitten, gekocht und ihnen zum Mahl vorgesetzt; die Götter bemerken jedoch den Trug bis auf Demeter, die unachtsam ein Stück ißt, beleben P. wieder und ersetzen das fehlende Stück an der Schulter durch Elfenbein (Pind. Ol. 1, 40ff.; Eur. Iph. Taur. 387ff.; Serv. Georg. 3, 7; Hyg. fab. 83). Bei → Oinomaos in Pisa wirbt er um Hippodameia, gewinnt das dazu nötige Wagenrennen durch Verrat des Wagenlenkers Myrtilos und tötet ihn und Oinomaos. – Vater u. a. von → Atreus und Thyestes, Akathoos und Chrysippos. Nach späterer Sage Liebling des Poseidon, der ihm für den Wettkampf mit Oinomaos ein geflügeltes Viergespann schenkt, und sein Mundschenk im Olymp. Eponymos der ‹Peloponnes›. Temenos in Olympia (Paus. 5, 13, 1).

Lit: Preller-Robert II 1, 206ff. – *Darstellungen:* P. erscheint verhältnismäßig spät auf Kunstwerken. Seine Ankunft in Pisa erstmals auf einer apul. Situla (CVA Villa Giulia 1 IV Dr, Taf. 1). Vorbereitung der Wettfahrt mit Oinomaos im Westgiebel des olympischen Zeustempels und – wie auch die Entführung der Hippodameia selbst – auf att. und ital. Vasen (Brommer 369f.). Vereinzelt wurde auch der Sturz des Oinomaos dargestellt, vor allem auf etrusk. Urnen (E. Körte, I rilievi delle urne etrusche II 1, 1890, S. 108–121). Oinomaos mit Myrtilos auch auf einem Campanarelief (G. Richter, Ancient Italy, 1955, Abb. 205). Die Geschichte des P. auch Thema mehrerer röm. Sarkophage (Robert, SR III, 3, Nr. 322–329; NSc. 1926, Taf. 8). P. als Liebling des Poseidon auf dem apul. Volutenkrater Neapel 3256 (vgl. Curtius, Antike 3, 1927, 167f. zu einer att. Hydria des frühen 4. Jh.s). – *Lit. dazu:* G. Cultrera, Ausonia 7, 1912, 116–170. K. Schb.

Peltastes, der einen leichten Schild (πέλτη) tragende Soldat, zu dessen Bewaffnung außerdem ein kurzes Schwert und Wurfspeere gehörten (Hdt. 7, 75, 1). Im Plur. ‹leicht bewaffnete Truppen›; eine typisch thrakische Truppengattung. G. G.

Pelze. Neben den Schaf-P.n der Hirten (Colum. 1, 8, 9) werden Modepelze erstmalig von → Cato (Fest. 320, 23 L.), Pelzhandlungen von → Varro (ling. 8, 55) erwähnt. Durch den Handel mit Germanien (vgl. Caes. Gall. 6, 21, 5) und dem Dongebiet (Strab. 11, 493: Tanais) wurden sie beliebt und 416 n. Chr. in Rom (vergeblich) verboten (Cod. Theod. 14, 10, 4). Kürschner (pelliones) mußten eine besondere Steuer zahlen (Hist. Aug. 18, 24, 5). Pelzstiefel: Juv. 14, 185. W. K.

Pembroke, um 1678 von Thomas Earl of P. in Wilton House (Salisbury) durch Ankauf der ältesten engl. Privatkollektion in Arundel House begründete Slg. Auf einigen Reisen bereicherte der Earl of P. Wilton House durch Erwerbung eines Teiles der Slg. → Giustiniani in Rom und Mazarin in Paris. Vor kurzem ist auch diese bedeutende engl. Privatslg. teilweise verkauft worden. U. R.

Lit: A. Michaelis, Ancient Marbles usw., 1882, 665ff. – C. C. Vermeule, Notes on a new edition of Michaelis usw., AJA 59, 1955, 148f.; (mit D. v. Bothmer) 60, 1956, 347f.

Penaten. Das – immer in der Mehrzahl gebrauchte – Wort *Penates* ist ein *di* (das auch weggelassen werden kann) näher bestimmendes Beiwort: die P. sind die Götter des penus, d. h. nach allgemeiner Annahme ‹der Vorratskammer›; doch ist diese Auffassung vielleicht zu eng: falls penus zuerst wirklich ‹der innerste Teil des Hauses› bedeutete, müssen die P. als ‹Götter, die im Innern des Hauses wohnen›, definiert werden (P. Boyancé). Dieses göttliche Kollektiv beschützte die Wohnstätte der Familie; den P. wie auch den → Laren und dem → Genius war ein Kult am → Herd des Hauses gewidmet. Die röm. Gelehrten haben die P. mit den verschiedensten Göttern identifiziert; auch die Wandgemälde in den Häusern von in Delos lebenden Italikern und in denen von Pompeji stellen die P. als Jupiter, Mars, Hercules, Fortuna, Venus, Volcanus usw. dar. Schließlich werden «alle im Inneren des Hauses verehrten Götter» P. genannt (Serv. Aen. 2, 514). Rom hatte seine ‹staatlichen› P., die Beschützer der Stadt, die man bisweilen den → Dioskuren oder den → Kabiren von Samothrake und damit den nach der Sage von Aeneas geretteten θεοὶ πάτριοι Trojas gleichsetzte. Nicht nur das Bestreben, für diese charakteristischen Götter der altröm. Bauernreligion griech. Äquivalente zu finden, sondern auch die Tatsache, daß ihre Kultbilder bis in klassische Zeit profanem Anblick entzogen waren, regte zu allen möglichen Spekulationen an. Ihr Kult stand im Zusammenhang mit mehreren Heiligtümern: mit einer Kapelle der Velia, mit dem Vestatempel in Rom und auch mit dem von Lavinium, der Metropole von Alba, wohin die Konsuln sich jedes Jahr nach ihrer Amtsübernahme begaben, um gleichzeitig Vesta und die P. des röm. Volkes zu verehren. Vgl. → Di patrii. H. Le B.

Lit: P. Boyancé, Les pénates et l'ancienne religion romaine, REA 54, 1952, 109–115 – A. Alföldi, Early Rome and the Latins, 1965.

Pendschab, das Gebiet an den fünf Quellflüssen (Ableitung des Namens von πέντε möglich, aber unsicher) des Indus. Seit dem Alexanderzug riß der Kontakt mit Indien nicht mehr ab. Griechen, in Indien Yanoka (= Ionier) genannt, waren als Söldner und Kunsthandwerker willkommen. In der Mitte des 3. Jh.s v. Chr. stand der buddhistische König Ašoka mit allen Herrschern des Ostmittelmeeres von Ägypten bis Epirus in diplomatischem Kontakt. Auch in der Kaiserzeit kamen öfters Gesandtschaften aus Indien nach dem Westen (vgl. Strab. 15. 1. 73, Gesandtschaft eines ind. Königs Poros – dieser Name oder Titel war im P. heimisch – an Augustus). Starke Handelsbeziehungen verbanden das Gebiet am Indus mit dem Westen. In → Gandhara und → Taxila, der Hauptsiedlung im P., sind zahlreiche Dokumente griech.-röm. Kunstschaffens gefunden worden. Wenn sich im röm. Reiche relativ wenige Erzeugnisse aus Indien erhalten haben (eine Elfenbeinstatuette der Göttin Lakschmi in Pompeji!), so ist das so zu erklären, daß vorwiegend vergängliche Produkte (Stoffe) nach Westen exportiert wurden. Vgl. → Orient und Antike. R. F.

Lit: M. Wheeler, Rome beyond the roman frontiers, 1954 – W. W. Tarn, the Greeks in Bactria and India, 1951 – E. H. Warmington, The commerce between the Roman Empire and India, 1928.

Peneios, (a) Hauptfluß von → Elis (Kt. 1152 BC 5), entspringt am Südabhang des → Erymanthos (heute Olonos), fließt durch die Stadt → Elis, mündet ins ion. Meer; (b) Hauptfluß → Thessaliens (Kt. 1152 C 3), Quelle auf dem → Pindos, vereinigt die meisten Flüsse Thessaliens, fließt durch das berühmte → Tempetal, mündet in den Meerbusen von Therme. E. M.

Peneleos, Sohn des Hippalkimos, einer der Freier der → Helena, Führer der Böotier vor Troja (Il. 2, 494).

Penelope, Tochter des Ikarios (demnach in Sparta beheimatet) und der Najade Periboia (oder der Polykaste), Gattin des → Odysseus, dem sie nach Homer durch 20 Jahre hindurch, alle Freier hinhaltend, treu blieb. Eines ihrer Mittel war der Schwur, keinen Freier zu erhören, ehe sie nicht das Totengewand für Laërtes gewebt hätte; sie löste aber die Webarbeit des Tages nachts heimlich wieder auf, bis die List entdeckt wurde. Mutter des → Telemachos. Später, z. T. schon im → Kyklos (bes. Telegonie), von allen Freiern zusammen (oder nur von Amphinomos oder Antinoos) Mutter des → Pan und von Odysseus nach Sparta verbannt. Oder Gattin des → Telegonos, nachdem dieser unwissend seinen Vater getötet hatte. L. H.

Lit: E. Wüst, RE 19, 1 (1937), 487–493 – *Darstellungen:* Sitzstatue ‹P.›, deren Deutung und Stilstufe auf Grund des kürzlich in dem 331 vor Chr. zerstörten Palast von → Persepolis zutage gekommenen ‹Originales› in jüngster Zeit heftig diskutiert wird. Das Urbild der Kopien dürfte um 460–450, das nach Persepolis gelangte Duplikat kaum früher, jedoch sicher auch nicht wesentlich später entstanden sein – Lippold, GrPl 134; D. Ohly, *Δία γυναικῶν*, in: Freundesgabe R. Boehringer, 1957, 433–454; F. Eckstein, *Αἰδώς*, JdI 74, 1959, 137 bis 157; E. Langlotz, Zur Deutung der ‹P.›, JdI 76, 1961, 72–99. P. mit Odysseus auch auf Vasen (Brommer 307f.) und Tonreliefs (P. Jacobsthal, Die mel. Reliefs, 1931, 67–71, Nr. 87–93; 71f. mit Eumaios). E. Bg. – K. Schb.

Pentadius, Elegiker und Epigrammatiker, Identität mit dem gleichnamigen Adressaten der Epitome aus den Institutionen des → Laktanz unsicher. Pointenstil und Formkünsteleien wie das epanaleptische Distichon weisen ihn dem spätlat. Manierismus zu. W. Sch.

Ed: Anth. Lat. I 1, Nr. 234/235, 265/268 – J. W. u. A. M. Duff, Minor Latin Poets, 1935, 542–551 (mit Übers.).

Pentadrachmon, Pentedrachmia (*πεντάδραχμον, πεντεδραχμία*), das Fünfdrachmenstück, in Ägypten geprägt von ca. 305–250 v. Chr. als Goldmünzen Ptolemaios' I. und II. im Gewicht von ca. 17,8 g. Sie wurden → Trichrysa genannt, da sie einem Silberwert von 60 → Drachmen, also 3 Gold → Stateren, gleichkamen. – In der Literatur (Xen. hell. I, 6, 12; Polyain. strat. 3, 10, 14; Poll. onom. 9, 60 und Heron, pneum. 1, 21) genannte P. können hingegen nicht sicher in der Numismatik nachgewiesen werden. W. Schw.

Lit: Babelon, 414–417 – K. Regling, ZNum 33, 1922, 70f. – Ders., in: v. Schrötter, 498 – W. Schwabacher, RE 19, 1 (1937), 503f. – M. N. Tod, Num. Chron. VI 20, 1960, 15f.

Pentalitron (πεντάλιτρον), Fünflitrenstück, Silbermünze von ca. 4,3 g. – Mit der Aufschrift πεν aus Akragas (Sizilien) bekannt. Ihr Wert kam dem der attischen → Drachme oder der Hälfte eines korinthischen Silberstaters gleich. Erwähnt (adjektivisch) bei Poll. onom. 4, 173. W. Schw.

Lit: Babelon, 456 – K. Regling, in: v. Schrötter, 499 – W. Schwabacher, RE 19, 1 (1937), 508.

Pentameter, eig. ein Vers aus 5 → Metren, meistens (seit Hermesianax Fr. 2, 36 D.) die Zusammenfügung von zwei → Hemiepe mit dazwischenliegender Zäsur (Schema –ꟷ–ꟷ–|–◡◡–◡◡–||), üblich vor allem nach Hexameter im → Distichon. B. Sn.

Pentanummion (πεντανούμμιον), Fünfnummienstück. Kupfermünze, von Kaiser Anastasius nach 498 n. Chr. eingeführt, griechisch mit E, lat. mit V bezeichnet. W. Schw.

Lit: Babelon, 616–617 – K. Regling, in: v. Schrötter, 499 – W. Schwabacher, RE 19, 1 (1937), 507.

Pentekontaëtie, auf Thukydides (1, 118, 2) zurückgehende Bezeichnung für die fast 50 Jahre zwischen dem Abzug des → Xerxes aus Hellas 480 v. Chr. und dem Ausbruch des → Pelop. Krieges 431, von dem großen Geschichtsschreiber abstrahierend betrachtet als eine Periode permanenten Anwachsens der Macht Athens, zuletzt nicht mehr durch Expansion, sondern durch Konzentration der Machtmittel seines ‹Reiches›. Die P. umfaßt den letzten Abschnitt der → Perserkriege (bis 449), den Durchbruch der Demokratie in Athen (seit 462), seine auch als 1. Pelop. Krieg bezeichnete erste große Auseinandersetzung mit den Peloponnesiern (460–446) – wobei das Jahr 455 den Höhepunkt der Macht Athens brachte – und nach den Friedensschlüssen von 449 und 446 die Zeit der glanzvollen Ausgestaltung dieser Stadt durch das Bauprogramm des → Perikles. F. Kch.

Pentekontadrachmon (πεντηκοντάδραχμον), das Fünfzigdrachmenstück. In Ägypten seit Ptolemaios II. geprägte Goldmünze von ca. 13,84 g im Werte eines Gold-→ Tetradrachmons (= 50 → Drachmen in Silber), die Hälfte des → Mnaieions. Erwähnt bei Poll. onom. 9, 60. W. Schw.

Lit: Babelon, 446–447 – K. Regling, ZNum 32, 1922, 70–73 – W. Schwabacher, RE 19, 1 (1937), 528 f.

Pentekontalitron (πεντηκοντάλιτρον), Fünfziglitrenstück, Silbermünze von ca. 43,20 g. – Das bei Diod. 11, 26, 3 in sizilischen Litren ausgedrückte Gewicht der syrakus. Siegesmünze nach der Schlacht bei Himera, 480–479 v. Chr., im Werte eines → Dekadrachmons (→ Demareteion). W. Schw.

Lit: Babelon, 455, 472–474 – E. Boehringer, Die Münzen von Syrakus, 1930, 36 ff. – K. Regling, in: v. Schrötter, 125. 499 – W. Schwabacher, Das Demareteion, 1958 (Lit) – Ders., RE 19, 1 (1937), 529.

Pentelikon (auch Brilessos oder Brilettos), Gebirge nördl. von Athen (Kt. 1152 a D 1) mit großen Marmorbrüchen, 1109 m (vgl. → Hymettos). E. M.

Penthemimeres, eigentlich Stück von 2½ Einheiten. In der Metrik: → Zäsur nach 2½ Metren, also im → Hexameter nach dem 3. longum. B. Sn.

Penthesilea, Tochter des Ares, → Amazonenkönigin, kommt im → Trojan. Krieg den Troern zu Hilfe. Von → Achill erschlagen, der sich in die Tote verliebt. K. Schb.

Penthesileamaler, att. Schalenmaler des frühklassischen rotfigurigen Stils (→ Vasen E 5), tätig um 465–445, seine Gefäße sind ohne Signaturen. – Schafft monumentale, zuweilen das ganze Schalenrund einnehmende Innenbilder, die im Gegensatz zu den anspruchslosen Alltagsszenen der Außenbilder von heroischem Ethos künden. Auf der Penthesileaschale, nach der er benannt ist, stößt er zu tragischer Deutung vor: Achill tötet nicht, wie in älteren Bildern, die kämpfende, sondern die um Schonung flehende Fürstin. – *Werke:* Penthesileaschale und Schale mit Apoll u. Tityos, München 2688 f. (Arias-Hirmer, Abb. 168–171); Schalen, Skyphoi, Kantharoi, weißgr. Schalen u. Pyxiden. I. Sch.

Lit: H. Diepolder, Der P., 1936 (vgl. → Pistoxenosmaler) – N. Alfieri, Grande kylix del pittore di Pentesilea con ciclo teseico, RIA 8, 1959, 59–110 – Beazley, ARV² 877–893.

Pentheus, Sohn des Echion und der Kadmostochter → Agaue, nach → Kadmos König in Theben. Untersagt den → Dionysoskult. Der erzürnte Gott bewirkt, daß P., als Frau verkleidet, ins Gebirge geht, um die Mänaden zu beobachten, und von ihnen unter Leitung seiner Mutter, Agaue, zerrissen wird, da sie ihn für ein Tier halten.

Q: bes. Eur. Bakch.; vgl. Ov. met. 3, 511 ff.; Nonn. Dion. 44, 46; Theokr., eid. 26 – *Lit:* s. zu → Dionysos – *Darstellungen:* Tötung des P. häufig auf att. rotfigurigen und unterital. Vasen (Brommer 343; Alfieri, Arte Antica e Moderna 11, 1960, 221 ff.; Schauenburg, Gymn. 64, 1957, 222: apulisches Frg.; weitere Apulische Frg.e New York 19. 192. 81, 2 und 8). Am bekanntesten ein Wandgemälde im Vettierhaus in Pompeji, Herrmann, Taf. 42). In der Kaiserzeit auch auf Reliefs (Mon. Ant. 31, 1926, Taf. 29, 2; EA 2536 u. a.), Gemmen und Mosaiken, oft dabei nur Agaue mit dem Kopf des P. K. Schb.

Penthiliden, Nachkommen des Penthilos (Sohn des Orestes und der Erigone, der Tochter des Aigisthos), der die königliche Dynastie von Mytilene begründete. Nach dem Sturz der Monarchie hatten die P. auch in der Oligarchie die wichtigsten Staatsämter inne. Während der wechselnden Tyrannenherrschaften Ende 7. Jh./Anf. 6. Jh. spielten die P. eine führende Rolle (→ Myrsilos); → Pittakos, der den Bürgerkrieg beendete, hatte eine P. zur Frau. R. V. C.

Pentobolon (πεντώβολον), attische Silbermünze im Werte von 5 → Obolen aus dem 4. Jh. v. Chr. W. Schw.

Lit: Babelon, 422 – Head, 375 – J. Svoronos, Trésor des monnaies d'Athènes, 1926, Pl. 24, 1–9 – K. Regling, in: v. Schrötter, 499 – W. Schwabacher, RE 19, 1 (1937), 550 – M. N. Tod, Num. Chron. VI 7, 1947, 17 f.

Pentonkion (πεντόγκιον), Fünfunzenstück, lat. → Quincunx. In Akragas und Leontinoi (Sizilien) geprägte Silbermünze im Gewichte von 0,36 g mit 5 Kugeln als Wertbezeichnung auf der Rückseite. Als Bronzemünze mit Wertbezeichnung π in Katane, Rhegion und von den Mamertinern geprägt, in Kamarina und Himera jedoch mit 5 Wertkugeln bezeichnet; in Menainon mit E. W. Schw.

Lit: Babelon, 457–458 – K. Regling, in: v. Schrötter, 499 – W. Schwabacher, RE 19, 1 (1937), 551 (Lit) – H. Chantraine, RE 24, 1 (1963), 1109–11.

Peplos, das Gewand der Frau, aus Wolltuch, über dem → Chiton getragen. Ist zusätzliches Übergewand, wie der Mantel, und besteht wie dieser aus einer Tuchbahn, die jedoch, anders als der Mantel, mit Stechnadeln auf den Schultern geheftet wird. Hat weder Naht noch Ärmel, kann verschieden gegürtet werden und liegt auf Brust und Rücken in doppelter Tuchbahn auf (Apoptygma). F. E.

Peploskore, Bezeichnung für eine 1886 auf der Akropolis gefundene Marmorkore (um 530 v. Chr.), die sich in der Gewandung – dor. Peplos mit Überfall – in bewußten Gegensatz zur neuen ion. Tracht des gleichzeitigen Korentypus mit dem feingefältelten und schräggeführten Chiton stellt. – Athen, Akropolismuseum, Nr. 679. H. 1,21 m. E. Bg.

Lit: E. Langlotz-W. H. Schuchhardt, Archaische Plastik auf der Akropolis, 1938, Abb. 10–13 – K. Schefold, Die großen Bildhauer des arch. Athen, 1949, 42, Abb. 49 – Lullies-Hirmer, 45, Taf. 43–45.

Peraion (Peraia), heute Perachora, gebirgige Halbinsel gegenüber → Korinth (Kt. 1152 D 5); an der W-Spitze befestigte Ortschaft mit kleinem Hafen (Heraion). Hier ein kleiner Tempel der Hera Akraia aus dem 9. Jh. v. Chr., im 6. Jh. durch Neubau daneben ersetzt, mit weiteren Nebengebäuden, und heiliger Bezirk mit Tempel der Hera Limenia. Außerordentlich zahlreiche Weihgaben und sonstige Einzelfunde, bes. der archaischen Zeit. In röm. Zeit verlassen. Ausgrabungen 1930–1933. E. M.

Lit: H. Payne u. a., Perachora, 2 Bde, 1940–1961.

Perdikkas I., 1. H. 7. Jh. v. Chr., Begründer der makedon. Königsherrschaft. Unter ihm stießen die → Makedonen aus dem Bergland um Aigai (Edessa) an die ägäische Küste vor und dehnten ihre Herrschaft auf die Ebene um den Golf von Saloniki aus. P. R. F.

Lit: F. Geyer, Makedonien bis zur Thronbesteigung Philipps II., 1930, 39 ff.

2. **P. II.**, König der → Makedonen 450/440–414/411 v. Chr., Sohn → Alexanders (3) I., zog die seinen Brüdern Alketas und Philipp vom Vater übergebenen Teilreiche ein und behauptete sich gegen alle Versuche Philipps, mit attischer und thrakischer Hilfe seine Herrschaft wiederzugewinnen. Während des → Pelop. Krieges unterstützte P. bald Athen, bald Sparta und kämpfte je nach den Umständen bald gegen, bald für die chalkidischen Städte, um so zu verhindern, daß ihm auf der Chalkidike und im thrakisch-makedon. Raum ein zu mächtiger Gegner erwuchs. 429 schlug er einen Thrakereinfall zurück und zwang dann die abgefallenen Fürsten der Lynkestis, seine Oberherrschaft anzuerkennen. Unter ihm wurde Makedonien endgültig zu einem Machtfaktor in der griech. Politik. P.R.F.

Lit: F. Geyer, Makedonien bis zur Thronbesteigung Philipps II., 1930, 50ff. – P. Cloché, Histoire de la Macédoine, 1960, 57ff.

3. **P. III.**, König der → Makedonen 365–359 v. Chr., Sohn → Amyntas' III. und der → Eurydike, ließ 365 seinen Vormund → Ptolemaios (24) v. Aloros töten, verlor Pydna und Methone an → Timotheos (1) und schloß daraufhin ein Bündnis mit Athen. 364 besetzte er Amphipolis und schlug die Athener 360 unweit der Stadt. Die Fürsten der Lynkestis (und der Eleimiotis und Orestis?) wurden gezwungen, sich ihm unterzuordnen. Durch eine von dem ehemaligen attischen Strategen → Kallistratos durchgeführte Zollreform vermehrte er die Staatseinkünfte. Vor allem bemühte er sich, die bedrohte Nordgrenze zu sichern, fiel hier aber 359 mit 4000 Makedonen gegen die Illyrer. Die Wirren um seine Nachfolge nutzten Illyrer und Paionen zu Einfällen, bis sich P.' Bruder → Philipp II., der Vormund seines Sohnes Amyntas, durchsetzen konnte. P.R.F.

Lit: F. Geyer, Makedonien bis zur Thronbesteigung Philipps II., 1930, 132ff. – P. Cloché, Histoire de la Macédoine, 1960, 125ff.

4. **P.**, aus Orestis, diente bereits unter → Philipp II.; unter → Alexander (5) d. Gr. anfangs Taxiarch, 330 v. Chr. Leibwächter, am Staatsstreich gegen → Philotas führend beteiligt, in Indien als Hipparch hervorragend, nach dem Tod → Hephaistions (1) de facto dessen Nachfolger als Chiliarch (Großvezier) und erster Feldmarschall. Nach Alexanders Tod Reichsverweser, strebte er nach der Krone, wurde jedoch von einer Koalition angegriffen (→ Antipater (1), → Ptolemaios I.) und 321 während des Kampfes gegen Ptolemaios von seinen Offizieren ermordet. E.Bd.

Lit: M. J. Fontana, Le lotte per la successione di Alessandro Magno, 1960.

Peregrinatio ad loca sancta → Pilgerberichte.

Peregrini, ‹Fremde›, Bezeichnung der Nichtrömer, die dem schrankenlosen Imperium des röm. Magistrats unterstanden, soweit sie nicht → commercium und conubium mit Römern besaßen. Ihre zivile Rechtsfähigkeit zeigt die Einsetzung des → praetor peregrinus 247 v. Chr. (Liv. perioch. 19), ihre Erpressung durch Statthalter sollten gesetzlich (→ Lex [6] Nr. 1.8.27) festgelegte Repetundenverfahren verhüten. Mit der → Constitutio Antoniniana 212 n. Chr. wurden fast alle P. röm. Bürger. Vgl. → Bürgerrecht [2]. H.V.

Peregrinus (Proteus), → Kyniker des 2. Jh.s n. Chr., bekannt bes. durch die brillante, aber bösartig karikierende Schilderung, die → Lukian in einer Sonderschrift von seinem an den olympischen Spielen 165 n. Chr. veranstalteten pathetischen Selbstmord gibt. Bemerkenswert ist Lukians Mitteilung, P. sei, ehe er Kyniker wurde, vorübergehend Christ gewesen und sei aus diesem Grunde auch im Gefängnis gewesen (Peregr. 11–14). In ganz anderer Beleuchtung beschreibt ihn → Gellius (12, 11) als einen sittenstrengen Philosophen mit Lehren, die etwa an den xenophontischen Sokrates erinnern. Der Selbstmord entspricht wie im Falle des → Demonax (1) kynisch-stoischer Anschauung. O.G.

Perfectissimus, hoher ritterlicher Rangtitel (über dem → egregius, aber unter dem → eminentissimus), nachweisbar seit → Mark Aurel. Seit dem frühen 4. Jh. im Zusammenhang mit seiner Ausdehnung allmählich entwertet; lebte aber noch bis ins 6. Jh. fort. K.F.Str.

Pergament, benannt nach → Pergamon, der Residenz → Eumenes' II. (195–158 v. Chr.), dem der Fortschritt in der feineren Bearbeitung der schon lange vorher als Beschreibstoff bekannten Tierhäute zugeschrieben wurde. Herstellung: vgl. → Buch [2]. H.Hg.

Pergamon, heute Bergama, Stadt in NW-Kleinasien (Kt. 1152 H 3), in der Kaïkosebene etwa 30 km landeinwärts an und auf einem 333 m hohen, steilen Berg, dem Burgberg. Zuerst bei Xen. Hell. 3, 1, 6 genannt, 282 v. Chr. unter → Philetairos (1) von den Seleukiden unabhängig, seit → Attalos I. (240–197) Königtum, erlebte seine Glanzzeit im 3. und 2. Jh. v. Chr. als Residenz der → Attaliden und Mittelpunkt griech. Kunst. und Wissenschaft; berühmt die → Bibliothek, die im 1. Jh. v. Chr. 200000 Schriftrollen umfaßte. 133 durch Erbvertrag an Rom, auch in der Kaiserzeit eine der bedeutendsten Städte Kleinasiens. Aus P. stammte der berühmte Arzt → Galen (2. Jh. n. Chr.). Die ummauerte hellenist. Stadt lag auf dem Burgberg, dessen steilen Abhängen durch gewaltige Terrassenbauten der Raum für die glanzvollen Anlagen einer hellenist. Residenz abgerungen wurde. Am Fuß des Berges lag ein großer unterer Markt, etwas höher die Terrassen der drei Gymnasien mit ihren vielen Nebengebäuden, darüber ein Hera- und Demeterheiligtum (vor allem von Apollonia, der Gemahlin Attalos' I., gegen Ende des 3. Jh.s ausgebaut), auf der Höhe des Berges ein oberer Markt, dann die Terrasse des berühmten großen → Zeusaltars (um 180 v. Chr.; → Pergamonaltar) und die Terrasse des Athenaheiligtums mit einem dorischen Peripteros aus dem 1. Viertel des 3. Jh.s mit 6 × 10 Säulen, an dessen Nordseite sich die berühmte Bibliothek befand, zuoberst die eher bescheidenen Gebäude des Königspalastes und auf gewaltigem Unterbau der Tempel des Kaisers → Trajan (korinth. Peripteros, 6 × 9 Säulen, auf Podium statt Stufenbau), ferner Kasernen, Arsenale und Magazine. An dem sehr steilen Westabhang der Oberburg das große Theater, daran die über 200 m lange Theaterterrasse und an ihrem Nordende der später dem Kaiser → Caracalla geweihte → Dionysostempel. Die röm. Stadt lag zur Hauptsache wie die heutige in der Ebene, erhalten bes. ein großes Ziegelgebäude unklarer Bestimmung, Theater, Stadion und Amphitheater. In der Spätantike zog sich die Stadt wieder auf die Burghöhe zurück mit einer neuen Stadtmauer. – Außerhalb lag der bes. in der Kaiserzeit berühmte heilige Bezirk des Asklepios, seit Anf. 4. Jh. v. Chr. 2,5 km südwestl. der Burg Kult bei einer Quelle. Der Bezirk vor allem von → Eumenes II. ausgebaut (ionischer Tempel, umgeben mit Säulenhallen), 156 v. Chr. von → Prusias II. beraubt. Eigentliche Blüte unter → Antoninus (2) Pius. Große Säulenhallen mit Schlafsälen, drei kleine Tempel für Asklepios, Apollon und Hygieia, Theater. Der um 140 n. Chr. von dem Konsul Rufinus gestiftete Asklepiostempel war eine verkleinerte Nachbildung des Pantheons in Rom mit einem Kuppeldurchmesser von 23 m. – Zur *Pergamenischen Ware* → Reliefkeramik B [3]. C [4]. E.M.

Lit: Altertümer v. P. bis jetzt 10 (25) Bde, 1885–1937 – W. Zschietzschmann, RE 19, 1 (1937), 1235–63 – E. Ohlemutz, Die Kulte u. Heiligtümer d. Götter in P., 1940 – E. Boehringer, P., Neue deutsche Ausgrab. im Mittelmeergebiet u. im Vord. Orient, 1959, 121–171.

[2] Der *Pergamonaltar* (Abb. 5) von Eumenes II. für Siege zwischen 180 und 160 v. Chr. errichteter Monumentalaltar, Zeus und Athena geweiht. Fast quadratischer Grundriß: 36,44 : 34,20 m. Aufbau: Stufenunterbau, an drei Seiten geschlossenes Podium, darauf ion. Säulenhallen, auf flachem Dach freiplastischer Figurenschmuck. Im W Freitreppe zum Opferaltar führend. Die Podiumwand umzog ein 120 m langer Fries mit 2,30 m hohen Figuren, die → Gigantomachie darstellend. Im O: Olympische Götter: S: Gestirngottheiten des Tages; südl. Risalit: Dionysos und

Gefolge; nördl. Risalit: Meeresgötter; im N: vielleicht Gestirngottheiten der Nacht oder Kriegsgötter. An Innenwänden des Altarhofes kleinerer Fries mit Darstellung der Lebensgeschichte des → Telephos, des mythischen Ahnherrn der → Attaliden. Architekturteile sowie Platten beider Friese im Pergamonmuseum Berlin (aus den Ausgrabungen Carl Humanns, 1878–86), dort auch die westl. Altarseite, unter Verwendung antiker und moderner Teile rekonstruiert. Durch Auffindung von Fragmenten jüngst einige Lücken vor allem am Gigantenfries geschlossen: im N der Kopf der Aphrodite und geflügelter Gott (oder Genius?); im S Gegner des Stiergiganten. E. M.Schm.

Lit: H.Winnefeld, Altertümer v. P. III, 2: Die Friese des großen Altars, 1910 – H.Kähler, Der große Fries v. P., 1948 – H. Luschey, Funde zu dem großen Fries v. P., 116/117, BWPr, 1962 – E.M. Schmidt, Der große Altar zu P., 1961 – G.Kleiner, Kunst in Hessen und Mittelrhein 3, 1963, 16–23 – D.E.L.Haynes, Jb. d. Berl. Kunstsammlungen 5, 1963, 1–13 – E.Rohde, Funde zur sog. Beißergruppe am P.-Nordfries, AA, 1964, 91–99.

Perge, dor. Stadt in → Pamphylien, nordöstl. → Attaleia (Kt. 1567 C3) beim heutigen Murtana. Im 4. Jh. v. Chr. zum erstenmal erwähnt, 334 von Alexander berührt, vielleicht in hellenist. Zeit ptolemäisch, von 218–188 seleukidisch, dann bis 133 pergamenisch. 80/79 wurde von Verres der Tempel der Hauptgottheit, Artemis Pergaia, geplündert. P. hatte eine der ältesten Christengemeinden Kleinasiens. J.S.

Periander, Korinther; Sohn und Nachfolger des → Kypselos. Die Chronologie ist umstritten: 627–585/584 oder ca. 590–550; heiratete Melissa, die Tochter des Prokles, des Tyrannen von Epidauros. Wenn auch die Tyrannis des P. die Kennzeichen einer blutigen Despotie trug, so war doch die Bilanz seiner Innenpolitik nicht negativ: die Agrarpolitik, die Neuverteilung des Grundbesitzes, das Auffangen des Bevölkerungsüberschusses durch die Aufwertung der freien Arbeit und Beschränkung der Sklavenarbeit und der Kampf gegen die Aristokratie durch Maßnahmen gegen den Luxus sind die vielen Seiten einer zielbewußten Politik, die man nicht aus Mangel an Beweisen leugnen darf und die sehr wohl die Aufnahme des P. unter die → Sieben Weisen rechtfertigt. Die Kolonialpolitik des P. führte die des → Kypselos fort: die Autonomie der neuen Kolonien war eingeschränkt, sie blieben von Korinth abhängig. Diese Politik sollte zusammen mit der Agrarpolitik die Sicherheit der korinth. Schiffahrt (die immer von → Korkyra bedroht war, wenn auch die Insel wieder von Korinth beherrscht wurde) und den Zugang zu den illyrischen Silberlagern gewährleisten. Die Außenpolitik des P. ist gekennzeichnet durch ein gutes Verhältnis zu Sikyon, Epidauros und Athen und durch ausgezeichnete Beziehungen zu Delphi und Olympia; P. war mit → Thrasybulos (2) v. Milet durch Gastfreundschaft verbunden. Die Annahme, P. habe eine ägäische Politik verfolgt, hat keine festen Grundlagen; seine Wirtschaftspolitik im östlichen Mittelmeer scheint keinen Erfolg gebracht zu haben. Die Tyrannis der Kypseliden (→ Psammetichos, 4) konnte sich nach P.s Tod nur kurze Zeit halten. R.V.C.

Lit: S.Mazzarino, La politica coloniale ateniese sotto i Pisistratidi, Rend. Istit. Lomb. 72, 1939, 285–318 – Ed.Will, Korinthiaka, 1955, 363–571 – J.Ducat, Note sur la chronologie des Kypsélides, BCH 85, 1961, 418–425 – *Darstellungen:* Schefold, Bildnisse, 152, 2. 155, 1 – Laurenzi, Nr. 30 – Hekler-Heintze, 71 – Poulsen, Nr. 7.

Periboia. (1) Gemahlin des korinth. Königs → Polybos, zieht → Ödipus auf; (2) Gattin des → Telamon, Mutter des → Aias; (3) Gemahlin des → Oineus, dem sie bei der Eroberung von Olenos zufiel, und Mutter des → Tydeus.

Perihegese (wörtlich: ‹Rundführung›), Beschreibung eines Landes (→ Pausanias, 3) oder einer berühmten Stätte (→ Polemon (2) v. Ilion); eine in hellenist. Zeit viel gepflegte Literaturgattung. Alte Kulturländer wie Griechenland und Sizilien oder heilige Stätten wie Olympia und Delphi wurden bevorzugt; diese Wahl gestattete Exkurse über Mythologie, Geschichte, Kunstgeschichte, Epigraphik usw., die den antiquarisch-literarischen Charakter der P. bestimmen. Als ältester Periheget gilt Nymphodoros v. Syrakus (3. Jh. v. Chr.), als jüngster → Dionysios (8) Perihegetes (2. Jh. n. Chr.), der sein Lehrgedicht über Geographie ‹Perihegese der Oikumene› überschrieb, von der alten P. jedoch nur das Unterhaltende bewahrte. F.L.

Perihodos → Geographie A [5].

Perikles, bedeutender athen. Staatsmann, Sohn des → Xanthippos (1) und der Agariste, einer Nichte des Alkmeoniden → Kleisthenes (1). Geb. 495/490, war er 472 bei der Aufführung von Aischylos' ‹Persern› Choregе. Zögernd trat er in die Politik ein, entsprechend der Tradition seiner Familie als Gegner → Kimons (1) und daher auf der Seite des Demos. 463 vom Volk als Ankläger Kimons aufgestellt, richtete er jedoch wenig aus. Beim Vorgehen gegen den Areopag noch im Schatten des → Ephialtes (4) stehend, wurde er nach dessen Ermordung 461 der Führer des Demos und trieb als solcher die Demokratisierung Athens weiter, vor allem durch die Zulassung der → Zeugiten zum Archontat 457, während die Außenpolitik noch weitgehend von den bedeutenden Strategen dieser Epoche – → Leokrates, → Myronides, → Tolmides – bestimmt wurde. 457 war P. in der verlorenen Schlacht bei Tanagra Stratege, 454 leitete er zum erstenmal einen Feldzug, im Raum des Korinth. Golfs, wobei er Einzelerfolge erzielte, jedoch Korinths Hauptstützpunkt, Oiniadai, nicht zu erobern vermochte. Die Rückkehr Kimons aus der Verbannung in den späten 50er Jahren zwang ihn dann zu erhöhter politischer Aktivität, um seinen Einfluß beim Demos zu behaupten. 451/450 setzte er ein Bürgerrechtsgesetz durch, das den materiellen Interessen des Demos schmeichelte und gegen die über die Polis ausgreifenden Familienbeziehungen des Adels gerichtet war. Als Gegenzug gegen die Art, wie Kimon seinen gewaltigen Reichtum zur Erhöhung seiner Popularität benutzte, führte P. den Geschworenensold ein, dem bald die Besoldung der Ratsherren und Theatergelder folgten. Kimons Tod 450 ermöglichte ihm endlich, seine Politik der Konsolidierung und Konzentration der Machtmittel des ‹Attischen Reiches› durchzuführen. Die Rückberufung der athen. Flotte aus dem östl. Mittelmeer und die Entsendung des → Kallias (1) nach Susa führte 449 zu einem Demarkationsvertrag, der den Bereich des → Att. Seebundes dem militärischen Eingreifen des Großkönigs entzog, ein Ergebnis der → Perserkriege, das freilich in Athen als zu dürftig auf heftige Opposition stieß. P. setzte hierauf den Fortgang der Tributzahlungen seitens der Bundesgenossen durch, sicherte durch die Aufstellung einer ständig kreuzenden Manöverflotte von 60 Trieren den unteren Volksschichten auch weiterhin Verdienstmöglichkeiten als Ruderer, festigte Athens Stellung auf der Chersones durch die Anlage von → Kleruchien und ließ 447 den Bau des Parthenon beginnen. 447/446 fand er sich mit dem Zusammenbruch der athen. Position in Mittelgriechenland ab, unterdrückte jedoch 446 persönlich den Abfall Euböas vom Seebund und trat dem pelop. Heer unter → Pleistoanax bei Eleusis an der Spitze des athen. Aufgebots entgegen, wobei er freilich einen bewaffneten Zusammenstoß vermied und den Gegner auf andere Weise zum Abzug brachte. Der 446/445 geschlossene 30jährige Friede brachte dann mit der Abgrenzung der beiderseitigen Einflußsphären und dem Grundsatz der Nichteinmischung in das Machtsystem des Gegenspielers die Anerkennung des Att. Seebundes durch Sparta. Dieser wenig glänzende Ausgang der Auseinandersetzungen mit den Peloponnesiern gab der oligarchischen Opposition unter → Thukydides (2), dem Sohn des Melesias, neuen Auftrieb, was P. zu weiterer materieller Förderung des Demos nötigte. 445/444 erfolgte anläßlich einer Getreidespende des Deltafürsten Psammetich eine Revision der Bürgerliste, und P.' großartiges Bauprogramm in Athen und Eleusis verschaffte den breiten Massen reiche Verdienstmöglichkeiten. Die gegen diese Ausgabenpolitik und die finanzielle Ausnutzung der Bundesgenossen hierzu gerichtete Opposition zerschlug er 443 durch die Ostrakisierung des Thukydides. Von da an besaß P. bis 430 in Athen eine geradezu monarchische Stellung (Thuk. 2,65, 8 f.). Durch seine Kraft als Redner wußte er das Volk in seinem Sinne zu lenken; durch sein Streben, keinen möglichen Rivalen mehr hochkommen zu lassen, versäumte er jedoch, sich rechtzeitig einen Nachfolger heranzubilden. Die Politik der Beteiligung des Demos am Staatsleben wurde natürlich fortgesetzt, doch wußte P. den adeligen Familien in der Praxis eine hervorragende Stellung im Staat zu erhalten. In Weiterführung des Bauprogramms wurde 438 der Bau der → Propyläen begonnen. Wenn auch Sparta P.' Plan eines panhellenischen Kongresses scheitern ließ, so erhöhte er doch Athens Ansehen durch die Gründung der panhellenischen Kolonie Thurioi 444/443 an der Stelle des zerstörten Sybaris und durch eine Expedition ins Schwarze Meer, die Athens Einfluß in dessen wegen ihrer Getreidelieferungen wichtigen Randgebieten stärkte. Die Erhebung von Samos 441–439 konnte er niederschlagen, da sich die Peloponnesier der Einmischung enthielten und die Gefahr einer persischen Intervention vorüberging. Innenpolitisch erstarkte freilich in den 30er Jahren allmählich die Opposition sowohl der religiös-konservativen Kreise gegen den der sophistischen ‹Aufklärung› zuneigenden P. wie auch jene der radikalen Demokraten. Ein von P. 440/439 durchgebrachtes Gesetz gegen persönlichen Spott in der Komödie wurde 437/436 wieder aufgehoben. Wohl um 433 versuchten dann P.' Gegner, seine Stellung durch Prozesse gegen ihm nahestehende Personen – → Anaxagoras, → Phidias und seine zweite Gemahlin → Aspasia – zu erschüttern. In dieser Zeit richtete sich P.' Blick zunehmend nach Westen. Schon 454/453 zu Egesta geknüpfte Beziehungen wurden 433 durch Verträge mit Rhegion und Leontinoi ausgebaut. Zur Sicherung des Seeweges nach Süditalien und Sizilien war Korkyra (Korfu) als Stützpunkt wichtig. Auch deswegen entschloß er sich 433 zu einem Defensivbündnis mit diesem gegen Korinth, was schließlich zum Ausbruch des → Pelop. Krieges und zu seinem Sturz führte. Nach seiner Absetzung als Stratege 430 wurde er zwar 429 wiedergewählt, starb jedoch wenig später an der in jenen Jahren in Athen grassierenden Seuche. F. Kch.

Q: Thuk. 1,140–142, 65,6; Aristot. Ath. pol. 27–28; Diod. 11, 85–12, 46; Plut. Per. – *Lit:* H. Willrich, P., Göttingen 1936 – H. Berve, P., 1940 – G. De Sanctis, P., 1944 – A. R. Burns, P. and Athens, 1948 – E. Bayer, Thukydides und P., WüJbb 3, 1948, 1 ff. – P. Cloché, Le siècle de P., 1949 – D. Kienast, Der innenpolit. Kampf in Athen von d. Rückkehr des Thukydides bis zu P.' Tod, Gymn. 60, 1953, 210 ff. – L. Homo, P., Une expérience de démocratie dirigée, 1954 – H. Strasburger, Herodot u. das perikl. Athen, Historia 4, 1955, 1–25 – V. Ehrenberg, Sophokles und P., 1956 – J. Vogt, Das Bild des P. bei Thukydides, HZ 182, 1956, 249 ff. – R. Sealey, The Entry of P. into History, Hermes 84, 1956, 234 ff. – E. Meinhardt, P. bei Plutarch, Diss. Frankfurt 1957 – F. J. Frost, P., Thucydides, Son of Melesias, and Athenian Politics before the War, Historia 13, 1964, 385–399.

Periklymenos, Sohn des Neleus, → Argonaut, von → Poseidon mit der Meergöttern eigenen Fähigkeit begabt, sich in jede beliebige Gestalt zu verwandeln. Bei der Verteidigung von Pylos trotzdem von → Herakles getötet.

2. **P.,** einer der Verteidiger Thebens gegen die → Sieben, trifft auf → Parthenopaios (Eur. Phoin. 1157) und → Amphiaraos (Apollod. 3, 77).

Perikope, System aus mehreren → Strophen. Gewöhnlich bezeichnet man so die aus Strophe, → Antistrophe und → Epode bestehende Triade der Chorlyrik (AAB A'A'B' usw.); → Hephaistion (p. 68 C.) nennt daneben eine P. vom Typ ABC A'B'C'. Vgl. → Chor (4). E.-M. V.

Periochae (περιοχή, ‹das Umfassen, das Ganze, der Inhalt›), Inhaltsangaben umfangreicher Werke, z. B. des → Livius (1); → Ausonius zu Ilias und Odyssee. Vgl. → Epitoma. R. T.

Periode, die von Aug. Boeckh entdeckte metrische Einheit, die jeweils durch ‹Pause› von der benachbarten getrennt ist (→ Metrik A 2). Perioden in diesem Sinn sind die geläufigen → Sprechverse wie Hexameter, Trimeter usw. Boeckhs Entdeckung ist praktisch bes. wichtig für die Kolometrie (→ Kolon) der Chorlyrik. Elision am Periodenende ist sehr selten (Sappho Fr. 31, 9? Soph. OK 332 usw., Komödie, Kall., epigr. 41, 1). Heph. p. 15 C. gibt Beispiele dafür, daß aus → Verszwang ein Eigenname in der Kompositionsfuge auf Hexameter und Pentameter verteilt wird. B. Sn.

Lit: A. Boeckh, De metris Pindari (= Pind. op. I 2, 1811, 308 ff.) – P. Maas, Greek Metre, 1962, §45 f. – B. Snell, Griech. Metrik (1955), 1962³, 4 f.

Periodos tēs gēs (wörtlich: ‹Weg um die Erde›). Der Titel bezeichnet von ca. 500 v. Chr. an die Erdbeschreibungen und die dazugehörigen kreisförmigen (→ Hekataios (3) v. Milet, vgl. Hdt. 4, 36) oder rechteckigen (→ Eudoxos (1) v. Knidos, → Dikaiarchos) Erdkarten. Von → Eratosthenes durch das Wort ‹Geographie› (als → Kartographie) ersetzt. F. L.

Periöken. Περίοικοι ist zunächst eine geläufige allgemeine Bezeichnung der ‹Umwohner›, der ‹Nachbarn› im geographischen Sinn. Doch ist der Ausdruck schon im Altertum an einigen Orten zur technischen Bezeichnung eines Bevölkerungsteiles in einer bestimmten (von Fall zu Fall sehr verschiedenen) Rechtsstellung geworden: 1. In Kreta wurden die in manchem den → Heloten Lakoniens vergleichbaren unfreien Bauern P. genannt, offenbar im Gegensatz zu den in den Städten wohnhaften Bürgern. – 2. Als P. bezeichnete man auch die im Umkreis des eigentlichen → *Elis* wohnhaften Untertanen der Eleier, deren Entlassung aus der elischen Herrschaft Sparta 402 verlangte und nach kurzem Krieg 400 durchsetzte. – 3. Von den ‹*Lakedämoniern*›, d. h. den Bürgern des lakedämonischen Staates, besaßen nur die Bewohner der Hauptstadt → Sparta, die Spartiaten, die vollen politischen Rechte; sie allein hatten Zutritt zur Volksversammlung und waren zu den Ämtern wählbar. Die in den Landstädten des lakonischen Gebietes wohnhaften Bürger, die ‹Periöken› (‹Umwohner›), waren Bürger minderen Rechtes, die wenigstens im Gesamtstaat keine aktiven politischen Rechte hatten, wohl aber ihre Kleinstädte weitgehend selbst verwaltet haben mögen. Ihre Herkunft ist umstritten. Sie mögen z. T. Angehörige des Erobervolkes sein, der vollen Bürgerrechte aber deshalb nicht teilhaft, weil sie fern vom Hauptort wohnten und vielleicht auch ihre Güter nicht groß genug waren, um die Kosten der gemeinsamen Lebensführung der Spartiaten mitzutragen; ein anderer Teil mögen aus ihrer Heimat vertriebene Fremde sein, denen Sparta Aufnahme gewährte, sowie vor allem Bewohner der von Sparta unterworfenen Städte, die man zu minderem Recht in die Bürgerschaft aufnahm. F. G.

Lit: F. Hampl, Die lakedämonischen Periöken, Hermes 72, 1937, 1–49 – F. Gschnitzer, Abhäng. Orte im griech. Altertum, 1958, 7 ff.; 61 ff.; 146 ff. – D. Lotze, Μεταξὺ ἐλευθέρων καὶ δούλων, 1959, 8 f. – F. Kiechle, Das Verhältnis von Elis, Triphylien u. der Pisatis im Spiegel d. Dialektunterschiede, RhM 103, 1960, 336–366 – Ders., Lakonien u. Sparta, 1963, 131 ff.

Peripatetiker

[1] Allgemeines – [2] Gründerepoche – [3] Hellenist. Zeit – [4] Die Erneuerung des Peripatos im 1. Jh. v. Chr. – [5] Kaiserzeit.

[1] *Allgemeines.* Die Schule des → Aristoteles, nach antiker Chronologie um 335 v. Chr. in Athen gegründet, benannt nach dem Peripatos, einer an das Gymnasion Lykeion angeschlossenen Wandelhalle (περιπατέω = herumgehen), in welchem ursprünglich die öffentlichen Vorträge des Aristoteles und seiner Schüler stattfanden. Später besaß die Schule eigene Gebäude, eine umfangreiche Bibliothek, vielleicht sogar naturwissenschaftliche Materialsammlungen. – Entstanden ist der P. durch Abspaltung von der → *Akademie* → Platons. Gründe der Dissidenz dürften persönlicher wie philosophischer Natur gewesen sein: Ablehnung der → Ideenlehre Platons, damit auch Zurücksetzung

der mathematischen Wissenschaften gegenüber den reinen Naturwissenschaften, scharfe Kritik am platonischen Idealstaat u.a. Eine enge Verwandtschaft zwischen Akademie und Peripatos blieb trotzdem immer bestehen und ermöglichte im Späthellenismus Harmonisierungsversuche und in der Kaiserzeit von → Porphyrios an die Resorption des Peripatos durch den Neuplatonismus.

[2] *Gründerepoche.* Die *Schulgeschichte* ist im einzelnen nur streckenweise näher bekannt. Deutlich unterschieden sind drei Epochen: die Gründerepoche, die hellenist. Zeit, die Erneuerung des Peripatos im 1.Jh. v. Chr. und auf ihr aufgebaut der kaiserzeitliche Peripatos. – Die *Gründerepoche* umfaßt → Aristoteles (384–322 v. Chr.) und seine unmittelbaren Schüler. Unter ihnen sind → Theophrast (ca. 372 bis 287), sein Nachfolger als Schulhaupt, und → Eudemos (3) v. Rhodos (wohl Altersgenosse Theophrasts) seine eigentlichen Erben und Vollender seines philosophischen Werks, auch Editoren seiner nachgelassenen Manuskripte. Anliegen des Peripatos ist nun endgültig die Ausarbeitung wissenschaftlicher Beweismethoden, die wissenschaftliche Erforschung der gesamten Natur (→ Anthropologie, → Biologie, → Meteorologie, Hydrologie, Gesteinskunde) und die Bereitstellung eines praktikablen, situationsgerechten Systems der → Ethik für den Einzelnen wie für den Staat; historische Forschungen im Bereich der Philosophie, der Dichtung, der kulturellen und politischen Institutionen schließen sich an. Als kennzeichnende Lehren des Peripatos gelten etwa: Ewigkeit und Göttlichkeit des Kosmos; Annahme eines fünften göttlichen Elements, des Äthers, neben den vier klassischen → Elementen; Sterblichkeit der Seele bis auf einen schwer zu bestimmenden unsterblichen Teil; in der → Ethik die Dreiteilung der Güter in seelische, körperliche und äußere; eine Psychologie, die nicht Bekämpfung und Ausrottung, sondern Eingliederung der → Affekte fordert. Damit gerät der Peripatos vor allem in scharfen Gegensatz zur → Stoa, während → Epikur dem Peripatos so viel verdankt, daß diesem seine Nähe zur Lehre Epikurs vorgeworfen werden konnte. – Dem Schülerkreis des Aristoteles gehören weiterhin an: → Dikaiarchos (ca. 350–290), → Aristoxenos (wohl ca. 370–300), → Klearchos (3) v. Soloi (ca. 350–280), → Demetrios (17) v. Phaleron (ca. 350–290), → Phainias v. Eresos (ca. 375–300), → Chamaileon v. Herakleia (ca. 350–270). Charakteristisch ist für sie alle, daß die systematische Philosophie im großen Stile ausfällt und ihr Interesse Spezialfragen und konkreten Problemen der Lebensführung, der Staatslenkung, der Literatur- und Kulturgeschichte oder der einzelnen Wissenschaften gilt.

[3] Die *hellenist. Epoche* beginnt mit Theophrasts Nachfolger → Straton (2) v. Lampsakos (ca. 330–269), der noch einmal die großen aristotelischen Probleme vor allem in der Naturphilosophie durcharbeitete, wohl in der Absicht, die von Aristoteles und Theophrast noch unerledigten Probleme einer Lösung zuzuführen, wobei er allerdings in eine auffallende Nähe zum Atomismus geriet. Die Reihe seiner Nachfolger in der Schulleitung bis zum Ende des 2.Jh.s v. Chr. ist nur teilweise bekannt. Der Peripatos scheint in eine Krise geraten zu sein, wobei es nicht ganz sicher ist, ob geistige Dürftigkeit der Schulhäupter oder materielle Verarmung und Bedrängnis der Schule die Hauptschuld tragen. Als Schulleiter sicher bezeugt sind → Lykon (2) v. Troas (ca. 300–224), → Ariston (3) v. Keos (ca. 270–190), höchst unsicher dagegen die Scholarchate von Praxiphanes und → Hieronymos (3) v. Rhodos aus dem 3. Jh., → Prytanis und Phormion aus dem 2. Jh. v. Chr. Eine Regeneration des Peripatos zeichnet sich mit → Kritolaos (2) v. Phaselis ab (ca. 210–130), offenbar im Sinne eines Rückgriffs auf die reine Lehre des Aristoteles. Als seine Schüler werden genannt → Ariston (1) v. Alexandria und → Diodoros (6) von Tyros. Die Schwäche des Peripatos als Schulorganisation in Athen darf nicht darüber hinwegtäuschen, daß zur gleichen Zeit seine geistige Ausstrahlung in den Bereichen der Naturwissenschaft, der Literatur- und Kulturgeschichte und der Staatslehre gewaltig gewesen ist. Soweit sich Forschungsreisende, Naturforscher, Techniker, Philosophiehistoriker, Dichterbiographen und Staatstheoretiker an eine Schule anschließen wollten, war im 3./2. Jh. v. Chr. der Peripatos die einzige, die derartigen Interessen Raum bot; sie war auch die einzige, deren Ethik auch den gebildeten Weltmann ansprach und für urbane Geselligkeit und feine Manieren etwas übrig hatte.

[4] *Die Erneuerung des Peripatos im 1. Jh. v. Chr.* Der Anstoß zur umfassenden Erneuerung scheint weniger von Kritolaos als von den Stoikern → Panaitios und → Poseidonios ausgegangen zu sein. Jener ließ sich stark von der Ethik des Aristoteles beeinflussen, dieser nahm von der Naturphilosophie des Aristoteles und Theophrast so viel auf, als es einem Stoiker überhaupt möglich war. Aristotelisch gefärbt ist auch die Psychologie des Poseidonios, z.T. sogar seine Geschichtsschreibung, zweifellos auch sein auffallendes Interesse an der Philosophiegeschichte. Erneuerer des Peripatos im strengen Sinne ist → Andronikos v. Rhodos (Mitte 1. Jh. v. Chr), der nicht nur eine neue, für die spätere Zeit maßgebende Ausgabe der wichtigsten Texte des Aristoteles und Theophrast veranstaltete, sondern auch über Echtheit und Anordnung der Schriften handelte und mehrere Kommentare schrieb. Ihm standen nahe → Boethos (4) v. Sidon, → Xenarchos (2) v. Seleukeia, wohl auch → Nikolaos (2) v. Damaskos und → Staseas v. Neapel. Ein eigentümliches Dokument dieses erneuerten Peripatos ist die Schrift ‹Von der Welt›. Allgemein gekennzeichnet ist diese Zeit durch die Tendenz, Peripatos, Akademie und Stoa als bloße Varianten einer und derselben Lehre zu deuten und der Lehre → Epikurs polemisch gegenüberzustellen.

[5] *Kaiserzeit.* Vom Peripatos des 1. Jh.s n. Chr. wissen wir fast nichts, dagegen kennen wir aus dem 2. Jh. → Aspasios (1), → Adrastos (2) v. Aphrodisias, → Alexandros (14) v. Aigai, → Ariston (1) v. Alexandria, → Herminos, → Sosigenes (2), → Aristokles (2) v. Messene und vor allem → Alexander (15) v. Aphrodisias, den für die Folgezeit repräsentativsten Vertreter des kaiserzeitlichen Peripatos. Da wird nun der von Andronikos bereinigte Text des Aristoteles zum Grundtext der Schule schlechthin. Er wird immer wieder kommentiert, es entsteht eine bestimmte Aristotelesorthodoxie, zugleich wird die Distanz zum Platonismus wieder größer. Sehr wichtig ist, daß längst nicht alle Schriften gleichmäßig kommentiert werden: weitaus die meisten Kommentare gelten den logischen Schriften und unter diesen der Kategorienschrift, es folgen die naturphilosophischen Abhandlungen (Physik, Vom Himmel, Entstehen und Vergehen, Meteorologie, Von der Seele), endlich die Metaphysik. Spärlich sind die Kommentare zur Nikomachischen Ethik, überhaupt nicht kommentiert werden die zoologischen Schriften und die Politik. Diese Akzentsetzung ist nicht selbstverständlich, hat aber ihre geistesgeschichtlichen Gründe. Auffallend bleibt freilich der schon bei Andronikos zu erkennende Vorrang der Logik. Er hat im Laufe der Kaiserzeit das Bild des Aristoteles immer entscheidender geprägt: am Ende der Antike und während des Mittelalters war er in erster Linie der Verfasser des Organon. – Vom 3. Jh. an reduziert sich unser Wissen vom Peripatos als Schule auf einige wenige Notizen. Das wichtigste Ereignis wird nun die Annexion der Aristotelesexegese durch den Neuplatonismus. Es entsteht die große Masse der uns noch erhaltenen Aristoteleskommentare und Paraphrasen, deren Verfasser sich alle zur platonischen Schule bekennen, mit einziger Ausnahme des → Themistios (2. H. 4. Jh.), der im ganzen dem klassischen Peripatos näher stand als dem Platonismus seiner Zeit. Wir werden kaum fehlgehen mit der Vermutung, daß im 3./4. Jh. auch alles, was von der Schulorganisation des Peripatos in Athen übriggeblieben war, von der platonischen Akademie übernom-

men wurde. Zum Erlöschen der Schule trat die Intensität, mit der die → Neuplatoniker die ältere peripatetische Kommentartradition weiterführten, in einen starken Kontrast. Mit seiner überaus erfolgreichen, knappen Einleitungsschrift in das Organon hat → Porphyrios den Ruhm des Aristoteles als des klassischen Logikers der Antike endgültig befestigt. Häufig gilt das Bemühen der Kommentatoren dem Nachweis der inneren Übereinstimmung zwischen Aristoteles und Platon. Insbes. wird versucht, den platonischen Timaios und die aristotelische Naturphilosophie sich gegenseitig erklären und stützen zu lassen. Die daraus sich ergebende Synthese wird ihrerseits wiederum fruchtbar gemacht für die christl. Exegese der AT-Genesis. So hat auf dem Weg über den Neuplatonismus Aristoteles mit seiner Logik und Kosmologie weitgehend das Mittelalter beherrscht. O.G.

Peripetie, Umschlag (μεταβολή) des Geschehens der → Tragödie in das Gegenteil von dem, was die Situation vorher bestimmte (Aristot. poet. 11. 1452 a 22 ff.), sowohl zum Guten als auch zum Schlechten; bes. wirkungsvoll, wenn sie mit der → Anagnorisis zusammenfällt. E.-R. Sch.

Periphrase (περίφρασις, circumitio: Rhet. Her. 4, 43), den → Tropen zugehörig; Umschreibung eines Wortes durch mehrere. *Bsp.*: ‹Vogel des Zeus› für ‹Adler›. → Rhetorik D, → Adynaton. H.H.

Lit: Volkmann, 435 f. – Lausberg, I 305–307.

Periplus (wörtlich: ‹Umschiffung›), üblicher Buchtitel der Küstenbeschreibungen, die am Anfang der griech. → Geographie standen. Die Beschreibung einer Landschaft vom Schiff aus findet sich bereits in der Odyssee. Von da aus entwickelt sich der P. über → Skylax v. Karyanda zum praktischen Schifferbuch mit bes. Rücksicht auf Entfernungs- und Richtungsangaben. Die für einzelne Meere von den Reisenden selbst verfertigten Beschreibungen (→ Hanno (1), → Pytheas, → Patrokles, → Timosthenes) wurden von den Geographen eifrig verwertet. Literarische Nachbildung bei → Agatharchides v. Knidos, → Menippos (2) v. Pergamon, → Dionysios (13) v. Byzanz. Vgl. → Reiseführer. F.L.

Lit: R. Güngerich, Die Küstenbeschreibung in d. griech. Lit., 1950.

2. **P. maris Erythraei,** → Reiseführer für die Seefahrt auf dem Indischen Ozean zwischen Äthiopien und der Südspitze von Vorderindien, aus dem 1. Jh. n. Chr. (oder um 230). Vgl. → Hippalos. F.L.

Ed: GGM I 257–305 – H. Frisk, Le périple de la Mer Erythrée, 1927.

Peripteros, ein → Tempel (B 1) mit Ringhalle (Peristasis).

Peristephanos von Kyrene, Schüler des → Kallimachos (3), schrieb ein Lehrgedicht (→ Hellenist. Dichtung C 2) ‹Über seltsame Flüsse› (in Distichen). P.H.

Peristyl, einen Hof umgebende → Säulenhalle; vgl. → Prytaneion.

Perlen → Edelstein, → Glas, → Schmuck.

Perlhuhn. Das in Westafrika beheimatete und den Griechen im 5. Jh. bekannte P. wurde wegen seiner um den Tod → Meleagers vergossenen Tränen, da man in den P.ern die verwandelten Schwestern des Helden sah, μελεαγρίς genannt. Begünstigt wurde der Mythos durch das getupfte, tropfenähnliche Gefieder und den schrillen Ruf des P.s. Am Grab des Meleager in Ätolien wurden P.er gehalten, ebenso im Kult der Artemis auf der Burg von Athen und auf Leros. Im Rom der Kaiserzeit galt das afrikan. oder numid. Huhn als Delikatesse. Vgl. → Fauna. J.W.

Lit: Keller, Tierwelt II 154–156 – Hehn, Kulturpflanzen, 364–366 – A. Steier, RE 19, 1 (1937), 865–867 (Quellen!).

Perperna, M. (cos. 130 v. Chr.), homo novus; 130 zur Bekämpfung des → Aristonikos (1) in der Provinz Asia. Er schlug Aristonikos entscheidend und zwang ihn zur Kapitulation. Starb 129, vor den Siegesfeiern, in Pergamon. G.G.

2. **P. Veiento,** M. (praet. 82 v. Chr.), Gegner → Sullas, brachte nach dem mißlungenen Aufstand des → Aemilius (3) Lepidus (78) den Rest des Heeres nach Spanien. Seine Soldaten zwangen ihn, sich mit → Sertorius (1) zu verbinden. Die wachsende Mißstimmung gegen diesen nutzte P. zu einer Verschwörung, der Sertorius zum Opfer fiel (72). P. übernahm den Oberbefehl, wurde aber bald von Cn. → Pompeius (2) völlig besiegt und getötet. P. war ein Mensch, der weder fähig war zu führen noch sich unterordnen konnte (Plut. Sert. 27, 2). G.G.

Perpetuus → Marius.

Persaios von Kition, → Stoiker, Schüler des → Zenon (3) v. Kition, der ihn an seiner Stelle zu → Antigonos II. sandte; dort seit 276 v. Chr. Erzieher des Sohnes Halkyoneus. 244 wurde P. Kommandant von Korinth; nach Einnahme der Stadt durch → Aratos (1) v. Sikyon nahm er sich das Leben. P. schrieb über den spartan. Staat und einige Abhandlungen über Ethik. M.S.

Frg: SVF I 96–102.

Persephone, griech. Unterweltsgöttin. Ihr Name ist ungriechisch und die Namensform im Griechischen schwankend: neben Persephone begegnen Persephoneia, Pherephatta, Periphona u. a., vgl. latein. → Proserpina. Schon Homer kennt sie als Gemahlin des → Hades, des ‹Königs der Unterirdischen›, doch in den Unterweltsschilderungen der Odyssee ist *sie* die eigentliche Gebieterin über die Toten, während der neben ihr thronende Hades passiv bleibt und nie handelnd eingreift. Erstmalig bei Hesiod (theog. 912 ff.) wird → Demeter ihre Mutter genannt und ihr Raub durch Hades (→ Pluton) erwähnt, der im homerischen Demeter-Hymnus (wahrscheinlich aus dem 7. Jh. v. Chr.) ausführlich geschildert ist (zugleich als Kultlegende der eleusinischen → Mysterien). Wie es zu dieser Verbindung und Identifizierung der aus vorgriechischer Religion stammenden Unterweltskönigin mit *Kore* (‹Mädchen›), der Tochter der Demeter, gekommen ist, wissen wir nicht. Die Neigung, Fruchtbarkeits- und Unterweltsgottheiten (chthonische Götter) zu verschmelzen, gehört wohl überhaupt zu den Elementen vorgriech. Religion. Aus der ursprünglichen Funktion als ‹Kornmädchen› läßt sich die Anschauung verstehen, daß eine solche → Vegetationsgottheit zeitweilig in die Gewalt eines Gottes kommt, dessen Machtbereich *in* der Erde liegt; denn Pluton (→ Hades) ist wohl ursprünglich der Herr des *in* der Erde liegenden ‹Reichtums› (πλοῦτος). – P. lebt vor allem in der Poesie; *im Kult* spielt sie allein nur an wenigen Orten eine Rolle (bisweilen alten Lokalgottheiten gleichgesetzt, z. B. in Pherai der *Brimo*); meist ist sie eng verbunden mit ihrer Mutter → Demeter (zusammen kurz ‹die beiden Göttinnen›, τὼ θεώ), so vor allem auch bei den eleusinischen → Mysterien. K.-H.R.

Lit: F. Bräuninger, RE 19, 1 (1937), 944–972 – Siehe auch zu → Demeter (Darstellungen).

[2] Im *Mythos* tritt P., von ihrem Raub durch → Hades abgesehen (→ Demeter), kaum hervor; in den Unterweltsabenteuern des → Orpheus, des → Herakles und vor allem des → Theseus und → Peirithoos (der sie als Gattin erobern will), ist sie allerdings wichtiger als ihr Gatte. Für ihren Charakter als Vegetationsgöttin ist die Sage charakteristisch, daß sie mit → Aphrodite um den Besitz des → Adonis eifert.

Persepolis, achämenidische Hauptstadt, 80 km nordöstlich von Šīrāz. Von → Dareios I. zwischen 518 und 515 gegründet, von → Xerxes I., → Artaxerxes I. und III. weiter ausgebaut; während der Besetzung durch Alexander d. Gr. brannte sie nieder (330). Die 450 × 300 m messende und von einer Mauer umgebene Terrasse wurde auf einem Felsenvorsprung aufgeschüttet, auf den man über eine monumentale Freitreppe gelangt. Sie ist mit bedeutenden Ruinen bedeckt: den Propyläen des Xerxes, der Bibliothek, in der mehr als 30000 Keilschrifttontäfelchen gefunden wurden, der ‹Hundert-Säulen›-Halle, dem Schatzhaus, dem Harem, den Palästen des Dareios und Xerxes, der Audienzhalle (apadāna) usw. Im O Felsengräber von Artaxerxes II. und III., ähnlich denen von →Naqš-i Rustam. Vgl. →Iranier D. G.R.

Lit: A. Christensen, Die Iranier, HbAW, 1933, 262–263 – E.F. Schmidt, P., 2 Bde, Chicago 1953–57 – L. Van den Berghe, Archéologie de l'Irān ancien, 1959, 27–37. 150–153 (Lit).

Perserkriege. [1] *Die pers. Angriffskriege gegen Hellas 492 bis 479.* Die von den Persern übernommene assyr. Weltreichsidee verlangte die Zusammenfassung aller Völker unter einem Großkönig, dessen Herrschaftsbereich grundsätzlich keine Grenzen kannte. Bei den engen Beziehungen zwischen den Griechen Europas und Kleinasiens war für das pers. Weltreich zur Sicherung seiner Herrschaft über diese die Unterwerfung auch jener unerläßlich. Wirklich bewußt wurden die Perser sich dessen freilich erst angesichts der anfänglichen Unterstützung des →Ion. Aufstandes durch Athen und Eretria. Athen wollte hierdurch seine unter →Kleisthenes (1) um 507 v. Chr. aus Furcht vor seinen griech. Gegnern vollzogene Unterwerfung unter die Perser (Hdt. 5,73) demonstrativ rückgängig machen, doch wurde diesen hierdurch nur ein Rechtsgrund zum Übergreifen nach Hellas in die Hände gespielt. Nach den ersten Niederlagen der Ionier versuchte Athen durch perserfreundliche Politik das Unheil abzuwenden. 496/495 wurde Hipparchos, der Führer der propers. Peisistratidenpartei, Archon, und diese Richtung behauptete die Macht bis 493, in welchem Jahr der Dichter →Phrynichos (2) für seine Tragödie ‹Der Fall von Milet› noch mit einer Geldstrafe belegt wurde. 493 zum Archon gewählt, legte →Themistokles Athen jedoch auf ‹Widerstand› gegen Persien fest, und diesen außenpolitischen Kurs setzte dann der vor den Persern 493 von der thrak. Chersonnes nach Athen geflüchtete und an die Spitze der Aristokraten getretene Philaïde →Miltiades fort. Athen und Eretria waren vielleicht schon das Ziel eines 492 unter →Mardonios unternommenen pers. Feldzuges, dessen Ergebnis aber lediglich die Sicherung der pers. Herrschaft an der Nordküste der Ägäis war. Eine 2. Expedition unter →Datis und →Artaphernes ging 490 direkt über die Ägäis. Ihr langsames Vorrücken sollte Athens Widerstandswillen ebenso zermürben wie die Mitführung des vertriebenen Tyrannen →Hippias (1), durch dessen Akzeptierung als Staatschef und Vertrauensmann →Dareios' I. sich die Stadt hätte Schonung erkaufen können. Da das zuerst angegriffene Eretria durch Verrat gefallen war, setzte Miltiades durch, daß Athens Aufgebot den danach bei Marathon gelandeten Persern entgegenzog und eine Feldschlacht lieferte, sogar bevor noch ein alsbald gesandtes spartan. Hilfskorps eingetroffen war. Von der – eine taktische Neuerung – im Sturmlauf vorrückenden Hoplitenphalanx wurden die leichten pers. Truppen auf die Schiffe zurückgeworfen, ein Sieg, den die Athener später propagandistisch hochspielten als Rettung der Freiheit von Hellas durch sie allein und daher ihre ruhmvollste Leistung. Die dann einsetzenden umfangreichen pers. Rüstungen, zu denen auch der Bau des Athos-Kanals zählte, zogen sich wegen der nach dem Tode des Dareios ausbrechenden Aufstände in Ägypten (486–484) und Babylonien ein Jahrzehnt hin. Währenddessen konnte Sparta durch Beendigung des 3. Messen. Krieges (490/489) und den Sturz →Kleomenes' I. (488) seine inneren Schwierigkeiten meistern, ebenso Athen durch Ostrakisierung der Tyrannen- und Perserfreunde (487–484). 482 erhielt →Themistokles endlich freie Hand, Athen in letzter Minute zu Hellas' bedeutendster Seemacht zu erheben. Ende 481 schlossen sich Spartas →Pelop. Bund, Athen und einige andere zum Widerstand bereite Poleis zu einer Wehrgemeinschaft unter Führung Spartas zusammen und verkündeten einen allgemeinen Landfrieden und Strafen für etwaigen →Medismos. Die in Hellas verbreiteten neutralistischen Tendenzen wurden jedoch vom →delphischen Orakel geradezu gefördert. Die 480 gegen die von →Xerxes (1) persönlich kommandierten Perser von den Verbündeten zunächst besetzte Abwehrstellung im Tempetal erwies sich als weder strategisch noch politisch haltbar. Nach der Räumung Nordgriechenlands erlag →Leonidas I. im Aug. 480 an den Thermopylen in dreitägigem Heldenkampf, worauf sich die beim Artemision konzentrierte griech. Flotte trotz geschickter Verteidigung in den Raum des Isthmos zurückziehen mußte und Böotien auf die Seite der Perser trat. Nach Evakuierung der Bevölkerung fiel Athen in die Hände der pers. Übermacht. Doch die von Themistokles entsprechend seinem strategischen Plan Ende Sept. erzwungene Entscheidungsschlacht zur See bei Salamis wurde zu einem großen griech. Sieg, worauf ein Aufstand in Babylon Xerxes zur Heimkehr zwang; und als im Sommer 479 endlich die volle Heeresmacht der Peloponnesier unter →Pausanias (1) in Mittelgriechenland erschien, unterlag auch das pers. Heer unter →Mardonios bei Platää, während die griech. Flotte unter →Leotychidas durch einen weiteren Sieg bei Mykale den Ioniern den Abfall von Persien ermöglichte.

[2] *Der Angriffskrieg der Griechen gegen die Perser* 478–449. Er wurde 478 von Pausanias auf Cypern und am Bosporos eröffnet und dann von Athen weitergeführt, nachdem es die geringe Neigung Spartas, Garantien für die Freiheit auch der Griechen Kleinasiens zu übernehmen, zur Gründung des 1. →Att. Seebundes ausgenützt hatte. Während der 70er Jahre wurden vor allem von →Kimon (1) die letzten pers. Stützpunkte im Raum der Ägäis beseitigt, doch entwickelte sich der Perserkrieg daneben immer mehr zum Vorwand (Thuk. 1,96,1), um Athens militärische Macht auf Kosten des Seebundes zu steigern und diesen in ein Machtinstrument Athens umzuwandeln (Aristot. Ath. pol. 24), was die letztlich ziellose Weiterführung des Krieges trotz zunehmender Kriegsmüdigkeit der Seebundsmitglieder erklärt. Eine schließlich von Xerxes veranlaßte Gegenaktion führte 469/466 zum Sieg Kimons am Eurymedon in Pamphylien. Ein Aufstand unter Inaros und →Amyrtaios in Ägypten nach Xerxes' Tod verleitete Athen, sich dort 460 mit starken Streitkräften zu engagieren, was nach Anfangserfolgen, bes. der Einnahme von Memphis bis auf die Zitadelle, 456 zu einer schweren Niederlage im Delta und 454 zur Kapitulation der zuletzt auf der Nilinsel Prosopitis eingeschlossenen Athener führte. Da aber weitere pers. Aktionen unterblieben, konnte Kimon 450 auf Cypern erneut die Offensive ergreifen. Nach seinem Tod errangen die Athener noch einen glänzenden Sieg beim cyprischen Salamis, dann zog →Perikles die athen. Streitkräfte aus dem östl. Mittelmeer zurück. In seinem Auftrag erreichte →Kallias (1) i. J. 449 in Susa einen Friedensvertrag, durch den die Ägäis und der an ihr liegende zum Att. Seebund gehörende Küstenstreifen Kleinasiens für pers. Streitkräfte gesperrt, dieses Gebiet somit als Herrschaftsbereich Athens anerkannt wurde. F.Kch.

Q: Aisch. Pers.; Hdt. 6–9; Thuk. 1,94–112; Diod. 11,1–12,4; Plut. Them. Kim. – *Lit:* H. Delbrück, Marathon u. d. pers. Taktik, Klio 17, 1921, 221–229 – F. Maurice, The Size of the Army of Xerxes in … 480 B.C., JHS 50, 1930, 210–235 – F. Miltner, Des Themistokles Strategie, Klio 31, 1938, 219–243 – R. Meiggs, The Growth of the Athenian Imperialism, JHS 63, 1943, 21–34 – P.A. Brunt, The Hellenic League against Persia, Historia 2, 1953, 135–163 – N.G.L. Hammond, The Battle of Salamis, JHS 76, 1956, 32–54; 77, 1957, 311 – W.K. Pritchett, New Light on Plataiai, AJA 61, 1957, 9–28 – Ders., Toward a Restudy of the Battle of Salamis, AJA 63, 1959, 251–262 – Ders., Marathon, Univ. of Calif. Publ. in Class. Arch. 4, 1960 – A.E. Wardman, Tactics and Tradition of the Persian Wars, Historia 8, 1959, 49–60 – D. Stockton, The Peace of Callias, Historia 8, 1959, 61–79 – C. Hignett, Xerxes' Invasion of Greece, 1963 – J. Papastavrou, Die polit. Situation am Vorabend der P. u. d. auswärtige Politik Athens, Gymn. 70, 1963, 11–18 – H.D. Meyer, Vorgesch. u. Gründung des delisch-attischen Seebundes, Historia 12, 1963, 405–446.

Perservase, →apulischer Volutenkrater, Meisterwerk der Zeit um 330 v. Chr. (Neapel, Mus. Naz., aus Canusium, H. 1,30 m). Die Darstellung des Dareios (danach der ‹Dareiosmaler› benannt) läßt als Anlaß den Alexanderfeldzug oder ein Perserdrama des →Phrynichos (2) vermuten. Hauptbild: in der Mitte Dareios und sein Hof, unten Zahlmeister und Tributpflichtige des Perserreiches; oben wird offenbar auf die Rettung Griechenlands angespielt: Athena führt ‹Hellas› vor Zeus, während vor ‹Asia› die ‹Apate› erscheint. – Rückseite: → Bellerophon und Chimäre im Beisein von Göttern und kämpfenden Orientalen. I. Sch.

Lit: Furtwängler-Reichhold, Taf. 88 – A. Alföldi, Gewaltherrscher, in: Studies in Honor of Friend, 1955, 42 ff., Abb. 11; 16.

Perses. (1) Sohn des → Titanen Kreios und der Eurybia. Von seiner Gattin Asteria, Tochter der Phoibe, Vater der → Hekate; (2) Sohn des → Helios und der Perseis, Bruder des Aietes und der Kirke. K. Schb.

2. **P. von Theben,** Epigrammatiker, erstes datierbares Gedicht von 316 v. Chr. Seine Epigramme sind echte Aufschriften; zwei (AP 7,445. 730) beschreiben die zugehörigen Darstellungen. Schlichter Art. P.H.

Ed: AP.

Perseus, Sohn des Zeus und der Danae. Der Gott nahte sich D. in Gestalt eines Goldregens, da sie von ihrem Vater → Akrisios, König von Argos, der auf Grund eines Orakelspruchs Furcht vor einem Enkel hatte, in einem unterirdischen Gemach eingeschlossen war. Nach Entdeckung des P. warf Akrisios ihn und Danae in einer Kiste ins Meer, aus der sie in Seriphos durch den Fischer Diktys befreit wurden (Simon. Fr. 38 P.). Dessen Bruder, König Polydektes, wollte aus Liebe zu Danae P. beseitigen und veranlaßte ihn daher, für ihn das Haupt der Medusa, einer der → Gorgonen, zu holen. Ihr Blick versteinerte jeden Betrachter. P. zwang zunächst die Schwestern der Gorgonen, die Graien, indem er ihr einziges, gemeinsames Auge stahl, ihm den Weg zu den Nymphen zu weisen, von denen er Flügelschuhe, unsichtbar machende Hadeskappe und Kibisis (Beutel) erhielt. Mit diesen Attributen und der ihm von Hermes oder Hephaistos gegebenen Harpe (Sichelschwert) sowie mit der Hilfe Athenes und des Hermes bezwang P. die Medusa und entfloh ihren Schwestern. Medusas grausigen Kopf steckte er in die Kibisis. Dem Rumpf Medusas entsprangen ihre Kinder von Poseidon (Chrysaor und → Pegasos). Auf dem Rückflug von den meist am Atlasgebirge lokalisierten Gorgonen befreite P. (in Ioppe?) Andromeda. Diese Tochter des Äthiopenkönigs Kepheus war, an einem Felsen angekettet, als Sühnopfer für ein Meerungeheuer (religiöse und kulturgeschichtliche Deutung → Orient und Antike D 2) ausgesetzt, das Poseidon im Zorn über den Anspruch ihrer Mutter, Kassiopeia, ebenso schön zu sein wie die Töchter des Nereus, geschickt hatte. P. tötet es, heiratet Andromeda, nachdem er ihren Oheim Phineus, der sie ihm streitig machte, versteinert hat; in Seriphos bereitet er Polydektes, vor dessen Drohungen Danae an einen Altar hatte fliehen müssen, und seinen Untertanen dasselbe Schicksal und gibt die Herrschaft an Diktys. Auf der Suche nach Akrisios in der Pelasgiotis tötet er ihn dort versehentlich. Mit seinem Onkel → Proitos bzw. dessen Sohn Megapenthes tauscht er die Herrschaft in Argos gegen die über Tiryns, von wo aus er Mykene gründet. Nach anderer Version flieht er nach Kleinasien, wo er mehrere Städte gründet und Stammvater der Perser wird. Im Raum von Argos war sein Kampf gegen den eindringenden Dionysoskult lokalisiert, dessen Ausgang sehr verschieden überliefert ist. – Diese Sagen weisen auf ein hohes Alter des P.mythos; die schon im Altertum, z.T. wegen des Anklangs P.-Perser (Hdt. 7, 150f.; Aisch. Pers. 79f. mit Schol.), vertretene Herleitung des P. aus dem Orient ist daher wohl unrichtig. Früh wurden P., Andromeda, Kepheus und Kassiopeia in Sternbildern wiedererkannt. P. wurde als einziger Heros in der griech. Kunst mit Strahlen, Andromeda in Unteritalien mit dem Nimbus versehen.

Lit: Preller-Robert II 1, 222 ff. – Kuhnert, ML III 2, 1986–2060 – *Darstellungen:* schon vom 2. Viertel des 7. Jh.s an. Zuerst wird die *Tötung Medusas* dargestellt (Amphora in Eleusis, Elfenbeinrelief aus Samos, Reliefpithos im Louvre [Schefold, FS, Taf. 15b–17]). Medusa ist auf dem frühesten Monument noch als Mischwesen von Pferd und Mensch gebildet, P. bereits unbärtig, so in dieser Szene, meist auch in der Folgezeit. Dagegen bei der *Flucht vor den Gorgonen* bis ins frühe 5. Jh. vorwiegend bärtig dargestellt (Schefold, FS, Taf. 18. 45). Schon von Anfang an wendet der Heros bei der Tötung des Ungeheuers seinen Blick ab (auch später nur wenige Ausnahmen). – Im 2. Viertel des 6. Jh.s erstmals die *Tötung des Ketos* auf einer korinth. Amphora (Pfuhl, MuZ, Abb. 190), wobei Andromeda entgegen der schriftlichen und sonstigen bildlichen Überlieferung P. unterstützt und ungefesselt ist. Während diese Tat des P. von etwa 450 an bis in die späte Kaiserzeit auf zahlreichen Denkmälern wiedergegeben wurde (bes. auf Vasen, Bull. MFA Boston, 1963, 109, Wandgemälden, Reliefs und Mosaiken), verlor das Gorgoabenteuer von der spätarchaischen Epoche an seine Beliebtheit. Die meisten röm. Darstellungen (bes. Reliefs) des Mythos gehen auf ein Gemälde aus der 1. H. des 4. Jh.s zurück (Schauenburg, P., 24 ff.) – Erst im frühen 5. Jh. auf Vasen und dann in der Kleinkunst Darstellungen der den Goldregen empfangenden Danae, der Danae mit P. in der Lade oder bei der Landung in Seriphos, die bis in die Kaiserzeit (bes. auf Wandgemälden) hinabreichen. Um 400 ist in der großgriech. Vasenmalerei und im 4. und 3. Jh. in der etrusk. Kunst ein literarisch nicht bekanntes Motiv verbreitet: P. bei Betrachtung des sich im Quell spiegelnden Gorgoneions mit Athena, in der hellenist.-röm. mit Andromeda (F. Matz, MarbWPr. 1947, 9 ff.), wodurch die Szene einen genrehaften Charakter bekommt. – Großplastische Wiedergaben des P., die nach Ausweis von Münzbildern nicht ganz selten gewesen sein können, sind kaum erhalten. Eine Bronzestatue in Athen (R. Lullies-Hirmer, Griech. Plastik, 1956, Taf. 208 f.), bald nach 350 entstanden, ist die einzige originale griech. Statue, die wohl als P. angesprochen werden darf. Im Altertum waren P.statuen des → Myron und des Pythagoras berühmt, ihre Wiedergewinnung in Kopien und Nachbildungen auf Vasen ist noch umstritten (dazu zuletzt: E. Langlotz, Der triumphierende P., 1960). Von den Attributen spielt die Kibisis die geringste Rolle (Schauenburg, Perseus, 13–17. 119f. 133). Sie begegnet schon auf dem Pariser Pithos und der um 625 entstandenen Thermosmetope (Schefold, FS, Taf. 18), fehlt aber dann nicht selten und erscheint in der unterital. Kunst fast, in der römischen überhaupt nicht. Die Flügelschuhe sind sehr früh nachweisbar (Amphora aus Eleusis), werden aber nicht selten weggelassen. Sehr mannigfache Formen hat die "Αϊδος κυνέη (gewöhnliche Mütze, Petasos, Fellmütze usw.), erst ab 470/60 geflügelt. Im Italischen ist die phryg. Mütze oder die Fellmütze, oft geflügelt, bes. verbreitet. In späterer Zeit auch ein in Vogel- oder Greifenkopf endender Helm (sonst wie der Schild selten bei P.). Als Waffe führt P. zunächst meist ein kurzes Schwert, die Harpe erst häufiger von der 2. H. des 6. Jh.s an. – *Lit. dazu:* F. Knatz, Quomodo Persei fabulam artifices Graeci et Romani tractaverint, 1893 – Kunze 136–139 – K. Schauenburg, P. in der Kunst des Altertums, 1960 – Ders., AuA 10, 1961, 88 – Ders., Kunst in Hessen u. am Niederrhein 3, 1963, 3 ff. – Vgl. → Gorgonen. K. Schb.

2. **P.,** letzter König von Makedonien (179–168), setzte die Politik seines Vaters → Philipp V. fort, Makedonien der röm. Kontrolle zu entziehen. Er bemühte sich um gute Beziehungen zu Rom, suchte aber durch dynastische Verbindungen zu Syrien und Bithynien und durch diplomatische Kontakte die Isolierung Makedoniens aufzuheben. Er dehnte seinen Einfluß nach Thrakien und Illyrien aus, unterwarf Dolopien und mischte sich in soziale Wirren in Thessalien und Ätolien ein. Ungerechtfertigte Beschuldigungen → Eumenes' II. v. Pergamon, P. plane einen Rachekrieg gegen Rom, veranlaßten den Senat zum Vernichtungskrieg gegen Makedonien (→ Rom I C 2). Im 3. Makedon. Krieg (171–168) verteidigte sich P. zunächst erfolgreich, wurde aber 168 nach Kapitulation seines Verbündeten → Genthios bei Pydna von L. → Aemilius (10) Paullus geschlagen und in Samothrake gefangengenommen. Makedonien wurde in 4 voneinander isolierte Republiken aufgeteilt; zahlreiche griech. Staaten, die mit P. sympathisiert hatten, wurden schwer bestraft. 167 im Triumph mitgeführt, starb P. 165 oder 162 in Alba Fucens. H.H.Sch.

Lit: P. Meloni, P. e la fine della monarchia macedone, 1953 (Lit) – E. Bikerman, Initia belli Macedonici, REG 66, 1953, 479–501 – *Zur Finanzpolitik:* P. R. Franke, JbNG 8, 1957, 31–46 – *Bildnisse* → Anhang I.

3. **P.,** → Mathematiker, 2. Jh. v. Chr., erfand und beschrieb die spirischen Kurven, die ebenen Schnitte der → Speira (Torus). H.G.

Q: Proklos in Eukl., p. 111 f., 356 Friedlein – *Lit:* Th. Heath, A hist. of Greek Math. II, 1921, 203 ff.

Persien, im Unterschied zur Provinz Persis im südl. Zagrosgebirge, im Altertum durchgehend Bezeichnung des ganzen Territoriums des Perserreiches, also des ganzen iran. Hochplateaus. Zur Beschaffenheit des Landes → Iran. Die indogermanischen, arischen Perser sind im 9. Jh. zur Zeit des allmählichen Erstarkens der → Meder unmittelbar westlich von ihnen in Parsua, später, nach Eroberung des elamit. Gebietes, im ganzen Zagrosgebirge bis zur späteren Provinz Persis anzutreffen. Die Eroberung dieser Gebiete scheint im wesentlichen unter → Teispes erfolgt zu sein, dem ersten uns bekannten Herrscher aus der in P. bis zur Zeit → Alexanders d. Gr. regierenden Dynastie der → Achämeniden. Seine Nachfolger → Kyros I. (640–600) und → Kambyses I. (600–559) suchen sich an Assyrien anzulehnen, müssen aber doch die Oberhoheit der ihnen verwandten und die unmittelbaren Nachbargebiete beherrschenden Meder anerkennen. Zum Gründer des Reichs wird → Kyros II. d. Gr. (559–530), der sich mit Babylon unter → Nabonid verbindet und so seinen Lehnsherrn und Schwiegervater → Astyages stürzt. Er erobert nicht nur den gesamten med. Machtbereich, sondern auch, auf einen Präventivangriff des → Kroisos hin, → Lydien und durch seinen Feldherrn → Harpagos auch die griech. Städte an der Küste Kleinasiens (547 v. Chr.), sichert sein Reich gegen die Nomadenstämme im NO durch Feldzüge gegen die Massageten und Anlage von Stützpunkten in Baktrien und Sogdiana und ringt schließlich auch das letzte große Reich nieder, indem er Babylon 539 erobert. Aber auch in der inneren Verwaltung des so geschaffenen Weltreiches legte er den Grund für Größe und Bestand des pers. Reiches: die unterworfenen Reiche und ihre Regionen bleiben im wesentlichen erhalten und werden, wo möglich, zunächst weiterhin durch einheimische Fürsten, später durch Statthalter (→ Satrapen) des Großkönigs verwaltet, die innerhalb ihrer Provinz weitgehende Autonomie besitzen; die jeweiligen Landessitten und vor allem auch die Religionen der unterworfenen Völker dürfen unbeschadet fortbestehen, ebenso besondere Formen der Regierung wie z. B. in den phön. und griech. Stadtstaaten. Die Vielfalt der Landessprachen bleibt bestehen, überregionale, offizielle Verwaltungssprachen waren das Persische, das Elamitische und vor allem das Aramäische, und die königlichen Inschriften und Rechenschaftsberichte sind daher oft dreisprachig abgefaßt. Die Regierung des → Kambyses II. (530 bis 522) bringt schließlich auch noch die Eroberung Ägyptens i. J. 525, dessen Zugehörigkeit zum pers. Reich aber immer wieder gegen erbitterte Aufstände, die regelmäßig Zeiten der Unsicherheit der pers. Macht ausnützen, verteidigt werden muß (so unter → Dareios I.; → Xerxes; → Dareios II.; → Artaxerxes III.). Dagegen ist die Regierung des → Dareios I. (522–486), der nach Beseitigung des Usurpators → Gaumāta auf den Thron kommt, vor allem für die Sicherung des erreichten Besitzstandes (der ein erfolgloser Zug gegen die Skythen, die Besetzung der thrak. und makedon. Nordküsten der Ägäis und letzten Endes auch die Expedition gegen Athen und Eretria dienen sollten: → Ion. Aufstand, → Perserkriege) und für den inneren Ausbau des Reiches bedeutsam: systematische Neueinteilung der Satrapien, Ordnung des Steuer- und Finanzwesens, Schaffung einer einheitlichen Währung, Ausbau der Verkehrswege (→ Straßen; Vollendung des Kanals vom Nil zum Roten Meer) und Förderung der Kunst. Das prunkvolle, immer weiter differenzierte Hofzeremoniell wird zu einem wichtigen Mittel, den ‹König der Könige› über seine vielen Unterkönige hinauszuheben, und wohl auch wegen dieser konkreten politischen Bedeutung später von → Alexander d. Gr. zum Unbehagen der Griechen übernommen. Unter Xerxes (485–465/64) stößt im Griechenlandzug (→ Perserkriege) das pers. Reich an die Grenzen seiner äußeren Ausdehnung, während sein politischer Einfluß auf die innergriech. Verhältnisse (→ Pelop. Krieg) unter den folgenden Herrschern → Artaxerxes I., → Dareios II., → Artaxerxes II. dank der pers. Diplomatie und den ungeheuren Geldmitteln, die sie einsetzen konnten, immer noch sehr groß bleibt. Dennoch haben diese Herrscher zunehmend mit Aufständen zu kämpfen: in Baktrien und Ägypten (unter Inaros) gegen Artaxerxes I.; Satrapenaufstände im ganzen Westen des Reiches gegen Dareios II., Usurpationsversuch → Kyros' d. J. gegen Artaxerxes II.; große Aufstände in Kleinasien und Phönizien (unter Tennes von Sidon) gegen Artaxerxes III.; dazu kommt zunehmend die innere Schwäche der Dynastie, die u. a. auf Inzucht (häufig Geschwisterheiraten im Königshaus wie schon bei den Elamitern) zurückzuführen ist; bes. greifbar wird sie in dem unheilvollen Einfluß, den der Eunuch Bagoas auf den Gang der Dinge ausüben kann, der nacheinander Artaxerxes II. und dessen Nachfolger → Arses ermordet. Dareios III. hat noch einmal einige Erfolge in Westkleinasien, dann aber wird seine Herrschaft durch den Siegeszug Alexanders d. Gr. hinweggefegt, in dessen Weltreich P. als ein Teil eingeht. Sein Verwaltungswesen und das gesamte System einer außenpolitisch straffen, innenpolitisch toleranten, keineswegs totalistischen Einheit wurde aber von Alexander im Prinzip übernommen und zeigt das Große dieser Leistung; durch die zivilisatorische Vereinheitlichung eines so großen Raumes, die Belebung des Fernverkehrs, die Freizügigkeit des Einzelnen, die großräumige Wirtschaft bereitet es die hellenist. Welt vor. – Zur Religion, Kultur und Kunst der Perser → Iran.

Lit: Ed. Meyer, GdA III (1901), 1954³ – P. M. Sykes, History of Persia I, 1930 – A. Christensen, Die Iranier, HbAW, 1933 – E. Herzfeld, Iran in the Ancient East, 1941 – R. Ghirshman, L'Iran des origines à l'Islam, 1951 – H. H. v. d. Osten, Die Welt der Perser, 1956 – R. N. Frye, Persien, 1962 – R. Ghirshman, Perse, 1964 – Vgl. zu → Meder, → Iran.

Persius (Aules Persius Flaccus), der dritte der vier ‹kanonischen› röm. → Satirendichter, nach → Lucilius (1) und → Horaz, vor → Juvenal. Geb. am 4. 12. 34 n. Chr. zu Volterra, aus wohlhabender, ihrer etrusk. Abkunft noch bewußter Familie (Namensform Aules, nicht Aulus; das Überwiegen des weiblichen Einflusses in seinem Leben erklärt sich nur z. T. aus dem frühen Tod des Vaters und wiederholt sich in seiner Dichtung: sat. 6, 52–56). Zwölfjährig kam P. nach Rom, wo er von den besten Lehrern unterrichtet wurde. Bes. mit dem Stoiker → Cornutus (1) blieb er innig verbunden (sat. 5, 21–51); mit → Lukan war er befreundet, zu → Seneca (2) stand er eher ablehnend. Die auf → Probus (2) zurückgehende Vita rühmt seine Lauterkeit, Zartheit und Schönheit, hebt aber zugleich die Schärfe seiner Zeitkritik hervor, durch die er sich auch gegenüber Nero exponiert habe. Sein früher Tod (24. 11. 62) hat ihn wohl davor bewahrt, das Schicksal Senecas, Lukans und → Petrons zu teilen.

[2] *Werke:* Die Vita nennt frühe Versuche, die nicht in die postume Werkausgabe aufgenommen wurden. Erhalten sind außer einem Vorspruch von 24 Choliamben nur die 6 Satiren mit zusammen 645 Hexametern. (Zum Vergleich: ein Aeneisbuch hat im Durchschnitt 800, ein Lukrezbuch 1250 Verse.) Echt ‹satirischen›, d. h. gezielt zeitkritischen Charakter hat nur sat. 1, sonst überwiegt die stoische Moraldiatribe bei engem Anschluß an Lucilius und bes. Horaz. Namen, Floskeln, Situationen werden den Vorbildern reichlich entlehnt, der gedankliche Gehalt wirkt etwas altklug und angelernt. Trotzdem hat das Büchlein seit seinem Erscheinen (Quint. 10, 1, 94; Martial 4, 29, 7) bis ins 19. Jh. eine außerordentliche Wirkung gehabt, die Zahl der Handschriften, Ausgaben, Zitate und Imitationen ist unübersehbar. Das neuzeitliche Urteil schwankt zwischen Ablehnung (Th. Mommsen) und einer gewissen Verlegenheit (etwa: O. Weinreich). Mag auch die Morallehre des P. nur populäre Topik bieten, so gibt doch die drängende Intensität der sprachlichen und poetischen Form selbst dem Trivialen eine eigentümliche Leuchtkraft. Was, aus dem Zusammenhang gelöst, leicht gepreßt und verquält wirkt, findet im Ganzen seine Rechtfertigung als künstlerisch notwendiger

Ausdruck eines Weltgefühls spezifisch neronischer Nachklassik. Die nächsten Parallelen dazu sind in der modernen Poesie zu finden. – P. ist neben Lukan und Petron wohl der letzte bedeutende röm. Dichter, der noch ganz ohne klassizistische Brechung für seine eigene Wirklichkeit einen adäquaten dichterischen Ausdruck gesucht und gewagt hat. Darin ebenso wie in seiner geheimnisvoll evozierenden Kraft liegt sein Rang und seine Gültigkeit. O.S.

Ed: W.V. Clausen, OCT, 1956 u. zus. mit Juvenal 1959 – *Übers:* O. Seel, Tusc., 1950 – H. Blümner (Auswahl der Übers. von 1897), in: O. Weinreich, Röm. Satiren, BAW (1949), 1962² – G.F. Hering, Persius. Gesch. seines Nachlebens u. seiner Übersetzungen in d. deutschen Lit., 1935.

Persona, lat. Äquivalent zum griech. *Prosopon* (*πρόσωπον*), bezeichnet wie dieses innerhalb der Bühnensprache zunächst die → Maske, die die Schauspieler trugen, dann die Figur, bzw. Rolle, die sie darstellten. Die Etymologie von P. ist umstritten. E.-R. Sch.

Personennamen

A. GRIECH. P.: [1] Allgemeines – [2] Morphologie – B. RÖM. P.: [1] System, Bedeutung – [2] Verfall.

A. GRIECHISCHE P.: [1] *Allgemeines.* Für die griech. Anthroponymie steht unübersehbar reiches Material aus literar. und inschriftlichen Texten von der myk. Epoche (Linear B-Tafeln aus Knossos, Pylos, Mykene; → Mykenisch) bis in die späte Kaiserzeit zur Verfügung. – Der Grieche empfängt in der Regel am 10. Tag nach der Geburt seinen Namen, und zwar als Individualnamen, welcher nach alter indogerm. Sitte entweder die Form eines zweistämmigen Kompositums (bzw. der Kürzung oder Erweiterung eines solchen) oder eines von Haus aus einstämmigen Nomens besitzen kann. Die griech. P. werden mit Absicht und Bewußtheit gewählt: Sie künden von Eigenschaften, Fähigkeiten, Erfolgen, die man dem Namensträger wünscht (die Begriffe Mut und Tapferkeit, Kampf und Sieg, Führung und Herrschaft, Klugheit und Frömmigkeit, Schutz und Hilfe der Götter stehen an zentraler Stelle), und spiegeln so die ideale Vorstellungswelt der Griechen in alter Zeit wider. Mit dieser ursprünglichen Tendenz verbindet sich oft das Bestreben, in der Namengebung die Zusammengehörigkeit der Familie deutlich werden zu lassen: Die Namen von Brüdern bergen häufig ein gleiches Bildungselement (z.B. die Söhne des Peisistratos: Hipparchos und Hippias), und oft erhält das Kind den Namen des Großvaters (der Enkel des Xanthippos, Sohn des Perikles, heißt Xanthippos). Später können Namenselemente ohne Rücksicht darauf, ob ihre Kombination einen Sinn ergibt, verbunden werden: *Lysi-klēs* ist sinnlos gegenüber *Lys-ippos* und *Hippo-klēs*. – In der feierlichen Form der Aussage, also in der Dichtung, in Urkunden, auf Grabsteinen, kann der erwachsene Grieche zusätzlich mit dem Vatersnamen *(Patronymikon)* genannt werden, der in folgenden Formen erscheint: 1. patronymisches Adj. auf *-ιος: Alektruwōn Etewoklewehios* (myk.), *Σϑενείας ὁ Νικίαιος* (lesb.), *Νέστωρ Νηλήιος* (hom.). – 2. patronymische Ableitung auf *-ίδης*, *-ιάδης: Διομήδης Τυδείδης* (hom.). – 3. Genitiv: *Αἰσχύλος Εὐφορίωνος*. – In anderen Fällen wird eine Herkunftsbezeichnung *(Ethnikon)* zugefügt: *Γοργίας ὁ Λεοντῖνος*. Inschriften und Urkunden bieten oft die Folge: Individualname, Name des Vaters im Gen., Ethnikon (in Athen die Angabe des Demos: Demotikon): *Θουκυδίδης 'Ολόρου 'Αλιμούσιος*. Von hellenist. Zeit an verbreitet sich – ausgehend von Ägypten – im ganzen röm. Reich die Sitte der Doppelnamen vom Typ *'Ηρακλέων ὁ καὶ 'Αρτέμων*. Nicht selten wird auch der eigentliche Name durch Spitznamen verdrängt (z.B. *Χοιροβοσκός*, ‹Schweinehirt› u. a.).

[2] *Morphologie.* Nach morphologischen Gesichtspunkten gruppieren sich die griech. P. wie folgt:

VOLLNAMEN (stets zweistämmig). Sie werden wie die komponierten Nomina gebildet: 1. → Bahuvrīhi (häufigste Form): *Eu-mēdēs* (myk.), *Πολύ-ξεινος* (hom.), *Δημοσϑένης* (att.). – 2. Verbale Rektionskomposita: a) *Ekhe-mēdēs* (myk.), *Μενέ-λᾱος* (hom.), *'Αγέ-λᾱος* (lak.); b) *Orti-nāwos* (myk.), *Καστι-άνειρα* (hom.), *Πεισί-στρατος* (att.); c) *Lāwo-dokos* (myk.), *'Αστυ-όχη* (hom.), *Λυκοῦργος* (att.); d) *Πολυ-κάστη* (hom.), *'Ηρό-δοτος* (ion.). – 3. Präpositionale Rektionskomposita: *Opilimnios* (myk.), *'Υπερ-ήνωρ* (hom.), *'Επ-ωφέλεις* (böot.). – Dazu kommen: 4. suffixal erweiterte Vollnamen, z.B. *'Αλκιβιάδης*, *Θουκυδίδης* (ursprünglich Patronymika, als Individualnamen verwendet). – 5. gekürzte Vollnamen (z.T. in Funktion von Kose- oder Spitznamen): a) ohne Suffix: *Okunos* (myk.; <*Okunāwos*), *Σϑένελος* (hom.; <**Σϑενέ-λᾱος*), *Πάτροκλος* neben *Πατροκλῆς*; b) mit Suffix *-ων: Νίκων, Κλέων; -εύς: Εὐρυσϑεύς* (hom.); *-ί/ύλος* (ursprünglich deminutiv): *Θερσίλος, Κρατύλος; -ίᾱς: Κριτίᾱς, Νικίᾱς*, fem. *-ώ: Μελανϑώ* (hom.) u.a. Häufig ist bei diesen P. die (expressive) Konsonantenverdoppelung: *Στροττώ, "Ηρυλλος*.

EINSTÄMMIGE NAMEN. Wichtigste Typen: Nomina agentium auf *-τωρ: Νέστωρ, 'Αμύντωρ;* Berufsbezeichnungen auf *-εύς: Kukleus* (myk.); *Πρυμνεύς* (hom.); Partizipien: *Κλύμενος;* individualisierende P. auf *-ων: 'Ρίνων = Nasō, Πλάτων, Στράβων;* eigentliche Ethnika: *Aiguptios* (myk.), *Λυδός, Θρᾷξ* (vor allem bei Sklavennamen); Standesbezeichnungen: *"Ομηρος, Πρύτανις, Αἴπολος;* Tiernamen: *Λύκος, Χοῖρος;* dazu (meist mit Suffixen versehene) Ableitungen von Götternamen (*'Απολλώνιος, 'Αρτέμων*); P. nach Tieren (*'Αρκτῖνος, Χοιρίλος*) und Pflanzen (*Δάφνις*), nach Aussehen (*Σῖμος, Σμίκρης*) und Eigenschaften (*Πρᾶος, Δίκαιος*) usw.

Die griech. P. sind in ihrer überwältigenden Zahl echt griech. Herkunft; doch finden sich in den knoss. Linear B-Tafeln auch zahlreiche ungriech. P. (Namen der einheimischen Minoer), und ebenso steckt in den mythischen P. viel Vorgriechisches (*'Οδυσσεύς, Τυδεύς* usw.). Die Griechen außerhalb des Mutterlandes (z.B. in Kleinasien, Ägypten, Italien) übernehmen oft Elemente der einheimischen Anthroponymie (z.B. in Kleinasien die dort geläufigen Lallnamen wie *"Αττας, Νάννας* usw.). A.H.

Lit: F. Bechtel, Die histor. P. des Griech., 1917 – Ders., Die att. Frauennamen, 1902 – E. Fraenkel, RE 16,2 (1935) 1611–48, s.v. Namenwesen – E. Schwyzer, Griech. Gramm. I, 1939, 633–638 – O. Landau, Myk.-griech. P., 1958.

B. RÖMISCHE P. [1] *System:* Die vollständige, offizielle Bezeichnung des röm. Bürgers bestand zu Ende der Republik aus 5 Teilen: [1]Cn(aeus) [2]Pompeius [3]Cn(aei) f(ilius) [4]Clu(stuminā) [5]Magnus. Drei davon sind eigentliche Namen: Das [1]*Praenomen* bezeichnet das Individuum innerhalb der Familie (und deutet das Bürgerrecht an: es fehlt bei Frauen und Sklaven); nur 11 Namen (7 weitere beim Adel) standen zur Auswahl. Das erbliche [2]*Gentile* (nomen gentilicium), offiziell das wichtigste Namenglied, gibt die Familienzugehörigkeit an. Das [5]*Cognomen* ergänzt normalerweise als zweiter Individualname das Praenomen; viele Familien der Nobilität führten auch erbliche Cognomina (Scipio) zur Unterscheidung der Familienzweige (und als Adelsdistinktiv). Zu diesen Namen kommen die *Angaben des* [3]*Vaters* (dargestellt durch dessen Praenomen und f[ilius]) und der → [4]*Tribus* (wie die Praenomina meist abgekürzt geschrieben). Privat und in der Literatur gebraucht man meist nur einen oder zwei Namen, darunter immer häufiger das Cognomen. Frauen führen nur ein Gentile (Tullia), später, vor allem in der Kaiserzeit, auch ein Cognomen (Valeria Messalina). Freigelassene übernehmen das Gentile (seit Sulla auch das Praenomen) des → Patronus; darauf folgen Patronuspraenomen, l(ibertus) und als Cognomen der frühere Sklavenname. Sklaven fügen an ihren (meist nicht-röm.) Individualnamen den Genitiv von Gentile und Praenomen (später Cognomen) des Patronus und s(ervus).

[2] Die *Bedeutung* dieses Systems, das mit einzelnen Abweichungen auch bei den übrigen Völkern Mittelitaliens (Etruskern, Samniten usw.) gebraucht wurde, liegt in der

Verwendung eines *erblichen Familiennamens*. Dieser entstand wohl – bei welchem dieser Völker, ist umstritten – kurz vor Beginn der Überlieferung (in dieser Spuren einer älteren Einnamigkeit?), und zwar durch Vererbung eines vom Namen des Vaters (selten auch von dem eines Ortes) abgeleiteten Adjektivs: Marcius – Marcus (bzw. Norbanus – Norba; adjektivisch noch in basilica Iulia usw.). Die alten Individualnamen wurden dabei zu Praenomina. Sie sind, anders als in den meisten indogerman. Sprachen, durchwegs einstämmig. Man erkennt einige Zahlnamen (Quintus) und Ableitungen von Götternamen (Marcus – Mars); viele lassen sich nicht sicher deuten. Bemerkenswert ist der Namensaustausch zwischen Nachbarvölkern: Die Römer haben ‹Aulus› aus etrusk. ‹Aule›, die Etrusker ‹Marce› aus lat. ‹Marcus› entlehnt usw. – Die geringe Auswahl an Praenomina und die Verzweigung der Adelsfamilien erforderte später die Einführung des Cognomens in seinen beiden Funktionen (die Behauptung etrusk. Herkunft ist kaum haltbar). Offiziell wurde das Cognomen in Rom erst Ende des 2. Jh.s v. Chr. anerkannt (darum seine Stellung am Ende des Gesamtnamens). Als Cognomina wurden gewöhnlich Bezeichnungen für individuelle Eigenschaften oder Charakteristika gewählt, oft geradezu Spottnamen: Longus, Caecus, Rufus (‹rotblond›), Naso (von nasus, ‹Nase›), Pansa (‹Plattfuß›), daneben Herkunftsbezeichnungen (Sabinus) oder Zahlwörter (Secundus). Einige Cognomina stammen aus fremden Sprachen (Philus griech., Maro etrusk.); manche sind sprachlich dunkel. Sonderfälle sind die Siegesbeinamen (Africanus) und die Adoptionscognomina.

[3] Damit, daß in der Kaiserzeit bei den sich mehrenden Adoptionen das ursprüngliche Gentile als zweiter Familienname (statt des früher üblichen, mit *-ānus* abgeleiteten Cognomens: Aemilianus) angenommen wird, beginnt der *Verfall* des klassischen röm. Namensystems. Neben Gentilicia wurden bald auch Praenomina und Cognomina kumuliert (der Konsul von 169 n. Chr. brachte es auf 38 Namenglieder!); der ursprüngliche Sinn von Namen und System war damit pervertiert. Gleich verderblich wirkten die zahlreichen Bürgerrechtsverleihungen der Kaiser, wobei Zehntausende etwa die Familiennamen Flavius oder Aurelius (und die Praenomina Titus bzw. Marcus) erhielten. Neben die unbrauchbar gewordene bisherige Bezeichnungsweise traten nun, zuerst im Osten des Imperiums, die sog. Signa oder Supernomina (oft durch *qui et*... angeschlossen), die bald zum alleinigen Namen wurden. Sie sind meist (lat. oder griech.) Wörter lobenden Sinnes, oft durch *-io-* erweitert: *Prudentius, Honorius, Ambrosius*. So endet die Geschichte der röm. Personennamen bei der Einnamigkeit, von der sie ein Jahrtausend vorher ihren Ausgang genommen hatte. H.R.

Lit: W. Schulze, Zur Gesch. lat. Eigennamen, 1904 – F. Solmsen-E. Fraenkel, Indogerman. Eigennamen als Spiegel der Kulturgesch., 1932 – J. Reichmuth, Die lat. Gentilicia und ihre Beziehungen zu den röm. Individualnamen, Diss. Zürich 1956.

Personifikation

A. In der Religion – B. In der bildenden Kunst.

A. In der Religion. [1] *Allgemeinster Begriff.* Das, was nicht Person (d.h. mit Gestalt und Willen oder Handlungsfähigkeit begabt) ist oder gemeinhin nicht als Person empfunden wird, das Übermenschliche, Abstrakte oder Überindividuelle, in einem oder mehreren Zügen personhaft darstellen oder zu voller Person erheben (anthropomorph, auch theriomorph) in Kult, Mythos, Dichtung, Kunst (s. u.), philosophischer Spekulation oder Rhetorik heißt P.; unscharf wird auch dort von P. gesprochen, wo personhaft erfaßt oder vorgestellt wird, was erst späteren Generationen abstrakt usw. erscheint. Das ursprüngliche religiöse Empfinden erfaßt außer der eigenen Macht stehende Vorgänge und Erscheinungen als Wirken oder Wirkung von Kräften, die prägnant und unmittelbar (bei den Griechen in der Regel anthropomorph) vorgestellt und der Einzelsituation entsprechend benannt werden. Solches Personhaftmachen mit Benennung ergibt sich oft (nicht immer), wo der Mensch sich durch Bitte oder Opfer an diese Kräfte wendet und sie über augenblickliches Wirken hinaus in einem Kult festgehalten werden.

[2] Die *Griechen* haben die personifizierten Kräfte in bes. hohem Maß ausgestaltet und mit Mythen umgeben, die ihrerseits zu neuen P.en führen (Ehepartner, Abkömmlinge, Gegner und Kampfgenossen), bes. bei den Dichtern, die, wenn sie gemeingriechische Bedeutung gewinnen, die lokalen Züge der einzelnen Götter gern zurücktreten lassen (z. B. die Olympier bei → Homer). Damit ergibt sich die Neigung, den Gott dort, wo sein Wirken im Einzelfall geschildert wird, durch Beinamen oder Begleiter zu charakterisieren, die auch selbständig wirkend (personifiziert) an die Stelle des Gottes selbst treten können, ohne daß sich immer sagen läßt, ob sie ihrerseits alte Kultgottheiten waren, z. B. → Atē, Phobos, → Dike, Pheme, auch → Nike, → Hygieia usw. Anderseits werden solche Begleiter in der Dichtung auch eingeführt, um einer Schilderung größeres Gewicht zu verleihen, wie denn viele Dichter aus rein poetischen Motiven wirkende Kräfte Gestalt annehmen lassen, oft nur für eine einzelne Szene, z. B. → Alkman, bes. → Pindar, großartiger die Tragödie (bes. → Aischylos), in anderer Weise die Komödie. Dabei ist die Eigenart dramatischer Technik mitbestimmend, zugleich aber auch (im 5. Jh.) der Geist der Zeit, bes. philosophische Reflexion und Rhetorik, für die die P. stets ein wichtiges Darstellungsmittel geblieben ist. Auf diese Weise werden einzelne Kräfte so vollgültig personifiziert, daß die Voraussetzungen geschaffen sind für bildliche Darstellungen, für neue Mythen, für eigene Kulte (s. u.). – Aus anderen Gründen greift die → *theogonische* Dichtung zur P.: sie versucht ein Abbild des Kosmos und der in ihm wirkenden Kräfte und Elemente zu geben, die mindestens so weit personifiziert werden, daß von ihrer Nachkommenschaft gesprochen werden kann, die durch ihre Eltern ebenso wesensmäßig festgelegt wird wie diese durch ihre Kinder; auch hier kann nicht in jedem Einzelfall alter Kult angenommen werden. Selbst die Philosophie vermag vom Göttlichen nicht nur in seiner abstrakten Allgemeinheit zu sprechen: wo eine Aktivität beschrieben wird, ist wenigstens eine grammatische P. unumgänglich (gern mit blassem Subjekt wie δαίμων: Parm. B 12), sonst werden durch die Einzelhandlung (→ Parmenides' Ananke, Dike, Platons → Demiurg) oder die allgemeine Funktion bestimmte Bezeichnungen eingeführt (→ Empedokles' Neikos und Philia, → Anaxagoras' → Nous), mit deren Hilfe das kosmische Geschehen dargestellt wird. – Eine eigenartige Tendenz zur P. allgemeiner Begriffe herrscht in der Orphik (→ Chronos), die in den späten orphischen Hymnen ihre vollendete Ausprägung findet. – Als die olympischen Götter kritisiert werden, weil sie zu personhaft sind, und verblassen, weil sie zu allgemein werden, beginnen im Kult neben den alten Göttern *Einzelaspekte* ihres Wirkens verehrt zu werden und neue Kräfte, teilweise auf Grund der gewandelten politischen Situation: z. B. → Eirene, → Homonoia, → Eunomia, → Demos und bes. → Tyche, von denen einige schon in der früheren Dichtung Gestalt gewonnen hatten. Andere P.en schafft die hellenist. Philosophie, und für die hellenist. und spätere Kunst und Dichtung wird die P. zum beliebten Mittel künstlerischen Ausdrucks, das auch mit lehrhafter Tendenz (in der Allegorie) verwandt wird. C.J.C.

Lit: L. Deubner, ML III, 1909, 2068–2169 – F. Matz, Die Naturp.en in der griech. Kunst, Diss. Göttingen 1913 – K. Reinhardt, P. und Allegorie, in: Vermächtnis der Antike, 1960, 7–40 – M. P. Nilsson, Op. Sel. III, 1960, 233–242 – L. Peterson, Zur Geschichte der P.en, Diss. Würzburg, 1939 – K. Schefold, O.H.R., 155 – Vgl. unten zu B.

[3] Es ist einer der eigentümlichsten Charakterzüge der *röm. Religion*, dem Kult vergöttlichter Abstraktionen einen

breiten Raum zu geben, handle es sich nun um Mächte außerhalb des Menschen, wie z.B. Bellona, Salus und Victoria, oder um geistige Kräfte, wie Aequitas, Pietas, Virtus usw. (vgl. Cic. nat. deor. 2, 61; leg. 2, 19. 28; Arnob. nat. 4, 1–2). Im Gegensatz zu den griech. P.en sind also die römischen weit weniger in der Dichtung und weit mehr im Kult begründet. Hier die Liste der wichtigsten P., mit dem Datum, zu welchem ihr Kult erstmals bezeugt ist: → Fides (das ‹versprochene Wort›), nach der Überlieferung von Numa gegründeter Kult, sicher archaisch, obwohl der Tempel erst aus der Mitte des 3. Jh.s stammt; → Victoria (‹Sieg›), deren Kult von den Römern für einen der ältesten gehalten wurde, Tempel i.J. 294; → Concordia (‹Eintracht›), 367; → Salus (‹Wohlfahrt›, ‹Heil›), 311; → Bellona, die Kriegsgöttin, 296; → Spes (‹Hoffnung›), 1. Pun. Krieg; → Libertas (‹Freiheit›), 238; → Honos (‹militärische Ehre›), 233; → Virtus (‹kriegerische Tapferkeit›), 222; → Mens (‹Vernunft›), 217; → Iuventas (‹Jugend›), 207; → Pietas (‹Frömmigkeit›), 181. Dank der Überlieferung wohnen wir sozusagen der Geburt mancher dieser Gottheiten bei, wie der von Concordia und Mens, während bei anderen der historische Ausgangspunkt ihres Kultes verschollen ist: Fides und Pietas sind die Haupttugenden des röm. Volkes; Libertas ist die Vergöttlichung seines politischen Ideals; viele P.en offenbaren die beständigen Sorgen eines Volkes, das sich fast immer im Kriege befand: Bellona, Salus, Victoria, Honos und Virtus. – Am Ausgang der Republik und im Kaiserreich vermehren sich die P. zusehends: → Felicitas, → Iustitia, → Pax, → Providentia, → Pudicitia, → Securitas usw. (→ Religion II D 1). – Es ist keineswegs bewiesen, daß, wie oft seit Wissowa behauptet wird, manche P. aus den kultischen Beinamen großer Gottheiten entstanden seien (Victoria aus Jupiter Victor, Libertas aus Jupiter Liber usw.). – Das Problem der P., das die Historiker der röm. Religion etwas vernachlässigt haben, verdiente gründlicher untersucht zu werden. H. Le B.

Lit: H. L. Axtell, The deification of abstract ideas in Roman literature and inscriptions, Diss. Chicago 1907.

B. In der bildenden Kunst. [1] P. sind gemäß dem bildhaften Sehen der Griechen in der Kunst überaus häufig. Schon *früharchaisch* steht → Eos, die ‹Morgenröte›, Memnon im Kampf gegen Achill bei. Seit der → Kypseloslade sind Nyx mit → Thanatos und → Hypnos, → Dike und Adikia, → Eris und → Phobos bezeugt; auf Schildbändern vielleicht Geras; in Kultbildern → Tyche (→ Bupalos) und → Themis; seit 560 im Kampf gegen die → Giganten und → Tityos die Erdmutter; in Götterzügen die → Moiren, → Horen und → Chariten; auf einem korinth. Skyphos um 590 der Flußgott → Acheloos (→ Flußgötter).

[2] Die *Klassik* beginnt die durch die Welt wirkenden Mächte darzustellen: → Eros und → Nike seit 500 überaus häufig, vorher selten (→ Archermos); seit 450 Lyssa, im 4. Jh. Mania und Apate. Dazu kommen Naturgottheiten: Zu den schon genannten, Nyx und Eos, → Helios (selten auf schwarzfigurigen Vasen), → Selene, → Boreas, Zephyros und die unzähligen Flußgötter, bes. auf Münzen, ebenso wie die Verkörperungen von Ländern und Städten. Alle diese Gestalten können, als Rahmenfiguren, zur Einheit des klass. → Bildes beitragen. Mit Asklepios entspricht → Hygieia seit dem späteren 5. Jh. v. Chr. einem neuen Heilsverlangen.

[3] Seit dem *reichen Stil* werden Götter im Sinn von Chorliedern des späten → Euripides von glückbringenden Wesen umschwärmt: → Dionysos von seinen Festen, Tragodia, Komodia, Komos (schon hochklassisch), Sikinnos (Satyrtanz), Dithyrambos, und von seinen Freuden Arete, → Eirene, Eudia, Euthymie, Gelos, Kraipale, Methe, Opora, Paidia, Philia; → Aphrodite, eng mit Eros, Himeros und Pothos, auch der ‹Süßen Rede›, Hedylogos, verbunden, wird die ganze Nacht (→ Pannychis) mit reichsten Gelagen gefeiert (Pandaisia) und verleiht Chrysos, Eudaimonia, Eukleia, Eunomia, Eutychia, Harmonia, Paidia, Plutos und Tyche. Apollon gesellt sich die Eunomia, Artemis Eukleia.

[4] Das *4. Jahrhundert* monumentalisiert Gestalten, deren politische Bedeutung hervorgehoben werden soll: → Eirene mit → Plutos, → Demos (auch mit Arete verbunden), Demokrateia, Oligarchia, Bule, Eutaxia, Homonoia.

[5] Den frühen → *Hellenismus* charakterisiert → Lysipps → Kairos, → Apelles' Verleumdung und gefesselter Krieg. Damit beginnt das → Allegorische zu überwiegen, über das wir z. B. in der Beschreibung der Festprozession des Ptolemaios Philadelphos gut unterrichtet sind (Arete bekränzt den Fürsten; Eniautos, Pentaëteris) und die wir auf dem Relief der → Apotheose Homers noch vor Augen haben: Chronos und Oikumene bekränzen den Dichter, neben dem Ilias und Odyssee knien, usw.

[6] Die P. der *Römerzeit* entspringen nicht mythischem Denken wie die der Griechen, sondern sie illustrieren politische Tendenzen und Verheißungen. Auf den → Münzen weicht die P. der Roma (→ Romkult) und Ilia im 1. Jh. vor Chr. der Verherrlichung aristokratischer Geschlechter, Sullas Felicitas, Caesars Clementia, der → Fortuna und dem → Genius Populi Romani, der → Concordia, → Libertas und → Pietas; wozu in der Kaiserzeit → Victoria, Pax, → Salus, → Fides, → Spes und unzählige andere kommen, jetzt gewöhnlich in voller Figur. Auf kleinasiat. Münzen der Kaiserzeit finden sich Köpfe politischer P. (Demos, Bule, Gerusia). In der großen Plastik ist häufiger die P. des Senats, des Volkes, neben → Honos, → Spes und → Virtus. Die Jahreszeiten werden seit dem 2. Jh. n. Chr. männlich gebildet, dazu kommen das Neujahr und die Monate, im christl. Bereich auch die Wochentage. Bei der Anverwandlung des alttestamentlichen und antiken Erbes werden Bildvorstellungen zu Allegorien; so verkörpern Rachel und Lea in den Mosaiken von S. Maria Maggiore die Juden- und Heidenkirche. Vielleicht sind auch die Orans und der → Gute Hirte auf Sarkophagen als P. aufgefaßt worden. – Vgl. zum ganzen → Religion I C. II B 2. K. Schf.

Lit: Vgl. oben zu A [2] – *Ferner:* F. W. Hamdorf, Griech. Kult-P.en der vorhellenist. Zeit 1964 (Lit) – A. Alföldi, The Main Aspects of Political Propaganda on the Coinage of the Roman Republic, Essays H. Mattingly, 1957.

Perspektive. Die antike Kunst hat den Grund zur künstlerischen Erfassung der P. gelegt, diese aber nicht zur Perfektion der uns vertrauten P. (Zentral-P.) ausgebildet. Der → Realismus dieser Kunst ließ seit dem 6. Jh. v. Chr. die Entstehung einer Körper-P. (Schrägansicht, Verkürzung, verlorenes Profil) einzelner Figuren oder Gegenstände auf Bildwerken zu und förderte damit seit der Klassik die Darstellung der jeweiligen besonderen Einheit und Individualität; er versuchte jedoch nur zögernd seit der Mitte des 5. Jh.s v. Chr. aus der → Bühnenmalerei (Skenographie) die P. eines Bildraumes im Ganzen, eine Raum-P. (mit raumtiefengemäßer Verkleinerung, Konvergenz der Parallelen, Augenpunkt, Horizontlinie usw.) zu entwickeln. Vgl. die ablehnenden Urteile Platons (rep. 602 C ff., Soph. 236 B). → Malerei C 2. Jedoch ist alles perspektivische Gestalten bis nach Ostasien direkt oder indirekt vom griechischen abhängig; dessen weltgeschichtliche Bedeutung entspricht also dem der → Klassik. D. Sch.

Lit: B. Schweitzer, Vom Sinn der P., 1953 – J. White, P. in Ancient Drawing and Painting, 1956 – P. H. von Blanckenhagen, The Odyssey Frieze, RM 70, 1963, 116, 52 – R. Schnyder, Zur Entdeckung der wiss. P. in der Antike, ZSchwArch 22, 1962, 143–154.

Pertinax (P. Helvius Pertinax), röm. Kaiser 1. 1.–28. 3. 193 n. Chr. – Geb. 1. 8. 126 als Sohn eines Freigelassenen, Aufstieg in Militär- und Ritterlaufbahn. Um 175 consul suffectus, wirft → Avidius (1) Cassius nieder, 188/189 Proconsul von Africa, 192 zweites Konsulat und Stadtpräfekt. – Nach der Ermordung des → Commodus auf Initiative des Prätorianerpräfekten Aemilius Laetus zum Kaiser ausgerufen. Anlehnung an Senat, plant umfassende Reformen und

Sparmaßnahmen. Erlaubt Inbesitznahme des Ödlandes. Von den enttäuschten Prätorianern erschlagen. K. Chr.

Q: Dio 73 – Hdn. 2 – Hist. Aug. Capitol. Pert. – A. M. Woodward, The Coinage of Pertinax, Num. Chron. 1957, 84–96.

Perusia (Perugia; Kt. 1420 E 4), etrusk. Stadt östl. des Trasimenischen Sees, im 2. → Samnitenkrieg 310 von Rom zum Frieden gezwungen. 40 v. Chr. wurde im ‹Perusinischen Krieg› L. Antonius in P. von Octavian belagert. Nach der Übergabe wurde die Stadt zerstört, später von Augustus als ‹Augusta Perusia› wieder aufgebaut. – In der Umgebung wurden bedeutende archaische Bronzereliefs und Statuetten gefunden. Repräsentativ gestaltet sind die Torbögen (Porta Marcia und Porta di Augusto, um 100 v. Chr.). Die Vertragsstele von P. ist eines der umfangreichsten Schriftzeugnisse des → Etruskischen. Unter den hellenist. Hypogäen mit reliefverzierten Urnen kommt der ‹Tomba dei Volumni› am Fuße des Stadtberges in künstlerischer wie historischer Hinsicht eine besondere Bedeutung zu (2./1. Jh. v. Chr.). O.W.v.V.

Lit: L. Banti, Contributo alla storia ed alla topografia del territorio perugino, StE 10, 1936, 97–127 – A. M. Pierotti-M. Calzoni, Ricerche su Perugia etrusca. La città et la necropoli urbana, StE 21, 1950/51, 275–289.

Pervigilium Veneris, in der → Anthologia Latina des Codex Salmasianus überliefertes Gedicht in trochäischen Tetrametern mit mehrfach wiederkehrendem Schaltvers, das sich als nächtliches Vorspiel zu einem zu Frühlingsanfang begangenen Geburtsfest der Venus gibt. In dem um das Thema kosmischer Befruchtung kreisenden Gedicht wird die Göttin – teilweise unter Verwendung stoischer Termini – als eine sämtliche Weltbereiche durchwaltende Allkraft, aber auch als die Ahnherrin Roms gefeiert. Das graziöse, in schlichter, wenngleich gelegentlich preziöser Sprache abgefaßte Gedicht ist wohl nicht vor dem 2. Jh. n. Chr. entstanden. Die verschiedentlich vertretene Auffassung, daß es sich um ein Werk des Dichters → Florus (4) handle, läßt sich nicht sicher begründen. W. Sch.

Ed: Anth. Lat., 200 – C. Clementi, 1936 (mit Übers. u. Komm.) – R. Schilling, 1944 (mit Übers., Komm. u. Abh.) – I. Cazzaniga, Carmina ludicra Romanorum, 1959, 1–17 – *Übers:* E. R. Curtius, Merkur 1948, 69ff. – *Lit:* E. K. Rand, Sur le P. Veneris, REL 12, 1934, 83–95 – F. Lenz, RE 19, 1 (1937), 1062–67 – I. Cazzaniga, Saggio critico ed esegetico intorno al P. Veneris, Studi Class. Orient. Univ. Pisa 2, 1953, 47–101.

Pescennius Niger Iustus, C. Röm. Gegenkaiser 193/194 n. Chr. – Geb. 135/140, aus dem Ritterstand, seit 191 Legat von Syrien, nach der Ermordung des → Pertinax 193 von seinen Truppen zum Kaiser ausgerufen. Seine Armee fällt in Thrakien ein, wird vom Heer des → Septimius (3) Severus bei Perinth geschlagen und auf Byzanz zurückgeworfen. Nach neuen Niederlagen bei Nicaea und Issos (194) lösen sich die Verbände des P. auf, er selbst wird im Herbst 194 auf der Flucht zum Euphrat erschlagen, nur Byzanz hält sich noch bis zum Spätjahr 195. K. Chr.

Pessinūs, Stadt in Galatien (Kt. 1567 C 2; beim heutigen Balâhisar). Zentrum eines Priesterstaates, Hauptsitz des → Kybelekultes. Trotz dem → Galatereinfall weiter unabhängig. An der Spitze ein Oberpriester, unter dem 5 galatische und 5 phrygische Priester standen. 25 v. Chr. zusammen mit Galatien unter röm. Herrschaft. R. F.

Petilius, Q. Zwei Volkstribunen dieses Namens forderten 187 v. Chr von L. → Cornelius (31) Scipio Asiaticus und Cn. → Manlius (5) Vulso Rechenschaft über 3000 von → Antiochos III. empfangene Talente. Die Anklage wurde durch P. → Cornelius (30) Scipio Africanus abgewehrt (Liv. 38, 50. 54; Polyb. 23, 14; Gell. 4, 18). – Einer der Petilii (Spurinus) wurde 181 Prätor und fiel 176 als Konsul in Oberitalien (Liv. 41, 14ff.). A. L.

Lit: D. Kienast, Cato, 1954, 58ff.

2. **P. Cerialis** (Caesius Rufus), Q., cos. suff. 70 n. Chr., II 74. Verwandter und Freund → Vespasians aus Aquileia (?). Im Aufstand der → Boudicca (61) als Legat der legio IX in Britannien geschlagen, bei der Einnahme Roms i. J. 69 mit 1000 Reitern vorausgeschickt und in einem Scharmützel zur Flucht gezwungen. Von → Mucianus 70 mit der Wiederherstellung des Friedens in Gallien und am Rhein beauftragt. P. siegte in der Schlacht von Rigodolum, nahm Trier ein und beendete den Aufstand des → Civilis Ende 70. Als Legat von Britannien (71–74) kämpfte er erfolgreich gegen die Briganten und dehnte das röm. Machtgebiet nach Norden aus. U. Wm.

Lit: R. Syme, Tacitus, 1958, Ind. S. 844.

Petinetgläser → Glas.

Petosiris, Hoherpriester von → Hermupolis (Ägypten), der um 300 v. Chr. auf dem Gebel et-Tūna eine *Grabkapelle* errichtete, bei der die Reliefs des vorderen Raumes, die Szenen des täglichen Lebens zeigen, in griech.-ägypt. Mischstil gearbeitet sind: ein Beispiel für das Eindringen griech. Vorstellungen in die ägypt. Kunst zu Beginn der Ptolemäerzeit. W. Hk.

2. **P.** → Nechepso u. P.

Petra, Hauptstadt des Reiches der → Nabatäer, in einem Felsenkessel (nubischer Buntsandstein) östl. des wādi el-ʿaraba zwischen Totem und Rotem Meer. Die nabat. Blütezeit der Stadt fällt in das 1. Jh. v. Chr.; ihre Eroberung durch den syr. Legaten Trajans (106 n. Chr.) leitete die röm. Epoche ein. Seit dem 4. Jh. n. Chr. war P. Hauptstadt der Provinz → Palaestina tertia und Bischofssitz. Die Veränderung der Karawanenwege (Blütezeit von → Palmyra) brachte P. um seine Bedeutung; es verfiel, wurde vergessen und erst 1812 durch J. L. Burckhardt wiederentdeckt. Englische Ausgrabungen seit 1958 konzentrierten sich vor allem auf den Südrand des Stadtgebietes und auf das Gelände der Hauptstraße (cardo maximus) mit dem großen westl. Torbogen (Kt. 2196 A 6). H. Dn.

Lit: G. Dalman, P. und seine Felsheiligtümer, 1908 – H.-U. Nübel, Arab. Eigenart und Hellenismus in ... P., ZDPV 73, 1957, 167–183 (Lit) – C. M. Bennett, The Nab. in P., Archaeology 15, 1962, 233–243.

Petreius, M. (praet. ca. 64 v. Chr.), bedeutender Soldat und Heerführer, der den größten Teil seines Lebens im Militärdienst zubrachte. 63 Sieg über → Catilina bei Pistoria. 59 Opposition gegen → Caesar. Seit 55 als → Pompeius' (2) Legat in Spanien, wo er 49 vor Caesar kapitulieren mußte. Er ging in den Osten, dann nach Africa, um weiter gegen Caesar zu kämpfen. Nach der Schlacht bei Thapsus, auf der Flucht vor Caesar, tötete er in ritterlichem Zweikampf König → Juba I. und ließ sich darauf von einem Sklaven töten. Chr. M.

Petron (C. Petronius Arbiter). Der Vorname lautet C. nach Tac. ann. 16, 17, 1; 18, 1, nicht T. (so Plin. nat. 37, 20; Plut. De discr. am. et adult. 19 p. 60 E). P. gehörte zu dem Zweig der Petronii des 1. Jh.s n. Chr., die kein Cognomen führten; er ist wohl ein Sohn des C. Petronius, cos. suff. 25 n. Chr. ‹Arbiter› ist ein Spitzname, der sich an ihn erst durch seine bei Tac. ann. 16, 18 beschriebene Tätigkeit als ‹elegantiae arbiter› anheftete. Nach Tac. ann. 16, 18, 2 war er procos. Bithyniae und Suffektkonsul; durch den eifersüchtigen Tigellinus der Teilnahme an der Pisonischen Verschwörung beschuldigt, öffnete er sich i. J. 66 selbst die Adern.

[2] *Das Werk.* Auf diese Persönlichkeit passen die relativ geringen erhaltenen Teile eines einst umfangreichen (16 Bücher) → Romans, der in den besten Hss. den Titel ‹Satiricon› trägt. Das Werk ist eine Kreuzung von komischem Reise- und Abenteurroman und Sittenroman mit parodisch-satirischer Grundhaltung, der aber in erster Linie wie der Roman des → Apuleius doch nur unterhalten will. Sein Held Encolpius ist ein Zerrbild des → Odysseus. Wie dieser durch Poseidons Zorn viel Ungemach erdulden mußte, so Encolpius durch den des Priapus; daher sind seine Erlebnisse, die er selbst erzählt, vor allem derb-erotischer Natur – er hat sie mit Frauen niederster Sorte ebenso wie mit Knaben. Man hat das Satiricon nicht zu Unrecht eine → Parodie auf den Liebesroman genannt, da an der Seite des Encolpius

kein Mädchen, sondern der Knabe Giton steht. Die Szenen spielen in der Nähe von Neapel und zeigen derben Realismus. Die Kunst satirischer Charakterzeichnung des Verfassers, der zahlreiche griech. Motive durchaus originell verarbeitet zu haben scheint, steht auf voller Höhe, bes. in der Gastmahlszene im Haus des reichen Emporkömmlings Trimalchio, der Cena Trimalchionis. Wie hier der völlig ungebildete Gastgeber, seine Frau und seine Freunde mit ihrer derben Vulgärsprache stark vergröberte Typen zeitgenössischer Emporkömmlinge darstellen, so will der Schluß der erhaltenen Fragmente eine Satire auf das Erbschleichertum der Zeit sein. Wie immer im Roman finden sich zahlreiche Einlagen, zum Teil größeren Umfangs. Dem Grundcharakter des Werkes bleibt die Novelle von der Matrone von Ephesos (111–113) treu, eine Satire auf nur zur Schau gestellte Züchtigkeit und Treue der Frauen. Gruselgeschichten wie die vom Werwolf (61, 6–62) gehören zum Repertoire des antiken Romans. Wenn der Dichter Eumolpos Kap. 89 eine ‹Zerstörung Trojas› (Troiae halosis) in jambischen Trimetern vorträgt, so wird das vom antiken Leser als → Parodie des geheiligten epischen Hexameters empfunden worden sein. Anderseits ist das Kapitel 119–124 eingelegte Bellum civile von 295 Hexametern, das schon durch die einschließenden Partien parodistisch wirkt, offensichtlich gegen → Lukans Pharsalia gerichtet. Den parodistischen Zweck beider Partien hat E. Paratore herausgearbeitet. H. Stubbe lehnt den Gedanken an eine Parodie ab und sieht in der Troiae halosis ein rhetorisches Prunkstück, im Bellum civile ein episches Probestück. Doch wird das alles so wenig ernst gemeint sein wie die Behandlung des Themas von den Ursachen des Verfalls der Beredsamkeit zu Beginn der Fragmente. Als bloßem Unterhaltungsroman fehlt dem Werk jede moralische Tendenz; gerade das macht seine Frische aus. Er hat daher inhaltlich mit der menippeischen → Satire nichts zu tun, sondern hat seine Vorbilder im griech. Roman, was E. Rohde geleugnet hatte. Der Form nach steht das Satiricon durch die Prosimetra (Mischung von Prosa und Versen) der menippeischen Satire nahe. Wie P. ein Meister in der Charakterisierungskunst ist, so ist er ein Virtuose in der Behandlung der Sprache. Encolpius und seine Begleiter sprechen das silberne Latein der Gebildeten, wenn auch bei ihnen Nuancierungen je nach der Situation erkennbar sind. In stärkstem Kontrast dazu steht die vulgäre Sprache der Freigelassenen in der Cena, wobei auch da die einzelnen Typen in ihrer Redeweise, in Worten, Satzbau und Ton differieren. Der Cena Trimalchionis kann in unserer Literatur nichts Ähnliches an die Seite gestellt werden. R. Hl.

Ed: F. Bücheler-W. Heraeus, 1922 – A. Ernout (1922), 1950^3 – E. Paratore, 1933 – K. Müller, Tusc., 1961 – Cena trim.: L. Friedländer (1891), 1906^2 – A. Maiuri, 1945 – E. Marmorale, 1947 – W. B. Sedgwick (1925), 1950^2 – H. Schmeck (1952), 1954^4 – *Übers:* C. Hofmann, Tusc., 1948 – O. Weinreich, BAW, 1949 – *Lexikon:* J. Segebade-E. Lommatzsch, Lexicon Petronianum, 1898 – *Lit:* H. Stubbe, Die Verseinlagen in P., Philol. Suppl. 25, 1933 – V. Ciaffi, Struttura del Satyricon, 1955 – L. Pepe, Studi Petroniani, 1957 – A. Stefenelli, Die Volkssprache im Werk des P., 1962.

Petronius, P., cos. suff. 19 n. Chr., Enkel des C. Petronius, Präfekt von Ägypten um 25/24. Prokonsul von Asia ca. 29 bis 35, i. J. 36 Mitglied einer Kommission angesehener Senatoren, die → Tiberius (1) mit der Schätzung von Brandschäden beauftragte. Als Legat von Syrien (39 bis 41/42) erhielt er die Anordnung des → Caligula, dessen Statue im Tempel in Jerusalem aufstellen zu lassen. Er zögerte die Ausführung wegen des Widerstandes der Juden und einer gewissen Judenfreundlichkeit so lange hinaus, bis er den Befehl zum Selbstmord erhielt, der durch die Nachricht vom Tode des Caligula überholt wurde. Vertrauter des → Claudius (1), unter dessen Regierung er starb. Mit Plautia, Tochter des A. → Plautius (1), cos. suff. 29, und einer Vitellia, verheiratet. Seine Tochter Petronia Gattin des Imperators → Vitellius (1). Die nach P. und seinem Konsulatskollegen benannte lex Iunia Petronia bestimmte, daß bei Freiheitsprozessen in Zweifelsfällen zugunsten der Ingenuität entschieden werden sollte. Andere leges Petroniae gehen wohl nicht auf ihn zurück (z. B. Dig. 48, 8, 11, 2). U. Wm.

Lit: G. Rotondi, Leges publicae populi Romani, 1912, 439. 464. 468.

2. **P. Maximus,** (west-)röm. Kaiser 455, geb. 396, 31. 5. 455 in Rom ermordet. P. wurde als Haupt der italischen Senatsaristokratie nach → Valentinians III. Tod am 17. 3. 455 zum Augustus erhoben und zwang Valentinians Witwe Eudoxia zur Heirat; vor der Eroberung Roms durch die → Vandalen wurde P. von der Bevölkerung ermordet, als er heimlich fliehen wollte. H.-J. D.

3. **P. Turpilianus,** P., cos. 61 n. Chr., Statthalter von Britannien als Nachfolger des → Suetonius Paulinus, 63/64 curator aquarum. P. erhielt 65 die Triumphalornamente anläßlich der Unterdrückung der Verschwörung des → Piso (2). Von → Nero (1) i. J. 68 gegen die Rebellen geschickt, als dux Neronis von → Galba getötet. U. Wm.

Petrus, gräzisierter Beiname (aram. kepha ‹Fels›, so außer Gal. 2, 7f. durchgehend bei Paulus) des führenden Jesusjüngers Sim(e)on aus Kapernaum. Auf Grund der Erstvision des Auferstandenen (1. Kor. 15, 5; vgl. Lk. 24, 34) an der Spitze der Jerusalemer Urgemeinde (Gal. 1, 18f., vgl. Apg. 1–12). Vielleicht ist der Ehrenname kepha im Zusammenhang dieser kirchengründenden (Mt. 16, 17–19) Ersterscheinung entstanden (vgl. Joh. 21, 15ff.). Mit Jakobus teilte er seine Führungsposition (‹die Säulen›, Gal. 2, 9), scheint sich aber zunehmend für ein positives Verhältnis zu Heidenchristentum und Heidenmission eingesetzt und deshalb Jerusalem verlassen zu haben (Gal. 2, 11ff. in Antiochia). Fraglich sind Aufenthalte in Kleinasien (Tradition der P.briefe) und Korinth (1. Kor. 1, 12; 3, 22; 9, 5), wahrscheinlich aber in Rom (vgl. 1. Petr. 5, 13), wo er jedenfalls gestorben ist (1. Clem. 5f.; Ign. Röm. 4, 3; Joh. 21, 18). Vgl. → Christentum I B [5]. U. W.

Lit: K. Heussi, Die röm. P.tradition in kritischer Sicht, 1955 – RGG V 247–249; 257–259 – E. Dinkler, Die Petrus-Rom-Frage, Ein Forschungsbericht, ThR NF 25, 1959, 189–230. 289–335; 27, 1961, 33–64 – O. Cullmann, P., Jünger-Apostel-Märtyrer (1952), 1960^2.

[2] *P.grab.* Bei den Grabungen unter der Confessio von St. Peter in Rom (1940–49) fand sich ein bescheidenes Säulenmonument, das bald nach der Mitte des 2. Jh.s n. Chr. im Bereich einer heidnischen Nekropole unter freiem Himmel entstanden war und den Anlaß zum Bau der konstantin. Basilika gegeben hatte (→ Rom IV D 3). Daß es als Grabmal für P. errichtet worden und mit dem von Gajus um 200 erwähnten ‹Tropaion› Petri (Eus. hist. eccl. 2, 25, 5–7) zu identifizieren ist, ist trotzdem unwahrscheinlich. Wenn es überhaupt christl. Ursprungs ist (die ‹Graffiti›, die Pilger in der Nähe einkritzelten, stammen frühestens aus dem Ende des 3. Jh.s), liegt es näher, an ein Erinnerungsmal an den in der Nähe gemarterten Apostel zu denken, das man erst später für das Grabmal hielt. Das quadratische Erdloch, das man unter dem Monument entdeckte, kann schon deshalb nicht der Rest des P.grabes sein, weil Beisetzungen hier erst seit dem 2. Jh. erfolgten. E. Sch.

Lit: M. A. Ghetti u. a., Esplorazioni sotto la Confessione di S. Pietro in Vaticano, 1951 – J. M. Toynbee-J. B. Ward Perkins, The Shrine of St. Peters and the Vatican Excavations, 1956 – Th. Klauser, Die röm. Petrustradition im Lichte der neuen Ausgrabungen, 1956 – E. Kirschbaum, Die Gräber der Apostelfürsten, 1959 – A. v. Gerkan, Von antiker Architektur, 1959, 351–372.

2. **P.,** aus Oberitalien (Poebene), magister epistolarum des Kaisers → Majorian. P. eroberte, vom Kaiser 456 in das aufsässige Gallien geschickt, Lyon von den Burgundern zurück. Mit → Apollinaris (1) Sidonius befreundet, der ihn (epist. 9, 13, 4 v. 6ff., carm. 9, 307ff.) als Redner und Dichter feiert. W. Sch.

Petruskerygma. 1. ‹*Petri Missionspredigt*› (*Πέτρου κήρυγμα*), eine Sammlung von → Petrus zugeschriebenen Anweisungen für Heidenmissionare, wohl Bestandteil einer der apokryphen → Apostelgeschichten [2]. Vielleicht um

125 entstanden (Beziehungen zum NT und zu den → Apologeten). Nur durch Zitate bei → Clemens (2) Alexandrinus und → Origenes bekannt. – 2. ‹*Verkündigungen des Petrus*› (*Κηρύγματα Πέτρου*), vermutete Grundschrift der → Clemens (1) v. Rom zugeschriebenen Homilien und Rekognitionen (→ Pseudoklementinen). B.R.

Ed. (von 1.): E. Preuschen, Antilegomena (1901), 1905^2, 88–91 – *Übers:* Hennecke^3 II 53–80 – *Lit:* RGG V 260f.

Peukestas rettete → Alexander (5) d. Gr. 326 das Leben und wurde Leibwächter und dann Satrap von Persis, wo er sich durch Annahme pers. Tracht und Sprache beliebt machte. In den Diadochenkriegen unterstützte er → Eumenes (3).

Peuketier (Peucetii), → Japygerstamm illyr. Herkunft im Bergland Apuliens (Kt. 1420 H 7). In historischer Zeit nicht mehr von den übrigen Stämmen Apuliens abzugrenzen (Str. 6, 283). B.A.

Lit: Nissen, I 540; II 857.

Peutingersche Tafel, Kopie des 12./13. Jh.s einer römischen, ursprünglich von Irland (dieser Teil verloren) bis China reichenden Straßenkarte aus dem 3. Jh. n. Chr. Die 680 × 35 cm große, nach dem Humanisten Peutinger (16. Jh.; vgl. Anhang II) benannte Karte befindet sich jetzt in Wien. → Kartographie. F.L.

Ed: K. Miller, Die P. Tafel, 1887 (Neudr. 1961).

Pfau. [1] Der in Indien beheimatete und im Alten Orient verbreitete P. (*ταώς*, pavo) wurde durch die Phönizier zuerst auf Samos bekannt, wo er der Hera geweiht war. Der Himmelsgöttin war der sternenähnliche Augenglanz des Gefieders würdig; sie wird auf ihm reitend dargestellt. Im 5. Jh. noch selten, wurde der P. nach dem Indienfeldzug Alexanders in der Mittelmeerwelt häufiger. Die in der Kaiserzeit entwickelte P.en-Zucht diente der großen Nachfrage, da der P. als Luxusvogel in Gärten sehr beliebt war. Geschätzt waren seine Federn als Fächer und Helmschmuck. Als Extravaganz galt P.en-Braten. → Fauna. J.W.

Lit: Keller, Tierwelt II 148–154 – Hehn, Kulturpflanzen, 353–363 – F. Orth, RE 7, 1 (1910), 912–916 – A. Steier, RE 19, 2 (1938), 1414–21 (Quellen!) – Vgl. J. J. Bachofen, Ges. Werke VII, 1958, 87f. 322.

[2] Als Paradiesvogel in Katakomben, auf Lampen, im Apsismosaik S. Vitale in Ravenna dargestellt; mit Tauf- und Eucharistie → Symbolik auf symbolischen Sarkophagen, Ravenna; symbolisiert Auferstehung und ewiges Leben. Angebliche Unverweslichkeit seines Fleisches hatte den Pf. schon in der Antike zum Apotheosezeichen der Kaiserin gemacht. U.F.

Lit: H. Lother, Der Pf. i. d. altchr. Kunst, 1929 – DACL 13, 1, 1075–97.

Pferd → Haustiere B [4].

Pferdekopfamphoren. Pferdeprotomen, schon um 700 auftretend, erscheinen seit dem späten 7. Jh. in den ausgesparten Bildfeldern att. Bauchamphoren. Die anfangs kleinen, später ausgedehnteren Bildfelder wiederholen sich auf der Rückseite des Gefäßes und enthalten hier zuweilen ein anderes Bildthema (Frauenbüste). Die jüngsten Pf. stammen aus dem 3. Viertel des 6. Jh.s., sie machen die führende Entwicklung der Bauchamphora nicht mit; ihrer stereotypen Dekoration entspricht eine altertümliche Form. Also wohl rituell gebundene Gattung. Verwendung im Totenkult beweisen die als Aschenurnen aus Gräbern zutage gekommenen Pf. I.Sch.

Lit: L. Malten, Das Pferd im Totenglauben, JdI 29, 1914, 179–256 – CVA München 1, 1939, Taf. 1–5 – N. Yalouris, Athena als Herrin der Pferde, MH 7, 1950, 54–55.

Pfeilerkult wurde verschiedentlich aus bildlichen Darstellungen der minoischen Zeit herausgelesen. Doch die Deutung der Belege ist umstritten; die Existenz eines P.s ist bisher nicht sicher erwiesen. → Steinkult. K.-H.R.

Lit: K. Latte, RE 3 A 2 (1929), 2295–97 – Nilsson I 278–280 – Ders., The Minoan-Mycenaean Religion (1927), 1950^2.

Pfirsich (*Περσικὴ μηλέα*, Persica), ursprünglich in China beheimatet, wo er früh in verschiedenen Arten kultiviert wurde. Wie bei der → Aprikose gelangte seine Kultur durch Vermittlung der Parther im 1. Jh. n. Chr. zu den Römern. Daher die Bezeichnung ‹pers. Äpfel›; ihr Schmelz galt als bes. flüchtig. Keine mythologische oder religiöse Bedeutung. J.W.

Lit: Hehn, 431–435.

Pflaumenbaum (*κοκκυμηλέα*, prunus), in verschiedenen Arten bereits in der Frühzeit wild verbreitet (Kriechen, Zwetschge, Schlehen-P.). Die durch oriental. Einflüsse begünstigte Kulturentwicklung erreichte in Griechenland, wo der P. schon im 7. Jh. v. Chr. bezeugt ist, nicht den hohen Stand wie in Italien. Mythologische und religiöse Bedeutung ist nicht verbürgt. J.W.

Lit: Hehn, 382–387 – Murr, Pflanzenwelt, 65f. – A. Steier, RE 19, 2 (1938), 1456–61.

Pflug. Den antiken P. kennt man von zwei dichterischen Beschreibungen (Hes. erg. 427ff.; Verg. georg. 1, 162ff.). Außerdem ist eine Reihe von bildlichen Darstellungen bewahrt: in Bronze (z. B. BM Cat. of the Bronces, Nr. 180, 182), Terrakotta (Louvre, Cat. des figurines et reliefs en Terra-cuite, Nr. B. 103) und auf Vasenbildern (z. B. Beazeley ABV 223, 66), Gemmen und Münzen (sowohl in P.szenen als auch mit P. als Beigabe). – Der gewöhnlichste P. besteht aus einer Sohle, an deren äußerstem Ende die P.schar aus Metall (zahlreiche Exemplare gefunden) festgemacht wird. Zum Steuern des P.es dient der P.sterz, eine Stange

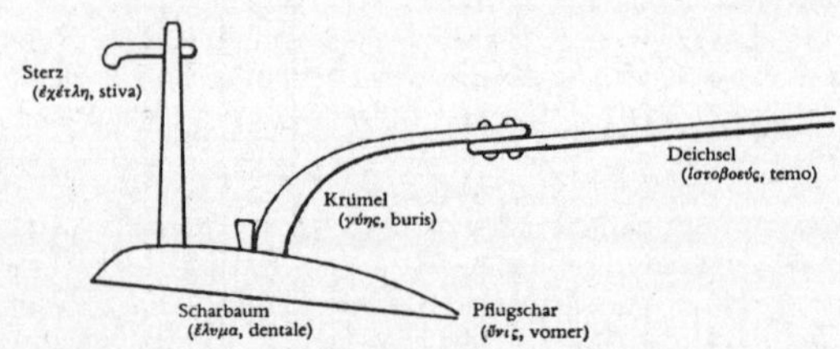

Abb. 179 Pflug

mit einem Handgriff, die fest im hintersten Teil der Sohle sitzt. Vorn ist die Sohle mit einem Krummholz (‹Krümmel›) versehen, von dem die Deichsel für die Zugtiere (meist Ochsen, in leichterer Erde auch Esel oder Maultiere) ausgeht. Die röm. Landschriftsteller erläutern, daß zwei Streichbretter am P. angebracht und so breitere Furchen erzielt werden konnten. Dieses Mittels scheint man sich jedoch nur für das Unterpflügen der Saat oder für → Drainagefurchen bedient zu haben. Gewöhnlich handelt es sich also um einen symmetrischen Pflug, sog. Ard, welcher die Erde zu beiden Seiten wälzt. Folglich war es normal, den Acker kreuzweise dreimal zu pflügen. Columella nennt jedoch (2, 2, 25) ein Verfahren, wo der Pflug wechselweise lotrecht und schräg gehalten wird: hierdurch ergibt sich eine tiefere Furche, und die Erde wird nur zu einer Seite geworfen. Die Methode wird besonders empfohlen, wo der Acker zwischen Reihen von Obstbäumen oder Weinstöcken liegt. Möglicherweise zielt Vergil (georg. 1, 174) auf einen Pflug mit Rädern, Plinius kennt ihn von Rätien (nat. 18, 172), Servius (georg. 1, 174) aus Norditalien. J.E.Sk.

Lit: H. Behlen, Der Pflug und das Pflügen bei den Römern, 1904 – Drachmann, RE 19, 2 (1938), 1461–72 – A. Aitkin, Virgils Plough, JRS 46, 1956, 97–106.

Phäaken, Volk märchenhafter, über Wunderschiffe verfügender Seefahrer auf der Insel Scheria (früh mit Korkyra identifiziert), bieten unter → Alkinoos, → Jason und Medea sowie → Odysseus üppige Gastfreundschaft; wegen ihrer von Homer beschriebenen Pracht und Reichtümer galt ihr Leben als Faulenzerdasein, eine Art antikes Schlaraffenland (Hor. epist. 1, 15, 25). K.Schb.

Phädra (*Φαίδρα*), Tochter des Minos, Schwester der Ariadne, Gattin des → Theseus. Liebte ihren Stiefsohn → Hippolytos.

Phaedrus, lat. Fabeldichter des frühen 1. Jh.s n. Chr.

[1] Ph., nur aus seinen eigenen Dichtungen bekannt, stammte aus Makedonien (3 prol. 17–19), von wo er, vielleicht durch L. Calpurnius Piso Frugi, als Kind (3 epil. 33 bis 34) nach Rom gebracht wurde. In der besten Hs. (P) heißt er *Augusti libertus*, und er erzählt von einem Richterspruch dieses Kaisers (3, 10) sowie auch von einem Ereignis zur Zeit der Spiele, die dem Jahre 9 n. Chr. zugewiesen werden können (5, 7). Die Anfänge seiner schriftstellerischen Tätigkeit sind wohl zur Zeit des Augustus anzusetzen. Unter Tiberius wurde er von → Sejan (gest. 31 n. Chr.) angeklagt (3 prol. 41–44) und wegen irgendeiner vermeintlichen, in den Fabeln begangenen Verleumdung, wie gewöhnlich angenommen wird, verurteilt. Doch hat er nicht so schwer darunter gelitten, daß er nicht weiter als Schriftsteller hätte öffentlich hervortreten können. Im letzten Buch der Fabeln stellt er sich als *senex* vor (5, 10). – Im Altertum hat Ph. sich keiner großen Beliebtheit erfreut, und wenn die Erwähnung bei Martial (3, 20) als unsicher ausscheidet, so bleibt es dabei, daß er vor etwa 400 n. Chr. nirgendwo namentlich genannt wird. Um diese Zeit berichtet → Avianus (praef.), Ph. habe fünf Bücher hinterlassen. Das stimmt zu der handschriftlichen Überlieferung, aber von diesen Büchern ist viel verlorengegangen. Im Prolog zum 1. Buch (6) verspricht Ph.: *arbores loquantur, non tantum ferae*, doch kommt das nicht in den erhaltenen Fabeln vor, und die wenigen Zeilen des 2. Buches (154 gegen 365 des 1. Buches) zeugen von Verstümmelung. In den fünf Büchern gibt es 94 Fabeln, dazu kommen noch 30 aus der Collectio Perottiana sowie Prosaparaphrasen sonst verlorener Fabeln des Ph.

[2] Im Prolog zum 1. Buch spricht Ph. von → Aesop als *auctor*, und manche seiner Fabeln sind aus den griech. Prosaversionen, vielleicht durch Vermittlung der ‹Aisopeia› des → Demetrios (17) v. Phaleron, geschöpft. Diese sind natürlich vorwiegend Tierfabeln. Daneben hat er mancherlei hinzugedichtet mit Einschluß selbst geschichtlichen Stoffes. Mit diesem buntscheckigen Stoff erzielt er Erheiterung *(risum movet)* sowohl als moralische Ermahnung *(prudentis vitam consilio monet)*. Die Fabeln hat Ph. in die Form jambischer → Senare gekleidet. Ihre Sprache ist, wie die seiner Vorlagen, schlicht und frei von aller Geschwollenheit. Obwohl er die Knappheit der Prosafabeln gewöhnlich beibehält, spinnt er sie doch, wo es die Umstände erlauben, durch Charakterzeichnung und dergleichen beträchtlich aus (3, 10, wo er wahrscheinlich keiner Vorlage folgt, hat 60 Verse). L.W.D.

Ed: ed. princ.: P. Pithou, Troyes, 1596 – J. P. Postgate, 1919 – *Übers:* B. E. Perry, LCL, 1964 (engl.) – *Lit:* A. Hausrath, RE 19, 2 (1938), 1475–1505 – A. de Lorenzi, Fedro, 1955 – B. E. Perry, a. O. LXXIII–CII.

Phaeinos, kaiserzeitlicher (oder gar byzantinischer?) Aristophaneskommentator, jünger als → Symmachos (3), vom Kompilator unseres Scholiencorpus benutzt. H.E.

Phaëthon, Sohn des → Helios und der Klymene. Erbittet von H. für einen Tag den Sonnenwagen. Da er ihn nicht zu lenken weiß, entsteht ein Weltbrand. Von Zeus mit dem Blitz getötet, stürzt P. in den Eridanos. Seine klagenden Schwestern, die Heliaden, werden in Schwarz → Pappeln verwandelt (Hes. Frg. 199; Eur. Frg. 771 ff. N.; Ov. met. 1, 750 ff.). K.Schb.

Darstellungen: → Helios.

Phaiax, Athener vornehmer Herkunft, in der ersten Hälfte des → Pelop. Krieges ein Hauptvertreter der Jeunesse dorée in Athen (Aristoph. equ. 1377 ff.). Ph. spielte bei der Ostrakisierung des → Hyperbolos (wohl 417) eine nicht ganz durchsichtige Rolle (Plut. Nik. 11; Alk. 13). F.Kch.

Phaidimos, att. Bildhauer um die Mitte des 6. Jh.s v. Chr. Bekannt durch drei Signaturen von Grabmonumenten. Bei der Stufenbasis von Vurva (Nat. Mus. Athen, Nr. 81) sind nur die Füße der Grabstatue erhalten. – Mit der angeblich aus Attika stammenden Basis von New York wird (allerdings nur auf Grund der Fundangaben) der Unterteil einer Stele mit der Darstellung eines nackten Kriegers verbunden. – Bei der dritten Inschrift aus Kalybia (im Gebiet des Demos Prospalta) fehlt jeder Anhaltspunkt für die Darstellung. E.Bg.

Lit: F. Eichler, Zur Ph.-Basis, ÖJh 16, 1913, 86–102 – G. Richter, Cat. of Greek Sculpture in the MMA, Nr. 14 Taf. 14d (die angeblich zugehörige Stele ebd. Nr. 13) – W. Peek, Att. Inschriften, AM 67 1942, 85–87 – Zum Umkreis des Meisters vgl. K. Schefold, Die großen Bildhauer des archaischen Athen, 1949, 41–44.

Phaidon von Elis, der Sokratesschüler und Erzähler in → Platons gleichnamigem Dialog. Er gründete nach Sokrates' Tod eine Philosophenschule in Elis und schrieb sokratische Dialoge, die sich durch Witz und Anmut ausgezeichnet haben sollen, was das Fragment (Sen. epist. 94, 41) und die Spuren seines Dialoges ‹Simon› im 12. und 13. apokryphen Sokratikerbrief bestätigen. K.v.F.

Q: Diog. Laert. 2, 105.

Phaidros, Schüler des → Sokrates, Titelheld des platonischen Dialogs ‹Phaidros›. Person im ‹Protagoras› und im ‹Symposion›.

2. **Ph.,** von Athen, ca. 138–70, → Epikureer, Nachfolger des → Zenon (5) v. Sidon als Schulhaupt, weilte während des 1. Mithridatischen Krieges in Rom. Dort lernte ihn → Cicero kennen, der ihn auch 79/78 in Athen hörte. Ph.' Schrift ‹Über die Götter› war vielleicht die gemeinsame Quelle der epikureischen Kritik der mythischen und philosophischen Theologie in → Philodemos' (1) De Pietate und Ciceros De natura deorum 1. W.L.

Lit: A. E. Raubitschek, Ph. and his Roman pupils, Hesperia 18, 1949, 96–103.

3. **Ph. von Athen,** demokratischer Politiker, 1. H. 3. Jh. v. Chr. Erstmalig 296/295 unter → Lachares (1) Stratege, wirkte er später als Gesandter in Ägypten erfolgreich für Athen. Als Antigonos II. Gonatas i. J. 272 nach dem Tode des → Pyrrhos (1) Griechenland großenteils wieder unter seine Kontrolle brachte, sicherte er durch Verhandlungen die Autonomie Athens. Auch nach dem → Chremonideischen Krieg trat Ph. bei Antigonos für Athen ein. F.Kch.

Lit: W. W. Tarn, Antigonos Gonatas, 1913, 45 ff.

Phainias von Eresos, ca. 375–300, Schüler des → Aristoteles zusammen mit seinem Landsmann → Theophrast; Ph. schrieb wie dieser eine Pflanzenschrift zur Ergänzung des Aristoteles, daneben vor allem Historisches: Über die Sokratiker, Über die sizilischen Tyrannen, Über die athenischen Politiker der klass. Zeit, Über die Beseitigung von Tyrannen, eine Geschichte von Eresos u. a. Ein stark autobiographischer Brief Theophrasts an Ph. ist bezeugt. O.G.

Frg: F. Wehrli, 1957 (mit Kommentar).

Phainomena, die ‹Erscheinungen›, daher in der philosophischen → Erkenntnistheorie (1) das für die Sinne Wahrnehmbare, die Beobachtungstatsachen, das Sinnliche, im Gegensatz zum Intelligiblen; (2) das Scheinbare, im Gegensatz zum Seienden; (3) was in Gedanken so erscheint, die landläufige Meinung über etwas. S.M.

Phaistos, am Westende der kretischen → Mesara auf niedrigem, doch markantem Höhenzug (vgl. → Hagia Triada) unweit des Meeres gelegene minoische Stadt mit großem Palast. Besiedlung schon im Neolithikum. Im Hellenismus Umfriedung des Stadtgebietes mit einer Mauer. – Erster Palastbau an der Stelle einer älteren Siedlung: MM I. Zwei weitere Bauperioden in MM II und III. Der ursprünglich als der älteste angesehene, in MM III zerstörte Palast läßt sich in seiner ganzen Anlage als Vorgänger des letzten Palastes erkennen. Zerstörung wie in → Knossos gegen 1400. In der Stadt und in den Palastruinen gewisse Nachblüte im 14. Jh. Die Scheidung der 3 Zerstörungsphasen wurde in Ph. durch mörtelartige Verstriche erleichtert, mit denen jeweils vor erneutem Baubeginn das Zerstörte überdeckt wurde. Orientierung des Palastes N-S. Ein → Propylon führte im älteren wie im jüngeren Palast vom Westin den Mittelhof (Pfeilerhallen an den Längsseiten; beide Höfe gepflastert). Schautreppe für Zuschauer kultischer Spiele am N-Ende des W-Hofes. Östl. von dieser entstand bei einer Rückverlegung der W-Front des Palastes in der letzten Bauphase eine 14 m breite Treppe als Zugang zu einem Propylon mit den anschließenden, jetzt verlorenen Repräsentationsräumen des Hauptgeschosses. In dem freigelegten Untergeschoß des W-Flügels befanden sich Dienst- und Magazinräume. Die herrschaftlichen Wohnräume mit Vorhallen, Pfeilersälen, Terrassen, Badezimmern usw. lagen (1) nördl. vom Mittelhof hinter dessen fassadenartig symmetrisch gegliederter Schmalseite mit Mitteldurchgang, (2) in dem zum größeren Teil abgestürzten O-Flügel des Palastes. – Systematische Ausgrabungen der min. Stadt, die sich auf zwei Hügel und deren Abhänge erstreckte, wurden nur an einzelnen Stellen durchgeführt (im NO des Palastes). – Bes. reich sind die Einzelfunde von Ph.: Keramik der → Kamaresperiode, reliefierte Steingefäße, Diskos von Ph., Proben der Linear-A-Schrift (Linear B fehlt). – Vom Nachleben der Stadt Ph. zeugen die Nennung im Schiffskatalog (Il. 2, 648), protogeometrische und geometrische Häuser. Seit dem 8. Jh. Vorherrschaft von → Gortyn. Vgl. → Kret.-myk. Kultur. W. Schg.

Lit: L. Pernier, Il palazzo minoico di Festos I, 1935 – L. Pernier-L. Banti, dass. II, 1951 – L. Banti, EAA III, 1960, 627–635, s. v. Festo – F. Schachermeyr, Forschungsbericht, AA 1962, 113–115. 130–135. 148 f. 163 – D. Levi, The recent Excavations at Ph., Stud. in Medit. Archaeol. XI, 1964.

Phalaekeus (*Φαλαίκειος*), auch → Hendekasyllabus genannt: ein von → Phalaikos (2) und anderen hellenistischen Dichtern stichisch verwandter → äolischer Vers der Form ∞–◡◡–◡–◡–– *(gl ba)*. Nach Bass. gramm. VI 258, 15 kam er schon bei → Sappho vor. → Catull machte ihn bei den Römern beliebt. B. Sn.

Phalaikos, Sohn des → Onomarchos, Neffe und Nachfolger (351 v. Chr.) des → Phayllos (2) als Befehlshaber der Phoker, führte den 3. → Heiligen Krieg bis zur Erschöpfung und Kapitulation (346), begab sich dann mit Söldnern in die Peloponnes und nach Kreta, wo er ca. 342 fiel. E. Bn.

2. **Ph. von Phokis,** Epigrammatiker der peloponnesischen Schule (→ Hellenist. Dichtung B 6). P. H.

Phalanx, bei Homer ‹Schlachtreihe, Heeresabteilung›. Der geschlossene Verband (Schlachtordnung) der → Hopliten wird in der klass. Zeit als Taxis bezeichnet (vgl. Hdt. 9, 71, 3; Thuk. 5, 70). Die Bezeichnung Ph. ist erst wieder seit → Xenophon (1) gebräuchlich (eine in Linie aufgestellte Formation, Aufstellung zur Schlacht, Heer im Lager und auf dem Marsch). Im *makedon.* Heer (→ Heerwesen) wurde das schwerbewaffnete Fußvolk (*πέζοι*) meist Ph. *τῶν πεζῶν* genannt (als taktische Einheit); doch bezeichnete Ph. auch die gesamte Schlachtordnung ohne Rücksicht auf Waffengattungen. – *Phalangiten* hießen seit hellenist. Zeit die in der Ph. aufgestellten schwerbewaffneten Soldaten. G. G.

Lit: F. Lammert, RE 19, 2 (1938), 1625–46.

Phalaris, Akragantiner. Mit dem Bau des Zeustempels auf der Akropolis beauftragt, nützte er den Umstand aus, daß ihm bedeutende Geldmittel zur Verfügung standen, bewaffnete die Arbeiter und Sklaven und bemächtigte sich der Stadt; er war 16 Jahre lang Tyrann (6. Jh. v. Chr.; Chronologie ungewiß). Durch seine Politik der territorialen Expansion bereitete er die zukünftige Größe von Akragas vor. Seine Grausamkeit ist berüchtigt, wenn auch wahrscheinlich größtenteils Legende; man erzählt, er habe seine Feinde in einem ehernen Stier lebendig verbrannt: vielleicht handelt es sich dabei um Menschenopfer, die einem grausamen Gott gebracht wurden (man hat an den Moloch der Karthager gedacht). Ph. wurde durch eine von Telemachos, dem Vorfahren des → Theron, angezettelte Verschwörung gestürzt. R. V. C.

Lit: E. De Miro, Agrig. arcaica e la politica di F., PP 11, 1956, 263–273.

Phalerae (von griech. *φάλερα*), kreisförmige Metallbeschläge, Zierscheiben am Zaumzeug, zunächst begehrte Beutestücke, dann, seit dem 2. Jh. v. Chr., Kriegsauszeichnung der Reiter, seit dem 1. Jh. v. Chr. (getriebene Silberbuckel, am Riemenviereck über der Brust getragen) → Auszeichnung für alle Soldaten bis zum → Centurio aufwärts, stets in Verbindung mit Kette (Torques) und Armreifen (Armillae). E. Bay.

Lit: P. Steiner, Die dona militaria, BJbb 114, 1906, 1–98 – F. Matz, Die Lauersforter Ph., 92. BWPr, 1932 – F. Lammert, RE 19, 2 (1938), 1559–62.

Phaleron, Ort und offene Reede östl. des → Piräus (Kt. 1152 a B 2), bis zu den → Perserkriegen einziger Landeplatz für Athen, hier alle mythischen Ausfahrten, z. B. → Theseus nach Kreta. Durch Ausbau des Piräus hat Ph. an Bedeutung verloren. E. M.

Phallos, das männliche Geschlechtsorgan (bzw. eine Nachbildung desselben). Als Inbegriff und Symbol der Zeugungskraft und Fruchtbarkeit bzw. – bei anthropomorpher → Gottesvorstellung – der Manneskraft eines Gottes galt er vielen Völkern als → heilig. Damit verbindet sich oft die Vorstellung, daß die *ganze* Natur von *einer* Fruchtbarkeitskraft durchströmt ist: deshalb wurden bei → Fruchtbarkeitsriten häufig Nachbildungen des Ph. mit der Saat in den Erdboden gelegt oder in einer Prozession *(Phallophorie)* durch die Flur getragen. – Der Ph. hat in der religiösen Vorstellungswelt des griech. Festlandes und des kleinasiat. Raumes offenbar seit vorgeschichtl. Zeit immer eine gewisse Rolle gespielt, wie zahlreiche Bodenfunde zeigen; nur auf minoischen Bildwerken hat sich bisher kein eindeutiges Zeugnis gefunden. In der griech. → Religion der geschichtlichen Zeit tritt das phallische Element allenthalben in Erscheinung; dabei haben sich – bes. beim einfachen Volk – viele altertümliche Kultformen erhalten, allerdings stets einbezogen in den Kult für die großen griech. Götter. Der Ph. gehört unlöslich zum Kult des → Dionysos und charakterisiert ihn als Fruchtbarkeitsgott (vgl. z. B. Hdt. 2, 48. 49). Ph.prozessionen, bei der Landbevölkerung offenbar allgemein üblich (vgl. z. B. Aristoph. Ach. 247 ff.; Plut. De cup. div. 527 D; Heraklit. Fr. 15 D), fanden auch im Rahmen großer Staatsfeste statt (z. B. Große → Dionysien in Athen; unter den Ptolemäern in Alexandria, Ath. 5, 196 A ff.). Dionysos selbst wird allerdings nie mit Ph. dargestellt, sondern nur sein Gefolge (bes. → Satyrn und Silene); überhaupt erscheinen kleinere, ursprünglich wohl selbständige phallische Fruchtbarkeitsdämonen in geschichtlicher Zeit gewöhnlich als Begleiter des Dionysos, bisweilen tritt sogar der Ph. neben ihm als selbständige Personifikation auf (unter dem Namen *Phales* z. B. Aristoph. Ach. 263. 276). Die Teilnehmer an Dionysos-Prozessionen banden sich einen Ph. an (→ Ithyphalloi), deshalb gehört er zum Schauspielerkostüm in der → Komödie. Er erscheint auch im Kult der → Demeter, der Göttin der Erdfruchtbarkeit (vgl. z. B. Schol. Lukian dial. meretr. 2, 1 p. 275 ff.) und ist ein Attribut des → Hermes (daher an den → Hermen dargestellt) und anderer Fruchtbarkeitsgottheiten, bes. des → Priapos. Außerdem wurde der Ph. bei den unteren Volksschichten offenbar ganz allgemein als Symbol der Manneskraft, sodann als Segenspender und Übelabwehrer angesehen, so daß Nachbildungen z. B. sogar als Amulett (→ Apotropaion) Verwendung fanden. Welche Vorstellungen dazu veranlaßten, Phalloi auf Gräber zu setzen (nur für Kleinasien bezeugt), ist uns nicht bekannt. – Der Ph.kult ist ein merkwürdiges Phänomen innerhalb der griech. Religion. Seine Herkunft (indogermanisch? vorgriechisch?) ist rätselhaft. Die Griechen standen ihm jedenfalls unbefangen gegenüber – soweit wir sehen, mindestens bis zum Ausgang der Alten Komödie. Allerdings darf man zwischen den einzelnen Volksschichten mit Unterschieden in der Denkweise rechnen (während z. B. Hermes von den Künstlern der klass. Zeit in vornehmer Menschengestalt dargestellt wird, bleiben die Hermen in alter Weise ithyphallisch). – Die weiblichen Geschlechtsorgane begegnen im griech. Kult nur selten (bei Demeter-Festen, z.B. bei den → Haloen und → Thesmophorien). Ob Geschlechtsorgane bei den Kulthandlungen der eleusin. → Mysterien irgendeine symbolische Bedeutung hatten, ist umstritten. K.-H.R.

Lit: U.v.Wilamowitz, Der Glaube der Hellenen, 2 Bde, 1931/32 (Nachdr. 1959), Reg. – H.Herter, RE 19,2 (1938), 1673–1748 – Nilsson I, Reg. – *Darstellungen:* E.Buschor, Ein choreg. Denkmal, AM 53, 1928, 96–108.

Phaon, alter Fährmann, der Aphrodite in Gestalt eines Mütterchens übersetzt und zum Dank ein Salböl von ihr bekommt, das ihn so schön macht, daß er die Liebe aller Frauen Mytilenes erringt. Bei einem Ehebruch ertappt, wird er getötet (Aelian, VH 12,18; Serv. Aen. 3,279). Auch Geliebter Aphrodites genannt. Nach späterer Legende springt → Sappho wegen unglücklicher Liebe zu Ph. vom Leukadischen Felsen ins Meer.

Lit: Schmid-Stählin I 1, 1929, 422 – F.Stoeßl, RE 19,2 (1938), 1790 bis 95 – *Darstellungen:* Mit Demonassa oder Aphrodite auf wenigen att. Vasen (Beazley, AJA 54, 1950, 320f.; Frg. einer weißgrundigen Schale in Reggio) und etrusk. Spiegeln (E.Gerhard, Etrusk. Spiegel, 1843, Taf. 40–42). Zu Ph.-Sappho vgl. J.Carcopino, La Basilique Pythagoricienne de la Porte Majeure, 1927, 381f. K.Schb.

Phanes, weltschaffende, aus dem Ur-Ei entsprungene Gottheit der Theogonie des → Orphizismus. Wie weit er echt mythische Gestalt oder künstliche Schöpfung ist, ist nicht zu erkennen. Die orphische Literatur deutet den Namen als des Gottes, der als erster ‹erschien› (*ἐφάνθη*, so Orph. Arg. 15f.; vgl. Lact. inst. 1,5,4). Als Erster heißt er auch Protogonos, wird aber im übrigen in den vielen Varianten der orphischen Theogonie ganz verschieden eingeordnet (Sohn des Aither, des Aer u.a.), auch mit einer Reihe anderer Gottheiten identifiziert, so bei Macr. sat. 1,18,12 mit Dionysos, Eubuleus aus dem eleusin. Kreise und, auf Grund seines Namens, mit Phaethon (bei Lact. a.O.) und Antauges, die offenbar Gestirngötter sind, auch mit Eros (Prokl. in Plat. Tim. 1,433,31 D.). In seiner theogonischen Funktion hat er anscheinend dem Eros Hesiods (theog. 120ff.) nahegestanden. O.G.

Phanodemos von Athen, als Politiker 343/328 v.Chr. nachweisbar, Gesinnungsgenosse des → Lykurgos (3), Fachmann für Sakralrecht; Interesse für religiöse Tradition und Lokalpatriotismus prägen die von ihm verfaßte → Atthis (mindestens 9 Bücher). Frgm.: FGrHist 325. W.Bk.

Phanokles, Dichter (Herkunft und Lebenszeit unbestimmbar). Erhalten einige Fragmente eines elegischen Gedichts ‹Eroten oder Schöne› (Titel nach Clem. Al., Strom. 6,2,23). Offenbar durch die Einleitung jedes neuen Elements mit ‹Oder wie› (*ἢ ὡς*) Anschluß an die Heroinenkataloge → Hesiods gesucht. Behandelt die Neigung von Göttern und Heroen zu schönen Knaben. Stobaios (64,14) hat die Geschichte von → Orpheus und Kalais erhalten, welche mit einem Aition endet. Daraus wird man aber nicht schließen können, daß das Werk des Ph. wie die ‹Aitia› des → Kallimachos aitiologischen Interesses sei. Eine gewisse Nähe zu → Hermesianax scheint zu bestehen, aber es ist fraglich, ob ein Gegenstück zu dessen ‹Leontion› gewollt war. Das Stobaios-Fragment läßt deutlich erkennen, daß Ph. eine bemerkenswerte erzählerische Begabung besaß; er dürfte Hermesianax darin weit übertroffen haben.

Frg: Coll. Alex. 106. P.H.

Pharao (פרעה), ist im AT die Bezeichnung des ägypt. Herrschers (LXX: *Φαραώ*); sie geht zurück auf *pr* ꜥ3 ‹großes Haus›, ursprünglich für den Palast gebraucht, seit Thutmosis III. auch für den König. Als Königs*titel* (wie im AT: ‹Pharao Hophra›) tritt das Wort erst seit der 22. Dyn. (um 950 v.Chr.) auf. W.Hk.

Pharisäer (*perušim*, ‹Sektierer›, vom Volke so genannt), jüd. Laienbewegung, die in der chasidischen Opposition des 2. Jh.s v.Chr. (→ Judentum B 5) wurzelt und ideologisch durch die Forderung nach sakraler Heiligung des Alltags (*periša*, ‹Absonderung›, sc. des Priesters bei der Kultausübung) geprägt ist. Sie lebten in religiös-sozialen Genossenschaften und nannten sich daher selbst ‹Genossen›. An sich politisch indifferent – sofern Integrität des religiösen Lebens und Legitimität des Hohenpriesters gewährleistet waren –, opponierten sie seit Johannes Hyrkanos I. (134 bis 104 v.Chr.) gegen die Hasmonäer (→ Makkabäer; → Judentum B 4), entfesselten unter Alexander Jannai einen für sie verlustreichen Bürgerkrieg und beherrschten unter dessen Witwe kurze Zeit (76–67) das → Synedrion in Jerusalem. Unter → Herodes (1) d.Gr. hatten sie eine Blütezeit; aber der Zelotismus brachte ihnen gewaltigen Abbruch. Die Führung der Ph. – vor 70 ca. 6000 in Palästina – hatten ‹Schriftgelehrte›, die ‹Weisheitslehre› und Auslegung der → Tora unter Verwendung hellenist.-oriental. Denkformen miteinander verbanden, damit aber allmählich eine neue, dem Geist der → Diaspora entsprechende Dogmatik schufen, die nach 70 (→ Judentum B 6) Alleinsieger blieb. Die oft selbstgerechten und asozialen, daher vielfach verhaßten Ph. waren in Schulen aufgespalten; von diesen führten sich die Hilleliten auf den Babylonier Hillel und die Schammaïten auf Schammai (beide um 20 v.Chr.) zurück. Letztere gingen nach 70 wegen ihres Zelotismus im wesentlichen unter; die Reorganisatoren des → Judentums (B 6) waren Hilleliten. Galt bis 70 das in den Schulen entwickelte Religionsgesetz – die ‹mündliche Tora› – in erster Linie für die ‹Genossen›, so wurde es nach dem Ende der Hierokratie für allgemein-normativ erklärt. Für seine endgültige Ausgestaltung und Durchsetzung wurden Akiba (gest. 135) und seine Schule (→ Mischna) maßgebend. R.M.

Lit: → Judentum B – RGG V 326–328.

Pharmakos, Ritualbezeichnung eines Mannes (mehrerer Männer, Mann und Frau), der im Mittelpunkt bestimmter griech. → Reinigungs- und Sühnebegehungen stand. Die Mitteilungen beziehen sich auf Athen, Kolophon, Abdera, Massalia, zeigen ein hochaltertümliches Bild, stammen aber fast ausnahmslos aus hellenist. Gelehrsamkeit. Nach allerlei Zeremonien wird der Ph. aus der Stadt hinausgejagt (angeblich sogar getötet). Dies soll sowohl regelmäßig bei den → Thargelien wie auch bei bes. Anlässen geschehen sein.

Q und Lit: Nilsson, I 107–109. O.G.

Pharnabazos. 1. Perser, Vater des Pharnakes, übernahm wohl kurz nach 480 die Satrapie Daskylitis (Bithynien), die in seiner Familie verblieb. – 2. Enkel des Vorigen, geb. 450–445, Satrap der Daskylitis, Verbündeter der Spartaner, zweimal in Abydos geschlagen; schloß einen Vertrag mit den Athenern, die → Alkibiades vertrat, den er später als Flüchtling aufnahm. Eroberte 393 Melos und Kythera und erhielt in Susa eine königliche Prinzessin zur Gattin (seine Enkelin Apame heiratete 324 → Seleukos I. und wurde die ‹Stammutter› der → Seleukiden). Starb fast 80jährig, nach zwei erfolglosen Feldzügen gegen Ägypten (388–386 oder 385–383 und 373). – 3. Sohn des Artabazos, Enkel des Vorigen, Admiral der pers. Flotte nach dem Tode seines Onkels Memnon, eroberte Mytilene, Tenedos, Milet, Chios, Siphnos und Andros. G.R.

Lit: Th.Lenschau, RE 19,2 (1938), 1842–48.

Pharnakes I., Sohn → Mithridates' III., König von → Pontos (ca. 185–170), nahm Sinope, führte 183–179 Krieg gegen → Eumenes II., → Prusias II. und → Ariarathes IV, die schließlich siegten; Ph. mußte alle Eroberungen zurückgeben und Entschädigung zahlen. Gesamturteil: Polyb. 27,15. D.T.

Lit: M.Rostovtzeff, CAH IX, 211ff. – *Bildnisse* → Anhang I.

2. **Ph. II.,** Sohn → Mithridates' VI., 63–47 König von Bosporos. Zuerst Statthalter des Mithridates im Bosporan. Reich, erhob sich Ph. 63 gegen seinen Vater (App. Mithr. 522ff.), der darauf Selbstmord verübte, und lieferte die Leiche an → Pompeius (2) aus. Dieser erkannte ihn als Köng von Bosporos an. 48 versuchte er, das väterliche Reich Pontos zurückzugewinnen, wurde aber von Caesar

bei Zela geschlagen (*veni, vidi, vici*). Bei der Rückkehr nach Bosporos wurde Ph. von dem dort zurückgelassenen, inzwischen abgefallenen Statthalter → Asandros besiegt und getötet (App. Mithr. 591 ff.). D.T.

Pharsalos (*Φάρσαλος*, lat. Pharsālus), Stadt im südöstl. → Thessalien, Hauptort der Landschaft Phthiotis (Kt. 1152 C3), Sitz einer Seitenlinie der → Skopaden, 48 v. Chr. Schauplatz des entscheidenden Siegs → Caesars über → Pompeius (2). E.M.

Lit: F. Stählin, Das hellenische Thessalien, 1924, 135–144 – Y. Béquignon, Nouvelles observations sur le champ de bataille de Ph., BCH 84, 1960, 176–188.

Phasis, Fluß im Lande Kolchis (heute Rion), mündet bei der gleichnamigen milesischen Kolonie Ph. (Kt. 1565 I2) ins Schwarze Meer. R.F.

Phasis, im attischen Recht eine schriftliche Anzeige an den zuständigen Magistrat zwecks Einleitung eines gerichtlichen Strafverfahrens wegen gewisser Verstöße gegen die Fiskal- oder Sakralordnung (der im Prozeß als Ankläger auftretende Anzeigende erhielt die Hälfte einer etwa verhängten Geldstrafe) oder zwecks Anregung von Maßnahmen des → Archon (Pauschalverpachtung oder Erzwingung von Pfänderstellung seitens des Vormunds) zur Sicherung eines Mündelvermögens. H. J. W.

Phayllos, aus Kroton, siegte vor 480 v. Chr. dreimal an den → Pythien in Fünfkampf und Wettlauf. An der Schlacht bei Salamis (480) nahm er mit einem eigenen Schiff teil; seine Mitbürger ehrten ihn dafür mit Statuen in Delphi und auf der Akropolis von Athen (Hdt. 8,47; Paus. 10,9,2; Syll. I 30). F. Kch.

2. **Ph.,** Bruder und Nachfolger (352 v. Chr.) des → Onomarchos als Befehlshaber der Phoker im 3. → Heiligen Krieg, war 353 von → Philipp II. v. Makedonien in Thessalien geschlagen worden, sperrte aber nach Niederlage und Tod des Onomarchos auf dem ‹Krokosfeld› 352 gegen Philipp erfolgreich die Thermopylen. Er setzte den Krieg gegen die Thebaner fort, in Böotien und in der Peloponnes, und starb 351 an einer Krankheit. Ph. war nicht unbedeutend, doch völlig skrupellos. E. Bn.

Phegeus, Sohn des → Inachos, Bruder des → Pharoneus, König von Phegea in Arkadien, entsühnt → Alkmaion vom Muttermord, läßt ihn später aber wegen eines anderen Frevels töten (Apollod. 3,87–90). K. Schb.

Pheidippides, der Eilbote der Athener, der beim Angriff der Perser 490 v. Chr. nach Sparta geschickt wurde, um von dort Beistand anzufordern, und dabei die etwa 200 km lange gebirgige Strecke zu Fuß in 2 Tagen zurücklegte (Hdt. 6,105 f.; Paus. 1,28,4; 8,54,6). F. Kch.

Pheidon, Argiver, Nachkomme des Königshauses der Herakliden; verwandelte sein legitimes Königtum in eine Tyrannis (Aristot. pol. 5, 8. 1310 b 26). Die Chronologie des Ph. ist umstritten: die Quellen geben Spielraum von 900 bis 600, nach der wahrscheinlichsten Hypothese hat er in der Mitte des 7. Jh.s gelebt. Während der Regierungszeit des Ph. hat Argos bedeutend an Ausdehnung und Macht zugenommen, wenn man auch nicht geradezu von einem argivischen Großreich sprechen kann. Ph. bemühte sich, die alten Herrschaftsgebiete der frühen dorischen Zeit wiederzugewinnen; wenn es ihm auch nicht gelang, Korinth zu unterwerfen, so gebot er doch der spartan. Expansion in der Thyreatis und Kynuria Einhalt und warf die Spartaner westlich des Parnon zurück (Schlacht von Hysiai 669/668?); er griff erfolgreich in den Streit um die Olympische Agonothesie zwischen Pisaten und Eleern, die von Sparta unterstützt wurden, ein. Die Einführung des Silbermünzgeldes darf Ph. wohl zugeschrieben werden. Einige alte Quellen sagen, er habe den Peloponnesiern Maße und Gewichte gegeben: vielleicht Verwechslung mit dem korinth. Nomotheten Ph. Gest. wohl in Korinth. R. V. C.

Lit: Ed. Will, Korinthiaka, 1955, 344–357 – R. M. Cook, Speculations on the Origins of Coinage, Historia 7, 1958, 257–262.

Phemios, Sänger des → Odysseus und, gezwungen, auch der Freier. Von → Odysseus verschont. → Aoidos.

Pherai, heute Velestino, Stadt im südl. → Thessalien (Kt. 1152 D3), mit dem Hafen von → Pagasai. Politisch nur in der 1. H. des 4. Jh.s v. Chr. bedeutend, als die Tyrannen → Lykophron (3), → Jason (4) und → Alexander (19) v. Ph. ganz Thessalien beherrschten, bis 352 → Philipp II. v. Makedonien ihre Herrschaft beendete. E.M.

Lit: E. Kirsten, RE Suppl. 7 (1940), 984–1026.

Pherekrates, von Athen, Dichter der alten → Komödie (I B); erster Dionysiensieg zwischen 445 und 427, an den Lenäen zwei Siege, keine Aufführungen nach 410 bezeugt. Ph. war zuerst Schauspieler, wohl des → Krates. Von 18 bezeugten Titeln mit Fragmenten waren im Altertum 5 Stücke als unecht bezweifelt; sicher datiert sind nur die ‹Agrioi›, auf die Lenäen 420. Ph. dichtete nach → Krates unpolitische Komödien, sein Spott geht auf Privatleute und vor allem auf schlechte Dichter und Musiker; seine Kunsturteile (wie bei → Kratinos und → Aristophanes) moralisierend: Kunstzerfall ist ihm Sittenzerfall und Verweichlichung. Er ist Erfinder oft wiederkehrender Motive: ‹Korianno›, ‹Petale› und ‹Thalatta› heißen nach Hetären, eine solche ist vielleicht auch in ‹Pannychis› die Hauptperson, wie später dann oft; auch die Trunksucht der Weiber erscheint zuerst bei ihm und später häufig. Der ‹Epilesmon› (‹der Vergeßliche›) könnte ein Charakterstück gewesen sein. In den ‹Agrioi› trat ein Chor lebensüberdrüssiger, vegetarischer, asozialer Misanthropen nach → Timons (1) Art auf. Die Verjüngung alter Weiber war Thema der ‹Graës› (‹Greisinnen›), ein Bild des Hetärenlebens Thema der ‹Korianno›. Die ‹Krapataloi› enthielten eine Unterweltsfahrt. Die Sage von den → Myrmidonen, die Zeus auf der nach einer Pest ausgestorbenen Insel Ägina aus Ameisen als Untertanen des aus Thessalien eingewanderten → Aiakos entstehen ließ, behandeln die ‹Myrmekanthropoi› (‹Ameisenmenschen›), wo auch → Deukalion und die Flut vorkamen. Am besten sind drei nicht sicher bezeugte Stücke bekannt: Die *Μεταλλῆς* (‹Bergarbeiter›) enthalten einen Bericht vom herrlichen Leben in der Unterwelt; in den ‹Persern› sind schlaraffische Zustände im orientalischen Gewand geschildert; im ‹Cheiron› treten der Kentaur und Lehrer des Achill (vgl. Eur. Iph. Aul.) als weiser Alter sowie die Allegorien ‹Musik› und ‹Gerechtigkeit› auf, moderne, zuchtlose Musiker wie → Kinesias, → Phrynis, → Timotheos (5) werden kritisiert. Ph. rühmt sich als Erfinder des später nach ihm benannten ‹versus → Pherecrateus›. – Im 3. Jh. v. Chr. bearbeitet Nikomachos Ph.' Komödien; er gehört noch zur byzantin. ‹Heptas comicorum›. Th. G.

Frg: FAttCom I 206–285.

Pherekratus (*Φερεκράτειος*), ein vom Komiker → Pherekrates (Fr. 79 Kock) in fortlaufenden Reihen verwandter → äolischer Vers, häufig (vielleicht schon bei → Sappho Fr. 103, sicher seit → Anakreon 2,7; 69 u. ö.) als → Klausel (→ Katalexe) nach → Glykoneus (→ Priapeus). B. Sn.

Pherekydes von Athen, Historiker, 1. H. 5. Jh. v. Chr., schrieb ein genealogisches Werk in 10 Büchern (Genealogie). Im Gegensatz zu → Akusilaos hat Ph. *erstens* nicht mit einer Theogonie begonnen, sondern sich auf die Heldensage beschränkt, so daß Götter nur als Stammväter von Helden bei ihm vorkommen, *zweitens* nicht nur die Hauptstammbäume berücksichtigt, sondern anscheinend versucht, die gesamte Heldensage der Epen (im Falle der → Philaiden bis in historische Zeit hinab) seinem Schema zu unterwerfen. Von lokalen Traditionen scheint er wenig Gebrauch gemacht zu haben, was ihm gegenüber dem späteren → Hellanikos, der auch die Lokaltraditionen in seine genealogischen Schemata einzuordnen sucht, die Bemühungen um einander nicht widersprechende Synchronismen zwischen den verschiedenen Stammbäumen erleichterte. Vgl. → Geschichtsschreibung A [2] f. K. v. F.

Frg. u. Komm: FGrHist 3 – *Lit:* U. v. Wilamowitz, SB Berlin, 1926,

125ff. Seine Theorie, daß das ganze eine ungeordnete Zusammenstellung aus früheren Schriften ohne einheitliche Ordnung gewesen und ursprünglich dem Mythographen Ph. (2) v. Syros zugeschrieben worden sei, läßt sich ebenso eindeutig widerlegen wie die Annahme F. Jacobys (s. auch ‹Abh. zur griech. Geschichtsschreibung›, 1956, 100f.), daß das Werk mit einer Theogonie begonnen habe. – R. Laqueur, RE 19,2 (1938), 1991–2025.

2. **Ph. von Syros,** einer der → Vorsokratiker, schrieb um die Mitte des 6. Jh.s v. Chr. eine Prosaschrift mit dem Titel Ἑπτάμυχος (Siebenschlucht), später auch als → ‹Theogonie› und ‹Theokrasie› zitiert. In ihr beschrieb er in der Form eines allegorischen Märchens die Weltentstehung, beginnend mit Zas (Zeus), Chronos (die Zeit und Kronos?) und Chthonie (die Erde), die von Ewigkeit her waren. Obwohl sich das Ganze als Mythos gibt, scheint doch die ganz unmythologische Kosmogonie des wenig älteren → Anaximander einigen Einfluß darauf gehabt zu haben. K. v. F.

Frg: VS 7.

Phiale, Spendeschale, ohne Fuß und Henkel; vorwiegend in Bronze, vereinzelt auch in Ton und Edelmetall erhalten (→ Vasen, Abb. 246,2). Nur selten fehlt der → Omphalos, ein Buckel in der Bodenmitte, in den die Finger von unten eingreifen konnten (Omphalosschale). Typus und radiale Reliefmusterung der Ph. haben ihre Vorbilder im Orient.

Lit: H. Luschey, Die Ph., 1939. I. Sch.

Phidias (Φείδιας), führender Bildhauer Athens, von ca. 460–430 v. Chr. tätig. Künstlerischer Berater des → Perikles. Ph. selbst nannte sich in der Signatur des olympischen Zeus Athener, Sohn des Charmides. Als Lehrer nennt die antike Überlieferung → Hegias und → Hageladas; ob mit Recht, bleibt schon aus chronologischen Gründen fraglich. Sichere biograph. Angaben fehlen. Die von Plin. nat. 34,49; 36,15 überlieferte Akmeangabe (448–5) dürfte zutreffen. Das Ende seiner Tätigkeit bleibt durch den Prozeß ungefähr festgelegt, in dem ihm u. a. Veruntreuung von Gold von dem 438 v. Chr. vollendeten Kultbild der Parthenos und Gotteslästerung (vgl. → Sokrates) vorgeworfen wurde.

[2] Die *berühmtesten Werke* waren die beiden großen Kultbilder: der *Zeus von Olympia* und die *Athena Parthenos* von der Akropolis. Die zahlreichen literarischen Nachrichten darüber vermitteln nicht nur die allgemeinen Züge der Statuen samt dem reichen Schmuck der Basen und Attribute; sie haben es auch ermöglicht, innerhalb der Kopien wichtige Bestandteile wieder zu identifizieren. Von der über 12 m hohen Parthenos sind nicht nur zahlreiche Verkleinerungen in Marmor, sondern auch Nachahmungen in der Kleinkunst (Medaillons, Gemmen, Münzen) und freie Zitate auf zeitgenössischen Reliefs erkannt worden. Bes. wichtig ist eine Replik des Kopfes in Kopenhagen und die in originalem Maßstab kopierten Ausschnitte der Reliefs auf der Außenseite des Schildes, wo der Kampf der Griechen mit den Amazonen dargestellt war. Auch von der gemalten (?) Gigantomachie auf der Innenseite glaubt man Nachklänge auf der Londoner Schildkopie und in der Vasenmalerei zu kennen, von der Kentauromachie der Sohlen auf einer Marmorvase in Madrid. Auf der ausschnittsweise zu rekonstruierenden Vorderseite der Basis war die ‹Geburt› der Pandora dargestellt, inmitten einer von Helios und Selene eingerahmten zahlreichen Götterversammlung. – Von dem ebenso großen Kultbild des Zeus besitzen wir sichere Nachbildungen der ganzen Statue nur auf Münzen. Der Gott saß auf einem Thron mit hoher Lehne; die Linke auf ein Szepter gestützt, auf der vorgestreckten Rechten wie bei der Parthenos eine Nike. Zitate des Kopfes sind vielleicht im Kopftypus Chatsworth-Kyrene-Villa Giulia erhalten. Er stimmt nämlich auffallend mit dem gesicherten Kopftypus der Münzen von Elis überein. Die beiden unterhalb der Thronlehne angebrachten Niobidenfriese sind in maßgleichen Kopien nachweisbar (in der Abfolge der einzelnen Figuren bestehen noch gewisse Unsicherheiten). Buschor hat auf Grund gewisser stilistischer Unterschiede zwischen dem Artemis- und Apollonfries zwei verschiedene Meister postuliert und für den Artemisfries den auch literarisch bezeugten Mitarbeiter → Kolotes vorgeschlagen. Auch der vordere Abschluß der Thronlehne war figürlich verziert, kopiert in einer Basaltgruppe aus Ephesos: die thebanische Sphinx, die einen Jüngling anfällt. Auf Grund der stilistischen Anhaltspunkte dieser Kopien, der Pantarkes-Inschrift auf dem Finger des Gottes und der kürzlich gefundenen Tonmatrizen darf man annehmen, daß der Zeus erst nach der Parthenos, also in den letzten Lebensjahren des Meisters, vollendet worden ist. – Auch wenn unsere Vorstellung beider Werke sehr unzulänglich bleibt, zeigt schon das unvergleichlich reiche und großartig aufeinander abgestimmte Bildprogramm allein eine einmalige Weite und Tiefe der Götterschau.

[3] Für die zahlreichen, sonst noch überlieferten Werke fehlen sichere Anhaltspunkte. Immerhin glaubt man mit großer Zuversicht, wenigstens von der Amazone noch maßgleiche Kopien im Typus Mattei zu besitzen; die angeblich in einem Wettbewerb mit → Polyklet, → Kresilas, → Phradmon für Ephesos geschaffene Amazone des Ph. wird ausdrücklich als Speerträgerin überliefert; und nur beim Typus Mattei spielt das Speermotiv eine entscheidende Rolle im gesamten Aufbau. Die anderen Meister haben den Vorgang weniger dramatisch, mehr von der Situation der Verwundung her begriffen. Nur im Typus Mattei erfährt diese mythische Gestalt über die Situation hinaus eine allgemeingültige Charakterisierung. – Ähnlich reichhaltig ist die Konzeption bei zwei weiteren Schöpfungen, die man hypothetisch mit Ph. verknüpft hat: bei der sog. Athena Lemnia von Furtwängler und bei dem Kopenhagener Anakreon, der auf der Akropolis von Athen neben dem Standbild des Xanthippos von Pausanias erwähnt wird. – Schwieriger fällt die Entscheidung, ob der Meister des sog. Tiber Apoll mit Ph. und dem Meister des sog. Kasseler Apoll (Apollon Parnopios der Akropolis?) gleichgesetzt werden darf. Wenn der Tiber Apoll mit Recht auf das von Ph. gearbeitete marathonische Weihgeschenk in Delphi bezogen worden ist, lassen sich die Unterschiede vielleicht durch den Gruppenzusammenhang erklären. Der Theseus derselben Gruppe ist in einer kürzlich in der Villa Hadriana ausgegrabenen Kriegerstatue vermutet worden. Der allgemein angenommene Zeitansatz dieser Gruppe um 460 muß in Frage gestellt werden. Handelt es sich nämlich um einen Staatsauftrag, kann die Gruppe kaum vor der endgültigen Rehabilitierung des → Kimon (449 v. Chr.) geschaffen worden sein. – Ph.' Anteil am → Parthenon-Marmorschmuck wird sehr verschieden beurteilt. Die Skulpturen am Tempel sind in den Rechnungsurkunden ohne Künstler aufgeführt. Wir wissen jedoch aus der Überlieferung, daß Ph. die Oberaufsicht über die perikleischen Bauten hatte; und das beim Parthenon bis ins letzte aufeinander abgestimmte Bildprogramm muß dem genialen Geist eines einzelnen zu verdanken sein. Wie weit aber Ph. selbst an der Ausführung mit Hand angelegt hat, darüber lassen sich nur sehr hypothetische Mutmaßungen anstellen. Buschor wollte seine persönliche Handschrift in allen zentralen Teilen des gesamten Schmuckes erkennen und hat versucht, die Unterschiede als geistige Entwicklung eines Einzelnen zu begreifen. Eine solche Auffassung scheint aber mit dem griech. Wettbewerbsgedanken nur schwer vereinbar, auch rein arbeitsmäßig würde dieser Umfang die Möglichkeiten eines Einzelnen übersteigen. Während der 16 Jahre, an denen am Parthenonschmuck gearbeitet worden ist, hat Ph. zwei große Kultbilder, eine umfangreiche Votivgruppe, verschiedene Votivstatuen geschaffen. Sein eigenhändiger Anteil an der Ausführung des Parthenon-Marmorschmuckes darf darum als nicht sehr umfangreich angenommen werden, auch wenn → Aristoteles gerade seine Steinmetzkunst bes. gerühmt hat. E. Bg.

Lit: E. Petersen, Kunst des Ph., 1873 (auch heute noch grundlegend) – H. Schrader, Ph., 1924 – H. Lechat, Ph., 1924 – H. Hekler, Die

Kunst des Ph., 1924 – V.H. Poulsen, Ph. u. sein Kreis, From the Coll. 3, 1942, 33–65 – E. Langlotz, Ph. probleme, 1948 – E. Buschor, Ph. der Mensch, 1948 – G. Becatti, Problemi Fidiaci, 1951 – *Zu Ph. und Parthenon:* B. Schweitzer, JdI 53, 1938, 1–89; 55, 1940, 170–241 – Ders., Das neue Bild der Antike I, 1942, 256; JdI 72, 1957, 1–18 – E. Homann-Wedeking, Anonymi am Parthenon, AM 76, 1961, 107–114 – *Zum Prozeß des Ph.:* Vgl. O. Lendle, Hermes 83, 1955, 284–296 – *Zur Parthenos:* Lippold, GrPl, 145f.; Taf. 51,4 – C.J. Herington, Athena Parthenos and Athena Polias, 1955 – G.P. Stevens, How the Parthenos was made, Hesperia 26, 1957, 350–361 – E. Buschor, Medusa Rondanini, 1958 – Kopf Kopenhagen Glypt. Nr. 98: EA 3845–47 – Schildreliefs: H. Schrader, in: Corolla L. Curtius, 1937, 81–88, Taf. 17–21 – *Zum Zeus von Olympia:* Lippold, GrPl, 142f. – J. Liegle, Der Zeus des Ph., 1952 – Kopftypus Chatsworth-Kyrene-Villa Giulia: G. Becatti, Problemi Fidiaci, 1951, Taf. 71 – Sphinxgruppe von Thronlehne: F. Eichler, ÖJh 30, 1937, 75–110 – Vgl. auch den Kopftypus Petworth-New York (Lippold, GrPl, 171 Anm. 9) und Florenz (ebd. 178 Anm. 16) – Niobidenfries unter der Thronlehne: E. Buschor, SB München 1938, 3–30 – Ch.W. Clairmont, AntK 6, 1963, 23–32 – *Zur Amazone:* Lippold, GrPl, 171 Anm. 7, Taf. 61,2 – F. Eichler, ÖJh 43, 1956–58, 7–18 – G.A. Richter, Archaeology 12, 1959, 111–115 – *Zum Anakreon:* E. Buschor, Ph. der Mensch, 1948, 60–63 – *Zum marathonischen Weihgeschenk* (‹Tiber Apoll›, ‹Athena Lemnia›, ‹Theseus›): E. Berger, Das Urbild des Kriegers aus der Villa Hadriana..., RM 65, 1958, 23–32.

Phigaleia, Stadt im SW → Arkadiens (Kt. 1152 C 5) mit gut erhaltenem Mauerring über der Schlucht der Neda in ganz gebirgiger Umgebung. Im Gebirge nördl. über der Stadt liegt, 1130 m hoch, an einer im Altertum Bassai genannten Stelle der noch größtenteils aufrechtstehende Tempel des Apollon Epikurios aus der Zeit um 400 v. Chr. Tempel nach N orientiert, dorische Ringhalle von 6 × 15 Säulen, Cella mit Halbsäulen an Mauerzungen, die an den Langseiten ionische, an der Schmalseite korinthische Kapitelle tragen, darüber der Fries mit Kentauren- und Amazonenkämpfen (heute im Britischen Museum), dahinter kleiner Nebenraum mit besonderer Tür nach außen. In der Nähe zwei weitere kleine Tempel und Nebengebäude. Die Zuschreibung an → Iktinos als Architekten (Paus. 8,41, 8ff.) ist nicht gesichert. E.M.

Lit: E. Meyer, RE 19,2 (1938), 2065–85; Suppl. 7 (1940), 1030–32 – H. Kenner, Der Fries d. Tempels v. Bassae-Ph., 1946 – Berve-Gruben, 150–153.

Philadelphia (Kt. 2196 B 5; heute ʿAmmān), Stadt im Ostjordanland, unter dem Namen *Rabbaṯ Bənē ʿAmmōn* (Dtn. 3,11 u.ö.) bzw. *Rabbā* (Jos. 13,15 u.ö.) Hauptstadt des Ammoniterreiches, im 10. Jh. v. Chr. durch David erobert (2. Sam. 11,1; 12,26–31), unter Ptolemaios II. Philadelphos hellenisiert, 218 von Antiochos III. d. Gr. erobert (Polyb. 5,71,4), um 135 unter der Tyrannis des Zenon Kotylas (Jos. BJ 1,2,4), 63 von Pompeius eingenommen (Strab. 16,2,40), Glied der Dekapolis, im 4. Jh. n. Chr. Bischofssitz. Ruinen (zwei Tempel auf der Akropolis, in der Unterstadt Säulenstraße, Theater, Odeum, Nymphaeum, Propyläen des Aufstiegs zur Akropolis) bes. des 2. Jh.s nach Chr. M.W.

Lit: E. Schürer, Gesch. des jüd. Volkes im Zeitalter Jesu Christi II (1874), 1907⁴, 189–193 – Syria, Publ. of the Princeton Univ. Arch. Exp. to Syria in 1904/05 and 1909, II: Architecture, Sect. A: Southern Syria, by H.C. Butler, 1919, 34–62 – K. Galling, Bibl. Reallexikon, 1937, 432–435, s.v. Rabbat Ammon.

Philagros von Kilikien, → Redner (I D 2), Schüler des Lollianus, Gegner des → Herodes (2) Atticus in Athen; später Professor in Rom, Lehrer des Phoinix v. Thessalien.

Lit: Solmsen, RE 19,2 (1938), 2108f. W. Sp.

Philai (Kt. 29 D 9), Insel südl. → Elephantine, auf der ein Tempel der Isis errichtet wurde; die erhaltenen Teile stammen aus der Zeit von der 30. Dyn. bis Trajan. Er blieb bis ins 6. Jh. n. Chr. für die nubischen Blemmyer geöffnet; erst Justinian hat ihn geschlossen. W. Hk.

Philaiden, Nachkommen des Philaios, dessen Vater Aias, der Sohn des Telamon und der Lysidike, der Tochter des Lapithen Koronos, war; berühmtes attisches Geschlecht. Zur Hauptlinie gehören: ein Agamestor, der im 7. Jh. vor Chr. Archont auf Lebenszeit gewesen sein soll; der Archont Hippokleides (566/565), der die Pedierpartei unterstützte, der ältere Miltiades, der unter → Peisistratos die → Chersonesos kolonisierte, und der Archont Miltiades (524/523). Zu einer Nebenlinie gehören der jüngere → Miltiades, Sohn des Kimon Koalemos (Halbbruder des älteren Miltiades und Olympiasieger 536, 532 und 528) und → Kimon (1), Sohn des jüngeren Miltiades und der thrakischen Prinzessin Hegesipyle. Der Geschichtsschreiber → Thukydides war mit den Ph. verwandt. R.V.C.

Philargyrius, Iunius, Vergilkommentator. Seine Explanatio in Bucolica ist erhalten, zwei andere Scholiensammlungen fußen zum Teil auf ihm. D.F.

Ed: H. Hagen, in: Servius, ed. G. Thilo, III 2, 1902 – *Lit:* Schanz-Hosius II 108–110.

Phileas, Geograph aus Athen, 2. H. (?) 5. Jh. v. Chr., Verfasser einer → Periodos des Mittelmeergebiets. Die wenigen Fragmente lassen Anlehnung an episch-mythologische → Geographie (A 2) erkennen. F.L.

Philemon und Baukis, Ehepaar, nehmen trotz ihrer Armut die in Gestalt von Menschen durch Phrygien wandernden Götter Zeus und Hermes auf und bewirten sie. Beim Mahl erkennen sie die Götter daran, daß der Wein im Krug nicht versiegt. Zum Dank für die Gastfreundschaft verwandeln die Götter die Hütte des P. in einen Tempel, in dem Ph. und B. Priester werden. Auf ihre Bitte sterben sie gemeinsam in hohem Alter, Ph. wird in eine Eiche, B. in eine Linde verwandelt (Ov. met. 8,616ff.).

Lit: L. Malten, Hermes 74, 1939, 176ff. K. Schb.

Philemon d. Ä., Damons Sohn, von Syrakus oder von Soloi. Nächst → Menander und neben → Diphilos bedeutendster Dichter der neuen → Komödie (I D); geb. 365/360, vor 306 att. Bürger; lebte etwa 100 Jahre. Aufenthalt in Alexandria (Ph. schrieb eine ‹Panegyris›, vgl. → Theokrits ‹Adoniazusai›) fraglich. 372 erster Dionysien-, nach 320 (→ Menander) erster Lenäensieg, deren er drei erzielte, davon einen 306. Datierbare Stücke: vielleicht bald nach 340 der ‹Lithoglyphos› (‹Bildhauer›), wohl 326/324 ‹Babylonios›, 330/320 ‹Metion›, nach 314 ‹Philosophoi›, nach 304 ‹Neaira›, evtl. 317/307 ‹Phasma›, wohl früh im 3. Jh. ‹Thesauros›. Ph. soll 97 Stücke gedichtet haben, davon 64 Titel bekannt (einige zweifelhaft). Nur ‹Myrmidones› und ‹Palamedes› sind möglicherweise Mythen- oder Tragödienparodien, ‹Nyx› (wohl nach der Prologfigur benannt) enthielt vielleicht die Amphitryongeschichte (vgl. → Plautus); wohl kein Stück nach Zeitgenossen benannt. Diese auch in den Fragmenten nur selten erwähnt. 12 Titel fast wörtlich auch bei → Menander. ‹Neaira› und ‹Euripos› waren wohl Hetärenstücke. Den ‹Hypobolimaios› (wohl ein Wiedererkennungsstück) soll er → Aristophanes' ‹Kokalos› nachgebildet haben. – Ph. zeigt eine große, ausgesprochene Verehrung für → Euripides. Er parodiert aber doch tragische Szenen und Diktion, allerdings weniger häufig und in weniger freier Abwandlung als → Menander. Obschon später als weniger gut beurteilt, wurde Ph. von den Zeitgenossen Menander oft vorgezogen. Sein Stil soll gegenüber M.s Sprechstil mehr ein Lesestil gewesen sein. Seine Sentenzen sind oft langatmig und trivial. Ein Bild von seinen Stücken läßt sich aus den röm. Nachahmungen gewinnen: → Plautus bearbeitete seinen ‹Emporos› (zum ‹Mercator›), ‹Thesauros› (zum ‹Trinummus›) und fast sicher sein ‹Phasma› (zur ‹Mostellaria›). Im ‹Emporos› streiten ein Vater und ein Sohn um die gleiche Hetäre. Verschiedene Aspekte von Liebe werden in komischen Verwicklungen gezeigt. Der tugendreiche und edelmütige ‹Trinummus› hat keine Frauenrolle. Es werden lange Moralpredigten gehalten. In der ‹Mostellaria› herrscht dagegen bei äußerlich ähnlicher Handlung größte Lebendigkeit in Szenenanlage und Dialog. Dabei überwiegt allerdings die Komik einzelner Szenen (improvisierte Intrigen des Sklaven Tranio) gegenüber der geschlossenen inneren Entwicklung der Charaktere. In den Komödien des Ph. kehren nach dem Zeugnis der lat. Nachbildungen gewisse Figuren, wie etwa der Freund als Helfer des Jünglings in Schwierigkeiten (der ‹sodalis opitulator›), ständig wieder. Vielleicht gehört der ‹Thesauros› mit seiner ostentativen Dezenz und Moral eher in die Spätzeit, entsprechend der Tendenz der neuen Komödie zum Zurückdrängen der Komik. Freundschaftsbewährung scheint Ph. ein ernstes moralisches Anliegen gewesen zu sein. Th. G.

Frg: FAttCom III 2–97 – D. L. Page, Greek Literary Papyri I, 1942, 238 f. – *Lit:* T. B. L. Webster, Studies in Later Greek Comedy, 1953, 125–151 – *Darstellungen:* Schefold, Bildnisse 172, 29. B. Strandman (The Pseudo Seneca Problem, Konsthistorisk Tidskrift 19, 1950) hält diesen für Ph., K. Schefold (MH 18, 1961, 236) jedoch das von V. Poulsen (Vergil, 1959) veröffentlichte Bildnis. Die Variante bei G. M. A. Richter (Greek Portraits 3, 1960, Taf. 30 f.), spätestens 50 v. Chr. entstanden, zeigt, daß jenes Bildnis hellenistisch sein muß: es ist in Doppelhermen mit Lustspieldichtern verbunden. K. Schf.

2. **Ph. d. J.,** Sohn → Ph.s d. Ä. Erfolgreicher Dichter der neuen → Komödie (I D); sechs Dionysiensiege, davon vier vor 278; von den 54 Stücken, die er geschrieben haben soll, keine Titel bekannt; überliefert einige Verse eines philosophierenden Kochs. Th. G.

Frg: FAttCom III 250–253

3. **Ph.** (III.). Nach Ph. d. J. ist noch ein dritter Ph. belegt, der nach 185 an den Dionysien siegte und 183 mit ‹Milesia› einen dritten Preis errang. Th. G.

Q: FAttCom III 302 f.

4. **Ph.,** Homerkritiker und Verfasser eines attischen Lexikons, das mehrmals von → Athenaios zitiert wird, 3./2. Jh. v. Chr. Vgl. → Lexikographie B [2]. H. E.

5. **Ph.,** → attizistischer Grammatiker, ca. 200 n. Chr., befaßte sich mit textkritischen Fragen bei Herodot und schrieb nach dem Vorbild des → Phrynichos (4) ein vermutlich alphabetisch geordnetes Glossenwerk, und zwar in Jamben. Nur zwei dürftige Auszüge sind erhalten. – Das von Osann (1821) herausgegebene *Lexicon technologicum Philemonis* ist eine Fälschung des 16. Jh.s. H. E.

Ed: R. Reitzenstein, Gesch. der griech. Etymologika, 1897, 392 – F. Osann, Philemonis quae supersunt, 1821, 285.

Philetairos, Sohn des Makedonen Attalos und der Paphlagonierin Boa, Begründer der pergam. Herrscherdynastie der → Attaliden. Nach 301 v. Chr. von → Lysimachos mit dem Schutz der Burg von → Pergamon betraut, trat er 282 zu → Seleukos I. über; 282–263 Beherrscher des Gebiets um Pergamon unter seleukid. Oberhoheit, die er zu Ende seiner Regierung abzuwerfen suchte. Neben außenpolitischen Erfolgen begründeten seine Familienpolitik und sein herrschaftlicher Stil (Stiftungen, Weihungen, Bautätigkeit) die fürstliche Stellung der → Attaliden. D. T.

Lit: W. Hoffmann, RE 19, 2 (1938), 2157–2163 – M. Rostovtzeff, Hellen. Welt, 1212 – *Bildnisse* → Anhang I.

2. **Ph.,** Dichter der mittleren → Komödie (I C), war vielleicht (oder → Nikostratos d. Ä.?) Sohn des Komikers → Aristophanes; erste Hälfte 4. Jh. Zwei Lenäensiege. Zwölf oder dreizehn Titel bekannt, darunter vier Tragödienparodien; Spott auf Zeitgenossen, z. B. auf → Hypereides, in der ‹Kynegis› (‹Jägerin›, ca. 370/65) auch auf Hetären. Der ‹Antyllos› (auch Nikostratos d. Ä. zugeschrieben) ist vermutlich sogar nach einem Zeitgenossen benannt. Th. G.

Frg: FAttCom II 18–27.

Philetairos (= ‹Vademecum›), Titel eines kleinen attizistischen Lexikons, das kurze Vorschriften zum fehlerfreien Wortgebrauch in zwangloser Reihenfolge enthält. Die überlieferte Zuweisung an → Herodian (1) ist vermutlich falsch, die Entstehungszeit vielleicht 3. Jh. n. Chr. H. E.

Ed: A. Dain, Le ‹Philétaeros›, 1954.

Philetas → Philitas.

Philia (φιλία), → Personifikation der ‹Freundschaft› (vgl. den Hymnus des → Aristoteles, Anth. Lyr. 1); auf einem Totenmahlrelief Mutter des → Zeus Philios (IG² 2/3, 4627), daher auch oft Becheraufschrift; Altar auf der Akropolis umstritten, ebenso Kult im Osten. Zu Ph. und Neikos im Kosmos vgl. → Empedokles. C. J. C.

Philikos von Kerkyra, Dichter, Mitglied der → Pleias. Verfasser eines Hymnus auf Demeter (Anth. lyr. 6, 158) in katalektischen choriambischen Hexametern, dem metrum Philicum, da Ph. es erfunden haben will. Dazugehörige Fragmente (?) auf Papyrus gefunden. P. H.

Frg: Anth. Lyr.² II 6, 158–169.

Philinos von Akragas, griech. → Geschichtsschreiber des 3. Jh.s v. Chr. Behandelte mindestens den 1. Pun. Krieg; karthagofreundlich. Benutzt von → Polybios (den er auch in der Theorie der Historiographie beeinflußt haben mag), → Naevius (?), → Fabius (11) Pictor (?); auch in → Diodor (Buch 23 f.). W. Sp.

Frg: FGrHist 174 – *Lit:* F. W. Walbank, A Historical Commentary on Polybius I, 1957, 27. 65 (Lit). 762 – K. Hanell, Ältere röm. Geschichtsschreibung, Fond. Hardt IV, 1956, 149–184 – E. Manni, Sileno in Diodoros, Atti Accad. Palermo IV, 18, 2, 1957/58, 88 (Lit).

2. **Ph. von Kos,** Arzt in der Mitte des 3. Jh.s v. Chr., Begründer der → Empirikerschule. Ph. war zunächst Schüler des berühmten → Herophilos, in dessen Anschauungen bereits Keime für einen – von Ph. dann rigoroser gefaßten – skeptischen Empirismus lagen, polemisierte dann aber gegen diesen sowie gegen den Herophileer → Bakcheios (2). Ph. pflegte die Lieblingsgebiete der Empiriker, Pharmakologie und Hippokratesexegese; nur wenige Fragmente sind erhalten. F. K.

Philippeios (φιλίππειος sc. στατήρ), in inschriftlichen und literarischen Quellen Bezeichnung für den Goldstater Philipps II. v. Makedonien. Diese aus der Ausbeute der Goldminen des Pangaiongebirges als früheste griech. Goldmassenprägung an vielen Münzorten ausgegebene Münze ist ein → Didrachmon attischen Gewichts (8,6 g) mit Apollokopf auf der Vorder- und Zweigespann auf der Rückseite, die auch den Namen des Königs trägt. Das Gespann bezieht sich nach Plut. Alex. 4 auf den Wagensieg Philipps in Olympia. – Der Ph. kam 7 aiginetischen → Stateren oder 20 attischen → Drachmen gleich, woraus auf ein Wertverhältnis von Gold zu Silber wie 10 : 1 geschlossen werden kann. – Der Ph. drang entlang den Flußläufen mit dem Handel in das Gebiet der Donaukelten in Massen ein und von dort über den Rhein weiter nach Westen sowie nordwärts bis Britannien, wobei er in zunehmender Barbarisierung nahezu 300 Jahre lang nachgeprägt wurde. W. Schw.

Lit: Babelon, 480–482 – K. Regling, RE 3 A 2 (1929), 2172 f., s. v. Stater – Ders., RV VI, 1926, 318–320 – Ders., in: v. Schrötter, 509 – Ch. Seltman, RE 19, 2 (1938), 2196–98.

Philippi (Φίλιπποι), 356 v. Chr. von → Philipp II. v. Makedonien gegründete Kolonie im östl. → Makedonien an der Stelle der thasischen Kolonie → Krenides, 20 km östl. des heutigen Drama an der alten → Via Egnatia und der heutigen Straße von Drama nach Kavalla; Schauplatz des Sieges des → Antonius (2) und → Octavian über die Caesarmörder → Brutus (2) und → Cassius (8) im Sept./Okt. 42 v. Chr., deshalb durch Ansiedlung von Veteranen zur röm. Kolonie erhoben (Colonia Augusta Iulia Philippensium). Frühe Christengemeinde (Brief des Paulus an die Philipper). Ansehnliche Ruinen aus röm. Zeit, gut erhaltener Mauerring und für sich gelegene Akropolis (298 m), in der Ebene im Mittelpunkt der Stadt großer röm. Markt mit mehreren Gebäuden, daneben ein Gymnasium und eine Markthalle, ferner Thermen, ein Theater am Burgberg. E. M.

Lit: P. Collart, Philippes, 2 Bde, 1937 – Mehrere Aufsätze in BCH 62, 1938, 1–50 – Δ. Λαζαρίδης, Οἱ Φ., 1956.

[2] An *christlichen Bauten:* 2 stattliche Marmorkirchen, beides Basiliken mit Atrium, Narthex, 3 Schiffen, Emporen, Querhaus, vorspringender Apsis und Anbauten mit Baptisterien im N: (1) nördl. vom Forum und sog. Paulusgefängnis auf einer künstlichen Terrasse am Abhang der Akropolis, vom Ende des 5. Jh.s; wahrt das Schema der frühchristl. griech. → Basilika; (2) südl. vom Forum über älteren Bauten, 6. Jh.; im Gegensatz zu (1) eine Kuppelbasilika nach dem Vorbild der byzantin. Kuppelbauten der

justinianischen Zeit; nach Einsturz der Kuppel unvollendet. Gestalt und Dekor von Kapitellen u. a. denen in der → Hagia Sophia nächstverwandt. E. Sch.

Lit: P. Lemerle, Philippes et la Macédoine orientale, 1945 – Ders., RA 34, 1949, 102–106 (zu den Basiliken von Ph.).

Philippides, Sohn des Philokles, von Athen. Dichter der neuen → Komödie (I D); politisch tätig als Freund des Königs → Lysimachos, 311 Dionysiensieg mit ‹Mystis›, nach dem ersten Lenäensieg des → Diphilos mehrere Lenäensiege; soll 45 Stücke geschrieben haben; von den 15 bekannten Titeln nur im ‹Amphiaraos› → Mythentravestie; ‹Philathenaios› nach seinem Tode wieder aufgeführt (155 v. Chr.). Th. G.

Frg: FAttCom III 164–181.

Philippopolis, heute Philippopel (Kt. 2209 E 5, bulgar. Plovdiv nach ihrem thrak. Namen Pulpudeva, von → Philipp II. v. Makedonien 342/341 gegründete Festung im oberen Hebrostal in Thrakien, später Hauptstadt der röm. Provinz → Thrakien (seit 46 n. Chr.). E. M.

Lit: Chr. M. Danoff, RE 19,2 (1938), 2244–63.

Philippos II., König der Makedonen 359–336 v. Chr., Sohn → Amyntas' III. und der → Eurydike I., geb. um 382, übernahm nach dem Tode → Perdikkas' III. 359 die Vormundschaft über dessen Sohn Amyntas, setzte sich gegen mehrere Prätendenten durch, reorganisierte das Heer und schlug 358 die Paionen, Illyrer und Thraker. Er festigte seine Macht, indem er die Gaufürsten der Lynkestis, Elimeia und Orestis eng an sich band. 357 nahm er Amphipolis, das er an sich Athen zugesichert hatte. Nach der Eroberung von Pydna am Olymp 357/356 übergab er 356 Poteidaia an Olynth und eroberte, derart abgesichert, dann Krenides in Thrakien und das gold- und silberreiche Pangaiongebiet. Nach Zerschlagung einer von Athen unterstützten thrakisch-illyrisch-paionischen Koalition (356) nahm Ph. 355(?) den Königstitel an und gründete als Schutz gegen Thrakien Philippi. 354 eroberte er Methone an der makedon. Ostküste und griff in Thessalien ein, das im 3. → Heiligen Krieg (356–346) in zwei Lager gespalten war. Er schlug die mit den Tyrannen von Pherai verbündeten Phoker unter Onomarchos 352 bei Pagasai, verzichtete aber zunächst auf ein weiteres Vordringen nach dem jetzt von Athen, Sparta und Achaiern unterstützten Phokis, sondern wandte sich 352/351 nach Illyrien und Epirus und stieß nach dem Ausbau der Flotte 351 bis zum Bosporos vor. Der chalkidische Bund wurde 349/348 trotz attischer Hilfe zerschlagen, Olynth 348 zerstört; das ganze Gebiet wurde makedonisch. Der nun folgende Friede des → Philokrates (346) wurde von → Demosthenes (1) leidenschaftlich bekämpft. Nach der endgültigen Niederwerfung der Phoker 346 schützte Ph. diese gegen die Rachsucht Thebens und anderer Staaten und übernahm selbst ihre beiden Sitze in der eine *κοινὴ εἰρήνη* beschließenden delphischen Amphiktyonie. Nunmehr waren Philipp und Makedonien die stärkste Macht in Hellas und damit Athens gefährlichster Gegner. 344 wurde Ph. zum thessalischen Archon gewählt und das Land praktisch seinem Reich eingegliedert; 343/342 kam auch Epirus unter seinen Einfluß (→ Alexander I.). Der immer schärfer werdende, von → Demosthenes (1) geschürte Gegensatz zu Athen führte nach einem thrak. Feldzug (342), Kämpfen auf Euböa (341) und der Belagerung von Perinth und Byzanz (340) zum offenen Konflikt. Die attische Seeüberlegenheit zwang Ph. an den Meerengen zum Rückzug, doch wurden Athen und der Hellenische Bund schließlich am 2. Aug. 338 bei → Chaironeia geschlagen. Maßvolle Friedensbedingungen gewannen jedoch Athen und Theben für den Korinthischen Bund und einen allgemeinen Frieden, dem sich die meisten griech. Staaten anschlossen. Ph., der bewußt auch die kulturellen Beziehungen zu Griechenland suchte (→ Aristoteles als Erzieher → Alexanders (5) d. Gr.) und eine entsprechende Handelspolitik trieb, wurde so zum unbestrittenen Führer der hellenischen Welt und konnte, gestützt auf die von → Isokrates u. a. geförderte panhellenische Bewegung, 337 zum Rachekrieg gegen Persien aufrufen, der freilich auch eigenen Zielen dienen sollte. Während der Vorbereitungen dafür wurde der König bei der Hochzeit seiner Tochter → Kleopatra (2) mit → Alexander I. dem Molosser 336 in Aigai ermordet (→ Olympias). Als Feldherr und Organisator wie als Staatsmann und Diplomat gleich überragend, von hoher Tapferkeit, aber auch reich an Verschlagenheit, hat Ph. die Grundlagen für das Werk seines Sohnes → Alexander (5) d. Gr. gelegt, unzweifelhaft eine der größten Gestalten der antiken Welt (vgl. Theopomp. Fr. 27). P. R. F.

Lit: A. Momigliano, Filippo il Macedone, 1934 – F. R. Wüst, Ph. II. v. Mak. u. Griechenland in d. Jahren 346–338, 1938 – F. Geyer, RE 19,2 (1938), 2266ff. – P. Cloché, Un fondateur d'empire: Ph. II roi de Macédoine, 1955 – Ders., Histoire de la Macédoine jusqu'à l'avènement d'Alexandre le Grand, 1960 – H. Bengtson, 290ff. (mit Lit. und Quellen) – Ders., Die Staatsverträge des Altertums II, 1962, Nr. 298ff.

2. **Ph. III.** Arrhidaios, Sohn → Philipps II.; schwachsinnig, daher von → Alexander (5) d. Gr. verschont. Nach Alexanders Tod der einzige Thronfolger, wurde er vom Heer gegen den Willen der Feldherrn zum König ausgerufen. → Alexander IV., von Geburt an auch König, war ihm untergeordnet. Unter → Perdikkas (4) und → Antipater (1) machtlos, wurde er nach Antipaters Tod von seiner Gemahlin → Eurysike (2) aus → Polyperchos Gewalt auf → Kassandros' Seite gezogen und 317 mit ihr beseitigt. E. Bd.

Lit: M. J. Fontana, Le lotte per la successione di Alessandro Magno, 1960.

3. **Ph. V.**, Sohn → Demetrios' II., geb. 238, seit Sommer 221 König von Makedonien und Hegemon des von seinem Vormund → Antigonos III. Doson gegründeten Hellenenbundes. Im → Bundesgenossenkrieg (2; 220–217) kämpfte er an der Spitze des Bundes, beraten von → Aratos (1) von Sikyon, erfolgreich gegen die Ätoler, Sparta und Elis und erwarb sich rasch hohes Ansehen in Hellas (Friede von Naupaktos 217). Unter dem Einfluß des → Demetrios (18) v. Pharos schloß er 215 ein Bündnis mit → Hannibal (eine Zusammenarbeit kam aber nicht zustande), um auf Kosten Roms seine Macht nach Westen (Illyrien, vielleicht auch Unteritalien) ausdehnen zu können: 1. Makedon. Krieg (215–205), der sich durch Anschluß der Ätoler (212), peloponnes. Staaten und → Attalos' I. v. Pergamon an Rom auf fast ganz Hellas ausdehnte, von den Römern aber nicht energisch geführt wurde, so daß Ph. 206 die Ätoler zu einem Sonderfrieden zwingen konnte. Nach dem Frieden mit Rom (205 in Phoinike), der einen Teil seiner illyrischen Eroberungen bestätigte, leitete Ph. die Expansion nach Osten ein und schloß 203/202 mit → Antiochos III. einen Geheimvertrag gegen das → Ptolemäerreich. Die Besetzung von Städten im Marmarameer (202), von Samos und Karien führte 201 zum Konflikt mit Rhodos und Pergamon, deren Hilferuf eine röm. Intervention einleitete. Der 2. Makedon. Krieg (200–197) verlief infolge des Anschlusses der Ätoler (199) und Achäer (198) an Rom und der Neutralität des Antiochos für Ph. immer ungünstiger. 197 bei Kynoskephalai von T. → Quinctius (3) Flamininus besiegt, mußte Ph. seine Besitzungen in Hellas und Kleinasien räumen, seine Flotte ausliefern und 1000 Talente in Raten zahlen, die ihm allerdings seit 190 erlassen wurden, da er in den Kriegen gegen → Nabis (195) und Antiochos und die Ätoler (192–189) die Römer unterstützte. Die Reorganisation Makedoniens in den 80er Jahren (finanzielle Konsolidierung, größere lokale Mitbestimmung, Befestigungsanlagen, Um- und Neuansiedlungen) erregte das Mißtrauen Roms; 185/184 mußte Ph. die in Thessalien und Thrakien seit 190 gewonnenen Städte zum größten Teil räumen. Erbittert betrieb Ph. energische Wiederaufrüstung. 184–181 dehnte er seinen Einfluß im Balkanraum aus. Den wachsenden Spannungen fiel 180 Ph.s jüngerer Sohn De-

metrios zum Opfer, der wegen seiner guten Beziehungen zu Rom verdächtigt und getötet wurde. 179 starb Ph. in Amphipolis und hinterließ Makedonien seinem älteren Sohn → Perseus (2). Ph. besaß die Anlagen zu einem hervorragenden Feldherrn und Staatsmann; Leidenschaftlichkeit und unbezähmbarer Machthunger trieben ihn aber zu Treubrüchen und Grausamkeiten, die ihn das Vertrauen der Griechen kosteten, und zu politischen Abenteuern, die über Makedoniens Kräfte gingen. Er wurde so gegen seinen Willen zum Wegbereiter der röm. Expansion. (Stammbaum → Antigoniden.) H.H.Sch.

Lit: F.W.Walbank, Ph. V. of Macedon, 1940 (Lit) – Bengtson, 390. 410–415. 460–474 (Lit). – *Bildnisse* → Anhang I.

4. **Ph. I.** Epiphanes Philadelphos von Syrien, Sohn → Antiochos' VIII. (Stammbaum → Seleukiden), beherrschte 94–83 einen Teil Syriens (bis 88 gemeinsam mit seinem Bruder → Demetrios (5) III.), kämpfte gegen seinen Vetter → Antiochos X. und seinen jüngeren Bruder → Antiochos XII., verlor 83 Syrien an → Tigranes I. v. Armenien und starb bald darauf in seinem kilik. Restreich. H.H.Sch.

4a. **Ph. II.** von Syrien, Sohn des vorigen, vertrieb etwa 67/66 mit arabischer Hilfe von seiner kilikischen Herrschaft aus → Antiochos XIII., wurde aber schon um 66/65 durch Aufstände vertrieben. Ph. herrschte weiter in Kilikien; seine Kandidatur für den ptolemäischen Thron (57/56) wurde von den Römern verhindert. H.H Sch.

Lit: Zu Ph. I. und II.: → Seleukiden – *Bildnisse:* → Anhang I.

5. **Ph. Arabs** (M. Iulius), röm. Kaiser 244–249; geb. 198 als Sohn eines Araberscheichs in der Trachonitis; gest. Sept. 249 bei Verona. Ab 243/244 Prätorianerpräfekt; ließ → Gordian III. ermorden und warf sich zum Kaiser auf (Febr. 244); vom Senat anerkannt. Ph. verständigte sich noch 244 mit den Persern. Er erhob seinen Sohn M. Julius Severus Ph. II. zum Caesar und Augustus. 247 1000-Jahr-Feier Roms. Ph.' Herrschaft wurde seit 247 bedroht durch Usurpationen (Jotapianus und Uranius Antoninus im Osten), von denen die des Pacatianus einen großen Germaneneinbruch an der Donau hervorrief (Goten, Vandalen). Der dorthin entsandte → Decius (4) wurde von der Truppe zum Kaiser ausgerufen und besiegte Ph. in einem Gefecht bei Verona. H.D.M.

Lit: A. T. Olmstead, The mid-third Century of the Christian Era, ClPh 37, 1942, 241–262.

6. **Ph. von Opus** (oder Medma), Schüler des älteren oder des jüngeren → Sokrates und → Platons, vielleicht Herausgeber der ‹Gesetze› Platons und sogar Autor der ‹Epinomis›. Keine seiner sonstigen Schriften (mathematisch-astronomischen und philosophischen Inhalts, aber eine auch über die Verfassung Opunts – wir werden an die diesbezüglichen Interessen des → Aristoteles erinnert) ist erhalten. Ph.M.

Lit: K. v. Fritz, RE 19,2 (1938), 2351–66.

7. **Ph. von Thessalonike,** griech. Epigrammatiker im 1. Jh. n. Chr., von dem wir (in AP) etwa 80 in verschiedenen Metren (Distichen, Jamben; AP 13,1 stichische Verwendung des Pentameters!) abgefaßte Epigramme besitzen, die sich durch besonderen Pointen- und Antithesenreichtum auszeichnen. Stellte wie → Meleager (2) eigene Gedichte und solche von Zeitgenossen zu einer Sammlung, dem sog. Kranz des Ph., zusammen (Einleitungsgedicht AP 4,2).

Lit: W. Peek, RE 19,2 (1938), 2339–49. E.V.

Philippus, vgl. auch → Marcius.

Philiskos, Dichter der mittleren → Komödie (I C). Sechs oder sieben Titel bekannt (z. T. umstritten), davon deuten vier auf für die mittlere Komödie typische Göttergeburten (vgl. → Antiphanes, 1, u. a.). Th.G.

Frg: FAttCom II 8–11 – D.L. Page, Greek Literary Papyri I, 1942, 230–233.

2. **Ph. von Aegina,** Sohn des → Onesikritos von Astypalaia (später Bürger von Aegina), soll neben Dialogen nach → Satyros (bei Diog. Laert. 6, 80) die sieben Tragödien verfaßt haben, die später unter dem Namen des → Diogenes (5) v. Sinope umliefen und die anscheinend zeigen sollen, daß Thyestes und Oedipus sich nicht über ihre Taten hätten zu grämen brauchen, vielleicht weil sie es ohne Wissen getan hatten. K.v.F.

3. **Ph. von Milet,** att. → Redner, gest. um 320, Schüler des → Isokrates. Eine Sammlung von Isokratesaussprüchen wird ihm zugeschrieben, ferner eine τέχνη ῥητορική, in der wohl auch seine nur dem Titel nach überlieferten Reden ihren Platz gehabt haben. Zu dem Isokrateer paßt es, daß er eine Lebensbeschreibung, wohl eher ein → Enkomion auf den Redner und Politiker → Lykurgos (3) verfaßt haben soll. Auch ein Epigramm auf seinen Freund → Lysias wird überliefert (Ps.-Plut. mor 836c). J.H.K.

Ed: L. Radermacher, in: Artium scriptores, SB Wien 227, 3, 1951, 194f. – *Lit:* Blaß II, 453f.

Philister. [1] *Auftreten. Geschichte.* Die Ph. (ägypt. *prśt*, assyr. *palašt-/pilišt-*, hebr. *pĕlāšät, pĕlištīm*, griech. *Φυλιστῖνος* und *Φυλιστιιμ*, lat. *Philisthiim, Philisthini, Philisthaei, Palaestini)* gehören mit anderen Völkerschaften der zweiten Welle der sog. → ‹Seevölker›-Bewegung an, die von Pharao → Ramses III. um 1180 v. Chr. in einer Feldschlacht in Syrien und einer Seeschlacht in den Nilmündungen von Ägypten abgewehrt wurde. Die besiegten Ph. wurden als (nominelle) ägypt. Militärkolonen in der palästin. Küstenebene angesiedelt (daneben die *ṯkr* in Dor) und organisierten sich in einer Pentapolis (Gaza, Askalon, Asdod, Ekron, Gath) unter eigenen Fürsten. Bei ihrer vom Schwinden der ägypt. Macht begünstigten Expansion unterwarfen sie die israelit. Stämme und vernichteten auch das gegen ihren Druck gerichtete Königtum Sauls. David machte sie zu Vasallen seines Reichs (→ Judentum I). Ihre mit dem Niedergang der israelit. Macht (schon unter Salomo?) wiedergewonnene Unabhängigkeit büßten sie am Ende des 8. Jh.s v. Chr. an Assyrien ein. Ihre Gebiete wurden Provinzen des assyr. wie des neubabylon. und pers. Reiches. Nach wechselvollem Geschick als Streitobjekt zwischen → Ptolemäern und → Seleukiden (nach 323 v. Chr.) wurden die Ph.-Städte im 1. Jh. v. Chr. römisch.

[2] *Kultur.* In den Kämpfen gegen Ramses III. tragen die Ph. einen kurzen Schurz, einen (ledernen?) Koller, ein langes Stichschwert oder einen Dolch, eine Lanze und einen Rundschild. Ihr hochgebundenes Haupthaar wird durch ein dekoriertes Band zusammengehalten (keine ‹Federkrone›). Ihre Schiffe sind reine Segler mit Vogelkopfsteven. Sie haben einzelne Streitwagen; der Troß fährt auf Ochsenkarren mit Scheibenrädern (beides syrisch). Im 10. Jh. trägt Goliath von Gath syr. Fürstenrüstung (1. Sam. 17, 5/7). Die sog. ‹Ph.-Keramik›, ein Seitenzweig der spätmykenischen (SH III c), ist eine periphere Erscheinung und nicht unbedingt mit den Ph.n zu verbinden. Ebenso ist die Bestattung in anthropoiden Tonsarkophagen ein aus Ägypten übernommener kanaanäischer Brauch. Im AT wird bes. betont, daß die Ph. unbeschnitten sind (Ri. 14, 3 u. o.). – Von ihrer ursprünglichen (indogermanischen?) *Sprache* kennen wir nur geringe Spuren, die eine Bestimmung von Charakter und Zugehörigkeit nicht gestatten. Die von Ph.n getragenen nichtsemit. Personennamen werden gewöhnlich an kleinasiat., illyr. oder griech. Namen angeschlossen. Die Ph. dürften bald nach ihrer Ansiedlung die kanaanäische Landessprache angenommen haben; im 5./4. Jh. war ihre Diplomaten- und Amtssprache das Aramäische. – Die in den Quellen genannten *Gottheiten* der Ph. sind semitisch: → Baal-Zebub, → Dāgōn, Marna(s), → Astarte, → Derketo.

[3] Da unsere Quellen über die genuin philist. Kultur kaum Auskunft geben können (→ 2.), ist ihre ethnische und geographische *Herkunft* nicht sicher zu ermitteln. Der Name könnte vielleicht mit griech. *Πελασγοί* (Nebenform *Πελαστ-*) verbunden werden. Als ihren Ausgangspunkt nennt das AT Kaphthor (Am. 9, 7: Kreta? Kappadokien?). In der Tat dürfte die letzte Station vor ihrem Angriff auf

Ägypten Südkleinasien (und Cypern?) gewesen sein, da alle identifizierbaren ‹Seevölker›-Bezeichnungen in diesem Bereich untergebracht werden können. Die ‹illyr.› Herkunft der Ph. ist unbewiesen, wenn auch der Anstoß zu der ‹Seevölker›-Bewegung letztlich die wohl vom mittleren Donauraum ausgehende sog. ‹ägäische› Wanderung gewesen ist. M.W.

Lit: O. Eißfeldt, Ph. und Phönizier, AO 34, 3, 1936 – Ders., Israelit.-phil. Grenzverschiebungen von David bis auf die Assyrerzeit (1943), in: Kl. Schr. II, 1963, 453–463 – A. Alt, Ägypt. Tempel in Palästina und die Landnahme der Ph. (1944), in: Kl. Schr. II, 1959², 216–230 – G. Bonfante, Who were the Ph.?, AJA 50, 1946, 251–262 – V. Georgiev, Sur l'origine et la langue des Pélasges, des Philistins, des Danaens et des Achéens, Jb. f. Kleinasiat. Forsch. 1, 1951, 136–141 – G. A. Wainwright, Caphtor-Cappadocia, VT 6, 1959, 199–210 – Ders., Some Early Philistine History, VT 9, 1959, 73–84 – Ders., Some Sea-Peoples, JEA 47, 1961, 71–90 – Ders., A Teucrian at Salamis in Cyprus, JHS 83, 1963, 146–151 – T. Dothan, Arch. Reflections on the Phil. Problem, Antiquity and Survival 2, 2/3, 1957, 151–164 – M.-L. u. H. Erlenmeyer, Über Ph. und Kreter, Orientalia 29, 1960, 121–150. 241–272; 30, 1961, 269–293; 33, 1964, 199–237 – W. Helck, Die Beziehungen Ägyptens zu Vorderasien im 3. u. 2. Jt. v. Chr., 1962, 240–246. 253–255 – W. Kimmig, Seevölkerbewegung und Urnenfelderkultur, ein archäologisch-historischer Versuch, BJbBh 10, 1 1964, 220–283 – J. Prignaud, Caftorim et Kerétim, RBi 71, 1964, 215–229.

Philistion von Lokri, Arzt in der 1. H. des 4. Jh.s v. Chr., berühmter Vertreter der sog. westgriech. Heilkunde, beeinflußte → Platon in den physiologischen Teilen des Timaios und → Diokles (3) v. Karystos; mit beiden war er vielleicht 364 oder 363 anläßlich eines Besuches in der Akademie zusammen (vgl. den 2. Brief Platons). Wir kennen keinen Werktitel von Ph.; sicher hat er über Diätetik geschrieben; seine Pathologie basierte auf einer Vier-Elementen-Lehre in Verbindung mit den 4 Grundqualitäten und dem Pneuma (vgl. Anon. Lond. 20, 25 ff.). F.K.

Lit: M. Wellmann, Die Fragm. der sikel. Ärzte Akron, Ph. u. des Diokles v. Karystos, 1901.

2. **Ph. von Nikaia,** griech. Mimendichter der Zeit um Chr. Geb., galt dem Altertum, wohl auf Grund einer Verwechslung mit dem Komiker → Philemon (2), als Zeitgenosse → Menanders, dem er in verschiedenen Spruchsammlungen gegenübergestellt wurde. E.V.

Lit: E. Wüst, RE 19, 2 (1938), 2402–05.

Philistos von Syrakus, Politiker und Historiker, entschiedenster Anhänger des Tyrannen → Dionysios I., von der Machtübernahme (406) an, dann als Burgkommandant und Flottenbefehlshaber, noch in der Verbannung (386; aus privaten Gründen) dem Tyrannen treu. Er kehrte später wieder zurück und stand nach 367 → Dionysios II. zur Seite, wirkte den Reformplänen → Dions und → Platons entgegen. Er fiel 356 im Kampf gegen die aufständischen Syrakusaner. Seine ‹Sikelika› behandelten in 7 Büchern die Geschichte Siziliens bis 405, in weiteren 4 Büchern die Tyrannis Dionysios' I.; die Fortsetzung über Dionysios II. brach mit dem Jahr 362 ab; sie wurde von → Athanis weitergeführt. Vorbild war in Geist und Stil → Thukydides. Vom Werk des → Timaios zunächst in den Schatten gestellt, wurde Ph. in der Epoche des Attizismus als einer der bedeutendsten griech. Historiker geschätzt. W.Bk.

Frg: FGrHist 556.

Philitas (hybride Form: Philetas), von Kos, Grammatiker und Dichter, geb. ca. 320 v. Chr., Erzieher von Ptolemaios II., Lehrer von → Zenodot (1), → Hermesianax, → Theokrit. Starb in Kos, wo man ihm nach dem Zeugnis des Hermesianax unter einer Platane ein Standbild setzte. – Die ‹Ungeordneten Glossen› sind eine Sammlung und Erklärung seltener Wörter, das nach dem Zeugnis eines Komikers (Straton bei Ath. 9, 382 C) eine gewisse Breitenwirkung hatte. Beziehungen zur alexandrinischen Bibliothek nicht nachzuweisen (→ Lexikographie B 2). – Vom *poetischen Werk* des Ph. haben wir gewisse Vorstellungen hinsichtlich der Form, kaum hinsichtlich des Inhalts (fast keine Fragmente). 1. ‹Demeter›, in Distichen, zeigte wohl die Wanderungen der Gottheit auf der Suche nach ihrer Tochter; mancherlei mythologische, antiquarische Mitteilungen in diesem Zusammenhang möglich. Ein kleines Gedicht, wenn wir den Telchinenprolog des → Kallimachos (3) richtig deuten. Im Vergleich zu Kallimachos möglicherweise schlichtere Erzählung. – 2. ‹Hermes›, in Hexametern, entfaltete u. a., nach dem Zeugnis des → Parthenios, ein erotisches Motiv aus der Odysseus-Sage (Aufenthalt bei Aiolos, Zuneigung von dessen Tochter Polymele). War Ph. hierin ein Vorbild des → Apollonios (11) Rhodios? – Berühmt sind die Dichtungen an eine Geliebte Bittis oder Battis, deren Titel man nicht kennt (vgl. außer der Erwähnung durch → Hermesianax z. B. Ov. trist. 1, 6, 2). Mutmaßliche Elegien, aber doch nicht Vorläufer der subjektiven röm. Elegie nach Art des → Properz (s. auch → Hermesianax): Wenn Properz seine Leitbilder Kallimachos und Ph. nennt (2, 34, 31; 3, 1, 1 ff.), so geht es ihm nicht um eine Nähe zu seiner subjektiven Konzeption von Elegie (vgl. → Hellenist. Dichtung B 1). – Weitere bezeugte Titel: Telephos, Paignia, Epigrammata. Fragment 22 nennt die Bienen ‹rindergeboren› und ist so ausgelegt worden, daß Ph. zum Zeugen der von → Vergil am Schluß der ‹Georgika› erzählten → Bugonie der Bienen wird. – Der sogleich sehr berühmte (→ Theokrit) Ph. erscheint in mancher Beziehung (Verbindung von Gelehrsamkeit und Poesie) als erster Repräsentant der alexandrinischen Epoche, dürfte aber doch von der intensiven Gelehrsamkeit eines Kallimachos und Apollonios Rhodios weit entfernt gewesen sein, ebenso von der hoch geistvollen Erzählweise etwa des Kallimachos. P.H.

Frg: Coll. Alex. 90.

Philochoros von Athen, griech. → Geschichtsschreiber, bedeutendster, am besten erkennbarer Atthidograph (→ Atthis). Über sein Leben ist wenig bekannt: er war Seher (Amt für 306/305 bezeugt), Hieroskop; unter → Antigonos (Gonatas) vor oder – eher – nach dem Chremonideischen Krieg, 267–261 (?) wegen proptolemäischer Gesinnung hingerichtet. Seine Produktion war mannigfaltig und gelehrt. Athen (Geschichte, Antiquarisches, Kult usw.) stand im Zentrum seiner Schriftstellerei (FGrHist gibt 26 Titel), die auch Literaturgeschichtliches (zu Asklepiades, Sophokles, Euripides, Alkman, Homer usw.) umfaßte. Das Hauptwerk, die ‹Atthis›, behandelte in Buch 1–6 die Zeit von Kekrops usw. bis mindestens 339/338 (evtl. bis ca. 320?), in Buch 7–17 sehr ausführlich die Zeitgeschichte (nur wenige Fragmente); der Endpunkt «Antiochos» (nach der herrschenden Meinung 262/261) ist nicht genau bestimmbar. Das Werk, nach Jacoby unvollendet und von den 80er Jahren des 3. Jh.s an verfaßt, ist annalistisch (nach Archonten) gegliedert; es bekämpfte → Demon (auch Sonderschrift). Für Spätere war Ph. Autorität, bes. für die Grammatiker bei Erklärung der Klassiker; von → Asinius Pollio (FGrHist 193) epitomiert. Die Fragmente machen einen zuverlässigen Eindruck. Als literarische Hauptquellen gelten vor allem Thukydides und Androtion. W.Sp.

Frg: FGrHist 328 (Titelliste) mit Add. – *Lit:* A. Momigliano, EI 15, 1932, 336 – F. Jacoby, Atthis, 1949 – A. E. Raubitschek, Theophrastus on Ostracism, CeM 19, 1958, 73–109 – H. Bloch, Rez. von Jacoby, FGrHist IIIb (Suppl.), Gnomon 31, 1959, 494–499 – A. Andrewes, Ph. on Phratries, JHS 81, 1961, 1–15.

Philodamos v. Skarpheia, Verfasser eines inschriftlich erhaltenen → Päans auf Dionysos, nach dem Archontennamen auf 325/324 datierbar; ca. 150 Zeilen, z. T. äolische Metren. Fundort Delphi, Zeugnis des Eindringens von Dionysischem an Apollons Kultort. P.H.

Ed: Coll. Alex. 165.

Philodemos von Gadara, epikureischer Philosoph und Dichter, ca. 110–40/35, Schüler des → Zenon (5) v. Sidon, kam ca. 80 nach Italien, wo er L. → Calpurnius (10) Piso Caesoninus, den Schwiegervater Caesars, zum Patron gewann und zusammen mit → Siron in Neapel eine epikureische Schule gründete, die u. a. den jungen → Vergil zu ihren Anhängern zählte und eine bedeutsame Rolle im röm. Geistesleben spielte.

[2] Die *philosophischen Schriften*, von denen die in der Pisonenvilla gefundenen herculanensischen Papyri umfangreiche Reste brachten, sind arm an originellen Gedanken, besitzen aber gerade durch ihren kompilatorischen Charakter und die meist wörtliche Anführung der bekämpften Gegner beträchtlichen philosophiegeschichtlichen Wert. Die jungepikureische induktive → Logik wird in der Schrift Über die Methode des Schließens, die → Theologie in den Schriften Über die Götter und Über die Frömmigkeit behandelt. In den kunstkritisch-ästhetischen Werken Über die Rhetorik, Über die Dichtkunst, Über die Musik spricht Ph. der → Rhetorik jeden praktischen Nutzen ab und betrachtet als Zweck von → Musik und Dichtung nicht die erzieherische Wirkung, sondern den ästhetischen Genuß (→ Poetik). Daneben verfaßte er populärphilosophische Abhandlungen im → Diatriben-Stil zu ethischen Fragen (Über die Schmeichelei, das offene Wort [des Seelsorgers], den Reichtum, die Wirtschaftlichkeit, den Übermut, den Zorn, den Tod usw.), einen Fürstenspiegel (Über das homerische Fürstenideal), ein großes philosophiegeschichtliches Werk, aus dem Verzeichnisse der akademischen und der stoischen Philosophen erhalten sind, und biographische Schriften über Epikur und den Gründerkreis. W.L.

[3] In der Musiktheorie ist Ph. der bedeutendste Vertreter einer von der Ethoslehre absehenden, die Musik rein nach ihrem eigenen Formgesetze beurteilenden Betrachtung. Vgl. dazu → Musik A [8]. G.W.

[4] *Epigramme:* Für den Epikureer Ph. ist dichterische Tätigkeit erstaunlich, da Epikur dergleichen nicht empfahl. Die Epigramme Ph.' gehören einer Nachblüte griech. Epigrammatik an (→ Hellenist. Dichtung B 6). Darunter recht offenherzige Behandlungen erotischer Themen (wie z.B. in der Form des Dialogs AP 5, 46). Einladung zur Feier von Epikurs Geburtstag an Piso AP 11, 44. Ph., dessen philosophische Werke literarischen Rang nicht erreichen, ist ein bemerkenswertes dichterisches Talent gewesen. P.H.

Ed: Eine Gesamtausg. der philos. Schriften fehlt. Bibliogr. mit Verz. der Einzelausgg. bei Ph.H. und E.A. De Lacy, Ph. on methods of inference, 1941, 179–187 – Weitere Ausgg.: C. Diano, Lettere di Epicuro e dei suoi, 1946 – W. Liebich, Aufbau, Absicht und Form der Pragmateiai Ph.s (Diss. Berlin 1956), 1960 – F. Sbordone, Ph.i Adversus (sophistas?), 1947 – A. Traversa, Index Stoicorum Herculanensis, 1952 – Ausgg. in Vorbereitung: F. Sbordone, De poematis – G. Arighetti, De dis – M. Gigante, De morte – *Epigramme:* AP – *Lit:* R. Philippson, RE 19, 2 (1938), 2444–82 – *Zu* [2] (Kunsttheorie): A. Rostagni, Scritti minori I, 1955, 394–443 – A.J. Neubecker, Die Bewertung der Musik bei Stoikern und Epikureern, 1956 – *Zu* [4] (Epigramme): G. Kaibel, Ph.i Epigrammata, 1885.

Philogelos (*Φιλόγελως ἐκ τῶν Ἱεροκλέους καὶ Φιλαγρίου γραμματικῶν*), in drei Hss. erhaltene Schwanksammlung der Spätantike (etwa 4. Jh. n. Chr.), in welcher Charaktertypen, vor allem der ‹Studierte›, aber auch Angehörige bestimmter Städte (Abderiten, Sidonier, Kymaier) verhöhnt werden. Vorlage vielleicht eine jambische Sammlung des Mimographen → Philistion (2). H.E.

Ed: Ed. princ. M. Freher, 1605 – A. Eberhard, 1869 – *Übers:* K.W. Ramler, 1782 – *Lit:* B.E. Perry, On the manuscripts of the Ph., in: Classical Studies in Honour of W.A. Oldfather, 1943, 157–166.

Philoi (‹Freunde› des Königs) und andere hellenist. Hoftitel. ‹Freunde› und ‹Verwandte des Königs› kannte schon das pharaonische und persische Zeremoniell als Bezeichnungen für Höflinge und Adlige (wohl ohne Rücksicht auf tatsächliche Verwandtschaft). Nach Vorbild der maked. Hetairoi oder Ph. sammelten die hellenist. Könige einen Kreis von Ph. um sich, die bei Hofe gewisse Rechte und Pflichten (z.B. Begrüßungskuß, Zutritt zum König, Beratung im → Synedrion) hatten und oft mit militärischen und politischen Aufgaben betraut wurden. Dem Herrscher persönlich verbunden, wurden sie bei Regierungswechsel häufig ausgewechselt. Durch Ausweitung über den Kreis der tatsächlichen Freunde hinaus wurde Philos anscheinend bald zum Hoftitel (sozusagen nichterblicher Hofadel). Die Einführung von Rangklassen (daher gen. part. *τῶν φίλων* ‹zur Klasse der Ph. gehörend›) und ihre Ausdehnung über den Hof hinaus auf alle Reichsfunktionäre ist zuerst bald nach 200 unter → Ptolemaios V. nachweisbar. Nicht völlig gesichert ist folgende, weithin angenommene Rangordnung im Ptolemäerreich (von unten nach oben): *τῶν διαδόχων* (‹Kandidaten›?) – *τῶν ἀρχισωματοφυλάκων* (‹Gardeoffiziere›, bis Mitte 2. Jh. echtes Amt) – *τῶν φίλων* – *τῶν ἰσοτίμων τοῖς πρώτοις φίλοις* (‹mit dem Charakter eines ersten Freunds›) – *τῶν πρώτων φίλων* – *τῶν ὁμοτίμων τοῖς συγγενέσιν* – *ὁ συγγενής* (‹Verwandter›, ‹Pair›, als einziger Rang nicht als ‹Klasse› geführt; Rangabzeichen dem Königsornat ähnlich). Daneben zahlreiche Hof-Ehrenämter, z.B. *ἀρχικυνηγός, ἀρχεδέατρος*. Diese Ordnung geht wohl auf ägypt.-pers. Vorbild zurück; schon → Alexander (5) d. Gr. hatte seine Hetairenreiter *συγγενεῖς* genannt; im späten 2. Jh. erhielten treue Regimenter die Ehrentitel *συγγενεῖς ἱππεῖς* bzw. *ἀδελφοί*. Ständige Entwertung führte im 1. Jh. zum Wegfall der 4 unteren Ränge; der letzte *συγγενής* unter Augustus belegt. Nach ptolemäischem Vorbild (?) wurden Titelhierarchien ähnlicher Art auch in den anderen hellenist. und hellenisierten Monarchien (im Seleukidenreich seit → Seleukos IV. nachweisbar) und schließlich auch in Rom (→ Amicus Augusti) eingeführt. H.H.Sch.

Lit: Vgl. das Verzeichnis bei Bengtson, 424 Anm. 3; dazu: G. Corradi, Studi ellenistici, 1929, 229–343 – E. Bikerman, Institutions des Séleucides, 1938, 40–46.

Philoitios, der Rinderhirt des → Odysseus; wahrt ihm die Treue und wird darum zur Hilfe beim Freiermord herangezogen.

Philokles von Athen, 5. Jh. v. Chr., Neffe des → Aischylos, Tragiker wie sein Sohn Morsimos, sein Enkel Astydamas und seine Urenkel Ph. d. J. und Astydamas d. J. 100 Stücke geschrieben, darunter eine → Tetralogie ‹Pandionis›. 7 Titel überliefert. Wichtig sein Sieg über Sophokles' OT. Von der Komödie wurde er, bes. wegen seines spröden Stils, oft verspottet. Er hatte den Spitznamen ‹Galle›. E.-R.Sch.

Frg: TGF 759f.

Philokles, Architekt, → Archilochos (2).

Philokrates, athen. Politiker. Der Friede von 346 v. Chr. zwischen Athen und → Philipp II. v. Makedonien (auf Grundlage der Wahrung des Besitzstandes), für den er in der Volksversammlung und als Mitglied der Gesandtschaften an Philipp – weitere Mitglieder waren → Aischines (2) und → Demosthenes (1) – eifrig gewirkt hatte, ist nach ihm benannt. 343 erreichte Demosthenes, für den dieser – damals bereits unpopulär gewordene – Friede von jeher nur taktisches Mittel gewesen war, eine Anklage gegen Aischines und Ph. und ein Todesurteil in Abwesenheit gegen Ph. E.Bn.

Philoktet, Sohn des Poias, im thessalischen Magnesia heimisch. Berühmter Bogenschütze vor → Troja. Auf der Fahrt dorthin durch einen Schlangenbiß verwundet. Wegen seiner Schmerzensschreie oder wegen des Geruches der Wunde lassen ihn die Griechen auf Lemnos zurück. An der Eroberung Trojas beteiligt; kehrt danach in die Heimat zurück. Nach nichthomerischer (späterer?) Sage wird Ph. auf Rat des gefangenen Sehers → Helenos von → Diomedes (oder von → Odysseus mit Diomedes oder → Neoptolemos) durch List von Lemnos nach Troja geholt und von → Machaon geheilt. Er besiegt mit Pfeil und Bogen, die er von Herakles geerbt, den → Paris. Die 3 Tragiker schrieben je einen Ph. mit sehr unterschiedlichen Versionen. Noch anders Servius Aen. 3, 402. – Nach Trojas Fall wird er nach Italien verschlagen und gründet dort mehrere Städte.

Darstellungen: bes. auf Vasen (Brommer 329f.), Gemmen, etrusk. Spiegeln und Urnen (A Andren, Opusc arch. 5, 1948, 103). Auch Kleinbronzen des Ph. erhalten. Berühmte Gemälde mit Ph., aus dem

5. Jh., klingen vielleicht auf späteren Schöpfungen, vor allem einem Silberbecher, nach (Lippold, GK 15 f.). Vgl. A. Andren, Filottete, EAA III, 1960, 691–693. K. Schb.

Philolaos, → Pythagoreer der Wende vom 5. zum 4. Jh. v. Chr., welchem Platon eine pythagoreische Schrift für eine hohe Geldsumme abgekauft haben soll. Gegen zur Zeit vorherrschende Meinungen ist wahrscheinlich, daß ein Teil der aus dieser Schrift erhaltenen Fragmente (vor allem B 1–6 D., nicht B 11/12), mindestens von einem Pythagoreer um 400 v. Chr. stammt. Die Abweichung von andern pythagoreischen Lehren und Bestrebungen derselben Zeit erklärt sich daraus, daß die → Pythagoreer sich damals schon in verschiedene Richtungen gespalten hatten. K. v. F.

Frg: VS 44.

Philologie, Wissenschaft, die sich mit Sprache und Literatur eines Volkes beschäftigt, seit 1703 (Wächtler, Commodes Manual) auch Altertumswissenschaft, aus lat. *philologia* (*φιλολογία*, von *φιλόλογος*). Diese Bezeichnungen sind jedoch keine Äquivalente für das moderne Wort Ph. (bzw. ‹Philologe›; beide erstmalig 1575 im ‹Gargantua› des Fischart). *Φιλόλογος* (entsprechend *φιλολογία*, beide zuerst bei Platon) bezeichnet den Liebhaber von Reden, von Untersuchungen, überhaupt von Literatur (einschließlich der Philosophie, so stets bei Cicero), später auch den literarischen Kritiker, Studenten. In hellenist. Zeit kommt außerdem die Bedeutung ‹gelehrt› auf (Beiwort des Gemahles der → Moiro, Andromachos, und des → Eratosthenes). *Φιλολογία* meinte also nie eine bestimmte Wissenschaft. – Der modernen Ph. entspricht seit Beginn des Hellenismus die *γραμματική* mit ihren vielfältigen Spezialgebieten; der Schulmeister klassischer Zeit (*γραμματικός*) wurde zum Philologen im besten Sinne des Wortes. Hingegen beließen → Krates (4) und seine Schüler diesen Namen nur den Glossenerklärern und Prosodikern, sie selbst nannten sich stolz *κριτικοί* (s. u.). Beide Titel sind im ausgehenden Altertum fast gleichwertig. – Die Ph. (*γραμματική*) umfaßte nach antiker Lehre alle mit dem vollständigen Verständnis literarischer Werke verknüpften Probleme, und zwar die Fächer → Prosodie (Aussprache, Periodisierung, Interpunktion), grammatische und stilistische → Exegese (→ Rhetorik), Worterklärung (→ Lexikographie, → Glosse), sachliche Erläuterung, Auffinden der → Etymologie (→ Etymologika), Bestimmung analoger Formen (→ Analogie, → Anomalie), ästhetische Exegese (*κρίσις*, zu der bei den großen Philologen auch Echtheitskritik und → Metrik zählten, vgl. → Überlieferung, auch → Textkritik). Die Krisis galt als interessantester Teil der Interpretation (vgl. Dionys. Thrax p. 5–6, 3 Uhlig). H. E.

Lit: K. Lehrs, De vocabulis φιλόλογος γραμματικός κριτικός, in: Herodiani scripta tria emendatiora, 1848, 379–401 – H. Steinthal, Gesch. der Sprachwissenschaft II (1863), 1891², 13–25 – K. M. Abbott, RE 19,2 (1938) 2510–14 (Lit) – G. R. F. M. Nuchelmans, Studien über φιλόλογος, φιλολογία u. φιλολογεῖν, Diss. Nijmegen 1950 (Q, Lit).

Philomele → Prokne.

Philomelos, Anführer der Phoker im 3. → Heiligen Krieg, forderte im Frühj. 356 v. Chr. für die Phoker die Vormachtstellung in Delphi, die sie bis 448 besessen hatten, besetzte und befestigte die heilige Stätte, warb mit einer ‹Anleihe› beim Tempelschatz 10000 Söldner an und gewann Bundesgenossen, bes. Athen und Sparta. Nach anfänglichen Siegen wurde sein Heer bei Neon am Parnaß völlig geschlagen (wohl 355), Ph. selbst stürzte sich in einen Abgrund. E. Bn.

Philon von Alexandria, ca. 25 v. Chr.–40 n. Chr., stammte aus angesehener Familie – sein Bruder, der Alabarch Alexander, war Vertrauter und Bankier des Königs → Herodes Agrippa. Der alexandrinischen Synagoge eng verbunden (Prediger?), war Ph. der geistige Führer und anläßlich einer Delegation, die Kaiser → Caligula um Intervention gegen die Judenpogrome des ägyptischen Präfekten Flaccus bat (Winter 39/40), auch der Sprecher der Juden Alexandrias. Dennoch ist Ph., dessen Muttersprache Griechisch ist (LXX-Einfluß!) und der die hebräische Sprache seiner Väter nicht mehr beherrscht, nicht origineller Denker, sondern Bewahrer und Sammler der synkretistischen Traditionen der Diasporasynagoge und ihrer Frömmigkeit. Ph. ist Eklektiker; jüdischer Glaube bestimmt seine Auswahl aus dem Geistesgut heidnischer Umwelt, die ihn in seinem nationalen Erbe noch bestärkt. Als Mittel der Versöhnung von Glaube und Vernunft bewährt sich die von den → Stoikern bereits an Homer erprobte, von → Aristobul (2) ins Judentum eingeführte → Allegorese, die es Ph. ermöglicht, z. B. Platon als Schüler und Nachfolger Moses darzustellen.

[2] *Werke:* Allegorischer Genesis-Kommentar (zunächst, mit 2,1 ff. beginnend, fortlaufend, später unter Spezialtiteln nur Erklärung ausgewählter Abschnitte). – Katechismusartigen Charakter haben die ‹Quaestiones in Genesim› und ‹in Exodum› (in armenischer Übers. erhalten). – ‹De opificio mundi›, ‹De decalogo› und ‹De specialibus legibus› stellen apologetisch die mosaische Gesetzgebung dar. – In den Schriften über Abraham, Joseph, Mose, die Tugenden, Belohnungen und Strafen, Segen und Fluch und die Vorsehung schildert Ph. sein kosmopolitisches Tugend- und Weisheitsideal. – Am Beispiel der Essener (→ Qumran) wird die wahre Freiheit des Tugendhaften erwiesen *(quod omnis probus liber sit)*; ‹De vita contemplativa› beschreibt das Leben der Therapeuten. Ph. ist dabei weniger Chronist, er projiziert vielmehr sein eigenes Ideal in die genannten Gruppen. – ‹In Flaccum› und ‹Legatio ad Gaium› zeigen Ph.s politische Aktivität.

[3] Durch Ph.s Allegorese werden die biblischen Gestalten zu Tugenden im Sinne der Stoa, deren Paränese jedoch durch die Vorordnung des Glaubens als Einsicht in die eigene Nichtigkeit eigentümlich gebrochen wird; Gott ist alleiniger Urheber aller Tugend. Umgekehrt erfährt Ph.s jüd. Religion, bes. der Schöpfungsglaube, einen Bruch durch die Übernahme des griech. Kosmosgedankens und der stoischen → Theodizee. Dem Hören (Glaubensgehorsam) wird das Sehen (Theoria) übergeordnet, dementsprechend dient der platonische Dualismus (sichtbare Welt–Ideenwelt) der Beschreibung von Gottes Transzendenz. Der Logos als Schöpfungsmittler, zweiter Gott und Haupt der Welt wird in Gestalt hypostasierter Kräfte zum ‹Retter› und Führer zu Gott. Askese und ekstatische Gottschau werden zu einem religiösen Ideal (Einfluß einer jüdischen → Gnosis?). H. Th.

Ed: L. Cohn-P. Wendland-S. Reiter, 6 Bde, 1896 ff. – Dazu: H. Leisegang, Indices, 2 Bde, 1930 – F. H. Colson, 10 Bde u. 2 Suppl. Bde, LCL, 1929 ff. (Neudr. 1949 ff.) – Leg. ad Gaium: E. Smallwood, 1961 – *Übers:* L. Cohn, Die Werke Ph.s v. A. in deutscher Übers., 1909 ff., fortgef. v. I. Heinemann-M. Adler, 6. Bd. 1938 (Neudr. 1962) – *Lit:* H. Leisegang, RE 20,1 (1941), 1–50 – C. Colpe, RGG V 341–346 (Lit) – H. Thyen, Die Probleme der neueren Ph.Forschung, ThR 23, 1955, 230–246 (Lit).

2. **Ph. von Athen,** → Megariker des 3. Jh.s v. Chr., Schüler des → Diodoros (1) Kronos, bemerkenswert für die → Logik wegen der Bestimmung, daß ein ‹Wenn-Urteil› (*συνημμένον* = das Verknüpfte) dann korrekt sei, wenn es nicht mit einem wahren Vordersatz beginnt und einem falschen Nachsatz endet. M. S.

3. **Ph. von Byblos,** phönik. Schriftsteller, 64–141 n. Chr. Durch die Funde von → Ugarit hat seine ‹*Phönikische Geschichte*›, nach ihm die Übersetzung eines Werkes des Phönikers *Sanchunjaton*, der noch vor dem Trojanischen Kriege lebte (14./13. Jh. v. Chr.; vgl. Eus. praep. ev. 1,9,20) neue Bedeutung bekommen; denn Ph.s mythologische Angaben berühren sich auffallend mit den Epen der ugaritischen Tontafeln. Andererseits bietet Ph. nicht unmittelbar altphönikische, sondern durch jüngeren griech. Einfluß gebrochene Traditionen. R. M.

[2] Sein *Synonymenlexikon* (→ Synonymik) ist in mehreren byzantin. Auszügen verschiedenen Umfanges erhalten, der größte und wichtigste steht unter dem Namen

Ammonios' (Schüler Aristarchs). Es behandelt alphabetisch die semasiologischen Differenzen bedeutungs- oder formähnlicher Wörter (beide Möglichkeiten können in einem Wortpaar vereinigt sein). Die wertvolleren Glossen entstammen großenteils verlorenen hellenist. oder frühkaiserzeitlichen Spezialwerken. Neben ihnen stehen unwichtigere Artikel verschiedener Herkunft. H.E.

Frg: FGrHist 802–824 (Phoenic.) – K.Nickau, im Druck (Synon.) – *Lit:* O.Eißfeldt, Ras Schamra u. Sanchunjathon, 1939 – RGG V 346f.; 1361 – K.Nickau, Das sog. Ammonioslexikon, masch. Diss. Hamburg 1959 – Vgl. H.Erbse, Zetem. 24, 1960, 295.

4. **Ph. v. Byzanz,** → Mechaniker der 2. H. des 3. Jh.s vor Chr. (nicht Schüler, sondern jüngerer Zeitgenosse des → Ktesibios oder kurze Zeit nach ihm lebend; vgl. bel. 49). Seine Arbeiten erschienen (wohl geschlossen) in der Sammlung *Μηχανικὴ σύνταξις* (9 Bücher), die einem nicht weiter bekannten Ariston gewidmet und nur teilweise erhalten ist. Das 1. Buch enthielt die Einleitung (vgl. bel. 14), in der neben einer Unterteilung der Mechanik wohl schon ähnlich wie bei → Heron (2) v. Alexandria die theoretischen und praktischen Voraussetzungen für einen Mechaniker erörtert wurden, daneben das mathematische Rüstzeug, u.a. ein instrumentelles (*ὀργανικῶς*) Verfahren zum Aufsuchen zweier mittlerer Proportionalen zu zwei gegebenen Größen (vgl. bel. 7; → Verdoppelung des Würfels), das sich ähnlich bei Heron wiederfindet. Buch 2 (*μοχλικά*) handelte im Anschluß an die ‹Mechanischen Probleme› des Aristoteles (?) auf theoretischer und experimenteller Grundlage über Hebel und hebelartige Werkzeuge (vgl. bel. 20f.), Buch 3 über den Bau von Hafenanlagen (*λιμενοποιικά*), Buch 4 über den von → Geschützen (*βελοποιικά*, griech. erhalten). In diesem wird die Theorie mitgeteilt, nach der man, von der Kalibergröße ausgehend, die Größenverhältnisse beliebig schwerer Geschütze bestimmte (→ Mechanik B 3). Beschrieben werden dann nur vier neuere Erfindungen: eine eigene, bei der die Sehnenbündel durch Keile nachgespannt wurden, das → Chalkotonon und das → Aërotonon des → Ktesibios und das → Polybolon eines Dionysios v. Alexandria. Sie scheinen sich jedoch alle in der Praxis nicht gegen die Torsionsgeschütze älterer Bauart durchgesetzt zu haben. Ph.s Kritik an diesen ist somit unangebracht; er erlag dem Reiz des Neuen. Das Aërotonon leitet über zum 5. Buch, den ‹Druckluftmaschinen› (*πνευματικά*), das nur in einer arab. Übersetzung erhalten ist (im Auszug auch in einer lateinischen nach einer anderen arabischen). Es enthält nach einer theoretisch-experimentellen Einleitung (im Anschluß an → Ktesibios) über die Phänomene, die mit dem (nicht als solchen erkannten) atmosphärischen Luftdruck und der Komprimierbarkeit der Luft zusammenhängen, die Beschreibung von vielen darauf beruhenden Apparaten (→ Mechanik B 3, → Automaten). In Buch 6 wurde ein Automatentheater beschrieben (*αὐτοματοποιητικά*), das von Heron verbessert wurde und aus dessen Schrift bekannt ist. Die Bücher 7 und 8 sind in einem griech. Exzerpt erhalten (früher = Buch 5) und behandeln → Festungsbau (*παρασκευαστικά*) bzw. Verteidigungs- und Belagerungstechnik (*πολιορκητικά*), Buch 9 allgemeine Kriegslisten. – Ph. ist einer der ersten Vertreter der literarischen → Koine; schon das kennzeichnet seine Absicht, als Praktiker für Praktiker zu schreiben. Die Theorie wird auf das Nötigste beschränkt. Das naturwissenschaftliche Wissen seiner Zeit (→ Straton (2) v. Lampsakos) scheint Ph. jedoch voll zu beherrschen. Da die Haupttätigkeit des Ingenieurs (oder Architekten: → Vitruv) zu dieser Zeit noch kriegstechnischer Art ist, rückt diese Seite naturgemäß stark in den Vordergrund. – Vgl. → Automaten, → Mechanik. F.Kr.

Ed: R.Schoene, 1893 (Buch 4, 7 und 8 = früher 4 u. 5) – H.Diels-E.Schramm, Abh. Berlin, Phil.-hist. Kl., 1918, 16, erschienen 1919 (Buch 4) – Carra de Vaux, Not. et extr. des mss. de la bibl. nat. 38, 1903, 27–235 (Buch 5, arab.-franz.) – V.Rose, Anecd. Gr. et Graecolatina 2, 1870, 297–314 (lat. Auszug von Buch 5) – W.Schmidt, Heronausgabe, I, 1899, 458–489 (Abdr. des lat. Auszugs von V.Rose, a.O., mit dt. Übers.) – H.Diels-E.Schramm, Abh. Berlin, Phil.-hist. Klasse, 1919, 12, erschienen 1920 (Buch 7 und 8, griech.-deutsch) – *Lit:* I.Hammer-Jensen, Die Druckwerke Herons v. Alex., NJbb 25, 1910, 413–427 – K.Orinsky-O.Neugebauer-A.G.Drachmann, RE 20,1 (1941), 53f. – A.G.Drachmann, Ktesibios, Ph. and Heron. A Study in Anc. Pneum., 1948 (Lit) – Ders., The Mechan. Technol. of Greek and Roman Antiquity, 1963 – Vgl. → Automaten, → Mechanik.

4a. **Ph. von Eleusis,** berühmtester att. Architekt des 4. Jh.s. Sein Hauptwerk, die vor 330 erbaute Skeuothek im Piräus, über die er eine Schrift veröffentlichte (Vitr. 7 praef. 12), ist nicht erhalten, jedoch durch ausführliche Bauurkunden (IG II² 1668) rekonstruierbar (→ Magazin). Ph. entwarf außerdem eine gleichfalls durch Bauurkunden erläuterte dor. Vorhalle von 8 × 12 Säulen für das → Telesterion von → Eleusis (356–352 und – nach einer Pause – 317–307 unter der Bauleitung des Architekten Philagros errichtet). G.Gb.

5. **Ph. von Gadara,** → Mathematiker, Lehrer des → Sporos, soll → Archimedes' → Approximationen für π verbessert haben. H.G.

Q: Eutokios, in: J.L.Heiberg, Archimedesausgabe III (1881), 1915², 258.

6. **Ph. von Larisa,** → Akademiker, Schüler des → Kleitomachos und sein Nachfolger als Leiter der Akademie. 88 v. Chr. kam Ph. nach Rom, wo → Cicero ihn hörte. Ph. gab die Skepsis teilweise auf; er leugnete zwar, daß es sich selbst als wahr ausweisende Vorstellungen gebe, gestand aber zu, daß ein ‹Erfassen› (*κατάληψις*) von Gegenständen (wenn auch nicht im stoischen Sinne) und damit Erkenntnis möglich sei. Diese Ansicht legte er 88 in einer Schrift dar, gegen die → Antiochos (9) v. Askalon polemisierte. Ph. gilt als Gründer einer vierten Akademie. Cicero hat ihn zeitlebens als seinen eigentlichen Lehrer verehrt. M.S.

Lit: A. Goedeckemeyer, Gesch. d. griech. Skeptizismus, 1905.

Philonides, aus dem att. Demos Kydathenai (wie → Aristophanes). Dichter der alten → Komödie (I B); Vater des → Nikochares. Lenäensieg 422 mit dem ‹Proagon› (wohl nur Einstudierung; die Komödie lief später unter dem Namen des → Aristophanes). Erster Dionysiensieg nach 412. Studierte auch andere Stücke des Aristophanes ein. Drei eigene Titel bekannt, darunter die ‹Kothurne›, eine Verspottung des wetterwendischen → Theramenes (Kothurn = vertauschbarer Schuh). Th.G.

Frg: FAttCom I 564–571.

Philonikos, von Athen, Dichter der alten → Komödie (I B). Nur durch Dionysiensieg 404 bekannt. Th.G.

Philopappos (C. Iulius Antiochus Epiphanes Ph.), gest. 114/116 n. Chr., syr. Prinz, Enkel des Königs Antiochos IV. von Kommagene, Titularkönig, athen. Archon zwischen 75/76 und 87/88, Arvale, von → Trajan unter die Prätorier aufgenommen, 109 Konsul, Grabmal auf dem Museion in Athen (vgl. Paus. 1,25,8). K.H.Sch.

Q: IG II–III 3112.3451; vgl. 1759; OGIS 409–413.

Philopoimen, geb. 253 v. Chr. in Megalopolis und einer der vornehmsten Familien Arkadiens entstammend, zeichnete sich 222 in der Schlacht bei Sellasia und dann als Söldnerführer auf Kreta aus. Im 1. Maked. Krieg 210 zum Hipparchen, 208 zum Strategen des → Achäischen Bundes gewählt, besiegte er 207 → Machanidas von Sparta. Die neugewonnene militärische Stärke der Achäer versuchte Ph. sogleich zur Lockerung ihrer Bindungen an Makedonien auszunützen und trat 200, freilich erfolglos, für eine Neutralitätspolitik im 2. Maked. Krieg ein. 193 schloß er trotz zunehmender Behinderung durch T. → Quinctius (3) Flamininus nach → Nabis' Ermordung Sparta an den Achäischen Bund an, worauf 192/191 die Angliederung auch der restlichen Peloponnes möglich wurde. Ph.s Tendenz, unter Zurückdrängung des historisch Gewordenen einen pelop. Einheitsstaat zu schaffen, ermöglichte es jedoch Rom immer wieder, sich in achäische Bundesangelegenheiten einzumischen. Ph. wurde hierdurch zwangsläufig zum Träger der achäischen Unabhängigkeitspolitik, mit der er infolge seines persönlichen Ansehens auch gewisse Erfolge erzielte, bis er schließlich 183 bei der Niederschlagung einer von Messene mit Rückendeckung durch Flamininus versuchten Sezession den Tod fand. Von einem Römer «der letzte der Hellenen» genannt (Plut. Phil. 1,7), beschließt Ph. tatsächlich die glänzende Reihe griech. Feldherrn. Aber gerade infolge seines Bestrebens, Forderungen der Philosophie wie Überordnung des Gemeinwohls und Unabhängigkeit von fremder Macht politisch zu verwirklichen, vertrat er einen engstirnigen achäischen Imperialismus, der in entscheidenden Stunden dem gesamthellenischen Interesse entgegenwirkte und es Rom leicht machte, den einzelnen griech. Staaten die Freiheit vorzuenthalten. F. Kch.

Lit: P. Benekke, CAH VIII, 1930, 299 – A. Aymard, Les premiers rapports de Rome et de la Confédération achaïenne, 1938 – W. Hoffmann, RE 20, 1 (1941), 76–95 (mit Quellenangaben).

Philosophie

A. Wort und Begriff – B. Einteilung in Disziplinen – C. Epochen – D. Schulorganisation – E. Wirkung.

Vgl. auch → Metaphysik, → Kosmologie, → Theologie, → Logik, → Erkenntnistheorie, → Anthropologie, → Ethik, → Staatstheorie; → Rhetorik, → Mathematik, → Astronomie, → Medizin; ferner unter den Philosophenschulen.

A. Wort und Begriff. Das Wort Ph. = ‹Liebe zur Weisheit›, Philosophos = ‹Freund der Weisheit› (vgl. Philippos, ‹Pferdefreund›), wobei Weisheit (Sophia) zunächst jede Art höherer künstlerischer Tüchtigkeit und intellektueller Bildung meint. Erst das 4. Jh. v. Chr. legt den Begriff weitgehend fest auf die nach der Tradition mit → Thales und → Pythagoras (1) anhebende Erforschung der Himmelserscheinungen (im 5. Jh. statt Ph. vielfach noch → ‹Meteorologia› als ‹Erforschung der Dinge in der Höhe›), des Kosmos überhaupt (→ Kosmologie) und, seit → Parmenides, des reinen Seins. Dazu tritt die → Ethik als das Bemühen um die naturgemäße Bestimmung des Menschen und die → Logik als Lehre von der Beweisführung. – Ph. grenzt sich von anderem dadurch ab, daß sie die Natur des Alls und des Menschen als solche methodisch zu erkennen sucht. Ihre Einsichten beanspruchen begründbare Allgemeingültigkeit. Sie haben prinzipiell ihren Zweck in sich selbst und darin, daß sie dem Menschen den Weg zu seiner eigentlichen Bestimmung weisen: als Ethik leitet sie aus der Natur des Menschen das Ziel seines Handelns her, als Erforschung des Seins, der Gottheit und des Kosmos ist sie die Bewährung der höchsten und eigentümlichsten Fähigkeit des Menschen. Die verbreitetste, ursprünglich wohl stoische, aber auch von den anderen Richtungen meist anerkannte Definition der Ph. lautet: «Wissenschaft von den göttlichen und den menschlichen Dingen (und deren Ursachen)».

B. Einteilung. Der Wille zur Systematik ist schon in der ältesten Ph. greifbar, evident von → Platon und → Aristoteles an. Maßgebend geblieben ist die am Ende des 4. Jh.s v. Chr. bes. von Aristoteles geschaffene Einteilung in: 1. *Naturphilosophie* (theoretische Ph.), umfassend → Metaphysik und → Theologie; → Kosmologie, → Astronomie, → Meteorologie; Erdkunde mit → Geographie, der Lehre von den Gesteinsarten, Erdarten, Gewässern (Hydrologie), Theorie der Erdbeben und Vulkane; Psychologie (→ Psyche) als Lehre vom Prinzip des Lebens überhaupt, → Biologie von Mensch, Tier und Pflanze. – 2. *Ethik* (praktische Ph.), umfassend Individualethik als Lehre vom Ziel des Handelns, von den Tugenden, Gütern, → Affekten; dazu Haushaltslehre (Ökonomik), umfassend sowohl das Personale (die drei Bezüge Mann-Frau, Eltern-Kinder, Herr-Diener; → Anthropologie) wie auch das Materielle (Erwerb und Ausgaben); endlich Staatslehre, die Lehre vom vollkommenen Staat und Staatsmann und von der zweckmäßigen Führung des gegebenen Staates. – 3. *Logik*, umfassend Dialektik (philosophische Beweismethoden) und Rhetorik (Regeln der sprachlichen Gestaltung). – Die antike Diskussion dieses Schemas betrifft zwei Fragen: Erstens: Gehören alle drei Teile zur Philosophie? Ausgeschlossen wird gelegentlich (1), weil der Mensch von diesen Dingen nichts wissen könne, und selbst wenn er es wüßte, dies zum Erreichen seiner ethischen Bestimmung nichts beitrüge; oder (3), weil dies nur als Werkzeug (Organon) aufzufassen, daher (1) und (2) untergeordnet sei, oder weil es überhaupt unnütz sei und die Ph. sich mit der Evidenz und dem allgemeinen Menschenverstand begnügen könne. Die zweite Frage: Welches ist die sachgemäße Ordnung der drei Teile? Meist wird mit (3) als einer methodischen Propädeutik begonnen. Wer dem Rang des Gegenstandes folgt, wird (1) mit Theologie und Kosmologie als Umfassendstes an den Anfang oder als Höchstes ans Ende rücken. Wer die Wichtigkeit für den Menschen betont, wird mit (2) beginnen usw.

C. Epochen. [1] Die ältesten ganz erhaltenen Werke der griech. Ph. sind diejenigen → Platons und Xenophons (1). Für die vorausgehende Zeit sind wir weithin auf die Berichte der Späteren und deren historische Gliederung angewiesen. Diese läßt mit → Thales und → Pythagoras (1) die Epoche der Naturphilosophen (φυσικοί, → Vorsokratiker) beginnen. → Sokrates «holt die Ph. vom Himmel herunter und siedelt sie unter den Menschen an» (Cic. Tusc. disp. 5, 10). Durch ihn nimmt die Naturphilosophie ein Ende und entsteht die philos. Ethik. Mit → Platon tritt der dritte Teil der Ph., die Dialektik (→ Logik), dazu. Im einzelnen werden in der ersten Epoche zwei Traditionsstränge unterschieden: der ionische, der von Milet ausgeht und unverkennbar aufklärerische Züge hat, und der italische, der wesentlich Pythagoras und die → Pythagoreer umfaßt und stark theologisch orientiert ist. – Diese antike Gliederung ist nur mit erheblichen Einschränkungen zutreffend. Richtig ist, daß von Sokrates ein entscheidender ethischer Impuls ausging, doch starb die Naturphilosophie keineswegs ab, und wann sich aus der Ontologie die Logik aussonderte, hat schon die Antike selbst nicht eindeutig feststellen können. Umgekehrt hat sie gewußt, daß die Sonderung ionischer und italischer Ph. sich nur gewaltsam durchführen ließ. Historisch als Gruppen abgrenzbar sind im ionischen Bereich die Milesier (Thales, → Anaximander, → Anaximenes, 2) und die Atomisten (→ Leukippos (2), → Demokritos), im italischen Bereich die Eleaten (→ Xenophanes, → Parmenides, → Zenon (2), → Melissos, 1). Für sich steht → Heraklit, als eigentümliche Synthesen milesischen und eleatischen Denkens können → Anaxagoras und → Empedokles verstanden werden.

[2] Im 4. Jh. v. Chr. entstehen die ersten eigentlichen *Philosophenschulen* mit bestimmter Programmatik und Reihen von Schulvorstehern, die von den Historikern registriert werden. Der Epochengliederung muß von da an die Schulgeschichte als Grundlage dienen. – Unter den *Sokratesschülern* treten (in chronologischer Folge) hervor: 1. → Eukleides (2), 2. → Antisthenes (1), 3. → Aristipp, 4. → Aischines (1), 5. → Phaidon, 6. → Platon, 7. → Xenophon (1). Außer (4) und (7) sind sie alle Schulgründer gewesen oder von Schulen als Gründer in Anspruch genommen worden: 1. Schule der → Megariker, verliert sich im 3. Jh. v. Chr. 2. Jünger des Antisthenes ist → Diogenes (5); diese beiden gelten als Gründer der Schule der → Kyniker, die als solche freilich schwer zu fassen ist. Sie blüht im 3. Jh. v. Chr., hat später sporadisch immer wieder Anhänger und erlebt im 4. Jh. n. Chr. nochmals eine kurze Blütezeit. 3. Schule der → Kyrenaiker, organisatorisch kaum ausgebaut, hat eine Reihe bedeutender Vertreter bis zur Mitte des 3. Jh.s v. Chr. 5. Schule der → Eleer-Eretriker, kaum faßbar und bald untergehend. 6. → Platon gründet um 385 v. Chr. seine Schule in der → *Akademie* zu Athen. Schon um 368/367 scheint sie eine festgefügte Organisation besessen zu haben. Wir können ihre Geschichte bis zur Auflösung durch → Justinian i. J. 529 n. Chr. verfolgen. Schon die Antike unterscheidet eine Alte Akademie (Hauptvertreter: → Speu-

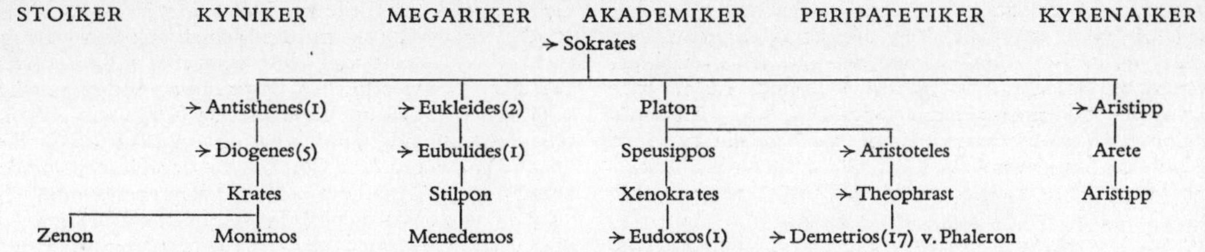

Abb. 179a Die sokratischen Schulen

sippos und →Xenokrates, 3), eine Mittlere Akademie (→Arkesilaos, 5), eine Neue Akademie (→Karneades). Um 80 v. Chr. kehrt die Akademie unter →Antiochos (9) von Askalon zur Lehre der Alten Akademie zurück; die Akademiker nennen sich in Betonung ihrer Orthodoxie fortan Platoniker. Einen Höhepunkt erlebt dieser erneuerte Platonismus im 3. Jh. n. Chr. mit →Plotin, →Porphyrios, →Iamblichos (1) und nochmals im 5. Jh. mit →Proklos und seinen Schülern. Mit einem modernen Begriff wird diese Epoche der Akademiegeschichte →Neuplatonismus, die unmittelbar vorangehende Mittlerer Platonismus genannt. – Um 335 v. Chr. verläßt der Platonschüler →Aristoteles die Akademie und gründet im Lykeion seine eigene Schule der →*Peripatetiker*. Ihre Geschichte verläuft im wesentlichen gleichmäßig bis zum Ende des 2. Jh.s v. Chr. Einen Neuansatz bedeutet die Publikation einer neuen Gesamtausgabe des Aristoteles durch →Andronikos, seinen elften Nachfolger in der Leitung des Peripatos wohl um 50 v. Chr. Im 2. Jh. n. Chr. hat die Schule eine Blütezeit, wird aber im 3. Jh. durch den Neuplatonismus überflügelt und erlischt langsam. Die Aristotelesstudien werden von den Neuplatonikern übernommen.

[3] Im Jahre 306 v. Chr. gründete →Epikur in seinem Garten in Athen die Schule der →*Epikureer*, angeregt durch die Atomistik →Demokrits, z. T. auch die kyrenaische Schule und Aristoteles, andererseits als scharfer Gegner der platonischen Akademie. Die Schule hielt strikt an der Lehre des Gründers fest und bestand bis zu Beginn des 4. Jh.s nach Chr. Dann ist sie dem vereinigten Druck von Platonismus und Christentum erlegen. – Wenige Jahre nach Epikur gründete →Zenon (3) v. Kition die Schule der →*Stoiker*. In der Naturphilosophie unter dem Einfluß →Heraklits und Platons, beanspruchte sie, in der Ethik im Kampfe gegen Epikur und den Peripatos die Hüterin der unverfälschten Lehre des Sokrates zu sein. Der Zusammenhang der Schule war locker, ihr Einfluß zeitweilig überaus groß (wenn auch früher zuungunsten der Akademie und des Peripatos etwas überschätzt) und dauerte ungebrochen bis zum Beginn des Neuplatonismus; dann schwand er rasch dahin. Das klassische System der Stoa ist von →Chrysipp (2) geschaffen; zu einer Umorientierung kam es durch →Panaitios und →Poseidonios, die in der Auseinandersetzung mit den Epikureern den Anschluß an Platon und Aristoteles suchten (die moderne Forschung nennt diese Richtung die Mittlere Stoa). Die Stoa der Kaiserzeit kehrt z. T. wieder zu Chrysipp zurück.

[4] An kleineren Gruppen hellenist. Zeit sind zu nennen: 1. Die →*Skeptiker*. Als ihren Archegeten betrachteten sie →Pyrrhon v. Elis, dessen Jünger →Timon (2) v. Phleius (Mitte 3. Jh. v. Chr.) die Doktrin schriftlich fixiert hat. Eine organisierte Schule ist die Skepsis wohl nie gewesen, doch hat sie in →Ainesidemos (1. Jh. v. Chr.) und →Sextus (2) Empiricus (2. Jh. n. Chr.) angesehene Vertreter gehabt. – 2. Die →‹*Neupythagoreer*›. Die noch von Pythagoras selbst gestiftete Gemeinde stirbt im 4. Jh. v. Chr. ab. Vermutlich z. T. angeregt durch das Interesse der Römer für die italische Philosophie (s. o.) entsteht zu Beginn des 2. Jh.s v. Chr. eine umfangreiche Literatur unter den Namen der alten →Pythagoreer, in Wahrheit aber eine pythagoreisierende Bearbeitung platonischer und bes. aristotelischer Lehren. Vom 1. Jh. v. Chr. an kennen wir wieder mehrere Pythagoreer und pythagoreische Schriftsteller (bes. →Apollonios (16) v. Tyana, →Nikomachos (2) v. Gerasa, →Numenios von Apameia). Als Vorläufer des Neuplatonismus spielen sie eine bedeutende Rolle. Unter ihrem Einfluß hat der Neuplatonismus selbst Pythagoras als eine seiner Autoritäten aufs höchste verehrt.

[5] Allgemein läßt sich sagen: Im 6./5. Jh. v. Chr. entsteht die Ph. im geistig fortgeschrittenen östlichen und westlichen Kolonialland, zunächst zu dem Zweck, die Ordnung des Kosmos zu begreifen, dem Menschen nur insofern zugewandt, als dies Begreifen Unwissenheit und Aberglauben überwindet. Mit Sokrates beginnt die attische Ph. des 4. Jh.s; die ethische Forderung meldet sich, zugleich wandelt sich die Kosmologie zur Ontologie, ergänzt durch eine bes. bei Aristoteles breit ausgebaute →Biologie. Das 3. Jh. kehrt z. T. über die attische Ph. hinweg zur Ph. des 5. Jh.s zurück, schafft aber auch, angeregt durch Platon und Aristoteles, umfassende und subtil differenzierte Systeme. Die epikureische und stoische Ph. beherrschen weitgehend das Feld. Im 2. Jh. v. Chr. erlahmt die Kraft zu schöpferischer Weiterbildung der Systeme. Zugleich tritt Roms Interesse an der Ph. ins Spiel. In der 2. H. des 2. Jh.s beginnt für Akademie, Peripatos und Stoa die Rückwendung zu den Klassikern, bes. Platon und Aristoteles. Es entstehen die ersten →Kommentare eines Typus, den wir bis zum 6. Jh. n. Chr. verfolgen können. Zugleich übt die epikureische Ph. auf Rom großen Einfluß aus. Die Ph. des 1./2. Jh. nach Chr. bietet ein diffuses Bild. Die Schulgeschichte ist nur z. T. faßbar; bedeutende Einzelgestalten weisen Peripatos und Stoa auf. Im 3. Jh. gewinnt durch Plotin der Platonismus eine beherrschende Stellung und behauptet sie bis zum 6. Jh., während die andern Schulen im 4./5. Jh. absterben.

D. Schulorganisation und Orthodoxie. Schon das 4. Jh. v. Chr. hat angenommen, daß es im 6./5. Jh. organisierte Schulen u. a. in Milet, Elea, Abdera gegeben habe. Tatsächlich hat wohl nur →Pythagoras (1) eine Gemeinde um sich gesammelt und hierarchisch aufgebaut; fraglich, ob man dies eine Philosophenschule nennen darf. Daneben hatten einzelne Philosophen des 5. Jh.s Schüler, die sich als Herakliteer, Parmenideer, Anaxagoreer, Demokriteer zu ihrem Lehrer bekannten. Eine juristisch als Verein (Kultverein?) konstituierte Schule hat erst Platon geschaffen. An ihrer Spitze steht der Leiter (Scholarch), der dem Staate gegenüber verantwortlich ist, den Schulbetrieb (Vorträge, Diskussionen, Lektüre, Symposia) organisiert und bei Abwesenheit einen Vertreter ernennt. Sein Nachfolger wird entweder von ihm bezeichnet oder von der Versammlung der eingeschriebenen Schulmitglieder gewählt. Die Mitglieder zahlen Beiträge und können vom Leiter mit bestimmten Aufträgen auf Reisen gesandt werden. Die vier großen Schulen (Akademie, Peripatos, Garten Epikurs, Stoa) dürften alle nach diesem Schema aufgebaut gewesen sein. Geburts- bzw. Todestag des Schulgründers wurden als Gedenktage regelmäßig gefeiert. – Eine schwierige Frage ist, wie weit die Mitglieder frei oder auf bestimmte Grundlehren verpflichtet waren. Der Spielraum der Diskussion war im allgemeinen groß (bes. in der Akademie), doch sind für Akademie, Peripatos, Stoa Fälle bezeugt, in denen ein Mitglied wegen Lehrdifferenzen aus der Schule austrat oder ausgeschlossen wurde. Umgekehrt werden Fälle besonderer Treue eines Schülers zum Lehrer verzeichnet. Eine spezifische Form von Orthodoxie entwickelt sich vom 1. Jh. v. Chr. an, wo es gilt, die Übereinstimmung der eigenen Lehre mit den klass. Autoritäten, bes. Platon und Aristoteles, nachzuweisen und wo um die richtige Auslegung der Klassiker gestritten wird.

E. WIRKUNG. 1. *Auf die Griechen:* Theologie und Kosmologie überwinden das Weltbild der Dichter → Homer und → Hesiod, entziehen auch vielfach der traditionellen Religionsübung den Boden; sie erzeugen die dünne Religiosität des Gebildeten der hellenist. Zeit und tragen zu dem Vakuum bei, in das die orientalischen Religionen eintreten. Geschichtlich wichtig ist daneben die Abgrenzung der Ph. gegen Dichtung und → Rhetorik. In der Frühzeit tritt der Gegensatz zur Dichtung mehrfach scharf hervor: die Ph. beansprucht und bietet Wahrheit, wo die Dichtung sich mit verführerischem Schein begnügt und den Irrtum geradezu begünstigt. Höhepunkt der Polemik sind Xenophanes und Platon (bes. rep. 2 und 3; 10, 595 A–608 B). Anderseits will gerade auch seit Xenophanes, Parmenides, Empedokles die Ph. die Dichtung mit ihren eigenen Waffen schlagen: die Frage, wieweit sich die Ph. dichterischer Mittel für ihre eigenen Zwecke bedienen kann und darf, muß oft diskutiert worden sein. – Soweit die Ph. nicht Spezialforschung, sondern Weltorientierung geben will, tritt seit dem 4. Jh. v. Chr. die Rhetorik zu ihr in Konkurrenz, zu deren Zielen ebenfalls die Vermittlung einer Allgemeinbildung gehört (vgl. Platons Gorgias; → Isokrates). Der Kampf zwischen den beiden Mächten läßt sich bis zum Ende der Antike verfolgen. Auf die philos. Ethik wird es zurückgehen, daß die Sittlichkeit des 4. Jh.s v. Chr. wesentlich strenger ist als die des 5. Jh.s (Entwicklung der Komödie!). Allgemein befördert sie die Achtung vor dem Menschen als Menschen, die in der hellenist. Literatur zum Ausdruck kommt. Sie hilft Schicksalsschläge aushalten und Distanz zum politischen und materiellen Erfolg gewinnen. Die Staatsethik mag da und dort auf Persönlichkeit und Staatsführung hellenist. Fürsten eingewirkt haben. – 2. *Auf Rom:* Der Kontakt Roms mit der griech. Ph. beginnt am Ende des 3. Jh.s v. Chr. mit dem Interesse für das italische Pythagoreertum, dann für die Sokratik (Xenophon) und Epikur. Nach 167 v. Chr. beginnen die griech. Philosophen um Rom zu werben und mit dem Blick auf röm. Leser zu schreiben; sie treten als Freunde und Berater in das Gefolge röm. Herren (u.a. Panaitios bei P. → Cornelius (29) Scipio Aemilianus, Antiochos v. Askalon bei → Lucullus). Neben Epikur wirken vor allem Stoa und Akademie. Sachlich interessieren bes. Theologie, Ethik, Dialektik und Rhetorik. Das stoische Tugendpathos kommt den Römern entgegen, ebenso die Disputierkunst der Akademie und die urbane Humanität Epikurs (und des Peripatos). → Lukrez, → Cicero, → Seneca (2) haben ganz verschieden, aber ebenbürtig griech. Ph. ins Römische transponiert. – 3. *Auf das Christentum:* Entscheidend ist, daß dieses schon im 2. Jh. n. Chr. ein positives Verhältnis zur Ph. suchte. Dem kamen bes. die platonische (dann neuplatonische) Theologie und die stoische Ethik entgegen. Zu der systematischen Explizierung des AT (bes. Genesis) und NT hat der Platonismus des 3.–6. Jh.s Wesentliches beigesteuert, manches auch die durch ihn vermittelte aristotelische Logik. Die Konstituierung christl. Lebensform entnimmt vieles der Stoa des 1./2. Jh.s n. Chr. Der christl. Platonismus der Spätantike hat das Mittelalter bis zur Rezeption des Aristoteles im 13. Jh. beherrscht. O. G.

Lit: E. Zeller, Die Ph. der Griechen in ihrer gesch. Entwicklung (3 Bde, 1844–52), 6 Bde, 1923[7] (bis heute grundlegend) – W. Ueberweg, Gesch. d. Ph., 1. Bd. von K. Prächter, 1928[12] – Weiteres unter den Philosophenschulen und den philos. Disziplinen.

Philostephanos von Kyrene, Antiquar, kannte Kallimachos. Interesse an Aitiologischem, Mytho- und Paradoxographischem. Behandelte die Städte Asiens, die Kyllene, Epirus, Inseln (Kypros, Sizilien u.a.); seltsame Flüsse; Quellen; Heuremata. Schrieb ferner ‹Hypomnemata›; auch Poetisches (Aitia?, jedenfalls Frg. in Versen erhalten). Von Dichterscholien, Lexikographen u.a. benutzt. W. Sp.

Frg: Paradoxographoi, 179–180 – FHG III 28–34 – *Lit:* F. Gisinger, RE 20, 1 (1941), 104–118 – K. Ziegler, RE 18, 3 (1949), 1141.

Philostratos, Flavius. Drei oder vier Ph. sind Mitglieder derselben lemnischen Familie und gehören verwandtschaftlich und literarisch eng zusammen. Die Tradition über die Zugehörigkeit der unter dem Namen Ph. umlaufenden Werke (Corpus Philostrateum) ist sehr unzuverlässig. Ob der Vater des Ph. II. Ph. hieß, ist ungewiß; ein Ph. I. hat vielleicht nie existiert. – *Ph. II.* wuchs wohl in Lemnos auf, war Schüler des Proklos v. Naukratis (vgl. → Hadrianus), → Antipatros (2) v. Hierapolis, → Hippodromos (?) und → Damianos; er wirkte in Athen und gehörte auch zum Zirkel der → Iulia (6) Domna; er starb unter → Philippus Arabs. Ph. II. weist man die einem und demselben Verfasser gehörenden Sophistenviten (vgl. → Redner I D 2), in 2 Büchern (dem späteren → Gordian I. gewidmet und 229/238 veröffentlicht), mit Bios und Stilurteilen, und den Bios des → Apollonios v. Tyana, in 8 Büchern (von Iulia Domna veranlaßt) zu. – *Ph. III.* (‹der Lemnier›: so Ph. II.), Großneffe (?) und Schwiegersohn Ph.' II., geb. 190/191 war Schüler des → Hippodromos und Ph.' II. Auch er war in Athen und hatte Beziehungen zu röm. Kreisen (Streit mit → Aspasios (4) v. Ravenna). – Als *Ph. IV.* setzen die Modernen den Enkel des Autors der älteren ‹Eikones› und Verfasser der ihnen nachgebildeten jüngeren ‹Eikones› an. – Dem Ph. II. mögen auch gehören die Dialoge ‹Heroikos› (wohl 214/219 verfaßt; Homerberichtigung und Plädoyer für den Glauben an die Heroen, bes. die homerischen: Protesilaos, Achill; vgl. → Diktys und → Caracallas Achillverehrung) und ‹Nero›, letzterer unter → Lukians Werken erhalten (Musonios und ein Lemnier unterhalten sich über Neros Hybris); vielleicht die älteren, bei den Byzantinern beliebten ‹Eikones› (Feuilletons über Bilder aus einer Galerie in Neapel; vgl. → Ekphrasis) und ‹Über Gymnastik›, etwa 215/225 verfaßt, erst seit 1844 (1858) vollständig bekannt, eine → Eisagoge, die die Agonistik wieder zu Ehren bringen will (mit reichem Material über Agone, Vorschriften für Trainer und Athleten; vgl. → Physiognomik); schließlich alle 73, z.T. in stark abweichenden Fassungen überlieferten Briefe (1–64: Liebesbriefe; 73, Verteidigung der Sophistik, an Iulia Domna gerichtet), denen zwei Stücke über Briefstil (Autor ist wohl Ph. III., der gegen → Aspasios (4) v. Ravenna schreibt) und über Nomos und Physis angehängt sind. Die ‹Meletai› sind verloren (Ph. II.). Ph. I. soll auch Tragödien und Komödien gedichtet haben. Ph. II. ist ein Klassiker des ‹schlichten› Stils. Die Ph.e sind inschriftlich bezeugt. W. Sp.

Ed: C. L. Kayser, 1844/53 (Noten) – Ders., BT, 1870/71 – F. Morel, 1608 (ed. princ., einzelnes schon ab 1499) – Ältere ‹Eikones›: O. Benndorf-C. Schenkl, BT, 1893 (Indices) – Jüngere ‹Eikones› und Kallistratos: C. Schenkl-E. Reisch, BT, 1902 (Indices) – A. Fairbanks, LCL, 1931 – Vita Apoll.: F. C. Conybeare, LCL, 1912/17 – Vita Sophist.: W. C. Wright, LCL, 1922 – Epist: A. R. Benner-F. H. Fobes, LCL, 1950 – *Gymn.:* V. Noccelli, 1955 (Noten) – Pap. Berlin 17013: K. Stahlschmidt, APF 14, 1941, 1–23 – Ältere kommentierte Sonderausgaben bei Solmsen (s. u.), S. 174 – *Lit:* Christ-Schmid, II 772–785 – B. Lavagnini, EI 15, 1932, 374–375 (Lit) – J. Jüthner, Herkunft und Grundlage der griech. Nationalspiele, Antike 1939, 231–264 – F. Solmsen, Some Works of Ph. the Elder, TAPhA 71, 1940, 556–572 – Ders., RE 20, 1 (1941), 124–177 – H. Gstader, Stil u. Technik der Gemäldebeschreibungen d. beiden Ph., Diss. Innsbruck 1940 – K. Gerth, Bursian 272, 1941, 228–235 (Forschungsber.) – E. L. B. Meurig-Davies, Notes on the Ph., 1946 – J. Korver, Néron et Musonius, Mnemosyne IV 3, 1950, 319–339 – A. F. Norman, Ph. and Libanius, ClPh 48, 1953, 20–23 – R. Browning, The so-called Tzetzes-Scholia on Ph., ClQ 49, 1955, 195–200 – E. Gabba, Sulla storia romana di Cassio Dione, RSI 67, 1955, 289–333.

Philotas, Sohn → Parmenions, versuchte → Alexander (5) d. Gr. mit → Philipp II. zu versöhnen; unter Alexander Kommandant der maked. Reiterei, als stolzer Makedone Führer der Opposition gegen die orientalisierende Politik des Königs; 330 vom König in einem Staatsstreich überraschend verhaftet, der Mitschuld an einem Mordanschlag angeklagt und vom Heer verurteilt und hingerichtet. Sein Vater und seine Anhänger fielen der folgenden Säuberung zum Opfer. E. Bd.

Lit: Berve II 393ff. – E. Badian, The death of Parmenio, TAPhA 91, 1960, 324–338.

Philotis, (Tutela) Magd, an deren Rettung der Römerinnen die Nonae Caprotinae erinnern. C. J. C.

Philoxenos von Alexandria, Grammatiker des 1. Jh.s vor Chr., verfaßte zahlreiche Schriften zur Homererklärung, über → Metrik, über griech. Dialekte (darunter auch über das Latein, das er als Abart des Griechischen ansah), über den richtigen Sprachgebrauch und über grammatische Einzelprobleme. Nachhaltig beeinflußte er die etymologische Forschung (→ Etymologika), da er den Grundsatz der Stoiker, vom Substantivum auszugehen und die Bedeutung eines Grundwortes aus seiner Natur zu erschließen, verließ. Zur Feststellung einer Etymologie bestimmt er mit den Mitteln der → Analogie einsilbige Verben, aus denen er durch Erweiterungen aller Art die meisten übrigen Wörter der Sprache hervorgehen ließ. Seine etymologischen Schriften, bes. das alphabetisch geordnete Hauptwerk über die einsilbigen Verba, sind vor allem von → Orion exzerpiert worden. Vollständig erhalten ist nichts, die Fragmente sind nicht gesammelt. H. E.

Lit: H. Kleist, De Philoxeni grammatici studiis etymologicis, Diss. Greifswald 1865 – C. Wendel, RE 19,2 (1941), 194–200.

2. **Ph. von Eretria,** Schüler des Nikomachos, Maler. Plinius (nat. 35, 110) datiert ihn um 330. Sein *Hauptwerk*, die Alexanderschlacht gegen Dareios, konnte im → Alexandermosaik aus Pompeji nachgewiesen werden. Überliefert ist noch eine ‹lascivia› dreier Satyrn. Fuhrmann (a. O., 228ff.) weist ihm das Original des Jagdmosaiks in Palermo zu (vgl. Lippold, GK 109). Seinen Lehrer soll er im Gebrauch von → compendiariae übertroffen haben. → Malerei C [4]. C. K.

Q: Overbeck, SQ, 1775ff. – *Lit:* Brunn II 171 – Pfuhl, 756ff. – H. Fuhrmann, P. von Eretria, 1938 – G. Lippold, RE 20,1 (1941), 201f. – Ders., GK, 102ff. – Rumpf, 149, 1.

3. **Ph. von Kythera,** griech. Musiker, 436/435–380/379, war spartan. Sklave, dann Schüler des → Melanippides, später Gefangener → Dionysios' I. in Syrakus. Verfasser von 24 Dithyramben (darunter ‹Kyklops› mit starker lit. Nachwirkung), angeblich auch von kitharodischen Nomoi. Neben → Timotheos Hauptvertreter der ‹neuen›, durch ποικιλία und μεταβολαί ausgezeichneten Musikrichtung (vgl. → Musik A 7). G. W.

Frg: PMelGr 423ff. – *Lit:* P. Maas, RE 20,1 (1941), 192–194.

4. **Ph. von Leukas,** Verfasser eines gastronomischen Lehrgedichtes (→ Hellenist. Dichtung C 2); 4. Jh. v. Chr. P. H.

Frg: J. M. Edmonds, Lyra Graeca III, LCL, 1927 (Nachdr. 1945), 340–363.

Philumenos von Alexandria, Arzt etwa um 100 n. Chr., wohl keiner besonderen Schule zugehörig; vor allem Pharmakologe; erhalten eine stark kompilatorische, von Späteren (→ Oreibasios) viel benutzte Schrift *Περὶ ἰοβόλων ζῴων καὶ τῶν ἐν αὐτοῖς βοηθημάτων*. F. K.

Ed: M. Wellmann, CMG X 1, 1, 1908.

Philus → Furius.

Philyllios, von Athen, Dichter der ausgehenden alten und der mittleren → Komödie (I B. C); ein einziger Lenäensieg (spätestens 405). Unter zehn bekannten Titeln sind sechs mythische, alle nach den großen Tragikern; ein Hetärenstück ‹Anteia› nach der Freundin der → Laïs. Th. G.

Frg: FAttCom I 900–909.

Phineus, Seher am Pontos. Geblendet, weil er dem → Phrixos den Weg nach Kolchis zeigte oder weil er die Kinder aus der ersten Ehe mit Kleopatra blendete (→ Boreaden) oder weil er langes Leben dem Sehen vorzog, was Helios zur Rache trieb, oder weil er die Sehergabe mißbrauchte und die Geheimnisse der Götter verriet; dafür zusätzlich von den → Harpyien gequält, die seine Nahrung besudeln. Befreit durch die → Boreaden, als die → Argonauten bei ihm halten, um den Weg nach Kolchis zu erfahren. K. Schb.

Lit: K. Ziegler, RE 20,1 (1941), 215–246.

Phineusschale, → chalkidische → Augenschale, entstanden um 520 v. Chr. (Würzburg, Residenz 354, H. 12 cm, ∅ 38,1 cm); originelles, erzählfreudiges Werk des ‹Phineusmalers›. Im Zentrum eine ausgesparte Silensmaske, am Rand ein tongrundiger Streifen mit zwei Bildzyklen: (1) → Phineus auf der Kline; von Kalais und Zetes verfolgte → Harpyien, (2) Dionysos und Ariadne auf einem Hirsch-Löwen-Gespann am naxischen Weinquell, links zwei zottige Silene, die badende Nymphen beschleichen. I. Sch.

Lit: Furtwängler-Reichhold I 209ff., Taf. 41.

Phintias, att. Vasenmaler des spätarchaisch-rotfigurigen Stils (→ Vasen E 4), tätig um 515–500, Zeitgenosse und Freund (Hydria München 2421) des → Euthymides. – Hat nicht dessen Genialität; die plastische Wucht seiner Gestalten wird zuweilen beeinträchtigt durch kleinliche Ausführung der Details. – *Werke:* Bauchamphora mit Dreifußstreit und Thiasos, Tarquinia RC 6843 (Arias-Hirmer, Abb. 92–95); Amphoren, Kratere, Hydrien, Schalen, ein Psykter. I. Sch.

Lit: J. C. Hoppin, Euthymides and his Fellows, 1917 – Beazley, ARV² 22–26.

Phlegethon, *Pyriphlegethon*, Unterweltsstrom, Arm der → Styx (Hom. Od. 10, 513). Vater- und Muttermörder, Räuber und Tyrannen wurden in den Ph. geworfen (Plat. Phaid. 114 A; Lukian, dial. mort. 30, 1; cat. 28). K. Schb.

Phlegon von Tralleis, Freigelassener Hadrians, Verfasser einer Olympiadenchronik in 16 Büchern, ab Ol. 1 bis 137/140 n. Chr. (auch olymp. Spiele und Sieger behandelt) mit gekürzter Ausg. und Auszug, ferner einer Schrift ‹Über Thaumasia (Revenants, Mißgeburten, Sibyllinen usw.) und Langlebige› (Zensuslisten benutzt); nur diese ist – unvollständig – erhalten (Heidelberg. Mirabiliacod.). Daneben Arbeiten zur röm. Topographie, Heortologie (von Zosimos benutzt); Beschreibung Siziliens und vielleicht ein ‹Leben Hadrians›. W. Sp.

Frg: FGrHist 257/a – *Lit:* A. Momigliano, EI 15, 1932, 542 – K. Gerth, Bursian 272, 1941, 235f. – K. Ziegler, RE 18,3 (1949), 1157 bis 1159, s. v. Paradoxographoi.

Phlegyas, → Lapithe, Sohn von Ares und Dotis, Stammvater der thessal. Phlegyer, Vater → Ixions und der → Koronis. Er oder sein Volk verbrannte den delphischen Apollontempel. Später auch Büßer im → Hades (Verg. Aen. 6, 618ff.; Stat. Theb. 1, 712ff.; Dante, Hölle 8) und Unterweltsfährmann. K. Schb.

Phlyaken. Das Ph.spiel ist die unterital. und vielleicht sizil. Form der dor. Posse (→ Komödie I A 2). Es ist am besten durch die *Ph.vasen* (s. u.) bekannt, die burleske → Mythentravestie, wohl teilweise Tragödienparodien zeigen. Die Phlyaken trugen ein an Brust, Bauch und Gesäß ausgestopftes Zotteltrikot, Masken, einen großen Phallos. Literarisch wurden die Ph. durch → Rhinthon. – Zur Ph.-Bühne → Theater B [2]. Th. G.

Lit: E. Wüst, RE 20,1 (1941), 292–306, s. v. Φλύακες.

Phlyakenvasen, Gruppe unterital. → Vasen (E 6) des 4. Jh.s, deren Bilder groteske Komödienszenen der sog. → φλύακες schildern. Sie sind vor allem in der → apulischen Vasenmalerei vertreten, einige auch unter den → kampanischen, paestanischen und sizilischen Vasen; Beispiele lukanischer Herkunft fehlen. I. Sch.

Lit: Furtwängler-Reichhold III 178–207 – A. D. Trendall, Phlyax Vases, BICS, Suppl. 8, 1959.

Phocas, 5. Jh. n. Chr., lat. Grammatiker. D. F.

Ed: GrLat V 410–441.

Phönix, griech. Bezeichnung des von den Ägyptern *bnw* genannten Vogels, der in Heliopolis verehrt wurde (Hdt. 2,73). Ursprünglich eine Art Bachstelze, die aus dem Urgewässer ‹hervorkam› *(wbn)*, wurde er zu einer Reiherart. Nach dem Mythos erschien er auf dem heiligen Weidenbaum. Er galt als Erscheinungsform des Re, aber auch des Osiris. W. Hk.

[2] Altägyptisch nicht belegt ist die *griechische* Vorstellung, daß Ph. sich selbst verbrennt und neu ersteht (beim → Physiologos Kap. 7; Lact. phoen.); er symbolisiert Auferstehung und ewiges Leben.

[3] Nach Vorbildern der Spätantike (Kaisermünzen, Mosaiken) erscheint Ph. in der *altchristlichen Kunst* mit Strahlen → Nimbus. Vgl. → Symbol. U.F.

Lit: DACL 14, 1, 682–691.

[4] Das Gedicht ‹*De ave Phoenice*› (in Distichen die Sage von Ph. erzählend), das → Gregor (6) v. Tours und die Handschriften → Laktanz zuweisen, könnte ungeachtet Verwertung und symbolischer Ausdeutung des Sagenmotivs durch die altchristl. Literatur (1. Clemensbrief; Clemens Alexandrinus; Apostolische Konstitutionen) auch von einem heidnischen Autor stammen, so daß die Verfasserfrage umstritten ist. C.A.

Ed: CSEL 27, 135–147 – *Lit:* G. Crescenti, Gli elementi cristiani de carmine De ave Phoenice, 1960.

Phoinix → Musikinstrumente.

Phönizien

[1] Land, Klima, Name – [2] Geschichte – [3] Verwaltung, Wirtschaft, Verkehr – [4] Kunst.

[1] Ph. hieß die *Küstenlandschaft* Syriens vom Karmel im Süden bis zum Nahr el-Kelb im Norden, die durch Galiläisches Gebirge, Libanon und Nosairiergebirge vom syr. Hinterland getrennt ist. Durch reichlichen Regen und die Schmelzwasser des Libanon ist die Ebene recht fruchtbar. Die Städte waren aber oft auf Felseninseln vor der Küste angelegt. – Der *Name* Ph. geht vermutlich auf *φοινός*, ‹rot›, zurück, nach der in Ph. erzeugten → Purpurfarbe, ähnlich wie ‹Kanaan› auf akkad. (?) *kinachchu*, ‹Purpur›.

[2] Ph. tritt niemals als Gesamtreich auf, stets ist phön. Geschichte die Geschichte von Stadtstaaten (→ Byblos, → Sidon, → Tyros, → Ugarit), die ihre Macht zuweilen auf ein größeres Territorium erstrecken. Die Einwanderung der Phönizier dürfte mit der kanaan. Wanderung gegen Ende des 3. Jt.s v. Chr. erfolgt sein. Seit der 2. Dynastie sind Beziehungen zu Ägypten bezeugt, das aber – außer in Byblos – keine politische Vorherrschaft erstrebte. Erst das Neue Reich bezieht Ph. in seine asiatischen Besitzungen ein, muß es aber gegen den Staat von Amurru (vgl. die Amarna-Korrespondenz) und später gegen die → Hethiter verteidigen (Grenze nahe Ugarit). Nach dem → Seevölkersturm (um 1200 v. Chr.) gewinnt Ph. seine Selbständigkeit wieder, zunächst unter Führung von Sidon, dann Tyros (Hiram v. T., ca. 969–936 v. Chr.). Der ägypt. Einfluß ist auf den kulturellen Sektor beschränkt. Dafür greifen bald die → Assyrer nach Syrien über, Ph. muß zunächst Tribut an → Aššurnaṣirpal II. und → Salmanassar III. zahlen. Als Folge des assyr. Druckes wird der Handel im Mittelmeer ausgebaut, und die Abwanderung in Kolonien beginnt. Diese waren, soweit feststellbar, teilweise schon um 1100 v. Chr. (→ Gades, Lixus, Taršiš in Spanien, → Utica in Nordafrika) als Emporia begründet worden. Jetzt entstehen weitere auf Cypern, Rhodos, Sardinien, Sizilien und bes. in Nordafrika (→ Hippo, → Hadrumetum, → Leptis, → Karthago zwischen 850–800 v. Chr.). Unter → Tiglatpileser III. wird Ph. assyr. Provinz und bleibt trotz verschiedener Revolten bis in die Perserzeit abhängig, wenn auch zuletzt mit weitgehender Autonomie der Städte. → Alexander d. Gr. fällt Ph. 333 v. Chr. fast kampflos zu, nur Tyros leistet 7 Monate lang Widerstand. Unter den Seleukiden spielt Ph. keine Rolle mehr, es geht 64 v. Chr. im röm. Reich auf.

[3] Die *Verwaltung* der phön. Städte ist uns weitgehend unbekannt. Jeder Stadtstaat besaß ein Königshaus, in dem meist Erbfolge (zuweilen Geschwisterehe) herrschte. Daneben gab es aber einen Ältestenrat (Hes. 27,9) bzw. ‹Machthaber›, zuweilen wohl auch → Suffeten. Über Funktion und Umfang dieser Gremien wissen wir nichts. – Die Karawanenstraße an der Mittelmeerküste ließ Ph. schon früh am *Handel* zwischen Kleinasien und Nordsyrien mit Ägypten teilnehmen; eine nicht geringe Rolle spielte auch die Küstenschiffahrt (Export von Libanonzedern, vor allem nach Ägypten; Emporion → Byblos). Mit dem Zusammenbruch der myk. Vorherrschaft im Mittelmeer um 1200 und mit Beginn des assyr. Druckes verlegte sich die Aktivität weit ins Mittelmeer hinaus und bis an die afrikan. und span. Küste. Die dort gegründeten *Handelskolonien* gewannen bald Unabhängigkeit vom Mutterland und überlebten die Mutterstädte teilweise (Utica, Karthago). Erst die griech. → Kolonisation drängte die Phönizier wieder aus Kleinasien, den ägäischen Inseln, → Kypros, → Sizilien und → Gallien heraus. Gehandelt wurden vor allem Stoffe, (Edel-) Metallgeräte, Öl und Wein. – Die weitgespannten Handelsbeziehungen der Ph. ermöglichten eine große Verbreitung ihrer wichtigsten Schöpfung: der *Buchstabenschrift*. Nach Ansätzen in → Keilschrift (Alphabet von → Ugarit) und einer von Ägypten beeinflußten byblischen → Hieroglyphenschrift (→ Byblos), entsteht um 1100 vor Chr. die semitische Konsonantenschrift (Vorgänger: Sinaischrift) mit 22 Zeichen, die die Grundlage aller abendländischen und vieler orientalischer Schriften wurde (vor 800 von den Griechen übernommen; vgl. → Schrift).

[4] Die *Kunst* Ph.s zeigt zu allen Zeiten eine Mischung von drei Elementen: 1. Ägyptisches macht sich wegen des starken politischen Einflusses am meisten bemerkbar. Kompositionsschemata, Symbole und Motive werden übernommen (→ Lotos- und → Uräusfries, → Sphingen, anthropoide Sarkophage, → Skarabäen, Flügelsonne usw.). – 2. Aus Nordsyrien und Mesopotamien wirken die dortigen Kompositionselemente und Symbole etwas schwächer ein (→ Lebensbaum, antithetische Gruppen, → Rollsiegel). – 3. Das eigenständige kanaan. Element bricht jedoch überall durch (unabhängig vor allem die Architektur). Gewänder, Proportionen und Gesichtszüge der Figuren verraten die provinzielle Machart. Schließlich sind Einflüsse der griech.-myk. Welt bis zur völligen Hellenisierung erkennbar. Während Relief, große und kleine Rundplastik gewöhnlich unbedeutend bleiben, hat das phön. Kunsthandwerk in Metallschalen und Elfenbeinschnitzereien eine beachtliche Qualität. Letztere, vor allem aus → Ugarit, → Samaria, → Megiddo und → Nimrud bekannt, zeigen einen großen, zwar von Ägypten beeinflußten, aber selbständig weiterentwickelten Formenreichtum. Hauptthemen: Tiere und Sphingen am Lebensbaum; ‹Frau am Fenster›; Kuh mit säugendem Kalb; Tributträger. – Vgl. auch → Phönizische Schrift. W.R.

Lit: F. C. Movers, Die Phönizier I; II 1–3, 1841–56 – R. Dussaud, L'art phénicien du 2me millénaire, 1949 – Ders., Les religions des... Phéniciens et des Syriens, in: Mana II, 1949, 355 ff. – G. Contenau, La civilisation phénicienne (1926), 1959³ – D. Baramki, Phoenicia and the Phoenicians, 1961 – V. Maag, Syrien-Palästina, in: H. Schmökel, Kulturgesch. des Alten Orient, 1961, 448–604 – O. Eißfeldt, RE 20, 1 (1941), 350–380 – D. Harden, The Phoenicians, 1962.

Phönizische Schrift, Silbenschrift, die wie alle semitischen Schriften nur die Konsonanten bezeichnet, die Ergänzung der Vokale aber dem Leser überläßt. Aus der Ph. S. (von ihr auch die punische Schrift) stammt das griech. Alphabet und damit die Schrift fast aller neueren Kulturvölker. → Schrift A. H. Hg.

Phoibe. (1) Tochter des → Uranos und der Gaia (→ Titanen), Gemahlin des Koios, Mutter der → Leto und vor Apollon Herrin über Delphi (Hes. theog. 136. 404 ff.); römisch auch Schwester von Phoibos Apollon; (2) Tochter des → Leukippos. K. Schb.

Phoibidas, Spartaner, besetzte, offenbar auf Weisung der Ephoren, 382 v. Chr., als er Truppen in die Chalkidike bringen sollte, mitten im Frieden die Burg von Theben als des Zentrums der anti-spart. Bewegung. Ph. wurde zwar abgesetzt, seine Tat aber von Sparta gebilligt. Die von ihr ausgelösten Reaktionen führten in Griechenland zum Zusammenbruch der spart. Hegemonie. 378, ein Jahr nach der Befreiung Thebens, fiel Ph. in Böotien. E. Bn.

Phoinikophoren (*φοινικοφόρον* sc. *νόμισμα*), nach L. Robert die in delischen Inventaren vorkommende Bezeichnung für hellenistische Silbermünzen von Delos, die auf der Rückseite die Palme von Delos mit dem Schwan zeigen (2. Jh. v. Chr.). W. Schw.

Lit: L. Robert, Etudes de num. grecque, 1951, 147 – M. N. Tod, Num. Chron. VI 20, 1960, 9.

Phoinix, Sohn des Amyntor und der Hippodameia oder Kleobule. Verführt auf der Mutter Wunsch das Kebsweib des Vaters und wird daher von diesem zur Kinderlosigkeit verflucht. Er kommt zu → Peleus, wird Erzieher des → Achilleus, den er nach Troja begleitet (Il. 9). In anderer Sage durch Amyntor geblendet. – Ph. heißt auch noch der sonst völlig blasse Eponymos Phöniziens, Bruder des → Kadmos. K. Schb.

2. **Ph. von Kolophon,** Dichter, 3. Jh. v. Chr. In seinen Hinkiamben wendet er sich gegen die Reichen (wie die anderen ‹Ethiker› der → hellenist. Dichtung (B 4); vgl. → Kerkidas), ein Gedicht mit dem Titel ‹Ninos› geht auf einen sagenhaften Schlemmer, die ‹Sänger des Krähenliedes› stellen ein Bettlerlied dar. P. H.

Ed: Coll. Alex. 231 – *Lit:* A. D. Knox, Herodes, Cercidas, and the Greek Choliambic Poets, 1929 (mit Abh. u. Lit.).

Phokion, Athener, Feldherr und Staatsmann, geb. 402 vor Chr. Insgesamt 45mal Stratege, kämpfte er 350/341 (Chronologie unsicher) auf Euböa, in Kleinasien, Thrakien und Megara, 340–339 in Byzanz, 322 schützte er Attika vor maked. Banden. Als Staatsmann war er, dem als Schüler → Platons Demokratie und Polisbindung problematisch waren, und entsprechend seiner besonnenen, auf Ausgleich bedachten Art, für Verständigung mit Makedonien und damit Gegner der von → Demosthenes (1) geführten Kriegspartei: Er trat 343 für → Aischines (2) ein, war 338 gegen die kriegerische Auseinandersetzung und vermittelte nach der Schlacht von Chaironeia mit → Demades den Frieden mit → Philipp II. Auch in der Folgezeit war er gegen antimaked. Aktionen, wies aber alle Geschenke → Alexanders d. Gr. ab. Der «letzte alte Ehrenmann Athens» (Bernays) wurde 318 von seinen Mitbürgern hingerichtet, ein Opfer der Wirren nach Alexanders d. Gr. Tod. E. Bn.

Q: Plut. Phok. – Nep. Phok. – *Lit:* Berve II 402 f. – Th. Lenschau, RE 20, 1 (1941), 458–473.

Phokis, Landschaft Mittelgriechenlands, an → Doris, → Lokris, → Böotien, im S an den korinth. Golf und zeitweise im N mit dem Gebiet des sonst lokrischen Daphnus auch an die Meerenge von → Euböa grenzend (Kt. 1152 D 4), bestehend aus dem Bergland des → Parnaß und seiner östl. Fortsetzung und den Beckenebenen des oberen → Kephisos. Hauptorte → Delphi, Lilaia, Amphikleia, Hyampolis, Elateia, Tithoreia, Panopeus, Daulis, Medeon, Antikyra, Ambrosos, Stiris. Meistens zu einem Städtebund (im 4. Jh. 22 Städte) zusammengeschlossen. In den → Perserkriegen zunächst auf seiten der Griechen, nach der Niederlage an den Thermopylen zum Anschluß an die Perser gezwungen. In der Pentekontaëtie im Gegensatz zu Sparta, das die Autonomiebestrebungen Delphis unterstützte. 457–447 Bündnis mit Athen und zugleich Vorherrschaft in Delphi. Im → Pelop. Krieg auf seiten Spartas. Im 3. → Heiligen Krieg (356–346) gewann Phokis größere Macht. – Vgl. auch → Griechenland I B [1]. E. M.

Lit: L. B. Tillard, The fortifications of Ph., BSA 17, 1910/11, 54–75 – Fr. Schober, Phokis, 1924 – P. E. Arias, La Focide vista da Pausania, 2 Bde, 1945/46 – Philippson-Kirsten I 389–430.

Phokos, Sohn des → Aiakos und der Psamathe, Robbengott. Von seinen Halbbrüdern → Telamon und → Peleus oder einem derselben getötet. K. Schb.

Lit: S. Eitrem, RE 20, 1 (1941), 498–500.

Phokylides, → Lyriker, von Milet, 7./6. Jh. v. Chr. Erhalten sind einige kurze Sinnsprüche, meist Hexameter, von denen einige mit der → Sphragis ‹Auch dies ist von Ph.› beginnen. Ein längeres Fragment (Fr. 2) enthält einen ‹Weiberiambus›, Vorläufer von → Semonides' Fr. 7 D. Ein unter Ph.' Namen laufendes religiöses Lehrgedicht (Anth. Lyr.³ 2, 91 ff.) ist eine Fälschung aus dem 1. Jh. nach Chr., deren Verfasser das AT kannte. E. M. V.

Frg: Anth. Lyr.³ 1, 57 ff.

Pholos, neben → Chiron der einzige milde → Kentaur, auch anderer Abstammung: Sohn des → Silen und einer Nymphe. Hat von Dionysos ein Weinfaß, das er für → Herakles öffnet. Im Zusammenhang mit dem Streit zwischen den daraufhin herbeiströmenden → Kentauren und Herakles kommt auch er selbst um, da ihm einer der vergifteten Pfeile auf den Fuß fällt. Eponymos der Pholoe. K. Schb.

Phonem, zentraler Begriff der modernen Sprachwissenschaft. Man versteht darunter einen Laut, sofern er in einer gegebenen Sprache selbständig ist, d. h. zusammen mit andern Ph.en die Bedeutung eines Wortes bestimmt: z. B. sind im Deutschen *ch* und *sch* zwei verschiedene Ph.e *(Kirche – Kirsche)*, dagegen sind der sog. *ich*-Laut und *ach*-Laut nur Phonemvarianten (Allophone) von *ch*. Die Lehre von den Ph.en ist die Phonologie oder Phonematik. E. R.

Lit: N. S. Trubetzkoy, Grundzüge der Phonologie (1939), 1958².

Phorbas, Sohn des → Lapithes oder Triopas. Wandert aus Thessalien nach Olenos in Achaia oder Elis, von wo aus er dem elischen König Alektor gegen Pelops hilft und einen Teil der Herrschaft in Elis bekommt, den er seinem Sohn → Augias vererbt. Soll auch Rhodos besiedelt und von einer Schlangenplage befreit haben. – Trennung von anderen Heroen des gleichen Namens schwierig. K. Schb.

Lit: J. Schmidt, RE 20, 1 (1941), 528–529.

Phorkyaden → Graien.

Phorkys, Sohn des Pontos und der Gaia, Bruder des → Nereus, von Keto Vater der → Graien *(Phorkyaden)* und → Gorgonen (Hes. theog. 237). Auch die → Skylla, die → Sirenen und → Hesperiden galten zuweilen als Töchter des Ph. Vgl. → Perseus. K. Schb.

Phormion, athen. Stratege der perikleischen Zeit, bes. militärisch bedeutend. Ph. hatte 440/439 ein Kommando im Krieg gegen Samos und 432 eines im Ionischen Meer (Thuk. 2, 68), 430 zu Beginn des → Pelop. Krieges den Oberbefehl gegen Poteidaia. 429 errang er bei Naupaktos einen zweifachen Seesieg über spartan. Übermacht (Thuk. 2, 83 ff.). Wohl bald danach gestorben. F. Kch.

Lit: V. Ehrenberg, Pericles and his colleagues between 441 and 429 B. C., AJPh 1945, 113–134.

Phormis (oder Phormos), wird mit → Epicharmos unter den ‹Erfindern› der → Komödie (I A 2) und als Hüter der Kinder des → Gelon von Syrakus genannt. Nach Aristoteles (poet. 5, 1449 b 6), vielleicht zusammen mit Epicharmos, Urheber konsequenter Handlungsführung. Sechs oder sieben verdächtige Titel von Stücken erwähnt. Fraglich, ob identisch mit einem Feldherrn des Gelon und → Hieron aus Mainalos in Arkadien (Paus. 5, 27, 1). Th. G.

Frg: CGF I 148.

Phoroneus, Sohn des → Inachos, Bruder des Phegeus, Argos Panoptes und anderer. Vater des Kar (Eponyms der Karier), der → Niobe (1) des Apis, Aigialeus u. a. P. wurde auch als erster Mensch, Niobe als erstes Weib (und erste Geliebte des Zeus) betrachtet, wobei Inachos als Fluß galt. Beim Streit Heras und Poseidons einer der Schiedsrichter (→ Inachos). Stiftet der Hera den ersten Altar (Hyg. fab. 143. 274, 8) und führt die vorher zerstreut lebenden Menschen an einen Ort zusammen, ist überhaupt Kulturbringer.

Q: Apollod. 2, 1 ff. – *Lit:* P. Weizsäcker, ML III 2, 2435 ff., 2440.

Phoros, allgemeine griech. Bezeichnung für eine Abgabe, bes. für den Tribut, den der Perserkönig und die griech. Städte von unterworfenen Staaten und Bündnern erhoben. Im 1. → Att. Seebund wurden die Bündner, die keine Schiffe stellen konnten, von → Aristeides (1) zur Zahlung eines Ph. von insges. 460 Talenten an Athen verpflichtet; eine wesentliche Erhöhung auf 1460 Talente erfolgte erst 425/424 durch → Kleon (1); der Ph. wurde 413 v. Chr. durch → Zölle abgelöst. – Auch im Seleukidenreich bildete der Ph. von abhängigen Städten, Dynasten und Völkerschaften die Haupteinnahmequelle. H. Br.

Lit: E. Bikerman, Institutions des Séleucides, 1938, 106–111 – B. D. Meritt-H. T. Wade-Gery-M. F. McGregor, The Athenian tribute lists, 4 Bde, 1939–53.

Photios, ca. 820–891, ab 858 Patriarch von Konstantinopel, 867 abgesetzt, 877 zum zweiten Male ernannt und 886 von Leon VI. (dem Weisen) bei seinem Regierungsantritt ins Kloster verbannt. – Ph. ist die großartigste Gestalt der byzantin. Literaturgeschichte: er leitete nach den sog. dunklen Jh.en (etwa 650–850) und nach den Wirren des Bildersturmes (726–842) die Renaissance der klassischen Studien und damit eine ganz neue und in jeder Hinsicht entscheidende Epoche der → Überlieferungsgeschichte (B 4) ein. Geistreich und vielseitig, imponierte er durch ungewöhnliche Begabung sowie Treffsicherheit des Urteils und fühlte das Bedürfnis, auf andere zu wirken. In seinem Hause versammelte er einen großen Kreis interessierter junger Leute um sich, mit denen er klassische Texte interpretierte. Mit besonderem Eifer erklärte er die ‹Kategorien› des Aristoteles. Er verfaßte Lehrbücher über die ‹Topik› und erläuterte neben theologischen philologische Probleme. Vor allem ließ er den noch vorhandenen Handschriften nachspüren und sorgte dafür, daß sie in die moderne Minuskelschrift transkribiert wurden. Eine Vorstellung vom Umfang der damals noch vorhandenen Literatur vermittelt ein Hauptwerk des Ph., die sog. Bibliothekē (Myriobiblon). Hier stellte er Referate in verschiedener Länge über die Bücher zusammen, die er mit seinen Freunden gelesen hatte: 280 Kapitel aus vielen Gebieten der profanen und kirchlichen Literatur (Poesie und klassische Prosaiker sind ausgeschlossen). Für viele Autoren, besonders für die verlorenen Historiker des Hellenismus, ist Ph. unser bester, bisweilen einziger Gewährsmann. Außerdem schuf er, als praktisches Nachschlagewerk, ein umfangreiches Lexikon (→ Lexikographie 4). Ph. ließ, wenigstens teilweise, dieselben Vorlagen exzerpieren, die auch im Werk des → Suidas benutzt sind. Das Lexikon war bisher nur unvollständig aus dem Codex Galeanus (um 1200, jetzt Cambridge) bekannt; kürzlich wurde eine neue, unbeschädigte Hs. in Griechenland gefunden, deren Edition bevorsteht. – An theologischen Schriften verfaßte Ph. u. a. Bibelkommentare, dogmatische (darunter polemische) Arbeiten, Homilien und die Quaestiones Amphilochiae (bes. über kirchliche Probleme). H. E.

Ed: R. Henry, 1959 ff. (Bibliotheke; noch nicht abgeschlossen) – *Lit:* K. Ziegler, RE 20, 1 (1941), 667–737 (Lit).

Phraates I., Partherkönig 176–171. → Partherreich.

2. **Ph. II.,** → Partherkönig (138/137–128), Sohn und Nachfolger → Mithridates' I., vereitelte den Versuch → Antiochos' VII., die Eroberungen Mithridates' I. rückgängig zu machen, und errang nach anfänglichen Rückschlägen 129 einen großen Sieg (Untergang des griech. Heeres, Tod des Antiochos), der die Partherherrschaft bis zum Euphrat endgültig machte. D. T.

Bildnisse → Anhang I.

3. **Ph. III.,** Theos, → Partherkönig (70/69–58/57), den der Gegensatz zu → Tigranes I. von Armenien zum Bündnis mit Rom im 3. Mithridat. Krieg führte. D. T.

Bildnisse → Anhang I.

4. **Ph. IV.,** → Partherkönig (37–2 v. Chr.), Sohn, Mörder und Nachfolger → Orodes' II. Ph. zwang 36 → Antonius (2) zur verlustreichen Aufgabe seines Eroberungszuges; weiteren Angriffen auf seine Herrschaft entging er durch den röm. Bürgerkrieg. Er hatte ständig mit Adelsrebellionen zu kämpfen, deren Hauptexponent → Tiridates II. war. Die Gefahr der röm. Unterstützung des Prätendenten bewog Ph., dem röm. Druck nachzugeben: im Friedensvertrag von 20 gab er die Gefangenen und Feldzeichen aus der Schlacht von Carrhae zurück (→ Augustusporträts, Statue von Primaporta), verzichtete auf die Oberherrschaft über Armenien und erhielt dafür Sicherheit vor Tiridates und Bestätigung der Euphratgrenze (Ende des 25jährigen röm.-parthischen Krieges). 10 v. Chr. übergab Ph. vier Söhne und ihre Familien an → Augustus; die damit beabsichtigte Sicherung des Herrschers und des designierten Nachfolgers wurde im Westen als Unterwerfung und Vergeiselung der Prinzen gedeutet. Rom benutzte sie und ihre Nachkommen zu späteren Interventionen. D. T.

Bildnisse → Anhang I.

5. **Ph. V.** (auch Phraatakes), → Partherkönig (2 v. Chr. bis 4 n. Chr.), Sohn, Mörder und Nachfolger → Phraates' IV., gab 1 n. Chr. im Streit um die Oberherrschaft über Armenien den Römern nach; durch eine Adelsrebellion vertrieben. D. T.

Lit: N. C. Debevoise, Pol. Hist. of Parthia, 1938, 29 ff., 70 ff., 121 ff.

Phradmon, Bildhauer von Argos. Einer der vier berühmten Künstler, die nach Plinius (nat. 34, 53) für das Artemision von Ephesos im Wettbewerb eine Amazone geschaffen haben sollen. Seine → Akme wird von Plinius in die Jahre 420–417 gesetzt; man ist darum geneigt, Ph. als Zeitgenossen des → Polyklet zu betrachten. Von Ph. sind ferner überliefert: die Siegesstatue eines Ringers, von Pausanias in Olympia gesehen (6, 8, 1), eine weitere, vielleicht in Delphi: beide Werke lassen sich mit der oben angegebenen Zeitangabe gut vereinen; hingegen weisen die nach einem Epigramm des Theodoridas ebenfalls Ph. zugeschriebenen 12 Stiere aus Bronze, die die Thessalier der Athena Itonia geweiht hatten, auf Grund der mit der Weihung zusammenhängenden Indizien in jüngere Zeit. – Es ist bis jetzt noch nicht gelungen, die Amazone des Ph. sicher nachzuweisen. Der ihm meist zugewiesene Typus Doria-Pamphili (Brunn-Bruckmann 688/689) ist dem Typus Sciarra (des → Polyklet?) zu nahe verwandt, um als eigenständige, originale Schöpfung betrachtet werden zu können. Anders verhält es sich mit einem kürzlich bekannt gewordenen Typus (Wien-London), der einen neuen, vielleicht den gesuchten vierten Amazonentypus des Wettbewerbes darstellen könnte. E. Bg.

Lit: Lippold, GrPl, 169 f.; 172 – Marcadé I 87 f. – F. Eichler, Eine neue Amazone... von Ephesos, ÖJh 43, 1956, 1–18.

Phraortes. 1. Vater des ersten Mederkönigs → Deiokes. – 2. Sohn des Deiokes, König der Meder, unterwarf die Perser und fiel nach 22jähriger Regierungszeit in einem Feldzug gegen die Assyrer. – 3. Medischer Thronprätendent, empörte sich gegen → Dareios I., der ihn nach Ragā (→ Rhagai) führen und in → Ekbatana hinrichten ließ. G. R.

Lit: J. Schmidt, RE 20, 1 (1941), 741.

Phratrien. Das ererbte Wort für ‹Bruder›, *φράτηρ*, ist in der wörtlichen Bedeutung dem Griechischen früh verlorengegangen und nur in der übertragenen Bedeutung ‹Mitglied einer Ph.› erhalten; dazu gehört *φρατρία* (oder *φράτρα*) als Kollektivum. Der Name beweist, daß die Institution der Ph. sehr alt sein muß, und wir sind nicht überrascht, die Ph. in vielen griech. Staaten als eine Abteilung der Bürgerschaft etwa zwischen → Phyle und → Genos zu finden. Doch hat die Einrichtung im Lauf der Zeit zweifellos tiefgreifende Umgestaltungen erfahren, die jeden Rückschluß auf ihre Ursprünge in Frage stellen, zumal auch über die historischen Ph. nur wenig bekannt ist. In homerischer und archaischer Zeit mögen die Ph. auf wechselseitigen Beistand in Krieg und Frieden, bes. auch im Rechtsstreit gerichtete Verbände gewesen sein; ‹ohne Ph. sein› heißt fast soviel wie ‹rechtlos sein› (Hom.Il.9,63). Es verstand sich von selbst, daß die Phrateres auch durch die Pflege gemeinsamer Kulte und die damit gegebene Geselligkeit miteinander verbunden waren; das erhielt sich, auch als die staatliche Entwicklung ihre ursprünglichen Funktionen hatte verkümmern lassen. Der Staat wird ihnen dann hier und da neue Aufgaben zugewiesen haben, über die wir kaum etwas wissen. Bedeutsam für die Staats- und Rechtsordnung war, bes. in Athen, die strenge Kontrolle, die die Ph. über ihren Mitgliederstand übten. Wenn die einzelnen Phrateres ihre Söhne in die Ph. einführten, wurde die Rechtmäßigkeit der Abstammung genau überprüft; die Selbstverwaltung der Ph., der auch in diesen Dingen große Freiheit eingeräumt war, hatte an diesem Punkt die Entscheidung über das → Bürgerrecht und die damit verbundenen Rechte sowie über die familien- und erbrechtliche Stellung des Einzelnen weitgehend in der Hand. F.G.

Lit: K.Latte, RE 20,1 (1941), 746–756 – M.Guarducci, L'istituzione della fratria nella Grecia antica e nelle colonie greche d'Italia, Atti Acc.Lincei 6, 1937; 8, 1938 – M.P.Nilsson, Cults, Myths, Oracles, and Politics in Anc.Greece, 1951, 150ff. – J.Seyfarth, Φράτρα und φρατρία im nachklass. Griechentum, Aegyptus 35, 1955, 3–38 – A.Andrewes, Phratries in Homer, Hermes 89, 1961, 129–140 – Ders., Philochoros on Phratries, JHS 81, 1961, 1–15.

Phrixos, Sohn des → Athamas und der Nephele.

Phrygien, Königreich, das im 8.Jh.v.Chr. die anatolische Hochfläche von den Oberläufen des Rhyndakos und des Mäander bis zum Halys und Tattasee umfaßte. Das ist der Raum, der später noch Ph. genannt wird. Außerdem besaß Ph. während seiner Blütezeit noch große Teile Kappadokiens und möglicherweise auch die Oberherrschaft über Lydien.

[1] *Geschichte.* Das Königreich wurde von den Phrygern (Briger), die um 1200 v.Chr. aus dem makedon.-thrak. Raum nach Kleinasien eingewandert waren, wahrscheinlich erst im 8.Jh. gegründet. Der Sage nach war Gordios der Gründer dieses Reiches und seiner Hauptstadt → Gordion. Vorher waren die Phryger als wandernde Horden durch Kleinasien gezogen, hatten den Euphrat überquert und waren in Kummuḫi (→ Kommagene) eingefallen. Sie (die Muški der assyr. Quellen) wurden um 1100 von → Tiglatpileser I. vertrieben oder unterworfen und auf assyr. Gebiet angesiedelt. Erst geraume Zeit später werden sie den Staat gegründet haben, der bei ihrer nächsten Erwähnung, unter → Sargon II. von Assur, bereits bestanden hat. Im J.717 verbündete sich Pisiris von → Karkemisch, der sich von der assyr. Oberhoheit befreien wollte, mit → Midas (2) von Ph. (Mita von Muški der assyr. Quellen). Nachdem Sargon Pisiris besiegt hatte, warf er 715 auch Midas zurück, der in Que (Kilikien) eingefallen war. Erst 709 verzichtete Midas auf Que und schloß mit Sargon Frieden. Im Westen dagegen erlangte Ph. wohl zeitweilig die Oberherrschaft über → Lydien. Nach Eusebios erlag Ph. 696/695, nach Julius Africanus 676 dem Ansturm der → Kimmerier. Danach konnte es seine staatliche Selbständigkeit nicht mehr zurückgewinnen, es mußte sich der lyd. Oberherrschaft beugen, die Mitte des 6.Jh.s durch die Perser abgelöst wurde. Später wechselte die Landschaft Ph. mehrfach ihren Herrn, bis sie schließlich i.J. 116 v.Chr. der röm. Provinz → Asia einverleibt wurde.

[2] *Kunst.* Erst nachdem die Phryger sich in ihrer neuen Heimat assimiliert, ihr Nomadenleben aufgegeben und im 9./8.Jh. die Ruinen verlassener Hüyüks (Wohnhügel) in Zentralanatolien neu besiedelt haben, können wir von einer eigentlichen phryg. Kunst sprechen. Während des phryg. Königreiches, vom 8.Jh. bis zum → Kimmerier-einfall (696/695 oder 676), nahm bes. das Kunsthandwerk einen bedeutenden Aufschwung. *Steinplastik* ist nur in Fragmenten von Poroslöwen in → Gordion nachweisbar (AJA 60, 1956, Taf.92, 42. 43; 62, 1958, Taf.21,4), wo allein auch die *Baukunst* mit größeren Bauwerken: Befestigung, Megara, Haus mit Kieselsteinmosaik und gewaltigen Tumuli mit hölzernen Grabkammern, hervortritt. Erst in nachkimmerischer Zeit entstanden die *Felsheiligtümer* (Yazılıkaya oder Midasdenkmal, Aslankaya, Deliklitaş,

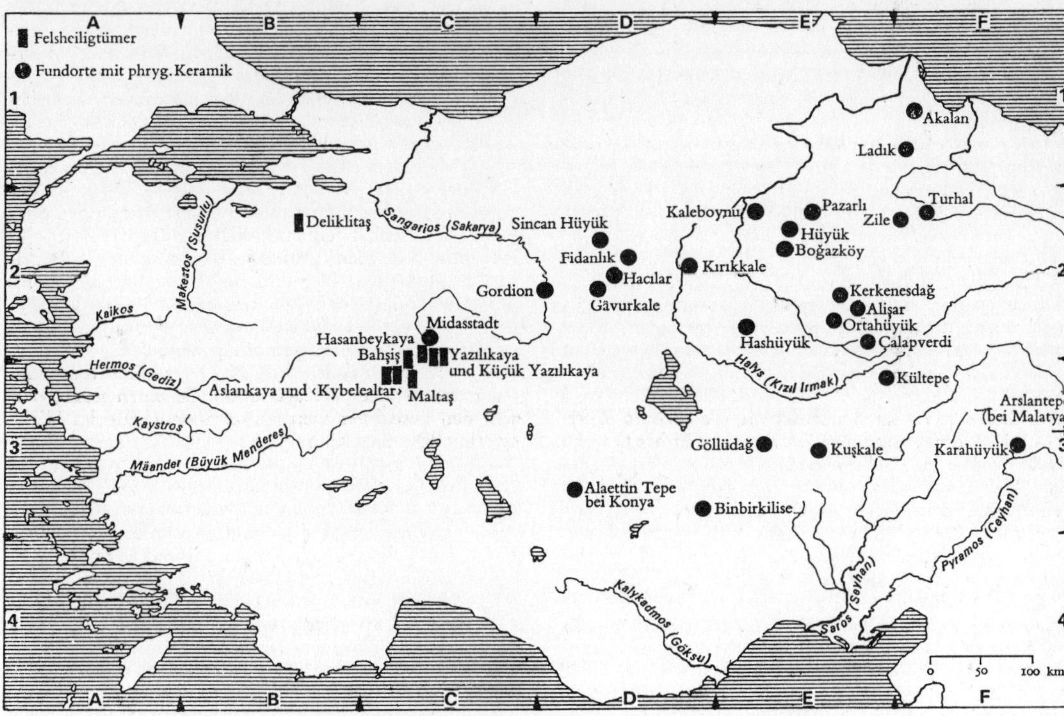

Abb. 180 Felsheiligtümer und Fundorte phrygischer Keramik in Kleinasien im 2.Jh.

Bahşiş, Maltaş, Küçük Yazılıkaya, Hasanbeykaya oder Arezastis-Denkmal, ‹Kybelealtar› bei Döger) mit geometrisch gemusterten Relieffassaden, in die zum Teil Nischen eingetieft sind, von denen einige noch das Kultbild der Kybele, der einzigen phryg. Gottheit, bergen. Auf die Felsthrone (Stufenaltäre) von Kalehisar und Midasstadt mußten dagegen die Kultbilder für die Kulthandlung erst niedergesetzt werden. Eine Sonderstellung innerhalb der phryg. Kybeledarstellungen nimmt die in einer Nische am phryg. Burgtor auf Büyükkale bei Boğazköy gefundene Statuengruppe des 6. Jh.s ein: Die Göttin mit hohem Polos ist von zwei kleinen Musikanten mit Doppelflöte und Kithara flankiert. Im 7./6. Jh. kommen neben den Tumuli die *Felsgräber* auf (Liste bei Akurgal, Phryg. Kunst, 104). Fassaden ähnlich wie bei den Felsheiligtümern, aber mit Menschen- und Löwenreliefs. Geräumige Grabkammern mit Totenbänken. – Die Verwendung von Tonplatten mit bemalten figürlichen und ornamentalen *Reliefdarstellungen* zum Schmuck von Gebäuden beginnt im 6. Jh. und ist in Akalan, Boğazköy, Gordion, Midasstadt und Pazarlı nachweisbar; aus Pazarlı (Akurgal, 49 ff.) stammt das vielfältigste und umfangreichste Material (äol. Vorbilder?). – *Kleinkunst:* Die Kenntnis der vorkimmerischen Kleinkunst ist vor allem dem großen Tumulus und den Tumuli P und III von Gordion zu verdanken. Ihre Holzgrabkammern bargen kunstvolle Intarsienmöbel wie Betten, Throne und Tische, daneben zahlreiches Bronzegeschirr, in geometrischen Mustern bemalte Entenvasen, Siebkannen und Tassen, auch eine Omphalosschale aus Glas. Aus Alişar stammen die schönsten, mit Hirschen und Steinböcken bemalten Amphoren. – Für die nachkimmerische Zeit ist das Inventar mehrerer Tumuli von Gordion und Ankara (Akurgal, Phryg. Kunst, 130 f.) charakteristisch, wie auch die Siedlungsfunde bes. von → Alişar, → Boğazköy, Gordion und Pazarlı. Ostgriech. Einfluß in der Vasenmalerei; die immer noch bedeutenden phryg. Metallerzeugnisse sind nur aus Nachbildungen in Ton zu erschließen. E.-M. B.

Lit: G. u. A. Körte, Gordion, 1904 – J. Friedrich, RE 20,1 (1941), 882–891 – K. Bittel, Kleinasiat. Studien, Ist. Mitt. 5, 1942, 54–126 – A. Goetze, Kleinasien, HbAW III 1, III 3,1 (1933), 1957², 201 ff. – Zu [2]: H. Z. Kosay, Les fouilles de Pazarlı, 1941 – E. Akurgal, Phryg. Kunst, 1955 – Ders., Chron. der phryg. Kunst, Anatolia 4, 1959, 115–121 – Berichte über Gordion: AJA 58 ff., 1954 ff. – K. Bittel, Phryg. Kultbild aus Bogazköy, Antike Plastik, Lieferung II, Teil 1, 7–22.

[3] *Phrygische Sprache.* Quellen für ihre Kenntnis sind 25 sog. altphr. Inschriften (7./6. Jh.) im phr. Alphabet und ca. 100 spätphr. (jung- oder neuphr.) Inschriften (2./3. Jh. nach Chr.) in griech. Schrift sowie phr. Glossen und Namen. Die altphr. Texte (Midasstadt, Gordion, Umgebung von Boğazköy) sind nur zum geringen Teil deutbar. Besser steht es um das Verständnis der nachchr. Texte: Es sind Fluchformeln, die gelegentlich an griech. Grabinschriften aus Ph. angehängt sind. Die phr. Sprache ist ein selbständiger Zweig des → Indogermanischen und gehört weder mit dem → Thrakischen, mit dem sie gewisse phonetische Tendenzen teilt, noch dem Armenischen enger zusammen. Vgl. → Kleinasiat. Sprachen. A. H.

Q: Altphr.: Friedrich, 125–128 – Spätphr.: ebd., 128–140 – MAMA VII, 1956, passim – O. Haas, Neue spätphr. Texte, Sprache 6, 1960, 9–32 – *Lit:* J. Friedrich, RE 20,1 (1941), 868–882, s. v. Phrygia – R. Gusmani, Studi frigi, RIL 92, 1958, 835–925; 93, 1959, 17–49 – O. Haas, Die phr. Sprache im Licht der Glossen und Namen, Ling. Balk. 2, 1960, 25–68 – Ders., Armenier und Phryger, Ling. Balk. 3, 1961, 29–65 – Ders., Phr. Inschriften, Sprache 7, 1961, 77–92.

[4] Die *röm. Provinz Phrygia.* Bei der Neueinteilung unter Diokletian wurde die Provinz → Asia in kleinere Einheiten zerlegt, wobei die alten Landschaftsnamen wieder zur Geltung kamen. Ph. wird ungefähr durch die beiden Provinzen Ph. pacatiana und Ph. salutaris eingenommen, die unter Constantius aus der diokletianischen Provinz Ph. entstanden. Unter Heraklios gingen diese Gebiete alle im neu geschaffenen Thema Anatolikon auf. R. F.

Phryne, aus Thespiai, berühmte athenische → Hetäre im 4. Jh. v. Chr., Modell und Geliebte des → Praxiteles; von → Hypereides in einer berühmten (nicht erhaltenen) Prozeßrede verteidigt: er soll ihr Gewand zerrissen haben, um den Richtern ihre Schönheit zu zeigen.

Phrynichos, athen. Politiker in der zweiten Hälfte des → Pelop. Krieges, zunächst gemäßigt oligarchisch eingestellt. 412 v. Chr. opponierte er als Stratege auf Samos offen und verdeckt – freilich erfolglos – gegen → Alkibiades' Bemühungen, wieder ins Spiel zu kommen. 411 wurde er in Athen eines der Häupter der oligarchischen Bewegung (Thuk. 8,68,3; Aristot. pol. 5,6. 1305 b27); bei ihrer Gefährdung suchte er Kontakt mit Sparta. Aug. 411 auf offenem Markt getötet (Thuk. 8,90,1–2; 92,2). F. Kch.

2. **Ph.,** athenischer Tragiker, Schüler des → Thespis, Vorläufer des → Aischylos. 511/508 v. Chr. errang er seinen wohl ersten Sieg, 476 unter der → Choregie des → Themistokles einen weiteren, wahrscheinlich mit den ‹Phoinissen›. Zweimal behandelte er ein gegenwartsbezogenes, historisches Thema: in der ‹Einnahme von Milet› (vgl. Hdt. 6,21) und den ‹Phoinissen›, letzteres Stück wurde das Vorbild für die Perser des → Aischylos C 1. Daneben sind 8 Titel mythologischer Stoffe bekannt, darunter eine Alkestis. Als Neuerung soll P. weibliche → Masken und → Tetrameter eingeführt haben. Außerdem soll er, neben Aischylos, die → Tragödie voll ausgebildet haben, indem er ihr den Mythos und leidvolle Geschehnisse (πάθη) zum Inhalt gab; beides wird man erstmalig bei ihm vorgefunden haben. Aristophanes schätzte ihn wegen seiner Nähe zum ionischen Wesen und lobte die Schönheit seiner Lieder, die die dialogischen Partien überwogen. Berühmt war P. als Erfinder von Tanzfiguren. E.-R. Sch.

Frg: TGF 720–725 – *Lit:* A. v. Blumenthal, RE 20,1 (1941), 911–917 – K. Friis Johansen, Eine Dithyrambos-Aufführung, Arkaeol. Kunsthist. Medd. Dan. Vid. Selsk. 4,2, 1959. 10 – *Bildnisse* → Anhang I.

3. **Ph.,** von Athen, Eunomides' Sohn, Dichter der alten → Komödie (I B); 429 erste Aufführung (mit → Eupolis), 428 erster Lenäensieg (insgesamt zwei), zwischen 420 und 414 Dionysiensieg. Unterlag mehrmals → Aristophanes u. a., wurde von Zeitgenossen unter anderem als Plagiator verspottet (er galt als ‹zweitklassig›), wurde aber doch zu den ‹erwähnenswerten› Komikern gezählt. Zehn Titel überliefert (Überlieferung von 10 Siegen falsch). Der Menschenfeind → Timon wird im ‹Monotropos› (‹Einsiedler› 414, aufgeführt mit Aristophanes' ‹Vögeln›) als Charakterfigur (nach → Pherekrates) ohne Frau und Sklaven, jähzornig, unzugänglich, eigensinnig (vgl. → Menanders ‹Dyskolos›) verspottet; wie die beiden Alten in den ‹Vögeln› flieht er vor den Staatsgeschäften. Konnos, der Musiklehrer des alternden Sokrates, auch von → Ameipsias 423 und anderen als armer Musiker verspottet, ist Titelheld eines Stückes (zum erstenmal lebende Person im Titel? Aufführung wohl 425–420). Die ‹Komastai› (‹Zecher›) scheinen (wie die wohl kaum damit identischen des → Ameipsias, Dion. 415) den → Hermenfrevel (415) zu behandeln (aufgeführt Dionysien 414). In den ‹Musen› (Lenäen 405, aufgeführt mit Aristophanes' ‹Fröschen›) ist die Verwaisung der tragischen Bühne durch den Tod des → Sophokles und → Euripides ebenfalls Anlaß zu einem Dichterwettkampf. Der ‹Ephialtes› scheint nicht eine historische Persönlichkeit, sondern ein Gespenst (sonst: ‹Epialos›) zu sein. Neben Musik- und Dichterkritik hat Ph. auch viele Politiker verspottet. → Didymos (1) schrieb noch einen Kommentar zu seinem ‹Kronos›, und der ‹Monotropos› wurde noch von → Libanios benützt. Th. G.

Frg: FAttCom I 450–475.

4. **Ph. Arabios** (Beiname nach Photios Bibl. Cod. 158), → attizistischer Lexikograph strengster Richtung, 2. H. 2. Jh., vielleicht aus Bithynien stammend. Er war wissenschaftlicher Gegner und Konkurrent des → Pollux (2) im Wettbewerb um eine athenische Professur. Nur wenige

Autoren erkannte er als Vorbild an. – *Werke:* (1) ‹Ekloge›, ein stilistisches Hilfsbuch für den praktischen Gebrauch des Redners: in den einzelnen Artikeln folgt der Warnung vor dem heftig verpönten Ausdruck die Empfehlung des attischen Äquivalentes. Ursprüngliche Anordnung und Bucheinteilung sind noch nicht ermittelt. Abschließende Ausgabe fehlt. – (2) ‹Praeparatio Sophistica› (*Σοφιστικὴ προπαρασκευή*), eine Erklärung attischer Ausdrücke und Redewendungen. Nur eine ‹Epitome› erhalten (im Coisl. graec. 345, 10. Jh.; alphabetische Anordnung nach dem ersten Buchstaben). Zu den Vorlagen des P. gehörte auch der von ihm befehdete → Antiatticista. Vgl. → Lexikographie B [3]. H.E.

Ed: A. Lobeck, 1820, und W. G. Rutherford, 1881 (Ekloge) – I. de Borries, 1911 (Praep. Soph.) – *Lit:* D. Strout-R. French, RE 20, 1 (1941), 920–925.

Phrynis, von Mytilene, Kitharavirtuose und Hauptvertreter des kitharodischen Nomos zwischen → Terpandros und → Timotheos, der von ihm beeinflußt erscheint, Zeitgenosse des Euripides, Mitte 5. Jh. v. Chr. Sieger an den → Panathenäen. Ph. führte in den kitharodischen Nomos den virtuosen Koloraturgesang (*καμπαί*) ein und soll den hexametrischen Nomos mit anderen Rhythmen durchsetzt und die Instrumentalmusik durch Einführung der 9. Saite bereichert haben; daher von → Pherekrates als Neuerer verspottet. Vgl. → Musik A [7]. Literarisches von ihm ist nicht erhalten. G.W.

Lit: W. Riemschneider, RE 20, 1 (1941), 925–928.

Phrynos, att. Töpfer von → Kleinmeisterschalen, tätig um 550 (→ Vasen E 3); signiert sind zwei Randschalen; diejenige mit Athenageburt und Herakles im Olymp, vom sog. Phr.-Maler bemalt (BM B 424; Beazley, s. u., Taf. 21), ist eine der qualitätvollsten Kleinmeisterschalen. I. Sch.

Lit: Beazley, Development, 54–55.

Phthiotis, → Achaia, → Thessalien.

Phthonos Theōn (*φθόνος θεῶν*). Gewöhnlich bezeichnet ‹Phthonos› allein den Neid, der einem anderen sein Glück nicht gönnt und es zerstören möchte. Der Begriff ‹Ph. Th.›, anscheinend eine alte und der Sakralsprache zumindest nahestehende Prägung, geht von einer Sonderbedeutung aus: es ist der legitime Unwille der Götter über Menschen, deren Glück die dem Menschen angemessene Größe und Dauer zu überschreiten droht, so daß ihnen in Erinnerung gerufen werden muß, daß die Götter in jedem Falle die Mächtigeren bleiben. So Aischyl. Pers. 362, Agam. 946 f.; Hdt. 1, 32; 3, 40; 7, 46 u. a. Da sich mit der Zeit die rein pejorative Bedeutung von Phthonos auswirkt, wenden sich gegen die Vorstellung vom Ph. Th. in berühmten Äußerungen Platons Phaidr. 247 A, Tim. 29 E und Aristot. met. 982 b 32 ff. Für die spätere Zeit wird Ph. Th. nur noch eine effektvoll altertümelnde Floskel bei Dichtern und Historikern, bis die → Dämonenlehre des kaiserzeitlichen Platonismus von ganz andern Voraussetzungen aus die Vorstellung von mißgünstigen, neidischen Götterwesen neu belebt. O.G.

Phylakopi, auf einen prähistorischen Fundplatz an der Steilküste von → Melos (Kt. 1152 E 6) übertragene moderne Ortsbezeichnung. Bisher einzige in größeren Flächen ausgegrabene → Kykladenstadt. Reichtum durch Obsidianhandel. Drei aufeinanderfolgende Siedlungen, die im groben den drei Stufen der Bronzezeit entsprechen. Während die zweite Stadt, von einer starken, typisch kykladischen Festungsmauer abgesehen, in der Dichte der Anlage (gedrängte Wohnblocks, enge gepflasterte Straßen, Treppen) wie in den künstlerischen Hinterlassenschaften (Pfeilerhalle, Fresken, Keramik) unter min. Einfluß stand und deshalb als kret. Faktorei anzusprechen ist, hing nach deren Brandzerstörung die wiederum befestigte 3. Stadt ebenso fest mit dem myk. Festland zusammen (Megaron, Keramik). Vgl. → Griechenland II A. W. Schg.

Lit: Excav. at Ph. in Melos conducted by the Brit. School at Athens, 1904 – R. M. Dawkins-J. P. Droop, The Society for the Prom. of Hellenic Stud., Suppl. Paper No. 4; BSA 17, 1910/11, 1–22 – D. Fimmen, Die kret.-myk. Kultur, 1921, 29–32 – F. Matz, Die Ägäis, Hb Arch II 209 f. – Zschietzschmann, RE 15, 1 (1931), 567–586, s. v. Melos.

Phylarchos von Athen (?), 2. H. 3. Jh. v. Chr. 28 Bücher Historien: maßgebende Quelle für 272 (Pyrrhos' peloponn. Feldzug) – 220/219 (Kleomenes' III. Tod); exkursreich und bunt (Thaumasia aus Tier- und Pflanzenwelt; Sagen; Geo- und Ethnographisches, Erotika, Anekdotisches u. a.). Ph.' Werk gilt als Quelle des → Polybios, der seine ‹tragische› Weise und seine Begeisterung für den spartan. Reformkönig Kleomenes ablehnt. Ferner benutzt von → Pompeius (11) Trogus, → Justinus (2) 25–28 und von → Plutarch (für Agis und Kleom.; subsidiär für Pyrrh., Arat.). Ph. verfaßte auch eine Schrift über Antiochos (III.?) Eumenes (II.?) u. a. (z. T. unsichere Titel: Sagen, Erfindungen). W. Sp.

Frg: FGrHist 81 – *Lit:* J. Kroymann, RE Suppl. 8 (1956), 471–489.

Phyle, att. Grenzkastell und Ort im Gebiet des → Parnes an der antiken Straße von Athen nach Theben (Kt. 1152 a B 1), von Ph. aus 404/403 → Thrasybul gegen die ‹Dreißig›. E.M.

Lit: W. Wrede, AM 49, 1924, 153–224.

Phylen. [1] Die obersten Abteilungen der Bürgerschaft vieler (aber bei weitem nicht aller) griech. Städte, den röm. → Tribus entsprechend. Sie haben bescheidene Selbstverwaltung, eigenes Vermögen und eigene Kulte. Die Ph. sollen den Staat gliedern und die staatsbürgerlichen Rechte und Pflichten, bes. den Anteil an der Regierung, gleichmäßig verteilen helfen. Phylenweise werden die Bürger zum Krieg aufgeboten und zu finanziellen Leistungen herangezogen; im Rat und in seinem geschäftsführenden Ausschuß, in den Magistratskollegien, auch etwa in Gesandtschaften oder außerordentlichen Kommissionen sind die Ph. (gleichzeitig oder in regelmäßigem Wechsel) möglichst gleich vertreten. – Hierin sind sich alle Ph.ordnungen mehr oder weniger gleich; sehr verschieden sind sie nach Alter und Entstehung.

[2] Der Stamm der → *Dorier* gliederte sich in vorgeschichtl. Zeit in 3 Teilstämme (vielleicht ehemals selbständige Stämme oder Stammesteile), die Hylleer, Dymanen und Pamphyler. Diese 3 Ph. oder einzelne von ihnen begegnen in histor. Zeit in vielen dor. Städten; dazu treten hier und da andere, z. T. wohl zur Aufnahme nichtdor. Volksteile bestimmte Ph., so in Argos die Hyrnathier, in Sikyon die Aigialeis. – Sehr alt sind auch die 4 vorkleisthenischen Ph. *Athens:* Geleontes, Argadeis, Aigikoreis und Hoplētes. Ihre Entstehung liegt ganz im Dunkeln; die schon antike Ansicht, hier liege eine alte berufsständische Gliederung zugrunde, stützt sich nur auf die (unsichere) etymologische Deutung der Namen. Dieselben Ph. finden sich, vermehrt um zwei weitere (Bōreis und Oinōpes), in → Milet und milesischen Kolonien, einzelne dieser ‹ionischen› Ph. auch in anderen ion. Städten. Ob diese Übereinstimmungen auf alte Entlehnungen zurückgehen oder ob hier gemeinsames Erbe aus einer Zeit vorliegt, als der ion. Stamm oder doch Teile davon noch eine Einheit bildeten, ist umstritten. – In den meisten *übrigen griech. Städten* ist die Phylenordnung jünger, oft gehört sie in den Zusammenhang der etwa seit dem 6. Jh. durchgeführten, auf Festigung und zugleich Demokratisierung des Staates gerichteten Reformen. In neugegründeten oder durch Zuzug verstärkten Städten gründete man die neue Einteilung vielfach auf die Herkunft der Siedler, anderswo auf den Wohnsitz der Bürger; so entstanden, z. T. neben oder anstelle der älteren sog. gentilizischen Ph., landsmannschaftliche oder lokale. Da die Zugehörigkeit zu diesen neuen wie zu den alten Ph. sich wohl stets vererbte, mußte sich auch bei den lokalen Ph. der Zusammenhang zwischen Wohnsitz und Ph.zugehörigkeit bald wieder lockern.

[3] Beispielgebend für viele griech. Städte wurde die *Reform des → Kleisthenes* (1) *in Athen* (gegen 500). Er teilte

das athen. Gebiet und im Anschluß daran die Bürgerschaft in etwa 100 Demen (→ Demos) ein, die ihrerseits auf 10 Ph. verteilt wurden. Jede Ph. zerfiel in 3 Drittel (→ Trittyen), von denen je eines im engeren Stadtgebiet, im Küstengebiet und im Binnenland liegen mußte. Die einzelnen Ph. hatten also kein geschlossenes Gebiet und vereinigten in sich Gemeinden verschiedener Landesteile; sie sollten die geschichtliche wie die naturgegebene Gliederung des Landes überwinden, den in den alten Ph. und in einzelnen Landesteilen starken Einfluß der Adelsgeschlechter ausschalten und so den demokratischen Einheitsstaat fest begründen. Künstliche Schöpfungen wie diese Ph. selbst sind auch ihre Namen, in der amtlichen Reihenfolge Erechthēis, Aigēis, Pandionis, Leontis, Akamantis, Oinēis, Kekropis, Hippothōntis, Aiantis, Antiochis; sie sind von den Namen der Heroen abgeleitet, in denen die neuen Ph. ihre fiktiven Ahnherren verehrten. – Das war seither die für alle staatlichen Zwecke maßgebende Einteilung der Bürgerschaft; die vier alten Ph. hatten nur noch ihre Kulte zu pflegen. Auch die 4 *Phylenkönige (Phylobasileis)*, die seit alters an ihrer Spitze standen, waren jetzt auf erstarrte Überreste ihrer früheren Funktionen im Kult und, als Kollegium unter dem Vorsitz des → Archon Basileus, in der Blutgerichtsbarkeit beschränkt. F.G.

Lit: E. Szanto, Die griech. Ph. (1901), in: Gesammelte Abhandlungen, 1906, 214ff. – H. Francotte, La Polis grecque, 1907, 95ff. – K. Latte, RE 20,1 (1941), 994–1011 – M. P. Nilsson, Cults, Myths, Oracles, and Politics in Anc. Greece, 1951, 143ff. – F. Cassola, La Ionia nel mondo miceneo, 1957, 246ff. – M. B. Sakellarion, La migration grecque en Ionie, 1958.

Phyleus, Sohn des Augias, nimmt gegen ihn Partei für → Herakles; dafür später zum König von Elis eingesetzt.

Phyromachos, Bildhauer aus Athen, der vor allem für die pergamenischen Dynasten tätig war. Die → Akmeangabe von Plinius, 296–292 v. Chr., erscheint zu früh, doch darf trotz mancher Einwände ziemlich sicher seine Arbeitszeit noch im 3. Jh. v. Chr. angesetzt werden. Er arbeitete nach Plinius (nat. 34, 84) an den Galliermonumenten der pergamenischen Könige mit (2. H. des 3. Jh.s v. Chr.?) und schuf eine Statue des → Alkibiades (der an den Grenzen des pergamenischen Reiches verstarb) auf einem Viergespann. Für Pergamon wird eine Kultstatue des Asklepios (Sitzstatue?) bezeugt, von der man schon oft geglaubt hat, Nachbildungen nachweisen zu können. Daselbst stand von ihm wahrscheinlich auch ein Weihgeschenk an Athena, das er vielleicht mit → Nikeratos zusammen gearbeitet hat, wie das inschriftlich bezeugte Werk auf Delos. Wie bei diesem ist auch bei Ph. eine genaue zeitliche Fixierung noch nicht gelungen. – Obwohl er nach den Zeugnissen ein Meister ersten Ranges gewesen sein muß – wird er doch u. a. neben → Myron, → Polyklet und → Lysipp genannt –, bleibt seine Künstlerindividualität einstweilen noch im dunkeln. E. Bg.

Lit: Overbeck, SQ, 921; 1994; 1998–2001 – W. Amelung, Der Asklepios des Ph. zu Pergamon, RM 18, 1903, 1–16 – Ders. zu Helbig³ Nr. 1340 – H. Diels, Laterculi Alexandrini, Abh. Berlin 1904, 7 – E. Ohlemutz, Die Kulte und Heiligtümer der Götter in Pergamon, 1940, 125f. – A. Schober, Zur Gesch. pergamen. Künstler, ÖJh 31, 1939, 142–149; ebd. 32, 1940, Beiblatt 73–82; anders B. Schweitzer, Zur frühpergamen. Kunst, AA 54, 1939, 404–413 – Lippold, GrPl, 321 – Marcadé II 102.

Physik. Der griech. Begriff ‹Physikē› (sc. ἐπιστήμη) ist mit dem modernen Begriff der Ph. nicht identisch. Er bezeichnet die Wissenschaft von den Naturdingen (φυσικά) im allgemeinen; umgrenzt wurde das Gebiet durch die ‹Physik› des → Aristoteles; und die antike Ph. ist im wesentlichen die Untersuchung der in diesem Buch vereinigten und ähnlicher Probleme. Heute würden diese größtenteils der Philosophie oder Metaphysik angehören, da sie sich in sehr allgemeinen Zügen mit den Begriffen befassen, die in der Erforschung der natürlichen Welt benutzt werden. – Die *Ursachen* zu erkennen ist die wichtigste Aufgabe der Naturwissenschaft. Aristoteles beginnt mit der Untersuchung der Ursachentypen und unterscheidet ihrer vier: materiale, formale, bewirkende und finale Ursache. Wenn wir eine Veränderung erklären, müssen wir berücksichtigen: (a) Die Materie vor der Veränderung, die die Potentialität zu dieser bes. Veränderung besitzt, (b) die Form, die diese Materie im Laufe der Veränderung annimmt, also die Aktualisierung dieser Potentialität, (c) die bewegende Ursache, die die Veränderung in Gang bringt und (d) das Ziel, auf das hin der gesamte Prozeß sich bewegt, meist identisch mit der Form, die die Materie annimmt. Alle vier Ursachen sind nach Überzeugung des Aristoteles für die Naturforschung grundlegend, bes. die vierte, die Finalursache. – Weiter befaßt sich Aristoteles mit dem Problem des *Unbegrenzten* zusammen mit den verwandten Problemen der Teilbarkeit und Kontinuität. Diese Probleme waren zuvor von den Eleaten, den Atomisten und → Platon (im Parmenides) behandelt worden. Aristoteles entwickelte eine neue Theorie der Kontinuität unter Annahme eines Kontinuums, das in eine unbegrenzte Zahl von Punkten aufgeteilt werden kann, aber dies nicht gleichzeitig. Diese Theorie gestattete ihm die Widerlegung der Atomisten und die Ausarbeitung einer befriedigenden Theorie der → Zeit und der → Bewegung. Dies war ein wesentlicher Zug im aristotelischen System eines begrenzten, kontinuierlichen Universums, das innerhalb seiner Grenzen kein Leeres enthielt. Die → Stoiker (bes. → Chrysipp), die an der Bekämpfung der konkurrierenden Theorie eines unbegrenzten, diskontinuierlichen Universums interessiert waren, entwickelten diese Lehre weiter. – Die späteren Bücher der aristotelischen Physik gelten dem Problem der → *Bewegung*. Hier begründet Aristoteles seinen Begriff eines → Unbewegten Bewegers, der der äußersten Sphäre des Universums eine ewig dauernde Kreisbewegung verleiht. – Nach Aristoteles hat die Antike dieses Forschungsgebiet nur noch wenig weiterentwickelt. Sein Nachfolger Theophrast schrieb eine historisch überaus wichtige Darstellung der Lehren der frühen Naturphilosophen, doch ohne die Ph. selbst weiter zu fördern. – Vgl. → Naturwissenschaft; für die einzelnen Wissenschaften, die wir heute unter dem Begriff der Ph. zusammenfassen, vgl. → Mechanik, → Optik; ferner → Kosmologie, → Astronomie. D.J.F.

Physiognomiker, antike Spezialschriftsteller, die über Charakterkunde auf Grund körperlicher Anzeichen schrieben (→ Adamantios, Polemon). Auch in den → Hippokratischen Schriften spielt Physiognomik zuweilen eine Rolle (bes. Hippokr. epid. 2, 5). F.K.

Ed: R. Foerster, 2 Bde, 1893.

Physiologos, Buch, das wunderbare Eigenschaften von Tieren, Pflanzen, Steinen anführt (zitiert als Autorität für die Naturkunde: Sympathie, Antipathie u. a.), die religiössymbolisch gedeutet werden (Typen für Christus, Teufel, Kirche, Mensch); offenbar ursprünglich anonym überliefert. Vielleicht in Alexandria entstanden; zwischen 2. und 4. Jh. n. Chr. (ca. 200?). Im MA sehr beliebt und einflußreich; oft bearbeitet, vielfach übersetzt (Bestiarien usw.); auch Wirkung auf die Kunst, vgl. → Bolos. W. Sp.

Ed: Ponce de Leon, ed. princ., (griech.) 1587 – F. Lauchert, 1889 – F. Sbordone, 1936 – *Übers:* O. Seel, 1960 (Lit; Noten) – *Lit:* B. E. Perry, RE 20,1 (1941), 1074–1129 – W. Fauth, Rez. O. Seel, Gymn. 70, 1963, 257–259.

Physis, ‹Natur›. Der griech. Begriff der Ph. ist weitgehend von zwei Antithesen bestimmt. Erstens kontrastiert Ph. mit → Nomos, dem Gesetz. Hier bedeutet Ph. das unkontrollierte, vom Gesetz nicht eingeschränkte ‹natürliche› Verhalten des Menschen. Bes. im 5. Jh. v. Chr. wurde dieser Gegensatz als ethisches Problem behandelt; einige → Sophisten schrieben der Ph. eine eigene sittliche Gesetzlichkeit zu (‹Macht ist Recht›), die durch Sitte und Gesetz ‹widernatürlich› beeinträchtigt werde. → Platon löste den Konflikt, indem er zeigte, daß das Gesetz, recht verstanden, der Natur des Menschen gar nicht widerspreche, die Antithese also gar nicht bestehe. – Zweitens wird die Ph. mit der

→ Techne kontrastiert und bezieht sich damit auf alles, was in der natürlichen Welt vorhanden ist, wächst oder geschieht ohne Eingreifen des Menschen. In diesem Sinne bezeichnet Ph. entweder die individuelle Natur eines partikularen Dings oder Typus oder die Gesamtheit der natürlichen Dinge. Die Bücher der frühen Philosophen, die *Περὶ φύσεως* hießen, hatten die ganze natürliche Welt zum Gegenstand. – Aristoteles behandelte die Ph. nicht nur als die Gesamtsumme der natürlichen Gegenstände, sondern auch als die bestimmende Eigenart aller Teile der natürlichen Welt als solcher. Er identifizierte sie mit einer innern Quelle der Bewegung, die allerdings nicht völlig automatisch wirkt, aber doch fähig ist, durch einen angemessenen Beweger (im Falle der Lebewesen letztlich die Sonne) in Gang gebracht zu werden. – Ph. war ein wichtiger Begriff in der Lehre der → Stoiker. Hier bezeichnet er die Art, in der alle Lebewesen aufgebaut sind, was freilich nach stoischer Weise materialistisch interpretiert wurde: Ph. ist ein bestimmter Grad von Spannung, hergestellt durch das göttliche Pneuma, das das Weltganze durchdringt. So war die Ph. mit der göttlichen Weltordnung aufs engste verbunden, und die Stoiker konnten ihr ethisches Ziel als ‹das der Ph. gemäße Leben› formulieren. D.J.F.

Piazza Armerina. In der Nähe dieses sizilischen Ortes liegt eine seit Mitte 18.Jh. bekannte, seit 1950 systematisch ausgegrabene spätantike Villa, kaum jedoch, wie man annahm, die des Kaisers → Maximian (1). Die 4 unregelmäßigen, aber mit planvoller Achsenverschiebung um ein großes Peristyl gelegten, teils gekurvten Baugruppen, Vestibül, Palastsäle, Baderäume, Triclinium, insgesamt etwa fünfzig Räumlichkeiten, sind mit prachtvollen Mosaikfußböden ausgestattet. Diese stellen dar: Kranzwinderinnen, szenische Agone, Fackellauf, Zirkusrennen, Jagdszenen, Badeszenen, Arion auf dem Delphin, Orpheus unter den Tieren, Odysseus und Polyphem, Hesione, Endymion, Herkulestaten, Apotheose des Herkules, Besiegung der Giganten, Lykurgos und Ambrosia, gymnische Agone, Ringkampf von Eros und Pan, sämtlich Szenen, die großenteils auch in spätantiken Grabmalereien und auf Sarkophagen begegnen und daher wohl eine mystisch bestimmte, in allegorischen und symbolischen Bildern faßbare Weltanschauung zum Ausdruck bringen. B.A.

Lit: G.V. Gentili, La villa erculia di P.A., o.J. – A. Ragona, Il proprietario della villa romana di P.A., 1962.

Picentia, Vorort der 268 an den Sinus Paestanus verpflanzten Picenter (Kt. 1420 G7; heute S. Antonio a Picenza). B.A.

Picenum, Gebiet der meist mit den Prätuttiern zusammengefaßten Picenter am Osthang des Apennin bis zur Adria zwischen Aesis und Helvinus (Kt. 1420 F4). Der Stamm leitet sich als ‹ver sacrum›, das den Specht (lat. picus) als Totemtier hat, von den Umbriern ab; er wanderte in das im 10.Jh. von illyr. Liburnern besiedelte Gebiet ein. 390 wurde im P. die syrakusan. Kolonie *Ἄγκων* (→ Ancona) gegründet. 268 wurde P. außer dem Gebiet um Asculum von Rom unterworfen, ein Volksteil der Picenter an den Golf von Salerno verpflanzt. In P. 264 Gründung der latin. Kolonie Firmum. An weiteren Orten sind zu nennen Auximum, Castrum novum, Hadria, Interamnia Praetuttiorum, Potentia. Von Augustus als 5. Region konstituiert. B.A.

Lit: Nissen, I 511ff.; II 411ff., 823ff. – Brandenstein, RE 20, 1 (1941), 1186 – Devoto, 52f., 102f., 124.

Picus, italische Gottheit, später Walddämon, dem → Mars heiliger Specht oder König der → Aboriginer bzw. Laurenter. C.J.C.

Pieriden, 1. Beiname der → Musen. – 2. Die (gleichfalls 9) Töchter des Pieros, die die → Musen zum Sängerwettstreit herausforderten, unterlagen und in Dohlen verwandelt wurden (Ov. met. 5, 300ff.).

Pierien, Landschaft in Nordgriechenland (→ Makedonien).

Pietas, die göttlich verehrte ‹Ehrfurcht› (→ Personifikation). Die pietas ist die typisch röm. Tugend der Pflichterfüllung gegenüber den Göttern, dem Vaterland, den Eltern und den Kindern; über die bei Cicero (nat. deor. 1, 116) vorliegende griech. philosoph. Definition als ‹Gerechtigkeit gegenüber den Göttern› hinaus ist sie strenge sittliche Pflicht auch ‹gegenüber Mitbürgern und Familie›. Vor der Schlacht bei den Thermopylen, während des Krieges gegen → Antiochos III., gelobte ihr aus unbekanntem Anlaß M.' Acilius → Glabrio (2) einen Tempel, und dessen Sohn weihte ihn i.J. 181 v.Chr. ein (Liv. 40, 34, 4–6), und zwar an der Stelle, wo später das Theater des Marcellus errichtet wurde, auf dem Forum Holitorium (→ Rom IV). Eine Sage, welche die kindliche Liebe preist, knüpft sich an dieses Heiligtum: mit ihrer Milch habe eine Tochter ihren Vater oder ihre Mutter vor dem Hungertod im Gefängnis bewahrt – an eben der Stelle, wo der Tempel gebaut wurde (Fest. 228 L., Val. Max. 5, 4, 7, Plin. nat. 7, 121). Einen andern Tempel, dessen Entstehungszeit unbekannt ist, besaß die P. nahe beim Circus Flaminius. Vom letzten Jh. der Republik an wird sie oft auf Münzen dargestellt; manchmal begleitet sie ein Storch, der das Symbol der aufopfernden Liebe der Kinder für ihre Eltern ist. In der Kaiserzeit wird die *P. Augusta*, das heißt die Frömmigkeit des Kaisers den Göttern und die Loyalität seiner Familie gegenüber, auf Münzen und Inschriften gerühmt. Manche Römer sind mit dem Zunamen *pius* geehrt worden, aber am reinsten und vollständigsten wurde das röm. Ideal der P. vom ‹pius Aeneas› (→ Vergil) verkörpert. H. Le B.

Pigres, Karer aus Halikarnaß, 1. H. 5. Jh., als Verfasser des → Margites und der → Batrachomyomachie genannt (Suidas); soll die Ilias mit elegischen Pentametern durchsetzt haben. G.K.

Lit: A. Ludwich, Die homer. Batrachomyomachia des Karers P. nebst Scholien und Paraphrase, 1896.

Pilaster, in die Wand eingebundener Halbpfeiler.

Pilgerberichte. Neben der Literatur über → Märtyrer und Heilige (→ Märtyrerakten, → Hagiographie) hat die alte Kirche auch P. hervorgebracht. Die erste bekannte Pilgerfahrt unternahm Bischof → Meliton von Sardes (→ Wallfahrt, → Homilie) ca. 170. Die Bemühungen → Konstantins d. Gr. um die Auffindung und bauliche Ausschmückung heiliger Stätten in Palästina riefen Pilgerreisen in größerem Ausmaß hervor. Erst seit dieser Zeit gibt es eigentliche P.: das Itinerarium a Burdigala Hierusalem usque (333), ein trockener P. über eine Reise von Bordeaux nach Jerusalem. – Der wichtigste P. der ganzen alten Kirche: die ‹Peregrinatio ad loca sancta› der Egeria (Aetheria oder Eucheria), einer vornehmen spanischen oder südfranzösischen Nonne. Ihre Reise fand wahrscheinlich 393/4 statt, der P. ist bald darauf abgefaßt. Kapitel 1–23 Bericht über Reise, mit zahlreichen Angaben über Märtyrergräber und Kirchen Palästinas; Kapitel 24–49 über Gottesdienste in Jerusalem, eine einzigartige liturgiegeschichtliche Quelle vor allem für die Kar- und Osterwoche. – Aus späterer Zeit: De situ terrae sanctae von einem sonst nicht bekannten Archidiaconus wohl aus Nordafrika, ca. 520/30; Breviarius de Hierosolyma, eine Aufzählung der hl. Stätten Jerusalems, 5./6. Jh.; Itinerarium Antonii Placentini, Bericht über eine Wallfahrt von Piacenza nach Palästina, ca. 560/70. Vgl. → Wallfahrt. B.L.

Ed: P. Geyer, CSEL 39, 1898 – H. Pétré, SChr 21, 1948 (Egeria) – *Lit:* B. Kötting, Peregrinatio religiosa, 1950 – Altaner 204f.

Pilum, Wurf → Waffe der röm. Legionen; das ältere pilum murale, 1,5–2 m lang, aus Holz, mit zwei Spitzen und einer Einkerbung in der Mitte, diente zur Verteidigung des Lagerwalles (Caes. Gall. 5, 40, 6; Tac. ann. 4, 51, 1); die späteren pila hatten eine 70 cm lange, sichtbare Metallspitze mit Widerhaken, die durch eine Tülle oder Zunge am Holzschaft befestigt war (Polyb. 6, 23, 9–11; vgl. Liv. 21, 8, 10: Phalarica als Brandgeschosse). Das schwere pilum wog 4,7, das leichte 2 kg. Etwa 20 m vor dem Feind wurden die pila geworfen (Caes. civ. 3,93,1; vgl. Plaut. Most. 570; aber Caes. Gall. 1,52,3; Sall. Cat. 60,2) und setzten viele Gegner außer Gefecht, bisweilen aber wurden sie auf die Römer zurückgeworfen (Caes. Gall. 7,62,4; 2,27,4). Vgl. → Waffen. W.K.

Pilumnus, dessen Namen Varro (Serv. Aen. 9,4; Isid. Etym. 4,11,5) von pilum (Mörserkeule) herleitete, war, wenn die Etymologie richtig ist, die antike Gottheit, die dem Zerstampfen des Korns im Mörser vorstand. Er spielte aber auch (mit Picumnus) eine Rolle in → Geburts- und → Hochzeitsriten (Varro bei Serv. Aen. 10,76). H. Le B.

Pilze (*μύκης*, fungus). Griechenland war an P.-Arten arm, doch unterschied man u. a. *βωλίτης* (boletus, wohl Hut-P.), *ἀμανίτης* (wahrscheinlich Champignon), *ὕδνον* (tuber, Trüffel), der mit der Meeresgöttin Thetis in Verbindung gebracht wurde. Auf häufiges Vorkommen von P.-Vergiftungen weisen die zahlreichen Gegenmittel; die Giftigkeit war nach antiker Auffassung vom Standort abhängig (Nähe von Gift→ Schlangen). Allgemein betrachtete man den P. als Gärungsprodukt der Erde oder, angeregt durch das Vorkommen von P.n an Bäumen (bes. des wichtigen Zunderschwammes, fungus), als Erzeugnis einer Baumwurzel. Vgl. → Flora. J.W.

Lit: Murr, 284 – A. Steier, RE 20,2 (1950), 1372–86.

Pinakothek, Bildergalerie; bes. der nördl. Seitenflügel der Propyläen (→ Architektur I F 3), in dem Bilder → Polygnots aufbewahrt wurden. Als P. diente im 1. Jh. v. Chr. auch der Heratempel von → Samos. G. Gb.

Pinara (neutr. plur., lyk. Pinale), Binnenstadt in Lykien, auf einem markanten Felsen gelegen (Kt. 1152 K 6; Ruinen beim heutigen Minareh). Im 2. Jh. v. Chr. Mitglied des lyk. Bundes. P. gehört zu den sechs Städten mit je drei Stimmen (neben Xanthos, Patara, Tlos, Myra und Olympos). Zur Stadt gehörte ein größeres Gebiet, die sog. Pinarike. Im 4. und 5. Jh. n. Chr. Bischofssitz. Zahlreiche Felsgräber und Reste zweier Theater. R.F.

Lit: A.H.M. Jones, Cities of the eastern Rom. prov., 1937, 99–103.

Pinax, antike Bezeichnung für Schreibtafel, → Teller und Tafelbild; in der Archäologie für bemalte Holz-, Ton- und Steintafeln verwendet, die man als Weihgeschenk im Heiligtum aufhängte. Die Tonpinakes wurden in Töpfereien hergestellt und sind teilweise von bekannten Vasenmalern bemalt (→ Sophilos, → Lydos, → Exekias, → Skythes). I. Sch.

Lit: K. Kübler, Altatt. Malerei, 1950, 31 – R. Hampe, Att. Tontafel des 8. Jh.s v. Chr., in: Charites, 1957, 105–109 – U. Hausmann, Griech. Weihreliefs, 1960, 15–19.

Pindar, → Lyriker, geb. 522/518 v. Chr. in Kynoskephaloi bei Theben, sein Todesdatum ist nicht bekannt. Für Vater und Mutter gibt die biographische Tradition mehrere Namen (Pagondas, Skopelinos, Daïphantos; Kleodike oder Myrto). Er hatte einen Sohn Daïphantos (für den er ein → Daphnephorikon schrieb) und zwei Töchter. P. kam in seiner Jugendzeit nach Athen (vermutlich nach 507/06), wo er Schüler des Agathokles oder Apollodoros gewesen sein und → Dithyramben aufgeführt haben soll. Die biographische Überlieferung berichtet ferner die Legende von seiner Dichterweihe durch Bienen, die im Mund des Jünglings ihre Waben bauten, und von seinem Tod im Gymnasion zu Argos im Schoße des schönen Knaben Theoxenos (vgl. Fr. 123). Auf Grund einer Vision soll er Kybele und Pan ein gemeinsames Heiligtum neben seinem Haus gestiftet haben. Ihm und seinen Nachkommen stand ein Ehrenanteil bei den → Theoxenien in Delphi zu (Plut. mor. 557f.). Das Haus seiner Familie in Theben, angeblich von → Alexander d. Gr. verschont (Arr. an. 1,9,10), fand Pausanias (9,25,3) in Ruinen. Von Ereignissen aus P.s Leben wissen wir fast nichts; wahrscheinlich ist ein Aufenthalt in Sizilien 476/75 (s.u.).

[2] *Werk.* P.s Lieder wurden von den antiken Editoren in 17 Bücher geteilt: 11 mit religiöser Dichtung (je 1 Buch → Hymnen und → Päane, je 2 Bücher → Dithyramben, → Prosodia, → Partheneia, → Hyporchemata, dazu 1 Buch ‹Anhang zu den Partheneia›) und 6 Bücher mit profaner Dichtung (je 1 Buch → Enkomia und → Threnoi, 4 Bücher → Epinikien). Handschriftlich erhalten sind die 4 Bücher Epinikien, aus den übrigen nur Fragmente; größere Bruchstücke besitzen wir durch Papyrusfunde aus den Päanen. Genaue Kenntnis haben wir also nur von einem kleinen Teil seines Werkes, doch zeigen die Bruchstücke, daß das Übrige im Stil nicht sehr von den Epinikien abwich (vielleicht mit Ausnahme der Enkomia), z. T. weil P. den feierlich-ernsten Stil der religiösen Dichtung in die Epinikien übernahm. Die Chronologie der Olympien und Pythien ist durch die in den Scholien überlieferten Siegerlisten teilweise gesichert. Das erste datierbare Epinikion ist Pyth. 10 (498) für einen Thessaler. Früh hatte P. Beziehungen zu Delphi, wahrscheinlich 490 sprang er bei Fehlen eines geeigneten Chores mit einem Päan ein (Päan 6). Delphisches Gedankengut findet sich überall, auch seine Haltung in den Perserkriegen (zur Neutralität ratend: Fr. 110/109) scheint von dort beeinflußt. Im übrigen haben die politischen Ereignisse wenig Spuren in seinen Werken hinterlassen. – Bes. eng waren, nach anfänglichen Schwierigkeiten, seine Beziehungen zu Ägina (vgl. gegenüber Päan 6 bes. das spätere Nem. 7); sie dauerten bis in P.s hohes Alter an, er schrieb besonders viele Epinikien für Ägineten. Bedeutsamer waren seine Beziehungen zum Westen. 476, als er in Olympia anwesend war, wurde er wahrscheinlich nach Sizilien eingeladen und kam dort in engeren persönlichen Kontakt mit → Hieron und → Theron; mehrfach bediente P. sich später ihnen gegenüber der Form des Epinikions für teils sehr persönlich gehaltene Sendschreiben (Pyth. 2. 3; Ol. 3, auch Pyth. 1), was ohne freundschaftliche Beziehung kaum denkbar wäre. Jedoch scheinen sich später auch Schwierigkeiten ergeben zu haben, der Auftrag für den olympischen Wagensieg 468 ging jedenfalls an → Bakchylides (dort mehr). Spärlich sind seine Beziehungen zu Athen (ein Epinikion, Pyth. 7, und ein Threnos, Fr. 137, beide für Angehörige der [ihm befreundeten?] Alkmeoniden, 2 Dithyramben, Fr. 76/77 und 75). Im übrigen schrieb P. für Besteller aus ganz Griechenland sowohl Sieges- wie Kultlieder. Bemerkenswert, daß er sich bei König Arkesilaos IV. v. Kyrene für einen Flüchtling verwandte (Pyth. 4), den Opuntiern eine neue ‹Sage› dichtete, die der Bedeutung der Stadt besser gerecht werde (Ol. 9) und ein Skolion an den Makedonenkönig Alexander I. richtete (Fr. 120f.). Das letzte datierbare Gedicht ist Pyth. 8 (446).

[3] *Charakteristik.* Den *Stoff* für die vielen mythologischen Erzählungen nahm P. wie die anderen Chorlyriker aus → Hesiod, dem → Kyklos und der lokalen Tradition. Häufig veränderte er die Überlieferung, indem er Züge, die zu seiner Auffassung von den Göttern und Heroen nicht paßten, verschwieg oder umbog oder moralische Züge hineintrug; auch Rücksicht auf seine Auftraggeber veranlaßte ihn zu Änderungen. – In seiner *Lebenshaltung* ist er konservativ-aristokratisch. Reichtum, Schönheit, körperliche Tüchtigkeit und bes. Ruhm gelten ihm als höchste Güter; diese sind im Adel erblich, aber doch von den Göttern verliehen und können durch unrechten Gebrauch verlorengehen. Vor allem bleiben sie wirkungslos, wenn der Dichter nicht für ihre Erhaltung und Verbreitung im Liede sorgt. Er spürt bes. den Zusammenhängen von Schuld und Sühne nach, betont die Verantwortlichkeit des Menschen. Seine Sentenzen wirken nicht konventionell, sie sind Ausdruck persönlicher Überzeugung, Ergebnis eigenen Denkens. Von Liebe und Lebensgenuß ist bei ihm kaum die Rede. Als Dichter fühlt sich P. von den Göttern, vor allem Apoll, den Musen und Chariten inspiriert. Diese lassen ihm seine Kunst, bes. die Wahrheit, wie er sie versteht, zuteil werden. – P.s *Stil* galt schon im Altertum als schwierig und dunkel. Für die lyrische Erzählung allge-

mein charakteristisch ist das Herausgreifen einzelner Episoden des Mythos ohne Rücksicht auf den chronologischen Zusammenhang, ihre Darstellung unter einem besonderen Aspekt, in Hinsicht auf eine bestimmte Wirkung, ebenso der rasche Themenwechsel (bes. für das Epinikion, vgl. Pyth. 10, 53 ff.). P. beherrscht diese Technik des Andeutens besonders virtuos, dazu kommt eine Fülle von Metaphern und Metonymien und ein oft schwieriger Satzbau. – Immer wieder hat man nach einem einheitlichen *Aufbauprinzip*, nach einem durchgehenden Gedanken in seinen Liedern gesucht, ohne rechten Erfolg. Die wie improvisiert wirkende, immer wieder andere Mischung der gleichen Grundelemente (Preis, Mythos, Gnomik) in religiösen wie profanen Liedern ist offenbar beabsichtigt. – Die meisten Gedichte P.s sind in Triaden (→Perikope) gehalten, Daktyloepitriten überwiegen, daneben äolisch-iambische Rhythmen. Die Sprache ist die lyrisch-dorische Koinē mit einigen Äolismen.

[4] *Wirkung*. Auf seine Zeitgenossen (außer Bakchylides) hat P. kaum eingewirkt, die Art seiner Poesie begann schon zu seinen Lebzeiten unmodern zu werden. In der hellenist. Zeit galt er als der bedeutendste Lyriker, ebenso bei den Römern (bes. →Horaz: carm. 4, 2). Die Epinikien wurden noch in byzantin. Zeit gelesen und kommentiert (→Eustathios). Gedruckt wurde er zuerst 1513, in lat. Prosa übersetzt von Melanchthon; Ronsard (dieser angeregt von Dorat) u. a. ahmten ihn nach, Voltaire lehnte ihn ab. Der dithyrambische Stil des deutschen 18. Jh.s geht mehr auf Horaz als den nur dem Namen nach (bes. als Gegensatz zu →Anakreon) bekannten P. zurück; erst Hölderlin las und übersetzte ihn wieder aus dem Urtext. E.-M. V.

Ed: B. Snell, Pindari carmina, BT (^{1}1953), ^{4}1964 (2 Bde) – *Übers:* L. Wolde, 1958 – *Lit:* U. v. Wilamowitz, P., 1922 – F. Dornseiff, Pindars Stil, 1921 – H. Gundert, Pindar und sein Dichterberuf, 1936 – C. M. Bowra, Pindar, 1964 (Lit) – *Bildnisse:* →Anhang I.

Pindos, die mächtige Gebirgsmauer zwischen →Thessalien und →Epiros (Kt. 1152 B 3), fast ohne Pässe, 2429 m hoch. E. M.

Pinie (*πίτυς, πεύκη*, pinus, picea), im Mittelmeergebiet mit mehreren Arten, u. a. der Aleppo- und Meerstrandskiefer, seit der Frühzeit weit verbreitet, war wirtschaftlich (Bauholz, Rinde, Nadeln, Zapfen, als Heilmittel) und religiös von großer Bedeutung. Die Überlieferung weiß von einer Nymphe Pitys, die von →Pan und Boreas gleichzeitig geliebt, vom abgewiesenen Boreas einen Felsen herabgestoßen und von der mitleidigen Erde in eine P. verwandelt wurde; beim Wehen des Boreas vergießt die P. helle Tränen (Harzfluß). Mit Pan wird sie bes. in Arkadien verbunden. Der P.-Zapfen mit seinen wohlschmeckenden Samen war ihm als Nährgott ebenso geweiht wie dem →Dionysos, dessen →Thyrsos er krönt. Von einer P. beobachtete Pentheus die von seiner Mutter Agaue geführte bakchische Feier. Der gefällte Baum wurde auf Weisung der Pythia wie Dionysos geehrt (Paus. 2, 2, 7). Aus dem Holz verfertigte man Kultbilder des Dionysos Lysios und Bakcheios. In den Bereich des Poseidon führt die Überlieferung von dem ursprünglich aus P.n-Zweigen, später aus →Eppich gefertigten Siegerkranz bei den Isthmischen Spielen, der mit den Leiden des →Palaimon-Melikertes begründet wurde (Paus. 8, 48, 3). Die Überlieferung deutet auf Leichenspiel und Todesbeziehung. Als →Marsyas von Apollon an einer P. oder Platane geschunden wurde, betrauerte ihn der Baum mit Ächzen, Stöhnen und Klagen. Traurig ist auch das Schicksal des →Attis, der sich unter einer P. entmannte und sein Leben an den Baum gab. Hier wirkt die dem P.-Zapfen eigene Zeugungssymbolik mit, bes. aber die enge Verbindung der P. mit →Kybele. Die Überlieferung weist hier auf vorgriech. Erbe wie auch im Bereich der →Artemis-Diktynna, wo P.-Zweige zu Kränzen und P.-Holz zu Fackeln verwendet wurden. Die Verwendung von P.-Zapfen in der Heilkunde begünstigte die Zuordnung an Asklepios. Auf die P. bezieht sich der Name des Kentauren Peukeus, ebenso der Beiname des von →Theseus getöteten Räubers Sinis (Pityokamptes). Weit verbreitet war die P. in Italien (vgl. dichterische Schilderungen ländlicher Gärten). Unbekannt ist die Zuordnung des 3,56 m hohen ehernen P.n-Zapfens im Vatikan (Grabmonument? Beziehung zum Kybelekult – vgl. Mart. 13, 25 – ?). →Flora. J. W.

Lit: Hehn, 301–307 – Murr, Pflanzenwelt, 112–122 – Olck, RE 6, 2 (1907), 2265–69 – H. Gossen, RE 20, 2 (1950), 1708–10 – Nash I 271 – Helbig^4, Nr. 478.

Piräus (*Πειραιεύς*), seit den →Perserkriegen auf Veranlassung des →Themistokles der Haupthafen →Athens (Kt. 1152a B 2) anstelle von →Phaleron, mit drei Häfen: im O der Munichiahafen, durch mächtige Molen eingeschlossen, mit Fundamenten der alten Schiffshäuser, dann der Zeahafen, der Hauptkriegshafen Athens mit 196 Kriegsschiffhäusern, der Skeuothek des Philon, im W der Handelshafen, der Kantharos. Westl. anschließend das Aphrodision, im O die Hallen des Emporion, im N die ‹Große Halle› (*Μακρὰ στοά*), das staatliche Getreidemagazin. Die Entwicklung des P. war begünstigt durch die günstige Lage im Mittelpunkt der gesamten Griechenwelt. Durch die Handelspolitik Athens im 5. Jh. wurde er mehr Einfuhrhafen, seit dem 4. Jh. immer mehr Umschlagsplatz. Von Themistokles wurde der P. stark befestigt, unter →Perikles durch die ‹Langen Mauern› mit Athen verbunden. E. M.

Lit: W. Judeich, Topogr. v. Athen (1905), 1932^2, 430–455 – Th. Lenschau, RE 19, 1 (1937), 71–100 – *Neue Funde:* G. Daux, BCH 84, 1960, 647–655.

Pisa, Pisatis, Landschaft am unteren →Alpheios (Kt. 1152 C 5), in der →Olympia liegt, seit etwa 570 v. Chr. zu →Elis gehörend. Eine Stadt P. hat es nie gegeben. E. M.

Lit: E. Meyer, RE 20, 2 (1950), 1732–55.

Pisae, Stadt in Etrurien (Kt. 1420 D 4; heute Pisa), im Altertum nicht weit vom Meer gelegen, ursprünglich wohl ligurische Siedlung, seit dem 5. Jh. etruskisch, seit 238/236 Bündnis mit Rom. Im ligurischen Krieg von 203 an Flotten- und Heeresstützpunkt der Römer, verliert aber nach der endgültigen Unterwerfung der Ligurer seine Bedeutung. 86 Municipium, später nur noch selten erwähnt, arm an Funden röm. Zeit; von der vorröm. zeugen nur mehrere Nekropolen mit etrusk. Material und griech. Importware. B. A.

Lit: A. Neppi Modona, Ed. Archeol. della Carta d'Italia, Foglio 104. Pisa, 1932 – N. Toscanelli P. nell'Antichità, 3 Bde, 1933 – L. Banti, P., Mem. Pont. Acc. III 5, 1943, 67 ff.

Pisidien, Berglandschaft im südlichen Kleinasien im Hinterland von Pamphylien (Kt. 1567 BC 3), im W an Phrygien, im O an Lykaonien anstoßend. Die Pisider galten als eine rauhe, unbändige Gebirgsbevölkerung. Im Grenzgebiet gegen Lykaonien wohnten speziell die Isaurier. Die Gebirge P.s sind Ausläufer des Tauros. Hier entspringen die Flüsse Eurymedon und Mylas, die nach Pamphylien und zum Mittelmeer hinabfließen. Die bedeutendsten Städte sind Selge, Sagalassos und Termessos. – Nach dem Verfall des Seleukidenreichs, zu dem P. wenigstens nominell nach →Alexanders (5) d. Gr. Tod gehörte, kam P. 189 v. Chr. nach der Niederlage Antiochos' III. bei Magnesia an →Eumenes II. v. Pergamon. Nachdem Rom 133 v. Chr. das Reich →Attalos' III. v. Pergamon geerbt hatte, wurde P. an das Königreich Kappadokien gegeben. Nach dem Tod Ariarathes' V. v. Kappadokien machte sich in P. Anarchie und Seeräuberunwesen breit, so daß Rom um 100 v. Chr. eingriff und P. zur Provinz Kilikien, einem Militärbezirk zur Bekämpfung des Seeräuberunwesens, schlug. 36 v. Chr. kam P. durch →Antonius (2) an →Amyntas (4) v. Galatien, nach dessen Tod zur Provinz Galatien. R. F.

Lit: A. H. M. Jones, Cities of the eastern Rom. prov., 1937, 124 ff. – D. Magie, Roman rule in Asia minor, 1950, 456–458; 1325–27 (Lit).

[2]. Aus dem Quellgebiet des Eurymedon stammen 16 kurze Grabinschriften (Kaiserzeit) in sog. *pisidischer Sprache*

(Strabo 13,631); ihre Deutung ist umstritten. Vgl. → Kleinasiat. Sprachen. A.H.

Q: Friedrich, 142f. – *Lit:* L. Zgusta, Die pis. Inschriften, Arch. Or. 25, 1957, 570–610.

Piso, Cn. Calpurnius, cos. 7 v. Chr., ältester Sohn des Cn. C. Piso, cos. suff. 23. Münzmeister 23/15 v. Chr., Legat von Hispania citerior, Prokonsul von Africa 1 v. Chr./1 n. Chr. Freund des → Augustus und des → Tiberius. Von Augustus unter den *capaces imperii* genannt (Tac. ann. 1,13). Im J. 17 n. Chr. zum Legaten von Syrien ernannt, angeblich, um → Germanicus (1) während seines Aufenthaltes im Orient zur Seite zu stehen. Bald traten ernste Differenzen zwischen P. und Germanicus (u.a. Tac. ann. 2,55.57f.) und Spannungen zwischen → Munatia Plancina und → Agrippina (2) auf. Im J. 19 sagte Germanicus ihm die *amicitia* auf und bezichtigte ihn und seine Frau des Giftmordversuches (ann. 2, 69ff.; die Vergiftung als Tatsache hingestellt bei Suet. Tib. 52; Cal. 2; Vit. 2; Dio Cass. 57,18,9). Nach dem Tode des Germanicus versuchte P. von Kos aus, sich der Provinz wieder zu bemächtigen, wurde jedoch 20 von Cn. Sentius Saturninus zur Rückkehr nach Rom gezwungen und wegen Vergiftung des Germanicus und Anwendung von Waffengewalt angeklagt. Die Haltung des Tiberius im Prozeß ist undurchsichtig (ann. 3,10ff.). P. beging vor Abschluß des Prozesses Selbstmord, nachdem er seine Schuldlosigkeit und Loyalität beteuert hatte. Die damnatio memoriae wurde von Tiberius verhindert. P.s Unabhängigkeit und Starrsinn bei Tac. ann. 2,43 und Sen. dial. 3,18,3 erwähnt. Mit Munatia Plancina verheiratet, Vater des Cn. (L.) Calpurnius Piso, cos. 27, und des M. Calpurnius Piso. U.Wm.

Lit: R. Syme, Tacitus, 1958, Ind. S. 830; App. 37.

2. **P.,** C. Calpurnius, cos. suff. unter → Claudius (1), väterlicherseits mit bedeutenden Familien verwandt. Einziger Hinweis auf Abstammung Tac. hist. 4,49: sein Sohn Galerianus als *consobrinus* des L. → Calpurnius (9) Piso, cos. 57 n. Chr. In erster Ehe mit Livia Orestilla verheiratet. Von → Caligula bei der Hochzeit (ca. 38 n. Chr) zur Scheidung gezwungen, später (ca. 40) wegen Ehebruchs angeklagt und verbannt. Unter Claudius restituiert. Bereits 62 wegen seiner Beziehungen zu → Seneca (2) verdächtigt. Im J. 65 Mittelpunkt der sog. Pisonischen Verschwörung, nach deren Entdeckung er Selbstmord beging (am 19.4.65; vgl. Tac. ann. 15,48–59; Suet. Nero 36). An ihn ist die sog. → Laus Pisonis (PLM I 225–236) gerichtet. U.Wm.

Lit: R. Rogers, Heirs and Rivals to Nero, TAPhA 86, 1955, 190 bis 213 – R. Syme, Tacitus, 1958, Ind. S. 830.

3. **P. Frugi Licinianus,** L. Calpurnius, geb. 38 n. Chr als Sohn des M. Licinius Crassus Frugi, cos. 27, und der Scribonia. Nachfahre der Crassi und der Pompeii. Wegen seiner langen Verbannung unter → Nero kein Amt. → Galba rief ihn 68 zurück, adoptierte ihn am 10.1.69 und designierte ihn zum Nachfolger. Er wurde mit Galba ermordet. Weder Adoption noch Namensänderung wurden in der Grabinschrift (Dessau 240) erwähnt. Seine Frau war Verania Gemina, Tochter des Q. Veranius, cos. 49. Mit Rubellius Plautus und Cornelius Laco befreundet, mit M. Salvius Otho und Aquilius → Regulus verfeindet. Charakteristiken bei Tac. hist. 1,14; Suet. Galba 17; Plut. Galba 23; Dio Cass. 64,5,1. U.Wm.

Lit: R. Syme, Tacitus, 1958, Ind. S. 844.

Piso, vgl. auch → Calpurnius.

Pistazie (πιστάκη, pers. fistak), in Baktrien heimisch und kultiviert, den Griechen durch Alexanders Baktrienzug bekannt und in hellenist. Zeit nach Ägypten und Syrien verpflanzt, wo vor allem um Aleppo die Kultur der P. hervorragende Früchte lieferte. Nach Italien gelangte die P.-Kultur durch den Legaten L. → Vitellius (2) zur Zeit des Tiberius (Plin. nat. 15,91). Aus der späten Verbreitung erklärt sich das Fehlen in Mythos und Religion. Vgl. → Terebinthenbaum; → Flora. J.W.

Lit: Hehn, 421–424 – H. Gossen, RE 20,2 (1950), 1809–11.

Pistis (πίστις), Glaube, Vertrauen, religiöser Glaube, Überzeugung oder Mittel zu überzeugen. In der platon. → Erkenntnistheorie (Liniengleichnis, rep. 6, 509D–511E) die unterste Erkenntnisstufe, die sich auf die Abbildungen von Gegenständen bezieht (Tragödie, bildende Kunst). Damit ist die P. das τρίτον ἀπ' ἀληθείας (Plat. a. O. 511E, 534A). S.M.

[2] Als ‹Vertrauen, Vertragstreue› ist P. eine seltene → Personifikation (Theogn. 1137) mit Heiligtum in Athen; später unter Einfluß der röm. → Fides verehrt von Unterworfenen (P. kränzt Roma: Head, p. 104), in anderem Sinn von Kaufleuten (Delos: SIG 727) usw. Auch als Schlagwort der religiösen Propaganda personifiziert: → Aberkiosinschrift; Pap. Mag. 12,228f.; AP 8,49. C.J.C.

Pistis Sophia, moderne Bezeichnung einer gnostischen Schrift (Londoner Hs.). In Form von Gesprächen des Auferstandenen mit seinen Jüngern, vor allem Maria Magdalena, behandeln 3 Bücher Fall und Erlösung der P. S., einer Äonenfigur des gnostischen Mythos (→ Gnosis, 3; wegen ihrer 13 Bußgebete vgl. → Psalmen), 2. H. 3. Jh.; das selbständige Buch 4 (über Strafen im Jenseits; Schilderung gnostischer Buß- bzw. Taufmysterien) aus der 1. H. 3. Jh. Beide Werke sind der vulgären Gnosis Ägyptens zuzuweisen. C.A.

Ed: C. Schmidt-W. Till, Kopt. Gnost. Schriften, GCS (1924), 1959[3] (Lit).

Pistoxenosmaler, att. Schalenmaler des streng → rotfigurigen Stils (→ Vasen E 5), tätig um 480–460, benannt nach einer Töpfersignatur; Lehrer des → Penthesileiamalers (?). Seine frühen weißgrundigen Schalen sind noch von → Euphronios (1) getöpfert. Die → Lieblingsinschriften feiern Glaukon, den Sohn des Leagros. – In großfigurigen Schaleninnenbildern nimmt er Formen des Penthesileiamalers vorweg; leichter läßt sich beider Handschrift an den Außenbildern scheiden: der P. hat einen zarteren Strich, ist gemäßigter in Bewegung und Ausdruck. – *Werke:* Skyphos des Töpfers P. mit Herakles und Linos, Schwerin 708 (Arias-Hirmer, Abb. 166); weißgrundige Schale mit Aphrodite auf der Gans, BM London, D2 (Pfuhl, Abb. 498); Schalen, Pyxiden. I.Sch.

Lit: H. Diepolder Der P., BWPR 110, 1954 – Beazley, ARV[2] 859–865.

Pithanon und Pithanotēs, das Überzeugende, die Überzeugungskraft, das Wahrscheinliche im Gegensatz zur Wahrheit (→ Rhetorik A), Zentralbegriff der Überredungskunst, klar erfaßt und prägnant formuliert bei → Menander (Fr. 505 Koe.). H.H.

Q: J. Ch. Th. Ernesti, Lex. technol. Graec. rhetor., 1795 (Nachdr. 1962), 263.

Pithekussa (lat. Aenaria, heute Ischia), vulkanische Insel (zahlreiche warme Quellen) vor dem Golf von → Neapel (Kt. 1420 E7), frühe griech. Kolonie von → Chalkis aus dem 8. Jh.; von hier aus → Cumae gegründet. Um 500 wurden die Bewohner durch vulkanische Eruptionen vertrieben, nach 474 wurde die Insel von → Hieron I. v. Syrakus neu besiedelt, im 4. Jh. im Besitz von Neapel, 326 an Rom verloren, 29 v. Chr. gab Octavian (→ Augustus) die Insel im Tausch mit Capri an Neapel zurück. Der im ganzen Altertum tätige Vulkan seit 1302 erloschen. Fabrikation von Töpferwaren. Fundort des → Nestorbechers. P. war Sammelname für P. und die kleineren Nachbarinseln. E.M.

Lit: G. Buchner-A. Rittmann, Origine e passato dell'isola d'Ischia, 1948 – G. Buchner, Scavi nelle necropoli di Pithecusa (Lacco Ameno, isola d'Ischia), ASMG 1954, 3–19.

Pitholaos → Voltacilius.

Pithos, sehr großes, z. T. übermannshohes Vorratsgefäß aus Ton, mit weiter Mündung und oft zahlreichen, über die Wandung verteilten Henkeln; ähnliche Gefäße werden heute noch auf Kreta hergestellt. Alle Grabungsplätze der → kret.-myk. und der gleichzeitigen kleinasiatischen, kykladischen wie helladischen Kulturen liefern unzählige Beispiele dieser auch zur Bestattung verwendeten Gefäße, die entweder eimerartig fest auf einem weiten Boden stehen oder mit einem engen Fuß mehr oder weniger tief in den Erd- (Fuß-)boden eingelassen werden konnten. Die schönsten Beispiele stammen aus Kreta. Außer den für die Handhabe mit Seilen bestimmten Henkelösen (in zwei und mehr Reihen) und einem profilierten Wulstrand zeigen die reicheren Pithoi in Relief aufgesetzte Verzierungen: Girlandenbänder, eingravierte Ornamente, ‹Medaillons› oder (kleinere) Bemalung. Vgl. → Reliefkeramik. W. Schg.

Lit: R. Hampe-A. Winter, Bei Töpfern..., 1962 – *Abb:* H. Th. Bossert, Altkreta, 1937³, Abb. 366. 367 – A. Evans, The Palace of Minos IV 2, 1935, Abb. 622–234, Taf. 57–61 – Fouilles de Mallia III (Et. crét. VI), Taf. 50–51.

Pittakos von Mytilene, Sohn des Hyrras (aus Thrakien?), heiratete eine → Penthilidin. P. wurde zum → Aisymneten ernannt, damit er den Bürgerkriegen, die die Insel unter den Tyrannen Melanchros, → Myrsilos und Meleagyros erschüttert hatten, ein Ende mache; seine Chronologie ist umstritten (wahrscheinliche Daten: ca. 598/597–590/589). Er stellte Ruhe und Ordnung wieder her, ließ die Verfassung unverändert, behielt die bestehenden Verwaltungen bei und verhinderte die Wiederaufrichtung der aristokratischen Regierung. Seine Gesetze schränkten übertriebenen Luxus ein. P. spielte auch eine wichtige, wenn auch unklare Rolle in der Auseinandersetzung zwischen Athen und Lesbos um Sigeion (Schiedsspruch des → Periander). Er wird zu den → Sieben Weisen gezählt. R. V. C.

Lit: F. Schachermeyr, RE 20, 2 (1950), 1862–73.

Pittheus, weiser König von Troizen, Vater der → Aithra. Erzieher des → Theseus. K. Schb.

Pius (Pios), griech. Grammatiker, offenbar der Kaiserzeit (2./3. Jh. n. Chr.?), Verfasser eines Homer-, vielleicht auch eines Sophokleskommentares; wandte sich gegen → Aristarchs (2) Athetesen. H. E.

Frg. u. *Lit:* E. Hiller, Der Grammatiker P., Philol. 28, 1869, 86–115.

Pius, vgl. auch → Antoninus, → Caecilius, → Cestius.

Placentia, an der Stelle einer alten ligurischen Siedlung an der Mündung der Trebia in den Po 219/218 angelegte röm. Militärkolonie latinischen Rechts (Kt. 1420 C 3; heute Piacenza). Von P. aus operierte P. → Cornelius (26) Scipio gegen → Hannibal (2). In den Kämpfen mit den Galliern hatte P. in seiner Frühzeit bis zu einer weiteren Deduktion von Kolonisten i. J. 190 sehr zu leiden. 187 wurde die → Via Aemilia von Rimini nach P. ausgebaut. 90 wurde P. Municipium. Im Caesarischen Bürgerkrieg und im Dreikaiserjahr 69 n. Chr. spielte es als reiche, befestigte Garnisonsstadt in Oberitalien eine wichtige Rolle. 271 vorübergehend von den Alamannen eingenommen; in der Völkerwanderungszeit häufig umkämpft; seit 592 in der Hand der Langobarden. Nur spärliche antike Reste. B. A.

Lit: E. Nasalli Rocca, Tracce della romanità di Piacenza, 1936.

Placidia → Galla.

Placidus, lat. Glossograph, 5./6. Jh. n. Chr., unter dessen Namen ein Glossarium überliefert ist, das seinerseits aus zwei älteren Vorlagen zusammengesetzt ist. Wegen des reichen, z. T. sehr alten Materials recht wertvoll.

Ed: CGL V 3–158 – *Lit:* Schanz-Hosius, IV 2, 257–261.

Placidus, vgl. auch → Lactantius.

Placitus → Sextus.

Plagiat (*κλοπή*, furtum; franz. plagiat aus lat. plagium, ‹Anmaßung des Herrenrechtes›; zur heutigen Bedeutung vgl. Mart. 1, 52). Exakte Quellenangaben wurden nur in gelehrten Sammelwerken (z. B. Plin. nat.) erwartet. Wer mit dem Vorbild wetteiferte (certare, → Aemulatio), war dieser Forderung enthoben; die Entlehnung wurde zum Kompliment an den (vom gebildeten Leser auch ohne Namensnennung erkannten) Vorgänger (vgl. Sen. suas. 3, 7 über Ovids Entlehnungen; Arellius Fuscus bei Sen. contr. 9, 1, 24, 13; Anon. de subl. 13, 2). Trotzdem gab es zahlreiche P.-Streitigkeiten: unter Komödiendichtern (Schol. Plat. apol. 19 C, p. 421 Greene; Aristoph. nub. 553 ff.), Philosophen (Diog. Laert. 2, 60. 62; 8, 54; 9, 34; vgl. Plat. epist. 7 p. 341 B) und Rednern (Isokr. 12, 16); den seltenen Fall einer Bestrafung für P. schildert Vitruv 7 praef. 6 f. – Einen Eindruck von der antiken Schriftstellerei über das P. geben Clemens Alex. strom. 6, 4 ff. und Euseb. praep. ev. 10, 3 (nach Porphyrios); von Juden und Christen wurden die Griechen bezichtigt, ihre Weisheit aus dem AT geschöpft zu haben (Clem. Alex. strom. 5, 14, 89–139). – In der Auseinandersetzung mit *P.*-Schnüfflern entfalten sich differenziertere Anschauungen von der literarischen Abhängigkeit (z. B. Theon prog. p. 61, 28 Sp., Macr. Sat. 5 und 6 gegen die obtrectatores Vergili, vgl. Donatvita 43 ff.). – Vgl. → Imitation, → Zitat. M. v. A.

Lit: H. Peter, Wahrheit und Kunst, 1911 – Ed. Stemplinger, Das P. in der griech. Lit., 1912 – K. Ziegler, RE 20, 1 (1950), 1956–97.

Plakat. Amtliche Mitteilungen der Behörden wurden in Athen und in Rom auf geweißte Holztafeln geschrieben, die an öffentlichen Gebäuden angebracht waren. Die Ausgrabungen in Pompeji förderten verschiedene ‹Wahlplakate› zutage: Wandinschriften (→ Sgraffiti), die die Wahl verschiedener Kandidaten in die Munizipalämter empfehlen. Vgl. → Nachrichtenwesen. Th. P.

Planetarien, Instrumente zur mechanischen Veranschaulichung der Planetenbewegungen. Das berühmteste Planetarium der Antike war das von → Archimedes konstruierte, von dem Cicero berichtet (rep. 1, 21 f.), das, hydraulisch angetrieben, durch eine Umdrehung die verschiedenen Läufe der Planeten demonstrierte. Ein Zeugnis der hochentwickelten Kunst des P.-Baus sind die bei Antikythera gefundenen Reste eines komplizierten Räderwerks, das offenbar dazu diente, durch kunstvolle Zahnradübertragungen die epizyklischen Bewegungen des Planetensystems sowohl darzustellen als auch vorauszuberechnen. S. S.

Lit: W. und H. Gundel, RE 20, 2 (1950), 2017, s. v. Planeten – D. Price, in: C. Singer, A History of Technology III, 1957.

Plancina → Munatia.

Plancus → Munatius.

Planeten. [1] Im weiteren Sinne zählten in der griech. Antike zu den P. die 7 Himmelskörper → Mond, → Sonne, Merkur, Venus, Mars, Jupiter und Saturn, doch häufig wurden nur die letzteren fünf so genannt, weil auf sie die griech. Bezeichnung ‹Wandelstern› oder ‹irrender Stern› (*πλανήτης* von *πλανάομαι*) wegen der Unregelmäßigkeit ihrer scheinbaren Bewegung (Geschwindigkeitsänderungen, scheinbare Stillstände und rückläufige Bewegungen) in besonderem Maße zutraf. Die Babylonier waren bes. am ersten Auftauchen eines P. nach Sonnenuntergang im Westen oder seinem Verschwinden vor Sonnenaufgang im Osten interessiert; sie errechneten numerische Tabellen, nach denen die Positionen der P. vorausbestimmt werden konnten. Im Gegensatz dazu entwickelten die Griechen geometrische Methoden zur Beschreibung der P.-Bewegungen. Schon in der vorsokratischen Zeit setzte man die P., ihren Umlaufszeiten entsprechend, in verschiedenen Abständen von der Erde an. Einige Astronomen setzten Venus und Merkur über der Sonne (→ Platon, → Eudoxos (1) v. Knidos), andere unter ihr. Die letztere Reihenfolge (Mond, Merkur, Venus, Sonne, Mars, Jupiter, Saturn) wurde von den späteren allgemein angenommen und galt bis zur Einführung des → heliozentrischen Systems durch Kopernikus. Als erste physikalische Theorie der P. begründeten etwa um 400 v. Chr. die → Pythagoreer die → Sphärentheorie, in der sie die von ihnen entdeckten Gesetze der Harmonie in der → Musik (A 9) auf die Himmelskörper übertrugen. Danach sollten die als kreisförmig und gleichmäßig angenommenen Bewegungen der P. Töne erzeugen, die zusammen die → Sphärenharmonie ergeben. Von Platons Zeit an suchte man nach einem Modell, das die Unregelmäßigkeiten der P.-Bewegungen (Stillstände, Rückläufigkeit) auf gleichförmige Kreisbewegungen zurückführt und so der Forderung der Vollkommenheit aller

Himmelsbewegungen genügen konnte. → Eudoxos (1; 4. Jh. v. Chr.) nahm für jeden P. 3 oder 4 (insgesamt 26) miteinander gekoppelte → homozentrische Sphären an; ihre Zahl wurde von → Kallippos (2), der das Modell verfeinerte, auf 33 erhöht. → Aristoteles erhob dies rein geometrische Modell zur physikalischen Realität und faßte konsequent die bis dahin jeweils nur für einen Planeten gekoppelt gedachten Sphären durch Einschaltung von 22 ‹rücklaufenden› Sphären, die die Bewegungen der vorgeordneten Sphären zum Teil wieder aufhoben, zu einem einheitlichen System zusammen. Die Entdeckung der periodisch wechselnden P.-Helligkeiten zeigte jedoch, daß die Annahme ihres konstanten Abstandes von der Erde unhaltbar war und führte so zur → Exzenter- und → Epizykeltheorie. → Herakleides (3) v. Pontos (ca. 350 v. Chr.) schloß aus dem Umstand, daß Merkur und Venus um die Sonne pendeln und mit ihr als Mittelpunkt den Umlauf um die Erde vollziehen, daß diese P. sich um die Sonne auf einem Nebenkreise bewegen, während diese selber um die Erde kreist. → Apollonios (15) v. Perge begründete im 3. Jh. v. Chr. die → Epizykeltheorie, in der die Erde im Mittelpunkt des Hauptkreises ruhend, der Planet auf der Peripherie des Nebenkreises, ‹Epizykels› – dessen Mittelpunkt auf der Peripherie des Hauptkreises umläuft – umlaufend gedacht wurde. Er ergänzte sie durch die Hypothese der → exzentrischen Kreise, der Annahme, daß die Erde exzentrisch im Hauptkreis ruht. Beide Theorien wurden später im Almagest des → Ptolemaios (17) auf der Grundlage des geozentrischen Systems systematisch ausgebaut und miteinander kombiniert; das ptolemäische System behielt dann Gültigkeit bis zur Einführung des heliozentrischen Systems durch Kopernikus. S.S.

Lit: W. und H. Gundel, RE 20,2 (1950), 2017–2185 – J. L. E. Dreyer, A History of Astronomy from Thales to Kepler, 1953.

[2] *P. in der Astrologie.* Die Benennung der P. nach bestimmten Göttern geht auf die Babylonier zurück (→ Astrologie, A1). Die Eigenschaften des Gottes wurden auch dem Planeten zugeschrieben; dieser teilt sie wieder dem unter seinem Einfluß geborenen Menschen mit. Jeder der Planetengötter hatte sein besonderes Temperament, seinen Edelstein, sein Tier, seine Pflanze, sein Gewürz, seine Farbe. Diese Lehre wurde vielfältig ausgebaut durch die Verbindung mit anderen Planeten und den → Tierkreisbildern, deren Eigenheiten im Bunde mit den Planetenstellungen in ihnen je nach ihren Abständen voneinander – in Gegen- (180°), Gedritt- (120°), Geviert- (90°), Gesechst- (60°)-Schein eingeteilt – bes. gute oder schlechte Wirkung ausübten. In jedem Tierkreiszeichen hatte jeder der 5 Planeten sein besonderes, begrenztes Wirkungsgebiet und zeigte in regelmäßiger Folge abwechselnd in den Dekanen, den 10 Tagen, sein Gesicht. Die Planeten herrschen auch über die einzelnen Teile des Körpers. Für diese Zuteilung, die ‹Melothesie›, werden öfter die Tierkreisbilder herangezogen, wie die Tierkreis- und Aderlaßmännlein in den Almanachen noch lange zeigen. Bei Krankheitsprognosen dagegen hat der Mond besondere Bedeutung; die Voraussage richtet sich nach seinen Phasen und seiner Stellung im Tierkreis und zu anderen Planeten. E.B.

Plankten, nach Homer, Od. 12, 59ff., zwei Felsen im Meer, an denen nur die Argo vorbeikam. Später mit den zusammenschlagenden Felsen, den → Symplegaden, identifiziert (Hdt. 4, 85; Schol. Eur. Med. 2). → Argonauten. K. Schb.

Planudes, Maximos, gelehrter Mönch, geb. 1260 in Nikomedeia, gest. ca. 1310 in Konstantinopel. Er eröffnet die Reihe der bekannten Philologen der Paläologenzeit (→ Thomas Magister, → Moschopulos – beide Schüler des P. –, → Triklinios). Sie alle sammelten Handschriften altgriech. Autoren, interpretierten sie mit ihren Schülern und sorgten für neue Rezensionen und deren Verbreitung. Bezeichnend für sie ist die teils kenntnisreiche und nützliche, teils willkürliche und unbrauchbare Textbehandlung. P. erwarb sich besondere Verdienste um Plutarch, dessen Schriften er zusammentrug. Den Text der ‹Moralia› hat er neu konstituiert. Er verfaßte Scholien zu Theokrit und schrieb grammatische, vor allem syntaktische Abhandlungen sowie eine ganze Reihe kompilatorischer Arbeiten verschiedenen Inhaltes. Erwähnung verdienen seine Übersetzungen lateinischer Werke und eine aufschlußreiche Briefsammlung. Vgl. auch → Anthologie. H.E.

Lit: Krumbacher, 543 (dort auch die Ausgaben).

[2] Zu den für den Unterricht bestimmten Werken gehört ein *Rechenbuch,* in dem die Grundoperationen (auch das Radizieren) mit den indischen Ziffern und Methoden gelehrt werden. Die ‹Anthologia Planudea› enthält auch die alten arithmetischen Epigramme. M. verfaßte Scholien zu den beiden ersten Büchern der Arithmetik → Diopnants (mit geometrischen Beweisen) sowie zu den Elementen Euklids. K.V.

Ed: C. J. Gerhardt, Das Rechenbuch d. M. Pl., 1865 (deutsche Übers.: H. Waeschke, 1878) – W. R. Paton, Anthologia Planudea, LCL, 1918 – *Scholien zu Diophant* in: Diophanti opera, ed. P. Tannery, II, 1895, 125–255 – J. L. Heiberg, Om Scholierne til Euklids Elementer, Vidensk. Selsk. Skr. 6. Raekke. Hist. og philos. Afd. 3, 1888, 272–273. 302 – *Lit:* K. Krumbacher Gesch. d. byz. Lit., 1897, 543–546. 727 bis 728 – M. Cantor, Vorles. über Gesch. d. Math. 1 (1880), 1907³, 510–513 – Sarton II 973–974 – G. Wendel, RE 20,2 (1950), 2202–53.

Plastik

A. Allgemeine Einleitung: [1] Überlieferung – [2] Material und Technik – [3] Epocheneinteilung – B. Geschichte der griech. P.: [1] Geometrischer Stil – [2]–[4] Archaische Zeit – [5]–[9] Klassik – [10] Hellenismus – C. Römische P.: [1] Ursprünge – [2] Zeit der Republik – [3] Augusteische Kunst – [4] Neronisch-flavische Zeit – [5] Antoninisch-severische Epoche – [6] Spätantike – D. Christliche P.: Allgemeines – E. Geschichte der christlichen P.: [1] Vorkonstantinische Anfänge – [2] Konstantinische Epoche – [3] Theodosianische Zeit – [4] Justinianische Zeit.

Vgl. → Kunst, → Bild, → Porträt, → Relief, → Sarkophag, → Agalma, → Statuenbasis.

A. Allgemeine Einleitung. [1] *Überlieferung.* Die Überlieferung der antiken Skulptur ist sehr lückenhaft. Die kolossalen, oft aus Gold und Elfenbein gearbeiteten Kultbilder sind alle verloren, ebenso größtenteils die zahlreichen großen Votivbilder aus Bronze und Marmor (→ Bild) der griech. Heiligtümer. Was erhalten bzw. durch Ausgrabungen der letzten 150 Jahre bruchstückhaft wieder zum Vorschein gekommen ist, sind fast ausschließlich Zeugnisse bescheidener Funktionen und kleinen Ausmaßes: Kleinbronzen und → Terrakotten (→ Kleinkunst), freilich oft von hoher Qualität, → Weihgeschenke, Grabbeigaben, Gräber- und architektonischer Tempelschmuck. – Dennoch können wir bis zu einem gewissen Grad die Geschichte der griech. P. überblicken, weil zu den genannten Originalen zwei wichtige Quellen kommen: die schriftliche Überlieferung und die sog. Kopien (s. u.). Ähnlich wie im Europa des 18. Jh.s geriet in späthellenist. Zeit das organisch sich entfaltende Kunstschaffen der Griechen ins Stokken. → Klassizistische Tendenzen zeigen an, daß die bis dahin wirksamen Bindungen immer mehr an Substanz und Allgemeingültigkeit verloren. Die natürliche Entwicklung der Kunst kreuzt eine retrospektive Haltung, die sich einerseits in der Kopie (nach älteren, schon als → ‹klassisch› empfundenen Werken), andererseits in der → Kunstschriftstellerei (die sich mit den gleichen Werken der Vergangenheit historisch auseinandersetzt) ausdrückt. Seit J. Overbeck, H. Brunn und A. Furtwängler hat man immer wieder versucht, diese literarischen Aussagen mit den gleichzeitigen Kopien zur Deckung zu bringen. Sichere Identifizierungen sind verhältnismäßig selten gelungen (vgl. die tabellarische Zusammenstellung), wenngleich die methodische Voraussetzung sich bewährt hat, daß die von den Schriftstellern ausgewählten Werke der Vergangenheit auch den gleichzeitigen Kopisten als bevorzugte Vorbilder gedient haben. → Pausanias und → Plinius sind dabei für die P. die Hauptquellen; die grundverschiedene Natur dieser beiden ‹Kunstschriftsteller›, des ‹Reiseführers› und des ‹Enzyklopädisten›, und ihrer Fehlerquellen wird oft zu wenig im Auge behalten. – Die Begriffe ‹*Original*› und ‹*Kopie*› bedürfen noch einer prinzipiellen Erläuterung, da der moderne Sprachgebrauch sich mit dem für die antike P. gemeinten Sachverhalt nur teilweise deckt. Wenn von Kopie ohne besonderen Zusatz die Rede ist, bedeutet das immer eine Nachahmung der sog. Kopistenzeit (150 v. bis 300 n. Chr.) nach einem Vorbild der griech. Zeit (700 bis 100 v. Chr.). Sie erreicht selten Abgußgenauigkeit; für den Begriff ist die Absicht und nicht das Resultat das Entscheidende. Bei größeren Abweichungen vom Original spricht man von Variation, Umstilisierung, Umbildung usw. – Hiervon unterscheiden sich grundsätzlich die sog. Werkstattwiederholungen der ‹originalen› Zeit. Im Gegensatz zu jenen, die etwas Vergangenes, Fremdgewordenes konservieren oder unter neuen Gesichtspunkten interpretieren wollen, nehmen diese am lebendigen Strom der Entwicklung unbewußt, rezeptiv teil. – Vgl. → Fälschung.

[2] *Material und Technik.* Die Wahl des Werkstoffes war eng mit dem Thema und der Funktion des jeweiligen → Bildes verknüpft; die Hauptwerkstoffe waren → Bronze (seit Erfindung des Bronzegusses bevorzugt), Marmor und Ton. Der *Bronzeguß*, bereits im alten Ägypten und Vorderen Orient bekannt, ist in Griechenland schon in hocharchaischer Zeit nachweisbar, und zwar als Vollguß für kleinere Figuren und etwas später als Hohlguß (→ Theodoros (11) v. Samos, → Toreutik) auch für Figuren größeren Formates. Trotz der spärlichen Überlieferung sind einige entscheidende Unterschiede zum modernen Gußverfahren erkennbar und bemerkenswert: bis in die Spätzeit wurde der griech. Bronzeguß nicht mittels eines Hilfsnegatives ausgeführt, sondern am Modell selbst vollzogen (sog. Wachs- oder Sanderzguß aus verlorener Form; → Metall B). Auch die Kaltarbeit nach dem Guß war viel umfangreicher und entscheidender als heute, wo die Struktur des abgeformten Modells meist absichtlich festgehalten wird. Bis in die hellenist. Zeit legte man großen Wert darauf, daß der goldfarbene Glanz des Metalles zur Wirkung kam; die Bronzestatuen wurden durch Einfetten vor der Verwitterung geschützt, oft sogar vergoldet oder versilbert. Die in der Neuzeit so geschätzte und oft künstlich nachgeahmte grünliche Patina ist eine Oxydation infolge langeinwirkender, chemischer Einflüsse des Erdreiches und der Witterung, die von den griech. Künstlern nicht beabsichtigt war. – Der → *Marmor* war in der Antike nicht ganz so kostbar wie heute. Von bes. Wichtigkeit für die P. war der parische und naxische, geschätzt auch der pentelische und kleinasiatische Marmor. Vorwiegend in der monumentalen Architektur und in der architektonischen P. verwendet (→ Steine C), hat der Marmor doch auch auf dem Gebiet der Rund-P., bes. in der Grabkunst und in der Votiv-P. des einfachen Mannes, auf den marmorreichen Inseln immer, seit der Klassik auch auf dem Festland, eine Vorrangstellung eingenommen. Der griech. Steinmetz hat die Vorzüge dieses schwer zu bearbeitenden Werkstoffes, die lebendige Transparenz seiner Oberfläche und die nuancenreiche Struktur seiner Kristalle, frühzeitig erkannt und zu einer seltenen Wirkung gebracht. Schon sein Werkvorgang überrascht uns heute: er hat sein Modell nicht, wie im modernen Punktierverfahren, mechanisch und abschnittweise übertragen, sondern die Figur unter Verwendung vor allem des Spitzmeißels in unzähligen, gleichmäßigen, immer das Ganze umfassenden Schichten allmählich aus dem Block herausgeholt. Eine solche Gestaltwerdung des Bildwerkes hat einerseits ein hochentwickeltes plastisches Vorstellungsvermögen zur Voraussetzung, andererseits ein einmaliges schöpferisches Erlebnis zur Folge. – Das Modellieren von *Ton* ist so alt wie die Menschheit selbst. Die Tonerde ist fast überall vorhanden, billig und nach der Veredelung durch das Schlemmen für die verschiedensten Zwecke zu verwenden. Dieser Werkstoff ist überdies in gebranntem Zustand (Terrakotta) fast unverwüstlich, den Witterungseinflüssen gegenüber sogar unempfindlicher als Marmor und Bronze. Wenn man heute von antiken → Terrakotten spricht, denkt man nicht an Architekturteile, Vasen, Gefäße und Sarkophage, die ebenfalls aus gebranntem Ton bestehen konnten, sondern fast ausschließlich an figürl. Tonstatuetten. – Die plastische Begabung der Griechen hat das Handwerk dieser Gattung ganz bes. entwickelt. Schon in archaischer Zeit ging man dazu über, die Terrakotten nicht mehr aus freier Hand und massiv zu modellieren, sondern aus Hohlformen (Matrizen) herzustellen. Die Matrize – eine durch Abformen eines Modelles (Patrize) gewonnene Negativform – wurde im allgemeinen nur für die Vorderseite der Figuren hergestellt. Die Rückseite hat man meist freihändig hinzumodelliert und mit einem Brennloch versehen, damit die Figur beim Brand keine Sprünge erhielt. Als die Motive der Figuren in spätklassischer und hellenist. Zeit komplizierter wurden, sah man sich genötigt, eine Figur aus mehreren Teilmatrizen aufzubauen, oder begann sogar, ein und dasselbe Thema durch Bestandteile verschiedener Patrizen zu variieren. Die Übergänge und die letzten Feinheiten wurden abschließend mit der Hand und dem Modellierholz herausgeholt. Die Bemalung ist entweder wie bei der → Vasenmalerei (C) noch vor dem Brand erfolgt (so bes. in der Frühzeit) oder erst nachher auf eine weiße Grundierung aufgetragen worden. Das Abgleiten der schon bald serienmäßig betriebenen Produktion in öde Routine oder stumpfsinniges Kopieren verhinderte auch hier die Funktion und der Sinn dieser Figuren: die Statuetten waren bis in die Spätzeit hinein dem profanen Bereich enthoben, Opfer- und Votivgaben der einfachen Leute, die Begleiter und guten Geister der Toten im Jenseits, die Kultbilder des Wohnhauses, d.h. immer verehrungswürdige und nicht um ihres künstlerischen Ranges willen geschätzte Gegenstände.

[3] *Epocheneinteilung.* Die Bezeichnungen ‹archaisch, klassisch, hellenistisch, römisch› beziehen sich (im Folgenden und in den einzelnen Stichworten zur Plastik) auf die in der Archäologie üblich gewordene Epocheneinteilung. Die geometrische Epoche umfaßt danach die Zeit von rund 1000–700 v. Chr.; die archaische von 700–500; die klassische von 500–320; die hellenistische von 320–100. Ein Teil der Forscher faßt den → Hellenismus noch im Sinn von J. G. Droysen, als die Zeit vom Tode Alexanders (323) bis zum Regierungsantritt des Kaisers Augustus (31 v. Chr.). Innerhalb dieser Epochen wird oft nur mehr nach Jahrhunderthälften und -vierteln unterschieden; doch haben sich auch folgende (die Entwicklung besser charakterisierende) Unterabschnitte eingebürgert, die allerdings nicht ganz einheitlich verwendet werden: *Geometrische Zeit:* bis 900 protogeometrisch, bis 850 früh-, bis 800 streng-, bis 750 reif-, bis 730 reich-, bis 700 spätgeometrisch. – *Archaische Zeit:* bis 625 früharchaisch oder dädalisch, bis 570 hoch-, bis 500 spätarchaisch. – *Klassische Zeit:* bis 450 frühklassisch oder ‹strenger Stil›, bis 420 hochklassisch, bis 380 ‹reicher Stil›, bis 325 (oder 300) spätklassisch. – *Hellenistische Zeit:* bis 230 früh-, bis 170 hoch-, bis 100 späthellenistisch. Andere Unterteilung: zentripetal (3. Jh.) und zentrifugal (2. Jh.). – Die Zeit der *röm. Republik* bis 31 v. Chr. wird als republikanisch bezeichnet, die nachchristl. Jahrhunderte nach den Regierungszeiten der einzelnen Kaiser oder Kaiserdynastien. E. Bg.

B. Geschichte der griech. Plastik. [1] → *Protogeometrische* Tierfiguren werden im 10. Jh. in myk. Tradition auf der Töpferscheibe gefertigt, heben sich aber durch Strenge der Haltung ab. In Ostionien hält sich diese Technik, dem dortigen Empfinden für Volumen und Reichtum der Oberfläche entsprechend, bis in archaische Zeit; im Mutterland geht man zu frei geformten Figuren über, deren Sorgfalt oft den nach und nach häufiger werdenden Bronzen nahekommt: es werden bes. Pferde, Vögel und andere Tiere dargestellt, aber auch Menschen mit erhobenen Armen (Epiphaniegestus?), Krieger, Reiter, Wagenlenker; als Weihgeschenke vor allem in Olympia gefunden. Es geht um Urbilder der Erscheinung, wie Goethe die Urpflanze suchte. Man kann versuchen, das schwerelose, klare Gefüge dieser Werke mit dem Paradox ‹schwebende Tektonik› anzudeuten. Die Künstler mieden streng jedes Vorbild, das ihnen nicht gemäß war, obwohl man das Erbe Mykenes vor Augen hatte und durch den Handel mit Asien verbunden blieb; jedoch gibt es Verwandtes, bes. Pferde und Vögel in der → Hallstattkunst. – Im *reifen geometrischen* Stil nach 800 wagt man es, orientalische Vorbilder anzuverwandeln, in den kret. Schilden und den Goldreliefs und Elfenbeinstatuetten vom → Dipylon bei Athen. Mächtige eherne Dreifüße werden plastisch verziert. Unter dem Eindruck Homers, der als erster innere Erlebnisse einzelner Helden aus dem Fluß des epischen Geschehens heraushob, erhalten spätgeometrische Werke eine ungeheure Ausdruckskraft. Die ausgreifenden Gebärden schaffen eine neue Einheit anstelle der geometrischen Bindung.

[2] *Früharchaisch.* Aus der ‹schwebenden› wird in der archaischen Kunst eine festgebaute Tektonik. Nach dem ‹Gesetz der → Frontalität› kann eine durch die Mittelachse der Statue gelegte Ebene nach keiner Seite gebeugt oder gedreht werden; alle Elemente sind additiv gefügt. Diese allen vorklassischen monumentalen Kulturen gemeinsame Tektonik wird in Hellas durch die lebendige Spannung der Formen modifiziert, die aus dem zeitlosen Sein die Ewigkeit des erfüllten Augenblicks macht. So erhalten die Werke den Charakter mächtigen Seins und eine innere Sicherheit, die aus dem Lachen spätarchaischer Bildwerke strahlt. Monumentalität wird erreicht, weil das klare Verhältnis kleingegliederter zu großflächigen Teilen den Eindruck der Größe hervorruft. Die früharchaische Tektonik (700–620) spricht sich vorwiegend in der Fläche aus; die hocharchaische (620–560) gewinnt das volle Volumen; die spätarchaische (560–500) gliedert es mit elastisch gespannten Umrissen und Verhältnissen und bereitet so die klassische Einheit vor. – → Kreta, die Heimat des mythischen Künstlers → Daidalos, hat anscheinend bei der Schöpfung der monumentalen Plastik nach 700 geführt, aber auch Sparta und Korinth ragten hervor. In Samos ist deutlich zu beobachten, wie gegen 650 dieser ‹dädalische› Stil den oben geschilderten ostgriechisch-voluminösen modifiziert. Ähnlich werden die → Kykladen beeinflußt, wo in Naxos zuerst kolossales Format bezeugt ist, aber auch Athen, das an der Wende zum Hocharchaischen im Dipylonmeister die Führung gewinnt. – Nach 700 werden in großem Umfang oriental. Motive verwendet (→ Orient und Antike F), weil man innerlich dazu gereift war, sich durch Anverwandlung dieser Motive zu bereichern; vor allem der ägypt. Typus des stehenden Mannes, mesopot. Motive des Sitzens und Liegens, Haar- und Gewandtrachten, fremde und fabelhafte Tiere (hethit. und seit 650 assyr., seit 550 ägypt. Löwen). Großbronzen werden noch nicht gegossen, sondern es werden Bronzebleche auf Holzkerne genagelt (‹Sphyrelata›). Erst nach und nach treten menschengestaltige Götterbilder neben uralte Male; es erwacht das Vertrauen, Gottes Maß im Menschen begreifen zu können. Während das wandellose Sein der oriental. Gottheit der Vergänglichkeit des Lebens gegenübersteht, erscheint im lebendigen Sein der griech. Gottheit der Ursprung des Lebens selbst. Aber häufiger als Kultbilder sind Weihgeschenke: gewaltige Tiere, die von der Macht der Gottheit zeugen, Mädchen- und vor allem Jünglingsbilder, in denen sich die Weihenden in die hohe, göttliche Welt einfügen. Nicht das zufällig Individuelle wird dargestellt, sondern das, was am Menschen an jener hohen Welt teilnimmt. So erklärt sich auch die Steigerung des Formats in der folgenden Reifezeit der archaischen Periode.

[3] *Hocharchaisch.* Als Schüler des Daidalos werden Dipoinos und Skyllis genannt, von denen Arbeiten an vielen Orten, bes. in → Sikyon, genannt werden; wir können uns das neue Volumen und die Macht des Ausdrucks nach dem erhaltenen Haupt des Kultbildes der Hera von Olympia vorstellen. Dieses Werk ist bes. mit der Schule Spartas verbunden, die durch die neuen Ausgrabungen in Olympia immer bedeutender hervortritt. Breiter, gedrungener sind die Werke aus → Argos (Gruppe der Brüder → Kleobis und Biton in Delphi). Ferner war die Stadt durch die ehernen Waffen berühmt. Die auf der Innenseite der Schilde angebrachten Reliefs sind die bedeutendste Quelle archaischer Sagenbilder neben den Vasen. Stilistisch sind sie vielfach mit der feingliederigen Kunst von Korinth verbunden, das wegen der Erfindung des kanonischen Tempelgiebels mit dem Ziegeldach und seinem plastischen Schmuck aus gebranntem Ton berühmt war. Nach dem Vorbild der verbreiteten korinth. Dachterrakotten (→ Thermos, → Kalydon) hat man im ganzen hellenischen Gebiet gearbeitet, bes. aber in Etrurien (vgl. → Etrusker C 2). Aus Korinth, → Larisa am Hermos und Etrurien kennt man auch Giebelfiguren aus Ton. Fragmente mächtiger Giebel und Metopen aus Stein sind vom Tempel der Artemis in der korinth. Kolonie → Korkyra erhalten (um 595 v. Chr.); Metopen auch vom Schatzhaus des → Kleisthenes von → Sikyon in Delphi mit seinem eigenwilligen Bildprogramm (um 570 v. Chr.). → Similis v. Ägina hat nicht nur für Olympia und Argos, sondern auch für Ostgriechenland geschaffen, bes. das Kultbild der Hera in Samos. So erklären sich die ion. Elemente im hocharchaischen Ägina. – Die ion. Kunst ist am reichsten aus → Samos erhalten, wo die berühmten Meister → Cheramyes (Hera im Louvre), → Geneleos (Gruppe in Samos) und → Theodoros gewirkt haben, dieser der Erfinder des monumentalen Erzgusses: alle drei gehören zum Teil schon der spätarchaischen Periode an. Herber ist die Plastik von → Naxos (Sphinx in Delphi, Löwen in Delos, Kuroi in Naxos); ein Parier dürften den gewaltigen Widderträger in Thasos geschaffen haben. – In Athen läßt sich vom New Yorker Kuros über die vom Dipylon und von Sunion erkennen, wie die Richtung des Dipylonmeisters die alte Flächigkeit überwindet, das reife hocharchaische Volumen gewinnt und feiner durchgliedert. In Solons Zeit führt der Meister des Kalbträgers, der (um 580) den Giebel mit dem Dreileibigen, durch epischen Reichtum und Wärme des Lebens verschieden vom ungeheuren frühen Löwengiebel (um 600), geschaffen hat.

[4] *Spätarchaisch.* Als Schüler von Dipoinos und Skyllis werden Tektaios und Angelion genannt, die das hochgefeierte Kultbild des Apollon für Delos schufen, und ihr Schüler war der bedeutende Bronzegießer → Kalon von Ägina. Von seiner dorisch kräftigen Kunst können die Giebelfiguren vom Aphaiatempel von Ägina (Westgiebel um 505, Ostgiebel um 485) und ein verwandter Bronzekopf von der Akropolis eine Vorstellung geben. Seine Lehrer müssen sich dem ion. Delos mehr angepaßt haben, und solche Verbindung des Dorischen und Ionischen ist uns im Kuros von Tenea aus der Nähe von Korinth (München, um 560) erhalten, dessen Vorbild sich auch sonst erkennen läßt (Kuros von Volomandra, Thera). Diese Werke wenden sich entschieden ab vom kolossalen Format des Hocharchaischen; Vollkommenheit wird nun mehr in Proportion und Gliederung gesucht. Am eigenartigsten verbinden die att. Meister festländischen Bau und ion. Feinheit der Oberfläche, der Meister des Reiters Rampin und der Peploskore auf der Akropolis von Athen (560/540); dann → Endoios, von dem eine sitzende Athena erhalten ist (um 540) und der auch für Tegea und Kleinasien gearbeitet hat, also hochberühmt war; ferner der Meister des Rayetschen Kopfes in Kopenhagen; der Meister des gewaltigen Gigan-

ZEITTAFEL DER GRIECHISCHEN PLASTIK (5.–1. JH. VOR CHR.)

Abkürzungen und Zeichen siehe Spalte 2352

	BILDHAUER		BERÜHMTE BILDWERKE	HILFSMONUMENTE		ARCHITEKT. PLASTIK
Um 510	→ Aristokles (1) (Aristion-Kriegerstele)	/510	→ Tyrannenmörder des → Antenor		Um 500	→ Athenerschatzhaus v. Delphi
Um 520/10	→ Antenor(2)	Um 490	Grabstele aus Orchomenos, → Alxenor			West- und älterer Ostgiebel
Um 500/490	→ Alxenor	494/?	Apollon Philesios in Didyma } des → Kanachos			des Aphaiatempels v. Ägina,
Um u. n. 500	→ Hageladas		Apollon Ismenios in Theben }			vgl. → Ägineten
Um 500/470	→ Kanachos	/490	Kallimachos-Nike, Akropolis (für Marathon)		Um 485	Jüngerer Ostgiebel des Aphaia-
	→ Aristokles(2), Bruder des → Kanachos	480/	Blonder Kopf, Kritiosknabe Euthydikos-Kore			tempels v. Ägina, vgl. → Ägineten
	→ Kalon v. Ägina	477	→ Tyrannenmörder des → Kritios u. Nesiotes			Harpyienmonument von Xanthos
	→ Kritios u. Nesiotes	478/6 (–466?)	→ Wagenlenker von Delphi			Giebel des Apollon-Daphnephoros-
	→ Hegias	Um 470/60	Apollon Townley, London, vgl. → Onatas			Tempels v. Eretria
			Krieger Somzée, vgl. → Onatas		±472/56	Zeustempel v. Olympia,
480/65±	→ Onatas		Meter Dindymene von Theben des → Sokrates(3)			vgl. → Olympia, 6)
			→ Ludovisischer Thron			
2. V. 5. Jh.?	→ Sokrates(3) v. Theben		Chariten des → Sokrates(3)			
		460/?	Ammon von Theben des → Kalamis		Um 460	Tempel E v. Selinunt
Um 460	→ Dionysios(12) v. Argos	Um 460	Sog. Epimenides } vgl. → Dionysios(12) v. Argos			
480/40±	→ Pythagoras(2)		Orpheus }			
Um 460/50	→ Kalamis	Um 460/50	→ Penelope			
			→ Hestia Giustiniani			
460/30±	→ Myron		→ Stephanosknabe, vgl. → Pythagoras(2)			
	→ Phidias		→ Gott aus dem Meer, vgl. → Kalamis			
			→ Omphalos-Apoll, vgl. Alexikakos d. → Kalamis			
			Europa (–Aspasia), vgl. → Kalamis			
		/452	Pythokles und Aristion des → Polyklet (I)			
		Um 450	Kasseler Apoll, vgl. → Phidias			
			→ Diskobol des → Myron			
			Athena Lemnia, vgl. → Phidias			
			Tiber-Apoll, vgl. → Phidias			
			Theseus, Villa Hadriana, vgl. → Phidias			
			Mantuaner Apoll, vgl. → Myron		448/32	Parthenon-Metopen (448/42±)
		449?	Aphrodite (–Sosandra?) des → Kalamis			Parthenon-Fries (442/38±)
		/449?	Marathon. Weihgeschenk des → Phidias			Parthenon-Giebel (438/32)
450/20±	→ Kresilas	447/38	Athena Parthenos des → Phidias			
	→ Kolotes	Um 440	→ Doryphoros des → Polyklet (I)			
	→ Lykios,		Protesilaos, New York, vgl. → Deinomenes			
	Sohn u. Schüler des → Myron		Pankratiast, vgl. → Pythagoras(2), → Myron			
			Torso Valentini, vgl. → Pythagoras(2)			
450/10±	→ Paionios v. Mende		Herakles des → Myron			
	→ Polyklet (I)		Zeus-, Athena-, Heraklesgr. v. Samos d. → Myron			
			Knabe als Opferdiener, vgl. → Lykios			
450/400±	→ Alkamenes		Athena-Marsyasgruppe des → Myron (447/?)			
	→ Phradmon	Um 440/30	Perseus, vgl. → Myron			
	→ Agorakritos		Perikles des → Kresilas			
			Prokne mit Itysknabe des → Alkamenes			
			Herme des → Alkamenes		Um 440/30	‹Theseion›
			Sog. Iakchos-Kopf, Vatikan, vgl. → Deinomenes			Niobidengiebel
			Vulneratus deficiens (–Diitrephes) des → Kresilas			
			→ Knabe Westmacott (und) Dresdener Knabe			
			des → Polyklet			
			Amazone, Wien-London, vgl. → Phradmon			
			Ephesische Amazonen des → Phidias,			
			→ Polyklet, → Kresilas, → Phradmon			
			Hermes des → Polyklet			
			Zeuskopf Kyrene-Chatsworth, vgl. → Phidias			
			Anakreon, vgl. → Phidias			
			Zeus des → Phidias, in Olympia, vgl. → Kolotes			
			Dresdener Zeus, vgl. → Alkamenes			
			→ Eleusinisches Weihrelief			

		Um 430	Herakles des → Polyklet Hekate des → Alkamenes	428/3	UR Athen. Epigr. Mus.: Vertrag Athens mit Methone		
		/426	Sitzbild der Hera in Platää, des → Kallimachos	427/6	UR für Apollophanes v. Kolophon		
		Um 430/20	→ Idolino	425/4	UR Leiden: Messenierdekret (Speier Taf. 6)		
			Angelehnte Aphrodite, vgl. → Alkamenes Kapitolinische Demeter	424/3	UR Athen Nat. Mus.: Mit vier Methonäerdekreten (Diepolder, Die att. Grabreliefs, 18)		
		/425	Nike des → Paionios			Um 420	Dioskuren v. Lokri
		/423	Hera des → Polyklet				Apollontempel v. Phigalia
Um 426/06±	→ Kallimachos(2)	Um 420	Koren des Erechtheions				Fries des Niketempels, Akropolis
			Nemesis des → Agorakritos	421/20	UR Brückenbau Eleusis (Speier Taf. 8f.)	/423	Neubau des Heraion v. Argos
			Hera Borghese, vgl. → Agorakritos			421	Koren des Erechtheion (413/ vollendet)
			Nike des → Paionios → Dreifigurenreliefs	417/16	UR Athen Nat. Mus.: Vertrag Athen-Argos (ÖJh. 17, 1915, Beibl. 89f. Abb. 33)		
			→ Diadumenos des → Polyklet (I)	414	UR Eleusis: Reiterdenkmal des Epizelos (AM 14, 1889, 398ff. Taf. 12)	Um 420/400	Nereidenmonument v. Xanthos
(2.H.5.Jh.)	→ Aristokles, (3) Sohn des Kleoitas → Deinomenes		Aphrodite Fréjus, vgl. → Kallimachos Athena Medici, vgl. → Alkamenes	412/11	UR Athen Nat. Mus.: Vertrag Athen–Samos (Svoronos Taf. 207, 3)		Akrotere des Apollontempels v. Delos
		420/16	Kultstatue des Hephaistos des → Alkamenes				
Um 415	→ Strongylion	/414	Trojan. Pferd der Argiver in Delphi des → Antiphanes(2) v. Argos	410	UR Paris Louvre: Urkunde von den Schatzmeistern der Athena (Speier Taf. 10, 3)		
		Um 410	Phrixos (= ? ‹immolans arietem›) des → Naukydes Athena Giustiniani	410/9	UR für die Neapolitaner (in Thrakien) (Svoronos Taf. 204)		
		406±	Goldene Lampe des → Kallimachos(2)			409/08	Fries vom Erechtheion (408/07 vollendet) Nikebalustrade (um 408)
Um 405	→ Athanodoros v. Kleitor	/405	Statuengruppe der Spartaner in Delphi für den Sieg von Aigospotamoi: → Antiphanes(2), → Athanodoros v. Kleitor				
		2.H.5.Jh.	Greisinnenkopf London, und Torso Basel, vgl. → Demetrios(11) v. Alopeke	403/2 (405?)	UR Athen Akr. Mus.: Samierdekret (Speier Taf. 13, 2)		
				401/0	UR Athen Nat. Mus.: Rechnungsurkunde (Speier Taf. 12, 2)		
		Um 400	Hermes Pitti, vgl. Hermes des → Naukydes			Um 400	Heroon v. Gjölbaschi-Trysa

---

/400	→ Kalamis d.J.?			398	UR Athen Nat. Mus.: Tempelschatzübergabe (EA 1212; Speier Taf. 15, 4; Lippold Taf. 188, 1)		
Um 420/350?	→ Demetrios(11) v. Alopeke						
420/370±	→ Naukydes	/394	Grabrelief des Dexileos	394/3	Relief Athen Nat. Mus., mit Verlustliste der Gefallenen im korinth. Krieg (394) (Süsserott Taf. 2, 2; AM 35, 1910, Taf. 10f.) UR Athen Nat. Mus.: Ehrung für Dionysios v. Syrakus (Süsserott Taf. 41)		
414/365±	→ Antiphanes(2) v. Argos						
±410/360	→ Kephisodotos d.Ä. → Daidalos(3) v. Sikyon → Polyklet (II)						
Um 380/70	→ Hektoridas → Kleon(4) v. Sikyon, Schüler des → Antiphanes	Um 380	Antretender Diskobol des → Naukydes Leda (-Nemesis), vgl. → Timotheos(2)	384/3	UR Athen Epigr. Mus.: Vertrag Athen-Chios (Süsserott Taf. 3, 1)		
		/372	Eirene des → Kephisodotos	377	UR Athen Nat. Mus.: Schatzmeisterurkunde (Speier Taf. 19, 2)	Um 380/70	Asklepiostempel v. Epidauros
		Um 380/60	Aphrodite von Arles, wohl von → Praxiteles Einschenkender Satyr, wohl von → Praxiteles	377/6	UR Athen Epigr. Mus.: Übergabeurkunde der Schatzmeister (Binneboessel Nr. 33)		
			Bronzestatue eines Athleten aus Ephesos, Wien, vgl. → Daidalos(3)	375/4	UR Athen Nat. Mus.: Vertrag Athen–Korkyra (Speier Taf. 20, 2; Süsserott Taf. 3, 2)		
				373/2	UR Athen Akrop. Mus.: Ehrung für Alketas (G.E. Rizzo, Saggi prelim. 16 Abb. 6; 46 Nr. 8)		
						Um 370	Lykisches Grab v. Payava
		Um 369	Weihgeschenk der Arkader in Delphi, → Antiphanes(2) v. Argos, → Daidalos(3) v. Sikyon	369/8	UR Troizen: Ehrung für Echelaos von Troizen (AM 13, 1911, 34f. Abb. 5)		
		/369	Weihgeschenk der Argiver in Delphi: → Antiphanes(2) v. Argos	367/6	Panath. Amphora London Brit. Mus. (Süsserott Taf. 3, 4; 12, 2)	Um 366	Beginn der Arbeiten an der Tholos v. Epidauros
			Pelopidas des → Lysipp(2) (ÖJh 33, 1941, 35–45)	362/1	UR Athen Nat. Mus.: Vertrag Athens mit verschiedenen Staaten der Peloponnes (Binneboessel Nr. 37; Süsserott Taf. 4, 1; Speier Taf. 21, 1; Lippold Taf. 83, 3)		
		366/62?	Zeus Brontaios und Zeus Polieus des → Leochares				
		363/?	Platon des → Silanion				
390/40±	→ Timotheos(2)	Um 360	Sog. Klagefrauensarkophag v. Sidon, vgl. → Satyros		UR Tunis Bardo-Mus.: von Athen für Amnon	360/40	Tempel der Athena Alea v. Tegea, → Skopas
380/30±	→ Skopas → Euphranor		Herakles Kopenhagen-Dresden, vgl. → Lysipp(2) Angelehnter Satyr, wohl von → Praxiteles				

ZEITTAFEL DER GRIECHISCHEN PLASTIK *(Forts.)*

	Bildhauer		Berühmte Bildwerke		Hilfsmonumente		Architektonische Plastik
		355/	Autolykos des → Leochares	356/5	UR Athen Nat.Mus.: Vertrag Athen-Neapolis in Thrakien, (EA 1213; Picard Manuel IV 1258, Abb.492)	356/33	Wiederaufbau des Artemision v.Ephesos (Säulenbasen)
			Isokrates des → Leochares				
		350/	Troilos (Sohn des Alkinoos) in Olympia des → Lysipp(2)			353/33?	Mausoleum v.Halikarnass → Skopas, → Timotheos(2), → Bryaxis, → Leochares
				355/4	UR Palermo: Ehrung für Laochares (EA 560; Speier Taf.21,4)		
370/20±	→ Silanion → Praxiteles → Leochares	Um 350	Polydamas des → Lysipp(2)				
			Apollon Kitharoidos von der Agora, vgl. → Euphranor		UR Athen Nat.Mus.: Ehrung für Philiskos (EA 1214)		
			→ Knabe von Marathon, vgl. → Praxiteles				
			Apollon Sauroktonos des → Praxiteles				
Um 350/40	→ Satyros(1) v.Paros Pytheos	Um 350/30	Sog.Juba, vgl. → Silanion	347/6	UR Athen Nat.Mus.: Handelsvertrag Athens mit den bosporan.Fürsten Spartodokos, Pairisades und Apollonios (Speier Taf.22,1; Süsserott Taf.4,3: Lippold, GrPl Taf.88,4)		
			Artemis Brauronia des → Praxiteles				
			Apollon Kitharoidos von Rhamnus, vgl. → Skopas				
			Kopf Nottingham, vgl. → Bryaxis	351/44	Relief London Brit.Mus.: an Zeus Stratios mit Ada und Idrieus (JHS 36, 1916, 65)		
			Ganymed des → Leochares				
			Alexander Rondanini, vgl. → Euphranor	343/2	UR Athen Akrop.Mus.: Ehrung für König Arybbas (O. Walter, ÖJh.32, 1940, 1)		
			Dresdener Mänade, vgl. → Skopas				
370/300±	→ Lysipp(2) v.Sikyon		Knidische Aphrodite des → Praxiteles	341/40	Archaistische Herme Delos (Picard, Manuel IV 360–971, Abb.383f. 388. 390; J.Marcadé, BCH 75, 1951, 188f. Abb.103)		
360/300±	→ Bryaxis	346/4	Bronzestatuen des Idrieus und der Ada in Delphi, von → Satyros				
		/338	Satyros des → Silanion				
			Statuengruppe im Philippeion v.Olympia des → Leochares				
			Alexander Erbach, vgl. → Leochares	340/39	Panath.Amphora Cambridge (USA): Theophrastos Archon (Speier, Taf.24,1; Süsserott Taf.4,4)		
			Löwe von Chaironeia				
		/337/4	Agias des → Lysipp(2), vgl. → Daochos-Weihgeschenk		UR Avignon: Ehrung für Phoknios, Nikandros und Dexippos (REG 13, 1900, Taf.2; Binneboessel Nr.55; Süsserott Taf.5,1)		
			Hephaistion des → Lysipp(2)				
		340/30	Sokrates des → Lysipp	339/8	Weihgeschenk des Lysimachides v.Acharnai, Athen Nat. Mus. (AM 18, 1893, 231 Taf.11)	Um 338	Zeustempel v.Stratos (Akarnanen)
			Tragikerstatuen im Dionysostheater				
		Um 340/30	Kairos des → Lysipp(2)	336	UR Athen Agora-Mus.: Gesetz v.336 gegen die politischen Verschwörer (Picard, Manuel IV 1263, Abb.495; Hesperia 21, 1952, 355–59 Taf.89f.)	/336 (?)	Mausoleum v.Belevi
			Hygieia Hope, vgl. → Skopas				
			Pothos des → Skopas	334/3 (bzw. 315/4)	UR Athen Epigr.Mus.: mit Ephebeninschrift (AM 52, 1927, 202 Beil.23; Süsserott Taf.5,3)	335/4	Lysikratesmonument Athen (Brunn-Bruckmann 488)
			Meleager, vgl. → Skopas			333/	Didymaion v.Milet (1.Periode)
			Demeter von Knidos	Um 332	UR Athen Nat.Mus.: Ehrung für einen Krotoniaten(?) (Süsserott Taf.5,4)		
			Asklepioskopf, Brit.Mus. London				
			Serapis des → Bryaxis	332/1	Panath.Amphora London Brit.Mus. (Süsserott Taf.6,3 u. 7,3–4)		
		333/	Helios auf Viergespann in Rhodos, des → Lysipp	331/30	UR Athen Nat.Mus.: Ehrung für Rhebulos (Speier Taf.28,3; Süsserott Taf.9,1)		
		/333	Eros von Myndos des → Lysipp	/330	UR Athen Nat.Mus.: Dekret für Antikleides (Binneboessel Nr.65)		
		Um 330/20	Ares Ludovisi, vgl. → Lysipp, → Skopas	330/29	UR Delphi: Ehrung für Demades (BCH 58, 1934, 168 Taf.2; Süsserott Taf.5,2)		
			Herakles Epitrapezios des → Lysipp				
			→ Alexandersarkophag	Um 329/8	UR Kopenhagen Glypt.Nr.231: für die Epimeleten (des Bendisheiligtums) Ephyes und Dexios (Speier Taf.28,1; Süsserott Taf.9,2)		
			Korinna des → Silanion				
			Hermes von Olympia des → Praxiteles				
			Apoll vom Belvedere, des → Leochares	324/3	UR Athen Epigr.Mus.: Eranistenrelief an Zeus Philios (ÖJh.13, 1910 Beibl.232c Abb.143)		
			→ Apoxyomenos des → Lysipp(2)				
Um 325	→ Kephisodoros, vgl. → Kephisodotos (2)		Bogenspannender Eros, vgl. → Lysipp(2)				
		322/(332?)	Cheilon (Athlet) des → Lysipp(2)	323/2	UR Athen Nat.Mus.: auf Phokis bezüglich (Speier Taf.29,3; Süsserott Taf.9,2)	330/20	Schatzhäuser v.Theben und Kyrene in Delphi
		Um 320	Musenbasis von Mantineia, vgl. → Praxiteles				
			Herakles Farnese des → Lysipp(2)	323/18	UR Athen Nat.Mus.: Ehrung für Euphron v.Sikyon (Brunn-Bruckmann 533,1; Speier Taf.29,1; Süsserott Taf.9,4)		
			Sappho (-Hygieia) Smyrna-Wien, vgl. → Silanion			320/	Skulpturen des Altares v.Kos
			→ Herkulanerinnen			320/19	Thrasyllosmonument (1.Zustand)

		318?	Anathem des Krateros in Delphi von → Lysipp(2) und → Leochares	313/2	UR Athen Akrop.: Dekret der Aixoneis (AM 66, 1941, 218 Taf. 73) Panath. Amphora Paris, Louvre: unter Archon Theophrastos (Speier Taf. 25)	306/1	Neorion v. Delos (Fries mit Gigantomachie)
		Um 310/300	Faustkämpferkopf aus Olympia, vgl. → Silanion	317/07	Letzte Grabreliefs		
			Herakles Tarent des → Lysipp				
			Asklepios Kapitol-Neapel, vgl. → Bryaxis				
			Papposilen mit Dionysoskind, vgl. → Lysipp				
			Seleukos Nikator des → Bryaxis				
Um 300	→ Boidas, Sohn u. Schüler des → Lysipp → Eutychides(1) v. Sikyon → Chairestratos v. Rhamnus	Um 300	Beter Berlin des → Boidas			Um 300	Athenatempel Troja
		/300	Tyche v. Antiochia des → Eutychides Themis des → Chairestratos Menander des → Kephisodotos d. J. (und des → Timarchos)				
Um 295	→ Timarchos → Kephisodotos d. J.	302/290	Helioskoloss v. Rhodos des → Chares von Lindos	294	UR Athen Akr. Mus.: Votivrelief an Athena (Speier Taf. 31, 1)		
		283/	Demetrios Poliorketes, vgl. → Teisikrates	281	Stele des Menas		
Um 280	→ Teisikrates	280	Demosthenes				
		/277	Metrodor (Schefold, Bildnisse, 121, 4)				
		300/250	Nikeso v. Priene Aristonoë von Rhamnus ‹Choregische Weihgeschenke› v. Thasos (Komodia, Tragodia, Dithyrambos, Nykterinos)				
		/271	2. Phase des Thrasyllos-Monumentes (?Dionysos, London Brit. Mus.)	/270	Arsinoekanne, London Brit. Mus. K 77 (→ Arsinoe(3), gest. 270)		
Um 270/60	→ Xenokrates(1)	±270	Epikur (Schefold, Bildnisse 119. 121, 1) Hermarchos (ebd. 119. 121, 2)				
		±264	Zenon (ebd. 109, 2 u. 4) ‹Hypereides› (ebd. 109, 1)				
		/264	Zeus Stratios des → Doidalses				
Um 250	→ Doidalses	250/40?	Nikokleia London Brit. Mus. (Kleiner, Taf. 50) Sitzendes Mädchen, Kons. Palast Rom			Um 260?	Giebelgruppen des neuen Mysterientempels v. Samothrake
		Um 240	Kauernde Aphrodite des → Doidalses → Dornauszieher				
2. H. 3. Jh.?	→ Boethos I, Sohn des Apollodor, v. Karthago (sicher vor 144) → Epigonos(1) → Antigonos(4) → Phyromachos	±240	Aratos (Schefold, Bildnisse 108, 3)	240/30	Leukon-Terrakotten		
		Um 240/30	Mädchen von Antium				
		Um 230	Ganswürger des → Boethos (I) Trompetenbläser des → Epigonos Tote Mutter mit Kind, des → Epigonos (Großes) → Attalisches Weihgeschenk → Barberinischer Faun	Um 230	Berenikekanne, Paris Louvre (→ Berenike II., 239–21)		
		Um 230/200	Schindung des Marsyas (1. Gruppe) Statue v. Samos (RM 38/9, 1923/4 Taf. 5) Statuen v. Megara und Tegea (ebd. Taf. 4) Tragodia v. Pergamon Nr. 47				
Um 200?	→ Isigonos → Nikeratos (arbeitete mit Phyromachos zusammen)	±205	Chrysippos (Schefold, Bildnisse 125, 3)	Um 210	Philopatorkanne, Stuttgart-London (→ Ptolemaios IV. Philopator, 222–204?)		
		Um 200	‹Trunkene Alte›, vgl. → Myron(2) v. Theben(?)				
		Um 190	→ Nike v. Samothrake				
Um 190/60	→ Boethos II, Sohn des Athanaion, aus Kalchedon	Um 180	Pseudo-Seneca (Schefold, Bildnisse 135. 137) Gewandstatue (Nr. 54) v. Pergamon, Berlin			190/60	Großer Fries v. Pergamon, vgl. → Pergamonaltar
		190/70	Großer Fries vom → Pergamon-Altar				
		Um 170	‹Schöner Kopf› v. Pergamon Kleiner Fries vom → Pergamon-Altar			Um 170	Kleiner Fries v. Pergamon
		175/63	Antiochos IV. läßt ‹Kopien› von Zeus und Athena des Phidias herstellen				
		Um 160	Poseidon v. Pergamon (Nr. 149) Kopie der Athena Parthenos (→ Phidias) v. Pergamon, Sog. Hera v. Pergamon, Athena mit der Kreuzägis, } vgl. → Neuatt. Kunst			/160	Altar v. Magnesia

ZEITTAFEL DER GRIECHISCHEN PLASTIK *(Forts.)*

	Bildhauer		Berühmte Bildwerke		Hilfsmonumente		Architektonische Plastik
		Um 160/50	Karneades (Schefold, Bildnisse 141,2–4)				
			‹Thermenherrscher›				
			‹Pindar›, Kopenhagen (Schefold, Bildnisse 138)				
		159/38	Kleines → Attalisches Weihgeschenk				
			‹Zeus› v. Pergamon (vom Herabezirk)				
		Um 150	Musentypus Venedig				
ab ±150	sog. Neuattiker, vgl. → Neuattische Kunst	Um 150/20	Achill-Penthesileagruppe (Rom, Genf, Malibu, Madrid, Basel)	/146	‹Polybios›stele von Kleitor (Arkadien)		
			Bronzestatuette des Poseidon, Sammlung Loeb				
			Poseidon v. Melos				
			Aphrodite v. Melos				
3.V.2.Jh.	Diodotos, Sohn des Boethos, Bruder des Menodotos, aus Nikomedeia → Damophon v. Messene		Muse v. Samos			3.V.2.Jh. (130?)	Fries v. Magnesia
			Kultgruppe (aus Marmor) v. Lykosura des → Damophon				
			Zeus v. Aigeira				
		/138	Kleopatra und Dioskurides v. Delos				
4.V.2.Jh.	→ Boethos III, Sohn des Diod[otos] (tätig vermutlich schon 126/5)	128/7	Isis v. Delos				
		Um 120/100	Pferd und Reiterknabe aus dem Meer				
			Satyrkopf München	/110	Roma v. Delos		
			→ Eubulidesmonument		Aphrodite-Satyrgruppe (sog. Pantoffelgruppe)		
			Bronzekopf aus Delos				
Um 100	Archelaos	Um 100	→ Herme v. Mahdia des → Boethos (III?)	±/100	Relief des Lakrateides		
			→ Apotheose des Homer des → Archelaos(4)				
			Gewandstatuen aus Magnesia (z.B. Saufeia u. Baebia)				
			Gewandstatuen aus Thasos (z.B. Are von Philiskos)				
			Skylla-Gruppe				
Um 110/60	→ Agasias, Sohn des Menophilos	/100	Kentaurenpaar				
	→ Agasias, Sohn des Dositheos,		→ Borghesischer Fechter des → Agasias				
		81/	Fries v. Lagina				
		67/	Diadumenos von Delos, vgl. → Neuattische Kunst				
Um 50	→ Tauriskos v. Tralleis	Um 50	→ Farnesischer Stier,				
	→ Apollonios(3) v. Tralleis		vgl. → Apollonios(3) v. Tralleis, → Tauriskos				
	→ Apollonios(4), Sohn des Nestor		Torso vom → Belvedere des → Apollonios(2), Sohn des Nestor				
			Faustkämpfer				
		Um 50/40	‹Venus genetrix› des → Arkesilaos(6)				
Um 40	→ Arkesilaos(6)	Um 40?	→ Laokoon des → Athanodoros,				
	→ Athanodoros (2) Sohn des Hagesandros		→ Hagesandros, → Polydoros				
			Blinder Homer (für Bibliothek des Asinius Pollio; Schefold, Bildnisse 142)				
Um 40/30	Pasiteles						
		Um 20	Sog. Germanicus des → Kleomenes, vgl. → Neuattische Kunst				
			→ Pasquino, vgl. → Neuattische Kunst				
			→ Dornauszieher, Kapitol, Rom vgl. → Neuattische Kunst				

Sigla bei Daten:
- um — vor einem Datum: ungefährer mittlerer Zeitwert.
- ± — nach einem Datum: ein aus faktischen Indizien erschlossener, oft auch ungefährer Zeitwert.
- / — zwischen zwei Daten: Zeitspanne.
- / — vor einem Datum: ‹terminus post quem›.
- / — nach einem Datum: ‹terminus ante quem›.

Zusätzliche Abkürzungen in diesen Listen:
- Binneboessel — R. Binneboessel, Studien zu den att. Urkundenreliefs des 5. und 4. Jh.s, Diss. Leipzig 1932.
- Kleiner — G. Kleiner, Tanagrafiguren, Unters. zur hellenist. Kunst und Geschichte; 15. Erg. H. des JdI, 1942.
- Speier — H. Speier, Zweifiguren-Gruppen im 5. und 4. Jh. v. Chr., RM 57, 1932, 1–94.
- Süsserott — H. K. Süsserott, Griech. Plastik des 4. Jh.s v. Chr., 1938.
- UR — Urkundenrelief.

tengiebels auf der Akropolis und → Antenor (2), der die Leitung beim plastischen Schmuck des Apollontempels in Delphi gehabt haben muß (um 520) und von dem die erste Gruppe der Tyrannenmörder bezeugt ist (nach 510). Von einigen der zahlreichen Jünglingsstatuen bewahren Inschriften ihren Namen (Kroisos, Aristodikos). Als erstes Götterbildnis hebt sich von diesen Athleten das des Apollon vom Piräus ab (um 525), in der Verbindung von Glanz der Jugend, Hoheit und Milde ein Vorklang zum Apollon des Phidias. – In Ionien war berühmt die Schule von → Chios, in der bes. → Achermos und seine Söhne → Bupalos und → Athenis genannt werden. Von jenem gibt die laufende Artemis (‹Nike›) von Delos, von diesen eine von einem Meister aus Chios signierte Kore auf der Akropolis eine Vorstellung. Diese Meister haben später auf Delos und Paros gearbeitet; der reiche plastische Schmuck der ion. Schatzhäuser in Delphi könnte aus dieser chiotisch-parischen Schule stammen; jedoch hat man am Schatzhaus von → Siphnos Entwürfe des Endoios nachgewiesen. → Bathykles aus Magnesia a. M. hat für Sparta den ‹Thron›, einen Hallenbau in → Amyklai erbaut, von dessen reichem plastischem Schmuck nur Architekturfragmente erhalten sind. Im übrigen kennen wir die spartan. Schule dieser Periode bes. von den Bronzespiegeln mit nackten Mädchen als Griffen und von Kriegerbronzen. Die Bronzestatuetten und Terrakotten aus dem ganzen hellenischen Gebiet haben es erlaubt, von Stadt zu Stadt die reichste und mannigfachste Entfaltung der Bildhauerschulen zu unterscheiden, die dann aber seit den Perserkriegen mehr und mehr eingeschränkt wird; die Marmorfragmente ließen sich danach diesen Schulen zuteilen; z. T. kann man auch vom Fundort ausgehen, wie bei den Giebelgruppen des Apollontempels von Eretria (um 505). → Kuroi, → Reliefs.

[5] *Klassisch.* Überblick. Seit 500 wird die archaische Tektonik erschüttert (s. o. B 2). Die Klassik gestaltet den organisch funktionellen Zusammenhang der Formen und macht ihm die Körperperspektive dienstbar (Kritiosknabe). Bisher war Bewegung als Zustand gesehen worden, jetzt erscheint auch das Sein als ein Bewegtes, jedes Gebilde in seinem Gesetz als freies Wesen, so wie die → Tragödie die Vorgänge nicht mehr als Wirklichkeit schildert (wie das → Epos), sondern aus dem Schicksal des Helden versteht. Das Neue ist bis etwa 480 in ‹subarchaischen› Formeln verborgen, kann sich aber seit 500 in einer stürmischen Bewegtheit äußern (→ Götterliebe, → Göttergeburten), die bald nach 490 festen Achsen der Komposition untergeordnet wird (→ Tyrannenmörder), weshalb man diese Phase der *frühen* Klassik (500–450) auch den ‹strengen› Stil nennt. Bewegung und Strenge, Zeit und Sein finden in der *hohen* Klassik (450–425) ihre Einheit im harmonischen → Kontrapost, dem Kanon → Polyklets und der gesetzlichen Bewegung → Myrons. Der ‹reiche› Stil (425–380) entdeckt das psychische Erleben in der momentanen Erscheinung (→ Alkamenes, → Timotheos, 2). Die *späte* Klassik (380 bis 325) bezieht den Raum in die Gestaltung ein, soweit er die plastische Form umspielt, und verbindet seinen Seinscharakter mit den neuen Möglichkeiten der Bewegung noch einmal zu klass. Einheit (→ Praxiteles). – Dem archaischen Sein war Gestein als *Material* angemessen; die Klassik bevorzugt – abgesehen von der Architektur-P. – bis um 360 die bewegliche Bronze; viele Bronzeoriginale sind in röm. Marmorkopien erhalten. (Bei der Auswahl des zu Kopierenden spielte auch das röm. Bedürfnis nach bedeutsamer Dekoration eine Rolle; da die frühe Klassik dem klassizist. Geschmack weniger zusagte, kennen wir sie besser als durch röm. Kopien in hervorragenden Bronze- und Tonstatuetten.) Von der frühklass. Vielfalt der *Bildhauerschulen* bleiben in der hohen Klassik fast nur Athen, Argos und Paros übrig; dazu kommt in der späten Klassik Sikyon.

[6] Das *frühklassische* Athen kennen wir bes. durch den Schutt, der nach der Perserzerstörung von 480 in Terrassierungen erhalten blieb, Werke des → Kritios, die ersten individuell gebildeten → Porträts (→ Themistokles, → Homer) und die Anfänge des → Phidias; Ägina durch die Giebelskulpturen des (Aphaia-?) Athenatempels (→ Ägineten), aus der Zeit (und Schule?) → Kalons, und vermutlich durch den Wagenlenker des → Onatas, vielleicht auch die Schlangensäule aus Delphi (jetzt auf dem Hippodrom in Istanbul) von einem Anaxagoras oder Glaukias (?); Korinth durch Tonskulpturen aus Olympia (→ Ganymed) und Kleinbronzen, durch die sich auch → Argos, → Sikyon und → Sparta auszeichnen. Dabei sind landschaftliche Charaktere deutlich zu unterscheiden: in Argos schwere, gedrungene Kraft, in Ägina gespannte Beweglichkeit, in Korinth eine mildere Art, die Ionischem näher steht, in Sparta elastische Energie, wie sie in Sikyon durch lineare Begrenzungen gezügelt wird. In dem durch die Perserkriege schwer getroffenen Ionien läßt sich zunächst nur → Paros deutlicher fassen mit seinen Marmorstelen junger Menschen, die gewöhnlich mit Kindern und Tieren verbunden sind (→ Giustiniani), Torsen aus Delos und Milet und Giebelfiguren von → Niobiden. Von Paros ist u. a. → Melos (Tonreliefs) und die nordgriech. Kunst abhängig (→ Thasos, → Thessalien); aus Chios kennen wir → Dexamenos; Künstler aus Milet haben in Lykien gearbeitet (→ Xanthos); Ionier auch in → Kyrene, das daneben Verbindungen zu Großgriechenland erkennen läßt. Dort hebt sich → Tarent durch eigenartige Ausdruckskraft heraus; → Lokri (‹Thron›, Boston, und Tonreliefs) übersetzt parische Vorbilder in das Großflächige, das überhaupt für Großgriechenland bezeichnend ist. Analog verhalten sich Syrakus und Naxos zu Korinth und Athen; dort spürt man zuweilen das Wirken des Samiers → Pythagoras (2); am Heratempel von Selinunt das des → Kritios. – Die führenden Meister erheben sich über die landschaftlichen Bedingungen. Aus Argos (→ Hageladas, → Glaukos (3), → Dionysios, 12) stammt die Werkstatt der → Olympiaskulpturen; doch hat der leitende Meister → Polygnots Gemälde gekannt und ist wie dieser durch den Geist der att. Tragödie geformt. → Kalamis vereint in anderer Weise dor. Grund mit att. Adel (→ Gott aus d. Meer).

[7] *Hochklassisch:* Am umfassendsten aber hat → Phidias die Kräfte der griech. Stämme in den → Parthenonskulpturen vereint. Er übernimmt → Polyklets Kontrapost; die Parier → Agorakritos und → Kolotes sind als seine Schüler bezeugt, ja man hat Mitarbeit des Kreters → Kresilas, den wir am besten vom Bildnis des → Perikles kennen, und → Myrons (von der Grenze Böotiens) erschlossen. Aristoteles' Lob von Phidias' Marmorkunst kann sich nur auf den Parthenon beziehen, weil Phidias sonst in Gold, Elfenbein und Erz gearbeitet hat. Die mittleren Hauptfiguren stammen am ehesten von ihm selbst; unter diesen sind die Torsen von Poseidon und Athena aus dem Westgiebel das Gewaltigste, was uns von klass. P. erhalten ist. In Phidias ist die homerische Gestaltenwelt zum Bild geworden (Götterfamilie). Im Sinn der Tragödie sieht er die Mythen neu; wie kein anderer läßt er das Göttliche alldurchdringend auf der Erde erscheinen, mit Recht hat Liegle an die Lehre vom göttlichen → Nus bei → Anaxagoras erinnert. In diesem hohen Sehen setzt Phidias' Lieblingsschüler → Agorakritos den Lehrer fort, wie am deutlichsten die Basisreliefs seiner → Nemesis in Rhamnus und deren Akroter zeigen; vermutlich war er auch der leitende Meister von → Nikefries und -balustrade. – → Alkamenes hat mit der psychologischen Kunst seiner vielen Kultbilder die Herzen der Athener mehr gewonnen. Seine Gruppe von → Hephaistos und Athene im Hephaisteion scheint sich zu dessen Skulpturenschmuck zu verhalten wie Phidias' Parthenos zu dem des Parthenon und wie → Kallimachos' eherne Lampe im Erechtheion zu dessen Koren und Friesen; doch hat dieser auch an der Nikebalustrade mitgearbeitet. → Polyklet hatte das Herabild in dem 420 abgebrannten Tempel bei Argos zu schaffen; die erhaltenen Fragmente tektonischer P.

müssen auf seine Schule zurückgehen, die wir sonst, wie Polyklet selbst, nur aus röm. Kopien kennen (→Naukydes). Die Einwirkung Athens auf die Polykletschule ist deutlich, wie uns denn von Phidias noch nicht beeinflußte hochklass. P. in Attika nur in den nach Paros orientierten tektonischen Skulpturen des Poseidontempels von Sunion und in denen des Tempels am Ilissos erhalten ist. Von → Strongylion war ein hölzernes Pferd auf der Akropolis berühmt. – Vgl. auch → Eleusis [2].

[8] *Reicher Stil:* Außerhalb Attikas (s.o. B 7 zum Erechtheion, zur Nemesis und zum Niketempel) finden wir nach 432 weite Auswirkung der phidiasischen Kunst, begünstigt dadurch, daß die Künstler aus dem durch den Pelop. Krieg bedrängten Athen auswanderten. Nur während des Nikiasfriedens gab es auch in Athen und dem beherrschten Gebiet reiche Aufträge (Athenatempel von → Delos). Die olympische Nike des → Paionios ist ohne att. Anregung nicht zu denken. Die Reliefs von → Phigaleia dürften wie die des Zeustempels von Olympia aus dor. Tradition zu verstehen sein. In Lykien sehen wir nun hervorragende, in Athen geschulte Bildhauer am Werk. Am → Nereidenmonument von → Xanthos ist die ostion. Grundlage am deutlichsten, doch wetteifert der große Fries in den Dimensionen mit dem des Parthenon, und hinter den kleinen Friesen, noch mehr hinter denen von → Gjölbaschi, steht die große → Malerei der Zeit. Ähnliches gilt vom Satrapen- und vom lyk. → Sarkophag, von in Südrußland gefundenen Reliefs aus Edelmetall mit → Skythendarstellungen und vor allem von den → Münzen, die nun in Kleinasien die ersten Satrapenporträts tragen (→ Tissaphernes) und in Großgriechenland die höchsten Möglichkeiten dieses Stils überliefern (→ Kimon, → Euainetos). Aus Tarent besitzen wir hervorragende Metallreliefs auf Rhyta und an Situlen; aus Athen den Berliner Mänaden-Krater. In Athen beginnt ferner in der Parthenonzeit eine neue Blüte der Grab- und Weihreliefs, die – zuweilen von hervorragender Qualität (→ Reliefs von 410, 398, 375, 323) – eine sichere Grundlage der Datierung auch für die Groß-P. bieten. – Vgl. → Dreifigurenreliefs.

[9] *Spätklassik:* An den Skulpturen des Asklepiostempels von → Epidauros, dessen Kultbild → Thrasymedes von Paros schuf, läßt sich etwa 380/370 unter Timotheos' Leitung die Umgestaltung des malerischen reichen zum plastischen spätklass. Stil am monumentalsten beobachten. Nach der dichten Reihe der Grab → Reliefs lassen sich die ersten Beispiele einer neuen Blüte der Bildniskunst datieren (→ Konon von 394). An der Ausbildung des schlichten Stils (380/370; vgl. in der Literatur → Sokrates, → Lysias) scheint der Meister des Platonbildnisses (um 370), → Silanion, entscheidenden Anteil zu haben (nach 370 Bildnis des → Thukydides, um 335 Faustkämpfer aus Olympia), neben → Leochares, dem wir die genialsten Götterbilder der späten Klassik verdanken, und → Praxiteles, der es in der Feinheit des Individualisierens mit Phidias aufnahm und am reinsten das Streben der Spätklassik verwirklicht hat, entrückte Urbilder des Seins zu schaffen im Sinn der → Ideen Platons. Dabei lehnte man sich bewußt an hochklassische Vorbilder an (Praxiteles' Lehrer → Kephisodot). → Demetrios (11) v. Alopeke wurde wegen des häßlichen Realismus seiner Bildnisse von den künstlerisch ‹wahreren› Zeitgenossen Praxiteles und →Lysipp abgehoben (→Antisthenesbildnis?). Neben diesen att. Meistern steht → Euphranor vom Isthmos (eher von Knidos als von Korinth), der Parier → Skopas, der vor allem für die Peloponnes arbeitete (→ Tegea) und dor. Kraft mit ion. Zauber und att. Leidenschaft und Größe verbindet; ferner → Bryaxis (aus Karien?), der mit seinem Hades (später in Alexandria als → Serapis aufgestellt) ion. Vorstellung von Tod und Jenseits monumentale Gestalt gab, und der Sikyonier → Lysipp, dem neben großartigen Götter- und Athletenbildern das zweite Bildnis des → Sokrates und vermutlich solche des → Euripides (um 350) und → Aristoteles (um 325) verdankt werden. Er bereitet den → Hellenismus vor, während die Schule Polyklets (→ Daidalos, 3) wie die Athener dem Vorbild der hohen Klassik folgt. An den Friesen des → Mausoleums kann man Anteile des Skopas, Leochares, Bryaxis und Timotheos unterscheiden. Zahlreiche Weihgeschenke von dort bereichern das Bild ion. P., ebenso wie die Reliefs vom Artemision von → Ephesos, die Akanthussäule von Delphi und der leise orientalisierende Amazonensarkophag in Wien, während der Klagefrauen- und der Alexander-→ Sarkophag aus att. Schule stammen. Archaisierende Kunst hatte es schon in der hohen Klassik gegeben (→ Alkamenes); wenn sie nun in der Zeit → Platons eine eigentliche Kunstrichtung wird, darf man an seine Forderung einer ethisch gebundenen Kunst denken. Unter den zahlreichen ehernen → Spiegeln mit reliefgeschmückten Deckeln lassen sich hervorragende att. und korinth., aber auch ion. Werke unterscheiden. Die ältesten gehören dem reichen Stil, die meisten der Spätklassik an. – In Großgriechenland bleibt Tarent am wichtigsten; zu den Metallarbeiten kommen jetzt oft vorzügliche Kalksteinreliefs von Grabbauten und vergoldete Tonreliefs von Holzsarkophagen.

[10] *Hellenismus:* Nach Plin. nat. 34, 52 hört die Kunst mit → Eutychides (um 300) auf, und beginnt 156 v. Chr. neu – also mit dem Klassizismus der Römerzeit, der die dazwischenliegende Steigerung der künstlerischen Sprache ablehnt. Die frühe Diadochenzeit (323–300) bewahrt noch klass. Monumentalität, wenn auch um 330 die klass. Harmonie gebrochen wird; mit kristallinen, ja dissonierenden Formen beginnt der Realismus, die Spannung zum Raum, die Betonung des Moments, die den H. kennzeichnen (→ Lysipps ‹Apoxyomenos›, → Aristotelesbildnis, → Herakles Farnese, → Satyr mit Dionysoskind, Diadochenporträts). Nach 300 werden schlichte, knappe, unmonumentale Formen von inneren Kräften bewegt (→ Demosthenesstatue von 280). Gegen das Vergängliche wehren sich Geist und Seele. Sie leuchten im erregten Augenblick in immer heftiger bewegten Formen auf, was zu neuer Blüte des Porträts (→ Menander, → Chrysipp des → Eubulides, → Aristophanes), zu packenden Alltagsbildern (Terrakotten aus → Tanagra, → Myrina usw.), zu neuem Sehen der Sage (→ Tyche, ‹Kauernde → Aphrodite›, Hypnos, → Barberinischer Faun) führt, wenn man sich auch selten an Götterbilder wagt. Dafür entdeckt man die Eigenart von Kindern, Tieren (→ Boëthos), Sklaven (→ Dornauszieher), → Barbaren (→ Galliermonumente), bes. aber das Leben der Frau. Zum erstenmal wendet sich die Statue eines Betenden dem Unendlichen zu (→ Boidas). Es wird das Ungreifbare innerer Gesichte, des berauschten Traums (Barberinischer Faun) und des Siegs darstellbar. Dieser *frühe* H. geht um 230 in den *hohen* H. über, der durch Sprengung der bis dahin geschlossenen Form und ein titanisches Sich-Aufbäumen gegen den Raum gekennzeichnet wird, gegen den man sich bisher nur abgegrenzt hatte. Damit wird neue Monumentalität erreicht, der Macht der hellenist. Reiche entsprechend, und man wagt sich wieder an Götterbilder (→ Doidalses, → Nike von Samothrake). Die Oberfläche erhält eine unerhörte Beweglichkeit, wie schlagende Flammen. Am Ende dieser Phase beginnt man schon klass. Vorbilder zu zitieren, die man oft der Flächenkunst entnimmt (→ Pergamonfries). – Damit schwindet die plastische Kraft, die der hohe H. gewonnen hatte und die dem *späten* fehlt (160–100 v. Chr.). Man pflegt sich an ältere Werke anzuschließen (Kultbildgruppen des → Damophon, kleine → Galliergruppen), bes. ans Spätklassische (→ Aphrodite von Melos), weil das Griechentum, das sich nun gegen Rom zu verteidigen hat, sich auf seine große Vergangenheit beruft. Das ganze Erbe soll monumentalisiert werden, in → Gruppen von Göttern und Musen und von Kämpfen mit → Giganten, → Amazonen, Persern und Galliern. Daher das Rhetorische der oft ‹zentrifugalen› Formen und das Ge-

dankliche, Programmatische (→ Apotheose Homers), das nun ganze Mauern von Figuren dem Raum gegenüberstellt, während die gleichzeitige Kunst in Rom und Kampanien ihn schon zu gestalten beginnt. Die Führung geht nun auch in der Kunst an Rom über, Griechenland wird zur Provinz. Die Veräußerlichung der Kunst steht in schroffem Gegensatz zum frühen H., der griech. Wesen noch einmal in neuer Tiefe verstanden hatte. Für die Einbuße entschädigt etwas das Kopieren klass. Werke, das nun beginnt (→ Eubulides). Die Kopien des → Diadumenos und einer spätklass. → Aphrodite aus Delos (vor der Zerstörung von 88) bezeugen ebenso wie der Anfang des 2. Stils der röm. Wanddekoration (→ Malerei D 2) und die Blüte des → Neuattischen nach 100 zunächst ein Vorherrschen des Klassizismus, der aber rasch einer Wiederaufnahme barocker Tendenzen weicht (‹subbarock›: → Laokoon, → Torso vom Belvedere, → Pasquino-, → Penthesileagruppe; schon gedämpft → Domitiusbasis), bis der Klassizismus unter → Augustus siegt. K. Schf.

Lit: Allgemein: A. Springer, Die Kunst des Altertums (1879), 1923^{12} (P. Wolters) – J. D. Beazley-Ashmole, Greek Sculpture and Painting, 1932 – E. Buschor, Vom Sinn der griech. Standbilder, 1942 – Picard, Manuel I–IV, 1936–63 – Lippold, GrPl – E. Buschor, Die P. der Griechen (1936), 1958^2 – G. M. A. Richter, A Handbook of Greek Art, 1959 – W. H. Schuchhardt, Epochen der griech. Pl., 1959 – G. Becatti, Scultura Greca, 1961 – *Zu B[1]–[4]:* E. Langlotz, Frühgriech. Bildhauerschulen, 1927 – E. Kunze, Zu den Anfängen der griech. Plastik, AM 55, 1930, 143–162 – H. Payne, Necrocorinthia, 1931 – Ders. u. G. Mackworth-Young, Archaic Marble Sculpture from the Acropolis, o. J. – E. Kunze, Kret. Bronzereliefs, 1932 – E. Buschor, Altsam. Standbilder, 5 Bde, 1934–61 – K. Schefold, Griech. Plastik I, 1949 – E. Buschor, Frühgriech. Jünglinge, 1950 – E. Kunze, Archaische Schildbänder, 1950 – D. Ohly, Griech. Goldbleche, 1953 – Chr. Karusos, Aristodikos, 1961 – E. Langlotz, Die Kunst der Westgriechen, 1963 – *Zu [6]:* E. Buschor-R. Hamann, Die Skulpturen des Zeustempels zu Olympia, 1924 – V. H. Poulsen, Der Strenge Stil, Acta Arch. 8, 1937 – *Zu [6]–[9]:* E. Langlotz, Griech. Klassik (1932), 1946^3 – B. Ashmole, The Classic Ideal, 1964 – K. Schefold, Klassisches Griechenland (Kunst der Welt), 1965 – *Zu [8]:* T. Dohrn, Att. P., 1957 – B. Schlörb, Unters. z. Bildhauergeneration nach Phidias, 1964 – *Zu [8] und [9]:* H. K. Süsserott, Griech. P. des 4. Jh.s v. Chr., 1938 – M. Marella, Ricerche e studi sulla scultura greca del IV secolo, 1939 – *Zu [10]:* G. Krahmer, Stilphasen der hellenist. P., RM 38/39, 1923/24, 138–189 (grundlegend) – Ders., Die einansichtige Gruppe, Nachr. Göttingen 1927, 53–91 – Ders., Eine Jünglingsfigur, RM 46, 1931, 130–149 – Ders., Hellenist. Köpfe, Nachr. Göttingen 1936, 217–255 – R. Horn, Stehende weibl. Gewandstatuen, 1931 – G. Kleiner, Tanagrafiguren 1942 – E. Buschor, Das hellenist. Bildnis, 1949 – D. Burr Thompson, Three Centuries of Hellenist. Terracottas, Hesperia 21, 1952, 116–164; 23, 1954, 72–107; 26, 1957, 108–128; 28, 1959, 127–152; 31, 1962, 244–262; 32, 1963, 276–292. 301–317 – M. Bieber, The Sculpture of the Hellenistic Age (1955), 1961^2.

C. Römische Plastik. [1] *Ursprünge.* Wie die röm. Kunst überhaupt ist die röm. P. aus sehr heterogenen Wurzeln erwachsen. Die auf der Apenninenhalbinsel vorhandenen Kulturen wurden in Mittelitalien durch die eingewanderten → Etrusker beeinflußt, in Sizilien und Unteritalien durch die Griechen. Die ersten Anzeichen primitiver autochthoner italischer P. (vgl. aber → Villanova) finden wir in einer Urne vom Montescudaio bei → Volaterrae aus dem 8. Jh. v. Chr., in menhirartigen Stelen mit Reliefdarstellungen aus → Felsina. Die Anthropomorphisierung der Aschenurne, die schon in der Donaukultur der Bronzezeit auftritt, setzt sich bes. in → Clusium fort, wo die Deckel die Form von rohgestalteten menschlichen Köpfen erhalten. Diese Ansätze zu einer ital. P. wurden von der etruskischen erstickt und treten nur manchmal noch in etrusk. Werken hervor, z. B. in der → Kapitolinischen Wölfin: die Stilisierung des Kopfes, die Trockenheit der Formen sind ital. Komponenten. In den picenisch-sabellischen Kulturkreis (→ Picenum; → Sabeller) des 5. Jh.s gehört die → Statue eines Kriegers aus → Capestrano, die einen Toten mit Sonnenhut und Rüstung darstellt, der den Überlebenden zwischen zwei Stützen gezeigt wird.

[2] *Zeit der Republik.* Rom war längst hellenisiert, als es nach den Siegen über Karthago zur Hauptstadt des Mittelmeergebietes wurde. Von größter geschichtlicher Folge war es, daß sich der röm. Adel nun mit offenem Sinn der griechisch-mutterländischen Kunst zuwandte. Damit beginnt eine Auseinandersetzung, die sich zunächst in der → Architektur manifestiert. Von 212 v. Chr., der Einnahme von Syrakus angefangen, wird dann die Halbinsel durch das ganze 2. Jh. hindurch mit griech. Statuen und Gemälden überschwemmt – man denke an die Plünderung Ätoliens durch M. → Fulvius (4) Nobilior, Makedoniens durch → Aemilius (10) Paullus, Korinths i. J. 146, Delphis, Olympias, Athens i. J. 88/86 durch → Sulla. Diese Werke schmückten Rom und viele ital. Städte, sie wurden in Werkstätten in Rom und Athen kopiert (Kopistenwesen), umgewandelt, dem dekorativen Zweck und dem Geschmack des Auftraggebers angepaßt, sie gaben Anlaß zu den ersten Auseinandersetzungen über Wert und Unwert der Kunst. Nun offenbart sich das retrospektive Verhältnis der Römer zur Kunst. Zwar setzten sie, obwohl ihnen nicht primär daran gelegen war, die Idee (z. B. ihrer Götter) in der Kunst sinnlich zu vergegenwärtigen, in Kopien und Nachschöpfungen die griech. Idealplastik fort. Aber in erster Linie wendet sich ihre Plastik zwei Aufgaben zu, die tief in ihrem Wesen verwurzelt sind: dem → Historischen Relief (meist als Architekturrelief) und dem → Porträt. Das *Historische Relief*, dessen Ursprünge wohl in der → Historienmalerei liegen, übernimmt die Funktion der Illustration der politischen Macht, der Propaganda, der Meinungsbildung, der Verherrlichung politischer und militärischer Erfolge. Ebenso sollte das *Porträt* nicht wie bei den Griechen edle Männer edler darstellen, sondern, wie die imagines maiorum und die Totenmasken, die einmalige Persönlichkeit zum Ruhme des Geschlechts und der Nation festhalten. Deshalb werden sie in den Panzer, in die Toga gekleidet und seltener als Götter oder Heroen aufgefaßt. Die griech. Form aber hat im 1. Jh. v. Chr. das röm. Porträt aus seiner handwerklichen Gebundenheit zu einem Kunstwerk emporgehoben (Porträts unbekannter Republikaner, Cäsars, Ciceros). In dem Reiterfries des Aemilius-Paullus-Denkmals in → Delphi, dem ersten, das ein Römer errichten ließ (168 v. Chr.), manifestiert sich bereits ein den Griechen fremdes Raumgefühl, eine Lösung von den festen tektonischen Gesetzen. Von den beiden Reliefgruppen der → Ara Domitii (40/30 v. Chr.) läßt sich die eine (die Neptunshochzeit) noch der neuattischen Strömung einordnen, die zweite aber gibt zum erstenmal einen staatspolitischen Akt, eine → lustratio, wieder, um ihn späteren Generationen zu überliefern. Andere Reliefs gruppieren sich um diese Werke, allen ist die Vernachlässigung der festen Tektonik und der Versuch, den Hintergrund als Raum wiederzugeben, gemeinsam – ein italisch-röm. Zug, der deutlicher im Illusionismus des ‹zweiten Stils› der → Malerei (D 2) zu fassen ist.

[3] Die *augusteische Kunst* (vgl. → Kunst) stand zwar, soweit sie Hofkunst war, auch im Dienst der staatlichen Macht und der Dynastie, war aber auch, wie die augusteische Literatur, Ausdruck des Dankes der Zeitgenossen für den endlich gewonnenen Frieden und seine reichen Segnungen. Die Panzerstatue des Augustus von → Primaporta mag sich im Grundschema an den Doryphoros des → Polyklet anlehnen, mag von einem Griechen gemacht sein – ihr Geist ist rein römisch: Augustus ist in Haltung, Gebärde, Ausdruck und Attributen als Weltbeherrscher und Friedensbringer dargestellt; die Reliefs des Panzers verherrlichen die i. J. 20 v. Chr. erfolgte Rückgabe der an die Parther verlorengegangenen Feldzeichen, also einen politischen Erfolg des Augustus. Auch das bedeutendste Denkmal augusteischer Plastik, die → Ara Pacis, dient dieser Idee der Befriedung des Erdkreises durch Augustus. Ihre Reliefs sind von metallharter Klarheit und virtuoser Künstlichkeit: diese Kunst ist intellektuell, will geistige Konzeptionen ausdrükken, nicht die sinnliche Natur wiedergeben; nicht Phantasie, sondern Verstand, der sich ein ausgeklügeltes System

der Allegorie schafft, ist hier am Werk. Der tektonische Charakter des griech. Reliefs ist endgültig aufgegeben. Der Hintergrund wird als Raum in die Darstellung miteinbezogen, wie schon im 2. Stil. Die Figuren (oder Teile von ihnen) tauchen unvermittelt aus dem Raum auf oder versinken in ihn. Gleichberechtigt mit den Figuren ist hier zum erstenmal der ornamentale, pflanzliche Schmuck, der von nun an Aren, Gebälke u. a. ziert. Eine Neuschöpfung der P. ist – wie auf der Ara Pacis ersichtlich – die → Togastatue: das faltenreiche, dekorative, pompöse Gewand verleiht den Gestalten Würde und Ansehen. Die distanzierte Kühle, die von dieser Hofkunst ausgeht, erstreckt sich auch auf die Porträt-P. Sie entfaltet sich zu ungeahnter Höhe: Kaiser und Prinzen werden als Heerführer und Bürger (auch in der abgekürzten Form der Büste), aber auch als Götter oder Heroen dargestellt: z. B. Hermesstatue im Louvre mit Kopf des Augustus (?), Jupiterstatue im Vatikan mit Kopf des Claudius, wobei die Verbindung von realistischem Porträt und idealem nacktem Körper nicht gelungen ist. Daneben gibt es Reliefs, die der sog. Volkskunst angehören, das ital. Formgefühl bewahren und vom griech. nichts aufgenommen haben. Auch in der P. stehen eben *Volkskunst* (Träger die unteren Schichten des Volkes, im Handwerk verwurzelt), *Provinzialkunst* (die in den einzelnen Provinzen von den einheimischen Völkern oder doch unter ihrem Einfluß hervorgebrachte Kunst) und *Reichskunst* (die offizielle Hofkunst, von Stadtrom ausgehend) immer nebeneinander – ein Phänomen, das zu wenig untersucht, einstweilen mit den Begriffen *Bipolarität* (bzw. Zweigleisigkeit von Reichs- und Volkskunst, ohne kohärente Überlieferung und Entwicklung) und *Gattungsstil* (vertikaler Zusammenhang der Gattungen) bezeichnet wird.

[4] In der *neronisch-flavischen Zeit* kommt das schöpferische Wesen der röm. Kunst rein zum Ausdruck; Malerei und Architektur herrschen vor. Die beiden Reliefs vom → Titusbogen zeigen die gleiche illusionistische Darstellungsweise wie die Malerei. Die Figuren treten aus dem Raum, d. h. aus dem Hintergrund heraus, das Licht hebt die bedeutungsvollen Partien hervor, läßt Unwichtiges im Dunkel, modelliert die Gestalten. Durch wenige Figuren wird ein Eindruck von Fülle, Farbe, Leben und Bewegung hervorgebracht. Klassizistischer sind der Fries am Forum Transitorium in Rom und die → Cancelleriareliefs. Auch in den Porträts zeigt sich die malerische Auffassung, die Gesichter haben ein Oberflächenspiel wie nie zuvor. Der Rückschlag setzte unter *Nerva* und *Trajan* ein: der ‹optimus princeps› war in erster Linie Soldat und propagierte die altröm. Tugenden. Die gewandelte Lebensauffassung findet ihren Niederschlag in der Trockenheit der Formen, der Reduzierung auf das Wesentliche, dem Verzicht auf die Pose eines Nero oder Domitian. Die Reliefs des 114 n. Chr. eingeweihten Triumphbogens in Benevent, die ein politisches Programm wiedergeben, sowie diejenigen der → Trajanssäule, die die Feldzüge in Dakien verherrlichen, sind Beispiele für diesen Wirklichkeitsstil: die Ereignisse werden realistisch dargestellt, der Kaiser wird durch Größe hervorgehoben, man sieht von oben auf Städte und Brücken. Unter *Hadrian*, dem Griechenfreund, setzt wieder eine reiche Kopistentätigkeit mit Werkstätten in Rom, Athen, → Aphrodisias in Karien ein. Aus seiner Zeit stammt die letzte plastische Neuschöpfung, der Typus der → Antinoosstatue, der einen auf griech. Vorbilder des 5. Jh.s zurückgehenden nackten Jünglingskörper mit dem nicht allzu persönlichen Porträt des schönen Bithyniers (→ Antinoos, 2) in vollkommener Synthese verbindet. Eine zweite große Leistung der Zeit ist das postume, meisterhaft durchgeformte Porträt des → Trajan in Ostia.

[5] Die *antoninisch-severische Epoche* bringt den Einbruch der Volkskunst in die Reichskunst. Bei den Porträts wird die Oberflächenbehandlung raffinierter, die Lichteffekte stärker, die polierte Haut und die rauh gelassene perückenartige Haarmasse wird auf Kontrastwirkung gearbeitet. Die Büsten reichen nun bis zur Taille, umfassen Schultern, manchmal sogar die Arme, wie beim → Commodus, einem barock zu nennenden theatralischen Werk, das aber nach alter Tradition ein politisches Programm enthält und den Kaiser als den Retter der Welt darstellt. Die einzige hervorragende Charakterstudie severischer Zeit besitzen wir in dem letzten Typus des → Caracallaporträts (Berlin-Neapel). Für die P. sind das Reiterdenkmal → Mark Aurels und die → Markussäule sowie der → Septimius-Severus-Bogen charakteristisch. Die Reiterfigur auf dem schweren Roß ist plump und ungeschickt in der Haltung, die Tendenz, alle Teile möglichst sichtbar zu machen, geht auf Kosten der künstlerischen Konzeption. Das Reliefband der Säule zeigt die Markomannenzüge (mit allegorischen Figuren wie Roma oder Viktoria) in realistischer Weise, ohne Rücksicht auf Perspektive, Vorder- und Hintergrund, handwerksmäßig mit tiefen Bohrkanälen gearbeitet, vielleicht von Künstlern, die nicht in stadtröm. Werkstätten geschult waren. Die Wirkung aber ist von barocker Farbigkeit und Großartigkeit. – Der Einfluß der Provinzen wird im Lauf des 3. Jh.s immer größer, begünstigt durch die politische Gleichstellung der Bewohner durch die → Constitutio Antoniniana (212). Wieweit die künstlerische Eigenständigkeit der Provinzen auf die stadtröm. Kunst eingewirkt hat, gilt es noch zu erforschen; wohl möglich, daß dank solcher Einflüsse z. B. stadtröm. severische Porträts und Reliefs in Auffassung und Ausführung weit voneinander entfernt sind. Sind die Figuren auf den Reliefs des röm. → Septimius-Severus-Bogens noch in den Raum gestellt, in dem sie sich entfalten können, so werden sie auf dem in → Leptis Maior nebeneinander vor eine Wand aufgereiht. Eine völlige Entwertung der sinnlichen Erscheinung tritt ein. Zur *Zeit der Soldatenkaiser* im 3. Jh. verstärken sich die Unterschiede zwischen den einzelnen Strömungen. Zeigt der Sarkophag des Senatskaisers Balbinus (gest. 238) in der Prätextatkatakombe in Rom die traditionellen Szenen der Eheschließung und des Opfers im Beisein allegorischer Gestalten, so finden sich auf dem Schlachtsarkophag → Ludovisi neue Ausdrucksformen: ein scheinbar wirres, doch wohl komponiertes Schlachtgetümmel, in dem der Kaiser als Vertreter des → Mithras seine Truppen zum Sieg führt. Sarkophagreliefs als Ersatz der historischen und Porträts sind meisterhaft gearbeitet, die Tradition der großen röm. Werkstätten besteht ungebrochen fort, was bes. klar in der gallienischen Renaissance hervortritt, die von der neuplatonischen Philosophenschule getragen wird. Der Klassizismus der Zeit greift auf den augusteischen zurück, die Köpfe werden nach stereometrischen Gesetzen aufgebaut. Charakteristisch ist die Auflösung der festen Umrisse, die Vernachlässigung des Hinterkopfes, der Rückseite bei den Statuen, die nur mehr Hochrelieffiguren sind (Togatus in Villa Doria). Daneben gibt es aber noch Werkstätten, die Kopien griech. Werke herstellen, z. B. den Doryphoros in Villa Doria um 265 n. Chr., Dioskuren auf dem Quirinal aus konstantin. Zeit, Athenastatuette aus Epidauros im Nat. Mus. Athen von 304 n. Chr.

[6] In der ‹*Spätantike*› genannten Epoche treten in der Zeit der Tetrarchie ital. Formprinzipien wieder deutlicher hervor (→ Dezennalienbasis), gefolgt von einem neuen Klassizismus unter Konstantin, der sich aber fast ausschließlich auf das höfische Porträt beschränkt, das zu einer glatten, auf Wirkung berechneten Fassade wird. Der Kolossalkopf → Konstantins stellt ihn nicht als Person, sondern als Symbol der Majestät dar. Das Porträt der theodosianischen Epoche ist dagegen übermäßig raffiniert, elegant, ohne jede Konzentration des Blicks. Im 5. Jh. versucht man eine neue Stilisierung der Naturformen durch abstrakte Linienführung. Form und Geist hören auf, eine Einheit zu bilden: diese Köpfe der Spätzeit stellen eine Idee, eine Vorstellung, ein Dogma dar (vgl. den Kopf einer Kaiserin, vielleicht der

→ Theodora, aus dem 2. Viertel des 6. Jh.s in Mailand). Die kolossale Kaiserstatue in → Barletta, in Panzer und mit Globus, drückt zum letztenmal den Gedanken des Imperiums aus. – Die Architekturplastik hörte im Lauf der Spätantike auf, beim → Konstantinsbogen entnahm man schon große Teile aus früheren Monumenten und fertigte nur wenige neu an. Von diesen zeigen zwei Reliefriese klar die Stilprinzipien spätantiker P.: strenge Frontalität, Reihung, Flächigkeit, Heraushebung des Kaisers. Er thront als Dominus und Deus entrückt und anbetungswürdig in der Mitte und nimmt die ganze Reliefhöhe ein, während die Leute seines Gefolges nicht mehr Teilnehmer, sondern nur noch Zuschauer sind. Die gleichen Tendenzen weist das Basisrelief des → Theodosiusobelisken auf. H. v. H.

Lit: F. Wickhoff, Röm. Kunst, 1912 – E. Strong, Scultura Romana, 2 Bde, 1923–25 – A. Riegl, Spätröm. Kunstindustrie (1901), 1927² – W. Technau, Kunst der Römer, 1940 – G. Rodenwaldt, Röm. Reliefs, JdI 55, 1940, 12–43 – J. Kollwitz, Oströn. Plastik, 1941 – P. H. v. Blanckenhagen, Elemente der röm. Kunst, in: Das neue Bild der Antike II, 1942, 310–341 – P. G. Hamberg, Studies in Roman Imperial Art, 1945 – O. Brendel, Prolegomena to a Book on Roman Art, Mem. Am. Ac. 21, 1953, 9–73 – R. Bianchi-Bandinelli, Röm. Kunst, Klio 38, 1960, 267–283 – G. Kaschnitz v. Weinberg, Röm. Kunst I u. II, 1961 – H. v. Heintze, Drei spätantike Porträtstatuen, in: Antike Plastik I, 1962 – K. Schefold, Röm. Kunst als relig. Phänomen 1964.

D.–E. Christliche Plastik (hier ist S. = Sarkophag).

D. Allgemeines. Grundsätzliche Ablehnung der Kultstatue (→ Agalma, → Bild; vgl. ihre kultische Verteidigung durch → Porphyrios, *Περὶ ἀγαλμάτων* noch Ende des 3. Jh.s) bestimmte das Christentum im Unterschied zur vergleichbaren Religion des → Mithras (Freiplastiken des stiertötenden Gottes nach hellenist. Vorbild: → Herakles u. die Hirschkuh; Darstellung des Mythos im Flachrelief auf drehbaren Retabeln des Kultraumes) auch in seiner Einstellung zur P. Das einzige gesicherte christl. Beispiel einer Rund-P., die Statuette des lehrenden Christus im Thermenmuseum, Rom 350/360 (Volbach, 36), kann höchstens in der Exedra eines basilikalen Atriums gestanden haben; die ältere Sitzfigur des → Hippolyt v. Rom, jetzt Vat. Bibliothek, Mitte 3. Jh. (Bovini, I, 16f.), ist wohl Wiederverwendung einer Rhetor-P. für memoriale Zwecke durch eine Sondergemeinde gewesen, im übrigen singulär. Erst Mitte 5. Jh. begegnen in Konstantinopel Marmorbüsten von Evangelisten (Volbach, 74), eindeutig jedoch als Wandschmuck, wie überhaupt fortan im Osten sich Beispiele der Architektur-P. mehren: Säulentrommeln, Ambone, Ciborien und Schranken des Sanktuariums (Volbach, 76–79; 82f.; 181–183). Fragmente aus dem Studioskloster in Konstantinopel Ende 5. Jh. (Einzug in Jerusalem; Maiestas domini) zeigen, wie die Relief-P. die Ikonogramme von → Malerei u. → Mosaik aufnimmt (Volbach, 81). Sie eroberte sich auch anderes Material: Stuck (vgl. z. B. Baptisterium der Orthodoxen in → Ravenna: Volbach, 143), Holz (Türen von S. Ambrogio, Mailand, Ende 4. Jh. und S. Sabina, Rom, ca. 430: Volbach, 102–105), → Elfenbein und Silber (Pyxiden) in der kirchl. → Kleinkunst (4). Ob die polychromen Fragmente des Thermenmuseums (Gerke, I 33f.) einem Kirchenraum angehörten, ist ungewiß; der Thematik nach (z. B. Heilung des Gichtbrüchigen, vgl. Kirche von → Dura; Christus cynicus als Lehrer auf dem Berg, vgl. Katakombe via Latina, Rom: Ferrua, 14) können sie sowohl ihm wie auch der S.-P. angehören, wobei das Malerische der Darstellung das Verbindende ist. Denn auch die S.-P. neigt dem ‹graphischen Reliefstil› (v. Schoenebeck) zu und setzt durch ihre ikonographisch festgelegte Serienproduktion (z. B. Paradeisos-S.e; Quellwunder-Lazarus-S.e; Passions-S.e; Christus-Petrusklasse usw.) Benutzung von Bildvorlagen voraus, auf die auch die → Buchmalerei (vgl. → Illustration; → Malerei E 3) nicht ohne Einfluß bleiben konnte. Die Beobachtung, daß die S.-P. stilgeschichtlich mit der Malerei konform geht und umgekehrt das Auftreten des plastischen Formelements in der Entwicklungsgeschichte der altchristl. → Kunst (II C 2) eher retardierend wirkt, ordnet sich dem durchaus ein.

E. Geschichte. [1] Die *vorkonstantinischen Anfänge*, früher mit den heute als nichtchristl. erkannten S.n der via Salaria, Rom, und La Gayolle, Südfrankreich (Gerke, I 51, 1; 52, 1), belegt, gehören der ‹gallienischen Renaissance› (Rodenwaldt), Mitte des 3. Jh.s, an, als die Thematik des *μουσικὸς ἀνήρ* (Marrou), d. h. philosophischer Todesüberlegenheit, in Lehr- und Leseszenen und die des bukolisch-maritimen Genre die heidnischen → Sarkophage (4) beherrschte. Der Wannen-S. in Maria antica, Rom ca. 260 (Gerke, I, 52, 2), formuliert die Christlichkeit solcher Todesphilosophie eindeutig mit Taufszene und Jonas in der Kürbislaube; ihm steht aus der tetrarchischen Stilphase ca. 280–312 (mit Bohrer arbeitender, sog. pointillistischer Stil, Impressionismus) die Loculusplatte des Konservatorenpalasts zur Seite (Gerke, I 32, 2), wo die Lehrszene durch Gegenüberstellung mit der Lazarusauferweckung christianisiert wird. Das Jonasthema beherrscht überhaupt die P. der Anfänge, vgl. die Einrahmung des einszenigen Konzepts durch Typen philosophischer Bukolik auf dem S. Berlin (Gerke, I 53, 1) oder ihre Verdrängung in die Ecken beim dreiszenigen Entwurf, durch Lazarus, Quellwunder und Moses (Petrus-?)Szenen vermehrt, auf S. Lateran nr. 119 (Volbach, 40). Auf der Schwelle zur Friedenszeit steht schon das Flachrelief von Velletri (Gerke, I 6, 2): Massierung der Typen christl. Rettungssemeiotik wie dreiteilige Jonasszene, Daniel, Adam und Eva, Noah in der Arche, Speisewunder zwischen vertikalen Großfiguren der musischen Typik (→ Guter Hirt, → Orante, ruhender Hirt).

[2] Wohl bricht mit der *konstantinischen Epoche* die ikonographische Kontinuität der Rettungsidee nicht ab; Kombination mit der Petruslegende (Quellwunder; Verhaftung durch die später bekehrten Legionäre; Verleugnung) verleiht ihr sogar stadtröm. Kolorit (Dinkler, 10; dort weiteres Material). Sie gewinnt aber jetzt durch neutestamentliche Wunder u. alttestamentliche Heilsszenen (Abrahamsopfer, Erschaffung und Bestallung des ersten Menschenpaares) eine besondere Akzentuierung des Heilsgedankens. Zweizonige Fries-S.e bieten dafür den erwünschten Raum; vgl. zugleich als Beleg für den ‹harten› Stil (Meißel!) S. Lateran Nr. 104 (Wilpert, 96; nach L'Orange aus den Werkstätten des → Konstantinsbogens). Auch die Mitte 4. Jh. einsetzenden Passions-S.e kennzeichnet solche interpretatio romana: mit Emblemen imperialer Repräsentation gestaltet der S. Lateran Nr. 171 das Konzept der crux invicta (Christusmonogramm als Tropaion von 2 Legionären-Grabeswächtern bewacht und eingerahmt vom Siegerkranz, den der von Sol und Luna als solcher gekennzeichnete Reichsadler von oben her hält; vgl. Galeriusbogen: Volbach, 3); dem entsprechen die Lorbeerkränze über den anderen Passionsszenen, vor allem die zur Siegerehrung transformierte Dornenkrönung (v. Campenhausen, 18). Ähnliches gilt von den Mittelszenen des Bassus-S.s ca. 359: bei der traditio legis an die Apostelfürsten thront Christus über dem caelus, vgl. Galeriusbogen; im Einzug in Jerusalem wird jedoch latent das Motiv des adventus imperatoris angesprochen (Volbach, 41ff.), vgl. auch Lateran-S. Nr. 174 (ebd. 45). Nicht zufällig sind die genannten S.e beste Beispiele des ‹weichen› Stiles ca. 325–360, dessen Klassizismus innerhalb der christl. P. noch am meisten der plastischen Form huldigt: vgl. beim Bassus-S. Eva, die auf die Aphrodite von Knidos zurückgreift (Rumpf). Immerhin ist Einfluß apsidaler Malerei auf die Traditio-legis-Szene nicht ausgeschlossen, vgl. das ältere Tradition voraussetzende Beispiel von S. Costanza, Rom ca. 380 (Volbach, 33). Unverkennbar streitet auf andern Werken des ‹weichen› Stils die Tendenz zur Rund-P. mit der durch Vermehrung des Bildprogramms zwangsläufigen Figurendichte. Darin verbinden sich christl. Erzählerfreude und röm. horror vacui; vgl. sog. Brüder-S. Lateran Nr. 183 A

mit seinen a tergo-Figuren (Gerke, II 37) und den Adelfia-S., Syrakus, ca. 340 (Volbach, 37–39). Dies nimmt im Verlauf der nächsten Phase von 360–380 n. Chr. zu, wobei der Szenenpluralismus selbst bei Zweizonigkeit nur im plastisch verkümmerten Stenogramm (z. B. Hahn-Sigel für Petri Verleugnung) verarbeitet werden kann, die Szenen zudem unübersichtlich und beziehungslos nebeneinanderstehen: vgl. Fragment Servanne, Gallien (Wilpert, 15). Einszenigkeit auf Fries-S.en hingegen weist sowohl im graphischen Reliefstil wie ikonographisch auf den Einfluß der Buchmalerei zurück, vgl. z. B. das Thema des Durchzugs durchs Rote Meer auf S. Arles, Lateran Nr. 111 und S. Split (Wilpert, 97, 1; 200, 3; 210, 2).

[3] Noch stärker beeinflußt in *theodosianischer Zeit* die Apsismalerei die P. (Übernahme der apokalyptischen Lämmerallegorie!). Ihre Hauptmotive: (1) sitzender oder stehender Christus, von 12 huldigenden Aposteln umgeben (Vorbild: adlocutio imperatoris, kombiniert mit christl. Motiv des Stehens auf dem Weltberg mit 4 Paradiesströmen: agnus dei supra montem) und (2) sitzender oder stehender Christus, von den Apostelfürsten flankiert; Märtyrer oder andere Apostel bringen Märtyrerkronen (Vorbild: aurum coronarium). Beide Motive bestimmen die Längsseiten des freistehenden Stadttor-S.s Mailand, ca. 390 (Volbach, 46f.; unten Lämmerallegorie!), während auf den Schmalseiten renaissanceartige Reste der Rettungsabbreviaturen auftreten. Ungeachtet der plastischen Figürlichkeit des theodosian. Meisterwerkes bleibt seine Zentralfigur, der bärtige Christus (Gerke, II 70), impressionistisch, was bei der Kopie des Louvre oder dem Gorgonius-S., Ancona (Wilpert, 82, 10), noch stärker hervortritt, am stärksten jedoch in der spezifisch theodosian. Schöpfung der Stern-Kranz-S.e (Bovini). – Gleichzeitig sind in Ostrom neue Impulse wirksam, vgl. Prinzen-S., Konstantinopel, der die Traditionen des griech. Reliefs aufnimmt und durch Faltenbildung die Körperlichkeit festzuhalten versteht (Volbach, 75), ferner das Beziehung zu kleinasiatischen S.n Sidamaras aufweisende Berliner-S.fragment (Volbach, 73). Belege der oström. S.-P. sind jedoch gering, vgl. z. B. S. von Taşkasap (CArch 11, 1961, 78–86). Dafür gestatten Ravennas S.e das Studium der Fernwirkung oström. P., speziell die S.e mit figürlicher Darstellung. Wohl bleibt die Thematik die gleiche wie im Westen (Einfluß der Apsiden): zur Traditio legis in oström. Eigenart, wonach Paulus die lex erhält, vgl. Volbach, 174. 178 (Echtheit v. 175 umstritten), zum himmlischen coronarium in Kombination mit Traditio legis vgl. Zwölfapostel-S. in Classe (Bovini, II 26f.). Die Tendenz, die Pluralität der Figuren einzuschränken und durch Dreiergruppe auf der Frontseite das Repräsentative des jeweiligen Themas herauszustellen, ist jedoch unverkennbar, vgl. für das coronarium den Rinaldo-S. (Volbach, 177), für traditio legis den S. Museo Nazionale (ebd. 176), ferner S. Braccioforte (Bovini, II 14–16) und S. des Exuperantius (ebd. 28–31). Das führt zur Renaissance der Rettungstypen auf den Schmalseiten, die sowohl stilistisch wie ikonographisch oström. Einfluß bezeugen, zumal auch Marienszenen auftreten, vgl. S. Braccioforte und das Frontbild des Isaak-S.es, San Vitale (Volbach, 179; an den Seiten: Lazarus u. Daniel), der am schönsten die Spiritualität ravennatischer Figürlichkeit belegt.

[4] Schon auf figürlichen S.en beginnt an den Seiten und hinten eine ornamentale P., die in der zweiten Hauptklasse der S.e Ravennas die Fronten beherrscht: bester Vertreter ist der S. des Theodorus in Classe (Bovini, II 32f.), dessen Ornamente an eine Brüstungsplatte des Presbyteriums an S. Apollinare Nuovo Mitte 6. Jh. (Volbach, 181) erinnern, dessen Seitenthema (Taube, auf die fons vitae herabfahrend) jedoch auf die → Mosaiken der Baptisterien verweist. Ungeachtet der allgemeinen chronologischen Problematik der Stücke dürfte die sakramental-ornamentale P. Ravennas bereits der *justinianischen* Epoche angehören, für die wir aus Konstantinopel selbst kein nennenswertes Beispiel aus dem Bereich der S.e haben. Bau-P. (Kapitelle!) und Relief-P. an Ciborien, Ambonen usw. beherrschen das Feld. Als selbständiges Ausdrucksmittel hat die P. keine Aufgabe mehr; ein ihr von den Anfängen an inhärentes Gesetz macht sie entbehrlich. C. A.

Q: J. Wilpert, I sarcofagi cristiani antichi, 5 Bde, 1928–39 – Neues S.-corpus durch Dt. Archäol. Institut in Vorbereitung – *Lit:* M. Lawrence, Art Bull. 10, 1927, 1–25 (Stadttor-S.e) – H. v. Campenhausen, MarbJbKw 5, 1929, 1–47 (Passions-S.e) – O. Thulin, RM 44, 1929, 201–259 (Christus-Statuette) – M. Lawrence, ArtBull. 14, 1933, 103–185 (Säulen-S.e) – Fr. Gerke, Riv. Arch. crist. 12, 1935, 119–163 (Malerei u. P. in theodos. Zeit) – Ders., Der S. des Junius Bassus, 1936 – H. v. Schoenebeck, Der Mailänder S. u. seine Nachfolger, 1935 – Ders., RM 51, 1936, 228–336 (konstantin. S.e) – Ders., Riv. Arch. crist. 14, 1937, 289–343 (Paradeisos-S.e) – G. Rodenwaldt, JdI 51, 1936, 82–113 (Entwicklung zwischen 220–270) – A. C. Soper, Art Bull. 19, 1937, 148–202 (S.e des 4. Jh.s) – Ders., ebd. 20, 1938, 145–192 (S.e Galliens) – K. Schefold, Riv. Arch. crist. 16, 1939, 298 bis 316 (Bassus-S. und Mosaiken von S. Maria Maggiore) – E. Dinkler, MarbJbKw 11, 1939, 1–80 (Petrusdarstellungen auf S.en) – G. Rodenwaldt, JdI 55, 1940, 12–42 (Röm. Reliefs, Vorstufe der Spätantike) – Fr. Gerke, Die christl. S.e der vorkonstant. Zeit, 1940 (im Text zitiert als Gerke I) – J. Kollwitz, Oström. P. der theodosian. Zeit, 1941 – M. Lawrence, The sarcofagi of Ravenna, 1945 – Fr. Gerke, Christus in der spätantiken Pl. (1940), 1948[4] (im Text zitiert als Gerke II) – H.-I. Marrou, Mousikos anēr (1938), anast. 1964 – G. Bovini, I sarcofagi paleocristiani, determinazione della loro cronologia, 1949 (im Text zitiert als Bovini I) – Ders., Sarcofagi p. di Ravenna, 1954 (im Text zitiert als Bovini II) – E. Stommel, Beiträge z. Ikonographie der konstantin. S.-P., 1954 – E. Benoit, Sarcophages paléochrétiens d'Arles et de Marseille, 1954 – M. D. Darsy, Bibliographie... des études sur les portes de S. Sabine, 1954 – J. Kollwitz, Die S.e Ravennas, 1956 (vgl. G. de Francovich, Felix Ravenna 26/27, 1958, 5–172; 28, 1959, 5–175) – S. L. Agnello, Il sarcofago di Adelfia, 1956 – A. Rumpf, Stilphasen der spätantiken Kunst, 1957 – W. F. Volbach-M. Hirmer, Frühchristl. Kunst, 1958 – G. Bovini, Arte moderna 11, 1960, 211–235 (Stern-Kranz = S.e) – Chr. Ihm, Die Programme der christl. Apsismalerei vom 4. Jh. bis z. Mitte des 8. Jh.s, 1960 – J. Doignon, CArch 12, 1962, 65–84 (Durchzugs-S.e) - A. Grabar, Sculptures byzantines de Constantinople, 1963 – Vgl. zu Kunst II C Malerei E.

Platää (*Πλαταιαί*), Ort im südl. → Böotien am N-Abhang des → Kithairon beim heutigen Kokla (Kt. 1152 D 5); seit 519 v. Chr. Anschluß an Athen, 479 Schauplatz des griech. Sieges über das pers. Landheer unter → Mardonios (Hdt. 9, 25–89; → Perserkriege). 431 mißglückter theban. Überfall auf P., Belagerung durch Spartaner und Bundesgenossen, 427 Übergabe der Stadt, Prozeß und Hinrichtung aller Einwohner (Thuk. 3, 61–67, Rede der Thebaner). 382 wiederaufgebaut; 374/373 durch Theben nochmals zerstört, 338 durch → Philipp II. v. Makedonien wiederhergestellt. Siegesfest der Eleutheria (Freiheitsspiele), in der röm. Kaiserzeit durch → Hadrian erneuert. E. M.

Lit: E. Kirsten, RE 20,2 (1950), 2255–2332.

Platane. Die im Mittelmeergebiet heimische P. (*πλάτανος*), benannt nach ihren weit ausgebreiteten, schattenspendenden Ästen, war wie im Orient verschiedenen Gottheiten zugeordnet: 1. *Zeus:* nach der mythischen Überlieferung vereinigte er sich mit → Europa unter einer P. bei Gortyn (Südkreta), unter einer heiligen P. bei Knossos mit Hera. Ein großer P.n-Hain bei dem karischen Labranda war dem Zeus Stratios geweiht. Die Altis von Olympia bestand größtenteils aus P.n. Der Schwur bei P.n dürfte mit der Beziehung zum Himmelsgott zusammenhängen. – 2. *Artemis:* die Reste der P., unter der Agamemnon in Aulis geopfert hatte, zeigte man im Tempel der Göttin. – 3. *Apollon:* P. an der kastalischen Quelle zu Delphi, wo Apollon und Artemis den Python getötet hatten. In Troizen wurde Apollon mit dem Beinamen Platanistios verehrt. In Lydien zeigte man die P. (vgl. aber auch → Pinie), an der der Gott den Marsyas geschunden hatte. – Dem Bereich der Artemis steht die P. nahe, die in Sparta bei der Verlobung der Helena mit Menelaos mit → Lotoskränzen geschmückt wurde; dieselbe Beziehung auf Helena zeigt die P., die Menelaos zu Kalyphai in Arkadien pflanzte, als er zum Kampf gegen Troja aufrief (Paus. 8, 23, 4). Auch hier darf man an eine Beziehung zu Helena denken. Auch Demeter war bei Lerna ein P.n-Hain geweiht. Entscheidend dürfte die Verbindung mit großen Gottheiten durch den mächtigen, oft riesenhaften Wuchs der P. begünstigt worden sein. Auch als Wahrzeichen für Heldengräber ist sie bezeugt: Grab des Ilos vor Troja, des Protesilaos, des Diomedes auf der nach ihm benannten Insel in der Adria; diese bildeten den Ausgang für die Verbreitung der P. nach Unteritalien. In der röm. Kunst war die P. beliebt. Vgl. → Flora. J.W.

Lit: Hehn, 294–301 – Murr, Pflanzenwelt, 12–15 – G. Rodenwaldt, Kunst um Augustus, 1942, Abb. 41 (Silberbecher) – H. Gossen, RE 20,2 (1950), 2337f. – D. B. Thompson, Garden lore of ancient Athens, 1963, Abb. 33f.

Platon

A. Leben – B. Werke: [1] Überlieferung – [2] Chronologie – [3] Die Briefe – C. Lehre: [1] Allgemeines – [2] Ontologie – [3] Anthropologie – [4] Staatstheorie – [5] Kosmologie – D. Fortwirkung.

Vgl. → Akademiker, → Sokratiker, → Neuplatoniker

A. Leben. Die z. T. lückenhafte biographische Tradition, kombiniert mit den wenigen Selbstzeugnissen (außer den in ihrer Echtheit umstrittenen Briefen nur apol. 34A, 38B, Phaid. 59B) ergibt: geb. 427, aus alter, reicher und hochangesehener Familie Athens stammend, Vater Ariston, Mutter Periktione, Brüder Adeimantos und Glaukon, Schwester Potone (später Mutter des → Speusippos), weiterhin verwandt mit den Politikern → Kritias und → Charmides, vielleicht auch mit → Chabrias und → Timotheos (1). Unkontrollierbar sind die Nachrichten über Kindheit und Jugend (dichterische Versuche, Bekanntschaft mit der Philosophie → Heraklits). Wohl seit 407 Umgang mit → Sokrates, dessen Persönlichkeit er wohl nicht als erster, aber als weitaus bedeutendster der → Sokratiker, in seinen Werken immer wieder geschildert hat. Den Prozeß des Sokrates hat er miterlebt; er soll sich nach 399 zu → Eukleides (2) nach Megara begeben, später von Athen aus eine Reise nach Ägypten und Kyrene unternommen haben. Zuverlässig bezeugt sind drei *Reisen nach Sizilien* und Unteritalien: 1. um 388/387, aus nicht sicher faßbarem Anlaß (Besuch der unteritalischen → Pythagoreer? naturwissenschaftliches Interesse am Vulkan Ätna? politische Beziehungen zu → Dionysios I. von Syrakus?). Jedenfalls haben die Pythagoreer ihn stark beeindruckt; der Aufenthalt in Syrakus endete zwar in einem Bruch zwischen P. und Dionysios I., doch konnte P. die dauernde Freundschaft → Dions (1) gewinnen. – 2. 367 trat → Dionysios II. in Syrakus die Herrschaft an und wurde von Dion veranlaßt, P. als philosophischen Berater bei der Reform des Staates einzuladen. Daß P. dabei mit anderen Beratern in Konflikt geriet, war unvermeidlich. Nach der Verbannung Dions aus Syrakus mußte 365 auch P. abreisen. – 3. 361 erfolgte eine zweite, offensichtlich durch persönliche Bewunderung bestimmte Einladung Dionysios' II. nach Syrakus. Doch die Unversöhnlichkeit des Fürsten gegenüber Dion ließ es zu keiner dauerhaften Zusammenarbeit kommen. 360 kehrte P. gegen den Willen Dionysios' II. endgültig nach Athen zurück. P. starb in Athen 348/347. – Nicht sicher fixierbar sind Zeit und Umstände des Beginns seiner *Lehrtätigkeit* und der Organisation einer Schule, der P. ein eigenes Grundstück in der Nähe einer Kultstätte des Heros Hekademos bzw. Akademos zur Verfügung stellte. Man wird annehmen, daß die Gründung der danach genannten → *Akademie* zwischen 387 und 367 erfolgte. Über ihren inneren Aufbau wissen wir nur sehr wenig; daß in Lehrvortrag und Diskussion jene Doktrinen erläutert und erprobt wurden, die zu den publizierten Dialogen den Hintergrund bildeten, ist zu vermuten. Berühmt wurde ein (einmaliger?) Lehrvortrag, den P. wohl erst im Alter vor der athen. Öffentlichkeit ‹Über das Gute› und die Grundgedanken seiner Ontologie hielt. – Als Schule hatte die Akademie einen großen Erfolg. Die Zahl derer, die aus ganz Griechenland für kürzer oder länger P.s Schule besuchten, ist bedeutend: neben reinen Theoretikern stehen viele Politiker. Vereinzelt haben sogar Orientalen P. besucht; so ist P.s in röm. Kopien des Kopfes erhaltene Porträtstatue von Silanion von einem Perser in Auftrag gegeben worden. – Erhalten ist P.s Testament (Diog. Laert. 3,41ff.).

B. Werke. [1] *Überlieferung.* Alles, was P. publiziert hat, ist erhalten. Von dem Vortrag über das Gute, den erst seine Schüler in Nachschriften publiziert haben, besitzen wir allerdings nur Fragmente. Was uns in der Ausgabe des → Thrasyllos als Corpus Platonicum, geordnet in 9 Tetralogien und einem Anhang, erhalten ist, umfaßt mehr, als P. selbst geschrieben hat. Schon die Ausgabe selbst hat eine Anzahl Texte als der Akademie, aber nicht P. gehörend in den Anhang verwiesen. Die moderne Forschung hat die *Echtheit* zahlreicher weiterer Dialoge in Zweifel gezogen, ohne bisher zu definitiven Ergebnissen zu gelangen. Es ist damit zu rechnen, daß in dem Corpus auch liegengelassene Entwürfe, von Schülern fertiggestellte Entwürfe, Werke von Schülern (und andern Sokratikern?) und schließlich hellenist. Fälschungen aufgenommen sind. Bes. starken Bedenken unterliegen die Tetralogien IV (Alkibiades I und II, Hipparchos, Erastai) und VII (Hippias I und II, Ion, Menexenos) sowie die Vorspiele zum ‹Staat› (Kleitophon) und zu den ‹Gesetzen› (Minos).

[2] *Chronologie.* Die Tetralogienordnung ist primär systematisch. Eine absolute Chronologie der Werke herzustellen fehlen uns die Mittel fast völlig: verläßlich ist nur die Datierung des ‹Theaitetos› auf die Zeit bald nach 369 v. Chr. und die antike Angabe, daß die ‹Gesetze› nach dem ‹Staate› und erst im Greisenalter P.s verfaßt sind und erst durch den Schüler Philippos v. Opus veröffentlicht wurden. Daß manches schon 367 vorlag, ist sicher; wie bald nach dem Tode des Sokrates P. zu schreiben begann, wissen wir nicht. Sicher ist, daß die den Prozeß und Tod des Sokrates darstellenden Werke erst geraume Zeit nach 399 verfaßt sind. Besser steht es mit der relativen Chronologie. Sprachbeobachtungen und entwicklungsgeschichtliche Erwägungen lassen Gruppen erkennen: die Frühdialoge diskutieren je ein einzelnes Problem vorwiegend ethischen Charakters, die Spätdialoge bieten Systementwürfe; das Interesse verlagert sich auf Ontologie und Kosmologie. Freilich deuten schon die einfachsten Dialoge die Umrisse der späteren Ontologie an. Summarisch lassen sich vier Gruppen unterscheiden: 1. Laches, Charmides, Protagoras, Euthyphron, Lysis, Staat Buch 1, Ion (wenn echt); 2. Apologie, Kriton, Gorgias, Menon, Euthydemos, Kratylos, sowie, falls echt, Hippias I und II, Menexenos; 3. Symposion, Phaidon, Staat Buch 2–10, Phaidros; 4. Theaitetos Parmenides, Sophistes, Politikos, Timaios, Kritias, Philebos, Gesetze. – Die in dieser Liste nicht genannten Dialoge sind nach dem heutigen Stand der Forschung als höchstwahrscheinlich unecht zu betrachten.

[3] *Die Briefe.* Ein Sonderproblem bilden die der Tetralogie beigegebenen 13 Briefe P.s. Daß die Mehrzahl von ihnen unecht, aber aus gutem biographischem Material verfertigt ist, steht fest. Einige Briefe sind bis heute heftig umstritten, voran der siebente, ein ausführlicher Bericht P.s über seine Erlebnisse in Syrakus und über seine philosophischen Überzeugungen. Zumeist wird Echtheit angenommen, doch bleiben ernste Bedenken.

C. Lehre. [1] *Allgemeines.* Prinzipiell zu beachten ist, daß wir P.s Lehre fast ausschließlich durch die Dialoge kennen, also durch Schriften, die primär an den außenstehenden Leser gerichtet sind und ihn zur philosophischen Problematik und Lebensform hinführen wollen, die Lehre also nicht systematisch und erschöpfend vortragen, sondern nur so viel andeuten, als P. für seine jeweilige Absicht für notwendig hält. Auch wenn es übertrieben wäre, seine Spätphilosophie schon als Hintergrund der Frühdialoge anzusetzen, ist doch sicher, daß P. von Anfang an wesentlich mehr weiß, als er seinen Sokrates sagen läßt. Daß er zudem in den

Frühdialogen mehr Rücksicht auf den geschichtlichen Sokrates und dessen Fragestellung nahm als später, ist anzunehmen, darf aber nicht überschätzt werden, zumal da die ersten Dialoge kaum vor 395 (sicher nicht zu Lebzeiten des Sokrates) verfaßt sind. Ergänzt werden die Dialoge durch einen Lehrvortrag ‹Über das Gute›, von dem Nachschriften des → Aristoteles, → Speusippos, → Xenokrates (3), → Herakleides (3) Pontikos und Hestiaios fragmentarisch faßbar sind. Daß die Schüler darin sozusagen P.s philosophisches Testament sahen und daß die Reste eine unschätzbare Ergänzung zu den Andeutungen der Spätdialoge bilden, ist unbestreitbar; ob das in ihnen faßbare System den Hintergrund zu sämtlichen Dialogen, also den Schlüssel zu ihrem Verständnis bildet, ist eine offene Frage. Immerhin ist die Entfaltung des Denkens vom Laches zum Timaios nicht nur pädagogisch, sondern auch als Ausdruck einer geistigen Entwicklung P.s selbst zu verstehen. – *Zentrum der Philosophie* ist von Anfang an «die Wissenschaft vom Guten» (ἐπιστήμη τοῦ ἀγαθοῦ). Dabei bedeutet Wissenschaft (a) eine Erkenntnisebene, die von der Sinneswahrnehmung wie vom unreflektierten Meinen der großen Menge durchaus abgetrennt ist und ausschließlich den in sich selbst tätigen Geist angeht, und (b) ein Erkenntnisverfahren, das über jeden seiner Schritte Rechenschaft abzulegen vermag und zu zwingenden Einsichten gelangt. In beiden Punkten ist der Einfluß der → Eleaten unverkennbar: bei P. selbst entfaltet sich der erste zur → Anthropologie, der zweite zu Ansätzen der → Logik, die freilich erst bei → Aristoteles eigenständig wird. ‹Das Gute› wiederum ist die oberste Wesenheit schlechthin, eines, immer und überall mit sich selbst identisch, unwandelbar und sich selbst genügend: in den Frühdialogen der verborgene Hintergrund aller sokratischen Fragen nach den Tugenden, dann der *eine* Wert, den jeder Mensch erstrebt, auch wenn ihn die meisten dort suchen, wo er nicht ist; schließlich wird er zum Grund alles Seienden, der selbst ‹noch jenseits des Seienden› (rep. 509B) liegt. Negativ soll der Wertrelativismus der → Sophistik durch die Setzung eines einzigen, absoluten Wertes überwunden werden, positiv wird die Ethik an die Ontologie gebunden (das Gute tritt als das Ewige der Gesamtheit des Wandelbaren und Vergänglichen gegenüber), aber auch der Weg zu einer teleologischen Interpretation der menschlichen und kosmischen Wirklichkeit eröffnet: alles ist, wie es ist, weil es so besser ist.

[2]–[5] *Einzelne Disziplinen.* In ihrer Vollendung hat die Philosophie P.s vier Schwerpunkte in Ontologie, → Anthropologie, → Staatstheorie und → Kosmologie.

[2] *Ontologie.* Es war wohl schon von Anfang an P.s Gedanke, daß die relativen und partikularen Werte zum einen absoluten Werte im Verhältnis der Nachahmung und Teilnahme stünden. Das einzelne Gute ist gut durch seine Bezogenheit auf das Gute an sich. Diese Relation wird nun zu einer universalen erweitert. Die gesamte Welt der partikularen Werte und vergänglichen Dinge wird zum Abbild einer Welt urbildlicher, ewiger, an sich seiender Werte und Dinge. Während P. es in den Dialogen vermeidet, sich terminologisch allzusehr festzulegen, hat sich in der Schule für dieses An-sich-Seiende der Begriff der Gestalt, Form: εἶδος und ἰδέα eingebürgert, ohne daß sich sagen ließe, was P. zur Wahl gerade dieses Begriffes bewogen hat. Es entsteht die → *Ideenlehre,* die von Aristoteles an als Kernstück der Philosophie P.s empfunden worden ist. Statuiert wird ein Kosmos des Seienden, geistiger Natur und nur dem Geiste wahrnehmbar, als Vorbild unseres körperlichen, wandelbaren Kosmos. So klar der Grundgedanke ist, so schwierig ist seine Durchführung im einzelnen. Schon zu Lebzeiten P.s, dann unter seinen Schülern (Speusippos, Xenokrates, Aristoteles) entstand die Diskussion bes. über folgende Fragen: 1. Welcher Natur ist die Beziehung der Ideenwelt zur Sinneswelt? Sind Begriffe wie Nachahmung und Teilnahme so zu verstehen, daß die Ideenwelt die Ursache des Daseins der Sinneswelt ist? Und wenn P. erklärt, daß der göttliche Gestalter der Sinneswelt sich die Ideenwelt bei seiner Arbeit zum Muster genommen hat, wie ist dann die Relation zwischen dem ewigen Gestalter und der ewigen Ideenwelt? – 2. Wovon gibt es Ideen? Gibt es auch solche des Negativen, Häßlichen, Schädlichen und Bösen, gibt es solche nicht nur von Naturdingen (Baum), sondern auch von Artefakten (Tisch)? – 3. Welches ist die Beziehung der Ideen untereinander: wie verhält sich die Idee des Guten zur Idee der Gerechtigkeit, die Idee der Pflanze zur Idee der Rose? Offenbar gibt es Verflechtungen von Ideen, doch liegt es auf der Hand, daß die logischen Begriffssysteme nicht ohne weiteres in den Bereich der Ontologie hinübergenommen werden können. – 4. Gibt es Möglichkeiten, das Wesen der Ideen als solcher näher zu bestimmen? P. scheint schon früh seine Hoffnung auf die mathematischen Wissenschaften (Arithmetik, Geometrie, dann Astronomie und Harmonik) gesetzt zu haben: sie empfahlen sich durch maximale Determiniertheit ihres Gegenstandes, Rationalität ihrer Methode, Evidenz ihrer Ergebnisse. So versuchte P. sich ihrer auf verschiedenen Wegen zur Erhellung der Struktur der Ideen zu bedienen: zwischen Ideen und Sinneswelt wird der Bereich der mathematischen Größen als eine Zwischenwelt eingeschoben, oder es wird die Idee selbst als Zahl verstanden, was freilich zu sehr komplizierten Hypothesen führt (Unterscheidung von Ideenzahlen und gewöhnlichen Zahlen). Die Kritik des → Aristoteles hat sich nicht nur gegen die Ideenlehre im allgemeinen, sondern bes. auch gegen P.s Hochschätzung der Mathematik gerichtet.

[3] *Anthropologie.* Ausgehend vom sokratischen Begriff der ‹Fürsorge für die Seele› (ἐπιμέλεια τῆς ψυχῆς), bezeichnen schon die Frühdialoge die Frage nach der Beschaffenheit der Seele als die eigentlich wichtigste. Thematisch gestellt wird sie jedoch erst im Zusammenhang mit der Ideenlehre. Aus der alten, bes. eleatischen These, daß Gleiches nur durch Gleiches, das Sein also nur durch den ihm gleichen Geist erkannt werden könne, folgert P., daß der die Ideen erkennende Teil des Menschen selbst am Wesen der Ideen teilnehmen, also gleich diesen ewig und für sich bestehend (χωριστός) sein müsse. Dieser Grundgedanke wird, zuweilen nicht ohne Härte, verknüpft mit vier weiteren Thesen, die P. aus älterer Überlieferung übernimmt und umformt: 1. Der wohl alte Glaube, daß die Seele des Menschen mit den Sternen verwandt sei, tritt bei → Alkmeon v. Kroton in die Philosophie ein und wird von P. dahin präzisiert, daß die nach mathematischen Gesetzen ewig kreisenden Gestirne sozusagen eine Erscheinungsform der Ideenwelt seien; der Geist ist ihnen verwandt. Der berühmte Beweis der Unsterblichkeit der Seele aus ihrer ewigen Selbstbewegung (Phaidr. 245C–246A) beruht auf diesem Zusammenhang. – 2. Die Lehre, daß die Seele in dem Sinne unsterblich sei, daß ihrem gegenwärtigen Dasein eine unbegrenzte Präexistenz vorausgehe und eine ebensolche Postexistenz folge, stammt von → Pythagoras. P. greift sie auf, bes. um das Vorhandensein apriorischer Einsichten durch die Rückerinnerung (ἀνάμνησις) des Geistes an eine frühere Existenz zu erklären, in welcher er unbeschwert durch den Körper die Ideen in ihrer Reinheit schon geschaut habe (Menon 81Bff.). – 3. Der Gedanke, daß der Mensch nach dem Tode für das Gute belohnt, das Böse bestraft werde, läßt sich schon aus Homer herauslesen: die Heroen gelangen in selige Gefilde, die Gottesverächter in den Tartaros. P. nimmt dies in seinen einflußreichen Mythen (bes. in Apologie, Gorgias und Staat) auf als Wahrheit, die zwar nicht beweisbar ist, aber geglaubt werden soll, weil sie ehrwürdige Tradition und innere Glaubwürdigkeit für sich hat. Das Totengericht schafft Gerechtigkeit (die Sonderung in Selige, befristet Verurteilte und ewig Verdammte hat das christl. Jenseitsbild stark beeinflußt), die Hoffnung der Heroen auf Götternähe transformiert sich zur Gewißheit des

Philosophen, daß redliches Bemühen des an den Körper gebundenen Geistes um eine annähernde Erkenntnis der Ideen nach dem körperlichen Tode mit der unmittelbaren Schau der Ideen belohnt werde. Ein schwieriges Problem entsteht freilich dadurch, daß einerseits nur der dem Ewigen zugewandte Geist wesenhaft unsterblich sein soll, anderseits das Totengericht impliziert, daß der Mensch auch nach dem Verlassen des Leibes Freude und vor allem Schmerz empfinden kann. Dies Problem hat noch die → Neuplatoniker und über sie hinweg die christl. Theologie beschäftigt. – 4. Die Psychologie des attischen Dramas (bes. bei → Euripides) beginnt auf die Konflikte zwischen Einsicht und Affekt aufmerksam zu machen. P. ist zunächst geneigt, der wohl sokratischen These zu folgen, wonach es genüge, das Gute zu erkennen, um es auch zu wollen und zu verwirklichen; eine Überwältigung der Einsicht durch den Affekt gilt als undenkbar; Fehlleistungen beruhen auf mangelnder Einsicht (*ἀμαθία*). Im ‹Staate› freilich baut er eine Seelenlehre auf (→ Psyche), die nicht nur drei Seelenteile, sondern auch je nach dem Überwiegen eines der Teile drei Menschentypen (und Berufsstände) unterscheidet: Erkennen (Philosoph und Staatslenker), Mut (Krieger), Begehren (Erwerbsstand). Als Tugend ist dem ersten die Einsicht, dem zweiten die Tapferkeit, dem dritten die Selbstzucht spezifisch zugeordnet. Die Koordination aller Teile besorgt die Gerechtigkeit (das System der vier → Kardinaltugenden hat durch P. für Jahrhunderte eine fast kanonische Geltung erhalten; → Ethik C 3). Gewisse Schwierigkeiten bereitet die Einordnung des ‹Mutartigen› (*θυμοειδές*). Während der Gegensatz zwischen Einsicht und Begehren evident scheint, bleibt die Funktion des Mutartigen zwischen den beiden Polen undurchsichtig. So tritt vielleicht schon bei P. neben die Dreiteilung die Zweiteilung in Vernunftbegabtes (*λογικόν*) und Vernunftloses (*ἄλογον*).

[4] *Staatstheorie.* Anders als Sokrates ist P. schon als Mitglied einer hochangesehenen athen. Familie von vornherein dem Staate zugewandt gewesen. Neben die Flucht in die Region des Ewigen (Theait. 176A) tritt der Anspruch, den Staat zu ordnen. Der Konstruktion des besten Staates bis in alle Einzelheiten des praktischen Lebens dienen die zwei umfangreichsten Dialoge P.s (Staat, Gesetze). Die Struktur des Staates ist derjenigen der Seele analog (→ Analogie), und so ist auch beider Ziel analog, die Eudaimonie in der auf Ideenerkenntnis gegründeten Tugend. Aufgabe des Staatslenkers, der mit dem die Ideenerkenntnis schon besitzenden Philosophen identisch sein muß (die berühmte Stelle über den ‹Philosophenkönig› rep. 5, 473 C), ist es, die dazu begabten Naturen planmäßig heranzuzüchten und nach festem Programm zu erziehen. Weiterhin entsprechen den drei Seelenteilen die drei Stände im Staate. Jeder Stand hat seine nur ihm zukommende Aufgabe: der erste die Regierung, der zweite den bewaffneten Schutz, der dritte die Fürsorge für die Lebensbedürfnisse. Die Staatsform ist demnach aristokratisch, da weder der zweite noch gar der dritte Stand an der Regierung teilnehmen. Der dritte Stand ist vom Kriegsdienst befreit, hat aber die Aufgabe, für den Lebensunterhalt der beiden ersten Stände zu sorgen. Bezeichnenderweise läßt P. die beiden ersten Stände als ‹Wächter› des Ganzen (*φύλακες*) vielfach ineinander übergehen. Die philosophische Erziehungs- und Lebensordnung gilt nur für sie, während der dritte Stand sich selbst überlassen bleibt. Jene Ordnung ist von zwei Momenten beherrscht: 1. im Daseinsablauf darf nichts dem Zufall oder der kurzsichtigen Willkür des Einzelnen überlassen bleiben. Der philosophisch wissende Regent schreibt vor, wer wann wen heiraten und innerhalb einer festgelegten Zeitspanne Kinder zeugen darf und welche Kinder zu ‹Wächtern› aufgezogen werden dürfen. Die Erziehung der Kinder steht von Anfang an vollständig unter der Kontrolle der Regenten. Auf die Elementarstufen folgt die Erziehung in Gymnastik und bes. Musik. P. bewertet den Einfluß von Musik und Dichtung sehr hoch, so daß alles darauf ankommt, nur die zum Guten führende Musik und Dichtung wirken zu lassen, die andere auszuscheiden (Verbannung von Epos und Tragödie sowie bestimmter Formen der Musik aus P.s Staat). Die höher Begabten studieren vom 20. bis 30. Lebensjahr das mathematische Quadrivium (Arithmetik, Geometrie, Astronomie, Harmonik), darnach erst die ‹Dialektik› als die oberste Wissenschaft; erst vom 50. Lebensjahr an dürfen sie als Regenten tätig sein. – 2. Der vollkommene Staat soll sich auszeichnen durch innere Einigkeit, die philosophisch das Abbild der Einheit des Guten, politisch die Voraussetzung der Widerstandsfähigkeit gegen außen ist (P.s Staat ist nicht als imaginärer Universalstaat, sondern als realer, partikularer Staat gedacht). P. will die Einigkeit durch Aufgehen alles Privaten (*ἴδιον*) in das Gemeinsame (*κοινόν*) erreichen. Konkret führt dies zu den zwei berühmten, schon von Aristoteles bekämpften Paradoxa: der Gemeinschaft des Besitzes und Gemeinschaft der Frauen und Kinder im Bereich der beiden oberen Stände. Wo Mein und Dein ausgeschaltet sind, kann nach P. die vollkommene Eintracht nicht ausbleiben. Zu ergänzen ist, daß in P.s Staat die Aufgabe der Frau in den beiden oberen Ständen grundsätzlich dieselbe ist wie diejenige des Mannes. – Obschon P. damit rechnet, daß der vollkommene Staat existieren kann und vielleicht schon einmal existiert hat, nimmt er an, daß eine rätselhafte Verkettung von Umständen zu seinem Zerfall zu führen vermag. In den Etappen der Timokratie (Staat der Ehrgeizigen), Oligarchie (Staat der Reichen) und Demokratie (Staat der Vielen) vollzieht sich der Abstieg vom Staat der Philosophen zum Staat des Tyrannen, den schon der ‹Gorgias› als Gegenpol zum Philosophen gezeichnet hatte. P.s Bild des Tyrannen als des dem Schein Verfallenen, grenzenlos Selbstsüchtigen und insgeheim grenzenlos Unseligen hat stärkste Wirkung gehabt und oft vergessen lassen, daß diese ‹Idee› des Tyrannen den historischen Tyrannen ebenso ferne steht wie die Idee des Philosophenkönigs dem historischen Sokrates. Ob aus dem Staat der Tyrannen ein Rückweg zum Staat der Philosophen möglich ist, sagt P. nicht. Bemerkenswert und aus eigenem Erleben geschöpft ist P.s schonungsloses Porträt des demokratischen Staates. Umgekehrt entlehnt seine Beschreibung des vollkommenen Staates manche Züge idealisierenden Schilderungen des spartan., z. T. des ägypt. Staates.

[5] *Kosmologie.* Schon vorsokratisch ist der Gedanke, der Kosmos sei als ein sinnreicher Mechanismus oder als beseeltes Lebewesen aufzufassen. P. übernimmt beides und verbindet ferner die sokratische Analogie zwischen der weltlenkenden Gottheit und dem schaffenden Handwerker mit seiner eigenen Lehre vom Guten und der aus diesem sich entfaltenden Ideenwelt. Dies bildet den Ansatz zur → Kosmologie, deren Ausarbeitung ihn auch im einzelnen zu intensiver Auseinandersetzung mit der späten → Vorsokratik, bes. → Anaxagoras, → Empedokles und → Demokrit veranlaßt. Der der Kosmologie gewidmete Timaios ist in der Antike neben der Apologie, Phaidon, Gorgias und Staat das einflußreichste Werk P.s gewesen, obschon ihn P. selbst als Mythos, also der Nachprüfung im sokratischen Gespräch nicht zugänglich bezeichnet hat. Der sichtbare Kosmos ist einer, in der Materie und im Raume vom Welthandwerker geformt als ein körperliches und zeitliches Abbild der Idee des Kosmos, die zugleich die Idee des vollkommenen Lebewesens ist. Der Kosmos ist also geworden, geschaffen vom Welthandwerker, der gut ist und alles andere an seinem Gutsein teilnehmen lassen will; darum ist der Kosmos auch unvergänglich, nicht seinem Wesen nach, sondern weil sein Gestalter es so will. Wie das Urbild ist auch der sichtbare Kosmos ein beseeltes, vernunftbegabtes Lebewesen. Konkret aufgebaut ist er aus den vier Elementen, von denen Feuer und Erde primär konstituierende, Luft und Wasser vermittelnde sind. Allesamt sind sie reduzierbar auf vier regelmäßige Polyeder (Erde-Würfel,

Feuer-Tetraeder, Luft-Oktaeder, Wasser-Ikosaeder; unbestimmt bleibt die Rolle des 5. Polyeders, des Dodekaeders) und diese wiederum auf zwei Urdreiecke. Die Weltseele hält den Bau von außen wie von innen zusammen; sie ist kunstvoll gemischt aus dem Ungeteilten der Ideen und dem Geteilten der Körperlichkeit und ist darum fähig, die Ideen- wie die Körperwelt zu erkennen. Lebewesen sind weiterhin neben denen in Luft, Wasser und auf der Erde vor allem die als feurige Gestirne sichtbaren Götter. Es sind diese Götter, die im Auftrag des Welthandwerkers die sterblichen Lebewesen bilden; er selbst formt nur noch den unsterblichen Teil der menschlichen Seele aus den Überresten der Stoffe, aus denen er die Weltseele geschaffen hatte. Nächst den kosmologischen Grundbegriffen und der Astronomie spielt im Timaios die Physiologie des Menschen eine Hauptrolle. Die drei Seelenteile erhalten je ihren Sitz im Körper zugewiesen (Erkennen im Kopfe, Mut zwischen Hals und Zwerchfell mit dem Herzen als Mitte, Begehren zwischen Zwerchfell und Nabel unter Steuerung der Leber), die Wahrnehmungsorgane werden analysiert und teleologisch gedeutet, endlich auch die Krankheiten des Leibes wie der Seele überblickt und Heilungsmethoden angedeutet. Lufttiere, Erdtiere und Wassertiere bilden eine absteigende Folge, charakterisiert durch einen immer geringeren Anteil an der Vernunft (vgl. → Zoologie).

D. FORTWIRKUNG. Schon P.s Schüler haben den *Timaios* zum Gegenstand der Exegese und Diskussion gemacht. Stark gewirkt hat er später auf → Poseidonios, von dem vermutlich angeregt → Cicero den Anfangsteil ins Lat. übersetzte. Seine Bedeutung für den Neuplatonismus ist am umfangreichen Kommentar des → Proklos, der die älteren Exegesen verarbeitet, abzulesen. In der lat. Welt haben Übersetzung und Kommentar des → Calcidius bis tief ins MA gewirkt. Insofern hat unter P.s Werken als philosophische Leistung der Timaios geschichtlich den breitesten Einfluß gehabt. Am ‹*Staat*› wirkten nächst den Paradoxa vorzugsweise die Exposition der Seelenlehre und des Erziehungsaufstiegs über das mathematische Quadrivium zur Dialektik; zum *Gorgias* wie zum *Phaidros* mußte die Rhetorik Stellung nehmen; *Phaidon* wie *Symposion* und Verwandtes wurden in der Antike mehr zur Erbauung gelesen, während die abstrakte Dialektik des *Sophistes*, *Parmenides* u.a. nur Spezialisten zugänglich war. Vom Hochmittelalter an tritt der Timaios zurück. Den menschlichen Charme der *Frühdialoge* hat eigentlich erst die Neuzeit entdeckt. O.G.

Ed: J. Burnet, OCT, 1900ff. – A. Croiset-L. Robin-E. Chambry-A. Diès-E. des Places u.a., CB, 1935ff. – *Übers:* F. Schleiermacher, 1804–10 – O. Apelt, Meiners philos. Bibl., 1911ff. (z.T. neu aufgelegt) – R. Rufener, BAW, 1948ff. – *Lit:* P. Bovet, Le Dieu de Platon, 1903 – H. Raeder, P.s philosophische Entwicklung, 1905 – C. Ritter, Platon, 2 Bde, 1910 u. 1923 – H. Barth, Die Seele in der Philosophie P.s, 1921 – E. Frank, Plato u. die sog. Pythagoreer, 1923 – U. von Wilamowitz, Platon (1919), 1923^3 – A. Diès, Autour de P., 2 Bde, 1927 – Ed. des Places, Etudes sur quelques particules de liaison chez P., 1929 – H. G. Gadamer, P. dialektische Ethik, 1931 – J. Stenzel, Stud. z. Entwickl. d. plat. Dialektik von Sokrates bis zu Aristoteles (1917), 1931^2 – Ders., Zahl u. Gestalt bei P. u Aristoteles (1924), 1933^2 – A. J. Festugière, Contemplation et vie contemplative selon P., 1936 – R. Schaerer, La question Platonicienne, 1938 – A. Preiswerk, Das Einzelne bei P. u. Aristoteles, Philol. Suppl. 32, 1, 1939 – J. Bidez, Eos ou Platon et l'Orient, 1945 – J. Kerschensteiner, P. u. d. Orient, 1945 – O. Reverdin, La religion dans la cité Platonicienne, 1945 – V. Goldschmidt, Les dialogues de P., 1947 – Ders., Le paradigme dans la dialectique Platonicienne, 1947 – Ch. Mugler, P. et la recherche mathématique de son époque, 1948 – K. Vourveris, P. kai Athenai, 1950 – P. Merlan, From Platonism to Neoplatonism, 1953 – P. Friedländer, Platon (1928), 1954^2 – R. Joly, Le thème philosophique des genres de vie dans l'antiquité classique, 1956 – J. van Camp u. P. Canart, Le sens du mot Theios chez P., 1956 – H. J. Krämer, Arete bei P. u. Aristoteles, 1959 – C. J. Classen, Unters. z. P.s Jagdbildern, 1960 – K. Gaiser, P.s ungeschriebene Lehre, 1963.

2. P. *Komikos*, von Athen, Dichter der alten → Komödie (I B); Zeitgenosse des → Eupolis und → Aristophanes. Erster Dionysiensieg 414, Lenäensieg früher. Überliefert sind 30 Titel von Komödien, zwei als unecht verdächtigt. Seine Stücke zeichnen sich aus durch scharfe Kritik an der zeitgenössischen Politik. Lebende Politiker als Titelhelden (vgl. → Phrynichos, 3) von Komödien sind ‹Hyperbolos› (wohl vor 417), ‹Peisandros› (wohl vor 411) und ‹Kleophon› (405). In den ‹Presbeis› (‹Gesandte›, ca. 393/2) wird der bestechliche Epikrates (als Gesandter in Persien und Sparta tätig) verspottet. Andere Stücke sind → Mythentravestien, am berühmtesten der ‹Phaon› (391), der den Geliebten der Aphrodite ausgelassen behandelt. Th.G.

Frg: FAttCom I 488–565.

Platonios, spätantiker oder byzantinischer Aristophaneskommentator. Aus der Vorrede haben sich zwei vortreffliche Abschnitte erhalten: über die Unterschiede zwischen alter und mittlerer und die Hauptvertreter der alten Komödie. Die Qualität des Inhaltes deutet auf eine wertvolle, vielleicht frühhellenistische Vorlage. H.E.

Frg: CGF I 1, 3–6.

Plautia Urgulanilla, Enkelin von → Livias Freundin Urgulania, erste Gattin des → Claudius (1), dem sie zwei Kinder gebar, die früh starben (Stammbaum → Jul.-claud. Haus). P. wurde von ihm verstoßen (Suet. Claud. 26). H.T.

Plautianus, C. Fulvius, gest. 205 n. Chr. Als Landsmann des → Septimius (3) Severus zeichnet sich P. zuerst in den Kämpfen gegen → Pescennius Niger und im Partherkrieg aus. Wohl 197 wird ihm das Amt des Gardepräfekten übertragen, das er seit 200 allein bekleidet und wie → Sejan zur Grundlage eines nahezu unbeschränkten Einflusses macht. 202 wird Plautians Tochter Plautilla mit → Caracalla verheiratet. 203 Konsul. P. gilt als Mitglied des Kaiserhauses, wird durch zahlreiche Statuen und Widmungen geehrt, für ihn wird öffentlich gebetet. Sein Ehrgeiz und seine Anmaßung führen zur Feindschaft mit → Iulia (6) Domna und → Caracalla, der ihn 205 töten läßt. P. fällt der → damnatio memoriae anheim, seine Verwandten und Anhänger werden verfolgt, sein großer Besitz konfisziert. K.Chr.

Plautius, A., cos. suff. 29 n. Chr., Sohn des A. Plautius, cos. suff. 1 v. Chr., Großneffe der Urgulania, der Freundin → Livias. Als Legat von Pannonien (39–42) wurde P. mit der Führung des britannischen Feldzuges beauftragt. Er besiegte die Trinobanten unter den Söhnen des Cunobellinus und nahm Camulodunum (Colchester) ein. P. dehnte das eroberte Gebiet von Lincoln bis nach Seaton/Devonshire aus. 47 erhielt er die außerordentliche Ehrung einer Ovatio. Seine Gattin Pomponia Graecina wurde 57 wegen ‹externa superstitio› (fremder, abergläubischer Praktiken) angeklagt und nach altem, vergessenem Brauch vor das Hausgericht des Gatten gestellt, der sie freisprach. P. starb wahrscheinlich bald danach, Pomponia Graecina lebte noch i.J. 84. U.Wm.

Lit: R. G. Collingwood-J. N. L. Myres, Roman Britain, 1945, 78–91 – L. R. Taylor, Trebula Suffenas and the Plautii Silvani, Mem. Am. Ac. 24, 1956, 7–30.

2. P., vermutlich aus der hocharistokratischen Familie der Plautier; lebte wahrscheinlich z.Z. Vespasians. Sein Hauptwerk über das Ius honorarium datiert Krüger (a.O. 173) zwischen Nerva und Iavolenus Priscus. Bearbeitungen sind von → Neratius, → Iavolenus, → Pomponius (1) und → Paulus (2) bekannt; Auszüge daraus finden sich in den Digesten. H.Hb.

Lit: P. Krüger, Gesch. d. Quellen u. Lit. d. röm. Rechts (1888), 1912^2, 173f. – H. Siber, RE 21, 1 (1951), 45–51 – W. Kunkel, Herkunft u. soz. Stellung d. röm. Juristen, 1952, 134.

3. P. Hypsaeus, P. (aed. 58 v. Chr.), Anhänger des → Pompeius (2), dessen Proquästor er seit 65 für einige Zeit im Osten war. Er bewarb sich für 52 um das Konsulat, wobei er im Gebrauch von Knüttelbanden hinter seinen Mitbewerbern nicht zurückstand (vgl. T. Annius → Milo). 52 wegen ambitus verurteilt. Chr.M.

4. P. Lateranus, cos. des. 65 n. Chr., Neffe des A. → P. (1). Als adulter der → Messalina 48 aus dem Senat gestoßen, unter → Nero 55 restituiert. Wegen Teilnahme an der Verschwörung des → Piso (2) i.J. 65 getötet, seine Güter konfisziert. U.Wm.

5. **P. Silvanus,** M. (tr. pl. 89 v. Chr.), forderte das → Bürgerrecht für Bürger föderierter Städte, die ihren Wohnsitz irgendwo in Italien hatten. Seine lex iudiciaria richtete sich gegen die Rittergerichte: jede Tribus sollte 15 Geschworene ohne Unterschied des Standes für ein Jahr wählen (unter → Cinna aufgehoben). G.G.

6. **P. Silvanus,** M., cos. 2 v. Chr., Prokonsul von Asia ca. 4/5 n. Chr., Legat von Galatien 5/6. P. kämpfte mit mehreren Legionen im pannonischen Aufstand und erhielt die Triumphalornamente. Seine Mutter Urgulania war mit → Livia befreundet, seine Tochter → Plautia Urgulanilla mit → Claudius (1) verheiratet. U.Wm.

Lit: L. R. Taylor, Trebula Suffenas and the Plautii Silvani, Mem. Am. Ac. 24, 1956, 7–30.

7. **P. Silvanus Aelianus,** Tib., cos. suff. 45 n. Chr., II 74. Seine Laufbahn aus einer Inschrift am Plautiergrab bei Tibur bekannt (Dessau 986). Quästor des → Tiberius (1), Legionslegat in Germanien, Prätor ca. 42, Legat und comes des → Claudius (1) in Britannien. Nach dem Prokonsulat von Asia (ca. 56) Legat von Moesia (61–68). P. unterdrückte einen Aufstand der Sarmaten, obwohl ein Teil seines Heeres am Feldzug des → Corbulo teilnahm; siedelte 100000 Transdanuvii in Moesia an; schloß Klientelverträge mit Bastarnern, Roxolanen und Dakern ab; sicherte den Frieden und die Grenzen der Provinz; entsetzte die von Skythen eingeschlossene Stadt Chersonesos und unterstützte die Kornversorgung Roms durch Getreidesendungen. → Nero (1) ignorierte seine Erfolge, erst unter → Vespasian (73) erhielt er die Triumphalornamente. Nach der Statthalterschaft von Hispania Tarraconensis (70–73?) Stadtpräfekt. P. scheint vor Vespasian gestorben zu sein. U.Wm.

Lit: L. R. Taylor, Trebula Suffenas and the Plautii Silvani, Mem. Am. Ac. 24, 1956, 7–30.

Plautus

[1] Leben – [2] Die Komödien – [3] Gestaltung – [4] Sprache – Vgl. → Komödie (II), → Palliata.

[1] Über das *Leben* des T. Maccius P. aus Sarsina (Umbrien) besitzen wir außer dem Todesdatum 184 v. Chr. nur spärliche, z. T. anekdotenhafte Nachrichten (Tätigkeit als Bühnenarbeiter oder Schauspieler, Handelsgeschäfte, Verschuldung, Arbeit in einer Mühle: Varro bei Gell. 3, 3, 14). Da der Name Maccius wohl mit Maccus, einer Figur in der → Atellana, zusammenhängt, erscheint es glaublich, daß P. in jungen Jahren am Theater tätig gewesen ist.

[2] *Die Komödien.* Insgesamt 130 Stücke wurden P. zugeschrieben, über deren Echtheit früh eine lebhafte Diskussion entstand (→ Accius, → Aelius (8) Stilo, → Volcacius Sedigitus). 20 Stücke, sowie 100 Verse der Vidularia (‹Das Kofferstück›), sind erhalten, was wohl den 21 von Varro (bei Gell., a. O.) als sicher echt bezeichneten Werken entspricht. Titel anderer Stücke sind bei → Terenz (Eun. 25; Ad. 7) und Varro genannt (zur ‹Boeotia› → Aquilius, 1). – 1. *Amphitruo,* Tragikomödie (V. 59) bzw. → Mythentravestie: Juppiter nähert sich → Alkmene in Gestalt ihres Gatten Amphitryon; Merkur erscheint als Diener Sosia; Prophezeiung der Geburt des → Herakles. Grundlage für Vitalis von Blois, Rotrou, Molière, Kleist. – 2. *Asinaria,* ‹Die Eselskomödie›, nach → Demophilos, lebhafte Burleske (zwei Sklaven, eine junge Hetäre und eine geldgierige Kupplerin, verliebter Alter): bei einem Eselshandel unterschlägt ein Sklave das Geld, mit dem der Jüngling in den Besitz seiner Geliebten gelangen kann. – 3. *Aulularia,* ‹Die Goldtopfkomödie›, nach → Menander: im Zentrum steht der Geizhals Euclio mit seiner Angst um den Goldtopf, der dann doch gestohlen wird; in loser Verbindung damit eine Liebesgeschichte um die Tochter des Geizigen. Schluß verloren. Grundlage für Molières ‹L'Avare›, vgl. → Querolus. – 4. *Bacchides,* ‹Die Schwestern Bacchis› (Menander: *Δὶς ἐξαπατῶν*): ein listiger Sklave (Chrysalus) erschwindelt für zwei Jünglinge Geld, um die Hetären zu bezahlen, denen zuletzt auch die Väter zum Opfer fallen. Anfang verloren. – 5. *Captivi,* ‹Die Gefangenen›, ein moralisches Lustspiel ohne Frauenrollen und Liebesintrige: nach langem Suchen findet Hegio seine beiden Söhne wieder. Von Lessing übersetzt. – 6. *Casina* (→ Diphilos: *Κληρούμενοι*), stark possenhaftes Stück, in dem wiederum (vgl. Asinaria, Bacchides) Vater und Sohn um dasselbe Mädchen, Casina, rivalisieren: in einer Verlosung gewinnt der vom Alten vorgeschobene Olympio die Braut, doch muß der Vater, in einer Verkleidungsszene übertölpelt, sie schließlich an den Sohn abtreten. – 7. *Cistellaria,* ‹Die Kästchenkomödie› (Menander: *Συναριστῶσαι*), lückenhaft erhalten. Die Geschichte dreht sich um ein Kästchen mit Erkennungszeichen, durch die das Mädchen als Tochter des Nachbarn erkannt wird (→ Anagnorisis), so daß eine Heirat der Liebenden möglich wird. – 8. *Curculio,* ‹Der Kornwurm› (Name des Parasiten), in der Art der üblichen Intrigen- und Erkennungsstücke, aber mit einer Art → Parabase (462–486): der Garderobier (choragus) zählt verschiedene Sorten von Stadtrömern und ihre bevorzugten Quartiere auf. – 9. *Epidicus,* kurzes Stück, verwickelte Intrige: doppelte Überlistung des Alten durch den Sklaven Epidicus; eine Erkennungsszene bringt an den Tag, daß die Geliebte eine Halbschwester des Jünglings ist (vielleicht endigte das unbekannte griech. Original mit einer Geschwisterheirat: vgl. Menanders *Γεωργός*). – 10. *Menaechmi,* ‹Die beiden Menaechmi›, Verwechslungskomödie: Sosicles, alias Menaechmus, findet seinen Zwillingsbruder Menaechmus in Epidamnus, nachdem die Namensgleichheit und die Ähnlichkeit ihres Äußeren zu einigen lustigen Verwicklungen geführt haben. Von Shakespeare für ‹The comedy of errors› verwendet. – 11. *Mercator,* ‹Der Händler› (→ Philemon (1): *Ἔμπορος*): Rivalität Vater/Sohn (vgl. Casinaria) um ein von einer Handelsreise mitgebrachtes Mädchen. – 12. *Miles gloriosus,* ‹Der bramarbasierende Soldat›, Doppelspiel eines Mädchens, Prellung des Aufschneiders. – 13. *Mostellaria,* ‹Das Gespensterstück› (→ Philemon?: *Φάσμα*): einem unverhofft heimkehrenden Vater wird vorgegaukelt, das Haus, in welchem sein Sohn gerade zecht, sei von einem Gespenst bewohnt. – 14. *Persa,* ‹Der Perser› (nach einem Original aus der Mittleren(?) Komödie), muntere Burleske mit Sklaven als Liebhabern, Verkauf eines orientalisch verkleideten Mädchens, Gelage auf offener Straße. – 15. *Poenulus,* ‹Der Punier› (nach Menander, Diphilos oder → Alexis: *Καρχηδόνιος*): ein Karthager findet seine zwei geraubten Töchter wieder. Verwendung punischer Wörter. – 16. *Pseudolus:* Prellung eines Kupplers durch den das Stück beherrschenden Sklaven Pseudolus. – 17. *Rudens,* ‹Das Seil› (nach → Diphilos), Erkennungsstück voll menschlicher Wärme, das noch heute bes. beliebt ist. Originelle Szenerie: Küste von Kyrene und Schiffbruch. – 18. *Stichus* (Sklavenname; nach Menanders *Ἀδελφοί*), singuläre Aneinanderreihung loser Szenen: das Warten zweier Ehefrauen, Heimkehr der Männer und Enttäuschung des Parasiten, Festgelage der Dienerschaft. – 19. *Trinummus,* ‹Der Dreibatzentag› (Philemon: *Θησαυρός*), ruhiges Lustspiel, von Lessing bearbeitet. – 20. *Truculentus,* ‹Der Grobian›: Intrige um eine Hetäre und ihre drei Liebhaber. – 15 Stücke besitzen einen *Prolog,* gesprochen von einer allegorischen Figur (z. B. Trinummus: Luxuria, ‹Verschwendung›, und Inopia, ‹Mangel›), einer Person des Stücks (z. B. Amphitruo: Merkur) oder einem speziellen Prologsprecher: es soll die Aufmerksamkeit des unruhigen Publikums gewonnen, das Programm angepriesen werden; die Szene, allenfalls die Vorgeschichte, wird mit vielen Witzeleien und Abschweifungen erklärt. Das echt Plautinische läßt sich manchmal nur schwer von Änderungen späterer Regisseure unterscheiden; z. B. ist der Anfang des Casina-Prologs erst eine Generation nach P. entstanden. – Die Chronologie der Stücke steht nicht fest;

durch → Didaskalien datierbar sind nur Pseudolus (191 vor Chr.) und Stichus (200).

[3] *Gestaltung.* P., der sich als erster der altlat. Dichter auf eine einzige Literaturgattung beschränkt, zeigt in diesem einen Gebiet eine erstaunliche Breite; die Skala reicht vom moralisch-sentimentalen Rührstück bis zur burlesken Szenenfolge. P. ist mit seinen Vorlagen sehr frei verfahren; wie weit er durch → Kontamination jeweils mehr als nur ein einziges griech. Stück benutzt hat, ist nicht mit Sicherheit anzugeben. Terenz (Andria 18) beruft sich auf das großzügige Verfahren seines Vorgängers. Das Ziel ist höchste Theaterwirksamkeit. Ohne sich viel um Einheitlichkeit der Charaktere und konsequente dramatische Konstruktion zu kümmern, erweitert oder kürzt er (Ter. Ad. 9), verwandelt Monolog in Dialog oder umgekehrt, Sprechpartien in Arien. Witzige Einlagen und Anspielungen sind gut als plautinische Zutaten faßbar. Ein Meister im Theaterhandwerk ist P. bes. durch seine geschickten Expositionen (Amphitruo), Verwechslungs- und Überraschungseffekte (Amph., Menaechmi), Wortspiele; zweideutiges Reden führt zu lustigen Mißverständnissen (Miles glor.). Durch häufige Verwendung von → Cantica, in denen sich bemerkenswerte metrische Virtuosität zeigt, gewinnen die Stücke den Charakter von Singspielen. Man fühlt sich bei P. (im Unterschied zur Neuen Komödie) an Commedia dell'arte oder Opera buffa erinnert. Gerne möchte man an einen Zusammenhang, sei es mit dramatischer (→ Euripides) oder selbständiger hellenist. Gesangslyrik (‹Des → Mädchens Klage›) denken. Die Sphäre, in der die Stücke spielen, ist primär griechisch, jedoch stark durchsetzt mit italisch-röm. Elementen, so daß eine unwirkliche, phantastische Zwischenwelt entsteht (deutlich z. B. in der Vermischung der Rechtsbegriffe, Amtsbezeichnungen, militärischen Termini). Der Einfluß der italischen Volksposse (→ Atellana) ist spürbar.

[4] Die *plautinische Dichtersprache* ist durchaus nicht identisch mit der Umgangssprache der Zeit, macht aber bei dieser Anleihen, nimmt gern griech. Fremdwörter auf und enthält zahlreiche Neubildungen. Morphologie und Syntax unterscheiden sich z. T. erheblich von der Regelmäßigkeit des klass. Lateins. Stilistisch besonders kunstvoll ausgestaltet sind die Langverse (Klangfiguren, Pleonasmen u. a.). Die 21500 erhaltenen P.-Verse bilden das erste größere Sprachdokument des Altlateins (→ Lateinisch A 3). – Vgl. → Komödie II. H. M.

Ed: F. Leo, 1895/96, Nachdr. 1958 – W. M. Lindsay, 1904/05, Nachdrucke – A. Ernout, 7 Bde., mit franz. Übers., 1932/40, z. T. verb. Nachdr.e – *Kommentierte Ausg.:* A. O. F. Lorenz, 1883² (Mil.), 1886² (Most.), 1876 (Pseud.) – E. A. Sonnenschein, 1901 (Rud.), 1907 (Most.), Nachdr.e – J. Brix-M. Niemeyer-O. Köhler-F. Conrad, 1916ff. (Trin., Men., Capt., Mil.) – W. M. Lindsay, 1921 (Capt.), Nachdr.e – F. Marx, 1928 (Rud.), Nachdr. 1959 – P. J. Enk, 1932 (Merc.), 1953 (Truc.) – G. E. Duckworth, 1940 (Epid.) – W. B. Sedgwick, 1960 (Amph.) – *Übers:* J. J. C. Donner, 1864ff. – W. Binder, 1866–1912 – L. Gurlitt, 1920/22 – *Spezialwörterbuch:* G. Lodge, 2 Bde., 1924/33, Nachdr. 1962 – *Lit:* W. M. Lindsay, Syntax of P., 1907 – F. Leo, Plautin. Forschungen, (1895), 1912² – Ders., Gesch. d. röm. Lit., I, 1913, Nachdr. 1958, 93–149 – E. Fraenkel, Plautinisches im P., 1922 (ital. Übers. mit Suppl. 1962) – E. de Saint-Denis, La force comique de P., Mélanges Ernout, 1940, 331–344 – K. Abel, Die P.prologe, Diss. Marburg 1955 – A. Thierfelder, Rud.-Ausgabe, (1949) 1962² (gute Einleitung).

Plebiscitum. Die Plebs (→ Patrizier und Plebejer) war seit ihrer Konstituierung in Angelegenheiten, die sie selbst betrafen, autonom, ihre Beschlüsse (plebiscita) nur für Plebejer rechtsverbindlich. Vor der lex Hortensia wurden die plebiscita in Angelegenheiten des → populus wohl nur in Form von Resolutionen abgefaßt, um ein Gesetz der → comitia centuriata herbeizuführen. Nach der lex Hortensia waren die plebiscita für das Gesamtvolk bindend, und man ging immer mehr dazu über, Gesetze in Form von plebiscita zu erlassen. D.R.

Plebs, Bezeichnung der großen Masse der römischen Bürger im Unterschied zu den privilegierten Patriziern. Die Plebejer waren ursprünglich von allen öffentlichen Staatsämtern, der Mitgliedschaft im Senat und der Ehe mit → Patriziern ausgeschlossen. In den zwei Jahrhunderte währenden → Ständekämpfen setzte die P. die politische Gleichberechtigung mit den Patriziern schrittweise durch. Die P. hatte eigene Versammlungen (concilia plebis), auf denen sie ihre Sprecher, die → Volkstribunen, bestimmte. 287 hatte die P. mit der lex Hortensia ihre politischen Ziele vollends erreicht. In der Kaiserzeit ist P. nur noch Bezeichnung für das niedere Volk. Vgl. → Secessio plebis, → Ständekämpfe, → Volkstribun.

Pleiaden, Töchter des Atlas und der Pleione, von → Orion verfolgt (Pind. Frg. 72–74); verstirnt. → Sternsagen.

Pleias, Gruppe alexandrin. Tragiker unter → Ptolemaios II. Philadelphos (→ Hellenist. Dichtung D). P.H.

Pleisthenes, Sohn des → Pelops oder auch des → Atreus, in nachhomerischer Tradition Vater des → Agamemnon und → Menelaos (Hes. Frg. 98; Stesich. Fr. 42 P). K. Schb.

Pleistoanax, König v. Sparta, Sohn des → Pausanias (1), des Siegers von Plataiai (479 v. Chr.). P. führte 446 den Heerbann der Peloponnesier nach Attika bis Eleusis und zog sich von dort ohne Kampf wieder zurück, angeblich von → Perikles bestochen (Thuk. 1, 114; 2, 21). Er wurde deswegen verurteilt und lebte 19 Jahre im Exil in Arkadien, bis er 427/426 auf Weisung Delphis nach Sparta zurückgeholt wurde (Thuk. 5, 16). 422 zum Wortführer der Friedenspartei in Sparta geworden, wirkte er beim Abschluß des Nikiasfriedens mit (Thuk. 5, 19; 24). Danach spielte er politisch keine Rolle mehr; er starb 408. F. Kch.

Plemochoē, nach schriftl. Überlieferung ein bei den Plemochoai in Eleusis verwendetes Opfergefäß. Fälschlich wird heute ein flachbauchiges Parfumgefäß auf hohem Fuß P. genannt, für das ein ins Gefäßinnere umgebogener Mündungsrand typisch ist (→ Vasen, Abb. 248, 6). Es taucht im späten 7. Jh. in Attika und Böotien auf und besteht bis in das 4. Jh. v. Chr. Eine Frühform ist der sog. → Kothon. I. Sch.

Lit: R. Lullies, RE 21, 1 (1951), 225–226 – R. M. Burrows-P. N. Ure, Kothons and Vases of Allied Types, JHS 31, 1911, 72–99 – J. D. Beazley, Attic Vase Paintings in the MFA Boston, 1931, 49–50 – I. Scheibler, JdI 79, 1964.

Pleonasmus (*πλεονασμός:* Quint. inst. 9, 3, 47 f.), jede Art von an sich überflüssiger Zufügung eines Worts oder Satzteils zur Steigerung der Wirkungsintensität, rhetor. → Wortfigur aus dem Bereich der adiectio (→ Rhetorik D); meist jedoch als Fehler getadelt (Quint. inst. 1, 5, 40; 8, 3, 53). *Bsp.:* Quint. a. O.: «ich hab's mit eigenen Augen gesehen». H.H.

Lit: Volkmann, 405 – Lausberg, I 250f. 268. 310. 427; II 933.

Plinius d. Ä. (C. Plinius Secundus), geb. 23/24 n. Chr. in Novum Comum (Como), gest. 79, tüchtiger Militär, Beamter und Schriftsteller. Über sein Leben und seine Werke sind wir vor allem durch die Briefe seines Neffen → P. (2) d. J. gut unterrichtet, bes. aus den Briefen 3, 5 und 6, 16, von denen der erste seine schriftstellerische Wirksamkeit, der zweite seinen Tod beim Ausbruch des Vesuvs schildert. P. war damals Kommandant der Flotte am Kap Misenum, dem nördl. Vorgebirge der Bucht von Neapel, und begab sich mit einem Schiff in die gefährdete Gegend, um das Naturereignis näher zu studieren und zugleich bei der Rettung behilflich zu sein; dort wurde er von dem Ausbruch erstickt. Sein ganzes Leben hatte er rastlos seinen Amtspflichten und in seiner Mußezeit dem Lesen, Exzerpieren und Verfassen von Büchern gewidmet. – Das einzige erhaltene Werk ist sein letztes und bedeutendstes, die große enzyklopädische Naturgeschichte, ‹*Naturalis historia*›, in deren Vorrede er sich rühmt, daß er 2000 Bücher gelesen habe und 20000 Einzelergebnisse mitzuteilen habe. 146 röm. und 327 nichtröm. (meist griech.) Quellenschriftsteller werden in den Inhaltsverzeichnissen, die das erste Buch ausfüllen, verzeichnet; manche davon hat P. aber sicher nur indirekt benutzt. Die übrigen 36 Bücher des gewaltigen

Werks enthalten in übersichtlicher Disposition nach einzelnen Sachgebieten den riesigen Stoff: zuerst die allgemeine Erdkunde (Buch 2), dann die Erdbeschreibung in 4 Büchern, von denen die zwei ersten Europa, zwei weitere Afrika und Asien betreffen; es folgt die Behandlung des Menschen (7), der Tiere (8–11), der Pflanzen (12–29), dann die Heilmittel aus dem Pflanzenreich (20–27) und aus dem Tierreich (28–32), schließlich die Mineralien (33–37) und hier auch die Bildende Kunst mit wichtigen Angaben über Kunstwerke und Künstler. Das Ganze ist eine wahre Schatzkammer des Wissens seiner Zeit, mühsam zusammengebracht und schwerfällig präsentiert, aber von unschätzbarem Wert für die Folgezeit und immer noch für uns. Seine Zuverlässigkeit und Gewissenhaftigkeit verdienen alles Lob; aber wissenschaftliche Kritik liegt ihm fern, er ist vor allem Sammler und huldigt dem einfachen Prinzip *prodenda quia prodita sunt*. Das meiste hat er aus Büchern geschöpft (→Varro (1) ist eine Hauptquelle gewesen), manches wird er aber auch auf seinen weiten Reisen gesehen und gehört haben. Aus den Partien des Werkes, die die Heilmittel berühren, wurde im 4.Jh.n.Chr. ein bearbeiteter Auszug hergestellt, der →Medicina Plinii genannt wird, im 6. oder 7.Jh. ein anderer, der unter dem Namen ‹Physica› (= Naturheilmittel) Plinii oder Plinius Valerianus geht. – Von den übrigen, nicht erhaltenen Schriften des älteren P. waren bes. zwei größere historische Werke wichtig und wurden mit Achtung erwähnt, eines über die Kriege der Römer in Germanien (Bella Germaniae), das andere eine zeitgenössische Geschichte, A fine Aufidii Bassi (d.h. ‹da beginnend, wo →Aufidius (2) Bassus abschloß›, also wahrscheinlich bei →Sejans Sturz i.J. 31 n.Chr.). Beide Werke haben →Tacitus (2) als Quelle gedient. Darüber hinaus hat P. u.a. ein grammatisches Werk, ‹De dubio sermone› (über unregelmäßige Flexionsformen) und ein Lehrbuch der Rhetorik geschrieben, das ‹Studiosus› (Der Student) betitelt war. G.B.

Ed: L. Ian-K. Mayhoff, 1892–1909 – H. Rackham-W. H. S. Jones-D. E. Eichholz, 1938–63 (mit engl. Übers.) – J. Beaujeu-A. Ernout-H. Le Bonniec-J. André-E. de Saint-Denis, CB, 1947ff. (bis 1965 die Bücher 1, 2, 8–17, 19, 20, 26–30, 34; mit franz. Übers.) – *Einzelnes*: K. Jex-Blake-E. Sellers, The Elder Pliny's Chapters on the History of Art, 1896 (mit engl. Übers. u. ausführl. Komm.) – J.W. Beck, Librorum dubii sermonis VIII reliquiae, 1894 – *Lit:* F. Münzer, Beitr. z. Quellenkritik der Naturgesch. des P., 1897 – Schanz-Hosius, II 768–783 – W. Kroll u. a. RE 21, 1 (1951), 271–439.

2. **P.d.J.** (C. Plinius Caecilius Secundus), Epistolograph und →Panegyriker. Geb. 61/62 in Novum Comum, Sohn eines L. Caecilius. P. verlor früh den Vater, kam nach Rom in das Haus seines Oheims mütterlicherseits, C. →P. (1) Secundus, der ihn bei →Quintilian studieren ließ und ihn testamentarisch adoptierte. Seine Karriere verzeichnet CIL V 5262 (nicht vollständig, nur in Abschrift erhalten; ein Teil des Originals gefunden, vgl. A. Calderini, Epigraphica 7, 1948, 109–113). In der zeitlichen Fixierung der dort aufgeführten Ämter divergieren die Ansichten von Th. Mommsen und W. Otto. P. ging ca. 82 als Militärtribun nach Syrien, war um 88 quaestor imperatoris und hatte wohl 91/92 das Volkstribunat inne. Umstritten ist das Jahr seiner Prätur: 93 (Mommsen, Syme) oder 95 (Otto, Oertel, Vidman); wahrscheinlich ist 10. Dez. 93–10. Dez. 94. Etwa 95 und 96 verwaltete er die praefectura aerarii militaris; Ende 97 übernahm er die praefectura aerarii Saturni, im Sept. und Okt. 100 war er Suffektkonsul und hielt als solcher die Dankrede an den Kaiser, die er später überarbeitet herausgab. 193 erhielt er den Augurat, 104–107 hatte er die cura alvei Tiberis et riparum et cloacarum urbis inne. Er war als bedeutender Redner, gelegentlich mit dem ihm befreundeten →Tacitus (2; vgl. epist. 2, 11), in großen Repetundenprozessen und vor dem Centumviralgericht tätig. Etwa 111 wurde er in der außerordentlichen Stellung eines kaiserlichen Legaten consulari potestate nach Bithynien und Pontus geschickt. Er sollte als verläßlicher Beamter die verlotterten Zustände in der Provinz in Ordnung bringen, nicht Vorbereitungen für einen Partherkrieg treffen. So kam er mit dem Christenproblem als Richter in Berührung (epist. 10, 96. 97). In seiner Provinz dürfte ihn der Tod ereilt haben (anders J. Carcopino). Er war zweimal verheiratet, hatte aber keine Kinder. Seiner Vaterstadt hat er große Zuwendungen durch Stiftungen und Testament gemacht; sie waren Anlaß zu einer Inschrift (CIL V 5262). Nach Ciceros Vorbild hat P. →Briefe an Freunde ediert, die er, schon in Gedanken an spätere Edition, sorgfältiger geschrieben hatte (epist. 1, 1). Doch wäre es falsch, sie als bloße Kunstbriefe oder gar als Feuilletons in Briefform zu bezeichnen. Es handelt sich vielmehr durchwegs um wirkliche Privatbriefe an Freunde meist ritterlicher Herkunft, zum Teil an Landsleute; nur sind aus konventionellen Phrasen zusammengestellte Schreiben vermieden; die Briefe wollen Ausdruck der verfeinerten Kultur und der höheren Bildung der Zeit sein. Daher finden sich auch umfangreiche Schilderungen von Villen, wie epist. 2, 17. Die Briefe orientieren auch außerhalb Roms lebende Freunde über die Vorgänge in der Hauptstadt und ihr kulturelles Leben, geben Auskunft auf Anfragen, die man nicht als erfunden anzusehen braucht, wie etwa epist. 3, 5 (über Leben und Werke des älteren →P. 1), 6, 16 und 20 (Vesuvausbruch). Auch Empfehlungsschreiben sind darunter (3, 2). Die Briefe wurden wahrscheinlich in größeren Gruppen ediert. Zeitlich handelt es sich um Schreiben aus der Zeit zwischen 98–109. Buch 10 enthält Briefe des P. an →Trajan und Antworten des Kaisers, von Brief 15 an aus bzw. nach Bithynien. Vor allem hat Vidman richtig betont, daß die Briefsammlung vollständig vorliegt und daß die Schreiben Trajans als mandata principis anzusehen sind und von ihm selbst, nicht von der Kanzlei verfaßt sind. Von größter Wichtigkeit sind die Christenbriefe epist. 96. 97. Das 10. Buch dürfte nach dem Tod des P. von →Sueton mit den 9 Büchern an die Freunde zusammengeschlossen und ediert worden sein. Die Dankrede, die P. für seinen Suffektkonsulat gehalten hatte, hat er wahrscheinlich schon 101 zum Panegyricus auf Trajan ausgearbeitet. Daß dies erst gegen Ende der Regierung Trajans geschehen sei, wird man Carcopino nicht zugestehen. Sie zeigt Züge der →Biographie, vor allem ist sie ein →Enkomion auf die Taten und Maßnahmen Trajans für Rom und die Provinzen, das sich von der düsteren Folie von Domitians Verhalten leuchtend abhebt. R.Hl.

Ed: M. Schuster-R. Hanslik, BT (1932), 1958^3 – R. A. B. Mynors, 1963 (Briefe) – E. T. Merill, BT, 1922 (Briefe) – *Komm. zum Paneg.:* M. Durry, 1938 – E. Malcovati, 1952 – A. d'Ors, 1955 – *Übers:* R. Hanslik (in Vorber.) – *Lit:* Th. Mommsen (1869), in: Ges. Schr. IV, 1907, 366ff. – W. Otto, Zur Lebensgesch. des jüng. P., SB München, 1919, H. 10 – A. M. Guillemin, P. et la vie littér. de son temps, 1929 – M. Dragićević, Essai sur le caractère des lettres de P., 1936 – R. Syme, Tacitus II, 1958, 656ff. – L. Vidman, Etude sur la correspondance de P. le Jeune avec Trajan, 1960 – J. Carcopino, Rencontres de l'hist. et de la litt., 1963, 171–231 – *Literaturberichte:* R. Hanslik, AnzAW 16, 3, 1963, 129f.; vgl. 8, 1955, 1 – J. Beaujeu, Lustrum 6, 1961/62, 272ff.

Plinthe, rechteckige Platte, Lehmziegel, bes. quadratische Standplatte ion. Säulen, →Tempel B [9].

Plinthophoren (πλενθοφόροι), Bezeichnung für rhodische Silberdrachmen des 2.Jh.s v.Chr. (nach 188?) mit gegenüber früher etwas erhöhtem Gewichtsstandard (3,26 g) sowie Helios im Profil als Vorderseitentypus, Rose in quadratum incusum als Rückseitenbild, zum Unterschied von den älteren Drachmen mit Helios en face und Rose ohne quadratum incusum, den *δραχμὰς Ῥοδίας παλαιάς* der delischen Inventare. – Plinthos war daher mit großer Wahrscheinlichkeit auch Bezeichnung für das quadratum incusum der archaischen griech. Münzprägung. – Vgl. auch →Drachme. W.Schw.

Lit: L. Robert, Etudes de num. grecque, 1951, 166–176 – M.N. Tod, Num. Chron. VI 20, 1960, 9.

Plotin. [1] P. wurde 205 n. Chr. wohl in Lykopolis (Äg.) geboren; mit 28 findet er in Alexandria einen ihm kongenialen Lehrer in → Ammonios (2) Sakkas; verläßt ihn 243, um sich dem pers. Feldzug → Gordians anzuschließen; nach dessen Ermordung (244) flieht P., offenbar irgendwie politisch beteiligt, vom Heerlager nach Antiochia; geht von dort in demselben Jahr nach Rom. Hier gründet er seine Schule; er genießt hohes Ansehen bei → Gallienus, dessen Religionspolitik er wohl fördert. Erst mit 48 beginnt er seine Lehre niederzuschreiben. Schwer krank, begibt er sich 269 auf das Gut eines Freundes in Minturnae und stirbt vereinsamt i. J. 270. Er gilt als Begründer des → Neuplatonismus, d.h. eines umgedeuteten Platonismus; doch beginnt diese Umdeutung schon in der Alten → Akademie.

[2] → Platons Zweiteilung der Realität in Sinnliches und Noetisches (Ideen) modifiziert P., indem er dieses in drei Bereiche (Hypostasen) des ‹Einen›, des Noetischen im engeren Sinne (Intellekt, Geist, → Nus) und des Psychischen einteilt. Das Noetische entspricht dem wahrhaft Seienden bei Platon, den → Ideen, doch auch dem → Demiurgen. Anknüpfend an → Aristoteles, nach dem stofflose (noetische) Gegenstände mit dem auf sie gerichteten Denken identisch sind (und Gott auf sich selbst gerichtetes Denken ist), aber auch an Platons ‹Sophistes›, worin den Ideen Denken und Leben zugesprochen werden, lehrt P., daß Ideen nicht außerhalb des Intellekts existieren; das Noetische enthält also den demiurgischen Intellekt und die immanenten Ideen (die P. auch für Einzeldinge, überhaupt für alles Existierende annimmt); überdies Götter, oft von P. mit Einzelintellekten identifiziert, und Seelen; doch ist alle Vielheit im Noetischen zugleich Einheit. Über dieses Noetische im engeren Sinne erhebt Plotin als oberstes Prinzip das Eine (→ Hen), das er wohl aus Platons ‹Parmenides› (P. ist wohl der erste, der den Dialog nicht als logische Übung interpretiert), aber doch auch aus der monistisch gedeuteten Zweiprinzipienlehre (Eines und Unbestimmte Zweiheit, → Aoristos Dyas) übernimmt. Dieses Eine, Grund von allem Seienden und in diesem Sinne das Gute (das, um dessentwillen alles ist), ist überseiend (Platons ‹Über das Sein hinaus›), qualitätslos, unaussprechlich, absolut einfach, daher ohne Selbst- oder Fremderkenntnis (= Bewußtsein). Unterhalb des Noetischen befindet sich das Psychische, Einzelseelen enthaltend, die in gewissem Sinne (s. u.) das Noetische verlassen haben, zunächst die Welt- und Gestirnseelen, dann auch Menschen-, Tier- und Pflanzenseelen (doch wohnt den Pflanzen vielleicht einfach die Erdseele inne), jede eine unkörperliche, unsterbliche Substanz. Welt- und Gestirnseelen sind ständig inkarniert; sie lenken ihre Leiber mühelos und verbleiben zugleich im Noetischen; die anderen inkarnierten Seelen (obwohl Plotin manchmal sagt, daß nur ein Seelenabbild dem Leib wirklich innewohnt) unterliegen der Dis- und Re-Inkarnation (letztere findet auch in Tier- und Pflanzenleiber statt); die Lenkung dieser Leiber ist mühevoll und die sich ihnen zu sehr zuwendende Seele mag ihrer Natur vergessen. An sich unteilbar, werden die Seelen von den Leibern auf teilbare Weise empfangen; obwohl voneinander verschieden, sind alle Seelen nur eine (nicht etwa Teile der einen). Da die Seele dem Noetischen im weiteren Sinne angehört, alles Noetische nach Plotin aber unaffizierbar ist, während die Seele doch andererseits im Körperlichen wirkt, scheint es notwendig, ihr auch Affizierbarkeit zuzuschreiben, doch sucht Plotin dieser Konsequenz zu entgehen, indem er eine höhere von einer niedrigen Seele unterscheidet; auch, indem er der Seele bloßes, ‹unaffiziertes› Wahrnehmen körperlicher Affektionen zuschreibt. Wie der Intellekt Ideen, enthält die Seele ‹Begriffe› (λόγοι; hier schmilzt P. wohl stoische Elemente ein). Unterhalb des Seelischen liegt die Hypostase des Sinnlichen, d. h. Stoff, den die Seele mittels jener ‹Begriffe› formt (diese ‹Begriffe›, nicht das Geformte, ahmen Kunst nach), in welcher Funktion die Seele ihm auch Natur heißt. P.s Stoffbegriff entspricht teils Platons ‹Aufnehmendem› (Timaios), teils der Unbestimmten Zweiheit (s. o.), teils Aristoteles' ‹Stoff›. Da nun nach diesem Platon diese Zweiheit auch Ideen innewohnen läßt, unterscheidet P. einen noetischen, urbildlichen Stoff vom sinnlichen. Der letztere ist Prinzip des Bösen, und zwar indem er reine Privation, Unbestimmtheit (nicht etwa etwas Unbestimmtes) ist. Die vier Hypostasen sind zugleich Stufen abnehmender Vollkommenheit und zunehmender Vielheit. Besonders zwischen dem Noetischen im weiteren Sinne und dem Sinnlichen klafft ein Abgrund; daher lehnt Plotin jede Kategorienlehre ab, die diesen Unterschied nicht kennt. Seine eigene Kategorienlehre bedient sich für die Welt des Noetischen der ‹Kategorien› des platonischen ‹Sophistes›, für die des Sinnlichen der im wesentlichen auf zwei (des An-sich- und des Relativ-Seienden) reduzierten aristotelischen → Kategorien. Doch sind alle Hypostasen auch verbunden: das Viele verdankt seinen ‹Bestand› dem ihm jeweils Vorangehenden, das es vor völligem Verfließen ins Unbestimmte bewahrt. Jede Vielheit aber sehnt sich, zur Einheit zurückzukehren. Es entsteht die Hypostasenvielheit durch zeitloses Emanieren (Ausstrahlen) des Noetischen im engeren Sinne aus dem Einen, des Psychischen aus dem Noetischen, des Stoffes aus diesem. Doch vermindert die → Emanation das Emanierende nicht. Daher ist das Eine wohl dem Vielen immanent, verharrt aber doch dabei in sich, ist überall, aber doch nirgends. Man kann hier von einem → Pantheismus der Kraft, nicht aber der Substanz des Einen sprechen. Das Emanieren ist nicht einfach Verströmen. Vielmehr konstituiert sich jede Hypostase erst, indem sie, sich zurückwendend, auf ihre Quelle ‹schaut›. Warum aber Emanation? Warum bleibt es nicht beim Einen? Weil Volles überfließen, Reifes zeugen muß, das Höhere sich nur im Niedrigeren zeigen kann. So gesehen ist die Emanation und ihr Ergebnis, die sinnliche Welt, sogar der Seelenabstieg in Leiber notwendig, weder geplant noch gewollt und daher untadelig.

[3] P. ist also Optimist (seine → Theodizee bedient sich stoischer Argumente) und lehnt gnostischen Pessimismus mit Empörung ab. Er bestreitet sogar, daß Seelen wirklich abgestiegen sind; obwohl wir uns dessen nicht bewußt sind, setzt die Seele in uns ihr ‹höheres› Leben ungehindert fort. Aber im Widerspruch damit empfindet P. das Verweilen der Seele im irdischen Leib doch als unerwünschten Zustand, Ergebnis eines Falles, Vergessen der eigentlichen Heimat. Gelegentlich tadelt er sogar das Hervorgehen des Noetischen aus dem Einen als Resultat von dessen Abenteuerlust (τόλμα). Und so ergibt sich für den Menschen die Aufgabe, seine Seele zum Urquell zurückzuführen. Im täglichen Leben mögen innere Vollkommenheiten (ἀρεταί) wichtig sein; sie bilden übrigens dieselben Kardinalvollkommenheiten (Gerechtigkeit, Einsicht, Standhaftigkeit, Selbstzucht), erst als soziale, dann als religiös-reinigende, endlich als gottverähnlichende (obwohl Gott ‹übervollkommen› ist). Ihr Ziel erreicht aber die Seele sogar in diesem Leben, wenn sie so qualitätslos und einfach wird wie das Eine und so vor dasselbe, das Abgeschiedene und Bloße, als ebensolche tritt. Sie vereinigt sich dann mit ihm im Zustand der *Ekstase* (die P. aus eigener Erfahrung kennt), in dem jeder Unterschied zwischen Objekt und Subjekt aufgehoben und der als Berühren eher denn als Erkennen beschrieben wird. Der Eindruck, daß P.s Philosophie religiös gefärbt ist, verstärkt sich, wenn man sieht, daß er Begriffliches (das Intellektuelle, Einzelintellekte usw.) zu göttlichen Personen des griech. Polytheismus verdichtet (wie dies allerdings bereits → Xenokrates getan hat) und daß ihm seine Lehre von der Seeleneinheit erlaubt, das Weltall als einen Organismus anzusehen, dessen Teile durch Sympathie (also nicht mechanisch) verbunden sind, womit er dann Fernwirkung, Magie und Wirksamkeit der Gebete erklärt. Selbstverständlich ist ihm die Existenz von Geistern

(δαίμονες), die dem Reich zwischen Psychischem und Sinnlichem angehören. Ph.M.

Ed: Enneaden (9 Abteilungen zu je 6 Abhandlungen, so von → Porphyrios systematisch angeordnet und hg.), griech.-franz. hg. v. E. Bréhier, 6 Bde in 7, 1924–38 (3. Aufl. im Erscheinen); hg. v. P. Henry u. H.-R. Schwyzer, 1951ff. (im Erscheinen); griech.-deutsch mit Komm. hg. v. R. Harder, W. Theiler u. R. Beutler, 1956ff. (im Erscheinen) – *Übers:* V. Cilento, 3 Bde, 1947–49 (ital. mit Komm., Bd. 3: Lit) – S. McKenna u. B. S. Page (1917–30), 1963³ (engl.) – *Lit:* H.-R. Schwyzer, RE 21,1 (1951), 471–592 – G. Faggin, Enciclopedia Filosofica, 1957 – E. Bréhier, La philosophie de P. (1928), 1961² – Les sources de Plotin, Fond. Hardt 5, 1960.

Plotina, Pompeia, gest. 122 n. Chr., geb. wahrscheinlich in Nemausus; heiratete vor 98 → Trajan. Die Ehe blieb kinderlos. P. hatte ein gutes persönliches Verhältnis zu → Hadrian (Hist. Aug. Hadr. 2, 10), den sie förderte und an dessen Erhebung zum Kaiser sie sicher maßgeblichen Anteil hatte (Dio 69, 1; Eutr. 6; Aur. Vict. Caes. 13, 11 f.). Auch auf politische Entscheidungen Trajans hatte sie Einfluß. Sie galt als Muster einer tugendhaften und umsichtigen Ehefrau (Plin. paneg. 83; Ps. Aur. Vict. epit. 42, 21) und war Anhängerin der Epikureer (CIL III S 12283). Augustatitel, Ehrenmünzrecht unter Trajan und Hadrian. Hadrian ließ sie nach ihrem Tod konsekrieren, erbaute ihr eine Basilika in Nemausus und für sie und Trajan einen Tempel in Rom.

Lit: M. Wegner, Das röm. Herrscherbild II 3, 1956. H. T.

Plotius Gallus, L., erster namhafter Lehrer der → Rhetorik (C 1 f., E) in Rom in lat. Sprache, verfaßte u. a. eine Schrift De gestu (Quint. inst. 11, 3, 143), also eine Lehre von der rednerischen Gebärde. H.H.

Q: Sute. rhet. 1 f. (Gell. 15, 11, 2); Cic. De orat. 3, 93 ff. – *Lit:* K. Ziegler, RE 21,1 (1951), 598–601.

2. **P. Tucca,** Mitglied des → Maecenaskreises, wirkte neben → Varius an der Herausgabe der Aeneis → Vergils mit. D.F.

Plutarch, philosophischer Schriftsteller aus Chaironeia (Böotien), etwa 45–125 n. Chr., letzter und größter Vertreter der den Hellenismus auszeichnenden Gelehrsamkeit, geistigen Beweglichkeit und ehrerbietigen Liebe zur großen Vergangenheit des Griechentums. Eine von Rhetorik völlig freie Sachlichkeit, eine lautere Humanität und ein sicherer literarischer Geschmack haben seinen Schriften bis in die Gegenwart eine überaus starke, bildende und erzieherische Wirkung verschafft.

[1] *Leben:* Stolz auf seine Heimat Böotien, hat er in Chaironeia den größten Teil seines an äußeren Ereignissen armen Lebens zugebracht, im Kreise seiner Familie, über die er eingehend berichtet. Studium in Athen; er schloß sich der platonischen → Akademie an, wurde aber auch von → Peripatos und → Stoa beeinflußt. Schöpferischer Philosoph war er nicht, hat sich aber die Problemstellungen des Späthellenismus und der eigenen Zeit selbständig und gründlich angeeignet, so daß er als der kenntnisreichste und kultivierteste Vertreter des Mittelplatonismus gelten darf. Eng waren die Beziehungen des platonisch frommen Mannes zum → delphischen Orakel; Rom hat er mehrfach besucht, in einem gewissen Umfange sogar Latein gelernt; zu seinen besten Freunden gehörten mehrere Römer, bes. Q. → Sosius (2) Senecio. Kaiser Nero hat er, als dieser 66 n. Chr. Griechenland besuchte, später vielleicht Traian kennengelernt. An Magistraturen hat er nur diejenigen bekleidet, die ihm seine engere Heimat anbot. Seine außerordentlich umfangreiche und vielseitige literarische Tätigkeit – nach einem spätantiken Schriftenkatalog 227 Titel; den größeren Teil besitzen wir noch – gliedert sich in zwei Hauptgruppen: die Biographiensammlung und die philosophischen Abhandlungen und Dialoge (‹Moralia›, s. u.).

[2] Die *Biographiensammlung* wiederum zerfällt in drei Gruppen: 1. Eine dem Q. Sosius Senecio gewidmete Sammlung von 24 Biographienpaaren (*Βίοι παράλληλοι*), je einen Griechen und einen Römer zusammenstellend und miteinander vergleichend. Verloren ist nur das erste Paar, das den böotischen Nationalhelden Epameinondas und den jüngern Scipio Africanus zum Gegenstand hatte. Erhalten sind die Paare: Theseus-Romulus, Lykurgos-Numa Pompilius, Solon-Valerius Publicola, Aristides-Cato Maior, Themistokles-Camillus, Kimon-Lucullus, Perikles-Fabius Maximus, Nikias-Licinius Crassus, Coriolanus-Alkibiades, Lysandros-Sulla, Agesilaos-Pompeius, Pelopidas-Marcellus, Dion-Brutus, Aemilius Paullus-Timoleon, Demosthenes-Cicero, Phokion-Cato Minor, Alexander-Caesar, Sertorius-Eumenes, Demetrios Poliorketes-Antonius, Pyrrhos-Marius, die Spartanerkönige Agis und Kleomenes-die Brüder Ti. und C. Gracchus, Philopoimen-Quinctius Flamininus. – 2. Die Biographien der röm. Kaiser von Augustus bis Vitellius. Erhalten sind nur Galba und Otho. – 3. Einzelbiographien, z. T. aus lokalpatriotischem Interesse (die böotischen Dichter Hesiod und Pindar, der thebanische Philosoph Krates, der phokische Feldherr Daiphantos), z. T. wohl als Gelegenheitsschriften verfaßt, so über die Heroen Herakles und Aristomenes, den Perserkönig Artaxerxes II., den Feldherrn Aratos v. Sikyon. Erhalten sind nur die zwei letztgenannten Stücke. – In ihrem *Charakter* zeigen diese Werke die reinste Tradition griech. → Biographie (A 1), die den Menschen in seinem persönlichen Ethos ins Auge faßt. Die politische Leistung, auch die größte, ist da nur wichtig, sofern sie den Charakter des Handelnden sichtbar macht und auf diesen wieder zurückwirkt; sie ist nicht wichtiger als der Alltag, der Stil des Lebens in Kleidung, Nahrung, Umgangsformen, als Bonmots und Anekdoten, schließlich als das physische Äußere, das Rückschlüsse auf das Innere gestattet. Es gelingt P. nicht immer, das von den Historikern übernommene Material ganz in diesem Sinne zu transformieren, aber sein Ziel ist stets eindeutig und ausschließlich, die in der Auseinandersetzung mit der äußeren Welt zutage tretende ethische Qualität herauszuarbeiten. Unterstützt wird dies Bemühen durch zweierlei: einmal durch eine gründliche Kenntnis der von Aristoteles und Theophrast begründeten peripatetischen Ethik und ihrer differenzierten Anthropologie (→ Biographie A 2); sodann durch die Grundkonzeption, jeweils zwei Gestalten nebeneinander zu stellen. Zweifellos wollte P. damit auch, seinen röm. Freunden zuliebe, die Ebenbürtigkeit Roms und Griechenlands als Nährboden großer Männer sinnfällig machen. Doch wichtiger war ihm, die Synkrisis verwandter Erscheinungen ganz im Geiste des Peripatos durchzuführen als die zweckmäßigste Methode, um jeweils das Gemeinsame wie das Individuelle zu erkennen. Daß die Verschiedenheiten das Gemeinsame oft weit überwiegen, hat P. selbst gewußt. Doch im Ganzen ist sein Experiment so gut gelungen, als es mit dem gegebenen Material überhaupt gelingen konnte. Einzelne Parallelen waren längst vorbereitet (Alexander-Caesar, Demosthenes-Cicero); für die Gesamtkonzeption scheint indessen P. keine Vorbilder gehabt zu haben. – Er hat denn auch als *Quellen* fast ausschließlich historische (nicht biographische) Werke zur Verfügung gehabt. Freilich sind sie dank seiner souveränen Arbeitsweise im einzelnen sehr schwer auszusondern; etwas leichter bei den griech. Viten (Herodot, Thukydides, Xenophon, Ephoros, Theopomp, Hieronymos v. Kardia, Duris, Phylarchos, Timaios, Polybios u. a.), schwerer bei den Römern, schon weil wir nicht erkennen, wie weit er fähig war, selbständig lateinische Autoren zu benutzen (sicher stark ausgewertet sind Polybios, dann Poseidonios, wie P. Historiker und Philosoph, wohl auch Dionysios von Halikarnaß; wie weit er direkt Sallust, Cornelius Nepos, Caesar, Asinius Pollio, Livius u. a. verwendet hat, ist nicht sicher auszumachen). Für einzelne Biographien hat P. anscheinend auch zu seiner Zeit schon rare Bücher heranziehen können (Stesimbrotos für die Athener des 5. Jh.s, Timonides in der Biographie Dions u. a.). Aus reicher Belesenheit stand ihm jederzeit eine Fülle von Zitaten zu Gebote. Endlich verschmähte er nie Exkurse

philosophischer oder kulturgeschichtlicher Art, die die Biographien auch literarisch attraktiv machten. Philosophische Grundhaltung, umfassendes Wissen und schriftstellerische Gewandtheit sind in den Parallelbiographien P.s eine Synthese eingegangen, die ihren Ruhm verdient hat. O.G.

Ed: Ed.princ. 1517 (Juntina); 1519 Aldina (besorgt von dem Kreter Dukas) – C.Lindskog-K.Ziegler, BT, 1964ff. – *Übers:* J.Amyot, 1559 (franz.) – J.F.S.Kaltwasser, 1799–1806 – K.Ziegler u. W. Wuhrmann, BAW, 1954–65 – *Lit:* K. Ziegler, RE 21,1 (1951), 636–962 – H.Erbse, Die Bedeutung der Synkrisis in den Parallelbiographien P.s, Hermes 84, 1956, 398–424 – Vgl. → Biographie.

[3] Von den auf uns gekommenen ca. 80 *philosophischen Schriften* P.s sind viele *ethisch*. Ihren Hintergrund bildet P.s Polemik gegen den Rigorismus, den Seelen- und kosmischen Monismus der Stoa und gegen den Hedonismus, Theologie, Materialismus und Leugnung der Unsterblichkeit der Epikureer. In Einzelfragen entnimmt P. allerdings vieles der Stoa, manches den Epikureern; oft folgt er dem Peripatos. Grundsätzlich ist er aber begeisterter Anhänger → Platons. Er mildert jedoch dessen Asketismus und Jenseitigkeit; Poesie läßt er als Vorschule der Philosophie gelten. Für ihn gibt es nur eine Akademie, deren skeptische Phase eingeschlossen; doch bedeutet ihm Skeptizismus eigentlich nur vorsichtige Haltung in schwierigen, bes. in theologischen Fragen. Im ganzen ist seine Ethik eklektisch; festgehalten ist, daß innere Vollkommenheit (ἀρετή) zum Glück genügt. Hauptthemen der ethischen Schriften sind Schilderungen von Affekten (Zorn; Habsucht; Geschwätzigkeit; Ruhmsucht; Haß, Eifersucht; falsche Scham; abergläubische Furcht – Atheismus sei besser); Ratschläge zu ihrer Beherrschung; Ermunterungen zur idealen Bruder- und Gattenliebe (letztere setze völlige geistige Gemeinschaft voraus; Treue auch des Ehemannes, dem er voreheliche Keuschheit empfiehlt) und zur Teilnahme am öffentlichen Leben auch im Alter; Anweisungen zum richtigen Poesieunterricht und erfolgreichen Lernen; Trostgründe für Verbannung und (an seine Frau gerichtet) Kinderverlust (hier helfen Unsterblichkeitsglaube und Überzeugung von kindlicher Unverdorbenheit, die ein gutes Los im Jenseits sichert). Mit besonderer Wärme empfiehlt er heitere Gelassenheit als Lebensstimmung. In seinen tierpsychologischen Schriften plädiert er für Vegetarismus oder wenigstens starke Einschränkung von Fleischgenuß; die Lehre von der Reinkarnation ist der Hauptgrund. Im Widerspruch zur Stoa gelten ihm Tiere als vernunftbegabt. – Von den ihn interessierenden *naturwissenschaftlichen Fragen* seien erwähnt: Beschaffenheit des Mondes (er besteht aus Erde); Wesen der Kälte; warum Pflanzen kein Seewasser vertragen. Viele Fragen behandelt er in der Form – oft fingierter – Tischgespräche. Als *Literarhistoriker* kritisiert er → Herodots Böswilligkeit; dem → Aristophanes zieht er → Menander vor. – In seinen *theologischen Schriften* – Religion ist wohl Plutarchs Hauptanliegen – behandelt er Geister (δαίμονες), d.h. teils gute, teils böse, langlebige, obwohl nicht unsterbliche Wesen (er berichtet vom Tod des Pan); Orakel, die er bald durch die Wirkung dieser Geister, bald durch die Apollons (der allerdings nur den Gedanken eingibt, während die Worte vom Medium stammen und dessen Ideenschatz entsprechen), bald naturalistisch durch Wirkung eines tellurisch-mantischen Hauches erklärt. Die Seele, an sich zukunftskundig, ist unter geeigneten Umständen prophetisch. Von ihr trennt er oft in der Nachfolge des → Aristoteles den Intellekt (er bereitet so → Plotins Hypostasentrias vor), lehrt auch (im Anschluß an → Xenokrates oder → Poseidonios?) einen doppelten Tod, da sich zuerst die Seele vom Leib, dann von jener der Intellekt löse. Ein unbefangener Polytheist, spricht er doch von Apollon in monotheistisch anmutender Weise («nur er ist, der er ist; alles andere wird»). Vom göttlichen Regiment überzeugt, versucht er, den Verzug göttlicher Strafen und die Heimsuchung an den Kindern zu rechtfertigen. Er läßt Platon eine gute und eine böse Weltseele lehren (diese verleiht der Urmaterie regellose Bewegung), ist auch selbst Dualist, wobei er zwischen die entgegengesetzten Prinzipien eine neutrale, doch nach dem Guten strebende Materie einschiebt. Viele dieser Ansichten drückt er in Mythen aus, die z.T. von älteren, aber nachplatonischen Mythen angeregt sind. Ph.M.

Ed: ed.princ. 1509 (Aldina, besorgt von dem Kreter Dukas) – G.N. Bernardakis (7 Bde), BT, 1888–96 – C. Hubert, W. Nachstädt, W.R.Paton, M.Pohlenz, W.Sieveking, I.Wegehaupt, K.Ziegler, BT 1925ff. (noch nicht abgeschlossen) – *Übers:* J.Amyot, 1572 (franz.) – J.F.S.Kaltwasser, 1783–1800 – B.Snell, K.Ziegler, BAW, 1948. 1952 (Auswahl) – *Lexikon:* D.Wyttenbach, 1843 – *Lit:* R.Hirzel, P. (Erbe der Alten 4), 1912 – K.Ziegler, RE 21,1 (1951), 636–962.

2. **P. von Athen,** → Neuplatoniker, ca. 350–433 n.Chr., Lehrer des → Syrianos und des → Proklos, erstes uns faßbares Haupt der Akademie unter → Plotins Einfluß; die ersten fünf Hypothesen des platonischen Parmenides gelten ihm als Expositionen der fünf plotinischen Hypostasen (Eins, Intellekt, Seele, Sinnliches, Materie). Aristoteles' aktiver Intellekt ist ihm nur Teil der Seele, göttlich, doch nicht Gott. Ph.M.

Lit: R.Beutler, RE 21,1 (1951), 962–975.

Pluton → Hades, vgl. → Dis.

Plutos (‹Reichtum›), Gottheit des Kreises um → Demeter und Kore (→ Persephone): 1. Bei Hesiod (theog. 979ff.) u.a. ist er eine Personifikation des ‹reichen Getreidevorrats› und gilt daher als Sohn der den Erntesegen schenkenden Demeter und des Iasion (häufig mit Füllhorn dargestellt). – 2. In der erweiterten Namensform Pluton wird er als ihr Entführer und Gemahl mit Kore verbunden und, da seine Behausung unterirdisch ist, mit dem Unterweltsgott → Hades identifiziert. K.-H.R.

Lit: → Demeter.

Plynteria, ein feierlicher Tag der → Reinigung in Athen, der 29. (oder 25.?) Thargelion (April–Mai), an dem die altehrwürdige Holzstatue der → Athena Polias entkleidet, in feierlicher Prozession (begleitet von den Epheben) zum Phaleron gebracht und im Meer gewaschen wurde. Der Heimweg fand bei Fackellicht statt. Der Tag galt als unglücklich, und alle Tempel wurden mit Seilen abgesperrt. Die Riten waren im Geschlecht der Praxiergidai erblich. Den P. voraus ging das verwandte Fest der *Kallynteria*, an dem der Tempel der Göttin zeremoniös gefegt und aufpoliert wurde. F.R.W.

Lit: L.Ziehen, RE 21,1 (1951), 1060–65 – L.Deubner, Att.Feste, 1932, 17ff.

Pneuma, ‹Lufthauch, Atem, Geist› (dynamisch), auch der göttliche Hauch (z.B. in der Mantik), seit → Hippokrates in der → Medizin als zentrales Element anerkannt (→ ‹Pneumatiker› ist daher Name einer Ärzteschule des 1./2. Jh.s n. Chr.), in der Stoa als lebenspendende und zugleich vernünftige Kraftsubstanz Form des Göttlichen, auch im Mikrokosmos wirkend, dadurch Träger einer Mittlerrolle, die ihm stets bleibt: in Zauber und Magie, aber auch dort, wo P. unter östl. Einfluß ein immaterielles, geistiges Wesen wird, das, in die Materie herabgestiegen, durch P. wieder erlöst wird (→ Mysterien, → Zauber; → Gnosis: die Menschen, in denen es sich seiner selbst bewußt wird, heißen ‹Pneumatiker›); im Christentum differenzierte Sonderentwicklung. Die Mittlerrolle hat P. auch bei den Neuplatonikern, bei denen ihm entsprechend der griech. Tradition die körperliche Komponente bleibt (Hülle der Seele). C.J.C.

Lit: H.Kleinknecht, ThW VI, 1959, 330–357.

Pneumatiker, Ärzteschule, Gründer → Athenaios (2) von Attaleia, im 1. Jh. v. Chr.; Verbindung von Pneuma- und → Säftelehre mit stoischer (→ Poseidonios) Philosophie (Makrokosmos-Mikrokosmos, Sympathie) und Hippokratismus; eklektische Abzweigungen (→ Agathinos); bedeutende P. waren → Aretaios, → Antyllos. F.K.

Lit: M.Wellmann, Phil. Unters. 14, 1895 – F.Kudlien, Poseidonios u.d. Ärzteschule der P., Hermes 90, 1962, 419–429.

Pnigos (*πνῖγος*, ‹Ersticken›). In der → Metrik ein von → Heliodor (Schol. Aristoph. Ach. 659) auch als *μακρόν* (‹das Lange›) bezeichnetes System nicht durch Katalexen gegliederter Metren, das sich an stichische Langverse der gleichen Versart anschließt, bes. im → Agon und in der → Parabase der alten → Komödie (I B). Der Name P. wohl deshalb, weil der Sprecher, wenn er in einem Zug vorträgt, außer Atem gebracht wird (Hephaist. p. 73 C.). Th. G.

Podaleirios, Sohn des → Asklepios, mit seinem Bruder Machaon Führer der Oichalioten vor Troja (Il. 2, 729 ff.), Arzt (wie Machaon), im nachhom. Epos gegenüber dem Bruder → Machaon hervortretend, bes. bei Quint. Smyrn. 4, 538 ff. Nach Trojas Fall in Karien, wo er Syrnos gründet (Paus. 3, 26, 10). Auch in Süditalien (→ Inkubationsheiligtum am Drion) verehrt. K. Schb.

Poetelius Libo Visolus, C. Zwei Plebejer dieses Namens: 1. Cos. 360 v. Chr., 346, 326, besiegte die Kelten und die abgefallenen Tiburter 360 während der zweiten Kelteninvasion 30 Jahre nach der Eroberung Roms durch die Kelten. – 2. Ein P. Libo Visolus soll nach Liv. 9, 28, 2 als Diktator 313 Fregellae und Nola erobert haben, was Diod. 19, 101, 37 Q. → Fabius (8) Max. Rullianus zuschreibt. R. W.

Poetik

A. Antike P. – B. Christliche P.

A. Antike P. [1] *Erhaltene Spezialschriften:* → Aristoteles, ‹Über die Dichtkunst›, Buch 1 (behandelt die Poesie allgemein, dann → Tragödie und → Epos; Buch 2, das hauptsächlich die Theorie der → Komödie enthielt, ist verloren), und die ‹Ars poetica› des → Horaz. Einblick in die Lehren hellenistischer Theoretiker wie des → Neoptolemos (2) v. Parion, dem Horaz einen Teil seines Stoffes verdankt und vielleicht streckenweise in der Disposition folgt, gewährt → Philodems Kritik in seinem fragmentarisch erhaltenen Werk ‹Über die Gedichte›. Vor allem für die Rekonstruktion der stoischen P. wichtig sind → Plutarchs von pädagogischen Interessen geleitete Abhandlung ‹De audiendis poetis› und das unter Plutarchs Namen überlieferte Schulbuch ‹Über Leben und Dichtung Homers›. Einen knappen Abriß der literarischen Stile und poetischen Gattungen bietet ein Auszug aus der Chrestomathie des → Proklos in der ‹Bibliothek› des → Photios. In der nicht speziell der P. gewidmeten Literatur ist das Gesamtwerk → Platons die ergiebigste Fundgrube dichtungstheoretischer Gedanken. Hier und in den Komödien des → Aristophanes (1), bes. den ‹Fröschen›, finden sich auch am deutlichsten die Spuren sophistischer Reflexion über die Poesie (→ Sophistik). Reste altperipatetischen Gedankengutes (→ Theophrast) sind in spätantiken und byzantinischen Grammatikertraktaten bewahrt (gesammelt in CGF I 1, 1899). – Vgl. auch → Literaturkritik, → Anonymus De sublimitate.

[2] *Grundprobleme* der P. werden von ältester Zeit an in Äußerungen der Dichter selbst über Wesen und Wirkung ihrer Kunst und die Voraussetzungen dichterischen Schaffens berührt. Die Poesie hat die Macht zu bezaubern und zu entrücken (Hom. Od. 17, 518 ff.; Hes. theog. 98 ff.); sie kann Falsches erdichten, aber auch Wahres künden (Hes. theog. 27 f.); rühmlichen Taten verhilft sie zu dauerndem Gedächtnis (Pind. Nem. 4, 6). Der Dichter schafft unter der Einwirkung der Gottheit (meist der → Musen), die ihm das Wissen um bestimmte Gegenstände vermittelt (Hom. Il. 2, 484 ff.; Hes. erg. 661 f.) oder überhaupt die Gabe des Dichtens verleiht (Hom. Od. 22, 347; Hes. theog. 22). Auf dem Vorrang der Veranlagung (*φύσις*) vor angelerntem Können (*μάθησις*) insistiert Pindar (Ol. 2, 86). Angriffen auf die Immoralität epischer Götterdarstellung (→ Xenophanes, VS 21 B 11. 12) versuchte man schon im 6. Jh. durch → Allegorie(n) zu begegnen, die später von Platon verworfen, von Aristoteles übergangen, von den → Stoikern wieder ausgiebig praktiziert wurde. Während → Heraklit die Unwissenheit Homers und Hesiods tadelte (VS 22 B 56. 57), meinten gewisse von Platon bekämpfte (sophistische?) Theoretiker bei Homer und den Tragikern die Summe alles Wissens und die Normen sittlichen Handelns zu finden und schrieben der Poesie eine hohe erzieherische Funktion zu (Plat. rep. 598 D, 606 E, vgl. Prot. 325 E). Aristophanes verwendet diese moralistisch-pädagogische Auffassung als ergiebiges komisches Motiv (ran. 1008, 1054). Im Zerrspiegel der Komödienparodie erscheinen Ansätze einer Ausdruckspoetik, der das dichterische Werk als Ausfluß der Eigenschaften oder Stimmungen seines Schöpfers galt (Aristoph. Thesm. 148–172). Das Phänomen der dramatischen Illusion ist der Gegenstand eines Aperçus des → Gorgias (1), VS 82 B 23. Das Interesse der Sophisten an den sprachlichen und metrischen Mitteln der poetischen Technik (→ Protagoras, → Hippias, 2) teilte → Demokrit, der aber als eigentliche Quelle dichterischen Schaffens den durch eine entsprechende Anlage ermöglichten Eintritt in inspirative Begeisterungszustände betrachtete (VS 68 B 15 c–26). Die gleiche Vorstellung von dem irrationalen Ursprung des dichterischen Vermögens dient Platon dazu, den Wissensanspruch der Dichter zurückzuweisen (Apologie 22 B, C; Ion 533 D–534 E). Eine positivere Wendung gibt er dem Theorem im Phaidros, wo er den «göttlichen Wahnsinn» über die technische Fertigkeit stellt (245 A). Als eine wie die Rhetorik auf Lust abzweckende Kunst wird die Poesie im Gorgias verächtlich abgetan (501 E–502 E), der Philebos dagegen bringt feine Analysen der auf Mischgefühlen beruhenden Lust an tragischen und komischen Darstellungen, die aber doch hinter reinere Lustempfindungen zurückgesetzt wird. Zur radikalen Verwerfung aller epischen und dramatischen Dichtung führt der Entwurf des Idealstaates in der Politeia (2, 376 E–3, 403 C; 10, 595 A–608 B). Als ‹nachahmende› Kunst (→ Mimesis) bringt die Poesie nur Abbilder von Abbildern hervor und ist somit drei Stufen von der Wahrheit der Ideenwelt entfernt. Sie stattet Götter und Heroen mit schlechten Eigenschaften aus und führt sie in bedenklichen Situationen vor, sie läßt guten Menschen ein schlimmes Los, bösen ein glückliches zufallen, sie wühlt durch ihre pathetischen Effekte in uns die Leidenschaften auf, die wir doch niederhalten sollten (vgl. die Ethoslehre der → Musik, A 8). Die ‹Gesetze› mildern diesen rigorosen Standpunkt, bestehen aber auf der Forderung strenger Zensur (leg. 7, 801 B–D).

[3] *Aristoteles* befreit die P. aus der Verstrickung in erkenntniskritische, ontologische und staatspädagogische Fragestellungen. Nach ihm hat die Dichtkunst eine eigene ‹Richtigkeit›, die mit der der Politik oder anderer Wissensgebiete nicht zusammenfällt. Nicht eine verderbliche Steigerung unserer Leidenschaftlichkeit, sondern eine mit unschädlicher Lust verbundene Abreaktion (Katharsis) der in uns erregten Affekte bewirkt die Tragödie (Aristot. poet. 6, 1449 b 26 ff.; → Tragödie A 4). Dem Vorwurf der Wahrheitsferne dichterischer ‹Nachahmung› setzt Aristoteles die These entgegen, daß die Poesie kraft ihrer typisierenden Richtung auf das Allgemeingültige philosophischer sei als die an Einzelfakten gebundene Geschichtsschreibung. Einheit und Geschlossenheit des Handlungsgefüges nach Maßgabe von Wahrscheinlichkeit oder Notwendigkeit ist oberstes künstlerisches Gebot, das die Tragödie als höchste Kunstform in einer auch für das Epos vorbildlichen Weise erfüllt. Gegenüber der Analyse objektiv aufgefaßter Gattungsstrukturen tritt die Betrachtung des dichterischen Subjektes zurück; von der Möglichkeit eines Schaffens aus ekstatischer Begeisterung ist nur ganz beiläufig die Rede.

[4] *Horaz.* Die Übereinstimmungen der horazischen ‹Ars poetica› mit der aristotelischen ‹Poetik› setzen keine Kenntnis der im Altertum offenbar wenig gelesenen Originalschrift voraus, sondern lassen sich durch die Vermittlung des → Neoptolemos (2) v. Parion erklären. Das Gebot der Einheit des Kunstwerks tritt bei Horaz in der Form der ge-

forderten durchgängigen ‹Angemessenheit› und wechselseitigen Entsprechung aller Stilzüge auf. Zwei vielverhandelte Streitfragen sind bei ihm durch vermittelnden Ausgleich geschlichtet: Kunstverstand *und* Begabung machen den Dichter, erfreuen *und* nützen will er durch seine Kunst. Eine entschieden hedonistische Auffassung der Dichtkunst hatte in hellenist. Zeit → Eratosthenes vertreten (Strab. 1, p. 15), während die Stoa der utilitaristischen und moralisch-didaktisch bestimmten Theorie zu weitreichendem Einfluß verhalf.

[5] In der *Neuzeit* hat die P. des Aristoteles, mit platonischen und horazischen Motiven sowie mit Lehrstücken aus dem System der antiken Rhetorik verbunden, vom 16. bis in die 2. H. des 18. Jh.s die klassizistische Theorienbildung beherrscht und als vermeintlich leicht schematisierbares Regelwerk die dichterische Praxis beeinflußt. R. K.

Lit: S. H. Butcher, Aristotle's theory of poetry and fine art (mit Text u. Übers. der ‹Poetik›), (1895), 1907^{4} (Neudr. 1951) – M. Pohlenz, Die Anfänge der griech. P., NGG 1920, 142–178 – Chr. Jensen, Philodemos ‹Über die Gedichte›, 1923 – W. Kroll, Studien z. Verständnis der röm. Lit., 1924 (reiche Stoffsammlung auch zur griech. P.) – A. Rostagni, Komm. zu Hor. Ars poet., 1930 – J. F. D'Alton, Roman lit. theory and criticism, 1931 (Neudr. 1962) – J. W. Atkins, Literary criticism in antiquity, 1934 (Neudr. 1961) – W. Kraus, Die Auffassung d. Dichterberufs im frühen Griechentum, WSt 68, 1955, 65–87 – G. F. Else, Aristotle's Poetics, 1957 – P. Vicaire, Platon critique littéraire, 1960 – C. O. Brink, Horace on poetry, 1963 – *Fortwirkung in der Neuzeit:* J. E. Spingarn, Hist. of lit. crit. in the Renaissance (1889), 1908^{2} (Neudruck 1954) – R. Bray, La formation de la doctrine classique en France, 1928 (Neudr. 1957) – M. T. Herrick, Arist. in England, 1930 – M. Kommerell, Lessing und Arist. (1940), 1957^{2} – B. Weinberg, Hist. of lit. crit. in the Italian Renaissance, 1961.

B. Christl. Literatur- und Dichtungstheorie. Indem die Christen die paganen Literaturformen und die ihnen zugeordneten Techniken übernehmen, werden sie sich in jeweils unterschiedlicher Stärke des zwischen der beibehaltenen Formkonvention und der neuen Zielsetzung obwaltenden Antagonismus bewußt. Das geschärfte Empfinden für diesen wirkt als Stimulans zur Ausbildung einer spezifisch christl. literaturtheoretischen Reflexion, ein Vorgang, der z. B. gut bei → Paulinus (1) v. Nola zu beobachten ist (vgl. außer G. Rizza a. O. auch E. R. $Curtius^{2}$ 242, der auch auf die mit dem Protest gegen die heidnischen Musen gekoppelte christologische Inspirationstheorie eingeht). Es ist gewiß bezeichnend, daß → Prudentius, der dem antiken System der Gattungen freier gegenübersteht als andere Repräsentanten der christl. Kunstdichtung, eben deshalb weniger genötigt ist, sich mit der antiken Literaturtheorie auseinanderzusetzen, wenn er seine Auffassung von Wesen und Aufgabe des christl. Dichters entwickelt (richtig E. R. Curtius, 453). Bei aller Unterschiedlichkeit der vertretenen Gedankengänge im einzelnen wird man als gemeinsamen Grundzug der christl. Literaturtheorie festhalten dürfen, daß sie das alte Postulat ins Christliche wendet, wonach ein Literaturwerk zugleich ‹nützen› (prodesse; utile) und ‹unterhalten› (delectare; dulce) soll; dabei wird der Nutzen dem ‹hedonistischen› Moment durchaus vorgeordnet, es sei denn, daß die ἡδονή selbst religiös-spirituell gefaßt ist. Nach Greg. Naz. carm., PG 37, 1336 A hat das der religiösen Dichtung entspringende «erhabene Lustgefühl» ἡδονὴ σεμνή die Funktion, zur Gottesgemeinschaft hinzuführen. Die in der christl. Literaturtheorie weitgehend vertretene Auffassung von der pädagogischen und moralischen bzw. psychagogischen Funktion der Dichtung konnte im einen oder andern Punkt an die durch die Philosophie bestimmte pagane literar-ästhetische Reflexion anknüpfen, wie sie für uns z. B. bei → Plutarch (De aud. poetis) greifbar ist. Platonisierende Elemente in literaturtheoretischem Kontext sind zumal bei den griech. Vätern keine Seltenheit. Neuplatonischem Denken scheinen bes. die Weisungen zu entspringen, die Augustin seinem jungen Freunde Licentius darüber erteilt, wie bei einer dichterischen Neufassung der ovidischen Geschichte von Pyramus und Thisbe die durchaus notwendige religiöse Wendung zu erreichen sei (Aug. ord. 1, 8, 24). – Vgl. auch → Literatur III A. W. Schm.

Lit: Q. Cataudella, Critica ed estetica nella letteratura greca cristiana, 1928 (dazu B. Croce, Critica 27, 1929, 155 f.) – J. Rodriguez-Herrera, Poeta Christianus, 1936 – G. Rizza, Paolino da Nola, 1947, 51–70 – E. R. Curtius, Europ. Lit. und lat. Mittelalter (1948), 1954^{2}, 443 ff. – Q. Cataudella, Estetica cristiana, in: Momenti e problemi di storia dell'estetica 1, 1959, 81–114 – W. Schmid, Die Literatur Roms, in: Die Literaturen der Welt, hg. von W. v. Einsiedel, 1964, 266 f. (Lit).

Poetovio, röm. Kolonie in Pannonia sup. (Kt. 2209 B 2; heute Ptuj-Pettau a. d. Drau). Bis Claudius Garnison der Legio VIII Augusta, dann der XIII Gemina. Nach deren Abzug um 100 n. Chr. Colonia Ulpia Traiana P. Im J. 69 n. Chr. wurde → Vespasian hier zum Kaiser proklamiert. Mehrere Mithräen und andere röm. Denkmäler. B. S.

Lit: M. Abramić, Poetovio, 1925 – B. Saria, Archäol. Karte v. Jugoslawien, Blatt Ptuj u. Rogatec, 1936 u. 1939 – Ders., Ant. Inschr. aus Jugoslawien I, 1938.

Poimandres, das erste Werk des dem → Hermes Trismegistos zugeschriebenen → Corpus Hermeticum. Der Name wird auch für die ganze Sammlung gebraucht. E. B.

Pola, nach der Sage (Strab. 5, 1, 9) Gründung der Kolcher an der Südspitze der istrischen Halbinsel (Kt. 1420 F 3; heute Pula), wird 42 v. Chr. durch Octavian (→ Augustus) röm. Kolonie Pietas Julia. Zunächst Flottenstützpunkt, dann bedeutender Umschlaghafen von Weizen, Wein, Öl aus dem Hinterland, mit dem P. durch die Via Flavia verbunden war. Grundriß der röm. Stadt mit Stadtmauer, zwei Theatern, Forum, an dem zwei Tempel lagen, für das heutige P. bestimmend, obwohl außer dem vor der Stadt liegenden Amphitheater nur wenige antike Reste erhalten. Darunter hervorzuheben der um die Zeitwende errichtete Sergierbogen mit vorgelegten korinthischen Säulen und einem Fries girlandentragender Eroten, Waffenreliefs und Viktorien. B. A.

Lit: G. Canonico Cascioli, Memorie storiche di P., 1896 – G. Calza, P., 1920 – B. Tamaro, P., I monumenti romani, o. J. – M. Mirabella Roberti, L'arena di P., 1940 – St. Mlakar, Das Amphitheater in P., 1957 – Ders., Ancient P., 1958.

Polemarchen (‹Leiter im Kriege›) hießen in vielen griech. Staaten einzelne → Magistrate oder Magistratskollegien. Die P. hatten ursprünglich militärische Zuständigkeit (so noch die P. Spartas, die höchsten Offiziere des Landheeres), später traten sie im allgemeinen in den zivilen Bereich über und wurden im Heeresbefehl von den → Strategen abgelöst; so auch der athenische Polemarch (→ Archon). F. G.

Lit: H. Schaefer, RE Suppl. 8 (1956), 1097–1134.

Polemius → Julius.

Polemon von Athen, nach → Xenokrates (3) seit 315/314 v. Chr. Haupt der → Akademie (berühmt die Geschichte seiner Bekehrung von zügellosem Leben zur Sittenstrenge der Philosophie), scheint als erster statt → Platons ‹ideengemäßem› das ‹naturgemäße› Leben als Ziel aufgestellt und dieses als Vollgenuß der uns von der Natur selbst ‹übereigneten› und daher uns ‹eigentümlichen› (οἰκεῖος) Güter definiert, weiter den Selbsterhaltungs- (also nicht den Lust-) trieb als den Urtrieb (beim Menschen auf Körper *und* Seele gerichtet) erklärt zu haben. Damit hätte er Zentrallehren der → Stoa antizipiert; die Behauptung des → Antiochos (9), daß diese nur ein Abkömmling der → Akademie sei, wäre richtig. Doch steht vieles von dem oben Gesagten nur beim Antiochosschüler → Cicero, mag also zurechtstilisiert sein. Ph. M.

Lit: K. v. Fritz, RE 21, 2 (1952), 2524–29.

2. **P. von Ilion,** genannt der Perihleget, ca. 220–160, Hauptvertreter der mit Ausnahme des → Pausanias (3) verlorenen griech. → Perihegese. P.s zahlreiche Werke berührten Athen, Sikyon, Sparta, Böotien, Phokis, Delphi, Epeiros, Ilion, Karien, Samothrake, Großgriechenland und Karthago. P. schrieb auch gegen → Eratosthenes. Er war Inschriftensammler und Philologe mit starker Neigung zur Paradoxographie (→ Buntschriftstellerei), doch überwiegt

im ganzen die um zuverlässige Berichterstattung bemühte Gelehrsamkeit. F.L.

Frg: FHG III 108–148 – L. Preller, Polemonis Periegetae fragmenta, 1838 (Neudr. 1964).

3. **P. von Laodikeia,** Antonius, vermutlich ca. 88–144, aus vornehmer Familie; glanzvollster, sehr eitler und stolzer Vertreter der 2. Sophistik (→Redner I D2, auf Münzen und Inschriften bezeugt), ‹der phryg. Demosthenes› (Herodes Atticus). P. wirkte bes. in Smyrna (viele Schüler; auch große polit. Rolle, Ämter, Bautätigkeit). In hoher Gunst bei Trajan, Antoninus Pius und bes. Hadrian, der P. die Festrede zur Einweihung des athen. Olympieions (wohl i.J. 131/132) halten ließ. P. war sehr leidenschaftlich und nervös (Verfeindung mit →Skopelianos, →Favorinus); schlagfertiger, witziger Improvisator; ῥοῖζος (Schwung) war seine besondere Gabe. Er war etwa gemäßigter Asianer und bewunderte Demosthenes. P.s Lehrer: →Skopelianos; Timokrates v. Herakleia (‹Philosoph› und stoisierender Rhetor, Schüler des Stoikers Euphrates v. Tyros); auch zu →Dion (2) v. Prusa hatte er Beziehungen. Schüler P.s: →Herodes (2) Atticus, Aelius →Aristeides (2). Von P.s Reden ist nur ein Paar Meletai (Agon der Väter der 2 ἀριστεῖς von Marathon um das Recht des Epitaphios) erhalten; Effekte und Pointen darin wirken fast komisch für uns. P. verfaßte auch Briefe, ein Geschichtswerk und wohl auch die – aus den Benutzern (arab. Übers. und lat. Bearb., griech. Epitome des Adamantios u. a. [Ps. P.]) rekonstruierbare →Physiognomik (Quellen: Ps. Aristot.; eigene Erfahrung für die Beispiele). P. war Vorbild für →Gregor (4) v. Nazianz. W. Sp.

Ed: Reden: H. Stephanus, 1567 (ed. princ.) – H. Hinck, BT, 1873 (dazu F. Lenz, Problemata 8, 1934, 113, 1) – Physiogn.: R. Förster-G. Hoffmann, in: Script. Physiognom. Gr. et Lat., BT, 1893 (mit Prolegomena, Indices; dazu RhMus 55, 1900, 139–148) – *Lit:* PIR I 167 – W. Stegemann, RE 21,2 (1952), 1320–57 (vgl. dazu J. u. L. Robert, REG 66, 1953, 116) – A. Armstrong, The Methods of the Greek Physiognomists, GaR 5, 1958, 52–56.

4. **P. I. von Pontos,** Sohn des Rhetors Zenon von Laodikeia in Phrygien, mit dem er 40 v. Chr. die Stadt gegen →Labienus (2) und die Parther verteidigte. →Antonius (2) setzte ihn ca. 36 als König über das 39 neugebildete Königreich →Pontos. Im Partherkrieg von den Medern gefangengenommen, vermittelte er das Bündnis zwischen Antonius und →Artavasdes (2) v. Medien und erhielt dafür (bis 30) Kleinarmenien (Dio 49, 33, 1f.). Später machte ihn →Augustus außerdem zum König von →Bosporos, dessen Königin Dynamis er heiratete. 8/7 v. Chr. wurde er von rebellischen Stämmen getötet. D.T.

5. **P. II. von Pontos,** Enkel P.' I., 37 zum König von →Pontos und (nominell, setzte sich nicht durch) →Bosporos ernannt; beherrschte Pontos, bis es 63 als Provinz eingezogen wurde, dazu ab 41 bis zu seinem Tode Teile Kilikiens (Dio 60, 8, 2). D.T.

Lit: D. Magie, Rom. Rule in Asia Minor, 1950.

Polenta, wichtigstes Gericht bei der →Ernährung der Griechen. Rezept: 6,5 kg Gerste gemischt mit 1 kg Leinsamen, 160 g Koriander und 60 cm^3 Salz werden gemahlen, mit Wasser verrührt und als Gerstenbrei gegessen (Plin. nat. 18, 73). W.K.

Poleten, athen. Behörde, der die Verwaltung der Staatsgrundstücke, ihre Verpachtung (bes. die der →Bergwerke), die Verdingung der öffentlichen Arbeiten und die Versteigerung der eingezogenen Güter oblag. H.Br.

Poliochos, von Athen, Dichter der alten →Komödie (I B); Lenäensieg ca. 414. Nur ein Titel, ‹Korinthiastes›, ist überliefert. Th.G.

Polis (Plural: Poleis), ursprünglich (1) die ‹Burg›; dann (2) die in deren Schutz aufkommende Siedlung (ungenau ‹Stadt›: die meisten Poleis waren kaum größer als unsere Dörfer und lebten wie diese vor allem von der Landwirtschaft), zugleich der politische Mittelpunkt des umliegenden Gebietes, der Sitz der →Magistrate (1) und der gewöhnliche Tagungsort von Rat und Volksversammlung; schließlich (3) dieses Gemeinwesen selbst, also ‹Stadtstaat, Stadtgemeinde›. Seine Angehörigen werden als ‹Bürger› (πολῖται) bezeichnet und mit dem Einwohnernamen als ‹Athener, Korinthier› usw. von Bürgern anderer Poleis unterschieden; da das Gemeinwesen nach griech. Auffassung nichts ist als die Gesamtheit der Bürger, heißt der Stadtstaat selbst offiziell ‹die Athener› usw. (→Griechenland III A). – Nicht ganz Griechenland war in dieser Weise ‹städtisch› organisiert; es gab, vor allem in den zurückgebliebenen Landesteilen des Westens und Nordens, auch Gaue ohne Poleis. In klass. Zeit lebten die meisten Griechen in Poleis. Aber nicht alle Poleis waren selbständig; manche waren anderen Poleis oder →Tyrannen (oder einer nichtgriech. Fremdherrschaft) unterworfen, viele, bes. wieder im Westen und Norden, hatten sich aus dem Verbande des älteren, umfassenderen Stammstaates (des →Ethnos) gar nicht losgelöst. So ist die P. nicht die einzige Staatsform der Griechen, aber in der klass. Zeit die wichtigste und die Hauptträgerin der klassischen griechischen Kultur. Den Griechen selbst stand die P. so sehr im Vordergrund, daß sie zeitweise (unter stillschweigender Einbeziehung der Nicht-Stadtstaaten) die Staaten ganz allgemein als Poleis bezeichneten und in ihrer →Staatstheorie fast allein die P. ins Auge faßten. Aber schon seit dem 4. Jh. gewinnen die Stammstaaten, jetzt vielfach mit Rücksicht auf die in ihrem eigenen Gebiet gelegenen Poleis wie Städtebünde (→Bünde) organisiert, wieder an Boden; ihnen, sowie den Poleis, die den hellenist. Königen und später Rom unterstellt sind, gehört die hellenist.-röm. Zeit. F.G.

Lit: Vgl. →Griechenland III, →Ethnos; dazu E. Kirsten, Die griech. P. als hist.-geogr. Problem des Mittelmeerraumes, 1956 (Lit).

Politeia. Zu πολίτης, ‹Bürger›, gehört πολιτεύω, -ομαι ‹Bürger sein, sich als Bürger betätigen, am öffentlichen Leben teilnehmen, (sich) regieren› usw.; dazu das Abstraktum πολιτεία →‹Bürgerrecht; Bürgerschaft; öffentliches Wirken, Regierung, Regierungsform, Verfassung›. Unter den Verfassungen hat man bald alle, bald nur die freistaatlichen (in denen der Staat tatsächlich durch seine Bürger regiert wurde) als πολιτεῖαι bezeichnet; in einem noch engern Sinn hat Aristoteles nach dem Vorgang anderer (NE 8, 11. 1160 a 34) die P. als eine der drei guten Verfassungsformen Königtum, Aristokratie und P. gefaßt, zu denen als Entartungen Tyrannis, Oligarchie und Demokratie gehören (→Staatstheorie). Diese ‹bürgerliche Verfassung› entspricht somit etwa dem, was wir eine gemäßigte Demokratie nennen würden. – Etwa in der Zeit des →Pelop. Krieges ist der Ausdruck ‹Verfassung der Väter› (πάτριος π.) zum politischen Schlagwort geworden. Damit konnte die Beibehaltung der überkommenen, aber auch die Rückkehr zu einer inzwischen aufgegebenen Verfassung bzw. die Einführung neuer, für alt ausgegebener Einrichtungen gemeint sein. F.G.

Lit: Zu Patrios P.: A. Fuks, The Ancestral Constitution, 1953 – V. Ehrenberg, Der Staat der Griechen (1957/58), 1964², 47ff. (Lit).

Politeuma, in den literar. Quellen ‹Regierung (sform), Republik, Politik, (Voll-)Bürgerschaft, Bürgerrecht› (nur selten term. techn.). Im Hellenismus techn. Bezeichnung für landsmannschaftliche Korporationen inmitten fremder Bevölkerung; so bes. in Ägypten die P.ta der nichtägypt. Bevölkerungsteile (z. B. π. τῶν Κρητῶν) mit gewisser Selbstverwaltung und Jurisdiktion nach eigenem Recht. Vermutlich dienten die P.ta zugleich der Rekrutierung der im Land verstreut siedelnden Kleruchen (→Kolonisation B 4). Schon seit dem 3. Jh. verloren die P.ta durch Vermischung den ethnischen Charakter und wurden zu pseudoethnischen Verbänden oder ‹Standesgruppen› der privilegierten Bevölkerungsschichten; mit wenigen Ausnahmen verschwanden sie im 2. und 1. Jh. Ethnischen Charakter behielten die P.ta der Juden, bes. in Alexandria (unter einem Ethnarchen). Auch in anderen hellenist. Staaten gab es P.ta, bes. im → Seleukidenreich (z.B. 175 v.Chr. die Korporation der nach griech. Art Lebenden als ‹Antiochener in Jerusalem›), z.T. mit Münzrecht. H.H.Sch.

Lit: W.Ruppel, P., Bedeutungsgesch. ..., Philol. 82, 1927, 268–312, 433–455 – Rostovtzeff, Hellenist. Welt, I 254, 269; II 839, 848; III 1151f. (Lit) – Bengtson, 435f., 483 (Lit) – J.F.Oates, The Status Designation: *ΠΕΡΣΗΣ, ΤΗΣ ΕΡΙΓΟΝΗΣ*, YClSt 18, 1963, 1–129, bes. 22–28. 68.

Politik (von *πολιτικά*, Dinge, die den Staat [*πόλις*] betreffen) bezeichnet unscharf das Gebiet der ‹Staatskunst› (*πολιτικὴ τέχνη*), d.h. der erlernbaren *πολιτικὴ ἀρετή*. Dieses Wort bedeutete zugleich (für → Aristoteles wird die Einheit fraglich) die Tugend des Bürgers und die Fähigkeit des Staatsmannes. Zur Lenkung des Staates ist neben dem Vermögen sich durchzusetzen (die P. ist der → Rhetorik übergeordnet) die Einsicht in sein Wesen (→ Staatstheorie), seinen Aufbau (→ Gesellschaftstheorie) und sein Ziel, die Verwirklichung der Tugend, nötig. So wird in der Einteilung der → Philosophie in drei Teile (Logik, Ethik, Naturphilosophie) die P. der → Ethik untergeordnet. – Vgl. → Staatstheorie. E.Msch.

Polizei. [1] *In Griechenland.* Die Aufsicht über Straßen, Märkte, → Maße und Gewichte, die Lebensmittelversorgung usw. lag in den griech. Städten gewöhnlich in der Hand besonderer niederer Magistrate, etwa der → Astynomen, → Agoranomen, → Metronomen, → Sitophylakes. – Ein besonderer Sicherheitsdienst war vor der hellenist. Zeit kaum entwickelt. In den freien Gemeinden mußten und konnten die Bürger selbst helfen, wo es nottat, u.U. auch im geregelten Wachtdienst; die → Tyrannen stützten sich auch im Innern auf ihre Söldner. Athen freilich, im 5. Jh. v.Chr. die bei weitem betriebsamste Stadt der griech. Welt, hatte eine 300 Mann starke, mit dem Bogen bewaffnete Polizeitruppe aus Gemeindesklaven skythischer Herkunft; in späterer Zeit versahen die → Epheben den Sicherheitsdienst. F.G.

[2] *In Rom.* Die Markt- und Straßen-P. unterstand den → Ädilen, die Sicherheits-P. den → Konsuln bzw. den tresviri capitales. Während der Republik wurde vom Staat wenig getan, um Ruhe und Sicherheit der Städte und Straßen zu gewährleisten. Die Magistrate, bes. die unteren wie Ädilen (Liv. 25, 1, 10) und tresviri capitales (Liv. 39, 14, 10; Fest. 468, 22 L.; Val. Max. 6, 1, 10; Plin. nat. 21, 8) oder tresviri nocturni (Liv. 9, 46, 3; Val. Max. 8, 1, 6 damn.), vermochten durch → Liktoren, viatores (CIL 6, 466) und andere → apparitores (Gell. 2, 2, 13; Val. Max. 9, 5, 2) in ihrer unmittelbaren Umgebung die Ordnung zu wahren (Liv. 25, 1, 10f.). Bei größeren Unruhen mußten aber der Stadtprätor (Liv. 25, 1, 11) oder der Konsul (Plin. nat. 34, 139) einschreiten. Die tresviri nahmen Vagabunden fest (Plaut. Amph. 155; Hor. epod. 4, 11; Suet. Nero 45, 2) und Polizeimeldungen an (Plaut. Aul. 416f.), waren für den Feuerschutz verantwortlich (Schol. Iuv. 13, 157), besaßen zwar keine Jurisdiktion, verhängten aber Präventivhaft, die durch → Volkstribunen aufgehoben werden konnte (Gell. 3, 3, 15). → Augustus richtete drei städtische Kohorten zu je 1000 Mann ein (Suet. Aug. 49, 1), die dem von ihm berufenen → praefectus urbi (Suet. Aug. 37, 1; Tac. ann. 6, 11), der Konsular war (Tac. ann. 6, 11), mit einem Tribunen an der Spitze (CIL 6, 1156a) unterstanden. Sie waren von der → Feuerwehr getrennt (Tac. hist. 3, 64). Der (seit Tiberius) oft lange amtierende → praefectus urbi (Tac. hist. 3, 75) der Kaiserzeit übte die Jurisdiktion aus, die mit den → quaestiones perpetuae konkurrierte (Tac. ann. 14, 41). Er sorgte mit seinen Gendarmen, stationarii (Dig. 1, 12, 1, 12; CIL 8, 25438), für die Ordnung der Stadt, bes. bei öffentlichen Schauspielen (Dig. 1, 12, 1, 12; Suet. Aug. 43, 1), auf den Märkten, wo Preise, Wechselstuben (Dig. 1, 12, 1, 9ff.) und Maße (CIL 6, 1520; Amm. 27, 9, 10) kontrolliert werden mußten. In den Landstädten taten das die dortigen Ädilen (Pers. 1, 130; Iuv. 10, 100ff.; CIL 10, 793) mit ihren zivilen apparitores und den in größeren Städten vorhandenen militärischen stationarii (Plin. epist. 10, 74, 1; Suet. Aug. 32, 1; CIL 3 Suppl. 7136; Dig. 11, 4, 4). Verbotene Waren wurden beschlagnahmt (Suet. Tib. 34, 1; Plin. nat. 33, 32; Suet. Claud. 38, 2; Nero 32, 3), verbotene Bücher von den Ädilen und tresviri (Tac. ann. 4, 35; Agr. 2) verbrannt, unangemessene Kleidung gerügt (Suet. Aug. 40, 5); die Ädilen kontrollierten die Bordelle (Tac. 2, 85), Kneipen (Mart. 5, 84; 14, 1, 3), Bäder (Sen. epist. 86, 10) und vielleicht die polizeiliche Meldepflicht verdächtiger Personen (Suet. Claud. 23, 2). – Nicht viel ist über die röm. *Geheim-P.* (→ Speculatores, → Frumentarii, → Agentes in rebus, → Curiosi) bekannt, die den Kaiser über alle interessierenden Personen unterrichten mußte (Suet. Claud. 16, 3), wobei Bordellbesucher ausgehorcht wurden (Plin. nat. 30, 15; Suet. Claud. 15, 4), Soldaten in Zivil in Privathäusern spionierten (Tac. hist. 1, 85; Epict. gnom. 4, 13, 5; Philostr. Vita Apoll. 4, 185) und durch übelste Denunziationen (Dio Cass. 52, 37) die Bevölkerung in Schrecken hielten (Lib. or. 2 p. 290 F.; Aur. Vict. Caes. 39, 44f.; Amm. 14, 1, 6; 16, 5, 11). W.K.

Lit: O.Hirschfeld, Die Sicherheitsp. im röm. Kaiserreich (1891), in: Kleine Schriften, 1913, 576–612 – A.Chastagnol, La préfecture urbaine à Rome sous le bas-empire, 1960 – E.Echols, The provincial urban cohorts, ClJ 57, 1961, 25–28 – W.G.Sinnigen, The Roman secret service, ebd., 65–72.

Pollentia (Kt. 2849 E2; heute Alcudia en Mallorca), röm. Siedlung, 123 v.Chr. durch Q. → Caecilius (7) Metellus nach der Eroberung der → Balearen gegründet. Die Quellen (Strab. 3, 5, 1; Mela 2, 124) wurden durch Ausgrabungen eines Teils (Ruinen eines Theaters und einer umfangreichen städtischen Zone) bestätigt. J.M.d.M.

Lit: A.G.Bellido, La Península Iberica, 1953.

Pollio → Asinius, → Claudius, → Pomponius.

Pollux (= Polydeukes) → Dioskuren.

2. **P.**, genauer: Iulius Polydeukes. Geb. in Naukratis, 2.H. 2. Jh. n.Chr., Lehrer → attizistischer Redekunst zu Athen, Konkurrent und wissenschaftlicher Gegner des → Phrynichos (4). Er verfaßte ein ‹Onomastikon› (sachlich geordnetes Verzeichnis vorbildlicher attischer Ausdrücke), in 10 Büchern. Im letzten bespricht er manche der in Buch 6 und 7 behandelten Dinge noch einmal, um der Kritik des Phrynichos zu begegnen. Die Ansicht Bethes, das Werk sei uns nur in epitomierter Form erhalten, läßt sich widerlegen. Quellen: neben eigener Lektüre der Klassiker ältere (nicht erhaltene) Onomastika und Lexika, u.a. die ‹Lexeis› des → Aristophanes (2) v. Byzanz. H.E.

Ed: E.Bethe, 1900–07 – *Lit:* E.Bethe, NGG 1895, 322, bes. 332 – Ders., RE 10, 1 (1917), 773–779.

Poloi (*πῶλοι*), volkstümliche Bezeichnung der korinthischen Silbermünzen mit Anspielung auf deren Pegasosbild (Poll. onom. 9, 75–76). W.Schw.

Lit: Babelon, 509–510 – K.Regling, in: v.Schrötter, 524.

Polstern. Die Überzüge aus Leinen, Wollstoffen oder Leder (Poll. 10, 39) für Kissen und Polster wurden mit Stroh (Plin. nat. 8, 193), Heu (Sen. dial. 7, 25, 2), Schilf oder Seegras (Ov. met. 8, 655f.), Wollgras (Plin. nat. 27, 88) und bes. mit → Wolle, die beim Aufrauhen der → Stoffe anfiel (Plin. nat. 8, 192), gefüllt (Petron. 38, 5: gefärbt). Ferner begegnen als Füllstoff Federn (Clem. Al. Paed. 2, 9 p. 216 P.), von denen die der weißen germanischen Gänse (→ Geflügel) am beliebtesten waren (Plin. nat. 10, 53f.). W.K.

Polyainos von Lampsakos, erst Mathematiker, dann Schüler → Epikurs, zählte zu den geistigen Vätern (*καθηγεμόνες*) der → Epikureer, liebenswürdig und ein geschickter Pädagoge, hat wahrscheinlich den berühmten Brief an ein Kind (Epicur. Fr. 176 U., 113 A.) verfaßt. Werke: 1. ‹Über die Philosophie›, 2. ‹Gegen Ariston›, 3. ‹Aporien›, 4. ‹Über Definitionen›. W.L.

2. **P. von Makedonien,** Anwalt, 2.H. 2. Jh. n.Chr., Verfasser einer Sammlung militärischer Operationen in 8 Büchern (*Στρατηγικά* bzw. *Στρατηγήματα*. Zum Titel vgl.

das gleichnamige Werk eines Hermogenes v. Smyrna, 1./2. Jh. n. Chr.: FGrHist 579). Die Schrift ist den Kaisern →Mark Aurel und → Verus (1) als taktische Hilfe für den Partherkrieg (162) gewidmet. Sie enthält Beispiele aus der Geschichte aller bekannten Völker. Ähnliche Sammlungen dürften in hellenist. Zeit bestanden haben. P. scheint außerdem Historiker benutzt zu haben. Ob er lat. Darstellungen heranzog, ist fraglich. Die historische Zuverlässigkeit seiner Mitteilungen muß von Fall zu Fall geprüft werden. Der Stil erhebt attizistische Ansprüche. – Aus P. abgeleitet sind die (sachlich geordneten) byzantinischen ‹Hypotheseis›. Von diesen existieren 4 Bearbeitungen: die Sylloge Tacticorum (Paraineseis), Nikephoros Uranos, Strategemata Ambrosiana, Parekbolai (Ps. Heron). W. Sp.

Ed: Ed. princ.: I. Casaubonus, 1589 (Noten); lat. Übers. v. J. Vulteius, 1549 – E. Woelfflin, BT, 1860 – Ders., neubearb. v. J. Melber, 1887 (mit Hypotheseis und Paraineseis) – *Frg:* FGrHist 639 – Ed. der Sylloge: A. Dain, 1938 – Parekb. u. Strateg. Ambros.: J. A. de Foucault, 1949 – *Lit:* Schmid-Stählin II 2, 754f. – F. Lammert, RE 21,2 (1952), 1432–36 s. v. Polyainos Nr. 8 – W. Stegemann, ebd. 2529f. s. v. Polyainos Nr. 10 (Nachtrag) – O. Seel, Trogus, Caesar und Livius bei P., RhM 103, 1960, 230–271.

Polybios, von Megalopolis, aus reicher, vornehmer Familie; Sohn des →Lykortas. Geb. ca. 200(?): die modernen Ansätze gehen von vor 211 bis 198, er soll 82jährig gestorben sein, sicher nach 129, vielleicht nicht vor ca. 120 (?). 170/169 achäischer Hipparch. Einer der nach Pydna (168) i. J. 167 nach Rom ‹vorgeladenen› Achäer, deren Überlebende man i. J. 150 entließ. In Rom wurde er des 18jährigen → Cornelius (29) Scipio Aemilianus Freund und Mentor und erlebte in dessen Umgebung Karthagos Fall (146); nach Korinths Ende (146) war er bei der Neuordnung Achaias zugunsten seiner Landsleute tätig und wurde dafür durch Monumente geehrt. Seine Teilnahme an Scipios Numantinischem Krieg (134–133) ist fraglich; die genauen Daten der Reisen, die zur Erforschung des Westens (Alpen, Gallien, Spanien, Ozean, Afrika) beitrugen, umstritten. P. traf wohl den jüngeren → Panaitios in Scipios Kreis.

[2] *Werk.* Verloren sind eine enkomiastische Biographie des Philopoimen (3 Bücher); Taktika (auch im Hauptwerk finden sich viele militärische Erörterungen); ‹Über die Bewohnbarkeit der Äquatorialzone› (nach manchen Gelehrten Teil der Historien: Buch 34); ‹Numantinischer Krieg›. – Das *Hauptwerk* sind die 40 Bücher Universalgeschichte von 220/219 (= Ol. 140; für die Achaika Anschluß an Arat v. Sikyon) bis zum Fall Karthagos und Korinths und der Neuordnung Achaias (146). Buch 1–5 sind praktisch ganz erhalten, der Rest – wie auch Buch 1–5 – durch Auszüge in den Excerpta antiqua des Cod. Vat. Urbin. Gr. 102 u. a. und den Konstantin. Exzerpten), und Fragmente bekannt; ca. ein Drittel des Ganzen ist vorhanden. Das Grundthema ist zunächst (bis Buch 29) der Aufstieg Roms zur Weltherrschaft. Buch 1 und 2 behandeln nach einer ‹Einleitung› (*προκατασκευή*) anschließend an Timaios u. a. ab Ol. 129 (264: Übergang der Römer nach Sizilien), 1. Pun. Krieg, Söldnerkrieg, Illyrika, Spanien, Keltenkriege; ferner Achaika; Buch 3–5 die Zeit ab Ol. 140 (= 220/219–216), davon Buch 3 Illyrika, 2. Pun. Krieg bis Cannae, Buch 4 und 5 Griechenland und den Osten. Buch 6 enthält die Theorie der Staatsformen, des Kreislaufes der Verfassungen (Quellenfrage umstritten) und der Mischverfassung als Ursache der Größe Roms; ferner röm. ‹Archäologie›; Militärorganisation Roms, Vergleich der röm. Verfassung mit anderen usw. Allgemeiner Art sind ferner Buch 12 über Methodologisches, u. a. gegen → Timaios gerichtet, und Buch 34 zur Geographie, bes. des Westens (Abkehr von der mathematisch-astronomischen Methode, keine Förderung der allgemeinen Geographie; Kritik an → Dikaiarch, → Pytheas, → Eratosthenes). Im übrigen ist von Buch 7 ab die Anlage synchronistisch-annalistisch: pro Buch 1, 1/2 oder 1/4 Olympiade. – Die P.-Analyse versucht Entstehungsphasen, Überarbeitungen und Teilpublikationen zu ermitteln.

[3] *Würdigung.* P. hat viel über Theorie der Historiographie nachgedacht. Er will ‹pragmatische Historia› treiben, d. h. etwa: nüchterne, aufs Tatsächliche und ‹Technische› (Politik, Krieg) gerichtete Geschichte; diese hat 3 ‹Teile› (Quellenstudium, Ortskunde, ‹Politik›). Geschichtsschreibung soll durch Belehrung (Unterhaltung ist erst in zweiter Linie als Ziel anerkannt) nutzen, bes. Politikern, Militärs, muß also streng wahrheitsgetreu sein; geboten sind daher Unparteilichkeit; Ablehnung des Mirakulösen; Kritik an künstlerischer, rhetorischer oder ‹tragisierter› Historie; im maßvollen Gebrauch von Reden Anschluß nach Möglichkeit an den wirklichen Inhalt. Sie soll ferner die Ursachen darlegen; dazu gehören: äußere Faktoren; Planungen, Vorsätze der maßgebenden Personen (Geschichte Ausfluß des rechnenden Verstandes), die daher biographisch erfaßt werden müssen; Staatsformen; aber auch Tyche, die P., ähnlich wie den Zufall, in verschiedener Weise wirken läßt. Geschichte soll schließlich auch moralisch belehren und fördern (Ertragen der Wechselfälle der Tyche usw.). Nur universale Betrachtung gebe wirkliche Kenntnis der nunmehr zu einem ‹Organismus› (*σωματοειδής*) gewordenen Geschichte, deren Ziel Roms Weltherrschaft ist. Der Historiker müsse politisch-militärische Praxis haben, wie es für P.' mit dem Zeitgeschehen engverbundenes Leben der Fall war. In der Tat ist P. objektiv in der großen Geschichte (bewundert Roms Größe, virtus usw., übt aber manchmal auch herbe Kritik; will z. B. auch Hannibal gerecht werden), parteiischer in den Achaika und bei der Kritik an seinen Vorgängern. – *Informationsquellen:* eigenes Erleben; mündliches Befragen vieler Sachkundiger (C. → Laelius?), Aufzeichnung von Politikern, Briefe, Reden (vgl. FGrHist 232/233), Urkundenmaterial. Als literarische Quellen kommen in Frage → Timaios (3), → Aratos (1) v. Sikyon (FGrHist 231), → Phylarchos, → Fabius (11) Pictor, → Philinos (1), die Hannibalautoren (→ Silenos, → Sosylos u. a.), die Rhodier → Zenon (4) und → Antisthenes (2); vielleicht auch Cincius Alimentus und die röm. Geschichte schreibenden Zeitgenossen: C. → Acilius (1), P. Cornelius Scipio, Postumius Albinus, → Cato (1) u. a.; ferner → Kallisthenes, → Ephoros, → Dikaiarch, Straton (2) v. Lampsakos u. a. (vgl. auch FGrHist 83.180). – Die *Sprache* ist wichtig für die Kenntnis der Literarkoine (vgl. die offiziellen Urkunden); Anschluß ans Attische in der Grammatik, Abweichung in Vokabular und Phraseologie. P.' Stil ist schwerfällig, beladen, gewunden, im Ganzen unkünstlerisch und nüchtern, aber nicht formlos und neigt zur Abstraktion; Hiat wird gemieden. Die Darstellung ist einförmig, um Deutlichkeit sehr bemüht (viele Verweise, Angaben über Anordnung, Aufbau u. a.), mit vielen lehrhaften Reflexionen. Im Altertum wurde P. als Historiker, nicht als Stilist geschätzt und von den folgenden Historikern des von ihm behandelten Zeitraumes benutzt. Sein Werk ist noch heute die literarische Hauptquelle für antike Geschichte von 264–ca. 146, wertvoll bes. als ‹pragmatische› Darstellung eines bestinformierten politischen Praktikers. In der Sachauffassung mit → Thukydides verwandt, erreicht P. nicht dessen Gedankentiefe und Kunst. Seine Staatstheorien wurden der Neuzeit durch Machiavelli, Montesquieu u. a. vermittelt. W. Sp.

Ed: V. Opsopeus, 1530 (ed. princ.; vgl. den lat. Erstdruck von N. Perotti, 1473) – J. Schweighäuser, 1889/95 (Noten, Lexikon) – F. Hultsch, 4 Bde, 1867–72; Bd. 1 u. 2, 1888/92² – Th. Büttner-Wobst, BT, 4 Bde, 1893–1904; Bd. 1, 1905² – W. R. Paton, LCL, 1922/27 – Buch 12: P. Pédech, CB, 1961 (Noten) – *Frg:* FGrHist 173 – *Komm:* J. L. Strachan-Davidson, 1888 (Auswahl) – F. W. Walbank, 1957 (B. 1–6; dazu K. E. Petzold, Historia 9, 1960, 247–254) – *Übers:* H. Drexler, BAW, 2 Bde, 1961/63 – *Lexikon:* A. Mauersberger, 1956ff. (vgl. J. Palm, Gnomon 29, 1957, 411–416 und 34, 1962, 355–357) – *Lit:* K. Ziegler, RE 21,2 (1952), 1440–1578 (dazu Walbank, JHS 74, 1954, 185f.) – K. v. Fritz, The Theory of the Mixed Constitution, 1954 – C. Schick, Polibio da Megalopoli. Le principali questioni sulle storie, Paideia 5, 1950, 369–383 (Lit) – M. Treu, Biographie und Historie bei P., Historia 3, 1954, 219–228 –

H. Erbse, P.-interpretationen, Philol. 101, 1957, 269–297 – A. Roveri, Tyche in Polibio, Convivium 24, 1956, 275–293 – Al Alvarez de Miranda, La irreligiosidad de Polibio, Emerita 24, 1956, 27–65 – R. Koerner, P. als Kritiker früherer Historiker, Diss. Jena, 1957 – A. Mauersberger, Bericht der Arbeitsgruppe ‹P.-Lexikon›, Schr. d. Sektion für die AW der Deutschen Akad. Berlin, 8, 1957, 94–103 – Vgl. zu → Staatstheorie, → Geschichtsschreibung I B.

2. **P.,** ein Freigelassener des → Claudius (1), bekleidete hohe Hofämter, war aber beim Volk unbeliebt. → Seneca (2) widmete ihm 43 n. Chr. eine Trostschrift. Von seinen Prosaübersetzungen der Epen → Homers und → Vergils ins Lat. bzw. Griech. (Sen. dial. 12, 8, 2 und 11, 5) ist nichts erhalten. Messalina ließ ihn 47/48 töten. B.K.

Polybolon (*πολυβόλον*), der Mehrlader, gehörte zu den Torsions → Geschützen; eine Kurbeldrehung spannte es durch eine endlose Kette, legte einen neuen (kurzen) Pfeil ein (den eine Walze durch die gleiche Krubeldrehung aus einem Trichter in die Pfeilrinne vor die Sehne beförderte), betätigte den Abzug: bei der nächsten Kurbeldrehung wiederholte sich der Vorgang. Das P. konnte von einem Manne bedient werden und wirkte wie ein Maschinengewehr. Vgl. → Skorpion. W.K.

Lit: E. Schramm, Die antiken Geschütze der Saalburg, 1918 – A. Neuburger, Die Technik des Altertums, 1919, 227 – A. Bruhn-Hoffmeyer, Antikens artilleri, 1958.

Polybos, König von Sikyon oder Korinth, Großvater des → Adrast, dem er die Herrschaft vererbt. Zieht mit seiner Gemahlin Periboia das Findelkind → Ödipus auf. K. Schb.

Lit: Preller-Robert II 3, 884ff.

Polychromie. Farblose → Plastik gibt es erst, seitdem sich das 15. Jh. von der gotischen Buntheit zu einheitlicher, klass. Form wendet. → Praxiteles schätzte unter seinen Statuen am meisten die von → Nikias (2) farbig gefaßten: solche Bedeutung maß man der P. bei! Die starken archaischen Farbkontraste (→ Farbsymbolik, → Architektur) wichen in der Klassik zarteren Abtönungen, bes. am → Alexandersarkophag erhalten. Polygnot soll (Plin. nat. 33, 160) den Ocker eingeführt haben, der durch Mischung die anderen Farben erst recht entwicklungsfähig macht, so daß sie sich zu einem einheitlichen Gesamtton zusammenschließen, entsprechend dem klassischen, organisch-funktionellen Fügen der Bildelemente. Für den Hellenismus bezeugt Plinius (nat. 35, 50) raffiniertere Farbeffekte, aber immer blieb der plastische Grundcharakter der griech. Farbigkeit bewahrt, der erst in der Römerzeit zuweilen einer malerischen Haltung weicht, die plastische Elemente in der Gesamttönung verschweben läßt. Geht es bei den Griechen um das Verstehen der Buntheit der Erscheinungen, so bei den Römern um die Einfügung des Einzelnen in ein übergeordnetes Ganzes, etwa große rote und gelbe Farbflächen, eine höhere, ideale Welt; überhaupt herrscht das Symbolische mehr und mehr. Vgl. → Farben [2]. K. Schf.

Lit: → Farbsymbolik.

Polydamas, Berater und Warner des → Hektor.

Polydektes, König von Seriphos, stellt Danaë und → Perseus nach.

Polydeukes (Pollux) → Dioskuren.

Polydoros, jüngster Priamossohn von Laothoe. Schnellfüßig, aber von Achilleus erschlagen. In nachhomerischer Sage Sohn → Hekabes, dem Thrakerkönig Polymestor anvertraut, der ihn wegen seiner Schätze tötet (nur Eur. Hek. 25.712). → Aeneas stieß auf sein Grab (Verg. Aen. 3, 40ff.).

2. **P.,** Sohn des → Kadmos und der Harmonia, Vater des → Labdakos. K. Schb.

Polyeder (‹Vielflach›). *Regelmäßige* (reguläre) P. sind solche, die von regelmäßigen kongruenten → Polygonen begrenzt werden. Es gibt fünf solche Körper, die schon den älteren → Pythagoreern bekannt waren. Sie heißen Platonische Körper, weil → Platon sie den Elementen zuordnete: das Tetraeder (Vierflach) dem Feuer, das Oktaeder (Achtflach) der Luft, das Ikosaeder (Zwanzigflach) dem Wasser, den Würfel (Hexaeder, Sechsflach) der Erde und das Dodekaeder (Zwölfflach) dem Universum (Plat. Tim. 55f.; → Kosmologie, 7). Die mathematische Theorie ist nach → Theaitetos (1) bei → Euklid (elem. Buch 13) dargestellt.

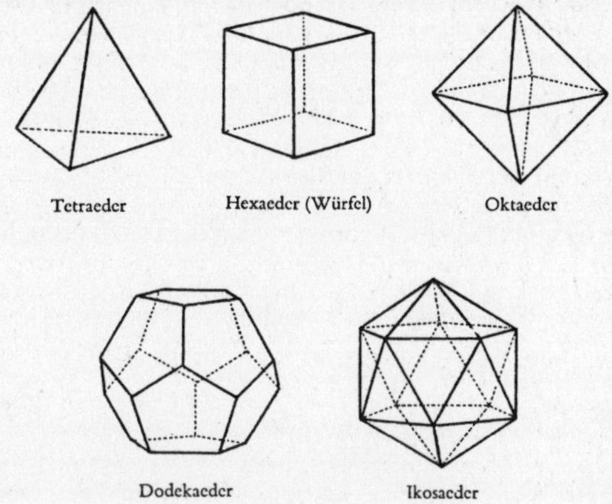

Abb. 182 Die fünf regelmäßigen Polyeder

Vgl. → Abb. 182. – *Halbregelmäßige* (semireguläre) P. sind solche, die von regelmäßigen, aber nicht notwendig kongruenten Polygonen begrenzt werden. → Archimedes kannte 13 solche Körper, die sich in eine Kugel einbeschreiben lassen. H.G.

Q: Heron, def. 104, op. ed. Heiberg, IV 66 – Pappos coll. 5 (ed. Hultsch, p. 352).

Polygnot, Maler aus Thasos, Sohn und Schüler Aglaophons d. Ä., auch Erzgießer (nach Plin. nat. 35, 59, der ihn in die Zeit ‹vor der 90. Ol.› = 420 v. Chr. datiert). Einige seiner Werke lassen sich mit historischen Daten verbinden, die seine Haupttätigkeit in die 1. H. des 5. Jh.s verweisen (s. u.). Mindestens drei Vasenmaler dieser Zeit signieren mit seinem Namen (s. u. P. 2 und 3); vor allem scheint seine Anwesenheit in Athen vor 461 durch seine Beziehung zu → Kimon (1) und dessen Schwester Elpinike (Plut. Kim. 4) gesichert. *Werk:* 1. In dem nach 474 wieder errichteten *Theseion* (→ Athen I C 8) sah → Pausanias Bilder aus der Theseussage (Amazonen- und Kentaurenkampf, Besuch Poseidons auf dem Meeresgrund), die er dem → Mikon, → Harpokration dem P. zuschreibt. – 2. Der spartafreundlichen Gesinnung Kimons ist die Errichtung eines Dioskurenheiligtums (*Anakeion*) in → Athen zuzuschreiben, mit dessen Ausmalung wiederum P. und Mikon beauftragt wurden. – 3. Von der Darstellung des Odysseus nach dem Freiermord in der Vorhalle des nach dem Sieg über die Perser neu errichteten *Tempels der Athena Areia in → Platää* besitzen wir eine Beschreibung, die für die Kompositionsweise P.s aufschlußreich ist (s. u.). – 4. In der *Stoa Poikile* in → Athen (I C 8) malte P. eine Iliupersis; die übrigen drei Gemälde stammen von → Mikon, → Panainos und einem ungenannten Meister. – 5. Sein Hauptwerk, Iliupersis und Nekyia, schuf P. zwischen 458 und 447 (Vorherrschaft der Phoker) für die → *Lesche der Knidier* in → Delphi (A 1). – *Bedeutung:* P. scheint durch Einführung des Ockers die → Vierfarbenmalerei zur klassisch einheitlichen Maltechnik erhoben und auch → enkaustische Gemälde hergestellt zu haben. Die für P. typische Kompositionsweise der Höhenstaffelung mit Hilfe von Geländelinien veranschaulichen u. a. Vasenbilder des → Niobiden-Malers; auf eine mehr rhythmische Gruppenbildung, die einem inneren Zueinander der Figuren entspricht, lassen Pausanias' Beschreibungen der Gemälde in Platää und Delphi schließen. Theophrast (Plin. nat. 7, 205) nennt ihn den Erfinder der Malerei, deren höherer Wert nach Meinung des Aristoteles (poet.

1450a) in der Darstellung des ‹Ethos› beschlossen liegt. – Vgl. → Malerei (C2). C.K.

Q: Overbeck, SQ, 1042ff. – *Lit:* Brunn II 14ff. – Pfuhl, 641 – E.Löwy, P., 1929 – C.Weickert, P., Abh. Berlin 1947,8 – Lippold, GK, 10ff. – Ders., RE 21,2 (1952), 1630–39 – Rumpf, 91ff.

2. **P. I.,** att. Vasenmaler des klassisch-rotfigurigen Stils (→ Vasen E 5), tätig um 455–435, Nachfolger des → Niobidenmalers; fruchtbarer, eine große Werkstatt hervorbringender Meister. – *Werke:* Stamnos mit Herakles und Kentaur, BM 96. 7–16. 5. (Pfuhl, Abb. 520); Stamnoi, Kratere, Halsamphoren, Peliken, Hydrien. I.Sch.

Lit: N.Alfieri-P.E.Arias, Spina, 1958, 49–56 – Beazley, ARV² 1027–35.

3. **P. II.,** att. Vasenmaler des rotfigurigen Stils, tätig im 2. Viertel des 5. Jh.s, nach einem Skyphos der Lewis-Sammlung auch Lewismaler genannt. Zwei Malersignaturen führten zu 34 weiteren Zuschreibungen von Skyphoi an P.; sie zeigen in anmutig einfacher Formensprache Dionysos und sein Gefolge, Musik-, Tanz- und Verfolgungsszenen. I.Sch.

Lit: H.R.W. Smith, Der Lewismaler, 1939 – Beazley, ARV² 972 bis 979 – E.Simon, Ein Anth.-Skyphos des P., AntK 6, 1963, 6–22.

Polygone (‹Vielecke›). Die grundlegenden Sätze über regelmäßige P., d.h. solche mit lauter gleichen Seiten und gleichen Winkeln, gibt → Euklid (elem. Buch 4). – Näherungswerte für den Flächeninhalt des regelmäßigen Fünf-, Sechs- und Siebenecks finden sich schon in Keilschrifttexten aus Susa (ca. 1700 v. Chr.) und wieder bei → Heron (beim Fünfeck sogar der gleiche Wert). H.G.

Q: E.M.Bruins-M.Rutten, Textes math. de Suse, 1961 – Heron metr. 1, 18ff., ed. Schöne, 50ff.

Polyhymnia → Musen.

Polykarp (*Πολύκαρπος*), Bischof von Smyrna, um 110 bis 156 n. Chr., einer der sog. → Apostolischen Väter. Er empfing um 114 einen Brief des → Ignatius, schrieb 115 einen Brief an die Philipper mit Warnungen vor Schwärmerei und mit den Ignatiusbriefen als Beilage, verhandelte 154 in Rom über die Osterfeier (→ Feste C2) und wurde 156 (nach anderer Datierung 163) vom Prokonsul Asiens zum Feuertode verurteilt. Letzteres veranlaßte eine jährliche Gedächtnisfeier (vgl. → Heiligenkult) und den ältesten Märtyrerbericht (Mart. Polyc.). B.R.

Ed: → Apostolische Väter – *Lit:* P.Meinhold, RE 21,2 (1952), 1662 bis 1693 – H.v.Campenhausen, Aus der Frühzeit des Christentums. 1963, 197–301 – RGG V 448f.

Polykleitos von Larisa, griech. → Geschichtsschreiber, wohl Teilnehmer am Zug → Alexanders d. Gr., Verfasser von Historiai (mindestens 8 Bücher), die später u.a. für Geographisches (Kaspisches Meer) und Persika zitiert werden; benutzt wohl schon von → Kleitarchos. W.Sp.

Frg: FGrHist 128 – *Lit:* Berve I Nr. 651 – Gisinger, RE 21,2 (1952), 1700–07 – Pearson, The lost Histories of Alexander, 1960, 70ff.

Polyklet, führender Bildhauer von Argos, in der 2. H. d. 5. Jh.s v. Chr. tätig. Platon (Prot. 328 C) nennt die Söhne des P. Altersgenossen der Söhne des → Perikles, weshalb man die Haupttätigkeit dieses Bildhauers ebenfalls im 3. V. des 5. Jh.s vermuten darf. Auch die chronologischen Anhaltspunkte seiner Werke stützen diese Annahme. Nach der Überlieferung soll nämlich P. in einem Wettbewerb mit → Phidias, → Kresilas und → Phradmon eine Amazonenstatue geschaffen haben. Auch sein Bildnis des Artemon, eines Ingenieurs des Perikles, weist in diese Zeit. Die → Akmeangabe des Plinius in die Jahre 420–417 erscheint darum zu spät; sie bezieht sich vielleicht auf das sicher erst nach 423 geschaffene Kultbild der Hera von Argos. Die frühesten zeitlichen Anhaltspunkte liefern die Siegerstatuen (d. Kyniskos siegte 464/460 oder nach 448; Pythokles und Aristion 452), deren Siegesdaten für die Ausführung aber nur einen ‹terminus post quem› geben können. Das Ende der Arbeitszeit des P. läßt sich vor allem deshalb schwer fixieren, weil (in der Überlieferung) ein nur wenig jüngerer Bildhauer mit dem gleichen Namen, → P. d. J., nicht immer deutlich vom bekannten P. geschieden wird. Das zeitliche Verhältnis dieser beiden, vielleicht in verwandtschaftlichem Verhältnis stehenden Bildhauer läßt sich auf Grund zahlreicher Indizien durch folgenden wahrscheinlichen Stammbaum veranschaulichen:

Polyklet I. (450–410)
|
Patrokles (430–390)
/ | \
→ Naukydes → Daidalos → Polyklet II. (400–360)

Diese Generationenabfolge deckt sich gut mit den Datierungen der Werke dieser Meister; die polykletische Schule mag in der Generation des → Daidalos von Argos nach Sikyon übergesiedelt sein. Doch scheint P. selbst noch Argiver gewesen zu sein. – Die Angabe, → Hageladas sei der Lehrer Polyklets gewesen, ist wie bei → Myron und → Phidias eine unhaltbare kaiserzeitliche Kombination, da Hageladas durch mehr als eine Generation von ihnen getrennt gewesen sein muß.

[2] Dank archäologischer Kombination sind innerhalb der kaiserzeitlichen Kopien mindestens zwei dem P. zugeschriebene *Werke* wieder sicher nachweisbar, nämlich der ‹Doryphoros› und der ‹Diadumenos›. Der ‹*Speerträger*›, von dem zwei wohl zusammengehörende Basaltfragmente in Florenz und Leningrad, ein Torso in Berlin (Pourtalès) und ein Bronzekopf in Neapel (von → Apollonios, 6, signiert) die beste Vorstellung geben und von dem vier fast vollständige Kopien in Neapel, Florenz und Rom erhalten sind, ist schon im Altertum als kanonische Lösung des klassischen Standbildes betrachtet worden. Vielleicht hat P. selbst an dieser Statue seinen ‹*Kanon*› (eine der frühesten kunsttheoretischen Studien) erläutert. Wie die Überlebensgröße, das Speerattribut und ein Plutarchhinweis beweisen, stellt die Statue keinen Athleten des Alltags dar, sondern einen Heros. Weil die Römer (nach einer Bemerkung bei Plin. nat. 34, 18) die Statuen nackter Speerträger ‹effigies Achilleae› bezeichneten, hat Hauser wohl mit Recht auch im Urbild dieser Statue Achill vermutet. – Der etwa zwanzig Jahre jüngere, um 420 v. Chr. geschaffene ‹*Diadumenos*› stellt einen Jüngling dar, der sich die Siegerbinde um den Kopf legt. Die Gesamtkonzeption überliefern am vollständigsten die Kopien von Delos (Nat. Mus. Athen), in Madrid (Prado) und London (BM), am besten ein Torso in Basel und ein Kopffragment im Museo Barracco in Rom. Auch hier kann es sich um kein gewöhnliches Siegerstandbild handeln. Auf Grund der Stützenattribute zweier Kopien (Delos, Portugal) darf man an der ebenfalls von Hauser begründeten Apollondeutung festhalten. – Zwei weitere durch die Schriftquellen (Plin. nat. 34, 56; Cic. de orat. 2, 16, 70) bezeugte Werke des P., eine Hermes- und Heraklesstatue, dürften ebenfalls in Kopien erhalten sein. Der *Herakles*, am vollständigsten durch eine Statuettenreplik im Museo Barracco, am besten durch zwei Torsen (Thermenmuseum; Ny Carlsberg Glyptothek Kopenhagen) und in einem Kopf (Konservatorenpalast) überliefert, gehört zeitlich zwischen Doryphoros und Diadumenos. Der etwa gleichzeitige, vielleicht etwas ältere *Hermes* ist schlechter überliefert. Nur vom Kopf gibt es einwandfrei nachgewiesene, maßgleiche Kopien (Boston, Palazzo Valentini). Zitate des Körpers scheinen in einer Statue des Boboli-Gartens in Florenz, in einem Torso im Palazzo Mattei sowie einer Statue in Karlsruhe vorhanden. Eine Bronzestatuette von Annecy in der Bibliothèque Nationale von Paris gibt eine hervorragende Verkleinerung dieses Werkes wieder. – Von den übrigen P. aus stilistischen Gründen zugewiesenen Werken seien genannt: Der sog. *Diskophor*, der möglicherweise ebenfalls Herakles darstellt und auf Grund des vom Kanon abweichenden Standmotives vielleicht mit dem *nudus talo incessens* des Plinius identifiziert werden kann (Berger). Ferner zwei Knabenstatuen: Der sog. *Kyniskos*

und der sog. *Dresdenerknabe*, hinter dem sich vielleicht der ‹Apoxyomenos› verbirgt oder gar ein Bestandteil der ‹Astragalizontes›. – Verhältnismäßig klein ist die Zahl der Frauenstatuen P.s. Vom *Kultbild der Hera* von Argos geben die Münzbilder und die Beschreibung von Pausanias (2, 17, 4) eine gewisse Vorstellung (fraglich bleibt der Versuch Waldsteins, in einem Kopf im BM, London, eine Kopie nach diesem Werk zu erkennen). Bei der Identifizierung der → *Amazone* schwankt die heutige Forschung zwischen dem Typus ‹Sciarra› und demjenigen des Sosikles. Furtwängler hat sich vielleicht mit Recht für den ersteren entschieden.

[3] Die Statuen P.s werden von Varro (bei Plin. nat. 34, 56) als vierschrötig breit *(quadrata)* und gleichförmig *(et paene ad ‹unum› exemplum)* bezeichnet. Eine mehr auf den Gehalt der polykletischen Werke zielende Charakterisierung gibt → Quintilian (inst. 12, 10, 7): P. hätte der menschlichen Gestalt eine über die Wirklichkeit hinausführende Weihe *(decor)* verliehen, jedoch die Würde und das Ansehen der Götter nicht ganz adäquat erfaßt *(non explevisse deorum auctoritatem)*; ja er hätte sogar die Darstellung des fortgeschrittenen Alters vermieden und nichts über glatte Wangen hinaus gewagt. – Innerhalb dieser Grenzen zeichnete sich aber P. durch eine erstaunliche Variationsbreite und -fülle aus; er war wohl der größte Meister in der Abstufung der Lebensalter vom Knaben bis zum reifen Jüngling. E. Bg.

Lit: Overbeck, SQ, Nr. 929–977 – R. Bianchi-Bandinelli, Policleto, Quad. per lo Studio dell'Archaeol. 1, 1938 – J. Lange, Die Darstellung des Menschen..., 1899, 197–221 – E. Berger, Enciclopedia Universale dell'Arte 10, 1963, 773–781 – *Zur Identifizierung* grundlegend: A. Furtwängler, Meisterwerke der griech. Plastik, 1893, 413 bis 509 – C. Anti, Mon. Ant. 26, 1920, 501–648 – Lippold, GrPl, 162–169 – *Zur Deutung:* vgl. bes. die Kontroverse zwischen Löwy und Hauser: ÖJh 8, 1905, 42 und 269; 9, 1906, 279; 10, 1907, 329; 12, 1909, 100 – *Zum Kanon des P. zuletzt:* D. Schulz, Hermes 83, 1955, 200–220 – *Doryphoros:* P. Wolters, MüJbKw 11, 1934, 3–18 – *Herakles:* F. Studniczka, ÖJh 2, 1899, 192–198 – G. Lippold, JdI 23, 1908, 203–208 – *Hermes:* J. Sieveking, JdI 24, 1909, 1–7 – C. D. Caskey, AJA 15, 1911, 215f. – *Diskophor:* C. Blümel, Der Diskusträger Polyklets, 90. BWPr 1930 – *‹Kyniskos›:* (sog. Westmacottscher Ephebe): G. Hafner, SB Heidelb. 1955, 7–15 – *Siegerstatuen:* P. Amandry, A propos de P.: Statues d'Olympioniques, in: ‹Charites›, Festschr. E. Langlotz, 1957, 63–72.

2. **P. d. J.** (II.). Die Überlieferung kennt außer dem bekannten → P. (I; s. o.) noch einen zweiten Bildhauer dieses Namens, der nur wenig später tätig gewesen sein muß und vom bekannten P. nicht immer deutlich geschieden wird. Das zeitliche, vielleicht verwandtschaftliche Verhältnis beider deuten folgende Angaben an: Paus. nennt 6, 6, 2 neben dem ‹bekannten› P. einen zweiten, Schüler des → Naukydes, andererseits 2, 22, 7 (wenn wir der Hauptüberlieferung der Handschriften folgen) Naukydes als Bruder eines P. – Naukydes und → Daidalos (2) führen ferner in ihren Basisinschriften Patrokles als ihren Vater an. Zu den Folgerungen daraus vgl. den hypothetischen Stammbaum zu → P. I. Die Schaffenszeit P.s d. J. fällt danach etwa in die Zeit von 400–360 v. Chr., was der Chronologie der überlieferten Werke nicht widerspricht. Kopien dieser Werke konnten bis jetzt noch nicht nachgewiesen werden. E. Bg.

Lit: Lippold, GrPl, 216f.

3. **P.**, der Architekt, von Paus. 2, 27, 5 als Erbauer der → Tholos und des → Theaters von → Epidauros genannt. Für die zwischen 360 und 320 erbaute Tholos (vgl. → Architektur I E. F) kommt der bis 340 wirkende Bildhauer P. II. d. J. kaum in Betracht, so daß der Architekt P. vom Bildhauer P. zu unterscheiden ist. Das Theater ist neuerdings von A. v. Gerkan in frühhellenist. Zeit datiert worden, wodurch seine Zuweisung an den Architekten der Tholos ebenfalls fragwürdig wird. G. Gb.

Lit: C. Weickert, in: Thieme-Becker, Künstlerlexikon, 1933, s. v. P. – A. v. Gerkan-W. Müller-Wiener, Das Theater v. Epidauros, 1961.

Polykrates, Samier aus angesehener Familie, Kaufmann und Gewerbetreibender. P. stürzte die aristokratische Regierung der → Geomoren mit Unterstützung der demokratischen Partei. Zuerst teilte er die Macht mit seinen Brüdern Pantagnostos und → Syloson; er vertrieb sie jedoch bald und war dann ca. 538–522 Alleinherrscher. P. schuf ein bedeutendes Kriegsheer aus Samiern und Söldnern und baute eine mächtige Flotte, die Samos zur stärksten Seemacht in der Ägäis machte. P. unterwarf viele Nachbarinseln und sogar Städte des kleinasiatischen Festlands, kontrollierte die Küsten Kleinasiens und trieb erbarmungslos Seeräuberei; er schloß Bündnisse mit → Amasis (Ägypten), → Arkesilas III. (Kyrene) und → Lygdamis (Naxos). Als jedoch → Kambyses sich anschickte, in Ägypten einzufallen, verriet P. den Amasis und verbündete sich mit dem Perserkönig (ca. 526/525). Die Truppen, die er Kambyses schickte, Gegner seines Regimes, empörten sich und erhielten Hilfe von Sparta; doch mußte die spartan. Flotte die Umzingelung von Samos nach vierzig Tagen aufheben (ca. 524). Die Innenpolitik des P. begünstigte die Wirtschaft: die Samier fanden Arbeit als Soldaten, als Seeleute oder als Arbeiter bei den großen Bauten des P. (Hafenmole, Aquädukt, Heraion); Industrie (Wolle) und Handel (Bau eines Basars in Samos) nahmen Aufschwung. P.' Hofhaltung war prächtig; an seinem Hofe hielten sich → Demokedes v. Kroton, → Anakreon, → Ibykos v. Rhegion auf. Vom Satrapen Oroites in Magnesia am Mäander in einen Hinterhalt gelockt, starb er am Kreuz (ca. 522). R. V. C.

Q: Hdt. 3, 39ff.; 120ff. – *Lit:* M. White, The duration of the Samian tyranny, JHS 74, 1954, 36–43 – E. Condurachi, La réforme monétaire de P., Athenaeum 36, 1958, 238–247.

2. **P. von Athen,** → Redner und Politiker, 4. Jh. v. Chr., Angehöriger der demokratischen Richtung in Athen und Freund des Sokratesanklägers Meletos. Um dem wachsenden Einfluß der Sokratiker zu begegnen, verfaßte er 392 eine als Anklagerede fingierte Polemik gegen Sokrates (*Κατηγορία Σωκράτους*), die auf seiten der Sokratiker lebhaften Widerspruch hervorrief (Platon, Xenophon; auch → Lysias antwortete mit einer nicht erhaltenen *'Απολογία Σωκράτους*). Isokrates kritisierte die Methode (or. 11, 1–8) des P. Die Rede des P. lag noch → Libanios vor. J. H. K.

Frg: OrAtt II 221 – L. Radermacher, in: Artium scriptores, SB Wien, 227, 3, 1951, 128 – *Lit:* U. v. Wilamowitz, Platon II (1918), 1920², 1959⁵, 98ff. – A. Chroust, Xenophon and P., ClM 16, 1955, 1–77 – E. Gebhardt, P.' Anklage gegen Sokrates, Diss. Frankfurt 1957 (dazu: J. H. Kühn, Gnomon 32, 1960, 97–107).

Polymitum, Buntwirkerei durch → Weben mit drei und mehr Geschirren und Einschlagfäden. W. K.

Polyneikes, Sohn des → Ödipus und der → Iokaste, Bruder des → Eteokles, Schwiegersohn des → Adrastos. Vgl. → Sieben gegen Theben; dort auch Darstellungen.

Polyperchon, aus Tymphaia, geb. um 385 v. Chr., unter → Alexander (5) d. Gr. Infanteriekommandant in den großen Schlachten und in Iran und Indien, 324 unter → Krateros (1) nach Makedonien zurückgesandt. → Antipater (1), dem er treu diente, bestimmte ihn zu seinem Nachfolger, wohl in der Hoffnung, daß Alter und erwiesener Mangel an Ehrgeiz ihn den Truppen und Führern empfehlen würden. Doch lehnten sich → Kassandros und → Antigonos I. gegen ihn auf, → Eumenes (3) unterstützte ihn als einziger. Um die griech. Städte zu gewinnen, proklamierte P. ihre ‹Freiheit›, konnte sie aber gegen die maked. Kommandanten nicht durchsetzen. Zur See geschlagen und von Kassandros (an den sich → Philipp III. und → Eurydike (2) anschlossen) aus Makedonien vertrieben, gewann er das Land mit Hilfe der → Olympias im Namen → Alexanders IV. zurück und liquidierte Philipp und seine Anhänger. Doch konnte er sich gegen Kassandros nicht halten, und mit dem Tod der Olympias und Gefangennahme Alexanders war seine Macht 316 zu Ende. Als Verbündeter des Antigonos, des Kassandros und später vielleicht Ptolemaios' I. hielt er sich als Dynast in der Peloponnes. Sein weiteres Schicksal ist unbekannt. E. Bd.

Polyphemos, Sohn des → Poseidon, durch das Abenteuer mit → Odysseus, von dem er geblendet wird, und durch seine Liebe zu → Galatea der berühmteste unter den → Kyklopen.

Polyphrasmon, wie sein Vater → Phrynichos Tragiker. Mit einer als Tetralogie konzipierten ‹Lykurgie› unterlag er 467 v. Chr. gegen → Aischylos' thebanische Tetralogie und → Aristias. E.-R. Sch.

Q: Hypoth. Aischyl. sept.

Polypoites. (1) Sohn des → Peirithoos und nach ihm König der → Lapithen, einer der Freier → Helenas, daher Teilnehmer am → Trojan. Krieg (auch im hölzernen Pferd); (2) Sohn des → Odysseus und der → Thesprotenkönigin Kallidike.

Polyptoton (*πολύπτωτον, figura ex pluribus casibus:* Aquila rhet. 37), rhetor. Wortwiederholung mit Abwandlung der Flexionsform, den → Wortfiguren zugehörig. *Bsp.:* Soph. Ai. 467: *μόνος μόνοις;* Ter. Hec. 350: *sola solis;* Schiller, M. St. 3, 3: «wenn Haß dem Haß begegnet». Vortechnisch auch bereits in den Merseburger Zaubersprüchen («Bein zu Beine, Blut zu Blute, Glied zu Gliedern»), weiterlebend auch im Sprichwort. «Wenn mancher Mann wüßte, wer mancher Mann wär', gäb' mancher Mann manchem Mann manchmal mehr Ehr; da aber mancher Mann nicht weiß, wer mancher Mann ist, drum mancher Mann manchen Mann manchmal vergißt.» → Traductio. H. H.

Lit: Volkmann, 470 – Lausberg, I 325–329.

Polyptychon, aus mehreren durch Schnüre verbundenen Brettchen bestehende Schreibtafel, im antiken Rom gebräuchlich. Vgl. → Diptychon; → Buch [2]. H. Hg.

Polystratos, Schüler → Epikurs, Nachfolger des → Hermarchos als Schulhaupt der → Epikureer. Werke: (1) ‹Über die grundlose Verachtung der Volksmeinung›, behandelt den konventionellen Ursprung der sittlichen Begriffe, (2) ‹Über die Philosophie›, (3) eine Schrift, deren Fragmente ein Lob der epikureischen Philosophie enthalten. W. L.

Ed: K. Wilke, 1905 (Über die grundlose Verachtung...) – W. Crönert, Kolotes und Menedemos, 1906, 35f. (Über d. Philos.) – A. Vogliano, Epicuri et Epicureorum Scripta, 1928, 75–89 (Lob der epik. Philos.).

Polysyndeton (*πολυσύνδετον, acervatio iuncta:* Quint. inst. 9, 3, 50. 53), ‹vielfache Verbindung›, rhetor. → Wortfigur, Verkettung koordinierter Einzelwörter durch ‹und›, ‹oder› u. ä., wie ganzer Sätze und Satzteile durch Konjunktionen, an sich ein Kennzeichen der alten Sprachen schlechthin, oft aber mit Bedacht angewandt zur Steigerung der Würde, Bedeutsamkeit und Großartigkeit der Rede. *Bsp.:* Schiller, Der Taucher: «und es wallet und siedet und brauset und zischt». – Vgl. dazu auch → Asyndeton, → Rhetorik D [1]. H. H.

Lit: Volkmann, 474 – Lausberg, I 345.

Polytheismus → Monotheismus.

Polyxena, Tochter des → Priamos und der → Hekabe, bei Homer nicht erwähnt. In den → Kyprien ging sie zum Quell, als Troilos seine Pferde dort tränkte, entkam aber dem → Achilleus, der jenem auflauerte und sich (so vielleicht auch schon die Kyprien) in sie verliebte. → Neoptolemos bestattete P., als sie beim Fall Trojas getötet wurde. – In der → Iliupersis (p. 108, 6 All. [= 273 Sever.]) wurde P. dem toten Achilleus geopfert (vgl. Eur. ‹Hekabe›). Liebe des Achilleus und der P. in hellenist. Zeit romanhaft, bis zur Idee eines Verrats des Achilleus um ihretwillen, ausgestaltet (Hyg. fab. 110; Dict. 3, 2ff.).

Darstellungen: → Neoptolemos. Die Hochzeit mit Achilleus auf einem att. Sarkophag (Robert, SR II, Taf. 25, 62a). K. Schb.

Polyzelos, von Athen, Dichter der alten → Komödie (I B); siegte viermal an den Lenäen, erster Sieg nach 411. Der ‹Demotyndareos› befaßte sich wohl mit dem Umsturz von 411 (Demos von Athen = → Tyndareos, dem die neue Verfassung als Ei der → Helena durch → Theramenes untergeschoben wird?). Sonst noch vier Titel von → Mythentravestien bekannt. Th. G.

Frg: FAttCom I 878–883.

Pomona, ital. Göttin, die der Reifung der Früchte vorstand, wie → Flora der Obstbaumblüte; P. hatte einen Flamen (Varro ling. 7, 45; CIL III suppl. 12732) und ein Heiligtum, Pomonal genannt, auf der Straße von Ostia nach Rom (Fest. 296 L.); soviel wir wissen, hatte sie kein eigenes Fest. Es ist unbekannt, ob in Rom, wie anderswo in Mittelitalien, neben Pomona ein Gott *Pomo* verehrt worden ist. Zur klassischen Zeit hatte der Kult der Göttin anscheinend seine Bedeutung fast völlig eingebüßt. H. Le B.

Pompa funebris, feierliche → Prozession beim Leichenbegängnis eines Vornehmen: zuvorderst Musiker, dann Klageweiber, Tänzer, Possenreißer und Mimen, die Freigelassenen, denen der Verstorbene testamentarisch die Freiheit geschenkt hatte, dann Schauspieler, die Wachsmasken der berühmten Vorfahren *(imagines maiorum)* sowie Gewand und Insignien der Ämter, die sie innegehabt hatten, tragen. Am Schlusse kam der Tote auf einem Paradebett, dem Verwandte und Freunde folgten. Vgl. → Bestattung C. H. Le B.

Pompaia, ein att. → Reinigungsritual, spät im Monat Maimakterion (Okt.–Nov.) abgehalten, in dem das Vlies (*Διὸς κῴδιον*) eines Opfertiers, dem → Zeus Meilichios (‹der Sanfte›) geweiht, in einer Prozession mitgeführt wurde, vielleicht um den Zeus Maimaktes, den Gott der Winterstürme, zu besänftigen, dessen Fest, aus dem Monatsnamen zu erschließen, nicht eigens bezeugt ist. F. R. W.

Lit: Nilsson, I 110–112, 396 – L. Deubner, Att. Feste, 1932, 157f.

Pompeianus → Claudius.

Pompeji, alte oskische Stadt Kampaniens (Kt. 1420 F 7), 470–424 etruskisch, dann samnitisch, seit 80 v. Chr. röm. Kolonie unter dem Patronat des P. → Cornelius (38) Sulla, des Neffen des Diktators, mit dem Namen Colonia Veneria Cornelia Pompeianorum. Auf einer niedrigen, etwa 40 m hohen Lavazunge am damals noch schiffbaren Sarno erbaut, 62 n. Chr. durch ein Erdbeben teilweise zerstört, beim verheerenden Vesuvausbruch 79 n. Chr. durch einen Regen kleiner Bimssteine und Asche verschüttet, aber nach der Verschüttung noch von den überlebenden Bewohnern nach Wertgegenständen durchwühlt. Bei der Anlage des Sarnokanals 1594/1600 durch Domenico Fontana wiederentdeckt, seit 1748 der größere und bedeutendere Teil, etwa drei Fünftel, wiederausgegraben.

[2] Am Stadtplan läßt sich die Entwicklungsgeschichte der Stadt ablesen. Zur Zeit der Verschüttung war P. eine Stadt mit rund 20000 Einwohnern, von 66 ha bewohnter Fläche, die von einem in samnitischer Zeit entstandenen Mauerring von 3120 m Länge mit elf Türmen und sieben Toren umgeben war, mit zum größten Teil regelmäßigem Stadtplan, dessen Abweichungen von der Rechtwinkligkeit entwicklungsgeschichtlich aufschlußreich sind. Die Stadt hat der Bodenbeschaffenheit entsprechend, der man die Befestigungslinien anpaßte, eine länglich ovale Form mit zwei Decumani in der Längsachse von O nach W und zwei Cardines von N nach S. Im SW liegt der Stadtkern, die Altstadt, die sich als eine altitalische Gründung mit dem Forum am Schnittpunkt von Hauptcardo und -decumanus und mit den gekrümmten, dem Verlauf des alten Walls und Grabens folgenden Wallstraßen aus dem hippodamischen System der samnitischen Erweiterung heraushebt. Daher befinden sich im SW fast alle öffentlichen Gebäude: Forum mit Capitolium im N und im Uhrzeigersinn um den freien, von zweigeschossiger Säulenhalle eingefaßten Platz Macellum, Larenheiligtum, Tempel des → Vespasian, Marktgebäude der Eumachia, d. i. eine Porticus für den Tuchwirkerhandel, Comitium, drei Amtslokale der Magistrate, Basilika, Tempel und Portikus des Apollo, Eichamt, Schule und ein wenig zurückliegend Thermen. Hinter der Basilika Tempel der Stadtgöttin Venus Pompeiana. Im SO der Altstadt, am Rand der bastionartig vorgeschobenen Lavazunge, das Forum Triangulare mit den Resten des alten dorischen Tempels des 6. Jh.s und einer auf drei Seiten

umlaufenden hellenist. Säulenhalle sowie daran angrenzend: hellenist. Palästra, großes Theater, kleines Theatrum tectum und zur Zeit der Verschüttung als Gladiatorenkaserne verwendetes hellenist. Peristyl. In der erweiterten Stadt, die sich rechtwinklig an eine alte Landstraße von Nola nach Nuceria anschloß, finden sich an öffentlichen Bauten nur Tempel später Kulte wie der des Meilichios und der Isis, zwei große Thermenanlagen und in der SO-Ecke der Stadt das Sportzentrum mit dem um 80 v. Chr. erbauten Amphitheater und einer großen öffentlichen Palästra mit Schwimmbassin.

[3] Von den Hauptstraßen ausgehende Vici teilen die Wohnquartiere in Insulae. Die Straßen, mit mehr oder weniger hohen Gehsteigen versehen, sind mit polygonalen Lavaplatten gepflastert, an den Kreuzungen Schrittsteine. Die Geschichte der Stadt spiegelt sich in den verschiedenen nacheinander verwendeten Baumaterialien wider. In der ersten samnitischen Periode ca. 425–250 wird vor allem Sarnotravertin verwendet, daher Kalksteinperiode. 250 bis 200 Phase des Aufschwungs, beeinträchtigt durch die Punischen Kriege, allgemeiner Gebrauch von Noceratuff, daher mit der hellenist. Periode der Stadt 200–80, in der die ersten Peristylhäuser aus Noceratuff mit Stucküberzug entstehen, zur Tuffperiode zusammengefaßt. Es ist die Zeit des sog. 1. Stils, eines Inkrustationsstils, bei dem eine Quadermauer in plastischem Verputz nachgeahmt wird. 80–31 sullanische Kolonie mit Vorstufen des Retikulat- und reinem Retikulatmauerwerk sowie Anfang der Ziegelbauweise. Die Datierung von nun an durch die relative Chronologie der Wandmalereien nach den von A. Mau beschriebenen sog. vier Dekorationsstilen, eigentlich Dekorationsweisen, des Inkrustationsstils (200–80), des Architekturstils (80–20/15 v. Chr.), des einen Übergang vom 2. zum 3. Stil bezeichnenden Kandelaberstils (20/15 v. Chr. bis 40. n. Chr.), des Illusionsstils, in dem wieder eine neronische und eine vespasianische Phase zu unterscheiden sind (40–79). Vgl. → Malerei D [6].

[4] P. ist die uns in allen Lebensäußerungen am besten bekannte Stadt des Altertums. Skelettfunde und Abdrücke verschütteter Leichen, die man mit Gips ausgießen konnte, geben eine Vorstellung von den Bewohnern der Stadt und ihrem grauenhaften, von Plinius d. J. (epist. 6, 16) beschriebenen Ende. Die Namen der Bewohner vieler Häuser sind durch Siegelfunde, Sgraffiti und an die Häuserwände gepinselte Wahlaufrufe identifiziert. In den reichen Privathäusern finden wir die Verbindung des röm. Atriumhauses mit dem hellenist. Peristyl. Die typische Raumabfolge ist Vestibulum, Fauces, Atrium mit Impluvium und Compluvium in der Mitte sowie den Cubicula und Alae an den Seiten, Tablinum und Triklinium an der Rückseite, wo ein Andron in das meist durch Oecus und Exedra erweiterte Gartenperistyl führt. Doch begegnet eine Fülle von Varianten dieses Typs. An der Außenfront der Häuser öffneten sich vielfach Tabernae. Vorzüglich bekannt sind die wirtschaftlichen und sozialen Verhältnisse. Ursprünglich war P. eine Stadt wohlhabender Ackerbauern, die mit ihrem kleinen Hafen kaum nennenswerten Handel getrieben hat. Nach der Koloniegründung findet eine gewisse Industrialisierung statt, die nach der Erdbebenzerstörung 62 n. Chr. die ganze Stadt erfaßt, wo sich selbst in die meisten Wohnhäuser kleine gewerbliche Betriebe einnisten. Der Handel nimmt großen Aufschwung. Bedeutend war in P. die Tuchwalker- und Färberindustrie sowie die Lebensmittelherstellung. Wein, Öl, Gemüse und Fischsaucen waren berühmt. Unschätzbar ist P. als Überlieferungsquelle hellenist.-röm. Kunst, sowohl wegen der eigenständig-kampanischen Kunstübung als auch wegen der Kopien griech., insbes. pergamen. und alexandrinischer Malerei und Skulptur. Die Beurteilung ist oft schwierig, weil die kopierten Werke, ursprünglich Monumentalwerke religiöser Bestimmung oder höfischer Repräsentation, in einen neuen bürgerlichen Zusammenhang gestellt und entsprechend verändert wurden. Daneben auch eine Fülle von Kleinkunst, Toreutik, Keramik, Glyptik, Glas. Wenig Hausrat, der in → Herculaneum besser erhalten ist. Die bedeutendsten Hauskomplexe sind: (a) die *Casa del Fauno*, das größte in der Zeit der Koloniegründung aus mehreren Einzelhäusern zusammengefaßte, palastartige Peristylhaus P.s, vielleicht der Wohnsitz des Felix → Sulla, genannt nach der hellenist. Bronzestatuette eines tanzenden Fauns im Impluvium, Fundort des → Alexandermosaiks und anderer Mosaikembleme, Reste von Wanddekorationen des 1. und 2. Stils, feine, stucküberzogene Tuffkapitelle; (b) das *Haus der Vettier* mit prächtigen, am Ort konservierten Malereizyklen des 4. Stils; (c) die *Villa Item*, eine nach dem modernen Grundbesitzer genannte Villa rustica, 2 km vor P., mit einer luxuriösen, im 2. und 3. Stil ausgemalten Sommerwohnung und einem in der letzten Zeit vor der Zerstörung bedeutend erweiterten Wirtschaftsteil. Berühmt ist der in einem Raum aufgedeckte, um 45 v. Chr. im 2. Stil gemalte großfigurige Mysterienfries, der, vielleicht ein pergamen. Vorbild abwandelnd, die heilige Hochzeit von Dionysos und Ariadne in einem Kreis mystischer Handlungen darstellt, die mit der Hochzeit einer irdischen Braut zusammenhängen. B. A.

Lit: A. Van Buren, RE 21, 2 (1952), 1999 ff. – A. Maiuri, Itinerari Nr. 3, P., 1955⁷ – K. Schefold, Die Wände P.s, 1957 (Lit) – Ders., Vergessenes P., 1962.

Pompeius, Q. (cos. 141, cens. 131 v. Chr.), erreichte als erster seines Geschlechts das Konsulat (Vell. 2, 1; Cic. Font. 23). 141 und 140 kämpfte er erfolglos gegen → Numantia; ein mit den Numantinern geschlossenes Abkommen stritt er später ab (App. Ib. 76 ff.; Vell. 2, 1). 138/137 wurde P. in einem Erpressungsprozeß freigesprochen (Cic. Font. 23). 133 trat er gegen Tib. → Gracchus (1) auf (Plut. Tib. Gracch. 14; Oros. 5, 8, 4). A. L.

2. **P.** *Magnus*, Cn. (106–28. 9. 48 v. Chr.; cos. 70, 55, 52). P. war in den Anfängen stark durch den Vater bestimmt, der ihn militärisch ausbildete und ihm im Streben nach einer Sonderstellung Vorbild war. Von ihm erbte er große Klientelen und eine gewisse Isolation in der Oligarchie. Unter → Cinna hielt er sich zurück, bei → Sullas Heimkehr Anf. 83 hob er in Picenum auf eigene Faust 3 Legionen aus – eine beispiellose, unerhörte Tat, durch die er mehr zur Wiedereinsetzung des Senatsregimes leistete als irgendein anderer außer Sulla, der ihn dafür durch ungewöhnliche Ehren auszeichnete. Damit begründete P. seinen Anspruch auf eine Ausnahmestellung. 83/82 erfolgreiche Kriegführung in Norditalien. Sulla gab ihm seine Stieftochter Aemilia zur Frau, sandte ihn 81 zur Niederwerfung der Gegner nach Sizilien und Afrika. Nach Erledigung dieser Aufgabe ertrotzte sich P. die Erlaubnis, das Heer zurückzuführen und zu triumphieren. 77 und 76 mußte der Senat mangels geeigneterer Feldherrn erneut auf ihn zurückgreifen, indem er ihn mit Kommanden gegen M. Aemilius → Lepidus (4) und → Sertorius betraute. Bei der Rückkehr aus Spanien Vernichtung der letzten Anhänger des → Spartacus. 71 Dispens von der → lex Annalis und Gewährung eines zweiten Triumphs durch den Senat, der wohl hoffte, P. für seine Sache zu gewinnen. Da dieser jedoch seine Macht ausbauen und sich weiter mit allen großen Aufgaben befassen wollte, durfte er nicht vom Senat abhängig werden und stellte sich an die Spitze einer Strömung, die auf Annullierung der wichtigsten Reformen Sullas drängte. Als Konsul unternahm er 70 die Restauration des Volkstribunats. 67 und 66 erhielt P. außerordentliche Kommanden gegen die → Seeräuber und → Mithridates VI., geriet damals erstmals in offenen Gegensatz zum Senat. Dank meisterhaft organisierter Operationen erlangte er in kürzester Zeit die Kontrolle über das Mittelmeer; dauerhafte Befriedung der Seeräuber durch Ansiedlung im asiatischen Binnenland. 66 schlug P. Mithridates und zwang → Tigranes I. v. Armenien zur Kapitulation, 65 zog er nach Kolchis, besiegte die

Albaner, 64 wandte er sich nach Syrien. 63 Belagerung Jerusalems, P. betrat das Allerheiligste des Tempels. Daneben umfassende Neuordnung des Ostens: Vergrößerung der Provinz Bithynien durch Teile von Pontos, Bildung der Provinz Syrien, Herstellung eines breiten Gürtels von Klientelfürstentümern, Förderung der Selbstverwaltung und der griech. Kultur. Daher Verherrlichung der Taten des Pompeius durch →Poseidonios. 62 Rückkehr nach Rom, 61 glänzender Triumph. Wegen heftigen Widerstands konnte P. aber weder die Ratifikation seiner Verfügungen noch die Landversorgung seiner Veteranen erreichen. Daraufhin 60/59 Bündnis mit →Caesar und M. Licinius →Crassus; Caesar setzte als Konsul 59 P.' Forderungen durch. Unter Caesars Rechtsbrüchen litt P.' Prestige. Gleichwohl heiratete er 59 →Julia (1). 58 von P. →Clodius (1) heftig befehdet, gewann P. 57, indem er Ciceros Rückkehr aus dem Exil betrieb, neues Ansehen, ließ sich daraufhin einen Sonderauftrag zur Versorgung Roms mit Getreide geben (cura annonae). 56 Abmachungen von Lucca (1. →Triumvirat), in deren Folge P. 55 mit Crassus Konsul wurde und beide Spanien auf 5 Jahre zu Provinzen erhielt. P. blieb jedoch in Rom, wo die immer unerträglicher werdende Anarchie seine Stellung indirekt stärken mußte. Daher lenkte der Senat 52 endlich ein, verbündete sich mit P., der es als ‹Konsul ohne Kollegen› übernahm, die Ordnung wiederherzustellen. P. war damit am Ziel seiner Wünsche: im Einklang mit dem Senat der Erste in Rom und für alle wichtigen Probleme gleichsam zuständig zu sein. Die Koalition festigte sich und gewann neuen Inhalt durch den gemeinsamen Gegensatz gegen Caesar, den auch P. jetzt als Rivalen zu fürchten begann. Nach langen, vergeblichen Bemühungen (→Caesar) beschloß der Senat 49 Caesars Absetzung und stattete P. und die Magistrate mit unbeschränkten Vollmachten aus. P. erhielt praktisch die Führung. Da er nicht gerüstet war, mußte er Italien räumen, um zunächst im Osten unter dem Schutz der Flotte zu rüsten. 49 Bildung eines starken Heeres in Makedonien, 48 Erfolge gegen Caesar bei Dyrrhachion. Im August ließ P. sich wider besseres Urteil bei Pharsalos zur Schlacht bewegen. Nach der Niederlage Flucht zur See nach Ägypten zu →Kleopatra VII., wo er von neuem rüsten wollte, aber bei der Landung erschlagen wurde. – P. besaß ein überragendes Organisationstalent, das ihn als Feldherrn, Admiral und Verwalter, ja als Soldatenführer groß machte. Er vermochte wie keiner außer Caesar konstruktiv mit den Gegebenheiten des Imperiums zu rechnen, war von unpolitischer Humanität erfüllt, fürsorglich auch gegen Provinziale, von denen sich viele in seiner Klientel befanden. Aus den Leistungen aber, die er dank dieser Tugenden vollbrachte, erwuchs ein Anspruch, den die Senatsoligarchie nicht ertragen konnte, sosehr P.' Ziele auf das Überkommene bezogen blieben. Innenpolitisch war er, da er viel Macht haben, es aber auch mit keinem verderben wollte, oft hilflos, scheinheilig, unzuverlässig. Die Zeit, in der Tugenden wie die seinen sich durchsetzen konnten, war noch nicht gekommen. Chr. M.

Lit: M. Gelzer, Pompeius (1949), 1959² – J. van Ooteghem, Pompée le Grand, bâtisseur d'empire, 1954 (Lit) – W. E. Caldwell, An Estimate of Pompey, in: Stud. ded. to D. M. Robinson II, 1953, 954–961 – Ch. Meier, Einl. zu Caesar, Der Bürgerkrieg, übers. v. H. Simon, 1964, XIX ff.

[2] *Archäologische Zeugnisse:* Im Unterschied zu →Caesar ist es für P. charakteristisch, daß er sich durch ein prunkvolles, im Geschmack des 2. Stils der pompejan. Wanddekoration zu denkendes Theater manifestiert, das erste Steintheater Roms. Auch sein Bildnis unterscheidet sich von den edlen Caesarbildnissen durch eine Mischung von Prätention, wie sie damals zeitgemäß war, und verschmitzter Schlauheit. K. Schf.

Lit: E. Nash, Bildlexikon II, 1962, 423–428.

3. **P.**, Cn. (ca. 78–45), Sohn des Cn. →Pompeius (2) und der Mucia. P. mobilisierte 49 im Osten Heeres- und Flottenkontingente (wobei er ein Liebesverhältnis zu Kleopatra anknüpfte), befehligte dann zur See in der Adria. 48 ging er nach Africa, besetzte die Balearen. 46 stellte er in Spanien eine große Armee auf, nötigte endlich Caesar, persönlich dort einzugreifen, unterlag ihm jedoch bei Munda. Er wurde auf der Flucht getötet. Er muß heftig, grausam und mißtrauisch gewesen sein. Seine Erfolge verdankte er dem Namen des Vaters und der Gunst der Lage. P. war verheiratet mit einer Tochter des App. →Claudius (25), des Konsuls von 54 v. Chr. Chr. M.

4. **P.**, Sex. (ca. 69–35), jüngerer Sohn des Cn. →Pompeius (2) und der Mucia. P. ging nach dem Tod des Vaters nach Africa, 46 nach Spanien. Dort stellte er, als →Caesar nach Rom zurückgekehrt war, in der Baetica ein Heer auf, mit dem er sich gegen deren Statthalter behauptete. 44 vermittelte M. →Lepidus zwischen P. und →Antonius (2): P. wurde freie Rückkehr und Entschädigung für sein Erbe zugesagt. Er gab darauf Spanien auf, wartete aber mit der Rückkehr. Wohl 43 legalisierte der Senat sein Flottenkommando. Sept. 43 geächtet, Dez. proskribiert, danach Aufnahme vieler Flüchtlinge, Eroberung Siziliens. Von dort aus Blockade Italiens. 42 Sieg über Octavians (→Augustus) Flotte. Nach Philippi erhielt er neuen Zuzug von Republikanern, beschränkte sich aber weiter auf Störmanöver. 40 Unterstützung des Antonius gegen Octavian. 39 wird ihm im Vertrag von Misenum die Statthalterschaft von Sizilien, Sardinien und Achaia, das Konsulat für 35 und die Rückkehr nach Rom zugestanden. Dafür mußte er freien Verkehr zur See garantieren. 38 nach Verrat seines Legaten →Menodoros neuer Kaperkrieg, ein Angriff Octavians scheitert. 36 neue Kämpfe, P. unterliegt →Agrippa (1) endlich in der Seeschlacht bei Naulochos. Er flieht nach Asia, wo er sich festsetzt, dort wird er 35 getötet. P. war verheiratet mit einer Tochter des L. Scribonius Libo. Er besaß wie sein Vater die in Rom seltenen Tugenden des großen Admirals; er gab sich als einen Sohn Neptuns aus. Er führte den Beinamen Pius. Das Fehlen eines kräftigen politischen Willens war die eigentliche Ursache dafür, daß er trotz bester Chancen scheiterte. Chr. M.

5. **P.**, ca. 5. Jh. n. Chr., Verfasser eines Kommentars zu den Artes des →Donatus (1). Das wortreiche und inhaltsarme Werk kennzeichnet einen Tiefpunkt in der grammatischen Produktion der Antike. D. F.

Ed: GrLat V 81–312 – *Lit:* R. Helm, RE 21, 2 (1952), 2313–15.

6. **P. Planta**, C., nahm 69 an den Kämpfen zwischen →Otho und →Vitellius (1) teil; unter →Vespasian Prokurator von Lycia, Freund →Trajans, 98–100 praefectus Aegypti. In einer Monographie beschrieb er den selbsterlebten Bürgerkrieg (Quelle für →Tacitus in den ‹Historien›). Wahrscheinlich richtete sich die Schrift des (C. →Vibius?) Maximus (Plin. epist. 9, 1, 1) gegen P.' Darstellung der Ereignisse. R. T.

Frg: HRR II 116 – *Lit:* M. Lambertz, RE 21, 2 (1952), 2283–85 – R. Hanslik, RE 8 A 2 (1958), 1975–77.

7. **P. Rufus**, Q. (tr. pl. 99, praet. 91, cos. 88). Schon als Volkstribun unterstützte P., indem er die Rückrufung des Q. →Caecilius (13) Metellus Numidicus forderte, ein dringendes Anliegen der Optimaten, allerdings vergeblich. 88 bekämpfte er mit →Sulla die Bundesgenossenpolitik des P. →Sulpicius (11) Rufus, und beide verursachten durch das von ihnen gegen Sulpicius eingebrachte ‹iustitium› heftige Tumulte in Rom. Auch im weiteren Verlauf der innenpolitischen Krise war P. ein ergebener Anhänger Sullas. Er sollte das noch von Cn. →Pompeius (10) Strabo geführte Heer, das im →Bundesgenossenkrieg (3) gegen die Marser gekämpft hatte, übernehmen und Italien während Sullas Abwesenheit sichern; aber die von Strabo aufgehetzten Soldaten erschlugen P. G. G.

8. **P. Saturninus**, Freund des jüngeren →Plinius (2) (epist. 1, 16): als Redner Anhänger der Alten, als Dichter →Neoteriker, Historiker; Verfasser von Briefen in der

Sprache des → Plautus und → Terenz, die er selbst als Briefe seiner Frau ausgab (Plin. epist. 1, 16). R. T.

9. **P. Silo,** Rhetor der spätaugusteischen Zeit, nur durch den älteren → Seneca (1) bekannt: wortgewandt und wissenschaftlich gebildet, aber ein schlechter Deklamator (contr. 3 praef. 11). R. T.

10. **P. Strabo,** Cn. (cos. 89 v. Chr.), Vater des → Pompeius (2) Magnus, wurde 90 mit der Rückgewinnung von Picenum beauftragt, wo er ausgedehnten Besitz hatte und Patron vieler Gemeinden war. Trotz entschlossener Kriegführung konnte er erst Ende 89 Asculum erobern. Seinem Streben nach persönlichem Rückhalt diente die lex Pompeia, die transpadanischen Gemeinden das → ius (10) Latii gab und die Ansiedlung von Veteranen bestimmte. → Cinna gegenüber verhielt sich P. unentschlossen, und die Optimaten warfen ihm vor, er habe durch sein Zögern dessen Rückkehr nach Rom (87) ermöglicht (Liv. perioch. 79). P. bemühte sich um eine unabhängige Stellung, die er durch Heer und Patronate festigte. G. G.

11. **P. Trogus,** röm. → Geschichtsschreiber. Seine Vorfahren waren Gallier (Vocontier: Iust. 43, 5, 11), aber schon der Großvater stand im Dienst des → Pompeius (2), der Vater hatte eine Vertrauensstellung bei → Caesar. Er selbst, jüngerer Zeitgenosse des → Livius (1), schrieb im Anschluß an → Aristoteles und → Theophrast über Botanik und Zoologie (verloren), ferner 44 Bücher Historiae Philippicae, eine außerröm. Universalgeschichte als Komplement zur rein röm. Geschichte des Livius, wobei ältere Konzeptionen einander ablösender → Weltreiche sinnvoll der augusteischen Gegenwart (letzte Fixpunkte: 20/19 v. Chr.) angepaßt und alle Linien auf Rom zugeführt werden. – Nur kurz behandelt ist Orient und Griechenland bis zum 4. Jh. v. Chr. (Buch 1–6). In Buch 7–40 ist die Geschichte des östlichen Mittelmeerbeckens und Vorderen Orients in enger Verknüpfung mit Makedonien (daher der Titel) und der Diadochenreiche jeweils bis zur Eingliederung ins röm. Imperium dargestellt, wobei die Exkurs- und Digressionstechnik → Herodots und Theophrasts geschickt abgewandelt wird. Buch 41 f. bezieht die östlichen Randvölker ein, bes. das → Partherreich, aber auch Baktrer, Tocharer, Inder u. a. Römisches wird bis dahin nur so weit herangezogen, als es für andere Staaten unmittelbar von Belang ist. In Buch 43 jedoch wird die urröm. Geschichte bis zu → Tarquinius (2) Priscus skizziert. Die Begegnungen Roms mit Galliern und Massilioten schaffen den Übergang zum Westen, so daß sich der Ring der Weltgeschichte im letzten Buch mit der Geschichte Spaniens und Nordafrikas schließt. Die Gesamtanlage ist die persönliche Leistung des P. Trogus. Auch der Stil verrät, soweit erkennbar, Selbständigkeit, ja Eigenwilligkeit – etwa in der Polemik gegen → Sallust und Livius wegen der direkten Reden (Iust. 38, 3, 11). Für alles Einzelne hat P. natürlich Quellen benützt, jedoch darf die These A. v. Gutschmids, er habe nur eine einzige Quelle, → Timagenes v. Alexandria, benutzt, wohl als erledigt gelten. – Das Werk ist verloren, jedoch faßbar (1) aus der Epitome des → Justinus (2), der zwar große Partien einfach überspringt, seine Exzerpte, die sehr ungleichen Umfang haben, jedoch oft in engem, weithin wörtlichem Anschluß ans Original gibt; (2) aus den Prologen, dürren, jedoch zur Kontrolle Justins höchst wertvollen Themenangaben; (3) aus spärlichen Zitaten und Reflexen bes. in Exempla-Sammlungen, so bei → Valerius (12) Maximus, → Frontinus, → Polyainos (2) u. a., auch → Curtius (7) Rufus scheint stark von P. beeinflußt. – Die universale Konzeption des P. Trogus hat, vorwiegend durch Justinus, unermeßlich stark auf die Spätantike und MA gewirkt, bes. durch die Idee der Translatio Imperii (→ Weltreiche). – Vgl. → Geschichtsschreibung II A 3. O. S.

Frg: O. Seel, BT, 1935 (Justinausgabe) u. 1956 – *Lit:* A. v. Gutschmid, Die beiden ersten Bücher des P. Trogus, in: Kl. Schriften, V, 1894, 19–217; T. und Timagenes (1882), ebd., 218–227 – O. Seel, Die Praefatio des P. Trogus, 1955 – L. Ferrero, Struttura e metodo di Giustino, 1957 – G. Forni, Valore storico e fonti di P. Trogo, 1958 – E. Manni, Fasti ellenistici e romani, 1961, 51 ff. (zur Chronologie).

Pompeius, vgl. auch → Festus, → Lenaeus.

Pompilius, stellt sich in einem Epigramm (FPL 42) als Schüler des → Pacuvius vor, vermutlich Tragödiendichter (vgl. Varro ling. 7, 93; TRF 227). Ein ihm zugeschriebenes erotisches Epigramm (Varro ling. 7, 28) stammt vielleicht von Papinius (FPL 41). E. Bk.

Lit: H. Bardon, La litt. lat. inconnue I, 1952, 52–53.

Pompilius, vgl. auch → Numa.

Pomponius, röm. Jurist, wirkte in der Zeit von Hadrian bis Mark Aurel und Verus. Herkunft und Ämterlaufbahn liegen im dunkel; man hat daraus geschlossen, er habe in erster Linie eine literarisch-pädagogische Tätigkeit ausgeübt. Seine Sprache ist einfach und klar, jedoch steht er an Selbständigkeit des Gedankens hinter → Celsus (2) und → Julian (4) zurück (Krüger, a. O. 194). Von besonderer Bedeutung als Quelle für die Geschichte der älteren Rechtswissenschaft ist der Liber singularis enchiridii (Dig. 1, 2, 2). Ferner sind 35 Bücher Ex Sabino und 39 Bücher Ad Q. Mucium bezeugt, in denen das ius civile bearbeitet wird. In Dig. 38, 5, 1, 14 wird ein umfangreicher Kommentar zum Edikt in mindestens 83 (Krüger, a. O., vermutet ca. 150) Büchern erwähnt, der offensichtlich eine Übersicht über die bisherige Arbeit auf dem Gebiet des Zivilrechts darstellen sollte. Weiter sind bekannt 7 Bücher Ex Plautio, Variae lectiones (offensichtlich ein kasuistisch aufgebautes Sammelwerk), 20 Bücher Epistulae, 5 Bücher Senatusconsulta, ein Buch Regulae. Entsprechend seinen didaktischen Aufgaben ist eine dogmatische Tendenz bemerkbar; dabei hat P. bes. auch die ältere Literatur stärker herangezogen. H. Hb.

Lit: O. Karlowa, Röm. Rechtsgesch. I, 1885, 715–719 – P. Krüger, Gesch. d. Quellen u. Lit. d. röm. Rechts (1888), 1912², 190–194 – W. Kunkel, Herkunft u. soz. Stellung der röm. Juristen, 1952, 170 f. – L. Wenger, Die Quellen d. röm. Rechts, 1953, 505 – F. Schulz, Gesch. d. röm. Rechtswissensch., 1961, 203–207.

2. **P. Bassulus,** M., aus einer von ihm selbst verfaßten Grabinschrift in 15 Senaren (CIL IX 1164, CLEp 97) bekannter Übersetzer → Menanders und Verfasser von → Komödien; wohl Anf. 2. Jh. n. Chr. H. M.

Lit: L. Friedlaender, II 195.

3. **P. Bononiensis,** L., Bekannter → Atellanendichter der sullanischen Zeit (vgl. → Novius). Etwa 70 Titel und 200 Verse sind erhalten, die von großer sprachlicher Originalität zeugen. Titel wie ‹Der unterschobene Agamemnon›, ‹Ariadna› deuten auf → Mythentravestie; ‹Der kranke Eber›, ‹Der Landbarbier› brachten Szenen aus dem Alltag der Bauern; ‹Der ausgemietete Bucco›, ‹Maccus als Jungfrau› zeigen die typischen Figuren der Atellana; ‹Die Brüder›, ‹Der Zitherspieler› verraten Nachahmung (oder Persiflage) der → Palliata. Von der Intrige dieser Stücke haben wir keine genauere Vorstellung. H. M.

Frg: CRF 225–254.

4. **P. Marcellus,** röm. Grammatiker des frühen 1. Jh.s n. Chr. (Schanz-Hosius § 475 a).

5. **P. Mela,** aus Südspanien, stellte um 43/44 (die Worte 3, 49 passen am besten auf Kaiser Claudius) eine lat. Geographie im Abriß, ‹De chorographia libri tres›, zusammen. Zum großen Teil ist es eine nüchterne Aufzählung von Örtlichkeiten in der Form eines → Periplus, einer Umschiffung der Küste der Welt, wobei das Inland nebenbei erwähnt wird. Es sind aber auch mythologische, geschichtliche, ethnographische und naturgeschichtliche Notizen beigefügt. Mehr als um Wissenschaftlichkeit ist P. um einen rhetorischen Stil bemüht, der sogar stark rhythmisiert ist. Manche Wendungen hat P. dem → Sallust entlehnt. G. B.

Ed: H. Barbarus, 1497 (ed. princ.) – K. Frick, 1880 (Neudr. 1935) – *Übers:* H. Philipp, 1912 (mit Komm.) – *Lit:* F. Krohn, BJbb 217, 1928, 97–100; 247, 1935, 5 – Schanz-Hosius, II 654–656 – F. Gisinger, RE 21, 2 (1952), 2360–2411.

6. **P. Proculus Vitrasius Pollio,** T., gest. nach 184 n. Chr., aus patrizischer Familie, begann seine Laufbahn als IIIvir monetalis, wurde Quästor, Prätor, praefectus alimentorum, cos. I suff. (wohl eher nach als vor 140) und dann nacheinander Statthalter von Hispania citerior (ca. 146), Moesia inferior (ca. 148) und Asia (ca. 152), bei den Germanenkriegen → Mark Aurels und des → Verus (1) im kaiserlichen Gefolge, ausgezeichnet mit verschiedenen militärischen Ehrungen, cos. II ord. 176. Verheiratet war P. mit Annia Fundania Faustina, der Enkelin des M. Annius → Verus (2), der der Vater der → Faustina (1) und Großvater Mark Aurels war, weshalb P. als adfinis dieses Kaisers gelten durfte (CIL VI 1540). K.H.Sch.

7. **P. Secundus,** röm. → Tragiker, 1. H. 1. Jh. n. Chr., cos. suff. 44. Seine Kunst findet hohe Anerkennung bei → Quintilian und → Tacitus (2). Quintilian billigt ihm vor → Seneca (2) d. J. den ersten Rang unter den zeitgenössischen Tragikern zu. Seine künstlerische Kraft zeigte sich bes. in der Sprachbehandlung, weniger in der tragischen Wirkung. Seine Stücke waren für die Bühne bestimmt. Die erhaltenen Reste gering. Bekannt der Titel einer → Praetexta ‹Aeneas› (?). K.A.

Frg: TRF 286.

Pomponius, vgl. auch → Atticus, → Porphyrio.

Pomptinae paludes (Kt. 1420a), die schon in der Antike entwässerten Pont. Sümpfe, zwischen Albaner- und Volskerbergen und dem Tyrrhen. Meer zwischen → Antium und Terracina. Von der → Via Appia durchquert. B.A.

Lit: Nissen, I 326ff.; II 633ff.

Pont du Gard, berühmter → Aquädukt, das Tal des Flusses Gard überquerendes Teilstück der röm. Wasserleitung von Uzès nach → Nemausus (Nîmes; Kt. 1019 D 5), bestehend aus zwei Etagen von großen Bogenpfeilern, darüber kleinere Bögen mit der Wasserrinne, 269 m lang, 49 m hoch, erbaut 1. H. 1. Jh. n. Chr. L.B.-H.

Lit: E. Espérandieu, Le p. et l'aquéduc de Nîmes, 1926 – A. Tschira, Zur römischen Wasserleitung von Nîmes, AA 1948/49, 71–83.

Pontifices. [1] Die *Etymologie* von pontifex ist oft, doch ohne überzeugende Resultate diskutiert worden. Für die röm. Gelehrten wären die P. zuerst ‹Erbauer von Brücken› gewesen, bes. die jener alten, heiligen, ganz aus Holz und ohne einen einzigen Eisennagel errichteten Brücke, des pons sublicius (Varr. ling. 5, 83). Gegen diese noch oft vertretene Meinung spricht aber, daß der pons sublicius nicht genügt, um «einen offenbar viel älteren und auf jeden Fall bei den Latinern und Italikern allgemein verbreiteten Namen zu rechtfertigen» (Bayet, a. O. 101). Man hat für pons eine archaische Bedeutung, nämlich ‹Weg› vorgeschlagen: die P. wären zur prähistorischen Zeit ‹die Wegbereiter der Gemeinschaft› gewesen, die sie als Priester geführt hätten.

[2] Jedenfalls ist das Kollegium der P. in historischer Zeit das *wichtigste* → *Priesterkollegium Roms*, das den ganzen öffentlichen und privaten Kult beaufsichtigt. Der Annalistik nach hatte → Numa fünf P. eingesetzt; wahrscheinlich war zur Königszeit der Vorsitzende, der *Pontifex Maximus*, der König selbst. Im J. 300 v. Chr. erhöhte die Lex Ogulnia ihre Anzahl auf neun (4 Patrizier, 5 Plebejer); seit Sulla waren sie fünfzehn, ohne gelegentliche Überzählige und Hilfspriester (P. Minores). → Flamines, → Vestalinnen und → Rex sacrorum waren unmittelbar vom Pontifex Maximus abhängig, der tatsächlich das Haupt der staatlichen Religion war. «Das Kollegium der P. hatte als einziges eine monarchische Ordnung beibehalten, die in den Händen ihres auf Lebenszeit ernannten Vorsitzenden alle tatsächlichen Gewalten des Pontifikalamtes vereinigte. Seine Kollegen bildeten seinen Rat... aber nur er hatte Gewalt über das vom Kollegium abhängige Priesterpersonal. Er hatte sogar Befugnisse, die ihn in gewissem Maße den Magistraten gleichstellten: das Recht, das Volk zu Versammlungen (comitia calata) zu berufen, um ihm die Feste des Monats anzuzeigen, um in dessen Gegenwart den *Rex* und die Flamines maiores einzusetzen, und sogar, um von ihm die Genehmigung der Testamente und Adoptionen Erwachsener durch Erwachsene (adrogatio) zu verlangen» (Bouché-Leclercq, DS s. v. P., 567–568). Der Pontifex Maximus, seit dem 3. Jh. durch das Volk gewählt (→ Priester), genoß ein so großes Ansehen, daß Caesar, und nach ihm alle Kaiser, sich mit diesem Amt bekleiden ließen, um religiöse Fragen ohne weitere Umstände entscheiden zu können.

[3] *Priesterliche Funktionen der P.:* Sie mußten den Kult der → Vesta und der → Penaten (in Rom und Lavinium), ebenso den der Kapitolinischen Trias (→ Epulum Iovis) und der Gottheiten ohne eigene Priester durchführen oder beaufsichtigen; den Magistraten beistehen, indem sie ihnen die Gebets-, Gelübde- und Weiheformeln vorsagten; an gewissen Begehungen teilnehmen: → Fordicidia, → Argeiprozession, Aquaelicium (→ Wetterzauber), Riten der Prodigiensühnung usw. Ihnen oblag die Verurteilung und Bestrafung der ‹blutschänderischen› → Vestalin: es war die ‹Prokuration› eines drohenden Prodigiums. – Die *juristischen Funktionen der P.:* Das von ihnen entwickelte ‹Pontifikalrecht›, das ius divinum, regelte die Beziehungen zwischen Göttern und Menschen. Die Begriffe → sacrum, sanctum, sacrosanctum, religiosum, → profanum usw. haben sie definiert. Sie haben die Riten der consecratio (→ Dedicatio), der → Devotio, der → Evocatio, ebenso das genaue → Opferritual, die Gebetsformeln (→ Comprecationes) und die Formeln zur Anrufung der Götter (→ Indigitamenta) aufgestellt. Sie bestimmten den Anteil der Götter sowohl im Raum (Bestimmung der → Kultstätten) als in der Zeit (Führung des → Festkalenders mit → Dies Fasti, Nefasti usw.). Sie hatten auch das ‹Manenrecht› (ius Manium) ausgearbeitet, das den Gesamtkomplex der Begräbnisriten, der Reinigung der Familie, welche durch die Leiche unrein geworden war (→ Bestattung, → Reinheit), der Fortführung des → Totenkults, des Unterhalts der Gräber usw. regelte. H. Le B.

Lit: A. Bouché-Leclercq, Les pontifes de l'ancienne Rome, 1871 – G. Rohde, Die Kultsatzungen der röm. Pontifices, RGVV 25, 1936 – J. Bayet, Histoire politique et psychologique de la religion romaine, 1957, 100–102 – Latte, 195ff.; 400–402.

Pontius, C. (das Pränomen übereinstimmend bei Cic. Cato 41; Quadrig. frg. 21; Liv. 9, 1, 2; perioch. 11), Sohn des Herennius P., Feldherr der → Samniten, der 321 v. Chr. die Römer bei Caudium schlug, zur Kapitulation zwang und durch das Caudinische Joch gehen ließ. 292 soll P. gefangen, im Triumph aufgeführt und in Rom enthauptet worden sein. R.W.

2. **P. Aquila,** L. (tr. pl. 45 v. Chr.), weigerte sich 45, angesichts des Triumphzugs → Caesars nach der Schlacht bei Munda, von seinem Sitz aufzustehen. Caesar war wütend und ließ sein Vermögen konfiszieren. P. schloß sich den Caesarmördern an und wurde 43 Legat bei D. → Junius (2) Brutus. Er fiel bei Mutina. Chr.M.

3. **P. Pilatus,** nach Tac. ann. 15, 44 Prokurator, nach RE 1963, 104 *praef]ectus Iuda[ea]e*. Während seiner Amtszeit (26–36) der Prozeß Jesu (33?, u. a. Tac. ann. 15, 44). Angeblicher Bericht an → Tiberius (u. a. Oros. 7, 4, 5) als unhistorisch anzusehen. Kurz vor dem Tode des Tiberius von → Vitellius (2), dem Legaten von Syrien, nach Rom geschickt, um sich für die Niedermetzelung von Samaritanern auf dem Berge Garizim zu verantworten. P. soll Selbstmord begangen haben. Nach jüdischen Aussagen unbeugsam, starrsinnig, grausam und bestechlich. Christliche Darstellungen stark abweichend, in steigendem Maße rechtfertigend und unter heilsgeschichtlichem Aspekt (Mk. 15, 15; Mt. 27, 26; Lk. 23, 24; Joh. 19, 16; bei Tert. apol. 21, 24: *Pilatus – iam pro sua conscientia Christianus;* in der äthiopischen Kirche kanonisiert). Seine Gattin angeblich Claudia Procula. U.Wm.

Lit: J. Blinzler, Der Prozeß Jesu (1951), 1960³ – P. Winter, On the Trial of Jesus, 1961.

4. **P. Telesinus** führte mit M. Lamponius das samnitisch-lukanische Heer, das Praeneste befreien sollte (82 v. Chr.). Durch → Sulla und → Pompeius (2) bedroht, zogen sie unvermittelt gegen Rom, wurden aber von Sulla am Collinischen Tor besiegt. T. fiel im Kampf. G. G.

Pontos, *Königreich* und spätere röm. Provinz an der Nordküste Kleinasiens, sich gegen das Schwarze Meer öffnend. Angrenzend an Bithynien im W, Galatien und Kappadokien im S. Grenzstadt gegen Westen ist Herakleia Pontike. Im Gebiet von P. die griech. Koloniestädte → Herakleia P., → Sinope, → Trapezus. Hauptstadt ist → Amaseia. Wichtige Flüsse: Iris mit dem Nebenflusse Lykos, Unterlauf des Halys. Das *Königreich* P. ist administrativ in sog. Eparchien eingeteilt, deren Zentren aber kaum städt. Charakter hatten. Die griech. Koloniestädte an der Küste fielen nach und nach unter pont. Herrschaft: Sinope z. B. wurde 220 v. Chr. vergeblich von → Mithridates II. angegriffen, 183 v. Chr. durch Pharnakes erobert.

[2] *Die röm. Provinz.* Der Übergang an Rom erfolgte nach der Niederlage → Mithridates' VI., der 88 v. Chr. das Griechentum in Kleinasien zum Kampf gegen Rom aufrief. 63 v. Chr. nach → Pompeius' (2) Sieg über Mithridates VI. Organisation als Provinz. Auflösung des bisher zentral verwalteten Königreiches in künstlich geschaffene städtische Gemeinden, Gründung von Magnopolis (nach Pompeius Magnus benannt) am Zusammenfluß von Lykos und Iris. Die westlichen Teile mit → Bithynien zu einer Provinz vereinigt. Pompeius' Werk hatte nicht lange Bestand. → Caesar deduzierte in Sinope eine Kolonie, und → Antonius (2) gab Pontus 40 v. Chr. an Dareios, den Enkel → Mithridates' VI., als Königreich zurück. 64 n. Chr. wurde dieses Königreich aufgelöst. Der letzte König, Polemon, wurde abgesetzt und sein Gebiet, der Pontus Polemoniacus, in die Territorien der sechs Städte Trapezus, Cerasus, Neocaesarea, Zela, Magnopolis und Polemonium aufgeteilt. Die Münzemissionen dieser Städte zählen teilweise nach 64 n. Chr. als dem Datum ihrer Befreiung. Dieses auf den städtischen Gemeinden basierende System lebte bis in byzantin. Zeit weiter. R. F.

Lit: A. H. M. Jones, Cities of the eastern Rom. prov., 1937, 148 ff.

Pontos Euxeinos (Kt. 1565 G–I 2; heute Schwarzes Meer), Name nach Ovid trist. 4, 4, 55 erst Pontos axeinos (griech. ‹ungastlich›). Axeinos in Wirklichkeit pers. Wort für ‹dunkel›. Dann dazu euphemistisch Pontos Euxeinos (griech. ‹wohlgastlich›). Durch den kimmerischen Bosporus verbunden mit der → Maiotis. Wichtige Zuflüsse: Danuvius oder Ister (Donau), Hypanis (Bug), Borysthenes (Dnjepr), Tanais (Don), Halys (Kızıl Irmak). Zahlreiche griech. → Kolonien, seit Mitte 7. Jh. von Milet aus (→ Argonautensage Spiegel früher Fahrten?): → Sinope, → Trapezus (um 630), → Tomi, → Olbia; von Megara aus gegründet: → Herakleia Pontike und dann Chersones Taurica. Seine Küsten waren durch ihre Fruchtbarkeit (Getreide), die Gewässer durch ihren Fischreichtum (→ Fische) von hervorragender Bedeutung für Wirtschaft und → Handel. R. F.

Lit: Chr. M. Danoff, RE Suppl. 9 (1962), 866–1175.

Popillius Laenas, C. (praet. 175, cos. 172, 158 v. Chr.), erhielt 168 den Auftrag, den 6. → Syr. Krieg zwischen → Antiochos IV. und den Ptolemäern beizulegen. Auf herrische Weise zwang er bei Alexandria Antiochos, das Ultimatum des röm. Senats anzunehmen; ebenso griff er in die inneren Verhältnisse Ägyptens ein (Polyb. 29, 2. 27; Liv. 44, 19, 29; 45, 12 f.). A. L.

Lit: W. Otto, Zur Gesch. des 6. Ptolemäers, Abh. München 1934.

2. **P. Laenas,** P. (cos. 132 v. Chr.), ein entschiedener Gegner des Tib. → Gracchus (1). Er gründete Siedlungen an neu angelegten Straßen und teilte als erster Weideland des ‹ager publicus› an aratores auf (CIL I² 638). Diese Maßnahmen, die im Gegensatz zu denen des Tib. Gracchus nicht die ‹possessiones› betrafen, sondern nur den verpachteten ‹ager scriptuarius›, zeigen, wie auch überzeugte Optimaten aus Taktik oder Einsicht sich der popularen Politik bedienten. P. vollstreckte die Grausamkeiten der Optimaten an den Anhängern des Gracchus. Er wurde 123 verbannt, aber 121 zurückgerufen, was Cicero als eine gute Tat lobt (Brut. 128). G. G.

Poplicola → Gellius, → Valerius.

Poppaea Sabina, um 31–65; 58 zweite Ehe mit dem späteren Kaiser → Otho; im gleichen Jahr Geliebte → Neros (16 den sie 62 nach seiner Scheidung von → Octavia (3) heiratete. 63 Geburt einer Tochter, die kurz darauf starb. 65 Tod an den Folgen eines Fußtritts von Nero. P. trägt die Hauptschuld an der Beseitigung der → Agrippina (3) minor und Octavia (3). Sie wurde wie ihre Tochter von Nero vergöttlicht. Stammbaum → Jul.-claud. Haus. H. T.

Poppaedius Silo, Q., von Herkunft → Marser, führte die aufständischen Italiker im → Bundesgenossenkrieg. Er war die dynamische Kraft auf ihrer Seite und hatte dem Tribun → Livius (4) Drusus eine große Gefolgschaft zur Unterstützung geworben, da er bis zuletzt auf einen friedlichen Ausgleich mit Rom drängte. Aber ebenso entschlossen und umsichtig führte er dann den Krieg. Nach erfolgreichen Kämpfen wurde er Ende 89 v. Chr. von P. → Sulpicius (11) Rufus besiegt. P. fiel in der letzten bedeutenden Schlacht in Apulien (App. civ. 1, 230; Liv. perioch. 76). G. G.

Popularen (‹Volksmänner›). In der späten röm. Republik heißen P. die Politiker, die gestützt auf die → Comitien gegen die → Senatsmehrheit agitierten bzw. ihre Pläne durchzusetzen versuchten. Das Wort bezeichnet nur die Methode, nicht die Zugehörigkeit zu einer Partei. Es ist voller Polemik: Man rühmt sich vor dem Volk, popular zu sein, doch gilt es in Senatskreisen als beleidigend, so genannt zu werden. – Populare Politik hat es seit den → Ständekämpfen immer gegeben. Sie wurde von den → Volkstribunen getragen und wesentlich erleichtert, als die lex Hortensia (287 v. Chr.) die Beschlüsse der plebejischen → Comitia [3] Tributa den Volksgesetzen rechtlich gleichstellte. Die Kompetenz der Comitien war theoretisch fast unbegrenzt. Doch blieb die Politik, von Ausnahmen abgesehen (C. → Flaminius), bis zur Mitte des 2. Jh.s durch die Autorität des Senats bestimmt. Die bedeutendsten P. der folgenden Zeit waren die → Gracchen, L. Appuleius → Saturninus und P. → Sulpicius (11) Rufus. Neben ihnen stehen andere, die teils fremde Interessen förderten, teils selbständiger eine wirklich volksfreundliche Politik (z. B. Einführung schriftlicher Abstimmung) verfolgten. Nach 70 v. Chr. stehen die popularen Tribunen meist im Dienst mächtiger Konsulare, vor allem des → Pompeius (2) und → Caesars (die ebenfalls als P. galten); seitdem gab es eine gewisse Kontinuität der popularen Politik. Keiner der P. wollte die politische, wirtschaftliche oder soziale Grundordnung in Rom verändern. Dem hätte auch die vereinte Übermacht von Senat und Rittern im Wege gestanden. Man suchte lediglich innerhalb dieser Ordnung sich und andere (enteignete Bauern, Veteranen usw.) besser zu stellen und bestimmte Mißstände zu beheben. Erst nach 100 führte die Politik der P. zu so großen Machtverschiebungen zugunsten der Ritter bzw. der großen Feldherrn, daß die Ordnung der Republik ernsthaft gefährdet wurde. Die Massen in Rom wurden durch Zuwendungen, bes. an Getreide, geködert; ihr Einfluß darf nicht überschätzt werden. Bei den großen Abstimmungen hatten durchweg die unmittelbar Interessierten und ihre Gefolgschaften die Entscheidung in der Hand. Daß die Politik sich in Höhepunkten auf den Gegensatz Volk-Senat zuspitzte, war bei der röm. Verfassung zwangsläufig. Es ist aber zu beachten, daß dies nur selten geschah. Die röm. Politik hatte noch im 1. Jh. v. Chr. fast nie wirtschaftliche und soziale Probleme zu bewältigen. Diese waren vorhanden, aber die Betroffenen spielten nur eine geringe Rolle und konnten aus den Gewinnen der Weltherrschaft korrumpiert werden. Da zudem alle Freiheitsrechte gesichert waren, war eine dauerhafte Verquickung zwischen politischen und unpolitischen Interessen und damit jede Parteibildung ausgeschlossen. Die vielfach durch Verpflichtungsverhältnisse (→Cliens) bestimmten Gruppierungen wechselten von Fall zu Fall. Die popularen Möglichkeiten wurden in dieses Spiel einbezogen, bald von diesem, bald von jenem, zeitweise gleichzeitig von verschiedenen Seiten. Chr.M.

Lit: H.Strasburger, RE 18,1 (1939), 773–798, s.v. Optimates – M. Gelzer, Die röm. Gesellschaft z.Z. Ciceros (1920), in: Kl.Schr. I, 1962, 154–185; Rez. H.H.Scullard, Roman Politics 220–150 B.C. (1950), ebd. 201–210; Die angebl. polit. Tendenz in der dem C. Herennius gewidmeten Rhetorik, ebd. 211–210; vgl. das Register III, 1964, 382, s.v. popularis – Ch.Meier, RE Suppl. 10 (1965), 549–615.

Populonia (etrusk. Pupluna, Fufluna), etrusk. Hafen- und Eisenverhüttungsstadt unweit Piombino (Kt. 1420 D 4); seit 281 (?) mit Rom verbündet. Unter den Schlacken der hier seit dem 5.Jh.v.Chr. eingeschmolzenen Erze aus dem Hinterland und von Elba fanden sich, zum Teil mit den Beigaben, die frühen Grabbauten, Steintumuli mit hoher →Krepis und quadratischen, von den Ecken her überwölbten Bestattungskammern (7./6.Jh. v. Chr.) sowie Grabädikulen mit Terrakottaschmuck (Anf. 5.Jh.v.Chr.). Bedeutende Stadtmauerreste vermitteln die Vorstellung von Umfang und Entwicklung der Stadt. O.W.v.V.

Lit: A.Minto, P., 1943 – A. de Agostino, P., NSc 11, 1957, 1–52.

Populus, italische Bezeichnung für die Stadt als politisches Gebilde. Im engeren Sinn der p. Romanus, ursprünglich der Heerbann der Gemeinde, zusammengesetzt aus den Aufgeboten der einzelnen Geschlechter (gentes). Als sich die Begriffe Volk und Heer schieden, bedeutete p. die Gesamtheit der patrizisch-plebejischen Bürgerschaft (cives), im engeren Sinn wiederum die zur Teilnahme an den →Comitien berechtigten Bürger. D.R.

Porcia, Tochter des →Cato (2) Uticensis, verheiratet mit M. →Calpurnius (2) Bibulus und seit 45 mit M. →Brutus (2). Sie verfolgte die Politik mit großem Interesse, war glühende Anhängerin der alten Republik und bestärkte gewiß ihren Mann bei der Verschwörung gegen →Caesar. 43 gestorben. Chr.M.

Porcina →Aemilius.

Porcius Cato, C. (cos. 114 v.Chr.), Enkel des →Cato (1) Censorius, Anhänger des Tib. →Gracchus (Cic. Lael. 39). Als Konsul unterlag er den Skordiskern in Thrakien. Nach der Rückkehr aus Makedonien de repetundis verurteilt. G.G.

2. **P. Cato,** L. (tr.pl. 99 v.Chr., cos. 89) widersetzte sich als Anhänger des Senats und der Optimaten der Politik des →Saturninus (99). Im →Bundesgenossenkrieg besiegte er die Etrusker (90) und Marser (89). P. fiel in der Schlacht am Fuciner See. G.G.

3. **P. Cato,** C. (tr.pl. 56 v.Chr.). 59 in Opposition zu →Pompeius (2), den er einen ‹Privatdictator› nannte. 56 griff er im Einvernehmen mit →Crassus und führenden Verfechtern des Senatsregimes Pompeius heftig an: populare Agitation, unterstützt von Banden; Teilnahme am Prozeßkrieg gegen Pompeius' Anhänger, zumal gegen T. →Annius (2) Milo; Antrag, P. →Cornelius (22) Lentulus Spinther Kilikien zu nehmen und die Rückführung des →Ptolemaios XII. Auletes nach Ägypten zu untersagen. Widerstand auch gegen den Konsul Cn. →Cornelius (21) Lentulus Marcellinus. Nach der Konferenz von Lucca (56) Aussöhnung mit Pompeius. Durch Interzessionen Verschiebung der Wahlen bis 55. I. J. 54 angeklagt, aber freigesprochen. Chr.M.

4. **P. Cato Licinianus,** röm. Jurist, geb. ca. 192, gest. 152 v.Chr. Sohn des →Cato (1) Censorius. Ob die Quellen sich auf den Vater oder den Sohn beziehen, kann oft nicht klar entschieden werden. Man schreibt allerdings dem Sohn die meisten juristischen Werke zu, während die schriftstellerische Tätigkeit des Vaters (?) bei Cicero (de or. 3, 135) angedeutet wird (Krüger, a.O. 60 N 20). An Werken werden Responsa, Commentarii iuris civilis u.a. genannt (vgl. Cic. de or. 2, 142; Festus s.v. mundus, p. 154.157 M; sowie Dig. 45, 1, 4, 1). Zur Bewertung von Dig. 21, 1, 10 vgl. Seidl, a.O. 130. Nach P. ist vielleicht die Regula Catoniana (Dig. 34, 7) benannt. H.Hb.

Lit: P.Krüger, Gesch. d. Quellen u. Lit. d. röm. Rechts (1888), 1912², 59f. – L.Wenger, Die Quellen d. röm. Rechts, 1953, 480f. – E.Seidl, Röm. Rechtsgesch. u. röm. Zivilprozeßrecht, 1962, 130.

5. **P. Festus,** Prokurator von Judaea 60–62?, Nachfolger des Antonius →Felix (1) und Vorgänger des Lucceius Albinus. Bekämpfte erfolgreich Räuberbanden unter einem Pseudo-Propheten. In der Auseinandersetzung zwischen →Herodes (1) Agrippa II. und den jüdischen Priestern stand er auf der Seite Agrippas. Er führte den Prozeß gegen →Paulus (1) zu Ende; starb im Amt. U.Wm.

6. **P. Latro,** M., aus Corduba, mit dem älteren →Seneca (1) befreundet (gemeinsame Ausbildung bei →Marullus), einer der bedeutendsten Deklamatoren, an dessen Vorträgen →Augustus, →Agrippa (1) und →Maecenas teilzunehmen pflegten. Seine Schüler imitierten den Meister, den ersten ‹Professor› (Quint. inst. 10, 5, 18); zum selbständigen Deklamieren wurden sie von ihm nicht angeleitet (daher ihr Spottname *auditores:* Sen. contr. 9, 2, 23). Erstaunliche Vitalität und hervorragendes Gedächtnis zeichneten P. aus; auf griech. Theorie und Stimmbildung legte dieses Naturtalent keinen Wert; strenge juristische Argumentation lag ihm weniger (Sen. contr. 9 praef. 3). Ein anschauliches Bild seiner Persönlichkeit und seines Wirkens bei Seneca (contr. 1 praef. 13 ff.; 2, 7). Einige seiner Formulierungen sind in die Dichtungen seines Bewunderers →Ovid eingegangen (contr. 2, 2, 8 ff.). – Die ‹Declamatio in Catilinam› hat ihm Pomponius Laetus in seiner →Sallustausgabe (Venedig 1491) fälschlich zugeschrieben. R.T.

Frg: ORFr (Meyer) 539–542 – *Lit:* R.Helm, RE 22,1 (1953), 233–235.

7. **P. Licinus,** 2.H. 2.Jh.v.Chr., Verfasser eines nur durch wenige Fragmente greifbaren literaturhistorischen Lehrgedichts in trochäischen Septenaren. Es behandelte allem Anschein nach nur die röm. Literatur, deren Beginn P. (wahrscheinlich im Anschluß an →Accius) in den 2. Pun. Krieg datierte (Gell. 17, 21, 45 = Fr. 1 M). Das Werk enthielt →Literaturkritik und biographische Angaben. Das umfangreichste Fragment (Fr. 3 M.; zum Text E. Fraenkel, a.O.) läßt das Verhältnis des →Terenz zu seinen adligen Gönnern in einem für beide Seiten ungünstigen Licht erscheinen, woraus man auf Zugehörigkeit des P. zur Popularpartei geschlossen hat. Gellius teilt 19, 9, 13 ein erotisches Epigramm des P. mit, das wohl im Anschluß an ein hellenistisches Vorbild abgefaßt wurde (Fr. 6 M.). Vgl. →Lehrgedicht B 3. W.Schm.

Ed: Baehrens, FPR, 277–279 – Morel, FPL, 44–46 – Funaioli, GrRF, 79–82 – *Lit:* F.Leo, Gesch. d. röm. Lit., 1913, 436–439 – H.Bardon, La littérature latine inconnue I, 1952, 124–128 – H. Gundel, RE 22 (1953), 232f. – E.Fraenkel, Kl. Beitr. zur Klass. Philol. II, 1964, 65f.

Porcius, vgl. auch →Cato.

Porisma, ein Nebenresultat, das sich beim Beweis eines mathematischen Lehrsatzes ergibt: Corollarium. Später auch für unbewiesene (aber beweisbare) mathematische Hilfssätze gebraucht. K.v.F.

Poristai, athen. Finanzbehörde, 415 v. Chr. erstmals erwähnt. Den P. war die Beschaffung von Geldmitteln für den Staat übertragen, und durch ihre Tätigkeit wurde die Zuständigkeit der →Bule in Finanzfragen erstmals eingeschränkt. H.Br.

Poros, König im Pandschab, 326 v. Chr. von →Alexander (5) d. Gr. am Hydaspes geschlagen, doch begnadigt und fortan treuer Klientelfürst; 317 von einem benachbarten Satrapen ermordet. E.Bd.

Poros →Kalaureia.

Poros (*πῶρος*, tofus), leichte, aber feste →Kalksteinart (Kalktuff) von der Halbinsel Akte, nahe Piräus (*ἀκτίτης λίθος*). Bevorzugtes Bau- und Statuenmaterial in spätarchaischer und frühklass. Zeit (‹Poros›-Giebel, Akropolis, Apollontempel in Delphi, Zeustempel in Olympia u.a.).

Demgegenüber entspricht lat. tofus der allgemeinen Bedeutung von → Tuff. C.K.

Lit: Vgl. → Kalkstein.

Porphyr (πορφυρίτης λίθος), dunkelrot-violettes, sehr hartes Gestein, häufig mit weißen Einsprengungen; stammt hauptsächlich aus Ägypten, z. T. auch aus Pannonien (mons pinguis). Eine grüne Abart wurde in Krokeai gebrochen (sog. lakedämon., spartan. → Marmor). Reiche Verwendung in röm. → Architektur und → Plastik, spätestens seit Claudius. Vgl. → Steine. C.K.

Q: Plin. nat. 36,57; Paus. 3,21,3; Strab. 8,367 – *Lit:* Blümner, Technologie III 15ff. – K. Fiehn, RE 3 A 2 (1929), 2269–73, s. v. Steinbruch – H. Kees, ebd. 22, 1 (1953), 313f.

Porphyrio, Pomponius, wahrscheinlich 3. Jh. n. Chr., Verfasser eines Horazkommentars, der erhalten ist. D.F.

Ed: A. Holder, 1894 – *Lit:* Schanz-Hosius III 167f.

Porphyrios, eigentlich Malchos aus Tyros oder Batanea, ca. 234–301/305, Schüler des → Longinus in Athen ca. 252 bis 262, später → Plotins in Rom ca. 262–267; von diesem vom Selbstmord abgebracht; geht nach Sizilien (bis ca. 270), nach Plotins Tod wieder in Rom; Ehe in spätem Alter. Anhänger Plotins (er sieht ihn als Pythagoreer; Sokrates verkleinert er), seit er sich (gegen Longin) von der Immanenz des Intelligiblen im Intellekt überzeugen läßt, Herausgeber seiner Schriften (in eigener Anordnung), sein Biograph sowie Verfasser mehrerer Hilfsmittel zum Studium seiner Philosophie, ist er ein doch nicht unselbständiger Nachfolger. Plotin lehnt die aristotelischen → Kategorien ab, P. aber kommentiert sie (In Aristotelis categorias comm.) und leitet in sie ein mittels der Grundbegriffe Gattung, Art, spezifische Differenz (→ Differentia specifica), Proprium, → Akzidens (im Schema der ‹arbor Porphyriana› für das ganze Mittelalter Schulbeispiel), bürgert überhaupt das Aristotelesstudium im Platonismus ein. Zur heidnischen Religion steht er, anders als Plotin, indem er deren theurgischen Elementen (→ Zauber) viel Beachtung schenkt, da sie nach ihm zur Seelenerlösung – wohl P.' Hauptanliegen – führen. Indem er Orakel, bes. die sog. → Chaldäischen, als Quelle philosophischer Einsicht ansieht (Περὶ τῆς ἐκ λογίων φιλοσοφίας; Frg.e erhalten), ordnet er, anders als Plotin, die Philosophie der Religion unter. Freilich scheint er trotz seiner theurgischen Neigungen doch oft Seelenerlösung rein als Ergebnis asketisch-spiritueller, auch vegetarischer Lebensweise aufzufassen (vgl. Περὶ ἀποχῆς ἐμψύχων, erhalten) und der Theurgie der ägypt. Religion kritisch gegenüberzustehen, ein Widerspruch, der oft durch die Unterscheidung seiner vor- von seiner nachplotinischen Phase erklärt wird. Mit Plotin wendet er sich gegen den → Gnostizismus, bes. wenn er sich auf literarische Fälschungen stützt; die Ablehnung des Christentums setzt er aufs entschiedenste fort, wodurch er einen Teil der Platoniker beeinflußt und sich den bitteren Haß der Christen zuzieht. Durch seine allegorische Erklärung Homers entzieht er ihn der platonischen Kritik (beispielhaft geübt in ‹Über die Nymphengrotte›). Seine philologische Gelehrsamkeit hat auch in Homerinterpretationen (Frg.e erhalten), seine wissenschaftliche in Kommentaren zu den ‹Harmonika› und dem ‹Tetrabiblon› des → Ptolemaios (17) Ausdruck gefunden. Die Erschließung zusätzlichen porphyrianischen Gutes aus griech.-lat., aber auch aus arab. Autoren und die Untersuchung, wie weit er → Augustinus beeinflußt hat, sind im Gange; diese Aspekte sind hier nicht berücksichtigt. Ph.M.

Ed: G. Wolff, Porphyrii de philos. ex oraculis haurienda, 1856 (Nachdr. 1962) – A. Nauck, Porphyrii Opuscula (1860), 1886², Gesch. d. Philosophie (neues Bruchstück in: F. Altheim, Porphyrios u. Empedokles, 1954), Leben des Pythagoras (franz.: E. Lévêque, in: M. Bouillet, Les Ennéades de Plotin, 5 Bde, 1857–61), Homers Nymphengrotte (franz: F. Buffière, Les mythes d'Homère..., 1956; engl.: Th. Taylor, P., Select-Works, 1823), Vegetarismus (engl.: ebd.; deutsch: E. Baltzer 1869), An Marcella (engl.: A. Zimmern, 1896; franz.: A. J. Festugière, Trois dévots païennes, 1944; italien.: G. Faggin, 1954) – H. Schrader, Quaestiones Homericae, 2 Bde, 1880, 1890 – A. Busse, CAG IV 1, 1895 (Einleitung zu Aristoteles' Kategorien, oft mit diesen hg. u. übers.: engl. v. O. F. Owen, 1853; deutsch v. E. Rolfes, 1920; franz. v. J. Tricot, 1947, und Kommentar zu denselben) – B. Mommert, Zugänge zum Intelligiblen, 1907 (engl. Übers. v. Th. Taylor, a. O., franz.: Lévêque, a. O.) – K. Kalbfleisch, Beseelung des Embryo (franz.: A. J. Festugière, La révélation d'Hermès... III, 1953) – J. Bidez, Vie de Porphyre, 1913 (Götterbilder und Der Seele Heimkehr) – A. Harnack, Abh. Berlin, 1916; SB Berlin 1921 (Gegen die Christen), FGH II B, 1929 (Chronik) – E. Boer-St. Weinstock, CCAG V 4 1940, Einl. zu Ptolem.' Tetrabiblon – I. Düring, 1932 (Komm. zu Ptolem. Harmonika) – H. Dörrie, 1959 (‹Vermischte Untersuchungen›) – A. R. Sodano, 1959 (Brief an Anebo, mit ital. Übers.) – Plotinvita, → Plotin – *Lit:* W. Theiler, P. und Augustin, 1939 – R. Beutler, RE 22, 1 (1953), 275–313 – G. Faggin, Enciclopedia Filosofica, 1957 – J. J. O'Meara, Porphyry's Philosophy from Oracles in Augustine, 1959 – H. Dörrie, RGG V, 1961, 463f.

Porsonsche Brücke (lex Porsoniana), die von R. Porson beobachtete Erscheinung, daß im streng gebauten jambischen → Trimeter Wortende nach langem 3. anceps verboten ist. Dies war die erste, epochemachende Entdeckung der Bedeutung von → Brücken. B.Sn.

Lit: R. Porson, Eur. Hecuba, London, 1797, zu v. 347; Eur. Phoenissae, 1799, zu v. 1464; Eur. Hecuba, Suppl. ad praef., 1802, p. XXX – P. Maas, Greek Metre, 1962, §48.

Portikus, Säulenhalle, in der röm. Architektur nur selten als autonomes Hallengebäude, ähnlich der griech. Stoa (vgl. jedoch P. Vipsania); sehr häufig ist hingegen die Form des peristylen Säulenhofes, *quadriporticus* (griech. → Peristyl) mit vielfacher Funktion: Temenosartiger Schmuckplatz mit oder ohne Heiligtum im Zentrum, Gartenanlagen, Annexräumen für Versammlungen und Veranstaltungen, → Bibliotheken usw. (P. Octavia, P. Liviae, P. Philippi u. a.), als solcher Vorläufer der Kaiserfora sowie großer, überdeckter Hallen (P. Neronis). *P. triplex:* auf drei Seiten umgebener Säulenhof, vgl. Villa rustica (→ Haus B 6), Forumsplätze usw.; *P. rhodia:* auf einer Seite überhöhter Säulenhof, etwa mit Loggiageschoß ion. Ordnung, wie z. B. im großen Gartenperistyl der Casa del Fauno in Pompeji; *P. fenestrata:* durch Fenster geschlossener Gang, z. B. in der Casa dell'Atrio a mosaico in Herculaneum; *P. in summa gradinatione:* Umgang über der Cavea des → Theaters; *P. post scaenam*, an das Theater angeschlossener Säulenhof (Vitr. 5,9; Krypto-P.: Gewölbegang unter einer P., z. B. Peristyl von öffentlichen Plätzen, sog. basis villae → Haus) u. a.; *via porticata:* Säulenstraße, → Stadt II E. Vgl. hierzu auch → Säulenhalle, → Horreum, → Macellum, → Emporium. C.K.

Portlandvase, die berühmte Amphora im BM, in der ‹Überfangtechnik› hergestellt: das dunkelblaue Glas des Gefäßes wurde mit einem Mantel aus weißem Glas überzogen; aus der opakweißen Schicht schnitt man dann in Kameentechnik die Bildfriese. So entstandene Gefäße gehören in den Bereich der → Glyptik. Die eine Seite der P. zeigt, wie → Atia im Beisein der Aphrodite, unter einem Feigenbaum lagernd, von Apollon mit Liebesverlangen erblickt wird. Auf der zweiten Seite ist die Vereinigung der Atia mit der Apollonschlange unter gleichzeitiger Epiphanie des Gottes dargestellt. Die Empfängnis des Augustus vollzieht sich als Werk des über der Szene schwebenden Eros, Zeuge des Wunders ist der danebenstehende alte Quirinus-Romulus. Die viel gedeutete P. erscheint so am überzeugendsten erklärt, wenn auch nicht ganz ohne Gegenstimmen. Sie ist ein römisches Werk der frühaugusteischen Epoche. P.Z.

Lit: E. Simon, Die Portlandvase, 1957 (Lit) – D. E. L. Haynes, The P., 1964 (Rez. von H. Möbius, Gnomon 36, 1964, 636f.).

Porträt. Man kann die Geschichte des P.s nur verstehen, wenn man sich von der naturalistischen Auffassung befreit und unter P. jedes Werk versteht, dessen Künstler ein Individuum darstellen wollte. Die Griechen hielten die Züge des Menschen fest, die ihn unvergeßlich machten, und zwar, wenn es der Raum erlaubte, die ganze Gestalt; in archaischer Zeit und auch später gewöhnlich das Urbild des Menschen, ähnlich den Göttern und nur zuweilen nach Altersstufen und Beruf differenziert. P.s von Dichtern und Weisen, wie sie damals zuerst geschaffen wurden (→Orpheus, →Anakreon, →Solon) waren dem Alten Orient fremd gewesen. Das Bild des Dichters ist eine griech. Idee. Seit der frühen Klassik werden außerordentliche Menschen durch das charakterisiert, was sie vor andern auszeichnet: →Homer trägt die Binde des Heros; er ist aber durch Alter und Blindheit tragisch bedingt. Das würdige Thronen und die Gebärde des Sich-Erinnerns hat er mit anderen Epikern gemeinsam (rechte Hand sinnend zum Kinn erhoben). Von →Themistokles' Statue kennen wir nur eine Kopie des Kopfes (Herme), von genialer Energie eigenwilliger, ja häßlicher Züge. Die hohe Klassik bildet das physiognomische Sehen an Dämonen (Kentauren des →Parthenon) weiter aus, drängt aber die individuellen Züge zurück (→Perikles, →Anakreon). Von nun an werden die Gattungen durch die Haltung deutlicher unterschieden: Lyriker stehen oder schreiten, sofern sie nicht einen Chor einstudieren und dabei sitzen. Auch Komiker belehren sitzend ihren Chor, aber sie halten kein Instrument; ebensowenig die Tragiker, die stehend gebildet werden. Platon und seine Nachfolger sitzen in ruhigem Sinnen (→Krantor mit der Buchrolle in Händen); die →Kyniker kommen im dicken Wollmantel mit dem Knotenstock daher, die Epikureer sitzen als gütige Lehrer, die Stoiker als lebhafte Disputierer; die Strategen stehen und tragen korinthischen Helm. – Aus der Spätklassik und dem Hellenismus besitzen wir in Kopien alle berühmten literarischen Persönlichkeiten Athens. Außeratt. P.s waren den Kopisten schwerer zugänglich. Deshalb ist uns z.B. ein Porträt →Pindars erst aus dem hohen Hellenismus erhalten und keine sicheren P.s von →Archimedes und den Alexandrinern. – Im *röm. P.* wurde mit griech. künstlerischen Mitteln doch etwas Ungriechisches gestaltet, nicht wie dort das allgemein Gültige, sondern das einmalig Persönliche, das aber idealisiert werden kann, so im Herrscherbild. Immer wird eine Spannung zwischen dem Individuellen und dem Idealen empfunden, zu dem das röm. Wesen transzendiert. Deshalb beschränkt man sich nun gewöhnlich auf Büsten; P.statuen folgen griech. Vorbildern oder geben die gesellschaftliche Funktion wieder (Toga- und Panzerstatuen). Röm. literarische Persönlichkeiten wurden zunächst nur in Autorenbildern ihrer Werke abgebildet (→Buch, 3, →Illustration), danach seit etwa 200 n. Chr. auch in Mosaiken und Hermen. Deshalb sind die Versuche, ältere Bildnisse →Vergils nachzuweisen, gescheitert. In Hermen werden sonst berühmte Griechen kopiert, weil sich der Gebildete mit solchen umgab. Wie in der Großplastik besitzen wir auf Gemmen P.s von Staatsmännern, bes. der kaiserlichen Familie und unzähliger griech. Dichter und Denker, aber keinen einzigen röm. Schriftsteller vor 200 n. Chr., abgesehen vielleicht von →Ennius. Die Inschriften auf Schäften verlorener Bildnishermen bestätigen diesen Befund. Die spätantiken P.s werden oft zu großartigen Zeugen kaiserl. Repräsentation; auch in Porphyr, Elfenbein und Mosaiken (Ravenna). K. Schf.

Lit: J. J. Bernoulli, Röm. Ikonographie, 1881–94 – Ders., Griech. Ikonographie, 1901 – G. Lippold, Griech. Porträtstatuen, 1912 – A. Hekler, Die Bildniskunst der Griechen und Römer, 1912 – E. Pfuhl, Die Anfänge der griech. Bildniskunst, 1927 – B. Schweitzer, Studien zur Entstehung des P.s bei den Griechen, SB Leipzig, 1939 – M. Wegner, Das röm. Herrscherbild, 1940 – L. Laurenzi, Ritratti greci, 1941 – K. Schefold, Die Bildnisse der antiken Dichter, Redner und Denker, 1943 – E. Buschor, Bildnisstufen, 1947 – B. Schweitzer, Die Bildniskunst der röm. Republik, 1947 – G. M. A. Richter, The Portraits of the Greeks, 1965 – E. Buschor, Das P., 1960 – A. Hekler, Bildnisse berühmter Griechen (1940), 1962³ – K. Schefold, Griech. Dichterbildnisse, 1965.

Portunus, alter röm. Gott, der einen →Flamen hatte (Fest. 238 L.) und dessen Fest, die *Portunalia*, am 17. August begangen wurde. Sein Tempel stand in der Nähe des Hafens (portus) von Rom, dessen Beschützer er war. Da er als Attribut einen Schlüssel trug (Fest. 48 L.) und weil im einzigen uns bekannten Ritus der Portunalia die Schlüssel im Feuer gereinigt wurden (Varro Schol. Verg. Aen. 5, 241), wird angenommen, P. sei ein Gott der Türen gewesen; dies ist er jedenfalls auch gewesen, doch bleibt die Frage offen, welcher der beiden Wirkungsbereiche (Haustüre, Hafen) als primär anzusehen ist. P. wurde von ciceronischer Zeit an mit dem griech. Gott Palaimon (Melikertes), dem Sohn der Ino (Leukothea; zu beiden →Athamas) identifiziert, diese selbst mit →Mater Matuta. H. Le B.

Lit: L. A. Holland, The Attribute of P., in: Hommages à A. Grenier, 1962, 817–823 – Latte, 89.

Poseidippos, Sohn des Kyniskos, aus Kassandreia. Dichter der neuen →Komödie (I D); wohl 290 erster von vier Dionysiensiegen; wurde sehr geehrt und weihte ein Gebäude im Heiligtum der Bühnenkünstler; soll 30 Stücke geschrieben haben, davon 18 Titel bekannt, u. a. eine ‹Arsinoë› und ein ‹Metapheromenos› (‹Einer der wechselt›, nämlich die Philosophenschule); viele Fragmente aus Kochrollen erhalten. ‹Apokleiomene› nach seinem Tode wieder aufgeführt (181 v. Chr.). Th. G.

Frg: FAttCom III 228–245 – *Darstellungen* →Anhang I.

2. P. von Pella, Epigrammatiker, um 270 v. Chr. Freund des →Asklepiades (1) und ihm in seiner Dichtweise so ähnlich, daß →Meleagros bei seiner Sammlung oft nicht entscheiden konnte, wer jeweils Verfasser sei. Aus AP 5, 134 könnte man eine philosophische Neigung des P. folgern.

Ed: AP. P. H.

Poseidon (andere Namensformen z. B. dor. Poteidān, Poteidās), griech. Gott, bei Homer Beherrscher des Meeres, das ihm bei der Teilung der Welt zugefallen ist. Sein Palast liegt in der Tiefe des Meeres, mit seinem Wagen fährt er über die Wogen, und Meerwesen bilden sein Gefolge. Er ist eine wilde, naturhafte, meist übelgelaunte und grollende Gottheit, viel eher der Erreger des Sturmes und des tobenden Meeres als ein Beschützer der Seefahrt. Trotz dieser ausgeprägten Züge gibt es Gründe für die Annahme, daß P. keineswegs ursprünglich ein Meergott gewesen ist. Ohne Zweifel ist er einer der ältesten griech. Götter (sein Name auf minoischen Schrifttafeln). Die einwandernden Dorier lernten ihn bereits in Griechenland kennen (vermutlich von den →Achäern). Wenn man in P. einen indogermanischen Gott sieht, schließt das nicht aus, daß manche Züge seines Wesens von fremden Gottheiten übernommen sind. Die von Kretschmer aufgestellte Etymologie Poteidās (*Πότει Δᾶς*) = ‹Gatte der Erde (Da; →Gaia)› ist – obgleich sie viel Zustimmung gefunden hat – unsicher, sie würde aber die Annahme erlauben, daß P. als Gemahl der Erdgöttin eigentlich eine alte Erdgottheit ist und nur bestimmte Umstände ihn daran gehindert haben, der höchste Gott der Griechen auf dem Festland zu werden. Sein häufig gebrauchtes Epitheton *Gaieochos* (*γαιήοχος*) wäre entsprechend zu deuten als ‹Erdumarmer›, ‹Erdhalter› (von *ἔχειν*), ‹Erdbegatter› (von *ὀχεύειν*) oder ‹der, der unter der Erde fährt› (Stamm *Ϝέχ-*). P. wäre somit erst im Bereich der seefahrenden Ionier zum Meeresgott geworden. Tatsächlich ist er auf dem griech. Festland immer in erster Linie ein Gott des Erdbebens (vgl. bei Homer *ἐνοσίχθων, ἐννοσίγαιος*, d. h. ‹Erderschütterer›) und auch des Pferdes; oft erscheint er im Mythos in Pferdegestalt *(P. Hippios;* vielleicht eine Erinnerung an uralten →Tierkult). Die Namen vieler Quellen, deren Entstehung man auf P. zurückführte, sind mit dem Worte *ἵππος* (‹Pferd›) gebildet. Bei P.-Festen sind Pferderennen beliebt (z. B. bei den →Isthmien). Allerdings bleibt unsicher, wie man die Verbindung des Pferdes mit einer Erd- bzw. Meeresgottheit deuten will (im ion. Bereich sind übrigens Beziehungen des P. zum Stier nachweisbar). Man hat darauf hingewiesen (z. B. Nilsson), daß auch im Glauben anderer Völker Wassergottheiten in Pferde- oder Stiergestalt auftreten. – P. als Herr des Meeres ist auch der Gott des Fischfangs. Sein

Attribut, der *Dreizack*, mit dem er das Meer aufwühlt und bändigt, ist wohl ursprünglich Gerät des Fischfangs (andere Deutungen: stilisierter Donnerkeil oder Symbol des Blitzbündels). P. ist Gott auch der Binnengewässer (daher seine Beziehungen zu Quellen und zu Flüssen, die unter der Erde verschwinden und an anderer Stelle wieder aus ihr hervorbrechen; hierin sahen die Griechen oft eine Ursache für Erdbeben). – Die weiteste Verbreitung und die eigentümlichsten Merkmale besitzt der Kult des P. in der Peloponnes (vgl. Diod. 15,49), und zwar vor allem in Arkadien (Paus. 8 passim); erwähnenswert sind außerdem u.a. Korinth (vgl. Pind. Ol. 13,5; Paus. 2,1,7f.; 2,2,1ff.; Münzbilder, Weihgaben; vgl. die → Isthmien), Sparta (Xen. Hell. 6,5,30; Paus. 3 passim) und Achaia. Weitere Zeugnisse des P.-Kultes haben wir u.a. aus Thessalien (belegt durch Münz- und Inschriftenfunde; manche Forscher haben hier den Ursprung des P.-Kultes sehen wollen), Mittelgriechenland, bes. Böotien (hymn. Hom. Ap. 230ff.; hymn. Hom. 22,3; Il. 2,506; Paus. 9,29,1; ob der Beiname des P. *Helikonios* mit dem Berge Helikon zusammenhängt, ist nicht geklärt), Attika (vor allem Athen; Paus. 1 passim; 7,24,5; Inschriften; P. erscheint hier meist eng mit dem att. Landesheros → Erechtheus verbunden; im Erechtheion zeigte man z.B. die Löcher, die P. im Streit mit Athena mit seinem Dreizack geschlagen haben soll; vielleicht sind sie ein altes Blitzmal) und auf den Inseln des Ägäischen Meeres. – Vgl. → Neptunus. K.-H.R.

Lit: A. Lesky, Thalatta, 1947 – F. Schachermeyr, Poseidon und die Entstehung des griech. Götterglaubens, 1950 – E. Wüst, RE 22,1 (1953), 446–558 – Nilsson, I 444–452 – Siehe auch zu → Religion.

[2] Im *Mythos* ist P. Sohn des → Kronos und der Rhea, dem nach dem Sieg der Olympier über die → Titanen in der Dreiteilung der Herrschaft unter → Zeus, → Hades und P. das Meer zufällt. Er muß gegen Zeus zurückstehen und eine Verschwörung mit einem Jahr Knechtschaft bei → Laomedon sühnen. Seine Gemahlin ist → Amphritrite, die, ähnlich eifersüchtig wie Hera, seine Geliebten verfolgt, z.B. → Skylla in das gräßliche Ungeheuer verwandelt. Ihr Sohn ist → Triton. Seine übrige Nachkommenschaft ist äußerst zahlreich: von → Demeter Erinys das Wunderpferd → Areion und Despoina, von der → Ge der Riese → Antaios, von der Medusa Chrysaor und → Pegasos, von der Phorkystochter Thoosa der → Kyklop Polyphemos, von Aithra → Theseus, von Amymone → Nauplios. – Mit → Athene streitet P. um den Besitz Attikas (Hdt. 8,55; Apollod. 3, 177–79) und den Troizens (Paus. 2,30,6; 32,8), mit Hera um den der Argolis (Paus. 2,22,4); jeweils fällt der Spruch der göttlichen oder menschlichen Schiedsrichter gegen ihn aus, woraufhin P. das Land überflutet und sich nur mit Mühe besänftigen läßt, hinfort aber hoch verehrt wird: in Athen als P. Erechtheus, in Troizen als Basileus und P. Phytalmios. Im → Trojan. Krieg gehört P. wegen des von Laomedon vorenthaltenen Lohnes zu den erbitterten Feinden Trojas; in der Odyssee Verfolger des → Odysseus, weil jener Polyphem getötet hatte. Er schickt den Stier des → Minos (vgl. → Pasiphaë), den, der → Hippolytos tötet, und das Pferdegespann, mit dem → Pelops siegt.

Darstellungen: P. erscheint früh beim → Gigantenkampf (F. Vian, La guerre des géants, 1952, passim), meist nackt und mit dem Dreizack ausgerüstet. Vereinzelt ist er aber mit Panzer und Speer versehen. Der auf dem Pferd reitende P. ist nicht häufig nachweisbar (z.B. JdI 29, 1914, 181; AA 41, 1926, 147, Abb. 26; CVA Bibl. Nat. 1, Taf. 45,1; Num. Chron. 1943, Taf. 5.; G. Seltman, Greek Coins, 1933, Taf. 7d; vgl. Paus. 1,2,4). Schon auf korinth. Alabastron (Münzen und Med. AG, Basel, Auktion 26, 1963, Nr. 69) und spätarchaisch mehrfach P. auf Seewesen reitend (z.B. CVA Brit. Mus. 2 III He, Taf. 20,1; AJA 63, 1959, 345; CVA Louvre 9 IIIe, Taf. 88,5f.; P. Baur, Stoddard Coll., Taf. 6,112; Lekythos Louvre F444; Ghali-Kahil, BCH 74, 1950, Taf. 12, E. Tillyard, The Hope Vases, 1923, Taf. 7,75; C.H. Haspels, Attic Black-Figured Lekythoi, 1936, 147ff., 152ff.). Mitunter ist die Deutung auf → Nereus möglich (vgl. Beazley, ABV, Index s.v. Nereus). Spät u.a. die Hydria bei G.M. Richter, Red-Figured Athenian Vases, 1936, Taf. 163. 167). P. ist bis in die Spätantike fast stets bärtig (Ausnahmen: Schauenburg, AuA 10, 1961, 85). Einige rotfigurige Vasen zeigen → Theseus auf dem Meeresgrund bei P. (Brommer 185). Sein Streit mit Athena bes. im Westgiebel des Parthenon dargestellt (G. Bendinelli, Sulle tracce di opere fidiace perdute, 1954). Sonst in → Götterversammlungen oder unter den 12 Göttern. – In der *Großplastik* erscheint P. meist nackt oder mit kleinem Mäntelchen, im Typus von Zeus oft kaum zu scheiden (vgl. Diskussion über den Gott aus dem Meer bei R. Lullies, Griech. Plastik, 1956, zu Taf. 128–131). Auf Lysipp ist wohl eine Statue im Lateran, P. mit aufgesetztem Fuß, zurückzuführen (Lippold, GrPl 263; M. Bieber, The Sculpture of the Hellenistic Age, 1955, 34). Hochhellenistisch ein stehender P. aus Melos (Lippold, GrPl, Taf. 130,4). Seine Hochzeit erst seit Münzen von Antonius und Octavian; vgl. K. Schefold, Zur Basis des Domitius Ahenobarbus, in: Essays in Memory of Karl Lehmann, 1965, 279–287 – Vgl. → Götterliebe – *Lit: dazu:* Bulle, ML III 2854ff. – E. Wüst, RE 22,1 (1953), 532–537. K. Schb.

Poseidonia → Paestum.

Poseidonios, → Stoiker, ca. 135–51 v. Chr., Erneuerer der Stoa aus ionisch-vorsokratischem und platonisch-aristotelischem Geiste. Zwischen dem Logiker → Chrysipp, den er zu überwinden sucht, und dem Ontologen → Plotin, der ihn überwindet, ist er der einzige große und originale Systematiker. Geb. ca. 135 v. Chr. in Apameia (Syrien), erlebt er in seiner Jugend den Zerfall des Seleukidenreiches, begibt sich nach Rhodos, wo er Schüler des → Panaitios wird, gründet in Rhodos nach der Umsiedelung seines Lehrers nach Athen eine eigene Schule und wird auch rhodischer Magistrat. Von ca. 105 v. Chr. an unternimmt er teils amtlich, teils als Forscher ausgedehnte Reisen nach Spanien, Südgallien, Italien, Sizilien und mehrmals nach Rom. Zahlreiche Römer haben ihn in Rhodos besucht, darunter → Pompeius (2), → Cicero, → Hortensius (2). Sein Geschichtswerk erscheint zwischen 70 und 65 v. Chr. Um 51 scheint er auf einer amtlichen Reise nach Rom gestorben zu sein.

[2] Von seinen zahlreichen *Werken* ist keines erhalten; doch sind manche bei späteren erhaltenen Autoren sehr stark benutzt und daher teilweise rekonstruierbar. Die wichtigsten: 1. Das *Geschichtswerk*, das in Fortsetzung des → Polybios die Zeit von 146 bis ca. 79 v. Chr. behandelte (52 Bücher, benutzt von → Diodor (2), → Strabon, → Livius (1), z.T. von → Plutarch, → Josephus, → Caesar u.a.). – 2. Das kosmologisch-geographische Werk ‹*Über den Okeanos und seine Probleme*› (benutzt von → Strabon, z.T. von → Plinius (1) d.Ä. u.a.). – 3. *Meteorologie und Astronomie* (benutzt von → Seneca nat., → Kleomedes, z.T. Plutarch). – 4. *Über die Götter* (benutzt von Cicero nat. deor., → Varro (1), → Dion (2) Chrysostomos orat. 12 u.a.). – 5. *Über die Seherkunst* (benutzt von Cicero div.). – 6. Psychologie, bes. ‹*Über die Affekte*› (benutzt von → Galen, z.T. Plutarch). Umfassend gewirkt hat P. mit verschiedenen Schriften auf das Gesamtwerk → Senecas (2), auf → Mark Aurel und auf die doxographische Literatur.

[3] Das *Geschichtswerk* begann mit dem Krisenjahr 146 v. Chr., in dem Rom den bedenklichen Schritt tat, den einzig noch übrigen großen Feind, Karthago, völlig zu vernichten, womit der Weg zum Abfall von der alten Zucht und zu innern Unruhen frei wurde. Dargestellt hat P. vor allem den langsamen Niedergang Roms (die beiden → Gracchen waren ihm ein Symptom), die grausige Zersetzung des griech., bes. des seleukidischen Ostens und die Vorstöße westlicher Barbarenvölker, in denen Wildheit und Unverdorbenheit sich vereinigten. Glanzstücke waren die Schilderung der spanischen Kriege Roms mit → Viriathus als heldischem Mittelpunkt, des → Kimbern- und Teutoneneinbruchs und bes. der von 136 bis 99 v. Chr. sich hinziehenden Sklavenkriege (ob er auch den Aufstand des → Spartacus noch einbezogen hat, ist ungewiß), endlich auch griech. Eintagsgrößen wie Athenion v. Athen, → Diodotos (2) Tryphon in Syrien. Den Akzent legte er nicht auf Staatsaktionen, sondern auf die geschichtliche Atmosphäre, die Psychologie und die innere Verflechtung aller Ereignisse untereinander.

[4] In *Kosmologie und Geographie* geht er von der vorsokratischen und z.T. frühstoischen These aus, daß der Kos-

mos als geschlossener, lebendiger Organismus zu verstehen sei, und verfolgt sie bis zu den äußersten Konsequenzen. Die Sonne ist das Herz des Kosmos, das Licht und belebende Wärme spendet, der Mond die Leber, die meteorischen Vorgänge werden als wechselseitiges Ernähren und Verbrauchen gedeutet, die Flüsse sind die Adern im Kosmosleib usw. Alles ist mit allem organisch verbunden (→‹Sympatheia›), Sonne und Mond wirken bis ins kleinste auf die Gestaltung der Erdoberfläche, auf Flora und Fauna, auf physischen und psychischen Habitus des Menschen ein. Auch Seherkunst und →Astrologie erhalten so ihre Begründung, da der Vorsehung gemäß alles für den Menschen bedeutend werden kann. Zur Stützung dieser Lehre hat P. in reichstem Umfang ältere Philosophen herangezogen, aber auch Homer in Anspruch genommen, so daß sich sein Werk als eine eigentümliche Mischung aristotelischer Wissenschaftlichkeit und eindrucksvoller Primitivität darstellt. Die Gottheit ist ihm die durch alles hindurchgehende Lebenswärme. Wie er sich das Fortleben der Seele gedacht hat, ob in platon.-aristotelischer Weise, ist unklar.

[5] In der eigentlichen *Psychologie* wendet er sich scharf gegen →Chrysipps Unitarismus und kehrt zur aristotelischen Distinktion eines lenkenden Logikon und eines dienenden Alogon zurück; die Affekte sollen beherrscht, aber nicht ausgerottet werden. Charakteristisch ist schließlich die militant antiepikureische Haltung des P. Seine Lehre vom Kosmos als organischem, durch lebendige Sympatheia zusammengehaltenem Wesen richtet sich nicht zuletzt gegen den Atomismus, und →Epikurs Theologie hat er als kaum verhüllten Atheismus angegriffen. Der Niedergang des Epikureertums in der Kaiserzeit wird z.T. auf P.' Einfluß zurückgehen. O.G.

Frg: FGrHist 87 – *Lit:* K. Reinhardt, Poseidonios, 1921 – Ders., Kosmos u. Sympathie, 1926 – Ders., RE, 22, 1 (1954), 559–826 (bedeutend, aber kritisch zu lesen) – W. Theiler, Vorbereitung d. Neuplatonismus, 1930.

Post. Die staatlichen Postdienste der Antike beförderten ausschließlich amtliche Korrespondenz. Schon im →Achämenidenreich gab es eine gut organisierte Staatspost, die, geleitet von einem vornehmen Perser, unmittelbar dem Großkönig unterstellt war. Jeweils in Entfernungen von einem Tagesritt lagen Stationen mit Pferden und Personal an den →Straßen (→Königsstraße). In Griechenland scheint es erst bei den →Antigoniden eine vergleichbare Einrichtung gegeben zu haben. Die ptolemäische P. kennen wir aus einem Papyrus des 3.Jh.s v.Chr. Es handelt sich um ein Fragment eines amtlichen Tagebuches, das vom Vorsteher einer Poststation geführt wurde. Für mehrere Zeiten am Tag ist die Zahl der angekommenen und weiterbeförderten Sendungen eingetragen. Die berittenen Postboten legen eine halbe Tagesreise bis zur nächsten Station zurück; neben dieser Schnellpost muß es, bes. für schwere Sendungen, noch eine andere Beförderungsart gegeben haben, wohl zu Schiff auf dem Nil. Im röm. Reich richtete zuerst →Augustus eine das ganze Reich umspannende Staatspost (→cursus publicus, vgl. Suet. Aug. 49, 3) ein. Dieser staatliche Postdienst, der über zahlreiche Stationen an allen großen Straßen des Reiches verfügte, beförderte Sendungen selbst in die entferntesten Provinzen in sehr kurzer Zeit (→Nachrichtenwesen). Für die Heerespost wurden als Boten die →frumentarii, die speculatores und im 4.Jh. n.Chr. die →agentes in rebus verwendet. Die privaten Steuergesellschaften (→publicani) hatten eigene Briefboten. Vgl. →Nachrichtenwesen, →Verkehr. Th.P.

Lit: F. Preisigke, Die ptol. Staatspost, Klio 7, 1907, 241–277 – H.G. Pflaum, Essai sur le cursus publicus..., 1940.

Postulat (αἴτημα), →Axioma, →Hypothese.

Postumius Albinus, A. (aed. 159, praet. 155, cos. 151 vor Chr.), leitete 155 die Senatssitzungen, in welchen Gesandtschaften der Athener (die Philosophen →Karneades, →Diogenes (4) v. Seleukeia und →Kritolaos, 2) und der Achäer (Bitte um Freigabe der Geiseln von 168) empfangen wurden (Cic. ac. 2, 137; Polyb. 33, 1). 146/145 stand P. an der Spitze der Senatskommission, welche mit dem Konsul L. →Mummius die Provinz Achaia einrichtete (Cic. Att. 2, 30; Suppl. EG I 152.320ff.). P., ein Gegner →Catos (1), verfaßte ein Geschichtswerk in griech. Sprache. Gehässig beurteilt ist P. bei Polyb. 39, 12. A.L.

2. **P. Albinus,** Sp. (cos. 110 v.Chr.), aus sehr angesehenem patrizischem Geschlecht. Die Fortsetzung des Krieges mit →Jugurtha war ihm sehr willkommen, da er Numidien als Provinz erhalten hatte (Sall. Iug. 35, 3). Trotz seines Eifers ließ er sich von Jugurtha hinhalten (Iug. 36, 2). Während P. zur Leitung der Wahlen nach Rom reiste, übergab er seinem Bruder Aulus das Kommando. P. blieb auch nach seiner Rückkehr nach Numidien untätig und ließ die Armee verkommen. Sein Versagen war sicher Ursache, daß die Postumii Albini fortan nicht mehr im politischen Leben genannt werden. G.G.

3. **P. Albinus,** A. (cos. 99? v.Chr.), Bruder und Legat des vorigen (2), Stellvertreter pro praetore, während sein Bruder in Rom weilte (110). P. ließ sich im Winter 110/109 zu einem Überfall auf Suthul verlocken und ging →Jugurtha in einen Hinterhalt. Unter schmachvollen Bedingungen erreichte P. die Rettung des Heeres: Abzug der Römer unter dem Joch und Räumung Numidiens innerhalb von 10 Tagen. Der Senat verwarf diesen schimpflichen Vertrag. Ob P. mit dem Konsul gleichen Namens von 99 identisch ist, bleibt unsicher. G.G.

4. **P. Megellus,** L. (cos. 305 v.Chr., 294, 291), schlug in seinem ersten Konsulat die →Samniten, in seinem zweiten die Samniten und →Etrusker und weihte auf dem Palatin den von ihm als curulischem Ädilen (Jahr unbekannt) begonnenen Tempel der Victoria. 291 besiegte er die Samniten zum dritten Male und soll nach der unsicheren Überlieferung wie 294 gegen den Willen des Senats triumphiert haben und dafür mit einer Geldstrafe belegt worden sein. R.W.

5. **P. Tubertus,** A. (dict. 432 oder 431 v.Chr.) besiegte nach den unhistorisch ausgeschmückten Berichten als Diktator, ohne vorher Konsul oder Konsulartribun gewesen zu sein, die Äquer am Algidus und verhängte über seinen Sohn wegen Ungehorsams die Todesstrafe. R.W.

Postumus (M. Cassianius Latinius P.), gallischer Teilherrscher 259–268; ermordet Ende 268 bei Mainz. P. war General unter →Gallienus und vielleicht Statthalter einer der german. Provinzen. Als Gallienus in Pannonien den Usurpator Ingenuus bekämpfte, warf P. sich zum Kaiser auf (Herbst 259) und eroberte Köln. P. wurde nach 263 von Gallienus mehrfach bekämpft und besiegt, konnte sich aber durch Protektion des →Aureolus, Generals des Gallienus, halten. Gallien bildete unter ihm ein Sonderreich. P. übernahm den Schutz der Rheingrenze, eine Aufgabe, vor der die Zentralregierung versagt hatte. Es gelang ihm, Britannien und Spanien zum Anschluß an sein Reich zu bringen; vermutlich wollte er auf diesem Wege das ganze Imperium unter seiner Herrschaft einigen. Er bildete einen eigenen Senat, setzte Provinzverwalter ein und reformierte die Wirtschaft (Goldprägungen). P. bedrohte die Herrschaft des Gallienus ernstlich, als →Aureolus revoltierte und auf seine Seite trat, wurde aber bald danach von seinen Truppen ermordet. Das gall. Teilreich überdauerte ihn. H.D.M.

Lit: G. Lopuszanski, La date de la capture de Valérien et la chronologie des empereurs gaulois, 1951 – P. van Gransbeke, Les invasions germaniques en Gaule sous le règne de Postume et le témoignage des monnaies, RBN 98, 1952, 5–30 – O. Doppelfeld, Wallr. Richartz Jb 18, 1956, 7–26 – J. Moreau, HdbgerJb. 5, 1961, 134.

Postumus, vgl. auch →Rabirius.

Potamon von Alexandria, griech. Philosoph. augusteischer Zeit, der die Schule der →Eklektiker zu begründen unternahm; sie sollte aus jeder der bestehenden Schulen das Richtige auswählen. →Diogenes (1) Laertios (1, 21) gibt aus seiner ‹Stoicheiosis› einen Abriß seiner Erkenntnislehre,

Physik und Ethik. Da wird in der Tat eine Kombination platonischer, aristotelischer, stoischer Elemente sichtbar. → Suidas s. v. nennt weiterhin eine Abhandlung zu Platons Staat und Gesetzen. Weiteres wissen wir weder von P. noch von seiner Schule, die bezeichnenderweise sehr rasch wieder erloschen zu sein scheint. O.G.

2. **P. von Mytilene,** ca. 75 v.–15 n. Chr., → Redner (I D 1), Sohn des Philosophen Lesbonax. Wirkte in Mytilene, wo er sehr angesehen war (Inschriften), und in Rom, wo er mit → Theodoros (8) v. Gadara und → Antipatros (2) konkurrierte. Für Mytilene unternahm er Gesandtschaften zu Caesar und Augustus (vgl. → Krinagoras); auch zu Tiberius hatte er noch gute Beziehungen. ‹*Περὶ τελείου ῥήτορος*› war wohl eine Art griech. Gegenstück zu Ciceros Orator; außerdem schrieb er samische Horoi und ein Werk über Alexander d. Gr. W. Sp.

Lit: FGrHist 147 – M. Rostovtzeff, Hellen. Welt, III 1931 – W. Stegemann, RE 22, 1 (1953), 1023–27 – L. Pearson, The Lost Histories of Alexander the Great, 1960, 248f.

Poteidaia, korinth. Kolonie auf dem Isthmos der Halbinsel → Pallene der → Chalkidike (Kt. 1152 D 2), um 625 von → Periander gegründet. Im → Att. Seebund, trotzdem jährlich Entsendung eines Beamten (Epidamiurgos) aus Korinth nach P. Die von Athen geforderte Ausweisung des Epidamiurgen war einer der Anlässe des → Pelop. Kriegs. 431–429 Belagerung durch Athen, Eroberung, Besiedlung mit att. Kleruchen, 356 von → Philipp II. v. Makedonien erobert, 316 durch → Kassander unter dem Namen Kassandreia neu gegründet. E.M.

Lit: A. Struck, Makedon. Fahrten I, 1907, 42ff. – J. A. Alexander, P., 1963.

Potestas, ‹Macht›, staatsrechtlich die Amtsbefugnis der röm. Magistrate, das Recht zu befehlen und zu verbieten; nahe verwandt der → patria potestas, der hausväterlichen Gewalt. Diktatoren, Konsuln, Prätoren hatten ergänzend zur P. das von ihr nicht näher abgrenzbare, vor allem den Heeresbefehl umfassende → imperium. Der höhere Beamte hatte – falls er Vorgesetzter war – gegenüber dem niedrigeren maior p., Kollegen untereinander par p. Die Gewalt der Beamten galt in späterer Zeit als vom Volk übertragen (Cic. leg. agr. 2, 7, 3). A.L.

Potitus → Valerius.

Potnios, Potnia Theron → Herr der Tiere.

Praeconinus → Aelius.

Praefectus. Der schon unter der Republik für Vertreter von → Magistraten auftretende Titel wurde seit → Augustus vor allem mit den führenden Stellungen der neuen kaiserlichen Amtsträger aus dem Ritterstand verbunden.

[1] *P. Aegypti.* Das Amt wurde 30 v. Chr. nach der Eroberung Ägyptens geschaffen, erster Inhaber war C. Cornelius → Gallus (3). Als kaiserlicher Statthalter führte der p. Aegypti trotz seines Ritterranges das Kommando über die im Lande stationierten Legionen, seine Hauptaufgabe lag jedoch in der Zivilverwaltung, bes. der Aufsicht über das Steuerwesen.

Lit: O.W. Reinmuth, RE 22, 1 (1954), 2353–77.

[2] *P. annonae.* Nach den Hungersnöten 6 und 7 n. Chr. setzte → Augustus für die Getreideversorgung Roms einen p. annonae aus dem Ritterstand ein, der später ganz allgemein für die Lebensmittelbeschaffung der Hauptstadt zuständig war. Das Amt, das zu den höchsten der ritterlichen Laufbahn zählte, bestand bis ins 6. Jh.

[3] *P.* war in den → auxilia der Kaiserzeit der übliche Titel des Kommandeurs (p. cohortis, p. alae bzw. equitum).

[4] *P. classis.* Seit Augustus Titel der kaiserlichen Flottenkommandanten in Misenum und Ravenna, auch bei den Flotten außerhalb Italiens.

[5] *P. praetorio.* 2 v. Chr. setzte Augustus zwei Ritter mit diesem Titel als Befehlshaber der → Prätorianer ein; das Amt wurde auch später in der Regel kollegial besetzt. Schon unter → Tiberius trat mit der Rolle des L. Aelius → Seianus die Machtstellung des p. praetorio bedrohlich hervor. Ins Feld begleitete er den Kaiser an der Spitze der Gardekontingente und konnte zum tatsächlichen Leiter der Operationen werden. Neben dem ursprünglichen militärischen Auftrag erhielt der p. praetorio im Laufe der Kaiserzeit auch bedeutende zivile Aufgaben. Er gehörte wohl von Anfang an zum → consilium des Kaisers und gewann allmählich eine weitgehende Gerichtsbarkeit, die zunächst als vom Kaiser delegiert, dann seit dem 3. Jh. als an Kaisers Statt galt. Daher findet man auch hervorragende Juristen wie → Papinianus und → Ulpianus in dieser Stellung. – Unter → Konstantin d. Gr. änderte sich der Charakter des Amtes entscheidend, indem es unter Verlust der militärischen Befugnisse (→ magister militum) auf die Zivilverwaltung beschränkt wurde. Der p. praetorio stand nun als höchster Beamter an der Spitze eines der großen Reichssprengel (meist vier: Gallien, Italien, Illyricum, Orient), die ihrerseits in → Diözesen unterteilt waren. Auch er besaß nun senatorischen Rang; schon bald nach 360 war er vir illustris (→ clarissimus), seit dem 5. Jh. wurde er häufig mit der Würde eines → patricius ausgezeichnet.

Lit: W. Enßlin, RE 22, 2 (1954), 2391–2502.

[6] *P. urbi* (bzw. urbis Romae). Das schon in älterer Zeit vorhandene Amt verschwand mit der Einrichtung der → Prätur, bis es dann → Augustus wieder einführte. Ständig wurde es erst unter → Tiberius und bestand seitdem bis ins 6. Jh. mit hohem Ansehen fort. Der p. urbi wurde aus den Senatoren, und zwar den gewesenen Konsuln, genommen. Er war für Ruhe und Ordnung in der Hauptstadt verantwortlich; in seinen Bereich fielen neben der Polizeiverwaltung auch Aufgaben der Zivil- und Strafgerichtsbarkeit. Unter → Constantius II. erhielt dann auch die neue Hauptstadt Konstantinopel einen p. urbi.

Lit: E. Sachers, RE 22, 2 (1954), 2502–34 – A. Chastagnol, La préfecture urbaine à Rome sous le Bas-Empire, 1960.

[7] *P. vigilum.* Seit Augustus Kommandant der Kohorten der → vigiles in Rom, aus dem Ritterstand. K.F.Str.

Praeneste, Stadt in Latium am Hang des Monte Ginestro, einer vorspringenden Bergkuppe der Montes Praenestini (Kt. 1420a; heute Palestrina), mit der Burg (752 m hoch) von einer 4,5 km langen Polygonalmauer umgeben. Mythische Gründung durch Praenestes, Sohn des → Latinus und Enkel des Odysseus. Als Kolonie von → Alba Longa zum Latinischen Bund gehörend, tendiert P. aber schon früh nach Rom. Nach wechselvollen Kämpfen und politischen Zugehörigkeiten wurde P. 338 von → Cincinnatus besetzt, bleibt jedoch als Bundesgenosse Roms autonom. Reich an Funden vorröm. Zeit, z. B. die altitalischen Fürstengräber Tomba Barberini und Tomba Bernardini. Herstellungsort von Bronzegravierungen auf Spiegeln und den sog. Praenestiner Cisten. Als befestigter Platz in Berglage mit Asylrecht Zufluchtsort politischer Flüchtlinge. Im Bürgerkrieg von → Marius (2) i. J. 82 als Hauptstützpunkt benutzt, von → Sulla nach langer Belagerung eingenommen, Bevölkerung dezimiert (Plut. Sull. 32, 1; App. civ. 1, 94). Nach 82 Kolonie Sullas und glänzender Aufbau insbes. des uralten *Fortunaheiligtums,* das sich in sechs teils durch schräge Rampen, teils durch Treppen in der Achse miteinander verbundenen Terrassen am Monte Ginestro emporstaffelt und in der Weise axial angelegt ist, daß es den Berg als Hintergrund, die Ebene bis zum Meer als Standplateau und die Albanerberge im Nordwesten sowie die Volskerberge im Südwesten in die Raumgestaltung einbezieht. Der obere Teil des Heiligtums gehört noch ins 2. Jh. v. Chr. (F. Brown, K. Schefold). – Die → Fortuna, der dieses Heiligtum mit seinem berühmten Losorakel geweiht war, wird in Inschriften (z. B. CIL I² 60 = XIV 2863 und XIV 2862) als erstgeborene Tochter (Primigenia) des Knaben Jupiter bezeichnet (Cic. div. 2, 85 f.). Man bewahrte im Heiligtum Lose, die auf wunderbare Weise in einer Felsenspalte entdeckt worden waren. Um das Orakel zu befragen, ließ man ein Kind die

Täfelchen mischen und aus der Lade, die sie enthielt, ziehen (Cic. div. 2, 86). Zur Zeit Ciceros war das Orakel weiterhin beim Volk bekannt, die Beamten jedoch und die Notabeln verschmähten es, zu den Losen ihre Zuflucht zu nehmen (Cic. a. O., vgl. → Sortes Vergilianae). – Unterhalb des Terrassenkomplexes lag ein Apsidensaal mit dem berühmten Nilmosaik Barberini, eine fünfschiffige Basilika und ein Grottenbezirk mit einem Meeresmosaik. Vor dieser dreigliedrigen Gebäudegruppe unklarer Bestimmung, die vielfach als ein Teil des Heiligtums angesehen wird, befand sich am Forum der Stadt ein noch nicht völlig freigelegter Tempel unter der Kathedrale S. Agapito, vielleicht das in den Quellen erwähnte Junonarium. Alle diese Bauten sind in der typischen Konstruktionsweise sullanischer Zeit, dem opus incertum, errichtet und stellen in ihrer Gesamtheit eine der kühnsten röm. Bauschöpfungen von außerordentlicher Frische und Großzügigkeit der Raumgestaltung dar. In der Kaiserzeit ist P. wegen seines frischen, gesunden Klimas beliebter Sommeraufenthalt reicher Römer. Von → Tiberius zum Municipium erhoben. B. A.

Lit: F. Fasolo-G. Gulini, Il Santuario della Fortuna Primigenia a Palestrina, 1953 – A. Brelich, Roma e Preneste, in: Tre variazioni romane sul tema delle origini, 1955, 9–47 – H. Kähler, Das Fortunaheiligtum von Palestrina-Praeneste, Annales Univ. Saraviensis 7, 1958, 189ff. – K. Schefold, VP 24f.

Praepositus, Bezeichnung des Vorgesetzten in untergeordneten Zweigen der Verwaltung (z. B. p. cursorum, Vorsteher der → Post). Bes. häufig ist der Titel im kaiserlichen Hofdienst, im Heer und auch bei der christl. Kirche. D. R.

Praeses. Seit dem 2. Jh. n. Chr. als Bezeichnung allgemeiner Art für Provinzstatthalter verwendet, wird P. durch die Verwaltungsneuordnung unter → Diokletian und → Konstantin (1) d. Gr. zum Sondertitel der Provinzstatthalter der untersten Rangstufe nach dem → consularis und dem → corrector. K. F. Str.

Praeteritio (oder *omissio*; *παράλειψις* oder *ὑποσιώπησις*), ‹Übergehen›, rhetor. → Sinnfigur; die meist ironische Kundgabe der Absicht, gewisse Dinge wegzulassen, womit jedoch gerade die Aufmerksamkeit auf sie gelenkt wird. Definition bei Cic. Mil. 72. Vgl. unsere Wendung ‹nicht zu reden von ...›. → Aposiopese, → Ironie. H. H.

Lit: Volkmann, 262. 501–503 – Lausberg, I 436f.

Praetexta (Praetextata), nationalröm. Schauspiel ernsten Charakters (→ Tragödie II); benannt nach der → Toga praetexta (Amtstracht der Oberbeamten, die Träger der Hauptrollen waren); begründet von → Naevius; die Praetexten des → Ennius, → Pacuvius, → Accius sind nur fragmentarisch überliefert; die des Cornelius Balbus, → Curiatius Maternus u. a. sind nur dem Titel nach bekannt; die einzig erhaltene ist die ‹Octavia› (→ Seneca, 2). K. A.

Ed: L. Pedroli, Fab. praet. quae extant, 1954 – *Lit:* M. L. Pasculli, Studio sulla Fab. praet., 1921 – T. Herrmann, La tragédie nationale chez les Romains, CeM 9, 1947, 141–154.

Praetextatus → Ateius, → Vettius.

Prätor, abgeleitet von praeire, ‹vorangehen›, zunächst vielleicht Bezeichnung für den militärischen Befehlshaber der Königszeit, dann der höchsten Beamten der röm. Republik bis ca. 450 v. Chr. (→ Konsul). Nach röm. Tradition wurde 367/366 v. Chr. erstmals ein P. gewählt, zur Entlastung der → Konsuln, für die Rechtsprechung in der Stadt (später: p. urbanus). Wie die Konsuln hatte der P. → imperium und das Recht zu triumphieren, jedoch mindere Amtsgewalt. Immerhin scheint der P. bis ca. 240 als ranggleich, später kaum weniger gegolten zu haben. Plebejer erreichten seit 337 die Prätur. Die Ausweitung des röm. Staates führte um 242 zur Schaffung einer 2. (p. peregrinus), 227 einer 3. und 4., 197 einer 5. und 6. Prätur. Während sich p. urbanus (zugleich Vertreter der Konsuln in Rom während ihrer Abwesenheit) und p. peregrinus vor allem in Aufgaben der Gerichtsbarkeit teilten, wurden die übrigen P.en als Statthalter oder für militärische Aufgaben eingesetzt. → Sulla erhöhte die Zahl der P.en auf 8 und verfügte, daß sie als Richter oder Vorsitzende von Schwurgerichten in der Stadt bleiben und erst als → Proprätoren Statthalter werden sollten. Diese Ordnung wurde unter Augustus abgeschafft. Die P.en behielten noch Einfluß im Justizwesen, vor allem konnten sie → Edikte erlassen, doch erfolgten bald Einschränkungen. Mit der Zeit bestand die Hauptaufgabe des p. urbanus in der Ausrichtung von Spielen, und das Amt wurde immer mehr zur wirtschaftlichen Last. Wie der Konsulat wurde die Prätur Voraussetzung zur Betrauung mit wichtigen Staatsämtern. A. L.

Lit: G. Wesenberg, RE 2,2 (1954), 1581–1605 – Weiteres → Konsul.

Prätorianer → Cohortes.

Prätorisches Recht → Recht III A.

Präzession, das von → Hipparch (3) entdeckte Vorrücken der Tagundnachtgleichen (→ Äquinoktien), bei dem der

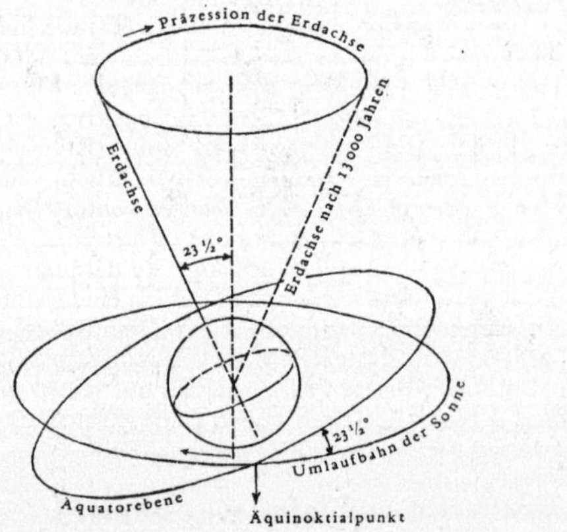

Abb. 183 Präzession der Tagundnachtgleiche

Frühlingspunkt sich auf der → Ekliptik von Osten nach Westen um jährlich 50 Bogensekunden bewegt und somit einen vollen Umlauf von 360° in rund 26000 Jahren vollendet, wobei die Schiefe der Ekliptik unverändert 23 ½° bleibt. S. S.

Praktoren, Beamte (in Athen Behörde von 10 Mitgliedern), denen bei der Entstehung der Staatlichkeit die Eintreibung staatlicher Forderungen unter Kontrolle der → Bulē übertragen wurde. Das Amt wurde im ptolemäischen Ägypten übernommen, nach den Bedürfnissen der absoluten Monarchie mit größeren Kompetenzen ausgestattet und auch für Privatstreitigkeiten zuständig. Im kaiserzeitl. Ägypten waren die P. Steuererheber. H. Br.

Lit: C. Préaux, Sur les fonctions du *πράκτωρ ξενικῶν*, CE 30, 1955, 107–111 – H. Schaefer, RE 22,2 (1954), 2538–48.

Pratinas von Phleius, Tragiker. 499/6 v. Chr. kämpfte er gegen → Aischylos und → Choirilos, 467 errang sein Sohn → Aristias mit einer von P. verfaßten Tetralogie den 2. Sieg gegen Aischylos' thebanische Tetralogie und → Polyphrasmon. P. selbst wird zu diesem Zeitpunkt schon tot gewesen sein. Er soll einmal gesiegt und 18 Tragödien und 32 Satyrspiele geschrieben haben. Die Angabe, er sei Erfinder des → Satyrspiels überhaupt, wird man als eine der Konstruktionen verstehen müssen, aus denen die frühalexandrinische Philologie ihr gegen → Aristoteles (Entstehung der → Tragödie aus dem Satyrhaften, Herkunft aus der Peloponnes) konzipiertes Entwicklungsbild der Tragödie aufbaute (vgl. Pohlenz). Richtig sein kann an dieser Überlieferung höchstens, daß P. der allmählich einsetzenden Geringschätzung des Satyrspiels entgegentrat und es mit einer neuen Form zu neuem Leben erweckte E.-R. Sch.

Frg: TGF 726 – Anth. Lyr.^{2} V, 154–156 – PMelGr, 367–369 – *Lit:* M. Pohlenz, Das Satyrspiel und P. v. Phleius, NGG 1926, 3, 298–321.

Praxagoras von Athen, vornehmer Heide, griech. → Geschichtsschreiber, schrieb in ion. Dialekt über → Konstantin I. (bis zu seiner Alleinherrschaft; panegyrisch); über die

‹Könige› Athens (eine Archontenliste?) und ein Werk über Alexander d. Gr. W. Sp.

Q: Phot. cod. 62 – *Frg:* FGrHist 219 – *Lit:* W. Enßlin, RE 22,2 (1954), 1743 – J. Moreau, Zum Problem der Vita Constantini, Historia 4, 1955, 236–245 – F. Winkelmann, Zur Geschichte der Vita Constantini, Klio 40, 1962, 229–230.

2. **P. von Kos,** hochberühmter Arzt um 325 v. Chr., Lehrer des → Herophilos. P. scheint dem → Diokles (3) von Karystos, seinem älteren Zeitgenossen, an Bedeutung und in seiner Lehre ähnlich gewesen zu sein; er hat, wie dieser, u. a. ein nosologisches Werk *Πάϑη αἰτίαι ϑεραπεῖαι* und eine ‹Anatomie› geschrieben, in der er jedoch, wie die wenigen erhaltenen Nachrichten zeigen, noch sehr weit hinter Herophilos zurückgestanden hat. Immerhin haben er und seine Schüler sich offenbar als erste systematisch mit Geschwülsten befaßt (wenige ausgezeichnete Beschreibungen bei → Oreibasios erhalten). Seine Humorallehre unterschied sich (wie die des Diokles) durch weitgehende Modifikation (mindestens 10 Säfte) von der (oder den) hippokratischen; eine wesentliche Rolle im positiven (Bewirkung des ‹Pulses›) wie im negativen Sinne (Krankheitsentstehung) spielten dabei die nach seiner Anschauung aus den Säften aufsteigenden, in den Arterien weitertransportierten Luftbläschen (anscheinend ist diese Vorstellung vom Kochvorgang her – *πέψις*, ‹Kochung, Verdauung› – übertragen). P. hat, im Gegensatz zu Diokles, eine Reihe von z. T. recht bedeutenden Schülern gehabt; sein Ruhm hat so weit hinabgewirkt, daß etwa in der Spätantike einer der sog. ‹Diätetischen Briefe› (lat. erhalten) auf seinen Namen, als einen der berühmtesten neben Hippokrates und Diokles, gefälscht wurde (ed. K. Schubring, Sudh. Arch. 46, 1962, 295–310). F. K.

Lit: F. Steckerl, The fragments of P. of C. and his school, 1958.

Praxilla, → Lyrikerin, von Sikyon, Mitte 5. Jh. v. Chr. Sie soll → Dithyramben geschrieben haben, von denen nur ein Hexameter (!) erhalten ist (Fr. 2 P.); ferner haben wir drei Hexameter aus einem Hymnus auf Adonis (Fr. 1 P.). Der Anfang eines Liedes in dem nach ihr benannten Metrum (Fr. 8) ist kaum echt, ebensowenig das ihr (neben anderen) zugeschriebene → Skolion (Fr. 3 P.) und ein weiteres Fragment (4 P.) ‹aus dem der P. Zugeschriebenen›. E.-M. V.

Frg: PMelGr 386ff.

Praxilleus (*Πραξίλλειον*), ein von → Praxilla stichisch verwandter Vers der Form –◡◡–◡◡–|◡◡–◡––||, den Heph. p. 24, 8 C. als 3 *da tro* erklärt, der aber wohl eher als 5 *da*^^ mit longum statt breve als vorletztem Element aufzufassen ist. Vgl. → Daktylus. B. Sn.

Praxiphanes von Mytilene, ca. 1. H. 3. Jh. v. Chr., Peripatetiker. Die wenigen Bruchstücke zeigen seine Beschäftigung mit literarischen Fragen. Ungewiß ist, worauf der ihm zugeschriebene Ruhmestitel eines Vollenders der Grammatik (Fr. 9 W.) oder des ersten Grammatikers (Fr. 10 W.) beruht. D. F.

Frg: F. Wehrli, 1957 (= Die Schule des Aristoteles 9, 89–115) – *Lit:* W. Aly, RE 22,2 (1954), 1769–84 (Lit).

Praxiteles, führender Bildhauer Athens im 4. Jh. v. Chr. Anscheinend Sohn → Kephisodots d. Ä., dessen künstlerische Richtung er jedenfalls fortsetzt. Da seine Söhne → Kephisodot d. J. und → Timarchos wahrscheinlich noch im frühen 3. Jh. gelebt haben, kann P. schwerlich vor 400 geboren sein. Plin. nat. 34, 50 setzt seine → Akme (vielleicht etwas zu früh) in die Jahre 364–361; Pausanias (8, 9, 1) setzt seine Tätigkeit in Mantineia ‹in die dritte Generation nach → Alkamenes›. Danach und nach den Anhaltspunkten der überlieferten Werke dürfte P. etwa von 370–320 gearbeitet haben. Die übrigen biographischen Nachrichten beziehen sich fast ausschließlich auf sein Verhältnis mit der Hetäre → Phryne; doch fällt es schwer, den echten Kern dieser Legenden zu fassen. – P. wird auf zwei Inschriften als Athener bezeichnet. Für Athen sind in der Tat auch zahlreiche Werke, u. a. auch einige Kultbilder, überliefert (Artemis Brauronia von der Akropolis; Demeter, Kore, Iakchos aus dem Demetertempel). Bei der Fülle der überlieferten Werke – es sind mehr als 50 – ist ein umfangreicher Werkstattbetrieb vorauszusetzen. Es ist auch möglich, daß bei der einen oder anderen Statue eine Verwechslung mit den wenig bekannten jüngeren und älteren Homonymen vorliegt.

[2] *Werke.* Bei dem wiedergefundenen, berühmten *Hermes von Olympia* sind die in jüngerer Zeit ausgesprochenen Zweifel an der Originalität kaum berechtigt. Er ist offensichtlich identisch mit der von Paus. 5, 17, 3 an der Stelle des Fundes (Heratempel von Olympia) erwähnten und dem P. zugeschriebenen Gruppe. Jedenfalls entspricht die Konzeption ganz den übrigen, unten aufgezählten Werken. Die unfertige Bearbeitung der Rückseite erklärt sich wohl dadurch, daß P. nur den Entwurf und die letzte Formgebung der Vorderseite selbst ausgeführt hat, was bei dem erstaunlich umfangreichen Œuvre dieses Meisters noch öfters der Fall gewesen sein muß. – Noch von einem weiteren Werk, einer *Gruppe von Mantineia*, sind wenigstens die Reste der (ebenfalls der Werkstatt überlassenen) Basis im Original erhalten: Sitzender Kitharöde Apoll, flötenspielender Marsyas und Skythe sowie Musen. – Unter den *kaiserzeitl. Kopien* sind verhältnismäßig wenige Identifizierungen gelungen. Sicher nachgewiesen sind: der Apollon Sauroktonos und sein berühmtestes Werk, die knidische Aphrodite; wahrscheinlich auch die Artemis Brauronia und die Statuen zweier Satyrn und eines Eros. Einige Werke sind wenigstens auf Nachbildungen von Münzen noch bekannt (z. B. der Eros von Parion in Mysien). Von dieser gesicherten Grundlage aus hat man immer wieder versucht, auf Grund stilistischer Brücken weitere Werke anzuschließen: genannt seien hier nur die wichtigsten hypothetischen Zuweisungen, in der chronologischen Abfolge und unter Einbeziehung der zuerst genannten gesicherten Werke aneinandergereiht: Einschenkender Satyr, um 370 v. Chr. (Rizzo Taf. 19ff.); Aphrodite von Arles (Taf. 34ff.); angelehnter Satyr (Taf. 48ff.); Iakchos Vatikan-Lateran (Taf. 57f.); originale Bronzestatue von Marathon: Hermes? (mit erneuerten Armen: Rizzo Taf. 69); Apollon Sauroktonos (Taf. 59ff.); Artemis von Gabii (Artemis Brauronia?), um 345 v. Chr.; knidische Aphrodite (Taf. 70ff.); Hermes mit Dionysoskind von Olympia (Taf. 99ff.), um 330–320 v. Chr.

[3] Obwohl von P. auch Bronzestatuen überliefert werden, ist er doch vor allem als Marmorbildhauer berühmt und geschätzt gewesen. Er hat die Eigenart dieses Werkstoffes zu seltener Vollendung gebracht, indem er die ganze Skala von der feinsten Glättung bis zum improvisierten Meißelhieb zur Anwendung brachte. Zur Bemalung der Statuen zog er den Maler → Nikias (2) heran. – Die *antiken Urteile* über die Kunst des P. sind sehr allgemein. Man lobte die ‹Wahrheit› seiner Werke ebensosehr wie bei → Lysipp. Man bewunderte vor allem seine Fähigkeit, auch die seelischen Empfindungen im Stein zum Ausdruck zu bringen. Während bei → Lysipp die Gestalt des Herakles im Vordergrund der bildnerischen Vorstellung stand, sind es die dionysischen und eleusinischen Themen, die P. vor allem und, wie es scheint, in wachsendem Maß in ihren Bannkreis gezogen haben. Er hat eine starke Wirkung gehabt, wenngleich er keine so ausgeprägte Schule wie Lysipp hervorgebracht hat. Seine Richtung wurde wohl am konsequentesten in Alexandria weitergebildet. – Während das 19. Jh. P. über alles schätzte, begann im 20. Jh. eine Richtung, die sich von seinen Werken etwas distanzierte, nicht zuletzt aus Hilflosigkeit vor der inhaltlichen Deutung. Seit Rodenwaldt die Kunst des 4. Jh.s v. Chr. neu zu sehen gelehrt hat, ist auch P. wieder mehr zu Ehren gekommen. E. Bg.

Lit: G. E. Rizzo, Prassitele, 1932 – G. Rodenwaldt, *ϑεοὶ ῥεῖα ζώοντες*, Abh. Berlin 1943, 13, 1–24 – Picard, Manuel III 406–632 – Lippold, GrPl, 234–243 – E. Buschor, Maussollos u. Alexander, 1950, 50 – Marcadé II 115–122 – G. Lippold, RE 22, 2 (1954), 1787–1808, s. v. Praxiteles Nr. 4–8.

Predigt → Homilie.

Preise und Löhne sind in bäuerlichen Kulturen durchweg unbeweglich. Dieser Zustand wurde auch in den altorientalischen Staaten noch weitgehend durch Preisedikte fixiert. Erst die griech. Erfindung des Münzgeldes (→ Geld) und der dadurch bedingte verstärkte Handel mit Verbrauchsgütern machte seit dem 6. Jh. v. Chr. P. und L. von Angebot und Nachfrage abhängig. Abgesehen von Zeiten politischer Krisen steigen die P. bis auf → Alexander d. Gr. kontinuierlich an, während die L. nur in weitem Abstand folgten. Der Hellenismus war nach starkem Absinken der P. seit ca. 250 v. Chr. durch allmählichen Anstieg und seit ca. 220 v. Chr. durch eine tiefgreifende Inflation gekennzeichnet, die um 140 v. Chr. auch Rom erreichte. Nach P.-Schwankungen infolge der polit. Unsicherheit am Ende der Republik und starker Anfälligkeit der P. und L. für Krisen in der Getreideproduktion im 1. Jh. gingen die P. seit → Trajan zurück. Von 193 n. Chr. an wurde eine P.-Steigerung von ca. 200 % permanent, ein zeitweiser Rückgang im 3. Jh. wurde durch die Inflation verdeckt, die schließlich auch den Versuch der Festlegung von Maximal-P.n unter → Diokletian bedingte. H. Br.

Lit: F. M. Heichelheim, On ancient price trends from the early first millennium B. C. to Heraclius I, in: Finanzarchiv 15, 1954/55, 498 bis 511.

Prepon (*aptum*: Quint. inst. 11, 1, 1 ff.), das Geziemende, Passende, Schickliche – sowohl im Leben allgemein wie in der Kunst der Rede (Cic. orat. 70); daher (1) ethischer Begriff (zuerst Pind. Isthm. 5, 16), der in der mittleren → Stoa in die Pflichtenlehre eingebaut wurde (Cic. off. 1, 107 ff., 115 ff., 144); (2) seit → Gorgias in die Theorie der → Rhetorik (B, Abb. 187, 8 c) aufgenommenes Lehrstück (Isokr. 13, 13; Plat. Ion 540 B usw.), von Aristot. rhet. 3, 7 ausführlich erörtert. Bei Theophrast ist das P. eine seiner Virtutes dicendi; es erscheint auch als wichtiges Element der spätantiken → Topik (Hermog. prog. 6). Als Meister des P., der es versteht – bes. in der → Dihegesis –, Charakter und Stil der Rede dem Typus des jeweils Redenden anzupassen, galt schon der Antike der attische Redner Lysias (Dion. Hal. Lys. 9. 13). H. H.

Lit: M. Pohlenz, *Τὸ πρέπον*, ein Beitrag zur Gesch. d. griech. Geistes, NGG 1933, 53–92 – W. Süß, Ethos, 1910, 185 ff. – Lausberg, I 144. 507 ff. – Kennedy, Persuasion, 67. 107. 276 – O. Büchler, Die Unterscheidung der redenden Personen bei Lysias, 1936.

Prexaspes. 1. Hochangesehener Perser, der Kambyses ergeben war und von ihm den Auftrag erhielt, → Smerdis zu beseitigen; verriet die Usurpation der Magier (→ Gaumāta). – 2. Sohn des Apasthines und wahrscheinlich Enkel des vorigen, einer der Admiräle des Xerxes i. J. 480. G. R.

Priamel, ‹Vorauslauf›, ein aus dem erstmals bei → Martianus Capella (im allgemeinen Sinn) begegnenden Adj. praeambulus entwickeltes mittelalterliches Wort, seit dem 18. Jh. gebraucht für die rhetor. Figur der Beispielreihung, auf die gern im letzten Glied eine Schlußpointe folgt. Bezeichnet diese einen alle anderen vorgenannten Werte übersteigenden Höchstwert, so spricht man von einer Wertepriamel. *Bsp.:* zahlreich in der griech. und röm. Literatur von Homer (voll ausgebildet erstmals bei Tyrtaios 9 D.) bis auf Horaz und Synesios, am berühmtesten (in der Form auch semitisch beeinflußt) ist das ‹Hohelied der Liebe›: Paulus, 1. Kor. 13, 1 ff. Die antike Bezeichnung der P. war nach Paul. 1 Kor. 12, 31 vielleicht *ὑπερβολή* (Hyperbel), vgl. auch Lausberg 1, 222 ob. In der Rhetorik bedient sich die Argumentationsform des *incrementum* auch priamelartiger Mittel (Quint. inst. 8, 4, 3–9). H. H.

Lit: F. Dornseiff, Die archaische Mythenerzählung, 1933, 3 ff. – W. Kröhling, Die P., 1935 – W. A. A. van Otterlo, Beitrag zur Kenntnis der griech. P., Mnemosyne 1940, 145–176 – Ulr. Schmid, Die P. der Werte... von Homer bis Paulus, 1964 (Diss. Tübingen 1960).

Priamos, Sohn des → Laomedon, König von Troja, Gemahl der → Hekabe. P. hat 50 Söhne, viele von Nebenfrauen; die wichtigsten: → Hektor, → Paris, → Deiphobos, → Helenos, → Troilos; unter seinen Töchtern: → Kassandra, → Polyxena, → Ilione, Laodike. In seiner Jugend wurde Troja durch → Herakles zerstört (Il. 5, 641 ff.), er selbst gefangengenommen: P., vorher ‹Podarkes›, soll den Namen davon haben, daß er durch seine Schwester → Hesione freigekauft wurde. Die Eroberung seines großen Reiches kostete die Griechen 9 Jahre. Im → Trojan. Krieg ein Greis und nur noch im Rat tätig; berühmt die ‹Mauerschau› des P. mit Helena (Il. 3, 164 ff.) und die Auslösung der Leiche Hektors (Il. 24). Von → Neoptolemos erschlagen (→ Iliupersis). K. Schb.

Darstellungen: N., von Herakles zum König bestimmt, auf röm. Wandbildern (Schefold, WP 52. 125); bei → Paris' Rückkehr und Urteil, bei den Prophezeiungen der → Kassandra, beim Überfall auf → Troilos (Schefold, FS, Taf. 48), bei trojan. Kämpfen und Abschiedsszenen, vor allem bei Hektors Lösung (→ Achill) und der Iliupersis (→ Neoptolemos). – *Lit. dazu:* M. C. van der Kolf, RE 22, 2 (1954), 1842–1907, s. v. Priamos. K. Schf.

Priapeum, scherzhafte, derb-erotische Gedichte, die dem Schützer der Gärten → Priapus (einem Phallossymbol) in den Mund gelegt werden: Feld- und Gartendieben droht er komisch-obszöne Strafen an. Solche Gedichte (die in vielerlei Versmaßen, nicht aber dem ithyphallischen erschienen) wären etwa den modernen Limericks bzw. Frau-Wirtin-Versen vergleichbar. → Carmina Priapea. H. C. S.

Priapeus (*Πριάπειον*), seit → Sappho und → Anakreon belegtes Versmaß; von → Euphronios (2) erstmals für → Priapeen verwendet, daher der Name. In der geläufigeren Form bestehend aus → Glykoneus und → Pherekrateus (Mustervers Catull Fr. 1: *Hunc lucum tibi dedico consacroque, Priape)*, nach Euphronios aus einem Tetrameter mit choriambischem Eingang. Bezeugt für Euphronios, → Catull (Frg. 1–2, carm. 17), Priap. 87 (= Verg. catal. 3*). V. B.

Lit: U. v. Wilamowitz, Griech. Verskunst (1921), 1958² – H. Herter, De Priapo, RVV 23, 1932, 18. 28. 53–56.

Priapos, wohl kleinasiatischer Name eines Fruchtbarkeitsgottes, am Hellespont (bes. in seiner angeblichen Gründung → Lampsakos) verehrt, als Holzfetisch (?), später als Gnom mit übergroßem Phallos überall aufgestellt. → Dionysos und → Aphrodite als Eltern charakterisieren sein Wesen, ebenso sein Opfertier, der sprichwörtlich geile Esel (Mythen: Ov. fast. 1, 395 ff.; 6, 319 ff.). In Athen seit Mitte 4. Jh. bekannt (Komödie Xenarchs), verdrängt er ähnlich geartete Lokalgötter. Seit Alexanders Zug dringt er überallhin (in Alexandria: Pompē des → Ptolemaios Philadelphos; vgl. Ath. 201 D), auch in alle Teile des Imperium Romanum (Übersicht: Herter, a. a. O., 256 ff.): als urtümlicher Fruchtbarkeitsgott (Bilder im Wald, im Garten, als Grenzstein, am Strand, auch an Gräbern oder in eigenen Tempeln), als Gott der Liebe, allgemeiner als Spender von Reichtum (Epigramm Artemidors von Perge: IG 12, 3, 421), auch als Träger magischer, apotropäischer Kräfte, bes. als Hüter der Gärten (ithyphallische, mit Mennige bestrichene Holzbilder, oft kaum mehr als Vogelscheuchen), beliebt bei hellenistischen Dichtern (→ Theokrit, → Leonidas (5) v. Tarent, → Antipatros (3) v. Sidon u. a.) und Malern (daneben gibt es Statuen, Terrakotten und Münzbilder), ebenso bei den Römern (→ Catull, → Priapeen). Im spätantiken → Synkretismus erscheint auch P. als Allgott mit → Serapis, → Helios, → Pan, → Phanes gleichgesetzt (CLEp 1504 ist wohl Parodie). C. J. C.

Lit: H. Herter, De Priapo, RGVV 23, 1932 – V. Buchheit, Studien zum Corpus Priapeorum, 1962.

Priēne (*Πριήνη*), kleine ionische Stadt an der W-Küste Kleinasiens nördl. von → Milet (Kt. 1152 H 5), ursprünglich am Nordufer der damaligen, heute verlandeten Meeresbucht. Neugründung im 4. Jh. v. Chr., wichtig als fast völlig ausgegrabenes Beispiel einer griech. Mittelstadt spätklass.-hellenist. Zeit. In Terrassen über der Mäanderebene von etwa 36 m Höhe bis etwa 130 m ansteigend und überragt von dem steilen Marmorklotz der Akropolis (371 m).

Stadtmauer von ca. 2,5 km Umfang ganz erhalten, ebenso das sich rechtwinklig schneidende Straßensystem mit etwa 80 Häuserblocks; viele Privathäuser, Markt, alle wichtigen öffentlichen Gebäude wie Prytaneion, Buleuterion (Rathaus), Stadion, zwei Gymnasien, kleines Theater, mehrere Tempel, bes. der Haupttempel der Athena, von → Alexander (5) d. Gr. geweiht, von Hermogenes erbaut. Vgl. → Stadt I D mit Abb. 210. E. M.

Lit: Th. Wiegand-H. Schrader, P., Ergebnisse der Ausgr., 1904 – A. v. Gerkan, Das Theater v. P., 1921 – M. Schede, Die Ruinen v. P., 1934 – Ders., Heiligtümer in P., JdI 49, 1934, 97–108 – G. Kleiner, RE Suppl. 9 (1962), 1181–1221 – Berve-Gruben, 259–265.

Priester

A. Griechenland: [1] Allgemeines – [2] Ernennung – [3] Pflichten und Voraussetzungen – [4] Ehrenvorrechte – [5] Insignien – B. Rom: [1] Allgemeines – [2] Sonderpriester und Kollegien – [3] Ernennung – [4] Bedingungen – [5] Inauguratio, exauguratio – [6] Rangordnung – [7] Insignien und Privilegien. – Zum christl. P. → Amt.

A. Griechenland. [1] *Allgemeines.* Da der Umgang mit der Gottheit besondere Qualifikationen fordert, kennt jede Religion P., und zwar in doppelter Funktion: als Vertreter der Menschen vor der Gottheit und als Vertreter der Gottheit vor den Menschen. Aus der zweiten Funktion kann dem P. eine das ganze Leben der Menschen lenkende Autorität zufließen. Es kennzeichnet die *Griechen*, daß bei ihnen, mindestens in historischer Zeit, der P. niemals über eine derartige Autorität verfügt hat. Hauptgründe sind: der griech. P. steht auf der Stufe des staatlichen Kultbeamten, der neben dem eigentlichen Repräsentanten der Gemeinde vor der Gottheit (dem Familienoberhaupt für die Familie, dem Fürsten oder Magistrat für den Staat, dem Feldherrn für das Heer) eine lediglich dienende Exekutivaufgabe besitzt; weiterhin wird das dem P. eigene Wissen vom rechten Umgang mit der Gottheit als ein berufliches, scharf umgrenztes Fachwissen (Techne) gefaßt und betrifft ausschließlich die Kenntnis der Kultstätten, -zeiten und -formen. Die → Mantik, also die Techne, die Götterzeichen korrekt zu deuten, ist oft, aber nicht immer der Techne des P.s angegliedert. Die Kompetenzen des P.s liegen also in der Verantwortung für die richtige, traditionsgemäße und gottgefällige Kultausübung, doch ist er weder Erzieher des Einzelnen noch politischer Ratgeber für den Staat. Es ist an ihm, Ursprung und Bedeutung der Kultstätten und -handlungen und ihre Beziehung zur Gottheit zu erklären, doch erheben diese Hieroi Logoi keinerlei Anspruch darauf, eine kohärente, rationale und dogmatisch verpflichtende Theologie zu bieten; sie stehen als → Mythos den Dichtern zu beliebiger Verwendung zur Verfügung. Daher sind auch die Vorschriften über die Lebensführung des griech. P.s nur sehr selten einschneidende; an kultischer Reinheit und sittlicher Untadeligkeit wird von ihm in der Regel nicht viel mehr verlangt als von jedem andern Kultteilnehmer. Ein P.tum zu bekleiden verleiht zwar eine gewisse Würde, schließt aber im übrigen die Beteiligung am bürgerlichen Leben keineswegs aus. Daraus folgt endlich, daß wir historisch über die jeweiligen konkreten Verhältnisse (rechtliche und materielle Stellung des P.s, bes. Verpflichtungen und Privilegien, Kulthandlungen und Kulttracht) nur weniges aus der Literatur, das meiste aus zufällig erhaltenen Sakralinschriften erfahren.

[2] *Ernennung.* Einen in sich geschlossenen P.stand hat es in Griechenland nie gegeben. Jeder P. war ausschließlich an den Kult seines Gottes gebunden, und in den meisten Fällen war ein P.tum nur ein Amt neben anderen. Wohl häufiger als wir wissen, waren P.tümer in alten Familien erblich (vgl. → Eumolpiden, → Keryken). Davon abgesehen wird in älterer Zeit ein P.tum meist durch Loswahl, zuweilen durch Volkswahl vergeben, im Hellenismus nach Ausweis der Inschriften auffallend häufig durch Verkauf nach festen Preisen, in Monarchien vielfach durch Ernennung seitens des Fürsten.

[3] Die kultischen *Verpflichtungen* des P.s sind: Verantwortung für die Kulthandlungen und für den guten Zustand der Kultbauten und Utensilien, Verwaltung des Tempelvermögens (vielfach unterstützt durch Hilfsbeamte und Tempeldiener); persönliche *Voraussetzungen:* ein bestimmtes Mindestalter ist oft vorgeschrieben, von 10 Jahren an aufwärts; in der Regel ist einem Gotte ein P., einer Göttin eine P.in zugeordnet; vornehme Abkunft wird zuweilen gefordert, dagegen immer, daß der P. in bürgerlichen Ehren stehe und von körperlichen Gebrechen frei sei; die Reinheitsvorschriften, die jeder Kultteilnehmer zu beachten hat, gelten für den P. bes. streng; Speiseverbote kommen gelegentlich vor, zuweilen auch ein befristetes oder unbefristetes Keuschheitsgebot.

[4] Dem stehen zahlreiche *Ehrenvorrechte* gegenüber: Ehrensitze bei öffentlichen Veranstaltungen und dgl.; Vergehen gegen P. wiegen schwerer als gegen andere. Die Einkünfte der P. setzen sich zusammen aus einer Amtswohnung im Tempelbezirk, sodann reichlichen und bevorzugten Anteilen am Opferfleisch, vielfach überhaupt Anteilen an den Natural- oder Geldspenden der Tempelbesucher, weiterhin Einkünften aus den dem Tempel gehörenden Grundstücken und Unternehmungen, schließlich aus regelmäßigen Naturalleistungen der Gemeinde, zuweilen sogar festen Entlöhnungen aus der Gemeindekasse.

[5] *Attribute.* Der Rang der P. kommt zuweilen in Titulaturen zum Ausdruck, auch darin, daß sie die Jahreseponyme stellen (bes. berühmtes Beispiel: die Herapriesterinnen von Argos, vgl. → Hellanikos, FGrHist 4 F 74–84), endlich in der Amtstracht: meist ein altertümlich langer, ungegürteter → Chiton, weiß oder purpurn oder doch mit Purpursaum (→ Clavus), dazu ein → Kranz oder eine Kopfbinde (→ Diadem), ein Stab in der Hand. In einzelnen Fällen tritt der P. mit den Attributen der Gottheit (→ Götterattribute) selbst auf, wie etwa die Athenapriesterin in Pellene. O. G.

Lit: Nilsson, passim – P. Stengel, Die griechischen Kultusaltertümer, 1920.

B. Rom. [1] *Allgemeines.* Ebenso wie in der griech. war in der röm. Gesellschaft der P. nicht der einzige, der kultische Riten ausführte: der röm. → Magistrat sprach → Gebete und brachte → Opfer im Namen des Staates, der → pater familias versah im Hauskult das Amt eines Priesters. Von ihnen unterscheiden sich die *sacerdotes populi Romani* als Spezialisten des Sakralen, ohne deren Wissen der private und öffentliche Kult nicht richtig ausgeübt werden konnte. Eine Kaste haben sie jedoch nie gebildet: wegen ihrer Verschiedenheit «stehen die Priestertümer in keinerlei hierarchischem Zusammenhang und bilden kein Ganzes. Sie haben bestimmte und voneinander unabhängige Aufgaben, deren Ursprung und Wichtigkeit höchst verschieden sind; alle aber stehen sie in enger Beziehung zur zivilen Macht, die den Staat repräsentiert, und müssen ihr beistehen, sie aufklären und vor allem ihr gehorchen» (Bouché-Leclercq).

[2] Die P.ämter können individuell oder kollektiv sein. 1. *Sonderpriester* einer bestimmten Gottheit waren die → Flamines: es gab drei F. maiores für → Jupiter, → Mars und → Quirinus, und zwölf F. minores: *omnibus (divis) pontifices, singulis flamines sunto* (Cic. leg. 2, 20). Der vom Staat übernommene griech. Kult der → Ceres-Demeter hatte seine ‹öffentlichen Priesterinnen des römischen Volkes›, Griechinnen, die persönlich das röm. → Bürgerrecht erhalten hatten (Cic. Balb. 55). Der → Rex sacrorum nahm eine besondere Stellung ein: wohl war er ein Sonderpriester, doch war er nicht schlechthin auf einen einzelnen Kult (den des Janus) beschränkt; als Erbe bestimmter Kultaufgaben der alten Könige hatte er einen Ehrenvorrang vor allen andern Priestern. – 2. Die *kollektiven* Priestertümer waren entweder *sodalitates* oder *collegia.* ‹Sodalitäten› nannte man Brüderschaften, die auf bestimmten Gebieten und nach eigenen sakralen Gebräuchen gewisse fest umrissene Riten zu erfüllen hatten: die → Luperci, die → Fratres Arvales, die

→ Salier, die → Sodales Titii; der Kaiserkult vermehrte sie um die → Sodales Augustales, Claudiales, Flaviales, Titiales, Hadrianales, Antoniniani. Die ‹Kollegien› sind als ‹Kreise von Theologen und Juristen› definiert worden. Ihre Aufgabe war, «die religiöse Tradition festzulegen und die Obrigkeit über ihre Pflichten gegenüber den Göttern aufzuklären» (Bouché-Leclercq). Die beiden ältesten waren das Kollegium der → Pontifices, das die → Gemeinschaft der → Vestalinnen unter sich hatte, und das der → Auguren. Das Kollegium der Decemviri, später → Quindecimviri sacris faciundis, überwachte die Fremdkulte. Weniger bedeutend waren die Tresviri, später → Septemviri Epulones: zur Hauptsache wirkten sie als Gehilfen der Pontifices. Das Kollegium der → Fetiales war auf dem Gebiet des internationalen Sakralrechts spezialisiert. Die → Haruspices schließlich, die keine röm., sondern etrusk. P. waren (vgl. → Etrusker B 10), haben erst im 1. Jh. v. Chr. ein Kollegium gebildet.

[3] *Ernennung.* Ursprünglich sind die Priester wohl durch den König ernannt worden. In republikanischer Zeit wurden der Rex sacrorum, die Flamines und die Vestalinnen durch den → Pontifex Maximus, das Haupt der Staatsreligion, ernannt. Die Sodalitäten und Kollegien ergänzten sich durch Kooption und wählten auch ihren Vorsitzenden, den magister. Dieses Wahlverfahren wurde jedoch später mit dem der Volkswahl verbunden; seit dem Ende des 3. Jh.s wurde der Pontifex Maximus durch beschränkte Volksversammlungen (17 Tribus von 35) gewählt. Im J. 104 v. Chr. bestimmte die lex Domitia, die Pontifices, die Auguren, die Decemviri und die Epulones sollten auf die gleiche Art gewählt werden. Aus einer von diesen Kollegien vorgelegten Liste wurde ein Kandidat gewählt und danach vom Kollegium kooptiert. In der Kaiserzeit wurde diese Einrichtung wohl nicht abgeschafft, in Wirklichkeit aber war die Ernennung aller Priester vom Kaiser abhängig, der immer auch Pontifex Maximus war und außerdem Kandidaten für die Ergänzung der Kollegien ‹empfahl›.

[4] *Bedingungen.* Der P. des röm. Volkes mußte Bürger sein, von freier Geburt, nicht vorbestraft und ohne Gebrechen; außerdem, bis zur lex Ogulnia i. J. 300 v. Chr., die den Plebejern die Kollegien der Pontifices und der Auguren öffnete, Patrizier. Seit 367 waren fünf von den zehn Mitgliedern des Kollegiums der Decemviri Plebejer. Der Rex sacrorum hingegen, die drei großen Flamines und die Salier sind immer Patrizier gewesen. Es war möglich, verschiedene P.ämter zu kumulieren, doch mußte ein Salier das Kollegium verlassen, wenn er in das der Pontifices oder der Auguren übertrat.

[5] *Inauguratio, exauguratio.* Nach der Ernennung oder Zuwahl war die → inauguratio unumgänglich für den Rex sacrorum, die großen Flamines und die Auguren. Das P.amt wurde auf Lebenszeit verliehen. Wenn der Rex sacrorum und die Flamines maiores ihr Amt niederlegten, wenn ein Salier sein Kollegium verließ oder eine Vestalin nach dreißig Jahren in die Welt zurückkehren wollte, wurden sie durch die Riten der exauguratio ihres kultischen Ranges entkleidet.

[6] *Rangordnung.* In der klassischen Zeit bestand kein hierarchisches System: wir kennen jedoch einen *ordo sacerdotum*, der auf die erste Zeit der Republik zurückgeht, mit der Rangfolge Rex sacrorum, Flamen des Jupiter, des Mars, des Quirinus, Pontifex Maximus (Fest. 198–200 L.). Diese altertümliche Rangordnung stand im Gegensatz zur Wirklichkeit der letzten Jahrhunderte der Republik: damals war der Pontifex Maximus das Haupt der Staatsreligion (→ Pontifices), und Rex und Flamines waren von ihm abhängig. Von den Kollegien hatte das der Fetiales jede Bedeutung verloren, bis → Augustus es erneuerte; die restlichen vier waren die ‹großen› Kollegien, denen anzugehören man stolz war: Pontifices, Auguren, Quindecimviri und Epulones. Die letzteren waren den Pontifices untergeordnet; die Quidecimviri hingegen konnten ihre Unabhängigkeit bewahren; zeitweilig traten sie sogar als Rivalen der Pontifices auf.

[7] *Insignien und Privilegien.* Auf den Münzen werden die P.tümer durch charakteristische Kultgegenstände bezeichnet: für einen Pontifex erscheint das *simpuvium* (Schöpfkelle für das Trankopfer), für einen Auguren der *lituus* (Krummstab zum Zeichnen des → templum), für einen Epulonen die *Opferschale*, für einen Quindecemvir der *Dreifuß* → Apollos. Zu bestimmten Eigentümlichkeiten der Priestertracht → Albogalerus, → Apex, → Galerus, → Infula, → Kranz, → Virga, → Vitta. – Ehrenplätze waren den Priestern an den Spielen und Festen vorbehalten. Sie waren in der Regel von Steuern und Militärdienst befreit.

[8] Zum P. im frühen *Christentum* → Amt. H. Le B.

Primaporta. [1] Die ‹Villa ad gallinas albas› der Kaiserin Livia, bei Saxa rubra an der → Via Flaminia, 9 km vor Rom. Bei P. wurde der Lorbeerhain gepflegt, von dem man den Zweig für die Triumphatoren brach. Wandmalereien eines unterirdischen Raumes mit Gartenlandschaft aus claudischer Zeit, 1953 ins Thermenmuseum verbracht. B. A.

[2] P. ist berühmt als Fundort der 1863 in der Villa ad gallinas albas der → Livia gefundenen *Panzerstatue des Augustus* (Vatikan): H. 2,04 m, Marmor mit Farbspuren. Der Gegenstand des Reliefschmucks auf dem Panzer: die Rückgabe der an die Parther verlorenen Feldzeichen in kosmischem Zusammenhang wird nur auf Münzen von 20/15 v. Chr. gefeiert; dadurch wird die Statue datiert. Anspielungen auf die Unsterblichkeit des Kaisers, wie hier Delphin, Amor und die bloßen Füße waren in der Frühzeit des Kaisers häufig. Vgl. → Anhang I, s. v. Augustus. H. v. H. – K. Schf.

Lit u. Abb: W. Amelung, Vat. Kat. I 19–28 – H. Kähler, Die Augustusstatue von P., 1960 – Zuletzt: J. Fink, Die Augustusstatue von P. und die religiöse Verehrung des Kaisers in Rom, in: Festschr. M. Wegner, 1962, 30–37.

Primat, Fachausdruck für den Anspruch des Bischofs von Rom als Nachfolger Petri zunächst auf jurisdiktionelle Oberaufsicht über den Westen, dann auf die geistliche Vollmacht für die Gesamtkirche. Der Begriff wurde durch die unter → Leo d. Gr. aufgekommene und seit 445 belegte Fälschung des can. 6 von Nicaea (325; → Konzil) und ihren Titel ‹De primatu ecclesiae Romanae› bzw. ihren Einleitungssatz: ‹Ecclesia Romana semper habuit primatum› berühmt. C. A.

Lit: Altaner, 28 f. – Ferner: W. Ullmann, Leo I and the theme of papal primacy, JThSt 11, 1960, 15–31 – Fr. Dvornik, Byzantium and the Roman Primacy, American Eccles. Rev. 144, 1961, 289–312 – LThK VIII, 1963, 761–763.

Primipilus, der erste → Centurio des Triarier → Manipels (auch pilus genannt) der ersten → Cohorte als der ranghöchste Centurio einer → Legion. In der Kaiserzeit konnte der P. auch weiter in die höhere rittliche Laufbahn aufsteigen. G. G.

Primus → Antonius.

Princeps, Principatus. In republikan. Zeit gehört zu den ‹Häuptern des Staates›, wer, aus vornehmer Familie stammend, das Konsulat bekleidet und sich durch sein Verdienst das Ansehen erworben hat, das eine ‹führende Stellung› im Staate, vor allem im → Senat, der hinwieder den princeps senatus kennt, garantiert. Bisweilen ragt unter den gleichzeitig lebenden principes civitatis einer hervor (z. B. P. → Cornelius (30) Scipio Africanus maior). Die Nobilität bekämpft jedes Anzeichen eines solchen Zustandes, doch fordert Cicero ihn am Ausgang der Republik zur Überwindung der Krise, und durch → Pompeius (2) scheint er Wirklichkeit zu werden. Nach den Bürgerkriegen greift Octavian (→ Augustus) zum nomen principis, um seine Position von Königtum und Dictatur abzuheben (Tac. ann. 1, 9, 5). Die ihm 27 v. Chr. *ob cives servatos* erwiesenen Ehren, vor allem der Beiname → Augustus, erheben seine auctoritas zur Unübertrefflichkeit (Mon. Anc. 34) und sanktionieren seinen Principat durch den in ihnen manifestierten consensus universorum, der sich dann besonders bei der Verleihung des Ehrentitels → pater patriae zeigt (Suet. Aug. 58, 1 f.; Mon. Anc. 35). Als divi filius Augustus der göttlichen Sphäre angenähert, wird ihm auch kultische Verehrung zuteil, und zwar in Italien und den Provinzen seiner als Gott vorgestellten Person (meist zusammen mit → Roma), in Rom seinem → Genius. Die übrigen Namensbestandteile → Imperator → Caesar (divi filius) weisen ihn als Erben Caesars aus, doch fixiert der Name insgesamt ebensowenig wie die Bezeichnung princeps oder der Auctoritas-Begriff seine staatsrechtliche Stellung. Diese basiert 27–23 auf dem Jahr für Jahr bekleideten Konsulat und dem → imperium proconsulare über die ‹kaiserlichen› Provinzen, seit 23 auf der tribunicia potestas (→ Volkstribun) und dem nun auch den Statthaltern der ‹Senats›provinzen übergeordneten imperium proconsulare (maius quam...). Daneben besitzt Augustus eine Reihe spezieller Rechte; die wichtigsten betreffen seine Stellung im Senat (princeps senatus, außerordentliche Senatsberufung, schriftliche Antragstellung) und im Gerichtswesen (Stimmrecht in den Quästionen, eigenes Gericht) sowie die Münzprägung (in allen Metallen). Seit seiner Wahl zum → pontifex maximus 12 v. Chr. leitet er auch das Sakralwesen. Bei seinem Tode 14 n. Chr. ist die monarchische Herrschaft des ‹ersten Mannes› über die vorgeblich wiederhergestellte res publica so sicher errichtet, daß sie dauernden Bestand hat. – Die Nachfolge im Principat wird vom dynastischen Denken bestimmt, das auch in den zahlreichen Adoptionen wirksam ist, obwohl diese in der Theorie als Wahl des jeweils Besten erscheinen (z. B. Tac. hist. 1, 16, 1). Adoption, Verleihung des Caesartitels und evtl. des praenomen imperatoris durch den regierenden Kaiser gelten als Formen der Designation zur Nachfolge, die durch Übertragung des imperium proconsulare und der tribunicia potestas (‹Mitherrschaft›) oder dieser Gewalten und des Augustusnamens (‹Samtherrschaft›) verstärkt werden können. Den Antritt des Principats markiert der dies imperii, Rechtsgrundlage ist die vom Senat vorzuschlagende lex de imperio (Dessau 244: Vespasian), soziologisches Fundament der Treueid der im → Kaiserkult geeinten Reichsbevölkerung. Als Klammer zum Principat des Vorgängers wirkt das → consilium principis. Staatsrechtlich relevant ist einerseits die wachsende Ausdehnung der kaiserlichen Befugnisse (vgl. Tac. ann. 11, 5, 1: *cuncta legum et magistratuum munia in se trahens princeps*), die teils der lex imperii hinzugefügt werden (commendatio, censoria potestas, ius quintae relationis u. a.), teils aus bereits besessenen Rechten sich entwickeln (z. B. Erlaß von Konstitutionen mit Gesetzeskraft, Selbstbefreiung von den Gesetzen), andererseits die immer stärker werdende Einflußnahme des Heeres auf die Kaisererhebung, die seit → Carus zur Ausschaltung des Senats führt (Aurel. Vict. Caes. 37, 5) und dem Principat eine neue Basis gibt. Die Titulatur, in der neben der tribunicia potestas (Iterationsziffer: Zählung der Regierungsjahre) seit → Trajan auch das imperium proconsulare durch proconsul ausgedrückt wird, schwillt durch Siegerbeinamen wie Germanicus (maximus) u. a. und durch Epitheta, die der Vorstellung vom idealen Herrscher entstammen, wie pius (seit → Antoninus, 2) und felix (seit → Commodus) an. Anf. 4. Jh. tritt in die Titulatur die seit langem gebrauchte Dominus-Apostrophe ein. Zusammen mit der seit → Diokletian offiziell rezipierten → Proskynese und dem zuerst von Konstantin (1) getragenen Diadem bezeichnet sie den Abstand der Spätform des Principats von seinen Anfängen. Die Stellung des princeps ist lebenslänglich, nur in der diokletianischen Tetrarchie begegnet ihre zeitliche Begrenzung. Selten kommt der Hostis-Beschluß des Senats gegen den lebenden princeps vor (→ Nero, → Didius (3) Iulianus). Über den toten princeps kann der Senat die → consecratio wie zuerst über Augustus oder die → damnatio memoriae wie über → Domitian und andere mali principes beschließen. H.B.

Lit: Mommsen, Staatsrecht II 745–1171 – M. Hammond, The Augustan Principate, 1933 – A. Alföldi, Die Ausgestaltung des monarch. Zeremoniells am röm. Kaiserhofe, RM 49, 1934, 1–118 – Ders., Insignien u. Tracht der röm. Kaiser, RM 50, 1935, 1–171 – F. Vittinghoff, Der Staatsfeind in d. röm. Kaiserzeit, 1936 – A. von Premerstein, Vom Werden u. Wesen d. Prinzipats, 1937 – J. Béranger, Recherches sur l'aspect idéologique du principat, 1953 – L. Wickert, RE 22, 2 (1954), 1998–2296 – E. Lepore, Il princeps ciceroniano e gli ideali politici della tarda repubblica, 1954 – F. Taeger, Charisma II, 1960 – P. Grenade, Essai sur les origines du Principat, 1961 – D. Timpe, Unters. z. Kontinuität d. frühen Prinzipats, Historia-Einzelschriften 5, 1962 – J. Bleicken, Senatsgericht u. Kaisergericht, 1962 – K. Kraft, S(enatus) C(onsulto), JbNG 12, 1962, 7–49 – St. Weinstock, Treueid u. Kaiserkult, AM 77, 1962, 306–327 – F. de Martino, Storia della costituzione romana IV 1, 1962 – Bl. Parsi, Désignation et investiture de l'empereur romain, 1963.

2. **P. iuventutis,** ‹Erster der (adeligen, wehrfähigen) Jugend›, in Anlehnung an eine altröm. Bezeichnung (Liv. 2, 12, 15) gebildeter, den Adoptivsöhnen des → Augustus, C. und L. Caesar (2; 3), vom Ritterstand verliehener Ehrentitel (Mon. Anc. 14). Seither dem präsumtiven Nachfolger des → princeps (senum: Ov. ars 1, 194) zukommend und inschriftlich sowie durch Münzen (hier auch principium und -a) reich belegt. Nach Verlust des Bezugs auf die ritterliche Jugend als titulares Epitheton im 3. und 4. Jh. nicht nur dem → Caesar, sondern auch dem → Augustus beigelegt. Letzte Zeugnisse: RIC IX, 1951, 16 u. ö.: → Gratian; CIL VIII 14290: → Valentinian (II.?). H.B.

Lit: J.-A. Blanchet, Le titre de P. iuventutis sur les monnaies romaines, RBN 47, 1891, 357–369 – W. Beringer, RE 22, 2 (1954), 2296–2311.

3. **P. peregrinorum** (P. castrorum peregr.), Offizier im Range eines höheren → Centurio (CIL 2, 484), der seinen Namen von den castra peregrina, der Kaserne (CIL 6, 345) der → frumentarii (CIL 6, 428. 3326), hatte und der mit seinen (oft ranggleichen?) Untergebenen die aus den Provinzen nach Rom geschickten Angeklagten zu bewachen hatte (Act. Apost. 28, 16; Amm. 16, 12, 66). W.K.

Lit: Th. Mommsen, Zu Apostelgeschichte 28, 16 (1895), in: Gesammelte Schriften VI, 1910, 546–554.

4. **P. senatus,** der ‹Erste im → Senat›, von den → Censoren an die erste Stelle der Senatsliste gesetzter Konsular, immer ein Patrizier, meist ein gewesener oder amtierender → Censor; bei Abstimmungen als erster aufgerufen. Nach Sulla wurde der Platz nicht mehr besetzt; seit → Augustus nahm ihn der → Princeps ein. Chr.M.

Lit: O'Brien Moore, RE Suppl. 6 (1935), 699.

Principales, das Unteroffizierskorps der röm. Kaiserzeit, alle immunes (vom schweren Lagerdienst Befreite) vom → Tesserarius an aufwärts, die im Rang unter dem → Centurio stehen. E.Bay.

Principes, das zweite Treffen der röm. → Legion in der Zeit der → Manipulartaktik, in gleicher Stärke wie die → Hastati (vgl. Polyb. 6, 21: 1200 Mann in 10 → Manipeln, 20 → Centurien), in doppelter der → Triarii. E.Bay.

Prinias (antiker Name vielleicht Rhizenia), Dorf in Mittelkreta im Gebirge südlich von Iraklion, darüber eine fast unzugängliche antike Akropolis mit zumeist senkrechten Wänden. Darauf u. a. hocharchaischer kleiner Tempel des 7. Jh.s v. Chr.: nur Hauptraum mit zwei Innensäulen, Altar und Bank für Weihgeschenke, Vorhalle, kein Kultbild, daneben kleiner Tempel mit primitiven Relieffriesen (Reihen von Reitern und Löwen) und zwei sitzenden Frauenfiguren. E.M.

Lit: L. Pernier, Templi arcaici sulla Patela di P., ASAA 1, 1914, 18–111 – E. Kirsten, RE Suppl. 7 (1940), 1138–1153, s. v. Rhizenia – L. Pernier-L. Banti, Guida degli scavi italiani in Creta, 1947, 75–80.

Prinz mit der Federkrone heißt ein bemaltes → Stuckrelief aus dem Palast von → Knossos (H. 2,20 m, Vestibül des Westflügels). Ein ausschreitender Jüngling in kret. Tracht, die Rechte geballt vor der Brust, auf dem Kopf, von einem Diadem mit stilisierten Lilien gefaßt, die ‹Federkrone›; 16./15. Jh. Vgl. → kret.-myk. Kultur G [4]. W. Schg.

Abb: H. Th. Bossert, Altkreta, 1937³, Abb. 255.

Prinzip. Aus der ursprünglich zeitlichen Bedeutung des Wortes ‹Beginn›, ‹Ursprung› entwickelte sich rasch der Sinn, ‹was das Erste, Grundlegende ist in einer Realität›, ‹was sie aufbaut› und ‹was sie erklärt›. Bis zu → Aristoteles wird ἀρχή = P. praktisch als Synonym von ‹Ursache› (→ Aitia) und ‹Element› (στοιχεῖον) verwendet. Vor ihm unterscheidet man auch nicht deutlich zwischen realen und logischen Prinzipien. Die → Vorsokratiker nennen P.ien des Seienden (1) den Urzustand des Kosmos, der am Ursprung von dessen Entwicklung steht; (2) die Elemente, den Urstoff, aus dem die Dinge entstanden sind und den sie entweder im Sinne einer konkreten Materie (Wasser, Luft, Feuer usw.) oder in einem abstrakteren Sinne (das ‹Unendliche› des → Anaximander, die Zahlen der → Pythagoreer, das Sein der → Eleaten usw.) verstehen; (3) die Mächte, die das Werden des Weltganzen beherrschen, wie ‹Liebe und Haß› bei → Empedokles, der → Nus bei → Anaxagoras. Das Forschen nach den als letzte Grundursachen der Wirklichkeit aufgefaßten P.ien spielt in der Philosophie → Platons eine große Rolle, erst recht, als er gewahr wird, daß die → Ideen, die Form-P.ien der sinnlich wahrnehmbaren Dinge, ihrerseits durch andere P.ien erklärt werden müssen. Das ist das Problem, das, von verschiedenen Gesichtspunkten aus, die 5 ‹Gattungen› des ‹Sophistes› und die 4 ‹Gattungen› des ‹Philebos› und vor allem die Theorie von den Ideen-Zahlen, die wir nur durch Aristoteles (metaph. A 9. 12. 13) kennen und die er P.ien-Lehre nannte, zu lösen versuchen (→ Metaphysik B 2, → Hen, → Aoristos Dyas). Platon unterscheidet letztlich nicht zwischen Seins-P.ien und Erkenntnis-P.ien; nicht daß er zwischen dem P. oder Ausgangspunkt eines Vernunftschlusses und der Ursache eines Dinges nicht unterschiede, aber er setzt immer mehr oder weniger, was das Seiende sein und was es erkennen läßt, in eins. Der Unterschied zwischen diesen beiden Arten von P.ien ist von → Aristoteles bemerkt worden; für ihn können die Teile der Begriffsbestimmung eines Wesens nicht mit dessen wirklichen Bestandteilen gleichgesetzt werden. Die aristotelische Philosophie kennt also zwei Ordnungen von P.ien: die logischen P.ien, Schlußprämissen, Hypothesen, Axiome und Definitionen (die ihrerseits auf einfachere logische Elemente zurückführbar sind), und die Seins-P.ien, die nichts anderes sind als die vier Ursachen (→ Aitia). Nach Aristoteles scheint sich der *Begriff* des P.s nicht weiter entwickelt zu haben. S. M.

Lit: A. Lumpe, Der Terminus ‹P.› von den Vorsokratikern bis auf Aristoteles, in: Arch. f. Begriffsgesch. 1, 1955, 104–116 – V. Guazzoni Foà, Significato e importanza di alcuni termini della cosmologia greca, Giornale di Metafisica 18, 1963, 89–101.

Priscianus, ca. 6. Jh. n. Chr., lat. Grammatiker. Geb. in Caesarea (Mauretanien), lehrte in Konstantinopel. Sein Hauptwerk, ‹De institutione grammatica›, ist die größte erhaltene Darstellung der lat. Grammatik, einschließlich der sonst übergangenen Syntax (Inst. XVII. XVIII). P. folgte in der Anlage den griech. Grammatikern → Apollonios (8) Dyskolos und → Herodian und bearbeitete sie für die lat. Grammatik. Einzelheiten und Beispiele entnahm er verschiedenen lat. Grammatikern. Im MA war P. das Standardwerk für alle über die Elementargrammatik des Donat hinausgehenden Bedürfnisse. Bekannt und erhalten sind von P. noch verschiedene kleinere grammatische und metrische Schriften, außerdem zwei Dichtungen. D. F.

Ed: GrLat II u. III – PLM V 264–312 (die Gedichte) – P. van de Woestijne, La périégèse de Priscien, 1953 – *Lit:* R. Helm, RE 22,2 (1954), 2328–46 – M. Glück, Die Partitiones des P., Diss. Tbg. 1964.

Priscianus, vgl. auch → Theodorus.

Priscillianus, Laienprediger in Spanien, stand in den Ausläufern der → manichäischen Bewegung, von der er das Fasten am Sonntag, die Ablehnung der kirchlichen Fastenzeit, einen prinzipiellen Dualismus und andere damit zusammenhängende dogmatische Anschauungen übernahm. Nach einem Verhör durch eine Bischofssynode verurteilte ihn Kaiser → Maximus 385/6 in Trier zum Tode. Seine Anhängerschaft war besonders in Nordspanien weit verbreitet, bis die 2. Synode von Braga 563 die Lehre als manichäisch verdammte (Denzinger 231 ff.). Der P.ismus läßt erkennen, wie stark die Anschauungen eines weitergebildeten Manichäismus im Westen verbreitet waren: der Modalismus der Gotteslehre, der Doketismus der Christologie, die Überzeugung von der göttlichen Substantialität der Menschenseele. Daß der manichäische Charakter des P.ismus zuweilen verkannt wird, liegt an der Unterschätzung der Anpassungsfähigkeit des gnostischen Denkens, das den Modalismus des Dogmas auch in seiner Darstellung verwirklicht. A. A.

Ed: G. Schepß, CSEL 18, 1889 – *Lit:* Altaner 336 – Zur Echtheitsfrage der Schriften: E. Dekkers, Clavis Patrum lat., Sacris Erudiri 3 (1951), 1961², Nr. 785 ff.

Priscus → Helvidius, → Iavolenus, → Neratius.

Priscus von Panion (Thrakien), griech. → Geschichtsschreiber, lebte im Gefolge hoher oström. Beamter, des Maximinos (Gesandtschaft an Attila, 449: Frg. 8) und des Euphemios. *Werke:* Meletai; Briefe; Byzant. Geschichte (8 Bücher, Fakten der Jahre 433/4–471 belegt), klassizistisch; wichtig für die Hunnengeschichte. Benutzt von → Cassiodor, → Jordanes, → Eustathios Epiphaneus, → Prokop (?), Malalas, Euagrios, Chronikon Paschale, Joannes Antiocheus, Theophanes, den Konstantin. Exzerpten, → Suidas. Fortgesetzt z. B. durch → Malchos v. Philadelphia. W. Sp.

Frg: FHG IV 69 ff.; V 24 ff. – Excerpta Constant. de legat. ed. C. de Boor, 1903, 121–155. 575–591 – *Lit:* W. Enßlin, RE 23,1 (1957), 9 – J. Kuranc, De P. quaestiones selectae, 1958.

Proairesios, aus Kappadokien; nach Suidas: ‹Armenier›; vgl. → Eunapios; christl. Sophist, etwa 276–368, Schüler → Ulpians in Antiochia und → Julians (3), dem er in Athen nachfolgte. P. hörten → Basilius, → Gregor (4) v. Nazianz, Kaiser → Julian (2), → Eunapios; sein Konkurrent war → Himerios. P. war einige Zeit am Hof des → Constans in Gallien. Kaiser Julian erwartete von P. die Geschichte seiner Taten. P. verzichtete auf sein Lehramt anläßlich des Bildungsverbots Julians (362), obwohl der Kaiser für P. eine Ausnahme machen wollte. W. Sp.

Lit: W. Enßlin, RE 23,1 (1957), 30–32.

Proba, ca. 360, Römerin, deren 694 Hexameter zur christl. Schöpfungs- und Heilsgeschichte → Vergil ausplünderten; typisch für christl. → Cento. C. A.

Ed: CSEL 16, 569–609 – *Lit:* F. Ermini, Il Cento di Proba e la poesia centonaria latina, 1909.

Problema (πρόβλημα), in der → Mathematik Bezeichnung der mathematischen Konstruktion. Über die im 4. Jh. stattfindende Diskussion über Wesen und Unterschied von Theorema und Problema vgl. den ausführlichen Bericht bei Proklos, In Eucl. 77 ff. F. K. v. F.

Probuloi hießen (1) die bevollmächtigten Vertreter der Einzelstaaten in Bundesversammlungen (→ Bünde); (2) die Mitglieder eines, im allgemeinen für oligarchische Staaten bezeichnenden, engeren Rates; (3) in Athen eine 413 v. Chr. nach der Katastrophe in Sizilien (→ Pelop. Krieg) gewählte Zehnerkommission, die Mittel und Wege zur Überwindung der Krise finden sollte. F. G.

Lit: H. Schaefer, RE 23,1 (1957), 1221–31.

Probus (M. Aurelius P.), röm. Kaiser 276–282; geb. 232 in Sirmium als Sohn eines Tribunen; gest. Sept. 282 bei Sirmium; hoher Offizier unter → Aurelian, bekämpfte in dessen Auftrag 274 die Alamannen in Gallien; 276 unter → Tacitus (1) in ähnlicher Stellung in Syrien und Ägypten tätig; nach dessen Tode von den Truppen zum Kaiser ausgerufen (April 276), aber erst nach dem Tode des Florianus (Juni 276), der ihn zu stürzen versuchte, allgemein anerkannt. P. versuchte auf dem von Aurelian gelegten Fundament weiterzubauen und bemühte sich um die innere Konsolidierung des wiedervereinigten Imperiums. Er befriedete Gallien durch Siege über die benachbarten Germanenstämme; die Rheingrenze konnte erneut befestigt werden; viele Germanen wurden angesiedelt oder ins Heer eingestellt. 278 wurden Illyricum und Rätien befriedet. P. hatte immer wieder mit Militärrevolten zu schaffen (Proculus in Lyon; Bonosus in Köln; Saturninus in Syrien), aber der durch Aurelian eingeleitete Wiederaufstieg wurde durch seine Regierung sichtlich gefördert. Seine forcierten Versuche, die militärische Disziplin zu heben, sind ihm zum Verhängnis geworden; er wurde ermordet; seine Truppen gingen zu → Carus über. H.D.M.

Lit: G. Vitucci, L'imperatore Probo, 1952.

2. **P.,** S. Petronius (um 330–ca. 390); 358 proconsul Africae: praefectus praetorio Italiae, Illyrici et Africae 367/375 und 383/384 sowie 387 u. 371 Konsul mit → Gratian, beteiligt an der Proklamation → Valentinians II., nach 380 praefectus praetorio Galliarum. In Rom galt der Christ P., dem Hause der → Anicii angehörend, als das Haupt der röm. Aristokratie. K.H.Sch.

Probus, vgl. auch → Valerius.

Procharisteria, ein landwirtschaftliches → Fest zu Ehren Athenas, am Ende des Winters begangen, an dem alle Staatsbeamten teilnahmen. Die Riten waren vielleicht geheim, wie oft bei ländlichen Kulten. F.R.W.

Lit: Nilsson, I 440f. – L. Deubner, Att. Feste, 1932, 17.

Procilius, röm. → Geschichtsschreiber (oder Antiquar?) z. Zt. → Ciceros; Identität mit dem Volkstribun von 56 nicht gesichert. R.T.

Ed: HRR I² 313f. – *Lit:* K. Ziegler, RE 23, 1 (1957), 68, Nr. 2.

Procopius, röm. Kaiser (Usurpator) 375–376, geb. in Korykos in Kilikien, hingerichtet Ende Mai (?) 376 bei Nacolea in Phrygien. P. hatte als Verwandter → Julians (2) verschiedene Ämter bekleidet und ließ sich am 28.9.375 in Konstantinopel gegen → Valens zum Augustus ausrufen. Nach Anfangserfolgen bei Nacolea geschlagen, an Valens ausgeliefert und grausam hingerichtet. H.-J.D.

Proculianer → Recht III.

Proculus, röm. Jurist, 1. H. 1. Jh. n. Chr. (zur näheren Bestimmung vgl. Kunkel, a. O. 125–129). P. genoß hohes Ansehen, war als Nachfolger des älteren Nerva Oberhaupt der von → Antistius (1) Labeo abgeleiteten Schule, deren Mitglieder nach ihm den Namen Proculianer führten. Er soll Epistulae (Dig. 18, 1, 68 f.) und Notae zu Labeo (Dig. 3, 5, 9, 1) geschrieben haben. Zur juristischen Methode des Proculus vgl. Seidl, a. O. 156 ff. H.Hb.

Lit: O. Karlowa, Röm. Rechtsgesch. I, 1885, 689–691 – W. Kunkel, Herkunft u. soz. Stellung d. röm. Juristen, 1925, 123–129 – E. Seidl, Röm. Rechtsgesch. u. röm. Zivilprozeßrecht, 1962, 156–164.

Proculus, vgl. auch → Pomponius.

Procuratores, Titel der von → Augustus für die Aufgaben der Finanzverwaltung eingesetzten Beamten. Je nach der Höhe ihres Gehaltes unterschied man in der Folgezeit procuratores sexagenarii, centenarii, ducenarii und trecenarii (mit 60000, 100000, 200000 und 300000 HS Gehalt im Jahr). Auch an der Spitze kleinerer Provinzen. R.Kn.

Lit: H.-G. Pflaum. Les procur. équestres..., 1950 – Ders., Les carrières procurat. équ., 1960 – F. Millar, The Development of Jurisdiction by Imperial Procur., Historia 14, 1965, 362–367.

Prodikos von Keos, einer der Hauptvertreter der → Sophistik, 2. H. des 5. Jh.s v. Chr., öfters erwähnt bei den Sokratikern → Aischines (1), → Platon und → Xenophon, möglicherweise Schüler des → Protagoras, angeblich Lehrer des → Euripides, → Theramenes, → Isokrates. Sicher bezeugt sind zwei *Schriften*: (1) ‹Über die Natur›, sowohl Kosmologie wie Anthropologie umfassend, (2) ‹Die Horen›, wohl ein Lesebuch ethischen Inhalts; ihm gehört die Erzählung von Herakles am Scheidewege an, die uns in Xenophons Überarbeitung (Mem. 2, 1) erhalten ist. – Für Platon am wichtigsten ist die *Synonymik* des P., ein systematischer Versuch, bedeutungsverwandte Worte voneinander abzugrenzen. Platon verstand dies als Vorarbeit zur Definitionskunst des Sokrates. Viel zitiert ist die These des P., daß die Urmenschheit die einfachen Lebensgüter, wie Korn, Wein, Wasser, Feuer als Götter verehrt habe. O.G.

Frg: VS II 308–319.

Profanum. Das *profanum* steht im Gegensatz zum *sacrum*, dem → Heiligen; doch kennzeichnet dieses Adjektiv nicht alles ‹Nicht-Heilige›: seine Funktion ist vielmehr, «besonders zu bezeichnen, was *nicht mehr* heilig ist, was weder die Vorrechte noch die Gefahren des Heiligen mehr in sich schließt, ... was entheiligt ist» (E. Benveniste). H. Le B.

Lit: E. Benveniste, *Profanus* et *profanare*, in: Hommages à G. Dumézil (Collect. Latomus 45), 1960, 46–53.

Profectio (scil. Augusti), feierliche Aufbruchsszene des Kaisers bei seiner Abreise ins Feldlager. Als Münzlegende seit Trajan (RIC II 262, Nr. 263, vom Jahre 113 n. Chr.) bis Severus Alexander (RIC IV 2, 118, Nr. 595) belegt, während P. sonst als terminus auf Inschriften und in der Literatur nicht vorkommt. Im historischen röm. Relief verschiedene Male vermutet, jedoch nicht mit Sicherheit greifbar. (→ Adventus). F.E.

Lit: P. G. Hamberg, Studies in roman imperial art, 1945, passim.

Progymnasmata (praeexercitamenta), technische Bezeichnung der propädeutischen Übungen im Unterricht der → Rhetorik (E) im höheren Schulwesen der röm. Kaiserzeit, erstmals gebraucht schon in der → Rhetorik an Alexander (1436a 25). Es handelt sich um Aufsatzübungen verschiedener Art, aufsteigend von der Fabelnacherzählung über moralische Exempel (→ Chrie) und Beschreibungen (→ Ekphrasis) bis zu Beweis oder Widerlegung eines überlieferten Sachverhalts (z. B.: ‹Hat Medea ihre Kinder wirklich töten können?›) und zur Ausarbeitung theoretischer Erörterungen bestimmter Rechtsfälle (→ Thesis). Unsere von Leichterem zu Schwererem fortschreitenden Schulaufsätze sind das letzte Glied einer mit den P. beginnenden Tradition. Die erhaltenen Lehrbücher bieten in der Regel jeweils Definitionen der einzelnen Übungen, gefolgt von praktischen Beispielen. Vgl. → Topik; → Theon, → Hermogenes, → Aphthonios, → Nikolaos (3) v. Myra, → Priscianus. H.H.

Lit: G. Reichel, Quaestiones progymnasmaticae, 1909 – W. Kroll, RE Suppl. 7 (1940), 1118f. – D. L. Clark, Rhetoric in Greco-Roman education, 1957, 177ff. – Nachleben: R. Volkmann, Die Progymnasmen u. ihre Verwendbarkeit f. d. Unterricht auf Gymnasien, 1861 – K. Kupfer, Grundbegriffe und Gesichtspunkte als Hilfsmittel f. d. deutschen Aufsatz (1932), 1952².

Prohairesios → Proairesios.

Prohairesis (προαίρεσις), von → Aristoteles (NE 3, 4) geprägter t. t. der philosophischen → Ethik für die vorbedachte Entscheidung für eine konkret zu verwirklichende, mit dem ethischen Lebensziel in Verbindung stehende Möglichkeit. Sofern P. Einsicht voraussetzt, kommt sie weder dem Tiere noch dem Kinde zu. Der Begriff wird später z. T. von der Stoa übernommen. – Vgl. auch → Ethik. O.G.

Lit: E. Kullmann, Beiträge zum aristot. Begriff der P., 1943.

Prohedrie, Vorzugssitze, die nur Priestern und Behörden zustanden, im griech. → Theater (B 1) *vor*, im röm. → Theater (B) 5 *auf* der Orchestra. K.G.K.

Proitos, Sohn des Abas, des Königs von Argos, Zwillingsbruder des Akrisios, mit dem er schon im Mutterleibe verfeindet war. Von ihm aus Argos vertrieben, ist er König in Tiryns, gewinnt jedoch mit Hilfe des lyk. Königs Jobates, seines Schwiegervaters, Argos zurück. Gatte der Anteia (bei den Tragikern Stheneboia), auf deren Intrige hin er → Bellerophontes von seinem Hofe entfernt und vernichten will. Die drei Töchter des P. verachten den → Dionysoskult, werden daher vom Wahnsinn befallen, aber (außer Iphinoe) von → Melampus gegen Belohnung (mit Teilen des Reiches) geheilt (Apollod. 2, 26–29; Hdt. 9, 34). Nach anderer Version ist es →Hera, die beleidigt wird und die Krankheit der Mädchen verursacht.

Lit: Preller-Robert III 1, 245ff. – *Darstellungen:* Die Töchter vielleicht auf Thermosmetope: J. Dörig, Lysippe und Iphianassa, AM 77, 1962, 72–91; Schefold, FS, Abb. 6, vgl. aber zu Taf. 14. K. Schb.

Prokeleu(s)matikus, «4silbiger Versfuß aus 4 Kürzen» (Heph. 11, 16 C.), von den antiken Metrikern erfunden, um einen der möglichen ‹Füße› zu bezeichnen. ‹Ermunterungsvers› wohl nach einem Zuruf wie ἄγετέ νυν. B. Sn.

Lit: U. v. Wilamowitz, Griech. Verskunst, 1921, 61f.

Proklos, zubenannt Diadochos, aus Xanthos (Lykien), ca. 411–485, Haupt der Platonischen Akademie. In der Nachfolge von →Porphyrios, →Iamblichos und seiner Lehrer →Plutarchos (2) v. Athen und →Syrianos hat er →Plotins Emanationssystem präzisiert: Das jeweils Emanierende bleibt im Oberen (letzten Endes im Ureinen), entfernt sich von ihm und wendet sich liebend (begehrend) zu ihm zurück (und auch sonst ist das triadische Prinzip von großer Bedeutung). Daher ist alles in allem enthalten, wenn auch immer auf eigentümliche Weise (οἰκείως). Die sukzessiven Emanationen bilden eine Hierarchie abnehmender Vollkommenheit. Doch hat P. (oder schon irgendein Vorgänger) Plotins Schema erheblich verändert. Dessen ‹vertikaler› Emanation fügt er eine ‹horizontale› hinzu: z. B. emaniert aus dem Ureinen vertikal die Intelligenz, horizontal aber die Einen (Henaden; von P. mit den obersten Göttern gleichgesetzt, wie denn überhaupt alle Emanationsstufen und -glieder theologisiert werden, so daß der Neuplatonismus den Polytheismus in ein zusammenhängendes System bringt); aus der Intelligenz vertikal die Seele, horizontal die Intelligenzen usw. Überdies ist jede vertikale Emanationsstufe unterteilt (z. B. die der Intelligenz in Intelligibles, Intellektuelles und zwischen beiden vermittelnd Intelligibel-Intellektuelles). Jedes Glied jeder horizontalen Emanationsreihe ist nicht nur mit dem ihm horizontal zugeordneten ersten Glied der Reihe verbunden, sondern auch mit den Gliedern der unter ihm befindlichen vertikalen Emanationsstufe bzw. Reihe; doch transzendiert das erste Glied jeder horizontalen Reihe alle Glieder seiner eigenen und der unteren Reihe. Das Ureine, unaussprechlich, nur durch Negationen erkennbar, transzendiert alles. Während also Plotins Kosmos als Kegel, ist der des P. als zackiges Gebilde darstellbar. Aber P. versucht auch, seinen Monismus mit dem Pythagoreisch-Platonisch-Speusippischen Dualismus, wie er uns hauptsächlich aus Aristoteles bekannt ist, zu verbinden: auf das Ureine ‹folgen› in irgendeinem Sinne als Urgegensätze (Urprinzipien) Bestimmtheit-an-sich und Unbestimmtheit-an-sich, aus denen alles, sogar die Henaden, bestehen sollen. Manchmal hat man den Eindruck, daß diese beiden Urgegensätze sogar ins Ureine versetzt werden oder dessen Aspekte darstellen; manchmal, daß auf jeder Emanationsstufe dessen erstes Glied den ihm horizontal nachfolgenden als Bestimmtheit-an-sich dient, während vielleicht das Unbestimmte-an-sich ihnen aus der übergeordneten Emanationsstufe zukommt. Vielleicht handelt es sich um ein den aristotelischen Angriffen auf →Speusippos gegenüber stichfest gemachtes System des letzteren, doch bleibt die Verbindung von Monismus mit Dualismus in vielem unklar. Jedenfalls überwiegt jener, sobald P. die Natur des →Bösen erörtert: dieses ist nur das minder Gute und sogar gut, indem seine Existenz zur Vollkommenheit des Ganzen, das eben abgestuft sein muß, beiträgt (vgl. →Theodizee). Erwähnt sei noch P.' Abhebung einer den übrigen Vermögen der Intelligenz übergeordneten ‹Intelligenzblüte› (die sozusagen eine Überintuition möglich macht) sowie seine Hochschätzung der sog. →Chaldäischen Orakel (2. Jh. n. Chr.), philosophische und theurgische, zum Seelenheil führende Lehren enthaltend; Vorreden zu seinem Euklid-Kommentar; endlich Hymnen an verschiedene Gottheiten. Der Einfluß von P. war sehr stark, z. T. weil der vielgelesene Pseudo→Dionysios (5) Areopagita die christl. Glaubensinhalte in Kategorien des P. darstellte. Auch eine Kompilation aus P., lange dem Aristoteles als ‹Buch der Ursachen› zugeschrieben, erfreute sich großen Ansehens. Ph. M.

Ed: Komm. z. Apotelesmatik des Ptolemaios: Basel 1559 – Über Eklipsen: nur in lat. Übers. vorh., in: J. Sacrobosco, Sphaera 1564, und hg. v. Grevenstein 1592 – Platons Theologie: E. Portus, 1618 (Nachdr. 1960; ital. Übers. v. E. Turolla, 1957) – Über die Kugel: J. Bainbridge, 1620 (dt. Übers. v. J. Gutenaecker, 1630) – Hesiodscholien: Th. Gaisford, Poetae min. Gr. II (1816), 1823² – H. Schultz, AGG, N. F. 12, 1910 – Kommentar zum 1. Buch v. Nikomachos, ‹Einl. in die Arithmetik›: R. Hoche, 1864 – Komm. z. Parmenides (Schluß nur in lat. Übers. vorh., hg. mit engl. Übers. v. R. Klibansky und L. Labowsky, 1953): G. Stallbaum, 1839, in: Parmenides-Ausgabe, und 1840, in: V. Cousin, Procli Opera inedita, III 2, 1864 (Neudruck 1961) – Komm. zum 1. Buch von Euklids ‹Elementen›: G. Friedlein, 1873 (dt. Übers. v. L. Schönberger, 1945) – Auswahl aus Chaldäischen Orakeln: A. Jahn, 1891 – Komm. zu Platons ‹Staat›: W. Kroll, 2 Bde, 1899–1901 – Über Opfer u. Magie: W. Kroll, in: Analecta graeca, 1901 (zusätzl. Frg. in: J. Bidez, Catal. des Mss. Alchim. Gr. VI, 1928) – Komm. zu Platons ‹Timaios›: E. Diehl, 3 Bde, 1903–06 (zusätzl. Frg. aus dem Arabischen: F. Pfaff, in: CMG Suppl. III, 1941) – Komm. zu Platons ‹Kratylos›: G. Pasquali, 1908 – Abriß der Gestirnkonstellationen: C. Manitius, 1909 – Elemente der Physik: A. Ritzenfeld, 1911 (mit Übers.; die mittelalterl. lat. Übers. hg. v. H. Boese, 1958) – Über die hieratische Kunst: J. Bidez, Annuaire de l'Institut de Philologie et d'Histoire Orientales 4, 1936, 85–100 – Komm. zu Platons ‹Alkibiades I.›: L. G. Westerink, 1954 – Hymnen: E. Vogt, 1957 – Enneadenkomm.: Exzerpte erhalten bei Psellos, hg. v. L. G. Westerink, ByzZ 52, 1959, 1–10 – Vom Übel; Von der Providenz; Von der Freiheit: H. Boese, 1960 (engl. Übers. der zwei erstgenannten v. Th. Taylor, Two Treatises of P., 1833) – Elemente der Theologie: E. R. Dodds (1933), 1962² (mit engl. Übers.; dt. Übers, in: J. G. V. Engelhardt, Die angeblichen Schriften des Areopagiten Dionysius..., 2 Bde, 1823) – *Lit:* R. Beutler, RE 23, 1 (1957), 186–247 – Zeller-Martano, III 6, 118–196, 1961 – R. Beierwaltes, ‹Philosophische Marginalien zu P.-Texten›, PhR 10, 1961, 49–90 – Weiteres bei W. Totok, Hb. der Gesch. der Philosophie I, 1964.

2. **P.,** Grammatiker, 2. Jh. (?) n. Chr., Verf. einer →Chrestomathie.

Prokne *und Philomele,* Töchter →Pandions, der Pr. seinem Bundesgenossen gegen Labdakos, dem Aressohn →Tereus, König von Thrakien, vermählt. Dieser verliebt sich aber in Ph., raubt, verführt und verbirgt sie, nachdem er ihr die Zunge herausgeschnitten hat, damit sie ihrer Schwester nichts verrate. Ph. webt ihre Leiden aber in einen Stoff, den sie Pr. zuleitet. Aus Rache setzt Pr. ihren Sohn von Tereus, Itys, dem Vater gekocht vor. Pr. flieht mit der Schwester, wird von Tereus eingeholt, und alle drei werden in Vögel verwandelt, Tereus in einen Wiedehopf, Pr. in eine Nachtigall, ἀηδών, Ph. in eine Schwalbe, χελίδων (bei den röm. Dichtern meist umgekehrt). Verbreitetes Märchen, vgl. →Aëdon und Chelidon und →Itylos.

Q: Soph. ‹Tereus› (verloren); Apollod. 3, 193–195 – Paus. 1, 41, 8 u. ö. – *Lit:* Preller-Robert III 1, 154ff. – J. Cazzaniga, La saga di Itys nella trad. letteraria e mitografica, 1950 – *Darstellungen:* Thermos, um 620 entstanden (Schefold, FS, Taf. 20), Aëdon und Itys auf einer att. Schale (Beazley, ARV¹ 300, 1); Pr. und Itys auf einer Makronschale (Beazley, ebd., 310, 147). Vgl. den etrusk. Spiegel NSc 1914, 139f. und die Oinochoe Beazley, ebd., 725, 17. Berühmteste Wiedergabe der Sage die Pr. des →Alkamenes (Lippold, GrPl 185). – *Lit. dazu:* A. Minto, Rend. Acc. Linc. 23, 1914, 89–111 – K. Schefold, RM 46, 1931, 119–129 (Silberschale). K. Schb.

Prokonsul, übte konsularische Gewalt aus, ohne →Konsul zu sein. P. wurde man z. B. durch →prorogatio des Konsulates oder durch Volksbeschluß (z. B. Liv. 22, 30, 19). Im Prinzipat ist P. Titel für Statthalter von Senatsprovinzen; der Princeps besaß prokonsularisches imperium. A. L.

Lit: W. F. Jashemski, Origins and history of the proconsular and propraetorian imperium to 27 B. C., 1950 – →Magistrate, →Provinz.

Prokop von Caesarea, griech. →Geschichtsschreiber (C 2), etwa 490/507 geb., wohl aus Standeskreisen, empfing gründliche Ausbildung in einer Rhetorenschule (Gaza?). Begleitete 527–540 →Belisar auf dessen Feldzügen als Vertrauter, enger Mitarbeiter (σύμβουλος, consiliarius; πάρεδρος, assessor); ob er auch am 2. Perserzug (541) teilgenommen hat, ist unsicher. 542, zur Zeit der Pest, in Byzanz; danach nichts Sicheres mehr bekannt. Seine Würden: Illustrios, Patrikios, Praefectus urbi i.J. 562 (?). Konservativ, senatorisch eingestellt. – *Werke:* 1. *Über die Kriege Justinians* (8 Bücher): Buch 1–2: Perserkriege, ab Anastasios' Krieg (502–506; Amida u.a.) mit Rückgriff auf Arkadios' Tod (408), ausführlich ab 530 bis 549; Buch 3–4: ‹Vandalenkrieg› (Afrikakriege bis 548; Rückgriff auf 395; Urgeschichte der Goten und Vandalen); Buch 5–8: ‹Gotenkrieg› (vom Ostgotenkrieg mit ‹Vorgeschichte›, von 476 an bis zu Tejas Tod, 553). Die Darstellung ist durch selbständiges Urteil geformt. Im Vordergrund steht Belisar. Bisweilen geograph. und ethnograph. Exkurse; das Interesse an Mythologie und Sprachlichem tritt oft hervor. Der Stil ist klassizistisch (Vorbilder Thukydides, Herodot u.a.). Es geht P. bes. um selbsterlebte Zeitgeschichte; er ist weniger verläßlich für die ältere Zeit (Quellen dafür: →Priscus oder Exzerptoren?) und bringt selten genauere Zeitbestimmungen. Sein Fortsetzer ist →Agathias. – 2. *Anekdota* (Geheimgeschichte, historia arcana), biographisch orientiert: ein Pamphlet gegen →Justinians sozialrevolutionären Cäsaropapismus, gegen →Theodora, Antonina; Kritik an Belisar; mit Details aus der inneren Staatsordnung, Wirtschaft und Sitten; auch chronique scandaleuse mit pikant Erotischem. Die Schrift wurde sicher nicht unter Justinian veröffentlicht – 3. 6 Bücher *Περὶ κτισμάτων* (aedificia): Panegyrikos über Justinians Bautätigkeit; wichtig für Topographie, Kunst- und innere Geschichte →Konstantinopels. – P. zeigt bewußten Stilwillen. Für die Späteren war P. Vorbild (Agathias, Menandros Protiktor, Ioannes Kinnamos usw.) und Quelle (→Euagrios, Theophanes, Konstantin. Exzerpte, →Suidas usw.). W.Sp.

Ed: J.Haury, 2 Bde, BT, 1905/6. 1913 (Indices; für den Stil s. auch die Tabellen bei F.Dahn, P., 1865) – Dass., bearb. v. G.Wirth, 2 Bde, 1962/63 (Lit) – H.B.Dewing, LCL, 1914–40 (letzter Bd. mit G.Downey) – Aedificia: Ed.princ.: B.Rhenanus, 1531 – Anekdota: Ed.princ.: N.Alemannus, 1623 (Noten) – D.Comparetti-D.Bassi, 1928 (Noten) – O.Veh, 1961 (Lit., dt. Übers., Noten) – Bella: lat. Teilübers. ab 1441 (L.Aretino, C.Persona, R.Volaterrano); Ed.princ.: D.Hoeschel, 1607 – *Lit:* Krumbacher, 230–237 – B.Rubin, RE 23,1 (1957), 273–599 – Ders., P.v.Kaisareia, eine Zentralgestalt der oström. Geschichtsschreibung, FuF 29, 1955, 20–25 – Ders., Das Zeitalter Justinians I 1960, 173–226 – G.Moravcsik, Byzantino-Turcica 1 (1942), 1958², 489–500 (Lit).

2. **P. von Gaza,** 5./6.Jh. etwa bis 530–540, 62/63jährig gest., bedeutendster Vertreter der Schule von Gaza (→Redner I D 1); studierte wohl in Alexandria. P. verfaßte Kommentare zum AT (Katenen; mit vielen Zitaten früherer Autoren, z.B. mit einem vollständigen Text des →Aristeasbriefs); eine Antirrhesis gegen →Proklos (von Nikolaos v. Methone benutzt); Reden (Panegyrikos auf →Anastasios I., Monodie auf Antiochia, Hochzeits- und Trauerreden u.a.; die Monodie auf die Sophienkirche gehört wohl →Psellos); 163 Briefe; Homermetaphrasen usw. Eine anonyme Sammlung (Ps.Choriciana) von →Ekphraseis (Uhr, Gemälde), Dialexeis, Ethopoiien gehört wohl ganz P. Die Schüler P.' sind: →Chorikios; Bischof Markianos v. Gaza; Dionysios v. Antiochia (? von ihm 85 Briefe erhalten). W.Sp.

Ed. (noch nicht alles ediert): PG 87 – Epist., decl. (Ps.Choric.): A. Garzya-R.J.Loenertz, 1963 – Paneg. in Anast.: de Villoison, 1781 (ed.princ.) – K.Kempen, 1918 (Noten) – Ps.Choriciana: J.F.Boissonade, in der Chorikiosausg., 1846, 129–178 – Ekphrasis der Uhr: N. Diels, 1917 – Gemäldezyklus: P.Friedländer, 1939 (Noten) – Epist: M.Musurus, 1499 (ed.princ.) – Epist. Gr. 533–598 – *Lit:* Krumbacher 125–127 – Christ-Schmid, II 1029–31 – K. Kumaniecki, Eine unbekannte Monodie auf den Einsturz der Hagia Sophia, ByzZ 30, 1929/30, 35–43 – E.Richtsteig, Bursian 238, 1933, 101 (Forschungsber.) – J.Darrouzès, Un recueil épistolaire byzantin, REByz 14, 1956, 87–121 – W.Aly, RE 23, 1 (1957), 259–272 – R.Henry zu Phot.cod. 206/207 (Lit) – Altaner 479f. (Lit) – Sprache: L.Galante, Studi sull'atticismo, 1904, 53–124.

Prolepsis (*πρόληψις, anticipatio* u.ä.: Quint. inst. 4,1,49; 9,2,16f.); (1) rhetor. →Sinnfigur; ‹Vorwegnahme› der gegnerischen Argumentation in der Gerichtsrede; (2) im modernen Sprachgebrauch die rhetor. →Wortfigur, die ein erst im Prädikat oder Adverbiale des Satzes enthaltenes Ergebnis bereits im Objekt vorwegnimmt. *Bsp.: regem eligere* ‹einen König wählen› (statt ‹jemanden zum K. wählen›). →Emphase. H.H.

Lit: Zu (1): Volkmann, 139. 279. 494f. – Lausberg, I 424f. – Zu (2): Lausberg, Elemente², 103.

Proletarii, die Schicht röm. Bürger, deren Vermögen unterhalb der Grenze lag, die zur Abstimmung in einer der Klassen der Centurienversammlung berechtigte (intra classem). Ihr einziger nennenswerter Besitz war ihre Nachkommenschaft (proles). D.R.

Prolog, der erste Abschnitt im Drama, noch vor der →Parodos (Aristot. poet. 12. 1452 b 19f.); dient der Exposition des Stückes. Ursprünglich wahrscheinlich nur ein undramatischer Schauspielermonolog zur Mitteilung des nötigen Vorwissens (Vorgeschichte des Mythos, Ort und Zeitpunkt des Geschehens, bisweilen sogar das Ziel der Handlung). Vielleicht von →Thespis eingeführt, ist er von →Aischylos und bes. →Sophokles zum Dialog zweier Spieler umgestaltet und in die Handlung miteinbezogen worden. Damit gaben sie die Exposition im dramatischen Gegeneinander einzelner Personen, also gleichsam versteckt. →Euripides griff auf die archaische Form des monologischen, lediglich orientierenden P.es zurück: die Aufmerksamkeit des Zuschauers sollte nicht dem ‹Was›, sondern dem ‹Wie› der Darstellung gelten. E.-R.Sch.

Lit: W.Nestle, Die Struktur des Eingangs in der att. Trag., Tüb. Beitr. z. Altert.wiss., H. 10, 1930 – I.Gollwitzer, Die P.- und Expositionstechnik der griech. Trag. mit bes. Berücks. des Eur., Diss. München 1937 – M.Imhof, Bemerkungen zu den P.en der soph. und eur. Tragödien (Diss. Bern 1953), 1957 – F.Stoessl, RE 23,1 (1957), 632–641; 23,2 (1959), 2312–40.

Promantie, Recht des Vortritts bei der Orakelbefragung, bes. in →Delphi (wo sonst wohl das Los entscheidet, vgl. Aischyl. Eum. 32), an Völker oder Städte verliehen (Hdt. 1,54,2; Plut. Per. 21,3; SIG 292ff., mit Einschränkung: 176), auch an Einzelne (SIG 155a, OGIS 66), für das →Didymeion: OGIS 213, in Korope: SIG 1157,36ff. C.J.C.

Lit: J. Pouilloux, Promanties collectives et protocole delphique, BCH 76, 1952, 484–513.

Prometheus (der ‹Voraussinnende›), Sohn des →Titanen Japetos. Nach einigen Autoren erschafft er die Menschen aus Lehm, dem Athene das Leben einhaucht; jedenfalls ist er ihr ständiger Förderer, Lehrer in Künsten und Wissenschaften und Vorkämpfer: er sucht Zeus in Mekone um die guten Teile des Opfertiers zu betrügen, da er sie den Menschen zukommen lassen will (Erklärung des wirklichen Opferbrauchs). Zeus enthält den Menschen das Feuer vor, doch P. stiehlt es aus dem Himmel bzw. vom Wagen des Helios oder aus der Schmiede des →Hephaistos und bringt es in einem Narthexstengel. P. lehrt die Menschen viele Künste. Aus Rache läßt Zeus das erste Weib, →Pandora, schaffen, die der Bruder des P., Epimetheus, gegen dessen Rat aufnimmt und die alle möglichen Übel unter den Menschen stiftet. Schließlich wird P. von Hephaistos, Kratos und Bia im Gebirge (meist Kaukasos) angeschmiedet, ein Adler frißt täglich seine nachts nachwachsende Leber. Von →Herakles oder von →Zeus selbst oder von Herakles im Auftrage des Zeus befreit, nachdem er endlich das Geheimnis um eine von Zeus zu meidende Ehe (mit Thetis) preisgegeben hat. – Nach anderer Sage war P. als Vater →Deukalions Stammvater der Menschen. – In Athen als Schutzgott des Handwerks eng mit Athene und Hephaistos verbunden. Kulte auch sonst (Panopeus, Theben). In Athen erhielt er Fackelläufe.

Lit: W.Kraus, RE 23,1 (1957), 653–702 – K.Kerenyi, P., 1946 – Ders., Niobe, 1949, passim – *Darstellungen:* Mehrere Statuen und Gemälde in der Literatur erwähnt. Der feuerbringende P. mehrfach auf Vasen, vorwiegend auf att.-rotfigurigen (J.D.Beazley, AJA 43, 1939, 619–639; 44, 1940, 212f., K.Schauenburg, Gymn. 67, 1960, 268). Auch auf Lampen. Als Menschenbildner häufig auf Gemmen und Sarkophagen (Robert, SR III 3,351–357). Adler und gefesselter P. schon auf einer Gemme und einem Elfenbeinrelief des 7.Jh.s (A. Furtwängler, Gemmen, Taf. 5,37; P.Dawkins, Artemis Orthia, 1929, Taf. 100,1). Der gefesselte P. weiter auf Vasen (P.Albizzati,

Vasi Vat., o.J., Taf. 17,220; J. Benson, Die Gesch. der korinth. Vasen, 1953, Taf. 3b) und Schildbändern (Kunze 91–93; Schefold, FS, Taf. 41a.) Die Befreiung des P. durch → Herakles auf mehreren frühatt. bzw. frühschwarzfigurigen Vasen (Schefold, FS, Taf. 57b). Auch etrusk. Spiegel, hellenist.-röm. Gemmen und Reliefs zeigen den gefesselten P., wobei manchmal Herakles anwesend ist. – *Lit. dazu:* L. Eckhart, RE 23,1 (1957), 703–730. K. Schb.

Promotus → Aelius.

Pronomoskrater, att. → rotfiguriger → Volutenkrater, entstanden im frühen 4. Jh. v. Chr. (Neapel, Mus. Naz. H 3240, aus Ruvo, H. 75 cm). – Der Aulet Pronomos (394 in Aristoph. ekkl. erwähnt) sitzt in der Mitte des Hauptbildes, umgeben von Dichter, Leierspieler und Choreuten mit Satyrmaske und Fellschurz. Darüber Dionysos und Ariadne in der Mitte, zu deren Seiten Herakles, Hesione und Laomedon, mit Masken die Tragödie verkörpernd; vor Herakles Papposilen mit Maske als zwölfter Choreut. Das Bild verwebt reale und mythisch-sinnbildliche Sphären: den historisch faßbaren Pronomos, die teilweise maskierten Choreuten des Satyrspiels, nicht als Schauspieler gemeinte Gestalten der tragischen Heldensage, schließlich den Gott des Theaters. I. Sch.

Lit: Furtwängler-Reichhold, Taf. 143–145 – W. Hahland, Vasen um Meidias, 1930, 6 – F. Brommer, Zur Deutung, AA 1964, 109–114.

Pronuntiatio (actio, ὑπόκρισις), der rednerische Vortrag, ein Teil der rhetorischen Ausbildung, dem in der Antike, vornehmlich zur Erregung der Affekte, stärkeres Gewicht beigelegt wurde als heute. Die P. erscheint so auch im System der officia oratoris (→ Rhetorik, Abb. 187, 4e). Ihre Theorie wurde vornehmlich von → Theophrast und → Hermagoras gefördert (Zweiteilung in Ausbildung der Stimme, vocis figura, und Bewegung des Körpers, corporis motus, hier wieder Unterscheidung von Mienenspiel, vultus, und Gebärde, gestus). Als einer ihrer eindrucksvollsten Praktiker wird → Hortensius genannt. → Rhetorik B. C. → Plotius Gallus. H. H.

Q: Rhet. Her. 3, 19–27; Quint. inst. 11, 3 – *Lit:* Volkmann, 573–580 – W. Kroll, RE Suppl. 7 (1940), 1075f., s. v. Rhetorik – D. Matthes, Lustrum 3, 1959, 213f. – C. Sittl, Die Gebärden der Griechen u. Römer, 1890 – A. Krumbacher, Die Stimmbildung der Redner im Altertum ..., 1920.

Proömium. Es gibt in der antiken Literatur zwei verschiedene Begriffe von P.: 1. das P. in der frühgriech. Dichtung, als «Teil vor dem Gesang (οἴμη)» gedeutet (z. B. bei Hesych. s. v. und Eust. 1586,45), 2. daraus entwickelt bzw. von οἶμος, ‹Weg›, abgeleitet, den rhetorischen Begriff des (wegbereitenden) P., wie er bei → Aristoteles (rhet. 3, 1414a 1 ff.) und ähnlich → Quintilian (4, 1, 1) theoretisch definiert wird, praktisch aber schon seit der Sophistik in Geltung war.

[1] *In griech. Literatur:* Das frühgriech. dichterische P. repräsentieren für uns u. a. die → ‹Homerischen Hymnen› aus homerischer und jüngerer Zeit, hexametrische Hymnen (‹Nomoi›) auf Götter, die, vielfach formelhaft, Abstammung, Geburt, Epiphanie und Taten des Gottes rühmen und in seiner Anrufung enden, zur Kithara gesungen und dem Vortrag epischer Dichtung vorangeschickt. Proömien als kitharodische Nomoi verfaßten noch → Terpander und → Arion. In knappster Form kennen Proömien mit Musenanruf und Themenangabe Ilias und Odyssee. In individueller Abwandlung finden wir diesen Typ des P.s, schon stärker mit dem Hauptteil verbunden, im Eingang der beiden Epen → Hesiods und noch in → Parmenides' Lehrgedicht. In Prosawerken des 6./5. Jh.s, bes. bei → Herodot und → Thukydides, enthält das P. die Selbstvorstellung des Autors, die Werkbezeichnung, Wahrheitsanspruch bzw. Versicherung der Glaubwürdigkeit und Angabe der Leitziele und Methoden. Die Brücke zwischen dichterischem und prosaischem P. schlagen die Ausführungen → Platons (leg. 4, 722a ff.) über seine eigenen ‹Gesetzesproömien›. Aristoteles (ähnlich → Hermogenes (2) und → Apsines zu Beginn ihrer Abrisse der Rhetorik) definiert nach dem Vorgang des → Isokrates das rednerische P. als «Anfang der Rede und Wegbereitung für das Folgende» und weist ihm die Aufgabe zu, das Wohlwollen des Hörers, seine Aufmerksamkeit und seine Aufnahmefähigkeit zu wecken (vgl. Quint. 4, 1, 5: *auditorem benevolum, attentum, docilem facere*). Schon in sophistischer Zeit kam die Sitte auf, Sammlungen von Standardproömien anzulegen. Erhalten ist uns eine solche Sammlung aus späterer Zeit unter dem Namen des → Demosthenes (1); sie enthält unter ihren 56 Proömien auch die zu 5 echten demosthenischen Reden und wird heute zum überwiegenden Teil für original demosthenisch gehalten. Nachklassische griech. Geschichtsschreiber von → Ephoros bis zu → Plutarch halten sich meist an die später von → Lukian (hist. conscr. 53) formulierten Forderungen: Verzicht auf captatio benevolentiae, Erregung der Aufmerksamkeit, Begründung der Themenwahl.

[2] *In der röm. Literatur* verleiht → Cicero durch Geleitwort, Nachruf, Selbstrechtfertigung, Bestimmung seines eigenen literarischen und philosophischen Standpunkts sowie Äußerungen über die allgemeine politische Lage seinen P.en eine persönliche Färbung; teils sind sie auf das folgende Werk hinkomponiert, wie z. B. das P. zu Buch 1 von ‹De oratore›, teils vom Hauptteil unabhängig, vielleicht Ciceros eigener Proömiensammlung (nach dem Muster der demosthenischen?) entnommen (vgl. ad Att. 16, 6, 4). → Sallust verwendet das P. in seinen historischen Monographien dazu, programmatisch für das Gesamtwerk seine von röm. Grundwerten geprägte ethische Wertordnung zu entwickeln. In → Livius' Praefatio tritt zu den bekannten Topoi historischer Proömien das Bewußtsein innerer Befriedigung durch die Beschäftigung mit der großen Vergangenheit und zugleich, in späteren Zwischenproömien unter der Wirkung der augusteischen Neuordnung gemildert, das Bekenntnis des Schmerzes über den Niedergang der eigenen Zeit. Von ähnlichen Motiven zeigen sich die Proömien taciteischer Werke, nur in zunehmendem Pessimismus, beherrscht. – Frühestes P. röm. Dichtung ist der Eingang von → Ennius' Annalen mit dem der Einleitung von → Kallimachos' ‹Aitia› nachgebildetem Traum von der Dichterweihe auf dem Helikon. Die Proömien zu den einzelnen Büchern von → Lukrez' Lehrgedicht ‹De rerum natura›, die neben denen des Sallust die neuere Forschung am stärksten beschäftigt haben, weisen alle konstituierenden Elemente eines P.s auf: Anruf der Gottheit, Widmung, Lobpreis des Meisters, Inhaltsangabe, Hinweis auf die Schwierigkeit der Aufgabe u. ä. Unter den vier Buchproömien der Georgica → Vergils ragen das erste durch kunstvolle Spiegelung des Kommenden und das dritte durch symbolisch vertiefte Darstellung des eigenen Dichterberufes hervor. Ihnen steht unter den Proömien → Ovids das ‹Germanicus-P.› der Fasten am nächsten. Für die Proömien des kaiserzeitlichen → Epos wurde die röm. Umprägung des homerischen Vorbilds am Anfang und in der Mitte der vergilischen Aeneis (1, 1–33; 7, 37–45) maßgebend; in die Proömien des → Lukan, → Seneca (2) und → Statius (2) wirkten Elemente des Kaiserkultes hinein. J. K.

Lit: R. Böhme, Das Prooimion, 1937 – H. Koller, Das kitharodische Prooimion, Philol. 100, 1956, 159–206 – A. Rupprecht, Die demosthenische Proömiensammlung, Philol. 82, 1927, 365–432 – H. Lausberg, Handbuch der lit. Rhetorik, 1960, 151 ff. – H. Hunger, Prooimion, 1964.

Propaganda im Dienste eines Herrschers, einer Staatsform, eines Kandidaten vor Wahlen oder einer Partei gehört zum politischen Leben seit eh und je. Fast jedes Mittel war dazu recht. Rom versprach den griech. Städten die Freiheit nicht viel anders als vorher die → Diadochen, → Alexander (5) d. Gr. oder gar die Perserkönige. → Sgraffiti an den Wänden von Pompeji rühmen die Vorzüge der Kandidaten vor den Wahlen in die Stadtverwaltung, und die von → Caesar gegründeten → acta diurna standen bald im Dienste der kaiserlichen P. Noch mehr die Münzprägung: Oft mehrmals jährlich erschienen in Rom neue Münzen, mit neuen Bildern und Legenden, die das Regierungsprogramm des Kaisers propagandistisch im Reich verbreiten halfen.

Bereits die → Inschriften der Pharaonen oder assyrischer Herrscher dienen mehr oder weniger der P.; sie finden darin unter den → Achämeniden, den hellenist. Königen und den röm. Kaisern zahlreiche Nachfolger. Viele hellenistische und röm. → Inschriften, → Caesars ‹Commentarii›, manche Schrift → Ciceros – um nur einiges herauszugreifen – gehören in das Gebiet der P. Th.P.

Propemptikon, Geleitgedicht für einen Scheidenden mit guten Wünschen für Fahrt, Ankunft und Rückkehr. Geleitworte finden sich bereits in Epos, Lyrik, Drama und Epigramm, selbständige Geleitgedichte erst im Hellenismus: → Theokrit 7, 52–70; fragmentarisch → Erinna 2 D. → Kallimachos Frg. 400 Pf.; bezeugt für → Parthenios. Die gesamte Topik bietet als Musterdisposition der Rhetor → Menander (RhGr III 395ff.). In lateinischer Literatur Reste bei → Lucilius (Frg. 99 ff.), → Helvius (2) Cinna (für → Asinius (2) Pollio, 56 v. Chr.; FPL 87f.) und Anklänge bei den → Elegikern. Horaz epod. 10 ist eine kühne Umkehrung, carm. 1, 3 (für Vergil) eine freie Umwandlung des Typs. Ovid am. 2, 11 und bes. Statius Silvae 3, 2 stehen der rhetorischen Topik nahe. Ein christliches P. bei → Paulinus (1) v. Nola: carm. 17 (398 n. Chr.), ebenso eines der ersten christlichen Reisegebete (carm. 12). E.Bk.

Lit: F. Jäger, Das antike P., 1913.

[2] Der *Propemptikos logos* (bzw. *προπεμπτικὴ λαλιά*), die zum Geleit eines Freundes bestimmte Rede, wurde erst spät der dichterischen Gattung nachgebildet und in rhetorische Regeln gefaßt. H.H.

Q: Menander rhetor.: RhGr III 395–399.

Properz (Sextus Propertius), neben → Tibull und → Ovid bedeutendster Vertreter der augusteischen → Elegie. Geb. ca. 50 v. Chr. in Assisi wohl als Sohn eines röm. Ritters; als Kind erlebt er den Tod des Vaters, die Enteignung des väterlichen Gutes (41/40) zugunsten der Veteranen Octavians (→ Augustus) und den Kampf um Perusia zwischen Octavian und L. → Antonius (3). Früh kommt P. nach Rom, wo er fortan lebt. In der Erkenntnis, weder zum Politiker noch zum Offizier bestimmt zu sein, widmet er sich im Austausch mit anderen Dichtern wie Ovid ganz der Dichtung. → Vergil preist er, → Horaz erwähnt er nicht. Nach ersten Erfolgen findet P. in → Maecenas einen Förderer, aber auch einen unbequemen Mahner, das literarische Programm des → Augustus zu berücksichtigen. Grundlegend für P. als Menschen und Dichter ist seine Liebe zu Hostia, die er nach dem auf dem Kynthos geborenen Apoll Cynthia nennt. Nach den Angaben der Elegien war sie eine hochgebildete, kunstverständige und kunstbegabte Kurtisane von bezwingender Schönheit, freilich auch jähzornig, habgierig und unbeständig. Das Todesdatum von P. ist unbekannt. Die letzten Anspielungen reichen bis 16 v. Chr.

[2] Das *Werk* umfaßt 4 Elegienbücher, die zwischen 29/28 und 16 erschienen sind. Innerhalb der Bücher sind die Elegien nach dem Gesichtspunkt von abwechselnder Reihung und Sperrung ähnlicher Themen angeordnet; Eingang und Schluß sind hervorgehoben. Buch 1 stellt das bittere Liebesschicksal des Dichters vor Augen: Von Amor bezwungen, ist er Cynthia in seltenem Glück wie alltäglicher Qual verfallen. Seine Liebe soll über den Tod hinaus dauern, auch wenn ihre Treulosigkeit ihn zu zerstören droht. Doch das Leid der Liebe begründet seinen Ruhm als Liebesdichter, der andere trösten und belehren kann, wenn sie an der Gewalt Amors die Lebensferne epischen Dichtens erfahren. Neben der Darstellung eigenen Erlebens tritt die unpersönliche Erzählung erotischer Mythen nach Art der → hellenist. Dichtung und die aus Motiven der Grabepigrammatik entfaltete Schilderung von Zeitereignissen zurück. – Buch 2 führt die erotische Thematik mit neuen Akzenten fort. Mit dem beseligenden Glück der Liebesnacht kontrastiert die Todessehnsucht. Zunehmende Enttäuschung lehrt die eigene Liebe unter dem Zeichen allgemeinen Sittenverfalls sehen und läßt das Verlangen aufkommen, sich bei anderen Mädchen schadlos zu halten. Daneben muß sich P. mit den Forderungen des Maecenas auseinandersetzen. Unter Hinweis auf → Kallimachos (3), die röm. → Neoteriker und C. → Gallus (3) weist P. den epischen Preis der Taten des Augustus entweder ganz ab oder verschiebt ihn auf das Alter. Nur in dem Gedicht auf den Tempel des Palatinischen Apoll nähert er sich der offiziellen Linie. – Diese Tendenzen verstärken sich im 3. Buch. Wohl betont P. noch, in der Nachfolge von Kallimachos und → Philitas zum Sänger der Friedenswelt Amors berufen zu sein, aber häufig treten an die Stelle intensiver Liebeslyrik Erörterungen im Stil der → Diatribe über die Psychologie des Liebeswerbens und die Genußsucht der Frauen sowie bes. zeitgemäße Themen wie die Schlacht von Actium, der Tod des → Marcellus (1) und der Preis Italiens. Der Tendenz des Buches entsprechen die hymnische Bitte an → Bacchus, ihn von der Liebe zu erlösen, und der Abschied von der zu Unrecht gepriesenen Geliebten. – In Buch 4 wendet sich P. entschieden nationalen Stoffen zu. Als ‹röm. Kallimachos› besingt er Ursprünge röm. Kulte und den Ruhm Roms unter Augustus. Noch einmal erscheint Cynthia, im Tode zu makelloser Treue verklärt. In der Schlußelegie zeichnet P. in der Gestalt Cornelias das Bild der vornehmen, selbstlosen und national denkenden Römerin.

[3] Zur *Würdigung* von P. sind die Verwendung des mythologischen Elements, die Darstellungsart und der Stil zu beachten. Das eigene Liebeserleben ist bei P. meist in mythologische Bezüge gestellt, und zwar so, daß die menschlichen Liebenden hinter die vorbildhaften Gestalten des Mythos zurückfallen, ihnen gleichkommen oder sie übertreffen. Cynthia wird als die P. inspirierende → Muse ganz zur Figur des Mythos. Was die Dichtung des P. durch die Mythologie an Erlebnisnähe einbüßt, gewinnt sie an Universalität des Hintergrundes. Der Mythos ist also bei P. nicht traditionsgebundener Ballast, sondern tragendes Element seiner dichterischen Aussage. Für die Darstellungsart ist bezeichnend, daß die äußere Situation stets der Entwicklung des Gefühls zu dienen hat. Als Stilist versteht P. mehrere Vorstellungen auf dem engen Raum eines Verses kühn, aber wirksam zu konzentrieren. Auch weiß er durch die geschickte Verwendung poetischer wie umgangssprachlicher Wendungen eine reiche Skala von Sprachtönungen zu gewinnen. In der *Neuzeit* wirkten die Elegien des P. bes. auf Goethe, der von ihnen bekennt: «Sie haben eine Erschütterung in meiner Natur hervorgebracht» (an C. v. Knebel 28. 11. 1798). G.Lbg.

Ed: Ed. princeps 1472 – M. Schuster (1954), 1958² (Lit) – *Übers:* W. Willige, 1960 – *Lit:* P. erkl. v. M. Rothstein 2 Bde (1898) I 1920², II 1924² – E. Reitzenstein, Wirklichkeitsbild und Gefühlsentwickl. bei P., Philol. Suppl. 29, H. 2, 1936 – L. Alfonsi, L'Elegia di P., 1945 – R. Helm, RE 23, 1 (1957), 758–796 – H. Tränkle, Die Sprachkunst des P. und d. Tradition d. lat. Dichtersprache, Hermes Einzelschr. H. 15, 1960.

Prophet (*προφήτης*, fem. *προφῆτις*), ‹Sprecher›, der etwas öffentlich verkündet, vermittelnd (z. B. zwischen Göttern und Menschen) und deutend (Pind. Fr. 150 Sn.; Plat. Tim. 72 A/B), z. B. Seher (→ Teiresias: Pind. Nem. 1, 6ff.; → Amphiaraos: Aischyl. Sept. 609ff.; → Bakis: Aristoph. av. 970ff.), bes. an den Orakelstätten das Medium (auch *Promantis*), so am Ptoion (Hdt. 8, 135, vom Priester verschieden: SIG 635), in → Delphi (Pythia: Eur. Ion. 42; 91ff.; Plat. Phaidr. 244), → Argos (Paus. 2, 24, 1), → Klaros (OGIS 530, vgl. Iambl. myst. 3, 11) u. ö. (unsicher Korope: SIG 1157), oder wer ein Orakel nur formuliert bzw. versifiziert und verkündet (Schol. Hom. Il. 16, 235): so in Dodona (Hom. Il. 16, 234ff.: Hypophetes), beim → Ammoneion (Ps. Plat. Alk II 149 A/B), in Delphi (Hdt. 8, 36f.) neben der Pythia, ähnlich beim Dionysosorakel in Thrakien (Hdt. 7, 111, 2); auch → Didyma kennt neben den Prophetinnen (Lukian. Bis acc. 1) einen P. aus vornehmer milesischer Familie (der Titel P. wird sogar Kaisern zuerkannt: Hadrian: Inschr. Didyma 494, Julian: Ep. 88), eponym, mit eigenem

Chresmographion (Orakelschreibstube: Th. Wiegand, Didyma II, 1958, 155ff., 299), zugleich Opferpriester. Auch Dichter und Philosophen sehen sich als P.; später bezeichnet P. auch leitende Priester in Ägypten und die Propheten des AT (LXX). C.J.C.

Lit: E. Fascher, *ΠΡΟΦΗΤΗΣ*, 1927.

Propontis (Kt. 1152 H 2; heute Marmarameer), das Binnenmeer zwischen Bosporus und Hellespont, 8300 km² groß, 280 km lang, bis 80 km breit und von 1355 m maximaler Tiefe. Es handelt sich um ein quartäres Einbruchsbecken. Der Name P. bezeichnet es ‹Vormeer› zum → Pontos Euxeinos. Das Ostende der P. bildet der langgezogene Golf von Nikomedia. R.F.

Proportionenlehre. Die griech. Definition der Zahl (→ Zahlbegriff) erfaßt nur die positiven ganzen Zahlen. Brüche und irrationale ‹Zahlen› werden in der Theorie als Verhältnisse von Zahlen oder Größen (→ Logos, 2) behandelt. Das Rechnen mit Zahlenverhältnissen lehrt Euklid in Buch 7, das mit Größenverhältnissen in Buch 5. Das erste geht auf die → Pythagoreer, das letztere auf → Eudoxos (1) v. Knidos zurück. Zunächst wird die Gleichheit von Verhältnissen definiert: Man sagt, daß Größen in demselben Verhältnis stehen (*ἀνάλογοι* sind) – wir schreiben hier einmal $\frac{a}{b} = \frac{A}{B}$ und formulieren zunächst einmal falsch –, wenn für alle Paare ganzer Zahlen m, n gilt:

$$\text{wenn } \frac{m}{n} > \frac{a}{b}, \text{ so ist auch } \frac{m}{n} > \frac{A}{B},$$

$$\text{wenn } \frac{m}{n} = \frac{a}{b}, \text{ so ist auch } \frac{m}{n} = \frac{A}{B},$$

$$\text{wenn } \frac{m}{n} < \frac{a}{b}, \text{ so ist auch } \frac{m}{n} < \frac{A}{B}.$$

Eudoxos formuliert statt dessen richtig: ... wenn $mb > na$, so ist auch $mB > nA$ usw., denn $=$, $>$, $<$ zwischen Verhältnissen soll ja erst definiert werden. – Für Verhältnisse von positiven ganzen Zahlen ist die Definition der Gleichheit einfacher (Euklid, elem. 7, Def. 20). – Dann werden Rechenregeln entwickelt wie z.B.: Wenn $a:b = c:d$, so ist $a:c = b:d$, ferner $ad = bc$, $(a+c):(b+d) = a:b$ und $(a+b):b = (c+d):d$. – Diese Regeln wurden in der rechnenden → Geometrie (von → Archimedes, → Apollonios (15) v. Perge u.a.) viel benutzt.

[2] Besondere Untersuchungen gelten «der Reihe nach in Proportionen stehenden Zahlen» $a_1:a_2 = a_2:a_3 = a_3:a_4 = \ldots$, oft übersetzt als «Zahlen in geometrischer Reihe» (Euklid, elem. Buch 8). Hierher gehört die Einschaltung mittlerer Proportionaler (geometrischer → Mittel). Die Einschaltung *einer* mittl. Proportionalen zwischen zwei Zahlen (gesucht x, so daß $a:x = x:b$ oder $x^2 = ab$) bedeutet das Ausziehen einer Quadratwurzel; dabei interessiert die Frage, ob es ganzzahlig oder rational möglich ist. → Archytas bewies, daß das nicht möglich ist, wenn a und b im Verhältnis $(n+1):n$ stehen (*ἐπιμόριον;* → Arithmetik und Algebra, 1). Gerade diese Verhältnisse kommen bei musikalischen Harmonien hauptsächlich vor (→ Musik A 9). – Die Einschaltung *zweier* mittlerer Proportionaler bedeutet das Ausziehen einer Kubikwurzel (→ Verdoppelung des Würfels). – Vgl. auch → Mathematik, → Arithmetik, → Geometrie, → Irrationalität. H.G.

Propylon, Torbau, der den Eingang ummauerter Heiligtümer, seit 400 v. Chr. auch profaner Bauten (Agora, Gymnasium) hervorhob. Der schlichten Grundform des überdachten Tores mit seitlich vorgezogenen Mauern wurde im 6. Jh. das Ansehen eines Antentempels (→ Tempel B 1) mit Säulen und Giebel verliehen; sie fand ihre großartigste Steigerung in den Propyläen des → Mnesikles in → Athen (5 Tore mit beiderseits vorgelegten sechssäuligen Hallen und seitlichen Flügelbauten, 437/431). G.Gb.

Prosarhythmus

A. Griechisch – B. Römisch.

A. Griechisch. [1] Während die lat. Kultsprache Formeln aus der Zeit vor der Differenzierung von Poesie und Prosa erhalten hat, zeigen die *ältesten Denkmäler* gehobener Diktion im Griechischen bereits voll ausgebildete Versmaße. Von P. kann man also sinnvollerweise erst dort sprechen, wo neben das Versmaß der Dichtung die rhythmische Regel der Kunstprosa tritt. Epochemachend wirkte → *Gorgias*, indem er die poetischen Stilisierungsmöglichkeiten des Versmaßes dadurch zu übertreffen versuchte, daß er die logisch-grammatische Gliederung syntaktisch einfacher Texte mit ihrer klanglich-rhythmischen genau koinzidieren ließ, und zwar durch Anwendung antithetischer Parisose und → Isokolie, → Alliteration und → Homoioteleuton. Vgl. Hel. 4: *εἰ δὲ βίᾳ ἡρπάσθη / καὶ ἀνόμως ἐβιάσθη / καὶ ἀδίκως ὑβρίσθη, δῆλον ὅτι ὁ μὲν ἁρπάσας ὡς ὑβρίσας ἠδίκησεν, ἡ δὲ ἁρπασθεῖσα ὡς ὑβρισθεῖσα ἐδυστύχησεν.* (Ähnliches gibt es vereinzelt bei Heraklit.) Diese gorgianischen *σχήματα*, aus deren unpedantischer Anwendung auf immer kompliziertere syntaktische Gebilde im 4. Jh. die Kunstform der in Kola und Kommata gegliederten Periode entstand (F. Zucker), rhythmisieren einen Text nur durch ihre strenge, formal wie inhaltlich wichtige Responsion, die Aristoteles geradezu mit der Technik des Syllogismos vergleichen konnte (rhet. 3,9. 1410a 20ff.). Bestimmte Abschnitte des Satzes oder seiner Teile, bes. die dafür sehr geeignete Kadenz, durch quantitative Festlegung ihrer Silbenfolgen zu rhythmisieren, ist demgegenüber ein weiteres Kunstmittel, das die antike Tradition dem → *Thrasymachos* zuschrieb (J. Radermacher, Artium Scriptores, 1951, B IX 12ff.). Er empfahl hierfür den → Päon (oder aufgelösten Kretiker ⏖⏑⏒), wohl wegen seines vom üblichen Sprechvers abweichenden Rhythmus. Im 4. Jh., der Blütezeit griech. Kunstprosa, hat man sich jedoch durchweg nicht an wenige Klauselmodelle gehalten, von Ausnahmen wie vielleicht → Ephoros (Quint. inst. 9,4,87) abgesehen. Der rhythmische Charakter der *klass. Kunstprosa* liegt einmal in ihrer reichen Periodik, ferner in der Befolgung etlicher Regeln allgemeinen Inhaltes, unter denen die Vermeidung gehäufter Kürzen (so bei Demosthenes; entdeckt von Blass, 1, 181) und die Vermeidung daktylischer und iambischer, also an geläufige Sprechverse erinnernder Silbenfolgen die wichtigsten sind. Der Vielzahl zu beobachtender Rhythmen entspricht, daß die gleichzeitige Theorie der Kunstprosa Lehren vom Ethos sehr verschiedener Rhythmengeschlechter kennt (Aristot. rhet. 3,8. 1408 b 21ff.).

[2] Im frühen *Hellenismus*, wohl zusammenhängend mit zeitweiliger Abkehr von der Periodenform und mit dem Rückgriff auf die einfachere Syntax des gorgianischen Stiles (→ Hegesias bei Dion. Hal. comp. 4), in der jede Typisierung einzelner Silbenfolgen ungleich stärker ins Ohr fällt als in langen Satzgebilden, scheint die langlebige Mode aufgekommen zu sein, die Kolonschlüsse nach ganz wenigen Modellen zu bauen (⏖⏑⏖⏖⏑⏓, ⏖⏑⏖–⏒, –⏑–⏒, dazu einige mit Choriamben gebildete seltene Formen). Diese Klauseln vermeiden wiederum den Rhythmus gängiger Sprechverstypen. Schwerlich war dieses das einzige Klauselsystem der hochdifferenzierten hellenist. Rhetorik, wohl aber das wichtigste. Das zeigen die wenigen erhaltenen Reste rhetorisch durchgeformter Prosa aus jener Periode (etwa die Fragmente Hegesias' aus dem 3., die Inschriften des Antiochos v. Kommagene aus dem 1. Jh. v. Chr.) und die Übernahme gerade dieses Systems durch die Römer im späten 2. Jh. v. Chr. Der im 1. Jh. v. Chr. aufkommende → Attizismus, der die gesamte kaiserzeitl. Literatur bestimmte, verwarf die hellenist. Klauseln, weshalb sie bei vielen Autoren nachchristl. Zeit fehlen (→ Plutarch, → Aristeides u.a.). Sie finden sich jedoch weiter dort, wo man sich, ohne den attizistischen Charakter der Literatursprache zu verleugnen, vom Stilvorbild der klass. (isokrateischen)

Periode distanziert (z. B. etliche bei Lukian und Philostrat zitierte bzw. parodierte Autoren). Die Theorie des P., eingeschlossen die Lehre vom Ethos, wird in hellenist.-röm. Zeit weitergebildet (Demetr. eloc. 189; Hermog. id. p. 223 ff. R.).

[3] Im 2.–3. Jh. n. Chr. wird das Verschwinden der Quantitätsunterschiede in der griech. Sprache auch literarisch faßbar. Während aber auf der Basis gelehrter Schulung in der Poesie die quantitierenden Maße weiterhin verwendet werden und Versuche, akzentuierende Verstypen zu konzipieren, nur sehr zögernd sich einstellen, beobachtet man in der Kunstprosa bereits am Ende des 4. Jh.s n. Chr. ein voll entwickeltes System *akzentuierender Klauseln*, dessen Ursprünge freilich im dunklen liegen (anders Wilamowitz). Es hält sich durch die ganze byzantin. Zeit hindurch. Seine von W. Meyer entdeckte Grundregel besagt, daß am Satz- bzw. Kolonschluß nur eine gerade Zahl unbetonter Silben zwischen den beiden letzten (exspiratorisch gesprochenen) Wortakzenten liegen darf. Das ergibt sechs Klauselformen (x́xxx́ (x) (x) und x́xxxxx́ (x) (x)), denn fünf- und mehrsilbige Senkungen hat man sich durch entsprechende Nebenakzente gegliedert zu denken, wie sie bei der dreisilbigen Senkung alternierenden Rhythmus konstituieren würden (x́xx́xx́). Auch hier ist das Prinzip deutlich, den Rhythmus des Sprechverses zu vermeiden: Alle uns bekannten Frühformen byzantinischer (akzentuierender) Sprechverse sind alternierend im Rhythmus. Eine Theorie des akzentuierenden Satzschlusses ist den Texten des völlig klassizistischen Schulbetriebes der Byzantiner nicht zu entnehmen, in denen ja auch die akzentuierende Dichtung, weil nicht in antiken Maßen verfaßt, zur Prosa gerechnet bzw. übergangen wird (→ Suidas s. v. Ἰωάννης ὁ Δαμασκηνός).

[4] *Forschung.* Die Geschichte der Klauseln muß noch durch viele Einzeluntersuchungen aufgehellt werden. Den meisten Aufschluß haben bisher für Theorie u. Praxis lat. Quellen gegeben, weil die hellenist. Klauselpraxis im Lateinischen ein langes Nachleben hatte (s. u. B 1–2). Freilich hat man verschiedentlich (zuletzt W. Schmid) die effektive Bedeutung der Klauseln bestritten und, geleitet von der sehr schwierigen Interpretation der Reste der antiken Theorie, den durchgehend rhythmischen Charakter antiker Prosatexte zu erfassen versucht. Dieses Bemühen hat bislang noch nicht zu Ergebnissen geführt, die in Textkritik und Stilgeschichte in ähnlich eindeutiger Weise verwertbar sind wie die bisher erworbene Kenntnis der Klauseltypen. A. D.

Lit: U. v. Wilamowitz, Lesefrüchte Nr. 28, Hermes 34, 1899, 214 bis 218 (= Kl. Schr. IV, 1962, 56–59) – Ders., Griech. Verskunst, 1921, 50 ff. – A. W. de Groot, A Handbook of Antique Prose Rhythm, 1918 – E. Norden, Die antike Kunstprosa (1898), 1923⁴ (Nachdr. 1958), I 410 ff.; II 909 ff. – E. Kalinka, Bursian, 256, 1935, 46 ff. (Forschungsber.) – A. Dihle, Die Anfänge der griech. akzentuierenden Verskunst, Hermes 82, 1954, 182–199 – F. Zucker, Der Stil des Gorgias nach seiner inneren Form (1956), in: Semantica, Rhetorica, Ethica, 1963, 85–95 – Walter Schmid, Über die klass. Theorie u. Praxis des antiken P., Hermes Einzelschr. 12, 1959 – P. Maas, Greek Metre, 1962, passim.

B. Römisch. [1] Die Entwicklung des P. in der lat. Literatur ist ohne Einfluß der griech. Vorbilder und Theorien nicht denkbar. Indessen finden sich auch im *Altlatein*, lange bevor an eine Wirkung der griech. Lehren gedacht werden kann, Elemente, die in den alten röm. Gebeten, wie in dem von Cato (agr. 134) zitierten, zum Aufbau eines ausgewogenen Stils beitragen:

Iane pater	4	Silben
te hac strue commovenda	(4 + 4)	»
bonas preces precor	6	»
uti sies volens propitius	(2 + 8)	»
mihi liberisque meis	8	»
domo familiaeque meae.	9	»

Die sorgfältige Balance der Teile in Silben- wie in Wortzahl, die Alliteration, das Wachsen der Glieder schaffen hier eine abgerundete Periode. Griech. Einfluß findet sich jedoch schon in den Reden des C. Sempronius → Gracchus (2), z. B. Rede von 123 (ORFr 48.32 M.):

(1)		quae vos... per hosce annos adpetistis	(–⏑–⏑)
(2)	atque	voluistis	(–⏑⏑⏑–⏑)
(3)		ea si temere repudiaritis	(⏑⏑⏑––⏑)
(4)		abesse non potest quin	(–⏑––)
(5)	aut	olim cupide adpetisse	(–⏑–⏑)
(6)	aut	nunc temere repudiasse dicamini	(–⏑––⏑–)

[2] Verschiedene dieser Klauseln sind später auch bei → *Cicero* üblich (s. u.): Ditrochäen (1.4.5; vgl. Cic. orat. 233); → Kretikus und Trochäus (2.3 – mit Auflösung des 2. bzw. 1. Longums); Dikretikus (6). Die Vielzahl von Perioden und Klauseln diskutiert Cicero orat. 188 ff., ohne jedoch seine eigene Praxis in Einzelheiten zu behandeln. Er wendet sich gegen den zu häufigen Gebrauch des bes. von der kleinasiat. Redeschule bevorzugten Ditrochäus, der zwar eine schöne Kadenz, aber doch zu leicht erkennbar und banal sei (212 ff.). Der Kretikus (–⏑–) und seine Entsprechungen, der erste und vierte → Paeon sind Cicero bekannt (ebd. 215); er bevorzugt jedoch andere Typen. Bes. zu vermeiden sind solche Kadenzen, die der Dichtung eigen sind (z. B. –⏑⏑––, der Schluß des daktylischen Hexameters). Die Klausel umfaßt nach Cicero (ebd. 216) nicht nur den letzten Fuß, sondern auch den vor-, ja sogar den drittletzten. Da die modernen Auffassungen von Ciceros eigenem P. beträchtlich divergieren, seien zwei Theorien dargestellt. *Th. Zielinski* behauptete auf Grund einer statistischen Analyse aller Klauseln in den Reden Ciceros für jede Klausel zwei Teile, Basis und Kadenz. Die Basis ist ein Kretikus (oder dessen ‹starkes› metrisches Äquivalent –––, → Molossus); die Kadenz – im trochäischen Metrum – kann verschiedene Länge annehmen (–⏑–⏑–⏑...). Über die Hälfte der ciceronianischen Klauseln sind nach folgenden drei Formen (die starke in Klammern) gebaut:

(1)	collocaretur:	–⏑–⁝––
(2)	cessit audaciae:	–⏑–⁝–⏑–(–––⁝–⏑–)
(3)	audeat iudicare:	–⏑–⁝–⏑––(–––⁝–⏑––)

Diese Formen werden in Typen unterteilt, die durch die Stellung der Zäsur bestimmt sind; sie werden mit griech. Buchstaben bezeichnet: α = ohne Zäsur; β = Zäsur nach der 1. Silbe; γ = Zäsur nach der 2.; δ = Zäsur nach der 3. Silbe usw. Die oben aufgeführten Formen gehören also zu den Typen 1α, 2γ, 3δ. Die angeführten Klauseltypen werden von Zielinski als V (verae) klassifiziert. Eine zweite Klasse, L (= licitae), enthält Klauseln der ersten drei Formen mit Auflösungen der Longa, z. B.:

$\underline{1}$ ⏒ $\underline{2}$ ⁝ $\underline{3}$ ⏑ $\underline{4}$ ⏑ $\underline{5}$ ⏑ ...

z. B. 1²: esse videatur –⏑⏑⏑––; Form 4: spiritum pertimescerem –⏑––⏑–⏑–; ferner Klauseln, die an Stelle des Kretikus den Chorjambus (–⏑⏑–) und Epitrit (–⏑––) statt Molossus bieten. Beide Klassen machen zusammen über vier Fünftel der ciceronianischen Klauseln aus. – Zielinskis Theorie ist zu deskriptiv, um für die wissenschaftliche Analyse anderer Texte von Nutzen zu sein, und z. T. überspezialisiert (Form 3 ist z. B. eine verlängerte Abwandlung des Ditrochäus). Die andere größere statistische Analyse wurde von *A. W. de Groot* unternommen, der die letzten acht Silben jeder Periode analysierte. Da die letzte Silbe anceps ist, ergeben sich aus den möglichen Kombinationen von Längen und Kürzen $2^7 = 128$ verschiedene Typen. Man ordnet die Typen, die auf die gleiche Folge von Silben enden, zusammen, geht vom Ende der Periode beginnend bis zu einer Silbe, die sowohl lang als auch kurz sein kann, zurück und läßt die Klausel mit der darauffolgenden Silbe beginnen. Bei den gleich häufigen Periodenschlüssen ⏑–⏑––⏑–⏓ und ––⏑––⏑–⏓ ist die Klausel also –⏑––⏑–⏓. Der

Vergleich dieser Ergebnisse mit solchen aus ametrischen Schriften, z.B. modernen Übersetzungen Gregors von Nyssa und Athanasios' ins Lateinische (PG 46 u. 25), zeigt eindrucksvoll die Bedeutung des P. im klass. Latein. Arbeiten über andere Autoren nach der gleichen Methode (z.B. a.O. H.Hagendahl) haben gezeigt, daß sich allmählich ein regelmäßigeres System von Klauseln entwickelte, das von der Vielfalt und Flexibilität des P. bei Cicero einiges einbüßte (vgl. die Entwicklung des griech. →Hexameters von →Homer bis →Nonnos). Nach de Groot haben die Römer die Typologie der Klausel (Anordnung der Worte) empfindlicher beobachtet als die Griechen (was er auf die deutliche phonetische Autonomie der Worte in der lat. Phrase zurückführen will): bei derselben metrischen Struktur –⏑––– wird der Typ –⏑⋮––– den Typen –⏑––⋮– oder –⋮⏑––– vorgezogen. Obwohl beide Theorien heftig umstritten sind, bleiben die Beobachtungen Zielinskis grundlegend und die Vergleiche de Groots in vielerlei Hinsicht erhellend. Die Verwendung moderner Elektronenrechner zur Analyse ganzer Texte kann für zukünftige Arbeit über P. wertvoll werden.

[3] Die Methode Ciceros, eine rhythmische Prosa zu schreiben, wurde von seinen *Zeitgenossen* nicht aufgenommen, weder von den Attizisten →Brutus (2) und →Caesar noch von den Archaisten →Sallust und, später, →Tacitus (abgesehen vom →Dialogus). Ihre Prosa hatte eine andere rhythmische Struktur; aber die Behauptung, daß ihr Stil überhaupt keinen bewußten P. zeige, ist irreführend. Seneca, Plinius d.J. und Quintilian folgten mehr oder weniger dem ciceronianischen P. Einer der Klauseltypen, der sich nur selten bei Cicero findet, die Ersetzung der Trochäen durch Spondeen nach der kretischen Basis (z.B. cōnsŭlēs dēsīgnātī), wird bei Livius sehr häufig; nach Cicero selbst (orat. 212) paßt die Langsamkeit der Spondeen zur historischen Darstellung.

[4] *Nachklassische Prosa.* Der ciceronianische Stil blieb der Maßstab für die späteren Autoren. Veränderungen des Akzentes und die Verwechslungen der Silbenquantitäten im späten Latein verursachten gewisse Wandlungen im lat. P.: er beruhte jetzt auf der Stellung des Wortakzentes in der Klausel. Diese akzentuierende Prosa beginnt im 3.Jh. n.Chr. bei christl. Autoren zu erscheinen. Im 4.Jh. benutzt →Symmachus (2) die bedeutenderen Klauseltypen Ciceros, ist jedoch vom Wortakzent beeinflußt; →Ammianus dagegen schreibt eine Prosa, in der die Kadenzen vom Wortakzent bestimmt sind, obschon auch er nicht völlig indifferent gegenüber Quantitäten ist. Die Prosa →Cassiodors (6.Jh.) zeigt Kadenzen, die gleichermaßen akzentuierend und metrisch sind. Die neuen clausulae beruhen auf den älteren metr. Formen, z.B. cursus tardus –́ ∼ ∼ –́ ∼ ∼ (vgl. Doppelkreticus: céssit audáciae); cursus planus –́ ∼ ∼ –́ ∼ (vgl. páce firmávit); cursus velox –́ ∼ ∼ ∼ ∼ –́ ∼ (vgl. cópias comparávit). Dieses System wird in der akzentuierenden Prosa des Mittelalters allgemein üblich; sie befolgt damit das ‹Meyersche Gesetz› (W.Meyer, Gesammelte Abhandlungen II, 1905, 202–271), wonach in akzentuierender Prosa die akzentuierten Silben der letzten beiden Wörter (oder Zusammensetzungen von Wörtern) einer Klausel durch zwei oder vier (selten drei) unbetonte Silben getrennt sind. Ihre große Blüte liegt im 12.Jh., als ihre Regeln unter dem Einfluß verschiedener Formelsammlungen, die als *artes dictaminis* bekannt sind, für die päpstliche Kanzlei kodifiziert wurden. Die Autoren der Renaissance wiesen diesen Stil zurück, da die Kenntnis der Silbenquantität wieder allgemein geworden war. Erst in den letzten siebzig Jahren begann man, das Wesen des klassischen, quantitierenden P. zu verstehen. J.W.H.

Q: A.C.Clark, Fontes Prosae Numerosae, 1909 – *Lit:* Th.Zielinski, Das Clauselgesetz in Ciceros Reden, Philol.Suppl. 9, 1904 – Henri Bornecque, Les clausules métriques latines, 1907 – A.C.Clark, The cursus in mediaeval and vulgar Latin, 1910 – A.W. de Groot, La prose métrique des anciens, 1926 – E.Norden, Die antike Kunstprosa (1898), 1923³ (Neudr. 1958), 909–960, Nachträge, 16–20 – M.Nicolau, L'origine du ‹cursus› rythmique, 1930 – Harald Hagendahl, La prose métrique d'Arnobe, 1937 (Lit) – Walter Schmid, Über die klass. Theorie und Praxis des antiken P., Hermes Einzelschr. 12, 1959 – J. de Ghellinck, L'essor de la littérature latine au xiie siècle, 1955², 278–292 (Lit) – L.P.Wilkinson, Golden Latin Artistry, 1963, 135–188. 237–242.

Proselyten (*προσήλυτοι*), Konvertiten zum Judentum, die durch Übernahme des ganzen mosaischen Gesetzes (Beschneidung!) in ihm aufgingen. P.tum seit Antoninus Pius (138 n.Chr.) bei Todesstrafe verboten; vgl. auch →Antisemitismus. R.M.

Proserpina, der lat. Name, unter dem die Römer die griech. Göttin →Persephone übernahmen, und zwar vielleicht durch Vermittlung der Etrusker, was die Formveränderung des Namens erklären würde. Die den Zusammenhang mit Persephone nicht berücksichtigende Volksetymologie verstand unter P. die Göttin, die über die langsam aus dem Schoß der Erde kommenden Ernten wacht (von proserpere). P. und →Dis Pater (Plutos) wurden i.J. 249 v.Chr. in den offiziellen Kult eingeführt (vgl. →Ludi Terentini, →Säkularspiele). Nach dem griech. Mythos ist P. die Tochter der →Ceres; als solche wurde sie auch in Rom in den hellenisierten Kult dieser Göttin aufgenommen. H. Le B.

Proskriptionen. [1] →*Sulla* ließ Ende 82 v.Chr. nach seinem Einzug in Rom zahlreiche politische und persönliche Gegner beseitigen. Als im Senat Beschwerden darüber laut wurden, erließ Sulla auf Grund seiner unbeschränkten Vollmachten die lex Cornelia de proscriptione: Die Namen der Geächteten wurden öffentlich angeschlagen; die so Bezeichneten waren vogelfrei; auf ihren Kopf stand eine Belohnung, ihr Vermögen wurde eingezogen. Das Gesetz lief bis zum 1. Juni 81. Die Söhne der Geächteten wurden auf immer von öffentlichen Ämtern ausgeschlossen. Das Ziel der Aktion war die Ausschaltung der gesamten Schicht derer, die seit 92 dem Senat größte Schwierigkeiten bereitet hatten (→Ritterstand 2). Es sollen mindestens 40 Senatoren und 1600 Ritter umgebracht worden sein.

[2] Ende 43 veranstalteten →*Lepidus*, →*Antonius* (2) und *Octavian* (→Augustus, →Triumvirat, 2) auf Grund ihrer Vollmachten neue P. Hauptzweck war die Beschaffung von Kapital für den Krieg gegen die Caesarmörder. Wenigstens 200 Senatoren, unter ihnen →Cicero, und 2000 Ritter wurden beseitigt. Chr.M.

Lit: M.Fuhrmann, RE 23,2 (1959), 2440–44 (Lit).

Proskynese. Die Perser ehrten ihren König und andere hohe Würdenträger, indem sie sich vor ihnen niederwarfen und mit dem Gesicht die Erde berührten. Den Griechen galt dieser Gruß als Zeichen ‹barbarischer› Unterwürfigkeit. Vgl. →Barbaren.

Prosodiakus (*προσοδιακός*), ‹Prozessionsvers› der Form ×–⏑⏑–⏑⏑– (Heph. 48, 2ff.) oder auch ×–⏑⏑–⏑⏑–– (id. 48, 19). Vgl. →Enoplius. B.Sn.

Prosodie (*προσῳδία*), eigentlich die Lehre von den →Akzenten, aber schon bei Sext.Emp. adv.math. 1, 113 (p. 29 Mau) auch von den Längen und Kürzen; heute die Lehre von den für die →Metrik (A 1) wichtigen Silbenlängen (den Quantitäten) und den Wortenden.

A. Griechisch. [1] *Quantitäten.* Eine Silbe mit langem Vokal ist (*naturā*, *φύσει*) lang, eine mit kurzem Vokal ist kurz, aber wenn zwischen diesen Vokal und den folgenden zwei oder mehr Konsonanten treten, wird sie im allgemeinen lang (*positione*, *θέσει* lang). Für solche Positions-Länge zählt *h* nicht als Konsonant, *ζξψ* als 2; muta cum liquida bewirkt manchmal Positionslänge und manchmal nicht (Einzelheiten s. Lit.). Kurze Silben können durch →metrische Dehnung gelängt, lange durch Hiatkürzung (→Hiat) gekürzt werden.

[2] *Wortende.* ‹Wörter› im Sinn der P. sind nicht die Wörter, wie wir sie in unseren Texten abteilen, vielmehr gehören

Postpositiva wie γάρ, μέν, δέ, τε mit zum vorigen Wort; Präpositionen, zumal einsilbige, präpositive Konjunktionen und Pronomina usw. zum folgenden Wort, bilden also mit dem betreffenden Wort zusammen ein einheitliches ‹Wortbild›, wie P. Maas es nennt. So stehen Wörter wie καί und ἀλλά nicht vor Periodenende oder Zäsur, Wörter wie γάρ nicht am Periodenanfang oder hinter der Zäsur. Wortende ist gefordert in der ‹Pause› (notiert ||), d. h. am → Periodenende. In vielen Perioden, zumal in den Sprechversen (→ Metrik A 6), wird Wortende an bestimmten Stellen (→ Dihäresen; → Zäsuren) gefordert oder gesucht (notiert | bzw. ⁝), an anderen verboten oder vermieden (→ Brücke; notiert ⁀). B. Sn.

Lit: P. Maas, Greek Metre, 1962, §119–141 – B. Snell, Griech. Metrik (1955), 1962³, 54ff.

B. RÖMISCH. [1] *Quantitäten.* Die Quantität der Silben unterlag im Lateinischen im Verlauf seiner Entwicklung, d. h. in den Perioden der frühen Republik, des klassischen Latein (von Catull bis zum 2. Jh. n. Chr.) und der späten Latinität, manchen Veränderungen. Grundsätzlich richtet sie sich wie im Griechischen (s. o. A 1) nach Kürze oder Länge des Vokals – auch wenn diese Varianten nicht durch die Orthographie (wie durch ε/η und ο/ω) angedeutet werden können. Geschlossene Silben mit kurzen Vokalen, d. h. Silben, die auf einen Konsonanten enden, sind im allgemeinen als metrisch lang gerechnet (*ă-mo*, aber *pĕr-do*). Geschlossene Endsilbe mit kurzem Vokal vor mit Vokal anlautendem Wort ist kurz (*flumen altum* wurde also vermutlich gesprochen wie *flume-naltum*; → Elision → Synaloephe). *x* (=*cs*) und *z* (=*ds*) zählen als 2 Konsonanten, *qu* als einer und *h* nicht als Konsonant. Kurzer Vokal vor muta cum liquida ist im frühen lateinischen Drama immer kurz; von Ennius an nach dem Vorbild der griech. P. wahlweise kurz oder lang. → *Hiat* ist im lat. Vers im allgemeinen vermieden, vermutlich durch → Elision (bei gleichen Vokalen) oder → Synaloephe (bei ungleichen Vokalen). Auslautendes *-m* (und auslautendes *-s* in der frühen Republik) war schwach (vielleicht leicht nasaliert, wie im modernen Französisch); ein auf *-m* endendes Wort vor vokalischem Anlaut wurde vermutlich ähnlich behandelt wie ein auf Vokal auslautendes, obwohl die genaue Art und Weise dieser Zusammenziehung unbekannt ist. War das zweite Wort *es* oder *est*, wurde auf die umgekehrte Weise zusammengezogen (*Aphaeresis*) unter Unterdrückung oder Abschwächung des *e* in diesen Formen (so: *ventum* + *est* = *ventumst*). In gewissen Verstypen und gewissen Perioden und unter besonderen Umständen kann ein langer Vokal im → Hiat gekürzt oder ein kurzer Vokal ‹metrisch gelängt› werden (→ Metrische Dehnung). Vgl. → Synizesis und → Jambenkürzung.

[2] *Metrische Wörter.* Bestimmte Arten von Wortpaaren wurden von den Dichtern oft so behandelt, als ob sie eine einzige Einheit wären; die Spaltung solcher Verbindungen durch Zäsur oder Periodenanfang bzw. -ende wurde vermieden. Die verbreitetsten Typen von metrischen Wörtern im Lateinischen waren: (1) *es* oder *est* mit vorangehendem auf Vokal oder *-m* auslautendem Wort (s. o.); (2) Präposition mit Objekt, z. B. *ab-oris* (vgl. Quint. inst. 1, 5, 27), oder Adjektiv mit Nomen in einigen festen Wendungen (z. B. *malam-crucem* im Widerspruch zum → Bentley-Luchsschen Gesetz); (3) indefinites Pronomen mit vorangehendem *si*, *ne* oder *nescio*. Für Einzelheiten vgl. zu den Autoren (mit Lit). J. W. H.

Lit: Halporn-Ostwald, 10–12 – F. Crusius-H. Rubenbauer, Röm. Metrik (1929), 1961⁶, 4–28 – L. Nougaret, Traité de métrique latine classique (1948), 1956², 4–6 – M. Leumann, Lat. Laut- und Formenlehre, 1926–28, 50–180.

Prosodion, Prozessionslied (so zuerst Aristoph. Av. 853). Nach der antiken Überlieferung galt es hauptsächlich Apollon; später auch zu Ehren von Menschen (→ Demochares, FGr Hist 75 F 2). Die Reste sind so spärlich, daß sie keine Vorstellung von der Besonderheit der Gattung geben. Erhalten sind 2 Hexameter des → Eumelos (Fr. 1 P.), aus den 2 P.a-Büchern → Pindars drei kurze Fragmente (Fr. 89a. 92f.), von → Bakchylides zwei Bruchstücke (Fr. 11/12. 13) mit Gnomik. Von einigen P.a aus dem 4.–2. Jh. v. Chr. wissen wir, ohne etwas zu besitzen. Der → Päan des → Limenios (Anth. Lyr.² 6, 175ff.) heißt in der Überschrift Päan und P. – Der Sache nach ist auch Pindars 2. Päan ein Prozessionslied. Vgl. → Partheneion, → Daphnephorikon. E.-M. V.

Prosopopoiie (προσωποποιία, fictio personae), rhetor. Sinnfigur, der → Ethopoiie (2) nah verwandt, jedoch eingeschränkt auf die redende Einführung nichtpersonhafter Dinge (wie Vaterland, Städte und dgl.) und Verstorbener (Aps. rhet. 12). *Bsp.:* Plat. Krit. 50 A ff., wo die Gesetze redend eingeführt sind. H. H.

Lit: Lausberg, I 409. 411ff.

Prosper Tiro von Aquitanien, gest. nach 455 n. Chr., verfocht von Marseille aus (427–435) → Augustins Gnaden-Prädestinationslehre (Lehrgedicht ‹De ingratis› – Wortspiel! – in 1002 Hexametern; Contra Collatorem, gegen → Cassianus; Pro Augustino responsiones) und kompilierte aus Augustinwerken einen Psalmenkommentar zu Ps. 110 bis 150 und den Liber sententiarum (Theologie Augustins; auch in Distichen gebracht: Liber epigrammatum). Eine Weltchronik (MGH AA 9) exzerpiert die des → Hieronymus bis zum Jahr 412; von dann ab original. Seit 435 gehörte er in Rom zur Kanzlei → Leos d. Gr. Ob ihm als Alterswerk (450) der Traktat De vocatione gentium zuzuweisen ist, hängt stark von der Deutung seiner Theologie ab. P. L.

Ed: PL 51 – *Lit:* R. Helm, RE 23, 1 (1957), 880–897 – RGG V 641f.

Prostitution. 1. *Sakrale P.:* In Babylon und Cypern (Hdt. 1, 199), Lydien (Ael. VH 4, 1) und Numidien (Val. Max. 2, 6, 15) gaben sich einheimische Frauen den Fremden hin, mehrten so den Tempelschatz (Lukian. Syr. D. 6) und verdienten sich ihre Aussteuer. In Acilisene (Armenien) taten das Mädchen aus vornehmen Familien längere Zeit hindurch (Strab. 12, 532f.) und bildeten so den Übergang zur dauernden Tempelprostitution von Sklavinnen, wie z. B. in Comana Pontica (Strab. 559) und im Aphrodite-Tempel in Korinth (Strab. 8, 378; Ath. 13, 573). – 2. *Profane P.:* Auf der untersten Stufe standen die in Bordellen (Hor. sat. 1, 2, 31f.) kasernierten Dirnen. Sie waren meist Sklavinnen oder Freigelassene, die nackt (Ath. 13, 568 E; Dio Cass. 79, 13; Iuv. 6, 122) vor dem Bordell ihre Reize zur Schau und Wahl stellten. Sie gingen ihrem Gewerbe in dunklen (Priap. 14, 10; Hor. sat. 1, 2, 30) Zellen nach, über denen ihr Name angebracht war (Mart. 11, 45, 1) und die mit einer Matte (Petron. 7, 2) verschlossen (Plaut. Asin. 760) wurde. Die vorauszuzahlenden (Iuv. 6, 125; AP 5, 101; vgl. aber AP 5, 46) Preise (AP 5, 45) reichten von einem As (Mart. 1, 103, 10), Denar (CIL 4, 2193; AP 5, 109), acht Assen (CIL 9, 2689) bis zu fünf Denaren (AP 5, 126) und mehr (Mart. 9, 4, 1; 10, 7, 5). Kaiser → Caligula (Suet. Cal. 40) führte eine Dirnensteuer ein (Hist. Aug. 18, 24, 3), deren Höhe dem Preis für einen concubitus entsprach (Suet. Cal. 40). Das ‹Curiosum› nennt für Rom 46 Bordelle. Daneben gab es Stundenhotels, auch in Privathäusern (Val. Max. 9, 1, 8; Hist. Aug. 17, 24, 2) und Bäckereien (Fest. 7, 11 L.; CIL 4, 1454), wohin Straßendirnen ebenso einluden (Plaut. Men. 339), wie sie sich bei den Grabmälern an den Landstraßen herumtrieben (Mart. 1, 34, 8). In Rom konzentrierten sich ihre Wohnungen bes. in der Subura am Esquilin (Hor. epod. 5, 58; Pers. 5, 32 mit Schol.; Liv. 3, 13, 2); Kundschaft suchten sie beim Zirkus, in Theatern und Bädern (Hist. Aug. 17, 26, 3; Tac. hist. 3, 83; Priap. 27, 1). Wesentlich höher standen jene (Ov. ars 3, 315), die bei Verwandten (Tibull. 1, 3, 83; Prop. 2, 6, 11) wohnten und eine Zeitlang den gleichen Liebhaber hatten. Freie Römerinnen (vgl. Suet. Tib. 35, 2) mußten sich bei den Ädilen anmelden (Tac. ann. 2, 85); sie trieben ihr Gewerbe auch mit Wissen ihrer Männer (Hor. car. 3,6,25 f.; Iuv. 1,55 f.; Dig. 48,5,2, 2 f.). Geschlechtskrankheiten kamen vor (Plin. epist. 6,24, 3), man suchte ihnen durch → Heilbäder und Einölen zu begegnen (Plaut. Poen. 702 ff.; Gal. san. tuenda 3,11 f.). W.K.

Lit: K. Schneider, RE 15,1 (1931), 1018–27.

Prostylos, → Tempel (B 1) mit Säulenstellung vor der Front.

Prosymna, griech. Ort (Paus. 2.17,2; Strab. 8,373), von Blegen mit dem Heraion von Argos, von Persson mit Berbati identifiziert. K. Schf.

Lit: C.W. Blegen, P., 1937 – G. Sjäflund, Excav. at Berbati, 1965.

Protagonist, in der Bedeutung ‹1. Schauspieler› erst in nachchristl. Zeit belegt. → Schauspieler. E.-R. Sch.

Lit: K. Schneider, RE Suppl. 8 (1956), 190, s.v. Ὑποκριτής.

Protagoras von Abdera, Archeget der → Sophistik, ca. 480 bis 410, Titelheld eines Dialogs Platons (vgl. auch den Theätet), des → Herakleides (3) Pontikos (Diog. Laert. 5,88) und des Ps.-Kriton (Diog. Laert. 2,121), Freund des → Perikles, beeinflußte → Demokrit, → Platon, → Antisthenes (1), wohl auch die → Skeptiker. Sicher bezeugt sind folgende *Schriften*: 1. *Über die Götter*, das erste griech. Werk dieses Titels. Berühmter Eingangssatz: «Über die Götter vermag ich nicht zu erkennen, weder daß sie sind, noch daß sie nicht sind, noch welcher Gestalt sie sind: denn vieles hindert das Erkennen, die Nichtwahrnehmbarkeit und die Kürze des menschlichen Lebens» (VS 80 B 4). Das Buch soll in Athen als gottlos eingezogen, P. verbannt worden sein. – 2. *Die Wahrheit.* Auch hier ist nur der Eingangssatz überliefert: «Aller Dinge Maß ist der Mensch, der seienden, daß (wie) sie sind, der nichtseienden, daß (wie) sie nicht sind» (VS 80 B 1). Über Bedeutung und Tragweite des Satzes ausführliche Diskussion bei Platon, → Aristoteles und den Skeptikern. – 3. *Über das Seiende*, eine Auseinandersetzung mit der Lehre der → Eleaten. – 4. *Antilogien*, die, ebenfalls unter eleatischem Einfluß, die These durchführten, daß (a) über jeden Gegenstand zwei entgegengesetzte Behauptungen möglich seien und (b) widersprechende Aussagen unmöglich seien. Das Werk scheint die sokratische Dialektik stark befruchtet zu haben (vgl. auch → Dissoi Logoi). – Faßbar ist ferner eine Theorie der Redekunst (bes. Dispositionslehre), Untersuchungen über richtigen Wortgebrauch, ethische Unterweisungen (wieviel in Platons ‹Protagoras› dem historischen P. angehört, muß offenbleiben). – Für Zeitgenossen und Nachwelt war er der Begründer des sophistischen Lebensstils: Vortragsreisen, Lehrkurse gegen festes Honorar, als Gast reicher, bildungsbeflissener Häuser. O.G.

Frg: VS II 253—271 — *Lit:* A. Capizzi, Protagoras, 1955 – *Bildnisse* → Anhang I.

Protesilaos, Sohn des → Iphiklos aus dem thessalischen Phylake. Mitbewerber um → Helena. Fällt als erster im → Trojan. Krieg, schon bei der Landung (Il. 2,701 f.; Philostrat Her. 2,130,27 ff.; 2; Ov. her. 13,91 ff.). Seine Gattin Laodameia ist durch den Tod des P. so betrübt, daß ihr Gebet, P. für einen Tag (oder nur drei Stunden) zurückzubekommen, erhört wird. Danach gibt sie sich den Tod (Eur. TGF p. 563 N.; Hyg. fab. 103 f.; Apollod., ep. 3,30). Als Heros verehrt an seinem Grab in Elaius auf der thrakischen Chersones.

Darstellungen: Leben des P. vor allem auf röm. Sarkophagen (Robert, SR III 3, 496–500) und Wandgemälden (B. Andreae, in: Helbig[4], Nr. 527; K. Schefold, RA, 1961, II 195 f., Abb. 4). P. im Hades auf einer apulischen Scherbe in Mainz (Schauenburg, BJbb 161, 1961, 216 Anm. 2). Statue des → Deinomenes. K. Schb.

Proteus, Meergreis, wie viele → Meergottheiten mit der Fähigkeit, sich in beliebige Gestalten zu verwandeln (vgl. → Thetis), und Seherkraft (vgl. → Nereus) begabt; wer seine Weissagung sucht, muß ihn daher, wenn er auf der Insel Pharos inmitten der Robben (Kindern der Halosydne) ruht, zu überfallen und im Ringkampf festzuhalten versuchen: so → Menelaos, der den Heimweg (Od. 4,364 ff.), und → Aristaios, der ein Mittel gegen das Bienensterben sucht (Verg. georg. 4,387 ff.). Bei Herodot (2,112 ff.) auch als König von Ägypten genannt, der die dorthin verschlagene Helena für Menelaos bewahrt. Gatte der Psamathe, Vater des Theoklymenos und der Eidothea. K. Schb.

Lit: H. Herter, RE 23,1 (1957), 973 f.

Prothesis (auch προπαρασκευή oder διαίρεσις; propositio, auch divisio oder partitio), die Präzisierung des Sachverhalts in der kunstmäßigen Rhetorik, in der Rede zumeist der → Argumentatio vorangestellt. → Rhetorik B [3], Abb. 187, 7 c. H.H.

Lit: Lausberg, I 164. 189 f. – D. Matthes, Lustrum 3, 1959, 201–203 – Kennedy, Persuasion, 314 ff. u. ö.

Prothesis (πρόθεσις), feierliche Aufbahrung des Toten im Hause (vgl. → Bestattung). In der Kunst seit dem reif- und spätgeometrischen Stil in ununterbrochener Folge dargestellt, vornehmlich auf Grab-, Aschen- oder Spendegefäßen, wobei dann eine reiche Szenerie entfaltet ist: die Bahre, das Leichentuch, die trauernden Angehörigen, Klageweiber, Tanzreigen von Männern und Frauen, alle in der charakteristischen Klagehaltung und Gebärde (Raufen der Haare, erhobene Arme). – Raum der christl. → Basilika zur Aufbewahrung der Abendmahlsgaben. F.E.

Lit: W. Zschietzschmann, Die Darstellungen der P. in der griech. Kunst, AM 53, 1928, 17–47 – E. Hinrichs, Totenkultbilder der att. Frühzeit. Annales Univ. Saraviensis 4, 1955, 129–146, Taf. 1–20.

Protogenes, von Kaunos (Karien), Maler und Bildhauer. Lebte vor allem auf Rhodos, dessen Belagerung 304 er noch erlebt haben soll. – *Werke:* Alexander als Dionysos mit Pan; Heros Ialysos mit schäumendem Hund; Personifikation zweier attischer Galeeren u. a. Aristoteles schätzte seine Kunst hoch ein, → Apelles bewunderte ihren Ernst, bedauerte aber den Mangel an Anmut (vgl. Plin. nat. 35, 106, bzw. ebd. 79). C.K.

Q: Overbeck, SQ, 1907 ff. – *Lit:* Brunn II 233 ff. – Pfuhl, 766 ff. – Rumpf, 147,6 – Ders., RE 23,1 (1957), 981–983.

Protogeometrische Vasen, Vorstufe der geometrischen Keramik (→ Vasen E 1), mit der in Athen um 1000 v. Chr. griechische Art ihren ersten ganz adäquaten Ausdruck findet, rasch in allen griech. Landschaften verbreitet; in Athen etwa ein Jh. bestehend, in anderen Gebieten länger. Bauch- und Halshenkel → Amphoren werden in geometrischer Zeit beibehalten, der zweihenklige → Skyphos auf kegelförmigem Fuß verschwindet wieder. An Schulter und Hals der meist tongrundigen Gefäße treten als Muster Halbkreise und konzentrische Kreise, erstmalig mit dem Zirkel gezogen, ferner Schachbrett- und Gitterfelder auf. Der → Mäander zeigt sich erst an Übergangsformen zur frühgeometrischen Zeit. I. Sch.

Lit: K. Kübler, Kerameikos, Ergebnisse der Ausgr.: Frühzeit, in: Das Neue Bild der Antike I, 1942, 35–50 – V. R. d'A. Desborough, Protogeometric Pottery, 1952 – Ders., The last Mycenaeans... 1964.

Protokollon, das erste der aneinandergeklebten Blätter einer Papyrusrolle (→ Buch, 1); aus der Zeit der arab. Herrschaft in Ägypten sind zahlreiche griech.-arab. P.e mit frommem Eingangsspruch in der sog. Stempelschrift erhalten. H. Hg.

Protokorinthische Vasen, Keramik Korinths im späten 8. und im 7. Jh., in die westl. Kolonien exportiert und dadurch annähernd datiert (→ Vasen D). Salbgefäße, → Skyphoi, Platschkannen, → Olpen und → Pyxiden von feincremigem, hellgelbem Ton. Nach der Form der → Aryballen verlief die Entwicklung in drei Phasen: I: 730–690 (kugelförmige Aryb.); II: 690–640 (eiförmige Aryb.); III: 640–620 (birnenförmige Aryb.). Phase I bringt schlichten Parallellinienschmuck und die ersten orientalisierenden Motive. Bereits zu Beginn der 2. Phase entsteht durch Umriß-Ritzung dunkler Figuren ein → schwarzfiguriger Miniaturstil von feinteiliger Prägnanz. Daneben wird ein polychromer Stil ohne Ritzung gepflegt. In figurenreichen Friesen gestaltet man die bildliche Erzählung aus (Sagen-

und Kampfbilder). Der Miniaturstil hält sich auch an den größeren Gefäßen der 3. Phase, indem man Tierfriese und Bildstreifen vermehrt (→ Chigikanne). Weitere Entwicklung: → Korinth. Vasen. I. Sch.

Lit: K. Friis-Johansen, Les vases sicyoniens, 1923 – H. Payne, P. V.-malerei, 1933 - H. Payne-T. J. Dunbabin, Perachora II, 1962, 4–132.

Protome (προτομή < τέμνειν). Als P. werden alle Oberteile (Kopf allein, Kopf mit Hals, mit Oberkörper) von Menschen- oder Tierfiguren bezeichnet, die als Zusatz zu einem Gerät, gelegentlich auch selbständig (als Gewicht etwa) verwendet werden. Weit verbreitet in der Terrakottakunst als Kopfprotomen weiblicher Gottheiten, verwendet als Votive. Die Ausschmückung von Gefäßen oder Geräten mit P. ist Erfindung des Alten Orients und dringt von hier aus nach Griechenland und Italien vor. P. finden sich seit dem späten 8. Jh. v. Chr. an → Vasen, → Metallgefäßen, → Greifenkesseln, auf den → kretischen Schilden. In der Großplastik gehört jede Herme oder Porträtbüste unter den Begriff der Kopfprotome. U.J.

Lit: H.R.W. Smith, A goddess from Lebadeia, Hesperia Suppl. 8, 1949, 353–360.

Protreptik

[1] Philosophisch – [2] Christlich.

[1] In der → Sophistik entstandene Form der Werbeschrift für eine bestimmte Kunst oder Wissenschaft. Die Empfehlung geschieht nach bestimmten naheliegenden Regeln durch den Nachweis, daß die betreffende Wissenschaft bes. durch Rang, Alter, Nützlichkeit, Leichtigkeit in der Aneignung, Erfreulichkeit in der Betätigung usw. sich auszeichne. Die → Sokratik (→ Platon bes. im Euthydemos; → Xenophon (1) u. a.) übernimmt diese Form. Von einem Protreptikos des → Aristoteles sind ansehnliche Reste erhalten. Schriften desselben Titels sind aus späterer Zeit zahlreich bezeugt, doch außer → Ciceros ‹Hortensius› und → Senecas (2) ‹Exhortationes› kaum faßbar. Neben der Philosophie haben auch andere Disziplinen zuweilen die P. gepflegt. O.G.

Lit: K. Gaiser, Protreptik und Paränese bei Platon, 1959.

[2] *Christl. Protreptik.* Lebte schon die Paränese der Briefe eines Paulus und seiner Schüler (→ Christentum I E) vom kynisch-stoischen Erbgut, das dann von der altchristl. → Homilie aufgenommen wurde, so gewann die popularphilosophische P. erst mit → Gnosis und → Apologetik Heimatrecht im Christentum; nicht zuletzt christl. Autoren erlauben Aufschlüsse über den verlorenen ‹Protreptikos› des → Aristoteles. Man übernahm nicht nur die literarischen Formen wie den → Brief (→ Ptolemaios; → Diognetbrief), die epideiktische Rede (‹Protreptikos› des → Clemens (2) Alexandrinus) oder den sokratischen → Dialog (→ Minucius Felix; → Methodius v. Olympos), sondern auch die Prinzipien der P. (menschliches Glückseligkeitsstreben als Anknüpfung). Der Unterschied zwischen dem mahnenden Tenor der Paränese (vgl. z. B. → Chrysostomos, Paraeneses ad Theodorum lapsum; Pacianus v. Barcelona, gest. vor 392, Paraenesis sive exhortatorius libellus ad poenitentiam, PL 13) und dem ermunternden Appell der P. (vgl. z. B. → Basilius d. Gr., Ad iuvenes) wird auch in der Folgezeit festgehalten; nur bei → Ennodius ist er in Vergessenheit geraten, dessen ‹Paraenesis didascalica› zur höheren Bildung, als deren Krone die Rhetorik erscheint, im Stil der Pr. aufruft. C.A.

Ed: s. zu den Autoren – *Lit:* R. Bultmann, Stil der paulin. Predigt u. kynisch-stoische Diatribe, 1910 – G. Lazzati, L'Aristote perduto e gli scrittori cristiani, 1938 – M. Pellegrino, Studi sull'antica apologetica, 1947 – H. Thyen, Stil der jüdisch-hell. Homilie, 1955.

Protreptikos (scil. logos; oratio suasoria, → Suasorien), die ‹zuratende Rede›, in der → Rhetorik (Abb. 187, 3 b) eine Unterart des genus deliberativum. *Bsp.:* die sophistischen ‹Dissoi logoi›, der ‹Alkibiades› des Aischines von Sphettos; Isokrates or. 3 (Nikokles) und 4 (Panegyrikos). Zum Einfluß des P. auf den frühplatonischen Dialog → Protreptik. Das Gegenstück zur suasio (προτροπή) ist die dissuasio (ἀποτροπή), das ‹Abraten›. H.H.

Q: Isokr. 1, 3 – Aristot. rhet. 1, 1358 b9; Rhet. Alex. 1421 b9; Quint. inst. 3, 8, 6; Hermog. prog. 11 – *Lit:* Volkmann, 336 f.

Provinz. [1] Das Wort provincia ist trotz Fest. 253 L. *provinciae appellantur, quod populus Romanus eas provicit, i. e. ante vicit* nicht von *vincere* abzuleiten. – ‹Provincia› bezeichnet den Geschäftskreis des röm. → Magistrats (2), so die provincia urbana die Kompetenz des praetor urbanus für die Rechtswahrung unter Bürgern, die provincia peregrina die entsprechende des praetor peregrinus und die provincia Liguria den dem Konsul zugewiesenen Krieg gegen die Ligurer. Mit dem Erwerb von Sizilien, Sardinien usw. wurde ‹provincia› seit 227 v. Chr. für ein außeritalisches Untertanengebiet verwendet, das von einem röm. Statthalter mit → Imperium regiert wurde. Die P. erhielt ein von dem Feldherrn und einer Senatskommission entworfenes, vom Senat bestätigtes Statut (lex provincialis), das dem Kulturstand des Landes und der Art der Erwerbung entsprach. Die Provinzialen hatten als peregrini feste Abgaben in Geld oder Naturalien (→ stipendium, → tributum), → Zölle und Requisitionen für den Statthalter zu leisten. Die → Steuern wurden verschieden eingezogen, in Sizilien z. B. über private Steuerpächter, in der P. Asia durch die → publicani, anderwärts durch den Statthalter. Die lokale Verwaltung und die niedere Gerichtsbarkeit blieb den Gemeinden überlassen. In einem Provinzialedikt legte der Statthalter die Grundsätze dar, nach denen er die Aufsicht über die Gemeinden ausüben wollte (Cic. Att. 6, 1, 15). Zur Abhaltung von Gerichtstagen (conventus) bereiste er die P. Mit Rom verbündete Städte innerhalb der P. waren ihm nicht unterstellt. Da er keinen Kollegen und keine Interzession der → Volkstribunen zu fürchten hatte, suchte er oft die für seine Wahl zum Magistrat in Rom aufgewandten Mittel durch Erpressungen der Provinzialen einzubringen, ein Übel, das die seit 149 v. Chr. sich mehrenden Gesetze De repetundis nicht beseitigen konnten. Zu Statthaltern wurden zuerst → Prätoren mit je einem → Quästor, seit der wachsenden Zahl der P.en Prokonsuln und Proprätoren (→ Magistrate) bestellt. Nach → Sullas lex de provinciis ordinandis 81 v. Chr. sollten die → Konsuln und die 8 Prätoren nach dem Amtsjahr eine P. als Prokonsuln bzw. Proprätoren für ein Jahr übernehmen. Bei dem weiteren Zuwachs an P.en wurden Statthalterschaften häufig verlängert. Die lex Pompeia de provinciis schob 52 v. Chr. eine Frist von 5 Jahren zwischen ein Amt in Rom und eine Statthalterschaft. Als → Pompeius (2) i. J. 55 v. Chr. die Verwaltung der ihm zugewiesenen spanischen P.en seinen Legaten überließ, gab er das Vorbild für die Verwaltung der kaiserlichen P.en.

[2] Im J. 27 v. Chr. wurde das Reich in *kaiserliche und senatorische P.en* geteilt. → Augustus übernahm als Prokonsul die P.en, deren Schutz Truppen forderte, und ließ sie durch von ihm ernannte Stellvertreter, die legati Augusti pro praetore, verwalten. Sie blieben meist mehrere Jahre in ihrer P., C. Poppaeus Sabinus sogar 24 Jahre (11–35, Tac. ann. 6, 39, 3) in Mösien und dem Nachbargebiet. Die dem Senat anvertrauten P.en, in denen mit Ausnahme der P. Afrika keine Truppen standen, wurden mit einjähriger Amtsdauer von Promagistraten mit dem Titel proconsul verwaltet, gleichviel ob sie Konsuln oder nur Prätoren gewesen waren. Die Zuordnung der P.en zum Senat oder Kaiser wechselte mitunter. 14 n. Chr. gab es 10 senatorische P.en: Baetica (→ Spanien), Narbonensis (→ Gallien), → Sizilien, → Makedonien, → Achaia, → Kreta mit Kyrene, → Bithynien mit Pontos, → Asia, Cyprus (→ Kypros), → Africa. Kleinere kaiserliche P.en unterstanden einem procurator ritterlichen Standes. In allen P.en erhob ein Finanzprokurator des Kaisers die Einnahmen für den → Fiscus. Von dem System der Provinzialverwaltung ausgenommen war das

als Kornlieferant wichtige → Ägypten (II B), das von Senatoren nicht betreten werden durfte und daher von einem Ritter, dem praefectus Aegypti, als Stellvertreter des Kaisers regiert wurde. Da der Kaiser durch sein imperium proconsulare maius die Aufsicht auch über die senatorischen P.en hatte, die Statthalter nun ein festes Gehalt bezogen, Provinziallandtage Beschwerden beim Kaiser erheben konnten und das Strafverfahren gegen Erpressungen verschärft wurde, wurde die Provinzialverwaltung der Kaiserzeit «die sauberste und anständigste, die bisher in der Regierung großer Gebiete verwirklicht worden war» (U. Kahrstedt). Sie minderte mit der Einführung des Provinzialcensus und der Aufgabe der Steuerverpachtung die finanzielle Ausbeutung, beteiligte die Untertanen an der Verwaltung und griff ihr kulturelles und religiöses Eigenleben nicht an. Die Verleihung des röm. → Bürgerrechts (2) an die sozial führenden Schichten und des Stadtrechts der → Municipien und → Kolonien (2) an nichtröm. Siedlungen, die Verschmelzung örtlicher Rechtsgrundsätze mit dem röm. Recht zu einem Reichsrecht brachte eine mehr oder minder starke Romanisierung. Die Rechtsunterschiede in der Bevölkerung glich → Caracalla 212 n. Chr. endgültig durch die constitutio Antoniniana aus, die allen freien Reichseinwohnern außer den → dediticii das röm. Bürgerrecht verlieh. 297 hob → *Diokletian* die Scheidung in kaiserliche und senatorische P.en auf und teilte das Reichsgebiet mit Einschluß Italiens und Ägyptens in 101 verkleinerte P.en ein. Sie wurden von Senatoren oder Rittern verwaltet, die in Achaia, Africa und Asia den Titel proconsul behielten, sonst als correctores, consulares oder praesides bezeichnet wurden. Sie hatten als reine Verwaltungsbeamte keinerlei militärische Befugnisse mehr, die für die einzelnen Provinzen jeweils einem → dux als Militärkommandanten übertragen wurden. → Konstantin (1) erhöhte 330 die Zahl der P.en auf 117. Die sachliche und räumliche Verkleinerung der Aufgaben intensivierte die Verwaltung, aber die übersteigerte und wieder korrupte Bürokratie bedrückte die Untertanen von neuem.

[3] Die folgende *Liste* stellt die Einrichtung der P.en chronologisch zusammen, ohne auf den manchmal wechselnden Charakter als kaiserliche oder senatorische und Grenzverschiebungen eingehen zu können. → Sizilien 242 vor Chr. → Sardinien mit → Korsika 227. Hispania (→ Spanien) citerior et ulterior 197. → Makedonien 148. → Achaia, angeschlossen an Makedonien 146. → Africa 146. → Asia 129. → Gallia Narbonensis 121. → Kilikien 102. → Gallia Cisalpina 81 (?). → Kyrene 74. → Kreta 64. → Pontos 63. → Syrien 63. Cyprus (→ Kypros) 58. → Numidien als Africa nova 46. → Ägypten (II B) 30. → Galatien 25. Aquitania, Lugdunensis, Belgica (→ Gallien) 16. → Noricum, → Rätien 15 v. Chr. → Pannonien 9/10 n. Chr. → Kappadokien 17. → Mauretanien 42. → Britannien 43. → Thrakien 46. → Judäa 72. → Moesia superior et inferior 86. → Germania superior et inferior 90. → Arabien 106. → Dakien 107. → Armenien 114. → Mesopotamien, → Assyrien 115. H.V.

Lit: G. H. Stevenson, Roman provincial administration, 1939 – H. Volkmann, Die röm. P.ialverwaltung d. Kaiserzeit, Gymnasium 68, 1961, 395–409 – P. A. Brunt, Charges of provincial maladministration under the early principate, Historia 10, 1961, 189–223 – B. E. Thomasson, Die Statthalter d. röm. P.en von Augustus bis Diocl., Opuscula Romana 4, 1962, 125–128.

Provocatio, Anrufung der Hilfe des Volks (provocare ad populum) gegen Maßnahmen der → Magistrate gegenüber Leib oder Leben eines röm. Bürgers. Wohl in den → Ständekämpfen entstanden und 300 v. Chr. für den Bereich domi, Anf. 2. Jh. v. Chr. für den Bereich militiae anerkannt. Wahrscheinlich war damit nur die Koerzitionsgewalt gesetzlich eingeschränkt, die P. nur eine Berufung auf diese Schranke des → imperium (nicht ein zum Komitialprozeß führendes Rechtsmittel gegen Strafen der Magistrate). G.J.

Lit: Mommsen, Staatsrecht, II 110–118 – A. Heuß, Zur Entwicklung d. Imperiums d. röm. Oberbeamten, ZRG 64, 1944, 57–133 – J. Bleicken, Ursprung u. Bedeutung der P., ZRG 76, 1959, 324 bis 377 – W. Kunkel, Unters. z. Entwicklung d. Kriminalverfahrens in vorsullan. Zeit, Abh. München, NF 56, 1962, 24–33.

Proxenos. Das Recht des → Fremden schützte zunächst der → Gastfreund. Wer aber in einen Ort kam, wo er keinen privaten Gastfreund hatte, konnte sich etwa seit dem 6. Jh. v. Chr. an den dortigen P. seiner Heimatstadt wenden, der ‹statt eines Gastfreundes› (*πρὸ ξένου*, daher wohl ‹Proxenos›) allen Bürgern der Stadt, deren P. er war, Aufnahme, Schutz und Hilfe (bes. in Rechtsfragen) zu gewähren und etwa auch die Interessen dieser Stadt selbst in seiner Heimatstadt zu vertreten hatte. Natürlich wurde die Übernahme dieser Lasten – die Proxenie war freiwillig und ehrenamtlich, in der Regel auch erblich – dem P. von der Stadt, die seine Dienste in Anspruch nahm, hoch angerechnet und durch besondere Förderung seiner Interessen und Verleihung von Vor- und Ehrenrechten vergolten. Da die Städte bemüht waren, gerade die einflußreichsten Männer als Proxenoi an sich zu binden, galt die Proxenie auch als Auszeichnung, und sie wurde zunehmend als eine der vielen, mit bestimmten Vorrechten verbundenen öffentlichen → Ehren verliehen, während die ursprünglichen Pflichten des P. eher in den Hintergrund traten. – Manche Staaten betrauten von sich aus eigene Bürger mit der Aufnahme der Fremden, bes. der Festgäste; auch diese hießen dann Proxenoi. Da ferner die Proxenoi bei Geschäftsabschlüssen mit Fremden wohl häufig als Zeugen oder Bürgen herangezogen wurden, hießen die zu Rechtsgeschäften zugezogenen Personen manchenorts ganz allgemein Proxenoi. F.G.

Lit: P. Monceaux, Les proxénies grecques, 1885 – A. Wilhelm, Attische Urkunden V, SB Wien 220, 5, 1942, 11ff. – G. Klaffenbach, Griech. Epigraphik, 1957, 78ff.

Prozeßformel, Charakteristikum des → Formularprozesses. Enthält neben der Richtereinsetzung je nach dem Prozeßgegenstand regelmäßig intentio (Angabe des Prozeßgegenstands) und condemnatio oder adiudicatio (Ermächtigung des Richters zur Verurteilung oder Klageabweisung bzw. zur Realteilung), möglicherweise auch demonstratio (Umschreibung des Sachverhalts) und exceptio (Ausnahme von den Verurteilungsvoraussetzungen zwecks Berücksichtigung von Gegenrechten u. ä.). → formula, → iudicium. G.J.

Q: Gaius, inst. 4, 39–52. 119.

Prozession. A. In Griechenland. Das griechische Wort für P., *πομπή*, ist ursprünglich weiter, bezeichnet das Geleit, das Götter Menschen geben, und dann auch profane Ehrengeleite, Gelegenheits-Prozessionen, Hochzeitszüge und Leichenbegängnisse. Für die *πομπή* im klassischen, engeren Sinne, d. h. für die kultische P., ist charakteristisch, daß sie eine Gottheit (auch Heroen) oder ein Opfer geleitet und daß diese Handlung geordnet und regelmäßig wiederholt wird. Als solche ist sie unveräußerlicher Bestandteil der → Feste, nicht «selbständige kultische Handlung», sondern «nur der Zug zu einer solchen» (Bömer, a. O. 1886), so wie der → Agon der festliche Ausklang der kultischen Handlung ist. Sie sind öffentlich und auf ein Ziel (Kultstätte des Gottes, oft weit außerhalb der Siedlung) ausgerichtet; hierin liegt die Gemeinsamkeit mit den → Theorien, die zu P.en werden können, und der Unterschied zu den Umzügen, Zauberprozessionen, Umkreisungen, Lustrationen, Phallophorien, Thallophorien usw., die allerdings auch zuweilen zu richtigen P.en ausgebildet oder in sie aufgenommen werden können. – Möglicherweise von der Urbevölkerung her übernommen, bei Homer jedoch nicht hervorgehoben, kamen die P.en zu ihrer öffentlichen Bedeutung erst in nachhomerischer Zeit – als Leistung der Polis, die sich und ihre Macht in ihnen demonstrierte und sie darum immer prächtiger ausgestaltete (bes. an den großen att. P.en der → Panathenäen, der → Eleusinien und der → Dionysien zu beobachten). Vorbildlich geworden und «Norm des Auftretens für die Gottheit und ihre Verehrer in der Öffentlichkeit überhaupt» (Bömer, a.O. 1895), breitet sich die P. immer weiter aus, vom Mutterland über die ganze hellenistische Welt und wird naturgemäß zu einem Hauptelement der Repräsentation im → Herrscherkult, schematischer Bestandteil aller öffentlichen Feste, ja sogar auch losgelöst von diesen (vgl. unser ‹Pomp›). – Zum ständigen Personal der P. gehörten: Herolde, einer oder mehrere Kanephoren, ein ‹Führer›, dem die Ehre der προπομπεία verliehen ist, Fanfaren, Priester oder Priesterin des betreffenden Kults und dann verwandter Kulte, Kinder (bekränzt), Behörden, fremde → Theorien, bestimmte Personen und Familien, Ministranten und Träger aller möglichen Kultgeräte, Musikanten und Sänger, das mitgeführte Opfer oder Götterbild, u. U. ferner Techniker, Ergastinen, Truppenteile, schließlich das Volk.

Lit: F. Boemer RE 21, 2 (1952), 1872–1974 (umfassend, mit Liste der griech. P.en; Lit).

B. Röm. Im röm. Kult (→ Religion II D) spielen die zahlreichen, mannigfaltigen P.en eine große Rolle. Für *Einzelbeschreibungen* vgl. → Triumphzug, → Ludi Romani (Pompa Circensis), → Pompa funebris, → Hochzeit (und → Talassio), → Ambarvalien, → Amburbium, → Argei, → Supplicationes, → Magna Mater, → Navigium Isidis. Den Begriff Pompa (πομπή) brauchen die Römer für jede Art von Aufzug oder Gefolge, die während kultischer Begehungen stattfinden und deren Teilnehmer in festgesetzter Ordnung und mit einer gewissen Feierlichkeit einherschreiten. – *Anlaß:* Die P.en finden teils nur bei bestimmten Gelegenheiten statt: Triumph- und Trauerzüge, Sühn- oder Dank-P.en der → Supplicationes usw., teils werden sie jedes Jahr durchgeführt: Ambarvalien, Amburbium (?), Argei, Navigium Isidis; wieder andere regelmäßig mehrmals im Jahr: die P. Circensis nicht nur anläßlich der Ludi Romani, sondern auch bei den L. Plebeii, Apollinares, Megalenses usw. – *Teilnehmer:* «Die großen Züge in Rom sind nie eine Angelegenheit des ganzen Volkes geworden; die P. triumphalis stand im Zeichen des Iuppiter optimus maximus, des siegreichen Feldherrn und seines Heeres, die P. circensis war ebenfalls ursprünglich Sache des triumphierenden Feldherrn, und die P. funebris war und blieb ein Reservat der großen Familien» (Fr. Bömer, a.O. 1976). Im Gegensatz dazu erfordern die Supplicationes die Beteiligung des ganzen Volkes, wie auch die P. der Magna Mater und der Isis. Manchmal wird das röm. Volk durch seine → Priester vertreten: bei der P. der Ambarvalien durch die → Fratres Arvales; im Privatkult aber führen die Bauern diese P.en rund um ihre Güter aus. In einer Sühn-P., die 207 v. Chr. auf Anlaß eines Wunderzeichens veranstaltet wurde, führten 27 junge Mädchen die Riten namens der Gemeinschaft durch (Liv. 27, 37). – *Prozessionsweg:* Für gewisse P.en ist es bezeichnend, daß sie rund um eine zu reinigende Sache im Kreis herumgehen; es sind die Reinigungs-P.en: Ambarvalien, Amburbien. Gewisse Strecken sind unabänderlich festgelegt: vom Marsfeld zum Kapitol durch die Via Sacra für die P. Triumphalis; vom Kapitol zum Circus Maximus durch das Forum Romanum und das Forum Boarium für die P. Circensis. Jedes Jahr zog man feierlich zum Almo, um die Statue der Magna Mater zu baden. Für die Sühn-P. vom griech. Typus begab sich der Zug vom Apollotempel aus zu dem der Juno Regina auf dem Aventin. – *Teilnahme der Götter an der P.:* Im Triumphzug verkörperte der Triumphator den Jupiter; in der P. Circensis gingen die Götter, durch ihre Statuen symbolisiert, im Zug mit; in der P. funebris stellten die mitgeführten Masken die vergöttlichten Ahnen des Toten dar. – Einige P.en sind typisch *griechisch;* das beste Beispiel hiefür ist die obenerwähnte P. der 27 jungen Mädchen, die mehrmals wiederholt wurde: zu ihr gehörte ein Tanz auf dem Forum und der Vortrag eines Hymnus zu Ehren der Juno; das sind künstlerische Elemente, die der alten röm. Religion völlig fremd sind. In den P.en vom oriental. Typus (Magna Mater, Isis) spielen Musik und Tanz eine Hauptrolle. H. Le B.

Lit: Fr. Bömer, Pompa, RE 21, 2 (1952), 1974–93.

Prudentius, Aurelius Clemens, größter christl. Dichter des lat. Altertums. Geb. 348 in Spanien (Calahorra, Saragossa?), gest. nach 405. Vom Leben des P. nur bekannt, was er in der ‹Vorrede› (*praefatio,* i. J. 404/405) zum Gesamtwerk äußert: nach rhetorischen Studien zweimal Statthalter einer (spanischen) Provinz, von Kaiser Theodosius I. zu hohem Zivilamt (‹Proximat›) befördert, schließlich Verzicht auf weltliche Ehren, um ganz Christus zu leben; Romreise ca. 401/403 (?), Besuch von Märtyrergräbern. – *Werke* (Abfassungszeit: nach 392 bis 405, evtl. noch später?): 1. 12 ‹Tageslieder› (= *Cathemerinon,* vgl. praef. 37 f.) in lyrischen Versmaßen. – 2. ‹Vergöttlichung› (= *Apotheosis,* praef. 39), 1084 Hexam.: Verteidigung der Trinitätslehre, Widerlegung bestimmter Häresien. – 3. ‹Der Sündenquell› (= *Hamartigenia,* praef. 39), 966 Hexam.: Vom Ursprung der Sünde, Bekämpfung des Dualismus. – 4. ‹Kampf um die Seele› (= *Psychomachia*), 915 Hexam.: allegorische Schilderung des Kampfes christlicher Tugenden gegen heidnische Laster (praef. 39 mit gemeint?). – 5. Zwei Bücher ‹Gegen Symmachus› (= *Contra Symmachum,* praef. 40 f.), 657 bzw. 1132 Hexam.: B. 1 allgemeine Apologie, B. 2 Widerlegung der *relatio Symmachi* (→ Symmachus). Von diesen Werken haben 2.–4. und beide Bücher von 5. lyrische ‹Vorreden›. – 6. 14 Gedichte ‹Über (Märtyrer)-Kronen› (= *Peristephanon,* praef. 42) in lyrischen Maßen bzw. elegischen Distichen, zum Preis auf Blutzeugen. – 7. ‹Aufschriften› (= *Tituli historiarum,* gewöhnlich mit schlecht beglaubigter Bezeichnung ‹*Dittochaeon*› = ‹Doppelte Speise› benannt; nicht praef.): 48 bzw. 49 hexametrische Vierzeiler, erklärende Texte zu Bildszenen aus AT und NT. – 8. ‹Nachwort› (= *Epilogus,* nicht praef.): 34 lyrische Verse als Abschluß des Werks. – P. verbindet größtes Formtalent mit reicher Phantasie bei hochentwickelter Darstellungsgabe; er verschmilzt antike Kultur mit christlichem Gedanken- und Erlebnisgut zur festen Einheit und ist als Schöpfer neuer Dichtungstypen (christliche Ode und Ballade, moralisch-allegorisches Epos) beachtlich. Von Eucherius von Lyon (gest. ca. 450) und → Apollinaris (1) Sidonius (gest. ca. 482) an bis ins späte MA häufig benützt, nachgeahmt, kommentiert (z. B. sog. Iso, St. Gallen, 9. Jh.); stärkste Nachwirkung war dem allegorischen Epos Psychomachia beschieden (breite Sonderüberlieferung). Hss. zahlreich. G. M.

Ed: Ed. princeps Deventer 1492 – J. Bergman, CSEL 61, 1926 (mit Rez. F. Klingner (1930), in: Studien, 1964, 675–687) – M. Lavarenne, 4 Bde, CB, 1943–51; I, 1955[2] – *Lit:* J. Bergman, A. Pr. Cl., Acta et commentat. Univ. Dorpat., B II 1, Tartu 1922, 1–127 – M. Lavarenne, Etude sur la langue du poète Pr., 1933 (Bibliogr. 607–630; vgl. GGA 201, 1939, 378–398) – A. Kurfess, RE 23, 1 (1957), 1039–71 – Altaner, 368 ff. (Lit).

Prusias I., ὁ χωλός, Sohn des → Ziaëlas, König von → Bithynien (ca. 230–182), vergrößerte seine Herrschaft in Kriegen gegen seine Nachbarn (→ Byzanz und → Pergamon; Vernichtung der von → Attalos I. am Hellespont angesiedelten → Galater), verstand es aber, mit den Römern Frieden zu halten (neutral im → Antiochos (3)-Krieg, 183 Auslieferung → Hannibals). D. T.

Bildnisse → Anhang I.

2. P. II., ὁ κυνηγός, Sohn P.' I., König von → Bithynien (ca. 182–149). Nahm während eines kurzen Bündnisses mit → Eumenes II. am Koalitionskrieg gegen → Pharnakes I. teil (181–179), dann Rückkehr zur alten bithynischen Politik (Freundschaft mit Makedonien, Feindschaft mit Pergamon). Im → Perseus-Krieg anfangs neutral, dann ‹Freund und Bundesgenosse› Roms. Die Verstimmung zwischen Rom und Eumenes II. nutzte er zu Klagen über den Nachbarn aus (167 Besuch in Rom, seine berüchtigte Servilität: Polyb. 30, 18, 3 f.). 156/154 Krieg gegen → Attalos II. (Verwüstung der pergamenischen Heiligtümer), den er auf röm. Druck hin unter Zahlung hoher Entschädigung einstellen mußte. Gegen den allseits verhaßten P. erhob sich sein Sohn → Nikomedes II. unter Zustimmung der Bithynier und mit Hilfe Attalos' II. und ließ P. in Nikomedien töten. Gesamturteil (sehr negativ): Polyb. 36, 15, 1–7. D.T.

Lit: Ch. Habicht, RE 23, 1 (1957), 1086ff., 1107ff. – *Bildnisse* → Anhang I.

Prytaneion, Amtsgebäude der obersten Beamten (→ Prytanen) einer Stadt oder eines selbständigen Heiligtums, enthielt den heiligen Staatsherd, Staatsarchiv und Gesetze, und diente zugleich für Ehrenspeisungen. Das P. leitet sich wahrscheinlich vom vornehmen Wohnhaus (→ Haus A 3) des Königs bzw. Tyrannen her, weshalb es in Grundriß und Funktion (Herd, Küche, Ehrenspeisungen) den Charakter eines repräsentativen Wohnhauses bewahrt hat. Um einen Peristylhof gruppieren sich mehrere Räume: P. von → Athen (trapezförmiger Peristylhof, 11 Räume, Mitte 6. Jh., vielleicht zunächst das Stadthaus der → Peisistratiden); verwandt das sog. Banketthaus (eher P.) im Heraion von → Argos (etwa quadratisches, zweischiffiges Peristyl mit nördl. angrenzenden Speiseräumen für Siegerehrungen, Mitte 6. Jh.), an dem das aus der → Tempelarchitektur abgeleitete Peristyl, die um einen Hof sich schließende Säulenordnung, eine gleichsam nach innen gekehrte Peristasis, erstmals auftritt; P. von Priene (Abb. 55) und Magnesia; reicher das P. von → Olympia (32,8 × 32,8 m = 100 × 100 Fuß, in der Mitte der Herdraum, 3 Höfe, seit dem 6. Jh. mehrfach umgebaut). Eine Sonderform bietet das zweite P. von Athen, die 465 erbaute → Tholos, bei der ein in der Mitte gelegener heiliger Herd, wie beim Vesta-Tempel in Rom, die Rundform veranlaßt haben könnte. G. Gb.

Prytanen, etwa ‹Vorsteher›, hießen (1) die höchsten (und → eponymen) Magistrate in vielen griech. Städten; (2) in Athen und anderswo die Mitglieder des geschäftsführenden Ratsausschusses (→ Bulē). In Athen waren das jeweils für ein Zehntel des Jahres (eine ‹Prytanie›) die 50 Ratsmitglieder einer → Phyle. Aus ihrer Mitte wurde im 5. Jh. v. Chr. der Epistates (Obmann) des Rates (und der Volksversammlung) für je einen Tag erlost, der auch das Staatssiegel und die Schlüssel zu Archiv und Schatzkammern verwahrte. Dies sowie die Einberufung von Rat und Volk blieb dem Epistates der P. auch im 4. Jh. vorbehalten; die Leitung der Sitzungen selbst ging im 4. Jh. auf die 9 Prohedroi (Vorsitzenden) – je einen aus den 9 gerade nicht geschäftsführenden Phylen – und deren aus ihrer Mitte ausgelosten Epistates über. F. G.

Prytanis, → Peripatetiker, 3. Jh. v. Chr., gab im Auftrage → Antigonos' III. dem 222 zerstörten → Megalopolis neue Gesetze (Polyb. 5, 93, 8). → Plutarch erwähnt seine ‹Tischgespräche› mit Anerkennung. P. M.

Psalmen, kultgebundener Sprechgesang, beeinflußte die Dichtung des AT, die ihrerseits in altorientalischen Vorbildern (babylon., ägypt. Götterlieder; hethit. Texte aus → Ugarit) verankert ist. Wie die lukanischen Ps. (Lk. 1, 46ff.; 1, 68ff.; 2, 29ff.) zeigen, geht der → Parallelismus membrorum altchristl. Ps. auf alttestamentl. Vorbilder zurück; instruktiv für ähnliche Beziehungen auch die mit alttestamentl. Ps. abwechselnden Ps. der Pistis Sophia; vgl. → Gnosis I). Die Pflege des Ps.gesanges in häretischen Gemeinden wie denen des → Basilides (Iren. Lugd. 1, 24, 5 (vgl. Oden Salomos, Ps. der Thomasakten, → Apostelgeschichten) und des → Manichäismus (koptisches Ps.buch), der seine Erfolge gerade seinem Ps.gesang (z. T. mit Refrain) verdankt, verhinderte lange die großkirchliche Zustimmung. Sog. ‹Madrasche› (sangbare Lieder mit Refrain) von → Ephraim und andern Syrern dokumentieren, daß zuerst die Ostkirche sie freigab; → Hilarius v. Poitiers übertrug sie in den Westen (2 Psalmi abecedarii; 3 sog. Hymnen; auch die sog. Hymnen von → Marius (6) Victorinus sind als Ps. gestaltet). Mit Einführung des antiphonischen Ps.gesanges durch → Ambrosius in Mailand war der Bann gebrochen. → Augustin antwortete dem → Donatismus im abecedarischen ‹Psalmus contra partem Donati› (mit Vorsänger; Refrain durch das Volk) und schuf jenen volkstümlichen Ps.typ, der nur der freien Wortrhythmik folgte und vorbildlich wurde. Ergebnis dieser Entwicklung war im Westen das → Te deum, im Osten der sog. ‹Hymnus Akathistos› (‹nicht sitzend›, sc. zu singen), dessen unbekannten Dichter man in dem gleichfalls nach Wortakzent Ps. dichtenden → Romanus sucht. Erst spät haben → Hymnen (mit metrischer Zählung, Beobachtung der Quantität der Silben) wie die von → Ambrosius, → Prudentius, → Venantius Fortunatus liturgische Verwendung gefunden. C. A.

Ed: P. Maass, Frühbyz. Kirchenpoesie, in: Lietzmann KlT 52/53 (1910), 1931[2] – W. Bauer, Oden Salomos, ebd., 64, 1933 – W. Bulst, Hymni latini antiquissimi, 1956 (3 Ps) – *Lit:* M. Vroom, Le psaume abécédaire de St-Augustin, 1933 (dazu Weiteres: Œuvres de St-A. 28, 1963, 146ff.: Bibl.) – A. Adam, Die Ps. des Thomas und das Perlenlied, 1959 – Vgl. zu → Hymnus.

Psamathe, (1) → Nereide, Gemahlin des → Proteus. Als Geliebte des → Aiakos Mutter des → Phokos; (2) Tochter des Krotopos, Mutter des → Linos.

Psammetich, Könige der 26. ägypt. Dynastie (vgl. → Saïtenzeit): Ps. I. *(Wꜣḥ-ib-Rꜥ)*, zunächst assyr. Untertan, beseitigte die Nebenkönige im Lande, zwang die Thebais zum Anschluß und einte das Reich. Obwohl er von Assyrien abfiel, unterstützte er es bei dessen letztem Widerstand gegen → Nabupolassar. Er regierte von 664–610. – Ps. II. *(Nfr-ib-Rꜥ*, 595–587), führte einen Feldzug gegen Nubien (Graffiti von → Abu Simbel) und einen weiteren in Syrien. – Ps. III. *(Nj-kꜣ-ꜥnḫ-Rꜥ*, 526–525), fiel bei der pers. Eroberung Ägyptens nach halbjähriger Regierung Kambyses in die Hände, der ihn hinrichten ließ. W. Hk.

2. **P. von Korinth,** Sohn des Gorgos, des unehelichen Sohnes des → Kypselos und Begründers von → Ambrakia; soll von → Periander, als die Korkyräer dessen Sohn ermordet hatten, in Korkyra als Tyrann eingesetzt worden sein. Ps. ist wahrscheinlich identisch mit dem jüngeren Kypselos, der Periander als Tyrann von Korinth nachfolgte und nach dreijähriger Herrschaft umgebracht wurde (582 oder ca. 550 v. Chr.). R. V. C.

Psellos, Michael, glanzvollste literarische Gestalt im Byzanz des 11. Jh.s. Geb. um 1018 in Nikomedeia, studierte Philosophie, Rhetorik, Jura, war Advokat, Richter, bald kaiserlicher Sekretär, wurde unter Konstantin IX. Monomachos (1042–54) Professor der Philosophie, nach 1054 vorübergehend Mönch, stieg dann unter den folgenden Herrschern bis zum Minister und persönlichen Berater des Kaisers auf. Er war ehrgeizig, eitel, servil und machthungrig, aber überaus klug und als Schriftsteller ungewöhnlich fruchtbar. Behandelte theologische, philosophische (darunter philologische und grammatische), juristische und naturwissenschaftliche Themen, außerdem schrieb er rhetorische Übungsstücke und versuchte sich in der Poesie. Sein historisches Hauptwerk ist die ‹Chronographie› (biographische Skizzen über die Kaiser von 976–1078), die zentrale philosophische Schrift eine *Διδασκαλία παντοδαπή* (Sammlung verschiedener Abhandlungen). Für die → Überlieferungsgeschichte (B 4) hat sein Wirken als Hochschullehrer und Schriftsteller besondere Bedeutung: P. trat energisch für die Wiederbelebung der klassischen Studien, vor allem für die Beschäftigung mit Platon, ein. Die Erfolge seiner Tätigkeit zeichneten sich im Geistesleben seiner Zeit deutlich ab: er hat die Renaissance der Komnenenzeit vorbereitet und darf, jedenfalls in dieser Hinsicht, mit → Photios verglichen werden. H. E.

Ed: PG 122, 477–1186 – E. Renauld, 1926–28 (Chronographie) – L. G. Westerink, 1948 (Didaskalia) – E. Kurk-F. Drexl, 1936–41 (Scripta minora) – *Lit:* Krumbacher, 433.

Psephisma, ‹durch Abstimmung herbeigeführter Beschluß› etwa des Rates oder (meist) der Volksversammlung (→ Ekklesia). Über die Unterscheidung der Volksbeschlüsse von den Gesetzen vgl. → Nomos. F. G.

Pseudepigraphen → Apokryphen.

Pseudoklementinen, der älteste vollständig erhaltene christl. → Roman (6), erzählt auf der Grundlage eines Klemensromanes und auf dem Hintergrund gnostischer Weltauffassung die Zerstreuung und Wiedervereinigung der Familie des Klemens, wobei Petrus die Rolle des Retters spielt. Die *Grundschrift* wird um 225 n. Chr. anzusetzen und die Entstehung in Syrien zu denken sein. Ihre Umarbeitung und Erweiterung durch das dualistische Motiv des dunklen Feindes → Simon Magus (z.T. Pseudonym für Paulus?) liegt in den ‹*Homilien*› (zwischen 325 und 381) und deren rechtgläubige Fassung in den ‹*Rekognitionen*› vor (um 360 in Syrien geschrieben; um 405 durch → Rufin ins Lateinische übertragen). Etwa gleichzeitig hat ein syr. Übersetzer Rek. I–III mit Hom. X–XIV verbunden. A.A.

Ed: B. Rehm, GCS 42, 1953 (Homilien) – PG 1 (Recognitiones) – W. Frankenberg, Die syr. Clementinen mit griech. Paralleltext, TU 3, 1937 – *Lit:* G. Strecker, Das Judenchristentum in den Ps., TU 70, 1958.

Pseudopythagoreer. Da authentische altpythagoreische Schriften nicht existierten oder nicht dem entsprachen, was man zumal unter Einfluß der Schule → Platons erwartete, traten Fälschungen in die Lücke: angebliche Originalwerke des → Pythagoras und seiner Schüler, meist in gekünsteltem dorischem Dialekt verfaßt, z.T. als späte Entdeckung bisher geheimgehaltener Bücher aufgemacht. So als Werke des Pythagoras u.a. 3 ‹berühmte› Bücher ‹Über Erziehung, Politik, Physik› (Diog. Laert. 8,6; Satyros, Diog. Laert. 3,9), eine ‹Heilige (d.h. geheime) Lehre› (Ἱερὸς Λόγος) in Hexametern (Herakleides (1) Lembos, Diog. Laert. 8,7), eine andere in dor. Prosa (Iambl. vit. Pyth. 146), ‹Pythagoreische Aufzeichnungen› (Alexander (12) Polyhistor, Diog. Laert. 8,25–33); Naturphilosophisches unter den Namen des → Philolaos, → Archytas, → Timaios v. Lokri, → Okkelos; weitere Schriften über Götter, → Zahlenmystik, pflanzliche Sympathiemittel; populäre ethische Werke mit dem Blick auf Alltagsleben, Frau und Haushalt, aus denen Stobaios viele Exzerpte erhalten hat. Alle Schriften schöpfen, soweit feststellbar, aus platonisch-peripatetischem Gut; oft sind Vorlagen fast wörtlich kopiert. Ein Großteil der Schriften ist noch im 3. und 2. Jh. entstanden; sie kommen, wie die gleichzeitigen magischen und astrologischen Apokryphen (Ps. → Demokrit, → Nechepso-Petosiris), einem unterdrückten Bedürfnis nach Autorität und geheimer Offenbarung entgegen. Früh fand die ‹italische Philosophie› in Rom Interesse; die Okkelos-Legende scheint darauf berechnet. Unklar ist die Rolle unteritalischer Griechenstädte, bes. Tarents in der Tradition der Ps. W.Bk.

Ed: F.W.A. Mullach, Fragmenta philosophorum Graecorum I, 1860, 383ff., II, 1867, 1ff. (unzulänglich) – *Lit:* W. Burkert, Hellenist. Pseudopythagorica, Philol. 105, 1961, 16–43, 226–246 – H. Thesleff, An introduction to the Pythagorean writings of the hellenistic period, Acta Acad. Aboensis 24, 3, 1961 (Lit).

Psiax, att. Vasenmaler des rot- und schwarzfigurigen Stils (→ Vasen E 4), tätig um 520–505 für die Töpfer Andokides, Hilinos und Menon. Identisch mit dem Menonmaler schwarzfiguriger Bilder. Signiert sind zwei rotfigurige Alabastra. Jüngerer Zeitgenosse des → Andokidesmalers, bemalt im Gegensatz zu jenem vorwiegend Gefäße kleinen Formats. Sein Zeichenstil ist entsprechend grazil und kleinteilig. *Werke:* Anakreonteller, Basel (K. Schefold, Meisterwerke, 1960², Nr. 147); Bauchamphora mit Apoll, Leto, Artemis und Ares (rotfigurig) und Thiasos (schwarzfigurig), Madrid 11008 (CVA Madrid 1, III H e, Taf. 23–25); Amphoren, Schalen, Aryballen, Alabastra, Skyphoi, Teller, Lekythen. I.Sch.

Lit: H.R.W. Smith, New Aspects of the Menon Painter, 1929 – G.M.A. Richter, The Menon Painter = Psiax, AJA 38, 1934, 547 bis 554 – Beazley, ARV² 6–9.

Psilose (ψίλωσις), ‹kahle›, d.h. unbehauchte Aussprache oder Schreibung im Griechischen: spiritus lenis statt asper, tenuis statt aspirata. Generelle P., d.h. Schwund des anlautenden Hauches, ist für einige Dialekte, bes. das Ostionische und Lesbische, typisch (→ Griechisch B 2). E.R.

Psophis, kleine Stadt im nordwestl. → Arkadien am Oberlauf des → Erymanthos (Kt. 1152 C 5), in hellenist. Zeit politisch zu Elis gehörig. E.M.

Psychagogia, ‹Lenkung des Gemüts› durch Reden (διὰ λόγων), als Definition der → Rhetorik (A) vorgeschlagen von Platon (Phaidr. 261 A 7f.; vgl. 271 C 10ff.), zweifellos im Blick auf → Gorgias, der im Mittelteil seiner Lobrede auf ‹Helene› (8–14) eben dies als Werk des Logos beschreibt (vgl. Plat. Gorg. 456 A ff.). Aristoteles (rhet. 2,1ff.) und Cicero (De orat. 2,206ff.) führen den Gedanken weiter aus. Später hat man dann die rhetor. Ps. vielfach auf den Begriff der Unterhaltung im Gegensatz zu dem des Nutzens eingeschränkt. H.H.

Lit: J. Chr. Th. Ernesti, Lex. techn. Graec. rhetor., 1795 (Nachdr. 1962), 388 – Ch. P. Segal, Gorgias and the psychology of the logos, HStClPh 66, 1962, 99–155 – F. Solmsen, Aristotle and Cicero on the orator's playing upon the feelings, ClPh 33, 1938, 390–404 – P. Rabbow, Seelenführung, 1954 – Kennedy, Persuasion, 62f. 69f. 78f. 94f. – Lausberg, I 142ff.

Psyche (Ps. = Psyche; S. = Seele). [1] *Anfänge. Quellen.* Der Psychologie begegnet die griech. Philosophie zunächst vom Begriff der den Weltkörper belebenden Welt-S. und von dem des kosmischen Geistes (→ Nus) her, der die Weltbewegung in Gang bringt (→ Anaxagoras). Gegenstand systematischer Untersuchung wird die S. für unser Wissen erst mit → Platon (bes. ‹Staat›, Phaidon, Phaidros, Timaios). Spezialuntersuchungen über die S. (περὶ ψυχῆς) sind von da an zahlreich bezeugt; unter den erhaltenen sind zu nennen Aristoteles' De anima, Lukrez Buch III, Cic. Tusc. disp. I, unter den fragmentarischen bes. das Werk → Chrysipps, wichtig auch zahlreiche Schriften → Plutarchs. Weitere Quellen sind die Reste der doxographischen Literatur und die spätantike Exegese der genannten Platondialoge.

[2] Ähnlich wie die → Theologie steht die philosophische Psychologie von vornherein mehreren *Leitgedanken* gegenüber, die sie zu koordinieren hat: 1. Zunächst ist die Ps. Prinzip des Lebens. Ihr Verschwinden ist (schon bei Homer) der Tod. Aus der Phänomenologie des Todes wird in verschiedener Weise auf das Wesen der Ps. geschlossen: (a) Identität mit dem Atem, also der Luft (von Anaximenes an mehrere Vorsokratiker), (b) Identität mit der Körperwärme, dem Feuer oder einer bes. Abart des Feuers (so weitgehend die → Stoiker), (c) Träger der Körperbewegung, so schon bei → Demokrit, dann bei → Platon, der sie als das Sich-selbst-Bewegende und das dem Körper die Bewegung Gebende bestimmt. (d) Aristoteles (De an. II) bestimmt die S. als die Durchgeformtheit (→ Entelechie), durch die der auf Belebtheit hin angelegte Körper ein belebter wird, und zwar im Prinzip gleich bei Mensch, Tier, Pflanze. Psychologie wird so die Basiswissenschaft der gesamten Biologie; ähnlich → Dikaiarch und → Aristoxenos, in etwas anderm Sinne → Epikur. – 2. Auch schon bei Homer finden sich Ansatzpunkte zur Anschauung, daß die S. der Träger ethischer Verantwortung wird und darum nach dem Tode Lohn oder Strafe erfährt (→ Jenseitsvorstellung, → Theodizee). Der Gedanke wird in den Mythen → Platons (und des → Aristoteles) und späterer Platoniker, bes. → Plutarchs, aufgenommen, leidenschaftlich bekämpft von → Epikur, stark abgeschwächt berücksichtigt von der → Stoa (die S.n der Weisen überdauern den Tod länger als die der Toren und gehen schließlich ins Weltfeuer ein). – 3. Die zunächst unbekümmert konstruierende → Kosmologie der → Vorsokratiker stößt an die Frage, wie es grundsätzlich mit der Erkenntnisfähigkeit des Menschen steht. Es ergibt sich, daß er nur darum erkennend (und im Gegensatz zum Tiere) über das Hier und Jetzt hinausgelangt, weil ein Teil von ihm selbst an das Hier und Jetzt nicht gebunden ist. Die S. wird Träger des Erkennens, und nach dem Grundsatz, daß Gleiches nur durch Gleiches erkannt werden könne (gültig bes. für → Empedokles, → Platon, → Aristoteles, die

→ Stoa; vgl. → Erkenntnistheorie), läßt sich das Wesen der S. bestimmen: da sie die Prinzipien des Seins und die Gottheit zu erkennen vermag, besteht sie selbst aus diesen Prinzipien und aus einer Partikel des Göttlichen. Es kann sich (bes. bei → Platon und z.T. bei → Aristoteles) eine S.n-Theologie entwickeln. Die S. ist eigentlich im Bereich der Götter zu Hause, gewaltsam in den Körper gebunden und hält sich die Möglichkeit der Rückkehr zu den Göttern dadurch offen, daß sie sich vom Körper fernhält und ganz der Betrachtung des Göttlichen (bzw. des ewigen Seins) widmet (vgl. → Ethik). – 4. Verhältnismäßig spät berücksichtigt das griech. Denken die Erfahrung, daß das Handeln von verschiedenen, ja entgegengesetzten Antrieben beherrscht sein kann. Die Ps. wird zum Ort innerer Konflikte mehrerer S.n-Teile. Die bes. durch → Platon (rep.) begründete pluralistische Psychologie unterscheidet eine Hierarchie von Teilen: Vernunft (Phronesis), Mut (Thymos), Begehren (Epithymia). → Aristoteles sondert einfacher das Vernünftige (Logikon) vom Vernunftlosen (Alogon). Das rechte Handeln wird durch eine politischer Ordnung vergleichbare Regierung der Vernunft über das Untergeordnete herbeigeführt. Unitarisch ist die Psychologie der klass. Stoa: es gibt nur die Einsicht (Logos), und was ihr als → Affekt widerstrebt, sind nur Krankheitszustände der Einsicht selbst. – Aus diesen Leitgedanken ergibt sich: Für (1) ist die S. wesenhaft an den Körper gebunden; ihre Aufgabe ist die Belebung des Körpers, und ihr Dasein endet faktisch mit dieser Aufgabe. Für (2), (3), (4) tritt die Ps. als ein Wesen höherer Ordnung dem Körper gegenüber und erfüllt ihre Aufgabe z.T. mit seiner Mitwirkung, aber ohne wesenhaft auf ihn angewiesen zu sein. (3) statuiert geradezu einen Gegensatz zwischen S. und Körper und führt zum Problem, wie die Bindung der S. an den Körper überhaupt zustande kommen kann. (2) stellt die Frage, wie die S. gleichzeitig unsterblich und leidensfähig sein kann. In (4) liegt der Gedanke nahe, die untergeordneten S.n-Teile zur Körperlichkeit zu schlagen. Allgemein steht die griech. Psychologie immer wieder vor der Alternative, die S. entweder so nahe an die Gottheit und die ewigen Prinzipien, die sie erkennt, heranzurücken, daß die organische Einheit des Menschen zerfällt und die Philosophie nur noch die Flucht aus der Körperlichkeit empfiehlt (→ Dualismus), oder aber die S. nicht bloß als Prinzip des Lebens, sondern auch als erkennende (sofern das Erkennen auf die Sinnesorgane angewiesen sein kann) und handelnde (sofern an den Affekten auch der Körper beteiligt ist) so eng an den Körper zu binden, daß für ein selbständiges Weiterleben nach dem körperlichen Tode kein Raum mehr bleibt. O.G.

Lit: s. zu → Platon, → Aristoteles, → Stoa, → Epikur.

Psyche → Amor und Psyche.

Psychostasie. An entscheidender Stelle der Ilias (22,208 bis 213) wägt Zeus die beiden Todeslose Achills und Hektors; dasjenige Hektors sinkt, womit sein Schicksal besiegelt ist. Die Vorstellung der Seelenwägung scheint altem Glauben der myk. Zeit zu entstammen, doch die spätern Belege, bes. die Seelenwägung Achills und Memnons in der Tragödie ‹Ps.› des Aischylos (Frg. 279 f. N.), sind ausschließlich von der homerischen Stelle angeregt. Der Glaube späterer Zeit kennt diese Vorstellung nicht mehr. O.G.

Lit: P. Von der Mühll, Krit. Hypomnema z. Ilias, 1952, 337 A. 31 – I.D. Beazley, Der Kleophradesmaler, 1933, 12.17 – Ders., Attic Vase Paintings, III, 1963, 44–46.

Psychotherapie. [1] Vorbemerkung. Eine ‹Psychotherapie› im Sinne der heutigen – nach Gegenstand und Methode eingeschränkten – Konzeption hat es im Altertum weder als Begriff noch als therapeutisches Programm mit verfügbarer ‹Technik› gegeben. Das ist darin begründet, daß das Verhältnis von Psyche und Körper als Einheit gedacht und also noch nicht zum ‹Leib-Seele-Problem› geworden ist. – Seelische Ausnahmezustände und Geisteskrankheiten sind per definitionem weder als Erscheinungen eindeutig gegeben, noch sind ihre Deutungen späteren Zeiten ohne weiteres zugänglich und kontrollierbar; sie sind nicht in allen Kulturen als solche erkannt und in gleicher Weise als krankhaft gewertet worden. Krankheitsbilder, wie sie in unseren Quellen beschrieben sind, dürfen daher – auch bei Gleichheit der Benennung – nicht immer mit modernen identifiziert werden.

[2] Ps. der Primitiven. Bei den Primitiven, die die Leiden vorzugsweise auf Einwirkung göttlicher und dämonischer Kräfte zurückführen, ist die Krankenbehandlung magisch-rituell. Sie enthält psychotherapeut. Elemente wie Suggestion, Beschwörung und Beichte.

[3] Ps. der außergriech. höheren Kulturen. Die Therapie des semitischen Orients, der assyr.-babylon. Kultur, ist religiös und personal ausgerichtet. Kranksein ist Ausdruck der religiösen und ethischen Verfassung. Die Beichte wird zur Mitte ärztlicher Diagnostik; zur Therapie dienen differenzierte Bußübungen. – In der ägypt. Ps. sind einerseits die magischen Äußerungen, andererseits die teils mythisch-poetischen, teils realistischen Darstellungen psychopatholog. Zustände und Heilungsvorschriften schwer voneinander zu trennen. Psychotherapeut. Angaben sind verstreut in den Papyri enthalten. – Bes. die Heilkunst Indiens birgt eine Sammlung psychotherapeut. ‹Techniken› und ist als ‹archaische Ps.› aufschlußreich geworden.

[4] Ps. in der griech. und röm. Antike. Die abendländische Psychopathologie und Ps. ist griech. geprägt. Die Entwicklung der antiken Ps. stellt sich in verschiedenen Bereichen dar. Die ‹physiologische› Ps. beruht auf den Grundlagen vorsokratischer philosophischer Naturerkenntnis. Alle Krankheits- und Heilungstheorien der Philosophen- und Ärzteschulen gehen aus vom Begriff der → Physis. Die *Ärzteschulen* verstehen das Krankheitsbild als Abweichung von der ‹natürlichen› Form der Physis. Diese Abweichung heißt – je nach der patholog. Grundvorstellung – Monarchie, Dysharmonie, Asymmetrie oder Dyskrasie. Die Ps. richtet sich folgerichtig auf die Wiederherstellung eines Gleichgewichts. Die Vertreter dieser Ps., die die seelische Krankheit als Ausdruck einer körperlichen Krankheit versteht, sind Alkmaion, → Diogenes (2) v. Apollonia, die hippokratischen und die knidischen Ärzte, → Celsus (1) und → Galen. In ihren Schriften finden sich gelegentlich Anweisungen zur diagnostischen Traumdeutung und Beobachtung des Seelenlebens; zwei Monographien über Geisteskrankheiten (über die Epilepsie und die Hydrophobie) sind erhalten. Symptome werden zahlreich genannt: Raserei, Delirium, Krämpfe, Sinnestäuschung, Orientierungsverlust, Verstandes- und Gedächtnisschwund, Zorn, Träume, Verzückung, Selbstmordneigung. Als eigenständige Krankheiten sind beschrieben: Mania, Melancholia (vgl. Ps. Aristot. Probl. 30), Epilepsie, Phrenitis, Lethargus, Koma, Katochus, Hysterie, Paralysis (vgl. die Monographie Theophrasts), Demenz, Trunksucht (umfangreiche Literatur *περὶ μέθης*) u.a. Die Krankheitsbilder und die speziellen Einteilungen variieren bei den Autoren; die pathologischen Anschauungen (Säftelehre, Pneumalehre) und entsprechend die therapeutischen Vorschriften werden verändert oder verfeinert; die Frage des Seelensitzes taucht auf. Das ‹Bild der Gesundheit› (*εἶδος τῆς ὑγιείας*), das der hippokratische Arzt herzustellen sucht, ist die das Psychische und Somatische übergreifende ‹natürliche Ordnung› (*διάθεσις κατὰ φύσιν*). Die Besonderheit der *philosophisch begründeten Ps.* ist der ethische Charakter. Die Therapie sucht – in Umkehrung des hippokratischen Aspekts – hinter dem körperlichen Leiden den ethischen Defekt, den seelischen Schmerz zu entdecken. Im Mittelpunkt stehen die → Affekt- und Trieblehren. Das Bild des Gesunden, das es zu erhalten und zu gewinnen gilt, ist die Ausgewogenheit der Affekte und Triebe. Vertreter dieser Ps. sind → Platon und → Aristo-

teles, dann die → Stoiker (bes. → Chrysipp), → Andronikos v. Rhodos und schließlich → Galen, der diese Form der Ps. mit der Ps. der Ärzte vereinigt. Die Frage der wechselseitigen Abhängigkeit von ‹medizinischer› und ‹philosophischer› Ps. ist nicht einhellig entschieden. Zweifellos ist auch wechselseitige Berührung und Befruchtung anzunehmen. – Einzeldarstellungen der Ps.: 1. Platon. Ziel seiner Ps. ist die Herstellung und Bewahrung der Sophrosyne. Zur Bezähmung der Triebe und Affekte sowie zur Überwindung der Raserei (Mania als Ausdruck für das Unterliegen der Vernunft) dienen (vom philosoph. Logos abgesehen) die Gymnastik sowie die Musik, insbes. diejenige dorischer Tonart. Beschwörung und Besprechung können zur Selbsterkenntnis und Offenbarmachung der Seele dem Arzt gegenüber führen. Traumdeutung und Psychokatharsis (vorgezeichnet bei Empedokles, aktualisiert bei den Tragikern) sind Methoden der Ps., die in platonischen Schriften auftreten. → Enthusiasmus, → Inkubation und Schweigeübungen gehören gleichfalls in diese Ps. Das Versagen der Besprechungstherapie bei Selbstmordneigung und Selbstknechtung erkennt Platon und fordert drastische Behandlung. – 2. Aristoteles liefert eine differenzierte Konstitutionenlehre auf Grund von humoralphysiologischen Prinzipien; er ordnet die psychische Konstitution und die psychopathische Disposition bestimmten Mischungsverhältnissen zu. Im Rahmen der philosophischen Trieb- und Affektlehre ragt die ethisch ausgerichtete → Lusttheorie hervor. Die Unterscheidung von normaler Triebhaftigkeit, krankhaft übersteigertem Triebleben und schließlich der Triebentartung (ἀποθηρίωσις) als Charaktervariante, verglichen einer Geisteskrankheit, ist bedeutsam. Prinzip der Ps. ist Mäßigung. Die therapeutisch wirksame Affekterzeugung und -steigerung hat eine Wurzel in der verbreiteten Schreck- und Schocktherapie der Antike – 3. Die Stoa bereichert die Ps. um eine vielseitige Differenzierung der Affekte. Die ‹Affektausrottung› ist ein Beispiel des psychotherapeut. Radikalismus stoischer Prägung. Die → Affekte werden in enge Beziehung zur Krankheit gerückt, teils selbst als Krankheitszustände interpretiert und entsprechend bekämpft. Kennzeichnend für die stoische Psychopathologie ist die Pneumalehre mit der dynamischen Auffassung von Strömung und Spannungszuständen. – 4. Galen repräsentiert die Vollendung und Zusammenfassung der griech. Medizin und Psychopathologie, die in dieser Form bis in das 17. Jh. hinein überliefert werden. Für die Ps. ist originell die Idee der Psychogenie, der Entstehung von Krankheiten aus seelischen Ursachen, z. B. dem Affekt; sie wird aber verknüpft mit einer somatischen Erklärung des Seelenlebens. Die Seelenzustände werden im Körper lokalisiert. Im Zuge der beginnenden Neuroanatomie seit → Herophilos, → Erasistratos, → Marinos präzisiert sich die (an sich sehr alte) Frage nach dem Ort der Seele. Sie führt zur Vorstellung einer direkten Abhängigkeit psychischer Vorgänge vom Hirn (der Gedanke des Zentralnervensystems ist hier vorgezeichnet). Die Ps. Galens ist bei allen Verfeinerungen und Modifikationen in ihrem Grunde hippokratisch geblieben. J.H.W.

Lit: J. Schumacher, Antike Medizin, 1940 – W. Leibbrand-A. Wettley, Der Wahnsinn, Gesch. der abendländ. Psychopathologie, 1961 – P. Lain-Entralgo, Introducción historica al estudio de la patologia psicosomatica, 1950 (deutsch 1956).

Psykter, Gefäß zum Kühlhalten von Wein. Neben der seltenen Form der doppelwandigen → Amphora identifiziert man mit dem P. ein flachbauchiges Gefäß auf hohem, zylinderförmigem Fuß (‹Kiel›), das häufig in Krateren schwimmend dargestellt ist (→ Vasen, Abb. 244, 2). Zweifelhaft bleibt, ob solche P.e den zu kühlenden Wein oder die kühlende Masse enthielten. I. Sch.

Lit: E. Diehl, Griech. Weinkühler im 5. u. 4. Jh. v. Chr., in: Festschrift zum 400jähr. Jubiläum des Herzog-Wolfgang-Gymnasiums Zweibrücken, 1959.

Ptah, ägypt. Gott in Memphis, menschengestaltig, gern in einer Kapelle auf einem Sockel stehend dargestellt, ursprünglich Gott der Handwerkerstuben in der Residenz. Seit der 5. Dynastie wurde er zum urzeitlichen Schöpfergott erklärt im Gegensatz zu → Atum von Heliopolis. Im Neuen Reich ist er neben → Amun und → Re Hauptgott des Landes. Mit Sachmet und Nefertem bildete er eine Triade. Er wurde eng mit dem Erdgott Sokar verbunden, wodurch er auch an Osiris angenähert wurde. Er galt auch als Herr des Jubiläums (= → Sed-) festes. Die Griechen deuteten ihn als Hephaistos. W. Hk.

Lit: G. Sandman-Holmberg, The God Ptah, 1946.

Pterelaos, Sohn oder Enkel Poseidons, König in Taphos. – Unsterblich, solange er ein goldenes Haar auf dem Kopf hat. Aus Liebe zu → Amphitryon, dem Gegner des P., reißt die Tochter des P., Komaitho, ihm das Haar aus, so daß die Taphier (Teleboer) besiegt werden und P. stirbt. Amphitryon tötet auch die Komaitho. Vgl. die Sage von → Nisos und Skylla. K. Schb.

Lit: Preller-Robert II 1, 608 – G. Radke, RE 23,2 (1959), 1488–96.

Ptoion, Gebirge im Nordosten von → Böotien mit großem Orakelheiligtum des Apollon Ptoios, erhaltener Tempel vom Ende des 4. Jh.s v. Chr. Bedeutende Funde archaischer eherner Dreifüße und marmorner Jünglingsstatuen bezeugen die Bedeutung des Heiligtums in archaischer Zeit. E. M.

Lit: S. Lauffer, RE 23,2 (1959), 1506–78.

Ptolemäer, Diadochendynastie in Ägypten 323–30 v. Chr. (seit 305/304 als Könige), nach Lagos, dem Vater des → Ptolemaios I., auch Lagiden genannt. Das Geschlecht entstammte kleinem makedon. Adel, leitete sich aber über Arsinoë, die Mutter Ptolemaios' I., von einer Seitenlinie des → Argeadenhauses und damit wie dieses von Herakles und Zeus her. Alle Herrscher trugen den Namen Ptolemaios. Seit der Geschwisterheirat → Ptolemaios' II. waren fast alle Könige (außer → Ptolemaios III., V., VII.) mit Schwestern oder anderen weiblichen Mitgliedern des Hauses verheiratet; die Herkunft dieser Sitte ist noch nicht völlig geklärt (persisch?). Ferner bestanden enge dynastische Beziehungen zu den anderen Diadochenhäusern, bes. zu den → Seleukiden (→ Stammbaum). Zur Geschichte und Verwaltung des P.-Reichs vgl. → Ägypten II. H. H. Sch.

Lit: J. G. Droysen, Gesch. d. Hellenismus, 3 Bde (1833–43), 1877–78[2] – B. Niese, Gesch. d. griech. und makedon. Staaten seit der Schlacht bei Chaeronea, 3 Bde, 1893–1903 – M. L. Strack, Die Dynastie der P., 1897 – A. Bouché-Leclercq, Histoire des Lagides, 4 Bde, 1903 bis 1907 – K. J. Beloch, GG IV – E. Bevan, A History of Egypt under the Ptolemaic Dynasty, 1927 – CAH VI–IX, 1927–1932 (Lit) – M. Holleaux, Etudes d'épigraphie et d'hist. grecques III, 1942 (gesamm. Einzelstudien) – H. Volkmann, RE 23,2 (1959), 1600–1761 (Lit) – T. C. Skeat, The Reigns of the Ptolemies, Münch. Beitr. z. Pap. forsch. u. ant. Rechtsgesch. 39, 1954 (zur Chronologie) – A. E. Samuel, Ptolemaic Chronology, Münch. Beitr. 43, 1962.

Ptolemaios I. Soter, geb. um 367/366, Sohn des Makedonen Lagos und einer Verwandten des → Argeadenhauses (Stammbaum → Ptolemäer). 337 als Freund → Alexanders (5) d. Gr. verbannt, wurde er 336 von diesem zum Leibwächter ernannt und zeichnete sich, seit 330 in hohen Kommandos, auf Alexanders Feldzügen aus. 323 nach Alexanders Tod zum Satrapen von Ägypten ernannt, baute er die Satrapie rasch zum Territorialstaat aus. Er beteiligte sich 322–321 an der Koalition gegen → Perdikkas (4) und heiratete 321 Eurydike, Tochter des → Antipater (1), 317 → Berenike I. Zwischen 315 und 301 an mehreren Koalitionskriegen gegen → Antigonos I. Monophthalmos beteiligt, half er → Seleukos I., Babylonien zu gewinnen, besiegte 312 → Demetrios (1) I. Poliorketes bei Gaza und wurde 306 bei Salamis (Cypern) zur See geschlagen. 305/304 nahm er den Königstitel an. Die Rettung der Rhodier aus der Belagerung durch Demetrios brachte ihm göttliche Verehrung als ‹Soter› ein. Obwohl an dem Sieg über Antigonos bei Ipsos (301) nicht beteiligt, wußte er sich Koilesyrien und Phoinike zu sichern. Ferner vermehrte er sein Reich bes. um

Kyrene (endgültig 298 nach mehreren Aufständen) und Cypern (endgültig um 294). Nach außen sicherte er die Herrschaft durch kluge Heiratspolitik (Verbindungen mit → Lysimachos, → Agathokles (3) v. Syrakus, Demetrios Poliorketes und → Pyrrhos (1), den er 294 nach Epirus zurückführte), nach innen durch die Grundlegung der Militär- und Verwaltungsorganisation (→ Ägypten II). 285 nahm er seinen ältesten Sohn von Berenike, → Ptolemaios II., zum Mitregenten an. Er starb im Winter 283/282. Er begründete den Reichskult Alexanders, dessen Leiche er in Memphis beisetzen ließ, und die Verehrung des → Sarapis; sein eigener Staatskult wurde erst nach seinem Tod eingerichtet (279/278; → Herrscherkult). P. begründete → Museion und Bibliothek in → Alexandria und förderte Wissenschaften und Künste. Er selbst trat literarisch hervor durch die Abfassung einer im allgemeinen recht zuverlässigen Alexandergeschichte, die bei → Arrian noch greifbar ist (FGrHist 138). H. H. Sch.

Lit: H. Strasburger, P. und Alexander, 1934 (zur Alex.gesch.) – E. Kornemann, Die Alex.gesch. d. Königs P. I. v. Äg., 1935 – H. Volkmann-G. Wirth, RE 23, 2 (1959), 1603–45 (Lit); 2467–84 – *Bildnisse:* → Anhang I.

[2] Sein *Geschichtswerk.* Das von P. verfaßte, heute meist hoch eingeschätzte Werk über → Alexander d. Gr. (vielleicht ein Alterswerk) versucht man, aus → Arrians ‹Anabasis› (Hauptvorlagen: P., → Aristobul) näher zu bestimmen: danach ist es eher nüchtern und reflektiert gewesen, weniger am rein Menschlichen als am Militärischen und Politischen interessiert. Sparsam mit Exkursen (Geo-, Ethnographie usw.), mit autobiographischen Elementen durchsetzt. Oft nimmt man an, P. habe die → Ephemeriden Alexanders benutzt, die von Alexanders Kanzleichef → Eumenes (3) v. Kardia und Diodot v. Erythrai ‹aufgezeichnet› wurden. W. Sp.

Frg: FGrHist 138; Ephemeriden: FGrHist 117 – *Lit:* Berve I Nr. 668 – H. Strasburger, P. u. Alexander, 1934 – G. Wirth, RE 23,2 (1959), 2467–84 – L. Pearson, The lost Histories of Alexander, 1960, 70ff., 260f., 188ff.

2. **P. II.** Philadelphos, Sohn des vorigen und der → Berenike I., geb. 308 (Stammbaum → Ptolemäer), 285 Mitregent, seit 283/282 Alleinherrscher. In Kämpfen gegen die → Seleukiden und Makedonien (→ Syr. Kriege, → Chremonideischer Krieg) konnte er den ererbten Besitz in Kleinasien und der Ägäis im wesentlichen wahren, teilweise sogar vermehren; er erweiterte Ägypten durch Feldzüge nach Äthiopien und Arabien und festigte den ptol. Einfluß auf den → Nesiotenbund. P. unterstützte den → Achäischen Bund und → Alexander (8) v. Korinth gegen Makedonien und nahm 273 freundschaftliche Beziehungen zu Rom auf. Als kluger Heiratspolitiker vermählte er 252 seine Tochter → Berenike (3) Syra mit → Antiochos II. und bereitete durch eine dynastische Verbindung die Rückkehr des unter → Magas abgefallenen Kyrene vor (um 250). Er selbst war verheiratet mit → Arsinoë I. (258?), die er um 278 verbannte, um seine leibliche Schwester → Arsinoë II. zu ehelichen, die großen Einfluß auf ihn hatte. Diese erste Geschwisterheirat erregte bei den Griechen schweren Anstoß. P. begründete den ptol. → Herrscherkult durch Vergöttlichung seiner Eltern und der Arsinoë II.; P. selbst und Arsinoë wurden schon zu Lebzeiten als *θεοὶ Ἀδελφοί* verehrt (der Beiname Philadelphos für ihn wurde erst im 2. Jh. v. Chr. gebräuchlich). P. festigte das Reich durch Organisation der Verwaltung und Wirtschaft (→ Ägypten II) und förderte den Handel (bes. mit Indien), die Wissenschaften und Künste. H. H. Sch.

Lit: → Ptolemäer – *Bildnisse:* → Anhang I.

3. **P. III.** Euergetes (246–222/221), Sohn des vorigen und der → Arsinoë I., geb. um 284 (Stammbaum → Ptolemäer), heiratete beim Regierungsantritt (27. Jan. 246) → Berenike II. v. Kyrene, wodurch Kyrene wieder an das Lagidenreich zurückfiel. Im 3. → Syr. Krieg (246–241) griff P. zugunsten seiner Schwester → Berenike (3) Syra in die seleukid. Thronstreitigkeiten ein und stieß bis zum Euphrat vor (OGIS 54), wurde aber 245 durch einen Aufstand zur Rückkehr gezwungen. Im Frieden von 241 erzielte er bedeutende Gewinne in Kleinasien und Thrakien. P. unterstützte → Antiochos (8) Hierax in Kleinasien und (gegen Makedonien) den → Achäischen Bund (dessen → Hegemon er 243 wurde), dann seit 226 → Kleomenes III. und die → Ätoler. Innenpolitisch bedeutend durch den Ausbau des → Herrscherkults und Verwaltungsreformen (→ Stratege). Seine Bedeutung als Herrscher ist umstritten. H. H. Sch.

Lit: W. Otto, Beitr. z. Seleukidengesch. d. 3. Jh.s v. Chr., Abh. München 34, 1, 1928 – Weiteres → Ptolemäer – *Bildnisse:* → Anhang I.

4. **P. IV.** Philopator (222/221–204), geb. nach 240 (?), Sohn des vorigen (Stammbaum → Ptolemäer). Bei seinem Regierungsantritt wurden seine Mutter Berenike III., ein Bruder und ein Onkel wohl mit seinem Mitwissen beseitigt. Im 4. → Syr. Krieg (221 bzw. 219–217) schlug P. → Antiochos III. nach Verstärkung der ägypt. Phalanx durch Eingeborene bei Raphia (23. Juni 217). Der folgende schwere Eingeborenenaufstand (erst 184 beendet) und die Inflation (seit 221/220) legten die ptol. Außenpolitik lahm. Der schwache König stand unter dem Einfluß seiner Minister Sosibios und Agathokles; er selbst soll nur seinen Leidenschaften gelebt haben. Anscheinend verstieß er nach 210 seine Schwestergemahlin → Arsinoë III. P. starb vermutlich 204; sein Tod wurde einige Zeit verheimlicht; währenddessen wurde Arsinoë ermordet. H. H. Sch.

Lit: → Ptolemäer – Zum Todesjahr: H. H. Schmitt, Unters. z. Gesch. Antiochos' d. Gr. u. seiner Zeit, 1964 (Lit) – *Bildnisse:* → Anhang I.

5. **P. V.** Epiphanes, Sohn des vorigen, geb. 210 (Stammbaum → Ptolemäer), im gleichen Jahr Mitregent, nach Bekanntgabe des Todes seines Vaters unter vormundschaftlicher Regierung (bis 197). Gegen ihn schlossen → Antiochos III. und → Philipp V. einen Teilungsvertrag; Antiochos eroberte seit 202/201 im 5. → Syr. Krieg Südsyrien, Palästina und die kleinasiatischen Besitzungen des P. Im Winter 194/193 wurde P. mit Antiochos' Tochter → Kleopatra I. vermählt. P. stand in engen Beziehungen zu Rom, den Ätolern und Achäern. Er beendigte (endgültig 184) den nach 217 ausgebrochenen Eingeborenenaufstand, begünstigte ägypt. Kulte und baute den → Herrscherkult aus. Verwaltungsreform (→ Epistratege). 180, knapp 30 Jahre alt, wurde P. von Höflingen vergiftet. H. H. Sch.

Lit: M. Alliot, RBPh 29, 1951, 424–430 (zum Eingeb.aufst.) – Zum Reg.antritt → Ptol. IV.; weiteres → Ptolemäer – *Bildnisse:* → Anhang I.

6. **P. VI.** Philometor (180–164, 163–145), Sohn des vorigen (Stammbaum → Ptolemäer), 180–176 unter Vormundschaft seiner Mutter → Kleopatra I., 176–170 unter der des Eulaios und Lenaios, heiratete etwa 175/174 seine Schwester → Kleopatra II., wurde beim Ausbruch des 6. → Syr. Krieges (170–168) mündig erklärt (mit Kleopatra II. und Bruder → P. VIII. als Mitregenten). Röm. Hilfe gegen → Antiochos IV. führte zu völliger Abhängigkeit von Rom. 164–163 durch seinen Bruder P. VIII. aus Ägypten vertrieben; 163 Teilung des Reiches (P. VIII. erhielt Kyrene). P. griff zugunsten des → Alexander (7) Balas, dann des → Demetrios (4) II. in die syr. Thronkämpfe ein, ließ sich zum König von Asien krönen, verunglückte aber 145 beim Kampf gegen Alexander Balas. H. H. Sch.

Lit: W. Otto, Zur Gesch. der Zeit des 6. Ptolemäers, Abh. München N. F. 11, 1934 – Weiteres → Ptolemäer – *Bildnisse:* → Anhang I.

7. **P. VII.** Neos Philopator, 2. Sohn des vorigen, geb. etwa 162/161 (Stammbaum → Ptolemäer), nach dem Tod des Vaters (145) König unter Regentschaft seiner Mutter → Kleopatra II., am Tag ihrer erzwungenen Hochzeit mit P. VIII. auf dessen Geheiß getötet (144). H. H. Sch.

Lit: → Ptolemäer, → P. VIII.

8. **P. VIII.** Euergetes II., Sohn des P. V., geb. nach 182/181 (Stammbaum → Ptolemäer), 170–164 Mitregent seines

DIE PTOLEMÄER

→ Antipatros (1)

Lagos ∞ Arsinoë
Urenkelin Amyntas' I.

Magas (?)

Eurydike — 321 ∞ — → PTOLEMAIOS I. Soter
(323 [305/4]–283/2)
geb. ~ 367/6, gest. 283/2 — 317 ∞ — → Berenike I.
geb. ~ 340, gest. nach 279

→ Ptolemaios (21) Keraunos
gest. 279
281 König v. Makedonien

Meleagros

Lysandra
∞ 1. Alexandros,
S. des → Kassandros
2. → Agathokles (1),
S. des → Lysimachos

Ptolemais
∞ → Demetrios (1) I.
Poliorketes

→ Arsinoë II.
geb. ~ 316, gest. 270
∞ 1. → Lysimachos
2. → Ptolemaios (21)
Keraunos
3. → Ptolemaios II.

Philotera

→ PTOLEMAIOS II.
Philadelphos (285–246)
geb. 308, gest. 246
∞ 1. → Arsinoë I.,
T. des Lysimachos
2. → Arsinoë II.

→ Magas
gest. ~ 250
König v. Kyrene
∞ Apame,
T. → Antiochos' I.

Theoxene
gest. nach 289
∞ → Agathokles (3)
v. Syrakus

Antigone
∞ → Pyrrhos (1)
v. Epirus

→ PTOLEMAIOS III.
Euergetes (246–222/1)
geb. ~ 284, gest. 222/1
∞ → Berenike II.

Lysimachos
gest. 221

→ Berenike (3) ‹Syra›
gest. 245
∞ → Antiochos II.

→ Berenike II.
gest. 221
∞ → Ptolemaios III.

Berenike
gest. 239/8

→ PTOLEMAIOS IV.
Philopator (222/1–204)
geb. nach 240 (?), gest. 204
∞ → Arsinoë III.

Magas
gest. 221

→ Arsinoë III.
gest. 204
∞ → Ptolemaios IV.

→ PTOLEMAIOS V.
Epiphanes (204–180) geb. 210, gest. 180
∞ → Kleopatra I., T. → Antiochos' III.

→ PTOLEMAIOS VI.
Philometor (180–145)
geb. 184/3 (?), gest. 145
∞ → Kleopatra II.

→ PTOLEMAIOS VIII.
Euergetes II. (145–116)
gest. 116
verheiratet mit:
(von Nebenfrau Eirene) ∞ 1. → Kleopatra II. ∞ 2. → Kleopatra III.

Kleopatra II.
gest. 116/5
∞ 1. Ptolemaios VI.
2. Ptolemaios VIII.

→ Kleopatra Thea
geb. ~ 165, gest. 121
∞ 1. → Alexander (10) Balas
2. → Demetrios (4) II.
3. → Antiochos VII.
(Vgl. → Seleukiden)

Ptolemaios Eupator
geb. 163, gest. 150
152–150 König v. Kypros

→ PTOLEMAIOS VII.
Neos Philopator
(145–144)
geb. 162/1, gest. 144

→ Kleopatra III.
geb. 160/155 (?),
gest. 101
∞ → Ptolemaios VIII.

Ptolemaios
Apion
geb. nach 154,
gest. 96
König v. Kyrene

Ptolemaios
Memphites
geb. 144/3,
gest. 131

→ PTOLEMAIOS IX.
Soter II. (116–107; 88–80)
geb. 143/2, gest. 80
∞ 1. Kleopatra IV.
2. Kleopatra Selene

→ PTOLEMAIOS X.
Alexander I. (107–88)
gest. 88
∞ 2. Berenike III.

→ Kleopatra
Tryphaina
gest. 111
∞ → Antiochos VIII.
(Vgl. → Seleukiden)

→ Kleopatra IV.
gest. ~ 112
∞ 1. → Ptolemaios IX.
2. → Antiochos IX.
(Vgl. → Seleukiden)

→ Kleopatra Selene
gest. 69
∞ 1. → Ptolemaios IX.
2. → Antiochos VIII.
3. → Antiochos IX.
4. → Antiochos X.
(Vgl. → Seleukiden)

Berenike III.
gest. 80
∞ 1. → Ptolemaios X.
2. → Ptolemaios XI.

→ Kleopatra V. Tryphaina
gest. 69/8
∞ → Ptolemaios XII.

→ PTOLEMAIOS XII.
Neos Dionysos (80–58; 55–51)
geb. 111/108 (?), gest. 51
∞ Kleopatra V.

Ptolemaios
v. Kypros (80–58)
gest. 58

(aus 1. Ehe)
→ PTOLEMAIOS XI.
Alexander II. (80)
geb. ~ 103, gest. 80
∞ Berenike III.

→ Kleopatra VI. Tryphaina
gest. 57

Berenike IV.
gest. 55
∞ 1. Seleukos Kybiosaktes
2. Archelaos v. Komana

→ Kleopatra VII. d. Gr. (51–30)
geb. 69, gest. 30
∞ 1. → Ptolemaios XIII.
2. → Ptolemaios XIV.
3. M. → Antonius (2)

Arsinoë
gest. 41

→ PTOLEMAIOS XIII. (51–47)
geb. 61, gest. 47
∞ → Kleopatra VII.

→ PTOLEMAIOS XIV. (47–44)
geb. ~ 59, gest. 44
∞ → Kleopatra VII.

→ PTOLEMAIOS XV.
Kaisar (44–30)
(Kaisarion)
geb. 47, gest. 30

Alexander Helios
geb. 40

Kleopatra Selene
geb. 40
∞ → Juba I. v. Mauretanien

Ptolemaios Philadelphos
geb. 36

H. H. Sch.

älteren Bruders P. VI. und seiner Schwester → Kleopatra II., erhielt nach vorübergehender Vertreibung des P. VI. (164 bis 163) Kyrene und machte 162/161 zur Stützung seiner Ansprüche auf Cypern ein Testament zugunsten der Römer (Suppl. EG IX 7; veröffentlicht 155). Nach dem Tod des Bruders (145) wurde P. König des Gesamtreichs, heiratete 144 seine Schwester Kleopatra II. und ließ ihren Sohn P. VII. ermorden. Wegen seiner 2. Ehe mit seiner Stieftochter → Kleopatra III. wurde P. von Kleopatra II. 131 bis 129 nach Cypern vertrieben (Versöhnung 124). Er griff zugunsten des → Alexander (7a) II. Zabinas und dann seines Schwiegersohns → Antiochos VIII. in die syr. Thronkämpfe ein. P. verfaßte 24 Bücher Hypomnemata. H. H. Sch.

Ed: FGrHist 234 – *Lit:* W. Otto-H. Bengtson, Zur Gesch. des Niedergangs d. Ptolemäerreiches, Abh. München N. F. 17, 1938 – Weiteres → Ptolemäer, → P. VI. – *Bildnisse:* → Anhang I.

9. **P. IX.** (Philometor) Soter II. Lathyros, ältester Sohn des vorigen und der → Kleopatra III., geb. 143/142 (Stammbaum → Ptolemäer), regierte 116–107 mit seiner Mutter, die ihn 107 vertrieb. 106–88 König von → Cypern, unterstützte er 103 → Antiochos IX. v. Syrien gegen den Einfluß der Kleopatra III. und griff vergeblich Ägypten an. Nach Vertreibung seines Bruders → P. X. (88) kehrte er nach Ägypten zurück, wo er gegen Aufstände in Oberägypten kämpfen mußte. Gest. i. J. 80. H. H. Sch.

Lit: → Ptolemäer, → P. VIII.

10. **P. X.** Alexander I., jüngerer Sohn des → P. VIII., geb. nach 143/142 (Stammbaum → Ptolemäer). 110/109 bis 107/106 König von → Cypern, König von Ägypten 107–88 zusammen mit seiner Mutter → Kleopatra III., die er 101 ermorden ließ, dann mit seiner Gattin Berenike III. 88 wegen judenfreundlicher Haltung durch die Alexandriner vertrieben, fiel er im gleichen Jahr in einer Seeschlacht bei Cypern gegen seinen älteren Bruder → P. IX., der darauf seine damnatio memoriae einleitete. H. H. Sch.

Lit: → Ptolemäer, P. VIII.

11. **P. XI.** Alexander II., Sohn des vorigen, geb. um 105 (Stammbaum → Ptolemäer); 103 aus Sicherheitsgründen nach Kos gebracht, von wo ihn → Mithridates VI. 88 nach Pontos entführte. 84 floh P. zu → Sulla und nach Rom; 80 nach dem Tod des → P. X. durch Einfluß Sullas Mitregent seiner Stiefmutter Berenike III., die er nach 19 Tagen ermorden ließ, worauf ihn die Alexandriner umbrachten. P. hatte ein Testament zugunsten der Römer gemacht, das diese angeblich berechtigte, jederzeit Ägypten und Cypern einzuziehen. H. H. Sch.

Lit: → Ptolemäer, → P. VIII.

12. **P. XII.** Neos Dionysos Auletes, angeblich unebenbürtiger Sohn des → P. IX., geb. 111/108 (?), gest. 51 (Stammbaum → Ptolemäer), regierte 80–58, erst 59 durch Rom anerkannt, nachdem er → Caesar und andere röm. Politiker bestochen hatte. 58 vertrieben, betrieb er von Rom aus seine Rückführung, die erst 55 durch A. → Gabinius (2) erfolgte (2. Regierungsperiode 55–51). Durch seine hohen Schulden wurde das Land fast ruiniert. H. H. Sch.

Lit: E. Bloedow, Beitr. z. Gesch. des P. XII. Auletes, Diss. Würzburg 1963 – Weiteres → Ptolemäer, → P. VIII.

13. **P. XIII.**, ältester Sohn des vorigen, geb. 61, 51–47 Gemahl und Mitregent seiner älteren Schwester → Kleopatra VII. (Stammbaum → Ptolemäer). Seine Ratgeber ermordeten 48 den geflüchteten → Pompeius (2). Nach vorübergehender Gefangennahme durch → Caesar leitete P. den Kampf gegen die Römer, ertrank aber bei einem röm. Angriff auf sein Lager im Nil (47). H. H. Sch.

Lit: → Ptolemäer, → Kleopatra VII. – *Bildnisse:* → Anhang I.

14. **P. XIV.** Philopator, jüngerer Sohn des → P. XII., geb. um 59 v. Chr. (Stammbaum → Ptolemäer). 48 von → Caesars Gnaden König von Cypern, 47–44 Gemahl und Mitregent seiner älteren Schwester → Kleopatra VII., die ihn 44 vergiften ließ. H. H. Sch.

Lit: → Ptolemäer, → Kleopatra VII.

15. **P. XV.** Kaisar (Kaisarion), Sohn → Caesars und → Kleopatras VII., geb. 47 (Stammbaum → Ptolemäer), 44 bis 30 Mitregent seiner Mutter, nach ihrem Tod auf Befehl Octavians (→ Augustus) getötet. H. H. Sch.

Lit: → Ptolemäer, → Kleopatra VII.

16. **P.**, Sohn des → Lysimachos v. Thrakien und der → Arsinoë II., versuchte 281–280 vergeblich, seine Ansprüche auf Makedonien durchzusetzen; später → Dynast bei Telmessos in Kleinasien, wo seine Nachkommen noch um 188 gelebt zu haben scheinen. H. H. Sch.

Lit: A. G. Roos, Remarques sur un édit d'Antiochos III roi de Syrie, Mnemosyne 3, 1950, 54–63 – H. Volkmann, RE 23, 2 (1959), 1596–97 (Lit).

17. **P.**, Claudius, der → Astronom. Geburts- und Todesjahr dieses letzten großen Astronomen und Naturwissenschaftlers der Antike sind unbekannt. Aus Angaben in seinen eigenen Schriften geht hervor, daß seine wissenschaftliche Haupttätigkeit in das 2. Drittel des 2. Jh.s n. Chr. fällt. Da er zu Beginn der Regierung → Mark Aurels (161–180) noch gelebt hat, kann man seine Lebenszeit von etwa 100 bis 170 ansetzen. Zum mindesten während seiner aktiven Forschungsperiode hat er sich wohl in Alexandria aufgehalten.

[2] *Der Almagest.* Unter den wissenschaftlichen Schriften des P. ragt seine große Zusammenfassung der → Astronomie hervor, die ‹Mathematische Syntaxis›, später ‹Große Syntaxis› (*Μεγάλη* oder *Μεγίστη σύνταξις*) genannt. Aus dieser letzten Bezeichnung und dem vorgesetzten arabischen Artikel ‹Al› entstand bei den Arabern das Wort Almagest, das seither allgemein als Titel des Werkes gebräuchlich ist. Der Almagest, nach Inhalt und Einfluß eines der bedeutendsten Bücher der Antike, ist nicht nur eine Zusammenfassung früherer astronomischer Werke, sondern stellt darüber hinaus die erste umfassende systematische Darstellung der mathematischen Astronomie dar und verwertet durchgehend auch P.' eigene Beobachtungen, die allerdings z. T. ungenauer sind als die des → Hipparchos (3). Das Werk besteht aus 13 Büchern. Die ersten beiden geben eine Einführung: Zuerst werden die Grundannahmen der geozentrischen Theorie begründet – Kugelform von Erde und Himmel und Ruhelage der Erde im Zentrum der geschlossenen Welt, d. h. im Mittelpunkt der Fixsternsphäre –, z. T. mit den bekannten Argumenten, die schon seit dem 4. Jh. v. Chr. benutzt wurden. Dann folgen Ableitungen geometrischer Sätze, die für die späteren praktischen Berechnungen wichtig sind, bes. für die Berechnung der Sehnenlänge eines gegebenen Kreisbogens, sowie die Behandlung verschiedener Probleme der sphärischen Trigonometrie. Das Buch handelt von der jährlichen Sonnenbewegung, deren Ungleichförmigkeit durch zwei Hypothesen, die → Exzenter- und die → Epizykelhypothese, erklärt wird, wobei P. die mathematische Äquivalenz beider Hypothesen beweist, die Hipparchos nur geahnt hatte. Die Jahreslänge, berechnet aus den Beobachtungen der Tagundnachtgleichen-Punkte und der Sonnenwendepunkte, wird wie bei Hipparchos zu etwa als 365 Tage, 5 Stunden, 55 Minuten angegeben. In Buch 4–6 wird die Theorie des Mondes entwickelt, wobei zur Erklärung der beobachteten Unregelmäßigkeit der Bewegung wiederum die Epizykeltheorie herangezogen und verfeinert wird. P. beschreibt hier auch das von ihm zur Messung der Mondpositionen benutzte Instrument, das → Astrolab oder die → Armillarsphäre. Schließlich werden Daten für den Abstand des Mondes von der Erde und unter Hinzuziehung von Beobachtungen bei Mondfinsternissen der Abstand der Sonne von der Erde auf 1210 Erdradien berechnet. Der letzte Wert, 20mal kleiner als der richtige, wurde bis zum 17. Jh. benutzt. Die Bücher 7 und 8 behandeln die Fixsterne, wobei auch die von Hipparchos entdeckte → Präzession der Tagundnachtgleiche auf Grund weiterer Daten neu berechnet wird. Der angegebene Wert von 1° in 100 Jahren

stellt allerdings gegenüber dem von Hipparchos errechneten etwas größeren Betrag eine Verschlechterung dar (richtiger Wert: 1° in etwa 72 Jahren). Buch 8 enthält auch die Positions- und Größenangaben (Einteilung in 6 Größenklassen) für über 1000 Fixsterne, etwa 200 Sterne mehr als der verlorengegangene Sternkatalog des Hipparchos. Die restlichen 5 Bücher behandeln die Planetentheorie, die, was sowohl Theorie als Beobachtung betrifft, die bedeutendste Leistung des P. darstellt. P. benutzt hier, den Platonikern → Derkylides und → Adrastos (2) folgend, ein körperliches Modell: hohle, konzentrische Kugeln statt des Hauptkreises, und anstelle der Epizykeln im Hohlraum zwischen den Kugeln sich drehende massive Kugeln oder Kugelsegmente, an denen die Planeten haften. Er wendet sich in diesem Zusammenhang mehrfach gegen das Planetenmodell des → Aristoteles (metaph. 11, 8. 1074a 1ff.) und dessen Versuch, durch Einschaltung ‹rückläufiger Sphären› sämtliche Planetenbewegungen zu einem einheitlichen System zusammenzufassen (→ Astronomie B 2). Weitere Abschnitte dieses interessanten Buches zeigen Ptolemaios als Platoniker, der jedem Planeten eine ‹Lebenskraft› zuschreibt, die die Epizykeln und Hauptkreise antreibt. Er geht dabei so weit, die Planeten mit einer Schar von Vögeln zu vergleichen, die in freiem Rhythmus koordinierte Bewegungen ausführen, wobei jeder Vogel durch seinen eigenen Impuls angetrieben wird. – Die Planetentheorie wird in einem späteren Werk, den ‹*Hypothesen der Planeten*› (z. T. nur in arab. Übersetzung erhalten), nochmals entwickelt und in vielen Punkten verfeinert.

[3] *Andere Werke.* Nicht weniger angesehen und verbreitet als der Almagest war P.' astrologisches Hauptwerk ‹*Tetrabiblos*›, ein Kompendium der spezifischen Bedeutungen und Einflüsse der Planeten und Fixsternkonstellationen auf das Menschenleben und irdische Vorgänge im allgemeinen. – Von den andern wissenschaftlichen Hauptwerken des P. sind bes. die Werke über → Geographie, Harmonielehre und → Optik zu nennen. In den 8 Büchern seiner *Geographie* setzt P. – wie im Almagest auf den Spuren des Hipparchos – die Tradition der mathematischen → Kartographie fort, während Probleme der physikalischen Geographie nur am Rande behandelt werden. – Die *Harmonik*, eine systematische Darstellung der Harmonielehre (→ Musik), geht ausführlich auf die verschiedenen Theorien der musikalischen Intervalle von der Zeit der → Pythagoreer an ein. – Die *Optik*, die nur in einer mittelalterlichen lat. Übersetzung aus dem Arabischen erhalten ist, handelt von der Theorie des Sehens und der Sinnestäuschungen und den Gesetzen der Reflexion und Brechung. Während die Abschnitte über die Reflexionserscheinungen im wesentlichen das bei → Euklid, → Archimedes und → Heron (2) Gesagte zusammenfassen, führt P.' Behandlung der Brechungsgesetze, sowohl dem Inhalt als der Form nach, erheblich über die Leistungen der Vorgänger hinaus. Mit Hilfe einer graduierten Scheibe mißt er Einfalls- und Brechungswinkel für die Übergänge Luft-Wasser, Luft-Glas, Wasser-Glas. Die Resultate für Einfallswinkel, die zwischen etwa 10° und 20° liegen, stimmen gut mit den aus dem Sinusgesetz folgenden überein, dessen Inhalt von P. qualitativ richtig zusammengefaßt wird. S.S.

Lit: B.L. Van der Waerden-E. Boer-F. Lammert, RE 23,2 (1959), 1788–1859.

18. **P.**, christl. Lehrer in Rom, Schüler des Gnostikers → Valentinus, Haupt der westlichen Schule der Valentinianer, 2. H. 2. Jh. n. Chr.; seine ‹Epistula ad Floram› über Verständnis und Ursprung des Mosesgesetzes (sehr kritisch) bei → Epiphanios, sein System bei → Irenäus und → Clemens (2) Alexandrinus erhalten. H.K.

Ed: Völker, 87–93 – *Lit:* bei G. Kretschmar, RGG V 720; s. auch zu → Valentinus.

19. **P. Chennos** (‹Wachtel›) v. Alexandria; ca. 1./2. Jh. n. Chr. Schrieb eine *καινὴ ἱστορία* in sieben Büchern (Adressatin: Tertulla), poikilographischen Charakters (‹neuartige› Sagenversionen, Aitien, historische Paradoxa usw.), unseriös (s. → Dares, → Diktys); ‹Sphinx›, wohl Roman; ‹Anthomeros›, Epos in 24 Gesängen, u. a. Identifizierung mit einem Platoniker oder Peripatetiker P. ganz fraglich. W.Sp.

Frg: A. Chatzis, 1914 – *Lit:* F. Jacoby, Die Überlieferung v. Ps. Plutarchs Par. min. u. die Schwindelautoren, Mnemosyne III 8, 1940, 73–144 – A. Dihle, RE 23,2 (1959), 1862.

20. **P. Epithetes,** alexandrinischer Grammatiker, Gegner → Aristarchs (daher sein Beiname), schrieb u. a. je einen Kommentar zu Ilias und Odyssee, worin er die Ansichten → Zenodots verteidigte. H. E.

21. **P. Keraunos** (‹Wetterstrahl›), Sohn → Ptolemaios' I., 287 von der Thronfolge ausgeschlossen, ermordete 281 → Seleukos I. bei Lysimacheia und ließ sich zum König von Makedonien und Thrakien ausrufen. Er kämpfte gegen seine Rivalen → Antiochos I., → Pyrrhos und → Antigonos II. Gonatas und fiel 280/279 im Kampf gegen die Kelten. (Stammbaum → Ptolemäer.) H.H.Sch.

22. **P. Marathon,** Sophist des 2. Jh.s n. Chr., rühmte in seinen Declamationes oft die Kämpfer von Marathon.

23. **P. Pindarion,** Schüler → Aristarchs (2), verfaßte Schriften über homerische Probleme, u. a. über den Stil des Dichters. Seine Werke, darunter ein Kommentar zum 18. Buch der Ilias, in den Scholien mehrmals zitiert. H.E.

Lit: A. Blau, De Aristarchi discipulis, Diss. Jena 1883, 17.

24. **P. von Aloros,** makedon. Adeliger, mit einer Tochter → Amyntas' III. verheiratet, ließ 369/368 v. Chr. den König Alexander (4) II. ermorden und ehelichte dessen Mutter Eurydike. Dank attischer Hilfe und der Duldung Thebens, dem er den jungen → Philipp II. als Geisel gestellt hatte, regierte er bis 365 als Vormund → Perdikkas' III., der ihn dann aber beseitigen ließ. P.R.F.

Lit: F. Geyer, Makedonien bis zur Thronbesteigung Philipps II., 1930, 132ff.

25. **P. von Askalon,** Grammatiker, strenger Analogist aus der Schule → Aristarchs (2), vielleicht 1. Jh. n. Chr. Hauptwerk: die Prosodie (Akzente, Worttrennung und Rechtschreibung) der homerischen Sprache (*Ἰλιακαὶ* und *Ὀδυσσειακαὶ προσῳδίαι*, jeweils in mindestens 2 Büchern). Wichtige Vorlage für Herodians Homerische Prosodie (→ Scholien C 2), benutzt von → Apollonios (12) Sophistes und im Synonymenlexikon des → Philon (3 [2]). H.E.

Lit: M. Baege, De Ptolemaeo Ascalonita, Diss. Halle 1882.

26. **P. von Mendes** (Ägypten). Priester; vor → Apion (1. H. 1. Jh. n. Chr.), Verfasser einer ägypt. ‹Chronik› (aus epichorischen Quellen). Wohl nicht mit dem Herodesbiograph identisch. W.Sp.

Frg: FGrHist 611; s. 199 – *Lit:* A. Dihle, RE 23,2 (1959), 1861.

Ptolemais. Name mehrerer → hellenist. Stadtgründungen, nach den Herrschern des Namens → Ptolemaios.

1. **P.,** Hafenstadt an der Küste der Kyrenaika (Kt. 2640 E 5; heute Tolmeta). Name vielleicht nach → Ptolemaios II. Philadelphos (308–246). 428 n. Chr. Verwüstung durch die Vandalen. In byzantin. Zeit stark befestigter und verteidigter Stützpunkt. Wichtige Monumente: Forum mit großer Zisterne unter der Platzanlage, Monumentalstraße, ‹Palazzo delle Colonne›, byzantin. Kastell. R.F.

Lit: G. Caputo, Lo scultore del grande bassorilievo in T., 1948 – G. Pesce, Le palazzo delle col. in T., 1950 – C. H. Kraeling, P., 1962.

2. **P.** (Kt. 2196 A 5; heute *'Akko*), Hafenstadt in Palästina, als *'Akkā/'Akkō* seit dem 19. Jh. v. Chr. bezeugt, durch → Thutmosis III. 1479 ägyptisch, nach dem Zerfall des Reiches wieder selbständiger Stadtstaat (vgl. Ri. 1, 31), im 8./7. Jh. unter assyrischer, im 7./4. Jh. unter babylon. und pers. Herrschaft, unterwarf sich 333 freiwillig → Alexander d. Gr. Von → Ptolemaios II. Philadelphos hellenisiert (Aristeas Jud. 185), 218 von Antiochos III. d. Gr. erobert (Polyb. 5, 61, 3–62, 2), doch 217 (Schlacht von Raphia) wieder verloren; um 195 sicher seleukidisch, unter Kaiser

Claudius zur Colonia Claudi Caesaris Ptolemais (Plin. nat. 5, 17, 75) gemacht. Im 4. Jh. n. Chr. Bischofssitz. M.W.

Lit: E. Schürer, Gesch. des jüd. Volkes im Zeitalter Jesu Christi II (1874), 1907⁴, 141–148 – M. Avi-Yonah, The Quarterly of the Dep. of Antiquities in Palestine 5, 1936, 144–146 – Ders., Syrian Gods at Ptolemais-Accho, Israel Explor. Journal 9, 1959, 1–12 – L. Kadman, The Coins of Akko Ptolemais, Corpus Nummorum Palaestinensium I, 4, 1461 – G. Rinaldi, Acco – Tolemaïde – S. Giovanni d'Acri, Bibbia e Oriente 5, 1963, 216–220.

3. **P. Hermiu,** Zentrum des Hellenismus in Oberägypten, gegr. durch Ptolemaios I. Unbedeutende Ruinen, aber viele Papyrusfunde. R.F.

Lit: G. Plaumann, P., in Oberägypten, 1910.

4. **P. Therōn,** Gründung Ptolemaios' II. an der Westküste des Roten Meeres, Zentrum für Elefantenjagden, Ausgangspunkt einer viel benutzten Handelsroute nach Oberägypten. R.F.

Publicani, die Pächter der röm. Staatseinnahmen (der publica). Zur Z. ihrer größten wirtschaftlichen Macht förmliche Aktiengesellschaften (societates publicorum) mit Direktoren (magistri), zahlreichem Personal und Gewinnbeteiligung je nach Kapitaleinlage. Die Kapitalmacht der röm. → Ritter, in der Mitte des 2. Jh.s v. Chr. durch einträgliche Getreidelieferungsgeschäfte begründet, wurde durch die Pacht der Staatseinnahmen (direkte und indirekte Steuern) erheblich vergrößert. Bekannt ist die Übernahme nicht nur der Steuern, sondern auch der von → Sulla der Provinz Asia auferlegten Kriegskontribution. Durch Berechnung von Wucherzinsen seitens der Staatspachtgesellschaften (33⅓%) stiegen die Schulden der Provinz von 20000 (Cistophoren-) Talenten (= 360 Mill. Sest.) in 15 Jahren bis auf 120000 Talente (= 2160 Mill.). → Lucullus, der für die rücksichtslos ausgepreßte Provinz eintrat, wurde von den Pächtergesellschaften politisch kaltgestellt. Während des Bürgerkrieges unterstützten die Publicani → Pompeius (2) und den Senat. → Caesars Siege machten ihrem politischen Einfluß ein Ende. → Augustus ließ die Staatspacht weiter bestehen, unterstellte sie jedoch der Kontrolle des Staates. Seit → Vespasian und noch mehr seit → Trajan wurde ihr Wirkungskreis immer mehr vom Staat übernommen, so daß im 3. Jh. die Pacht fast völlig abkam (vgl. → Provinz). R.Kn.

Publilius Philo, Q. (cos. 339 v. Chr., 327, 320, 315, dict. 339?, praet. 336, cens. 332), bedeutendster Vertreter der plebejischen gens Publilia, schlug 339 im 2. Jahr des Latinerkrieges die Latiner und soll von seinem Mit-Konsul Tib. Aemilius Mamercinus zum Diktator ernannt worden sein, sein Amt jedoch nicht zur Führung des Krieges, sondern zu innenpolitischen Reformen benützt haben. Von den drei Leges Publiliae Philonis, die die Überlieferung mit der – wahrscheinlich unhistorischen – Diktatur verbindet (Liv. 8, 12, 13 ff.), ist das erste auf die Gemeinverbindlichkeit der Plebiszite bezügliche Gesetz eine Vorwegnahme der Lex Hortensia von 287, das zweite und dritte, das die Beschlüsse der Centuriatcomitien, bzw. den Zugang der Plebejer zur → Censur betraf, mit einiger Sicherheit historisch. Unter der Censur des P. (332) wurden die Tribus Maecia und Scaptia eingerichtet. Von 327 bis 326 belagerte P. Neapel und schloß mit diesem ein Bündnis, in den Jahren 320 und 315 war L. → Papirius (3) Cursor sein Kollege im Konsulat. R.W.

2. **P. Syrus,** → Mimendichter und Mime, jüngerer Zeitgenosse Caesars, 46 Sieger in einem Wettkampf mit → Laberius (Gell. 17, 14; Macr. sat. 2, 7). Als Titel nur überliefert: ‹Die Baumschneider› (? Putatores), ‹Der Murrer› oder Murmidon, eventuell ‹Das Euter› (Plin. nat. 8, 209). Die drei erhaltenen Fragmente (V. 1–2, 19–20) lassen keinen Schluß auf den Charakter seines Werkes zu; das Fragment bei Petron (55 = V. 3–18) ist kaum echt. Seine Mimen hatten moralisierenden Charakter; zu prägnantem Ausdruck kam er vor allem in Sentenzen, die schon früh (etwa bei den beiden → Seneca) sehr beliebt waren, dann gesammelt und in der Schule gelesen wurden; in verschiedenen Auszügen sind ca. 700 Verse (meist Jamben) erhalten. H.M.

Frg: CRF 303–359 – W. Meyer, 1880 – *Lit:* O. Skutsch, RE 23, 2 (1959), 1920–28.

3. **P. Volero** (tr. pl. 472–471) soll die Zahl der → Volkstribunen auf vier und ihre Wahl nach Tribus festgesetzt haben. Persönlichkeit und politische Maßnahmen des P. sind umstritten. R.W.

Pudicitia. In der röm. Republik sollen nach Liv. 10, 23, 3 ff. zwei Kultstätten der göttlich verehrten P. (‹Keuschheit, Sittsamkeit›), die eine für die Patrizierinnen, die andere für die Plebejerinnen, bestanden haben. Im Kaiserreich erhielt die P. der Kaiserin das Beiwort Augusta (CIL VIII 993). Sehr alt dürfte der Kult schwerlich gewesen sein, obschon der Begriff der P. selbst römisch wirkt und mit dem griech. *αἰδώς* bzw. *σωφροσύνη* kaum etwas zu schaffen hat. H. Le B.

Puer, Knabe, bis zur Ablegung der toga praetexta zwischen dem 14. und 17. Jahr. → Altersklassen. U. Sch.

Pulcheria (Aelia P.), (ost-)röm. Kaiserin 414–453, geb. 19. 1. 399 in Konstantinopel als Tochter des → Arcadius, gest. Juli 453 in Konstantinopel. Am 4. 7. 414 zur Augusta ernannt, übte die fromme und herrschsüchtige P. bestimmenden Einfluß auf ihren Bruder → Theodosius II. aus. Später war sie Rivalin der Eudokia, der Gemahlin des Theodosius (→ Konzil von Ephesos 431). Nach dem Tod ihres Bruders Gemahlin des zum Augustus erhobenen → Marcian (1) (Josephsehe), dessen einflußreiche Mitregentin sie wurde (→ Konzil von Nicaea 451). P. förderte zahlreiche Kirchenbauten. H.-J.D.

Lit: E. Stein, Gesch. d. spätröm. Reiches I, 1928 – E. Kornemann, Röm. Gesch. II (1939), 1963⁵.

Pulvinar, röm. Sakralbegriff unbestimmter Herkunft: Prunkbett, auf dem die Götterbilder beim Lectisternium lagen (→ Göttermahl). Im weiteren Sinne bezeichnet P. bisweilen den Tempel, in dem das Paradebett aufgestellt war (Serv. georg. 3, 532). H. Le B.

Punier, von lat. Poeni, die phönizischen Bewohner Nordafrikas, bes. die → Karthager. – Punische Kriege → Karthago. W.H.

Punt, Landschaft am afrikanischen Ufer des Roten Meeres, etwa beim heutigen Dschibuti, von hamitischen Stämmen bewohnt, von der die Ägypter die echte Myrrhe (*ʿntjw*) holten. Bekannt ist die Darstellung einer solchen Seeexpedition, die Königin → Hatschepsut in ihrem 9. Regierungsjahr (etwa 1481) aussandte, in dem südl. Teil der Pfeilerhalle, die im Tempel der Hatschepsut in Deir el-Bahari die mittlere Terrasse nach Westen hin abschließt *(Punthalle)*. Die Reliefs zeugen von scharfer Naturbeobachtung der damaligen ägypt. Künstler. W. Hk.

Pupienus Maximus, P. Clodius, → Balbinus.

Pupius, nach Horaz Verfasser von Trauerspielen *(poemata lacrimosa*, epist. 1, 1, 67); über Art und Inhalt der Stücke ist sonst nichts bekannt. H.M.

2. **P. Piso Calpurnianus,** M. (cos. 61 v. Chr.), gebürtiger Calpurnius, adoptiert von M. Pupius. 83 von den Anhängern → Cinnas zu → Sulla übergegangen. Ca. 70 Statthalter in Spanien, Triumph. Seit 67 → Pompeius' (2) Legat im Osten, für 61 als dessen Kandidat zum Konsul gewählt. Er unterstützte P. → Clodius (1) in den Auseinandersetzungen um das Gesetz, nach dem der → Bona-Dea-Frevel abgeurteilt werden sollte, war aber im übrigen passiv, auch in Pompeius' Angelegenheiten. Chr. M.

Puppen wurden in der klassischen griech. Tragödie zur Darstellung einer selbst nicht agierenden oder toten Figur benutzt: der an den Felsen geschmiedete Prometheus in → Aischylos' Prometheus, der tote Aias in → Sophokles' Aias. – Vgl. → Spiele [2]. E.-R. Sch.

Lit: J. Dörig, Von griech. P., AntK 1, 1958, 41–52.

Puppenspiel, in Griechenland schon im 5. Jh. v. Chr. bekannt (Xen. symp. 4, 55; Ath. 19 E), in Rom dann intensiv gepflegt. Die Puppen, etwa in der Größe unserer Marionetten, wurden meistens an Fäden gezogen, durch geschickte Handhabung konnte ihnen ein hoher Grad von Lebendigkeit verliehen werden (Ps. Aristot. de mundo 6). E.-R. Sch.

Lit: G. Herzog-Hauser, RE 17,1 (1936), 161–163, s. v. Νευρόσπαστα.

Purpur. Durch die Funde von großen Muschelhaufen in Sidon ist dort die Produktion von P.gewändern seit dem 2. Jh. v. Chr. faßbar. Phönizien und Syrien haben – trotz der vermehrten Herstellung von Ersatzstoffen – ihre Bedeutung in der Gewinnung, Verarbeitung und dem Export von P. bis in die röm. Kaiserzeit ungeschmälert behalten. Zu Gewinnung und Verwendung → Farben. H. Br.

Puteoli, röm. Hafenstadt an der Küste Kampaniens an der Stelle der griech. Stadt Dikaiarcheia (Kt. 1420 F7; heute Pozzuoli). Seit dem 2. Pun. Krieg in Verbindung mit Rom, 194 Kolonie. Seit Augustus Ausgangshafen der regelmäßigen Getreideflotte nach Ägypten, von → Domitian durch Straße mit Rom verbunden, Kanalbau bis Rom unvollendet geblieben. Bis ins ausgehende 2. Jh. n. Chr. Haupthafen Roms neben → Ostia, dessen wachsende Bedeutung den allmählichen Rückgang P.s bedingt. Bedeutende röm. Bauten z. T. erhalten: augusteisches und flavisches Amphitheater, Theater, Stadium, Thermen, Macellum aus der Zeit Domitians, wohl ein prunkvolles Handelszentrum, an dessen Säulen man Spuren der Küstensenkung und -hebung beobachten kann. B. A.

Lit: C. Dubois, Pouzzoles antique, 1907.

Pyanopsia, ein att. → Fest des Apollon, am 7. Pyanopsion (Sept.–Okt.), nach dem Bohnenbrei benannt, der gekocht und dem Gott dargebracht wurde. Um Fruchtbarkeit und Wohlstand zu sichern, wurde die Eiresione (ein ‹Erntemai›, hier Oliven und Lorbeerzweige, die mit wollenen Binden geschmückt und mit Früchten behangen waren) von einer Schar Knaben, durch einen → Amphithales angeführt, im Tempel Apollons und an den Türen der Privathäuser aufgestellt. Die Riten sollen zuerst von Theseus festlich begangen worden sein. F. R. W.

Q: Plut. Thes. 22 – *Lit:* Nilsson, I 122–127 – L. Deubner, Att. Feste, 1932, 198 ff.

Pydna, Stadt in der Landschaft → Pierien im südl. → Makedonien (Kt. 1152 C2), 364 von → Timotheos (1) aus Athen besetzt, 357 von → Philipp II. v. Makedonien eingenommen, 317/316 wird → Olympias in P. von → Kassander belagert. Bekannt durch den Sieg der Römer unter → L. Aemilius (10) Paullus über → Perseus v. Makedonien (168 v. Chr.), durch den Makedonien endgültig unter röm. Herrschaft kam. E. M.

Lit: Ch. Edson, The tomb of Olympias, Hesperia 18, 1949, 84–95.

Pygmäen → Zwerg.

Pygmalion, cypr. König. Pflegt mit einem Elfenbeinbild Aphrodites, in das er sich verliebt, Umgang (Philostephanos bei Clem. Alex. protr. 44, 32 Stä.). Nach Ov. met. 10, 243 ff., gilt die Liebe einem von P. selbst geschaffenen Standbild einer Frau, das Aphrodite lebendig werden läßt. Sie heiraten und haben eine Tochter (Paphos). K. Schb.

Pylades, Sohn des → Strophios in Phokis und der Anaxibia, der Schwester Agamemnons. Unzertrennlicher Freund seines Vetters → Orestes. Nach der Tötung der → Klytaimestra Gatte der → Elektra. K. Schb.

Pylon. Vor den Tempeln errichteten die Ägypter monumentale Torbauten, von den Griechen P. genannt. Sie bestehen aus zwei Türmen mit rechteckigem Grundriß, geböschten Wänden, die oben mit einer → Hohlkehle abgeschlossen sind; zwischen ihnen befindet sich das eigentliche Tor. Vor den Pylonen waren Flaggenmasten angebracht, meist 4, bei bedeutenden Tempeln jedoch mehr (Amun in → Karnak 8, Aton in → Amarna 10 Masten). Die P. wurden oft außen mit dem Bild des die Feinde erschlagenden Königs geschmückt, um die Feinde fernzuhalten. W. Hk.

Pylos (Kt. 1152 C6). Nördl. des messen., an der Bucht von Navarino gelegenen P. führten in der Umgebung sich häufende myk. → Kuppelgräber (später auch → Kammergräber) erstmals 1939 auf der Höhe von Epano Englianos zur Aufdeckung von Mauern eines großen myk. Herrensitzes, der mit dem → Nestors verbunden werden darf. Das auf einer 4–7 m steil ansteigenden Tafel (170 × 90 m) liegende Areal wurde nach dem Krieg unter Leitung von C. W. Blegen freigelegt. Siedlungsfunde (Keramik, Hausfundamente) reichen bis in die MH-Epoche zurück. Der Palast auf der W-Hälfte der Tafel überliefert den Zustand der jüngsten myk. Epoche (SH III B). Die in dieser Zeit weitgehend unbebaut gebliebene andere Hälfte des durch den niedrigen, aber steilen Anstieg natürlich geschützten Gebietes diente wohl – wie in → Tiryns – als Fluchtburg für die Bevölkerung einer Unterstadt an den Abhängen der Palasthöhe. Von einem älteren, frühmyk. Umfassungswall zeigte sich an der NO-Seite ein kleines Stück mit einem Tor. Von einer Oberstadt dieser Zeit fanden sich Hausmauern sowie eine Straße. – Die bes. Bedeutung des Palastes liegt in der einheitlichen, übersichtlichen Gestaltung des Haupttraktes und im Verzicht auf eine zusätzliche Festungsmauer in der letzten Phase, ferner für uns in der verhältnismäßig guten Erhaltung (keine Nachbesiedlung) und in den zahlreichen Funden von tönernen Täfelchen mit Linear-B-Texten (in eigenen Archivräumen), die bei der Brandkatastrophe gegen 1200 gebrannt und dadurch haltbar wurden. Schließlich ist auch eine Reihe von Magazinen für das auf Regalen dicht gestapelte Trinkgeschirr in dieser Erhaltung neuartig. – Im Mittelpunkt des Palastes stand das mit Fußboden-, Wand- und Deckenschmuck verzierte → Megaron, in das man durch ein → Propylon und über einen kurzen Hof gelangte. Zwei mit mehreren Stufen noch erhaltene → Treppen, die durch zwei Seitentüren des Megaronvorsaales über einen schmalen Korridor zu erreichen waren, zeigen, daß der gesamte Hauptkomplex, also auch das Megaron selbst, zweistöckig gebaut war. Vier um den Licht- und Abzugsschacht über dem zentralen Herd angeordnete kannelierte Säulen (Holz mit Stucküberzug) trugen die Decke des Megaron. Dem Herd gegenüber, an der rechten Längswand, stand der Thron (→ Greifenfresko). Von den erwähnten Korridoren neben den Längswänden des Megaron, die später selbst noch unterteilt worden sind, waren außer den Treppen zu den Wohngemächern des Obergeschosses auch eine Reihe ebenerdiger Räume (Magazine usw.) zu erreichen. An die rückwärtige Schmalseite des Megaron grenzten in ganzer Breite zwei Magazine mit vielen in den Stuckfußboden eingelassenen Tongefäßen für Öl. Auf einen bevorzugten Teil des Palastes öffnete sich der Megaronvorhof nach O: Stoa mit zwei Säulen zum Hof sowie Zugang zu einem Appartement ‹des Königs› (Vorhalle, Gemächer, Bad, offener Hof mit Stuckfußboden und Wasserzuleitung) und ‹der Königin› (Halle mit Herd und Fresken, Hof, Raum mit Fresken und Wohnraum). Viel weniger übersichtlich und repräsentativ als der Haupttrakt ist die wahrscheinlich etwas vor diesem entstandene Anlage auf dem SW-Teil der Höhe mit eigenem, etwas verstecktem Eingang im SO, weitem Hof, Vorhalle (nach SO geöffnet, 2 Säulen am Eingang, Mittelsäule, Wandfresken), Haupthalle (nach NO geöffnet, 4 oder 6 Innensäulen) und nach NW anschließenden zweigeschossigen (Treppe) Wohn-, Archiv- und Magazinräumen. Nordöstl. des Hauptkomplexes fanden sich ohne Verbindung mit diesem mehrere Gebäude unterschiedlicher Bestimmung: Kultstätte, Altar (?), große Werkstatt für verschiedenerlei Arbeiten (Inschriftenfunde), Verwaltungsräume, Waffenmagazin, Brunnen und schließlich nordwestl. von diesen Anlagen das stattlichste, megaronartige Weinmagazin (35 große Weingefäße in situ). Der erwähnte Brunnen wurde durch eine Wasserleitung gespeist, die auch noch an andere Stellen des Palastes abgezweigt wurde. Entfernung zur Quelle im NO – teils durch eine Holzbrücke überwunden – 1360 m. Vgl. → Kret.-myk. Kultur. W. Schg.

Lit: C. W. Blegen-K. Kourouniotis, Excav. at P., AJA 43, 1939, 557 bis 576; 58ff., 1954ff. – F. Schachermeyr, Forschungsber., AA, 1962, 198. 214. 220. 264–276 – C.W. Blegen-M. Rawson, A Guide to the Palace of Nestor, Univ. of Cincinnati, 1962 – G. Daux, Chronique de fouilles, 1962, BCH 87, 1963, 778–783.

Pyramide. Als König Djoser (3. Dyn.) das traditionelle ägypt. Königsgrab, ein Hügelgrab, in die Mitte seines ‹Totenpalastes› stellte und aus Stein errichtete, war der Bauleiter gezwungen, den ‹Hügel› immer wieder zu erhöhen, um ihn als Mittelpunkt der Gesamtanlage sichtbar werden

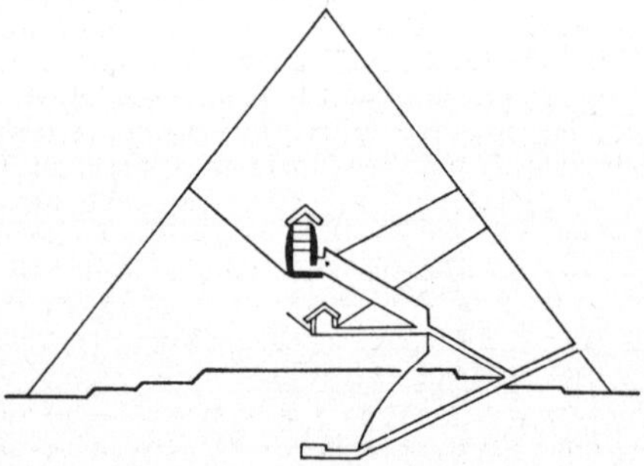

Abb. 185 Querschnitt einer Pyramide

zu lassen. So entstand die Stufen-P. von Saqqara (in der letzten Form Höhe 60 m, Seitenlängen 109,2 : 121 m), sie hatte durch die Umbauten eine rechteckige Form erhalten. Im Inneren bestanden zwei Grabanlagen, von denen eine allerdings nur ein ‹Modell› war; ebenso fanden sich zwei Opferstellen, eine im Norden und eine im Osten. Diese Verdoppelung dürfte mit den damals durchgeführten Bestattungsriten zusammenhängen, die aus verschiedenen Kulturkreisen stammten. Die Folgezeit suchte die befriedigendste Form für eine P. und die zugehörigen Anlagen. Die Anlage des *Śḫm-ḫ.t* südl. der Stufen-P. scheint eine Kopie dieser ersten Anlage gewesen zu sein, die zeitlich folgenden P.n von Zāwyet el-ʿAryān sind unfertig, so daß sich nichts über innere Veränderungen sagen läßt. Allerdings scheint man Grab und ‹Totenpalast› wieder voneinander getrennt zu haben. Das ist auch bei der P. von Meidūm erkennbar, 75 km südl. → Giza (Gīza). Diese P., wohl ursprünglich dem König Huni zugehörig, war als Stufen-P. gebaut, ist aber nachträglich durch Verkleiden in eine echte P. umgeändert worden (Höhe 92 m, Seitenlänge 144 m). Vor der Ostseite liegt eine kleine Opferstelle. Am klarsten ist der Plan der Außenanlagen bei der sog. Knick-P. v. Dahschūr zu erkennen (ursprünglich in zu steilem Winkel – 54° 31′ – angelegt, dann schnell im Winkel 43° 21′ fertiggestellt; Höhe 101 m, Seitenlänge 188,6 m): wieder liegt eine kleine Opferstelle vor der Ostseite der P., aber der alte ‹Totenpalast›, in dem die Statuen verehrt wurden, liegt mehrere hundert Meter ostwärts. Außerdem ist hier die Neben-P. im Süden gut erhalten, die immer zu einer P. gehört, deren Zweck aber noch unbekannt ist. Im Inneren besitzt die Knick-P. als einzige 2 Gangsysteme: eins in üblicher Weise mit Eingang im Norden, dann aber noch ein weiteres mit Westeingang. Snofru, der sie anlegte, ist kaum hier, sondern in der nördl. davon liegenden sog. ‹Roten› Pyramide begraben worden (99 m hoch; Basiskante von 213 m; Neigungswinkel 43° 36′). Die Inneneinrichtung ist gegenüber den → Djoserbauten sehr einfach geworden: ein langer Gang führt in eine Vor- und anschließende Sargkammer; Magazine fehlen. Leider sind die Außenanlagen nicht ausgegraben. Mit der P. des → Cheops bei Giza, der größten P. (Höhe 146,59 m, Basiskante 230,3 m, Winkel 51° 52′), wird insofern ein neuer Punkt in der Entwicklung erreicht, als jetzt Opferstelle und ‹Totenpalast› zusammen vor die Ostseite der P. gelegt werden. Im Innern beschränkt man sich auf eine einzige Sargkammer, allerdings experimentiert man noch mit deren bester Stelle: man entscheidet sich jetzt für die Mitte der P. selbst, nachdem man die Grabkammer vorher in dem Fels unter der P. ausgeschachtet hatte. Doch kehrten die folgenden Könige wieder zur Felsgrabkammer zurück, so der Sohn der Cheops, *Ḏd.f-Rʿ*, dessen P. bei Abu Roāsch aber völlig zerstört ist und dessen Nachfolger Chefren, der seine P. wieder nach Giza verlegte (Höhe 143,5 m, Basiskante 215,25 m, Winkel 52° 20′). Bei ihm nähert sich der kombinierte Opfer- und Statuentempel immer mehr der später kanonisch gewordenen Gestalt: aus einem großen Hof tritt man in den Raum mit den 5 Statuennischen; diese umgehend führt ein Gang unmittelbar vor die P. zur Opferstelle. Bei Chefren ist besonders der sog. Taltempel gut erhalten, eigentlich der Landekai für die P.-Anlage, der aber kultisch mit der göttlichen Mutter des Königs verbunden war. Die ebenfalls in Giza liegende P. des Mykerinos ist bedeutend kleiner (Höhe 66,5 m, Basiskante 108,4 m, Winkel 51°), trug aber in der unteren Hälfte eine Granitverkleidung, während man sich bisher mit dem besser zu bearbeitenden Kalkstein begnügt hatte. Mykerinos konnte den Bau nicht vollenden, und er wurde von Šepseskaef schnell fertiggestellt. Dabei wurde aber die einfache Innenanlage durch Einbau einer 2. Sargkammer und eines Raumes mit 6 Nischen vergrößert. Das weist vermutlich auf Änderungen im Begräbnisritual hin, im Zusammenhang damit, daß damals der Sonnengott Re die Stelle des Königs als Weltgott einnahm. Damit hängt auch zusammen, daß Šepseskaef sich nicht eine P., sondern einen gewaltigen Sarg als Grabmal errichten ließ; wahrscheinlich wollte er damit bekunden, daß die Zeit des Weltgottkönigs vorbei sei. Wurde doch die Notwendigkeit zur Errichtung der gewaltigen P. damit begründet, daß der Körper des Weltgottkönigs bewahrt werden mußte, weil von ihm auch nach dem Tode Kraftströme ausgingen, die dem Wohl des Landes dienten. Trotz des geistigen Umbruchs hielt die 5. Dyn. an den P. als Königsgrab fest, doch sind diese Anlagen viel kleiner (durchschnittl. 45 m Höhe) und schlecht gebaut. Dafür waren die Tempelanlagen vor der P. jetzt größer als in der 4. Dyn. und meist mit sehr künstlerischen Reliefs geschmückt; der Plan für diese Tempel ist jetzt bis auf Nebensächlichkeiten kanonisch festgelegt. – Das Mittlere Reich nahm die P. als Königsgrab wieder auf, baute sie aber aus ungebrannten Ziegeln. Seit Sesostris II. verlegt man den Eingang vom Norden weg, um den Grabräubern den Zugang zu erschweren; außerdem legt man blinde Gänge, Fallgruben und Geheimtüren an. Daß das nichts half, zeigt die Tatsache, daß die Könige des Neuen Reiches zum geheimen Felsgrab übergingen. Erst die nubischen Könige errichteten wieder P., die aber viel spitzer wirkten, da die Basiskante nicht über 12 m war, der Winkel aber 68°. Diese P. liegen bei Kuru, Nuri, → Meroë und → Napata. – Kleine Ziegel-P. errichtete man allerdings auch in Theben über den Gräbern sowohl der Könige der 11. und 17. Dyn. wie auch über denen der Privatleute. Oft war in ihnen eine Nische, in der eine die Sonne anbetende Statue des Grabinhabers kniete. W. Hk.

Lit: I. E. S. Edwards, The P. of Egypt, 1961 – A. Fakhry, The P., 1961.

Pyramidentexte. In den → Pyramiden von Königen und Königinnen am Ende des Alten Reiches sind an den Wänden der Grabkammern Texte niedergeschrieben, die die jenseitige Existenz des Königs sichern sollten. Die Texte der einzelnen Pyramiden sind sehr unterschiedlich; vermutlich hat man aus einer umfangreichen Spruchsammlung jeweils Teile ausgewählt. Diese Sprüche sind wahrscheinlich beim Begräbnis des Königs zu Handlungen gesprochen worden, die die ‹Verklärung› des Toten bewirken sollten; das Aufschreiben sollte dann die Wirkung der Riten verewigen. Die in den P. vertretenen Anschauungen sind uneinheitlich: der König will nach dem Tode unter die Sterne versetzt werden; nach anderen aber in der Sonnenbarke mitfahren, ja an die Stelle des Sonnengottes selbst treten. Endlich bemüht sich eine Gruppe von Texten darum, die Parallelität zwischen dem toten König und dem verstorbenen Gott → Osiris herzustellen. – Daneben gehören zu den P.n reine Zaubertexte, die sich bes. gegen Schlangen richten. Jede der genannten Textgruppen dürfte aus verschiedenen Zeiten stammen, wobei die Zaubertexte wohl die ältesten sind; sie sind aber alle kurz vor ihrer Niederschrift stark überarbeitet worden. Die P. sind nach dem Alten Reich z.T. in die sog. → Sargtexte mit aufgenommen worden. W. Hk.

Lit. u. Ed: K. Sethe, P., 1908–22 – Ders., Komm. u. Übers. zu den P., 1935 ff.

Pyramus und Thisbe, Liebespaar in Babylon. Können sich, weil die Eltern ihr Zusammensein verhindern, nur durch eine Spalte in der beiden Häusern gemeinsamen Wand besprechen. Bei einem vereinbarten Treffpunkt, dem Grab des Ninos, kommt Th. zu früh und wird von einem Löwen verscheucht, der ihr Gewand mit blutigem Rachen zerfetzt. P. findet es, hält Th. für tot und begeht Selbstmord, ebenso die kurz danach zurückkehrende Th. (Ov. met. 4, 55 ff.). Ursprünglich eine Sage, die von der Liebe des kilikischen Flusses P. zur böotischen Ortsnymphe Th. handelt.

Lit: K. Fiehn, RE 6 A 1 (1936), 286–291 – *Darstellungen:* auf mehreren pompejan. Wandgemälden (Schefold, WP, 53. 86. 260). K. Schb.

Pyrenäen. Die Gebirgskette hat ihren Namen von einer sagenhaften Stadt Pyrene (vgl. Hdt. 2, 34) an der Mittelmeerküste nahe dem Kap von Creus, deren Name entweder von πύρ, ‹Feuer›, abgeleitet wird (nach → Poseidonios Diod. 5, 35 soll nach ausgedehnten Waldbränden geschmolzenes Silber in großer Menge an der Erdoberfläche zu Tage getreten sein, das den Reichtum der Phönizier und Massalioten vermehrt habe) oder von Pirene, der Tochter des Königs der Bebryker, die, von Herkules verlassen, in die Wildnis floh und von wilden Tieren zerrissen wurde (s. v. → Suidas Pyrene). J. M. d. M.

Lit: A. Schulten, Iber. Landeskunde, 1955.

Pyrgoi, Hafenstadt v. → Caere (Kt. 1420 E 5) beim heutigen Sta. Severa mit altehrwürdigem Heiligtum einer griech. Leukothea und Eileithyia genannten Gottheit, 386 v. Chr. durch → Dionysios I. von Syrakus ausgeraubt (vgl. → Etrusker B 5). Das polygonale Mauerwerk unter dem mittelalterlichen Kastell stammt von der erstmals für 191 v. Chr. bezeugten röm. Kolonie. Seit 1957 finden Ausgrabungen statt, die außer architektonischen Terrakotten verschiedener Zeitstufen die Fundamentreste eines größeren Tempels (Anf. 5. Jh. v. Chr.) und – wohl zugehörig – Giebelskulpturen aus Terrakotta von einer Gigantomachie erbracht haben. O. W. v. V.

Lit: M. Pallottino, Scavi nel santuario etrusco di P., Arch. Cl. 9, 1957, 206–222 und 13, 1961, 240–242 – G. Foti, G. Colonna u. A. Ciasca, S. Severa, NSc 13, 1959, 240–242.

Pyrgoteles, der berühmteste → Gemmenschneider der Alexanderepoche. Alexander d. Gr. wollte sein Porträt nur von ihm in Stein geschnitten haben, wie Plinius (nat. hist. 7, 125) berichtet, in einen Smaragden. Mit dem Namen P. signierte Steine haben sich als Fälschungen erwiesen. P. Z.

Lit: J. H. Krause, Pyrgoteles, 1856.

Pyrrhichius, zur πυρρίχη, einem Waffentanz, gehörig nennen die antiken Metriker einen Versfuß, der aus 2 Kürzen besteht. B. Sn.

Pyrrhon von Elis, ca. 360–270, von den späteren → Skeptikern (von → Ainesidemos ab) als Gründer ihrer Schule angesehen. Sein Lehrer war ein → Bryson (der Megariker oder der Sokratiker). P. begleitete den Demokriteer → Anaxarchos auf den Feldzügen → Alexanders (5) d. Gr. nach Indien; später lebte er in seiner Heimat. Er selbst hat nichts geschrieben; seine Lehren hat sein Schüler → Timon (2) aufgezeichnet. Das Ziel der skeptischen Philosophie ist die Ungestörtheit des Gemütes (ἀταραξία), die durch die Freiheit von Meinungen und Neigungen erreicht wird. Alles ist unbestimmt, ‹um nichts mehr› (οὐδὲν μᾶλλον) das eine als das andere. Mit der Formel: ‹Ich bestimme nichts› enthält sich der Skeptiker jeder Entscheidung. M. S.

Lit: L. Robin, P. et le scepticisme grec, 1944.

Pyrrhos I., König der Molosser in → Epirus 306–302 und 297–273, wuchs bei dem illyrischen König Glaukias auf, der ihn 306 wieder als König einsetzte. 302 floh er vor → Kassander zu seinem Schwager → Demetrios I., kämpfte für ihn bei Issos und ging 298 als Geisel nach Alexandria. Dank seiner Persönlichkeit und der Ehe mit Antigone, der Tochter → Berenikes I., gelang es ihm, 297 mit ptolemäischer Hilfe die Herrschaft in Epirus zurückzugewinnen und den König Neoptolemos zu beseitigen. Als König der Molosser und Hegemon des epirotischen Bundes verfassungsrechtlich eingeschränkt, heiratete er um 295 Lanassa, Tochter des → Agathokles (3) v. Syrakus, gewann kurze Zeit Korkyra und wichtige Randgebiete von Epirus hinzu, darunter Ambrakia, später seine Hauptstadt. 287 lief das Heer → Demetrios' I. zu ihm über und rief ihn, da er von → Alexander (5) d. Gr. abstamme, zum König der Makedonen aus. 284 mußte er → Lysimachos weichen und verlor auch Thessalien und Illyrien wieder. Ende 281 bat ihn Tarent um Hilfe gegen die Römer, 280 setzte er mit 25000 Mann nach Italien über. Geschickte Propaganda, die sich u. a. in einer reichen Münzprägung niederschlug, lieh dem Zug den Charakter eines panhellenischen Krieges gegen die Barbarengefahr. Bei Herakleia und Ausculum besiegte er 280/279 die Römer unter hohen eigenen Verlusten (‹Pyrrhussieg›). Viele unteritalische Stämme und Poleis schlossen sich ihm an, er bedrohte zeitweise Rom, suchte dann aber zu verhandeln. 278 riefen ihn die Sikelioten gegen das mit Rom verbündete Karthago zu Hilfe. P. setzte im Sommer 280 auf die Insel über und drängte, von den Griechen jubelnd als König Siziliens begrüßt, die Punier auf Lilybaion zurück. Seine strenge Herrschaft führte jedoch bald zu starken Spannungen, so daß er 276 nach Italien zurückkehrte, wo er bei Beneventum eine schwere Niederlage erlitt. Da nun auch seine Heimatlande bedroht waren, setzte er 275 wieder nach Epirus über, fiel 274 in Makedonien ein und gewann es zurück. Im Kampf gegen → Antigonos II. Gonatas zog er 273 auf die Peloponnes, schlug ein argivisch-spartanisch-messenisches Heer, wurde aber vor Sparta abgewiesen und fiel 273 im Straßenkampf zu Argos. Als Feldherr und König beliebt und verehrt, von edlem Charakter, war er, der sich als Erbe Alexanders d. Gr. fühlte, von jener Ruhelosigkeit, die vielen Diadochen eignete, vermochte aber seine kriegerischen Erfolge politisch nicht für die Dauer zu sichern. Epirus und das molossische Königtum gewannen unter ihm ihre größte Entfaltung. Der Eindruck seiner Persönlichkeit und Erfolge hat die Furcht und damit die Politik Roms gegenüber den hellenistischen Reichen in der Folgezeit maßgeblich bestimmt. Sein bleibendes Denkmal ist die Neugestaltung des Zeusheiligtums von Dodona mit dem großartig erhaltenen Theater. Mit seiner Orientierung nach Italien hängt auch das etwas später entstandene einzigartige Totenorakel am Acheron zusammen. P. R. F.

Lit: G. Nenci, Pirro, 1953 – P. Lévêque, Pyrrhos, 1957 – D. Kienast, RE 24, 1 (1963), 108–165 – P. R. Franke, Die Münzen v. Epirus, 1961.

Pythagoras, aus Samos, geb. 570/560; soll in seiner Jugend noch → Thales und → Anaximander sowie → Pherekydes (2) v. Syros gehört sowie danach ausgedehnte Reisen nach Ägypten und Babylonien unternommen haben. Er wanderte 530/525, angeblich wegen seines Gegensatzes zu der Tyrannis des → Polykrates, nach Unteritalien aus und gründete in Kroton eine religiös-philosophische Gemeinschaft mit strengen Regeln, welche sich nach kurzer Zeit auch auf andere unteritalische Griechenstädte, vornehmlich Metapont und Tarent, ausdehnte und eine Zeitlang einen bedeutenden politischen Einfluß besaß. Er soll Kroton wegen politischer Unruhen daselbst in hohem Alter verlassen haben und starb um 480 v. Chr. in Metapont (→ Pythagoreer). – Von seinen *Lehren* ist am besten die von der Seelenwanderung bezeugt, die bei ihm einen aristokratischen Charakter gehabt zu haben scheint. Er selbst betrachtete sich jedenfalls als einen vorübergehend in eine irdische Existenz hinabgesunkenen Gott, genoß bei seinen Anhängern eine nahezu göttliche Verehrung und wurde von manchen vielleicht schon zu Lebzeiten als Inkarnation des Apollon betrachtet. Auch viele der Wunderlegenden über ihn, von Aristoteles später gesammelt, wie z.B. daß er eine goldene Hüfte gehabt, mit einem Fluß gesprochen habe, an mehreren Orten zu gleicher Zeit gesehen worden sei und dgl., gehen auf sehr frühe Zeit, z.T. möglicherweise noch auf seine eigene Lebenszeit zurück. Aus der Seelenwanderungslehre folgte das Verbot des Fleischgenusses, von dem jedoch, zum mindesten für bestimmte staatliche Opfer, diejenigen Pythagoreer, welche hohe politische Ämter bekleideten, ausgenommen gewesen zu sein scheinen. Auch sonst gab es viele Tabus, von denen das Verbot des Bohnenessens das bekannteste ist und die nach dem Tode des P. noch stark vermehrt wurden (bes. wichtige Quelle: → Empedokles, → Katharmoi). Aller Wahrscheinlichkeit nach noch auf P. selbst geht auch die Lehre zurück, daß ‹Alles Zahl sei›. Zu den weitreichenden Wirkungen dieser Lehre, ihren verschiedenen Entwicklungen → Pythagoreer. Umfangreiche → Biographien, die das Wuchern der P.legende zeigen, bei → Diog. Laert. 8, → Porphyrios, → Iamblichos. K.v.F.

Frg: VS 14 (nur in Auswahl) – Pitagorici, Testimonianze e frammenti, 2 Bde, ed. T. Cardini, 1958–62 (fast vollständig).

[2] *Satz des Pythagoras.* Das Quadrat über der Hypotenuse eines rechtwinkligen Dreiecks ist gleich der Summe der Quadrate über den Katheten (Eukl. elem. 1, 47). → Proklos berichtet im Komm. dazu, daß der Satz dem Pythagoras zugeschrieben werde. Der Sachverhalt wurde von den Babyloniern schon in altbabyl. Zeit in Rechnungen benutzt. Ob die Ägypter ihn gekannt haben, ist fraglich. Ob die ägypt. Feldmesser mittels eines Dreiecks mit den Seitenlängen 3, 4, 5 rechte Winkel konstruiert haben, ist umstritten. H.G.

2. **P.,** Bildhauer aus Samos (nach Ausweis einer Signatur in Olympia); wohl identisch mit dem P. der Schriftquellen aus Rhegion: anscheinend nach 494 nach Rhegion in Unteritalien ausgewandert (die Scheidung zweier Homonymen nicht notwendig, ja wenig wahrscheinlich). Für die Arbeitszeit geben die überlieferten olympischen Siegerstatuen (die früheste: Astylos, 480; die späteste: Kratisthenes 448) und die mehrfach bezeugte Rivalität mit → Myron Anhaltspunkte. Die Akmeangabe Plin. (420 v. Chr.) erscheint nach alldem zu spät. – Die meisten *Werke* des P. standen im großgriech. Westen (Lokroi, Kroton, Tarent, Messana, Syrakus); weitere Aufträge werden für Theben, Arkadien und Kyrene überliefert; Siegerstatuen standen in Olympia, Delphi und Theben. Den ‹Hinkenden› in Syrakus, «dessen Wundschmerz auch der Beschauer mitzufühlen glaubte» (= Philoktet, nach Lessings evidenter Deutung), hat man auf Grund von Gemmenbildern im Torso Valentini vermutet. Den Pankratiast von Delphi, mit dem P. scheinbar sogar Myron besiegt hatte, wollte Buschor in dem sog. Amelungschen Athleten wiedererkennen. Langlotz versuchte, eine Perseusstatue in einer als röm. Porträt verwendeten Statue (Capitol-Florenz-Neapel) wieder zu rekonstruieren und mit dem Werk des P. zu identifizieren. – Den ‹puer tenens tabellam› könnte man im sog. Stephanosathleten vermuten. Auch für die Gruppe des Zweikampfes von Eteokles und Polyneikes scheinen noch gewisse Anhaltspunkte und Gruppenelemente vorhanden. – In der antiken Kritik wird P., im Gegensatz zu seinem Rivalen → Myron, sorgfältige Wiedergabe des Haares nachgerühmt. Seine Werke sollen auch, was Rhythmus und Symmetrie anbelangt, bahnbrechend gewesen sein. E.Bg.

Lit: H. Lechat, P. de Rhégion, 1905 – L. Curtius zu Brunn-Bruckmann, 601–604 – Ders., Zu einem Kopf im Museo Chiaromonti, JdI 59, 1944, 1–44 – E. Buschor, Von griech. Kunst, 1956, 106–110 – Lippold, GrPl, 124–126 – A. De Franciscis, Fonti per la storia della Scultura in Magna Grecia, 1959 – Ders., Pythagoras di Regio, Klearchos 11, 1960, 5–56 – E. Langlotz, Der triumphierende Perseus, 1960.

Pythagoreer, im weiteren Sinne die Anhänger der Philosophie des → Pythagoras, im engeren Sinne die Mitglieder des von ihm gegründeten Ordens.

[1] Die äußere *Geschichte.* Pythagoras scheint gegen Ende des 6. Jh.s v. Chr., schon bald nach seiner Ankunft in Kroton, eine Gemeinschaft gegründet zu haben, deren Mitglieder strengen Regeln unterworfen waren und in deren inneren Zirkel man nur nach strengen Prüfungen aufgenommen wurde. Doch scheint auch von Anfang an eine Einteilung in ‹Politiker› und ‹Theoretiker›, d.h. sich mehr ausschließlich mit Philosophie Beschäftigende, stattgefunden zu haben, die wahrscheinlich mit der späteren in ‹Akusmatiker› und ‹Mathematiker› identisch ist; die ‹Politiker› waren von einigen der engsten Regeln des Ordens befreit, um die mit öffentlichen Ämtern verbundenen Funktionen, wie z.B. die Teilnahme an Tieropfern, ausüben zu können. Diese Gemeinschaft hat sich bald über andere unterital. Griechenstädte, wie Metapont, Tarent, Lokroi, Aminaea, bis nach Poseidonia (Paestum) ausgebreitet und offenbar beträchtlichen politischen Einfluß gewonnen, der u.a. zu einem Bündnis zwischen diesen Städten (mit gemeinsamer Münzprägung) führte. Um 490 v. Chr. hat anscheinend unter der Führung eines Kylon, der, obwohl vermögend und einflußreich, von den P. abgewiesen worden war, eine erste stärkere Gegenbewegung gegen den Einfluß des Ordens in Kroton sogar gewaltsame Auseinandersetzungen veranlaßt; deswegen soll Pythagoras nach Metapont ausgewandert sein. Der Einfluß des Ordens war jedoch offenbar bald wiederhergestellt und dieser mit seiner hierarchischen Ordnung eine der Hauptstützen der Aristokratie gegen die demokratischen Strömungen – bis um die Mitte des 5. Jh.s. Dann brach eine um so heftigere antiaristokratische und bes. antipythagoreische Revolution in Unteritalien aus; die Versammlungshäuser der P. in den meisten Städten, mit Ausnahme von Tarent, wurden niedergebrannt, und viele P. flohen teils nach Tarent, teils nach dem griech. Mutterland, wo sie in Phleius und Theben neue Gemeinden gründeten. Durch Vermittlung der Achäer des Mutterlandes wurden die politischen Differenzen allmählich überwunden, was um so eher möglich war, als eine nicht unbedeutende Gruppe der P. unter der Führung des → Hippasos von Metapont schon vorher für eine liberalere und demokratischere Politik eingetreten war. Die P. gewannen anscheinend auch einen Teil ihres politischen Einflusses zurück und erscheinen um die Wende des 4. Jh.s als entschiedenste Verteidiger einer gemäßigten Demokratie gegenüber der sich ausbreitenden Tyrannis → Dionys' I. von Syrakus. Als diese nach Unteritalien übergriff, kam es zu einem zweiten großen Exodus von P.n, von denen sich einige wieder in Tarent niederließen, während andere im Mutterland als Wanderprediger und Bettelphilosophen auftraten (in der mittleren Komödie vielfach verspottet).

[2] Die *Lehre.* Zur Zeit der großen antipythagoreischen Revolution, oder kurz vorher, scheint auch eine Spaltung innerhalb des Ordens selbst eingetreten zu sein, die auch die Lehre betraf. Während die eine Gruppe, welche bes. unter den ‹Akusmatikern› Anhänger hatte, nicht im geringsten von den Worten des Meisters (αὐτὸς ἔφα) abweichen wollte und auch die von ihm aufgestellten und wohl nach seinem Tode noch vermehrten Taburegeln wörtlich zu beobachten strebte, vertrat eine andere Gruppe, vor allem ‹Mathematiker›, unter der Führung des Hippasos die Meinung, daß man mehr im Geiste des Meisters handle, wenn man seine Lehre durch eigenes Denken fortzubilden suche. Im 4. Jh. gab es sogar in Tarent eine nicht unbedeutende

Gruppe von ‹emanzipierten› P.n, welche die alten Tabus teils allegorisch, teils rationalistisch erklärte und sogar das Fleischverbot des Pythagoras – das zweifellos eine Konsequenz seiner Seelenwanderungslehre gewesen war – als Diätvorschrift interpretierte. Diese Spaltung unter den P.n erklärt auch zum großen Teil die widersprechenden antiken Nachrichten über die Entwicklung der Lehre der P., welche in neuerer Zeit immer wieder dazu Anlaß gegeben haben, entweder die eine oder die andere Hälfte der antiken Nachrichten vollständig zu verwerfen und z.B. die unbezweifelbare Bedeutung der P. für die Entwicklung der antiken →Mathematik (B 2) vollständig zu leugnen (E. Frank; W. Burkert). Richtig ist nur, daß die fundamentale Lehre des Pythagoras: ‹Alles ist Zahl›, die aus Beobachtungen wie der, daß musikalische Harmonien auf bestimmten einfachen Zahlenverhältnissen in den erzeugenden Instrumenten beruhen (→Musik A 9; bes. der P. →Archytas), daß die regelmäßigen Bewegungen der Himmelskörper sich zahlenmäßig erfassen lassen (→Astronomie B 1), daß man ein rechtwinkliges Dreieck mit Hilfe der Zahlen 3, 4, 5 erzeugen kann, und Ähnlichem hervorgegangen war, sich allerdings in ganz weit auseinanderstrebenden Richtungen weiterentwickelt hat: (1) auf ‹mystische› Identifikation gewisser →Zahlen mit bestimmten Göttern, (2) auf Spielereien wie die des →Eurytos (2), der die Zahlen des ‹Menschen› oder des ‹Pferdes› zu bestimmen suchte, (3) auf die Lehre von den Figurativzahlen, die erst viel später zum Aufbau einer mathematischen Disziplin im streng wissenschaftlichen Sinn verwendet worden ist, und (4) auf die wirklich wissenschaftliche Ausbildung der →Proportionenlehre, welche schon früh zu einer so grundlegenden Entdeckung wie derjenigen der Inkommensurabilität (→Irrationalität) geführt hat. Diese Entdeckungen sind bald auch von nichtpythagoreischen Mathematikern übernommen und weiter ausgebaut worden. In der 2. H. des 4. Jh.s v. Chr. scheint der Orden in Unteritalien erloschen zu sein. Doch lassen sich vereinzelt Einflüsse des ursprünglichen Pythagoreismus bzw. seiner verschiedenen Zweige auch später noch beobachten, bes. auch bei medizinischen Schriftstellern. Unterdessen hatten sich seit der Mitte des 4. Jh.s ein durch platonische Gedanken beeinflußter und durch solche umgebildeter Pythagoreismus und ein davon schwer zu unterscheidender pythagoreisierender Platonismus herausgebildet, welche sich zunächst im wesentlichen literarisch fortpflanzten, aber später auch, bes. in röm. Zeit, gelegentlich wieder zur Bildung pythagoreischer Gemeinden Anlaß gegeben zu haben scheinen. – Vgl. auch →Pythagoras, →Neupythagoreer. K. v. F.

Q: VS 14–20 und 44–58 – *Lit:* E. Frank, Platon und die sog. P., 1923 – K. v. Fritz, Pythagorean Politics in Southern Italy, 1940 – W. Burkert, Weisheit u. Wissenschaft, 1962.

Pythagoreische Zahlen, ganzzahlige Lösungen des pythagoreischen Lehrsatzes bzw. der Formel $a^2 + b^2 = c^2$, also z.B. die Zahlen 3, 4, 5 ($3^2 + 4^2 = 5^2$) oder 5, 12, 13 usw. Doch werden gelegentlich auch die Figurierten Zahlen, mit denen sich die →Pythagoreer von Anfang an intensiv beschäftigten, pythagoreische Zahlen genannt. K. v. F.

Pythaïs, eine athen. →Theoria nach Delphi, in unregelmäßigen Abständen entsandt, und zwar nur dann, wenn an einer bestimmten Stelle, an einem von drei aufeinanderfolgenden Tagen in drei aufeinanderfolgenden Monaten ein Blitz beobachtet wurde. Im 4. Jh. waren sie offensichtlich recht häufig, kamen dann außer Gebrauch und wurden erst zu Ende des 2. Jh.s v. Chr. wieder eingeführt, zu einer Zeit, in der viele religiöse Traditionen neu belebt wurden. Feierliche Begehungen sind für die Jahre 138/137, 128/127, 106/105 und zuletzt für 98/97 (und 95/94 nach Delos) v. Chr. überliefert. Erstlingsfrüchte sowie Opfertiere wurden nach Delphi geleitet und reines Feuer von dort nach Athen gebracht. Die hellenist. P. waren äußerst kompliziert und beanspruchten ein sehr zahlreiches Personal. In der Kaiserzeit wurde die Zeremonie nochmals erneuert, aber in bescheidenerem Umfang, unter dem Namen Dodekais. Ähnliche Theoriai wurden auch von der marathonischen Tetrapolis je nach dem Vorzeichen nach Delphi oder nach Delos gesandt. Die bekannten Fälle gehören der Periode von 250–150 v. Chr. an, in der die staatlichen Riten verschwunden waren. F. R. W.

Q: SIG³ 541, 637, 696–699, 711, 728 – Schol. Soph. O. K. 1047 – *Lit:* A. Boethius, Die P., 1918 – G. Daux, Delphes au IIᵉ et au Iᵉʳ siècle, 1936, 525–567 – L. Deubner, Att. Feste, 1932, 203 f.

Pytheas, Seefahrer und →Geograph aus Massilia, befuhr um 325 v. Chr. die Nordsee bis zur (heute noch nicht sicher identifizierbaren) Insel →Thule. In seinem ‹Periodos› oder ‹Über den Ozean› betitelten Bericht behauptete er, er habe Europa von →Gades bis zum →Tanais umsegelt, und zog daraus Schlüsse über den Ozean als «Fessel» der Welt (→Ozeanographie). Trotz sorgfältiger Beobachtungen über Mitternachtssonne, Gezeiten, →Klimata usw. hielten ihn antike und moderne Autoren für unglaubwürdig. Vgl. →Geographie, →Eratosthenes. F. L.

Frg: H. J. Mette, P. v. Massalia, 1952 (mit Komm.).

Pytheos, führender ostion. Architekt des 4. Jh.s, erbaute 370–350 gemeinsam mit →Satyros das Mausoleum von →Halikarnassos und 350–330 den Athena-Tempel von →Priene (→Architektur I G). Seine Schrift über diese Bauten wurde von →Vitruv als Hauptquelle benutzt (Vitr. 1, 1, 12; 7, praef. 12). G. Gb.

Lit: H. Riemann, RE 24, 1 (1963), 371–514.

Pythermos von Ephesos verfaßte wohl nach 261/246 und vor →Hegesandros (ca. 150 v. Chr.) Historien (in mindestens 8 Büchern), deren Gegenstand und zeitliche Begrenzung unbekannt ist. W. Sp.

Frg: FGrHist 80 – *Li:* Ziegler, RE 24, 1 (1963), 514.

2. **P. von Teos,** archaischer →Lyriker. Erhalten ist nur ein Vers aus einem →Skolion (PMelGr Fr. 910 p. 479), auf den →Ananios anspielt. E.-M. V.

Pythia, Name des weiblichen Mediums beim →Orakel des Apollon Pythios in →Delphi. Die Funktion, deren Herkunft und Einzelheiten umstritten sind, wird ausgeübt von einer älteren Frau aus Delphi (im Gewand einer Jungfrau: Diod. 16, 26; Aischyl. Eum. 38; Plut. mor. 405 C; 435 D), zur Blütezeit des Orakels von zwei bzw. drei (Plut. mor. 414 B). Namentlich bekannt sind aus mythischer Zeit Phemonoe u.a. (Paus. 10, 5, 7; 13, 7), dann Themistokleia (Diog. Laert. 8, 8), Aristonike und Periallos (Hdt. 7, 140; 6, 66), andere aus kaiserzeitl. Inschriften. C. J. C.

Lit: K. Latte, The coming of the P., HThR 33, 1940, 9–18.

Pythien, in der Ebene von Krisa am Fuße des Parnassos gefeiertes panhellenisches →Wettspiel, der Sage nach von Apollon nach der Erlegung der →Pythonschlange gestiftet. Festgott war der delphische Apollon, Festleiter die Priesterschaft von Delphi, später die delph. →Amphiktyonen. In früher Zeit sollen die P. alle 8 Jahre gefeiert worden sein, seit 582 v. Chr. alle 4 Jahre, in jedem dritten Olympiadenjahr Ende August. Hier waren die musischen Wettkämpfe im Mittelpunkt (Kitharodie, Flötenspiel, Aulodie), sportliche kamen dazu, bes. Wettläufe und Wagenrennen, doch nie in dem Umfange wie etwa bei den →Olympien. Der Sieger in den Wettkämpfen erhielt einen Lorbeerkranz und Palmzweige, dazu das Recht, eine Statue von sich oder seinem Wagenlenker mit Wagen aufzustellen (vielfache Reste gefunden, →Delphi). Das 4. Jh. v. Chr. hat die Liste der Pythioniken publiziert (Aristoteles). Die P. standen den Olympien an Ansehen kaum nach, waren aber weniger reich ausgestattet, litten auch mehr durch Kriege und scheinen vom Ende des 2. Jh.s v. Chr. an verfallen zu sein. O. G.

Python, großer, ursprünglich weiblich gedachter Drache am Omphalos in Delphi, der Apoll den Weg nach Delphi versperrte (und, nach manchen, schon →Leto verfolgt hatte) und von ihm durch Pfeilschüsse getötet (Hom. hymn. Ap. 282ff.). Der Beiname Apollons, Pythios, geht darauf zurück, der Sage nach auch die Einsetzung der pythischen Spiele.

Lit: J. Fontenrose, P., 1959, 13ff. – *Darstellungen:* Tötung des P. selten auf Denkmälern nachweisbar. Vereinzelt auf Vasen (Beazley. ABV 572,7; AA 1913, 451, Lekythen. Vgl. auch S. Stucchi, Bull. Com. 75, 1956, 3ff.). Auch auf einem Wandbild im Vettierhaus, (Herrmann-Bruckmann, Taf. 20) und einer Basis in Istanbul (G. Mendel, Cat. d. Sculptures II, 1914, 638). Vgl. auch O. Deubner, AA 1939, 348, und Ch. Picard, RA, 1962, I 191ff. K. Schb.

2. **P.,** att. Töpfer → rotfiguriger Schalen des Strengen Stils, tätig um 505–470, beschäftigte in seiner Frühzeit noch → Epiktet (1), später vorzüglich → Duris als Maler. I. Sch.

Lit: H. J. Bloesch, Formen att. Schalen, 1940, 96–101.

Pyxis, runde Dose mit Deckel und meist einschwingender Wandung, zum Aufbewahren von Kosmetiksachen und Schmuck (→ Vasen, Abb. 248, 5). Rotfigurige und weißgrundige P. en des 5. Jh.s sind zahlreich erhalten. In geometrischer Zeit waren größere, bauchige P. en gebräuchlich.

Lit: L. Curtius, Pentheus, BWPr 88, 1929. I. Sch.

Qadeš (arab. tell nebi mend; Kt. 1920a C 3), im Becken v. Emesa (ḥoms), am Orontes; im 2. Jt. v. Chr. (Mittel- und Spätbronzezeit) einer der führenden mittelsyr. Stadtstaaten; in den Inschriften der 18./19. ägypt. Dynastie und in den → Amarna-Briefen mehrfach bezeugt. Haupt einer Koalition palästin.-syrischer Staaten gegen → Thutmosis III. (Schlacht bei → Megiddo 1577 v. Chr.); Schauplatz der Schlacht zwischen → Ramses II. und → Muwatalli von Ḫatti (1296 v. Chr.). In röm. Zeit erlebte Q. eine 2. Blütezeit unter dem Namen *Laodicea ad Libanum*. H. Dn.

Lit: R. Dussaud, Topographie historique de la Syrie antique et médiévale, 1927, 104–108 – M. Pézard, Q., Bibliothèque archéologique et historique 15, 1931.

Qatabān, Staat im südlichen Arabien (Inschriften seit dem 10./9. Jh.), wie → Saba' ursprünglich theokratisch, später von Königen regiert. Die Blüte Q.s fiel ins 2. Jh. v. Chr. (Herrschaft über → Ma'īn und Ausān). Durch die Ḥimyar (→ Saba') zurückgedrängt, verlor Q. um 20 n. Chr. seine Selbständigkeit an → Ḥaḍramūt (Zerstörung der Hauptstadt Timna'). G. Wn.

Lit: A. Grohmann, Arabien, 1963.

Quaden, german. Stamm im Gebiet der March, Teil der → Sueben, schlossen sich um 400 n. Chr. den → Vandalen an und gründeten in Nordwestspanien ein kurzlebiges Reich.

Lit: s. zu → Germanen. L. B.-H.

Quadrans, ein Viertel → As oder 3 → Unciae des duodezimalen röm. Münzsystems; beim dezimalen System des ostitalischen → Aes grave besser → Terruncius genannt; griech. → Trias. Als Bronzemünze mit dem Wertzeichen 3 Kugeln zuerst gegossen, dann als geprägte Münze mit den Typen Herculeskopf und Prora samt Kornährenbeizeichen in Latium, einmal jedoch auch in Panormos auf Sizilien ausgegeben. Nach J. Haeberlin ursprünglich im Gewicht von 38,86 g ausgebracht, später bis zum Unzengewicht von ca. 5,96 g herabsinkend. – In der Kaiserzeit wird der Q. als ‹Kleinbronze› (ca. 2,3 g) bis in das 2. Jh. ausgegeben. – Außerhalb Roms erscheint der Q. als Drei → Libellen-Stück in der röm.-kampan. Kupferprägung und in vielen unteritalischen Münzsorten. In der Spätzeit wird Q. die Bezeichnung für ein beliebiges Viertel. W. Schw.

Lit: Babelon, I 597. 606 – H. Mattingly, BMC (Rom. emp.) I, 1923, XLIX – K. Regling, RE 11, 1 (1921), 983 – R. Thomsen, Early Roman Coinage I, 1957, 90; II, 1961, 51 f. 93. 229. 232–235 – H. Chantraine, RE 24, 1 (1963), 654–664.

Quadrata (Capitalis quadrata): Lat. Majuskel mit genauer Beobachtung der Vertikalen und Horizontalen und gleichmäßiger Buchstabenverteilung; ihr entspricht das heutige sog. Blockschriftalphabet. H. Hg.

Abb: z. B. E. A. Lowe, Codd. latini antiquiores VII, 1956, Nr. 977.

Quadration, ‹Nachahmer› → Favorins, Konsul; man identifiziert ihn mit L. Statius Quadratus, cos. ord. 142, Freund des → Aristeides (2); Lehrer des Varus v. Perge. W. Sp.

Lit: P. Lambrechts, La composition du sénat romain, 1936, 94 – H. Gärtner, RE 24, 1 (1963), 674 f.

Quadratrix. Dreht man in einem Quadrat ABCD die Gerade AD gleichmäßig um den Punkt A und verschiebt

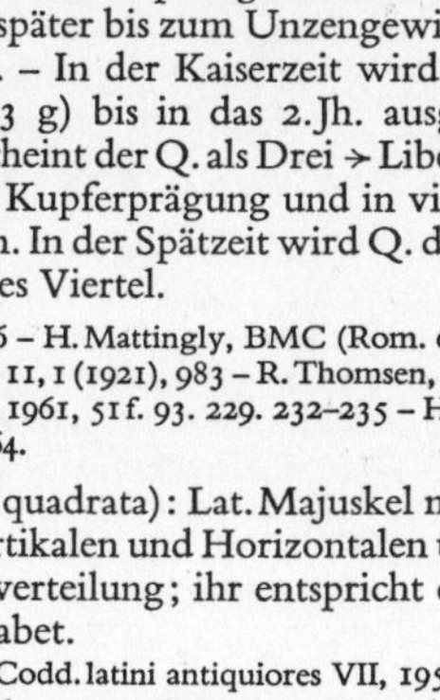

Abb. 186 Quadratrix

die Gerade DC mit konstanter Geschwindigkeit parallel zu sich, so daß beide gleichzeitig die Lage AB erreichen, so beschreibt der Schnittpunkt die Qu. Wenn diese Kurve gezeichnet vorliegt (was mit Zirkel und Lineal nicht zu erreichen ist), so kann man einen beliebigen Winkel in drei (und ebenso in beliebig viele) gleiche Teile teilen, indem man die zugehörige Strecke FB in drei gleiche Teile teilt. Hierzu hat → Hippias (2) v. Elis diese Kurve benutzt. Zur → Quadratur des Kreises benutzten sie → Deinostratos und → Nikomedes (5). Es ist nämlich, wenn man AD = 1 setzt, AE = $2/\pi$. Beschreibung der Kurve: Pappos coll. 4, 30 ff. (Hultsch p. 250 ff.). H. G.

Quadratum incusum, vertiefte quadratische Rückseite griech. → Münzen. Bei den ältesten Münzen wurde ein primitiver punzenförmiger Stempel von oben auf das Metallstück gesetzt, um es beim Schlag in den im Amboß befestigten Bild-(Vorderseiten-)stempel hineinzudrücken. Schon im 6. Jh. wurde das Q. i. ornamental gestaltet oder mit dem Rückseitenbild versehen. H. A. C.

Quadratur des Kreises. [1] *Vorbemerkung.* Wir verwenden an Stelle der ursprünglichen Formulierungen die seit Euler (1736) übliche Bezeichnung π (= 3,14159265...) für das Verhältnis des Umfangs (πεϱιφέϱεια) eines Kreises zu seinem Durchmesser. Oughtred hatte (1663) dafür $\frac{\pi}{\delta}$ geschrieben.

[2] *Vorgriech. Näherungen.* In babyl. Texten wird $\pi \approx 3$, in wenigen Fällen auch $\pi \approx 3\frac{1}{8}$ benutzt, in der Bibel $\pi \approx 3$. Bei den Ägyptern kommt $\pi/4 \approx (8/9)^2$ vor; das entspricht $\pi \approx 3{,}160\ldots$

[3] Die *Griechen* formulierten das Problem in der Form: ein zu einem gegebenen Kreis flächengleiches Quadrat zu konstruieren. → Anaxagoras soll sich damit beschäftigt haben, → Hippokrates (2) v. Chios führte es auf die Qu. gewisser Möndchen (‹Lunulae Hippocratis›) zurück. → Antiphon (2; um 430 v. Chr.) scheint den Kreis durch einbeschriebene → Polygone approximiert zu haben, während → Bryson (um 410 v. Chr.) ein- und umbeschriebene Polygone benutzte. Dabei spielt ein Stetigkeitsprinzip (Zwischenwertsatz) eine Rolle, und zwar in zwei Formen: 1. «Wozu es ein Größeres und ein Kleineres gibt, dazu gibt es auch ein Gleiches» (zuerst belegt bei Platon, Parm. 161 D). Es gibt zu einem gegebenen Kreis ein größeres Quadrat, nämlich das umbeschriebene, und ein kleineres, nämlich das einbeschriebene, also gibt es auch ein gleiches. Damit wäre die Existenz einer Lösung des Problems gesichert. Jedoch dürfte ein solcher Existenzbeweis ohne Angabe einer Konstruktion den Griechen nicht genügt haben. – 2. «Was zu denselben Größen kleiner bzw. größer ist, ist gleich» (Alex. Aphr. bei Philop. in an. post. 111, 2 W.). Das bedeutet im vorliegenden Falle: Wenn man (auf welche Weise, bleibt offen) zu einem Kreis ein Quadrat gefunden hat, dessen Fläche größer ist als die aller einbeschriebenen und kleiner als die aller umbeschriebenen Polygone, so ist dieses Quadrat dem Kreise flächengleich. Durch dieses zweite Prinzip wird also die Eindeutigkeit der Lösung gesichert. Man kann evtl. beweisen, daß eine vermutete Lösung *die* Lösung ist. Das hat Archimedes bei anderen Problemen so gemacht.

[4] *Rektifikation.* → Archimedes hat bewiesen, daß die Fläche eines Kreises gleich dem halben Produkt aus Radius und Umfang ist. Das Problem der Qu. des Kreises ist also gelöst, wenn das der Rektifikation (eine Strecke zu finden, deren Länge gleich dem Kreisumfang ist) gelöst ist, und umgekehrt. Die Rektifikation kann mittels der → Quadratrix oder der → Archimedischen Spirale geleistet werden.

[5] *Griech. Näherungen für* π. → Archimedes berechnete mittels des 96-Ecks: $3\frac{1}{7} > \pi > 3\frac{10}{71}$. In sexagesimaler Schreibweise ist $3\frac{1}{7} = 3;8,34$ $(= 3 + \frac{8}{60} + \frac{34}{60^2})$, $3\frac{10}{71} = 3;8,27$. → Ptolemaios (17) benutzt den ungefähren Mittelwert 3; 8,30 (= 3,1416.) – Der Inder Aryabhatta (um 500 n. Chr.) kannte $\pi \approx \frac{62\,832}{20\,000}$.

[6] → *Aristoteles* sagt (phys. 7, 4. 248b 5f.): Kreis und Gerade sind inkommensurabel. Nach Kat. 7. 7b 31ff. scheint er jedoch die Qu. nicht als unmöglich angesehen zu haben, wenn sie auch noch nicht geleistet war. – Vgl. auch → Mathematik, → Geometrie. H.G.

Lit: → Mathematik – *Zum Stetigkeitsprinzip:* O. Becker, Eudoxos-Studien 2. 3, QuSt 2, 1933, 369–387; 3, 1936, 236–244.

Quadratus (= Kodratos) überreichte dem Kaiser Hadrian die älteste Verteidigungsschrift für die Christen. Aus dieser → ‹Apologia› teilt Euseb. hist. eccl. 4, 3, 2 ein kurzes Textstück mit. H.D.

Lit: bei Altaner, 94.

Quadrigatus, mit einer Quadriga versehen, Bezeichnung für zwei Sorten röm. Silbermünzen republikan. Zeit: → Denare, auf deren Rückseite verschiedene Gottheiten (Jupiter, Saturnus, Mars, Venus, Apollo, Sol, Minerva, Hercules, Victoria und Libertas) in einer Quadriga (Viergespann) dargestellt sind (Plin. nat. 33, 46). – Die bei Liv. 22, 52, 3 usw. erwähnten Silbermünzen beziehen sich dagegen auf die älteren, mit janusartigem Doppelkopf und Jupiter in Quadriga versehenen → Didrachmen im Werte von 6 → Scripula und im Gewicht von ca. 6,82 g, am wahrscheinlichsten seit 235 v. Chr. als Vorläufer des oben erwähnten → Denars (Polyb. 6, 58, 5) ausgegeben. – Später verschlechtert sich der Silbergehalt der röm.-kampan. Silberprägung mit dem jugendlichen, janusartigen Kopf auf der Vorder-, Jupiter in Quadriga auf der Rückseite. W. Schw.

Lit: Babelon, I 625 – H. Mattingly, Num. Chron., 1924, 181ff. – K. Regling, in: v. Schrötter, 541 – H. Mattingly, Roman Coins (1928), 1960², 12f. 25. 43ff. – R. Thomsen, Early Roman coinage I, 1957, 41f. 91. 93. 171f.; II, 1961, 92f. 99–102. 134–138. 243ff. 256–261. 263–277. 306–311. 327–330. 370–374. 391; III, 1961, 72–74. 167–170. 263–265 (Lit) – H. Chantraine, RE 24, 1 (1963), 686–708.

Quästor, röm. Magistrat (von lat. quaerere). Vielleicht schon in der Königszeit existierten für Mordfälle ad hoc bestellte Qu.en als Untersuchungsrichter (quaestores parricidii). Davon wahrscheinlich zu unterscheiden sind die Qu.en als Jahresbeamte (ohne → imperium), die zunächst von den → Konsuln, als deren Gehilfen sie gedacht waren, ernannt, seit 447 vom Volk gewählt wurden. Es gab anfangs zwei, seit 421, als die Quästur den Plebejern zugänglich wurde, vier Qu.en: zwei quaestores urbani, betraut mit der Verwaltung des → Aerarium populi Romani (bis 28 vor Chr.), zwei Qu.en als Begleiter der Konsuln, verantwortlich für die Kriegskasse und die Proviantmagazine. 267 wurde die Zahl der Qu.en auf 8 erhöht, unter → Sulla auf 20 (Lex Cornelia de XX quaestoribus), unter Caesar vorübergehend auf 40. Die weiteren Qu.en waren im wesentlichen als oberste Gehilfen der Statthalter eingesetzt, wobei neben der Obhut über die Kasse auch richterliche und gelegentlich militärische Aufgaben in ihre Kompetenz fielen. Als Kassenbeamten wurden Qu.en seit dem 1. Jh. v. Chr. auch in den → Municipien üblich. Die Quästur war das niedrigste Amt im → Cursus honorum; das Verhältnis zwischen dem Qu. und dem ihm übergeordneten Beamten wurde als Vater-Sohn-Verhältnis betrachtet (Cic. Planc. 28). Seit Sulla wurden die Qu.en regulär Mitglieder des Senates. Vor allem die Provinzialqu.en behielten ihre Funktionen weitgehend auch in der Zeit des Prinzipats. Seit Konstantin waren die Qu.en alter Ordnung nur noch Munizipalbeamte Roms bzw. Konstantinopels; ihre Hauptaufgabe bestand in der Ausrichtung von Spielen (vgl. Cod. Theod. 6, 4). A.L.

Lit: U. v. Lübtow, Das röm. Volk, sein Staat und sein Recht, 1955, bes. 253ff. – Mommsen, Staatsrecht II.

2. **Q. sacri palatii.** Von → Konstantin (1) d. Gr geschaffenes zentrales Hofamt, dessen Aufgaben (vor allem Ausarbeitung der Gesetze und der Bescheide auf Bittschriften, Gegenzeichnung der kaiserlichen Erlasse usw.) in vielem denjenigen des modernen Justizministers entsprachen. Der Inhaber des Amtes, der zu den ständigen Mitgliedern des → Consistoriums gehörte, erreichte über den Rang des spectabilis bis zum Ende des 4. Jh.s den eines illustris (→ clarissimus). Bedeutende quaestores sacri palatii waren z. B. unter → Theoderich (1) d. Gr. → Cassiodor und unter → Justinian I. → Tribonianus. K.F.Str.

Quartadezimaner feierten das Oster → Fest (C2) zum gleichen Termin, wie es das jüd. Gesetz für das Passahfest vorschrieb (14. Tag des Nisan). Die Praxis der Q. wurde in Nicaea 325 verurteilt. Verbreitungsgebiet: Kleinasien. A.A.

Q: Epistola Apostolorum (um 160 n. Chr.) – Melito v. Sardes, Passahomilie (um 180 n. Chr.) – Eus. hist. eccl. 5, 23–25 – *Lit:* B. Lohse, Das Passafest der Q., 1953.

Quartuncia, Viertel → Uncia, kleinste Münze der röm. Reduktion im Gewicht von ca. 3,06 g und mit denselben Typen wie die → Uncia, Bellona und Prora, jedoch nur in Brundisium und Graxa mit Wertbezeichnung (C oder Ɔ) ausgegeben. W. Schw.

Lit: K. Regling, in: v. Schrötter, 542–543.

Quaternio, Lage von 4 Doppelblättern (= 8 Blättern, = 16 Seiten), häufigstes Element des mittelalterl. Codex. Vgl. → Buch [2]. H.Hg.

Quatrunx, Bronzemünze von vier → Unciae, im Duodezimalsystem dem → Triens entsprechend und daher mit 4 Kugeln als Wertbezeichnung versehen. Im ostitalischen → Aes grave gegossen, in Larinum und an anderen Orten auch geprägt. W. Schw.

Lit: K. Regling, in: v. Schrötter, 543 – H. Chantraine, RE 24, 1 (1963), 708–710.

Quattuorviri viis in urbe purgandis, zu den → vigintisexviri gehörig, Unterbeamte der → Ädilen, für die Straßenreinigung innerhalb Roms zuständig; wahrscheinlich auf Anordnung Caesars eingesetzt. – Vgl. → Duoviri (6) viis purgandis. D.R.

Quellen, heilige. Das geheimnisvolle Hervorsprudeln des Wassers aus dem Boden erweckte bei den Griechen das Gefühl frommer Scheu und führte häufig dazu, Quellen als heilig zu verehren (z. B. Opfer für Quellen, Quell → Orakel). Als Q.-Gottheiten wurden meist → Nymphen angesehen. Vgl. → Flußgötter, → Grotten, → Poseidon. K.-H.R.

Querolus, ‹Der Jammerer›, anonyme → Komödie (II B2. C) aus dem 4./5. Jh. n. Chr., nach dem Vorbild der Aulularia des → Plautus geschrieben und auch unter diesem Titel überliefert. Das kaum für eine Aufführung gedachte Stück ist in einer durch versähnliche Bestandteile rhythmisierten Prosa verfaßt. Der Inhalt ist kulturgeschichtlich interessant: Zauberwesen, Welt der → Sklaven, nächtliches Treiben. Möglicherweise sind (polemische?) Beziehungen zum Christentum vorhanden. Im Mittelalter von Vitalis v. Blois bearbeitet. H.M.

Ed: G. Ranstrand, Acta Universitatis Gotoburgensis 57, 1951 – *Lit:* Schanz-Hosius, IV 1, 43 – W. Emrich, Eine neue Lateinlektüre?, Altsprachl. Unterr. 6, 1, 1962, 78 (mit Textbeilage u. Glossar).

Quietus → Avidius, → Lusius.

Quinarius, Bezeichnung für die ca. 213 v. Chr. eingeführte röm. Silbermünze im Werte von 5 → Assen oder einem ½ → Denar mit der Wertbezeichnung V neben dem Romakopf der Vorderseite. Das Rückseitenbild ist wie beim Denar das galoppierende Dioskurenpaar, das Gewicht ca. 2,27 g. Als → Victoriatus erhält er dessen Typen, Jupiter oder Apollo auf der Vorder-, Victoria am Tropaion auf der Rückseite sowie die Wertbezeichnung Q, infolge einer lex Clodia um 204 v. Chr. Gegen Ende der Republik und in der Kaiserzeit wird der Q. aufs neue als Halbstück des → Denars und später des → Antoninianus bis zur Währungskatastrophe des 3. Jh.s n. Chr. geprägt. Die Bezeichnung Q. für das Halbstück des → Aureus ist modern. W. Schw.

Lit: Babelon, I 549–551. 525f. – H. A. Grueber, BMC (Rom. rep.) III, 1910, 211 – K. Regling, in: v. Schrötter, 544 – R. Thomsen, Early Roman Coinage, III, 1961, in: Index II, 294 – H. Chantraine, RE 24, 1 (1963), 879–894.

Quinctilius Valerius Maximus, S., aus Alexandria Troas, durch → Nerva in den Senatorenstand erhoben, Quästor

98/99 n. Chr. in Pontus-Bithynien, trib. pl., um 103 Prätor, von Trajan als legatus Augusti ad ordinandum statum liberarum civitatum nach Achaia gesandt, dorthin ca. 108 epist. 8,24 seines Freundes → Plinius (2) d.J. K.H.Sch.

Quinctilius, s. auch → Varus.

Quinctius Atta, T., jüngster der → Togatendichter (→ Komödie II), gest. 77 v. Chr. Nur 12 Titel und ca. 20 Verse erhalten, z.B. ‹Ädilenspiele›, ‹Bäder›, ‹Tanten›, ‹Schwiegermutter›, ‹Aufbrechender Rekrut›. H.M.

Frg: CRF 160–164

2. **Q. Capitolinus Barbatus,** T. (cos. 471, 468, 465, 446, 443, 439 v. Chr.), Patrizier, schlug nach den unsicheren annalistischen Berichten 471, 465 und 446 die → Äquer, 468 und 446 die → Volsker. 468 wird ihm die Einnahme der volskischen Stadt Antium zugeschrieben, wohin 467 röm. Kolonisten geschickt wurden; doch war Antium noch im 4. Jh. volskisch. 471 soll Q. für den Ausgleich zwischen Plebs und → Patriziat nach der Lex Publilia des → Publilius (3) Volero eingetreten und 446 vom röm. Volk gezwungen worden sein, ein zwischen Ardea und Aricia strittiges Land für Rom zu beanspruchen. R.W.

3. **Q. Flamininus,** T. (ca. 228–174, tr. mil. 208, cos. 198, cens. 189 v. Chr.), 205 und 204 Stadtkommandant von Tarent, erhielt 198 das Oberkommando gegen → Philipp V. v. Makedonien. Dem philhellenisch gesinnten, in der Tradition allerdings idealisierten Q. gelang es, die antimakedon. Koalition zu stärken, bes. durch Gewinnung der Achäer. Im Juni 197 schlug er Philipp bei Kynoskephalai in Thessalien. Gegen den Willen der Ätoler drängte Q. nun auf Frieden. Die Bedingungen, die er Philipp diktierte, wurden in Rom bestätigt. Bei der Eröffnung der Isthmischen Spiele im Sommer 196 verkündete Q., zugleich im Namen des Senates, die Freiheit der Hellenen, die bisher unter makedon. Herrschaft gestanden hatten (Polyb. 18, 46). 195 besiegte Q. den spartan. Tyrannen → Nabis. Die Griechen überhäuften Q. mit Ehren, die Stadt Gytheion feierte ihn sogar als Soter (Syll.² 591). Wiederholt griff Q. auch in der Folgezeit in die röm. Ostpolitik ein. A.L.

Q: Polyb. 18 und 22f.; Liv. 32ff.; Plut. Flam. – *Lit:* F.W.Walbank, Philipp V. of Macedon, 1940 – H.E.Stier, Roms Aufstieg zur Weltmacht u. die griech. Welt, 1957.

4. **Q. Flamininus,** L. (ca. 230–170, aed. 201, praet. 199, cos. 192, augur 213–170), befehligte 198 und 195 die röm. Flotte in der Ägäis. 184 wurde er durch → Cato (1) aus dem Senat entfernt, weil er auf Wunsch seines Buhlknaben einen vornehmen, bei ihm Schutz suchenden Bojer niedergestoßen hatte (Liv. 33, 16ff.; 34, 26ff.; 39, 42f.). A.L.

Quinctius, vgl. auch → Cincinnatus.

Quincunx, griech. → Pentonkion, Bezeichnung für eine Bronzemünze von 5 → Unciae, als Hälfte des → Asses beim ostitalischen → Aes grave gegossen; geprägt in Larinum, Capua, Luceria, Teate, Venusia, Orra – oft mit 5 Kugeln als Wertbezeichnung. W. Schw.

Lit: Babelon, I 454 – H. Mattingly, Roman Coins (1928), 1960², 25 – K. Regling, in: v. Schrötter, 544–545 – H. Chantraine, RE 24, 1 (1963), 1109–111.

Quindecimviri sacris faciundis. Nach der Annalistik bei Dion. Hal. 4, 62, 4 hatte → Tarquinius (3) Superbus (oder → Tarquinius (2) Priscus) einen Ausschuß von zwei Männern eingesetzt, um die → Sibyllinischen Bücher zu bewachen und nach Anweisung des Königs (in histor. Zeit des Senates) einzusehen: die Duoviri sacris faciundis. I. J. 367 v. Chr. wurde dieser Ausschuß zu einem Kollegium von zehn Männern (Liv. 6, 37, 12), den *Decemviri s.f.*; dessen Mitgliederzahl wurde schließlich auf fünfzehn erhöht, wahrscheinlich unter → Sulla. Sie führten auch die Aufsicht über alle offiziell in Rom eingeführten fremden Kulte, z.B. den Kult der → Magna Mater; selbst waren sie → Apollo-Priester. Das Kollegium der Q. spielte eine große Rolle in der Hellenisierung der röm. → Religion (II C 4ff.). H. Le B.

Lit: J. Gagé, Apollon Romain, 1955, passim.

Quinquatrus (Etymologie ungewiß), röm. → Minerva-Feste: die Q. maiores am 19. März, Stiftungstag des M.-Tempels auf dem Aventin; die Q. minusculae am 13. Juni; es waren Feste der Handwerker im weitesten Sinne, wobei das Junifest den Flötenspielern vorbehalten war (Varro ling. 6, 17). In der Kaiserzeit waren die Q. vorzugsweise Feiertag der Schullehrer und wurden noch im 4. Jh. als Schulfest begangen. H. Le B.

Lit: J. Wackernagel, Dies ater, ARW 22, 1923/24, 215.

Quinqueviri cis Tiberim (auch cistiberes), ein Kollegium zum Schutz der nächtlichen Sicherheit, den → tresviri capitales und später den → Ädilen unterstellt. Es bestand in der Kaiserzeit weiter, auch nachdem seine Aufgaben den → cohortes vigilum übertragen waren. – Vgl. → Polizei. D.R.

Quintilian, M. Fabius, nächst → Cicero der bedeutendste röm. Theoretiker der Beredsamkeit, geb. ca. 35 n. Chr. in Calagurris (heute Calahorra am oberen Ebro). Als Sohn, vielleicht auch schon Enkel eines Rhetors erhielt er in Rom seine Ausbildung bei dem Grammatiker → Remmius Palaemon, dann dem praktischen Redner → Domitius (1) Afer und kehrte nicht vor 57 nach Spanien zurück, wo er – wohl bereits als Anwalt, Redner und Lehrer der Rhetorik – mit Erfolg wirkte (in Tarraco?), so daß der Statthalter der Hispania Tarraconensis und nachmalige Kaiser Galba ihn 68 mit zurück nach Rom nahm. Dort erhielt er unter Vespasian (69–79) eine gut bezahlte Professur für Rhetorik, die er 20 Jahre lang bekleidete, bis er sich ca. 90 noch in voller Frische vom öffentlichen Leben zurückzog. Zu seinen Schülern gehörte → Plinius (2) d.J., vielleicht auch → Tacitus. Verkehr mit seinem Landsmann → Martial bezeugt dessen achtungsvolles Epigramm 2, 90 aus d.J. 86. Im Ruhestand übernahm Q. neben seinen literarischen Arbeiten den Unterricht zweier Großneffen des Kaisers Domitian, deren Vater → Flavius (3) Clemens dem Q. die hohe, vom Senat zu vergebende Würde der ornamenta consularia verschaffte (Auson. gratiarum actio 7, 31; vgl. Iuv. 7, 188. 197). Erst in den 80er Jahren des 1. Jh.s heiratete Q. ein ganz junges Mädchen; innerhalb eines Jahrzehnts verlor er sie und zwei kleine Söhne durch den Tod (inst. 6, praef. 13.4, praef. 1). Er selbst starb gegen Ende des Jahrhunderts.

[2] *Werke.* Die ersten Jahre der Muße (ca. 90–96) sind ausgefüllt durch seine literarische Tätigkeit. Von den *Verteidigungsreden* hat er selber nur eine einzige publiziert (für einen Naevius Arpinianus, der angeklagt war, seine Frau aus dem Fenster geworfen zu haben, während er offenbar ihren Selbstmord behauptete, inst. 7, 2, 24). Aber Q.s reiche Praxis kam seinem theoretischen Werk in hohem Maß zugute. Verloren ist, wie die wenigen veröffentlichten Reden, auch seine Schrift De causis corruptae eloquentiae, worin er den Tiefstand der zeitgenössischen Beredsamkeit als Verfall des rednerischen Stils (Abkehr vom ciceronianischen Ideal) gedeutet zu haben scheint (*κακοζηλία*, affectatio, Originalitätssucht, Geziertheit und Manier, vgl. 8, 3, 57). Die schlichte Sachlichkeit seiner eigenen Ausdrucksweise, die maßvoll angewandten Schmuck und Lebendigkeit nicht ausschließt, dann und wann auch treffende Bilder und Vergleiche findet (z.B. inst. 12, praef. 2–4), bekräftigt den theoretischen Standpunkt des Ciceronianers eigener Prägung. Nimmt man seine ausgesprochene Vorliebe für Vergil hinzu (z.B. inst. 10, 1, 86ff.), so rundet sich das Bild des Klassizisten, der Kraft, Originalität und Geschmack genug besaß, selber noch zum späten Klassiker zu werden.

[3] Stofflich beruht sein *Hauptwerk*, die *Institutio oratoria* in 12 Büchern, das er nicht ohne Drängen seiner Freunde in wenig mehr als zwei Jahren vollendete und etwa i.J. 95 herausgab, weithin auf der überlieferten griech. Lehre der → Rhetorik, wenn auch in stetem Blick auf den großen röm. Vorgänger Cicero. Aber das Buch ist dabei ganz auf die praktischen und Schulbedürfnisse seiner Zeit eingestellt und behandelt die Erziehung des Redners von frühe-

ster Jugend an. Volle Beherrschung des weitverzweigten Stoffes in Theorie und Praxis und sicheres künstlerisches Urteil verbinden sich mit tiefer pädagogischer Einsicht, warmer Gesinnung und einfacher Menschlichkeit, die auch abweichenden Meinungen gegenüber vornehme Toleranz zeigt, ohne in der Sache nachzugeben. Über die Disposition des rhetor. Systems, wie es in dem Werk entwickelt wird, ist s.v. → Rhetorik (C3) gehandelt. Darüber hinaus sind als Glanzstücke der Darstellung von allgemeiner Bedeutung Buch 1 zur Elementarerziehung der männlichen Jugend; 6,3 über Witz und Humor, 9,4 über künstlerische Komposition, Struktur und Rhythmus; das berühmte Buch 10, das unter dem Leitmotiv der für den Redner wichtigen Lektüre einen knappen und sicheren Führer durch die griech. und röm. Literatur bietet, und schließlich die abschließenden Ausführungen des Buches 12 über das durch Charakterqualität, philosophische Bildung und Stilgefühl bestimmte Ideal des vollendeten Redners. Alles in allem ist das Werk das geschmackvolle Erzeugnis eines reifen und geläuterten Geistes, das Mommsen mit Recht zu den erfreulichsten Zeugnissen der ganzen röm. Literatur gerechnet hat. Nicht zu vergessen ist auch die Einwirkung des großen Redelehrers auf die musikalische Rhetorik und Ästhetik bis in neuere Zeit. Insbes. war Q.s Wertschätzung im MA und in der Epoche des Humanismus ungeheuer. Auf dem Chorgestühl des Ulmer Münsters erscheint sein Bild neben Propheten und Sibyllen (J. Syrlin ca. 1470).

[4] Die unter Q.s Namen überlieferten → *Deklamationen* werden ihm heute mit Recht nicht mehr zugesprochen. Es sind zwei verschiedene Sammlungen. Die eine, wohl jüngere, enthält 19 größere und ausgearbeitete Stücke. Von der anderen, mehr skizzenhaften und nach Ausweis der Handschriften ursprünglich 388 Stücke umfassenden sind 145 erhalten; sie gehen nach der Ansicht mancher Forscher auf Niederschriften von Schülern nach Q.s Vorlesungen zurück, entstammen jedenfalls noch dem 1./2. Jh. Aber Stil und Sensationscharakter auch dieser Sammlung vertragen sich kaum mit dem Geist des Q. → Julius (21) Victor. H.H.

Ed: J.M. Gesner, 1738 (mit Indices u. Kommentar, der zu inst. 1, 12, 3 das berühmte zeitgenössische Lob auf J.S. Bach enthält; dazu s.u.) – G.L. Spalding u.a., 6 Bde, 1798–1834 (mit Komm., u. Lexikon von E. Bonnell) – L. Radermacher, 2 Bde, BT, 1907–35 (verbesserter Nachdr. 1959 v. V. Buchheit) – H. Borneque, CB, 1932 – Einzelausgaben: s. bei E. Norden, Die röm. Literatur (1927), 1952⁴, Anh. S. 188 – *Lit:* L. Schwabe, RE 6,2 (1909), 1845–64 – G. Aßfahl, Vergleich u. Metapher bei Q., 1932 – J. Cousin, Etudes sur Q., 2 Bde, 1936 (mit Besprechung der griech. Termini) – W. Kroll, RE Suppl. 7 (1940), 1099 u. 1105, s.v. Rhetorik – M.L. Clarke, Rhetoric at Rome (1953), 1962², 109–129 – G. Wille, MGG X, 1962, 1818–20 – J. Cousin, Lustrum 7, 1963, 289–331 und 342f. (Forschungsbericht 1935–59) – *Zur Nachwirkung:* M. Wychgram, Studien zur Geltung Q.s in der dtn. u. frz. Lit. des Barocks und der Aufklärung, Diss. Göttingen 1921 – Fr. Smend, J.S. Bach u. J.M. Gesner, Gymnasium 57, 1950, 295–298 – *Ps.-Quintilian, Declamationes: Ed:* O. Lehnert, Decl. maiores, BT, 1905 – C. Ritter, Decl. minores, BT, 1884 – *Lit:* C. Ritter, Die quintilian. Dekl., 1881 – R. Reitzenstein, Studien zu Q.s größeren Dekl., 1909 – Y. Englund, Ad Q.i qui feruntur declamationes maiores adnotationes, 1934.

Quintilianus, vgl. auch → Aristeides.

Quintillus → Claudius (2).

Quintus, Anatom und Arzt der eklektischen Richtung in Rom; lebte zur Zeit Kaiser → Hadrians. Schüler des → Marinus (2), hatte durch seine Lehre und mittelbar durch die von ihm gegründete Schule großen Einfluß auf → Galen. Q. starb in der Verbannung in Pergamon; er hinterließ keine Schriften. – Vgl. → Medizin.

2. **Q. Smyrnaeus,** kaiserzeitlicher griech. Dichter wohl des 3. oder 4. Jh.s n. Chr. (jedenfalls älter als → Nonnos), Verfasser eines mythologischen Epos *Τὰ μεθ' Ὅμηρον* (Posthomerica), das den zwischen Ilias und Nostoi liegenden Sagenstoff behandelt. Die Disposition des Werkes schließt sich an die Stoffaufteilung des epischen → Kyklos an: Buch 1–4 Aithiopis, 5–10 Kleine Ilias, 11–14 Iliupersis. Als Quellen der Darstellung kommen neben der dichterischen Tradition auch mythographische Handbücher in Frage. Umstritten ist bis heute, ob die stofflichen Übereinstimmungen mit Vergil auf gemeinsamen Vorlagen beruhen (so z.B. R. Heinze, Vian) oder ob Benutzung des römischen Dichters anzunehmen ist (u.a. R. Keydell). Die geradlinige und nüchterne, ja einförmige und oft matte, doch gewisser sentimentaler Züge nicht entbehrende Erzählung gewinnt nur selten durch ursprüngliche und naturwahre Bilder etwas mehr Farbe und Leben. Die Sprache ist im wesentlichen homerisch, weist aber auch manches für die Spätzeit Charakteristische auf. Der Bau des Hexameters folgt stark den Regeln alexandrinischer Technik. E.V.

Ed: H. Köchly, BT, 1850 (ed. min. 1853) – A. Zimmermann, 1891 – F. Vian, CB, I, 1963 (Buch 1–4); vgl. dazu F. Vian, Histoire de la tradition manuscrite de Q. de Smyrne, 1959) – *Übers:* J.J.C. Donner, 1866–67 – *Lit:* R. Heinze, Vergils epische Technik (1902), 1915³, 63 bis 81 – R. Keydell, Hermes 82, 1954, 254–256 – F. Vian, Recherches sur les Posthomerica de Q. de Smyrne, 1959 (Bibliogr.) – Ph.J. Kakridis, *Κόιντος Σμυρναῖος*, 1962 – R. Keydell, RE 24, 1 (1963), 1271–96 (Lit) – Zum Verhältnis zu Vergil: V. Buchheit, Gymn. Beil. 3, 1963, 193–197.

Quirinus ist einer der ältesten und auch am wenigsten bekannten Götter des röm. Pantheons; er ist zu einem unbekannten Zeitpunkt → Romulus gleichgesetzt worden, so daß die meisten Zeugnisse für die ursprüngliche Bedeutung von Q. nicht mehr verwendet werden können. Q. hatte einen → Flamen, den niedersten der F. maiores. Er war das dritte Glied der archaischen Trias Jupiter-Mars-Quirinus, die vor der Trias Jupiter-Juno-Minerva bestand. Man opferte ihm die sogenannten ‹dritten› → Spolia opima. Von seinem Fest wissen wir nichts; es fand am 17. Febr. statt, am letzten Tag der → Fornacalia; meistens wird angenommen, das sei ein bloßer Zufall, aber manche Gelehrte versuchen, zwischen den beiden Festen einen Zusammenhang zu finden. Q. hatte dem *Quirinal* (→ Rom IV A), dem Hügel, wo er von alters her verehrt worden war und wo ihm i.J. 293 v. Chr. ein Tempel geweiht wurde (von Augustus nach dem Brande im Jahre 16 v. Chr. wiederhergestellt), seinen Namen gegeben. Die Etymologie ist umstritten, doch vom Wort → *Quirites* nicht zu trennen; Varro (bei Dion. Hal. 2,48 u.a.) bezog ihn auf den Namen der Stadt *Cures* und hielt Q. für einen sabin. Gott. Da in einer verstümmelten Stelle bei Festus (302 L., vgl. 43 L.) von den ‹Waffen› des Q. die Rede ist, wird er von den Modernen oft als Kriegsgott, als der sabin. Mars, betrachtet. G. Dumézil hat dagegen, bes. durch seine Untersuchung des Aufgabenbereichs des Q.-Flamen, nachzuweisen versucht, daß Q. seinem Wesen nach ein Agrargott war. H. Le B.

Lit: G. Dumézil, Jupiter, Mars, Qu., 1941 – A. Brelich, Quirinus. Una divinità romana alla luce della comparazione storica, St. e Mat. 31, 1960, 63–119 – C. Koch, Religio, 1960, 17–39.

Quirinus, vgl. auch → Sulpicius.

Quiriten, ältester Name der röm. Bürger; Etymologie umstritten, am wahrscheinlichsten von covirites, ‹Mitglieder der Wehrgemeinschaft›, abzuleiten. Seinen festen Platz hatte der Name Q. in der Formel *populus Romanus Quiritium* und als Anrede der Bürger in der Volksversammlung. D.R.

Quitte (*κυδωνία*), benannt nach den Kydonen auf Kreta, denen bei der Verbreitung der wahrscheinlich in Kleinasien ursprünglichen Q. bes. Bedeutung zukam. Spätestens Ende des 7. Jh.s v. Chr. waren die Früchte, wie die des → Apfelbaumes (*μῆλα κυδώνια*) benannt, wohlbekannt. Ein solonisches Gesetz verordnete der Braut vor dem Betreten des Brautgemaches eine Q. Damit ist die Bindung an Aphrodite wie beim Apfel verbürgt. Die Farbe der Q. legt nahe, daß man die *χρύσεα μῆλα* der → Hesperiden und der → Atalante auf sie bezog, ebenso den Apfel der → Eris. Nach Italien gelangte die Q., deren Frucht wegen ihres feinen Duftes und Geschmacks vor allem eingekocht als Mus geschätzt wurde, über Großgriechenland, wo Mitte des

6.Jh.s v.Chr. Q.n in bewässerten Gartenanlagen erwähnt werden. Vgl. → Granatapfelbaum; → Flora. J.W.

Lit: Hehn, 248–251 – Murr, Pflanzenwelt, 55–62 – Zum berühmten Q.n-Relief aus dem Hateriergrab: Helbig[4], Nr. 1072.

Qumrān. Die kurz nach dem 2.Weltkrieg bei Chirbet Qumrān an der Nordwestecke des Toten Meeres aufgefundenen, vorwiegend hebr. Hss. wurden folgenden Gruppen zugeschrieben: Essener (von der Mehrheit der Forscher); Pharisäer (Ch. Rabin); dissidente Sadduzäer (A. M. Habermann); vor der Zerstörung Jerusalems (70 n. Chr.) verlagerte Tempelbibliothek (K. H. Rengstorf); Zeloten (C. Roth); Ebioniten (J. L. Teicher). Die weitaus größte historische Wahrscheinlichkeit spricht für die Essener-Theorie, die auch durch die archäologischen Ergebnisse gestützt wird (R. de Vaux). Das bedeutendste Ergebnis der Qumran-Forschung besteht darin, daß jene Theorie, die das → Judentum (B 5) von 200 v. bis 70 n. Chr. wesentlich nur aus dem Gegensatz von → Pharisäern und → Sadduzäern versteht, als endgültig überholt angesehen werden kann. Es gab noch eine dritte, allerdings nicht einheitlich strukturierte Gruppe, nämlich die Anhänger der → Apokalyptik. Apokalyptische Pseudepigraphen stammen nicht, wie bisher oft vermutet, aus einem weiteren pharisäischen Bereich. Die Essener waren keine Pietisten, sondern eine priesterliche Richtung innerhalb der Apokalyptik. Wie die Pharisäer gehen sie auf die Bewegung der Asidäer (z. B. 1. Makk. 2, 42) zurück, die schon vor dem → Makkabäeraufstand existierte und ihrerseits auf theokratisch-apokalyptische Ansätze im nachexilischen → Judentum (B 3) zurückzuführen ist (O. Plöger). Die wahrscheinlich asidäischen, aber auf alle Fälle vorqumranischen Pseudepigraphen ‹Äthiop. Henoch› (mit Ausnahme der Kap. 37–71), ‹Jubiläen› und die jüd. Grundschicht der ‹Testamente der 12 Patriarchen› standen schon unter starkem dissident-priesterlichen Einfluß (Priesterkalender von 364 Tagen in Jubil. 6, 32–38; Hen. 74, 10; 82, 6; Stellung des Priesterstammes Levi über dem Davidstamm Juda in Test. 12). Nach der Abspaltung der vorwiegend laizistisch und nicht mehr apokalyptisch eingestellten Pharisäer von den Asidäern verstärkte sich in der 2. H. des 2. Jh.s v. Chr. die apokalyptische Naherwartung bei anderen ursprünglich asidäischen Gruppen. Diese standen unter der Leitung des priesterlichen ‹Lehrers der Gerechtigkeit› und gründeten ihr Gemeinschaftshaus in Q., das offenbar auch ihr Zentrum bildete (ausführlich darüber K. Schubert, Religionsparteien). – Die Q.-Essener standen dem Jerusalemer Kult feindlich gegenüber, erwarteten aber für die Endzeit einen von ihren Priestern nach ihrem Kultkalender (wie Jubil. u. Hen.; s. oben) verwalteten neuen Tempel (schon Hen. 90, 28 f.). Das Gemeinschaftsleben mit rituellen Waschungen und Mahlzeiten galt als Kultersatz. Daraus resultierte, vielleicht unterstützt durch Gedanken wie Is. 66, 2, das wesentlich durch die Forderung nach kultischer Reinheit bedingte quasimonastische Ideal des essenischen Zentrums. Die Forderung nach kult. Reinheit galt Priestern und Laien, doch waren die Ehrenstellen Priestern vorbehalten, auch in der Endzeit sollte der hohepriesterliche Gesalbte über dem davidischen Messias stehen. Das apokalyptische Weltbild der Gemeinde war dualistisch, doch begann der Dualismus erst unter dem Schöpfergott und war eschatologisch begrenzt (1 QS 3, 13–4, 26). Von da führen Verbindungslinien mehr zur jüd.-rabbinischen als zur paganen Gnosis. Die Ähnlichkeiten zum NT betreffen mehr das allgemeine apokalyptische Milieu als spezifische Q.-Lehren. K. Sch.

Zeitschrift: Revue de Q., 1958 ff. – *Bibliogr.:* C. Burchard, ZAW, Beiheft 76, 1957; 89, 1964 – *Q:* E. Lohse, Texte aus Q., 1964 (mit dt. Übers.) – *Lit:* H. Bardtke, Die Handschriftenfunde am Toten Meer, 2 Bde, 1952; 1958 – K. Schubert, Die Gemeinde vom Toten Meer, 1958 – O. Plöger, Theokratie und Eschatologie, 1959 – J. Maier, Die Texte vom Toten Meer, 2 Bde, 1960 (II, 172–196: Bibliogr.) – R. de Vaux, L'Archéologie et les Manuscrits de la Mer Morte, 1961 – K. Schubert, Die jüd. Religionsparteien im Zeitalter Jesu, in: Der histor. Jesus und der Christus unseres Glaubens, 1962, 15–101 – RGG V 740 ff. – LThK VIII 949 ff. – H. Braun, Q. und das NT, ThR 28, 1962, 97–234 (Forschungsber. 1950–59) – G. Jeremias, Der Lehrer der Gerechtigkeit, 1963.

INHALTSÜBERSICHT

Band 1

Band 2

Band 3

ANHANG